董事长：张有喜先生

副董事长、总经理：武望国先生

驰骋大市场
运营大资本　成就大事业

企业精神

勇于奉献，争创一流

企业作风

不干则已，干就干好

企业发展理念

发展慢了就是退步

企业经营理念

人人精打细算，个个当家理财。
不花该省的钱，不省该花的钱。

企业管理理念

从宏观处着眼，从细微处着手。

企业目标

做强同煤，造福员工；建设新型能源集团，
跻身世界煤炭“十强”，实现“五个同煤”目标

企业发展战略

走现代化、集团化、洁净化、多元化、国际化道路，建设商品煤基地、出口煤基地、煤炭深加工基地和市场投资主体，成为具有核心竞争力的特大型煤电化能源集团。

SHANGHAI STOCK EXCHANGE

经过多年的持续发展，上海证券市场已成为中国内地首屈一指的市场。截至 2012 年底，上交所共有上市公司 954 家，2012 年新上市 26 家。上市股票数 998 只。股票市价总值 158698.44 亿元；流通市值 134294.45 亿元。上市公司总股本 24617.62 亿股，流通股本 19521.34 亿股，流通股本占总股本的 79.30%。一大批国民经济支柱企业、重点企业、基础行业企业和高新科技企业通过上市，既筹集了发展资金，又转换了经营机制。

迈入新世纪后，上证所肩负着规范发展市场的艰巨任务，也面临着进一步推进市场各项建设的良好机遇。凭借一流的硬件设施和浦东优越的区位优势与强大辐射力，凭借上海经济良好发展势头和特有的龙头效应，凭借国企改革和金融中心建设对上海资本市场的积极推动，上证所将按照坚定信心、加强监管、保持稳定、规范发展的思路，在技术、监管、人才、服务等方面多管齐下，为建设一个规范透明、高效开放、充满生机活力的世界一流交易所开启新的篇章。

大连商品交易所

DALIAN COMMODITY EXCHANGE

大连商品交易所办公大楼

大连商品交易所于 1993 年 11 月 18 日开业，是经国务院批准的四家期货交易所之一，现上市交易的有玉米、大豆(1 号、2 号)、豆粕、豆油、棕榈油、线型低密度聚乙烯、聚氯乙烯、焦炭和焦煤等期货品种。

成立二十年以来，大商所规范运营、稳步发展，已经成为我国重要的期货交易中心。截止 2012 年底，大商所共有会员 178 家，投资者开户总数 156.80 万户。2012 年单边期货成交量和成交额分别达 6.33 亿手和 33.32 万亿元。根据美国期货业协会(FIA)统计，2012 年大商所在全球衍生品交易所中排名第 11 位。

长期以来，大商所始终坚持服务实体经济的方向，始终坚持防范市场风险、维护市场“三公”原则，始终坚持“两手抓”、统筹好新品种开发和老品种维护，不断提升市场运行质量，提高服务实体经济的能力。目前，在大商所上市交易的相关期货品种价格已成为国内市场的权威价格，为农民种地卖粮、企业提供了价格的“指南针”和经营的“避风港”，并为国家宏观调控提供了有效价格参考。

2005 年起，大商所先后面向东北粮食主产区开展了以培训期货知识、免费信息服务及推动“公司 + 农户、期货 + 订单”模式试点为内容的“千村万户”市场服务工程；面向产业企业开展了以现代市场经营和期货市场参与模式推广为内容的“千厂万企”市场服务工程；通过每年举办的塑料、焦炭、玉米和油脂等四个产业大会，积极探索市场服务产业的新路，促进期现对接融合；大商所还通过开办期货学院，为期货公司和现货企业培训期现专业人才。

www.dce.com.cn

地址: 中国大连会展路129号　　邮编: 116023

电话: 0411-84808888　传真: 0411-84808588

2011 年 4 月 11 日中国证监会主席尚福林为大商所焦炭期货开盘交易鸣锣

2011 年 7 月 6 日，大商所与 FOW 在大连召开“2011 中国及全球衍生品市场发展论坛

今年来，交易所加快品种创新步伐，目前国务院已同意鸡蛋品种上市，交易所已做好上市准备；证监会已就我所铁矿石、木材纤维板、胶合板品种上市征求相关部委意见；聚丙烯品种已完成立项，棉纱线、玉米淀粉、淀粉糖、生猪、肉鸡等农产品，石油液化气、尿素等能源化工品种也在积极研究推进中；期权、指数等交易方式创新也在持续推进中。

2007 年 8 月国务院批准的《东北地区振兴规划》中提出要“依托大连商品交易所，大力发展期货贸易，建设亚洲重要的期货交易中心”；2009 年国务院通过的《辽宁沿海经济带发展规划》、《关于进一步实施东北地区等老工业基地振兴战略的若干意见》及 2012 年《东北振兴“十二五”规划》进一步对大商所建设亚洲重要期货交易中心提出了要求。新的形势下，大商所正以建设亚洲及全球重要期货交易中心为目标，以治理结构完善和多层次市场建设为契机，以品种、制度、技术和服务创新为动力，努力将交易所建成国际一流的期货市场，为相关产业和实体经济发展做出更大的贡献！

中国北车股份有限公司
China CNR Corporation Limited

董事长：崔殿国先生

中国北车股份有限公司是经国务院同意，国务院国资委批准，由中国北方机车车辆工业集团公司联合大同前进投资有限责任公司（现已更名为北京北车投资有限责任公司）、中国诚通控股集团有限责任公司和中国华融资产管理公司，于2008年6月26日共同发起设立的股份有限公司。经中国证监会核准，中国北车于 2009 年 12 月 29 日在上海证券交易所上市。目前公司注册资本103.2亿元。总部设在北京。

中国北车是中国轨道交通装备制造行业的领军企业，也是世界轨道交通装备制造行业的重要成员。现有下属企业 26 家，其中全资子公司 20 家，控股公司 5 家，分公司 1 家。主要经营：铁路机车车辆（含动车组）、城市轨道车辆、工程机械机电设备、电子设备及相关部件等产品的研发、设计、制造、维修及服务；相关产品销售、技术服务及设备租赁业务；进出口业务，与以上业务相关的实业投资；资产管理；信息咨询业务。

中国北车汇集了一大批机车车辆专业及其它学科技术人才，技术开发实力雄厚，取得了一大批国家级重大科研成果。在首批“十一五”国家科技支撑计划重点项目立项中，承担了轨道交通运输装备所有自主研发项目。“机车战略超越，客车再创辉煌，货车持续领跑”战略取得显著成果。拥有时速 200 公里和时速 300 公里两个速度等级具有国际一流水平的动车组产品技术平台，自主研发了具有自主知识产权的高速动车组系列产品。CRH380BL 型高速动车组创造了时速 487.3 公里的“世界铁路运营试验最高速”，并成功投入京沪高铁运营。时速 400 公里高速综合检测列车被列入国家“十一五”重大科技成果。CRH3 型高速动车组承担了京津、武广、沪宁等铁路客运专线运营任务。CRH5 型动车组承担了京哈、京广、秦沈、石太等客运专线的运营任务；拥有 4 个国际一流的交流传动大功率机车产品技术平台，研制的和谐型系列大功率交流机车累计签单量占中国铁路市场采购总量的 64% 以上，是中国铁路干线货运的主力。“HXD3 型大功率交流传动电力机车”项目荣获国家科技进步一等奖；持续领跑中国铁路货车技术发展方向，搭建了具有国际先进水平的货车产品技术平台，设计开发了中国铁路 80%以上的货车车辆品种；城轨车辆研制始终保持行业领先地位，是国内唯一能够生产所有牵引方式、所有车体材质的城轨车辆企业，满足了国内外不同用户对城市轨道交通发展的需求。同时，依托核心技术优势，不断向相关多元化领域延伸，机电装备、工程机械等相关产业都呈现出良好的发展势头。国际市场快速拓展，产品出口全球五大洲 60 多个国家和地区。内燃机车、客车、货车批量进入发达国家市场。城轨地铁车辆成功打入香港、沙特等世界城轨地铁高端市场。大功率交流传动电力机车首次进军欧洲市场。在海外建立合资企业，实现了技术输出。骨干企业技术装备达到国际先进水平，机械加工、铸锻、钢结构制造和组装、电机电气等有显著优势。目前，中国北车拥有年新造电力和内燃机车 1000 台，动车组、铁路客车和城市轨道车辆 4000 辆，各型货车 30000 辆的能力；拥有年修理机车 800 台，动车组及各类轨道客车 2000 辆，各型货车 32000 辆的能力。同时，具有较强的配件配套生产能力。

广深铁路股份有限公司

GUANGSHEN RAILWAY COMPANY LIMITED

本公司于 1996 年 3 月 6 日按照《中华人民共和国公司法》在中国深圳市注册成立。

1996 年 5 月，公司发行的 H 股和美国存托股份分别在联交所和纽交所上市；2006 年 12 月，公司发行的 A 股在上交所上市。公司是目前中国唯一一家在上海、香港和纽约三地上市的铁路运输企业。

公司主要经营境内铁路客货运输业务及与香港铁路有限公司合作经营过港直通车旅客列车运输业务，并为国内其他铁路公司提供铁路运营服务。公司亦经营铁路设施技术综合服务、商业贸易及兴办各种实业等与公司宗旨相符的其他业务。

公司独立经营的深圳—广州—坪石铁路，营业里程 481.2 公里，纵向贯通广东省全境。其中广坪段为中国铁路南北大动脉——京广线南段；广深段是目前中国内陆通往香港的唯一铁路通道，连接京广、京九、三茂、平南、平盐和香港铁路，是中国铁路交通网络的重要组成部分。

客运业务是公司最主要的运输业务。截止 2012 年 12 月 31 日，公司每日开行旅客列车 233.5 对，其中广深城际列车 105 对(含备用线19对)，直通车13对(广九直通车11对、肇九直通车1对、京沪九直通车1对)，长途车115.5对。公司成功推行广深城际列车“公交化”方案，在客流高峰期平均每 10 分钟就有 1 对“和谐号”电动车组在广深间开行。

股票简称：广深铁路　股票代码：601333

营口港务股份有限公司

YKPLC

营口港务股份有限公司是 2000 年 3 月 6 日经辽宁省人民政府辽政 [2000]46 号文批复，由营口港务集团有限公司作为主发起人，联合其他四家公司共同发起设立的股份有限公司。公司于 2000 年 3 月 22 日在辽宁省工商行政管理局登记注册成立，注册资本为 15,000 万元，总股本 15,000 万股。营口港务股份有限公司的成立标志着营口港向资本市场迈出了关键的一步。经营范围：港口装卸、堆存、运输服务，钢结构工程，机件加工销售，港口机械、汽车配件、钢材、建材、橡胶制品销售，苫垫及劳保用品制作、销售，尼龙绳生产、销售等。

一、正式上市，向资本市场迈进第一步

2002 年 1 月，经中国证监会证监发行字 [2001]102 号文批准，公司公开发行人民币普通股 10,000 万股，发行价格为 5.9 元/股，公开发行后公司总股本为 25,000 万股。2002 年 1 月 31 日，公司 10,000 万股社会公众股在上海证券交易所上市流通。股票代码 600317，简称“营口港”。

公司上市之初，就确定了公司的发展模式，即集团公司和上市公司同步发展的模式。利用上市公司在资本市场的融资平台，通过直接融资解决上市公司发展的资金问题，并将集团公司优质资产不断注入上市公司。港口行业作为基础性行业，建设的周期比较长，风险系数比较大，不确定因素比较多，把这些不利因素由集团公司承担，待资产建设完毕后再注入上市公司，形成收购之后就能马上产生效益的有利局面。这样的方式保证了上市公司的快速发展，为上市公司的资本运作提供了更大的舞台。

二、发行可转债，不断扩大公司股本规模

公司成立的时候，所涉及的生产领域都为大宗散杂货业务，生产领域比较单一。为了扩大公司的生产规模，保证公司盈利能力的快速提高，实现公司的可持续发展，公司董事会经过严谨的论证，决议发行可转换公司债券。2004 年 5 月，公司发行 70,000 万元可转债，可转债募集资金用于收购集团公司的三期工程多用途泊位和成品油及液体化工品码头相关的在建工程并进行后续建设。

通过此次的收购，公司进一步扩充到集装箱、油品和液体化工品领域，成为多功能综合性的港口公司。公司的经营业绩有了较大的增长，保证了公司的可持续发展。

三、完成股权分置改革，公司治理更加规范

公司于 2005 年 9 月份制订了股权分置改革草案，开始进入申报程序。11 月末取得辽宁省及吉林省国资委的原则同意。此后，经过与机构投资者“一对一”沟通、网上路演等方式对股改方案进行修改，最终确定了股改方案。12 月，公司股改方案以 98.93% 的比例一次性顺利通过股东大会审议。2006 年 1 月，公司完成股权分置改革。

营口港股权分置改革方案充分考虑并保护了流通股股东、非流通股股东、可转债持有人及上市公司这四个方面的权益。股改使股东利益更加趋于一致，公司治理更加规范，企业经营目标更加明确。

四、重大资产购买，进一步扩大公司生产规模

为了实现公司的可持续发展，消除同业竞争，向整体上市目标迈进，2008 年公司通过定向发行股份和支付现金相结合的方式，购买港务集团公司鲅鱼圈港区 16＃、17＃、22＃、46＃、47＃、52＃、53＃共计 7 个泊位的资产和业务。

这次收购上述泊位后，实现了营口港鲅鱼圈港区泊位资源及港口业务的整合，公司拥有了散杂货深水泊位，成品油及液体化工品泊位和集装箱专业泊位，综合吞吐能力将得到了极大的提高，增强了企业核心竞争力，确保了公司的可持续发展和提升了行业竞争力。同时，减少了关联交易，有效避免同业竞争。

五、发行公司债券，调整负债结构

为调整负债结构，缓解短期偿债压力，降低财务费用，2008 年末，公司决定申请发行公司债。2008 年 12 月，发行 12 亿元公司债的议案经 2008 年第二次临时股东大会审议通过。2009 年 12 月 2 日，10 月，发行公司债的申请顺利通过中国证监会的审核。2010 年 3 月 23 日，公司债正式上市，简称为“10 营口港”。

公司债的成功发行，调整了公司负债结构，缓解了短期偿债压力，有利于公司进一步的发展。

六、重大资产重组，进一步避免同业竞争，扩大公司生产规模

为进一步减少关联交易，有效避免与港务集团的同业竞争，提升公司的综合竞争力，增强持续盈利能力和持续发展能力，迅速扩大公司资产规模，增强资本实力和经营能力，有效促进上市公司做大做强。2012 年公司通过定向发行股份的方式，购买了港务集团公司鲅鱼圈港区拥有的 54#—60# 共计 7 个泊位的资产和业务。

本次公司购买的 7 个泊位中，5 个为集装箱泊位，2 个为可兼做集装箱的泊位，交易完成后，公司在全球经济复苏及我国促进经济转型的背景下，集装箱将成为增速较快的货种，成为公司继续发展的主要驱动力，将进一步提升公司的吞吐能力，增强公司的综合竞争力。

七、把握历史机遇，开创科学发展的美好未来

国家制定的《东北地区振兴规划》政策的实施、建设辽宁沿海经济带上升为国家战略等将为公司的发展带来全新的机遇。公司位于环渤海经济圈与东北经济区的交界点，是东北地区最近的内陆出海口，且周边交通比较发达，具有非常明显的自然条件和区位优势。随着东北老工业基地的振兴、辽宁沿海经济带的建设，腹地经济将呈现快速发展态势，腹地的吞吐量将保持增长，由此公司吞吐量亟需提高，规模亟需扩大，以满足不断增长的货源要求。

面对历史赋予难得的机遇，面对千载难逢的发展契机。营口港将充分依托《振兴东北老工业基地》和《辽宁沿海经济带发展规划》两大国策，利用东北地区最近的出海口这一良好的区位优势，不断发展公司生产规模，大力建设适应区域经济发展所需的大型化、深水化、集装箱化码头，充分发挥港口的辐射和聚集作用，带动腹地临港工业的发展，通过港口经济本身的乘数效应，临港产业集群的集聚效应，循序渐进的示范效应，促进区域经济一体化，从而推动营口地区乃至辽宁中部城市群的发展，进而推动辽宁省甚至东北地区经济的发展。

www.ykplc.com

董事长、总裁刘相学先生

公司简介 >>

鲁银投资集团股份有限公司是 1993 年 3 月经山东省人民政府批准以定向募集方式设立的股份有限公司。公司于 1996 年 12 月公开发行 A 股，并在上海证券交易所挂牌交易，公司注册资本 496,613,746 元。

公司秉承“为客户创造价值，为股东创造效益，为职工创造机遇，为社会创造财富”的企业宗旨，以“创蓝筹企业，铸百年鲁银，实现股东、客户、员工、社会和谐共赢”为愿景，发扬“不畏艰难，不懈追求，不断创新”的鲁银精神，精细经营，规范运作，通过强化内部管理、优化产业结构，努力打造公司健康、快速、可持续发展之路。

公司位于济南市经十路 10777 号，总部设 8 个部门，下辖有带钢分公司、粉末冶金有限公司、禹城粉末冶金制品公司、山东省鲁邦房地产开发有限公司、禹城羊绒纺织有限公司、山东毛绒制品有限公司、青岛豪杰矿业有限公司、山东鲁银文化艺术品有限公司、济南市市中区鲁银小额贷款有限责任公司等 20 家全资或控股子分公司。

主要经营范围：股权投资、经营与管理；投资于高新材料、生物医药、网络技术等高科技产业；高科技项目的开发、转让；机械、电子设备的销售；批准范围内的进出口业务；热轧带钢产品的生产、销售；羊绒制品的生产、销售。

房地产开发

羊绒纺织

铁矿开采

公司羊绒产业是全国最大的半精纺羊绒纱生产基地之一，年生产能力毛纱 1500 吨、毛衫 35 万件。羊绒产业为国家半精纺行业标准起草单位，被中国毛纺织行业协会授予“改革开放三十年推动中国纺织产业升级重大技术进步奖”，荣获中国纺织工业协会组织评选的“产品开发贡献奖”。

公司控股的青岛豪杰矿业有限公司拥有面积为 15.1 平方公里区块的探矿权，勘探区块内已探明铁矿储量 484.5 万吨。随着生产和勘探的开展，将逐步形成年产 40 万吨左右铁精粉生产能力。

山东鲁银文化艺术品有限公司主要从事艺术品拍卖、收藏、鉴赏、投资、交易及文化艺术类研讨运营，致力于推介中华文化艺术之精髓，打造艺术的鉴赏、收藏、投资平台，大力促进我省文化产业的发展。

济南市市中区鲁银小额贷款有限责任公司于 2012 年 9 月份开业，坚持为“三农”和小企业服务的原则下办理各项小额贷款，开展小企业发展、管理、财务等咨询业务及其他经批准的业务。小额贷款公司的成立，将为加快地方经济发展发挥积极的促进作用。

股权投资方面，公司参股多家上市公司，持有烟台万润精细化工股份有限公司、山东省中鲁远洋渔业股份有限公司、山东航空股份有限公司等公司股权。

日照港

RIZHAO PORT

股票简称：日照港

股票代码：600017

日照港股份有限公司是山东省人民政府批准，由日照港集团有限公司(原日照港务局)为主发起人，联合兖矿集团有限公司、中国中煤能源集团公司（原中国煤炭工业进出口集团公司）、淄博矿业集团有限责任公司、山西潞安矿业(集团)有限责任公司、山西晋城无烟煤矿业集团有限责任公司等五家法人单位共同以发起设立方式设立，并于2002年7月15日取得山东省工商行政管理局颁发的企业法人营业执照。公司目前注册资本为3,075,653,888元。

董事长：杜传志先生

日照港位于中国海岸线中部、山东半岛南翼，隔海与日本、韩国、朝鲜相望。港区湾阔水深，陆域宽广，不冻不淤，全年作业天数在300天以上，是我国不可多得的天然深水良港，为全国沿海20个主枢纽港之一。被国家确定为“新亚欧大陆桥东方桥头堡”。

公司目前拥有生产性泊位39个，拥有正式员工5166人，总设计吞吐能力1.19吨，其中拥有20万吨级、30万吨级的矿石专用泊位各1个、10万吨级煤炭专用泊位2个，5万吨煤炭专用泊位1个，其他通用泊位34个。截止2013年12月，公司资产总额约150亿元，净资产约100亿元。目前公司主要经营矿石、煤炭、水泥、镍矿、铝钒土、钢材、焦炭、粮食、木材、木片等大宗散杂货装卸、堆存业务。历经多年发展，公司现已成为国内最大的铁矿石中转港之一，年中转铁矿石近1.4亿吨，目前外贸进口铁矿石吞吐量居全国第一位；镍矿、木片、大豆吞吐量也居全国沿海港口首位。2013年度，公司共完成货物吞吐量约2.4亿吨。

日照港”股票于2006年10月17日在上海证券交易所挂牌上市，发行人民币普通股2.3亿股，募集资金10.81亿元。公司是《证券发行与承销管理办法》实施后的首家IPO试点企业，股权分置改革以来山东登陆境内市场第一股，也是目前为止山东省唯一的港口上市企业。

随后于2007年10月又成功发行了880万份分离交易可转换公司债券，募集资金8.8亿元。2008年认股权证部分行权，募集资金419.16万元。2009年8月公司成功采用非公开发行方式发行新股24,951万股，募集资金12.8亿元。2011年3月公司再次成功实施非公开发行股票方案，发行新股36,547.86万股，募集14.4亿元。2012年2月成功发行5亿元公司债券，发行利率为5.6%。2012年4月再次实施非公开发行股票，采用定向增发的方式收购了集团除原油、液体化工、集装箱等业务以外的其他所有港口主业资产，发行规模19亿元。2013年11月21日，公司申请发行2013年公司债券事项获证监会核准，本期债券于2014年3月3日公开发行，2014年3月5日发行完毕，发行总额为人民币10亿元。公司自2006年首发上市以来，八年累计完成八次资本运作，累计融资总额近70.85亿元，有效地改善了公司的资本结构，极大的推动了日照港的快速发展。

阳光港口 装卸真诚 · 真诚服务 创造价值 · 和谐共进 阳光远航

日照港继续保持了沪深 300 指数、上证治理指数、上证 380 指数样本股地位。2009 年荣获上海证券交易所“信息披露奖”，2010 年荣获“金蜜蜂 · 企业社会责任奖”荣誉称号，日照港履行企业社会责任实践案例入选《2010 年金蜜蜂责任竞争力案例选》。2011 年荣获上交所“董事会奖提名奖”，公司还先后三次获得了日照市政府颁发的“企业上市融资奖”。

随着全国及区域性经济战略的实施，全国沿海港口吞吐量稳步回升。目前，以日照港为出海口的国家重点工程“山西中南部铁路通道”已正式开工建设；国家正式批复的山东半岛蓝色经济区发展战略，以日照港为龙头的“鲁南临港产业带”正在形成；山东省内铁路“四纵四横”工程已经全面开工建设；落户日照市的山东钢铁集团日照精品钢基地也在推进中，这些区域经济战略的实施和重点工程的建设，必将有力地促进日照港吞吐量的快速增长，日照港将以得天独厚的竞争优势和发展潜力继续保持快速发展的势头。

文化

马应龙

MA YING LONG WEN HUA

企业精神：龙马精神

价值观：资源增值

哲学观：以真修心，以勤修为

经营观：稳健经营，协调发展

经营宗旨：为顾客创造健康，为股东创造财富，为员工创造机会，为社会创造效益。

传承四百多年的历史文化，马应龙逐步形成了独特的企业文化体系。公司秉承“为顾客创造健康，为股东创造财富，为员工创造机会，为社会创造效益”的经营宗旨，倡导“以真修心，以勤修为”的哲学观，倡导“稳健经营、协调发展”的经营观，倡导“资源增值”的价值观，弘扬“龙马精神”的企业精神。马应龙将以实现中药现代化为己任，在品牌经营战略的指引下与时俱进，继往开来。

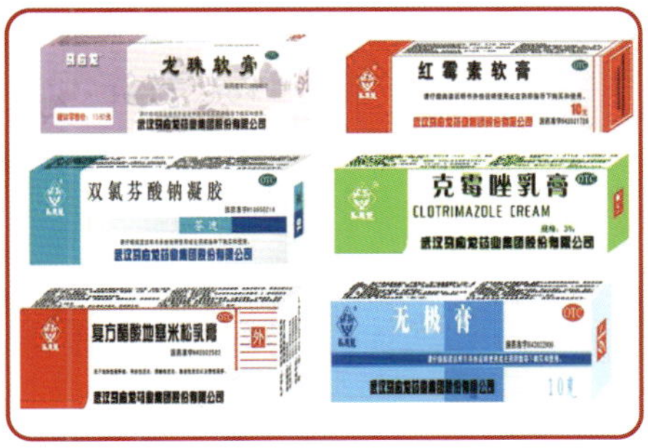

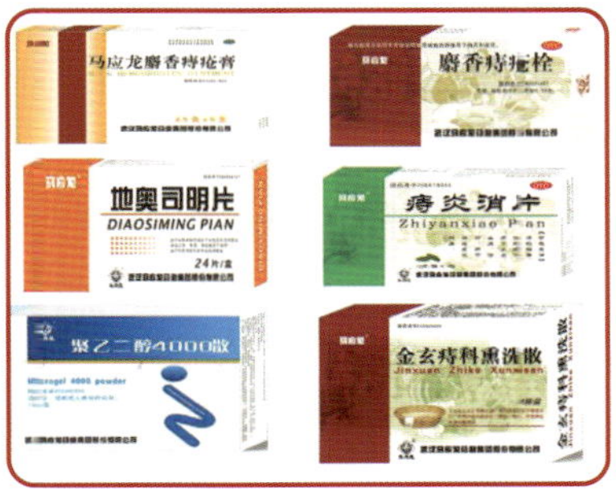

2013
中國證券業年鑒
CHINA SECURITIES YEAR BOOK

上

总第二十一期

图书在版编目(CIP)数据

中国证券业年鉴. 2013/ 中国证券业年鉴编辑委员会 编.
上海:复旦大学出版社, 2014.4
ISBN 978-7-309-10458-5

Ⅰ.①中… Ⅱ.①中… Ⅲ.①资本市场—中国—2013—年鉴 Ⅳ.①F832.51-54

中国版本图书馆 CIP 数据核字(2014)第 054108 号

中国证券业年鉴（2013·总第二十一期）
中国证券业年鉴编辑委员会 编

责任编辑　岑品杰　张咏梅　鲍雯妍　宋朝阳　王雅楠
封面设计　上海众证文化传播有限公司
出版发行　复旦大学出版社有限公司出版发行
　　　　　上海市国权路 579 号　　邮编 200433
经　　销　新华书店
印　　刷　上海汉迪彩色印刷有限公司
开　　本　850mm×1168mm　1/16
印　　张　153
插　　页　230
字　　数　6650 千字
版　　次　2014 年 4 月第 1 版　2014 年 4 月第 1 次印刷

定　　价　人民币 1980 元　港币 2680 元　美元 400 元

编辑说明

《中国证券业年鉴》以客观、公正、全面、权威的历史使命，忠实记录了我国证券市场的发展轨迹，向海内外各界人士宣传、展现我国证券市场的发展成就，做出了应有的贡献；并给后人查阅、研究我国证券市场历史年度的动态，提供了权威资料。做好中国证券业历史的编辑整理工作，保证中国证券业历史记录的有序延续，是我们的历史使命。自1993年创刊以来，《中国证券业年鉴》已经逐渐成长为一个展示公司业绩、总结市场成就、记录中国证券业历史、向海内外各界人士展现和推介中国证券市场形象的权威窗口。《中国证券业年鉴》每年出版一次，分上、中、下三册向国内外公开发行。

《中国证券业年鉴》(2013 · 总第二十一期)主要反映本年度中国金融、证券、基金、期货、保险、债券市场及企业制度建设和发展方面的情况和最新动态，供海内外有关机关、社团、学校、研究部门、企事业单位及社会各界人士做进一步研究参考使用。为推动中国证券业的规范化和国际化、建设有中国特色的社会主义市场经济服务。

《中国证券业年鉴(2013)》内容设置专论、中国金融市场、中国证券市场、中国基金市场、中国期货市场、全国中小企业股份转让系统专辑、中国区域性股权交易市场专辑、中国证券业人物纪实与访谈、优秀企业选介等部分，另有彩色图片1260幅。

《中国证券业年鉴(2013)》的资料直接来源于公司的公告和报告、国务院有关部委及各省、市相关单位提供的材料，保证了《年鉴》的权威性和准确性。《中国证券业年鉴(2013)》基本保持上一期的内容和体例，同时新增了全国性场外交易市场的详细资料，进一步展现了我国构建多层次资本体系的阶段性成果。但由于中国证券业仍处于快速发展阶段，加上各地区的发展不平衡以及我们的水平有限，难免出现一些疏漏，敬请读者谅解和指正。

《中国证券业年鉴》(2013 · 总第二十一期)由上海、深圳证券交易所和中国证券业年鉴编辑委员会共同主办，总编辑由张育军、宋丽萍、杨晓嘉、刘兴强担任。在编辑出版过程中得到了国务院有关部门，中国证券监督管理委员会及各省、直辖市、自治区证监局，上海证券交易所，深圳证券交易所，香港交易所，中国证券报社，大连商品交易所，全国中小企业股份转让系统，齐鲁股权交易中心及证券界有关领导、专家的指导和支持，在此我们表示最诚挚的感谢。

中国证券业年鉴编辑部

中国证券业年鉴理事会

（以下排名不分先后）

何国纯	广西五洲交通股份有限公司	董事长
刘相学	鲁银投资集团股份有限公司	董事长
包士金	江苏吉鑫风能科技股份有限公司	董事长
石维国	中天城投集团股份有限公司	副董事长
张广慧	山西证券股份有限公司	党委书记、董事长
李晓安	华龙证券有限责任公司	董事长
杨光裕	长城基金管理有限公司	董事长
郭本恒	光明乳业股份有限公司	总裁
王文京	用友软件股份有限公司	董事长、总裁
任志强	华远地产股份有限公司	董事长
张近东	苏宁电器股份有限公司	董事长
顾伟国	中国银河证券股份有限公司	总裁
杨　剑	泰豪科技股份有限公司	总裁
洪家新	华鑫证券有限责任公司	总裁
王义芳	财达证券有限责任公司	董事长
赵学军	嘉实基金管理有限公司	总经理
刘平春	深圳华侨城股份有限公司	董事长
张相军	山东金岭矿业股份有限公司	董事长
陆　涛	金元证券股份有限公司	总裁
刘青山	泰达宏利基金管理有限公司	总经理
张　伟	鹏元资信评估有限公司	总裁助理
袁　泽	新疆新鑫矿业股份有限公司	董事局主席
焦　云	七台河宝泰隆煤化工股份有限公司	董事长
张永年	四川成渝高速公路股份有限公司	董事会秘书
李春宏	江苏连云港港口股份有限公司	董事长
杨建东	云南盐化股份有限公司	董事长
徐　华	致同会计师事务所(特殊普通合伙)	董事长
张洪起	天津鹏翎胶管股份有限公司	董事长
刘　光	东方网力科技股份有限公司	董事长、总经理
赵亚萍	渤海银行股份有限公司	托管业务部总经理
尹庆军	国金通用基金管理有限公司	总经理
张恺颙	陕西延长石油化建股份有限公司	董事长
刘世春	金融街控股股份有限公司	董事长
张增光	唐山冀东水泥股份有限公司	董事长
郑和平	山东得利斯食品股份有限公司	董事长
曾昭秦	山东天业恒基股份有限公司	董事长
邱　卫	湖南新五丰股份有限公司	董事长
王龙雏	福建省厦门象屿股份有限公司	董事长
谢长军	龙源电力股份有限公司	总经理

中国证券业年鉴编辑委员会

地　　址：上海浦东桃林路 18 号环球广场 B 座 2809 室
邮　　编：200135
电　　话：021－22819146
传　　真：021－22819145
邮　　箱：shcwq@ vip. 163. com

目 录

第一编　专　论

第二编　中国金融市场

第三编　中国证券市场

第四编　中国基金市场

第五编　中国期货市场

第七编　中国证券业人物纪实与访谈

第八编　全国中小企业股份转让系统专辑

第四章 主办券商 …………… 2277

插页目录

上　册

中 册

下 册

中国证券业年度人物

精致服务
携手创富

Haier
一个世界一个家

企业简介

QIYEJIANJIE

股票简称：青岛海尔
股票代码：600690

董事长：梁海山先生

青岛海尔股份有限公司成立于1989年4月28日，它是在对原青岛电冰箱总厂改组的基础上，以定向募集资金方式设立的股份有限公司。1993年11月19日，青岛海尔股份有限公司在上海证券交易所上市，募集资金3.69亿元，股票简称：青岛海尔，股票代码：600690。截至2013年6月30日，青岛海尔总股本为2,695,909,540股；总资产为541.79亿元；净资产为122.81亿元。

在全球市场，根据世界权威市场调查机构欧睿国际（Euromonitor）发布的全球家电市场调查结果显示：海尔大型家用电器2012年在全球市场的品牌零售量份额为8.6%，第四次蝉联全球第一。按品牌零售量统计，海尔冰箱、洗衣机、酒柜、冷柜四类产品的全球市场占有率继续蝉联第一，其中，海尔冰箱2012年品牌零售量占全球市场的14.8%，第五次蝉联全球第一；海尔洗衣机2012年品牌零售量占全球市场的11.8%，第四次蝉联全球第一；海尔酒柜制造商及品牌零售量占全球市场的15.3%，第三次登顶全球第一；海尔冷柜2012年品牌零售量占全球市场的18.6%，第二次跃居全球第一。

自公司创立以来，始终坚持以用户需求为中心的创新体系驱动企业持续健康发展，从一家资不抵债、濒临倒闭的集体小厂发展成为全球最大的家用电器制造商之一；在品牌、渠道网络建设、技术研发、运营模式等方面持续创新、构筑适应时代变化的企业竞争力，穿越周期实现可持续发展。

(1)品牌竞争力：海尔是世界白色家电第一品牌。按品牌统计，海尔多年蝉联全球销量最大的家用电器品牌(数据来源：欧睿国际)。根据家电家居一体化和消费者需求多样化发展趋势，深入推进多品牌运作策略，搭建多层次的品牌体系。

(2)技术竞争力：在互联网时代，海尔打造开放式的自主创新体系支持品牌和市场拓展。截止到2012年底，海尔国内累计申请专利13952项，其中发明专利4716项，稳居中国家电企业榜首。其中仅2012年国内申请专利1634项，其中发明专利541项。截止2011年，累计提报77项国际标准提案，其中27项已经发布实施，是中国申请专利和提报国际标准最多的家电企业。在全球白色家电领域，海尔正在成长为行业的引领者和规则的制定者。

(3)产品竞争力：坚持产品引领战略并适应时代，从卖产品向为消费者提供成套智能化家电解决方案转变，产品生产线覆盖冰箱、冷柜、洗衣机、空调、热水器、厨房电器、小家电、U-home智能家居业务等，能够为消费者提供智能化家电成套解决方案。海尔冰箱、冷柜、洗衣机、热水器业务市场份额位居行业第一、海尔空调市场份额位居行业前三。

(4)网络竞争力：构筑全流程用户体验驱动的虚实网融合竞争优势。海尔实网即营销网、物流网、服务网，覆盖全国大部分城市社区和农村市场，海尔在全国建设了8000多家县级专卖店、3万家乡镇网络；在全国建立90余个物流配送中心，2000多个二级配送站，可以保障24小时之内配送到县，48小时之内配送到镇，实现即需即送、送装一体化；在全国共布局超过15000多家服务商，保障随叫随到，为用户提供及时上门、一次就好的成套精致服务。海尔的虚实网融合的优势实现了企业与用户的零距离。

(5)文化竞争力：公司始终坚持创业、创新精神、始终致力于成为适应时代的企业，先后实施名牌战略、多元化战略、国际化战略和全球化品牌战略，在互联网突飞猛进的今天，公司适应时代进入网络发展战略阶段，利用互联网优势整合全球资源创新创业。海尔管理模式也从日清管理法、OEC管理模式、市场链管理发展到人单合一双赢管理模式。人单合一双赢模式的实施进一步提升了海尔对互联网时代用户需求的响应速度。

天津天士力制药股份有限公司
TIANJIN TASLY PHARMACEUTICAL CO.,LTD.
www.tasly.com

追求天人合一 提高生命质量

天士力倡导并推动实施项目化管理，经过4年的组织变革项目，已完成对原组织结构的重构，在原等级形态的母体组织中嵌入了项目型组织的特征，形成了扁平的、矩阵型的柔性组织结构，打破了部门和层级间的界限，将企业内部的各利益团体通过项目的方式连接起来消除了协作和沟通的阻碍，为企业带来了显著的经济效益和社会效益。

中医药文化的丰碑——
大世界基尼斯之最《中华医药图》巨型浮雕坐落于天士力现代中药城产业园

归心坛

天士力"在小小的滴丸中滴进了丰田汽车、戴尔电脑和IBM的管理思想"(引自《福布斯》)，公司先后获得"中国最有投资价值企业"、"中国十佳最重分红回报上市公司"、入选2006《福布斯》首届"中国顶尖企业榜"100强，并于2006年获得"IPMA国际项目管理大奖银奖"(Prize Winner)；2007年天士力入围第三届新财经"漂亮50"获奖企业榜单；公司首批入选"上证公司治理板块"样本股。2009、2010连续两年入选上交所"上市公司董事会奖提名奖"，2011年入选上交所"上市公司董事会奖"。

"基础市场在国内，目标市场在国外"。天士力经过十多年的发展，经过多年的国际市场的探索，在产品体系、人才优势、营销模式以及市场基础等方面，已经基本具备了全面进入国际化的条件，天士力将继续在中药现代化与国际化的道路上进行更多的有益探索。

天士力现代中药城产业园

中国驰名商标

SUN ASIA 圣亚®

大连圣亚旅游控股股份有限公司(以下简称“大连圣亚”)成立于 1994 年 1 月，是国内第三代水族馆的开创者，海洋极地主题乐园的领跑者，东北旅游业唯一一家上市公司。现有 7 家控股子公司，4 家参股公司，员工 400 余人，资产总值 7 亿元，年营业收入超过 2 亿元。

圣亚自成立以来，始终专注于旅游服务业，目前建成运营的景区景点有：

1. 大连：圣亚海洋世界景区(AAAA 级景区，包括圣亚海洋世界、极地世界、珊瑚世界、深海传奇四个场馆)、恐龙传奇(多媒体互动体验项目)、恐龙世界(户外儿童主题乐园)。
2. 哈尔滨：哈尔滨极地馆(AAAA 级景区，大连圣亚全资子公司)。

经过多年的积累，目前，在水族馆行业，大连圣亚拥有独特的人才培养模式和健康的技术人才梯队，在企鹅繁育、斑海豹繁育等多个领域拥有毋庸置疑的技术领先优势，是唯一国家级南极企鹅种源繁育基地，以及国内首家进行斑海豹卫星标记放流科研的水族馆。

此外，大连圣亚在人造景观、海洋生物展示、动物表演等各个方面始终坚持文化内涵与娱乐价值的融合，让游客在游览体验的过程中感受、了解海洋文化，这已经成为大连圣亚旅游产品的鲜明特征与核心竞争力。

股票简称：大连圣亚　股票代码：600593

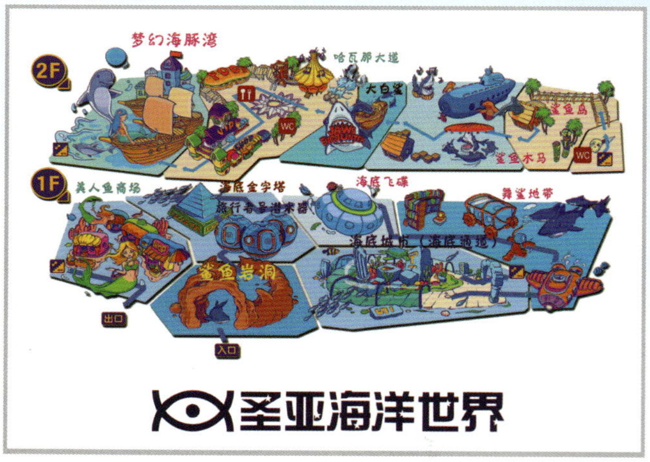

www.sunasia.com

中国驰名商标

大连圣亚®旅游控股股份有限公司

DALIAN SUN ASIA TOURISM HOLDING CO.,LTD.

大连圣亚的动物表演在业内树立了新标杆。大连本部项目拥有三大主打表演：浪漫唯美的《海豚湾之恋》(海豚、白鲸主演)，幽默搞笑的《功夫海象》(海象、海狮主演)，震撼的《白鲸传奇》(白鲸水下表演)；哈尔滨极地馆则拥有《海洋之心》(白鲸水下表演)、《疯狂海狮总动员》、《鳐鱼的冰海世界》等七大主题表演。这些表演都具有鲜明的共同持征：景观式表演；原创剧情；动物角色化演出，并与人的表演巧妙结合；融汇多种艺术形式；采用专业舞美设备；注重与游客的互动。其中大连本部的《功夫海象》打造了国内唯一"功夫海象"，并创意开发了海象模仿迈克尔·杰克逊跳舞的全国独一无二的表演行为。哈尔滨极地馆的《海洋之心》与大连本部的《白鲸传奇》则打破了国内外鲸豚表演中白鲸充当配角的传统，率先将白鲸表演从水上"移植"到水下，策划了浪漫动人的剧本，并创意开发了多个全新行为，带给游客美的享受与爱的震撼，至今仍是国内外白鲸表演不可逾越的经典。

未来，公司将加速推进海洋文化旅游产业建设，开发一系列具有自主知识产权的原创角色衍生品，包括图书、动漫、游戏、玩具等，并进军影视业，形成集出版物和音像制品市场、动漫作品的影视播出市场、主题公园及动漫形象衍生品的开发营销这三大市场为一体的完整产业链。通过各产业之间的相互影响，大连圣亚将积极培育相关高端人才，增强企业原创能力和竞争力，努力成为东北乃至全国重要的海洋文化旅游产业基地。

广西五洲交通股份有限公司

股票简称：五洲交通
股票代码：600368

董事长：何国纯先生

广西五洲交通股份有限公司（以下简称“公司”）是广西唯一一家经营收费公路的上市公司，股票简称：五洲交通，股票代码：600368。公司于1992年12月成立，2000年12月股票在上海证券交易所上市。公司于2008年3月发行5.4亿元可转债，2009年7月，其中538,596,000元按4.71元每股转为公司股票。目前公司总股本833,801,532股，全部为无限售条件的流通股。公司主要股东为广西交通投资集团有限公司、华建交通经济开发中心、广西国宏经济发展集团有限公司。

公司经营范围为：经营收费公路、桥梁；对公路、桥梁、站场、港口、码头等交通基础设施投资、经营；房地产开发；建材、建筑设备、施工机械设备、五金交电、百货购销。

公司目前直接经营的三条收费公路为平王路、金宜路和南梧路部分路段。平王路是广西南宁至柳州高速公路小平阳至王灵段，全长29.44公里；金宜路起于广西宜州市城西收费站，终于广西河池市东面的百旺村，全长为67.73公里；南梧路全长384公里，公司拥有南梧路的五塘至新桥路段、黎塘绕城路、贵港绕城路。

公司积极开拓进取，充分利用资金优势，发挥资本市场的融资作用，加强主营业务，拓展多元经营，激活新的利润增长点，采取合资合作的形式，当前对高速公路、物流和地产及其他业务进行投资。

全资拥有广西南宁（坛洛）至百色高速公路：该公路全长187.62公里，总投资51.53亿元（其中资本金18.04亿元），已于2007年12月28日建成通车。公司原参股32%投资该路段，2010年公司以自有资金收购该路段运营公司广西坛百高速公路有限公司（以下简称“坛百公司”）68%股权，坛百公司成为本公司全资子公司。

www.gxjttzjt.com

地址：中国广西南宁市金浦路22号　邮编：530028

电话：0771-5811901　E-mail:gxjttzjt@163.com

中国—东盟自由贸易区凭祥物流园

控股广西筋竹至岑溪高速公路：经中国证监会批准，公司于 2008 年 3 月发行 5.4 亿元的可转换公司债券，所募集的资金扣除承销费用后全部投资建设筋竹（粤桂界）至岑溪高速公路项目。该项目总投资 19.16 亿元，其中项目资本金约 8.2 亿元，公司出资 70.74%。筋竹至岑溪高速公路于 2007 年 10 月动工建设，于 2010 年 4 月 13 日正式通车运营。

控股中国 – 东盟自由贸易区凭祥国际物流园：公司投资控股广西万通国际物流有限公司（以下简称“万通公司”）70%股权。中国东盟自由贸易区凭祥国际物流园是万通公司通过其合资子公司广西凭祥万通国际物流有限公司建设和经营的项目，目前公司已投入 1.75 亿元建设经营中国 - 东盟自由贸易区凭祥国际物流园项目，该项目一期工程已于 2006 年 11 月投入使用。

坛百获三星服务区

开发现代国际和五洲国际等房地产项目：公司投资 5,000 万元与广西龙基置业有限公司合作建设现代国际项目，已于 2007 年末竣工交付使用。五洲国际项目由公司独资开发，位于南宁市中国东盟国际商务区的主轴线上，项目计划总投资 2.9 亿元，总建筑面积 9,4000 平方米，住宅将于 2011 年 12 月交付使用。

园区车场

控股南宁市金桥农产品批发市场：该项目由公司与南宁威宁资产经营有限责任公司联合投资，项目公司注册资本金 30,000 万元，公司出资 21,000 万元，占项目公司注册资本总额的 70%。南宁金桥农产品批发市场项目位于南宁市昆仑大道旁，该项目一期工程于 2011 年 7 月 10 日开园试业。

全资设立五洲房地产有限公司：该公司成立于 2009 年 11 月 9 日，注册资本 5000 万元，为公司全资设立。该公司主营房地产开发和物业服务，目前主要经营钦州市政基础设施代建项目及受公司委托代建自治区政府机关事务管理局大板一区和新竹小区两个危旧房改造项目。

以上项目投资效益的显现，将使公司持续盈利、稳步发展，从而为公司全体股东带来更好的投资回报。

江苏宁沪高速公路股份有限公司

Jiangsu Expressway Company Limited

董事长:杨根林先生

总经理:钱永祥先生

江苏宁沪高速公路股份有限公司成立于1992年8月，注册资本人民币50.38亿元，是目前江苏省唯一在沪、港、美两地上市三地交易的交通基础设施类公司。公司主要业务是收费路桥的投资、建设、营运和管理，公司核心资产是沪宁高速公路江苏段，另外还拥有312国道沪宁段、锡澄高速公路、广靖高速公路、宁连公路南京段、苏嘉杭高速公路江苏段以及江阴长江公路大桥等位于江苏省内的收费路桥全部或部分权益。目前公司管理的公路里程已超过700公里，总资产达到249亿元，是我国公路行业境内上市公司中资产规模最大的公司之一。

公司宗旨：致力于提供优质的高速公路服务，不断提升企业价值，为社会的和谐与发展做出贡献。

核心价值观：顾客至上　持续增长　社会责任

www.jsexpressway.com

地址: 江苏省南京市栖霞区仙林大道6号　邮政编码: 210049　信箱: nhgs@nhgs.cn

电话: 86-25-84362700　传真: 86-25-84466643(董秘室)　84207788(总经理办公室)

真心实意 同心协力 尽心守职
股票简称：宁沪高速 股票代码：600377

为信任奉献回报
太和門

我们是一支“专业、纪律、协作”的团队
我们有一种“激情、包容、关爱”的文化
交银施罗德基金，致力于专业的投资和研究，策略前瞻，一路领航。
Chrysalis

泰达宏利基金管理有限公司
MANULIFE TEDA FUND MANAGEMENT CO., LTD.

总经理：刘青山先生

泰达宏利基金管理有限公司 成立于 2002 年 6 月，是中国首批合资基金管理公司之一，注册资本 1.8 亿元人民币，中方股东为天津泰达旗下的北方国际信托股份有限公司，持股比例为 51%，外方股东为宏利金融旗下的宏利资产管理（香港）有限公司，持股比例为 49%。在吸取外方股东全球投资智慧以及深刻认知中国资本市场的基础上，公司建立并拥有了一整套科学严谨的投资管理流程、先进的研究方法，并且在十年多的实践中积累了丰富的投资管理经验，取得了良好的长期投资业绩，赢得了投资者的信任。截止 2013 年底，泰达宏利资产管理规模为 392.6 亿元。

公募基金 截至 2013 年末，泰达宏利旗下共管理 21 只公募基金，其中 9 只股票型基金，3 只混合型基金，2 只指数型基金，5 只债券型基金，1 只货币市场基金和 1 只 QDII 基金，具有较为完善的产品线可供选择。2013 年 3 月 29 日，由《证券时报》“2012 年度中国基金业明星基金奖”评选活动中，泰达宏利旗下的泰达宏利价值优化型稳定类行业证券投资基金荣获“三年持续回报积极混合型明星基金”。2013 年 3 月 30 日，由《中国证券报》举办的“第十届中国基金业金牛奖”的名单揭晓，泰达宏利基金管理有限公司旗下的泰达宏利价值优化型成长类行业证券投资基金荣获“五年期股票型金牛基金”。2013 年 4 月 10 日，泰达宏利风险预算混合型证券投资基金获得《上海证券报》评选的“2012 年度金基金·五年期平衡型基金奖”。

社会责任

公司自成立以来，积极投身社会公益活动。

在 2008 年 5 月的汶川地震中，公司第一时间捐助善款 60 万元，并随即开展持有人关爱 A 计划，提供寻找持有人、帮助持有人解决资产问题、提供后续帮助三阶段的服务。2010 年 4 月，青海玉树地震，公司向震区捐款 20 万元，同时，泰达宏利基金“有爱有未来——向生命致敬，为玉树祈福”的网页也正式上线，通过相关活动为震区同胞祈福。

2009 年 5 月，公司开展“有爱有未来”公益系列活动，重回四川绵阳，为安县茶坪乡小学的老师们购买办公桌椅，同时募集图书，为学校建造图书馆。

2010 年 12 月 7 日，泰达宏利再次回到四川安县茶坪小学，满载着泰达宏利所有员工及社会各界的爱——8000 册图书和 6 个乒乓球桌，在茶坪小学举办了“泰达宏利图书室”挂牌暨捐赠仪式。此外，公司还投身于推荐持有人使用绿色环保电子对账单、参与“仁者基金”助学计划资助贫困学生及捐赠电脑、学习用品等一系列公益活动。

易方达基金

国金通用基金管理有限公司
GFUND MANAGEMENT CO.,LTD.

为客户提供丰富的投资工具和便捷的服务

国金通用基金管理有限公司成立于 2011 年 11 月 2 日，注册资本 2.8 亿元。国金通用形成了明确的“国金之鹰”战略：国金通用将依托全面风险管理体系和市场化机制，开拓以量化和指数为主、兼顾固定收益的投资业务，积极探索网络金融等业务模式，并通过专户子公司和销售子公司开展财富管理新业务，为客户提供丰富的投资工具和便捷的服务。

国金之鹰

子公司：以客户需求为导向，不断开拓并夯实财富管理新业务，开启财富管理新格局。

网络金融：把握互联网金融大趋势，以创新性产品和出色的用户体验为客户提供全方位的互联网基金服务。

量化投资：以优秀的投资业绩为基石，积极发展机构投资者，打造有特色的核心竞争力。

指数投资：把握市场机遇积极发展机构投资者，通过创新性产品为客户提供丰富的投资工具。

总经理：尹庆军先生

产品情况

国金通用已经发行了国金通用沪深 300 指数分级基金、国金通用金腾通货币市场基金等 5 只产品，获得了“创新好基金”、“产品创新奖”等奖项。产品创新是国金通用战略实现的重要部署。国金通用将立足市场和自身能力，关注细分市场，坚持以客户需求为导向，通过持续的产品创新，满足客户不断升级的财富管理诉求。

www.gfund.com 客服热线：4000-2000-18
公司地址：北京市海淀区西三环北路 87 号国际财经中心 D 座 14 层

第一编

专论

营口港务股份有限公司

YKPLC

股票代码：600317　股票简称：营口港

勇立潮头敢为先　百舸争流看今朝

协办单位

专　论

2012 年国民经济和社会发展统计公报[1]

中华人民共和国国家统计局　2013 年 2 月 22 日

2012 年，面对复杂严峻的国际经济形势和艰巨繁重的国内改革发展稳定任务，全国各族人民在党中央、国务院的正确领导下，坚持以科学发展为主题，以加快转变经济发展方式为主线，按照稳中求进的工作总基调，认真贯彻落实加强和改善宏观调控的各项政策措施，国民经济运行总体平稳，各项社会事业取得新的进步，为全面建成小康社会奠定了良好基础。

一、综合

初步核算，全年国内生产总值[2] 519322 亿元，比上年增长 7.8%（见图 1）。其中，第一产业增加值 52377 亿元，增长 4.5%；第二产业增加值 235319 亿元，增长 8.1%；第三产业增加值 231626 亿元，增长 8.1%。第一产业增加值占国内生产总值的比重为 10.1%；第二产业增加值比重为 45.3%；第三产业增加值比重为 44.6%。

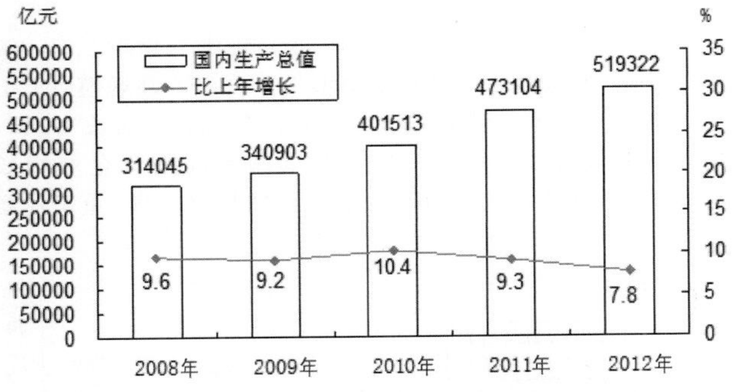

图 1　2008—2012 年国内生产总值及其增长速度

全年居民消费价格比上年上涨 2.6%。其中，食品价格上涨 4.8%；固定资产投资价格上涨 1.1%；工业生产者出厂价格下降 1.7%；工业生产者购进价格下降 1.8%；农产品生产者价格[3] 上涨 2.7%（见图 2、表 1）。

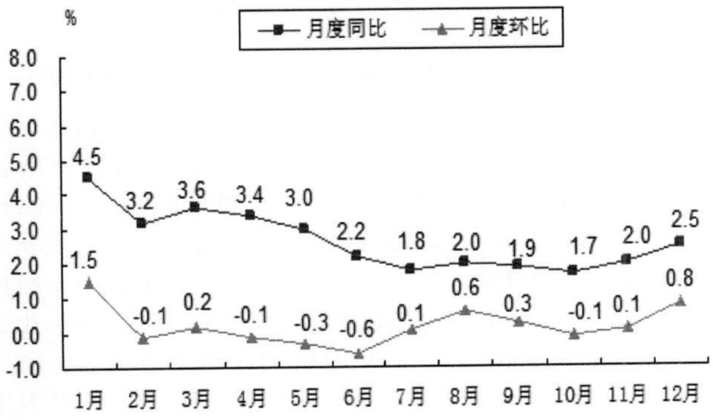

图 2　2012 年居民消费价格月度涨跌幅度

表 1　2012 年居民消费价格比上年涨跌幅度

单位：%

指　　标	全国		
		城市	农村
居民消费价格	2.6	2.7 2.5	
其中：食品	4.8	5.1	4.0
烟酒及用品	2.9	2.9	2.7
衣着	3.1	2.9	3.8
家庭设备用品及维修服务	1.9	2.1	1.5
医疗保健和个人用品	2.0	2.0	2.1
交通和通信	−0.1	−0.3	0.6
娱乐教育文化用品及服务	0.5	0.4	1.0
居住	2.1	2.2	1.9

70 个大中城市新建商品住宅销售价格月环比上涨的城市个数年末为 54 个（见图 3）。

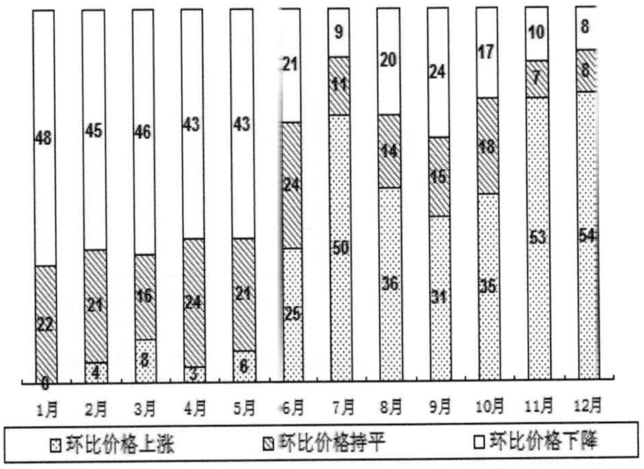

图 3　2012 年新建商品住宅月环比价格下降、持平、上涨城市个数变化情况

年末全国就业人员 76704 万人。其中，城镇就业人员 37102 万人；全年城镇新增就业 1266 万人（见图 4）。年末城镇登记失业率为 4.1%，与上年末持平。全国农民工[4] 总量为 26261 万人，比上年增长 3.9%。其中，外出农民工 16336 万人，增长 3.0%；本地农民工 9925 万人，增长 5.4%。

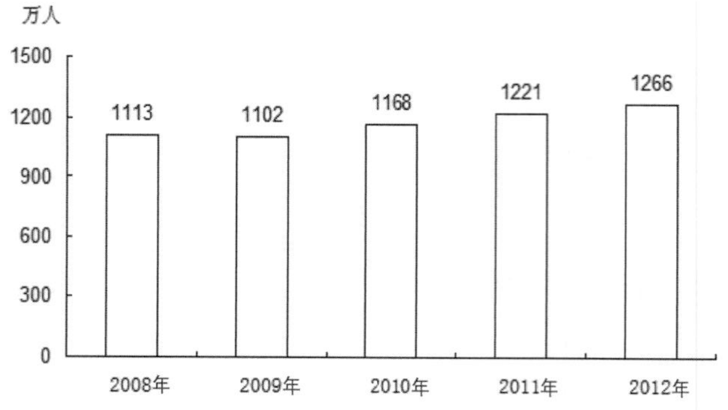

图 4　2008—2012 年城镇新增就业人数

年末国家外汇储备 33116 亿美元，比上年末增加 1304 亿美元（见图 5）。年末人民币汇率为 1 美元兑 6.2855 元人民币，比上年末升值 0.25%。

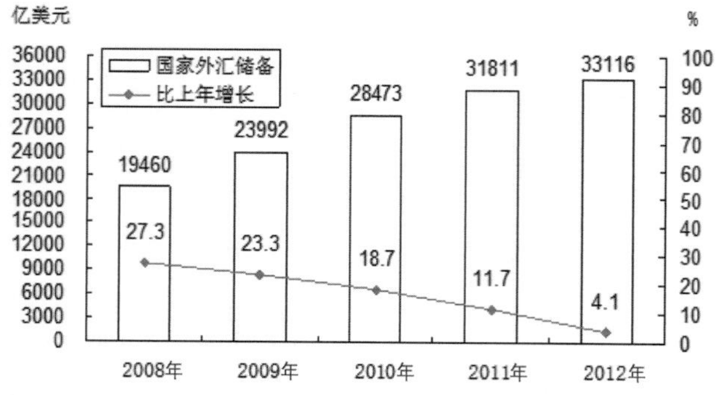

图 5　2008—2012 年年末国家外汇储备及其增长速度

全年全国公共财政收入[5] 117210 亿元，比上年增加 13335 亿元，增长 12.8%（见图 6）。其中，税收收入 100601 亿元，增加 10862 亿元，增长 12.1%。

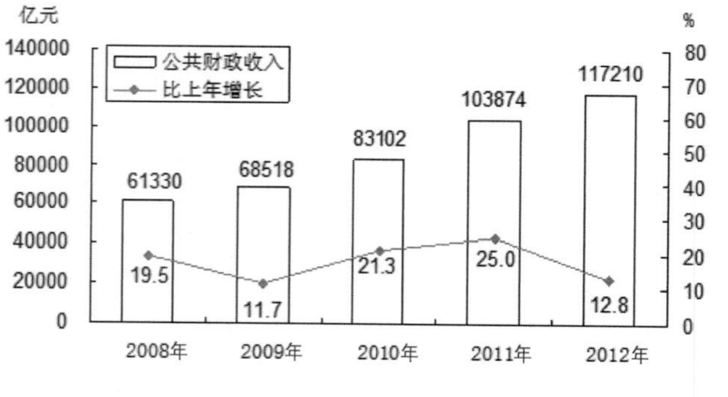

图 6　2008—2012 年公共财政收入[6]及其增长速度

二、农业

全年粮食种植面积 11127 万公顷，比上年增加 69 万公顷。棉花种植面积 470 万公顷，减少 34 万公顷；油料种植面积 1398 万公顷，增加 12 万公顷；糖料种植面积 203 万公顷，增加 9 万公顷。

全年粮食产量 58957 万吨，比上年增加 1836 万吨，增产 3.2%（见图 7）。其中，夏粮产量 12995 万吨，增产 2.8%；早稻产量 3329 万吨，增产 1.6%；秋粮产量 42633 万吨，增产 3.5%。主要粮食品种中，稻谷产量 20429 万吨，增产 1.6%；小麦产量 12058 万吨，增产 2.7%；玉米产量 20812 万吨，增产 8.0%。

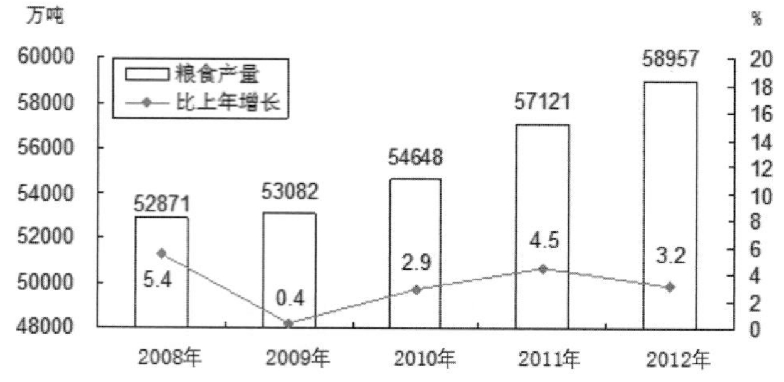

图 7　2008—2012 年粮食产量及其增长速度

全年棉花产量 684 万吨，比上年增产 3.8%；油料产量 3476 万吨，增产 5.1%；糖料产量 13493 万吨，增产 7.8%；烤烟产量 320 万吨，增产 11.5%；茶叶产量 180 万吨，增产 11.2%。

全年肉类总产量 8384 万吨，比上年增长 5.4%。其中，猪肉产量 5335 万吨，增长 5.6%；牛肉产量 662 万吨，增长 2.3%；羊肉产量 401 万吨，增长 2.0%；禽肉产量 1823 万吨，增长 6.7%。年末生猪存栏 47492 万头，增长 1.6%；生猪出栏 69628 万头，增长 5.2%；禽蛋产量 2861 万吨，增长1.8%；牛奶产量 3744 万吨，增长 2.3%。

全年水产品产量 5906 万吨，比上年增长 5.4%。其中，养殖水产品产量 4305 万吨，增长 7.0%；捕捞水产品产量 1601 万吨，增长 1.3%。

全年木材产量 8088 万立方米，比上年下降 0.7%。

全年新增有效灌溉面积 172 万公顷，新增节水灌溉面积 235 万公顷。

三、工业和建筑业

全年全部工业增加值 199860 亿元，比上年增长 7.9%（见图8）。规模以上工业增加值增长10.0%。在规模以上工业中，国有及国有控股企业增长6.4%；集体企业增长 7.1%；股份制企业增长 11.8%；外商及港澳台商投资企业增长 6.3%；私营企业增长 14.6%。轻工业增长 10.1%；重工业增长 9.9%。

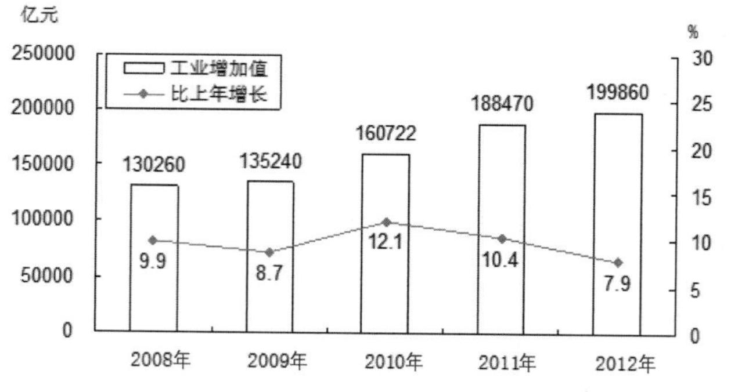

图 8　2008—2012 年全部工业增加值及其增长速度

全年规模以上工业[7]中，农副食品加工业增加值比上年增长 13.6%；纺织业增长 12.2%。通用设备制造业增长 8.4%；专用设备制造业增长 8.9%；汽车制造业增长 8.4%；计算机、通信和其他电子设备制造业增长 12.1%；电气机械和器材制造业增长 9.7%。六大高耗能行业[8]增加值比上年增长 9.5%。其中，非金属矿物制品业增长 11.2%；化学原料和化学制品制造业增长 11.7%；有色金属冶炼和压延加工业增长 13.2%；黑色金属冶炼和压延加工业增长 9.5%；电力、热力生产和供应业增长 5.0%；石油加工、炼焦和核燃料加工业增长 6.3%。高技术制造业增加值比上年增长 12.2%（见表 2）。

表 2 2012 年主要工业产品产量及其增长速度

产品名称	单位	产量	比上年增长%
纱	万吨	2984.0	9.8
布	亿米	840.8	3.3
化学纤维	万吨	3800.0	12.1
成品糖	万吨	1406.8	18.5
卷烟	亿支	25160.9	2.8
彩色电视机	万台	12823.3	4.8
其中:液晶电视机	万台	11418.3	10.9
家用电冰箱	万台	8427.0	-3.1
房间空气调节器	万台	13281.1	-4.5
一次能源生产总量	亿吨标准煤	33.3	4.8
原煤	亿吨	36.5	3.8
原油	亿吨	2.07	2.3
天然气	亿立方米	1072.2	4.4
发电量	亿千瓦小时	49377.7	4.8
其中:火电	亿千瓦小时	38554.5	0.6
水电	亿千瓦小时	8608.5	23.2
核电	亿千瓦小时	973.9	12.8
粗钢	万吨	71716.0	4.7
钢材[9]	万吨	95317.6	7.6
十种有色金属	万吨	3672.2	6.9
其中:精炼铜(电解铜)	万吨	574.0	9.5
原铝(电解铝)	万吨	1985.8	12.3
氧化铝	万吨	3769.6	10.3
水泥	亿吨	22.1	5.3
硫酸	万吨	7686.3	2.7
纯碱	万吨	2408.8	5.0
烧碱	万吨	2696.1	9.0
乙烯	万吨	1486.8	-2.7
化肥(折 100%)	万吨	7296.0	10.1
发电机组(发电设备)	万千瓦	13005.6	-9.7
汽车	万辆	1927.7	4.7
其中:基本型乘用车(轿车)	万辆	1077.1	6.4
大中型拖拉机	万台	46.3	15.3
集成电路	亿块	823.1	14.4
程控交换机	万线	2826.3	-6.8
移动通信手持机	万台	118154.3	4.3
微型计算机设备	万台	35411.0	10.5

全年规模以上工业企业实现利润 55578 亿元,比上年增长5.3%。其中,国有及国有控股企业 14163 亿元,下降5.1%;集体企业 819 亿元,增长 7.5%;股份制企业 32867 亿元,增长 7.2%;外商及港澳台商投资企业 12688 亿元,下降4.1%;私营企业 18172 亿元,增长 20.0%。

全年全社会建筑业增加值 35459 亿元,比上年增长9.3%(见图 9)。全国具有资质等级的总承包和专业承包建筑业企业实现利润 4818 亿元,增长 15.6%。其中,国有及国有控股企业 1236 亿元,增长 21.9%。

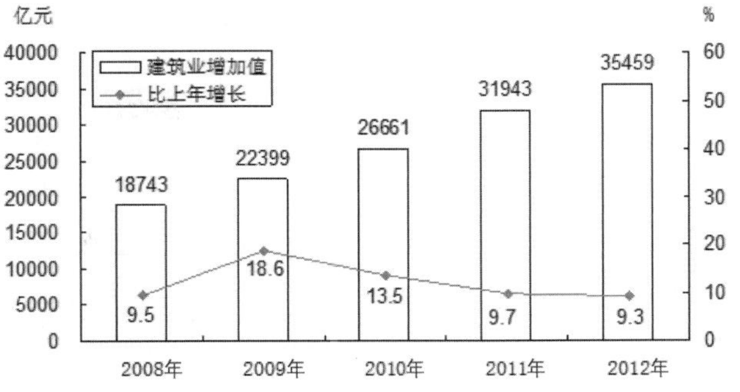

图 9 2008—2012 年建筑业增加值及其增长速度

四、固定资产投资

全年全社会固定资产投资 374676 亿元,比上年增长20.3%(见图 10),扣除价格因素,实际增长 19.0%。其中,固定资产投资(不含农户)364335 亿元,增长 20.6%(见表 3);农户投资 9841 亿元,增长 3.3%。东部地区投资[10] 151742 亿元,比上年增长16.5%;中部地区投资 87909 亿元,增长24.1%;西部地区投资 88749 亿元,增长 23.1%;东北地区投资 41243 亿元,增长 26.3%。

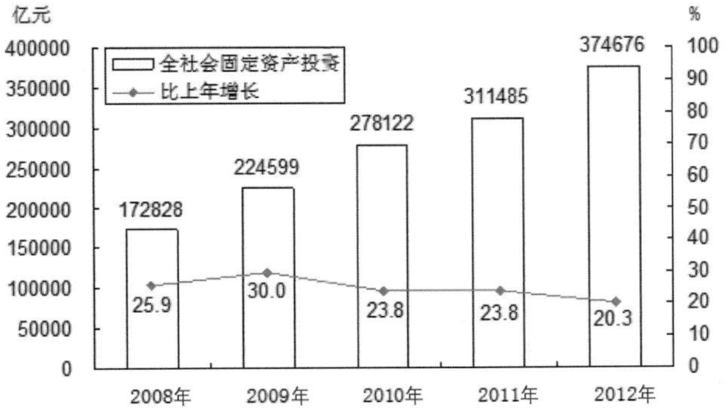

图 10 2008—2012 年全社会固定资产投资及其增长速度

表 3 2012 年分行业固定资产投资(不含农户)及其增长速度

单位:亿元

行业	投资额	比上年增长%
总计	364835	20.6
农、林、牧、渔业	9004	32.2
采矿业	13129	11.8
制造业	124971	22.0
电力、热力、燃气及水的生产和供应业	16536	12.8
建筑业	4036	24.6
批发和零售业	9816	33.0
交通运输、仓储和邮政业	30296	9.1
住宿和餐饮业	5102	30.2
信息传输、软件和信息技术服务业	2834	30.6
金融业	932	46.2
房地产业[11]	92357	22.1
租赁和商务服务业	4645	37.4
科学研究和技术服务业	2176	27.8
水利、环境和公共设施管理业	29296	19.5
居民服务、修理和其他服务业	1718	26.0

行业	投资额	比上年增长%
教育	4679	20.3
卫生和社会工作	2645	23.0
文化、体育和娱乐业	4299	36.2
公共管理、社会保障和社会组织	6363	9.2

在固定资产投资(不含农户)中,第一产业投资 9004 亿元,比上年增长 32.2%;第二产业投资 158672 亿元,增长 20.2%;第三产业投资 197159 亿元,增长 20.6%(见表4)。

表4　2012 年固定资产投资新增主要生产能力

指　　标	单　位	绝对数
新增发电机组容量	万千瓦	8020
新增 220 千伏及以上变电设备	万千伏安	18208
新建铁路投产里程	公里	5382
其中:高速铁路[12]	公里	2723
增建铁路复线投产里程	公里	4763
电气化铁路投产里程	公里	6054
新建公路	公里	58672
其中:高速公路	公里	9910
港口万吨级码头泊位新增吞吐能力	万吨	49522
新增光缆线路长度	万公里	267

全年房地产开发投资 71804 亿元,比上年增长 16.2%。其中,住宅投资 49374 亿元,增长 11.4%;办公楼投资 3367 亿元,增长 31.6%;商业营业用房投资 9312 亿元,增长 25.4%(见表5)。

全年新开工建设城镇保障性安居工程住房 781 万套(户),基本建成城镇保障性安居工程住房 601 万套。

表5　2012 年房地产开发和销售主要指标完成情况及其增长速度

指　　标	单　位	绝对数	比上年增长%
投资额	亿元	71804	16.2
其中:住宅	亿元	49374	11.4
其中:90 平方米及以下	亿元	16789	21.9
房屋施工面积	万平方米	573418	13.2
其中:住宅	万平方米	428964	10.6
房屋新开工面积	万平方米	177334	-7.3
其中:住宅	万平方米	130695	-11.2
房屋竣工面积	万平方米	99425	7.3
其中:住宅	万平方米	79043	6.4
商品房销售面积	万平方米	111304	1.8
其中:住宅	万平方米	98468	2.0
本年资金来源	亿元	96538	12.7
其中:国内贷款	亿元	14778	13.2
其中:个人按揭贷款	亿元	10524	21.3
本年土地购置面积	万平方米	35667	-19.5
本年土地成交价款[13]	亿元	7410	-16.7

五、国内贸易

全年社会消费品零售总额 210307 亿元,比上年增长 14.3%(见图11),扣除价格因素,实际增长 12.1%。按经营地统计,城镇消费品零售额 182414 亿元,增长 14.3%;乡村消费品零售额 27893 亿元,增长 14.5%。按消费形态统计,商品零售额 186859 亿元,增长 14.4%;餐饮收入额 23448 亿元,增长13.6%。

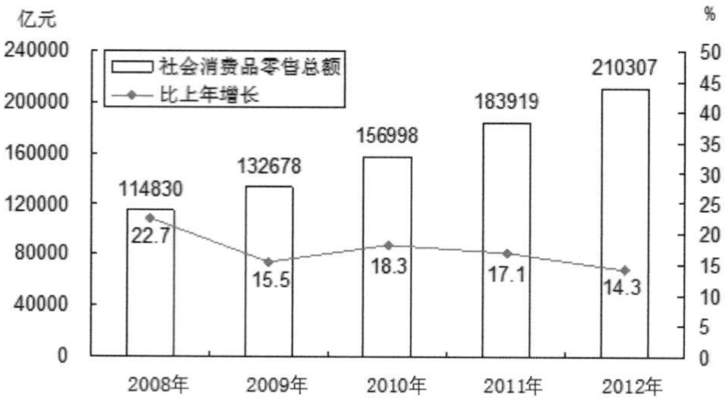

图 11　2008—2012 年社会消费品零售总额及其增长速度

在限额以上企业商品零售额中,汽车类零售额比上年增长 7.3%;粮油类增长 19.9%;肉禽蛋类增长 18.0%;服装类增长 17.7%;日用品类增长 17.5%;文化办公用品类增长 17.7%;通讯器材类增长 28.9%;化妆品类增长 17.0%;金银珠宝类增长 16.0%;中西药品类增长 23.0%;家用电器和音像器材类增长 7.2%;家具类增长 27.0%;建筑及装潢材料类增长 24.6%。

六、对外经济

全年货物进出口总额 38668 亿美元,比上年增长 6.2%。其中,出口 20489 亿美元,增长 7.9%;进口 18178 亿美元,增长 4.3%。进出口差额(出口减进口)2311 亿美元,比上年增加 762 亿美元(见表 6 - 表 9、图 12)。

全年房地产开发投资 61740 亿元,比上年增长 27.9%。其中,住宅投资 44308 亿元,增长 30.2%;办公楼投资 2544 亿元,增长 40.7%;商业营业用房投资 7370 亿元,增长 30.5%。

表6　2012 年货物进出口总额及其增长速度

单位:亿美元

指　　标	绝对数	比上年增长%
货物进出口总额	38668	6.2
货物出口额	20489	7.9
其中:一般贸易	9880	7.7
加工贸易	8628	3.3
其中:机电产品	11794	8.7
高新技术产品	6012	9.6
其中:国有企业	2563	-4.1
外商投资企业	10227	2.8
其他企业	7699	21.1
货物进口额	18178	4.3
其中:一般贸易	10218	1.4
加工贸易	4812	2.4
其中:机电产品	7824	3.8
高新技术产品	5068	9.5
其中:国有企业	4954	0.3

指　　标	绝对数	比上年增长%
外商投资企业	87120.8	
其他企业	4512	17.2
进出口差额(出口减进口)	2311	—

表7　2012年主要商品出口数量、金额及其增长速度

商品名称	单位	数量	比上年增长%	金额(亿美元)	比上年增长%
煤(包括褐煤)	万吨	926	-36.8	16	-41.6
钢材	万吨	5573	14.0	515	0.5
纺织纱线、织物及制品	—	—	—	958	1.2
服装及衣着附件	—	—	—	1591	3.9
鞋类	—	—	—	468	12.2
家具及其零件	—	—	—	488	28.7
自动数据处理设备及其部件	万台	183275	-0.1	1853	5.1
手持或车载无线电话	万台	101447	15.9	810	29.1
集装箱	万个	248	-23.5	84	-26.1
液晶显示板	万个	316650	29.7	363	22.9
汽车(包括整套散件)	万辆	99	20.1	127	27.5

表8　2012年主要商品进口数量、金额及其增长速度

商品名称	数量(万吨)	比上年增长%	金额(亿美元)	比上年增长%
谷物及谷物粉	1398	156.7	48	134.2
大豆	5838	11.2	350	17.6
食用植物油	845	28.7	97	25.6
铁矿砂及其精矿	74355	8.4	956	-15.0
氧化铝	502	165.1	18	133.3
煤(包括褐煤)	28851	29.8	287	20.2
原油	27102	6.8	2207	12.1
成品油	3982	-1.9	330	0.6
初级形状的塑料	2370	2.9	462	-2.2
纸浆	1646	14.0	110	-7.5
钢材	1366	-12.3	178	-17.5
未锻造的铜及铜材	465	14.1	386	4.9

表9　2012年对主要国家和地区货物进出口额及其增长速度

单位:亿美元

国家和地区	出口额	比上年增长%	进口额	比上年增长%
美国	3518	8.4	1329	8.8
欧盟	3340	-6.2	2121	0.4
中国香港	3235	20.7	180	15.9
东盟	2043	20.1	1958	1.5
日本	1516	2.3	1778	-8.6
韩国	877	5.7	1686	3.7
印度	477	-5.7	188	-19.6
俄罗斯	441	13.2	441	9.2
中国台湾	368	4.8	1322	5.8

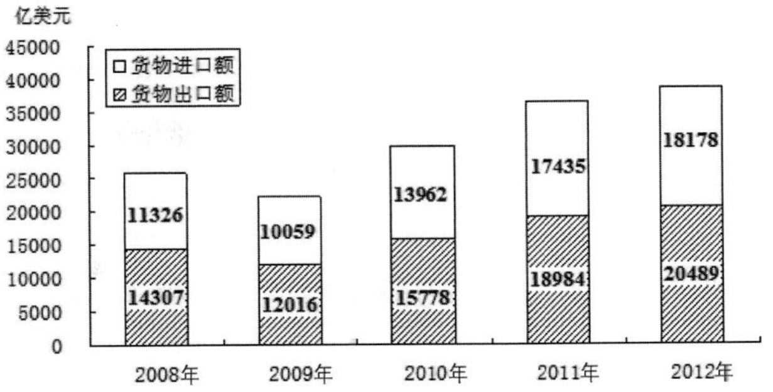

图12　2008—2012年货物进出口总额

全年非金融领域新批外商直接投资企业24925家,比上年下降10.1%。实际使用外商直接投资金额1117亿美元,下降3.7%(见表10)。

表10　2012年非金融领域外商直接投资及其增长速度

行　业	企业数(家)	比上年增长%	实际使用金额(亿美元)	比上年增长%
总计	27712	1.1	1160.1	9.7
其中:农、林、牧、渔业	865	-6.9	20.1	5.1
制造业	11114	0.6	521.0	5.1
电力、燃气及水的生产和供应业	214	1.9	21.2	-0.3
交通运输、仓储和邮政业	413	4.3	31.9	42.2
信息传输、计算机服务和软件业	993	-5.1	27.0	8.5
批发和零售业	7259	7.0	84.2	27.7
房地产业	466	-32.4	268.8	12.1
租赁和商务服务业	3518	2.9	83.8	17.6
居民服务和其他服务业	212	-2.3	18.8	-8.2

全年非金融类对外直接投资额772亿美元,比上年增长28.6%。

全年对外承包工程业务完成营业额1166亿美元,比上年增长12.7%;对外劳务合作派出各类劳务人员51.2万人,增长13.3%。

七、交通、邮电和旅游

全年货物运输总量412亿吨,比上年增长11.5%。货物运输周转量173145亿吨公里,增长8.7%(见表11)。全年规模以上港口完成货物吞吐量97.4亿吨,比上年增长6.8%。其中,外贸货物吞吐量30.1亿吨,增长8.8%。规模以上港口集装箱吞吐量17651万标准箱,增长8.1%。

表11　2012年各种运输方式完成货物运输量及其增长速度

指　　标	单　位	绝对数	比上年增长%
货物运输总量	亿吨	412.1	11.5
铁路	亿吨	39.0	-0.7
公路	亿吨	322.1	14.2
水运	亿吨	45.6	7.0
民航	万吨	541.6	-2.0
管道	亿吨	5.3	-7.8
货物运输周转量	亿吨公里	173145.1	8.7
铁路	亿吨公里	29187.1	-0.9
公路	亿吨公里	59992.0	16.8

指　　标	单　位	绝对数	比上年增长%
水运	亿吨公里	80654.5	6.9
民航	亿吨公里	162.2	-6.8
管道	亿吨公里	3149.3	9.1

全年旅客运输总量 379 亿人次，比上年增长 7.6%。旅客运输周转量 33369 亿人公里，增长 7.7%（见表 12）。

表 12　2012 年各种运输方式完成旅客运输量及其增长速度

指　　标	单　位	绝对数	比上年增长%
旅客运输总量	亿人次	379.0	7.6
铁路	亿人次	18.9	4.8
公路	亿人次	354.3	7.8
水运	亿人次	2.6	4.3
民航	亿人次	3.2	9.2
旅客运输周转量	亿人公里	33368.8	7.7
铁路	亿人公里	9812.3	2.1
公路	亿人公里	18468.4	10.2
水运	亿人公里	77.4	3.9
民航	亿人公里	5010.7	10.4

年末全国民用汽车保有量达到 12089 万辆（包括三轮汽车和低速货车 1145 万辆），比上年末增长 14.3%。其中，私人汽车保有量 9309 万辆，增长 18.3%。民用轿车保有量 5989 万辆，增长 20.7%。其中，私人轿车 5308 万辆，增长 22.8%。

全年完成邮电业务总量[14] 15022 亿元，比上年增长 13.0%。其中，邮政业务总量 2037 亿元，增长 26.7%；电信业务总量 12985 亿元，增长 11.1%。邮政业全年完成邮政函件业务 70.74 亿件；包裹业务 0.69 亿件；快递业务量 56.85 亿件。电信业全年局用交换机容量新增 478 万门，总容量 43906 万门；新增移动电话交换机容量[15] 11234 万户，达到 182870 万户。年末固定电话用户 27815 万户。其中，城市电话用户 18893 万户；农村电话用户 8922 万户。新增移动电话用户 12590 万户，年末达到 111216 万户。其中 3G 移动电话用户[16] 23280 万户。年末全国固定及移动电话用户总数达到 139031 万户，比上年末增加 11896 万户（见图 13）。电话普及率达到 103.2 部/百人。互联网上网人数 5.64 亿人，其中宽带上网人数 5.30 亿人。互联网普及率达到 42.1%。

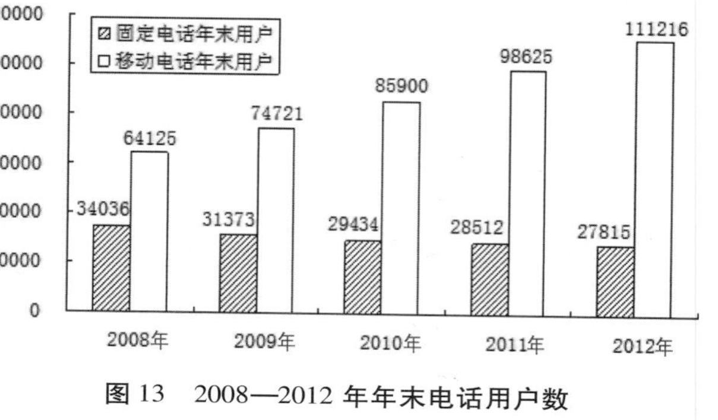

图 13　2008—2012 年年末电话用户数

全年国内出游人数 29.6 亿人次，比上年增长 12.1%；国内旅游收入 22706 亿元，增长 17.6%。入境旅游人数 13241 万人次，下降 2.2%。其中，外国人 2719 万人次，增长 0.3%；中国香港、中国澳门和中国台湾同胞 10521 万人次，下降 2.9%。在入境旅游者中，过夜旅游者 5772 万人次，增长 0.3%。国际旅游外汇收入 500 亿美元，增长 3.1%。国内居民出境人数 8318 万人次，增长 18.4%。其中因私出境 7706 万人次，增长20.2%，占出境人数的 92.6%。

八、金融

年末广义货币供应量（M2）余额为 97.4 万亿元，比上年末增长 13.8%；狭义货币供应量（M1）余额为 30.9 万亿元，增长 6.5%；流通中现金（M0）余额为 5.5 万亿元，增长 7.7%。

年末全部金融机构本外币各项存款余额 94.3 万亿元，比年初增加 11.6 万亿元。其中，人民币各项存款余额 91.8 万亿元，增加 10.8 万亿元。全部金融机构本外币各项贷款余额 67.3 万亿元，增加 9.1 万亿元。其中，人民币各项贷款余额 63.0万亿元，增加 8.2 万亿元。全年社会融资规模[17]为 15.8 万亿元，按可比口径计算，比上年多 2.9 万亿元（见表 13）。

表 13　2012 年年末全部金融机构本外币存贷款余额及其增长速度

单位：亿元

指　　标	年末数	比上年末增长%
各项存款余额	943102	14.1
其中：住户存款	410201	16.6
其中：人民币	406192	16.7
非金融企业存款	345124	9.9
各项贷款余额	672875	15.6
其中：境内短期贷款	268152	23.3
境内中长期贷款	363894	9.0

年末主要农村金融机构（农村信用社、农村合作银行、农村商业银行）人民币贷款余额 78320 亿元，比年初增加 11544 亿元。全部金融机构人民币消费贷款余额 104357 亿元，增加 15656 亿元。其中，个人短期消费贷款余额 19367 亿元，增加 5826 亿元；个人中长期消费贷款余额 84990 亿元，增加 9830 亿元。

全年上市公司通过境内市场累计筹资 5841 亿元，比上年减少 939 亿元。其中，首次公开发行 A 股 154 只，筹资 1034 亿元，减少 1791 亿元；A 股再筹资（包括配股、公开增发、非公开增发[18]、认股权证）2093 亿元，减少 155 亿元；上市公司通过发行可转债、可分离债、公司债筹资 2713 亿元，增加 1006 亿元。全年公开发行创业板股票 74 只，筹资 351 亿元。

全年发行公司信用类债券[19] 3.7 万亿元，比上年增加 1.4万亿元。

全年保险公司原保险保费收入[20] 15488 亿元，比上年增长 8.0%。其中，寿险业务原保险保费收入 8908 亿元；健康险和意外伤害险业务原保险保费收入 1249 亿元；财产险业务原保险保费收入 5331 亿元。支付各类赔款及给付 4716 亿元。其中，寿险业务给付 1505 亿元；健康险和意外伤害险赔款及给付 395 亿元；财产险业务赔款 2816 亿元。

九、教育、科学技术和文化

全年研究生教育招生 59.0 万人，在学研究生 172.0 万人，毕业生 48.6 万人。普通高等教育本专科招生 688.8 万人，在校生 2391.3 万人，毕业生 624.7 万人；各类中等职业教育招生 761.0 万人，在校生 2120.3 万人，毕业生 673.6 万人；全国普通高中招生 844.6 万人，在校生 2467.2 万人，毕业生 791.5 万人；全国初中招生 1570.8 万人，在校生 4763.1 万人，毕业生 1660.8 万人；普通小学招生 1714.7 万人，在校生 9695.9 万人，毕业生 1641.6 万人；特殊教育招生 6.6 万人，在校生 37.9 万人，毕业生 4.9 万人；幼儿园在园幼儿 3685.8 万人（见图 14）。

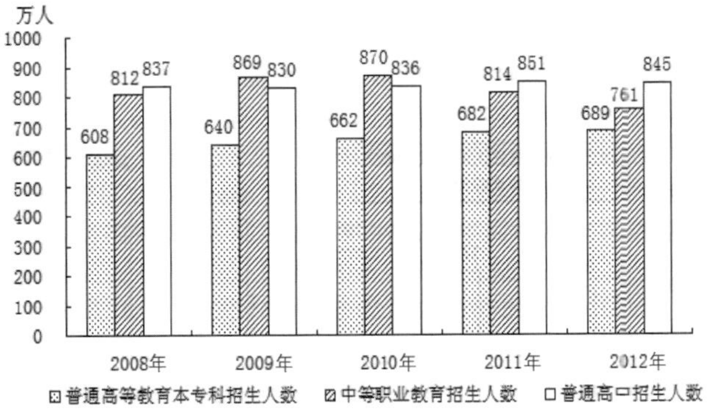

图 14　2008—2012 年普通高等教育、中等职业教育及普通高中招生人数

全年研究与试验发展（R&D）经费支出 10240 亿元，比上年增长 17.9%，占国内生产总值的 1.97%（见图 15）。其中，基础研究经费 498 亿元。全年国家安排了 1701 项科技支撑计划课题，1165 项“863”计划课题。累计建设国家工程研究中心 130 个，国家工程实验室 128 个。累计建设国家地方联合工程研究中心 149 个，国家地方联合工程实验室 180 个。国家认定企业技术中心达到 887 家。省级企业技术中心达到 8137 家。实施新兴产业创投计划[21]，累计支持设立 102 家创业投资企业，资金总规模近 290 亿元，投资创业企业 238 家。全年受理境内外专利申请 205.1 万件。其中，境内申请 188.6 万件，占 91.9%。受理境内外发明专利申请 65.3 万件。其中，境内申请 52.3 万件，占 80.1%。全年授予专利权 125.5 万件。其中，境内授权 114.4 万件，占 91.1%。授予发明专利权 21.7 万件。其中，境内授权 13.7 万件，占63.2%。截至年底，有效专利 350.9 万件，其中，境内有效专利 289.9 万件，占 82.6%；有效发明专利 87.5 万件，其中，境内有效发明专利 43.5 万件，占 49.7%。全年共签订技术合同 28.2 万项，技术合同成交金额 6437.1 亿元，比上年增长 35.1%。全年成功发射卫星 19 次。神舟九号载人飞船与天宫一号目标飞行器顺利实现首次空间交会对接；北斗二号卫星导航系统完成区域组网并正式提供运行服务；“蛟龙”号载人深潜器海试成功突破 7000 米。

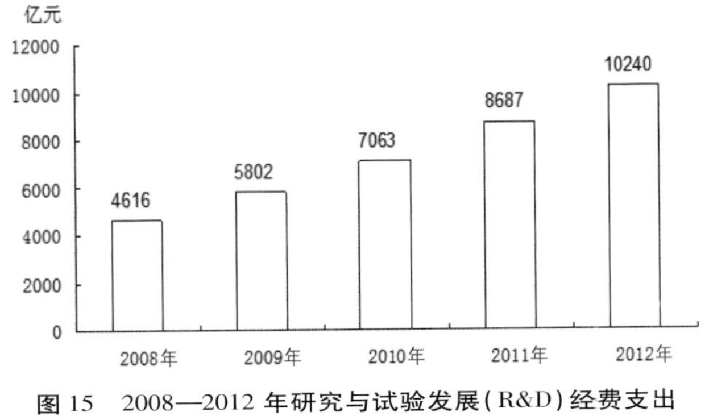

图 15　2008—2012 年研究与试验发展（R&D）经费支出

年末全国共有产品检测实验室 28128 个。其中，国家检测中心 509 个。全国现有产品质量、体系认证机构 173 个，已累计完成对 105224 个企业的产品认证。全国共有法定计量技术机构 3496 个，全年强制检定计量器具 6267 万台（件）。全年制定、修订国家标准 1986 项。其中，新制定 1375 项。全年中央气象台和省级气象台共发布气象预警信号 5123 次，警报 4049 次。全国共有地震台站 1687 个，区域地震台网 32 个。全国共有海洋观测站 79 个。测绘地理信息部门公开出版地图 1662 种。

年末全国文化系统共有艺术表演团体 2089 个，博物馆 2838 个，全国共有公共图书馆 2975 个，文化馆 3286 个。各类广播电视播出机构共有 2579 座。有线电视用户 2.14 亿户，有线数字电视用户 1.43 亿户。年末广播节目综合人口覆盖率为 97.5%；电视节目综合人口覆盖率为 98.2%。全年生产电视剧 506 部 17703 集，电视动画片 222838 分钟。全年生产故事影片 745 部，科教、纪录、动画和特种影片[22] 148 部。出版各类报纸 476 亿份，各类期刊 34 亿册，图书 81 亿册（张）。年末全国共有档案馆 4107 个，已开放各类档案 11662 万卷（件）。

全年我国运动员在 24 个运动大项中获得 107 个世界冠军，共创 14 项世界纪录。在伦敦奥运会上，我国运动员共获得 38 枚金牌，奖牌总数 88 枚，位列奥运会金牌榜和奖牌榜第二位。在伦敦残奥会上，我国运动员共获得 95 枚金牌，蝉联金牌榜和奖牌榜第一位。

十、卫生和社会服务

年末全国共有医疗卫生机构 961830 个。其中，医院 23005 个；乡镇卫生院 37128 个；社区卫生服务中心（站）33646 个；诊所（卫生所、医务室）179644 个；村卫生室 653355 个；疾病预防控制中心 3506 个；卫生监督所（中心）3037 个。卫生技术人员 650 万人。其中，执业医师和执业助理医师 252 万人，注册护士 242 万人。医疗卫生机构床位 557 万张。其中，医院 403 万张，乡镇卫生院 106 万张。全年甲、乙类法定报告传染病发病人数 321.7 万例，报告死亡 16721 人；报告传染病发病率 238.76/10 万，死亡率 1.24/10 万。

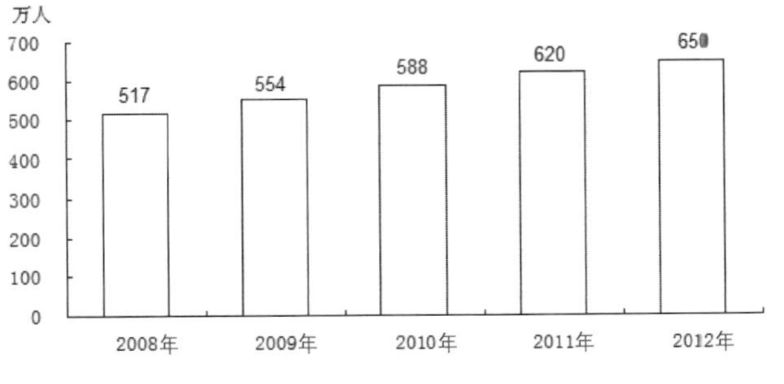

图 16　2008—2012 年卫生技术人员人数

年末全国共有各类提供住宿的社会服务机构[23] 4.7 万个，床位 429.8 万张，收养救助各类人员 296.7 万人。其中，养老服务机构 4.2 万个，床位 381.0 万张，收养各类人员 262.0万人。年末共有社区服务中心 1.6 万个，社区服务站 7.2万个。年末全国共有 2142.5 万人纳入城市居民最低生活保障，5340.9 万人纳入农村居民最低生活保障，545.9 万人纳入农村五保供养[24]。全年救助城市医疗困难群众 666.4 万人次，救助农村医疗困难群众 1908.4 万人次；资助 1158.9 万城镇困难群众参加城镇医疗保险，资助 3915.1 万农村困难群众参加新型农村合作医疗。

民健身活动深入开展。

环境保护和生态建设继续加强。生态环境问题是重大民生问题，今年以来各项工作力度不断加大。在抓紧实施重点区域大气污染防治“十二五”规划的同时，国务院专门研究部署进一步加强大气污染防治工作，确定了减少污染物排放、严控高污染行业新增产能、大力推行清洁生产、建立区域联防联控机制，以及将重污染天气纳入地方政府突发事件应急管理等十条措施，目前各项目标任务和相关配套政策正在抓紧落实。重点流域水污染防治、重金属污染综合防治等规划加快实施，农村环境连片整治取得积极进展。天然林资源保护二期工程、石漠化综合治理、京津风沙源治理和重点防护林体系建设等工程扎实推进。

总的来看，今年以来国民经济和社会发展计划执行情况是好的，经济增速、物价涨幅、就业形势保持了“稳”，调结构、促改革、惠民生取得了“进”，符合稳中求进、扎实开局的要求。

二、经济运行面临的主要困难和挑战

在充分肯定成绩的同时，我们也清醒地认识到，当前经济发展的国内外环境错综复杂，保持经济平稳运行面临的形势仍然严峻。

从外部环境看，世界经济实现持续稳定复苏任重而道远。世界经济复苏的基础依然十分脆弱，发达经济体缓慢复苏，但增长后劲不足；新兴经济体经济增长也显疲态。宏观政策效应减弱的同时财政金融风险积聚。贸易投资保护主义进一步强化，上半年我国产品共遭遇15个国家（地区）发起的贸易救济调查39起，这些都不利于我国进一步拓展对外经贸合作空间。

从国内看，经济发展中长期积累的不平衡、不协调、不可持续的深层次矛盾依然存在，促进经济持续健康发展的基础还不牢固。

一是三大需求特别是外需增长动力不足。今年以来我国出口形势总体好于上年同期，但其中存在套利贸易因素。随着外需减弱和相关部门加强监管，5月份出口同比仅增长1%，6月份则下降3.1%，7月份增长5.1%。从趋势看，受订货商下单意愿持续较弱以及成本上升等因素影响，未来出口形势不容乐观。内需较快增长的基础尚不稳固，企业投资意愿不强，居民消费缺乏新增长点，消费增速进一步提高受到制约。

二是加快产业转型升级的任务十分艰巨。在有效需求不足的情况下，产能过剩的矛盾仍在发展，二季度全国规模以上工业企业有21.4%的产能闲置，钢铁、建材等行业闲置产能更多。受创新环境不完善、企业创新能力弱、科研成果转化为现实生产力渠道不畅等的影响，科技创新对经济增长尚未形成有力支撑，战略性新兴产业短期内也难以对经济增长构成更强的拉动。促进服务业发展的政策体系还不完善，生产性服务业发展水平不高、生活性服务业供给不足的问题突出。

三是企业特别是中小企业生产经营较为困难。工业生产者出厂价格同比持续下降，前7个月降幅为2.2%。企业特别是小微企业生产经营仍较困难，7月份小型企业制造业采购经理指数为49.4%，已连续16个月在50%以下。货币供应量较快增长，7月末广义货币M2余额增长14.5%，前7个月社会融资总规模增长24.1%，但中小企业融资难融资贵问题依然突出。

四是促进农业生产稳定发展的难度仍然较大。尽管夏季粮油获得丰收，但后期气候条件存在较大不确定性，获取全年粮食丰收仍面临不少挑战。农业生产成本持续上升，糖料价格低迷，生猪、家禽养殖业收益波动较大，这些都会影响农民生产收益。部分粮食主产区仓储设施严重不足，粮食安全保管存在隐患。

与此同时，财政收支矛盾突出，金融领域潜在风险增加，房价反弹压力较大，部分行业稳岗就业困难较多，食品药品安全风险隐患仍然不少，一些城市和地区雾霾天气、饮水安全和土壤重金属污染问题集中暴露，安全生产重特大事故频繁发生，给人民群众生命财产造成重大损失。这些都需要切实采取措施认真加以解决。

综合分析，一方面要看到，当前我国经济发展面临的国内外环境错综复杂，国际和国内、长期和短期、结构性和周期性因素相互交织、相互影响，一些不确定因素还可能给保持经济平稳运行带来新的困难和挑战，对此必须高度重视，切实增强忧患意识和责任意识，充分做好应对各种复杂困难局面的准备。另一方面更要看到，当前我国经济发展基本面是好的，仍处于重要战略机遇期，工业化、城镇化发展蕴藏着巨大的内需潜力，各项改革深入推进将不断释放市场主体活力和创造力，宏观调控政策体系不断健全和完善，已经出台的一系列既利当前又利长远的政策作用将逐步发挥，特别是一些区域、产业、行业和企业积极应对市场变化，依靠自主创新和转型升级，呈现出了较强的抗风险能力和逆势上扬的发展态势，发展动力和后劲明显增强，我们有信心、有条件、有能力保持经济持续健康发展，打造中国经济升级版。经过努力，全年经济社会发展主要预期目标是可以实现的。

三、下半年需要重点抓好的工作

要全面贯彻党的十八大和中央经济工作会议精神，认真落实十二届全国人大一次会议审议通过的政府工作报告的各项部署，坚持稳中求进，坚持以提高经济发展质量和效益为中心，坚持宏观经济政策连续性和稳定性，继续实施和用好积极的财政政策和稳健的货币政策，同时提高针对性和协调性，根据经济形势变化，适时适度进行预调和微调，使经济运行保持在合理区间，稳中有为。要统筹稳增长、调结构、促改革，积极扩大有效需求，着力推进转型升级，不断深化改革开放，着力保障和改善民生，确保完成全年经济社会发展主要任务。重点做好以下工作。

一是进一步扩大国内外有效需求。努力增加中低收入者收入，增强城乡居民消费能力；着力培育发展信息、养老、家政、文化旅游、医疗健康等新的消费热点；大力营造让居民放心消费的环境，严厉打击掺杂使假、价格欺诈等违法行为，促进消费较快增长。发挥政府投资的引导作用，调整优化投资安排，集中一部分资金，加快实施“十二五”规划明确的重点建设任务，重点加强既能改善民生、又能接续形成新增长点的棚户区改造及城镇基础设施和能源、交通等项目建设；落实好鼓励引导民间投资健康发展的各项措施。完善稳定外贸增长的各项政策，提高贸易便利化水平，减少进出口环节行政事业性收费，发展短期出口信用保险、扩大保险规模，加快发展服务贸易，积极推动跨境电子商务发展，加强多双边和区域合作，促进边境贸易，妥善应对贸易摩擦；进一步扩大进口，完善进口贴息政策；鼓励企业“走出去”。

二是努力夺取全年农业丰收。落实好“米袋子”省长负责制，认真执行小麦、稻谷最低收购价和油菜籽、玉米临时收储政策，促进农民增产增收。加强农业科技推广、防灾减灾和病虫害防控，确保秋粮再获丰收。抓好“菜篮子”产品生产，继续稳定蔬菜、畜禽和水产品等产量，加强价格监测和产供销衔接,确保供应、稳定价格。加强农田水利基础设施以及主产区、部分主销区粮油仓储设施建设和改造。鼓励创新农业生产经营体制,促进规模化、集约化经营,发展现代农业。全面加强对雨情、水情、险情的预报预警,抓好重要堤防、水库等的安全度汛。

三是大力推进结构调整。落实完善促进服务业发展的各项政策,深入推进服务业综合改革试点,加快实施“宽带中国”战略,抓紧做好4G牌照发放准备工作,鼓励企业利用公共信息资源开展信息服务,大力发展电子商务。加快传统产业调整改造,抓紧制定出台化解产能过剩总体方案,坚决遏制产能严重过剩行业盲目扩张。强化创新驱动,实施战略性新兴产业重大工程,促进产业集聚发展。大力改善企业发展环境,落实好金融支持实体经济的各项政策,努力缓解企业生产经营困难,认真执行暂免征收部分小微企业增值税和营业税等扶持小微企业发展的各项措施,鼓励大型优势企业加快兼并重组,并以产业链为纽带,带动中小企业协同发展。实施好区域发展总体战略和主体功能区战略,积极稳妥推进以人为核心的新型城镇化,统筹谋划和推进相关改革,提升城市可持续发展能力。深入推进集中连片特困地区扶贫攻坚。

四是扎实推进资源节约和生态环境保护。强化节能减排目标责任,合理控制能源消费总量,努力减少主要污染物排放。加快发展节能环保产业,结合实施节能减排重点工程和发展循环经济,大力提高节能环保技术装备、产品和服务水平,继续扎实推进工业、建筑、交通运输和公共机构等重点领域节能减排。着力解决突出环境问题,落实好防治大气污染的各项措施,加大细颗粒物污染治理力度,加快构建大气环境整治目标责任考核体系;加强水污染、农村面源污染、重金属污染等治理;做好天然林资源保护和重点防护林体系建设,推进荒漠化、石漠化和水土流失治理,加强良好湖泊生态环境保护,切实提高生态环境质量和水平。

五是继续大力推进重点领域改革。抓紧落实今年深化经济体制改革重点工作的意见。深入推进行政体制改革,继续清理、取消和下放行政审批事项,尽快制定出台新修订的政府核准投资项目目录,积极推进铁路投融资体制改革,加快中西部特别是贫困地区铁路建设。稳步推进财税金融体制改革,落实好在全国范围内开展“营改增”试点相关工作,扩大个人住房房产税改革试点范围,加快实施煤炭等资源税改革;加快建立存款保险制度;完善汇率形成机制,保持人民币汇率在合理均衡水平上的基本稳定;推动探索由民间资本发起设立民营银行等金融机构;强化风险防范制度建设,坚决守住不发生系统性和区域性金融风险的底线。扎实推进资源性产品价格改革,实施好销售电价分类结构改革和天然气价格调整方案。创新方式,积极推进政府向社会力量购买公共服务。继续推进农业农村、国有企业、医药卫生、科教文化等重点领域改革,深化综合配套改革试点。

六是着力保障和改善民生。坚持实施就业优先战略,继续完善就业创业扶持政策,积极拓宽高校毕业生就业渠道,认真解决好城镇失业人员、就业困难人员和进城务工人员的就业问题,强化公共就业服务,加强职业技能培训。继续加强社会保障体系建设,加快整合城乡基本医疗保险管理职能,健全完善社会临时救助制度;认真抓好保障性安居工程建设、管理和分配。严格执行食品药品质量标准和安全准入制度,加大对损害消费者权益行为的惩治力度。大力推进教育公平,加强对贫困地区义务教育的扶持,落实好家庭经济困难学生资助政策。完善基层医疗卫生服务体系,实施好重点文化惠民工程。强化安全生产。切实做好各类自然灾害防范和应对工作,确保人民生命安全和基本生活。创新社会管理和服务,维护社会和谐稳定。

委员长、各位副委员长、秘书长、各位委员,今年下半年经济社会发展任务十分繁重。我们要更加紧密地团结在以习近平同志为总书记的党中央周围,高举中国特色社会主义伟大旗帜,以邓小平理论、“三个代表”重要思想、科学发展观为指导,齐心协力、开拓创新、真抓实干,努力实现全年经济社会发展目标。

我国金融改革中自下而上的组成部分

——在2012年国际金融论坛上的讲话

中国人民银行行长　周小川

感谢国际金融论坛(IFF)邀请我参加讨论。我今天讲的题目是“我国金融改革中自下而上的组成部分”。在中国的金融改革中,既有自上而下的改革,同时也有自下而上的组成部分,今天我讨论一下这个组成部分。

一、自上而下和自下而上两种改革方式并存、互补

这次全球金融危机后,全球经济要实现强劲、平衡、可持续的增长,面临着一系列的挑战。应对这些挑战,很大程度上取决于相关各项改革的进程,以及推进改革的决心。

需要在哪些领域推进改革呢?很多人都比较注意观察那些由中央作出强劲决策并推行的改革决策,比如近年来我们所看到的一些金融改革,如大型商业银行改革、汇率、利率改革,以及为应对危机而采取的相关改革。这些改革是由党中央、国务院决策,自上而下地部署和推动的。但就中国整个改革的策略来讲,应该看到,改革既有自上而下的,也有自下而上的,也就是通过试点,取得经验,完善方案并加以推广的方式。两年前,我曾提到这个题目,建议大家关注一些领域自下而上的改革,从而对整个改革有一个更具全局性的看法(注1)。其中,也包括金融改革。

多数人都认为,一般情况下金融改革只能采取自上而下的方式进行,因为金融市场是一个流动性很强、非常活跃的市场,如果在某一个局部——不管是局部的地方或者局部的产品进行改革,改革的外溢性(Spillover)会很强。改革的初衷可能是想限定在一定范围内进行试点,但实际效果是往往管不住,从而会对邻居产生正的或负的影响。限于局部范围的

试点改革可能还会导致不公平竞争。也就是说，金融本来是垂直管理、"全国一盘棋"的，但如果有的地方享受某种改革政策，有的地方不享受，或者享受另外一种改革政策，这样就会在金融资源配置上产生不公平问题。总之，外溢性可能较大，不易控制，也影响对改革效果的观察和评估。

从我国改革的实际进程看，金融领域自上而下和自下而上的改革确实都存在。除了大家比较熟悉的自上而下的改革，应该说，自下而上的改革也比较多，地方和基层的改革积极性很高，很多地方政府、城市政府，以及一些机构都积极要求进行改革试点。其中一个原因，就是他们普遍认识到，只有通过改革，才能巩固地方的经济社会发展，推动本地的各种创新，维护本地的社会稳定。这一点跟有些东欧国家不太一样，在一些东欧国家，出现一个词汇，叫做"改革疲劳症"，人们对改革失去了热心和动力。而在中国，各个方面普遍呈现出比较强的改革热情，不断有基层提出来，希望上级政府或有关部门能批准他们进行改革试点。而且在用词上，经常强调"综合试点改革"，希望得到较全面的政策支持。

为什么在中国这种现象比较多，在其他一些国家，特别是小一点的国家则较少见？我个人分析，主要原因是中国这么大且不平衡、各地情况比较复杂，在推进改革的过程中，一方面，国际上很难提供成熟的经验；另一方面，国家内部很不平衡，城市和农村、东部和西部、工业、农业和服务业发展非常不平衡。另外，有些改革可能造成的影响很大，决策层不容易下决心。因此，改革往往从小范围开始，而且要强调改革是一种允许"试错"的过程，可以先试点，如果发现有问题，吸取经验教训，有些措施可以取消，有些措施可予修正，体现为一个不断探索的过程。

现在回顾起来，中国改革其实就是这么逐步推进的。例如，早期改革时批准了深圳、珠海、汕头、厦门四个经济特区，应该说外溢效应、不平等竞争等问题也都存在，与关贸总协定的原则也有冲突。但对于一个大国而言，为了推进改革，当统一部署、全面推进有困难的情况下，充分考虑并权衡上述正、反两个方面的优缺点，有选择地允许一部分地方开展试点，允许创新并积累经验，以此再调动各方对改革给予支持，不失为一种可行的选择。

这么做还有一个好处，就是保护和支持了基层改革的积极性。不管是地方还是企业，他们有改革创新的动力，应该允许他们去考虑如何进行改革，让他们尝试，这也是有一个"试错"的过程，如果错了，就予以纠正或者取消。

此外，改革也是个学习的过程。一开始即便是自认为设计周密的改革，在具体实施时也会发现，设计方案总会有一些缺陷。在试点过程中，就得到了学习和认知的积累。这样，以后就能知道如何更好地去设计、推动下一步，以及其他领域的改革。

还有争议认为，改革先要立法，只有先立规矩，才能按照新的规则更好地推进改革。但问题是，还没有开始做，怎么知道该如何去立规则呢？有人提出可以借鉴国际经验。的确，在某些领域，我们可以从国际上借鉴相关的规则经验，甚至可以"抄"一部类似的法律。但在另一些领域，也许就不可行。中国这么大，内部发展这么不平衡，而且还是一个转轨经济体，很难确保从国外借鉴的法律真正适用。这就存在一个改革立法与改革实践的关系问题，也存在自上而下还是自下而上的路径选择问题。

二、几个典型的地方金融改革

自上而下的金融改革，大家了解的相对更多一些，近年来，也有若干很重要的领域在推动自下而上的改革，我在这里简要介绍一下。

一是上海建设国际金融中心的试点，以国际化和完善金融市场体系为重点。现阶段，中国不大可能同时建成多个国际金融中心，能集中精力把上海国际金融中心建设好就不错了。因此，我们率先允许在上海建设各种类型的金融市场，从股票、期货市场，到金融衍生品市场、黄金市场、外汇市场、债券市场等，银行间拆借市场及其清算所也设在上海，还有一个可算作也可不算作金融市场的钻石市场等等。可以说，上海集中了国内主要的各类金融市场。尤其是在 2009 年国务院出台《国务院关于推进上海加快发展现代服务业和先进制造业建设国际金融中心和国际航运中心的意见》后，应该说上海的改革发展进一步加快了，上海在国际化方面的发展状况、在开放政策上的宽容度等方面步子迈得更大了。在金融改革发展方面，上海也进行了大胆创新和有益的探索。近年来，大家讨论比较多的人民币跨境使用试点也是首先选择从上海等四个城市开始的。总体看，目前在金融产品的创新、交易、定价、清算等若干领域，上海正在积极迈向国际金融中心的角色。

二是在珠三角、深圳前海地区开展的以金融对外开放和粤港澳金融合作为重点的改革试点。2012 年 6 月，改革试点已经国务院同意并发布。在改革试验区，对外开放方面的政策会走得更快一些。珠三角地区的改革开始得一直比较早，如很早就允许人民币、港币可更加灵活地存取，当地一些 ATM 机都有两个抽屉，客户可以取人民币，也可以取港币。当前的改革试点则将在金融发展方面给予更多的试点政策，主要内容包括：推进城市金融改革创新综合试验，实现金融一体化发展，推动粤港澳金融更紧密合作；深圳前海以我国金融业对外开放试验示范窗口建设为核心加快金融改革，重点探索在前海开展人民币双向贷款等试点。

三是在天津滨海新区开发开放中推出的以完善现代金融服务体系和金融改革创新为要点的试点。这是一个在北方城市开展的试点，于 2008 年 3 月由国务院批准实施，主要目标是支持天津滨海新区创建与社会主义市场经济体制相适应的现代金融服务体系。主要内容包括：开展金融业综合经营试点，增强金融企业服务功能；创新和完善金融机构体系；改革外汇管理制度；积极支持在天津滨海新区设立全国性非上市公众公司股权交易市场；优化金融环境等。

四是在重庆推出的为统筹城乡发展而扩大金融服务的试点，推动建设长江上游区域性金融中心。这项改革由国务院于 2009 年 1 月发文实施，其内容包括：推进金融体制改革，健全金融市场体系，改善城乡金融服务；加快发展多层次的资本市场；探索发行用于市政基础建设的项目收益债券；设立保险业创新发展试验区；开展外汇管理体制改革试点；建立现代农村金融制度，大力推进农村金融产品和服务创新。这项改革的一个特点是促进城乡统筹，或者叫统筹城乡一体化，也就是重庆作为一个直辖市，不仅要推动辖内城区的发展，还要带动周边农村地区的协调发展，是金融业与比较快的城市化进程相配合的一项改革。

五是海峡西岸和平潭地区两岸金融合作的试点，建设两岸区域性金融服务中心。这项改革也是由国务院于 2009 年批准实施，金融改革试点的主要考虑是，中国大陆和中国台湾两地经济金融联系日益紧密，人员和业务往来非常活跃，而且还有很大的发展空间，也需要积累经验。因此，在福建平潭这个两岸距离最近的地区开展一些特殊政策试点，主要是着眼于推动对台离岸金融业务，拓展中国台湾金融资本进入海峡西岸经济区的渠道和形式，建立两岸区域性金融服务中心；进一步扩大两岸货币双向兑换范围，逐步建立两岸货币清算机制。同时，还考虑在平潭设立两岸合作的海关特殊监管区域，探索在金融机构、货币兑换、证券业务、产权交易等方面对台开放。

六是湖南着力于支持长株潭城市群的金融服务创新综合试点，包括征信和支付结算等金融创新。这一改革试点已由湖南省政府上报国务院，媒体上称为“长株潭城市群金融改革”，主要是在湖南长沙、株洲和湘潭三个距离很近的城市，在节能减排、生态环保、产业升级、智力支持和统筹城乡等领域，积极探索建立服务绿色发展模式、服务生态社会和经济协调可持续发展、服务现代产业体系、服务科技创新和人才管理、服务城乡一体化发展的五大金融支撑体系。

七是在新疆开展的以提升边疆和民族地区金融服务水平为重点、支持跨越式发展的金融改革试点。这项改革要体现对中亚地区、特别是上合组织国家的开放政策，形成带有西部特色的开放型发展战略。中国在沿海对外开放方面取得了不少成绩，但是在西部内陆地区，对外开放和发展还有很大的潜力，需要研究探索如何在西部边疆地区促进对外开放。为此，我国还设立了两个新的特区，即霍尔果斯特区和喀什特区，借助早期沿海经济四个特区的经验，推动新疆地区在对外开放上取得进展。金融方面，2009 年全国第一个开展跨境直接投资的人民币结算试点是从新疆开始的。按照试点政策，当地不仅可以在人民币跨境使用方面比其他地区走在前头，在开展跨境直接投资、境外项目人民币贷款、结算上清除了政策障碍。此外，还为新疆地区的企业在银行间市场开通优先发债等开辟了“绿色通道”；对新疆边贸企业旅购代理出口采取不收汇核销的特殊政策等等，以更好地促进当地的经济发展。

八是浙江温州推进的金融综合改革试点，以发展民营金融、改进中小企业金融服务等为要点建设金融综合改革试验区。这一改革试点在前一段时期报道比较多，有正面的，也有负面的。这项改革试点是在 2012 年 3 月由国务院决定，2012 年 7 月，人民银行牵头相关部门联合印发了《浙江省温州市金融综合改革试验区总体方案》。改革的主要内容是，引导民间融资阳光化和规范化，改进中小企业金融服务水平，促进民营金融机构的发展，积极探索完善金融市场结构和优化金融竞争格局。目前媒体关注的焦点是，如何放宽民营资本发起设立金融服务类机构和开展个人境外直接投资等问题。温州金融改革试点的一个特殊性在于，改革正好是温州对欧出口遇到困难的时候起步的，因此改革不仅是为了改变现有体制机制，而且还被寄希望于帮助地方解决一些困难。温州对欧洲的出口数量很大，在欧洲主权债务危机爆发后，出口受到重创，导致经济不景气，加上其他一些因素，温州经济出了一些问题。金融改革试点能不能帮助温州克服这些困难呢？恐怕不会这么立竿见影。一方面，金融改革作用于经济增长有个过程；另一方面，经济调整和复苏也有个过程，要触底后再逐步反弹。2012 年 3 月底启动温州金融改革时特别强调，要适度放宽金融业存在的管制，鼓励进一步健全金融组织形式，创新金融产品和发展金融市场，支持民营经济，支持中小微企业，特别要注重服务实体经济，希望通过温州试点为全国创造经验。

第九项试点是福建泉州建设综合改革试验区，探索金融服务实体经济的新途径、新模式。这项改革是国务院新批准的，近期将公布具体的改革试点方案。近年来，我国特别强调金融业要为实体经济服务。但当前条件下金融如何更好地服务好实体经济，需要有一些创新。在这方面，福建泉州走在了前面，有一些设想，先开展局部试点，并观察效果，希望它搞好。改革试点的主要内容是，建立健全服务实体经济的多元化金融组织体系、加大对中小微企业的金融支持力度、提升农村金融服务能力、加强泉台港澳侨金融合作、规范发展民间融资和完善金融风险防范机制。在泉州开展试点还有一个优势，就是泉州与香港、澳门和台湾地区距离均比较近。

第十项是在浙江丽水推进的以农村信用体系建设为核心的农村金融改革试点。人民银行与浙江省人民政府于 2012 年 4 月联合在丽水开展以农村信用体系建设和林权抵押贷款为要点的农村金融改革试点，这方面已经取得了不少好的成绩，特别是在林权抵押贷款、农村信用体系建设和银行卡助农取款服务等方面取得了进展。

三、其他领域自下而上的金融改革

除了上述地方性局部改革为代表的自下而上改革试点，还有一些是从局部的金融产品或组织形式开始推行的试点改革，比如前面提到的人民币跨境使用的改革试点，外汇管理服务于贸易投资便利化方面的改革试点，金融支持“三农”方面的改革试点，以及比较具体的农业银行推行“三农”事业部改革试点等等。

从上面的介绍可以看出，自下而上的改革的一个特点是，种类、名目繁多，各式各样，精彩纷呈。应该说，这也正是自下而上改革的一个优点。世界银行和国际货币基金组织有个词，叫“包容性发展”，我想这个词也可以用于我们自下而上的改革试点。对此，也有人抱怨，认为这样的改革无非就是看地方、部门谁先向中央要政策，要到了就名之为“改革试点”，实际上只不过先行一步罢了，这些政策迟早也会推广、运用到全国。我不这么看，实际上改革试点并不是单纯的政策优惠，也不是多数能最终得以推广实施。只不过大家容易记住的，是那些成功的改革例子，也有不少改革试点在实践中发现有问题，或者得到了纠正，或者就被放弃了，而这些改革试点容易被人们忽略和遗忘。

一个典型的例子是农村信用社改革。农村信用社改革早在 2000 年 8 月就开始在江苏省试点，2003 年重新设计方案在 8 个省试点，2006 年 10 月进一步扩大到 29 个省，到 2007 年 8 月，海南省最后一个实施，至此实现了全国范围内的这一轮农村信用社改革。但现在人们已经遗忘的是，在江苏最早进行改革试点的时候，最初设计的财务方案不太成功，那个方案当然也解决了一些问题，但无法在根本上取得成效，农信社的财务仍不可持续，其推广能获得成功的可能性甚小。为此，在总结经验的基础上又花了很大的工夫修正方案，再按新方案开始试点。可见，改革试点总有不断试错、自我学习、取得经验并不断修正的过程。

可以预见，在今后我国各领域的改革中，自下而上的改革仍然会比较常见。在金融领域，目前还有一些地方在向国务院提出试点改革的要求，比如海南省希望在金融支持国际旅游岛发展方面有一些试点政策，云南省希望在建设面向西南和大湄公河区域开放的桥头堡方面进行试点改革。从金融产品的角度看也是如此，从早期的网上银行试点，到近期的金融 IC 卡推广、第三方支付业务创新，以及现在致力于发展手机支付等，新的改革试点要求也层出不穷。

党的十八大已胜利闭幕，明年初新一届政府也将成立。无疑，换届之后，党中央、国务院仍将一如既往地重视改革的总体设计，推动某些自上而下的重大改革；同时也会充分认识和强调中国是一个大国，有些领域需要继续沿用我们过去所尝试的做法，就是鼓励地方发挥改革积极性、允许试点、鼓励创新，由此积累经验，并把好的经验逐渐推广。

今天我借国际金融论坛这个机会，介绍一下若干金融政策试点的情况，看起来似乎比较零碎，国际上可能不太引起重视。但我想说，这是中国改革的一个重要组成部分，希望大家给予重视，并予以讨论，这有助于改革在各种评判的基础上，得以更顺利地推进，并提供更多的经验。

注 1：2010 年 11 月 20 日，周小川行长在中国经济学家年度论坛暨中国经济理论创新奖颁奖典礼上就“整体改革论”作了演讲，其中特别强调，“整体改革结合了自上而下和自下而上的两种推动方式”。

（本文根据周小川行长在 2012 年 11 月 17 日国际金融论坛上的讲话整理）

在 2013 年陆家嘴论坛上的讲话

中国人民银行行长　周小川

尊敬的杨雄市长，各位来宾，女士们、先生们：

上午好！

非常高兴受邀参加 2013 年陆家嘴论坛。在上海召开，在陆家嘴召开，我想主题还是把上海建设成国际金融中心。首先向大家简要介绍一下近年来金融界推动上海国际金融中心建设的重要进展，结合上海建设国际金融中心的潜力和条件，探讨下一步如何加快推进上海国际金融中心建设，当然也会涉及当前大家关注的问题。

一、近年来上海国际金融中心建设取得显著成效

建设上海国际金融中心是我国现代化建设和全面深化改革开放的必然选择。金融界一直高度重视，并给予了大力支持。近年来，上海以金融市场体系建设为核心，以金融改革开放和创新为重点，围绕上海国际金融中心竞争力的提升，做了大量富有成效的工作。

（一）大力推动资本市场发展，发挥引领和带动上海国际金融中心建设的核心作用

上海始终站在我国资本市场的最前沿，推动着我国经济金融体制和社会资源配置方式的优化和变革。上海资本市场改革和发展的经验，是我国经济改革宝贵经验的重要组成部分。发挥上海资本市场的核心作用，是上海经济社会发展和服务全国的现实选择，是成熟市场国际金融中心建设和金融业发展的内在规律，更是加快推进上海国际金融中心建设的客观要求。

近年来，一方面得益于我国经济的持续、稳定、健康发展，另一方面也得益于各项市场化改革的稳步推进，上海资本市场引领和带动上海国际金融中心建设的核心作用日益突出。目前，上海已基本形成了适合国内外投资者共同参与，具备较强交易、定价、信息功能、具有国际影响力的资本市场体系；逐步形成了人民币跨境投融资中心、人民币产品基准价格形成中心、大宗商品定价中心和金融资讯服务中心；培育出了一批规模比较大、治理机制比较健全、具有行业龙头地位的上市公司；营造了有利于促进资本市场创新发展和风险防范化解的机制和环境。上海证券交易所主要指数、上海大宗商品期货价格的国际影响力显著提升，上海资本市场的对外开放领域不断拓宽。同时，上海张江高科技园区作为我国新三板前期试点地区之一，也必将在推动上海多层次资本市场体系建设，推动区域性场外市场与全国性市场的合作对接等方面发挥积极作用。

（二）积极推动银行间市场发展，推进金融市场改革和创新

推动银行间债券市场发债主体日趋多元化。支持多种类型中外资金融机构在银行间债券市场发行次级债券、普通金融债券和小微企业专项金融债券，夯实了金融机构的资本基础，拓展了金融机构的资金来源，提高了其服务实体经济的能力；推动更多的非金融企业在银行间债券市场发行短期融资券、中期票据、集合票据、非公开定向票据等债务融资工具，丰富了非金融企业的融资渠道，改善了非金融企业的负债结构，优化了社会整体融资结构。

丰富银行间拆借市场和债券市场投资者类型。允许更多类型的金融机构进入银行间同业拆借市场，新增非银行金融机构开展同业拆借业务，活跃了货币市场交易，提高了货币市场流动性，为 SHIBOR 更好地发挥基准作用打下基础。推动各类金融机构法人和非法人集合产品进入银行间债券市场，丰富了债券投资者类型，提高了债券市场的深度和广度。

（三）大力发展跨境人民币业务，推动上海发挥跨境人民币产品创新中心作用

跨境贸易人民币业务深入推进。目前，跨境贸易人民币结算境内地域范围已扩大至全国，境外则没有地域范围限制。境内所有从事进出口货物贸易、服务贸易及其他经常项目的企业均可选择以人民币进行计价、结算和收付。除经常项目外，资本项下人民币结算业务也有序推进。境外央行、人民币清算行和人民币参加行等境外机构可使用人民币进入银行间债券市场进行投资。人民币对外直接投资、外商人民币直接投资、境外项目人民币贷款、人民币资金池等业务相继开展。RQFII 试点启动，顺利运营。

跨境贸易人民币结算规模逐步扩大。自 2009 年 7 月试点以来，跨境人民币结算业务进展顺利，结算规模显著扩大，人民币跨境流动机制运行顺畅，人民币在境外接受程度不断提高，有力地支持了对外贸易投资和实体经济发展。

上海跨境人民币业务发展势头良好。上海是首批开展跨境贸易人民币结算的试点地区，业务量保持平稳较快增长，一直居于全国前列。依托其优越的金融市场环境，上海积极开展业务创新试点，2012 年 12 月，上海试点人民币资金池境外放款业务，是目前全国唯一试点该项业务的城市。

（四）探索外汇资金跨境流动便利方式，提供投资便利化，积极推进外汇管理体制改革

积极推动上海外汇管理改革的先行先试。2010 年推出符合条件的上海综合保税区企业开展国际贸易结算中心外汇管理试点，2012 年推出在沪中外资跨国公司开展资金运作便利化试点。这些改革试点，提高了入驻上海的跨国公司资金运作便利化程度，增强了上海对机构、资金的吸引力。

（五）支持相关机构设在上海

股票市场、期货市场、银行间市场、衍生品市场相继设在上海。2002 年以来，人民银行先后将上海黄金交易所、中国银联总部、上海清算所，以及征信中心、反洗钱监测分析中心和中央银行清算中心设在上海。2005 年 8 月，人民银行设立上海总部，其主要目的之一是发挥贴近市场的优势，提高对金融市场服务的效率，支持上海国际金融中心建设。其他金融机构也开始在上海设立总部。2012 年，人民银行金融消费权益保护局在上海正式运作。

同时我们也支持挪威央行、韩国央行在上海设立了代表处，为增进双边金融合作发挥重要桥梁作用。境外货币当局、国际金融机构也在投资我国银行间债券市场。

二、上海有条件、有潜力建成国际金融中心

当前，上海建成国际金融中心具有不少有利的条件，有潜力建成国际金融中心。一是我国经济快速发展和经济发展转型为上海国际金融中心建设提供坚实的基础。中国经济保持平稳较快增长，现代服务业、先进制造业以及战略性新兴产业发展将明显加快，整体实力稳步提升，为上海国际金融中心建设提供了坚实的经济基础，同时也提出了新的和更高的要求。

二是中国作为一个大型经济体，一个突出特点是国内储蓄率较高，在 50 多万亿 GDP 中，各种储蓄约占 25 万亿左右，目前储蓄主渠道还是传统的商业银行渠道。而我国一直强调发展直接融资，随着直接融资发展，投资资本市场的资金潜力很大。从世界各国国际金融市场发展经验看，投资者多，投资资金多是形成金融中心的重要条件。金融中心也将发挥更大的作用。上海建设国际金融中心的潜力会更大、动力会更强。特别是，国民储蓄的初始形式都是人民币，人民币跨境使用进程加快和人民币国际地位的提高，为上海国际金融中心建设提供了新的重要动力。

三是这轮国际危机显示，现行国际货币体系和金融格局需要有所调整，新兴市场和发展中经济体在全球经济金融的活力进一步增强，话语权将进一步提高，在此背景下，国际社会越来越看好中国稳定的经济金融环境。这些变化为上海建设国际金融中心提供了有利的外部环境。

最后，经过多年发展，上海进一步巩固了其作为国内重要金融中心的地位，在国际上的影响力也持续提升，上海国际金融中心建设的势头良好。

三、进一步推进上海国际金融中心建设的若干想法

在新形势、新环境下，加快上海国际金融中心建设是促进国民经济平稳健康发展、打造上海和全国经济升级版的需要，也是优化我国生产力重大布局、促进经济金融改革开放的需要。未来一段时间，我们将继续按照国务院有关精神，积极支持、大力推进上海国际金融中心建设，加大对外开放力度，全面提升对外开放水平，推进上海国际金融中心建设再上新台阶。

（一）扩大人民币跨境使用，推动上海成为全球人民币产品创新、交易、定价、结算中心

这次国际金融危机爆发后，大家顺应市场需求，积极实施跨境贸易人民币结算试点，有序推进跨境投资人民币结算，稳步开展境外项目人民币贷款业务，加强和深化双边货币合作。目前，人民币跨境使用已经初具规模。推进人民币跨境使用是一个以综合国力为基础的循序渐进的过程，我们采取的策略是"低调务实有效推动、尊重市场顺应需求、循序渐进风险可控"。

人民币跨境业务的快速发展，是未来五年上海国际金融中心面临的重大机遇。在人民币实现在跨境和国际层面更广泛使用过程中，我们将按照"十二五"规划部署，积极推动上海逐步成为全球人民币产品创新、交易、定价、结算中心。

一是扩大人民币跨境使用，支持跨境交易中人民币结算比例逐步提高。支持中外资跨国公司开展跨境人民币管理业务，推动人民币进入跨国企业的资产组合。启动跨境人民币贸易再融资市场，推动人民币贸易融资规模的扩张。

二是支持跨境人民币投融资业务双向开放。积极研究准备合格境内个人投资者境外投资的试点（QDII2）和合格私募人民币基金境外证券投资业务（RQDLP）。

三是支持人民币跨境使用的基础设施建设。正在上海建设的人民币跨境支付系统（CIPS），对于支持人民币跨境使用，完善人民币支付清算体系，防范和化解人民币跨境支付风险以及营造公平竞争的市场环境具有重要意义，同时也将有力助推上海国际金融中心建设。

（二）加快金融市场对外开放，推动上海形成境内外投资者共同参与的、功能完善的多层次金融市场体系

人民银行将积极推动货币市场、债券市场、外汇市场等金融市场改革、开放、发展，拓展金融市场的广度和深度，支持金融创新，形成交易方式多样化、参与主体多元化、交易产品日趋丰富、市场监管透明有效的金融市场体系。

一是推动债券发行市场双向开放。鼓励更多符合条件的国际开发机构发行境内人民币债券，扩大国际开发机构在银行间债券市场上人民币债券的发行规模；允许符合条件且信用等级较高的境外商业性机构在我国发行人民币债券。

二是扩大货币市场参与范围。继续支持外资商业银行及其分行、外资非银行金融机构进入银行间同业拆借市场和银行间外汇市场，扩大外资机构数量，并在核定的额度内扩大货币市场交易规模。在风险可控的情况下，支持境外人民币参加行和其他银行直接参与银行间同业拆借市场和银行间外汇市场交易，促进境内外人民币市场联动发展。

三是拓展外汇市场的深度和广度。继续支持外资金融机构参与银行间外汇市场交易。在港澳人民币清算行等的基础上，适时推进其他人民币清算行、参加行等境外机构进入银行间外汇市场，增强境内人民币汇率对境外的引导作用。在人民币对美元、日元、澳大利亚元直接交易的基础上，建立人民币对更多货币的双边直接汇率形成机制，推动人民币对新兴市场经济体和周边国家货币汇率在银行间外汇市场挂牌。

（三）结合经济金融改革进展和国内外环境，积极稳妥推进资本项目可兑换

党和国家的有关文件多次要求推进资本项目可兑换，"十二五"规划对此也有明确的要求。逐步实现资本项目可兑换有利于金融创新和金融市场发展，促进金融机构的集聚，提升金融体系的国际化水平，推动人民币跨境使用；有利于完善市场经济体制，更大程度更广范围发挥市场在资源配置的基础作用，更好地满足市场主体对外投融资的需求，全面提高开放型经济水平，对于上海建设国际金融中心至关重要。

1993 年，党的十四届三中全会首次提出要使人民币成为一种可自由兑换的货币；1996 年，我国承诺了国际货币基金组织第八条款，正式宣布了经常项目可兑换；本世纪以来，随着国力增强以及利率、汇率、国有银行和金融市场改革的深化，推进资本项目可兑换的条件越来越成熟。

在新形势下，为了进一步扩大开放，促进贸易投资便利化，更好促进金融为实体经济服务，提高我国参与全球资源配置的能力和效率，增加国民福祉，人民币资本项目可兑换的进

程会有所提速。

因此，资本项目可兑换是一个有弹性的制度安排，不是一个“非黑即白”的选择。国际经验也表明，资本项目可兑换后，仍然可以从宏观审慎角度对可疑资金、外债、短期资本流动等进行管理，从而有效防范跨境资本流动可能带来的风险，趋利避害，发挥好资本项目可兑换在多个方面的积极作用。同时，各项具体开放措施在时间安排上也会有一定的灵活性，可以根据我国国内外经济金融形势和改革基础条件的变化择机实施，成熟一项，推动一项。

（四）加强国际金融交流与合作，深化沪港、沪台金融合作，扩大上海金融中心国际作用

加强国际和区域金融合作，参与全球经济金融治理，发挥上海在对外交往中的作用，扩大上海在国际金融领域的知名度和影响力。

进一步发展沪港金融的互补、互助、互动关系，完善沪港金融合作机制，加强沪港在金融市场、机构、产品、业务、人才等方面的交流合作，支持沪港金融市场产品和金融基础设施互联。积极推动沪台金融交流合作，研究建立合作机制，拓展合作空间和领域。

（五）积极参与并推动正在酝酿研究中的在上海建设自由贸易试验区

李克强总理今年在考察长三角时指示上海在综合保税区基础上，研究如何试点先行，建立自由贸易试验区。人民银行将按照国务院最新的改革精神，突出金融整体改革和开放的主线条，创造和优化与自由贸易试验区发展相适应的金融条件和环境，建立自由贸易区建设和上海国际金融中心建设的内在联动机制。

根据我国经济金融形势各方面的情况，去年中央经济工作会议确定今年实施稳健的货币政策。当前我国经济金融运行总体平稳，物价形势基本稳定，说明稳健货币政策是合适的，效果是好的。同时，目前，国际经济金融形势复杂多变，国内经济也面临一些新情况、新问题，金融市场历来是一个很灵敏的市场，对市场的任何信号都会有迅速反应，因此，既有助于发现问题，也有助于修复所发生的问题。人民银行将继续实施稳健的货币政策，并着力增强政策的前瞻性、针对性和灵活性，适时适度进行预调微调。和有关部门共同配合，一方面引导金融机构保持合理信贷投放，合理安排资产负债总量和期限结构，支持实体经济的结构调整和转型升级；另一方面，也将综合运用各种工具和手段，适时调节市场流动性，保持市场总体稳定，为金融市场平稳运行和经济发展创造良好的货币条件。

今年以来，我国经济增长总体平稳，同时加大结构调整力度，虽然增速有所放缓，但总体合理，呈现稳中有进的态势，同时各项改革红利还将进一步释放，政府部门简政放权作用将进一步显现，经济结构调整和经济转型升级步伐将进一步加快，经济增长质量和效益将进一步提高。在当前和未来较长一段时期，中国仍处在有利条件较多的战略机遇期，潜力巨大。从全球看，中国经济仍然是全球经济增长的重要动力，我们对未来中国经济发展充满信心，对中国金融业和金融市场的发展充满信心，对上海国际金融中心的建设和发展充满信心。

谢谢大家！

（本文根据周小川行长 2013 年 6 月 28 日在“2013 陆家嘴论坛”上的讲话整理）

全面深化金融业改革开放　加快完善金融市场体系

中国人民银行行长　周小川

（2013 年 11 月 28 日）

党的十八届三中全会提出全面深化改革，加快完善现代市场体系。金融作为现代经济的核心，是社会主义市场体系的重要组成部分。我们要认真学习贯彻全会精神，紧紧围绕市场在资源配置中的决定性作用，全面深化金融业改革开放，加快完善金融市场体系，不断提升金融业服务实体经济能力，促进经济持续健康发展。

改革开放以来，我们坚定不移地推进金融改革，基本建立了与社会主义市场经济相适应的金融体制，金融业配置资源和服务实体经济的能力大幅提升，整体实力和风险抵御能力明显提高，金融宏观调控的科学性、前瞻性和有效性稳步增强，成功经受住了国际金融危机的严峻考验，为我国经济持续健康发展作出了重要贡献。未来相当长一个时期，我国经济社会发展仍将处于重要战略机遇期，既面临难得的发展机遇，也面对诸多风险和挑战。做好今后一个时期的金融工作，关键是要牢牢把握金融服务实体经济的本质要求，坚持市场配置金融资源的改革导向，坚持创新与监管相协调的发展理念。金融系统要按照全会的决策部署，全面推动金融改革、开放和发展，加快完善种类齐全、结构合理、服务高效、安全稳健的现代金融市场体系。

一、构建更具竞争性和包容性的金融服务业

扩大金融业对内对外开放，在加强监管前提下，允许具备条件的民间资本依法发起设立中小型银行等金融机构。践行党的群众路线，发展普惠金融。

扩大金融业对内对外开放。在更大范围、更高层次上提高资源优化配置能力，提升金融服务质量，增强金融部门竞争力，推动人民币跨境使用和国际金融中心建设，促进经济转型，推动实现中国经济升级版。进一步扩大金融业对外开放，逐步遵循准入前国民待遇和“负面清单”等新开放模式，实现金融服务业的高水平对外开放。

在加强监管的前提下，允许具备条件的民间资本依法发起设立中小型银行等金融机构。按照十八届三中全会的要求，立足于建立公平开放透明的市场规则，实行统一的市场准入制度，鼓励和引导民间资本进入金融服务领域。金融业作为竞争性的服务行业，也应按照“负面清单”的准入制度和扩大服务业开放的要求，为各类投资主体准入提供公平竞争的市场环境。在加强监管前提下，允许具备条件的民间资本依

法发起设立中小型银行等金融机构，将为实体经济提供必要的竞争性金融供给，解决部分基层地区和小微企业金融服务供给不足的问题。

完善现代金融企业制度。进一步提升国有金融机构治理水平，放宽民间资本和外资进入金融服务领域的限制，优化股权结构；推行更加市场化的管理层选拔方式，减少行政任命；建立良性的管理层激励，确保高管人员以股东利益为主要目标。完善金融机构公司治理，形成有效的决策、执行、制衡机制，把公司治理的要求真正落实于日常经营管理和风险控制之中。建立有效的选人用人机制，切实加强金融队伍建设，全面提高从业人员素质和职业操守。探索建立规范有效包括薪酬制度在内的激励约束机制。推进政策性金融机构改革。我国发展阶段决定了当前和未来一段时间我国仍有政策性金融的需求。我国政策性金融机构成立以来，做了大量工作，取得了明显成绩，也保证了商业性金融机构不再承担政策性业务；同时也还存在公司治理不完善、业务和财务规则不明晰、约束机制不健全、可持续性不强等问题，要通过加快改革来建立符合中国特色、能更好地为当前经济发展服务、可持续运营的政策性金融机构及其政策环境。

发展普惠金融。坚持民生金融优先，满足人民群众日益增长的金融需求，让金融改革与发展成果更多更好地惠及所有地区特别是贫困地区，惠及所有人群，实现金融业可持续发展。适度放宽市场准入，支持小型金融机构发展。加强政策引导，鼓励金融机构加大对经济社会发展薄弱环节的支持力度。大力发展多种融资方式，规范发展民间借贷，拓宽小微企业多元化融资渠道。鼓励金融产品和工具创新，不断扩大金融服务的覆盖面和渗透率。加强金融基础设施建设，提升金融服务现代化水平。推进信用体系建设，进一步优化小微企业金融服务生态环境，加强金融消费者保护和金融知识普及教育。

二、健全多层次资本市场体系

以显著提高直接融资比重为目标，推进股票发行注册制改革，多渠道推动股权融资，发展并规范债券市场，完善保险市场，鼓励金融创新，丰富金融市场层次与产品。

提高直接融资比重。继续坚持服务实体经济的本质要求，着力推动经济发展方式转变和经济结构调整，大力发展股票市场、债券市场等资本市场，拓宽企业直接融资渠道，优化社会融资结构；坚持市场化改革方向，着力减少不必要的行政管制，激发市场动力和内在活力，大力培育商业信用；坚持尊重市场发展客观规律，大力发展各类机构投资者，促进场外市场和场内市场分层有序、功能互补，推动金融市场、金融产品、投资者及融资中介的多元化；坚持规范发展的理念，强化市场约束和风险分担机制，进一步提高市场运行透明度；健全相应的法律框架、金融调控框架、监管框架以及财税等政策。

推进股票发行注册制改革。以充分信息披露为核心，在股票发行过程中，减少证券监管部门对发行人资质的实质性审核和价值判断，弱化行政审批，增强发行制度的弹性和灵活性，降低股票发行成本，提高融资效率。加强事中、事后监管力度，完善各种民事与刑事责任追究制度，有效抑制欺诈上市等行为。进一步完善上市公司退市制度，通过优胜劣汰，提高上市公司质量。加大对虚假陈述、市场操纵和内幕交易等证券违法违规行为的打击力度，强化上市公司、中介机构等市场参与主体的市场约束和诚信约束，促进市场参与各方归位尽责，切实保护投资者合法权益，维护证券市场"三公"原则。

多渠道推动股权融资。在继续完善主板、中小企业板和创业板市场的同时，继续推进三板股权市场建设。加快完善以机构为主、公开转让的中小企业股权市场，建立健全做市商、定向发行、并购重组等制度安排，丰富融资工具和交易品种，增强服务中小企业的能力。各省（市、区）可以在统一的制度框架下，结合区域经济发展需要建立区域性股权市场。积极引导私募股权投资基金、风险投资基金健康发展，支持创新型、成长型企业股权融资。建立健全不同层次市场间的差别制度安排和统一的登记结算平台，推动形成有机联系的股权市场体系。

发展并规范债券市场。稳步扩大债券市场规模，推进金融产品创新和多元化，加大发展资产证券化的力度。探讨市政债券，完善城镇化建设融资机制。发展中小企业集合债券、私募债等融资工具，拓宽企业融资渠道，加大支持实体经济力度。发挥公司信用类债券部际协调机制作用，加强债券管理部门的协调配合，提高信息披露标准，落实监管责任。加强债券市场基础设施建设，进一步促进银行间市场和交易所市场协调发展。稳步推进债券市场对外开放。

完善保险经济补偿机制，建立巨灾保险制度。完善保险经济补偿机制，研究建立专业中介机构保障基金。推动巨灾保险立法进程，界定巨灾保险范围，建立政府推动、市场化运作、风险共担的多层次巨灾保险制度。明确政府与市场的定位，鼓励商业保险公司经营巨灾保险。以风险共担、分级负担为原则，利用再保险和资本市场（如发行巨灾债券等）分散巨灾风险。

鼓励金融创新，丰富金融市场层次和产品。实施创新驱动发展战略，稳步推动金融市场机制、组织、产品和服务模式创新，形成长效创新机制，拓展金融市场发展的深度和广度，丰富金融市场层次和产品。努力建设一个品种丰富、运行高效、功能完备，具有相当规模，与社会主义市场经济体制相适应的金融市场体系。同时要始终把防范风险贯穿金融创新全过程，处理好创新、发展与风险之间的关系，防止以规避监管为目的和脱离经济发展需要的创新。

加强金融基础设施建设，保障金融市场安全高效运行和整体稳定。积极稳妥落实有关国际组织联合发布的《金融市场基础设施原则》，加强和改进我国金融市场基础设施建设。稳步推进金融市场中央对手方、交易信息报告库等制度和设施建设，完善金融产品登记、托管、交易、清算、结算制度。统筹协调支付、清算、结算体系发展，完善支付、清算、结算法规制度。进一步加强发行系统、交易系统、清算系统、托管结算系统、市场成员内部系统和监管机构监测系统之间的数据高效处理和传递，提升相关基础设施技术系统功能，提高市场透明度和运行效率，保障金融市场安全高效运行和整体稳定。

三、稳步推进汇率和利率市场化改革

使市场在资源配置中起决定性作用，客观上要求完善主要由市场决定价格的机制，凡是能由市场形成价格的都交给市场，政府不进行不当干预。利率和汇率作为要素市场的重要价格，是有效配置国内国际资金的决定性因素。稳步推进汇率和利率市场化改革，有利于不断优化资金配置效率，进一步增强市场配置资源的决定性作用，加快推进经济发展方式转变和结构调整。

完善人民币汇率市场化形成机制。继续完善人民币汇率市场化形成机制，发挥市场供求在汇率形成中的基础性作用，提高国内国外两种资源的配置效率，促进国际收支平衡。发展外汇市场，丰富外汇产品，拓展外汇市场的广度和深度，更好地满足企业和居民的需求。根据外汇市场发育状况和经济金融形势，有序扩大人民币汇率浮动区间，增强人民币汇率双向浮动弹性，保持人民币汇率在合理均衡水平上的基本稳定。进一步发挥市场汇率的作用，央行基本退出常态式外汇市场干预，建立以市场供求为基础、有管理的浮动汇率制度。

加快推进利率市场化。坚持以建立健全由市场供求决定的利率形成机制为总体方向，以完善市场利率体系和利率传导机制为重点，以提高央行宏观调控能力为基础，加快推进利率市场化改革。近期，着力健全市场利率定价自律机制，提高金融机构自主定价能力；做好贷款基础利率报价工作，为信贷产品定价提供参考；推进同业存单发行与交易，逐步扩大金融机构负债产品市场化定价范围。近中期，注重培育形成较为完善的市场利率体系，完善央行利率调控框架和利率传导机制。中期，全面实现利率市场化，健全市场化利率宏观调控机制。

健全反映市场供求关系的国债收益率曲线。收益率曲线是固定收益市场的主要收益率，反映无风险收益率基准在各种期限上的分布。在此之上，其他各种固定收益产品有一个风险溢价。目前，我国金融市场的国债收益率曲线在准确性、权威性和完整性等方面有待提高。随着我国金融宏观调控逐步由以数量调控为主转为以价格调控为主以及利率市场化改革的不断推进，有必要健全反映市场基准的国债收益率曲线，进一步发挥收益率曲线在金融资源配置中的重要作用。完善国债发行，优化国债期限结构；完善债券做市支持机制，提高市场流动性；进一步丰富投资者类型，稳步提高债券市场对内对外开放程度，降低以买入并持有到期为主要目的的银行与保险机构等投资者的比重，增加交易需求；改进曲线编制技术，加大宣传和应用推广力度。

四、加快实现人民币资本项目可兑换

推进人民币资本项目可兑换，是构建开放型经济新体制的本质要求，其根本目的在于促进贸易投资便利化，为扩大企业及个人对外投资、确立企业及个人对外投资主体地位创造有利条件，是进一步加快发展各项跨境金融业务、体现金融支持实体经济发展、落实走出去战略、加快经济结构调整和产业转型升级的要求。应抓住人民币资本项目可兑换的有利时间窗口，在统筹国内需求与国际形势的基础上，加快实现人民币资本项目可兑换。

转变跨境资本流动管理方式，便利企业走出去。进一步转变外汇管理方式，推动对外投资便利化。减少外汇管理中的行政审批，从重行政审批转变为重监测分析，从重微观管制转变为重宏观审慎管理，从“正面清单”转变为“负面清单”。方便企业走出去过程中的投融资行为，逐步提高境内企业向境外提供人民币和外币信贷及融资担保的便利程度，加大支持企业走出去的力度。

推动资本市场双向开放，有序提高跨境资本和金融交易可兑换程度。进一步扩大合格境内机构投资者（QDII）和合格境外机构投资者（QFII）主体资格，增加投资额度。条件成熟时，取消合格境内机构投资者、合格境外机构投资者的资格和额度审批，将相关投资便利扩大到境内外所有合法机构。研究建立境内外股市的互联互通机制，逐步允许具备条件的境外公司在境内资本市场发行股票，拓宽居民投资渠道。在建立相关管理制度的前提下，放宽境外机构境内发行人民币债券资格限制。有序提升个人资本项目交易可兑换程度，进一步提高直接投资、直接投资清盘和信贷等的可兑换便利化程度，在有管理的前提下推进衍生金融工具交易可兑换。

建立健全宏观审慎管理框架下的外债和资本流动管理体系。建立健全针对外债和资本流动的宏观审慎政策框架，提高可兑换条件下的风险管理水平。综合考虑资产负债币种、期限等匹配情况，合理调控外债规模，优化外债结构，做好外债监测，防范外债风险。加强反洗钱和反恐融资方面的管理，保持对非法资金跨境流动的高压政策，同时防止过度利用避税天堂。加强对短期投机性资本流动特别是金融衍生品交易监测。在鼓励合理创新的同时，限制与实体经济严重脱节的复杂金融衍生品，坚持金融创新为实体经济服务的原则要求，同时按照最新的国际标准推动场外金融衍生品市场的监管改革。在紧急情况下，可以对资本流动采取临时性管理措施。建立健全相关监测体系，实现资本跨境流动便利化和收集有效信息的统一。

五、完善金融监管

加强和改进金融监管，采取综合措施维护金融稳定，牢牢守住不发生系统性和区域性金融风险的底线。

落实金融监管改革措施和稳健标准。完善逆周期资本要求和系统重要性银行附加资本要求，适时引进国际银行业流动性和杠杆率监管新规，提高银行业稳健性标准。根据我国金融市场结构和特点，细化金融机构分类标准，统一监管政策，减少监管套利，弥补监管真空。优化金融监管资源配置，明确对交叉性金融业务和金融控股公司的监管职责和规则，增强监管的针对性、有效性。

完善监管协调机制。充分发挥金融监管协调部际联席会议制度功能，不断提升监管协调工作规范化和制度化水平，重点加强货币政策与金融监管政策、交叉性金融产品与跨市场金融创新的协调，实现金融信息共享，减少监管真空和监管重复，形成监管合力。

界定中央和地方金融监管职责和风险处置责任。坚持中央金融管理部门对金融业的统一管理，引导地方政府遵循“区域性”原则履行好相关职能。明确地方政府对地方性金融机构和金融市场的监督管理职责，以及在地方金融风险处置中的责任，强化日常监管，减少行政干预，加大对非法金融活动的打击力度，及时有效地处置辖区金融业突发事件，改善本地区金融生态。规范地方政府对金融机构的出资人职责，避免对金融机构商业性经营活动的行政干预。

建立存款保险制度。加快建立功能完善、权责统一、运作有效的存款保险制度，促进形成市场化的金融风险防范和处置机制。存款保险制度要覆盖所有存款类金融机构，实行有限赔付和基于风险的差别费率机制，建立事前积累的基金，具备必要的信息收集与核查、早期纠正及风险处置等基本职责，与现有金融稳定机制有机衔接，及时防范和化解金融风险，维护金融稳定。

完善金融机构市场化退出机制。通过明确金融机构经营失败时的退出规则，包括风险补偿和分担机制，加强对存款人的保护，有效防止银行挤兑。进一步厘清政府和市场的边界，加强市场约束，防范道德风险，从根本上防止金融体系风险的累积。

原文刊登于《人民日报》（2013 年 11 月 28 日，第 7 版）

走出危机僵局需要设计新的激励机制
——在中国金融40人论坛上的讲话

中国人民银行行长　周小川

（2012年4月28日）

一、应对危机的政策选择

在今年4月刚刚结束的国际货币基金组织/世界银行春季例会中，基金组织首席经济学家布兰查德（Olivier Blanchard）提到了当前世界经济中存在着三个因素之间的恶性循环：一是缓慢的经济增长；二是许多国家需要进行财政整顿，而财政整顿又被认为可能阻碍增长；三是本应向实体经济注入资金、帮助恢复经济增长的银行业正面临困境，因而缺乏向经济提供信贷扩张的能力。

在这种情况下，基金组织提出的建议是在中期内进行财政整顿，但不要在短期内过度紧缩。这一说法和2011年8月美国债务上限问题期间美国政府的表态十分类似。但欧洲方面却提出不同意见，认为应立刻采取整顿措施，否则将无法取信于市场。有这样一个笑话：两个正在减肥的人进了一家快餐馆，A只点了沙拉和水，B却点了双份的巨无霸汉堡、可乐和薯条。A对B的做法十分好奇，问道："你不是正在减肥吗？"B却回答道："没关系，不是从今天开始，但我有一份可信的中期减肥计划！"意思是，如果不从现在就开始整顿，有谁会相信所谓中期整顿计划是可信的？

一些经济学家和中央银行家们认为，存在一种政策组合可以解决这种矛盾，即在实施财政整顿的同时采取扩张的货币政策。中央银行可以向经济注入流动性，将利率降至零并采取量化宽松政策。但这里的一个问题是，银行的行为可能会背离政策制定者的预期。这是因为银行面临着四大问题：一是银行资产质量问题，为此银行忙于修复资产负债表；二是巴塞尔协议Ⅲ的实施导致资本充足率要求上升，银行缺乏足够的资本支持信贷扩张；三是监管措施在危机期间加剧了收紧，监管政策应是逆周期的，但事实上经常出现顺周期的情况。四是融资问题，银行间市场和债券市场受危机影响都很不活跃，限制了银行的融资能力，例如欧元区的跨国银行间市场就出现了严重的不活跃。

二、金融部门行为及应对激励

在这种恶性循环的背景下，政策制定者能够做些什么呢？这种情况让我们想到亚洲金融危机。当时，中国也存在经济增长缓慢、通货紧缩、银行"技术性破产"等现象。人民银行对当时的情况进行了回顾，一种可能的解决办法是引入对金融机构的激励机制。传统上，央行货币政策的数学模型中不考虑金融部门的行为。这些模型中包含了央行、企业、居民部门，但却没有金融市场和银行部门。部分原因是人们简单地认为货币政策能够通过银行体系自动且顺畅地传导至实体经济的企业和居民部门。但是，美国采取了量化宽松政策后，却发现银行部门没有充分响应，欧洲也出现了这种状况。这就说明应重新考虑货币政策传导问题，将金融部门行为纳入央行的货币政策模型中去。

当我们谈到中央银行向实体经济提供激励和负向激励时，也应该思考央行和其他监管当局是否有激励机制来引导商业银行。事实上，我们比较缺乏这种激励机制。那么我们能做的是什么呢？首先想到的是管理利差。

在2000年初，中国的大型银行面临重组，正在修复资产负债表并寻求更多资本，有可能影响其积极发挥资金媒介的作用，而且银行还过于担忧自身的资产质量。那时人们认识到管理利差的重要性，因为一定的利差可以激励银行在清理自身的同时也能将资金贷出。在这种情况下政府还通过剥离部分银行不良资产来帮助银行减少这种担忧，剥离比大量提供流动性更为有效，正如中国政府在20世纪90年代末和21世纪初所做的那样。从这里可以看到，如果能够把银行的行为纳入到宏观经济模型中，就可能有办法更好地促进银行体系的逆周期响应，激励银行更好地放贷。

如果我们分析银行的行为，会发现监管当局可以对银行进行激励。当需要加强这种调节时，监管者有时甚至可以直接约谈银行。但这里也存在一种不对称的现象，这种做法在收紧监管政策时颇为有用，但是在推动银行放贷时就不那么有用了。例如，在这次金融危机爆发后，美国财政部和美联储召集一些大银行家开会，试图动员他们积极参与应对，但效果并不理想。危机期间银行有两方面表现，一是规避风险，二是囤积现金。而之所以会囤积现金，是与零利率政策导致持有现金的成本过低有关。

中国近些年出现过两次关于是否降息并走向零利率的讨论。第一次是在2000年－2001年中国出现通货紧缩。另一次是在2009年初，也就是危机刚刚爆发之后，那时不少国家将利率降至零，而中国的利率约从4%左右经过几次调降，在2008年末达到2%左右。当时有人提出要跟从发达国家也搞零利率政策，大家对此进行了讨论。当时，我们还不能确定凯恩斯的流动性陷阱是否存在，但那是一个非常危险的区域，如果银行体系变得消极可能会出问题。最终，中国将利率保持在2%左右。当时还需要货币政策进一步宽松，就选择了量化扩张。现在来评论这个抉择是否恰当还为时过早，但这可以说明在决策过程中似应考虑银行业的行为。

一个相关的话题是零下界利率区间。有不少论文从货币政策和泰勒规则的角度讨论了零下界利率问题。让我们换一个角度，从银行行为来说，如果负债方的成本为零，那么它的行为会出现改变，会倾向于囤积现金。关于这个问题，人们进行了一些研究，2011年7月在清华大学召开的国际经济学会第16届全球大会上，我也谈过这个问题。我们可以设想，如果不在利率降至零后再采取量化宽松政策，而是在利率降至1%－2%时就采取量化宽松政策，效果可能有所不同。

三、是否救助与如何救助

第二个问题是关于危机救助的方式问题。在特定的条件下，如果央行确实不得不参与救助的话，就存在如何救助的问题，以及什么是优化的选择问题。刚才说到，过早地将利率降到零附近可能不是一种较优的选择，这涉及泰勒规则的适用区间和如何处置零下界区间的议题。另一个选择是央行实施大规模的数量宽松政策。初衷有可能是为了缓解危机和救助有问题的金融机构，但现行法规往往不支持央行直接参与救助。这样，经权衡，央行在权限范围内可做的事是普遍向金融市场注入大量流动性。

打个比方，这有点类似于局部农田干旱缺水，央行管着水库大坝，央行想挖几个渠来放水，使之流向特定的干旱农田，但法规说这不是央行的工作，则央行可做的只能是放开闸门大水漫灌，相信一部分水会达到需要的农田。但问题一是资源有所浪费(如未来有通胀)；二是可能出现副作用(如新兴市场遭到过量资本流入)；三是不确定需水之处能得到多少，公众是否满意。人们希望有“定向供水”或“滴灌”的能力，但过去制定法规和确定央行职能时未预见到此，当前就只能搞“大水漫灌”了。

对于这个问题，可能不必这么教条。似乎并没有明确的法律规定严格禁止中央银行在这些领域有所作为，问题的关键是涉及人们对央行目标与职能的法律精神的理解，可能更多的是一个如何解释有关条文的问题。在特殊情况下需要第一时间予以应对、解决问题，至于是否有足够的依据或授权，可之后再找解释。中国的金融机构在亚洲金融危机时出现过大面积的资不抵债，当时也曾说央行不可能有所为，但真到形势危急、迫不得已的时候，要有作为还是可以找到解释余地的。实践中我们就是“定向注水”，由中央银行通过汇金公司持有金融机构股权，想办法将其救活了，之后再考虑退出。

总之，中央银行在应对危机时可设法寻找一些灵活性，找一些活动空间，而不是过于自我约束。从近来的实践看，欧洲中央银行(ECB)也在不得已情况下向希腊放了些水，而且还安排了债券购买计划(SMP)的手段。当然，对此还有争议，ECB 也做了大规模的长期再融资操作(LTRO)。

四、主权债务约束及应对激励

第三个问题是关于主权债务。是否需要一个激励机制，来更好地控制政府债务呢？许多国家认识到必须进行财政整顿，但部分公众却存在抵触情绪，存在意见冲突。那么是不是可以找到一个足够好的激励机制，既让政府能够顺利进行财政整顿，又能给公众明确信号，使他们认识到本国必须遵守财政纪律？

首先要看到，不同的经济体有不同的债务占 GDP 比率，同时这些经济体的内债和外债所占比例也都有所不同。例如，日本和意大利的大部分债务都是本国居民购买，而希腊等国的筹资渠道则较多依靠外国投资者。这些国家所面临的难题是不同的。如果债务以本国债务为主，虽然问题严重，但隔代的收入分配基本限于国内公众，有助于国内的理性讨论，也不会给全球金融市场造成太大风险。

那么，我们是否应该考虑一个运作机制，让政府债务基本集中于国内？看来是可能的。作为对这种机制的补充，如果负债的政府确实需要在国际上筹资，可向国际组织借款，如基金组织和世界银行。这样做有很多好处。第一，有助于形成定价机制。如果某国在国际上借款，但却无法提供足够的还款保证，而外国投资人也缺乏有效的制约手段，那么定价就可能出现问题。如果政府将绝大部分国债卖给国内投资者，这些投资者就会仔细权衡国债对他们微观经济情况的影响。第二，有助于在国内形成共识机制。如果债务主要由国内公众持有，他们之间更容易形成共识。现在欧洲的情况是，一方面政府实施财政整顿政策，另一方面公众却走上大街示威抗议。第三，外国投资者很难对别国政府的主权政策予以制约，这不仅是因为信息不足，也是因为外国投资者缺乏权力和渠道。国际组织在这方面会好很多，如作为补充性投资者可以有所作为。但现阶段国际组织进入可能为时偏晚，应在最初就考虑这一机制问题。

国外投资者则可以先向国际组织(如 IMF)投资，再通过国际组织间接投资于主权国家国债。这里也可以建立一个共同融资机制，即一部分投资通过国际组织进行，而另一部分可以作为捆绑投资。关键是国际组织具备影响主权国行为的能力，有能力为主权国设立借债条款。建立这样的机制对有经常项目顺差的国家也有好处，一方面它们可以更安全地投资海外，另一方面能降低外汇储备积累的积极性，更好地平衡国内经济。

从上述分析可以发现，外部债务存在很多道德风险问题。在亚洲金融危机期间就已经出现这些问题，比如一些东南亚国家过度依赖外债，且存在货币错配等问题。从国际角度看，发生过很多次债务危机，比如拉丁美洲危机。将债务主要限于国内市场是否是一种可行的方式？第一，技术上过去难以做到的，当今的 IT 能力已可办到，这也包括欧元区。第二，如国内储蓄率不能满足，则国内家庭和私人部门会向国外借，外国银行就会要求提供一定的抵押品，亦可通过该国银行要求本国居民或私人部门提供抵押品。这样本国居民需要自己花钱或用资产抵押来借钱购买本国国债，那么就会产生一种激励机制去限制政府债务过度增长。

对于欧元区来说，由于采用单一货币，较难区分国内和国际债权人的身份，但可以做出技术上的解决方案。中国也存在相类似的问题，比如地方政府融资平台。如果发债主体为省、市政府，而市场为全国性市场，也会出现举债缺乏制约、道德风险、定价机制失效等问题。因此，如果中国今后能建立一个地方政府债务体系，地方债应主要出售给当地居民，当地居民会基于自身的养老金、福利等问题来考虑是否购买，这样就构成了对地方政府债务的制约。

总之，对于如何解决当前的危机这个问题，可从多个角度来思考，而激励机制就是其中一个重要的方面。关于激励机制的基本理论及其应用，有很多优秀的经济学家做过深入的研究，比如已故的拉丰(Jean - Jacuqes Laffont)和赫维茨(Leonid Hurwicz)等，相关的文献也非常多，就不再详细展开了。

在中央企业青联委员座谈会上的讲话

国资委主任、党委书记 张 毅

（2013 年 10 月 12 日）

各位委员、同志们：

大家下午好！首先我代表国资委党委，对中央企业青联三届三次常委（扩大）会议的成功召开表示祝贺！

中央企业青联是国资委党委领导下的青年群众组织，2001 年成立以来，始终坚持围绕中心、服务大局，团结带领青年同志积极投身中央企业改革发展，做了大量卓有成效的工作。在座的各位青联主席团成员和秘书处成员大多是企业领导人员，还有两位同志是全国青联副主席，大家为中央企业青联工作作出了积极贡献，发挥了重要作用。在此，我代表国资委党委，对大家的付出和努力表示感谢！下面，我谈三点意见。

一、把握大势，牢记使命，增强做好中央企业青联工作的责任感

当前，全党全国各族人民正在为实现党的十八大提出的“两个百年”奋斗目标而努力，正在朝着实现中华民族伟大复兴的中国梦而奋勇迈进。应该看到，要实现党的十八大提出的宏伟目标，我们面临的国内外形势错综复杂，发展机遇和风险挑战前所未有。世界经济进入深度调整期，全球竞争格局发生深刻变化，新一轮科技和产业革命加快演进，国际资本流动和全球产业布局出现新变化。我国经济面对产业链高端向发达国家回流，产业链中低端向低收入国家转移的双重挤压，结构调整和转型升级的任务更加紧迫。中央企业大多处在关系国家安全和国民经济命脉的重要行业和关键领域，在国家经济社会发展中地位重要、作用关键、责任重大。我们必须牢记使命，勇担责任，加快改革发展步伐，加大转型升级力度，追求更优的发展质量，形成更强的经济实力，在激烈的国际竞争中赢得主动、赢得优势，为打造中国经济升级版作出应有的贡献。

青年是中央企业最有朝气和活力的群体，代表了企业的未来与希望。青年兴，则企业兴；青年强，则企业强。在座各位青联委员是中央企业青年的优秀代表，是中央企业青联的骨干力量，要充分认识中央企业在中国特色社会主义伟大事业中的重要地位，充分认识中央企业在打造中国经济升级版中的关键作用，充分认识中央企业青联肩负的团结带领青年干事创业、为企业发展作贡献的重大责任。对青联委员这一职位要有责任感、荣誉感，对做好工作要有思考、有作为、有创新，尽心履职，勤勉工作，多作贡献。

二、深化认识，提升能力，推动中央企业青联工作实现新发展

中央企业青联工作作为中央企业群众工作特别是青年工作的重要组成部分，其出发点和落脚点是服务于中央企业改革发展。新的形势和任务为中央企业青联工作赋予了新内涵，提出了新的更高要求。要适应新形势、实现新发展，需要我们对中央企业青联工作进一步深化认识，准确把握，深入思考如何使各项工作更好地为推动国资国企改革发展服务，为落实“一五三”战略发挥积极作用。

一要牢牢把握组织的本质属性。中央企业青联的本质属性是国资委党委领导下的中央企业青年最广泛的爱国统一战线组织。这一本质属性决定了我们的两项基本任务：一是要充分吸纳中央企业各族各界优秀青年代表，增强青联委员的广泛性，既要有企业管理者，又要有科研工作者；既要有企业领导，又要有基层代表；既要凝聚各党派人士，又要吸收少数民族，切实做好青年的统一战线工作。二是要高举爱国主义和社会主义的伟大旗帜，引导委员并影响青年坚决维护国家和民族利益，坚定跟党走中国特色社会主义道路的理想信念，积极投身实现中国梦的伟大事业中。

二要充分发挥组织的独特优势。中央企业青联汇聚了众多来自中央企业不同行业、不同岗位的优秀青年人才，还有特邀的社会各界优秀青年，具有独特的人才优势。这种独特优势一方面体现在委员社会角色的较强一致性上，大家多数来自央企，相互之间较容易取得高度认同，通过青联组织提供的情感联谊和思想交流平台，能够有效促进央企之间的合作共赢和央企内部的资源整合；这种优势另一方面体现在涵盖行业的广泛性上，涵盖了央企所从事的所有行业，大部分委员都是中央企业的骨干，包含管理、技术、科研等不同专业人才，通过引导委员们在关系企业改革发展的重大战略性、前瞻性问题上开展专题研究，可以综合不同行业、企业的特点规律，汇聚委员个体的智慧才华，进而形成有实用价值的成果，助力企业改革发展。

三要以改革创新精神改进青联工作。当前我国经济正处在发展速度换档期、结构调整转型期和前期刺激政策消化期叠加的时期。面对新形势、新要求，中央企业青联要解放思想、与时俱进，围绕中心、服务大局，以活动为载体，创新工作模式和活动方式，把握全局方向、讲究工作艺术、强化活动设计，继续保持朝气蓬勃的特性，充分调动委员的积极性，提升对广大青年的感召力、凝聚力、影响力，激励广大青年投身中央企业改革发展事业，开拓创新、建功立业。

三、锤炼作风，当好表率，切实发挥在广大青年中的示范带头作用

中央企业青联委员是中央企业青年的优秀代表，各位特邀委员更是社会各界青年的佼佼者，在青年中具有广泛的影响力，进一步提升自身素质和能力，发挥好示范和引导作用，共同打造新时期中央企业青联的良好形象，应该成为每一位委员的责任和自觉行动。

一要做追求理想抱负的表率。理想抱负是指引人生方向的灯塔，是取得事业成功的重要前提。青年同志要树立远大的志向，有更高的人生追求，带头坚持用邓小平理论、“三个代表”重要思想和科学发展观武装头脑，不断增强中国特色社会主义道路自信、理论自信、制度自信。要将个人理想与中国梦相结合，与国资国企改革发展事业相结合，坚定搞好国有企业的信心和决心，增强发展壮大国有经济、做强做优中央企业的责任感和使命感。

二要做勤奋学习的表率。勤奋学习是持续成长进步的法宝。青年同志要把学习作为工作生活不可或缺的重要组成部分，作为一种精神追求、一种生活习惯、一种工作责任，带头广泛学习政治理论、专业知识、先进管理以及各类文化成果等，提升能力素质；带头向实践学习，坚持学以致用，在社会的大学校里磨练自己；带头向职工群众学习，深入车间班组、深入青年群体，充分汲取大家的智慧经验，不断开拓视野，增长才干，与时俱进。

三要做艰苦奋斗的表率。任何事业的成功、理想的实现都需要坚持不懈地艰苦奋斗。青年同志要带头弘扬中华民族自强不息的奋斗精神，始终保持积极进取、迎难而上的精神状态；要立足本职、埋头苦干，从点滴累积，在平凡中追求卓越，以一流的业绩成就人生精彩；要敢闯敢干、锲而不舍、百折不挠，不断开辟事业的新天地。

四要做道德高尚的表率。高尚的道德是人的立身之本。要带头加强道德修养，自觉树立和践行社会主义核心价值观，严于律己，树立良好形象；要自觉弘扬爱国主义、集体主义、社会主义思想，积极倡导社会公德、职业道德和家庭美德，坚决守住“道德底线”和“法律红线”；要发扬奉献精神，积极参加志愿服务，主动承担社会责任，多做扶贫济困、扶弱助残的实事好事，促进社会和谐发展。

青年是企业的希望，青年时期是人生中最美好的一段年华，也是最重要的一个阶段。回过头来看我自己从青年时期走过来的经历，我想送给大家八个字：信念、本领、胸襟、廉洁。第一是信念，就是要有坚定的理想信念和正确的人生追求。信念是人生的精神支柱，是成就事业的根本动力，只有树立崇高理想信念并为之奋斗的人，才能找到人生最美好的归宿。作为共产党人，我们追求的最高理想是为共产主义事业而奋斗，现实目标是为中国特色社会主义事业、中华民族伟大复兴贡献力量。这是我们人生的大方向，一定要保持清醒的认识，坚持正确的方向。第二是本领，就是干事创业要有过硬的本领，要有立身的本事。本领包含方方面面，是一个人综合素质的体现，一个人本领越强，就越能对企业、对国家作出更大的贡献。作为青年领导干部，要牢固树立“本领恐慌”意识，坚持不断学习，向书本学习、向实践学习，增强自身本领，同时也要重视人才，让有本领的人真正发挥才干、多作贡献。第三是胸襟，就是要有海纳百川的胸襟，要有容人之量。成大器者必要大气。作为年轻干部，既要善于学人之长、补己之短，又要学会包容别人的短处，用宽广的胸襟来团结人才、凝聚力量，推动事业不断向前发展。第四是廉洁，就是要洁身自好、严于律己。“历览前贤国与家，成由勤俭败由奢”，古今中外，概莫能外。纵观历年出现问题的领导干部，并非本领不够，多数是世界观、人生观、价值观这个“总开关”出了问题。领导干部无论有多大本领、多大贡献，只要违反了党纪国法，都要受到惩处。年轻干部获得进步来之不易，既有组织的培养，又有个人的努力，把住廉洁关，筑牢“防火墙”，是一个人始终保持健康发展的关键。这八个字送给大家，希望大家努力成为中央企业乃至党和国家的忠臣良将、栋梁之才。

在这里我还要强调，中央企业青联委员作为中央企业青年的优秀代表，要在贯彻落实中央八项规定精神、践行党的群众路线上做示范、做表率，严格要求自己，深刻领会落实八项规定、开展党的群众路线教育实践活动对自身成长进步和对推动企业改革发展的重要意义，充分认识“四风”的严重危害性，不断增强践行群众路线的自觉性，以过硬作风提升青联组织和委员自身形象，以扎实行动助推中央企业做强做优。

在座的各位委员大多是企业的负责人，是中央企业的重要骨干力量，希望你们带头在思想上、政治上、行动上与以习近平同志为总书记的党中央保持高度一致，全身心投入到中央企业改革发展事业当中，影响带动广大青年奋发有为，努力拼搏，为实现中华民族伟大复兴的中国梦作出积极贡献。

保护中小投资者就是保护资本市场

中国证监会主席　肖　钢

（2013 年 10 月 16 日）

长期以来我国资本市场在制度设计中更多偏重于融资，对中小投资者权益保护重视不够，形成了融资者强、投资者弱的失衡格局。在“资本多数决”原则下，“一股独大”现象普遍存在，为侵占中小投资者权益提供了条件和机会。因此，真正捍卫市场公平和平等的原则，就必须旗帜鲜明地保护中小投资者。

保护中小投资者的合法权益，不仅是资本市场健康运行的内在要求，也是维护社会公平正义的有效途径。在我国资本市场发展历程中，中小投资者发挥着不可替代的作用。目前在沪深交易所开户的个人投资者近 9000 万人，其中 50 万元人民币以下投资者完成的交易约占股票交易总量的 60%。这是中国资本市场的一个显著特征，对资本市场内在质量、运行效率和市场监管等都提出了许多新要求，迫切需要构建一系列有针对性的制度安排和政策措施。

一、中小投资者权益保护已成为制约资本市场发展的突出问题

信息不对称、投资回报机制不健全、上市公司违法违规行为、维权渠道不畅等，都损害了中小投资者利益。

现行制度针对投资者权益保护的专门安排不足。由于历史原因，长期以来我国资本市场在制度设计中更多偏重于融资，对中小投资者权益保护重视不够，有针对性的制度安排少，形成了融资者强、投资者弱的失衡格局。中小投资者保护制度规范原则笼统，可操作性缺乏，权利行使存在很多障碍，甚至形同虚设。部分上市公司及控股股东、实际控制人在公司重大决策中，不尊重中小投资者意见，不重视他们的利益和合理诉求。在“资本多数决”原则下，“一股独大”现象普遍存在，为侵占中小投资者权益提供了条件和机会，导致“隧洞效应”，大股东通过各种各样的“地下隧道”，把众多中小投资者

的利益占为己有。因此,真正捍卫市场公平和平等的原则,就必须旗帜鲜明地保护中小投资者。保护中小投资者就是保护资本市场,保护中小投资者就是保护全体投资者。

信息不对称严重侵害中小投资者权利和利益。资本市场是基于信息定价的交易市场。让中小投资者充分享有知情权,公平获得应当公开的全部信息,是维护其合法权益的基本前提。由于证券发行人及其控股股东、实际控制人是证券信息的产生者和控制者,处于信息占有的绝对优势地位;证券经营机构及其他中介服务机构处于近距离获取信息的相对优势地位;广大中小投资者则处于最外围的劣势地位,加上知识、经验和专业能力的缺乏,难以及时获取真实准确的信息。这种信息不对称的状况,容易产生代理人诚信问题,误导中小投资者。

投资回报机制不健全致使长期投资理念难以形成。在我国无风险资金收益率偏高的情况下,资本市场投资回报整体较低。据统计,2001 至 2011 年,我国上市公司现金分红占净利润的比例为 25.3%,而境外成熟市场通常在 40% 左右。2006 年以来,上市公司平均年化股息率只有 1% 左右。同时,上市公司回报方式单一,有的甚至存在利用现金分红套现。由于投资回报机制不健全,投资者难以形成稳定回报预期,炒新、炒小、炒差等投机行为盛行,快进快出现象普遍,这也是中小投资者亏损的重要原因。

违法违规行为直接侵害中小投资者切身利益。中小投资者缺乏风险识别和防范能力,更容易成为各种违法违规行为的侵害对象。上市公司信息披露违法行为,导致中小投资者因做出错误投资决策而遭受损失。内幕交易违法行为使得进行反向操作的投资者可能因股价波动而造成损失。市场操纵者利用资金、持股、信息优势等手段操纵交易价格或交易量,使得很多不明真相的中小投资者被误导参与相关交易,权益受到侵害。

维权渠道不便于中小投资者有效寻求法律救济。市场经营主体投诉处理责任不明确,资本市场多元化纠纷解决机制不健全,证券纠纷专业调解刚刚起步,民事赔偿诉讼制度有待完善,中小投资者起诉、举证还存在诸多困难。投资者保护的组织体系不健全,许多中小投资者权利意识也不强。调查显示:85% 的中小投资者不知道有哪些权利、如何行权和维权;只有 2% 的中小投资者能够读懂上市公司披露的财务信息;近 3 年股东大会网络投票股东平均参与率不到 0.25%。

二、全面构筑保护中小投资者合法权益的制度体系

保障中小投资者知情权、健全上市公司股东投票和表决机制、建立多元化纠纷解决机制、完善中小投资者赔偿制度。

增加顶层制度供给。及时调整、增加中小投资者权益保护的相关制度,进一步明确中小投资者权利义务,完善经济赔偿制度,强化中小投资者权益维护的法律责任。

保障中小投资者知情权。信息披露是投资者了解上市公司的主要渠道,也是实现投融资功能的重要基础。信息披露必须全面、准确、及时,并做到简明、易懂、实用。建立限售股股东减持计划预披露制度,有关股东在披露之前不得转让股票。加强对上市公司信息披露的监管,强化相关市场主体的责任与义务。要系统研究中小投资者公平获取信息的制度规范,健全信息披露违规问责机制。

健全上市公司股东投票和表决机制。股东投票方式、表决结果效力直接影响中小投资者行使参与权的积极性。要研究专门针对中小投资者行使参与权、具有中国特色的分类表决机制。在股东大会审议再融资、利润分配等可能影响中小投资者利益的重大事项时,要重视中小投资者的话语权。探索建立完善征集投票制度,为中小投资者行使投票权提供便利。

健全投资回报机制。要引导上市公司积极回报投资者。根据上市公司所在板块、所处行业、上市年限、发展阶段等情况,引导公司制定差异化的分红政策,对持续、稳定现金分红的公司,探索建立适当扶持的制度安排。建立多元化投资者回报体系,完善股份回购制度,引导上市公司承诺在股价低于净资产情况下开展股份回购。丰富分红方式,探索上市公司进行股利分配时由股东自行决定选择新股或现金,尽快推出优先股制度。

健全投资者适当性制度。投资者适当性管理是对中小投资者实施保护的有效措施,也是境内外市场普遍采用的一种制度安排。目前我国的创业板、“三板”、股指期货、融资融券业务实施了投资者适当性制度,但制度层级较低、约束力不强。要根据投资目标、资产金额、投资经验、财务状况、风险偏好以及诚信记录等因素,明确中小投资者与其他投资者的分类标准。要落实产品风险分级制度,充分披露可能影响其权益的各类信息,建立销售人员执业规范和问责机制,将适当的产品或服务提供给适当的投资者。

丰富投资渠道和产品。资本市场相关各方都要树立为中小投资者服务的意识。发展服务于中小投资者的专业化中介机构。鼓励创新开发适合中小投资者的低风险、有相对稳定回报的产品。以保护中小投资者为核心,试行大众理财产品管理费率与产品回报挂钩的机制。

建立多元化纠纷解决机制。要进一步明确市场经营主体投诉处理首要责任,完善投诉处理机制,依法公开处理流程和办理情况。支持中小投资者与市场经营主体协商解决争议。推广专业化纠纷调解和仲裁,为中小投资者提供免费的纠纷调解服务。增强调解的法律约束力,建立完善调解与仲裁、诉讼的对接机制。探索有助于中小投资者依法诉讼的相关制度安排,拓宽维权渠道。

完善中小投资者赔偿制度。建立先行赔偿制度,督促违法责任主体主动赔偿中小投资者。引导市场各类经营主体建立自主性投资者救济机制,设立专项风险准备金,拓宽赔偿资金来源,方便中小投资者充分、及时、便捷地获得赔偿。建立上市公司退市风险管理和补偿制度,减少中小投资者可能造成的损失。

强化中小投资者教育。要明确监管部门、自律组织、市场经营主体等各方的职责,发挥新闻媒体和网络的作用,增强中小投资者的权利意识和风险防范意识。中小投资者也要主动掌握投资知识和相关技能,树立理性投资意识,不盲目跟风、频繁炒作,提高自我保护能力。

三、将保护中小投资者合法权益贯穿监管工作始终

坚决查处欺诈发行、违法披露、内幕交易、操纵市场、老鼠仓等违法行为,提高违法违规成本。

证券期货监管工作肩负着保护中小投资者的使命和职责,面对新形势、新要求,要从根本上转变观念,统一认识,把维护中小投资者合法权益贯穿监管工作始终。及时完善监管制度,严格执行法律法规。全面加强监管协作,形成保护工作合力。完善与中小投资者的沟通机制,及时对中小投资者诉求做出回应。坚决查处欺诈发行、违法披露、内幕交易、操纵市场、老鼠仓等严重损害中小投资者利益的违法行为,提高违法违规成本。加强行政执法与刑事执法的有效衔接,提高证券期货犯罪案件查处效率。建立违法案件举报奖励制度，畅通举报渠道，完善举报查询、保密措施，有效保护举报人。健全考核制度，把维护中小投资者合法权益的职责履行情况作为衡量监管工作成效的重要依据。大力开展监管执法宣传，建立守信受益、失信惩戒机制，强化市场主体诚信守法意识。

中小投资者权益保护是涉及全社会的系统工程，要加强与各地方、各部门的配合与合作，建立常态化联系沟通机制，努力搭建"法律保护、监管保护、自律保护、市场保护、自我保护"的保护体系，推动各方力量共同参与，形成合力。建立覆盖全市场诚信记录的数据库，实现部际信息共享。上市公司、市场经营机构要遵守维护中小投资者权益的各项制度，倡导诚信经营和股权文化。建立中小投资者权益保障评价机制，充分发挥社会监督作用，在全社会形成保护中小投资者的良好氛围，使中小投资者享受到资本市场改革发展的红利，让资本市场助力实现"中国梦"。

文章来源：2013 年 10 月 16 日《人民日报》

监管执法是资本市场发展基石

中国证监会主席　肖　钢

（2013 年 8 月 1 日）

近年来证监会每年立案调查 110 件左右，能够顺利作出行政处罚的平均不超过 60 件。每年平均移送涉刑案件 30 多件，最终不了了之的超过一半。

建立健全"主动型"立法保障机制，加大制度供给力度。可考虑"一年一评估、两年一小改、五年一大改"，及时将监管执法经验和趋势反映在立法之中。

经过 20 多年的发展，我国资本市场已经成为全球最大的新兴市场，在经济金融体系中的作用越来越重要，对全球金融市场的影响也越来越大。当前，要准确把握十八大以来党中央国务院对资本市场改革发展的新定位、新部署，勇于攻坚克难，加快监管职能转变，加强监管执法，切实维护市场公开、公平、公正和投资者合法权益，促进资本市场健康发展。

一、加强监管执法是资本市场健康运行的重要前提

资本市场具有法治依赖性，需要推动法治建设、加强监管执法，保障市场运行不"脱轨"。与其他要素市场不同，资本市场的双重性突出，既高效，又脆弱。如果没有有效规则，或规则得不到遵守，逐利的资本就会冲破诚信的底线。轻则导致市场萎缩和停滞，重则滋生和传导风险，危及经济运行和社会稳定。这就决定了要发展资本市场，就离不开法治，离不开监管执法，资本市场必须走向法治市场。18 世纪初期英国和法国先后发生股市"泡沫危机"，引发全国陷入政治动荡，主要原因就是早期市场依靠自发自律调节，操纵、欺诈行为容易泛滥、失控。美国 1929 年爆发股灾，根本原因也是在此前 100 多年的历史中，既没有统一的成文法，也没有出面维护市场秩序的公共机构。危机促使罗斯福政府痛定思痛，制定了一系列证券法律，设立美国证监会。

资本市场投机违法行为具有伴生性，成熟市场的发展过程，就是一个不断加大执法力度的过程。资本逐利的本性决定，信息欺诈、内幕交易、操纵市场等投机违法行为是市场的伴生物，具有长期性固有性，不会因为市场成熟、加强管理就能完全消失。政府的职责就是以执法为己任，遏制违法行为的蔓延，使市场功能正常发挥。近一个世纪以来，美国国会授予证监会行使的职权，从一般行政执法权，到准立法权、准司法权，逐步扩大。近 20 年来，美国国会赋予证监会的执法任务还在加码，其拥有的职能超出了任何行政部门，华尔街甚至称美国证监会为三权分立之外的"第四部门"。即便如此，美国证监会还经常需要请求联邦司法部、地区检察官联手行动，提供办案支持，美国社会仍然经常批评证监会执法不力。香港特区经历 1998 年亚洲金融危机的冲击后，为提高执法能力，借鉴英美国家增加了证监会多项权力，包括过去只有司法机构才可以行使的传唤权、搜查权、扣留权。最引发关注的是，香港证监会于 2004 年获得对 3 年以下刑事案件直接"入禀"法院的权力。我国具有后发优势，需要汲取境外的经验和教训，树立持续不断加强监管执法的治市理念。

"宽进严管"、加强监管执法是当前我国资本市场监管转型的"着力点"。党的十八大以来，党中央国务院明确指出政府职能迫切需要转变到创造良好发展环境、提供优质公共服务、维护社会公平正义上来。资本市场监管需要以此为契机，更加尊重市场客观规律，扭转"重审批、轻监管"倾向。将"主营业务"从审核审批向监管执法转型，将"运营重心"从事前把关向事中、事后监管转移。对不该管的事情，要坚决地放，对需要管好的事情，坚决地管住管好。对违法违规行为，毫不手软地追究到底、处罚到位。

二、我国资本市场监管执法面临的形势和挑战

我国的资本市场是"新兴加转轨"市场，在 20 多年来的快速发展中，注意按照"法规先行"的思路建设市场，注意不断加强监管执法。但也要清醒地看到，在经济社会转型的关键期，监管执法领域面临着严峻的形势和挑战。

违法案件越来越多，执法资源相对紧张。近年来，违法案件呈多发高发态势。2009 - 2012 年，案件增幅年均 14%，2012 年同比增长 21%，2013 年上半年同比又增加 40%。目前，内幕交易案件数量超过一半，欺诈发行、虚假信息披露案件在快速上升。同时要看到，一方面，还有为数不少的违法行为并没有得到查处；另一方面，随着多层次资本市场发展，市场规模将继续扩大，违法案件还会增多。

面对这一形势，尽管近年来执法队伍不断加强，但在监管角色尚未转变到位的条件下，人员不足、投入不足、缺乏激励的问题还长期存在。受编制、经费等各种限制，中国证监会系统目前专司执法的人员不到 600 人，不及职工总数的 20%。而美国证监会经过 2011 年部门重组，执法部门人员达到 1236 人，占总数的 32%。此外，成熟市场都在利用先进科技装备搜索调查违法行为，节约大量人力。我国在这方面投入不足，科技执法还跟不上形势发展。

违法手段越来越复杂隐蔽，执法手段相对不足。随着金融产品创新步伐加快,混合型、交叉型产品越来越多。借助互联网,违法者可以轻易实现跨市场、跨边境作案。当事人反调查的意识越来越强,内幕交易开始向隐名化、集群化、跨界化、多层传递演化,市场操纵出现短线化、多点化、合谋化和跨市场化的趋势。部分案件的社会关系复杂,不仅涉及上市公司、中介机构高管人员,还涉及到金融机构、党政机关干部。这些都对监管者提出了挑战。

与此同时,行政执法普遍存在案件发现难、取证难、处罚难、执行难的问题。资本市场案件查实率只有60% - 70%,主要就是因为执法手段不足,调查困难。当事人往往不配合调查,暴力抗法事件时有发生。

维护市场"三公"的任务艰巨,执法环境亟须改善。在资本市场中,虚假陈述、市场操纵、内幕交易等行为严重扭曲价格信号,使金融资源发生错配,这是我国市场"三公"程度不高的表现。与此同时,社会法治意识薄弱,监管执法受到干扰,违法成本低,问责不及时。据统计,目前资本市场的法规规则超过1200件,问责条款达到200多个,但其中无论是刑事责任还是行政、经济责任,没有启用过的条款超过2/3。毋庸讳言,其中既有立法修法不及时、不具体的问题,也有执法体制不适应,地方保护主义依然存在的问题;既有人情世故的原因,也有不敢碰硬、不坚持原则的原因。这些因素长期存在,致使相当一部分责任追究不了。近年来证监会每年立案调查110件左右,能够顺利作出行政处罚的平均不超过60件。每年平均移送涉刑案件30多件,最终不了了之的超过一半。

投资者保护任务越来越重,维护投资者权益的制度安排不相适应。保护投资者,就是保护市场。我国拥有全球最多、最活跃的个人投资者群体,散户占比高,缺乏金融风险识别能力,容易成为各种欺诈行为的受害者。近年来,一些大案要案,特别是上市造假类案件涉及的主体众多,受害投资者多则几十万人,少的也有一万多人。随着公众维权期望值不断提高,各方面要求监管部门有更多作为的呼声在增加,保护投资者的任务加重。

现有的执法模式程序较长,效率较低,还不适应威慑违法行为的需要,还不能尽快回应市场和社会的关切。一方面,我国还没有形成与现代资本市场节奏相适应的行政执法新模式;另一方面,我国投资者维权的渠道还不顺畅,投资者难以获得经济赔偿。现有法律法规还不适应证券集团诉讼等做法,支持投资者维权的公共机构有待健全。

三、努力构建符合国情的资本市场执法体制机制

推进资本市场健康发展,需要我们提高运用法治思维深化改革、推动发展、化解矛盾、维护稳定的能力,探索加强监管执法的新路子。

建立健全"主动型"立法保障机制,加大制度供给力度。资本市场的立法修法,需要反映商事规则创新多、变化快的特有规律,增强主动性、灵活性。可以考虑采取"一年一评估、两年一小改、五年一大改"的方法,及时将监管执法经验和趋势反映在立法之中。当前重点是要抓紧修订《证券法》,并以《期货条例》为基础,加快制定我国期货市场的基本法。要进一步细化违法行为认定标准,提高处罚标准,丰富执法措施和手段,增强操作性和匹配性,建立行政执法和解制度,研究投资者补偿制度。更多引入刑事司法力量参与监管执法,强化"行""刑"衔接。

建立健全"高效型"行政执法机制,提高监管作为能力。大胆探索金融监管机构作为特定机构,脱离现行公务员管理模式的改革试点,在机构设置、人员编制和薪酬体系等方面实行灵活的机制,吸引和留住优秀专业人才。要进一步加大稽查执法力度,严格执法、公正执法、文明执法,大幅提高违法失信成本,坚决查处大要案。进一步充实执法力量,保障执法人员安全。向优化流程要效率,解决好日常监管、自律监管与稽查执法的职能边界及相互配合的问题,建立统一的违法线索监控监测平台,实现调查、审理、移送等执法过程标准化。建立资本市场违法违规举报激励机制,提高案件发现能力。

建立健全"制约型"查审分离机制,提高行政执法工作水平。监管机构内部实行调查和审理分开,是我国行政执法领域的探索和创新。"查审分离"的目的是从不同角度对违法事实认定和法律应用进行把握,弥补执法环节中的不足与漏洞,既最大限度地提高执法的科学性和公允性,又形成内部制约制衡机制。鉴于实行"查审分离"后增加了执法环节、程序和争议,为避免影响执法工作效率,发挥好制度作用,首先要保证调查与审理环节的独立性,上级有权监督,但不干预调查部门的立案意见和审理部门的处罚意见。其次,查审两个环节既要有分工,也要有协作,要加快统一调查标准和审理标准,建立办案时限制度,对大要案及时实行双向提前介入。此外,针对重大案件或者需要尽快回应社会的案件,要建立查审协调处理机制,及时解决调查、审理和其他执法环节之间的分歧和衔接问题,提高执法反应能力。

建立健全"紧密型"政府部门协同机制,提高风险防范和处置能力。为守住不发生系统性、区域性金融风险的底线,需要全社会共同构建"大监管、大执法"格局。要加强政府部门信息共享,促进部门协作,加强金融监管协调机制,避免监管重叠和监管盲区。2012年度,有关部门提供给证监会的涉案个人身份信息达到2100多人次,发挥了重要作用。证监会要继续加强与相关部门的合作,建立高效的信息联网查询通道。要针对资本市场重大监管事项,建立国家有关部门、地方政府共同参加的"联手行动"机制,做到对违法行为和风险及时发现、及时制止、及时立案、及时调查、及时处罚、及时公开,高效处置风险隐患。要扩大与境外监管机构的合作。鼓励自律组织等社会力量采取多种方式广泛参与,共同维护市场秩序。提高执法透明度,主动接受社会和舆论的监督。

文章来源:2013年第15期《求是》杂志

市场化是资本市场改革第一取向
——中国证监会主席肖钢在《财经》年会上的演讲

尊敬的各位嘉宾，女士们、先生们：

大家上午好！今天很荣幸能有机会参加一年一度的《财经》年会。借此机会，我祝愿本届年会取得圆满成功！衷心感谢大家对中国资本市场改革发展的关心和支持。今天我想主要谈一谈对资本市场改革的一些认识。

改革从来都是问题驱动和问题导向的。就是说，哪个地方问题比较多、矛盾比较大、困难比较多，哪个地方就需要改革。所以，改革是冲着问题来的，哪里有问题，哪里就有改革。改革的目的，就是要解决当前存在的突出的问题。如果哪一件事情大家都比较满意，运行也比较顺畅，恐怕就没有改革的动力了。即使有改革的主意，恐怕也难以推行。

所以，改革因遇到现实问题而驱动，又在解决问题的过程当中不断深化。这是一个持续、动态的过程。当然，不同的历史时期，我们会遇到不同的问题，旧的问题基本解决以后，必然会产生新的问题，这就需要继续改革。因此，改革永无止境。

改革本身不是目的，不能为改革而改革，解决问题才是目的。改革必须从实际出发，立足于中国的国情。必须解放思想，实事求是。这句话说起来容易，真正做到很不容易。

我想有两个方面的情况是最不容易做到的。第一个方面，就是对过去实践证明是行之有效的措施，但是在今天的条件下却不再适用，需要放弃，这一点是很不容易做到的。第二方面，就是对未来要做的、必须做的，又是正确的事情，但是在今天条件还不具备的时候，不急于去做，这一点也是很难的。

当然，改革也必然触动利益，因而是一件冒风险的事情，这就需要勇气和智慧，没有勇气肯定谈不上改革，因为改革是创新的事情，但是不讲究策略和方法，改革也难以成功。所以，改革的胆子要大，步子要稳，还要循序渐进，渐进式的改革。衡量改革的成效最终要用实践来检验。改革的成效既要看当前，更要看长远，这是很不好衡量的。有些改革的成效往往短期内显现不出来，遇到困难就容易退出，或者叫摇摆，或者叫反复，这是经常发生的。所以，我认为对改革的成效，需要放在一个比较长的时期来观察和检验。因此，改革要有一股韧劲。习近平总书记告诫我们要有“钉钉子”的精神，很形象，很通俗，很深刻。

资本市场改革要坚持市场化、法治化、国际化的取向。本来资本市场就是一个市场化的东西，为什么现在还把市场化作为第一位的取向呢？20多年来，中国资本市场发展取得了很大的成就，但是，在市场化方面做的还不够，资本市场还是行政主导型的，不仅市场运行机制还没有市场化，更为重要的是，资本市场的外部环境，或生态环境也没有市场化。所以推进资本市场的市场化，任务仍然非常繁重和艰巨。

我们现在各种形式的审批和备案的事项还是比较多，而且除了备案审批的事项以外，还有其他一些不叫审批、备案但却类似审批的事项，比如说有些事情要登记，有些事情还要验收。验收算不算审批事项？肯定不算，但是不验收，这个事情就办不成，就通不过。这些都不利于激发市场的活力，也不能促进市场主体公平、有效率的竞争。

资本市场的价格形成机制还不完善，甚至可以说，市场价格还是扭曲的，还不是完全由市场来决定的。比如，新股“三高”的现象仍然比较突出，就是高发行价、高市盈率、高超募资金，投资者在二级市场炒新、炒小、炒差仍然比较普遍。这些扭曲的现象，造成了资源的浪费和错配。

上市公司一股独大的现象也比较突出。其实从公司自身来讲，股权是分散一点好，还是集中一点好？本身不是什么大的问题，各有利弊。在中国资本市场20多年的发展历程当中，前几年主要是国有企业上市，国有企业一股独大的现象自然比较普遍。最近几年增加了很多民营企业上市，但是，民营企业大多又是由家族企业演变而来，所以也存在一股独大的现象。这种一股独大容易产生大股东利用优势地位，侵害中小投资者权益的情况，也就是我们说的“隧道效应”。另外，上市公司自由现金流不充分，从一个侧面反映了上市公司粗放经营的现象。上市公司募集了资金以后，大部分都要扩大规模，把资本支出搞得很大，负债率较高，造成自由现金流不足，总体回报水平也不高。在这种情况下，加上我们国家无风险资金收益率过高，使得资本市场难以建立一个长期投资的价值理念。上市公司也没有建立常态化的退市机制。

这些问题都要进一步通过市场化改革来逐步加以解决。也就是说，解决当前资本市场存在的问题，没有别的办法，唯一的办法就是积极稳妥地推进市场化的改革。当然，这里我要特别说明，由于资本市场的系统性、敏感性和复杂性的特点，在推进市场化改革的过程中，一定要看清楚问题究竟在哪里，对改革的方案、步骤、途径和方法一定要做充分的、细致的论证，广泛听取市场的意见，这样才能够防止出现大的反复和折腾，也才能够防止市场出现大幅波动。

现在各方面对于资本市场改革的意见很多，看法也不一致，这是一个正常的现象，因为资本市场各种参与主体利益各不相同。这里确实不乏真知灼见，但有些也存在概念上的误读、误用，有些过于偏激，有些似是而非，还有的自相矛盾。我们在推进资本市场改革中，一定要保持战略定力，要仔细分辨这些意见，吸取、集中大家的智慧来积极稳妥地推进市场化改革，这是对我们的考验。

大家比较关心股票发行注册制改革。我认为股票发行注册制改革是发行体制的一次重大改革，是还权于市场、还权于投资者的重大改革，也是资本市场“牵一发而动全身”的改革，这个改革会带动和促进很多方面的改革。这次改革的意义就是尊重市场的规律。大家都知道，各个国家和地区，实行注册制改革做法都不完全一样。当然，有一个基本的特点，就是股票发行审核一定要以信息披露为中心，证监会要以投资者需求为导向，对发行人信息披露的准确性、全面性进行审核，但是，不对这个公司的投资价值和持续盈利能力做出判断，而交由市场、由投资者自主判断，真正还权于市场，还权于投资者。大家千万不要误解，注册制就是登记生效制，不是这样的。股票发行不是不要审了，更不是垃圾股可以随便发了，而是审核方式要改革。

比如，美国是实行注册制的一个很典型的国家，它的证监会股票发行部门有近500人，里面大多是会计师、律师，还有一些行业的专家。当然，跟他们相比，我们的力量就弱得多了，无论从人员的数量和人员的素质来讲，都不适应。可见，不能将注册制理解为不管了，就是登记备案，自动生效。实行注册制也需要一系列的配套改革和条件，比如，法律的修改。要实行注册制就必须修改现行《证券法》。

再比如要增强券商、会计师事务所、律师事务所的责任和能力，让他们真正归位尽责。现在有些投资银行实际上能力是不够的，在IPO项目中，它们没那么多人力去做尽职调查，内部也缺乏强有力的会计师、律师等专业团队的支持，所以，这个能力要加强。还有司法制度的改革，特别是民事赔偿制度改革也是非常重要的。在中小投资者保护这个方面，如果不得到系统的加强，也就是说如果不能构建资本市场保护中小投资者的一套法律政策体系，中小投资者维权难，举证也很难。总之，股票发行注册制改革是一项重大改革，是还权于市场，还权于投资者的一个根本举措。但是，需要一个循序渐进的过程，还需要其他方面的配套改革。

推进市场化的改革也必须以法治化作为保障，这个就不展开了。资本市场说到底是一个法治市场，没有法律、法规的规范，市场化是无法进行的。所以，要坚持法治化。市场化也必然要求国际化，只有资本市场实行双向开放，通过“引进来、走出去”，才能够进一步促进市场化。如果没有国际化，很难形成一个真正的市场。当然，资本市场的开放是一个长期的、渐进的过程。大家都知道，我们十年前引进了QFII制度，后来又引进了RQFII的制度，但是QFII、RQFII在我们股票的流通市值占比低于2%，总量还很小。今后还要进一步地扩大开放。当然，推进资本市场的双向开放，推进资本市场的国际化，并没有打算现在就开国际板。现在开国际板的条件还不成熟，我想在这里特别澄清一下。

推进市场化改革，迫切要求加强证监会自身的改革和自身的建设。讲到证监会在资本市场的作用，我想引用一位有名人士讲的“五指理论”，五个手指头的理论。大拇指是投资者，老大。紧靠着大拇指的食指是券商，当然也可以理解为券商加上会计师事务所、律师事务所。中指是媒体，在座的媒体很多。为什么中指是媒体？媒体报道资本市场的事情一定要客观、中立。上市公司是无名指，证监会是小指头，最小。

虽然证监会最小，但离法最近，要借用法律的力量行使职责。我们要进一步简政放权，转变职能，把证监会职能切实转到“两维护、一促进”上来，即维护市场的公开、公平、公正，维护投资者特别是中小投资者的合法权益。通过“两维护”，促进资本市场长期、稳定、健康发展。

证监会要加强自身建设，努力做到公正、透明。要建设一个公正的、透明的证监会，实现规则公开、过程公开、结果公开。然后是严谨、高效。执法者一定要严谨，同时要高效，从审批者转变为真正的监管者。

讲的不对的地方请大家批评指正。

谢谢大家！

证券法的法理与逻辑

——中国证监会主席肖钢在第四届“上证法治论坛”上的演讲

尊敬的各位领导，各位专家、学者，各位来宾：

大家上午好！

今天很荣幸能够参加“上证法治论坛”。我想就证券法的法理和逻辑谈一些自己的看法。

资本市场说到底是一个法治市场，法治强，则市场兴。我们很高兴地看到，全国人大已经把证券法的修改列入了立法规划的第一类项目，也就是条件比较成熟、本届人大需要完成的项目，这是业界翘首以盼的一件大事，对从事证券行业工作的同仁来讲，这是一件鼓舞人心的大事。

事变则法移。情况变了，法律就要相应作出修改。尤其是证券法，在世界各国法律当中变化都是最快的。比如说美国的证券法，从1933年出台到现在，大大小小的修改，包括以一些专门立法进行的制度完善，大概修改了40多次，平均下来大概每两年就得修改一次。其中关于证券的定义，在80多年的历史中就修改了30多次。修改总的趋势是，证券的定义在外延上越来越宽泛，除详细列举具体证券品种外，还以非常弹性的“投资合同”兜底，除明确列举的少数品种被豁免外，都需要适用证券法的规范。总之，证券法的修改是一项经常的工作，这是由证券市场的特性所决定的。

进入修法的过程以后，也就是进入了一个各方利益博弈的过程。修法是一件很不简单的事情，各种争论、各种不同意见都会提出来。所以，进一步理清楚证券法的法理和逻辑就显得十分必要。因为这个问题直接关系到证券法的法律品格和法律秉性。不管怎么争论，怎么协调，最后怎么妥协，最终总得有个基本取向和遵循。进一步明确证券法的法理与逻辑，有利于我们在修法过程中更好地协调争议，妥善处理遇到的各种矛盾和问题。所以，可以说，这个问题是我们解决立法争议的基础或者前提。如果离开这个法理和逻辑，就某一个条款争来争去、甚至成为一种部门利益之争，则偏离了立法的正确轨道。

我觉得证券法修改的法理和逻辑应当主要体现以下三个方面。

第一个方面，证券法应当以公众投资者利益保护作为

基本价值取向，或者叫作为基本价值目标追求。道理其实很简单，因为证券交易不同于普通的商品交易，也不同于银行的存款和贷款、保险与被保险，它是一对多、多对多的关系，买卖双方不知道谁是买方、谁是卖方。正是因为这个特性，必须强调信息披露的充分和有效。以信息披露为中心的原理就在这里。

在公众化交易的条件下，证券市场的交易关系具有不同于一般民商事关系的特殊性，简单依靠一般的民商事法律难以解决证券市场的特殊问题，需要通过证券法的特别规定来调整。比如证券交易是无纸化的，在证券权益的确认、归属、变动、流转和实现等方面，无法直接适用针对一般动产或者不动产的传统的物权规则；基于证券集中交易的买卖双方无法特定化，通过中央对手方制度实现责任更替和清算交收的合同关系，无法用普通债权债务的概括转移来解释；在高度流动的条件下，传统担保法律制度在担保标的物的范围、担保的设定和行使等方面，也表现出和一般的物权关系不一样的地方。

所以，在公众化交易的条件下，对证券市场的规范和规制，有很特殊的要求。这也是为什么各国的证券监管机构不同于其他行政部门的原因所在。正因为监管公众化交易的特点，证券监管机构不仅不同于银行监管机构，不同于保险监管机构，更不同于一般的行政执法机关。从境外经验看，各国证券监管部门都是集必要的立法、行政和司法职权于一体的法定特设机构。比如熔断机制，当交易出现特别异常情况时，如 2 分钟内股票暴涨 5%，就要暂停交易 10 分钟，有些交易需要取消，这在一些境外市场是普遍做法，但目前我国没有明确具体的法律规定。因此，遇到类似情况，证券交易所不能采取熔断或取消交易的措施，否则，投资者跟你打官司、上访，交易所就很难讲得清楚。国外这方面的制度，很多是由证监会制定规则或者经过证监会确认的交易所规则来安排的，这是有法律效力的，得到法律保障的。任何人要挑战这个规则，法院是不支持的。因此，监管机构必须要有必要的立法权。执法不用说了，监管执法与一般的行政执法又有所不同，境外一些国家和地区，证监会可以监听，可以查封账户、冻结资金，甚至可以直接向法院提起诉讼的，这就给予了证监会准司法的权力。总之，证监会是一个特殊的机构，是兼有几种职权的综合体。

由公众交易的特殊性所决定，证券法应当把维护公众投资者的权益，作为基本价值追求。我认为，证券法本质上就是一部投资者保护法。我希望在这次证券法修改当中，在对广大公众投资者的保护上应该要有新的突破，在这里，我提出以下几个方面的建议，供大家讨论研究。

一是研究完善证券侵权民事赔偿制度。最高人民法院高度重视证券市场的投资者保护工作，通过司法解释建立了专门的虚假陈述民事赔偿制度，在实践中发挥了很好的作用。同时积极指导各地法院开展内幕交易、操纵市场民事赔偿案件的审理工作，积累了工作经验。这次证券法修改，能不能系统总结民事赔偿的实践经验，将一些成熟可行的制度规则和认定原则，如适格原告的确认、归责原则的要求、因果关系的认定、证明责任的分配、赔偿损失的计算等，上升为法律的规范。在建立集团诉讼还存在诉讼法障碍的情况下，能不能通过明确代表人诉讼实施制度，建立基于同一侵权行为的裁判结果的普遍适用规则，方便投资者降低诉讼成本，及时获得赔偿。

二是研究建立证券市场的公益诉讼制度。在证券市场，虚假陈述、内幕交易、操纵市场等违法违规行为危害范围广，涉及受害人多，且中小投资者在诉讼能力上处于弱势地位，由专门的组织机构为投资者提起公益诉讼，有利于改变诉讼中双方当事人的不平等地位，帮助投资者获得赔偿，符合公益诉讼制度的价值取向。世界上不少国家和地区都有证券领域的公益诉讼制度，比如我国台湾地区 2003 年就设立了证券投资人及期货交易人保护中心，为投资者提供公益诉讼服务。我国 2012 年修订的民事诉讼法也专门规定了公益诉讼制度，明确对于损害社会公共利益的行为，法律规定的机关和有关组织可以向法院提起诉讼。因此，能不能依据民事诉讼法的规定，由证券法明确规定可以提起公益诉讼的组织，以方便投资者保护机构通过公益诉讼的方式支持和帮助投资者获得民事赔偿。

三是研究建立和解金赔偿制度。也就是行政和解制度。在中国建立和解制度没有法律障碍，但是确实也没有明确的法律依据。但是法律没有明确禁止，我认为是可以试点的。当然，对实施和解制度也有争议，主要是担心发生道德风险的问题，也就是说花钱买平安。因此，要严格和解的范围，制定一系列的有关和解实施的细则来确保公平、公正、公开，防范道德风险。我认为，在中国证券市场探索和解制度，意义重大。

四是研究建立监管机构责令购回制度。对于通过欺诈方式从证券市场获取巨大经济利益的违法主体，在追究其相应的行政或刑事法律责任的同时，借鉴侵权责任中"恢复原状"的基本法理，强制其支付相应经济代价，通过交易安排恢复原有的状态，是对其最直接也是最有效的经济惩罚方法。能不能借鉴香港市场的做法，在证券法中明确赋予监管机构必要的职责和权力，对于类似欺诈发行、欺诈销售等违法行为，监管机构经过必要的程序，直接责令违法主体购回所发行或所销售的证券产品，将其所获得的不当利益，"回吐"给投资者，并相应建立司法机关直接强制执行的保障机制。

五是研究建立承诺违约强制履约制度。这是我们实践当中遇到的一个难题，就是上市公司、发行人、证券公司、中介机构是做了承诺的，但是他违约了，最后承诺没有履行，他不履行我们没有很好的办法，强制他履行承诺。如果这次修法能够明确监管机构可以责令其履行承诺，提出明确具体的履约要求，并相应建立司法机关强制执行的保障机制，这将是一个很大的进步。

六是研究建立侵权行为人主动补偿投资者的制度。前段时间大家都知道万福生科案件的处理，平安证券主动补偿投资者，开了个很好的先例。当然，主动补偿投资者，并不剥夺投资者通过诉讼到法院去申请民事赔偿的权利，投资者完全可以选择。

七是研究建立证券专业调解制度。证券市场中，除了行政执法，民事、刑事诉讼之外，专业调解也是一种有效的纠纷解决机制，具有专业性强、权威度高、便捷高效、成本低廉的特点。不少国家建立了证券专业调解制度，比如德国建立了专门的金融调解员制度，由独立、公正的调解员针对金融机构和投资者之间的小额纠纷进行专业调解，调解结果对金融机构有约束力，但对投资者而言，如果不认可调解结果，仍可以向法院提起诉讼寻求救济。该制度受到广大投资者的欢迎，在德国证券领域得到了广泛运用，有效地保护了中小投资者的合法权益。证券法修改是不是可以考虑借鉴这种做法，建立适应证券市场特点的专业调解制度，为快速、有效地调解纠纷提供制度基础。

第二个方面，证券法应当以有效激发市场活力为核心。如果前面第一条能够做到，第二条就好实现了。我们看美国证券市场，总是觉得放得很松。比如依据美国JOBS法案，500万元美元以下的公开发行，备案注册也不要了；私募对象从500个放开到1000个。其实很好理解，它对投资者保护的制度和投资者适当性的管理是非常严格的。你一年多少收入，只能买多少钱的股票，都有规定。

可见，宽松的市场管制环境是以一整套投资者保护制度为保障的，后面有保证了，前面也就可以放松了。让资本市场发挥促进经济转型升级，加快科技创新，增加就业和增加国民财富的积极作用，需要放活市场、激发活力。只有这样，资本市场的功能才能有效发挥。但是，投资者保护的制度不落实、不到位，这一点就很难做到，必须这边管住，那边才能放开。

建议证券法修改要在培育和强化市场机制上下功夫。

第一，营造机会公平的市场环境，一切符合条件的市场主体要面对同样的市场机会，都有自主参与竞争的可能。

第二，明确公平一致的市场规则，市场主体参与证券市场活动应当符合怎样的规范要求，享有什么样的权利和义务，可能导致什么样的法律责任和后果，都要有清晰的规定。

第三，健全严格的保护和制裁规则。既要有高效便捷的法律渠道，实现对守法经营主体受害时的权益救济，又要有严密有力的监管措施，实现对违法主体的惩罚和制裁。

所以，以有效激发市场主体活力为核心，来修改证券法，制度安排应当侧重于更多的提供市场主体的活动规则，而不是监管机构的管制规则。从这个意义上来讲，我认为修改后的证券法应该是一部市场运行法，而不是一部市场管制法。

第三个方面，证券法应当以行为统一监管为原则。对证券市场进行集中统一监管是现行证券法明文规定的基本原则。但是，在我们的实践中，同属证券性质的产品，同属证券业务的活动，同属证券交易的市场，却存在着产品规则不统一，监管要求不统一，监管主体不统一的现象。债券市场是这样，私募市场是这样，资产管理市场也是这样，都是分别由不同的部门，不同的法规，不同的规则来监管。

造成这样的局面在我们国家有一些原因，一个就是实践发展往往在先，法律规范在后，你还没规范，某一个品种已经开始出现了，所以法律规范总是有滞后的原因。另外，也有基于历史的原因 因为各个部门、各个主体已经形成了，所以我们立法的时候往往迁就和照顾现实状况，在做具体规定的时候，总会留一个“其他部门”、“其他监管机构”的尾巴。这种立法个别情况可以，如果多了，这就成问题了。

我们现在修改证券法就面临这样一个现实，市场分隔的现实，不同政府部门分别监管不同的市场，实质上是相同性质的产品和业务实行了不同的行为规则，不利于统一市场的形成和发展。三中全会提出让市场在资源配置中起决定性作用，很核心的一条，就是建立统一的市场体系。如果没有一个统一的市场体系，市场经济是建立不起来的。规则不统一的最终结果，影响的是一国证券市场的整体竞争力，我国证券市场周期性地出现需要清理整顿的问题，根本原因也在于此。立足于行为统一监管的原则修改证券法，应当做到业务规则的统一、监管要求的统一和监管机构的统一。

所以，我觉得对有违市场公平公正的，容易引发监管套利的，不利于防范系统风险的市场制度，都要加以完善，在这次证券法修改当中 应当注意解决好这些问题。当然，市场主体的主管部门对参与证券市场活动的相关主体提出特殊管理要求，具有合理性和必要性，但是并不意味着这些主体可以适用不同的市场规则。不同的主管部门可以基于职能提出特殊的管理要求，但是不等于市场主体参与市场活动可以不遵守市场规则，这个关系一定要处理好。

利用今天的机会，我给大家提出这么几个问题，求教于各位领导和专家、学者，讲的不对的地方请大家批评指正，谢谢大家！

法制强则市场兴

中国证监会主席　肖　钢

（2013年12月10日）

资本市场是一个资金场、信息场和名利场，因而必须是法治市场，要高度依赖健全完备的法律制度体系。

经过20多年的发展，中国资本市场法律体系建设取得了很大的进展，也存在一些亟待解决的现实问题，必须认真做好资本市场法律体系建设的总体规划设计，编制好路线图，全面推动基本法律、行政法规、司法解释和司法政策的健全和完善，有计划、有步骤、有重点地清理整合现行有效的法律实施规范，不断提升资本市场法律制度的系统性和科学性。

在法律和行政法规方面，应认真总结资本市场实践经验，尽快修订《证券法》，抓紧制定《期货法》。及时制定上市公司监管条例、证券期货投资者保护基金条例、类别股份发行管理规定、私募基金监管条例。在司法解释和司法政策方面，需要尽快修订虚假陈述民事赔偿司法解释。抓紧制定内幕交易、市场操纵民事赔偿司法解释和虚假陈述、市场操纵、“老鼠仓”刑事司法解释。抓紧研究制定认定证券期货交易场所、登记结算公司商事规则法律效力的司法解释。

证监会作为监管机构，要按照功能监管的基本理念，适应市场发展的现实要求，遵循证券期货监管的法理逻辑，按照规制内容与法律关系的不同性质，全面整合现有规章和规范性文件，适时制定必要的行政规章，尽可能做到同一性质、类型的事项由同一个规章规定，形成相对科学完备的法律实施规范子体系。

一是“融资与并购”子体系。要围绕以信息披露为中心的监管理念，紧扣投资者权益变动的制度定位，按照注册制的法律规制要求，在证券发行、上市类现行制度规则的基础上，整合形成证券发行管理办法、兼并收购办法、信息披露办法等规章。

二是“市场交易”子体系。要以交易秩序的维护与交易结果的确认为核心，正确处理公平与效率的关系，在现行证券、期货交易所管理办法有关交易规则的内容规范基础上，针对证券、期货分别形成交易管理办法、结算管理办法等规章。

三是“产品业务”子体系。要紧扣证券期货产品、业务等金融服务规范的制度定位，围绕以明确执业标准、强化行为规范为中心的监管理念，在基金类现有规则的基础上，统合形成适用于证券公司、基金公司、期货公司，涉及公募私募、运作管理、信息披露等方面的资产管理类规章；制定证券期货投资咨询办法；针对证券、期货分别制定自营、经纪业务管理办法；分别形成发行保荐、财务顾问、资信评级、审计服务、法律服务、资产评估等专项业务管理办法。

四是“市场与机构主体”子体系。要以不同市场组织主体和市场机构主体的设立和治理规范为核心，在机构、基金、期货有关公司管理的现行制度规定基础上，整合形成证券公司管理办法、基金公司管理办法、期货公司管理办法，在当前规则基础上制定涵盖不同市场层次的证券、期货交易场所管理办法。

五是“对外开放”子体系。要以引导、规范境内主体利用国际市场为核心，制定境内机构提供跨境证券投资服务管理办法、跨境监管执法合作管理办法等规章。

六是“审慎监管”子体系。要以系统性风险的监测、预警与防控为核心，统合形成市场统计监测办法、市场风险基金管理办法、风控指标管理办法、信息技术安全保障办法等规章。

七是“投资者保护”子体系。要以投资者权益的保障与救济为核心，在现有的投资者适当性制度、销售适当性、现金分红政策的基础上，统合形成适用于整个证券期货市场的投资者适当性办法、产品销售规则、股东权益保障与实现办法，制定投资者公平基金办法、公益机构支持投资者维权诉讼管理办法等规章。

八是“监管执法”子体系。要以统一证券期货监管执法程序与实体性认定标准为核心，统合形成监管工作职责规定、监管信息公开办法、信访工作规则等规章，根据发现、立案、调查、处罚、复议等执法工作关键节点分别制定投诉举报处理办法、立案审查处理办法、行政和解实施规定、行政处罚实施办法等规章，针对操纵市场、内幕交易、“老鼠仓”等重大违法行为相应制定实体性认定办法。

进一步完善资本市场法律体系，是一项长期的系统性工程。一方面，要积极配合和支持立法、司法机关做好立法工作，主动反映资本市场改革发展的制度需求，加快推进《证券法》修改和《期货法》制定工作。要充分运用“法律修正案”的立法形式，有效解决市场改革创新和监管执法实践面临的制度供给问题。另一方面，要切实履行好证监会的自身职责，集中开展规章、规范性文件清理整合工作，建立专门的、常态化的工作机制，明确工作要求，规范工作程序，落实工作责任，增强法律实施规范体系结构的统一性、制度内容的科学性和层级效力的适当性，为中国资本市场的改革发展提供更加有效的法律制度保障。

扎实推进“营改增” 不断释放改革红利

财政部部长 楼继伟

党的十八大对深化财税体制改革提出了明确要求。一方面，要形成有利于结构优化、社会公平的税收制度，另一方面，要健全中央和地方财力和事权相匹配的财政体制，以促进发展方式转变，实现科学发展。

“营改增”是党中央、国务院立足当前、着眼长远作出的一项重大决策，我们既要充分认识“营改增”在深化财税体制改革、促进企业发展方面的重要作用，更要充分认识“营改增”在促进科学发展、推动经济结构调整和经济发展方式转变等方面的重大战略意义，切实增强做好“营改增”工作的使命感和责任感。

一、解决服务业和制造业税制不统一问题，消除重复征税，促进社会分工和协作

“营改增”，是推进我国财税体制改革的“重头戏”。改革的目的，就是要解决服务业和制造业税制不统一问题，打通增值税抵扣链条，消除重复征税，促进社会分工和协作，使我国的财税制度更加符合市场经济的发展要求，提高市场效率。

“营改增”有利于税制的完善。1994 年的财税体制改革，初步构建了适应社会主义市场经济体制的财税制度框架，并形成了增值税主要对货物征收、营业税主要对服务征收，以及消费税对部分货物进行调节的新的流转税制度。这一制度在有效组织收入、促进经济发展等方面发挥了十分重要的作用。

但是，由于对货物和服务分别征收增值税和营业税，造成增值税抵扣链条不完整，随着社会分工的日益细化，重复征税的问题就变得越来越突出。此次“营改增”，实际上是 1994 年财税体制改革进入扫尾阶段的一次重要改革。“营改增”完成后，增值税将覆盖所有货物和服务的全部环节，重复征税的税制安排将成为历史，税收中性原则得以更好体现，从而使我国整个税制更趋完善。

“营改增”有利于经济发展方式的转变。“营改增”不仅是完善税制的重要措施，从经济社会发展角度看，“营改增”还有利于促进经济结构调整和发展方式的转变，有利于促进服务业特别是现代服务业的发展，有利于促进制造业主辅分离和转型升级，从而推动经济结构的调整和优化。从企业层面看，“营改增”强调和体现了税收中性原则，从而可以更好发挥市场对配置资源的基础性作用，增强企业发展活力，促进企业改进经营方式、提高管理水平，这将有利于企业的长远发

展，提高经济增长的质量和效益。

"营改增"有利于财政体制的建设。按照试点方案，在试点期间，"营改增"后的收入仍然归属地方，暂不涉及财政体制的调整。随着"营改增"的全面完成，作为地方主体税种的营业税最终将被完全取代，这就要求我们必须加快地方税体系建设的步伐，按照中央和地方财力与事权相匹配的原则，推进财政体制改革，使之更加适应市场经济的要求。

二、扩大"营改增"试点的必要性和紧迫性更加凸显，各项条件也已具备

2012年"营改增"试点以来，运行平稳，成效显著，得到了社会各界的理解和支持，试点方案和工作机制已经成熟。

财政部、国家税务总局联合制订并发布了"营改增"的试点方案、实施办法等一系列试点税收政策文件，税务总局同步发布了相关征管办法，确立了试点的基本制度框架、主要政策安排和相应征管措施。配套制度方面，中央层面就预算科目修订、出口退税负担机制、会计处理等进行了明确。各试点地区也根据统一规定并结合本地实际，细化了诸如预算管理、税收征管、税款入库核算等具体措施。试点过程中，这些制度和办法又得到进一步补充和完善。

针对试点中发现的问题，财政部、国家税务总局已经出台了4个税收政策补充通知，及时解决了试点过程中出现的个别具体应税服务范围不够明确、总分机构缴税办法、船舶代理服务税务处理等问题，同时，还发文明确了出口退税财政负担机制和会计处理办法，为进一步扩大试点创造了有利条件。

对于少部分企业反映的税负增加问题，财政部和国家税务总局作了认真调查研究，主要原因是纳入试点的企业范围尚不到位、试点企业的管理还跟不上改革要求以及受企业设备更新周期的影响，造成进项税额抵扣不足。随着"营改增"试点范围的不断扩大，企业内部管理的逐步加强，以及企业设备的更新，这一问题将逐步得以解决。从9个地区的试点运行情况看，税负增加幅度和税额都呈逐月下降态势。各地还在财政方面作了相应的安排，比较妥善地处理了这一问题。

三、从地区试点转向分行业在全国推开，增值税政策更公平，征管更严密

根据国务院常务会议精神，今年扩大"营改增"试点的主要任务，包括扩大试点地区和扩大试点行业两个方面。

一方面，是扩大试点地区。自今年8月1日起，将交通运输业和部分现代服务业"营改增"试点在全国范围内推开，适当扩大部分现代服务业的范围，重点将广播影视服务，也就是广播、电影、电视等相关节目（作品）的制作、发行、放映、播映活动，纳入试点。

另一方面，是扩大试点行业。择机将铁路运输和邮电通信等行业纳入"营改增"试点范围，力争"十二五"期间全面完成"营改增"改革。目前财政部正会同国家税务总局抓紧完善这两个行业试点方案，争取今年底或明年年初实施。

改革模式从地区试点转向分行业在全国推开，成熟一个行业推进一个行业，增值税政策更公平，征管更严密，试点效果会更好。

扩大试点行业之所以选择铁路运输和邮电通信业，主要是考虑这两个行业均属于典型的生产性服务，与第二产业的关联度较高。从行业特点看，这两个行业均具有财务核算复杂、分支机构层次多且分布广的特点，不适合在部分地区先试点，只能全国同步推行。特别是铁路运输作为交通运输的重要组成部分，制造业对铁路运输依赖较大，在陆路运输、水路运输等其他交通运输业先期纳入"营改增"后，铁路运输由于没纳入试点，客观上会影响企业对不同运输方式的选择。所以，在加快扩大"营改增"试点之际，将铁路运输纳入"营改增"范围顺理成章。这也体现了改革不干扰市场选择，而是立足于优化市场配置资源作用的原则。因此，在这两个行业实施"营改增"试点，有利于扩大企业进项税抵扣范围，增强增值税"中性"特点，进一步消除重复征税因素。

四、精心组织，周密安排，确保改革的平稳、有序、顺利进行

"营改增"是一项复杂的系统性工程，这次将交通运输业和部分现代服务业试点，扩大到其他22个省区市，时间紧、任务重、影响大。各级政府及其财税部门要切实加强对试点工作的领导，精心组织，周密安排，确保改革的平稳、有序、顺利进行。

各地要建立健全政府主导、财税部门协作、相关部门支持配合的工作机制，加强对试点的组织领导，及时掌握试点运行中出现的新情况、新问题，并认真研究解决。要建立完善信息通报、月度动态分析评估等工作制度，并切实抓好落实。

要加强对试点企业的培训和辅导，帮助企业熟悉新税制的各项要求，做好改革的各项准备工作，引导企业准确把握税制改革带来的发展机遇，优化经营模式，提高内部管理水平，充分享受改革红利，避免不适应增值税管理要求而产生的税负增加，提升企业长远的竞争力。同时，要引导企业更加全面、理性地看待"营改增"对企业自身和整个产业带来的影响，不要仅仅局限于税负水平的短期变化，而应更加注重"营改增"对企业市场扩大、业务增长、利润增加等方面带来的积极变化。

要拟定试点工作应急预案，针对试点过程中可能出现的各种风险进行梳理排查，并制定相应的应对措施。需要强调的是，对于地方出台的过渡性财政扶持政策，既要充分发挥其稳定预期、平稳过渡的积极作用，又要努力避免企业因此产生政策依赖、不愿调整经营模式甚至骗取财政补贴的问题和风险。

文章来源：2013年8月1日《人民日报》

建立现代财政制度

财政部部长 楼继伟

建立现代财政制度是党的十八届三中全会立足全局、面向未来提出的重要战略思想，是中央科学把握现代国家发展规律作出的重大决策部署，抓住了全面深化改革的关键环节，对于完善中国特色社会主义制度、全面建成小康社会和实现中华民族伟大复兴的中国梦具有重大而深远的意义。

一、建立现代财政制度的重要性和紧迫性

财政制度安排体现政府与市场、政府与社会、中央与地方关系，涉及经济、政治、文化、社会、生态文明等各个方面。党中央、国务院历来高度重视财税体制改革和财政制度建设。新中国成立以来，我国财税体制历经多次调整，大体上经历了从“统收统支”到“分灶吃饭”的包干制、再到“分税制”的沿革历程。其中，1994 年实施的分税制改革是我国财政制度建设的里程碑。分税制财政体制的建立及其后的调整完善和稳健运行，为建立现代财政制度奠定了良好基础，充分调动了地方、企业的积极性和创造性，实现了政府财力增强与经济高速增长的双赢目标，增强了中央宏观调控能力，对推动建立社会主义市场经济体制、促进对外开放、维护社会和谐稳定发挥了重要作用。

当前，我国已进入全面建成小康社会的决定性阶段，既面临前所未有的发展机遇，也面临前所未有的风险挑战，尤其是发展不平衡、不协调、不可持续问题依然突出。这些问题从机制上看，都与现行财税体制改革不到位有一定关系。就财政自身而言，随着国内外形势和我国发展阶段的变化，现行财税体制的制度优势正在削弱。主要表现：一是预算管理制度的完整性、科学性、有效性和透明度不够，预算管理偏重收支平衡状态，支出预算约束偏软，不利于依法治税和人大监督。二是税收制度不适应经济社会发展、改革、转型的新形势，特别是在解决产能过剩、调节收入分配、促进资源节约和生态环境保护方面的功能较弱，税收优惠政策过多过滥，不利于公平竞争和统一市场环境建设。三是中央和地方事权与支出责任划分存在不清晰、不合理、不规范等问题，转移支付制度不完善，项目过多，规模过大，资金分散，常有配套，不利于建设财力与事权相匹配的财政体制和推进基本公共服务均等化。四是财政收入中低速增长与支出刚性增长矛盾加剧，加之支出结构固化僵化，财政赤字和债务风险加速积聚，财政中长期可持续面临严峻挑战。

深化财税体制改革、建立现代财政制度，是完善社会主义市场经济体制、加快转变政府职能的迫切需要，是转变经济发展方式、促进经济社会持续稳定健康发展的必然要求，是建立健全现代国家治理结构、实现国家长治久安的重要保障。当前和今后一个时期，全面贯彻落实党的十八届三中全会精神，要求我们围绕建立现代财政制度这一重大任务，坚持以邓小平理论、“三个代表”重要思想、科学发展观为指导，遵循社会主义市场经济原则，立足基本国情，借鉴国际经验，以现行体制为基础，坚持继承与创新相结合，深化财税体制改革，加快形成有利于转变经济发展方式、有利于建设公平统一市场、有利于基本公共服务均等化的现代财税体制机制。

二、建立完整、规范、透明、高效的现代政府预算管理制度

现代政府预算制度是现代财政制度的基础。预算编制科学完整、预算执行规范有效、预算监督公开透明，三者有机衔接、相互制衡，是现代预算管理制度的核心内容。当前，应重点推进以下五个方面的改革和制度建设。

1. 年度预算控制方式

根据现行预算法相关规定，目前我国预算审批包括收入、支出和收支平衡三个方面内容，但核心是收支平衡，而不是支出规模与政策，这在客观上容易带来预算执行“顺周期”问题。也就是说，当经济下行时，一些财税部门为了完成收入任务可能收“过头税”，造成经济“雪上加霜”；当经济过热时，财税部门完成收入任务后又容易搞“藏富于民”，该收不收，造成经济“热上加热”。这既不利于依法治税，也会影响政府逆周期调控政策效果。因此，《决定》明确提出，“审核预算的重点由平衡状态、赤字规模向支出预算和政策拓展。”与此同时，收入预算应从约束性转向预期性。这是我国预算审批制度的重大改革，必将有利于加强人大对政府预算的审查监督，也有利于改善政府宏观调控、促进依法治税。

2. 建立跨年度预算平衡机制

预算审核重点由财政收支平衡状态向支出政策拓展后，收入预算从约束性转为预期性，预算执行结果有别于预算预期的平衡状态将成为常态，特别是年度预算赤字可能突破。要进一步严格规范超收收入的使用管理，原则上不安排当年支出。年度预算执行超赤字，要建立跨年度弥补机制。为确保财政的可持续，全国年度总赤字规模应设置一定的警戒线。为实现跨年度预算平衡，还应抓紧研究实行中期财政规划管理，增强财政政策的前瞻性和财政可持续性。

3. 清理规范重点支出挂钩机制

据统计，目前与财政收支增幅或生产总值挂钩的重点支出涉及教育、科技、农业、文化、医疗卫生、社保、计划生育等 7 类，2012 年仅财政安排的这 7 类重点支出即占全国财政支出的 48%。支出挂钩机制在特定发展阶段为促进上述领域事业发展发挥了积极作用，但也不可避免地导致财政支出结构固化僵化，肢解了各级政府预算安排，加大了政府统筹安排财力的难度，而且不符合社会事业发展规律，容易引发攀比，甚至导致部分领域出现了财政投入与事业发展“两张皮”、“钱等项目”、“敞口花钱”等问题。这也是造成专项转移支付过多、预算管理无法全面公开、资金投入重复低效的重要原因。为此，《决定》明确提出，“清理规范重点支出同财政收支增幅或生产总值挂钩事项，一般不采取挂钩方式”。这有利于增强财政投入的针对性、有效性和可持续性。各级财政部门要实事求是地推进清理规范工作，并继续把这些领域作为重点予以优先安排，确保有关事业发展的正常投入。

4. 完善转移支付制度

完善一般性转移支付的稳定增长机制。增加一般性转移支付规模和比例，更好发挥地方政府贴近基层、就近管理的优势，促进地区间财力均衡，重点增加对革命老区、民族地区、边疆地区、贫困地区的转移支付。中央出台减收增支政策形成的地方财力缺口，原则上通过一般性转移支付调节。清理、整合、规范专项转移支付项目。大幅度减少转移支付项目，归并重复交叉的项目，逐步取消竞争性领域专项和地方资金配套，严格控制引导类、救济类、应急类专项，对保留的专项进行甄别，属于地方事务且数额相对固定的项目，划入一般性转移支付，并根据经济社会发展及时清理专项转移支付项目。

5. 建立政府性债务管理体系

为切实加强政府债务管理、防范和化解财政风险，《决定》提出，“建立权责发生制的政府综合财务报告制度，建立规范合理的中央和地方政府债务管理及风险预警机制”。这意味着建立在地方政府信用评级基础上地方发债的管理体制。

实施全面规范的预算公开制度。借鉴国际经验，从我国实际情况出发，注重顶层设计、明确实施步骤，积极稳妥推进预算公开。逐步扩大公开范围、细化公开内容，不断完善预算公开工作机制，强化对预算公开的监督检查，逐步实施全面规范的预算公开制度。

二、建设有利于科学发展、社会公平、市场统一的税收制度体系

现阶段，深化税制改革需要把握以下五点：一是有利于促进经济发展方式转变、调节社会财富分配、节约能源资源和保护环境，促进经济社会持续稳定发展。二是坚持税费联动、有增有减，保持宏观税负相对稳定。既要考虑保障国家事业发展和人民生活的正常需要、适当集中财力，也要考虑有关方面特别是企业和居民的承受能力。三是有利于培育地方主体税种，调动地方组织收入的积极性和自主性。四是尽可能不开征新税种，适当简并现有税种与税率，税制设计尽可能简单透明，减少自由裁量权，降低征管成本。五是加快税收立法步伐，推进依法治税。

进一步发挥消费税的调节功能。随着经济社会发展和居民消费水平提高，现行消费税制度存在征收范围较窄、课税环节单一且靠前、税基偏小、税率结构欠合理等问题，对消费行为调控作用总体偏弱，迫切需要进行改革。消费税改革的重点是，适应经济社会发展和居民消费水平的变化，适当扩大消费税的征收范围，将一些高耗能、高污染产品以及部分高档消费品等纳入征税范围；调整征收环节，弱化政府对生产环节税收的依赖，促进解决重复建设和产能过剩问题，努力提高经济发展质量；调整部分税目税率，进一步有效发挥消费税的调节作用。

加快房地产税立法，适时推进相关改革。完善房产税等相关制度，有利于稳定市场预期，引导居民形成合理的住房消费，也有利于为地方政府提供持续、稳定的收入来源。要坚持积极稳妥的方针，认真总结房产税改革试点经验，在充分论证的基础上立税清费，适当减轻建设、交易环节的税费负担，提高保有环节的税收。

加快资源税改革。从经济发展角度考察，资源税从量计征，极易造成税负水平偏低，难以发挥促进资源节约和环境保护的作用，改革迫在眉睫。重点是推进煤炭等重要矿产品资源税从价计征改革，清理相关收费基金；适当提高其他仍实行从量计征的资源品目税额标准，进一步发挥税收的调节作用。

推动环境保护费改税。为发挥税收在节能减排和环境保护方面的调控作用，促进资源节约型、环境友好型社会建设，要按照正税清费、循序渐进、合理负担、有利征管的原则，参照国际通行做法，将现行排污收费改为环境保护税，税率设计要综合考虑现行排污费收费标准、实际治理成本、环境损害成本和收费实际情况等因素。

全面推进增值税改革。按照税收中性原则，全面实行营业税改征增值税，建立符合产业发展规律、规范的消费型增值税制度，消除重复征税问题，更好地发挥市场作用，激发企业活力，推进产业转型升级与商业模式创新。今后，要在交通运输业和部分现代服务业全面实行“营改增”的基础上，适时将其他服务行业分步纳入改革范围，实现“十二五”完成“营改增”的改革目标。同时，适当简化税率。

清理规范税收优惠政策。目前，各种税收优惠区林立，已批准或正在申请待批的优惠政策几乎涵盖了全国所有省份；有些地方政府或财税部门执法不严或出台“土政策”，甚至通过税收返还等方式，变相减免税收，制造政策“洼地”。区域性税收优惠政策过多过滥，不利于实现结构优化和社会公平，影响了公平竞争和统一市场环境建设，不符合建立现代财政制度的要求。因此，《决定》明确提出：“按照统一税制、公平税负、促进公平竞争的原则，加强对税收优惠特别是区域税收优惠政策的规范管理。税收优惠政策统一由专门税收法律法规规定，清理规范税收优惠政策。”

四、健全中央和地方财力与事权相匹配的财政体制

中央和地方财力与事权相匹配是包容性很强的表述，也是历来的提法。如何科学合理分配财力和事权，《决定》作出了明确部署。

完善中央和地方事权和支出责任划分。目前，我国中央和地方政府事权和支出责任划分不清晰、不合理、不规范，制约市场统一、司法公正和基本公共服务均等化。一些应由中央负责的事务交给了地方承担，一些适宜地方负责的事务中央承担了较多的支出责任。同时，中央和地方职责交叉重叠、共同管理的事项较多。这种状况客观上造成地方承担了一些不适合承担的事务，而中央不得不通过设立大量专项转移支付项目对地方给予补助。这种格局不仅容易造成资金分配“跑部钱进”、“撒胡椒面”现象，而且容易造成中央部门通过资金安排不适当干预地方事权，影响地方的自主性、积极性，还会造成地方承担中央事权与地方的积极性不一致，导致执政行为不当，影响市场统一、公正。贯彻落实《决定》要求，应立足于建立现代财政制度，在转变政府职能、合理界定政府与市场边界的基础上，充分考虑公共事项的受益范围、信息的复杂性和不对称性以及地方的自主性、积极性，合理划分中央地方事权和支出责任。一是适度加强中央事权。将国防、外交、国家安全等关系全国政令统一、维护统一市场、促进区域协调、确保国家各领域安全的重大事务集中到中央，减少委托事务，以加强国家的统一管理，提高全国的公共服务能力和水平。二是明确中央与地方共同事权。将具有地域管理信息优势但对其他区域影响较大的公共产品和服务，如社会保障、跨区域重大项目建设维护等作为中央与地方共同事权，由中央和地方共同承担。三是明确区域性公共服务为地方事权。将地域信息性强、外部性弱并主要与当地居民有关的事务放给地方，调动和发挥地方政府的积极性，更好地满足区域公共服务的需要。四是调整中央和地方的支出责任。在明晰事权的基础上，进一步明确中央承担中央事权的支出责任，地方承担地方事权的支出责任，中央和地方按规定分担共同事权的支出责任。中央可通过安排转移支付将部分事权支出责任委托地方承担。根据事权和支出责任，在法规明确规定前提下，中央对财力困难的地区进行一般性转移支付，省级政府也要相应承担起均衡区域内财力差距的责任，建立健全省以下转移支付制度。

进一步理顺中央和地方收入划分。《决定》提出，“保持现有中央和地方财力格局总体稳定，结合税制改革，考虑税种属性，进一步理顺中央和地方收入划分。”这一要求综合考虑了我国地方政府承担事权和支出责任的实际情况，既有利于保证中央履行职能和实施重大决策，又有利于保障地方既得利益、培育地方主体税种、调动地方积极性，从而有利于形成改革共识、确保改革顺利进行。贯彻落实《决定》要求，要根据税种属性特点，遵循公平、便利和效率等原则，合理划分税种，将收入周期性波动较大、具有较强再分配作用、税基分布不均衡、税基流动性较大、易转嫁的税种划为中央税，或中央分成比例多一些；将其余具有明显受益性、区域性特征，对宏观经济运行不产生直接重大影响的税种划为地方税，或地方分成比例多一些，以充分调动两个积极性，为实现“五位一体”的全面小康提供制度保障。

文章来源：2013 年 12 月 16 日《人民日报》

全面提升开放型经济水平

商务部党组书记、部长　高虎城

（2013 年 12 月 17 日）

今年是改革开放 35 周年。党的十八届三中全会对在新的历史起点上全面深化改革作出重大战略部署，必将对推动中国特色社会主义事业产生重大而深远的影响。全会通过的《中共中央关于全面深化改革若干重大问题的决定》（以下简称《决定》）指出："适应经济全球化新形势，必须推动对内对外开放相互促进、引进来和走出去更好结合，促进国际国内要素有序自由流动、资源高效配置、市场深度融合，加快培育参与和引领国际经济合作竞争新优势，以开放促改革。"这为今后一个时期继续扩大对外开放、全面提升开放型经济水平指明了方向。

一、深刻认识我国开放型经济内外环境的变化

当前，全球经济结构深刻调整，围绕制度、规则、市场、技术、资源的竞争日趋激烈，我国发展面临的内外环境正在发生复杂变化，提升开放型经济水平的重要性、紧迫性日益突出。

经济全球化的驱动力正在发生重大变化。国际金融危机爆发 5 年来，世界经济复苏进程一波三折，充满不确定性。在世贸组织多哈回合谈判裹足不前的背景下，区域经济一体化方兴未艾，自贸区建设成为世界经济发展的潮流。截至今年 7 月，向世贸组织通报并生效的区域贸易协定共有 249 个。特别是美欧绕开世贸组织，开展跨太平洋伙伴关系（TPP）、跨大西洋伙伴关系（TTIP）等"高水平"自贸区谈判，对国际经贸环境影响深远。国际产业分工面临新变化，一些中高端制造业向发达国家回流，服务外包和服务投资成为国际经贸合作新热点。这为我国提升在全球价值链中的地位带来机遇。

国际经贸规则竞争日趋激烈。面对世界经贸格局新变化，各国围绕国际市场与资本的争夺更加激烈，全球经济治理体系面临深刻变革。发达国家致力于制定新的国际贸易投资规则，积极推进"竞争中立"、劳工标准、环境保护等"21 世纪"新议题谈判，以占领未来国际竞争制高点。形势逼人，不进则退。我国必须着眼经济利益遍布全球的现实，全面参与重大经贸合作谈判，在新的货物贸易、服务贸易和投资规则制定中抢占先机。

我国传统比较优势面临阶段性变化。长期以来，廉价的资源和劳动力成本优势是支撑我国出口贸易发展的重要优势，现在情况发生了很大变化。在大规模城镇化过程中，剩余劳动力持续从农村向城镇转移，开始出现总量过剩和局部短缺并存的劳动力供求新格局，劳动力要素成本上升长期化，资源环境约束强化，单纯依赖高投入、高消耗的粗放型增长方式难以为继。我国的比较优势亟须从"数量、价格优势"向"质量、效益优势"转换，形成新的竞争优势。

我国开放型经济发展空间巨大。改革开放尤其是加入世贸组织以来，我国开放型经济发展取得举世瞩目的成就。2002 年至 2012 年，我国出口总额年均增速达到 21.3%，在全球的位次由第六位升至第一位。2012 年我国货物贸易进出口总额 38670 亿美元，居世界第二位。随着经济全球化的深化和全球价值链的拓展，我国开放型经济仍然蕴含巨大发展潜力。从对外贸易看，2012 年我国货物出口占全球比重达到 11.2%，这个数字在全球贸易发展历史上并不算突出。据世贸组织秘书处的有关资料统计，英国 1870 年出口占全球的 18.9%，美国 1921 年达到 22.4%，明显高于我国水平。我国服务贸易进出口总额居世界第三位，其中出口居全球第五位，仍有较大提升空间。从对外投资看，2012 年我国对外直接投资额居世界第三位，但由于起步较晚，对外直接投资存量仅相当于美国的 10.2%，英国的 29.4%，德国的 34.4%。要把我国巨大的发展潜力转化为现实成就，必须全面提升开放型经济水平，着力增强开放型经济发展的内生动力。

二、准确把握全面提升开放型经济水平的内涵

全面提升开放型经济水平，根本在于不断扩大对外开放，以开放促改革。适应经济全球化新形势，必须实行更加积极主动的开放战略，冲破思想观念的束缚，突破利益固化的藩篱，攻克体制机制的痼疾，释放深化改革的红利，加快培育参与和引领国际经济合作竞争新优势。

实现改革创新与扩大开放良性互动。我国很多领域开放水平依然较低，很多关键领域的改革仍然需要通过开放获得外部动力。我国制造业开放发展的成功经验表明，保护只能保护落后。全面提升开放型经济水平，必将推动涉外法律体系、政府管理方式乃至人们思想观念的重大变革，发挥改革牵引作用，破除有碍开放型经济发展的思想桎梏与现实阻力，加快完善社会主义市场经济体制。

实现对外开放与对内开放良性互动。对内开放是对外开放的基础和前提。在深化对外开放的同时，要把对内开放摆到更加突出的位置。《决定》指出："公有制经济和非公有制经济都是社会主义市场经济的重要组成部分，都是我国经济社会发展的重要基础。"通过对内对外开放的互动，形成多种所有制经济平等竞争、相互促进的新格局，进一步增强我国经济发展活力，推动经济持续健康发展。

实现扩大国内市场准入与开拓国际市场良性互动。改革开放以来，我国着眼全球配置资源和要素，有效利用了国际国内两个市场、两种资源。《决定》指出："建设统一开放、竞争有序的市场体系，是使市场在资源配置中起决定性作用的基础"，"实行统一的市场准入制度"。在继续主动开放国内市场、提高利用外资质量的同时，要秉承利益互换、对等开放的原则，消除我国对外投资合作的障碍，坚持扩大外需和提振内需并重，促进国际国内要素有序自由流动，不断拓展我国经济发展空间。

实现深度参与全球化与防范经济风险良性互动。随着国际国内市场深度融合，内外环境复杂多变，我国引进来和走出去将面临更多风险和挑战。要坚持在有效防范风险的前提下

深化对外开放，在提高对外开放水平中增强风险防范能力。既要重视防范国内市场开放带来的系统性风险和产业冲击，也要重视拓展海外市场过程中的人员与资产权益保护问题。

实现巩固传统优势与培育新优势良性互动。在巩固劳动密集型产业发展优势，通过技术改造、科技创新推动传统产业转型升级的同时，更要加快培育参与和引领国际经济合作竞争新优势。这是提升我国产品和服务国际竞争力的核心要素，是保持开放型经济发展不竭动力的坚实基础，是促进由经贸大国向经贸强国转型升级的重要支撑。

三、全面提升开放型经济水平的思路与举措

全面提升开放型经济水平，关键是要把推动发展的立足点转到提高质量和效益上来，调整经济结构，转变发展方式，激发各类市场主体发展新活力，形成创新驱动发展新动力，不断增强长期发展后劲。

扩大内陆沿边开放，完善全方位对外开放新格局。协同推进东中西部对外开放，逐步形成分工协作、互动发展的开放型经济新格局。《决定》指出："抓住全球产业重新布局机遇，推动内陆贸易、投资、技术创新协调发展"，"加快沿边开放步伐，允许沿边重点口岸、边境城市、经济合作区在人员往来、加工物流、旅游等方面实行特殊方式和政策"。这为深化内陆、沿边开放明确了政策着力点。东部地区要充分发挥引领作用，率先实现转型升级，打造全球先进制造业基地，提升服务业国际化水平。内陆地区要依托本地优势，提高吸纳国际、国内产业转移的能力，加快发展特色外向型产业。沿边地区要综合考虑经济发展、边疆稳定、民族团结、周边和谐的需要，合理布局基础设施项目。着力建设丝绸之路经济带、海上丝绸之路，促进政策沟通、道路联通、贸易畅通、货币流通和民心相通，以点带面、从线到片，形成向东向西全面开放的国际经济合作带。

放宽投资准入，提高利用外资综合效益。利用外资要与调整经济结构、转变经济发展方式、促进国内市场竞争相结合，更加注重引进先进技术、管理经验和高素质人才，充分发挥利用外资的技术溢出和综合带动效应。《决定》指出："统一内外资法律法规，保持外资政策稳定、透明、可预期。"这是我国外商投资管理体制改革的重大举措。按照《决定》要求，以建设中国上海自由贸易试验区为契机，探索准入前国民待遇加负面清单模式，加快外资管理模式创新，推动政府职能转变，"为全面深化改革和扩大开放探索新途径、积累新经验"。建立利用外资科学评价体系，引导利用外资从注重规模向提高质量与综合效益转变。借鉴主要经济体的成功经验，健全国家经济安全保障机制。

加快走出去步伐，增强全球价值链整合与国际化经营能力。《决定》指出："扩大企业及个人对外投资，确立企业及个人对外投资主体地位。"这将进一步壮大我国走出去的微观主体，释放对外投资合作潜力。积极、有序、安全开展对外投资合作，引导有实力的企业和个人到海外整合和延伸产业链，提高我国在全球范围内配置要素资源的能力，推进从吸收外资大国转变为资本输出大国。加强规划引导，支持各种所有制企业按照国际通行规则开展国际化经营，吸纳先进生产要素，建立海外营销网络，培育国际知名品牌。完善走出去服务支持体系，强化海外资产和人员安全保障。

统筹多双边和区域次区域合作，加快自由贸易区建设。《决定》指出："坚持世界贸易体制规则，坚持双边、多边、区域次区域开放合作，扩大同各国各地区利益汇合点，以周边为基础加快实施自由贸易区战略。"这为完善新时期对外经贸关系布局明确了重点。在双边层面，创新与发达国家的合作模式，加强政策协调，增进开放互信；与新兴市场国家和发展中国家实现优势互补、错位竞争，维护共同利益。在多边层面，维护多边贸易体制主渠道地位，反对任何形式的保护主义，减少和消除贸易投资壁垒；积极参与国际经贸规则制定，推动国际经济秩序更趋公平合理。在区域层面，以周边为基础加快实施自贸区战略，主动参与新议题谈判，形成面向全球的高标准自贸区网络。在次区域层面，深化大湄公河、泛北部湾、大图们江等地区合作，形成于我有利的地缘经济和政治新格局。

文章来源：《求是》

中国越发展就越开放

——深入学习贯彻习近平同志关于全面深化改革的重要论述

商务部党组书记、部长　高虎城

（2013 年 12 月 10 日）

深入学习贯彻党的十八大和十八届三中全会精神，我们深刻认识到，"两个一百年"奋斗目标和中华民族伟大复兴的中国梦指引着我们的前进方向。习近平同志指出："中国坚持改革开放不动摇。中国越发展，就越开放，中国开放的大门不可能关闭。"站在新的历史起点上推进新一轮对外开放，是我们必须担当起的历史责任。

一、中国梦实现之路必然是开放之路

正如习近平同志所说，"历史是最好的教科书"。回顾 35 年来我们走过的开放历程，反思 170 多年来的历史教训，参照当今世界强国的发展历史，我们可以得出一个基本结论：对外开放必将伴随我国现代化进程的始终，民族复兴之路必然是开放之路，中国梦实现之路必然是开放之路。

改革开放历程雄辩地证明：抓住机遇扩大开放是我们的宝贵经验。我国对外开放历程走过了 1978—1991 年以试点为特征的探索期、1992—2000 年以政策引导为特征的扩大期、2001 年至今以体制性开放为特征的深化期。目前，我国经济总量、市场规模居世界第二，外贸出口、外汇储备居世界第一，双向投资居世界前列。这些举世瞩目成就的取得，对外开放居功至伟。

我国历史深刻地昭示：开放出盛世、封闭致衰落。汉唐盛世的开放度都很高。汉朝以“丝绸之路”而名扬天下，“殊方异物，四面而至”。唐朝向广州派市舶使专管贸易，允许大量“蕃商”在华贸易定居。宋朝达到封建时代经济科技的顶峰，通商贸易伙伴达50多个，专设市舶司“来远人、通远物”。反观明、清两朝，多次闭关锁国，以至于鸦片战争后沦入被动挨打的境地。

世界历史反复地表明：发达国家都是开放国家，强国盛世必走开放之路。古罗马商队远涉欧、亚、非大陆，出现了“条条大路通罗马”的景象；阿拉伯帝国首都被誉为“举世无双的城市”，其码头停泊着几百艘各国船只。地理大发现后，崛起的大国都有开放的历史。比如，荷兰17世纪被称为“海上马车夫”，国际运输商船有1800艘；俄罗斯通过彼得大帝改革、日本通过明治维新师法西方并扩大开放，都走向了强盛之途。经济全球化是开放的更高层次，意味着商品、服务和要素跨国流动。市场经济本质上是开放经济，顺之开放则可能发达，逆之封闭则会被边缘化。

实现中华民族伟大复兴的中国梦，决定了我国必须走开放式发展之路。我国的发展成就巨大，但我们也很清醒：我国仍处于并将长期处于社会主义初级阶段，人均GDP居世界第九十位左右，只有发达国家的1/6左右；国际分工地位不高，技术水平、创新能力与世界先进水平差距不小，文化软实力不强。要实现“两个一百年”奋斗目标，艰巨的任务还在前面。只有通过进一步开放，才能加快改革和发展。走开放之路是实现中华民族伟大复兴的必然要求。我国的开放不是权宜之计，而是长期的历史过程；当前不是开放的终点，而是提高开放水平的新起点。正如习近平同志强调的，“要坚定不移走改革开放的强国之路”，“做到改革不停顿、开放不止步”。

二、全面深化改革需要开放这一动力

35年来，我国对外开放取得了举世瞩目的成就，开放型经济指标迅速跃居世界前列，有观点认为我国的开放任务已经完成了。但从国际比较看，我国开放程度并不算高，还有很大的开放余地。我国改革发展的内外环境对开放提出了更多更高的要求。

顺应世界大势的迫切需要。习近平同志指出：“在新的历史条件下坚持和发展中国特色社会主义，必须坚持走自己的路，必须顺应世界大势”。当今世界是开放的世界，经济全球化与世界多极化深入发展，竞争与合作同在，挑战与机遇共生，既有各国相互依赖加深、共同利益增多的一面，也有综合国力竞争激烈、争夺科技革命与产业革命制高点的一面。18世纪中叶、19世纪后半叶和上世纪六七十年代，我国三次错过了世界产业革命的机遇。上世纪80年代以来，我国抓住了经济全球化机遇，成为主要受益者之一。当前，经济全球化深入发展，产业革命正在孕育，全球价值链快速拓展。我们必须紧抓机遇，争取继续成为经济全球化的受益者。

应对经济全球化演变新形势的迫切需要。在多哈回合谈判陷入僵局的背景下，区域经济合作如火如荼，到今年7月全球自贸协定已有220个。主要发达国家加紧实施自贸区战略，特别是美国的“两洋”战略，将对地缘政治和世界经济格局产生重大影响。这一轮区域合作高潮的突出特点，是发达国家将其作为高水平的国际经贸规则的“标杆”。如果我们在新规则制定中应对不力，就会面临被边缘化的风险，对我国发展的外部环境带来不利影响。

转方式、调结构的迫切需要。我国加入世界贸易组织带来的对外开放红利正在递减，人口、资源、环境的硬约束不断强化，劳动、土地、能源等传统竞争优势减弱，营销、技术、品牌等新优势亟须培育，中高端产业还处在起步和爬坡阶段。因此，只有进一步扩大开放、提升开放型经济水平，才能加快转方式、调结构。

跨越中等收入陷阱的迫切需要。我国人均GDP已突破6000美元，这是一个发展的关口。上世纪60年代全球有100多个中等收入经济体，仅有10多个成功迈入发达经济体，其余的多数掉入中等收入陷阱，这与开放停滞、创新不足等有很大关系。比如，一些拉美国家第二次世界大战后实施过度的保护主义，致使产业缺乏国际竞争力，后来多次爆发危机，经济发展徘徊不前。我国只有在开放中突破发展瓶颈，才能跨越中等收入陷阱。

以开放促改革的迫切需要。改革与开放是我国发展的两大动力，开放也是改革。没有改革，开放是无源之水、效果不彰；没有开放，改革方向不明、行之不远。习近平同志指出：我国改革已进入攻坚期和深水区，“刻舟求剑不行，闭门造车不行”。开放既可以放宽视野，也可以促进国内改革，提升国内发展质量和水平。啃下改革中难啃的“硬骨头”，需要以更高水平的开放增加改革动力。

全面审视当今世界大势和中国发展大势，我们应在时代前进潮流中把握主动、赢得发展。面对国内外环境的严峻挑战和实现“两个一百年”目标的紧迫任务，不开放没有出路，开放止步不前也没有出路。我国的开放不是被动之举，而是自身发展的内在要求。

三、扩大对外开放的路径选择

习近平同志强调，“改革开放永无止境，只有进行时没有完成时”。十八届三中全会提出，加快完善开放型经济体系，构建开放型经济新体制。这要求我们加强战略谋划和政策统筹，按照全面参与和重点突破的原则，将对外开放推向新的高度。

凝聚开放的共识。以更加宽广的眼界和胸怀来观察和审视世界与中国，善于把中国放在全球政治经济环境中定位，客观认识我国与发达国家的差距，虚心学习世界各国的先进经验，有效把握和应对经济全球化时代的机遇和挑战。

增强开放的自信。应当看到，经过35年的积累，与改革开放之初和加入世界贸易组织时相比，我国开放的底气更足了。经济发展潜力巨大，物质、技术等条件更好，自我调节能力增强，国际地位和影响力大幅提高。市场将在资源配置中起决定性作用，改革与开放的相互促进将进一步加深。越来越多的企业走向世界，全球配置资源能力明显增强。我国扩大开放的条件更加优越，回旋空间更大。

理清开放的思路。加强开放的顶层设计与战略布局，把握开放的主动权。坚持内外统筹，坚持眼前利益和长远利益统一。把握好开放的节奏、力度和顺序，以国内改革发展的需要为依归，最大程度地为我国发展争取利益。坚持合作共赢原则，坚定不移地做经济全球化的推动者、贸易投资自由化的践行者、国际规则的参与和制定者、共同利益的维护者，以及和谐世界的建设者。

把握开放的重点。全面提高开放型经济水平，加快培育参与和引领国际经济合作竞争新优势。一是放宽投资准入，推进金融、教育、文化、医疗等服务业有序开放，放开相关领域的外资准入限制。建设好中国上海自由贸易试验区。加快商签投资协定，扩大企业及个人对外投资。二是加快自由贸易区建设。坚持双边、多边、区域次区域开放合作，形成面向全球的高标准自由贸易区网络。三是扩大内陆沿边开放。推动内陆贸易、投资、创新协调发展，加快周边互联互通，推进丝绸之路经济带、海上丝绸之路建设，形成全方位开放新格局。同时，善于找准以开放促改革的突破口，比如以准入前国民待遇和负面清单为突破口，推动投资体制改革；以深化流通体制改革为突破口，推动统一开放、竞争有序的现代市场体系建设。

提高开放的能力。全面加强开放能力建设，既提高对外谈判和国际规则的参与和制定能力，也提高统筹对内与对外开放的能力，原则上对外开放的领域要优先对内开放。同时，提高维护国家经济安全的能力，树立科学的经济安全观，把金融安全作为重中之重，密切关注产业安全、粮食安全、能源安全以及海外资产与人员安全。

文章来源：《人民日报》

积极推行绩效管理 提高政府行政效能

工业和信息化部党组书记、部长 苗 圩

（2013 年 1 月 30 日）

党的十八大对推进改革开放和社会主义现代化建设、全面建成小康社会的宏伟目标做出了全面部署，提出要继续推进中国特色社会主义经济建设、政治建设、文化建设、社会建设和生态文明建设。创新行政管理方式是新形势下推动改革发展的客观要求，推进“五位一体”的社会主义现代化建设，全面建成小康社会，必须转变政府职能，大力推进政府绩效管理，提高政府公信力和执行力。工业和信息化部组建以来，结合大部门制改革和推动走中国特色新型工业化道路的使命，积极探索行政管理方式创新，大力推进政府绩效管理，取得了积极成效。

一、推行政府绩效管理对于创新行政管理方式、提高行政效能具有重要意义

实施绩效管理是提高政府公信力和执行力的有效渠道。绩效管理有助于加强对政府工作的过程控制和结果考评，有助于推动决策部署的贯彻落实。近年来，我们在推动淘汰落后产能、鼓励企业兼并重组、信息化和网络信息安全、中小企业发展等重点任务时，探索运用目标责任制、关键业绩指标考核等绩效考评方法，按照法定权限和程序开展工作，创新管理方式，促进职能转变，推动工作落实。同时，使社会公众广泛了解、有效监督各项工作，提升了工作透明度，增强了政府公信力。

推进绩效管理是加强和改善行业管理的有效抓手。工业和信息化部是大部制改革试点单位，承担创新行业管理方式的重要任务。如何结合工业和信息化领域行业管理范围广、任务重的特点，把管规划、管政策、管标准、加强行业指导与完善行业管理体系有机结合起来，是大部门制改革必须首先解决的问题。推行绩效管理，建立完善市场经济条件下权责一致、决策科学、执行顺畅、监督有力的管理体制，强化责权利的统一，才能提高行政效能，推动重点工作落实，增强政府履职能力。

推行绩效管理是加强干部队伍建设和机关作风建设的有效手段。通过绩效管理和干部考核评价相结合、增强考评结果运用，在工业和信息化部机关和全系统营造了讲团结、比奉献、重廉洁的浓厚氛围，积极引导和促进广大干部干事创业、勤勉履职、开拓创新，推动行业发展，努力创造让群众满意、经得起检验的工作实绩。

二、在实践中积极探索政府绩效管理

一是继承创新，循序渐进。在开展绩效管理过程中，我们始终坚持继承创新、试点先行、分层深入、融合发展，注重把握好力度和节奏，积极稳妥推进工作。2009 年，在工业和信息化部机关及直属单位实行目标责任制管理，并积极开展以关键业绩指标（KPI）为核心的绩效管理研究，为全面推行绩效管理打下了基础。2011 年，开始在 3 个司局试点绩效管理。在总结经验的基础上，2012 年，在机关司局全面铺开，同时研究探索将绩效管理向处室、个人和直属单位延伸。

二是量化标准，注重规范。制定科学的政府绩效考评指标是个难题。我们在职能分析、工作提炼、指标量化上下了很大功夫，着力将繁杂的工作凝炼为简洁直观的具体指标。2012 年，围绕部中心工作，我们将 56 项部重点工作逐一细化，分解成 973 件目标责任制任务，提炼出 119 项关键业绩指标，并明确工作标准和完成时限，确定指标考评的计分规范，从质量、数量、时限、进度、程度等不同角度细化责任，努力实现绩效指标具体、量化、易考核，做到了“千斤重担人人挑、人人肩上有指标”。

三是突出重点，推动工作。在设置考核指标时，根据部重点工作和各司局职责，精简数量，设置下达有限指标，大幅度提高重点指标权重，强化了任务导向、业绩导向、效率导向，引导各司局突出重点、攻坚克难，集中优势资源解决难点问题。比如，国际金融危机爆发后，我们按照中央“保增长、保就业、保稳定”的决策部署，在实施目标责任制时，确定了技术改造、“两化”融合试点示范、工业产品质量品牌建设、新型工业化产业示范基地等 9 大任务，为国民经济实现企稳回升做出了贡献。2012 年，按照中央“调结构、转方式”的决策部署，在实施绩效管理时，我们重点组织开展了产业基地公共服务能力提升工程、百项技术创新推进工程、宽带普及提速工程和中小企业服务年活动、工业质量品牌建设年活动、“两化”融合深度行活动以及改进机关作风年活动等“6 + 1”行动计划，在推动工业转型升级方面发挥了积极作用。

四是多维评价，着力改进。按照多元化、多角度、全方位考评的要求，采取司局自评、部领导打分和司局互评的方式对绩效指标完成情况进行测评。对计划外的重点工作、临时追加的重大任务以及奖惩情况，由相关职能司局进行加减分评价。测评结果上网公示、接受评议并予以通报。全年考评结果形成司局绩效反馈报告，提出改进建议。从实行情况看，评价结果与平时掌握的情况基本吻合，成为评价工作、改进工作、加强管理的重要依据。

五是统筹兼顾，提高效率。在实际操作中，把关键业绩指标与目标责任制结合起来，增强了合力，激发了干劲，推动了

险定价和经济资本分配等措施。要健全风险防范化解机制，完善风险识别和统计监测制度，开展动态压力测试，做好风险应对预案。对产能严重过剩行业进一步加强风险动态评估，实施严格信贷五级分类，相应计提贷款损失准备，并根据实际适当提高不良贷款容忍度，相应完善尽职免责的制度规定。要健全考核问责机制，将化解产能严重过剩、实施绿色信贷有关工作完成情况纳入综合考核评价体系，并与机构、人员奖惩挂钩。要抓违反规定的反面典型，并严肃处理，该停业务的停业务，该摘帽子的摘帽子。

三要加强协调。化解产能严重过剩是一项系统工程，涉及方方面面，银行业金融机构要积极加强与相关部门和单位的沟通联络。中央已经明确，各省级人民政府对本地区化解产能严重过剩矛盾工作负总责，银行业金融机构要加强与地方政府的沟通协调，积极主动参与各地化解产能严重过剩的方案制定工作。加强与行业主管部门的沟通联系，主动了解产能过剩相关行业准入等信息，及时掌握淘汰落后产能、环境违法、土地和岸线管理违规等企业名单，并纳入信贷管理。要加强与地方政府和司法机关沟通联系，严厉打击以化解产能严重过剩名义逃废债务行为。

同志们，支持化解产能严重过剩情况复杂、任务艰巨，我们要不负重托、不辱使命、狠抓落实，加快自身转型发展步伐，积极推动经济结构调整升级，为实现中华民族伟大复兴的中国梦做出更大贡献！

预祝此次会议取得圆满成功！

谢谢大家！

进一步深化银行业改革

——在中国银行业协会第十三次会员大会上的讲话

中国银监会党委书记、主席　尚福林

（2013 年 9 月 16 日）

各位代表、各位来宾、同志们：

大家上午好！

首先，我代表银监会对中国银行业协会第十三次会员大会的胜利召开表示热烈祝贺！向与会代表及银行业 300 多万从业人员致以诚挚问候！

一年来，中国银行业协会引领会员单位严防风险、稳健发展、有序竞争，促进银行业提高金融服务质量、加强金融消费者保护、支持实体经济转型升级，做了大量可圈可点的工作，赢得了业内外的广泛赞誉。

未来较长一段时间，银行业仍处于可以大有作为的重要战略机遇期。要全面贯彻落实党的十八大精神和党中央、国务院关于当前经济金融工作的要求，深化新一轮银行改革，推动加快转型发展步伐，提高资金使用效率，实现经济金融发展质量效益同步提升。要注重以下六个方面。

一、强化有效制衡，完善公司治理

过去十年，银行改革的重点是股份制改造，目前 80% − 90% 的银行已经完成这一任务。下一阶段，要抓住公司治理这个关键，重点完善有效制衡机制，提高经营决策的科学性和运营管理的稳健性。

一是强化对股东行为的制衡。既要防止股权过度集中可能导致的大股东控制问题，又要防止股权过度分散可能造成的内部人控制问题。合理确定股权构成，更多运用市场机制遴选优质股东。规范股东权利义务，督促其切实承担起资本补充等相关责任。加强对主要股东的行为约束，对股东严重侵害银行机构和其他利益相关者合法权益的行为加强问责，必要时可强制要求转让股权，防止股东不当作为。

二是督促董事会高效履职并充分尽责。董事会对商业银行经营管理承担最终责任，董事负有诚信受托义务和看管责任。要注重提高董事资质，优化董事结构，完善董事会获取信息的机制和渠道，增强决策的科学性和有效性。清晰界定董事会和高级管理层的职责边界，防止出现“经营型董事会”。细化董事履职要求，完善履职评价制度，防止出现“会议型董事会”。

三是加强对高级管理层的激励约束。国际金融危机的沉痛教训是，过度注重短期效益会损害银行的长期发展。要在赋予高级管理层经营管理职责权限的同时，建立科学合理的绩效考评体系，对其行为加以规范和引导。加快完善与风险挂钩的薪酬体系和延期支付机制，着力解决薪酬与风险不对称问题。逐步探索试点股权激励等中长期激励方式，切实将高管层的个人利益与银行中长期发展目标有机统一起来。

四是增强内部监督有效性。目前，我国商业银行独立董事和监事会作用发挥并不充分。主要原因之一，就是这些人员的产生及薪酬决定机制独立性不强。要改进独立董事和监事的提名机制，提高中小股东和其他利益相关方的发言权。增强对独立董事和监事履职评价和薪酬考核的独立性，提高其监督制衡的意愿和能力，促使内部监督问责更加客观公正、独立有效。

二、加强品牌建设，推进差异化竞争

经过三十多年的改革发展，特别是最近十多年的跨越式发展，部分银行已经具有了一定的品牌知名度，但银行业金融机构业务范围趋同、产品服务相近、竞争同质化问题仍然比较突出。这不利于打造经典品牌，也不利于市场有效竞争，还可能引发风险共振，危害银行业整体运行的稳健性。要通过错位竞争、差异化发展降低金融风险、减少资源浪费，提升银行业金融机构的核心竞争力，增强银行业整体发展的可持续性。

一是推动业务战略特色化。要坚持有所为有所不为，走特色化、专业化发展道路，避免“大而不强，全而不优”。立足目标市场，发掘特色强项业务，专注核心精品业务，围绕核心探索开展新业务，努力做细做精，降低核心产品的可替代性，形成独特竞争优势。通过高品质、高契合度、高附加值的差异化金融服务，为客户创造良好服务体验，打造叫得响的特色品牌。

二是推动区域布局差异化。“跑马圈地”、盲目铺摊子已经不能适应转型发展需要。要深入分析各自的比较优势和资源支撑能力，找准区域布局的战略定位，将有限的资源集中运用到熟悉市场需求的地区、联动性强的领域、管得住风险的业务上去。大型银行开拓国际业务，要提高统筹国际国内两个市场、两种资源的能力，服务好“走出去”战略，同时配合国家区域发展战略，提高金融配套支持能力。地方性银行要坚持立足本地，向下延伸网点和服务，重点做优、做精区域内金融服务，打造本地最受尊敬的银行。社区性银行要接地气，专心致志地满足好小微企业和社区居民的金融需求，做社区最贴心的银行。

三是加强集约化管理。要提高差异化竞争水平，有赖于集约高效的运营管理支持。既要加强垂直化、集约化的条线管理，又要增进各条线之间的横向协同配合，提高整体运营管理水平和资源利用效率。围绕核心业务及关联延伸业务，加大资源投入，优化考核评估，推进业务产品集成创新。加快管理信息系统改造升级，增强系统支持保障能力。

三、实施风险隔离，稳妥开展综合化经营

近年来，不少银行对经营投行、基金、保险、租赁、信托、消费金融等非银行金融业务热情很高，有的已经通过设立子公司等方式进行了探索试点。国际实践表明，综合化经营是把“双刃剑”，可能带来服务能力、整体效益和竞争力提高的好处，也可能带来风险传染性、复杂性、破坏性加大等问题。为审慎稳妥地推进综合化经营，要切实做到风险隔离与服务综合的有机统一。

一是实行机构隔离，为综合化发展奠定组织基础。要按照分业经营、分业监管的要求，通过设立独资或绝对控股子公司的形式，强化与子公司的机构隔离。明确与子公司之间管理职务不得兼任，以增进子公司的公司治理独立性。明确对子公司的责任底线，锁定风险责任上限。赋予子公司独立发展空间，鼓励其独立参与市场竞争，推进集团良性发展。

二是实行业务隔离，为综合化发展构建机制前提。要围绕整体战略，强化与子公司的业务隔离。合理设定子公司的业务职能、市场定位、经营目标。明确与子公司之间按照市场原则进行交易，相关业务标准、价格和收费不得优于独立第三方，并定期审查、定期披露，防止不规范业务往来和利益输送引发风险传染。加强各成员单位之间的业务联动，增强协同效应，避免盲目扩张、无序竞争造成资源浪费和风险失控。

三是实行退出隔离，为综合化发展筑牢风险底线。在一定时期内，如果子公司的资本回报率和资产回报率达不到所在行业平均水平，商业银行要主动退出，防止子公司经营不善影响银行整体盈利能力。如果子公司发生重大风险事件，集团应严格明晰其风险责任界限，避免风险兜底，防止风险蔓延引发更大的问题。

四、遵循“栅栏”原则，审慎推进金融产品创新

国际金融危机的教训表明，不同性质的业务过度交叉，会加剧风险隐匿、转移和传染。对此，美国、英国及欧盟相继出台了“结构性改革方案”，为需要保护的业务设置“栅栏”，防止“栅栏”内外业务高度关联，以保护存款人、纳税人利益不受损害。当前，我国银行业务虽然没有欧美复杂，但是一些表外创新业务已经与存贷款“互联互通”，需要对信贷类业务、理财类业务、代理类业务和有价证券投资类业务实行“栅栏”防护，并鼓励在“栅栏”内积极创新。

一是在风险承受能力范围内开展信贷业务创新。信贷业务本质上是银行吸收存款、发放贷款并承担风险的信用创造活动，主要赚取利差。要按照风险管理和承受能力，设定业务范围和规模；对本质上属于信贷的任何业务创新，都必须严格按信贷标准管理，且不能附加不合理条件，不能违规乱收费。同时，可以自主探索对公、零售等信贷业务的事业部专营机制，按照客户需求特点创新具体产品，提高信贷管理精细化水平和服务匹配度；推进信贷资产证券化常态化发展，加快不良资产市场化处置，但风险必须真实转移，对留存风险必须相应计提资本和拨备。

二是按照资金供需双方直接对接原则推动理财业务创新。银行理财业务本质上，是受投资人委托而开展的债权类直接融资业务。可建立专营机制，按照相应标准对资金募集、投放、风险等进行严格管理，主要赚取管理费，严禁利润分成，严禁风险兜底，严禁“脱实向虚”。要实行归口业务管理、专户资金管理、专门统计核算，确保理财产品资金来源和运用一一对应、期限一一对应。在“栅栏”内，探索理财业务有效服务实体经济的新产品、新模式，推动理财业务规范化、规模化发展，逐步成长为银行常规重点业务。

三是在明晰责任的基础上促进代理业务创新。代理类业务本质上，是依托银行渠道优势，代卖第三方产品的媒介服务。银行仅为这类业务提供买卖渠道便利，主要赚取手续费，既不存在信托关系，也不存在债权债务关系。要做好与信贷、理财、投资等业务的“栅栏”隔离，严禁“飞单”销售，严格收费管理，严防责任关联和风险兜底。在此基础上，可以探索与多种金融机构开展多个产品的代理销售合作。

四是在严格设限的前提下推动有价证券投资业务创新。有价证券投资业务本质上，是银行为管理流动性或缓释风险，在证券市场上购买组合投资产品，并承担市场风险、赚取价差收益。此类业务极易放大风险，必须严格设定自营交易种类和限额，并在限定范围内重点投向资本占用少、流动性强的证券品种。

五、强化集团并表，提升全面风险管理水平

随着一些银行不断推进子公司式综合经营，加快表外业务发展创新，推进海外战略布局，集团内部跨市场、跨行业、跨地区交易与和做不断增加，有些关联交易可能带来风险的隐匿和传染，甚至出现“蚂蚁拖死大象”的现象。这种情况下，仅仅关注某一单点、某一条线的风险管理模式，已经很难适应形势发展。要加强风险并表管理，从单点、单线管理向立体综合管理转变，从各自为政向充分协调转变，从被动应对向主动防范转变。

一方面，要推进风险全口径并表。站在全局角度，按照风险责任归属原则，加强母子公司的上下并表；按照实质重于形式原则，加强表内表外业务的内外并表；按照政策一致性原则，加强境内境外的本外币并表，防止风险隐匿、转移、传染、放大。

另一方面，要推进风险全方位管理。根据银行总的发展战略目标，合理确定整体风险偏好，设定全口径大额风险暴露限额和风险容忍度，严格控制整体杠杆水平和总体风险水平。科学评估对各类风险的实际承担、动态变化和关联关系，完善风险管理制度、工具、方法，提高全面风险管理能力。

六、加强信息披露，提高社会公信力

银行主要依靠信用开展业务，客户的信任关系到银行的生存和发展。信任从哪里来？一方面是银行持续稳健经营，

存款利率，严重的抑制了保险需求，不符合市场发展的需要，所以我们下一步将重点研究推进寿险费率政策的改革问题，主要是放开定价利率，管住准备金的评估率。

二是建立市场化的资金运营机制，拓宽渠道，提高投资能力，使保险资金在支持国家建设的同时，分享经济增长的成果。几天前我们和中石油、保险公司几家集团以 360 亿元投资了中石油的管道工程，在这方面既支持了实体经济的发展，而且采用市场化的手段，在符合法律规定的条件下扩大资金投资收益率。

三是建立市场化的准入退出机制，通过放宽管制，允许退出，建立其符合市场规律的准入退出机制，实现优胜劣汰，激发市场活力。

第三项改革，要推进商业模式改革，提升行业竞争力，打造产品丰富、渠道多元、服务优良的生动局面。目前我国保险公司在管理水平、创新能力、产品服务等方面与国际领先的保险公司相比还有一定的差距，未来我们将围绕经济社会发展和社会公众的保险需求，引导和促进保险行业的商业模式转型，实现保险经营和保险服务的全面开放。

一是促进保险产品的更加多元化，从主要经营非金融风险向经营全面风险迈进，不断地拓展保险覆盖面，努力为社会提供全方位、深层次的风险保障服务。

二是促进保险服务更加个性化，从注重销售向以客户为中心转变，根据客户保险需求的新变化，将保险服务由简单的灾后理赔，延伸至灾后减损全产业链。

三是促进保险销售模式的更加多样化，从传统的渠道向借助互联网扩展，积极借助新渠道、新技术，密切关注新技术可能给行业带来的新机遇。

第四方面的改革是推进保险监管改革，增强监管的有效性，引导监管富有效率、公开透明的外部环境。市场化越高，金融的复杂性和脆弱性越强，对保险监管的要求也更高，未来监管部门要继续做好创新和改善监管，放宽放活市场的事，管住、管好该管的事，不断提高监管的科学性和有效性。

一是管风险，推进第二代偿付能力监管体系的建设，进一步强化风险资本监管，增强资本对市场主体行为的约束。

二是管内控，细化保险公司治理和内控监管规则，进一步强化保险公司改进经营管理和风险管控的主体责任。

三是管市场，进一步完善市场检查和非现场监测的方式，采取有效措施，减少消费误导和理赔难等消费者反映强烈的问题，来更好地保护消费者的利益。

女士们、先生们，上海历来是一个高度开放和国际化的大都市，“海纳百川、追求卓越、开明睿智、大气谦和”16 字的上海城市精神，充分体现了上海的包容、大气。上海拥有良好的金融基础设施，庞大的金融交易规模，完备的金融市场，高素质的金融人才，在建设国际金融中心方面具有较强的优势。未来保险业将一如既往地全力支持上海国际金融中心建设，鼓励包括产品、服务、投资、机制等更多创新在上海先行先试，不断地提升服务经济社会发展的能力，支持上海集聚和培育具有行业竞争力和行业影响力的保险机构，形成各类保险机构共同发展、具有较强创新和服务功能的保险机构体系，鼓励管理、精算、投资等保险高端人才聚集上海，着力营造具有国际竞争力的保险发展环境。

谢谢大家。

全面落实三中全会精神　加快经济转型升级

——国务院发展研究中心主任李伟在 2014 年中国经济形势解析高层报告会上的演讲

（2013 年 12 月 21）

经济转型升级是现代化进程始终面临的课题，也是当今中国面临的最为紧迫的课题，关系到能否全面建成小康社会，关系到能否跨越“中等收入陷阱”和迈入高收入社会，关系到能否实现中华民族伟大复兴的中国梦。当前，十八届三中全会、中央经济工作会议和中央城镇化工作会议刚刚闭幕，落实会议各项决策部署、全面深化改革，加快经济转型升级，推动中国经济持续健康稳定发展，显得十分迫切。

一、经济转型升级具有非常丰富的内涵

国家迈向现代化的过程，既是发展阶段因经济增长不断跃升的过程，也是经济不断转型升级的过程。发展阶段的转换，要求经济的转型升级；经济的转型升级又促进经济持续增长，推动发展从较低的阶段跃升到较高的阶段。

当前，关于经济转型升级的内涵和外延，还没有一个被社会各界普遍认可的清晰、明确的界定。狭义上理解，经济转型升级主要涉及到经济结构的优化；广义上理解，经济转型还涉及经济体制的转轨。由于我国的现代化在体制上是从传统计划经济转到现代市场经济的背景下推进的，因此，从广义上理解经济转型升级，更符合经济社会发展的现实需要。

具体地说，经济转型升级主要涉及如下四个方面的内容。

一是经济增长拉动力的转换和升级。从需求方面看，投资、消费和出口是拉动经济增长的三大动力。这方面的转型升级涉及经济增长是主要靠内需拉动，还是主要靠外需拉动；是主要靠投资拉动，还是主要靠消费拉动等。

二是经济增长投入结构的转换和升级。从供给方面看，支撑经济增长的有资源、资本、劳动力和技术等生产要素。这方面的转型升级涉及经济增长是主要靠资源、资本和劳动力来支撑，还是主要靠知识和技术来支撑；是主要靠低水平的技术来支撑，还是主要靠高水平的技术来支撑等。

三是产业结构的转换和升级。商品和服务由不同的产业创造。这方面的转型升级涉及国民财富是主要来自于第一、第二产业，还是主要来自于第三产业；是主要来自于低附加值的产业，还是主要来自于高附加值的产业等。

四是经济社会持续发展的体制机制的转换和升级。体制机制既决定于发展所处的阶段，又对发展有反作用。良好的体制机制,会促进经济社会的发展;存在严重缺陷的体制机制,会阻碍经济社会的发展。这方面的转型升级既涉及市场在资源配置中如何发挥决定性作用的问题,也涉及如何更好发挥政府作用的问题。

当然,经济转型升级还涉及收入分配结构优化、城乡区域结构合理化等内容。但是,上述四个方面,应当是经济转型升级的核心内容,或者说是最应当引起关注的方面。

二、国内外环境的深刻变化倒逼经济转型升级

第一,世界政治经济格局正在经历着大调整,未来全球经济的缓慢增长将可能延续较长时期,中国外需超常增长的"风光"不会再现。"冷战"结束以来,世界政治力量格局逐步向多极化演进。特别是2008年国际金融危机以后,这一多极化演变的速度大大加快。在这个调整的过程中,中国对世界发展的影响力不断增强,在全球经济中的比重由2000年的3.7%上升至2012年的11%左右。中国经济对全球经济增长的贡献率更是从20世纪80年代的4%左右上升至金融危机以来的接近40%;而美国同期的贡献却由30%左右下降至10%左右。西方国家虽然希望继续分享中国稳定发展的红利,但不愿意看到一个不断崛起的社会主义强国,因此会采取或明或暗的手段遏制中国的发展,如汇率操纵指责、贸易制裁等。不仅如此,从增长的长周期来看,金融危机之后全球经济将进入一段较长的调整期。全球针对金融危机和主权债务危机的各项结构性改革短期内很难取得实质性突破,而且足以影响全球经济的重大技术变革尚未明朗。因此,全球经济将可能在较长时期内处于缓慢增长状态,未来我国经济增长很难再有过去那样的国际环境。

第二,结构调整是当前全球经济发展的重要趋势,围绕新一轮工业革命的技术竞争越来越激烈,经济转型升级是中国在竞争中取胜的根本需要。金融危机之后,结构调整迅速被发达国家当作应对经济衰退的重要举措,纷纷提出"再工业化"战略,试图重拾实体经济。美国先后发布了《制造业促进法案》、《先进制造伙伴计划》、《先进制造业国家战略计划》等;英国加大了创新投入,支持九个创新制造中心建设;巴西、印度等新兴经济体也发布了各自的工业振兴计划。在结构调整过程中,各国都把技术创新作为培育制造业竞争新优势的重要手段,力争在新一轮工业革命中抢占技术制高点。

第三,人口年龄结构正在经历转折性变化,靠资本高投入、劳动力充足供应且低成本实现增长的模式难以维持。近几年来,中国正逐步迎来人口年龄结构的重大转变。首先,劳动年龄人口总量开始下降。数据显示,我国15—60岁劳动年龄人口总量2012年第一次出现354万的绝对量下降,而且预测至2020年都将呈逐年下降趋势。随着劳动年龄人口的绝对量下降,以及城市生活成本的大幅提升,劳动力成本将继续上升。其次,人口老龄化不断加剧,人口抚养压力开始上升,超高储蓄将逐渐成为历史。

第四,资源、能源的国际竞争将更加激烈,国内的环境污染已经逼近人民群众可承受的极限,推动集约发展、清洁发展事不宜迟。经过三十多年的高强度开采,国内部分资源和能源已经接近枯竭,资源能源的对外依存度已经非常之高。同时随着越来越多的国家进入快速工业化和城镇化阶段,国际资源能源市场争夺战将日趋激烈,资源、能源等大宗商品的低价时代将很难再现。资源、能源高消耗的背后是生态环境的持续破坏。今年入冬以来大江南北、长城内外雾霾一片,当前水、土壤的污染亦已到了十分严重的地步,资源环境问题越来越成为制约经济发展的重要因素。另外随着发展进入新阶段和居民收入水平的提高,人民群众对生态环境的要求也越来越高,对环境污染的容忍程度也越来越低。

第五,中国正处在由上中等收入社会向高收入社会过渡的时期,产业结构升级是大势所趋。近年来中国已成功跨过入中等收入社会门槛,正在向高收入社会迈进。国际经验表明,由中等收入社会向高收入社会过渡往往伴随着消费结构的重大升级,对传统的消费品的需求将下降,而对高质量消费品和服务的需求将快速攀升。此外中国的城镇化水平目前已经超过50%,未来将更加注重提高城镇化质量。这意味着城镇化的推进将促进信息、旅游休闲等服务需求的增长,也会对教育、医疗等公共服务提出更高的要求。产业结构必须适应这种消费结构的变化。

三、经济转型升级刻不容缓

第一,国内消费需求在经济增长中的作用依然偏弱。金融危机后,受全球贸易保护主义等因素的影响,我国对外贸易增长速度大幅度下降,去年我国出口增长仅7.2%,今年1—11月份累计增长8.3%,与过去年均超过20%的增速相差甚远。在外需不断下滑的情况下,经济增长需要更多地依靠国内需求,特别是消费需求。近年来我国采取了不少措施来刺激消费需求,但是效果并不理想。2012年消费需求所占比重比前些年有所提高,达到49.5%,但与发达国家相比仍低20到30个百分点;消费比重的提高还有出口、投资增长幅度下降的因素。培育国内消费需求在经济增长中真正发挥主动力作用将是一个长期的过程。

第二,资源、资本依然是经济增长的主要支撑。长期以来,我国经济增长过度依赖低成本的要素投入,高投入、高消耗、高排放的粗放式发展模式没有实质性的转变。2012年,我国能源消耗量达到25.3亿吨国际标油,超过美国同年的14.5%,约占世界总消费的20.3%。在我国人口红利减弱、耕地红线逼近、资源环境形势严峻的情况下,由于对自主创新重视不足,我国产业发展缺乏核心技术,长期依赖外来技术,我国的创新系统未能提供支撑增长的新动力。

第三,产业结构仍需进一步优化。近年来我国产业结构已经取得进展,第二产业比重已经从2006年47.9%的峰值下降到2012年的45.3%,但与发达国家相比仍然较高。资源和资本密集型的重化工业在二产内部的占比过高,且已经出现严重的产能过剩。如我国粗钢产能在2012年底就达到10亿吨左右,到2015年预计达到11.2亿吨,而中国钢铁消费峰值预测也就7.5亿吨左右。技术附加值较高的复杂资本品和高科技产品的生产能力不足,产业转型升级急需的装备制造、关键零部件、高端原材料等大多需要进口。近年来,我国服务业比重有所增长,2012年达到44.6%,但研发、营销、金融、保险(放心保)、物流等对于经济转型升级有重要作用的现代生产性服务业发展仍然滞后。

第四,市场经济的体制机制有待进一步完善。经过30多年的改革,我国已建立了市场经济的基本框架,但是,这个框架还不够完善,其中,最突出的是政府与市场关系尚未完全厘清。一方面,政府在投资项目审批、要素价格管制、市场准入等方面存在"越位"的情况,寻租和腐败多发,抑制了市场效率的进一步提升。另一方面,政府在教育、医疗、养老、环保等方面存在不同程度的"缺位",这不利于社会公平正义的实现,不利于社会的长远发展。

四、实现经济转型升级,必须不折不扣地落实三中全会的各项决策部署,全面深化改革

实现经济转型升级,必须切实提高经济发展质量和效益,

提供顺风耳、千里眼。

当前，我国正处在经济转型、金融改革的关键时期，建立制度化的金融监管协调部际联席会议是党中央、国务院关于金融工作做出的重要部署。人民银行和有关部门将按照国务院的统一部署，认真履行好职责，保障金融监管协调机制有效运转，为促进宏观经济稳定健康发展、推动金融改革开放创新不断深化、维护金融安全发挥应有的作用。

谢谢大家！

充分发挥学会作用　服务金融改革发展

中国人民银行副行长　潘功胜

9月10日，中国金融学会暨人民银行研究工作座谈会召开。会议全面总结了2012年以来人民银行系统研究工作，研究部署了当前及今后一段时期重点推进的研究任务，交流和探讨了如何充分利用学会平台，扎实推进金融研究工作，服务金融改革发展。人民银行党委委员、副行长潘功胜出席会议并讲话。

潘功胜指出，2012年以来，面对复杂多变的国际环境和国内经济运行新情况、新变化，人民银行研究部门的广大干部职工紧紧围绕人民银行中心工作，统筹运用全系统研究资源，深入开展经济金融重点、热点问题的理论与政策研究，着力推动地方金融改革试点规范发展，在金融体制改革方案研究、农村金融研究、特色研究和地方金融政策研究等方面取得显著成绩，经济金融运行的监测分析和舆论引导水平稳步提升，较好地发挥了决策参考和理论支撑作用。

潘功胜强调，今后一段时期，宏观调控和金融改革发展的任务将更加艰巨，社会各界对中央银行的期待也更高。在这种情况下，中央银行要不断提高调查统计和分析研究水平，增强对各种经济现象的解释能力，并通过金融学会等平台以软性的方式加强与社会的沟通，更好地引导社会预期，为推动金融改革发展和执行好各项金融政策创造好的舆论环境。

潘功胜要求，人民银行研究部门要进一步统筹好资源，加大科研指导和规划力度，逐步完善研究成果共享平台，组建跨部门、跨领域的研究团队，加大研究人员交流和培训力度，保持对新形势和政策的敏感性，善于捕捉一些有重大研究价值的问题开展前瞻性研究。潘功胜结合当前国内外金融形势，提出了经济体制改革、金融体系发展趋势、金融体制改革以及国际金融领域一系列值得重点研究的问题，并就推进区域金融改革、农村信用社改革、微型金融发展、民间资本进入金融业等人民银行研究部门牵头的若干重点工作提出了指导意见。

潘功胜指出，中国金融学会和各地方金融学会是非常好的平台，是宣传金融政策、普及金融知识的重要载体，是密切联系金融监管部门、金融机构和学术机构的重要桥梁，资源很丰富，集中了学术界、金融管理部门、商业金融机构的一大批专家学者，已经形成了一个良好的品牌，具有较广泛的学术影响。

潘功胜要求，中国金融学会和各地方金融学会要摸索出一套成熟的机制，举办一系列形式活泼多样、内容丰富多彩、学术氛围浓厚的活动。要利用金融学会联系社会各界的桥梁纽带作用，积极开展跨区域、跨市场和交叉性领域的学术研究活动。要结合当前经济金融热点、难点举办形式多样的小型专题研讨会，深化对热点、难点问题的研究、为决策提供参考。要通过金融学会会刊等平台，促进研究工作成果的转化，激发广大金融理论工作者开展金融研究工作的积极性，吸引高素质金融人才加入金融学会、参加金融学会活动。要通过这些措施，扩大金融学会的影响力和知名度，扎实推动研究工作，更好地服务金融改革发展。

大力加强企业知识产权工作
努力实现中央企业的创新驱动发展

——在中央企业知识产权保护与创新发展论坛上的讲话

国务院国资委副主任、党委副书记　黄淑和

（2012年9月27日）

同志们：

今天，商务部和国资委共同举办企业知识产权工作论坛，就中央企业知识产权保护与创新发展问题进行专题探讨交流，这对于全面实施国家知识产权战略，特别是实施企业知识产权战略，加大知识产权保护力度，促进中央企业科技创新，实现企业创新驱动发展，具有十分重要的意义。首先，我代表国资委，对前来参加论坛的有关部门领导和嘉宾表示热烈的欢迎！也借此机会，对各部门长期以来对中央企业知识产权工作的大力支持，表示衷心的感谢！

科技创新是突破发展瓶颈、赢得发展先机的根本力量；知识产权是保护创新成果、赢得竞争优势的主要手段。无论是国家发展战略的实施，还是企业竞争优势的培育，都需要高度依靠科技创新驱动和知识产权支撑保障。国际金融危机以来，全球经济进入产业结构深度调整、科技创新空前密集的新的变革时期，发达国家不仅继续保持科技领先的格局，而且还普遍将“创新驱动”和知识产权进一步上升为国家战略，力求通过科技创新和知识产权保护，发展高端产业，摆脱发展困境，巩固提升国际竞争优势。我国经济总量2010年已跃居世界第二位，但是经济发展面临的矛盾和问题日趋增多，经济结构不合理、资源环境约束等问题仍然比较突出，面临的国际竞争压力越来越大。加强科技创新和知识产权工作，加快产业转型升级步伐，尽快将我国经济转到依靠创新驱动的内生增长轨道上来，这是应对各种挑战、解决各类问题的重要途径。中央企业作为我国科技创新和使用知识产权的重要主体，在建设创新型国家、引领我国经济发展中负有重要使命，大力加强中央企业知识产权工作，努力实现中央企业的创新驱动发展，是实施国家发展战略的必然要求，也是提高企业核心竞争力的必由之路。

近年来，中央企业科技创新能力不断增强，科技实力大幅提升。“十一五”以来，中央企业科技投入年均增长24.6%，研发投入年均增长31.4%。建设国家重点实验室47家，占全国总数的47%。在载人航天、绕月探测、载人深潜、特高压电网、支线客机、4G标准、高速动车等很多领域，已接近或达到世界领先水平，取得了一大批具有自主知识产权的创新成果。与此同时，中央企业重视加强知识产权工作，努力促进科技优势向竞争优势转化。“十一五”期间，中央企业主要专利指标年均增长都在35%以上，专利申请数量、质量和实施率明显提高。截至2011年底，中央企业累计拥有有效专利14多万项，其中有效发明专利占总量的28.3%。知识产权管理工作逐步强化，大多数中央企业在法律部门或科技部门专门规定了知识产权管理职责。知识产权保护和风险防范意识显著增强，许多中央企业在重大投资并购以及对外合资合作当中，更加关注知识产权因素，注意签署知识产权协议，坚决抵制侵权假冒商品流入中央企业。此外，中央企业软件正版化工作也走在了全国企业的前列。

当然，我们也要清醒地看到，目前中央企业知识产权工作还存在一些明显不足和薄弱环节，主要是：通过科技创新驱动企业发展的意识和能力还有待增强，不少产品仍处于全球产业链的中端或者低端，具有自主知识产权的核心技术还不多，国际知名品牌还比较少；企业知识产权战略制定与实施工作还不够深入，发展还不平衡，通过知识产权将科技创新优势转化为市场竞争优势的工作还有待进一步加强；知识产权管理和保护工作还没有完全到位，自我保护和维权的能力还不够强，被侵权现象还时有发生。这些问题都要引起中央企业高度重视，在下一步工作中下大力气加以解决。

当前，世界经济、科技格局正在发生深刻调整。党和国家在综合分析国际竞争态势和我国经济发展状况的基础上，做出了建设创新型国家、实施国家知识产权战略的重大决策，明确提出要强化企业的技术创新主体地位，尽快形成一批拥有自主知识产权和知名品牌、国际竞争力较强的优势企业。面对新形势、新任务和新要求，中央企业必须肩负起这一历史使命和重大责任，加快建设创新型企业，加快实施国家知识产权战略和企业知识产权战略，为实现“做强做优、世界一流”的发展目标奠定坚实基础。今后一个时期，中央企业要切实把握好以下四点。

第一，要在知识产权保护和创新发展中努力发挥骨干带动作用。中央企业大多处于关系国民经济命脉的重要行业和关键领域，一定程度上代表着国家的科技创新水平和行业技术发展方向，在国家技术创新体系中居于重要地位，承担着重要任务。《国家中长期科学和技术发展规划纲要》确定的我国需要突破的11个重点领域，中央企业都有参与；16个国家科技重大专项，中央企业就参加了15项。因此，中央企业必须增强大局意识、责任意识和创新意识，努力在转变经济发展方式和建设创新型国家中发挥好骨干带动作用。要紧紧围绕中央企业“十二五”发展战略目标，加快推进转型升级步伐，充分发挥在新能源、新材料、节能环保、智能电网、三网融合等战略性新兴产业领域的领先优势，力争较快取得重大科技成果并实现产业化，将战略性新兴产业培育成先导产业、支柱产业，形成支撑企业可持续发展的核心竞争力。要瞄准未来科技发展的制高点，进一步加大科技投入，集中力量在主导产业和关键技术领域掌握一批具有自主知识产权的核心技术，为突破行业共性技术多做贡献。要把企业科技创新、转型升级工作与企业知识产权工作紧密地结合起来，进一步加大企业知识产权工作的力度。

第二，要全面深入实施企业知识产权战略。制定并实施企业知识产权战略，既是实施国家知识产权战略的重要组成部分，也是中央企业做强做优的内在要求。近几年来，国务院国资委高度重视这项工作，通过召开中央企业知识产权工作会议，出台《关于加强中央企业知识产权工作的意见》和《关于加强中央企业科技创新工作的意见》等，积极指导中央企业深入做好知识产权创造、应用、管理和保护工作。今后一个时期，中央企业要继续坚持以知识产权战略为引领，针对行业特点和行业发展趋势，前瞻性地开展知识产权布局，充分利用创新成果构筑“专利池”，不断地提升知识产权攻防能力。要加大知识产权创造应用和科技成果转化工作力度，强化科技创新成果确权工作，努力提高核心技术专利实施率，推动创新成果转化为现实生产力。要建立、健全中央企业知识产权管理与保护制度，大力推动知识产权资产管理和运营工作，完善知识产权风险预警和应对机制。要主动参与国家、国际标准的制订，力争将拥有自主知识产权的核心技术纳入行业标准、国家标准、国际标准，进一步增强中央企业在引领产业进步发展中的话语权和影响力。

第三，要大力培育中央企业的知名品牌。品牌是现代企业提升核心竞争力的重要标志，也是自主创新和知识产权的集中体现。中央企业要进一步树立强烈的品牌意识，大力实施品牌战略，加快培育国际知名品牌，推动“中国制造”向“中国创造”、“中国设计”的跨越转变，在新一轮更高层次的国际竞争中抢占制高点和主动权。要不断加强自主品牌的策划、创建、营销和提升，提高品牌忠诚度，推进品牌多元化、系列化、差异化。要加强知识产权战略与品牌战略的有机结合和相互促进，通过自主知识产权创造与应用，打造企业的知名品牌，通过自主知识产权的管理与保护，提升知名品牌的价值，为中央企业塑造独特的品牌形象和优秀的企业文化奠定扎实的基础。

第四，要积极做好打击侵权假冒和软件正版化工作。严厉打击侵犯知识产权和制售假冒伪劣商品，是加强知识产权保护、规范市场经济秩序的一项重要举措。中央企业要继续按照全国打击侵犯知识产权和制售假冒伪劣商品工作领导小组及办公室的要求，积极参加打击侵权假冒活动。一方面要自觉保护自己的知识产权，在合同签订、技术引进、产品采购等各个环节，严把“入口”，坚决抵制侵权、假冒商品流入企业。另一方面，要防止侵犯他人的知识产权，杜绝制售假冒伪

发展的大局上。当前,中央企业深化改革、加快发展的任务依然繁重。集团层面的公司制股份制改革需要进一步加大力度,公司治理结构需要进一步规范和完善;一些企业主业还不突出,盈利基础还不稳固;一些企业盲目铺摊子,经营风险不断累积。这就要求企业法制工作要在着力解决上述问题中体现自身价值。近几年来,随着中央企业法制工作的深入推进,企业之间的工作差距逐步拉大,分化现象开始出现。一批先进企业的法制工作通过全面融入经营管理,保障依法决策、规范改革重组、防控法律风险,价值作用日益被企业各业务部门、特别是企业领导所认同。但一些落后企业对法制工作的认识却还比较粗浅,法制工作的价值作用发挥还很不到位,少数企业仍将法制工作定位于"打官司"的层次,将法律顾问定位于"救火队"的角色。所以,大力推动中央企业法制工作向纵深发展、向高端发展,需要进一步认清和发挥企业法制工作的价值作用,并对企业法制工作做出准确定位。

今后一个时期,中央企业法制工作应当围绕企业改革发展,着力发挥好四个作用:一是在公司治理中,进一步发挥法律规范作用。在公司章程制订、组织架构设计、管理职能划分等方面,要深入开展法律论证,明确法律依据,确保权利、义务和责任的科学配置;要通过依法规范董事会建设、实现集团对下属子企业规范履行出资人职责,确保企业在法律框架内有效实施公司治理。二是在战略规划中,进一步发挥法律支撑作用。要根据国家相关行业及产业政策,主动研究、准确把握涉及产业发展的法律法规,围绕做强主导产业、做优传统产业、培育新兴产业,用足用好国家有关鼓励政策和法律规定,确保企业发展战略与国家有关政策法律的要求相吻合。三是在业务拓展中,进一步发挥法律防范作用。要不断强化法制工作与经营业务的深度融合,切实做好法律风险的事前防范与事中控制。企业拓展业务涉及的并购重组、合资合作、股权转让等重大经营行为,都要遵守规范的程序,加强尽职调查和法律审核把关。四是在转型升级中,进一步发挥法律保护作用。要通过知识产权法律保护手段,将企业科技优势转化为市场竞争优势,把具有竞争力的产品打造成国际知名品牌,不断提升企业品牌价值。

(三)围绕培育世界一流企业的核心目标,更加重视提升中央企业法律管理的能力和水平

"做强做优、世界一流",是中央企业"十二五"乃至今后更长时期的核心目标。没有一流的管理,就没有一流的企业。今年起,国资委正式决定在中央企业开展为期两年的管理提升活动,其中,法律管理是企业管理提升的重点领域和重要环节。全面提升企业法律管理的能力和水平,不仅是企业强基固本、控制风险的重要手段,也是企业参与全球市场竞争、维护自身合法权益不可或缺的重要保障。从国际上看,国外大企业普遍重视法律管理。它们很早就置身于市场经济和跨国环境中,比较习惯于按市场规则运作,企业的法治文化和法律管理能力已经成为综合竞争力的重要组成部分。相比之下,中央企业市场化、国际化经营起步晚、时间短,法律管理的基础比较薄弱,在法治理念、制度机制、管理体系和方法上,较世界一流企业还有不小差距。

因此,中央企业法制战线的同志们要抓住这次开展管理提升活动的契机,大力提升法律管理的能力和水平。当前和今后一个时期,要突出抓好以下五点:第一,全面开展法律管理对标工作。要对标国际、国内行业先进,结合企业实际,深入查找法律管理存在的突出问题,形成全面系统的自我诊断书面材料,并制定好专项整改方案。第二,进一步加强集团法律管控。要顺应现代企业管理扁平化的发展趋势,积极探索集中管控与专项授权相结合的法律工作模式,优化整合系统法律资源,确保在法律管理领域有效实现全集团信息通畅、工作顺畅、管控有力。第三,扎实推进法律管理信息化和标准化。要通过先进的信息技术手段固化法律管理流程,使法律审核论证成为各项业务绕不开、躲不过的必经程序;通过实现各项法律管理工作的标准化,制定法律审核工作规程,推行格式合同文本,完善法律意见书制度,大力提高法律管理的质量和效率。第四,将法律管理提升与落实新三年目标有机结合。要紧紧围绕新三年目标各项要求,明确本企业法律管理提升的突破口,把"三个完善、两个提高"作为法律管理提升的重要目标,把"三个100%、两个80%"作为法律管理提升的基本内容,通过法律管理提升,探索形成企业法制工作发挥作用的长效机制。第五,注意把握法律管理与其他重点领域管理提升的协调与配合。这次中央企业十三个重点领域的管理提升应当作为一项系统工程。法律管理不仅不能成为企业管理的短板,而且还要通过制度规则、行为规范,保障和促进其他领域的管理提升。要切实做好法律管理体系与企业其他管理体系的紧密衔接,避免体系之间产生不必要的交叉和矛盾。

在开展法律管理提升活动中,要特别重视加强中央企业之间的交流、学习与借鉴。按照国资委的统一部署,法规局已组织中国石油、中粮集团、中国建筑三家企业,集中编写了法律管理辅导手册,在建立健全法律管理制度体系、创新法律管理工作模式、加强系统法律顾问队伍建设等方面,提供了比较成熟的先进经验,希望各中央企业认真学习借鉴。

(四)应对中央企业国际化经营的新挑战,更加重视加强境外法律风险防范

随着国际化经营战略的深入实施,中央企业"走出去"步伐进一步加快,境外上市并购、承揽重大项目、引进战略投资等涉外经营活动全方位展开,面临的境外法律风险也随之大幅增加,涉外法律纠纷案件呈不断上升趋势。分析这些涉外案件,有三个明显趋势:一是种类增多。由过去主要以合同纠纷为主,逐渐扩展到知识产权、环境保护、劳工责任、产品质量、证券交易等多领域。二是涉及面广。有的纠纷不仅涉及一家或几家企业,甚至可能波及整个行业。三是损失加大。这些纠纷一旦败诉,动辄数千万、上亿美元损失,有的还可能被排挤出该国或地区的整个市场。因此,中央企业境外法律风险防范正面临十分严峻的挑战。

针对上述情况,中央企业要高度重视做好境外法律风险防范工作。一是切实加强对境外企业的规范和监管。集团总部要注意按照法律程序,进一步加大对境外子企业的管控力度。有条件的可以通过在境外单位设置法律事务机构或法律顾问岗位,依法保障境外单位经营活动的正常开展。二是加快完善境外法律风险防范的链条。要通过规范相关工作流程,切实将法律审核把关嵌入境外业务的各个环节,从可行论证到立项决策,从谈判签约到项目运营,努力实现法律风险防范全覆盖。三是进一步健全境外法律风险防范的责任机制。要把"两个问责"制度延伸到境外企业,境外业务因法律风险防范不到位造成重大损失的,要依法追究有关人员的责任。四是依法妥善应对境外投资审查。要坚持独立的市场主体和法人实体地位,突出市场化运作特征。五是主动参与WTO贸易政策审议。

(五)落实总法律顾问履职能力建设的新要求,更加重视处理好"有位"与"有为"的关系

随着法制工作三个三年目标的连续推动,中央企业及其

重要子企业已经全面建立总法律顾问制度。截至今年6月，中央企业全系统在岗总法律顾问达到了1400多人。总法律顾问配备基本到位后，关键是要真正发挥作用。今年上半年，国资委法规局对总法律顾问履职现状进行了调查，结果显示，中央企业集团总法律顾问中，专职的仅占61%，具有法律专业背景的仅占58%，重大事项经总法律顾问签字才能上报企业主要领导的仅占43%，另有11%的总法律顾问未能确保参加企业重要决策会议，重要子企业涉及的上述比例也不理想。这些数字背后反映了两个问题：一是部分中央企业对发挥总法律顾问作用仍不够重视，二是部分总法律顾问的专业素质仍有待提高。

我常讲一句话："有为才有位，有位更有为。"目前，中央企业总法律顾问"有位"的问题在一定程度上得到了解决，下一步要将重点放在如何更加"有为"上。"十二五"时期，中央企业法制工作要全面对标世界一流，并要完成第三个三年目标，这为总法律顾问提供了更加广阔的事业舞台，我们面临的机遇与挑战并存，只有加快提升履职能力，才能更加有所作为。

要进一步提升战略思维能力。总法律顾问要始终围绕企业发展战略，紧密结合经营发展难题，从全局的、长远的角度，科学谋划本企业法制工作目标任务。要时刻关注国家法律法规和监管政策的新变化，结合企业内外部环境，形成正确的法制工作思路。

要进一步提升统筹领导能力。总法律顾问对上要服务企业决策，取得企业领导的充分信任；对下要领导全系统法律顾问队伍，形成完整的法律工作体系；对外要协调各类法律关系主体，切实维护企业合法权益；对内要融入企业经营管理，获得各职能部门和生产经营单位的工作支持。为此，企业总法律顾问既要有统筹协调能力，也要有领导决策能力；既要有干事业的能力，也要有带队伍的能力。

要进一步提升法律专业能力。总法律顾问是一个专业性很强的领导岗位。新三年目标强调提高总法律顾问的专职率，其实质是要加快提升专业化水平。中央企业专职总法律顾问往往具有一定的法律专业背景，要适应本企业转型升级、国际化经营发展的需要，进一步充实新的法律知识，同时加强相关领域的业务学习，努力成为合格的专家型领导干部。中央企业分管法制工作并兼任总法律顾问的负责同志，管理经验比较丰富，要在组织、领导本企业法制工作方面进一步加大精力投入，同时注意学习法律专业知识，尽快考取执业资格，努力成为法律顾问队伍的优秀领军人才。

要进一步提升自身思想境界。"为将之道，当先治心"。总法律顾问要有所作为，能力固然重要，但思想境界更重要。在这里，我送给总法律顾问八个字："激情、毅力、智慧、奉献"。具体来讲，一要有干事的激情。自觉把企业法制工作当事业、把总法律顾问职责当使命，充满激情去工作，享受开拓的过程和成效。二要有坚韧不拔的毅力。企业法制建设是一项专业性很强、难度很大的工作，在推进工作中难免会遇到很多困难，甚至会得罪人。要顶住压力，不畏艰难，迎难而上，百折不挠。三要有做成事的智慧。要善于协调各方，讲究工作方式，主动争取领导重视，尽快打开工作局面。四要有甘于奉献的精神。做好法制工作一定要耐得住寂寞、守得住平淡，少抱怨、多投入，不计较眼前得失，长远看待职业前景和事业发展。总之，广大总法律顾问只有自觉加强思想修养，努力提高思想境界，才能更好地行权履职、有所作为。

以上讲的五个问题，实际上也是当前推进企业法制工作应当把握的五个重点。希望各中央企业结合新三年目标的落实，深入探索，努力争取新进展、新突破。

三、加快落实中央企业法制工作新三年目标的几点要求

今后两年，是中央企业全面实施法制工作新三年目标最为关键的时期。为确保完成新三年目标各项任务，我提出以下五点具体要求。

（一）进一步增强推进新三年目标的责任感和紧迫感

中央企业法制工作三个三年目标的提出，是与中央企业市场化、国际化、法治化的改革发展需要相适应的。近七年来，在国资委的指导推动下，中央企业按照"建立机制、发挥作用、完善提高"的总体思路，一步一个台阶地推进企业法制工作，不仅依法保障和促进了企业改革发展，而且得到了全社会的充分肯定，在提升中央企业诚信守法的良好形象方面发挥了十分重要的作用。当前，中央企业要克服经营困难，顺利完成保增长、保稳定、渡难关的艰巨任务，同样离不开企业法制工作的保驾护航。没有依法治企，就没有百年老店。全面落实新三年目标，既有利于帮助企业化解眼前危机，又有利于保障和促进企业真正实现可持续发展。所以，我们一定要增强落实新三年目标的责任感和紧迫感。特别是工作进展较慢的企业，要围绕新三年目标任务的各项部署，逐项检查，迎头赶上，使中央企业推进新三年目标工作不留死角。

（二）切实抓好新三年目标实施方案的落实

去年底，国资委专门下发了落实新三年目标的有关通知。绝大多数中央企业结合自身实际，制定了新三年目标的实施方案，下一阶段的工作重点是认真抓好落实。要建立实施方案落实的责任制，明确新三年目标涉及的各个层面责任主体。要强化对实施方案的过程管控，把握时间节点，加强督促检查。要根据工作进展情况，及时调整完善实施方案，特别是要对照今年7月国资委印发的新三年目标考评标准，查遗补缺，充实相关内容，进一步明确保障措施。要加强对实施方案落实的考评，抓紧制订本企业的考评标准，建立可操作、可度量的指标体系。要创新方式方法，通过年度通报、企业互查、评先争优等多种手段，努力将实施方案落实到位。

（三）确保新三年目标的核心要求得到全面实现

新三年目标各项指标落实的好与差，首先体现在企业能否有效防范好法律风险上。新三年目标进入全面实施阶段以后，中央企业要紧紧抓住法律风险防范这一核心要求，通过落实新三年目标，更好地实现法制工作的价值。要继续组织编制和完善法律风险防范指引，将面向全员的法律风险防控要求制度化、规范化。要加大对重要子企业的指导推动力度，加快将法律风险防范的硬约束延伸到各基层单位，加强生产经营一线的法律风险识别与评估，尽快在集团系统打造法律风险防范的完整链条。要把是否发生因自身原因引起的违法违规案件，作为检验法律风险防范机制建设成效的重要标准。凡是发生重大法律纠纷案件的企业，都应当深入查找案件暴露出来的管理漏洞，努力形成解决一个案件、完善一项制度、防范一批风险的良性机制。

（四）始终坚持新三年目标推进中质和量的统一

新三年目标提出了要实现"三个100%"和"两个80%"的硬指标。在启动阶段，我们反复强调，要坚持各项指标要求不动摇。从目前中央企业落实情况看，下一步深入推进新三年目标，既要确保"量"的完成，更要注重"质"的提升。要在全面实现法律审核"三个100%"的同时，大力提高审核质量和水平。通过健全管理制度和流程，确保应审必审；通过建立重大疑难法律问题集中会诊制度、跨区域跨领域互助平台等多种方式，进一步增强审核意见的专业性、准确性和权威性；

通过建立审核意见跟踪评价制度，及时评估审核效果，努力为企业开展经营活动提供利益最大、风险最小的法律路径。要在确保“两个80%”按期实现的同时，有针对性地提升法律顾问队伍的整体素质。要适应企业业务分工日益细化的需要，根据不同法律岗位的能力要求，通过专项培训、岗位交流、项目锻炼等方式，着力培养一批精通企业业务、能与国外法律同行同台竞技的行家里手。

（五）大力培育中央企业法治文化

培育企业法治文化，是新三年目标顺利实施的重要思想保障。要认真落实“六五”普法规划，切实加强法治文化建设。重视抓好重点对象的法制宣传教育，将企业领导、经营管理人员、涉外人员作为普法重点，结合本企业发展战略和主营业务，确定普法主题和内容，突出针对性，增强实效性。要大力引导全体员工树立法律至上、守法诚信的法治理念，自觉践行按章操作、依法办事的行为准则。要不断丰富培育法治文化的形式和载体，充分利用法制讲堂、知识竞赛、案例教育等方式，善于将法律知识提炼为各级人员简单易记的警言警句，进一步加强法治文化的传播，努力为推进新三年目标创造更加良好的法制氛围。

在中央企业积极落实法制工作新三年目标的同时，国资委将进一步加大指导推动力度。法规局要会同有关厅局，密切跟踪新三年目标进展情况，做好定期通报和综合评价，针对进展较慢的企业开展专项调研和督促检查。要选择一批进展快、工作实、成效好的典型企业作为标杆，加大经验推广力度，指导企业增进交流、相互借鉴、共同提升。要进一步健全完善有关制度，尽快研究制订总法律顾问规范履职工作指引和境外法律风险防范指导意见。要有计划地组织好业务培训，继续办好总法律顾问履职能力培训和法律风险防范专项培训。

最后，关于中央企业法制工作，我再强调三点，与会代表要向企业领导班子做好汇报。第一，企业法制工作水平体现了现代企业科学管理水平。各中央企业对于这项工作只能加强，不能放松，要作为企业一项长期性工作来抓，抓出特色、作出亮点。第二，完成法制工作三个三年目标仅剩两年时间，各中央企业必须按照国资委的部署和要求，采取更加有力的措施，抓紧完成各项任务，全面实现工作目标。第三，中央企业法律顾问队伍要大胆开拓、积极进取、奋发有为。开拓中要把握好以下六点：一是敢于啃硬骨头，要有攻坚克难的勇气和气魄；二是尽快提升自身能力和素质；三是不断创新工作方式；四是积极争取领导重视，特别是企业主要领导的重视和支持；五是善于突破重点；六是坚韧不拔地抓好落实。总之，中央企业法制工作具有光明的前途，法律顾问队伍要有滋有味地推进工作，为国内企业当好表率，让国外企业刮目相看。

同志们，中央企业全面推进做强做优、着力提升发展质量，对企业法制工作提出了新的挑战和更高要求。让我们紧紧围绕新三年目标的落实，攻坚克难，开拓进取，不断提升法制工作水平，依法保障和促进中央企业稳健经营和健康发展，以饱满的工作热情和优异的工作业绩迎接党的十八大胜利召开！

中秋、国庆佳节即将来临，借此机会，我代表国资委和国资委党委向全体与会代表和中央企业法制战线的同志们致以节日的问候，祝大家阖家团圆、身体健康、万事如意！

健全体系加强监管　优化配置提升质量
推动企业国有产权管理工作再上新台阶
——在全国国有产权管理工作会议上的讲话

国务院国资委副主任　黄丹华

（2012年3月31日）

这次会议的主要任务是：认真贯彻落实全国国有资产监督管理工作会议精神，总结2011年全国国有产权管理工作，分析形势，明确任务，部署2012年工作。王勇主任对产权管理工作高度重视，会前听取汇报，专门对会议作了重要批示，我们要认真学习，深刻领会，抓好贯彻落实。下面，我讲三点意见。

一、2011年全国国有产权管理工作取得新进展

一年来，各级国资监管机构按照去年全国国有产权管理工作会议提出的工作要求，在加强产权管理、形成监管合力、优化产权配置等方面取得了显著成绩，为深化国有企业改革，促进国有企业又好又快发展，发挥了基础性、枢纽性、战略性作用。

（一）强化产权管理，推动国有资产监管上新水平

各地继续把完善产权监管体系作为重要工作，通过健全管理制度、转变工作方式、拓展监管范围等措施，提高了产权管理工作水平。

一是产权管理制度进一步完善。去年是产权管理制度建设的丰收年，国务院国资委制订出台了《中央企业境外国有产权管理暂行办法》、《关于规范中央企业选聘评估机构工作的指导意见》、《关于加强上市公司国有股东内幕信息管理有关问题的通知》等1个国资委令和5个规范性文件。各级国资监管机构根据当地实际制订相应规定，进一步完善了产权管理制度体系。湖北、山东出台了加强国资监管的条例，将地方产权管理的相关政策上升到了地方法规的高度。安徽出台了上市公司内幕信息管理制度，防控内幕交易。浙江、深圳推进产权管理工作指引的制订，增强了工作的可操作性和透明度。吉林、陕西完善了产权管理工作流程，进一步明确了审核程序、审核要点和工作要求。广西在产权流转过程中强化财务审计、资产评估等工作规范，防止了国有资产流失。

二是产权管理工作方式不断创新和转变。各地积极推进信息化建设，不断完善管理流程，进一步推动产权管理工作由事后监管向事前、事中、事后相结合的动态监管转变，大大增强了工作的主动性，提高了监管的有效性。山东着力推动产权管理信息系统建设，建立了覆盖省、市、县三级机构的产权

动态监督管理体系；深圳以配合我委开展“产权登记管理信息系统”试点为契机，全面推进监管企业产权管理信息化建设，构筑一站式信息平台，对产权登记、资产评估、产权交易和风险管控等国有产权流转的全过程实施闭环式监管，实现管理方式的变革与创新。

三是境外产权管理工作进入新阶段。去年国务院国资委出台了《中央企业境外国有资产监督管理暂行办法》和《中央企业境外国有产权管理暂行办法》，这是境外国有资产、国有产权管理的标志性文件。今年国务院国资委还将出台《中央企业境外投资管理暂行办法》，以上述三个文件为基础，形成一套针对境外国有资产、产权、投资监管的系统的、完整的、适应“走出去”需要的监管体系，帮助国有企业防范风险，安全发展。各地境外国有产权管理工作进一步加强，走出去步伐进一步加快。湖北、四川等地制订出台了境外产权管理制度；陕西、安徽对监管企业境外产权状况进行了摸底调查，建立了监管企业对外投资数据库，为加强境外产权管理奠定了基础。

四是国有产权集中统一监管取得新进展。各地以自身工作的规范性和有效性赢得了党委、政府的信任，通过推进产权管理基础工作全覆盖，推动了国有资产集中统一监管，促进了制度统一、程序统一，有效防范了国有资产流失。湖北、山东扎实做好监管企业、金融企业、文化企业；以及行政事业单位所办企业的产权管理基础工作，实现了产权管理基础工作的全覆盖；广东部分县级市进行了将公有资产和土地储备纳入国有资产监管机构监管范围的探索，拓展了县级国有资产监管机构的监管职能；河北、宁波以产权登记工作为平台，积极推进经营性国有资产的统一监管。

（二）优化产权配置，推动国有企业改革发展上新台阶

各地指导监管企业不断创新产权配置方式，加大产权配置力度，提高产权配置能力，优化了产权布局结构，为有效应对市场压力，实现国有企业平稳较快发展提供了保证。

一是指导监管企业建立合理产权结构，提升管理水平。各地积极推动监管企业调整产权结构，为建立良好的公司治理结构，完善决策、执行和监督机制提供扎实的基础。首先，继续推进公司制股份制改革，加快改制上市步伐。江西、福建、甘肃等地在监管企业改制过程中，积极引入战略投资者，实现股权多元化，推进监管企业公司制股份制改革；湖南加快推进监管企业改制上市，指导监管企业培育了近20个上市资源。其次，进一步压缩管理层级，缩短管理链条。深圳出台产权变动工作指引，要求监管企业产权变动方案实施后，管理层级不得超过3级，有效缩短了监管企业产权链条，提高了监管企业集中管控能力，集中优势、防控风险、提高能力，为国有企业做强做优奠定了良好基础；广西对监管企业的全资、控股、参股企业全部进行了产权登记，绘制了监管企业产权树状结构图，在此基础上进行产权结构调整，压缩产权层级，优化产权结构。第三，积极探索混合所有制企业产权管理的有效途径和方法。山东通过公司章程将国有产权管理政策内化到监管企业管理中，加强混合所有制企业产权管理；江苏、浙江指导监管企业在建立并不断完善产权代表制度方面做出了有益的探索，落实国有资产责任主体，不断优化混合所有制企业公司治理。

二是指导监管企业优化产权配置，推进合理布局。各级国资监管机构结合本地区“十二五”规划，积极推动监管企业战略重组，加强与各类所有制企业合作，国有经济布局结构进一步优化。天津支持国有资本与其他所有制资本合作，实现两类资本的有机结合，积极发挥国有资本的带动力和影响力。重庆积极推动监管企业开展境外并购重组，通过建立“走出去、引进来”机制，在全球范围内配置资源。不少地方还积极推动监管企业加强与中央企业的合作。安徽、山东、贵州等10省市181家农电企业划转国家电网和南方电网，河北、吉林、辽宁等18省区96户粮库划转中储粮，推动了地方监管企业与中央企业之间资源的优化配置。

三是指导监管企业增强资本运作能力，实现稳中求进。针对企业资金面偏紧的状况，各地积极推动监管企业创新资本运作方式，拓展融资渠道，为实现平稳较快发展提供了资本保障。四川、河南、河北等地支持监管企业积极利用债券市场加大融资力度；安徽组织监管企业编制了“十二五”直接融资总体规划，进一步加强对企业直接融资的规范和指导，提升了监管企业直接融资能力；北京、甘肃、山东等地推动监管企业利用产权市场引进增量资本，实现增资扩股；上海指导监管企业以控股上市公司为平台，组合运用IPO、定向增发、吸收合并、资产置换等多种资本运作方式，加大监管企业重组整合力度，形成“融资发展、机制创新、价值提升、回报社会”的良性发展机制。

（三）汇聚各方合力，促进形成“大国资”工作格局

产权管理工作是国有企业改革发展和国有资产监管的关键环节，需要形成统一规范，打造监管合力。各级国资监管机构在党委、政府的领导和支持下，以更加主动、开放的工作姿态，通过加强沟通协调，汇聚各方监管合力，积极推动“大国资”工作格局的形成。

一是强化各级国资监管机构产权管理系统的上下联动。各地通过上下联动加强产权管理业务沟通联系，“大国资”理念进一步增强。2011年，国务院国资委继续组织召开工作会和培训班，并建立了深入地市的走访调研机制，先后赴广东、重庆、内蒙古等17个省区市开展走访调研，加强对地方产权管理工作的指导监督。各省级国资委也加强了对地市国资监管机构的指导和监督。湖北专门召开了省内产权管理工作会议；四川、重庆、广东、河南、海南、内蒙古等地举办了地市级国资监管机构产权管理业务培训班，在加强业务沟通联系的同时，有效提高了产权管理工作人员的政策水平。

二是加强产权管理信息系统互联互通。信息化是产权管理工作“四化”要求的关键一环，通过信息化带动产权管理制度化、规范化、程序化的提升。各地积极做好与国务院国资委产权管理系统的联通工作，产权管理工作的规范性和工作效率大大提高。山东、深圳顺利完成了产权登记管理信息系统试运行工作，为在全国范围内统一推广提供了宝贵经验；去年又有陕西、宁夏、广东、新疆4省区国资委与国务院国资委实现企业国有产权交易信息监测系统对接。截至目前，已有31个省区市国资委及其选择确定的产权交易机构接入监测系统，全国统一的产权转让动态监管格局已经形成，这是经过九年的努力得来的成绩，很不容易，是国务院国资委、地方国资委和产权交易机构三方共同努力的结果。

三是推动中央企业与地方战略合作的贯彻落实。国务院国资委积极推动中央企业与地方开展战略合作，先后与十余个省市签订了战略合作框架协议，这些省市国资委注重发挥产权管理的基础作用，积极推动合作协议的落实。湖南国资委以产权为纽带，积极开展监管企业与中央企业对接合作工作，实现与69户中央企业合作对接，26户中央企业与湖南省政府签署了战略合作协议，通过以湖南有色集团股权向五矿股份增资扩股，湖南省国资委直接持有了中央企业控股股份公司的股权；河北、新疆国资委通过划转、转让、参股等多种手段，落实与中央企业对接合作，实现互利共赢；山西国资委推

动监管企业同煤集团重组中电投集团火电上市公司及相关资产，实现上下游资源整合，推动煤电联营和央地合作。

产权管理工作的规范有效开展离不开产权交易机构的共同努力。产权交易机构遵循“应进必进、能进则进、进则规范、操作透明”的十六字方针，立足规范，注重创新，取得了新的成绩。2011 年纳入企业国有产权交易监测系统范围的 31 个省区市产权交易机构共完成企业国有产权转让 1849 宗，交易金额 821 亿元，产权市场为深化国企改革、优化资源配置发挥了重要的平台作用。去年中国企业国有产权交易机构协会挂牌成立，为产权交易行业进一步提高自律水平创造了条件。在积极推动国有产权进场交易的同时，各地还采取措施，推动进场交易范围不断扩大。在重庆经验的基础上，国务院国资委配合推动最高法出台了关于涉诉国有资产拍卖进入产权交易所的法律规定，明确了涉诉国有资产司法委托拍卖由省级国资委选择确定的国有产权交易机构组织实施。在此带动下，各地也积极探索开展相关工作，不少地方取得了突破。武汉光谷联合产权交易所已累计完成 1000 余宗涉诉资产进场交易，涉及金额超过 20 亿元，产权市场在创新交易方式方面也进行了积极探索，取得了积极进展；云南、陕西、广东、青岛等省市的 11 家产权交易机构采用了全国统一的交易系统；北京产权交易所实现了国有产权交易的动态报价；上海联合产权交易所在做好进场交易组织工作的同时，主动深入企业服务，着力提升重大项目的增值能力；山东产权交易中心积极引入机构投资者，帮助企业做好增资扩股等创新业务；吉林长春产权交易中心提高融资服务功能，办理股权质押融资 110 亿元；福建产权交易中心在传统拍卖、密封式报价交易方式基础上，创新密封式报价加电子竞价的复合竞价方式，取得良好成效。

一年来，各级国资监管机构从事产权管理工作的同志们和产权交易机构的同志们，面对复杂的国内外经济形势和市场环境，服务大局、规范运作、创新服务，做了大量扎实有效的工作，在“十二五”开局之年，为企业调结构、转方式、强管理、保增长做出了重要贡献，推动了国有企业的改革发展。在此，我代表国务院国资委和国务院国资委党委，向同志们一年来付出的辛勤努力和作出的突出贡献表示衷心的感谢！

在回顾 2011 年产权管理工作取得的成绩的同时，我们也要清醒地认识到，当前产权管理工作与“国资监管上新水平，国企发展上新台阶”目标要求仍有不少差距，还存在着一些不容忽视的问题。一是产权登记、资产评估、进场交易等事项仍有待规范，仍然存在应登记未登记、应评估未评估、应进场未进场，以及进场操作不规范等问题。二是部分上市公司国有股东行为不够规范。三是境外产权管理依然薄弱，境外国有资产风险控制有待进一步加强。四是结构调整力度亟待加强，产权优化配置能力有待提高，不仅要实现产权规范流转，还要达到更高的要求，实现优化配置，为调结构、转方式提供支持。此外，随着国有企业的改革发展，随着国家对整个经济发展质量要求的提高，对从事产权管理工作的同志们的能力和水平也提出了更高更新的要求。我们要高度重视，认真研究，及时解决，不断提升产权管理工作水平。

二、2012 年面临的形势和主要任务

2012 年国际国内经济环境将更为复杂。在去年 12 月召开的中央经济工作会议和今年 1 月召开的全国国有资产监督管理工作会议上，对 2012 年的形势都进行了分析，今年不稳定、不确定因素还是很多。对经济形势的复杂性、严峻性，我们要有深刻认识，做好充分准备。一是对世界经济发展趋势要有充分认识。国际上，欧洲主权债务危机继续深化，欧元区国家财政政策全面转向紧缩，加剧了全球经济下行压力，今年特点是欧债危机从边缘国向中心国蔓延。美、日等主要发达国家经济增长乏力，失业率居高不下，消费不振，贸易低迷，拖缓了全球经济复苏步伐。新兴经济体的增长速度明显放缓，部分国家金融市场波动加剧，系统性风险提高。全球经济将进入一个较长的低速增长期，对企业带来最直接的影响就是市场萎缩，需求不足。二是加强对危机的应对措施的认识。2008 年金融危机以来，全球产业调整加快，主要发达经济体大力推动经济转型，加快发展新兴产业，产业竞争更加激烈，这对国有企业加快转型升级，提高产业竞争力提出了更为紧迫的要求。三是加强对国际国内市场动向的认识。大宗商品价格持续高位波动，资源价格上涨，企业盈利空间被压缩，在全球经济一体化的大背景下，国内经济发展结构中不平衡、不协调、不可持续的矛盾和问题与国际问题交织在一起，2012 年经济形势将更加严峻。但是我们也要坚定信心，中国经济增长的基本面没有变化，国有企业经过 30 年改革发展，通过参与市场竞争提高了竞争力，同时国际金融危机与欧债危机也为我们“走出去”带来了机遇，机遇与挑战并存。

国内外经济形势的深刻变化给国有企业改革发展，特别是国有企业产权管理工作带来了新的挑战：一是为优化布局结构，加快转型升级，企业深化改革和结构调整的任务必将进一步加重，企业结构调整的途径和资产重组的方式也将随之多样化。二是去年中央经济工作会议提出稳中求进的工作总基调，今年年初全国国有资产监督管理工作会议提出国有企业要为国民经济的平稳较快发展做出贡献，为实现保增长、保稳定的目标，企业的资本运作力度会加大，产权流转的频率将大幅提高。三是为加大市场开拓，企业国际化经营步伐将进一步加大，产权分布的地域将更加广泛。这些都使产权管理工作面临的形势更加复杂，任务更加艰巨。

面对新形势、新挑战，2012 年全国国有产权管理工作的总体要求是：认真贯彻中央经济工作会议和全国国有资产监督管理工作会议要求，坚持以科学发展为主题，以转变发展方式为主线，紧紧围绕今年国资监管工作“一个基调、两个提升、三个作用”的工作重点，健全监管体系、强化基础管理、优化产权配置、服务改革发展、提升国资价值。为此，今年要着力抓好以下七项工作。

（一）继续完善产权管理工作体系，提升监管水平

各地要继续把建立制度完善、系统完备、执行有力、监管有效的产权管理工作体系作为提升监管水平的重要内容。一是进一步完善产权管理制度。要在做好国务院国资委新出台产权管理制度贯彻落实的基础上，根据本地区国资监管和国企改革发展工作需要，及时研究出台相关制度。对已出台的制度要进行梳理、完善，并进一步研究制定工作指引，将制度细化，提高其可操作性。二是加强产权管理机构和队伍建设。健全的机构和稳定的高素质队伍是做好工作的前提。从目前情况看，仍有部分省级机构存在产权管理与资本运作，或者产权管理与资产评估管理“两张皮”的现象，管理职能分散，人员力量单薄，不便有效开展工作。因此，各地要高度重视产权管理机构和队伍建设，要强化省级产权管理专司机构，统一管理职能；充实编制和岗位，建设一支与工作要求相适应的人员队伍，从人员数量和质量上保证产权管理工作的顺利高效开展。三是推进产权管理信息化建设。要配合国务院国资委做好企业国有产权交易信息监测系统、上市公司国有股权管理信息系统、产权登记管理信息系统、资产评估管理信息系统等系统的联通和运行工作，加强产权管理信息系统建设，不断提

高监管的效率和效益。四是加强对产权管理特别是产权转让的联合检查。要继续完善联合财政、发改委、监察、工商、证监等六部门对产权转让的联合检查机制，坚持对产权交易机构的联合评审制度，并探索建立企业产权管理工作综合检查评价机制，为产权管理工作提供科学导向和行权履职动力，切实发挥好产权管理在企业改革发展中的重要作用。

（二）推动实施新的产权登记办法，为加强国资监管夯实基础

今年我们将发布实施新的产权登记办法，贯彻实施新办法是各级国资监管机构2012年的一项重要工作。新办法与现行产权登记办法有本质不同，不仅登记的性质、范围发生了变化，登记的指标体系、管理方式等都有很大变化。因此，一是要切实转变工作思路，把思想统一到新产权登记办法上来。新办法出台后，产权登记表证将不再具有国有产权法律凭证的功能，产权登记范围也将延伸到实际控制企业。对此，各地要把握实质，深刻领会这一转变的原因及重要意义。二是要调整工作方法，真正实现产权登记业务的在线办理，提高办理效率，实现“应登必登、应登即登、登则登准”。三是要注重发挥产权登记的功能与作用。各地要组织监管企业按照新的产权登记规则，全面梳理本企业产权架构，摸清家底，分析产权在级次、行业、主辅业、区域，以及不同企业组织形式之间的分布和动态变化情况，为企业理清产权关系，优化布局结构提供基础数据。

（三）推动监管企业优化产权配置，提高发展质量

各地要继续围绕“推动流转、防止流失、优化配置、提升价值”的工作定位，这十六字方针是随着国有企业改革发展的推进，产权管理工作能力和水平的提高，在实践中形成和不断完善的。各地要着力调整结构、优化布局，不断提升监管企业发展质量。一是要引导监管企业做好资源整合。进一步突出和精干主业，压缩管理层级，推动国有资本从低效、无效、非主业领域退出，向优势领域集中、向产业链高端集中、向战略性产业集中，推动产业升级改造，实现发展方式转变，提高监管企业核心竞争力。二是要引导监管企业积极开展相互合作，推动监管企业之间非主业、非优势业务、同类业务之间的重组整合。进一步推动监管企业与中央企业开展多层次合作，以产权为纽带，实现优势互补，形成发展合力。鼓励支持有条件的企业加快“走出去”，利用国际国内两种资源、两个市场，加快企业做强做优。鼓励监管企业按照国务院“新36”条精神，在改制重组中积极引入民间资本，促进其他所有制经济成分与国有企业共同发展。三是要引导监管企业遵循市场机制，利用市场优化产权配置。要认真研究市场发展动态和政策调控动向，充分发挥股票市场、产权市场、债券市场的价值发现和资本形成功能，大力推动资产转让和增资扩股等项目进入产权市场阳光操作。

（四）努力做强做优上市公司，推动国有企业平稳较快发展

随着国有企业公司制股份制改革的推进，越来越多的优质资源进入上市公司，国有控股上市公司已成为国有经济发展的中坚力量。以中央企业为例，截至2011年6月30日，中央企业控股境内外上市公司共有359家，资产总额占全部中央企业资产总额的54.1%，净资产占全部中央企业净资产总额的68.7%，营业收入占同期全部中央企业实现营业收入的60.4%。显然，做强做优国有控股上市公司已成为各级国资监管机构的重要任务。针对当前国有控股上市公司发展中存在的问题，要着重做好以下工作：一是要重点解决上市公司层级低、规模小、分布散、实力弱的问题，要在研究确定上市公司层级的基础上，以已有上市公司为平台，利用好境内外资本市场，推动上市公司资源在监管企业内部、监管企业之间、监管企业与中央企业之间实现按业务板块联合重组上市，实施有效整合，实现资源集中、平台集中、优势集中。二是要进一步强化资本运作能力，要指导监管企业通过并购重组和孵化注资为上市公司发展提供持续后劲，要统筹运用资产注入、增持、增发、配股、可转债等多种手段，在保持控股股东对上市公司合理控股比例的同时实现融资发展。三是要努力解决因历史原因造成的母公司与控股上市公司的同业竞争问题，继续推动优质资产和相同业务向上市公司集中。要进一步规范关联交易，依法保护上市公司利益和各类股东权益。四是要努力提升国有控股上市公司治理水平，注重发挥股东治理在公司治理中的重要作用，使国有股东成为积极的、负责任的股东，切实加强内控体系建设，防范内幕交易，鼓励建立符合价值投资理念的分红机制，努力成为股票市场的表率。

（五）继续加强对产权市场的监督指导，确保产权交易规范运作

要继续贯彻落实“应进必进、能进则进、进则规范、操作透明”的十六字方针，大力支持产权市场建设，健全多部门联合检查机制，督促产权交易机构规范运作。要加强与相关部门的协调与合作，进一步将进场交易的成功做法推广到公共资源交易、涉诉资产交易等领域。积极探索提升产权市场功能，推动监管企业实物资产进场交易，通过产权市场引进各类投资者，在服务企业产权交易、资产流转的基础上，积极探索为企业增资扩股等资本运作服好务。

借此机会，我想强调一下产权交易机构的规范问题。大家都知道，去年国务院发布了《关于清理整顿各类交易场所切实防范金融风险的决定》，为此国务院专门成立了部际联席会，国务院国资委作为联席会的成员单位，主要任务是对产权交易市场进行规范。尽管其所针对的问题并不是由我们选择确定的企业国有产权交易机构引起的，但也提醒在座各家交易机构要引以为戒。应该说，国资委成立以来，先后建立了统一的交易规则、交易系统、信息发布和监测系统，并且推动成立了行业协会，各产权交易机构在拓展业务范围、创新交易方式方面所做的大量工作，也获得了社会的广泛认可。但我们要始终牢记，作为提供公正市场化服务的交易平台，规范是生命线，必须坚持规范操作，否则产权市场将失去生存基础。为贯彻落实国务院38号文精神，国务院国资委已于去年12月下发通知，要求各地国资监管机构督促产权交易机构开展自查，并将自查情况和发现问题的整改情况及时报告国务院国资委。今年，国务院国资委将组织六部委对四家中央企业产权交易试点机构进行第四次综合评审，各地国资监管机构也要在督促产权交易机构进行自查的基础上，开展对所选择确认的交易机构进行监督检查。在此过程中，希望产权交易协会切实履行职责，参与检查和整改监督，发挥好行业自律作用。各地要加强对产权交易机构业务创新的规范和指导，既促进产权市场在规范运作的基础上进行业务创新，在更大范围、更广领域内为资源优化配置提供市场化服务，又切实按照国务院38号文件要求，规范从业。

（六）切实加强境外产权管理，实现境内外一体化监管

随着国家“走出去”战略的实施，将会有越来越多的企业走出国门，进行跨国资源配置，加强境外产权管理就成为国资监管机构面临的又一项重要任务。中央企业正在按国务院国资委境外产权管理办法要求组织开展境外产权管理工作，希望各地也要把加强境外产权管理摆在重要议事日程。一是要

加强境外产权管理工作体系建设。各级国资监管机构要结合本地区监管企业"走出去"的实际，建立起适应本地区发展要求的境外产权管理制度，切实做好境外产权管理与境内产权管理的衔接，不留管理死角。进一步强化监管企业境外产权管理工作，推动监管企业健全管理制度，明确岗位和职责，确保境外产权管理责任落实。二是尽快组织监管企业对以各种形式对境外投资所形成的权益进行全面摸底，及时认真做好境外企业产权登记工作，摸清核实境外企业户数、区域分布、行业分布、产权结构以及经营管理状况，建立起境外产权管理状况的报告制度。三是把住关键环节，做好风险管控。指导监管企业在境外国有产权流转中，组织做好可行性研究、内部决策、境外国有资产评估或估值等各环节工作，确保境外产权流转依法合规，维护好国有权益。四是要抓紧对监管企业个人代持境外国有产权和设立离岸公司等特殊目的公司的情况进行一次全面清理，具备条件的应当要求监管企业及时办理变更或注销手续。

（七）进一步贯彻"大国资、一盘棋"理念，形成监管新合力

"大国资、一盘棋"是国务院国资委适应国资监管新要求提出的战略思维，也是聚合各种资源为国企改革发展拓展空间的重要举措。产权管理系统素有"大国资、一盘棋"的理念和工作基础，在此项工作上走在了前面，今后要在现有基础上，着重加强以下工作：一是要加强与政府有关部门的沟通，积极为国资监管和国企改革发展创造有利条件。国有企业改革发展涉及多个部门，各级国资监管机构需要积极协调财政、金融、税务等政府部门，争取有关政策支持，解决国企改革发展中的热点难点问题，为国企改革创造好的政策环境和发展空间。二是加强产权管理系统内部的联系与互动。国务院国资委将进一步通过工作会、培训班、信息系统，以审核促指导等方式加强对地方产权管理工作的指导。各省级国资委也要按照《地方国有资产监管工作指导监督办法》的要求，通过工作会、培训、走访调研等形式，加强对区域内国资监管机构产权管理工作的指导。三是围绕中心，服务大局，积极创造条件，以产权为纽带，促进中央企业与地方战略合作顺利推进、有效实施。

三、做好 2012 年全国国有产权管理工作的几点要求

为确保 2012 年全国国有产权管理工作整体协调推进，提高成效、多出精品，做到日常工作越做越扎实，重点工作逐年有突破，队伍建设水平不断有提高，需要我们在工作中注意把握好以下五点要求。

（一）要注意把握大局

产权管理工作事关企业改革发展全局，国内外形势和宏观政策的变化都会对产权管理工作产生深刻影响。产权管理工作要关注大局，把握大局，服务大局。各级国资监管机构负责产权管理的同志们，一定要牢固树立大局意识和全局意识，以更广阔的视野，站在更高的层面上开展产权管理工作。当前，产权管理工作的大局就是要以科学发展为主题，以转变发展方式为主线，推动国有企业搞好结构调整，加快转型升级，实现资源优化配置。这就需要我们立足大局，明确工作思路，创新监管方式，用好市场机制，提升企业价值，为实现"两新目标"提供强大动力。

（二）要注意抓住重点

在复杂多变的形势下，强化国资监管和推动国有企业改革发展面临诸多矛盾和问题，国有企业改革发展任务繁重，国资监管工作千头万绪。我们要始终保持清晰的思路，越是面对复杂的形势，越要善于抓好主要矛盾和矛盾的主要方面。对产权管理工作来说，就是要以优化产权配置为目标，继续完善产权管理工作体系、实施新的产权登记办法、做强做优上市公司、用好市场机制、加强境外产权管理，切实推动国有企业保增长、保稳定，实现平稳较快发展。

（三）要注意把握规律

产权管理工作事项多、任务重，同志们要善于从繁杂的具体工作中认识规律、总结规律、把握规律、遵循规律，提高工作的主动性、前瞻性。把握规律一要学习，就是不断学习产权管理法律法规，学习相关理论和业务知识，提高发现问题、解决问题的能力；二要积累，就是在日常工作中对出现的问题不断进行总结分析，认识和理清事物之间的相互关系和必然联系；三要钻研，就是善于研究和总结，并能针对工作中的热点、难点、重点问题及时提出政策建议或解决措施，不断提高工作的系统性、预见性、有效性。

（四）要注意带好队伍

各级国资监管机构一定要下大力气加强产权管理队伍建设，努力建设一支熟悉管理、精通业务、坚持原则、廉洁自律的干部队伍。在此，我要强调三点：一是高度重视。产权管理工作要求相关工作人员具有高度的政策性、专业性、原则性，各级国资监管机构的领导班子，尤其是"一把手"，要高度重视产权管理队伍建设，畅通人才发展渠道，创新人才培养模式，营造人才成长的良好氛围，为产权管理工作配备精兵强将。二是加强培训。产权管理工作专业性强、政策性强，要注意加强业务培训，国务院国资委将继续组织面向省市两级国资监管机构产权管理工作人员的业务培训，各地也要加强业务培训，国务院国资委将尽可能提供师资支持，共同努力不断提高产权管理队伍的业务素质、政治素质和职业操守。三是发挥好作用。要充分发挥产权管理队伍在国资监管和国企改革发展中的重要作用，对于国有企业改制重组等涉及产权运作的重大事项的方案设计和决策，要吸收产权管理部门同志参加，听取产权管理部门同志的意见，提高决策的科学性和方案的可操作性。

（五）要注意防范风险

产权管理工作是国资监管的重要关口，是社会舆论的重要关注点，责任大，舆情重，风险高。同志们在日常工作中要指导监管企业产权管理工作人员着重防范违规风险、市场风险、经营风险和道德风险。要继续坚持"依法合规、市场机制"的工作理念，不断健全制度，规范程序，约束自身行为，做到按制度办事，依程序运作，防止暗箱操作，谋私腐败。

最后，我想再强调一下正确处理监管与服务、规范与创新的关系问题。这两对关系既有区别，又有联系，是我们在过去工作中不断认识、调整，在今后工作中还要继续深化认识、正确处理的核心关系。产权管理工作制度性强，涉及各方利益，必须规范操作，加强监管，做好各项基础工作。制度和程序是经过多年的经验教训规范而成，规范运作是对产权管理体系的维护。但是，按照出资人职责要求，按照国企改革发展任务的要求，规范操作、加强监管只是做好了基础性的第一步。在此基础上，我们还要本着为企业服好务的原则，寓监管于服务之中，不断创新监管制度和监管方式，不断提高监管水平和服务质量，推动解决企业改革发展中遇到的新情况与新问题，帮助企业既按程序办事，又能高效率办事，实现又好又快发展。

同志们，2012 年全国国有产权管理工作充满挑战性，我们要牢记使命，坚定信心，开拓进取，扎实工作，不断提高产权管理工作质量，为实现国资监管上新水平、国企发展上新台阶做出新的更大的贡献！

健全体系 夯实基础
全面提升中央企业产权管理工作水平
——在中央企业产权管理工作会议上的讲话

国务院国资委副主任 黄丹华

（2013 年 1 月 31 日）

这次会议的主要任务是，贯彻落实党的十八大、中央经济工作会议，以及中央企业负责人会议精神，总结 2012 年中央企业产权管理工作，分析形势，明确任务，部署 2013 年工作。王勇同志对产权管理工作高度重视，对会议作出了重要批示，对做好 2013 年产权管理工作提出了明确要求，大家要认真学习，深刻领会，抓好落实。下面，我讲三点意见。

一、2012 年中央企业产权管理工作回顾

一年来，中央企业产权管理工作以管理提升活动为契机，继续完善工作体系，夯实基础管理，积极拓宽筹资渠道，推动结构调整，促进转型升级，为中央企业全面完成 2012 年工作目标做出了积极贡献。

（一）完善产权管理工作体系，为提升中央企业产权管理水平提供基础

中央企业继续完善以制度、职能、人员、信息化和检查评价为主要内容的产权管理工作体系，把体系建设作为产权管理提升活动的主要内容，注重形成长效机制。

一是产权管理制度体系进一步完善。去年，国资委出台了《国家出资企业产权登记管理暂行办法》（以下简称 29 号令）、《关于国有企业改制重组中积极引入民间投资的指导意见》（以下简称 80 号文）等 1 个国资委令、8 个规范性文件，产权管理制度体系进一步完善。多数中央企业按照国资委要求，结合企业特点，及时梳理、完善已有制度。招商局集团联合专业顾问公司，梳理和测试内部产权管理制度和流程，管理效率显著提升。哈电集团重新修订了集团资产评估管理办法，并细化为操作指南。中国二重研究出台了涵盖产权登记、资产评估、产权流转等工作事项的股权投资管理办法及后评价办法。

二是产权管理职能不断理顺，人员培训力度不断加大。近年来，中央企业把理顺产权管理职能作为一项重要任务。去年又有一汽集团、中国电建、中国能建、华粮集团、中国节能、新兴际华集团、国药集团、国投等 24 户企业将分散在几个不同部门的产权管理职能进行了梳理归并，统一了管理部门，明确了管理职责。截至目前，共有 63 户中央企业推动形成了统一行使产权管理职责的部门。

同时，中央企业加大产权管理工作培训力度，不断提高人员素质。共计 1200 余人次参加了国资委组织的国家出资企业产权登记管理办法培训和 4 个产权管理信息系统培训。中国建材集团、兵器工业集团、中核集团等企业采取视频培训、现场培训等方式加强产权管理业务培训。中国中铁、航天科技、中国有色集团等企业还专门组织了集团总部相关部门领导和二、三级子公司班子主要成员参加的产权管理业务培训。

三是产权管理信息化水平显著提高。信息化是产权管理工作的重要一环。目前，国资委先后开发应用了产权登记管理、资产评估备案管理、产权转让信息监测、上市公司国有股权管理、债券发行管理等信息系统，促进了产权管理规范创新，增强了风险防范和源头防腐能力。中央企业及时跟进，在认真做好系统对接工作的同时，积极开发完善自身产权管理信息系统。中航工业和中国电子积极参与国资委上市公司国有股权管理信息系统试运行工作，提高了工作的规范性。中国五矿、中国海油、国药集团等企业完成了产权管理集成平台建设，充分利用信息化技术，完善产权管理工作手段。航天科技开发了统一的资产经营和产权管理信息系统，加强了集团管控能力。

四是积极探索建立产权管理工作综合检查评价体系。针对产权管理工作综合检查评价存在的不足，国资委在继续坚持开展资产评估、产权转让等专项检查的同时，加快研究建立中央企业产权管理工作综合检查评价制度，并组织了对国药集团、国投、恒天集团、中国海油等四户企业的综合检查。中央企业也积极探索并开展对所属子企业产权管理工作的监督检查和综合评价工作。中航集团、招商局集团、中国中铁制定并出台了子企业产权管理评价办法，并将评价结果与企业负责人的综合考核挂钩。

（二）强化产权管理基础工作，为中央企业改革发展提供条件

中央企业扎实推进产权重新登记、规范开展资产评估、提高上市公司规范运作水平、注重加强境外产权管理，发挥了产权管理在企业改革发展中的基础性、枢纽性、战略性作用。

一是扎实推进产权重新登记。贯彻落实 29 号令是 2012 年产权管理工作的一项重要任务。中央企业高度重视，克服种种困难，精心组织，加强培训，扎实推进，较好地完成了产权重新登记工作。中国能建由集团总经理牵头成立专项工作领导小组，加强对产权重新登记工作的组织协调。不少中央企业以不同形式开展了专门培训，航天科工、中国节能、新兴际华集团、冶金地质总局等还把子企业领导全部列入培训对象。国家电网建立了基于公司内部专网的产权登记网络版系统。中国外运长航将集团初审情况和子企业整改结果作为产权管理提升内容纳入年度考核体系。中国电信、中国铁建、中化集团、中国黄金等 57 户企业率先完成了产权重新登记工作。截至 2012 年 12 月底，中央企业产权重新登记工作全部完成。我们将对率先完成产权重新登记工作的中央企业进行表彰。

二是不断提高控股上市公司规范运作水平。2011 年国资委《关于加强上市公司国有股东内幕信息管理有关问题的

通知》发布以来，多数中央企业根据要求制定了专门的内幕信息管理文件，健全了相关机构和人员，严防内幕信息泄露和内幕交易行为。中航工业、中国五矿、兵器装备集团等企业积极推进存在退市风险的控股上市公司的重组整合，化解有关风险。中国建筑利用上市公司平台整合混凝土业务，解决同业竞争。中农发集团积极推进暂停交易公司资产重组并成功恢复上市。

三是注重加强境外产权管理。中央企业按照《中央企业境外国有产权管理暂行办法》（以下简称27号令）要求，全面清查境外家底，稳步推进境外产权管理工作体系建设，境外产权管理水平显著提升。涉及境外投资的中央企业对境外产权项目相关数据进行了核实上报。多数企业制定了境外国有产权监管规定及相关制度，提高了境外产权管理精细化水平和可操作性。国家电网全面梳理境外资产、产权状况，保障国际化战略实施过程运作规范、资产安全。中国海油积极推进“走出去”战略，完善多项境外产权管理制度，严控境外并购风险，“二次跨越”成功开局。

四是规范开展资产评估。据统计，2012年中央企业共办理评估核准、备案项目3166项，有效维护了国有权益。与此同时，资产评估管理日趋规范，评估方法更加科学，110户中央企业的评估机构库实现了公开透明，企业价值评估普遍采用两种以上方法并进行综合分析应用。中国电信加大对重大项目评估环节的把关，借助专家力量，加强事前调查研究，做好评估基础工作。华润集团有效利用资产评估管理信息系统实现评估管理工作的全程监控。中国国电、中电投集团加强对收购非国有资产项目的评估备案管理，力求评估结果公平、公正，严防国有资产流失。

（三）着力提升市场化运作能力，为中央企业调结构、转方式、保增长提供支撑

中央企业继续坚持“依法合规、市场机制”的工作理念，着力提升市场化运作能力，借助股票市场、产权市场、债券市场，加快结构调整，保障企业改革发展的顺利推进。

一是积极利用股票市场进一步优化资本结构，提高资源配置效率。2012年，中央企业稳步推进公司制股份制改革和重组上市。中国煤炭科工、中国电建等企业主营业务整体改制上市工作进展顺利。中国电信向股份公司出售CDMA网络资产，实现CDMA业务资产整体上市。武钢积极推进境内外矿产资源整合上市。华润集团、中国黄金通过一系列孵化注资，将优质资产注入上市公司，实现了上市公司与集团公司的共同成长。宝钢股份、中国建筑、中煤集团、中国三峡集团、西电集团、中航集团等企业结合证券市场情况，抓住有利时机，通过二级市场回购或增持股票，既为控股上市公司后续运作拓展了空间，也为维护股票市场稳定做出了贡献。

二是积极利用产权市场加快非上市公司结构调整。2012年，中央企业公开转让国有产权606宗，成交金额265亿元。中国华电、国药集团等企业通过产权市场加大实施重组整合与投资并购力度。中国华能进场处置小火电关停报废机组16台，成交增值52%。东航集团积极探索利用产权市场处置飞机等闲置资产。

三是积极利用债券市场筹集资金。2012年，中央企业注重运用好债券市场进行融资，为企业实现保增长提供了重要的资金支持。中国国电H股上市公司龙源电力成功发行4亿美元永续债，成为第一家发行美元永续债券的H股上市公司。中国大唐等4户中央企业及子企业获准赴港发行人民币债券共计185亿元，成为第二批赴港发行人民币债券的非金融企业。

（四）优化产权配置，为增强国有经济活力、控制力、影响力提供保障。

中央企业加大集团内部、跨集团、跨所有制产权配置力度，推动国有产权在更大范围内优化配置，配置效果进一步显现。

一是优化产权结构，加大业务整合。中央企业按照实施扁平化管理、加强集团管控力要求，继续压缩管理层级。航天科工连续五年累计清理各级公司536家，集团管理层级已控制在四级以内。积极清理非主业投资，推动低效无效资产剥离处置，实现资源集中、优势集中。兵器工业集团、中国电子、中国五矿等企业积极利用产权市场处置非主业股权，产业布局进一步合理。国投成立专门的资产管理公司提高集团内资产处置的专业化、规范化、市场化水平，利用产权市场打包分批处置了203个项目的无效资产。船舶工业将二级以下子企业资产划分为发展型、保留型、观察型、清理型，统一规划，分类处置。中船重工、中国海运、中煤集团、中国电建、中国能建等企业加强内部资源整合，发挥协同效应，整体实力和竞争力进一步增强。

二是加大央企之间、央地之间的资源整合。中央企业积极开展跨集团战略合作，推动更大范围资源优化配置。中国国新以重组中印集团为契机，重新梳理产权链条，优化产权结构，形成了中印集团印刷业和文化产业两大业务板块平行发展格局。国家电网与中电投集团、华能集团、神华集团等企业实施资源整合，共涉及股权112项。2012年中央企业和地方之间发生股权划转事项228项，其中地县农电企业划转中央912家，理顺了地方供电企业产权关系，为进一步改善农村电力供应质量创造了条件。

三是积极引入民间资本参与国有企业改制重组。中央企业按照80号文要求，通过合资、合作等多种形式，拓宽民间资本参与国有企业改制重组的渠道，带动各类资本共同发展。招商局集团、航天科技、兵器装备集团等企业利用有限合伙制基金优势，为战略性新兴产业发展提供支持。中国石油积极吸引民间资本和外资，参与油气田勘探开发和油气输送管道建设。中核集团所属中国核动力研究设计院引入民间资本参与自主研发项目的产业开发，促进了公司核心产品的升级换代。

同志们，2012年中央企业产权管理工作所取得的成绩，离不开中央企业集团领导班子的正确决策和坚强领导，离不开中央企业产权管理部门全体职工的规范操作和辛勤劳动，更离不开在座各位的恪尽职守和探索创新。在此，我代表国资委向你们并通过你们向全体中央企业产权管理工作人员表示衷心感谢和亲切问候。

二、2013年的形势和任务

2013年是全面深入贯彻落实党的十八大精神的开局之年，是实施“十二五”规划承前启后的关键之年。我们要结合中央企业改革发展的实际，紧密围绕中心工作和目标任务，深入学习和全面贯彻党的十八大精神。完善公有制为主体、多种所有制经济共同发展的基本经济制度，推行公有制的多种实现形式，按照“两个毫不动摇”的要求，充分发挥产权管理的功能和作用。要深刻理解加快转变经济发展方式、提高发展质量和效益的重大战略意义。要通过加强产权管理、优化产权配置、深化企业改革、推动结构调整、强化创新驱动、推进管理提升，不断增强中央企业可持续发展能力和核心竞争力。

中央经济工作会议对今年我国经济面临的国内外环境做

了全面分析。总的来看，我国经济发展面临的有利因素大于不利因素，但不确定性因素增加，中央企业调结构、转方式、保增长任务十分艰巨。面对风险和挑战，我们要坚定信心，周密安排，沉着应对，积极进取。经过多年的努力，中央企业产权管理已经初步建立起了较为完善的工作体系，较好地完成了规范改制、推动流转、防止流失的任务，为优化产权配置、提升企业价值夯实了基础。随着国内外经济形势的变化，产权管理的环境和对象正在发生重大变化：资产规模越来越大，区域分布越来越广泛，产权结构越来越复杂，产权流转越来越快，监管难度越来越大。产权管理工作如何应对内外部环境变化所提出的新要求、新挑战，如何更好地为国有企业改革发展的大局服务，是产权管理系统面临的一项重大课题。中央企业要结合自身实际认真研究，努力探索，不断提升产权管理服务大局、服务中心任务的能力和水平。

结合当前形势和任务，2013 年中央企业产权管理工作的总体要求是：全面贯彻落实党的十八大精神，按照中央经济工作会议和中央企业负责人会议要求，坚持主题主线，健全工作体系，强化基础管理，提升管理水平，优化产权配置，为调结构、转方式、保增长、促改革创造条件，为提高中央企业发展质量和效益做出新贡献。为此，今年要着力从以下三个方面开展工作。

一是进一步优化产权配置，加快结构调整，为提高发展质量和效益创造活力。

结构调整是中央企业提高发展质量和效益的关键。前些年，一些企业在规模快速扩张的同时，内在增长质量并未得到同步提高，突出表现为发展方式仍较粗放、布局结构不尽合理、资源配置效率不高，加快布局结构调整优化的任务十分迫切。中央企业要按照“十二五”时期“做强做优、世界一流”战略目标要求，在调结构、转方式，加快转型升级，提高发展质量和效益上苦练内功、下硬功夫。要继续围绕“推动流转、防止流失、优化配置、提升价值”的工作定位，把优化配置作为产权管理工作的主攻方向。要通过产权重新登记，全面掌握企业产权分布状况，进一步明确布局结构调整的方向和目标，更好地服务于中央企业改革发展。要进一步增强市场化运作能力，继续利用好三个市场，拓宽融资渠道，优化融资结构，降低融资成本，防控融资风险。要不断完善市场化手段和各种内部整合手段，推动优质资源向主业集中、向战略性新兴产业集中、向优势上市公司集中，不断提高资源配置效率。要推动产业链上下游中央企业之间以产权为纽带进行公司制股份制合作，减少中央企业之间的重复建设、恶性竞争和资源浪费，促进转型升级。要加强境外产权管理，推进国际化经营战略的实施，提高中央企业整合和利用国际、国内两个市场、两种资源的能力，发挥中央企业作为我国参与国际竞争的主力军作用。

二是进一步优化产权结构，深化企业改革，为提高发展质量和效益提供条件。

党的十六届三中全会提出建立“归属清晰、权责明确、保护严格、流转顺畅”的现代产权制度以来，中央企业通过产权制度的变革与创新，为完善现代企业制度，实现科学管理夯实了基础。但也应清醒地看到，中央企业的产权制度改革还存在不少问题：有的企业产权制度改革停留在表面，虽然进行了改制，但是法人治理结构还不够完善，机制转换还不到位；有的企业产权制度单一、活力不足，产权的激励约束功能有待进一步增强；有的企业产权级次过长、管控乏力；一些上市公司层级低、规模小、分布散、实力弱，制约了企业发展质量和效益的提高。实践证明，科学合理的产权结构，是形成良好公司治理机制的前提。中央企业必须把产权结构调整摆在更加重要的位置，为完善公司治理结构，建立科学有效的决策、执行和监督机制提供有利条件。在推行公有制的多种实现形式过程中，中央企业要紧密结合企业实际和行业特点，选择运用科学合理的产权结构和组织架构，规范母子公司管理体制，进一步压缩管理层级，缩短产权链条，有效提升集团管控能力。要继续用好境内外两个市场盘活存量、用好增量，通过设立股权投资基金、合资合作等多种方式，更多地引进民间、外资等社会资本参与国有企业改制重组，进一步加大与其他所有制企业在产业链上下游进行合资合作的力度，实现合作共赢，共同发展。

三是进一步优化工作体系，加强基础管理，为提高发展质量和效益夯实基础。

产权管理是企业提高发展质量和效益的基础性工作。通过产权管理提升活动的开展，中央企业的产权管理水平得到了有效提升，为企业改革发展提供了有力支撑。但仍有一些企业存在产权管理工作体系建设滞后、基础工作不到位的问题。表现在产权管理职能分散在多个部门行使，相关工作人员得不到及时培训和提高，对监管规则要求缺乏了解，基础工作不扎实，监管方式落后等。产权管理提升是中央企业管理提升活动的重点专项领域。中央企业要按照“制度化、程序化、信息化、规范化”的工作方法，不断健全和完善产权管理工作体系，继续理顺集团层面产权管理工作职能，使更多的中央企业统一产权管理职能、明确责任主体，配齐精兵强将；继续完善和细化产权管理制度，进一步优化业务流程、细化工作标准、明确评价指标、规范过程记录，确保制度有效执行；继续加强学习培训，提高产权管理队伍业务素质；进一步加大对所属企业产权管理工作的监督检查和评价力度；充分发挥信息化在产权管理工作中的功能，推动中央企业产权管理水平的全面提升。要根据企业改革发展实际，不断优化产权管理工作手段，进一步发挥好产权登记的基础作用、资产评估的“门槛”作用、“三个市场”的平台作用、内部流转手段的整合作用，发挥好产权管理工作的基础性、枢纽性、战略性作用。

三、2013 年的几项重点工作

根据宏观经济形势和中央企业改革发展要求，结合产权管理工作实际，2013 年中央企业要着重抓好以下五项工作。

（一）完善产权管理工作体系

中央企业要以开展管理提升活动为契机，重点抓好制度梳理、综合检查评价和信息化建设。

一是要做好制度梳理和修订工作。中央企业要继续坚持“依法合规、市场机制”的工作理念，根据宏观经济形势的变化，以及国有企业改革发展的要求，全面梳理现有的各项产权管理制度，及时对已不符合实际情况的制度进行清理，对亟待进一步完善的制度进行补充修订。

二是要加强产权管理工作的综合检查评价。我们已经初步研究提出了中央企业产权管理工作评价体系及评价指标，目前正在修改完善，一旦成熟将尽快出台相关制度。中央企业要从管理工作的规范性和产权配置的有效性两个维度，积极探索建立符合企业发展实际的综合检查评价制度。

三是要加快产权管理信息化。中央企业要按照国资委产权管理各信息系统运行要求，加快建立健全本集团产权管理信息系统，早日实现互联互通，推动全程在线、动态监管。对数据保密性有特殊要求的企业，也要采取必要措施加快推进产权管理信息化步伐。

（二）提升市场化运作能力

中央企业要不断提高利用股票市场、产权市场、债券市场的能力，优化产权配置，保障企业发展。

一是继续借力境内外股票市场，推动企业改制上市和资源整合。要继续推进上市公司资产重组，推进有条件的企业整体上市。要充分利用上市公司平台，通过多种形式促进中央企业与上市公司，以及上市公司间的良性互动，推进优质资源向优势上市公司集中，促进上市公司可持续发展。要进一步规范国有股东行为，使国有股东成为负责任的积极股东，强化股东意识和规范意识，加强内幕信息登记，防控内幕交易。要加强对股票市场新情况、新问题的研究，积极推动控股上市公司建立健全解决同业竞争、规范关联交易、促进持续发展的长效机制。

二是坚持规范与创新双轮驱动战略，用好用活产权市场。既要注重规范，增强产权流转的市场化意识，真正做到“应进必进、能进则进、进则规范、操作透明”，防控产权流转中的暗箱腐败问题，提高国有企业开放、透明、守规则、重信誉的社会形象。又要加快创新，进一步挖掘产权市场的综合服务功能，利用市场平台推动资本的形成和流转，带动社会资源实现优化配置。在结构调整过程中，中央企业要加大利用产权市场处置辅业、低效、无效资产的力度，推进大宗实物资产进场交易。在“走出去”和科技创新过程中，要积极探索利用产权市场组合民间资本，开辟股权融资和债权融资新渠道。

三是进一步拓展债券发行渠道，注重防控融资风险。要用好国内国际债券市场资源，积极探索境外债券发行，为中央企业改革发展服务。同时，要根据企业发展实际，合理控制好发债规模，把握好发债信息披露，跟踪好募集资金投向。要通过“中央企业债券发行监测管理系统”，有效监控风险，特别是部分创新品种的潜在风险，做到又好又快发展。

（三）做好产权登记分析

2012 年，我们花大气力完成了国家出资企业产权重新登记，摸清了家底，掌握了产权分布状况，为中央企业优化结构、调整布局提供了依据。今年要进一步重视产权登记工作，注重发挥产权登记在中央企业改革发展中的基础性作用。要按照 29 号令要求，切实做好产权登记日常办理工作，规范工作流程，明确工作责任，做到“应登尽登、应登即登、登则登准”，确保产权登记数据的真实、全面、准确。要全面推进产权登记信息系统建设，实现产权登记网络版全覆盖，提高工作效率，确保工作规范有序。要更加注重产权登记数据的分析、运用，多出有质量、有深度的分析报告，为企业调结构、转方式、促改革提供决策参考。

（四）规范资产评估管理

要以“资产评估备案管理信息系统”全面应用为契机，优化资产评估管理流程，完善资产评估机构库和专家库，切实提高备案报告质量，发挥好资产评估“门槛”作用。要根据出资人监管要求，结合企业改制重组、结构调整和国际化经营需要，不断优化资产评估管理方式，完善评估方法体系，妥善解决企业在境内外并购重组过程中评估工作面临的新问题，探索依据评估或估值报告跟踪、评价并购重组项目的方式方法。

（五）加强境外产权监管

要继续贯彻 27 号令，尽快健全、完善本企业境外产权管理制度，明确责任，清晰流程，细化要求，规范操作，强化关键环节和重大事项的管控。要结合国际化经营面临的形势和本企业实际，认真研究本企业境外资本运作规划，积极推动境外产权布局、产业结构的调整优化。要防范境外产权投资、运营中的风险，认真组织对境外产权项目的监督检查。要进一步完善境外产权管理状况报告制度，充实报告内容，提高报告质量，全面、及时、准确地反映境外产权分布、运营与变动情况，促进提高中央企业境外产权运作规范水平。

同志们，2013 年中央企业产权管理工作责任更加重大，任务更加艰巨。我们要坚定信心，扎实工作，共同努力，全面提升产权管理工作水平，为中央企业做强做优、提高发展质量和效益，做出新的更大贡献。

深化金融体制改革　完善公司治理结构

——汇金公司成立十周年回顾

财政部副部长　王保安

（2013 年 12 月 24 日）

按照党中央、国务院关于金融体制改革的总体部署，2003 年汇金公司正式成立，这是本世纪初我国金融改革大幕开启的重要标志。回顾十年历程，汇金公司取得的成绩值得祝贺；展望公司未来，汇金创新机制、依法履职、助推金融体制改革任重道远。

作为依《公司法》设立的国有独资公司，汇金公司根据国务院授权，负责向国有重点金融机构注资，并以出资额为限依法行使出资人权利、履行出资人义务。十年来，汇金公司先后向中国银行、中国建设银行、中国工商银行、中国光大银行、中国农业银行等分别实施注资，还参与多家高风险证券公司、保险公司的财务重组，成为国有金融机构改革的重要平台。应该说，汇金公司的成立是我国金融改革的一项有益探索，对促进现代企业制度建设、深化金融体制改革发挥了重要作用。

2007 年，我国金融业结束 WTO 过渡期，金融改革创新迎来新的挑战和机遇。作为全国金融改革整体设计的重要组成部分，财政部结合当时的市场流动性状况，提出“财政发债购汇”组建外汇投资公司的方案。中央财政发行特别国债，购买外汇储备作为资本金，成立了中国投资有限责任公司，汇金公司成为中投公司的全资子公司。这一措施既回收了市场流动性，拓宽了外汇储备的运用渠道，化解了外汇储备注资银行的潜在风险，也理顺了财政、央行和国有银行之间的关系。为汇金公司充分发挥注资平台和股权管理作用创造了条件，提供了制度保障。

当前,我国主要国有金融机构基本完成股份制改革,汇金公司的工作重点已逐步从注资、重组为主,转移到行使出资人权利、完善公司治理结构。汇金公司以资本为纽带,通过派出董事、监事,依托公司治理渠道,按照相关法律法规和公司章程,依法履行股东职责,维护国有金融资本权益。从实践效果看,通过派出董事、监事常驻金融机构,了解掌握机构经营和财务状况,与董事会、监事会、管理层等各方有效沟通,有利于保证董事会和监事会的顺畅运行和科学决策。

2013年,党的十八届三中全会吹响了新一轮全面深化改革的号角,全会通过的《中共中央关于全面深化改革若干重大问题的决定》进一步明确了金融改革总体部署,提出了扩大金融业对内对外开放、健全金融市场化机制等重大改革措施。站在新的历史起点上,深入贯彻落实十八届三中全会精神,汇金公司应立足改革发展全局,继续坚持出资人代表定位,推动金融机构完善治理结构,努力做到"不缺位、不越位、不错位"。一是要依法履行股东职责。严格按照国务院授权,对国有重点金融机构进行股权投资,以出资额为限依法、全面、规范地履行出资人代表职责,股东履职"不缺位"。二是严格实行政企分开。坚持市场化的国有股权管理理念,不当"婆婆",消除行政审批色彩,投权管理"不越位"。三是平等参与市场体系建设。要主动维护市场秩序,按平等、公正原则开展业务,参与市场竞争"不错位"。四是要完善派出董事、监事管理机制。按照法制化、专业化的方向,通过完善选拔、考核、评价机制,增强派出董事、监事的履职行权能力。突出国有股东人格化、企业制度现代化、公司运营市场化的改革要求。

改革发展永无止境,实践创新永无止境。面对日益复杂的国内外经济金融环境,我国金融体制改革已进入深水区,任务繁重而艰巨。新的形势要求汇金公司继续保持高度的政治责任感和历史使命感,进一步创新机制、完善治理,为深化金融体制改革、健全金融市场体系、增强国有经济活力发挥更加积极的作用、做出更大的贡献。

文章来源:中国财经报

妥善应对国际金融形势不确定性挑战

——在"2013年中国金融论坛"上的发言

财政部副部长 朱光耀

当前国际金融形势错综复杂,充满矛盾,而这些矛盾又直接导致了诸多不确定性。这些矛盾和不确定性突出表现在以下六个方面。

第一,近期不少国家进一步调低利率水平,同时国际金融市场又在密切观测着主要发达经济体货币政策的走向,特别是美联储是否退出量化宽松货币政策,以及退出的节奏和力度,这就构成了当前国际金融市场最值得关注的第一对矛盾。与之相关的市场不确定性,就是美联储退出量化宽松货币政策的起步时间及其节奏和力度。

第二,当前国际资本市场大量游资流入发展中国家,包括中国在内的新兴市场国家都面临着不小的资本流入压力。一旦发达经济体央行,特别是美联储调整量化宽松货币政策,那么这种资本流动就会在瞬时发生重大变化。这一矛盾体现的就是国际资本市场上游资流动的极度不确定性。

第三,目前国际金融市场上债券的收益率,特别是主要国家国债的收益率处于历史低点。国债作为一种无风险投资,对很多投资者有着极大的吸引力。尽管收益率水平极低,但对国债的投资需求仍然很大,而量化宽松货币政策对这种情况起到了推波助澜的作用。但是,一旦美国和其他西方国家量化宽松货币政策的走向发生变化,国债的价格就会出现剧烈的波动。这就直接构成了债券市场上的矛盾,从而引发第三个不确定性,即债券市场走势的不确定性。

第四,在主要经济体讨论大而不倒银行的处置问题迟迟没有取得进展的情况下,一些经济体面临金融业务碎片化的问题,这构成了新的矛盾,从而引发了跨国金融机构发展方向和业务经营的不确定性。

第五,国际金融稳定理事会和二十国集团都在讨论,要吸取国际金融危机的教训,实施巴塞尔协议III,提高银行的资本充足率。与此同时,影子银行的影响和危害日益显现。这就构成了银行资产负债表内业务和表外业务之间监管的矛盾,而这对矛盾引发了银行监管有效性的不确定性。

第六,当前国际金融市场上流动性极度充裕,而实体经济的资金需求没有得到保障。一方面,资本市场上存在大量的流动性;另一方面,实体经济特别是中小企业亟待支持而又缺乏资金。这就构成资本市场繁荣与实体经济低迷之间的矛盾,反映出世界经济复苏的不确定性。

国际金融市场存在的上述六个突出矛盾及其引发的不确定性值得高度重视。

西方国家央行、特别是美联储量化宽松货币政策的运作,以及它选择退出的时机、节奏和力度,对全球经济包括对债券市场有着重大影响,我们必须高度关注。在当前形势下,我们要认识到,日本的量化宽松货币政策不能从根本上解决日本经济存在的结构性问题,而且其与美欧的量化宽松货币政策有着重大的区别。美联储将其量化宽松货币政策退出的政策条件确定为失业率在6.5%以下,通胀率在2.5%以下,明确地将两个指标都控制在警戒线以下。欧洲央行将控制通胀作为唯一的政策目标,将通胀率目标确定为2%以下;日本是想在两年内将通胀率推高至2%以上。日本和美欧在具体政策目标上也有着本质区别,即日本的目标是以货币政策替代经济结构调整,从而摆脱长达15年之久的通货紧缩。但是货币政策绝对不能取代经济结构调整的政策,而且货币政策的运作和对流动性的吸收,要以资本市场的吸纳为前提。如果货币政策的目标是为了推高通胀,进而影响本国货币的规律,这就违反了二十国集团关于反对货币竞争性贬值的政策共识,并对区域经济和世界经济产生负面效应。

在研究资本流动的突然变化问题上,我们的政策重点在于准确把握瞬息万变的国际金融形势,服务于我国改革开放的大局。我国正在深化经济结构调整,推进结构性改革,我们不以追逐高额顺差(包括贸易顺差和资本顺差)为目标,而是要实现均衡发展。在此过程中,我们要注意保持资本市场的平稳运作,防止资本、特别是短期资本的大进大出,出现剧烈波动。在当前经济基本面良好、外贸和吸引外资都健康发展的情况下,我们有条件实施审慎的政策,来保持资本市场稳健运作。

在大而不倒银行和金融市场碎片化问题上,我希望欧洲要特别关注金融市场新的变化。欧洲正在尽最大努力摆脱主权债务危机的负面影响,但是在此过程中,在跨国银行的问题上,应该进行政策协调。特别是欧元区 17 个国家,应该按照欧元区领导人达成的政策共识,进一步促进金融一体化,并进而向财政政策的协调统一方向发展,而不是在各自单一国家的基础上分割金融运作。这个问题值得警惕,希望能够在此问题上形成更多的共识,从而保证金融机构运作的健康和金融市场的稳定。

我们要对金融监管政策的必要性和影子银行的作用及影响有进一步的认识,在实施巴塞尔协议 III、提高银行资本充足率的前提下,加强对影子银行的监管。就金融监管而言,影子银行是表外业务问题,是在受监管范围之外的操作。如何让它规范化,是我们必须研究和应对的新问题。

关于流动性充裕和实体经济特别是中小企业资金缺乏的矛盾,解决这一矛盾对包括中国在内的世界各国都十分重要。中国现在的 M2 已经超过 100 万亿元人民币,中国央行的资产负债表也很庞大。在此情况下,如何使银行资金更有效地支持实体经济、特别是中小企业的发展,急需我们进一步破题,让银行资金运作得更加有效,让金融作为国民经济的血脉更加突出其支持实体经济的政策效益。不仅是金融政策,包括财政政策在内的整体宏观经济政策,都应该为实体经济发展创造更好的条件,提供更多的资金支持,从而确保中国经济在当前国际金融形势错综复杂的环境下,在深化结构调整和结构改革的前提下,能够持续健康发展。

在“2013 年陆家嘴论坛”发表演讲

中国证监会副主席　庄心一

(2013 年 6 月 28 日)

各位来宾:

大家上午好!

我受肖钢主席委托,出席本次陆家嘴论坛。首先,我代表肖钢主席和中国证监会,对论坛的召开表示热烈祝贺!

十八大以来,党中央、国务院着眼于全面建成小康社会的奋斗目标,作出了以改革释放红利、以转型增添动力,打造中国经济升级版的战略部署。近期,国务院明确指出,稳增长、调结构、促转型、惠民生,金融发挥着重要作用,并就当前金融支持经济结构调整和转型升级,出台了有针对性的政策措施。本次论坛的主题“中国金融改革开放与经济转型升级”,契合当前经济的脉动,直面金融工作的重心,正是今后一个时期需要深入研究和全面实践的的重大课题。今天,大家共聚黄浦江畔,围绕这一主题集思广益,对落实好党中央、国务院部署必将提供有益的启示,起到积极的作用。

从世界经济发展史来看,经济转型和产业升级是各经济体发展到一定阶段后必须面对的重大现实问题,主要经济强国都是通过数次成功的转型升级,保持和提升了经济核心竞争力与综合实力。近年来,国际金融危机影响笼罩全球,欧洲主权债务危机持续发酵,世界经济格局和竞争格局正在发生深刻复杂变化。在原有增长动力减弱、新的增长动力尚未形成的情况下,无论是发达国家还是新兴经济体,都面临转方式、调结构,抢占新一轮发展主动权和制高点的紧迫任务。对于我国来说,经过 30 多年的改革开放,已经发展成为世界第二大经济体,调结构、转方式的客观要求愈发突出和迫切。经济转型呼唤着金融改革的深化,产业升级亟待优化金融资源配置,更有效地提升金融服务实体经济的能力已经刻不容缓。

我国资本市场自建立以来,一直坚持市场化、法制化目标,推动市场发挥在资源配置中的基础性作用,促进投融资效率的提升。近年来,为服务实体经济的转型升级,证监会持续推进市场基础性建设,在改革新股发行制度和上市公司退市制度,完善主板市场功能,建立多层次市场体系,改善并购重组环境,扩大市场开放,强化监管执法力度,维护投资者合法权益等方面,进行了积极务实的探索。在各方共同努力下,取得了阶段性进展和成效。

大家知道,资本市场是投融资双方直接互动的平台。用市场化方式引导资源合理流动,高效动态地进行配置组合,是资本市场的天然优势。发挥好这一优势,对宏观经济目标的实现和微观主体的做优、做强、做大都益处极大。但这一优势的实现乃至充分发挥绝非轻而易举,更非一朝一夕之功,而是一项持续性的、牵涉面极广的系统工程,需要付出长期艰苦的努力。我们必须坚定信心和决心,不为任何困难所扰,不为任何挑战所惧,坚持不懈、齐心协力推进市场建设。当前,提升资本市场服务功能的重要性、紧迫性日趋显现,对所面临的困难与成因在认识上更为客观、深刻,解决问题的各种有利条件正在积聚增长,综合各项因素而言,现阶段,正是加快资本市场进一步改革发展的重要时期。证监会作为法定监管机构责无旁贷,一定要敢于担当,善于攻艰,有所作为,一定要化压力为动力,化挑战为机遇,紧紧围绕服务实体经济转型升级,下功夫、出实招,依靠、配合各方力量积极推进市场建设,着力强化市场监管执法,稳步推进对外开放,全力开创资本市场改革发展新格局。

监管工作是资本市场体系不可或缺的重要部分,是资本市场发挥功能的重要基础。依法实施监管符合市场运行的内在要求,是市场发展的客观规律使然,有效维护市场秩序始终是各国市场监管机构的核心职责所在。

在我国当前经济金融形势下，在资本市场进一步加快改革开放过程中，对证监会更好地履行职责提出了更高要求。实现我国资本市场的健康发展目标，必须维护公开、公平、公正的市场秩序，必须维护投资者特别是中小投资者的合法权益。只有始终牢记并着力实践这"两个维护"的宗旨，才能营造良好市场生态和市场秩序，才能充分调动市场各方积极性，提振市场信心，夯实市场长期稳定发展的根基。作为市场监管者，证监会不是市场交易的当事人，也不是价格的调控者。证监会的工作重点、资源、精力都应集中在维护"三公"原则和维护投资者权益上，监管理念、监管规则、监管手段、监管行为都必须据此展开。"两个维护"是否得到落实，是检验证监会监管工作的重要标准。促进资本市场发展，增强市场的功能，归根到底要靠市场自身的力量，尊重市场规律，发挥市场作用，与加强监管是相辅相成、相得益彰的。在一定意义上，监管就是要弘扬市场正气，压制歪风邪气，助长市场规范运行的正能量，遏制妨碍市场健康的负能量，疏堵并重，为资本市场充分地，可持续地发挥自身功能营造良好环境。

落实"两个维护"意义重大、内涵丰富、工作繁多。其中，首要的一项是保障、维护市场信息的真实性。资本市场是信息汇集的市场，信息的真实性是资本市场的命脉所在。提高市场的真实性要求各市场主体披露的信息都必须真实、准确、及时、完整，不得有虚假记载、误导性陈述或者重大遗漏，更不得以背信、造假、欺诈手段谋取利益。只有信息真实，才能形成合理的市场定价，市场配置资源的机制才能正常发挥作用；只有信息真实，市场的投融资双方才能真正拥有平等权利，市场的约束和制衡机制才能切实产生效能；只有信息真实，才能拓展市场化解决问题的范围和空间，为市场自我修复创造前提条件，实现动态均衡，也才能让监管放得更开、放得更好；只有信息真实，才能形成市场主体互信互重的良好市场生态，降低市场运行成本，提高市场整体效率；只有信息真实，市场专业分析方法和投融资管理工具才能真正有用武之地，才能引导投资者形成合理明确的预期，促进理性的投融资决策和股权文化；只有信息真实，市场的风险才能得到及时揭示、评估和防控，也才能始终守住不发生系统性风险的底线，提高市场运行的稳定性。从根本上看，市场信息的真实性，是实现资本市场市场化、法制化、国际化的重要基础，是资本市场健康发展的基本要求，是投资者保护制度的核心所在。信息真实性是资本市场改革发展中最基本的、最重要的、最永恒的一项要求。基于此，捍卫市场信息的真实性，既是证监会的一个重要工作主线，也是证监会开展日常监管和稽查执法的一个重要抓手。围绕着提高市场真实性、增强信息对称性，我们要持之以恒地抓好以下工作。

一要提高证监会监管工作的透明度。制订或修改各项监管规定，证监会都要坚持提前公开信息，充分征求意见，集思广益。对于依法履行的行政许可审批职责，坚决推进审批标准、审批过程和审批结果的"三公开"制度。明确执法标准，限制自由裁量，强化市场准入、日常监管、稽查执法和行政处罚、市场退出等各个监管环节执法的透明度，让监管在阳光下进行。对市场关注的疑点、焦点问题，及时回应、如实发布相关信息。"己欲立而立人"，证监会要从自身做起，自觉接受社会监督和舆论监督，促进市场各方充分理解和及时掌握监管信息，稳定监管预期，清楚监管导向。

二要不折不扣地落实好信息披露规定。要落实好新股发行体制改革关于发行人"一申报即披露，一披露即承担责任"的规定，坚持在发审前对中介机构履责尽职情况的抽查制度，对造假行为始终保持威慑。毫不松懈地加大对上市公司虚假披露信息、中介机构不履职尽责的问责力度。严格执行投资者适当性制度，督促证券期货产品销售机构真实披露产品或服务的性质、风险、权益安排、咨询途径、维权方式等完整信息，充分保障投资者知情权。改进完善上市公司信息披露制度和具体要求，并鼓励相关市场主体开展形式多样的投资者互动活动，使投资者获取信息方便快捷、渠道畅通。对市场广泛关注，质疑而得不到及时、明确答复的焦点问题，要通过监管措施，督促当事主体及时、充分、准确、负责地进行信息披露和说明。

三要严格稽查执法，加大打击造假等违法违规行为的工作力度。要用好用足现有法律法规赋予的监管权力和监管手段，依法对弄虚作假等违法违规行为予以严惩、严罚，让造假者付出高昂、沉重的代价。持之以恒地坚持严格执法，不搞"运动式执法"，不搞"时松时紧"的执法，对欺诈发行、内幕交易、操纵市场等利用虚假信息或信息优势牟取利益的严重违法违规行为始终保持"零容忍"的高压态势。

四要加强市场诚信体系建设，强化失信惩戒。在上市公司、证券期货经营机构和法律、审计、资产评估、咨询顾问等中介服务机构领域，开展以执业水准和诚信记录为主要依据的分类监管制度，逐步形成一套诚信受益、失信受制的长效机制。加强与相关部门的监管协作，促进信息交流与共享。认真落实资本市场诚信监管规定，以市场诚信档案数据库为依据，强化诚信监管和约束，依法惩戒失信背信行为。

五要下大力气强化市场信息系统建设。积极推进证券期货信息系统的资源整合和共享，不断提高信息系统安全水平，促进市场信息更加规范、高效、充分、及时、便捷、持续地传播，最大程度地降低信息获取成本，保障相关市场主体平等获取信息的权利，增强对日常各类市场信息留痕留影和监测比对能力，提高案件发现的精准性、及时性和查处效率。

六要强化投资者尤其是中小投资者权益保护。统筹研究制定系统的、可操作的投资者保护制度，系统梳理和修订日常监管制度规则，把投资者保护嵌入到全程监管的各个环节。持续深化投资者教育和服务，切实提高个人投资者自我保护意识和能力。从我国市场实际出发，完善多元化纠纷解决机制、市场化投资者损害赔偿机制。

各位来宾，上海一直是我国资本市场改革开放的前沿阵地。2009 年，国务院明确提出要把上海建设成为国际金融中心，这不仅为上海深化改革开放指明了方向，也为资本市场发展带来了重大机遇和新的突破口。近年来，在上海这片充满活力的热土上，各类金融机构包括跨国机构不断聚集，覆盖证券、期货、外汇、黄金等品种的金融体系不断健全，跨境业务活动取得可喜进展，推进市场国际化的相关研究和探索正在持续进行，证券期货交易所的创新能力和服务水平明显提升。证监会将一如既往地支持上海国际金融中心建设，也希望与各界各方进一步加强合作，紧紧抓住国际金融中心建设这一重要战略契机，围绕资本市场"市场化、法制化、国际化"建设，勇于创新、锐意进取，作出新的探索和贡献。

最后，预祝本次论坛取得圆满成功！

谢谢大家！

在“2013 年证券公司创新发展研讨会”上的讲话

中国证监会副主席　庄心一

（2013 年 5 月 8 日）

大力发展资本市场，是党中央、国务院作出的重大战略部署。加快资本市场的改革开放，既是深化金融体制改革的主要内容，也是完善社会主义市场经济的必然选择，更是打造中国经济升级版的重大举措。这项任务涉及经济、社会多方面改革工作，具有牵一发而动全身的意义。加快资本市场改革开放，需要大力发展证券行业。

在有关各方的重视和支持下，通过自身的不懈努力，证券行业呈现出良好的发展态势，一系列积极而重要的变化正在发生，新的发展格局正在形成。越来越多的公司从简单通道服务向多样化专业服务转变，从只提供单一标准化产品向提供多元化个性化产品转变，从单纯从事境内业务向境内外业务并举转变，从同质化经营向差异化发展转变。总体而言，行业的综合服务能力和市场应变能力正在逐步提高。更为重要的是，行业的进取性、主动性、创造性有所增强，对审慎、稳健经营和协调、持续发展的认识和思考也更为深刻，为服从服务于国家发展战略和资本市场发展全局，务实、有效地推进创新发展，奠定了良好的基础。

经过 20 多年的探索实践和经验教训总结，有关各方特别是证券行业自身对创新发展的重视度和理解度都越来越高，对综合治理之后召开的三次全行业座谈会明确提出的目标和要求，以及新形势下如何进一步深化改革持续发展形成了五个方面的共识。

一、创新发展必须持续不断地向前推进

我国证券行业是经济体制改革的产物，处在市场经济的最前沿，创新性、探索性是其天然属性。围绕市场需求，不断开发金融产品、深化金融服务、为各类客户提供解决问题的方案，是行业的立业之本、职责所在，也是其价值所在。创新发展是证券行业永恒的课题。

目前，我国经济正处于转方式、调结构、稳增长的关键时期，资本市场深度和广度正面临新一轮的拓展，这对证券行业的服务能力提出了新的更高要求，也为证券行业的创新发展提供了难得的机遇和巨大的空间。全行业必须深入贯彻落实党的十八大精神，以勇于担当的精神，抓住机遇、迎接挑战、全力以赴、紧紧跟上。必须坚定不移地以市场为导向、以客户为中心，深入、持久地推进创新发展。

二、创新发展必须致力于提升核心竞争力

证券公司应当始终不渝地把提升核心竞争力作为一切创新活动的出发点和落脚点，在努力提升服务客户、服务市场能力与绩效的过程中，拓宽发展空间，积累发展能量，提高发展质量，增强发展后劲，实现可持续发展。

证券公司创新发展应当始终从我国资本市场实际和自身实际出发，勇于实践，善于学习，勤于思考，扬长避短，通过具有品质、确有绩效的产品、服务、管理技术打造各有特色的经营优势。从事创新活动需要冷静判断、理性思考、统筹谋划、审慎决策、务实操作，既锐意进取，又脚踏实地，一步一个脚印地向前推进。

证券公司是资本市场最重要的中介机构，维护资本市场的健康运行和稳定发展的能力和实效，是其核心竞争力的重要体现。这就要求证券公司归位尽责，切实当好资本市场的守门把关人，积极履行保护投资者利益的社会责任。

三、创新发展和风控合规必须动态均衡

脱离了风险控制，创新发展一定会遭遇挫折，甚至导致灾难性后果，这是国内外金融市场上一个重要而普遍的深刻教训。我国证券公司身处新兴加转轨时期的公开市场，一旦发生风险溢出，极易形成“冲击波”迅速扩散，应对处理难度很大，造成的后果往往很严重。在整个创新过程中，风险防范、控制、应对体系都必须同步跟上。各证券公司都要坚持以风控能力为拓展业务的边界线，确保风险可测、可控，始终把风险控制在证券公司自身可承受的范围内。

创新发展必须坚持合规管理。各公司要充分认识合规管理的重要性，把合规管理作为公司持续健康发展的内生要求和基本保障，认真抓实抓好。实践中，法律法规、监管规定的实施效果应当及时予以评估，适应市场和行业实际需要不断调整改进。但是，任何现行有效的法律法规和监管规定都应当严格执行，这是必须维护的基本原则。

风险控制能力和合规管理水平是决定公司业务空间和发展进程的核心要素。各公司都必须坚持创新发展和风控合规“两手都要抓，两手都要硬”，努力保持创新发展水平和风控合规能力的均衡匹配。

四、创新发展必须深化改革加强配套机制建设

证券行业创新发展是一个系统工程，各证券公司必须在深化改革上下功夫、出实招，围绕全局性、长期性需要，着力建立健全配套机制，同步提升“硬实力”和“软实力”。

要建立健全人才开发机制，着力培养、选拔、使用德才兼备、作风过硬的创新型优秀人才，为他们开拓进取、干事创业、成长进步提供宽广的平台。

要完善公司治理机制，按现代金融企业的目标要求，建立科学有效的决策、运行、制约、激励等配套制度，并落到实处。

要建立健全持续学习机制，加强调查研究和培训教育，不断更新知识、拓宽视野，提高前瞻性、敏锐性、专业性和科学性。

要建立健全试错容错机制，形成鼓励创新、宽容失败的机制与文化。勇于进取、务实探索的公司和个人，应当受到充分的尊重。对在创新探索过程中难以避免的失误或挫折，应给予足够的理解。

五、监管工作必须跟上行业创新发展的步伐

监管机构不能替代行业进行创新，但要为行业创新发展营造适宜的环境。监管工作，必须注重调查研究和学习思考，努力把握和遵循市场规律，从经济社会全局和行业实际状况出发，不断推进监管改革，使监管工作紧紧跟上行业创新发展的步伐。既要防止因为监管过度而抑制行业创新发展的活力，又要避免因为监管缺位而导致行业创新风险的失控。

改进和加强监管，必须牢牢维护风险监控和合规管理两项基础监管制度有效性，坚决守住两条底线：一是证券行业不出现普遍性、持续性的违法违规行为；二是证券公司的经营风险不外溢，不形成系统性、区域性风险。在此基础上，最大限度地放大证券公司的自主经营、自我管理空间。

改进和加强监管，必须持续维护监管的严肃性、有效性，坚持廉洁公道、秉公办事，不断提升监管的透明度和公信力。对任何违法违规和风险失控行为，要依法据实查处、问责，决不姑息迁就。监管执法，既要严格、又要公平，对同种性质和程度的问题，必须按照同样的标准予以处理。

以上五个方面的共识，是在长期实践中共同形成的宝贵财富。能不能转化为创新发展的实际成果，还要靠大家共同努力实践。常言道，重在行动，贵在坚持。深切期望大家坚定目标不动摇，持续不断做加法，脚踏实地干事业，自强不息、稳中求进，努力使行业综合素质和核心竞争力得到不断提升，并形成可持续发展的强大后劲，为打造中国经济升级版、实现民族复兴"中国梦"作出更新更大的贡献。

投资者应对发行人披露信息高度敏感

——在第 17 届(2013)中国资本市场论坛上的发言

中国证监会副主席　姚　刚

第 17 届(2013)中国资本市场论坛于 2013 年 1 月 12 日在中国人民大学逸夫会议中心召开，主题是"中国资本市场：变革与成长"。中国证券监督管理委员会副主席姚刚先生作主旨演讲称，第一，新股发行体制的改革是一个不断深化的过程；第二，深化以信息披露为中心的新股发行体制改革；第三，加快发展多层次市场建设，更好的服务实体经济。

以下为中国证券监督管理委员会副主席姚刚先生作主旨演讲实录。

尊敬的黄达教授，各位来宾：

大家上午好。非常高兴能够参加第 17 届中国资本市场论坛，这是一个有着很长历史的论坛，一件事情坚持 17 年确实不容易。还有那么多同志站着听这个论坛，我深受感动。

这次论坛以变革、成长为主题，对于凝聚社会各界智慧，进一步深化资本市场的改革，推动市场健康发展，具有很强的现实意义。我想借这个机会，就中国资本市场的发行监管体制的问题给大家汇报一些情况，谈一些看法，和大家做一点交流。

一、新股发行体制的改革是一个不断深化的过程

发行新股上市是企业进入资本市场的第一步，发行监管体制是直接融资当中的一个重要环节。在中国资本市场 20 多年的发展历程中，发行监管体制改革和制度建设推进的每一步，都是与我国经济体制改革和资本市场改革的整体进程密切相连的。

在市场发展的初期，我们曾经实行过企业发行上市审批制和额度制，在摆脱计划经济不久，习惯于以贷款额度控制信贷规模的年代，这种方式是在当时历史条件下最容易被各方接受的管理方式，当时国务院批总额度，证监会分额度，最后由证监会按统一的市场市盈率批准企业发行上市，这种现在听起来近似天方夜谭的审批方式，是在特定历史方式下推进发展的阶段性措施，也为国企解困做出过贡献。

2001 年，股票公开发行实行核准制的要求，由行政主导向强化市场约束的方向转变，现在还有许多观点搞不清审批制与核准制有什么区别，认为都是证监会审批，没有什么本质上的区别。其实我认为区别还是很大的，主要表现在以下五个方面。

(1)取消了股票发行的额度制，中央政府不再制定每年的发行盘子，交由市场自我调节。

(2)企业遴选的方式，从地方政府选择推荐企业，改为由具备资格的证券公司根据法律法规规定的条件选择推荐企业。这为上市公司市场化的价值发现，价值评价和风险判断创造了条件。

(3)通过改革，实行身份公开，发审会预告和申请材料预披露等制度，增强了发行过程中的市场约束，提高了市场的诚信水平。

(4)对新股定价方式进行了改革，从过去无论公司好坏都一律用相同市盈率发行的方式，改为由发行人和承销商投价的方式发行。

(5)政府部门退出了推荐企业上市的过程，强化了保荐机构、会计师、律师、资产评估师等市场角色的责任，这些变革在当初看来还是天翻地覆的，发行制度的改革是我国经济体制改革和证券市场演进的一个缩影，带有时代的烙印。比如相互制衡和自我约束能力不足，价值投资，长期投资的理念没有深入人心，市场主体责任追究机制还需要进一步完善，违法违规的成本仍然相对较小等，这些特点决定了发行体制改革不可能一蹴而就，而是一个循序渐进的过程。

但是通过发行体制改革的历史不难看出，改革的整体价值取向是区域行政化和市场化，逐步建立市场对企业发行上市的约束，这符合党的十八大报告提出的更加尊重市场规律，更好发挥政府作用的总体要求。

今后改革的进一步深化，就是要按照十八大报告指明的更大程度，更广泛的发挥市场在资源配置中的基础性作用的方向，以信息披露为中心的发行监管体制改革把它引向深入。

二、深化以信息披露为中心的新股发行体制改革

2012 年 4 月 28 号，证监会发布了关于进一步深化新股发行体制改革的指导意见，明确提出要进一步推进以信息披露为中心的发行制度建设，强调信息披露的真实性、准确性、完整性和及时性，这是由直接融资的性质所决定的。直接融资就是投资者通过购买企业发行的股票或者债券，和企业发生直接的债权债务关系，企业经营情况的好坏，直接影响到投资者投资的回报情况。在直接融资中投资者非常关心自己投资企业的情况，由于买卖双方信息的不对称，直接融资体系中，引入了中介

机构这样一个群体，对企业进行调查，帮助和督促企业把自身情况真实准确完整及时地向社会公众披露，投资者根据披露的信息，决定是否投资和以什么价格投资，只有一切与证券及其发行人有关的重大信息得到及时完整的披露，投资者才能吸纳和处理这些信息，才能反映在证券的价格上。

信息被投资者处理的过程，也是价格形成的过程，又引导市场配置资源，如果信息披露不真实，价格信号必然是扭曲的，也必然带来整个市场资源的错配，因此虚假披露不仅损害投资者的利益，对宏观经济运行也是十分有害的。可见信息披露是直接融资的核心，没有真实的信息披露，直接融资也就丧失了存在的基础。

以信息披露为中心的发行监管体制改革，关键在于如何确定市场主体的义务。首先发行上市是一项专业性很强的工作，保荐机构对发行人信息，披露资料进行审查，此外还必须由会计师出具审计报告；其次公开发行新股的发行人，作为信息披露的第一责任人，应依法承担财务报告的会计责任、财务信息的披露责任，为会计师事务所的审计见证提供真实完整的财务会计资料和其他资料，全面配合中介机构开展调查。

监管机构对发行人和中介机构出居的文件进行合规性审核，提供的文件必须真实、准确、完整，不得有虚假记录、误导性陈述和重大遗漏，否则将面临法律规定的刑事责任的追究。

投资者作为信息披露的接受者和使用者，应该对发行人披露的信息有较高的敏感度和关注度，并在充分获取信息的基础上，基于自身利益表达真实意愿，实现按质论价。需要强调的是，发行人和中介机构是披露信息的发端者和传导者，主要要强化发行人和中介机构的法律责任、诚信水平、关于发行人中介机构的法律责任，现行法律法规已经做出了明确的界定，做出了相应的法律规制，对于误导性陈述，或者重大遗漏的法律责任也做出了明确的规定。我国刑法第 160 条、161 条，对隐瞒重要事实造成严重后果，或者提供虚假财务报告，都做出了量刑的标准。

2012 年以来，配合发行体制改革的出台，中国证监会狠抓监管执法，目前还有一些正在立案的调查。从目前市场来看，为确保新股发行改革的初衷真正能够得到贯彻落实，要加大对新股发行过程中各种违法违规行为的监管和惩治力度，规范自律，证监会已经下发文件，并开会布置，对在审企业 2012 年财务报告进行专项的建设工作，媒体也有所报道。

三、加快发展多层次市场建设，更好的服务实体经济

我国处于工业化、城镇化的中期，希望进入资本市场的企业比较多，这是客观的情况，也是世界其他市场非常羡慕的情况。同时这也和我国多层次资本市场体系建设相对滞后，企业想进入资本市场就只有发行股票上市一条路的现实状况不无关系。要改变这种局面，只有按照十八大报告提出的要求，加快发展多层次的资本市场。

资本市场是对接投资方和融资方的平台，不同的投资者有着不同的风险偏好，处于不同发展的企业也有多样的融资需求。发展多层次市场，可以使各类投资者和融资者都能在不同类型，不同层次的市场中，寻找到适合自己的工具。因此多层次资本市场，不仅是指多层次的股票市场，还包括多层次的债券市场，以及在特定对象之间发行和转让的私募市场，还要推进对外开放，利用好境外的资本市场。根据中国人民银行发布的 2012 年社会融资规模的数据，非金融企业境内股权融资只占社会融资规模的 1.6%，这个比例是非常小的；公司信用类债券融资占 14.3%。其他融资方式如信托贷款、委托贷款这一部分常常被称作引资银行，直接融资中债券融资额已经是股权融资额的 9 倍左右，与实体经济发展的内在需求相比，我国资本市场的包容，服务能力还比较薄弱。

党的十八大报告明确提出，要加快发展多层次资本市场，从战略高度服务实体经济的广度指明了方向。

一是我们要加快发展多层次的股票市场建设。我国目前的股票市场还是以交易所市场为核心的市场体系，随着经济社会的发展，这种单一市场体系已经不能满足投融资双方的需求，当前特别是要加快发展有别于交易所市场的场外市场，积极推动全国性场外交易市场建设和扩大市场的覆盖范围，大幅度降低企业进入场外市场的挂牌条件，使众多中小企业可以在这个市场中得到股权扭转和定向融资的服务。同时在更下一层的层次上，还需要稳步规范发展私募性质的区域性股权转向市场，在特定投资者范围内提供股权转向服务。为防止风险向社会公众扩散，对于参与场外市场的投资者，要制订严格的制度。

二是推动公司信用类债券市场发展。我们长期以来把重点放在股权融资上，但是发行股票融资筹来的是公司的资本金，真正替代银行贷款的直接融资是债券融资。①大力推进债券市场改革创新，放松行政管制，推动债券市场的品种创新，机制创新；②促进债券市场的制度统一，依法监管；③坚持市场化导向，切实推动企业以自身信用为基础的发债机制，解决政府的信用问题；④及时查出违约行为，为投资者提供有效的法律保障；⑤提高债券市场运行效率，深化银行间债券市场和交易所债券市场的互联互通，促进各类要素跨市场自由的流动。

三是规范和发展适应实体经济需求的私募产品和私募市场。过去我们比较重视公开发行证券募集资金的行为，其实实体经济中存在大量对少数特定群体以私募的方式筹集资金的需求。近年来这类投融资活动得到较快的发展，但是我国场外市场建设相对滞后，对私募基金的监管还基本上处于空白的状态，私募基金融资的数量还没有纳入社会融资规模统计中，市场主体良莠不齐，有些蕴藏着不小的风险，有些已经出现了风险。

去年底，全国人大常委会修订了证券基金法，实施适度有限的监管，将私募基金纳入法制化轨道，我认为这是一个非常好的开端。将私募基金纳入多层次市场体系的范畴进行统一监管，发挥其连接实体经济，一级市场和二级市场的独特优势，从扩充投资领域和退出渠道的角度，推动资本市场的建设，有利于企业发展，反过来促进私募基金的发展，促进双方的良性互动。

四、继续开放对外开放，统筹用好境内境外两个市场，两种资源

中国经济已经深深嵌入了全球经济大循环，随着境内企业走向国际市场，在客观上要求我们以更加积极的态度，参与全球经济竞争，提高在全球范围内合理配置资源的能力，伴随着汇率改革，人民币可兑换的逐步实现，资本市场必须进一步扩大对外开放，采取措施，支持中国企业，特别是中小企业走出去在境外融资，在境外并购，在境外发展，更好地服务于中国企业参与国际竞争的任务。

中国证监会已于去年底发布了关于股份有限公司境外发行股票和上市审核程序的监管指引，简化审核程序。

中国资本市场的发展任重道远，发行体制改革任重道远，感谢社会各界对资本市场建设和发行体制改革的关注，也感谢大家提出的宝贵的意见和建议。希望大家今后继续关心资本市场的发展，我们共同努力，形成深化改革的正能量。

最后预祝本届论坛取得圆满成功，给大家拜个早年，谢谢。

在“2013 财新峰会”上的演讲

中国证监会副主席　姜　洋

（2013 年 12 月 19 日）

各位来宾，女士们、先生们：

大家下午好！很高兴参加“2013 财新峰会”。首先，我代表中国证监会，对峰会的召开表示热烈祝贺，对大家长期以来给予资本市场的关心和支持表示衷心的感谢。

一个多月前，党的十八届三中全会胜利召开。会议对全面深化改革进行了系统部署，随着会议精神的贯彻落实，必将对我国经济社会发展产生重大而深远的影响。我国资本市场是改革开放伟大实践的产物。过去 20 多年来，资本市场与经济社会发展战略紧密相连，每一次改革阶段性重点任务的调整，都对资本市场提出了要求、提供了动力，资本市场建设也推动了相关领域的改革进程。这次三中全会通过的《关于全面深化改革若干重大问题的决定》，明确提出了建设统一开放、竞争有序的市场体系，要使市场在资源配置中起决定性作用。要求健全多层次资本市场体系，推进股票发行注册制改革，多渠道推动股权融资，发展并规范债券市场，提高直接融资比重，优化上市公司投资者回报机制，保护投资者尤其是中小投资者合法权益等具体任务，为资本市场改革发展指明了方向。《决定》还提出了积极发展混合所有制经济、推动国有企业完善现代企业制度、建立更加公平可持续的社会保障制度等举措，这都将为资本市场的改革发展提供有力的支持。因此，当前资本市场面临着难得的机遇。上周召开的中央经济工作会议在部署 2014 年重点工作时，再次提出了优化融资结构，提高直接融资比重的要求。

当前和今后一段时期，我们将深入贯彻落实三中全会和中央经济工作会议精神，加快建设与我国经济社会发展水平相适应的多层次资本市场，更好地促进经济社会转型发展。

一、坚持市场化改革取向，切实提高资本形成、流转、配置的效率

资本市场各项功能的发挥，需要一个结构合理、发展均衡、功能完善、稳健高效的市场体系，也需要一套体系完备、衔接有序、运行高效的体制机制安排。20 多年来，我国资本市场取得巨大成就，但总体上仍处于“新兴加转轨”阶段，市场格局以股票为主，债券市场不够发达，期货衍生品功能发挥不充分，在股票市场内部也存在交易所市场规模大、场外市场滞后的结构性问题。同时，市场内部运行机制和外部生态环境的市场化程度也不高，总体还是行政主导型的，依据市场规则、市场价格、市场竞争实现资源配置效益最大化和效率最优化的机制还没有形成。

针对这些问题，一方面，要下大力气健全多层次资本市场体系，形成符合经济发展实际需要的多层次资本市场格局。要优化各层次股票市场制度安排，壮大主板市场，丰富三板的内涵，继续发展中小企业板，改革创业板，加快完善全国中小企业股份转让系统，规范发展区域性股权市场，探索发展证券公司的柜台交易市场。要积极发展统一规范的债券市场。加速发展商品期货市场，稳步发展金融期货市场，推进场外衍生品市场建设。另一方面，要着力健全有利于市场功能发挥和稳定运行的体制机制。要以注册制为目标，积极推进股票发行体制改革，强化信息披露，完善配套制度，改革审核方式，加强市场监管，促进市场主体归位尽责；要以构筑符合我国实际的上市公司退市制度为突破口，健全市场优胜劣汰机制；要以提升市场主体核心竞争力为着力点，健全市场创新发展机制；以维护市场稳健运行为重点，完善市场交易运行机制和风险防范处置机制。

二、坚持法治化取向，推进市场治理体系和治理能力现代化

把市场建设纳入法治轨道，既是资本市场发展的内在规律，也是现代社会发展的迫切要求。经过多年努力，我们初步形成了相对健全的资本市场法律体系，对市场改革发展起到了很好的保驾护航作用。但在市场快速发展过程中，有些领域的制度供给还没有及时跟上，相关创新活动面临不确定性风险；有些领域的法规没有根据新的形势及时修订，从而限制了市场的创新活力；有些领域的法规落实还不够到位，违法违规行为易发多发。

“法制强则市场兴”。要根据新的形势和任务，大力加强法治建设。在法律制度供给方面，要认真总结实践经验，推动《证券法》修改和《期货法》制定，推动出台上市公司监管、私募基金监管、资产证券化等方面的政策法规，推动完善相关司法解释，加快推进证监会部门规章和规范性文件的“立、改、废”，抓紧形成相对科学完备的法律实施规范子体系。在法律制度执行方面，要完善执法机制，统一执法标准，充分借助信息化等手段，大幅提高执法效率，加大执行力度，坚决打击证券期货违法违规行为，切实维护市场秩序，保护投资者尤其是中小投资者的合法权益。

三、坚持国际化取向，增强市场发展动力

近年来，我国经济的国际化程度日益加深，资本市场迫切需要通过国际国内两个市场提高资源配置效率，有效管理各种风险。但目前，我国资本市场总体上仍是封闭市场，对外开放程度有限。今后，必须坚持以开放促改革，以国际化促进市场化、法治化的思路，积极顺应全球经济一体化趋势，密切配合利率、汇率市场化改革和人民币资本项目可兑换进程，积极推进资本市场国际化。将有序提升境内外机构和个人跨境投融资的便利化水平，积极开发跨境、跨市场金融产品，探索多样化挂牌方式和交易机制，逐步放宽证券期货业外资准入限制，鼓励境内外证券期货经营机构差异化“走出去”等。

当前，推进资本市场对外开放的一个重点工作是，认真贯彻十八届三中全会关于“加快自由贸易区建设”的决定，支持上海自贸区建设。今年九月份以来，我们按照党中央、国务院的部署，推出了资本市场支持促进自贸区建设的五项措施，积极配合有关方面做好自贸区外商准入负面清单的编制工作，批准上海期货交易所在自贸区设立了国际化的原油期货交易平台——上海国际能源交易中心，批准华安基金等 2 家基金管理公司、海通期货等 5 家期货公司在自贸区设立专业子公司。下一步，将进一步研究细化相关政策措施，抓紧制定实施细则，支持自贸区内符合条件的单位和个人按照规定跨境双向投资，为区内金融机构和企业提供国际化的金融交易平台和风险管理工具，依托国际原油期货平台吸引境外投资者参与境内期货交易，切实加强对相关试点工作的监测和管理，牢牢守住不发生系统性风险的底线。

女士们、先生们，推进资本市场的市场化、法治化和国际化进程，是一项长期的系统工程，需要包括新闻媒体在内的社会各界的大力支持和配合。长期以来，证监会十分注重与媒体的沟通和交流，特别是今年相继成立了新闻办公室，设立了专职新闻发言人，上线运行了官方微博和微信，在回应媒体关切、引导市场舆论方面进行了有益探索，取得了积极成效。今后，将采取多种措施，继续加强与媒体的互动，进一步提高市场和监管的透明度。也希望大家一如既往地关心、支持证监会的工作，更好地发挥监管部门与广大市场主体间的桥梁纽带作用，共同推动资本市场平稳健康发展。

谢谢大家！

加强多层级蓝筹股市场建设服务实体经济

——上交所深入学习贯彻落实十八大精神

上海证券交易所党委书记、理事长　桂敏杰

（2012 年 11 月 21 日）

11 月 20 日上午，十八大代表，上海证券交易所党委书记、理事长桂敏杰主持召开上交所党委中心组（扩大）学习会议，传达学习党的十八大精神，并对贯彻落实十八大精神、全面推进上交所各项工作提出了明确要求。

桂敏杰介绍了党的十八大会议情况，传达了胡锦涛同志所作的报告和十七届中央纪委工作报告的精神以及党章修改的情况。他指出，党的十八大是在全面建成小康社会和全面深化改革开放攻坚克难关键时期召开的一次旗帜鲜明、思想深刻、部署全面、求真务实、催人奋进的大会，必将对社会经济发展全局起到重大而深远的指导作用。学习领会和贯彻落实十八大精神，要牢牢把握“四个一”，即：一个主题就是高举中国特色社会主义伟大旗帜；一个总依据是社会主义初级阶段；一个总布局是五位一体；一个总任务是实现社会主义现代化和中华民族伟大复兴。要牢牢把握“八个坚持”的基本要求，始终坚持“三个倡导”的社会主义核心价值体系。

桂敏杰指出，党的十八大提出了现代金融体系的目标是促进宏观经济稳定、支持实体经济发展。这为上交所多层级蓝筹股市场建设指明了战略方向。上交所要按照十八大的要求，进一步提升交易所市场的功能和服务实体经济的能力。在深化金融体制改革方面，配合监管部门放松管制、简化审批，切实发挥交易所市场组织者作用；在完善金融监管方面，提高监管透明度，抓好上市公司分类监管、信息披露直通车，保护投资者权益；在推进金融创新方面，引领和支持行业创新，加快债券市场发展，引入更多的交易方式和交易工具；在维护金融稳定方面，加强风险监测，防范和化解资本市场系统性风险。同时，交易所也要按照加快发展多层次资本市场的要求，加强多层级蓝筹股市场的建设，并通过参与场外市场建设、发展中小企业私募债等，为各类不同行业、不同规模、不同发展阶段的企业服务。

会上，桂敏杰结合十八大精神畅谈了参加十八大会议的体会；党委副书记、总经理黄红元及其他党委委员、总办成员也结合学习十八大精神，就资本市场未来发展、上交所当前工作重点难点及未来发展方向等进行了深入讨论，并就结合交易所工作深入贯彻落实十八大精神达成了五点认识。

第一，深入贯彻落实十八大精神，重在提高政治素养，提升使命感、责任感和大局观。交易所承载着国家法律法规的执行责任；承载着维护整个市场秩序的责任；承载着剔除市场“害群之马”的责任；承担着维护投资者权益的责任。根据交易所功能和定位，上交所党委、干部和员工必须有很高的政治素养，要把自身的工作与国家的战略、民族的命运结合起来，体现责任、视野、眼界和担当。

第二，深入贯彻落实十八大精神，重在有紧迫感，有强烈的进取心。与十八大提出的全面建成小康社会的宏伟目标相比，上交所还有很大的差距；与服务实体经济的要求相比，上交所服务能力还不足。因此，上交所要有紧迫感，迎难而上、锐意进取，要以更高要求、更高标准开展工作，使市场有更大的吸引力，有更大的影响力。

第三，深入贯彻落实十八大精神，重在解放思想、敢于实践，提高工作的主动性。我国资本市场经过 20 多年的发展，在探索中前进，在改革中创新，风雨兼程，快速成长，市场规模跃居世界前列，市场体系逐步完善，市场功能日益增强，市场秩序趋于规范，对外开放稳步提高，取得令人瞩目的发展成就，进入了一个新的发展阶段，具备了放松管制、鼓励创新，以及扩大发展的环境和条件。上交所要进一步改变思维惯性，摆脱路径依赖，进一步简化流程，提高效率，进一步解放思想，鼓励创新，敢想敢为，提高创新的主动性、自觉性和前瞻性。

第四，深入贯彻落实十八大精神，重在开拓创新，创造性地开展工作。上交所要在党中央、国务院和证监会党委的正确领导下，深入贯彻落实十八大精神，坚定信心，敢于担当责任，勇于把握机遇，继续以多层级蓝筹股市场为核心，推动股票、债券、基金、衍生品四个市场协同发展，以更大目标、更高要求做好本职工作，创造性开展工作。

第五，深入贯彻落实十八大精神，重在提升服务实体经济能力，提高上交所的服务水平。上交所要转变思路，开拓视野，创新服务方式，丰富服务手段，提高服务意识，切实以服务各类市场主体、促进市场发展为己任，切实以面向市场主体、面向市场、面向国际化的服务标准全面提升上交所服务水平。

桂敏杰强调，认真学习、深入领会、全面贯彻落实党的十八大精神，是上交所当前和今后一个时期首要的政治任务。上交所的广大党员和全体员工要深刻领会和切实把握十八大会议的精神实质、丰富内涵和根本要求，增强贯彻落实会议精神的自觉性和坚定性；要自觉把思想和行动统一到党的十八大精神上来，要通过学习贯彻十八大精神，进行一次集中的中国特色社会主义教育、科学发展观教育、全面建成小康社会目标任务的教育、党章和党性作风教育；要坚持学以致用、用以促学，努力把党的十八大精神转化为扎实有效的工作措施，千方百计推进上交所市场科学发展，为全面建成小康社会的宏伟目标作出更大贡献。

推出大盘蓝筹股更加便捷灵活交易机制

上海证券交易所理事长　桂敏杰

（2013 年 11 月 29 日）

上海证券交易所理事长桂敏杰昨日在第四届上证法治论坛上表示，上交所将立足组织、服务和管理市场的角色定位，以改革的精神加快上交所市场建设，改革和建设的重点在市场体系和对外开放两个领域。这两个领域又包含了上交所的四个战略，即：做大做强蓝筹股市场、推进债券市场跨越式发展、突破证券衍生品发展瓶颈、拓展市场开放度。其中，在突破证券衍生品种发展瓶颈战略上，经过一段时间的努力，与个股期权相关的业务、规则、技术和市场动员等准备工作基本就绪，推出的时机和条件基本成熟。

桂敏杰认为，市场体系建设领域主要任务是完善交易所产品链和创新交易方式，构建以蓝筹股市场为核心，债券市场、资产管理市场和证券衍生品市场协调发展的完整的市场体系。对外开放领域主要任务是适应金融市场对外开放的发展趋势，加快上交所开放步伐，积极参与国际竞争。总体而言，上述两个领域包含了上交所的四个战略。

一是按照做大做强蓝筹股市场的战略，将把上交所蓝筹股市场打造成为多层次资本市场体系的主要板块和资源配置的重要场所。为此，需要上交所顺应证券监管机构监管转型的新要求，积极对接发行注册制等重大改革，研究完善公司上市、再融资、转板和退市制度，做好交易所层面的改革配套准备。上交所还将进一步优化上市公司信息披露直通车制度，将信息披露监管由事先审核转移到事中监督、事后监管上来，提升效率，提高质量；研究推出大盘蓝筹股更加便捷灵活的交易机制，优化融资融券制度，降低交易成本，提高交易效率，增强蓝筹股市场的回报和吸引力。

二是按照促进债券市场跨越式发展的战略，将抓住规范统一的债券市场建设正在加速的有利时机，努力拓展上交所债券市场的广度和深度，为发挥债券市场直接融资功能、分散金融风险、增加投资工具提供支撑。为此，上交所将进一步遵循债券品种的内在特性和债券市场的基本规律，优化债券交易机制，完善债券业务规则体系，为次级债、减记债、可交换公司债、信贷资产证券化等新型债券品种的上市交易和挂牌转让，提供便捷的服务。

三是按照突破证券衍生品种发展瓶颈的战略，将尽快弥补上交所市场产品结构单一、证券衍生品空白的短板，集中力量进行个股期权产品创新。经过一段时间的努力，与个股期权相关的业务、规则、技术和市场动员等准备工作基本就绪，推出的时机和条件基本成熟。

四是按照扩展市场开放度的战略，将把握金融市场对外开放加快推进的时机，加大上交所市场对外开放的力度。为此，上交所将进一步加强同境外交易所的深度合作，加快开发跨境 ETF 产品，积极探索产品互挂、交叉上市，与境外交易所市场联通合作，加强与境外交易所的数据和行情互换，提高上交所国际化程度，增强上交所市场的国际影响力和竞争力。

桂敏杰表示，十二届全国人大常委会立法规划已经明确将证券法修改列为立法规划第一类项目，预示证券法修改工作已进入正式修法程序中。目前，证券法修改的市场需求强烈，前期准备工作比较充分，时机已十分成熟，具备了加快推进、尽快出台的条件。

构建以投资者为导向的市场化服务体系

深圳证券交易所理事长 陈东征

2013 年，深圳证券交易所按照党中央、国务院战略部署，在中国证监会领导下，深入开展党的群众路线教育实践活动，全力落实“两维护、一促进”，完善市场体系，健全市场机制，创新一线监管，丰富产品序列，强化风险防控，夯实内部管理，各层次板块市场运行质量逐步提升，支持中小企业和创业创新的能力进一步增强。

2013 年全年深圳证券市场股票、基金、债券累计成交 29.67 万亿元。年末上市公司 1536 家，市值 87912 亿元，上市基金 291 只，挂牌债券（不含私募债）460 只；中小企业私募债累计通过备案 260 家，165 只完成发行，募集资金 180.95 亿元，挂牌资产证券化产品 6 只。一年以来，深圳证券交易所认真落实发行制度改革，稳妥有序推进退市制度实施，支持推动上市公司持续做优做强，B 股市场改革取得进展。积极探索监管创新，加大违法违规行为惩治力度，推动市场参与主体归位尽责。突出服务重点领域和薄弱环节，构建以投资者为导向的市场化服务体系，中小企业之家、基金超市、固定收益创新平台、境外投资者信息接口初步建立。

在此，谨向长期以来关心、支持多层次资本市场发展和深圳证券交易所建设的市场参与者、有关单位和各界人士表示衷心的感谢！党的十八大明确提出，“加快发展多层次资本市场”，《中共中央关于全面深化改革若干重大问题的决定》强调“让市场在资源配置中起决定性作用”。随着中小企业板、创业板先后启动运行，场外市场和创新产品不断取得突破，多层次资本市场将能进一步汇聚资本、劳动、知识、技术、管理等各方积极因素，并激发民间积极性和创造力，成为具有强大引领能力的要素市场。2014 年，深圳证券交易所将以全面学习贯彻党的十八大和十八届三中全会精神为统领，在中国证监会领导下，切实落实国务院办公厅《关于进一步加强资本市场中小投资者合法权益保护工作的意见》，强化自律监管，推进监管转型，深化履行市场组织、市场服务的基础职能，锐意改革创新以提升运行质量，努力加快发展以适应多层次资本市场改革、发展、创新的要求。

基金公司要寻找标杆　借鉴赶超标杆

——在第十一届中国证券投资基金国际论坛上的发言

中国证监会主席助理　张育军

12 月 2 日，第十一届中国证券投资基金国际论坛在中国深圳福田香格里拉大酒店举行。论坛由中国证券投资基金业协会、深圳市人民政府、中国资本市场学院、资本市场研究会主办。新浪财经全程直播本次论坛，以下为中国证监会主席助理张育军主题演讲。

尊敬的桂敏杰主席，陈应春副市长，各位来宾，女士们、先生们：

大家上午好！很高兴参加“第十一届中国证券投资基金国际论坛”。今年 6 月 7 日，郭树清主席在证券投资基金业协会成立大会上发表了《我们需要一个强大的财富管理行业》的重要讲话，明确指出基金管理公司应当加快向现代财富管理机构转型，为行业下一步的发展指明了方向。在这个背景下，本届基金论坛广邀各界人士，共商行业转型发展大计，无论对于财富管理行业还是对于整个资本市场的发展，都具有十分重要的现实意义。借此机会我谨代表中国证监会对论坛的召开表示热烈祝贺！

党的十八大对全面建设小康社会和全面深化改革开放做出了重大部署，明确提出了“加快发展多层次资本市场”的具体要求。大力发展财富管理行业，对于贯彻落实党的十八大精神，服务经济社会发展，具有重要意义。发展财富管理行业，有利于提高我国经济效率，在实体经济不同领域和企业发展的不同阶段进行资本优化配置；有利于优化国民收入分配，提高广大中低收入群众的财产性收入，推动我国社会保障和养老体系的建设，更好地服务民生；有利于完善金融体系，改善直接金融与间接金融比例失衡，优化社会融资结构，化解金融风险；有利于推进资本市场健康发展，特别是优化投资者结构、促进上市公司完善公司治理。从一定意义上说，加快建设一个强大的现代财富管理行业，不仅关系资本市场的稳定健康发展，更关系金融强国战略的实现，关系国民经济的顺利转型和和谐社会建设。

当前我国财富管理行业正处于创新发展的重要机遇期。我国工业化、城镇化、信息化和市场化的快速推进，为经济持续较快发展奠定了坚实基础，也为资本市场和财富管理行业的发展提供了不竭动力。我国金融业正在进行战略性调整，间接融资与直接融资比例关系的调整，为财富管理行业创造了巨大需求。同时，居民财富的持续积累、利率市场和汇率市场化的推进、资产证券化业务的创新发展、养老社保体系的不断完善，以及金融国际化进程的进一步深化，为财富管理行业拓展了广阔的发展空间。行业要正确认识和把握我国的经济形势和资本市场形势，坚定发展信心，善于把握机遇、乘势而上，努力实现新的发展和跨越。

在监管方面，证监会始终强调要“放松管制，加强监管”。我们将坚定不移地坚持市场化取向，努力做到“放得更开，管得更好”，进一步优化有利于行业发展的外部环境。核心思想是要建立一个开放、包容、多元的财富管理体系。要积极发展各种类型的资产管理机构，促进私募基金规范化、透明化发展，做好社保基金、保险资金、养老基金、住房公积金等投资资本市场的衔接和服务，积极为银行、保险、信托等专业机构和产品参与资本市场创造良好条件。

在公募基金领域，要不断拓宽基金公司业务范围，松绑投资运作限制，优化公司治理，提高公募基金行业的整体竞争力。无论机构准入还是产品创新，都要尽量降低门槛、弱化审批。要把监管部门从繁琐的审批中解放出来，更多地关注对过程和行为的检查，更加注重风控合规，从以审批带动监管的模式逐步转变为以检查带动监管。证监会将始终坚持“零容忍”的态度，强化现场检查，严厉打击“老鼠仓”、操纵市场和各种形式的利益输送，加大对违法违规行为的惩处力度，在降低市场准入和运行成本的同时，大幅提高违法违规成本。

对于行业而言，创新和发展的责任主体首先在于机构自身。基金公司要在管理团队、客户对象、产品设计、风控机制等各个方面实现全面升级，努力建设专业精良、治理完善、诚信合规、运作稳健的现代财富管理机构。

一是要树立以客户为中心的理念。要时刻把客户权益放在优先位置，把投资人的价值增值作为公司发展的基础。唯有持续地回报投资人，行业才有机会和未来。

二是要提升核心竞争能力。包括投资管理能力、产品设计创新能力、销售服务能力、风险控制能力和公司管理能力等，这些基本能力决定了公司能否把握机遇，在竞争中实现创新发展。

三是要探索特色化发展道路。要结合股东背景、资金实力、团队人才、地域背景、行业背景，深入分析自身的比较优势，寻求适合自身定位的个性化、差异化发展模式。

四是要树立正确的精神和文化。大力弘扬诚信文化、受托文化，强化勤勉尽责和对标意识。我始终鼓励大家都要找到自己的标杆，树立学习、借鉴、赶超标杆的强烈进取精神。

五是要加强人才团队建设。财富管理行业是以智力资本为核心的行业，人才是行业发展的关键。一个机构人才不在多而在精，要通过完善包括股权激励在内的各种激励约束机制，把既有工作能力又有强烈进取意识和奉献精神的核心人才留住、用好。

六是要高度重视风控机制建设。风险控制是一切创新业务的前提和基础，因此风控能力和创新能力必须齐头并进。不应当简单地把合规理解为风控，要根据自身的资产结构特征、业务模式等具体情况，把风控关口向一线部门前移，重在建立适合自身需要的现代风控机制，形成一种渗透到各个环节、各个部门的风控文化。

各位来宾，女士们、先生们！我们相信，在党的十八大精神指引下，随着中国经济的强势崛起和资本市场的健康发展，基金行业必将迎来新的发展，为经济社会发展做出更大贡献！

最后预祝本次论坛取得圆满成功！谢谢大家！

基金公司应主动参与上市公司治理

——在第十一届中国证券投资基金国际论坛上的发言

上海证券交易所总经理 黄红元

（2011 年 12 月 15 日）

12 月 2 日，第十一届中国证券投资基金国际论坛在中国深圳福田香格里拉大酒店举行。论坛由中国证券投资基金业协会、深圳市人民政府、中国资本市场学院、资本市场研究会主办。新浪财经全程直播本次论坛，以下为上海交易所总经理黄红元演讲实录。

尊敬的各位领导、嘉宾，财富管理行业的各位朋友：

上午好！很高兴参加一年一度的基金业盛会，和大家交流对行业发展的一些看法，我今天发言的题目是《努力为投资者提供良好的回报，是交易所和基金业共同的责任》。

自 1998 年第一只证券投资基金诞生以来，我国基金业发展近 15 年，目前 73 家基金公司共管理公募基金 1300 多只，管理资产近 3 万亿，成绩斐然。但在行业快速发展的同时，也开始面临严峻的挑战。

挑战之一，银行、保险、信托等理财行业的后起之秀，虽起步晚，但发展快，短短几年时间规模就超过了我们基金业。

挑战之二，产品结构单一，权益类产品占主导地位，固定收益类产品较少，跟踪商品、房地产、贵金属、外汇等产品尚未普及。与投资者的多样化理财需求存在较大差距。

挑战之三，行业投资回报不够理想，投资者不满意。统计显示，国内基金近年收益不仅低于美国同行，也低于国内阳光私募。

我相信，基金业的同仁们也充分认识到了这些挑战的严峻性，并做出了不懈努力。导致这些问题的原因多样，其中的重要因素是基础产品和市场环境不理想。主要涉及以下三个方面。

一是上市公司分红机制不完善，影响股票合理估值。股东作为资金提供方，获得相对稳定、可预期的现金回报，不仅是证券这一金融资产的基本属性，也是经典理论中股票合理定价与估值的关键因素。

国际成熟市场经验已经证明，只有建立了有效、稳定的上市公司分红机制，才能吸引以获取稳定分红收益加合理资本利得为目标的长期资金类机构投资者，市场估值才会相对合理、稳健。

在成熟市场，公司分红是上市公司的常态，客观上存在一个公司分红的市场基准，因此，对少数成长性高而分红少甚至不分红的例外公司，如苹果公司等，投资者也可参考该基准进行估值，且市场、股东、舆论会高度关注其资金使用的有效性，形成严格的监督和制约。

在我国，近年来不少上市公司开始积极实施分红政策，蓝筹公司股息率股已达到甚至超过境外市场水平。但总体上看，仍然缺乏稳定、可预期的分红机制，这使得市场难以吸引长期资金和价值投资者，股票估值没有牢靠的投资者基础，导致股价很容易要么过于高估，要么过度低迷。资本市场缺乏长期资金，不仅直接影响了二级市场的定价功能，也对资本形成机制造成不利影响。

没有有效的分红机制保障市场能够合理估值，中小投资者即使波段操作、博取差价，也容易遭遇市场低迷时深度套牢、损失本金。这是因为，在缺乏长期资金和价值投资者的情况下，价值低估时买入、高估时卖出这一促使股价合理回归的市场机制也就难以发挥作用，市场盛行炒新、炒小、炒差、炒短行为，而中小投资者往往成为“专业炒家”的受害者，导致股市环境恶化。

二是固定收益类产品市场深度不够，尤其是缺乏具有较好收益特征的大类资产证券化产品。我国债券市场总体上看不够发达，而黄金、房地产等近年来收益较好的资产类别尚未证券化，也是影响基金业投资回报的重要原因。

三是风险管理工具不足，缺乏场内期权等证券金融衍生产品。在当前风险对冲机制不健全的市场结构下，整个行业很难规避股票市场整体的系统性风险。

一、基金业：践行股东积极主义，加快产品创新

党的十八大报告提出 2020 年实现国内生产总值和城乡居民人均收入比 2010 年翻一番。随着人均收入水平的大幅提高，人民群众需要一个功能全、效率高的现代财富管理平台。郭主席也指出，基金管理公司应当牢固树立以市场为导向、以客户为中心的经营理念,加快向现代财富管理机构转型。要想实现这一转型目标,基金公司可以和券商、保险、信托等财富管理机构一起,同心协力,发挥机构投资者作为市场估值核心的作用,努力提高基础产品吸引力,为投资者提供可预期的良好回报。

第一,主动参与上市公司治理,成为负责任、有作为、积极型的机构投资者。

在美国等成熟市场,各类机构投资者,特别是退休基金、公募基金、保险机构等,主动参与公司治理,是市场约束上市公司改善公司治理的决定性外部力量。在我国机构投资者践行股东积极主义,也大有可为。

负责任的机构投资者,会督促上市公司建立稳定的分红和再投资发展机制。作为股东,可通过股东大会在公司章程中明确分红政策,督促公司建立稳定的分红预期;对确有需要不分红的高成长公司,可要求大股东、董事会、管理层提出充足的理由,并建立相应的再投资考核、评估和责任约束机制。

负责任的机构投资者,还会努力约束上市公司不乱融资、不多融资。上市公司再融资的资金来源是社会公众投资者的真金白银,公司大股东和高管层应对再融资投向及其收益切实负责。针对现金分红少、再融资金额多、使用效益欠佳的公司再融资,机构投资者作为股东,可积极倡议、主动要求建立大股东及其关联人的回避表决机制,对其再融资形成有效约束。

负责任的机构投资者,更会促进上市公司完善信息披露和投资者关系管理,保障投资者的知情权。一些上市公司在发生重大事项或业绩出现大幅波动时,往往只是一纸公告,市场难以知晓详情。基金等机构投资者可以要求公司董事长、总经理等召开现场说明会或业绩推介会,当面向投资者、分析师、媒体解释原因,接受质询。在必要时,还可以要求公司召开临时股东大会,提议更换公司董事和高管,及时完善公司发展战略。

第二,加强产品创新,大力发展固定收益和准固定收益等低风险产品。

在成熟市场,基金管理资产中固定收益产品大约占50%,而我国不超过20%。大力发展固定收益类产品,将是我国基金业今后扩大业务规模的重要途径,不仅符合大多数中小投资者的风险偏好和理财需求,也是提振投资者信心的重要手段。

最近,上交所资本市场研究所和金融创新实验室发表了两篇研究报告,对当前市场估值、市场运行质量进行了研究分析。当前上证50市盈率仅8.5倍,上证180为9倍;上证50股息率为3.63%,上证180为3.38%。统计数据表明,目前市场估值处于历史最低水平。历史数据也显示,在估值低位时进行中长期投资,往往可以获得良好收益。

今年以来,QFII和RQFII等机构投资者净流入沪市A股的资金大幅增加,特别是最近两个月,QFII和RQFII进一步加大了投资力度,这反映了海外投资者对当前A股市场投资价值的充分认可。尽管很多专家都认为当前市场过度低迷,高度认可蓝筹股的长期投资价值。但是,由于市场的短期波动和个人投资者的跟风行为,个人投资者往往很难分享这种潜在的长期投资收益,中国多数投资者仍然偏好低风险的理财产品。

今年9月份以来,在境外市场推介和国内调研座谈中,不少专家学者提出,可针对这种情况,鼓励财富管理机构适时推出既能满足投资者低风险偏好,又能分享未来股市成长空间的产品,帮助投资者更好地把握良好的价值投资机遇,同时也可以显著增加蓝筹股的市场需求和资金供给。他们提到了三种产品。

第一种产品是将未来市场成长空间转化为准固定收益的产品。基金公司等财富管理机构可以与投资银行合作,设计收益下保底、上封顶且挂钩指数的结构化产品,为投资者提供保底且与未来股价挂钩的回报。在欧美,这类产品较为常见,可为我国基金业借鉴。

第二种产品是可转债组合产品。推动上市公司发行转股价高于市价的可转债,以募集来的资金回购股票,基金公司等资产管理机构则可以构造可转债组合产品,既为投资者提供了较安全的潜在高收益产品,又可以支持上市公司合理维护股价形象。

第三种产品是与红利挂钩的产品。统计显示,上交所税后股息率超过一年期银行存款利率的上市公司近百家,平均税后股息率达4.34%,其流通市值占沪市近四分之一。可以设计将这些公司的分红和二级市场的波动相分离的分级产品,为偏好低风险的投资者提供双倍股息率的投资产品。随着各方面对分红的日益关注,并积极推动上市公司提高分红率,适合开发这类红利挂钩产品的上市公司数可以超过200家,市值规模近8万亿元,占上交所市值一半以上。

这些专家所说的这些产品,涉及大量数据挖掘和金融工程知识,业界产品开发人员可以展开论证研究。

二、交易所:服务行业转型,创造良好市场环境

作为证券市场的组织者和服务者,上交所一直致力于改善市场环境,服务广大投资者和行业创新发展。今年以来,围绕市场基础建设,切实提高投资者回报和保护投资者利益,上交所从规则制定和积极引导的角度,重点推进了五项工作。

一是推动上市公司分红,倡导现金分红是投资者回报最重要组成部分的理念;二是完善退市制度,抑制绩差股的投机炒作;三是健全上市公司信息披露,提高上市公司透明度;四是积极引导理性投资,倡导良好的股市文化;五是加强服务,支持行业的创新发展。

明年,上交所将继续做好这五项工作,并从以下三方面,为基金业转型、提高投资者回报,营造良好的市场环境。

第一,全面推进股票、债券、ETF基金和衍生品四大市场建设,为财富管理行业提供优质的基础资产。股票市场,重点是改进公司治理,提升透明度,推进多层级蓝筹市场建设;债券市场,重点是做大市场规模,增强市场流动性,提供更多的固定收益产品;衍生品开发,重点是研究论证个股期权,为行业开发准固定收益产品,提供风险管理工具。

第二,服务基金公司产品开发,共同努力做大主题、行业、风格和跨境ETF,推出挂钩债券、黄金、农产品(8.55、0.39、4.78%)、外汇等各类资产的ETF,积极探索Reits等新产品。把上交所基金市场建设成为投资者高效、便捷配置国内外各类资产的枢纽市场,实现"一所连百业,一市跨全球"的目标。

第三,配合资产管理机构,大力开展市场推广和服务,拓宽基金销售渠道。上交所正筹划推出LOF平台、场外基金销售和转让平台,方便投资者安全、低成本地实现场内、场外基金资产配置。

在"2013 年度证券公司创新发展大会"上的讲话

深圳证券交易所总经理 宋丽萍

（2013 年 5 月 8 日）

各位领导，业界同仁：

上午好！

去年证券公司创新大会以来，深交所紧密围绕创新大会提出的总体目标，与监管系统和业界的同仁紧密合作，大力推动市场改革创新。关于深交所创新的情况以及下一步工作的基本思路和安排，我们在提供的书面材料中有比较详细的介绍，这里就不多说了。我着重谈点一年来参与创新发展的体会，供大家参考。

一、我国资本市场服务实体经济转型依然任重道远，而且更加紧迫

当前加快经济结构调整，打造中国经济升级版任务紧迫，这从我们上市公司的情况就可以看得很清楚。从年报和统计数据看，上市公司产业结构的调整以及核心竞争力的培育还远远不到位。美国标普 500 中周期性强的传统工业行业和金融只占市值的 25.6%，而科技、消费等行业占比为 58.4%，盈利几乎不受经济周期的影响。我国上市公司以传统产业主导，高科技、现代服务、消费行业发展滞后，2011 年末沪深 A 股中，金融、房地产、石化、电子、金属制品、机械设备等周期性行业上市公司数达 1316 家，占全部 A 股上市公司数和市值的 53.2% 和 52.6%，盈利随经济周期剧烈波动。过去 10 年，美国标普 500 非金融企业 ROE 总体保持在 18 - 25% 的水平，表现出很强的核心竞争力。我国上市公司最高是 07 年的 14.7%，去年只有 12.5%（深市只有 8.6%），扣除金融企业只有 9.3%（深市 8.4%）。上市公司是我国企业群体中比较优秀的代表，实体经济中产业结构不合理、缺乏核心竞争力等问题可能会更突出。

总体上看，紧贴企业一线需求，发挥资本市场服务实体经济的功能，还有大量工作要做：一是从存量着手，加快上市公司并购重组，促进企业做优做强；二是改进增量，将资本市场覆盖范围大幅向下延伸，提高市场筛选能力，为不同类型的企业、项目进入资本市场创造条件，不能让有成长潜力的企业和项目倒在资本市场的门槛前。这就需要在制度、产品和平台上进行一系列的创新。这一年来，行业内在服务实体经济的创新方面已经做了很多工作，例如参与场外市场的建设，加大并购重组的投入，推出中小企业私募债，开发股权质押融资业务等。但是总体上离实体经济的需求还有不小的距离，依然任重而道远，需要我们做更多的努力。

二、资本市场创新必然面对更多的风险和挑战，在当前形势下尤其需要引起重视

培育新兴产业和创新型企业，必然是一个海量试错的过程。以创业板市场建设为例，美国纳斯达克市场是服务高科技新兴产业的资本市场样板，在 40 多年的发展历程中虽然培育出了像苹果、微软这样的领军企业，但也经历了大进大出、大起大落的过程。1985 年初纳斯达克有 4097 家上市公司；1985 年 - 2008 年间共计 11820 家公司上市，同期有 12965 家公司退市，退市数量甚至超过了上市数量。同期，庞大的场外市场（OTCBB、粉单）始终保有近万家挂牌公司，成为纳斯达克的孵化器、蓄水池。2000 年网络股泡沫破裂前后，纳斯达克市场综合指数从 5400 多点跌至 1200 多点。即便是微软和苹果，股价最高时比最低时也高出 660 倍和 510 倍。这一方面需要我们包容失败；另一方面，对于证券公司的风险控制能力也是个严峻的考验。

当前中国经济正处在增速转段、发展转型、体制转轨的时期，各种不平衡、不协调、不可持续的矛盾日益突出。创新必然会遇到风险，在当前的形势下，风险和不确定性更大。宏观层面和企业层面的各种风险，会通过各种途径，传递到我们的投资银行、资产管理等业务领域。如果再考虑到行业内外的竞争压力，以及风险控制基础的薄弱，创新的风险是非常现实的挑战，必须更加引起重视。如果出现重大问题，创新只会让市场和客户加快失去信心和信任，大大压缩证券公司的发展空间，累及市场改革和创新的步伐，又一次挥霍掉行业发展的机会，这无异于行业集体沉沦。

三、要解决好创新中的风险防范问题，必须充分依靠市场主体的作用，重视三个方面的工作

防范创新中的风险，已经引起监管层、业界的高度重视，一年来做了很多探索，积累了宝贵经验。解决这一问题的方向是继续全面推进市场化改革，充分依靠市场主体的作用，既激发市场活力，又防范市场风险。在这方面，有三项工作值得大家重视。

一是提升证券公司的执业水平和内控机制。实体经济的转型需求对资本市场提出了更高要求，证券公司能否适应创新业务发展的变化提升执业水平，培育内控文化，是防范创新风险的关键。证券公司责任重大，需要牢固树立抓住机遇、珍惜机遇的意识。

目前，证券公司创新热情很高，但应将重点放在基础机制、基础产品的建设上，练好尽职调查、内控等基本功，发挥证券公司的基础产品和功能优势，培育自己的客户、自己的产品，做到以高质量的服务赢得客户的信任，真正成为"一手托两家"的中介。从 IPO 财务专项检查情况看，证券公司尽职调查工作质量还有提升空间。下一步，新三板、场外市场的建设，新产品的创新会更加依赖证券公司尽职调查的质量，是市场参与者判别风险的依据。

证券公司的内控，是防范创新风险的前沿阵地。内控机制建设，不仅是制度机制的完善，更是企业文化的培育，必须转变观念认识，下大力气跟上创新业务快速发展的形势。

二是重视行业自律作用。在自律、行政、司法三位一体的监管体系中，自律是最能快速适应创新变化，降低创新成本的监管方式。强化自律监管，也是减少行政干预，释放市场创新活力的前提。如果市场没有形成有效的自律机制，必然引入刚性的行政监管，压缩市场创新的空间。现在看来，去年实施的新股发行改革，在加强保荐机构工作质量监管、询价机构管理等方面，证券业协会投行委员会的作用可以发挥得更加充分一些，更好地推动新股发行改革的进程。

下一步，创新带来的监管压力会更大，自律监管可以动员行业专业资源优势，及时形成对各类创新业务的行业规范并灵活调整，为行政监管的后续跟进赢得时间、积累经验，为行业创新在控制风险的前提下加快探索打开空间。

三是深化投资者适当性管理。证券公司对客户最了解，深化适当性管理可以让风险在不同类型投资者中实现合理配置，是资本市场有效化解实体经济风险冲击的微观基础。适当性管理也是规范客户行为、维护市场秩序最直接有效的前置关口，这对市场和产品创新来说，尤为重要。从近期债市暴露的问题看，中介机构的客户管理职能不容忽视。

创新为投资者和融资者提供更多选择和便利的同时，也会使得利益输送等违法行为更隐蔽、更方便。只有牢牢把住合法合规的底线，创新才能得到社会认可，具备可持续性。2007 年新闻集团收购道琼斯并购内幕交易案，正是因为内幕交易人的经纪机构——美林香港分部——对其客户异常交易的及时报告，使相关当事人在内幕交易获利 4 天内即被美国证监会诉讼的，并购也得以在年底如期实施完毕。

去年以来，创新业务发展较快，证券公司应该看到创新的前景，及其对经营模式和收入结构转型的深远影响，下决心放弃短期利益，更加重视适当性管理工作，为创新业务的发展提供制度机制保障。

当前，中国经济社会已经进入全面深化改革和转型发展的攻坚阶段，证券行业创新发展也处于关键时期。要清醒地看到，创新业务的培育不是一蹴而就的，在证券公司的外部，需要法律法规、监管方式和交易平台等方面的配套改革；在内部，则涉及组织架构、激励机制、研发能力、技术系统、客户基础、销售网络、风险控制和人才队伍培养等方面的基础工作，不能急功近利，急于求成。证券公司应从身边的小事做起，从我做起，一点一点积累行业的声誉，让市场有信心，看到希望。我们相信，只要证券公司高度重视，各方密切配合，一定能在行业创新发展上取得突破，发挥资本市场在经济社会转型中应有的作用。

在“首届中国科技金融促进高峰论坛大会”上的发言

深圳证券交易所总经理　宋丽萍

（2013 年 10 月 12 月）

各位嘉宾，女士们、先生们：

9 月 30 日，习总书记在中关村发表的重要讲话，再次强调了创新驱动的重要性、紧迫性，并就“着力推动科技创新与经济社会发展紧密结合”等“五个着力”做了全面、深入的阐述。各界正在认真学习总书记的讲话。在这个时候，召开以“科技金融促进”为主题的会议，就科技金融发展的前沿问题进行“跨界交流”，很有现实意义，也是共同学习提高的一个好机会。

实施创新驱动发展战略，需要与之适应的金融支持体系，发展科技金融是建立这个体系的重要切入点、着力点，这已经成为越来越多的共识。正如论坛组织者所说，“我们处在一个科技与金融双向加速的窗口期”。在这个窗口期，科技与金融结合的空间更加广阔，科技金融实践的新机制、新业态、新产品日益丰富多彩。

早在 2004 年，深交所就与科技部火炬中心合作推出了“科技型中小企业成长路线图计划”，以培育高新园区内的科技型中小企业上市资源为主要目的。在各界的大力支持和积极参与下，这个计划坚持了十年，内容不断拓展，结出了丰硕成果，有力地支持了中小企业板、创业板的建设和发展。回过头看，尽管那个时候还没有“科技金融”的概念，但“路线图”的实施，可以算是依托资本市场，科技金融一次较为系统、深入的实践。今年以来，为适应创新驱动发展战略的新要求，面对科技金融加快发展的新机遇，我们开始考虑把“科技型中小企业成长路图计划”升级到“2.0 版本”。目前，“2.0 版本”的详细方案还在沟通、论证中。在前期的分析论证中，我们也有了一些关于科技金融发展的认识、判断，这在将来会以不同方式体现在“2.0 版本”方案的设计和实施中。借此机会，与大家交流一下我们的一些看法，希望多听取大家的意见和建议，也算是对大家今后一起参加这个“2.0 版本”的一个邀请。

一是实体经济基础条件更加成熟，科技金融具备加快发展的机遇。通过对高新园区和上市公司的调研，我们深切地感受到，我国科技创新的巨大潜能正在加速释放出来，创新型企业的整体实力、平均实力都更加雄厚，新兴产业的群发突破发展势头已经显现，这从需求方面为科技金融发展提供了强大的内生驱动力量。此外，也许更重要的是，创新创业精神正在社会中，尤其是青年人中扎根，而培育这种精神正是科技金融的目标所向、发展所依。上个月，中央电视台播出了一部纪录片《指尖上的商机》，在移动互联技术的开发和应用中，看到包括年轻大学生在内，那些创新创业者所展现的智慧、坚韧，令人感动，也让我们对科技创新、科技金融发展有了更加具体、更加真切的信心。

二是科技金融的服务需求更加个性化、多元化，服务的供给应该更加精细化，更有包容性。在纵向上，处在不同成长阶段、产业链不同环节的企业，它们所需要的金融服务是有区别的，如创业阶段的企业急需的是资金支持，而已经上市的企业可能更看重高效率的并购平台；横向上，在不同行业里，企业的需求也是有差别的，满足需求的方式也是有不同侧重的。例如，在节能环保行业，证券化产品的适用性较好，而在医药行业这个产品可能并不合适。正是看到企业金融服务需求多元化、个性化发展的趋势，去年以来，深交所开始尝试按不同行业，组织企业的交流培训活动，如上半年的医药行业企业并购专题交流和培训活动，就很有针对性，受到了企业的欢迎。此外，我们也在打造“中小企业之家”，希望为企业和企业家提供一个深入交流的平台。

三是科技金融服务的产品线在延伸，平台在增加，市场空间在扩大，但需要通过合力形成良性循环。在一定程度上，科技金融正在演变为一个相对独立的生产性服务行业。在产品线上,包括银行、证券、保险,以及新业态金融在内,可以纳入科技金融范畴的信贷产品、股权类产品、固定收益类产品、证券化产品等日渐丰富,并购、知识产权交易等新的服务也有了很大的拓展;在平台建设上,包括交易所市场、场外市场、创投市场,以及具有投融资功能的各种孵化器等在内,提供科技金融服务的平台越来越多。和其他产业一样,市场容量的扩大会促进分工,而分工和专业化又反过来会促进市场潜在空间的充分释放。但是,要形成良性循环,在分工的基础上进行合作也是非常重要的。例如,企业信用信息平台,对扩大科技金融的企业覆盖面,提高风险定价能力,都是非常重要的基础设施,应该成为科技金融发展的一个重点。从目前的实践情况看,各方面都在想办法,但还没有形成合力,“信息孤岛”现象仍然存在。

四是用科技手段解决金融难题的前景广阔,互联网金融为科技金融深化发展提供了契机。互联网金融的发展,用新的科技手段,创造了金融交易中数据、信息处理的新方法、新模式,让传统的金融交易成本更低,也会催生新的交易方式和风险管理手段。依托互联网金融的发展,金融供给能力得以提高,包容性得以增强,可以动员更多的金融资源,覆盖更多、更分散、更多样化的金融服务需求。在科技金融发展中,这些一直都是需要解决的突出问题,互联网金融能够提供一些很好的解决方案。关于互联网金融发展,当前用“方兴未艾”来形容是恰当的。深交所也在积极地观察和实践,除了考虑用大数据技术解决我们在市场培育、市场监管中遇到的问题外,在9月18日深交所也迎来了阿里巴巴的两只小额贷款资产证券化产品的挂牌,在交易所的产品线上实现了与互联网金融业界的第一次合作。从今后发展趋势看,互联网金融能走到哪一步,仍然需要靠实践来回答,现在我们所能做的最好的事情,应该是为它的发展提供足够的空间。包括《证券法》的修订,也有必要考虑到“众筹”等互联网金融模式的特点。

五是发展科技金融在当前面临更加突出的风险问题,切实提高风险配置和风险管理能力十分重要。就科技创新及其产业化应用的整体而言,它与高成长、高收益是对应的;就个体的科技创新及其产业化进程而言,它首先是与高风险和不确定性对应的。这是一对矛盾,随着创新活动增加,创新水平提高,矛盾也会表现得更明显。一个典型的例证是,即使在美国的网络泡沫高峰,创业最容易的2000年,创业的小公司最终能成功的,不过2% - 3%,绝大部分夭折了。类似美国的这种情况,在我国创新十分活跃的移动互联的发展中,已经能够看到了。创新是一个试错的过程,试错是有成本的,金融服务一方面要增强对创新试错的包容性;另一方面也需要积极提高风险配置和风险管理能力,降低试错成本,用好有限的金融资源。对资本市场来说,这是深化科技金融服务必须解决好的问题。相信这也是大家面临的共同问题。

预祝我们的会议圆满成功,通过交流获得新知。

谢谢大家!

建设股指期货市场是股市发展必然选择

中国金融期货交易所 张慎峰 郑凌云

股指期货上市运行已经三年半时间,市场运行稳定规范,功能逐步发挥。期间,由于我国主要股票指数持续下跌,关于股指期货市场产生、发展与功能发挥,社会有肯定、赞誉之声,也有质疑甚至反对之声。如何客观理性看待股指期货,需要结合国际成熟市场发展的经验和我国股市历史发展进程,置入可供比照的时空坐标序列,探寻建市初衷,检视运行过程,科学总结评估。

一、股市结构完整性的内在逻辑

适应经济金融活动的需要,股票市场在发展演进中,层次逐渐清晰,功能逐渐完备,形成现代意义上完整的体系架构,即包括股票发行一级市场、股票交易二级市场和以股指期货为代表管理股市风险的衍生品市场。这三个部分有机协调,构成一个不可分割、相伴共生的统一整体。股票一级市场实现了投资、融资和资产的静态定价;二级交易市场实现了资产动态定价和优化配置;股指期货市场则实现了股市风险的控制、分割、转移和再分配。在股票市场达到一定规模、发展到一定阶段之后,股指期货必然会出现,否则市场就难以持续、健康、稳定发展。纵观全球股票市场发展的历史,有股票市场就必然会伴生有股指期货市场,股指期货市场既是股票市场发展的必然产物,又是推动股票市场向较高级阶段进一步成熟完善的内在要求。

作为完整的股票市场体系,股指期货市场与股票一、二级市场之间的关系,就好像汽车除了要有前进档,还必须有倒车档,才能进退自如;除了要有油门,还必须有制动,才能运行安全。从作用和效果看,股指期货如同雨天的雨伞、财产的保险。

二、国际成熟资本市场经验的有效借鉴

从国际成熟资本市场发展历程来看,股指期货是金融期货中历史最短、发展最快的品种之一,但它的发展历程并非一帆风顺。20世纪70 - 80年代,布雷顿森林体系瓦解,石油危机的影响,导致西方各国经济发展十分不稳定,汇率、利率和股票价格大幅波动。在这种背景下,为管理金融市场波动风险,金融期货应运而生。从1972年的外汇期货,到1975年的利率期货推出,直到1982年全球首个股指期货在美国上市。股指期货诞生5年之后的1987年10月,美国股市暴跌引发全球股市重挫,股指期货市场功能也曾引起激烈争论,人们对股指期货的态度由积极和肯定转变为怀疑和否定。美国政府成立了以财政部布雷迪为首的总统工作小组,于1988年提供《布雷迪报告》,基本观点认为美国股市暴跌主要由指数套利和组合保险这两类交易在股指期货和股票市场相继推动而造成。但是事后分析,该报告将股灾原因归咎于股指期货市场的看法并不符合事实。1991年,以诺贝尔经济学奖得主莫顿米勒(MertonMiller)为首的工作小组经过大量翔实的调查,否定了该报告中关于股指期货引致股灾的结论,认为1987年的股灾和1929年的股市“崩盘”并没有本质区别,都是宏观经济问题累积以及股票市场本身缺陷导致,不是由股指期货市场引起。进入20世纪90年代,有关股指期货的争议逐渐消

失，股指期货经历了磨练之后，在发达国家和部分发展中国家运用更为普遍。

经过30多年的发展，股指期货成为国际上成熟的金融期货产品，无论是欧美还是亚太地区，全球主要股票市场都伴生有股指期货市场。到目前，全球已有股指期货产品400多个，这已经成为现代资本市场结构的基本特征。总体来看，股指期货是中性的风险管理工具，不干扰股市基本走势，而在稳定市场等辅助宏观经济运行方面作用积极。根据对美国、英国、德国、日本、印度、巴西、中国香港等12个不同发展程度的市场上股指期货对现货指数波动率影响的检验，其中，6个市场股指期货对现货市场波动影响不显著，占全部市场的50%；4个市场波动降低，占33%；仅有2个市场波动增加，占17%。总体来看，股指期货上市后股市波动没有额外增加的现货市场比例高达83%。这在新兴市场表现的更为明显。如印度上市股指期货后三年股市波动率比上市前一年分别下降了14.7%、32.2%和51.6%。

从国际市场经验来看，股指期货市场经受了历次金融危机的考验，自身没有出现大的系统性风险，而且在股票市场危急时刻，股指期货成交量放大，通过期货市场的避险，有效释放市场巨大抛压，避免市场连续暴跌。据统计，2008年金融危机爆发至当年年底，22个推出股指期货的市场股票平均跌幅为46.91%，而没有推出股指期货的市场平均跌幅达到63.15%。同一时期，我国上证综指跌幅更是达到73%，比传统上我们描绘的国外股市"崩盘"的跌幅还大。2008年9月15日，雷曼兄弟公司宣布申请破产保护，全球金融市场遭遇"黑色星期一"，在形势特别严峻的15日、16日和17日3天，美国CME小型S&P500股指期货日成交量和持仓合约规模大幅攀升，成交量分别比平时增长了近2倍，成为股票市场风险的"分洪区"，成为投资者的首要避险手段。

30年国际成熟市场的经验表明，股指期货以其优越的风险对冲、稳定市场、价格发现等功能，成为全球使用最广泛、最成熟的避险工具，吸引了包括共同基金、养老金、保险公司、证券公司等在内的大量投资者尤其是长线机构投资者的普遍参与，被广泛应用于市场风险管理、资产组合配置、投资理财产品创新等方面。

三、商品期货发展经验的继承和发扬

从期货的历史来看，股指期货等金融期货市场发展，是商品期货风险管理成功经验应用于金融领域的结果，是商品期货市场发展到一定阶段的产物。165年前，现代期货市场应风险规避之需，诞生于美国农产品交易中心的芝加哥。期货交易机制从谷物等农产品到金属产品，再迈入现代金融领域，成为最有效率的市场化风险管理做法。

我国商品期货市场的建立和不断完善是市场经济发展的内在要求，也是经济体制改革深化的必然产物。其发展经验为股指期货的健康安全运行提供了有效借鉴。1999年，《期货交易管理暂行条例》发布实施，特别是2004年《国务院关于推进资本市场改革开放和稳定发展的若干意见》颁布后，我国商品期货市场走上了规范发展的道路。国务院领导高瞻远瞩，从推动期货市场稳步发展，更大程度发挥市场在资源配置中的基础性作用的大局出发，相继批准一系列与实体经济密切相关的期货品种上市交易，涵盖了农产品、金属、能源和化工等国民经济主要产业领域。在中国证监会的领导和组织下，期货市场改革稳步推进，市场规模不断扩大，国内三家商品期货交易所交易量均名列全球交易所前茅，市场管控安全有效，运行质量不断提升，套期保值效率持续优化，市场功能发挥良好。成立期货保证金监控中心，推行具有中国特色的期货保证金存管监控制度，形成"五位一体"监管机制，全系统期货监管能力和监管效率得到显著提升，市场中介机构规范运行，期货市场在保护投资者合法权益、防范和化解风险的基础建设方面取得长足进步，一套符合我国实际情况的制度设计和风险管理体系，保证了商品期货市场的健康发展，这些都为股指期货的推出探索了路子，培养了人才，积累了全面发展金融期货市场的宝贵经验。

四、股市稳定健康发展的必然要求

顺应股指期货发展的世界性潮流和我国股市发展的内在要求，部分专家学者从1990年我国股票市场建立不久，就曾呼吁把股指期货作为金融创新的首选品种。2001年，证监会正式组织开展了股指期货的可行性研究。但无论是从股票市场规模和结构、投资者构成和相关法律法规等，还是从指数编制、市场风险控制水平等各方面情况看，当时推出股指期货的基本条件还不够成熟。

进入21世纪，我国股市历经风雨，取得长足发展，市值规模显著增加，股市融资、定价和交易功能明显提高，发展势头强劲，已经成为全球重要的股票市场。但与此同时，我国股票市场表现还不尽如人意，"新兴加转轨"特征明显。主要表现在：一是波动幅度大。自中国股市诞生后，股指犹如过山车般，在疯狂与低迷之间循环反复，先后大的"过山车"行情就有十次之多。例如，最为典型的是自2005年6月3日股市最低探至998点之后，一路上扬，并于2007年10月16日达到历史最高点6124点。之后又是持续狂跌，2008年11月跌至1661点。二是波动频率高。从2000年到2004年，上证综合指数日内波幅超过3%的天数与交易日占比分别为9%、8%、8%、5%、7%；从2005年到2009年，随着市场容量的不断扩大，该指标各年分别为7.5%、12%、36%、56%、25%，远远高于前一时期水平。随着股市规模的扩大，这种波动导致的财富损失更加巨大。三是换手率高。从1993年到2006年，我国股市平均年换手率为483%，2007年换手率高达818%，2008年为402%，不仅远远高于同年日本145%和中国香港地区94%的水平，甚至高于金融危机发源地美国股市206%的水平。如此之高的换手率，既是应对单边市场剧烈波动的无奈选择，同时也在很大程度上进一步加剧了市场波动。每一次暴涨暴跌，使多少人欣喜癫狂，又使多少人欲哭无泪，人们一直在思考，有什么灵丹妙药能解决这一循环往复的"魔咒"。

党的十七大明确提出要"创造条件让更多群众拥有财产性收入"。因此，落实党的十七大精神，防范系统风险，稳定社会财富，建设小康社会，促进社会和谐，承载着社会各界的普遍希望，一个帮助股票现货市场健康稳定运行的股指期货市场，可谓是呼之欲出。

五、资本市场稳定健康发展的必然选择

站在资本大国的门槛上，我国资本市场结构和机制不应该长期存有重大缺陷。推出股指期货，保障资本市场的平稳健康发展，股指期货承载着重大的历史使命。

第一，加强基础制度和基础设施建设，健全股票市场内在稳定机制，抑制单边市场。在一个缺乏对冲工具的市场，投资者只能通过单边做多才能盈利，市场无法在多空双方的平等博弈中实现平衡制约。当股票价格上涨到超出合理水平时，由于看空而无法做空，导致泡沫过度累积，并带来随后的大幅调整。在股市非理性下跌之时，有了股指期货，投资者可以利用期货市场"远期展望"进行"期货替代"，变现货交易为期货交易，减少在现货市场上的频繁操作，增强稳定持股的信心，防止系统性风险的扩大和蔓延。因此,股指期货提供的双向交易和风险对冲机制,有助于平抑股市频繁、大幅波动,是市场基础制度和基础设施建设之必需。

第二,提供避险保值工具,抑制财富剧烈波动,有效保护各类投资者利益。我国股票市场、债券市场,乃至金融市场,在规模迅速扩大的同时,一直缺乏基本风险管理工具,市场风险敞口巨大,数十万亿的金融资产暴露于风险之中,每一次系统性风险带来的价格波动,都必然导致投资者财富的严重损失。由于股指期货具有流动性好、交易便捷和冲击成本低的特点,面对于市场风险,投资者能够灵活运用避险策略,采取套期保值操作,使各类投资者在剧烈波动中免遭涂炭。推出股指期货,提供市场避险工具,成为保护投资者利益最好的制度性措施。

第三,推动长线资金入市,积极推动机构投资者发展,提升股市核心竞争力。对长线资金的吸纳能力,是股市核心竞争力的标志之一。进一步发展壮大机构投资者队伍是促进我国资本市场稳定发展的战略性举措。但是,直到2009年底,我国机构投资者持股市值仅为9.3万亿元,占A股总市值38%,发展严重不足。在风险管理工具缺失的市场中,机构投资者在单边市场靠天吃饭,业绩大起大落,市场投资行为呈现"机构投资散户化、长期资金短期化"特征,难以真正发挥对股市的稳定作用。有了股指期货这一避险工具,一方面,机构投资者采取套期保值操作,减少现货市场频繁操作,稳定经营业绩,从而吸引更多长线资金进入。也只有具备了股指期货,大额长线资金才敢放心地进入股市。另一方面,机构投资者可以运用股指期货的套期保值、套利和其他组合交易策略,形成产品收益和风险特性与客户收益预期和风险偏好相适应的各类投资产品,大大提升业绩水平。

第四,倡导理性投资、长期投资理念,培育先进市场文化。在投资者无法通过避险保值实现风险规避的时候,投资者大多进行波段操作,或者听消息、赌政策,市场只能培育"追涨杀跌"的投机者。通过股指期货进行避险,有助于改变市场上的过度投机氛围,改变热衷炒作题材股、重组股的习惯,营造避险文化,让投资者深刻领会到"上涨也有风险、下跌也是机会",形成长期投资、价值投资、理性投资理念,培育股市先进文化。

一次次的股市噩梦,一轮轮的高点回到起点,我们在市场实践中艰辛摸索,在不断前行中凝聚智慧。经过金融危机的风险洗礼,市场对于上市股指期货、提供避险工具的需求十分迫切:我们应该有一个结构更加完整、内在机制更加健全的资本市场。

自2006年开始,中国证监会适应市场各方和社会各界的要求,开启股指期货上市筹备之路。在广泛借鉴国际经验的同时,针对我国实际情况进行相应的制度和产品设计。在标的指数选择上,按照"安全优先、注重效率"的原则,选择了市值代表性最广、市场认可度高、权重分布好、抗操纵性强、最能反映我国实体经济状况的沪深300指数作为首个股指期货标的。四年多的筹备过程中,中金所虚心学习借鉴境外市场成功经验,继承商品期货市场的优良传统,广泛听取学术界、市场各类主体的意见和建议,认真反思国际金融危机的教训,以风险控制为重点,完成产品合约设计,制定了一整套适合我国国情市情的业务规则和制度,并从2006年10月起开展仿真交易,接受全市场检验。

2010年4月,在国际金融危机背景下,国务院审时度势,英明决策,坚定推出股指期货。充分体现了党中央、国务院推进资本市场改革发展的坚强决心。中国证监会党委确定了"高标准、稳起步、强监管、防风险、重功能、促发展"的十八字方针,部署全系统全力以赴做好各项工作,为我国金融期货市场的建设开好局、起好步。中金所坚持"以平稳推出和安全运行为首要目标,严格控制风险,引导投资者有序参与,不追求交易量和活跃程度,逐步发挥市场功能"的上市指导思想,切实做好市场一线监管和投资者教育等各项工作,确保市场平稳运行。

发展和建设我国股指期货市场,不是非正义和非道德的创新异化,也不是虚拟经济的自我服务,更不是个别市场机构的自娱自乐,而是市场相关各方在认真学习和借鉴国际成熟市场发展经验,结合自身实际,特别是吸取痛苦教训的基础上,经过十多年的深入研究、反复论证、认真比对后的审慎决策。上市股指期货,是推动资本市场改革发展的重大举措,来之不易,弥足珍贵。

回顾过去的探索历程,当时,在没有股指期货、市场机制缺失的惨痛现实面前,人们充满期待,关注更多的是它的优点;如今,真正推出并发挥作用之后,人们又给它赋予了更多理想化的,但其自身并不能实现的功能;甚至有些人是在不了解其机制和原理,或者进行错误交易遭受损失之后,更多地寻找它的缺点,甚至以偏概全、全盘否定。

目前,股指期货发展才刚刚起步,我们应该坚持客观和理性的态度,对它的功能发挥情况进行专业剖析和全面检视。对待这一棵仍处于发育、培养阶段的小树,希望社会和市场各方给予更多的呵护、理解和关心,精心地浇水施肥、修剪除莠,使之更加根深干壮、枝繁叶茂,为资本市场稳定健康发展保驾护航,为我国更加繁荣昌盛的实体经济御寒降暑、遮风挡雨。

全面推进金融体制改革的深化与创新

——中国银监会副主席阎庆民在2013新浪金麒麟论坛上的讲话

(2013年11月25日)

各位来宾,各位朋友,女士们、先生们:

大家下午好!

非常高兴受邀参加"2013新浪金麒麟论坛"。党的十八届三中全会强调,经济体制改革是全面深化改革的重点,核心在于处理好政府和市场的关系。金融作为现代经济的核心,既要按照三中全会精神深化自身体制改革和转型升级,更要配合推进经济体制改革进程。下面,我就深化金融改革的"五个继续推动"谈点意见,供大家参考。

一、继续推动债券市场一体化

近年来，我国债券市场得到了长足发展。截至9月末，全国债券市场存量余额接近29万亿元，但债券市场不统一，发展不均衡问题仍较为突出。三中全会提出，加快推进利率市场化，健全反映市场供求关系的国债收益率曲线。需要通过推动债券市场一体化，发挥好“三大功能”。一是激发遴选金融创新功能。债券市场的统一，有利于更好发挥价格信号的需求表达和创新引领功能，既使同质同类金融需求通过标准化的产品和服务，得以公平对待和高效满足；又使差别化、个性化金融创新脱颖而出，及时响应实体经济的特色金融需求。二是约束优化资产负债表功能。债券市场等的统一，将拓宽金融机构优化资产负债表的市场空间。监管标准和尺度的统一，将有效约束“进表”、“出表”等监管套利行为。市场统一透明，“千万双眼睛盯着你”，将倒逼金融机构提高资产负债表的均衡性、科学性和可持续性。三是引导改善资源配置功能。债券市场的统一，将使同质性需求的定价更趋一致，差异性需求的溢价更加合理，进而引导金融资源流向实体经济中更具发展潜力和持续竞争力的领域。

二、继续推动完善政策性金融功能

发挥好政府的作用，政策性金融是个重要抓手。我国城乡居民储蓄率高达51%，政策性金融债成本低、期限长，政策性金融发挥作用具有很大优势。运用好这一优势，要坚持“三个导向”。一是熨平周期波动导向。加大对那些政府该干、商业性金融不愿干的基础性、长期性、公共性领域的支持力度，积极支持铁路、公路、农田水利等重要基础设施建设，为实施国家战略、推动跨越式发展创造更好条件。二是提高全要素生产率导向。先导进入新技术开发、新产业培育、产业基础设施建设等领域，加快培育那些投资风险较大、商业性金融参与度较低的基础领域，为全要素生产率持续提高创造前提条件。三是推动改善民生导向。研究建立城市基础设施、住宅政策性金融机构，为保障和改善民生提供资金支持，积极推进保障性住房等民生工程建设。

三、继续推动民间资本有序进入银行业

银监会一直鼓励民间资本进入银行业。目前，股份制银行和城商行民间资本占比已由2002年的11%和19%，提高到42%和54%，农村中小金融机构已超过88%，还有46家非银机构由民间资本控股。为进一步回应社会呼声，将加强“两个引导”。一是引导民间资本助推银行业改造。鼓励民间资本投资入股，参与金融机构重组改造；放宽民间资本在处置城商行风险和高风险信用社中的持股比例；允许发展成熟、经营稳健的村镇银行，适当调整主发起行与其他股东资本比例。二是引导民间资本探索设立自担风险的民营银行、金融租赁公司和消费金融公司。按照三中全会“在加强监管的前提下，允许具备条件的民间资本依法发起设立中小型银行等金融机构”的精神，坚持“纯民资发起、自愿承担风险、承诺股东接受监管、实行有限牌照、订立生前遗嘱”等原则推进试点，探索合理、高效、可持续的治理与经营模式，为银行业改革注入新活力。

四、继续推动加快金融基础设施建设

三中全会专门提出，“加强金融基础设施建设，保障金融市场安全高效运行和整体稳定”。这不仅需要加强法律法规、支付清算体系、会计标准等金融基础设施建设，还应特别加强银行业信息系统建设，尽早做到“三个匹配”。一是与以客户为中心的服务模式相匹配。推广使用手机银行、网上银行、电子钱包等高效率、低成本、广覆盖的服务方式，利用大数据、云计算等信息技术，提高服务精准度、满意度，真正建立起“以人为本、以客户为中心”的服务体系。二是与业务发展战略相匹配。要平衡好业务发展速度、复杂程度、管控难度与系统支撑能力之间的关系，防止信息系统“小马拉大车”，引发信息系统风险。还要加快研发具有自主知识产权的核心业务管理系统，把握发展主动权。三是与精细化管理转型进程相比配。将信息系统建设作为流程再造、管理提升、服务转型的驱动引擎，推动银行流程化、自动化、智能化发展，提高决策能力、管理水平和风险防控能力。

另外，在金融领域发挥好市场配置资源的决定性作用，必须配套建好金融安全网。否则，金融机构退出市场的负外部性，将导致对优胜劣汰“投鼠忌器”，使得金融机构不仅“大而不能倒”，而且“小也不能倒”。

五、继续推动提升银行业对外开放水平

这些年来，我国银行业对外开放成效明显。截至9月末，20家中资银行在海外50个国家和地区设立了近1100家机构，总资产超过1.2万亿美元，为我国实施走出去战略提供了有力支持。同时，51个国家和地区的银行在境内设立41家外资法人机构、92家外国银行分行、920家营业性机构，完善了我国银行业体系。站在新的历史起点，要重点推进“两个增强”。一是增强实施走出去战略的配套服务能力。支持中资银行合理布局境外网点，增强银行业统筹两个市场、运用两种资源的能力，帮助中资企业在全球范围内开展资源和价值链整合。支持银行业利用中国上海自由贸易试验区等平台，为全面深化银行业改革和扩大开放探索新途径、积累新经验。二是增强银行业对外开放政策的顶层设计。研究新形势下推进银行业对外开放的总体政策框架，努力打造银行业对外开放新格局。利用G20、国际金融稳定理事会、巴塞尔委员会等平台，积极参与制定国际金融监管新标准，同时加强跨境监管合作，推动我国银行业持续安全稳健运行。

女士们，先生们！三中全会已经吹响了新一轮全面改革的号角，让我们进一步解放思想，放大胆子、迈稳步子，推动银行业改革取得新突破，为实现中华民族伟大复兴的中国梦作出新的更大贡献。

谢谢大家！

多层次市场体系建设与期货市场改革发展

大连商品交易所党委书记、理事长 刘兴强

市场经济实践证明，构建多层次市场是培育和完善市场经济体系，进一步发挥市场配置资源的基础性作用的一条必由途径。当前中国经济改革已进入新阶段，作为社会主义市场经济改革深化的一个重要标志，中国商品期货市场也需要逐步告别狭义的改革，通过加强法制建设，深化体制机制改革，建立起一个开放包容的多层次市场服务体系，在更高层次上服务国民经济改革与发展。

一、商品期货在理论上是一个广义的多层次市场体系

随着中国金融服务体系在市场资源配置中发挥更大的作用，资本市场的多层次概念已被广泛接受，并成为深化金融体制改革的一个重要举措和突破口。那么，在商品市场体系中具有重要地位的商品期货市场是否也存在一个多层次的概念？

人们常把整个商品市场体系按照不同的交易机制划分为三个层级，并将其比作一个金字塔。其中，塔尖是期货市场；塔身是中远期交易市场；塔基是现货交易市场。这样的描述便于一般性理解，但深入剖析，上述说法不仅忽视了市场架构中各部位之间的相互支撑，也容易导致对市场边界的机械划分和市场功能的狭义理解。考察期货市场的发展演变历史，有以下三点是值得我们注意的。

第一，在作为塔身的中远期市场与作为塔尖的期货市场之间，存在一个平滑过渡的斜坡。首先，期货交易的诞生是个渐进的演化过程。一般认为，现代意义上的期货交易出现在19世纪中至末叶的美国，但稍微研究一下期货发展的历史就可以看到，历史上所谓的一些商品期货交易以现在的许多标准实际上更类似于商品中远期交易。例如，美国芝加哥在19世纪中叶已经存在被称为“期货”形式的玉米交易，但直至1925年芝加哥才建立了第一个为期货交易集中承担履约责任担保的清算所——中央清算却是现代期货市场机制中一个不可或缺的环节。其次，由于存在中间衔接地段，欧美期货相关法律对期货与中远期交易之间的具体差别并未进行清晰的语言界定。相关法律诉讼中，对某一交易形式的归类往往要求法院进行深入的个案分析。因此，期货市场需要通过拓展外延服务来实现与市场体系中其他部位的无缝对接。

第二，作为多层次商品市场体系中的最高级形态，期货市场本身也包含了一个内容丰富的多层次架构。这与金字塔塔尖部位不只是一个单一的点，其本身也存在精密复杂的梯形分层类似。同时，由于期货市场的本质作用是对商品生产、流通和消费在时间和空间上的配置进行指导，期货市场的多层次内涵也相应具有更丰富的维度，不仅体现为物质层面上的商品的大与小，还需要依靠时间层面的远与近和空间层面的宽与窄来表达和展现。商品大小方面，期货市场不仅需要上市关乎国计民生的战略性大宗商品，也应该覆盖与“三农”、中小企业密切相关的中小宗商品。时间远近方面，期货市场既需要以远月商品交割为标的的合约，也可以探索建立即期、掉期等交易机制；空间宽窄方面，除了全国性的大型商品期货交易所之外，也可考虑在统一监管的前提下建立服务区域经济、服务中小企业的商品交易平台。例如，上个世纪美国曾经存在过20多家商品期货交易所，上市交易过的商品有数百个，涵盖了火鸡、苹果、向日葵籽、辣椒、椰子油、烟草等多个区域性的中小宗商品；最大的全国性商品期货交易所占据的市场份额超过三分之二，一些小微型的区域性商品期货交易所在全国市场成交总量中占比则不足万分之一。

第三，正因为商品期货市场丰富的多层次内涵，才使它的金融服务功能得到最直接有效、最充分全面的发挥。价格发现和风险管理被界定为现代期货市场的两大主要功能；与其他金融市场相比，期货市场的金融服务性质和能力是比较间接的。但这是将期货市场置于一个已经比较完备的金融服务体系中来进行的狭义分工，属于在市场发育极其成熟的条件下以现代眼光来进行的期货市场定位。历史上，商品期货市场在服务中小企业融资方面所发挥的作用是非常显著的。相关资料显示，美国一些重要农副产品（如鸡蛋、棉花等）期货交易的产生源于农村贸易商的融资需求，欧洲市场中的掉期交易最早也是基于企业突破跨境融资管制的意图而出现的。特别是在银行业资信体系相对不发达和信用制度有待健全的年代，期货市场在客观上起到了减少中小企业融资需求、降低融资成本和拓宽融资渠道的作用。一位期货历史学家是这样描述上世纪中叶的美国期货市场的：“平均而言，利用了期货市场的企业可以获得更多的银行贷款，贷款额度大约可以增加10% –20%……对于期货市场的参与者，仓库为了赚取仓储费，甚至愿意为其垫付买入库存所需的资金……在羊毛和棉花行业，由于有了期货市场，贸易企业持有的商品存货可以达到其资金量的5倍，而如果没有期货市场，这一比率一般不会超过2倍。”

二、中国新兴加转轨的经济特征要求建立与之相匹配的多层次商品期货市场体系

产业经济理论显示，社会生产能力与社会消费需求之间的矛盾决定了每个产业的生产与流通之间的相对先进性有一个此消彼长的螺旋式发展过程。一个自然形成并发展的产业有其固有的规律性路径，不同产业发展阶段对商品交易与服务市场体系的要求也迥然各异。产业发展初级阶段呈现“小生产、小流通”特点，商品贸易以现货交易为主导；随着消费需求增长，消费区域逐步扩大，产业发展至“小生产、大流通”阶段，促进了中远期交易服务的形成；在产业发展的第三阶段，为满足消费增长需求，产能急剧扩张，而流通建设步伐相对滞后，形成“大生产、小流通”格局，市场割裂较为严重，需要相对原始、灵活、个性化明显的期货交易服务来对多样化的商品生产与流通进行差异化指导；在产业发展最后阶段，形成“大生产、大流通”格局，并为一个高度标准化、现代化的全国性商品期货市场的功能发挥提供了坚实的市场基础。

中国市场体系的建设与发展虽然只有短短的30余年时间，但所取得的辉煌成就是举世瞩目的。它的轨迹虽然还带

有较浓厚的计划色彩，市场体系中也有不少稚嫩薄弱的环节，但它走出了一条与西方市场体系发展不同的路。在新兴加转轨经济时期，不同历史发展阶段所对应的不同产业形态都被汇集到同一个时间点上，不同层次的商品交易与服务方式也需要被压缩到同一市场体系中并存。这种客观存在构成了商品期货市场建设多层次市场的现实需求。

实践表明，当前中国商品市场体系建设迫切需要通过增强期货市场服务的多层次供给能力，使国民经济中不同规模、不同业态的企业都获得与之相匹配的金融服务。目前不仅众多的中小企业和“三农”对商品期货市场的利用和参与程度不够充分，就是相当规模的企业参与期货市场仍属少数。与成熟国家企业能够普遍利用期货市场来从事生产经营的情况相比，中国商品期货市场存在的差距是显而易见的。

随着《金融业发展和改革“十二五”规划》的推进落实，中国商品期货市场面临着难得的机遇。首先，与世界其他国家相比，中国商品期货市场发展具备许多有利条件和积极因素。中国经济正处于一个长期的稳步发展周期，经济的工业化、城镇化和信息化，以及国内商品消费持续增长为商品期货市场发展提供了最广阔的空间。其次，随着市场经济的发展和改革的深化，市场化价格将在各行各业发挥更加重要的作用。市场经济发展越充分，企业就越需要依靠品种丰富、功能齐全、服务完备的期货市场来进行专业化管理，以适应国民经济发展和转型的要求。再次，中国期货市场的风险可控性已大幅提高。近几年随着信息技术系统基础建设的加强，期货交易所通过充分利用现代化电子信息技术，防范和化解风险的能力显著增强，对全国性市场的监控能做到“看得见、说得清、管得住”，相关监管安全性技术指标位居世界前列，不仅为系统性区域性金融风险防范提供了有力保障，也为市场进一步发展及多层次市场体系的构建提供了良好的条件。

三、需要以期货立法为基础、以体制改革为抓手来推动多层次商品期货市场体系建设

随着中国经济发展方式加快转变，国民经济发展对期货市场提出了新的更高要求。在未来内容广泛的社会变革将取代狭义的经济改革而成为推动中国发展的主要动力的大背景下，商品期货市场也需要告别狭义的改革，以强化立法为基础、以体制改革为抓手来进一步拓展其金融服务供给的层次和厚度，实现对国民经济各个薄弱领域和环节的有效支持。

“工欲善其事，必先利其器”。在推进建立一个与国民经济发展水平相匹配的多层次商品期货市场体系的过程中，个人认为在短期内有以下两点是必不可缺的。

其一，完善法规建设。市场经济本质是法制经济。建立一个统一开放、竞争有序的现代化市场体系，需要有健全的法律制度作为保障。期货市场作为天然的市场经济组成部分，也需要通过立法来确保市场的公开性、公平性和公正性得以实现。同时，为行业进行单独立法既是行业走向成熟的重要标志和条件，也是行业长远发展的依据和保障。因此，需要在总结中外期货市场发展经验教训的基础上，加快推进商品交易法或期货法的制定，对市场相关主体权利与义务及其相互关系做出明确的界定，审慎厘定部门监管边界，确立合理的市场结构和运行机制，为多层次商品期货市场的构建及相关配套服务的推出预留充足的发展空间。

其二，深化体制改革。体制改革是创新的重要驱动力。多层次商品期货市场的建设要求以市场为导向，优化创新机制，不断推出贴近市场需求的多元化产品和精细化服务。作为市场组织者，交易所在期货市场创新中处于核心地位。在全球经济深度调整、市场竞争日益激烈的趋势下，中国商品期货市场需要顺应历史潮流，以交易所的体制机制改革为抓手，着力解决制约市场体系发展的制度性障碍和体制矛盾。通过有针对性的制度安排，理顺政府与市场之间的关系，强化市场调节和自律管理，最大限度激发市场活力，加大力度培育一个极具弹性和富有竞争性的多层次市场体系。

长远地看，一个完备高效的金融服务体系必然是一个开放包容的市场体系。市场体系的培育和发展离不开社会各界的支持，也需要国际同行及参与者的认可。多层次商品期货市场体系需要通过持续扩大对外开放来形成一种股权多元、机构参与充分、高度国际化的市场生态。惟其如此，才能夯实可持续发展的基础，不断提升市场的资源配置效率和国际竞争力，适应国民经济改革深化和发展转型的大局要求。

推动发展转型　促进期货市场服务经济发展方式转变

大连商品交易所党委书记、理事长　刘兴强

在现代市场经济体系下，需要深化体制机制改革，拓宽期货市场价格服务国民经济的广度和深度，促进期货市场在经济发展方式转变中发挥更积极的资源配置作用。

一、我国期货市场建设取得的成绩

一是期货市场已具备在更高层次服务国民经济的基础。在国家稳步发展期货市场的政策指引下，这些年我国期货市场取得了较大发展。2005 年 - 2011 年共上市 15 个商品期货新品种，涵盖了农产品、金属、能源和化工等国民经济主要产业领域，并成功推出股指期货合约。2011 年我国期货市场成交量 10.54 亿手，成交额 137.78 万亿元，较 2005 年分别增长 5.53 倍和 19.49 倍。期货市场成为我国现代市场经济体系的重要组成部分，被海内外不少有识之士认为是我国改革开放的重要标志和成果之一。

二是期货市场成为国家金融宏观调控的一个主要抓手。自 2010 年 11 月 19 日《国务院关于稳定消费价格总水平保障群众基本生活的通知》发布以来，我国期货市场坚决贯彻落实国务院精神，各交易所采取一系列市场化举措来稳定价格水平，取得良好效果。以大连期货市场为例，2010 年 4 季度大豆、玉米、豆粕、豆油、棕榈油的平均涨幅为 15.77%，远低于同时期国外相关市场平均 28.73% 的涨幅。

三是期货市场为我国实体经济战略安全提供了一定保障。从实践看，我国相关产业利用期货市场抵御外来风险传染的成效是显著的。以油脂油料产业为例，2008 年全球金融危机爆发，国际市场每吨大豆价格从 7 月初的 5821 元跌至 9 月的 3830 元，相关企业进口一船 6 万吨的大豆面临的亏损风险接近 1.2 亿元。由于有了期货市场，企业可以在美洲买大豆的同时，在大连期货市场卖出，避免了灭顶之灾。

二、我国期货市场未来改革发展面临的机遇

第一，从外部条件看，当前我国期货市场正处于改革发展的战略关键时期。

首先，从国民经济总量看，我国正步入快速引入期货新品种的时期。相关研究表明，期货市场的品种数量是与国民经济发展阶段相适应的。1949年－2004年，美国期货品种累计上市数量与国民经济总量之间的相关系数达0.987。当前我国GDP相当于美国1988年－1993年的水平，这段时期，美国期货市场品种大幅增加，上市了74个新品种。实践中，近几年大连期货市场在全球范围内首次成功上市了塑料和焦炭合约，彰显了我国期货市场具备的极大潜力。

其次，未来国民经济进一步市场化要求期货市场提供更完备的价格指引体系。随着我国市场经济改革深化，市场化价格将在各行各业发挥更加重要的作用。在我国期货市场品种有待进一步丰富的环境下，各地大宗商品电子交易市场林立，在运行中暴露出不少违法违规问题的同时，也从侧面反映出实体经济存在的旺盛需求。相关报告显示，截至2011年10月，我国大宗商品电子交易市场总数超过300家，交易产品种类达200多个。

第二，从内部环境看，我国期货市场在具备进一步改革发展基础的同时，还存在一些比较稚嫩的地方，无法使国民经济中不同规模、不同业态的企业都能获得与之相匹配的市场服务。

一方面，我国期货市场的风险可控性已大幅提高。国际金融监管改革的经验表明，系统性区域性金融风险防范的关键在于增强市场透明度。近几年随着信息技术系统建设的加强，我国期货交易所防范和化解风险的能力大幅提升，为市场进一步发展提供了良好条件。以大连期货市场为例，新一代监察系统实现了对全市场风险的指标化监控预警，常规报警指标轮询周期为2秒/次，多客户端并行查询响应时间达到5秒以内。过去无法完成的或只能靠人工完成的工作，现可依靠机器来高效实现，市场透明度明显增强。

另一方面，我国期货市场服务国民经济的广度和深度还有待进一步拓宽。首先，在市场覆盖面上，目前我国上市交易的期货品种共计27个，仅相当于1950年美国期货市场的水平。美国1920年以来上市的期货品种覆盖了70多个基础商品，形成的市场化价格体系涵盖实体经济运行的方方面面；印度的现代商品期货市场建立不到10年，上市期货品种已覆盖近60个基础商品。其次，当前我国中小企业和“三农”对期货市场的利用程度还远远不够充分。我国期货市场的服务工作还可以做得更加细致深入，需要通过自身发展的转型来实现对国民经济各个薄弱领域和环节的有效支持。

三、对我国期货市场未来改革发展的几点思考

第一，要坚持把创新作为重要支撑，打破制约发展的观念和政策限制，拓宽期货市场服务国民经济的广度。期货市场在市场经济中的本质是通过一个完善的价格指引体系来调节生产、流通和消费。期货价格对国民经济各行各业的指导意义犹如银行对企业的资金支持，期货价格覆盖面越宽，就越能对经济发展提供市场化指导，就越有利于加快经济发展方式转变。在新的发展时期，需要以市场为导向，着重考虑期货品种结构与国民经济中不同规模、不同业态的企业需求的匹配度，优化期货产品创新机制，进一步扩大期货市场化价格体系对国民经济行业领域的覆盖面。

第二，要坚持为实体经济服务的发展方向，着力提升金融服务功能，加大期货市场服务国民经济的深度。金融市场对实体经济中各个业态的服务是通过多元化的市场生态环境来实现的。一个金融市场的机构化程度越高、参与机构越多元，市场融入实体经济的程度就越深。目前我国期货市场还是一个以中小散户为主的市场，一定程度阻碍了期货市场价格信息要素与金融市场要素之间的联系，制约了期货市场对国民经济各个环节的渗透能力。需要通过有针对性的制度安排，引入银行等各类金融机构，发展期货投资基金，推动形成更加开放兼容的市场生态环境，加强期货市场对国民经济中各个薄弱领域的金融服务支持。

第三，要坚持市场配置金融资源的改革导向，进一步深化体制机制改革，推动期货市场发展方式的转型。近十几年来，国际主要金融市场以交易所的体制机制变革为切入点，依托市场化运作模式，一方面通过国际并购结盟，强化对各类大宗商品及金融产品的定价能力，实现国家金融扩张；另一方面通过本土市场竞争，不断提升期货及相关金融市场的创新活力和资源配置效率。在全球交易所和相关金融机构综合实力格局呈现强者愈强的趋势下，我国期货市场需要强化危机意识，顺应经济全球化潮流，锐意改革，理顺政府与市场之间的关系，不断提升金融市场的资源配置效率，适应经济发展方式加快转变的大局要求。

大力推进大商所改革创新发展

大连商品交易所党委书记、理事长　刘兴强

在党的十八大精神指引下，2013年将是中国深化改革的关键之年，也将是资本市场进一步放松管制、市场竞争更趋激烈的一年，同时也是交易所通过加快改革创新、实现自我提升的重要一年。面对新形势、新机遇和新挑战，大连商品交易所将继续坚持服务实体经济发展方向和市场化发展目标，全力以赴推进五项改革创新。

一、积极推进体制机制改革

体制改革是交易所治理模式的重大转变，是一场深刻的自我革命，对交易所和市场未来发展具有深远影响。根据证监会统一部署，2012年大商所稳步推进改制前各项准备工作，尤其在12月调整加强领导班子，为建立“三会一层”的治理结构奠定基础。2013年大商所将按照证监会有关改制试点工作要求，以市场化发展为导向，积极探索，稳妥推进，力争公司制改革平稳落地，努力通过新架构、新班子、新机制、新举措建设呈现出发展新面貌和新气象。

二、扎实推进新品种上市

品种创新是期货交易所的核心业务创新之一，是交易所拓展服务实体经济领域、提升服务实体经济质量的重要基础。

2012年大商所的焦煤、鸡蛋、木材、铁矿石四个期货品种进入审批或立项程序。2013年大商所将建立完善品种研发创新机制，全力推进以上四个品种顺利平稳上市，重点确保战略性新品种上市，同时加强已上市品种维护和新品种储备工作，有序推进综合性、国际化交易所建设。

三、加快推进多层次市场建设

多层次市场建设在本质上是新建一个作为期货与现货相结合的中间层次市场，对于完善期现货紧密结合的市场机制具有重要意义，同时也是交易所拓展发展空间的重大战略机遇。2012年初大商所提出了建设多层次商品市场的概念及相关构想，此后又成立了专门工作组，并派出人员到印度、重庆、天津等地进行调研和考察，初步形成了具可操作性的多层次市场建设方案。2013年大商所将紧紧把握先机，努力在多层次市场建设方面迈出坚实的步伐并取得实质性成果，为把大商所真正建成影响全国乃至在国际上有竞争力的交易所提供战略支撑。

四、大力加强规划和机制建设

规划建设和机制建设相辅相成。当前市场发展很快，新品种、新业务、新管理运营模式将对市场带来积极重要影响，尤其到2020年我国整个国民经济翻一番的时候，期货市场对国民经济的影响力将进一步得到突现。交易所发展规划的高度有多高、目光有多远、对形势的认识有多深，将决定未来发展潜力有多大；同时交易所现有的人才、技术、市场监控管理面临着发展形势的严峻挑战。未来一段时间大商所将在新机制建设上实现突破，当务之急是激励一大批骨干员工脱颖而出，让交易所的管理创新、品种创新、工具创新、服务创新的能力在短期之内尽快实现飞跃。

五、切实加强风险防范与管控

风险防控是市场发展的首要前提，在市场发展较快的时候更要注意确保发展速度与风险可控力相一致。当前市场规模增长很快、发展机会很多，正在推进的一些工作如多层次市场建设等都是过去从来没有涉足的，对于交易所的风险防控能力和水平也提出艰巨挑战。大商所将努力增强发展紧迫感，牢牢把握发展机遇，同时又将保持清醒头脑，进一步提高风险防控能力，全面做好各种准备和应急处置等。

证券行业应切实履行社会责任

中国证券业协会会长　陈共炎

当今时代，履行社会责任已成为世界企业发展的重要潮流和新的商业规则，是企业价值观和竞争力的重要体现。近年来，我国证券行业在社会责任实践方面进行了许多有益的尝试和努力。协会连续两年的问卷调查显示，证券公司履行社会责任已呈现出普遍化、日常化、规范化和长效化的总体趋势。

普遍化即证券公司社会责任意识日益普及。2012年共有107家证券公司提出了社会责任愿景，占比达93.85%。有57家证券公司做出过全球契约十项原则、联合国关于环境的公约宣言以及其他官方或非官方与社会责任相关的承诺；有17家证券公司已参加或准备参加专门的国际或国内社会责任组织；有39家证券公司加入了慈善基金、红十字会等各类公益性组织。这些数据显示，社会责任意识正在逐步沁入整个证券行业。

日常化即越来越多的证券公司将履行社会责任与公司经营有机结合。多数证券公司能够把履行社会责任渗透到公司发展战略、内部管理及各业务条线的日常运营工作中，将落实国家宏观经济政策、依法合规经营、创新产品及服务、促进员工发展等不同维度的社会责任作为常态化工作。

规范化即证券公司正在普遍建立社会责任管理机制。多数证券公司能结合公司发展实际，逐渐形成公司董事会、监事会、经营管理层，以及各职能部门之间自上而下的社会责任组织体系及相关配套制度，对公司价值观、发展战略、日常运营机制等进行改革，平衡公司与利益相关方的责任，激发利益相关方合作的积极性、主动性和创造性。

长效化即证券公司在社会责任实践中日趋注重长期效果。多数证券公司能够着眼于长远发展的需要，通过签订长期战略合作协议、开发建设信息共享平台和投资者交流平台、建立健全与股东及合作伙伴等利益相关方之间的日常联系机制，保持长期的沟通合作关系，增进互信与理解。同时，各证券公司还普遍重视公益回馈、投资者教育、员工培训等社会责任相关工作的长期效果。特别在公益回馈方面，有24家公司专门设立了用于各类公益慈善活动的非公募基金或基金会，统筹公司各项公益活动的资金使用，为开展各类长期公益活动奠定了良好的基础。

2012年，对证券公司而言，既是市场低迷、传统业务收入锐减、金融领域竞争加剧的困难之年；又是再造销售交易、托管结算、支付、融资和投资等基础功能的创新之年。在挑战与机遇面前，各证券公司紧紧围绕中国证监会《关于推进证券公司改革开放、创新发展的思路与措施》提出的发展目标，加快创新进程，努力拓展基础功能，积极参与多层次资本市场建设，着力探索综合财富管理模式，提升服务于市场和实体经济的能力，行业整体连续第7年实现盈利。截至2012年末（未经审计），114家证券公司总资产达到1.72万亿元，较上年末增长9.10%，净资产为6,943.46亿元，较上年末增加640.92亿元，增幅为10.17%；实现营业收入1,294.71亿元，净利润329.30亿元；全年累计承销股票、债券等3.42万亿元；全年共有152家企业在A股市场首发上市，融资总额1034.32亿元，A股再融资金额合计2093.22亿元。

2012年，协会积极推动和支持证券公司履行社会责任。协会一方面积极组织、推动行业创新发展，在证券公司创新发展的11项措施36项具体工作中，协会牵头或负责的有14项，参与配合推动落实的有18项；另一方面通过建立健全证券纠纷调解机制、强化证券公司投资者适当性义务、推动整治非法证券活动、号召行业学习先进人物与事迹，编写并发布年度证券行业社会责任报告等一系列举措，不断推进证券公司履行社会责任工作，促进行业健康发展，建立良好的社会形象。

但总体来看，证券行业履行社会责任实践尚处于起步阶段，行业必须要直面现存的问题，例如，证券公司作为中介机构的市场主体功能尚待完善，对实体经济和投资者的服务仍不到位，公司及从业人员的专业能力和诚信水平有待提高，投资者保护手段和能力还很欠缺，社会责任组织管理体系、配套管理制度和经费保证措施尚欠规范，参与各类公益慈善活动的深度与广度都还有很大空间等。下一阶段，证券行业在履行社会责任方面应重点做好以下工作。

一是要进一步增强服务于实体经济的能力。服务实体经济是证券公司作为资本中介的基本社会责任。我国规模以上企业已超过70万家，而通过证券交易所发行上市的企业总数仅为2470家；2012年我国全年社会融资总规模达15.76万亿元，而由证券公司主导并承销的股票、债券等直接融资额约3.3万亿元，占比仅为20%左右，虽较前有所提高，但仍无法满足广大实体企业的融资需求。当前，通过资本市场实现企业融资和发展已经成为大多数企业的迫切愿望，但数量占比超过99%的中小企业受困于企业规模等硬性指标，与场内市场融资渠道无缘，这就从客观上要求证券行业加速推进多层次资本市场建设，有效实现与不同发展层次实体企业的融资需求对接。证券行业应当牢牢把握住我国产业结构调整、发展方式转变的历史性机遇，不断发掘实体经济投融资的深度需求，以专业化的金融服务为各类企业的经营与建设提供安全高效、成本低廉的服务，推进我国多元化金融体系的完善与发展。

二是要努力提升财富管理能力。为广大居民提供综合财富管理，切实保护广大投资者的合法权益是证券公司最核心的社会责任。截至2012年末，我国人民币存款余额已达91.74万亿元，其中，城镇居民储蓄存款余额已接近40万亿元。大规模的存款数值一方面是我国经济快速发展的反映，另一方面也反映出大量资本闲置、社会资金配置效率低下等问题。目前我国证券市场沪、深股票有效账号数已达到1.4亿户，所托管客户交易结算资金为6003亿元，托管证券市值为26.4万亿元。统计数据表明广大投资者具有通过资本市场实现自有资产保值增值的实际需求。证券行业应当紧抓机遇，充分发挥专业优势，加速向综合财富管理转型，在深入了解投资者需求、不断加强投资者适当性管理的基础上，以投资者为核心，研发并创设多元化、差异化的金融产品，不断强化和提升资产管理、投资顾问等专业服务水平，通过有效的财富管理手段为投资者带来实实在在的投资回报，让投资者真正享受到经济改革和增长的红利。

三是要切实做到以人为本。保障员工的合法权益是证券公司应当履行的社会责任之一。证券公司作为现代知识密集型企业，专业化的人才和高水平的服务团队是公司拥有的最核心资产之一，也是公司长期可持续发展的必备因素。证券公司应当本着对社会、对员工负责任的态度，坚持以人为本的发展思路，平等对待全体员工，与员工共同分享公司的发展成果。截至2012年末，证券行业员工已经从10年前的5万人发展到近25万人，为带动我国的社会就业做出了重要贡献。其中，女员工所占比例为41%，中层以上女性管理人员占全部管理人员的23.74%，成为女性就业和参与管理比例较高的行业之一。截至2012年末，我国资本市场的股票市值位居全球前三，而支撑这个大市场的证券行业的总资产却仍不及高盛公司的三分之一，大市场小行业的格局预示着我国证券行业还存在广阔的发展空间，可以吸纳更多的人员特别是知识阶层就业，可为解决社会就业问题做出更大的贡献。

四是要大力支持创新型企业发展。党的十八大明确提出"实施创新驱动发展战略，强调科技创新是提高社会生产力和综合国力的战略支撑"。积极落实国家的经济政策导向，着力支持科技、节能、环保等创新型企业通过资本市场融资，助力高科技企业发展，是证券公司作为金融中介机构不可推卸的社会责任。近几年，证券公司已经推荐355家公司在创业板发行上市，其中331家公司都经过了国家高科技企业资质认证，属于高新企业范畴。证券公司应当继续发挥自身的金融资源配置功能，积极参与多层次资本市场特别是私募市场建设，为创新型企业融资、实现政策导向型的企业资源与市场资源对接做出自己的努力。

五是要真心实意回报社会。证券行业的成长和发展离不开社会方方面面的支持和帮助，应常怀感恩之心，建立回馈社会的理念和机制，教育并带动证券从业人员积极投身社会公益活动。2012年证券公司用于公益行动的资金合计达到6.1亿元，涉及捐资助学、投资者教育服务、环境保护、扶贫济困、社区发展，以及突发自然灾害救济等领域。近几年证券公司能够主动持续地开展公益回馈活动，但同时也应当看到，2012年证券公司的公益投入还只占当年证券公司利润总额的2%，投入规模还有很大的提升空间，回馈社会、造福社会仍然任重道远。

当前，我国经济发展方式转变、城镇化发展、利率和汇率市场化改革、对外开放进一步扩大等宏观经济政策环境，为证券行业发展提供了难得的机遇。证券公司应当珍惜和把握机会，潜心做事，把自己打造成社会放心、股东认可、投资者满意的现代国际化金融机构，成就资本市场的"中国梦"。2013年，证券行业应当在坚持合规经营、强化风险管理的前提下，积极稳妥地开展创新活动，对已经开展的各项创新要认真总结、及时交流、不断巩固，在提高行业服务能力和水平的基础上，进一步增强社会责任意识和履责能力，为资本市场乃至社会经济的和谐发展贡献应有的力量。

改变上市条件法定化模式　引入上市新机制

上海证券交易所副总经理　徐　明

（2013年11月29日）

上海证券交易所副总经理徐明昨日在第四届"上证法治论坛"上表示，完善上市公司法律制度是证券法修改的重要任务。他建议改变证券上市条件法定化模式，引入"转板"、"介绍上市"等上市新机制，同时简化再融资条件与程序，丰富并购重组方式。

"如何顺应资本市场市场化、法制化、国际化发展要求，重构和完善上市公司法律制度，是《证券法》修改中需要回应的一个重要问题。"徐明建议，从证券上市制度、上市公司信息披露制度、上市公司再融资与并购重组制度等方面着手，推动上市公司法律制度的完善。

在完善证券上市制度方面，徐明提出需要关注两个重点环节：一是进一步处理好证券发行和上市、上市公司行政监管和自律管理之间的关系。改变证券上市条件法定化模式，将现由《证券法》直接规定的证券上市、暂停上市、终止上市等条件，交由证券交易所上市规则规定。二是引入上市新机制，建议允许符合条件的场外挂牌企业转板到交易所上市；借鉴境外经验，引入"介绍上市"等不经 IPO 直接上市的方式。

同时，还须进一步完善退市的条件与标准，有必要明确将"公司有重大违法行为"增列为退市条件，将有权机关认定的欺诈发行、重大信息披露违法等行为列为退市情形。

在完善上市公司信息披露制度方面，徐明认为，应当充实当事人履行信息披露义务的指导原则，将及时、公平原则与真实、准确、完整并列为信息披露的基本原则写入《证券法》，并贯彻于具体规定。

他还建议明确投资者友好型的信息披露质量要求，将便于投资者理解作为信息披露质量标准。考虑将信息披露的相关性和重大性、风险披露的充分性和准确性、行文风格的通俗性和可读性，写入《证券法》信息披露制度中。同时确认电子化披露的法律效力，以满足网络环境下投资者对快捷获取信息的需求。

徐明表示，应当强化信息披露责任追究，建议在修法时就证券市场侵权责任的承担，包括原告范围、责任主体、赔偿范围等事项，作出有指导性和操作性的规定。

在完善上市公司再融资与并购重组制度方面，徐明提出三方面政策建议。

一是简化再融资条件和程序，发行条件可考虑取消财务指标要求，引入"储架发行"制度；审核程序上，可考虑将上市公司再融资的审核主体调整为证券交易所，提高审核效率。

二是丰富并购重组方式，简化审核程序。建议将相关法规、规章、规范性文件关于并购重组的制度创新提炼到证券法中，增加间接收购制度、要约收购义务豁免制度，建立余股挤出制度，允许持有上市公司 90% 以上股份的收购人强制收购剩余股东股份等。

三是建立市场化的约束机制。引导上市公司、控股股东、实际控制人、收购人等主体做出业绩及其他相关承诺，强化承诺履行的监管和责任追究。

倾力发展区域性股权交易市场　助推区域经济腾飞

——齐鲁股权托管交易中心主任李雪在全国规范发展区域性股权交易市场座谈会上的发言

（2012 年 7 月 19 日）

【按】7 月 19 日至 7 月 20 日，全国规范发展区域性股权交易市场座谈会在吉林省长春市召开。会议就《关于规范证券公司参与区域性股权交易市场的指导意见（征求意见稿）》及区域性股权交易市场的规范发展进行座谈。中国证监会副主席姚刚主持会议，证监会主席郭树清出席并讲话，吉林省省长王儒林到会致辞。

郭树清在讲话中深入分析了区域性股权交易市场建设在服务实体经济，特别是服务中小微企业，鼓励科技创新和激活民间资本等方面有着不可替代作用。同时强调下一步发展区域性股权交易市场，各地不能一哄而上，要在坚持《国务院关于清理整顿各类交易场所切实防范金融风险的决定》（国发〔2011〕38 号）原则下，在风险可控的情况下，发展区域性股权交易市场。

会上，齐鲁股权托管交易中心主任李雪汇报了齐鲁股权托管交易中心基本情况、具体做法、取得的成效，最后对区域性股权交易市场规范发展提出了七点建议，受到了郭树清主席和与会嘉宾的充分肯定。

尊敬的郭树清主席、姚刚副主席，各位领导、各位与会嘉宾：

大家好！非常荣幸能参加今天的会议，也非常感谢证监会提供这么一个学习交流的机会，今天听了郭主席讲话和各位领导来宾的发言，受益匪浅。收到《关于规范证券公司参与区域性股权交易市场的指导意见（征求意见稿）》（以下简称"指导意见"）后，我们结合市场运营实际，认真学习、深刻领会，认为《指导意见》的制定，非常及时，非常有针对性，充分体现了国务院支持中小微企业发展，激活民间资本，鼓励科技创新的总体要求，对于指导区域性股权交易市场发展，加快完善多层次证券市场建设具有重要意义。

首先，我介绍一下齐鲁股权托管交易中心的基本情况。齐鲁股权托管交易中心是按照国家"黄河三角洲高效生态经济区发展规划"和"山东半岛蓝色经济区发展规划"的战略要求，根据山东省委省政府"完善发展全省性股权交易市场"的战略部署，于 2010 年 12 月正式成立。

作为山东省非上市公司股权交易市场，主要为中小微企业提供股权融资、托管转让、规范发展和上市培育等服务。到 2012 年 7 月 19 日，挂牌企业 63 家，实现直接和间接融资超过 45 亿元，其中，股权私募融资近 11 亿元。行业涉及新材料、新农业、精细化工、生物医药、高端装备制造业等领域。托管企业 149 家，在省内成立了 11 家分支机构，培育和发展各类中介服务机构 175 家，与 10 家银行签署了战略合作协议，建立了机构投资者俱乐部，吸引私募股权投资机构 110 家。在股权托管、挂牌准入、审核机制、信息披露、监管制度、风险防范等重要环节，建立了相对完备的 50 余个市场规则和制度，建立起了全省性综合监管体系和及时有效的风险处置机制，保证了市场平稳有序健康运行。全力做好上市后备资源培育，托管挂牌企业中已有8家公司启动了上市程序。

我们在制度建设、融资服务、信息披露、市场监管、投资者适当性管理等方面进行了一系列的运营实践。一是建立健全了适合区域性股权交易市场的规则制度。围绕公司股权托管、挂牌准入、审核机制、信息披露、监管制度、风险防范、退市制度等建立了50余个市场规则和制度，为市场规范运行打下了坚实基础。二是探索建立了适应区域性股权交易市场发展的综合监管体系。坚持行政监督与市场监管相结合原则，市场与挂牌企业所在地金融办进行联合监管，提早发现问题，调动各级政府和市场的力量，多措并举解决问题，化解风险。三是建立了较完善信息披露制度。要求公司挂牌前披露《挂牌说明书》，挂牌后披露年报、半年报和重大事项临时报告，包括重要的非财务信息以及公司分红预案的披露。四是实行合格投资人制度。规定成为合格投资人必须通过市场风险能力测试，具有比较成熟的投资经验，较高的风险识别能力和风险承受能力。其中，合格机构投资者注册资本总额不得低于100万元，合格自然人投资者流动性金融资产证明不得少于20万元。五是强化对中介机构的管理。对市场服务的各类中介机构实行资质管理和征信管理。设立合格中介机构标准，建立中介机构诚信档案和综合考评制度，严格要求推荐机构对所推荐企业的持续督导责任。六是进一步完善了股权协议转让制度。齐鲁股权托管交易中心按照国发38号文件精神对相关交易规则进行了进一步完善，采取柜台协议转让和网上协议转让两种方式，交易规则完全符合38号文件要求。七是全力做好挂牌企业融资服务。市场始终坚持直接融资与间接融资相结合，开展了私募股权融资、银行信贷倾斜、股权质押等一系列围绕挂牌企业融资服务措施。八是加大企业上市培育力度。组建了券商、会计师、律师在内的挂牌企业上市培育咨询委员会，对优势企业进行分组跟踪指导，待财务指标符合上市要求后，能够迅速启动相关程序。

对于区域性市场在促进中小微企业融资规范发展，加快上市后备资源培育，切实推动区域经济发展等方面发挥的作用。上午郭主席讲话中做了深刻的阐述。下面我结合几个实例谈谈我们的体会和感受。

一、五个实例

（一）区域性股权交易市场能够为中小企业提供强有力的融资支持

有了区域性股权交易市场，对于引导民间资本服务实体经济，切实解决中小微企业融资难问题发挥了重要作用。我们的挂牌企业通过私募融资和间接配套融资，平均解决4000万左右的资金，对于中小企业来说能够满足资金需求，实现快速做大做强。山东布莱凯特黑牛科技股份有限公司，是由我国首例体细胞克隆牛研究专家董雅娟博士等人于2004年创建高新技术企业。公司挂牌前虽通过克隆、胚胎移植和人工授精技术，获得达到日本和牛肉A3级质量等级的高档肉牛，但由于受资金瓶颈限制，不能扩大繁育与饲养规模，一直未形成规模化、产业化生产。公司2010年12月挂牌，私募融资4300万元，实现了高档肉牛的规模化养殖。销售收入由挂牌时不足300万元，到2011年年底已达6000万余元，增长了20倍；净利润从挂牌时不足40万元，到2011年年底实现净利润1300余万元，增长了近33倍。公司的10万头山东黑牛产业化开发项目已被列入了山东省黄河三角洲规划重点建设项目。目前公司正在实施二次私募并启动了创业板上市程序。

（二）区域性股权交易市场有利于建立起切实有效的综合监管体系

区域性股权交易市场具有区域便捷、监管到位、沟通顺畅、信息及时的区位优势。齐鲁股权托管交易中心具体监管工作中采取了行政与市场相联合的纵横监管体系。纵向上，由省金融办行使股权交易市场总体规划和监督职能，齐鲁股权托管交易中心在按照相关制度自律性管理的基础上，做好对上汇报和横向联合监管；横向上，挂牌企业属地政府对其区域内挂牌企业负有监管责任，齐鲁股权托管交易中心通过与挂牌公司属地政府主管部门签署《联合监管协议》，明确监管责任，开展监管合作，做好一线监管。

（三）区域性股权交易市场可以极大加快企业上市步伐

企业通过挂牌，推动规范、快速成长，加上地方政府在土地、税收、房产等方面的政策支持，大大加快了企业的上市进程。成立于2009年的德州海利安生物科技股份公司，是一家从事海洋生物制药产品研发、生产和销售的高科技企业，其独立研发的小口径组织工程人工血管是国际首创的高科技生物制品。由于经营历史较短，企业挂牌前一年亏损。考虑到企业具很强的成长性，经一系列审核后同意其挂牌。公司挂牌前私募融资2020万元，建起了厂房，由实验室产品进入到生产领域，逐步取得相对稳定的市场份额，吸引了一批有实力的PE竞相注资。2011年10月再次定向私募融资4987万元。净利润2011年达到700万，预计12年将达到2100万元。目前该公司已经停牌，启动了创业板上市程序。

通过市场的培育，上市咨询委员会评定孵化的18家A类企业都具有很好的上市前景，已经初步形成了储备一批、挂牌一批、孵化一批、上市一批的上市培育格局。

（四）区域性股权交易市场能够推动中小企业的快速规范，特别是股权文化的培养

挂牌前后的规范和培育，使挂牌企业建立了完善的法人治理结构，要进行信息披露，接受投资者监督。上午郭主席特别提到区域性市场对股权文化、证券意识的培养，下面我想汇报一个小例子。我们有一家机电物流挂牌企业，属于五金机电流通企业。挂牌前由于缺少有效激励机制，公司销售人员不断流失单干，成为公司竞争对手。挂牌过程中，公司定向私募3000余万元，主要面向公司高管和骨干销售人员，增强了公司的凝聚力向心力，团队得以稳定，发展潜力得到极大提高。目前通力机电正牵头推动同行业的并购重组，已整合市外6家企业，成为北方最大的机电销售企业。2011年公司实现营业收入1.3亿元，较2010年挂牌时的1700万元增长了7倍。公司已与券商签署了财务顾问协议，进行上市前的资产并购、整合工作。

（五）区域性股权交易市场能够有效探索解决历史遗留问题的路子

由于历史原因，目前山东范围内有近400家股东人数超过200人的定募公司，涉及股东人数近200万人。齐鲁股权托管交易中心注重这类公司股权规范管理，目前已有77家原定募公司（其中省外企业15家）办理股权托管，选择4家超过200人的定募公司开展股权挂牌转让试点，通过市场化手段，明晰股权持有状况，减少股东人数。股权通过市场得到了进一步的规范。通过确权规范、建行三方存管代理分红及非交易过户等，维护了中小股东权益，促进了社会稳定。

二、七点意见和建议

（一）第一点建议

建议将区域性股权交易市场建设纳入国家多层次市场发

展总体规划，建立完善的区域性股权交易市场制度体系，当前要尽快出台《区域性股权交易市场指导意见》和《非上市公众公司监督管理办法》，使区域性市场建设有规可循、有法可依。

（二）第二点建议

指导意见中“区域性市场原则上不得跨区域开展业务”我们完全赞同，但是后面的“按照中央决策部署和国务院文件要求或批复，推行综合配套改革试验和金融改革创新地区设立的股权交易市场”可以跨区域做业务，我们认为不妥。目前全国性场外交易市场正在加快建立中，企业希望到全国场外交易市场挂牌，新三板完全能满足。如果上述相关省市建立的市场都面向全国开展业务，就会形成多个甚至 12 个全国性市场，我们认为，这既不利于区域风险锁定，也违背了国家建设区域性市场的初衷。

另外一点，在这一类市场中绝大多数是初创期、生长期、萌芽期的企业，风险相对较高，在市场监管体系尚不够完善的阶段，区域不锁定，就容易发生跨区域风险。既然 38 号文明确了省级人民政府来批，省级政府监管，就已经考虑到了在省级区划内更能处理和防范好相关风险。就像证监会研究中心祁斌主任到我们市场考察时说的区域性市场区位便利、监管直接的“小板凳理论”，看一个企业经营情况和有没有风险，可以在企业的大门口放一个小板凳，数一数来往的车辆，就能八九不离十，充分阐述了区域性市场监管的优势。

讲到这个建议，我想多说几句，为什么区域性市场应该在区域内做业务，而暂不可以跨区域发展业务，对这个问题我们是最有发言权的，也有着深刻的教训。20 世纪 90 年代，最早的柜台市场淄博证券交易自动报价系统建立，1999 年为防范金融风险，报价系统被关闭。报价系统关闭后，到目前已经接待了过万人次上访。据统计，70% 以上的群体上访事件都是跨区域挂牌企业运作不规范引发的，我们从体改委整体转为金融办，始终按政府要求处置摘牌企业产生的社会稳定问题。对于本区域企业找当地区县政府，能相对容易地去解决问题。但是涉及 9 个外省企业，我们跑到珠海、成都、武汉，没有一个职能部门承担责任，当地政府、企业都不配合我们工作，使问题和矛盾越来越尖锐。

解决区域性股权交易市场挂牌企业风险最有效方法就是按行政区划落实监管责任，建立由省级政府主导的，当地政府与市场相结合的综合监管体系，用好的、有效的监管制度和风险处置机制防范和化解市场风险。

建议市场建立初期，坚持区域锁定，能保证监管和风险处置锁定，责任明确，待未来区域市场发展到一定时期后，可以根据市场发展的规律和需要联网联合，重组整合成几个区域性市场，与全国性市场相配套。

（三）第三点建议

区域性市场发展应充分兼顾历史遗留问题的解决。《指导意见》中“由于历史原因导致现有股东人数已经超过 200 人的股份有限公司，可申请在其注册地区域性市场挂牌交易，且不受权益持有人不得超过 200 人的限制，但其股东人数降至 200 人以内之前只能在原股东之间转让”。历史遗留问题公司在发展中，同样有股权流通和融资需求。从积极推动历史遗留问题解决，促进老定募公司规范发展的角度考虑，我们可以按照《非上市公众公司监督管理办法》的规定，即经证监会核准后，确认为非上市公众公司的，可以向符合投资者适当性管理规定的自然人投资者、法人投资者及其他经济组织进行转让和定向增资。

（四）第四点建议

建议区域性市场的托管系统与中国证券登记结算公司托管系统进行联网。通过联网实现信息资源共享，进一步加强对企业股权的规范管理。

区域性股权交易市场是为更高一级资本市场培育和输送资源企业的，股权托管应该做到统一有序，区域性证券登记机构应该在一个统一分层的登记结算架构下，与中国证券登记结算公司实现有效对接。

（五）第五点建议

建议充分发挥证券公司对规范和发展区域性股权交易市场的作用，进一步拓展证券公司参与区域性市场的业务范围。

（六）第六点建议

希望中国证监会早日出台区域性股权交易市场与其他各层次证券市场的转板办法，建立有效的转板机制。

（七）第七点建议

建议在坚持风险防控和兼顾效率的原则下，结合非上市公众公司监督管理办法的出台，允许区域市场在交易方式等方面进行探索和创新。

新三板挂牌推荐业务实践中若干重大问题的探讨

财达证券有限责任公司投资银行部总经理　王志北

序言

目前，全国中小企业股份转让系统挂牌转让业务正如火如荼的发展中，这就是所称的“新三板”市场，与上海证券交易所、深圳证券交易所的主板、创业板市场以及各地区域性股权交易所等，共同构成我国多层次资本市场的重要部分。作为资本市场改革的重要举措，我国新三板市场为创业企业提供了一个展示自我、融资和并购发展的便捷平台，为我国中小企业发展提供了崭新的机遇和发展动力。

本文结合目前业务实践，对推荐挂牌业务中涉及的一些重大问题进行分析探讨，共大家参考。

一、挂牌企业标准设计的深远含义

《全国中小企业股份转让系统业务规则（试行）》对挂牌条件作了规定，共六款，具体为：①依法设立且存续满两年。有限责任公司按原账面净资产值折股整体变更为股份有限公司的，存续时间可以从有限责任公司成立之日起计算；②业务明确，具有持续经营能力；③公司治理机制健全，合法规范经营；④股权明晰，股票发行和转让行为合法合规；⑤主办券商推荐并持续督导；⑥全国股份转让系统公司要求的其他条件。

上述规定看似明确，事实上却有着很大的弹性空间。在实践中，最有约束力的是第一款企业“依法设立且存续满两年的限制”，以及第三款“公司治理机制健全，合法规范经营”的要求。同时结合新三板市场整套制度设计，比较美国纳斯达克上市条件，不难发现，无论其哪一个市场其上市标准都要比“新三板”市场挂牌条件高出许多。深入分析，新三板市场具有以下四个方面的主要特点：①对企业没有盈利指标要求；②没有行业和产业的准入硬性限制；③对挂牌企业没有股本大小的限制，也就是满足股份公司股本要求即可，同时也没有股份的分散程度的要求；④股东人数不足200人的，豁免了中国证监会的核准。笔者认为上述挂牌条件已经达到了政策和法律所能容忍的最低限度。

事实上，国家在对新三板制度构建时，为其进行了周密和深远的“顶层设计”，挂牌标准的宽松，恰恰表现了新三板市场的包容性，其包容数量众多的企业，为我国众多成分不等的主办券商留出了各自的发展空间，不同的主办券商可以在各自优势的领域内构建自己的竞争优势，并逐步发展成为独具特色的各种业务，而不再像现在主板市场的“同质化”竞争模式。

主办券商是新三板市场最为重要的参与者，位列推荐挂牌业务的最前沿，担负着市场培育和发展的重任，因尽快认真研究新三板的挂牌推荐条件的制度安排，确立自身的发展定位和业务构架，并依此组建业务团队，快速推进推荐企业挂牌业务，才能在新一轮的我国资本市场的大发展中赢得发展机遇。

二、主办券商推荐业务现状和未来发展

由于新三板市场起源于北京“中关村代办股份转让系统”，同时，原来推荐在其挂牌的主办券商业务团队大都是独立于投资银行部之外的部门，比如市场部、场外市场部等，充其量是投资银行部的“杂牌军”，因此在许多证券公司高层的头脑中，对新三板的理解还是停留在原来的“中关村代办股份转让系统”概念上，在业务管理和业务团队组建上，大都沿用上述思路。

此外，许多人认为，按照新三板挂牌条件，符合挂牌的企业太多了，结合制度设计，认为审核也非常宽松，于是匆匆地组织起人员，便开始启动了推荐业务，西瓜芝麻一块拣，好的坏的一块来，这既忽视了制度设计者的良苦用心，也忽视了挂牌条件中的“主办券商持续督导”的内容，这可是意味着“终身推荐”的含义！

于是，在主办券商推荐业务实践中，出现了四类承做推荐业务的团队，分别是：投资银行业务团队、场外市场业务团队、证券营业部团队以及外包合作团队。其中，投资银行业务团队数量最少，营业部团队数量最多，外包合作团队业务质量最差。究其原因，在今年新三板业务快速推进中，给许多券商一个措手不及，甚至许多券商在最近才获得主办券商业务资格。由于主板和创业板项目吸收了投资银行团队的主要人员，而新三板推荐项目收费每单仅在80万元－120万元，根本养不起保荐机构昂贵的保荐代表人团队，况且大多数保荐代表人由于历史原因，也根本看不上新三板项目，这样的背景下直接产生了上述多种团队同时运作新三板项目的特殊景象。由于新三板业务的快速推进，各家主板券商尚未形成成熟和稳健的管理制度和架构，更甚至有些券商已经开始由营业部直接运作推荐新三板项目，并将运作新三板项目的数量列为对营业部的考核目标。而外包合作业务团队更是泥沙俱下，参差不齐。

由此看来，对新三板推荐业务市场，存在着一定隐患，在业务快速发展的初期，可以有一定范围的包容性，但从业务长远来看，如何对新三板推荐业务定位，并与后续的做市商业务、转板业务接轨，如何确保推荐业务的健康发展，是一个任重道远的课题。

三、新三板推荐挂牌业务的合规管理与风险管控探讨

笔者认为，应该给主办券商以发展的包容性，允许主办券商尝试创新的方式和思路来推进新三板推荐挂牌业务，不必抱定原来主板项目的运作思路和模式。从合规和风控角度，把握控制好项目风险即可。从业务实践中，主办券商也未必沿用其他券商的发展模式，因为这是中国资本市场上的崭新尝试，选择适合自身发展的模式才是关键。

主办券商新三板推荐业务流程一般分为五个阶段：第一阶段为前期接触，尽职调查阶段并形成合作关系；第二阶段，公司进行审计评估，设立股份有限公司阶段（包括对股份公司规范阶段）；第三阶段，申报材料制作（包括进一步深入尽职调查）、规范调整和融资；第四阶段，申报材料上报、审核、反馈和回复，获得批文及挂牌阶段；第五阶段，挂牌后的信息披露和持续督导。依照具体项目的不同，上述工作还会有些调整。业务的合规和风控管理，也将应按照上述业务环节实施。

主办券商可以尝试组建公司级别的新三板推荐挂牌业务委员会，按照上述新三板项目运作过程中的环节节点，实施项目检查和督导。比如，第一阶段，可以制作相对标准的表格式企业调查表，首先由公司各个分支机构和营业部人员，经过培训后即可实施。待项目基本通过表格式筛查后，再进行后续深入的工作，降低了后续工作量。第二阶段，要求一线工作人员将股份公司改制方案必须报送主办券商总部新三板推荐挂牌业务委员会批准，从源头控制股份公司的设立质量和业务风险。第三阶段，主要由隶属新三板推荐挂牌业务委员会的内核部门控制质量和风险。第四阶段，则主要由一线项目人员实施，要求每次反馈报告都要报送新三板推荐挂牌业务委员会备案即可。第五阶段，公司应组建专业团队，统揽所有新三板项目的信息披露和持续督导，并在为项目提供后续服务的同时，进一步开发股权融资、债券融资等新业务。此外，主办券商也可以将某项业务专业化，比如将新三板项目推荐挂牌过程中，企业的融资任务，可以组建专业团队来协助承办等。

新三板业务，将融合和横跨证券公司的投资银行、经纪业务、自营业务、做市商业务、直投业务、中小企业债券业务等，这种业务创新发展是中国证券发展史上，史无前例的。在主办券商多角度推进新三板项目过程中，如何把控项目质量、实施公司的合规和风控管理 已经成为核心问题，有待于大家进一步深入研究。

四、对主办券商推荐挂牌业务的认识和战略定位

主办券商应以崭新的理念来看待新三板挂牌业务，推荐挂牌业务作为证券公司整个新三板业务的龙头，对新三板其他业务有着至关重要的价值和意义，尽快发展推荐挂牌业务，做大做好推荐挂牌业务，才可以为下一步的新三板业务发展打好基础。

其一，在项目选择上，主办券商应依照自身的特点和优势来定位发展，比如，区域性券商在推荐当地企业在新三板挂牌业务上具有天然的优势。营业网点众多的券商则可以充分发挥营业网点的区域性影响来开发客户；大型券商则可以着重发展规模较大、具备潜在战略并购和重组题材的项目等。新三板业务给了券商一个差异化发展的宝贵机遇，不同类型的券商完全可以确定自身选择新三板挂牌企业的标准，构建未来独特的核心竞争力。

其二，在业务推进模式上，不必照搬原来主板的运作模式，应在考虑新三板挂牌推荐业务特点和要求的基础上，引进发展新模式。比如,前面所述的设立公司层面的新三板推荐挂牌业务委员会,将项目的立项、项目的论证、内部审核及项目的后续持续督导统一管理起来,在加快业务发展的同时,将各个分部门承揽的项目统一管理,使项目的质量得到保证,项目的风险得到严格控制、项目的后续督导落到实处。

其三,做好主办挂牌企业的后续服务。挂牌项目的后续业务,未来可能是券商新三板业务利润的主要来源。从目前新三板挂牌推荐业务来看,收费大都在100万元左右,低的达到50万元-60万元,从部门运行的成本来看,券商利润是极其微薄甚至亏损,券商更为应关注的是以后的做市商、转板、再融资、并购等业务,这就要求主办券商做好挂牌企业的后续服务,赢得企业的信任才能获得证券公司新三板业务的健康发展。

笔者认为,新三板市场有着极其广阔的发展前景,在未来发展中,必将逐渐取代现有的创业板,从而真正承担起中小企业创业板市场的重任,成为中国的"纳斯达克"。参考国际成熟资本市场发展历史,可以预见,新三板未来市场规模的预期必将远远大于现有的主板和创业板市场,其未来的推荐挂牌、企业融资(股权和债券)、做市商、直接投资等业务收入,将会逐渐上升为证券公司的主要业务收入。对券商而言,尽早着手研究新三板推荐挂牌业务的发展战略,布局新三板,已经成为证券公司发展的重要课题。

厚积薄发　茁壮成长

——股指期货已成功嵌入我国资本市场

中国金融期货交易所副总经理　陈　晗

国际经验表明,股指期货是股票市场发展到一定阶段的必然产物,是股票市场稳定运行的必备工具,是成熟资本市场必不可少的组成部分。随着境内多层次资本市场建设的推进和股票市场改革的深入,投资者迫切需要有效的风险管理工具和避险机制。无论是考虑境内资本市场自身的发展需求,还是从金融安全战略、金融稳定角度出发,建立与发展自己的股指期货市场成为历史的必然。正是在这样的背景之下,在历经十年的研究与筹备之后,于2010年推出了境内市场第一张股指期货合约——沪深300股指期货,实现了金融期货市场零的突破。发展至今,股指期货的规模稳步增长、功能逐步发挥,股指期货已经成功嵌入境内资本市场并产生积极的影响。

一、沪深300指数期货的诞生

在20世纪90年代末,境内就已经开始进行股指期货方面的系统性研究并于2001年完成了"股票指数期货市场总体方案设计"的报告。2004年,国务院做出了关于"研究开发与股票和债券相关的新品种及其衍生产品"的战略部署,到了2005年,伴随境内证券市场股权分置改革全面推开,推出股指期货的制度性障碍得以解除,上市股指期货的条件已经具备。

2006年9月8日,中国金融期货交易所经国务院批准成立。股指期货筹备工作从交易制度、风险管理、技术系统、投资者教育等多方面紧锣密鼓地进行准备。2006年10月,为了更好地检验产品及规则、积累管理与运作经验,中金所以市场代表性高、套期保值效果好和抗操纵性强为原则,选取沪深300指数为标的,正式开展股指期货仿真交易,吸引了商业银行、证券公司、基金公司、期货公司、个人投资者参与,打下了扎实的市场基础。

在股指期货各项筹备工作加紧推进的过程中,爆发了2008年全球金融海啸,引发了全球对于金融创新与风险监管的深刻反思。中国证监会指导中金所对股指期货进行了针对性的制度安排,制定了一系列更加严格的风控制度和措施,确定了股指期货投资者适当性制度,建立了跨市场监管协调机制,不断深化投资者风险教育。

2010年4月16日,经过漫长而艰苦的筹备,境内首个金融期货品种——沪深300股指期货——在中金所挂牌交易,实现了境内金融期货市场从无到有的艰难跨越。

二、沪深300股指期货发展的三个阶段

2010年4月16日沪深300股指期货正式起航至今,已三年有半。古语云:"三岁看大"。因此,客观理性地认识股指期货市场的发展阶段,对于确立未来金融期货的发展定位具有重要意义。在反映股指期货市场运行状况及发展阶段的众多指标中,持仓量是期货市场区别于股票市场特有的统计指标,代表着市场的量能,反应了市场主流交易行为,蕴涵着丰富的市场信息。持仓量的变化浓缩了股指期货的发展特征,以持仓量为衡量指标,境内股指期货市场呈现三个较为明显的发展阶段。

(一)第一阶段:十年一剑,厚积薄发

2010年4月至2010年7月,沪深300股指期货持仓量呈现迅猛增长态势,持仓量由上市首日的3590手迅速增至2010年7月28日的34250手,增幅超过850%。统计数据显示,中国台湾地区加权股指期货、印度S&PCNXNIFTY股指期货持仓规模突破3万手耗时近3年;韩国KOSPI200股指期货则耗时2年;即便是在股指期货市场发达的中国香港,H股指数期货持仓量突破3万手也花了近1年时间。沪深300股指期货持仓量快速增长的背后,是境内资本市场对于避险工具的渴求,是股指期货历经8年研发、4年筹备的厚积薄发。

(二)第二阶段:细心呵护,蓄势待发

2010年8月至2011年9月,沪深300股指期货持仓量蓄势盘整,围绕3.5万手上下小幅波动。从直观表象上看,持仓量的相对稳定与股票市场的宏观环境息息相关,统计数据显示,2010年8月初至2011年8月底,沪深300指数整体呈现小幅盘整态势,期间指数下跌幅度仅为2.4%,投资者整体持仓意愿降低,全市场持仓量持仓上涨缺乏动力。

但是,整体持仓量相对稳定的背后,却是市场结构的不断优化。在此阶段,中金所一方面针对股指期货市场刚刚起步,必须防范风险,加强监管,用心呵护的"幼年"特征,不断完善制度,及时采取坚决措施抑制市场过热倾向,加强风险实时监控,及早防范风险隐患,引导市场平稳有序发展。另一方面积极加快推进机构投资者入市，不断完善市场结构，在此期间证券公司、证券投资基金开始逐步参与股指期货市场，QFII、信托公司等机构参与政策也陆续推出。统计数据显示，2010年8月初至2011年9月底，在整体持仓规模相对稳定的前提下，自然人客户的持仓占比从初期近90%下降至65%左右；套期保值及套利交易持仓占比则从期初的8%上升至30%左右。持仓结构的持续优化，为股指期货市场规模的稳步增长、避险功能的进一步发挥夯实了基础，积蓄了力量。

（三）第三阶段：茁壮成长，结构改善

历经近一年时间的蓄势盘整，2011年10月起，沪深300股指期货持仓量重拾升势，开始持续稳步增长。持仓量由期初4万手左右，增至目前超过12万手，最高曾达2013年2月20日的134810手，增幅超过230%。

本阶段沪深300指数趋势明显的下跌及上涨行情，激发了投资者的对冲避险意愿，迫切需要股指期货市场进一步发挥其避险功能。统计数据显示，2011年10月初至2012年11月底，沪深300指数由3044.23点跌至2139.66点，累计下跌近30%；随后两个月（2013年2月初）又快速上涨至2800点左右，累计涨幅近30%。在此背景下，投资者借助股指期货管理股票资产价格波动风险的需求不断增加。

面对市场的强烈呼声，中金所进一步创新思路、完善制度、采取措施不断降低市场运行成本，促进股指期货市场功能发挥。2012年2月3日，中金所发布修订后的《套期保值与套利交易管理办法》，优化套期保值管理业务管理，引入套利业务的制度措施；2012年5月31日起，沪深300股指期货持仓限额由100手调整为300手；2012年6月1日起，沪深300股指期货手续费调整为万分之0.35；2012年6月29日起，沪深300股指期货保证金标准统一下调至12%；2012年9月1日起，手续费标准再次下调至万分之0.25；2013年3月11日起，持仓限额再次扩大至600手。

截至目前，沪深300股指期货的持仓量已由上市初期的不足5000手，增至超过12万手。随着机构投资者、套保和套利交易者的市场参与度不断提高，投机持仓占比不断下降，套保套利成交持仓占比逐步上升，市场结构日趋改善，市场表现日益理性，避险功能稳步发挥。

在强调功能发挥的同时，我们也应当清醒地认识到，相比于股指期货市场自身的成交量及现货市场的市值规模而言，股指期货的持仓规模仍相对较小，股指期货市场的发展仍处于初级阶段。从成交持仓比看，韩国、中国台湾地区等新兴市场基本维持在2－3倍，欧美成熟市场则基本维持在1倍左右，而沪深300股指期货持仓成交比仍维持在5－7倍这一水平。从股指期货持仓与股票市场市值规模比看，成熟市场的比例约为1.5%－2%，新兴市场基本维持在0.8%－1%，目前沪深300股指期货持仓金额约为900亿元，股市流通市值约为20万亿，持仓规模与股票市场市值比仅为0.45%。因此，境内股指期货市场仍处于发育阶段，需要社会和市场各方给予更多的呵护、理解和关心，使之更加根深干壮。下一阶段，持续优化完善市场投资者结构，鼓励包括外资在内的机构客户的更广泛参与；在风险可控的前提下，不断降低市场持仓成本，加快组合保证金及有价证券冲抵保证金制度的引入，是进一步扩大股指期货市场持仓规模，促进市场持续健康发展的有效途径。

三、股指期货对资本市场已经产生积极影响

一个完整意义上的股票市场，应该包括股票发行一级市场、股票交易二级市场和管理股市风险的股指期货市场。这三个部分有机协调，构成一个不可分割、相伴共生的统一整体。股票一级市场实现了筹资，二级交易市场实现了资产定价和优化配置，而股指期货市场则实现了股市风险的分割、转移和再分配，保障了股市健康、持续发展。具体来看，股指期货给境内股票市场带来了三方面积极影响：一是完善市场结构，改变市场单边运行机制，促进合理估值和内在稳定；二是提供避险工具，促进避险文化形成；三是完善金融产品体系，增加市场的广度和深度，改善股票市场生态。

（一）完善市场结构，改变市场单边运行机制，促进合理估值和内在稳定

经过近年的深化改革，境内资本市场发生了转折性变化，但“新兴加转轨”的特征还很明显，主要表现为：大起大落、波动频繁、换手率高。这不仅不利于保护广大中小投资者利益，也不利于股市发挥国民经济晴雨表的作用。造成境内股票市场频繁大幅波动的原因是多方面的，除了与境内股市所处的发展阶段有关以外，一个很重要原因就是境内股票市场是一个单边市，缺乏双向交易与对冲平衡机制。

第一，股指期货提供双向交易机制，增加了市场平衡制约力量，有助于降低市场波幅和震荡频率。

股指期货提供了一篮子股票的多空双向交易机制，在股市非理性上涨时，投资者的看空预期能够在期货市场上实现，起到平衡股价的作用；在股市非理性下跌时，又能通过期货做多给予市场支撑。这就犹如为股票市场增加了内在减震器，使得股价围绕合理的估值水平，在一个相对较小的范围内波动。据统计，2008年全球金融危机中，已推出股指期货的22个市场，股市平均跌幅为46.9%，其中新兴市场跌幅也只有47.1%，远低于没有推出股指期货市场63%的平均跌幅。在新兴市场国家印度，其上市股指期货后三年股市波动率比上市前一年分别下降了14.7%、32.2%与51.6%。

第二，股指期货有利于机构投资者稳定持股，更好地发挥稳定市场的作用。

近年来，境内不断培育和发展机构投资者，积极推动长期资金入市。但由于境内股票市场缺乏做空机制，许多机构投资者的行为与散户差别不大，只能被迫采取“高抛低吸”的方式，通过频繁买卖股票来盈利，操作手段单一，投资行为呈现“机构投资散户化、长期资金短期化”，难以充分发挥稳定市场的作用。有了股指期货等做空工具，机构投资者能够可以利用期货市场进行“期货替代”，变现货交易为期货交易，减少在现货市场上的频繁冲击性操作，增强稳定持股的信心，降低股价波动水平。

（二）提供避险工具，促进避险文化形成。

近年来，随着国际金融市场风险日益复杂化，股指期货的风险管理功能受到人们的广泛认可。但境内金融市场在规模迅速扩大的同时，由于缺乏有效的风险管理工具，犹如商船航行于茫茫大海之中而没有购买保险一般。发展股指期货，提供避险工具，不仅有助于投资者规避市场系统风险，而且可以优化社会风险结构，培育避险文化，现实意义十分显著。

第一，股指期货是投资者规避系统风险的基础工具，是市场风险转移的重要通道和出口。

股市中的非系统风险能够通过分散化投资来消除，但系统风险无法简单切割。而且，境内股市系统风险远高于成熟市场，使得系统风险防范显得尤为重要。在成熟市场上，管理系统风险的工具就是股指期货。当投资者预期股票市场将出现下跌时，通过持有股指期货空头头寸，既能避免股票价格在高位难以卖出的流动性风险，也对冲了持有股票的系统风险；

当投资者预期股票市场将要上涨时，通过股指期货的保证金杠杆，利用较少资金预先在期货市场建立多头头寸来锁定买入股票的成本。

第二，股指期货的推出，帮助培育投资者避险理念，引导避险文化形成，优化市场风险整体结构。

一般来说，市场本身存在有两类重要的参与者：一类是风险规避者；一类是风险投机者。客观上需要一个风险转移机制，在投资者无法通过避险保值实现风险规避的时候，市场上可能就只剩下"追涨杀跌"的投机者。通过股指期货进行避险，有助于改变目前市场上的过度投机氛围，营造避险文化，让投资者深刻领会到"上涨也有风险、下跌也是机会"，真正平等地看待涨与跌。

（三）完善金融产品体系，增加市场的广度和深度，改善股票市场生态。

完整的自然生态系统中包括森林与湖泊。如果把股票市场比作森林，那么股指期货等风险管理市场就像是森林中的湖泊，可以涵养水源、改善森林的生态环境。股票与股指期货恰如森林与湖泊一样，共同构成完整的金融生态系统。

发展股指期货等简单、基础性的衍生产品，不仅能够完善境内金融产品体系，增加市场创新功能，改善股票市场生态，提高市场运行质量，使得金融系统更加灵活、有效和富有弹性，也是保障金融资源配置的主动权，实现国家金融安全战略的重要选择。

第一，作为基础性的金融衍生产品，股指期货的推出，能够丰富金融市场产品体系，为投资者提供多元化投资选择。

当前，境内金融市场仍然面临产品结构单一、品种匮乏、投资策略趋同等问题，尚不能满足广大居民日益增长的财产性收入增长需求。作为资本市场基础的配套性产品，股指期货的推出，将丰富金融市场产品体系，为投资者提供多元化投资选择。金融机构可以根据客户的风险承受能力，利用股指期货等工具对股票、债券等传统投资品种进行分解组合，形成特点各异的投资产品，使产品收益和风险特性与客户收益预期和风险偏好相适应，为客户提供完整的个性化金融服务，增加市场深度。

第二，股指期货的推出，进一步丰富了投资者的投资策略，完善盈利模式，提高市场操作的技术含量。

在缺失股指期货等基础性风险管理工具的市场环境中，基金等机构投资者长期处于同质化竞争状态，业绩大起大落，证券公司也被迫进行简单粗放经营，盈利渠道单一。股指期货的推出，改变了"巧妇难为无米之炊"的窘境，有助于拓展机构业务范围，丰富投资策略和盈利模式，改善市场运行生态。同时，也有利于拓展券商、基金等机构开展套期保值、套利和其他组合交易等创新业务，以增加收入来源、均衡收入结构。国际上，资产管理公司普遍采用股指期货、国债期货等工具来调整资产在权益和债券之间的配置，以降低运作成本，提高投资收益。在中国台湾地区，公募基金广泛利用期货市场进行避险、增益和优化运营管理等操作，显著提高了投资绩效。其中，中国台湾宝来双盈平衡基金凭借灵活的期货策略，在2008年中国台湾股市大跌45%的情况下实现8.60%的正收益，生动地表现出期货市场操作的独特魅力。

第三，股指期货等金融衍生品的发展是国家发展战略的重要载体，有利于掌握金融资源配置的主动权，保障金融安全。

金融衍生品是金融市场的高端，是金融的制高点，是金融资产、金融资源配置的高效率工具。各个国家都将发展金融期货等金融衍生品市场，作为国家金融战略来考虑，通过占领金融领域的"制高点"，掌握金融资源配置和定价的主动权，维护本国的金融安全。近年来，随着资本市场对外开放的扩大，境外多个市场正瞄准境内金融期货市场的巨大发展潜力，纷纷推出针对境内的金融期货品种。由于股指期货的非专属性，外资金融机构可以通过在境外上市针对境内A股关联的期货期权，主动掌握境内股市定价权，既不利于境内企业开展套期保值业务和境内监管机构进行监管，更严重威胁金融安全。正视挑战，未雨绸缪，积极发展本土股指期货等金融衍生品市场，对于促进境内金融稳定、维护金融安全，提高金融市场国际竞争力，具有重要意义。

党的十八届三中全会《关于全面深化改革若干重大问题的决定》中提出，要让市场在资源配置中起决定性作用，"健全多层次资本市场体系，鼓励金融创新，丰富金融市场层次和产品"。国际经验充分表明，股票市场发展到一定阶段，必须建立与股票现货市场相配套、包括股指期货在内的专业风险管理市场体系，推动股指期货和股票市场的协调发展，有利于提升直接融资的比例，优化资源配置，服务于实体经济转型和发展。展望未来，由单一股指期货产品为起点，加快建立完善品种多元的股指期货和期权产品体系，是发展多层次资本市场的必由之路。随着境内多层次资本市场体系的不断完善，股指期货作为资本市场的内在组成部分，也必将发挥出越来越大的作用。

第二编

中国金融市场

第一章　中国金融市场概况

2012 年金融市场运行情况

2012 年，我国金融市场继续保持平稳运行。债券市场快速发展，在实施国家宏观经济政策、优化资源配置、加大金融支持实体经济力度等方面发挥了重要作用。2012 年，债券发行总量稳步扩大，公司信用类债券发行规模大幅增加，债券融资在直接融资中的比重增加显著；银行间市场交易活跃，货币市场利率下降；银行间市场债券指数上行，收益率曲线整体平坦化上移；机构投资者稳步增长，类型更加多元化；股票市场指数总体上行，市场交易量有所萎缩。

一、债券发行规模稳步扩大①

2012 年，债券市场累计发行人民币债券 8.0 万亿元，同比增加 2.4%。与去年相比，公司信用类债券发行量增加显著。截至 2012 年末，债券市场债券托管量②达 26.0 万亿元，其中，银行间市场债券托管量为 25.0 万亿元，同比增加 16.7%。

2012 年，财政部通过银行间债券市场发行债券 1.7 万亿元（包括地方政府债券 2500 亿元）；国家开发银行、中国进出口银行、中国农业发展银行在银行间债券市场发行债券 2.1 万亿元；商业银行等金融机构发行金融债券 4034 亿元；资产支持证券试点范围进一步扩大，5 家金融机构先后获准在银行间市场发行资产支持证券，总计 193 亿元。公司信用类债券呈加速发展态势，全年共发行公司信用类债券③ 3.6 万亿元，同比增加 60.1%，其中，超短期融资券 5822 亿元，短期融资券 8356 亿元，中期票据 8453 亿元，中小企业集合票据 100 亿元（含中小企业区域集优票据 29 亿元），非公开定向债务融资工具 3759 亿元，非金融企业资产支持票据 57 亿元，企业债券 6499 亿元，公司债券 2508 亿元（见图 1）。

目前银行间债券市场的债券发行机构包括财政部、政策性银行、铁道部、商业银行、非银行金融机构、国际开发机构和非金融企业等各类市场参与主体，债券种类日趋多样化。

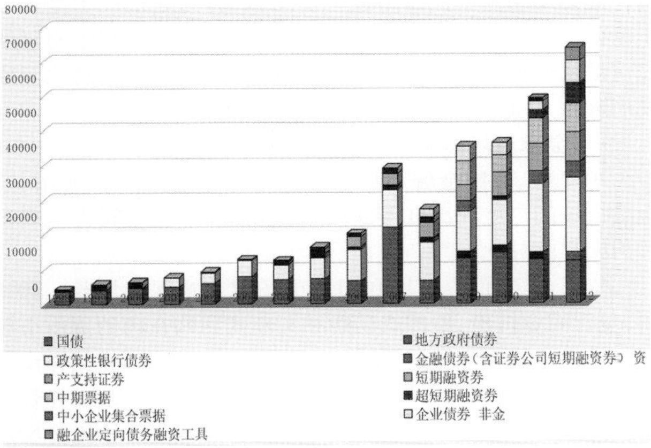

资料来源：中央国债登记结算有限责任公司、上海清算所

图 1　近年来银行间债券市场主要债券品种发行量变化情况

2012 年，银行间债券市场发行期限结构依然以中短期债券为主。期限 5 年以内的债券发行量占比 42.3%，比 2011 年下降 10.6%；期限 5 年（含）到 10 年的债券发行量占比 39.2%，比 2011 年增加 9.4%；期限 10 年（含）以上的债券发行量占比 18.5%，比 2011 年上升 1.2%。

二、市场成交量同比大幅增加，债券指数总体上行

2012 年，银行间市场累计成交 263.6 万亿元，同比增加 34.2%。其中同业拆借累计成交 46.7 万亿元，同比增加 39.8%；债券回购累计成交 141.7 万亿元，同比增加 42.4%；现券成交 75.2 万亿元，同比增加 18.2%（见图 2）。

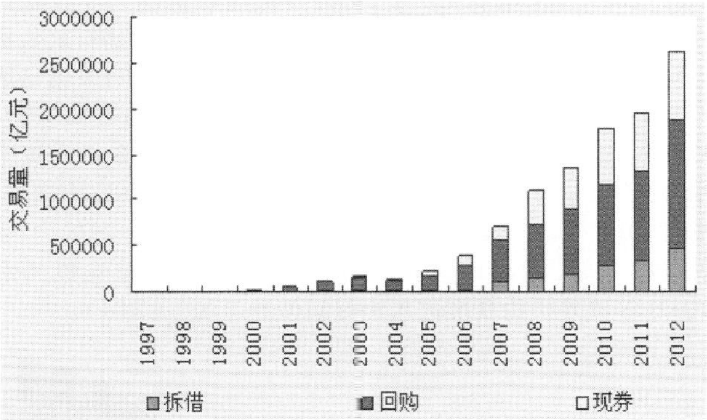

资料来源：全国银行间同业拆借中心

图 2　近年来银行间市场成交量变化情况

2012 年，债券指数总体呈现上行走势。全年来看，银行间市场债券指数由年初的 139.78 点升至年末的144.68 点，上升 4.9 点，升幅 3.51%；交易所市场国债指数由年初的 131.44 点升至年末的 135.79 点，上升 4.35 点，升幅 3.31%。

三、货币市场利率整体下降，收益率曲线阶段性变化显著

2012 年，货币市场利率在波动中总体回落。1 月 18 日，7 天回购加权平均利率达到 7.72% 的年内最高水平；5 月 31 日，7 天回购加权平均利率达到 2.17% 的年内最低水平。全年来看，12 月份同业拆借加权平均利率为 2.61%，较去年同期下降 72 个基点；12 月份质押式回购加权平均利率2.62%，较去年同期下降 75 个基点。

2012 年，银行间市场国债收益率曲线总体呈现平坦化上移趋势。全年大致分为三个阶段：第一阶段为 2012 年前 4 个月，国债收益率曲线呈平坦化上移趋势。第二阶段为 2012 年 5 月份至 7 月份，国债收益率曲线出现明显陡峭化下移。第三阶段为 2012 年 8 月份至 12 月份，收益率曲线再次平坦化上移（见图 3）。

---

① 仅指我国债券市场发行的人民币债券情况（含央行票据）。

② 包含央行票据托管量。

③ 仅包括非金融企业发行的公司信用类债券。

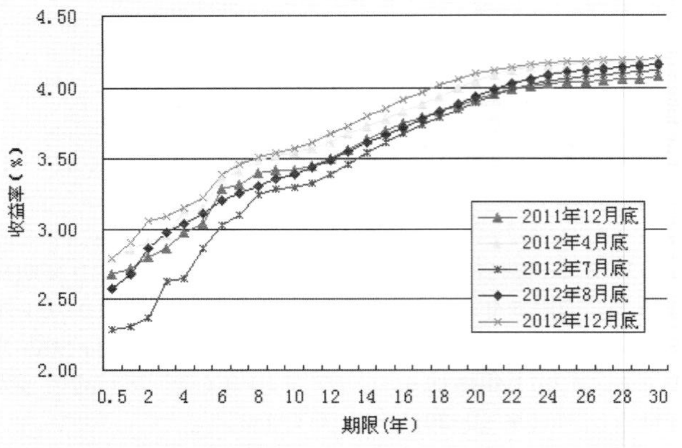

资料来源:中央国债登记结算有限责任公司

图 3　2012 年银行间市场国债收益率曲线变化情况

四、投资者类型多元化

截至 2012 年末,银行间债券市场共有参与主体 11287 个,比 2011 年末增加 415 个,包括各类金融机构和非金融机构投资者,形成了以做市商为核心、金融机构为主体、其他机构投资者共同参与的多层次的投资者结构,银行间市场已成为各类市场主体进行投融资活动和风险管理的重要平台。2012 年,银行间市场投资者进一步丰富,非金融企业投资主体增加较多。境外机构投资银行间债券市场试点稳步推进。截至 2012 年底,已有 100 家包括境外央行、国际金融机构、主权财富基金、港澳清算行、境外参加行、境外保险机构和 RQFII 等境外机构获准进入银行间债券市场(见图 4)。

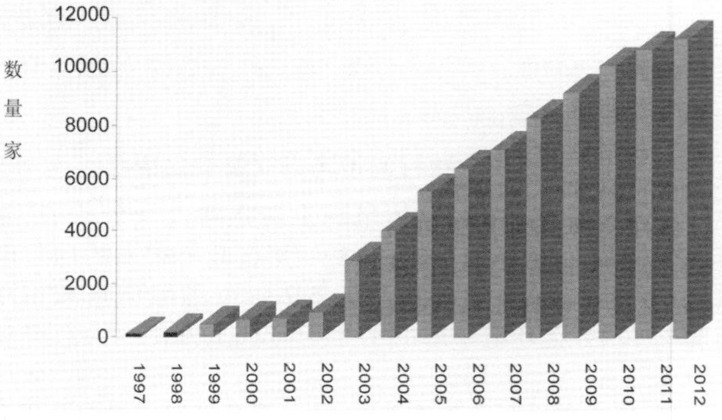

资料来源:中央国债登记结算公司

图 4　银行间债券市场参与者增长情况

五、商业银行柜台交易量有所下降,开户数量稳步增加

2012 年,商业银行柜台业务运行平稳。2012 年商业银行柜台新增记账式国债 15 只,包括:1 年期 4 只,3 年期 2 只,5 年期 2 只,7 年期 3 只,10 年期 4 只。截至 2012 年末,柜台交易的国债券种包含 1 年、3 年、5 年、7 年、10 年和 15 年期六个品种,柜台交易的国债数量达到 99 只。2012 年商业银行柜台记账式国债累计成交 15 亿元,同比减少 46.3%。截至 2012 年 12 月底,商业银行柜台开户数量达到 1160 万户,较上年增加 157 万户,增长 16%。

六、衍生产品交易活跃度有所下降

2012 年,债券远期共达成交易 56 笔,成交金额 166.1 亿元,同比下降 83.9%。从标的债券来看,债券远期交易以政策性金融债为主,其交易量占总量的 73.9%;从期限来看,以 2 - 7 天品种交易量占比最高,为 63.3%。

2012 年,人民币利率互换市场发生交易 2.1 万笔,名义本金总额 2.9 万亿元,同比增加 8.5%。从期限结构来看,1 年及 1 年期以下交易最为活跃,其名义本金总额 2.2 万亿元,占总量的 77.5%;从参考利率来看,2012 年人民币利率互换交易的浮动端参考利率包括 Shibor、7 天回购定盘利率,以及人民银行公布的基准利率,与之挂钩的利率互换交易名义本金占比分别为 50.0%,45.3%,4.7%。与上年同期相比,以 Shibor 为浮动端参考利率的互换交易占比有明显上升。

2012 年,远期利率协议较为清淡。远期利率协议全年共成交 3 笔,名义本金额共 2 亿元。

七、股票指数总体上行,成交量萎缩

2012 年,股票指数总体上行。年末上证指数收于 2269.13点,比 2011 年底上涨 69.71 点,涨幅 3.17%。本年,上证指数最高为 2460.69 点,最低为 1959.77 点,波幅为 500.92 点。股票市场成交量明显下降。以上证 A 股市场为例,全年累计成交金额 16.4 万亿元,日均成交金额 674.5 亿元,较 2011 年减少 30.5%(见图 5)。

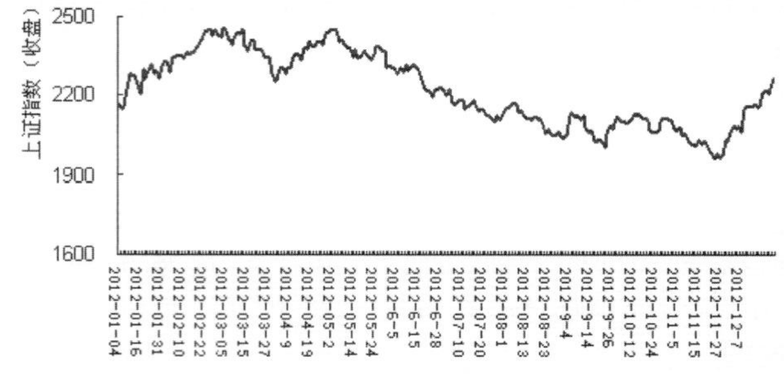

资料来源:上海证券交易所

图 5　2012 年上证指数走势图

2012 年我国金融市场运行的主要特点

2012 年,我国金融市场在改革和创新中加快发展,在国民经济和金融体系中的地位和作用日益增强。尽管股票市场、黄金市场交易量同比有所下降,但金融市场总体规模仍保持稳步增长态势;直接融资进一步发展,金融市场功能继续深化;金融市场的发行人和投资人类型更加丰富和多元,多层次资本市场体系建设稳步推进;金融市场在加强协调、促进自律、推进市场化改革以及保护投资者方面的制度日趋完善;金融市场对外开放步伐明显加快。总体来看,金融市场的稳定健康发展,促进了金融资产规模的迅速增加,使得金融市场在资源配置中的基础性作用进一步增强,有力地推动了金融的不断创新与变革,有效地夯实了实体经济的发展基础,对加快经济结构调整和经济发展方式转变、促进国民经济持续健康发展起到了重要作用。

一、金融市场总体规模继续增长

2012 年,我国金融市场的总体交易规模继续稳步增长,金融市场的广度和深度不断拓展,但各子市场之间也呈现出较为明显的分化。

货币市场、债券市场和期货市场成交量保持增长。2012 年,包含同业拆借、质押式回购和买断式回购在内的货币市场成交量为 188.41 万亿元,同比增长 40.71%;银行间债券市场累计成交 75.20 万亿元,同比增加 18.67%。债券市场托管总量达到 25.44 万亿元,其中,银行间债券市场债券总托管量达到 24.19 万亿元,同比增长 17.20%,占全部可交易债券托管总量的 95.10%。2012 年,期货市场累计单边成交 14.45 亿手,成交金额为 171.12 万亿元,同比分别增加 37.60% 和

24.44%。其中，商品期货成交量为13.45亿手，成交金额为95.29万亿元，同比分别上升34.05%和1.64%；股指期货成交量为1.05亿手，成交金额为75.84万亿元，较上年分别增加108.41%和73.29%。

股票市场和黄金市场交易量有所下降。2012年，沪深两市股票、基金和权证合计成交32.27万亿元，同比减少25.21%。其中，A、B股总成交31.47万亿元，同比减少25.30%；两市基金累计成交8123.61亿元，同比增加27.61%。证券市场筹资方面，沪深两市A股筹资总额为3127.54亿元，同比减少38.35%，其中，首次公开发行（IPO）筹资金额为1034.32亿元，同比减少63.39%。2012年，上海黄金交易所各主要品种成交量和成交金额均有所下降。其中，黄金各品种累计成交6350.2吨，成交金额为2.15万亿元，同比分别减少14.63%和13.18%；白银各品种累计成交20.89万吨，成交金额为1.36万亿元，同比分别减少15.46%和29.9%。

二、直接融资对经济发展和结构调整的作用进一步凸现

2012年，直接融资获得较快发展，融资格局出现积极变化，金融市场的资源配置功能进一步发挥，金融市场尤其是债券市场在增加公司信用类债券发行量以促进经济发展、发展新的产品以支持经济转型等方面发挥的作用明显增大。我国间接融资占比已经由2006年的91%下降至2012年的80.9%，债券融资占直接融资的比重由60%增长至90%。

从直接融资的结构来看，2012年，企业类机构发行的公司信用类债券（包括企业债券、中期票据、短期融资券、中小企业私募债券、公司债券、PPN、集优票据SMECNII、资产支持票据ABN等）在发行券种中的占比继续提高。以银行间市场为例，在扣除中央银行票据的融资性债券发行中，公司信用类机构筹资规模3.60万亿元，同比增加60.1%，增幅远大于人民币债券发行量4.17%的增幅。

2012年，社会融资规模为15.76万亿元。其中，全年本外币各类贷款及未贴现的银行承兑汇票等间接融资占同期社会融资规模的比例为80.9%，同比低1.5个百分点；企业债券和非金融企业境内股票等直接融资占比为19.1%，同比高1.5个百分点，其中企业债券在社会融资中的占比为14.3%，同比高3.7个百分点。

此外，期货市场为国民经济服务的价值不断体现，以上海期货交易所的期铜价格为例，其已成为我国铜生产、消费、流通企业进行现货销售、原料采购和贸易流通的定价基准，也是国际铜行业企业定价的基准，上海期货交易所已经被国际上认可为全球铜期货三大定价中心之一。

三、多层次金融市场体系建设成效明显

1. 债券市场发行人和投资人类型进一步丰富

发行人方面，债券市场服务企业的类型增多。一是短期融资券发行主体范围拓宽。2012年，主体信用评级在AA级以下的企业占发行家数的38.25%，比上年提高4.6个百分点。其累计发行短期融资券占短期融资券发行只数之比为35.01%，比上年增加1.36个百分点。二是中小企业私募债券的推出吸纳了更多中小企业发行主体。中国证监会、沪深证券交易所和中国证券业协会在第二季度积极推进中小企业私募债券的试点工作，截至2012年末，在中国证券登记结算有限公司登记托管的中小企业私募债券已达到81只，合计募集资金93.75亿元，平均每只达到1.16亿元。

投资人方面，基金等多类非法人机构对债券市场的投资进一步深化。2012年，银行理财、证券投资基金、券商资产管理等业务蓬勃发展，监管机构密集修订有关金融机构资产管理业务的相关办法，促进了非法人机构金融市场的参与广度和深度。伴随着各类资产管理业务的快速发展，短期融资券的市场需求量大幅增加，大量非法人机构在上海清算所开户，持有量明显增加，有效地缓解了商业银行在银行间债券市场"一家独大"的局面，促进了投资者结构的优化。

2. 股票市场"新三板"扩容加快了场外交易市场建设

发展以场外交易为特征的"新三板"是完善我国多层次资本市场的重要一环。一方面 融资门槛较低的场外市场可以为中小企业提供融资新途径；另一方面，"新三板"扩容和市场流动性提升也将为私募股权投资（private equity，PE）和风险资本（venture capital，VC）提供更好的退出通道，扩大了风险投资对实业的支持力度，同时也缓解了单一股票融资通道对主板市场的资金压力。截至2012年末，在"新三板"挂牌企业合计达到了200家，较2011年末的97家大幅增加了103家。

3. 股指期货市场机构投资者队伍不断壮大

根据《保险资金参与股指期货交易规定》，在中国境内依法设立的保险集团（控股）公司、保险公司、保险资产管理公司等保险机构能参与在中国金融期货交易所上市的、以股票价格指数为标的的金融期货合约。

此外，相关监管机构还提出了要鼓励社保基金、企业年金、保险公司等机构投资者增加对资本市场的投资比重，积极推动全国养老保险基金、住房公积金等长期资金入市，逐渐改善我国机构投资者的结构，激发市场的内生动力，稳固市场的长期健康发展。

四、金融市场制度建设稳步推进

在债券市场方面，一是成立公司信用类债券部际协调机制。该部际协调机制由中国人民银行牵头，国家发展和改革委员会、中国证监会为成员单位，有利于形成发展债券市场的合力，对信用债市场的发展、扩大直接融资、更好地满足企业融资需求具有重要意义。二是相关管理部门发布一系列规定以确保债券市场运行的规范和高效。中国银行间市场交易商协会在中国人民银行的指导下，发布了《非金融企业债务融资工具市场自律处分规则》，通过构建系统、完善的自律处分规范体系保证了自律处分程序的正义性和完备性；制订了《中国银行间市场金融衍生产品交易定义文件（2012年版）》，为我国场外金融衍生产品市场的进一步发展奠定了坚实的法律基础；建立了非金融企业债务融资工具注册信息系统（以下简称孔雀开屏系统），这一系统公开展示债务融资工具注册文件及工作流程，接受市场监督，进一步提升了注册工作的透明度。

在股票市场方面，一是启动第三轮新股发行体制改革。中国证监会于2012年4月1日发布了《关于进一步深化新股发行体制改革的指导意见（征求意见稿）》，进一步弱化行政干预，推动股票市场发行制度更加市场化。二是启动转融通业务试点。中国证监会于2012年8月30日正式启动转融通业务试点，首批有11家证券公司作为试点券商。转融通开放，将能扩大融资融券的规模，使其真正发挥完善市场机制的作用。三是调整红利税。2012年11月，中国证监会宣布从2013年1月1日起对股息红利税征缴比例实行调整，提高了投资者的红利回报，有利于鼓励投资者长期持有股票，也鼓励上市公司分红。四是完善上市公司退市制度。2012年下半年，沪深证券交易所发布了《退市整理期业务实施细则》、《退市公司股份转让暂行办法》等规定，有助于中国股票市场进一步发挥优胜劣汰、价值发现、资源有效配置的功能。五是基本完成交易所清理整顿。根据国务院 2012 年 1 月 10 日的批复，建立了由中国证监会牵头的清理整顿各类交易场所部际联席会议制度，一方面对各省批准设立交易所提出意见；另一方面对涉嫌违法的证券、期货交易活动的性质进行认定，杜绝变相搞均等份额、变相搞股票交易、变相搞期货和金融衍生产品交易，确保各类交易场所依法运营，规范发展。

在黄金市场方面，2012 年 12 月，中国人民银行下发了《关于加强银行业金融机构黄金市场业务管理有关事项的通知》（银办发[2012]238 号），要求建立黄金市场业务的备案管理制度，进一步完善黄金市场业务统计监测制度。对于规范商业银行黄金市场业务，促进场内场外黄金市场的有序发展具有重要意义。

在期货市场方面，2012 年 11 月，国务院公布了《国务院关于修改〈期货交易管理条例〉的决定》。进一步明确了期货监管以及清理整顿非法期货交易活动的法律依据，并为期货业进一步创新、发展提供空间。中国金融期货交易所出台《套期保值与套利管理办法》，进一步加强了套期保值管理，简化了操作流程，并推出了套利交易，有利于提升市场运行质量。

五、金融市场创新持续活跃

在债券市场方面，一是推出非金融企业资产支持票据。2012 年 8 月，中国银行间市场交易商协会发布《银行间债券市场非金融企业资产支持票据指引》，允许非金融企业发行资产支持票据，并重点对非金融企业资产支持票据的资产类型、风险隔离、交易结构、信息披露、参与各方的权利义务等进行了规范。2012 年 8 月 8 日，首批非金融企业资产支持票据以私募形式发行，规模总计 25 亿元人民币，期限为 1－5 年，票面利率介于 4.88%－5.85%。二是启动中小企业私募债券试点。2012 年 5 月，沪深证券交易所同时发布了《中小企业私募债券业务试点办法》，正式启动中小企业私募债券业务试点。试点券种为一年期（含）以上，发行人为符合工信部中小企业标准的未上市非房地产、金融类的有限责任公司或股份有限公司。6 月 8 日，首只中小企业私募债券在交易所市场挂牌。三是发行小微企业专项金融债券。中国人民银行积极支持商业银行发行小微企业专项金融债券，所筹资金专项用于小微企业贷款。截至 2012 年底，中国人民银行共批复 19 家商业银行发行专项用于小微企业贷款的金融债券共计 2405 亿元。这一产品的推出，连通了信贷市场和债券市场，对于缓解小微企业资金困难具有积极作用。

在期货市场方面，2012 年 5 月，上海期货交易所成功上市了白银期货，初步形成了黄金、白银的贵金属产品系列，并于 12 月推出了有色金属期货价格指数；5 月，大连商品期货交易所启动商品期货期权仿真交易；12 月，郑州交易所正式推出玻璃期货、油菜籽期货和菜籽粕期货，我国期货市场商品期货品种体系得到了进一步完善。在金融期货市场方面，2012 年，围绕股指期货开展的各类创新层出不穷，股指期货合成指数基金、指数增强基金、结构化保本型产品、绝对收益型产品、可转移阿尔法产品等创新金融工具不断涌现。股指期货市场交易策略多样化、产品创新个性化趋势明显，机构从传统的高风险、方向性投资逐步转向以市场中性策略为主的低风险、稳定收益的多样化业务模式。

在黄金市场方面，经中国人民银行备案同意，上海黄金交易所从 2012 年 12 月 3 日起试运行银行间黄金询价业务。该业务的推出，有利于满足黄金市场投资者多样化的投资需求，进一步丰富市场交易模式，不断深化市场功能，促进形成多层次的黄金市场交易体系。

六、金融市场对外开放继续稳步推进

在债券市场方面，一是获准进入银行间债券市场的境外机构继续增加。自 2010 年 8 月允许三类境外机构进入银行间债券市场试点投资以来，2012 年有 57 家境外商业性机构参与银行间债券市场。2012 年 4 月，国际复兴开发银行和国际开发协会获准进入中国银行间债券市场，成为首家进入中国银行间债券市场的国际多边机构。二是进一步规范境内企业赴中国香港发行人民币债券。2012 年，境内金融机构继续赴中国香港发行人民币债券，发行主体由最初的政策性银行扩展到政策性银行、国有控股大型商业银行和股份制银行。财政部也继续赴中国香港发行国债。5 月，国家发展改革委规范了非金融机构赴中国香港发行人民币债券工作，对赴中国香港发债企业的资质、发债流程以及相关事项明确了具体标准。赴香港发行人民币债券主体种类和数量进一步增多，发行制度的进一步规范，有利于香港人民币债券市场的发展和人民币跨境使用进程的推进。

在股票市场方面，一是合格境外机构投资者（QFII）申请和资金汇入速度明显加快。2012 年，新获批 QFII 投资机构 66 家，额度约为 120 亿美元。目前 QFII 总数已经突破 200 家，整体持股比例明显上升。中国证监会 2012 年 7 月还发布了《关于实施〈合格境外机构投资者境内证券投资管理办法〉有关问题的规定》，大幅降低了 QFII 资格要求并提高持股比例上限，允许 QFII 投资银行间债券市场和中小企业私募债券，并将所有境外投资者的持股比例由 20% 提高到 30%。二是人民币合格境外机构投资者（RQFII）投资额度大幅增加。年初，其投资额度在原来 200 亿元的基础上增加至 700 亿元。2012 年 11 月，经国务院批准，中国证监会、中国人民银行及国家外汇管理局决定增加 2000 亿元 RQFII 投资额度。至此，RQFII 试点总投资额度达 2700 亿元。三是跨境 ETF 发行和上市取得了突破。2012 年 2 月中国证监会正式受理港股 ETF 和沪深 300ETF 的产品申报；7 月 18 日，华夏恒生 ETF 以及易方达恒生中国企业 ETF 首发，我国跨境 ETF 发行和上市工作步入新里程。四是对外资参股证券公司限制进一步降低。中国证监会正式公布《外资参股证券公司设立规则》、《证券公司设立子公司试行规定》，外资参股证券公司境外股东的持股比例上限从 1/3 提高至 49%，并将外资参股证券公司申请扩大业务范围的经营年限从 5 年缩短至 2 年。

在外汇市场方面，一是银行间即期外汇市场人民币兑美元汇率单日波动幅度扩大到 1%。2012 年 4 月 12 日，中国人民银行发布公告，扩大银行间即期外汇市场交易价格浮动幅度，这有利于市场供求在汇率形成中发挥更大作用。二是人民币对日元启动直接交易。在银行间外汇市场发展人民币对日元直接交易，有助于降低两国货币的交易成本，减少金融机构的结算风险，有利于提高人民币在境外市场的地位，增强人民币在国际上被接受的程度。三是中国香港交易及结算所有限公司（以下简称中国香港交易所）推出人民币期货，对增加人民币的国际结算需求、帮助外贸企业对冲汇率风险以及进一步推进中国香港发展成为人民币离岸中心起到了积极作用。四是中国香港交易所收购了伦敦金属交易所，提高了香港交易所连接国际市场及投资者的作用。

展望 2013 年，国际经济形势仍将错综复杂，不确定不稳定因素依然较多，世界经济仍将可能延续低速增长的态势，各种形式的保护主义仍将可能继续抬头，潜在的通胀和资产价格上升的压力加大，世界经济已由国际金融危机前的快速发展期进入深度转型调整期。我国将继续实施积极的财政政策和稳健的货币政策，以提高经济增长质量和效益为中心，把握好稳中求进的总基调。从总体上看，我国的发展仍处于重点战略机遇期。要抓住这一机遇，需要我们深化改革、扩大内需、提高创新能力、促进经济发展方式转变。金融是促进经济发展与经济结构调整的重要手段，我国金融市场仍将坚持服务实体经济发展的本质要求，继续保持平稳、健康、协调发展的势头。市场总体规模将继续保持增长，市场结构将持续优化，产品创新与制度建设将继续稳步推进，在促进我国经济持续健康发展和经济发展方式转变的同时，实现市场自身的稳定健康发展。

2012 年我国金融市场发展的宏观环境分析

一、国际经济与金融环境

（一）发达经济体复苏动力不足，新兴市场经济体增速放缓

2012 年全球经济增速普遍放缓。美国经济温和复苏，但仍受到债务上限问题的困扰；欧债危机解决进程曲折，欧元区经济普遍疲软；日本连续出现贸易逆差，经济仍处于低迷，国际市场需求萎缩。新兴市场经济体增速放缓，面临的外部风险增大。

1. 发达经济体复苏动力不足

美国经济温和复苏，但债务上限问题存在着不确定性。2012 年美国前三个季度的经济增长环比折年率分别为 2.0%、1.3%、3.1%，第三季度的上升主要源于耐用品消费支出、政府消费和房地产投资的增加。就业形势缓慢改善，第四季度失业率降至 7.8%。此外，2012 年美国 CPI 持续回落，第二季度、第三季度和第四季度的同比增幅均低于美联储 2% 的目标区间，分别为 1.89%、1.7% 和 1.89%。目前美国经济虽然暂时摆脱了坠入“财政悬崖”的危险，但在债务上限问题上依然存在着不确定性因素，且受到欧债危机的拖累，经济复苏前景脆弱。

受主权债务危机的影响，欧元区经济普遍疲软。2012 年欧债危机解决进程取得较积极进展。希腊继续留在欧元区，西班牙银行危机暂获缓解。3 月，欧盟 25 个成员国签订财政契约，向财政一体化迈出重要步伐，6 月，欧盟委员会提议尽快建立欧洲银行业统一监管机构。7 月，欧洲中央银行表达了捍卫欧元的决心。9 月，推出无限量冲销式二级市场直接货币交易计划（OutrightMoneyTransction，OMT）。但主权债务危机对实体经济的负面影响依然严重，2012 年第二季度和第三季度，欧元区经济增速连续为负，失业率不断上升，第三季度达 11.5%，创主权债务危机以来的新高。2012 年欧元区 CPI 同比增速较为稳定，处于 2.3% -2.7%，高于欧洲中央银行设定的 2% 目标区间。

日本经济连续出现贸易逆差，经济仍处于低迷。2012 年上半年，日本经常项目盈余同比下降 45%，创 1985 年有可比数据以来的新低。7 月至 12 月连续出现贸易逆差，12 月贸易逆差为 6415 亿日元。因出口、个人消费支出和公共投资下滑，第二季度日本 GDP 环比增速较第一季度大幅下降，并于第三季度出现负增长，经济仍处低迷。此外，从 6 月份开始，CPI 同比增速连续为负，表明日本经济仍处于通缩状态。

2. 大部分新兴市场经济体增速放缓，外部风险增大

因外部需求不足及自身结构性问题，2012 年新兴市场经济体增速进一步放缓。10 月，国际货币基金组织（IMF）将新兴市场经济体 2012 年全年增速下调至 5.3%，低于上年实际增速 0.9 个百分点。同时，新兴市场经济体面临的外部风险在增大。欧债危机形势不稳定，美国经济复苏前景脆弱，导致新兴市场经济体跨境资本流动波动加剧。发达经济体推出的各项宽松货币政策将可能进一步推升国际大宗商品价格，给新兴市场经济体带来新一轮输入型通胀压力。

3. 全球贸易和跨国直接投资增速下滑

发达经济体复苏动力不足，国际市场需求萎缩，导致 2012 年全球贸易规模增速下滑。世界贸易组织（WTO）预计，2012 年全球贸易量增长 2.5%，仅为 2011 年增速的一半，其中，发达国家出口增长1.5%，进口增长 0.4%；发展中国家出口增长 3.5%，进口增长 5.4%。此外，根据联合国贸发会议（UNCTAD）统计，2012 年上半年，全球跨国直接投资额为 6676 亿美元，同比下降8.4%，并预计，2012 年全年规模最多只能与 2011 年的 1.58 万亿美元基本持平，增速远不及 2011 年的 8%。

（2）国际金融市场宽幅震荡，市场表现明显分化

2012 年全球经济形势的变化、欧债危机解决的进程、各国经济政策的调整，以及全球灾害性天气等因素主导国际金融市场的走势。在宽松的货币环境下，欧洲美元和欧元拆借利率一路走低。发达国家国债收益率屡创历史新低，而欧元区重债五国国债收益率则依然保持在较高水平。全球外汇市场动荡，汇率波动加剧。与发达国家相比，大多数新兴市场经济体股市表现较差。此外，全球灾害性天气的出现，导致部分农产品价格大幅上扬，但棉花、橡胶等部分农产品价格则由于供给增加和需求减少而大幅下跌。

1. 货币政策持续宽松，欧洲美元和欧元拆借利率一路走低

2011 年 12 月，美联储联合欧洲中央银行、加拿大银行、英格兰银行、日本银行和瑞士国民银行 5 家中央银行共同向国际市场释放美元流动性。同时，欧洲中央银行也在 12 月宣布推出旨在向金融机构提供大规模流动性的长期再融资计划（LTRO）。2012 年 9 月和 12 月，美联储分别推出第三轮和第四轮量化宽松政策（QE3 和 QE4），欧洲中央银行则推出二级市场直接货币交易计划，而且美联储还宣布将 0 - 0.25% 的联邦基金利率水平的截止时间由原定的 2014 年下半年延长至 2015 年年中。在宽松的货币环境下，欧洲美元和欧元拆借利率一路走低，美元三个月期 LIBOR 由年初的 0.58% 降至 12 月底的 0.31%，欧元 LIBOR 平均值也由年初的 1.29% 降至 12 月底的 0.13%。

2. 发达国家国债收益率屡创历史新低，但欧元区重债五国国债收益率依然保持较高位水平

2012 年，因相对较好的经济基本面以及宽松的货币政策环境，加上国际市场避险偏好上升，美国、日本、德国、英国、法国等国的国债收益率总体上呈下行态势，期间屡创历史新低。以 5 年期国债收益率为例，美国、英国、法国和德国分别于 7 月 24 日、8 月 2 日、7 月 19 日和 7 月 20 日创造了 0.54%、0.45%、0.73% 和 0.24% 各自的历史最低记录。日本国债虽在 5 月被惠誉下调评级，由“AA -”降至“A +”，但收益率下行趋势未受到影响，于 8 月 3 日降到了自 2003 年 6 月以来的最低水平 0.16%。欧元区重债国方面，7 月是重要的分水岭。2012 年上半年不断上行的西班牙和意大利 5 年期国债收益率在 7 月下旬分别达到了 6.3% 和 7.5% 的高位水平，之后，随着主权债务危机有所缓解，各自有了不同程度的下行。同

样，因主权债务危机的缓解，曾于1月30日飙升到21.78%的葡萄牙5年期国债收益率在7月之后回落到5%至10%区间。爱尔兰在7月26日重返中长期国债发行市场，成为欧元区首个重返中长期国债发行市场的受援国，新发行的5年期国债收益率为5.9%，8年期国债收益率为6.1%。

3. 全球外汇市场跌宕起伏，汇率波动加剧

2012年，世界经济增长预期的变化、欧洲债务问题的反复和深化、各国复苏态势的相对分化，以及全球货币政策的进一步宽松成为影响货币间汇率走势的主要因素。2012年第一季度，欧元和新兴市场经济体货币普遍对美元升值，但到了第二季度，由于欧元区经济的持续低迷、新兴市场经济体增速的放缓，以及市场对欧债危机的悲观情绪，国际避险资本由欧元区和新兴市场经济体流向美国和日本，导致欧元和新兴市场经济体货币贬值，美元和日元升值。第三季度，欧洲中央银行表达了捍卫欧元的决心，日本和欧美等发达国家相继推出多项宽松货币政策，导致欧元和新兴市场经济体货币走势发生逆转，由贬值转向升值，美元和日元则由升值转向贬值。经过"升值、贬值、升值"的波动，至12月底，欧元和部分新兴市场经济体货币兑美元汇率基本上已回复到年初水平。

4. 发达经济体股市涨幅较大，新兴市场经济体股市表现较差

2012年前三个季度，全球股市走势具有一定的趋同性，普遍表现出"第一季度上涨、第二季度下跌、第三季度上涨"特征。第四季度，各国股市涨跌出现分化。截至12月底，德国DAX30指数全年涨幅在发达经济体中最高，为29.06%。法国SBF250指数、英国富时所有股指数、美国道琼斯指数和日本日经225指数涨幅分别为18.73%、8.24%、7.26%和18.40%。除印度之外，其他大多数新兴市场经济体股市表现较差。印度孟买证券交易所100指数、俄罗斯INDEXCF指数和巴西BVSP指数涨幅分别为29.96%、5.44%、7.40%。

5. 大宗商品价格涨幅分化，部分农产品涨幅明显

因种植面积扩大，2012年全球棉花供应充足，但国际市场对棉花的需求萎缩，导致棉价延续2011年跌势，一路下行。截至12月底，棉价全年跌幅为18.81%。同样因供需失衡，橡胶价格走势与棉花相似，全年跌幅11%。受全球灾害性天气的影响，2012年全球农产品价格一路走高，尤其在6月美国发生大面积旱灾之后，小麦、玉米和大豆价格狂涨，短短两个月之内，芝加哥商品期货交易所的小麦、玉米和大豆价格较6月1日涨幅分别达到41%、44%、23%。随后，小麦价格维持高位水平，玉米和大豆价格有所回落，截至12月底，小麦、玉米和大豆价格全年涨幅分别为21.42%、7.42%、22.91%，可可价格全年涨幅较低，为2.3%。伦敦LME交易的铝、铜、铅、镍、锡、锌等金属价格在经历年初的一轮上涨之后持续下跌，到9月之后才有所回调，截至12月底，铝、铜、铅、镍、锡、锌价格的全年涨幅分别为2.62%、4.18%、15.19%、-9.22%、22.1%和12.12%。英国布伦特原油价格全年涨幅微弱，仅为3.15%，但涨跌剧烈，每桶从年初的106.59美元涨至3月初的128.22美元，然后一路跌至6月底的88.69美元。贵金属价格与原油价格走势相似，12月底黄金和白银现货价格分别为1674.95美元/盎司和30.23美元/盎司，全年涨幅分别为7.07%和9.57%。

（三）国际经济、金融环境对中国的影响

一是2012年全球经济复苏乏力使得中国出口明显减速。截至12月底，2012年中国出口的平均每月同比增速为8.64%，低于2011年的13.54%。其中，中国对欧盟的出口平均每月同比增速下滑最为明显，由2011年的15.02%下降到2012年的-3.95%。而对美国的出口平均每月同比增速则由2011年的18.39%下降到2012年的7.85%。外需不振导致出口对我国经济增长的拉动作用不断下降。

二是全球金融市场的跌宕起伏给中国经济、金融运行增加了外部风险。在世界经济复苏不确定性增多且风险不断累积的情况下，投资者风险偏好的频繁变动导致了国际资本跨国流动的无序性和不稳定性，加剧了人民币即期汇率的波动，中国进出口企业的汇率风险明显提高。同时，一些发达市场利用金融优势向新兴市场转嫁风险，加剧了全球金融市场的不稳定性，我国金融市场的波动性也可能随之增大。

三是国际金融市场初级产品价格和资源类产品价格的大幅波动给我国输入了压力。我国对国际商品的需求量较大，一方面，国际商品价格的涨跌会直接影响我国相关的金融市场走势；另一方面，小麦、玉米、大豆等农产品价格的大幅上涨也会通过外部输入增加我国的通货膨胀压力，进而对我国的宏观经济和金融市场产生影响。此外，发达经济体量化宽松货币政策的连续推出，将可能给中国带来输入型通胀压力。

我们要正确把握和评估世界经济走势对我国经济和金融市场的影响，充分认识外部经济环境的复杂性和多变性，及时有效应对复杂局势和挑战，因势利导、顺势而为，通过不断深化金融市场改革和加快金融市场发展，进一步强化金融市场基础性制度建设，积极防范系统性金融风险，努力在风云变幻的国际环境中谋求更加稳定的发展条件，保持我国金融市场的健康稳定运行和协调发展。

二、国内宏观经济与金融环境

2012年，面对复杂严峻的国内外经济形势，我国正确处理保持经济平稳较快发展、调整经济结构和管理通胀预期三者的关系，把稳增长放在更加重要的位置，实施积极的财政政策和稳健的货币政策，加大政策预调微调力度，国内经济、金融运行总体平稳，为金融市场发展提供了稳定的宏观环境。

（一）经济运行企稳回升

2012年，随着稳增长政策效果逐步显现，经济增长呈现缓中趋稳迹象，结构调整进一步加快。

1. 经济增长有所企稳

一是国内生产总值增速趋稳。2012年，我国国内生产总值同比增长7.8%。在经济调整过程中，中国经济表现出较强的弹性和内在扩张动力，四个季度国内生产总值环比分别增长1.5%、2.0%、2.1%和2.0%，经济增长总体平稳。

二是物价涨幅逐步回落。2012年，农业生产形势良好。2012年，全国粮食总产量为58957万吨，比上年增产1836万吨，增长3.2%，粮食生产实现了连续9年丰收，为物价的持续稳定提供了有力支撑。12月居民消费价格上涨2.5%，比年初回落2个百分点；工业生产者出厂价格下降1.9%，比年初回落2.6个百分点。从环比看，受气候因素影响，年末蔬菜价格上涨较多，导致12月居民消费价格环比上涨0.8%。

三是总需求有扩张趋势。目前来看，经济回升主要依靠政府投资推动。2012年，全国固定资产投资（不含农户）36.5万亿元，同比增长20.6%。随着全球经济、金融形势趋于稳定，出口增速保持平稳。2012年，出口总额超过2万亿美元，同比增长7.9%。居民收入的较快提高带动消费平稳增长。2012年，社会消费品零售总额为20.7万亿元，同比增长14.3%，扣除价格因素实际增长12.1%。

2. 经济结构调整进一步加快

2012 年,我国在稳定经济增长的同时,转变经济发展方式和调整经济结构也取得了积极成效。

一是产业结构加快升级。2012 年,第三产业增加值占 GDP 的比重为 45.3%,比上年同期提高 1.2 个百分点。高新技术产业较快发展,高耗能行业增速持续低于工业整体水平,节能减排有明显进展。2012 年,单位 GDP 能耗比上年下降 3.6%。

二是地区发展趋于平衡。近年来,区域发展协调性增强,产业转移步伐加快,中西部地区主要经济指标好于全国平均水平,地区差距进一步缩小。2012 年,东、中、西部地区投资同比分别增长 17.8%、25.8% 和 24.2%;东、中、西部地区规模以上工业增加值同比分别增长 8.8%、11.3% 和 12.6%。

三是城乡发展更加合理。2012 年,城镇居民人均可支配收入实际增长 9.6%,农村居民人均纯收入实际增长 10.7%,农村收入增长快于城镇。在收入增长的推动下,乡村消费品零售总额同比增长 14.5%,增速比城镇消费品零售总额高 0.2个百分点。

四是房地产市场走势总体平稳。房地产市场调控成效继续显现。12 月,在 70 个大中城市中,新建商品住宅价格同比下降的城市有 26 个,持平的城市有 4 个,上涨的城市有 40 个,且在同比上涨的城市中,涨幅均未超过 2.4%。全年,全国商品房销售面积同比增长 1.8%,增幅比上半年提高 11.8 个百分点。

(二)金融环境总体平稳

2012 年,中国人民银行按照国务院统一部署,继续实施稳健的货币政策,并着力增强政策的前瞻性、针对性和灵活性,适时适度进行预调微调,促进经济金融平稳运行。

1. 宏观金融环境适度宽松

一是货币供应量适度增长。2012 年末,广义货币供应量 M2 余额为 97.41 万亿元,同比增长 13.8%;狭义货币供应量 M1 余额为 30.87 万亿元,同比增长 6.5%;流通中货币 M0 余额为 5.47 万亿元,同比增长 7.7%。在公开市场操作、存款准备金率、再贷款再贴现、利率和逆周期宏观审慎管理等多项政策工具的综合作用下,货币供应量增速明显回升。货币条件总体相对宽松,有利于支持国民经济平稳较快发展。

二是金融机构存款增速加快。2012 年末,全部金融机构(含外资金融机构,下同)本外币各项存款余额为 94.31 万亿元,同比增长 14.1%,较上年同期 12.7% 的增速有所加快。人民币各项存款余额为 91.47 万亿元,同比增长 13.3%。全年人民币存款增加 10.81 万亿元,同比多增 1.17 万亿元。外币存款余额为 4065 亿美元,同比增长 47.8%。全年外币存款增加 1314 亿美元。

三是金融机构贷款增速保持平稳。2012 年末,全部金融机构本外币贷款余额为 67.29 万亿元,同比增长 15.6%,与上年同期 14.3% 的增速基本持平。人民币贷款余额为 62.99 万亿元,同比增长 15.0%,全年人民币贷款增加 8.20 万亿元,同比多增 7320 亿元;外币贷款余额为 6836 亿美元,同比增长 26.9%。全年外币贷款增加 1451 亿美元。金融机构信贷投放意愿仍然较强,贷款支持经济发展力度较大。

四是社会融资规模增加较多。初步统计,2012 年,全年社会融资规模为 15.76 万亿元,比上年多 2.93 万亿元。社会融资规模明显高于上年,主要是因为 5 月份之后,人民币贷款和信托贷款投放增多,企业债券融资活跃。全年这三项融资合计 11.74 万亿元,同比多融资 2.71 万亿元。

2. 金融体系平稳健康发展

2012 年,金融机构与相关主管部门通力合作,加强对银行业、证券业和保险业系统性风险的监测评估,着力防范系统性和区域性风险,提高金融业可持续发展能力,切实加强金融业为实体经济服务的能力。

一是金融行业稳步发展。银行业金融机构资产规模继续扩大,盈利能力不断提升,资产质量持续改善。截至 2012 年 12 月末,我国银行业金融机构的本外币资产总额达 131.27 万亿元,同比增长 17.7%;本外币负债总额为 122.63 万亿元,同比增长 17.5%。截至第三季度末,商业银行的净利润达 9810 亿元,同比增长 20.03%;不良贷款余额为 4788 亿元,不良贷款率为 0.95%。资本充足率达 13.03%,其中,核心资本充足率达 10.58%。证券、期货经营机构整体规模有所增长,但盈利水平继续下降。根据中国证券业协会公布的数据,截至 2012 年末,114 家证券公司总资产为 1.72 万亿元,较上年同期增长了 9.55%,净资产为 6943.46 亿元,净资本为 4970.99亿元。全年累计实现营业收入 1294.71 亿元,实现净利润 329.30 亿元,较上年同期的 393.77 亿元下滑了 15.37%,但较上年同期下滑 28.86% 相比,下滑幅度有所减小。其中,99 家公司实现盈利,占证券公司总数的 86.84%。保险业总资产和保费收入稳步增长。截至 2012 年 12 月末,保险业累计实现原保费收入 1.55 万亿元,同比增长 8.01%;累计原保险赔付支出 4716.32 亿元,同比增长 20.03%;保险业总资产达 7.35 万亿元,同比增长 22.29%。

二是融资结构进一步优化。2012 年末,人民币贷款占社会融资规模的 52.1%,同比降低 6.1 个百分点;外币贷款占比为 5.8%,同比升高 1.3 个百分点;委托贷款占比为 8.1%,同比降低 2.0 个百分点;信托贷款占比为 8.2%,同比升高 6.6 个百分点;未贴现的银行承兑汇票占比为 6.7%,同比降低 1.3 个百分点;非金融企业境内股票融资占比为 1.6%,同比降低 1.8 个百分点;企业债券占比为 14.3%,同比升高 3.7 个百分点。企业债券融资快速发展,直接融资比重显著提高。信贷结构进一步优化,不断加大对"三农"和中小企业等经济薄弱环节的支持力度,较好地满足了实体经济对信贷资金的合理需求,金融支持国民经济发展的力度进一步增强。

三是深入推进金融机构改革。大型商业银行跨国经营取得重要进展,中国农业银行"三农金融事业部"改革工作扎实推进。中国工商银行收购东亚银行(美国)、中国农业银行设立纽约分行、中国银行设立芝加哥分行的申请均获得美国监管当局批准,中国工商银行设立工银巴西子行的申请也获得巴西国家货币委员会的表决通过。中国农业银行于 2012 年 5 月出台《关于定期清算"三农"优惠准备金激励收益的通知》,进一步提高了县支行服务"三农"的积极性。农村信用社改革进展顺利,资产质量显著提升,业务规模显著提升,涉农信贷投放大幅增加。截至 2012 年第三季度末,全国共组建以县(市)为单位的统一法人农村信用社 1859 家,农村商业银行 276 家,农村合作银行 163 家。资产管理公司转型改制工作平稳推进。9 月 25 日,中国华融资产管理股份有限公司创立大会在北京召开,建立了由股东大会、董事会、监事会和经营管理层构成的现代股份公司治理结构。

四是地方金融改革继续推进。2012 年 3 月,国务院批准实施《浙江省温州市金融综合改革试验区总体方案》,决定在浙江温州推进金融综合改革试点,以打造"中小企业金融服务中心"和"民间财富管理中心"为重点,建设金融综合改革试验区。2012 年 5 月,中国人民银行与浙江省人民政府联合印发《关于在浙江省丽水市开展农村金融改革试点工作的通知》，决定在丽水市开展以农村信用体系建设和林权抵押贷款为要点的农村金融改革试点。2012 年 5 月，福建省政府出台了《福建省人民政府关于金融服务实体经济发展十一条措施的通知》，明确提出要推动泉州国家金融服务实体经济综合改革试验区建设，支持平潭综合试验区开放开发等多项措施，以更好地发挥金融支持福建科学发展、跨越发展的功能作用。2012 年 6 月，国务院发布《国务院关于支持深圳前海深港现代服务业合作区开发开放有关政策的批复》，允许前海在金融改革创新方面先行先试，建设我国金融业对外开放试验示范窗口。同月，中国人民银行牵头相关部门下发了《广东省建设珠江三角洲金融改革创新综合试验区总体方案》，推进金融改革创新试验区建设，在金融改革和创新方面先行先试。

五是跨境贸易和投资人民币结算业务量保持较快增长。跨境人民币业务制度进一步完善。2012 年 3 月，中国人民银行会同相关部门联合发布《关于出口货物贸易人民币结算企业管理有关问题的通知》，对跨境贸易人民币结算平衡发展具有重要的促进作用。至此，中国从事进出口货物贸易、服务贸易、其他经常项目的企业均可选择以人民币进行计价、结算和支付。2012 年，全年跨境贸易人民币结算业务累计发生2.94万亿元，直接投资人民币结算业务累计发生2802 亿元。初步统计，以人民币进行结算的跨境货物贸易、服务贸易及其他经常项目、对外直接投资、外商直接投资分别累计发生2.06万亿元、8752 亿元、292 亿元、2510 亿元。人民币跨境贸易结算量占进出口总额比例正在快速上升，中国香港离岸市场也得到快速发展，人民币在周边地区的流通范围越来越广泛。海峡两岸货币清算机制建设取得新进展。8 月 31 日，两岸货币管理机构签署《海峡两岸货币清算合作备忘录》，为促进两岸投资贸易便利化、推动两岸经贸关系深入发展发挥积极作用。

六是利率市场化迈出重要步伐。6 月 8 日，中国人民银行允许金融机构存款利率上浮，浮动区间上限由基准利率调整为基准利率的 1.1 倍。7 月 6 日，将金融机构贷款利率浮动区间的下限调整为基准利率的 0.7 倍，存贷款利率上浮为金融机构提供了更大的自主定价空间，有利于促进金融机构加快完善定价机制建设，提高自主定价能力，推动经营模式从同质化向多元化转型。

总体而言，我国国民经济继续朝着宏观调控预期方向发展，经济社会发展基本面长期趋好，国内市场潜力巨大，社会生产力基础雄厚，科技创新能力增强，总体呈现增长较快、价格趋稳、效益较好、民生改善的良好态势，为我国金融市场发展提供了难得的机遇和重要的动力支持。同时，我们也要看到，当前我国经济发展中不平衡、不协调、不可持续的矛盾和问题仍很突出，经济增长下行压力和物价上涨压力并存，部分企业生产经营困难，经济、金融等领域也存在一些不容忽视的潜在风险。我们必须保持清醒头脑，加强风险评估，及时采取措施，有效化解各种风险。

中国目前仍处在工业化、城镇化、国际化和市场化的进程之中，国内市场存在着广泛的需求。经济发展不平衡需要进行产业结构和区域结构的调整，加快城镇化需要加大城乡基础设施建设投入，人民生活水平提高、消费升级带来对生活环境、产品质量的新要求，这些都需要大量的资金投入。在这一过程中，金融市场大有可为。必须加快金融市场改革和创新发展，努力拓展金融市场的广度和深度，不断增强金融市场服务实体经济的能力，为促进经济结构调整和经济发展方式转变作出更大的贡献。

2012 年金融统计数据报告

一、年末广义货币增长 13.8%，狭义货币增长 6.5%

年末，广义货币（M2）余额 97.42 万亿元，同比增长 13.8%，比 11 月末低 0.1 个百分点，比上年末高 0.2 个百分点；狭义货币（M1）余额 30.87 万亿元，同比增长 6.5%，比 11 月末高 1.0 个百分点，比上年末低 1.4 个百分点；流通中货币（M0）余额 5.47 万亿元，同比增长 7.7%。全年净投放现金 3910 亿元，同比少投放 2251 亿元。

二、全年人民币贷款增加 8.20 万亿元，外币贷款增加 1451 亿美元

年末，本外币贷款余额 67.29 万亿元，同比增长15.6%。人民币贷款余额 62.99 万亿元，同比增长 15.0%，分别比 11 月末和上年末低 0.7 个和 0.8 个百分点。全年人民币贷款增加 8.20 万亿元，同比多增 7320 亿元。分部门看，住户贷款增加 2.52 万亿元，其中，短期贷款增加 1.19 万亿元，中长期贷款增加 1.33 万亿元；非金融企业及其他部门贷款增加 5.66 万亿元，其中，短期贷款增加 3.37 万亿元，中长期贷款增加 1.54 万亿元，票据融资增加 5301 亿元。12 月份，人民币贷款增加 4543 亿元，同比少增 1863 亿元。年末外币贷款余额 6836 亿美元，同比增长 26.9%，全年外币贷款增加 1451 亿美元。

三、全年人民币存款增加 10.81 万亿元，外币存款增加 1314 亿美元

年末，本外币存款余额 94.29 万亿元，同比增长 14.1%。人民币存款余额 91.74 万亿元，同比增长 13.3%，分别比 11 月末和上年末低 0.1 个和 0.2 个百分点。全年人民币存款增加 10.81 万亿元，同比多增 1.17 万亿元。其中，住户存款增加 5.71 万亿元，非金融企业存款增加 2.75 万亿元，财政性存款减少 1974 亿元。12 月份，人民币存款增加 1.58 万亿元，同比多增 1528 亿元。年末外币存款余额 4065 亿美元，同比增长 47.8%，全年外币存款增加 1314 亿美元。

四、12 月银行间市场同业拆借月加权平均利率 2.61%，质押式债券回购月加权平均利率 2.62%

全年银行间市场人民币交易累计成交 263.61 万亿元，日均成交 1.06 万亿元，日均成交同比增长 34.7%。

12 月份银行间市场同业拆借月加权平均利率为 2.61%，比 11 月份高 0.04 个百分点，比上年同期低 0.72 个百分点；质押式债券回购月加权平均利率为 2.62%，比 11 月份高0.07 个百分点，比上年同期低 0.75 个百分点。

五、国家外汇储备余额 3.31 万亿美元

年末，国家外汇储备余额为 3.31 万亿美元。年末，人民币汇率为 1 美元兑 6.2855 元人民币。

六、全年跨境贸易人民币结算业务累计发生 2.94 万亿元，直接投资人民币结算业务累计发生 2802 亿元

初步统计，2012 年以人民币进行结算的跨境货物贸易、服务贸易及其他经常项目、对外直接投资、外商直接投资分别累计发生 2.06 万亿元、8752 亿元、292 亿元、2510 亿元。

注：①当期数据为初步数。

②2011 年 10 月起，货币供应量已包括住房公积金中心存款和非存款类金融机构在存款类金融机构的存款。

2012 年中国区域金融运行报告

文章来源：中国人民银行货币政策分析小组

内容摘要

2012 年，各地区经济保持稳中有进的良好发展态势，城乡居民收入稳定增长，消费对经济增长的贡献增强，固定资产投资较快增长，出口市场呈现多元化，主要价格指标涨幅回落。全年东部、中部、西部和东北地区生产总值加权平均增长率分别为 9.3%、11.0%、12.5% 和 10.2%；居民消费价格涨幅分别为 2.7%、2.5%、2.9% 和 2.8%。区域发展的协调性进一步增强。东部地区稳步推进产业转型升级，战略性新兴产业、服务业加快发展，第三产业比重比上年提高 1.3 个百分点，"走出去"稳步推进。中西部地区城镇化和产业承接步伐加快，工业增速较高，工业增加值在全国占比提升；中部地区对外资吸引力增强，利用外资占全国的比重进一步提高；在外向型企业内迁及外商投资规模扩大的推动下，中西部地区外贸保持较快增长。东北振兴战略实施效果进一步显现，第一产业稳步发展，工业支撑作用增强，固定资产投资保持较高增速。长三角、珠三角、京津冀经济圈区域经济金融一体化进程加快。

各地区货币信贷平稳适度增长，融资结构更趋多元，金融支持实体经济的质量和效率有所提高。各地区贷款投放节奏总体较为均衡，中西部本外币贷款余额增速高于东部地区，贷款重点投向先进制造业、战略性新兴产业、经济薄弱环节和民生工程等领域。农村金融产品和服务方式创新步伐加快，各地区因地制宜，通过积极推广多样化的小额信贷产品、创新贷款担保方式、积极支持农村产权要素流转等方式有效满足"三农"领域多样化金融需求。各地区贷款利率总体下行，民间借贷利率逐渐回落。融资结构更趋多元，直接融资比重进一步提升，西部和东北地区债券融资增长较快，一定程度上有助于提高资金配置效率、降低实体经济融资成本。

各地区金融业运行总体稳健。中西部地区银行业金融机构资产总额占比有所提升。商业银行运营总体平衡，经营利润增速有所放缓；地方法人金融机构运营状况继续改善，不良贷款率下降、资本充足率上升。证券业平稳发展，期货交易品种更加丰富，"新三板"试点有序推进。保险业保费收入和赔付支出平稳增长，农业保险覆盖面持续扩大。各地区金融生态环境建设扎实推进，社会信用意识增强，征信系统覆盖面和使用面扩大，农村地区支付结算环境进一步改善。但也要看到，部分行业、领域和地区的信用风险有所显现，理财产品、表外业务、具有融资功能的非金融机构和民间借贷风险要持续关注。

当前区域经济增长格局正在发生变化。地区发展差距有所收敛，区域经济增长极不断涌现，欠发达地区自我发展能力增强，区域合作广度深度不断拓展。但区域发展仍存在一些突出矛盾和问题，一些地区的产业转型和可持续发展水平有待进一步提升，内生增长动力还需增强，部分区域存在过度开发问题，经济社会活动的过度集聚超出了资源环境承载能力，经济金融领域潜在风险值得关注。2013 年，各地区在发挥比较优势，深入实施区域发展总体战略和主体功能区战略，深化区域合作，促进生产要素合理流动，推动区域经济协调发展方面还大有可为。

2013 年，各地区金融机构将继续贯彻落实稳健的货币政策，处理好稳增长、调结构、控物价和防风险的关系，保持货币信贷总量和社会融资规模平稳适度增长，进一步优化信贷资源配置，拓宽实体经济融资渠道，加强对金融创新和业务发展中潜在风险的监测，牢牢守住不发生系统性、区域性金融风险的底线。

第一部分　区域金融运行情况

2012 年，全国各地区①金融业按照党中央、国务院统一部署，继续认真贯彻落实稳健货币政策，不断优化信贷资源配置，较好地满足了实体经济发展的合理资金需求。全年各地区金融运行总体平稳，金融机构改革稳步推进，融资结构继续优化，地区间金融发展更趋协调，金融生态环境进一步改善。

一、各地区银行业

2012 年，全国各地区银行业金融机构个数、从业人员稳步增加，资产规模增长较快。年末，银行业金融机构网点共计 20.2 万个，从业人员 337.8 万人，分别比上年增加 0.2 万人和 18.7 万人；资产总额 124.5 万亿元，同比增长 17.7%②。分地区看，东部地区银行业金融机构网点个数、从业人员和资产总额在全国占比最高（见表 1）。其中，广东、北京、江苏、上海、浙江和山东六省（直辖市）银行业资产总额合计占全国的比重为 49.4%；中部和西部地区资产总额占比有所提升；东部、中部、西部和东北地区银行业资产总额分别同比增长 16.3%、19.5%、21.3% 和 16.1%。

外资银行稳步发展。截至 2012 年末，全国共有 27 个省（自治区、直辖市）有外资银行入驻，外资银行机构网点总数 839 家，比上年增加 5.4%；资产总额 2.4 万亿元，同比增长 13.1%。外资银行 82.5% 的机构网点和 93.5% 的资产集中在东部。中部地区对外资银行的吸引力增强，外资银行机构网点数和资产总额比上年分别增长 18.2% 和 37.9%。西部和东北地区外资银行机构网点和资产总额稳步增长，增速均高于全国平均水平。

农村金融机构快速发展，农村金融体系进一步完善。2012 年末，全国小型农村金融机构③资产总额合计 15.6 万亿元，同比增长 21.9%。分地区看，48.8% 的小型农村金融机构资产集中在东部；西部和东北地区小型农村金融机构资产总额增长较快，分别同比增长 27.4% 和 28.4%。新型农村机构加快发展。年末，包括村镇银行、农村资金互助社、贷款公司和小额贷款公司在内的各类新型农村机构共计 6923 家，其中小额贷款公司数量占比 87.8%，比上年末新增 1798 家。

① 全国各地区包括：东部地区、中部地区、西部地区和东北地区。东部地区 10 个省（直辖市），包括：北京、天津、河北、上海、江苏、浙江、福建、山东、广东和海南；中部地区 6 个省，包括：山西、安徽、江西、河南、湖北和湖南；西部地区 12 个省（自治区、直辖市），包括：内蒙古、广西、重庆、四川、贵州、云南、西藏、陕西、甘肃、青海、宁夏和新疆；东北地区 3 个省，包括：辽宁、吉林、黑龙江。

② 全国各地区银行业金融机构包括国家开发银行、政策性银行、大型商业银行、股份制商业银行、城市商业银行、农村商业银行、农村合作银行、农村信用社、新型农村金融机构、邮政储蓄银行、外资银行和非银行金融机构。各地区金融机构汇总数据不包括大型商业银行、股份制商业银行、国家开发银行和政策性银行金融机构总部的相关数据。根据中国银行业监督管理委员会统计，2012 年末银行业资产总额为 133.6 万亿元（本外币合计）。

③ 小型农村金融机构包括农村商业银行、农村合作银行、农村信用社。

表 1　2012 年末银行业金融机构地区分布

单位：%

	营业网点			法人机构个数占比
	机构个数占比	从业人数占比	资产总额占比	
东部	39.5	44.3	59.5	33.4
中部	23.4	21.1	14.9	23.3
西部	27.7	24.1	18.5	33.6
东北	9.4	10.6	7.1	9.7
合计	100.0	100.0	100.0	100.0

注：①各地区金融机构营业网点不包括国家开发银行和政策性银行、大型商业银行、股份制商业银行等金融机构总部数据。

②部分数据因四舍五入的原因，存在与分项合计不等的情况（下同）。

数据来源：中国人民银行上海总部、各分行、营业管理部、省会（首府）城市中心支行。

（一）各地区存款平稳增长，储蓄存款增速回升

2012 年末，全国金融机构本外币各项存款①余额增速为 14.1%，比上年末提高 0.6 个百分点。东部、中部、西部和东北地区本外币各项存款余额分别为 53.8 万亿元、14.8 万亿元、17.4 万亿元和 6.5 万亿元，同比分别增长 13.7%、17.9%、18.5%和 15.0%，增速较上年末分别提高 1.6 个、1.5 个、1.9 个和 4.1 个百分点。东部地区本外币存款余额占全国的比例超过一半，中西部地区存款增速相对较快。分省份看，本外币各项存款增速最低的为 9.2%，最高的为 24.8%，分别比上年末提高 2.5 个和降低 3.4 个百分点（见图 1）。

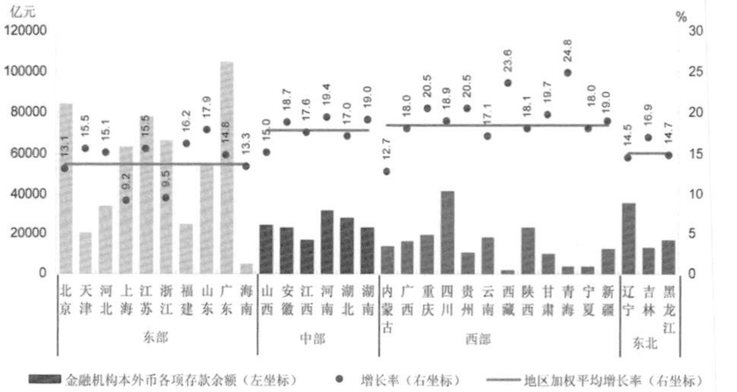

数据来源：中国人民银行上海总部、各分行、营业管理部、省会（首府）城市中心支行。

图 1　2012 年末各地区金融机构本外币各项存款余额及增长率

受金融机构季末考核等因素影响，存款"季末冲高、季后回落"现象较为明显。2012 年，全国金融机构人民币存款季末月份平均增加 2.3 万亿元，而季初月份平均减少 5115 亿元。其中，东部地区 3 月份、6 月份、9 月份和 12 月份新增存款分别达到 1.9 万亿元、1.8 万亿元、1.3 万亿元和 1.5 万亿元，而 1 月份、4 月份、7 月份和 10 月份则分别减少 9932 亿元、6025 亿元、6575 亿元和 3888 亿元。

各地区储蓄存款增速回升，单位存款呈定期化趋势。受物价涨幅回落、居民收入增加等因素影响，储蓄存款增速回升。2012 年末，东部、中部、西部和东北地区人民币储蓄存款余额增速分别为 14.6%、18.5%、19.6%和 15.6%，较上年末分别提高 2.7 个、2.9 个、1.7 个和 2.8 个百分点（见表 2）。单位存款增速平稳，定期化趋势明显。分地区看，东部地区人民币单位存款余额增速比上年末下降 0.1 个百分点，中部、西部和东北地区分别上升 0.6 个、1.7 个和 4.0 个百分点；分期限结构看，东部、中部、西部和东北地区单位存款中定期存款余额占比较上年末分别提高 1.8 个、2.8 个、3.1 个和 2.0 个百分点。

表 2　2012 年末各地区金融机构人民币存贷款余额增速

单位：%

	东部	中部	西部	东北	全国
人民币各项存款	12.6	17.6	18.2	14.8	13.3
其中：储蓄存款	14.6	18.5	19.6	15.6	16.3
单位存款	9.8	16.4	17.0	12.9	11.7
人民币各项贷款	12.5	16.5	17.8	14.4	15.0
其中：短期贷款	18.3	20.3	31.8	17.6	22.2
中长期贷款	6.4	12.9	12.0	12.2	9.0
票据融资	42.3	41.5	36.3	19.5	35.1
其中：消费贷款	11.0	20.5	17.8	17.1	17.6

注：各地区存贷款汇总数据不含全国性商业银行总行直存直贷数据。

数据来源：中国人民银行上海总部、各分行、营业管理部、省会（首府）城市中心支行。

外币存款快速增长。受人民币走势预期出现分化和主要发达经济体宽松货币政策等因素影响，2012 年末，外币存款余额同比增长 47.8%。分地区看，东部、中部、西部和东北地区外币存款余额比年初分别增加 1107.0 亿美元、64.3 亿美元、93.1 亿美元和 42.4 亿美元。东部地区经济外向度高，外币存款在本外币各项存款中的比重明显高于其他地区。

从资金来源的地区分布看，中部和西部地区本外币存款余额占全国的比重比上年末分别上升 0.4 个和 0.5 个百分点，东部地区占比下降 0.9 个百分点，东北地区与上年持平（见表 3）；从资金来源的币种结构看，外币存款占比上升，年末，东部地区外币存款余额占比较上年末提高 1.0 个百分点，中部、西部和东北地区均提高 0.2 个百分点；从资金来源的类型看，储蓄存款占比提高，单位存款占比下降，年末，东部、中部、西部和东北地区单位存款余额占比较上年分别下降 0.9 个、0.3 个、0.4 个和 0.5 个百分点（见表 4）。

表 3　2012 年末金融机构本外币存贷款余额地区分布

单位：%

	东部	中部	西部	东北	全国
本外币各项存款	58.2	16.0	18.8	7.0	100.0
其中：储蓄存款	53.0	18.7	19.8	8.5	100.0
单位存款	61.7	13.9	18.5	5.9	100.0
其中：外币存款	83.6	4.9	6.9	4.5	100.0
本外币各项贷款	58.6	14.9	19.4	7.1	100.0
其中：短期贷款	63.3	14.9	14.9	6.9	100.0
中长期贷款	54.0	15.3	23.2	7.4	100.0
其中：外币贷款	79.9	6.3	8.4	5.4	100.0

注：各地区存贷款汇总数据不含全国性商业银行总行直存直贷数据。

数据来源：中国人民银行上海总部、各分行、营业管理部、省会（首府）城市中心支行。

① 全国金融机构本外币各项存贷款数据包含各商业银行总行直存直贷数据，与各省份加总数据不一致。2012 年全国金融机构本外币存款和贷款余额分为 94.3 万亿元和 67.3 万亿元，各省份本外币存款和贷款余额加总数据分别为 92.5 万亿元和 64.4 万亿元。

表4　2012 年末各地区金融机构本外币存贷款余额结构

单位:%

	东部	中部	西部	东北	全国
本外币存贷款余额结构					
人民币存款占比	96.4	99.2	99.1	98.4	97.5
外币存款占比	3.6	0.8	0.9	1.6	2.5
人民币贷款占比	92.0	97.5	97.4	95.5	94.1
外币贷款占比	8.0	2.5	2.6	4.5	5.9
本外币存款余额结构					
储蓄存款占比	39.6	51.1	45.8	52.9	43.5
单位存款占比	53.3	43.7	49.6	42.5	50.3
其他存款占比	7.1	5.2	4.6	4.6	6.1
本外币贷款余额结构					
短期贷款占比	42.3	39.0	30.0	38.0	39.1
中长期贷款占比	51.1	57.1	66.4	58.0	55.5
票据融资占比	3.2	3.1	2.2	3.2	3.0
其他贷款占比	3.4	0.8	1.3	0.8	2.4

注:各地区存贷款汇总数据不含全国性商业银行总行直存直贷数据。

数据来源:中国人民银行上海总部、各分行、营业管理部、省会(首府)城市中心支行。

(二)各地区贷款平稳适度增长,对经济结构调整和薄弱环节支持力度进一步加大

2012 年,全国本外币贷款保持平稳增长,余额增速比上年略低0.1 个百分点。年末,东部、中部、西部和东北地区本外币贷款余额分别为 37.7 万亿元、9.6 万亿元、12.5 万亿元和 4.6 万亿元,同比分别增长 13.3%、16.9%、18.4%和15.1%,增速分别回落0.4 个、0.1 个、1.1 个和2.4 个百分点(见图 2)。

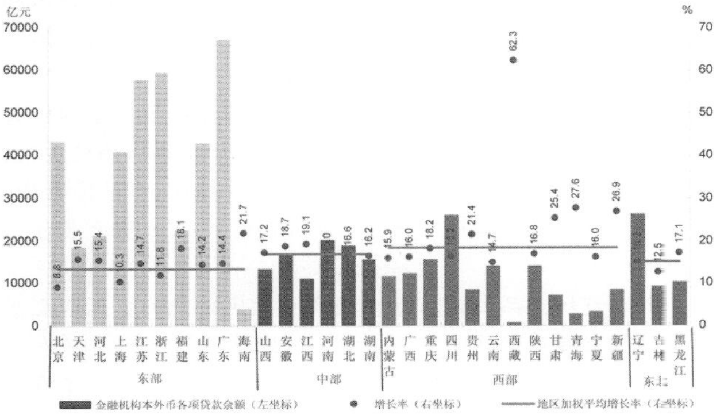

数据来源:中国人民银行上海总部、各分行、营业管理部、省会(首府)城市中心支行。

图 2　2012 年末各地区金融机构本外币各项贷款余额及增长率

各地区贷款投放节奏总体较为均衡。从全国季度新增人民币贷款占比来看,2012 年四个季度的新增人民币贷款占全年新增人民币贷款的比例分别为 29.9%、29.2%、22.8%和18.1%,增量占比大体为 3:3:2:2。分地区看,东部、中部、西部和东北地区上半年新增人民币贷款占全年新增人民币贷款的比例分别为 60.6%、60.8%、59.8%和 66.8%。

中资区域性中小型银行人民币贷款占比提升。从新增人民币贷款机构占比来看,2012 年末,中资全国性大型银行和中资全国性中小型银行新增贷款占比比上年分别下降 3.6 个和 2.4 个百分点;中资区域性中小型银行和小型农村金融机构新增贷款占比分别提高 5.7 个和 0.4 个百分点;外资银行占比小幅下降 0.1 个百分点。

中长期贷款增速放缓,短期贷款占比明显提高。2012 年末,东部、中部、西部和东北地区本外币中长期贷款余额同比分别增长 6.5%、12.9%、11.8%和 12.1%,增速比上年末分别低 0.5 个、2.8 个、4.6 个和 4.7 个百分点。在经济形势复杂的情况下,企业和银行资金安排倾向于短期化。年末,东部、中部、西部和东北地区本外币各项贷款中,短期贷款余额占比分别为 42.3%、39.0%、30.0%和 38.1%,比上年末分别提高 2.3 个、1.2 个、3.2 个和 1.3 个百分点。从新增贷款情况来看,除东北地区中长期贷款略高于短期贷款外,其他地区短期贷款均多于中长期贷款,其中,东部地区新增短期贷款为中长期贷款的 2.3 倍。

个人消费贷款增长较快。2012 年末,东部、中部、西部和东北地区人民币个人消费贷款余额增速分别为 11.0%、20.5%、17.8%和 17.1%。6 个省份人民币消费贷款增量超过 500 亿元,分布在东部地区和西部地区,其中,广东、江苏、福建分列前三。个人住房贷款增长平稳。年末,个人住房贷款增速为 12.9%,比上年末低 1.9 个百分点,差别化住房信贷政策得到严格执行。

信贷结构继续改善,贷款投放重点突出。2012 年,各地区贷款重点投向先进制造业、战略性新兴产业、文化产业、科技创新等实体经济领域,有效促进了产业结构调整和区域经济发展。广东、江苏、河南、广西等省份贷款主要投向先进制造业、批发零售业、交通运输业等支柱产业;北京市中资银行投向文化创意产业和高新技术产业人民币贷款余额同比分别增长 20.6%和 35.8%;上海市投向第三产业的贷款占全部境内企业贷款增量的 60%以上;天津市金融支持科技型企业贷款余额增长 87.9%,高于各项贷款增速 72.4 个百分点;浙江"十一大转型升级产业"新增贷款占各项贷款增量的 35.3%;山东省蓝黄"两区"(山东半岛蓝色经济区、黄河三角洲高效生态经济区)新增贷款占全省比例比上年提升 5.8 个百分点;安徽省皖江城市带承接产业转移示范区新增人民币贷款占全省的比例为 71.1%。

各地区进一步加大对经济薄弱环节和民生工程的信贷支持。2012 年末,湖北中小企业、涉农和县域贷款余额同比增速分别高于全省各项贷款增速 3.2 个、5.3 个和 4.8 个百分点;福建涉农和小微企业贷款增速均高于其各项贷款增速,河北、四川、贵州、陕西等省份涉农和小微企业贷款也保持较快增长;宁夏民贸民品优惠利率贷款余额同比增长 40.4%,高于各项贷款增速 23.3 个百分点;重庆秦巴山和武陵山扶贫开发片区贷款增速分别高于全市各项贷款增速 15.6 个和 2.8 个百分点;新疆推动妇女小额担保贷款业务成效显著,三年共计支持 35.4 万名城乡妇女创业就业,山东省小额担保贷款发放金额同比增长 159.1%,扶持带动就业人数同比增长 125.8;江西省保障性住房开发贷款余额增长 79.4%,高于全省各项贷款增速 60.3 个百分点,湖南、天津、吉林等省份保障性住房开发贷款也保持较快增长。

外币贷款增长较快。2012 年末,全国各地区银行业外币贷款余额同比增长 26.9%,增速比上年末提高了 7.3 个百分点,比同期人民币贷款增速高 11.9 个百分点。其中,青海、重庆、贵州外币贷款增速排名前三。分地区看,全年东部、中部、西部和东北地区新增外币贷款分别为 953.8 亿美元、93.1 亿美元、167.7 亿美元和 81.2 亿美元,比上年分别多增 486.9 亿美元、1.5 亿美元、42.2 亿美元和 13.2 亿美元。东部地区外币贷款余额和增量在本外币各项贷款余额和增量中的占比均高于其他地区。

(三)金融机构贷款利率整体下行,存款利率定价差异化程度提高

2012 年6月份和7月份,中国人民银行连续两次下调存贷款基准利率,并小幅扩大利率浮动区间。金融机构利率定价能力进一步提高,利率定价机制和配套体系更加完善,存贷款利率浮动定价权得到合理运用,分层有序的定价格局初步形成,Shibor 在金融机构利率定价中的基准性地位进一步巩固。

从利率变动趋势看,金融机构贷款利率进一步下降。12月,贷款加权平均利率比年初下降1.23 个百分点,高于全年贷款基准利率累计下调幅度。全年各地区贷款利率主要分布在6.41% -9.27%,东部地区贷款利率水平整体低于其他地区。从利率浮动情况来看,金融机构执行下浮利率的贷款占比有所上升,执行基准利率和上浮利率的贷款占比下降。12 月,全国金融机构执行下浮利率的贷款占比为14.2%,比年初上升7.1个百分点;执行基准和上浮利率的贷款占比分别为26.1%和59.7%,比年初分别下降0.9个和6.3个百分点。

人民币存款利率差异化定价特征初步形成。中国人民银行扩大利率浮动区间后,金融机构并没有全部"一浮到顶",而是根据自身实际和存款规模等因素制定差异化、精细化定价策略。就上浮幅度而言,全国性大型商业银行最小,股份制银行居中,地方法人金融机构最大。

受国际市场利率走低和境内外汇资金供求变动等因素的影响,各地区外币存贷款利率总体波动下行。12 月,3 个月以内大额美元存款加权平均利率和1年期美元贷款加权平均利率分别为0.51%和2.73%,比年初分别下降2.78 个和1.74个百分点。12 月,上海市3个月以内美元大额存款加权平均利率和1年期美元贷款加权平均利率分别为0.39%和3.04%,比年初分别下降2.86个和0.81个百分点。

民间借贷利率逐渐回落。2012 年,在人民币贷款基准利率下调等因素的带动下,民间借贷利率总体逐步下降。分省份看,浙江省2012 年末民间借贷利率比年初下降了1.03 个百分点。山东、河北、江西、云南、黑龙江等省份民间借贷利率也不同程度下降;少数中西部省份民间借贷利率水平有所上升。

专栏1:金融机构存款定价行为分析

在完善市场化利率形成机制的基础上逐步放松利率管制,是利率市场化改革的核心内容之一。2012 年,中国利率市场化改革迈出了重要步伐,金融机构人民币存款利率上限由基准利率调整为基准利率的1.1倍。对全国2471家存款类金融机构①存款定价行为的分析表明:金融机构存款定价策略逐步到位,利率定价行为趋于理性,挂牌利率浮动区间基本保持稳定,差异化、精细化的定价特征初步形成。利率市场化对推动金融机构完善定价机制、提高风险管理能力、转变经营发展方式的作用逐步显现,但金融机构适应利率市场化改革的能力仍有待进一步提升。

一、金融机构存款利率差异化定价特征初步形成

存款利率定价行为趋于理性。自2012年扩大存款利率浮动区间以来,存款利率经历了一个逐步调整到企稳的过程。初期部分金融机构尤其是地方法人金融机构,曾将存款利率简单"一浮到顶",但随后又根据市场竞争和自身实际特点逐步下调部分期限档次的利率。目前,金融机构存款定价策略已逐步形成,利率定价行为趋于理性。

存款挂牌利率浮动区间保持稳定。经过最初一轮普遍调整后,2012年7月初至年末,多数金融机构存款挂牌利率浮动区间保持稳定,仅有22.6%的金融机构对存款挂牌利率浮动区间进行了调整,且调整对象多为定期存款利率,此类机构以小型农村金融机构和股份制银行为主。

各类型金融机构存款定价策略出现分化。中资全国性大型商业银行实行"两端基准,中段上浮"定价,即活期和一年期以上定期存款执行基准利率,半年、一年期定期存款利率上浮。大部分股份制银行、部分城商行和少数小型农村金融机构采取"短期上浮,长期基准"定价策略,即一年期以内执行上浮1.1倍,一年期以上执行基准利率。多数小型农村金融机构及财务公司等中小金融机构普遍采取各期限存款"一浮到顶"的定价策略。外资银行短期存款利率多执行上浮,长期存款多执行基准利率,少量存款定价低于基准利率。

银行对不同客户实施精细化、差异化定价策略。截至2012年末,部分银行针对客户类型和存款规模制订了差异化存款挂牌利率。多数银行虽未在挂牌利率中体现客户差异,但实际操作中采取灵活定价方式,实际执行利率普遍高于挂牌利率,实际执行利率分档也多于挂牌利率。差别定价主要参考因素为客户贡献度、经营成本及同业竞争。

二、多种因素影响金融机构存款定价行为所处发展阶段决定金融机构存款定价策略

全国性大型商业银行处于发展成熟期,存款定价追求盈利目标,其存款挂牌利率均未"一浮到顶"。为防止占比较高的短期存款流失对业务经营产生冲击,对该类存款利率实行上浮,对中长期存款利率未实行上浮。多数城商行处于发展初期,普遍面临经营领域较窄、业务手段单一等问题,其存款定价服务于业务拓展,多选择将存款挂牌利率上浮到顶。

金融机构资产负债结构影响存款定价灵活性。中资银行多以人民币存贷款业务为主,非利息收入占比近两年基本徘徊在20%左右。相对单一的盈利模式、依然可观的利差空间使中资银行定价灵活性略显不足。而外资银行资产负债结构相对多样化,对人民币存款依赖度低,制定存款价格的灵活性相对较高。

金融机构规模影响存款定价浮动区间稳定性。全国性大型商业银行规模庞大,利率浮动区间调整对业务影响较大,因此倾向稳定定价。小型农村金融机构自身规模小、灵活性强,愿意对定价浮动区间进行反复试探调整,以得出量价最佳结合点。

金融市场产品创新有助于提高存款定价能力。保本型银行理财等金融创新产品与存款类似,收益率可作为存款定价参考。近年来,银行通过对理财产品定价和管理,提升了存款定价能力,有利于适应存款利率浮动带来的影响。

同业竞争推高存款定价的同时也促使价格趋于均衡。在存贷比考核下,金融机构对存款的争夺较为激烈,促使城商行、小型农村金融机构及财务公司将存款利率上浮到顶。股份制银行在竞争中也逐步转向存款利率上浮到顶。长期来看,有效竞争将促使存款价格趋于合理,有利于反映真实的资金供求关系。

三、金融机构多策并举应对存款利率市场化

完善存款利率定价机制。全国性大型商业银行及股份制银行充分发挥内部资金转移定价(FTP)的引导作用调节存款期限,降低负债成本。城商行则结合自身实际,根据存款期限、账户余额、客户类型等开展差异化定价测算。财务公司也开始着手构建符合自身特点的利率定价模型。同时,金融机

① 存款类金融机构包括:5家全国性大型商业银行,12家全国性股份制商业银行(简称股份制银行),22家经营人民币存款业务的外资银行,144家城市商业银行(简称城商行),346家农村商业银行(简称农商行),575家村镇银行,1295家农村信用社(简称信用社),72家财务公司。

构加快建设利率定价配套系统。加快数据平台、客户关系管理等系统建设,根据贡献度对客户进行有效区分,把握客户的差异化需求,实现对目标客户的准确定位和价值客户的深度挖掘。

提高资产负债和风险管理能力。存款利率浮动加大了利率波动性,考验金融机构风险管理能力。在平衡风险收益关系的前提下,科学配置资产,增强负债主动性。探索建立风险溢价测评体系,为利率定价提供风险溢价参考值和风险管理方案。

加快业务结构调整。随着存款利率浮动,全国性大型商业银行更多地着眼于多元化经营,中小银行则探索特色发展之路。部分中小银行对业务结构进行调整:将资产业务向拥有较强定价权的领域倾斜,提升小微企业贷款、消费信贷等业务对利润的贡献度;通过FTP定价调整存款结构,引导业务部门增加小额、活期存款;挖掘新的盈利增长点;大力发展金融同业、资金托管等中间业务,努力提高非利息收入占比。

四、进一步培育和提高金融机构存款定价能力

总体看,尽管金融机构存款定价已经初步体现了差异化和精细化特征,但仍有部分地方法人金融机构存在自主定价能力不高、定价信息系统不健全、专业化人才储备不足等问题。金融机构应适应利率市场化改革的要求,进一步增强财务硬约束和利率风险管理,完善定价机制,加强利率管理队伍建设,提高定价精细化程度,探索科学的差异化定价方法。中国人民银行将通过加快培育市场基准利率体系、推动金融市场规范发展和产品创新等方式,进一步建立健全市场化利率形成和传导机制,引导金融机构加强定价机制建设,改进定价技术,科学评估利率风险,提高风险定价能力,用好利率浮动定价权合理定价。同时,中国人民银行将继续加强利率政策监督管理,密切跟踪监测利率政策执行过程中的新情况和新变化,引导金融机构理性定价,提高定价透明度,自觉维护定价秩序。

(四)银行业金融机构改革稳步推进,农村金融服务持续改善

大型商业银行改革深入推进,积极实施"走出去"战略。2012年,大型商业银行跨国经营取得重要进展,中国工商银行收购东亚银行(美国)和设立巴西子行、中国农业银行设立纽约分行、中国银行设立芝加哥分行的申请均获得境外监管当局批准。中国农业银行各分行继续深化体制机制改革,"三农金融事业部"改革稳步推进。

政策性金融机构改革平稳开展。国家开发银行按照商业化改革要求加快推进业务模式和经营机制转型。中国农业发展银行改革工作全面启动,建立了相关工作协调机制,明确了改革重点和任务分工。中国出口信用保险公司稳步落实改革方案,第一届董事会于2012年12月顺利召开。

城市商业银行改革稳步实施。部分城市商业银行整合重组步伐加快,安徽、贵州、广东等省份城市商业银行股份制改革取得积极进展;山西、河北等省份部分城市商业银行完成更名改制;贵州银行正式开业;湖北银行完成增资扩股。随着宁波象山绿叶城市信用社2012年4月6日改制为宁波东海银行,全国城市信用社改制为城市商业银行的工作全面完成。

农村信用社改革成效显著,资金支持政策进一步落实。截至2012年末,中国人民银行共计对全国2408个县(市)农村信用社发行专项票据1699亿元,对2402个县(市)农村信用社兑付专项票据1694亿元,兑付进度达到99%以上,对新疆等3省(自治区)发放专项借款17亿元。农村信用社经营财务状况明显改善。年末,全国农村信用社不良贷款率比上年末下降1.0个百分点,资本充足率提高1.1个百分点,资产利润率基本持平。同时,农村信用社产权制度改革逐步推进,内控管理不断加强。截至2012年末,全国共组建以县(市)为单位的统一法人农村信用社1804家,农村商业银行337家,农村合作银行147家。内蒙古农村合作金融机构资产质量和资本约束能力显著提高,2012年末,不良贷款率同比下降1.2个百分点,资本充足率同比上升2个百分点;安徽省农村信用社改制工作加快推进,全年新组建农村商业银行19家。

新型农村机构快速发展。2012年,村镇银行、农村资金互助社、贷款公司、小额贷款公司等新型农村机构快速发展。各地村镇银行和小额贷款公司增长迅速,西部地区新型农村机构占比最高(见表5)。村镇银行数量增加一倍以上的地区有四个,分别为:湖南1.2倍、云南1.6倍、福建1.8倍、宁夏2倍;小额贷款公司数量增加一倍及以上的地区有四个,分别为:陕西1倍、青海1.2倍、四川和西藏均为2倍。

表5 2012年末新型农村机构地区分布

单位:%

	东部	中部	西部	东北	全国
村镇银行	32.2	25.0	29.6	13.2	100.0
贷款公司	22.2	22.2	44.4	11.1	100.0
农村资金互助社	26.5	20.4	32.7	20.4	100.0
小额贷款公司	27.2	23.6	33.1	16.1	100.0

数据来源:各省(自治区、直辖市)银监局和金融办,中国人民银行工作人员计算。

农村金融产品和服务方式创新步伐加快。山东金融机构创新16种金融产品支持农村和农业产业化,受益农户和受益企业分别达176.4万户和8千余户;陕西省"订单+金融"支持现代农业加快发展,全年累计发放订单抵押贷款324笔,共计1986万元,覆盖订单养殖总户数的69%;内蒙古大力推进"一县一品"(即一个县创新一个金融产品)工程,全区县域金融机构共创新信贷产品81个,金融服务方式10项,2012年涉农贷款和小企业贷款余额分别增长26.8%和21.0%,均超过全区贷款平均增速;甘肃省搭建支农"四大平台",构建农村金融服务创新"甘肃模式",共推出农村金融创新产品和服务方式30种,带动全省涉农贷款余额达到2640.3亿元,占全省各项贷款余额的36.7%。

专栏2:深入开展农村金融产品和服务方式创新,不断提升农村金融服务水平

农业、农村、农民问题事关党和国家事业发展全局。近年来,针对农村地区金融产品少、服务方式单一、服务质量和效率较低、金融发展难以满足农村经济发展的多元化需求等问题,中国人民银行联合银监会、证监会、保监会等部门大力推动农村金融产品和服务方式创新,着力改善农村金融服务水平。在各级党委、政府和相关部门的大力支持下,农村金融产品和服务方式创新工作取得了良好成效,有力支持了农业增效和农民增收。

一、多措并举,积极构建推动农村金融创新的长效机制

相关部门及地方各级政府通过加强政策指导和组织协调,努力构建农村金融创新工作的长效机制。中国人民银行充分利用差别化存款准备金率、支农再贷款,以及涉农信贷政

策导向效果评估等政策和方法，鼓励和支持金融机构加大对“三农”的信贷投放；中央和各级地方财政利用农业保险保费补贴、县域金融机构涉农贷款增量奖励、新型农村金融机构定向费用补贴加强激励引导；银监、证监和保监部门在新型农村金融机构市场准入、扩大农业保险覆盖范围、支持企业通过资本市场融资等方面，不断加大对农村地区的支持力度，各项政策的协同效应不断增强。湖北、广西、宁夏、重庆等省（自治区、直辖市）成立了专门的工作领导小组，为推动农村金融创新工作提供组织和制度保障；吉林、云南等省（自治区、直辖市）政府转发中国人民银行分支机构牵头制定的推动农村金融创新工作意见，统筹规划，加强对土地收益转让保证贷款、林权抵押贷款等重点创新领域的政策扶持和项目指导；2012年，中国人民银行和浙江省人民政府决定采取“行省共建”模式，在浙江省丽水市开展农村金融改革试点工作，探索农村金融服务的新途径和新模式；中国人民银行郑州中心支行会同20个部门在河南省范围内组织开展农村金融创新示范县（市）创建活动，加强省、市、县三级联动，深入推动农村金融创新工作有序开展。

二、因地制宜，有效满足“三农”领域多样化金融需求

一是积极推广多样化的小额信贷产品，着力提高农村金融普惠程度。金融机构利用“惠农卡”、“好借好还”等循环授信模式发放小额贷款，并针对农村创业群体推出农村妇女小额担保贷款、农民工回乡创业贷款、大学生“村官”创业富民贷款等信贷产品，有效满足农户小额、分散的资金需求。如贵州省农村信用社自2008年开办“致富通”贷款以来，通过利率优惠等累计让利于民20余亿元。

二是推动完善订单农业贷款管理模式，着力满足新型农业生产经营主体大额资金需求。金融机构围绕农民专业合作社、种养殖大户和家庭农场等新型农村生产经营主体发展的金融需求，开发、推广“公司＋基地＋农户”、“协会＋农户”、“专业合作社＋农户”等多样化订单农业信贷产品，并利用担保、保险期货、政府风险补偿基金分散风险，支持和促进现代农业加快发展。如黑龙江省克山县推出“昆丰模式”（“信贷＋保险＋担保＋公司＋合作社＋协会”）贷款，2012年末全省“昆丰模式”贷款余额达到62.4亿元，惠及农户35万多户、县域企业612家。

三是创新贷款担保方式，着力缓解农户和县域中小企业融资担保难。金融机构针对地方特色产业，不断探索扩大贷款抵（质）押物范围，如广东潮州市的“潮州陶瓷贷”、湖南耒阳的油茶林贷款、宁夏的绒毛动产抵押贷款等；吉林省探索开办以农户粮食直补和农资综合补贴资金为担保的“直补资金担保贷款”，并实行利率优惠，截至2012年末已累计发放贷款115亿元，为农民节省利息支出4.8亿元；河北、辽宁、山东、浙江等省份金融机构办理专利权质押贷款业务，截至2012年末累计支持近200余家农业科技型企业。

四是积极支持农村产权要素流转，促进农村土地流转和规模化经营。各地积极开展基于农村产权的抵押贷款试点，如吉林、四川、重庆、河南、贵州、山东等省份探索推出农村土地承包经营权和宅基地使用权抵押贷款业务；辽宁、浙江、湖北等省份推出海域（水域）承包经营权抵押贷款；福建、江西等业发展。

五是拓展业务种类，优化服务流程，着力提高农村金融服务水平。如农业银行山西省分行以户为单位发放惠农卡、实施以村为单位布放转账电话、以县为单位代理政府各类惠农资金的“村村通”工程，使农民足不出村就能享受刷卡消费、转账结算、小额取现等服务。

三、协力推进，不断提升金融支农工作的整体成效

一是涉农信贷投放大幅增长。据统计，2012年末全国金融机构涉农贷款余额17.63万亿元，比2008年末增长1.6倍，2012年涉农贷款增速比同期各项贷款增速高出5.1个百分点。涉农信贷投放的增加也带动了农业增产、农民增收，全国粮食产量实现了“九连增”，农民人均纯收入持续较快增长，城乡、区域发展协调性增强。

二是创新产品和服务方式种类明显增加。农村金融产品和服务方式创新工作已由试点初期的88个县（市）拓展到全国范围内的所有县（市）。创新产品和服务方式种类明显增加，据不完全统计，各地开展的具有一定影响力的农村金融创新产品500余种，创新服务方式近200项，全国有近千万农户、数万家企业从中直接或间接受益。

三是农村地区金融基础设施和支付环境明显改善。据不完全统计，截至2012年末，全国农村地区银行卡发卡量12亿张，农村地区布放ATM机16.7万台、POS机236万台，基础设施建设明显提速；农民工银行卡特色服务交易4231.3万笔、金额360.3亿元，支付环境进一步改善。

四、开拓思路，推动农村金融创新再上新台阶

当前农村金融产品和服务方式创新工作已取得阶段性成效，但仍存在一定的问题和不足，主要表现为：与“三农”发展的多元化、多样化资金需求相比，农村金融创新的深度仍然不够，可复制性偏低，相关配套制度建设仍显滞后。

下一步，中国人民银行将联合银监、证监、保监，以及财政、农业、林业等部门，在继续积极培育多元化、适度竞争的农村金融体系的同时，开拓创新工作思路、方法和机制，推动农村金融产品和服务方式创新取得新突破。探索开展农村金融产品和服务方式创新示范县（市）创建工作，宣传普及一批特色鲜明、效果突出的创新金融产品；着力推动基于订单农业的农村金融产品创新，健全订单农业贷款抵押担保机制；探索以农村改革试验区为平台，研究金融支持新型农业生产经营主体的有效途径和商业可持续模式；积极配合地方政府开展各类农村产权的抵押贷款创新试点；积极推动农村支付结算、信用体系等金融服务基础设施建设，提升“三农”金融服务水平。

（五）商业银行运营总体平稳，地方法人金融机构运营状况继续改善商业银行运营平稳，资产质量总体保持稳定。

截至2012年末，全国商业银行①不良贷款率为0.95%，比上年末下降0.01个百分点。流动性较为充裕，流动性比率为45.8%，比上年末上升2.7个百分点；经营利润继续增长，但增速放缓。平均资本利润率为19.8%，比上年末下降0.6个百分点；资本充足率稳步上升，加权平均资本充足率为13.3%，比上年末上升0.5个百分点。地方法人金融机构运营状况继续改善。截至2012年末，全国地方法人金融机构不良贷款率平均比上年末下降0.3个百分点，其东部、中部、西部均有不同程度下降；流动性比率平均较上年末上升0.7个百分点，其中，东部地区平均下降0.4个百分点，中部、西部和东北地区分别上升1.9个、2.7个和3.6个百分点；资产利润率与上年末基本持平，中部和西部地区小幅上升；资本充足率比上年末提高0.6个百分点，各地区均不同幅度提高（见表6）。

① 全国商业银行包括：大型商业银行、股份制商业银行、城市商业银行、农村商业银行和外资银行。

表 6　2012 年地方法人金融机构部分运营指标

单位：%

	各省份2012年比2011年平均增减				
	东部	中部	西部	东北	全国
资本充足率	0.5	1.3	0.7	0.7	0.6
资产利润率	0.0	0.1	0.1	0.1	0.0
流动性比率	-0.4	1.9	2.7	3.6	0.7

数据来源：中国人民银行上海总部、各分行、营业管理部、省会（首府）城市中心支行，各省（自治区、直辖市）银监局，中国人民银行工作人员计算。

二、各地区证券业

2012 年，证券市场保持平稳发展态势。市场基础性制度体系不断健全，新股发行体制改革继续深化；"新三板"试点扩容，多层次资本市场建设稳步推进；上市公司数量持续增加，证券经营机构公司治理和内控机制更加规范；期货交易趋于活跃，期货机构经营趋向好转。

（一）上市公司数量持续增加，治理结构逐步改善

上市公司数量持续增加。截至 2012 年末，境内上市公司总数（A、B 股）2494 家，比上年末增加 152 家。其中，创业板上市公司 355 家，中小板上市公司 701 家。分地区看，东部、中部、西部和东北地区境内上市公司数量占全国的比重分别为 65.0%、14.9%、14.6% 和 5.6%（见表 7），东部地区境内和境外上市公司数量在全国的占比保持在 60% 以上，近三年占比逐年提高。

上市公司经营状况良好，治理结构逐步改善。2012 年末，沪、深两市 A 股加权平均市盈率分别从上年末的 13.4 倍和 23.5 倍下降至 12.3 倍和 22.2 倍。全年沪、深 A 股共有 1681 家上市公司实现分红，占全部 A 股上市公司总数的 68.5%，比上年提高 10.2 个百分点。其中，创业板和中小板均有 80% 以上公司实现分红。

表 7　2012 年末各地区证券业分布

单位：%

	东部	中部	西部	东北	全国
总部设在辖内的证券公司数	68.4	10.5	15.8	5.3	100.0
总部设在辖内的基金公司数	97.4	0.0	2.6	0.0	100.0
总部设在辖内的期货公司数	71.4	10.6	9.9	8.1	100.0
年末境内上市公司数	65.0	14.9	14.6	5.6	100.0
年末境外上市公司数	75.2	15.9	8.7	0.2	100.0
当年国内股票（A股）筹资额	66.9	11.6	17.1	4.4	100.0
当年发行H股筹资额	87.2	3.8	9.0	0.0	100.0
当年国内债券筹资额	72.6	10.8	12.4	4.2	100.0
其中：短期融资券筹资额	75.1	9.0	12.4	3.4	100.0
中期票据筹资额	70.0	11.8	13.5	4.6	100.0

数据来源：各省（自治区、直辖市）证监局，中国人民银行工作人员计算。

（二）股票市场筹资规模减少，证交所债券筹资额增加

股票市场筹资规模减少。2012 年，各类企业和金融机构在境内外股票市场上通过发行、增发、配股等方式累计筹资 3862 亿元，比上年减少 33.4%。其中，A 股累计筹资 3128 亿元；H 股累计筹资 734 亿元。北京、广东、上海 A 股筹资额居全国前三位，合计占当年国内 A 股筹资总额的40.1%，比上年提升 4.2 个百分点。2012 年首次在国内 A 股市场、H 股市场上公开发行股票筹资的上市公司数量分别为 154 家和 10 家，筹资额分别为 1034.3 亿元和 518.6 亿元。全年公开发行创业板股票 74 只，筹资 351 亿元，比上年下降 55.6%。

证交所债券筹资规模增加。沪、深交易所全年债券累计筹资 2722.8 亿元，比上年增长 59.5%。从债券种类看，公司债、可转债和中小企业私募债筹资额占比分别为 90.8%、5.8% 和 3.4%。从地区分布看，西部和东北地区国内债券筹资额占比较上年分别提升 2.7 个和 0.7 个百分点；东部和中部地区占比较上年分别降低 3.1 个和 0.3 个百分点。

（三）股票市场成交量萎缩，证券经营机构平稳发展

股票市场成交量下降。2012 年，沪、深股市累计成交金额 31.5 万亿元，比上年少成交 10.7 万亿元，下降 25.4%。其中，创业板累计成交 2.3 万亿元，增长 23.4%。年末，沪、深两市股票总市值为 23 万亿元，增长 7.3%；股票流通市值为 18.2 万亿元，增长 10.1%。创业板流通市值为 3335 亿元，增长 33.2%。年末，上证综合指数和深证成份指数分别收于 2269.1 点和 9116.5 点，比上年末分别上涨 69.7 点和 197.7 点。

证券经营机构平稳发展。截至 2012 年末，全国共有 114 家证券公司，比上年增加 5 家；总资产 1.7 万亿元，增长 9.6%；净资本 4971 亿元，增长 7.3%。全年实现营业收入和净利润分别为 1294.7 亿元和 329.3 亿元，比上年分别下降 4.8% 和 16.4%。全年共有 99 家公司实现盈利，占证券公司总数的 86.8%，比上年提高 6.8 个百分点。年末，全国共有基金管理公司 77 家，比上年增加 8 家；注册资本 130 亿元，增长 22.2%；证券投资基金 1173 只，比上年增加 258 只，交易所上市证券投资基金成交金额 1137.4 亿元。

（四）期货市场交易趋于活跃，交易品种更加丰富

期货市场交易趋于活跃。2012 年，全国期货市场累计成交期货合约 14.5 亿手，成交金额为 171.1 万亿元，比上年分别上升 37.6% 和 24.4%。其中，沪深 300 股指期货累计成交 10506.2 万手，成交金额 75.8 万亿元，占全年期货市场成交总额的 44.3%，比上年提高 12.5 个百分点；已上市的商品期货品种累计成交 134546.4 万手，成交金额 95.3 万亿元，占全年期货市场成交总额的 55.7%。从成交金额看，上海期货交易所、郑州商品交易所、大连商品交易所和中国金融期货交易所四大交易所占比分别为 26.1%、10.1%、19.5% 和 44.3%。中国金融期货交易所股指期货交易活跃，成交金额占比在四大交易所中稳居第一，占比较上年提高 12.5 个百分点。

2012 年，期货市场成功推出白银、玻璃、油菜籽和菜籽粕 4 个商品期货新品种，年末中国商品期货交易品种达到 30 个，大宗商品期货品种进一步增加。其中，焦炭、甲醇、豆粕、强麦的交易量和交易金额增幅均超过 190%；铝、锌、铅、棉花，以及燃料油的交易量和交易金额降幅均超过 60%。黄金交易规模有所减少，累计成交量和成交金额分别为 6350.2 吨和 2.15 万亿元，比上年分别下降 14.6% 和 13.2%。

（五）证券业加快改革创新步伐，"新三板"试点有序推进

2012 年，多层次资本市场建设、新股发行、退市等重点领域改革稳步推进，投资者保护机制逐步健全、信息披露和规范公司治理取得新进展。各地区上市公司按要求进一步修订完善内部管理制度和规范公司运作，有效提高了信息披露的及时性和准确性，增强了上市公司经营管理水平和风险防范能力；各地区证券经营机构业务发展多元化，创新业务不断推出，内部控制水平提高，规范经营与风险管理意识增强。天津、吉林省（市）份积极推进上市公司股改工作，加快上市公司重大资产重组步伐，进一步促进上市公司提高规范运作水平；广东省积极推进证券公司治理结构和业务发展改革创新，促进证券公司增资扩股和股权转让；浙江、湖北、湖南、贵州各省证券公司积极创新，整体抗风险能力提高；辽宁、宁夏等省（自治区）证券公司加强稳健经营，创新金融产品，积极开展

融资融券、IB 业务(为期货公司提供中间介绍业务)等新业务,综合实力和区域影响力明显增强。

非上市股份公司股份转让(简称"新三板")试点扩大。2012 年 5 月,全国场外市场筹建工作启动;2012 年 9 月,"新三板"试点扩大,除北京中关村科技园区外,新增上海张江高新产业开发区、武汉东湖新技术产业开发区、天津滨海高新区。截至 2012 年末,挂牌的园区企业已达 200 家。

三、各地区保险业

2012 年,保费收入和赔付支出平稳增长,农业保险覆盖面持续扩大,经济补偿作用有效发挥。

(一)保险业机构规模稳步扩张,保费收入持续增长

2012 年末,全国保险法人公司合计 153 家,较上年末增加 13 家;保险公司分支机构 1536 个,增加 66 个。东部地区保险法人公司占全国的 86.9%(见表 8),比上年提高 0.5 个百分点。保险业总资产保持平稳增长,年末资产总额 7.4 万亿元,增长 22.3%。其中,银行存款增长 32.2%,投资类资产增长 19.5%。保险收入增速放缓,全年实现保费收入(指原保险保费收入,下同)1.5 万亿元,增长 8.0%,增速较上年有所下降。东部、中部、西部和东北地区保费收入分别增长 9.0%、4.1%、8.8% 和 6.9%;东部地区保费收入占比较高,达到 54.5%。在全国 31 个省(自治区、直辖市)中,广东省、江苏省、山东省三个省保费收入继续位列前三。

表 8 2012 年末各地区保险业分布

单位:%

项目	东部	中部	西部	东北	全国
总部设在辖内的保险公司数	86.9	3.3	5.2	4.6	100.0
其中:财产险经营主体	78.7	4.9	9.8	6.6	100.0
人身险经营主体	90.1	2.8	2.8	4.2	100.0
保险公司分支机构数	46.5	18.7	23.8	10.9	100.0
其中:财产险公司分支机构	45.4	18.5	26.2	9.9	100.0
人身险公司分支机构	47.5	18.9	21.7	11.9	100.0
保费收入	54.5	19.1	19.0	7.4	100.0
其中:财产险保费收入	55.5	16.6	20.7	7.2	100.0
人身险保费收入	54.0	20.5	18.1	7.5	100.0
各类赔款给付	54.9	18.0	19.5	7.6	100.0

数据来源:各省(自治区、直辖市)保监局,中国人民银行工作人员计算。

(二)人身险业务增速趋缓,财产险和农业险业务发展较快

人身险业务增速趋缓。2012 年,全国人身险保费收入 1.0万亿元,增长 4.5%,增速比上年下降 2.3 个百分点。其中,寿险、健康险和意外伤害险保费收入分别为 8908.1 亿元、862.8 亿元和 386.2 亿元,分别增长 2.4%、24.7% 和 15.6%。中资人身保险公司保费收入市场份额为 95.2%,比上年下降 0.8 个百分点。分地区看,在全国人身险保费收入中,东部、中部、西部和东北地区占比分别为 54.0%、20.5%、18.1% 和 7.5%;东部、西部和东北地区人身险保费收入分别增长 6.8%、6.7% 和 5.1%,中部地区人身险保费收入下降 0.4%。广东、江苏、山东人身险保费收入位居全国前三;西藏、内蒙古、青海人身险保费收入增速位居全国前三。

财产险业务继续保持较快发展。2012 年,财险公司实现保费收入 5330.9 亿元,比上年增长 15.4%,占全国保险业总保费收入的 34.4%,比上年提高 2.2 个百分点。中资财险公司保费收入市场份额为 98.8%,占比较上年略有下降。分地区看,在全国财产险保费收入中,东部、中部、西部和东北地区占比分别为 55.5%、16.6%、20.7% 和 7.2%;东部、中部、西部和东北地区财产险保费收入分别增长 13.4%、16.6%、12.6% 和 10.7%。广东省、浙江省、江苏省财产险保费收入位居全国前三;天津市、四川省、河南省财产险保费收入增速位居全国前三。

农业保险的保费规模和保险覆盖面持续扩大。2012 年,农业保险保费收入 240.6 亿元,比上年增长 38.3%,为 1.8 亿户次提供 9006 亿元风险保障,向 2818 万受灾农户支付赔款 148.2 亿元。吉林省积极推动农村保险服务体系建设,在乡镇、村屯设立"三农"服务站点,覆盖全省 624 个乡镇;重庆市稳步推进秀山土鸡养殖、黔江自然灾害公众责任保险等地方特色险种,生猪、奶牛、柑橘保险实现全覆盖;青海省加快完善农业保险服务网络,截至 2012 年末,在各级乡镇共设立"三农"保险营销服务部 11 家、保险服务站(点)92 家。

(三)保险赔付支出较快增长,经济补偿作用有效发挥

2012 年,保险业原保险赔付支出 4716.3 亿元,比上年增长 20%。其中,财产险、人身险各类赔款及给付分别为 2816.3亿元和 1900 亿元,分别增长 28.8% 和 9.0%。分地区看,东部、中部、西部和东北地区各类赔款给付占比分别为 54.9%、18.0%、19.5% 和 7.6%,同上年相比,西部地区占比上升 1.8 个百分点,东部、中部和东北地区占比分别下降 1.3 个、0.2 个和 0.3 个百分点。全国有 30 个省份各类赔款给付支出增速达到两位数。在北京"7·21"暴雨、"布拉万"台风等重大灾害事故中,保险业较好地履行了赔付责任。

(四)保险密度继续提升,保险深度保持稳定

2012 年,保险密度为 1144 元/人,较上年提高 82 元/人。地区间保险密度差异较大,东部地区保险密度处于较高水平,东北地区次之,中部和西部地区保险密度总体水平偏低,但提升速度有加快趋势。北京市、上海市、浙江省位居前三,排名较上年略有变化。2012 年保险深度为 3.0%,与上年大致持平,部分省份保险深度出现下降。

(五)保险业改革创新继续推进,保障功能持续提升

2012 年,保险监管制度改革不断推进,寿险销售误导和车险理赔难等问题得到有效治理。各地保险业在加强完善现有机构网点建设、提升服务质效的基础上,继续推进改革创新,不断扩大保险覆盖面,保险业承担风险责任和服务经济社会的能力增强,保障功能进一步提升。上海"夏淡"绿叶菜综合成本价格保险工作取得成效,2012 年累计承保蔬菜面积 12.9 万亩;河北积极推广环境污染责任保险,累计为 113 家企业提供风险保障 1.3 亿元;山东省特种设备责任险、环境污染责任险试点启动;新疆在大力发展农业保险、农村新型合作医疗保险的基础上,积极创新推动小额信贷保险,着力构建多层次的农村保险网络;陕西省试点农村供水工程保险,筹建西北首家外资农业保险公司——法国安盟农业保险;湖南省大力推动职业院校学生实习责任险,在长沙、株洲等 8 个地市开展火灾公众责任保险试点。

四、资金流向和融资结构

(一)货币市场交易活跃,地区间资金保持从东部向其他地区流动态势

2012 年,银行间回购、拆借市场交易活跃,成交量快速增长。银行间市场累计成交 263.6 万亿元,比上年增长 34.2%。其中,债券回购累计成交 141.7 万亿元,增长 42.4%;同业拆借累计成交 46.7 万亿元,增长 39.8%;现券成交 75.2 万亿元,增长 18.2%。地区间资金保持从东部地区向其他地区流动的态势,东部地区经济金融发达,资金流动较其他地区活跃。从资金流向看,全年东部地区资金净融出 17 万亿元,比上年增加 1.2万亿元,上海改变过去一直为资金净融出地区的状况,自 2008 年以来首次成为资金净融入地区。中部和西部地区资金

需求增加，东北地区资金需求减少。中部地区资金净融入10.4万亿元，比上年增加2.1万亿元，其中，江西资金净融入显著增加（比上年增加1.4万亿元）；西部地区资金净融入3.5万亿元，比上年增加1.3万亿元；东北地区资金净融入5.1万亿元，比上年减少0.4万亿元。分省份看，北京市为主要的资金融出地区，净融出资金49.7万亿元；江苏省、广东省为主要的资金融入地区，净融入资金合计24.2万亿元（见图3）。

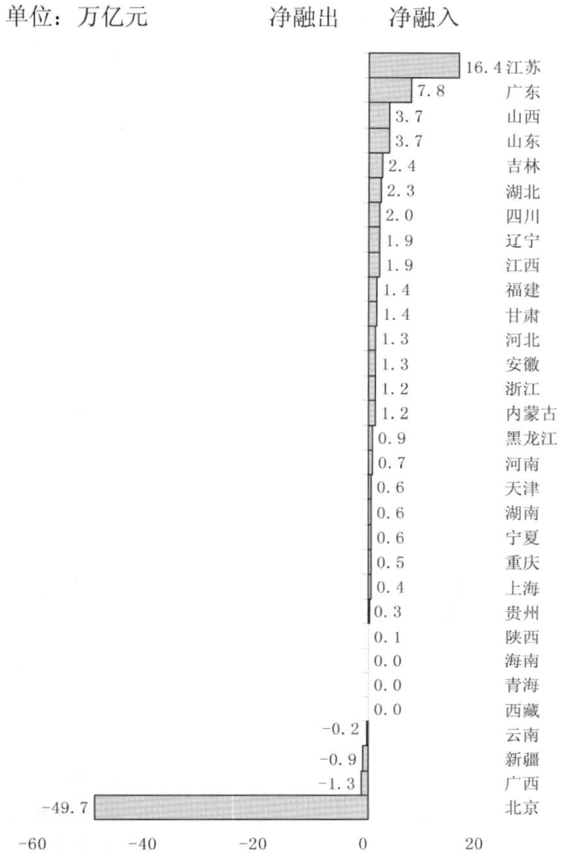

数据来源：中国外汇交易中心。

图3　2012年货币市场资金净融入（净融出）情况

（二）票据融资较快增长，市场利率总体走低

票据承兑业务稳定增长。2012年，企业累计签发商业汇票17.9万亿元，比上年增长18.8%。年末商业汇票未到期金额8.3万亿元，增长25.4%；年末承兑余额比年初增加1.7万亿元。分地区看，东部地区银行承兑汇票承兑余额和累计发生额占比最高（见表9），但近三年以来银行承兑汇票承兑余额占比呈逐年下降趋势；西部地区银行承兑汇票余额增速最高；东北地区银行承兑汇票累计发生额增速最高，分别为36.5%和48.7%。从行业结构看，企业签发的银行承兑汇票余额主要集中在制造业、批发和零售业。从企业结构看，由中小型企业签发的银行承兑汇票约占三分之二。

票据贴现业务较快增长。2012年，金融机构累计贴现31.6万亿元，比上年增长26.4%。年末贴现余额2.0万亿元，比上年增长35.1%。从地区分布看，除中部地区票据贴现累计发生额减少以外，其他地区票据贴现业务均呈增长态势。

受货币市场利率和票据市场供求变化等多种因素影响，2012年票据市场利率总体走低。12月份，票据融资加权平均利率为5.64%，比年初下降3.42个百分点。全年各地区银行承兑汇票和商业承兑汇票贴现加权平均利率分别在4.84%~9.73%和4.73%~9.45%之间，买断式和回购式票据转贴现加权平均利率分别在4.07%－7.44%和3.75%－6.89%，平均利率水平均低于上年。各地区银行承兑汇票贴现、买断式、回购式票据转贴现加权平均利率的水平和走势稍有差异，总体趋势基本一致。

表9　2012年末票据业务地区分布

单位：%

	东部	中部	西部	东北	全国
银行承兑汇票承兑余额	64.4	14.9	14.6	6.0	100.0
银行承兑汇票承兑累计发生额	66.3	14.6	13.2	5.9	100.0
票据贴现余额	58.7	14.0	20.2	7.1	100.0
票据贴现累计发生额	57.8	11.8	16.8	13.6	100.0

数据来源：中国人民银行上海总部 各分行、营业管理部、省会（首府）城市中心支行。

（三）融资结构更趋多元，债券融资快速增长

2012年，全国各地区非金融机构部门融资总额稳步扩大，直接融资和间接融资总体增速平稳，融资结构更趋多元。贷款融资仍占主导地位，在融资总额中占比为67.2%，比上年下降3.2个百分点。直接融资比重有所提升，其中，主要是债券融资快速增长，债券融资在融资总额中占比为29.2%，同比提高6.7个百分点；股票融资在融资总额中占比为3.6%，同比下降3.5个百分点。直接融资比重上升的省份有24个，比上年增加3个。分地区看，融资总额增速从高到低的地区依次为西部、中部、东部、东北地区：东部、中部、西部和东北地区贷款融资额增速分别为10.9%、16.1%、12.1%和0.4%（见表10），占全国贷款融资总额的比重分别为53.1%、16.7%、23.1%和7.2%（见表11）。西部和东北地区债券融资增长较快，分别增长92.4%和87.8%。从区域分布看，各种融资方式中地区占比从高到低均依次为东部、西部、中部、东北地区。

表10　2012年各地区非金融机构部门贷款、债券、股票融资额增速

单位：%

	东部	中部	西部	东北
贷款	10.9	16.1	12.1	0.4
债券（含可转债）	44.3	49.5	92.4	87.8
其中：短期融资券	-0.2	-5.5	31.9	3.2
中期票据	0.8	2.0	49.4	91.8
中小企业集合债	57.6	116.5	-7.4	—
股票	-42.6	-41.0	-26.6	-55.9

注：债券和股票融资按年发行数计算，贷款按新增额计算。

数据来源：中国人民银行上海总部、各分行、营业管理部、省会（首府）城市中心支行。

表11　2012年非金融机构部门贷款、债券、股票融资额地区分布

单位：%

	东部	中部	西部	东北	合计
贷款	53.1	16.7	23.1	7.2	100.0
债券（含可转债）	72.6	10.8	12.4	4.2	100.0
其中：短期融资券	75.1	9.0	12.4	3.4	100.0
中期票据	70.0	11.8	13.5	4.6	100.0
中小企业集合债	78.1	18.4	3.5	0.0	100.0
股票	66.0	13.4	15.8	4.8	100.0

数据来源：中国人民银行上海总部、各分行、营业管理部、省会（首府）城市中心支行。

各地区继续深入推进金融创新，直接融资快速发展，融资方式趋向多元化，融资渠道进一步拓宽。山东省在全国率先开展中小企业私募债券试点、区域股权交易市场建设工作，中小企业集合票据全年发行23.4亿元，同比增加11.6亿元，区域集优债务融资试点稳步推进，14家企业发行区域集优票据13.3亿元；河北省首次成功发行中小企业集合票据2.8亿元、定向债务融资工具50亿元；湖北省区域集优债务融资实现“零”的突破，襄阳率先在全省推出区域集优中小企业集合票据；安徽省实现中小企业集合票据、中小企业集合债券、中小企业私募债和非公开定向债务融资工具4种创新型融资产品的首次发行，徽商银行发行小微企业专项金融债的工作稳步推进；江西省“12赣水投债”的发行成为省级水利融资平台通过债券融资的全国首例；广西省新增定向债务融资工具和资产支持票据两个融资券种，累计融资27亿元，国有高峰林场成功发行4亿元中期票据，成为全国首家发行中期票据融资的国有林场；青海省成功发行首期保障房私募债，募集资金50亿元，实现非公开定向债务融资工具的首次应用。

专栏3:区域融资结构分析

随着金融改革的持续推进和金融市场的发展完善，金融产品和工具创新不断涌现，直接融资尤其是债券融资快速增长，区域融资结构更趋多元，对支持实体经济发展发挥了积极作用。

一、近年来区域融资结构多元化发展

近年来，各地融资量①保持平稳较快增长的同时，债券和股票融资等直接融资占总融资量的比重上升，从2009年的15.9%提高至2012年的32.7%。从区域分布看，东部、中部、西部和东北各地区债券和股票融资占本区域融资量的比重明显上升，2012年较2009年分别上升了10.7个、12.0个、13.4个和14.3个百分点。其中，债券融资增多是直接融资占比上升的主要力量。贷款、债券和股票融资量均呈现“东部最高，西部、中部、东北依次降低”的格局，但近年来东部地区在全国的占比呈下降趋势。2012年东部地区贷款、债券和股票的融资额在全国占比较2009年分别下降6.4个、6.3个和10.2个百分点。融资结构多元化发展，是多种因素推动的综合结果。一是随着经济的发展，非金融企业对融资的需求呈现多样化格局，直接融资产品设计灵活，成本相对较低，能够较好契合企业需求。二是近年来居民收入增加，投资需求明显上升，加之金融机构迅速发展，金融产品日益丰富，直接融资产品的市场需求较为旺盛。三是金融改革持续推进，有关部门大力推动直接融资发展，多层次金融市场逐步建立，为直接融资发展提供了有利环境。

二、融资结构多元化发展有助于提高资本配置效率

直接融资依靠市场机制，使资金流向边际效率较高的地区或行业，提高了资本配置效率，进而更有效地促进实体经济发展。资本配置效率可用资本变化对实体经济指标变化的反应程度来衡量。如果更多的资金向利润率提高的企业和地区流入，则意味着资本的配置效益较高。考察2009年和2012年各省份直接融资额与工业企业成本费用利润率（以下简称工业利润率）的关系，可以看出，2009年直接融资增长率与工业利润率变化之间的关系非常松散（见图4），而随着直接融资的发展，2012年直接融资额的增长开始对工业利润率的变化产生反应，弹性系数提高（见图5），意味着工业利润率提高的省份可以得到更多的直接融资，地区间资本配置效率有所提高。

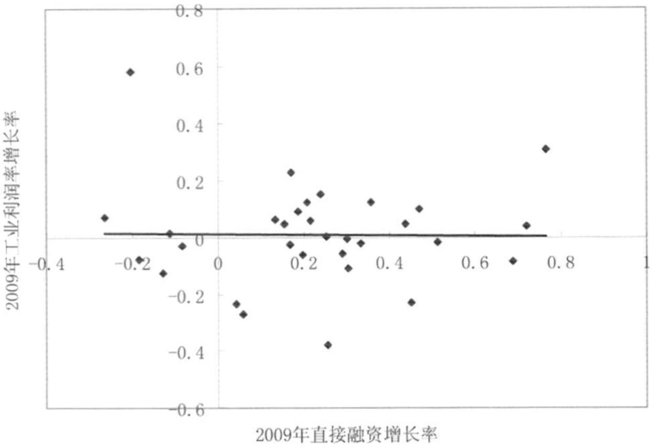

图4　2009年各省份直接融资与工业利润率

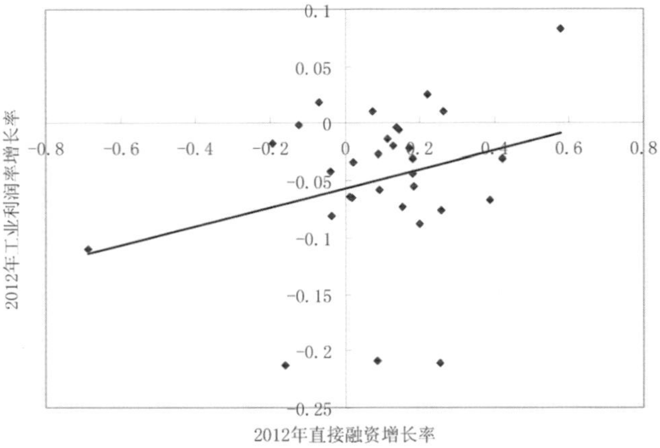

图5　2012年各省份直接融资与工业利润率

三、直接融资发展提高了金融支持实体经济的质量

一是有效降低实体经济融资成本。据测算，银行间债券市场发行利率一般比同期限实际银行贷款利率低2个百分点左右，2005年至2012年银行间债券市场累计发行额达8.3万亿元，若债券期限均按一年期计算，粗略估计可为企业节约融资成本约1680亿元。

二是支持了中小企业和“三农”融资。一方面，中小企业可以直接从股票和债券市场融资，2009年10月第一批创业板公司挂牌，截至2012年末已有上市公司355家，累计筹资2274亿元；中小企业集合票据于2009年推出，已累计发行220多亿元，为中小企业再添新的融资渠道。另一方面，在优质大型企业更多通过直接融资获取资金后，商业银行等金融机构可以投入更多金融资源重点支持中小企业和“三农”领域。受此带动，近年来，各地区小微企业贷款和涉农贷款余额增速均高于各项贷款增速。以中小企业众多的浙江省为例，2012年末，直接融资占比由2010年的12.4%上升至20.4%，中小微企业贷款余额同比增长16.4%，高于全部贷款增速4.6个百分点。

四、进一步优化融资结构，充分发挥支持实体经济发展的积极作用

近年来，直接融资发展较快，但在市场规模、产品种类等方面尚不能完全满足市场主体投融资需求。下一步，应继续大力

① 包括贷款、债券融资和股票融资，不同于社会融资规模。

发展直接融资，推动金融产品创新，不断丰富产品种类，优化产品结构，充分发挥其支持实体经济发展的积极作用。同时注重风险防范，加快市场机制建设，强化市场约束和风险分担机制，提高市场运行透明度；逐步提高微观主体风险防范意识，着力培育多元化投融资主体，提升其风险定价和风险对冲能力。

五、金融生态环境建设

2012 年，全国各地区扎实推进金融生态环境建设，工作机制日趋健全，社会信用意识持续增强，评价体系建设加快推进，司法环境有效改善，金融基础设施不断完善，支付结算服务水平进一步提升。

一是有效发挥政府职能，加快金融改革发展和投融资环境建设步伐。河北出台《关于着力改善发展环境的实施意见》，在政策环境、市场环境、法治环境等方面，制定了一系列政策措施，着力优化金融发展环境；内蒙古出台《关于促进内蒙古金融业发展的指导意见》，加大对金融业的政策扶持力度；四川省、西藏建立金融机构与地方司法机关联席会议制度，不断加大对逃废债等行为的打击力度；温州、珠三角地区和泉州成为国家级金融综合改革实验区，地区金融改革和创新取得突破性进展。各地区进一步加大投融资环境建设力度，广西省成功举办第四届中国——东盟金融合作与发展领袖论坛，使金融生态环境建设向更广阔区域推进；广东省创办中国（广州）金融交易·博览会，不断强化金融交流与合作力度。

二是继续推动社会信用体系建设，着力改善中小企业和农村地区融资环境。陕西制定并出台《陕西省公共信用信息条例》，公共信息征集、使用、披露和共享步入法制化轨道；江西出台《江西省社会信用体系建设“十二五”规划》，提出了“十二五”时期江西社会信用体系建设十项主要任务和五项重大工程；青海省推动和实施“信用工程”，信用体系建设覆盖经济社会的各个领域；新疆制定印发《2012 年新疆中小企业信用体系建设实施意见》及《2012 年新疆农村信用体系建设实施意见》，为全面推进新疆社会信用体系建设奠定坚实基础；天津市积极推进滨海高新区中小企业信用体系试验区建设，初步建成包括中小企业政策环境扶持、融资平台对接、信用担保评级增信、金融资源支持、信用激励机制在内的中小企业信用体系建设框架；重庆市首创互联网平台架构、商誉积累和多功能信用培育模式，开发建设了企业信用培育系统，并建立了西南首个农村征信系统，开拓信用村镇建设新途径；贵州省“农户信用建档 + 评定信用等级 + 小额信用贷款”的农村信用体系建设模式成效显著；陕西、湖南、广东等省积极开展中小企业和农村信用体系示范园、实验区建设，促进中小企业和农村地区融资环境改善，取得了良好社会效果。

三是加快推进金融生态评价体系建设，不断扩大征信系统覆盖面和使用面。江苏省引入金融生态县动态管理机制，首次将两个金融生态示范县降格为金融生态达标县，并对两个金融生态达标县提出警示；湖北、湖南、四川、河北等省继续开展“金融生态县（市、区）”以及“金融安全区”创建工作，并对贡献突出的市县进行表彰和奖励；西藏将金融生态评价扩展至乡镇、村一级，全年评定信用乡（镇）251 个、信用村 2214 个；河南省、安徽省和陕西省制定了金融生态环境评价指标体系，完善县域评价制度、实施意见和评价办法，县域金融生态环境评价体系逐步完善。各地区不断扩大征信系统覆盖面和使用面，金融生态基础进一步夯实。云南省首次将法院执行案件信息、担保公司代偿信息采集纳入征信系统；浙江将村镇银行和小额贷款公司等机构接入征信系统，并将法院、环保、社保、公积金等各类非银行信息采集入库。

四是继续加强司法环境建设，严厉打击金融领域违法犯罪行为。西藏开展“9·16 平安西藏”、“12·4 法制宣传日”等活动，广泛宣传金融法律法规和金融安全知识，营造良好的金融法制氛围；重庆市、安徽省、山西省、海南省、山东省继续推进金融消费者权益保护工作，设立金融消费者申诉处理中心，其中，安徽省、山西省处理申诉的社会满意度达到 100%；北京市、广东省、河北省、安徽省、海南省严厉打击制贩假币、洗钱及外汇违法违规行为；2012 年，广东省成功破获洗钱案件 29 宗、地下钱庄非法买卖外汇案件 30 宗，有力维护了金融市场秩序；山东省制定完善打击和处置非法集资工作综合治理考评体系，妥善处理了省内重大和涉及山东省的 13 起全国性非法集资案件。

五是进一步加强金融基础设施建设，大力改善农村地区支付结算环境。天津创新发展金融 IC 卡，在全国率先推出“津通卡”、社保金融 IC 卡，实现银行卡在交通、医疗等领域的广泛应用；陕西省信用联社成功发行具有金融功能的社保 IC 卡，成为全国首家取得金融社保 IC 卡发行资格的省级农村合作金融机构；河南省农民工银行卡特色服务交易量连续 5 年居全国第一；江苏省在全国率先实现 100% 自动柜员机支付纸币冠字号码记录存储功能全覆盖；深圳市率先上线运行财税库关行横向联网 MIS 刷卡缴税系统，大大便利了企业缴税；云南省完成了财税库银横向联网全省全覆盖目标，成为全国首个实现国有资本经营预算收益金通过横向联网系统收缴的省份；江苏省、广东省、黑龙江省实现金融支付终端行政村覆盖率 100%，昆山成为全国首个 ATM 机具“村村通”的县级市；湖北省推广“三公里”金融服务圈、“村级金融服务站”等创新服务模式，电子机具乡镇覆盖率 100%；吉林省、安徽省、湖南省、四川省、甘肃省、陕西省、青海、宁夏积极推动银行卡助农取款服务，业务量和覆盖率进一步扩大；北京市、黑龙江省、福建省稳步推进农村地区手机支付试点，有力改善了农村支付环境。

六是加强监测，有效防范和化解潜在金融风险隐患。目前，部分行业、领域和地区的信用风险有所显现，商业银行流动性管理面临挑战，理财产品、表外业务风险不容忽视，具有融资功能的非金融机构和民间借贷风险需要持续关注。鉴于此，各部门相互配合，加强对重点领域的风险监测和防范。在地方政府融资平台贷款清理上实行“降旧控新”，提高现金流覆盖率，有效缓解释放平台贷款风险。密切防范房地产行业的潜在风险。加强表外业务风险防范和管理，各金融机构理财业务发展逐步规范，信息披露、风险提示、资本和拨备计提均有所改进。重庆市建立防范区域金融风险工作机制，督促各金融机构加强融资平台、房地产和产能过剩行业贷款风险防范；福建省妥善处理多家返利购物网站资金链断裂、企业崩盘并引发群众排队取现等事件，维护金融稳定；青海省健全政府、金融监管部门和金融机构协调联动的金融风险防范处置机制，切实加强金融业的风险防范工作；河北省将防范和打击非法集资纳入对各地社会管理综合治理目标考核体系，逐年进行考核，并研发涉嫌非法集资监测系统，实现了关口前移。

第二部分　区域经济运行情况

2012 年，中国经济总体运行平稳，前三个季度经济增速有所放缓，四季度以来，在国内稳增长政策效应逐步显现以及外需略有改善等因素带动下，经济出现企稳回升态势。区域发展更趋协调、均衡，东部地区战略性新兴产业、服务业快速发展，产业转型升级稳步推进；中西部地区城镇化和产业承接步伐加快，经济保持较快发展；东北振兴战略实施效果显著，工业支撑作用增强。2012 年，东部、中部、西部和东北地区分别实现地区生产总值 29.6 万亿元、11.6 万亿元、11.4 万亿元和 5.0 万亿元，地区生产总值加权平均增长率分别为 9.3%、11.0%、12.5%和 10.2%。中部和西部地区生产总值占比稳步上升，分别较上年提高 0.1 个和 0.6 个百分点（见表 12）。

表 12　2012 年各地区生产总值比重和增长率

单位：%

	占比		加权平均增长率	
		比上年增减		比上年增减
东部	51.3	-0.7	9.3	-1.2
中部	20.2	0.1	11.0	-1.8
西部	19.8	0.6	12.5	-1.6
东北	8.7	0.0	10.2	-2.3

注：各省份地区生产总值加权平均增长率为 10.3%，比国家统计局公布的国内生产总值增速（7.8%）高 2.5 个百分点。

数据来源：《中国统计摘要》，中国人民银行工作人员计算。

一、消费、投资、净出口和政府支出

2012 年，最终消费、资本形成和净出口对经济增长的贡献率分别为 51.8%、50.4%和 -2.2%，消费对经济增长的贡献继续超过投资。

（一）城乡居民收入增长较快，消费需求平稳增长

2012 年，在就业形势稳定、国家各项惠民政策等积极因素推动下，各地区城乡居民收入实现较快增长。全年城镇居民人均可支配收入和农村居民人均纯收入分别达到 24564.7 元和 7916.6 元，扣除价格因素，分别实际增长 9.6% 和 10.7%，农村居民人均纯收入实际增速连续第三年快于城镇居民人均可支配收入增速。

各地区城镇居民收入差距进一步缩小，中部、西部及东北地区收入增长较快。2012 年，城镇居民人均可支配收入超过 2 万元的省份由上年的 11 个增加到 23 个，其中，中部、西部及东北地区省份由 3 个增加到 13 个。中部、西部及东北地区城镇居民人均可支配收入增速连续两年快于东部地区，全国城镇居民人均可支配收入增速前 10 位的省（自治区、直辖市）有 6 个来自西部。2012 年，中部、西部和东北地区城镇居民人均可支配收入水平分别是东部地区的 67.1%、65.2% 和 67.0%（见表 13）。

表 13　2012 年各地区城镇居民人均可支配收入

单位：%

	城镇居民人均可支配收入		各地区与东部之比	
		加权平均增长率		比上年增减
东部	30812.9	11.9	100.0	-
中部	20660.4	13.0	67.1	0.9
西部	20082.2	13.3	65.2	1.0
东北	20641.6	13.4	67.0	1.1

数据来源：《中国统计摘要》，中国人民银行工作人员计算。

西部地区农村居民人均纯收入增长 15.1%，增速跃居各地区之首（见表 14）。其中，11 个省（自治区）增速超过 14%，新疆、西藏和青海增长最快，比上年分别增长 17.5%、16.6% 和 16.4%。中部、西部和东北地区农村居民人均纯收入分别是东部地区的 56.9%、47.3% 和 68.3%，地区收入差距进一步缩小。农村居民人均纯收入超过 6 千元的省份由上年的 21 个增加到 25 个。

表 14　2012 年各地区农村居民人均纯收入

单位：%

	农村居民人均纯收入		各地区与东部之比	
		加权平均增长率		比上年增减
东部	12992.9	12.6	100.0	-
中部	7395.5	13.8	56.9	0.9
西部	6152.1	15.1	47.3	1.1
东北	8877.3	13.6	68.3	0.9

数据来源：《中国统计摘要》，中国人民银行工作人员计算。

农村居民消费倾向高于城镇居民。2012 年，各地区农村居民平均消费倾向为 74.6%，比城市居民高 6.7 个百分点。分地区看，东部地区城镇居民平均消费倾向最低，东北地区最高；西部地区农村居民平均消费倾向最高，东北地区最低（见图 6）。与上年相比，各地区城镇居民消费倾向均出现不同程度下降。东部和西部地区农村居民消费倾向保持不变，中部地区略有提升，东北地区农村居民消费倾向比上年下降 2 个百分点。

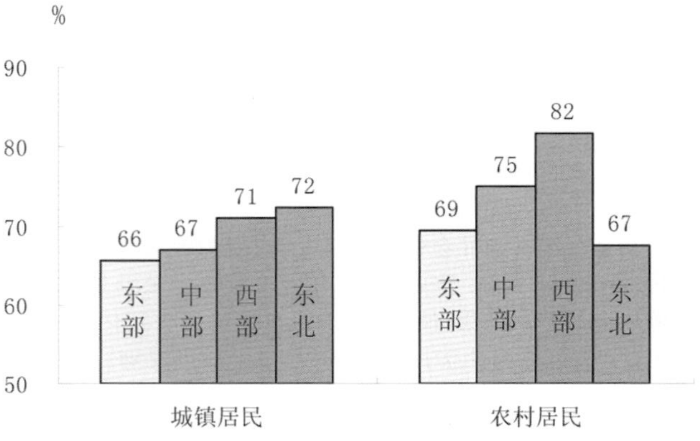

数据来源：《中国统计摘要》，中国人民银行工作人员计算。

图 6　2012 年各地区居民平均消费倾向

消费需求保持平稳增长。2012 年，在国家扩大内需政策及居民收入稳定增长等因素作用下，消费需求平稳增长，全社会消费品零售总额为 21.0 万亿元，比上年增长 14.3%，扣除价格因素，实际增长 12.1%。通讯器材、家具类、建筑及装潢材料类等热点商品消费增长较快。网络销售成为发展最快的业态之一，全年销售额突破 1 万亿元。分城乡看，全年城镇消费品零售总额增长 14.3%，增速比乡村消费品零售总额低 0.2 个百分点。分地区看，中部、西部及东北地区占全国消费品零售总额的比重均有所上升，东部地区占比和增速持续下降（见表 15）。

表 15　2012 年各地区社会消费品零售总额比重和增长率

单位：%

	占比		加权平均增长率	
		比上年增减		比上年增减
东部	52.6	-0.5	13.7	-2.8
中部	20.3	0.2	15.8	-2.2
西部	17.8	0.2	16.0	-2.2
东北	9.3	0.1	15.8	-1.7

数据来源：《中国统计摘要》，《中国经济景气月报》，中国人民银行工作人员计算。

城乡居民恩格尔系数呈下降趋势。在消费结构升级的推动下，食品支出比重稳步下降。2012 年，城镇居民恩格尔系数为 36.2%，较上年略降 0.1 个百分点；农村居民恩格尔

系数为39.3%，较上年下降1.1个百分点（见图7）。分地区看，西部地区恩格尔系数最高，东北地区恩格尔系数最低（见图8）。

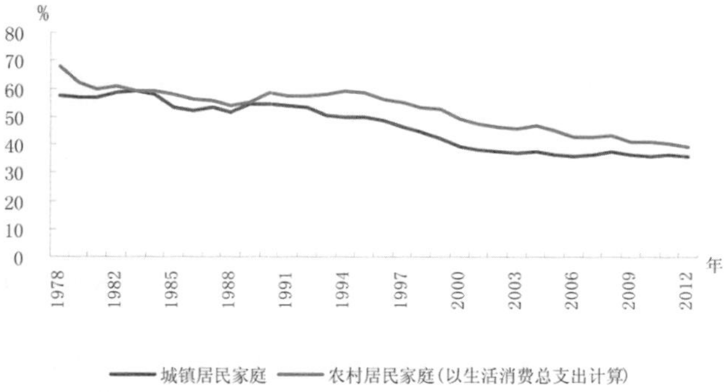

数据来源：《中国统计摘要》，中国人民银行工作人员计算。

图7　1978－2012年城乡居民家庭恩格尔系数变动趋势

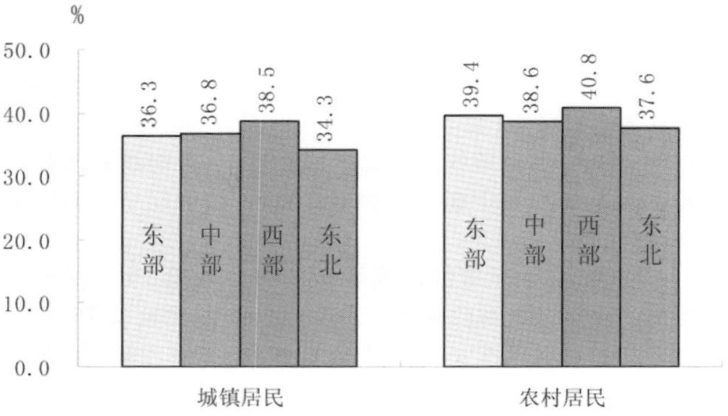

数据来源：《中国统计摘要》，中国人民银行工作人员计算。

图8　2012年各地区恩格尔系数

（二）固定资产投资平稳较快增长，第三产业投资占比进一步提升

2012年，全社会固定资产投资37.5万亿元，比上年增长20.3%，扣除价格因素，实际增长19.0%，实际增速比上年提高3.1个百分点。其中，固定资产投资（不含农户）36.5万亿元，增长20.6%。2012年三次产业固定资产投资（不含农户）增速分别为32.2%、20.2%和20.6%。第三产业投资占比进一步提升，超过第二产业10.5个百分点。分地区看，中部、西部和东北地区固定资产投资（不含农户）增速继续高于东部地区，东北地区增速继续位居各地区首位（见表16）。中部、西部和东北地区固定资产投资（不含农户）占全国的比重进一步提升，分别比上年提高1.0个、0.9个和0.6个百分点。分省份看，贵州、新疆、吉林、黑龙江、甘肃、江西6个省（自治区）的固定资产投资（不含农户）增速超过30%；北京、天津、上海、广东、内蒙古5个省（自治区、直辖市）固定资产投资（不含农户）增速低于20%。

表16　2012年各地区固定资产投资（不含农户）比重和增长率

单位：%

	占比		加权平均增长率	
		比上年增减		比上年增减
东部	41.2	-0.7	18.9	-1.7
中部	23.6	1.0	25.7	-2.5
西部	23.9	0.9	24.9	-4.5
东北	11.2	0.6	26.8	-4.2

数据来源：《中国经济景气月报》，中国人民银行工作人员计算。

民间投资保持较快增长，2012年同比增长24.8%，高于全部投资增速4.5个百分点；全年民间投资占固定资产投资（不含农户）的比重达到61.4%，比上年提高3.2个百分点。

（三）中西部地区外贸保持较快增长，东部地区海外投资稳步推进

2012年，受欧债危机等因素影响，中国外贸进出口增速总体呈现回落态势。全年进出口总值3.9万亿美元，同比增长6.2%，增速较上年回落16.3个百分点。从进出口结构看，机电产品、劳动密集型产品出口稳定增长，能源和资源性产品进口量增加。分地区看，在外向型企业内迁及外商投资规模不断扩大的推动下，中部、西部地区外贸保持快速增长，进出口总额分别增长18.8%和28.5%，全国进出口增速前十位的省（自治区、直辖市）全部位于中西部地区（见表17、表18）。在传统出口市场外需疲软的形势下，各地区继续实施多元化战略，大力拓展新兴市场，积极培育周边市场。2012年，中国对东盟、俄罗斯和南非出口分别增长20.1%、13.2%和14.7%，增速比上年分别高12.2个、5.3个和6.8个百分点。

表17　2012年各地区出口总额比重和增长率

单位：%

	占比		加权平均增长率	
		比上年增减		比上年增减
东部	83.0	-2.5	4.9	-13.1
中部	5.9	1.0	33.4	-16.3
西部	7.3	1.6	46.7	-14.6
东北	3.8	-0.1	8.1	-7.5

数据来源：《中国经济景气月报》，中国人民银行工作人员计算。

表18　2012年各地区进口总额比重和增长率

单位：%

	占比		加权平均增长率	
		比上年增减		比上年增减
东部	86.3	-0.6	3.9	-20.1
中部	4.0	0.0	13.2	-21.0
西部	4.8	0.4	22.2	-16.0
东北	4.8	0.1	6.3	-43.6

数据来源：《中国经济景气月报》，中国人民银行工作人员计算。

贸易顺差有所扩大，经常项目收支继续保持基本平衡。分地区看，2012年东部、中部和西部地区分别实现贸易顺差1320亿美元、477亿美元和611亿美元，比上年分别增加229亿美元、244亿美元和292亿美元；东北地区保持贸易逆差状态，全年贸易逆差96亿美元，比上年增加5亿美元。分省份看，北京、上海、天津、吉林等10个省（自治区、直辖市）为贸易逆差，逆差规模与上年基本持平（见图9）。货物贸易顺差较快增长，服务贸易逆差进一步扩大，收益项目逆差有所收窄。2012年，经常项目顺差与国内生产总值之比为2.3%，保持在国际公认的合理范围之内。

各地区实际利用外资规模增速均有所回落。2012年，全国非金融领域新批外商直接投资企业24925家，实际使用外商直接投资金额1117亿美元。外资利用质量不断改善，信息传输、计算机服务和软件业利用外商直接投资增长最快，同比增长24.4%。分地区看，中部地区实际利用外资增长最快，占全国的比重进一步提高（见表19）。分省份看，西藏、贵州、安徽3个省（自治区）实际利用外资增长最快。辽宁、吉林第二产业实际利用外资增长较快；云南、贵州、新疆等西部省份外商直接投资领域逐步向第三产业拓展，其中，云南第三产业实际利用外资占比达到近七成。

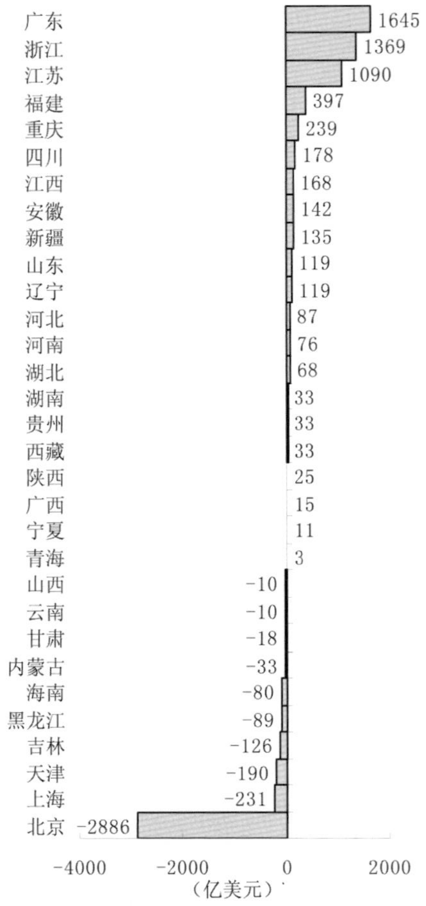

数据来源：《中国经济景气月报》。

图 9　2012 年各地区进出口差额

各地区“走出去”步伐进一步加快。2012 年，在世界经济增长总体乏力的情况下，对外投资逆势上扬并稳步增长，全国累计实现非金融类对外直接投资 772 亿美元，同比增长 28.6%，增速比上年提高 26.8 个百分点。东部地区仍是对外投资的主力。分省份看，广东、山东、江苏、辽宁、浙江等对外直接投资继续位居前列。跨国并购投资日益成为对外投资的重要方式，2012 年以并购方式实现的直接投资金额达 426.2 亿美元，在对外投资总额中的比重为 55.2%，比上年提高18.2个百分点。对外投资行业分布更趋多元化，商业服务、文化娱乐等行业投资快速增长，租赁和商务服务业投资占比达 49%。

表 19　2012 年各地区实际利用外资比重和增长率

单位：%

	占比		加权平均增长率	
		比上年增减		比上年增减
东部	55.9	-1.3	12.4	-1.9
中部	17.6	1.6	21.0	-12.9
西部	13.2	-0.5	8.0	-42.6
东北	13.2	0.2	11.6	-5.9

数据来源：各省（自治区、直辖市）《国民经济和社会发展统计公报》，中国人民银行工作人员计算。

跨境人民币结算业务全面推开。全年累计办理跨境贸易人民币结算业务 2.9 万亿元，同比增长 41%。其中，货物贸易结算金额占同期海关货物进出口总额的 8.4%，比上年上升 1.8 个百分点。跨境人民币收付平衡状况进一步改善，结算收付比由上年的 1:1.7 上升至 1:1.2。跨境人民币直接投资结算业务快速发展，全年累计办理人民币跨境直接投资结算业务 2840.2 亿元，增长 156.2%。人民币合格境外机构投资者（RQFII）境内证券投资规模逐步扩大，全年共批准 RQFII28 家，人民币投资额度 563 亿元。安徽省、重庆市、甘肃省、贵州省、江西省跨境人民币结算金额增长 3 倍以上；福建省、湖北省跨境人民币结算业务基本实现在银行机构、业务品种和外经贸重点企业的全覆盖；黑龙江省中俄本币结算业务中人民币结算金额首次超过卢布；广东省率先开展经常项目下个人跨境人民币双向业务；深圳前海获准开办跨境人民币贷款业务。

（四）中西部地区财政收入增速相对较高，各地区重点增加民生领域财政投入

2012 年，受经济增长放缓、实施结构性减税政策等因素影响，全国财政收入增速有所放缓，全年公共财政收入 11.7 万亿元，同比增长 12.8%，增速比上年回落 12.2 个百分点。全年税收收入同比增长 12.1%，增速比上年回落 10.5 个百分点。分地区看，各地区地方本级财政收入增速较上年均有所下降，降幅均超过 10 个百分点，中部、西部地区财政收入增速高于其他区域，占全国财政收入的比重较上年分别提高0.9 个和 0.3 个百分点（见表 20）。分省份看，西藏、贵州、江西 3 个省（自治区）的财政收入增长最快；地方本级财政收入超过 3000 亿元的省份集中在东部和东北地区，其中辽宁省首次突破 3000 亿元。

2012 年，各地区继续落实积极的财政政策，支出结构更趋均衡。全年公共财政支出 12.6 万亿元，同比增长 15.1%，重点增加了对保障性安居工程、农业水利、节能环保等民生领域的投入。分地区看，中部、西部地区财政支出占全国比重继续提高，增速连续两年高于东部及东北地区（见表 20）。分省份看，财政支出增速超过 20% 的省（自治区、直辖市）集中在西部地区。贵州省的一般公共服务、教育、农林水务、社会保障和就业、医疗卫生方面的支出占财政总支出的 62.5%；云南省教育、社会保障和就业、农林水事务医疗卫生支出保持快速增长，支出额占财政总支出的 53.1%。

表 20　2012 年各地区财政收入和财政支出情况

单位：%

	地方本级财政收入				地方本级财政支出			
	占比		加权平均增长率		占比		加权平均增长率	
		比上年增减		比上年增减		比上年增减		比上年增减
东部	53.5	-1.3	13.8	-11.3	39.1	-0.6	12.6	-9.6
中部	16.9	0.9	21.6	-11.3	21.1	0.3	17.8	-9.2
西部	20.9	0.3	20.8	-16.3	30.2	0.4	18.0	-10.4
东北	8.7	0.1	18.2	-15.3	9.5	-0.2	14.5	-8.5

数据来源：各省（自治区、直辖市）《国民经济和社会发展统计公报》，中国人民银行工作人员计算。

二、产出和供给

2012 年，全国三次产业平稳发展，结构更趋优化。第一产业稳步发展，第三产业的比重进一步提高。分地区看，东部地区第三产业比重比上年提高 1.3 个百分点；中部和西部第二产业增速分别比各地区平均水平高 1.1 个和 3.4 个百分点；东北地区第一产业增速比各地区平均水平高 0.8 个百分点（见图 10）。

（一）粮食生产实现“九连增”，农业发展方式加快转变

各地区农业生产稳步发展。2012 年，全国农业气候条件总体良好，没有发生大范围的旱涝灾害，各地农业保持较高增速。东部、中部、西部和东北地区农业增加值分别增长4.1%、

4.5%、5.9%和5.7%，占全国的比重分别为35.0%、26.8%、27.4%和10.8%，西部和东北地区占比较上年均提高0.5个百分点（见表21）。分省份看，山东省、河南省、江苏省、四川省、河北省、湖南省农业增加值均超过3000亿元；贵州省、新疆省、甘肃省、云南省、黑龙江省、海南省农业增加值增速均超过6.0%。

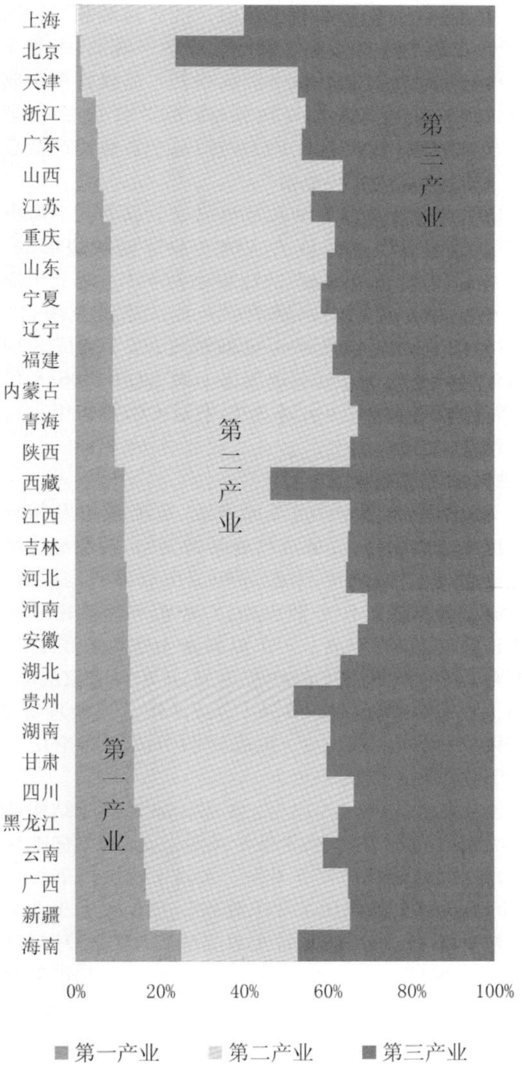

数据来源：各省（自治区、直辖市）《国民经济和社会发展统计公报》，中国人民银行工作人员计算。

图10　2012年各省份三次产业结构

粮食等主要农产品全面增产，市场供应充足。2012年，大部分农区气候条件较好，粮食作物单产提高，多数地区粮食播种面积保持稳定或略有增长。全年全国粮食产量达到58957万吨，比上年增长3.2%，实现了连续九年增产，其中，主产区增产较多，13个主产省（区）粮食产量合计为44610万吨，增产量占全国总增产量的64.7%。主要粮食品种中，玉米跃升为第一大粮食品种。畜牧业稳步发展，全年肉类总产量8384万吨，比上年增长5.4%。棉花、油料、糖料等经济作物全面增产。

农业生产结构逐步优化升级。各地农产品加工业快速发展，农业产业化水平显著提升。福建省规模以上农业产业化龙头企业达1.1万家，带动全省57%的农户发展生产；广东省农业产业化龙头企业达到2500家，销售收入突破2200亿元，带动农户400多万户；四川省现代农业产业基地面积达到2950万亩，各类农业产业化龙头企业达8238家，农民专业合作经济组织发展到28677个；湖北省农产品加工业产值突破9000亿元，食品工业成为第一大支柱产业；云南省高原特色农业产业快速发展，种植结构不断优化，特色经济作物增效显著，咖啡、橡胶、茶叶、烟叶、甘蔗等种植面积和产量均居全国前列。

表21　2012年三次产业的地区分布
和各地区三次产业的比重、增长率

单位：%

	东部	中部	西部	东北	地区合计
三次产业的地区分布					
第一产业	35.0	26.8	27.4	10.8	100.0
第二产业	49.2	21.6	20.1	9.1	100.0
第三产业	57.4	17.1	17.6	7.9	100.0
各地区三次产业的比重					
第一产业	6.2	12.0	12.6	11.3	9.1
第二产业	47.9	53.3	50.9	51.9	49.9
第三产业	45.9	34.7	36.6	36.8	41.0
地区生产总值	100.0	100.0	100.0	100.0	100.0
各地区三次产业的增长率					
第一产业	4.1	4.5	5.9	5.7	4.9
第二产业	9.8	12.6	14.9	10.9	11.5
第三产业	9.4	10.5	11.1	10.4	10.0
地区生产总值	9.3	11.0	12.5	10.2	10.3

注：各省份三次产业加权平均增长率分别比国家统计局公布的三次产业增长率高0.4个、3.4个和1.9个百分点。

数据来源：各省（自治区、直辖市）《国民经济和社会发展统计公报》，中国人民银行工作人员计算。

强农惠农政策继续实施。2012年，中央进一步加大对粮食生产的扶持力度，继续开展全国粮食稳定增产行动，扩大农业"四补贴"规模，提高并及早公布小麦、水稻最低收购价，释放鼓励粮食生产的积极政策信号。首次实施"农业防灾减灾稳产增产关键技术补助政策"，使增产关键技术落实到位。农业基础设施支撑作用不断提升。吉林省主要农作物耕种收全程农机化作业水平达到69.6%，高出全国平均水平12.6个百分点；山东省农田有效灌溉面积达到499.7万公顷；农业科技服务能力进一步增强；新疆农作物良种覆盖率达到95%，高产、优质、高效农牧业发展势头强劲；安徽省农业机械化率64.6%，农业科技贡献率为55.5%，分别比上年提高2.6个和1.5个百分点。

（二）区域间产业转移加快，工业生产区域协调性进一步增强

2012年，全国规模以上工业增加值按可比价格计算比上年增长10.0%，增速回落3.9个百分点。工业增速从2011年下半年开始呈现放缓趋势，随着中央"稳增长"政策的有效实施，2012年下半年以来，积极因素有所增多，工业同比增速自8月之后逐步回升，工业生产呈现企稳态势。

工业生产区域协调性进一步增强。2012年，东部、中部、西部和东北地区工业增加值分别增长9.8%、12.6%、14.9%和10.9%，西部和中部地区增速明显快于东部地区。中部、西部地区占全国工业增加值的比重分别为21.6%和20.1%，较上年分别提高0.3个和0.6个百分点，中部、西部地区对全国工业经济增长的拉动作用有所提升。区域间产业转移加快。湖南对接"长三角"首次签约项目投资总额达75.4亿元，全年承接产业转移项目3079个，转移企业新增税收37.9

亿元，新增就业人员 33.5 万人；甘肃省出台承接产业转移扶持政策，全省续建、新建承接产业转移项目 985 项，全年引进到位资金 1432.1 亿元。

2012 年 10 月份以来，全国规模以上工业企业利润增速有所加快，全年实现利润 5.6 万亿元，同比增长 5.3%。分地区看，东部、中部、西部和东北地区工业企业利润分别增长5.1%、5.2%、6.9% 和 3.3%。全国工业企业平均销售利润率为 6.1%，比上年下降 0.4 个百分点。天津、河南等 15 个省份工业企业销售利润率高于全国平均水平（见图 11）。2012 年，全国规模以上工业企业产销率达到98.0%，比上年低 0.5 个百分点。各地工业结构调整升级加快。天津市高端装备制造、新一代信息技术、节能环保等国家级新型工业化示范基地达到 6 个，产业聚集效应进一步显现；上海市战略性新兴产业实现较快发展，新一代信息技术、高端装备制造等七大领域重点项目加快推进，大规模集成电路、物联网、云计算等 15 个专项工程启动实施；山东省自主创新能力不断增强，国家超级计算济南中心、海洋科考船、济南国家新药研发综合大平台等项目基本建成；广东省形成新型显示、软件、生物医药、新材料、新一代通信和半导体照明 6 个产值超千亿元的新兴产业集群。

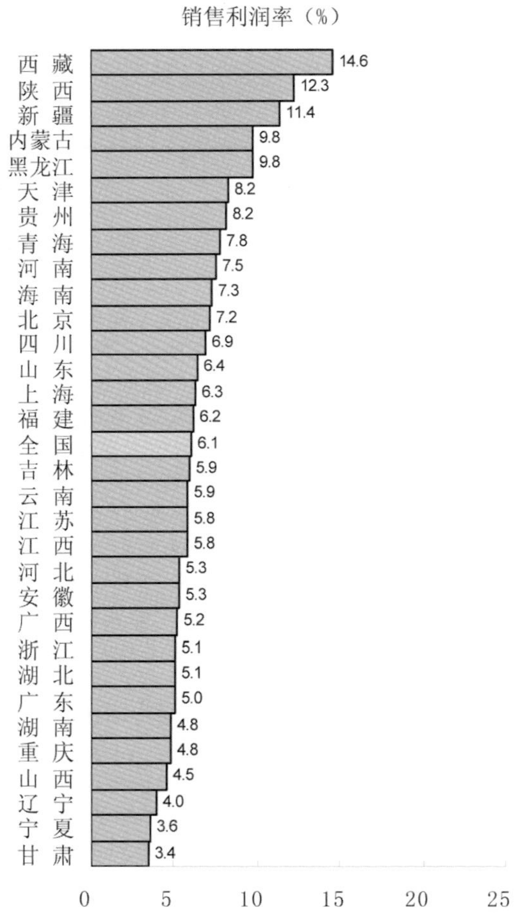

数据来源：国家统计局《中国经济景气月报》，中国人民银行工作人员计算。

图 11　2012 年各省份工业企业平均销售利润率

（三）第三产业比重提高，现代服务业加快发展

2012 年，第三产业发展态势良好，第三产业增加值比上年增长 8.1%，占国内生产总值的比重比上年提高 1.2 个百分点。分地区看，东部、中部、西部和东北地区第三产业增加值加权平均增长率分别为 9.4%、10.5%、11.1% 和 10.4%。31 个省（自治区、直辖市）中，29 个省份第三产业增加值占地区生产总值的比重有所上升，增速加快的省份有 14 个。

各地现代服务业快速发展。天津市全年服务外包执行额 12.3 亿美元，比上年增长 1 倍；江苏省服务业区域特色显著，苏南电子商务、服务外包、文化创意等现代服务业加快集聚；河南省金融业增加值首次突破千亿元大关，比上年增长17.5%；国内首个网商产业园落户重庆，助推全市电子商务交易额增长四成；全球服务外包前 100 强企业中，有 21 家落户成都，服务业已成四川省利用外资主导产业；陕西省文投艺术品投资基金成立，文化产业已成为全省最具优势和潜力的服务行业之一；湖南省张家界国家旅游综合改革试点稳步推进，全省旅游产业总收入达 2234.1 亿元，实现三年翻番。

各地支持服务业加快发展的政策举措成效显著。上海市“营改增”试点推动以服务经济为主的产业结构加快形成，2012 年第三产业占全市生产总值的比重达到60%，比上年提高 2.1 个百分点；山东省两个国家级服务业改革试点项目①进展顺利，11 个省级综合改革试点全面推进；辽宁省成为现代服务业综合试点省份，全年实现服务业增加值 9306.8 亿元，比上年增长 9.9%，增速 9 年来首次超过 GDP，10 年来首次高于第二产业。

三、各地区生态文明建设

2012 年，各地区把发展节能环保产业、节能减排及循环经济作为推进生态文明建设、促进产业结构调整、转变经济增长方式的重要手段，节能减排、节能降耗工作取得一定成效。广东省碳排放交易试点工作全面启动，广州市和深圳市碳排放权交易所正式揭牌；青海省《三江源国家生态保护综合试验区总体方案》获得国务院批准实施，正式上升为国家战略，三江源一期工程完成年度投资 15.4 亿元，沙化土地治理等 8 项工程全部完成；贵州省成立了“生态文明贵阳国际论坛”，搭建生态文明建设国际交流平台。

各地区能耗稳步下降。2012 年，各地区加大产业结构调整力度，工业能耗稳步下降。全年能源消费总量 36.2 亿吨标准煤，全国万元 GDP 能耗下降 3.6%。天津市积极发展可再生能源，全市万元 GDP 能耗比上年下降4%，规模以上工业单位增加值能耗下降 13.2%；河北省大力实施“3255”循环经济示范工程②，全年规模以上工业单位增加值能耗比上年下降 9.8%，降幅同比扩大 3.1 个百分点；安徽省加速淘汰小煤炭、小钢铁、小水泥产能，全年规模以上工业单位增加值能耗下降 9.6%，主要污染物减排超额完成年度任务。

生态保护力度不断加大。七大水系的 571 个水质监测断面中，Ⅰ～Ⅲ类水质断面比重为 63.9%，比上年提高 7.6 个百分点。近岸海域 301 个海水水质监测断面中，达到国家一、二类海水水质标准的监测点占比 69.4%，比上年提高 6.6 个百分点。全年完成造林面积 601 万公顷，其中人工造林 410 万公顷。林业重点工程完成造林面积 274 万公顷，占全部造林面积的 45.6%。也要看到，2012 年以来多次出现持续大范围雾霾天气，水污染、土壤污染、食品安全等问题比较突出，生态文明建设的任务仍很艰巨。

---

① 分别是济南“五大区域性服务业中心”建设和青岛“六大产业”改革试点项目。济南“五大区域性服务业中心”指区域性信息服务中心、现代物流中心、金融服务中心、文化旅游中心和商务会展中心；青岛“六大产业”指金融、现代物流、旅游、科技、信息和文化创意。

② “3255”循环经济示范工程：河北省力争到“十二五”末，建设 3 个循环经济示范市、20 个示范县（市）、50 个示范园区和企业、滚动实施 50 个示范项目。

四、价格和劳动力成本

2012年，主要价格指标延续回落走势，9月份以后，经济缓中趋稳势头进一步明显，主要价格指标有所回升。全年居民消费价格上涨2.6%，工业生产者出厂价格下降1.7%，工业生产者购进价格下降1.8%，农业生产资料价格上涨5.6%。分地区看，居民消费价格涨幅地区差异较小，东部地区工业生产者购进价格降幅最大；东部、中部地区工业生产者出厂价格降幅较大；东北地区农业生产资料价格涨幅最大（见图12）。

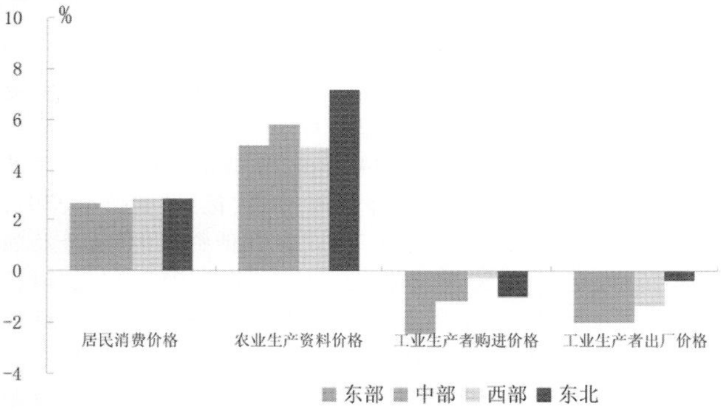

数据来源：各省（自治区、直辖市）《国民经济和社会发展统计公报》，中国人民银行工作人员计算。

图12　2012年各地区各类价格同比涨幅

居民消费价格涨幅明显回落。2012年，全国居民消费价格涨幅比上年回落2.8个百分点。居民消费价格涨幅地区差异较小，东部、中部、西部和东北地区涨幅分别为2.7%、2.5%、2.9%和2.8%，其中，新疆、西藏、北京等8个省份涨幅居前，上涨均超过3%。

工业生产价格下降。2012年，受全球经济复苏乏力、国内外需求增长放缓、部分行业产能过剩等多重因素影响，全国工业生产者出厂价格比上年下降1.7%。分地区看，东部、中部、西部和东北地区降幅分别为2.0%、2.0%、1.4%和0.3%。受能源和国际大宗商品价格总体下跌、企业去库存等因素影响，全国工业生产者购进价格比上年下降1.8%。分地区看，东部、中部、西部和东北地区降幅分别为2.5%、1.2%、0.3%和1.0%。在31个省（自治区、直辖市）中，22个省份工业生产者出厂价格和工业生产者购进价格下降，13个省份工业生产者出厂价格降幅大于工业生产者购进价格，其中山西省、宁夏和甘肃省两项价格降幅差异较大，分别达到3.6个、2.1个和1.9个百分点

农产品生产价格涨幅低于农业生产资料价格涨幅。2012年，粮食等主要农产品全面增产，市场供应充足，价格总体稳定。农产品生产价格同比上涨2.7%，涨幅比上年回落13.8个百分点；农业生产资料价格同比上涨5.6%，涨幅比上年回落5.7个百分点。分地区看，东部、中部、西部和东北地区农业生产资料价格涨幅分别为4.9%、5.8%、4.9%和7.2%。分省份看，全国所有省份的农业生产资料价格均表现为上涨，15个省份涨幅超过5%，最高的青海省涨幅达8.7%，主要受产品畜、化肥和农业生产服务价格涨幅较大影响。

就业人员工资较快增长，最低工资标准持续提高。2012年全国城镇非私营单位就业人员年平均工资为46769元，同比增长11.9%，扣除物价因素，实际增长9.0%。分地区看，西部地区增长率最高，增幅高出全国平均水平1.2个百分点（见表22）。2012年全国城镇私营单位就业人员年平均工资为28752元，同比增长17.1%，扣除物价因素，实际增长14.0%。分地区看，东部城镇私营单位就业人员年平均工资及其增长率均高于其他地区（见表23）。各地区城镇私营单位就业人员年平均工资增幅均高于非私营单位就业人员年平均工资增幅，东部地区增速差距最大，东北地区差距最小。全年共有25个省份调整了最低工资标准，平均增幅达20.2%；23个省份发布了2012年工资指导线，基准线提高幅度多在14%以上。河南省全年企业用工成本普遍上涨10%－30%。北京市最低工资标准比上年提高8.6%；浙江省最低月工资标准调整为1470元、1310元、1200元和1080元四档，最高档增幅为12.2%；山东省城镇最低工资标准平均上调16%。

表22　2012年各地区城镇非私营单位就业人员年平均工资

单位：%

	职工平均工资	比上年增减	加权平均增长率	比上年增减
全国	4.7	0.5	11.9	-
东部	5.3	0.5	10.9	-
中部	4.0	0.4	12.3	-
西部	4.2	0.5	13.1	-
东北	3.9	0.4	12.8	-

注：2012年起，国家统计局对外公布各地区城镇非私营单位就业人员年平均工资。

数据来源：国家统计局网站，中国人民银行工作人员计算。

表23　2012年各地区城镇私营单位就业人员年平均工资

单位：%

	职工平均工资	比上年增减	加权平均增长率	比上年增减
全国	2.9	0.4	17.1	-1.2
东部	3.2	0.5	17.8	-0.2
中部	2.4	0.3	14.9	-5.0
西部	2.6	0.4	17.7	-2.0
东北	2.5	0.3	14.3	-4.5

数据来源：国家统计局网站，中国人民银行工作人员计算。

资源性产品价格改革继续推进。2012年，国家解除对发电用煤的临时价格干预措施，取消对合同电煤价格涨幅和市场交易电煤最高限价的有关规定，电煤由供需双方自主协商定价。各地区积极稳妥推进水、电、气等价格改革，进一步理顺了资源性产品价格形成机制。湖北省在全省范围实施阶梯电价；四川省推进天然气价格形成机制改革，实行天然气综合价格；山西省积极推进居民生活用水阶梯式计价改革，对高耗能、高污染等企业实行差别水价政策，规范污水处理收费行为。

五、主要行业发展

（一）房地产销售增速有所下降，保障性安居工程建设力度加大

2012年，为促进房地产市场平稳健康发展，国家坚持房地产宏观调控政策不动摇，通过严格实施差别化住房信贷政策、税收政策和限购措施，抑制投资投机性需求，支持合理自住用房需求；加大保障房建设力度，增加市场有效供给。房价同比上涨城市个数先降后升，商品房销售增速有所下降，房地产开发投资增速继续回落，保障性安居工程建设快速推进，房地产贷款增速整体回落，金融对保障性住房建设的支持力度进一步增强。

房价同比上涨城市个数自年初逐步回落，11月份后有所增加。12月份，全国70个大中城市中，新建商品住宅价格同比上涨的有40个，比1月减少13个，但比10月增加28个（见图13）。少数一线城市房价上涨压力增大，受库存压力增大及前期涨幅较快影响，部分二、三线城市销售相对缓慢，房

价出现一定幅度下降。

商品房销售增速较上年有所下降。2012 年,全国商品房销售面积11.1 亿平方米,同比增长1.8%,比上年回落2.6 个百分点;商品房销售额6.4 万亿元,同比增长10%,比上年回落1.1 个百分点。各地区销售面积增速差异较大,东部地区商品房销售面积4.4 亿平方米,同比增长5.2%;中部地区商品房销售面积2.4 亿平方米,同比增长1.2%;东北地区商品房销售面积1.5 亿平方米,同比增长12.9%;西部地区商品房销售面积2.8 亿平方米,同比下降3.9%,其中内蒙古、青海省、新疆、河北省下降幅度超过10%。

房地产开发投资增速继续回落。2012 年,全国共完成房地产开发投资7.2 万亿元,同比增长16.2%,增速比上年回落11.9 个百分点。分地区看,西部地区增长最快,全年房地产投资增速为24.3%,占全国房地产投资的比重为21.6%;东部、中部和东北地区房地产开发投资分别增长13.4%、18.6%和20.4%。分省份看,北京、上海、河北、吉林、内蒙古、广西六个省(自治区、直辖市)房地产开发投资增速低于10%,其中,内蒙古同比下降18.8%(见表24)。

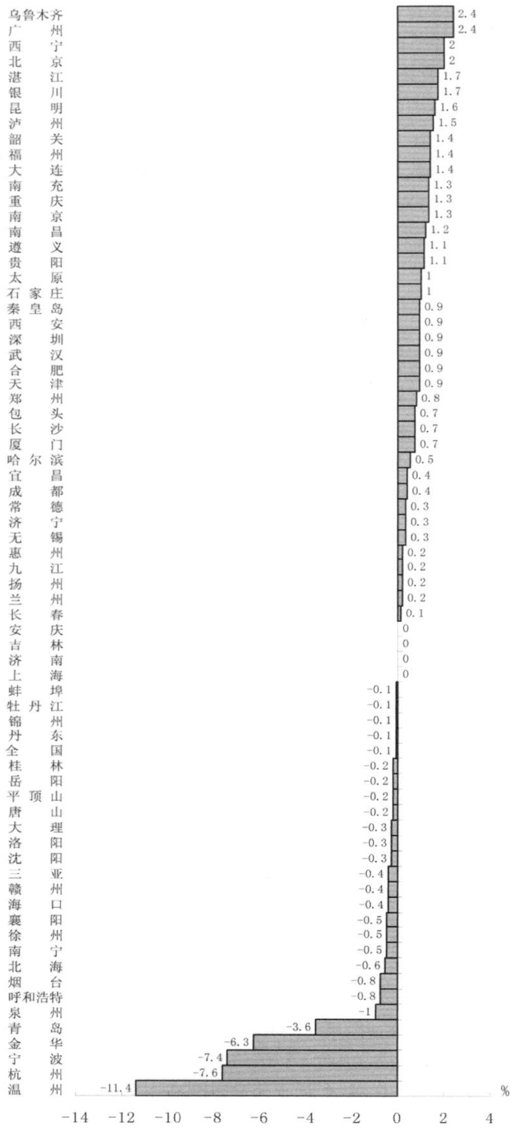

数据来源:国家统计局《中国景气月报》。

图 13　2012 年 12 月房屋销售价格同比涨幅

表 24　2012 年各地区房地产开发投资比重和增长率

单位:%

	占比		加权平均增长率	
		比上年增减		比上年增减
东部	48.9	-1.5	13.4	-13.5
中部	18.0	0.5	18.6	-5.0
西部	21.6	0.6	24.3	-8.5
东北	11.6	0.5	20.4	-11.0

数据来源:国家统计局《中国经济景气月报》,中国人民银行工作人员计算。

房地产开发资金增速放缓。2012 年,全国房地产开发企业资金来源9.7 万亿元,同比增长12.7%,增速较上年回落4.8 个百分点。其中,国内贷款14778 亿元,增长13.2%;利用外资402 亿元,下降48.8%;自筹资金39083 亿元,增长11.7%;其他资金42275 亿元,增长14.7%。在其他资金中,定金及预收款26558 亿元,增长18.2%;个人按揭贷款10524 亿元,增长21.3%。自筹资金和定金及预收款成为房地产开发重要资金来源,两者合计占比为68.0%,较上年提高1.1 个百分点。

房地产金融运行平稳。2012 年,中国人民银行引导金融机构进一步落实差别化住房信贷政策,重点支持首套、自住、普通商品房购房者信贷需求,抑制投机和投资性购房需求,房地产贷款增速总体回落。年末,主要金融机构(含外资)房地产贷款余额12.1 万亿元,增长2.8%,较上年末回落1.1 个百分点。分地区看,东部地区房地产贷款增速最低,全年增长9.6%,比上年回落1.5 个百分点;中部、西部和东北地区贷款增速高于东部地区,分别比上年回落0.9 个、2.7 个和3.7 个百分点;东部地区房地产贷款占全国的比重较上年回落2.0 个百分点;中部、西部和东北地区贷款占比较上年分别提高1.0 个、0.8 个和0.3 个百分点(见表25)。

表 25　2012 年各地区房地产贷款比重和增长率

单位:%

	占比		加权平均增长率	
		比上年增减		比上年增减
东部	62.3	-2.0	9.6	-1.5
中部	13.1	1.0	21.8	-0.9
西部	17.9	0.8	18.0	-2.7
东北	6.7	0.3	18.7	-3.7

数据来源:中国人民银行。

保障性安居工程建设加快推进。2012 年,中央和地方不断完善体制机制,从资金、土地、金融支持等方面全力推进保障房建设工作。全年全国共开工建设城镇保障性住房和棚户区改造住房781 万套,基本建成601 万套,支持农村危房改造及游牧民定居工程572.7 万户。各地因地制宜,大胆探索,不断创新保障房建设资金筹集模式。陕西省积极探索"社保基金扶持模式"和"国企增信模式",将社保资金引入保障房建设,利用国企整体信用优势为保障房建设提供融资担保;江苏省常州采取"建储并举模式",通过收储社会房源,使得有限的资金发挥最大的保障效应。

保障性安居工程金融支持力度继续加大。2012 年末,全国保障性住房开发贷款余额5710.8 亿元,比年初增长45.9%,占房地产开发贷款余额的14.7%,较上年提高2.2 个百分点。2012 年,保障性住房开发贷款新增1796.1 亿元,占同期全部住房开发贷款新增额的89.3%。金融支持保障房建设的渠道日益多元化,截至2012 年末,全国各地为支持保障房建设共发行各类债券总额1029亿元；发放用于保障性住房建设的公积金贷款581亿元，通过信托、融资租赁、私募基金等融资渠道获取资金822亿元。

（二）旅游业加快转型升级，金融支持方式更趋多样

旅游业产业关联度广、经济拉动力强，是调整优化经济结构、促进发展方式转变、推动区域协调发展、改善人民生活的重要行业之一。2012年，面对复杂的国内外经济环境，旅游业保持了健康发展态势，转型升级步伐加快，逐步由观光旅游向休闲、度假旅游转变，旅游业与其他产业加快融合并不断催生出新产品、新业态。

旅游业收入平稳较快增长。2012年，旅游业实现总收入2.6万亿元，比上年增长15.3%，旅游收入占国内生产总值的比重为5.0%，较上年提高0.2个百分点。国内旅游市场发展较为稳定，全年国内旅游收入达2.3万亿元，占全部旅游收入的87.8%。出境游人次增幅达18.4%，但受国际经济不景气影响，入境游人次下降2.2%，旅游外汇收入增长3.2%。东部地区A级景区较为集中，星级饭店和旅行社数量较多，旅游市场份额显著高于中部、西部和东北地区。中西部和东北地区旅游业基础设施不断完善，旅游产业综合竞争力进一步提高，旅游收入增速显著高于全国平均水平，尤其是西部地区旅游收入增速明显高于其他地区。

旅游服务配套设施逐步完善。交通运输基础设施不断完善，运输能力进一步提高，为旅游度假提供了便捷的交通网络。尤其是乡村公路和高速铁路建设，带动乡村旅游和城际短途旅游加快发展。满足多样化需求的旅游接待设施逐步完善，定位高端旅游消费的星级酒店数目稳步增长，各类经济型连锁酒店快速发展，农居型、公寓型等特色酒店初步兴起。自由行、游轮旅游和签证游等新型服务产品增长较快，出境游、国内游和票务预定等传统旅行社服务项目占比下降。旅游景区发展呈现特色化、主题化特征。安徽省重点开发“皖南国际旅游文化示范区”；陕西、贵州两省借助山水生态旅游资源加大自然景观开发力度；黑龙江省积极打造一批旅游名镇景区。一批老景区加快升级改造，自然资源类、文化类、温泉度假类等主题鲜明的景区不断涌现。

旅游业转型升级步伐加快。伴随大众旅游消费市场的兴起，旅游业逐步呈现与农业、工业、文化等产业相融合的发展趋势，产业形态由观光旅游向休闲、度假旅游等转变，旅游产品更趋多样化，质量和档次明显提升。如河南省投入1500万元资金支持旅游与农业结合，带动85个乡村旅游项目建设；贵州省推动旅游与原生态民族文化融合，形成具有地域特色的苗、侗、布依等少数民族文化旅游产品；江西省结合中国革命史，打造一系列红色旅游产品。旅游产业布局由传统旅游城市为核心的“点线结构”向旅游集散中心城市为核心的“板块结构”转变。北京、上海、杭州等城市围绕游客食、住、行、游、购、娱六大需求，整合交通运输、旅行代理、信息服务等行业，组建旅游散客服务中心，提供综合型服务，形成了具有地域特色的京津唐、长三角等区域性旅游板块。旅游业发展模式由以产品开发为主向产业链构建转变。全国形成了近6千个A级旅游景区、1万多家星级饭店，大部分省区市建立起自主旅游商品研发和生产基地，旅游景区和旅游目的地城市的旅游演艺、娱乐等服务业发展较快，一批有代表性的综合性旅游集团在整个旅游产业链中发挥出资源整合作用。

旅游业金融服务水平进一步提高。旅游业融资更趋多样，银行贷款增长较快，各类创新性信贷产品和直接融资加快发展。中国人民银行对全国31个省（自治区、直辖市）的调查数据显示，截至2012年末，旅行社、3星级以上饭店、旅游汽车公司、旅游游轮公司、景点景区建设和管理企事业单位贷款余额同比增长31.9%，增速较上年提高15.1个百分点。金融机构结合地方旅游特色资源创新个性化信贷产品支持旅游业发展。安徽省金融机构开发“非物质文化遗产贷”、“手艺保”、“徽艺贷”等信贷产品，陕西省金融机构针对餐饮企业推出“短贷宝”。各地积极推动债券、股票等直接融资手段支持旅游业发展。短期融资券、中期票据、中小企业集合票据等成为部分旅游企业融资的首选工具，旅游企业上市融资力度进一步加大。中国人民银行调查数据显示，2012年，旅游业债券和股票融资额较上年翻番。旅游业支付结算服务进一步完善。旅游景区的POS系统、ATM机的布局和密度合理优化，银行卡刷卡支付范围进一步扩大，支持乡村旅游的金融服务网络逐步健全。

表26　2012年各地区旅游业贷款余额增速及新增额占比

单位：%

	贷款余额加权平均增长率		新增额占各项贷款比重	
		比上年增减		比上年增减
东部	27.6	15.0	1.8	1.1
中部	40.7	7.8	1.3	0.4
西部	44.2	23.2	1.2	0.7
东北	34.1	-1.7	0.8	0.2
合计	31.9	15.1	1.4	0.7

注：统计范围包括旅行社、3星级以上饭店、旅游汽车公司、旅游游轮公司、景点景区建设和管理企事业单位。

数据来源：中国人民银行上海总部、各分行、营业管理部、省会（首府）城市中心支行。

六、主要经济圈发展

2012年，面对复杂的国际经济形势和自身结构调整的要求，长三角、珠三角、京津冀经济圈加快转变经济发展方式，努力提高自主创新能力，区域经济金融一体化进程加快，经济保持平稳健康发展。

经济平稳增长，产业结构继续优化。2012年，长三角、珠三角、京津冀经济圈实现地区生产总值21.4万亿元，加权平均增长率为9.4%（见表27）。从产业结构看，服务业对经济增长的支撑作用进一步加强，三大经济圈第三产业增加值比重和增速均高于全国平均水平。依靠投资驱动经济增长的模式正在改变，三大经济圈投资增速均低于全国平均水平；受外部环境冲击，三大经济圈对外贸易增长放缓，外向型程度较高的长三角经济圈进出口增速明显回落（见表28）。

表27　2012年三大经济圈产业结构

单位：%

	长三角	珠三角	京津冀	全国
产业结构（%）				
第一产业	4.8	2.1	6.1	10.1
第二产业	48.1	46.3	43.2	45.3
第三产业	47.1	51.6	50.7	44.6
增长率（%）				
第一产业	3.7	8.1	3.9	4.5
第二产业	8.5	4.2	11.8	8.1
第三产业	9.7	13.6	9.0	8.1

数据来源：国家统计局网站、相关省（自治区、直辖市）统计局网站、中国人民银行工作人员计算。

表 28　2012 年三大经济圈主要经济指标

单位:%

	长三角	珠三角	京津冀	全国
	占全国比重（%）			
地区生产总值	20.9	9.2	11.0	100.0
固定资产投资	14.4	3.7	9.4	100.0
社会消费品零售额	18.6	7.9	6.7	100.0
地方财政收入	11.1	3.5	6.1	100.0
实际利用外资	57.3	19.2	25.9	100.0
进出口总额	33.5	24.4	14.8	100.0
	增长率（%）			
地区生产总值	8.9	9.6	10.0	7.8
固定资产投资	18.9	12.3	18.1	20.3
社会消费品零售额	13.3	12.1	13.8	14.3
地方财政收入	11.2	12.4	15.7	12.8
实际利用外资	13.3	10.2	14.5	-3.7
进出口总额	0.8	7.9	5.2	6.2

数据来源:国家统计局网站、相关省(自治区、直辖市)统计局网站、中国人民银行工作人员计算。

产业集群建设和分工合作加快推进,产业结构进一步优化升级。长三角地区加快发展现代服务业和先进制造业,推动上海国际金融中心建设,积极培育信息服务、文化创意、旅游会展等服务业发展,推进电子信息、石油化工、汽车和船舶制造业等传统工业高端化,加快战略性新兴产业发展步伐。珠三角地区加快产业集群建设,优化产业和外贸结构。支持广州市、深圳市成为技术创新基地,建设以广州市、深圳市、东莞市、惠州市为主体的电子信息产业集群区和以佛山、中山、江门、珠海等地为主体的电器产业集群区。在高端产业、关联产业、技术合作、服务贸易、社会事业等方面加强外资引进,以引资结构的优化促进产业和外贸结构的升级。京津冀地区通过分工合作形成区域发展合力。北京市以发展第三产业特别是生产性服务业和文化创意产业为重点,天津市以发展先进制造业、高新技术产业和现代物流业为重点,河北省近年来重点发展了“十大支柱产业”。

区域经济金融一体化进程加快,体制机制不断完善。长三角加大金融改革力度,促进三地金融联动发展。上海市正式启动跨国公司资金运作便利化试点,促进对外贸易投资便利化;江苏省颁布《江苏省促进金融业创新发展若干意见》,努力打造成为与上海国际金融中心互动的直接融资、科技金融创新区,民生金融、低碳金融示范区,服务外包、创业投资集聚区;浙江省实施《浙江省温州市金融综合改革试验区总体方案》。此外,《电子商业汇票转贴现合作协议》在长三角金融机构中的应用逐步扩大,长三角票据市场规范化和标准化程度显著提高。珠三角利用国际合作平台推进战略转型升级。充分发挥“窗口”作用,以粤港澳合作、泛珠江三角洲区域合作、中国－东盟合作为重要平台,积极参与国际分工;《广州南沙新区发展规划》获国务院批准,深圳前海优惠政策获国家批复,珠海横琴和中新(广州)知识城等一批重要高端产业集聚区和重大平台建设加快推进;城市间轨道交通、公交线路、通信资费、水利建设等方面的一体化取得新进展。京津冀经济金融合作继续深化。首部京津冀蓝皮书《京津冀区域一体化发展报告(2012)》发布;北京市与河北省共同签署区域金融合作协议,从推动金融机构跨区域发展等九个方面开展合作;京津冀交通运输主管部门联席会议召开,促进区域综合交通运输体系建设;中国·廊坊国际经济贸易洽谈会京津冀名企名品展举办,推进京津冀产业对接与区域合作,着力打造“立足环渤海、突出京津冀、面向海内外”的国际投资贸易促进平台。

专栏 4:长江中游城市集群区域金融合作探索

打造长江中游城市集群,是落实国家中部崛起战略的重要举措,对于加快中部地区工业化和城镇化进程、培育中国新的经济增长极具有重要战略意义。近年来,长江中游城市集群区域金融合作逐步深化并展现广阔前景。

一、长江中游城市集群的由来及历史渊源

长江中游城市集群又称“中三角”,是指以位于长江中游的武汉城市圈、长株潭城市群和环鄱阳湖城市群为核心,通过整体规划和集成发展而形成跨省域的区域经济一体化城市集群。三个城市群(圈)在 2010 年 12 月国务院发布的《全国主体功能区规划》和 2011 年 3 月全国人大通过的《国民经济和社会发展第十二个五年规划纲要》中均被列为国家层面的重点开发或建设区域。2012 年 8 月,国务院出台《关于大力实施促进中部地区崛起战略的若干意见》,明确提出“鼓励和支持武汉城市圈、长株潭城市群和环鄱阳湖城市群开展战略合作,促进长江中游城市群一体化发展”,长江中游城市集群逐步进入国家战略视野。

赣鄂湘三省在经济金融合作上有着深厚的历史渊源。在经济合作方面,近代著名的“汉冶萍”煤铁厂矿有限公司由汉阳铁厂、大冶铁矿和江西萍乡煤矿组成,是中国钢铁工业的摇篮;1987 年成立的武汉经济协作区囊括赣鄂湘三个城市群中的所有城市,是当时中部地区最大的经济合作组织。在金融合作方面,湘鄂赣省苏维埃政府工农银行早在 1931 年就发行三省流通纸币,原交通银行武汉分行和招商银行武汉分行也都曾在赣鄂湘区域实行跨省域经营,法国兴业银行武汉分行业务地域范围至今仍旧涵盖华中及西部地区。目前设在武汉的华中电网、长江水利委员会、外国驻汉总领事馆等机构业务管辖范围也覆盖三省。

二、长江中游城市集群经济金融合作进展

2012 年 2 月,赣鄂湘三省在武汉签订《加快构建长江中游城市集群战略合作框架协议》,战略合作和区域协作的领域包括加强综合交通枢纽建设、产业分工协作,加强农业、水利、生态环境保护、旅游区域、商务和市场合作,深化文化、教育、科技等领域合作等九个方面内容。其中,区域金融合作成为长江中游城市集群建设的重要内容。随后,三省交通、旅游、商务、工商等部门负责人签订了相关领域的合作协议并逐步开展实质性合作。2012 年上半年,中国人民银行赣鄂湘三省分支机构共同提出“长江中游城市集群金融合作共建区”的设想,并于同年 8 月发布《关于金融支持长江中游城市集群发展的指导意见》。该意见提出金融合作共建区要遵循“多级带动、高层推进、整体布局、互利互惠”的原则,力争用五年左右的时间将长江中游城市集群建设成为中国重要的金融资源集聚区、金融创新改革试验区、经济金融良性互动的金融生态示范区。

毗邻地区由于地缘相邻,经贸合作、人员交往较为频繁,具有开展跨区域经济金融合作的现实基础和实际需求,是长江中游城市集群金融合作的突破口。湖南省龙山县和湖北省来凤县是全国县城间毗邻最近的两个县,2011年国务院批复两县共同设立武陵山龙山来凤经济协作示范区。为推动该示范区支付结算一体化,2012年12月,中国人民银行批复中国邮政储蓄银行发行主题银行卡“龙凤卡”,中国人民银行武汉分行与长沙中心支行联合出台《龙凤示范区个人支付结算业务同城化实施方案》。湖北黄冈市黄梅县小池镇地处鄂赣皖三省交界之处,与江西九江市仅一江之隔。自长江中游城市集群战略实施以来,黄冈、九江两地金融部门合作推进小池开放开发,共同推动九江地方法人金融机构在小池设立分支机构,加大对小池开放开发的信贷投入。

三、推动长江中游城市集群金融合作的努力方向

目前,长江中游城市集群金融合作还主要集中在三省毗邻地区,尚属于起步阶段。三省未来可在以下四个方面加强金融合作。一是在金融机构跨区域合作方面,进一步加强赣鄂湘三省金融资源对接整合,共同培育统一、开放、有序的金融市场体系。加快吸收多样化的金融机构进驻区域中心城市,引导民间资本参股区域内地方法人金融机构,并鼓励其以多种形式实现跨地区发展。二是在金融基础设施的合作方面,开展支付清算、发行基金跨区调拨的合作和创新,降低资金流通成本;引导商业银行开展区域内银行卡受理市场环境建设,扩大银行卡使用范围;借鉴华东三省一市(江苏、浙江、安徽三省和上海市)银行汇票业务经验,促进长江中游城市集群票据资金融通。三是在金融资金跨区域流动方面,引导金融机构在整个集群内对重点企业和建设项目发放银团贷款,引导区域内产业链融合,促进资金在区域内的跨省流动,实现资本的优化配置。四是在改善区域金融发展环境方面,开展以企业、社区、乡镇、区域为主题的四大信用工程创建,通过优化金融信用和生态环境,促进区域金融的融合发展。

2012年12月,国务院在九江召开由长江沿线部分省份及城市负责人参加的区域发展与改革座谈会,提出把安徽省纳入长江中游城市集群,长江中游城市集群由此从三省携手走向四省共襄。2013年2月,长江中游城市群四省会城市首届会商会在武汉召开,四市市长共同签署《长江中游城市群暨长沙、合肥、南昌、武汉战略合作协议(武汉共识)》,将在区域发展战略、自主创新、工业分工协作、扩大内需和市场开放等九个方面深入开展协作。随着区域经济金融合作不断深化,未来长江中游城市集群的合作机制将日趋完善,发展空间将更为广阔。

第三部分 区域经济与金融展望

当前,中国仍处于可以大有作为的重要战略机遇期,工业化、城镇化空间还很广阔,国内市场潜力巨大,生产要素综合优势较为明显,国内经济有望继续保持平稳较快增长的基本态势。但同时也要看到,国际金融危机深层次影响持续显现,世界经济增长前景仍有不确定性,主要发达经济体超宽松货币政策加码,各种形式的贸易保护主义抬头。中国经济发展中不平衡、不协调、不可持续问题依然突出,经济内生增长动力仍待增强,经济发展与资源环境的矛盾凸显,结构调整和转变经济发展方式任务艰巨。

从区域经济发展看,区域经济增长格局正在发生变化,地区发展差距有所收敛,区域经济增长极不断涌现,欠发达地区自我发展能力增强,区域合作广度深度不断拓展。但区域发展仍存在一些突出矛盾和问题,一些地区的产业转型和可持续发展水平有待进一步提升,部分区域存在过度开发问题,经济社会活动的过度集聚超出了资源环境承载能力,经济金融领域潜在风险值得关注。2013年,各地区在发挥比较优势,深入实施区域发展总体战略和主体功能区战略,深化区域合作,促进生产要素合理流动、推动区域经济协调发展方面还大有可为。

东部地区拥有良好的区位优势和产业优势,京津冀经济圈、长三角经济圈和珠三角经济圈带动作用和辐射功能日益增强,沿海11个省、市、自治区海洋功能区划悉数获批,合理开发利用海洋资源,有效保护海洋生态环境,大力发展循环经济,加大生态环境建设投入力度,提升产业层次和经济增长质量,将进一步推动东部地区发展,促进经济转型升级。从发展趋势看,东部地区可在更高层次上参与国际合作和竞争,不断提升外向型经济水平和整体竞争力。着力提高科技创新能力,加速自主创新和科研成果的转化。积极培育产业竞争新优势,加快发展战略性新兴产业、现代服务业和先进制造业。东部地区与中西部地区的区域合作进一步加强,有助于促进区域优势互补、良性互动,既带动中西部地区发展,又为自身发展提供更大的空间和更广阔的市场。

随着国际国内产业分工的加快调整,中部地区工业化和城镇化的深入发展以及扩大内需战略的全面实施,中部地区巨大的市场潜力和承东启西的区位优势得以发挥,有利于进一步壮大优势产业,发展现代产业体系,加快促进中部地区崛起。从未来发展趋势看,“三基地、一枢纽”①建设,以武汉城市圈、长株潭城市群、鄱阳湖经济圈和江淮城市群为主的长江中游城市群建设,以及中原经济区发展战略的实施,将有助于增强中部地区发展的整体实力和竞争力。同时,继续支持老工业基地调整改造和资源型城市转型,增加扶贫资金投入,深入推进集中连片特困地区扶贫开发攻坚工程。2013年,中部地区可进一步加快产业结构调整步伐,积极发展现代服务业,进一步壮大产业规模。深入推进资源节约型和环境友好型社会建设,大力推进节能减排。促进城乡一体化,推动城乡之间公共资源均衡配置和生产要素自由流动。全方位扩大开放,大力发展内陆开放型经济,不断深化区域合作,加快区域一体化发展。

西部大开发战略被放在区域发展总体战略的优先位置,国家给予了特殊的政策扶持,为西部地区经济发展创造良好环境。西部地区基础设施建设仍有一定空间,可扩大铁路、公路、民航、水运网络,建设一批骨干水利工程和重点水利枢纽,加快推进油气管道和主要输电信道及联网工程。加快建立生态补偿机制,实施以退耕还林、退牧还草为主的重点生态工程,从源头上扭转生态环境恶化趋势。发挥资源的比较优势,深入实施以市场为导向的资源优势转化战略,加快建设国家能源、资源深加工、装备制造业和战略性新兴产业基地。加强与中东部地区的合作,有序承接产业转移。西部地区地域辽阔,在认真贯彻落实中央支持西藏、新疆跨越式发展的各项政策的同时,可坚持以线串点、以点带面,推动重点经济区率先发展,培育新的经济增长极,加快推进重点口岸、重点开发开放实验区,以及特殊经济区建设,推进沿边地区开发开放。

振兴东北地区等老工业基地战略实施以来,东北地区老工业基地建设取得重要的阶段性进展,发展动力增强。东北地区可继续发挥产业和科技基础较强的优势,完善现代产业体系,

① 粮食生产基地、能源原材料基地、现代装备制造和高技术产业基地和综合交通枢纽。

推动装备制造、原材料、汽车、农产品深加工等优势产业升级，大力发展金融、物流、旅游，以及软件和服务外包等服务业。巩固和发展现代农业，以保障国家粮食安全为首要目标，大力发展粮食生产和特色农业，强化农业科技和装备支撑，创新农业经营机制。着力保护好黑土地、湿地、森林和草原，推进大小兴安岭和长白山林区生态保护和经济转型。促进资源枯竭地区转型发展，增强资源型城市可持续发展能力。继续推进辽宁沿海经济带、沈阳经济区、长吉图经济区、哈大齐工业走廊和牡绥地区加快发展，强化区域增长极的辐射带动作用。采取开发式扶贫、专项扶贫、行业扶贫、社会扶贫多种措施，支持沿边、民族、贫困地区和革命老区加快发展。大力推进东北东部地区经济一体化进程，扩大沿边开放，加快推进蒙东地区和东北三省经济融合发展。同时，全面提升对外开放水平和层次，发挥地缘和区位优势，积极参与东北亚区域合作。

2013 年，各地区金融机构将紧紧围绕主题主线，以提高经济增长质量和效益为中心，继续贯彻落实稳健的货币政策，处理好稳增长、调结构、控物价和防风险之间的关系，保持货币信贷总量和社会融资规模平稳适度增长。进一步优化信贷资源配置，加强存量信贷资产结构调整，加大对国家重点在建续建项目、“三农”、小微企业、服务业和战略性新兴产业等信贷支持。积极创新金融产品和服务方式，探索建立与城镇化发展相适应的融资模式。不断提升对节能环保领域的金融服务水平，重点支持循环经济发展和环境保护。配合国家区域发展政策，继续做好区域经济协调发展的金融支持工作。拓宽实体经济融资渠道，进一步提升服务实体经济水平。加强金融风险监测和排查，牢牢守住不发生系统性、区域性金融风险的底线。

2012 年中国宏观经济运行分析

2012 年，中国经济发展呈现稳中有进的良好态势。消费需求稳定，固定资产投资较快增长。农业生产形势良好，工业生产缓中趋稳。物价涨幅总体回落，就业形势基本稳定。国际收支更趋平衡，资本和金融项目自亚洲金融危机以来首次出现年度逆差。全年实现国内生产总值（GDP）51.9 万亿元，按可比价格计算，同比增长 7.8%，增速比上年低 1.5 个百分点；全年 CPI 上涨 2.6%，比上年低 2.8 个百分点；贸易顺差为 2311 亿美元。

一、消费需求回升，投资平稳较快增长，出口增速回落

城乡居民收入较快增长，消费需求有所回升。2012 年，城镇居民家庭人均可支配收入 2.5 万元，比上年增长12.6%，扣除价格因素，实际增长 9.6%；农村居民人均纯收入 7917 元，比上年增长 13.5%，扣除价格因素，实际增长 10.7%。第四季度全国城镇储户问卷调查结果显示，居民当期收入感受指数为 51.8%，较上季提高 1.6 个百分点。居民消费意愿较强，倾向于“更多消费”的居民占比为 19.4%，较年初提高 1.9 个百分点。社会消费品零售总额为 20.7 万亿元，比上年增长 14.3%，扣除价格因素后，实际增长 12.1%。分城乡看，城镇消费品零售额 17.9 万亿元，比上年增长 14.3%；乡村消费品零售额 2.8 万亿元，比上年增长 14.5%。

固定资产投资平稳较快增长。2012 年，固定资产投资（不含农户）完成 36.5 万亿元，比上年增长 20.6%；扣除价格因素，实际增长 19.3%。分地区看，中部和西部投资增速明显快于东部，东、中、西部地区固定资产投资比上年分别增长 17.8%、25.8% 和 24.2%；分产业看，第一、二、三产业投资比上年分别增长 32.2%、20.2% 和 20.6%。

2012 年，新开工项目计划总投资 30.9 万亿元，比上年增长 28.6%；施工项目计划总投资 74.2 万亿元，比上年增长 18.1%。外需疲弱，出口增速回落。2012 年，进出口总额 3.9 万亿美元，同比增长 6.2%；出口 2.0 万亿美元，同比增长7.9%，增速比上年回落 12.4 个百分点；进口 1.8 万亿美元，同比增长 4.3%；贸易顺差 2311 亿美元。美国取代欧盟成为中国第一大出口市场，2012 年对美出口 3518 亿美元，增长8.4%；对欧盟出口 3339.9 亿美元，下降 6.2%。中国与新兴市场双边贸易增长相对较快，2012 年对东盟、俄罗斯和南非出口同比分别增长 20.1%、13.2% 和 14.7%，比上年分别高 12.2 个、5.3 个和 6.8 个百分点。民营企业出口增长加快，2012 年比上年增长 21.1%。从商品结构看，机电产品、劳动密集型产品出口平稳增长，机电产品出口比上年增长 8.7%；服装、纺织品、鞋类等七大类劳动密集型产品出口比上年增长 8.6%。2012 年实际使用外商直接投资 1117 亿美元；境内投资者共对全球 141 个国家和地区的 4425 家境外企业进行了直接投资，累计实现非金融类直接投资 772.2 亿美元。

二、农业生产形势良好，工业生产缓中趋稳

2012 年，第一产业增加值为 5.2 万亿元，比上年增长 4.5%；第二产业增加值为23.5 万亿元，比上年增长 8.1%；第三产业增加值为 23.2 万亿元，比上年增长 8.1%。第一、二、三产业占 GDP 比重分别为 10.1%、45.3% 和 44.6%。

农业生产保持稳定发展势头，粮食连续九年增产。2012 年，全国粮食产量达到58957 万吨，增长3.2%。猪、牛、羊、禽肉产量 8221 万吨，增长 5.4%，其中，猪肉产量 5335 万吨，增长 5.6%。

工业生产增速回升。2012 年，全国规模以上工业增加值按可比价格计算比上年增长 10.0%，增速比上年回落 3.9 个百分点。各月同比增速自 8 月之后逐步回升，由 8.9% 上升至 10.3%。全年全国规模以上工业企业实现利润 5.6 万亿元，同比增长 5.3%；规模以上工业企业主营业务收入利润率为 6.07%；全年工业产品产销率为 98.0%。第四季度中国人民银行 5000 户工业企业调查显示，企业经营景气状况回升，盈利状况有所好转。第四季度，企业经营景气指数为61.8%，较上季回升 0.7 个百分点；企业盈利指数为 53.1%，较上季上升 1.7 个百分点。

三、物价涨幅得到有效控制，回落至目标区间

2012 年以来，随着国内经济增长有所放缓和稳健货币政策效果进一步显现，主要价格指标延续了回落走势。9 月份以后，经济缓中趋稳势头进一步明显，主要价格指标有所回升。

居民消费价格同比涨幅低于上年，年末有所回升。2012 年 CPI 同比上涨2.6%，涨幅比上年回落2.8 个百分点。各季度同比涨幅分别为 3.8%、2.9%、1.9% 和 2.1%。从食品和非食品分类看，食品价格上涨 4.8%，涨幅比上年低 7.0 个百分点；非食品价格上涨 1.6%，涨幅比上年低 1.1 个百分点。从消费品和服务分类看，消费品价格上涨 2.9%，涨幅比上年低3.3 个百分点；服务价格上涨 2.0%，涨幅比上年低 1.5 个百分点。

工业生产价格同比降幅有所收窄。2012 年，工业生产者出厂价格同比下降 1.7%，其中，第一季度上涨 0.1%，其余各季度分别下降 1.4%、3.3% 和 2.3%。工业生产者购进价格同比下降 1.8%，其中，第一季度上涨 1.0%，其余各季度分别下

降1.6%、3.9%和2.8%。企业商品价格(CGPI)全年同比下降1.6%,月同比涨幅在连续13个月下降后又连续4个月反弹。农产品生产价格涨幅低于农业生产资料价格涨幅。2012年,农产品生产价格上涨2.7%,比上年回落13.8个百分点;农业生产资料价格上涨5.6%,比上年回落5.7个百分点。

受国际大宗商品价格总体下跌等因素影响,进口价格下降。2012年各季度,纽约商品交易所原油期货当季平均价格分别环比上涨9.5%、-9.4%、-1.2%和-4.3%,累计下降6.2%。2012年,进口价格同比下降0.5%,比上年低14.5个百分点,第一季度同比上涨4.1%,其余各季度分别下降0.7%、3.2%和2.3%。出口价格同比上涨2.2%,比上年低7.8个百分点,各季度分别上涨4.7%、3.5%、0.5%和0.2%。

GDP缩减指数明显回落。2012年GDP为51.9万亿元,增长7.8%,GDP缩减指数(按当年价格计算的GDP与按固定价格计算的GDP的比率)变动率为1.8%,比上年全年低6.0个百分点。

资源性产品价格改革继续推进。一是国家发展改革委2012年12月18日决定自2013年1月1日起,解除对发电用煤的临时价格干预措施,取消对合同电煤价格涨幅和市场交易电煤最高限价的有关规定,电煤由供需双方自主协商定价。二是多地在召开听证会对居民阶梯电价实施方案进行修改和完善的基础上,自2012年7月1日起正式实施居民阶梯电价制度。

四、财政收入增长放缓,财政支出结构继续改善

2012年,全国公共财政收入11.7万亿元,比上年增长12.8%,增速比上年低12.2个百分点;全国公共财政支出12.6万亿元,比上年增长15.1%,增速比上年低6.5个百分点。收支相抵,支出大于收入8502亿元。

从财政收入结构看,2012年税收收入为10.1万亿元,比上年增长12.1%,增速比上年低10.5个百分点。收入增幅明显回落,主要是受经济增长放缓、企业效益下滑,以及结构性减税政策等因素影响。其中,国内增值税比上年增长8.9%,国内消费税比上年增长13.5%,营业税比上年增长15.1%,企业所得税比上年增长17.2%,进口货物增值税和消费税比上年增长9.1%,个人所得税比上年下降3.9%,上述六项税收收入占全国财政收入77.0%。

从支出结构看,财政支出增长较快的有教育、农林水事务、文化体育与传媒、城乡社区事务和住房保障支出,分别较上年增长28.3%、19.8%、18.9%、18.4%和16.4%。全国财政支出较多的有教育、社会保障和就业、农林水事务,分别占财政支出的16.8%、10.0%和9.5%。

五、就业形势基本稳定

2012年,全国就业人员76704万人,比上年末增加284万人。其中,城镇就业人员37102万人,比上年末增加1188万人。

第四季度,中国人力资源市场信息监测中心对全国103个城市的公共就业服务机构市场供求信息进行的统计分析显示,劳动力市场供略小于求,求人倍率已经连续十个季度大于1。与上年同期相比,市场用人需求有所增加,求职人数略有减少。分地区看,西部地区市场供不应求的程度高于东部和中部地区。用人需求集中在二、三产业,分行业看,与上年同期相比,制造业、居民服务和其他服务业、建筑业的用人需求比重有所上升。劳动力市场中,中、高级技能人才供不应求,高级技师、技师、高级工程师的岗位空缺与求职人数的比率较大。

六、国际收支状况继续改善

经常项目收支继续保持基本平衡,资本和金融项目呈现净流出。据国家外汇管理局初步统计,2012年经常项目总顺差2138亿美元,同比增长5%,与同期国内生产总值之比为2.6%,较上年下降0.2个百分点。其中,货物贸易虽有所增长,但服务贸易和收益项目逆差扩大,经常转移顺差减少。资本和金融项目(含误差与遗漏)逆差1173亿美元,上年为顺差1861亿美元。外汇储备增长大幅放缓。国际收支口径的外汇储备资产(剔除汇率、价格等非交易价值变动影响)仅增加987亿美元,同比少增74%。

外债规模增速有所放缓,短期外债占比继续上升。9月末,外债余额为7708亿美元,同比增长10.6%。其中,登记外债余额为4713亿美元,同比增长7%;短期外债余额为5728亿美元,同比增长12.8%,占外债余额的72.8%,占比较上年同期上升1.5个百分点。

七、行业分析

2012年,在41个工业大类行业中,29个行业利润同比增长,11个行业同比下降,1个行业由同期亏损转为盈利。其中,电力、热力生产和供应业同比增长69.1%;农副食品加工业利润同比增长20.6%。产业结构调整和转型升级取得新进展,高新技术产业增加值增速高出规模以上工业平均增速2.2个百分点,规模以上企业单位工业增加值能耗下降幅度大于预期目标。

(一)房地产行业

2012年,全国商品房成交量小幅增长,但增幅低于上年水平,房价同比上涨城市个数11月份以来有所增加,房地产开发投资增速低位徘徊,新开工面积同比下降,房地产贷款增速有所回升。

全国商品房成交量小幅增长,但增幅低于上年水平。2012年,全国商品房累计销售面积连续10个月低于上年同期水平,11月份首次出现同比增长,全年共实现商品房销售11.13亿平方米,同比增长1.8%,比上年低2.6个百分点。全国商品房销售额6.4万亿元,同比增长10%,比上年低1.1个百分点。其中,商品住宅的销售面积和销售额分别占商品房销售面积和销售额的88.5%和83%,办公楼销售增幅大幅超过商品住宅销售增幅。

房价同比上涨城市个数自年初以来逐步回落,11月份以后有所增加。2012年12月,全国70个大中城市中,新建商品住宅价格同比上涨的城市有40个,比1月份减少13个,但比10月份增加28个;二手住宅价格同比上涨的城市有25个,比1月份减少5个,但比10月份增加10个。

房地产开发投资增速持续低位徘徊。2012年,房地产开发投资同比增速逐步回落,11月份出现小幅回升,全年完成房地产开发投资7.2万亿元,同比增长16.2%,比上年低11.9个百分点,处于2010年以来的较低水平。其中,商品住宅完成投资4.9万亿元,同比增长11.4%,增速比上年低18.8个百分点,占房地产开发投资的比重为68.8%。2012年,全国房屋新开工面积为17.7亿平方米,同比下降7.3%,而2011年为增长16.2%;房屋施工面积为57.3亿平方米,同比增长13.2%,增速比上年低12.1个百分点;全国房屋竣工面积为9.9亿平方米,同比增长7.3%,增速比上年低6个百分点。

房地产贷款增速有所回升。2012年年末,全国主要金融机构(含外资)房地产贷款余额12.1万亿元,同比增长12.8%,增速自5月份以来逐月回升,但仍比上年末低1.1个百分点。房地产贷款余额占各项贷款余额的19.8%,比上年末低0.3

个百分点。其中,个人住房贷款余额 7.5 万亿元,同比增长 12.9%,比上年末低 1.9 个百分点;房产开发贷款余额 3.0 万亿元,同比增长 10.7%,比上年末低 6.4 个百分点;地产开发贷款余额 8630 亿元,同比增长 12.4%,而 2011 年末为同比下降 7.9%。2012 年新增房地产贷款 13465 亿元,同比多增 897 亿元。房地产贷款新增额占各项贷款新增额的 17.4%,比 2011 年全年水平低 0.1 个百分点。保障房信贷支持力度继续加大。截至 2012 年年末,全国保障性住房开发贷款余额为 5711 亿元,占全部住房开发贷款余额的 25.1%。

2012 年新增保障性住房开发贷款 1796 亿元,占全部住房开发贷款新增额的 89.3%。此外,利用住房公积金贷款支持保障性住房建设试点工作稳步推进,截至 2012 年年末,已按进度发放住房公积金贷款 420.9 亿元,支持了 40 个城市 162 个保障房建设项目,收回贷款本金 58.1 亿元。

(二)电子商务

电子商务是信息条件下的新兴经济活动,是降低成本、提高效率、拓展市场和创新经营模式的有效手段,有利于满足和提升消费需求、形成新的经济增长点。“十一五”期间,电子商务持续快速发展,交易额增长近 2.5 倍,2010 年达到约 4.5 万亿元。2011 年,电子商务交易额接近 6 万亿元;2012 年 1－11 月,电子商务交易额超过 7 万亿元。大规模、个性化的消费需求、持续升级的消费结构、交易成本下降以及互联网的普及是电子商务高速增长的重要推动力量。

电子商务带动电子商务平台服务、信用服务、电子支付、现代物流和电子认证等新兴产业快速发展,是现代服务业的新生长点。面向广大企业,特别是中小企业的第三方电子商务服务平台向专业化和集成化的方向发展。网上支付、移动支付、电话支付等新兴支付服务发展迅猛。《非金融机构支付服务管理办法》的出台和第三方支付牌照的发放为支付服务市场规范化发展提供了保障。现代物流业快速发展,2012 年,全国规模以上快递服务企业业务量完成 56.9 亿件,同比增长 54.8%,业务收入完成 1055.3 亿元,同比增长 39.2%。截至 2012 年年末,有效电子认证证书持有量合计约 8731 万张。政府针对网上交易和支付服务出台了一系列政策、规章与标准规范,对促进电子商务发展发挥了积极作用,但电子商务服务业还在成长期,商业模式尚不成熟,服务能力尚待增强,现代物流业与电子商务发展还需匹配,电子商务发展的制度环境有待进一步完善,相关法律法规建设滞后,服务监管体系、征信信用体系、统计监测体系、产业投融资机制有待加强,网络交易纠纷处理难度较大。

“十二五”时期是电子商务加速发展的战略机遇期。应当通过加强组织保障、建立健全诚信发展环境、提高公共服务和市场监督水平、完善权益保护机制、加强法律法规和标准规范建设、完善多元化投融资机制等措施,积极推进电子商务在各领域的广泛应用,加快推动移动电子商务应用的示范和普及推广,大力促进物流、支付、信用、融资、保险、检测和认证等电子商务支撑体系协调发展,进一步提高电子商务的安全保障和技术支持能力。

2012 年金融机构贷款投向统计报告

(2013 年 1 月 24 日)

据人民银行初步统计,2012 年末金融机构人民币各项贷款余额 62.99 万亿元,同比增长 15%,全年增加 8.2 万亿元。贷款投向呈现以下特点。

一、企业贷款增速放缓,短期贷款和票据融资增长较快

2012 年末,金融机构本外币企业及其他部门贷款余额 49.78 万亿元,同比增长 14.5%,增速比上季度末低 1.3 个百分点。全年增加 6.32 万亿元,同比多增 9720 亿元。从期限看,年末金融机构本外币企业及其他部门中长期贷款余额 25.82 万亿元,同比增长 6.9%,比上季度末低 1.2 个百分点,全年增加 1.63 万亿元,同比少增 5554 亿元;短期贷款及票据融资余额 23.29 万亿元,同比增长 23.4%,比上季度末低 1.7 个百分点,全年增加 4.47 万亿元,同比多增 1.55 万亿元。

从用途看,金融机构本外币企业及其他部门固定资产贷款余额 20.97 万亿元,同比增长 9.8%,比上季度末低 1.1 个百分点;经营性贷款余额 22.36 万亿元,同比增长 12.4%,比上季度末低 1.6 个百分点。

二、小微企业贷款增长快于各项贷款,年末增速有所放缓

年末,主要金融机构①及主要农村金融机构②、城市信用社和外资银行人民币小微企业贷款③余额 11.58 万亿元,同比增长 16.6%,比上季度末低 4.1 个百分点,增速分别比同期大型、中型企业贷款增速高 8 个和 1 个百分点,比同口径企业贷款增速高 3.3 个百分点,高于各项贷款增速 1.6 个百分点。年末小微企业贷款余额占全部企业贷款的 28.6%,与上季度末持平。全年人民币企业贷款增加 4.75 万亿元,其中小微企业贷款增加 1.64 万亿元,占同期全部企业贷款增量的 34.6%,比前三季度占比低 0.4 个百分点。

三、工业和服务业中长期贷款增速减缓

年末,主要金融机构本外币工业中长期贷款④余额 6.34 万亿元,同比增长 3.8%,比上季度末低 1.3 个百分点,全年增加 2350 亿元,同比少增 2605 亿元。其中,轻工业中长期贷款余额 6535 亿元,同比增长 5.1%,比上季度末低 0.9 个百分点;重工业中长期贷款余额 5.69 万亿元,同比增长 3.7%,比上季度末低 1.3 个百分点。

年末,服务业中长期贷款余额 15.91 万亿元,同比增长 7.1%,比上季度末低 1 个百分点。其中,水利、环境和公共设施管理业中长期贷款余额同比下降 0.5%,比上季度末低 0.9 个百分点;交通运输、仓储和邮政业中长期贷款余额同比增长 13.3%,比上季度末低 3 个百分点。

四、“三农”贷款增速回落

年末,主要金融机构及主要农村金融机构、城市信用社、村镇银行、财务公司本外币农村贷款余额 14.54 万亿元,同比增长 19.7%,比上季度末低 1.3 个百分点,全年增加 2.39 万亿元,同比多增 1489 亿元;农户贷款余额 3.62 万亿元,同比增长 15.9%,比上季度末低 0.5 个百分点,全年增加 4999 亿元,同比少增 19 亿元;农业贷款余额 2.73 万亿元,同比增长 11.6%,比上季度末低 1 个百分点,全年增加 3103 亿元,同比多增 648 亿元。

---

① 主要金融机构指中资银行(不含农村商业银行、农村合作银行和村镇银行),全报告同。

② 主要农村金融机构包括:农村信用社、农村商业银行和农村合作银行,全报告同。

③ 2011 年 6 月,工信部发布《关于印发中小企业划型标准规定的通知》(工信部联企业[2011]300 号)。人民银行在原《境内大中小型企业贷款专项统计制度》基础上对大中小微型企业贷款统计进行了全面修订,境内企业分类由原来的大、中、小三类改为大、中、小、微四类,并根据结转数推算了可比口径的同比增速。

④ 金融机构自 2012 年 1 月起执行国家统计局颁布的新行业划分标准(GB/T4754－2011),人民银行对有关行 业贷款同比增速进行了可比口径调整。

五、房地产贷款增速回升，其中个人购房贷款、地产开发贷款增速继续回升

年末，主要金融机构及主要农村金融机构、城市信用社、外资银行人民币房地产贷款余额 12.11 万亿元，同比增长 12.8%，比上季度末高 0.6 个百分点。全年增加 1.35 万亿元，同比多增 897 亿元，全年增量占同期各项贷款增量的 17.4%，比前三季度占比水平高 2 个百分点。

年末，地产开发贷款余额 8630 亿元，同比增长 12.4%，增速比上季度末高 5.1 个百分点。房产开发贷款余额 3 万亿元，同比增长 10.7%，增速比上季度末低 1.4 个百分点；个人购房贷款余额 8.1 万亿元，同比增长 13.5%，增速比上季度末高0.9 个百分点；全年增加 9610 亿元，同比多增 23 亿元。

年末，保障性住房开发贷款①余额 5711 亿元，同比增长 46.6%，增速比上季度末低 15.1 个百分点，全年增加 1796 亿元，占同期房产开发贷款增量的 66.5%，比前三季度占比高 6.3 个百分点。

六、住户贷款增速回升

年末，金融机构本外币住户贷款余额 16.13 万亿元，同比增长 18.6%，比上季度末高 0.8 个百分点，全年增加 2.53 万亿元，同比多增 1081 亿元。

年末，金融机构本外币住户消费性贷款余额同比增长 17.6%，比上季度末高 0.8 个百分点，全年增加 1.57 万亿元，同比多增 857 亿元；住户经营性贷款余额同比增长 20.4%，比上季度末高 0.8 个百分点，全年增加 9586 亿元，同比多增 225 亿元。

2012 年社会融资规模统计数据报告

初步统计，2012 年全年社会融资规模为 15.76 万亿元，比上年多 2.93 万亿元。其中，人民币贷款增加 8.20 万亿元，同比多增 7320 亿元；外币贷款增加折合人民币 9163 亿元，同比多增 3451 亿元；委托贷款增加 1.28 万亿元，同比少增 125 亿元；信托贷款增加 1.29 万亿元，同比多增 1.09 万亿元；未贴现的银行承兑汇票增加 1.05 万亿元，同比多增 227 亿元。企业债券净融资 2.25 万亿元，同比多 8840 亿元；非金融企业境内股票融资 2508 亿元，同比少 1869 亿元。12 月份社会融资规模为 1.63 万亿元，比上年同期多 3512 亿元。

从结构看，全年人民币贷款占同期社会融资规模的 52.1%，同比低 6.1 个百分点；外币贷款占比 5.8%，同比高 1.3 个百分点；委托贷款占比 8.1%，同比低 2.0 个百分点；信托贷款占比 8.2%，同比高 6.6 个百分点；未贴现的银行承兑汇票占比 6.7%，同比低 1.3 个百分点；企业债券占比 14.3%，同比高 3.7 个百分点；非金融企业境内股票融资占比 1.6%，同比低 1.8 个百分点。

注：①社会融资规模统计数据来源于人民银行、发改委、证监会、保监会、中央国债登记结算有限责任公司和银行间市场交易商协会等部门。

②当期数据为初步统计数，同比增减数额均用可比口径数据计算得到。

2012 年支付体系运行总体情况

2012 年全年支付业务统计数据显示，支付业务量持续快速增长，社会资金交易日趋活跃，资金交易规模持续扩大。支付体系的平稳高效运行，对加速社会资金流通，提高资金使用效率，推动国民经济平稳较快发展发挥了积极作用。

一、非现金支付工具

2012 年，全国共办理非现金支付业务 411.41 亿笔，金额 1286.32 万亿元，分别较上年增长 21.6% 和 16.5%，增速分别放缓 0.5 个百分点和 5.5 个百分点。非现金支付业务量呈现较快增长态势，增速有所放缓。

（一）票据

票据业务量小幅下降。2012 年，全国共发生票据业务 7.84亿笔，金额 296.37 万亿元，较上年分别下降 7.4% 和 1.6%，日均业务 214.79 万笔②，金额 8119.73 亿元。

支票业务量继续下降，单笔业务金额增速放缓。2012 年，全国共发生支票业务 7.56 亿笔，金额 268.79 万亿元，较上年分别下降 7.9% 和 1.8%。平均每笔支票业务金额为 35.55万元，较上年增加 6.6%，增速放缓 5.1 个百分点。

商业汇票业务保持增长态势，增速同比放缓。2012 年实际结算商业汇票业务 1553.33 万笔，金额 16.06 万亿元，分别较上年增长 23.7% 和 12.9%，增速较上年分别放缓 10.4 个百分点和 18.3 个百分点。商业汇票平均每笔金额为 103.39 万元，较上年下降 8.7%。

电子商业汇票系统平稳高效运行。截至 2012 年年末，全国范围内接入电子商业汇票系统的机构共有 341 家。电子商业汇票系统全年共完成出票 30.48 万笔，金额 9383.67 亿元，承兑 31.19 万笔，金额 9627.53 亿元。

（二）银行卡

银行卡发卡量持续增长，信用卡累计发卡量占比略有上升。各类银行卡业务继续保持明显增长态势，增速持续回落。全年银行卡渗透率达到 43.5%。

截至 2012 年末，全国累计发行银行卡 35.34 亿张，较上年末增长 19.8%，增速放缓 2.3 个百分点。其中，借记卡累计发卡量为 32.03 亿张，较上年末增长 20.3%，增速放缓 1.6 个百分点；信用卡累计发卡量为 3.31 亿张，较上年末增长 16.0%，增速放缓 8.3 个百分点。借记卡累计发卡量与信用卡累计发卡量之间的比例约为 9.67∶1，较上年同期略有上升。截至 2012 年末，全国人均拥有银行卡 2.64 张、信用卡 0.25张，较上年同期分别增长 20.0%、19.0%。北京、上海信用卡人均拥有量远高于全国平均水平，分别达到 1.47 张、1.16张。

截至 2012 年年末，银行卡跨行支付系统联网商户 483.27 万户，联网 POS 机具 711.78 万台，ATM41.56 万台，较上年末分别增加 165.26 万户、229.13 万台和 8.18 万台。截至 2012 年末，每台 ATM 对应的银行卡数量为 8504 张，较上年减少 3.7%；每台 POS 对应的银行卡数量为 497 张，较上年减少 26.0%。

2012 年，全国共发生银行卡业务 389.14 亿笔，较上年增长 22.4%，增速放缓 1.0 个百分点；金额 346.22 万亿元，较上年增长 6.9%，增速放缓 24.3 个百分点。日均 10661.37 万笔，金额 9485.20 亿元。其中，银行卡存现 67.87 亿笔，金额 57.71 万亿元，分别较上年增长 23.9% 和 8.2%；取现 161.34

① 保障性住房包括：两限商品住房、经济适用房、政策性租赁房，以及廉租房等具有社会保障性质的住房。2012 年起，保障性住房开发贷款中增加棚户区改造项目中的房地产开发贷款。本报告中保障性住房开发贷款增速为可比口径增速。

② 按 365 日计算，如无特别注明，下同。

亿笔,金额 61.37 万亿元,分别较上年增长 13.8 和 3.4%;消费 90.09 亿笔,金额 20.83 万亿元,分别较上年增长 40.5% 和 36.9%;转账 69.84 亿笔,金额 206.31 万亿元,分别较上年增长 22.4% 和 5.3%。

银行卡消费持续快速增长,全年银行卡渗透率达到 43.5%,比上年提高 4.9 个百分点。2012 年,全国银行卡卡均消费金额和笔均消费金额分别为 5894 元和 2312 元,与上年相比卡均消费金额增长 6.6%,笔均消费金额下降 2.6%。银行卡跨行消费业务 55.46 亿笔,金额 16.48 万亿元,较上年增长 21.1% 和 33.7%,分别占银行卡消费业务量的 61.6% 和 79.1%。

信用卡授信总额、信用卡期末应偿信贷总额(信用卡透支余额)和信用卡逾期半年未偿信贷总额呈大幅增长态势。截至 2012 年末,信用卡授信总额 3.49 万亿元,较上年末增加 8843.37 亿元,增长 34.0%;期末应偿信贷总额 1.14 万亿元,较上年末增加 3257.13 亿元,增长 40.1%。信用卡逾期半年未偿信贷总额 146.59 亿元,较上年末增加 36.28 亿元,增长 32.9%;信用卡逾期半年未偿信贷总额占期末应偿信贷总额的 1.3%,占比回落 0.1 个百分点。

(三)汇兑等其他业务

汇兑、委托收款等其他业务持续增长,增速同比加快。2012 年,汇兑、委托收款等其他业务 14.43 亿笔,金额 643.73 万亿元,分别较上年增长 19.9% 和 34.3%,增速较上年分别加快 5.3 个百分点和 6.1 个百分点。其中,汇兑业务 14.10 亿笔,金额 629.01 万亿元,分别较上年增长 20.2% 和35.0%,增速分别加快 5.5 个百分点和 6.5 个百分点。

二、支付系统

支付系统①业务量继续保持快速增长态势。2012 年,支付系统共处理支付业务 191.12 亿笔,金额 2508.29 万亿元,同比分别增长 23.1% 和 25.9%,与 2011 年相比,笔数增速放缓 6.2 个百分点,金额增速加快 6.2 个百分点。从支付系统资金往来情况看,全国共 21 个省(市、自治区)的辖内资金流动量占本省(市、自治区)资金流动总量的比例超过 50%。2012 年,处理资金总量最大的三个地区为北京市、上海市、广东省②,这三个地区的资金流动总量分别占全国资金流动总量的30.2%、12.8% 和 11.4%,三地资金流动总量占全国总量的 54.4%,较上年上升 1.5 个百分点。

(一)大额实时支付系统

大额实时支付系统业务量继续保持快速增长。2012 年,大额实时支付系统处理业务 4.71 亿笔,金额 1771.99 万亿元,分别较上年增长 26.3% 和 30.7%,业务金额是全国 GDP(51.93 万亿元)总量的 34.12 倍;日均处理业务 188.90 万笔,金额 7.12 万亿元③。

(二)小额批量支付系统

小额批量支付系统业务笔数快速增长。2012 年,小额批量支付系统办理业务 7.55 亿笔,金额 18.55 万亿元,分别较上年增长 33.9% 和 1.0%。日均处理业务 208.85 万笔,金额 513.79 亿元④。

(三)网上支付跨行清算系统

网上支付跨行清算系统业务发展态势良好。截至 2012 年末,全国共有 120 家机构接入网上支付跨行清算系统。2012 年,网上支付跨行清算系统共处理支付业务 2.66 亿笔,金额 3.56 万亿元。日均处理业务 79.11 万笔,金额 106.04 亿元⑤。

(四)同城票据清算系统

同城票据清算系统业务量持续下降。2012 年,同城票据清算系统共处理业务 3.91 亿笔,金额 66.52 万亿元,同比分别下降 6.5% 和 6.2%,日均处理业务 157.17 万笔,金额 2671.42 亿元⑥。

(五)境内外币支付系统

境内外币支付系统业务量快速增长。2012 年,境内外币支付系统共运行 249 个工作日,处理支付业务 111.05 万笔,金额 33614.79 亿元(5327.37 亿美元),分别较上年增长 45.7% 和 96.5%;日均处理支付业务 4460 笔,金额 135.00 亿元(21.40 亿美元)。

(六)银行业金融机构行内支付系统

银行业金融机构行内支付系统业务量持续快速增长。2012 年,银行业金融机构行内支付系统共处理业务 89.55 亿笔,金额 624.57 万亿元,分别较上年增长 22.8% 和 17.7%;日均处理业务 2446.70 万笔,金额 1.71 万亿元⑦。

(七)银行卡跨行支付系统

银行卡跨行支付系统业务量继续快速增长。2012 年,银行卡跨行支付系统共处理业务 82.73 亿笔,金额 19.74 万亿元,分别较上年增长 20.3% 和 31.5%,增速分别较上年放缓 3.0 个百分点和 4.1 个百分点。日均处理业务 2260.37 万笔,金额 539.40 亿元⑧。

三、银行结算账户

截至 2012 年末,全国共有银行结算账户 49.10 亿户⑨,较上年末增长19.5%,增速放缓 2.3 个百分点。其中,单位银行结算账户 3169.57 万户,占银行结算账户的 0.6%,较上年末增长 12.2%,增速放缓 1.4 个百分点;个人银行结算账户 48.78 亿户,占银行结算账户的 99.4%,较上年末增长 19.5%,增速放缓 2.3 个百分点。

(一)单位银行结算账户

单位银行结算账户数量稳步增长,基本存款账户数量在单位银行结算账户中的占比保持稳定,临时存款账户数量呈现持续下降趋势。截至 2012 年末,全国单位银行结算账户 3169.57 万户,较上年末增长 12.2%。其中,基本存款账户 1904.48 万户,一般存款账户 983.28 万户,专用存款账户 258.98 万户,临时存款账户 22.83 万户,分别占单位银行结算账户的 60.1%、31.0%、8.2% 和 0.7%,基本存款账户、一般存款账户、专用存款账户分别较上年末增长 12.5%、14.4%、4.8%,临时存款账户较上年末下降 6.5%。

(二)个人银行结算账户

个人银行结算账户数量延续增长态势,超六成的个人银行结算账户分布在经济大省或人口大省。截至 2012 年末,个

---

① 支付系统包含:大额实时支付系统、小额批量支付系统、同城票据清算系统、境内外币支付系统、网上支付跨行清算系统、银行业金融机构行内支付系统、银行卡跨行支付系统。

② 含深圳市。

③ 2012 年大额实时支付系统实际运行 249 个工作日,此处按实际运行工作日计算。

④ 2012 年小额批量支付系统实际运行 361 个工作日,此处按实际运行工作日计算。

⑤ 此处按 2012 年全年实际工作日 336 日计算。

⑥ 此处按 2012 年全年实际工作日 249 日计算。

⑦ 2012 年共 366 个自然日,此处按 2012 年自然日计算。

⑧ 2012 年共 366 个自然日,此处按 2012 年自然日计算。

⑨ 银行结算账户数据来源于中国人民银行人民币银行结算账户管理系统,下同。

人银行结算账户 48.78 亿户，较上年末增长 19.5%。个人银行结算账户数量占比前十名的省（市）是：广东省①、山东省、江苏省、浙江省、上海市、福建省、四川省、河南省、湖南省、河北省，十省（市）个人银行结算账户共计 30.28 亿户，全国占比合计达 62.1%。

2012 年货币政策操作

2012 年，中国人民银行按照国务院统一部署，继续实施稳健的货币政策，着力增强政策的灵活性、针对性和前瞻性，根据经济形势变化，适时适度加大预调微调力度。

一、优化公开市场操作工具组合，灵活开展公开市场操作

2012 年，随着国际收支和人民币汇率逐渐趋向合理均衡，加之欧洲主权债务危机引发国际金融市场动荡，外汇流入减少，外汇占款比上年少增超过 2 万亿元，银行体系流动性供给格局发生较大变化，对中央银行流动性管理提出了新的要求。

中国人民银行加强对国内外市场环境和银行体系流动性供求因素的分析监测，合理安排正回购和逆回购操作期限品种、操作规模和频率，灵活开展公开市场操作。上半年，与两次下调存款准备金率政策相配合，以正回购操作为主、逆回购操作为辅实施公开市场双向操作；下半年以来，将逆回购操作作为流动性供给的主要渠道，有效熨平多种因素引起的流动性波动。全年累计开展正回购操作 9440 亿元，开展逆回购操作 60380 亿元。截至 2012 年年末，公开市场逆回购操作余额为 4980 亿元。

适度增强操作利率弹性，有效引导市场预期。配合两次存贷款基准利率调整并结合各阶段市场利率走势变化情况，中国人民银行适度增强了公开市场操作利率弹性，既有助于释放稳健货币政策信号，有效引导市场预期，也有助于促进货币市场利率水平的合理回落和平稳运行。截至 2012 年年末，7 天期、14 天期和 28 天期逆回购操作利率分别为 3.35%、3.45% 和 3.60%。

适时开展中央国库现金管理操作。2012 年中央国库现金管理商业银行定期存款业务继续稳步发展，全年共开展 14 期操作，规模共计 6900 亿元，年末余额为 3000 亿元，操作期数、操作总量和年末余额均处于近年来的最高水平。

二、两次下调存款准备金率，发挥差别准备金动态调整机制的逆周期调节作用

2012 年，根据流动性供需形势的变化，中国人民银行适当发挥存款准备金工具的流动性调节作用，在 2011 年 12 月 5 日下调存款准备金率 0.5 个百分点的基础上，于 2012 年 2 月 24 日和 5 月 18 日两次下调存款准备金率各 0.5 个百分点，保持银行体系流动性合理充裕。

2012 年，中国人民银行继续根据国内外经济金融形势变化以及金融机构稳健性状况和信贷政策执行情况，对差别准备金动态调整机制的有关参数进行调整，发挥其逆周期调节作用，引导信贷平稳适度增长，增强金融机构抗风险能力。年初，针对经济增速有所放缓、物价涨幅趋于回落等情况，适时下调了宏观热度参数。同时，引导农村金融机构充分考虑农时和农业生产经营特点，及时安排春耕备耕贷款资金，切实满足“三农”信贷需求。5 月份以后，根据稳增长的要求进一步加强了预调微调，鼓励信贷政策执行较好且头寸较为充裕的地方金融机构适当增加贷款投放。

三、适时下调存贷款基准利率，调整存贷款利率浮动区间

根据经济形势发展变化，中国人民银行分别于 6 月 8 日、7 月 6 日两次下调金融机构人民币存贷款基准利率。其中，1 年期存款基准利率由 3.5% 下降到 3%，累计下调 0.5 个百分点；1 年期贷款基准利率由 6.56% 下降到 6%，累计下调 0.56 个百分点。同时，把利率调整与利率市场化改革相结合，调整金融机构存贷款利率浮动区间：一是将金融机构存款利率浮动区间的上限调整为基准利率的 1.1 倍；二是将金融机构贷款利率浮动区间的下限调整为基准利率的 0.7 倍。上述措施有利于引导资金价格下行，为进一步降低企业融资成本创造更加有利的政策环境。金融机构自主定价空间进一步扩大，有利于促进其不断通过提高金融服务水平参与市场竞争。存贷款基准利率和利率浮动区间调整后，金融机构对企业贷款利率水平总体逐月降低。金融机构的存款利率并没有全部“一浮到顶”，而是体现出差异化、精细化定价的特征。

四、加强窗口指导和信贷政策引导

中国人民银行紧紧把握金融服务实体经济的本质要求，在加强总量调控的同时，注重发挥宏观信贷政策在转方式、调结构中的积极作用。引导金融机构继续加大对“三农”、小微企业、节能环保和事关全局、带动性强的重大在建续建项目的支持力度。围绕国家区域政策要求，引导信贷资源合理配置，推动区域经济结构和产业布局优化。加强对科技创新、战略性新兴产业、旅游业、文化产业等经济社会发展重要领域的金融支持。加大对就业、扶贫等“民生”领域的金融支持和服务。继续支持保障性住房、中小套型普通商品住房建设和居民首套自住普通商品房消费。

小微企业和“三农”信贷支持保持较强力度。2012 年年末，主要金融机构及农村合作金融机构、城市信用社和外资银行小微企业人民币贷款余额同比增长 16.6%，比大型和中型企业贷款增速分别高 8.0 个和 1.0 个百分点。全年主要金融机构及农村合作金融机构、城市信用社、村镇银行、财务公司本外币涉农贷款余额同比增长 20.7%，比全部贷款增速高 5.7个百分点。

五、有效发挥支农再贷款、再贴现的引导作用，扩大涉农和小微企业信贷投放

2012 年以来，中国人民银行积极运用支农再贷款和再贴现政策加大对“三农”和小微企业等薄弱环节的支持力度。年初，进一步加强和改进支农再贷款管理，支持农村经济持续、稳固发展。8 月，中国人民银行在陕西省、黑龙江省开展试点，试点地区支农再贷款的对象由现行设立在县域和村镇的农商行、农合行、农信社和村镇银行等存款类金融机构法人，拓宽到设立在市区的涉农贷款占其各项贷款比例不低于 70% 的上述四类机构，引导和支持以上金融机构扩大涉农信贷投放。2012 年年末，全国支农再贷款余额 1375 亿元，比年初增加 281 亿元，其中，西部地区和粮食主产区支农再贷款限额及余额占全国的比重均超过 90%。全国再贴现余额 760 亿元，比年初增加 314 亿元。按投向划分，再贴现总量中涉农票据占 32%，中小企业票据占比为 87%。

同时，适应流动性供求格局的变化，探索发挥再贷款、再贴现流动性供给功能，与其他货币政策工具相配合，共同保障银行体系流动性供给。2012 年年末，发挥流动性供给功能的流动性再贷款和再贴现余额共计 2367 亿元，比上年末增加 1909 亿元，再贷款和再贴现的结构更加优化，流动性供给功能有所增强。

① 含深圳市。

六、促进跨境人民币业务发展

2012 年 6 月，中国人民银行等六部委联合下发了出口货物贸易人民币结算重点监管企业名单，跨境贸易人民币结算业务全面推开，所有进出口企业都可以选择以人民币进行计价、结算和收付。

2012 年，跨境贸易人民币结算量保持较快增长，银行累计办理跨境贸易人民币结算业务 2.94 万亿元，同比增长 41%，其中，货物贸易结算金额 2.06 万亿元，服务贸易及其他经常项目结算金额 8764.5 亿元。全年跨境贸易人民币结算实收 1.30 万亿元，实付 1.57 万亿元，净流出 2691.7 亿元，收付比由 2011 年的 1:1.7 上升至 1:1.2。2012 年银行累计办理人民币跨境直接投资结算业务 2840.2 亿元，其中，对外直接投资结算金额 304.4 亿元，外商直接投资结算金额 2535.8 亿元。截至 2012 年年末，境内代理银行为境外参加银行共开立人民币同业往来账户 1592 个，账户余额 2852.0 亿元；境外企业在境内共开立人民币结算账户 6197 个，账户余额 500.2 亿元（见图 11）。

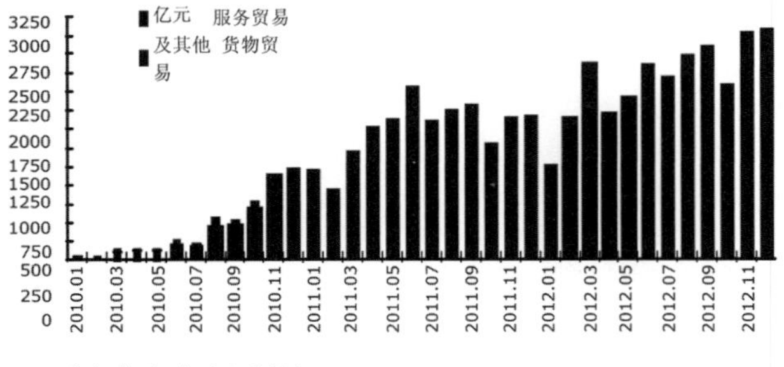

数据来源：中国人民银行。

图 1　跨境贸易人民币结算金额

七、进一步完善人民币汇率形成机制

继续按主动性、可控性和渐进性原则，进一步完善人民币汇率形成机制，重在坚持以市场供求为基础，参考一篮子货币进行调节，增强人民币汇率弹性，保持人民币汇率在合理均衡水平上的基本稳定。自 2012 年 4 月 16 日起，中国人民银行将银行间即期外汇市场人民币兑美元交易价浮动幅度由千分之五扩大至百分之一。中国人民银行继续采取措施推动人民币对新兴市场货币直接交易市场的发展，并在银行间外汇市场推出人民币对日元直接交易。

2012 年，人民币对美元汇率中间价最高为 6.3495 元，最低为 6.2670 元，243 个交易日中 122 个交易日升值、121 个交易日贬值。最大单日升值幅度为 0.26%（162 点），最大单日贬值幅度为 0.33%（209 点）。人民币对欧元、日元等其他国际主要货币汇率双向波动。

2012 年年末，人民币对欧元、日元汇率中间价分别为 1 欧元兑 8.3176 元人民币、100 日元兑 7.3049 元人民币，分别较 2011 年末贬值 1.86% 和升值 11.03%。2005 年人民币汇率形成机制改革以来至 2012 年年末，人民币对欧元汇率累计升值 20.40%，对日元汇率累计升值 0.01%。

八、深入推进金融机构改革

推动大型商业银行"走出去"，扎实推进中国农业银行"三农金融事业部"改革。中国工商银行收购东亚银行（美国）和设立巴西子行、中国农业银行设立纽约分行、中国银行设立芝加哥分行的申请均获得境外监管当局批准，大型商业银行跨国经营取得重要进展。中国人民银行年初出台了中国农业银行"三农金融事业部"执行差别化存款准备金率政策的新实施标准，加强优惠政策的正向激励和引导功能；通过季度监测、年度考核、检查评估、专题调研等方式，持续跟踪、评价、督导中国农业银行落实改革方案。平稳推进政策性金融机构改革，中国出口信用保险公司稳步落实改革方案，第一届董事会于 2012 年 12 月顺利召开。积极推进其他金融机构改革工作，中国信达资产管理公司于 2012 年 3 月成功引入境内外战略投资者；中国华融资产管理股份有限公司于 10 月正式挂牌成立，建立现代股份公司治理结构；中国人保集团于 2012 年 12 月在 H 股市场成功实现整体上市。农村信用社改革取得显著成效，资金支持政策进一步落实。截至 2012 年年末，共计对全国 2408 个县（市）农村信用社发行专项票据 1699 亿元，对 2402 个县（市）农村信用社兑付专项票据 1694 亿元，兑付进度达到 99% 以上；对新疆等 3 省（区）发放专项借款 17 亿元。

2012 年以来，农村信用社经营财务状况明显改善，抗风险能力显著提升，涉农信贷投放大幅增加。年末，按照贷款五级分类口径统计，全国农村信用社不良贷款比例为 4.5%，比上年末下降 1 个百分点；资本充足率为 11.8%，比上年末提高 1.1 个百分点；全年利润总额为 1593 亿元，比上年增加 9 亿元；年末涉农贷款、农户贷款余额分别为 5.3 万亿元、2.6 万亿元，比上年末分别增长 16%、12.6%。同时，农村信用社产权制度改革逐步推进，内控管理不断加强。截至 2012 年年末，全国共组建以县（市）为单位的统一法人农村信用社 1804 家，农村商业银行 337 家，农村合作银行 147 家。部分农村信用社在构建多种产权制度和组织形式，完善法人治理、加强内部管理方面进行了有益探索，取得了明显成效。

九、深化外汇管理体制改革

全面推进货物贸易外汇管理制度改革。2012 年 8 月 1 日起，货物贸易外汇管理制度改革推广至全国。取消逐笔核销，调整报关流程，简化退税凭证，企业成本大幅降低，银行贸易收付汇效率明显提高，部门监管合力较大提升，实现了贸易便利化和监管有效性的有机统一。

稳步推动人民币资本项目可兑换。大幅简化外商直接投资外汇管理，取消 50 项行政审批项目中的 35 项，简化合并 14 项，基本实现了直接投资可兑换。不断完善合格境外机构投资者（QFII）、合格境内机构投资者（QDII）制度以及人民币合格境外机构投资者（RQFII）制度。改进 QFII 额度分配机制，进一步规范 QFII 投资资金流出管理。

2012 年，共批准 100 家 QFII 机构 158 亿美元投资额度、25 家 QDII 机构 106.3 亿美元投资额度、28 家 RQFII 机构 563 亿元人民币投资额度；新增 QFII 和 RQFII 投资额度 500 亿美元和 2500 亿元人民币。积极促进贸易投资便利化。简化境外直接投资资金汇回和境外放款外汇管理，放宽个人对外担保管理，实行银行结售汇综合头寸正负区间管理。简化市场准入，鼓励非银行金融机构和企业进入外汇市场。丰富货币掉期交易形式，扩大个人本外币兑换特许业务试点范围。推进电子银行个人结售汇业务发展。

进一步完善防范跨境资金流动冲击的体制机制。密切跟踪国内外经济形势和跨境资金流动变化，充实防范跨境资金大幅波动特别是异常流出的政策储备。继续保持对违规资金的高压打击态势，加大对大要案和地下钱庄的打击力度。

2012 年货币信贷概况

2012 年，银行体系流动性总体合理适度，货币信贷增长符合预期，社会融资增长较快，贷款结构继续改善。

一、货币供应量增速略有回升

2012年年末，广义货币供应量M2余额为97.4万亿元，同比增长13.8%，增速比上年末提高0.2个百分点；狭义货币供应量M1余额为30.9万亿元，同比增长6.5%；流通中货币M0余额为5.5万亿元，同比增长7.7%。全年现金净投放3910亿元，同比少投放2251亿元。

随着货币政策各项"稳增长"举措的逐步出台落实，M2和M1增速总体呈回升态势，为支持经济趋稳回升提供了有利的货币环境。从货币的派生渠道看，除贷款外，银行债券投资和同业渠道对货币供应的影响增大，外汇占款影响减小。

年末，基础货币余额为25.2万亿元，同比增长12.3%，比年初增加2.8万亿元。货币乘数为3.86，比上年末高0.07。银行体系流动性合理适度。金融机构超额准备金率为3.3%，比上年末高1.0个百分点。其中，农村信用社为8.2%，比上年末高0.9个百分点。

二、金融机构存款呈明显季节性波动

2012年年末，全部金融机构(含外资金融机构，下同)本外币各项存款余额为94.3万亿元，同比增长14.1%，增速比上年末高0.6个百分点，比年初增加11.6万亿元，同比多增1.8万亿元。人民币各项存款余额为91.7万亿元，同比增长13.3%，增速比上年末略低0.2个百分点，比年初增加10.8万亿元，同比多增1.2万亿元。存款"季末冲高、季后回落"现象较为明显，季末月份平均增量达2.3万亿元，而季初月份均为下降，平均减少5115亿元。这与金融机构重视季末考核要求以及表外理财快速发展等因素有关。外币存款余额为4065亿美元，同比增长47.8%，比年初增加1314亿美元，同比多增820亿美元。

从人民币存款部门分布看，住户存款平稳增长，非金融企业存款增速稳步回升。年末，金融机构住户存款余额为40.6万亿元，同比增长16.7%，增速比上年末高1.0个百分点，比年初增加5.7万亿元，同比多增9916亿元。非金融企业人民币存款余额为32.7万亿元，同比增长7.9%，增速与9月末持平，比6月末高2.2个百分点，比年初增加2.7万亿元，同比多增1803亿元。年末，财政存款余额为2.4万亿元，比年初减少1974亿元。

三、金融机构贷款平稳增长

2012年年末，全部金融机构本外币贷款余额为67.3万亿元，同比增长15.6%，增速比上年末略低0.1个百分点，比年初增加9.1万亿元，同比多增1.2万亿元。

人民币贷款平稳适度增长。年末，人民币贷款余额为63.0万亿元，同比增长15.0%，全年增速波动幅度明显低于前两年，比年初增加8.2万亿元，同比多增7320亿元。总体看，在宏观审慎政策工具的引导下，全年贷款投放较为均衡合理，四个季度贷款增量占比大体为3:3:2:2。

中长期贷款平稳增长，个人住房贷款增速回升，从人民币贷款部门分布看，住户贷款增速企稳回升，年末同比增长18.6%，比9月末和6月末分别高0.8个和2.0个百分点，比年初增加2.5万亿元，同比多增1071亿元。非金融企业及其他部门贷款保持较快增长，年末同比增速为13.7%，比上年末略低0.2个百分点，比年初增加5.7万亿元，同比多增6166亿元。分机构看，中资全国性大型银行、区域性中小型银行与农村合作金融机构贷款同比多增较多。从期限看，中长期贷款占比回升。在投资回升带动下，建设项目的信贷支持力度逐步加大。年末中长期贷款增长9.0%，其增速自2012年4月份以来一直稳定于9%左右，呈平稳增长态势，比年初新增2.9万亿元，在全部贷款中占比为35%，比年内最低点回升2.7个百分点。个人住房贷款增速回升。年末个人住房贷款同比增速为12.9%，已连续7个月回升，比5月末的最低点提高2.6个百分点，比年初增加8419亿元，同比多增98亿元。包含票据融资在内的短期贷款比年初增加5.1万亿元，同比多增1.3万亿元。其中，票据融资比年初增加5309亿元，同比多增5197亿元，主要是前8个月多增较多，9月份起票据融资余额连续净下降。由于2012年经济形势较为复杂，企业和银行资金安排倾向于短期化。

外币贷款增长较快。2012年年末，金融机构外币贷款余额为6836亿美元，同比增长26.9%，比年初增加1451亿美元，同比多增569亿美元。从投向看，对进出口贸易和"走出去"的支持力度较大。其中，进出口贸易融资增加924亿美元，同比多增649亿美元；境外贷款与境内中长期贷款增加517亿美元，同比多增111亿美元。

四、社会融资结构多元发展

初步统计，2012年全年社会融资规模为15.76万亿元，为历史最高水平，比上年多2.93万亿元①。从2012年5月开始，社会融资规模连续八个月超过万亿并高于上年同期。2012年全年社会融资规模明显高于上年，主要是由于信托贷款、企业债券、人民币贷款和外币贷款融资较为活跃，这四类融资合计为12.66万亿元，比上年多3.05万亿元。

从构成看，融资方式多元发展，融资结构趋于优化。一是人民币贷款增加较多，但占比下降至历史最低水平。二是外币贷款新增额明显多于上年。三是企业债券融资十分活跃，直接融资占比创历史最高水平。四是信托贷款同比大幅多增。未贴现的银行承兑汇票和委托贷款新增额均与上年基本相当。此外，2012年保险公司赔偿、小贷公司及贷款公司贷款合计新增5136亿元，比上年多745亿元。

五、金融机构存贷款利率总体下行

2012年上半年，银行体系流动性总体充裕，贴现、债券筹资等市场化产品利率有所下行，带动金融机构贷款利率稳步下降。6月份和7月份，中国人民银行连续两次下调存贷款基准利率，并小幅扩大利率浮动区间，金融机构贷款利率进一步下降，并于年末趋于稳定。

12月份，贷款加权平均利率为6.78%，比年初下降1.23个百分点。其中，一般贷款加权平均利率为7.07%，比年初下降0.73个百分点；票据融资加权平均利率为5.64%，比年初下降3.42个百分点。个人住房贷款利率稳步下行，12月加权平均利率为6.22%，比年初下降1.4个百分点。从利率浮动情况看，执行下浮利率的贷款占比有所上升。12月份，一般贷款中执行下浮利率的贷款占比为14.16%，比年初上升7.14个百分点；执行基准和上浮利率的贷款占比分别为26.10%和59.74%，比年初分别下降0.86个和6.28个百分点。

受国际金融市场利率走势及境内资金供求关系变动等因素影响，美元存贷款利率总体波动下行。12月，活期、3个月以内大额美元存款加权平均利率分别为0.17%和0.51%，比年初分别下降0.14个和2.78个百分点；3个月以内、3－6个月(含3个月)美元贷款加权平均利率分别为2.02%和1.96%，比年初分别下降1.83个和2.35个百分点。

---

① 文中同比增减数额均用可比口径数据计算得到。

六、人民币汇率弹性明显增强

2012 年,人民币小幅升值,双向浮动特征明显,汇率弹性明显增强,人民币汇率预期总体平稳。2012 年年末,人民币对美元汇率中间价为 6.2855 元,比上年末升值 154 个基点,升值幅度为 0.25%。2005 年人民币汇率形成机制改革以来至 2012 年年末,人民币对美元汇率累计升值 31.68%。根据国际清算银行的计算,2012 年,人民币名义有效汇率升值 1.73%,实际有效汇率升值 2.22%;2005 年人民币汇率形成机制改革以来至 2012 年 12 月,人民币名义有效汇率升值 23.25%,实际有效汇率升值 31.86%。

2012 年小额贷款公司数据统计报告

截至 2012 年 12 月末,全国共有小额贷款公司 6080 家,贷款余额 5921 亿元,全年新增贷款 2005 亿元。

附表:

小额贷款公司分地区情况统计表

2012－12－31

地区名称	机构数量（家）	从业人员数（人）	实收资本（亿元）	贷款余额（亿元）
全国	6080	70343	5146.97	5921.38
北京市	41	458	49.95	49.85
天津市	63	741	72.31	69.47
河北省	325	3766	194.76	205.43
山西省	243	2390	153.60	151.24
内蒙古自治区	452	4341	345.40	356.18
辽宁省	434	4116	245.81	222.84
吉林省	265	2231	69.84	55.85
黑龙江省	229	2030	73.23	66.36
上海市	80	695	98.15	136.95
江苏省	485	4614	798.38	1036.62
浙江省	250	2805	518.83	731.60
安徽省	454	5409	301.96	325.00
福建省	58	743	127.97	160.80
江西省	175	1940	167.44	191.25
山东省	257	2934	278.17	331.38
河南省	241	3375	102.77	112.41
湖北省	154	1712	130.74	150.12
湖南省	77	921	50.19	56.63
广东省	234	6569	262.45	284.49
广西壮族自治区	159	2192	90.06	113.02
海南省	21	230	21.90	24.30
重庆市	157	3500	247.11	302.05
四川省	177	2828	246.88	286.49
贵州省	204	2168	60.71	59.42
云南省	276	2443	126.41	129.75
西藏自治区	1	9	0.50	0.65
陕西省	187	1555	131.90	128.86
甘肃省	171	1510	56.94	44.95
青海省	19	225	14.44	21.98
宁夏回族自治区	90	1088	45.49	43.52
新疆维吾尔自治区	101	805	62.67	71.89

2012 年商业银行运行概况

2012 年,商业银行运行平稳,资产负债规模继续增长,经营利润增速放缓,银行体系流动性比较充裕,资本充足率稳步上升,资产质量总体保持稳定。

一、资产负债规模继续增长

商业银行(包括大型商业银行、股份制商业银行、城市商业银行、农村商业银行和外资银行,下同)资产规模继续增长。截至 2012 年末,总资产余额达 104.6 万亿元(本外币合计,下同),比上年末增加 16.2 万亿元,同比增长 18.3%(见图 1)。

资产组合中,各项贷款余额为 51.7 万亿元,比上年末增加 7.2 万亿元,同比增长 16.1%,占资产总额的 49.4%;债券投资余额为 16.6 万亿元,同比增长 9.7%,占资产总额的 15.9%。

各类商业银行中,资产余额同比增长最快的是农村商业银行(增幅 47.1%,主要原因是部分农村信用社与农村合作银行改制为农村商业银行),其次是股份制商业银行(增幅 28.0%)和城市商业银行(增幅 23.7%)(见图 2)。

从贷款投向看,公司贷款(含个人经营性贷款,下同)余额 40.4 万亿元,同比增长 15.6%;个人贷款(不含个人经营性贷款,下同)余额为 9.9 万亿元,同比增长 16.4%。

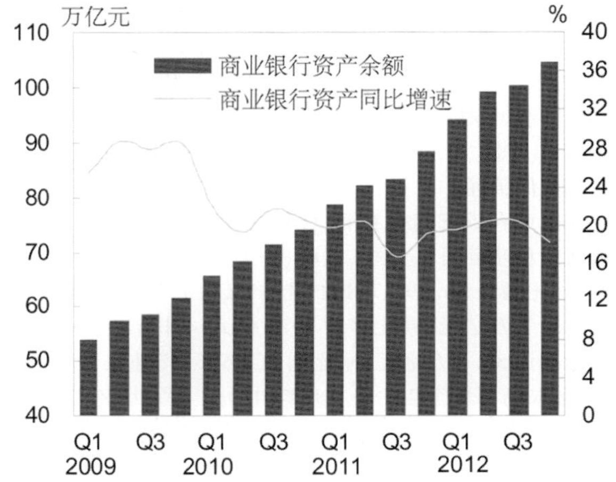

数据来源:中国银监会,下同

图 1　商业银行资产增长情况

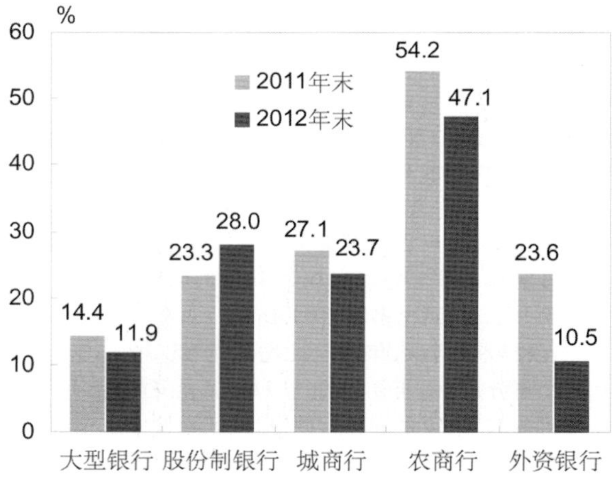

图 2　各类商业银行资产同比增速

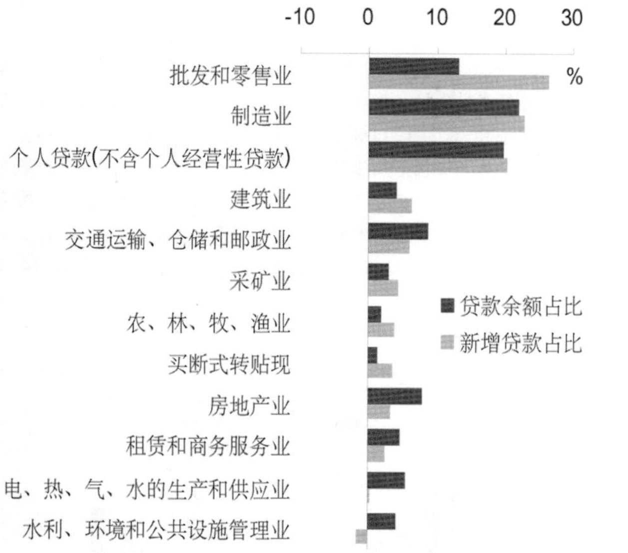

图 3 2012 年商业银行贷款主要行业投向

从行业分布看,2012 年新增贷款投向主要集中于三大领域:批发和零售业(占比 26.5%)、制造业(占比 22.9%)及个人贷款(占比 20.4%)(见图 3)。

商业银行负债结构保持稳定。2012 年末,商业银行负债规模达 97.7 万亿元,比上年末增加 15.0 万亿元,同比增长 18.1%(见图 4)。其中,商业银行各项存款余额为 79.1 万亿元,比上年末增加 10.5 万亿元,同比增长 15.3%,占总负债的比重为 80.9%。

二、经营利润继续增长,但增速放缓

2012 年,商业银行合计实现净利润 1.24 万亿元(见图 5),比 2011 年增加 1972 亿元,同比增长 18.9%,增速较 2011 年下降17.4个百分点;平均资产利润率为 1.28%,与 2011 年持平;平均资本利润率为 19.8%,同比下降 0.55 个百分点。

2012 年,商业银行合计实现净利息收入 2.54 万亿元,比 2011 年增加 3857 亿元,同比增长 17.9%。净利息收入的上升主要受生息资产增长的推动。2012 年,商业银行非利息收入 6270 亿元,同比增长 21.8%(见图 6)。

2012 年,商业银行营业支出 12587 亿元,同比增加 2008 亿元,增幅 19.0%;成本收入比为 33.1%,同比下降 0.27 个百分点(见图 7)。

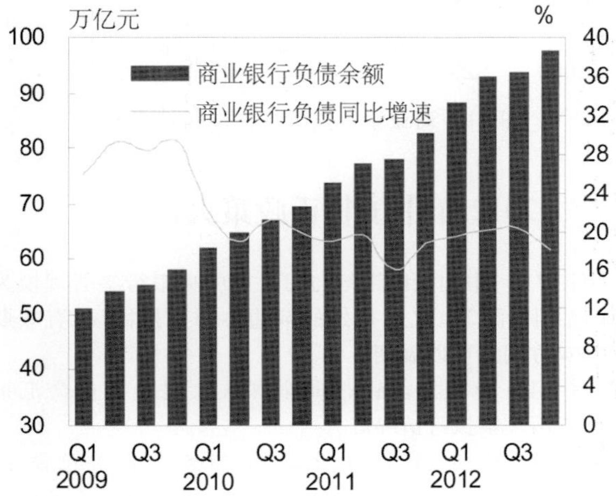

图 4 商业银行负债增长情况

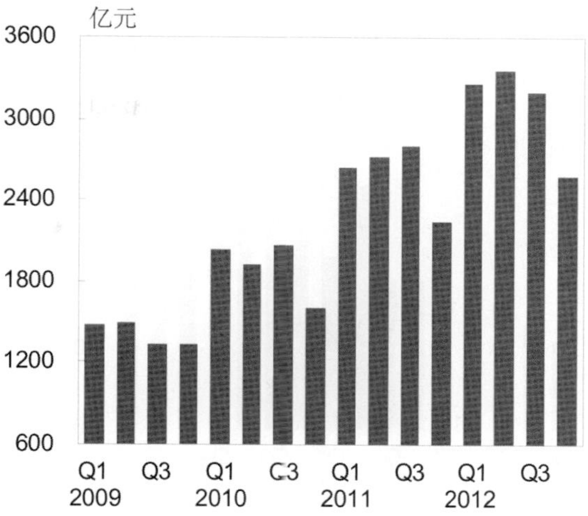

图 5 商业银行净利润情况

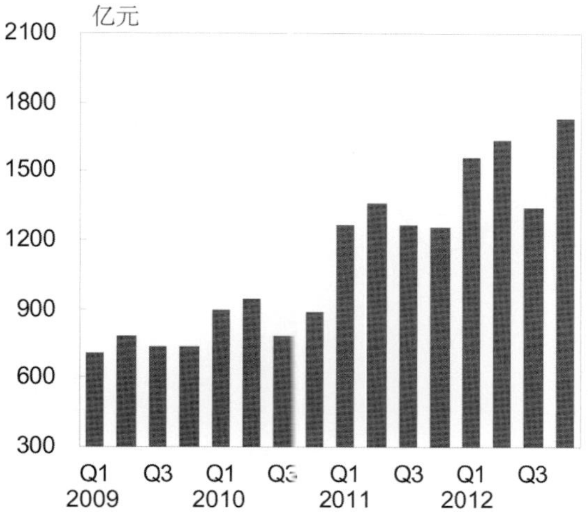

图 6 商业银行非利息收入情况

三、资本充足率稳步上升

2012 年末,商业银行(不含外国银行分行,下同)加权平均资本充足率为 13.3%,比 2011 年末上升 0.54 个百分点;加权平均核心资本充足率为 10.6%,比 2011 年末上升 0.38 个百分点(见图 8)。

从资本结构看,核心资本净额与资本净额的比例为 80.1%,资本质量较高。

四、银行体系流动性比较充裕

2012 年末,商业银行流动性比例为 45.8%,较上季末上升 0.6 个百分点,同比上升 2.67 个百分点(见图 9)。

2012 年末,商业银行存贷款比例为 65.3%,与上季末基本持平,同比上升 0.5 个百分点。从日均指标来看,四季度商业银行日均存贷款比例为 67.0%,高于期末存贷比 1.7 个百分点,差异幅度较上年同期缩小 0.2 个百分点。

2012 年末,商业银行人民币超额备付率为 3.5%,较上年同期上升 0.42 个百分点。分机构看,大型商业银行超额备付率为 2.49%,比上年末上升 0.33 个百分点;股份制商业银行超额备付率为 4.14%,比上年末上升 0.54 个百分点;城市商业银行超额备付率为 6.61%,比上年末上升 0.12 个百分点。

2012 年 12 月份,银行间同业拆借月加权平均利率为 2.61%,比上年同期下降 0.72 个百分点,银行间市场流动性状况比较平稳。

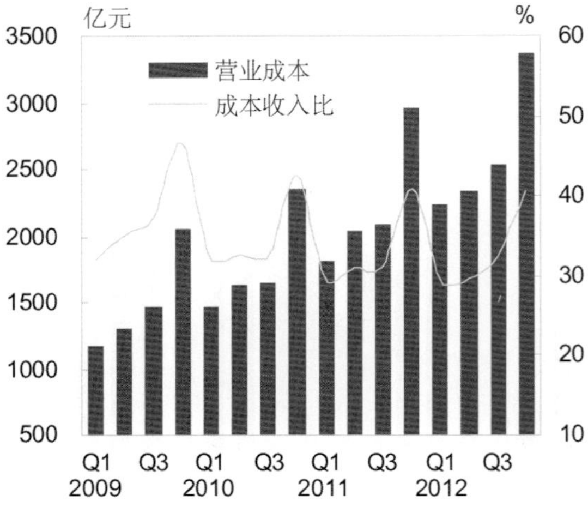

图 7　商业银行成本收入情况

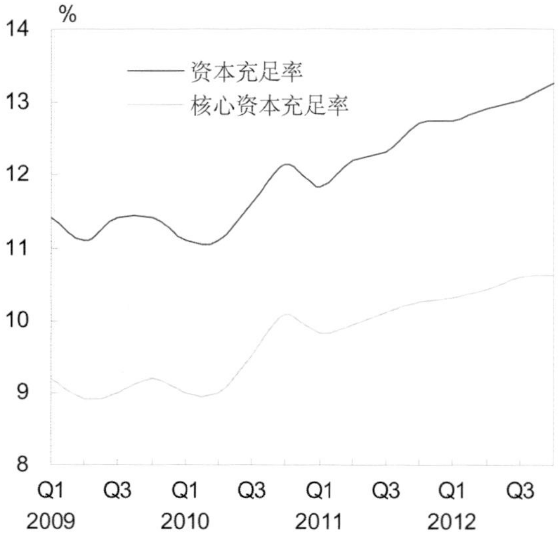

图 8　商业银行资本充足率情况

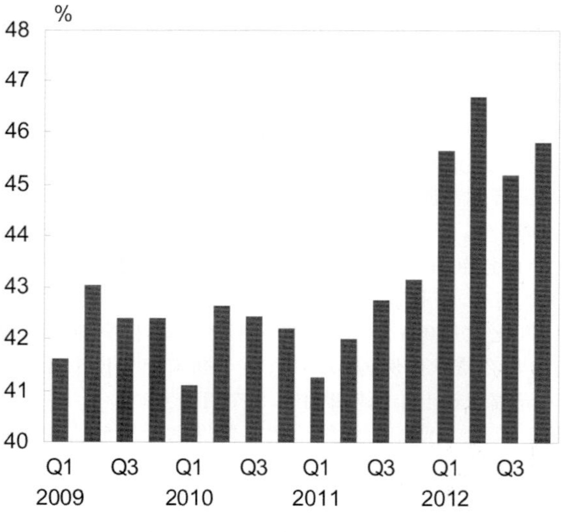

图 9　商业银行流动性比例情况

五、资产质量总体保持稳定

2012 年末，商业银行不良贷款余额为 4929 亿元，比上季度末增加 140 亿元，比上年末增加 647 亿元；不良贷款率为0.95%，与上季度末持平，比上年末下降 0.01 个百分点（见图 10）。

个人贷款方面，2012 年末，住房按揭贷款整体不良贷款率仍保持低位，为 0.29%，比上年末下降 0.02 个百分点；信用卡透支不良率为 1.11%，比上年末下降 0.08 个百分点。

准备金水平继续稳步提升。2012 年末，商业银行贷款损失准备金余额为 1.46 万亿元，比上年末增加 2653 亿元；拨备覆盖率继续提高，达到 295.5%，比上年末提高 17.3 个百分点；商业银行的贷款拨备率为 2.82%，比上年末提高 0.14 个百分点（见图 11）。

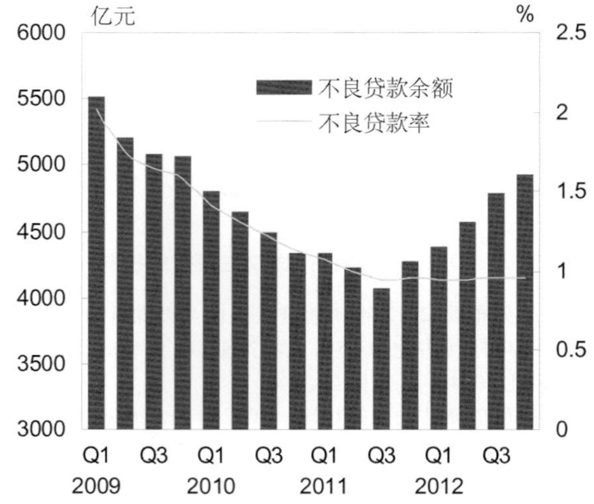

图 10　商业银行不良贷款情况

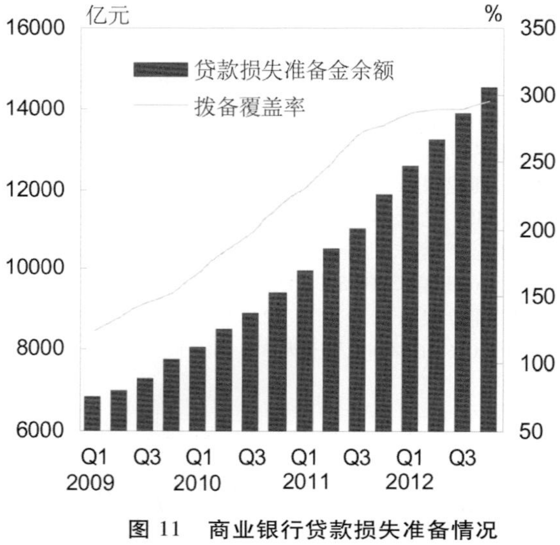

图 11　商业银行贷款损失准备情况

2012 年中国货币政策大事记

1 月 17 日，中国人民银行与阿联酋中央银行签署规模为 350 亿元人民币/200 亿迪拉姆的双边本币互换协议，有效期 3 年，经双方同意可以展期。

2 月 2 日，中国人民银行向全国人大财经委员会汇报 2011 年货币政策执行情况。

2 月 6 日，中国人民银行、财政部、商务部、海关总署、国家税务总局和银监会联合发布《关于出口货物贸易人民币结算企业管理有关问题的通知》（银发［2012］23 号），明确参与出口货物贸易人民币结算的主体不再限于列入试点名单的企业，对出口货物贸易人民币结算企业实行重点监管名单管理。

2月8日，中国人民银行与马来西亚国家银行续签双边本币互换协议，互换规模由原来的800亿元人民币/400亿林吉特扩大至1800亿元人民币/900亿林吉特，有效期3年，经双方同意可以展期。

2月15日，发布《2011年第四季度中国货币政策执行报告》。

2月16日，中国人民银行办公厅印发《关于2012年中国农业银行改革试点县级"三农金融事业部"执行差别化存款准备金率政策有关事项的通知》(银办发[2012]24号)，在原有农业银行四川、重庆、湖北、广西、甘肃、吉林、福建、山东8个省563家县支行的基础上，将黑龙江、河南、河北、安徽4个省379家县支行纳入执行差别化存款准备金率政策覆盖范围，对涉农贷款投放较多的县支行执行比农业银行低2个百分点的优惠存款准备金率。

2月18日，中国人民银行决定从2012年2月24日起下调存款类金融机构人民币存款准备金率0.5个百分点。

2月20日，中国人民银行、发展改革委、旅游局、银监会、证监会、保监会和外汇局联合发布《关于金融支持旅游业加快发展的若干意见》(银发[2012]32号)，要求金融机构坚持区别对待、有扶有控的信贷原则，加强和改进对旅游业的信贷管理和服务；积极推动直接融资工具创新，支持旅游企业发展多元化融资渠道和方式；改进和完善旅游业支付结算服务，支持发展旅游消费信贷。

2月21日，中国人民银行与土耳其中央银行签署规模为100亿元人民币/30亿土耳其里拉的双边本币互换协议，有效期3年，经双方同意可以展期。

3月1日，中国人民银行、发展改革委、财政部、水利部、银监会、证监会和保监会联合发布《关于进一步做好水利改革发展金融服务的意见》(银发[2012]51号)，要求金融机构大力创新符合水利项目属性、模式和融资特点的金融产品和服务方式，积极引入多元化融资主体，创新项目融资方式，拓展融资渠道，进一步加大对水利建设的金融支持，积极探索建立金融支持水利改革发展的风险分散和政策保障机制。

3月6日，中国人民银行印发《关于管好用好支农再贷款支持扩大"三农"信贷投放的通知》(银发[2012]58号)，安排增加支农再贷款100亿元，支持春耕备耕；要求人民银行各级分支行牢固树立金融服务实体经济的指导思想，管好用好支农再贷款，支持扩大涉农信贷投放。

3月8日，中国人民银行农村信用社改革试点专项中央银行票据发行兑付考核评审委员会第22次例会决定，对海南省等2个省辖内乐东县等3个县(市)农村信用社兑付专项票据，额度为2.13亿元。

3月20日，中国人民银行与蒙古银行签署中蒙双边本币互换补充协议，互换规模由原来的50亿元人民币/1万亿图格里特扩大至100亿元人民币/2万亿图格里特。

3月22日，中国人民银行与澳大利亚储备银行签署规模为2000亿元人民币/300亿澳大利亚元的双边本币互换协议，有效期3年，经双方同意可以展期。

3月29日，中国人民银行货币政策委员会召开2012年第一季度例会。

3月31日，中国人民银行印发《关于认真组织落实2011年县域法人金融机构新增存款一定比例用于当地贷款考核政策和农村信用社改革试点专项票据兑付后续监测考核政策激励约束措施的通知》(银发[2012]86号)，自2012年4月1日至2013年3月31日，对经考核达到新增存款一定比例用于当地贷款政策考核标准的县域法人金融机构，执行低于同类金融机构正常标准1个百分点的存款准备金率；对同时达到新增存款一定比例用于当地贷款政策和专项票据兑付后续监测考核政策标准的536个县(市)农村信用社和78个村镇银行，安排增加支农再贷款额度300亿元。

4月3日，经国务院批准，RQFII试点额度扩大500亿元人民币，专门用于发行在中国香港上市、投资境内A股指数成分股的ETF产品。

4月14日，为顺应外汇市场发展的要求，增强人民币汇率双向浮动弹性，中国人民银行发布《中国人民银行公告》[2012]第4号，决定自2012年4月16日起将银行间即期外汇市场人民币兑美元交易价浮动幅度由千分之五扩大至百分之一。

4月16日，中国人民银行向全国人大财经委员会汇报2012年第一季度货币政策执行情况。

4月23日，中国人民银行与世界银行签署《中国人民银行代理国际复兴开发银行(IBRD)投资中国银行间债券市场的代理投资协议》以及《中国人民银行代理国际开发协会(IDA)投资中国银行间债券市场的代理投资协议》。

5月10日，发布《2012年第一季度中国货币政策执行报告》。

5月12日，中国人民银行决定从2012年5月18日起下调存款类金融机构人民币存款准备金率0.5个百分点。

5月17日，为进一步完善信贷资产证券化管理制度，扎实推进信贷资产证券化业务健康可持续发展，中国人民银行、银监会、财政部联合印发《关于进一步扩大信贷资产证券化试点有关事项的通知》(银发[2012]127号)。

5月29日，经中国人民银行授权，中国外汇交易中心宣布自2012年6月1日起完善银行间外汇市场人民币对日元交易方式，发展人民币对日元直接交易。

5月31日，证券公司短期融资券重启发行。

6月5日，中国人民银行、财政部、商务部、海关总署、国家税务总局和银监会联合下发《关于出口货物贸易人民币结算企业重点监管名单的函》(银办函[2012]381号)，至此，境内所有具有进出口经营资格的企业均可依法开展出口货物贸易人民币结算。

6月7日，中国人民银行决定自2012年6月8日起下调金融机构人民币存贷款基准利率，其中，一年期存款基准利率下调0.25个百分点，由3.5%下调到3.25%；一年期贷款基准利率下调0.25个百分点，由6.56%下调到6.31%；其他各档次存贷款基准利率及个人住房公积金存贷款利率作相应调整。同时，调整金融机构存贷款利率浮动区间：①将存款利率浮动区间的上限调整为基准利率的1.1倍；②将贷款利率浮动区间的下限调整为基准利率的0.8倍。

6月8日，发布《2011年中国区域金融运行报告》。

6月26日，中国人民银行与乌克兰国家银行签署金额为150亿元人民币/190亿格里夫纳的双边本币互换协议，有效期为3年，经双方同意可以展期。

6月27日，中国人民银行货币政策委员会召开2012年第二季度例会。

7月5日，中国人民银行决定自2012年7月6日起下调金融机构人民币存贷款基准利率。其中，一年期存款基准利率下调0.25个百分点，由3.25%下调到3%；一年期贷款基准利率下调 0.31 个百分点，由 6.31% 下调到 6%；其他各档次存贷款基准利率及个人住房公积金存贷款利率相应调整。同时，将金融机构贷款利率浮动区间的下限调整为基准利率的 0.7 倍。

7 月 16 日，中国人民银行向全国人大财经委员会汇报 2012 年上半年货币政策执行情况。

7 月 31 日，为加强境外机构人民币银行结算账户管理，促进贸易投资便利化，中国人民银行发布《关于境外机构人民币银行结算账户开立和使用有关问题的通知》（银发[2012]183 号）。

8 月 2 日，发布《2012 年第二季度中国货币政策执行报告》。

8 月 23 日，为深入贯彻落实金融服务实体经济的要求，进一步发挥支农再贷款支持和引导金融机构扩大涉农信贷投放的作用，中国人民银行印发《关于开展拓宽支农再贷款适用范围试点的通知》（银发[2012]207 号），决定在黑龙江省、陕西省辖内开展试点，将支农再贷款的对象由现行设立在县域和村镇的农村商业银行、农村合作银行、农村信用社和村镇银行等存款类金融机构法人，拓宽到设立在市区的涉农贷款占其各项贷款比例不低于 70% 的上述四类机构。

8 月 31 日，两岸货币管理机构签署《海峡两岸货币清算合作备忘录》。双方同意以备忘录确定的原则和合作架构建立两岸货币清算机制。

9 月 17 日，经国务院批准，中国人民银行、银监会、证监会、保监会、外汇局共同编制的《金融业发展和改革“十二五”规划》公开发布。

9 月 24 日，中国人民银行与中国银行澳门分行续签《关于人民币业务的清算协议》。

9 月 24 日，中国人民银行货币政策委员会召开 2012 年第三季度例会。

10 月 15 日，中国人民银行向全国人大财经委员会汇报 2012 年前三季度货币政策执行情况。

11 月 2 日，发布《2012 年第三季度中国货币政策执行报告》。

11 月 13 日，经国务院批准，人民币合格境外机构投资者（RQFII）投资额度增加 2000 亿元人民币，RQFII 投资额度累计达到 2700 亿元人民币。

12 月 3 日，中国人民银行农村信用社改革试点专项中央银行票据发行兑付考核评审委员会第 23 次例会决定，对天津等 2 省（直辖市）辖内农村信用社兑付专项票据，额度为 11.18亿元。

12 月 11 日，根据《海峡两岸货币清算合作备忘录》相关内容，经过评审，中国人民银行决定授权中国银行台北分行担任中国台湾人民币业务清算行（中国人民银行公告[2012]第 18 号）。

12 月 26 日，中国人民银行货币政策委员会召开 2012 年第四季度例会。

12 月 31 日，中国人民银行、中国证券监督管理委员会签署《关于加强证券期货监管合作共同维护金融稳定的备忘录》，立足于发挥中国人民银行分支机构覆盖面广的优势，弥补地市级、县级证券期货监管力量的不足，着力提升金融监管效能，共同维护金融稳定。

2012 年社会融资规模统计表

单位：亿元人民币

项目	2012.01	2012.02	2012.03	2012.04	2012.05	2012.06	2012.07	2012.08	2012.09	2012.1	2012.11	2012.12
社会融资规模	9754	10431	18703	9637	11432	17802	10522	12475	16462	12906	11225	16282
其中：人民币贷款	7381	7107	10114	6818	7932	9198	5401	7039	6226	5054	5220	4546
外币贷款（折合人民币）	-148	526	950	96	302	1040	70	743	1764	1290	1045	1486
委托贷款	1646	394	770	1015	215	789	1279	1046	1449	941	1218	2079
信托贷款	247	522	1018	37	557	988	384	1238	2012	1444	1802	2598
未贴现银行承兑汇票	-214	-284	2821	279	380	3113	218	-846	2155	729	-489	2637
企业债券	442	1544	1974	887	1441	1982	2486	2579	2278	2992	1820	2126
非金融企业境内股票融资	81	229	565	190	184	246	316	208	158	88	107	135

注：1. 社会融资规模是指一定时期内实体经济从金融体系获得的资金总额，是增量概念。
2. 数据为正式数。
3. 数据来源于人民银行、发改委、证监会、保监会、中央国债登记结算有限责任公司和银行间市场交易商协会等。

2012 年商业银行主要监管指标情况表（法人）

单位：亿元、%

项目　　　　时间	2012 年			
	一季度	二季度	三季度	四季度
（一）信用风险指标				
不良贷款余额	4382	4564	4788	4929
其中：次级类贷款	1801	1960	2028	2176
可疑类贷款	1909	1934	2074	2122
损失类贷款	672	670	685	630
不良贷款率	0.94%	0.94%	0.95%	0.95%
其中：次级类贷款	0.39%	0.40%	0.40%	0.42%

项目＼时间	2012 年			
	一季度	二季度	三季度	四季度
可疑类贷款	0.41%	0.40%	0.41%	0.41%
损失类贷款	0.14%	0.14%	0.14%	0.12%
贷款损失准备	12594	13244	13884	14564
拨备覆盖率	287.40%	290.18%	289.97%	295.51%
(二)流动性指标				
流动性比例	45.66%	46.69%	45.23%	45.83%
存贷比	64.53%	64.33%	65.28%	65.31%
人民币超额备付金率	3.03%	2.74%	2.66%	3.51%
(三)效益性指标				
净利润(本年累计)	3260	6616	9810	12386 *
资产利润率	1.43%	1.41%	1.39%	1.28%
资本利润率	22.34%	22.29%	21.54%	19.85%
净息差	2.76%	2.73%	2.77%	2.75%
非利息收入占比	20.55%	20.63%	19.47%	19.83%
成本收入比	29.46%	29.52%	30.46%	33.10%
(四)资本充足指标				
核心资本	55980	58754	61726	64340
附属资本	14819	15746	15853	17585
资本扣减项	3834	3919	3863	4057
表内加权风险资产	449785	467221	484589	506604
表外加权风险资产	71843	75284	76563	76108
市场风险资本要求	315	342	372	388
资本充足率	12.74%	12.91%	13.03%	13.25%
核心资本充足率	10.31%	10.41%	10.58%	10.62%
(五)市场风险指标				
累计外汇敞口头寸比例	4.25%	5.18%	4.65%	3.92%
(六)不良贷款分机构指标				

项目＼时间	2012 年							
	一季度		二季度		三季度		四季度	
	不良贷款余额	不良贷款率	不良贷款余额	不良贷款率	不良贷款余额	不良贷款率	不良贷款余额	不良贷款率
商业银行	4382	0.94%	4564	0.94%	4788	0.95%	4929	0.95%
大型商业银行	2994	1.04%	3020	1.01%	3070	1.00%	3095	0.99%
股份制商业银行 * *	608	0.63%	657	0.65%	743	0.70%	797	0.72%
城市商业银行 * *	359	0.78%	403	0.82%	424	0.85%	419	0.81%
农村商业银行	374	1.52%	426	1.57%	487	1.65%	564	1.76%
外资银行	48	0.49%	58	0.58%	63	0.62%	54	0.52%

注：* 为 1 - 12 月累计净利润。* * 自 2012 年 9 月起，原深圳发展银行与原平安银行合并为新平安银行，本表数据未作可比口径调整

2012 年银行业金融机构资产负债情况表(法人)

单位：亿元、%

1. 银行业金融机构

项目＼时间	2012 年			
	一季度	二季度	三季度	四季度
总资产	1207398	1267831	1285455	1336224
比上年同期增长率	19.36%	19.98%	19.67%	17.95%
总负债	1130856	1188470	1202893	1249515
比上年同期增长率	19.08%	19.66%	19.51%	17.79%

2. 大型商业银行

时间 项目	2012 年			
	一季度	二季度	三季度	四季度
总资产	576665	590921	590644	600401
比上年同期增长率	15.89%	14.44%	13.46%	11.94%
占银行业金融机构比例	47.76%	46.61%	45.95%	44.93%
总负债	540960	554517	552587	560879
比上年同期增长率	15.83%	14.11%	13.10%	11.60%
占银行业金融机构比例	47.84%	46.66%	45.94%	44.89%

3. 股份制商业银行 *

时间 项目	2012 年			
	一季度	二季度	三季度	四季度
总资产	193978	211788	220137	235271
比上年同期增长率	22.20%	27.31%	31.89%	28.01%
占银行业金融机构比例	16.07%	16.70%	17.13%	17.61%
总负债	182538	199916	207760	222130
比上年同期增长率	21.62%	27.20%	32.61%	28.40%
占银行业金融机构比例	16.14%	16.82%	17.27%	17.78%

4. 城市商业银行 *

时间 项目	2012 年			
	一季度	二季度	三季度	四季度
总资产	103349	115134	114428	123469
比上年同期增长率	28.27%	31.53%	27.77%	23.66%
占银行业金融机构比例	8.56%	9.08%	8.90%	9.24%
总负债	96214	107584	106798	115395
比上年同期增长率	27.56%	31.36%	27.95%	23.81%
占银行业金融机构比例	8.51%	9.05%	8.88%	9.24%

5. 其他类金融机构

时间 项目	2012 年			
	一季度	二季度	三季度	四季度
总资产	333406	349990	360246	377082
比上年同期增长率	21.38%	22.18%	21.26%	20.50%
占银行业金融机构比例	27.61%	27.61%	28.02%	28.22%
总负债	311144	326454	335748	351112
比上年同期增长率	21.02%	21.73%	20.87%	20.25%
占银行业金融机构比例	27.51%	27.47%	27.91%	28.10%

注：* 自 2012 年 9 月起，原深圳发展银行与原平安银行合并为新平安银行，本表数据未作可比口径调整。

2012 年银行业金融机构资产负债情况表(境内)

单位：亿元、%

1. 银行业金融机构

时间 项目	2012 年											
	1 月	2 月	3 月	4 月	5 月	6 月	7 月	8 月	9 月	10 月	11 月	12 月
总资产	1116179	1138333	1186173	1182752	1200131	1245560	1229165	1237094	1264000	1257510	1270719	1312658
比上年同期增长率	18.1%	17.9%	18.8%	18.4%	19.1%	19.6%	19.1%	18.4%	19.6%	18.4%	17.7%	17.7%
总负债	1042441	1063135	1109836	1104960	1120404	1166429	1149450	1155636	1181725	1173732	1185526	1226285
比上年同期增长率	17.7%	17.5%	18.4%	18.0%	18.8%	19.3%	18.9%	18.2%	19.4%	18.2%	17.5%	17.5%

2. 大型商业银行

时间 项目	2012 年											
	1 月	2 月	3 月	4 月	5 月	6 月	7 月	8 月	9 月	10 月	11 月	12 月
总资产	524353	531621	557424	545863	547696	570683	553605	555155	571294	560748	562333	579360
比上年同期增长率	14.3%	13.7%	14.8%	14.0%	13.7%	13.6%	13.0%	12.1%	13.1%	11.8%	11.0%	11.4%
占银行业金融机构比例	47.0%	46.7%	47.0%	46.2%	45.6%	45.8%	45.0%	44.9%	45.2%	44.6%	44.3%	44.1%
总负债	489932	496498	521908	509654	510552	534481	517346	517794	533487	522250	523274	540148
比上年同期增长率	14.0%	13.4%	14.7%	13.8%	13.4%	13.2%	12.7%	11.7%	12.7%	11.4%	10.6%	11.0%
占银行业金融机构比例	47.0%	46.7%	47.0%	46.1%	45.6%	45.8%	45.0%	44.8%	45.1%	44.5%	44.1%	44.0%

3. 股份制商业银行

项目 \ 时间	2012年											
	1月	2月	3月	4月	5月	6月	7月	8月	9月	10月	11月	12月
总资产	179028	184721	193281	196780	201352	211084	209677	212425	219401	219096	223644	234408
比上年同期增长率	20.3%	21.5%	22.1%	23.3%	24.9%	27.3%	27.1%	26.7%	31.8%	29.4%	28.1%	27.9%
占银行业金融机构比例	16.0%	16.2%	16.3%	16.6%	16.8%	16.9%	17.1%	17.2%	17.4%	17.4%	17.6%	17.9%
总负债	167966	173418	181848	185043	189436	199216	197616	200135	207029	206480	210863	221272
比上年同期增长率	19.6%	20.8%	21.5%	22.9%	24.7%	27.1%	27.3%	27.1%	32.6%	30.0%	28.7%	28.3%
占银行业金融机构比例	16.1%	16.3%	16.4%	16.7%	16.9%	17.1%	17.2%	17.3%	17.5%	17.6%	17.8%	18.0%

4. 城市商业银行*

项目 \ 时间	2012年											
	1月	2月	3月	4月	5月	6月	7月	8月	9月	10月	11月	12月
总资产	96467	98004	103349	104609	108716	115134	113887	113873	114428	114532	115915	123469
比上年同期增长率	26.2%	27.0%	28.3%	28.0%	31.2%	31.5%	32.1%	29.4%	27.8%	28.3%	26.2%	23.7%
占银行业金融机构比例	8.6%	8.6%	8.7%	8.8%	9.1%	9.2%	9.3%	9.2%	9.1%	9.1%	9.1%	9.4%
总负债	89644	91077	96214	97360	101238	107584	106393	106270	106798	106779	108057	115395
比上年同期增长率	25.3%	26.2%	27.6%	27.6%	30.9%	31.4%	32.2%	29.5%	28.0%	28.6%	26.5%	23.8%
占银行业金融机构比例	8.6%	8.6%	8.7%	8.8%	9.0%	9.2%	9.3%	9.2%	9.0%	9.1%	9.1%	9.4%

5. 其他类金融机构

项目 \ 时间	2012年											
	1月	2月	3月	4月	5月	6月	7月	8月	9月	10月	11月	12月
总资产	316329	323987	332119	335500	342368	348659	351996	355640	358878	363134	368827	375420
比上年同期增长率	21.3%	20.7%	21.0%	20.3%	21.7%	22.0%	21.2%	21.1%	21.2%	20.2%	20.2%	20.4%
占银行业金融机构比例	28.3%	28.5%	28.0%	28.4%	28.5%	28.0%	28.6%	28.7%	28.4%	28.9%	29.0%	28.6%
总负债	294899	302142	309866	312903	319178	325148	328095	331438	334411	338223	343332	349471
比上年同期增长率	21.0%	20.4%	20.6%	19.8%	21.2%	21.6%	20.7%	20.6%	20.8%	19.7%	19.9%	20.1%
占银行业金融机构比例	28.3%	28.4%	27.9%	28.3%	28.5%	27.9%	28.5%	28.7%	28.3%	28.8%	29.0%	28.5%

注：* 自2012年9月起，原深圳发展银行与原平安银行合并为新平安银行，本表数据未做可比口径调整。

2012年存款性公司概览

单位：亿元人民币

项目	2012.01	2012.02	2012.03	2012.04	2012.05	2012.06	2012.07	2012.08	2012.09	2012.10	2012.11	2012.12
国外净资产	253690.13	255520.52	258068.06	258978.41	259760.30	261277.20	262286.45	262367.62	261919.21	261131.54	259743.21	258850.91
国内信贷	691214.32	700322.71	722026.16	718888.65	725155.13	746505.22	743175.35	751852.55	772580.93	770212.03	778865.08	805593.77
对政府债权(净)	39485.34	38539.25	42117.11	38417.72	36000.47	38943.16	36289.72	38387.87	42051.38	37574.78	39094.46	50683.71
对非金融部门债权	608966.03	617221.26	629015.09	634783.46	643395.29	653562.26	659768.87	667047.65	675061.88	681268.05	687692.96	694351.52
对其他金融部门债权	42762.95	44562.19	50893.96	45687.47	45759.37	53999.80	47116.76	46417.02	55467.67	51369.20	52077.66	60558.54
货币和准货币	855898.89	867171.42	895565.50	889604.04	900048.77	924991.20	919072.40	924894.59	943688.75	936404.28	944832.35	974148.80
货币	270010.40	270312.11	277998.11	274983.82	278656.31	287526.17	283090.68	285739.27	286788.21	293309.78	296883.05	308664.23
流通中货币	59820.72	51448.78	49595.74	50199.32	49039.72	49284.64	49705.85	50235.06	53433.49	51467.71	52392.12	54659.77
单位活期存款	210189.68	218863.33	228402.38	224784.50	229616.60	238241.53	233384.83	235504.20	233354.72	241842.07	244490.93	254004.46
准货币	585888.49	596859.30	617567.38	614620.21	621392.46	637465.03	635981.72	639155.32	656900.55	643094.49	647949.31	665484.57
单位定期存款	165954.96	168850.63	177916.53	179840.99	181670.46	186605.61	188282.37	190002.31	200657.45	191726.59	192173.76	195940.13
个人存款	370563.88	372271.31	385443.46	378925.88	381242.00	396299.60	390815.03	391896.75	403174.58	396448.24	398962.19	411362.59
其他存款	49369.66	55737.36	54207.39	55853.34	58480.01	54559.82	56884.32	57256.27	53068.52	54919.67	56813.36	5818[illegible].86
不纳入广义货币的存款	17383.40	18927.58	20468.70	21842.22	22778.86	24465.36	25015.75	25289.31	25097.59	25288.61	25102.04	24454.11
债券	75599.57	78250.54	80404.83	81302.94	82875.24	85313.96	86607.41	87868.73	88415.52	88623.99	90324.20	92318.27
实收资本	28973.23	29069.42	29248.37	29371.79	29539.50	29823.50	29881.17	30128.05	30291.85	30439.35	30549.99	30945.02
其他(净)	-32950.65	-37575.73	-45593.17	-44253.94	-50326.94	-56811.61	-55114.92	-53960.51	-52993.58	-49412.65	-52200.29	-57421.53

2012年其他存款性公司资产负债表

单位：亿元人民币

项目	2012.01	2012.02	2012.03	2012.04	2012.05	2012.06	2012.07	2012.08	2012.09	2012.10	2012.11	2012.12
国外资产	25061.18	26163.25	27857.32	29735.76	30633.47	32057.32	32450.80	32677.66	31760.65	30879.84	29724.55	28798.51
储备资产	176813.39	171111.86	176421.97	173569.31	172420.11	178259.33	175435.61	177881.73	182267.80	182722.45	182043.86	197132.46
准备金存款	168894.41	166201.12	171639.13	169032.74	167952.03	173249.68	170734.06	173047.71	176523.51	177768.83	177025.54	191145.29

项目	2012.01	2012.02	2012.03	2012.04	2012.05	2012.06	2012.07	2012.08	2012.09	2012.10	2012.11	2012.12
库存现金	7918.97	4910.74	4782.85	4536.56	4468.08	5009.66	4701.55	4834.02	5744.29	4953.62	5018.33	5986.17
对政府债权	49162.18	49951.01	49853.23	50429.32	50191.25	51144.37	51836.67	54252.15	54886.77	55406.35	55379.32	56123.29
其中:中央政府	49162.18	49951.01	49853.23	50429.32	50191.25	51144.37	51836.67	54252.15	54886.77	55406.35	55379.32	56123.29
对中央银行债权	21380.75	22101.45	22898.75	20610.49	20908.06	19392.54	17354.93	16400.77	15461.48	15065.54	14387.97	12708.95
对其他存款性公司债权	169615.65	183387.67	209443.65	205974.09	211979.92	233288.44	218128.46	214673.23	222477.76	212112.14	218383.05	237024.57
对其他金融机构债权	32051.56	33925.63	40258.88	35057.94	35129.30	43374.46	36490.82	36176.36	45233.72	41136.60	41848.56	50519.92
对非金融机构债权	472184.29	479791.01	488787.60	493126.61	499626.32	507098.07	511494.59	515985.71	520718.03	525470.77	529529.15	534132.68
对其他居民部门债权	136756.74	137405.27	140202.50	141631.86	143743.98	146439.20	148249.29	151036.95	154318.86	155772.29	158138.82	160193.84
其他资产	53049.72	55259.97	53184.78	55663.76	57792.02	57630.24	58897.61	60682.42	58580.89	61644.22	63196.86	60228.57
总资产	1136075.46	1159097.12	1208908.69	1205799.14	1222424.43	1268683.98	1250338.78	1259766.99	1285705.97	1280210.20	1292632.15	1336862.79
对非金融机构及住户负债	768379.55	782916.09	816395.40	809637.96	819861.33	850305.55	842445.45	847388.67	867498.37	860685.62	865901.65	891427.87
纳入广义货币的存款	746708.51	759985.27	791762.37	783551.38	792529.05	821146.74	812482.23	817403.26	837186.75	830016.90	835626.88	861307.17
单位活期存款	210189.68	218863.33	228402.38	224784.50	229616.60	238241.53	233384.83	235504.20	233354.72	241842.07	244490.93	254004.46
单位定期存款	165954.96	168850.63	177916.53	179840.99	181670.46	186605.61	188282.37	190002.31	200657.45	191726.59	192173.76	195940.13
个人存款	370563.88	372271.31	385443.46	378925.88	381242.00	396299.60	390815.03	391896.75	403174.58	396448.24	398962.19	411362.59
不纳入广义货币的存款	17383.40	18927.58	20468.70	21842.22	22778.86	24465.36	25015.75	25289.31	25097.59	25288.61	25102.04	24454.11
可转让存款	6780.43	6927.07	7032.69	7006.15	6966.28	7541.83	7267.01	7338.32	7463.60	7975.69	8085.39	8036.07
其他存款	10602.98	12000.51	13436.00	14836.08	15812.58	16923.54	17748.74	17950.99	17634.00	17312.92	17016.66	16418.04
其他负债	4287.64	4003.25	4164.34	4244.36	4553.41	4693.44	4947.47	4696.10	5214.02	5380.12	5172.73	5666.58
对中央银行负债	18715.58	6897.45	7619.60	7873.78	8179.70	10239.47	8863.44	11263.38	14714.05	17292.99	13586.77	13903.05
对其他存款性公司负债	76511.47	85199.45	99761.62	96707.17	97101.26	108075.99	95605.81	92552.56	98311.78	91280.56	95978.15	108636.25
对其他金融性公司负债	57333.42	63201.67	60329.00	62731.95	64449.49	60753.50	63341.71	63385.06	58809.90	60385.10	62123.13	62999.21
其中:计入广义货币的存款	49369.66	55737.36	54207.39	55853.34	58480.01	54559.82	56884.32	57256.27	53068.52	54919.67	56813.36	58181.86
国外负债	8297.64	8334.06	8637.30	8804.95	8824.18	9661.35	9110.08	9337.50	8790.43	8710.85	8795.17	9900.25
债券发行	75599.57	78250.54	80404.83	81302.94	82875.24	85313.96	86607.41	87868.73	88415.52	88623.99	90324.20	92318.27
实收资本	28753.48	28849.66	29028.61	29152.04	29319.75	29603.75	29661.41	29908.30	30072.10	30219.60	30330.24	30725.27
其他负债	102484.73	105448.19	106732.31	109588.35	111813.49	114730.40	114703.47	118062.80	119093.81	123011.50	125592.84	126952.63
总负债	1136075.46	1159097.12	1208908.69	1205799.14	1222424.43	1268683.98	1250338.78	1259766.99	1285705.97	1280210.20	1292632.15	1336862.79

2012 年货币当局资产负债表

单位:亿元人民币

项目	2012.01	2012.02	2012.03	2012.04	2012.05	2012.06	2012.07	2012.08	2012.09	2012.10	2012.11	2012.12
国外资产	239596.43	240146.21	240694.62	239983.29	239912.16	239978.29	239981.89	240055.72	240190.51	240105.04	239963.43	241416.90
外汇	234139.10	234769.61	235799.52	235173.97	235159.32	235189.82	235221.27	235276.63	235297.01	235307.85	235203.83	236669.93
货币黄金	669.84	669.84	669.84	669.84	669.84	669.84	669.84	669.84	669.84	669.84	669.84	669.84
其他国外资产	4787.49	4706.76	4225.27	4139.48	4082.99	4118.63	4090.77	4109.25	4223.66	4127.35	4089.76	4077.13
对政府债权	15399.73	15399.73	15349.06	15349.06	15349.06	15349.06	15313.69	15313.69	15313.69	15313.69	15313.69	15313.69
其中:中央政府	15399.73	15399.73	15349.06	15349.06	15349.06	15349.06	15313.69	15313.69	15313.69	15313.69	15313.69	15313.69
对其他存款性公司债权	22525.74	10302.27	10551.50	10793.07	11048.23	13303.72	11820.33	14336.45	17901.80	20443.37	16548.06	16701.08
对其他金融性公司债权	10711.39	10636.56	10635.08	10629.52	10630.07	10625.33	10625.94	10240.67	10233.95	10232.60	10229.10	10038.62
对非金融性部门债权	24.99	24.99	24.99	24.99	24.99	24.99	24.99	24.99	24.99	24.99	24.99	24.99
其他资产	6765.76	6766.73	6767.13	6771.80	6790.24	6789.65	6813.43	6003.44	5992.82	6184.73	7798.13	11041.91
总资产	295024.05	283276.49	284022.38	283551.73	283754.74	286071.05	284580.27	285974.95	289657.75	292304.42	289877.39	294537.19
储备货币	237391.70	223343.11	226684.28	224365.65	221952.79	228050.85	225528.76	228487.35	236032.58	234515.97	234898.20	252345.17
货币发行	67739.73	56359.54	54378.61	54735.91	53507.82	54294.32	54407.42	55069.10	59177.80	56421.35	57410.47	60645.97
其他存款性公司存款	169651.98	166983.56	172305.67	169629.74	168444.97	173756.53	171121.34	173418.25	176854.78	178094.61	177487.73	191699.20
不计入储备货币的金融性公司存款	928.02	951.43	1106.94	1106.15	1153.54	1182.27	1239.82	1279.18	1297.06	1286.74	1333.84	1348.85
发行债券	23227.88	23109.24	21439.97	19668.53	18777.97	18690.90	17927.60	17811.73	17464.18	16798.06	15812.60	13880.00
国外负债	2669.84	2454.88	1846.58	1935.70	1961.14	1097.06	1036.16	1028.26	1241.52	1142.48	1149.60	1464.24
政府存款	25076.57	26811.49	23085.18	27360.66	29539.83	27550.26	30860.63	31177.96	28149.08	33145.25	31598.55	20753.27
自有资金	219.75	219.75	219.75	219.75	219.75	219.75	219.75	219.75	219.75	219.75	219.75	219.75
其他负债	5510.29	6386.59	9639.68	8895.30	10149.71	9279.95	7767.55	5970.72	5253.58	5196.17	4864.85	4525.91
总负债	295024.05	283276.49	284022.38	283551.73	283754.74	286071.05	284580.27	285974.95	289657.75	292304.42	289877.39	294537.19

2012 年货币供应量

单位:亿元人民币

项目	2012.01	2012.02	2012.03	2012.04	2012.05	2012.06	2012.07	2012.08	2012.09	2012.10	2012.11	2012.12
货币和准货币(M2)	855898.89	867171.42	895565.50	889604.04	900048.77	924991.20	919072.40	924894.59	943688.75	936404.28	944832.40	974148.80
货币(M1)	270010.40	270312.11	277998.11	274983.82	278656.31	287526.17	283090.68	285739.27	286788.21	293309.78	296883.00	308664.23
流通中货币(M0)	59820.72	51448.78	49595.74	50199.32	49039.72	49284.64	49705.85	50235.06	53433.49	51467.71	52392.12	54659.77

注:1. 自 2011 年 10 月起,货币供应量已包括住房公积金中心存款和非存款类金融机构在存款类金融机构的存款。
2. 本表为正式数。

2012 年黄金和外汇储备

单位:亿元人民币

项目	2012.01	2012.02	2012.03	2012.04	2012.05	2012.06	2012.07	2012.08	2012.09	2012.10	2012.11	2012.12
黄金储备(万盎司)	3389	3389	3389	3389	3389	3389	3389	3389	3389	3389	3389	3389
国家外汇储备(亿美元)	32536.31	33096.57	33049.71	32989.13	32061.09	32400.05	32399.52	32729.01	32850.95	32874.26	32976.71	33115.89

2012 年汇率

项目	2012.01	2012.02	2012.03	2012.04	2012.05	2012.06	2012.07	2012.08	2012.09	2012.10	2012.11	2012.12
项目	2012.01	2012.02	2012.03	2012.04	2012.05	2012.06	2012.07	2012.08	2012.09	2012.10	2012.11	2012.12
特别提款权单位折合人民币(期末数)	9.7896	9.8291	9.7504	9.7354	9.5683	9.5984	9.5507	9.6570	9.7790	9.7059	9.6527	9.6603
美元折合人民币(期末数)	6.3115	6.2919	6.2943	6.2787	6.3355	6.3249	6.3320	6.3449	6.3410	6.3002	6.2892	6.2855
美元折合人民币(平均数)	6.3168	6.3000	6.3081	6.2966	6.3062	6.3178	6.3235	6.3404	6.3395	6.3144	6.2953	6.2900

2012 年金融机构本外币信贷收支表

单位:亿元人民币

项目	2012.01	2012.02	2012.03	2012.04	2012.05	2012.06	2012.07	2012.08	2012.09	2012.10	2012.11	2012.12
来源方项目												
一、各项存款	819680.66	837339.27	868448.71	865162.54	878425.04	908693.54	904177.43	909441.81	925888.95	923157.46	927731.92	943102.27
1. 单位存款	395980.48	409396.80	429973.87	429593.89	437323.87	452298.46	450272.75	454675.39	462566.64	462465.51	465952.99	478730.20
其中:活期存款	174808.66	181024.18	187983.86	186044.36	189889.35	196430.14	193016.51	193505.35	192431.77	198707.15	201571.24	211576.12
定期存款	107960.51	110561.90	115318.06	117088.40	119353.12	123059.25	126315.98	128741.66	131445.74	130503.94	130414.03	132050.45
通知存款	14462.21	14063.89	15496.67	15111.57	15031.57	15579.59	14421.86	13844.30	21311.97	15147.49	15675.57	17390.20
保证金存款	46410.11	48057.56	51398.68	52305.42	53451.81	55370.85	55524.33	55635.29	55953.00	54429.96	54044.65	54372.10
2. 个人存款	374645.99	375973.93	389383.75	382930.92	385565.64	400628.68	395037.70	396144.22	407855.94	400942.37	402850.64	415549.87
其中:储蓄存款	361105.16	362003.97	372971.16	366889.39	371111.57	385247.73	380230.04	383767.76	394058.71	389293.08	392559.59	403704.44
保证金存款	321.45	355.56	382.50	399.82	467.60	487.56	499.56	489.30	506.58	516.65	523.04	529.65
结构性存款	13219.38	13614.39	16030.09	15641.71	13986.47	14893.40	14308.10	11887.15	13290.65	11132.64	9768.00	11315.78
3. 财政性存款	29726.82	30944.63	26886.79	31230.43	33881.88	31522.21	35796.11	36202.02	32504.06	37309.98	36161.54	24426.88
4. 临时性存款	2220.64	2390.10	2059.93	2180.23	2228.12	2707.45	2133.67	1989.64	2089.44	2193.27	2249.34	1926.03
5. 委托存款	254.55	435.73	392.01	416.61	187.64	177.26	273.45	188.67	140.67	210.37	217.48	227.91
6. 其他存款	16852.18	18198.08	19752.36	18810.45	19237.89	21359.48	20663.76	20241.87	20732.21	20035.97	20299.94	22241.38
二、金融债券	8904.31	8985.89	9081.66	8509.15	7713.92	7278.86	8305.45	8538.33	7729.69	7898.18	7302.26	8590.10
三、对国际金融机构负债	741.11	765.88	765.54	756.47	793.61	780.41	780.47	796.94	793.58	830.67	839.34	827.68
四、其他	-121666.88	-129542.62	-147179.74	-136587.66	-140951.90	-157881.33	-147430.03	-142401.0	-145303.02	-135968.05	-133231.82	-139437.77
资金来源总计	707659.20	717548.42	731116.17	737840.50	745980.68	758871.48	765833.32	776376.06	789109.20	795918.25	802641.71	813082.29
运用方项目												
一、各项贷款	589087.70	596615.35	607690.42	614515.97	623070.30	633249.91	638762.22	646620.80	654588.10	660675.10	666868.33	672874.61
(一)境内贷款	577917.73	585270.69	596266.52	602922.14	611336.84	621211.50	626618.85	634005.22	641828.48	647809.85	653883.12	659210.00
1. 短期贷款	220284.28	224202.91	230517.61	232642.78	235713.48	242064.17	243732.31	246647.53	253452.06	257309.39	262112.12	268152.19
2. 中长期贷款	337783.18	339930.30	342931.34	344882.71	347680.02	350514.61	352565.71	355524.67	358492.21	361176.48	362654.60	363894.22
3. 融资租赁	4363.01	4506.50	4732.67	4875.79	5054.17	5372.61	5502.39	5647.84	5817.00	5929.54	6069.47	6081.60
4. 票据融资	15221.06	16327.00	17717.14	20124.51	22446.69	22789.92	24315.55	25628.33	23457.82	22725.04	22349.21	20447.40
5. 各项垫款	266.20	303.99	367.76	396.35	442.49	470.19	502.88	556.86	609.38	669.39	697.71	634.58

项目	2012.01	2012.02	2012.03	2012.04	2012.05	2012.06	2012.07	2012.08	2012.09	2012.10	2012.11	2012.12
(二)境外贷款	11169.98	11344.66	11423.89	11593.83	11733.45	12038.41	12143.37	12615.57	12759.62	12865.25	12985.21	13664.61
二、有价证券	100051.20	101932.58	102980.73	103101.17	103315.10	105436.00	107211.93	109810.23	111270.81	112584.14	112970.97	114617.26
三、股权及其他投资	16136.58	16628.69	18069.25	17855.60	17248.29	17837.31	17540.92	17618.88	20907.33	20308.49	20483.92	23279.97
四、黄金占款	669.84	669.84	669.84	669.84	669.84	669.84	669.84	669.84	669.84	669.84	669.84	669.84
五、在国际金融机构资产	1713.87	1701.96	1705.93	1697.92	1677.15	1678.42	1648.41	1656.32	1673.11	1680.69	1648.65	1640.60
资金运用总计	707659.20	717548.42	731116.17	737840.50	745980.68	758871.48	765833.32	776376.06	789109.20	795918.25	802641.71	813082.29

注:①本表机构包括:中国人民银行、银行业存款类金融机构、信托投资公司、金融租赁公司和汽车金融公司。
②银行业存款类金融机构包括银行、信用社和财务公司。
③本表为正式数。

2012 年金融机构人民币信贷收支表

单位:亿元人民币

项目	2012.01	2012.02	2012.03	2012.04	2012.05	2012.06	2012.07	2012.08	2012.09	2012.10	2012.11	2012.12
来源方项目												
一、各项存款	801385.32	817398.08	846931.70	842275.28	854499.67	883068.72	878062.30	883106.28	899647.06	896846.62	901585.93	917554.77
1. 单位存款	383313.80	395091.10	414030.38	412363.93	419248.76	432859.65	430046.94	434076.66	442011.48	441927.39	445552.97	458821.04
其中:活期存款	167906.57	173983.76	180828.38	178932.56	182823.62	188782.35	185647.81	186069.48	184864.31	190624.92	193388.00	203448.39
定期存款	104670.07	106647.24	110799.49	111873.25	113817.10	117022.30	119628.09	121888.28	124679.86	123834.88	123646.16	125446.87
通知存款	14084.46	13677.99	15059.11	14704.67	14600.53	15228.77	14059.76	13419.67	20820.74	14782.97	15297.95	17484.33
保证金存款	44577.77	45405.72	47948.68	48225.55	48839.40	50376.78	50104.46	50067.29	50447.57	49206.49	49155.11	49768.54
2. 个人存款	370311.73	371774.79	385098.18	378577.44	381088.30	396115.80	390538.40	391667.16	403411.92	396410.47	398293.95	411002.77
其中:储蓄存款	357379.30	358370.51	369224.34	363118.95	367242.08	381342.53	376337.78	379880.52	390146.52	385223.33	388435.15	399551.04
保证金存款	312.37	346.07	373.54	389.92	457.61	477.33	488.71	477.92	494.85	504.85	511.02	517.84
结构性存款	12620.06	13058.21	15500.30	15068.56	13388.62	14295.94	13711.91	11308.73	12770.55	10682.30	9347.78	10933.88
3. 财政性存款	29726.23	30944.43	26886.59	31230.04	33881.71	31522.05	35796.03	36201.77	32503.79	37309.72	36161.06	24426.41
4. 临时性存款	1773.32	1903.28	1707.14	1794.98	1788.45	1982.71	1650.68	1555.50	1724.14	1698.29	1822.48	1632.54
5. 委托存款	253.54	434.38	390.84	415.02	185.77	175.89	272.10	187.61	139.62	209.35	216.16	226.86
6. 其他存款	16006.72	17250.10	18818.57	17893.86	18306.68	20412.63	19758.15	19417.57	19856.10	19291.40	19539.32	21445.16
二、金融债券	8682.87	8796.48	9016.72	8447.32	7625.97	7220.72	8261.13	8501.13	7695.27	7881.28	7288.85	8487.57
三、流通中货币	59820.72	51448.78	49595.74	50199.32	49039.72	49284.64	49705.85	50235.06	53433.49	51467.71	52392.12	54659.77
四、对国际金融机构负债	741.11	765.88	765.54	756.47	793.61	780.41	780.47	796.94	793.58	830.67	839.34	827.68
五、其他	53822.55	55771.19	41826.09	52657.33	50327.17	34364.62	44449.63	48055.78	41259.63	51645.24	51558.13	42537.69
资金来源总计	924452.58	934180.42	948135.79	954335.72	962286.13	974719.11	981259.38	990695.19	1002829.03	1008671.53	1013664.37	1024067.49
运用方项目												
一、各项贷款	555253.05	562360.40	572474.82	579292.11	587224.43	596422.59	601823.80	608863.25	615089.48	620143.19	625363.56	629909.64
(一)境内贷款	553664.75	560753.17	570829.47	577600.66	585498.74	594661.73	600059.44	607095.96	613331.37	618375.37	623591.66	628100.53
1. 短期贷款	206309.12	210007.58	215703.87	218005.46	220672.96	226373.85	227989.01	230658.66	235942.48	238715.34	242651.34	248272.76
2. 中长期贷款	327677.15	329785.87	332492.44	334385.82	337077.18	339859.76	341958.91	344819.23	347726.86	350563.65	352047.41	352907.42
3. 融资租赁	4250.57	4393.16	4620.89	4763.41	4941.48	5252.77	5381.71	5526.65	5696.40	5807.03	5946.19	5930.98
4. 票据融资	15204.75	16310.40	17699.90	20106.32	22426.53	22767.68	24293.22	25607.58	23437.26	22705.15	22333.24	20433.24
5. 各项垫款	223.15	256.16	312.37	339.65	380.58	407.68	436.59	483.83	528.37	584.20	613.48	556.13
(二)境外贷款	1588.30	1607.23	1645.34	1691.45	1725.69	1760.86	1764.36	1767.28	1758.11	1767.82	1771.90	1809.11
二、有价证券	97253.06	99160.74	100323.21	100511.87	100901.75	103046.87	104631.99	107088.24	108368.10	109501.42	109905.76	111680.87
三、股权及其他投资	14566.35	15039.92	16468.07	16275.78	15690.45	16288.01	15910.18	16016.70	19320.87	18752.52	18888.92	21633.05
四、黄金占款	669.84	669.84	669.84	669.84	669.84	669.84	669.84	669.84	669.84	669.84	669.84	669.84
五、外汇占款	254996.41	255247.56	256493.92	255888.21	256122.52	256613.37	256575.17	256400.83	257707.62	257923.87	257187.64	258533.48
六、在国际金融机构资产	1713.87	1701.96	1705.93	1697.92	1677.15	1678.42	1648.41	1656.32	1673.11	1680.69	1648.65	1640.60
资金运用总计	924452.58	934180.42	948135.79	954335.72	962286.13	974719.11	981259.38	990695.19	1002829.03	1008671.53	1013664.37	1024067.49

注:①本表机构包括:中国人民银行、银行业存款类金融机构、信托投资公司、金融租赁公司和汽车金融公司。
②银行业存款类金融机构包括:银行、信用社和财务公司。
③本表为正式数。

2012 年中资全国性大型银行人民币信贷收支表

单位:亿元人民币

项目	2012.01	2012.02	2012.03	2012.04	2012.05	2012.06	2012.07	2012.08	2012.09	2012.10	2012.11	2012.12
来源方项目												

项目	2012.01	2012.02	2012.03	2012.04	2012.05	2012.06	2012.07	2012.08	2012.09	2012.10	2012.11	2012.12
一、各项存款	457912.24	466233.81	488902.72	477265.42	480905.92	501784.92	491219.49	492213.93	506751.03	496061.61	496677.61	512774.40
1. 单位存款	199721.98	207326.18	219036.45	214034.28	216606.45	225555.27	220728.55	222580.34	228044.59	225084.55	225250.33	231975.06
其中:活期存款	90820.52	94690.84	99085.09	96538.40	98530.99	102935.57	100565.70	100353.04	100530.94	102332.83	102929.83	108074.44
定期存款	54449.95	55425.86	57950.18	58132.14	58891.90	60195.63	60972.07	62247.90	63739.21	63224.68	62620.13	62510.53
通知存款	5873.51	6050.27	6776.48	6138.09	6069.85	7057.08	5742.90	5561.54	10281.66	6410.52	6337.83	8110.01
保证金存款	14357.23	14499.48	15262.47	14733.60	14645.96	14996.59	14177.68	13763.25	14164.99	13397.44	13220.47	13570.75
2. 个人存款	247668.68	247540.41	257257.46	251738.24	252471.68	262447.31	257303.50	256990.57	265646.02	258500.03	258962.07	266647.99
其中:储蓄存款	237253.30	236700.99	244334.58	239348.94	241506.94	250834.89	246409.43	248506.71	256063.23	250802.52	252566.02	259043.15
保证金存款	46.98	56.42	55.94	54.03	56.31	53.26	59.54	64.77	64.04	62.50	62.89	56.80
结构性存款	10368.39	10782.99	12866.94	12335.27	10908.42	11559.16	10834.52	8419.09	9518.76	7635.01	6333.16	7548.04
3. 临时性存款	797.60	860.94	851.54	825.33	932.44	965.45	887.29	837.96	850.56	918.26	923.32	970.45
4. 其他存款	9723.99	10506.28	11757.27	10667.58	10895.36	12816.89	12300.16	11805.06	12209.86	11558.77	11541.89	13180.89
二、金融债券	50921.14	52224.34	53137.43	53231.72	54158.31	56132.21	56847.24	57885.75	57967.13	58041.93	59315.55	60359.27
三、向中央银行借款	39.43	50.50	78.93	77.08	83.98	89.94	85.03	96.86	103.65	101.05	104.81	406.13
四、同业往来(来源方)	30950.16	36889.29	39294.12	37228.69	36149.66	36781.46	30468.33	31316.17	31012.71	29594.12	31820.14	34380.97
五、其他	14251.59	4849.07	-5639.58	3796.52	2399.22	-5666.94	3527.99	6580.05	1725.02	11845.02	10004.79	184.42
资金来源总计	554074.55	560247.01	575773.63	571599.43	573697.09	589121.59	582148.08	588092.77	597559.55	595643.73	597922.89	608105.18
运用方项目												
一、各项贷款	306610.15	310356.53	314360.30	317998.45	321457.47	324453.19	327728.35	330748.07	333351.54	336683.40	338975.25	341091.84
(一)境内贷款	305917.36	309659.19	313630.28	317226.42	320662.59	323657.37	326933.50	329962.12	332576.49	335906.18	338205.97	340305.57
1. 短期贷款	81959.14	83451.39	85802.06	86998.95	87901.63	89530.80	90225.98	90868.37	92446.80	93564.19	94942.79	96860.84
2. 中长期贷款	218821.44	220534.16	222186.97	223538.50	225134.28	226827.19	228705.65	230448.70	232377.77	234480.17	235406.62	236274.97
3. 融资租赁												
4. 票据融资	5039.47	5565.80	5510.58	6552.26	7471.91	7131.46	7828.51	8459.37	7552.49	7651.27	7638.18	6964.87
5. 各项垫款	97.31	107.85	130.68	136.72	154.78	167.92	173.35	185.68	199.43	210.55	218.39	204.89
(二)境外贷款	692.79	697.34	730.02	772.02	794.88	795.81	794.86	785.95	775.05	777.22	769.27	786.27
二、有价证券	118980.98	121276.01	121692.50	120681.47	120844.91	123199.54	124434.79	126567.77	127360.84	127415.19	127969.71	126894.54
三、股权及其他投资	9776.78	10160.99	10777.35	10735.09	9557.21	9744.26	9569.12	9294.49	10363.87	9325.48	8921.18	9936.83
四、缴存准备金存款	92995.87	90700.19	94966.39	90783.54	91067.46	94052.95	91199.04	92242.72	94324.14	93531.76	92688.47	96974.20
五、同业往来(运用方)	25710.77	27753.29	33977.09	31400.88	30770.04	37671.65	29216.78	29239.72	32159.16	28687.90	29368.29	33207.77
资金运用总计	554074.55	560247.01	575773.63	571599.43	573697.09	589121.59	582148.08	588092.77	597559.55	595643.73	597922.89	608105.18

注:①本表机构指本外币资产总量大于等于2万亿元的银行(以2008年末各金融机构本外币资产总额为参考标准),包括:工行、建行、农行、中行、国开行、交行和邮政储蓄银行。
②本表为正式数。

2012年中资全国性中小型银行人民币信贷收支表

单位:亿元人民币

项目	2012.01	2012.02	2012.03	2012.04	2012.05	2012.06	2012.07	2012.08	2012.09	2012.10	2012.11	2012.12
来源方项目												
一、各项存款	171391.89	174329.83	181731.65	182748.99	186341.39	194272.75	193260.38	195451.99	199803.22	199936.35	202401.53	208778.74
1. 单位存款	121741.61	124190.78	129244.79	130946.70	133791.66	137913.11	137805.04	139247.12	142209.62	143004.26	145065.64	149099.97
其中:活期存款	41624.63	42768.71	44070.37	43974.52	45329.15	46736.85	45565.47	45838.76	45353.96	47435.70	48642.64	51440.62
定期存款	33169.74	33848.03	35011.26	35429.11	36148.78	37586.14	38448.22	39133.69	40290.58	40181.69	40302.81	41269.74
通知存款	6345.95	5766.33	6395.58	6551.90	6498.95	6214.87	6082.36	5835.25	8267.83	6220.84	6552.56	7212.67
保证金存款	24768.33	25410.99	26865.43	27464.89	27972.41	28973.25	29356.28	29626.74	29543.08	29073.85	29090.38	29295.23
2. 个人存款	37232.70	37254.62	39368.93	38493.00	39205.76	42229.77	41147.79	41762.59	43433.48	42947.66	43199.76	45968.70
其中:储蓄存款	34747.83	34729.50	36462.95	35492.61	36419.16	39181.92	37977.05	38605.02	39919.06	39629.20	39932.97	42320.25
保证金存款	249.05	273.10	299.80	317.40	381.42	403.21	407.89	390.30	407.54	418.13	422.76	434.21
结构性存款	2235.82	2252.02	2606.18	2682.98	2405.19	2644.64	2762.86	2767.27	3106.88	2900.32	2844.03	3214.23
3. 临时性存款	710.06	717.84	571.44	640.85	585.10	665.10	498.54	464.65	534.56	501.88	551.92	404.13
4. 其他存款	11707.52	12166.60	12546.50	12668.44	12758.87	13464.78	13809.02	13977.52	13625.57	13482.55	13584.21	13305.94
二、金融债券	24027.77	25339.12	26708.22	27548.61	28223.15	28727.92	29252.31	29475.10	29972.57	30109.78	30595.69	31459.16
三、向中央银行借款	2996.54	2917.80	3023.22	3047.86	3088.46	3113.77	3121.58	3140.38	3173.23	3141.54	3106.44	3384.25
四、同业往来(来源方)	35841.39	40345.03	42043.29	45813.87	48386.50	49147.50	49435.93	49325.14	48979.97	49284.93	53035.05	58135.68
五、其他	6446.70	2412.15	664.52	-2397.08	-6312.20	-5594.36	-7808.76	-5760.66	-4090.13	-4060.74	-5689.37	-5219.52
资金来源总计	240704.29	245343.92	254170.90	256762.25	259727.30	269667.59	267261.44	271631.95	277838.85	278411.87	283449.34	296538.31

项目	2012.01	2012.02	2012.03	2012.04	2012.05	2012.06	2012.07	2012.08	2012.09	2012.10	2012.11	2012.12
运用方项目												
一、各项贷款	146399.28	147851.30	151131.09	152601.79	155333.55	158434.47	159785.90	162129.17	163669.96	164795.11	166620.15	168365.01
(一)境内贷款	145593.45	147038.30	150312.22	151777.93	154497.49	157563.81	158910.56	161242.48	162781.54	163899.61	165712.48	167435.84
1. 短期贷款	70338.44	71533.91	73300.51	73572.90	74347.12	76990.09	77672.73	79125.56	81492.79	82769.78	84748.58	87650.82
2. 中长期贷款	70988.61	71102.68	71588.69	71768.91	72346.95	72663.40	72736.99	73138.39	73585.69	73987.93	74210.27	73950.56
3. 融资租赁	0.01	0.01	0.01	0.01	0.01	0.01	0.01	0.01	0.01	0.01	0.01	0.00
4. 票据融资	4168.35	4286.02	5290.77	6289.25	7636.90	7733.92	8307.06	8757.81	7456.67	6857.47	6449.47	5558.91
5. 各项垫款	98.04	115.68	132.24	146.87	166.51	176.39	193.78	220.71	246.39	284.43	304.15	275.54
(二)境外贷款	805.83	813.00	818.86	823.86	836.06	870.66	875.34	886.69	888.42	895.50	907.67	929.18
二、有价证券	34573.79	35794.08	36212.83	37139.68	38139.54	39863.50	39887.38	40642.16	41551.26	42029.06	43059.80	44478.19
三、股权及其他投资	2387.91	2455.14	3004.50	2809.11	3280.11	3700.71	3219.55	3320.80	5223.55	5639.54	6231.36	7239.12
四、缴存准备金存款	34805.93	34238.10	34625.33	36066.87	34829.00	36191.96	36502.12	37595.25	37924.62	40023.32	39401.94	42896.75
五、同业往来(运用方	22537.38	25005.30	29197.16	28144.80	28145.11	31476.95	27866.50	27944.58	29469.46	25924.84	28136.09	33559.23
资金运用总计	240704.29	245343.92	254170.90	256762.25	259727.30	269667.59	267261.44	271631.95	277838.85	278411.87	283449.34	296538.31

注:①本表机构指本外币资产总量小于2万亿元且跨省经营的银行(以2008年末各金融机构本外币资产总额为参考标准)。

②本表为正式数。

2012 年中资全国性四家大型银行人民币信贷收支表

单位:亿元人民币

项目	2012.01	2012.02	2012.03	2012.04	2012.05	2012.06	2012.07	2012.08	2012.09	2012.10	2012.11	2012.12
来源方项目												
一、各项存款	382460.78	389164.52	408690.57	398226.73	400701.56	417674.18	408580.14	409154.79	421178.41	411067.22	410576.04	423872.85
1. 单位存款	172813.29	179435.82	189572.96	185129.44	186906.18	194159.13	190395.99	192180.86	196641.91	193814.99	193360.31	198464.94
其中:活期存款	78860.57	82264.74	86332.97	83629.17	84884.34	88549.44	86557.39	86301.68	86630.77	87706.47	88090.35	92514.79
定期存款	47896.48	48722.68	51080.95	51301.58	52099.39	53145.41	53840.97	54965.05	56456.76	55971.55	55329.24	55201.89
通知存款	4803.79	4959.51	5378.34	5227.17	5151.79	5889.77	4916.24	4730.82	8794.87	5627.13	5479.06	6836.48
保证金存款	11112.21	11115.68	11531.84	10952.85	10806.62	11113.37	10337.80	9983.99	10294.79	9678.34	9434.08	9649.90
2. 个人存款	202674.29	202016.39	210283.51	205275.45	205756.85	213756.63	209011.57	208437.16	215705.77	208938.56	208899.31	215459.12
其中:储蓄存款	192815.21	191622.65	197911.08	193557.99	195416.87	202907.76	199145.75	201095.15	207480.43	202527.91	203755.54	209027.73
保证金存款	43.78	53.01	52.38	50.39	52.22	49.35	55.23	60.33	59.37	58.48	58.93	53.25
结构性存款	9815.30	10340.73	12320.04	11667.07	10287.76	10799.52	9810.60	7281.68	8165.97	6352.17	5084.85	6378.14
3. 临时性存款	758.29	829.71	792.08	799.10	907.11	929.92	865.94	816.06	821.24	893.26	896.55	946.69
4. 其他存款	6214.91	6882.59	8042.02	7022.73	7131.41	8828.50	8306.63	7720.71	8009.48	7420.40	7419.87	9002.09
二、金融债券	5564.39	5564.31	5568.33	5573.11	5560.26	5748.84	5764.11	5779.32	5762.43	5766.27	6392.03	6880.11
三、向中央银行借款	36.99	49.58	76.35	73.03	78.55	79.52	72.67	84.45	90.21	88.35	87.75	80.89
四、同业往来(来源方)	25998.10	30916.24	33247.20	30738.41	29492.73	30217.50	24039.54	25768.57	25840.38	24409.65	26495.97	29004.38
五、其他	16659.43	7967.53	-1146.19	7530.97	6753.62	922.89	9143.17	11391.88	7855.13	16849.58	16164.53	7741.02
资金来源总计	430719.70	433662.18	446436.26	442142.25	442586.72	454642.93	447599.63	452179.01	460726.56	458181.08	459716.32	467579.26
运用方项目												
一、各项贷款	233694.60	236287.14	239233.36	241866.34	244396.70	246278.77	248650.56	250842.43	252503.34	254708.12	256388.97	257645.70
(一)境内贷款	233227.23	235821.05	238766.64	241401.43	243934.13	245815.38	248189.24	250382.99	252044.67	254249.03	255929.33	257185.89
1. 短期贷款	68822.10	70258.89	72258.40	73339.34	74099.53	75341.72	75952.49	76351.36	77522.05	78417.72	79433.43	80923.33
2. 中长期贷款	160103.50	160964.14	161876.50	162535.35	163500.40	164338.36	165446.10	166717.14	167922.41	169115.18	169849.35	170210.55
3. 融资租赁												
4. 票据融资	4220.24	4508.76	4523.07	5412.62	6207.97	5998.14	6648.31	7161.03	6437.32	6548.09	6480.29	5903.55
5. 各项垫款	81.39	89.25	108.67	114.13	126.23	137.16	142.34	153.46	162.90	168.05	166.26	148.46
(二)境外贷款	467.37	466.09	466.72	464.91	462.57	463.40	461.31	459.45	458.67	459.08	459.64	459.81
二、有价证券	100629.24	102675.28	102917.08	102148.35	102312.36	104033.61	104830.65	106291.98	106403.09	106305.17	106745.20	105781.56
三、股权及其他投资	5132.45	5519.15	6133.90	6092.95	4918.01	5123.22	5121.78	4847.14	6153.73	5365.16	4985.80	6010.14
四、缴存准备金存款	77628.56	74741.08	79602.98	75077.51	75296.04	77894.41	74541.10	74792.22	77963.45	76552.36	75653.49	79658.51
五、同业往来(运用方)	13634.85	14439.53	18548.95	16957.10	15663.61	21312.92	14455.54	15405.23	17702.96	15250.28	15942.87	18483.34
资金运用总计	430719.70	433662.18	446436.26	442142.25	442586.72	454642.93	447599.63	452179.01	460726.56	458181.08	459716.32	467579.26

注:①本表机构包括:工行、建行、农行、中行。

②本表为正式数。

2012 年全国银行间同业拆借市场交易期限分类统计表

单位:亿元人民币

	1 天		7 天		14 天		20 天	
	交易量	加权平均利率(%)	交易量	加权平均利率(%)	交易量	加权平均利率(%)	交易量	加权平均利率(%)
2011 年累计	273200.38		42400.83		9986.13		2282.87	
2012.01	15741.09	4.21	3304.83	4.55	956.22	5.64	85.17	6.01
2012.02	27771.19	3.22	3542.52	4.06	663.60	4.38	37.40	4.67
2012.03	42523.63	2.47	4190.63	3.20	922.16	3.70	198.30	4.08
2012.04	37186.12	3.18	2986.23	3.86	563.41	3.89	121.00	4.07
2012.05	50006.52	2.13	2275.83	2.98	702.00	3.15	47.50	3.34
2012.06	36645.98	2.65	3573.24	3.26	591.23	3.14	112.20	3.36
2012.07	42053.07	2.68	3839.81	3.52	730.70	3.76	227.60	3.58
2012.08	34302.66	2.72	3631.09	3.54	796.85	3.79	151.74	3.78
2012.09	30994.33	2.79	3538.42	3.54	2022.45	3.67	360.54	3.48
2012.10	22345.17	2.73	3658.10	3.17	1361.97	3.59	209.10	3.76
2012.11	32077.85	2.41	3501.56	3.26	1111.75	3.40	227.60	3.70
2012.12	31166.72	2.36	3891.42	3.50	1645.85	3.77	591.51	3.99
2012 年累计	402814.34		41933.68		12068.18		2369.66	

	30 天		60 天		90 天		120 天	
	交易量	加权平均利率(%)	交易量	加权平均利率(%)	交易量	加权平均利率(%)	交易量	加权平均利率(%)
2011 年累计	2705.04		1119.53		1673.67		350.73	
2012.01	303.24	6.04	58.65	6.08	14.05	5.76		
2012.02	389.52	5.03	209.23	5.14	129.58	5.32	1.40	5.40
2012.03	203.98	4.21	25.53	4.29	59.95	4.92	2.60	4.20
2012.04	447.53	4.05	38.70	4.30	24.43	5.70	2.00	5.35
2012.05	80.87	3.58	27.44	4.00	78.92	4.47	10.00	3.27
2012.06	304.61	3.15	14.08	3.90	39.84	4.76	2.50	4.21
2012.07	321.94	3.93	93.65	3.21	49.46	4.19	0.50	3.20
2012.08	546.18	3.64	157.60	3.67	120.90	3.84		
2012.09	422.07	4.03	61.55	4.11	90.58	4.10	0.17	4.50
2012.10	545.95	3.88	160.10	3.71	249.24	3.78		
2012.11	429.75	3.77	500.23	3.77	186.40	4.07	42.00	4.37
2012.12	480.59	4.09	278.81	4.27	126.15	4.62	20.00	4.20
2012 年累计	4476.23		1625.57		1169.51		81.17	

	6 个月		9 个月		1 年			
	交易量	加权平均利率(%)	交易量	加权平均利率(%)	交易量	加权平均利率(%)		
2011 年累计	600.52		38.74		53.61			
2012.01	25.30	5.81						
2012.02	16.50	5.09						
2012.03	86.49	4.75	11.90	4.69	5.28	4.95		
2012.04	22.60	4.67			20.00	4.67		
2012.05	27.00	4.05	0.40	4.20	6.06	4.67		
2012.06	17.40	3.68	0.14	4.70	4.90	4.45		
2012.07	19.05	3.50	2.00	3.60	3.64	3.95		
2012.08	5.50	3.78			9.50	4.24		
2012.09	10.95	4.47	3.00	4.40	19.70	4.35		
2012.10	98.00	4.12			0.50	4.60		
2012.11	32.30	4.46	6.50	4.80	15.00	5.00		
2012.12	18.30	4.48	5.00	4.25	12.43	5.08		
2012 年累计	379.39		28.94		97.00			

2012 年全国银行间市场债券质押式回购交易期限分类统计表

单位:亿元、%

时期	1 天		7 天		14 天		21 天		1 个月		2 个月	
	成交金额	加权平均利率	成交金额	加权平均利率	成交金额	加权平均利率	成交金额	加权平均利率	成交金额	加权平均利率	成交金额	加权平均利率
2011 年累计	728666.72		157022.96		43834.24		11335.15		13804.02		5132.77	
2012.01	48421.56	4.41	10295.02	4.45	4999.48	6.23	1126.51	6.25	1625.75	6.81	952.91	6.46
2012.02	72379.73	3.33	17715.96	4.16	3256.04	4.62	364.99	5.07	846.59	4.95	1580.18	5.06
2012.03	105576.93	2.48	17410.67	3.19	4953.32	3.70	963.17	3.87	972.67	4.14	861.92	4.30
2012.04	91593.54	3.17	13320.34	3.85	3225.11	3.92	596.90	4.01	853.81	4.06	396.04	4.08
2012.05	122484.28	2.12	12067.96	2.94	2042.18	3.08	213.94	3.02	805.36	3.34	469.18	3.86
2012.06	107779.87	2.70	17398.85	3.23	3953.10	3.46	968.09	3.60	1556.32	3.26	282.22	3.76
2012.07	103899.83	2.69	17989.63	3.49	3908.68	3.73	625.86	3.63	1023.12	3.45	346.37	3.39
2012.08	100952.84	2.73	15740.10	3.48	3759.98	3.59	407.70	3.75	1159.36	3.58	865.99	3.52
2012.09	90381.70	2.87	10886.02	3.42	5440.27	3.80	1962.79	3.86	1518.75	4.05	599.66	3.87
2012.10	77801.19	2.69	14025.01	3.17	3170.59	3.63	595.88	4.04	1292.16	3.98	129.54	4.23
2012.11	96691.78	2.40	13213.92	3.19	2932.52	3.40	447.43	3.57	396.05	3.77	800.86	3.78
2012.12	91360.21	2.35	12101.71	3.34	5748.70	4.02	1639.86	4.24	1104.91	4.28	834.92	4.23
2012 年累计	1109323.44		172165.20		47389.97		9913.14		13154.85		8119.80	

时期	3 个月		4 个月		6 个月		9 个月		1 年		成交金额合计	加权平均利率
	成交金额	加权平均利率	成交金额	加权平均利率	成交金额	加权平均利率	成交金额	加权平均利率	成交金额	加权平均利率		
2011 年累计	4512.98		1027.89		1052.11		35.93		224.90		966649.67	
2012.01	199.43	6.80	12.05	7.24	26.74	6.29	1.00	6.30	1.78	6.92	67662.23	4.68
2012.02	144.80	5.36	9.62	5.23	33.17	5.22			6.05	5.30	96337.13	3.58
2012.03	101.61	4.72	33.69	4.68	132.16	4.85	5.01	5.18	42.12	4.75	131053.28	2.66
2012.04	240.60	4.37	2.05	4.27	30.98	4.50			22.16	5.13	110281.53	3.29
2012.05	64.97	4.04	14.00	3.75	80.48	4.34					138242.36	2.23
2012.06	304.01	3.70	111.43	4.24	23.91	4.49	0.04	4.50			132377.83	2.81
2012.07	555.65	3.46	89.22	3.39	36.99	3.76					128475.36	2.85
2012.08	483.26	3.59	12.25	3.94	80.01	3.81	14.95	3.82	2.94	3.75	123479.39	2.87
2012.09	123.65	4.12	7.63	4.16	34.05	3.82	29.72	3.88	3.42	4.00	110987.66	3.01
2012.10	552.51	3.78	61.19	4.12	75.91	4.08			9.12	5.80	97713.10	2.82
2012.11	975.58	3.82	196.35	4.04	181.15	4.17	16.00	4.73	21.00	5.09	115872.65	2.55
2012.12	675.05	3.97	62.18	4.19	68.41	4.13	21.96	4.57	73.49	3.98	113691.40	2.62
2012 年累计	4421.12		611.67		803.97		88.69		182.09		1366173.92	

2012 年企业商品价格(CGPI)指数

以上年同月为 100

年月	总指数	农产品	矿产品	煤油电
2012.01	101.3	103.5	99.8	107.0
2012.02	100.6	101.0	99.0	106.5
2012.03	100.3	101.3	98.3	106.4
2012.04	99.9	101.3	97.8	105.4
2012.05	98.9	100.8	97.1	102.9
2012.06	97.5	96.9	95.2	100.3
2012.07	96.3	95.5	94.3	97.6
2012.08	96.1	98.2	92.0	97.2
2012.09	96.2	96.9	90.4	98.5
2012.10	97.3	96.4	93.0	99.6
2012.11	98.0	99.7	95.1	99.5
2012.12	98.4	101.9	96.8	98.0

2012 年城镇储户收入与物价扩散指数表

	2012.Q1	2012.Q2	2012.Q3	2012.Q4
当期收入感受指数	51.9	50.1	50.2	51.8
未来收入信心指数	54.9	53.2	53.8	56.3
当期物价满意指数	19.7	18.2	21.0	22.0
未来物价预期指数	62.1	65.5	67.6	70.2

2013 年上半年货币信贷概况

2013 年上半年,国民经济运行平稳,信用总量总体增长较快,5、6 月份略有回落,贷款结构有所优化。

一、货币供应量增速高位回落

2013 年 6 月末,广义货币供应量 M2 余额为 105.4 万亿元,同比增长 14.0%,增速比 3 月末低 1.7 个百分点,比上年末高 0.2 个百分点;狭义货币供应量 M1 余额为 31.4 万亿元,同比增长 9.1%,增速比 3 月末低 2.7 个百分点,比上年末高 2.6 个百分点;流通中货币 M0 余额为 5.4 万亿元,同比增长 9.9%。上半年现金净回笼 509 亿元,同比少回笼 956 亿元。

6 月货币供应量增长有所放缓,6 月末 M2 增速已较 4 月末高点回落 2.1 个百分点。货币增速放缓的直接原因是存款同比少增。主要是随着相关金融管理政策出台,商业银行按照宏观审慎要求,加大了调整资产负债结构的力度,适度调整了过快的信贷投放节奏，同业运用渠道有较大幅度的收缩，减少了存款派生。加之上年同期基数相对较高，对货币增速也有一些影响。此外财政存款同比少减较多，由此也相应地少增了一部分存款。总体来看，货币供应量增速回落符合宏观调控的预期和稳健货币政策的要求，也更趋近于年初确定的13%的预期增长目标，有利于为经济平稳健康发展提供良好的货币环境，更好地发挥金融对经济结构调整和转型升级的支持作用。

6月末，基础货币余额为25.8万亿元，同比增长13.0%，比年初增加5432亿元。货币乘数为4.09，与3月末基本持平。金融机构超额准备金率为2.1%。其中，农村信用社为3.9%。

二、金融机构存款同比多增

6月末，全部金融机构（含外资金融机构，下同）本外币各项存款余额为103.6万亿元，同比增长14.1%，增速与上年末持平，比年初增加9.2万亿元，同比多增1.0万亿元。人民币各项存款余额为100.9万亿元，同比增长14.3%，增速比上年末高0.9个百分点，比年初增加9.1万亿元，同比多增1.7万亿元。外币存款余额为4415亿美元，同比增长9.0%，比年初增加313亿美元，同比少增988亿美元，主要是上年同期基数较高，也与2013年以来美联储退出量化宽松政策预期增强等有关。

从人民币存款部门分布看，住户存款增长平稳，非金融企业存款增速提升较快。6月末，金融机构住户存款余额为44.8万亿元，同比增长14.5%，比年初增加4.1万亿元，同比略少增729亿元。非金融企业人民币存款余额为35.0万亿元，同比增长12.4%，增速比上年末高4.5个百分点，比年初增加2.3万亿元，同比多增1.2万亿元。其中，定期存款比年初增加2.6万亿元，同比多增1.1万亿元，一定程度上反映出企业在经济增长预期不稳时倾向于多储备资金。6月末，财政存款余额为3.4万亿元，比年初增加9588亿元，同比多增4274亿元。

三、金融机构贷款平稳增长

6月末，全部金融机构本外币贷款余额为72.9万亿元，同比增长15.1%，增速比3月末和上年末分别低0.9个和0.5个百分点，比年初增加5.6万亿元，同比多增4296亿元。人民币贷款增长略有放缓。6月末，人民币贷款余额为68.1万亿元，同比增长14.2%，增速比3月末和上年末分别回落0.7个和0.8个百分点，比年初增加5.08万亿元，同比多增2217亿元。第二季度各月贷款分布更为均衡，月均新增贷款7736亿元，较第一季度少1447亿元。

中长期贷款增速稳步提升，信贷结构总体改善。一是产业部门中长期贷款增长回暖。6月末，产业部门中长期贷款同比增长7.4%，分别较上年末和上年同期回升1.1个和0.2个百分点。二是服务业中长期贷款增长加快。6月末，服务业中长期贷款同比增长7.9%，较上年末和上年同期回升5.7个和6.6个百分点。分机构看，中资全国性大型银行与中资区域性中小型银行贷款同比多增较多。

外币贷款持续较快增长。6月末，金融机构外币贷款余额为7758亿美元，同比增长33.2%，比年初增加924亿美元，同比多增486亿美元，主要受上半年外贸形势相对稳定、银行外币存款资金充裕以及中长期外债额度较为宽松等因素影响。从投向看，进出口贸易融资增加477亿美元，同比多增298亿美元；境外贷款与境内中长期贷款增加271亿美元，同比多增73亿美元。

四、社会融资规模明显多于上年同期

社会融资规模旨在对一定时期内（每月、每季或每年）实体经济（企业和个人）从金融体系获得的全部资金进行衡量，以更全面地监测和反映全社会融资活动，为货币政策调控提供参考。初步统计，2013年上半年社会融资规模为10.15万亿元，比上年同期多2.38万亿元，创历史同期最高水平。其中，6月份社会融资规模为1.04万亿元，分别比上月和上年同期少1485亿元和7427亿元。

从结构看，上半年社会融资规模主要有以下三点。一是人民币贷款新增额多于上年同期，但占比明显下降。上半年人民币贷款同比多增2217亿元，占同期社会融资规模的50.0%，同比低12.4个百分点。二是外币贷款、企业债券、委托贷款和信托贷款增长较快，在社会融资规模中的占比提高较大，融资结构继续多元化。上半年外币贷款、企业债券、委托贷款和信托贷款占比分别为5.7%、12.1%、11.0%和12.1%，同比分别提高2.1个、1.5个、4.8个和7.8个百分点。三是未贴现银行承兑汇票波动较大。1月份放量至增加5798亿元的月度历史最高水平，而6月份转为减少2620亿元，同比少增5733亿元。上半年小贷公司及贷款公司新增贷款1122亿元，比上年同期多增144亿元。

五、金融机构存贷款利率小幅波动

6月份，非金融企业及其他部门贷款加权平均利率为6.91%，比3月份上升0.27个百分点。其中，一般贷款加权平均利率为7.10%，比3月份下降0.12个百分点；票据融资加权平均利率为5.88%，比3月份上升1.26个百分点；个人住房贷款利率略有走高，6月份加权平均利率为6.29%，比3月份上升0.02个百分点。

从利率浮动情况看，执行下浮、基准利率的贷款占比有所上升，执行上浮利率的贷款占比下降。6月份，一般贷款中执行下浮、基准利率的贷款占比分别为12.55%和24.52%，比3月份分别上升1.11个和0.73个百分点；执行上浮利率的贷款占比为62.93%，比3月份下降1.84个百分点。

外币存贷款利率在国际金融市场利率波动、境内外币资金供求变化等因素的综合作用下低位小幅波动，总体较3月末有所上升。6月份，活期、3个月以内大额美元存款加权平均利率分别为0.12%和1.07%，比3月份分别上升0.01个和0.15个百分点；3个月以内、3－6个月（含3个月）美元贷款加权平均利率分别为2.23%和2.34%，比3月份分别上升0.26个和0.18个百分点。

六、人民币汇率弹性明显增强

2013年以来，人民币小幅升值，双向浮动特征明显，汇率弹性明显增强，人民币汇率预期总体平稳。6月末，人民币对美元汇率中间价为6.1787元，比上年末升值1.73%；2005年人民币汇率形成机制改革以来至2013年6月末，人民币对美元汇率累计升值33.95%。根据国际清算银行的计算，2013年上半年，人民币名义有效汇率升值5.89%，实际有效汇率升值5.67%；2005年人民币汇率形成机制改革以来至2013年6月，人民币名义有效汇率升值30.47%，实际有效汇率升值39.28%。

2013年上半年金融统计数据报告

一、广义货币增长14.0%，狭义货币增长9.1%

6月末，广义货币（M2）余额105.45万亿元，同比增长14.0%，比上月末低1.8个百分点，比上年末高0.2个百分点;狭义货币(M1)余额31.36万亿元,同比增长9.1%,比上月末低2.2个百分点,比上年末高2.6个百分点;流通中货币(M0)余额5.42万亿元,同比增长9.9%。上半年净回笼现金509亿元。

二、上半年人民币贷款增加5.08万亿元,外币贷款增加924亿美元

6月末,本外币贷款余额72.87万亿元,同比增长15.1%。人民币贷款余额68.08万亿元,同比增长14.2%,分别比上月末和上年末低0.3和0.8个百分点。上半年人民币贷款增加5.08万亿元,同比多增2217亿元。分部门看,住户贷款增加2.07万亿元,其中,短期贷款增加8458亿元,中长期贷款增加1.23万亿元;非金融企业及其他部门贷款增加3.00万亿元,其中,短期贷款增加1.24万亿元,中长期贷款增加1.36万亿元,票据融资增加2793亿元。6月份人民币贷款增加8605亿元,同比少增593亿元。6月末外币贷款余额7758亿美元,同比增长33.2%,上半年外币贷款增加924亿美元。

三、上半年人民币存款增加9.09万亿元,外币存款增加313亿美元

6月末,本外币存款余额103.64万亿元,同比增长14.1%。人民币存款余额100.91万亿元,同比增长14.3%,比上月末低1.9个百分点,比上年末高0.9个百分点。上半年人民币存款增加9.09万亿元,同比多增1.71万亿元。其中,住户存款增加4.13万亿元,非金融企业存款增加2.32万亿元,财政性存款增加9588亿元。6月份人民币存款增加1.60万亿元,同比少增1.26万亿元。6月末外币存款余额4415亿美元,同比增长9.0%,上半年外币存款增加313亿美元。

四、6月份银行间市场同业拆借月加权平均利率6.58%,质押式债券回购月加权平均利率6.82%

上半年,银行间人民币市场以拆借、现券和债券回购方式合计成交132.47万亿元,日均成交1.09万亿元,日均成交同比增长3.8%。

6月份,银行间市场同业拆借月加权平均利率为6.58%,比上月高3.66个百分点;质押式债券回购月加权平均利率为6.82%,比上月高3.81个百分点。

五、国家外汇储备余额3.50万亿美元

6月末,国家外汇储备余额为3.50万亿美元。6月末,人民币汇率为1美元兑6.1787元人民币。

六、上半年跨境贸易人民币结算业务发生2.05万亿元,直接投资人民币结算业务发生1835亿元

2013年上半年,以人民币进行结算的跨境货物贸易、服务贸易及其他经常项目、对外直接投资、外商直接投资分别发生1.36万亿元、6838亿元、220亿元、1615亿元。

注:①当期数据为初步数。

②2011年10月份起,货币供应量已包括住房公积金中心存款和非存款类金融机构在存款类金融机构的存款。

2013 上半年社会融资规模统计表

单位:亿元人民币

项目	2013.01	2013.02	2013.03	2013.04	2013.05	2013.06
社会融资规模	25446	10705	25503	17629	11871	10375
其中:人民币贷款	10721	6200	10625	7923	6694	8628
外币贷款(折合人民币)	1795	1149	1509	847	357	133
委托贷款	2061	1426	1748	1926	1967	1990
信托贷款	2108	1825	4312	1942	971	1208
未贴现银行承兑汇票	5798	-1823	2731	2218	-1141	-2615
企业债券	2249	1454	3870	2039	2230	323
非金融企业境内股票融资	244	165	208	274	231	126

注:①社会融资规模是指一定时期内实体经济从金融体系获得的资金总额,是增量概念。
②当期数据为初步统计数。
③数据来源于人民银行、发改委、证监会、保监会、中央国债登记结算有限责任公司和银行间市场交易商协会等。

2013年上半年金融机构贷款投向统计报告

(2013年7月19日)

人民银行初步统计,2013年6月末金融机构人民币各项贷款余额68.08万亿元,同比增长14.2%;上半年增加5.08万亿元,同比多增2218亿元。上半年贷款投向呈现以下特点。

一、企业短期贷款及票据融资增速放缓

6月末,全部金融机构本外币企业及其他部门贷款余额53.18万亿元,同比增长12.3%,增速比上季度末低1.9个百分点;上半年增加3.39万亿元,同比少增5284亿元。

从期限看,6月末,金融机构本外币企业及其他部门中长期贷款余额27.19万亿元,同比增长7.5%,增速比上季度末低0.1个百分点;上半年增加1.38万亿元,同比多增2721亿元。6月末,金融机构本外币企业及其他部门短期贷款及票据融资余额25.19万亿元，同比增长17.2%，增速比上季度末低4.4个百分点；上半年增加1.89万亿元，同比少增7902亿元，其中人民币票据融资增加2793亿元，同比少增4850亿元。

从用途看，全部金融机构本外币企业及其他部门固定资产贷款余额22.28万亿元，同比增长9.9%，增速比上季度末低0.9个百分点；经营性贷款余额23.57万亿元，同比增长10.4%，增速比上季度末低0.4个百分点。

二、小微企业贷款占全部企业贷款比重上升

6月末，主要金融机构①及小型农村金融机构②、外资银行人民币小微企业贷款余额12.25万亿元，同比增长12.7%，比上季度末低0.8个百分点，增速比同期大型和中型企业贷款增速分别高2.3个和1.9个百分点，比全部企业贷款增速高1.5个百分点，低于各项贷款增速1.5个百分点。6月末小微企业贷款余额占全部企业贷款的28.6%，占比水平比年初高0.8个百分点。上半年人民币企业贷款增加2.42万亿元，其中小微企业贷款增加1.03万亿元，占同期全部企业贷款增量的42.6%。

三、服务业中长期贷款平稳增长

6月末，主要金融机构本外币工业中长期贷款余额6.48万亿元，同比增长2.8%，增速比上季度末低0.4个百分点；上半年增加1473亿元，同比少增556亿元。其中，轻工业中长期贷款余额6961亿元，同比增长8.2%，增速比上季度末高0.6个百分点；重工业中长期贷款余额5.79万亿元，同比增长2.2%，增速比上季度末低0.5个百分点。

6月末，服务业中长期贷款余额16.92万亿元，同比增长9.1%，增速比上季度末高0.2个百分点。其中，水利、环境和公共设施管理业月末余额同比增长2.3%，增速比上季度末高1.4个百分点；交通运输、仓储和邮政业月末余额同比增长12.1%，增速比上季度末低1.2个百分点。

四、农村贷款和农户贷款增速高于各项贷款

6月末，主要金融机构及小型农村金融机构、村镇银行、财务公司本外币农村（县及县以下）贷款③余额15.89万亿元，同比增长17.6%，增速比上季度末低0.8个百分点，高于各项贷款增速2.5个百分点，上半年增加1.48万亿元，同比多增1169亿元；农户贷款余额4.07万亿元，同比增长16.7%，增速比上季度末低0.2个百分点，上半年增加4505亿元，同比多增859亿元；农业贷款余额2.99万亿元，同比增长11.6%，增速比上季度末低0.7个百分点，上半年增加2900亿元，同比多增310亿元。

五、房地产贷款增长较快，其中地产和房产开发贷款增速回落，个人购房贷款保持快速增长

6月末，主要金融机构及小型农村金融机构、外资银行人民币房地产贷款余额13.56万亿元，同比增长18.1%，增速比上季度末高1.7个百分点。上半年增加1.3万亿元，同比多增7326亿元，增量占同期各项贷款增量的27.1%。

6月末，地产开发贷款余额1.06万亿元，同比增长17.2%，增速比上季度末低4.2个百分点。房产开发贷款余额3.26万亿元，同比增长11%，增速比上季度末低1.3个百分点。个人购房③贷款余额9.07万亿元，同比增长21.1%，增速比上季度末高3.7个百分点；上半年增加9628亿元，同比多增6173亿元。

6月末，保障性住房开发贷款余额6580亿元，同比增长37.5%，增速比上季度末低4.9个百分点；上半年增加850亿元，占同期房产开发贷款增量的35.5%。

六、住户贷款快速增长

6月末，全部金融机构本外币住户贷款余额18.22万亿元，同比增长23.6%，增速比上季度末高2.3个百分点；上半年增加2.07万亿元，同比多增9450亿元。

6月末，住户消费性贷款余额同比增长24.3%，增速比上季度末高3.3个百分点，上半年增加1.32万亿元，同比多增7370亿元；住户经营性贷款月末余额同比增长22.3%，增速比上季度末高0.4个百分点，上半年增加7524亿元，同比多增2080亿元。

2013年上半年社会融资规模统计数据报告

初步统计，2013年上半年社会融资规模为10.15万亿元，比上年同期多2.38万亿元。其中，上半年人民币贷款增加5.08万亿元，同比多增2217亿元；外币贷款折合人民币增加5791亿元，同比多增3026亿元；委托贷款增加1.11万亿元，同比多增6291亿元；信托贷款增加1.23万亿元，同比多增8950亿元；未贴现的银行承兑汇票增加5164亿元，同比少增932亿元。企业债券净融资1.22万亿元，同比多3965亿元；非金融企业境内股票融资1248亿元，同比少247亿元。6月份社会融资规模为1.04万亿元，比上年同期少7427亿元。

从结构看，上半年人民币贷款占同期社会融资规模的50.0%，同比低12.4个百分点；外币贷款占比5.7%，同比高2.1个百分点；委托贷款占比11.0%，同比高4.8个百分点；信托贷款占比12.1%，同比高7.8个百分点；未贴现的银行承兑汇票占比5.1%，同比低2.7个百分点；企业债券占比12.1%，同比高1.5个百分点；非金融企业境内股票融资占比1.2%，同比低0.7个百分点。

注：①社会融资规模统计数据来源于人民银行、发改委、证监会、保监会、中央国债登记结算有限责任公司和银行间市场交易商协会等部门。

②当期数据为初步统计数，同比增减数额均用可比口径数据计算得到。

2013年上半年小额贷款公司数据统计报告

截至2013年6月末，全国共有小额贷款公司7086家，贷款余额7043亿元，上半年新增贷款1121亿元。

附表：

小额贷款公司分地区情况统计表

2013－6－30

地区名称	机构数量（家）	从业人员数（人）	实收资本（亿元）	贷款余额（亿元）
全国	7086	82610	6252.10	7043.49
北京市	57	701	77.40	76.99
天津市	83	1172	100.37	99.75
河北省	411	4698	241.97	252.98

① 主要金融机构指中资银行（不含农村商业银行、农村合作银行和村镇银行），全报告同。

② 小型农村金融机构包括：农村商业银行、农村合作银行和农村信用社，全报告同。

③ 2013年起，原农村贷款改称农村（县及县以下）贷款，统计内容保持不变。农村（县及县以下）贷款包括金融机构发放给注册地位于县及县以下的企业及各类组织的所有贷款和农户贷款。

地区名称	机构数量（家）	从业人员数（人）	实收资本（亿元）	贷款余额（亿元）
山西省	266	2690	177.04	173.82
内蒙古自治区	472	4650	354.22	362.89
辽宁省	499	4553	290.02	270.65
吉林省	319	2867	91.25	68.36
黑龙江省	244	2174	98.60	85.61
上海市	94	950	124.75	157.17
江苏省	529	5207	849.48	1090.68
浙江省	287	3280	593.50	818.82
安徽省	462	5579	319.51	341.85
福建省	83	1102	186.50	219.50
江西省	200	2341	206.94	234.20
山东省	282	3194	308.64	357.64
河南省	291	4172	147.11	151.80
湖北省	179	2212	175.56	195.70
湖南省	97	1154	67.07	74.63
广东省	265	6098	306.52	320.13
广西壮族自治区	199	2737	136.20	196.95
海南省	24	269	23.90	25.51
重庆市	189	3941	341.62	401.54
四川省	259	4608	391.72	432.73
贵州省	238	2501	69.14	64.47
云南省	320	2936	155.73	156.26
西藏自治区	4	35	1.80	1.78
陕西省	199	1667	142.35	141.51
甘肃省	234	2046	85.96	69.16
青海省	35	423	26.55	31.99
宁夏回族自治区	119	1480	63.92	62.03
新疆维吾尔自治区	146	1173	96.79	106.39

2013 上半年存款性公司概览

单位：亿元人民币

项目	2013.01	2013.02	2013.03	2013.04	2013.05	2013.06
国外净资产	264907.36	266856.44	269481.68	271844.99	272246.04	272681.59
国内信贷	814349.18	820002.08	846427.32	845308.39	851200.08	867997.53
对政府债权(净)	47476.27	46669.11	48554.78	44771.35	41282.10	41570.23
对非金融部门债权	707606.52	715405.05	729509.29	739524.83	745971.48	753846.57
对其他金融部门债权	59266.39	57927.91	68363.26	61012.22	63946.50	72580.73
货币和准货币	992129.25	998600.83	1035858.37	1032551.90	1042169.16	1054403.69
货币和准货币	311228.55	296103.24	310898.29	307648.42	310204.48	313499.82
流通中货币	62449.63	60313.65	55460.52	55607.15	54431.39	54063.91
单位活期存款	248778.91	235789.59	255437.78	252041.27	255773.08	259435.91
准货币	680900.71	702497.59	724960.08	724903.48	731964.68	740903.87
单位定期存款	202559.15	204964.77	215732.94	223899.56	227155.12	228029.08
个人存款	419143.32	436911.59	449007.48	439471.46	442270.15	453410.56
其他存款	59198.24	60621.23	60219.66	61532.45	62539.41	59464.23
不纳入广义货币的存款	25018.03	25359.43	26890.17	26783.59	26498.94	26580.60
债券	92667.47	93324.07	95986.00	97323.72	98376.22	99129.65
实收资本	30616.79	30657.29	30772.04	30862.61	30957.02	31215.56
其他(净)	-61175.01	-61083.10	-73597.57	-70368.44	-74555.22	-70650.38

2013 上半年金融机构外汇信贷收支表

单位：亿美元

项目	2013.01	2013.02	2013.03	2013.04	2013.05	2013.06
来源方项目						
一、各项存款	4103.24	4178.89	4415.65	4431.49	4408.07	4414.97
1.单位存款	3208.23	3233.26	3462.50	3482.99	3450.40	3427.67
其中：活期存款	1278.54	1257.85	1287.30	1266.17	1287.86	1331.64
定期存款	1065.49	1088.87	1179.47	1217.28	1218.11	1169.86
通知存款	62.93	65.93	73.09	68.42	74.44	77.86

项目	2013.01	2013.02	2013.03	2013.04	2013.05	2013.06
保证金存款	773.40	791.15	893.77	900.86	841.00	820.76
2.个人存款	707.63	726.42	738.43	740.25	751.24	738.43
其中:储蓄存款	633.64	661.23	668.29	676.59	690.80	680.39
保证金存款	1.96	1.89	1.96	2.11	2.16	2.12
结构性存款	72.03	63.30	68.18	61.55	58.28	55.42
3.其他存款	187.38	219.21	214.72	208.26	206.42	248.87
二、同业往来(来源方)	794.33	896.98	1026.31	1116.53	1163.17	1035.84
三、外汇买卖	3876.93	3867.97	3768.17	3829.10	3797.24	3731.82
四、其他	962.31	962.52	991.39	949.57	1076.69	1122.73
资金来源总计	9736.80	9906.37	10201.52	10326.70	10445.17	10305.35
运用方项目						
一、各项贷款	7120.10	7302.92	7543.46	7679.07	7736.66	7758.24
(一)境内贷款	5231.86	5398.87	5618.23	5746.10	5763.27	5673.15
1.短期贷款	3416.52	3568.58	3763.41	3864.79	3904.94	3804.14
2.中长期贷款	1776.12	1789.23	1812.48	1837.04	1813.29	1822.23
3.融资租赁	24.04	25.96	26.97	27.73	28.39	31.03
4.票据融资	2.49	2.21	2.55	3.06	3.21	3.16
5.各项垫款	12.68	12.89	12.82	13.49	13.44	12.59
(二)境外贷款	1888.25	1904.05	1925.23	1932.97	1973.39	2085.08
二、有价证券	478.70	480.23	468.50	465.56	506.88	495.08
三、股权及其他投资	255.67	259.47	256.95	258.59	256.09	255.35
四、同业往来(运用方)	1882.33	1863.75	1932.61	1923.47	1945.53	1796.68
资金运用总计	9736.80	9906.37	10201.52	10326.70	10445.17	10305.35

注:①本表机构包括中国人民银行、银行业存款类金融机构、信托投资公司、金融租赁公司和汽车金融公司。
②银行业存款类金融机构包括:银行、信用社和财务公司。
③本表11月为初步数,其他月份为正式数。

2013上半年黄金和外汇储备

项目	2013.01	2013.02	2013.03	2013.04	2013.05	2013.06
黄金储备(万盎司)	3389	3389	3389	3389	3389	3389
国家外汇储备(亿美元)	34100.61	33954.18	34426.49	35344.82	35148.07	34966.86

2013上半年汇率

项目	2013.01	2013.02	2013.03	2013.04	2013.05	2013.06
特别提款权单位折合人民币(期末数)	9.7106	9.5100	9.3983	9.3872	9.2618	9.2925
美元折合人民币(期末数)	6.3002	6.2779	6.2689	6.2208	6.1796	6.1787
美元折合人民币(平均数)	6.2787	6.2842	6.2743	6.2471	6.1970	6.1718

2013上半年货币供应量

单位:亿元人民币

项目	2013.01	2013.02	2013.03	2013.04	2013.05	2013.06
货币和准货币(M2)	992129.25	998600.83	1035858.37	1032551.90	1042169.16	1054403.69
货币(M1)	311228.55	296103.24	310898.29	307648.42	310204.48	313499.82
流通中货币(M0)	62449.63	60313.65	55460.52	55607.15	54431.39	54063.91

注:①自2011年10月起,货币供应量已包括住房公积金中心存款和非存款类金融机构在存款类金融机构的存款。
②本表11月为初步数,其他月份为正式数。

2013 上半年货币当局资产负债表

单位:亿元人民币

项目	2013.01	2013.02	2013.03	2013.04	2013.05	2013.06
国外资产	248268.26	251277.32	254127.19	256912.77	257935.69	257853.95
外汇	240184.99	243222.54	246103.34	248946.77	249959.64	249868.78
货币黄金	669.84	669.84	669.84	669.84	669.84	669.84
其他国外资产	7413.43	7384.94	7354.02	7296.17	7306.21	7315.33
对政府债权	15313.69	15313.69	15313.69	15312.73	15312.73	15312.73
其中:中央政府	15313.69	15313.69	15313.69	15312.73	15312.73	15312.73
对其他存款性公司债权	14502.65	13002.97	11374.77	11649.89	11844.24	16182.04
对其他金融性公司债权	10038.40	10035.10	10025.94	10023.06	10022.82	10218.54
对非金融性部门债权	24.99	24.99	24.99	24.99	24.99	24.99
其他资产	9783.57	8521.32	8073.84	6877.40	7004.87	7148.84
总资产	297931.57	298175.38	298940.43	300800.84	302145.34	306741.10
储备货币	252943.96	251965.27	253649.82	251510.58	249455.52	257776.47
货币发行	68818.55	67415.55	61330.87	60922.61	59636.61	59831.34
其他存款性公司存款	184125.41	184549.71	192318.96	190587.96	189818.91	197945.13
不计入储备货币的金融性公司存款	1253.92	1265.55	1349.94	1329.78	1327.10	1316.87
发行债券	13880.00	13880.00	13880.00	12830.00	11443.38	10381.79
国外负债	1000.06	1076.51	1295.98	1267.65	1220.51	1127.07
政府存款	23966.26	24473.34	22757.24	27647.64	32338.36	32329.99
自有资金	219.75	219.75	219.75	219.75	219.75	219.75
其他负债	4667.61	5294.96	5787.70	5995.45	6140.72	3589.16
总负债	297931.57	298175.38	298940.43	300800.84	302145.34	306741.10

2013 上半年金融机构本外币信贷收支表

单位:亿元人民币

项目	2013.01	2013.02	2013.03	2013.04	2013.05	2013.06
来源方项目						
一、各项存款	955111.60	963299.82	1006981.79	1005867.12	1020353.92	1036401.05
1.单位存款	480100.80	469562.37	501639.99	506247.83	512987.83	517390.21
其中:活期存款	205069.15	194405.70	208105.20	205199.63	207307.75	210361.77
定期存款	133110.39	135820.19	141576.25	145333.19	148357.82	149921.15
通知存款	15257.47	15698.05	17495.36	18165.50	17493.74	17633.70
保证金存款	58905.59	57923.62	62055.97	64061.52	63982.34	62357.79
2.个人存款	423061.36	440909.59	453058.75	443532.23	446343.31	457520.82
其中:储蓄存款	410582.95	428117.75	440971.35	430896.68	433665.67	440904.07
保证金存款	567.42	596.86	656.32	687.66	706.06	701.32
结构性存款	11910.99	12194.98	11431.08	11947.90	11971.57	15915.42
3.财政性存款	27725.57	27968.65	25316.71	30540.31	35172.81	33953.68
4.临时性存款	2137.77	2482.17	2404.06	2288.33	2262.78	2671.77
5.委托存款	357.37	401.90	359.19	378.65	299.39	198.86
6.其他存款	21728.73	21975.14	24203.09	22879.76	23287.81	24665.71
二、金融债券	6315.19	5615.27	5567.74	4737.94	4775.39	4413.38
三、对国际金融机构负债	774.58	807.48	794.18	786.81	844.94	805.81
四、其他	-134997.24	-134264.75	-161072.39	-148031.37	-151744.66	-154768.44
资金来源总计	827204.14	835457.82	852271.32	863360.49	874229.59	886851.81

项目	2013.01	2013.02	2013.03	2013.04	2013.05	2013.06
运用方项目						
一、各项贷款	685477.19	692813.40	704881.01	713284.76	720018.44	728772.98
(一)境内贷款	671791.79	679039.48	690987.04	699426.56	705993.26	714038.80
1.短期贷款	274615.81	277211.63	283464.24	285856.41	287854.97	292674.19
2.中长期贷款	369996.30	374281.81	378601.45	382728.18	386252.52	390091.87
3.融资租赁	6317.87	6458.74	6641.89	6841.20	6981.49	7188.60
4.票据融资	20170.82	20350.03	21535.64	23219.91	24084.78	23302.65
5.各项垫款	690.99	737.26	743.82	780.86	819.51	781.49
(二)境外贷款	13685.40	13773.92	13893.97	13858.20	14025.17	14734.19
二、有价证券	116698.65	117174.09	119207.92	120703.07	121656.32	122432.27
三、股权及其他投资	22705.49	23173.09	25904.37	27106.87	30279.03	33405.76
四、黄金占款	669.84	669.84	669.84	669.84	669.84	669.84
五、在国际金融机构资产	1652.96	1627.40	1608.19	1595.95	1605.96	1570.95
资金运用总计	827204.14	835457.82	852271.32	863360.49	874229.59	886851.81

注:①本表机构包括中:国人民银行、银行业存款类金融机构、信托投资公司、金融租赁公司和汽车金融公司。
　②银行业存款类金融机构包括:银行、信用社和财务公司。
　③本表10月为初步数,其他月份为正式数。

2013上半年金融机构人民币信贷收支表

单位:亿元人民币

项目	2013.01	2013.02	2013.03	2013.04	2013.05	2013.06
来源方项目						
一、各项存款	929345.33	937065.14	979300.53	978299.69	993113.83	1009122.27
1.单位存款	459954.72	449264.28	479933.90	484580.88	491665.71	496211.68
其中:活期存款	197040.55	186509.07	200035.26	197323.07	199349.27	202133.99
定期存款	126419.63	128984.38	134182.24	137760.71	140830.36	142692.92
通知存款	14862.32	15284.14	17037.19	17739.86	17033.70	17152.65
保证金存款	54049.00	52956.82	56453.04	58457.46	58785.31	57286.55
2.个人存款	418617.80	436349.18	448429.63	438927.32	441700.92	452958.27
其中:储蓄存款	406604.02	423966.63	436781.89	426687.75	429396.78	436697.07
保证金存款	555.11	584.98	644.06	674.54	692.72	688.22
结构性存款	11458.68	11797.57	11003.68	11565.03	11611.42	15572.97
3.财政性存款	27725.09	27968.20	25315.73	30539.96	35172.46	33953.44
4.临时性存款	1709.72	1980.62	1848.62	1775.60	1728.25	1832.17
5.委托存款	355.20	400.70	357.84	377.84	297.68	197.14
6.其他存款	20982.79	21102.16	23414.80	22098.10	22548.81	23969.58
二、金融债券	6251.79	5546.38	5507.98	4686.61	4712.01	4375.30
三、流通中货币	62449.63	60313.65	55460.52	55607.15	54431.39	54063.91
四、对国际金融机构负债	774.58	807.48	794.18	786.81	844.94	805.81
五、其他	44430.69	49558.74	30058.51	45336.31	42902.57	39799.49
资金来源总	1043252.03	1053291.38	1071121.71	1084716.57	1096004.75	1108166.78
运用方项目						
一、各项贷款	640766.52	646966.40	657591.82	665514.79	672208.97	680837.17
(一)境内贷款	638938.36	645145.94	655766.92	663681.20	670378.57	678986.08
1.短期贷款	253161.74	254808.47	259871.78	261814.31	263724.02	269169.54
2.中长期贷款	358843.17	363049.20	367239.22	371300.32	375047.10	378832.85
3.融资租赁	6166.88	6295.77	6472.84	6668.72	6806.06	6996.84

项目	2013.01	2013.02	2013.03	2013.04	2013.05	2013.06
4.票据融资	20155.21	20336.16	21519.63	23200.89	24064.95	23283.15
5.各项垫款	611.35	656.34	663.45	696.96	736.45	703.69
(二)境外贷款	1828.16	1820.46	1824.90	1833.59	1830.40	1851.09
二、有价证券	113692.62	114159.26	116270.95	117806.89	118523.98	119373.30
三、股权及其他投资	21100.02	21544.16	24293.56	25498.21	28696.49	31828.05
四、黄金占款	669.84	669.84	669.84	669.84	669.84	669.84
五、外汇占款	265370.07	268324.33	270687.35	273630.89	274299.51	273887.46
六、在国际金融机构资产	1652.96	1627.40	1608.19	1595.95	1605.96	1570.95
资金运用总计	1043252.03	1053291.38	1071121.71	1084716.57	1096004.75	1108166.78

注:①本表机构包括:中国人民银行、银行业存款类金融机构、信托投资公司、金融租赁公司和汽车金融公司。
②银行业存款类金融机构包括:银行、信用社和财务公司。
③本表11月为初步数,其他月份为正式数。

2013 上半年其他存款性公司资产负债表

单位:亿元人民币

项目	2013.01	2013.02	2013.03	2013.04	2013.05	2013.06
国外资产	27723.16	27746.61	28622.03	29147.26	28938.34	28686.42
储备资产	190024.58	191255.88	197788.45	195424.39	194407.98	203119.83
准备金存款	183655.68	184154.00	191918.13	190108.95	189202.79	197352.41
库存现金	6368.90	7101.88	5870.33	5315.44	5205.19	5767.41
对政府债权	56128.84	55828.77	55998.33	57106.25	58307.73	58587.49
其中:中央政府	56128.84	55828.77	55998.33	57106.25	58307.73	58587.49
对中央银行债权	13136.86	13655.22	15209.93	14574.73	13208.41	10183.55
对其他存款性公司债权	241343.44	243692.65	262063.19	258747.35	262053.61	259553.69
对其他金融机构债权	49227.99	47892.82	58337.31	50989.16	53923.68	62362.19
对非金融机构债权	542722.66	549301.30	559589.05	565912.63	568568.56	573036.26
对其他居民部门债权	164858.87	166078.76	169895.24	173587.21	177377.93	180785.31
其他资产	65439.35	66232.25	66392.12	68220.06	69934.88	70700.07
总资产	1350605.74	1361684.24	1413895.66	1413709.04	1426721.12	1447014.81
对非金融机构及住户负债	901583.49	908402.13	952641.85	947710.32	957154.51	972848.07
纳入广义货币的存款	870481.38	877665.95	920178.20	915412.30	925198.36	940875.55
单位活期存款	248778.91	235789.59	255437.78	252041.27	255773.08	259435.91
单位定期存款	202559.15	204964.77	215732.94	223899.56	227155.12	228029.08
个人存款	419143.32	436911.59	449007.48	439471.46	442270.15	453410.56
不纳入广义货币的存款	25018.03	25359.43	26890.17	26783.59	26498.94	26580.60
可转让存款	8028.59	7896.63	8069.95	7876.57	7958.47	8227.78
其他存款	16989.43	17462.80	18820.22	18907.02	18540.47	18352.82
其他负债	6084.08	5376.75	5573.48	5514.44	5457.21	5391.91
对中央银行负债	11936.30	10435.61	8881.29	9170.42	10007.66	14428.86
对其他存款性公司负债	106441.39	106427.95	111646.03	107714.80	107611.03	107641.31
对其他金融性公司负债	64567.04	67431.70	64524.71	67990.75	69155.81	65250.27
其中:计入广义货币的存款	59198.24	60621.23	60219.66	61532.45	62539.41	59464.23
国外负债	10084.00	11090.97	11971.56	12947.40	13407.48	12731.70
债券发行	92667.47	93324.07	95986.00	97323.72	98376.22	99129.65
实收资本	30397.04	30437.53	30552.29	30642.86	30737.27	30995.81
其他负债	132929.02	134134.27	137691.93	140208.77	140271.14	143989.14
总负债	1350605.74	1361684.24	1413895.66	1413709.04	1426721.12	1447014.81

2013 上半年中资全国性大型银行人民币信贷收支表

单位:亿元人民币

项目	2013.01	2013.02	2013.03	2013.04	2013.05	2013.06
来源方项目						
一、各项存款	513143.25	517324.38	544524.78	530303.30	534962.87	549297.43
1.单位存款	228931.92	223915.80	241190.18	237960.99	241460.22	247382.90
其中:活期存款	104859.89	99299.75	107186.53	103717.17	104928.32	107547.09
定期存款	64437.22	65980.35	68208.69	69780.28	71225.38	71977.86
通知存款	5745.23	5691.61	7006.43	6826.85	6316.77	7123.18
保证金存款	14656.47	14928.89	16588.65	16568.76	16799.59	16778.65
2.个人存款	271366.07	280728.72	288956.29	279548.81	280633.35	288114.58
其中:储蓄存款	264583.03	273763.97	282787.24	273288.86	274350.80	278406.21
保证金存款	66.90	65.42	79.08	76.80	79.26	76.94
结构性存款	6716.13	6899.33	6089.96	6183.15	6203.29	9631.42
3.临时性存款	892.39	926.59	883.99	888.25	897.25	868.45
4.其他存款	11952.88	11753.27	13494.31	11905.25	11972.05	12931.56
二、金融债券	60520.06	60714.08	61892.25	62625.08	63125.68	63427.91
三、向中央银行借款	409.66	904.86	421.81	435.94	450.99	1751.83
四、同业往来(来源方)	31541.23	30822.22	29858.04	28482.90	30153.25	27783.57
五、其他	2622.49	4619.69	-7183.78	6750.93	2847.22	4568.14
资金来源总计	607827.04	614385.23	629513.10	628598.16	631540.00	646828.93
运用方项目						
一、各项贷款	346208.75	349283.22	353984.36	357709.94	360570.94	364435.03
(一)境内贷款	345417.90	348503.83	353205.01	356922.85	359791.87	363646.52
1.短期贷款	98485.56	98961.39	100783.08	100946.40	100869.09	102301.43
2.中长期贷款	240222.82	243061.39	245703.07	248321.91	250472.55	253068.39
3.融资租赁						
4.票据融资	6490.91	6252.07	6486.90	7415.82	8204.03	8052.58
5.各项垫款	218.60	228.98	231.96	238.72	246.19	224.12
(二)境外贷款	790.85	779.39	779.35	787.09	779.08	788.50
二、有价证券	127449.98	128086.95	130945.46	131994.88	132656.27	133810.64
三、股权及其他投资	7767.36	7496.02	6694.92	6825.33	6681.69	8124.54
四、缴存准备金存款	93178.28	93256.03	97768.94	95536.78	94561.46	98860.94
五、同业往来(运用方)	33222.66	36263.01	40119.42	36531.23	37069.64	41597.78
资金运用总计	607827.04	614385.23	629513.10	628598.16	631540.00	646828.93

注:①本表机构指本外币资产总量大于等于2万亿元的银行(以2008年末各金融机构本外币资产总额为参考标准),包括:工行、建行、农行、中行、国开行、交行和邮政储蓄银行。

②本表11月为初步数,其他月份为正式数。

2013 上半年中资全国性四家大型银行人民币信贷收支表

单位:亿元人民币

项目	2013.01	2013.02	2013.03	2013.04	2013.05	2013.06
来源方项目						
一、各项存款	424677.07	427106.02	450744.15	437306.81	441314.09	453719.27
1.单位存款	196190.50	191915.33	206554.03	203377.57	206237.05	211426.44
其中:活期存款	89924.43	85098.45	91543.62	88166.78	89091.85	91492.43
定期存款	56972.81	58391.73	60384.70	61888.87	63212.60	63714.95

项目	2013.01	2013.02	2013.03	2013.04	2013.05	2013.06
通知存款	4978.83	4871.91	5982.06	5946.11	5455.31	6076.38
保证金存款	10315.81	10638.77	12022.13	11877.58	11996.50	12086.78
2.个人存款	219602.21	226373.70	233705.29	224942.40	225907.09	232343.71
其中:储蓄存款	214105.64	220829.61	228948.40	220139.08	221102.50	224173.13
保证金存款	62.83	61.19	74.98	71.72	74.47	72.23
结构性存款	5433.75	5482.90	4681.92	4731.60	4730.11	8098.35
3.临时性存款	868.95	894.75	867.32	868.29	877.22	837.69
4.其他存款	8015.40	7922.24	9617.51	8118.54	8292.73	9111.41
二、金融债券	6880.63	6882.07	6883.60	6884.65	6886.86	6888.41
三、向中央银行借款	82.32	579.35	95.83	109.34	116.33	1418.00
四、同业往来(来源方)	26019.61	24852.69	23616.70	22028.70	24012.01	22314.44
五、其他	9608.63	10771.04	1856.11	14183.28	10905.35	7021.68
资金来源总计	467268.25	470191.17	483196.38	480512.78	483234.63	491361.79
运用方项目						
一、各项贷款	261412.26	263570.78	266881.24	269336.52	271413.93	274115.56
(一)境内贷款	260950.53	263109.88	266421.06	268876.19	270955.48	273655.93
1.短期贷款	82220.86	82636.18	84177.19	84235.15	83981.61	85098.77
2.中长期贷款	173042.18	175003.62	176718.84	178406.47	180002.76	181570.09
3.融资租赁						
4.票据融资	5529.06	5302.61	5355.74	6060.02	6788.39	6815.49
5.各项垫款	158.43	167.47	169.28	174.55	182.72	171.58
(二)境外贷款	461.74	460.90	460.18	460.32	458.45	459.63
二、有价证券	106501.40	106869.49	109203.29	109661.30	109825.82	110922.05
三、股权及其他投资	3738.71	3471.34	2658.54	2699.61	2427.08	3651.92
四、缴存准备金存款	76278.20	75808.13	79446.46	77129.64	76768.37	80258.82
五、同业往来(运用方)	19337.68	20471.44	25006.86	21685.71	22799.43	26065.36
资金运用总计	467268.25	470191.17	483196.38	480512.78	483234.63	491361.79

注:①本表机构包括:工行、建行、农行、中行。
②本表11月为初步数,其他月份为正式数。

2013 上半年中资全国性中小型银行人民币信贷收支表

单位:亿元人民币

项目	2013.01	2013.02	2013.03	2013.04	2013.05	2013.06
来源方项目						
一、各项存款	212524.89	210143.04	222842.18	227678.61	231283.60	233479.01
1.单位存款	152303.86	149008.70	159228.82	164210.34	167359.70	166210.59
其中:活期存款	50064.55	47762.93	51650.48	51920.66	52369.15	52469.18
定期存款	43481.49	44274.80	46534.99	47697.99	49129.03	49524.74
通知存款	6228.35	6480.46	6939.79	7411.41	7102.82	6863.45
保证金存款	31528.66	30236.58	31733.96	33434.10	33545.53	32304.00
2.个人存款	46687.63	47800.36	50187.06	50022.22	50727.25	53092.30
其中:储蓄存款	42558.88	43509.43	45894.68	45290.59	45985.18	47815.20
保证金存款	462.16	490.30	535.81	566.41	579.53	575.35
结构性存款	3666.60	3800.63	3756.57	4165.23	4162.53	4701.75
3.临时性存款	471.06	618.55	575.78	511.24	494.55	597.82
4.其他存款	13062.35	12715.43	12850.52	12934.81	12702.10	13578.30
二、金融债券	31590.06	32056.88	33494.01	34048.95	34492.55	34942.75

项目	2013.01	2013.02	2013.03	2013.04	2013.05	2013.06
三、向中央银行借款	3391.41	3382.60	3116.77	3168.46	3202.14	4080.35
四、同业往来(来源方)	58979.27	62819.81	60166.09	65055.11	65418.04	61085.62
五、其他	-10224.97	-11569.70	-14453.71	-19047.54	-16245.32	-11053.63
资金来源总计	296260.67	296832.64	305165.34	310903.59	318151.01	322534.11
运用方项目						
一、各项贷款	171129.65	172708.07	175592.08	177662.89	180118.46	182313.44
(一)境内贷款	170188.87	171762.83	174641.52	176711.82	179164.32	181348.35
1.短期贷款	89424.85	89715.43	91226.18	92046.66	93203.93	95552.87
2.中长期贷款	74895.48	75790.68	76619.42	77381.08	78502.11	78975.57
3.融资租赁						
4.票据融资	5563.13	5923.79	6463.27	6933.67	7076.92	6452.83
5.各项垫款	305.40	332.91	332.65	350.41	381.35	367.07
(二)境外贷款	940.78	945.24	950.56	951.07	954.14	965.09
二、有价证券	45912.81	46978.59	48040.27	49072.63	49170.83	49327.92
三、股权及其他投资	8614.60	9184.50	12321.58	13207.82	16992.98	18850.28
四、缴存准备金存款	40768.27	40774.20	41938.31	43266.81	43402.80	45492.64
五、同业往来(运用方)	29835.33	27187.28	27273.10	27693.44	28465.94	26549.83
资金运用总计	296260.67	296832.64	305165.34	310903.59	318151.01	322534.11

注:①本表机构指本外币资产总量小于2万亿元且跨省经营的银行(以2008年末各金融机构本外币资产总额为参考标准)
②本表11月为初步数,其他月份为正式数。

2013年商业银行主要监管指标情况表(法人)

单位:亿元、%

项目 \ 时间	2013年			
	一季度	二季度	三季度	四季度
(一)信用风险指标				
不良贷款余额	5265	5395	5636	
其中:次级类贷款	2242	2335	2381	
可疑类贷款	2379	2413	2504	
损失类贷款	643	648	750	
不良贷款率	0.96%	0.96%	0.97%	
其中:次级类贷款	0.41%	0.42%	0.41%	
可疑类贷款	0.44%	0.43%	0.43%	
损失类贷款	0.12%	0.12%	0.13%	
贷款损失准备	15370	15781	16175	
拨备覆盖率	291.95%	292.50%	287.03%	
(二)流动性指标				
流动性比例	45.36%	43.68%	42.80%	
存贷比	64.68%	65.17%	65.63%	
人民币超额备付金率	2.58%	2.63%	2.45%	
(三)效益性指标				
净利润(本年累计)	3688	7531	11216 *	
资产利润率	1.37%	1.38%	1.36%	
资本利润率	21.00%	21.19%	20.67%	
净息差	2.57%	2.59%	2.63%	
非利息收入占比	23.84%	23.73%	22.46%	
成本收入比	29.18%	29.44%	30.21%	

项目 \ 时间	2013 年			
	一季度	二季度	三季度	四季度
（四）资本充足指标 * *				
核心一级资本净额 * *	68847	70366	72600	
一级资本净额 * *	68847	70366	72600	
资本净额 * *	85855	87450	89607	
信用风险加权资产 * *	643351	658238	679386	
市场风险加权资产 * *	6254	6658	6304	
操作风险加权资产 * *	49492	49625	49714	
核心一级资本充足率 * *	9.85%	9.85%	9.87%	
一级资本充足率 * *	9.85%	9.85%	9.87%	
资本充足率 * *	12.28%	12.24%	12.18%	
（五）市场风险指标				
累计外汇敞口头寸比例 * * *	3.77%	4.24%	3.77%	
（六）不良贷款分机构指标				

项目 \ 时间	2013 年							
	一季度		二季度		三季度		四季度	
	不良贷款余额	不良贷款率	不良贷款余额	不良贷款率	不良贷款余额	不良贷款率	不良贷款余额	不良贷款率
商业银行	5265	0.96%	5395	0.96%	5636	0.97%		
大型商业银行	3241	0.98%	3254	0.97%	3365	0.98%		
股份制商业银行	896	0.77%	956	0.80%	1026	0.83%		
城市商业银行	454	0.83%	496	0.86%	526	0.87%		
农村商业银行	612	1.73%	625	1.63%	656	1.62%		
外资银行	62	0.59%	63	0.60%	62	0.57%		

注：为 1－9 月累计净利润。* *：我国自 2013 年 1 月 1 日起施行《商业银行资本管理办法（试行）》（以下称《新办法》），原《商业银行资本充足率管理办法》同时废止，因此，自 2013 年 1 季度起，表中披露的资本充足率相关指标调整为按照《新办法》计算的数据结果。* * *：“累计外汇敞口头寸比例”指标的分母调整为按《商业银行资本管理办法（试行）》计算的资本净额。

2013 年银行业金融机构资产负债情况表（法人）

单位：亿元、%

1. 银行业金融机构

项目 \ 时间	2013 年			
	一季度	二季度	三季度	四季度
总资产	1413046	1442483	1469955	
比上年同期增长率	17.03%	13.78%	14.35%	
总负债	1321526	1348497	1372438	
比上年同期增长率	16.86%	13.46%	14.09%	

2. 大型商业银行

项目 \ 时间	2013 年			
	一季度	二季度	三季度	四季度
总资产	632992	638278	647556	
比上年同期增长率	9.77%	8.01%	9.64%	
占银行业金融机构比例	44.80%	44.25%	44.05%	
总负债	591190	595954	604305	
比上年同期增长率	9.29%	7.47%	9.36%	
占银行业金融机构比例	44.74%	44.19%	44.03%	

3. 股份制商业银行 *

项目 \ 时间	2013 年			
	一季度	二季度	三季度	四季度
总资产	250038	259339	261718	
比上年同期增长率	28.90%	22.45%	18.89%	
占银行业金融机构比例	17.69%	17.98%	17.80%	

项目 \ 时间	2013 年			
	一季度	二季度	三季度	四季度
总负债	236080	244922	246571	
比上年同期增长率	29.33%	22.51%	18.68%	
占银行业金融机构比例	17.86%	18.16%	17.97%	

4. 城市商业银行*

项目 \ 时间	2013 年			
	一季度	二季度	三季度	四季度
总资产	129371	135923	139557	
比上年同期增长率	25.18%	18.06%	21.96%	
占银行业金融机构比例	9.16%	9.42%	9.49%	
总负债	120833	126979	130181	
比上年同期增长率	25.59%	18.03%	21.90%	
占银行业金融机构比例	9.14%	9.42%	9.49%	

5. 其他类金融机构

项目 \ 时间	2013 年			
	一季度	二季度	三季度	四季度
总资产	400646	408943	421123	
比上年同期增长率	20.17%	16.84%	16.90%	
占银行业金融机构比例	28.35%	28.35%	28.65%	
总负债	373423	380642	391381	
比上年同期增长率	20.01%	16.60%	16.57%	
占银行业金融机构比例	28.26%	28.23%	28.52%	

注：*自 2012 年 9 月起，原深圳发展银行与原平安银行合并为新平安银行，本表数据未作可比口径调整。

2013 年银行业金融机构资产负债情况表（境内）

单位：亿元、%

1. 银行业金融机构

项目 \ 时间	2013 年											
	1 月	2 月	3 月	4 月	5 月	6 月	7 月	8 月	9 月	10 月	11 月	12 月
总资产	1325039	1335048	1384437	1383492	1395719	1413441	1404551	1416772	1439201	1436976		
比上年同期增长率	18.70%	17.30%	16.70%	17.00%	16.30%	13.50%	14.30%	14.50%	13.90%	14.30%		
总负债	1236928	1245279	1293255	1290900	1301643	1319837	1310696	1321506	1342105	1338690		
比上年同期增长率	18.70%	17.10%	16.50%	16.80%	16.20%	13.20%	14.00%	14.40%	13.60%	14.10%		

2. 大型商业银行

项目 \ 时间	2013 年											
	1 月	2 月	3 月	4 月	5 月	6 月	7 月	8 月	9 月	10 月	11 月	12 月
总资产	580424	581904	607289	593560	599062	612511	602244	603814	620146	611280		
比上年同期增长率	10.70%	9.50%	8.90%	8.70%	9.40%	7.30%	8.80%	8.80%	8.60%	9.00%		
占银行业金融机构比例	43.80%	43.60%	43.90%	42.90%	42.90%	43.30%	42.90%	42.60%	43.10%	42.50%		
总负债	540467	541110	565794	551328	556071	570543	560561	561643	577279	567925		
比上年同期增长率	10.30%	9.00%	8.40%	8.20%	8.90%	6.70%	8.40%	8.50%	8.20%	8.70%		
占银行业金融机构比例	43.70%	43.50%	43.70%	42.70%	42.70%	43.20%	42.80%	42.50%	43.00%	42.40%		

3. 股份制商业银行

项目 \ 时间	2013 年											
	1 月	2 月	3 月	4 月	5 月	6 月	7 月	8 月	9 月	10 月	11 月	12 月
总资产	237858	239371	248872	256060	257787	257861	256081	260175	260160	261638		
比上年同期增长率	32.90%	29.60%	28.80%	30.10%	28.00%	22.20%	22.10%	22.50%	18.60%	19.40%		
占银行业金融机构比例	18.00%	17.90%	18.00%	18.50%	18.50%	18.20%	18.20%	18.40%	18.10%	18.20%		
总负债	224429	225692	234918	241321	243350	243447	241670	245561	245023	246336		
比上年同期增长率	33.60%	30.10%	29.20%	30.70%	28.50%	22.20%	22.30%	22.70%	18.40%	19.30%		
占银行业金融机构比例	18.10%	18.10%	18.20%	18.70%	18.70%	18.40%	18.40%	18.60%	18.30%	18.40%		

4. 城市商业银行*

项目 \ 时间	2013 年											
	1 月	2 月	3 月	4 月	5 月	6 月	7 月	8 月	9 月	10 月	11 月	12 月
总资产	122827	123335	129371	130623	131910	135923	134796	136787	139557	140586		

项目 \ 时间	2013 年											
	1 月	2 月	3 月	4 月	5 月	6 月	7 月	8 月	9 月	10 月	11 月	12 月
比上年同期增长率	27.30%	25.80%	25.20%	24.90%	21.30%	18.10%	18.40%	20.10%	22.00%	22.70%		
占银行业金融机构比例	9.30%	9.20%	9.30%	9.40%	9.50%	9.60%	9.60%	9.70%	9.70%	9.80%		
总负债	114590	114962	120833	121998	123122	126979	125783	127562	130181	131123		
比上年同期增长率	27.80%	26.20%	25.60%	25.30%	21.60%	18.00%	18.20%	20.00%	21.90%	22.80%		
占银行业金融机构比例	9.30%	9.20%	9.30%	9.50%	9.50%	9.60%	9.60%	9.70%	9.70%	9.80%		

5. 其他类金融机构

项目 \ 时间	2013 年											
	1 月	2 月	3 月	4 月	5 月	6 月	7 月	8 月	9 月	10 月	11 月	12 月
总资产	383931	390438	398906	403248	406959	407146	411431	415995	419337	423472		
比上年同期增长率	21.40%	20.50%	20.10%	20.20%	18.90%	16.80%	16.90%	17.00%	16.80%	16.60%		
占银行业金融机构比例	29.00%	29.20%	28.80%	29.10%	29.20%	28.80%	29.30%	29.40%	29.10%	29.50%		
总负债	357442	363515	371710	375753	379100	378869	382682	386740	389622	393305		
比上年同期增长率	21.20%	20.30%	20.00%	20.10%	18.80%	16.50%	16.60%	16.70%	16.50%	16.30%		
占银行业金融机构比例	28.90%	29.20%	28.70%	29.10%	29.10%	28.70%	29.20%	29.30%	29.00%	29.40%		

注：* 自 2012 年 9 月起，原深圳发展银行与原平安银行合并为新平安银行，本表 1－8 月数据未做可比口径调整。

2013 年 1－11 月全国银行间市场债券质押式回购交易期限分类统计表

单位：亿元、%

时期	1 天		7 天		14 天		21 天		1 个月		2 个月	
	成交金额	加权平均利率	成交金额	加权平均利率	成交金额	加权平均利率	成交金额	加权平均利率	成交金额	加权平均利率	成交金额	加权平均利率
2012 年累计	1109323		172165		47390		9913		13155		8120	
2013.01	115470	2.09	12420	3.09	3340	3.04	627	3.87	1017	3.94	466	3.99
2013.02	78500	2.68	9366	3.46	6944	3.87	1763	3.78	490	4.02	696	4.16
2013.03	109238	2.29	15329	3.15	4260	3.36	1191	3.31	1794	3.39	335	3.68
2013.04	119262	2.37	15178	3.35	4286	3.72	1121	3.79	1619	3.77	441	3.48
2013.05	118167	2.87	15101	3.65	3518	3.72	1028	3.68	3180	3.93	645	3.69
2013.06	86198	6.72	20223	7.02	7367	6.90	911	7.03	2271	7.81	1094	7.79
2013.07	93484	3.36	18285	4.18	6205	4.42	872	4.74	2552	5.34	326	5.44
2013.08	96834	3.23	17372	4.07	4132	4.74	1108	4.84	2120	4.77	537	5.14
2013.09	89685	3.17	13421	3.76	9419	4.74	2533	5.05	3494	5.31	900	5.10
2013.10	83391	3.63	16272	4.35	5422	4.46	1047	5.63	2014	5.47	697	5.58
2013.11	108396	3.92	19986	4.52	3977	5.29	849	5.90	2204	6.07	629	6.02
2013.12												
2013 年累计	1098627		172952		58871		13051		22754		6766	

时期	3 个月		4 个月		6 个月		9 个月		1 年		成交金额合计	加权平均利率
	成交金额	加权平均利率	成交金额	加权平均利率	成交金额	加权平均利率	成交金额	加权平均利率	成交金额	加权平均利率		
2012 年累计	4421		612		804		89		182		1366174	
2013.01	1077	3.77	28	3.84	66	3.81	4	3.77	0	–	134516	2.25
2013.02	527	3.71	148	4.01	84	3.83	0	–	9	4.00	98527	2.89
2013.03	410	3.52	62	3.78	52	4.03	4	4.20	37	4.44	132712	2.46
2013.04	235	3.63	1	4.03	42	3.95	0	–	89	4.19	142275	2.55
2013.05	175	3.84	39	3.95	30	4.53	10	3.79	0	–	141894	3.01
2013.06	918	6.65	50	6.68	191	7.24	49	7.08	15	6.10	119287	6.82
2013.07	435	5.09	17	4.88	74	5.01	3	5.21	99	5.04	122351	3.60
2013.08	266	5.40	29	5.34	22	5.34	16	5.49	58	5.42	122492	3.45
2013.09	450	5.58	33	5.35	72	5.66	112	5.57	0	5.80	120119	3.49
2013.10	911	5.14	9	5.39	163	5.60	2	5.45	6	5.97	109934	3.86
2013.11	716	6.43	87	5.86	65	6.34	23	5.04	45	5.94	136976	4.12
2013.12												
2013 年累计	6121		503		858		223		358		1381083	

2013 年 1－11 月全国银行间同业拆借市场交易期限分类统计表

单位：亿元

	1 天		7 天		14 天		21 天	
	交易量	加权平均利率(%)	交易量	加权平均利率(%)	交易量	加权平均利率(%)	交易量	加权平均利率(%)
2012 年累计	402814		41934		12068		2370	
2013.01	33896	2.13	3047	3.27	719	3.14	91	3.68
2013.02	23010	2.59	3102	3.44	1140	3.67	195	4.00
2013.03	30720	2.31	4302	3.22	564	3.47	98	3.32
2013.04	37911	2.38	3160	3.37	738	3.50	345	3.32
2013.05	38622	2.80	3953	3.71	864	3.69	67	3.34
2013.06	11324	6.43	3125	6.98	805	7.07	32	7.13
2013.07	18775	3.34	3759	4.10	807	4.24	101	4.58
2013.08	19592	3.23	3911	4.10	675	4.52	97	4.83
2013.09	22371	3.22	3892	3.87	1911	4.64	473	4.57
2013.10	16880	3.62	3311	4.39	1158	4.24	92	5.04
2013.11	20190	3.88	4623	4.53	1057	5.08	34	6.01
2013.12								
2013 年累计	273290		40185		10436		1624	

	30 天		60 天		90 天		120 天	
	交易量	加权平均利率(%)	交易量	加权平均利率(%)	交易量	加权平均利率(%)	交易量	加权平均利率(%)
2012 年累计	4476		1626		1170		81	
2013.01	234	3.89	69	4.17	222	4.11	17	3.86
2013.02	337	4.16	70	3.75	34	4.03	11	4.48
2013.03	767	3.41	38	3.87	112	4.24	1	3.88
2013.04	588	3.66	53	3.52	116	3.88	2	4.20
2013.05	748	3.88	69	3.57	53	4.26	2	4.03
2013.06	161	6.79	57	6.44	86	5.92	3	5.00
2013.07	352	5.23	52	5.07	152	5.08	3	4.43
2013.08	255	4.67	55	5.27	84	5.24	2	5.80
2013.09	447	5.18	83	5.41	125	5.46	6	4.57
2013.10	440	5.26	116	5.05	225	5.32	4	4.30
2013.11	390	5.75	159	5.68	335	6.45	2	4.63
2013.12								
2013 年累计	4718		822		1543		53	

	6 个月		9 个月		1 年			
	交易量	加权平均利率(%)	交易量	加权平均利率(%)	交易量	加权平均利率(%)		
2012 年累计	379		29		97			
2013.01	41	4.16	0	－	9	4.48		
2013.02	1	4.40	0	－	6	4.42		
2013.03	2	4.30	0	－	3	4.33		
2013.04	5	4.01	0	－	1	4.00		
2013.05	0	－	0	－	1	4.33		
2013.06	23	5.91	0	－	11	3.97		
2013.07	6	5.01	0	4.80	8	5.23		
2013.08	14	4.98	0	－	15	5.49		
2013.09	－	－	2	5.09	18	5.51		
2013.10	7	5.78	－	－	10	5.72		
2013.11	8	5.25	－	－	－	－		
2013.12								
2013 年累计	107		2		81			

2013 年 1 - 11 月企业商品价格指数

以上年同月为 100

年月	总指数	农产品	矿产品	煤油电
2013.01	98.9	103.0	97.8	98.3
2013.02	98.9	105.1	98.1	98.1
2013.03	98.3	101.6	98.0	97.3
2013.04	97.9	103.5	96.4	95.0
2013.05	97.7	102.4	96.5	94.2
2013.06	98.1	104.4	95.8	95.6
2013.07	98.8	106.1	95.7	97.8
2013.08	99.3	105.3	98.0	98.3
2013.09	99.6	106.7	99.7	98.2
2013.10	99.7	108.1	99.1	97.9
2013.11	99.6	106.8	98.7	97.9
2013.12				

2013 年上半年上海市货币信贷运行情况

今年以来，上海市货币信贷运行总体平稳，各项存贷款总量保持适度增长态势，信贷需求结构不断调整。6 月末，上海市本外币各项存款余额 67356 亿元，上半年新增存款 3574.1 亿元，其中 6 月份新增 1316.7 亿元，环比多增 637.9 亿元；本外币各项贷款余额 42908 亿元，上半年新增贷款 1847.7 亿元，其中 6 月份新增 404.1 亿元，环比多增 342.6 亿元。

一、各项存款增长放缓，单位存款增加较多

上半年，上海市存款变化主要有以下三个特点。

（一）人民币存款增长波动明显，外汇存款增长放缓

上半年，全市新增人民币存款 3163.7 亿元，其中第 2 季度新增人民币存款 1495 亿元，环比少增 173.7 亿元。上半年全市人民币存款增势逐季趋缓，且继续呈现季末冲高、季初回落的规律性特征。其中 3 月和 6 月份人民币存款共增加 3899.1 亿元，占上半年存款增量的 1.2 倍，而 1 月和 4 月份存款累计减少 1061 亿元，人民币存款月度增量波动较大。上半年全市新增外汇存款 77 亿美元，其中第 2 季度新增 34.1 亿美元，环比少增 8.7 亿美元。

（二）单位存款增加较多且趋于定期化

上半年，全市新增本外币单位存款 1944.5 亿元，其中第 2 季度新增 1453 亿元，为第 1 季度增量的 3 倍。按存款品种分，上半年，全市本外币单位定期存款、结构性存款、协定存款和保证金存款分别增加 1363.6 亿元、647.9 亿元、409.2 亿元和 342.6 亿元。其中，第 2 季度新增单位定期存款 716.8 亿元，环比多增 70 亿元。上半年全市本外币单位活期存款和通知存款分别减少 517.7 亿元和 370.4 亿元，而这两项存款在适逢季末的 3 月和 6 月份共分别增加 1024 亿元和 512.8 亿元，成为单位存款季末大幅冲高的主要因素。6 月末，单位活期存款余额仅占全部单位存款的 27.6%，占比较年初下降 2.8个百分点。上半年全市新增财政性存款 504.4 亿元，同比多增 632.3 亿元。

（三）个人存款增势大幅减缓

上半年，全市新增本外币个人存款 1249.5 亿元，其中第 2 季度新增 122.2 亿元，仅为第 1 季度增量的 1/9。按存款种类分，上半年储蓄存款增加1344.7亿元，其中，定期存款和活期存款分别增加 873.5 亿元和 403.2 亿元；而个人本外币结构性存款减少 97 亿元。

二、贷款总量增长平稳，信贷结构有所调整

上半年全市信贷运行的主要有五个特点。

（一）人民币贷款投放节奏相对平稳，外汇贷款增速回落

上半年全市新增人民币贷款 1451.5 亿元，其中，第 2 季度增加 692.7 亿元，环比少增 66.2 亿元。6 月份全市新增人民币贷款 454.1 亿元，环比多增 418.6 亿元。上半年全市新增外汇贷款 76.5 亿美元，其中，第 2 季度增加 23.8 亿美元，环比少增 28.9 亿美元。6 月份全市外汇贷款减少 8 亿美元，为今年以来首次负增长，环比多减 17.5 亿美元。

（二）个人贷款和融资租赁贷款增加较多

一是单位普通贷款回落。上半年全市本外币单位普通贷款增加 317.3 亿元，其中，第 2 季度减少 28.4 亿元。二是贸易融资增长明显减缓。上半年全市新增贸易融资 375.5 亿元，其中，第 2 季度增加 32.7 亿元，不足第 1 季度增量的 1/10。三是票据直贴有所减少。上半年全市票据融资减少37.7 亿元，其中，直贴减少 134.2 亿元。四是个人本外币贷款大幅增加，上半年新增 624.9 亿元，占上半年全部新增贷款的 1/3。其中，第 2 季度增加 372.7 亿元，环比多增 120.5 亿元，主要以中长期个人贷款增加 354.8 亿元为主。五是融资租赁贷款持续增长，上半年新增 414.9 亿元，同比多增 47.8 亿元。

（三）贷款主要投向实体经济，重点支持中小型企业

上半年全市金融机构发放的本外币企业贷款（不含票据融资）主要投向制造业和租赁商务业，两行业贷款分别增加 312.7 亿元和 248.3 亿元，而水利环境公共设施管理业贷款下降最多，减少 33.4 亿元。按借款企业规模分，上半年上海市中外资银行投放的企业贷款以中型、小型企业为主，分别增加 285 亿元和 108.3 亿元，大型企业贷款增加 101 亿元，微型企业贷款增加 13.2 亿元。6 月份小型、中型企业贷款增加最多，分别为 91.6 亿元和 76.3 亿元。而大型、微型企业贷款分别减少11.9亿元和 23.1 亿元。

（四）商业性房地产开发贷款增长平稳，保障性住房开发贷款增加较多

上半年上海市中外资银行本外币商业性房地产开发贷款增加 215.5 亿元，同比少增 109.9 亿元。其中，地产开发贷款增加 76.7 亿元，同比少增 27.5 亿元；房产开发贷款增加 138.8亿元，同比少增 82.4 亿元。上半年上海市保障性住房开发贷款增加 79.5 亿元，同比少增 29.1 亿元。其中，6 月份增加 35.6 亿元，同比多增 20.8 亿元。

（五）个人住房贷款持续高位增长

上半年全市新增本外币个人消费贷款 600.7 亿元，同比多增 507.9 亿元。受房地产市场交易量增长和个人住房贷款投放集中等因素影响，第 2 季度全市新增个人住房贷款247.1 亿元，环比和同比分别多增 108 亿元和 236 亿元，其中 6 月份增加 86.3 亿元，同比多增 57.8 亿元。上半年全市本外币个人汽车消费贷款增加 161.6 亿元，同比多增 122 亿元。

第二章　金融机构

第一节　银行业金融机构

中国工商银行

通过持续努力和稳健发展，中国工商银行股份有限公司（以下简称“本行”）已经迈入世界领先大银行行列，成为全球市值最大、客户存款第一和盈利最多的上市银行，拥有优质的客户基础、多元的业务结构、强劲的创新能力和市场竞争力。本行业务跨越六大洲，境外网络扩展至39个国家和地区，通过17,125个境内机构、383个境外机构和1,771个代理行，以及网上银行、电话银行和自助银行等分销渠道，向438万公司客户和3.93亿个人客户提供广泛的金融产品和服务，基本形成了以商业银行为主体，综合化、国际化的经营格局，在商业银行业务领域保持国内市场领先地位。

一、经营概况

2012年，面临复杂严峻的经营环境，本行立足于服务实体经济和满足客户金融需求，加快发展方式转变和经营转型，深化改革创新，持续改进服务，严格成本管理与控制，保持资产质量稳定，经营呈现稳中有进的良好态势。2012年末，总资产175,422.17亿元，比上年末增加20,653.49亿元，增长13.3%；2012年末，总负债164,137.58亿元，比上年末增加18,947.13亿元，增长13.0%。全年实现净利润2,386.91亿元，较上年增长14.5%，继续稳居全球最盈利银行地位；平均总资产回报率和加权平均权益回报率分别为1.45%和23.02%，处于全球银行业领先水平。

二、公司金融业务

2012年，本行持续推进公司金融业务转型，不断优化经营结构，有效应对利率市场化进程，推动公司金融业务可持续发展。推行全产品营销与综合金融服务，推进商业银行与投资银行业务互动发展，满足客户多样化金融服务需求。加强产品创新，加快发展资产管理、委托管理、代客交易、承销与咨询、代理销售等金融资产服务业务。借助全球服务网络和境内外一体化科技平台，推广全球现金管理、跨境人民币业务，提升全球服务能力和品牌国际影响力。推进营销体系创新，实现客户差别化服务，提高重点客户营销服务水平，促进中小企业客户拓展，扩大客户基础。荣获《环球金融》“中国最佳本地公司银行”称号。2012年末，本行公司客户438万户，比上年末增加27万户；有融资余额的公司客户14.3万户，比上年末增加1.6万户。根据人民银行数据，2012年末，本行公司类贷款和公司存款余额保持同业第一，市场份额分别为11.8%和12.6%。

（一）对公存贷款业务

适应宏观经济环境变化要求，优化贷款投向，深化信贷结构调整，推动信贷业务平稳健康发展。积极服务实体经济，满足国家重点投资为主体的在建续建项目资金需求，加强对中西部和东北地区信贷投放，大力拓展先进制造业、现代服务业、文化产业和战略性新兴产业融资四大新市场。加强地方政府融资平台贷款管理，控制房地产和“两高一剩”行业信贷投放，支持各类节能减排重点工程。加强产品创新，加快发展资本占用低、风险收益好的贷款产品。推广企业供应链融资业务，推动中小企业信贷业务发展。积极开展银团贷款业务，荣获中国银行业协会“最佳业绩奖”和“最佳交易奖”称号。加快竞争集团大客户、行业龙头企业，拓展产业链核心企业及其上下游中小企业，实现大中小优质客户均衡发展。2012年末，境内公司类贷款余额58,448.35亿元，比上年末增加6,292.30亿元，增长12.1%。

应对利率市场化挑战，发挥公司理财、现金管理、电子银行和资产托管等综合金融服务优势，提高公司存款业务市场竞争力。发挥客户资源和网络优势，拓展产业链上下游客户，扩大客户基础，吸引和集聚客户资金。2012年末，境内公司存款余额66,217.25亿元，比上年末增加6,929.76亿元，增长11.7%。

（二）中小企业业务

贯彻国家支持中小企业发展的政策精神，致力于向中小企业客户提供专业、高效和便捷的金融服务。搭建独立的小企业信贷政策制度、业务流程和产品体系，配置专项信贷资源，全方位服务中小企业客户。实施专业化经营，小企业金融服务专营机构超过1,400家，拥有本行小企业信贷业务从业资格的员工达3.5万人。加快新产品应用，推广小企业周转贷款、网络循环贷款（网贷通）、标准厂房按揭贷款等专属融资产品，满足小企业客户差异化融资需求。围绕核心企业开展供应链融资业务，为专业市场、产业集群内的小微企业提供服务方案，扩展客户基础。加强贷款资金受托支付管理，严格控制小企业信贷风险，确保小企业信贷业务健康发展。荣获中国中小企业协会“优秀中小企业服务机构”称号。2012年末，境内中小（微）企业贷款余额42,312.03亿元，比上年末增长15.2%。其中，中型企业贷款23,911.27亿元，增长20.7%，小微企业贷款18,400.76亿元，增长8.9%。

（三）机构金融业务

实施“全机构金融”战略，提升机构金融业务可持续发展能力。加强民生领域金融服务，推广综合金融服务方案，加快社保、公积金业务综合服务管理系统建设，中标“2013－2014年度中央财政非税收入收缴代理银行项目”，非税收入收缴新开账户保持同业领先，金融社保卡发卡量比上年增长1.6倍，预算单位公务卡发卡量增长37.8%。提升银行同业合作，推动人民币融资、支付结算代理、外汇清算、国际结算、贸易融资等业务开展，银银平台业务签约客户增加100家至271家，国内代理行数量增加25家至141家。围绕资本市场新规加强与证券公司业务合作创新，提升服务水平，第三方存管客户数及资金量继续保持双领先。开展保险公司综合营销服务，强化在银行保险、代发工资、资产托管、现金管理等领域的全面合作。

（四）结算与现金管理业务

持续推广“工商验资 E 线通”业务，加强客户源头拓展。推进集群营销、链式营销，巩固客户规模，优化客户结构。优化财智账户卡、对公自助机具等产品功能，推出“存款自动转换”业务，提升“财智账户”品牌影响力，扩大结算业务规模。2012 年末，对公结算账户 536 万户，全年实现对公人民币结算量 1,446 万亿元，业务规模保持市场领先。

延伸现金管理产品和服务范围，推广收款管家、票据池和资金池等高端现金管理服务，提升现金管理业务市场竞争力。完善现金管理业务流程，提升业务办理效率。开展制造业、服务业集群营销，拓展客户规模。现金管理业务市场影响力稳步提升，荣获《财资》“中国最佳大型/跨国企业财资管理银行”称号，被《亚洲银行家》授予“亚太区最佳合作银行”、“中国最佳现金管理银行”称号。2012 年末，现金管理客户 81.3 万户，比上年末增长 23.0%。

（五）国际结算与贸易融资业务

发挥本外币资源和境内外联动优势，完善集融资、结算、理财、交易于一体的产品组合，提升对进出口企业的服务水平。开展进口预付货款融资、出口订单融资等业务，完善国际贸易融资产品线。适应产业转移趋势，加大对中西部和东北地区国际贸易融资业务支持力度，优化业务区域结构。持续推进国际结算和贸易融资业务集约化运营，实现全部境内外机构单证中心系统投产应用，累计完成 39 家境内机构和 34 家境外机构国际结算单证和贸易融资业务集中。2012 年，境内国际贸易融资累计发放 1,461 亿美元，比上年增长52.2%；国际结算量 19,252 亿美元，增长 25.8%，其中，境外机构办理 5,343 亿美元。

（六）投资银行业务

持续推进投资银行业务与商业银行业务互动，拓展股权融资、重组并购、结构化融资、债券承销等投资银行业务。开发上市公司定向增发、重点客户夹层融资、大型央企首发上市等业务机会，完善包含股权投资基金主理银行、企业上市顾问、股权私募顾问在内的股权融资产品体系，服务企业股权融资需求。发挥“顾问 + 融资”综合重组并购服务优势，推动境内煤炭行业并购整合，提升跨境并购项目运作水平。拓宽企业非信贷资金融资渠道，创新发展债务重整和海外绿地投资顾问等产品，提升财务顾问服务质量。丰富投资银行研究产品体系，加强投资银行业务电子化服务渠道建设，提升咨询顾问类业务服务水平。拓展债券承销业务，全年主承销各类债务融资工具 3,486 亿元。投资银行业务品牌影响力持续提升，连续四年荣获《证券时报》“最佳银行投行”称号。2012 年，投资银行业务收入 261.17 亿元，比上年增长 15.6%。

（七）资产托管业务

积极应对资本市场前期震荡走低形势，加强业务创新，巩固市场领先地位。大力发展固定收益类基金托管产品，积极开展理财型创新债券基金、首只跨市场 ETF、首只发起式基金等新型基金托管，基金托管规模比上年末增长 30.5%，保持市场领先。加强对保险公司营销，托管客户数量突破 70 家，托管保险资产规模稳步增长。全球托管业务发展势头良好，托管 QFII 客户数居中资银行首位，托管 QDII 资产规模市场第一。加强与资产管理机构合作，推动“托管理财通”、票据托管和期货资产托管业务开展，优化托管业务结构。蝉联《全球托管人》、《环球金融》和《财资》等知名财经媒体中国最佳托管银行奖项，品牌影响力进一步提升。2012 年末，托管资产总净值 39,553 亿元，比上年末增长 12.0%。

（八）养老金业务

依托业务资格齐备和服务经验丰富的市场优势，加快养老金市场拓展，扩大业务规模。紧紧围绕客户需求，制定个性化企业年金服务方案，提高对大型企业客户服务水平。推广“如意养老”企业年金集合计划产品，开拓中小企业年金业务市场。推出“如意人生”福利计划产品和养老金理财产品，满足企事业单位员工福利基金管理需求。2012 年末，本行共为 34,140 家企业提供养老金管理服务，比上年末增加 4,716 家；受托管理养老金 512 亿元，管理养老金个人账户 1,168 万户，托管养老金基金 2,293 亿元。其中，受托管理企业年金规模、管理企业年金个人账户数量和托管企业年金规模稳居同业首位。

（九）贵金属业务

面对贵金属市场震荡走势，主动调整业务结构，丰富产品种类，推动贵金属业务持续平稳发展。创新推出产业链黄金租赁业务，为客户提供远期互换服务，帮助客户锁定租赁风险，推动融资类业务较快发展。发挥黄金积存业务先发优势，开发通存通兑、兑换延伸等新功能，实现积存业务持续成长。加快实物类贵金属产品创新，推出文化系列贵金属产品在内的 115 种新产品，满足客户贵金属投资收藏保值增值需求。完善交易类业务系统功能，推出对公递延交易，实现账户贵金属双向交易和定投交易。2012 年，贵金属业务交易额 1.09 万亿元。代理上海黄金交易所清算量 2,546 亿元，继续保持同业领先。

三、个人金融业务

2012 年，面对激烈的同业竞争和利率市场化挑战，本行继续深入实施“强个金”战略，推进个人金融业务经营转型。围绕新市场、新客户，公私联动开展集群营销，开发商品交易市场，开拓社保、医疗和交通等民生领域。依托工银商友俱乐部和名人理财俱乐部，打造新型营销渠道，扩大业务规模。继续实施渠道优化建设，加大自助机具投入，拓宽商品交易市场和重点县域等地区服务渠道。围绕个人客户星级服务体系，强化营销服务团队建设，加速客户服务模式转型，提升优质客户识别与拓展能力。加大产品创新力度，提升个人金融业务竞争力，巩固储蓄存款、个人贷款、银行类理财和信用卡等业务同业领先地位。蝉联《亚洲银行家》“中国最佳大型零售银行”称号。2012 年末，本行个人客户 3.93 亿个，比上年末增加 3,053 万个，其中，个人贷款客户 779 万个，增加 40 万个。根据人民银行数据，2012 年末，本行储蓄存款和个人贷款余额均列同业首位，市场份额分别为 16.3% 和 13.9%。

（一）储蓄存款

深化对公和个人金融业务联动营销，以代发工资和商品交易市场业务为重点开拓源头市场，扩大客户规模，夯实储蓄存款增长基础。适应利率市场化趋势，提升利率精细化管理，合理确定存款利率和理财产品价格，以优质理财产品竞争和稳固客户，促进客户资金在本行体系内有序循环，实现储蓄存款与理财业务良性互动发展。加快重点县域新网点建设进度，加快自助机具投放，拓宽服务渠道，延伸服务触角。2012 年末，本行境内储蓄存款余额 64,818.91 亿元，比上年末增加 6,380.32 亿元，增长 10.9%；其中，活期储蓄存款增长 8.8%，定期储蓄存款增长 12.6%。

（二）个人贷款

落实差别化住房信贷政策，支持符合条件的个人首套房和改善性住房信贷需求，稳步发展个人住房贷款业务。适应新型消费市场需求，加快产品创新和升级，推广个人家居消费贷款、个人文化消费贷款、个人留学贷款等大众消费贷款。满足个人经营活动小额融资需求，推出个人助业贷款，面向重点商品交易市场，推广个人经营贷款。针对投资理财客户，推出账户贵金属质押贷款和理财产品网上银行质押贷款，满足客户新型融资需求。涵盖个人住房贷款、个人消费贷款和个人经营性贷款的个人"幸福贷款"产品体系更趋丰富。2012 年末，本行境内个人贷款突破两万亿元达 22,504.10 亿元，比上年末增加 2,591.39 亿元，增长 13.0%，其中，个人住房贷款增加 1,482.17 亿元，增长 12.6%；个人经营性贷款增加 519.78 亿元，增长 19.7%。

（三）个人理财业务

围绕客户需求，加强理财产品创新，优化产品结构，巩固个人理财业务市场领先地位。丰富专属银行类理财产品种类，优化定制理财产品机制，提升客户差异化服务水平，拓展商品交易市场、经济发达区域个人理财业务。加强与资产管理机构合作，代理多只基金新产品，保持电子银行渠道基金申购费率优惠，代理基金销售 7,614 亿元，继续保持同业第一。发挥国债收益稳定特点，挖掘低风险偏好客户市场，代理国债销售 600 亿元，保持市场领先地位。加大保险营销力度，开展多项主题营销活动，代理个人保险产品销售 860 亿元，位居同业首位。2012 年，境内销售各类个人理财产品 46,706 亿元，比上年增长 12.9%，其中，代理个人理财产品销售 9,074 亿元，增长 57.3%。

依托个人客户星级服务体系，加快拓展理财金账户客户，提升理财金品牌形象。发挥芯片卡业务科技领先优势，推广理财金账户芯片卡，提升客户服务品质。推进产品交叉销售，提升核心产品在财富客户中的渗透率。打造高素质服务团队，提升客户服务能力，为财富客户提供一站式套餐服务。金融理财师（AFP）持证人数 21,425 人，国际金融理财师（CFP）持证人数 3,533 人，继续位居同业首位。2012 年末，本行理财金账户客户 2,042 万户，比上年末增长 35.9%；财富客户 402 万户，增长 5.0%。

私人银行业务本行为个人金融资产在 800 万元以上的高净值客户，提供涵盖财务管理、资产管理、顾问咨询、私人增值以及跨境金融等内容的私人银行服务。2012 年，本行加快私人银行业务网络拓展，在已建 10 家私人银行分部基础上，累计设立 26 家私人银行中心，形成覆盖境内高端客户市场的业务布局。积极延伸海外业务，在巴黎组建私人银行中心（欧洲），完善跨境金融资产管理与服务。整合全行优质资源，丰富私人银行专享产品线，为私人银行客户提供公私一体、投融资一体、境内外一体的金融服务。先后荣获《欧洲货币》、《亚洲银行家》中国最佳私人银行称号。2012 年末，私人银行客户突破 2.6 万户，管理资产 4,732 亿元。

（四）银行卡业务

2012 年，本行加强银行卡产品创新，提升银行卡服务品质，加快新市场拓展，进一步巩固同业领先地位。2012 年末，本行银行卡发卡量 4.7 亿张，比上年末增加 5,630 万张。全年银行卡消费额 41,314 亿元，比上年增长 29.0%；银行卡业务收入 234.94 亿元，增长 36.1%。

信用卡业务方面，推进交通卡、公务卡、中油卡、公积金卡、航空商旅联名卡五种项目发卡，扩展发卡规模。加强集团商户营销，提升高营业额、高交易额、高收益商户占比，加快收单业务发展。把握新型消费产业发展趋势，巩固购车分期付款业务优势，发展家电、百货、教育、旅游和文化等消费信贷业务，满足居民消费融资需求，推动信用卡贷款业务可持续发展。围绕市场需求，创新推出工银多币种信用卡、工银闪酷卡、工银货币基金信用卡等产品，丰富信用卡产品线；境内首家推出工银运通百夫长黑金卡，满足客户个性化高端服务需求。完善短信银行服务内容，推出查询明细账单、查询交易明细、签订自动还款等业务。荣获美国《环球金融》"中国最佳信用卡银行"称号，信用卡服务荣获中国银行业协会颁发的"综合示范单位奖"和"优秀服务奖"。2012 年末，信用卡发卡量 7,713 万张，比上年末增加 648 万张；实现年消费额 13,026 亿元，比上年增长 33.4%；境内信用卡透支余额 2,414.25 亿元，增加 636.25 亿元，增长 35.8%。信用卡发卡量、消费额、透支额均保持同业领先。

借记卡业务方面，以发行联名借记卡为切入点，加强与重点行业合作和联动营销，拓展新客户，扩大发卡规模。加强芯片卡创新，推出境内首张单芯片借记卡、首张加载 eID 功能的芯片借记卡和首张贵金属主题借记卡等新产品，保持市场领先地位。加快芯片卡推广步伐，延伸芯片卡产品线，推动芯片卡发卡量迅猛增长。把握市场机会，开展多项刷卡促销活动，扩大刷卡消费额。2012 年末，借记卡发卡量 3.9 亿张，比上年末增加 4,982 万张；年消费额 28,288 亿元，增长 27.0%。

四、资金业务

2012 年，面对复杂的金融环境，本行以提升盈利能力为目标，积极开展产品创新，适时调整投资与交易策略，加大资金运作力度，提高业务管理水平，防范业务风险，实现资产规模与效益良好发展。

（一）货币市场交易

2012 年，货币市场利率冲高后回落，总体小幅下降。本行根据流动性管理需要，加强市场预判，灵活开展资金运作。资金融入方面，发挥市场地位优势，降低融入成本，确保流动性安全，保持备付率在合理水平。资金融出方面，适时调整融资期限，积极扩展资金融出渠道，扩大融资客户基础，提高资金融出收益。全年境内分行累计融入融出人民币资金 21.90 万亿元，其中融出 13.42 万亿元，资金交易规模位居市场首位。

外币方面，境内外汇流动性紧张局面缓解。本行加强外汇资金头寸管理，提前安排资金应对大额付汇，保证外汇支付安全。合理摆布期限结构，适当延长拆借期限，提高资金拆放收益率。密切关注市场走势，审慎选择交易对手，规避信用风险。全年外币货币市场交易量 2,918 亿美元。

（二）交易账户业务

2012 年，人民币债券市场指数总体呈现上行走势。本行实施控制久期、波段操作的交易策略，结合利率走势灵活调整仓位和头寸。在年初市场利率较高时期，适度扩大交易账户债券敞口，在市场利率下行过程中执行减仓策略，压缩交易账户债券组合久期，实现债券价差收入。严格控制利率互换总体仓位，降低利率互换业务损益波动。全年交易账户人民币债券交易量 3,117 亿元。

外币方面，主要发达经济体国债收益率低位盘整。本行把握市场波动机会，以美国国债为主开展短线交易，严格控制交易风险，完成交易账户外币债券交易 82 亿美元。

（三）银行账户投资

2012 年，债券收益率曲线阶段性变化显著，整体呈现平坦化上移趋势。本行加强对市场走势研究，合理安排投资时机，在收益率较高的第一和第四季度加大债券投资力度，提高组合收益率。坚持相对价值投资，合理配置债券期限，在收益率曲线扁平化时期，投资相对价值更高的中短期债券。加大对政策性金融债、优质企业债券投资，提升信用债券占比，优化投资组合结构。

外币方面，欧洲主权债务危机持续，国际金融市场大幅震荡。本行积极调整投资品种和结构，择机增持金融机构债券和中资企业境外美元债券，提升组合投资收益率。加强投资区域管理，加大对美国、韩国和澳大利亚等区域产品投资力度，提高投资组合安全度。

（四）代客资金交易

拓展代客资金交易产品线，提升市场竞争力。投产个人账户外汇、个人外汇买卖双向交易、企业网银外汇买卖等新业务，代客外汇买卖交易量（不含账户贵金属）520 亿美元，比上年增长 52.0%。把握人民币汇率弹性增强形势，加强结售汇业务推广，推出人民币外汇期权组合、人民币外汇期权与贸易融资组合等产品，开办泰铢、菲律宾比索及南非兰特等新兴市场货币结售汇业务。全年完成代客结售汇业务量 4,271 亿美元，增长 11.8%。立足标准化套期保值类汇率、利率风险管理产品，开展外汇衍生产品业务，完善交易系统功能，提升衍生产品业务服务水平，推动代客衍生产品业务稳步发展。

（五）票据业务

2012 年，本行紧密把握市场形势，加大票据业务开展力度。积极支持企业票据贴现，满足企业融资需求，服务实体经济发展。扩大中小企业贴现客户数量，拓展票据贴现客户基础，改善客户结构。提升票据买入卖出频率，加速票据业务周转，提高票据交易效率和盈利能力。大力开拓电子商业汇票业务，优化票据产品结构。提高票据资产质量，严控业务风险，确保票据业务持续稳健发展。全年票据业务交易量 18,714亿元，比上年增长 35.9%。

（六）理财业务

把握市场形势，加强产品和业务创新，满足客户投资需求。细分个人客户市场，推出面向商品市场客户的“商友富”专属理财产品和面向新建网点的“新网点”专属理财产品，开展对长三角、珠三角等理财需求旺盛区域的定向发行。集合产品与专户理财相结合，为企业客户提供量身定制的理财服务。推出多款不同期限的“增利”系列理财产品，提高 T+0 理财产品赎回比例，缩短理财产品资金到账时间，提升客户资金利用效率。拓宽理财产品销售渠道，实现全部理财产品网上销售，开展手机银行销售。及时准确披露理财产品信息，保障投资者知情权，推动理财业务规范健康发展。荣获《环球企业家》“最佳资产管理银行”称号。2012 年，累计销售银行类理财产品 59,165 亿元，其中个人理财产品 37,632 亿元，对公理财产品 21,533 亿元。

五、分销渠道

（一）境内分行网络

2012 年，本行继续以客户服务为中心加大渠道优化工作力度。在发展迅速的城市新区和新兴城区合理拓展渠道网络，全年新增投入运营网点 433 家。加强对营业面积小、从业人员少、产出效能低的网点改造，完成 547 家低效网点的优化调整，有效扩充网点服务能力。注重加强物理网点与自助银行统筹配置，新建离行式自助银行 1,777 家，提升自助渠道服务水平。

2012 年末，本行在境内拥有 17,125 个机构，包括总行、31 个一级分行、5 个直属分行、26 个一级分行营业部、400 个二级分行、3,069 个一级支行、13,520 个基层营业网点、34 个总行直属机构及其分支机构以及 39 个主要控股公司及其分支机构。

（二）电子银行

坚持以客户为中心、以市场为导向，不断强化创新引领优势，加快面向新领域、新市场、新客户的渗透，加快境外业务拓展，进一步加强风险防控，确保电子银行业务规模、质量、效益协调快速发展。大力宣传“工银移动银行”品牌，着力拓展手机银行、电子商务等重点市场，品牌知名度日益提升，市场竞争优势持续巩固。2012 年，电子银行交易额比上年增长 17.2%，电子银行业务笔数占全行业务笔数比上年提高 5 个百分点至 75.1%，渠道贡献显著增强。

网上银行方面，强化网上银行作为交易主渠道的地位，推出苹果电脑版、谷歌版，以及安卓平板电脑等个人网银，实现对主流操作系统、浏览器、平板电脑的全面覆盖。在个人电脑、iPad 平板电脑推出个人网银私人银行专区，为优质客户搭建专属服务平台。新增企业网银外汇买卖、积存金等创新功能，丰富企业网银产品体系。荣获《环球金融》“中国最佳个人网上银行”、“中国最佳企业网上银行”称号。

电话银行方面，优化电话银行语音菜单，实现语音菜单简明化、身份验证简洁化、自助注册流程便捷化，电话银行自助语音服务更加清晰快捷，提升电话银行自助化水平。95588 电话银行服务保持高水平，全年电话银行接听率保持在 95% 以上，20 秒电话接听率保持在 90% 以上。

手机银行方面，快速响应移动金融服务新需求，推出移动生活客户端、移动在线客服、手机银行捐款和位置营销等新服务。推进手机银行精品工程建设，优化手机银行业务办理流程，简化操作步骤，使手机银行操作更加符合客户日常使用习惯，提升手机银行客户体验。2012 年末，手机银行客户数量比上年末增长 54.5%，全年交易额增长近 16 倍。

自助银行方面，加快自助设备布放速度，选择商品交易市场、重点县域等新兴地区延伸服务渠道。通过简化自助终端交易流程，扩充业务种类，合理定价，加强自助设备业务功能宣传和柜面业务分流引导，提高自助设备使用效率和柜面分流率。2012 年末，拥有自助银行 17,437 家，比上年末增长 26.6%；自动柜员机可用设备 70,202 台，增长 18.7%。自动柜员机交易额 66,052 亿元，增长 35.8%。

六、改革流程、改进服务年

2012 年，本行积极推动“满意在工行”主题活动，实施标本兼治的服务改进策略，以改进窗口服务为重点，以解决突出问题为突破口，以构建长效工作机制为保障，全面推动服务改进，全行服务面貌大幅提升，客户体验不断优化。

客户服务效率快速提升，客户体验持续改善。本行继续狠抓客户排长队问题专项治理，通过全面推广网点服务质量与排队管理系统、实施重点网点挂牌督导制、加强排队问题的监测分析，全行排长队问题解决取得重大进展，客户网点体验明显改善。截至报告期末，本行实现了对 13,364 家网点的排队监测，客户平均排队等候时间较最高峰时下降了 37%，客户排队情况得到有效缓解。

客户投诉大幅下降，客户满意度不断攀升。本行通过对全辖投诉咨询数据的深度挖掘和梳理分析，对客户反映强烈和集中的突出问题的治理，对重点分行投诉的压降及对投诉个案的督办，切实增强了客户投诉处理效率，提高了客户投诉处理满意度。报告期内，本行客户投诉和重复投诉数量分别比上年下降73%和91%，客户对投诉的处理满意率提高至96%。

客户服务渠道进一步拓宽，客户服务更加便捷。通过新建增设、迁址重装、优化调整等形式，网点布局更加优化。本行进一步加强营业网点无障碍设施建设，完善员工助残服务规范；进一步加大自助设备布放力度和加强运营维护，推广自助发卡机等新型设备，自助服务对客户的友好性和吸引力进一步提高，全年通过自助渠道完成的交易占全部交易的比例提高到75%。在“2012年中国银行业文明规范服务示范单位”评选活动中，本行有116家网点入选千佳名单，入选网点数量连续三年居同业首位。

业务流程更加优化，业务办理更加顺畅。本行将业务流程综合改造和优化作为提升网点服务效率的一项治本工程来推进，积极实施跨部门、跨机构、跨平台、跨业务的流程改造和优化。基层行反映强烈、严重影响客户和柜员体验的533项紧迫性问题全面解决，客户体验明显改善。业务集中处理改革继续深化，本行柜面对公非现金业务集中处理比例达到97%，业务集约运营成效进一步显现，业务运营和服务支持水平进一步提高。

服务改进长效机制渐趋完善，服务质量监测更加及时高效。结合现代金融服务的新要求和客户需求的新变化，本行加强服务制度体系建设，构建涵盖服务标准、监督检查、考核评价等方面的服务工作制度框架，为客户服务改进打下坚实的制度基础。本行进一步加强营业网点服务规范落实情况的监督监测，组织开展营业网点服务非现场检查活动，推广应用营业网点服务质量监测评价系统和排队管理系统，开展个人客户满意度第三方调查工作，发掘全行客户满意度状况以及影响客户满意度的主要因素，为客户服务改进提供数据支撑，夯实服务工作的基础。

七、国际化、综合化经营

（一）实施国际化、综合化经营战略

2012年，本行积极稳妥地推进国际化、综合化经营战略，紧密服务中国对外贸易和投资进程。在全球服务网络基本建成基础上，持续完善境外机构网络布局，进一步丰富和完善综合化服务体系，国际化综合化子公司对集团盈利贡献和战略协同作用日益提升。通过强化境内外联动、信息系统全球一体化延伸，推进全球产品线向纵深发展。坚持一体化与差异化兼顾的“一行一策”发展措施，完善考核激励机制与授权授信管理，境外机构经营能力持续增强。不断增强跨境、跨市场、跨产品线风险防控，提升集团并表风险管理能力。积极推动集团薪酬管理体系建设，加强国际化人才培养储备。

（二）报告期经营成果

境外机构经营能力持续增强，本土化发展能力不断提高。工银亚洲、工银澳门、阿根廷标准银行、万象分行跻身当地主流银行之列，工银泰国、工银印尼、工银欧洲、首尔分行、工银伦敦、纽约分行等一批机构也具备较强盈利能力。报告期末，本行境外机构（含境外分行、境外子公司及对标准银行投资）总资产1,627.22亿美元，比上年末增加379.93亿美元，增长30.5%，占集团总资产的5.8%，提高0.7个百分点。各项贷款718.83亿美元，增加63.58亿美元，增长9.7%，各项存款574.14亿美元，增加82.80亿美元，增长16.9%。报告期税前利润16.73亿美元，比上年增长21.8%。

（三）机构建设

境外机构网络拓展迈出新步伐。在美洲，完成美国东亚银行80%股权收购交割工作，实现中资机构首次在美国收购银行控股权，美国东亚银行更名为中国工商银行（美国）；完成阿根廷标准银行80%股权收购交割工作，成为首家在境外控股收购当地主流商业银行的中资银行；工银巴西正式成立；工银秘鲁申设获得境外监管机构批准。在欧洲，华沙分行顺利开业；里斯本代表处实现实体化运作，欧洲机构覆盖10个国家。在亚太地区，利雅得分行和科威特分行申设相继获得所在国央行批准，海湾地区服务网络日趋完善；新加坡分行由批发银行牌照升级为特许全面银行牌照，成为首批获得此类牌照的中资银行；新西兰子行申设工作稳步推进。综合化服务能力稳步提升。收购设立了工银安盛人寿保险有限公司，进一步拓宽业务领域，为客户提供更全面的金融服务。

2012年末，本行在39个国家和地区设立了383个境外分支机构，与138个国家和地区的1,630个境外银行建立了代理行关系，形成覆盖亚、非、拉、欧、美、澳六大洲的全球服务网络。

地址：中国北京市西城区复兴门内大街55号

邮编：100140

短信银行

请将您的咨询内容以短信形式发送至95588

电话服务

24小时全国电话服务热线：95588

24小时贵宾服务专线：400－66－95588

中国农业发展银行

本行的前身最早可追溯至1951年成立的农业合作银行。20世纪70年代末以来，本行相继经历了国家专业银行、国有独资商业银行和国有控股商业银行等不同发展阶段。2009年1月，本行整体改制为股份有限公司。2010年7月，本行分别在上海证券交易所和中国香港联合交易所挂牌上市，完成了向公众持股银行的跨越。

作为中国主要的综合性金融服务提供商之一，本行致力于建设面向“三农”、城乡联动、融入国际、服务多元的一流现代商业银行。本行凭借全面的业务组合、庞大的分销网络和领先的技术平台，向最广大客户提供各种公司银行和零售银行产品和服务，同时开展自营及代客资金业务，业务范围还涵盖投资银行、基金管理、金融租赁、人寿保险等领域。截至2012年末，本行总资产132,443.42亿元，各项存款108,629.35亿元，各项贷款64,333.99亿元，资本充足率12.61%，不良贷款率1.33%，全年实现净利润1,451.31亿元。

本行境内分支机构共计23,472个，包括：总行本部、总行营业部、3个总行专营机构、37个一级（直属）分行、348个二级分行（含省区分行营业部）、3,482个一级支行（含直辖市、直属分行营业部、二级分行营业部）、19,545个基层营业机构以及55个其他机构；境外分支机构包括4家境外分行和5家境外代表处。本行拥有12家主要控股子公司，其中，境内9家，境外3家。

2012年，在美国《财富》杂志全球500强排名中，本行位列第84位；在英国《银行家》杂志全球银行1,000强排名中，按2011年税前利润计，本行位列第5位。2012年，本行标准普尔发行人信用评级为A/A－1，穆迪银行存款评级为A1/P－1，惠誉长/短期发行人违约评级为A/F1。以上评级前景展望均为“稳定”。

客服电话:95599
电子邮箱:95599@ abchina. com
门户网站:www. abchina. com
联系地址:北京东城区建国门内大街 69 号
邮政编码:100005

中国建设银行

中国建设银行股份有限公司(“本行”)是一家在中国市场处于领先地位的股份制商业银行,为客户提供全面的商业银行产品与服务。主要经营领域包括公司银行业务、个人银行业务和资金业务。多种产品和服务(如基本建设贷款、住房按揭贷款和银行卡业务等)在中国银行业居于市场领先地位。

本行拥有广泛的客户基础,与多个大型企业集团及中国经济战略性行业的主导企业保持银行业务联系,营销网络覆盖全国的主要地区。2013 年 6 月末,本行市值为 1,767 亿美元,居全球上市银行第五位。本行在中国内地设有分支机构 14,295 家,在中国香港、新加坡、法兰克福、约翰内斯堡、东京、首尔、纽约、胡志明市、悉尼、中国台北设有 10 家一级境外分行,拥有建信基金、建信租赁、建信信托、建信人寿、中德住房储蓄银行、建行亚洲、建行伦敦、建行俄罗斯、建行迪拜、建银国际等多家子公司,为客户提供全面的金融服务。

本行的历史可以追溯到 1954 年,成立时的名称是中国人民建设银行,当时是财政部下属的一家国有独资银行,负责管理和分配根据国家经济计划拨给建设项目和基础建设相关项目的政府资金。1979 年,中国人民建设银行成为一家国务院直属的金融机构,并逐渐承担了更多商业银行的职能。

随着国家开发银行在 1994 年成立,承接了中国人民建设银行的政策性贷款职能,中国人民建设银行逐渐成为一家综合性的商业银行。1996 年,中国人民建设银行更名为中国建设银行。

本行由本行前身中国建设银行根据中国公司法规定的分立程序于 2004 年 9 月成立。在 2004 年 9 月 14 日由银监会批准之后,本行、中国建投与汇金公司于 2004 年 9 月 15 日签署分立协议,根据此份协议,中国建设银行分立为本行和中国建投。本行于 2004 年 9 月 17 日成立为一家股份制商业银行。

2005 年 10 月 27 日本行 H 股在中国香港联合交易所挂牌上市(股票代码为 939),2007 年 9 月 25 本行 A 股在上海证券交易所挂牌上市(股票代码为 601939)。

2012 年,本行总资产规模近 14 万亿元,全年实现净利润 1,936.02 亿元,较上年增长 14.26%。平均资产回报率和加权平均净资产收益率分别为 1.47% 和 21.98%,主要财务指标继续保持同业领先。本行董事会建议派发末期现金股息每股 0.268 元。

大力服务实体经济,信贷结构持续改善。2012 年,本行适时调整业务政策,合理调配信贷资源,加强授信管理,支持国家重点项目、民生领域以及经济社会发展薄弱环节。基础设施行业领域贷款新增占公司类贷款新增的 27.04%,小微企业贷款增速 17.97%,涉农贷款增速 21.43%;个人住房贷款、信用卡贷款新增同业第一。实施主动授信管理,主动调控产能过剩行业、地方政府融资平台、房地产行业等领域贷款投放。

综合化经营格局日臻完备,境外业务快速发展。本行目前已初步搭建综合化经营平台,非银行金融牌照种类领先同业。2012 年末,本行子公司资产总额达到 2,608.39 亿元,实现净利润 21.39 亿元。本行海外业务发展明确深化跟随、加快落地的经营策略,采取自设与并购并重的机构拓展方式。2012 年末境外机构总资产突破 800 亿美元;伦敦子行成功发行 10 亿元首支伦敦离岸人民币债券;墨尔本分行顺利开业,迪拜、俄罗斯子银行,多伦多、中国台北、旧金山、大阪和卢森堡等分行筹备工作提速。

全面推进多功能银行建设,战略性新兴业务跨越式发展。本行对战略性业务强化政策引导、重点配置资源,电子银行、养老金、私人银行等业务健康快速发展。2012 年,个人网银和手机银行客户数分别较上年增长 41.07% 和 78.68%,电子银行与柜面交易量之比达到 270.30%,较上年提高 63.58 个百分点;“善融商务”成功上线,企业商城累计成交 35 亿元,商户融资近 10 亿元;养老金受托资产规模新增同业第一;私人银行推出一系列产品创新项目,客户金融资产增幅 30.19%。

完善渠道和机制建设,推进集约化经营。2012 年,本行推进完善网络布局,境内营业机构增加 540 个至 14,121 个,自助设备增加 11,323 台,新增量同业第一;加快实施综合性网点、综合柜员制和综合营销队伍为主的营业网点综合化建设,进一步提升网点资源利用效率;深化前后台分离,简化业务流程,提高办理效率,客户办理立等业务平均时间大幅缩短;加快电话银行业务功能和服务渠道整合,改善客户体验,降低营运成本。

风险管理和内控建设不断完善,资产质量保持稳定。2012 年,本行强化集团风险管控,进一步明确和规范全面风险管理的框架和内容,加强产能过剩、政府平台、房地产等重点领域风险管理;进一步提高理财、表外、海外和国别等重点领域风险管理水平。持续推动内控体系建设,新设部门专司全行内控合规工作,对内控制度、办法、流程等进行优化。2012 年末,本行不良贷款率为 0.99%,较上年下降 0.10 个百分点。

推进资本管理办法实施,资本基础进一步夯实。2012 年,本行组织完善新资本管理办法相关制度建设,确保新资本办法的顺利实施和平稳过渡;积极开展创新资本工具研究,顺利完成 400 亿元次级债券的发行工作;以实施新资本管理办法为契机,加大业务转型和结构调整力度,加快向资本集约化转型,提高资本使用效率。2012 年末,资本充足率与核心资本充足率进一步上升至 14.32% 和 11.32%。

积极履行企业社会责任,继续扎实推进公益项目。继续将业务发展与履行企业社会责任相结合,引导信贷资源投向低碳经济、循环经济和绿色经济领域;全年实施重要公益项目 10 个,投入总金额 2,300 万元;持续推进“贫困高中生成长计划”、“贫困英模母亲资助计划”、“少数民族地区大学生成才计划”,以及“情系西藏”奖助学金等长期公益项目。本行的社会责任工作获得社会高度认可,荣登《财富》杂志“中国企业社会责任 100 排行榜”,被中国银行业协会评为最具社会责任金融机构。2012 年,本行的出色业绩与良好表现受到市场与业界的充分认可,先后荣获国内外 90 余项奖项。在英国《银行家》杂志联合 BrandFinance 发布的“世界银行品牌 500 强”以及 Interbrand 发布的“2012 年度中国最佳品牌”中,位列中国银行业首位;在美国《财富》杂志“世界 500 强排名”中列第 77 位,较上年上升 31 位。此外,本行还荣获了国内外重要机构授予的包括公司治理、中小企业服务、私人银行、现金管理、托管、投行、投资者关系和企业社会责任等领域的多个专项奖。

中国银行

1912年2月，经孙中山先生批准，中国银行正式成立。从1912年至1949年，中国银行先后行使中央银行、国际汇兑银行和外贸专业银行职能，坚持以服务大众、振兴民族金融业为己任，稳健经营，锐意进取，各项业务取得了长足发展。新中国成立后，中国银行成为国家外汇外贸专业银行，为国家对外经贸发展和国内经济建设作出了重大贡献。1994年，中国银行改为国有独资商业银行。2003年，中国银行开始股份制改造。2004年8月，中国银行股份有限公司挂牌成立。2006年6月、7月，先后在中国香港联交所和上海证券交易所成功挂牌上市，成为首家在中国内地和中国香港发行上市的中国商业银行。2008年，中国银行作为北京奥运会和残奥会唯一银行合作伙伴，为奥运盛会的圆满举行提供了优质高效的金融服务。

中国银行是中国国际化和多元化程度最高的银行，在中国内地、中国香港、中国澳门、中国台湾及37个国家为客户提供全面的金融服务。主要经营商业银行业务，包括公司金融业务、个人金融业务和金融市场业务，并通过全资附属机构中银国际控股集团开展投资银行业务，通过全资子公司中银集团保险有限公司及其附属和联营公司经营保险业务，通过控股中银基金管理有限公司从事基金管理业务，通过全资子公司中银集团投资有限公司从事直接投资和投资管理业务，通过中银航空租赁私人有限公司经营飞机租赁业务。按核心资本计算，2009年中国银行在英国《银行家》杂志“世界1000家大银行”排名中列第十一位。2011年和2012年，中国银行连续两年成为新兴市场经济体中的唯一入选全球性系统重要银行的金融机构。2012年末，中行资产总额达到12.68万亿元，负债总额11.82万亿元，本行股东应享权益合计8,246.77亿元，分别比上年末增长7.19%、6.74%和13.92%。全年实现税后利润1,455.22亿元，比上年增长11.51%。总资产净回报率1.19%，比上年提高0.02个百分点。

2012年，中国银行坚持以效益为中心，以优化结构、管理风险为重点，推动各项事业平稳快速发展。积极顺应市场化改革新进程，加快调整业务结构和收入结构，进一步巩固国际化多元化优势，持续提升全球综合服务能力。加强精细化风险管理，资产质量保持稳定。充分运用信息技术新平台，大力加强基础建设，制定并实施智慧银行规划，以创造最佳客户体验为目标，致力于为客户提供随时、随地、随心的金融服务。

2012年，中国银行继续坚持金融服务实体经济的本质要求，持续加大对经济社会发展重点领域和行业的支持力度，推动实体经济平稳健康持续发展。年末小企业贷款、涉农贷款和文化产业贷款余额分别比年初增长10.44%、14.92%和26.50%，增速分别比全行整体贷款增速高3.79、8.27和19.85个百分点。年末环保节能产业、新能源设备制造业等“绿色信贷”余额达2,274.80亿元，比年初增长78.74%。“高污染、高能耗”和产能过剩行业贷款受到严格控制，增速明显低于贷款整体增速。积极为国内企业“走出去”提供金融服务，支持海外并购项目累计达到83个，贷款签约金额超过274亿美元。积极推动人民币跨境使用，全年共办理跨境人民币业务2.46万亿元，领先于同业。进一步完善全球人民币清算体系，中银香港、中国澳门分行、中国台北分行、马来西亚中行成为当地唯一人民币清算行。继续开展国家助学贷款项目，累计投放金额达189.6亿元，帮助100多万名学子完成学业。全年各类公益捐赠总额4,457.9万元，为建设和谐社会做出了积极贡献。

在一百年的发展历程中，中国银行始终秉承追求卓越的精神，将爱国爱民作为办行之魂，将诚信至上作为立行之本，将改革创新作为强行之路，将以人为本作为兴行之基，树立了卓越的品牌形象，得到了业界和客户的广泛认可和赞誉。面对新的历史机遇，中国银行将积极推进创新发展、转型发展、跨境发展，向着建设国际一流的大型跨国经营银行集团的战略目标不断迈进。

交通银行

交通银行始建于1908年，是中国历史最悠久的银行之一，也是近代中国的发钞行之一。2005年6月交通银行在香港联合交易所挂牌上市，2007年5月在上海证券交易所挂牌上市。

交通银行现有境内机构182家，其中省分行30家，直属分行7家，省辖行145家，在全国202个地级以上城市、144个县或县级市共设有2,701个营业网点。境外设有12家机构，包括中国香港、纽约、旧金山、东京、新加坡、首尔、法兰克福、悉尼、中国澳门、胡志明市、中国台北分行及交通银行（英国）有限公司。根据英国《银行家》杂志发布2012年全球千家最大银行报告，交通银行一级资本位列第30位，连续第四年跻身全球商业银行50强，较去年提升5位。

交通银行是中国主要金融服务供应商之一，业务范围涵盖了商业银行、证券、信托、金融租赁、基金管理、保险、离岸金融服务等，旗下全资子公司包括交银国际控股有限公司、中国交银保险有限公司和交银金融租赁有限责任公司，控股子公司包括交银施罗德基金管理有限公司、交银国际信托有限公司、交银康联人寿保险有限公司、大邑交银兴民村镇银行、浙江安吉交银村镇银行、新疆石河子交银村镇银行、青岛崂山交银村镇银行。交通银行还是常熟农村商业银行的第一大股东。

截至2012年末，集团资产总额达到人民币5.27万亿元，较年初增长14.36%；全年实现净利润人民币583.73亿元，同比增长15.05%；平均资产回报率（ROAA）和平均股东权益报酬率（ROAE）分别达到1.18%和17.91%；减值贷款率0.92%。交行已连续四年跻身《财富》世界500强，营业收入跃升至326位；在英国《银行家》全球1000家银行一级资本排名稳步提升至30位；标普、惠誉、穆迪三大国际评级机构对交行的评级已全线提升至A区间。

一、扎实推进战略实施

五年前，我们确立了交行“走国际化、综合化道路，建设以财富管理为特色的一流公众持股银行集团”（“两化一行”）的发展战略，以此作为交行百年华诞后改革发展的新目标和新方向。五年来，我们不断完善战略管理体系，持续增强战略引领发展的能力，战略实施成效斐然。

（1）国际化发展快速推进，全球金融服务能力不断提升。“以亚太为主体、欧美为两翼”的境外机构布局基本形成，截至2012年末，境外银行机构总数达到12家，资产规模占比达到7.67%，较年初提高0.47个百分点；净利润占比达到4.50%，同比提高1.04个百分点，发展步伐领先集团。我们积极抢抓中国企业“走出去”和人民币国际化的机遇，加速发展跨境人民币业务，加强境内外业务联动。交行—汇丰战略合作不断深化，互相分享各自优势资源。

（2）集团协同效应不断显现，综合化经营进入回报期。

在银行主业稳健发展的同时，各子公司发展态势良好，截至2012年末，6家非银行子公司资产总额较年初增长43.97%，占集团资产的1.58%；控股子公司对集团2012年利润贡献度达到2.18%。集团的综合金融服务能力和风险管控水平进一步增强，子公司的公司治理与稳健合规经营水平不断提升。

（3）财富管理业务特色逐步显现，差异化竞争优势开始形成。“沃德财富”、“蕴通财富”、“交银理财”等核心品牌得到市场广泛认同，中高端客户基础不断扩大，荣获“最佳供应链融资”、“中国最佳私人财富管理银行”、“中国最佳现金管理银行”等重要奖项。“一个交行、一个客户”理念贯穿产品开发和服务全流程，有效满足了客户多样化、个性化、创新性的财富管理需求。

一个确定的目标是所有成就的起点。交行推进实施“两化一行”战略至今，集团跨境跨业一体化经营能力显著提升，联动发展与协同经营已成为一大竞争优势。我们坚信，“两化一行”战略将在未来继续全面引领交行的发展步伐。

二、全力服务实体经济

银行业只有紧密契合实体经济，将自身发展融入国民经济建设全局，与各行各业的客户同呼吸共命运，才能真正实现“稳中求进”，使“稳”有基础、“进”有动力。2012年，交行认真贯彻宏观调控政策，顺应经济发展方式转变和产业结构调整升级，合理调节信贷投向与节奏，优化信贷资源存量配置与增量调节机制，更加扎实、更富成效地为实体经济提供金融服务。

我们主动对接国家区域发展和主体功能区战略，加大对战略性新兴产业、生产性服务业、节能环保、现代农业以及民生保障领域的信贷投入，积极破解小微企业融资难题，加强对“两高一剩”与景气度低迷行业的信贷管控和减退，支持产能过剩行业相关兼并重组，贷款结构继续朝着“三高三低”目标优化调整。

截至2012年末，交行中西部地区贷款占比较年初上升0.41个百分点，中小微企业贷款占比较年初上升1.65个百分点；“两高一剩”行业实质性贷款余额较年初减少人民币24.6亿元，占比下降0.50个百分点，继续保持“双降”。

三、持续深化“二次改革”

未来一个时期，交行改革发展面临三大紧迫任务：一是在经营环境深刻变化的背景下，保持合理稳定的发展速度，巩固提升既有的行业地位；二是在传统经营模式面临挑战的背景下，加快转型步伐，适应未来市场竞争的需要；三是在激烈的同业竞争中，提升创新服务能力，完善自身差异化发展的道路。

中国有句古话：变则通，不变则壅；变则兴，不变则衰；变则生，不变则亡。2011年，我们正式启动“二次改革”。与此前深化股份制改革（“一次改革”）不同，“二次改革”是一场着眼于管理创新、重塑交行较大规模与灵活机制双重优势、推动交行转型发展的内生改革，改革的重点从体制优化转向机制创新。

通过深化经营管理机制改革，释放经营活力，提升发展竞争力，是我们应对挑战、寻求战略突围的重要出路。2012年是交行的“改革年”，我们着力深化业绩评价与绩效管理、前台架构与营运流程、产品创新与授权管理等关键环节改革。经过不懈努力，“二次改革”已取得了一系列阶段性成果，板块管理模式成功建立，激励考核机制更加科学和富有竞争力，机构网络布局更趋合理，“三位一体”经营模式初步形成，“531工程”在部分分行和总行营业部成功上线，精细化管理的信息科技平台基本成形。

四、加快推进转型发展

当前，中国银行业面临宏观经济增速下行、利率市场化实质性启动、部分地区与行业的风险开始显现、金融脱媒进程加快等多重挑战，同时，监管部门也对商业银行的业务发展、资本充足、风险管控等提出了更趋严格的监管要求。

面对严峻考验，交行积极走创新驱动、转型发展之路，以转型促发展、以发展增实力、以创新增活力，在金融市场、托管、离岸业务等领域不断挖掘新的利润增长点。2012年，金融市场业务创新活跃，非信贷资产收益率领先同业；资产托管业务发展迅速，资产托管规模达到人民币1.5万亿元，较年初增长78.98%，其中养老金托管规模突破人民币5,000亿元，成为中国最大的养老金管理银行；离岸业务资产规模、利润总额、贷款余额和国际结算量等指标均居同业首位。下一步，交行将加快推进转型步伐，继续大力调整资产结构、业务结构和收入结构，实现低资本消耗、低成本运营，持续提升发展质效。

在推动业务发展的同时，交行高度重视风险管控。我们制定实施新的风险管理规划，着力健全“1+3+2”全面风险管理体系，优化授信流程和授权管理，不断改进集团风险管理模式；稳步推进新资本协议达标，全面推行内部评级等高级计量方法落地应用。我们密切跟踪排查融资平台、民间借贷、钢贸、理财等重点领域风险，及时消除风险隐患。

得益于扎实有力的全面风险管控，截至2012年末，交行减值贷款率为0.92%，稳定在1%以下的较优水平。特别是，在广大股东和监管部门的鼎力支持下，交行2012年顺利完成A+H定向增发，募集资金折合人民币566亿元，年末核心资本充足率达到11.24%，在同业中保持领先水平，发展能力和抵御风险能力显著增强。

中国光大银行

中国光大银行成立于1992年8月，总部设在北京，是经国务院批复并经人民银行批准设立的金融企业，为客户提供全面的商业银行产品与服务。

自成立以来，伴随着中国金融业的发展进程，中国光大银行不断开拓创新，锐意进取，在为社会提供优质金融服务的同时，取得了良好的经营业绩，在综合经营、公司业务、国际业务、理财业务、电子银行业务等方面培育了较强的比较竞争优势，基本形成了各主要业务条线均衡发展、零售业务贡献度不断提升、风险管理逐步完善、创新能力日益增强的经营格局。继2010年8月18日A股成功上市后，2013年12月20日，中国光大银行又成功发行H股，迎来又一个崭新的发展阶段。

2012年末，中国光大银行在全国28个省、自治区和直辖市的82个经济中心城市设立一级分行36家，分支机构774家，在职员工3.2万余人。

截至2012年12月31日，中国光大银行资产总额2.28万亿元，负债总额2.16万亿元，全年实现营业收入599.16亿元，净利润236.2亿元。在英国《银行家》杂志2012年发布的按总资产排名的“世界1000家大银行”中，中国光大银行位列第80位。

凭借卓越的创新能力和出色的业绩表现，中国光大银行连续三年被评为“年度最具创新银行”，荣膺“CCTV中国年度品牌”。招牌业务“阳光理财”系列产品家喻户晓，是国内最具竞争优势的理财品牌之一，先后被评为“百姓最认可的理财品牌”、“最受欢迎的理财产品”；投行业务、企业年金、电子银行、资金结算等领域也创造了多项行业第一。在全球最大的综合性品牌资讯公司 Interbrand 发布的“2013 最佳中国品牌价值排行榜”上，中国光大银行排名 35 位。

在自身发展的同时，中国光大银行不忘履行社会责任，回报社会。连续十年捐助“大地之爱 · 母亲水窖”公益项目 2200 多万元，帮助解决了西北干旱地区 7 万多人的用水问题，彰显了企业的社会责任与员工的精神风貌。

强大的股东背景，全国性的经营网络，高素质的员工队伍，卓越的创新能力，中国光大银行以自身的经营优势，正按照“一年奋力起步，三年改变面貌，五年形成自身特色，十年勇争同业前列”的指导思想，落实“更有内涵的发展”，推进模式化经营，努力打造国内最具创新能力的银行。

地址：北京市西城区太平桥大街 25 号中国光大中心
邮编：100033
总机：010 - 63636363
传真：010 - 63639066、63639088
网址：www. cebbank. com

招商银行

招商银行（以下简称“招行”）于 1987 年在中国改革开放的最前沿——深圳经济特区成立，是中国境内第一家完全由企业法人持股的股份制商业银行，也是国家从体制外推动银行业改革的第一家试点银行。

成立 26 年来，招行伴随着中国经济的快速增长，在广大客户和社会各界的支持下，从当初只有 1 亿元资本金、1 家营业网点、30 余名员工的小银行，发展成为了资本净额超过 2900 亿、资产总额超过 3.6 万亿、全国设有超过 800 家网点、员工超过 5 万人的全国性股份制商业银行，并跻身全球前 100 家大银行之列。凭借持续的金融创新、优质的客户服务、稳健的经营风格和良好的经营业绩，招行现已发展成为中国境内最具品牌影响力的商业银行之一。在银监会对商业银行的综合评级中，招行多年来一直名列前茅。同时荣膺英国《金融时报》、《欧洲货币》、《亚洲银行家》、《财资》（TheAsset）等权威媒体授予的“最佳商业银行”、“最佳零售银行”“中国区最佳私人银行”、“中国最佳托管专业银行”多项殊荣。在英国《银行家》杂志 2011 年公布的世界千强银行榜单上位列第 56 名，在美国《财富》杂志 2013 年发布的“世界 500 强企业”排行榜上列第 412 位。本公司以品牌价值 68 亿美元位居 MillwardBrown 发布的 2012 年度 BrandZ 最具价值中国品牌榜第 14 位。

目前，招行在中国大陆的 110 余个城市设有 105 家分行及 867 家支行，1 家分行级专营机构（信用卡中心），1 家代表处，2，190 家自助银行，在中国香港拥有一家分行（中国香港分行）；在美国设有纽约分行和代表处；在伦敦和中国台北设有代表处。此外，招行还在中国大内地陆全资拥有招银金融租赁有限公司，控股招商基金管理有限公司，持有招商信诺人寿保险有限公司 50% 股权；在中国香港全资拥有永隆银行有限公司和招银国际金融有限公司。招行已成为一家拥有商业银行、金融租赁、基金管理、人寿保险、境外投行等金融牌照的银行集团。截至 2013 年 9 月末，本集团实现净利润 394.98 亿元，同比增长 13.55%。

招行将“服务、创新、稳健”作为核心价值观，坚持效益、质量、规模、结构协调发展，在国内同业中逐渐脱颖而出。在公司治理上，一开始就将所有权和经营权分离，较早地建立了董事会、监事会和经营班子分工明确、相互制衡的现代企业治理结构。在人员管理上，率先打破当时国内企业普遍存在的“铁饭碗、铁交椅、铁工资”的“三铁”制度，实行“人员能进能出、干部能上能下、待遇能高能低”的了“六能”机制。在信息化上，领先同业构建了全行统一的 IT 平台，创建了国内第一个电话银行，较早实现了客户资金的通存通兑和零在途汇划。在产品开发上，招行不少创新业务产品具有比较明显的市场竞争优势。一卡通是是国内第一张基于客户号管理的银行借记卡，目前累计发卡超过 6400 万张，卡均存款突破 1 万元，远超全国平均水平，被誉为客户最喜爱的银行卡之一；依托‘水泥 + 鼠标 + 拇指”移动互联网时代业务发展模式，招行在国内首创移动金融生活门户概念，提出了“移动金融生活一站式开放平台”的手机银行设计理念，推出了全终端模式和 SIM 卡模式的手机钱包，手机银行和 iPad 银行下载量居行业前列，保持了行业领先的客户体验。2013 年上半年，招行零售电子渠道综合柜面替代率达 91.85%，网上企业银行交易结算替代率达 90.27%；信用卡是国内第一张符合国际标准的双币信用卡，目前发卡量超过 4700 万张，被哈佛大学编写成 MBA 教学案例；金葵花理财是国内首个面向高端客户的理财产品，在高端客户中享有很高的美誉度；私人银行服务在国内股份制银行中率先推出，被国内外权威媒体多次评为“中国最佳私人银行”；跨银行现金管理在国内同业首开先河，成为大型企业集团资金管理的首选。此外，个人储蓄存款、个人消费贷款、资产托管、企业年金、离岸金融等业务，在股份制银行中居于领先地位。招行的风险管理也一直为业界称道，资产质量始终保持良好水平。截至 2013 年 9 月末，本公司不良贷款率为 0.79%，不良贷款拨备覆盖率为率 280.99%。

步入世纪之交，招商银行在妥善处理了离岸资产业务被叫停、个别分行发生挤提的严重流动性风险，以及前期快速发展中累计的不良资产风险的基础上，抓住信息化、全球化的机遇，前瞻性地制定并成功地实施了科学的战略。首先是利用在互联网面前大小、新老银行都处于同一起跑线的有利时机，大力发展网上银行、电话银行、手机银行、自助银行等电子渠道，有效地弥补了物理网点不及大型银行的明显劣势，并锁定了大量高素质、高价值客户。其次是分别于 2002 年和 2006 年在上海、香港上市，不仅满足了快速发展的资本需求，而且推动了内部管理脱胎换骨式的转变。再次是积极稳妥地推进国际化发展，在我国政府的有力促进下，经过艰苦努力，打破了美国 17 年来对中资银行市场准入的封锁，率先在纽约设立了分行并在此次金融危机最严重的 2008 年 10 月正式开业，被纽约市长彭博先生比喻为‘华尔街冬天里的春风”；同年，还斥资 300 余亿港币收购了具有 75 年历史的香港本土第四大银行永隆银行，整合后开始取得良好的协同效应，被英国《金融时报》评述为“不可复制的案例”。

2004 年，招行在国内同业中率先实施经营战略调整，加快发展零售业务、中间业务和中小企业业务，逐步形成了有别于国内同业的业务结构与经营特色。当前，招行正迈入新的战略发展阶段。为有效应对来自内外部经营环境的各种变化，持续增强竞争优势，招行将在深入推进经营战略调整的基础上，全面实施以降低资本消耗、提高贷款定价、控制财务成本、增加价值客户、确保风险可控为主要目标的二次转型，着力推进经营方式向内涵集约型转变，真正走上集约化经营的道路。

招商银行，因您而变。在未来的岁月里，我们愿为广大客户和各界朋友提供更新更好的金融服务，为将招行打造成为具有国际竞争力、中国最好的商业银行而不懈努力。

总行地址：深圳市深南大道 7088 号招商银行大厦
邮编：518040
电话：(86)75583198888
传真：(86)75583195555、83195777

中国民生银行

中国民生银行于 1996 年 1 月 12 日在北京正式成立，是中国首家主要由非公有制企业入股的全国性股份制商业银行，同时又是严格按照《公司法》和《商业银行法》建立的规范的股份制金融企业。多种经济成份在中国金融业的涉足和实现规范的现代企业制度，使中国民生银行有别于国有银行和其他商业银行，而为国内外经济界、金融界所关注。作为中国银行业改革的试验田，民生银行锐意改革、积极进取，业务不断地拓展，规模不断地扩大，效益逐年递增，保持了快速健康的发展势头，为推动中国银行业的改革创新做出了积极贡献。

2000 年 12 月 19 日，中国民生银行 A 股股票(600016)在上海证券交易所挂牌上市。2003 年 3 月 18 日，中国民生银行 40 亿可转换公司债券在上交所正式挂牌交易。2004 年 11 月 8 日，中国民生银行通过银行间债券市场成功发行了 58 亿元人民币次级债券，成为中国第一家在全国银行间债券市场成功私募发行次级债券的商业银行。2005 年 10 月 26 日，民生银行成功完成股权分置改革，成为国内首家完成股权分置改革的商业银行，为中国资本市场股权分置改革提供了成功范例。2009 年 11 月 26 日，中国民生银行在香港交易所挂牌上市。站在新的历史起点，中国民生银行确定了“做民营企业的银行、小微企业的银行、高端客户的银行”的市场定位，积极推动管理架构和组织体系的调整、业务结构的调整和科技平台的建设，努力实现二次腾飞，打造成特色银行和效益银行，为客户和投资者创造更大的价值和回报。

中国民生银行自上市以来，按照“团结奋进，开拓创新，培育人才；严格管理，规范行为，敬业守法；讲究质量，提高效益，健康发展”的经营发展方针，在改革发展与管理等方面进行了有益探索，先后推出了“大集中”科技平台、“两率”考核机制、“三卡”工程、独立评审制度、八大基础管理系统、集中处理商业模式及事业部改革等制度创新，实现了低风险、快增长、高效益的战略目标，树立了充满生机与活力的崭新的商业银行形象。

2012 年，中国民生银行全年实现归属于母公司股东的净利润 375.63 亿元，同比增长了 34.54%；加权平均净资产收益率达到 25.24%，比 2011 年提高了 1.29 个百分点；基本每股收益 1.34 元，比 2011 年增加了 0.29 元；到 2012 年末，归属于母公司股东的每股净资产 5.75 元，比 2011 年末增加了 0.90 元。

2012 年末，中国民生银行有余额民营企业贷款客户数达到 13,680 户，一般贷款余额达到 5,375.05 亿元，分别占对公贷款客户数的 85.05% 和贷款余额的 61.57%，事业部模式、管家式服务、专业化和综合化金融服务方案成为中国民生银行服务民营企业的核心竞争力。到 2012 年末，中国民生银行小微企业贷款余额达到 3,169.51 亿元，占全行贷款的比重达到 23.07%，小微企业客户数达到 99.23 万户。

2012 年，中国民生银行全面推进小微金融 2.0 提升版，从小微企业贷款转向小微企业金融服务，以 50 家小微金融专业支行和 2000 多家小微企业城市商业合作社为主要平台，为小微企业提供贷款、结算、财富管理等全方位的金融服务。2012 年，中国民生银行私人银行“财富成长风暴”全面启动，致力于为高端客户提供以资产配置为核心的全面金融服务，获得了快速增长。到 2012 年末，中国民生银行私人银行客户数量达到 9,389 户，管理金融资产达到 1,281.70 亿元。同时，中国民生银行先后在石材、海洋渔业、茶叶、白酒、乳业、牛羊肉等特色行业领域进行全产业链的深度开发，为这些产业链条上的大型企业、中小企业和小微企业提供全方位金融服务，全面打造全产业链金融服务品牌。

2012 年，中国民生银行实现净非利息收入 259.58 亿元，占营业收入的比率达到 25.17%，金额和占比均名列全国性股份制商业银行前茅。更为难能可贵的是，在这一年，中国民生银行储蓄存款净增首次超千亿元，在全国性股份制商业银行中名列前茅。这充分表明中国民生银行已经具备了应对利率市场化变革和金融脱媒挑战的实力和基础。

面对中国金融业快速变革的挑战，中国民生银行董事会审议通过了第二个《五年发展纲要》，提出要加速转型、深化改革，以小微金融为突破口，聚焦小微金融，带动传统零售银行和产业链金融的两翼发展，实现分行转型。2013 年，中国民生银行将通过加快分行转型和深化事业部改革，打造具有核心竞争力和自身经营特色的中国最佳商业银行，努力为投资者、社会和员工创造更大的价值和更高的回报。

中信银行

中信银行(601998.SH、0998.HK)成立于 1987 年，原名中信实业银行，是中国改革开放中最早成立的新兴商业银行之一，是中国最早参与国内外金融市场融资的商业银行，并以屡创中国现代金融史上多个第一而蜚声海内外。伴随中国经济的快速发展，中信实业银行在中国金融市场改革的大潮中逐渐成长壮大，于 2005 年 8 月，正式更名“中信银行”。2006 年 12 月，以中国中信集团和中信国际金融控股有限公司为股东，正式成立中信银行股份有限公司。同年，成功引进战略投资者，与欧洲领先的西班牙对外银行(BBVA)建立了优势互补的战略合作关系。2007 年 4 月 27 日，中信银行在上海交易所和中国香港联合交易所成功同步上市。2009 年，中信银行成功收购中信国际金融控股有限公司(简称：中信国金)70.32% 股权。经过二十多年的发展，中信银行已成为国内资本实力最雄厚的商业银行之一，是一家快速增长并具有强大综合竞争力的全国性商业银行。

中信银行拥有一支业绩卓越、经验丰富的管理团队，他们在金融领域平均拥有超过二十年的从业及管理经验，均为业内知名专家，具有创新的管理理念及全面的操作经验。近年来，在这支优秀管理团队的带领下，中信银行秉承“坚持效益、质量、规模协调发展”、“追求滤掉风险的利润”、“追求稳定增长的市值”和“努力走在中外银行竞争前列”经营管理理念，积极发展公司银行业务、零售银行业务、国际业务、资金资本市场业务、投资银行业务、汽车金融业务、托管业务、信用卡业务和私人银行业务等，并拥有一流的对公客户服务能力，领先同业的国际贸易结算业务、物流融资业务和资金资本市场业务，极具创新能力的投资银行业务以及特色鲜明的零售银行发展战略享誉业界。

经营业绩跟上市场步伐，资产质量继续保持稳定。

截至2012年末，本行合并总资产达29,599.39亿元人民币，比上年末增长7.02%；客户存款达到22,551.41亿元，比上年增长14.59%；各项贷款余额达到16,629.01亿元，比上年增长15.96%。在央行两次降息以及本行主动增提拨备的前提下，本行全年实现归属于股东的净利润310.32亿元，增幅0.69%；利息净收入754.86亿元，增长15.94%；非利息净收入139.49亿元，增幅17.79%。

2012年，银行业资产质量普遍下降，本行不良贷款总额和比率略有上升，但幅度小于同业平均水平。截至年末，本行合并不良贷款余额122.55亿元，比上年末增加37.14亿元；合并不良贷款率0.74%，比上年末上升0.14个百分点；合并口径贷款拨备率达到2.12%，其中本行贷款拨备率2.21%，比上年末大幅提高0.53个百分点。本行成功发行200亿人民币次级债，资本充足率达到13.44%，比上年末提高1.17个百分点。

业务结构调整不断深化，基础管理能力明显增强。

2012年，本行深化业务结构调整，在保持和提升对公业务市场地位的同时，战略性推动零售银行业务发展，加快发展中间业务。本行强化客户结构和资产结构调整，致力于打造对公以中型客户为主，对私以中高端客户为主的“橄榄形”客户结构。全年小微企业、个人经营贷款和信用卡贷款同比增速分别达到25.98%、69.23%和68.57%，大幅超过全行贷款15.96%的平均增长水平，贷款类型结构进一步优化；全年日均中长期贷款占比为45.92%，比上年下降4.48个百分点，资产期限结构更趋合理；本行不断优化收入结构，非利息收入占营业收入比重达到15.60%，比上年提高0.21个百分点。

本行强化精益管理，围绕建设能力强大的总行目标，按照“以客户为中心，以市场为导向”的原则，优化调整部门设置，强化前中后台部门在市场规划、政策指导、牵头营销、计划考核和资源配置等方面对分行的引领作用，加大规模调控及资本管理力度，强化考核引导和定价能力。本行加强全面风险管理和审计合规体系建设，风控、内控能力显著增强。本行加快网络银行和物理网点渠道建设，全年网银交易量达24.65万亿元，比上年增长25.05%，新建机构网点112家，机构网点总数达到885家，网点建设速度创历史新高。本行继续深化协同工作和国际化经营，推进不规范经营整治工作，加强会计管理和后台集中运营建设，管理水平不断提升。

市场竞争力和品牌价值稳步提升，战略转型加速向纵深推进。

2012年，在英国《银行家》杂志评出的2012年度世界金融品牌500强排行榜中，本行品牌荣升至第69位，比上年提升4位；在国际知名品牌咨询公司Interbrand评出的“2012年度最佳中国品牌50强”中，本行位列第19位。在《银行家》杂志全球1000家银行排名中，本行一级资本排名第48位，总资产排名第53位。本行全年多次获得境内外权威机构评选的其它行业奖项，反映出本行的市场竞争力和行业地位得到业界和市场的充分认可。

本行出台《关于中信银行发展战略若干问题的意见》，提出以坚持“建设有独特市场价值的一流商业银行”为发展愿景，以“浇灌实体经济，铸造员工幸福，提升股东价值，服务社会发展”为发展使命。突出独特的市场偏好、独特的市场资源、独特的银行品牌和独特的企业文化。坚持支持实体经济，深化调整经营结构，优化经营管理体制机制，全面进军服务业，大力发展中小企业金融、零售银行、投资银行、现金管理、金融市场、网络银行等业务 发掘和梳理构建百年银行的普适价值和基本准则，打造常青基业。

兴业银行

兴业银行成立于1988年8月，是经国务院、中国人民银行批准成立的首批股份制商业银行之一，总行设在福建省福州市，2007年2月5日正式在上海证券交易所挂牌上市（股票代码：601166），注册资本127.02亿元。

兴业银行主要经营范围包括：吸收公众存款；发放短期、中期和长期贷款；办理国内外结算；办理票据承兑与贴现；发行金融债券；代理发行、代理兑付、承销政府债券；买卖政府债券、金融债券；代理发行股票以外的有价证券；买卖、代理买卖股票以外的有价证券；资产托管业务；从事同业拆借；买卖、代理买卖外汇；结汇、售汇业务；从事银行卡业务；提供信用证服务及担保；代理收付款项及代理保险业务；提供保管箱服务；财务顾问、资信调查、咨询、见证业务；经中国银行业监督管理机构批准的其他业务。

开业二十多年来，兴业银行始终坚持“真诚服务，相伴成长”的经营理念，致力于为客户提供全面、优质、高效的金融服务。截至2012年12月31日，兴业银行资产总额达到32,509.75亿元，归属于母公司股东权益1695.77亿元，不良贷款比率为0.43%，全年实现归属于母公司股东的净利润347.18亿元。

目前，兴业银行已在全国各主要城市设立了88家分行、717家分支机构；拥有全资子公司——兴业金融租赁有限责任公司和控股子公司——兴业国际信托有限公司；在上海、北京设有资金营运中心、信用卡中心、零售银行管理总部、私人银行部、资产托管部、银行合作服务中心、资产管理部、投资银行部、贸易金融部、可持续金融部等总行经营性机构；建立了网上银行“在线兴业”（www.cib.com.cn）、电话银行“95561”和手机银行“无线兴业”（wap.cib.com.cn），与全球1000多家银行建立了代理行关系。

在英国《银行家》杂志本月最新发布的2013年全球银行1000强排名中，兴业银行按一级资本排名第55位，按资产总额排名第50位。美国《财富》杂志公布了2013年《财富》世界500强排行榜，兴业银行（601166）入围并居榜单第428位。在国内外各种权威机构组织的评比中，先后获得上海证券交易所“2012年度上市公司董事会奖”、“2012中国最受尊敬中资银行奖”、“十一五时期全国减排先进集体”、“最佳绿色银行奖”、“最佳履行社会责任银行奖”、“年度最具创新力银行奖”等荣誉。

地址：福建省福州市湖东路154号
邮编：350003
电话：86－591－87839338
传真：86－591－87841932

上海浦东发展银行

上海浦东发展银行股份有限公司（以下简称：浦发银行）是1992年8月28日经中国人民银行批准设立、1993年1月9日开业、1999年在上海证券交易所挂牌上市（股票交易代码：600000）的全国性股份制商业银行，总行设在上海。目前，注册资本金 186.53 亿元。良好的业绩、诚信的声誉，使浦发银行成为中国证券市场中备受关注和尊敬的上市公司。

秉承“笃守诚信，创造卓越”的核心价值观，浦发银行积极探索金融创新，资产规模持续扩大，经营实力不断增强。至 2013 年 9 月末，公司总资产规模达 35,939 亿元，本外币贷款余额 17,266 亿元，各项存款余额 24,550 亿元。截至三季末，实现归属于上市公司股东的净利润 298 亿元。目前，除西藏、宁夏以外，浦发银行已在全国设立了 39 家一级分行，架构起全国性商业银行的经营服务格局。近年来，浦发银行加快国际化、综合化、集团化经营发展，以中国香港分行开业、伦敦代表处成立为标志，迈出国际化经营的实质性步伐，以投资设立浦发村镇银行、浦银金融租赁有限公司、浦发硅谷银行等机构为标志，迈出综合化、集团化经营的实质性步伐。

上市以来，浦发银行连续多年被《亚洲周刊》评为“中国上市公司 100 强”；2010 年，浦发银行荣膺《亚洲银行家》评选的“2005 – 2009 亚洲地区最佳上市银行”；2012 年 2 月，英国《银行家》杂志发布“全球金融品牌 500 强”榜单，浦发银行排名第 62 位，跳升 29 位，位列亚洲银行第 12 位，中资银行第 7 位，品牌资产 24.5 亿美元；2012 年 8 月，国际三大评级机构之一的穆迪投资者服务公司（穆迪）发布浦发银行信用评级报告，其中本外币长期银行存款评级为 Baa3，本外币短期银行存款评级为 Prime – 3，财务实力评级维持在 D（对应的基础信用评估为 Ba2），所有评级的展望均为稳定，显示出其对浦发银行增长前景和抗风险能力的认可；2012 年，浦发银行还被《21 世纪经济报道》评为“亚洲最佳风险管理银行”，入围 2012 年亚洲银行竞争力排行榜十强；2013 年 4 月，在《福布斯》杂志发布的全球企业 2000 强榜单中，浦发银行居全球企业第 125 位，居上榜中资企业第 13 位以及上榜中资银行第 8 位；2013 年 6 月，国际三大评级机构之一的标准普尔评级公司（标普），向全球投资者发布其对浦发银行做出的最新评级报告，授予浦发银行“BBB +”的长期发债人信用评级和“A – 2”的短期发债人信用评级，长期评级的展望为稳定，同时标普还授予浦发银行“cnA +”的长期大中华区信用体系评级和“cnA – 1”的短期大中华区信用体系评级，上述评级结果高于最低投资级 2 个级别，是标普对目前国内同类型股份制银行做出的最高评级；2013 年 7 月，英国《银行家》杂志发布 2013 年世界银行 1000 强排名，浦发银行按核心资本计位居全球第 53 位（较上年上升 4 位，在上榜中资银行中排名第 8）；2013 年 7 月，美国《财富》（FORTUNE）杂志发布 2013 年财富世界 500 强排行榜，浦发银行首度跻身财富世界 500 强，位列全球企业第 460 位，位列上榜中资企业第 88 位和上榜中资银行第 9 位；2013 年 10 月，浦发银行以 147.91 亿元人民币的品牌价值，位列“2013 最佳中国品牌价值排行榜”第 15 位和同类型股份制商业银行第 2 位，表现出良好的综合竞争优势。

深耕金融服务的同时，浦发银行积极践行社会责任，致力于打造优秀企业公民。先后获评 2006 年和 2007 年上海美国商会“企业社会责任实践奖”、“2006 – 2008 年度 CSR 持续成就特别奖”；2008 年 6 月，评级研究机构 Reputex（崇德）公布“中国十佳可持续发展企业”，浦发银行作为中国金融业唯一企业入选；2009 年，浦发银行获评“2009 年度中国最佳企业公民”大奖；2010 年，浦发银行获“最具社会责任上市公司”称号、“2010 年联合国全球契约 · 中国企业社会责任典范报告”奖、“2010 中国上市公司最佳社会责任董事会十强”、“2010 第一财经 · 中国企业社会责任榜优秀实践奖”等，蝉联 A 股上市公司社会责任报告评级银行业第二位，入选恒生可持续发展企业指数系列；2011 年 9 月，RepuTex（崇德）发布中国香港和中国内地上市公司可持续发展评级，浦发银行被授予可持续发展评级 A 级；2011 年 11 月，获评 A 股上市公司社会责任报告评级 AA – 级，评级展望“积极”，居上市银行第 5 位，社会责任信息披露实践位居内地上市企业领先行列；2012 年 6 月，被《WTO 经济导刊》评为社会责任“金蜜蜂”企业；2012 年 7 月，居 RepuTex（崇德）发布的“恒生内地上市公司可持续发展指数十强”第 3 名，获可持续发展评级 A；2012 年 8 月，润灵环球责任评级（RKS）发布 A 股上市公司社会责任信息披露评级，浦发银行在 582 家 A 股上市公司中排名第 8 位，位居银行业第 3 位，评级展望“稳定”，社会责任信息披露位居领先行列。2013 年 6 月浦发银行获中国银行业协会颁发的“年度社会责任最佳公益慈善贡献奖”、“年度最佳社会责任特殊贡献网点奖”，以及“年度公益慈善优秀项目奖”。

浦发银行将继续推进金融创新，因势而变、顺势而为、乘势而上，以“新思维，心服务”为指引，努力建设成为具有核心竞争优势的现代金融服务企业。

广发银行

1988 年 9 月，经国务院和中国人民银行批准，广发银行作为中国金融体制改革的试点银行在美丽的珠江之畔成立，是国内最早组建的股份制商业银行之一。

二十多年来，广发银行栉风沐雨，艰苦创业，以自己不断壮大的发展历程，见证了中国经济腾飞和金融体制改革的每一个脚印。截至 2012 年末，全行总资产 11,681.50 亿元，总负债 11,046.22 亿元，所有者权益 635.28 亿元，分别比年初增长 27.11%、27.51%、20.53%。全年实现净利润 112.20 亿元，同比增长 17.05%。2012 年，在英国《银行家》杂志全球 1000 家大银行排名中，广发银行按一级资本排名列第 123 位。

二十多年来，广发银行上下求索，奋发图强，由一家区域性银行成长为具有一定竞争优势和影响力的全国性股份制商业银行，业务拓展到了全国各主要区域和中国澳门地区。截至 2012 年末，广发银行在北京、天津、辽宁、黑龙江、上海、江苏、浙江、山东、河南、湖北、湖南、广东、四川、云南、新疆等境内 15 个省（直辖市、自治区）61 个地级及地级以上城市和中国澳门特别行政区设立了 33 家分行、607 家分支机构、103 家“小企业金融中心”，电子银行客户规模超 600 万户，信用卡发卡量突破 2000 万，与全球 131 个国家和地区的 1643 家银行总部及其分支机构建立了代理行关系，是首家与中国银联开展多渠道多应用电子支付战略合作的金融机构，持续为客户提供高效率、高质量、全方位的金融服务。

二十多年来，广发银行勇于创新，敢为天下先，在业务快速发展的过程中，创下了多项同业第一，如：第一家办理按揭贷款的银行；首批开办离岸业务的股份制商业银行；在国内首家推出先消费、后还款的贷记卡，同时首家发行美元和港币信用卡，使广发信用卡走出了国门的银行；首家实施全国通存通兑的银行；第一家推出可置换动产质押业务的银行；第一家推出企业财务顾问业务的银行；首家推出出口退税贷款业务的银行等。

2006 年，广发银行成功重组，引入了花旗集团、中国人寿、国家电网、中信信托等世界一流的知名企业作为战略投资者。重组后，广发银行紧紧围绕“建设一流商业银行”的战略目标，注重战略规划的执行，坚持“调结构、打基础、抓创新、促发展”，强化风险控制，坚持又好又快可持续发展，取得了良好的经营业绩。

依靠改革开放起步的广发银行，也必将继续依靠改革实现新的起飞。面对复杂多变的经营环境，广发银行将坚持以科学发展观统领全局，着力改革，不断完善公司治理和内控机制，注重学习和借鉴先进的银行服务理念、管理经验以及产品研发技术，切实提高创新能力和经营管理水平，为建设成为一家具有核心竞争优势，能够为社会公众和国民经济发展提供一流金融服务的现代化商业银行而努力奋斗。

中国邮政储蓄银行

根据国务院金融体制改革的总体安排，在改革原有邮政储蓄管理体制基础上，2007 年 3 月中国邮政储蓄银行有限责任公司正式成立。2012 年 1 月 21 日，经国务院同意并经中国银行业监督管理委员会批准，中国邮政储蓄银行有限责任公司依法整体变更为中国邮政储蓄银行股份有限公司。

中国邮政储蓄银行经过改制前后 26 年的不懈努力，已成为全国网点规模最大、网点覆盖面最广、客户最多的金融服务机构。截至 2012 年 10 月底，中国邮政储蓄银行拥有营业网点 3.9 万多个，ATM4 万多台，提供电话银行、网上银行、手机银行、电视银行等电子服务渠道，服务触角遍及广袤城乡；拥有本外币账户数逾 12 亿户，客户总数近 6 亿人，本外币存款余额超过 4.5 万亿元，居全国银行业第五位；资产总规模突破 4.7 万亿元，居全国银行业第六位，资产质量良好，资本回报率高。

在各级政府、金融监管部门以及社会各界的关心支持下，中国邮政储蓄银行充分依托覆盖城乡的网络优势，坚持服务“三农”、服务中小企业、服务社区的定位，自觉承担起“普之城乡，惠之于民”的社会责任，走出了一条“普惠金融”的发展道路。

中国邮政储蓄银行将继续依托网络优势，按照公司治理架构和商业银行管理要求，不断丰富业务品种，不断完善营销渠道，不断提升服务能力，为广大客户提供更全面、更便捷的金融服务，打造成为一家资本充足、内控严密、营运安全、功能齐全、竞争力强的大型零售商业银行。

地址：北京市西城区金融大街 3 号
邮编：100808
客服电话：95580

平安银行

一、银行介绍

平安银行股份有限公司（简称：平安银行，股票简称：平安银行，股票代码：000001）是原深圳发展银行股份有限公司以吸收合并原平安银行股份有限公司的方式完成两行整合并更名后的银行，是总部设在深圳的全国性股份制商业银行。中国平安保险（集团）股份有限公司（以下简称“中国平安”）及其控股子公司持有平安银行股份共计约 26.84 亿股，占比约 52.38%，为平安银行的控股股东。

截至 2013 年 6 月底，平安银行资产总额 18,269.98 亿元，较年初增长 13.72%；存款总额 11,753.61 亿元，较年初增长 15.11%；贷款总额（含贴现）7,864.84 亿元，较年初增长 9.12%。资产、负债规模均实现有效增长。2013 年上半年实现归属母公司股东净利润 75.31 亿元，同比增长 11.39%；非利息净收入 48.98 亿元，同比增长 41.19%，收入结构持续改善，盈利能力稳步提升。截至 2013 年 6 月底，按照中国银监会《商业银行资本充足率管理办法》及相关规定计算，平安银行资本充足率 9.90%、核心资本充足率 8.05%；按照中国银监会《商业银行资本管理办法（试行）》计算，平安银行资本充足率 8.78%、一级资本充足率 7.29%、核心一级资本充足率 7.29%；符合监管分步达标要求。

平安银行目前拥有 34 家分行，机构网点 450 多家，在北京、香港设有代表处，并与境内外众多国家和地区逾 2000 家银行建立了代理行关系。平安银行制定了清晰、可持续的发展战略，确立了“变革、创新、发展”的指导思想，秉承“对外以客户为中心，对内以人为本”的理念，充分发挥平安集团的综合金融优势，坚持外延式扩张和内涵式增长并举，实现公司、零售、同业、投行“四轮”驱动，致力于打造专业化、集约化经营的全功能现代化商业银行。

2013 年年中，平安银行正式成立了 3 个行业事业部、11 个产品事业部和 1 个平台事业部，标志着事业部经营体制的正式全面实施。事业部是银行基于“以客户为中心”理念，按照“流程银行”要求，对重点行业、重点业务进行嵌入式管理和专业化经营的战略性举措。

零售业务方面，平安银行坚持以客户为中心、不断创新产品和服务，加强“一站式”综合金融服务能力。平安银行全新推出以“健康关爱、高额保障、车行天下”为主题的平安财富客户权益体系，首创融汇了银行借记卡及信用卡双卡客户权益，更突出了平安的专业特色，服务类别多，保障额度高，保障内容全，在市场独树一帜。平安银行信用卡迄今已拥有超千万持卡客户，30 余种信用卡卡片产品供客户随心选择，全方位随卡保险保障服务独具平安特色，电影、加油、超市、商旅各类“平安专利”优惠到家。平安银行小微金融业务以产品多、效率高、服务优三大特色，为小微企业提供各类贷款融资服务，以及结算、汇兑、现金管理、理财等金融服务。新近推出的“贷贷平安商务卡”为小微客户打造一个包括支付、结算、贷款、理财、保险等多种功能的综合金融平台，助力银行小微金融实现跨越式发展。

公司业务方面，平安银行确立了“面向中小企业，面向贸易融资”的发展战略，在全国率先推出围绕核心企业、开发上下游企业的全方位授信模式——“供应链金融”，在供应链金融市场领域的客户规模、品牌影响力、专业程度均居业内前列。在此基础上，独创的“线上供应链金融”在线服务平台，将物化的资金流转化为在线数据，无缝嵌入核心企业的电子商务平台，据此为客户提供在线融资、结算、理财等金融服务，在互联网时代继续保持领先的服务优势。同时，国际业务、离岸业务稳健发展，作为国内 4 家获得离岸网银业务资格的商业银行之一，为公司客户搭建起跨时空、全方位的银行服务体系。

资金同业方面，同业资产负债规模持续、快速增长。平安银行特色业务“行 E 通”依托开放式中间业务代理平台，通过整合自身资源，建立专业、完整、灵活的产品与服务体系，为广大银行类金融机构提供全面金融服务解决方案。平安银行着力打造黄金银行，贵金属代理业务量继续名列前茅，并于 2012 年内取得黄金业务全牌照，同时积极开发黄金寄售、黄金租赁等特色产品，持续扩大黄金市场影响。积极开展理财业务，理财产品线持续丰富，品种多样化，投资多元化，风险收益平衡化，全年发行产品数量超过 2000 个，位居同业前列。

投行方面，平安银行依托平安集团综合金融平台，以客户为中心，着眼货币市场、股票市场和债券市场，重点针对资源类、地产类、平台类、战略性新兴产业类、高端另类等行业领域，搭建高收益、低风险、风险可控、成本可控的投行产品线，伴随企业成长。未来，平安银行将建立具有平安特色、国内领先的投行业务模式三大平台：综合金融产品整合平台、复杂投融资产品创新平台、中间业务收入创收平台。

平安银行不断完善公司治理结构，提升科学决策能力，积极引进现代企业人力资源管理方法；在国内率先建立了财会、信贷、稽核垂直管理体系，全面加强风险控制，资产质量保持良好，资本实力显著增强。

平安银行通过业务和管理的发展不断提升企业品牌形象，多年来积极履行和实践企业社会责任的价值标准和行为准则，坚持诚信合规经营，维护客户利益，为社会提供优质金融产品和服务，保障员工合法权益，注重环保、热心公益、回馈社会。

近两年，平安银行荣获了最佳供应链金融服务银行、卓越竞争力财富管理银行、最具创新意识银行、年度股份制商业银行、最佳企业社会责任奖、中国最受尊敬中资银行等荣誉。2013 年电子银行业务发展高峰论坛暨领航中国最佳电子银行颁奖盛典上，平安银行斩获“最佳电子银行”和“企业网银最佳创新奖”两项大奖。

未来，平安银行将牢牢把握时代发展机遇，开拓创新，变革发展，继续强化“专业化、集约化、综合金融、互联网金融”四大特色，依托集团在资本、品牌、渠道、客户、产品、IT 等方面的综合金融优势，充分发挥银行在实现“一个客户，一个账户，多个产品，一站式服务”过程中的“领头羊”作用，实现超常规、跨越式发展，努力将平安银行做大做强，实现“最佳银行”战略目标！

二、2013 年荣誉榜

5 月 16 日，平安银行在“财经网用户最喜爱的企业票选”中荣获“最佳中小企业银行”的称号。

5 月 18 日，2012 年度“金牛理财产品”获奖名单“出炉”。凭借其卓越表现，平安银行荣膺“金牛理财银行”称号；其旗下“聚财宝”添利（保本）系列人民币理财产品（曾用名“聚财宝”卓越计划系列人民币理财产品）则摘得“金牛银行理财产品”大奖。

6 月 20 日，由证券时报社主办的“2013 中国财富管理高峰论坛暨最佳财富管理机构颁奖盛典”在深圳隆重举行。凭借专业周到的理财服务，平安银行一举囊括“2013 年最佳财富管理机构评选”三项大奖，分别为“最佳固定收益类银行理财产品”、“最佳开放式银行理财产品”、“最佳短期限银行理财产品”。

6 月 21 日，由中国社会科学院陆家嘴研究基地财富管理研究中心主办的“首届孚龙理财”颁奖典礼在上海香格里拉酒店举行。凭借专业周到的理财服务、创新的品牌宣传、不断提升的品牌影响力，平安银行荣获年度“最佳品牌营销奖”。

6 月 26 日，由《21 世纪经济报道》主办的“2013 年 21 世纪资产管理年会暨第六届中国资产管理‘金贝奖’颁奖典礼”在上海举行。平安银行现金管理业务以其“充分利用平安集团优势，首创平安综合金融平台服务机制”的业务模式荣获“2013 年最佳现金管理银行”。

7 月 18 日，由新浪网主办的“2013 银行业发展论坛暨首届银行综合评选”在北京隆重举行。凭借创新多样、可信赖的理财产品，周到贴心的理财服务，平安银行荣获“最佳口碑理财产品”。

11 月 8 日，《每日经济新闻》主办的“2013 中国小微金融高峰论坛”上，平安银行荣获小微金融商业银行排行榜之“小微金融优秀产品奖。”

11 月 8 日，“第二届资本力量百强榜”颁奖典礼在上海举行。平安银行荣获“最佳社会责任上市公司”奖，董事会秘书李南青获“最佳董秘奖”。

11 月 15 日，在由中国经营报社和中国社会科学院工业经济研究所联合主办的“第十一届中国企业竞争力年会——暨 2013（第五届）卓越竞争力金融机构评选”中，平安银行获得“2013 卓越竞争力品牌建设银行”、“2013 卓越竞争力移动金融银行”及“2013 卓越竞争力信用卡品牌银行”三项大奖。

11 月 20 日，平安银行荣获经济观察报社主办的“中国卓越金融奖”中“2012－2013 年度中国卓越成长型银行”综合奖和“2012－2013 年度中国卓越汽车金融服务银行”。

11 月 27 日，由南方都市报举办的赢销盛典活动中，平安银行荣获“年度卓越创新力大奖”。

12 月 3 日，理财周报 2013 中国最受尊敬银行暨最佳零售银行终评结果出炉，平安银行获得了“2013 中国最受尊敬银行”、“2013 最佳信用卡”、“2013 中国最佳小微金融服务品牌”三个奖项。

12 月 5 日，在由 21 世纪传媒举办的“21 世纪亚洲金融年会”暨“2013 亚洲银行/保险竞争力排名研究报告”发布仪式中，平安银行荣获“2013·年度金融创新潜力奖”。

12 月 8 日，在第一财经年会·金融峰会（CFV）平安银行荣获——最佳创新发展银行、年度信用卡品牌两项大奖。

12 月 10 日，由理财周报主办的以“创新·动力”为主题的“2013（第四届）中国汽车金融年会”召开，平安银行荣获“2013 年度最佳汽车金融创新银行”、“2013 年度中国最佳汽车金融服务银行”两项大奖，傅忠强总裁获得“2013 中国汽车金融杰出推动者”奖项。

12 月 12 日，由证券时报主办的“科技引领未来——第十四届金融 IT 创新暨优秀财经网站评选”落下帷幕，平安口袋银行凭借众多个性化定制功能及其“智能、便捷”的操控体验荣获“2013 年度最佳手机银行”奖项。

12 月 12 日，中国领先个人金融门户网站“我爱卡”的评选中，平安银行荣获“2013 年度最佳用卡安全奖”。

12 月 13 日，《每日经济新闻》年度大型金融行业盛会－－第四届金鼎奖论坛举办，平安银行获得“年度最佳口碑信用卡”奖项。

12 月 16 日，由华夏时报和华夏理财联合主办的“2013 第七届机构投资者年会暨金蝉奖颁奖典礼”上，平安银行成功摘得“2013 最受小微企业信赖银行”以及“中国金融品牌影响力‘金融七星’奖”双料大奖。

12 月 19 日，21 世纪网举办“第二届领袖 50 上市公司评选活动”，平安银行获得行业好公司奖项。

12 月 20 日，东方财富网财经风云榜中，平安银行荣获 2013 年度财经风云榜银行类奖项；2013 年度最佳银行网站。

12 月 20 日，腾讯主办的“2013 年中国互联网金融盛典”中，平安口袋银行 2.0 荣获“互联网金融年度产品”奖项。

12 月 21 日，腾讯大粤网举办“2013 广东影响力网络盛典”，平安银行获得最佳合作伙伴奖。

12 月 27 日，由北京娱乐信报社主办的第五届首都金融服务创新大赛，平安银行信用卡荣获“2013 年最佳品牌策划奖”。

地址：中国广东省深圳市深南东路 5047 号
邮编：518001
全国 24 小时统一服务热线：95511 转 3
信用卡全国 24 小时统一服务热线：95511 转 2
电子邮箱：客服中心 callcenter@ pingan. com. cn

华夏银行

沐浴着改革开放的春风，在总设计师邓小平的亲切关怀和指导下，1992 年 10 月，华夏银行在北京成立；1995 年 3 月，实行股份制改造；2003 年 9 月，首次公开发行股票并上市交易（股票 600015），成为全国第五家上市银行；2005 年 10 月，成功引进德意志银行为国际战略投资者；2008 年 10 月、2011 年 4 月，先后两次顺利完成非公开发行股票。

截止 2013 年 9 月末，华夏银行在 76 个中心城市设立了 34 家一级分行、30 家二级分行和 12 家异地支行，营业网点达到 520 家，形成了“立足经济发达城市，辐射全国”的机构体系，与境外 1 千多家银行建立了代理业务关系，代理行网络遍及五大洲 110 个国家和地区的 320 个城市，建成了覆盖全球主要贸易区的结算网络；总资产达到 15518.09 亿元，综合盈利能力快速提升，资产质量显著改善，业务结构明显优化，经营效率较快提高，保持了良好的发展势头。在 2013 年 7 月出版的英国《银行家》杂志世界 1000 家大银行评选中，华夏银行按资产规模排名第 94 名；在 2013 中国企业 500 强中排名第 152 名、中国服务业企业 500 强排名第 52 名。

华夏银行坚持服务实体经济的基本方针，全面打造“中小企业金融服务商”品牌，紧紧围绕国家经济发展目标，认真贯彻国家宏观经济政策，积极融入各地主流经济，切实支持民生工程，参与保障性住房建设和城乡一体化改造，努力满足广大客户的金融需求；加大对文化产业资金投放、创新“三农”金融服务模式，加快村镇银行和县域网点建设；加大对小微企业金融支持力度，持续推广以“小、快、灵”为特点的小微企业服务“龙舟计划”，加快推进小微企业特色分行建设步伐，连续举办“华夏之星”系列活动，引导和帮助小微企业客户不断成长，小微企业业务增速继续高于全行业务平均增速。在亚洲银行竞争力排名评选活动中，荣获“2011 年中小企业扶持奖”；荣获北京银监局“2012 年度北京银行业金融机构小微企业金融服务先进单位”。

华夏银行秉承“以客户为中心”的服务理念，不断提升服务功能，扩大服务群体，完善服务渠道，扩大服务范围，创新服务产品，提升服务品质，以高质量服务回馈客户。在全行范围内举办“感谢您的关爱，助力我们成长”系列客户座谈会，在改进和提升金融服务的同时，赢得了客户和社会各界的好评。在中国银行业协会开展的“百佳”、“千佳”文明规范服务示范单位评比中，华夏银行的优质服务得到了充分展现，2009 年、2011 年，分别有 6 家营业网点获得全国“百佳”文明规范示范单位的称号，2010 年、2012 年分别有 36 家和 38 家营业网点获得“千佳”文明规范服务示范单位称号，总行被中国银行业协会授予“突出贡献奖”；客户服务中心被中国银行业协会评为“金融业最佳客户服务中心”、荣获“优秀综合示范奖”。

华夏银行积极履行企业社会责任，坚持企业效益与社会责任的有机统一，并将其融入企业发展战略；坚持把实现人与自然的和谐共存作为发展的基本原则，积极构建绿色银行；坚决执行国家信贷政策，积极发展绿色信贷，通过信贷杠杆，促进经济结构调整，支持资源节约型、环境友好型社会的建设；积极参与公益事业，支持灾后重建，捐资助学，关注妇女儿童健康发展，推动银行和社会和谐发展；重视员工与企业共同发展，努力建设“诚信、规范、和谐”的企业文化。2012 年，华夏银行荣获“最具社会责任金融机构、年度最佳绿色金融奖”、“最佳社会责任奖”、被评为“年度十大公益企业”、“2012 年度最佳社会责任实践案例奖”。

面对新的发展机遇和挑战，华夏银行将继续坚持以科学发展为主题，以加快转变发展方式为主线，坚持全面协调可持续发展，稳中求进，努力创新发展方式和工作方法，坚定实施“中小企业金融服务商”战略，在保持规模适度增长的基础上，加快经营转型，深化结构调整，大力降本增效，实现服务专业化、业务品牌化、经营特色化、管理精细化，努力打造“华夏服务”品牌，建设具有鲜明品牌特色的现代化商业银行。

地址：北京市东城区建国门内大街 22 号
华夏银行董事会办公室
邮编：100005
电话：10 - 85238570010 - 85239938
传真：010 - 85239605
电子邮箱：zhdb@ hxb. ccm. cn

北京农商银行

北京农村商业银行股份有限公司（以下简称“北京农商银行”）改制成立于 2005 年 10 月 19 日，是国务院批准组建的首家省级股份制农村商业银行，改制前是始建于 1951 年的北京市农村信用社。

北京农商银行一直秉承“立足首都，服务三农，服务企业，服务百姓”的市场定位，在市委市政府的正确领导下，新一届领导班子牢固树立“按规矩办事”的治行理念，积极化解历史遗留问题，强基固本，建立健全全行行政运行和业务运行机制，充分发挥党委领导核心作用，努力完善公司治理，有效控制各类风险，丰富产品服务体系，加快结构调整和经营转型，实现了规模、效益和质量的全面协调均衡发展。

一、综合经营实力迈上新台阶

截至 2012 年 12 月末，北京农商银行各项资产总额达 4239.91 亿元，较上年末增长 12.51%；全行各项贷款余额为 2023.38 亿元，全行各项存款余额 3547.29 亿元；全年实现拨备前利润 55.09 亿元，较上年末增长 9.09%；资本充足率达到 15.12%，核心资本充足率达到 9.29%，拨备覆盖率达 197.35%。

在 2012 年英国《银行家》杂志最新发布的排名中，北京农商银行按照一级资本位列全球千强银行第 306 位，较 2011 年的第 342 位上升了 36 位。

二、首都金融支农主力军

作为一家“老企业、新银行”，北京农商银行历经 62 年的发展变革，坚持服务三农，巩固首都金融支农主力军地位，积极融入区域主流经济，大力开展民生金融业务，主动承担社会责任，成为推动首都经济社会发展的重要力量。北京农商银行拥有 694 家营业机构和 2 家村镇银行，居北京市各银行机构营业网点之首（占比 20% 以上），其中 10 个郊区县网点约占全行营业网点的 60%，是唯一一家金融服务覆盖全市所有 182 个乡镇的金融机构。涉农贷款占北京市总量的四成左右。推出“城乡结合部重点村改造贷款”产品，支持了全市涉及 4 个区县、11 个村改造项目，提供授信总额 135.6 亿元；始终坚持加强农村支付环境建设，代理涉农补贴发放 40 余项，建成“乡村便利店”23 家、“乡村自助店”6 家，积极参与北京市“农村基本金融服务村村通”工程，进一步提高农村金融服务覆盖面和便利度，获得国务院颁发的“全国新型农村和城镇居民社会养老保险工作先进单位”荣誉称号。

三、服务实体经济，服务民生

北京农商银行积极参与“北京——世界城市”的发展战略，强化对北京市重点发展行业、重点民生项目和市属优质企业的金融支持力度，跟进南水北调、轨道交通、市政路桥项目、保障房建设、农村五项基础设施建设资金需求，大力发展文化金融、科技金融、绿色金融，不遗余力地服务首都产业升级和结构调整。

目前，北京农商银行的发展已进入一个新的历史阶段，正在认真贯彻“十八大”会议精神，以专业化经营、系统化管理与集约化控制为抓手，努力打造流程银行、特色银行和精品银行，成为运行安全、服务优良、效益良好以及创新能力和竞争力强的“好银行”，以上市为主线，稳健经营，致力于更好地服务首都城乡一体化发展。

地址：北京市朝阳区朝阳门北大街 16 号
邮编：100020
二十四小时服务热线：96198；400 - 66 - 96198（全国）
400 - 88 - 96198（信用卡）
网址：www. bjrcb. com
客服邮箱：96198@ bjrcb. com

北京银行

北京银行成立于 1996 年，是一家中外资本融合的新型股份制银行。成立 17 年来，北京银行依托中国经济腾飞崛起的大好形势，先后实现引资、上市、跨区域、综合化等战略突破。目前，已在北京、天津、上海、西安、深圳、杭州、长沙、南京、济南及南昌等 10 大中心城市设立 240 多家分支机构，发起设立北京延庆、浙江文成及吉林农安村镇银行，成立中国香港和荷兰阿姆斯特丹代表处，发起设立国内首家消费金融公司——北银消费金融公司，首批试点合资设立中荷人寿保险公司，第三批首家设立银行系基金公司——中加基金公司，开辟和探索了中小银行创新发展的经典模式。

一、经营情况综述

（一）规模效益均衡发展

2012 年公司经营计划全面完成，资产规模稳步提升，收入结构不断改善。在形势不确定性增强、调控力度加大的不利局面下，公司资产总额 1. 12 万亿元，较年初增幅 17%，存款总额 7138 亿元，贷款总额 4967 亿元，分别较年初提升 16% 和 22%，存贷款市场份额稳健提升。利润总额 148 亿元，同比增幅 30%；净利润首次超过 100 亿元，达到 117 亿元，同比增幅 30%。

（二）业务结构持续优化

2012 年，本行持续推进战略转型，业务结构不断优化。信贷结构方面，鼓励信贷资产向结构优化目标发展，中小微企业贷款余额占公司贷款比重达到 51%，同比提升 3 个百分点；个贷余额占贷款总额比重达到 18%。存款结构方面，存款总额突破 7000 亿元，其中储蓄存款余额增长达到 21%。中间业务实现多元化发展，非息净收入占比突破 10%，其中手续费及佣金净收入增长 66%，为应对金融脱媒、实现业务增长、优化收入结构做出了突出贡献。

（三）特色金融品牌彰显

2012 年，本行持续打造“科技金融”、“文化金融”、“消费金融”等特色金融品牌。文化金融在北京地区的市场份额超过 50%；特色产品“创意贷”走出国门；荣获中国人民银行营管部“2012 年文化金融服务年先进单位”称号。科技金融制定三年发展规划，确保科技企业信贷业务增速不低于全行信贷业务平均增速，培育神州数码、汉王科技等众多高成长型科技企业实现跨越式发展，特色产品“信用贷”荣获由中国银行业协会颁发的“2012 年服务小微及三农十佳特优金融产品”奖。消费金融业务快速发展，全年新增贷款 22 亿元，贷款余额 19 亿元，客户数量 4. 2 万户，有效满足居民日常消费需求。

（四）风险内控水平增强

2012 年，公司持续强化全面风险管理，风险状况总体可控。不良贷款率 0. 59%，控制在较好水平，拨备覆盖率达到 420%，拨贷比提前达到 2. 50% 的监管标准。着眼体系建设，推进信贷业务“六集中”，三级风险管控体系进一步夯实。着眼系统建设，开发完善同业授信额度管理系统、集团客户授信管理系统和授信后管理系统。着眼重点行业和领域，严格执行差别化房地产信贷政策，完成平台贷款“降旧控新”目标，加强产能过剩行业贷款风险防控。对钢贸行业和长三角地区的风险暴露加大排查力度，及时化解信用风险隐患。着眼转型发展，启动新资本协议总体规划项目和系列培训。着眼稳健发展，加强操作风险防控，提高了安全管理远程监控能力，完善了垂直审计管理体系。

（五）管理改革深化推进

突出“管理年”主题，加快转型改革，激发体制机制活力，多措并举提升精细化管理水平。增加中小企业、信用卡两个业务单元，成立私人银行部、投资管理部、服务管理办公室、新资本协议实施办公室、利率市场化办公室和数据管理中心等新机构，组织架构持续完善。修订资本规划和管理方案，成功完成 118 亿元定向增发，资本实力显著增强。综合经营深度推进，北银消费金融公司消费贷款余额实现高速增长，显示消费金融的巨大潜力；中荷人寿保险公司保费收入在合资保险公司中的排名上升至第九名；成立农安北银村镇银行，三家村镇银行全部实现盈利。

（六）品牌价值持续提升

2012 年，《银行家》杂志公布的全球 1000 家大银行的最新排名中，北京银行按一级资本排名第 132 位，比上一年度大幅提升 13 位。在世界品牌实验室的 2012 年《中国 500 最具价值品牌排行榜》中，公司品牌价值突破 100 亿元，达到 106. 39 亿元，位居 134 位。

截至 2013 年 3 月末，北京银行资产达到 11510 亿元，实现净利润 41. 31 亿元，品牌价值 106. 39 亿元，一级资本排名全球千家大银行 132 位，各项经营指标均达到国际银行业先进水平，被誉为“人均最赚钱的银行”。

17 年来，北京银行积极履行社会责任，在医疗、教育、慈善等方面向社会捐助近 7000 万元人民币，充分彰显了企业社会责任。凭借优异的经营业绩和优质的金融服务，北京银行赢得了社会各界的高度赞誉，先后荣获“全国文明单位”、“最佳区域性银行”、“中国最佳城市商业零售银行”、“亚洲十大最佳上市银行”、“中国上市公司百强企业”、“中国社会责任优秀企业”、“最具持续投资价值上市公司”及“中国优秀企业公民”等称号。

渤海银行

渤海银行是1996年至今国务院批准新设立的唯一一家全国性股份制商业银行，是第一家在发起设立阶段就引进境外战略投资者的中资商业银行，是第一家总部设在天津的全国性股份制商业银行。

渤海银行由天津泰达投资控股有限公司、渣打银行（香港）有限公司、中国远洋运输（集团）总公司、国家开发投资公司、宝钢集团有限公司、天津信托有限责任公司和天津商汇投资（控股）有限公司等7家股东发起设立。2005年12月30日成立，2006年2月正式对外营业。

渤海银行自成立以来，始终坚持“审慎经营，稳健发展”的经营理念，明确提出“集约化经营、专业化管理、一体化发展”的经营思路，不断发挥后发优势、国际化优势和滨海新区综合配套改革先行先试的政策优势，圆满完成了第一个五年规划确定的目标，各项成长性指标领先于同业，呈现出持续、健康、快速发展的良好态势。

渤海银行在第二个五年规划中将追求股东价值、客户价值、员工价值和社会价值的和谐均衡增长，建设公司治理完善、依法合规经营、业务特色鲜明、经营业绩优良的现代银行作为长期愿景。明确提出要将渤海银行建设成为能够为股东持续创造价值的银行，成为能够为客户提供“卓越体验”服务的银行，成为能够为员工提供最佳发展机会的银行，成为能够以创新领先同业的银行。

截至2013年末，渤海银行资产总额5683.47亿元，存款余额3037.47亿元，贷款余额1680.35亿元，实现营业收入127.88亿元，税后净利润45.66亿元，增速领先同业，不良贷款率为0.26%，已在全国设立了15家一级分行、6家二级分行，分支机构总数达到99家，另有2家一级分行、7家二级分行已获准筹建，网点布局覆盖了环渤海、长三角、珠三角及中西部地区的重点城市。

在英国《银行家》杂志公布的“全球银行1000强”和《亚洲银行家》杂志公布的“亚洲银行500强”排名中，渤海银行综合排名逐年大幅提升，分别从2009年的603位和199位，提升至2012年的278位和74位。在2013年亚洲金融年会上公布的亚洲银行综合竞争力排名中稳居第36位。2013年，在各类机构组织的一系列评选活动中，渤海银行先后获得“2013年公司治理模式创新奖”、“年度金牌成长力股份制商业银行”、“年度最可信赖零售银行”、“2013最佳财富管理银行”、“2013最佳电子银行”、“2013最佳手机银行”、“2013最具成长性借记卡”等多项殊荣。

广州银行

广州银行是由广州市政府控股的股份制商业银行，其前身为在46家城市信用合作社的基础上组建的广州城市合作银行，成立于1996年9月17日。后更名为广州市商业银行股份有限公司。2009年9月，获准更名为广州银行股份有限公司。

基本情况

总行新办公大楼位于珠江新城CBD中轴线花城广场核心区

100个机构网点，其中分行5家，支行95家

2800多名员工

注册资本金83亿元

历史沿革

成立于1996年9月17日，在46家城市信用合作社的基础上组建广州城市合作银行；

1998年7月，更名为广州市商业银行股份有限公司；

2001年12月，新增资本金7亿元；

2005年12月，增资扩股10亿元；

2007年5月，定向增资23亿元；

2008年9月，增资扩股30亿元，总资本金达到83亿元；

2009年9月，获准更名为广州银行股份有限公司；

2010年3月，首家异地分行——深圳分行正式成立；

2011年6月，南京、佛山分行正式成立；

2013年6月，中山分行正式成立；

2013年11月，惠州分行正式成立。

发展业绩

近年来，广州银行各项业务发展速度远高于广州地区同业平均水平，截至2013年底，资产总额3047亿元；资本充足率12.24%，核心资本充足率11.49%，不良贷款率0.03%，不良资产率0.01%，拨备覆盖率超过300%，是国内资产质量最好的银行之一；2013年实现利润40亿元，经营管理绩效不断提升。

市场定位

服务地方

支持市政重点工程：为广州开发区、科学城、大学城、天河软件园、广州地铁、新电视塔、内环路、广园快速路、新光快速路、南沙港快速路等项目提供资金支持；

支持地方经济：为城投集团、交投集团、广药集团、珠啤集团、发展集团、岭南集团、建筑集团、南方航空、深圳航空、省交通集团、广晟资产经营有限公司等提供信贷支持；

扶持民营企业：支持美晨集团、华新集团、德豪润达、江苏雨润、大连万达、苏宁电器、明和实业等民营企业的发展。

服务市民

医保卡三家发卡行之一，代理发行集多种功能于一体的社会保障市民卡；

代发广州市财政统发人员工资；

定期推出种类齐全、内容丰富、期限灵活的红棉理财系列产品，为广大市民投资理财提供帮助；

开办物业专项维修资金业务和存量房交易资金托管业务；

提供形式多样、办理便捷的个人贷款业务；

推出公务卡、一卡通、支付宝卡通、住房公积金归集业务、“银医通”结算业务、代理黄金交易业务等。

获得荣誉

改革开放30年广州企业管理十大成就奖

广州十大最具竞争力服务品牌

广州市文明单位

广州2010年亚洲残疾人运动会爱心企业

广东银行业亚运金融服务先进单位

2010年度中国银行业社会责任践行奖

中国银行业文明规范服务示范单位

2010年度金融类国有及国有控股企业绩效评价“AAA－优”评级

2010年、2011年连续两年荣膺《TheBanker》全球银行排行榜500强

2011年最佳服务中小企业银行

2011年度广东百纳税百强企业

2012年最值得期待金融品牌

2012年亚洲中小银行竞争力排名第一

2012 年亚洲城市商业银行竞争力排名第一
2012 年、2013 年中国服务业企业 500 强

地址：广州市广州大道北 195 号
邮编：510075
电话：086 – 020 – 37590830
网址：www. gzcb. com. cn

江苏银行

江苏银行是在江苏省内无锡、苏州、南通等 10 家城市商业银行基础上，合并重组而成的现代股份制商业银行，开创了地方法人银行改革的新模式。江苏银行于 2007 年 1 月 24 日正式挂牌开业，是江苏省唯一一家省属地方法人银行。

江苏银行秉承"让客户享受优质的金融服务"的使命，坚持走差异化、特色化、精细化、综合化、国际化的发展道路，致力于建设富有特色、具有核心竞争优势的一流商业银行。

目前，江苏银行有营业机构 490 多家，其中，省内下辖 12 家分行，在南京地区拥有 23 个营业网点，在省外先后开设了北京、上海、深圳、杭州 4 家分行。作为主发起人，设立了江苏丹阳保得村镇银行。全行现有员工 1.3 万余人。

至 2013 年末，江苏银行资产总额达 7600 多亿元，本外币各项存款余额达 5900 多亿元，本外币各项贷款余额达 4100 多亿元。

在英国《银行家》杂志评选出的全球前 1000 家银行中，江苏银行排名逐年提升，2013 年排名第 179 位，较上年提升 21 位，在国内商业银行中居第 17 位。先后荣获"中国最佳城市商业银行""最佳创新中小银行"、"中国中小企业金融服务十佳机构"、"江苏省文明单位"等荣誉表彰。

总行地址：中国江苏省南京市洪武北路 55 号
邮政编码：210005
24 小时客服热线：4008696098
信用卡客服专线：4008280888
传真：(0086)025 – 58588055

南京银行

南京银行成立于 1996 年 2 月 8 日，是一家具有由国有股份、中资法人股份、外资股份及众多个人股份共同组成独立法人资格的股份制商业银行，实行一级法人体制。南京银行历经两次更名，先后于 2001 年、2005 年引入国际金融公司和法国巴黎银行入股，在全国城商行中率先启动上市辅导程序并于 2007 年成功上市。目前注册资本为 29.69 亿元，下辖 11 家分行，119 家营业网点，员工总数 5000 余人。

南京银行坚持走差异化、特色化、精细化的发展道路，努力做成中小银行中的一流品牌，将中小企业和个人业务作为战略业务重点推进，丰富业务产品体系，倾力满足中小企业与个人融资需求，业务品牌影响力不断扩大。自 2007 年设立第一家异地分行以来，跨区域经营不断推进，先后设立了泰州、北京、上海、杭州、扬州、无锡、南通、苏州、常州、盐城、南京 11 家分行，机构战略布局持续深化。

南京银行致力于探索综合化经营，在全国率先尝试了城商行异地参股其他城商行的发展模式，参股日照银行并成为其第一大股东，入股江苏金融租赁有限公司、芜湖津盛农村合作银行，发起设立了宜兴阳羡、昆山鹿城两家村镇银行，投资组建鑫元基金公司，成立紫金山·鑫合金融家俱乐部，在探索综合化经营的道路上不断迈进。

南京银行自 2006 年首次入选英国《银行家》杂志公布的全球 1000 家大银行排行榜以来，排名逐年提升，2013 年已升至第 238 位。2011 年，南京银行在中国《银行家》杂志竞争力评价报告中，荣获"最佳城市商业银行"，并且在资产规模 1000 亿元以上的城市商业银行综合排名中再度脱颖而出，揽获第一。

总行地址：江苏省南京市中山路 288 号
邮政编码：210008
电话：96400(江苏)，4008896400(全国)
传真：(0086)025 – 86775053
服务投诉电话：96400(江苏)、40088 – 96400(全国)

宁波银行

宁波银行股份有限公司(以下简称"宁波银行")成立于 1997 年 4 月 10 日，是一家具有独立法人资格的股份制商业银行。2006 年 5 月，宁波银行引进境外战略投资者——新加坡华侨银行。2007 年 7 月 19 日，宁波银行在深圳证券交易所挂牌上市(股票代码：002142)，成为国内首批上市的城市商业银行之一。2007 年 5 月 18 日，上海分行正式开业。至此宁波银行顺利实现引进战略投资者、公开上市和跨区域经营三大发展战略。到 2013 年 9 月末，宁波银行已拥有 200 家营业机构，其中 9 家分行，分别为上海、杭州、南京、深圳、苏州、温州、北京、无锡、金华分行，1 个总行营业部，190 家支行。

近年来，宁波银行积极推进管理创新和金融技术创新，努力打造公司银行、零售公司、个人银行、信用卡、金融市场五大利润中心，实现利润来源多元化。到 2013 年 9 月末，全行总资产 4524.50 亿元，各项存款 2506.62 亿元，各项贷款 1640.64 亿元；资本充足率 12.52%，核心一级资本充足率 9.61%；不良贷款率 0.84%，拨备覆盖率 252.55%。1 – 9 月实现净利润 39.44 亿元，每股净资产 8.68 元。宁波银行为中国银行业资产质量好、盈利能力强、资本充足率高、不良贷款率低的银行之一。在英国《银行家》杂志评选的 2013 年度"全球 1000 强银行"及 2012 年度"全球银行品牌 500 强排行榜"中，分别位居全球第 248 位和 263 位。

一、完善的公司治理架构

建立了以股东大会、董事会、监事会、高级管理层组成的公司治理结构，形成了良好的经营机制。作为公司治理的核心，宁波银行董事会是最高决策机构，下设六个专门委员会，并实质性地参与宁波银行战略和业务决策，由此提高了公司治理的质量和效率。这是宁波银行过去几年取得快速发展的重要制度保证，也将从管理体制上确保未来几年长治久安和高效运行，是核心竞争力的重要体现。全行在董事会的领导下，价值取向明确，以客户为中心，为股东创造最大的价值。

二、高效的业务管理流程

近年来，宁波银行实施了业务和管理流程的改革，不断致力于建立扁平化的管理体系和垂直条线管理模式，以加强管理、提高运营效率。而战略投资者新加坡华侨银行的引入，使宁波银行有了学习国外先进银行管理经验的直通窗口和交流平台。进一步整合业务和管理的运行体系，完善组织架构，加强条线管理，不断提升管理水平和市场竞争力。

三、明确的目标市场定位

多年的经营实践，使宁波银行在市场上逐步形成了自身的经营特色和竞争优势。以"了解的市场，熟悉的客户"为基本市场准入原则，坚持"门当户对"的经营策略，强化以中小企业为主体的公司业务市场定位，同时积极拓展中高端个人业务，着力推动中间业务、资金业务的发展。

四、缜密的风险控制体系

通过风险管理和内部控制流程再造，运用较为先进的风险控制工具，进一步完善风险管理的架构，建立了较为全面、独立和集中的风险管理和内部控制体系。从而确保宁波银行风险管理和内部控制的有效性。

五、专业的人力资源团队

贯彻以人为本的理念，通过制度建设和环境塑造，吸引、培养、留住优秀人才，实现银行与员工的目标协调和共同发展，为银行创造价值。形成了一支具有较高综合素质、专业门类齐全、有较强竞争能力的员工队伍，以及良好的人力资源管理文化和机制。不断拓宽招聘渠道，完善招聘程序，建立了招聘高端人才的特殊渠道。与新加坡华侨银行合作，实施了"五年百人计划"。与中国台湾金融研修院合作创办宁波银行大学，为银行发展目标的顺利实现提供人才保障和智力支持。健全的考核激励机制和薪酬体系，有效激发了员工的积极性与创造性。

六、先进的 IT 技术支撑

多年来，宁波银行牢固树立科技就是第一生产力的理念，在 IT 管理、应用架构、系统开发、生产运行、风险与安全管理等方面积累了宝贵的经验，形成了自己的核心科技优势。IT 体系架构不断优化，总体上划分为渠道应用层、客户信息及关系管理层、处理流程层、产品层、管理与风险控制层等五个层次。在渠道、产品、流程、风险管理和财务等业务领域建立了关键业务系统，为业务运营、对外服务和业务管理提供了有力的支撑。

七、以人为本的企业文化

宁波银行一直以来十分注重企业文化建设，在不断的经营管理实践中逐步确立了"诚信敬业、合规高效、融合创新"的企业文化，塑造全行统一的价值观和经营理念，规范全行的经营行为。作为一家中外合资银行，要保持良好的开放性，营造宽容的、和谐的、奋发进取的环境，善于调动各级员工的积极性和创造性，善于融合吸收各类优秀人才、先进文化和经营理念、管理技术，不断地进行变革和创新，努力提升自身的竞争力。

雄关漫道真如铁，而今迈步从头越。面对新的竞争形势，自强不息的宁波银行人将一如既往地秉承"诚信敬业、合规高效、融合创新"的理念，以改革的精神、开放的心态、坚定的信念，努力把宁波银行打造成一家令人尊敬、具有良好口碑和核心竞争力的现代商业银行。

地址：中国浙江宁波市宁南南路 700 号
邮编：315100
电话：086－574－87050028
网址：www. nbcb. com. cn

上海银行

上海银行成立于 1995 年 12 月 29 日，是一家由国有股份、中资法人股份、外资股份及个人股份共同组成的股份制商业银行，总行设在上海。

上海银行成立以来稳健经营，规范管理，以"精诚至上，信义立行"为企业核心理念，以"精品银行"为发展愿景，以"总体形成特色、区域兼顾差异、局部突显亮点"为经营指导思想，不断加快差异化发展步伐，走特色化发展道路。依据自身市场定位形成了"中小企业综合金融服务"、"城市居民财富管理和养老金融服务"、"金融市场交易服务"以及打造"横跨'两岸三地'最佳金融服务平台"等特色定位。

目前，上海银行在上海、宁波、南京、杭州、天津、成都、深圳、北京、苏州、无锡、绍兴等地共拥有分支机构和营业网点 294 个，设有自助银行 186 个，布放自助服务类终端设备 2377 台，初步形成了覆盖长三角、环渤海、珠三角、中西部重点城市的网络布局框架。此外，上海银行还发起设立了闵行上银村镇银行、衢江上银村镇银行、江苏江宁上银村镇银行和崇州上银村镇银行；发起成立了上银基金管理公司；在中国香港地区设立了上海银行（中国香港）有限公司；与全球 130 多个国家和地区 1600 多家境内外银行及其分支机构建立了代理行关系。

近年来，上海银行市场竞争力和影响力不断提高，在英国《银行家》全球前 1000 家银行中排名持续提升，2013 年位列全球银行业第 158 位。多次被《亚洲银行家》杂志评为"中国最佳城市零售银行"，并先后荣获"上海市著名商标"、"小企业优秀客户服务银行"、"全国再就业先进单位"、"全国银行间市场优秀交易成员"、"全国敬老模范单位"、"最佳企业形象奖"、"银团贷款最佳机构奖"等荣誉称号。

一、经营特色

（一）推进区域经济发展

上海银行依托并服务于地方经济，加强与各级政府部门的沟通协调、深化银政合作关系，共同推进区域经济发展。上海银行积极参与上海世博会、大虹桥建设、轨道交通建设、迪斯尼项目、宁波港口开发、天津滨海新区建设、成都灾后重建、保障性住房开发建设、医疗卫生改革等基础设施建设项目和改善民生项目，为相关项目提供融资、咨询、项目监管等各项服务。同时，根据国家产业振兴规划和相关调控政策的要求，积极支持先进制造业、现代服务业、其他战略新兴产业、文化产业等具有区域优势的行业和企业，为地方经济产业结构的调整和转型提供金融服务。

（二）中小企业综合金融服务

上海银行以灵活的机制、高效的服务、丰富的产品，致力于为广大中小企业提供综合金融服务。通过不断丰富的小企业基础融资类、科技金融类、文化金融类、绿色金融类等系列产品，根据企业不同成长阶段、行业属性、经营规模和信用资源等，为中小企业提供专业的融资服务。在此基础上，通过资源整合和服务平台搭建，我行为中小企业提供包括投行业务、现金管理、公司理财、企业经营者个人金融服务等在内的全方位综合金融服务。上海银行拥有约 200 人的小企业专职客户经理队伍，为中小企业创建专享的快捷服务渠道，全力以赴为中小企业客户提供专业、高效金融服务体验。

（三）两岸三地金融服务平台

上海银行聚焦两岸三地日益紧密的经贸合作，在总行设立中国港台业务部，以专业的服务团队、专属的服务平台和不断创新的产品与服务，鼎立支持中国港台企业开拓内地事业，并致力于为境内外企业跨越三地投资、经营及贸易提供专业化、个性化的综合金融服务。上海银行与上海商业银行（中国香港）、上海商业储蓄银行（中国台湾）合作，"以客户为中心"创建了三地联动服务模式，整合三地资源，为客户度身定制最佳金融服务方案。无论客户身处何地,都能享受"三地上银,一心为您"的贴心服务。

(四)城市居民的财富管理专家

上海银行持续完善客户分层服务体系,形成了高、中、低不同层面的个性化理财服务,并通过私人银行与财富管理中心、慧通理财中心、慧通理财专柜为不同需求的客户提供专属服务;不断丰富理财产品线,推出"慧金"个人贵金属业务,形成"慧财"家族点滴成金、金鑫、白金、养老无忧、日新月溢、易精灵贵宾专属等九大系列理财产品线,满足客户不同期限、不同币种、不同风险层次的资产配置需要;着力夯实专业化队伍,拥有一支500余人的持金融理财师(AFP)、国际金融理财师(CFP)、注册财务策划师(RFP)等资质的专业理财队伍,为高端客户量身定制提供全面的投资需求分析与理财规划方案建议。

(五)养老金融服务专家

上海银行是上海最早两家养老金代发行之一,在为老服务方面积累了逾15年的丰富经验,拥有了150万的庞大养老客群。在长期为老服务过程中,上海银行凭借优质的养老金融服务获得了社会各界的高度认可,是全国唯一荣获"上海市十佳敬老楷模单位"和"全国敬老模范单位"的商业银行。目前上海银行积极培育养老金融服务特色,并致力于成为"养老金融服务专家",重点围绕整合与构建符合养老客户细分需求,覆盖养生、医疗、文化、旅游在内的增值服务平台,完善与创新养老专属金融产品,巩固与发展多渠道的便捷养老基础金融服务,塑造"思老、惠老、安老"的尊老服务文化等方面加快发展,努力培育内涵丰富、品质优良的养老服务特色。

(六)金融市场领先交易服务商

本着"诚实守信、平等互利"的原则,上海银行广泛涉足于银行间货币市场、债券市场、衍生品市场、票据市场、外汇市场和黄金市场等新兴金融市场领域,并以强大的资金实力、稳健的经营理念和科学的运作管理赢得了市场的认可。作为银行间债券市场的首批成员之一、公开市场一级交易商和财政部、国家开发银行等主要债券发行机构的承销团成员,上海银行债券交易量排名连续多年位居全国前列,并首批获得银行间债券市场做市商资格、上海银行间同业拆放利率(SHIBOR)报价团成员资格和全国银行间债券市场债券借贷业务资格。上海银行还有非金融企业债务融资工具承销资格,上海黄金交易所108家创始会员之一,拥有包括自营黄金交易、代理黄(铂)金交易、同业黄金拆借和黄金租赁等业务资格,连续多年获得上海黄金交易所优秀交易会员称号。

天津银行

天津银行股份有限公司(Bank of Tianjin CO.,LTD.),简称天津银行(Bank of Tianjin),成立于1996年,目前设有6家分行、219个营业机构,注册资本为41.23亿元。多年来,我行始终坚持"服务地方经济、服务中小企业、服务市民百姓"的经营定位,以建设"好银行"为目标,以发展为主线,以防范金融风险为前提,以深化改革大胆创新为动力,稳健经营,规范管理,获得了良好的社会效益和经济效益,已经成为我国银行业极具成长性的股份制商业银行之一。

截至2012年12月末,全行资产总额突破3000亿元大关,达到3016亿元;各项存款突破2000亿元,达到2033亿元;各项贷款突破1200亿元,达到1224亿元;实现拨备前利润41.89亿元,不良贷款率0.72%,资本充足率13.01%,拨备覆盖率456%,资产负债比例管理主要指标均符合监管要求。连续7年跻身全球1000家大银行行列,在英国《银行家》杂志全球1000家大银行最新排名中,排在341位。特别是成功发行27亿元次级债,进一步补充了附属资本,增强了发展基础和抵御风险能力,为下一步做大做强做优和加快业务结构转型奠定了坚实的基础。

2006年,成功引进澳新银行作为国外战略合作者,并率先在改革开放的前沿阵地天津滨海新区组建一级分行;2007年正式更名为天津银行,并获准跨区域经营,先后在北京、唐山、上海、济南和成都设立了异地分行,基本完成了在环渤海区域、长三角和西南部的战略布局;2008年作为主要发起人投资设立了当时全国投资最大的蓟县村镇银行,2010年又参与设立了南阳村镇银行,服务三农触角进一步延伸;2010年实施天津市区机构改革,组建了6家中心支行,总分支三级管理架构逐步完善,核心竞争力进一步增强。

面对国际国内错综复杂的经济金融形势,天津银行按照科学发展观的要求,进一步提升公司治理水平,不断强化抵御风险能力,增强增长动力和活力,内强素质,外塑形象,努力为社会提供更加优质的金融服务,实现又好又快的发展!

包商银行

包商银行成立于1998年12月,是内蒙古自治区最早成立的股份制商业银行,前身为包头市商业银行,2007年9月经中国银监会批准更名为包商银行。目前,包商银行在内蒙古自治区内的包头、赤峰、巴彦淖尔、通辽、鄂尔多斯、锡林郭勒、呼伦贝尔、呼和浩特、兴安盟、乌兰察布、乌海、阿拉善和自治区外的宁波、深圳、成都、北京设立了16家分行、146个营业网点,员工7600多人;此外,还成立了达茂旗包商惠农贷款公司,发起设立了北京昌平、天津津南、江苏南通、大连金州、四川广元、贵州毕节、吉林九台、河南郾城、山西清徐等27家村镇银行;机构遍布全国16个省、市、自治区。2013年末,资产总额2348亿元,各项存款余额1420亿元,各项贷款余额678亿元。

包商银行是中国银监会评定的首批风险最小(即二级)的七家城商行之一,近几年监管风险评级始终保持在二级水平。2011年,李镇西董事长荣获"2011CCTV中国经济年度人物"年度公益奖,2012年荣获"中国企业文化领军人物"荣誉称号、"社会责任引领人物奖"。2011年,包商银行被中央文明委授予"全国文明单位"称号,被中国中小商业企业协会和中国中小企业家年会组委会共同授予"2011年度全国支持中小企业发展十佳商业银行"荣誉称号,荣获"2011年度全国支持中小企业发展十佳商业银行"荣誉称号;2012年,在《银行家》杂志发布的大型城商行竞争力排名中列第3位,荣获"中国企业品牌文化管理十佳单位";2013年,荣获中国中小企业协会颁发的"2013年度最佳城市商业银行奖",荣获中国中小企业家年会组委会颁发的"2013年度全国支持中小企业发展十佳商业银行奖"。中央电视台新闻联播、对话、经济半小时等节目,以及《人民日报》、《经济日报》、《光明日报》、人民网、新华社等媒体曾多次深入报道了包商银行的小微金融服务工作。

一、在市场定位上,坚持为小微企业服务,打造特色和品牌

包商银行从2002年开始,就始终围绕"以小微企业为核心客户"的市场定位,坚持"没有不还款的客户,只有做不好的银行”和“改变不了别人，就改变自己”的服务理念，把加强小微金融能力建设放在首位，在小微金融市场精耕细作，取得了良好的经济效益和社会效益，并在业内和社会上形成了较大影响并树立了良好的品牌形象。目前，包商银行培养出一支2000多人、在业内颇有影响的专业化、年轻化的小微金融队伍，推出了面向微小企业、个体工商户和农牧民的“真珠贝”五大系列、十五个产品，并针对小企业发展需要研发了30多种产品，累计发放小微企业贷款2000多亿元，月最高发放微小企业贷款超过3.1万笔，累计为几十万户小微企业、个体工商户、农牧民发放了贷款，支持了160多万人的就业、创业和展业。

二、在企业管理上，紧紧围绕“1－3－5”，实现精细化、集约化

近年来，包商银行牢固树立“学习、创新、诚信、发展”的企业精神，解放思想，锐意进取，奋力拼博，以“建设现代化、国际化的好银行”为战略愿景，以成为“全面的金融服务集成商”为战略目标，以“立足百姓创业，立志国际品牌，做最好的小企业金融服务集成商”为发展目标，以“包容乃大，商赢天下”为核心理念，形成了独具特色的“1－3－5”管理模式。“1－3－5”就是以“国际化”为标准，狠抓“物质文明、制度文明和精神文明”建设，不断提高“经营、管理、创新、企业文化、金融生态”工作水平。管理的精细化所带来的财务指标和管理指标的提升，使包商银行在全国中小银行竞争力评价中名列前茅。

三、在商业模式上，努力打造小微企业的“金融服务集成商”

小微企业需要的金融服务并不仅仅局限于贷款业务，而是全面的金融服务解决方案。正是基于这样的认识，包商银行提出了自己的独特的商业模式——“金融服务集成商”，并分四个步骤来打造。

第一步，成为小微企业融资专家。即以小微企业为战略重点和核心客户群，加速扩大客户基础，为小微企业及其业主提供全面融资服务。专注重点行业，逐渐形成专业化和规模化优势。第二步，成为全生命周期银行服务提供商。即强化小微企业的核心地位，拓展产品线，满足处于不同发展阶段的小企业的金融需求。第三步，成为全面金融服务集成商。即以小微企业客户群为基础向非银行金融服务扩展，积极开拓与非银行金融机构之间的合作，强化全面金融服务集成商的角色，由“卖产品”向“为客户量身定制综合金融服务解决方案”转变，把小微企业信贷提升为小微企业金融。第四步，成为“资智”结合的“知识型银行”。包商银行不仅向企业提供信贷、结算、保证、理财、财务顾问等金融服务，而且要提供管理咨询服务，为企业经营管理出谋划策，使银行成为客户的战略合作伙伴。

四、在支持城镇化和“三农”服务上，积极设立新型农村金融机构，大力支持县域经济发展

包商银行积极响应国家号召发起设立新型农村金融机构，支持城镇化建设、县域经济和“三农”服务，大力发展新型农村金融机构，成立了达茂旗包商惠农贷款公司，发起设立了北京昌平、天津津南、江苏南通、大连金州、四川广元、贵州毕节、吉林九台、河南郾城、山西清徐等27家村镇银行。这些新型农村金融机构依托包商银行，将微小企业信贷技术和模式成功移植到县域和农村金融服务领域，采用“重分析、轻抵押”的信贷方式为农牧区的中小企业、个体工商户和农牧民提供快捷、高效的金融服务，有效填补了金融市场空白。在推进新型农村金融机构建设进程中，包商银行探索积累了我行发起设立新型农村金融机构的宝贵经验，不断提升新型农村金融机构在当地市场的影响力和社会美誉度，得到当地政府、监管部门、小微企业和农牧民的广泛赞誉。

五、在民生问题上，加大关键领域和支柱产业信贷投入，为社会发展做贡献

包商银行一直把支持地方经济社会快速发展作为首要任务，始终坚持“取之于地方，用之于地方”的信贷政策，充分发挥金融支持地方经济社会发展的核心作用。包商银行近几年不断为新型产业、装备制造业、环保产业、农牧业产业化、基础设施建设等投入信贷资金，有力地支持和促进了关键领域和支柱产业发展；而且，积极拓展小微金融业务，有效地缓解了包商银行经营覆盖区域的小微企业融资难问题。特别是包商银行积极与政府、担保公司合作，不断创新就业、再就业和城镇居民养老保险金融服务，推出了下岗失业人员再就业贷款业务，贷款全部投向贸易、餐饮、手工等流通业和服务业。同时，包商银行积极打造总部经济，努力成为内蒙古自治区纳税大户。2013年缴纳税金16.14亿元，自成立以来，累计缴纳税金56.64亿元，成为了内蒙古自治区A级信用纳税人和包头市纳税大户，为地方经济社会发展做出了积极的贡献。

六、在社会责任上，争取定点帮扶7个国家级贫困县，积极探索支持公益事业的新路径

2011年党中央颁布实施《中国农村扶贫开发纲要（2011－2020年）》，提出要大力倡导企业履行社会责任，鼓励企业采取多种形式，积极投身于新时期扶贫攻坚主战场。包商银行积极响应党中央、国务院确定的新时期扶贫开发的伟大号召，动员全行职工积极投身于扶贫开发的宏伟事业中。对于没有定点帮扶单位的176个扶贫开发重点县，包商银行经过认真研究，选择其中7个旗县作为我行定点帮扶县，并于2012年4月11日正式获得国务院扶贫办的批准，计划每年安排专项资金用于扶贫开发。在定点扶贫任务正式确定后，包商银行做了大量的实地调研工作，开展县域经济研究，从产业发展和社会发展两个维度，积极探索金融扶贫的新模式，促进社会公平和资源的合理配置。

同时，在包头市，包商银行也积极开展对口扶贫工作，出资为固阳县下湿壕解决农户吃水难的问题；为达茂旗农牧民新建深水井井房，解决数字有线电视入户工程；在土右旗革命老区设立教育基金和文化基金，为土右旗毛岱村捐赠各类图书，并出资修建了小学校舍，铺了砂石路，建了文化大院和商业街，完善了基础设施等。在鼓励青年创业、大学生创业方面，包商银行承办了“内蒙古自治区首批帮扶大中专毕业生自主创业贷款”。

地址：内蒙古自治区包头市青山区钢铁大街6号
邮编：014030
客服热线：96016（内蒙、北京）
967210（深圳、宁波）
65558555（成都）
客服邮箱：96016@bsb.com.cn

长安银行

长安银行是在陕西省委、省政府主导下，在合并重组原宝鸡市、咸阳市商业银行和渭南市、汉中市、榆林市城市信用社的基础上，引入陕西延长石油（集团）有限责任公司、陕西煤业化工集团有限责任公司、陕西有色金属控股集团有限责任公司、齐商银行、西部信托有限公司等11家战略投资者，经中国银行业监督管理委员会批准，以新设合并方式组建的法人股份制商业银行。注册资本金31.8亿元，总部设在陕西省西安市，于2009年7月31日开业。长安银行发起并控股设立陕西省第一家村镇银行——宝鸡岐山硕丰村镇银行。

截至2013年12月31日，共下辖8个分行、6个直属支行，开业网点91家，遍布省内10个地市，从业人员2300余人。全行资产总额和存贷款余额分别达1050亿元、662亿元和414亿元，分别是重组前的6.7倍、4.9倍和6.3倍。新增存贷款额持续列省内中小银行机构首位。累计实现利税46.5亿元，其中缴纳税金16.7亿元。衡量商业银行审慎经营的各项监管指标优良。

开业以来，长安银行连续三年被省政府通报表彰；被中国银监会评为"全国小企业金融服务先进单位"；连续两年被人行西安分行评为A类金融机构；被有关机构授予"中国最具发展潜力中小银行"、"陕西省最受尊敬企业"、"陕西省诚信建设示范单位"等荣誉称号。

经营理念：依法合规，审慎经营；积极创新，控制风险；科学管理，持续发展。

市场定位长安银行作为地方性股份制银行，应当关注民生，坚持"立足陕西、面向全国、为城乡居民服务、为中小企业服务"的市场定位。始终把银行的经营活动根植于老百姓的生活之中，把银行的经营活动融入到社会经济的发展之中。

经营策略依靠服务与合作取胜、依靠科学管理与优化结构取胜、依靠改革与创新取胜。

管理目标按照"高起点起步、高质量运行、高标准管理"的要求，以打造"资本充足、治理优良、内控严密、运行安全、服务优质、效益良好的最具地方特色的好银行"。

发展愿景坚持科学发展、稳健发展和快速发展的思路，按照内控完善、管理规范、稳健经营的要求合理布局，在现有67个对外营业机构的情况下，力争2009至2010年在地市10个左右的县设立营业网点。2010年底争取在甘肃省天水市设点，实现在经济紧密区域经营。2011年实现在北京、上海设立分支机构，实现跨区域经营。

地址：西安市高新技术开发区高新四路朗臣大厦13号
邮编：710075
客服电话：96669

长沙银行

长沙银行成立于1997年5月，是湖南首家区域性股份制商业银行，总行位于湖南省省会、全国首批历史文化名城、优秀旅游城市和全国文明城市——美丽的"星城"长沙，拥有包括广州、株洲、湘潭、常德、娄底（筹）、郴州（筹）在内的21家分支机构、83个营业网点，控股发起湘西、祁阳、宜章三家长行村镇银行。截至2012年末，全行资产总额达到1599.9亿元，存款余额达到1365亿元，利润达到24.068亿元，不良率控制在0.74%以内，资本充足率达到12.67%。综合实力稳居长沙同业前三，在全国140多家城商行中名列前茅，并连续五年被银监会评为当前中国银行业最高等级的二类行，在中国《银行家》杂志评选的2011年度全国城市商业银行（资产规模1000亿元）以上）竞争力榜单中名列第6位；在"21世纪亚洲金融年会"亚洲（中小银行）竞争力排名中位列第5位；并荣膺"中国城市金口碑服务银行"、中国银行业"最佳金融创新奖"和中国"最具成长力中小银行"。

立行以来，长沙银行始终坚持"服务地方、服务中小、服务市民"的办行宗旨和"为您所需、喜赢共享"的服务理念，以现代化、国际化的经营理念致力于构筑精品银行服务体系，初步形成了自身的经营特色和核心竞争能力。在政务银行方面，长沙银行在地方经济发展中勇担金融先锋，十多年来累计支持政府重点建设项目120多个，对政府及相关部门直接投放信贷资金超过500亿元，成为"最可靠"的湖南政务业务主要银行，是地方经济发展应急解难的"先锋队"和"子弟兵"。在中小企业银行方面，长沙银行在长沙市场为中小企业授信占比达40%，接近半壁江山，成为长沙地区中小企业的首选银行和服务"最贴心"的中小企业银行。迄今已累计支持小巨人企业、拟上市企业、园区企业8000余家，成为"最贴心"的区域内中小企业品牌银行。在市民银行方面，从服务200多万最普通市民的低保、医保和养老保险业务，到定位广大高端零售客户和中小企业主的个人循环授信、转账支付信用卡和理财业务，再到在移动金融领域的前瞻思维和全面布局，不断为广大客户提供全方位、多层次、跨区域的金融服务，成为"最给力"的湖南零售业务特色银行。

未来，长沙银行将坚持差异化、特色化、综合化的发展道路，保持年均25—30%的复合增速，形成以长沙为核心的沿京广、沪昆高铁沿线两小时经济圈的区域化架构，实现"三年翻一番、十年过万亿"的业务目标，打造一家特色鲜明、经营稳健，业务发展最具创新力、专业服务最具品牌力、股东回报最具价值力的区域性精品龙头上市银行。

地址：湖南长沙市芙蓉中路1段433号
邮编：410005
服务热线：0731－96511
信用卡服务热线：400－6796511

成都银行

成都银行成立于1996年12月30日，系四川省首家城市商业银行。多年来我行依法稳健经营，严格规范管理，已发展成为一家初具规模、运行稳健的股份制商业银行。截至2012年12月末，总资产由成立时的48.2亿元增至2401.41亿元，增长近49倍；存款余额由39.7亿元增至1640.54亿元，增长40倍；贷款余额由26.3亿元增至941.70亿元，增长近35倍。目前，我行注册资金32.51亿元，实行一级法人体制，全行下辖重庆、西安、广安、资阳、眉山、内江、南充7家异地分行及32家直属支行（部）、102家网点，在岗员工4000余名。

自成立以来，我行秉承"服务区域经济，服务中小企业，服务城乡居民"的市场定位，并不断赋予"服务"二字新的内涵与深意。先后投入信贷资金，大力支持城乡基础设施建设、农村土地综合整治、一般场镇改造等，为成都经济的快速健康发展、城乡一体化的有序推进作出了积极贡献。同时，我行不断加大在成都郊区（市）县开设支行力度，目前我行机构网点已覆盖全域成都，为加快县域经济发展打下基础。此外，我行还进一步在成都重点城镇增设郊县支行下属网点，并涉足省内农村金融市场，发起设立名山村镇银行，全力助推城乡同发展、共繁荣。

作为"中小企业伙伴银行"，我行始终专注于服务广大最需要资金支持的中小企业客户。我行在全市率先成立中小企业部，并设立3家专营支行，通过流程优化、绿色通道等措施，为中小企业提供全方位、宽领域、多层次的专业服务；积极探索解决中小企业贷款难问题，为中小企业量身订制包括“多融易”、“结结高”、“银税通”、“速保贷”、“速抵贷”等10余种产品在内的“财富金翼”中小企业融资品牌；充分利用我市食品、制鞋、纺织服装、家具等产业集聚发展的优势，加大与专业市场、担保公司合作力度，不断支持中小企业发展壮大。截至2012年12月末，我行中小企业授信客户达3000余户，贷款余额约占贷款总额近60%，为我市社会经济的繁荣稳定作出了应有的贡献。

践行“市民银行”承诺，我行率先在全市推出“储蓄延时服务”，为市民在下班后办理银行业务提供便捷；芙蓉锦程系列金卡始终免收账户管理费、ATM跨行取款及查询费等，最大限度降低持卡人用卡成本；执行一浮到顶的储蓄存款利率，让利于民；在成都市首发金融IC卡并实现行业应用，方便市民出行、就医及公共支付等。与此同时，我行不断加快个人业务创新速度，先后推出了金康卡、钻石白金卡、信用卡等系列卡种，个人循环、综合消费等个贷新产品和电子银行业务，满足市民不同需求。

用实际行动担负社会责任，是我行的不变使命。我行始终热心公益事业，常年坚持开展定点贫困村镇帮扶及“慈善一日捐”等公益活动，建立公益行动长效机制；发行全国首张建设领域农民工工资代发专用卡——芙蓉锦程建设卡，促进农民工工资发放透明化、公开化，切实保障广大农民工合法权益；发行全国首张公益主题银行卡——芙蓉锦程红标爱心卡，并将持卡人刷卡消费额的万分之五作为捐赠款，用于救助成都市城乡低收入困难家庭；响应监管部门号召，坚持开展公众教育服务活动，向群众宣传普及金融知识。

近年来，我行在成都市委、市政府的坚强领导下，在银行监管部门的正确指引下，努力开拓创新，不断深化改革，稳步推进包括增资扩股、更名、跨区域发展、多元化经营、公开上市等在内的多项战略举措，分别于2007年引进马来西亚丰隆银行等境内外投资者，一次性引资60亿元，顺利完成增资扩股；2008年由“成都市商业银行”正式更名“成都银行”，打破了原行名中的地域性色彩限制；2009年开设首家异地分行——广安分行，实现跨区域发展实质性突破；2010年与战略投资者丰隆银行共同发起设立国内首批、中西部第一家消费金融公司——四川锦程消费金融有限责任公司，实现多元化经营初步探索；2010年成功开设首家省外分行——重庆分行；2011年入股西藏银行，支持藏区发展，开设西安分行，初步搭建起覆盖川、陕、渝的分支机构布局，并按照“做精成都、做实四川、做强西部、辐射全国”跨区域发展规划，加快推进异地分支机构建设工作；2012年正式向中国证监会递交IPO申请，拉开向全国一流现代化商业银行迈进的帷幕。

在各项业务稳步发展、经营业绩持续增长的同时，我行的社会影响力也得以不断提升，连续跻身“全球商业银行1000强”、“亚洲银行300强”、“中国银行业100强”、“中国50大银行”等国内外商业银行综合实力排行榜。当前，我行正大力实施深度转型发展战略，不断提升市场核心竞争力，促进规模、结构、质量、效益协调发展，争创全国一流、特色鲜明的城市商业银行，实现新的更大发展。

地址：四川·成都市西御街16号
邮编：610015
电话：400－68－96511028－96511
传真：028－86160266

东莞银行

东莞银行股份有限公司（以下简称本行）是经中国人民银行批准，在东莞市工商行政管理局登记注册的股份制商业银行，成立于1999年9月8日。本行下辖1个总行营业部、9家分行（广州分行、深圳分行、惠州分行、长沙分行、佛山分行、合肥分行、清远分行、珠海分行、韶关分行）、33家直属支行、11家一级支行、73家二级支行，拥有2家子公司（开县泰业村镇银行股份有限公司、东源泰业村镇银行股份有限公司）。

成立以来，本行在各级政府及监管机构的正确领导和监管下，紧紧围绕价值最大化的核心目标，以市场为导向，以客户为中心，以提高人力资本和科技应用能力为基础，以“提升效率”为手段，以“保增长”为目标，强化风险管理、销售管理和服务管理，进一步推进产品和服务创新，优化资源配置和完善激励机制，经营管理水平不断提高，业务持续增长，一直以优异的业绩在全国同行业中名列前茅。截至2013年末，本行总资产达1531.36亿元，各项存款余额为1076.49亿元，贷款余额为675.91亿元。2013年实现净利润19.54亿元。

本行是当地一家具有独立法人资格的银行，管理半径短，决策灵活，科技开发优势明显，软硬件设备先进，自主开发设计灵活性高，更贴近市场和客户，不断创新金融产品，致力于为客户提供全方位、特色化的金融业务。随着客户金融需求的多样化发展，本行在丰富齐全的个人业务品种基础上，推出了优质单位正式员工集体授信业务、“好易居”住房公积金组合贷款、“日日盈”、“月月盈”储蓄理财产品、“快汇通”自助汇款、信用卡、代收房维基金等特色业务品种，为客户精心打造的“玉兰理财”品牌下属产品种类齐全，包括票据、债券、信托等系列理财产品，以及基金、黄金、保险、第三方存管等多种代理业务产品；竭诚为公司客户提供各项金融产品及独具匠心的贴心服务，包括传统公司融资产品：固定资产贷款、流动资金贷款、银团贷款、票据业务（银行承兑汇票、电子票据）等；中小企业特色融资产品：租金质押贷款、中标工程贷款、应收账款质押贷款、订单融资、股权质押、动产质押、机械设备按揭贷款等；特色代收代付业务及资产增值类产品：代理非税收缴业务及公司理财产品等；本行的资金业务发展迅速，投资领域不断拓宽，在业内享有较高的知名度，主要经营同业存放、债券投资、票据转贴现、同业存放等业务；业务办理快捷方便，除网点柜台外，还包括自助终端、网上银行、电话银行等多种服务渠道。

本行良好的信誉和业绩，得到了来自业界、客户和权威媒体的广泛认可。2006年7月28日，本行被评为全国“十大最具竞争力城市商业银行”。2007年首次入围全球银行类1000强，并在2013年公布的2012年度排名中，按一级资本排第491名，全国商业中排第45名。2009年中国《银行家》公布的2008中国商业银行竞争力评价报告，荣获“泛珠三角经济区域城市商业银行竞争力排名第一名”、“最佳品牌营销城市商业银行”。2010年《理财周报》评选本行为“2010中国十大最佳城市商业银行”。2011年，荣获中国《银行家》杂志“最佳企业社会责任奖”。2012年，在“2012南方金融年度系列评选活动”中荣获“最佳金融营销创意奖”；荣获广东省人民政府颁发的“金融创新奖”一等奖，是唯一荣获该奖项的法人银行。

地址：东莞市莞城区体育路 21 号东莞银行大厦
邮编：523011
服务热线：96228（省内）、4001196228（省外）
传真：（0769）22118020

哈尔滨银行

哈尔滨银行成立于 1997 年 2 月，总部位于哈尔滨市，是近年来崛起于东北地区的一家新兴城市商业银行。现有天津、重庆、大连、沈阳、成都、哈尔滨等 16 家分行（含批准筹建 1 家），在北京、广东、江苏、吉林、黑龙江等 14 个省及直辖市设立了 24 家村镇银行，并作为战略投资者投资重组广东华兴银行，营业机构 282 家，截止 2013 年 6 月 30 日在职员工逾 6800 人，分支机构遍布全国六大行政区。截至 2013 年 6 月 30 日，总资产 2,941.02 亿元，贷款总额 1,005.17 亿元，存款总额 1,972.48 亿元。在《21 世纪经济报道》“2013 亚洲银行竞争力排名研究报告”中国内地城市商业银行排名中位居第 4 位，在标准普尔 2012 年发布的“中国银行 50 强”中排名第 33 位，在英国《银行家》2013 年“全球 1000 家大银行”榜单中，按一级资本总额排名位列第 313 位，位列中资银行第 27 位，在中国东北地区城市商业银行中排名第 1 位。

哈尔滨银行秉承“普惠金融，和谐共富”的经营理念，坚持“立足龙江，支持中小，服务东北，面向全国”的发展定位，努力打造“国内一流国际知名小额信贷银行”，在小额信贷领域形成了较强的核心竞争力。截至 2013 年 6 月 30 日，小额信贷余额 648.92 亿元，比上年增长 64.44 亿元，占全行信贷总额 64.6%。创新实施“本土化 + 国际化”的小额信贷管理模式，研发推出“乾道嘉”系列品牌，自主开发小额信贷管理系统和技术并在国内首家实现输出，确立了小额信贷标杆行地位。连续四次被中国银监会评为“全国小企业金融服务先进单位”，荣获“中国最佳中小企业银行服务”国际大奖，是唯一获此殊荣的国内城商行，赢得“最佳小企业贷款中小银行”、“中国十大最佳城市商业银行”等一系列荣誉。郭志文董事长、高淑珍行长分别荣获“全球微型金融领军人物提名奖”、“中国小额信贷年度人物奖”，多名员工荣获“微型创业城市信贷员一等奖”，成为全国金融机构小额信贷领军者。同时，加强与法国沛丰、美国行动国际、孟加拉格莱珉银行等国际先进小额信贷组织业务交流，与国际金融公司（IFC）等机构开展战略合作，积极参与国际小额信贷开发项目，在国际上形成了一定影响力。

哈尔滨银行积极开拓市场，不断深化业务创新，创造了同业的诸多“第一”，填补了地方金融服务领域的多项空白。在全国城商行中第一家收购城市信用社设立异地分行；成立黑龙江省第一家票据贴现市场，首家开通全国统一客服号码 95537，是东北地区拥有各种经营资格最全的银行；债券业务在同业中保持领先水平，票据贴现量在哈尔滨市金融机构中排名第一，创立“哈邦德”交易室，取得了全面债券市场业务资格，市场化投标量跻身全国银行间市场 50 强；在东北地区率先开办国际业务，东北三省首家获得外汇经营权，成立全国首家卢布现钞兑换中心，卢布兑换量位居全国首位，获批成为人民币对卢布的首批做市商，成功申办金融衍生品经营资格，被确定为“哈尔滨对俄结算中心”建设主承办银行；参与发起亚洲金融合作联盟，荣获“最有成长潜力投行”称号；无卡支付、手机银行、网银预植等多个新业务上线，打造“丁香花理财”品牌、“注重细节、善待客户”服务品牌，逐步形成了以小额信贷为核心，对俄金融、财富管理、投行同业、电子银行多项业务共同发展的经营格局，向着集团化、多元化、特色化发展目标迈进。

哈尔滨银行以科学、稳健、协调发展为根本，注重加强经营管理，使发展的基础更加健康牢固，逐步走上规范化、标准化、科学化发展轨道。按照《商业银行法》、《公司法》以及监管要求，建立健全现代企业制度，完善法人治理结构。与德勤、普华永道等国际著名咨询公司合作，在公司治理、内控及全面风险管理、IT 系统和绩效考评体系建设等各方面进行大胆改革和有益探索，形成战略、机制、人员、风险全面管控的科学模式，树立了从严治行、规范发展的经营方针，打造了敬业、专业、职业、干净“三业一净”的员工队伍，逐步发展成为治理规范、定位清晰、特色鲜明、资本充足、团队精良、文化独特的金融企业，实现了长期稳定的低风险、高质效增长，经营指标在全国城商行中处于领先水平。

哈尔滨银行始终不忘企业的社会责任，坚持把支持经济社会事业发展作为自己义不容辞的责任，先后斥资 500 多万元建立哈尔滨钱币博物馆、捐建黑龙江省抗联希望小学、成立“弘毅助学基金”和“温暖龙江基金”，出资 600 多万元支持哈尔滨市城市一卡通工程，分别向四川汶川及青海玉树地震灾区捐款 260 万元，以实际行动践行企业公民职责，树立了良好的社会形象。哈尔滨银行被评为哈尔滨市第二十九届、三十届、三十一届劳模大会先进单位称号，第三十二届劳模大会模范单位称号，有三人次被评为全国劳动模范，获得全国“五一”劳动奖章。

哈尔滨银行将坚定不移地走小额信贷特色经营之路，以惟惠之怀承社会之责，用至诚之心创至信之行，努力建设全国一流城市商业银行，为金融事业繁荣发展和小康社会建设做出更大贡献。

河北银行

河北银行成立于 1996 年 5 月 28 日，是河北省成立最早、规模最大的城市商业银行，也是全省唯一一家省级法人银行。成立以来，在各级党委、政府的正确领导和监管部门的有效监管下，锐意进取，开拓创新，逐步成长壮大为资本充足、内控严密、资产优良、效益良好、具有重要市场影响力的现代股份制商业银行。

抢抓机遇，加快发展。截至 2012 年末，按合并报表口径，本行资产总额 1221.16 亿元，增长 14.44%。贷款余额 496.66 亿元，增长 27.12%。存款余额 904.52 亿元，增长 22.58%。盈利水平大幅提升，实现净利润 12.13 亿元，增长 21.43%。资本充足率、不良贷款率、拨备覆盖率、贷款拨备率等监管指标持续优化，均保持在国内城商行先进水平。河北银行在石家庄、唐山、邯郸、天津、廊坊、沧州、保定、青岛、邢台设有分行级机构，分支机构共计 98 家，在岗员工 3000 余人。据 2012 年英国《银行家》杂志公布的数据，河北银行在全球 1000 家大银行中排名第 701 位，综合实力已迈上了一个新的台阶。

特色化经营，差异化发展。河北银行从自身实际出发，不断完善经营机制，创新金融产品，丰富服务渠道，形成了鲜明的市场定位和业务特色。一是与全省经济发展战略深度融合。围绕地方传统优势行业、战略性新兴产业、现代服务业等领域，充分利用同省、市、县各级政府搭建的“政银企”合作平台，搞好对接和服务。二是中小企业市场定位进一步细化和落地。将基本客户定位为大型中心企业供应链两端的中小企业及商圈、产业聚集区中的优质中小企业，坚持批量开发，整体授信，在促进中小企业发展、活跃地方经济的同时，也为自身发展探索出了一条“业务增长快、信用风险可控”的新路子。截至2012年末，全行中小微企业贷款余额286.07亿元，在全部贷款增量占比达到78.3%。其中，单户授信500万元以下的小微贷款实现突破性增长，增速达到172.3%。三是零售客户服务能力有效提升。针对居民日益增长的多样化、个性化服务需求，推出了深受欢迎的工资保证贷款、循环贷款、信用卡分期、手机银行等服务品种，安全稳健、收益合理的理财品牌也已初步打响。对客户实施分层管理，加大电子银行和自助设备的投入，与连锁便利店、第三方支付渠道等加强合作，解决排队难问题。目前共有80万石家庄市城镇居民和灵活就业人员医疗保险费的交纳、10万城镇居民个体养老保险费的缴纳和6万职工退休工资的发放在河北银行办理。

夯实基础，健全机制，持续提高风险管理水平。河北银行一直把风险管控和案件防范当作发展的生命线，着力将董事会确立的“稳健、审慎”的风险偏好进一步细化、量化、制度化，将稳健经营理念渗入整个经营活动中，并基本建立起了覆盖信用风险、市场风险、操作风险、流动性风险、声誉风险等商业银行主要风险在内的全面风险管理组织架构和制度体系，风险管理水平不断提升，不良资产一直保持在较低水平，没有出现重大案件和责任事故。

走品牌化之路，不断升华服务内涵。河北银行秉持“合心合力共生共荣”的经营理念，推出了“朋友金融知心致行”的品牌核心价值理念，并针对小企业金融服务和个人理财服务，重点推出“惠友亨通”与“益友融通”两个核心子品牌，体现出河北银行对客户的郑重承诺，河北银行始终与客户并肩同行。

河北银行将一如既往地认真执行国家宏观经济金融政策，坚持科学发展，深入推动经营战略转型，立足地方，立足中小，不断改善和加强金融服务，努力践行企业社会责任，再谱新的发展篇章。

地址：河北省石家庄市平安北大街28号
邮编：050011
客服电话：400－612－9999或0311－96368

吉林银行

吉林银行股份有限公司（简称吉林银行）成立于2007年10月，目前在吉林省内9个市州和大连、沈阳拥有11家分行，全行共350多个营业网点。

自2007年成立以来，吉林银行按照进入全国城商行最前列的战略目标，努力转变增长方式，走差异化、特色化发展道路，稳步推进跨区域发展，为上市经营创造条件，积极实施流程银行建设、IT发展战略、员工培训战略等“三大工程”，建设新一代核心业务系统，构建现代化人力资源管理体系，努力打造社区银行品牌、小微企业金融服务专营品牌，大力发展村镇银行，参股一汽汽车金融公司，在做大做强的征程中迈着坚实的步伐。

吉林银行资产规模和盈利能力已跻身全国城市商业银行前列，公司价值和品牌影响力大幅提升。2012年4月，吉林银行加入亚洲金融合作联盟，并被推选为亚洲金融合作联盟副主席单位；2013年7月，吉林银行在英国《银行家》杂志全球1000强银行排名中列第352位，中国地区银行第34位。截至2013年末，吉林银行资产规模达到2556.80亿元，是成立时的5.0倍；存款规模达到1857.47亿元，是成立时的4.1倍；各项贷款余额1220.71亿元，是成立时的3.8倍；资本充足率为10.96%，不良贷款率为1.19%，拨备覆盖率为281.39%。

未来，吉林银行将按照吉林省委、省政府提出的“推动吉林银行进入全国城商行最前列”的要求，围绕打造一流股份制商业银行的目标，继续坚持创新发展、经营转型、管理提升，打造中国价值领先银行，把吉林银行建设成为使员工成长、让客户信赖、为股东增值、尽社会责任的现代商业银行。

晋商银行

晋商，肇始于虞舜，鼎盛于明清，称雄商界，纵横亚欧，创无数金融第一，领中国商业与金融革命，成山西为中国金融发源地。晋商所创造的账局、票号等金融机构被西方人称为“山西银行”。

晋商银行股份有限公司（简称晋商银行，英文JINSHANG BANK CO.，LTD）经中国银监会批准于2009年2月28日正式挂牌成立，是一家总行设在山西太原的股份制商业银行，为省属大型金融企业。目前共设营业网点65家，其中太原市设有晋阳支行、并州支行、龙城支行、迎泽支行等54家经营机构；省内异地设有大同、朔州、吕梁、临汾、运城、长治、忻州7家分行及孝义、河津、洪洞、柳林4家县域支行。同时，经中国银监会批准，设立了小企业金融服务中心，发起设立了清徐晋商村镇银行。

晋商银行挂牌以来，在山西省委、省政府的正确领导和人民银行、监管部门的指导帮助下，紧紧围绕“打造民族品牌银行”的发展愿景，立足“扶持小微企业、支持优势企业、服务城乡居民”的市场定位，深化改革、大胆创新，不负重望、铿锵崛起，取得了跨越式发展的瞩目成就。截止2013年末，全行资产总额达到1315.13亿元，达到挂牌前的6.27倍，率先在山西地方金融领域实现了省委、省政府提出的“翻两番”的奋斗目标；累计实现经营利润57.74亿元，上缴税费20.39亿元，连续四年成为山西纳税最多的金融企业；累计提供各项融资总额5000多亿元，有力地支持了山西重大项目建设、产业结构调整和实体经济发展；2011年起连续三年跨入全球前1000家银行行列，目前全球排名601名，国内排名58名，并被中国银监会评为二级行，被中国银协推选为全国城商行工作委员会常委单位，先后被评为“中国十大最具影响力商业银行”、“中国城商行最具竞争力民族品牌”、“亚洲品牌年度总评榜中国品牌100强”、“山西省功勋企业”等，获得“山西省五一劳动奖状”，被山西省人民政府授予“支持山西转型跨越发展突出贡献奖”，得到了各级党政、金融同业和社会各界的广泛认可。

一、发展愿景

力争把晋商银行打造成根植三晋，服务山西，面向全国，走向世界，治理完善、资本充足、内控严密、服务和效益良好，具有较强竞争力和影响力的民族品牌银行。

二、战略目标

把晋商银行打造成以服务山西转型、跨越发展为宗旨，资本充足，内控严密，治理完善，服务优良，在中西部有影响力的上市银行。

三、务线战略

未来五年，将着力培育大中企业业务、小微企业业务、零售业务和资金业务四大利润中心。

大中企业业务：力争成为本地化、专业化的大中企业业务专家。要深入进行行业研究，通过系统化解决方案、专业化服务团队和产品包大力拓展非授信业务，增加大客户钱包份额。

小微企业业务：迅捷、专业化地服务小微企业，依托准事业部机制形成有竞争力的特色产品服务体系；借力行业研究和大企业光环效应开展供应链和集群式多维度特色营销。

零售业务：以贴心专业的服务、优势的网点覆盖做深太原本地优质家庭客户；以特色的个贷业务为突破，交叉销售为带动开展山西省内零售业务；以私人银行为先导，拓展省外高净值人群业务。

资金市场业务：依托先进的资金业务风险管理体系，打造城商行中领先的以债券投资为特色的资金业务；逐渐打造代理业务和资金产品开发能力拉动全行其他业务发展。

四、体系战略

着力打造以战略为导向的，流程化、集约化、精细化的支撑体系。

公司治理：以搭建城商行中领先的公司治理体系为目标，实现在组织治理架构、职责边界、决策规则和程序、激励和监督机制、信息披露透明度、社会责任、加强股东持续承诺等方面的提升。

人力资源管理：通过透明、双通道的晋升机制、有竞争力的薪酬机制和系统性的培训体系吸引、激励、培养高素质人才，使其与银行共成长。

风险管理和财务管理：在以建设全面风险管理体系孕育优质风险文化，为高速业务发展保驾护航；以精细化、科学化的财务管理支持战略决策和推动业务条线化经营，实现财务管控垂直化、财务核算集中化并打造推动业务发展的预算流程和考核体系。

运营管理和信息科技：以发展运营集中为核心，以构建业务操作流程体系和全面运营管理体系为支撑，打造有效支持全行发展的大运营管理框架；建立以战略为导向的全行信息科技规划，并基于规划精细化、系统化、流程化地推动信息科技工作，使其逐渐成为业务发展的牵引者。

企业文化和品牌管理：将“以懂得信义为宗旨，以结利疲帐定功过”作为核心价值观，贯穿企业文化宣传；将晋商精神融入品牌理念，形成“以义制利，汇通天下”的品牌形象，为客户提供诚信、专业和创新的产品服务；以晋商品牌联系天下晋商，力助晋商复兴。

【总体战略】

在未来五年，晋商银行将以“做实一个区域、做强一类客户、做深六大行业”为战略重点。

做实一个区域：2013 年之前做实山西省市场，大幅提高市场占有率和市场地位；2015 年前形成以山西省为核心，辐射中西部重点省市，辅以部分东部发达城市的区域化经营格局。

做强一类客户：将中小企业客户作为未来核心目标客户，为中型企业、小型企业和微型企业提供独特的产品服务模式。

做深六大行业：抓住山西国家资源型经济转型综合配套改革试验区建设的契机，结合自身客户资源和区域行业特点，深挖采矿业，矿产加工和设备制造业，批发零售业，信息传输、计算机服务和软件业，租赁商务服务业和水利、环境和公共设施管理业六大行业。

站在新的历史起点，面对新的发展形势，晋商银行高瞻远瞩，谋篇布局，在全面建成小康社会宏伟目标引领下，立足山西转型跨越发展机遇，坚持传承弘扬晋商精神和晋商文化，矢志不渝打造民族品牌银行，在金融市场天地间展翅翱翔，书写晋商金融大业的灿烂辉煌！

地址：山西省太原市长风西街丽华大厦 A 座
电话：0351－6819505
传真：0351－6819990

宁夏银行

宁夏银行成立于 1998 年 10 月 28 日，是由宁夏回族自治区、银川市两级政府及企业入股组建的一家股份制商业银行。

2009 年 11 月 26 日，宁夏银行小企业信贷中心成立，成为全国较早具备准法人性质的小企业专营机构。2009 年 12 月 8 日，宁夏银行西安分行开业，率先在西北城市商业银行中跨省（区）设立分支机构。2011 年 4 月 28 日，宁夏银行天津分行开业，跨区域经营战略进一步推进。

截至目前，全行拥有员工近 2500 人，其中大学本科及以上学历人员占比 83%，具有高中级技术职称人员占比 23%，员工平均年龄 32.6 岁。全行下辖 54 家分支机构，其中宁夏境内辖 45 家支行、1 家营业部和 1 家小企业信贷中心。区外，西安 1 家分行，3 家支行；天津 1 家分行，2 家支行。

宁夏银行坚持“服务中小企业、服务城乡居民”的市场定位，走特色化、差异化的业务发展道路，先后推出了“24 小时银行”、“存取款免填单”、“96558”电话银行、“账户信息通”、如意白金卡等金融产品和服务品牌；国际业务于 2003 年 12 月 8 日开通，网上银行于 2009 年 7 月成功上线，服务功能逐步完善。

宁夏银行通过不断完善公司治理，强化内控建设，加大市场拓展，加强基础管理，提高资产质量，各项业务取得了长足发展。截至 2013 年末，全行资产总额 797 亿元，各项存款余额 658 亿元，各项贷款余额 426 亿元，分别是成立时的 106 倍、153 倍和 138 倍；资本充足率 14.23%。

青岛银行

1996 年 11 月，经中国人民银行批准，青岛银行作为我国首批设立的城市商业银行之一，在美丽的黄海之滨、中国品牌之都青岛成立，是山东省资产规模最大的城市商业银行。

肩负探索地方金融改革发展、推动地方区域经济发展的历史使命，从青岛城市合作银行—青岛市商业银行——青岛银行，历经“逆境中求生存、调整中求发展”的涅磐新生，特别是 2010 年以来以“达到上市银行的规范和标准”为发展目标，青岛银行坚持改革创新，坚守风险底线，加强管理，加快发展，逐步成长为治理完善、运营平稳、指标良好、核心竞争力不断提升的现代金融企业。

自 2001 年海尔集团入股至今，青岛银行开展多轮增资扩股，积极引入国内外优秀投资者，并以此为契机不断完善股权结构和公司治理机制。截至 2013 年末，总股本为 25.56 亿股，按照核心资本（Tier 1 capital）计算，青岛银行 2013 年入围英国银行家杂志（The Banker）世界银行 1000 强，位居 542 位。

伴随青岛市及山东省经济的快速发展，在广大客户和社会各界的关心支持下，青岛银行保持了快速健康的良好发展势头，经营规模不断壮大，经济效益持续提升，资产质量稳步改善。截至 2013 年末，总资产 1358 亿元，各项存款 980 亿元,各项贷款余额556亿元。

根据本行制定的跨区域发展战略,青岛银行稳步拓展经营网络,由一家城市商业银行成长为具有一定竞争优势和影响力的区域性商业银行。目前已在青岛、济南、东营、威海、淄博、德州设立61家分支机构,47家自助银行,287台自助设备,员工2000余人。本行在全国城市商业银行中率先(2011年3月)成立私人银行暨财富中心,为高净值客户提供公私一体、投融资一体、境内外一体的专业性、创新性和专属性的金融服务。本行建立了网上银行(www.qdccb.com)、电话银行"400-66-96588(全国)"和"96588"(青岛)、短信通等多种便捷、优惠的服务渠道,与全球各国家和地区的580多家银行机构建立了代理行关系,为客户提供优质高效的金融服务。

青岛银行牢牢把握地方经济发展脉搏,充分发挥自主、灵活、快捷和本土化的特点,积极探索经营管理改革创新之路,在竞争激烈的银行业中持续快速成长,逐步脱颖而出。在经营管理上,开展"今天我发现"、"本周我巡视"、"每月我总结"管理创新活动,通过每天由全行员工提出建议和意见、每周由行领导带队巡视一线、每月由各单位负责人总结工作做出计划,极大地提升了基础管理水平;大力倡导"领导关爱员工、总行关爱一线"的文化理念,开展关爱、服务、风险、执行力等主题文化建设,有效激发全行发展活力,增强全行发展合力;启动"归巢计划"、"伯乐计划"、"蜡烛计划"等员工队伍建设计划,鼓励全行人员为青岛银行发现人才、推荐人才、培养人才;推出虚拟支行、内控评审、"五个三工程"等特色风控管理模式,多年来无案件发生,2007年以来监管评级连续多年为二级(国内最好水平);建立完善大堂经理、理财经理、财富管理三大服务团队,推广"两头站立、五声服务、双手接递"三大标准服务,实施"技能练兵+持证上岗"两层考核模式,引进一流专家提供"1+1+N"增值服务,形成了"无处不在的人文关怀"网络,努力为客户提供"温馨加放心"的优质金融服务。在产品创新上,持续推出让利于民、服务客户、服务本地举措,率先执行存款基准利率上浮10%政策,积极推广结构性订单融资、关保通、链式金融等贸易融资业务,与青岛科技局合作推出以创新型中小企业为主要服务对象的科技金融服务模式,与青岛团市委合作推出支持青年就业创业贷款"青易贷"业务,根据文化创意企业实际情况提供方便、快捷、一站式服务及金融支持,与青岛市红十字会联合推出公益银行卡品牌"金桥微尘卡",独家承办下岗失业人员担保贷款,针对"三农"相继推出养殖户担保贷款、渔船抵押贷款、种植户担保贷款等,做信贷"及时雨"解资金"旱情",先后投入数千亿信贷资金,支持居民购房、就业、创业,推动地方经济社会发展。

产品是船,品牌是帆。青岛银行高度重视品牌建设,开展的系列品牌活动以其有声有色、富有成效而广受社会各界关注。2010年,青岛银行实施了换标,以红色为主、蓝色为辅的新品牌标识简洁典雅惹人瞩目,热情亲和的新型服务理念有效传递了青岛银行品牌的全新定位。2012年,凭借日益提升的服务水平和社会影响,青岛银行一举成为2014青岛世界园艺博览会唯一合作银行,并在国内率先推出绿色环保主题金融IC卡。通过冠名2012亚洲羽毛球锦标赛、连续冠名青岛国际啤酒节等世界级赛会平台,有效地提升了品牌影响力。同时加强知识产权管理,申请注册注册、推出"贸金通"、"青易贷"、"E智青银"、"海贷"个人贷款、"海融财富"、"青馨服务"等系列业务品牌。

合则两利,和则共赢。青岛银行积极加入各类金融组织,加强与同业开展各类合作,目前为中国国债协会、中国银行间市场交易商协会、中国支付清算协会会员,亚洲金融合作联盟、中国金融思想政治研究会、山东省企业联合会理事单位,青岛市银行业协会会长单位。为发挥法人银行优势,青岛银行自2012年以来开始探索实践"接口银行"发展模式,积极与国内外商业银行、保险公司、证券公司等金融机构开展各类金融合作。

青岛银行在近年复杂严峻形势下的优异表现,赢得了社会各界的广泛赞誉,获得了中国银监会"银行业信息科技风险管理研究成果奖"(唯一获奖城商行)、第十八届全国企业管理现代化创新成果二等奖、金龙奖"年度最具创新力中小银行"、金蝉奖"最佳管理创新银行"、金钻奖"最佳城市商业银行"奖项等众多奖项,并荣膺世界银行1000强(542位)、亚洲银行300强(239位)、中国服务业企业500强。

随着山东半岛蓝色经济区建设上升为国家战略,蓬勃奔涌的蓝色经济大潮为青岛银行未来的发展创造了崭新的机遇,作为走向全国的总行级法人银行,青岛银行正在努力以服务山东半岛蓝色经济区发展为方向,打造特色鲜明的"蓝色银行"。

"温馨加放心,我们更努力"。未来,青岛银行将以合规立行、专业治行、创新兴行、科技强行为方针,完善公司治理,优化管理流程,突出经营特色,提升客户体验,打造优势品牌,实现科学、稳健发展,为股东和利益相关者创造最大价值,促进经济发展和社会进步,争取成为支撑山东半岛蓝色经济区发展的主要银行和特色鲜明、服务领先、有影响力的公众银行。

地址:青岛市香港中路68号华普大厦
邮编:266071
电话:96588(青岛)
　　400-66-96588(全国)

青海银行

青海银行原名西宁市商业银行,成立于1997年12月,是由青海省、西宁市二级政府、法人企业和个人共同投资入股设立的青海首家股份制商业银行。目前,公司注册资本186139万元,实行一级法人体制,拥有5家跨区域分行、8家管理行、和41家二级支行,在职员工1016人。截至2013年6月末,总资产达443亿元,各项存款余额291亿元,贷款余额208亿元,已连续多年被青海省政府授予"支持地方经济发展优秀单位"、"青海省上缴税收大户"等荣誉称号,自2009年跻身"青海企业50强"后,排名逐年提升,目前位居21位。

自成立以来,青海银行紧紧围绕"立足区域经济、面向中小企业、服务广大民众"的市场定位和以"诚信包容、务实奉献、开拓进取、和谐奋进"的核心价值观,秉承"真诚、贴心、精细、高效"的服务理念,稳健经营,规范管理,提升品质,在不断发展壮大的同时,已成为支持青海地方经济发展的一支重要金融力量。

青海银行致力于打造"中小企业伙伴银行"的服务品牌,创新设立了省内第一家独立的小企业金融专营机构,引进德国微贷技术,为中小微企业提供全方位、宽领域、多层次的专业服务。率先在青海省内开办票据业务,为企业提供优质票据融资服务,赢得了社会各界和企业的青睐;自2003年起独家开办了西宁市下岗失业人员小额担保贷款业务，并通过个人消费贷款和个体经商户周转贷款，帮助广大居民实现了购房、购车及开办实体经济的梦想。牢固树立"服务至上"理念，持续开展优质服务活动，不断提升服务水平，先后多个营业网点荣获全国、省级、市级"青年文明号"、"银行业文明服务示范窗口"等荣誉称号。

面对不断深化的金融市场改革、社会融资模式变化和金融创新的新环境，青海银行将按照科学发展的要求，紧密结合省委、省政府经济工作的总体要求和目标任务，正确把握发展的有利条件和比较优势，全面实施"提速升级、创新特色、做强做大"的新三步发展战略，向打造成为青藏高原特色精品银行、区域性银行、现代商业银行的目标开拓奋进。

地址：青海省西宁市城西区黄河路 36 号
邮编：810000
电话：0971－96399/400－888888－3

日照银行

日照银行的前身是日照市商业银行，成立于 2000 年 12 月 28 日，是一家由国有股份、企业法人股份及自然人股份共同组成的具有独立法人资格的股份制商业银行。2004 年实现本外币一体化经营，与世界上 80 多个国家和地区的 550 家银行建立了代理行关系。2006 年引进南京银行为战略投资者，成为全国城商行之间战略合作的首例。2009 年更名为日照银行，先后在青岛、济南、临沂、潍坊设立了 4 处分行，在海南三亚、陵水和山东济宁发起设立了 3 家村镇银行。现辖 4 处分行、38 处支行、1 个营业部、1 个小企业信贷中心、16 个部室，注册资本 24.98 亿元，从业人员 1198 名，是全国银行间同业拆借中心、中国外汇交易中心、全国债券交易市场、中国国债协会、全国城市商业银行资金清算中心、中国现代化支付系统、中国银联、环球银行间金融电讯协会、中小银行贸易金融联合会、山东省城市商业银行合作联盟的成员。

日照银行成立以来，围绕"打造精品银行，成就百年老店"的企业愿景，坚持"公平、法正、抓实"的核心价值观，恪守"质量为本、稳健经营、不求做大、但求做精"的经营理念，树立"立足地方经济、支持中小企业、服务广大市民"的市场定位，塑造了"中小企业银行""市民自己的银行""货币市场特色银行""物流银行""社区银行"五大品牌，实现了由小到大、由弱到强、由地方性银行到区域性银行的成功跨越。13 年资产规模增长了 51 倍，累计投放信贷资金 7559 亿元，实现利润 64 亿元，上缴税金 27 亿元。截至 2013 年末，资产总额 642 亿元，贷款余额 313 亿元；存款余额 508 亿元，在日照地区市场份额居同业第一位；2013 年实现利润 14.5 亿元、税金 6 亿元；各项监管指标达到监管要求，其中资本充足率 13.32%，资产利润率 1.99%，资本利润率 23.76%，不良贷款率 0.97%，贷款损失准备充足率 335%。

日照银行连续六年监管评级保持二级，连续七年在《银行家》全国城商行竞争力排名中列所在类别前五位；入围世界银行 1000 强；被国家及省级有关媒体评为中国最具影响力中小银行、最佳中型城市商业银行、最佳效益中小银行、中国金融业年度创新奖、最具发展潜力中小银行、年度最佳风控中小银行、全国支持中小企业发展十佳银行、新中国 60 年山东百佳领袖品牌；先后获得全国职工职业道德建设先进单位、全国企业文化建设先进单位、全国模范劳动关系和谐企业、全国模范职工之家、全国企业文化建设百佳企业、中国银行业文明规范服务千佳示范单位（总行营业部），省级文明单位、服务业先进单位、小企业金融服务先进单位、富民兴鲁劳动奖状、内部审计先进单位、热心慈善事业先进单位、山东优秀企业文化品牌，市级先进基层党组织、功勋企业、纳税先进企业、企业文化建设十佳企业、市长质量奖等 100 余项荣誉称号。

地址：日照市烟台路 197 号
邮编：276826
电话：0633－96588（日照）
（0086）400－68－96588（全国）
传真：0633－8781479

盛京银行

盛京银行股份有限公司是沈阳市第一家总部银行，成立于 1997 年 9 月，其前身是沈阳市商业银行，2007 年 2 月经国家银监会批准更名为盛京银行，并实现跨区域经营。

作为东北地区成立最早、规模最大、实力雄厚的总部银行，盛京银行紧紧抓住国家实施振兴东北老工业基地的战略机遇，通过增资扩股、改造重组，先后实现了更名改制和跨区域经营等重大历史性突破，成为东北地区首家实现跨区域发展的城市商业银行。目前，盛京银行已在北京、上海、天津、长春等中心城市和辽宁省内沈阳、大连、营口、鞍山、本溪、盘锦、葫芦岛、朝阳等地设立了 12 家分行，机构网点已达 131 家；在上海宝山、宁波江北、沈阳沈北、新民、辽中、法库等地发起设立了 6 家富民村镇银行，并入股阜新、丹东、本溪等城市商业银行，"根植沈阳、辐射东北、走向全国"的机构战略布局持续深化，市场竞争力和区域影响力不断提升。

成立以来，盛京银行始终秉承"诚信、亲和、进取、敬业、奉献"的核心价值观，坚持依法合规、稳健经营、规范管理，不断改革创新、开拓进取，实现了规模与速度、质量与效益的协调均衡增长。截至 2012 年末，盛京银行总资产突破 3300 亿元，综合经营实力位居全国城商行前列，东北地区总部银行领军地位和竞争优势进一步强化，已发展成为一家资产质量优良、盈利能力较强、具有良好成长性的股份制商业银行。

国家实施振兴东北老工业基地战略以来，盛京银行坚持"服务地方、服务中小、服务市民"的市场定位，勇于承担社会责任，依托体制机制和决策优势，积极发挥金融先导和战略支撑作用，不断优化服务实体经济的理念和方式，累计投放信贷资金 5000 余亿元，大力支持基础设施、支柱产业、重点行业、民生工程和中小微企业发展，为促进东北老工业基地经济结构调整、产业优化升级提供了强有力的信贷支持和金融保障，成为区域经济发展的"牵引机"、"催化剂"，为地区金融发展与经济增长、民生改善相互促进和良性循环做出了突出贡献。

盛京银行将深厚的历史文化底蕴与现代商业银行经营理念相融合，凭借优异的经营业绩和优质的产品服务，赢得了社会的广泛赞誉。近五年累计纳税近 50 亿元，连续多年纳税排名位居全省金融服务业首位、辽宁省二十强、沈阳市五强。近年来先后荣获"中国服务业企业 500 强"、"最具影响力中小银行"、"最佳东北地区总部银行"、辽沈地区"最受百姓喜爱的银行"、"客户最满意银行"、"最具竞争力银行"、"辽宁省用户最满意服务单位"等荣誉称号，总部银行持续发展与经济贡献能力大幅提高。

盛京银行坚持"市民银行、普惠市民、民本服务"的办行特色，不断拓展和创新贴近市民生活的金融产品、渠道和服务，成为辽沈地区代收费项目最多、服务功能最全的商业银行。盛京银行坚持诚信经营，长期免收数十项服务收费，让普通百姓享受优质金融服务的同时最大限度减少消费成本，逐步形成了具有特色的“亲民、便民、利民、惠民”的服务体系和品牌优势，市民贴心、可信赖银行的品牌形象日益深入人心。

面对未来，盛京银行将紧紧抓住金融改革开放持续深化和东北老工业基地振兴战略深入实施的历史机遇，依托沈阳建设东北区域金融中心和国家优化金融生态综合试验区的区位和资源优势，积极实施战略转型和创新发展，加快转变发展方式，全力打造“新兴产业扶植型、地方经济战略发展牵引型、中小企业支持型、市民贴身服务型”的全国优秀股份制商业银行，为实现“建设一流银行、打造百年盛京”的美好愿景而努力奋斗！

地址：沈阳市沈河区北站路109号
邮编：110013
服务热线：024－96666
24小时客户服务电话：8008907789024－24182333

台州银行

我行始建于1988年6月6日，由城市信用社发展而来，总行地处民营经济发祥地之一的浙江省台州市。2002年3月，以市场化方式发起成立了全国首家政府不控股的城市商业银行——台州市商业银行，2010年9月更名为台州银行。目前，我行注册资本18亿元，2008年成功引进中国平安、招商银行为我行战略合作伙伴。

截至目前，我行拥有员工约6000余人。设有舟山、温州、杭州、宁波、金华、湖州6家分行，同时主发起设立了浙江三门银座村镇银行、深圳福田银座村镇银行、北京顺义银座村镇银行、江西赣州银座村镇银行、重庆渝北银座村镇银行、重庆黔江银座村镇银行、浙江景宁银座村镇银行等7家“银座”系列的村镇银行。

我行始终坚持小微企业金融服务的市场定位，坚持“以市场为导向、以客户为中心”的经营理念，以“简单、方便、快捷”的服务、简单实用的个性化产品、高效的服务流程，有效地避开了同质化竞争，赢得了客户和市场的认同，业务也连年保持稳健、快速增长。截至2013年末，全行（含村镇银行）资产总额为874.80亿元，各项存款余额737.00亿元，各项贷款余额532.91亿元，不良贷款率为0.41%。

在小微企业金融服务过程中，我行的努力和成绩得到了各级政府的高度肯定，连续5年被中国银监会评为“小微企业金融服务先进单位”，并获评中国最佳中小企业服务、品牌竞争力银行，被列为浙江省服务业重点企业和浙江服务名牌。“小本贷款”产品被中国银行业协会、中国地方金融研究院评为“2010年服务小企业及三农十佳特优金融产品”。目前，我行已跻身于世界前1000家银行和亚洲前300家银行之列，在英国《银行家》杂志公布的“2013年全球1000家银行”排名中，位列589名，较上年晋升81名。

通过不断努力与多年的经验积累，我行总结出了一套由实践检验行之有效的小微企业金融服务技术，形成了“以市场化治理，提供公平对等服务；以差异化经营，满足合理信贷需求；以特色化服务，打造小微服务品牌；以精细化管理，保持稳健发展步伐”的优势竞争力。通过为客户量身定做金融产品，以“下户调查、眼见为实、自编报表、交叉检验”为核心的“十六字”信贷调查技术，为小微企业创造平等的融资机会，解决了小微企业信息不对称、缓解了小微企业融资难等问题。

我行的企业文化也紧紧围绕小微企业金融服务需求而展开，长期以来形成了“吃苦、求实、创新”的企业精神，“廉洁、诚实、高效”的信贷文化，2012年开始，我行又提出了“积极、主动、合作、快乐”的企业文化新理念，提高员工幸福感。

独特的企业个性和信贷技术决定了我行必须自行培养员工，为此，我行设立了具有社会办学资格的1.3万平方米的“台州银行银座金融培训学院”。通过引进国际先进的培训理念，分条线开发培训课程，建立了高密度、高效率、标准化的培训体系，并设计出科学合理的上岗资格认证机制。目前，全行机构99.47%的员工为我行自行培养。

近年来，客户在变、市场在变，我行立志成为“中国小微企业金融服务领先银行”的企业使命不变。在金融市场化加速推进、竞争越来越激烈的客观环境下，我行积极思变，2012年2月，正式启动了与全球最大的战略咨询公司麦肯锡公司的战略项目合作，提出“变革转型二次创业”的号召，明确“与客户做朋友”的“社区银行”商业发展模式。2013年，我行积极推进“社区银行”这一战略落地，包括在业务规划、人员招聘、网点布局、流程审批等方面，都努力与“社区银行”接轨，为客户提供了全方位的金融服务。

除了为社会提供优质的金融服务外，作为一家富有社会责任感的金融企业，我行饮水思源，不断地感恩回报社会，努力打造受人尊敬的绿色银行。2010年，我行申请加入联合国环境规划署（UNEP）气候融资创新贷款项目（CFIF），推出“绿色节能贷款”，将原来只适用于大中型企业的技术改造移植到小微企业领域。2011年底，我行出资300万元，与中国银行业监督管理委员会台州监管分局、浙江慈善总会合作，设立台行银座创业扶贫慈善基金，以帮助那些有劳动能力和有创业意愿的贫困创业者，尤其是贫困大学生，实现创业梦想。2012年，我行率先在全国提出“服务不收费，服务更到位”的承诺，减费让利于广大小微客户，至2014年，我行连续三年保持减费让利措施不变，打造“免费银行”。

今后，我行将怀着强烈的社会责任感，继续坚持特色化、差异化的发展道路，持续提升经营管理水平和创新能力，培育核心竞争力，为更多小微客户提供专业、贴身、贴心的服务，努力实现“通过让小企业得到一流的金融服务，以改进中国的金融市场”的企业使命。

地址：浙江省台州市路桥区南官大道92号
电话：0576－82454217
传真：0576－82453620

潍坊银行

潍坊银行成立于1997年8月，是山东半岛地区成立的第四家城市商业银行，总部位于山东省潍坊市奎文区胜利东街5139号，注册资本20余亿元。目前，潍坊银行下辖13家区域客服中心、8家金融事业部，在潍坊区域设立52家支行，在青岛地区成立1家异地分行，下设4家支行，控股青岛胶南海汇村镇银行。截止2012年末，全行总资产达到523.7亿元，本外币存款余额450.9亿元，各项贷款余额310.2亿元，全年上缴税金4.2亿元，纳税连续三年位列全市前十名。

成立以来，潍坊银行牢固确立“立足中小企业、立足广大市民，立足地方经济”的市场定位，坚持差异化发展路线，经营业绩快速发展，得到了社会公众和业界的高度关注和认可，成为一家资本持续达标、管理机制灵活、经营效益显著、品牌特色鲜明的现代股份制商业银行。近年来，先后荣获中国企业文化建设先进单位、中国优秀企业形象单位、全国“最具特色中小银行”、“富民兴鲁”劳动奖状、省级文明单位、山东省劳动关系和谐企业、潍坊市最具社会责任感十佳企业等荣誉称号。

【法人治理】按照现代企业制度要求，建立了股东大会、董事会、监事会、经营层“三会一层”分工协作、相互制衡的法人治理架构，健全完善了各项规则、程序和工作制度，形成了责权分明、平衡制约、规章健全、运作有序的法人治理机制。

【组织架构】潍坊银行按照流程银行改革的思想全面实施组织架构改革，将全行经营管理分为拓展、运行、控制和保障四大条线，奠定了基于全面强化风险控制能力、全面改善客户服务水平、全面增强综合竞争优势、体现流程银行思想、全新的银行组织体系，为潍坊银行最终实现发展方式转变，持续稳健经营打下了坚实的基础。

【小微金融】小微金融服务是潍坊银行整体发展战略格局中最为重要的战略重点和增长点。2007 年，在潍坊地区率先提出了“携手小微企业，共建和谐金融”的经营理念，着力推进小微金融服务。至 2012 年末，小微贷款余额达到 162.8 亿元，户数突破一万户，小微贷款占比达到了 52.43%。2009 年，引进德国储蓄银行微贷技术，组建微贷金融事业部，目前，微贷存量户数达 4094 户，贷款余额超过 6 亿元，微贷业务已成为小微金融服务的重要子品牌。

【金融创新】潍坊银行重视通过金融创新来提升服务能力。在小微金融、农村金融、文化金融、科技金融等各个方面的金融创新不断实现延展突破，金融创新产品不断丰富，创新领域不断拓宽。农村金融方面，在全国率先推出了土地流转系列产品，受到了银监会的表彰；小微业务拓展方面，“搭平台、做批量”的营销模式得到了国务院领导的圈阅和肯定；文化金融方面，在全国率先推出了艺术品质押融资业务，破冰艺术品融资难题；科技金融方面，推出全市首笔专利权质押融资业务，拓宽了科技企业融资渠道。如今，创新已成为潍坊银行金融服务的重要特色。

【内部管理】围绕“建立一套好机制”，深入推进了人事、绩效、薪酬、培训、内控等一系列内部改革。“人人是才，适合就好”的人才管理理念，“相马更赛马，业绩论英雄”的赛车机制以及准市场化的用人管理机制成为推动潍坊银行发展的强大动力；重视培训教育，开办了职工培训学院，首创了培训学院与一家兼具存、贷款功能的综合性教学实验银行并轨运行的培训机制，开展“963”内训、“翠竹计划”、“精英人才培养计划”等一系列人才培训，全方位提高人才素质；积极推动质量管理体系标准化建设，理顺全行工作流程，明确岗位职责；不断健全完善内部控制体系，努力构建“大风控”管理架构，风险防范能力和经营管理质量全面提升。

【企业文化】多年来，潍坊银行始终坚持企业文化的战略性地位，用独特的企业精神和服务理念影响广大员工的思想和行为，为企业发展凝聚了不竭的动力。积极打造“幸福潍坊银行”，增强员工归属感和凝聚力；以发起设立的金鼎俱乐部、“红风筝”小企业联盟为平台，打造“金鼎之约”系列服务文化品牌，以感恩之心回馈社会，积极投身社会公益事业，认真践行社会责任，以高品位的企业形象获得了社会各界的高度认可和赞誉。

地址：潍坊市胜利东街 5139 号
邮编：261041
客服热线：0536－96588400－61－96588
传真：0536－8106171

温州银行

温州银行股份有限公司（简称温州银行）前身——温州市商业银行成立于 1998 年 12 月 17 日，成立初始，注册资本 2.9 亿元，2012 年启动了第五次增资扩股工作，注册资本增至 17.28 亿元；2013 年增资扩股股份申购竞价会在浙江产权交易中心“落锤”，募集资本近 30 亿元。2007 年，温州银行顺利更名并启动跨区域经营，相继在衢州、宁波、杭州、上海、丽水等地设立了分行，现辖属 85 家营业网点（含总行营业部），员工 2500 余人，逐步形成“立足温州、布局浙江、进军长三角”的跨区域经营发展服务格局。

“十一五”期间，温州银行存贷款、总资产年均复合增长率超 23%，贷款、存款、总资产分别超 300、400 和 500 亿元，顺利实现“十一五”期间业务发展“345”规划目标；累计实现综合效益 27.74 亿元。“十二五”开始，温州银行明确“公众上市银行、区域领先银行、管控优良银行、温商服务银行、品牌知名银行”等五大规划目标。作为唯一一家指名列入温州“金改”实施方案的地方法人银行，我行依托“先行先试，鼓励创新”政策利好带来的历史性发展机遇，始终坚持“助力小微，支持温商，服务三农”经营理念及中小微企业主办银行的市场定位，不断进行金融产品和业务创新，以更好服务中小微企业融资需求和温州社会经济发展。截至 2013 年 12 月末，我行资产总额 1037.16 亿元，比年初增加 205.08 亿元，比年初增长 24.65%；存款余额 730.04 亿元，比年初增加 100.07 亿元，比年初增长 15.88%；贷款余额 527.04 亿元（含贴现），比年初增加 77.02 亿元，比年初增长 17.11%；不良贷款率 1.24%，比年初下降 0.11 个百分点；拨备覆盖率 161.32%，比年初上升 5.79 个百分点；实现拨备前利润 14.05 亿元、账面税前利润 9.44 亿元，分别比上年增长 31.01% 与 30.14%；资本充足率 11.33%，主要监管指标全面达标。

温州银行始终坚持“助力小微，支持温商，服务三农”经营理念及中小微企业主办银行的市场定位，注重金融产品创新和支持地方经济发展，先后推出循环贷款、经营性物业贷款、土地厂房按揭贷款、设备按揭贷款、工业园区入围企业三方协议贷款、应收账款质押贷款、股权质押贷款、知识产权质押贷款、中小企业贷款担保平台、温商异地抵押贷款、金鹿精英信用卡、个人金支票、金鹿小本创业卡等 20 多个中小企业成长贷款系列产品，借助“金鹿生意贷”等小微特色产品，加快推进异地分行温商业务发展，“金鹿生意贷”荣获 2012 年度全国中小企业最受欢迎金融特色产品。同时，积极通过网点转型升级、服务竞赛、主动减费让利等措施，进一步改善服务环境，增加服务项目，提高服务水平，降低中小企业融资成本，用优质服务吸引客户、留住客户。

建行以来，温州银行先后获得中资商业银行 50 强、全国十佳城市商业银行、中国城商行十大影响力品牌、中国最具影响力中小银行、中国服务业企业 500 强、中国企业信息化 500 强、中国最具发展潜力中小银行、全国支持中小企业发展十佳商业银行、2012 年最佳中小企业金融服务奖、连续三年荣获温州银行业金融机构综合评价 A 等行、2013 年度温州市百强企业、2013 年度全市银行系统民主评议行风活动“回头看”评议第一名、省级社会治安综合治理先进集体、浙江省文明单位、温州市文明行业、温州市劳动关系和谐企业、温州市纳税百强(最高第3位)等荣誉称号。

温州银行将积极贯彻执行十八届三中全会精神，围绕培育核心竞争力，强化温商金融辐射力，深化社区银行服务力，紧抓金改机遇，创新机制体制，努力将我行打造成公众满意银行和员工幸福银行，积极履行企业社会责任，努力为股东、客户和社会创造更多的价值。

西安银行

西安银行是由西安市财政局、加拿大丰业银行、中国信达资产管理股份有限公司、国内大中型企业以及社会自然人投资参股的区域性股份制商业银行，成立于1997年，注册资本30亿元，控股2家村镇银行，下辖榆林分行、宝鸡分行、总行营业部、10家区域支行、11家直属支行，共117个营业网点，59家自助银行，现有员工2300余人。2012年11月，位于西安高新技术产业开发区的西安银行总行新办公大楼正式启用，标志着西安银行迈上了一个更高更新的发展平台。

在西安市委、市政府、监管部门的正确领导和严格监管下，在广大股东、客户和社会各界的大力支持下，西安银行始终坚持以支持地方经济建设为立身之本和发展之基，紧紧依托省、市经济社会发展战略，积极支持省、市优势行业、重点项目；始终秉承"与您相伴 · 成您所想"的服务理念，通过打造"盈动力"小企业金融服务品牌，为中小企业以及高新技术、文化旅游等地方特色行业提供金融解决方案，满足差异化的服务需求；全力支持民生工程、廉租房建设，长期承担社保低保、失业贷款、助学贷款、创业贷款等非商业性的金融服务；充分发挥市民银行特色，努力打造"金丝路"、"e金通"等系列金融服务品牌，不断提高服务质量和科技含量，为市民提供安全便捷的现代化金融服务。在服务过程中，西安银行自身也不断发展壮大，实现了科学创新发展。

2012年末，西安银行总资产达到1220亿元，各项存款余额893.91亿元，各项贷款余额526.4亿元，实现净利润14.52亿元，上缴各项税金达到6.73亿元，再创历史新高，稳居西安市利税大户前三位。目前，西安银行已经成为中国西部经营规模居前、盈利能力领先、具有较强综合竞争力的地方性股份制商业银行，走出了一条独具特色的地方商业银行发展之路。

2012年荣膺中国《银行家》杂志"2011年度资产1000亿以上城商行竞争力排名"第7名，在英国《银行家》杂志的世界千强银行榜单中再次上升42名位列第632名。西安银行的金融产品"盈动力"还被中国《银行家》杂志和中国社会科学院金融研究所授予"2012中国金融创新十佳金融产品营销奖"。

地址：西安市高新路60号
邮编：710075
客服电话：029－96779　4008696779

营口银行

1997年4月1日，营口银行正式成立。十几年来，营口银行顺应中国经济发展的时代洪流，以最矫健的姿态融入其中，已发展成为中国一家经营特色鲜明、经营效益良好、资产质量上乘、综合实力跻身全国城商行优秀行列的区域性股份制商业银行。

中国最具成长力中小银行

16年来，营口银行将"致广大，尽精微"作为核心价值观，坚持差异化、特色化、精细化道路，追求质量、效益、规模、结构协调发展，伴随区域经济腾飞创造了令人瞩目的业绩，走出了一条低风险、快增长、后劲足的稳健发展之路。近年来，营口银行主要财务数据以年均25%－30%的速度递增；构建了由自助银行、客户服务中心等构成的立体化、多功能的服务渠道，形成了公司业务、零售业务、同金融市场等多项业务板块和功能多元、内容丰富、特色鲜明的产品体系，金融服务水平发生了质的变化。在中国银行家论坛暨2012中国商业银行竞争力评价报告发布会上，营口银行综合竞争力在全国144家城市商业银行中名列前茅，在资产规模500亿－1000亿元城市商业银行综合竞争力排名中列第3位，综合实力持续提升，社会影响力不断扩大。

营口银行视经营品质如企业生命。近年来，营口银行拨备覆盖率、流动性比率、资本利润率、资产利润率等各项主要监管指标在中国银行业始终保持领先水平，连续多年被中国银监会评定为全国金融机构的最佳监管级别。

依托各项业务的健康、快速发展和经营品质的不断提升，营口银行得到了来自社会各界的广泛认同。2007年，入围英国《银行家》杂志评选的中国银行业100强。2009年3月，营口银行被第五届中国金融专家年会评选为"中国最具成长力中小银行"。2011年5月，营口银行被第七届中国金融(专家)年会授予"2010年度中国最具特色中小银行"奖项。2013年4月，在"2013中国金融形势分析、预测与展望暨第九届中国金融专家年会"上，营口银行荣膺"2012年度中国城市金口碑服务银行"奖项。

跨省经营的区域性股份制商业银行

在中国银监会"阳光普照"的监管理念下，2009年，营口银行启动了"立足东北和环渤海，做一家独具特色、在区域内具有影响力的好银行"的战略布局进程。2009年6月6日，营口银行第一家外埠分行——沈阳分行正式开业。近年来，营口银行区域化发展不断提速，2010年7月、2011年3月、2013年8月、2013年10月，营口银行大连分行、哈尔滨分行、葫芦岛分行、鞍山分行相继开业。综合竞争实力的持续走强，催生营口银行在更大范围开展金融创新与服务。当前营口银行拥有沈阳分行、大连分行、哈尔滨分行、葫芦岛分行、鞍山分行、营口分行、小微企业金融服务中心7家分行共同服务市场需求，实现了辽宁沿海经济带、环渤海经济圈、东北老工业基地三大经济区域市场的优势互补与联动发展，区域性经营网络战略布局稳步推进。

在区域化发展的过程中，营口银行不断完善公司治理架构，2013年，总行与营口分行实现分立，"总－分－支"管理格局正式形成，促进营口银行服务水平和管理水平同步提升。营口银行持续强化服务管理和品牌建设，坚持传递"为您着想"的服务理念，将"中小微企业伙伴银行"的经营特色拓展到更广阔的区域，塑造了营口银行优质卓越的品牌形象。

最具特色的"中小微企业伙伴银行"

助力小企业，贷就大梦想。自成立以来，营口银行坚定不移地坚守服务中小微企业的市场定位，深入市场，贴近客户，激发灵感，着力创造，在与众多中小微企业的业务往来中，掌握了中小微企业金融服务的核心技术专长，形成了独特的竞争优势，塑造了特色鲜明的"中小微企业的伙伴银行"特色品牌。立行以来，营口银行累计投放近1800亿元信贷资源支持中小企业发展，中小企业贷款量占营口银行全部贷款90%以上，小微企业贷款占全部贷款比近60%，为促进中小企业发展做出了持续的努力和卓越的贡献。

2012年，营口银行在144家城商行中率先成立了小企业专营机构——小企业金融服务中心。小企业金融服务中心以中国银监会“六项机制”为指引，按照战略事业部模式构建，将资源集中服务于小企业市场，最大限度的发挥专业化经营优势，致力于为小企业提供更加高效、便捷、贴心的金融服务，并期望通过助力中小微企业的良性发展，最终推动中国民营经济的腾飞。

16年深耕“中小微”，赢得广泛赞誉，营口银行先后被中国银监会授予“全国银行业金融机构小企业贷款工作先进单位”，被中国印刷及设备器材工业协会授予“中国中小印刷企业最佳服务银行”，被辽宁银监局授予“辽宁省小企业信贷服务先进单位”，被第八届中国金融(专家)年会授予“品牌竞争力小企业服务银行”，在中国银监会2012年度小微企业金融服务工作先进单位和团体评选活动中，营口银行小企业金融服务中心被评为“全国银行业金融机构小微企业金融服务优秀团队”，大连分行中小企业品牌俱乐部被评选为“小微企业金融服务银行特色产品”。

做一家受人尊敬的银行

按照“管理上成为国内一流的商业银行，在质量、获利、成长等方面成为佼佼者，做一家受人尊敬的银行“的企业愿景，营口银行追求更具内涵、更有质量的发展，努力打造“受投资者信赖、受员工热爱、受社会尊重、受大众称道”的好银行。

2009年初，营口银行在国内城商行中率先引入境外战略投资者，与东南亚第五大、马来西亚第二大的银行集团——联昌国际银行集团(CIMB)正式启动国际战略合作，是当前全国140余家城商行中成功引入境外战略投资者的16家银行之一。

目前，营口银行已形成了多元化、分散化、合理化的股权结构，CIMB以19.99%的股份成为营口银行的最大单一股东，民营资本占股份总数的68%。通过国际战略合作，营口银行增强了资本实力，优化了股权结构，直接促进公司治理机制决策科学、执行有力、监督有效，发展视野更加开阔，创新发展能力全面增强，也为我国城市商业银行开展国际战略合作树立了成功的范例。

品牌影响力和综合竞争力持续走强的同时，营口银行不忘践行企业公民的社会责任，始终科学贯彻执行国家各项经济调控政策，大力发展绿色信贷，全力支持中小微企业，弘扬诚信文化，关怀民生发展，热心社会公益，积极履行纳税义务，为构建和谐社会付诸不懈努力，实现了企业价值与社会价值的同步提升。营口银行相继被中央文明委评为全国综合性最高集体荣誉称号——“全国文明单位”，被中华全国总工会授予企事业单位的最高荣誉——“全国五一劳动奖状”。

展望愈加开放的中国金融业，营口银行将更加坚定服务中小微企业的市场定位，倍加珍惜来之不易的发展机会，继续秉承“谦恭、诚信、创新、进取”的企业精神，不断推进现代金融企业建设，以国际化视野，致力发展成为“立足东北及环渤海地区，做一家独具特色、在区域内具有影响力的好银行”。

地址：辽宁省营口市沿海产业基地新海大街99号16F
邮编：115000
电话：40078－96178
E－mail：40078－96178@bankofyk.com

浙商银行

“浙商银行”是经中国银监会批准设立的全国性股份制商业银行，全称为“浙商银行股份有限公司”，英文全称为“CHINA ZHESHANG BANK CO.，LTD.”，英文简称“CZB”。浙商银行于2004年8月18日正式开业，总行设在杭州，办公地点位于美丽的西子湖畔(杭州市庆春路288号)。截至2013年6月末，浙商银行股东24家，注册资本115亿元，监管资本355亿元。

浙商银行前身为“浙江商业银行”，是一家于1993年在宁波成立的中外合资银行，2004年6月30日，经中国银监会批准，重组、更名、迁址，改制为现在的浙商银行。

浙商银行以“一体两翼”(即以公司业务为主体，小企业银行和投资银行业务为两翼)为市场和业务定位，沿着“在学习中发展，在发展中创新，在创新中领先，在领先中逐步做强做大”的路径，分步推进，逐步实现资本、规模、特色、质量和效益的协调与快速发展，逐步成为经营有方、富有特色、业绩优良、具有一定国际影响的国内一流商业银行。截至2013年6月末，浙商银行总资产超过4000亿元，各项存款超过3000亿元，各项贷款超过2000亿元，资本充足，资产质量上乘，经营效益优良。连续荣获银监会“全国小企业金融服务先进单位”和相关媒体2009年“中国中小企业金融服务十佳机构”、2011年“最佳中小企业信贷银行”等荣誉。中诚信国际于2011年将浙商银行主体信用等级上调为AA＋，达到同类银行先进水平。在2013年英国《The Banker》“全球银行业1000强”排名第235位。

浙商银行按照“沿着浙商投资路径布局”的机构发展思路，目前已在北京、天津、辽宁、上海、江苏、山东、广东、重庆、四川、陕西、甘肃11个省市和浙江省内全部省辖市设立(筹建)了109家分支机构，全国性机构体系初步形成。同时重视发展网上银行业务延伸物理网点的服务，近年来相继成功投产了第三代网上银行和手机银行等电子银行业务系统，在国内创新研发推广了电子银行汇票等新型电子银行结算产品，进一步增加了包括电子存折、网上银行跨行资金归集、业务在线预约申办、第三方存管等在内的电子银行业务品种，持续提升服务品质，不断改善客户体验，电子银行渠道交易笔数已超过全部业务量的80%，先后荣获中国金融认证中心“网上银行功能创新奖”、“最佳网上银行安全奖”、“网上银行最具发展潜力奖”、“网上银行最佳客户服务奖”和中国银行业协会“中国银行业优秀客户服务中心”等奖项。

按照“一体两翼”的市场与业务定位，浙商银行潜心探索小企业银行业务和投资银行业务等特色业务。

按照“专业化经营、近距离设点、高效率审批、多方式服务”的小企业银行业务经营方针，加强小企业组织体系建设及制度与产品创新，特色竞争力初步显现：于2006年在业内设立了第一家小企业专营支行，目前已设立浙商银行小企业信贷中心和75家小企业专营机构，占全行机构总数的近70%；单独建立了一套适合小企业业务特点的制度体系和业务流程，创新开发了突破抵质押方式的“桥隧模式”、“联保贷款”、“村民保证贷”和“一日贷”、“三年贷”、“全额贷”、“便利贷”、“积分贷”、“商位通”以及“厂房租金贷与出租贷”、“小企业政府采购贷”等适合小微企业需求的特色产品，2009年至2011年连续三年荣获中国银行业协会“服务小企业及三农十佳特色产品”，成为国内唯一一家连年荣获上述殊荣的商业银行。截至2013年6月末，全行国标小企业贷款余额占各项贷款比例超过30%，其中单户500万元及以下小企业贷款余额近500亿元，近三年复合增长率超过60%。

按照"有效融合和发挥智力、渠道和资金优势，着力发展真正意义上的投行业务"的思路，突破发展了信贷资产证券化、非金融企业债务融资工具承销、资产管理、保险资金投资基础设施独立监督人等投资银行业务：2008年，发行了国内第一单中小企业信贷资产支持证券；2010年，作为国内首批单位，创新发行引入内部分层增信结构和第三方回购机制的中小企业集合票据；2012年，作为主承销商成功发行了浙江股权交易中心首单私募债券，开创了国内商业银行承销发行区域金融市场私募债券业务的先河。结合小企业信贷业务，浙商银行已经成为目前国内首家同时可为中小企业提供直接、间接和混合三种融资模式的商业银行。近三年，全行投行业务手续费类收入复合增长率超过50%，2013年上半年同比增长超过200%，连续荣获《证券时报》2010年"最具成长性银行投行"、2011年"最佳创新银行投行"、2012年"最具竞争力银行投行"等荣誉。

浙商银行实行"统一法人，授权经营，集约化管理"的制度。全行统一文化理念，统一形象标识，统一规章制度，统一业务系统，统一服务标准，统一财会核算。

风险管理上，建立了全面、统一的风险管理组织体系，信用风险以垂直管理为主，市场风险和流动性风险以集中管理为主，合规风险、操作风险以网状控制为主；实行风险监控官委派制度，风险监控官由总行委派，对总行负责，主管派驻分支行和部门的风险管理，行使授信否决权和风险监督权。

内控管理上，按照流程银行建设目标，建立了符合监管要求和经营管理需要的内控组织体系、制度体系、授权体系、岗位责任体系、业务流程和管理流程体系、监督检查体系、内控管理评价体系。

信息系统管理上，成功投产了基于企业级SOA架构的新一代柜面业务集中处理系统，在国内第一家实现基于企业级SOA构建信息系统和再造业务流程，在流程银行建设方面达到国内领先水平，荣获中国人民银行2012年科技发展二等奖。

绩效管理上，从2006年开始，在同业中率先全面实施经济资本管理，建立了以经济增加值和经济资本回报率为核心内容的绩效考核体系。

浙商银行积极履行社会责任。2004年成立时，即以资助"雏鹰起飞——浙商银行千名贫困学子助学计划"替代开业仪式，并形成了节约分支行开业款项用于资助希望小学、贫困学生、敬老院等公益事业的良好传统，2012年举办大型公益助学活动——"浙商银行彩虹计划"，资助3000多名贫困中小学生完成学业；建立了浙商银行慈善基金，热心公益事业；"5·12"汶川大地震后，浙商银行以多种方式开展赈灾活动，专项援建并持续资助浙商银行(陕西)接官亭镇中心小学；五周年行庆之际，又将行庆专用款项捐赠给台湾地区"莫拉克"台风受灾同胞；捐赠第八届全国残疾人运动会，关爱社会弱势群体；创建团中央青年就业创业见习基地，积极为大学生提供岗位培训机会；积极支持体育事业，连续五年冠名浙商银行乒乓球俱乐部征战全国男子乒超联赛，并在2011赛季勇夺冠军。连续荣获中国银行业协会"2011年度社会责任践行奖"、"2012年度最佳社会责任实践案例奖"和"2013年度最具社会责任金融机构"等荣誉。

郑州银行

郑州银行的前身郑州市商业银行成立于2000年2月。2009年12月正式更名为"郑州银行"。截至目前，郑州银行总股本39.42亿元，监管评级为2C级，在职员工2514人，分支行78家，其中异地分行3家，县域支行6家，二级支行7家；发起设立中牟、新密和鄢陵村镇银行3家；与德国IPC公司合作成立微贷中心9家。在最新公布的全球银行1000强排名中，我行一级资本位列529位，较去年上升42位。

截至2013年底，全行资产规模达1489.11亿元，较年初增长448.66亿元，增幅43%；一般性存款突破1000亿元，达到1020.93亿元(不含同业存款142.13亿元)，较年初增长274.48亿元，增幅37%，超过河南省银行业平均增速19.3个百分点。贷款余额630.33亿元，较年初增长132.59亿元，增幅27%，超过全省银行业平均增速11.56个百分点。在郑州市银行系统中，存、贷款增量分列第1位、第2位，存款规模由第6位上升到第5位，贷款规模保持第6位；存款市场份额由年初的7%升至8.09%，贷款市场份额由年初的7.06%升至7.66%；在河南省城商行系统中，我行资产规模增量占比45%，存款增量占比40%，贷款增量占比33%，市场份额和竞争力均明显提升。资本充足率12.25%，不良贷款率0.53%，拨备覆盖率425.15%，各项主要监管指标符合监管要求，保持较好水平。

作为河南省规模最大、实力最强的一家本土银行机构，郑州银行专注小微领域，服务实体经济，坚持走特色化、差异化发展之路，2013年被中国银监会评为"银行业金融机构小微企业金融服务先进单位"，并被河南银监局评为"小微企业金融服务先进单位"；2012年荣获了由《金融时报》和中国社科院金融研究所举办的"2012中国金融机构金牌榜·金龙奖"评选出的"年度最具成长性中小银行"和"年度最佳小微企业服务中小银行"两项大奖、由中国金融政研会授予的"全国金融系统企业文化先进单位"荣誉。

第二节　非银行金融机构

上海国际信托有限公司

上海国际信托有限公司(以下简称“上海信托”或“公司”)成立于1981年,是国内最早成立的信托公司之一,是上海国际集团有限公司的主要成员。公司2001年经中国人民银行核准重新注册登记,2007年按照信托新规的要求,经中国银监会批准换发了新的金融许可证。公司现有股东共13家,注册资本人民币25亿元。长期以来,上海信托以江泽民同志的亲笔题词“勇于开拓、善于经营、严于管理,发展上海国际信托投资事业”为指导,规范经营,稳健发展,多年来取得了良好的经营业绩。公司80年代末被国务院指定为全国对外融资十大窗口之一,1995年获地方金融机构最高信用评级(穆迪Baa2、标普BBB-),海外筹资累计约45亿美元,赢得了良好的国际声誉,在金融创新和国际化合作方面创下多个“第一”:1988年发起成立我国第一家股份制证券公司——上海万国证券公司;1993年发起并管理了上海第一个在境外注册和上市的共同基金——上海发展基金;1993年发起并管理了上海第一批人民币共同基金之一——金龙基金(现合并为安瑞基金);1998年发起和控股了国内首批基金管理公司之一——华安基金管理有限公司;1995年首创信托公司财务顾问业务,获得秦山核电三期项目的独家财务顾问委托业务;2004年合资组建了上投摩根富林明基金管理有限公司,全力打造中国基金业的旗舰品牌;2005年合资成立了全国首家货币经纪公司——上海国利货币经纪有限公司,开创了货币经纪业的先河。

上海信托长期致力于推进产品创新,较早获得资产证券化业务、代客境外理财(QDII)、企业年金业务受托人资格,并在全国率先推出“优先劣后”受益权的结构性信托产品,在证券投资、不动产和股权投资领域,逐渐形成产品特色,打造了“蓝宝石”、“红宝石”、“紫晶石”、“白金”、“明珠”、“现金丰利”等系列品牌,为不同风险偏好和理财需求的投资者提供产品选择和服务。近年来,公司相继推出业内首个QDII产品、首个以大类资产配置为导向的伞形配置自主管理信托产品和首个受托人自主管理的PIPE基金,并推出“香花石”艺术品投资信托等另类投资信托产品。2012年,公司加大创新力度,推出上信新虹桥健康产业股权投资信托、个人汽车抵押贷款支持证券的资产证券化业务,并成功发行业内首单海外投资集合资金信托计划,首创信用增信的风险管理模式,信托主业和创新业务得到快速健康发展。与此同时,公司不断优化自有资金配置,将投资集中于金融类公司股权投资和金融产品投资,拥有浦发银行、上投摩根、华安基金、上海证券、申银万国等公司的优质金融股权资产,着力提高公司整体资产的安全性和流动性,强化自有资金与信托业务的联动效应,有力地支持了信托主业创新和发展。

上海信托的综合实力和经营管理水平始终在行业中名列前茅,品牌信誉卓著,风控机制完备,投资回报丰厚。公司被指定为非银行业金融机构中首家合规试点单位;被推举为中国信托业协会理事单位和副会长单位、中国会计学会信托分会会长单位;作为主要筹备单位,发起设立中国第一家信托登记机构——上海信托登记中心,并被推选为理事长单位。公司先后荣获《上海证券报》、《证券时报》、《21世纪经济报道》等权威媒体评选出的多项行业大奖;公司的“红宝石”安心进取伞形配置信托计划荣获上海市政府首次颁发的“2010年上海金融创新奖二等奖”;公司自主开发的行业首个覆盖全业务、全流程、全程风险管理的新一代信托业务管理系统,荣获“上海市金融创新奖三等奖”;公司财富中心荣获上海金融系统五星级“优质服务网点”称号,获得行业内外的广泛好评。在今后的发展中,上海信托将继续坚持稳健经营、规范管理,严控风险,开拓创新,不断深化客户服务理念,倾力打造一流的资产管理和财富管理机构,为投资者提供更加优质的金融服务,为上海国际金融中心建设做出更大贡献。

安徽国元信托有限责任公司

安徽国元信托有限责任公司是经中国银行业监督管理委员会批准设立的非银行金融机构,由安徽国元控股(集团)有限责任公司发起设立,创立于2001年12月20日。公司注册资本为20亿元人民币,法定代表人过仕刚,注册地为安徽省合肥市宿州路20号,为中国信托业协会理事单位。

公司现有股东7家,分别为:安徽国元控股(集团)有限责任公司、深圳中海投资管理有限公司、首都机场集团公司、安徽皖维高新材料股份有限公司、安徽巢东水泥股份有限公司、安徽国生电器有限公司和安徽省信用担保集团有限公司。

国元信托经营范围为以下本外币业务:资金信托;动产信托;不动产信托;有价证券信托;其他财产或财产权信托;作为投资基金或者基金管理公司的发起人从事投资基金业务;经营企业资产的重组、购并及项目融资、公司理财、财务顾问等业务;受托经营国务院有关部门批准的证券承销业务;办理居间、咨询、资信调查等业务;代保管及保管箱业务;以存放同业、拆放同业、贷款、租赁、投资方式运用固有财产;以固有财产为他人提供担保;从事同业拆借;法律法规规定或中国银行业监督管理委员会批准的其他业务。

2012年,公司坚持“稳健经营、科学发展”的经营理念,以加快发展信托主业为主线,承续良好发展势头,抢抓机遇,迎难而上,主动布局,稳中求进。资产管理规模大幅增长,信托主业再获跨越发展,盈利能力和经济效益再上台阶,获得了经营管理的较好业绩。截至2012年底,公司管理资产总规模达1179.30亿元,较年初增长71.50%。其中,信托财产规模为1140.93亿元,较年初增长74.57%;固有资产38.37亿元,较年初增长12.72%。净资产36.88亿元。公司实现各项业务收入6.65亿元,其中,信托业务收入4.94亿元。利润总额5.15亿元。全年兑付信托项目376个,兑付资金规模达743.47亿元,未发生一例兑付风险。2012年,公司发行信托项目187个,募集资金392.07亿元,用于支持我省地方建设发展,资金占比新增信托资金规模的32%,积极履行了地方金融企业的社会责任和义务，多次受到省委省政府等表彰，荣获“2012 年支持地方发展经营业绩考核一等奖”、“2012 年度省直机关效能建设先进单位”、“2012 年度安徽省劳动竞赛先进集体”等荣誉称号。

经过多年发展，国元信托“立足地方服务全国”的金融版图已经基本形成；以“信政合作”、“银信合作”为主体、创新业务品种为开拓的产品格局正在加速构建；以确立信托主业地位的业务布局和自主经营管理收益不断提高的创利能力已基本确立。国元信托正以更加坚实的步伐，迈向“国内先进的财富管理机构”的征途！

公司将继续秉承“诚信、高效、规范、创新”的企业精神，充分发挥“受人之托，代人理财”的业务功能，以为客户谋取最大利益为目标，以种类齐全、布局合理、发展协调的业务体系为支撑，以强化业务创新、提高服务质量为手段，为客户提供多元化、个性化、系统化、专业化的高效服务，不断增强公司核心竞争力和可持续发展能力，努力将公司建设成为资产规模大、赢利能力强、产品丰富、机制完善，让广大投资者和监管部门信任和放心的一流专业财富管理机构。

安信信托投资股份有限公司

安信信托投资股份有限公司（以下简称“安信信托”或“公司”）是中国第一批股份制非银行业金融机构，前身是鞍山市信托投资股份有限公司，成立于 1987 年，1992 年转制为股份有限公司，1994 年在上海证券交易所上市（股票代码：600816），2004 年迁址上海。是国内最早一批金融类上市公司，也是目前我国仅有的两家上市信托公司之一。

成立二十多年来，公司一贯秉承“诚信、进取、和谐、高效”的企业经营理念和“理财、生财、护财、传财”的资产管理宗旨，践行“踏踏实实做人，规规矩矩做事，风险高于一切，诚信重于泰山”的公司司训，倡导和弘扬“协力、包容、担当、分享、学习”的价值观，追求卓越，坚韧图成，以“基业长青”为目标，以社会责任为导向，以信用建设为基础，以风险控制为前提，以创新服务为动力，以价值实现为目标，以差异化经营为特色，在促进公司可持续发展的同时，致力成为信托法律关系框架下，服务于实体经济、关注民生的“理财、生财、护财、传财”的金融服务商。

二十多年的风雨历程，安信信托走过了不平凡的发展之路，经过全体员工的辛勤耕耘与积累，取得了骄人的经营业绩。信托业务模式上实现了从纯融资业务向资产管理转型，从非主动管理向主动管理转型，设计推出的信托产品涉及民生工程、矿产资源、运输、房地产开发等多个领域。在已经清算的近 800 亿信托资产中，全部实现了到期足额无风险兑付，确保了投资人的资金安全。2007 年，公司获得中国企业协会授予的“2007 年度中国最具创新力企业”称号；2008 年，“安信·明珠系列”集合信托产品成功发行设立；“远程 1 号——船舶抵押贷款集合资金信托”被业界评为“2008 年度最具亮点的信托计划”；2012 年，公司董事会在《理财周报》发起的“2012（第五届）中国上市公司最佳董事会评选”中被评为“最佳董事会”；2013 年，获“2013（第六届）中国上市公司最佳董事会评选”的“最佳董事会”及“最具价值总裁”的殊荣。

作为一家公众公司，安信信托始终奉行“回馈社会、履行上市公司义不容辞的社会责任”的道德准则。本着对社会特殊群体的关爱，公司于 2010 年底在全国首家研发并成功设立了准公益信托“安信·关爱系列 1 号信托计划”。该信托产品在由理财周刊主办的“2010 年度理财产品评选”活动中荣获“年度最受关注产品奖”；2011 年，携手宋庆龄基金会设立了“安信信托公益基金”，专门用于对特殊群体的精神抚慰；2012 年，公司又成功研发并发行了以 60 岁以上老年人为投资群体的“安信·关爱系列 2 号银发颐养信托计划”，并携手上海市老年基金会成立“安信信托老年基金”，用于上海市“敬老爱老助老”公益事业。

新的历史发展时期，安信信托将与时俱进，继续秉承“服务民生，回报社会”的企业发展宗旨，坚持“专业化、差异化”的经营策略，充分发挥自身在投融资等金融服务、资产管理领域的优势，实现公司的可持续发展。

百瑞信托有限责任公司

一、公司简介

百瑞信托有限责任公司是经中国银行业监督管理委员会批准设立的非银行金融机构。百瑞的前身郑州信托投资公司始建于 1986 年 4 月，1993 年 2 月重组，2002 年 5 月改制为有限责任公司，2002 年 9 月完成重新登记，并更名为百瑞信托投资有限责任公司。2007 年 11 月公司换发新的金融许可证后更名为百瑞信托有限责任公司。经中国银行业监督管理委员会河南监管局批准，公司于 2008 年 4 月将注册资本调增为 6.05 亿元人民币（含 1500 万美元）。2011 年 03 月 21 日公告，百瑞信托已完成增资扩股的验资及工商登记变更等法定变更手续，于 2011 年 3 月 9 日领取了郑州市工商行政管理局颁发的企业法人营业执照。变更内容如下：经核准，百瑞信托注册资本由 6.05 亿元人民币增至 12 亿元人民币。本次增资完成后，中电投财务有限公司成为百瑞信托第一大股东，出资比例 24.912%。

二、产品与服务

作为华中地区首家成立的信托投资公司，自 2002 年 10 月重新登记以来，公司在信托业务、投行业务和资产管理等核心业务领域不断取得创新与突破。在信托业务方面，公司已逐步拥有了完善的信托产品设计、营销和服务体系，以信托网为主要拓展方式，涉足动产、不动产和财产权信托等领域。目前，公司已经能够根据不同的信托目的、财产种类和管理要求，为客户提供全面的金融信托服务；在投行业务方面，公司以战略型客户为目标，以企业收购兼并、资产重组、政府财务顾问和项目融资策划为重点，以资本运作为手段，为企业提供各种增值服务；在资产管理方面，公司充分发挥信托可同时涉足资本市场、货币市场和产业市场的独特优势，综合运用投资、贷款、租赁和担保等手段，能有效捕捉市场机会的利得财富，实现资产保值增值。

三、经营范围

（1）资金信托；

（2）动产信托；

（3）不动产信托；

（4）有价证券信托；

（5）其他财产或财产权信托；

（6）作为投资基金或者基金管理公司的发起人从事投资基金业务；

（7）经营企业资产的重组、购并及项目融资、公司理财、财务顾问等业务；

（8）受托经营国务院有关部门批准的证券承销业务；

(9)办理居间、咨询、资信调查等业务；

(10)代保管及保管箱业务；

(11)以存放同业、拆放同业、贷款、租赁、投资方式运用固有财产；

(12)以固有财产为他人提供担保；

(13)从事同业拆借；

(14)法律法规规定或中国银行业监督管理委员会批准的其他业务。

四、企业文化

作为目前可同时涉足资本市场、货币市场和产业市场的金融机构，在中国加入 WTO、经济持续高速发展之际，百瑞信托将继续秉承"诚信、创新、务实、高效"的经营理念，凭借一支活跃而有开拓力的专业理财团队，立足中原，面向全国，融入国际，在更加广阔的多元化的投资领域里，用专业化的理财方式，奉献我们日臻完善的服务，以满足不同客户群的需求，为投资者创造最大价值。

北方国际信托股份有限公司

北方国际信托股份有限公司前身为天津经济技术开发区信托投资公司，于 1987 年 10 月经中国人民银行天津分行批准成立，注册资本为 2000 万元。1994 年更名为天津北方国际信托投资公司，其间经公积金转增股本、增资扩股各一次，使注册资本达到 5.06 亿元。2002 年 6 月，完成与天津滨海信托投资有限公司合并，同时增资扩股 6.78 亿元，公司注册资本达到 15.03 亿元，并改制为股份有限公司，公司名称变更为天津北方国际信托投资股份有限公司。2002 年 9 月经中国人民银行批准重新登记。2003 年 10 月，更名为北方国际信托投资股份有限公司。2005 年 12 月，经天津市政府批准，完成公司分立，注册资本变更为 10 亿元。2008 年 10 月，经中国银监会批准公司名称变更为北方国际信托股份有限公司。

公司股东 27 家，控股股东为天津泰达投资控股有限公司。

北京国际信托有限公司

北京国际信托有限公司是一家专业从事金融信托业务的大型非银行金融机构，是中国改革开放之初首批成立的信托公司之一，是新中国金融信托业从起步到规范发展的重要历史见证人和实践者。2000 年 3 月增资改制成为国内多家知名企业参股的有限公司，2002 年 3 月经中国人民银行批准重新登记，2007 年实施公司股权重组，引进了境外战略投资人。同时，按照信托新规的要求，经中国银监会批准换发了新的《金融许可证》。公司注册资本金 14 亿元人民币。

北京信托始终恪守"谨慎、诚信、尽职、创新"的理念，坚持防范风险、合规经营、持续创新、稳健发展的方针。在现代企业制度基础上建立了日臻完善的公司法人治理结构；公司拥有高素质、专业化的业务管理团队；具备雄厚的产品研发、创新实力并已形成卓越品牌；建立了涵盖各类业务操作流程、内控制度在内的较为完备的风险管理体系。在信托业内，公司以自身雄厚的综合实力位居前列，为投资人创造了安全、稳定的财产增值收益，成为广大投资人(委托人)值得信赖的金融机构。

公司为中国信托业协会会员、理事单位。

渤海国际信托有限公司

渤海国际信托有限公司(简称渤海信托)，注册地石家庄市，前身为河北省国际信托投资有限责任公司，是河北省内唯一一家经营信托业务的非银行金融机构。

渤海信托成立于 1982 年 10 月。经中国银监会批准，2004 年 1 月获准重新登记，注册资本金 3.26 亿元(含 1500 万美元)。2006 年 12 月完成重组，2007 年 2 月增资扩股后，注册资本金增加到 7.26 亿元。2007 年 11 月，公司名称变更为渤海国际信托有限公司，2009 年 3 月注册资本金增加到 7.96 亿元。2011 年 6 月，由海航资本控股有限公司增资 12.04 亿元，注册资本金增加至 20 亿元。

渤海信托按照《中华人民共和国信托法》、《信托公司管理办法》等有关法律法规要求，坚持依法经营，规范管理，努力为广大客户提供优质高效的金融信托服务。截至 2012 年底，公司管理的信托资产规模为 1003.56 亿元，全年实现营业收入 7.03 亿元，实现净利润 4.15 亿元，人均利润 446.67 万元。公司多年来实现了快速健康发展，曾荣获"中国最具成长性信托公司"、"诚信托——管理团队公司奖"等荣誉。

渤海信托将以沉淀长远价值为目标，坚持遵循金融本质规律，探索信托本源价值，服务社会经济发展，致力于实现高效的资产和财富管理，成为产品和服务优良、可持续发展能力强、社会各界高度信赖的信托机构。

长安国际信托股份有限公司

长安国际信托股份有限公司前身为"西安国际信托有限公司"，1986 年经中国人民银行批准成立。1999 年 12 月公司增资改制为有限责任公司，更名为"西安国际信托投资有限公司"。2002 年 4 月，经中国人民银行总行批准重新登记申请，公司获准单独保留。2008 年 2 月经中国银行业监督管理委员会批准，公司换领新的金融许可证，同时更名为"西安国际信托有限公司"。2011 年 11 月经中国银行业监督管理委员会批准，并经工商登记，公司整体变更为股份有限公司，同时更名为"长安国际信托股份有限公司"。目前，公司注册资本为人民币 12.5888 亿元。

公司主要从事资金信托业务、投资银行业务、融资租赁业务和其他金融业务。公司业务涉及货币市场、资本市场和金融衍生品市场等领域。

信托业与银行业、证券业、保险业一起构成现代金融四大支柱。信托以"受人之托，代人理财"为核心，遵循诚实、信用、谨慎、有效的管理原则，在货币市场与资本市场、金融资本与产业资本、投资者与融资者之间发挥着重要的桥梁作用。

公司致力于成为卓越的专业资产管理和投资管理机构，成立多年来，为国内外数百家企业和机构，数万余名自然人投资者提供了专业的信托金融服务。公司已建立了完善的法人治理机制，拥有健全的风险控制体系，有一支在金融、投资、资本运作等领域具有丰富经验和突出能力的专业团队，可以为委托人和投资客户提供全面的信托金融和理财服务。

大业信托有限责任公司

一、公司简介

大业信托有限责任公司(简称"大业信托")是经中国银

监会批准的，在重组原广州科技信托投资公司的基础上，重新登记的非银行金融机构。公司注册资本为3亿元人民币，注册地为广州市，在北京和上海设有业务管理部。

公司在2011年3月10日获取《金融许可证》，并在2011年3月16日换取新的营业执照正式开业，经允许从事经中国银行业监督管理委员会依照有关法律、行政法规和其它规定批准的业务。

二、股东背景

1. 中国东方资产管理公司

中国东方资产管理公司（简称“东方资产”），是具有独立法人资格的国有独资金融企业，公司注册资本100亿元人民币，由财政部全额拨入。公司目前由主营收购、管理和处置金融机构不良资产，向经营不良资产和发展其他金融服务并重过渡。公司在全国26个中心城市设有25家办事处和1家经营部，在直接投资领域形成了以邦信资产管理有限公司为核心的投融资平台，在金融领域控股东兴证券、外贸金融租赁有限公司等金融平台。

2. 广州国际控股集团有限公司

广州国际控股集团有限公司（简称“广州国际”），是广州市人民政府整合市属金融产业的平台。公司直属子公司包括广州市广永国有资产经营有限公司和广州产权交易所；控股企业包括广州银行、广州农村商业银行、万联证券有限责任公司、广州珠江资产管理有限公司、广永期货有限公司等优质金融资产。

3. 广东京信电力集团有限公司

广东京信电力集团有限公司（简称“京信电力”）是一家以投资运营大型火电、风电站为主营业务，兼营大型国内外贸易及投资营运大型码头、煤炭仓储、油气仓储等行业的大型能源集团，为广东省五大电力企业之一。

三、经营宗旨

恪守信用，合法经营，以市场为导向，以客户为中心，提供优质金融服务，创造良好经济效益，促进国民经济发展。

四、战略规划

依托广东省的区位经济金融优势，并充分利用重组方的行业优势地位，建立现代企业法人治理结构，以传统业务为起步，稳步有序开展创新业务，争取用3－5年的时间将新公司发展成为以投资能力、研发能力、营销能力为主要内容的核心竞争力，具备专业化、规范化、规模化的综合信托业务平台，实现股东回报最大化。

五、业务范围

经中国银行业监督管理委员会批准，大业信托可以从事下列本、外币业务。

（1）资金信托；

（2）动产信托；

（3）不动产信托；

（4）有价证券信托；

（5）其他财产或财产权信托；

（6）作为投资基金或者基金管理公司的发起人从事投资基金业务；

（7）经营企业资产的重组、购并及项目融资、公司理财、财务顾问等业务；

（8）受托经营国务院有关部门批准的证券承销业务；

（9）办理居间、咨询、资信调查等业务；

（10）代保管及保管箱业务；

（11）以存放同业、拆放同业、贷款、租赁、投资方式运用固有资产；

（12）以固有财产为他人提供担保；

（13）从事同业拆借；

（14）法律法规规定或中国银行业监督管理委员会批准的其他业务。

东莞信托有限公司

一、公司简介

东莞信托有限公司（下称‘东莞信托”）前身为东莞市财务发展公司，成立于1987年3月13日，注册资本金人民币12亿元，是东莞市属国有控股的非银行金融机构。

历经全国信托行业五次整顿，为全国获准保留的少数几家地市级信托公司之一，2007年3月，中国银监会实施新《信托公司管理办法》后公司更名为“东莞信托有限公司”。

公司成立二十多年来，坚持依法合规、稳健持续的经营理念，追求风险控制前提下的持续效益。

在服务东莞经济发展的同时，自身也取得长足的发展，公司实现持续盈利，主要经营管理指标处于全国同业的中上游水平。

公司以提升资产管理能力为公司战略立足点，先后发行房地产投资、收益权投资、银行信贷资产转让、证券投资、贷款、股权投资等多种类信托计划，为投资者实现较高的投资回报。

二、公司荣誉

2006年11月，我公司“东莞信托福民集团大厦集合资金信托计划”被证券时报评选为“最佳房地产信托计划”。

2006年11月，我公司荣获证券时报首届优秀信托公司评选活动“最佳区域理财机构”。

2007年4月，我公司荣获市委、市政府颁发“东莞市先进集体”称号。

2008年1月，我公司荣获“2007年度东莞市内部审计工作先进单位”。

2008年12月，我公司荣获“2007年度东莞市企业决算工作先进单位”。

2009年3月，我公司荣获“2008年东莞金融统计先进单位”。

2009年4月，我公司荣获“2008年东莞市内部审计工作先进单位”。

2009年6月，我公司荣获“2008年东莞市金融发展奖二等奖”。

2009年9月，我公司被市委市政府评为“东莞市尊师重教先进单位”。

2009年12月，我公司荣获“2008年度东莞市企业决算工作先进单位”。

2010年1月，我公司荣获“2009年东莞市内部审计工作先进单位”。

2010年4月，我公司荣获“2009年东莞金融统计先进单位”。

2010年12月，我公司荣获“2010年度东莞市企业决算工作先进单位”。

三、业务范围

（1）资金信托；

（2）动产信托；

（3）不动产信托；

(4)有价证券信托；

(5)其他财产或财产权信托；

(6)作为投资基金或者基金管理公司的发起人从事投资基金业务

(7)经营企业资产的重组、购并及项目融资、公司理财、财务顾问等业务；

(8)受托经营国务院有关部门批准的证券承销业务；

(9)办理居间、咨询、资信调查等业务；

(10)代保管及保管箱业务；

(11)以存放同业、拆放同业、贷款、租赁、投资方式运用固有财产；

(12)以固有财产为他人提供担保；

(13)从事同业拆借；

(14)法律法规规定或中国银行业监督管理委员会批准的其他业务

方正东亚信托有限责任公司

方正东亚信托有限责任公司，是经中国银监会于2010年1月23日批准重组成立的非银行金融机构。

公司股东为北大方正集团有限公司、东亚银行有限公司和武汉经济发展投资(集团)有限公司。公司注册资本为10亿元人民币，注册地为湖北武汉。公司业务范围包括资金信托、动产信托、不动产信托、有价证券信托、其他财产或财产权信托，固有业务项下存放同业、拆放同业、贷款、租赁、投资等本外币业务，以及法律法规规定或中国银行业监督管理委员会批准的其他业务。

截至2012年12月底，公司累计发行近400个信托项目、管理信托资产规模突破1200亿元，经营管理成效显著，业务基础和客户基础不断夯实。

在激烈的市场竞争中，公司秉承"方方正正做人，实实在在做事"的核心价值观，坚持"稳健创新、规范进取"的经营理念和"宁失效益、不失风控"的风控原则，充分发挥信托公司投融资业务横跨资本、货币和实业市场的制度优势，专注于寻找和发掘国家产业政策扶持的行业和领域中的市场机会，创造性地运用多种金融工具积极支持国家、地方基础设施和重点工程建设，并为机构客户和个人高端客户提供优质的理财服务和专业化的资产管理服务。截至2012年12月底，公司累计发行近400个信托项目、管理信托资产规模突破1200亿元，经营管理成效显著，业务基础和客户基础不断夯实。

着眼未来，公司励精图治、积极进取，致力于不断提升核心竞争力和可持续发展能力，为"做受人尊敬的信托公司"这一企业愿景而努力！

甘肃省信托有限责任公司

甘肃省信托有限责任公司(原甘肃省投资信托公司)，成立于1980年，是国内最早成立的信托投资机构之一，也是甘肃省首家省属金融机构。公司注册资本金10.18亿元人民币。

公司经营本外币业务范围包括：资金信托；动产信托；不动产信托；有价证券信托；其他财产或财产权信托；作为投资基金或者基金管理公司的发起人从事投资基金业务；经营企业资产的重组、购并及项目融资、公司理财、财务顾问等业务；受托经营国务院有关本部门批准的证券承销业务；办理居间、咨询、资信调查等业务；代保管及保管箱业务；以存放同业、拆放同业、贷款、租赁、投资方式运用固有财产；以固有资产为他人提供担保；同业拆借业务；中国银行业监督管理委员会批准的其他业务。

公司建立了日臻完善的公司法人治理结构和现代金融企业管理制度，拥有专业化的业务管理团队，具备雄厚的产品研发、创新实力，建立了涵盖各类业务操作流程、内控制度在内的较为完备的内部控制体系。公司积极开展金融创新，努力拓展信托理财业务，发展并完善了集合资金信托、单一资金信托、股权信托、权益并购等业务品种，在全力支持我省基础设施建设、能源交通运输、中小企业发展、服务"三农"的同时，为广大投资者提供了安全、稳定的投资回报，为甘肃经济社会发展发挥了积极作用。

在改革开放的大潮中，甘肃信托励精图治，承担着甘肃金融市场改革先行者的角色。

累计向金川集团、酒钢集团、兰石集团、盛达集团等我省3100多户国有及民营企业发放各类贷款近200亿元。

成功开设了省属首家证券营业部，为甘肃证券业务和证券机构的蓬勃发展奠定了良好的基础。

代理发行甘肃省投资建设债券、经济建设集资券4.32亿元。

作为主承销商为兰光科技、祁连山水泥、三毛派神等企业承销股票，募集资金3.5亿元。

办理世界银行和国家开发银行等金融机构转贷款2,000万美元、5.4亿元人民币。

成功发行我省第一支集合资金信托计划。

成功设计研发我省首个土地储备以及基础设施建设信托计划。

成功发行我省第一支"中小企业发展集合资金信托计划"。

为汶川、玉树、舟区灾区捐款758.64万元，荣获中国信托业协会"2008年度十大慈善机构"称号。

广东粤财信托有限公司

广东粤财信托有限公司(以下简称"粤财信托")，1984年12月经广东省人民政府批准成立，并先后经中国人民银行和国家外汇管理局核准，领取了《经营金融业务许可证》和《经营外汇业务许可证》。2007年7月，按照新的《信托公司管理办法》的要求，经中国银监会核准，公司名称由"广东粤财信托投资有限公司"更名为"广东粤财信托有限公司"，目前是广东省唯一一家省级信托公司。

粤财信托股东为广东粤财投资控股有限公司(持股比例98.14%)与广东省科技创业投资公司(持股比例1.86%)。粤财信托控股股东广东粤财投资控股有限公司是经广东省人民政府批准成立的国有资产授权经营企业，以金融信托为主业，并涉足地产、工业、服务、酒店等行业，实力雄厚。

粤财信托始终奉行"诚信为本、稳健经营"的方针，经过二十多年的发展，各项业务蓬勃开展，经济实力逐步壮大。1998年虽然受到亚洲金融危机和国家宏观环境的影响，但粤财信托把握金融改革与行业发展的机遇，适时调整经营战略目标，持续优化经营资源配置，完善决策体系，强化风险控制能力，目前已经步入了持续、健康、稳定发展的轨道。

粤财信托将充分发挥专家理财优势，不断开拓创新，通过有效运用信托、信贷、租赁、投资等金融工具，研发并推出各类信托产品，构建专业的、综合性的金融服务平台，努力为客户提供全方位的金融需求解决方案，以优质的服务、稳健的投资收益来回报广大投资者的信任与厚望。

国联信托股份有限公司

一、企业简介

国联信托股份有限公司初创于 1987 年 1 月。2007 年 7 月，公司按照"信托新规"的要求，成为第一批换领新金融牌照的信托公司之一，目前注册资本为 12.3 亿元人民币。

国联信托遵循"受人之托，代人理财"的理念，通过开展结构化融资业务、私募股权投资业务、证券市场投资业务以及并购重组等财务顾问业务，形成了包括聚富、汇富、创富以及新兴产业等系列产品。公司累计发行集合信托产品 90 多个，单一信托产品 420 多个，所有发行的产品均达到或超过了预期收益率。截止 2011 年底，公司净资产规模达 21 亿元，受托资产规模 224 亿元，在第四届优秀信托公司评选中继续蝉联"最具影响力信托公司"。

二、经营范围

公司经中国银行业监督管理委员会批准可经营下列部分或全部本、外币业务。

（1）资金信托；

（2）动产信托；

（3）不动产信托；

（4）有价证券信托；

（5）其他财产或财产权信托；

（6）作为投资基金或者基金管理公司的发起人从事投资基金业务；

（7）经营企业资产的重组、购并及项目融资、公司理财、财务顾问等业务；

（8）受托经营国务院有关部门批准的证券的承销业务；

（9）办理居间、咨询、资信调查等业务；

（10）代保管及保管箱业务；

（11）以存放同业、拆放同业、贷款、租赁、投资方式运用固有资产；

（12）以固有财产为他人提供担保；

（13）从事同业拆借；

（14）法律、法规规定或中国银行业监督管理委员会批准的其他业务。

地址：无锡市金融一街 8 号国联金融大厦 10、11 楼（市民中心西侧）

电话：0510 - 82830759

传真：0510 - 82833803

邮编：214005

http://www.gltic.com.cn

国民信托有限公司

国民信托立足北京、面向全国、开拓创新、稳健发展。我们凭着优秀的研究分析，投资管理和客户服务团队，加上现代化的金融基建系统，为客户提供最优质、最专业的金融服务和投资产品。

国民信托成立于 1987 年 1 月，并于 2004 年 1 月经中国银行业监督管理委员会批准迁址北京并获重新登记。

国民信托是诚信可靠和专业稳健的金融机构。主要业务范围如下。

（1）资金信托；

（2）动产信托；

（3）不动产信托；

（4）有价证券信托；

（5）其它财产或财产权信托；

（6）作为投资基金或者基金管理公司的发起人从事投资基金业务；

（7）经营企业资产的重组、购并及项目融资、公司理财、财务顾问等业务；

（8）受托经营国务院有关部门批准的证券承销业务；

（9）办理居间、咨询、资信调查等业务；

（10）代保管及保管箱业务；

（11）以存放同业、拆放同业、贷款、租赁、投资方式运用固有财产；

（12）以固有财产为他人提供担保；

（13）从事同业拆借；

（14）法律法规规定或中国银行业监督管理委员会批准的其它业务。

经营方针

以人为本，诚信敬业，专业稳健，创新共赢。

为客户创造价值是我们的基本目标。要达到这个目标，有赖于优秀的员工。我们尊重和关爱每一位员工，重视员工培训，激励员工自发学习，在专业素养方面精益求精，在技术操作方面保持最高水准。

我们深信诚信是经营信托之源。我们以诚信作为立业之本，真诚服务客户，及时详尽地披露信托资讯和投资风险，以最高的诚意和诚信来经营国民信托的品牌。

我们坚持创新，因为创新是发展之道。只有锐意进取，不断创新，才能提供最符合客户需求的产品和服务。

我们的专业投资管理团队经验丰富、勤勉敬业和稳健尽责。我们以国际化的管理制度和系统，严格控制风险，保持稳健经营的作风。

经营策略

优化品牌

国民信托的品牌，代表着诚信、专业和稳健。无论在风险管理、创造价值或客户服务方面都要求员工最卓越的表现。

严格治理

我们实施严格而现代化的公司治理，通过内部健全的监察体系，以及独立董事，监察公司管理层的决策及员工的运作，确保客户和投资者的利益得到合法合规的应有保障。

创意进取

在不断转变的金融市场中，要保值，要创富，必须依赖创意。我们的专业投资人才，细心观察市场，谨慎分析数据，以富创意的思考方式，不断推出更新颖、更卓越的投资模式和产品。

优质服务

我们以客为尊，提供最优质的专业技巧和服务态度。我们以客户需求为导向提供差异化、个性化和多样化的金融产品，为客户提供保值、增值的优质金融服务。

合作共赢

我们积极开展国内外的交流与合作，引进和吸收国际间不断发展的先进金融企业管理系统和管理手法。在资产管理和投资银行方面开展国际化的业务合作，建立长期战略合作伙伴关系，以求公司整体业务水平时刻保持国际标准。

国投信托有限公司

国投信托有限公司是经中国人民银行批准设立、中国银监会监管的非银行金融机构，注册资本金 12.048 亿元人民币，国家开发投资公司全资子公司——国投资本控股有限公司和国投高科技投资有限公司分别持有 95.45%、4.55% 的股份。

公司目前主要开展信托、公司理财、固有财产投资等业务。公司以高端理财业务为核心，不断研发和创新信托产品，不仅在传统业务领域，如贷款及股权收益权类信托等具有成熟的产品体系和丰富的操作经验，还在黄金信托、红酒信托、艺术品信托等另类投资领域硕果颇丰。截至 2012 年末，公司管理信托资产规模达 1180 亿元。公司已成为业内创新能力突出、品牌鲜明的信托公司，多次获得“诚信托”等知名评奖活动奖项。

公司与全球著名的资产管理机构瑞银集团（UBSAG）合资组建了国投瑞银基金管理有限公司，国投信托持有国投瑞银 51% 的股权。国投信托还参股了红塔证券、国投财务公司等金融机构。

国投信托拥有先进的管理经验和专业的投资团队，核心管理团队均具有十年以上金融投资经验，博士和硕士研究生占员工比例超过 60%。经过多年努力，公司目前已拥有众多高端个人投资者和机构投资者。

公司秉承“有道而正、信则人任”的核心价值观，坚持“以人为本”的基本理念，不断打造高信用级别的信托产品，为客户提供专业化、多元化、个性化的金融服务，以务实的精神、稳健的作风以及细致的服务树立良好的企业形象。

公司的发展愿景是：打造“值得托付的理财顾问”。

附：

公司获得的荣誉

2007 年，公司推出国内首只黄金信托产品——“国投信托 · 金满堂 1 号”黄金投资集合资金信托计划，该产品连续获得第二届“诚信托——中国最佳信托公司”评选活动之“最佳信托产品”奖、2007 年度“金融理财金贝奖”评选活动之“年度最佳设计创新信托产品奖”等殊荣。

2009 年，公司凭借“国投信托 · 君顶典藏葡萄酒单一财产信托”荣膺 2008 年度华夏理财总评榜金蝉奖之“理财产品创新大奖”、第三届“诚信托——最佳信托公司评选”之“另类投资信托计划奖”。

2011 年，公司推出的“飞龙艺术品基金”系列产品屡获殊荣，先后荣获第五届“诚信托 - 中国最佳信托公司”评选活动之“诚信托 · 创新领先奖”；第四届中国优秀信托公司评选之“最佳艺术品投资信托计划”；“国投飞龙艺术品基金 · 保利 4 号集合资金信托计划”获“中国高端私人理财金鼎奖”之“年度优秀信托产品奖”。

2012 年，公司凭借“国投信托 · 中投保 · 安盛集合信托计划”荣获第六届“诚信托”评选之“价值信托产品奖”；并连续获得第五届中国优秀信托公司评选之“年度最佳研发团队”、第五届中国资产管理“金贝奖”之“2011 - 2012 年度最佳设计与创新信托公司”等奖项。

杭州工商信托股份有限公司

杭州工商信托股份有限公司是杭州市首家股份制金融企业，公司前身成立于 1986 年。公司历来秉承"诚实、信用、谨慎"的经营方针，以强大的业务创新能力和内控机制为依托，在激烈的市场竞争中树立了合规、信誉至上的良好形象。

2003 年 3 月经中国人民银行核准，增资扩股后公司完成重新登记，目前注册资本为 5 亿元。

公司具备完善的法人治理结构，拥有一批实力雄厚的股东，其控股股东为杭州市金融投资集团有限公司，另有浙江新安化工集团股份有限公司、浙江大学圆正控股集团有限公司、西子电梯集团有限公司等优秀法人股东。2008 年，公司引入国际战略投资者——摩根士丹利，成为合资信托机构，在合规风险管理、风险管理技术和项目资源等方面获得全球性资源支持。

公司建立了优秀的管理团队和完备的管理体制，通过切实有效的激励机制和富有弹性的制度安排推动业务创新，促进人才的竞争和流动，以创新来占据中国信托业的制高点。

根据《信托法》以及《信托公司管理办法》等有关法律法规，目前公司的本外币经营范围如下。

（1）资金信托；

（2）动产信托；

（3）不动产信托；

（4）有价证券信托；

（5）其他财产或财产权信托；

（6）作为投资基金或者基金管理公司的发起人从事投资基金业务；

（7）经营企业资产的重组、购并及项目融资、公司理财、财务顾问等业务；

（8）受托经营国务院有关部门批准的证券承销业务；

（9）办理居间、咨询、资信调查等业务；

（10）代保管及保管箱业务；

（11）以存放同业、拆放同业、贷款、租赁、投资方式运用固有资产；

（12）以固有财产为他人提供担保；

（13）从事同业拆借；

（14）法律法规规定或中国银行业监督管理委员会批准的其他业务。

公司的主要业务领域为：个性化的专业购并金融服务，金融市场边缘衍生产品服务。

公司将在这两大领域向市场提供系列化的产品，为客户的金融服务需求提供全面的解决方案。通过制度化的业务推进流程，打造具有专业特色的综合性金融服务平台。

湖南省信托有限责任公司

湖南省信托有限责任公司（简称“湖南信托”）1985 年经湖南省人民政府批准、中国人民银行总行批复正式成立，2002 年经中国人民银行总行核准重新登记，2008 年获得了中国银监会颁发的新的金融许可证，是目前湖南省唯一保留的信托机构，也是湖南省内唯一能够同时涉足资本市场、货币市场和产业市场的非银行金融机构。目前，公司注册资本为 12 亿元人民币。

自重新登记以来，湖南信托坚持“自立、感恩、和谐”的核心价值观，发挥“受人之托，代人理财”的专业优势，秉承“风控优先、合规经营、专业专注、创新发展”的经营理念，创新产品与服务，积极开拓具有自身特色的信托业务，形成了以基础设施建设、股权投资、房地产为主的三大主营业务。并通过大力拓展，在私募股权投资、证券投资、上市公司股权质押及银信合作等方面积累了丰富的经验。自2003年发行第一支集合信托计划至2012年底，湖南信托已成功推出700多个信托项目，累计发行和受托管理信托资产1035亿元，重点支持了省内园区经济、市政基础建设和新型工业的发展，同时，也为广大投资者带来了安全、稳定和可观的回报。

面对日益激烈的市场竞争，湖南信托将立足湖南、面向全国、放眼世界，发挥信托的功能优势，切实加强全面风险管理能力，不断提升核心竞争力，创新发展业务，为经济建设服务，为客户创造财富，为股东创造价值，将湖南信托打造成为资本充足、信誉良好、经营稳健、勇于创新的专业理财机构。

华澳国际信托有限公司

华澳国际信托有限公司（以下简称"华澳信托"或"公司"）是由北京融达投资有限公司、北京三吉利能源股份有限公司和澳大利亚麦格理集团下属的麦格理资本证券股份有限公司共同出资，在中国境内组建的一家中外合资非银行金融机构。公司成立于1992年，前身为昆明国际信托投资公司，2009年迁址上海，更名为华澳国际信托有限公司。

华澳信托致力于成为中国金融机构的领先者之一。作为金融服务提供商，公司秉持"发现价值所在"的品牌口号，坚持"团结、诚信、高效、创新"的企业精神，持续整合中外资源，以更先进的技术和更丰富的经验为客户提供优质的产品和高效的服务；通过创新产品及行业最佳实践为客户和社会创造可观价值，不断满足客户日益增长的资产管理需求，与客户一起共进共赢，发现价值之所在。

华澳信托坚持国际标准的管理模式。资产管理：立足国内市场，结合国际领先的资产管理经验，以自主管理为核心，实现高效的资产运作及稳健的资产价值提升。财富管理：凭借具有国际财富管理经验的优秀专家团队和合作伙伴，帮助投资者进行全球财富管理规划，实现财富的增值与传承。风险管理：秉持稳健的风险管理理念，引入国际领先的风险管理模式，无缝衔接本土文化，构建科学的风险管理体系。

公司业务涵盖基础设施、房地产、供应链金融、中小企业、能源、文化艺术等多个行业，横跨货币市场、资本市场、实业市场三大领域，足迹遍布上海、北京、深圳、郑州、昆明、成都、南京等158个省市，成立以来业务得到蓬勃发展与跨越式增长。

华宝信托有限责任公司

华宝信托有限责任公司（简称"华宝信托"）成立于1998年，是宝钢集团有限公司旗下的金融板块成员公司，宝钢集团有限公司持股98%，浙江省舟山市财政局持股2%。华宝信托旗下控股华宝兴业基金管理有限公司（中法合资）。2011年1月，华宝信托注册资本金增加至20亿元（含1500万美元）。

华宝信托的大股东宝钢集团信誉卓著、实力雄厚，2012年位居《财富》世界500强企业榜第197位。秉承宝钢集团一贯的严谨规范作风，华宝信托始终以"受益人利益最大化"为经营理念，以专业化和差异化发展为基本战略，重点以资产管理与信托服务为两大主业，立足资本市场，不断强化能力建设、渠道建设和品牌建设。公司投研团队阵容整齐、资管实力强大、业绩持续良好，在信托行业中处于领先地位，取得多项行业第一。

2012年首推国内信托产品评级；2012年申请到第一个以信托计划名义设立的股指期货套保交易编码和套利交易编码；2011年成为首家获得股指期货交易业务资格的信托公司；2007年新"两规"颁布后首家获准换发金融牌照；2005年第一家取得人社部颁发的年金受托人及账管人资格；2005年第一家开展结构化证券信托业务；2004年第一家引入独立董事；2003年第一家在公开媒体开展信息披露；2003年第一家发起成立合资基金公司。

此外，公司2012年获得受托境外理财业务资格，2008年获得大宗交易系统合格投资者资格，2006年获得资产证券化业务资格，2005年首批获得新股发行询价对象资格，业务资格全面。

2006年起，华宝信托进入快速发展阶段，2006－2012年累计清算信托项目601个，成功兑付率100%。公司为投资者创造了良好收益，1998－2012年累计为客户实现收益315亿元。截至2012年底，华宝信托管理的信托资产规模已超2100亿元（含年金），稳居行业前列。华宝信托也为股东创造了良好收益，自1998年成立以来，华宝信托连续15年都实现盈利。

近年来，华宝信托在各类专业行业评选中多次荣获优秀公司、知名品牌、最佳创新、最佳经理、最佳产品等各类奖项。其中2012年，公司荣获《上海证券报》第六届"诚信托"评选卓越公司奖、《证券时报》第五届中国优秀信托公司评选"中国优秀信托公司"奖及"年度优秀理财管理团队"奖。公司还荣获第十五届上海市文明单位（2009－2010年度），为唯一入围的信托公司。2012年12月，华宝信托当选中国信托业协会第三届理事会副会长单位。

目前，华宝信托产品线投资范围涵盖证券、投融资、产融结合等领域；信托产品利用多种结构和工具覆盖了资本市场、货币市场、实体经济。同时，在风控方面华宝信托形成了由董事会及管理层直接领导，以风险管理部门为依托，相关职能部门配合，与各个业务部门全面联系的三级风险管理组织体系，公司治理结构及风险控制水平行业领先。

2012年，华宝信托从宝钢大厦迁入上海第一高楼——环球金融中心，掀开一页新的历史。公司业务以上海为中心，向长三角、珠三角、北京及周边等地区辐射。展望未来，华宝信托将以高端客户需求为核心，专注于证券、投融资、产融结合等专业领域，提供另类财富管理和综合金融解决方案，打造中国领先的综合金融服务商。

华宸信托有限责任公司

华宸信托有限责任公司成立于1988年；2005年，成功完成增资扩股工作；2007年，按照国家银监会的统一部署，顺利完成业务转型审批工作。目前注册资本为5.72亿元人民币。

"十一五"规划期间，华宸信托有限责任公司一方面紧紧围绕中央和内蒙古自治区确定的"保增长、扩内需、调结构、惠民生"的工作重点，积极贯彻适度宽松的货币政策，不断创新金融服务方式，全面加大对经济和社会发展的支持力度，在应对国际金融危机、推动社会经济平稳较快发展中发挥了积极的作用；另一方面不断提升资产质量、资本盈利能力等"硬实力"和法人治理、内控体系及管理手段等"软实力"。华宸信托高度的社会责任感和良好稳健的经营业绩得到了各界认可，国家银监会非银部、内蒙古银监局以及内蒙古国资委等上级主管部门领导多次视察公司，对公司所取得的成就给予了充分的肯定。近年来公司曾荣获"中国最具区域影响力信托公司奖”、“中国最佳基础设施信托计划奖”、“内蒙古自治区金融业务创新奖”、“内蒙古自治区诚信企业奖”、“最具创新理财团队奖”、“内蒙古自治区 A 级纳税企业奖”等奖项。

2011 年是华宸信托具有特殊意义的一年。在国际金融危机尚未结束，国内推行稳经济、调结构、控通胀的大背景下，公司又面临着股权结构调整的复杂局面。在股东单位和监管机构的大力关怀下，在董事会的正确领导下，公司紧紧抓住稳定、发展、创新三大主题，积极配合股权转让和增资扩股工作，加大业务转型和创新力度，努力开创公司各项工作的新局面。公司全年信托业务手续费收入占营业收入比例为 73.44%，比上年上升 22.87 个百分点，达到监管要求的最好水平，信托业务名副其实的成为公司的主营业务。公司相继推出的“华宸・鸿泰”基础设施建设系列产品、“华宸・金诚”房地产系列产品和“华宸・紫金”矿产资源开发系列产品等信托理财产品，较好地支持了地方经济和一批优质企业的发展，在推进地区新型工业化进程、改善民生等经济社会发展方面作出了积极贡献，在业内赢得较高美誉度。

“天行健，君子以自强不息”。2012 年是华宸信托将继续秉承“受人之托、代人理财”的信托宗旨，在专业化、特色化的发展道路上继续前进，为服务地方经济、维护社会和谐做出更大的贡献。

华能贵诚信托有限公司

华能贵诚信托有限公司(以下简称华能信托)，是中国华能集团旗下的专业从事信托业务的非银行金融机构，公司注册资本金 20 亿元。业务范围遍及全国，注册地为贵州省贵阳市。

2008 年 11 月，经中国银监会批准，华能资本服务有限公司对原贵州省黔隆国际信托投资有限责任公司增资扩股重组。2009 年 1 月正式更名为华能贵诚信托有限公司；2009 年 2 月，经中国银监会批准，公司换发新的金融许可证，按照“新两规”要求开展信托经营业务。

华能信托建立了权责制衡、界面清晰的公司法人治理结构；组建了高素质、专业化的业务管理团队；具备雄厚的产品研发、创新实力；构建了覆盖公司各类业务的操作流程、经营层级及四级镶嵌式风控体系；搭建了涵盖公司业务开展、财务管理、监管对接等需求的信息系统功能模块和信息管理系统。

华能信托除强化公司本部的功能建设外，分别在北京、上海、深圳、宁波等地建立业务联络处，现已形成以公司所在地市场为依托，以全国市场为支撑的业务发展格局。

在 2009 年公司实现高起点、稳起步的基础上，经过三年坚持不懈的努力，公司各项工作迈上一个新的台阶，标志着华能贵诚在国内外经济形势复杂多变和信托市场竞争不断加剧的背景下，成功地解决了公司长期面临的生存问题，初步实现了从重组型公司向发展型公司的转变，为公司工作更好更快的发展创造了较好的条件。

经营业绩

经济效益：2011 年公司新增信托规模 980 亿元，到期清算规模 467 亿元，存续规模由年初的 412 亿元增加到 925 亿元，完成年度计划目标的 206%；固有资产投资实现投资收益 2.25 亿元；资产保全工作实现不良资产清收 3383 万元；实现营业收入 7.56 亿元，为全年预算目标的 137%，比上年增长 178%；实现利润 5.03 亿元，为全年预算的 168%，比上年增长 229%。公司恢复营业累计发行信托规模 1639 亿元，累计实现利润 7.5 亿元。

社会效益：按照“立足贵州、服务贵州”的指导原则，公司重新开业积极参与地方经济建设，累计为贵州经济社会发展提供资金支持 128 亿多元，其中 90% 为黔外融资；为贵州当地提供税收近 3 亿元，成为贵州经济新的增长点。

客户服务：公司为合作银行提供中间业务收入 66 亿元；为投资者提供理财收入 98 亿元。

行业亮点：作为信托行业的后起者，经过三年的发展，公司从行业挂末位置上奋起直追，成为国内信托行业发展速度较快的公司之一，体现了增比进位、后发赶超的明显特点。

团队建设

“诚信、专业、创新、和谐”是华能贵诚信托的核心理念和企业文化精髓。全体员工齐心协力，立志于把公司建设成为业内有竞争力和影响力的资产管理和财富管理平台，依靠一流人才，提供一流服务，追求一流效益，创造一流业绩，完成客户赋予我们的使命，实现股东寄予我们的愿景，创造我们公司的美好未来。

诚信——是华能贵诚人的第一理念也是根本理念，体现了我们全体员工的以诚为本的经营信念和工作态度。我们忠诚于股东，为股东的利益最大化尽职尽责；我们忠诚于客户，为客户创造最大价值尽心尽力；我们忠诚于员工，为员工提供最优良的发展空间；我们忠诚于社会，为社会的和谐与发展添砖加瓦。

专业——我们秉持稳健扎实的工作作风，立志于打造一支具有专业受托理财理念和技能，能灵活运用各种金融工具和手段为客户创造财富和谋求利益的精英信托团队。

创新——我们营造开放环境，鼓励大胆创新，体察客户需求，挖掘业务潜力，开发创新产品，提升服务水平。

和谐——我们着眼持续发展，瞄准终极目标，提升股东权益，创造经济效益，构建和谐社会，实现美好梦想。

各部门职责

信托业务总部：信托业务总部的主要职责是根据公司总体战略发展目标，负责制订公司信托业务的发展规划和年度经营计划以及公司信托项目的立项、营销、动态管理、信息披露、项目清算等工作。

投资管理部：投资管理部负责存放同业、拆放同业、贷款、担保、租赁、投资等业务。其主要职责是负责制订公司固有业务年度经营计划，确定公司年度投资规模、品种、比例，以及风险控制措施。

资产保全部：资产保全部的主要职责是负责管理公司固有固定资产，办理非金融资产移交的后续工作。

合规与风险管理部：合规与风险管理部的主要职责是负责公司风险管理制度的建立、各项经营业务的合规性审查、风险监控等工作。

审计稽核部：审计稽核部的主要职责是负责对公司所属部门业务经营、财务收支、内部控制情况及其有关经济活动的合法合规性和效益性进行审计监督和检查。

人力资源部：人力资源部负责各类人员的选拔、配置、开发、考核和培养，制订并实施各项薪酬福利政策及员工职业生涯计划，为实现公司战略目标提供人力资源保证。

计划财务部：计划财务部的主要职责是负责建立健全公司财务制度，制定年度财务预算与综合计划，开展会计核算、年度决算和经济活动分析工作，是公司计划、财务、资金管理部门。

信托财务部：信托财务部的主要职责是负责建立健全信托业务财务制度，开展信托业务会计核算，定期编制信托财务报告，管理信托项目帐户及资金。

综合管理部：综合管理部主要负责公司研究发展；为维持公司正常运转提供必要支持及相关保障，承担信息系统维护、公文流转、对外联络、消防安全等日常事务性工作。

企业文化

公司重视人力资源的创造价值，将“人力资本”视为实现公司持续发展、提高市场竞争力的战略资源。坚持在实践中锻炼人才，在竞争中发现人才，在发展中评价人才，通过持续学习、教育和培训，有计划、有针对性地储备不同类别、不同层次的人才，不断提升人力能级、不断优化人力结构，努力打造一支数量质量兼顾、梯次结构合理、符合公司发展需要、精干、高效、高素质、职业化的员工队伍。

公司寻求人力资本价值实现最大化，在解决问题、创造价值的节点注入更多的知识和智能，持续创建学习型组织。为员工创造平等发展的机会，寻求人才资源的合理配置。

公司不断优化和整合组织架构，及时敏锐地对市场需求和变化做出反应，使人才机制、激励机制和管理机制愈加符合市场原则和具有强大的市场竞争力

华融国际信托有限责任公司

华融国际信托有限责任公司是中国华融资产管理公司在重组新疆国际信托投资有限责任公司（以下简称新疆国投）基础上于2008年5月19日设立的。新疆国投创建于1987年1月，是国内最早经营信托投资业务的公司之一。华融信托注册地新疆乌鲁木齐市中山路333号。法定代表人隋运生。公司注册资本15.18亿元，其中：中国华融资产管理公司持股14.79亿元，占比97.5%。

中国华融资产管理公司作为华融信托控股股东，为华融信托持续、稳健、快速发展注入了新的活力，全面提升了华融信托的形象与实力。公司股东还有：新疆维吾尔自治区国有资产监督管理委员会、新疆恒合投资股份有限公司、新疆凯迪投资有限责任公司。

华融信托在现代企业制度基础上建立了日臻完善的公司法人治理结构；拥有高素质、专业化的业务管理团队；具备雄厚的产品研发、创新实力并已形成卓越品牌；建立了涵盖各类业务操作流程、内控制度在内的较为完备的风险管理体系。

华融信托将充分依托中国华融资产管理公司的品牌、资源、机构网络等优势，充分发挥信托制度优势，充分发挥自身的专业、客户和团队优势，依法合规、稳健经营，专心致力于信托主业，不断提高公司市场竞争能力、风险控制能力、业务创新能力和运营管理能力，面向全国，将华融信托发展成一家专业优势突出、经营创新特色明显、规范经营、业绩优良、具有较强核心竞争力和可持续发展能力的国内一流的专业化金融服务机构。

华润深国投信托有限公司

华润深国投信托有限公司（以下简称“华润信托”或“公司”）是一家历史悠久、业绩领先、实力雄厚、品牌卓越的综合金融服务机构。

公司前身是成立于1982年、有“信托行业常青树”之称的“深圳国际信托投资有限公司”（简称“深国投”）。华润信托注册资本人民币26.3亿元，股东分别为华润股份有限公司和深圳市人民政府国有资产监督管理委员会。

多年来，华润信托在“让资产更智慧”的品牌口号引领下，始终坚持以客户为导向、持续创新，在结构金融、证券信托、股权投资、风险管理等诸多领域形成了独特的专业专长，为遍布海内外的高净值客户、高效益企业和高成长机构投（融）资者提供了优异的、定制化和差异化的金融解决方案。在国内信托行业开创了多个第一：第一支开放式证券投资信托计划；第一支限制性股票激励计划；第一支企业现金流资产证券化信托计划；第一个组合基金信托产品系列（托付宝TOF）；第一支煤炭资源整合并购基金等。

公司自2006年加入卓越央企、《财富》全球500强企业之一华润集团后，成为了华润七大战略业务单元之一华润金融控股旗下的骨干企业。

2012年，华润信托全年实现净利润13.48亿元（合并口径，下同），ROE达14.20%；总资产119.47亿元，净资产101.73亿元；管理的信托资产规模达1,865亿元，同比增长47.5%；全年共实现信托业务收入11.66亿元，同比增长66.6%。

30年来，多次荣获过如“中国优秀信托公司”等诸多荣誉。同时华润信托连续担任中国信托业协会理事会副会长及理事单位。

2012年，华润信托全年实现净利润13.48亿元（合并口径，下同），ROE达14.20%；总资产119.47亿元，净资产101.73亿元；管理的信托资产规模达1,865亿元，同比增长47.5%；全年共实现信托业务收入11.66亿元，同比增长66.6%。

30年来，多次荣获过如“中国优秀信托公司”等诸多荣誉。同时华润信托连续担任中国信托业协会理事会副会长及理事单位。

华鑫国际信托有限公司

华鑫国际信托有限公司（简称“华鑫信托”）于2010年2月9日获得中国银行业监督管理委员会批准重新登记，注册地为北京，在业务上受中国银行业监督管理委员会的监督和管理，控股股东为中国华电集团公司，公司注册资本金22亿元人民币。

华鑫信托以“受人之托、代人理财”为根本，秉承“稳健经营，价值至上”的理念，坚持面向市场，为客户提供全面、专业、特色金融服务。结合自身优势，华鑫信托形成了具有鲜明特色的发展思路。公司以能源和基础产业信托业务为核心，坚持多领域经营；以提供多元化、专业化、特色化金融服务为手段，坚持业务创新；以全面风险管理为保障，坚持稳健经营，规范运作。主要经营的信托业务包括：资金信托；动产信托；不动产信托；有价证券信托；其他财产或财产权信托；作为投资基金或者基金管理公司的发起人从事投资基金业务；经营企业资产的重组、购并及项目融资、公司理财、财务顾问等业务；受托经营国务院有关部门批准的证券承销业务；办理居间、咨询、资信调查等业务；代保管及保管箱业务等。主要自营业务包括：存放同业；拆放同业；贷款业务；租赁业务；投资业务；以固有财产为他人提供担保；同业拆借；法律法规规定或中国银行业监督管理委员会批准的其他业务。

按照《公司法》、《信托公司治理指引》和现代企业制度建设的要求，公司确立了法人治理基本架构。制定了包括公司

业务操作、财务管理、风险管理、信息化建设在内的制度，形成了一套较为科学合理的制度体系。坚持以客户为中心、以业务为主线，建立起各类风险的监测、评估、处置等工作机制，保证风险可控在控。按照精干、高效原则，引进和培养了一批年富力强、从业经验丰富、有较强管理水平和开拓能力的高素质、专业化人才。公司努力提升盈利能力、人才支撑能力、执企能力、科学发展能力、风险管控能力，打造核心竞争力，努力把公司建设成为业绩优良、管理先进、科学发展、质形俱佳、值得信赖，具有核心竞争力，同业一流的专业化国际化信托公司。

华信信托股份有限公司

一、简介

华信信托股份有限公司是经中国银监会批准开展营业性信托业务的非银行金融机构，是目前辽宁省唯一一家信托公司。注册资本金33亿元。

在中国银监会组织的全国信托业监管评级中，华信信托为北京、上海以外注册的唯一一家连续多年获评最高等级的信托公司。

成立30余年来，华信信托依法合规，恪守诚信，稳健经营，在服务经济的同时，自身也取得了长足发展。固有业务方面，积极投资金融领域，目前为大通证券第一大股东，与大通证券共同控股良运期货，并参股了大连银行、丹东银行等金融机构。2012年末，华信信托净资产55亿元，主要经营管理指标列地区和全国同业前列。

信托业务方面，以提升资产管理能力为核心，先后发起设立基础设施建设项目投资类、金融资产受让类、证券投资类、房地产投资类、工商企业投资类、私人股权投资等多种类型的信托计划。自2002年开办信托业务以来，管理的信托计划到期全部按期兑付，投资者实际获得的收益率均达到或者超过产品发行时的预期收益率。

二、发展历程

大连华信信托股份有限公司是经中国银行业监督管理委员会批准开展营业性信托业务的非银行金融机构，注册资本金30亿元，是目前辽宁省惟一的信托公司。

1981年，公司设立，原名中国人民银行大连市信托投资公司；

1985年，中国人民银行与中国工商银行分设，划归中国工商银行，更名为中国工商银行大连市信托投资公司；

1988年，作为当时全国首批14家金融企业股份制试点单位之一，改制为股份有限公司——中国工商银行大连信托投资股份有限公司；

1997年，与中国工商银行脱钩，更名为大连华信信托投资股份有限公司；

2001年，经中国人民银行批准，成为全国首批、东北地区首家完成重新登记的信托投资公司；

2002年，发行首只集合资金信托计划；

2005年，中国信托业协会成立，公司成为协会理事单位之一；

2006年，成为大通证券股份有限公司第一大股东；

2007年，重新换发了金融许可证，更名为大连华信信托股份有限公司；

2008年，成为百年人寿保险股份有限公司并列第一大股东；

2009年，成为中国信托业协会副会长单位。

三、业务范围

公司本业务范围如下。

(1)资金信托；

(2)动产信托；

(3)不动产信托；

(4)有价证券信托；

(5)其他财产或财产权信托；

(6)作为投资基金或者基金管理公司的发起人从事投资基金业务；

(7)经营企业资产的重组、购并及项目融资、公司理财、财务顾问等业务；

(8)受托经营国务院有关部门批准的证券承销业务；

(9)办理居间、咨询、资信调查等业务；

(10)代保管及保管箱业务；

(11)以存放同业、拆放同业、贷款、租赁、投资方式运用固有财产；

(12)以固有财产为他人提供担保；

(13)从事同业拆借；

(14)法律、法规规定或中国银行业监督管理委员会批准的其他业务。

吉林省信托有限责任公司

吉林省信托有限责任公司是吉林省唯一一家专业从事金融信托业务的非银行金融机构。2009年3月，按照信托新法规的要求，经中国银监会批准，公司重新换发了新的金融许可证，是吉林省发展信托产业宝贵的金融平台。公司注册资本15.97亿元，管理信托资产规模320亿元。

公司坚持“规范经营、注重效益、防范风险、稳健拓展”的方针，逐渐发展成为东北地区规模较大、资产质量最好的信托公司，所开发的信托产品涉及基础设施、能源、交通、房地产等诸多行业及产业。除信托业务外，吉林信托还控股天治基金公司、天富期货经纪公司，参股东北证券、亚泰集团、吉电股份、辽源得亨等多家上市公司，逐步形成以信托为主业，涵盖商业银行、证券、基金、期货等业务领域的金融控股公司。

最近两年，公司信托资产规模增幅和收益增幅在全国同行业中均名列前茅，公司业务结构发生了根本性转变。市场化的经营模式使吉林信托在全国同行业中成为具有相当影响力和竞争力的信托公司。

在国家“振兴东北老工业基地”的政策引导下，吉林省日益强大的发展后劲必将给吉林信托的超常规发展提供巨大的展业空间，公司将通过深度参与“振兴吉林”的各个领域和层面，在支持和服务地方经济建设的同时，实现自身的不断发展壮大，为社会和公众提供值得信赖的高质量的信托理财和财富管理服务。

建信信托有限责任公司

建信信托有限责任公司(简称“建信信托”)是经中国银监会报请国务院批准，由中国建设银行投资控股的非银行金融机构，2009年8月公司正式重组运营，2011年公司成为由中国银监会直接监管的8家信托公司之一。截至2011年末，公司注册资本15.27亿元，净资产47.02亿元，位居行业前列。

建信信托秉承“诚信、审慎、求新、共赢”的核心价值观，融合中国建设银行在品牌、渠道、管理以及项目资源上的强大优势，市场营销、产品创新能力不断提升；信托、固有两大业务体系协同并进；投资、融资功能不断完善；内控水平、风控体系显著加强；高素质核心业务团队成长迅速，具备了积极推动理财专业化、投资多元化的不断满足投融资各方金融需求的市场专业能力，从而为真正实现——“为客户提供优质服务，为股东创造最大价值，为员工搭建广阔平台，为社会承担应尽责任”的现代化金融企业的发展目标奠定了坚实的基础。

建信信托以建设一流信托公司为目标，近年来信托资产规模增幅在同行业中名列前茅，企业竞争力、品牌影响力显著增强，市场地位不断提升。2011 年在证券时报组织的第四届中国优秀信托公司评选活动中，被评为“中国最具成长性信托公司”。

江苏省国际信托有限责任公司

江苏省国际信托有限责任公司是江苏省国信资产管理集团有限公司控股的非银行金融机构，注册资本金人民币 24.8 亿元，是 1984 年经中国人民银行总行批准成立的国有非银行金融机构。2002 年公司获准重新登记，现为中国信托业协会会员、理事单位。公司在信托法框架下开展了基础设施类信托、不动产投资信托、阳光私募信托基金、资产证券化（流动化）信托等多种信托业务，在固有业务项下开展有中短期贷款、证券投资、金融股权投资等。公司现为江苏银行第一大股东。

江苏信托成立三十年来，坚持“发展、创新、高效、稳健”的经营理念，发挥“受人之托、代人理财”的特点，立足信托本业，探索业务创新，加强人才开发，完善治理结构，改善经营机制，经济效益稳步增长，切实维护了受益人的最大利益。公司综合实力位列全国同行前列，综合指标在江苏地方金融机构中名列前茅。2011 年公司实现利润总额 9.36 亿元，净资产收益率达 18%，人均利润达 1500 万元。

展望未来，江苏信托将继续坚持发展为第一要务，以客户需求为导向，以资产管理为平台，以风控管理为保障，以业务创新为手段，把公司发展成为产品线丰富，财富管理能力强，立足江苏、面向全国、健康和谐的现代化金融机构。

大事记

1981 年 10 月，江苏省国际信托投资公司经国家外资管理委员会和江苏省人民政府批准正式成立；

1984 年 8 月，中国人民银行总行批准江苏省国际信托投资公司为国有非银行金融机构。

1994 年 7 月，江苏省投资公司并入江苏省国际信托投资公司，江苏省国际信托投资公司注册资本金变更为人民币 66,000 万元。

1997 年 2 月，经中国人民银行批复，江苏省国际信托投资公司注册资本金由人民币 6.6 亿元增加至人民币24.84亿元（其中含外汇 6,000 万美元）。

2001 年 8 月，江苏省人民政府决定对江苏省国际信托投资公司和江苏省投资管理有限责任公司进行集团化重组改制，组建江苏省国信资产管理集团有限公司。

2002 年 8 月，经中国人民银行批准，江苏省国际信托投资公司予以重新登记，并更名为“江苏省国际信托投资有限责任公司”。

2002 年 3 月，第一个信托计划“投资管理电力信托”设立发行，规模 2 亿元，投资者年收益 4.2%。

2006 年底，江苏信托投资江苏银行 11.592% 的股权，成为其第一大股东。

2007 年，公司荣获“江苏省省级精神文明工作先进单位”。

2007 年 6 月，根据新两规要求，经中国银监会批准，江苏省国际信托投资有限责任公司更名为“江苏省国际信托有限责任公司”，同时变更业务范围。

2011 年 2 月，全国社保基金南京保障房项目信托合作协议签字仪式在南京举行。这是全国社保基金以信托产品形式投资保障性住房在国内启动的第一单，也是江苏信托成立发行的首只保障房项目资金信托产品。

2011 年 7 月，江苏信托赴港参加苏港金融业合作推介会。江苏信托与英国 LawDebentureChinaLimited 签署了合作协议。

2011 年 11 月，江苏信托收到中国人民银行上海总部批复，正式获准进入全国银行间同业拆借市场，成为全国银行间同业拆借市场成员。

交银国际信托有限公司

“交银国际信托有限公司”（以下简称“公司”）成立于 1981 年 6 月，原名为湖北省国际信托投资公司，注册资本 1 亿元人民币。2001 年 12 月，按照中国人民银行关于信托投资公司清理整顿和重新登记的有关要求，公司改制并更名为湖北省国际信托投资有限公司，并于 2003 年 1 月经中国人民银行核准重新登记。2007 年 5 月，经中国银监会批准，公司引进交通银行股份有限公司实施战略重组。重组完成后，公司更名为“交银国际信托有限公司”，注册资本 12 亿元人民币，交通银行股份有限公司持有 85% 的股份，湖北省财政厅持有 15% 的股份。公司注册资本分别于 2011 年 12 月增加至 20 亿元人民币，2013 年 3 月增加至 31.76 亿元人民币，2013 年 11 月增加至 37.65 亿元人民币，股东出资比例均不变。

公司是国内首家由国有股份制商业银行直接投资控股的信托公司，拥有一批具有商业银行、投资银行、信托、基金等资深从业背景的专业团队，并拥有交通银行强大的实力背景、完善的资源网络和卓越的品牌信誉支持。自成立以来，秉承“受人之托，代人理财”的经营宗旨和诚信服务的管理理念，根据客户的资产状况和风险偏好，利用信托制度及其独特的功能设计，竭诚提供跨市场、多领域、跨地区的财富管理、项目融资和受托托管等专业化信托服务，以优质周到的服务赢得赞誉。

陆家嘴国际信托有限公司

陆家嘴国际信托有限公司（简称“陆家嘴信托”）是上海陆家嘴金融发展有限公司控股的信托机构，2012 年 2 月经中国银监会批准重新登记，注册资本为 10.68 亿元，并计划逐步增资至 30 亿元。公司注册地为青岛，在上海设立管理总部，在部分城市设立业务团队。

公司秉持“心所善，可信托”的价值文化，不断追求卓越，赢得市场信赖；倡导“高起点，可持续”的经营理念，发挥后发优势，实现跨越发展，力争在三至五年内成为稳健经营、规范管理、业绩卓著、持续发展的信托公司，并最终将自身打造成为国内一流的致力于资产管理与财富管理的专业金融机构。公司建立了较为完善的内控机制，组建了专业的业务团队，导入了科学的管理工具，实施了先进的信息系统，为进一步培育核心竞争力、实现稳健成长奠定坚实基础。

公司依托公司治理优势及资源优势，围绕建设“上海国际金融中心”和“青岛蓝色经济区”的国家战略，立足区域经济建设，辐射长三角、山东半岛等广阔区域，将以追求完美的信托价值为己任，服务社会，造福民生，为客户创造价值。

平安信托投资有限责任公司

平安信托有限责任公司（以下简称“平安信托”）成立于1996年4月9日，是中国平安保险（集团）股份有限公司（以下简称“中国平安”）的控股子公司，是中国平安在中国香港联交所（2318.HK）和上海证券交易所（601318）整体上市的重要组成部分。

2002年2月，平安信托经中国人民银行批准重新注册登记。注册资本经过了四次增资扩股，增加到目前的人民币69.88亿元，是国内注册资本最大的信托公司。

2010年5月24日，平安信托完成了公司名称变更的工商变更登记，公司名称由“平安信托投资有限责任公司”变更为“平安信托有限责任公司”。

平安信托致力于为个人高端客户和机构客户提供综合而多样化的信托理财产品、高品质的投融资服务，并提供度身定制的全方位财富管理服务。包括资金信托；动产、不动产信托；有价证券及其他财产或财产权信托；作为投资基金或者基金管理公司的发起人从事投资基金业务；经营企业资产的重组、购并及项目融资、公司理财、财务顾问等业务，并积极拓展在物业投资、基建投资和私人股权投资等方面的业务。

平安信托各项业务发展良好，资产质量优良，并拥有良好的公司治理架构、健全的风险管控体系、强大的信息支持系统和优秀的专业投资管理团队。

平安信托的信用风险资产不良率为0.21%，是全国资产质量最好的信托公司之一；也是首批取得推行外汇信托产品、资产证券化业务资格、境外理财业务资格的信托公司之一；凭借优良的资产质量、积极的创新精神、优秀的管理水平和良好的服务平台，平安信托屡获行业认可，先后荣获《证券时报》、《上海证券报》、《21世纪经济报道》等权威机构评出的“中国商业地产最佳投融资机构”、“中国信托公司最佳创新奖”、“最优秀信托公司”、“最具社会责任信托公司”、“年度最佳服务团队”、“卓越信托公司”等众多荣誉奖项。

2012年，公司全年实现净利润15.30亿，同比增幅高达43.87%，位居信托行业前列。信托资产管理规模持续攀升至2120.25亿元，其中，体现信托公司主动管理能力的集合信托资产规模居行业前列；至2012年末，平安信托累计高净值客户突破2万人。

本着创新、专业、稳健、可靠的经营理念，平安信托将进一步强化投资能力和投资品牌的建设，增强资本市场的产品创新能力及开放式平台的建立，推动运营平台完善，对各项客户服务流程进行优化，有效发挥后援集中优势，全面提升客户体验，努力成为以客户为导向，为客户提供个性化财富管理服务的高端财富管理机构，逐步发展成为中国最大、最优秀、最具创新能力的第三方资产管理公司。

山东省国际信托有限公司

山东省国际信托有限公司（以下简称山东信托）成立于1987年3月，时称山东省国际信托投资公司，是经中国人民银行和山东省人民政府批准设立的非银行金融机构，注册地为山东省济南市。2002年8月，山东信托完成增资改制和重新登记工作，由国有独资公司转变为有限责任公司，名称变更为山东省国际信托投资有限公司。2007年6月，获得中国银监会批复同意，名称变更为山东省国际信托有限公司。

山东信托自成立以来，始终坚持稳健经营、规范运作，现已发展成为以经营管理资金信托、财产信托、融资租赁、证券投资基金和资产管理为支柱业务，拥有丰富的投资管理和融资服务经验的大型金融公司。2007年中国银监会实施信托“新两规”以来，山东信托致力于运用信托平台服务经济社会发展，积极为政府机构、工商企业和重点项目以及广大投资者提供金融支持和理财服务，特别是面向一般社会投资人的集合信托业务快速发展，社会影响力不断扩大。2010年，公司荣获“山东省金融创新奖”、“中国阳光私募最佳创新信托公司金樽奖”。2011年，公司荣获“最受公众喜爱的信托公司奖”、“山东财经风云榜最具成长性金融类机构奖”、“中国阳光私募最佳服务信托公司金樽奖”。

一、信托业务

山东信托一直致力于运用信托平台服务经济社会发展。2002年重新登记以来，凭借良好的信誉和专业化的理财经验，山东信托积极创新金融产品，综合运用各种金融工具，取得了良好的业绩。特别是2007年6月获得中国银监会批准换发金融许可证后，山东信托用一年多的时间完成了业务转型。目前，已经形成了以证券信托、产业信托、上市公司股权质押信托、私募股权（PE）信托、艺术品信托、房地产投资信托为主，品种齐全，形式多样的产品线。截至2012年6月末，信托公司管理的信托资产余额1,478.25亿元。投资领域从传统的产业、证券、城市基础设施、房地产，扩展到酒、钻石、艺术品等新型品种，为广大投资者提供了多样化的理财产品，也为国民经济和社会发展做出了自己的贡献。

二、自营业务

近年来，山东信托积极把握金融产业政策，致力于打造金融、类金融综合服务平台。目前，公司主要控股泰信基金，参股富国基金、民生证券、泰山财产保险、德州商业银行、邹平浦发村镇银行等金融机构和泰山文化艺术品交易所等类金融机构，同时也在积极研究入股租赁公司、期货公司以及其他商业银行。截至2012年6月末，泰信基金旗下共有12只公募基金产品，资产管理规模为72.76亿元。

三、政府基金管理业务

山东信托受山东省政府委托经营管理省基本建设基金。截至2012年6月末，省基建基金规模为127.7亿元，实现收入6.38亿元；省发展投委托资产规模为8.65亿元。该基金设立以来，有效发挥了资金杠杆作用，累计带动投资1000多亿元，先后支持重点工程、重大项目900多个。该基金参与投资的多个项目，在行业内均有较好的知名度和影响力。由该基金发起设立的山东华能发电股份有限公司于1994年在纽约证交所挂牌上市，山东国际电源股份有限公司于1999年在中国香港联交所挂牌上市。以该基金出资、由山东信托作为股东参股了山东航空公司、济南国际机场、海阳核电以及与中国石化合作的青岛炼化公司、与铁道部合作的胶济客运专线等。通过参与上述项目，不仅提升了山东信托项目管理能力，也为山东信托赢得了良好的企业形象。

四、国际业务

2002年重新登记之前，山东信托作为山东省政府的对外融资窗口，积极开拓国际资本市场，与国际上多家金融机构建立了良好的业务合作关系，1992 年在日本成功发行武士债券，1993 年在新加坡成功发行小龙债券，于 1999 年底前对持有人全部按期偿还，山东信托成为全国第一家按期足额偿还全部外债的信托公司，展现了良好的国际信誉，中国人民银行总行对此给予了高度评价。多年来，山东信托累计融入中长期及短期外汇资金 60 多亿美元，支持全省 1000 多个建设项目。良好的国际业务合作积淀，为公司拓展国际间的信托业务合作，为境内外客户提供财富管理、咨询以及其他金融服务打下了良好基础。近年来，山东信托与外资银行合作，先后推出了多支外汇理财产品和人民币挂钩境外理财产品。

在山东信托成长的第三个十年，我们将坚持"专业、诚信、勤勉、成就"的核心价值观和"山东信托、可信可托"的经营理念，通过优质的专家理财、诚信的职业道德打造一流的金融品牌，创造一流的信托公司，为广大客户分享经济发展的成果做出更大的贡献。

山西信托有限责任公司

一、简介

山西信托是由山西省信托投资公司改制而成，于 2002 年 4 月 1 日正式获准重新登记，是经中国人民银行和山西省人民政府批准保留的山西唯一一家信托机构。公司注册资本金人民币 10 亿元，其中美元 2414 万元。2007 年 8 月公司经中国银行业监督管理委员会批复，公司名称由"山西信托投资有限责任公司"变更为"山西信托有限责任公司"。有 3 家股东单位组成，分别为：山西省国信投资（集团）公司、太原市海信资产管理有限公司、山西国际电力集团有限公司。

为了适应不断变化的市场环境，保持公司的良好发展态势，公司将坚持以科学发展观统领公司发展全过程，紧紧围绕公司战略发展目标，规范经营，稳健发展，执着追求，勇于创新，努力提高核心竞争力，加快业务调整步伐，实现合理盈利模式，构建学习型、效益型、和谐型公司，充分实现股东权益、社会效益和员工利益的最大化，逐步将公司发展成为全国一流的信托机构，成为具有一定影响力的专业理财机构。

二、经营范围

（1）资金信托；

（2）动产信托；

（3）不动产信托；

（4）有价证券信托；

（5）其他财产或财产权信托；

（6）作为投资基金或者基金管理公司的发起人从事投资基金业务；

（7）经营企业资产的重组、购并及项目融资、公司理财、财务顾问等业务；

（8）受托经营国务院有关部门批准的证券承销业务；

（9）办理居间、咨询、资信调查等业务；

（10）代保管及保管箱业务；

（11）以存放同业、拆放同业、贷款、租赁、投资方式运用固有财产；

（12）以固有财产为他人提供担保；

（13）从事同业拆借；

（14）法律法规规定或中国银行业监督管理委员会批准的其他业务。

以上业务范围包括本、外币业务。

陕西省国际信托投资股份有限公司

陕国投前身为 1984 年设立的陕西省金融联合投资公司（简称陕金联），陕金联的设立，标志着陕西现代信托业的诞生；1992 年，公司在省内首批进行了股份制改造试点；1994 年 1 月 10 日，公司在深圳证券交易所上市，标志着中国非银行金融上市机构的诞生；2008 年 8 月，中国银监会为我公司换发了新的金融许可证。陕国投目前是中西部地区唯一的上市信托公司和陕西省最早的省属上市金融企业。陕国投实际控制人为陕西省国资委。

28 年来，陕国投积极发挥信托投融资功能支持地方经济建设，为大批企业和项目提供了大量信托贷款、信托投资、融资租赁、信用担保、财务顾问、风险投资等优质金融服务，同时推动公司自身得到快速发展，诚信铸就了良好的"陕国投"品牌。

陕国投发展过程中，始终得到了省委、省政府及省金融办、省国资委、陕西银监局、陕西证监局、深交所等的正确领导和大力支持。陕西省省长赵正永分管陕国投期间，两次寄语公司："深化改革，强化管理，狠抓经营，提升服务，严控风险，不断创造良好业绩，不辜负省政府对你们的期望"；"国际信托加强管理、创新经营、成效明显，希望再接再厉，再上新台阶"。分管陕国投的娄勤俭常务副省长多次肯定了公司近几年的发展成绩，并在公司视察时希望陕国投抓住"十二五"战略机遇期，为我省经济发展提供更优质的金融服务。陕国投连年被陕西省政府评为"优秀金融企业"；连续被陕西省国资委考核评比为 A 级省属企业。2011 年被评为"中国最具区域影响力信托公司"；公司被评为"西安市著名商标"、"陕西省著名商标"；有多款信托产品被授予创新奖。

当前，陕国投以"十二五"发展为新起点，着眼公司持续发展和股东利益最大化目标，将深入践行科学发展观，大力实施管理创新和业务创新，不断优化人力资源配置，优化市场化运行机制，持续强化风险管理机制，有效发挥金融在经济发展中的核心作用，为省内外交通、城市基础设施、能源、重化工、装备制造、房地产等优势产业提供金融服务，实现信托主业与自有资金投融资业务的协同发展，把陕国投打造成国内一流专业理财金融机构。

上海爱建信托有限责任公司

上海爱建信托有限责任公司（以下简称"爱建信托"）是由上海爱建股份有限公司投资组建，经中国人民银行及国家外汇管理局批准成立的专业信托金融机构。公司创建于 1986 年 8 月，前身为上海爱建金融信托投资公司，是全国首家民营非银行金融机构，注册资本金人民币 10 亿元。2001 年 12 月，公司获中国人民银行批准重新登记。2012 年 4 月，公司获中国银监会批准换领新金融许可证。2012 年 5 月，公司申领新的营业执照，公司名称变更为上海爱建信托有限责任公司。2012 年 6 月，公司注册资本金增至人民币 30 亿元。

爱建信托业务范围涵盖资金信托；动产信托；不动产信托；有价证券信托；其他财产或财产权信托；作为投资基金或者基金管理公司的发起人从事投资基金业务；经营企业资产的重组、购并及项目融资、公司理财、财务顾问等业务；受托经营国务院有关部门批准的证券承销业务；办理居间、咨询、资信调查等业务；代保管及保管箱业务；以存放同业、拆放同业、贷款、租赁、投资方式运用固有财产；以固有财产为他人提供担保；从事同业拆借；法律法规规定或中国银行业监督管理委员会批准的其他业务。

爱建信托自成立以来，一直发扬“爱国建设”的精神，坚持“稳中求进”的理念，诚信经营，开拓创新，为国家尤其是为上海的许多重大项目提供了大量的金融服务，取得了较好的社会效益和经营效益。公司连续多年被评为全国500家最大的服务性企业；多次被评为上海市级文明单位；被上海市外经贸委评为上海市外经贸委系统先进集体；被上海市财政局、税务局授予“纳税信用A类企业”；被中国人民银行上海市分行评为银行信贷登记咨询系统建设先进集体；成功推出了全国第一个规范的资金信托计划——上海外环隧道项目资金信托计划，被誉为“信托业立春”的标志性事件。

爱建信托充分发挥信托制度综合理财优势，在有效防范风险的基础上，积极开拓信托本源业务，资金信托业务、投资银行业务、资产信托业务，取得了快速的发展，通过有效发挥自身专业理财能力和经营优势，得到了广大客户的认可。公司将继续秉承“受人之托、代人理财”的信托宗旨，以有效的风险内控措施、高效的投资管理团队、全方位的金融理财服务、尽职的项目流程管理，努力成为资产质量一流、赢利能力一流、服务质量一流的国内外著名信托公司。

四川信托有限公司

四川信托有限公司（英文名称：Sichuan Trust Co.，Ltd.）是在四川省信托投资公司、四川省建设信托投资公司历经十一年整顿重组，最终吸收和兴证券股权、华西证券股权和川信红照壁大厦三项资产进行合并的基础上，引入战略投资者而设立的信托公司。公司经中国银监会批准，经四川省工商行政管理局正式登记注册，注册资本为13亿元人民币，注册地址为四川省成都市锦江区人民南路2段18号川信红照壁大厦。

公司共10家股东，均为国内、省内的大型企业，实力雄厚，知名度高。其中控股股东四川宏达（集团）有限公司系我国大型民营企业，拥有近300亿元总资产，位列中国民营企业500强第23位。第二大股东中海信托股份有限公司是首批获准更换金融许可证的六家信托公司之一，荣膺“2009年卓越公司奖”并连续两次获得“中国优秀信托公司”奖项，目前管理信托资产约1,370亿元。其余股东分别为：四川宏达股份有限公司、四川豪吉食品（集团）有限责任公司、汇源集团有限公司、成都铁路局、四川省投资集团有限责任公司、四川成渝高速公路股份有限公司、中铁八局集团有限公司、中国烟草总公司四川省公司。

苏州信托有限公司

苏州信托有限公司（以下简称“苏州信托”）是经中国银行业监督管理委员会批准设立的具有独立法人资格的非银行金融机构。其前身是苏州市信托投资公司，最早于1991年4月经中国人民银行批准设立。2002年重新注册登记。

2008年5月20日，苏州信托获中国银行业监督管理委员会批复，引进联想控股和苏格兰皇家银行（RBS）为其战略投资人，注册资本金增至5.9亿元人民币。并且在公司治理、风险管理和项目合作等方面获得了全球性经验和资源支持。2012年，完成二次增资，注册资本金增至12亿元人民币。

苏州信托秉承“受人之托，代人理财”的宗旨，以“独具特色的财富受托人”为愿景，紧紧抓住苏州经济高平台快速发展的良好机遇，为苏州城市建设提供优质的金融支持，为客户提供特色化的信托产品和综合的理财服务。

主要业务如下。

（1）资金信托；

（2）动产信托；

（3）不动产信托；

（4）有价证券信托；

（5）其他财产或财产权信托；

（6）作为投资基金或者基金管理公司的发起人从事投资基金业务；

（7）经营企业资产的重组、购并及项目融资、公司理财、财务顾问等业务；

（8）受托经营国务院有关部门批准的证券承销业务；

（9）办理居间、咨询、资信调查等业务；

（10）代保管及保管箱业务；

（11）以存放同业、拆放同业、贷款、租赁、投资方式运用固有财产；

（12）以固有财产为他人提供担保；

（13）从事同业拆借；

（14）法律法规规定或中国银行业监督管理委员会批准的其他业务。

天津信托有限责任公司

天津信托有限责任公司（以下简称“天津信托”或“公司”）由中国人民银行天津市分行创建，于1980年10月20日成立，并于同年11月1日正式对外营业，是国内最早成立的信托投资机构之一。2002年9月14日，中国人民银行银复（2002）263号《中国人民银行关于天津信托投资公司重新登记有关事项的批复》批准，天津信托完成了重新登记。2009年6月，经银监会批复，公司名称变更为天津信托有限责任公司，注册资本金为15亿元人民币。

天津信托成立以来，历经国家信托行业五次整顿，几经改变控股方，屡易其名，一直获准单独保留，是全国仅有几家自始至终获准单独保留三十二年的信托公司之一。

天津信托具有完善的法人治理结构，具有行之有效的内部控制机制。公司注重风险管控体系的建设，不断提升整体风险控制能力。公司秉承“合规经营、谨慎经营”的优良传统，恪守“诚实、信用、谨慎、有效”的经营理念，充分发挥“受人之托、代人理财”基本职能。积极参与经济与社会建设，为社会提供灵活多样的金融服务。长期以来，天津信托开发和完善了集合资金信托、单一资金信托、股权投资、权益收购、融资租赁、指定项目信托等业务品种，围绕重点工程、基础设施建设、能源交通、企业集团、小微企业、现代物流、房地产开发、教育和高新技术等产业发展，推出一系列信托产品，将合格投资人的委托资金转变为投资资金，既满足委托人资金保值增值的需求，又服务天津市经济社会各项事业的发展。

天津信托凭借优良的资产质量、卓越的管理水平和良好的服务，获得社会各界的认可，曾荣获《21世纪经济报道》等权威机构评出的“金融理财金贝奖”，即第二届“年度最佳风险控制团队”、第三届“年度优秀信托理财团队”；荣获天津银监局和天津市银行业协会授予的天津市银行业迎奥运优质服务年“明星服务机构”。

天津信托将继续严格按照《信托法》、《信托公司管理办法》等相关法规和行业监管要求开展各项业务，继续弘扬“对社会负责、对客户负责、对股东负责、对员工负责”的企业精神,恪守委托人利益至上的信托理念,不断强化业务创新能力,始终如一地为客户提供专业化的金融信托服务。

五矿国际信托有限公司

五矿国际信托有限公司(以下简称“公司”),是中国五矿集团旗下的专业从事信托业务的非银行金融机构。

公司于2010年10月8日,经中国银行业监督管理委员会批准,在原庆泰信托投资有限责任公司完成司法重整的基础上,变更设立。注册资本金:20亿元人民币。注册地址:青海省西宁市。

公司股东:五矿资本控股有限公司(66%);西宁城市投资管理有限公司(21.5%);青海省国有资产投资管理有限公司(12.44%);青海华鼎实业股份有限公司(0.06%)。

公司秉承中国五矿集团“珍惜有限,创造无限,服务为本,自强不息”的核心理念,坚持“至诚至信、稳健规范、专业服务、合作共赢”的经营方针,充分发挥“中国五矿”的品牌影响力和五矿集团的整体协同效应,依托青海省的资源优势,以专业化、差异化和精细化为战略取向,构建权责制衡、科学完善的法人治理结构,建立系统、全面的内控及风险管理体系,建立市场化的激励约束机制,打造高素质、职业化的业务运营团队,发挥专业的金融策划、资产管理、产品营销及风险管理能力,力争成为国内一流、具有核心竞争优势的综合型信托公司。

企业文化:核心理念是诚信、规范、创新、发展;

核心竞争力是五矿信托将通过核心能力的不断增强,以业内领先的专业技能和诚信求精的专业态度为客户提供优质可靠的服务。核心能力主要体现在以下四个方面。

金融策划:金融服务的核心竞争力在于创新,信托和其他各个金融业态相比,其独特魅力在于其提供的服务可以和人的想象力相媲美。五矿信托将致力于打造高水准的金融策划能力,整合各种资源,运用多样化的金融工具,经过专业设计,使五矿信托能够为客户提供全方位的金融策划服务。

金融营销:通过了解各类投资者的需求,帮助客户寻找到适合自己的金融产品,为满足客户的需求,五矿信托将致力于打造现代的市场营销理念,建立起系统的营销体系,培育一支高效的营销团队,进而全面提升金融营销能力。

资产管理:企业的核心价值体现于企业的核心经营能力。信托公司的核心经营能力体现在资产管理能力。借助集团自身特有的行业优势,整合各种资源,在资源矿产相关行业投资基金、房地产信托等领域,突出重点,集中优势,形成具有自身特色的资产管理能力。

风险管理:金融业经营的本质是风险管理。五矿国际信托将在法人治理、内部控制、业务流程、信息管理、企业文化等各个方面打造全面的风险管理能力。

西藏信托有限公司

西藏信托有限公司成立于1991年,是一家经营历史超过20年的非银行金融机构。凭借稳健经营的理念、因时而变的经营策略,公司始终未出现大的风险。历经信托行业6次清理整顿,成为信托公司中得以保存的10%不到的少数机构。过去十年公司保持了持续盈利,资产质量优良、业务领域不断扩大,逐步发展为全国性的综合金融服务机构。

我们致力于广泛、多市场的资产管理业务。我们将受托资产合理配置于货币市场、银行间市场、资本市场、衍生品市场以及直接投资(PE)市场,并积极参与并购融资、房地产、资源、能源、艺术收藏品等另类投资的机会,产品线完整、丰富;我们同时关注国内及国际市场,以客户的利益最大化为业务目标。

我们认为,为客户提供安全高效的资产管理服务,为股东提供合理稳定的收益,为员工提供有尊严的工作环境(不仅仅是收入)和有预期的成长空间,是企业的使命和促进社会进步的重要组成部分。“财务保障通达自由心境”是我们不懈努力所追求的最终目标。

公司总部设于北京,并在上海、成都、拉萨等地设有办事机构。公司与国内主要的金融机构建立了长期合作关系,以务实、共信、多赢的合作理念推进同业合作。

公司致力于以信托计划的方式为机构和个人提供不同风险度的理财产品和理财服务。

一、固定收益类信托计划

包括债券信托计划、以股票或不动产抵押的固定收益类信托计划、结构化融资的信托计划。

二、证券投资信托计划

以证券市场为主要投资方向的管理型信托计划。在时机恰当时,以QDII或其他方式参与海外市场。

三、另类投资的信托计划

包括PE直接投资信托计划、收购兼并项目信托计划、企业重组项目信托计划、夹层融资信托计划等。四、公益类信托计划。我们为致力公益事业的各界人士提供理财服务和管理服务。

厦门国际信托有限公司

厦门国际信托有限公司(以下简称“公司”)系经中国银行业监督管理委员会批准设立的具有法人资格的国有非银行金融机构,注册资本16亿元人民币(其中外汇资本金1500万美元)。公司是资产管理服务的专业化提供商。

公司前身厦门国际信托投资公司是由厦门市财政局下属的厦门经济特区财务公司组建而成,成立于1985年1月,已稳健成长了28年。多年来,公司一方面致力于与各级政府合作、与地方经济实体互动、与战略伙伴实现共赢、与全国市场对接,成功为厦门及周边地市的经济发展筹集到数百亿的资金。另一方面,公司通过资金信托、财产信托、受益权转让信托、财富管理信托、资产证券化信托等手段,以专业化的理财和资产管理能力为委托人提供完整的、个性化的资产管理解决方案,包括财产安全、财产保值增值、财产传承等各类重大资产管理需求。

2002年2月,经中国人民银行批准,由原厦门国际信托投资公司和原厦门建发信托投资公司合并设立厦门国际信托投资有限公司,注册资本4.7968亿元人民币(其中外汇资本金1500万美元),股东为厦门建发集团有限公司(持股比例51%)和厦门市财政局(持股比例49%)。

2004年12月,经厦门市政府和中国银监会批准,厦门市财政局将其49%的股权划转给厦门港务控股集团有限公司持有,2005年12月,根据股东会决议,本公司注册资本增至人民币8.7968亿元(其中外汇资本金1500万美元)。

2007年8月,经中国银行业监督管理委员会批准核发新的金融许可证,公司更名为厦门国际信托有限公司。

2009年6月,根据股东会决议,本公司注册资本增至人民币10亿元(其中外汇资本金1500万美元),其中:厦门建发集团有限公司出资 5.1 亿元,持股比例 51%;厦门港务控股集团有限公司出资 4.9 亿元,持股比例 49%。

2012 年 12 月,经厦门市政府和中国银监会批准,厦门建发集团有限公司将所持有的本公司 41% 股权、厦门港务控股集团有限公司将所持有的本公司 39% 股权划转给厦门市金财投资有限公司持有。本公司目前股东结构及持股比例情况为:厦门市金财投资有限公司持股比例 80%;厦门建发集团有限公司、厦门港务控股集团有限公司各持股比例为 10%。三家股东单位均为厦门市属国有大型企业集团。

新华信托股份有限公司

公司始创于 1979 年。1986 年 5 月,经中国人民银行《关于成立中国工商银行重庆信托投资公司的批复》批准,成立中国工商银行重庆信托投资公司(见银复〔1986〕113 号)。1992 年 3 月,经中国人民银行重庆市分行和重庆市经济体制改革委员会联合以《关于完善中国工商银行重庆信托投资公司股份制体制有关问题的批复》同意改制为股份有限公司(见重人行发〔92〕字第 66 号)。

1998 年 1 月,经中国人民银行《关于中国工商银行重庆信托投资股份有限公司变更受让单位及更名等有关事宜的批复》批准,中国工商银行转让其所持公司股份给深圳新产业投资股份有限公司,之后公司更名为"重庆新华信托投资股份有限公司"(见银办函〔1998〕5 号)。2001 年 10 月,公司按照中国银行业监督管理委员会(以下简称"中国银监会")、中国人民银行的要求首批完成重新登记,同时报经中国人民银行批准,公司增资扩股为 5 亿元(见银复〔2001〕174 号);同年 12 月,经中国人民银行重庆营业管理部批准,更名为"新华信托投资股份有限公司"(见渝银复〔2001〕220 号)。2007 年 9 月,经中国银监会批准,公司更名为"新华信托股份有限公司"(见银监复〔2007〕390 号)。2008 年 8 月,经中国银监会《中国银监会关于新华信托股份有限公司吸收巴克莱银行有限公司入股及股权结构调整有关事项的批复》批准,公司于 2009 年 1 月增资扩股至 6.2112 亿元(见银监复〔2008〕327 号)。2012 年 8 月 10 日,经重庆银监局《关于新华信托股份有限公司变更注册资本及修改 <公司章程> 等有关事项的批复》核准,公司注册资本于 12 月 10 日增加至 12 亿元。

新疆长城新盛信托有限责任公司

新疆长城新盛信托有限责任公司是经中国银监会批准的,由中国长城资产管理公司、新疆生产建设兵团国有资产经营公司、深圳市盛金创业投资发展有限公司和伊犁哈萨克自治州财信融通投资担保有限公司在重组原伊犁哈萨克自治州信托投资公司的基础上设立的非银行金融机构,注册资金 30,000 万元。公司注册地在乌鲁木齐市,公司管理总部设在上海。

长城新盛信托秉承"受人之托,代人理财"的宗旨,将以一流的投资项目、一流的理财能力和一流的服务水平,当好资本经营参谋,做好投资理财专家。通过构建多元化与最优化的合作平台,控制过程风险,形成多赢格局,实现股东、受益人利益最大化和企业健康发展的最终目标。公司制定了严谨、科学的发展战略,依托股东优势资源,力争将公司打造成为信托行业具有竞争力的一流公司。

公司坚持市场化原则,通过有效的激励机制,确立以人为本、共同成长的人才战略,力争使每一位员工充分发挥自身价值,与企业共成长,共同分享发展成果。

公司理念:受人之托代人理财。

公司文化:以金融服务推动产业进步。

专业化生存:我们奉行专业主义,据此为客户创造价值,并实现梦想。每个员工和每个团队都要养成专业精神,建立专业能力,提供专业的服务。

与客户共同成长:我们以专业的能力,诚信负责的态度,不断创新产品,优质服务于客户成长的每一阶段,帮助户持续成功,赢得客户的长期信赖,实现与客户的共同成长。

为梦想而奋斗:我们的梦想就是"以金融服务推动产业进步",在此基础上成为"世界一流的国际信托机构",同时与每一个员工和每一个客户分享成功的硕果。

新时代信托股份有限公司

新时代信托股份有限公司的前身是包头市信托投资公司,1987 年经中国人民银行批准正式成立,2003 年 12 月经中国银行业监督管理委员会核准重新登记并更名为新时代信托投资股份有限公司;2009 年 6 月,经中国银行业监督管理委员会批准更名为新时代信托股份有限公司,并换领新的金融许可证;2013 年 4 月,公司注册资本增至人民币 12 亿元。

近年来,公司秉承审慎合规的经营理念,以内涵型深耕式发展为指导思想,以主动管理信托资产为基本原则,以净资本管理风险指数为发展导向,打造投融资等多种手段组合的竞争优势,构建集约化、专业化、规模化、基金化和高附加值信托产品线为支撑的业务模式,整体业务驾驭能力、投资决策能力,以及风险识别、判断、防范和控制能力不断加强,资产实力与经营效益持续提升。

公司通过优化业务布局,拓宽业务领域,提升服务境界,业务渠道已从内蒙古地区辐射全国各大中城市,业务涉及城市基础设施建设、金融业、证券投资、装备制造业、商业服务业、教育及医疗卫生事业等诸多领域,已形成"慧金"、"聚金"、"鑫业"等十几个信托产品系列,管理的信托财产规模迅速扩大。

公司将继续致力于严控风险、合规经营,为委托人利益保驾护航。坚持以市场化为手段,以金融服务为载体,以客户资产最大化为核心,以公司科学发展为目标,通过专业化的资产配置能力和财富管理服务,不断满足投资者财富增值的期望,促进公司健康稳定发展。

兴业国际信托有限公司

兴业国际信托有限公司成立于 2003 年 3 月,注册地为福建省福州市,现有注册资本为人民币 25.76 亿元。2011 年 1 月,经国务院同意以及中国银行业监督管理委员会批准,兴业国际信托有限公司由兴业银行股份有限公司控股,成为经国务院特批的我国第三家银行系信托公司;同时也是我国第一批引进境外战略投资者的信托公司。公司股东实力雄厚,可持续发展前景良好。公司现有股东中既有中资主流商业银行,又有国际知名外资银行及大型国有企业等实力强大的股东。

兴业国际信托有限公司紧紧围绕建设"综合性、多元化、有特色的全国一流信托公司"的战略目标,坚持依法经营、稳健经营,不断夯实业务基础和客户基础,着力提升业务发展和创新能力，致力于成为国内优秀的综合信托金融服务提供商。截至 2013 年 9 月末，兴业国际信托有限公司固有资产总额为 50.97 亿元，管理的信托资产规模达 5865.38 亿元，信托资产规模位居行业前列。

按照建设全国一流信托公司的战略定位，目前兴业国际信托有限公司已设立了 11 个综合管理部门、在全国设立了 8 个区域信托业务总部、3 个直属专业事业部、1 个财富管理总部，在全国主要省、市、区设立了业务和客户服务网络，具备了全国化经营与服务能力。同时，兴业国际信托有限公司参股重庆机电控股集团财务有限公司、紫金矿业集团财务有限公司、华福证券有限责任公司；并设立了全资私募股权投资子公司——兴业国信资产管理有限公司。在全国优秀信托公司评选活动中，兴业国际信托有限公司先后荣获“卓越信托公司”、“中国优秀信托公司”、“最佳信托公司”、“中国最具实力信托机构”、“最佳市场竞争力信托公司”、“最受欢迎信托公司”、“最具创新力金融服务企业”、“中国最佳证券类信托管理机构”、“最佳高端客户投资渠道奖”等多项荣誉。

英大国际信托有限责任公司

英大国际信托有限责任公司（简称“英大信托”或“公司”）成立于 1987 年 3 月，目前，注册资本金为人民币 18.22 亿元，共有国网英大国际控股集团有限公司、中国电力财务有限公司等 6 家股东单位。为适应发展需要，2010 年 6 月，公司注册地由济南迁至北京，成为银监会直接监管的信托公司。

20 多年来，在社会各界的大力支持和关心下，公司以受益人利益最大化为原则，坚持“诚信为本，依法理财”的经营理念，内强管理，外塑形象，形成了务实稳健的经营风格，各项业务稳步增长，综合实力显著增强。截至 2012 年末，公司管理资产总规模 2056 亿元，实现利润 6.69 亿元，累计向受益人提供信托收益 114 亿元，综合实力位居行业前列。公司获得北京市东城区百强企业称号，当选信托业协会监事长单位，荣获中国社科院和金融时报社联合评选的“年度最佳稳健增长信托公司”称号，获得由社会公众投票选出的“2012 东方财富风云榜——2012 年度最佳信托公司”荣誉称号。

面对新形势、立足新起点，公司将认真贯彻落实各项监管要求，加快推进战略转型，坚持市场化、专业化的发展方向，坚持合作共赢的理念与各界朋友开展广泛而深入的合作，携手共创美好明天！

云南国际信托有限公司

云南国际信托有限公司（YUNNAN INTERNATIONAL TRUST CO.，LTD. 以下简称“云南信托”）是 2003 年经中国人民银行“银复[2003]33 号文”批准，由原云南省国际信托投资公司增资改制后重新登记的非银行金融机构。2007 年，根据《信托公司管理办法》的有关规定，公司经中国银行业监督管理委员会批准同意，首批换领《中华人民共和国金融许可证》并变更公司名称和业务范围。公司注册资本为 4 亿元人民币，目前所管理的各类资产规模近 200 亿元人民币。

云南信托的股东与战略伙伴包含了各行业龙头企业，涵盖了上市公司、金融机构、高科技企业、国内外咨询中介机构中的卓越企业。公司吸引了一大批谙熟中国资本市场发展和运营的一流专业人才，培育了一支高素质、高学历、年轻化、专业化的人才队伍。公司员工中本科、研究生（硕士、博士）学历和中级职称以上人员占 90% 以上。

改制后的云南信托借鉴国外先进的信托管理经验，致力于开展以现代信托业为中枢的多元化金融服务，充分发挥公司在资本市场的专业优势，以不断创新的产品设计理念为高端客户量身定制专业理财方案。已经形成以中国龙资本市场集合资金信托计划、云信成长新股申购信托计划、云信领先私人股权投资（PE）信托计划为代表的全系列信托理财产品线，为高端客户提供一揽子金融理财服务，在业内获得了较高声誉。目前公司业务覆盖云南、北京、上海、重庆、深圳等省、市，基本形成了“立足云南、面向全国”的发展格局，云南信托由于其独特风格，被格上理财网评为最具潜力信托公司。

一、企业愿景

以信托的方式，建立科学合理的委托及受托关系，以丰富多样的方式，以金融为核心，为客户提供综合金融理财方案。依托信托的专业平台，诚信服务，多方共赢，朝国内一流水准的信托公司迈进。最大化的实现客户价值、员工价值、股东价值和社会价值。

二、经营方针

合法合规，内外严控，统筹兼顾市场、运营、产品研发、知识、道德等各方因素，实现持续、稳步、健康发展，并追求可控风险下的投资回报最大化。

三、管理原则

以诚信为永不动摇的根基，不断加强和深化内外风险管控，孜孜不倦创新求变，在团队管理、资产管理、运营管理方面坚守专业的旗帜不动摇，在企业道德方面坚持高标准的行业自律管理。

四、企业理念

诚信引领未来，专业创造价值！

五、企业文化

和谐团队，快乐工作，多方共赢，精彩生活！

公司地址：云南省昆明市南屏街 4 号云南国托大厦

邮政编码：650021

公司国际互联网网址：http://www.yntrust.com

全国统一服务热线：400－688－0909

中国对外经济贸易信托有限公司

中国对外经济贸易信托有限公司（中文简称：外贸信托，英文简称：FOTIC）成立于 1987 年 9 月 30 日，是中国中化集团公司旗下从事信托业务的公司，也是少数几家受中国银行业监督管理委员会直接监管的中央级信托公司和中国信托业协会副会长单位之一。

公司注册资本为 22 亿元人民币，股东分别是中国中化投份有限公司和中化集团财务有限责任公司。公司总部设在北京，在华东、华南、西南、西北设立了区域总部。

公司秉持“创造价值，追求卓越”的核心价值理念，坚持“稳健思变，诚客礼才”的经营理念，通过专业化运营和业务创新，致力于为社会各界客户提供优质、专业的金融产品和服务，建立以营销服务为支撑的主动型自主资产管理模式。业务涉及银信合作、证券投资信托、政信合作、房地产信托、矿产能源信托、基础设施信托、定向增发信托、消费信贷信托、工商企业信托等多个领域，并在行业内率先推出了“五行财富·财富管理”品牌，专注于为高净值客户提供财富管理及增值服务，开启了信托公司财富管理的先河。近年来，公司不断加强产品创新，推出了大量风险可控、收益较高的优质产品，产品种类与结构不断丰富，目前已构建了包括不同风险收益配比、不同期限结构的产品体系，契合了不同高端客户的投资需求。

目前，公司已经发展成为信托业内具有良好品牌知名度、综合经营实力稳居行业前列的信托公司。凭借在金融市场上的卓越表现，外贸信托蝉联了七届“诚信托·卓越公司奖”，并多次获得“中国优秀信托公司”、“年度最佳风险控制信托公司”、“年度最佳财富管理信托公司”等多项业内大奖。

中国金谷国际信托有限责任公司

中国金谷国际信托有限责任公司（简称“金谷信托”）成立于1993年，系经国务院同意、中国人民银行批准成立的非银行金融机构。2007年以来，经国务院同意、中国银监会和财政部批准，中国信达资产管理股份有限公司（简称“中国信达”）对金谷信托资产、业务和治理结构进行了重组和重整，成功化解了各种风险因素，使金谷信托成为一个完全符合相关法律、法规规定和监管要求的信托机构。2009年9月1日，中国银监会批复同意金谷信托重新登记，并核发了新的金融许可证。

金谷信托注册资本为12亿元人民币，注册地址为北京市西城区金融大街33号通泰大厦C座10层，是中国银行业监督管理委员会直接监管的信托公司之一。公司股东为中国信达资产管理股份有限公司、中国妇女活动中心和中国海外工程有限责任公司，其中中国信达资产管理股份有限公司为公司控股股东，持股110,750万元，占比92.29%。信托公司所拥有的横跨货币市场、资本市场和实业市场的广泛金融服务功能，以及破产隔离的独特制度优势，使金谷信托在中国信达打造有核心竞争力的多功能金融服务集团的战略布局中具有重要的作用。

金谷信托具备健全的法人治理结构和完善的风险控制体系及制度，将坚持“胸怀服务社会理想、坚守诚信为本理念”，恪守谨慎、稳健的经营方针，注重经济效益和社会效益的有机结合，以受益人的利益最大化为宗旨，专注于信托产品和业务的创新与推广，发展目标是成为在财产管理、资金融通、投资理财和社会公益等领域具有核心竞争力的专业理财服务机构，争取在不远的将来跻身国内最具创新潜力和持续盈利能力的信托公司之列。

中海信托股份有限公司

中海信托股份有限公司（以下简称“中海信托”或“公司”）是由中国海洋石油总公司和中国中信股份有限公司共同投资设立的国有非银行金融机构，是按照信托业“新两规”规定较早完成换牌的信托公司之一，中国海洋石油总公司和中国中信股份有限公司各占95%和5%。经2011年同比例增资扩股后，公司注册资本为25亿元人民币。

公司以稳健经营和专业理财能力树立起良好的社会形象，中海品牌的市场影响力不断提升。通过“低风险、差异化”发展道路，为客户提供结构化融资业务、低风险理财业务、资产证券化业务、资本市场投资业务、财务顾问等金融服务，树立起稳健、专业信托公司的品牌形象。

2012年，中海信托实现营业收入11.08亿元，利润总额9.85亿元，净利润8.07亿元。人均净利润733.89万元，继续保持行业领先水平。公司全年累计管理信托资产规模达2914.94亿元，为委托人创造收益71.48亿元。

中海信托连续获得行业等方面的殊荣。在《上海证券报》主办的“诚信托”评选活动中，公司连年荣获“诚信托－卓越公司”等奖项；在《证券时报》主办的“信托行业发展高峰论坛－中国优秀信托公司颁奖典礼”活动中，公司连年荣获“中国优秀信托公司”等奖项；2012年，公司在黄浦区政府组织开展的2012年度经济发展突出贡献100强企业评选活动中，再次荣膺“2012年度上海市黄浦区经济发展突出贡献100强企业”荣誉称号，排名第14位，较2011年提升4位。

2013年，中海信托将以战略转型为动力、以业务创新为手段、以严控风险为保障、以稳健发展为目标，全力推进向专业资产管理机构转型进程，为中国信托业健康可持续发展做出更加积极的贡献。

中航信托股份有限公司

中航信托股份有限公司的前身为江西江南信托股份有限公司，是经中国银监会批准设立的股份制非银行金融机构，是经中国商务部核准的外商投资企业。公司于2009年12月底完成重新登记开业，并于2010年12月底完成名称变更并乔迁新址。

公司由中国航空工业集团公司、中国航空技术深圳有限公司和引进的战略投资者新加坡华侨银行等5家单位共同发起组建，具有强大的股东背景和“条块结合”的现实资源优势，对促进业务发展和强化经营管理提供支持。

公司拥有专业的人才队伍，员工具有银行、信托、证券投资、房地产投资、实业投资等业务经验，将为广大机构和个人客户提供投资、融资和资产管理服务，捍卫客户资产安全，追求客户资产价值的最大化。

公司作为中航工业旗下中航工业投资公司成员单位，倡导先进的经营理念和高效的经营机制，坚持走专业化、差异化发展道路，专注于具有行业优势和区域优势并能可持续发展、形成核心能力的产品和业务，实现公司“高起点、高境界、可持续、快发展”，努力把公司建设成为研究水平和服务水平领先、特色鲜明的专业化信托公司。

公司经监管部门批准经营以下业务：资金信托，动产信托，不动产信托，有价证券信托，其他财产或财产权信托，作为投资基金或者基金管理公司的发起人从事投资基金业务，经营企业资产的重组、购并及项目融资、公司理财、财务顾问等业务，受托经营国务院有关部门批准的证券承销业务，办理居间、咨询、资信调查等业务，代保管及保管箱业务，以存放同业、拆放同业、贷款、租赁、投资方式运用固有财产，以固有财产为他人提供担保，从事同业拆借，法律法规规定或中国银监会批准的其他业务。

中江国际信托股份有限公司

中江国际信托股份有限公司（简称中江信托或中江国际）成立于1981年6月，是经中国银监会批准的非银行金融机构。2003年3月由原江西省国际信托投资公司、江西省发展信托投资股份有限公司、江西赣州地区信托投资公司以新设合并方式组建。2012年10月由江西国际信托股份有限公司更名为中江国际信托股份有限公司，注册资本人民币11.56亿元。

中江国际坚持“发挥信托功能、服务经济发展”的经营宗旨，先后为省内外各级政府、上市公司、大中型企业提供信托融资1600多亿元。

自2004年以来，中江国际先后推出了政信合作、银信合作、企信合作等业务模式，业务遍及全国。截止2012年末，累计管理信托财产突破4000亿元，累计交付信托财产2638亿元，全部按期实现了信托财产的保值增值，体现了稳健发展的经营风格。

中江国际治理规范，建立了“五个两、十环节”的内部控制和风险决策体系，拥有一支具有信托、证券、保险、商业银行、投资银行、基金管理等资深从业背景的专业团队，构建了以北京、上海、深圳、浙江、江苏、福建、四川、陕西、辽宁、山东、河北等35个金融研发中心为依托的全国性业务布局、资源网络和营销体系，可根据客户的资产状况、风险偏好，利用信托独特的制度优势和功能，为客户提供跨越多个金融市场、多个行业、多个地域的专业化、综合型金融服务。

中江国际致力于金融控股集团的构建，通过兼并重组和投资设立，发展成为一家集信托、证券、保险、期货、基金等为一体的综合性金融集团。至2012年末，集团总资产突破200亿元，净资产突破70亿元。

中江国际作为“受人之托、代人理财”的专业化理财机构，以“为了共同利益观”为核心价值观，以“忠诚拼搏、艰苦创业”为核心理念，以“简单直接”为管理理念，以“风险第一、效益第一”为经营理念，以“热情、快捷、细致、高效的服务”为核心竞争力，在支持政府融资、企业发展、不断满足投资者理财需求的过程中获得快乐，获得成长。

中泰信托有限责任公司

一、公司简介

中泰信托有限责任公司前身是中国农业银行厦门信托投资公司，成立于1988年。1999年，经中国人民银行总行办函［1999］466号文件批准，增资扩股，更名迁址。2002年2月，经中国人民银行总行银复［2002］35号文件批准进行重新登记，注册资本为51660万元人民币，注册地址由厦门市迁往上海市，是首批获准重新登记的信托公司。2009年4月，经中国银监会银监复［2009］102号文批准更名并换发新金融许可证，换证后公司更名为“中泰信托有限责任公司”。

目前主要股东构成为：中国华闻投资控股有限公司（以下简称中国华控）持有31.57%，上海新黄浦置业股份有限公司持有29.97%，广联（南宁）投资股份有限公司持有20%。

2008年6月，中国人民保险集团公司通过全资子公司人保投资控股有限公司完成对中泰信托大股东中国华控的股权重组，中国华控的股权结构发生根本改变：人保投资持有中国华控55%股权，人民日报社持有25%股权，深圳市中海投资管理有限公司持有20%股权。

二、发展历程

中泰信托成立以来，始终坚持稳健经营的原则，努力克服各种不利因素影响，各项业务持续、良性发展，盈利水平一直保持在同业前列。根据经审计的会计报表，截止2010年末，公司固有资产总额为17.39亿元，净资产15.69亿元，净利润实现1.73亿元。2010年净资产收益率为12.75%。

在信托业务方面，2010年末信托资产总额168.23亿，其中单一类信托余额113.26亿，占比67.3%，集合类信托余额47.76亿，占比28.4%，财产权信托余额7.21亿，占比9.6%。在固有业务管理方面，大成基金作为公司核心资产，近年来稳居全国前十大基金公司行列，截至2010年12月31日，大成资产管理规模超过1000亿元人民币，旗下有21只公募基金产品和多只特定客户资产管理组合。华泰证券于2010年2月顺利上市后，公司作为华泰证券股东，所持该部分资产的增值较大。截止目前，公司金融股权投资资产（大成基金、中国太保和华泰证券）均保持良好发展态势。

今后公司将继续提高创新能力，在充分发展传统信托业务、资产管理业务、投行业务的基础上，努力实现向专业的、高品质财富管理者的身份转变，将公司建设成经营规范、制度完善、内控到位、机制灵活、理性谨慎，具有核心竞争力，引领市场的专业金融机构。

中铁信托有限责任公司

中铁信托有限责任公司（简称中铁信托，原名为衡平信托有限责任公司）是经中国银行业监督管理委员会批准，以金融信托为主营业务的非银行金融机构，注册资本20亿元。2007年7月，公司按照中国银监会《信托公司管理办法》换发了新的金融许可证，公司名称由“衡平信托投资有限责任公司”变更为“衡平信托有限责任公司”，成为全国首批换发金融许可证的信托公司之一。2008年12月，经四川银监局批准，公司正式更名为“中铁信托有限责任公司”。

中铁信托的控股股东——中国中铁股份有限公司是由中国铁路工程总公司以整体重组、独家发起方式设立的股份有限公司，是集勘察设计、施工安装、工业制造、房地产开发、资源矿产、金融投资等为一体的多功能、特大型中央企业集团，是全球最大建筑工程承包商之一，连续八年进入世界企业500强，2013年排名世界企业500强第102位，在中国企业500强中排名第12位。

公司业务范围涵盖资金信托、动产信托、不动产信托、有价证券信托、投资基金、证券承销、投资银行业务等；办理居间、咨询、资信调查等业务；以存放同业、拆放同业、贷款、租赁、投资方式运用固有财产；以固有财产为他人提供担保，从事同业拆借以及法律法规规定或中国银行业监督管理委员会批准的其他业务。2008年9月，中国银监会核准我公司特定目的信托受托机构资格；2009年11月，经中国银行业监督管理委员会四川监管局批复，中铁信托获得以固有资产从事股权投资的创新业务资格；2012年12月，经中国银行间市场交易商协会批准，中铁信托获得银行间市场交易商协会会员资格。

自2002年12月重组成立以来，中铁信托坚持“创新、服务、可持续”的核心经营理念，按照现代金融企业的要求，着力进行管理创新和业务创新，不断提高专业管理水平和综合理财能力。公司积极发挥信托优势，在支持地方经济建设、活跃地方金融市场、促进民间资金向民间资本转化等方面发挥了积极而独特的作用，共为数百家企业提供了全面金融服务，2012年底公司的信托资产规模首次突破1000亿元，在信托业界享有良好声誉。

公司于2004年通过ISO9001国际质量管理体系认证，并荣幸入选中国信托业协会第一届理事会，成为当时西部地区唯一的理事单位；2011年4月，入选中国信托业协会第一届监事会；2012年，当选四川省银行业协会第六届理事会理事单位，是四川服务业企业50强之一。2012年10月，公司正式取得博士后创新实践基地资格，是四川省内第一家获得该资格的金融机构，也是信托行业内第四家获取该资格的公司。

2012 年 12 月，牵头与四川省慈善总会成立了“中铁信托爱心基金”，已成功募集善款 248 万余元。2010 年起，中铁信托连续四年荣获“中国优秀信托公司”称号；近年来，还先后获得“年度优秀信托品牌”、“年度最佳理财服务品牌”、“最佳研发团队”、“年度最佳信托公司”、“年度最佳理财服务品牌”、“优秀理财管理团队”等荣誉。

信任源于专业，专业创造价值，中铁信托将始终铭记使命、珍惜托付，竭诚为广大投资者提供专业的理财服务。

公司地址：四川省成都市航空路 1 号国航世纪中心 B 座
邮政编码：610041
联系电话：028 - 86029144
财富热线：4008 - 085 - 085　028 - 87789999
　　　　　028 - 86277999
公司传真：028 - 86029198
公司网址：www. crtrust. com
E - mail：crtc@ crtrust. com

中投信托有限责任公司

中投信托有限责任公司（简称“中投信托”）是经中国银行业监督管理委员会批准成立的专业信托金融机构。公司创建于 1979 年，前身为浙江省国际信托投资公司，是国内最早经营信托投资业务的公司之一。2007 年 10 月，经中国银行业监督管理委员会批准换发新的金融许可证，注册资本金人民币 5 亿元。“中投信托”是中国建银投资有限责任公司（简称“中国建投”）的全资子公司。2010 年 3 月，经批准同意，中国建投对公司进行增资，公司注册资本增至人民币 15 亿元。

中投信托自成立以来，一直坚持“诚实、信用、谨慎、有效”的信托理念，将“诚信为本、合规经营”作为企业的核心理念，立足于充分发挥信托制度优势，提升公司的整体资产管理能力和风险控制能力，在产业投资信托领域形成专业特色和核心竞争优势，成为资本充实、内控严密、管理规范、具有较强发展能力和竞争能力的金融信托机构。截至 2010 年三季度，公司总资产 20. 95 亿元，总负债 6,634 万元，净资产 20. 29 亿元，资产负债率 3. 17%，资产质量优良。

中投信托充分发挥信托制度综合理财优势，在有效防范风险的基础上，成功推出基础设施、证券投资、房地产、中小企业等系列信托理财产品，为投资者提供了稳健可靠的投资选择。截至 2010 年三季度，公司共累计发行资金信托产品 441 个；累计管理信托财产 638. 88 亿元，管理信托财产余额 206. 85 亿元；累计到期清算信托产品 330 个，按时足额交付信托财产 257. 9 亿元，所有到期信托计划按时交付率 100%，全部实现或超额实现信托计划预期收益率；所有存续信托计划运行正常。

中投信托将继续秉承“受人之托、代人理财”的信托宗旨，以有效的风险内控措施、高效的投资管理团队、全方位的金融理财服务、尽职的项目流程管理为投资者提供打造优质的金融信托产品，以回馈客户和社会的关爱。朝着“最值得信赖的专业受托人”的目标而努力。

中原信托有限公司

中原信托成立于 1985 年，是中国银行业监督管理委员会核准的国有控股信托金融机构。近年来，中原信托依托规范的法人治理机制、健全的全面风险管理体系、合规经营、务实发展的文化理念以及专业化信托投融资研发团队，成功开发了基础设施建设信托、交通能源建设信托、股权投资信托、金融产品投资信托、银信合作信托、住宅和商业地产信托等系列信托业务，为机构和高端个人客户提供了贴近需求的资产管理和财富增值服务。2012 年，中原信托荣获金融时报和中国社科院金融研究所主办的中国金融机构金牌榜“年度最佳风控信托公司”，证券时报“2012 年度中国最具成长性信托公司”、大河报“2012 中国金融业（河南）百万中产家庭首选信托品牌”等奖项。

截至 2012 年末，中原信托累计管理信托财产 1863 亿元，按时足额交付到期信托财产 1070 亿元，累计向客户分配信托收益 109 亿元，实现信托本金、收益足额交付率 100%，全部到期信托项目均实现了信托目的。

中原信托将以高效的专业团队、超前的研发视野和完备的风险控制手段为客户打造优质金融产品，实现与客户的共同成长，为中国信托事业的发展做出新的贡献。

中信信托有限责任公司

中信信托有限责任公司（以下简称“公司”）是中国银监会直接监管的以信托业务为主业的全国性非银行金融机构，是资产管理规模最大、综合经营实力稳居行业领先地位的信托公司，并于 2009 年被推举为中国信托业协会会长（理事长）单位。

公司是中信集团旗下的优质金融资产。中信集团的前身是前国家副主席荣毅仁先生于 1979 年创办的中国第一家信托公司中国国际信托投资公司，其信托业务由中信信托继承并发展壮大。

公司追求和谐、科学的价值文化，秉承“无边界服务、无障碍运行”的经营理念，把握市场规律，超前适变应变，持续学习创新，统筹价值实现，致力于成为信托法规范下“综合金融解决方案的提供商和多种金融功能的集成者”，以差异化竞争、持续性创新为标志，达成国内领先、综合优势明显、具有核心竞争力的智慧型信托公司。

2010 年，公司在快速稳健发展中持续优化业务结构，信托业务从纯融资业务向资产管理和财富管理业务转型，从非主动管理向主动管理转型，发起推出涉及农牧产品生产、能源资源开发、民生工程建设、房地产开发等多个领域有影响力的信托产品，各项业务保持着良好发展势头，信托资产管理规模、信托业务收入、净利润等主要经营指标保持行业领先地位。

在中国社科院金融研究所和金融时报社联合举办的 2009 - 2010 年中国金融机构金牌榜评选中，公司因其突出的综合实力和显著的经营业绩连续第三次摘取“年度最佳信托公司奖”；在由《北大商业评论》和中国管理案例联合中心的联合评选中，公司“无边界服务、无障碍运行”的创新经营管理模式受到专家评委的充分肯定，获得第四届中国管理学院奖专项金奖。

中信信托注册资本为人民币 12 亿元（其中，外汇 2,300 万美元），公司股东分别是中国中信股份有限公司和中信兴业投资集团有限公司。前者是中信集团在 2011 年进行股份制改造而设立的拟上市公司。

第三编
中国证券市场

第一章 中国证券市场概况

第一节 中国证券市场

2012年中国证券业发展现状

2012年是中国证券行业创新发展的一年。在这一年里，证券行业积极贯彻落实5月份证券公司创新发展研讨会提出的《关于推进证券公司改革开放、创新发展的思路与措施》，不断推进证券公司的业务创新、产品创新及制度创新，拓展市场的广度和深度，促进多层次资本市场发展，将证券行业创新推向纵深发展。

截至2012年底，全国共有证券公司114家，与2011年相比增加5家，分别为东方花旗证券有限公司、上海东方证券资产管理有限公司、上海光大证券资产管理公司、上海国泰君安证券资产管理有限公司、上海海通证券资产管理有限公司，其中后4家为已有证券公司设立的全资资产管理子公司。

114家证券公司中，共有19家证券公司在沪、深证券交易所上市，其中2家证券公司在香港证券交易所上市。股权分置改革后，证券公司上市融资力度显著提升，2007年至2011年，逐年分别有5家、1家、3家、4家和3家证券公司在沪、深证券交易所上市，2012年新增西部证券1家上市证券公司。同时，在100多家证券公司中，合资证券公司有10家，2012年新增东方花旗证券有限公司1家合资证券公司，由东方证券股份有限公司与花旗环球金融（亚洲）有限公司共同投资组建。

一、多层次资本市场建设持续推进，服务实体经济的空间大幅提升

构建多层次资本市场，推动证券行业创新发展，必须以服务实体经济为目标。2012年，我国证券行业积极创新，不断拓宽业务范围，在促进投融资转化和引导资源市场化配置方面起到了不可替代的作用。

（1）中小企业私募债放行，加强对中小企业提供融资中介服务的支持。

（2）新三板市场扩容，全国性非上市中小企业股权转让系统启动。

（3）区域性股权交易市场建设持续推进，多层次市场链条更加完善。

（4）柜台市场取得新进展，证券公司基础功能完善再添试验田。

二、行业营业收入下滑趋缓，资产管理规模增加，新兴业务增长迅速

（1）2012年证券行业总收入和净利润同比下降4.77%、16.37%，经纪业务收入占比首次低于40%。

由于2012年全年股市交易量和股权融资量萎缩，证券行业收入和净利润连续第三年出现下滑，但得益于债券类业务（包括承销和自营）表现良好和创新业务的快速成长，下滑势头相比2011年大幅减缓。2012年证券行业杠杆倍数为3.46倍，略高于2011年的3.39倍，但净资产利润率（ROE）仅为4.74%，比2011年下滑1.51个百分点。从业务结构来看，代理买卖证券收入占比较2011年下降11.74个百分点，证券投资收入则由2011年的3.66%增加到22.41%，为2008年以来最高。

经纪业务依然是2012年证券公司收入占比最高的子业务，但受累于市场交易量的大幅萎缩（2012年全年股票基金交易额约32.27万亿元，比2011年下降24.6%）和交易佣金水平走低（2012年平均佣金率约为0.78‰，低于2011年的0.86‰），经纪业务收入同比下降26.83%，成为拖累行业总收入下滑的首要因素。

（2）证券公司收入的固定收益属性明显提升。

2012年中国政府工作报告中明确提出要积极发展债券市场，优化投融资结构并以此促进国民经济转型。受此影响，2012年证券行业收入的固定收益属性有显著提升。

（3）证券公司资产管理规模突破万亿元，实现规模效应的同时盈利贡献依然偏低。

资产管理业务规模巨幅增加是2012年证券行业发展最显著的特征之一，截至2012年底，全行业受托管理资金额总计18934.3亿元，较2011年末增长571.74%。其中，定向资产管理业务规模增长最为显著，增长了11.9倍；专项产品次之，增长了2.37倍；而最能体现证券公司资产配置和管理能力的集合理财产品则仅增长了36.57%，略高于2011年的33.95%。

（4）新兴业务增长迅速。

2012年是国内证券行业的革新之年，既有的创新业务规模在持续保持较快速度增长的同时，一些新的创新业务也逐渐进入高速成长阶段。

①融资融券业务收入翻番。融资融券业务自2010年推出以来便一直保持平稳快速的增长态势，2012年参与融资融券业务的证券公司由2011年的25家进一步扩至74家，年底融资融券余额达到895.16亿元，同比增长134.29%，全年融资融券业务净收入52.6亿元，同比增长115.75%，业务收入占比亦从2011年的2.35%增至5.25%。与2011年相比，由于融券业务规模增速高于融资业务，2012年融券/融资余额平均比率由9.19%升至24.36%，行业集中度则持续下滑，CR5和CR10分别为35.94%和67.66%。

②转融资业务率先起航。转融资业务于2012年8月末正式启动，首批11家证券公司参与期限分别为7天、14天和28天三个档次的转融资交易，该项业务推出首日便实现55亿元的交易额，11月转融资试点证券公司扩至30家后，交易余额一度升至106亿元。截至年底，转融资余额92.51亿元，占中国证券金融股份有限公司注册资本的77.09%。转融资

业务进一步增加了融资融券的资金来源，为融资融券业务规模的扩张提供了保障。

③保证金管理产品扩容。自 2011 年信达证券率先推出保证金管理业务“现金宝”以来，该项产品能够在不影响投资者股票交易的前提下为闲置资金提供增值服务，实现证券公司、银行和投资者的“双赢”，业务规模成长势态良好。2012 年 9 月，保证金管理产品正式转为常规监管，截至 2012 年底，共有 20 家证券公司推出了自己的保证金管理产品（含信达证券），新募集资金 174.4 亿元，其中仅第四季度便有 15 家证券公司发行了自己的保证金管理产品，这一势头有望在 2013 年得以延续。

④ETF 做市商业务正式启动。2012 年 5 月，上海证券交易所确认海通证券、中信证券、华泰证券、广发证券、方正证券、长江证券、国泰君安证券、平安证券、银河证券和招商证券 10 家证券公司作为华泰柏瑞沪深 300ETF 的流动性服务提供机构。随后，深圳证券交易所也指定中信证券、海通证券、国泰君安、平安证券、国信证券、广发证券和招商证券 7 家证券公司为嘉实沪深 300ETF 的做市商。这标志着国内证券公司的做市商业务正式步入试航阶段。截至 2012 年底，共有 4 只 ETF 基金进入证券公司做市业务名单（另外两只是华夏恒生 ETF 和华夏上证中盘 ETF），其中华泰柏瑞沪深 300ETF 上市仅 7 个月累计成交额就突破 1000 亿元（1040.05 亿元），成为流动性最活跃的 3 只 ETF 之一。

尽管目前国内证券公司的做市商业务还处于起步阶段，但未来可以拓展的空间十分广阔。做市商业务作为最重要的中介型买方业务，根据 SIFMA 的统计，1976 年至 2010 年占行业总收入比重的平均值为 15.94%。在国内证券行业积极创新和业务模式转型的大背景下，可以预见随着场外市场建设的持续推进，证券公司的做市商业务即将迎来一个高成长阶段。

其他创新型业务的发展。2012 年除融资融券、保证金管理产品、ETF 做市商等创新业务快速增长外，股票约定式回购、债券质押式报价回购、柜台市场等方面的建设和推进也取得了长足进展，并且有望在 2013 年迎来新的成长高峰。

三、证券公司资产管理业务“通道困境”破局，迎来向财富管理行业转型良机

（1）证券公司资产管理业务投资范围拓宽，行业步入产品创新主导阶段。

大力发展资产管理业务和向财富管理行业转型是目前国内证券行业谋求盈利模式变革的必然要求，2012 年在行业创新大背景下资产管理业务“通道困局”的破题成为行业转型初期的一个主要标志。《证券公司客户资产管理业务管理办法》及其配套细则的相继出台使证券公司在集合产品发行、投资范围和产品设计方面享有更高的自由度，“通道困局”缓释后证券公司对资产管理业务的投入程度进一步提升，全年新增参与集合理财业务的证券公司 15 家（另外，光大证券和海通证券先后成立资产管理子公司），新增参与定向资产管理业务的证券公司 35 家，全行业受托管理客户资金规模 18934.3 亿元，同比增长 571.14%，其中集合理财业务 2052.09亿元，高出 2011 年 549.53 亿元，均创出行业新高。

除了规模上的强势增长外，资产配置和管理能力的重要性也得以凸显，行业开始步入产品创新主导阶段。2012 年，证券公司资产管理产品创新迎来一轮高潮，产品种类进一步丰富和完善。

得益于政策红利，2012 年证券公司集合理财产品创新在第四季度集中涌现。一方面，第四季度共有 15 只保证金管理产品发行，占全年发行只数的 78.95%；另一方面，国泰君安于 11 月 22 日推出国内首只分级型产品，截至年底共有 12 款分级型产品发行，其中债券型 8 款，股票型 2 款，混合型和货币市场型各 1 款，合计募集资金近 90 亿元。

（2）证券公司代销金融产品闸门开启，传统经纪业务借此谋求新空间。

经纪业务收入占比下滑是证券行业盈利模式转型的主要特征，同时经纪业务的转型也是证券行业业务模式转型的主要组成部分。2012 年由于股票市场交易量和佣金率双双下滑，经纪业务收入大幅下滑，作为当前证券行业最主要的收入来源，经纪业务的转型和创新与发展其他创新业务同等重要，代销金融产品和业务模式向财富管理转型为此提供了一个重要契机。

根据中国证监会于 2012 年 11 月 12 日颁布的《证券公司代销金融产品管理规定》，证券公司在销售自行创设的理财产品的同时，可以向客户提供“在境内发行的，并经国家有关部门或者其授权机构批准或者备案的各类金融产品”，这意味着证券公司可以借此打造全方位、综合性的财富管理平台。目前国内证券公司代销证券投资基金和同业理财产品的收入占比不足 1%，而美国证券行业这一数据保持在 7% 左右。尽管在客户资源和营销渠道方面证券公司与商业银行还存在比较大的差距，但证券公司可以通过提供多功能账户服务来打造更加专业的现代财富管理平台。2012 年代销基金产品前 10 名的证券公司平均代销基金 1076 只，而前 10 名的商业银行仅平均代销 857 只基金。借助代销金融产品和完善账户管理服务功能的契机，将促进经纪业务盈利结构优化调整。

（3）证券公司系并购基金试航，获保险资金管理资格，证券公司资产管理业务多层次体系初具雏形。

2012 年，证券公司资产管理业务的飞速发展并非仅仅体现在受托管理资产规模的强势扩张上，也体现在资产管理业务多层次体系的构建层面。除集合理财、专项资产管理和定向资产管理实现规模跃升外，证券公司在保险资金管理、并购基金、直投基金、自营资产管理方面均有所突破。

①保险资金管理。中国保监会在 2012 年 7 月和 9 月先后颁布《保险资金委托投资管理暂行办法》、《证券公司开展保险机构特殊机构客户业务报告事项的说明》和《保险机构参与特殊机构客户模式报告事项的说明》，证券公司可以通过为保险机构提供资产管理服务来获取佣金和管理费收入。截至年底，中信证券、海通证券等 26 家证券公司获准管理保险资金。

②并购基金。6 月，中信证券通过旗下金石投资有限公司设立中信并购基金获中国证监会批准，成为国内首家获准成立的证券公司系并购基金。随后海通证券、光大证券、中投证券等也开始筹备设立并购基金，并购基金业务不仅能够帮助证券公司协调投行、自营和资产管理各项业务以提升范围经济，也为证券公司直投业务提供了除 IPO 以外的新退出渠道。

③直投基金。11 月，中国证券业协会颁布《证券公司直接投资业务规范》，明确证券公司设立直投基金采取备案制管理方式，并可以施行直投跟投机制，同时放宽直投子公司及其下属机构不得负债经营的限制。截至年底，新成立证券公司直投基金 3 只，共募集资金 80.39 亿元。

④自营资产管理。11 月，中国证监会发布关于修改《关于证券公司证券自营业务投资范围及有关事项的规定》的决

定，对证券公司自营业务投资范围进行了放宽，将新三板、区域性股权交易市场挂牌转让的股票、柜台交易产品及金融衍生品等纳入证券公司自营业务投资范围。截至年底，87家证券公司从事证券自营投资业务，持有证券市值规模达5715.38亿元，较2011年增长34.27%。

短期内，在证券行业创新大背景下，借助证券公司资产管理业务“通道”打开的机遇，通过代销多元化金融产品提升范围经济，加强低风险产品和指数化产品的开发，重点发展分级产品和定制化产品，培养自己的管理人才和营销人才，提升机构客户的议价能力。中长期内，提升账户管理的专业化程度，寻求产业链层面的差异化定位，从定制化和标准化两个维度搭建综合性全球化财富管理平台，增强复杂衍生产品、宏观对冲产品的设计能力和跨国资产配置能力，形成以持续产品创新和差异化服务为核心的品牌竞争力。

四、制度创新之年，证券行业盈利模式调整迎来好时机

(1)中国证券业制度建设进一步完善。

2012年是国内证券业发展的制度创新之年，中国证监会和中国证券业协会分别围绕发行、分红、退市等市场基础制度及证券公司业务创新和行业自律等方面进行进一步完善，为证券行业的稳健发展和创新转型夯实了基础。

首先，证券市场发行、分红、退市等基础制度建设持续推进。2012年上半年中国证监会先后发布《关于进一步深化新股发行体制改革的指导意见》、《证券发行与承销管理办法(修订版)》、《关于进一步提高首次公开发行股票公司财务信息披露质量有关问题的意见》和《关于新股发行定价有关问题的通知》等系列文件，对新股发行体制进行了持续完善建设。5月4日，中国证监会发布《关于进一步落实上市公司现金分红有关事项的通知》，继续推进2011年强调的上市公司分红政策，为强化上市公司的股东回报意识和证券市场价值投资理念起到了很好的引导作用。6月，上海证券交易所和深圳证券交易所分别发布了《关于完善上海证券交易所上市公司退市制度的方案》和《关于改进和完善深圳证券交易所主板、中小企业板上市公司退市制度的方案》，对上市公司退市程序进行完善，并进一步明确上市公司退市的指标要求和重新上市的详细标准。

其次，证券公司业务创新和业务模式调整的制度保障得到进一步加强。2012年初，中国证券业协会牵头组织了联合调研小组，在北京、上海、深圳和兰州等地进行实地调研，梳理出当前国内证券公司在经纪业务、资产管理、投行业务、国际业务和自营业务等十个方面存在的60多个问题，最终形成《关于推进证券公司改革开放、创新发展的思路与措施(征求意见稿)》的专题报告，并提出推进行业创新极具针对性的11条举措，成为5月证券行业创新大会的讨论主题。9月，中国证券业协会在山东威海召开“证券公司五大基础功能发展专题研讨会”，对国内证券公司交易、托管结算、支付以及融资和投资等基础功能的加强和发展进行了深入研讨。2012年全年，中国证券业协会积极引导行业创新，先后出台了《证券公司客户资产管理业务规范》、《证券公司证券营业部信息技术指引》、《证券公司柜台交易业务规范》三项业务规范指引以及《证券分析师执业行为准则》、《发布证券研究报告执业规范》等一系列行业自律规范指引。

(2)证券公司杠杆管理空间得到释放。

为了保障业务创新持续推进和盈利模式调整的顺畅实现，证券公司资本金约束和杠杆管理的监管要求也势必做出调整。

一方面，中国证监会于2012年11月发布《关于修改〈关于证券公司风险资本准备计算标准的规定〉的决定》和《关于调整证券公司净资本计算标准的规定(2012年修订)》，对多项金融资产的净资本扣减比例和风险资本计提比例进行了下调，为证券公司创新业务的开展释放更多空间。其中，对于证券公司自营业务中未进行风险对冲的证券衍生品、权益类证券和固定收益类证券的风险资本金计提标准由30%、20%、10%下调至20%、15%、8%，对专项、集合、定向资产管理业务的风险资本金计提标准由3%、5%、5%下调至2%、2%、1%，对融资业务的风险资本金计提标准由10%下调至5%，A、B类证券公司的基准计算标准也由0.6倍、0.8倍下调至0.3倍和0.4倍，连续三年被评为A类的证券公司则采用0.2倍的标准计提。据此，按照新规计算的证券行业监管杠杆倍数上限比此前提升了大约10%。当然，相较于海外一流投行通常超过10倍的杠杆水平，国内证券行业资本金计提标准依然偏严，随着行业创新的持续深入和证券公司风险管理能力的提升，资本金约束有望进一步得以放松。

另一方面，证券公司短期融资券和次级债放行进一步拓展了证券公司的资金来源。除资本金计提标准下调外，通过再次启动证券公司短期融资券和修改证券公司次级债记入资本本金的要求亦是从资金来源方面提升了证券公司调整杠杆的空间。

2012年5月31日，招商证券2012年度第一期短期融资券正式发行，成为2006年证券公司短期融资券停发以来首只重启的证券公司短期融资券。截至年底，中信证券、招商证券、国泰君安和广发证券分别发行了5期、4期、4期和2期短期融资券，共募集资金531亿元。12月，中国证监会发布《证券公司次级债管理规定》，对次级债的期限、流通转让、发行借入流程等方面进一步放宽。相比《证券公司介入次级债务规定》，新规允许1年期的次级债也可以视为长期次级债并按照50%计入资本金，3年期次级债计入资本金的比例则由70%提升至100%，同时，证券公司次级债的投资者范围也在此前的基础上大幅放宽。

此外，约定式回购业务和债券质押式报价回购业务也为证券公司进行杠杆管理提供了更强的灵活性。通过这两项业务，证券公司可以对自己的资金头寸进行更具主动性的管理，从而实现对杠杆的灵活调度。

2012年中国证券市场大事概览

4日，中国人民银行发布通知，要求RQFII试点机构根据《境外机构人民币银行结算账户管理办法》等规定，选择一家同时具有合格境外机构投资者托管人资格和银行间债券市场结算代理人资格的境内商业银行开立境外机构人民币基本存款账户和境外机构人民币专用存款账户。

6日，沉寂数月的新股首日破发潮又现，三只中小板新股集体破发。其中，加加食品26.33%的跌幅，创20年来A股市场新股上市首日最大跌幅。

9日，证监会召开全国证券期货监管系统纪检监察工作会议，证监会主席郭树清表示，证监会正按照国务院要求，启动新一轮行政审批改革，初步议定减少行政审批事项32%。

10日，重庆啤酒披露了“治疗用(合成肽)乙型肝炎疫苗”研究进度。多位业内人士表示，若不考虑安慰剂组应答率过高，可认为重庆啤酒治疗用乙型肝炎疫苗研发“失败”。

11日，首批RQFII产品发售。海通证券香港子公司海通国际旗下的海通中国人民币收益基金和汇添富基金香港分公司旗下的汇添富人民币债券基金均定于11日在香港发售。

因最终参与询价机构数量不足20家，于11日下午结束询价的创业板拟上市公司朗玛信息中止IPO。继八菱科技后，朗玛信息成为A股历史上第二家中止发行公司，也是首家中止发行的创业板公司。

12日，中国政府网发布《国务院关于同意建立清理整顿各类交易场所部际联席会议制度的批复》。批复指出，同意建立由证监会牵头的清理整顿各类交易场所部际联席会议制度。

30日，香港恒生银行宣布将推出首只以人民币计价的黄金交易所买卖基金(ETF)，该基金于2月14日在港交所挂牌上市。

1日，中国证监会宣布，IPO预披露提前政策开始实施。同日，证监会首次对外公开首次公开发行股票(IPO)审核工作流程及申报企业在审情况。证监会有关部门负责人表示，证监会已简化非上市公司吸收合并上市公司行政许可申请流程。

3日，中国金融期货交易所出台《中国金融期货交易所套期保值与套利交易管理办法》，在进一步优化套期保值管理业务同时，引入套利业务的制度。

9日，中国金融期货交易所发布通知称，将于2月13日启动国债期货仿真交易。

15日，中国上市公司协会在京成立。

20日，中国证监会有关部门负责人表示，已下发《关于修改<上市公司收购管理办法>第六十二条及第六十三条的决定》，明确持股30%以上的股东每年2%自由增持股份的锁定期从12个月降至6个月。

21日，最高人民法院发布《关于人民法院为防范化解金融风险和推进金融改革发展提供司法保障的指导意见》，提出五项措施保障金融市场协调发展，并明确保护合法的民间借贷法律关系、保障证券期货市场稳定发展。

27日，上交所发布《关于调整公司债券上市交易分类标准的通知》，大幅调低对债券上市前发行人净资产的要求。

29日，港交所宣布于3月5日起实施第二阶段延长交易时间计划，港股下午开市时间将由13:30提早至13:00，与A股开市时间同步，全天交易时间延长半小时至5.5小时。

2日，证监会有关部门负责人通报方琛团伙期货盗码案和周和华内幕交易案，相关当事人已被判刑、提起公诉或行政处罚。这是首例期货盗码案犯罪分子被判刑。

3日，央行等部门联合发布通知称，具有进出口经营资格的企业可按照《跨境贸易人民币结算试点管理办法》开展出口货物贸易人民币结算业务。

7日，深交所发布《关于完善首次公开发行股票上市首日盘中临时停牌制度的通知》，对盘中临时停牌机制做了进一步完善。《通知》自3月8日起实施。

8日，上交所发布施行《关于加强新股上市初期交易监管的通知》。

16日，证监会发布《关于进一步加强保荐业务监管有关问题的意见》，适当调整保荐代表人具体负责保荐项目家数的规定。

19日，社保基金会和广东省政府以及有关方面在北京签订了委托投资协议。经国务院批准，全国社会保障基金理事会受广东省政府委托，投资运营广东省城镇职工基本养老保险结存资金1000亿元。委托投资期限暂定两年，新增资金将更多配置到固定收益类产品中。

22日，证监会颁布《中国证券期货行业人才队伍建设发展规划(2011－2020年)》。

25日，上海证券交易所发布修订后的《上海证券交易所交易型开放式指数基金业务实施细则》。

26日，华泰柏瑞基金、嘉实基金分别宣布，华泰柏瑞沪深300ETF和嘉实沪深300ETF已获证监会批复。

27日，财政部发布《关于加强和规范社会保障基金财政专户管理有关问题的通知》明确，除定期存款和国债之外，地方财政部门不得动用社会保险基金结余进行任何其他形式的直接或间接投资。

28日，国务院总理温家宝主持召开国务院常务会议，决定设立温州市金融综合改革试验区。会议确定了温州市金融综合改革的十二项主要任务。

30日，证监会公布的《上市公司监管指引第1号——上市公司实施重大资产重组后存在未弥补亏损情形的监管要求》明确，公司的资本公积金不得用于弥补亏损，也不得采用资本公积金转增股本同时缩股以弥补亏损，并应在临时公告和年报中充分披露不能弥补亏损的风险并做出特别风险提示。

证监会公布的《证券投资基金信息披露XBRL模板第2号<净值公告>》规定，自5月1日起，基金管理公司应在对外公开披露的基金净值公告中应用《净值公告XBRL模板》。

3日，合格境外机构投资者(QFII)投资额度新增500亿美元，总投资额度达800亿美元。

5日，证监会有关负责人表示，证监会今年将在总结中关村公司股份转让试点经验的基础上，筹建统一监管下的全国性场外交易市场。

13日，证监会有关部门负责人表示，即日起修改证券公司风险资本准备计算标准。降低证券公司自营业务、资产管理业务、经纪业务相关风险资本准备计算比例要求。

17日，上海期货交易所公布《上海期货交易所白银期货标准合约(草案)》、《上海期货交易所白银期货风险控制管理办法(草案)》等白银期货业务规则。

重庆啤酒公告称，治疗用(合成肽)乙型肝炎疫苗单独治疗慢性乙型肝炎，治疗剂量从600ug每次提高到900ug每次时，在主要疗效指标和次要疗效指标中，无显著疗效。

上海证券交易所发布修订后的《上市公司股东及其一致行动人增持股份行为指引》。

20日，深交所发布《深圳证券交易所创业板股票上市规则》(2012年修订)，并自2012年5月1日起施行。

23日，国债期货仿真交易开始向全市场推广，市场参与主体可以通过中金所的所有会员进行国债期货仿真交易，而此前仅能通过部分试点会员期货公司进行。

24日，证监会公告称，已批准上海期货交易所开展白银期货交易。

26日，中国政府网消息，国务院发布关于进一步支持小型微型企业健康发展的意见，将小型微利企业减半征收企业所得税政策延长到2015年底并扩大范围。

28日，证监会发布《关于进一步深化新股发行体制改革的指导意见》并自公布之日起施行。

29日，上交所公布《关于完善上海证券交易所上市公司退市制度的方案(征求意见稿)》，向社会公开征求意见。深交所同日发布《关于改进和完善主板、中小企业板上市公司退市制度的方案(征求意见稿)》，向社会公开征求意见。

30 日，根据沪深证券交易所和中国证券登记结算公司相关通知，A 股交易相关收费标准将降低，总体降幅为 25%，调整后的收费标准于 6 月 1 日实施。

4 日，证监会发布《关于修改<证券投资基金运作管理办法>第六条及第十二条的决定（征求意见稿）》，拟允许基金管理公司同时上报多只基金的募集申请。

7 日，证券公司创新发展研讨会在北京召开，提出 11 条推进行业创新举措。

华夏基金发布王亚伟离任公告。公告称，王亚伟因个人原因，自 5 月 4 日起离任华夏基金管理公司副总经理。

10 日，白银期货合约在上期所挂牌交易。

12 日，中国人民银行发布消息称，从 18 日起，下调存款类金融机构人民币存款准备金率 0.5 个百分点。

15 日，保监会下发通知明确，保险机构可以投资以簿记建档方式公开发行的已上市交易的无担保企业债、非金融企业债务融资工具和商业银行发行的无担保可转换公司债等债券。

中国人民银行公布的初步数据显示，4 月金融机构外汇占款余额为 255888.21 亿元，较 3 月减少 605.71 亿元，这是今年以来的首次负增长。

17 日，央行消息，中国人民银行、浙江省人民政府联合下发通知，决定在浙江省丽水市开展农村金融改革试点工作，并实施《丽水市农村金融改革试点总体方案》。

19 日，铁道部下发的《关于鼓励和引导民间资本投资铁路的实施意见》明确，鼓励和引导民间资本依法合规进入铁路领域，积极支持铁路企业股改上市。

21 日，证监会公布《关于修改〈证券发行与承销管理办法〉的决定》。《办法》提出，首次公开发行股票，除可以询价方式定价外，发行人与主承销商可自主协商直接定价。

23 日，深交所发布完善抑制新股炒作监管的三项措施，充分发挥市场约束作用，促进新股合理定价、正常交易。

25 日，东诚生化、顺威股份、浙江美大三家公司在中小企业板上市。从这批公司开始，上市公司首次公开发行网下配售股份比例增加，且没有强制的锁定期，公开发行股份在上市首日可全部流通。

26 日，证监会发布《关于落实<国务院关于鼓励和引导民间投资健康发展的若干意见>工作要点的通知》，出台促进民营企业融资和规范发展、鼓励民间资本参股证券期货经营机构、为民营企业健康发展创造良好环境三大方面共 15 条具体措施，支持民间投资健康发展。

30 日，中国证监会有关部门负责人表示，将在 IPO 审核中优先审核西部地区企业，均衡安排沪深交易所拟上市企业审核进度。证监会同日发布的《关于新股发行定价相关问题的通知》明确，行业市盈率比较口径为发行人所属行业最近一个月平均滚动市盈率。

中金所发布修订后的《中国金融期货交易所风险控制管理办法》及配套通知，并宣布自 31 日起将沪深 300 股指期货的持仓限额由 100 手调升至 300 手。

1 日，中国政府网消息，国务院办公厅转发发改委等八部门的《关于加快培育国际合作和竞争新优势的指导意见》提出，研究制定境外企业到境内发行人民币股票的制度规则，认真做好相关技术准备，适时启动境外企业到境内发行人民币股票试点。

5 日，中国证券业协会组织开展证券公司中小企业私募债券承销业务试点方案专业评价，标志着中小企业私募债券承销业务起航。

深交所发布通知称，《深圳证券交易所公司债券上市规则（2012 年修订）》已经证监会批准，予以发布。

6 日，国务院总理温家宝主持召开国务院常务会议，听取关于制定《商业银行资本管理办法（试行）》的汇报。中国银监会结合国内银行业实际，制定了《商业银行资本管理办法（试行）》，拟于 2013 年 1 月 1 日开始实施。

中国人民银行决定，自 6 月 8 日起下调金融机构人民币存贷款基准利率。

8 日，证监会发布《关于加强与上市公司重大资产重组相关股票异常交易监管的暂行规定（征求意见稿）》，向社会公开征求意见。

14 日，伊利股份宣布主动召回公司部分汞含量异常奶粉产品，受此影响，伊利股价 6 月 15 日开盘便被封于跌停，总成交 1.93 亿元。

15 日，中国证监会公布《非上市公众公司监督管理办法（征求意见稿）》。根据《办法》，非上市公众公司股票可以在依法设立的证券交易所公开转让，向特定对象发行或者转让后股东可以超过 200 人。

香港交易所宣布与伦敦金属交易所（LME）签订框架协议，以现金方式全面收购伦敦金属交易所，涉及 166.73 亿港元，预计收购事项于今年第四季度完成。

22 日，保监会出台《中国保监会关于鼓励和支持民间投资健康发展的实施意见》明确，支持民间资本投资保险公司。

28 日，沪深交易所分别发布《关于完善上海证券交易所上市公司退市制度的方案》和《关于改进和完善深圳证券交易所主板、中小企业板上市公司退市制度的方案》，并就征求意见及修改情况作了说明。

29 日，首批跨境 ETF——华夏恒指 ETF 与易方达国企 ETF 及联接基金获批。

2012 年度证券公司并购重组财务顾问业务净收入排名（合并口径）

单位：万元

序号	证券公司	并购重组财务顾问业务净收入
1	中金公司	24,277
2	中信证券	15,632
3	华泰证券（华泰联合证券）	13,538
4	西南证券	10,554
5	广发证券	6,116
6	海通证券	6,032
7	中银国际	4,413
8	瑞银证券	4,137
9	中信建投	3,600
10	齐鲁证券	3,118
11	华融证券	3,000
12	华龙证券	2,960
13	招商证券	2,832
14	国信证券	2,667
15	民生证券	2,210
16	国泰君安	2,023
17	国元证券	1,910
18	平安证券	1,678
19	山西证券（中德证券）	1,667

序号	证券公司	并购重组财务顾问业务净收入
20	申银万国	1,660
21	银河证券	1,655
22	长江证券(长江保荐)	1,590
23	信达证券	1,364
24	长城证券	1,305
25	中原证券	1,221
26	世纪证券	997
27	宏源证券	990
28	财通证券	950
29	上海证券(海际大和)	936
30	英大证券	810
31	中航证券	790
32	德邦证券	766
33	安信证券	700
34	东方证券(东方花旗证券)	670
35	方正证券	504
36	东北证券	475
37	国都证券	408
38	北京高华(高盛高华)	408
39	民族证券	396
40	广州证券	354
41	东海证券	305
42	兴业证券	296
43	渤海证券	260
44	财富证券(财富里昂)	250
45	中投证券	250
46	湘财证券	241
47	开源证券	232
48	新时代证券	230
49	东兴证券	202
50	浙商证券	170
51	中山证券	101
52	华鑫证券(摩根士丹利华鑫证券)	100
53	首创证券	100
54	西部证券	100
55	西藏同信	84
56	国海证券	60
57	恒泰证券	60
58	太平洋证券	55
59	第一创业(第一创业摩根大通证券)	48
60	华西证券	45
61	华安证券	15
62	大通证券	10

注:1. 中位数为 778 万元,不低于中位数的为排名前 31 位的公司;
2. 排名中华泰证券和华泰联合证券、山西证券和中德证券、长江证券和长江保荐、上海证券和海际大和、东方证券和东方花旗证券、北京高华和高盛高华、财富证券和财富里昂、华鑫证券和摩根士丹利华鑫证券、第一创业和第一创业摩根大通证券合并计算。

2012 年度证券公司财务顾问业务净收入中位数以上排名(合并口径)

单位:万元

序号	证券公司	财务顾问业务净收入
1	中信证券	78,147
2	中金公司	34,610
3	华泰证券(华泰联合证券)	14,183
4	宏源证券	13,701
5	东兴证券	13,453
6	华融证券	11,632
7	国信证券	11,104
8	广发证券	11,085
9	西南证券	10,554
10	第一创业(第一创业摩根大通证券)	8,941
11	中信建投	8,310
12	海通证券	8,236
13	信达证券	6,880
14	瑞银证券	6,342
15	国泰君安	5,567
16	华鑫证券(摩根士丹利华鑫证券)	5,360
17	招商证券	5,282
18	齐鲁证券	5,132
19	国开证券	5,042
20	民生证券	4,981
21	山西证券(中德证券)	4,845
22	申银万国	4,745
23	中银国际	4,413
24	安信证券	4,110
25	东吴证券	3,606
26	华龙证券	3,527
27	华林证券	3,360
28	中原证券	3,139
29	国金证券	2,885
30	中投证券	2,863
31	平安证券	2,804
32	光大证券	2,791
33	长江证券(长江保荐)	2,647
34	渤海证券	2,464
35	银河证券	2,355
36	国元证券	2,301
37	天风证券	2,112
38	德邦证券	2,049
39	英大证券	2,040
40	长城证券	1,979
41	北京高华(高盛高华)	1,858
42	东方证券(东方花旗证券)	1,666

注:1. 中位数为 1,666 万元,不低于中位数的为排名前 42 位的公司;
2. 排名中华泰证券和华泰联合证券、第一创业和第一创业摩根大通证券、华鑫证券和摩根士丹利华鑫证券、山西证券和中德证券、长江证券和长江保荐、北京高华和高盛高华、东方证券和东方花旗证券合并计算。

2012 年度证券公司财务顾问业务净收入增长率中位数以上排名(合并口径)

证券公司	财务顾问业务净收入增长率名次
厦门证券	1
华鑫证券(摩根士丹利华鑫证券)	2
北京高华(高盛高华)	3
东兴证券	4
开源证券	5
中航证券	6
国联证券(华英证券)	7
华龙证券	8
英大证券	9

证券公司	财务顾问业务净收入增长率名次
德邦证券	10
国盛证券	11
民族证券	12
浙商证券	13
华安证券	14
华创证券	15
财通证券	16
东莞证券	17
渤海证券	18
世纪证券	19
广发证券	20
华融证券	21
江海证券	22
华林证券	23
万联证券	24
兴业证券	25
中信证券	26
广州证券	27
第一创业(第一创业摩根大通证券)	28
长城证券	29
国元证券	30
中山证券	31
民生证券	32
信达证券	33
华西证券	34
东吴证券	35
申银万国	36
中金公司	37
齐鲁证券	38
山西证券(中德证券)	39
国海证券	40

注:1. 排名前40公司的财务顾问业务净收入增长率在中位数以上;
2. 排名中华鑫证券和摩根士丹利华鑫证券、北京高华和高盛高华、国联证券和华英证券、第一创业和第一创业摩根大通证券、山西证券和中德证券合并计算。

2012 年度证券公司成本管理能力前 20 位排名(合并口径)

序号	证券公司	成本管理能力
1	申银万国	1.63
2	国开证券	1.59
3	华福证券	1.54
4	华西证券	1.45
5	银河证券	1.42
6	中信建投	1.39
7	国信证券	1.38
8	中信证券(中信证券浙江、中信万通)	1.30
9	海通证券(上海海通证券资产)	1.25
10	华泰证券(华泰联合证券)	1.24
11	国盛证券	1.23
12	南京证券	1.22
13	光大证券(上海光大证券资产)	1.22
14	东兴证券	1.20
15	中投证券	1.20
16	国都证券	1.18
17	方正证券(瑞信方正)	1.16
18	西部证券	1.16
19	国元证券	1.16
20	大同证券	1.15

注:1. 中位数为0.91,不低于中位数的为排名前48位的公司;
2. 排名中中信证券与中信证券(浙江)、中信万通,海通证券与上海海通证券资产,华泰证券和华泰联合证券,光大证券与上海光大证券资产,方正证券和瑞信方正合并计算;
3. 成本管理能力=(营业收入-投资收益-公允价值变动收益)/营业支出。

2012 年度证券公司承销与保荐业务净收入中位数以上排名(合并口径)

单位:万元

序号	证券公司	承销与保荐业务净收入
1	中信证券	170,374
2	国信证券	155,504
3	广发证券	95,422
4	中信建投	94,477
5	平安证券	91,110
6	宏源证券	73,726
7	国泰君安	71,716
8	银河证券	65,141
9	中金公司	59,561
10	海通证券	57,827
11	华泰证券(华泰联合证券)	52,402
12	中银国际	45,115
13	招商证券	42,133
14	民生证券	41,028
15	国开证券	38,926
16	国金证券	38,210
17	华林证券	35,297
18	瑞银证券	26,819
19	安信证券	26,301
20	齐鲁证券	22,912
21	西南证券	21,669
22	东方证券(东方花旗证券)	19,802
23	长江证券(长江保荐)	19,780
24	东海证券	18,325
25	东北证券	18,310
26	兴业证券	18,224
27	第一创业(第一创业摩根大通证券)	17,779
28	光大证券	17,564
29	中投证券	17,116
30	广州证券	16,498
31	山西证券(中德证券)	16,497
32	方正证券(瑞信方正)	15,722
33	东吴证券	15,540
34	国海证券	15,488
35	太平洋证券	13,774
36	中原证券	11,604
37	德邦证券	11,560
38	信达证券	10,300
39	华西证券	10,225
40	财通证券	9,974

注:1. 中位数为9,888万元,不低于中位数的为排名前40位的公司;
2. 排名中华泰证券和华泰联合证券、东方证券和东方花旗证券、长江证券和长江保荐、第一创业和第一创业摩根大通证券、山西证券和中德证券、方正证券和瑞信方正合并计算。

2012 年度证券公司承销与保荐业务净收入增长率中位数以上排名
（合并口径）

证券公司	承销与保荐业务净收入增长率名次
五矿证券	1
天风证券	2
华安证券	3
江海证券	4
大通证券	5
东北证券	6
国开证券	7
华西证券	8
中原证券	9
国盛证券	10
金元证券	11
广州证券	12
华鑫证券（摩根士丹利华鑫证券）	13
宏源证券	14
财富证券（财富里昂）	15
红塔证券	16
上海证券（海际大和）	17
国金证券	18
德邦证券	19
恒泰证券	20
爱建证券	21
中信建投	22
英大证券	23
华林证券	24
东海证券	25
长江证券（长江保荐）	26
中信证券	27
财通证券	28
方正证券（瑞信方正）	29
广发证券	30
中银国际	31
银河证券	32
长城证券	33
山西证券（中德证券）	34
国泰君安	35
国信证券	36
华融证券	37
信达证券	38
北京高华（高盛高华）	39

注：1. 排名前 39 位公司的承销与保荐业务净收入增长率在中位数以上；
2. 排名中华鑫证券和摩根士丹利华鑫证券、财富证券和财富里昂、上海证券和海际大和、长江证券和长江保荐、方正证券和瑞信方正、山西证券和中德证券、北京高华和高盛高华合并计算。

2012 年度证券公司代理买卖证券业务净收入排名
（合并口径）

单位：万元

序号	证券公司	代理买卖证券业务净收入
1	银河证券	261,955
2	中信证券（中信证券浙江、中信万通）	250,459
3	国泰君安	239,684
4	华泰证券	239,271
5	国信证券	236,251
6	广发证券	227,926
7	申银万国	213,973
8	海通证券	211,573
9	中信建投	170,271
10	招商证券	156,425
11	齐鲁证券	153,434
12	光大证券	128,245
13	中投证券	121,911
14	安信证券	113,397
15	方正证券	91,509
16	长江证券	88,250
17	宏源证券	80,278
18	华西证券	76,442
19	东方证券	73,913
20	兴业证券	63,123
21	中金公司	62,431
22	财达证券	53,818
23	国元证券	53,249
24	国海证券	52,644
25	东北证券	48,419
26	浙商证券	48,309
27	东兴证券	48,028
28	东吴证券	47,939
29	平安证券	47,213
30	中银国际	45,296
31	信达证券	45,113
32	国金证券	44,393
33	西部证券	44,095
34	财通证券	43,326
35	华安证券	42,268
36	东莞证券	41,291
37	东海证券	39,261
38	西南证券	38,100
39	中原证券	37,952
40	湘财证券	37,908
41	南京证券	37,605
42	山西证券	36,660
43	民族证券	36,110
44	上海证券	36,068
45	民生证券	35,969
46	渤海证券	34,336
47	恒泰证券（恒泰长财）	33,144
48	长城证券	33,060
49	国联证券	33,033
50	华福证券	29,798
51	新时代证券	28,169
52	华创证券	26,068
53	华龙证券	24,321
54	中航证券	21,151
55	广州证券	20,793
56	江海证券	20,431
57	国盛证券	20,113
58	太平洋证券	19,060
59	瑞银证券	18,971
60	万联证券	18,919
61	财富证券（财富里昂）	18,630
62	宏信证券	17,706
63	国都证券	17,448

序号	证券公司	代理买卖证券业务净收入
64	红塔证券	16,988
65	大通证券	16,946
66	大同证券	16,561
67	金元证券	15,298
68	华鑫证券	15,063
69	华林证券	15,039
70	华融证券	14,914
71	世纪证券	14,811
72	联讯证券	13,255
73	第一创业	13,184
74	英大证券	13,022
75	中山证券	12,122
76	首创证券	11,779
77	西藏同信	11,713
78	北京高华	10,382
79	德邦证券	9,117
80	中天证券	8,803
81	厦门证券	8,653
82	华宝证券	8,283
83	天风证券	8,039
84	爱建证券	8,018
85	银泰证券	7,510
86	天源证券	5,796
87	日信证券	5,671
88	国开证券	5,498
89	川财证券	4,835
90	万和证券	4,328
91	众成证券	3,975
92	开源证券	3,885
93	五矿证券	3,781
94	中邮证券	3,573
95	诚浩证券	2,815
96	航天证券	1,309

注:1. 中位数为33,047万元,不低于中位数的为排名前48位的公司;
2. 排名中中信证券与中信证券(浙江)、中信万通,恒泰证券与恒泰长财、财富证券与财富里昂合并计算。

2012年度证券公司公益性支出前10位排名

单位:万元

序号	证券公司	公益性支出
1	华泰证券	550
2	兴业证券	500
3	中原证券	446
4	中金公司	311
5	银河证券	272
6	南京证券	260
7	国信证券	251
8	上海东方证券资产	240
9	天风证券	187
10	财达证券	170

2012年度证券公司股票主承销家数排名（合并口径）

序号	证券公司	股票主承销家数
1	中信证券	29
2	国信证券	28
3	广发证券	16
4	平安证券	16
5	中信建投	12
6	国金证券	12
7	国泰君安	11
8	中金公司	11
9	华泰证券(华泰联合证券)	11
10	民生证券	11
11	招商证券	10
12	海通证券	8
13	瑞银证券	7
14	宏源证券	7
15	西南证券	6
16	安信证券	6
17	银河证券	6
18	山西证券(中德证券)	5
19	太平洋证券	5
20	兴业证券	4
21	东北证券	4
22	国元证券	4
23	中原证券	3
24	长城证券	3
25	红塔证券	3
26	光大证券	3
27	华西证券	3
28	华林证券	3
29	中投证券	3
30	恒泰证券	3
31	中航证券	3
32	东吴证券	3
33	北京高华(高盛高华)	2
34	中银国际	2
35	第一创业(第一创业摩根大通证券)	2
36	浙商证券	2
37	东方证券(东方花旗证券)	2
38	国盛证券	2
39	广州证券	2
40	东海证券	2
41	齐鲁证券	2
42	湘财证券	2
43	财通证券	2
44	华鑫证券(摩根士丹利华鑫证券)	1
45	国海证券	1
46	南京证券	1
47	华龙证券	1
48	方正证券(瑞信方正)	1
49	国联证券(华英证券)	1
50	东莞证券	1
51	申银万国证券	1
52	金元证券	1
53	民族证券	1
54	西部证券	1
55	德邦证券	1
56	上海证券(海际大和)	1
57	日信证券	1

注:1. 股票主承销家数排名的中位数为3家,不低于中位数的为前32家,股票主承销家数相同时,按股票主承销金额从大到小排序。
2. 排名中华泰证券与华泰联合证券、山西证券与中德证券、北京高华与高盛高华、第一创业证券与第一创业摩根大通证券、东方证券与东方花旗证券、华鑫证券与摩根士丹利华鑫证券、方正证券与瑞信方正、国联证券与华英证券、上海证券与海际大和合并计算。

2012 年度证券公司净利润排名

单位：万元

序号	证券公司	净利润
1	中信证券	313,065
2	海通证券	270,170
3	国泰君安	205,503
4	广发证券	201,431
5	招商证券	167,028
6	国信证券	164,670
7	银河证券	139,636
8	华泰证券	137,786
9	申银万国	134,489
10	中信建投	128,683
11	光大证券	100,547
12	宏源证券	80,421
13	平安证券	75,024
14	长江证券	73,694
15	东方证券	70,229
16	方正证券	49,361
17	国开证券	48,612
18	齐鲁证券	45,926
19	兴业证券	44,820
20	东兴证券	40,107
21	华西证券	38,665
22	中银国际	35,345
23	华鑫证券	34,714
24	国元证券	34,200
25	西南证券	34,025
26	安信证券	32,659
27	中投证券	31,955
28	广州证券	29,083
29	中金公司	27,959
30	国金证券	27,082
31	东吴证券	26,682
32	华福证券	22,488
33	第一创业	20,684
34	中信证券(浙江)	20,373
35	渤海证券	18,967
36	中原证券	18,073
37	信达证券	18,066
38	南京证券	16,677
39	湘财证券	16,642
40	华融证券	16,084
41	华安证券	15,806
42	华泰联合证券	15,540
43	国都证券	14,491
44	财达证券	14,072
45	东海证券	14,061
46	山西证券	13,846
47	长城证券	13,797
48	东北证券	13,464
49	恒泰证券	12,831
50	中信万通	12,611
51	西部证券	12,005
52	东莞证券	11,156
53	首创证券	10,697
54	上海国泰君安证券资产	10,696
55	国海证券	10,649
56	红塔证券	10,039
57	民族证券	9,103
58	中山证券	8,187
59	华龙证券	7,611
60	高盛高华	7,544
61	太平洋证券	6,946
62	浙商证券	6,795
63	国联证券	6,772
64	财富证券	5,828
65	大通证券	5,718
66	财通证券	5,412
67	中天证券	5,358
68	宏信证券	5,150
69	金元证券	5,031
70	华林证券	5,009
71	国盛证券	4,870
72	万联证券	4,827
73	北京高华	4,348
74	民生证券	4,083
75	上海证券	3,509
76	大同证券	3,056
77	银泰证券	2,903
78	上海光大证券资产	2,820
79	西藏同信	2,693
80	华宝证券	2,673
81	德邦证券	2,655
82	中航证券	2,567
83	日信证券	2,527
84	江海证券	2,312
85	天风证券	2,160
86	新时代证券	1,767
87	爱建证券	1,209
88	瑞银证券	1,127
89	上海海通证券资产	955
90	华创证券	954
91	瑞信方正	630
92	英大证券	603
93	上海东方证券资产	569
94	长江保荐	482
95	中德证券	480
96	开源证券	232
97	五矿证券	175
98	第一创业摩根大通证券	66
99	川财证券	13
100	海际大和	-871
101	长财证券	-1,198
102	众成证券	-1,477
103	诚浩证券	-1,694
104	财富里昂	-1,745
105	航天证券	-1,976
106	万和证券	-2,180
107	华英证券	-2,473
108	天源证券	-2,510
109	中邮证券	-3,332
110	厦门证券	-3,678

序号	证券公司	净利润
111	东方花旗证券	-5,596
112	联讯证券	-5,699
113	世纪证券	-6,232
114	摩根士丹利华鑫证券	-10,462

2012年度证券公司净资本排名

单位:万元

序号	证券公司	净资本
1	中信证券	4,047,173
2	海通证券	3,900,773
3	广发证券	2,173,061
4	华泰证券	2,036,216
5	国泰君安	2,013,983
6	招商证券	1,562,171
7	银河证券	1,350,830
8	光大证券	1,311,575
9	申银万国	1,310,059
10	国信证券	1,289,008
11	宏源证券	1,070,691
12	中信建投	950,922
13	长江证券	948,717
14	国元证券	899,187
15	方正证券	877,441
16	东方证券	847,721
17	国开证券	755,289
18	西南证券	740,022
19	齐鲁证券	734,555
20	安信证券	686,965
21	平安证券	615,403
22	兴业证券	613,337
23	中投证券	597,651
24	国金证券	569,897
25	东吴证券	523,197
26	中银国际	512,905
27	中金公司	511,121
28	东北证券	493,686
29	华西证券	448,485
30	国都证券	444,977
31	山西证券	441,647
32	信达证券	430,521
33	华泰联合证券	405,226
34	西部证券	404,244
35	长城证券	402,131
36	东兴证券	401,634
37	浙商证券	364,694
38	恒泰证券	355,015
39	东海证券	349,758
40	渤海证券	348,219
41	华融证券	338,905
42	金元证券	322,876
43	财通证券	315,172
44	上海证券	307,261
45	南京证券	297,580
46	中原证券	287,633
47	红塔证券	281,373
48	华福证券	277,761
49	华安证券	268,820
50	广州证券	266,209
51	北京高华	262,307
52	湘财证券	260,207
53	第一创业	248,655
54	中信万通	245,093
55	高盛高华	239,245
56	财达证券	235,688
57	民生证券	235,276
58	大通证券	232,353
59	国海证券	216,392
60	中信证券(浙江)	213,649
61	国联证券	213,028
62	东莞证券	210,139
63	瑞银证券	208,592
64	华创证券	197,165
65	财富证券	181,772
66	太平洋证券	172,543
67	上海国泰君安证券资产	169,204
68	中航证券	168,527
69	中天证券	166,275
70	万联证券	166,082
71	新时代证券	163,279
72	德邦证券	157,851
73	华宝证券	153,035
74	华鑫证券	144,916
75	华龙证券	139,831
76	江海证券	137,958
77	国盛证券	126,965
78	银泰证券	125,927
79	民族证券	124,819
80	开源证券	124,294
81	中山证券	123,926
82	首创证券	121,614
83	英大证券	117,338
84	天风证券	116,595
85	上海东方证券资产	102,542
86	川财证券	101,290
87	东方花旗证券	100,133
88	上海海通证券资产	99,020
89	中德证券	97,261
90	华林证券	92,717
91	上海光大证券资产	91,884
92	爱建证券	88,202
93	五矿证券	80,116
94	日信证券	79,797
95	瑞信方正	79,045
96	华英证券	73,626
97	第一创业摩根大通证券	70,423
98	世纪证券	62,117
99	宏信证券	61,142
100	摩根士丹利华鑫证券	59,660
101	西藏同信	58,597
102	中邮证券	50,455
103	联讯证券	48,593
104	财富里昂	44,249
105	大同证券	42,208

序号	证券公司	净资本
106	航天证券	39,608
107	海际大和	38,346
108	长江保荐	33,841
109	诚浩证券	24,818
110	众成证券	23,924
111	长财证券	23,807
112	天源证券	19,479
113	厦门证券	19,136
114	万和证券	13,314

2012 年度证券公司
净资本收益率中位数以上排名
（合并口径）

序号	证券公司	净资本收益率
1	中信建投	14.49%
2	平安证券	13.84%
3	广州证券	13.46%
4	国信证券	13.35%
5	招商证券	11.09%
6	国泰君安（上海国泰君安证券资产）	10.98%
7	银河证券	10.79%
8	华鑫证券（摩根士丹利华鑫证券）	10.69%
9	申银万国	10.65%
10	宏源证券	10.44%
11	首创证券	9.47%
12	东兴证券	9.33%
13	华福证券	9.11%
14	广发证券	9.08%
15	宏信证券	8.44%
16	华西证券	8.20%
17	海通证券（上海海通证券资产）	7.60%
18	兴业证券	7.45%
19	国开证券	7.38%
20	光大证券（上海光大证券资产）	7.35%
21	长江证券（长江保荐）	7.32%
22	中银国际	7.13%
23	民族证券	6.88%
24	湘财证券	6.82%
25	中信证券（中信证券浙江、中信万通）	6.81%
26	大同证券	6.72%
27	第一创业（第一创业摩根大通证券）	6.68%
28	华安证券	6.52%
29	东方证券 （上海东方证券资产、东方花旗证券）	6.43%
30	中原证券	6.41%
31	国金证券	6.34%
32	华泰证券（华泰联合证券）	6.25%
33	齐鲁证券	6.10%
34	中山证券	6.07%
35	财达证券	6.02%
36	渤海证券	5.91%
37	西藏同信	5.81%
38	中金公司	5.71%
39	南京证券	5.57%
40	华林证券	5.53%
41	东莞证券	5.50%
42	方正证券（瑞信方正）	5.27%
43	中投证券	5.25%
44	安信证券	5.10%
45	国海证券	5.07%
46	华融证券	5.04%
47	东吴证券	4.77%
48	华龙证券	4.54%

注：1. 中位数为 4.52%，不低于中位数的为排名前 48 位的公司；
2. 排名中国泰君安与上海国泰君安证券资产，华鑫证券和摩根士丹利华鑫证券，海通证券与上海海通证券资产，光大证券与上海光大证券资产，长江证券和长江保荐，中信证券与中信证券（浙江）、中信万通，第一创业和第一创业摩根大通证券，东方证券与上海东方证券资产，华泰证券和华泰联合证券，方正证券和瑞信方正合并计算；
3. 净资本收益率 = 年度净利润/[（期末净资本 + 期初净资本）/2]。

2012 年度证券公司净资产排名

单位：万元

序号	证券公司	净资产
1	中信证券	7,259,288
2	海通证券	5,797,290
3	广发证券	3,198,438
4	华泰证券	3,067,222
5	国泰君安	2,856,390
6	招商证券	2,513,688
7	光大证券	2,178,369
8	国信证券	1,880,417
9	银河证券	1,734,194
10	申银万国	1,677,917
11	国元证券	1,482,664
12	东方证券	1,469,907
13	宏源证券	1,466,468
14	方正证券	1,423,977
15	长江证券	1,202,843
16	中信建投	1,176,669
17	齐鲁证券	1,116,801
18	西南证券	1,040,314
19	安信证券	1,000,789
20	兴业证券	840,619
21	平安证券	833,927
22	中投证券	803,423
23	国开证券	797,218
24	东吴证券	754,230
25	东北证券	716,498
26	国金证券	633,722
27	华西证券	632,441
28	山西证券	604,845
29	国都证券	591,352
30	长城证券	571,822
31	信达证券	536,347
32	东兴证券	524,760
33	浙商证券	505,220
34	中金公司	497,682
35	东海证券	492,101
36	中银国际	488,404
37	华泰联合证券	456,921
38	华融证券	449,523
39	第一创业	447,664

序号	证券公司	净资产
40	西部证券	445,535
41	渤海证券	436,253
42	恒泰证券	431,340
43	上海证券	418,523
44	华安证券	408,344
45	财通证券	406,050
46	南京证券	389,291
47	金元证券	389,061
48	中原证券	384,672
49	广州证券	380,373
50	红塔证券	374,249
51	湘财证券	329,962
52	大通证券	322,657
53	民生证券	314,053
54	财达证券	311,572
55	国联证券	290,869
56	华龙证券	286,387
57	财富证券	272,031
58	中信万通	271,552
59	新时代证券	268,683
60	东莞证券	268,653
61	华鑫证券	259,066
62	国海证券	259,029
63	中山证券	245,350
64	中信证券(浙江)	235,131
65	华创证券	232,523
66	华福证券	231,904
67	江海证券	216,461
68	民族证券	215,079
69	太平洋证券	213,242
70	首创证券	203,030
71	德邦证券	191,907
72	万联证券	188,350
73	天风证券	176,900
74	北京高华	169,140
75	华宝证券	168,569
76	中天证券	161,370
77	国盛证券	148,808
78	瑞银证券	147,957
79	开源证券	145,737
80	中航证券	139,037
81	银泰证券	138,671
82	爱建证券	119,568
83	高盛高华	115,391
84	英大证券	114,788
85	川财证券	110,118
86	华林证券	110,061
87	上海国泰君安证券资产	103,104
88	中德证券	103,059
89	上海海通证券资产	100,966
90	西藏同信	93,264
91	日信证券	91,406
92	瑞信方正	86,449
93	宏信证券	84,896
94	五矿证券	83,554
95	世纪证券	82,876
96	摩根士丹利华鑫证券	76,470
97	第一创业摩根大通证豢	76,324
98	华英证券	75,129
99	东方花旗证券	74,404
100	大同证券	62,320
101	联讯证券	62,308
102	中邮证券	58,085
103	航天证券	47,098
104	财富里昂	47,092
105	海际大和	39,399
106	长财证券	34,875
107	上海东方证券资产	31,081
108	诚浩证券	30,970
109	厦门证券	29,456
110	众成证券	25,469
111	天源证券	25,375
112	上海光大证券资产	22,820
113	万和证券	18,417
114	长江保荐	15,188

2012 年度证券公司客户交易结算资金余额排名

单位:万元

序号	证券公司	客户交易结算资金余额
1	银河证券	3,323,878
2	国泰君安	2,941,281
3	华泰证券	2,820,237
4	广发证券	2,807,875
5	申银万国	2,713,246
6	国信证券	2,474,169
7	海通证券	2,452,142
8	招商证券	2,423,331
9	中信建投	2,137,057
10	光大证券	1,587,210
11	中投证券	1,500,614
12	中信证券	1,408,903
13	齐鲁证券	1,355,781
14	安信证券	1,279,714
15	方正证券	967,804
16	长江证券	956,685
17	宏源证券	840,152
18	中信证券(浙江)	830,101
19	平安证券	805,513
20	东方证券	797,327
21	华西证券	760,459
22	兴业证券	706,231
23	财达证券	661,475
24	中银国际	608,404
25	湘财证券	586,880
26	中金公司	577,294
27	国元证券	575,560
28	东北证券	575,293
29	西部证券	554,884
30	东吴证券	549,614
31	东莞证券	534,078
32	上海证券	526,630
33	东兴证券	525,845
34	信达证券	517,619

序号	证券公司	客户交易结算资金余额
35	民族证券	513,852
36	山西证券	512,855
37	国海证券	503,922
38	浙商证券	482,907
39	财通证券	478,177
40	中原证券	477,144
41	渤海证券	466,769
42	西南证券	463,515
43	长城证券	457,877
44	南京证券	457,746
45	东海证券	453,155
46	中信万通	422,492
47	国金证券	411,364
48	华安证券	389,717
49	国联证券	387,314
50	民生证券	383,583
51	华福证券	374,462
52	新时代证券	365,691
53	国都证券	333,952
54	恒泰证券	314,707
55	江海证券	302,322
56	广州证券	283,045
57	中航证券	279,925
58	万联证券	269,887
59	华林证券	265,375
60	大通证券	248,939
61	财富证券	237,772
62	华鑫证券	237,315
63	国盛证券	233,939
64	金元证券	226,374
65	宏信证券	225,738
66	华融证券	210,294
67	华创证券	206,081
68	德邦证券	198,322
69	英大证券	193,247
70	世纪证券	192,473
71	华龙证券	191,546
72	第一创业	182,401
73	大同证券	180,159
74	首创证券	176,837
75	红塔证券	171,479
76	太平洋证券	166,858
77	联讯证券	165,083
78	中山证券	162,304
79	爱建证券	137,560
80	中天证券	135,403
81	西藏同信	120,652
82	厦门证券	115,437
83	银泰证券	102,329
84	国开证券	84,515
85	天源证券	81,911
86	天风证券	76,355
87	长财证券	75,385
88	华宝证券	75,242
89	日信证券	61,088
90	众成证券	59,206
91	瑞银证券	54,432
92	五矿证券	48,422
93	万和证券	45,542
94	中邮证券	43,243
95	开源证券	42,518
96	川财证券	39,673
97	诚浩证券	39,298
98	航天证券	24,252
99	北京高华	16,846
100	财富里昂	10,829

2012 年度证券公司受托管理资金本金总额前 20 位排名

单位：万元

序号	证券公司	受托管理资金本金总额
1	中信证券	25,083,860
2	上海国泰君安证券资产	19,793,627
3	宏源证券	16,552,248
4	上海光大证券资产	9,164,148
5	申银万国	8,597,060
6	中信建投	5,744,140
7	华泰证券	5,231,230
8	东北证券	4,574,173
9	安信证券	4,533,916
10	兴业证券	4,444,326
11	东吴证券	4,406,493
12	西南证券	3,892,460
13	上海海通证券资产	3,525,676
14	齐鲁证券	3,509,570
15	德邦证券	3,332,680
16	中金公司	3,273,210
17	中银国际	3,039,610
18	民族证券	2,888,348
19	长城证券	2,766,450
20	第一创业	2,758,146

2012 年度证券公司受托客户资产管理业务净收入中位数以上排名（合并口径）

单位：万元

序号	证券公司	受托客户资产管理业务净收入
1	国泰君安（上海国泰君安证券资产）	27,452
2	中信证券	19,809
3	申银万国	12,633
4	中金公司	12,427
5	光大证券（上海光大证券资产）	11,908
6	广发证券	11,199
7	东方证券（上海东方证券资产）	9,726
8	宏源证券	9,548
9	华泰证券	8,660
10	兴业证券	8,437
11	招商证券	8,334
12	东海证券	8,255
13	信达证券	7,930
14	长江证券	6,501
15	华融证券	6,231
16	中信建投	6,152

序号	证券公司	受托客户资产管理业务净收入
17	东兴证券	5,647
18	安信证券	5,175
19	浙商证券	4,746
20	国信证券	4,647
21	银河证券	4,119
22	恒泰证券	4,012
23	第一创业	3,983
24	东北证券	3,455
25	西南证券	3,406
26	渤海证券	2,867
27	中投证券	2,819
28	中银国际	2,721
29	德邦证券	2,569
30	海通证券(上海海通证券资产)	2,539
31	长城证券	2,325
32	方正证券	2,265
33	民族证券	2,115
34	华西证券	1,980
35	北京高华	1,950
36	国海证券	1,863
37	国盛证券	1,749
38	中航证券	1,616
39	英大证券	1,570
40	齐鲁证券	1,403
41	南京证券	1,373

注:1. 中位数为1,298万元,不低于中位数的为排名前41位的公司;
2. 排名中国泰君安与上海国泰君安证券资产、光大证券与上海光大证券资产、东方证券与上海东方证券资产、海通证券与上海海通证券资产合并计算。

2012年度证券公司投资咨询业务综合收入中位数以上排名(合并口径)

单位:万元

序号	证券公司	投资咨询业务综合收入
1	中信证券(中信证券浙江、中信万通)	70,799
2	中金公司	46,183
3	国金证券	35,642
4	海通证券	34,550
5	申银万国	31,913
6	中信建投	26,776
7	国泰君安	26,512
8	东方证券	21,785
9	银河证券	20,196
10	招商证券	18,938
11	广发证券	18,424
12	瑞银证券	17,888
13	国信证券	17,391
14	长江证券	17,264
15	兴业证券	15,760
16	华泰证券(华泰联合证券)	14,900
17	光大证券	14,821
18	华创证券	13,598
19	平安证券	13,395
20	安信证券	12,880
21	财达证券	12,480
22	华西证券	12,381
23	国海证券	12,284
24	中银国际	11,679
25	西部证券	11,273
26	齐鲁证券	10,004
27	宏源证券	8,950
28	华龙证券	8,834
29	东北证券	8,608
30	中投证券	7,799
31	东海证券	7,050
32	民生证券	6,973
33	渤海证券	6,865
34	宏信证券	6,820
35	信达证券	6,531
36	东兴证券	6,456
37	北京高华	6,364
38	长城证券	6,332
39	华安证券	5,960
40	方正证券	5,946
41	恒泰证券(恒泰长财)	4,972
42	山西证券	4,629
43	华宝证券	4,470
44	英大证券	4,022
45	红塔证券	3,628
46	广州证券	3,501
47	大同证券	3,485

注:1. 中位数为3,485万元,不低于中位数的为排名前47位的公司;
2. 排名中中信证券与中信证券(浙江)、中信万通,华泰证券与华泰联合证券,恒泰证券与恒泰长财合并计算。

2012年度证券公司营业部平均代理买卖证券业务净收入中位数以上排名(合并口径)

单位:万元

序号	证券公司	代证券公司营业部平均代理买卖证券业务净收入
1	中金公司	3,902
2	北京高华	3,461
3	瑞银证券	3,162
4	国信证券	2,991
5	国金证券	1,644
6	招商证券	1,629
7	中信证券(中信证券浙江、中信万通)	1,565
8	中银国际	1,415
9	申银万国	1,389
10	五矿证券	1,260
11	国泰君安	1,242
12	中信建投	1,216
13	华林证券	1,157
14	银河证券	1,144
15	华西证券	1,141
16	广发证券	1,117
17	中投证券	1,108
18	广州证券	1,094
19	东方证券	1,087
20	平安证券	1,073
21	华泰证券	1,063
22	光大证券	1,051
23	海通证券	1,047
24	兴业证券	1,002
25	东兴证券	1,001

序号	证券公司	代证券公司营业部平均代理买卖证券业务净收入
26	安信证券	929
27	西南证券	929
28	华宝证券	920
29	东吴证券	905
30	宏源证券	902
31	国海证券	892
32	方正证券	888
33	齐鲁证券	877
34	国联证券	869
35	中山证券	866
36	东莞证券	843
37	财通证券	833
38	民生证券	817
39	英大证券	814
40	川财证券	806
41	长江证券	802
42	首创证券	785
43	德邦证券	760
44	国都证券	759
45	浙商证券	755
46	财富证券(财富里昂)	745
47	东海证券	741
48	西部证券	735
全国营业部平均代理买卖证券业务净收入		955

注:1. 中位数为732万元,不低于中位数的为排名前48位的公司;
2. 排名中中信证券与中信证券(浙江)、中信万通,财富证券与财富里昂,恒泰证券与恒泰长财合并计算。

2012 年度证券公司承销、保荐及并购重组等财务顾问业务净收入中位数以上排名(合并口径)

单位:万元

序号	证券公司	承销与保荐、并购重组等财务顾问业务净收入
1	中信证券	248,521
2	国信证券	166,608
3	广发证券	106,506
4	中信建投	102,787
5	中金公司	94,171
6	平安证券	93,914
7	宏源证券	87,427
8	国泰君安	77,283
9	银河证券	67,495
10	华泰证券(华泰联合证券)	66,585
11	海通证券	66,063
12	中银国际	49,528
13	招商证券	47,416
14	民生证券	46,009
15	国开证券	43,968
16	国金证券	41,095
17	华林证券	38,657
18	瑞银证券	33,160
19	西南证券	32,223
20	安信证券	30,411
21	齐鲁证券	28,044
22	第一创业(第一创业摩根大通证券)	26,720
23	长江证券(长江保荐)	22,427
24	东方证券(东方花旗证券)	21,468
25	山西证券(中德证券)	21,342
26	光大证券	20,355
27	中投证券	19,979
28	东北证券	19,827
29	兴业证券	19,714
30	东兴证券	19,306
31	东海证券	19,263
32	东吴证券	19,147
33	广州证券	17,833
34	方正证券(瑞信方正)	17,232
35	信达证券	17,180
36	国海证券	16,447
37	华鑫证券(摩根士丹利华鑫证券)	15,161
38	太平洋证券	14,831
39	中原证券	14,744
40	华融证券	14,720
41	申银万国	14,051
42	德邦证券	13,609

注:1. 中位数为13,609万元,不低于中位数的为排名前42位的公司;
2. 排名中华泰证券和华泰联合证券、第一创业和第一创业摩根大通证券、长江证券和长江保荐、东方证券和东方花旗证券、山西证券和中德证券、方正证券和瑞信方正、华鑫证券和摩根士丹利华鑫证券合并计算。

2012 年度证券公司营业收入排名

单位:万元

序号	证券公司	营业收入
1	中信证券	788,315
2	海通证券	690,110
3	国泰君安	635,849
4	广发证券	635,597
5	国信证券	547,219
6	银河证券	505,255
7	华泰证券	441,579
8	招商证券	431,780
9	中信建投	426,066
10	申银万国	401,103
11	宏源证券	305,973
12	光大证券	291,147
13	齐鲁证券	272,514
14	中金公司	240,552
15	平安证券	240,228
16	安信证券	215,242
17	长江证券	209,662
18	中投证券	207,748
19	东方证券	202,812
20	兴业证券	192,554
21	方正证券	185,535
22	国金证券	146,411
23	华西证券	138,371
24	中银国际	136,366
25	国元证券	134,592
26	西南证券	126,099
27	东吴证券	125,528
28	东兴证券	121,429
29	信达证券	117,879

序号	证券公司	营业收入
30	东北证券	109,077
31	民生证券	107,676
32	中信证券(浙江)	106,427
33	国海证券	104,171
34	东海证券	102,521
35	国开证券	99,079
36	华泰联合证券	97,361
37	长城证券	95,894
38	广州证券	95,662
39	中原证券	94,925
40	浙商证券	92,870
41	渤海证券	90,658
42	湘财证券	89,457
43	财达证券	85,533
44	财通证券	83,260
45	南京证券	78,779
46	第一创业	78,766
47	西部证券	76,482
48	华安证券	75,009
49	瑞银证券	74,325
50	东莞证券	72,765
51	上海证券	71,322
52	华融证券	69,659
53	山西证券	69,375
54	民族证券	66,265
55	高盛高华	65,758
56	华福证券	65,080
57	华林证券	63,510
58	北京高华	62,994
59	中信万通	61,336
60	恒泰证券	60,807
61	华龙证券	60,698
62	新时代证券	55,206
63	金元证券	54,226
64	国都证券	52,398
65	太平洋证券	52,043
66	中航证券	47,504
67	国联证券	46,886
68	华创证券	46,764
69	财富证券	42,656
70	江海证券	42,107
71	大通证券	39,816
72	红塔证券	39,564
73	万联证券	39,229
74	国盛证券	37,783
75	德邦证券	35,859
76	首创证券	35,026
77	上海国泰君安证券资产	34,496
78	西藏同信	32,212
79	天风证券	29,321
80	世纪证券	27,100
81	宏信证券	26,908
82	英大证券	26,536
83	中山证券	26,091
84	华鑫证券	25,935
85	中天证券	25,808
86	中德证券	25,470
87	大同证券	23,806
88	日信证券	22,894
89	联讯证券	21,730
90	第一创业摩根大通证券	21,162
91	瑞信方正	20,647
92	华宝证券	20,613
93	摩根士丹利华鑫证券	20,224
94	银泰证券	18,330
95	爱建证券	16,698
96	华英证券	13,657
97	厦门证券	11,251
98	上海东方证券资产	10,747
99	开源证券	9,466
100	长财证券	9,266
101	长江保荐	8,941
102	五矿证券	8,342
103	天源证券	7,885
104	上海光大证券资产	7,523
105	川财证券	7,117
106	财富里昂	6,900
107	众成证券	5,876
108	东方花旗证券	5,857
109	海际大和	5,693
110	万和证券	5,286
111	诚浩证券	4,658
112	中邮证券	4,296
113	上海海通证券资产	2,726
114	航天证券	2,595

2012年度证券公司债券主承销家数排名
（合并口径）

序号	证券公司	债券主承销家数
1	中信证券	78
2	国开证券	63
3	国泰君安	51
4	中信建投	49
5	国信证券	49
6	平安证券	42
7	宏源证券	38
8	银河证券	37
9	中银国际	28
10	广州证券	26
11	海通证券	25
12	中金公司	23
13	广发证券	23
14	齐鲁证券	21
15	华泰证券(华泰联合证券)	18
16	瑞银证券	17
17	中投证券	17
18	长江证券(长江保荐)	17
19	招商证券	14
20	西南证券	13
21	兴业证券	13
22	华林证券	13
23	国海证券	12
24	申银万国	11

序号	证券公司	债券主承销家数
25	安信证券	11
26	民生证券	11
27	德邦证券	11
28	光大证券	10
29	信达证券	10
30	第一创业(第一创业摩根大通证券)	9
31	华鑫证券(摩根士丹利华鑫证券)	8
32	中航证券	8
33	太平洋证券	7
34	东兴证券	7
35	山西证券(中德证券)	6
36	东方证券(东方花旗证券)	6
37	财通证券	6
38	国金证券	5
39	国联证券(华英证券)	5
40	天风证券	5
41	浙商证券	5
42	长城证券	4
43	华龙证券	4
44	中原证券	4
45	南京证券	4
46	东吴证券	4
47	财富证券(财富里昂)	4
48	方正证券(瑞信方正)	4
49	渤海证券	4
50	东北证券	4
51	华融证券	4
52	北京高华(高盛高华)	3
53	上海证券(海际大和)	3
54	金元证券	3
55	首创证券	3
56	英大证券	2
57	万联证券	2
58	新时代证券	2
59	世纪证券	2
60	东莞证券	2
61	大通证券	2
62	日信证券	1
63	国盛证券	1
64	东海证券	1
65	华安证券	1
66	华西证券	1
67	民族证券	1

注:1. 债券主承销家数排名的中位数为7家,不低于中位数的为前34家公司,债券主承销家数相同时,按债券主承销金额从大到小排序。
2. 排名中华泰证券与华泰联合证券、长江证券与长江保荐、第一创业与第一创业摩根大通证券、华鑫证券与摩根士丹利华鑫证券、山西证券与中德证券、东方证券与东方花旗证券、国联证券与华英证券、财富证券与财富里昂、方正证券与瑞信方正、北京高华与高盛高华、上海证券与海际大和合并计算。

2012 年度证券公司总资产排名

单位:万元

序号	证券公司	总资产
1	中信证券	13,020,150
2	海通证券	10,860,803
3	国泰君安	8,986,033
4	广发证券	8,253,162
5	华泰证券	6,941,791
6	招商证券	6,900,763
7	银河证券	5,810,530
8	国信证券	5,782,655
9	光大证券	5,344,209
10	申银万国	4,917,556
11	中信建投	4,850,951
12	东方证券	4,566,252
13	平安证券	3,126,706
14	齐鲁证券	3,052,442
15	宏源证券	2,987,373
16	长江证券	2,948,509
17	安信证券	2,777,251
18	方正证券	2,570,880
19	中投证券	2,392,861
20	中金公司	2,197,764
21	国元证券	2,109,069
22	兴业证券	1,998,847
23	广州证券	1,961,924
24	西南证券	1,725,343
25	华西证券	1,612,779
26	东北证券	1,562,222
27	国开证券	1,509,249
28	长城证券	1,476,974
29	东吴证券	1,457,407
30	东兴证券	1,424,403
31	中银国际	1,343,443
32	信达证券	1,266,074
33	上海证券	1,180,096
34	国金证券	1,178,956
35	东海证券	1,171,278
36	山西证券	1,166,187
37	渤海证券	1,164,235
38	中信证券(浙江)	1,155,658
39	财达证券	1,126,888
40	中原证券	1,077,517
41	湘财证券	1,055,305
42	南京证券	1,046,537
43	浙商证券	1,026,185
44	第一创业	1,024,657
45	东莞证券	1,016,559
46	西部证券	1,015,988
47	财富证券	973,364
48	金元证券	971,670
49	华龙证券	968,590
50	国海证券	955,959
51	国都证券	942,241
52	大通证券	918,699
53	财通证券	904,098
54	民族证券	873,823
55	恒泰证券	840,507
56	红塔证券	827,017
57	华安证券	820,366
58	天风证券	799,639
59	新时代证券	791,205

序号	证券公司	总资产
60	首创证券	769,881
61	江海证券	766,323
62	国联证券	760,683
63	民生证券	760,507
64	中信万通	745,654
65	华福证券	717,318
66	华融证券	683,333
67	华创证券	610,123
68	英大证券	527,968
69	万联证券	518,366
70	中山证券	517,547
71	华鑫证券	514,427
72	中天证券	510,491
73	华泰联合证券	510,428
74	中航证券	477,890
75	德邦证券	454,102
76	太平洋证券	447,497
77	国盛证券	425,073
78	宏信证券	421,005
79	联讯证券	417,110
80	北京高华	415,970
81	华林证券	402,937
82	银泰证券	342,468
83	瑞银证券	341,010
84	世纪证券	319,196
85	华宝证券	316,982
86	西藏同信	309,407
87	高盛高华	290,058
88	爱建证券	282,072
89	日信证券	280,672
90	大同证券	262,981
91	五矿证券	196,709
92	开源证券	190,134
93	川财证券	150,371
94	厦门证券	146,353
95	天源证券	128,855
96	上海国泰君安证券资产	116,538
97	长财证券	113,768
98	中德证券	105,091
99	中邮证券	102,970
100	上海海通证券资产	102,173
101	摩根士丹利华鑫证券	96,688
102	瑞信方正	88,922
103	众成证券	85,102
104	第一创业摩根大通证券	81,747
105	华英证券	78,200
106	东方花旗证券	77,302
107	诚浩证券	72,298
108	航天证券	71,961
109	万和证券	64,655
110	财富里昂	58,591
111	海际大和	40,961
112	上海东方证券资产	32,734
113	上海光大证券资产	25,189
114	长江保荐	16,803

2012年证券公司代理买卖证券业务净收入增长率中位数以上排名（合并口径）

证券公司	代理买卖证券业务净收入增长率名次
瑞银证券	1
日信证券	2
天风证券	3
民生证券	4
北京高华	5
方正证券	6
兴业证券	7
第一创业	8
中信证券（中信证券浙江、中信万通）	9
浙商证券	10
国泰君安	11
天源证券	12
国开证券	13
财通证券	14
国海证券	15
申银万国	16
长江证券	17
国金证券	18
中金公司	19
东兴证券	20
开源证券	21
华宝证券	22
光大证券	23
招商证券	24
中投证券	25
西南证券	26
银泰证券	27
广发证券	28
中信建投	29
厦门证券	30
海通证券	31
广州证券	32
华福证券	33
万和证券	34
国都证券	35
宏源证券	36
国盛证券	37
联讯证券	38
银河证券	39
华安证券	40
国信证券	41
渤海证券	42
华泰证券	43
中银国际	44
东莞证券	45
大同证券	46
国联证券	47
齐鲁证券	48

注：1. 排名前48位公司的代理买卖证券业务净收入增长率在中位数以上；
2. 排名中中信证券与中信证券（浙江）、中信万通合并计算。

2012 年证券公司受托客户资产管理业务净收入增长率中位数以上排名（合并口径）

证券公司	受托客户资产管理业务净收入增长率名次
国盛证券	1
民族证券	2
德邦证券	3
广州证券	4
金元证券	5
华鑫证券	6
日信证券	7
银泰证券	8
中信建投	9
英大证券	10
齐鲁证券	11
长城证券	12
恒泰证券	13
中山证券	14
北京高华	15
渤海证券	16
宏源证券	17
申银万国	18
第一创业	19
东吴证券	20
中投证券	21
世纪证券	22
银河证券	23
中金公司	24
国泰君安（上海国泰君安证券资产）	25
东兴证券	26
信达证券	27
国海证券	28
兴业证券	29
华安证券	30
中银国际	31
安信证券	32
民生证券	33

注：1. 排名前 33 位公司的受托客户资产管理业务净收入增长率在中位数以上；
2. 排名中国泰君安与上海国泰君安证券资产合并计算。

2012 年证券公司投资咨询业务综合收入增长率中位数以上排名（合并口径）

证券公司	投资咨询业务综合收入增长率名次
天风证券	1
财通证券	2
大通证券	3
天源证券	4
信达证券	5
民生证券	6
国金证券	7
英大证券	8
国盛证券	9
万联证券	10
江海证券	11
东兴证券	12
西藏同信	13
方正证券	14
开源证券	15
金元证券	16
平安证券	17
第一创业	18
中信证券（中信证券浙江、中信万通）	19
国联证券	20
广州证券	21
银河证券	22
浙商证券	23
瑞银证券	24
中金公司	25
日信证券	26
国泰君安	27
东海证券	28
中信建投	29
湘财证券	30
中投证券	31
海通证券	32
申银万国	33
广发证券	34
厦门证券	35
东吴证券	36
长城证券	37
西南证券	38
宏源证券	39
兴业证券	40
国海证券	41
华宝证券	42
中山证券	43
华龙证券	44
渤海证券	45
华创证券	46
联讯证券	47

注：1. 排名前 47 位公司的投资咨询业务综合收入增长率在中位数以上；
2. 排名中中信证券与中信证券（浙江）、中信万通合并计算。

2012 年证券公司投资者教育与服务工作报告

根据证监会《关于加强证券经纪业务管理的规定》、中国证券业协会《会员投资者教育工作指引（试行）》有关要求，协会在进一步完善 2011 年证券公司投资者教育与服务专项评估指标体系的基础上，开展了 2012 年证券公司投资者教育与服务专项调查工作。专项调查的对象为 2012 年之前成立且具有经纪业务的 99 家证券公司。根据各证券公司调查表及总结报告，协会从证券公司的投入与组织建设情况、网络化投资者教育与服务情况、投资者教育活动与产品情况、投资者信息服务情况、回访与投诉处理情况、投资者适当性工作情况等方面对行业投资者教育与服务工作进行了总结，并对各公司工作情况进行了综合评估。

一、证券公司投资者教育与服务工作总体情况

（一）证券公司投入与组织建设情况

证券公司在投资者教育与服务工作方面保持了一定的经费投入，组织机制与相关制度建设健全，普遍建立了以证券营业部为核心阵地的“总公司—分支机构”两级工作机制及工作联系人制度等。

1、投资者教育经费投入

投资者教育经费投入主要包括证券公司在组织投资者教育活动、制作并发放投资者教育产品及媒体投资者教育专栏等方面的费用。

（1）证券公司近年在投资者教育方面的总体经费投入基本保持稳定。2012 年，99 家证券公司投资者教育经费总计约 5.5 亿元，占同期代理买卖证券业务净收入的 1.09%，平均每家为 555.91 万元。2012 年经费总额较上年度降低了约 40%，主要原因在于统计口径差异，2011 年经费统计中将各证券公司相关投资者信息系统建设费用计入，其他年度未计入此项。近年，行业投资者教育经费占比平均水平不到 1%，作为回馈投资者的一种手段，力度还有有待于加强。此外，98 家证券公司制定了 2013 年投资者教育经费预算，总计约6.06 亿元。

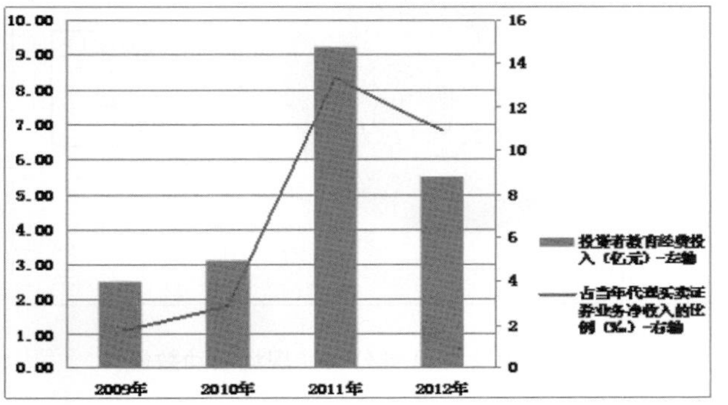

图 1　2009－2012 年证券公司投资者教育经费变化情况

（2）2012 年，各证券公司投资者教育经费投入绝对及相对水平差异均显著。经费投入在 1000 万元及以上的有 18 家公司，占比 18.18%，最多的达到 3892 万元；500 万（含）至 1000 万元的有 12 家，占比 12.12%；200 万（含）至 500 万元的有 29 家，占比 29.29%；100 万（含）至 200 万元的有 16 家，占比 16.16%；100 万元以下的有 24 家，占比 24.24%。从投资者教育经费投入占同期代理买卖证券业务净收入的比重来看，在 20‰及以上的 11 家，占比 11.11%，最高的为 62‰；在 10‰（含）至 20‰之间的有 30 家，占比 30.3%；在 5‰（含）至 10‰之间的有 25 家，占比 25.25%；在 2‰（含）至 5‰之间的有 21 家，占比 21.21%；在 2‰以下的有 12 家，占比 12.12%。

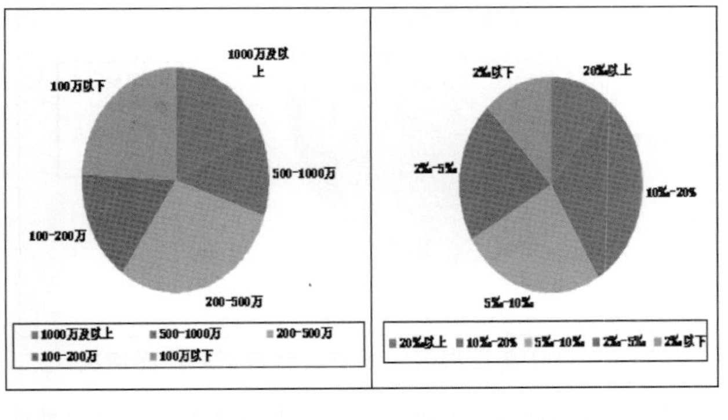

图 2　2012 年证券公司投资者教育经费投入情况

2、工作组织与制度

工作组织与制度包括证券公司开展投资者教育与服务工作的领导及部门参与机制、专岗人员情况、对营业部的督导机制以及相关工作制度建设等情况。证券公司投资者教育与服务工作普遍建立了公司相关部门参与的工作小组及对营业部的监督检查机制，制定了各类工作规范以及创业板、融资融券、约定购回式证券交易、中小企业私募债等专项业务投资者教育与服务办法，制度建设普遍健全。

在工作组织机制方面，99 家证券公司全部建立了公司层面投资者教育服务工作小组，一般由经纪业务部门、客户服务部门、运营部门、合规部门以及资产管理、固定收益、场外交易等专项业务部门组成，91 家证券公司的工作小组由 3 个及以上的相关部门组成。部分公司以后台管理集中化为原则，对各业务线条工作进行了整合，以便各专项业务投资者教育服务工作共享投资者信息及沟通渠道等。各证券营业部是证券公司投资者教育与服务的主要执行力量，证券公司普遍建立了对营业部的检查督导机制，99 家证券公司年内均对营业部投资者教育与服务工作进行过检查，较上年底提高了 6 个百分点，83 家公司对营业部的检查覆盖率为 100%。99 家证券公司全部设有总公司投资者教育服务专岗人员并在各营业部设有工作联系人，总公司专岗人员平均从业年限约为 7 年。

在相关制度建设方面，99 家证券公司全部制定了投资者教育工作规范或管理办法、客户服务工作指引或细则、客户投诉处理及回访办法等方面制度。95 家证券公司针对投资顾问、资产管理、融资融券、创业板等业务制定了专项投资者教育服务制度。

（二）证券公司网络化投资者教育与服务情况

据不完全统计，目前证券公司开通网上交易的客户比例约为 98%，使用网上交易的约为 80%，现场交易客户日趋减少，公司网站及网上交易端逐步成为开展投资者教育以及向客户提供投资服务的主要媒介。99 家证券公司全部开通了投资者教育与服务专门网站或网页，并普遍链接了协会、交易所、地方证监局等单位相关的投资者教育及风险提示内容。约 86% 的证券公司每月对网站内容进行更新。

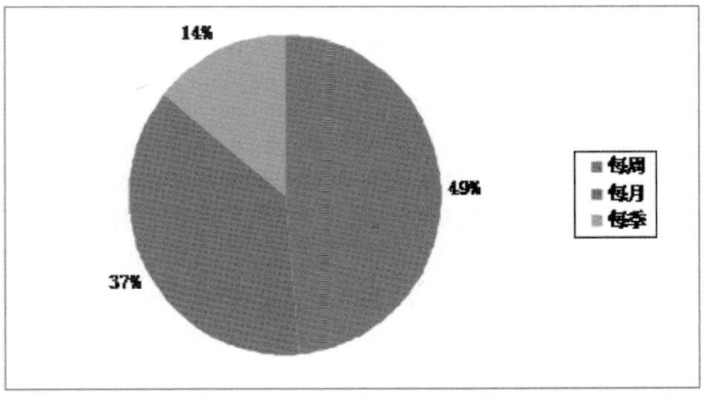

图 3　证券公司投资者与服务网站（网页）更新频率

1、主要内容

网站内容主要包括基础投资知识、法律法规介绍、人员信息公示、金融产品信息、投资风险提示以及各类投资教育专题内容等。绝大多数证券公司网站包括了基础投资知识、相关法律法规、人员信息公示、投资风险揭示等基本内容；90% 的公司网站包含所销售的金融产品信息；95% 的公司网站包含防范非法证券活动警示信息；84% 的公司网站包含课堂教学内容；97% 的公司网站包含其他专项投资者教育内容，如结合监管要求及市场热点，介绍“炒新”、“退市”、“理性投资”等专题。

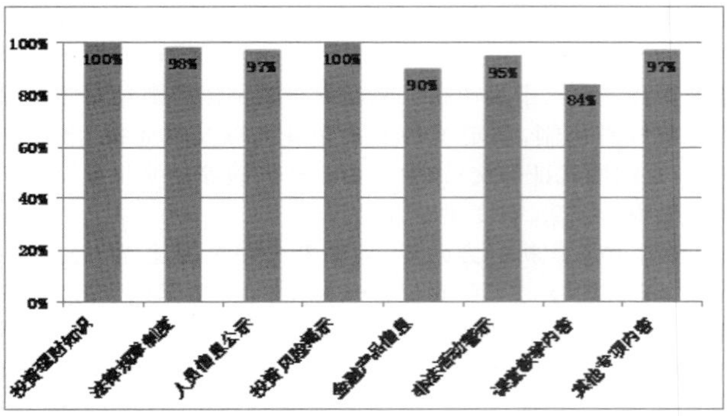

图 4　证券公司投资者教育与服务网站(网页)主要内容

2、基本功能

网站功能主要包括页面交易功能、风险测评功能、模拟投资功能、在线咨询功能、投诉建议功能等。87% 的证券公司网站具有 Web 交易委托功能;79% 的公司网站具有投资者风险测评功能;48% 的公司网站具有模拟投资功能;81% 的公司网站具有在线咨询功能等。此外,部分证券公司在网上交易中设置主动提示服务功能,当客户账户发生配股缴款、增发、大额资金存取、大额成交、红利红股到账、新股发行及上市等情况时,系统自动发出提示短信,提示客户关注账户安全。

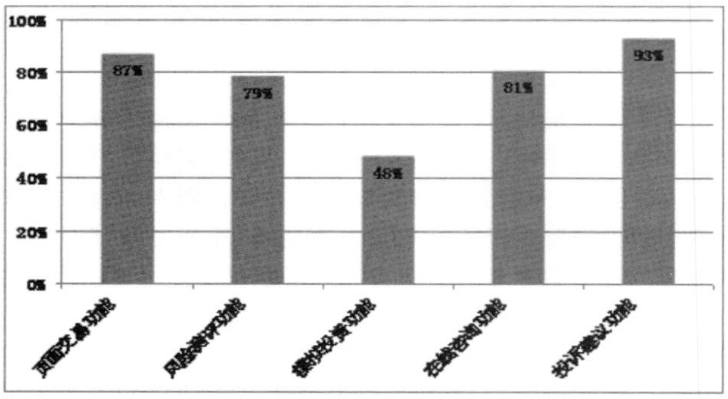

图 5　证券公司投资者教育与服务网站(网页)基本功能

(三)投资者教育活动与产品情况

1、投资者教育活动

投资者教育活动是证券公司营业部开展投资者教育工作的基本形式,包括现场活动和非现场活动。目前,各证券公司现场活动主要形式有股民学校、知识讲座、专题报告会、投资者交流会等;非现场活动较主要形式有视频讲座、网络竞赛、模拟炒股等。2012 年,99 家证券公司中有 98 家开展过投资者教育现场活动。全部证券公司营业部均现场活动场数为 29.8 场,即每家证券营业部平均每月举办约 2 至 3 场活动;现场活动参加人覆盖率(参加人次/公司有效客户数量)平均值为 16.35%,中位数为 11.75。活动平均场数及参与覆盖率水平与上年度基本持平,证券公司通过现场方式开场投资者教育服务已相对饱和。2012 年,证券公司投资者教育活动内容除传统的资产配置、投资策略等方面外,偏重于新股交易、退市整理、差异化股利税收以及新业务适当性规则等,更多地对直接涉及投资者利益的新政策进行解读。

2012 年,99 家证券公司中有 85 家开展了网络形式投资者教育非现场活动,活动数量集中在 2 至 6 种。证券公司非现场投资者教育活动广泛采用了微博、微信、QQ 群等便于投资者互相交流的网络平台。

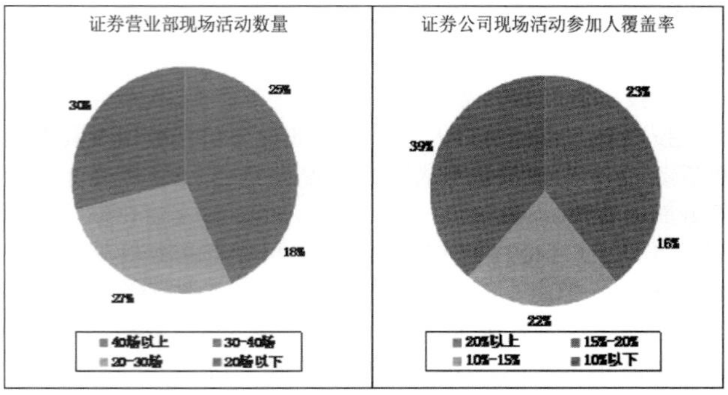

图 6　2012 年证券公司投资者教育现场活动情况

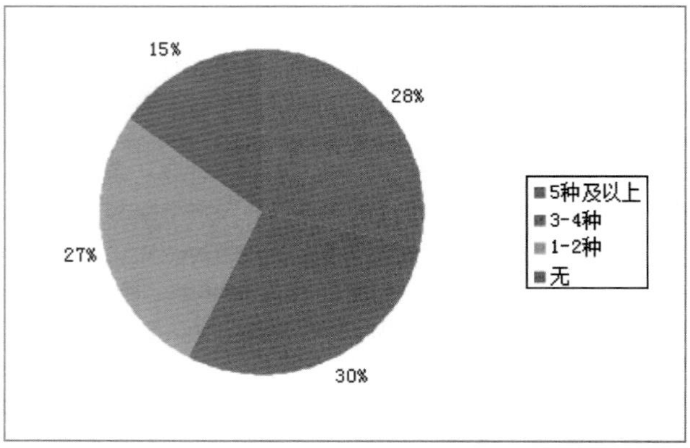

图 7　2012 年证券公司非现场活动数量

2、投资者教育产品

投资者教育产品包括纸质产品及电子产品。目前,纸质产品主要有折页、手册、海报等形式;电子产品主要有 FLASH、游戏、网络社区等形式。99 家证券公司中,约 98% 的证券公司制作了纸质产品,约 81% 的证券公司制作了电子产品。纸质产品中,平均每家证券公司制作产品种类约为 7 种,平均每家证券公司营业部发放数量(发放数量/营业部数量)约为 4082 件。电子产品中,平均每家证券公司制作产品数量约为 3 件,主要形式为公益广告、视频讲座、电子书,以介绍金融产品、倡导理性投资、防范非法活动为主要内容。

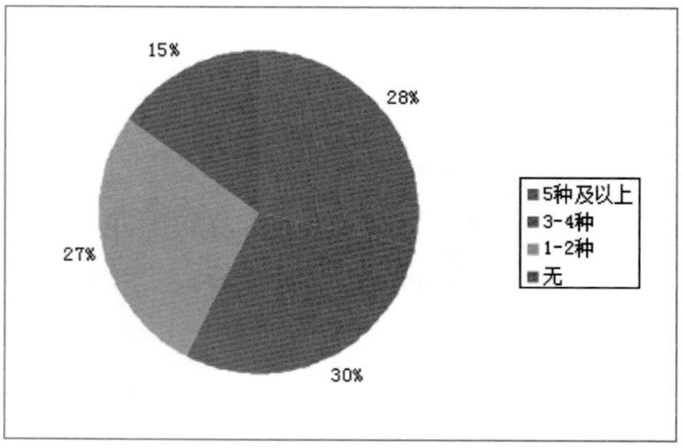

图 8　2012 年证券公司投资者教育纸质产品情况

此外,随着证券行业创新发展加快,证券公司有针对性地加强在创新业务、产品方面的投资者教育工作。2012 年,99 家证券公司中约 56% 的公司结合近期新业务、新产品开展了投资者讲座或制作了知识手册、折页等,主要涉及中小企业私募债、约定式购回证券交易、现金管理以及部分资产管理计划、OTC 交易产品等。2012 年，证券公司持续通过各类媒体开展投资者教育服务宣传，约 91% 的证券公司开展过媒体合作宣传。

（四）投资者信息服务情况

证券公司的信息服务渠道畅通、高效，投资者能快速、准确、完整地获取投资相关信息。投资者信息服务包括证券公司投资者园地建设、通讯服务、信息披露及风险揭示机制。

1、营业部投资者教育园地建设

99 家证券公司均在每家营业部显著位置以橱窗、电子显示屏设置了投资者信息服务园地，其中 94 家证券公司对各营业部投资者信息园地的内容制定了统一模板，园地主要内容包括公司概况、营业部人员信息公示、交易流程、收费标准、投诉渠道及各专项业务介绍等。

2、通讯服务

99 家证券公司中，约 89% 的证券公司设立了以呼叫中心为主要形式的对外语音服务统一业务管理系统或机构，采用专业化的座席分布系统，并逐步整合客户咨询、投诉、回访、调查、产品查询、交易委托等客服功能。2012 年，约 65% 的证券公司为客户提供工作时间（8:30 - 17:00）外的电话服务；74% 的证券公司客服电话接通率在 90% 以上，平均电话接通率约为 82.4%。

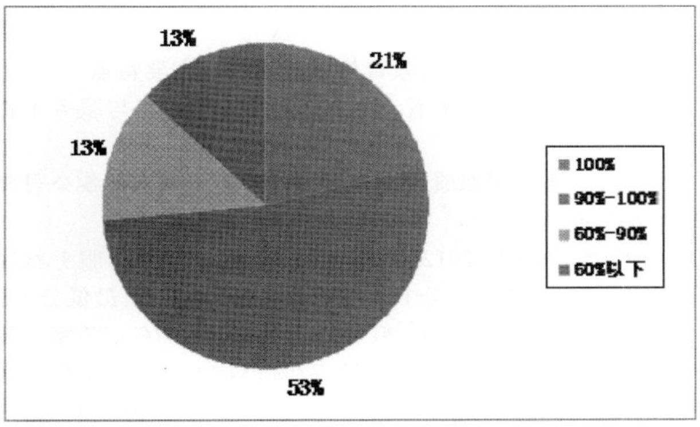

图 9　证券公司客服电话接通率情况

3、信息披露及风险提示机制

99 家证券公司中，80% 以上的证券公司通过营业部投资者信息服务园地、公司网站、网上交易软件、委托电话、短信、邮件等多种方式，向客户提供相关信息披露和风险提示，包括增发配售信息、新股交易信息、退市整理期股票风险等。部分证券公司借助客户信息系统建设，为客户提供个性化动态风险提示服务，通过分析投资者的持仓情况、历史交易行为、资产变化情况，适时向客户提供个性化风险提示信息。

（五）客户回访与投诉处理情况

证券公司重视客户回访及投诉处理工作，实现了工作流程化、标准化。

1、客户回访

证券公司根据相关监管要求，及时对新开户客户进行回访，逐步扩大对原有客户回访比例，并对回访进行留痕保存。在回访时限方面，33 家证券公司在 1 周内对新开户客户进行回访；12 家证券公司在半月内对新开户客户进行回访；54 家证券公司会在 1 月内对新开户客户进行回访。2012 年，99 家证券公司对原有客户回访比例平均值为 22.10%，中位数为 14.10%，平均值较上年提高 4.66 个百分点，并全部对回访进行了电子或录音留痕。回访的内容包括基本的客户身份核实、账户变动确认、营业部人员行为是否合规以及客户评价建议等，约 85% 的证券公司制定了客户回访统一话术。此外，部分证券公司还针对投资顾问、融资融券、创业板等业务进行专项回访。

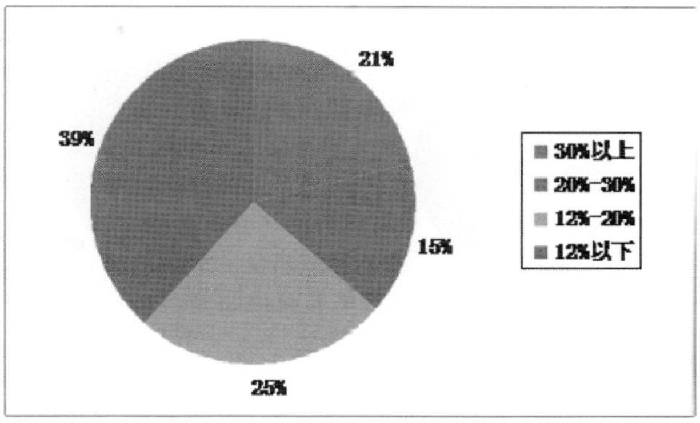

图 10　2012 年证券公司对原有客户回访比例

2、客户投诉处理

99 家证券公司均制定了客户投诉处理相关制度，统一投诉处理流程，明确了客户投诉受理、处理、督办、反馈、回访、归档、报备等流程以及职责分工和期限要求，并对处理过程进行语音留痕。从投诉处理情况来看，2012 年有 87 家证券公司的客户投诉处理率（已处理完成数量/受理的投诉数量）为 100%，9 家的投诉处理率在 90% 以上，3 家的投诉处理率低于 90%。

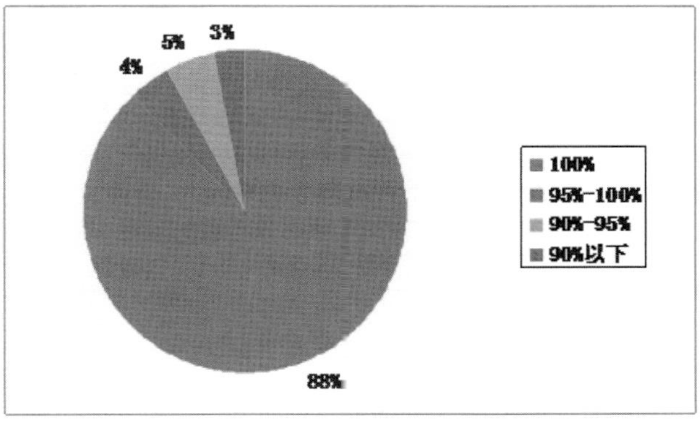

图 11　2012 年证券公司客户投诉处理率

（六）证券公司投资者适当性实施情况

随着多层次资本市场建设不断推进及证券公司创新发展步伐加快，新板块、新业务、新产品的推出对于投资者适当性提出了更多要求。证券公司在向客户销售金融产品或提供金融服务时，应尽职了解客户和产品信息，综合评估产品或服务是否符合客户的风险承受能力。投资者适当性工作主要包括了解客户、评估金融产品或服务、适当性匹配以及相关内部控制等具体实施环节。

1、了解客户

证券公司普遍通过调查问卷、客户信息系统、人工沟通等 3 种方式了解客户相关信息，用于其风险承受能力评估。99 家证券公司中 93 家建立了用于客户分级分类的数据管理系统或功能模块。99 家证券公司的客户初次风险评估完成比例平均值为 69.43%，中位数为 70.22%，平均值较上年提高

3.3 个百分点；客户后续风险评估完成比例平均值为 50.59%，中位数为 37.63%。目前，证券公司了解客户的维度主要包括基本信息（职业）、财务状况、投资知识、投资经验、投资目标以及风险偏好性等。

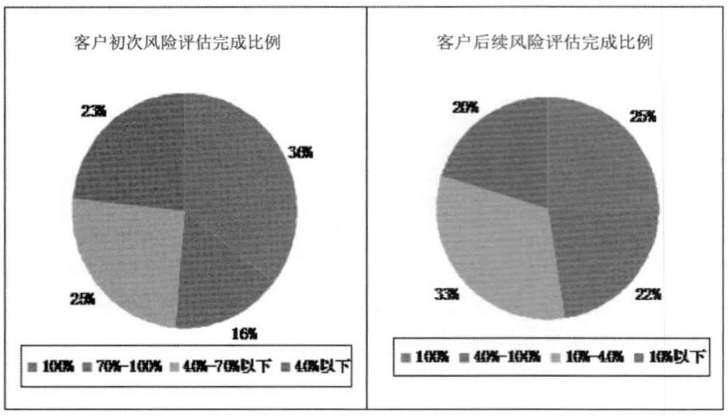

图 12　2012 年证券公司客户风险评估完成比例

2、评估金融产品或服务

99 家证券公司中，82 家明确了金融产品或服务的评估机制或流程，部分公司制定了金融产品评估管理办法，在推出新产品、新业务时，会说明该产品适合的客户风险承受能力范围。证券公司对于金融产品评估的指标主要包括其发行合规性、发行人或管理人资质、流动性风险、市场风险、信用风险、投资范围及比例、预期收益、交易成本、交易限制等方面，各公司产品评估指标体系差别较大，指标数量平均约 5 项。约 91% 的证券公司对所销售的全部金融产品进行过初次风险评估。约 86% 的公司制定了金融产品风险等级表，普遍将产品风险由低到高分为三或五档，一般将创业板、新三板、衍生品等划分为高风险类。

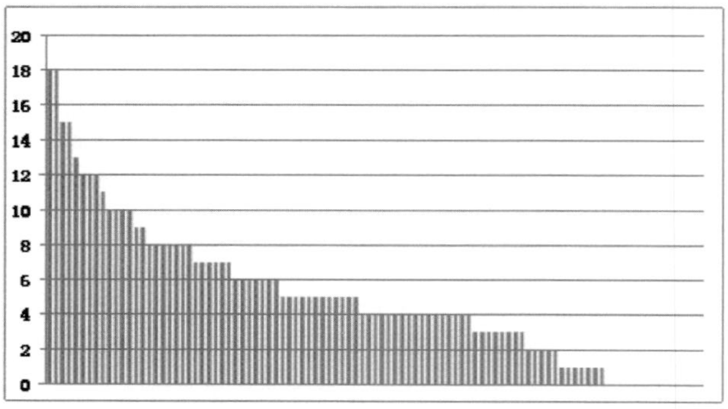

图 13　证券公司金融产品评估指标数量

约 66% 的证券公司表示建立了金融产品信息管理系统，信息系统中已入库的金融产品主要包括公募基金、股票、资管产品、咨询产品及其他理财产品等。约 60% 的公司能够在产品信息系统中对金融产品风险进行持续跟踪和更新，一般对风险等级较高产品更新频率较高。约 74% 的证券公司将投资咨询类服务标准化、产品化，并根据客户等级进行推荐，在此基础上，约 18% 的证券公司探索建立了除通道业务佣金之外的独立服务收费模式。此外，目前证券公司代销的金融产品主要是公募基金。

3、适配服务

证券公司应依据客户与产品风险等级，履行适当性销售义务，在风险等级不匹配时进行风险警示。证券公司客户与产品适配的一般原则是：客户风险承受能力从高到低与金融产品风险等级“一一对应，向下兼容”。99 家证券公司中，约 86% 的证券公司建立了落实适当性适配原则的业务系统。约 77% 的证券公司建立了向客户揭示拟购买金融产品与其自身风险不匹配的风险揭示技术平台，并在在业务平台中保留不匹配风险揭示信息的电子留痕。

4、内部保障

相关工作机制方面，99 家证券公司全部制定了投资者适当性制度或专项业务的适当性管理办法，明确了相应的职责部门和相关岗位人员要求。93 家公司年内开展过对营销服务人员的适当性培训或制作了培训材料，对营销服务人员培训的平均覆盖率超过 90%。90 家证券公司建立了营销服务人员的服务行为管理系统，对服务内容进行审批并在系统留痕。

（七）其他

1、客户满意度调查

为更好地评价投资者服务效果，了解投资者诉求，2012 年，60 家证券公司针对营业部现场服务、投资者教育活动、专项业务办理等，通过呼叫中心或问卷调查等方式开展过客户满意度调查，客户满意率平均值为 91.27%。

2、获奖情况

2012 年，证券监管部门和自律组织举办了一系列投资者教育与服务类评优、评奖活动。99 家证券公司中，约 67% 的证券公司参与过相关评奖活动，参与率较上年提高了 20 个百分点。

二、证券公司投资者教育与服务工作的主要特点

从专项调查结果来看，证券公司投资者教育与服务工作主要有以下特点：

（一）证券公司投资者教育服务总体情况较好，各公司日常工作普遍标准化

根据评分情况，2012 年证券公司投资者教育与服务状况平均得分 74.69 分（满分 100 分），最高分 94.3 分，最低分 41.9 分；7 家证券公司得分在 90 分以上，占比 7.07%；27 家证券公司得分在 80－90 分，占比 27.27%；34 家证券公司得分在 70－80 分，占比 34.49%；23 家证券公司得分在 60－70 分，占比 23.23%；8 家证券公司得分在 60 分以下，占比 8.08%。2012 年，总体得分率较上年度有所降低，主要是由于指标体系调整所致：一方面是客观性指标增加。2012 年指标体系细化了各三级指标下的填报项目，均要求填报客观结果，对证券公司日常工作工作留痕提出了更高要求；另一方面是前瞻性指标增加。2011 年指标体系对于相关监管、自律规定中的基本要求考察较多，2012 年指标体系适当提高了创新者教育方式、投资者适当性具体操作等非监管要求指标的比重。

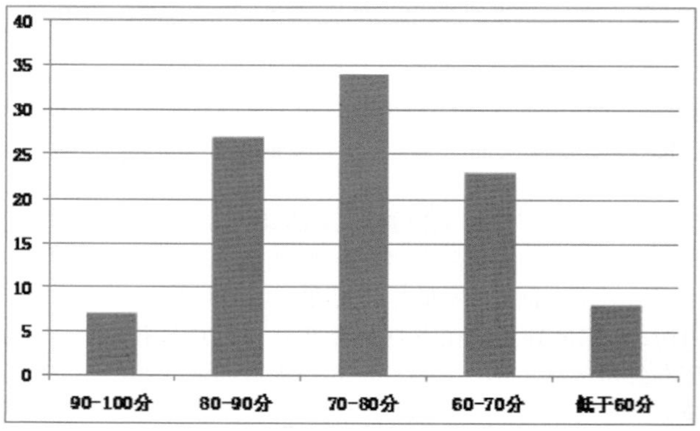

图 14　2012 年证券公司投资者教育与服务工作评分情况

从各指标评分看，基本投入及工作机制建设、投资者服务情况等指标得分率较高，而标准差较小，其得分率分别为84.6%、87.85%，标准差分别为0.86、1.63，说明各证券公司制度建设、客户服务日常工作等普遍较好，公司间水平差别不大。

（二）证券公司重视网络化投资者教育服务，各公司适当性相关系统建设水平差异较大

证券公司普遍重视通过网络开展投资者教育服务，公司网站逐渐成为证券中介机构服务客户的主要通道之一。证券公司网络化投资者教育与服务一级指标得分率为83.27%，90%公司网站的相关知识法规、风险揭示、金融产品等方面内容健全，能够为投资者提供较全面的投资信息服务。部分公司网站在模拟投资、风险测评等体验性功能方面还有所欠缺，与投资者的网络互动不足，网站功能有待于进一步开发。

证券公司已普遍建立了适当性评估的相关制度和方法，部分公司在客户与金融产品适配的相关工作信息系统建设上还比较欠缺。证券公司投资者适当性工作一级指标得分率为74.85%，标准差为5.22，标准差在六项一级指标中相对最高，说明各公司在适当性工作方面水平差别较大。具体而言，证券公司在了解客户方面做法已比较成熟，差异主要体现在对客户的测评及后续信息更新完成情况上，主要是“量”的区别而非“质”的区别，而且这与客户配合意愿存在一定关系。而在评估金融产品方面，不同规模或分类的证券公司差异较大：一方面是金融产品信息系统建设水平不一；另一方面适当性主要是针对非通道交易金融产品，部分公司此类产品还相对匮乏，对于代销基金也是主要使用第三方机构评级，由此可见金融产品线还需进一步丰富。

（三）不同分类标准下的证券公司投资者教育与服务工作情况呈现不同特点

参照证券公司规模大小、上市与否和监管分类的不同分类标准，证券公司投资者教育与服务状况呈现以下不同特点：

1. 大型证券公司的投资者教育与服务状况总体上好于中小型证券公司

按照净资本或营业收入指标将99家证券公司分为三类：大型公司、中型公司和小型公司。按照上述两种标准分类，大型证券公司投资者教育与服务工作的平均得分和平均排名均好于中小型公司：(1)按2011年12月31日净资本排序，大型证券公司平均得分80.77分，平均排名34名；中型证券公司平均得分74.02分，平均排名51名；小型证券公司平均得分69.28分，平均排名64名。(2)按2011年度营业收入排序，大型证券公司平均得分80.73分，平均排名34名；中型证券公司平均得分73.76分，平均排名52名；小型证券公司平均得分69.58，平均排名64名。(3)大型证券公司中得分高于80分的证券公司比例明显高于中小型证券公司。这一定程度说明了证券公司投资者教育服务工作的规模效应。

图15　2012年度证券公司投资者教育与服务状况比较（按净资本分类）

按净资本分类	均值	排名平均数	证券公司数量
大型	80.77	34	33
中型	74.02	51	33
小型	69.28	64	33
总计	74.69	50	99

图16　2012年度证券公司投资者教育与服务状况比较（按营业收入分类）

按净资本分类	均值	排名平均数	证券公司数量
按营业收入分类	80.73	34	33
大型	73.76	52	33
中型	73.76	52	33
小型	69.58	64	33
总计	74.69	50	99

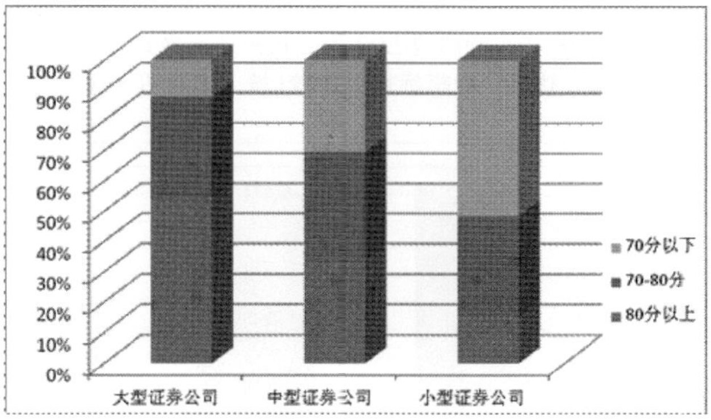

图17　2012年度证券公司投资者教育与服务状况比较（按净资本分类）

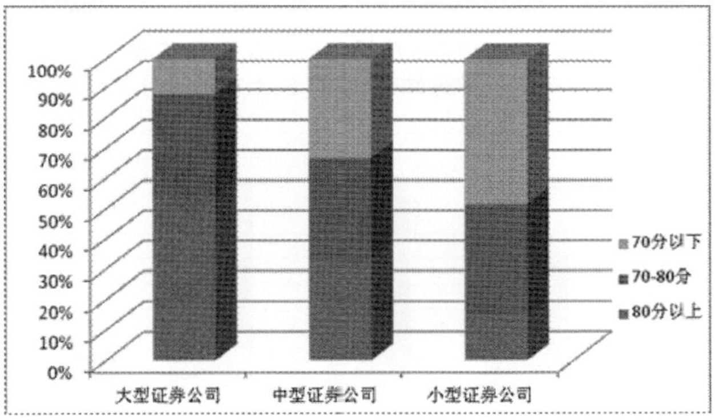

图18　2012年度证券公司投资者教育与服务状况比较（按营业收入分类）

2. 上市证券公司投资者教育与服务状况优于非上市证券公司

截至2012年底，我国证券公司中已上市公司共19家。从评估结果看，具体表现为：(1)上市证券公司投资者教育与服务工作平均得分为79.63分，高于非上市证券公司的73.52分；(2)分指标来看，上市证券公司在网络化投资者教育与服务、产品与活动、投资者服务和投资者适当性等四个一级指标上的平均得分均高于非上市证券公司；(3)上市证券公司中评价得分80分以上的公司比例明显高于非上市证券公司。19家上市证券公司中评价得分80分以上的公司共有10家，占比53%，明显高于非上市证券公司30%的比例。

3. 证监会分类评价为A类的证券公司投资者教育与服务工作状况明显优于其他类公司

(1)分类评价为A类的证券公司中，得分在80分以上的比例明显高于分类评价为B类、C类的证券公司。

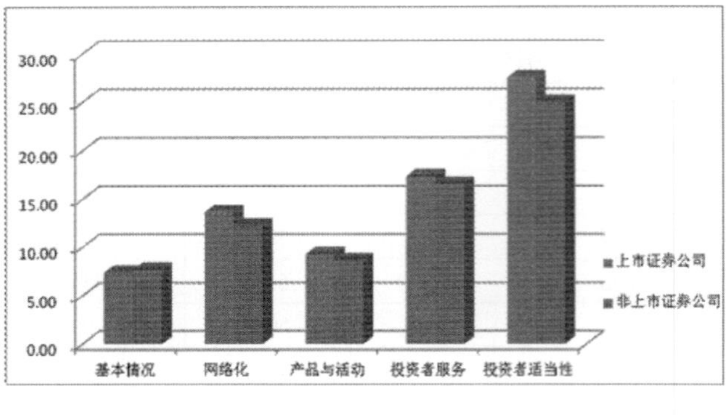

图 19　2012 年度证券公司投资者教育与服务状况一级指标得分比较(按上市与否分类)

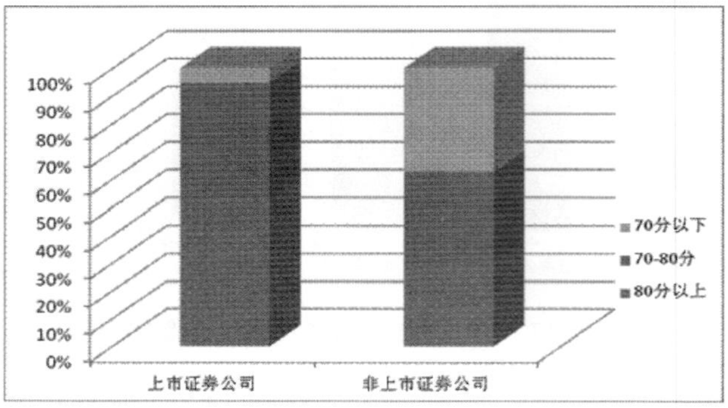

图 20　2012 年度证券公司投资者教育与服务状况评分结果比较(按上市与否分类)

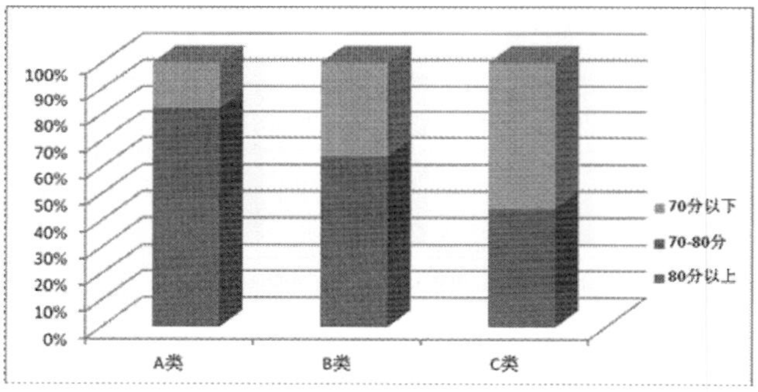

图 21　2012 年度证券公司投资者教育与服务状况得分结果比较(按证监会分类)

(2)分类评价为 A、B、C 类的证券公司平均得分分别为78.58、73.64 和66.34 分。此外,分类评价为 A 类的证券公司在各项一级指标上得分均略高于其他两类证券公司。

图 22　2012 年度证券公司投资者教育与服务状况比较(按证监会分类)

证券公司监管分类	均值	证券公司数量
A 类	78.58	34
B 类	73.64	53
C 类	66.34	9
总计	72.85	96

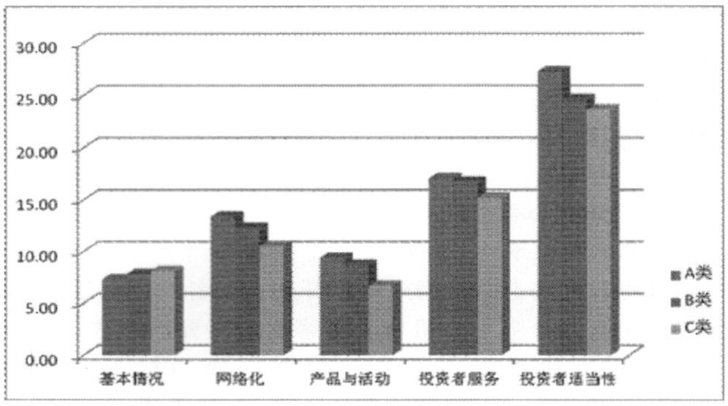

图 23　2012 年度证券公司投资者教育与服务状况一级指标得分比较(按证监会分类)

总之,2012 年证券公司投资者教育与服务工作总体情况良好,投资者教育活动及产品、客户服务等日常工作基本标准化,网络化投资者教育服务比例逐步提升,投资者适当性相关信息系统功能逐步发挥。下一步,行业投资者教育与服务工作在以下几方面尚需进一步加强:一是投资者教育服务内容应与证券公司创新发展相结合。伴随创新发展,证券公司金融产品增加、业务规模发展以及基础功能完善,从向投资者提供单纯的交易通道为主,逐渐扩展到投资顾问、金融产品配置、资产管理及柜台交易等综合性金融服务。与之相应,投资者教育服务内容应从以一般性投资方法、市场分析及风险提示为主,向如何做好金融创新环境下的财富管理、风险管理转变,并融入公司各项创新业务、产品推介过程中。如果脱离了具体金融业务、产品,投资者教育服务就难以实现倡导理性投资、提升投资能力这一目标。二是投资者教育服务形式应充分借助信息技术。目前,投资者现场交易比例不足 20%,随着证券公司非现场开户放开,以及投资者群体年轻化、受教育程度持续提升,投资者与中介机构现场接触将进一步减少。同时,证券公司有限的经营场所及人员对于开展现场投资者教育服务也形成一定瓶颈。利用互联网、数据系统等现代信息技术创新投资者教育方式,对于提高客户覆盖面,动态掌握投资者情况以及有效落实适当性原则具有重要意义。三是应继续完善投资者教育服务工作的调查、评价机制。通过完善调查、评价机制对证券公司投资者教育与服务工作提供一定导向性,鼓励行业开展投资者教育服务模式创新。根据中小客户、高净值客户等不同客户类别,努力提供差异化的产品与服务,并将投资者诉求回应、关系管理等融入各业务环节,维护、扩展行业客户资源,全面提升行业投资者教育与服务水平。

2013 年宏观经济形势展望

一、全球经济走上艰难再平衡之路

次贷危机后,欧美经济步入缓慢复苏期。尽管欧洲央行强力量化宽松政策和欧盟系列救助计划避免了欧洲金融体系的崩溃,但未来 1 - 年主权债务风险和债务危机国再融资压力仍将存在,欧洲金融体系资产收缩和实体经济去杠杆化进程仍将持续一段时期,欧元区经济短期内可能延续负增长或零增长。欧债危机的根本原因之一是欧元区内部各国经济的不平衡,主要表现在以德国为代表的贸易顺差国和以西班牙为代表的贸易逆差国之间在产品和服务竞争力方面的差异。

大部分南欧国家加入欧元区以后，经济增长动力从出口转向了内部消费，但经济模式转变的驱动力并非生产率提升所支撑的收入增长，而是由于加入欧元区后融资成本下降、融资可得性提高所带来的负债扩张。因而，欧债危机的解决需要一揽子政治、经济、社会和文化层面的结构性改革，以此才能重塑欧元区边缘国家的产业竞争力。

美国经济 2013 年仍将延续温和回升。房地产市场在 2010－2011 年触底后开始稳步缓慢复苏，房价指数和房屋销售连续回升，未售出房屋库存不断下降；在需求带动下，随着住房供应存量不断消化，住宅投资明显复苏，2001 年前 3 季度住宅类固定资产投资环比年化增速达到 14.5%，成为支撑经济复苏的重要因素。美国劳动力市场逐步改善，居民消费持续温和复苏，2001 年前季度环比年化增长 2%，其中耐用品消费增长 6.6%；居民储蓄率稳定在 3.5%－4.5% 水平，恢复到 20 世纪末前后的水平，消费者信心指数明显抬升，密西根消费者信心指数在 2012 年 10 月份达到 2008 年危机以来的最高值 83.1，2012 年 9 月零售数据进一步显示消费的初步复苏，与之前几个月零售额增长主要依靠汽车、能源和建筑材料贡献不同，包含其他商品在内的大部分商品零售额都呈现明显回升态势。

未来美联储高度宽松的货币政策仍将持续一段时期，但其对实体经济的刺激作用有待于房地产和居民部门等传导渠道进一步发挥作用。短期内住房市场和家庭消费的复苏仍然受信贷增长较弱等因素制约。次贷危机后，美国家庭部门步入明显去杠杆化进程。自 2008 年 2 季度至 2012 年 2 季度，美国家庭和非营利性机构部门债务余额累计减少 9152 亿美元，其中住房按揭贷款余额累计减少 1 万亿美元。尽管目前居民部门整体债务余额趋于稳定，但按揭贷款同比仍延续下滑。最新统计显示，2012 年 11 月 7 日商业银行住房按揭贷款余额同比下降 5.4%。短期内美国经济还面临政治不确定性和相关的“财政悬崖”风险，受此因素对私人需求尤其是企业投资的抑制作用，美国经济在 2012 年 4 季度和 2013 年 1 季度可能有所放缓，但美国两党不会容忍经济衰退发生，一揽子渐进式财政紧缩的方案很可能如期推出，随着该风险因素消失，其对私人经济的抑制作用将逐渐减弱，美国经济将重回温和增长态势。预计 2012 年美国 GDP 同比增长 1.8%－2%，2013 年增长 2%－2.2%。

美国经济此轮复苏的典型特点是供应端恢复与需求回升同步。在工业再造、出口重振战略支撑下，美国制造业部门明显复苏，但绝非传统制造业的简单回归，而是新一轮技术产业化所带动的新兴部门扩张和高附加值产业链再造。我们注意到尽管制造业产出在延续回升，但制造业就业增长仍比较缓慢，反映出美国制造业复苏更多集中在技术密集型产品和新兴产业，如汽车、页岩气和清洁能源等行业。据美国制造技术协会和机械工具批发商协会最新统计，2011 年美国制造技术订单总额同比增长 80.5%，创下 15 年来的第二个高峰。美国居民储蓄率回升和技术密集型产业链恢复反映出全球经济再平衡进程，将深刻影响未来全球产业链布局和主要地区产业竞争力格局。

二、中国结构失衡与经济下行压力

全球终端需求调整和金融体系收缩对中国的出口、资本流入和流动性环境产生了明显影响，中国经济面临需求放缓和产能过剩压力，结构调整和增长模式转型更加紧迫。而国内房地产市场经历了泡沫化发展之后进入去“资产性”阶段，房地产政策定位重回居住、民生角色，抑制房地产投机、投资和促进住房回归消费属性的调控政策将逐步常态化、制度化，住房市场进入以刚需为支撑的平稳发展阶段，未来需求和投资增长相比过去几年将明显回落。伴随出口和房地产部门调整，中国过去十年快速推进的重工业化进程和以土地为中心的粗放型城镇化过程将明显放缓。

图1　全球主要国家和地区经常项目差额

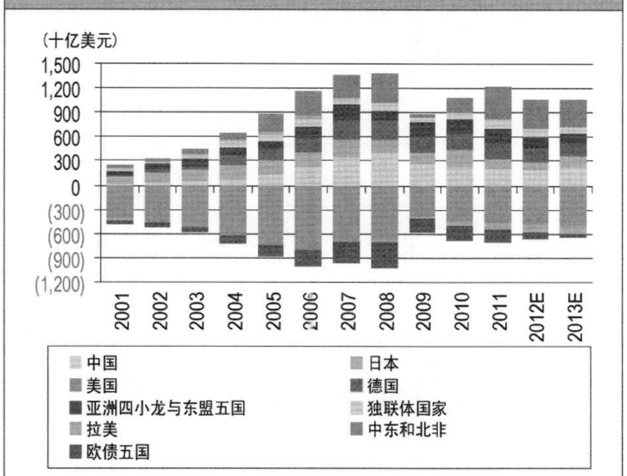

资料来源：CEIC，中银国际研究

图2　美国银行体系海外资产

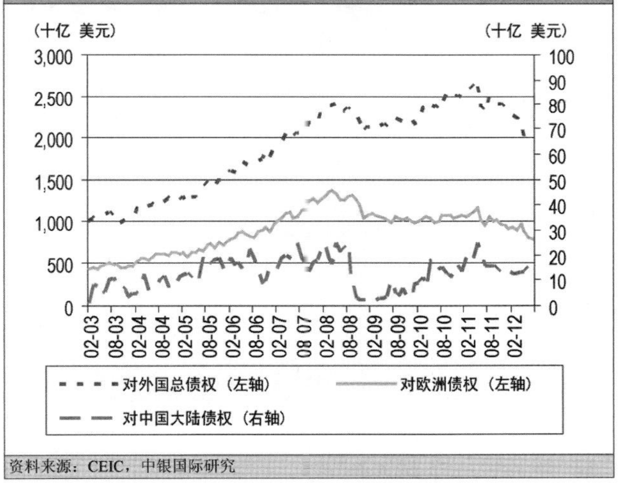

资料来源：CEIC，中银国际研究

图3　全球主要国家货币乘数

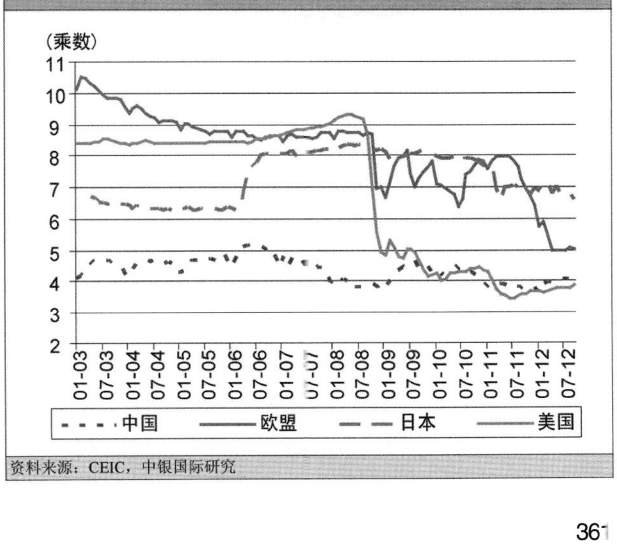

资料来源：CEIC，中银国际研究

图4 欧元区信贷余额

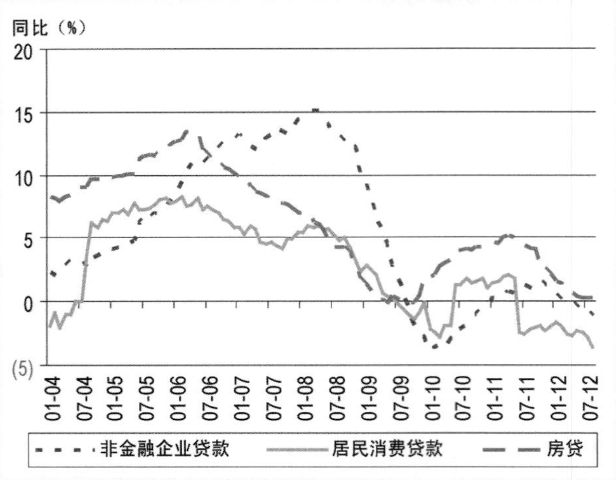

资料来源：CEIC，中银国际研究

图5 美国房地产市场

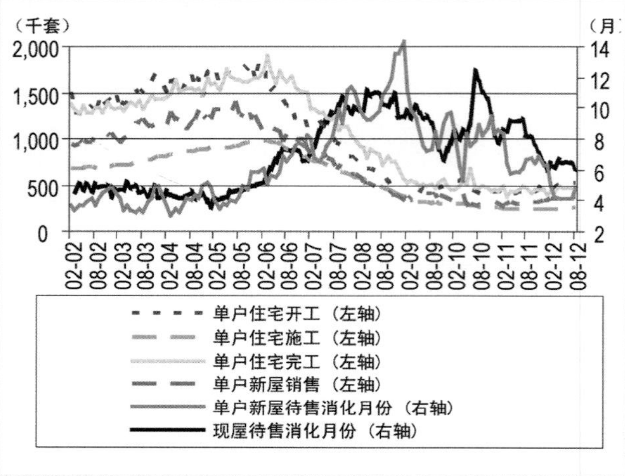

资料来源：CEIC，中银国际研究

图6 美国劳动就业情况

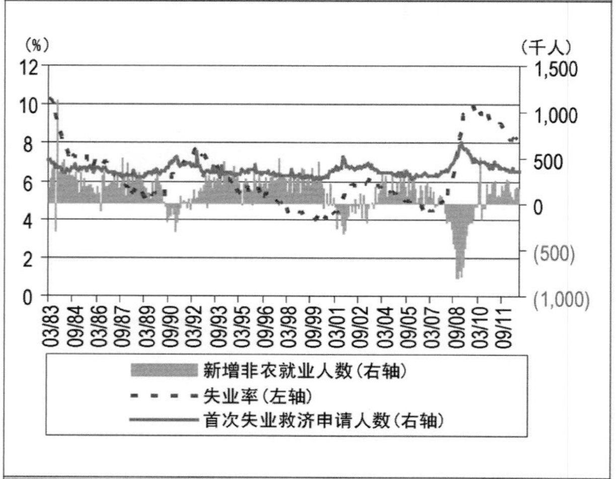

资料来源：CEIC，中银国际研究

而经历多轮政策刺激下的扩张之后，未来总需求政策可以发挥作用的空间已十分有限，原有模式下的增长动力趋于衰竭。从供给面来看，持续多年投资扩张使多数行业面临较大产能过剩压力，尤其是过去几年为应对全球危机开工建设了大量基础设施和制造业项目，很大程度上已经透支了未来进一步投资的空间。随着项目逐渐投产，未来产能压力可能进一步加剧。而国内劳动力、资源、环境等要素供给已步入拐点，要素成本进入上升通道，中国的潜在产出增长率已明显下行。

图7 美国个人消费

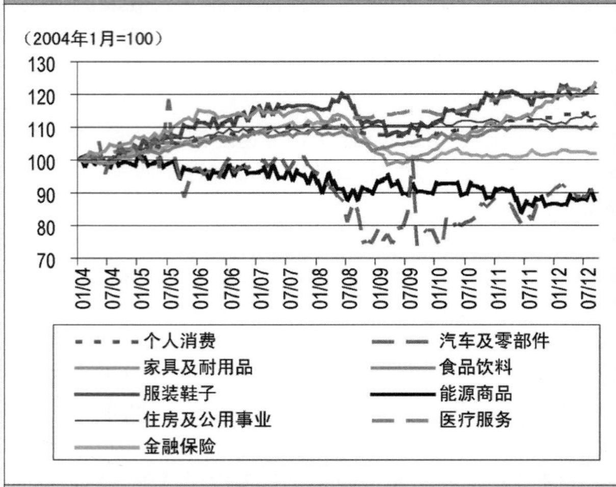

资料来源：CEIC，中银国际研究

图8 美国主要产品生产指数

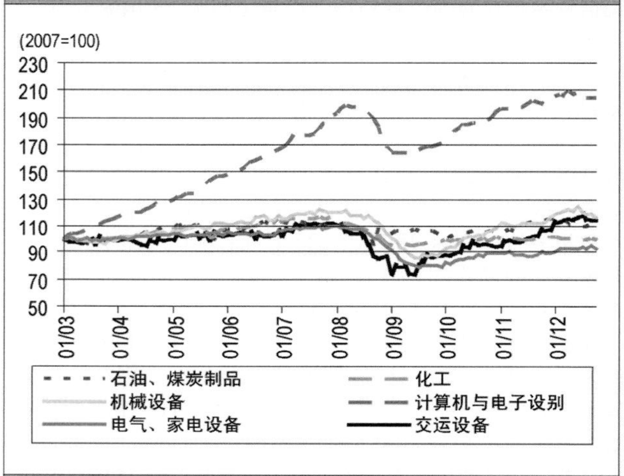

资料来源：CEIC，中银国际研究

从经济周期角度来看，中国经济目前仍处于2008年以来的下滑周期中，中长期结构失衡问题与短期需求放缓、产能过剩压力交织在一起，经济在短期内难以步入新一轮可持续的上升周期。2013年中国经济将处于2002年以来此轮完整周期的末端，也是2008年以来经济下滑阶段的底部。2013年外需环境难以大幅好转，加上国内供应面变化的负面效应，中国出口可能延续个位数增长。受国内房地产阶段性回暖和基础设施、公共服务业投资反弹支撑，中国经济在2014年4季度和2013年1季度可能温和回升，但与2009－2010年的短期反弹类似，很大程度上是旧增长模式的反复，而非制度改革和经济转型完成后新一轮增长周期的开始，其可持续性仍值得怀疑。在现有体制下，基础设施和社会服务业的营运效率和盈利能力难以大幅改善，进一步负债空间极为有限，这将明显制约相关行业投资反弹的持续性。2013年制造业需求延续相对低速增长而过去两年在建项目逐渐投产，大部分传统制造业仍将面临巨大产能过剩压力,企业盈利难以大幅回升,部分行业将步入产能调整期,投资增速将明显回落。未来制造业的投资需求将主要来自设备更新升级,尤其是劳动力等要素成本上升背景下能够提高要素生产率的新生产设备。

伴随着经济下滑和房地产调整,消费自2010年以来明显放缓。房地产调控开始之后,相关的耐用消费品需求下降拉低整个消费。未来居民消费增长取决于劳动生产率支撑的收入增长。同时,分割城乡的户籍制度和不完善的社会保障制度降低了居民边际消费倾向,限制了收入增长。新型城镇化的推进和社会保障改革是中长期消费增长的有效保障。理想情景是结构转型的体制改革有所推进,经济获得新的增长动力。在2013年下半年经济见到2002年以来此轮完整周期的底部。如果新型城镇化和一系列制度改革能够得到有效推进,那么2014年以后中国经济有望迎来新一轮周期的起点。

2013年宏观政策仍需要在稳增长和推动结构转型等多因素之间寻求平衡,预计将维持稳健货币政策和积极财政政策。经济周期性下行要求货币政策预调、微调支持实体经济发展,但房地产调控和经济转型又意味着货币政策不能过于宽松。央行在“第三季度货币政策报告”中指出,受外需疲弱、劳动年龄人口增长放缓以及转变发展方式等影响,中国的潜在增长水平可能会有一个阶段性放缓的过程,此时就业对增长速度的硬约束会小一些,而物价对需求扩张的敏感度则可能更高,经济结构调整和转变发展方式的任务更加紧迫,宏观政策需要更好地平衡速度、结构与物价之间的关系。货币政策在未来相当长一段时期内将保持稳健基调,力求审慎、灵活。全球经济调整、美欧金融体系收缩和国内经济转型深刻改变了中国的流动性环境。尽管2013年以新增外汇占款衡量的资本流入可能有所恢复,但仍将明显低于过去五年的平均水平,过去十年来以外汇占款增加推动基础货币进而货币供应扩张的机制已然改变。为维持银行间流动性以支撑信贷和社会融资规模合理增长,未来央行公开市场操作规模将进一步增加。从流动性角度而言,2013年法定准备金率仍有下调可能性,但另一方面要看实体经济和房地产市场的表现。

货币政策面临新环境,货币政策工具效能范围收窄。伴随经济转型和金融创新,传统贷款在社会融资规模中比重趋于下降,银行垄断资金供应和价格的局面正在被逐渐打破。随着存贷款替代性产品利率逐步市场化,金融体系利率市场化程度将逐渐提高,央行通过公开市场操作间接调控的条件逐步成熟。在对地方融资平台和房地产偏紧贷款政策下,未来金融机构表外业务仍将延续扩张。银行通过对同业和其他金融机构信用创造实现了对私人部门包括地产和融资平台的融资,其中蕴藏着较大的业务风险和激励机制缺失。受监管加强等因素影响,2013年表外业务扩张速度可能明显放缓。为加快经济结构转型,中国将进一步推进利率市场化和汇率体制改革,加快直接融资和多层次资本市场建设。

在基准情境下,我们预计2012年中国GDP同比增长7.6%,2013年进一步放缓至7.4%。如果相关制度改革和经济转型顺利推进,那么2014年经济增速可能出现一定程度的周期性回升。受劳动力成本上升和资源品、服务业价格改革等因素支撑,2013-2014年中国居民消费价格指数(CPI)月环比平均水平可能略高于2012年。但在实体需求增长偏弱和工业领域产能过剩压力较大背景下,CPI环比短期内很难大幅上升。考虑到翘尾因素变化,2013年前3季度CPI同比基本在1.7%-2.5%之间波动,4季度回升至2.5%-3%,全年涨幅2.3%-2.8%,2014年进一步回升,全年或达到3%-3.5%。而工业品出厂价格指数(PEFPI)回升相对缓慢,2012年同比下降1.7%左右,2013年同比增长1%-2%,2014年同比回升至2%-3%。

图9 中国出口、工业生产与初级品进口

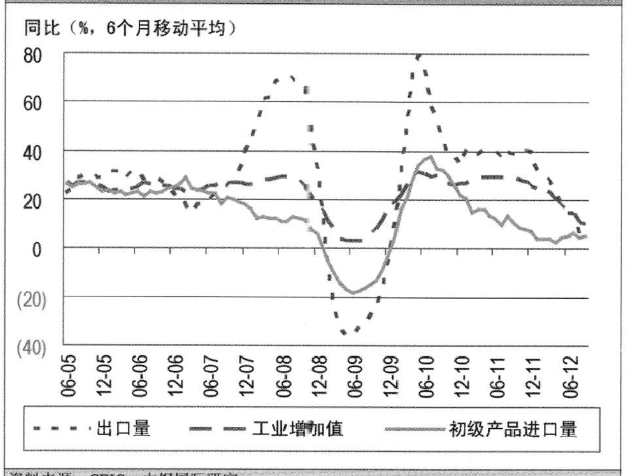

资料来源:CEIC,中银国际研究

图10 主要需求增长

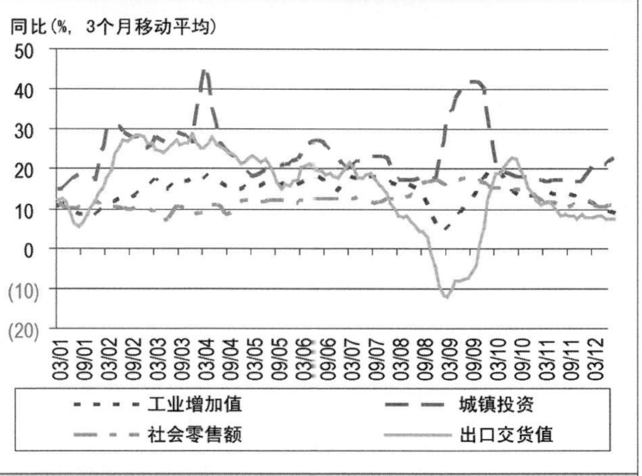

资料来源:CEIC,中银国际研究

图11 货币供应与经济表现

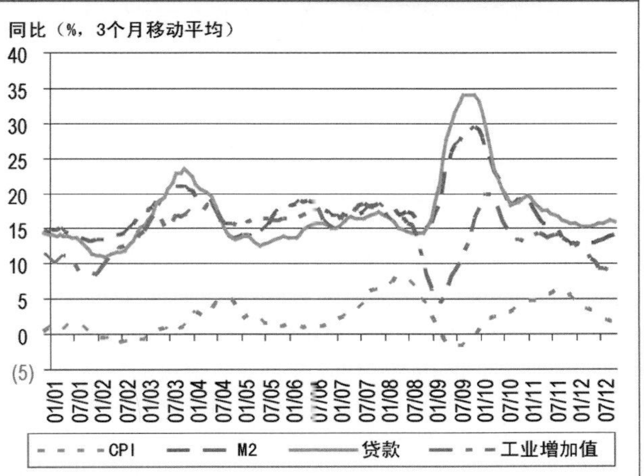

资料来源:CEIC,中银国际研究

图12 中国经济增长与通货膨胀

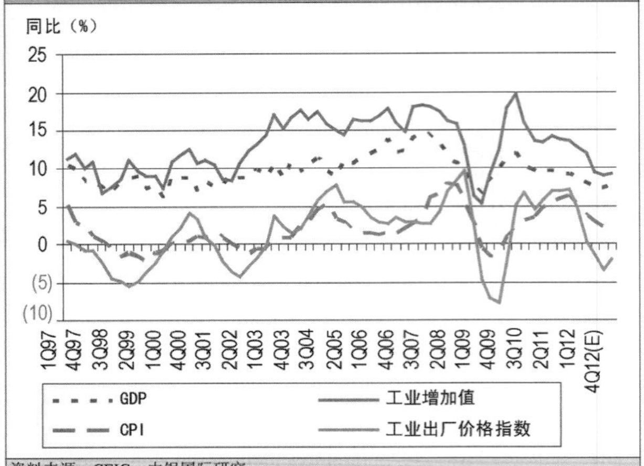

资料来源：CEIC，中银国际研究

图13 主要需求拉动中国GDP增长

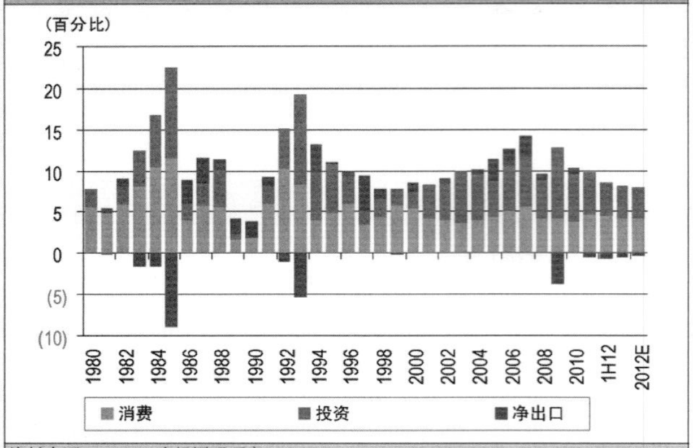

资料来源：CEIC，中银国际研究

图14 主要发展中大国人均GDP

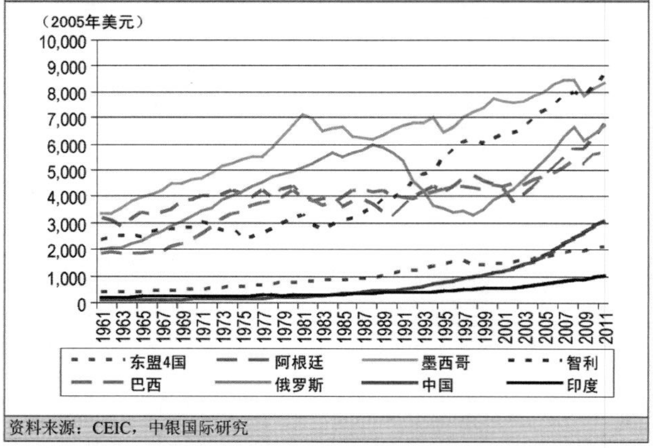

资料来源：CEIC，中银国际研究

达到3,000－7,000美元（2005年美元价）时，都曾经历过长达10－20年的经济休整期，实际人均收入水平停滞不前甚至出现负增长。

图15 服务业增加值占GDP比重

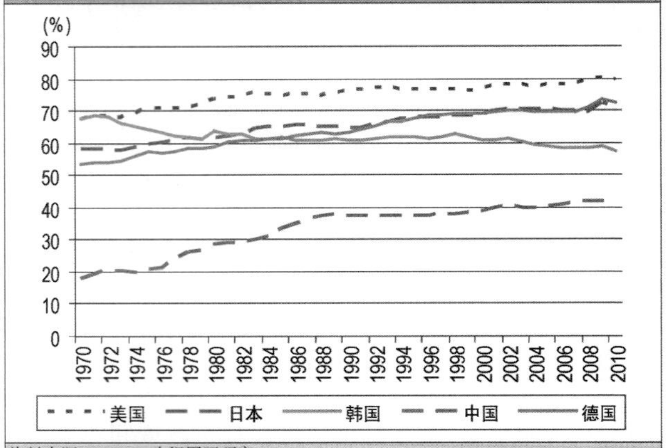

资料来源：CEIC，中银国际研究

图16 服务业就业占GDP比重

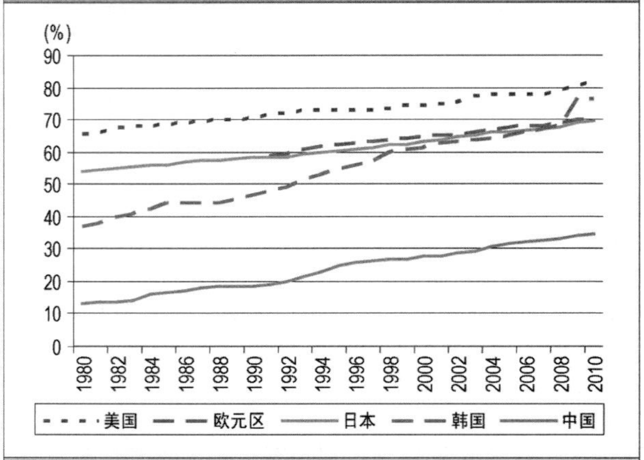

资料来源：CEIC，中银国际研究

图17 体制改革与中国经济周期

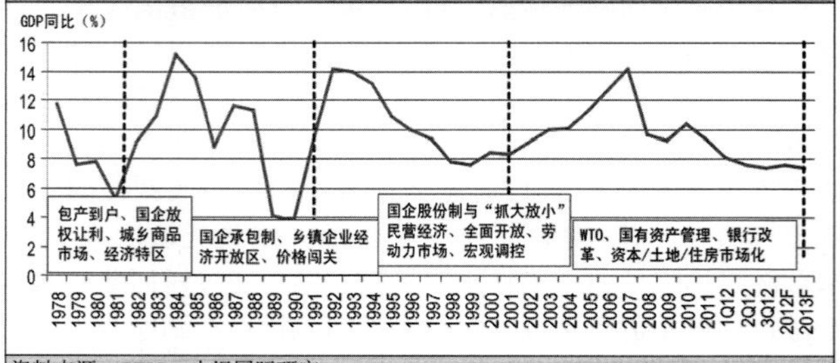

资料来源：CEIC，中银国际研究

三、中国改革转型再出发

历史经验表明，相当一部分国家发展到中等收入水平阶段后，由于制度或其他因素无法实现经济转型和产业升级，从而面临增长下滑甚至停滞的现象，也就是经济学家所津津乐道的“中等收入陷阱”问题。Quah（1993）较早研究了全球不同收入等级国家在1962－1985年间收入等级的变迁现象，发现中等收入水平（全球平均水平）附近的国家有较高变迁率，1962年收入水平为全球平均水平1/2－1的国家中，有37%的国家在1985年的收入水平“相对”下滑到全球平均水平的1/2以下。我们发现拉美和东欧许多发展中国家在收入水平

中国经过30多年经济高速增长已经跨入中等收入国家行列，但原有增长模式下的系列矛盾日趋尖锐。在目前行政体制、资源配置机制和户籍制度下，要素资源的市场化配置和自由流动并未完全实现。就业、教育、医疗、社会保障和公共服务体系的缺失严重制约了劳动力资源流动和优化配置、人力资本投资和劳动素质提升。这既损害了社会公平，扩大了区域差距，也抑制了居民消费，阻碍了中国产业升级和经济转型的步伐。中国社会发展长期滞后于经济增长，制造业升级和服务业发展相对缓慢，已经制约了要素生产率的提升和国民收入增长。而以土地为中心的粗放型城镇化成为地方政府

制造政绩的主要方式，大量要素资源在政府干预和市场吸引下被配置到房地产、基础设施等行业，推动了房地产相关部门的泡沫化发展。这一方面刺激了社会通胀预期和要素价格上涨压力，对实体经济发展和技术投资打击明显，削弱了实体产业长期竞争力；另一方面增加了金融体系和财政体系的相关风险，加剧了社会贫富差距的扩大，威胁到社会的稳定。

中国必须加快相关体制改革，消除政府对资源配置干预。改革现有户籍制度，形成利于经济转型的制度环境和激励机制，促进要素流动，加大对人力资本、社会保障、公共服务的投资，提升要素生产率水平，以新型城镇化为支点促进居民收入增长和内需扩大；政府要推进基础设施和服务业的经营管理和价格改革，退出在竞争性行业作为供给者的角色，转而做好市场监管、制度建设等工作，放松行业管制和价格控制，吸引私人部门投资和供给增加以扩大市场潜在规模。只有这样，中国才能摆脱"中等收入陷阱"的魔咒，启动新一轮经济增长周期。

2012 年中国证券市场筹资统计表

时间	境内外筹资合计(亿元)	境内筹资合计(亿元)	首次发行金额			再筹资金额						债券市场筹资金额			
			A 股(亿元)	B 股(亿美元)	H 股(亿美元)	A 股(亿元)				B 股(亿美元)	H 股(亿美元)	可转债(亿元)	可分离债(亿元)	公司债(亿元)	中小企业私募债(亿元)
						公开增发	定向增发(现金)	配股	权证行权						
2008 年	3913.43	3596.16	1036.52	0.00	38.09	1063.29	361.13	151.57	7.20	0.00	7.54	55.60	632.85	288.00	——
2009 年累计	5682.72	4609.54	1879.00	0.00	147.11	255.86	1614.83	105.97	38.86	0.00	10.03	46.61	30.00	638.40	——
2010 年累计	12640.82	10275.20	4882.63	0.00	177.50	377.15	2172.68	1438.25	84.28	0.00	176.28	717.30	0.00	603.00	——
2011 年累计	7506.22	6780.47	2825.07	0.00	67.82	132.05	1664.50	421.96	29.49	0.00	47.80	413.20	32.00	1262.20	——
2012.01	193.82	193.82	63.58	0.00	0.00	0.00	17.24	0.00	0.00	0.00	0.00	0.00	0.00	113.00	——
2012.02	283.44	263.27	73.63	0.00	0.00	34.82	48.71	22.11	0.00	0.00	3.19	0.00	0.00	34.00	——
2012.03	914.75	823.89	214.28	0.00	0.00	69.92	375.40	72.99	0.00	0.00	14.44	0.00	0.00	141.30	——
2012.04	509.17	392.78	112.15	0.00	18.54	0.00	98.83	0.00	0.00	0.00	0.00	4.50	0.00	177.30	——
2012.05	353.82	353.82	135.15	0.00	0.00	0.00	60.29	6.21	0.00	0.00	0.00	0.00	0.00	152.17	——
2012.06	765.42	743.59	127.17	0.00	3.45	0.00	214.64	0.00	0.00	0.00	0.00	80.50	0.00	304.70	16.58
2012.07	621.59	552.71	134.95	0.00	10.88	0.00	181.51	0.00	0.00	0.00	0.00	0.00	0.00	229.50	6.75
2012.08	949.54	680.80	72.91	0.00	0.00	0.00	432.89	0.00	0.00	0.00	42.35	0.00	0.00	167.00	8.00
2012.09	486.08	486.08	68.48	0.00	0.00	0.00	122.77	6.33	0.00	0.00	0.00	0.00	0.00	279.90	8.60
2012.10	277.41	243.95	31.63	0.00	5.31	0.00	56.52	0.00	0.00	0.00	0.00	60.00	0.00	84.70	11.10
2012.11	420.45	336.09	0.39	0.00	0.00	0.00	101.09	5.71	0.00	0.00	13.41	0.00	0.00	211.70	17.20
2012.12	1077.38	779.51	0.00	0.00	44.32	0.00	157.59	7.65	0.00	0.00	3.75	12.05	0.00	576.70	25.52
2012 年累计	6852.86	5850.31	1034.32	0.00	82.50	104.74	1867.48	121.00	0.00	0.00	77.14	157.05	0.00	2471.97	93.75

注：1. 本表首发筹资金额以 IPO 上市首日为基础统计；
2. 2011 年，共有 190 家公司定向增发，其中定向增发资产认购筹资 2863.82 亿元；3. 2012 年，共有 231 家公司定向增发，其中定向增发资产认购筹资 1760.25 亿元；
4. 自 2012 年 12 月份起，考虑到中小企业私募债从发行到上市交易时间间隔较长，且不确定性因素较多，将原来按交易起始日统计变更为按托管登记日统计，并对原来数据进行了回溯调整。

2012 年中国证券市场概况统计表

	2011 年底	2012 年 12 月	比 2011 年底
境内上市公司数(A、B 股)(家)	2342	2494	6.49%
境内上市外资股(B 股)(家)	108	107	-0.93%
境外上市公司数(H 股)(家)	171	179	4.68%
股票总发行股本(A、B、H 股亿股)	36095.52	38395.00	6.37%
其中：流通股本(亿股)	28850.26	31339.60	8.63%
股票市价总值(A、B 股亿元)	214758.10	230357.62	7.26%
其中：股票流通市值(亿元)	164921.30	181658.26	10.15%
股票成交金额(亿元)	421646.74	31722.87	_
日均股票成交金额(亿元)	1728.06	1510.61	_
上证综合指数(收盘)	2199.42	2269.13	3.17%
深证综合指数(收盘)	866.65	881.17	1.68%
股票有效帐户数(万户)	14050.37	14045.91	-0.03%
平均市盈率(静态)			
上海	13.40	12.30	-8.21%
深圳	23.11	22.01	-4.76%

	2011 年底	2012 年 12 月	比 2011 年底
证券投资基金只数(只)	915	1173	28.20%
交易所上市证券投资基金成交金额(亿元)	6365.80	1137.36	_

2012 年中国证券市场股票交易情况统计表

日期	交易天数	股票成交金额(亿元)	日均成交金额(亿元)	股票成交数量(亿股)	日均成交数量(亿股)	交易印花税(亿元)
2010 年累计	242	545633.54	2254.68	42151.99	174.18	545.64
2011.07	21	42172.59	2008.22	3285.79	156.46	42.18
2011.08	23	36973.02	1607.52	3024.27	131.49	36.98
2011.09	21	22316.34	1062.68	1961.11	93.39	22.32
2011.10	16	20683.26	1292.71	1960.48	122.53	20.68
2011.11	22	32556.65	1479.85	2857.03	129.87	32.56
2011.12	22	19990.80	908.67	1969.69	89.53	19.99
2011 年累计	244	421649.72	1728.07	33957.55	139.17	421.67
2012.01	15	16627.03	1108.47	1740.85	116.06	16.63
2012.02	21	33661.98	1602.96	3373.17	160.63	33.66
2012.03	22	38630.64	1755.94	3585.24	162.97	38.63
2012.04	17	26838.92	1578.76	2756.61	162.15	26.84
2012.05	22	35140.16	1597.28	3357.86	152.63	35.14
2012.06	20	24031.77	1201.59	2310.58	115.53	24.03
2012.07	22	24969.93	1134.99	2440.51	110.93	24.97
2012.08	23	24027.04	1044.65	2541.79	110.51	24.03
2012.09	20	23224.81	1161.24	2576.90	128.85	23.23
2012.10	18	18258.33	1014.35	2198.91	122.16	18.26
2012.11	22	17533.93	797.00	2177.88	98.99	17.53
2012.12	21	31722.87	1510.61	3820.76	181.94	31.72
2012 年累计	243	314667.41	1294.93	32881.06	135.31	421.67

2012 年全国股票交易统计表

时期	总股本(亿股)		市价总值(亿元)		成交金额(亿元)		成交量(百万股)		最高综合股价指数				最低综合股价指数			
	上海	深圳	上海	深圳	上海	深圳	上海	深圳	上海		深圳		上海		深圳	
									A 股	B 股	A 股	B 股	A 股	B 股	A 股	B 股
2012 年累计					164461	150122	1892843	1393212								
2013.01	24692	7251	167497	76411	22660	20542	268184	197196	2504	280	984	880	2340	246	906	719
2013.02	24717	7263	166306	79210	16319	13954	183102	126486	2559	288	1017	873	2397	265	969	807
2013.03	24734	7321	157312	76373	20452	18244	233441	168379	2480	279	1022	850	2333	259	950	771
2013.04	24787	7427	153372	75269	12887	12853	150143	116816	2358	267	990	830	2267	250	929	755
2013.05	24896	7692	162318	85437	20970	24048	230523	212657	2443	271	1093	884	2262	251	944	804
2013.06	25251	7855	139775	73038	13326	15167	155527	140672	2422	268	1084	881	1936	223	851	708
2013.07	25395	7946	141092	77440	18236	23266	216981	211099	2191	246	1028	789	2037	230	920	743
2013.08	25460	7954	148445	81747	20726	24435	249496	224354	2302	251	1075	826	2090	236	986	771
2013.09	25499	7990	154176	87100	25466	21418	300768	199206	2377	258	1109	842	2176	240	1035	804
2013.10	25562	8006	151970	84225	21017	22439	238268	199732	2348	260	1155	866	2191	243	1037	818
2013.11	25600	8022	157701	89983	19287	20807	219559	185408	2339	256	1138	881	2176	238	1031	813
2013.12																
2013 年累计					211347	217172	2445991	1982007								

2013 年 1－11 月全国股票交易统计表

时期	总股本(亿股)		市价总值(亿元)		成交金额(亿元)		成交量(百万股)		最高综合股价指数				最低综合股价指数			
	上海	深圳	上海	深圳	上海	深圳	上海	深圳	上海		深圳		上海		深圳	
									A 股	B 股	A 股	B 股	A 股	B 股	A 股	B 股
2012 年累计					164461	150122	1892843	1393212								

时期	总股本(亿股)		市价总值(亿元)		成交金额(亿元)		成交量(百万股)		最高综合股价指数				最低综合股价指数			
	上海	深圳	上海	深圳	上海	深圳	上海	深圳	上海		深圳		上海		深圳	
									A股	B股	A股	B股	A股	B股	A股	B股
2013.01	24692	7251	167497	76411	22660	20542	268184	197196	2504	280	984	880	2340	246	906	719
2013.02	24717	7263	166306	79210	16319	13954	183102	126486	2559	288	1017	873	2397	265	969	807
2013.03	24734	7321	157312	76373	20452	18244	233441	168379	2480	279	1022	850	2333	259	950	771
2013.04	24787	7427	153372	75269	12887	12853	150143	116816	2358	267	990	830	2267	250	929	755
2013.05	24896	7692	162318	85437	20970	24048	230523	212657	2443	271	1093	884	2262	251	944	804
2013.06	25251	7855	139775	73038	13326	15167	155527	140672	2422	268	1084	881	1936	223	851	708
2013.07	25395	7946	141092	77440	18236	23266	216981	211099	2191	246	1028	789	2037	230	920	743
2013.08	25460	7954	148445	81747	20726	24435	249496	224354	2302	251	1075	826	2090	236	986	771
2013.09	25499	7990	154176	87100	25466	21418	300768	199206	2377	258	1109	842	2176	240	1035	804
2013.10	25562	8006	151970	84225	21017	22439	238268	199732	2348	260	1155	866	2191	243	1037	818
2013.11	25600	8022	157701	89983	19287	20807	219559	185408	2339	256	1138	881	2176	238	1031	813
2013.12																
2013年累计					211347	217172	2445991	1982007								

2012年交易所政府债券交易统计表

时期	总计						上交所				深交所			
	国债交易合计		现货		回购		现货		回购		现货		回购	
	成交金额(亿元)	成交量(万手)	成交金额(亿元)	成交量(万手)	成交金额(亿元)	成交量(万手)	成交金额(亿元)	成交量(万手)	成交金额(亿元)	成交量(万手)	成交金额(亿元)	成交量(万手)	成交金额(亿元)	成交量(万手)
2011年累计	200841.33	2009998.78	1252.92	13483.15	199588.41	1996515.63	1242.90	12469.05	199581.50	1995814.97	10.02	1014.10		
2012.01	17482.78	174824.13	62.12	617.46	17420.67	174206.67	62.09	614.08	17420.67	174206.67	0.03	3.38	0.00	0.00
2012.02	26317.17	263480.53	79.03	1099.11	26238.14	262381.42	75.56	749.13	26238.14	262381.42	3.47	349.98	0.00	0.00
2012.03	24983.07	249834.77	89.24	896.53	24893.82	248938.24	89.09	881.58	24893.82	248938.24	0.15	14.95	0.00	0.00
2012.04	22151.76	221706.20	62.40	812.59	22089.36	220893.61	60.30	602.05	22089.36	220893.61	2.10	210.54	0.00	0.00
2012.05	28928.10	289259.84	113.11	1109.94	28814.99	288149.90	113.03	1101.47	28814.99	288149.90	0.08	8.47	0.00	0.00
2012.06	28525.03	285237.39	72.00	707.03	28453.04	284530.36	71.94	701.33	28453.04	284530.36	0.06	5.70	0.00	0.00
2012.07	33067.77	330676.99	89.84	897.76	32977.92	329779.23	89.71	885.10	32977.92	329779.23	0.13	12.66	0.00	0.00
2012.08	34564.42	345637.88	74.72	740.93	34489.70	344896.95	74.61	730.26	34489.70	344896.95	0.11	10.67	0.00	0.00
2012.09	29659.79	296609.35	49.01	501.50	29610.79	296107.85	48.86	486.29	29610.79	296107.85	0.15	15.21	0.00	0.00
2012.10	29690.92	297015.17	61.48	720.74	29629.44	296294.43	60.28	601.46	29629.44	296294.43	1.20	119.28	0.00	0.00
2012.11	35826.87	358322.95	73.98	794.02	35752.89	357528.93	73.38	732.60	35752.89	357528.93	0.60	61.42	0.00	0.00
2012.12	36044.48	360494.14	54.50	594.37	35989.98	359899.77	53.95	537.80	35989.98	359899.77	0.55	56.57	0.00	0.00
2012年累计	347242.17	3473099.35	881.43	9491.99	346360.74	3463607.36	872.80	8623.16	346360.74	3463607.36	8.63	868.83	0.00	0.00

2013年1－11月交易所政府债券交易统计表

时期	总计						上交所				深交所			
	国债交易合计		现货		回购		现货		回购		现货		回购	
	成交金额(亿元)	成交量(万手)	成交金额(亿元)	成交量(万手)	成交金额(亿元)	成交量(万手)	成交金额(亿元)	成交量(万手)	成交金额(亿元)	成交量(万手)	成交金额(亿元)	成交量(万手)	成交金额(亿元)	成交量(万手)
2012年累计	347242	3473099	881	9492	346361	3463607	873	8623	346361	3463607	[illegible]	869	0	0
2013.01	35286	352969	73	839	35213	352130	72	711	35213	352130	[illegible]	128	0	0
2013.02	26599	266059	62	691	26537	265368	61	606	26537	265368	[illegible]	85	0	0
2013.03	39513	395307	70	880	39443	394428	68	677	39443	394428	[illegible]	203	0	0
2013.04	34795	348060	77	880	34718	347180	76	749	34718	347180	[illegible]	131	0	0
2013.05	48748	487481	58	575	48691	486906	58	569	48691	486906	[illegible]	6	0	0
2013.06	46075	460979	69	685	46007	460293	69	678	46007	460293	[illegible]	7	0	0
2013.07	65260	652846	82	1060	65178	651785	79	784	65178	651785	[illegible]	276	0	0
2013.08	62633	626489	46	612	62588	625877	44	439	62588	625877	[illegible]	174	0	0
2013.09	51743	517647	52	735	51691	516912	50	504	51691	516912	[illegible]	231	0	0
2013.10	51712	517516	45	847	51667	516670	41	418	51667	516670	[illegible]	428	0	0
2013.11	64127	642285	73	1747	64053	640537	62	636	64053	640537	[illegible]	1111	0	0
2013.12														
2013年累计	526492	5267638	707	9552	525785	5258086	680	6772	525785	5258086	27	2780	0	0

第二节　上海证券交易所

2012 年上海证券市场大事纪要

2 月　本所企业培训服务中心正式开始运营，为上市公司、拟上市企业、会员公司、基金公司、保险公司、QFII 等市场参与者提供一体化培训服务平台。

4 月 12 日　经党中央、国务院决定、本所第三届理事会第 51 次会议选举通过，由桂敏杰同志担任上海证券交易所党委书记、理事长。

4 月 12 日　中小投资者 IPO 模拟询价有奖竞赛活动全面启动。

4 月 28 日　上海国际金融中心项目正式入选住建部“科技示范工程”。

5 月 13 日　参加国际证监会组织（IOSCO）北京年会和相关展会，积极展示中国证券市场及本所相关发展成就。

5 月 21 日　在本所上市的可转换公司债券可计入回购质押库。

5 月 22 日　发布实施《上海证券交易所中小企业私募债券业务试点办法》和《上海证券交易所中小企业私募债券业务指引（试行）》。

5 月 28 日　第一只跨市场交易所交易基金（ETF）——华泰柏瑞沪深 300 交易所交易基金（ETF）正式在本所上市交易，并在上市后一周纳入融资融券标的证券范围。

6 月 1 日　本所下调 A 股证券交易经手费，收费标准由原按交易额 0.11‰收取降为按 0.087‰收取。

6 月 7 日　本所新闻发言人制度正式建立。首任新闻发言人在新闻发布会上正式亮相。

6 月 7 日　本所官方微博——“上交所发布”同时在人民网、新华网、腾讯网和新浪网正式上线并进入试运行。

6 月 8 日　中小企业私募债券首单在本所顺利发行，并在本所固定收益证券综合电子平台挂牌。

6 月 12 日　中国证监会党委决定成立上交所监事会筹备组，张宁同志任上交所党委副书记、监事会筹备组负责人。

6 月 27 日　上交所“蓝筹新动力——中小投资者走进上市公司”活动拉开帷幕。

6 月 28 日　本所正式发布《关于完善上海证券交易所上市公司退市制度的方案》。

6 月 28 日　本所与香港交易及结算所有限公司、深圳证券交易所签订协议，在香港设立合资公司，从事金融产品开发和服务。

7 月 7 日　《上海证券交易所股票上市规则（2012 年修订）》正式发布。

7 月 31 日　本所分别与上海市、浙江省金融办签署区域性股权交易市场建设合作意向书。

7 月 9 日　所内部分部门职能进一步优化调整，基金业务部、稽核部分别更名为基金与衍生品部、风控与内审部。

8 月 27 日　发布实施《上海证券交易所转融通证券出借交易实施办法（试行）》，转融通业务正式启动。

8 月 16 日　所党委会决定，筹建本所驻香港办事处；成立上市公司监管二部，负责本所上市公司财务信息合规性、真实性监管。

8 月 30 日　本所与巴西交易所在巴西里约热内卢成功举办第三届“中国－巴西资本市场论坛”。

9 月 1 日　本所自 9 月 1 日起再次调整 A 股证券交易经手费收费标准，按交易额 0.0696‰收取。

9 月 3 日　本所与南非约翰内斯堡证券交易所签署合作谅解备忘录。

9 月 10 日　中国证监会任命黄红元同志担任上海证券交易所党委副书记、总经理。

9 月　本所组团赴美国、加拿大开展市场推介活动。

9 月 26 日　沪深港三所合资的中华证券交易服务有限公司在港召开首届董事会，标志公司正式成立。

10 月 14 日　桂敏杰理事长在世界交易所联合会第 52 届会员大会、年会及董事会成功当选联合会董事。

10 月 22 日　本所首只跨境 ETF——易方达恒生中国企业 ETF 成功上市。

10 月 18 日　本所与越南河内证券交易所签署合作谅解备忘录。

11 月 5 日　本所与马来西亚交易所签署合作谅解备忘录。

12 月 14 日　发布实施《风险警示板股票交易暂行办法》、《退市公司股份转让系统股份转让暂行办法》等退市配套制度，有条件同意两家公司恢复上市。

12 月 10 日　发布《约定购回式证券交易及登记结算业务办法》。

12 月 11 日　第三届上证法治论坛在沪召开。

12 月 19 日　第十一届中国公司治理论坛在沪召开。

12 月 28 日　上海上证金融服务有限公司正式登记注册。

2012 年度上证 50 指数走势

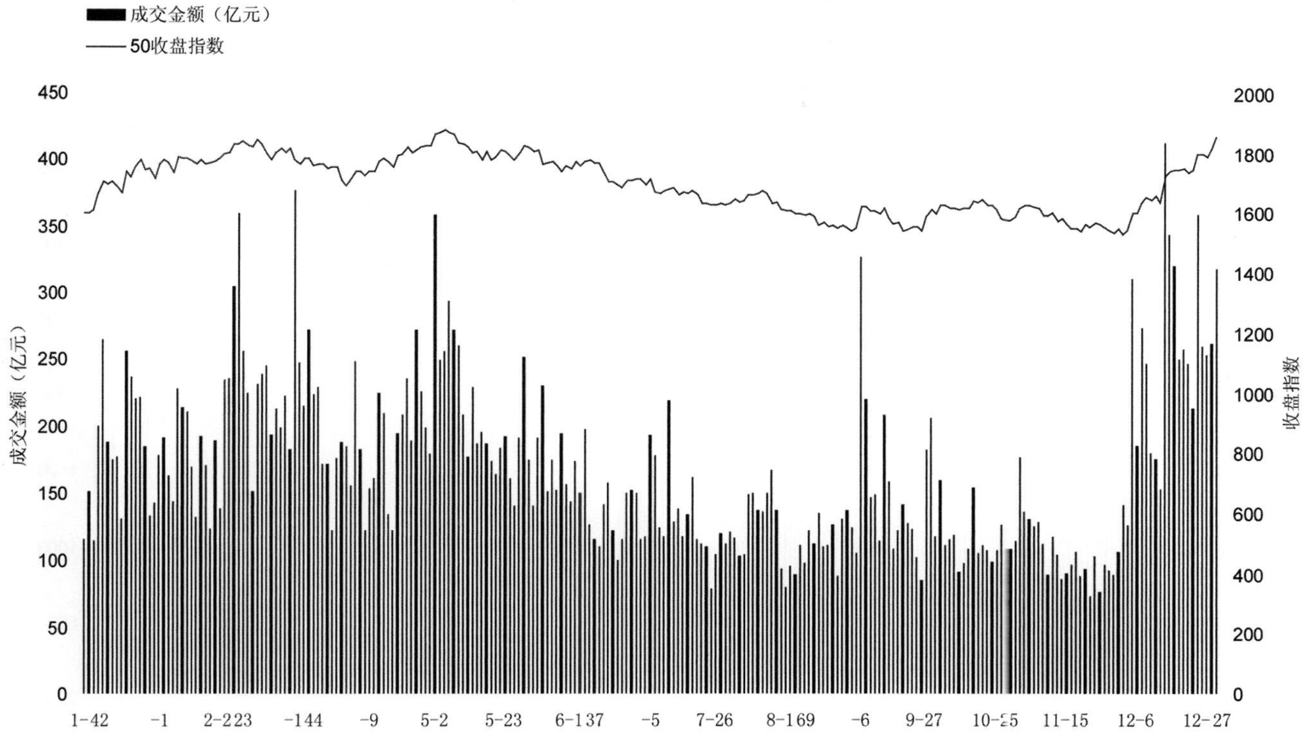

2012 年度上证 180 指数走势

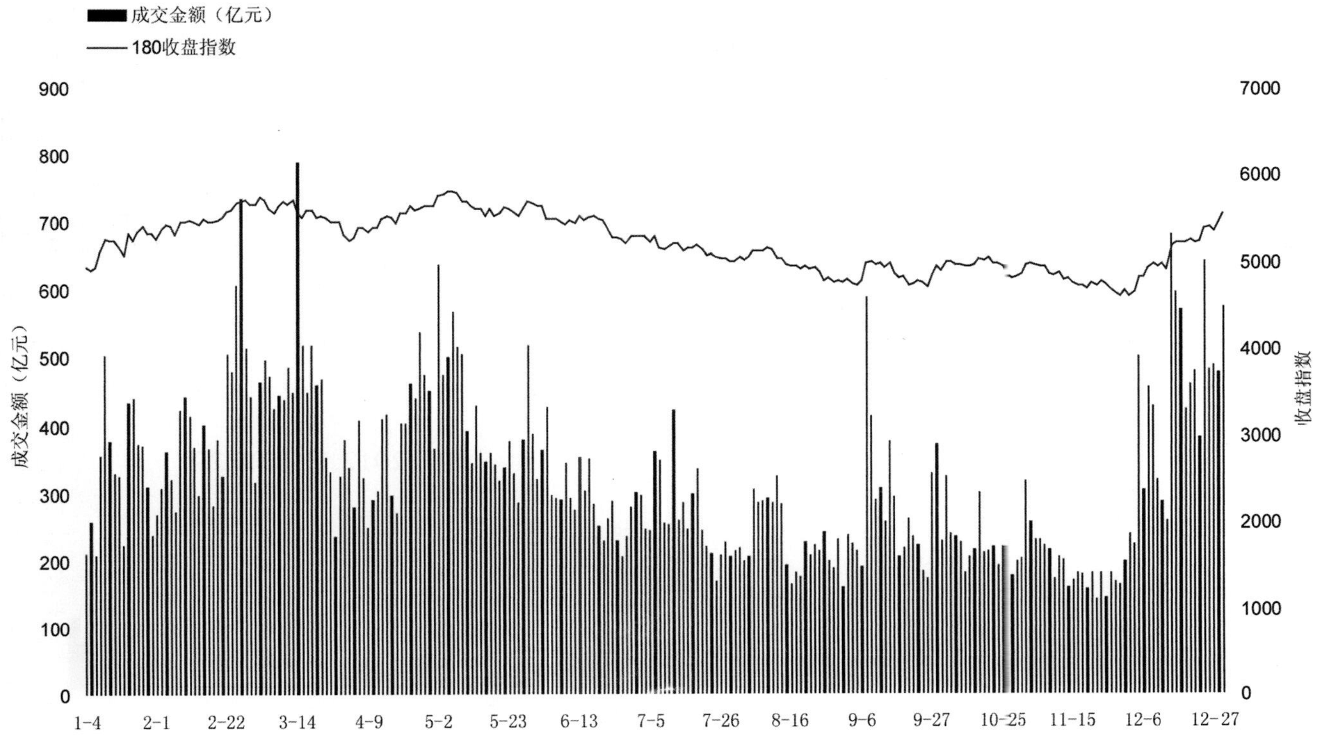

2012 年度上证 380 指数走势

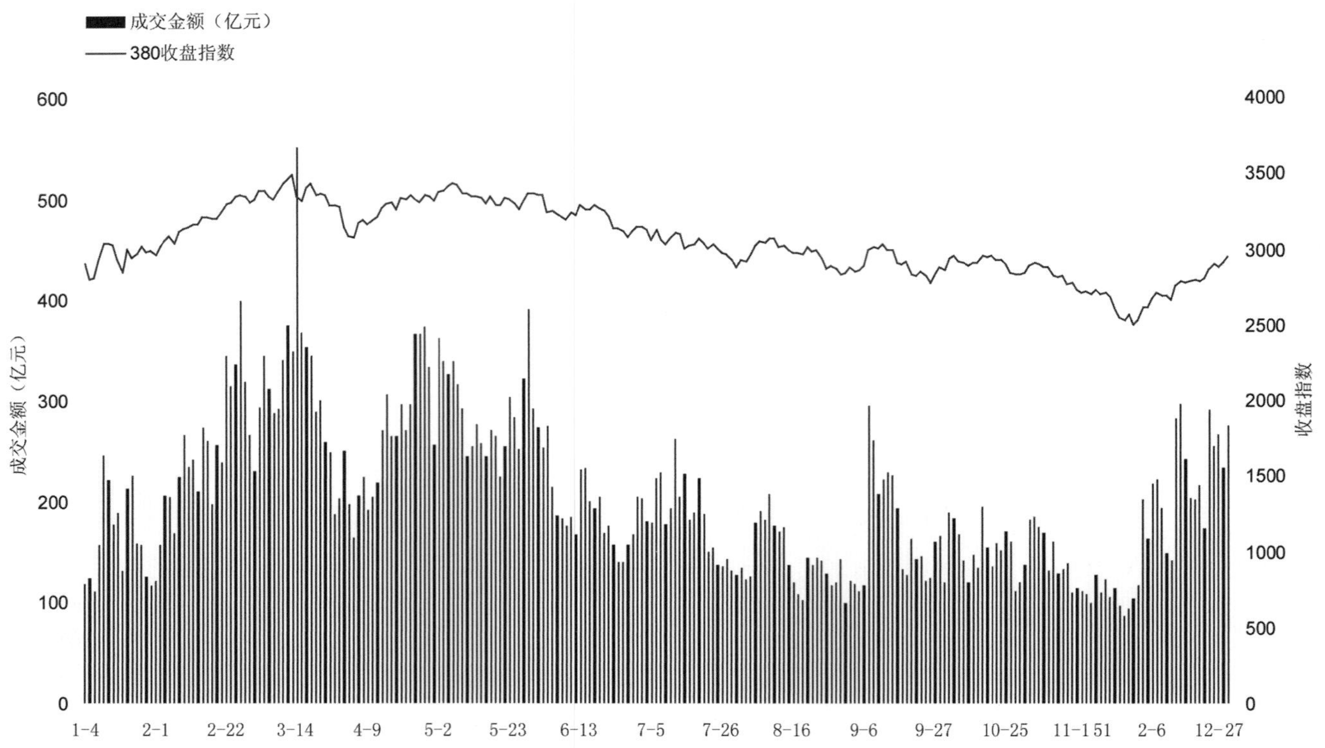

2012 年度上证 B 股指数走势

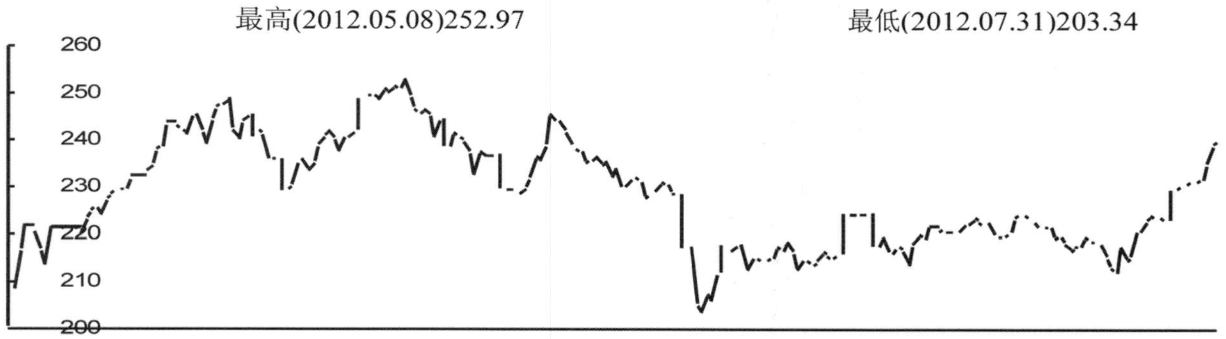

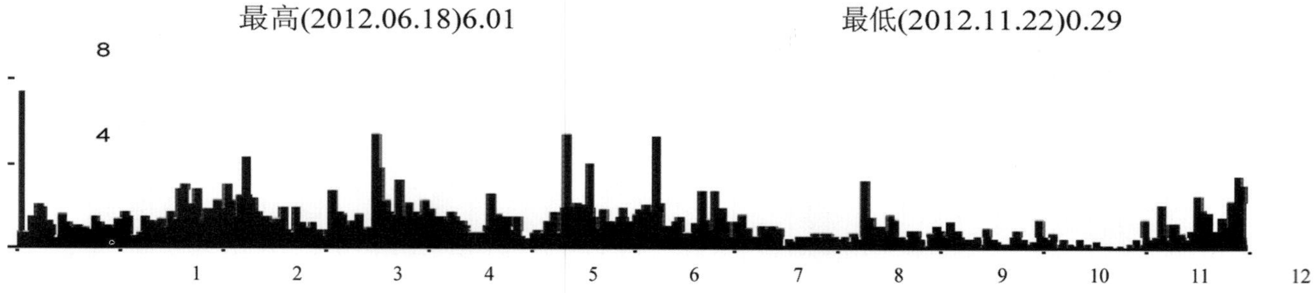

2012 年度上证基金指数走势

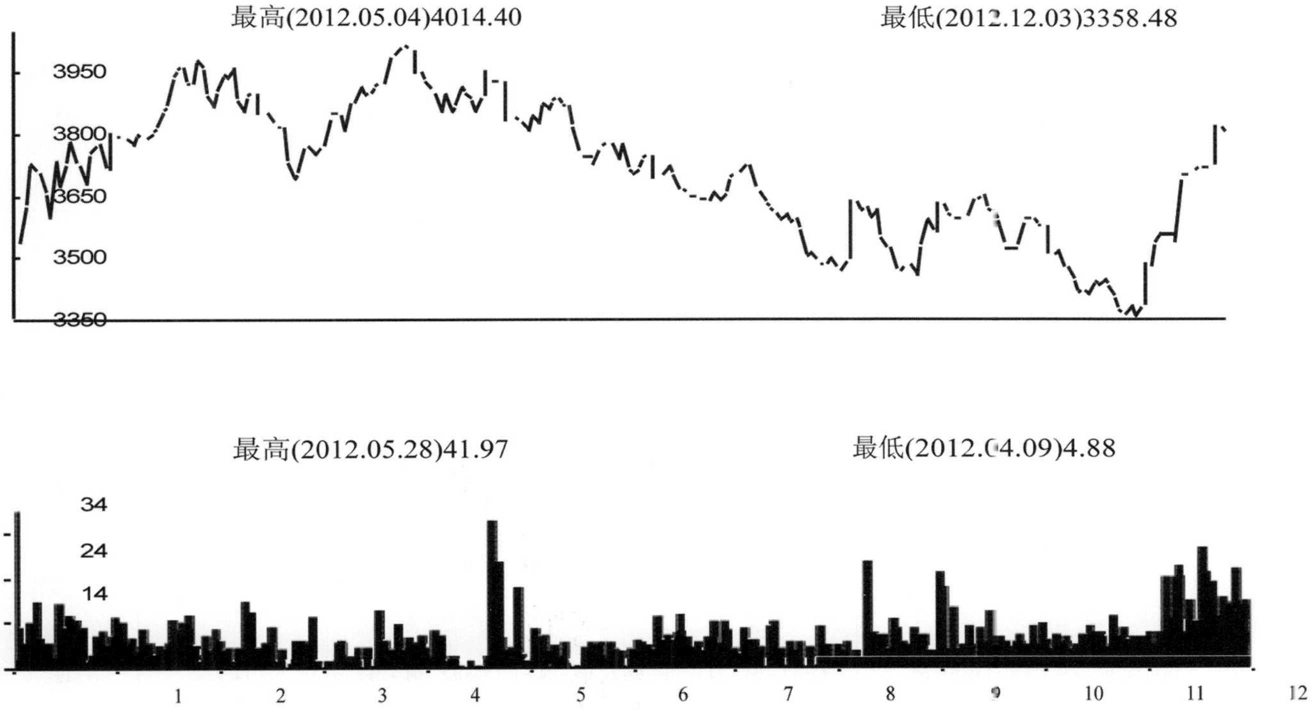

2012 年度上证指数走势

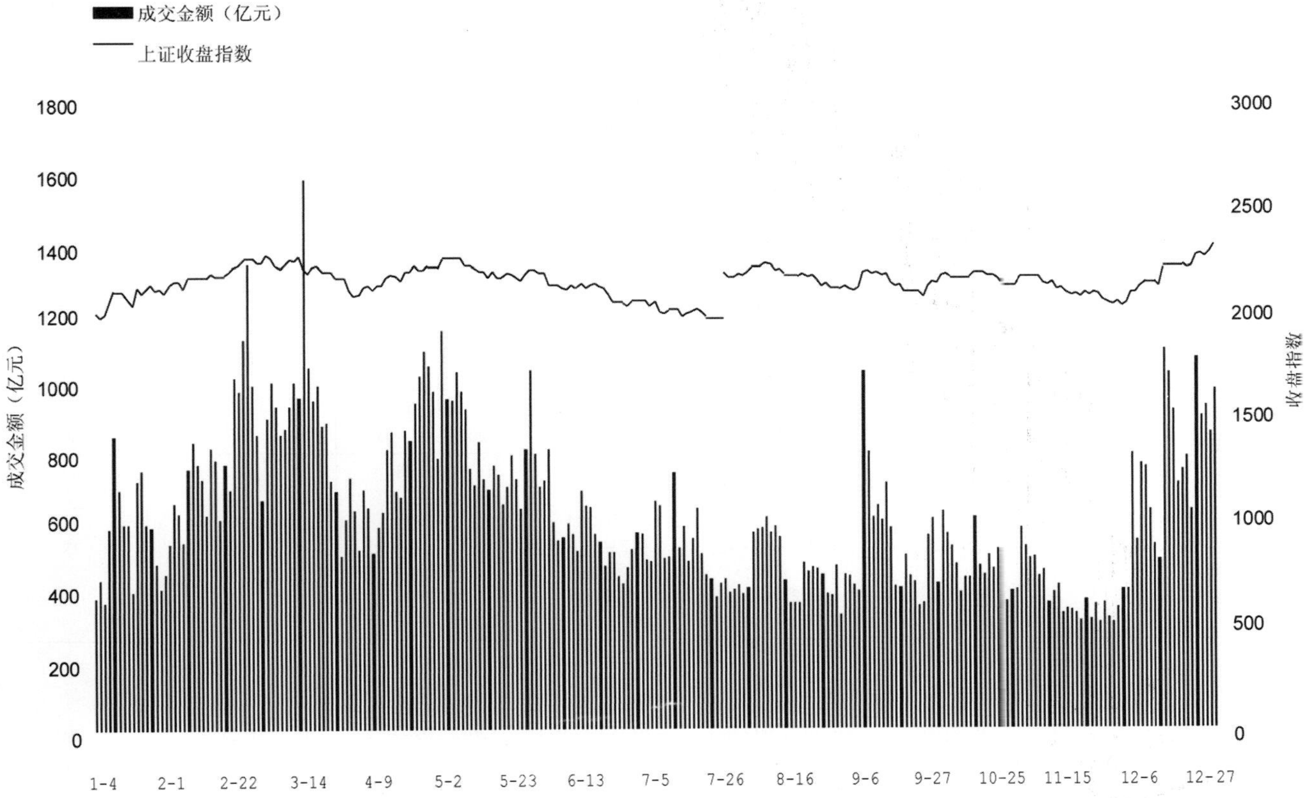

2012 年各月上证所月度 A 股成交概况

月份	月末市价总值（亿元）	月末流通市值（亿元）	月度总成交笔数（万笔）	月度总成交量（万股）	月度总成交金额（亿元）	月末平均市盈率	该月累计交易日
1	154317.51	128051.12	5271.97 最高 522.58 (2012－01－10) 最低 254.04 (2012－01－06)	10443378.02 最高 1094250.66 (2012－01－10) 最低 458112.02 (2012－01－16)	9052.07 最高 910.07 (2012－01－10) 最低 393.87 (2012－01－06)	14.01	15
2	163998.95	135946.54	9871.23 最高 713.04 (2012－02－27) 最低 292.33 (2012－02－01)	19490626.15 最高 1586212.69 (2012－02－27) 最低 533716.77 (2012－02－01)	17705.85 最高 1448.83 (2012－02－27) 最低 484.67 (2012－02－01)	14.86 21	
3	154214.72	126992.31	10806.81 最高 904.26 (2012－03－14) 最低 302.89 (2012－03－26)	20913572.1 最高 1790299.92 (2012－03－14) 最低 553236.44 (2012－03－26)	20277.54 最高 1704.95 (2012－03－14) 最低 540.82 (2012－03－26)	13.86	22
4	163624.36	135018.65	7984.78 最高 632.44 (2012－04－24) 最低 320.04 (2012－04－09)	16300945.73 最高 1331042.18 (2012－04－24) 最低 595890.72 (2012－04－09)	14682.02 最高 1173.37 (2012－04－24) 最低 550.81 (2012－04－09)	14.7	17
5	162245.49	133892.43	10265.37 最高 588.47 (2012－05－02) 最低 380.31 (2012－05－22)	19925553.29 最高 1279032.41 (2012－05－02) 最低 741314.41 (2012－05－25)	19407.9 最高 1242.51 (2012－05－02) 最低 683.96 (2012－05－25)	12.67	22
6	152447.22	125652.65	6834.94 最高 520.83 (2012－06－04) 最低 269.35 (2012－06－27)	12786909.21 最高 900005.47 (2012－06－04) 最低 510751.91 (2012－06－27)	12136.53 最高 867.86 (2012－06－04) 最低 452.58 (2012－06－27)	11.9	20
7	144584.88	120058.37	7032.53 最高 429.2 (2012－07－12) 最低 255.9 (2012－07－25)	13456421.67 最高 820796.85 (2012－07－12) 最低 480700.98 (2012－07－25)	12166.91 最高 791.88 (2012－07－12) 最低 409.51 (2012－07－25)	11.29	22
8	141568.52	117559.25	6968.51 最高 381.59 (2012－08－13) 最低 229.45 (2012－08－31)	13598191.03 最高 748681.1 (2012－08－07) 最低 442978.1 (2012－08－17)	11447.48 最高 656.88 (2012－08－09) 最低 352.03 (2012－08－31)	11.03	23
9	144305.87	120361.04	6877.4 最高 626.12 (2012－09－07) 最低 235.18 (2012－09－25)	14322864.35 最高 1392695.8 (2012－09－07) 最低 481495.05 (2012－09－25)	11554.76 最高 1108.88 (2012－09－07) 最低 384.16 (2012－09－25)	11.25	20

月份	月末市价总值（亿元）	月末流通市值（亿元）	月度总成交笔数（万笔）	月度总成交量（万股）	月度总成交金额（亿元）	月末平均市盈率	该月累计交易日
10	143630.52	119635.25	5612.93 最高 404.69 (2012-10-09) 最低 247.27 (2012-10-29)	12309743.98 最高 872302.41 (2012-10-18) 最低 539995.75 (2012-10-15)	9215.7 最高 674.76 (2012-10-09) 最低 394.79 (2012-10-29)	11.17	18
11	137543.54	115013.28	5594.82 最高 336.97 (2012-11-01) 最低 204 (2012-11-20)	12476540.27 最高 826290.76 (2012-11-01) 最低 425614.45 (2012-11-20)	9192.39 最高 625.25 (2012-11-01) 最低 330.83 (2012-11-26)	10.71	22
12	157912.65	133508.66	9053.53 最高 595.02 (2012-12-14) 最低 255.08 (2012-12-03)	22480606.43 最高 1611055.32 (2012-12-14) 最低 616336.23 (2012-12-03)	17208.22 最高 1180.41 (2012-12-14) 最低 430.46 (2012-12-03)	12.29	21

2012年末50家流通市值最大的上市公司

序号	股票简称	股票代码	流通市场（万元）	占全体上市公司流通市值比重（%）
1	中国石油	601857	146015958.35	10.87
2	工商银行	601398	108948788.05	8.11
3	中国银行	601988	57093318.68	4.25
4	中国石化	600028	48467540.14	3.61
5	中国人寿	601628	44562354.20	3.32
6	中国神华	601088	41348481.22	3.08
7	招商银行	600036	24290929.97	1.81
8	贵州茅台	600519	21700038.36	1.62
9	中国平安	601318	21677649.24	1.61
10	兴业银行	601166	18002520.18	1.34
11	民生银行	600016	17753855.48	1.32
12	上汽集团	600104	16176450.90	1.20
13	交通银行	601328	16158272.35	1.20
14	浦发银行	600000	14803394.91	1.10
15	中国太保	601601	13968646.36	1.04
16	中信银行	601998	13595580.02	1.01
17	中信证券	600030	13112388.03	0.98
18	中国建筑	601668	11700000.00	0.87
19	大秦铁路	601006	10049951.05	0.75
20	保利地产	600048	9707672.37	0.72
21	宝钢股份	600019	8372681.52	0.62
22	海通证券	600837	8294434.46	0.62
23	三一重工	600031	7445617.20	0.55
24	中国联通	600050	7418808.74	0.55
25	海螺水泥	600585	7379451.26	0.55
26	农业银行	601288	7159764.64	0.53
27	华能国际	600011	7140000.00	0.53
28	中煤能源	601898	7043456.15	0.52
29	北京银行	601169	6949959.06	0.52
30	长江电力	600900	6695461.80	0.50
31	紫金矿业	601899	6052856.80	0.45
32	中国铁建	601186	5879536.11	0.44
33	光大银行	601818	5775110.95	0.43

序号	股票简称	股票代码	流通市场(万元)	占全体上市公司流通市值比重(%)
34	包钢稀土	600111	5540614.60	0.41
35	上港集团	600018	5520580.43	0.41
36	山东黄金	600547	5430444.31	0.40
37	中国重工	601989	5393889.15	0.40
38	华夏银行	600015	5165196.81	0.38
39	中国中铁	601390	5054003.04	0.38
40	潞安环能	601699	5037072.88	0.38
41	江西铜业	600362	4951540.31	0.37
42	中国国航	601111	4919842.58	0.37
43	招商证券	600999	4917460.32	0.37
44	中国铝业	601600	4914807.75	0.37
45	中金黄金	600489	4894589.49	0.36
46	光大证券	601788	4819380.00	0.36
47	中海油服	601808	4773167.52	0.36
48	中国南车	601766	4719936.00	0.35
49	中国北车	601299	4654345.39	0.35
50	建设银行	601939	4413082.50	0.33

2012 年末 50 家市价总值最大的上市公司

序号	股票简称	股票代码	市价总值(万元)	占全体上市公司市价总值比重(%)
1	中国石油	601857	146377558.35	9.22
2	工商银行	601398	108948788.05	6.87
3	农业银行	601288	82335482.29	5.19
4	中国银行	601988	57093318.68	3.60
5	中国石化	600028	48467540.14	3.05
6	中国人寿	601628	44562354.20	2.81
7	中国神华	601088	41804781.22	2.63
8	招商银行	600036	24290929.97	1.53
9	贵州茅台	600519	21700038.36	1.37
10	中国平安	601318	21677649.24	1.37
11	上汽集团	600104	19449099.53	1.23
12	交通银行	601328	19389926.82	1.22
13	浦发银行	600000	18504243.64	1.17
14	兴业银行	601166	18002520.18	1.13
15	民生银行	600016	17753855.48	1.12
16	中国太保	601601	14145075.00	0.89
17	中信银行	601998	13687315.38	0.86
18	中信证券	600030	13144343.82	0.83
19	光大银行	601818	12332610.95	0.78
20	中国建筑	601668	11700000.00	0.74
21	长江电力	600900	11335500.00	0.71
22	大秦铁路	601006	10049951.05	0.63
23	保利地产	600048	9707672.37	0.61
24	包钢稀土	600111	9070554.78	0.57
25	宝钢股份	600019	8372681.52	0.53
26	海通证券	600837	8294434.46	0.52
27	北京银行	601169	8184148.37	0.52
28	三一重工	600031	8041734.80	0.51
29	华能国际	600011	7497000.00	0.47
30	中国联通	600050	7418808.74	0.47
31	海螺水泥	600585	7379451.26	0.46
32	中煤能源	601898	7156864.31	0.45
33	华夏银行	600015	7089466.18	0.45

序号	股票简称	股票代码	市价总值(万元)	占全体上市公司市价总值比重(%)
34	中国重工	601989	6996496.00	0.44
35	中国交建	601800	6226034.78	0.39
36	紫金矿业	601899	6052856.80	0.38
37	中国铁建	601186	6023351.11	0.38
38	新华保险	601336	6010236.18	0.38
39	上港集团	600018	5984612.25	0.38
40	中国南车	601766	5842384.00	0.37
41	广汇能源	600256	5743650.09	0.36
42	华泰证券	601688	5488000.00	0.35
43	山东黄金	600547	5430444.31	0.34
44	兖州煤业	600188	5396080.00	0.34
45	中国中铁	601390	5196123.04	0.33
46	潞安环能	601699	5037072.88	0.32
47	中国国航	601111	4997562.79	0.31
48	江西铜业	600362	4951540.31	0.31
49	招商证券	600999	4917460.32	0.31
50	中国铝业	601600	4914807.75	0.31

2012 年末上证所 B 股投资者地区分布情况

地区	累计开户数	所占 比例	当年新增开户数	新增数所占比例
中国(境内)	1350408	87.21	5465	81.75
美国	14869	0.96	447	6.69
加拿大	3735	0.24	167	2.50
中国台湾	8736	0.56	68	1.02
英国	2390	0.15	54	0.81
中国香港	17156	1.11	47	0.70
澳大利亚	3267	0.21	46	0.69
日本	4569	0.30	44	0.66
中国(境外)	125918	8.13	19	0.28
德国	722	0.05	15	0.22
新加坡	1935	0.12	14	0.21
韩国	1784	0.12	14	0.21
荷兰	413	0.03	9	0.13
法国	641	0.04	6	0.09
中国澳门	804	0.05	3	0.04
其他	11025	0.71	267	3.99
合计	1548372	100.00	6685	100.00

2012 年末上证所会员及营业部地区分布

地区	公司数	营业部数	营业部交易金额(百万元)	比例(%)
安徽	2	158	1013954.11	1.00
北京	20	265	15299852.28	15.11
福建	3	237	3562303.48	3.52
甘肃	1	63	226367.57	0.22
广东	23	703	19313198.62	19.07
广西	1	98	676702.89	0.67
贵州	1	48	231672.08	0.23
海南	2	40	386062.76	0.38
河北	1	165	779122.74	0.77
河南	1	145	1114661.42	1.10
黑龙江	1	121	2462290.92	2.43
湖北	2	190	2655214.75	2.62
湖南	3	177	1155116.84	1.14
吉林	2	96	447677.51	0.44

地区	公司数	营业部数	营业部交易金额(百万元)	比例(%)
江苏	6	363	5928594.53	5.85
江西	2	117	1334189.73	1.32
辽宁	3	215	1920860.94	1.90
内蒙	2	61	368859.45	0.36
宁夏	0	23	62836.35	0.06
青海	1	13	26959.05	0.03
山东	2	280	2516283.87	2.48
山西	2	122	577423.35	0.57
陕西	3	119	809663.61	0.80
上海	15	489	27136861.50	26.79
四川	4	219	2083761.03	2.06
天津	1	103	930262.79	0.92
西藏	1	5	7401.13	0.01
新疆	1	62	395332.71	0.39
云南	2	74	641229.57	0.63
浙江	3	381	6365190.23	6.28
重庆	1	111	850693.56	0.84

2012 年末上证所上市公司股权结构分布

股份名称	发行总额(亿元)	比例(%)	市价总值(亿元)	比例(%)
1. 发起人股份	4403.55	14.798	18836.55	12.695
1. 发起人股份	4199.84	13.507	18769.98	11.827
国家拥有股份	3848.20	12.376	15691.52	9.888
其他境内法人持有股份	249.80	0.803	2194.51	1.383
境外法人、自然人持有股份	22.17	0.071	240.41	0.151
境内自然人持有股份	79.66	0.256	643.53	0.406
2. 募集法人股	3.23	0.010	27.78	0.018
3. 内部职工股	0.00	0.000	0.00	0.000
4. 机构配售	38.31	0.123	374.11	0.236
5. 其他	854.91	2.749	5232.11	3.297
尚未流通股份合计	5096.29	16.390	24403.99	15.378
1. 境内上市的人民币普通股	19377.77	62.319	133508.66	84.127
2. 境内上市外资股	143.56	0.462	785.79	0.500
3. 境外上市外资股	6477.01	20.830	0.00	0.000
4. 其他	0.00	0.000	0.00	0.000
已流通股份合计	25998.35	83.610	134352.77	84.660
股份总数	31094.64	100.000	158698.44	100.000

2012 年上海证券交易所 A 股股票首发情况

证券代码	证券简称	发行日期	发行股数(万股)	发行价格	筹资金额(万元)	发行市盈率(加权法/摊薄法)	发行方式	主承销商	中签率%	上市日
603993	洛阳钼业	2012-9-24	20000	3	60000	-/13.64	网下询价、网上定价	安信证券股份有限公司	0.45	2012-10-9
603167	渤海轮渡	2012-8-23	10100	11	111100	-/28.35	网下询价、网上定价	瑞信方正证券有限责任公司	0.92	2012-9-6
603399	新华龙	2012-8-15	6336	7.8	49420.8	-/22.35	网下询价、网上定价	安信证券股份有限公司	0.59	2012-8-24
603003	龙宇燃油	2012-8-8	5050	6.5	32825	-/17.11	网下询价、网上定价	华泰联合证券有限责任公司	0.83	2012-8-17
603766	隆鑫通用	2012-8-1	8000	6.58	52640	-/14.27	网下询价、网上定价	中国国际金融有限公司	1.93	2012-8-10
601038	一拖股份	2012-7-27	15000	5.4	81000	-/14.44	网下询价、网上定价	中信证券股份有限公司	1.97	2012-8-8
603077	和邦股份	2012-7-19	10000	17.5	175000	-/21.6	网下询价、网上定价	华西证券有限责任公司	15.53	2012-7-31
603008	喜临门	2012-7-6	5250	12.5	65625	-/29.87	网下询价、网上定价	中信证券股份有限公司	2.47	2012-7-17
601608	中信重工	2012-6-27	68500	4.67	319895	-/16.19	网下询价、网上定价	中信证券股份有限公司 中德证券有限责任公司	7.23	2012-7-6
601339	百隆东方	2012-5-31	15000	13.6	204000	-/12.5	网下询价、网上定价	中信证券股份有限公司	6.33	2012-6-12
601965	中国汽研	2012-5-30	19200	8.2	157440	-/28.28	网下询价、网上定价	中信建投证券股份有限公司	1.3	2012-6-11
603128	华贸物流	2012-5-17	10000	6.66	66600	-/27.75	网下询价、网上定价	中银国际证券有限责任公司	0.5	2012-5-29
603366	日出东方	2012-5-10	10000	21.5	215000	-/23.89	网下询价、网上定价	广发证券股份有限公司	1.61	2012-5-21
603002	宏昌电子	2012-5-4	10000	3.6	36000	-/36	网下询价、网上定价	海通证券股份有限公司	0.35	2012-5-18

证券代码	证券简称	发行日期	发行股数（万股）	发行价格	筹资金额（万元）	发行市盈率（加权法/摊薄法）	发行方式	主承销商	中签率%	上市日
603333	明星电缆	2012-4-25	8667	9.3	80603.1	-/24.47	网下询价、网上定价	国元证券股份有限公司	1.85	2012-5-7
603123	翠微股份	2012-4-19	7700	9	69300	-/28.13	网下询价、网上定价	中信建投证券股份有限公司	0.91	2012-5-3
603000	人民网	2012-4-18	6910.57	20	138211.38	-/46.13	网下询价、网上定价	中信证券股份有限公司	1.5	2012-4-27
603001	奥康国际	2012-4-18	8100	25.5	206550	-/25.25	网下询价、网上定价	国信证券股份有限公司	15.32	2012-4-26
601388	怡球资源	2012-4-9	10500	13	136500	-/18.06	网下询价、网上定价	华泰联合证券有限责任公司	1.69	2012-4-23
601012	隆基股份	2012-3-27	7500	21	157500	-/24.71	网下询价、网上定价	国信证券股份有限公司	2.09	2012-4-11
601800	中国交建	2012-2-15	134973.54	5.4	500000	-/7.68	网下询价、网上定价	中银国际证券有限责任公司 国泰君安证券股份有限公司 中信证券股份有限公司	1.28	2012-3-9
601231	环旭电子	2012-2-10	10680	7.6	81168	-/23.03	网下询价、网上定价	长城证券有限责任公司	1.46	2012-2-20
601929	吉视传媒	2012-2-10	28000	7	196000	-/37.19	网下询价、网上定价	中信证券股份有限公司	2.33	2012-2-23
601515	东风股份	2012-2-7	5600	13.2	73920	-/18.08	网下询价、网上定价	国信证券股份有限公司	1.94	2012-2-16
601313	江南嘉捷	2012-1-6	5600	12.4	69440	-/24.8	网下询价、网上定价	华泰联合证券有限责任公司	4.54	2012-1-16

2012年上海证券交易所A股股票增发情况

证券简称	发行日期	发行股数（万股）	发行价格	筹资金额（万元）	发行市盈率（加权法/摊薄法）	发行方式	主承销商	中签率%	上市日	招股说明书	发行公告
兴发集团	2012-12-31	6991	19.11	133598.01	-/-	定向募集	长江证券承销保荐有限公司	-	2013-1-8	-	2013-1-5
郑州煤电	2012-12-27	31699.92	10.09	319852.21	-/-	定向募集	中原证券股份有限公司	-	2012-12-31	-	2012-12-28
康恩贝	2012-12-25	10600	7.56	80136	-/-	定向募集	西南证券股份有限公司	-	2012-12-28	-	2012-12-27
京能电力	2012-12-25	116016.33	7.67	889845.22	-/-	定向募集	中信建投证券股份有限公司 中银国际证券有限责任公司	-	2012-12-28	-	2012-12-27
骆驼股份	2012-12-25	1104	4.28	4725.12	-/-	定向募集	-	-	2012-12-28	-	2012-12-27
国金证券	2012-12-21	29382.96	10.21	300000	-/-	定向募集	国泰君安证券股份有限公司	-	2012-12-25	-	2012-12-22
美都控股	2012-12-21	1950	1.32	2574	-/-	定向募集	-	-	2012-12-26	-	2012-12-25
厦工股份	2012-12-21	16000	6.42	102720	-/-	网下询价 网上定价	兴业证券股份有限公司	21.3728	2013-1-8	-	2012-12-19
宁波建工	2012-12-21	6194	6.72	41623.68	-/-	定向募集	中国中投证券有限责任公司	-	2012-12-26	-	2012-12-25
均胜电子	2012-12-19	18700	7.81	146047	-/-	定向募集	海通证券股份有限公司	-	2012-12-21	-	2012-12-20
岳阳林纸	2012-12-18	20000	5.32	106400	-/-	定向募集	中信证券股份有限公司	-	2012-12-21	-	2012-12-20
北方创业	2012-12-17	5533.33	15	83000	-/-	定向募集	国信证券股份有限公司	-	2012-12-20	-	2012-12-19
*ST二重	2012-12-13	60344.95	4.23	255259.15	-/-	定向募集	中信证券股份有限公司	-	2012-12-18	-	2012-12-15
宏达矿业	2012-12-5	24413.44	9.5	231927.68	-/-	定向募集	海通证券股份有限公司	-	2012-12-10	-	2012-12-7
赤峰黄金	2012-12-4	18366.45	8.68	159420.79	-/-	定向募集	-	-	2012-12-6	-	2012-12-4
联创光电	2012-11-30	7267	6.29	45709.43	-/-	定向募集	国盛证券有限责任公司	-	2012-12-5	-	2012-12-4
厦华电子	2012-11-28	15238.1	6.3	96000	-/-	定向募集	兴业证券股份有限公司	-	2012-12-3	-	2012-11-30
雷鸣科化	2012-11-27	4563.65	12.96	59144.9	-/-	定向募集	国元证券股份有限公司	-	2012-12-5	-	2012-12-4
新华锦	2012-11-21	4170.22	11.41	47582.21	-/-	定向募集	齐鲁证券有限公司	-	2012-12-3	-	2012-11-30
东湖高新	2012-11-16	9630.89	9.55	91974.97	-/-	定向募集	东海证券有限责任公司	-	2012-11-21	-	2012-11-20
大有能源	2012-11-7	36175.62	20.84	753900	-/-	定向募集	西南证券股份有限公司 中原证券股份有限公司	-	2012-11-12	-	2012-11-9
大唐电信	2012-11-1	30272.09	8.39	253982.85	-/-	定向募集	西南证券股份有限公司	-	2012-11-8	-	2012-11-7
阳煤化工	2012-10-25	47266.34	10.36	489679.26	-/-	定向募集	宏源证券股份有限公司	-	2012-10-30	-	2012-10-29
宏发股份	2012-10-23	32289.55	7.33	236682.38	-/-	定向募集	西南证券股份有限公司	-	2012-10-29	-	2012-10-26
中航电子	2012-10-19	3848.39	17.15	65999.89	-/-	定向募集	中国国际金融有限公司 中航证券有限公司	-	2012-10-25	-	2012-10-24
华北制药	2012-10-17	35000	8.53	298550	-/-	定向募集	长城证券有限责任公司	-	2012-10-22	-	2012-10-19
亚宝药业	2012-10-15	5904.8	6.11	36078.33	-/-	定向募集	民生证券股份有限公司	-	2012-10-18	-	2012-10-17
营口港	2012-10-11	106008.94	5.7	604250.94	-/-	定向募集	广发证券股份有限公司	-	2012-10-16	-	2012-10-15
农发种业	2012-9-26	6308.72	7.45	47000	-/-	定向募集	中信建投证券股份有限公司	-	2012-10-8	-	2012-9-28
轻纺城	2012-9-14	18660.35	7.91	147603.33	-/-	定向募集	财通证券有限责任公司	-	2012-9-26	-	2012-9-25
金牛化工	2012-9-10	25889.97	6.18	160000	-/-	定向募集	国泰君安证券股份有限公司	-	2012-9-13	-	2012-9-12
林洋电子	2012-9-10	729	5.54	4038.66	-/-	定向募集	-	-	2012-9-13	-	2012-9-12
大江股份	2012-9-5	3689.43	5.27	19443.3	-/-	定向募集	海通证券股份有限公司	-	2012-9-10	-	2012-9-7
光明乳业	2012-9-3	17584.53	8.08	142083	-/-	定向募集	海通证券股份有限公司	-	2012-9-6	-	2012-9-5
海信电器	2012-8-29	333.38	2.28	760.11	-/-	定向募集	-	-	2012-9-19	-	2012-9-17

证券简称	发行日期	发行股数（万股）	发行价格	筹资金额（万元）	发行市盈率（加权法/摊薄法）	发行方式	主承销商	中签率%	上市日	招股说明书	发行公告
瑞茂通	2012－8－29	61813.38	4.3	265797.54	－/－	定向募集	华泰联合证券有限责任公司	–	2012－8－31	–	2012－8－30
浙江医药	2012－8－24	7000	18.33	128310	－/－	定向募集	东方证券股份有限公司	–	2012－8－29	–	2012－8－28
交通银行	2012－8－23	654181.07	4.55	2976523.85	－/－	定向募集	海通证券股份有限公司	–	2012－8－28	–	2012－8－25
华联矿业	2012－8－17	18551.16	8.52	158055.9	－/－	定向募集	华泰联合证券有限责任公司	–	2012－8－24	–	2012－8－23
航天机电	2012－8－15	29270.52	6.58	192600	－/－	定向募集	国泰君安证券股份有限公司	–	2012－8－17	–	2012－8－16
华东电脑	2012－8－14	15071.34	11.58	174526.1	－/－	定向募集	民生证券有限责任公司	–	2012－8－20	–	2012－8－17
海南航空	2012－8－13	196560	4.07	799999.2	－/－	定向募集	宏源证券股份有限公司 华林证券有限责任公司 中国银河证券股份有限公司	–	2012－8－16	–	2012－8－15
科达机电	2012－8－8	1965.48	10.43	20500	－/－	定向募集	西南证券股份有限公司	–	2012－8－13	–	2012－8－10
瀚蓝环境	2012－8－7	9131.97	6.57	59997.06	－/－	定向募集	广发证券股份有限公司	–	2012－8－10	–	2012－8－9
海立股份	2012－7－26	6500	7.79	50635	－/－	定向募集	中信证券股份有限公司	–	2012－7－30	–	2012－7－27
新湖中宝	2012－7－25	4814.21	5.49	26430	－/－	定向募集	–	–	2012－8－1	–	2012－7－27
宇通客车	2012－7－19	3162.6	12.78	40418.03	－/－	定向募集	–	–	2012－7－25	–	2012－7－24
佳都科技	2012－7－12	3800	9.81	37278	－/－	定向募集	广发证券股份有限公司	–	2012－7－17	–	2012－7－16
海岛建设	2012－7－10	12721.42	6.21	79000	－/－	定向募集	兴业证券股份有限公司	–	2012－7－12	–	2012－7－11
烽火通信	2012－7－4	3950	25.48	100646	－/－	定向募集	民生证券有限责任公司	–	2012－7－9	–	2012－7－6
华电国际	2012－7－3	60000	3.12	187200	－/－	定向募集	中信证券股份有限公司	–	2012－7－6	–	2012－7－5
广日股份	2012－7－3	2610.87	7.14	18641.61	－/－	定向募集	华泰联合证券有限责任公司	–	2012－7－5	–	2012－7－4
四川路桥	2012－7－2	49930	5.01	250149.3	－/－	定向募集	中信证券股份有限公司	–	2012－7－6	–	2012－7－5
广州发展	2012－7－2	68302.18	6.42	438500	－/－	定向募集	中信证券股份有限公司	–	2012－7－5	–	2012－7－4
华海药业	2012－7－2	884.02	7.55	6674.35	－/－	定向募集	–	–	2012－7－9	–	2012－7－4
曲江文旅	2012－6－29	9217.62	9.93	91531	－/－	定向募集	平安证券有限责任公司	–	2012－7－9	–	2012－7－6
隧道股份	2012－6－26	56513.8	11.27	636910.51	－/－	定向募集	中信建投证券股份有限公司	–	2012－7－2	–	2012－6－29
上海家化	2012－6－21	2535	16.41	41599.35	－/－	定向募集	–	–	2012－6－27	–	2012－6－26
福田汽车	2012－6－20	70000	7	490000	－/－	定向募集	中信建投证券股份有限公司 瑞银证券有限责任公司 华林证券有限责任公司	–	2012－6－25	–	2012－6－21
九牧王	2012－6－20	572.75	9.74	5578.59	－/－	定向募集	–	–	2012－6－27	–	2012－6－26
青松建化	2012－6－19	21070	13.53	285077.1	－/－	定向募集	国金证券股份有限公司	–	2012－6－21	–	2012－6－20
烽火通信	2012－6－18	52.52	17.04	894.86	－/－	定向募集	–	–	2012－7－9	–	2012－5－24
烽火通信	2012－6－18	52.52	17.04	894.86	－/－	定向募集	–	–	2012－6－25	–	2012－5－24
旗滨集团	2012－6－8	2666.3	3.82	10185.27	－/－	定向募集	中国建银投资有限责任公司	–	2012－6－12	–	2012－6－9
爱建股份	2012－6－5	28508.77	9.12	259999.98	－/－	定向募集	德邦证券有限责任公司 国泰君安证券股份有限公司	–	2012－6－8	–	2012－6－7
泰豪科技	2012－5－29	4500	8.87	39915	－/－	定向募集	齐鲁证券有限公司	–	2012－6－5	–	2012－6－2
鹏欣资源	2012－5－21	10000	14.4	144000	－/－	定向募集	国泰君安证券股份有限公司	–	2012－5－24	–	2012－5－23
号百控股	2012－5－15	13399.34	14.92	199918.09	－/－	定向募集	中信证券股份有限公司	–	2012－5－21	–	2012－5－18
亚盛集团	2012－5－8	20992.39	5.48	115038.3	－/－	定向募集	西南证券股份有限公司	–	2012－5－11	–	2012－5－10
日照港	2012－4－12	44502.22	4.27	190024.49	－/－	定向募集	中信证券股份有限公司	–	2012－4－17	–	2012－4－14
芜湖港	2012－4－12	17084.28	8.78	150000	－/－	定向募集	中国银河证券股份有限公司	–	2012－4－17	–	2012－4－16
北京银行	2012－3－26	110590.44	10.67	1180000	－/－	定向募集	中信建投证券股份有限公司 摩根士丹利华鑫证券有限责任公司	–	2012－3－29	–	2012－3－28
阳光照明	2012－3－23	5560	16.5	91740	－/－	定向募集	安信证券股份有限公司	–	2012－3－28	–	2012－3－27
上柴股份	2012－3－22	6287.36	13.46	84627.8	－/－	定向募集	东莞证券有限责任公司	–	2012－3－26	–	2012－3－23
内蒙华电	2012－3－19	60000	7.76	465600	－/－	定向募集	招商证券股份有限公司 长城证券有限责任公司	–	2012－3－22	–	2012－3－21
中国南车	2012－3－15	196300	4.46	875498	－/－	定向募集	中国国际金融有限公司 高盛高华证券有限责任公司 瑞银证券有限责任公司	–	2012－3－20	–	2012－3－17
山东钢铁	2012－3－13	109313.76	3.44	376039.35	－/－	定向募集	中国国际金融有限公司	–	2012－3－16	–	2012－3－15
川投能源	2012－3－9	16300	12.22	199186	－/－	网下询价 网上定价	瑞银证券有限责任公司	100	2012－3－22	–	2012－3－7
招商轮船	2012－3－8	85834.94	3.37	289263.75	－/－	定向募集	招商证券股份有限公司 第一创业摩根大通证券有限责任公司	–	2012－3－13	–	2012－3－10
永泰能源	2012－3－6	31612.9	15.5	490000	－/－	定向募集	安信证券股份有限公司	–	2012－3－9	–	2012－3－8
交运股份	2012－3－1	13097.8	7.14	93518.27	－/－	定向募集	海通证券股份有限公司	–	2012－3－5	–	2012－3－2
三友化工	2012－2－29	17401	7.95	138337.95	－/－	定向募集	华龙证券有限责任公司	–	2012－3－5	–	2012－3－2

证券简称	发行日期	发行股数（万股）	发行价格	筹资金额（万元）	发行市盈率（加权法/摊薄法）	发行方式	主承销商	中签率%	上市日	招股说明书	发行公告
厦工股份	2012－2－29	1926.04	12.98	25000	－/－	定向募集	兴业证券股份有限公司	－	2012－3－5	－	2012－3－2
金发科技	2012－2－14	25000	12.63	315750	－/－	网下询价 网上定价	广发证券股份有限公司	100	2012－2－29	－	2012－2－10
安源煤业	2012－2－2	22574.79	11.63	262544.86	－/－	定向募集	兴业证券股份有限公司	－	2012－2－7	－	2012－2－4
长江传媒	2012－1－18	48751.22	5.2	253506.36	－/－	定向募集	海通证券股份有限公司	－	2012－1－30	－	2012－1－20
哈药股份	2012－1－10	30287.62	18.1	548205.87	－/－	定向募集	哈尔滨证券公司	－	2012－1－13	－	2012－1－12

2012年上海证券交易所新上市股票

股票代码	股票简称	分类	发行价(元)	上市日期	开盘价(元)	收盘价(元)
601012	隆基股份	工业	21.000	2012－4－11	19.510	19.750
601038	一拖股份	工业	5.400	2012－8－8	8.050	8.850
601231	环旭电子	工业	7.600	2012－2－20	11.010	11.630
601313	江南嘉捷	工业	12.400	2012－1－16	11.650	10.990
601339	百隆东方	工业	13.600	2012－6－12	12.000	12.330
601388	怡球资源	工业	13.000	2012－4－23	13.900	15.140
601515	东风股份	工业	13.200	2012－2－16	15.100	15.970
601608	中信重工	工业	4.670	2012－7－6	4.690	4.790
601800	中国交建	公用事业	5.400	2012－3－9	6.990	6.660
601929	吉视传媒	综合	7.000	2012－2－23	10.880	13.120
601965	中国汽研	工业	8.200	2012－6－11	7.680	7.580
603000	人民网	综合	20.000	2012－4－27	31.010	34.720
603001	奥康国际	工业	25.500	2012－4－26	23.000	23.650
603002	宏昌电子	工业	3.600	2012－5－18	8.010	8.560
603003	龙宇燃油	商业	6.500	2012－8－17	12.500	10.700
603008	喜临门	工业	12.500	2012－7－17	11.500	11.660
603077	和邦股份	工业	17.500	2012－7－31	16.000	16.420
603123	翠微股份	商业	9.000	2012－5－3	11.500	14.080
603128	华贸物流	综合	6.660	2012－5－29	7.830	8.050
603167	渤海轮渡	综合	11.000	2012－9－6	11.270	11.760
603333	明星电缆	工业	9.300	2012－5－7	11.470	11.670
603366	日出东方	工业	21.500	2012－5－21	20.780	20.060
603399	新华龙	工业	7.800	2012－8－24	14.880	14.440
603766	隆鑫通用	工业	6.580	2012－8－10	11.000	13.360
603993	洛阳钼业	工业	3.000	2012－10－9	8.700	9.630

2012年上证所撤销特别处理(已改为“风险警示”)的公司

(一)撤销退市风险警示

序号	公司代码	公司简称	B股代码	B股简称	停牌日期	撤销退市风险警示后A股简称	撤销退市风险警示后B股简称	撤销退市风险警示实施起始日
1	600604	＊ST二纺	900902	＊ST二纺B	2012－9－4	二纺机	二纺B股	2012－9－5
2	600532	＊ST华科			2012－12－11	华阳科技		2012－12－12
3	600894	＊ST广钢			2012－8－30	广日股份		2012－8－31
4	600335	＊ST盛工			2012－4－26	国机汽车		2012－4－27
5	600365	＊ST通葡			2012－8－15	通葡股份		2012－8－16
6			900951	＊ST大化B	2012－6－12		大化B股	2012－6－13
7	600882	＊ST大成			2012－11－22	华联矿业		2012－11－23

(二)撤销退市风险警示及实施其他特别处理(已改为“其他风险警示”)

序号	公司代码	公司简称	撤销退市风险警示后A股简称	撤销退市风险警示实施起始日	公告日期
1	600074	＊ST中达	ST中达	2012－6－12	2012－6－11
2	600671	＊ST天目	ST天目	2012－6－11	2012－6－8
3	600203	＊ST福日	ST福日	2012－4－26	2012－4－25

序号	公司代码	公司简称	撤销退市风险警示后A股简称	撤销退市风险警示实施起始日	公告日期
4	600892	*ST 宝诚	ST 宝诚	2012-4-26	2012-4-25
5	600228	*ST 昌九	ST 昌九	2012-6-11	2012-6-8
6	600149	*ST 建通	ST 廊发展	2012-3-27	2012-3-26
7	600083	*ST 博信	ST 博信	2012-4-26	2012-4-25
8	600715	*ST 松辽	ST 松辽	2012-5-28	2012-5-25
9	600281	*ST 太化	ST 太化	2012-5-28	2012-5-25

(三)撤销其他特别处理(已改为"其他风险警示")

序号	公司代码	公司简称	B股代码	B股简称	撤销其他风险警示后A股简称	撤销其他风险警示后B股简称	撤销其他风险警示起始日
1	600699	ST 得亨			辽源得亨		2012-3-1
2	600381	ST 贤成			贤成矿业		2012-3-20
3	600562	ST 高陶			高淳陶瓷		2012-8-24
4	600890	ST 中房			中房股份		2012-8-24
5	600094	ST 华源	900940	ST 华源 B	大名城	大名城 B	2012-3-1
6	600080	ST 金花			金花股份		2012-6-12
7	600149	ST 廊发展			廊坊发展		2012-8-22
8	600609	ST 金杯			金杯汽车		2012-8-22
9	600228	ST 昌九			昌九生化		2012-8-30
10	600854	ST 春兰			春兰股份		2012-5-18
11	600299	ST 新材			蓝星新材		2012-8-30
12	600868	ST 梅雁			梅雁水电		2012-8-22
13	600800	ST 磁卡			天津磁卡		2012-8-31
14	600180	ST 九发			九发股份		2012-9-3
15	600847	ST 渝万里			万里股份		2012-5-18
16	600401	ST 申龙			海润光伏		2012-5-11
17	600313	ST 中农			中农资源		2012-7-12
18	600130	ST 波导			波导股份		2012-7-17
19	600179	ST 黑化			黑化股份		2012-8-27
20	600301	ST 南化			南化股份		2012-8-28
21	600281	ST 太化			太化股份		2012-8-28
22	600419	ST 天宏			新疆天宏		2012-8-28
23	600084	ST 中葡			中葡股份		2012-8-29
24	600275	ST 昌鱼			武昌鱼		2012-8-29
25	600145	ST 国创			国创能源		2012-8-29
26	600727	ST 鲁北			鲁北化工		2012-6-27
27	600355	ST 精伦			精伦电子		2012-8-23
28	600860	ST 北人			北人股份		2012-8-23
29	600506	ST 香梨			香梨股份		2012-8-24
30	600217	ST 秦岭			秦岭水泥		2012-8-24
31	600538	ST 国发			北海国发		2012-8-24
32	600715	ST 松辽			松辽汽车		2012-8-30
33	600515	ST 海建			海岛建设		2012-9-3
34	600706	ST 长信			长安信息		2012-9-4
35	600074	ST 中达			中达股份		2012-9-4
36	600490	ST 合臣			中科合臣		2012-9-4
37	600645	ST 中源			中源协和		2012-3-19
38	600757	ST 源发			长江传媒		2012-3-26
39	600209	ST 罗顿			罗顿发展		2012-7-16
40	600984	ST 建机			建设机械		2012-7-17
41	600203	ST 福日			福日电子		2012-8-20
42	600207	ST 安彩			安彩高科		2012-8-22
43	600610	SST 中纺	900906	ST 中纺 B	S 中纺机	中纺 B 股	2012-8-28
44	600444	ST 国通			国通管业		2012-9-3

2012 年上证所成交股数最多的前 20 种股票

序号	股票代码	股票简称	成交股数(万股)	占总成交股数的比例(%)
1	600016	民生银行	2510713.49	1.32
2	600010	包钢股份	2049765.03	1.08
3	601901	方正证券	1953671.94	1.03
4	600050	中国联通	1804952.71	0.95
5	600030	中信证券	1710115.76	0.90
6	601288	农业银行	1692168.74	0.89
7	601668	中国建筑	1627688.34	0.86
8	600000	浦发银行	1609560.51	0.85
9	601899	紫金矿业	1474585.21	0.78
10	601669	中国水电	1435582.18	0.76
11	600837	海通证券	1426078.48	0.75
12	600300	维维股份	1287195.34	0.68
13	600383	金地集团	1269643.37	0.67
14	601328	交通银行	1203652.86	0.64
15	600036	招商银行	1181828.09	0.62
16	601818	光大银行	1176327.12	0.62
17	601166	兴业银行	1152209.88	0.61
18	601555	东吴证券	1088730.50	0.57
19	600795	国电电力	1067577.04	0.56
20	600111	包钢稀土	1062591.65	0.56

2012 年上证所成交金额最多的前 20 种股票

序号	股票代码	股票简称	成交金额(万元)	占总成交金额的比例(%)
1	600111	包钢稀土	46284105.77	2.81
2	601318	中国平安	21368867.96	1.30
3	600030	中信证券	20448275.98	1.24
4	600519	贵州茅台	16315970.21	0.99
5	600016	民生银行	16031014.68	0.97
6	601166	兴业银行	15502067.45	0.94
7	600000	浦发银行	13744254.51	0.84
8	600036	招商银行	13509663.31	0.82
9	600837	海通证券	13356109.42	0.81
10	600010	包钢股份	11679118.95	0.71
11	600048	保利地产	11284192.54	0.69
12	600585	海螺水泥	11007169.22	0.67
13	600132	重庆啤酒	10659383.14	0.65
14	600300	维维股份	10304613.36	0.63
15	600549	厦门钨业	9961961.60	0.61
16	600547	山东黄金	9864830.70	0.60
17	600739	辽宁成大	9450457.08	0.57
18	601901	方正证券	9283301.99	0.56
19	601555	东吴证券	9082559.94	0.55
20	600123	兰花科创	8851863.63	0.54

2012 年上证所大宗交易平台

大宗交易平台	2012 年	2011 年	增减(%)
交易天数	243	244	-0.82
交易证券数	720	536	34.33
股票	306.00	316.00	-3.16
债券	407.00	214.00	90.19
基金	7.00	6.00	16.67
总成交金额(亿)	1583.25	1432.26	11.21
股票	565.50	676.76	-16.44
债券	1011.12	742.47	36.18
基金	6.64	13.03	-49.06

大宗交易平台	2012 年	2011 年	增减(%)
日均成交金额(百万)	651.54	585.34	11.21
股票	232.72	276.84	-16.44
债券	416.10	309.36	36.18
基金	2.73	65.13	-49.06
总成交量(亿)	77.15	93.41	-17.41
股票 Shares	72.51	82.95	-12.58
债券 Bonds	1.02	0.76	33.67
基金 Funds	3.62	9.70	-62.69
日均成交量(百万)	31.75	38.28	-17.06
股票	29.84	34.00	-12.24
债券	0.42	0.31	35.48
基金	1.49	3.97	-62.47
总日均成交笔数	20.00	17.00	17.65
股票	7.00	8.00	-12.50
债券	12.00	8.00	50.00
基金	1.00	9.00	-88.89

2012 年上证所各月债券回购交易总量

月份	成交金额(万元)	成交数量(万手)
1	176715177.30	176715.18
2	265913088.80	265913.09
3	254443029.30	254443.03
4	226305638.60	226305.64
5	302771446.00	302771.45
6	307413564.40	307413.56
7	360502618.40	360504.75
8	382954299.79	382958.00
9	328858252.45	328859.36
10	325511368.30	325520.09
11	394116771.89	394125.87
12	388253381.30	388253.38

2012 年上证所各月债券交易总量

月份	成交金额(万元)	成交数量(万手)
1	181561967.80	181584.83
2	272625336.77	272683.39
3	261223955.37	261236.05
4	231062194.95	231052.45
5	311177328.12	311079.47
6	314887185.69	314780.53
7	367909685.14	367779.99
8	389163994.40	389082.53
9	334312013.57	334327.12
10	331263814.73	331233.10
11	401949848.92	401855.49
12	401051202.89	400867.31

2012 年上证所各月政府债券交易总量

月份	成交金额(万元)	成交数量(万手)
01	715989.59	709.09
02	777608.47	771.15
03	891000.04	881.64
04	603039.18	602.05
05	1192004.55	1163.47
06	719360.21	701.33
07	976249.43	965.10
08	766014.08	750.26
09	538226.71	536.29
10	602819.67	601.46
11	733799.57	732.60
12	539517.50	537.80

2012 年上证所固定收益平台

固定收益平台交易	2012 年	2011 年	增减(%)
交易天数	243	244	-0.41
上市债券数	1056	654	61.47
政府债	260	245	6.12
公司债	796	409	94.62
新上市债券数	47	46	2.17
总成交金额(百万)	241.17	117.57	105.13
政府债	17.57	25.71	-31.66
公司债	223.60	91.86	143.41
日均成交金额(万)	99.25	48.18	106.00
政府债	7.23	10.54	-31.40
公司债	92.02	37.65	144.41
总成交量(万)	23.96	11.94	100.67
政府债	1.75	2.60	-32.69
公司债	22.21	9.34	137.79
日均成交量(万)	9.86	4.89	101.64
政府债	0.72	1.06	-32.08
公司债	9.14	3.83	138.64
总成笔数	8654.00	5968.00	45.01
政府债	2348.00	3593.00	-34.65
公司债	6306.00	2375.00	165.52
日均成交笔数(笔)	36.00	24.00	50.00
政府债	10.00	15.00	-33.33
公司债	26.00	10.00	160.00
交易商年末持有量(亿)	16.84	11.88	41.75
政府债	2.77	3.14	-11.78
公司债	14.07	8.74	60.98

2012年上证所恢复上市的公司

序号	A股代码	A股简称	恢复上市公告刊登日	上市日期	恢复上市A股简称
1	600455	*ST博通	2012-6-27	2012-7-3	ST博通
2	600705	S*ST北亚	2012-8-23	2012-8-30	ST航投
3	600401	*ST申龙	2012-2-10	2012-2-17	ST申龙
4	600634	*ST海鸟	2012-6-27	2012-7-3	ST海鸟

2012年上证所前20种跌幅最大股票

序号	股票代码	股票简称	上年度收盘价(元)	本年度收盘价(元)	跌幅(%)
1	600537	亿晶光电	20.290	7.970	-60.72
2	600603	*ST兴业	9.330	4.420	-52.63
3	600132	重庆啤酒	28.450	15.370	-45.51
4	600298	安琪酵母	29.410	16.330	-44.15
5	600793	ST宜纸	15.530	8.750	-43.66
6	601908	京运通	21.560	6.050	-43.01
7	600550	天威保变	11.180	6.510	-41.77
8	600770	综艺股份	15.930	6.190	-41.42
9	600819	耀皮玻璃	9.500	5.660	-40.24
10	600152	维科精华	7.300	4.380	-39.51
11	600875	东方电气	23.110	13.890	-39.31
12	601233	桐昆股份	11.730	7.190	-38.70
13	600969	郴电国际	14.990	9.250	-38.29
14	600273	华芳纺织	8.890	5.560	-37.46
15	600303	曙光股份	7.000	4.380	-37.02
16	600133	东湖高新	8.790	5.550	-36.86
17	601616	广电电气	11.280	3.920	-36.82
18	600022	山东钢铁	3.450	2.190	-36.52
19	600634	ST澄海	13.610	8.710	-36.00
20	600783	鲁信创投	17.180	11.050	-35.68

2012年上证所前20种涨幅最大股票

序号	股票代码	股票简称	上年度收盘价(元)	本年度收盘价(元)	涨幅(%)
1	600340	华夏幸福	16.050	28.230	165.93
2	600209	罗顿发展	4.010	10.390	159.10
3	600684	珠江实业	7.580	14.950	156.31
4	600988	ST宝龙	8.420	21.290	152.85
5	600217	秦岭水泥	3.020	7.090	134.77
6	600228	昌九生化	6.620	14.790	123.41
7	600800	天津磁卡	3.140	7.010	123.25
8	600113	浙江东日	4.580	10.070	119.87
9	600389	江山股份	6.560	14.190	116.31
10	600230	沧州大化	7.440	15.720	112.01
11	600613	永生投资	8.160	17.130	109.93
12	600401	海润光伏	2.780	5.630	106.41
13	601633	长城汽车	11.970	23.700	101.84
14	600705	ST航投	6.800	13.660	100.88
15	600149	廊坊发展	4.540	9.090	100.22
16	600111	包钢稀土	37.630	37.450	99.93
17	600567	山鹰纸业	3.270	3.000	92.66
18	600039	四川路桥	6.150	6.470	91.12
19	600109	国金证券	9.920	17.840	81.14
20	600300	维维股份	3.850	6.890	79.96

2012 年上证所融券交易前 10 种股票

序号	股票代码	股票简称	融券卖出额(万元)	买卖还券额(万元)	合计(万元)
1	510300	300ETF	2403093.94	1845223.14	4248317.08
2	510050	50ETF	526452.64	387759.82	914212.46
3	601318	中国平安	516000.66	369164.20	885164.86
4	600030	中信证券	487491.58	386164.05	873655.63
5	600111	包钢稀土	560928.21	153813.48	714741.69
6	600519	贵州茅台	237146.89	200212.84	437359.73
7	600048	保利地产	243908.31	179358.46	423266.77
8	601601	中国太保	202134.83	147521.39	349656.22
9	600837	海通证券	187123.01	160845.76	347968.77
10	510180	180ETF	180335.66	132028.22	312363.88

2012 年上证所融资交易前 10 种股票

序号	股票代码	股票简称	融资买入额(万元)	卖券还款额(万元)	合计(万元)
1	600111	包钢稀土	2988720.86	1728620.18	4717341.04
2	600030	中信证券	1533943.56	1102151.11	2636094.67
3	601318	中国平安	1265344.25	808366.86	2073711.11
4	601166	兴业银行	1224456.41	830970.11	2055426.52
5	510050	50ETF	1054867.67	814573.62	1869441.29
6	600000	浦发银行	1081472.39	687943.31	1769415.70
7	600739	辽宁成大	1020763.17	645183.57	1665946.74
8	600016	民生银行	1003780.50	630485.55	1634266.05
9	600519	贵州茅台	945046.99	557096.92	1502143.91
10	600256	广汇能源	891762.19	426122.86	1317885.05

2012 年上证所融资融券交易前 20 名会员

序号	会员名称	融资交易额(万元)	融券交易额(万元)	合计(万元)
1	华泰证券股份有限公司	7752935.06	6015654.90	13768589.96
2	海通证券股份有限公司	7086711.46	5870430.94	12957142.40
3	申银万国证券股份有限公司	7051006.05	1227669.99	8278676.04
4	国泰君安证券股份有限公司	6372462.21	1521067.72	7893529.93
5	中国银河证券股份有限公司	7218185.73	310198.00	7528383.73
6	广发证券股份有限公司	4482369.71	899456.41	5381826.12
7	中信证券股份有限公司	3634069.54	1202704.53	4836774.07
8	招商证券股份有限公司	3943272.18	731750.42	4675022.60
9	光大证券股份有限公司	2989787.80	1014106.53	4003894.33
10	中信建投证券股份有限公司	3398301.42	320240.85	3718542.27
11	国信证券股份有限公司	2650465.29	398008.48	3048473.77
12	中国中投证券有限责任公司	2409582.87	98407.84	2507990.71
13	安信证券股份有限公司	2280946.50	109956.43	2390902.93
14	宏源证券股份有限公司	2078208.20	49225.36	2127433.56
15	方正证券股份有限公司	1848482.23	117853.48	1966335.71
16	齐鲁证券有限公司	1701658.95	125527.80	1827186.75
17	长江证券股份有限公司	1290935.48	78056.29	1368991.77
18	国元证券股份有限公司	1149323.45	42442.89	1191766.34
19	兴业证券股份有限公司	920421.64	19536.39	939958.03
20	东方证券股份有限公司	864309.46	10581.09	874890.55

2012 年上证所融资融券余额前 20 名会员

序号	会员名称	融资余额(万元)	融券余额(万元)	合计(万元)
1	海通证券股份有限公司	474658.00	49952.81	524610.81
2	国泰君安证券股份有限公司	474292.18	34829.58	509121.76
3	华泰证券股份有限公司	440238.00	32812.86	473050.86

序号	会员名称	融资余额(万元)	融券余额(万元)	合计(万元)
4	中信证券股份有限公司	430200.83	19178.76	449379.60
5	申银万国证券股份有限公司	363119.10	5874.08	368993.18
6	广发证券股份有限公司	337308.21	14930.86	352239.07
7	中国银河证券股份有限公司	333915.28	15206.14	349121.42
8	招商证券股份有限公司	307592.79	23838.65	331431.44
9	光大证券股份有限公司	250926.06	26681.37	277607.44
10	国信证券股份有限公司	231049.40	13295.17	244344.56
11	中信建投证券股份有限公司	213611.03	11185.22	224796.26
12	宏源证券股份有限公司	206652.40	3123.76	209776.16
13	中信证券(浙江)有限责任公司	149077.88	0.00	149077.88
14	安信证券股份有限公司	122642.75	2655.84	125298.58
15	方正证券股份有限公司	119818.48	3012.06	122830.54
16	中国中投证券有限责任公司	114183.79	1767.12	115950.92
17	长江证券股份有限公司	111192.16	2805.10	113997.26
18	齐鲁证券有限公司	85176.65	3451.08	88627.73
19	东方证券股份有限公司	65553.07	369.07	65922.14
20	平安证券有限责任公司	62520.76	62.81	62583.57

2012 年上证所上市公司公开发行可转换公司债券表

股票名称	恒丰纸业	中国重工	南山铝业	同仁堂
股票代码	600356	601989	600219	600085
转债申购简称	恒丰发债	重工发债	南山发债	同仁发债
转债申购代码	733356	783989	733219	733085
地区	黑龙江省	北京市	山东省	北京市
发行规模(亿元)	4.5	80.5015	60	12.05
发行数量(万手)	45	805.015	600	120.5
申购报价(元/张)	100	100	100	100
发行方式	优先配售，网上定价和 网下配售	优先配售，网上定价和 网下配售	优先配售，网上定价和 网下配售	优先配售，网上定价和 网下配售
发行日期(T日)/起息日期	2012-03-23	2012-06-04	2012-10-16	2012-12-04
期限(年)	5	6	6	5
到期日期	2017-03-23	2018-06-04	2018-10-16	2017-12-04
上市代码	110019.SH	113003.SH	110020.SH	110022.SH
上市简称	恒丰转债	重工转债	南山转债	同仁转债
上市日(L日)	2012-04-12	2012-06-18	2012-10-31	2012-12-18
转股起始日	2012-09-24	2012-12-05	2013-04-17	2013-06-05
初始转股价	6.88	6.05	6.92	17.72

2012 年上证所上市公司红利分配情况

证券代码	证券简称	发放日期	税前红利(元)	税后红利(元)	证券代码	证券简称	发放日期	税前红利(元)	税后红利(元)
600000	浦发银行	2012-6-26	0.300	0.270	600004	白云机场	2012-7-25	0.350	0.315
600005	武钢股份	2012-6-25	0.050	0.045	600006	东风汽车	2012-6-18	0.050	0.045
600007	中国国贸	2012-5-30	0.130	0.117	600008	首创股份	2012-6-1	0.130	0.117
600009	上海机场	2012-8-13	0.600	0.540	600010	包钢股份	2012-5-17	0.030	0.027
600011	华能国际	2012-6-28	0.050	0.045	600012	皖通高速	2012-7-16	0.210	0.189
600015	华夏银行	2012-5-18	0.250	0.225	600016	民生银行	2012-6-26	0.300	0.270
600016	民生银行	2012-9-3	0.150	0.135	600017	日照港	2012-6-15	0.060	0.054
600018	上港集团	2012-7-11	0.118	0.106	600019	宝钢股份	2012-6-11	0.200	0.180
600020	中原高速	2012-6-28	0.010	0.004	600021	上海电力	2012-7-10	0.050	0.045
600026	中海发展	2012-6-1	0.100	0.090	600028	中国石化	2012-5-28	0.200	0.180
600028	中国石化	2012-9-17	0.100	0.090	600029	南方航空	2012-7-9	0.200	0.180
600030	中信证券	2012-8-2	0.430	0.387	600031	三一重工	2012-8-8	0.300	0.270
600033	福建高速	2012-6-11	0.100	0.090	600035	楚天高速	2012-7-5	0.080	0.072
600036	招商银行	2012-6-7	0.420	0.378	600037	歌华有线	2012-5-28	0.100	0.090
600038	哈飞股份	2012-8-13	0.100	0.090	600039	四川路桥	2012-5-15	0.100	0.075

证券代码	证券简称	发放日期	税前红利（元）	税后红利（元）	证券代码	证券简称	发放日期	税前红利（元）	税后红利（元）
600048	保利地产	2012 - 6 - 18	0.215	0.194	600050	中国联通	2012 - 7 - 6	0.034	0.030
600051	宁波联合	2012 - 5 - 30	0.100	0.090	600054	黄山旅游	2012 - 7 - 27	0.140	0.126
600056	中国医药	2012 - 6 - 21	0.100	0.090	600058	五矿发展	2012 - 6 - 14	0.210	0.189
600059	古越龙山	2012 - 6 - 11	0.050	0.045	600062	华润双鹤	2012 - 7 - 20	0.384	0.346
600064	南京高科	2012 - 7 - 2	0.200	0.180	600066	宇通客车	2012 - 5 - 9	0.300	0.270
600067	冠城大通	2012 - 4 - 20	0.130	0.067	600068	葛洲坝	2012 - 6 - 15	0.100	0.090
600070	浙江富润	2012 - 6 - 4	0.300	0.270	600073	上海梅林	2012 - 6 - 25	0.050	0.045
600075	新疆天业	2012 - 5 - 18	0.050	0.045	600077	宋都股份	2012 - 7 - 6	0.060	0.054
600078	澄星股份	2012 - 6 - 8	0.030	0.027	600079	人福医药	2012 - 7 - 3	0.070	0.063
600082	海泰发展	2012 - 6 - 21	0.050	0.045	600085	同仁堂	2012 - 7 - 4	0.150	0.135
600088	中视传媒	2012 - 5 - 30	0.086	0.077	600089	特变电工	2012 - 5 - 31	0.080	0.072
600096	云天化	2012 - 7 - 3	0.200	0.180	600097	开创国际	2012 - 7 - 12	0.080	0.072
600098	广州控股	2012 - 5 - 24	0.100	0.090	600100	同方股份	2012 - 6 - 29	0.100	0.090
600101	明星电力	2012 - 6 - 26	0.050	0.045	600104	上汽集团	2012 - 7 - 5	0.300	0.270
600106	重庆路桥	2012 - 4 - 24	0.070	0.018	600109	国金证券	2012 - 6 - 26	0.100	0.090
600111	包钢稀土	2012 - 5 - 4	0.350	0.215	600112	长征电气	2012 - 6 - 4	0.010	0.009
600114	东睦股份	2012 - 5 - 3	0.120	0.108	600116	三峡水利	2012 - 5 - 9	0.100	0.090
600118	中国卫星	2012 - 5 - 22	0.050	0.035	600119	长江投资	2012 - 5 - 24	0.060	0.054
600120	浙江东方	2012 - 6 - 5	0.120	0.108	600121	郑州煤电	2012 - 4 - 26	0.100	0.090
600123	兰花科创	2012 - 6 - 1	0.600	0.490	600125	铁龙物流	2012 - 6 - 14	0.060	0.054
600126	杭钢股份	2012 - 5 - 21	0.050	0.045	600128	弘业股份	2012 - 7 - 25	0.100	0.090
600132	重庆啤酒	2012 - 6 - 12	0.200	0.180	600138	中青旅	2012 - 7 - 23	0.200	0.180
600141	兴发集团	2012 - 6 - 29	0.200	0.180	600143	金发科技	2012 - 6 - 4	0.300	0.240
600148	长春一东	2012 - 6 - 18	0.060	0.054	600150	中国船舶	2012 - 6 - 12	0.300	0.270
600152	维科精华	2012 - 6 - 15	0.060	0.054	600153	建发股份	2012 - 7 - 17	0.100	0.090
600156	华升股份	2012 - 5 - 31	0.020	0.018	600157	永泰能源	2012 - 4 - 24	0.100	0.090
600158	中体产业	2012 - 6 - 12	0.050	0.045	600160	巨化股份	2012 - 5 - 21	0.500	0.450
600161	天坛生物	2012 - 7 - 19	0.100	0.090	600166	福田汽车	2012 - 3 - 29	0.120	0.108
600168	武汉控股	2012 - 4 - 16	0.026	0.023	600170	上海建工	2012 - 5 - 10	0.100	0.040
600171	上海贝岭	2012 - 6 - 15	0.015	0.014	600172	黄河旋风	2012 - 5 - 24	0.050	0.045
600175	美都控股	2012 - 6 - 8	0.012	0.001	600176	中国玻纤	2012 - 5 - 31	0.138	0.124
600177	雅戈尔	2012 - 6 - 11	0.400	0.360	600183	生益科技	2012 - 6 - 1	0.320	0.288
600184	光电股份	2012 - 5 - 18	0.050	0.045	600188	兖州煤业	2012 - 7 - 12	0.570	0.513
600189	吉林森工	2012 - 7 - 12	0.200	0.180	600193	创兴资源	2012 - 5 - 7	0.060	0.004
600195	中牧股份	2012 - 7 - 6	0.400	0.360	600196	复星医药	2012 - 6 - 11	0.100	0.090
600197	伊力特	2012 - 8 - 24	0.200	0.180	600199	金种子酒	2012 - 6 - 5	0.180	0.162
600201	金宇集团	2012 - 5 - 31	0.150	0.135	600210	紫江企业	2012 - 7 - 23	0.200	0.180
600216	浙江医药	2012 - 7 - 5	0.600	0.540	600219	南山铝业	2012 - 4 - 11	0.100	0.090
600221	海南航空	2012 - 6 - 12	0.120	0.108	600227	赤天化	2012 - 5 - 2	0.020	0.018
600230	沧州大化	2012 - 4 - 19	0.030	0.027	600231	凌钢股份	2012 - 6 - 11	0.020	0.018
600232	金鹰股份	2012 - 7 - 5	0.100	0.090	600233	大杨创世	2012 - 7 - 6	0.120	0.108
600235	民丰特纸	2012 - 5 - 8	0.200	0.180	600236	桂冠电力	2012 - 6 - 8	0.030	0.027
600239	云南城投	2012 - 6 - 8	0.050	0.045	600243	青海华鼎	2012 - 6 - 4	0.050	0.045
600246	万通地产	2012 - 5 - 24	0.060	0.054	600246	万通地产	2012 - 9 - 27	0.060	0.054
600251	冠农股份	2012 - 6 - 29	0.150	0.135	600252	中恒集团	2012 - 6 - 25	0.100	0.090
600255	鑫科材料	2012 - 6 - 4	0.030	0.027	600258	首旅股份	2012 - 6 - 14	0.200	0.180
600261	阳光照明	2012 - 5 - 23	0.150	0.085	600262	北方股份	2012 - 6 - 4	0.150	0.135
600266	北京城建	2012 - 8 - 13	0.200	0.180	600267	海正药业	2012 - 5 - 25	0.150	0.135
600268	国电南自	2012 - 5 - 28	0.100	0.090	600269	赣粤高速	2012 - 5 - 15	0.100	0.090
600270	外运发展	2012 - 6 - 13	0.200	0.180	600271	航天信息	2012 - 5 - 14	0.420	0.378
600276	恒瑞医药	2012 - 5 - 29	0.090	0.071	600277	亿利能源	2012 - 6 - 13	0.100	0.090
600278	东方创业	2012 - 5 - 31	0.050	0.045	600279	重庆港九	2012 - 5 - 17	0.050	0.045
600280	南京中商	2012 - 7 - 5	0.160	0.144	600282	南钢股份	2012 - 5 - 17	0.070	0.063
600283	钱江水利	2012 - 6 - 19	0.200	0.180	600284	浦东建设	2012 - 5 - 17	0.100	0.090
600285	羚锐制药	2012 - 5 - 29	0.150	0.135	600287	江苏舜天	2012 - 5 - 24	0.030	0.027
600288	大恒科技	2012 - 8 - 15	0.080	0.072	600289	亿阳信通	2012 - 7 - 10	0.060	0.054

证券代码	证券简称	发放日期	税前红利（元）	税后红利（元）	证券代码	证券简称	发放日期	税前红利（元）	税后红利（元）
600292	九龙电力	2012-11-1	0.020	0.018	600295	鄂尔多斯	2012-6-1	0.100	0.090
600298	安琪酵母	2012-5-22	0.150	0.135	600300	维维股份	2012-6-12	0.050	0.045
600302	标准股份	2012-6-26	0.050	0.045	600303	曙光股份	2012-5-21	0.040	0.036
600305	恒顺醋业	2012-7-16	0.036	0.032	600307	酒钢宏兴	2012-7-9	0.120	0.108
600308	华泰股份	2012-6-25	0.050	0.045	600309	烟台万华	2012-4-24	0.600	0.540
600310	桂东电力	2012-5-10	0.200	0.180	600310	桂东电力	2012-9-24	0.100	0.090
600315	上海家化	2012-7-16	0.400	0.360	600317	营口港	2012-4-19	0.050	0.045
600318	巢东股份	2012-7-6	0.100	0.090	600322	天房发展	2012-6-11	0.070	0.063
600323	南海发展	2012-4-10	0.080	0.072	600325	华发股份	2012-5-22	0.100	0.090
600327	大东方	2012-6-1	0.080	0.072	600328	兰太实业	2012-7-10	0.030	0.027
600329	中新药业	2012-12-13	0.200	0.180	600332	广州药业	2012-5-18	0.100	0.090
600335	国机汽车	2012-6-13	0.088	0.079	600337	美克股份	2012-6-18	0.050	0.045
600339	天利高新	2012-5-23	0.045	0.041	600340	华夏幸福	2012-5-9	0.200	0.150
600345	长江通信	2012-6-28	0.200	0.180	600348	阳泉煤业	2012-7-4	0.200	0.180
600350	山东高速	2012-7-30	0.155	0.140	600352	浙江龙盛	2012-6-5	0.100	0.090
600356	恒丰纸业	2012-3-13	0.101	0.091	600360	华微电子	2012-4-27	0.050	0.045
600361	华联综超	2012-6-21	0.080	0.072	600362	江西铜业	2012-7-10	0.500	0.450
600363	联创光电	2012-7-23	0.025	0.023	600366	宁波韵升	2012-7-2	0.150	0.135
600368	五洲交通	2012-6-12	0.065	0.034	600370	三房巷	2012-5-8	0.050	0.045
600371	万向德农	2012-6-15	0.300	0.270	600373	中文传媒	2012-5-11	0.800	0.720
600375	华菱星马	2012-5-24	0.370	0.333	600376	首开股份	2012-5-15	0.150	0.135
600376	首开股份	2012-9-28	0.140	0.126	600377	宁沪高速	2012-7-4	0.360	0.324
600378	天科股份	2012-5-28	0.020	0.008	600378	天科股份	2012-10-10	0.020	0.018
600382	广东明珠	2012-5-24	0.030	0.027	600383	金地集团	2012-6-8	0.068	0.061
600388	龙净环保	2012-7-3	0.500	0.450	600391	成发科技	2012-6-25	0.060	0.054
600395	盘江股份	2012-7-16	0.850	0.765	600396	金山股份	2012-8-13	0.030	0.027
600397	安源煤业	2012-11-5	0.500	0.450	600398	凯诺科技	2012-6-1	0.050	0.045
600399	抚顺特钢	2012-7-20	0.020	0.018	600400	红豆股份	2012-5-21	0.020	0.018
600401	海润光伏	2012-6-8	0.140	0.126	600403	大有能源	2012-4-11	0.700	0.630
600406	国电南瑞	2012-4-5	0.100	0.050	600409	三友化工	2012-7-23	0.120	0.108
600410	华胜天成	2012-6-12	0.120	0.108	600415	小商品城	2012-6-7	0.100	0.090
600416	湘电股份	2012-6-5	0.100	0.090	600418	江淮汽车	2012-6-19	0.150	0.135
600420	现代制药	2012-7-11	0.100	0.090	600422	昆明制药	2012-4-18	0.200	0.180
600423	柳化股份	2012-6-18	0.100	0.090	600425	青松建化	2012-9-18	0.350	0.315
600428	中远航运	2012-7-18	0.020	0.018	600433	冠豪高新	2012-5-30	0.060	0.054
600436	片仔癀	2012-5-31	0.700	0.630	600438	通威股份	2012-7-3	0.060	0.054
600439	瑞贝卡	2012-6-4	0.100	0.090	600446	金证股份	2012-8-23	0.100	0.090
600449	宁夏建材	2012-5-21	0.450	0.305	600456	宝钛股份	2012-5-9	0.050	0.045
600458	时代新材	2012-5-24	0.100	0.090	600459	贵研铂业	2012-5-18	0.059	0.053
600460	士兰微	2012-6-11	0.100	0.090	600461	洪城水业	2012-5-22	0.200	0.180
600463	空港股份	2012-6-19	0.100	0.090	600467	好当家	2012-5-30	0.050	0.045
600469	风神股份	2012-6-11	0.100	0.090	600470	六国化工	2012-6-11	0.100	0.090
600475	华光股份	2012-6-5	0.100	0.090	600479	千金药业	2012-6-26	0.200	0.180
600480	凌云股份	2012-6-28	0.400	0.360	600481	双良节能	2012-5-22	0.150	0.135
600483	福建南纺	2012-7-16	0.100	0.090	600486	扬农化工	2012-5-28	0.200	0.180
600487	亨通光电	2012-5-2	0.100	0.090	600488	天药股份	2012-5-11	0.033	0.030
600489	中金黄金	2012-8-21	0.050	0.045	600491	龙元建设	2012-5-21	0.080	0.072
600495	晋西车轴	2012-7-17	0.035	0.032	600496	精工钢构	2012-5-24	0.070	0.063
600497	驰宏锌锗	2012-6-21	0.150	0.135	600498	烽火通信	2012-5-22	0.220	0.198
600499	科达机电	2012-3-15	0.100	0.090	600500	中化国际	2012-5-16	0.150	0.135
600501	航天晨光	2012-6-20	0.050	0.045	600502	安徽水利	2012-6-5	0.100	0.090
600505	西昌电力	2012-7-3	0.030	0.027	600508	上海能源	2012-6-15	0.300	0.270
600509	天富热电	2012-5-23	0.230	0.207	600510	黑牡丹	2012-6-19	0.090	0.081
600511	国药股份	2012-6-19	0.060	0.054	600513	联环药业	2012-6-28	0.050	0.045
600517	置信电气	2012-4-19	0.400	0.360	600518	康美药业	2012-5-29	0.050	0.045
600519	贵州茅台	2012-7-5	3.997	3.597	600521	华海药业	2012-4-19	0.100	0.090

证券代码	证券简称	发放日期	税前红利（元）	税后红利（元）	证券代码	证券简称	发放日期	税前红利（元）	税后红利（元）
600522	中天科技	2012-5-10	0.200	0.180	600523	贵航股份	2012-7-16	0.133	0.120
600525	长园集团	2012-6-12	0.080	0.072	600527	江南高纤	2012-6-13	0.050	0.045
600528	中铁二局	2012-6-4	0.100	0.090	600529	山东药玻	2012-7-4	0.100	0.090
600530	交大昂立	2012-7-2	0.120	0.108	600531	豫光金铅	2012-5-24	0.100	0.090
600533	栖霞建设	2012-7-9	0.100	0.090	600535	天士力	2012-6-7	0.700	0.630
600536	中国软件	2012-5-31	0.100	0.090	600545	新疆城建	2012-7-3	0.050	0.045
600546	山煤国际	2012-6-29	0.300	0.270	600547	山东黄金	2012-6-19	0.150	0.135
600548	深高速	2012-6-14	0.160	0.144	600549	厦门钨业	2012-7-2	0.200	0.180
600551	时代出版	2012-6-8	0.140	0.126	600557	康缘药业	2012-6-19	0.060	0.054
600558	大西洋	2012-6-6	0.080	0.072	600560	金自天正	2012-5-16	0.060	0.034
600561	江西长运	2012-5-14	0.180	0.162	600563	法拉电子	2012-5-4	0.600	0.540
600565	迪马股份	2012-5-16	0.010	0.009	600566	洪城股份	2012-5-16	0.010	0.009
600568	中珠控股	2012-11-12	0.025	0.003	600570	恒生电子	2012-6-18	0.080	0.072
600571	信雅达	2012-6-18	0.050	0.045	600572	康恩贝	2012-6-19	0.150	0.135
600573	惠泉啤酒	2012-6-25	0.050	0.045	600575	芜湖港	2012-9-20	0.050	0.045
600576	万好万家	2012-7-19	0.015	0.014	600577	精达股份	2012-4-11	0.100	0.090
600578	京能热电	2012-5-28	0.200	0.180	600578	京能热电	2012-9-21	0.250	0.225
600580	卧龙电气	2012-5-16	0.050	0.045	600581	八一钢铁	2012-5-15	0.200	0.180
600582	天地科技	2012-7-16	0.150	0.115	600583	海油工程	2012-6-5	0.035	0.032
600585	海螺水泥	2012-6-14	0.350	0.315	600586	金晶科技	2012-7-17	0.025	0.023
600587	新华医疗	2012-6-26	0.100	0.090	600588	用友软件	2012-4-19	0.400	0.360
600589	广东榕泰	2012-7-5	0.015	0.014	600590	泰豪科技	2012-7-2	0.050	0.045
600592	龙溪股份	2012-6-26	0.100	0.090	600594	益佰制药	2012-5-22	0.080	0.072
600596	新安股份	2012-5-29	0.060	0.054	600597	光明乳业	2012-5-16	0.150	0.135
600598	北大荒	2012-6-11	0.185	0.167	600600	青岛啤酒	2012-7-26	0.260	0.234
600601	方正科技	2012-8-8	0.010	0.009	600606	金丰投资	2012-7-4	0.050	0.040
600611	大众交通	2012-7-9	0.070	0.063	600612	老凤祥	2012-8-6	0.100	0.090
600616	金枫酒业	2012-6-11	0.100	0.090	600619	海立股份	2012-7-3	0.100	0.090
600621	上海金陵	2012-8-6	0.100	0.090	600622	嘉宝集团	2012-8-8	0.150	0.135
600623	双钱股份	2012-5-17	0.058	0.052	600624	复旦复华	2012-7-11	0.031	0.028
600626	申达股份	2012-6-19	0.100	0.090	600628	新世界	2012-7-4	0.120	0.108
600633	浙报传媒	2012-5-16	0.200	0.180	600635	大众公用	2012-7-23	0.070	0.063
600636	三爱富	2012-7-9	0.020	0.018	600639	浦东金桥	2012-8-9	0.080	0.072
600641	万业企业	2012-7-9	0.050	0.045	600642	申能股份	2012-5-24	0.100	0.090
600644	乐山电力	2012-6-7	0.060	0.054	600648	外高桥	2012-8-9	0.100	0.090
600649	城投控股	2012-7-23	0.050	0.015	600650	锦江投资	2012-7-6	0.300	0.270
600651	飞乐音响	2012-7-2	0.023	0.001	600655	豫园商城	2012-6-11	0.070	0.063
600657	信达地产	2012-6-19	0.060	0.054	600658	电子城	2012-5-10	0.170	0.153
600660	福耀玻璃	2012-6-28	0.400	0.360	600662	强生控股	2012-6-25	0.100	0.090
600663	陆家嘴	2012-5-22	0.150	0.135	600667	太极实业	2012-10-11	0.029	0.000
600668	尖峰集团	2012-7-2	0.120	0.108	600673	东阳光铝	2012-7-16	0.040	0.036
600674	川投能源	2012-5-22	0.040	0.036	600675	中华企业	2012-5-21	0.015	0.004
600676	交运股份	2012-7-20	0.100	0.090	600680	上海普天	2012-8-6	0.030	0.027
600682	南京新百	2012-6-29	0.100	0.090	600686	金龙汽车	2012-7-2	0.100	0.090
600687	刚泰控股	2012-3-27	0.010	0.009	600688	S上石化	2012-7-23	0.050	0.045
600690	青岛海尔	2012-6-12	0.170	0.153	600693	东百集团	2012-6-29	0.150	0.135
600694	大商股份	2012-5-28	0.300	0.270	600697	欧亚集团	2012-7-3	0.300	0.270
600702	沱牌舍得	2012-7-3	0.180	0.162	600703	三安光电	2012-3-26	0.300	0.270
600704	物产中大	2012-7-4	0.050	0.045	600708	海博股份	2012-6-8	0.100	0.090
600710	常林股份	2012-10-15	0.025	0.023	600712	南宁百货	2012-4-23	0.070	0.063
600717	天津港	2012-7-9	0.100	0.090	600720	祁连山	2012-4-23	0.150	0.135
600724	宁波富达	2012-5-7	0.100	0.090	600725	云维股份	2012-6-4	0.050	0.045
600729	重庆百货	2012-8-17	0.450	0.405	600736	苏州高新	2012-5-24	0.040	0.036
600737	中粮屯河	2012-7-23	0.030	0.027	600741	华域汽车	2012-6-25	0.300	0.270
600742	一汽富维	2012-6-5	0.200	0.180	600743	华远地产	2012-7-5	0.100	0.065
600748	上实发展	2012-6-12	0.038	0.034	600750	江中药业	2012-5-25	0.300	0.270

证券代码	证券简称	发放日期	税前红利（元）	税后红利（元）	证券代码	证券简称	发放日期	税前红利（元）	税后红利（元）
600754	锦江股份	2012-6-18	0.360	0.324	600755	厦门国贸	2012-7-2	0.070	0.063
600756	浪潮软件	2012-5-10	0.050	0.025	600759	正和股份	2012-6-14	0.060	0.054
600761	安徽合力	2012-6-19	0.200	0.180	600764	中电广通	2012-6-19	0.020	0.018
600765	中航重机	2012-6-18	0.020	0.018	600770	综艺股份	2012-7-16	0.050	0.045
600773	西藏城投	2012-5-29	0.035	0.032	600775	南京熊猫	2012-6-18	0.050	0.045
600776	东方通信	2012-5-31	0.080	0.072	600778	友好集团	2012-6-26	0.050	0.045
600779	水井坊	2012-7-19	0.230	0.207	600780	通宝能源	2012-6-21	0.100	0.090
600782	新钢股份	2012-6-25	0.030	0.027	600784	鲁银投资	2012-4-16	0.120	0.008
600785	新华百货	2012-7-19	0.300	0.270	600787	中储股份	2012-5-8	0.100	0.090
600789	鲁抗医药	2012-7-16	0.020	0.018	600790	轻纺城	2012-6-25	0.100	0.090
600791	京能置业	2012-8-16	0.030	0.027	600794	保税科技	2012-3-22	0.070	0.063
600795	国电电力	2012-6-12	0.100	0.090	600797	浙大网新	2012-7-2	0.010	0.009
600798	宁波海运	2012-5-22	0.030	0.027	600801	华新水泥	2012-5-25	0.150	0.135
600802	福建水泥	2012-6-27	0.050	0.045	600805	悦达投资	2012-5-21	0.150	0.135
600806	昆明机床	2012-6-5	0.020	0.018	600809	山西汾酒	2012-6-12	0.500	0.350
600810	神马股份	2012-7-5	0.050	0.045	600814	杭州解百	2012-7-9	0.070	0.063
600815	厦工股份	2012-5-23	0.100	0.090	600819	耀皮玻璃	2012-7-2	0.020	0.018
600822	上海物贸	2012-7-18	0.100	0.090	600823	世茂股份	2012-11-26	0.160	0.144
600824	益民集团	2012-5-17	0.060	0.054	600825	新华传媒	2012-7-12	0.040	0.036
600826	兰生股份	2012-7-31	0.030	0.027	600827	友谊股份	2012-7-2	0.250	0.225
600828	成商集团	2012-5-7	0.040	0.006	600830	香溢融通	2012-6-15	0.050	0.045
600831	广电网络	2012-6-4	0.030	0.027	600832	东方明珠	2012-8-20	0.120	0.108
600833	第一医药	2012-7-20	0.050	0.045	600834	申通地铁	2012-6-19	0.050	0.045
600835	上海机电	2012-7-3	0.300	0.270	600837	海通证券	2012-8-17	0.150	0.135
600838	上海九百	2012-8-13	0.100	0.090	600841	上柴股份	2012-6-4	0.050	0.045
600845	宝信软件	2012-5-22	0.150	0.135	600846	同济科技	2012-6-14	0.020	0.018
600853	龙建股份	2012-7-2	0.010	0.009	600857	工大首创	2012-6-6	0.050	0.045
600858	银座股份	2012-4-12	0.030	0.027	600859	王府井	2012-8-9	0.300	0.270
600861	北京城乡	2012-5-4	0.120	0.108	600863	内蒙华电	2012-8-22	0.120	0.108
600864	哈投股份	2012-8-17	0.250	0.225	600865	百大集团	2012-7-10	0.080	0.072
600867	通化东宝	2012-6-14	0.200	0.180	600869	三普药业	2012-7-2	1.000	0.900
600871	S仪化	2012-7-13	0.030	0.027	600873	梅花集团	2012-11-9	0.100	0.090
600874	创业环保	2012-7-4	0.040	0.036	600875	东方电气	2012-7-10	0.160	0.144
600880	博瑞传播	2012-5-17	0.150	0.135	600881	亚泰集团	2012-8-6	0.100	0.090
600883	博闻科技	2012-6-21	0.050	0.045	600884	杉杉股份	2012-6-11	0.060	0.054
600886	国投电力	2012-6-25	0.015	0.014	600887	伊利股份	2012-4-12	0.250	0.225
600888	新疆众和	2012-5-25	0.060	0.044	600891	秋林集团	2012-8-20	0.050	0.045
600893	航空动力	2012-6-5	0.066	0.059	600895	张江高科	2012-7-25	0.200	0.180
600897	厦门空港	2012-5-21	0.100	0.090	600900	长江电力	2012-7-2	0.255	0.229
600960	渤海活塞	2012-6-14	0.050	0.045	600962	国投中鲁	2012-7-11	0.050	0.045
600963	岳阳林纸	2012-5-28	0.020	0.018	600965	福成五丰	2012-9-13	0.030	0.027
600967	北方创业	2012-8-15	0.200	0.180	600970	中材国际	2012-6-11	0.507	0.436
600976	武汉健民	2012-5-15	0.400	0.360	600978	宜华木业	2012-6-14	0.050	0.045
600981	汇鸿股份	2012-6-8	0.030	0.027	600982	宁波热电	2012-6-6	0.100	0.090
600983	合肥三洋	2012-5-15	0.061	0.055	600985	雷鸣科化	2012-8-14	0.100	0.090
600987	航民股份	2012-6-4	0.200	0.180	600990	四创电子	2012-10-30	0.080	0.072
600992	贵绳股份	2012-6-5	0.080	0.072	600993	马应龙	2012-6-19	0.110	0.099
600997	开滦股份	2012-5-24	0.100	0.090	600999	招商证券	2012-8-2	0.150	0.135
601000	唐山港	2012-4-26	0.080	0.072	601001	大同煤业	2012-7-16	0.190	0.171
601006	大秦铁路	2012-7-19	0.390	0.351	601008	连云港	2012-5-2	0.040	0.006
601009	南京银行	2012-6-18	0.300	0.270	601010	文峰股份	2012-5-10	0.420	0.378
601011	宝泰隆	2012-7-9	0.300	0.270	601012	隆基股份	2012-6-26	0.150	0.135
601018	宁波港	2012-7-6	0.066	0.059	601028	玉龙股份	2012-5-24	0.200	0.180
601058	赛轮股份	2012-7-2	0.100	0.090	601088	中国神华	2012-6-11	0.900	0.810
601098	中南传媒	2012-6-21	0.120	0.108	601099	太平洋	2012-7-10	0.035	0.022
601100	恒立油缸	2012-6-21	0.250	0.225	601101	昊华能源	2012-7-12	0.350	0.295

证券代码	证券简称	发放日期	税前红利（元）	税后红利（元）	证券代码	证券简称	发放日期	税前红利（元）	税后红利（元）
601106	中国一重	2012-6-26	0.006	0.006	601107	四川成渝	2012-6-13	0.090	0.081
601111	中国国航	2012-7-17	0.118	0.106	601113	华鼎锦纶	2012-6-5	0.150	0.135
601116	三江购物	2012-5-21	0.150	0.135	601117	中国化学	2012-7-10	0.050	0.045
601118	海南橡胶	2012-7-11	0.080	0.072	601126	四方股份	2012-5-22	0.250	0.225
601137	博威合金	2012-5-23	0.200	0.180	601139	深圳燃气	2012-6-14	0.130	0.117
601158	重庆水务	2012-6-15	0.233	0.210	601166	兴业银行	2012-5-7	0.370	0.333
601168	西部矿业	2012-5-15	0.100	0.090	601169	北京银行	2012-7-11	0.200	0.160
601177	杭齿前进	2012-6-7	0.091	0.082	601186	中国铁建	2012-7-30	0.100	0.090
601188	龙江交通	2012-8-23	0.010	0.009	601199	江南水务	2012-5-7	0.060	0.054
601208	东材科技	2012-5-7	0.500	0.450	601216	内蒙君正	2012-5-24	0.100	0.090
601222	林洋电子	2012-5-31	0.200	0.180	601231	环旭电子	2012-6-14	0.045	0.041
601238	广汽集团	2012-7-25	0.200	0.180	601238	广汽集团	2012-10-12	0.070	0.063
601258	庞大集团	2012-6-13	0.030	0.027	601288	农业银行	2012-6-20	0.132	0.118
601299	中国北车	2012-7-3	0.050	0.045	601311	骆驼股份	2012-5-21	0.400	0.360
601313	江南嘉捷	2012-4-24	0.150	0.135	601318	中国平安	2012-7-16	0.250	0.225
601318	中国平安	2012-9-26	0.150	0.135	601328	交通银行	2012-5-31	0.100	0.090
601333	广深铁路	2012-7-12	0.100	0.090	601336	新华保险	2012-7-5	0.090	0.081
601336	新华保险	2012-8-16	0.321	0.289	601369	陕鼓动力	2012-5-7	0.350	0.315
601377	兴业证券	2012-6-25	0.100	0.090	601388	怡球资源	2012-7-31	0.150	0.135
601390	中国中铁	2012-7-30	0.048	0.043	601398	工商银行	2012-6-14	0.203	0.183
601515	东风股份	2012-5-30	0.360	0.324	601518	吉林高速	2012-5-9	0.049	0.044
601519	大智慧	2012-5-17	0.100	0.090	601555	东吴证券	2012-6-21	0.080	0.072
601558	华锐风电	2012-6-26	0.350	0.315	601566	九牧王	2012-5-31	0.600	0.540
601567	三星电气	2012-6-29	0.500	0.450	601588	北辰实业	2012-7-2	0.030	0.027
601599	鹿港科技	2012-4-12	0.200	0.180	601601	中国太保	2012-6-25	0.350	0.315
601607	上海医药	2012-7-20	0.160	0.144	601616	广电电气	2012-5-15	0.100	0.090
601628	中国人寿	2012-6-8	0.230	0.207	601633	长城汽车	2012-5-21	0.300	0.270
601636	旗滨集团	2012-6-4	0.150	0.135	601666	平煤股份	2012-6-6	0.200	0.180
601668	中国建筑	2012-6-12	0.080	0.072	601669	中国水电	2012-7-4	0.038	0.034
601677	明泰铝业	2012-6-1	0.100	0.090	601678	滨化股份	2012-3-15	0.200	0.180
601688	华泰证券	2012-6-21	0.150	0.135	601699	潞安环能	2012-6-15	0.500	0.450
601700	风范股份	2012-6-11	0.200	0.180	601717	郑煤机	2012-3-13	0.120	0.108
601718	际华集团	2012-7-16	0.025	0.023	601727	上海电气	2012-7-20	0.076	0.069
601766	中国南车	2012-7-9	0.180	0.162	601777	力帆股份	2012-6-15	0.200	0.180
601788	光大证券	2012-6-5	0.262	0.236	601789	宁波建工	2012-5-15	0.100	0.090
601798	蓝科高新	2012-6-18	0.060	0.054	601799	星宇股份	2012-4-19	0.580	0.522
601800	中国交建	2012-7-27	0.179	0.161	601801	皖新传媒	2012-6-6	0.120	0.108
601808	中海油服	2012-6-18	0.180	0.162	601818	光大银行	2012-5-31	0.133	0.120
601857	中国石油	2012-6-7	0.165	0.148	601857	中国石油	2012-9-18	0.153	0.137
601872	招商轮船	2012-6-26	0.010	0.009	601877	正泰电器	2012-4-11	0.700	0.630
601877	正泰电器	2012-10-8	0.290	0.261	601880	大连港	2012-8-13	0.060	0.054
601886	江河幕墙	2012-5-15	0.200	0.180	601888	中国国旅	2012-6-6	0.100	0.090
601890	亚星锚链	2012-6-13	0.100	0.090	601898	中煤能源	2012-6-8	0.215	0.194
601899	紫金矿业	2012-7-6	0.100	0.090	601901	方正证券	2012-6-19	0.070	0.063
601908	京运通	2012-6-11	0.300	0.270	601918	国投新集	2012-7-19	0.200	0.180
601928	凤凰传媒	2012-5-29	0.080	0.072	601928	凤凰传媒	2012-11-2	0.120	0.108
601929	吉视传媒	2012-5-31	0.022	0.020	601933	永辉超市	2012-6-15	0.200	0.180
601939	建设银行	2012-6-25	0.237	0.213	601958	金钼股份	2012-5-28	0.200	0.180
601988	中国银行	2012-6-13	0.155	0.140	601989	中国重工	2012-5-10	0.068	0.061
601991	大唐发电	2012-7-27	0.110	0.099	601992	金隅股份	2012-7-16	0.072	0.065
601996	丰林集团	2012-5-16	0.100	0.090	601998	中信银行	2012-7-19	0.145	0.131
603001	奥康国际	2012-7-17	0.230	0.207	603002	宏昌电子	2012-11-9	0.030	0.027
603123	翠微股份	2012-7-19	0.086	0.077	603366	日出东方	2012-7-12	0.350	0.315
603993	洛阳钼业	2012-12-28	0.090	0.081					

2012年上证所上市公司简称更改一览表

A股代码	更名日期	新A股简称	原A股简称
600022	2012-3-22	山东钢铁	济南钢铁
600055	2012-3-6	华润万东	万东医疗
600062	2012-3-27	华润双鹤	双鹤药业
600074	2012-6-12	ST中达	*ST中达
600076	2012-4-17	*ST华光	ST华光
600083	2012-4-26	ST博信	*ST博信
600098	2012-9-18	广州发展	广州控股
600104	2012-1-9	上汽集团	上海汽车
600149	2012-3-27	ST廊发展	*ST建通
600180	2012-9-21	瑞茂通	九发股份
600203	2012-4-26	ST福日	*ST福日
600228	2012-6-11	ST昌九	*ST昌九
600256	2012-6-12	广汇能源	广汇股份
600281	2012-5-28	ST太化	*ST太化
600338	2012-4-27	*ST珠峰	ST珠峰
600375	2012-3-20	华菱星马	星马汽车
600385	2012-4-20	*ST金泰	ST金泰
600397	2012-8-3	安源煤业	安源股份
600401	2012-2-17	ST申龙	*ST申龙
600421	2012-5-2	*ST国药	ST国药
600435	2012-5-7	北方导航	中兵光电
600455	2012-7-3	ST博通	*ST博通
600532	2012-12-21	宏达矿业	华阳科技
600579	2012-5-2	*ST黄海	ST黄海
600602	2012-6-27	仪电电子	广电电子
900901	2012-6-27	仪电B股	上电B股
600603	2012-1-19	*ST兴业	ST兴业
600604	2012-9-20	市北高新	二纺机
900902	2012-9-20	市北B股	二纺B股
600610	2012-8-29	S中纺机	中纺机
600634	2012-7-3	ST海鸟	*ST海鸟
600634	2012-7-19	ST澄海	ST海鸟
600640	2012-9-3	号百控股	中卫国脉
600671	2012-6-11	ST天目	*ST天目
600699	2012-3-16	均胜电子	辽源得亨
600705	2012-8-30	ST航投	S*ST北亚
600706	2012-9-28	曲江文旅	长安信息
600715	2012-5-28	ST松辽	*ST松辽
600728	2012-3-30	佳都新太	新太科技
600733	2012-3-19	S*ST前锋	S*ST钱锋
600766	2012-5-2	*ST园城	ST园城
600868	2012-11-15	梅雁吉祥	梅雁水电
600885	2012-12-4	ST宏发	ST力阳
600892	2012-4-26	ST宝诚	*ST宝诚
600981	2012-5-9	汇鸿股份	江苏开元

2012年上证所上市公司名称更改一览

序号	A股代码	原A股简称	新A股简称	B股代码	原B股简称	新B股简称	更名日期
1	600602	广电电子	仪电电子	900901	上电B股	仪电B股	2012-6-27
2	600640	中卫国脉	号百控股				2012-9-3
3	600256	广汇股份	广汇能源				2012-6-12
4	600098	广州控股	广州发展				2012-9-18
5	600604	二纺机	市北高新	900902	二纺B股	市北B股	2012-9-20
6	600706	长安信息	曲江文旅				2012-9-28

序号	A 股代码	原 A 股简称	新 A 股简称	B 股代码	原 B 股简称	新 B 股简称	更名日期
7	600885	ST 力阳	ST 宏发				2012－12－4
8	600868	梅雁水电	梅雁吉祥				2012－11－15
9	600634	ST 海鸟	ST 澄海				2012－7－19
10	600532	华阳科技	宏达矿业				2012－12－21
11	600699	辽源得亨	均胜电子				2012－3－16
12	600981	江苏开元	汇鸿股份				2021－5－9
13	600728	新太科技	佳都新太				2012－3－30
14	600375	星马汽车	华菱星马				2012－3－20
15	600055	万东医疗	华润万东				2012－3－6
16	600180	九发股份	瑞茂通				2012－9－21
17	600022	济南钢铁	山东钢铁				2012－3－22
18	600397	安源股份	安源煤业				2012－8－3
19	600435	中兵光电	北方导航				2012－5－7
20	600062	双鹤药业	华润双鹤				2012－3－27

2012 年上证所十大成交股数 B 股股票

代码	股票名称	公司名称	成交股数	占比重(%)
900950	新城 B 股	江苏新城地产股份有限公司	646.00	8.29
900947	振华 B 股	上海振华重工(集团)股份有限公司	407.22	5.23
900948	伊泰 B 股	内蒙古伊泰煤炭股份有限公司	348.29	4.47
900940	大名城 B	上海大名城企业股份有限公司	343.84	4.41
900907	鼎立 B 股	上海鼎立科技发展(集团)股份有限公司	314.82	4.04
900917	海欣 B 股	上海海欣集团股份有限公司	279.98	3.59
900919	大江 B 股	上海大江食品集团股份有限公司	257.12	3.30
900908	氯碱 B 股	上海氯碱化工股份有限公司	250.85	3.22
900920	上柴 B 股	上海柴油机股份有限公司	248.02	3.18
900949	东电 B 股	浙江东南发电股份有限公司	235.68	3.03
		总计	3331.84	42.78
		市场总计	7789.10	100.00

2012 年上证所十大成交金额 B 股股票

代码	股票名称	公司名称	成交金额	占比重(%)
900948	伊泰 B 股	内蒙古伊泰煤炭股份有限公司	12149.93	29.38
900950	新城 B 股	江苏新城地产股份有限公司	2532.55	6.13
900905	老凤祥 B	老凤祥股份有限公司	2208.97	5.34
900936	鄂资 B 股	内蒙古鄂尔多斯资源股份有限公司	1394.99	3.37
900907	鼎立 B 股	上海鼎立科技发展(集团)股份有限公司	1316.02	3.18
900932	陆家 B 股	上海陆家嘴金融贸易区开发股份有限公司	1203.31	2.91
900920	上柴 B 股	上海柴油机股份有限公司	1169.43	2.83
900947	振华 B 股	上海振华重工(集团)股份有限公司	946.44	2.29
900940	大名城 B	上海大名城企业股份有限公司	909.27	2.20
900921	丹科 B 股	丹化化工科技股份有限公司	840.46	2.03
		总计	24671.37	59.67
		市场总计	41348.36	100.00

2012 年上证所十大跌幅 B 股股票

代码	股票名称	公司名称	上年收盘	本年收盘	跌幅(%)
900952	锦港 B 股	锦州港股份有限公司	0.49	0.37	－24.14
900947	振华 B 股	上海振华重工(集团)股份有限公司	0.44	0.35	－20.96
900901	仪电 B 股	上海仪电电子股份有限公司	0.37	0.34	－8.87
900955	九龙山 B	上海九龙山旅游股份有限公司	0.40	0.36	－8.10
900923	友谊 B 股	上海友谊集团股份有限公司	1.28	1.18	－8.06
900919	大江 B 股	上海大江食品集团股份有限公司	0.31	0.28	－7.84
900918	耀皮 B 股	上海耀皮玻璃集团股份有限公司	0.48	0.44	－7.71
900933	华新 B 股	华新水泥股份有限公司	1.74	1.63	－6.38

代码	股票名称	公司名称	上年收盘	本年收盘	跌幅(%)
900920	上柴 B 股	上海柴油机股份有限公司	0.71	0.67	-4.40
900936	鄂资 B 股	内蒙古鄂尔多斯资源股份有限公司	1.08	1.03	-3.99

2012 年上证所十大换手率 A 股股票

代码	股票名称	公司名称	成交股数	流通股数	换手率(%)
603002	宏昌电子	宏昌电子材料股份有限公司	2255.02	100.00	2434.93
601555	东吴证券	东吴证券股份有限公司	10887.30	1221.38	2414.64
601388	怡球资源	怡球金属资源再生(中国)股份有限公司	2171.22	105.00	2338.93
601231	环旭电子	环旭电子股份有限公司	2208.31	106.80	2311.81
601929	吉视传媒	吉视传媒股份有限公司	5692.50	280.00	2222.60
601996	丰林集团	广西丰林木业集团股份有限公司	2737.42	196.19	2141.82
600568	中珠控股	中珠控股股份有限公司	2088.79	188.03	2022.43
601028	玉龙股份	江苏玉龙钢管股份有限公司	1503.68	96.60	1865.76
601789	宁波建工	宁波建工股份有限公司	1778.77	100.00	1778.77
603000	人民网	人民网股份有限公司	1075.08	69.11	1759.45

2012 年上证所十大换手率 B 股股票

代码	股票名称	公司名称	成交股数	流通股数	换手率(%)
900907	鼎立 B 股	上海鼎立科技发展(集团)股份有限公司	314.82	120.64	260.95
900940	大名城 B	上海大名城企业股份有限公司	343.84	198.72	173.03
900904	永生 B 股	上海永生投资管理股份有限公司	73.22	45.63	160.48
900943	开开 B 股	上海开开实业股份有限公司	113.98	80.00	142.47
900957	凌云 B 股	上海凌云实业发展股份有限公司	233.42	184.00	126.86
900935	阳晨 B 股	上海阳晨投资股份有限公司	124.85	105.60	118.23
900951	大化 B 股	大化集团大连化工股份有限公司	105.63	100.00	105.63
900905	老凤祥 B	老凤祥股份有限公司	187.62	206.01	100.63
900950	新城 B 股	江苏新城地产股份有限公司	646.00	642.79	100.50
900922	三毛 B 股	上海三毛企业(集团)股份有限公司	44.92	48.79	92.07

2012 年上证所十大涨幅 B 股股票

代码	股票名称	公司名称	上年收盘	本年收盘	涨幅(%)
900950	新城 B 股	江苏新城地产股份有限公司	0.50	0.85	69.66
900922	三毛 B 股	上海三毛企业(集团)股份有限公司	0.47	0.76	61.54
900932	陆家 B 股	上海陆家嘴金融贸易区开发股份有限公司	0.82	1.26	54.11
900904	永生 B 股	上海永生投资管理股份有限公司	0.62	0.94	51.13
900911	金桥 B 股	上海金桥出口加工区开发股份有限公司	0.62	0.91	46.39
900938	ST 天海 B	天津市海运股份有限公司	0.30	0.43	44.11
900943	开开 B 股	上海开开实业股份有限公司	0.52	0.74	42.00
900940	大名城 B	上海大名城企业股份有限公司	0.31	0.44	39.81
900912	外高 B 股	上海外高桥保税区开发股份有限公司	0.58	0.81	38.94
900907	鼎立 B 股	上海鼎立科技发展(集团)股份有限公司	0.47	0.65	36.79

2012 年上证所实施退市风险警示的公司

序号	A 股代码	A 股简称	公告刊登日	实施起始日	A 股实施退市风险警示后简称
1	600076	ST 华光	2012-4-16	2012-4-17	*ST 华光
2	600087	长航油运	2012-4-12	2012-4-13	*ST 长油
3	600385	ST 金泰	2012-4-19	2012-4-20	*ST 金泰
4	600877	中国嘉陵	2012-4-27	2012-5-2	*ST 嘉陵
5	600250	南纺股份	2012-5-2	2012-5-3	*ST 南纺
6	600392	太工天成	2012-5-2	2012-5-3	*ST 天成
7	600338	ST 珠峰	2012-4-26	2012-4-27	*ST 珠峰
8	600766	ST 园城	2012-4-27	2012-5-2	*ST 园城
9	600421	ST 国药	2012-4-27	2012-5-2	*ST 国药
10	600359	新农开发	2012-5-2	2012-5-3	*ST 新农

序号	A 股代码	A 股简称	公告刊登日	实施起始日	A 股实施退市风险警示后简称
11	600882	大成股份	2012-3-19	2012-3-20	*ST 大成
12	600579	ST 黄海	2012-4-27	2012-5-2	*ST 黄海
13	600733	S 前锋	2012-3-15	2012-3-16	S*ST 前锋
14	600603	ST 兴业	2012-1-18	2012-1-19	*ST 兴业
15	600894	广钢股份	2012-2-13	2012-2-14	*ST 广钢
16	600532	华阳科技	2012-3-29	2012-3-30	*ST 华科

2012 年上证所暂停上市的公司

序号	A 股代码	A 股简称	B 股代码	B 股简称	暂停上市公告刊登日	暂停上市起始日
1	600698	*ST 轻骑	900946	*ST 轻骑 B	2012-5-17	2012-5-23

2012 年上证所终止上市的公司

序号	A 股代码	A 股简称	终止上市公告刊登日	终止上市实施起始日
1	600102	莱钢股份	2012-2-24	2012-2-28
2	600263	路桥建设	2012-2-29	2012-3-1
3	600991	广汽长丰	2012-3-16	2012-3-20

2012 上证所上市公司地区分布

省市区	上市公司总数	比重(%)	2012 年新上市公司数	比重(%)
安徽	29	3.04	0	0.00
北京	96	10.06	3	11.54
福建	30	3.14	0	0.00
甘肃	11	1.15	0	0.00
广东	44	4.61	3	11.54
广西	12	1.26	0	0.00
贵州	10	1.05	0	0.00
海南	8	0.84	0	0.00
河北	19	1.99	0	0.00
河南	26	2.73	3	11.54
黑龙江	23	2.41	0	0.00
湖北	37	3.88	0	0.00
湖南	20	2.10	0	0.00
吉林	18	1.89	1	3.85
江苏	80	8.39	3	11.54
江西	16	1.68	0	0.00
辽宁	28	2.94	1	3.85
内蒙	15	1.57	0	0.00
宁夏	4	0.42	0	0.00
青海	7	0.73	0	0.00
山东	49	5.14	1	3.85
山西	17	1.78	0	0.00
陕西	18	1.89	1	3.85
上海	148	15.51	3	11.54
四川	36	3.77	3	11.54
天津	19	1.99	0	0.00
西藏	6	0.63	0	0.00
新疆	21	2.20	0	0.00
云南	12	1.26	0	0.00
浙江	77	8.07	3	11.54
重庆	18	1.89	1	3.85

名次	股票代码	股票简称	开盘价	收盘价	平均价	累计成交量(万股)	累计成交金额(万元)	累计涨跌幅(%)	期间振幅(%)	累计换手率
1	600016	民生银行	8.1	8.57	9.84	2659696.54	26370736.27	15.63	4.2	117.75
2	601166	兴业银行	17.01	14.77	18.1	1184357.68	21417228.45	-7.11	5.19	109.8
3	601318	中国平安	46.71	34.76	42.64	390628.74	16874677.74	-22.93	3.88	81.61
4	600030	中信证券	13.6	10.13	12.99	1270217.51	16742059.02	-23.9	5	129.42
5	600000	浦发银行	10.1	8.28	10.19	1556184.85	16037765.04	-9.2	3.72	104.28
6	600837	海通证券	10.38	9.38	11.02	1298994.51	14509215.91	-3.95	3.85	160.53
7	600036	招商银行	13.82	11.6	13.02	1050629.34	13833481.11	-9.04	3.8	59.47
8	601901	方正证券	4.45	5.53	6.71	1707671.97	11736592.44	29.94	5.63	504.18
9	600111	包钢稀土	38.05	20.87	30.32	343656.88	10709173.84	-54.51	2.09	232.28
10	600519	贵州茅台	212	192.37	185.63	50847.59	9440637.36	-2.99	2.18	48.98
11	600048	保利地产	13.8	9.91	12.17	773799.26	9405474.45	-25.51	5.63	108.41
12	600765	中航重机	7.66	13.44	14.36	496765.1	7406733.62	67.78	7.07	638.51
13	600503	华丽家族	4.66	4.77	5.68	1102781.67	6407116.97	10.62	4.43	1003.01
14	600585	海螺水泥	18.63	13.38	17.82	352481.45	6282723.01	-26.54	3.85	88.13
15	600804	鹏博士	6.03	10.59	8.73	570399.31	6118178.24	63.97	9.38	426.14
16	600383	金地集团	7.18	6.86	7	854964	5992550.16	4.4	3.51	191.2
17	600104	上汽集团	17.75	13.21	15.75	368101.58	5810223.87	-25.71	4.4	40.14
18	600999	招商证券	10.7	10.4	12.28	456069.41	5767120.27	4.33	3.7	97.85
19	600518	康美药业	13.21	19.23	16.84	344264.41	5731689.28	41.8	5.3	156.58
20	601688	华泰证券	9.88	8.06	9.99	542141.73	5575319	-13.96	5.85	139.72

2013年上半年沪市活跃股成交量前20名

名次	股票代码	股票简称	开盘价	收盘价	平均价	累计成交量(万股)	累计成交金额(万元)	累计涨跌幅(%)	期间振幅(%)	累计换手率
1	600016	民生银行	8.1	8.57	9.84	2659696.54	26370736.27	15.63	4.2	117.75
2	601288	农业银行	2.83	2.46	2.8	1761969.71	5022660.5	-5.3	3.8	68.91
3	601901	方正证券	4.45	5.53	6.71	1707671.97	11736592.44	29.94	5.63	504.18
4	601818	光大银行	3.11	2.89	3.17	1568739.07	5083695.84	-1.17	4.97	82.85
5	600000	浦发银行	10.1	8.28	10.19	1556184.85	16037765.04	-9.2	3.72	104.28
6	601668	中国建筑	3.96	3.27	3.64	1363191.98	5014411.74	-14.83	3.47	45.44
7	600837	海通证券	10.38	9.38	11.02	1298994.51	14509215.91	-3.95	3.85	160.53
8	600030	中信证券	13.6	10.13	12.99	1270217.51	16742059.02	-23.9	5	129.42
9	601166	兴业银行	17.01	14.77	18.1	1184357.68	21417228.45	-7.11	5.19	109.8
10	600503	华丽家族	4.66	4.77	5.68	1102781.67	6407116.97	10.62	4.43	1003.01
11	600050	中国联通	3.53	3.12	3.56	1064819.3	3792309.46	-10.31	1.84	50.24
12	600036	招商银行	13.82	11.6	13.02	1050629.34	13833481.11	-9.04	3.8	59.47
13	601328	交通银行	5.02	4.07	4.8	931032.06	4512917.13	-17.95	2.71	28.46
14	600383	金地集团	7.18	6.86	7	854964	5992550.16	4.4	3.51	191.2
15	601398	工商银行	4.19	4.02	4.15	838956.93	3501617.03	3.86	2.26	3.19
16	600048	保利地产	13.8	9.91	12.17	773799.26	9405474.45	-25.51	5.63	108.41
17	600795	国电电力	2.64	2.28	2.76	763828.51	2107401.61	-6.51	2.35	54.74
18	600010	包钢股份	5.53	4.1	4.96	676391.42	3435648.34	-25.68	5.1	105.3
19	600381	贤成矿业	4.25	1.98	3.08	650576.15	2240499.5	-70.47	4.84	549.48
20	601899	紫金矿业	3.87	2.38	3.38	649813.64	2238033.14	-46.51	1.81	41.12

2013年上半年沪市活跃股跌幅前20名

名次	股票代码	股票简称	开盘价	收盘价	平均价	累计成交量(万股)	累计成交金额(万元)	累计涨跌幅(%)	期间振幅(%)	累计换手率
1	600381	贤成矿业	4.25	1.98	3.08	650576.15	2240499.5	-70.47	4.84	549.43
2	600702	沱牌舍得	28.61	14.69	21.5	114765.47	2504151.33	-62.64	3.63	340.25
3	600188	兖州煤业	18.58	9.4	16.25	97339.82	1641823.3	-59.18	4.07	270.39
4	600395	盘江股份	17.36	9.15	14.09	156193.89	2305993.35	-57.28	4.68	94.37
5	600531	豫光金铅	17.3	9.44	14.76	27312.46	413689.89	-56.76	2.51	92.51

名次	股票代码	股票简称	开盘价	收盘价	平均价	累计成交量(万股)	累计成交金额(万元)	累计涨跌幅(%)	期间振幅(%)	累计换手率
6	600489	中金黄金	16.7	9.29	13.85	248569.3	3547491.29	-56.22	2.35	84.45
7	601699	潞安环能	22.15	11.96	18.43	205582.91	3863421.94	-55.79	4.89	89.34
8	600997	开滦股份	10.33	5.7	8.39	54044.33	448084.31	-54.79	4.26	43.77
9	600815	厦工股份	6.99	3.88	5.91	135658.24	845170.46	-54.7	3.39	144.82
10	600111	包钢稀土	38.05	20.87	30.32	343656.88	10709173.84	-54.51	2.09	232.28
11	600582	天地科技	11.55	6.42	10.03	75877.76	745914.84	-53.7	3.49	62.51
12	600961	株冶集团	10.21	5.85	7.33	50021.2	382203.34	-51.53	2.87	193.63
13	600546	山煤国际	20.55	11.84	17.39	93400.82	1571611.59	-50.36	4.66	94.23
14	600724	宁波富达	7.36	4.27	6.02	54785.43	321521.21	-49.28	5.58	37.92
15	600779	水井坊	19.5	11.46	15.98	70179.11	1162708.23	-48.09	3.81	237.63
16	600331	宏达股份	6.75	4.05	5.85	111551.75	669752.49	-47.76	3	108.09
17	600311	荣华实业	8.26	4.98	7.26	92350.38	691136.14	-47.44	4.13	138.75
18	600711	盛屯矿业	11.7	7.12	10.24	32231.76	341418.99	-47.37	6.74	200.83
19	601600	中国铝业	5.21	3.15	4.45	222674.01	1016822.75	-47.12	1.51	23.24
20	601899	紫金矿业	3.87	2.38	3.38	649813.64	2238033.14	-46.51	1.81	41.12

2013 年上半年沪市活跃股换手率前 20 名

名次	股票代码	股票简称	开盘价	收盘价	平均价	累计成交量(万股)	累计成交金额(万元)	累计涨跌幅(%)	期间振幅(%)	累计换手率
1	603399	新华龙	12.58	11.08	14.35	97267.32	1442483.43	-4.18	6.98	1535.15
2	603002	宏昌电子	6.98	6.32	8.01	141219.32	1164657.92	-0.84	5.45	1253.39
3	601996	丰林集团	7.65	5.51	7.53	224404.79	1736963.03	-27.34	7.76	1143.79
4	603993	洛阳钼业	8.4	6.7	9	221729.7	2088859.23	-14.38	11.4	1108.65
5	600209	罗顿发展	10.38	8.72	10.56	377807.5	4124551.57	-9.67	8.61	1006.69
6	600503	华丽家族	4.66	4.77	5.68	1102781.67	6407116.97	10.62	4.43	1003.01
7	601038	一拖股份	9.88	6.8	9.39	129394.15	1278992.7	-32.02	4.85	862.63
8	603003	龙宇燃油	10.26	6.98	9.71	43106.34	446457.42	-33.55	9.77	853.59
9	601231	环旭电子	11.87	15.63	14.91	87809.33	1367836.97	34.91	4.82	822.18
10	603766	隆鑫通用	8.77	7.12	9.23	64956.64	611342.16	-13.37	4.34	811.96
11	600732	上海新梅	7.03	3.94	6.28	323961.77	1983646.61	9.3	11.27	803.16
12	600200	江苏吴中	7.25	15.64	11.24	414203.18	5493210.52	85.7	5.44	793.36
13	600515	海岛建设	6.16	6.81	7.66	213813.82	1848972.38	17.08	9.34	724.27
14	600880	博瑞传播	9.72	17.63	11.46	298688.57	3786926.71	69.57	11.23	721.35
15	601012	隆基股份	6.91	9.52	8.39	127266.17	1120945.57	41.41	9.89	712.93
16	600692	亚通股份	5.98	6.26	7.21	171966.73	1326660.99	10.01	9.08	674.35
17	603000	人民网	38.03	43.91	41.39	44855.11	1926900.86	18.68	7.5	649.08
18	600765	中航重机	7.66	13.44	14.36	496765.1	7406733.62	67.78	7.07	638.51
19	601388	怡球资源	12.12	8.67	11.68	73486.8	897074.38	-27.59	6.21	630.25
20	601908	京运通	6.17	5.94	6.96	126720.22	912287.61	2.78	4.71	610.64

2013 年上半年沪市活跃股涨幅前 20 名

名次	股票代码	股票简称	开盘价	收盘价	平均价	累计成交量(万股)	累计成交金额(万元)	累计涨跌幅(%)	期间振幅(%)	累计换手率
1	600433	冠豪高新	9.14	15.77	19.04	199118.23	3846004.31	134.92	3.67	256.81
2	600389	江山股份	14.15	34.04	24.61	48793.35	1262530.04	98.16	8.23	246.43
3	600228	昌九生化	15	32.19	28.14	116944.41	3267541.03	91.65	10.3	484.6
4	600200	江苏吴中	7.25	15.64	11.24	414203.18	5493210.52	85.7	5.44	793.36
5	600388	龙净环保	22.25	22.67	33.91	133838.21	4462822.42	81.79	8.79	544.65
6	600771	东盛科技	9.05	17.43	14.53	41058.8	607399.6	70.77	5.27	239.03
7	600880	博瑞传播	9.72	17.63	11.46	298688.57	3786926.71	69.57	11.23	721.35
8	600867	通化东宝	9.48	14.89	13.19	115347.55	1556207.03	69.09	4.63	143.27
9	600765	中航重机	7.66	13.44	14.36	496765.1	7406733.62	67.78	7.07	638.51
10	600332	广州药业	19.98	34.26	30.63	165078.08	5208186.46	67.12	3.64	243.45
11	600804	鹏博士	6.03	10.59	8.73	570399.31	6118178.24	63.97	9.38	426.14
12	600486	扬农化工	20.13	35.12	27.46	36816.1	1058762.6	63.47	5.99	213.84
13	600637	百视通	15.92	28	19.14	144955.87	2946510.54	61.28	7.35	173.49

名次	股票代码	股票简称	开盘价	收盘价	平均价	累计成交量(万股)	累计成交金额(万元)	累计涨跌幅(%)	期间振幅(%)	累计换手率
14	600446	金证股份	6.73	11.65	9.2	81620.78	835140.96	60.49	12.37	311.84
15	600521	华海药业	11.48	15.25	15.59	135988.86	2140906.07	59.24	5.79	212.39
16	600817	ST 宏盛	–	8.28	13.6	30885.85	364306.41	58.07	4.2	274.82
17	600387	海越股份	8.72	14.64	12.77	89067.86	1149804.24	57.81	4.78	230.92
18	600874	创业环保	4.74	7.63	7.87	322533.75	2755509.03	56.03	7.54	296.66
19	600385	*ST 金泰	4.93	–	5.91	19544.04	126586.49	55.1	9.33	136.89
20	600633	浙报传媒	13.55	21.57	15.83	49594.15	838387.98	54.64	13.05	326.17

2013 年上半年沪市活跃股振幅前 20 名

名次	股票代码	股票简称	开盘价	收盘价	平均价	累计成交量(万股)	累计成交金额(万元)	累计涨跌幅(%)	期间振幅(%)	累计换手率
1	600732	上海新梅	7.03	3.94	6.28	323961.77	1983646.61	9.3	11.27	803.16
2	600228	昌九生化	15	32.19	28.14	116944.41	3267541.03	91.65	10.3	484.6
3	600388	龙净环保	22.25	22.67	33.91	133838.21	4462822.42	81.79	8.79	544.65
4	600490	中科合臣	14.85	9.08	18.18	53985.1	985895.93	-2.69	8.5	158.78
5	600389	江山股份	14.15	34.04	24.61	48793.35	1262530.04	98.16	8.23	246.43
6	600691	阳煤化工	15.97	8.46	18.64	21087.56	354861.57	33.33	7.95	133.67
7	600794	保税科技	11.3	6.31	10.79	88553.45	983720.28	10.7	7.57	290.16
8	600403	大有能源	20.72	8.52	20.87	37014.14	739972.61	-12.29	6.33	269.78
9	600200	江苏吴中	7.25	15.64	11.24	414203.18	5493210.52	85.7	5.44	793.36
10	600376	首开股份	13.45	5.55	9.57	222535.39	2090890.23	-39.23	5.31	133.97
11	600771	东盛科技	9.05	17.43	14.53	41058.8	607399.6	70.77	5.27	239.03
12	600575	芜湖港	7.1	2.39	5.91	63801.78	332146.9	-55.98	5.01	65.43
13	600425	青松建化	10	3.8	8.94	116222.21	1060512.55	-21.44	4.99	224.42
14	601218	吉鑫科技	7.7	3.3	7.9	52397.28	411960.53	-0.22	4.97	333.53
15	600967	北方创业	18.5	10.22	20.99	32005.51	678063.97	15.32	4.65	183.46
16	600397	安源煤业	12.98	4.5	10.49	78802.31	678025.7	-31.87	4.44	184.18
17	601700	风范股份	15.3	7.53	13.21	27939.58	385162.74	5.69	3.68	265.46
18	600433	冠豪高新	9.14	15.77	19.04	199118.23	3846004.31	134.92	3.67	256.81
19	601933	永辉超市	24.97	11.67	22.41	79045.52	1402904.46	-4.78	3.66	111.55
20	600221	海南航空	4.24	2.02	4.24	255611.48	1059326.3	0.52	3.35	61.7

2013 上半年上证所股票流通市值前 10 名

名次	股票代码	股票简称	流通市值总值(万元)	所占总市值的比例(%)
1	601857	中国石油	122918301.2	10.35
2	601398	工商银行	105665129.5	8.9
3	601988	中国银行	52987294.91	4.46
4	600028	中国石化	38059667.58	3.21
5	601628	中国人寿	28507412.57	2.4
6	601088	中国神华	27630898.3	2.33
7	600036	招商银行	20492711.83	1.73
8	600519	贵州茅台	19971468.66	1.68
9	600016	民生银行	19357575.25	1.63
10	601318	中国平安	16637559.89	1.4
所占总市值的比例总计:38.09%				

2013 上半年上证所股票市价总值前 10 名

名次	股票代码	股票简称	市价总值(万元)	所占总市值的比例(%)
1	601857	中国石油	123222701.2	8.82
2	601398	工商银行	105665129.5	7.56
3	601288	XD 农业银	72337602.3	5.18
4	601988	中国银行	52987294.91	3.79
5	600028	中国石化	38059667.58	2.72
6	601628	中国人寿	28507412.57	2.04

名次	股票代码	股票简称	市价总值(万元)	所占总市值的比例(%)
7	601088	中国神华	27935818.3	2
8	600036	招商银行	20492711.83	1.47
9	600519	贵州茅台	19971468.66	1.43
10	600016	民生银行	19357575.25	1.38
所占总市值的比例总计:36.39%				

上证50指数样本股的市值和比重

股票代码	股票简称	流通股数(万股)	流通市值(万元)	收盘价	占50指数权重(%)
600000	浦发银行	1492278	14803395	9.92	4.56
600010	包钢股份	642364	3468768	5.40	0.59
600015	华夏银行	499053	5165197	10.35	1.47
600016	民生银行	2258760	17753855	7.86	7.39
600019	宝钢股份	1712205	8372682	4.89	1.06
600028	中国石化	7003980	48467540	6.92	1.23
600030	中信证券	981466	13112388	13.36	3.85
600031	三一重工	703080	7445617	10.59	1.36
600036	招商银行	1766613	24290930	13.75	6.81
600048	保利地产	713799	9707672	13.60	2.39
600050	中国联通	2119660	7418809	3.50	1.25
600058	五矿发展	107191	1840471	17.17	0.31
600068	葛洲坝	348746	1914615	5.49	0.49
600104	上汽集团	917032	16176451	17.64	1.60
600111	包钢稀土	147947	5540615	37.45	2.31
600188	兖州煤业	36000	656280	18.23	0.45
600256	广汇能源	205411	3366694	16.39	1.45
600348	阳泉煤业	240500	3494465	14.53	0.72
600362	江西铜业	207525	4951540	23.86	0.81
600489	中金黄金	294323	4894589	16.63	1.03
600519	贵州茅台	103818	21700038	209.02	3.75
600547	山东黄金	142307	5430444	38.16	1.14
600585	海螺水泥	399970	7379451	18.45	1.56
600837	海通证券	809213	8294434	10.25	3.45
600887	伊利股份	158734	3488977	21.98	1.43
600900	长江电力	974594	6695462	6.87	1.44
601006	大秦铁路	1486679	10049951	6.76	1.72
601088	中国神华	1631104	41348481	25.35	3.48
601118	海南橡胶	98500	559480	5.68	0.28
601166	兴业银行	1078641	18002520	16.69	5.24
601169	北京银行	747307	6949959	9.30	2.02
601288	农业银行	2557059	7159765	2.80	2.96
601299	中国北车	1032006	4654345	4.51	0.79
601318	中国平安	478641	21677649	45.29	6.24
601328	交通银行	3270905	16158272	4.94	4.83
601398	工商银行	26252720	108948788	4.15	2.69
601600	中国铝业	958052	4914808	5.13	0.63
601601	中国太保	620829	13968646	22.50	2.84
601628	中国人寿	2082353	44562354	21.40	1.29
601668	中国建筑	3000000	11700000	3.90	2.45
601669	中国水电	300300	1147146	3.82	0.62
601699	潞安环能	230108	5037073	21.89	0.85
601766	中国南车	951600	4719936	4.96	0.74
601818	光大银行	1893479	5775111	3.05	1.54
601857	中国石油	16152208	146015958	9.04	1.33
601898	中煤能源	900698	7043456	7.82	0.60
601899	紫金矿业	1580380	6052857	3.83	1.28

股票代码	股票简称	流通股数(万股)	流通市值(万元)	收盘价	占50指数权重(%)
601901	方正证券	332724	1467311	4.41	0.34
601958	金钼股份	322596	3777598	11.71	0.47
601989	中国重工	1130794	5393889	4.77	0.86

上证180指数样本股的市值和比重

股票代码	股票简称	流通股数(万股)	流通市值(万元)	收盘价	占180指数权重(%)
600000	浦发银行	1492278	14803395	9.92	3.02
600005	武钢股份	1009378	2795977	2.77	0.31
600009	上海机场	109348	1362472	12.46	0.33
600010	包钢股份	642364	3468768	5.40	0.39
600011	华能国际	1000000	7140000	7.14	0.61
600015	华夏银行	499053	5165197	10.35	0.98
600016	民生银行	2258760	17753855	7.86	4.89
600019	宝钢股份	1712205	8372682	4.89	0.70
600028	中国石化	7003980	48467540	6.92	0.81
600029	南方航空	689875	2697411	3.91	0.38
600030	中信证券	981466	13112388	13.36	2.55
600031	三一重工	703080	7445617	10.59	0.90
600036	招商银行	1766613	24290930	13.75	4.51
600048	保利地产	713799	9707672	13.60	1.59
600050	中国联通	2119660	7418809	3.50	0.83
600058	五矿发展	107191	1840471	17.17	0.21
600060	海信电器	130665	1321018	10.11	0.22
600068	葛洲坝	348746	1914615	5.49	0.32
600072	中船股份	47843	665017	13.90	0.11
600085	同仁堂	130207	2320281	17.82	0.33
600089	特变电工	263556	1702572	6.46	0.48
600100	同方股份	198770	1486800	7.48	0.33
600104	上汽集团	917032	16176451	17.64	1.06
600108	亚盛集团	173699	1186365	6.83	0.26
600109	国金证券	100024	1784432	17.84	0.19
600111	包钢稀土	147947	5540615	37.45	1.53
600115	东方航空	778221	2731557	3.51	0.23
600118	中国卫星	91660	1121000	12.23	0.16
600123	兰花科创	114240	2317930	20.29	0.39
600125	铁龙物流	115616	831282	7.19	0.18
600132	重庆啤酒	48397	743864	15.37	0.13
600143	金发科技	263440	1419942	5.39	0.27
600150	中国船舶	137812	3202745	23.24	0.33
600151	航天机电	95747	514164	5.37	0.08
600158	中体产业	65750	379375	5.77	0.11
600160	巨化股份	140196	1295410	9.24	0.15
600166	福田汽车	137171	923158	6.73	0.27
600169	太原重工	242396	879896	3.63	0.17
600177	雅戈尔	196538	1552648	7.90	0.29
600188	兖州煤业	36000	656280	18.23	0.30
600196	复星医药	189962	1992701	10.49	0.33
600208	新湖中宝	625726	2696878	4.31	0.22
600216	浙江医药	45006	946021	21.02	0.15
600219	南山铝业	193415	1319093	6.82	0.22
600221	海南航空	334519	1415017	4.23	0.14
600239	云南城投	62595	541451	8.65	0.14
600251	冠农股份	36210	592396	16.36	0.08
600252	中恒集团	109175	996765	9.13	0.22
600256	广汇能源	205411	3366694	16.39	0.96

股票代码	股票简称	流通股数(万股)	流通市值(万元)	收盘价	占180指数权重(%)
600259	广晟有色	24940	1458491	58.48	0.20
600266	北京城建	88920	1324019	14.89	0.18
600271	航天信息	92340	1368479	14.82	0.22
600276	恒瑞医药	123432	3715294	30.10	0.52
600309	烟台万华	216233	3375405	15.61	0.47
600316	洪都航空	67645	928083	13.72	0.15
600325	华发股份	81705	694489	8.50	0.15
600331	宏达股份	103200	690408	6.69	0.15
600340	华夏幸福	34878	984604	28.23	0.27
600348	阳泉煤业	240500	3494465	14.53	0.48
600352	浙江龙盛	146842	891328	6.07	0.17
600362	江西铜业	207525	4951540	23.86	0.54
600366	宁波韵升	51450	816508	15.87	0.16
600369	西南证券	164187	1466188	8.93	0.29
600373	中文传媒	18750	267375	14.26	0.07
600376	首开股份	149468	1961014	13.12	0.26
600383	金地集团	447151	3138999	7.02	0.85
600395	盘江股份	165505	2816898	17.02	0.24
600406	国电南瑞	157554	2525588	16.03	0.41
600415	小商品城	272161	1807147	6.64	0.25
600418	江淮汽车	107287	732769	6.83	0.17
600489	中金黄金	294323	4894589	16.63	0.68
600497	驰宏锌锗	131010	1853785	14.15	0.26
600498	烽火通信	44286	1007952	22.76	0.15
600503	华丽家族	109948	511257	4.65	0.09
600516	方大炭素	127908	1135821	8.88	0.16
600518	康美药业	219871	2889111	13.14	0.57
600519	贵州茅台	103818	21700038	209.02	2.48
600535	天士力	51642	2854261	55.27	0.48
600547	山东黄金	142307	5430444	38.16	0.76
600549	厦门钨业	68198	2658358	38.98	0.29
600550	天威保变	137299	893817	6.51	0.12
600583	海油工程	388944	2283101	5.87	0.32
600585	海螺水泥	399970	7379451	18.45	1.03
600598	北大荒	177768	1450587	8.16	0.16
600600	青岛啤酒	69591	2300690	33.06	0.32
600614	鼎立股份	44676	521815	11.68	0.07
600636	三爱富	38195	505321	13.23	0.10
600641	万业企业	80616	343424	4.26	0.05
600642	申能股份	472877	2090118	4.42	0.35
600643	爱建股份	81785	648554	7.93	0.17
600649	城投控股	298752	1634175	5.47	0.22
600655	豫园商城	143732	1031997	7.18	0.23
600657	信达地产	152426	644762	4.23	0.05
600663	陆家嘴	135808	1616120	11.90	0.14
600664	哈药股份	105339	650995	6.18	0.17
600674	川投能源	197267	1649151	8.36	0.23
600675	中华企业	155588	823062	5.29	0.16
600690	青岛海尔	268513	3598071	13.40	0.59
600703	三安光电	120511	1648586	13.68	0.27
600736	苏州高新	105788	499320	4.72	0.08
600739	辽宁成大	136471	2045700	14.99	0.56
600741	华域汽车	258320	2888018	11.18	0.32
600747	大连控股	106433	488527	4.59	0.13
600759	正和股份	121602	639628	5.26	0.09
600770	综艺股份	108210	669820	6.19	0.12
600773	西藏城投	53964	619506	11.48	0.07

股票代码	股票简称	流通股数(万股)	流通市值(万元)	收盘价	占180指数权重(%)
600795	国电电力	1395461	3670062	2.63	0.55
600804	鹏博士	133851	797753	5.96	0.22
600809	山西汾酒	86585	3607124	41.66	0.30
600811	东方集团	166681	905075	5.43	0.20
600816	安信信托	45385	598628	13.19	0.12
600823	世茂股份	117060	1369597	11.70	0.11
600837	海通证券	809213	8294434	10.25	2.29
600839	四川长虹	461000	949660	2.06	0.21
600863	内蒙华电	57294	429701	7.50	0.16
600873	梅花集团	160755	872899	5.43	0.12
600875	东方电气	166386	2311102	13.89	0.26
600887	伊利股份	158734	3488977	21.98	0.95
600893	航空动力	108622	1371901	12.63	0.18
600895	张江高科	154869	1087180	7.02	0.15
600900	长江电力	974594	6695462	6.87	0.95
600970	中材国际	109330	1346942	12.32	0.15
600971	恒源煤电	100000	1288005	12.88	0.18
600999	招商证券	466110	4917460	10.55	0.68
601001	大同煤业	167370	1546499	9.24	0.17
601002	晋亿实业	73847	759886	10.29	0.11
601006	大秦铁路	1486679	10049951	6.76	1.14
601009	南京银行	296893	2731419	9.20	0.53
601088	中国神华	1631104	41348481	25.35	2.31
601099	太平洋	165364	904544	5.47	0.10
601101	昊华能源	42582	567194	13.32	0.18
601106	中国一重	229000	645780	2.82	0.20
601111	中国国航	819974	4919843	6.00	0.41
601117	中国化学	152900	1259896	8.24	0.45
601118	海南橡胶	98500	559480	5.68	0.19
601158	重庆水务	50000	265500	5.31	0.14
601166	兴业银行	1078641	18002520	16.69	3.47
601168	西部矿业	238300	1868272	7.84	0.41
601169	北京银行	747307	6949959	9.30	1.34
601179	中国西电	146700	510516	3.48	0.17
601186	中国铁建	1001625	5879536	5.87	0.51
601233	桐昆股份	44216	317915	7.19	0.06
601288	农业银行	2557059	7159765	2.80	1.96
601299	中国北车	1032006	4654345	4.51	0.52
601311	骆驼股份	29933	261915	8.75	0.04
601318	中国平安	478641	21677649	45.29	4.13
601328	交通银行	3270905	16158272	4.94	3.20
601336	新华保险	110058	3171874	28.82	0.12
601377	兴业证券	158008	1940341	12.28	0.53
601390	中国中铁	1662501	5054003	3.04	0.44
601398	工商银行	26252720	108948788	4.15	1.78
601555	东吴证券	122138	984432	8.06	0.14
601600	中国铝业	958052	4914808	5.13	0.41
601601	中国太保	620829	13968646	22.50	1.88
601607	上海医药	107053	1189356	11.11	0.30
601618	中国中冶	1623900	3670014	2.26	0.31
601628	中国人寿	2082353	44562354	21.40	0.85
601633	长城汽车	30424	721056	23.70	0.26
601666	平煤股份	236117	2016435	8.54	0.28
601668	中国建筑	3000000	11700000	3.90	1.62
601669	中国水电	300300	1147146	3.82	0.41
601688	华泰证券	222842	2183855	9.80	0.45
601699	潞安环能	230108	5037073	21.89	0.56

股票代码	股票简称	流通股数(万股)	流通市值(万元)	收盘价	占180指数权重(%)
601717	郑煤机	82880	855322	10.32	0.24
601766	中国南车	951600	4719936	4.96	0.49
601788	光大证券	341800	4819380	14.10	0.52
601808	中海油服	291047	4773168	16.40	0.27
601818	光大银行	1893479	5775111	3.05	1.02
601857	中国石油	16152208	146015958	9.04	0.88
601898	中煤能源	900698	7043456	7.82	0.40
601899	紫金矿业	1580380	6052857	3.83	0.84
601901	方正证券	332724	1467311	4.41	0.23
601919	中国远洋	747595	3296894	4.41	0.28
601928	凤凰传媒	65900	446802	6.78	0.15
601939	建设银行	959366	4413083	4.60	1.22
601958	金钼股份	322596	3777598	11.71	0.31
601988	中国银行	19552506	57093319	2.92	0.55
601989	中国重工	1130794	5393889	4.77	0.57
601992	金隅股份	126655	1025906	8.10	0.21
601998	中信银行	3169133	13595580	4.29	0.32

上证380指数样本股的市值和比重

股票代码	股票简称	流通股数(万股)	流通市值(万元)	收盘价(元)	占380指数权重(%)
600004	白云机场	115000	815350	7.09	0.28
600006	东风汽车	200000	598000	2.99	0.21
600008	首创股份	220000	961400	4.37	0.41
600012	皖通高速	116560	470902	4.04	0.12
600017	日照港	263063	760253	2.89	0.30
600018	上港集团	2099080	5520580	2.63	0.48
600021	上海电力	213974	992839	4.64	0.25
600022	山东钢铁	534316	1170152	2.19	0.36
600026	中海发展	210855	978368	4.64	0.25
600027	华电国际	534006	2103982	3.94	0.61
600033	福建高速	133975	298764	2.23	0.26
600038	哈飞股份	33735	634893	18.82	0.26
600039	四川路桥	54720	354038	6.47	0.24
600051	宁波联合	30240	211982	7.01	0.15
600054	黄山旅游	11762	147966	12.58	0.14
600056	中国医药	31096	627824	20.19	0.21
600059	古越龙山	60399	689753	11.42	0.37
600062	华润双鹤	57170	1297750	22.70	0.67
600063	皖维高新	149785	396931	2.65	0.24
600066	宇通客车	67366	1697625	25.20	1.03
600067	冠城大通	117680	771983	6.56	0.38
600069	银鸽投资	82537	430845	5.22	0.26
600070	浙江富润	18288	139719	7.64	0.10
600071	凤凰光学	23747	144621	6.09	0.09
600075	新疆天业	43859	293857	6.70	0.15
600078	澄星股份	66257	561199	8.47	0.29
600079	人福医药	44522	1041362	23.39	0.79
600081	东风科技	31356	203814	6.50	0.07
600088	中视传媒	33142	310211	9.36	0.13
600096	云天化	69363	898950	12.96	0.30
600097	开创国际	11545	142003	12.30	0.11
600098	广州发展	205920	1560874	7.58	0.35
600101	明星电力	32418	301162	9.29	0.18
600105	永鼎股份	38095	199620	5.24	0.12
600106	重庆路桥	90774	363097	4.00	0.25

股票代码	股票简称	流通股数(万股)	流通市值(万元)	收盘价(元)	占380指数权重(%)
600110	中科英华	115031	415263	3.61	0.36
600112	长征电气	50920	541794	10.64	0.32
600113	浙江东日	31860	320830	10.07	0.16
600114	东睦股份	10768	86035	7.99	0.08
600116	三峡水利	24753	300258	12.13	0.19
600117	西宁特钢	74122	365421	4.93	0.19
600120	浙江东方	50547	432180	8.55	0.22
600121	郑州煤电	62914	482550	7.67	0.25
600122	宏图高科	113279	453116	4.00	0.31
600128	弘业股份	24677	215922	8.75	0.15
600131	岷江水电	39737	211399	5.32	0.14
600133	东湖高新	42662	236772	5.55	0.17
600138	中青旅	41535	661237	15.92	0.56
600139	西部资源	56150	539601	9.61	0.27
600141	兴发集团	35980	649071	18.04	0.45
600152	维科精华	29349	128550	4.38	0.07
600153	建发股份	223775	1573139	7.03	0.77
600157	永泰能源	106275	1000045	9.41	0.57
600161	天坛生物	48825	607383	12.44	0.28
600170	上海建工	70491	550536	7.81	0.47
600171	上海贝岭	67381	320059	4.75	0.22
600172	黄河旋风	49668	336748	6.78	0.19
600175	美都控股	137128	396300	2.89	0.21
600176	中国玻纤	64109	650704	10.15	0.29
600183	生益科技	140051	589614	4.21	0.26
600184	光电股份	9795	190219	19.42	0.10
600185	格力地产	57759	402006	6.96	0.17
600190	锦州港	133898	491406	3.67	0.17
600193	创兴资源	32721	394942	12.07	0.23
600195	中牧股份	39000	492180	12.62	0.21
600197	伊力特	44100	668115	15.15	0.29
600199	金种子酒	55578	1067644	19.21	0.63
600200	江苏吴中	52209	375904	7.20	0.39
600201	金宇集团	28081	400442	14.26	0.27
600210	紫江企业	143674	504294	3.51	0.35
600226	升华拜克	40555	243330	6.00	0.15
600227	赤天化	93134	339938	3.65	0.24
600231	凌钢股份	80400	381901	4.75	0.16
600233	大杨创世	16500	137610	8.34	0.07
600236	桂冠电力	112779	448860	3.98	0.31
600240	华业地产	141900	682539	4.81	0.33
600249	两面针	45000	207450	4.61	0.14
600255	鑫科材料	44950	253518	5.64	0.17
600257	大湖股份	42705	284842	6.67	0.20
600258	首旅股份	23140	262639	11.35	0.09
600260	凯乐科技	52764	485956	9.21	0.33
600261	阳光照明	44470	385107	8.66	0.19
600262	北方股份	6600	91674	13.89	0.08
600267	海正药业	83971	1250327	14.89	0.64
600268	国电南自	63525	371619	5.85	0.16
600269	赣粤高速	233541	798709	3.42	0.34
600270	外运发展	33084	234568	7.09	0.22
600277	亿利能源	153329	910774	5.94	0.16
600278	东方创业	41600	252928	6.08	0.08
600279	重庆港九	15074	94663	6.28	0.07
600280	南京中商	14354	514167	35.82	0.22
600282	南钢股份	168480	397613	2.36	0.16

股票代码	股票简称	流通股数(万股)	流通市值(万元)	收盘价(元)	占380指数权重(%)
600283	钱江水利	28533	254514	8.92	0.12
600284	浦东建设	49824	436956	8.77	0.30
600285	羚锐制药	20072	216376	10.78	0.19
600289	亿阳信通	56738	329080	5.80	0.23
600290	华仪电气	51518	262228	5.09	0.16
600292	九龙电力	33450	420801	12.58	0.21
600295	鄂尔多斯	61200	544068	8.89	0.19
600298	安琪酵母	29499	481712	16.33	0.23
600300	维维股份	167200	1152008	6.89	0.50
600303	曙光股份	57451	251634	4.38	0.17
600307	酒钢宏兴	409136	1341965	3.28	0.23
600308	华泰股份	116756	405144	3.47	0.24
600310	桂东电力	27593	282823	10.25	0.12
600312	平高电气	81897	595388	7.27	0.41
600315	上海家化	42300	2156879	50.99	1.38
600318	巢东股份	24200	268378	11.09	0.14
600322	天房发展	110570	427906	3.87	0.28
600323	南海发展	48792	318126	6.52	0.23
600326	西藏天路	54720	477706	8.73	0.28
600327	大东方	52171	239466	4.59	0.12
600328	兰太实业	35912	238095	6.63	0.12
600329	中新药业	53343	565440	10.60	0.19
600330	天通股份	58882	310896	5.28	0.21
600332	广州药业	59100	1147722	19.42	0.39
600333	长春燃气	46152	388138	8.41	0.17
600337	美克股份	58637	331887	5.66	0.18
600339	天利高新	57815	269998	4.67	0.16
600343	航天动力	23968	233931	9.76	0.12
600345	长江通信	19800	233442	11.79	0.12
600350	山东高速	336380	1126873	3.35	0.27
600351	亚宝药业	63295	337996	5.34	0.25
600360	华微电子	67808	254958	3.76	0.18
600363	联创光电	37081	252519	6.81	0.18
600367	红星发展	29120	298480	10.25	0.15
600368	五洲交通	83380	320180	3.84	0.14
600371	万向德农	17050	242963	14.25	0.08
600375	华菱星马	18748	165921	8.85	0.12
600377	宁沪高速	376884	1963565	5.21	0.34
600380	健康元	154584	695626	4.50	0.24
600382	广东明珠	34175	242982	7.11	0.17
600387	海越股份	38571	332482	8.62	0.23
600388	龙净环保	21026	460478	21.90	0.32
600403	大有能源	12747	262455	20.59	0.41
600409	三友化工	140870	535308	3.80	0.24
600410	华胜天成	63745	404778	6.35	0.25
600416	湘电股份	60848	310327	5.10	0.19
600420	现代制药	28773	366285	12.73	0.19
600422	昆明制药	31370	610777	19.47	0.32
600423	柳化股份	39935	221239	5.54	0.13
600425	青松建化	47870	473429	9.89	0.28
600426	华鲁恒升	95363	739059	7.75	0.44
600428	中远航运	169045	664345	3.93	0.28
600432	吉恩镍业	81112	1095014	13.50	0.44
600433	冠豪高新	55314	505570	9.14	0.23
600435	北方导航	74466	615834	8.27	0.27
600436	片仔癀	14000	1524880	108.92	0.64
600438	通威股份	68752	459951	6.69	0.20

股票代码	股票简称	流通股数(万股)	流通市值(万元)	收盘价(元)	占380指数权重(%)
600439	瑞贝卡	94332	413175	4.38	0.25
600446	金证股份	26114	174439	6.68	0.09
600449	宁夏建材	25077	229452	9.15	0.22
600456	宝钛股份	43027	763291	17.74	0.32
600458	时代新材	45368	592054	13.05	0.41
600459	贵研铂业	15285	282309	13.47	0.15
600460	士兰微	86816	324692	3.74	0.14
600467	好当家	72002	527052	7.32	0.23
600468	百利电气	45619	483564	10.60	0.16
600469	风神股份	37494	328074	8.75	0.17
600470	六国化工	52160	478829	9.18	0.32
600475	华光股份	25600	257536	10.06	0.13
600477	杭萧钢构	33639	151374	4.50	0.12
600478	科力远	31482	707094	22.46	0.47
600479	千金药业	30482	365783	12.00	0.22
600480	凌云股份	35673	233305	6.54	0.14
600481	双良节能	81010	562212	6.94	0.19
600487	亨通光电	16612	341377	20.55	0.22
600488	天药股份	54289	288275	5.31	0.15
600491	龙元建设	94760	538237	5.68	0.28
600495	晋西车轴	30224	428573	14.18	0.26
600496	精工钢构	58657	471013	8.03	0.27
600499	科达机电	63201	553642	8.76	0.34
600500	中化国际	143759	830927	5.78	0.35
600501	航天晨光	20629	165444	8.02	0.16
600502	安徽水利	33462	391505	11.70	0.33
600507	方大特钢	130053	505906	3.89	0.17
600508	上海能源	72272	1162853	16.09	0.40
600509	天富热电	65570	529803	8.08	0.27
600510	黑牡丹	25502	199935	7.84	0.21
600511	国药股份	27764	404526	14.57	0.36
600513	联环药业	15210	130958	8.61	0.08
600517	置信电气	61871	853813	13.80	0.43
600521	华海药业	54568	622079	11.40	0.27
600522	中天科技	70450	555854	7.89	0.37
600523	贵航股份	19602	189358	9.66	0.11
600525	长园集团	86351	545738	6.32	0.28
600527	江南高纤	80209	371367	4.63	0.21
600528	中铁二局	145920	974746	6.68	0.42
600531	豫光金铅	29525	505765	17.13	0.26
600536	中国软件	22569	238558	10.57	0.10
600537	亿晶光电	23003	183337	7.97	0.13
600543	莫高股份	32112	320478	9.98	0.22
600545	新疆城建	67579	419663	6.21	0.29
600546	山煤国际	99123	2017149	20.35	0.34
600548	深高速	143327	487312	3.40	0.08
600557	康缘药业	30711	638783	20.80	0.52
600559	老白干酒	14000	517860	36.99	0.31
600560	金自天正	22365	165498	7.40	0.09
600561	江西长运	18572	156008	8.40	0.09
600563	法拉电子	22500	334575	14.87	0.14
600570	恒生电子	62375	699224	11.21	0.44
600572	康恩贝	70096	683432	9.75	0.33
600575	芜湖港	71160	505948	7.11	0.30
600577	精达股份	72113	337491	4.68	0.17
600578	京能热电	76739	574005	7.48	0.25
600580	卧龙电气	68773	270965	3.94	0.19

股票代码	股票简称	流通股数(万股)	流通市值(万元)	收盘价(元)	占380指数权重(%)
600581	八一钢铁	76645	454504	5.93	0.19
600582	天地科技	121392	1377799	11.35	0.46
600584	长电科技	85313	361729	4.24	0.31
600586	金晶科技	96711	330751	3.42	0.29
600587	新华医疗	17405	541479	31.11	0.37
600588	用友软件	97908	965377	9.86	0.41
600589	广东榕泰	60173	332155	5.52	0.20
600592	龙溪股份	30000	198000	6.60	0.10
600594	益佰制药	35276	705863	20.01	0.44
600595	中孚实业	151487	748348	4.94	0.32
600596	新安股份	67918	509388	7.50	0.35
600597	光明乳业	104189	1024180	9.83	0.30
600601	方正科技	219489	520189	2.37	0.45
600606	金丰投资	51832	321877	6.21	0.19
600611	大众交通	104221	503388	4.83	0.26
600612	老凤祥	22605	487128	21.55	0.23
600616	金枫酒业	43867	388224	8.85	0.23
600619	海立股份	31857	207392	6.51	0.06
600622	嘉宝集团	51430	356927	6.94	0.24
600623	双钱股份	64637	541010	8.37	0.05
600624	复旦复华	34516	186729	5.41	0.13
600626	申达股份	71024	243613	3.43	0.15
600628	新世界	53180	358965	6.75	0.25
600633	浙报传媒	15205	205269	13.50	0.15
600635	大众公用	164487	680976	4.14	0.46
600637	百视通	83552	1325963	15.87	0.76
600638	新黄浦	56116	566776	10.10	0.39
600639	浦东金桥	65665	590984	9.00	0.20
600644	乐山电力	32648	297097	9.10	0.18
600648	外高桥	81022	778625	9.61	0.07
600650	锦江投资	39056	265971	6.81	0.11
600651	飞乐音响	73907	347361	4.70	0.30
600658	电子城	58010	444935	7.67	0.11
600660	福耀玻璃	196320	1721723	8.77	1.03
600662	强生控股	54904	217421	3.96	0.21
600666	西南药业	29015	186274	6.42	0.11
600667	太极实业	119127	457449	3.84	0.28
600668	尖峰集团	34372	346818	10.09	0.29
600673	东阳光铝	82261	621895	7.56	0.16
600676	交运股份	73140	302798	4.14	0.15
600683	京投银泰	74078	377797	5.10	0.15
600684	珠江实业	31610	472564	14.95	0.29
600685	广船国际	43846	543695	12.40	0.23
600686	金龙汽车	44260	299638	6.77	0.18
600688	S上石化	72000	380880	5.29	0.44
600693	东百集团	29901	216784	7.25	0.17
600694	大商股份	29372	1035946	35.27	0.89
600697	欧亚集团	15516	343671	22.15	0.24
600702	沱牌舍得	33730	971761	28.81	0.58
600704	物产中大	67455	492424	7.30	0.34
600710	常林股份	64028	268919	4.20	0.14
600712	南宁百货	53715	247625	4.61	0.13
600717	天津港	167477	1011561	6.04	0.43
600718	东软集团	122759	944020	7.69	0.57
600720	祁连山	59705	632871	10.60	0.42
600724	宁波富达	144494	1062033	7.35	0.27
600725	云维股份	61624	256354	4.16	0.11

股票代码	股票简称	流通股数(万股)	流通市值(万元)	收盘价(元)	占380指数权重(%)
600729	重庆百货	13617	348448	25.59	0.31
600737	中粮屯河	80560	422137	5.24	0.23
600742	一汽富维	21152	374396	17.70	0.26
600743	华远地产	85242	337560	3.96	0.16
600748	上实发展	108337	926282	8.55	0.31
600750	江中药业	31115	613588	19.72	0.31
600754	锦江股份	44724	633293	14.16	0.22
600755	厦门国贸	133084	589560	4.43	0.35
600761	安徽合力	51401	459529	8.94	0.27
600765	中航重机	77800	592060	7.61	0.29
600776	东方通信	95600	414904	4.34	0.14
600778	友好集团	30884	331690	10.74	0.28
600779	水井坊	29532	572042	19.37	0.58
600780	通宝能源	87294	584870	6.70	0.26
600782	新钢股份	139343	574093	4.12	0.15
600783	鲁信创投	40456	447036	11.05	0.21
600784	鲁银投资	49661	257246	5.18	0.22
600785	新华百货	20743	301813	14.55	0.18
600787	中储股份	84010	649399	7.73	0.33
600790	轻纺城	61878	378072	6.11	0.25
600797	浙大网新	82171	354980	4.32	0.25
600801	华新水泥	55621	843773	15.17	0.31
600802	福建水泥	38187	278768	7.30	0.17
600805	悦达投资	70767	842125	11.90	0.57
600806	昆明机床	39019	179876	4.61	0.09
600807	天业股份	30789	220448	7.16	0.10
600808	马钢股份	596775	1241292	2.08	0.42
600810	神马股份	44228	241485	5.46	0.10
600815	厦工股份	77708	543182	6.99	0.23
600820	隧道股份	73352	667504	9.10	0.41
600822	上海物贸	39615	176682	4.46	0.06
600824	益民集团	73196	325724	4.45	0.19
600825	新华传媒	104489	508860	4.87	0.17
600827	友谊股份	124038	1064248	8.58	0.57
600828	成商集团	56885	284994	5.01	0.10
600829	三精制药	57989	522480	9.01	0.13
600830	香溢融通	45432	304396	6.70	0.18
600831	广电网络	56344	370179	6.57	0.22
600832	东方明珠	318633	1771602	5.56	0.76
600835	上海机电	80650	650042	8.06	0.28
600841	上柴股份	42129	472693	11.22	0.03
600845	宝信软件	22652	315086	13.91	0.05
600846	同济科技	62476	268647	4.30	0.19
600857	工大首创	22432	200766	8.95	0.12
600858	银座股份	47417	444296	9.37	0.29
600859	王府井	41764	1000670	23.96	0.47
600862	南通科技	60572	230174	3.80	0.15
600864	哈投股份	54638	310343	5.68	0.16
600866	星湖科技	54454	252664	4.64	0.17
600867	通化东宝	77621	737402	9.50	0.44
600872	中炬高新	79664	366453	4.60	0.31
600874	创业环保	108723	509910	4.69	0.17
600879	航天电子	81104	528799	6.52	0.35
600880	博瑞传播	41407	399165	9.64	0.36
600881	亚泰集团	189473	951155	5.02	0.81
600886	国投电力	351766	2026173	5.76	0.70
600888	新疆众和	52285	493050	9.43	0.22

股票代码	股票简称	流通股数(万股)	流通市值(万元)	收盘价(元)	占380指数权重(%)
600889	南京化纤	30707	141866	4.62	0.07
600897	厦门空港	29781	391025	13.13	0.13
600963	岳阳林纸	84316	344852	4.09	0.25
600966	博汇纸业	50458	238665	4.73	0.14
600967	北方创业	17323	317184	18.31	0.22
600975	新五丰	23436	144366	6.16	0.09
600976	武汉健民	15315	237386	15.50	0.17
600978	宜华木业	113700	559405	4.92	0.39
600979	广安爱众	59289	282217	4.76	0.17
600981	汇鸿股份	51611	200765	3.89	0.09
600983	合肥三洋	19670	149689	7.61	0.14
600990	四创电子	11760	191570	16.29	0.10
600993	马应龙	33088	463890	14.02	0.24
600995	文山电力	47853	266061	5.56	0.19
600997	开滦股份	123464	1261802	10.22	0.54
600998	九州通	53205	586850	11.03	0.27
601000	唐山港	104035	346437	3.33	0.17
601003	柳钢股份	256279	789340	3.08	0.14
601008	连云港	75660	263297	3.48	0.12
601010	文峰股份	12280	174253	14.19	0.18
601011	宝泰隆	12461	136070	10.92	0.14
601018	宁波港	308000	791560	2.57	0.85
601058	赛轮股份	19562	148280	7.58	0.07
601098	中南传媒	39800	355812	8.94	0.41
601100	恒立油缸	15750	177188	11.25	0.18
601107	四川成渝	216274	722355	3.34	0.19
601113	华鼎锦纶	30400	118864	3.91	0.06
601126	四方股份	15151	214991	14.19	0.15
601137	博威合金	9500	148010	15.58	0.09
601139	深圳燃气	190458	1815064	9.53	0.16
601177	杭齿前进	21306	196228	9.21	0.13
601208	东材科技	31707	203561	6.42	0.10
601216	内蒙君正	49836	309980	6.22	0.21
601218	吉鑫科技	13963	106677	7.64	0.06
601222	林洋电子	11400	124146	10.89	0.10
601258	庞大集团	71344	368848	5.17	0.23
601333	广深铁路	565224	1650453	2.92	0.70
601369	陕鼓动力	55310	498898	9.02	0.37
601518	吉林高速	61640	160879	2.61	0.11
601519	大智慧	50115	222009	4.43	0.16
601558	华锐风电	42040	221130	5.26	0.36
601566	九牧王	12293	198901	16.18	0.24
601567	三星电气	13428	110244	8.21	0.08
601636	旗滨集团	17050	115599	6.78	0.12
601677	明泰铝业	8080	91223	11.29	0.08
601678	滨化股份	21450	213857	9.97	0.17
601718	际华集团	115700	348257	3.01	0.30
601727	上海电气	985071	4009241	4.07	0.68
601777	力帆股份	32660	208700	6.39	0.16
601801	皖新传媒	21392	222049	10.38	0.16
601872	招商轮船	377674	966845	2.56	0.41
601877	正泰电器	29068	533980	18.37	0.47
601880	大连港	80841	228779	2.83	0.25
601886	江河幕墙	26033	567529	21.80	0.21
601888	中国国旅	88000	2412960	27.42	0.61
601890	亚星锚链	27783	206708	7.44	0.18
601908	京运通	20752	125549	6.05	0.09

股票代码	股票简称	流通股数(万股)	流通市值(万元)	收盘价(元)	占380指数权重(%)
601918	国投新集	185039	1770820	9.57	0.45
601933	永辉超市	49403	1245462	25.21	0.49
601991	大唐发电	989436	3987427	4.03	0.70
600004	白云机场	115000	815350	7.09	0.28
600006	东风汽车	200000	598000	2.99	0.21
600008	首创股份	220000	961400	4.37	0.41
600012	皖通高速	116560	470902	4.04	0.12
600017	日照港	263063	760253	2.89	0.30
600018	上港集团	2099080	5520580	2.63	0.48
600021	上海电力	213974	992839	4.64	0.25
600022	山东钢铁	534316	1170152	2.19	0.36
600026	中海发展	210855	978368	4.64	0.25
600027	华电国际	534006	2103982	3.94	0.61
600033	福建高速	133975	298764	2.23	0.26
600038	哈飞股份	33735	634893	18.82	0.26
600039	四川路桥	54720	354038	6.47	0.24
600051	宁波联合	30240	211982	7.01	0.15
600054	黄山旅游	11762	147966	12.58	0.14
600056	中国医药	31096	627824	20.19	0.21
600059	古越龙山	60399	689753	11.42	0.37
600062	华润双鹤	57170	1297750	22.70	0.67
600063	皖维高新	149785	396931	2.65	0.24
600066	宇通客车	67366	1697625	25.20	1.03
600067	冠城大通	117680	771983	6.56	0.38
600069	银鸽投资	82537	430845	5.22	0.26
600070	浙江富润	18288	139719	7.64	0.10
600071	凤凰光学	23747	144621	6.09	0.09
600075	新疆天业	43859	293857	6.70	0.15
600078	澄星股份	66257	561199	8.47	0.29
600079	人福医药	44522	1041362	23.39	0.79
600081	东风科技	31356	203814	6.50	0.07
600088	中视传媒	33142	310211	9.36	0.13
600096	云天化	69363	898950	12.96	0.30
600097	开创国际	11545	142003	12.30	0.11
600098	广州发展	205920	1560874	7.58	0.35
600101	明星电力	32418	301162	9.29	0.18
600105	永鼎股份	38095	199620	5.24	0.12
600106	重庆路桥	90774	363097	4.00	0.25
600110	中科英华	115031	415263	3.61	0.36
600112	长征电气	50920	541794	10.64	0.32
600113	浙江东日	31860	320830	10.07	0.16
600114	东睦股份	10768	86035	7.99	0.08
600116	三峡水利	24753	300258	12.13	0.19
600117	西宁特钢	74122	365421	4.93	0.19
600120	浙江东方	50547	432180	8.55	0.22
600121	郑州煤电	62914	482550	7.67	0.25
600122	宏图高科	113279	453116	4.00	0.31
600128	弘业股份	24677	215922	8.75	0.15
600131	岷江水电	39737	211399	5.32	0.14
600133	东湖高新	42662	236772	5.55	0.17
600138	中青旅	41535	661237	15.92	0.56
600139	西部资源	56150	539601	9.61	0.27
600141	兴发集团	35980	649071	18.04	0.45
600152	维科精华	29349	128550	4.38	0.07
600153	建发股份	223775	1573139	7.03	0.77
600157	永泰能源	106275	1000045	9.41	0.57
600161	天坛生物	48825	607383	12.44	0.28

股票代码	股票简称	流通股数(万股)	流通市值(万元)	收盘价(元)	占380指数权重(%)
600170	上海建工	70491	550536	7.81	0.47
600171	上海贝岭	67381	320059	4.75	0.22
600172	黄河旋风	49668	336748	6.78	0.19
600175	美都控股	137128	396300	2.89	0.21
600176	中国玻纤	64109	650704	10.15	0.29
600183	生益科技	140051	589614	4.21	0.26
600184	光电股份	9795	190219	19.42	0.10
600185	格力地产	57759	402006	6.96	0.17
600190	锦州港	133898	491406	3.67	0.17
600193	创兴资源	32721	394942	12.07	0.23
600195	中牧股份	39000	492180	12.62	0.21
600197	伊力特	44100	668115	15.15	0.29
600199	金种子酒	55578	1067644	19.21	0.63
600200	江苏吴中	52209	375904	7.20	0.39
600201	金宇集团	28081	400442	14.26	0.27
600210	紫江企业	143674	504294	3.51	0.35
600226	升华拜克	40555	243330	6.00	0.15
600227	赤天化	93134	339938	3.65	0.24
600231	凌钢股份	80400	381901	4.75	0.16
600233	大杨创世	16500	137610	8.34	0.07
600236	桂冠电力	112779	448860	3.98	0.31
600240	华业地产	141900	682539	4.81	0.33
600249	两面针	45000	207450	4.61	0.14
600255	鑫科材料	44950	253518	5.64	0.17
600257	大湖股份	42705	284842	6.67	0.20
600258	首旅股份	23140	262639	11.35	0.09
600260	凯乐科技	52764	485956	9.21	0.33
600261	阳光照明	44470	385107	8.66	0.19
600262	北方股份	6600	91674	13.89	0.08
600267	海正药业	83971	1250327	14.89	0.64
600268	国电南自	63525	371619	5.85	0.16
600269	赣粤高速	233541	798709	3.42	0.34
600270	外运发展	33084	234568	7.09	0.22
600277	亿利能源	153329	910774	5.94	0.16
600278	东方创业	41600	252928	6.08	0.08
600279	重庆港九	15074	94663	6.28	0.07
600280	南京中商	14354	514167	35.82	0.22
600282	南钢股份	168480	397613	2.36	0.16
600283	钱江水利	28533	254514	8.92	0.12
600284	浦东建设	49824	436956	8.77	0.30
600285	羚锐制药	20072	216376	10.78	0.19
600289	亿阳信通	56738	329080	5.80	0.23
600290	华仪电气	51518	262228	5.09	0.16
600292	九龙电力	33450	420801	12.58	0.21
600295	鄂尔多斯	61200	544068	8.89	0.19
600298	安琪酵母	29499	481712	16.33	0.23
600300	维维股份	167200	1152008	6.89	0.50
600303	曙光股份	57451	251634	4.38	0.17
600307	酒钢宏兴	409136	1341965	3.28	0.23
600308	华泰股份	116756	405144	3.47	0.24
600310	桂东电力	27593	282823	10.25	0.12
600312	平高电气	81897	595388	7.27	0.41
600315	上海家化	42300	2156879	50.99	1.38
600318	巢东股份	24200	268378	11.09	0.14
600322	天房发展	110570	427906	3.87	0.28
600323	南海发展	48792	318126	6.52	0.23
600326	西藏天路	54720	477706	8.73	0.28

股票代码	股票简称	流通股数(万股)	流通市值(万元)	收盘价(元)	占380指数权重(%)
600327	大东方	52171	239466	4.59	0.12
600328	兰太实业	35912	238095	6.63	0.12
600329	中新药业	53343	565440	10.60	0.19
600330	天通股份	58882	310896	5.28	0.21
600332	广州药业	59100	1147722	19.42	0.39
600333	长春燃气	46152	388138	8.41	0.17
600337	美克股份	58637	331887	5.66	0.18
600339	天利高新	57815	269998	4.67	0.16
600343	航天动力	23968	233931	9.76	0.12
600345	长江通信	19800	233442	11.79	0.12
600350	山东高速	336380	1126873	3.35	0.27
600351	亚宝药业	63295	337996	5.34	0.25
600360	华微电子	67808	254958	3.76	0.18
600363	联创光电	37081	252519	6.81	0.18
600367	红星发展	29120	298480	10.25	0.15
600368	五洲交通	83380	320180	3.84	0.14
600371	万向德农	17050	242963	14.25	0.08
600375	华菱星马	18748	165921	8.85	0.12
600377	宁沪高速	376884	1963565	5.21	0.34
600380	健康元	154584	695626	4.50	0.24
600382	广东明珠	34175	242982	7.11	0.17
600387	海越股份	38571	332482	8.62	0.23
600388	龙净环保	21026	460478	21.90	0.32
600403	大有能源	12747	262455	20.59	0.41
600409	三友化工	140870	535308	3.80	0.24
600410	华胜天成	63745	404778	6.35	0.25
600416	湘电股份	60848	310327	5.10	0.19
600420	现代制药	28773	366285	12.73	0.19
600422	昆明制药	31370	610777	19.47	0.32
600423	柳化股份	39935	221239	5.54	0.13
600425	青松建化	47870	473429	9.89	0.28
600426	华鲁恒升	95363	739059	7.75	0.44
600428	中远航运	169045	664345	3.93	0.28
600432	吉恩镍业	81112	1095014	13.50	0.44
600433	冠豪高新	55314	505570	9.14	0.23
600435	北方导航	74466	615834	8.27	0.27
600436	片仔癀	14000	1524880	108.92	0.64
600438	通威股份	68752	459951	6.69	0.20
600439	瑞贝卡	94332	413175	4.38	0.25
600446	金证股份	26114	174439	6.68	0.09
600449	宁夏建材	25077	229452	9.15	0.22
600456	宝钛股份	43027	763291	17.74	0.32
600458	时代新材	45368	592054	13.05	0.41
600459	贵研铂业	15285	282309	18.47	0.15
600460	士兰微	86816	324692	3.74	0.14
600467	好当家	72002	527052	7.32	0.23
600468	百利电气	45619	483564	10.60	0.16
600469	风神股份	37494	328074	8.75	0.17
600470	六国化工	52160	478829	9.18	0.32
600475	华光股份	25600	257536	10.06	0.13
600477	杭萧钢构	33639	151374	4.50	0.12
600478	科力远	31482	707094	22.46	0.47
600479	千金药业	30482	365783	12.00	0.22
600480	凌云股份	35673	233305	6.54	0.14
600481	双良节能	81010	562212	6.94	0.19
600487	亨通光电	16612	341377	20.55	0.22
600488	天药股份	54289	288275	5.31	0.15

股票代码	股票简称	流通股数(万股)	流通市值(万元)	收盘价(元)	占380指数权重(%)
600491	龙元建设	94760	538237	5.68	0.28
600495	晋西车轴	30224	428573	14.18	0.26
600496	精工钢构	58657	471013	8.03	0.27
600499	科达机电	63201	553642	8.76	0.34
600500	中化国际	143759	830927	5.78	0.35
600501	航天晨光	20629	165444	8.02	0.16
600502	安徽水利	33462	391505	11.70	0.33
600507	方大特钢	130053	505906	3.89	0.17
600508	上海能源	72272	1162853	16.09	0.40
600509	天富热电	65570	529803	8.08	0.27
600510	黑牡丹	25502	199935	7.84	0.21
600511	国药股份	27764	404526	14.57	0.36
600513	联环药业	15210	130958	8.61	0.08
600517	置信电气	61871	853813	13.80	0.43
600521	华海药业	54568	622079	11.40	0.27
600522	中天科技	70450	555854	7.89	0.37
600523	贵航股份	19602	189358	9.66	0.11
600525	长园集团	86351	545738	6.32	0.28
600527	江南高纤	80209	371367	4.63	0.21
600528	中铁二局	145920	974746	6.68	0.42
600531	豫光金铅	29525	505765	17.13	0.26
600536	中国软件	22569	238558	10.57	0.10
600537	亿晶光电	23003	183337	7.97	0.13
600543	莫高股份	32112	320478	9.98	0.22
600545	新疆城建	67579	419663	6.21	0.29
600546	山煤国际	99123	2017149	20.35	0.34
600548	深高速	143327	487312	3.40	0.08
600557	康缘药业	30711	638783	20.80	0.52
600559	老白干酒	14000	517860	36.99	0.31
600560	金自天正	22365	165498	7.40	0.09
600561	江西长运	18572	156008	8.40	0.09
600563	法拉电子	22500	334575	14.87	0.14
600570	恒生电子	62375	699224	11.21	0.44
600572	康恩贝	70096	683432	9.75	0.33
600575	芜湖港	71160	505948	7.11	0.30
600577	精达股份	72113	337491	4.68	0.17
600578	京能热电	76739	574005	7.48	0.25
600580	卧龙电气	68773	270965	3.94	0.19
600581	八一钢铁	76645	454504	5.93	0.19
600582	天地科技	121392	1377799	11.35	0.46
600584	长电科技	85313	361729	4.24	0.31
600586	金晶科技	96711	330751	3.42	0.29
600587	新华医疗	17405	541479	31.11	0.37
600588	用友软件	97908	965377	9.86	0.41
600589	广东榕泰	60173	332155	5.52	0.20
600592	龙溪股份	30000	198000	6.60	0.10
600594	益佰制药	35276	705863	20.01	0.44
600595	中孚实业	151487	748348	4.94	0.32
600596	新安股份	67918	509388	7.50	0.35
600597	光明乳业	104189	1024180	9.83	0.30
600601	方正科技	219489	520189	2.37	0.45
600606	金丰投资	51832	321877	6.21	0.19
600611	大众交通	104221	503388	4.83	0.26
600612	老凤祥	22605	487128	21.55	0.23
600616	金枫酒业	43867	388224	8.85	0.23
600619	海立股份	31857	207392	6.51	0.06
600622	嘉宝集团	51430	356927	6.94	0.24

股票代码	股票简称	流通股数(万股)	流通市值(万元)	收盘价(元)	占380指数权重(%)
600623	双钱股份	64637	541010	8.37	0.05
600624	复旦复华	34515	186729	5.41	0.13
600626	申达股份	71024	243613	3.43	0.15
600628	新世界	53180	358965	6.75	0.25
600633	浙报传媒	15205	205269	13.50	0.15
600635	大众公用	164487	680976	4.14	0.46
600637	百视通	83552	1325963	15.87	0.76
600638	新黄浦	56116	566776	10.10	0.39
600639	浦东金桥	65665	590984	9.00	0.20
600644	乐山电力	32648	297097	9.10	0.18
600648	外高桥	81022	778625	9.61	0.07
600650	锦江投资	39056	265971	6.81	0.11
600651	飞乐音响	73907	347361	4.70	0.30
600658	电子城	58010	444935	7.67	0.11
600660	福耀玻璃	196320	1721723	8.77	1.03
600662	强生控股	54904	217421	3.96	0.21
600666	西南药业	29015	186274	6.42	0.11
600667	太极实业	119127	457449	3.84	0.28
600668	尖峰集团	34372	346818	10.09	0.29
600673	东阳光铝	82261	621895	7.56	0.16
600676	交运股份	73140	302798	4.14	0.15
600683	京投银泰	74078	377797	5.10	0.15
600684	珠江实业	31610	472564	14.95	0.29
600685	广船国际	43846	543695	12.40	0.23
600686	金龙汽车	44260	299638	6.77	0.18
600688	S上石化	72000	380880	5.29	0.44
600693	东百集团	29901	216784	7.25	0.17
600694	大商股份	29372	1035946	35.27	0.89
600697	欧亚集团	15516	343671	22.15	0.24
600702	沱牌舍得	33730	971761	28.81	0.58
600704	物产中大	67455	492424	7.30	0.34
600710	常林股份	64028	268919	4.20	0.14
600712	南宁百货	53715	247625	4.61	0.13
600717	天津港	167477	1011561	6.04	0.43
600718	东软集团	122759	944020	7.69	0.57
600720	祁连山	59705	632871	10.60	0.42
600724	宁波富达	144494	1062033	7.35	0.27
600725	云维股份	61624	256354	4.16	0.11
600729	重庆百货	13617	348448	25.59	0.31
600737	中粮屯河	80550	422137	5.24	0.23
600742	一汽富维	21152	374396	17.70	0.26
600743	华远地产	85242	337560	3.96	0.16
600748	上实发展	108337	926282	8.55	0.31
600750	江中药业	31115	613588	19.72	0.31
600754	锦江股份	44724	633293	14.16	0.22
600755	厦门国贸	133084	589560	4.43	0.35
600761	安徽合力	51401	459529	8.94	0.27
600765	中航重机	77800	592060	7.61	0.29
600776	东方通信	95600	414904	4.34	0.14
600778	友好集团	30884	331690	10.74	0.28
600779	水井坊	29532	572042	19.37	0.58
600780	通宝能源	87294	584870	6.70	0.26
600782	新钢股份	139343	574093	4.12	0.15
600783	鲁信创投	40456	447036	11.05	0.21
600784	鲁银投资	49661	257246	5.18	0.22
600785	新华百货	20743	301813	14.55	0.18
600787	中储股份	84010	649399	7.73	0.33

股票代码	股票简称	流通股数(万股)	流通市值(万元)	收盘价(元)	占380指数权重(%)
600790	轻纺城	61878	378072	6.11	0.25
600797	浙大网新	82171	354980	4.32	0.25
600801	华新水泥	55621	843773	15.17	0.31
600802	福建水泥	38187	278768	7.30	0.17
600805	悦达投资	70767	842125	11.90	0.57
600806	昆明机床	39019	179876	4.61	0.09
600807	天业股份	30789	220448	7.16	0.10
600808	马钢股份	596775	1241292	2.08	0.42
600810	神马股份	44228	241485	5.46	0.10
600815	厦工股份	77708	543182	6.99	0.23
600820	隧道股份	73352	667504	9.10	0.41
600822	上海物贸	39615	176682	4.46	0.06
600824	益民集团	73196	325724	4.45	0.19
600825	新华传媒	104489	508860	4.87	0.17
600827	友谊股份	124038	1064248	8.58	0.57
600828	成商集团	56885	284994	5.01	0.10
600829	三精制药	57989	522480	9.01	0.13
600830	香溢融通	45432	304396	6.70	0.18
600831	广电网络	56344	370179	6.57	0.22
600832	东方明珠	318633	1771602	5.56	0.76
600835	上海机电	80650	650042	8.06	0.28
600841	上柴股份	42129	472693	11.22	0.03
600845	宝信软件	22652	315086	13.91	0.05
600846	同济科技	62476	268647	4.30	0.19
600857	工大首创	22432	200766	8.95	0.12
600858	银座股份	47417	444296	9.37	0.29
600859	王府井	41764	1000670	23.96	0.47
600862	南通科技	60572	230174	3.80	0.15
600864	哈投股份	54638	310343	5.68	0.16
600866	星湖科技	54454	252664	4.64	0.17
600867	通化东宝	77621	737402	9.50	0.44
600872	中炬高新	79664	366453	4.60	0.31
600874	创业环保	108723	509910	4.69	0.17
600879	航天电子	81104	528799	6.52	0.35
600880	博瑞传播	41407	399165	9.64	0.36
600881	亚泰集团	189473	951155	5.02	0.81
600886	国投电力	351766	2026173	5.76	0.70
600888	新疆众和	52285	493050	9.43	0.22
600889	南京化纤	30707	141866	4.62	0.07
600897	厦门空港	29781	391025	13.13	0.13
600963	岳阳林纸	84316	344852	4.09	0.25
600966	博汇纸业	50458	238665	4.73	0.14
600967	北方创业	17323	317184	18.31	0.22
600975	新五丰	23436	144366	6.16	0.09
600976	武汉健民	15315	237386	15.50	0.17
600978	宜华木业	113700	559405	4.92	0.39
600979	广安爱众	59289	282217	4.76	0.17
600981	汇鸿股份	51611	200765	3.89	0.09
600983	合肥三洋	19670	149689	7.61	0.14
600990	四创电子	11760	191570	16.29	0.10
600993	马应龙	33088	463890	14.02	0.24
600995	文山电力	47853	266061	5.56	0.19
600997	开滦股份	123464	1261802	10.22	0.54
600998	九州通	53205	586850	11.03	0.27
601000	唐山港	104035	346437	3.33	0.17
601003	柳钢股份	256279	789340	3.08	0.14
601008	连云港	75660	263297	3.48	0.12

股票代码	股票简称	流通股数(万股)	流通市值(万元)	收盘价(元)	占380指数权重(%)
601010	文峰股份	12280	174253	14.19	0.18
601011	宝泰隆	12461	136070	10.92	0.14
601018	宁波港	308000	791560	2.57	0.85
601058	赛轮股份	19562	148280	7.58	0.07
601098	中南传媒	39800	355812	8.94	0.41
601100	恒立油缸	15750	177188	11.25	0.18
601107	四川成渝	216274	722355	3.34	0.19
601113	华鼎锦纶	30400	118864	3.91	0.06
601126	四方股份	15151	214991	14.19	0.15
601137	博威合金	9500	148010	15.58	0.09
601139	深圳燃气	190458	1815064	9.53	0.16
601177	杭齿前进	21306	196228	9.21	0.13
601208	东材科技	31707	203561	6.42	0.10
601216	内蒙君正	49836	309980	6.22	0.21
601218	吉鑫科技	13963	106677	7.64	0.06
601222	林洋电子	11400	124146	10.89	0.10
601258	庞大集团	71344	368848	5.17	0.23
601333	广深铁路	565224	1650453	2.92	0.70
601369	陕鼓动力	55310	498898	9.02	0.37
601518	吉林高速	61640	160879	2.61	0.11
601519	大智慧	50115	222009	4.43	0.16
601558	华锐风电	42040	221130	5.26	0.36
601566	九牧王	12293	198901	15.18	0.24
601567	三星电气	13428	110244	8.21	0.08
601636	旗滨集团	17050	115599	6.78	0.12
601677	明泰铝业	8080	91223	11.29	0.08
601678	滨化股份	21450	213857	9.97	0.17
601718	际华集团	115700	348257	3.01	0.30
601727	上海电气	985071	4009241	4.07	0.68
601777	力帆股份	32660	208700	6.39	0.16
601801	皖新传媒	21392	222049	10.38	0.16
601872	招商轮船	377674	966845	2.56	0.41
601877	正泰电器	29068	533980	18.37	0.47
601880	大连港	80841	228779	2.83	0.25
601886	江河幕墙	26033	567529	21.80	0.21
601888	中国国旅	88000	2412960	27.42	0.61
601890	亚星锚链	27783	206708	7.44	0.18
601908	京运通	20752	125549	6.05	0.09
601918	国投新集	185039	1770820	9.57	0.45
601933	永辉超市	49403	1245462	25.21	0.49
601991	大唐发电	989436	3987427	4.03	0.70

上海证券交易所分类指数的股票数目

指数代码	指数简称	样本个数
000001	上证指数	998
000002	A 股指数	944
000003	B 股指数	54
000004	工业指数	637
000005	商业指数	63
000006	地产指数	24
000007	公用指数	103
000008	综合指数	171
000009	上证380	380
000010	上证180	180
000011	基金指数	41
000012	国债指数	124
000013	企债指数	864
000015	红利指数	50
000016	上证50	50
000017	新综指	935
000300	沪深300	300
000901	小康指数	100
000902	中证流通	2444
000903	中证100	100

2012 上证所年末上市公司行业分布及发行股数

行业	代码	公司数
农、林、牧、渔业	A	14
采矿业	B	36
制造业	C	499
电力、热力、燃气及水生产和供应业	D	51
建筑业	E	30
批发和零售业	F	89
交通运输、仓储和邮政业	G	58
住宿和餐饮业	H	2
信息传输、软件和信息技术服务业	I	25
金融业	J	31
房地产业	K	74
租赁和商务服务业	L	9
科学研究和技术服务业	M	1
水利、环境和公共设施管理业	N	6
教育	P	1
卫生和社会工作	Q	1
文化、体育和娱乐业	R	11
综合	S	16

2012 年上证所债券市场综述

2012 年，上交所债券市场取得飞速发展，债券挂牌只数、托管量和交易量均达到历史高值。

截至 2012 年底，上交所债券挂牌 1021 只，较 2011 年底增加 389 只，增幅 62%。债券托管量 10612 亿元，较 2011 年底增加 3280 亿元，增幅 45%。其中，国债 147 只，托管量 1738 亿元；地方债 44 只，托管量 3 亿元；公司债（含企业债）740 只，托管量 6477 亿元；可转债 16 只，托管量 1215 亿元；分离交易可转债 14 只，托管量 695 亿元；中小企业私募债券 44 只，托管量 44 亿元；其他证券（含保险公司债、证券公司债和资产支持证券）16 只，托管量 440 亿元。2012 年发行且在上交所上市的国债 29 只，地方债 18 只，公司债 374 只，可转债 4 只，中小企业私募债 44 只，其他证券 5 只。

从债券二级市场来看，2012 年上证国债指数继续保持 2011 年以来的上涨行情，呈现稳定缓慢上行趋势。从 2012 年初到年底，上证国债指数从 131.39 点上涨至 135.79 点，较年初上涨 4.4 点，涨幅 3.34%。2012 年信用债市场也呈现稳步上行趋势。上证企业债指数从年初的 148.48 点上涨至 159.60 点，上涨 11.12 点，涨幅 7.48%；上证公司债指数从年初的 131.69点上涨至 142.04 点，上涨 10.35 点，涨幅7.85%。

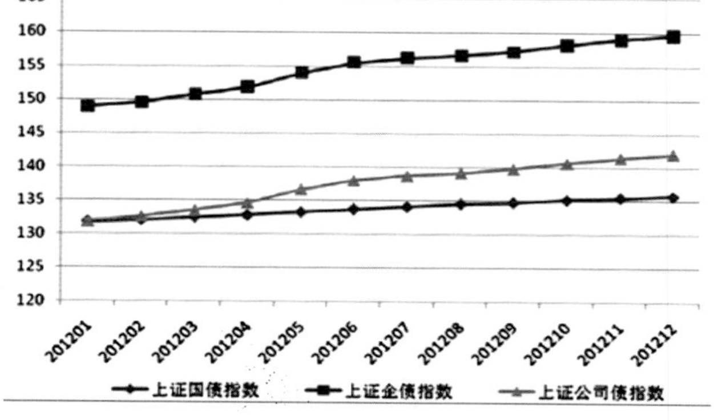

图 1　上证三项指数走势图

2012 年上交所债券总成交 38 万亿元，比 2011 年增加 17 万亿，增幅 80%，其中国债成交 905.56 亿元，公司债成交 4871.94 亿元，可转债成交 2177.36 亿元，分离交易可转债成交 448.24 亿元，债券回购成交 371375.86 亿元。

2012 年上交所大力推进债券市场发展，债券市场建设扎实推进，基础设施有效改善：一是着力抓债券市场“上规模”，全年债券市场挂牌量、托管量和交易量均创历史新高；二是成功推出中小企业私募债券；三是加大产品创新力度，丰富债券交易品种；实现了可转债计入回购质押库，设计了国债预发行等业务方案；四是切实落实投资者适当性管理；五是完善债券市场基础设施，包括发布债券收益率曲线、推出债券估值数据、持续推进系统整合、完善交易结算机制和设计本所债市风险监控指标体系等。

下一步，上交所将贯彻落实证监会关于大力发展债券市场、显著提高直接融资比重的战略要求，瞄准扩大债券市场规模这一中心，抓住债券产品创新和机构投资者扩容两条主线，推进完善债券市场基础设施、加强市场推介和组织、防范市场风险三个方面的基础性工作，促进债券市场结构和功能的完善，力争打开本所债券市场发展的新局面。

2012 年上海证券市场回顾

交易概貌

2012 年上交所各类证券成交总额 547535.23 亿元，同比增加 20.43%。其中，股票成交总额 164545.01 亿元，占证券成交总额的 30.05%；债券成交 379818.85 亿元，占证券成交总额的 69.37%；基金成交 3171.36 亿元，占证券成交总额的 0.58%。日均股票成交 677.14 亿元，同比减少 30.45%；日均债券成交 1563.04 亿元，同比增长 80.99%；日均基金成交 13.05 亿元，同比增长 9.76%。

2012 年，上证 50 指数开盘 1628.17 点，最高 1877.43 点，最低 1528.28 点，年底收于 1857.68 点，涨幅 14.84%。上证 180 指数开盘 5043.26 点，最高 5808.99 点，最低 4596.73 点，年底收于 5550.09 点，涨幅 10.80%。上证综指开盘 2211.99 点，最高 2478.38 点，最低 1949.46 点，年底收于 2269.13 点，涨幅 3.17%。

截至 2012 年底，上交所投资者开户数 10970 万户。

证券发行与上市

截至 2012 年底，上交所共有上市公司 954 家，2012 年新上市 26 家。上市股票数 998 只。股票市价总值 158698.44 亿元，涨幅 6.96%；流通市值 134294.45 亿元，涨幅 9.31%。上市公司总股本 24617.62 亿股，流通股本 19521.34 亿股，流通股本占总股本的 79.30%。

2012 年上交所市场筹资总额 4849 亿元，其中股票筹资 2890 亿元。股票市价总值、股票成交金额、筹资额在全球主要交易所中分别排名第 7、6、3 位。

市场概况

	2012 年	2011 年	2010 年
上市证券（年末）			
上市公司数	954	931	894
上市证券数	2098	1691	1500
上市股票数	998	975	938
新上市公司数	26	39	26
发行股本（亿股）	24617.62	23466.65	21939.51

上市公司数	954	931	394
流通股数(亿股)	19521.34	17993.80	16031.30
市价总值(亿元)	158698.44	148376.22	179007.24
流通市值(亿元)			
筹资总额	134294.45	122851.36	142337.44
A股	2890.31	3199.69	5532.14
B股	0	0	0
交易概况			
交易天数	243	244	242
全年成交金额(亿元)	547535.23	454651.56	398395.73
股票	164545.01	237560.45	304312.01
基金	3171.36	2901.41	4771.71
债券	379818.85	210714.87	74914.43
权证	0	3474.82	14397.58
其他	0	0	0
日均成交金额(亿元)	2253.23	1863.33	1646.26
日均股票成交金额(亿元)	677.14	973.61	1257.49
全年股票成交数量(亿股)	18948.94	21193.87	25964.43
日均股票成交数量(亿股)	77.98	86.86	107.29
全年股票成交笔数(万笔)	92554.96	127327.64	166149.08
日均股票成交股数(万笔)	380.89	521.84	686.57

股价指数

上证180指数年度最高	5808.99	7149.05	7835.96
上证180指数年度最低	4596.73	4852.71	5377.66
上证180指数年末收盘	5550.09	5009.29	6517.60
上证综合指数年度最高	2478.38	3067.46	3306.75
上证综合指数年度最低	1949.46	2134.02	2319.74
上证综合指数年末收盘	2269.13	2199.42	2808.08

市场比率

平均市盈率(倍)	12.30	13.40	2[illegible].61
换手率1(市值)%	78.57	93.72	135.40
换手率2(流通市值)%	101.60	124.80	198.47

2012年上海证券交易所大事记

5月21日　在本所上市的可转换公司债券可计入回购质押库。

5月22日　发布实施《上海证券交易所中小企业私募债券业务试点办法》和《上海证券交易所中小企业私募债券业务指引(试行)》。

5月28日　第一只跨市场交易所交易基金(ETF)——华泰柏瑞沪深300交易所交易基金(ETF)正式在本所上市交易,并在上市后一周纳入融资融券标的证券范围。

6月1日　本所下调A股证券交易经手费,收费标准由原按交易额0.11‰收取降为按0.087‰收取。

6月7日　本所官方微博——"上交所发布"同时在人民网、新华网、腾讯网和新浪网正式上线并进入试运行。

6月8日　中小企业私募债券首单在本所顺利发行,并在本所固定收益证券综合电子平台挂牌。

6月28日　本所正式发布《关于完善上海证券交易所上市公司退市制度的方案》。

7月7日《上海证券交易所股票上市规则(2012年修订)》正式发布。

8月27日　发布实施《上海证券交易所转融通证券出借交易实施办法(试行)》,转融通业务正式启动。

10月22日　本所首只跨境ETF——易方达恒生中国企业ETF成功上市。

12月10日　发布《约定购回式证券交易及登记结算业务办法》。

12月14日　发布实施《风险警示板股票交易暂行办法》、《退市公司股份转让系统股份转让暂行办法》等退市配套制度,有条件同意两家公司恢复上市。

第三节　深圳证券交易所

2012 年深圳证券市场概况

截至 2012.12.31

指标名称	数值	比年初±	增减(%)
上市公司数	1540	129	9.14
上市证券数	2190	252	13.00
总股本(亿股)	7216.00	937.54	14.93
流通股本(亿股)	5256.89	750.83	16.66
总市值(亿元)	71659.18	5277.31	7.95
流通市值(亿元)	47363.81	5293.87	12.58
总市值占 GDP 比重	15.15	-1.53	-9.17
深证成份指数	9116.48	197.66	2.22
深证综合指数	881.17	14.52	1.68
深证 B 股指数	711.23	144.19	25.43
加权平均股价(元/股)	9.93	-0.64	-6.05
平均市盈率	22.02	-1.09	-4.72
投资者开户总数(万)	10571.09	448.31	4.43
其中:机构开户总数	35.47	2.09	6.26
指标名称	数值	同比±	增减(%)
本年累计股票成交金额(亿元)	150122.41	-33966.87	-18.45
本年累计基金成交金额(亿元)	4952.49	1488.09	42.95
本年累计债券成交金额(亿元)	23584.79	17950.14	318.57
本年累计权证成交金额(亿元)	-	-	-
本年累计股票筹资额(亿元)	-2046.44	-2437.05	-54.36
其中:IPO 公司数(家)	129	-114.00	-46.91
IPO 筹资额(亿元)	700.75	-1109.67	-61.29
本年累计股票交易印花税(亿元)	150.12	-33.97	-18.45
本年累计新增投资者开户数(万)	462.47	-250.62	-35.15
其中:机构开户总数	2.49	-0.36	-12.63

2012 年中小企业板市场概况

截至 2012.12.31

指标名称	数值	比年初±	增减(%)
上市公司数	701	55	8.51
总股本(亿股)	2410.25	466.75	24.02
流通股本(亿股)	1486.39	361.74	32.16
总市值(亿元)	28804.03	1374.71	5.01
流通市值(亿元)	16244.15	1900.63	13.25
中小板指数 P	4236.60	-59.26	-1.38
加权平均股价(元/股)	11.95	-2.16	-15.30
平均市盈率	25.42	-2.84	-10.05
指标名称	数值	同比±	增减(%)
本年累计成交金额(亿元)	61891.45	-7135.01	-10.34
本年累计筹资额(亿元)	770.93	-711.22	-47.99
其中:IPO 公司数(家)	55	-60	-52.17
IPO 筹资额(亿元)	349.25	-669.70	-65.72
本年累计交易印花税(亿元)	61.89	-7.14	-10.34

2012 年创业板市场概况

截至 2012.12.31

指标名称	数值	比年初±	增减(%)
上市公司数	355	74	26.33
总股本(亿股)	600.89	201.36	50.40
流通股本(亿股)	242.05	99.83	70.20
总市值(亿元)	8731.20	1297.41	17.45
流通市值(亿元)	3335.29	831.21	33.19
创业板指数 P	713.86	-15.64	-2.14
加权平均股价(元/股)	14.53	-4.08	-21.92
平均市盈率	32.01	-5.61	-14.91
指标名称	数值	同比±	增减(%)
本年累计成交金额(亿元)	23304.63	4425.51	23.44
本年累计筹资额(亿元)	370.41	-422.97	-53.31
其中:IPO 公司数(家)	74	-54	-42.19
IPO 筹资额(亿元)	351.49	-439.98	-55.59
本年累计交易印花税(亿元)	23.30	4.42	23.41

2012 年度深市成交概况

2012 年 1 月－12 月份	交易日数	成交金额		成交数量		成交笔数	
		人民币元	占总计%	数量	单位	笔	占总计%
股票	243	15,012,240,700,694	84.03	1,393,211,630,732	股	935,569,504	95.21
主板 A 股	243	6,447,167,678,150	36.09	727,739,815,042	股	388,958,904	39.58
中小板	243	6,189,145,330,326	34.64	507,585,046,364	股	404,305,655	41.15
创业板	243	2,330,462,683,152	13.04	147,814,415,073	股	138,262,640	14.07
主板 B 股	243	45,465,009,066	0.25	10,072,354,253	股	4,042,305	0.41
基金	243	495,249,191,166	2.77	683,387,679,951	基金单位	15,718,004	1.6
ETFs	243	175,515,767,835	0.98	240,367,787,085	基金单位	3,065,743	0.31
LOFS	243	18,612,126,105	0.1	21,318,827,212	基金单位	645,649	0.07
分级基金	243	284,642,307,965	1.59	399,897,019,873	基金单位	10,730,941	1.09
封闭基金	243	16,478,989,260	0.09	21,804,045,781	基金单位	1,275,671	0.13
债券	243	2,358,479,160,322	13.2	23,565,239,880	张	31,328,200	3.19
国债	243	862,139,331	0	8,688,286	张	16,639	0
公司债	243	110,369,488,054	0.62	1,092,095,702	张	800,474	0.08
企业债	243	19,943,687,815	0.11	197,696,183	张	277,449	0.03
可转债	243	9,795,924,121	0.05	91,680,499	张	69,392	0.01
债券回购	243	2,217,507,921,000	12.41	22,175,079,210	张	30,164,246	3.07
权证		0	0	0	份	0	0
合计	243	17,865,969,052,182	100	2,100,164,550,563		982,615,708	100

2012 年度深市上市证券

2012 年 12 月底	上市数目	总发行股本	总流通股本	市价总值	流通市值
股票	1,581	721,599,678,183	525,688,882,672	7,165,918,184,921	4,736,380,917,138
主板 A 股	472	406,603,789,681	339,083,329,704	3,332,744,710,340	2,699,484,830,627
中小板	701	241,025,113,688	148,639,076,054	2,880,402,853,086	1,624,414,726,98[illegible]
创业板	355	60,089,470,389	24,205,218,564	873,12[illegible],459,338	333,528,626,420
主板 B 股	53	13,881,304,425	13,761,258,350	79,65[illegible],162,157	78,952,733,110
基金	228	173,456,910,729	173,158,692,606	168,775,463,531	168,538,900,844
ETFs	18	61,110,519,929	61,110,519,929	72,401,052,296	72,401,052,296
LOFs	97	22,245,965,734	22,197,747,611	20,657,761,156	20,617,208,470
分级基金	100	57,708,916,528	57,708,916,528	49,909,773,514	49,909,773,514
封闭基金	13	32,391,508,538	32,141,508,538	25,805,876,565	25,610,866,565
债券	381	5,767,984,696,900	163,410,718,900	5,769,913,283,895	165,084,041,512
国债	191	5,567,280,000,000	4,574,727,000	5,567,717,113,400	4,504,642,594

2012 年 12 月底	上市数目	总发行股本	总流通股本	市价总值	流通市值
公司债	133	136,859,993,000	136,859,993,000	138,435,119,275	138,435,119,275
企业债	43	60,493,000,000	18,624,295,000	60,436,269,140	18,814,497,563
可转债	5	3,351,703,900	3,351,703,900	3,329,782,081	3,329,782,081
债券回购	9	0	0	0	0
权证	0	0	0	0	0
合计	2,190	6,663,041,285,812	862,258,294,178	13,104,611,932,348	5,070,003,859,495

2012 年度深市股票行业分布

2012 年 12 月底	上市数目	总发行股本	总流通股本	市价总值	流通市值
合计	1581	721,599,678,183	525,688,882,672	7,165,918,184,921	4,736,380,917,138
农林牧渔	29	9,868,876,212	7,615,271,095	110,507,412,468	82,614,030,231
采掘业	26	17,160,521,536	13,883,741,489	245,510,652,646	189,211,530,195
制造业	1046	435,094,367,121	312,871,278,143	4,351,618,680,186	2,838,982,261,356
食品饮料	60	27,352,936,325	20,454,276,912	592,125,305,603	421,917,480,846
纺织服装	51	15,379,514,481	12,531,601,364	119,396,149,685	90,850,542,770
木材家具	9	3,638,008,513	2,411,446,928	28,665,370,524	14,775,262,469
造纸印刷	32	11,241,065,438	9,018,695,392	81,017,147,806	54,556,540,033
石化塑胶	183	64,809,267,624	45,690,722,856	566,496,193,683	335,964,407,557
电子	125	59,700,311,339	44,696,087,631	516,501,129,098	297,151,017,817
金属非金属	124	89,748,185,132	64,698,245,095	609,883,570,040	440,678,178,167
机械设备	350	127,348,038,681	89,234,298,347	1,242,392,656,607	808,218,119,627
医药生物	91	29,768,521,270	21,176,320,521	521,223,576,588	343,446,917,722
其他制造业	21	6,108,518,318	2,959,583,097	73,917,580,553	31,423,794,348
水电煤气	29	23,772,382,999	19,643,187,106	143,837,716,324	113,513,426,171
建筑业	27	11,731,882,839	7,613,820,179	182,319,543,387	111,100,155,849
运输仓储	28	14,218,521,374	12,882,075,579	78,529,118,448	69,632,242,170
信息技术	162	40,845,470,475	25,609,150,277	452,908,491,068	250,993,488,370
批发零售	64	33,592,787,885	24,299,549,063	297,034,217,038	194,946,217,456
金融保险	11	27,196,748,028	16,953,937,939	366,220,434,548	220,221,014,934
房地产业	64	62,444,102,645	52,696,451,840	486,934,396,423	392,062,719,616
社会服务	57	24,764,591,232	14,952,231,149	278,164,074,689	156,917,606,827
传播文化	19	8,080,218,569	4,234,880,410	98,261,483,689	45,203,853,490
综合类	19	12,829,207,268	12,433,308,403	74,071,964,006	70,982,370,473

2012 年度深市股票行业成交数据

2012 年 1 - 12 月份	交易天数	成交金额		成交股数		成交笔数	
		人民币元	占总计%	股数	占总计%	笔	占总计%
合计	243	15,012,240,700,694	100.00	1,393,211,630,732	100.00	935,569,504	100.00
农林牧渔	243	372,829,135,072	2.48	32,715,969,171	2.35	24,813,918	2.65
采掘业	243	595,491,673,401	3.97	36,224,078,632	2.60	33,283,610	3.56
制造业	243	9,520,711,746,118	63.42	868,118,047,538	62.31	602,426,367	64.39
食品饮料	243	950,517,735,541	6.33	47,499,161,370	3.41	44,214,488	4.73
纺织服装	243	249,392,985,577	1.66	27,357,617,763	1.96	17,089,852	1.83
木材家具	243	87,190,267,043	0.58	13,540,209,179	0.97	6,476,808	0.69
造纸印刷	243	182,960,110,080	1.22	22,097,917,543	1.59	13,207,300	1.41
石化塑胶	243	1,415,169,386,059	9.43	146,077,547,608	10.48	94,688,744	10.12
电子	243	1,297,217,483,189	8.64	133,817,066,272	9.60	80,706,392	8.63
金属非金属	243	1,438,190,374,418	9.58	145,531,906,614	10.45	95,828,606	10.24
机械设备	243	2,793,265,969,193	18.61	258,035,924,514	18.52	185,307,004	19.81
医药生物	243	939,077,022,609	6.26	59,736,684,137	4.29	53,055,081	5.67
其他制造业	243	167,730,412,410	1.12	14,424,012,538	1.04	11,852,092	1.27
水电煤气	243	182,376,196,474	1.21	27,459,544,032	1.97	13,763,791	1.47
建筑业	243	273,927,859,042	1.82	19,332,923,507	1.39	15,973,288	1.71
运输仓储	243	150,418,270,538	1.00	21,793,388,248	1.56	11,868,370	1.27
信息技术	243	1,144,695,865,454	7.63	84,439,757,680	6.06	71,696,235	7.66
批发零售	243	525,547,664,705	3.50	62,535,133,497	4.49	32,580,809	3.48

2012年1－12月份	交易天数	成交金额		成交股数		成交笔数	
		人民币元	占总计%	股数	占总计%	笔	占总计%
金融保险	243	546,155,663,307	3.64	41,774,923,493	3.00	26,221,118	2.80
房地产业	243	722,362,520,501	4.81	109,892,582,737	7.89	44,938,071	4.80
社会服务	243	524,934,193,636	3.50	46,293,618,167	3.32	31,778,753	3.40
传播文化	243	245,707,746,388	1.64	13,943,149,895	1.00	12,166,972	1.30
综合类	243	207,082,166,059	1.38	28,688,514,135	2.06	14,058,202	1.50

深圳证券交易所指数列表

指数代码	指数简称	基日	基日指数	起始计算日
399001	深证成份指数	1994－7－20	1000	1995－1－23
399002	成份A股指数	1994－7－20	1000	1995－1－23
399003	成份B股指数	1994－7－20	1000	1995－1－23
399004	深证100指数	2002－12－31	1000	2003－1－2
399005	中小板指数P	2005－6－7	1000	2006－1－24
399006	创业板指数P	2010－5－31	1000	2010－6－1
399007	深证300价格	2004－12－31	1000	2009－11－4
399008	中小板300P	2010－3－19	1000	2010－3－22
399009	深证200指数	2004－12－31	1000	2011－9－1
399010	深证700指数	2004－12－31	1000	2011－9－1
399011	深证1000指数	2004－12－31	1000	2011－9－1
399012	创业板300	2012－6－29	1000	2013－1－7
399100	深证新指数	2005－12－30	1107	2006－2－16
399101	中小板综指	2005－6－7	1000	2005－12－1
399102	创业板综指	2010－5－31	1000	2010－8－20
399103	乐富基金指数	2004－12－31	1000	2011－12－2
399106	深证综合指数	1991－4－3	100	1991－4－4
399107	深证A股指数	1991－4－3	100	1992－10－4
399108	深证B股指数	1992－2－28	100	1992－10－6
399231	农林牧渔指数	1991－4－3	100	2013－3－4
399232	采矿业指数	1991－4－3	100	2013－3－4
399233	制造业指数	1991－4－3	100	2013－3－4
399234	水电煤气指数	1991－4－3	100	2013－3－4
399235	建筑业指数	1991－4－3	100	2013－3－4
399236	批发零售指数	1991－4－3	100	2013－3－4
399237	运输仓储指数	1991－4－3	100	2013－3－4
399238	住宿餐饮指数	1991－4－3	100	2013－3－4
399239	信息技术指数	1991－4－3	100	2013－3－4
399240	金融业指数	1991－4－3	100	2013－3－4
399241	房地产业指数	1991－4－3	100	2013－3－4
399242	商务服务指数	1991－4－3	100	2013－3－4
399243	科研服务指数	1991－4－3	100	2013－3－4
399244	公共环保指数	1991－4－3	100	2013－3－4
399248	文化传播指数	1991－4－3	100	2013－3－4
399249	综合类指数	1991－4－3	100	2013－3－4
399300	沪深300指数	2004－12－31	1000	2005－4－8
399301	深证信用债	2008－12－31	100	2013－4－15
399302	深证公司债	2008－12－31	100	2013－4－15
399305	深市基金指数	2000－6－30	1000	2000－7－3
399306	深证ETF指数	2010－12－31	1000	2011－12－2
399323	深证红利指数	2002－12－31	1000	2006－1－24
399324	深证红利P	2002－12－31	1000	2006－1－24
399325	深证成长40	2002－12－31	1000	2006－1－24
399326	深证成长40P	2002－12－31	1000	2006－1－24
399327	深证治理指数	2002－12－31	1000	2006－1－24
399328	深证治理P	2002－12－31	1000	2006－1－24
399330	深证100指数P	2002－12－31	1000	2006－1－24

指数代码	指数简称	基日	基日指数	起始计算日
399331	深证创新指数	2002-12-31	1000	2006-2-27
399332	深证创新P	2002-12-31	1000	2006-2-27
399333	中小板指数R	2005-6-7	1000	2006-12-27
399334	深证央企指数	2004-12-31	1000	2009-8-3
399335	深证央企P	2004-12-31	1000	2009-8-3
399336	深证民营指数	2004-12-31	1000	2009-8-3
399337	深证民营P	2004-12-31	1000	2009-8-3
399338	深证科技指数	2004-12-31	1000	2009-8-3
399339	深证科技P	2004-12-31	1000	2009-8-3
399340	深证社会责任	2009-6-30	1000	2009-8-3
399341	深证责任P	2009-6-30	1000	2009-8-3
399344	深证300指数	2004-12-31	1000	2009-11-4
399345	深证300成长	2004-12-31	1000	2009-11-4
399346	深证300成长P	2004-12-31	1000	2009-11-4
399347	深证300价值	2004-12-31	1000	2009-11-4
399348	深证300价值P	2004-12-31	1000	2009-11-4
399481	巨潮企债指数	2002-12-31	100	2003-2-17
399601	中小板300R	2010-3-19	1000	2010-3-22
399602	中小300成长P	2010-3-19	957	2010-5-24
399603	中小300成长R	2010-3-19	963	2010-5-24
399604	中小300价值P	2010-3-19	862	2010-5-24
399605	中小300价值R	2010-3-19	868	2010-5-24
399606	创业板指数R	2010-5-31	1000	2010-6-1
399607	深证科技100R	2007-6-29	1000	2010-10-18
399608	深证科技100P	2007-6-29	1000	2010-10-18
399609	深证TMT50R	2004-12-31	1000	2010-11-8
399610	深证TMT50P	2004-12-31	1000	2010-11-8
399611	中小创业100R	2007-6-29	1000	2011-2-28
399612	中小创业100P	2007-6-29	1000	2011-2-28
399613	深证能源指数	2004-12-31	1000	2011-6-15
399614	深证材料指数	2004-12-31	1000	2011-6-15
399615	深证工业指数	2004-12-31	1000	2011-6-15
399616	深证可选消费	2004-12-31	1000	2011-6-15
399617	深证主要消费	2004-12-31	1000	2011-6-15
399618	深证医药卫生	2004-12-31	1000	2011-6-15
399619	深证金融地产	2004-12-31	1000	2011-6-15
399620	深证信息技术	2004-12-31	1000	2011-6-15
399621	深证电信指数	2004-12-31	1000	2011-6-15
399622	深证公用事业	2004-12-31	1000	2011-6-15
399623	中小基础指数	2005-12-30	1000	2011-7-25
399624	中创400指数	2010-6-30	1267	2011-8-15
399625	中创500指数	2010-6-30	1240	2011-8-15
399626	中创500成长	2010-6-30	1187	2011-8-15
399627	中创500价值	2010-6-30	1236	2011-8-15
399628	深证700成长	2010-6-30	1000	2011-9-1
399629	深证700价值	2010-6-30	1000	2011-9-1
399630	深证1000成长	2010-6-30	1000	2011-9-1
399631	深证1000价值	2010-6-30	1000	2011-9-1
399632	深证100等权	2002-12-31	1000	2011-10-28
399633	深证300等权	2004-12-31	1000	2011-10-28
399634	中小板等权	2006-12-29	1000	2011-10-28
399635	创业板等权	2010-9-30	1000	2011-10-28
399636	深证装备指数	2004-12-31	1000	2011-11-15
399637	深证地产指数	2004-12-31	1000	2011-11-15
399638	深证环保指数	2004-12-31	1000	2011-11-15
399639	深证大宗商品	2004-12-31	1000	2011-11-15
399640	创业基础指数	2010-12-31	1000	2012-1-16

指数代码	指数简称	基日	基日指数	起始计算日
399641	深证新兴产业	2010 - 6 - 30	1000	2012 - 2 - 1
399642	中小新兴产业	2010 - 6 - 30	1000	2012 - 2 - 1
399643	创业新兴产业	2010 - 6 - 30	1000	2012 - 2 - 1
399644	深证投资时钟	2006 - 12 - 29	1000	2012 - 3 - 26
399645	深证100低波	2004 - 12 - 31	1000	2012 - 6 - 12
399646	深证消费50	2004 - 12 - 31	1000	2012 - 8 - 6
399647	深证医药50	2004 - 12 - 31	1000	2012 - 8 - 6
399648	深证GDP100	2005 - 6 - 30	1000	2012 - 8 - 8
399649	中小红利指数	2009 - 6 - 30	1000	2012 - 8 - 20
399650	中小治理指数	2009 - 6 - 30	1000	2012 - 8 - 20
399651	中小责任指数	2009 - 6 - 30	1000	2012 - 8 - 20
399652	中创高新指数	2011 - 6 - 30	1000	2012 - 9 - 17
399653	深证龙头指数	2010 - 6 - 30	1000	2012 - 9 - 25
399654	深证文化指数	2009 - 6 - 30	1000	2012 - 11 - 9
399655	深证绩效指数	2002 - 12 - 31	1000	2012 - 11 - 19
399656	深证100绩效	2002 - 12 - 31	1000	2012 - 11 - 19
399657	深证300绩效	2004 - 12 - 31	1000	2012 - 11 - 19
399658	中小板指绩效	2006 - 12 - 29	1000	2012 - 11 - 19
399659	深证成份等权	2002 - 12 - 31	1000	2012 - 11 - 23
399660	中创100等权	2007 - 6 - 29	1000	2012 - 11 - 23
399661	深证300低波	2006 - 12 - 29	1000	2012 - 12 - 20
399662	深证300高贝	2006 - 12 - 29	1000	2012 - 12 - 20
399663	中小300低波	2011 - 6 - 30	1000	2012 - 12 - 20
399664	中小300高贝	2011 - 6 - 30	1000	2012 - 12 - 20
399665	中创500低波	2011 - 6 - 30	1000	2012 - 12 - 20
399666	中创500高贝	2011 - 6 - 30	1000	2012 - 12 - 20
399667	创业300成长	2012 - 6 - 29	1000	2013 - 1 - 7
399668	创业300价值	2012 - 6 - 29	1000	2013 - 1 - 7
399669	深证农业指数	2004 - 12 - 31	1000	2013 - 6 - 24
399670	深证周期50	2004 - 12 - 31	1000	2013 - 10 - 28
399671	深证防御50	2004 - 12 - 31	1000	2013 - 10 - 28
399701	深证F60	2002 - 12 - 31	1000	2010 - 5 - 10
399702	深证F120	2002 - 12 - 31	1000	2010 - 5 - 10
399703	深证F200	2002 - 12 - 31	1000	2010 - 5 - 10
399704	深证上游产业	2002 - 12 - 31	1000	2011 - 10 - 17
399705	深证中游产业	2002 - 12 - 31	1000	2011 - 10 - 17
399706	深证下游产业	2002 - 12 - 31	1000	2011 - 10 - 17

2012年深市主板上市公司年报主要财务指标

截至日期:2013年4月27日

股票代码	股票简称	净利润(万元)	每股收益(元)	每股净资产(元)	每股经营性现金流量(元)	分配预案
000001	平安银行	1340270.10	2.62	16.5514	36.2728	10送6股派1.7元(含税)
000002	万科A	1255118.24	1.14	5.8049	0.3389	10派1.8元(含税)
000004	国农科技	200.53	0.0239	0.9223	0.2091	不分配不转增
000005	世纪星源	2202.16	0.0241	0.746	0.1963	不分配不转增
000006	深振业A	61715.08	0.48	2.6877	1.6968	10送0.5股派1元(含税)
000007	零七股份	873.44	0.0378	1.2476	-1.0799	不分配不转增
000008	宝利来	3912.90	0.26	3.5627	0.5709	10转增10股
000009	中国宝安	16046.07	0.15	2.7404	0.3215	10送1转增0.5股派0.3元(含税)
000010	SST华新	107.28	0.01	0.3815	-0.015	不分配不转增
000011	深物业A	37542.21	0.6299	2.5217	1.3519	不分配不转增
000012	南玻A	27474.62	0.13	3.2844	0.8316	10派1.5元(含税)
000014	沙河股份	2796.22	0.1386	2.8974	0.4582	10派0.25元(含税)
000016	深康佳A	4582.92	0.0381	3.3585	-0.2984	10派0.1元(含税)
000017	*ST中华A	-5244.32	-0.0951	-3.1005	-0.0127	不分配不转增
000018	*ST中冠A	-24.73	-0.0015	0.7027	-0.0023	不分配不转增
000019	深深宝A	7452.95	0.297	3.843	-0.193	10派2元(含税)

股票代码	股票简称	净利润(万元)	每股收益(元)	每股净资产(元)	每股经营性现金流量(元)	分配预案
000020	深华发 A	324.19	0.0115	0.9895	0.065	不分配不转增
000021	长城开发	9356.10	0.0709	3.0158	0.2182	10 派 0.2 元(含税)
000022	深赤湾 A	46710.33	0.724	5.7045	1.0833	10 派 3.63 元(含税)
000023	深天地 A	517.13	0.0373	2.4471	-0.582	10 派 0.3 元(含税)
000024	招商地产	331826.69	1.9323	13.6223	2.9691	10 派 3 元(含税)
000025	特力 A	714.63	0.0324	0.8384	-0.0352	不分配不转增
000026	飞亚达 A	11600.37	0.295	3.6833	0.1167	10 派 1 元(含税)
000027	深圳能源	96483.88	0.3651	5.7392	0.9983	10 派 1 元(含税)
000028	国药一致	47579.25	1.65	6.1633	1.1243	10 派 1.8 元(含税)
000029	深深房 A	10681.45	0.1056	1.6165	0.0271	不分配不转增
000030	富奥股份	-368.90	-0.0128	-0.0057	-0.0103	不分配不转增
000031	中粮地产	51493.32	0.28	2.6265	1.4574	10 派 0.3 元(含税)
000032	深桑达 A	17958.27	0.77	3.9067	0.1093	10 派 1.8 元(含税)
000033	新都酒店	-2547.41	-0.0773	0.8148	0.0419	不分配不转增
000034	深信泰丰	401.48	0.01	0.2495	-0.0223	不分配不转增
000035	*ST 科健	-63605.24	-3.37	-9.833	-2.0906	不分配不转增
000036	华联控股	5901.24	0.0525	1.6045	-0.1484	不分配不转增
000037	深南电 A	-20445.56	-0.34	2.5697	0.1759	不分配不转增
000038	*ST 大通	207.80	0.0216	1.6273	0.5503	不分配不转增
000039	中集集团	193908.10	0.73	7.3292	0.8424	10 派 2.3 元(含税)
000040	宝安地产	19393.22	0.41	2.5017	-0.6786	10 派 0.4 元(含税)
000042	深长城	41188.03	1.72	12.1147	1.5174	10 派 5.2 元(含税)
000043	中航地产	41442.86	0.6214	4.3781	-1.0861	10 派 1 元(含税)
000045	深纺织 A	-8098.89	-0.24	3.872	-0.461	不分配不转增
000046	泛海建设	78207.70	0.1716	1.8671	-0.3744	10 派 1 元(含税)
000048	康达尔	2770.91	0.0709	1.0522	-0.0644	不分配不转增
000049	德赛电池	14363.65	1.0498	2.6975	2.5005	不分配不转增
000050	深天马 A	5441.68	0.0948	2.391	1.4227	10 派 0.6 元(含税)
000055	方大集团	2494.84	0.03	1.4514	0.0783	10 派 0.3 元(含税)
000056	*ST 国商	1818.63	0.082	-0.3798	-0.6628	不分配不转增
000058	深赛格	4558.71	0.0581	1.5235	-0.0586	不分配不转增
000059	辽通化工	1962.65	0.0163	6.1001	-1.7522	不分配不转增
000060	中金岭南	43278.87	0.21	2.7219	0.7208	10 派 0.45 元(含税)
000061	农产品	4782.53	0.0346	2.3058	0.2057	10 派 0.5 元(含税)
000062	深圳华强	28121.99	0.422	2.342	0.1977	10 派 1.5 元(含税)
000063	中兴通讯	-284096.20	-0.83	6.2506	0.4506	不分配不转增
000065	北方国际	11971.49	0.74	4.0253	-0.0379	10 送 3 股派 0.6 元(含税)
000066	长城电脑	-23952.76	-0.181	2.132	3.4473	不分配不转增
000068	ST 华赛	316.61	0.0035	0.2599	-0.1188	不分配不转增
000069	华侨城 A	384976.65	0.5294	2.7394	0.983	10 派 0.7 元(含税)
000070	特发信息	4711.28	0.19	3.3868	0.3259	10 派 0.35 元(含税)
000078	海王生物	5906.70	0.0905	1.2925	-0.1252	不分配不转增
000088	盐田港	41002.84	0.2111	2.3543	0.0509	10 派 1 元(含税)
000089	深圳机场	57939.80	0.34	4.3394	0.4944	10 派 0.35 元(含税)
000090	深天健	25014.40	0.498	6.4131	1.2955	10 送 1 股派 0.5 元(含税)
000096	广聚能源	2018.30	0.04	3.4098	0.0454	10 派 0.2 元(含税)
000099	中信海直	14284.08	0.2781	3.8219	0.3987	10 派 0.5 元(含税)
000100	TCL 集团	79608.71	0.0939	1.3858	0.4619	10 派 0.38 元(含税)
000150	宜华地产	233.08	0.01	2.1748	-0.0016	不分配不转增
000151	中成股份	4374.21	0.148	3.0384	1.832	10 派 0.7 元(含税)
000153	丰原药业	1901.89	0.0731	2.8236	0.1756	10 派 1 元(含税)
000155	*ST 川化	1144.60	0.02	2.8965	0.799	不分配不转增
000156	华数传媒	17455.81	0.17	0.7678	0.6211	不分配不转增
000157	中联重科	733005.00	0.95	5.2949	0.3842	10 派 2 元(含税)
000158	常山股份	1176.31	0.02	3.3762	-0.1686	不分配不转增
000159	国际实业	10004.86	0.21	4.3016	0.1689	10 派 0.45 元(含税)
000301	东方市场	15931.35	0.13	2.2086	0.4004	10 派 0.5 元(含税)
000338	潍柴动力	299099.69	1.5	12.439	1.3786	10 派 2.3 元(含税)
000400	许继电气	33201.63	0.88	7.4113	1.3156	10 送 3 股派 1 元(含税)

股票代码	股票简称	净利润(万元)	每股收益(元)	每股净资产(元)	每股经营性现金流量(元)	分配预案
000401	冀东水泥	18019.27	0.134	8.6405	0.7095	10派1元(含税)
000402	金融街	226919.78	0.75	6.539	-0.6362	10派1.5元(含税)
000403	*ST生化	3257.35	0.15	1.0868	0.5822	不分配不转增
000404	华意压缩	10296.04	0.3172	2.1042	0.8611	不分配不转增
000407	胜利股份	-14010.41	-0.22	1.6848	0.0703	不分配不转增
000408	金谷源	461.21	0.0183	0.6859	0.0464	不分配不转增
000409	泰复实业	8058.42	0.27	1.9927	0.1532	不分配不转增
000410	沈阳机床	2329.41	0.04	2.8466	-2.3375	不分配不转增
000411	英特集团	6768.07	0.33	2.2568	0.3347	不分配不转增
000413	宝石A	14266.46	0.37	1.0233	-1.2193	不分配不转增
000415	渤海租赁	49194.99	0.3876	5.5763	0.9325	不分配不转增
000416	民生投资	5870.71	0.1104	1.5222	0.0605	10派0.5元(含税)
000417	合肥百货	40890.18	0.5243	3.4122	0.8534	10派1元(含税)
000418	小天鹅A	33838.77	0.54	5.8281	0.5451	10派3元(含税)
000419	通程控股	15534.09	0.2858	3.0832	0.7198	10派1元(含税)
000420	吉林化纤	992.27	0.0262	1.3621	0.1597	不分配不转增
000421	南京中北	9359.76	0.2661	2.4972	1.0529	10派0.2元(含税)
000422	湖北宜化	86618.65	0.965	6.8435	4.4852	10派1元(含税)
000423	东阿阿胶	104021.81	1.5905	6.493	1.312	10派7元(含税)
000425	徐工机械	246630.53	1.2	8.4513	-1.6839	10派1.3元(含税)
000426	兴业矿业	12964.51	0.296	3.8509	0.4835	10送1股派0.35元(含税)
000428	华天酒店	10209.12	0.14	2.1649	0.5596	10派0.3元(含税)
000429	粤高速A	17578.97	0.14	3.3958	0.4941	10派0.5元(含税)
000430	张家界	10119.78	0.3154	1.194	0.3878	不分配不转增
000488	晨鸣纸业	22103.48	0.11	6.6727	0.949	10派0.6元(含税)
000498	*ST路桥	23160.57	0.3234	1.8043	-0.6833	不分配不转增
000501	鄂武商A	40241.36	0.79	4.7917	4.2683	不分配不转增
000502	绿景控股	-1142.93	-0.06	1.0475	-0.7047	不分配不转增
000503	海虹控股	2409.46	0.0268	1.4183	0.0733	不分配不转增
000504	ST传媒	136.14	0.004	0.4096	-0.0137	不分配不转增
000505	*ST珠江	-12687.36	-0.3	0.5568	-0.1414	不分配不转增
000506	中润资源	31826.49	0.4111	1.9588	0.2725	10送2股派0.5元(含税)
000507	珠海港	15525.03	0.25	3.0563	0.0015	10派0.5元(含税)
000509	SST华塑	-8595.57	-0.3438	-0.8011	0.1065	不分配不转增
000510	金路集团	1599.43	0.0263	1.7358	0.149	不分配不转增
000511	银基发展	4245.83	0.04	1.4036	0.2031	不分配不转增
000513	丽珠集团	44167.15	1.49	10.1718	2.0085	10派5元(含税)
000514	渝开发	5906.44	0.077	3.325	-0.6845	10转增1股派0.2元(含税)
000516	开元投资	11104.57	0.16	1.673	0.68	10派0.5元(含税)
000517	荣安地产	42427.15	0.3998	2.6398	2.7132	不分配不转增
000518	四环生物	1006.67	0.0098	0.7244	0.053	不分配不转增
000519	江南红箭	569.96	0.0298	1.8058	0.027	不分配不转增
000520	*ST凤凰	-187968.56	-2.7859	-0.9719	0.0554	不分配不转增
000521	美菱电器	19219.79	0.2517	3.8702	0.5494	10派0.5元(含税)
000523	广州浪奇	2340.07	0.052	2.2917	-0.0629	10派0.2元(含税)
000524	东方宾馆	3097.20	0.11	2.2589	0.332	10派0.36元(含税)
000525	红太阳	29031.77	0.572	5.9572	0.5742	10派0.3元(含税)
000526	银润投资	368.86	0.0382	1.6758	-0.0604	不分配不转增
000527	美的电器	347733.19	1.03	6.5198	1.2725	10派6元(含税)
000528	柳工	27835.55	0.25	8.2607	0.5132	10派2.5元(含税)
000529	广弘控股	6132.61	0.11	1.4209	0.0952	不分配不转增
000530	大冷股份	11714.21	0.33	5.1678	-0.191	10派1.5元(含税)
000531	穗恒运A	29349.40	0.8568	6.6986	4.926	10派1.8元(含税)
000532	力合股份	4251.35	0.1233	1.8744	0.0916	10派0.4元(含税)
000533	万家乐	7397.87	0.1071	1.5201	0.0313	不分配不转增
000534	万泽股份	13137.48	0.27	2.3169	0.4733	10派0.5元(含税)
000536	华映科技	27606.23	0.3941	3.6386	0.7102	10派3.8元(含税)
000537	广宇发展	28015.55	0.55	2.279	1.5024	不分配不转增
000538	云南白药	158251.58	2.28	10.1219	1.145	10派4.5元(含税)

股票代码	股票简称	净利润(万元)	每股收益(元)	每股净资产(元)	每股经营性现金流量(元)	分配预案
000539	粤电力 A	169872.90	0.43	3.7153	1.7946	10 派 1.04083 元(含税)
000540	中天城投	43847.05	0.3429	1.8507	-1.214	10 派 1 元(含税)
000541	佛山照明	40046.67	0.41	3.0147	0.447	10 派 3.1 元(含税)
000543	皖能电力	28407.89	0.367	5.2524	1.9148	10 派 0.4 元(含税)
000544	中原环保	10124.55	0.38	2.8613	0.2916	不分配不转增
000545	*ST 吉药	316.73	0.02	-0.2726	0.0496	不分配不转增
000546	光华控股	499.45	0.0295	0.877	0.3733	不分配不转增
000547	闽福发 A	12037.08	0.14	1.9452	0.0085	10 派 0.2 元(含税)
000548	湖南投资	3055.37	0.06	2.9767	0.1413	10 派 0.5 元(含税)
000550	江铃汽车	151690.37	1.76	9.3637	2.625	10 派 7 元(含税)
000551	创元科技	498.04	0.01	3.1217	0.2838	不分配不转增
000552	靖远煤电	44735.07	1.2446	11.9422	0.5952	10 转增 10 股派 1.4 元(含税)
000553	沙隆达 A	10376.90	0.1747	2.114	0.3933	10 派 0.5 元(含税)
000554	泰山石油	2367.20	0.0492	1.8622	0.2723	不分配不转增
000555	ST 太光	-829.61	-0.092	-1.5176	-0.0381	不分配不转增
000557	*ST 广夏	36540.37	0.533	0.1979	-0.0788	不分配不转增
000558	莱茵置业	6289.56	0.0998	1.3797	0.4879	不分配不转增
000559	万向钱潮	33189.01	0.211	2.292	0.3859	10 派 2.4 元(含税)
000560	昆百大 A	10341.13	0.6285	6.0382	-1.3223	10 派 0.5 元(含税)
000561	烽火电子	3315.26	0.06	1.4157	-0.0823	不分配不转增
000562	宏源证券	86768.00	0.5	7.4491	-3.3483	10 转增 10 股派 6 元(含税)
000563	陕国投 A	26063.00	0.516	5.641	-1.0044	10 送 1 转增 10 股派 0.35 元(含税)
000564	西安民生	6731.65	0.1942	3.9271	1.098	10 派 0.5 元(含税)
000565	渝三峡 A	6034.72	0.35	3.284	0.3707	10 派 0.5 元(含税)
000566	海南海药	7725.28	0.16	2.8183	0.0048	10 派 0.5 元(含税)
000567	海德股份	-1371.01	-0.0907	1.2316	-0.0849	不分配不转增
000568	泸州老窖	439025.72	3.14	6.9395	3.419	10 派 18 元(含税)
000570	苏常柴 A	5543.40	0.1	3.2869	0.5439	10 派 0.25 元(含税)
000571	新大洲 A	8595.75	0.1168	2.4205	0.176	10 派 0.6 元(含税)
000572	海马汽车	16447.80	0.1	4.062	-0.0728	不分配不转增
000573	粤宏远 A	6350.87	0.102	2.35	0.0201	不分配不转增
000576	广东甘化	4714.88	0.15	0.5405	-0.2918	不分配不转增
000581	威孚高科	88932.69	1.34	12.7269	1.714	10 送 5 股派 3 元(含税)
000582	北海港	4138.14	0.291	2.9168	0.9353	不分配不转增
000584	友利控股	4448.83	0.1088	4.0589	-0.1751	不分配不转增
000585	东北电气	1114.10	0.01	0.3112	-0.0038	不分配不转增
000586	汇源通信	511.85	0.03	0.9859	0.1359	不分配不转增
000587	金叶珠宝	17741.91	0.32	1.8767	-0.4657	不分配不转增
000589	黔轮胎 A	12820.29	0.26	4.5764	2.2042	10 派 0.6 元(含税)
000590	紫光古汉	13760.63	0.6162	2.1429	0.0884	10 派 2 元(含税)
000591	桐君阁	3041.40	0.1107	1.507	0.6915	不分配不转增
000592	中福实业	1200.96	0.0142	1.2072	0.093	不分配不转增
000593	大通燃气	1633.38	0.07	1.5037	0.0573	不分配不转增
000594	国恒铁路	-4449.05	-0.03	2.0349	0.3325	不分配不转增
000595	西北轴承	811.17	0.04	1.0329	0.1735	不分配不转增
000596	古井贡酒	72558.93	1.44	6.7027	2.1582	10 派 5 元(含税)
000597	东北制药	1488.38	0.04	5.0068	0.2579	不分配不转增
000598	兴蓉投资	72586.24	0.63	3.7536	0.8482	10 转增 10 股派 0.5 元(含税)
000599	青岛双星	2101.21	0.04	2.9188	0.5214	10 派 0.1 元(含税)
000600	建投能源	9961.48	0.11	3.2307	1.6496	10 派 0.5 元(含税)
000601	韶能股份	13698.27	0.15	3.376	0.6963	10 派 0.25 元(含税)
000602	金马集团	64205.19	0.64	3.3903	0.9558	不分配不转增
000603	盛达矿业	34423.36	0.68	1.3483	0.8664	不分配不转增
000605	四环药业	521.92	0.056	0.6116	0.0339	不分配不转增
000606	青海明胶	307.93	0.0076	2.0738	0.0818	不分配不转增
000607	华智控股	2342.05	0.05	0.74	0.1009	不分配不转增
000608	阳光股份	26548.00	0.35	3.7342	-0.7978	10 派 0.4 元(含税)
000609	绵世股份	8456.78	0.2837	3.5701	0.5953	不分配不转增
000610	西安旅游	1573.11	0.08	2.2982	0.3718	10 派 0.2 元(含税)

股票代码	股票简称	净利润(万元)	每股收益(元)	每股净资产(元)	每股经营性现金流量(元)	分配预案
000611	四海股份	-4612.23	-0.14	1.8153	-0.49	不分配不转增
000612	焦作万方	-1535.86	-0.032	5.0982	0.6772	不分配不转增
000613	ST 东海 A	212.60	0.0058	0.231	0.0038	不分配不转增
000615	湖北金环	433.17	0.02	3.0093	0.5126	不分配不转增
000616	亿城股份	32188.91	0.27	3.2657	1.0192	10 转增 2 股派 0.4 元(含税)
000617	*ST 济柴	-2834.27	-0.1	2.4183	0.128	不分配不转增
000619	海螺型材	20166.52	0.5602	6.0812	0.9785	10 派 1 元(含税)
000620	新华联	50463.33	0.32	1.6653	-0.1256	10 派 1 元(含税)
000622	*ST 恒立	516.68	0.04	0.5334	0.0479	不分配不转增
000623	吉林敖东	64641.72	0.72	10.8138	0.3046	10 派 1 元(含税)
000625	长安汽车	144640.96	0.31	3.3269	0.1098	10 派 0.5 元(含税)
000626	如意集团	1577.28	0.0779	1.9646	0.0212	不分配不转增
000627	天茂集团	1182.49	0.009	1.1063	0.0693	不分配不转增
000628	高新发展	821.66	0.037	0.8942	0.6008	不分配不转增
000629	攀钢钒钛	59250.20	0.069	1.7556	0.1817	不分配不转增
000630	铜陵有色	92387.04	0.65	7.5837	-0.5043	10 派 1 元(含税)
000631	顺发恒业	58417.97	0.56	2.6906	0.952	10 派 4 元(含税)
000632	三木集团	1387.03	0.0298	2.6408	0.2918	不分配不转增
000633	ST 合金	238.00	0.0062	0.5739	-0.0235	不分配不转增
000635	英力特	3036.56	0.112	8.8431	0.6877	10 派 0.5 元(含税)
000636	风华高科	7323.16	0.1	3.1989	0.1744	10 派 0.3 元(含税)
000637	茂化实华	3443.66	0.07	1.4595	0.0629	10 派 0.4 元(含税)
000638	万方发展	500.19	0.03	1.3934	-0.1352	10 转增 10 股
000639	西王食品	14306.63	0.76	5.4396	2.0141	10 派 2.5 元(含税)
000650	仁和药业	25546.11	0.26	1.636	0.1857	不分配不转增
000651	格力电器	737966.63	2.47	8.8911	6.1202	10 派 10 元(含税)
000652	泰达股份	-19576.94	-0.1324	1.3544	0.3048	不分配不转增
000655	金岭矿业	21150.14	0.36	4.7118	0.7294	不分配不转增
000656	金科股份	127937.52	1.1	5.9955	-0.2698	10 派 1 元(含税)
000657	*ST 中钨	-5114.45	-0.2298	1.2664	0.034	不分配不转增
000659	珠海中富	-18142.55	-0.14	1.6481	0.4848	不分配不转增
000661	长春高新	29979.75	2.28	7.0759	3.1063	10 派 2 元(含税)
000662	*ST 索芙	1481.17	0.0514	2.1729	0.7372	不分配不转增
000663	永安林业	1080.58	0.05	1.7343	0.6029	不分配不转增
000665	湖北广电	17996.94	0.66	5.4969	1.388	不分配不转增
000666	经纬纺机	43024.28	0.7	6.678	2.5445	10 派 1 元(含税)
000667	名流置业	16495.65	0.06	2.0943	-0.7305	10 派 0.25 元(含税)
000668	荣丰控股	176.97	0.01	4.5621	-0.6708	10 派 0.1 元(含税)
000669	领先科技	27237.42	1.4784	6.5603	0.6405	不分配不转增
000670	S*ST 天发	244.73	0.009	0.7713	-0.12	不分配不转增
000671	阳光城	55860.67	1.04	4.0961	0.2059	10 送 6 转增 3 股派 1.5 元(含税)
000672	上峰水泥	91.36	0.0042	0.1219	0.0639	不分配不转增
000673	ST 当代	315.13	0.015	0.0434	0.0202	不分配不转增
000676	*ST 思达	-13757.70	-0.4373	0.5487	0.0189	不分配不转增
000677	*ST 海龙	110964.16	1.2843	0.9057	-0.4522	不分配不转增
000678	襄阳轴承	485.95	0.02	1.7523	-0.1944	不分配不转增
000679	大连友谊	15185.10	0.426	3.9446	0.3076	10 派 2 元(含税)
000680	山推股份	3061.70	0.03	3.6863	0.5083	不分配不转增
000681	*ST 远东	648.92	0.03	0.7292	0.1026	不分配不转增
000682	东方电子	2454.98	0.0251	1.4276	-0.0107	不分配不转增
000683	远兴能源	10314.01	0.13	3.0977	0.8654	10 派 0.2 元(含税)
000685	中山公用	36683.95	0.47	7.766	0.3491	10 派 1 元(含税)
000686	东北证券	15059.51	0.2	7.3634	-3.3211	10 派 2 元(含税)
000687	保定天鹅	780.72	0.011	2.0792	-0.0977	不分配不转增
000688	朝华集团	-1889.02	-0.047	-0.2257	-0.0037	不分配不转增
000690	宝新能源	45131.98	0.26	2.2191	0.7753	10 派 1.5 元(含税)
000691	亚太实业	113.00	0.0035	0.4536	-0.0022	不分配不转增
000692	惠天热电	2849.91	0.107	4.6769	0.6337	不分配不转增
000693	S*ST 聚友	-5148.50	-0.267	-0.9319	0.0134	不分配不转增

股票代码	股票简称	净利润(万元)	每股收益(元)	每股净资产(元)	每股经营性现金流量(元)	分配预案
000695	滨海能源	307.08	0.01	1.3948	0.8727	不分配不转增
000697	炼石有色	4447.96	0.093	1.0296	0.0452	不分配不转增
000698	沈阳化工	-16102.52	-0.24	4.6313	-0.0055	不分配不转增
000700	模塑科技	18278.02	0.5914	3.8676	1.0061	10派1.3元(含税)
000701	厦门信达	7795.97	0.32	3.386	-4.4224	10派0.7元(含税)
000702	正虹科技	379.82	0.0142	1.7042	0.3796	不分配不转增
000703	恒逸石化	31371.54	0.27	4.4755	0.1337	10派1元(含税)
000705	浙江震元	4767.27	0.36	6.6037	0.7571	10派0.5元(含税)
000707	双环科技	912.36	0.02	4.5118	1.2927	10派0.1元(含税)
000708	大冶特钢	21822.09	0.486	6.5367	0.1622	不分配不转增
000709	河北钢铁	10942.65	0.01	4.0063	0.5094	不分配不转增
000710	天兴仪表	39.30	0.0026	0.7807	0.3192	不分配不转增
000711	天伦置业	219.87	0.01	2.2718	0.1515	不分配不转增
000712	锦龙股份	2359.34	0.067	4.9569	0.073	10派1元(含税)
000713	丰乐种业	6840.32	0.23	4.0287	0.1785	10派0.5元(含税)
000715	中兴商业	10030.85	0.3595	4.2483	0.9986	10派0.7元(含税)
000716	南方食品	1857.88	0.104	1.9327	0.2295	不分配不转增
000717	*ST韶钢	-195159.46	-1.17	1.6355	1.2526	不分配不转增
000718	苏宁环球	86310.42	0.42	2.45	1.0078	10派1元(含税)
000719	大地传媒	19718.30	0.45	3.9239	0.7197	不分配不转增
000720	*ST能山	3420.22	0.0396	0.8643	0.4892	不分配不转增
000721	西安饮食	1394.79	0.0699	2.2943	0.1679	10派0.13元(含税)
000722	湖南发展	15639.12	0.34	4.5182	0.43	不分配不转增
000723	美锦能源	-3022.56	-0.22	3.1697	-0.4653	10送10股派2元(含税)
000725	京东方A	25813.34	0.019	1.9145	0.2284	不分配不转增
000726	鲁泰A	70785.75	0.71	5.2223	1.1601	10派2.8元(含税)
000727	华东科技	-4821.44	-0.1342	1.2836	0.389	不分配不转增
000728	国元证券	40670.70	0.21	7.609	-1.4134	10派1元(含税)
000729	燕京啤酒	61619.87	0.246	3.8661	0.5285	10派1.1元(含税)
000731	四川美丰	30171.27	0.6006	4.6065	0.6679	10派2元(含税)
000732	泰禾集团	34431.25	0.3385	2.2095	-0.7655	不分配不转增
000733	振华科技	8502.74	0.24	5.9881	0.0625	10派0.4元(含税)
000735	罗牛山	1455.21	0.017	1.9188	-0.0823	不分配不转增
000736	中房地产	12503.18	0.42	5.2344	1.0019	不分配不转增
000737	南风化工	14012.26	0.2553	0.8707	0.0557	不分配不转增
000738	中航动控	19671.19	0.21	2.836	0.2111	10派0.21元(含税)
000739	普洛药业	13713.32	0.3662	3.6082	0.897	10转增10股
000748	长城信息	6723.75	0.18	3.2614	0.1043	10派0.5元(含税)
000750	国海证券	13335.87	0.07	1.5288	0.2923	10派0.3元(含税)
000751	*ST锌业	-348277.17	-3.14	-3.0259	-0.7518	不分配不转增
000752	西藏发展	2235.72	0.0848	2.4121	0.8188	10派0.1元(含税)
000753	漳州发展	8370.03	0.265	2.2658	-1.0489	10转增3股派0.2元(含税)
000755	山西三维	-29001.16	-0.618	4.1437	0.0471	不分配不转增
000756	新华制药	2366.36	0.05	3.7989	0.0827	10派0.1元(含税)
000757	浩物股份	3688.50	0.1	0.1568	0.2375	不分配不转增
000758	中色股份	20259.23	0.264	3.2791	-1.4844	10派1元(含税)
000759	中百集团	20511.41	0.3	4.2339	1.4933	10派2元(含税)
000760	博盈投资	461.76	0.02	0.7873	-0.2825	不分配不转增
000761	本钢板材	6937.98	0.022	4.8727	0.282	10派0.2元(含税)
000762	西藏矿业	-12745.42	-0.2678	3.5826	0.1001	不分配不转增
000766	通化金马	385.66	0.01	1.3799	-0.0145	不分配不转增
000767	漳泽电力	6167.72	0.05	0.5966	0.2891	不分配不转增
000768	中航飞机	25182.04	0.09	4.3224	-0.2744	10派1元(含税)
000776	广发证券	219145.71	0.37	5.5832	-1.1767	10派1.5元(含税)
000777	中核科技	6048.73	0.284	4.6174	-0.0096	10派1.2元(含税)
000778	新兴铸管	126586.66	0.6604	6.247	1.2395	10派1元(含税)
000779	三毛派神	-1285.89	-0.069	1.6517	0.0153	不分配不转增
000780	平庄能源	41062.39	0.4	4.5969	0.016	10派0.5元(含税)
000782	美达股份	3546.39	0.09	2.5669	0.615	10派0.2元(含税)

股票代码	股票简称	净利润(万元)	每股收益(元)	每股净资产(元)	每股经营性现金流量(元)	分配预案
000783	长江证券	68301.41	0.29	5.1096	-0.7569	10派2元(含税)
000785	武汉中商	5754.56	0.23	3.1287	1.1924	不分配不转增
000786	北新建材	67677.22	1.177	6.1331	1.9715	10派3.177元(含税)
000788	西南合成	7617.24	0.13	1.7842	0.1614	10派0.1元(含税)
000789	江西水泥	19048.73	0.4785	4.1651	1.4165	10派1元(含税)
000790	华神集团	3367.13	0.0962	1.5603	-0.1327	10转增1股派0.3元(含税)
000791	甘肃电投	32850.16	0.4549	4.5074	1.594	10派0.91元(含税)
000792	盐湖股份	252426.23	1.5871	10.0158	0.935	方案1:10派3.2元(含税); 方案2:10派1.59元(含税)
000793	华闻传媒	26944.68	0.1981	2.2124	0.1367	10派0.2元(含税)
000795	太原刚玉	1458.56	0.05	1.3454	0.222	不分配不转增
000796	易食股份	1261.47	0.05	1.8905	0.2808	不分配不转增
000797	中国武夷	9812.73	0.25	3.2069	1.8837	不分配不转增
000798	中水渔业	5827.86	0.18	2.3838	0.0445	10派0.6元(含税)
000799	酒鬼酒	49544.96	1.5248	5.7468	0.6707	10派2元(含税)
000800	一汽轿车	-75647.26	-0.4648	4.674	0.9276	不分配不转增
000801	四川九洲	6879.93	0.1665	2.9075	-0.3546	不分配不转增
000802	北京旅游	2704.20	0.1442	4.389	0.2215	10转增10股派0.3元(含税)
000803	金宇车城	824.19	0.0645	1.0217	-0.0874	不分配不转增
000806	*ST银河	2409.38	0.0345	1.2009	0.4337	不分配不转增
000807	云铝股份	1353.76	0.009	2.5492	0.6212	10派0.3元(含税)
000809	铁岭新城	63263.92	1.15	4.9839	-0.1642	不分配不转增
000810	华润锦华	352.63	0.0272	3.8129	0.9985	10派0.3元(含税)
000811	烟台冰轮	14182.59	0.36	3.1364	0.3802	10派1元(含税)
000812	陕西金叶	8286.90	0.1852	1.6441	0.0303	不分配不转增
000813	天山纺织	-1355.26	-0.04	1.1052	0.0454	不分配不转增
000815	*ST美利	2478.37	0.08	2.101	-0.1627	不分配不转增
000816	江淮动力	9869.95	0.09	1.4977	0.341	10派0.1元(含税)
000818	方大化工	1792.38	0.0264	2.9111	0.0494	不分配不转增
000819	岳阳兴长	6180.88	0.29	2.7126	0.3753	10派1.5元(含税)
000820	*ST金城	60480.55	2.1	0.533	-1.285	不分配不转增
000821	京山轻机	-8326.63	-0.24	3.0859	0.3399	不分配不转增
000822	山东海化	-52011.73	-0.58	3.4995	0.3804	不分配不转增
000823	超声电子	18720.83	0.4251	4.3102	0.6911	10派1.2元(含税)
000825	太钢不锈	110571.81	0.194	4.2583	1.2135	10派0.5元(含税)
000826	桑德环境	42994.26	0.86	7.7051	-0.2233	10派1元(含税)
000828	东莞控股	35515.86	0.3417	3.253	0.5185	10派1.6元(含税)
000829	天音控股	-2261.21	-0.02	2.2853	-0.2613	不分配不转增
000830	鲁西化工	33856.04	0.231	3.6206	1.0425	不分配不转增
000831	五矿稀土	28210.88	0.292	2.2745	0.0458	不分配不转增
000833	贵糖股份	1401.89	0.05	3.13	0.2195	不分配不转增
000835	四川圣达	-3474.57	-0.1138	1.3905	0.1966	不分配不转增
000836	鑫茂科技	1855.69	0.0634	2.5783	0.222	10派0.3元(含税)
000837	秦川发展	1085.96	0.0311	3.1627	-0.4474	不分配不转增
000838	国兴地产	3124.41	0.1726	1.8374	-0.1256	10派0.5元(含税)
000839	中信国安	16997.28	0.1084	3.6925	-0.1764	10派1元(含税)
000848	承德露露	22242.83	0.55	1.9861	0.8151	10派3元(含税)
000850	华茂股份	35081.44	0.37	3.4054	0.629	10派0.5元(含税)
000851	高鸿股份	2500.57	0.0718	4.1028	-0.0709	10派0.6元(含税)
000852	江钻股份	13057.48	0.53	2.777	0.4131	10派2元(含税)
000856	冀东装备	4269.11	0.19	2.1119	0.0396	不分配不转增
000858	五粮液	993487.28	2.617	8.2078	2.305	10派8元(含税)
000859	国风塑业	474.05	0.0113	2.2108	0.0282	不分配不转增
000860	顺鑫农业	12582.13	0.2869	6.58	-0.6442	10派0.25元(含税)
000861	海印股份	43066.23	0.38	3.3973	0.4838	10派1.1元(含税)
000862	银星能源	561.24	0.0198	1.167	0.7742	不分配不转增
000863	三湘股份	43309.04	0.59	1.84	0.8026	不分配不转增
000868	安凯客车	9515.52	0.14	1.8792	0.6006	10派0.6元(含税)
000869	张裕A	170092.81	2.48	8.6264	1.8995	10派11元(含税)

股票代码	股票简称	净利润(万元)	每股收益(元)	每股净资产(元)	每股经营性现金流量(元)	分配预案
000875	吉电股份	-44839.73	-0.53	2.3271	1.9828	不分配不转增
000876	新希望	170728.65	0.98	6.4702	1.1809	10派1.2元(含税)
000877	天山股份	31870.97	0.37	7.3454	0.3733	10派1.1元(含税)
000878	云南铜业	2488.70	0.02	4.8829	1.7043	不分配不转增
000880	潍柴重机	7381.79	0.27	4.2738	0.3355	10派0.5元(含税)
000881	大连国际	20092.48	0.65	5.0145	2.6692	10派1元(含税)
000882	华联股份	5292.36	0.05	2.7083	-0.0301	10派0.45元(含税)
000883	湖北能源	66949.16	0.3	4.8087	1.2148	10派0.4元(含税)
000885	同力水泥	16421.82	0.5002	5.0315	2.1813	10转增3股
000886	海南高速	9200.82	0.093	2.6279	0.3294	不分配不转增
000887	中鼎股份	51674.17	0.87	3.1973	0.7032	10送8股派1.6元(含税)
000888	峨眉山A	18883.72	0.8029	4.489	1.0451	10派1.8元(含税)
000889	渤海物流	11026.80	0.2475	2.4275	0.3967	10派0.25元(含税)
000890	法尔胜	1041.97	0.0274	2.744	1.0372	10派0.2元(含税)
000892	星美联合	136.20	0.0033	0.0145	0.0004	不分配不转增
000893	东凌粮油	3649.16	0.16	1.5512	-2.7883	10派1.52元(含税)
000895	双汇发展	288523.47	2.62	10.667	4.1419	10转增10股派13.5元(含税)
000897	津滨发展	6907.31	0.0427	1.1364	0.8825	不分配不转增
000898	*ST鞍钢	-415700.00	-0.575	6.4408	0.2008	不分配不转增
000899	*ST赣能	16491.47	0.255	2.0351	1.4274	不分配不转增
000900	现代投资	64821.68	1.08	9.3771	1.7293	10转增3股派1.5元(含税)
000901	航天科技	3931.39	0.16	3.144	-0.2648	10派0.2元(含税)
000902	中国服装	-4417.48	-0.17	0.828	-0.1922	不分配不转增
000903	云内动力	6774.28	0.1	3.8283	0.3776	10派0.5元(含税)
000905	厦门港务	23960.78	0.45	3.7379	0.4054	10派0.5元(含税)
000906	物产中拓	1990.12	0.06	3.0235	1.2779	10派0.5元(含税)
000908	ST天一	-6079.58	-0.2171	-0.216	0.0013	不分配不转增
000909	数源科技	4250.90	0.22	3.2818	0.1299	10转增5股
000910	大亚科技	12390.48	0.23	4.4808	2.0323	10派0.2元(含税)
000911	南宁糖业	-31031.17	-1.08	3.7546	-0.3196	不分配不转增
000912	泸天化	1584.98	0.0271	3.8669	-0.9512	不分配不转增
000913	钱江摩托	912.19	0.02	5.0529	0.3733	10派1元(含税)
000915	山大华特	12159.07	0.67	3.5131	0.907	10派1元(含税)
000916	华北高速	20259.77	0.19	3.589	0.2956	10派0.8元(含税)
000917	电广传媒	58689.06	0.63	3.9763	0.5321	不分配不转增
000918	嘉凯城	11154.72	0.06	2.3449	0.9055	10派0.25元(含税)
000919	金陵药业	14355.63	0.2848	4.211	0.4605	10派1.5元(含税)
000920	南方汇通	5916.93	0.14	2.3697	0.2963	不分配不转增
000921	海信科龙	71776.47	0.5301	1.1167	0.811	不分配不转增
000922	佳电股份	19130.24	0.36	2.6438	0.0634	10派0.18元(含税)
000923	河北宣工	539.88	0.0273	3.0159	0.0261	不分配不转增
000925	众合机电	3467.00	0.12	3.5201	0.2642	不分配不转增
000926	福星股份	61117.04	0.86	8.091	1.08	10派1.5元(含税)
000927	一汽夏利	3419.58	0.0214	2.3004	-0.6422	10派0.1元(含税)
000928	中钢吉炭	-17997.05	-0.6362	2.8319	0.2055	不分配不转增
000929	兰州黄河	2173.66	0.117	3.1667	0.2728	不分配不转增
000930	中粮生化	18298.76	0.19	3.0043	0.2786	10派0.2元(含税)
000931	中关村	2988.84	0.0443	1.1279	-0.044	不分配不转增
000932	华菱钢铁	-325446.75	-1.0792	3.3125	1.9189	不分配不转增
000933	神火股份	20152.92	0.114	3.8853	0.8775	10派0.3元(含税)
000935	四川双马	850.61	0.01	3.1553	0.4407	不分配不转增
000936	华西股份	13847.58	0.19	2.4741	0.0186	10派0.5元(含税)
000937	冀中能源	225055.58	0.9731	6.4719	1.0643	10派2.5元(含税)
000938	紫光股份	7231.56	0.351	4.5845	-0.6303	10派0.5元(含税)
000939	凯迪电力	3444.15	0.04	2.5553	-0.398	不分配不转增
000948	南天信息	638.83	0.0276	5.5805	-0.0905	10派0.2元(含税)
000949	新乡化纤	-13976.21	-0.1685	2.0525	0.8385	不分配不转增
000950	建峰化工	12137.13	0.2	4.0482	0.5833	不分配不转增
000951	中国重汽	4647.33	0.11	8.8672	2.612	10派0.3元(含税)

股票代码	股票简称	净利润(万元)	每股收益(元)	每股净资产(元)	每股经营性现金流量(元)	分配预案
000952	广济药业	-9556.41	-0.38	2.8563	0.4292	不分配不转增
000953	*ST 河化	-1578.76	-0.0537	2.3269	0.0499	不分配不转增
000955	ST 欣龙	461.84	0.01	1.7534	0.0153	10 转增 3 股
000957	中通客车	5782.19	0.24	2.8817	0.583	不分配不转增
000958	*ST 东热	-6600.08	-0.22	-2.5125	0.1891	不分配不转增
000959	首钢股份	-35709.51	-0.1204	2.4756	0.111	不分配不转增
000960	锡业股份	3451.22	0.0381	5.6554	0.3051	不分配不转增
000961	中南建设	103215.79	0.88	5.5432	-0.2379	10 派 1 元(含税)
000962	东方钽业	10421.74	0.2364	5.5502	0.1288	10 派 0.4 元(含税)
000963	华东医药	46992.72	1.08	4.6048	1.4807	不分配不转增
000965	天保基建	15893.32	0.23	3.542	0.0739	10 派 0.21 元(含税)
000966	长源电力	8461.40	0.1527	2.4811	4.5306	不分配不转增
000967	上风高科	4743.06	0.23	3.666	0.5739	10 转增 2 股派 0.2 元(含税)
000968	煤气化	-35202.57	-0.6852	5.2755	0.7795	不分配不转增
000969	安泰科技	7549.43	0.0876	3.8459	0.6775	10 派 1.2 元(含税)
000970	中科三环	64842.16	1.24	6.1747	3.485	10 送 5 转增 5 股派 2 元(含税)
000971	蓝鼎控股	800.93	0.03	0.1388	-0.2422	不分配不转增
000972	*ST 中基	6402.15	0.08	0.8588	-0.0587	不分配不转增
000973	佛塑科技	12016.26	0.13	2.1088	0.4974	10 派 0.5 元(含税)
000975	银泰资源	1618.12	0.026	1.5168	0.7763	10 派 1.4 元(含税)
000976	春晖股份	1287.74	0.02	0.9076	-0.0547	不分配不转增
000977	浪潮信息	6979.65	0.32	5.4005	-1.0872	10 派 1 元(含税)
000978	桂林旅游	6117.02	0.17	4.1293	0.3242	10 派 0.5 元(含税)
000979	中弘股份	107143.86	1.06	2.7751	0.3685	10 派 3 元(含税)
000980	金马股份	2754.62	0.09	3.8552	0.6218	10 派 0.6 元(含税)
000981	银亿股份	71793.64	0.84	4.3442	-0.5548	10 派 1.11 元(含税)
000982	中银绒业	28057.09	0.47	2.3688	-0.5616	不分配不转增
000983	西山煤电	181032.08	0.5745	4.7687	0.8629	10 派 0.36 元(含税)
000985	大庆华科	-160.78	-0.01	3.6442	0.5444	不分配不转增
000987	广州友谊	38162.25	1.06	5.4634	1.1657	10 派 5 元(含税)
000988	华工科技	15020.82	0.17	2.9362	-0.0549	10 派 0.1 元(含税)
000989	九芝堂	11156.22	0.37	4.9255	0.2949	10 派 2 元(含税)
000990	诚志股份	2723.69	0.092	5.4141	0.3755	10 派 0.2 元(含税)
000993	闽东电力	5618.28	0.15	4.1895	0.4991	不分配不转增
000995	皇台酒业	1013.49	0.06	1.0496	0.1248	不分配不转增
000996	中国中期	6850.72	0.2979	2.3944	-0.0122	10 派 0.3 元(含税)
000997	新大陆	8023.20	0.16	2.8341	0.3245	10 派 0.8 元(含税)
000998	隆平高科	17106.00	0.41	2.9367	0.5035	10 派 1.5 元(含税)
000999	华润三九	101407.61	1.04	5.4242	1.238	10 派 2.6 元(含税)
001696	宗申动力	33736.61	0.29	2.4518	0.2995	10 派 0.5 元(含税)
001896	豫能控股	4312.06	0.07	0.9977	1.5516	不分配不转增
200002	万科 B	1255118.24	1.14	5.8049	0.3389	10 派 1.8 元(含税)
200011	深物业 B	37542.21	0.6299	2.5217	1.3519	不分配不转增
200012	南玻 B	27474.62	0.13	3.2844	0.8316	10 派 1.5 元(含税)
200016	深康佳 B	4582.92	0.0381	3.3585	-0.2984	10 派 0.1 元(含税)
200017	*ST 中华 B	-5244.32	-0.0951	-3.1005	-0.0127	不分配不转增
200018	*ST 中冠 B	-24.73	-0.0015	0.7027	-0.0023	不分配不转增
200019	深深宝 B	7452.95	0.297	3.843	-0.193	10 派 2 元(含税)
200020	深华发 B	324.19	0.0115	0.9895	0.065	不分配不转增
200022	深赤湾 B	46710.33	0.724	5.7045	1.0833	10 派 3.63 元(含税)
200024	招商局 B	331826.69	1.9323	13.6223	2.9691	10 派 3 元(含税)
200025	特力 B	714.63	0.0324	0.8384	-0.0352	不分配不转增
200026	飞亚达 B	11600.37	0.295	3.6833	0.1167	10 派 1 元(含税)
200028	一致 B	47579.25	1.65	6.1633	1.1243	10 派 1.8 元(含税)
200029	深深房 B	10681.45	0.1056	1.6165	0.0271	不分配不转增
200030	富奥 B	-368.90	-0.0128	-0.0057	-0.0103	不分配不转增
200037	深南电 B	-20445.56	-0.34	2.5697	0.1759	不分配不转增
200045	深纺织 B	-8098.89	-0.24	3.872	-0.461	不分配不转增
200053	深基地 B	16218.30	0.7	5.5835	1.421	10 派 1.01 元(含税)

股票代码	股票简称	净利润(万元)	每股收益(元)	每股净资产(元)	每股经营性现金流量(元)	分配预案
200054	*ST 建摩 B	-14372.38	-0.301	0.2983	0.1892	不分配不转增
200055	方大 B	2494.84	0.03	1.4514	0.0783	10 派 0.3 元(含税)
200056	*ST 国商 B	1818.63	0.082	-0.3798	-0.6628	不分配不转增
200058	深赛格 B	4558.71	0.0581	1.5235	-0.0586	不分配不转增
200152	山航 B	58981.09	1.47	6.1976	4.3158	10 派 4 元(含税)
200160	南江 B	3289.44	0.05	0.1627	-0.0062	不分配不转增
200168	雷伊 B	2606.74	0.0833	1.1162	0.1697	不分配不转增
200413	宝石 B	14266.46	0.37	1.0233	-1.2193	不分配不转增
200418	小天鹅 B	33838.77	0.54	5.8281	0.5451	10 派 3 元(含税)
200429	粤高速 B	17578.97	0.14	3.3958	0.4941	10 派 0.5 元(含税)
200468	宁通信 B	553.52	0.03	1.7572	0.5975	不分配不转增
200488	晨鸣 B	22103.48	0.11	6.6727	0.949	10 派 0.6 元(含税)
200505	*ST 珠江 B	-12687.36	-0.3	0.5568	-0.1414	不分配不转增
200512	闽灿坤 B	2145.97	0.12	2.6325	0.5809	10 派 0.85 元(含税)
200513	丽珠 B	44167.15	1.49	10.1718	2.0085	10 派 5 元(含税)
200521	皖美菱 B	19219.79	0.2517	3.8702	0.5494	10 派 0.5 元(含税)
200530	大冷 B	11714.21	0.33	5.1678	-0.191	10 派 1.5 元(含税)
200539	粤电力 B	169872.90	0.43	3.7153	1.7946	10 派 1.04083 元(含税)
200541	粤照明 B	40046.67	0.41	3.0147	0.447	10 派 3.1 元(含税)
200550	江铃 B	151690.37	1.76	9.3637	2.625	10 派 7 元(含税)
200553	沙隆达 B	10376.90	0.1747	2.114	0.3933	10 派 0.5 元(含税)
200570	苏常柴 B	5543.40	0.1	3.2869	0.5439	10 派 0.25 元(含税)
200581	苏威孚 B	88932.69	1.34	12.7269	1.714	10 送 5 股派 3 元(含税)
200596	古井贡 B	72558.93	1.44	6.7027	2.1582	10 派 5 元(含税)
200613	ST 东海 B	212.60	0.0058	0.231	0.0038	不分配不转增
200625	长安 B	144640.96	0.31	3.3269	0.1098	10 派 0.5 元(含税)
200706	瓦轴 B	4227.85	0.11	3.7654	0.3243	10 派 0.4 元(含税)
200725	京东方 B	25813.34	0.019	1.9145	0.2284	不分配不转增
200726	鲁泰 B	70785.75	0.71	5.2223	1.1601	10 派 2.8 元(含税)
200761	本钢板 B	6937.98	0.022	4.8727	0.282	10 派 0.2 元(含税)
200770	*ST 武锅 B	-9434.12	-0.32	-4.1859	0.2818	不分配不转增
200771	杭汽轮 B	73510.20	0.97	5.1354	1.0314	10 派 4 元(含税)
200869	张裕 B	170092.81	2.48	8.6264	1.8995	10 派 11 元(含税)
200986	粤华包 B	26848.04	0.53	3.3755	0.0379	10 派 1 元(含税)
200992	中鲁 B	4029.03	0.15	1.7921	0.1361	不分配不转增

2012 年深市中小企业板上市公司年报主要财务指标

截至日期:2013 - 04 - 27

股票代码	股票简称	净利润(万元)	每股收益(元)	每股净资产(元)	每股经营性现金流量(元)	分配预案
002001	新和成	85017.28	1.17	8.3372	1.358	10 派 5 元(含税)
002002	金材股份	222.82	0.0134	0.5853	-0.0696	不分配不转增
002003	伟星股份	16902.89	0.65	6.3684	1.5589	10 派 5 元(含税)
002004	华邦颖泰	33238.43	0.66	5.3389	0.513	10 派 3 元(含税)
002005	德豪润达	16197.24	0.1451	3.6035	0.0282	不分配不转增
002006	精功科技	-19468.14	-0.43	2.2517	-0.7146	不分配不转增
002007	华兰生物	29978.79	0.5203	4.5083	0.8585	10 派 1 元(含税)
002008	大族激光	61855.30	0.59	3.2367	0.3981	10 派 2 元(含税)
002009	天奇股份	4884.41	0.22	2.6022	0.0743	10 派 0.35 元(含税)
002010	传化股份	15441.79	0.32	3.3533	0.2423	10 派 1 元(含税)
002011	盾安环境	29751.91	0.3551	3.8361	0.3231	不分配不转增
002012	凯恩股份	8598.15	0.18	2.3935	0.3083	10 派 0.3 元(含税)
002013	中航精机	37144.51	0.52	5.4886	0.5367	10 派 0.5 元(含税)
002014	永新股份	17877.08	0.6	4.2677	0.5699	10 派 3 元(含税)
002015	霞客环保	687.90	0.029	3.0979	0.6247	不分配不转增
002016	世荣兆业	17011.81	0.37	2.4094	-0.1689	10 送 4 股派 1.5 元(含税)
002017	东信和平	3864.23	0.1769	3.1155	0.5477	10 派 0.5 元(含税)
002018	华星化工	11190.90	0.38	2.3256	0.3025	10 送 4.5 转增 1.5 股派 1.2 元(含税)
002019	*ST 鑫富	1431.87	0.07	2.1814	0.1356	不分配不转增

股票代码	股票简称	净利润(万元)	每股收益(元)	每股净资产(元)	每股经营性现金流量(元)	分配预案
002020	京新药业	3167.90	0.251	6.1155	0.4771	10转增10股派1.5元(含税)
002021	中捷股份	2012.62	0.04	1.6867	0.0294	10派0.2元(含税)
002022	科华生物	23983.00	0.4872	2.0742	0.4342	10派3.6元(含税)
002023	海特高新	8109.20	0.27	3.5631	0.4518	10派1元(含税)
002024	苏宁云商	267611.90	0.37	3.8547	0.7178	10派0.5元(含税)
002025	航天电器	15358.30	0.47	4.5655	0.3395	10派1.5元(含税)
002026	山东威达	6554.56	0.37	3.8152	0.2984	10转增3股派0.5元(含税)
002027	七喜控股	819.64	0.03	2.0261	-0.015	不分配不转增
002028	思源电气	24829.67	0.56	6.514	0.3119	10派1元(含税)
002029	七匹狼	56111.60	1.21	8.4673	0.8698	10转增5股派1元(含税)
002030	达安基因	9016.50	0.22	1.3778	0.0081	10送1股派0.12元(含税)
002031	巨轮股份	11156.35	0.2711	3.31	0.4537	10派0.5元(含税)
002032	苏泊尔	46913.90	0.739	4.7761	1.3502	10派3.3元(含税)
002033	丽江旅游	13717.86	0.84	5.3544	1.6674	10转增3股派1.5元(含税)
002034	美欣达	2052.89	0.25	6.075	1.9943	10派3元(含税)
002035	华帝股份	15918.93	0.65	3.435	0.686	10派2元(含税)
002036	宜科科技	1430.71	0.07	1.6354	0.1735	10派0.5元(含税)
002037	久联发展	20094.61	1.06	7.8033	-1.2967	10转增6股派2元(含税)
002038	双鹭药业	48101.11	1.2635	5.3589	1.047	10送2股派2.5元(含税)
002039	黔源电力	13689.25	0.6724	8.4413	7.1826	10派1.2元(含税)
002040	南京港	2885.00	0.1173	2.4414	0.2035	10派0.3元(含税)
002041	登海种业	25776.73	0.7323	3.8435	1.4889	10派1元(含税)
002042	华孚色纺	9073.64	0.11	3.6323	0.567	10派0.2元(含税)
002043	兔宝宝	3267.88	0.07	1.6115	0.2282	10派0.3元(含税)
002044	江苏三友	6098.33	0.27	1.8573	0.2974	10派2元(含税)
002045	国光电器	-18166.73	-0.44	2.8565	0.3226	10派0.8元(含税)
002046	轴研科技	6477.84	0.24	3.625	0.0886	10派0.5元(含税)
002047	*ST成霖	-3851.82	-0.08	1.446	-0.0617	不分配不转增
002048	宁波华翔	25066.63	0.46	5.0295	0.3069	10派0.5元(含税)
002049	同方国芯	14127.51	0.5844	6.681	0.4199	10派1元(含税)
002050	三花股份	27129.52	0.46	4.8664	0.5255	10派1元(含税)
002051	中工国际	63496.81	1.11	6.6529	1.4334	10派3元(含税)
002052	同洲电子	19323.41	0.57	3.8707	0.6545	10送5转增5股派1元(含税)
002053	云南盐化	-16543.36	-0.89	4.3945	0.8571	不分配不转增
002054	德美化工	10865.52	0.34	4.497	0.6005	10派1.1元(含税)
002055	得润电子	10208.23	0.2487	2.835	0.2691	10派0.5元(含税)
002056	横店东磁	-22043.95	-0.53	6.4956	0.8098	不分配不转增
002057	中钢天源	-3451.56	-0.3654	4.5935	0.0404	不分配不转增
002058	威尔泰	514.67	0.04	1.5428	-0.0187	10转增1.5股派0.4元(含税)
002059	云南旅游	2436.40	0.1133	2.7301	0.4449	10派0.5元(含税)
002060	粤水电	5711.82	0.1138	4.7386	-0.2101	10转增2股派0.2元(含税)
002061	江山化工	7163.43	0.51	4.3049	0.2291	10转增5股派1元(含税)
002062	宏润建设	13210.19	0.23	3.453	-0.5782	10派1元(含税)
002063	远光软件	28800.44	0.6516	2.795	0.6488	10派2元(含税)
002064	华峰氨纶	1840.29	0.02	2.244	0.1284	10派1元(含税)
002065	东华软件	56917.53	0.8249	4.0088	0.2408	10派2元(含税)
002066	瑞泰科技	347.39	0.015	2.5664	-0.7111	10派0.5元(含税)
002067	景兴纸业	1500.80	0.01	2.6234	0.0834	不分配不转增
002068	黑猫股份	10319.61	0.22	2.7355	0.3939	10派1元(含税)
002069	獐子岛	10567.93	0.15	3.5734	0.5322	10派3元(含税)
002070	众和股份	4146.77	0.0849	2.4066	0.1144	10转增3股
002071	江苏宏宝	-5487.25	-0.3	1.6305	0.3171	不分配不转增
002072	ST德棉	508.12	0.029	1.3031	0.6536	不分配不转增
002073	软控股份	20722.00	0.28	4.1775	0.0702	10派0.3元(含税)
002074	东源电器	3693.72	0.15	1.7475	-0.0769	10派0.2元(含税)
002075	沙钢股份	2270.40	0.01	1.4711	0.7428	不分配不转增
002076	雪莱特	1516.61	0.0823	2.2736	0.121	10派1.5元(含税)
002077	大港股份	6587.09	0.26	3.4914	-1.791	10派0.5元(含税)
002078	太阳纸业	17634.49	0.18	3.9285	1.3808	10派1元(含税)

股票代码	股票简称	净利润(万元)	每股收益(元)	每股净资产(元)	每股经营性现金流量(元)	分配预案
002079	苏州固锝	2029.47	0.028	1.66	0.0472	10派0.15元(含税)
002080	中材科技	12793.22	0.3198	5.9627	0.3395	10派1元(含税)
002081	金螳螂	111142.87	1.43	5.303	0.9911	10转增5股派2元(含税)
002082	栋梁新材	8640.93	0.36	4.5617	0.8518	10派0.8元(含税)
002083	孚日股份	1116.49	0.01	2.9908	0.8301	不分配不转增
002084	海鸥卫浴	3536.08	0.1	2.0815	0.2109	10转增1股派0.9元(含税)
002085	万丰奥威	24830.24	0.64	3.9428	1.5787	不分配不转增
002086	东方海洋	9917.57	0.4067	5.3536	0.4768	不分配不转增
002087	新野纺织	7976.65	0.1535	3.4394	0.4645	不分配不转增
002088	鲁阳股份	8463.56	0.36	6.1982	0.5453	10派1元(含税)
002089	新海宜	11017.14	0.26	2.5122	0.2309	10派0.5元(含税)
002090	金智科技	4183.72	0.2051	2.7026	0.0623	10派1元(含税)
002091	江苏国泰	19137.58	0.53	3.3802	0.7193	10派1.2元(含税)
002092	中泰化学	27070.40	0.235	6.2018	0.5118	10派2元(含税)
002093	国脉科技	7111.91	0.0822	1.3329	-0.1217	10派0.1元(含税)
002094	青岛金王	5236.14	0.162	1.7103	0.4101	不分配不转增
002095	生意宝	3621.13	0.22	2.9001	0.3889	10派1元(含税)
002096	南岭民爆	17746.29	0.48	4.551	0.545	10派0.6元(含税)
002097	山河智能	908.07	0.0218	4.0458	0.1327	10派0.3元(含税)
002098	浔兴股份	3622.81	0.23	3.8517	1.1145	10派1元(含税)
002099	海翔药业	2278.04	0.07	2.1934	0.557	不分配不转增
002100	天康生物	10801.20	0.37	4.0977	0.9594	10送3股派0.5元(含税)
002101	广东鸿图	7772.20	0.47	6.0099	0.7865	10派2元(含税)
002102	*ST冠福	2040.73	0.05	1.5258	0.0368	不分配不转增
002103	广博股份	3660.93	0.17	3.3683	0.2762	10派0.5元(含税)
002104	恒宝股份	12733.61	0.29	1.8351	0.5624	10派1元(含税)
002105	信隆实业	2528.73	0.09	1.9849	0.3848	10派1元(含税)
002106	莱宝高科	14092.78	0.23	4.0849	0.2052	10派1.5元(含税)
002107	沃华医药	834.04	0.05	3.6249	0.2065	不分配不转增
002108	沧州明珠	12170.27	0.37	3.1841	0.2144	10派1.8元(含税)
002109	兴化股份	12866.00	0.36	3.5914	0.399	10派1元(含税)
002110	三钢闽光	-21543.64	-0.403	5.1203	-0.0328	不分配不转增
002111	威海广泰	8888.05	0.29	3.5751	0.0474	10派0.8元(含税)
002112	三变科技	587.54	0.05	3.9712	1.2297	10转增8股派0.2元(含税)
002113	天润控股	498.73	0.042	0.7574	0.0071	不分配不转增
002114	罗平锌电	2086.34	0.11	1.0799	1.6041	不分配不转增
002115	三维通信	9028.83	0.2638	3.1241	0.155	10转增2股派1元(含税)
002116	中国海诚	12057.87	0.59	2.8676	0.2575	10派2.3元(含税)
002117	东港股份	10300.86	0.41	4.3767	0.8324	10转增2股派2元(含税)
002118	紫鑫药业	8631.14	0.17	3.6949	-0.381	不分配不转增
002119	康强电子	842.73	0.04	3.165	-0.2814	10派0.25元(含税)
002120	新海股份	7270.45	0.48	3.0488	0.7789	10派1元(含税)
002121	科陆电子	8482.50	0.2138	3.1915	0.8119	10派0.4元(含税)
002122	天马股份	21596.11	0.18	4.0439	0.2157	10派1元(含税)
002123	荣信股份	11532.62	0.23	4.2066	-0.3499	不分配不转增
002124	天邦股份	4518.43	0.22	2.0778	0.5106	10派1元(含税)
002125	湘潭电化	-4923.94	-0.3539	2.2686	0.1635	不分配不转增
002126	银轮股份	4139.59	0.13	3.8409	0.5455	10派0.3元(含税)
002127	新民科技	-17880.84	-0.4	2.1352	-0.1702	不分配不转增
002128	露天煤业	157225.77	1.19	4.2448	1.0025	10派2元(含税)
002129	中环股份	-9364.75	-0.1293	3.922	-0.4516	不分配不转增
002130	沃尔核材	9201.60	0.21	2.2324	0.0756	10转增3股派0.5元(含税)
002131	利欧股份	4786.33	0.15	3.3254	0.165	10派0.3元(含税)
002132	恒星科技	2036.78	0.04	2.0977	0.7696	不分配不转增
002133	广宇集团	24858.10	0.42	3.0293	0.4233	10派0.8元(含税)
002134	天津普林	-8866.81	-0.36	2.4789	-0.2231	不分配不转增
002135	东南网架	8236.91	0.11	2.3474	-0.7924	10派0.15元(含税)
002136	安纳达	2191.47	0.1	2.9635	0.0612	不分配不转增
002137	实益达	3217.13	0.1031	1.7203	0.4089	10转增3.5股派0.2元(含税)

股票代码	股票简称	净利润(万元)	每股收益(元)	每股净资产(元)	每股经营性现金流量(元)	分配预案
002138	顺络电子	12239.76	0.39	3.7882	0.6706	10派2元(含税)
002139	拓邦股份	3342.24	0.15	2.27	0.5065	10派1.5元(含税)
002140	东华科技	33335.45	0.75	3.1067	0.7088	10派0.5元(含税)
002141	蓉胜超微	330.13	0.0182	1.6969	0.2163	不分配不转增
002142	宁波银行	406813.70	1.41	7.6693	16.7018	10派2.5元(含税)
002143	高金食品	1033.06	0.0495	2.3751	-0.3997	不分配不转增
002144	宏达高科	11471.90	0.76	8.2839	0.637	10派1.5元(含税)
002145	中核钛白	183.88	0.01	0.9243	-0.3644	不分配不转增
002146	荣盛发展	214013.62	1.15	4.3657	-0.6426	10派1.5元(含税)
002147	方圆支承	558.81	0.0216	3.4287	0.1475	10派1元(含税)
002148	北纬通信	4582.94	0.4	4.3822	0.3691	10派1元(含税)
002149	西部材料	2248.40	0.13	4.915	1.0016	10派0.5元(含税)
002150	江苏通润	4440.91	0.18	2.0788	0.3073	10派1元(含税)
002151	北斗星通	4611.14	0.25	3.711	0.3722	10派0.5元(含税)
002152	广电运通	57863.20	0.93	4.7667	1.3761	10送2股派3元(含税)
002153	石基信息	29477.87	0.95	4.1623	1.027	10派1元(含税)
002154	报喜鸟	47764.57	0.81	4.4001	0.7962	10派1.6元(含税)
002155	辰州矿业	53686.21	0.7	3.8082	0.4038	10转增3股派1元(含税)
002156	通富微电	3784.03	0.06	3.3987	0.2769	10派0.2元(含税)
002157	正邦科技	8033.50	0.19	2.3837	0.6033	10派0.5元(含税)
002158	汉钟精机	10665.52	0.4891	3.5469	0.7223	10转增1股派2.5元(含税)
002159	三特索道	5521.15	0.46	4.4279	0.6039	10派0.6元(含税)
002160	常铝股份	-6925.49	-0.204	1.7263	0.7337	不分配不转增
002161	远望谷	12187.05	0.165	1.906	0.1126	10派0.5元(含税)
002162	*ST上控	-20692.26	-0.495	1.2346	0.1257	不分配不转增
002163	中航三鑫	-13049.28	-0.16	1.6953	0.0957	不分配不转增
002164	东力传动	-5449.95	-0.12	2.4525	0.2288	不分配不转增
002165	红宝丽	7840.87	0.15	1.7906	0.3944	10派0.8元(含税)
002166	莱茵生物	-6596.54	-0.51	1.2597	-1.6544	不分配不转增
002167	东方锆业	878.11	0.02	3.5532	0.4035	不分配不转增
002168	深圳惠程	6420.25	0.0848	1.4922	0.0189	10派0.6元(含税)
002169	智光电气	-4953.88	-0.1859	2.035	0.1971	不分配不转增
002170	芭田股份	8913.64	0.2078	2.8986	0.6539	10转增8股派1元(含税)
002171	精诚铜业	-5696.61	-0.17	1.8547	-0.6365	不分配不转增
002172	澳洋科技	3565.28	0.06	1.0605	0.9785	不分配不转增
002173	千足珍珠	3817.40	0.19	2.3269	0.1419	不分配不转增
002174	梅花伞	492.97	0.059	2.8234	1.8607	10派0.1元(含税)
002175	广陆数测	872.08	0.1021	3.1136	0.1499	不分配不转增
002176	江特电机	4724.43	0.11	1.9641	0.1424	10派0.12元(含税)
002177	御银股份	12405.38	0.21	2.3502	0.391	10转增3股派0.1元(含税)
002178	延华智能	1756.22	0.13	2.3677	0.4047	10派0.5元(含税)
002179	中航光电	20278.40	0.5	3.8674	0.2046	不分配不转增
002180	万力达	1432.68	0.11	2.9947	-0.1455	10派0.5元(含税)
002181	粤传媒	27568.30	0.3984	5.2055	0.439	10派1元(含税)
002182	云海金属	1983.79	0.0689	3.1264	0.305	10派0.5元(含税)
002183	怡亚通	12548.20	0.15	1.7777	0.3213	10派0.5元(含税)
002184	海得控制	220.08	0.01	3.2523	0.1861	10派0.5元(含税)
002185	华天科技	12103.52	0.1863	2.3447	0.3301	10派0.5元(含税)
002186	全聚德	15205.42	1.0741	6.1693	1.925	10转增10股派5元(含税)
002187	广百股份	19278.98	0.56	6.1331	1.487	10派2元(含税)
002188	新嘉联	-872.06	-0.06	2.0082	0.2701	不分配不转增
002189	利达光电	1084.58	0.05	2.4746	0.202	10派0.17元(含税)
002190	成飞集成	5444.72	0.16	4.5648	0.0103	10派1元(含税)
002191	劲嘉股份	43276.90	0.67	3.6874	1.0549	不分配不转增
002192	路翔股份	415.39	0.03	2.2068	0.4428	不分配不转增
002193	山东如意	203.37	0.01	4.1934	0.4185	不分配不转增
002194	武汉凡谷	3928.39	0.07	3.5558	-0.0638	10派1.5元(含税)
002195	海隆软件	6633.11	0.5821	3.8772	0.5769	10派1元(含税)
002196	方正电机	2038.93	0.18	2.5874	0.3871	10派1.5元(含税)

股票代码	股票简称	净利润(万元)	每股收益(元)	每股净资产(元)	每股经营性现金流量(元)	分配预案
002197	证通电子	4225.45	0.2	2.5868	0.1564	10 派 0.5 元(含税)
002198	嘉应制药	756.81	0.0369	1.3565	0.0257	10 派 0.3 元(含税)
002199	东晶电子	1143.85	0.06	2.8872	0.1641	不分配不转增
002200	*ST 大地	-395.66	-0.03	2.1796	-0.5169	不分配不转增
002201	九鼎新材	1987.99	0.11	2.3756	0.5281	不分配不转增
002202	金风科技	15305.38	0.0568	4.7884	0.9278	10 派 0.55 元(含税)
002203	海亮股份	23352.92	0.3017	3.4801	0.5894	10 派 1 元(含税)
002204	大连重工	36906.88	0.57	9.6642	1.611	10 转增 5 股派 0.78 元(含税)
002205	国统股份	1607.82	0.1384	7.466	0.2536	10 派 0.5 元(含税)
002206	海利得	8771.55	0.2	4.3834	0.2218	10 派 1.7 元(含税)
002207	准油股份	1133.00	0.11	3.7266	0.5822	10 派 0.6 元(含税)
002208	合肥城建	15428.29	0.48	3.7727	-0.0205	10 派 0.5 元(含税)
002209	达意隆	3252.90	0.17	3.2119	0.0163	10 派 0.3 元(含税)
002210	飞马国际	8210.95	0.21	1.4863	3.8485	10 派 0.4 元(含税)
002211	宏达新材	368.43	0.01	3.9073	0.5464	不分配不转增
002212	南洋股份	9389.10	0.18	3.3272	0.0429	10 派 0.8 元(含税)
002213	特尔佳	3128.89	0.15	1.558	0.1018	10 派 0.5 元(含税)
002214	大立科技	3353.22	0.34	4.5742	0.1483	10 转增 10 股派 1 元(含税)
002215	诺普信	12937.60	0.36	3.6801	0.9976	10 转增 5 股派 1 元(含税)
002216	三全食品	13994.42	0.7	8.5279	1.5048	10 转增 10 股派 2 元(含税)
002217	联合化工	-1166.15	-0.03	2.6554	0.4455	不分配不转增
002218	拓日新能	532.47	0.011	2.9139	-0.0135	不分配不转增
002219	独一味	7367.24	0.1715	1.2673	0.1925	不分配不转增
002220	天宝股份	15127.55	0.33	3.2413	0.549	不分配不转增
002221	东华能源	9179.97	0.398	4.7731	1.6029	10 转增 10 股派 0.3 元(含税)
002222	福晶科技	4070.97	0.14	2.1683	0.1305	10 派 1 元(含税)
002223	鱼跃医疗	24410.13	0.46	2.4482	0.3225	10 派 1 元(含税)
002224	三力士	6772.44	0.42	3.631	1.0693	10 派 1 元(含税)
002225	濮耐股份	9412.03	0.13	1.8073	0.1316	10 派 0.5 元(含税)
002226	江南化工	26066.60	0.6588	6.0189	0.8252	10 派 3 元(含税)
002227	奥特迅	2435.09	0.2243	5.7089	-0.2912	10 派 1 元(含税)
002228	合兴包装	6017.31	0.17	2.5836	0.1601	10 派 1 元(含税)
002229	鸿博股份	5212.48	0.1748	2.7285	0.1521	10 派 0.556 元(含税)
002230	科大讯飞	18240.49	0.48	3.5558	0.4286	不分配不转增
002231	奥维通信	5090.84	0.1427	1.9384	-0.2667	不分配不转增
002232	启明信息	4242.90	0.1039	2.4314	0.4491	10 派 0.11 元(含税)
002233	塔牌集团	20178.07	0.23	3.8456	0.5946	10 派 0.8 元(含税)
002234	民和股份	-8234.70	-0.27	4.544	-0.0248	不分配不转增
002235	安妮股份	1022.29	0.05	2.4856	0.5475	10 派 2.5 元(含税)
002236	大华股份	70015.51	1.25	3.8381	0.8635	10 送 10 股派 1.6 元(含税)
002237	恒邦股份	29031.41	0.64	6.811	-1.6996	不分配不转增
002238	天威视讯	12769.30	0.4	4.5438	1.1275	10 派 1 元(含税)
002239	金飞达	1000.02	0.05	2.6936	0.1609	10 派 0.2 元(含税)
002240	威华股份	-11687.54	-0.24	3.1834	0.7457	不分配不转增
002241	歌尔声学	90870.27	1.1	6.0814	0.6578	10 转增 8 股派 1.5 元(含税)
002242	九阳股份	45523.81	0.6	3.7516	0.3974	10 派 5 元(含税)
002243	通产丽星	7531.56	0.2918	2.8762	0.3688	10 派 0.3 元(含税)
002244	滨江集团	126597.09	0.94	4.4386	3.3379	10 派 0.94 元(含税)
002245	澳洋顺昌	10371.52	0.2843	1.8539	1.0807	10 派 0.35 元(含税)
002246	北化股份	1211.77	0.0612	2.9507	0.1148	不分配不转增
002247	帝龙新材	5764.87	0.58	5.1118	1.0756	10 派 1 元(含税)
002248	华东数控	-9865.83	-0.38	3.5814	-0.1522	不分配不转增
002249	大洋电机	18434.32	0.26	3.469	0.4654	10 派 1.4 元(含税)
002250	联化科技	36566.51	0.71	4.0878	0.9721	10 派 1 元(含税)
002251	步步高	34289.60	1.2683	7.2224	2.9355	10 转增 10 股派 8 元(含税)
002252	上海莱士	22501.38	0.46	2.05	0.5381	10 派 0.5 元(含税)
002253	川大智胜	6158.63	0.44	5.6323	0.7471	10 派 2 元(含税)
002254	泰和新材	4444.78	0.11	4.0705	0.1936	10 转增 3 股
002255	海陆重工	15144.97	0.59	5.5089	0.0129	10 派 1 元(含税)

股票代码	股票简称	净利润(万元)	每股收益(元)	每股净资产(元)	每股经营性现金流量(元)	分配预案
002256	彩虹精化	697.10	0.02	1.4405	0.0309	10派0.2元(含税)
002258	利尔化学	8762.11	0.43	4.9787	0.5103	10派1.3元(含税)
002259	升达林业	1220.73	0.019	1.2707	0.2524	不分配不转增
002260	伊立浦	1353.61	0.0868	2.1082	-0.2511	10派1元(含税)
002261	拓维信息	3629.21	0.13	2.8792	0.2033	10派0.2元(含税)
002262	恩华药业	13969.79	0.597	2.9081	0.6588	10送2.5转增1.5股派0.8元(含税)
002263	大东南	-5553.91	-0.09	4.1955	0.0788	10转增2股
002264	新华都	15953.41	0.3	2.4378	0.8553	10派0.6元(含税)
002265	*ST西仪	-5153.08	-0.18	1.7232	-0.1622	不分配不转增
002266	浙富股份	12771.30	0.21	2.2578	0.1374	不分配不转增
002267	陕天然气	33552.50	0.33	2.9444	0.9277	10派2元(含税)
002268	卫士通	1787.23	0.1035	3.0339	0.391	10派0.1元(含税)
002269	美邦服饰	84958.24	0.85	4.1113	2.8423	10派7.5元(含税)
002270	法因数控	1905.75	0.1	3.0277	0.2485	10派0.5元(含税)
002271	东方雨虹	18866.27	0.55	3.623	1.1173	10派2元(含税)
002272	川润股份	1413.38	0.04	2.9685	-0.0418	10派0.15元(含税)
002273	水晶光电	14794.18	0.59	4.2091	0.708	10转增5股派2元(含税)
002274	华昌化工	-7941.61	-0.3	5.1317	-0.0438	不分配不转增
002275	桂林三金	33115.19	0.56	3.5207	0.5127	10派5元(含税)
002276	万马电缆	17763.47	0.2	2.4992	-0.016	10派0.5元(含税)
002277	友阿股份	37600.57	0.673	4.0457	1.0649	10派1元(含税)
002278	神开股份	5150.62	0.2	4.4182	0.3148	10转增1股派1.5元(含税)
002279	久其软件	1953.32	0.1111	3.7936	0.2423	10派1元(含税)
002280	新世纪	443.11	0.04	4.4825	0.1485	10派1.2元(含税)
002281	光迅科技	16023.04	0.87	8.0937	0.9784	10派2.5元(含税)
002282	博深工具	767.44	0.03	3.4762	-0.0816	10派0.5元(含税)
002283	天润曲轴	6347.87	0.11	5.3198	0.2385	10派0.15元(含税)
002284	亚太股份	8507.73	0.3	3.838	0.7334	10派1元(含税)
002285	世联地产	21129.16	0.65	4.555	0.6904	10送3股派3元(含税)
002286	保龄宝	6732.57	0.5	6.0433	0.6964	10派1.5元(含税)
002287	奇正藏药	19017.95	0.47	3.2543	0.4179	10派3.1元(含税)
002288	超华科技	4331.44	0.143	3.4068	-0.1153	10转增2股派0.2元(含税)
002289	宇顺电子	-12500.42	-1.7007	4.7538	-3.7244	不分配不转增
002290	禾盛新材	2479.65	0.12	4.5731	1.022	10派1元(含税)
002291	星期六	5583.35	0.15	4.3655	-0.3708	不分配不转增
002292	奥飞动漫	18138.42	0.44	3.611	0.6011	10转增5股派0.5元(含税)
002293	罗莱家纺	38208.68	2.72	13.4809	1.7554	10转增10股派7元(含税)
002294	信立泰	63516.75	1.46	5.9746	1.1959	10转增5股派7元(含税)
002295	精艺股份	558.08	0.0263	3.9557	1.5227	不分配不转增
002296	辉煌科技	1813.65	0.102	3.8101	0.1474	不分配不转增
002297	博云新材	2125.06	0.0993	2.8083	0.0082	10转增5股派0.33元(含税)
002298	鑫龙电器	9534.19	0.2581	2.8458	0.1129	10派0.2元(含税)
002299	圣农发展	263.44	0.0029	3.6487	0.4368	不分配不转增
002300	太阳电缆	12501.66	0.4146	3.7383	0.8493	10派3.51元(含税)
002301	齐心文具	7007.16	0.18	2.9171	0.1479	10派0.2元(含税)
002302	西部建设	10965.31	0.52	5.6554	0.5369	10转增5股派0.8元(含税)
002303	美盈森	10719.19	0.5995	10.1152	0.9143	10派1元(含税)
002304	洋河股份	615430.29	5.7	13.6063	5.0923	10派20元(含税)
002305	南国置业	44550.80	0.46	2.2064	0.4599	10派1元(含税)
002306	湘鄂情	10862.91	0.27	3.1604	0.3982	10转增10股派0.8元(含税)
002307	北新路桥	3753.89	0.09	2.8513	-1.3106	不分配不转增
002308	威创股份	33813.98	0.53	3.191	0.5521	10转增3股派3.5元(含税)
002309	中利科技	23604.03	0.49	5.2417	-0.9642	10派1元(含税)
002310	东方园林	68812.29	2.29	8.8622	-0.8346	10转增10股派2.3元(含税)
002311	海大集团	45233.75	0.6	3.8472	0.0833	10转增3股派1.5元(含税)
002312	三泰电子	5665.60	0.31	4.2548	-0.1096	10转增10股派1元(含税)
002313	日海通讯	17142.88	0.78	8.1455	-0.6146	10转增3股派3元(含税)
002314	雅致股份	-10461.97	-0.36	6.2289	0.5156	不分配不转增
002315	焦点科技	12557.32	1.07	14.5058	0.8728	10派8元(含税)

股票代码	股票简称	净利润(万元)	每股收益(元)	每股净资产(元)	每股经营性现金流量(元)	分配预案
002316	键桥通讯	5624.96	0.17	2.6965	0.2081	10 转增 2 股派 0.3 元(含税)
002317	众生药业	18151.17	1.01	8.815	0.791	10 转增 10 股派 5 元(含税)
002318	久立特材	15489.60	0.5	5.1282	1.1061	10 派 1 元(含税)
002319	乐通股份	1996.59	0.2	5.3837	1.3717	10 转增 10 股派 1 元(含税)
002320	海峡股份	13250.60	0.31	4.3978	0.3702	10 派 1.5 元(含税)
002321	华英农业	430.40	0.015	3.3601	1.0278	不分配不转增
002322	理工监测	10647.82	0.77	7.8665	0.19	10 转增 10 股派 1 元(含税)
002323	中联电气	4162.42	0.503	10.3932	0.0442	10 转增 3 股派 4 元(含税)
002324	普利特	15862.23	0.59	4.694	-0.235	10 派 1 元(含税)
002325	洪涛股份	20447.05	0.44	3.2359	-0.3267	10 转增 5 股派 0.6 元(含税)
002326	永太科技	6434.53	0.27	4.2022	0.4153	10 派 1 元(含税)
002327	富安娜	26028.37	1.62	9.4112	2.801	10 转增 10 股派 3 元(含税)
002328	新朋股份	3284.85	0.07	4.6559	0.1461	10 派 0.3 元(含税)
002329	皇氏乳业	3264.47	0.1525	3.7402	0.2097	10 派 2 元(含税)
002330	得利斯	4862.66	0.1937	5.0854	0.4532	10 转增 10 股
002331	皖通科技	6566.92	0.4904	5.2287	0.3062	10 转增 6 股派 1 元(含税)
002332	仙琚制药	12055.73	0.35	3.4113	0.0979	10 派 2 元(含税)
002333	罗普斯金	8442.69	0.33	5.1783	0.5395	10 派 2 元(含税)
002334	英威腾	9042.29	0.51	5.362	0.4475	10 转增 6 股派 1 元(含税)
002335	科华恒盛	9467.21	0.42	4.3497	0.703	10 派 1.5 元(含税)
002336	人人乐	-8961.48	-0.224	8.1781	1.3118	不分配不转增
002337	赛象科技	1261.44	0.07	6.5766	0.2188	10 派 2.5 元(含税)
002338	奥普光电	5657.01	0.47	5.3554	-0.0875	10 派 3 元(含税)
002339	积成电子	10276.56	0.6	5.4535	0.0623	10 转增 10 股派 1 元(含税)
002340	格林美	13463.56	0.23	3.837	-0.4324	10 转增 3 股派 0.5 元(含税)
002341	新纶科技	9404.56	0.3212	2.5177	-0.2685	10 派 1 元(含税)
002342	巨力索具	12067.34	0.13	2.4115	0.0376	10 派 0.2 元(含税)
002343	禾欣股份	7232.88	0.3651	6.0092	0.8926	10 派 3.5 元(含税)
002344	海宁皮城	70455.89	1.26	5.1927	2.4079	10 转增 10 股派 2.5 元(含税)
002345	潮宏基	13007.66	0.72	8.1361	0.5287	10 转增 10 股派 3 元(含税)
002346	柘中建设	2092.06	0.15	7.1595	0.1195	10 派 1 元(含税)
002347	泰尔重工	4268.19	0.41	8.2178	-1.1935	10 转增 8 股派 0.5 元(含税)
002348	高乐股份	6442.94	0.2721	4.7289	0.0385	10 转增 10 股派 1 元(含税)
002349	精华制药	4922.32	0.2461	3.1222	0.3862	10 派 0.5 元(含税)
002350	北京科锐	8015.37	0.37	4.5763	0.3255	10 派 1.8 元(含税)
002351	漫步者	9755.08	0.33	5.4545	0.9526	10 派 2 元(含税)
002352	鼎泰新材	4778.52	0.61	9.1463	0.3484	10 派 1 元(含税)
002353	杰瑞股份	64320.26	1.4	6.8507	0.3804	10 转增 3 股派 2.5 元(含税)
002354	科冕木业	2145.51	0.23	4.9171	0.7537	10 派 0.3 元(含税)
002355	兴民钢圈	6299.05	0.26	7.1941	0.1252	10 转增 10 股派 0.3 元(含税)
002356	浩宁达	2114.72	0.26	11.6943	-0.4316	10 派 2.5 元(含税)
002357	富临运业	8348.31	0.4261	3.2345	1.0641	10 派 2 元(含税)
002358	森源电气	19216.65	0.56	3.2958	-0.2361	10 派 1.2 元(含税)
002359	齐星铁塔	2600.82	0.16	4.1613	-0.3279	不分配不转增
002360	同德化工	6926.52	0.5772	5.5749	0.8783	10 转增 5 股派 1 元(含税)
002361	神剑股份	5976.57	0.37	3.683	0.2256	10 送 2 转增 8 股派 2 元(含税)
002362	汉王科技	1152.71	0.05	4.3658	-0.2428	不分配不转增
002363	隆基机械	3843.71	0.32	7.5171	0.8213	不分配不转增
002364	中恒电气	8564.15	0.68	6.1932	0.2222	10 转增 10 股派 1.5 元(含税)
002365	永安药业	7535.60	0.4	5.8513	0.3783	10 派 2 元(含税)
002366	丹甫股份	3218.56	0.2411	5.4095	0.3754	10 派 1.5 元(含税)
002367	康力电梯	18697.87	0.4929	4.2895	0.6654	10 派 2.5 元(含税)
002368	太极股份	13222.74	0.56	4.8658	0.8045	10 派 1.8 元(含税)
002369	卓翼科技	8493.90	0.4	5.4681	0.26	10 派 1.5 元(含税)
002370	亚太药业	-2571.75	-0.13	3.4507	-0.0515	不分配不转增
002371	七星电子	14116.07	0.88	9.8734	-0.124	10 转增 10 股派 1 元(含税)
002372	伟星新材	23593.63	0.93	6.9943	1.1758	10 转增 3 股派 8 元(含税)
002373	联信永益	-5997.71	-0.88	8.7525	-0.5498	10 转增 10 股
002374	丽鹏股份	4117.52	0.46	7.5493	0.4537	10 转增 8 股派 3 元(含税)

股票代码	股票简称	净利润(万元)	每股收益(元)	每股净资产(元)	每股经营性现金流量(元)	分配预案
002375	亚厦股份	63449.68	1	5.508	0.0184	10派1元(含税)
002376	新北洋	20529.00	0.68	4.7003	0.3453	10转增10股派2元(含税)
002377	国创高新	2103.79	0.1	3.4091	0.4972	不分配不转增
002378	章源钨业	13166.26	0.31	3.2606	0.4313	10派2元(含税)
002379	鲁丰股份	2037.03	0.13	7.1428	0.6417	10转增10股
002380	科远股份	2985.56	0.44	13.0788	0.9102	10派1.5元(含税)
002381	双箭股份	10236.71	0.87	8.2564	0.6612	10转增10股派3元(含税)
002382	蓝帆股份	5119.74	0.21	4.0076	0.6409	10派1元(含税)
002383	合众思壮	-5513.08	-0.2945	7.4574	-0.0204	不分配不转增
002384	东山精密	-11056.44	-0.29	3.4155	-0.0553	不分配不转增
002385	大北农	67511.00	0.84	5.0717	0.8669	10转增10股派1.8元(含税)
002386	天原集团	6528.29	0.14	8.1912	1.1151	10派0.6元(含税)
002387	黑牛食品	5527.41	0.18	4.3367	0.048	10派0.3元(含税)
002388	新亚制程	1450.85	0.07	2.8308	0.4889	10派1元(含税)
002389	南洋科技	6183.19	0.27	6.1766	0.2786	10转增10股派0.8元(含税)
002390	信邦制药	4782.90	0.28	5.8622	-0.21	10派0.6元(含税)
002391	长青股份	15951.58	0.78	8.4838	0.7978	10派3元(含税)
002392	北京利尔	11190.72	0.207	3.6615	0.0861	10派0.5元(含税)
002393	力生制药	29710.54	1.63	15.1914	1.3742	10派8元(含税)
002394	联发股份	22989.88	1.07	10.4142	1.465	10派2元(含税)
002395	双象股份	2822.38	0.3157	8.8476	0.5396	10转增10股派2元(含税)
002396	星网锐捷	22372.45	0.6373	5.2918	1.1928	10派2.5元(含税)
002397	梦洁家纺	5774.01	0.38	7.3855	0.0058	10派3元(含税)
002398	建研集团	19427.61	0.96	7.0013	0.1551	10转增3股派1元(含税)
002399	海普瑞	62439.33	0.78	9.9494	0.5922	10派6元(含税)
002400	省广股份	18091.15	0.94	6.5107	0.2438	10转增10股派2.3元(含税)
002401	中海科技	4554.11	0.2253	2.8781	0.1986	10派0.5元(含税)
002402	和而泰	2622.62	0.26	7.5969	0.2654	10派2元(含税)
002403	爱仕达	3095.91	0.13	6.6004	0.6352	不分配不转增
002404	嘉欣丝绸	9160.02	0.35	4.6413	0.0463	10派2.2元(含税)
002405	四维图新	14394.80	0.25	4.1176	0.1875	10转增2股派0.7元(含税)
002406	远东传动	11997.87	0.43	7.2458	0.6577	10派2元(含税)
002407	多氟多	4205.31	0.19	6.5754	0.9156	10派1元(含税)
002408	齐翔腾达	31697.07	0.57	5.5381	-1.6822	10派1.5元(含税)
002409	雅克科技	8312.17	0.4998	7.1748	0.3419	10派1.5元(含税)
002410	广联达	30875.46	0.76	5.1139	0.9141	10转增3股派5元(含税)
002411	九九久	6159.92	0.27	3.5565	0.0667	10转增5股派0.5元(含税)
002412	汉森制药	8145.94	0.55	6.521	0.6772	不分配不转增
002413	常发股份	4844.84	0.22	5.4058	0.1855	10派1元(含税)
002414	高德红外	6017.80	0.2006	7.8275	-0.8357	10派1元(含税)
002415	海康威视	213687.31	1.07	4.3098	0.7153	10送5转增5股派3元(含税)
002416	爱施德	-25979.88	-0.26	3.8135	0.0872	不分配不转增
002417	三元达	3415.43	0.13	3.2451	-0.6774	不分配不转增
002418	康盛股份	5638.56	0.25	5.0234	-0.1114	10派0.5元(含税)
002419	天虹商场	58766.36	0.73	4.9581	0.9624	10派3.3元(含税)
002420	毅昌股份	3682.62	0.09	4.009	0.3918	10派0.2元(含税)
002421	达实智能	7780.13	0.3753	3.3342	0.4996	10派0.5元(含税)
002422	科伦药业	108751.57	2.27	18.3392	0.8391	10派2.5元(含税)
002423	中原特钢	7149.82	0.15	3.8715	0.1058	10派0.3元(含税)
002424	贵州百灵	22175.22	0.47	4.3036	0.0415	10派4元(含税)
002425	凯撒股份	3730.95	0.174	4.3799	0.1037	10送2转增1股派0.6元(含税)
002426	胜利精密	6110.69	0.1526	3.3157	0.4341	10派1元(含税)
002427	尤夫股份	1337.53	0.06	4.0357	-0.3976	10派0.1元(含税)
002428	云南锗业	10024.04	0.31	4.2461	-0.7015	10转增10股派1元(含税)
002429	兆驰股份	53632.07	0.76	4.6896	0.5054	10转增5股派2元(含税)
002430	杭氧股份	45226.84	0.56	3.8796	0.1922	10派1.5元(含税)
002431	棕榈园林	29764.39	0.78	5.7196	-1.2789	10转增2股派0.5元(含税)
002432	九安医疗	698.29	0.03	3.0553	0.0211	10转增5股
002433	太安堂	8805.35	0.88	13.3175	0.4399	10送2转增8股派0.65元(含税)

股票代码	股票简称	净利润(万元)	每股收益(元)	每股净资产(元)	每股经营性现金流量(元)	分配预案
002434	万里扬	9210.33	0.27	5.6467	0.6883	10派1元(含税)
002435	长江润发	4242.53	0.32	5.9883	1.4327	10转增5股派1元(含税)
002436	兴森科技	14883.51	0.67	7.0667	0.2858	10派3.3元(含税)
002437	誉衡药业	16477.00	0.59	8.3316	0.7353	10派6元(含税)
002438	江苏神通	6500.45	0.313	4.0328	-0.202	10派0.5元(含税)
002439	启明星辰	7364.60	0.37	5.9145	0.5429	10派1元(含税)
002440	闰土股份	30366.98	0.79	10.6106	1.5197	10派4元(含税)
002441	众业达	19683.82	0.85	8.44	1.3788	10派3元(含税)
002442	龙星化工	4404.73	0.09	2.3385	0.0219	不分配不转增
002443	金洲管道	10133.98	0.34	4.5486	-0.0338	不分配不转增
002444	巨星科技	28162.85	0.56	5.7414	0.8891	10派2.5元(含税)
002445	中南重工	3543.93	0.14	3.7051	-0.2172	10派0.5元(含税)
002446	盛路通信	999.21	0.08	4.9483	-0.2303	10派0.5元(含税)
002447	壹桥苗业	16092.18	0.6	3.5264	0.4068	10派0.6元(含税)
002448	中原内配	14309.55	1.45	13.8703	1.7185	10转增10股派3元(含税)
002449	国星光电	3933.28	0.0915	4.8805	0.3566	10派1元(含税)
002450	康得新	42301.26	0.73	4.9131	0.4403	10转增5股派0.75元(含税)
002451	摩恩电气	713.28	0.03	2.8873	-0.3265	10派0.6元(含税)
002452	长高集团	5485.66	0.422	7.9764	-0.3462	10派1.3元(含税)
002453	天马精化	7287.34	0.3	3.0387	0.161	10派1.5元(含税)
002454	松芝股份	14600.38	0.47	6.0733	0.3321	不分配不转增
002455	百川股份	3985.47	0.3	5.7415	-0.2427	10派1元(含税)
002456	欧菲光	32106.97	1.67	6.7397	0.9335	10转增10股派2.1元(含税)
002457	青龙管业	7590.33	0.23	4.7495	0.1846	10派0.3元(含税)
002458	益生股份	1116.03	0.04	3.4087	0.256	不分配不转增
002459	天业通联	-31799.67	-1.43	4.1703	-0.3881	不分配不转增
002460	赣锋锂业	6964.47	0.46	5.277	-0.0764	10派2元(含税)
002461	珠江啤酒	5096.12	0.07	4.762	0.7354	10派0.1元(含税)
002462	嘉事堂	6520.96	0.27	4.5601	-0.1537	10派1.2元(含税)
002463	沪电股份	29644.63	0.25	2.9529	0.4056	10转增2股派2元(含税)
002464	金利科技	4743.77	0.35	5.57	0.5045	10派2.2元(含税)
002465	海格通信	26323.67	0.79	13.0495	0.3355	10派3元(含税)
002466	天齐锂业	4173.42	0.28	6.8794	-0.3023	10派1元(含税)
002467	二六三	26557.97	1.11	5.3714	0.3043	10派3元(含税)
002468	艾迪西	797.52	0.03	3.121	-0.1912	10转增2股
002469	三维工程	9149.76	0.54	4.9479	0.0182	10转增5股派1元(含税)
002470	金正大	54693.81	0.78	5.0396	0.6549	10派1.5元(含税)
002471	中超电缆	5392.81	0.25	5.8157	-1.2012	10转增10股派2元(含税)
002472	双环传动	11233.59	0.4	5.0272	0.4495	10派0.6元(含税)
002473	圣莱达	2102.46	0.13	2.7588	0.2897	10派1元(含税)
002474	榕基软件	12434.46	0.5995	6.3593	0.5702	10转增5股派1.5元(含税)
002475	立讯精密	26309.19	0.72	5.6219	1.1457	10转增5股派1元(含税)
002476	宝莫股份	5124.87	0.1424	2.6887	0.4717	10送2转增5股派0.5元(含税)
002477	雏鹰农牧	30271.40	0.57	3.9815	-0.1702	10转增6股派2元(含税)
002478	常宝股份	20641.31	0.52	6.3104	0.406	10派1.8元(含税)
002479	富春环保	23376.90	0.55	4.6385	0.4465	10转增7股派3元(含税)
002480	新筑股份	-6866.85	-0.25	6.6393	1.1526	不分配不转增
002481	双塔食品	9349.25	0.4328	4.1189	1.0471	10转增10股派0.2元(含税)
002482	广田股份	37851.12	0.74	6.1067	-1.4817	10派1元(含税)
002483	润邦股份	9219.50	0.26	5.7566	0.1744	10派1.2元(含税)
002484	江海股份	9777.84	0.4701	6.5244	0.6195	10派0.5元(含税)
002485	希努尔	13985.04	0.44	6.2437	0.024	10派2元(含税)
002486	嘉麟杰	3966.01	0.19	4.5966	0.388	10转增10股派0.7元(含税)
002487	大金重工	3046.31	0.17	8.2263	-0.0167	10转增10股派0.4元(含税)
002488	金固股份	5723.81	0.32	5.0226	0.354	10派1.5元(含税)
002489	浙江永强	19134.30	0.4	6.3758	1.4631	10派3.5元(含税)
002490	山东墨龙	13426.30	0.17	3.6215	0.5589	10派0.5元(含税)
002491	通鼎光电	17888.11	0.668	6.2388	-1.3861	10派3元(含税)
002492	恒基达鑫	6410.15	0.5342	6.8168	0.8633	10派1.5元(含税)

股票代码	股票简称	净利润(万元)	每股收益(元)	每股净资产(元)	每股经营性现金流量(元)	分配预案
002493	荣盛石化	25212.36	0.23	6.1224	0.8614	10派1元(含税)
002494	华斯股份	7254.20	0.64	8.5259	-0.0486	10派2元(含税)
002495	佳隆股份	4816.12	0.1705	3.7672	0.1864	10派1元(含税)
002496	辉丰股份	11554.03	0.71	10.6932	-0.4769	10转增5股派3元(含税)
002497	雅化集团	20999.32	0.4375	4.0469	0.4471	10派2元(含税)
002498	汉缆股份	25469.00	0.36	5.3322	0.6013	10转增5股派1.5元(含税)
002499	科林环保	2363.68	0.21	5.8056	0.0776	10派0.4元(含税)
002500	山西证券	14179.85	0.06	2.5159	-1.0218	10派0.5元(含税)
002501	利源铝业	20204.70	1.08	7.6072	2.9509	10转增8股派2.2元(含税)
002502	骅威股份	4293.98	0.3	6.2349	0.0934	10派1元(含税)
002503	搜于特	27283.80	0.95	6.8657	1.0514	10转增5股派5元(含税)
002504	东光微电	757.93	0.07	6.2888	-0.269	10转增3股派0.2元(含税)
002505	大康牧业	-1897.67	-0.077	3.2846	0.1785	不分配不转增
002506	ST超日	-167583.20	-1.99	1.318	-0.1079	不分配不转增
002507	涪陵榨菜	12645.35	0.82	6.1432	0.9831	10派3.5元(含税)
002508	老板电器	26803.60	1.05	6.7458	1.266	10派3元(含税)
002509	天广消防	13718.31	0.69	4.1235	0.3174	10转增10股派0.5元(含税)
002510	天汽模	9890.55	0.48	7.0355	0.615	10派1.5元(含税)
002511	中顺洁柔	15890.86	0.76	10.5875	1.4135	10转增5股派1.5元(含税)
002512	达华智能	5761.69	0.1809	2.9934	0.1972	不分配不转增
002513	蓝丰生化	5923.07	0.28	5.5443	0.2763	10派1元(含税)
002514	宝馨科技	2489.51	0.23	4.7113	0.298	不分配不转增
002515	金字火腿	3557.39	0.25	5.8781	0.247	10派1元(含税)
002516	江苏旷达	12919.37	0.52	6.6109	0.79	10派1.2元(含税)
002517	泰亚股份	6264.54	0.35	3.6495	0.4345	不分配不转增
002518	科士达	9157.00	0.44	6.2103	0.2662	10派1.5元(含税)
002519	银河电子	9433.29	0.67	7.6896	1.3443	10转增5股派5元(含税)
002520	日发精机	6764.60	0.47	5.0476	0.3397	10转增5股派8元(含税)
002521	齐峰股份	14410.82	0.7	10.2623	-0.8577	10转增10股派3元(含税)
002522	浙江众成	10210.48	0.6	6.598	0.9084	10派8元(含税)
002523	天桥起重	1467.83	0.06	4.1634	0.0051	10转增3股派0.5元(含税)
002524	光正钢构	2787.51	0.13	2.3639	0.1154	10送2转增7股派0.25元(含税)
002526	山东矿机	4453.80	0.0834	3.6315	0.0693	10派0.4元(含税)
002527	新时达	13539.40	0.66	6.7676	0.6153	10转增7股派2元(含税)
002528	英飞拓	1346.10	0.04	6.2332	0.2393	10派2元(含税)
002529	海源机械	707.07	0.04	6.2058	-0.3536	10派0.3125元(含税)
002530	丰东股份	5010.17	0.187	2.3266	0.1259	10派0.6元(含税)
002531	天顺风能	17103.12	0.83	8.6378	1.3746	10转增10股派3元(含税)
002532	新界泵业	8631.55	0.54	5.6285	0.9729	10派1元(含税)
002533	金杯电工	11631.02	0.346	5.2656	0.6793	10派1.2元(含税)
002534	杭锅股份	33878.36	0.85	6.562	-1.2982	10派3元(含税)
002535	林州重机	23357.16	0.43	3.8097	0.1468	10派1元(含税)
002536	西泵股份	3484.84	0.36	12.0632	0.4748	10派2元(含税)
002537	海立美达	6618.06	0.44	8.915	-1.2876	10派1元(含税)
002538	司尔特	17068.49	0.58	5.305	0.3159	10派1元(含税)
002539	新都化工	12240.54	0.37	6.8122	-0.0214	10派2.5元(含税)
002540	亚太科技	9981.15	0.48	10.6761	-0.2507	10转增10股派2元(含税)
002541	鸿路钢构	16137.03	0.6	7.7964	-0.0671	10派0.4元(含税)
002542	中化岩土	6382.58	0.32	3.9524	-0.2422	10派0.7元(含税)
002543	万和电气	21674.35	1.08	11.5511	0.7977	10转增10股派3元(含税)
002544	杰赛科技	8541.61	0.5	5.8832	0.4756	10转增10股派2元(含税)
002545	东方铁塔	19266.76	0.7403	10.3994	-0.2331	10派2元(含税)
002546	新联电子	17249.27	1.03	6.845	1.0545	10派4元(含税)
002547	春兴精工	-8920.45	-0.31	2.672	0.6013	不分配不转增
002548	金新农	5390.32	0.38	5.7133	0.4615	10派3元(含税)
002549	凯美特气	4078.13	0.23	4.1856	0.203	10转增5股派1.2元(含税)
002550	千红制药	16180.30	1.01	11.4188	1.2489	10派5元(含税)
002551	尚荣医疗	5833.15	0.32	6.5771	0.172	10转增5股派2元(含税)
002552	宝鼎重工	4511.52	0.3	5.3727	0.5407	10派1元(含税)

股票代码	股票简称	净利润(万元)	每股收益(元)	每股净资产(元)	每股经营性现金流量(元)	分配预案
002553	南方轴承	3936.85	0.453	6.441	0.6405	10 派 1 元(含税)
002554	惠博普	9572.90	0.32	4.036	0.2703	10 转增 5 股派 0.5 元(含税)
002555	顺荣股份	1287.05	0.1	5.7765	0.1809	10 派 3 元(含税)
002556	辉隆股份	6988.01	0.15	3.9482	2.1777	10 派 1 元(含税)
002557	洽洽食品	28314.78	0.84	7.6491	0.8778	10 派 7 元(含税)
002558	世纪游轮	4362.78	0.73	10.2497	0.2353	10 派 1 元(含税)
002559	亚威股份	7871.64	0.45	6.7787	0.3587	10 派 2 元(含税)
002560	通达股份	5635.41	0.55	8.5991	-3.842	10 派 2 元(含税)
002561	徐家汇	24155.70	0.58	3.9921	0.713	10 派 3.6 元(含税)
002562	兄弟科技	-5672.21	-0.27	3.5938	0.6989	不分配不转增
002563	森马服饰	76080.40	1.14	11.7141	1.5439	10 派 10 元(含税)
002564	张化机	11170.86	0.37	7.0791	-0.9041	10 派 0.6 元(含税)
002565	上海绿新	16485.13	0.48	4.7546	0.5828	10 派 1 元(含税)
002566	益盛药业	9662.68	0.44	7.1105	0.3584	不分配不转增
002567	唐人神	17662.35	0.64	5.8789	1.0248	10 转增 5 股派 1.8 元(含税)
002568	百润股份	7698.76	0.48	3.9883	0.4918	不分配不转增
002569	步森股份	4016.30	0.43	6.5673	0.0903	10 送 3 转增 2 股派 1 元(含税)
002570	贝因美	50942.45	1.2	7.9718	2.3689	10 转增 5 股派 5.8 元(含税)
002571	德力股份	9346.68	0.55	5.7873	-0.0688	10 转增 10 股派 0.6 元(含税)
002572	索菲亚	17319.99	0.81	6.9064	0.9543	10 转增 10 股派 3.5 元(含税)
002573	国电清新	10452.44	0.35	7.1275	0.8185	10 转增 8 股派 2 元(含税)
002574	明牌珠宝	7381.06	0.31	11.7083	0.381	10 派 1 元(含税)
002575	群兴玩具	4358.31	0.3257	6.6069	0.1666	10 转增 10 股派 0.5 元(含税)
002576	通达动力	1828.65	0.11	5.1968	0.3133	10 派 0.3 元(含税)
002577	雷柏科技	7438.35	0.34	6.6188	0.289	10 转增 3 股派 3.4 元(含税)
002578	闽发铝业	4039.35	0.24	5.2773	0.5526	不分配不转增
002579	中京电子	944.93	0.06	3.8497	0.1113	10 转增 5 股派 0.2 元(含税)
002580	圣阳股份	5282.61	0.49	7.3418	-0.5361	10 派 1 元(含税)
002581	万昌科技	8627.09	0.8	6.5054	0.5822	10 转增 3 股派 5 元(含税)
002582	好想你	10042.77	0.68	8.6318	0.2434	10 派 1 元(含税)
002583	海能达	3332.77	0.12	6.6809	-0.1351	10 派 0.5 元(含税)
002584	西陇化工	6430.16	0.32	5.1974	0.0678	10 派 3 元(含税)
002585	双星新材	11883.34	0.29	8.6967	0.1934	10 派 1 元(含税)
002586	围海股份	8685.94	0.43	4.2652	0.1685	10 转增 5 股派 1 元(含税)
002587	奥拓电子	5185.67	0.47	4.7864	0.5278	10 派 2 元(含税)
002588	史丹利	29171.90	1.73	13.6303	5.5049	10 转增 3 股派 2 元(含税)
002589	瑞康医药	11065.14	1.18	9.7698	-1.8179	10 派 1.2 元(含税)
002590	万安科技	1181.00	0.1	5.2846	0.5912	10 派 0.5 元(含税)
002591	恒大高新	2544.37	0.25	7.192	-0.1858	10 送 1 转增 2 股派 0.3 元(含税)
002592	八菱科技	8658.67	0.88	6.6584	0.9159	10 转增 8 股派 3 元(含税)
002593	日上集团	4634.10	0.22	5.5712	-0.9715	10 派 1.25 元(含税)
002594	比亚迪	8137.70	0.03	9.0043	2.3599	不分配不转增
002595	豪迈科技	19779.04	0.99	10.2494	0.6611	10 派 6 元(含税)
002596	海南瑞泽	6360.73	0.47	6.5018	0.0874	10 转增 6 股派 1 元(含税)
002597	金禾实业	13550.97	0.63	7.9232	1.254	10 转增 3 股派 2 元(含税)
002598	山东章鼓	8737.47	0.28	2.2396	0.3742	10 派 2 元(含税)
002599	盛通股份	3116.96	0.24	4.3005	0.567	10 派 0.3 元(含税)
002600	江粉磁材	4925.39	0.15	4.0619	-0.1376	10 派 1 元(含税)
002601	佰利联	18447.62	0.98	11.3589	-0.7713	10 派 2 元(含税)
002602	世纪华通	9339.75	0.36	6.0345	0.3162	10 派 1 元(含税)
002603	以岭药业	18580.64	0.34	6.9592	0.1269	10 派 1 元(含税)
002604	龙力生物	7211.50	0.39	9.2024	0.7491	10 转增 3 股派 1 元(含税)
002605	姚记扑克	9582.36	1.02	8.4588	1.3917	10 转增 10 股派 6.8 元(含税)
002606	大连电瓷	3866.63	0.19	3.6057	-0.0068	10 派 1.25 元(含税)
002607	亚夏汽车	7709.24	0.44	4.8385	0.2305	10 转增 3 股派 1.5 元(含税)
002608	舜天船舶	8067.07	0.55	13.8605	-4.2948	10 转增 5 股派 1.5 元(含税)
002609	捷顺科技	5560.42	0.47	5.3955	0.6943	10 转增 5 股派 1.1 元(含税)
002610	爱康科技	-5603.97	-0.19	4.0925	0.4905	不分配不转增
002611	东方精工	6390.75	0.36	4.3083	0.3041	10 派 2 元(含税)

股票代码	股票简称	净利润(万元)	每股收益(元)	每股净资产(元)	每股经营性现金流量(元	分配预案
002612	朗姿股份	23129.07	1.16	11.4043	0.0165	10派5.5元(含税)
002613	北玻股份	6083.00	0.15	3.5633	0.252	不分配不转增
002614	蒙发利	2739.08	0.11	8.2939	0.2027	10派1元(含税)
002615	哈尔斯	4075.86	0.45	6.1357	0.7192	10派1.5元(含税)
002616	长青集团	6001.64	0.406	7.2889	0.1707	10派3.5元(含税)
002617	露笑科技	3753.08	0.31	7.327	-0.9291	10转增5股派1元(含税)
002618	丹邦科技	5563.18	0.35	5.5187	0.5624	10派0.35元(含税)
002619	巨龙管业	2398.39	0.2	4.9692	-0.3724	10派0.8元(含税)
002620	瑞和股份	7357.27	0.61	7.4875	-0.1067	10派1元(含税)
002621	大连三垒	5756.36	0.38	6.6156	0.6655	10派0.5元(含税)
002622	永大集团	5442.91	0.36	7.5839	0.2693	不分配不转增
002623	亚玛顿	7333.96	0.46	12.6301	0.2279	10派0.5元(含税)
002624	金磊股份	2964.18	0.15	2.4543	0.0729	不分配不转增
002625	龙生股份	3438.91	0.3	3.5558	0.2361	10派0.6元(含税)
002626	金达威	10169.06	0.56	7.0508	0.6734	10派3元(含税)
002627	宜昌交运	7832.99	0.5867	6.2068	0.7555	10派2元(含税)
002628	成都路桥	26035.59	0.78	4.856	-2.101	10派1.52元(含税)
002629	仁智油服	8168.62	0.71	6.5062	-1.5218	10转增5股派2元(含税)
002630	华西能源	10345.91	0.6195	9.8566	-0.7567	10派1元(含税)
002631	德尔家居	7273.09	0.45	7.5769	0.4747	10派1元(含税)
002632	道明光学	3897.80	0.37	8.384	0.419	10转增3股派1.5元(含税)
002633	申科股份	636.20	0.04	3.7838	-0.3432	不分配不转增
002634	棒杰股份	3985.80	0.4	4.8451	0.4578	10派2元(含税)
002635	安洁科技	18675.01	1.56	9.1568	1.1282	10转增5股派4元(含税)
002636	金安国纪	4606.07	0.16	4.6842	0.6723	不分配不转增
002637	赞宇科技	730.37	0.05	6.136	-0.5733	10派1元(含税)
002638	勤上光电	10522.72	0.28	5.6815	0.2847	不分配不转增
002639	雪人股份	6889.02	0.43	7.1825	0.3597	10派1.2元(含税)
002640	百圆裤业	5236.63	0.39	5.0147	-0.9961	10派0.4元(含税)
002641	永高股份	27108.22	1.36	9.1244	1.3822	10转增8股派1.8元(含税)
002642	荣之联	8602.29	0.4301	4.4125	0.113	10转增5股派2元(含税)
002643	烟台万润	10924.91	0.79	9.0296	0.4819	10转增10股派3元(含税)
002644	佛慈制药	3035.62	0.34	7.6024	-0.124	10派0.31元(含税)
002645	华宏科技	4287.01	0.3572	5.4928	0.0923	10派0.8元(含税)
002646	青青稞酒	30144.57	0.6699	3.9576	0.6936	10派2.5元(含税)
002647	宏磊股份	3161.64	0.19	5.8385	-3.3346	10派0.5元(含税)
002648	卫星石化	42218.23	1.06	8.15	1.7634	10派3元(含税)
002649	博彦科技	9574.16	0.64	6.1884	0.661	10派2元(含税)
002650	加加食品	17583.78	0.92	8.8499	0.7706	10转增2股派6元(含税)
002651	利君股份	29298.91	0.73	5.1495	0.5932	10派12.2元(含税)
002652	扬子新材	4124.70	0.39	5.1076	-1.8767	10转增5股派1.5元(含税)
002653	海思科	44306.09	1.12	4.2684	1.1616	10转增10股派7.5元(含税)
002654	万润科技	3848.56	0.46	5.6304	0.5124	10转增10股派1元(含税)
002655	共达电声	4358.59	0.38	4.799	0.0022	10转增10股派0.75元(含税)
002656	卡奴迪路	17684.31	1.85	11.3203	0.3294	10转增10股派3.7元(含税)
002657	中科金财	6337.29	0.95	9.4362	-0.1415	10转增5股派1.5元(含税)
002658	雪迪龙	9985.86	0.77	7.7685	-0.1848	10转增10股派1.6元(含税)
002659	中泰桥梁	4487.36	0.31	4.2704	-2.756	10转增10股派0.8元(含税)
002660	茂硕电源	4751.61	0.52	6.9071	0.0473	10转增10股派1元(含税)
002661	克明面业	8040.90	1.03	8.0211	1.3109	10派5元(含税)
002662	京威股份	37188.81	0.64	4.2792	0.6927	10派2.5元(含税)
002663	普邦园林	24018.73	0.92	6.817	-0.9219	10转增10股派1.5元(含税)
002664	信质电机	10997.53	0.88	7.8622	0.2017	10派2元(含税)
002665	首航节能	17620.27	1.41	12.403	-1.4268	10转增10股派2.97元(含税)
002666	德联集团	14365.94	0.96	8.6746	0.6674	10转增10股派2.9元(含税)
002667	鞍重股份	6637.55	1.04	9.7916	-0.1115	10派1.3元(含税)
002668	奥马电器	16351.76	1.08	7.0872	-0.919	10派1元(含税)
002669	康达新材	3247.46	0.35	5.5314	0.0042	10派3.1元(含税)
002670	华声股份	6555.39	0.36	3.7622	0.6051	10派2.5元(含税)

股票代码	股票简称	净利润(万元)	每股收益(元)	每股净资产(元)	每股经营性现金流量(元)	分配预案
002671	龙泉股份	7978.11	0.92	8.0131	-0.2158	10 派 3 元(含税)
002672	东江环保	26670.58	1.88	13.916	2.072	10 转增 5 股派 4 元(含税)
002673	西部证券	11889.91	0.1	3.7066	-0.6819	10 派 0.7 元(含税)
002674	兴业科技	14542.90	0.6764	5.8567	0.0364	10 派 2 元(含税)
002675	东诚生化	10505.76	1.0859	9.4022	0.4124	10 送 1 转增 5 股派 2.5 元(含税)
002676	顺威股份	6595.44	0.46	6.2918	0.2903	10 派 1.25 元(含税)
002677	浙江美大	8804.86	0.49	4.3121	0.5423	10 派 2.5 元(含税)
002678	珠江钢琴	18249.73	0.4	3.4608	0.3008	10 转增 10 股派 1.2 元(含税)
002679	福建金森	5520.78	0.45	4.559	-0.9643	10 派 1.1 元(含税)
002680	黄海机械	6880.40	0.96	8.5525	0.9318	10 派 1.8 元(含税)
002681	奋达科技	7570.38	0.56	5.947	0.7132	10 派 2 元(含税)
002682	龙洲股份	10831.20	0.77	6.4073	1.2374	10 转增 3 股派 2 元(含税)
002683	宏大爆破	8350.32	0.44	5.505	-0.1267	10 派 2.2 元(含税)
002684	猛狮科技	4174.46	0.9	10.1009	-0.4578	10 转增 10 股派 1.6 元(含税)
002685	华东重机	4498.87	0.26	3.9239	-0.6196	10 派 0.5 元(含税)
002686	亿利达	7408.11	0.93	7.1642	0.6145	10 转增 5 股派 1.7 元(含税)
002687	乔治白	9550.17	1.13	9.6293	0.6363	10 转增 10 股派 5 元(含税)
002688	金河生物	8957.69	0.9628	7.9361	0.8153	10 派 5 元(含税)
002689	博林特	12382.05	0.47	4.0354	0.5436	10 转增 3 股派 3 元(含税)
002690	美亚光电	16857.63	0.99	6.8733	0.722	10 转增 3 股派 3 元(含税)
002691	石煤装备	7213.83	0.42	3.7915	0.03	10 派 0.5 元(含税)
002692	远程电缆	13245.59	0.8551	6.2824	-0.3183	10 转增 8 股派 3 元(含税)
002693	双成药业	6799.86	0.68	7.0487	0.6685	10 转增 5 股派 3.5 元(含税)
002694	顾地科技	11320.10	0.94	7.0445	-0.1018	10 转增 2 股派 5 元(含税)
002695	煌上煌	9740.72	0.94	10.6294	0.6014	10 派 2.25 元(含税)
002696	百洋股份	8464.47	1.15	10.0714	0.5978	10 派 3 元(含税)
002697	红旗连锁	17349.04	1.04	8.4331	0.9443	10 派 2.17 元(含税)
002698	博实股份	17534.23	0.47	3.2502	-0.0396	10 派 1 元(含税)
002699	美盛文化	4901.58	0.65	6.95	0.6949	10 派 5 元(含税)
002700	新疆浩源	6478.51	1.09	8.0086	1.1298	10 派 1.5 元(含税)
002701	奥瑞金	40487.71	1.62	9.6804	1.3542	10 派 9.8 元(含税)
002702	腾新食品	6582.62	1.146	11.0794	0.9212	10 转增 10 股派 2.8 元(含税)
002703	浙江世宝	7212.72	0.27	2.5821	0.0656	10 派 0.8 元(含税)

2012 年深市创业板上市公司年报主要财务指标

截至日期:2013 年 4 月 27 日

股票代码	股票简称	净利润(万元)	每股收益(元)	每股净资产(元)	每股经营性现金流量(元)	分配预案
300001	特锐德	8037.54	0.4	5.9121	0.0765	10 派 1 元(含税)
300002	神州泰岳	42902.89	1.13	8.3268	0.5974	10 转增 6 股派 4 元(含税)
300003	乐普医疗	40327.33	0.4966	3.22	0.3263	10 派 1.8 元(含税)
300004	南风股份	4065.35	0.22	4.5	0.2375	10 派 1 元(含税)
300005	探路者	16870.20	0.4813	2.2714	0.6371	10 送 2 股派 1.5 元(含税)
300006	莱美药业	5371.21	0.29	3.6055	0.0994	10 派 1 元(含税)
300007	汉威电子	4733.96	0.4	5.1585	0.2156	10 派 0.5 元(含税)
300008	上海佳豪	2393.30	0.11	2.4146	-0.1787	10 派 0.8 元(含税)
300009	安科生物	7394.52	0.3912	3.0689	0.2847	10 转增 2.5 股派 2.5 元(含税)
300010	立思辰	4656.76	0.1872	3.0332	0.1208	10 派 1 元(含税)
300011	鼎汉技术	1195.34	0.0771	4.69	-0.27	10 转增 5 股派 0.2 元(含税)
300012	华测检测	11774.55	0.64	4.6017	0.8614	10 转增 10 股派 2 元(含税)
300013	新宁物流	934.63	0.1	3.6966	0.3627	10 派 0.2 元(含税)
300014	亿纬锂能	9832.13	0.5	3.696	0.1287	10 派 1 元(含税)
300015	爱尔眼科	18281.43	0.43	3.5114	0.7065	10 派 1 元(含税)
300016	北陆药业	6303.87	0.41	3.43	0.15	10 转增 10 股派 2 元(含税)
300017	网宿科技	10374.57	0.67	5.6444	1.1994	10 派 2 元(含税)
300018	中元华电	4185.54	0.32	5.3697	0.1685	10 转增 5 股派 1.5 元(含税)
300019	硅宝科技	6146.66	0.6	4.8621	0.3345	10 转增 6 股派 2.5 元(含税)
300020	银江股份	11643.96	0.49	3.3339	0.1532	10 派 0.5 元(含税)
300021	大禹节水	3153.78	0.11	1.643	-0.1722	不分配不转增

股票代码	股票简称	净利润(万元)	每股收益(元)	每股净资产(元)	每股经营性现金流量(元)	分配预案
300022	吉峰农机	1284.62	0.0359	1.7241	0.4055	不分配不转增
300023	宝德股份	-1178.30	-0.13	3.7254	-0.2263	不分配不转增
300024	机器人	20801.61	0.7	4.687	0.4133	10派1元(含税)
300025	华星创业	2802.15	0.18	2.2021	-0.0306	10派0.2元(含税)
300026	红日药业	23109.83	1	5.5192	0.6105	10转增5股派1元(含税)
300027	华谊兄弟	24442.65	0.4	3.5048	-0.4116	10派1.5元(含税)
300028	金亚科技	2939.91	0.11	2.832	0.0441	10派0.5元(含税)
300029	天龙光电	-51132.72	-2.557	3.4838	-0.8809	不分配不转增
300030	阳普医疗	3747.23	0.25	4.3651	0.2437	10派0.6元(含税)
300031	宝通带业	8075.67	0.54	4.9185	0.2146	10派3元(含税)
300032	金龙机电	2877.52	0.2016	5.7813	-0.0159	10转增10股派1元(含税)
300033	同花顺	2594.62	0.19	8.3718	0.0593	10派0.6元(含税)
300034	钢研高纳	7048.43	0.33	4.5023	0.3032	10派1.6元(含税)
300035	中科电气	3590.37	0.3	6.3539	0.2734	10转增5股
300036	超图软件	537.13	0.045	4.6848	0.3431	不分配不转增
300037	新宙邦	12981.45	0.76	6.8322	0.8133	10派2.5元(含税)
300038	梅泰诺	3362.59	0.24	5.676	-0.877	10派0.5元(含税)
300039	上海凯宝	24219.20	0.92	5.3938	0.925	10转增10股派5元(含税)
300040	九洲电气	45060.00	3.24	9.5779	0.4241	10转增10股派2元(含税)
300041	回天胶业	7072.71	0.6698	8.6698	0.1587	10转增6股派2.5元(含税)
300042	朗科科技	1580.64	0.1183	6.1323	0.0375	10派1元(含税)
300043	星辉车模	10726.00	0.68	5.4235	0.7692	10转增5股派1.2元(含税)
300044	赛为智能	3783.99	0.38	5.7876	0.5795	10转增12股派1元(含税)
300045	华力创通	4592.15	0.17	2.7753	0.0633	10派0.25元(含税)
300046	台基股份	5853.28	0.412	5.9595	0.6265	10派4元(含税)
300047	天源迪科	9973.04	0.64	6.6409	0.1544	10转增10股派2元(含税)
300048	合康变频	13505.37	0.4	4.4379	0.0985	10派1.5元(含税)
300049	福瑞股份	4113.75	0.33	5.661	0.6867	不分配不转增
300050	世纪鼎利	1272.78	0.06	7.1566	0.05	10派0.15元(含税)
300051	三五互联	331.79	0.02	3.0432	-0.1461	10转增10股
300052	中青宝	1669.20	0.13	6.8711	0.1168	10派0.6元(含税)
300053	欧比特	2532.96	0.127	3.0594	0.1456	10派0.25元(含税)
300054	鼎龙股份	6326.99	0.47	4.83	0.27	10转增10股派2.8元(含税)
300055	万邦达	9874.63	0.4316	7.5905	0.7865	10派1.5元(含税)
300056	三维丝	797.47	0.08	4.0363	0.6186	10派0.4元(含税)
300057	万顺股份	12905.74	0.3058	3.44	0.58	10派0.5元(含税)
300058	蓝色光标	23566.07	0.62	3.4661	0.4892	10派1元(含税)
300059	东方财富	3758.19	0.11	5.1175	0.06	10转增10股派1元(含税)
300061	康耐特	-84.12	-0.01	3.936	0.1035	不分配不转增
300062	中能电气	4199.87	0.27	4.6312	-0.1372	10派1元(含税)
300063	天龙集团	1428.53	0.14	6.3691	-0.4953	10派1元(含税)
300064	豫金刚石	12248.35	0.2	2.215	0.1565	10派0.4元(含税)
300065	海兰信	-1329.68	-0.13	5.466	0.0085	不分配不转增
300066	三川股份	7842.27	0.5	5.9936	0.4882	10派1.5元(含税)
300067	安诺其	2288.90	0.14	4.5687	0.0841	10派0.8元(含税)
300068	南都电源	12608.91	0.42	9.0667	0.7182	10转增10股派1元(含税)
300069	金利华电	1095.35	0.14	6.1021	-0.4764	10转增5股派2元(含税)
300070	碧水源	56246.28	1.02	7.0207	0.6312	10转增6股派0.6元(含税)
300071	华谊嘉信	3814.72	0.25	3.1429	0.0341	10派0.5元(含税)
300072	三聚环保	18006.02	0.46	3.3473	-0.1005	10转增3股派0.5元(含税)
300073	当升科技	1487.28	0.093	5.2739	0.9275	10派0.5元(含税)
300074	华平股份	8164.49	0.816	9.1056	-0.1796	10转增12股派1元(含税)
300075	数字政通	7222.99	0.86	11.3931	0.2523	10转增5股派2元(含税)
300076	宁波GQY	3245.84	0.31	9.9746	0.1609	不分配不转增
300077	国民技术	5499.23	0.2	10.035	0.2557	10派1元(含税)
300078	中瑞思创	7116.51	0.42	6.95	0.308	10派5元(含税)
300079	数码视讯	26769.51	0.8	7.5207	0.4676	10派2元(含税)
300080	新大新材	-6232.34	-0.1712	5.25	-0.12	不分配不转增
300081	恒信移动	3227.28	0.48	12.5335	-1.4649	10转增10股派2元(含税)

股票代码	股票简称	净利润(万元)	每股收益(元)	每股净资产(元)	每股经营性现金流量(元)	分配预案
300082	奥克股份	9649.17	0.37	10.8083	0.619	10转增3股派2元(含税)
300083	劲胜股份	9684.94	0.48	6.5294	1.1936	10派1元(含税)
300084	海默科技	319.14	0.0249	4.8112	0.1463	不分配不转增
300085	银之杰	1803.06	0.1503	4.2976	0.0462	10派1.2元(含税)
300086	康芝药业	2333.66	0.1167	8.9738	0.5473	10派2元(含税)
300087	荃银高科	2248.55	0.21	5.3882	0.4779	不分配不转增
300088	长信科技	20356.15	0.62	4.4343	0.7101	10转增5股派1.5元(含税)
300089	长城集团	2047.37	0.14	5.1858	0.0776	不分配不转增
300090	盛运股份	8383.96	0.33	3.9993	0.0396	不分配不转增
300091	金通灵	-1723.53	-0.08	3.8137	-0.2105	不分配不转增
300092	科新机电	561.28	0.06	5.9524	-0.0268	10派1.2元(含税)
300093	金刚玻璃	2729.49	0.13	3.9344	0.8461	10派0.24元(含税)
300094	国联水产	-22550.77	-0.6406	4.0414	-0.2491	不分配不转增
300095	华伍股份	2405.67	0.3124	8.8691	0.2658	10转增3股派1元(含税)
300096	易联众	5624.19	0.33	3.6658	0.2985	10派1元(含税)
300097	智云股份	310.35	0.05	6.7732	0.6216	10派0.15元(含税)
300098	高新兴	-4071.06	-0.23	4.3094	-0.1463	不分配不转增
300099	尤洛卡	9710.16	0.94	7.2093	0.3844	10转增10股派5元(含税)
300100	双林股份	10986.65	0.78	6.8033	1.4594	10转增10股派5元(含税)
300101	国腾电子	2434.52	0.09	2.675	0.0711	10派0.5元(含税)
300102	乾照光电	10843.94	0.37	5.9022	0.389	10派2元(含税)
300103	达刚路机	5335.41	0.25	3.4171	0.3257	10派0.5元(含税)
300104	乐视网	19419.41	0.46	2.9775	0.2541	10转增9股派0.5元(含税)
300105	龙源技术	21182.77	0.74	6.5213	0.3177	10派1元(含税)
300106	西部牧业	3172.10	0.27	5.0206	0.2206	10派0.25元(含税)
300107	建新股份	1188.05	0.09	5.9426	0.0747	10派0.3元(含税)
300108	双龙股份	3010.18	0.22	2.8429	0.0923	10派1元(含税)
300109	新开源	2007.33	0.17	3.158	0.1792	10派0.6元(含税)
300110	华仁药业	9658.77	0.44	5.8949	0.4555	10转增10股
300111	向日葵	-35723.31	-0.7	2.214	0.7951	不分配不转增
300112	万讯自控	2380.14	0.15	2.754	0.0327	10派0.45元(含税)
300113	顺网科技	9214.08	0.7	6.1235	0.7688	10派2.5元(含税)
300114	中航电测	4766.03	0.4	6.5339	0.21	10送3股派0.8元(含税)
300115	长盈精密	18748.07	0.73	5.78	0.5734	10派1元(含税)
300116	坚瑞消防	-1296.96	-0.16	5.9188	-0.5845	10转增10股派0.3元(含税)
300117	嘉寓股份	5507.71	0.25	5.594	-0.4547	10派0.5元(含税)
300118	东方日升	-48080.47	-0.86	3.4593	0.4699	不分配不转增
300119	瑞普生物	14407.90	0.75	7.6994	0.4664	10派2.5元(含税)
300120	经纬电材	2093.36	0.1234	3.4874	0.1474	10派1元(含税)
300121	阳谷华泰	1173.23	0.11	4.0486	-0.015	10转增3股
300122	智飞生物	21794.39	0.54	5.94	0.2822	10派3元(含税)
300123	太阳鸟	5496.06	0.4	6.1861	0.1937	10派1元(含税)
300124	汇川技术	31761.65	0.82	6.9236	0.6773	10派6元(含税)
300125	易世达	1434.39	0.12	9.0257	0.6069	10派0.2元(含税)
300126	锐奇股份	5246.82	0.3462	6.1821	0.3175	10派1元(含税)
300127	银河磁体	7698.65	0.48	6.158	0.5525	10派4.5元(含税)
300128	锦富新材	14415.15	0.72	6.4077	-0.0981	10转增10股派3元(含税)
300129	泰胜风能	5836.04	0.18	4.2688	0.2052	10派0.5元(含税)
300130	新国都	6016.04	0.53	8.607	-0.3388	10派0.5元(含税)
300131	英唐智控	1811.21	0.18	5.2896	-0.1378	10转增10股派1元(含税)
300132	青松股份	3419.14	0.28	4.5859	-0.4506	10转增6股派1.5元(含税)
300133	华策影视	21504.17	0.56	3.8596	-0.0875	10转增5股派0.8元(含税)
300134	大富科技	-19118.35	-0.6	6.6905	-0.4039	不分配不转增
300135	宝利沥青	9027.57	0.28	3.3032	0.6484	10转增6股派1元(含税)
300136	信维通信	609.43	0.0457	4.9569	-0.5144	不分配不转增
300137	先河环保	4651.65	0.3	5.8178	-0.0789	10转增3股
300138	晨光生物	5889.48	0.328	5.5403	-0.7914	10派1元(含税)
300139	福星晓程	8315.12	0.76	10.4567	0.3139	10派1.5元(含税)
300140	启源装备	1276.83	0.1	6.41	0.09	不分配不转增

股票代码	股票简称	净利润(万元)	每股收益(元)	每股净资产(元)	每股经营性现金流量(元)	分配预案
300141	和顺电气	5106.46	0.46	5.3	-0.4941	10转增5股派1元(含税)
300142	沃森生物	23280.32	1.29	16.2108	0.4301	10派2.5元(含税)
300143	星河生物	649.43	0.04	5.18	0.18	不分配不转增
300144	宋城股份	25654.59	0.46	5.2076	0.7135	10派1.5元(含税)
300145	南方泵业	12089.02	0.84	7.6841	1.186	10派1.5元(含税)
300146	汤臣倍健	28035.43	1.28	8.8109	0.5085	10转增5股派6元(含税)
300147	香雪制药	10716.75	0.36	4.9284	0.3951	10转增3股派2元(含税)
300148	天舟文化	1900.10	0.15	4.1537	0.0232	10转增2股派0.8元(含税)
300149	量子高科	3527.94	0.18	3.0696	0.2741	10派0.5元(含税)
300150	世纪瑞尔	6825.87	0.51	10.2425	0.1794	10转增10股派5元(含税)
300151	昌红科技	3387.39	0.34	7.1632	0.3105	10派2元(含税)
300152	燃控科技	6967.92	0.29	5.7858	-0.2571	10派0.4元(含税)
300153	科泰电源	1332.73	0.08	5.7456	-0.3384	10派1元(含税)
300154	瑞凌股份	8326.09	0.37	6.1713	0.2223	10派2元(含税)
300155	安居宝	7575.50	0.42	5.6593	0.3655	10派2元(含税)
300156	天立环保	9676.78	0.34	5.5227	-0.2076	10派1.5元(含税)
300157	恒泰艾普	10458.70	0.58	10.6107	0.5201	10转增10股派0.5元(含税)
300158	振东制药	9147.69	0.32	6.5297	0.6576	10派0.3元(含税)
300159	新研股份	8006.03	0.44	5.2916	0.2758	10派1.5元(含税)
300160	秀强股份	5109.21	0.28	5.5134	0.469	10派0.5元(含税)
300161	华中数控	945.45	0.09	7.84	-0.271	10派0.1元(含税)
300162	雷曼光电	2264.91	0.17	5.5577	0.4297	10派2元(含税)
300163	先锋新材	2623.63	0.33	8.1572	0.211	10派1.1元(含税)
300164	通源石油	5975.24	0.38	7.4258	0.1063	10转增5股派2元(含税)
300165	天瑞仪器	5955.02	0.39	9.1268	0.1291	10派1.2元(含税)
300166	东方国信	7075.35	0.58	6.0352	-0.0887	10派0.5元(含税)
300167	迪威视讯	1973.11	0.2	7.0886	-0.8175	10转增10股派1.6元(含税)
300168	万达信息	11143.66	0.4643	5.1227	0.254	10派1元(含税)
300169	天晟新材	1959.01	0.07	3.3348	-0.4115	不分配不转增
300170	汉得信息	12003.09	0.71	6.7735	0.2678	10转增5股派2元(含税)
300171	东富龙	23332.89	1.12	10.53	1.67	10派5元(含税)
300172	中电环保	5733.27	0.44	6.297	-0.1156	10派1.5元(含税)
300173	松德股份	2268.82	0.2	5.0178	-0.3006	10派1元(含税)
300174	元力股份	2315.54	0.1703	3.7184	-0.0754	10派1元(含税)
300175	朗源股份	2304.67	0.05	1.5072	-0.1201	10派0.1元(含税)
300176	鸿特精密	4269.52	0.4776	6.0745	1.0623	10转增2股派1元(含税)
300177	中海达	7229.42	0.36	4.0276	0.1703	不分配不转增
300178	腾邦国际	6561.72	0.55	8.5493	0.4046	10派1元(含税)
300179	四方达	3432.98	0.29	5.6195	0.2536	10转增8股派1.5元(含税)
300180	华峰超纤	8613.50	0.55	7.9003	0.8062	10派1元(含税)
300181	佐力药业	6200.25	0.43	4.9022	0.2119	10派1元(含税)
300182	捷成股份	14390.78	0.85	6.6276	0.2895	10转增3股派3.5元(含税)
300183	东软载波	25919.60	1.18	6.9397	1.0183	10派5元(含税)
300184	力源信息	1905.25	0.19	4.5132	0.0343	10派3元(含税)
300185	通裕重工	13240.50	0.15	3.9029	0.0835	10派1元(含税)
300186	大华农	18090.40	0.68	7.7666	0.6602	10转增10股派5元(含税)
300187	永清环保	5371.06	0.4	5.9859	-0.4942	10转增5股
300188	美亚柏科	7843.16	0.72	7.02	0.24	10转增10股派1.5元(含税)
300189	神农大丰	5956.08	0.2327	5.1559	-0.1284	10派0.5元(含税)
300190	维尔利	6800.04	0.7	9.7424	-0.9204	10转增6股派2元(含税)
300191	潜能恒信	8384.21	0.52	6.9966	0.3144	10转增10股派0.6元(含税)
300192	科斯伍德	4205.27	0.38	5.3888	0.1372	10派1元(含税)
300193	佳士科技	8172.73	0.37	8.3633	0.2997	10派1元(含税)
300194	福安药业	8850.51	0.66	12.7511	0.4705	10转增3股派3元(含税)
300195	长荣股份	14769.79	1.05	9.0759	0.5086	10派7元(含税)
300196	长海股份	8884.03	0.74	7.25	1.44	不分配不转增
300197	铁汉生态	21590.67	1.03	7.3637	-1.1614	10转增5股派1.5元(含税)
300198	纳川股份	9702.30	0.466	4.8701	0.1664	10派1元(含税)
300199	翰宇药业	8979.90	0.45	5.0802	0.4359	10转增10股派1元(含税)

股票代码	股票简称	净利润(万元)	每股收益(元)	每股净资产(元)	每股经营性现金流量(元)	分配预案
300200	高盟新材	5919.47	0.55	6.9727	-0.0786	10转增10股派4元(含税)
300201	海伦哲	2483.63	0.1411	3.685	-0.2683	10转增10股派0.3元(含税)
300202	聚龙股份	14369.77	0.85	4.7057	0.4001	10转增8股派1.5元(含税)
300203	聚光科技	17737.52	0.4	3.9964	0.2483	10派0.8元(含税)
300204	舒泰神	16023.84	1.2	9.3015	0.6761	10转增8股派4元(含税)
300205	天喻信息	3949.97	0.28	7.0051	-0.0576	10转增5股派1元(含税)
300206	理邦仪器	5519.57	0.55	11.7023	0.8078	10转增3股派3元(含税)
300207	欣旺达	7148.93	0.29	4.9868	-0.5145	10派1元(含税)
300208	恒顺电气	5534.18	0.4	4.8562	0.3186	10转增10股派2元(含税)
300209	天泽信息	487.43	0.03	5.24	-0.1293	10派0.1元(含税)
300210	森远股份	8555.97	0.64	4.982	0.2507	10派1元(含税)
300211	亿通科技	2358.65	0.44	8.7333	0.2905	10转增2股派1元(含税)
300212	易华录	8789.40	0.66	5.6901	-0.9831	10转增10股派0.4元(含税)
300213	佳讯飞鸿	1797.83	0.14	5.6017	0.1677	10派0.5元(含税)
300214	日科化学	9766.32	0.48	5.6465	0.3336	10派1元(含税)
300215	电科院	14171.95	0.79	6.5376	1.4678	10转增10股派3元(含税)
300216	千山药机	7121.34	0.53	5.5464	-0.3187	10转增3股派1元(含税)
300217	东方电热	9531.00	0.48	5.1341	0.3781	10派1元(含税)
300218	安利股份	4880.31	0.2311	3.73	0.5583	10派0.8元(含税)
300219	鸿利光电	4727.07	0.1926	3.1056	0.3499	10派0.3元(含税)
300220	金运激光	1342.27	0.3835	8.0718	-0.4152	10转增10股
300221	银禧科技	3390.60	0.17	3.4159	0.1619	10派0.8元(含税)
300222	科大智能	2861.30	0.26	5.6031	-0.0724	10派0.5元(含税)
300223	北京君正	4787.56	0.4603	10.4191	0.3371	10派3元(含税)
300224	正海磁材	14842.30	0.62	5.6132	1.061	10派1.5元(含税)
300225	金力泰	5545.96	0.55	7.0319	1.2162	10转增3股派3元(含税)
300226	上海钢联	3526.11	0.44	4.5215	-0.2468	10送2转增3股派0.5元(含税)
300227	光韵达	2308.52	0.34	4.7301	0.4312	10转增10股派1元(含税)
300228	富瑞特装	11377.24	0.85	5.5259	1.1582	10派1元(含税)
300229	拓尔思	7372.25	0.3614	3.8871	0.4292	10派0.5元(含税)
300230	永利带业	5024.21	0.311	3.1307	0.3494	10派1元(含税)
300231	银信科技	4022.43	0.5028	3.9935	0.3628	10转增5股派1.5元(含税)
300232	洲明科技	2269.83	0.22	5.5722	-0.6862	不分配不转增
300233	金城医药	4161.06	0.34	8.0625	0.7158	10派1.5元(含税)
300234	开尔新材	2585.09	0.22	3.18	-0.11	10派0.25元(含税)
300235	方直科技	2106.97	0.24	3.3601	0.2864	不分配不转增
300236	上海新阳	3978.41	0.47	4.4122	0.2915	10派2元(含税)
300237	美晨科技	1855.70	0.33	9.7148	-0.0138	10派0.6元(含税)
300238	冠昊生物	3703.15	0.3	3.7161	0.402	10派1元(含税)
300239	东宝生物	3538.35	0.2328	2.1323	0.0359	10送2转增1股派1元(含税)
300240	飞力达	10104.71	0.61	5.617	1.2704	10派2元(含税)
300241	瑞丰光电	4686.48	0.438	4.9819	0.5149	10转增10股派1元(含税)
300242	明家科技	376.01	0.05	3.7915	-0.041	10派0.2元(含税)
300243	瑞丰高材	3431.26	0.4	4.2538	0.6888	10转增2股派0.5元(含税)
300244	迪安诊断	6018.77	0.65	5.5352	0.2789	10转增3股派1元(含税)
300245	天玑科技	4820.75	0.36	3.8783	0.393	10派1元(含税)
300246	宝莱特	3650.59	0.5	5.0727	0.5547	10转增10股派2元(含税)
300247	桑乐金	1927.19	0.24	6.9145	-0.24	10转增5股
300248	新开普	4213.36	0.47	5.5096	0.1818	10派1元(含税)
300249	依米康	2821.02	0.36	6.0863	-0.5594	10转增10股派1元(含税)
300250	初灵信息	2474.29	0.31	4.4245	-0.291	10派1元(含税)
300251	光线传媒	31021.99	1.29	8.2484	-0.4508	10转增11股派4元(含税)
300252	金信诺	3223.46	0.3	6.1594	-0.3286	10转增5股派1元(含税)
300253	卫宁软件	5284.99	0.49	4.9424	0.2558	10派0.7元(含税)
300254	仟源制药	2580.10	0.19	4.4564	0.262	10派1元(含税)
300255	常山药业	9908.81	0.54	5.8361	-0.3748	10派1元(含税)
300256	星星科技	767.43	0.0512	5.0808	0.1421	不分配不转增
300257	开山股份	29576.80	1.03	10.4693	0.7644	10转增5股派5元(含税)
300258	精锻科技	11175.36	0.745	6.5434	0.7479	10转增2股派1.7元(含税)

股票代码	股票简称	净利润(万元)	每股收益(元)	每股净资产(元)	每股经营性现金流量(元)	分配预案
300259	新天科技	8196.69	0.54	4.1481	0.4513	10转增2股派1.1元(含税)
300260	新莱应材	1446.89	0.145	6.1903	0.0715	10派0.15元(含税)
300261	雅本化学	4937.01	0.3402	4.2773	0.2074	10转增6股派2元(含税)
300262	巴安水务	4486.59	0.3363	3.5291	-1.4278	10转增10股派0.34元(含税)
300263	隆华节能	5718.20	0.35	5.6774	0.0815	10派1元(含税)
300264	佳创视讯	1430.55	0.09	3.9236	-0.1771	不分配不转增
300265	通光线缆	6365.45	0.47	5.4368	-0.5928	10派1元(含税)
300266	兴源过滤	3866.07	0.43	5.9207	0.3128	10转增3股派0.7元(含税)
300267	尔康制药	15190.69	0.64	4.8403	0.3513	10派1元(含税)
300268	万福生科	-341.62	-0.025	3.6353	0.2055	不分配不转增
300269	联建光电	2689.54	0.37	7.759	-0.3931	10转增6股派2元(含税)
300270	中威电子	4536.25	0.76	7.8762	0.0297	10转增10股派2元(含税)
300271	华宇软件	9929.95	0.67	5.7835	0.6139	10派2元(含税)
300272	开能环保	4980.18	0.35	3.304	0.2776	10转增3.05股派3.05元(含税)
300273	和佳股份	12377.73	0.62	4.6006	0.0737	10送2转增10股派3元(含税)
300274	阳光电源	7280.17	0.23	5.7244	-0.6909	10派0.5元(含税)
300275	梅安森	8513.36	1.04	6.8525	0.4539	10转增10股派3元(含税)
300276	三丰智能	4500.03	0.58	6.7939	-0.5332	10转增6股派1.2元(含税)
300277	海联讯	4125.54	0.31	4.1492	0.1601	10派1.5元(含税)
300278	华昌达	3124.46	0.18	3.0771	-0.6433	10派0.2元(含税)
300279	和晶科技	1846.74	0.1539	2.902	0.0142	10派0.5元(含税)
300280	南通锻压	2783.49	0.2175	4.9212	0.0346	10派0.5元(含税)
300281	金明精机	5283.75	0.88	9.5681	0.138	10转增10股派2元(含税)
300282	汇冠股份	1232.07	0.22	5.353	-0.0677	10转增3股派0.8元(含税)
300283	温州宏丰	4150.48	0.6	7.6218	-0.4769	10转增3股派1元(含税)
300284	苏交科	14129.72	0.5887	5.8418	0.3754	10派2元(含税)
300285	国瓷材料	6623.84	1.08	8.8831	0.5828	10派2元(含税)
300286	安科瑞	4450.37	0.65	5.646	0.6721	10派2.5元(含税)
300287	飞利信	5072.57	0.62	5.77	-1.1888	10转增5股派1.2元(含税)
300288	朗玛信息	8778.59	1.72	9.086	1.1785	10转增10股派3元(含税)
300289	利德曼	9828.71	0.67	4.95	0.3767	10派1.3元(含税)
300290	荣科科技	4986.23	0.7652	5.0521	0.4515	10转增10股派1.5元(含税)
300291	华录百纳	11700.77	2.035	15.8258	-1.6636	10转增12股派6元(含税)
300292	吴通通讯	2091.25	0.33	4.97	-0.5161	10转增5股派2元(含税)
300293	蓝英装备	8816.59	1.02	6.8549	-4.1206	10转增10股派2元(含税)
300294	博雅生物	7514.62	1.06	9.9156	1.2185	10派5元(含税)
300295	三六五网	10129.63	2.03	12.6354	2.0448	10派10元(含税)
300296	利亚德	5821.38	0.62	6.6505	-0.8027	10转增5股派1.5元(含税)
300297	蓝盾股份	5809.08	0.63	6.6815	0.362	10转增10股派0.6元(含税)
300298	三诺生物	12882.61	1.56	9.6	1.47	10转增5股派7.5元(含税)
300299	富春通信	1947.39	0.31	5.7623	-0.4161	10转增8股派1元(含税)
300300	汉鼎股份	5559.83	0.68	6.7249	-0.2968	10转增12股派1元(含税)
300301	长方照明	4756.39	0.1879	2.655	0.0129	不分配不转增
300302	同有科技	2939.64	0.52	7.7894	0.1038	10派0.8元(含税)
300303	聚飞光电	9152.67	0.7	5.92	0.31	10转增6股派1.5元(含税)
300304	云意电气	9116.51	0.97	8.3439	0.8893	10派3元(含税)
300305	裕兴股份	11124.92	1.48	14.5541	0.8984	10转增8股派3.34元(含税)
300306	远方光电	7247.74	0.66	7.37	0.65	不分配不转增
300307	慈星股份	37925.71	0.49	4.9565	0.7779	10派1元(含税)
300308	中际装备	2877.59	0.46	7.8134	-0.1991	10转增8股派1元(含税)
300309	吉艾科技	10336.17	0.52	5.4501	-0.011	10派0.86元(含税)
300310	宜通世纪	7037.38	0.41	3.4007	-0.2005	不分配不转增
300311	任子行	3900.71	0.6	5.7359	1.0636	10派1.1元(含税)
300312	邦讯技术	7173.77	0.7507	8.0106	-1.3747	10转增5股派1.5元(含税)
300313	天山生物	1906.50	0.2288	4.283	-0.017	不分配不转增
300314	戴维医疗	7386.68	1.01	7.4011	1.1816	10转增10股派3.5元(含税)
300315	掌趣科技	8230.00	0.56	5.3886	0.3195	10转增12股派1元(含税)
300316	晶盛机电	17361.56	1.42	12.5925	-0.2154	10转增10股派3元(含税)
300317	珈伟股份	583.08	0.05	4.0712	-0.6537	10派0.3元(含税)

股票代码	股票简称	净利润(万元)	每股收益(元)	每股净资产(元)	每股经营性现金流量(元)	分配预案
300318	博晖创新	5095.45	0.56	6.3715	0.5985	10 转增 6 股派 1 元(含税)
300319	麦捷科技	2632.59	0.54	5.42	0.1613	10 派 2 元(含税)
300320	海达股份	5853.11	0.98	8.934	0.7315	10 转增 10 股派 2 元(含税)
300321	同大股份	3301.94	0.8302	11.0463	0.7147	10 派 1.34 元(含税)
300322	硕贝德	4248.00	0.508	5.3466	0.1553	10 转增 2 股派 1 元(含税)
300323	华灿光电	8733.86	0.49	8.5293	0.5155	10 转增 5 股派 1 元(含税)
300324	旋极信息	4689.03	0.93	9.7165	0.1234	10 转增 10 股派 8 元(含税)
300325	德威新材	5614.90	0.78	8.3264	1.1056	10 转增 10 股派 1 元(含税)
300326	凯利泰	5552.38	1.2408	8.6814	1.0052	10 转增 5 股
300327	中颖电子	2436.01	0.218	5.1315	0.134	10 转增 1 股派 2 元(含税)
300328	宜安科技	3964.48	0.4045	5.285	0.1458	10 派 1 元(含税)
300329	海伦钢琴	3051.33	0.52	7.5841	0.1036	10 转增 10 股派 3 元(含税)
300330	华虹计通	3167.43	0.45	5.2564	-0.6932	10 转增 5 股派 1.5 元(含税)
300331	苏大维格	2973.94	0.55	7.4521	-0.018	10 派 2 元(含税)
300332	天壕节能	9050.18	0.32	3.6386	0.1236	10 派 0.6 元(含税)
300333	兆日科技	7926.33	0.81	7.1844	0.8772	10 派 5 元(含税)
300334	津膜科技	5931.12	0.58	6.1337	-0.1642	10 转增 5 股派 1 元(含税)
300335	迪森股份	5937.18	0.5	5.3389	0.138	10 转增 5 股派 2 元(含税)
300336	新文化	9055.81	1.1044	8.92	-0.6949	10 派 5 元(含税)
300337	银邦股份	9985.00	0.63	8.7475	0.259	10 派 0.9 元(含税)
300338	开元仪器	5782.35	1.13	12.0479	-0.1019	10 转增 5 股派 5 元(含税)
300339	润和软件	6554.77	1	8.5319	0.7485	10 转增 10 股派 2 元(含税)
300340	科恒股份	4259.93	0.97	18.5198	-0.8894	10 转增 10 股派 2 元(含税)
300341	麦迪电气	3518.61	0.45	5.2743	0.4173	10 派 1 元(含税)
300342	天银机电	8034.22	0.94	6.8873	0.8147	10 派 4 元(含税)
300343	联创节能	5441.69	1.59	10.85	-1.4663	10 派 4 元(含税)
300344	太空板业	4495.50	0.5236	6.9935	-0.5124	10 送 3 转增 3 股派 0.8 元(含税)
300345	红宇新材	4860.99	0.59	6.5431	-0.6222	10 派 3 元(含税)
300346	南大光电	9019.28	2.15	21.87	-0.17	10 转增 10 股派 3.6 元(含税)
300347	泰格医药	6774.85	1.52	12.9224	0.2806	10 转增 10 股派 8 元(含税)
300348	长亮科技	4290.32	1	8.022	0.0515	10 派 3 元(含税)
300349	金卡股份	8051.53	1.61	10.5637	0.732	10 转增 5 股派 1.5 元(含税)
300350	华鹏飞	3960.41	0.55	4.3952	-0.12	10 派 0.8 元(含税)
300351	永贵电器	5233.93	0.82	11.347	0.2437	10 转增 3 股派 7 元(含税)
300352	北信源	6010.75	1.11	8.8785	-0.1706	10 转增 10 股派 2 元(含税)
300353	东土科技	4480.80	1.031	7.2465	0.426	10 转增 6 股派 2 元(含税)
300354	东华测试	3250.81	0.9022	7.4868	0.302	10 转增 5 股派 4 元(含税)
300355	蒙草抗旱	12725.26	1.14	5.956	-0.7501	10 转增 5 股派 1.5 元(含税)
300356	光一科技	7265.61	1.03	7.5883	0.8374	10 转增 5 股派 3 元(含税)

2012 年度深市成交金额前 20 名股票

序号	证券代码	证券简称	前收	收盘	成交金额(元)	成交量(股)
1	000858	五粮液	32.8	28.23	184,866,275,951.16	5,698,780,318
2	000970	中科三环	19.99	32.59	157,832,176,693.73	4,634,543,194
3	000002	万科 A	7.47	10.12	116,798,848,584.50	13,592,771,429
4	002024	苏宁电器	8.44	6.65	111,881,695,590.74	13,806,920,952
5	000157	中联重科	7.69	9.21	104,115,548,643.29	11,160,362,392
6	000750	国海证券	11.15	11.99	95,803,962,481.94	7,007,770,950
7	000799	酒鬼酒	23.51	32.8	94,466,468,579.79	2,446,518,535
8	000776	广发证券	21	15.42	91,700,536,324.36	5,576,991,195
9	000629	攀钢钒钛	6.28	4.12	77,772,186,062.66	13,504,565,078
10	000758	中色股份	17.23	20.4	75,445,379,180.00	3,525,229,365
11	000630	铜陵有色	16.81	18.9	74,084,113,118.65	3,706,138,222
12	000568	泸州老窖	37.3	35.4	72,426,446,643.45	1,859,933,072
13	000651	格力电器	17.29	25.5	70,783,021,384.40	3,314,061,368
14	000983	西山煤电	14.6	13.91	66,026,600,413.13	4,238,894,294
15	000001	平安银行	15.59	16.02	65,631,745,041.24	4,291,692,638

序号	证券代码	证券简称	前收	收盘	成交金额(元)	成交量(股)
16	000522	白云山 A	12.16	18	64,385,441,455.45	3,316,092,607
17	002155	辰州矿业	20.07	20.08	64,172,238,627.38	2,817,351,714
18	002673	西部证券	8.7	14.65	62,646,926,401.47	4,173,614,834
19	000009	中国宝安	10.9	8.8	61,021,889,878.08	5,461,455,983
20	000063	中兴通讯	16.9	9.75	58,324,738,556.18	4,416,777,992

2012 年度深市成交量前 20 名股票

序号	证券代码	证券简称	前收	收盘	成交金额(元)	成交量(股)
1	000100	TCL 集团	1.84	2.19	56,723,527,643.38	26,736,107,111
2	000725	京东方 A	1.71	2.27	31,848,230,641.31	16,316,617,310
3	002024	苏宁电器	8.44	6.65	111,881,695,590.74	13,806,920,952
4	000002	万科 A	7.47	10.12	116,798,848,584.50	13,592,771,429
5	000629	攀钢钒钛	6.28	4.12	77,772,186,062.66	13,504,565,078
6	000157	中联重科	7.69	9.21	104,115,548,643.29	11,160,362,392
7	000069	华侨城 A	7.14	7.5	48,067,418,483.49	7,268,300,586
8	000750	国海证券	11.15	11.99	95,803,962,481.94	7,007,770,950
9	000594	国恒铁路	2.07	2.25	17,265,042,355.99	7,005,345,994
10	000709	河北钢铁	2.86	2.68	18,329,425,915.72	6,528,925,403
11	000735	罗牛山	4.12	5.83	33,682,254,021.51	6,136,317,605
12	002067	景兴纸业	5.1	2.74	20,246,569,596.57	5,950,682,196
13	002008	大族激光	6.56	8.18	45,487,662,709.07	5,882,021,545
14	000858	五粮液	32.8	28.23	184,866,275,951.16	5,698,780,318
15	002259	升达林业	3.04	3.51	19,499,361,789.89	5,603,787,209
16	000776	广发证券	21	15.42	91,700,536,324.36	5,576,991,195
17	000009	中国宝安	10.9	8.8	61,021,889,878.08	5,461,455,983
18	000402	金融街	6.05	6.75	34,782,158,741.67	5,422,993,125
19	000036	华联控股	2.47	3.49	17,553,535,665.31	4,775,950,167
20	000012	南玻 A	9.06	8.25	43,875,555,064.82	4,698,198,074

2012 年度深市成交笔数前 20 名股票

序号	证券代码	证券简称	前收	收盘	成交金额(元)	成交量(股)	成交笔数
1	000970	中科三环	19.99	32.59	157,832,176,693.73	4,634,543,194	6,084,089
2	000157	中联重科	7.69	9.21	104,115,548,643.29	11,160,362,392	5,446,475
3	000858	五粮液	32.8	28.23	184,866,275,951.16	5,698,780,318	5,383,193
4	000750	国海证券	11.15	11.99	95,803,962,481.94	7,007,770,950	5,266,366
5	000100	TCL 集团	1.84	2.19	56,723,527,643.38	26,736,107,111	5,256,839
6	002024	苏宁电器	8.44	6.65	111,881,695,590.74	13,806,920,952	4,953,714
7	000758	中色股份	17.23	20.4	75,445,379,180.00	3,525,229,365	4,246,871
8	000002	万科 A	7.47	10.12	116,798,848,584.50	13,592,771,429	4,123,021
9	000630	铜陵有色	16.81	18.9	74,084,113,118.65	3,706,138,222	3,419,333
10	000629	攀钢钒钛	6.28	4.12	77,772,186,062.66	13,504,565,078	3,351,966
11	002155	辰州矿业	20.07	20.08	64,172,238,627.38	2,817,351,714	3,258,754
12	000799	酒鬼酒	23.51	32.8	94,466,468,579.79	2,446,518,535	3,217,667
13	000983	西山煤电	14.6	13.91	66,026,600,413.13	4,238,894,294	3,214,154
14	002673	西部证券	8.7	14.65	62,646,926,401.47	4,173,614,834	3,119,416
15	000009	中国宝安	10.9	8.8	61,021,889,878.08	5,461,455,983	3,099,593
16	000735	罗牛山	4.12	5.83	33,682,254,021.51	6,136,317,605	3,094,345
17	000776	广发证券	21	15.42	91,700,536,324.36	5,576,991,195	3,046,123
18	000752	西藏发展	12.96	13.16	47,465,253,816.59	2,597,875,135	2,920,783
19	002490	山东墨龙	9.83	10.96	36,403,185,507.43	2,994,204,755	2,913,420
20	002008	大族激光	6.56	8.18	45,487,662,709.07	5,882,021,545	2,868,437

2012 年度深市涨幅前 20 名股票

序号	证券代码	证券简称	前收	收盘	成交金额(元)	成交量(股)	涨幅
1	002703	浙江世宝	2.58	16.53	2,676,234,688.52	181,829,526	540.7

序号	证券代码	证券简称	前收	收盘	成交金额(元)	成交量(股)	涨幅
2	000156	华数传媒	2	10.43	5,688,632,288.73	510,278,562	421.5
3	000338	潍柴动力	31.5	25.31	45,975,599,692.69	1,701,376,970	208.69
4	000409	ST 泰复	4.8	14.62	2,973,528,727.34	372,370,954	204.58
5	300288	朗玛信息	22.44	65.72	14,412,825,192.59	278,207,766	194.92
6	300355	蒙草抗旱	11.8	32.39	14,529,840,093.24	514,322,475	174.49
7	000750	国海证券	11.15	11.99	95,803,962,481.94	7,007,770,950	170.18
8	200024	招商局 B	10.46	27.34	2,893,877,641.77	236,010,097	166.04
9	000732	泰禾集团	5.14	7.95	3,656,963,404.05	568,907,631	152.31
10	000671	阳光城	6.35	15.5	8,025,226,422.64	795,322,735	144.62
11	000043	中航地产	6.3	7.36	23,164,313,747.87	3,416,031,770	137.67
12	002456	欧菲光	18.53	41.97	22,181,869,860.36	775,709,423	126.5
13	002490	山东墨龙	9.83	10.96	36,403,185,507.43	2,994,204,755	124.37
14	000007	零七股份	6.58	14.47	12,632,096,672.13	921,422,171	119.91
15	300343	联创节能	28.1	60.45	4,375,451,725.81	127,086,996	115.12
16	000863	三湘股份	3.5	7.51	12,523,861,748.40	1,799,190,899	114.57
17	002571	德力股份	17.55	18.56	3,894,333,505.38	223,066,791	112.23
18	300212	易华录	29.52	30.42	6,895,358,186.62	242,358,174	106.22
19	002691	石煤装备	7.4	15.15	14,405,202,910.99	1,156,209,438	104.73
20	000975	科学城	4.94	10.08	23,476,223,269.98	2,549,428,680	104.26

2012 年度深市跌幅前 20 名股票

序号	证券代码	证券简称	前收	收盘	成交金额(元)	成交量(股)	跌幅
1	002214	大立科技	37.9	15	10,603,588,458.87	486,320,093	60.18
2	002416	爱施德	12.49	5.43	6,630,155,006.32	738,280,166	55.22
3	002397	梦洁家纺	26.2	11.78	5,233,848,943.32	300,354,656	54.57
4	300111	向日葵	12.68	5.81	8,493,795,802.41	1,143,258,000	54.18
5	300029	天龙光电	13.14	6.13	10,685,990,481.44	1,044,546,400	52.9
6	200512	闽灿坤 B	1.05	2.97	217,395,037.95	233,423,963	52.86
7	002601	佰利联	97.58	23.02	23,563,093,470.31	516,480,412	52.37
8	002073	软控股份	15.13	7.56	28,717,380,840.33	2,934,912,267	49.95
9	002610	爱康科技	16.54	5.5	10,754,566,538.01	1,133,071,059	48.32
10	002269	美邦服饰	25.97	13.06	6,517,433,514.15	357,801,297	47.83
11	300077	国民技术	27.89	14.37	27,341,249,997.54	1,194,337,027	47.78
12	300307	慈星股份	35	9	10,319,958,168.03	513,637,243	47.32
13	300118	东方日升	13.17	4.33	12,244,048,013.23	1,452,162,435	47
14	002123	荣信股份	16.33	8.66	18,788,393,425.64	1,592,416,854	46.97
15	300223	北京君正	32.37	12.95	4,266,036,829.04	218,685,883	46.66
16	300134	大富科技	16.5	8.81	8,887,406,347.88	685,489,472	46.61
17	002006	精功科技	23.66	8.4	33,098,010,960.68	2,257,007,329	46.49
18	002261	拓维信息	19.25	8	23,647,963,343.13	1,559,141,238	45.88
19	300036	超图软件	19.77	10.87	3,368,530,623.90	248,254,282	45.02
20	002218	拓日新能	10.51	5.83	12,311,320,220.56	1,374,617,732	44.53

2012 年度深市换手率前 20 名股票

序号	证券代码	证券简称	前收	收盘	成交金额(元)	成交量(股)	换手率%
1	300262	巴安水务	23.36	22.7	17,697,970,578.55	903,731,337	3328.43
2	002596	海南瑞泽	11.82	17.15	20,360,829,583.64	1,150,770,555	2940.04
3	300283	温州宏丰	20	16.14	9,883,478,478.14	483,005,783	2928.92
4	300279	和晶科技	17.7	8.01	7,175,859,501.28	656,339,568	2815.13
5	002646	青青稞酒	17.78	23.47	38,844,352,177.02	1,564,865,838	2773.23
6	002655	共达电声	11	15.72	13,390,782,701.59	747,730,854	2737.69
7	300282	汇冠股份	23.35	14.71	5,702,334,063.23	324,533,522	2719.18
8	300148	天舟文化	24.25	11.89	18,689,993,632.34	1,017,999,234	2681.29
9	000750	国海证券	11.15	11.99	95,803,962,481.94	7,007,770,950	2646.2
10	002645	华宏科技	22.16	14.55	10,083,336,696.46	690,511,548	2594.65
11	300301	长方照明	20	8.4	15,116,232,567.68	968,609,610	2566.84

序号	证券代码	证券简称	前收	收盘	成交金额(元)	成交量(股)	换手率%
12	300239	东宝生物	16.32	11.12	17,940,026,961.25	1,094,739,427	2557.87
13	300272	开能环保	15.24	12.94	13,557,955,400.75	889,826,374	2546.94
14	002637	赞宇科技	31.34	10.14	15,369,658,942.68	957,714,629	2538.2
15	002684	猛狮科技	22	40.75	11,823,074,592.56	337,412,763	2537
16	002490	山东墨龙	9.83	10.96	36,403,185,507.43	2,994,204,755	2500.81
17	300319	麦捷科技	15.3	17.74	5,033,377,324.83	290,294,548	2500.19
18	002629	仁智油服	15.88	15.57	14,515,187,679.77	819,374,661	2495.34
19	002625	龙生股份	13.69	8.14	7,463,564,898.64	583,613,195	2445.88
20	002619	巨龙管业	13.43	10.86	9,814,971,791.46	759,890,598	2428.9

2012 年度深市 ETF 证券成交统计

成交金额单位:万元 10,000

代码	基金名称	当前规模	单位净值	目标指数	2012 年 1 月 - 12 月				
					最高价	最低价	成交量	成交金额	拟合误差
159901	深 100ETF	32476833170	0.5742	399330	0.674	0.485	1.74857E+11	10329922.03	0.52
159902	中小板	1528861025	1.969	399005	2.342	1.674	1002989817	2079620.83	0.23
159903	深成 ETF	3796754507	0.9225	399001	1.078	0.783	5710729203	544438.69	1.1
159905	深红利	1250943951	0	399324	0.846	0.601	351017734	25385.41	1.36
159906	深成长	1866639725	0.726	399326	0.816	0.622	163281920	11905.05	3.95
159907	中小 300	824598847	0.7663	399008	0.93	0.64	799746749	67089.51	-0.53
159908	深 F200	260729029	0.7098	399703	0.835	0.59	117681004	8767.27	-0.4
159909	深 TMT	111521449	2.369	399610	2.772	2.046	71193488	17389.31	0.57
159910	深 F120	631906143	0.8069	399702	0.978	0.681	191274052	16007.49	1.81
159911	民营 ETF	120772540	2.4869	399337	2.988	2.051	173955233	45479.13	0.97
159912	深 300ETF	268748991	0.8488	399007	0.992	0.715	1605671837	141366.53	0.17
159913	深价值	98329693	0.945	399348	1.096	0.807	45207981	4317.25	-0.07
159915	创业板	615454936	0.7101	399006	0.802	0.589	14957489956	1066610.69	-0.05
159916	深 F60	197066039	1.612	399701	1.88	1.342	105657955	18380.12	0.86
159917	中小成长	72132924	0.953	399602	1.06	0.832	431661862	43694.14	-1.32
159918	中创 400	259561264	0.8972	399624	1.03	0.734	280164166	27959.22	-2.09
159919	300ETF	16290106477	2.4801	399300	2.515	0.811	28572341730	2913273.13	1.1
159920	恒生 ETF	439559219	1.035	HSI	1.023	0.964	1904966576	189970.98	

2012 年度深市债券现货成交统计

成交金额单位:万元 10,000

代码	债券现货	到期日期	票面利率	2012 年 1 月 - 12 月			
				最高价	最低价	成交张数	成交金额
100213	国债 0213	20170920	2.6	98.809	94	155905	1511
100303	国债 0303	20230417	3.4	101	95.497	315832	3117
100308	国债 0308	20130917	3.02	106.463	90.38	13220	132
100501	国债 0501	20150228	4.44	116	102.06	16013	168
100504	国债 0504	20250515	4.11	100	100	0	0
100512	国债 0512	20201115	3.65	100	100	0	0
100601	国债 0601	20130227	2.51	100	100	0	0
100603	国债 0603	20160327	2.8	100	100	0	0
100606	国债 0606	20130525	2.62	100	100	0	0
100609	国债 0609	20260626	3.7	100	100	0	0
100613	国债 0613	20130831	2.89	100	100	0	0
100616	国债 0616	20160926	2.92	100	100	0	0
100619	国债 0619	20211115	3.27	100	100	0	0
100620	国债 0620	20131127	2.91	100	100	0	0
100701	国债 0701	20140206	2.93	100	100	0	0
100703	国债 0703	20170322	3.4	100	100	0	0
100706	国债 0706	20370517	4.27	100	100	0	0
100707	国债 0707	20140524	3.74	100	100	0	0
100710	国债 0710	20170625	4.4	100	100	0	0

代码	债券现货	到期日期	票面利率	2012 年 1 月 –12 月			
				最高价	最低价	成交张数	成交金额
100713	国债 0713	20270816	4.52	100	100	0	0
100714	国债 0714	20140823	3.9	100	100	0	0
100718	国债 0718	20141126	4.35	100	100	0	0
100801	国债 0801	20150213	3.95	100	100	0	0
100802	国债 0802	20230228	4.16	100	100	0	0
100803	国债 0803	20180320	4.07	100	100	0	0
100805	国债 0805	20130421	3.69	100	100	0	0
100806	国债 0806	20380508	4.5	100	100	0	0
100807	国债 0807	20150519	4.01	100	100	0	0
100810	国债 0810	20180623	4.41	100	100	0	0
100813	国债 0813	20280811	4.94	100	100	0	0
100814	国债 0814	20150818	4.23	100	100	0	0
100817	国债 0817	20130916	3.69	100	100	0	0
100818	国债 0818	20180922	3.68	100	100	0	0
100820	国债 0820	20381023	3.91	100	100	0	0
100822	国债 0822	20151124	2.71	100	100	0	0
100823	国债 0823	20231127	3.62	100	100	0	0
100825	国债 0825	20181215	2.9	100	100	0	0
100826	国债 0826	20131218	1.77	100	100	0	0
100901	国债 0901	20160212	2.76	100	100	0	0
100902	国债 0902	20290219	3.86	100	100	0	0
100903	国债 0903	20190312	3.05	100	100	0	0
100904	国债 0904	20140402	2.29	100	100	0	0
100905	国债 0905	20390409	4.02	100	100	0	0
100906	国债 0906	20160416	2.82	100	100	0	0
100907	国债 0907	20190507	3.02	100	100	0	0
100910	国债 0910	20140604	2.26	100	100	0	0
100911	国债 0911	20240611	3.69	100	100	0	0
100912	国债 0912	20190618	3.09	100	100	0	0
100913	国债 0913	20160625	2.82	100	100	0	0
100916	国债 0916	20190723	3.48	100	100	0	0
100917	国债 0917	20160730	3.15	100	100	0	0
100918	国债 0918	20140806	2.97	100	100	0	0
100919	国债 0919	20160820	3.17	100	100	0	0
100920	国债 0920	20290827	4	100	100	0	0
100923	国债 0923	20190917	3.44	100	100	0	0
100924	国债 0924	20140924	2.9	100	100	0	0
100925	国债 0925	20391015	4.18	100	100	0	0
100926	国债 0926	20161022	3.4	100	100	0	0
100927	国债 0927	20191105	3.68	100	100	0	0
100930	国债 0930	20591130	4.3	100	100	0	0
100931	国债 0931	20141203	2.9	100	100	0	0
100932	国债 0932	20161217	3.22	100	100	0	0
101002	国债 1002	20200204	3.43	101.39	101.39	0	0
101003	国债 1003	20400301	4.08	100	100	0	0
101005	国债 1005	20170311	2.92	100	100	0	0
101006	国债 1006	20130318	2.23	100	100	1000000	9943
101007	国债 1007	20200325	3.36	100.58	100.58	0	0
101008	国债 1008	20150408	2.7	100	100	0	0
101009	国债 1009	20300415	3.96	100	100	0	0
101010	国债 1010	20170422	3.01	100	100	0	0
101012	国债 1012	20200513	3.25	100	100	0	0
101013	国债 1013	20150520	2.38	100	100	0	0
101014	国债 1014	20600524	4.03	100	99.8	591330	5861
101015	国债 1015	20170527	2.83	100	100	0	0
101016	国债 1016	20130603	2.33	100	100	0	0
101017	国债 1017	20150610	2.53	100	100	0	0
101018	国债 1018	20400621	4.03	100	100	0	0

代码	债券现货	到期日期	票面利率	2012 年 1 月 – 12 月			
				最高价	最低价	成交张数	成交金额
101019	国债 1019	20200624	3.41	100	100	0	0
101020	国债 1020	20150708	2.52	100	100	0	0
101022	国债 1022	20170722	2.76	100	100	0	0
101023	国债 1023	20400729	3.96	100	100	0	0
101024	国债 1024	20200805	3.28	100	100	0	0
101025	国债 1025	20130812	2.3	100	100	0	0
101026	国债 1026	20400816	3.96	100	100	0	0
101027	国债 1027	20170819	2.81	100	100	0	0
101028	国债 1028	20150826	2.58	100	100	0	0
101029	国债 1029	20300902	3.82	100	100	0	0
101031	国债 1031	20200916	3.29	100	100	0	0
101032	国债 1032	20171014	3.1	100	100	0	0
101033	国债 1033	20151021	2.91	100	100	0	0
101034	国债 1034	20201028	3.67	100	100	0	0
101035	国债 1035	20131104	2.68	100	100	0	0
101037	国债 1037	20601118	4.4	100	100	0	0
101038	国债 1038	20171125	3.83	100	100	0	0
101039	国债 1039	20151202	3.64	100	100	0	0
101040	国债 1040	20401209	4.23	100	100	0	0
101041	国债 1041	20201216	3.77	100	100	0	0
101102	国债 1102	20210120	3.94	100	100	0	0
101103	国债 1103	20180127	3.83	100	100	0	0
101104	国债 1104	20160217	3.6	100	100	0	0
101105	国债 1105	20410224	4.31	100	100	0	0
101106	国债 1106	20180303	3.75	100	100	0	0
101107	国债 1107	20140310	3.22	100	100	0	0
101108	国债 1108	20210317	3.83	100	100	0	0
101110	国债 1110	20310428	4.15	100	100	0	0
101112	国债 1112	20610526	4.48	100	100	0	0
101113	国债 1113	20140602	3.26	100	100	0	0
101114	国债 1114	20160609	3.44	100	100	0	0
101115	国债 1115	20210616	3.99	100	100	0	0
101116	国债 1116	20410623	4.5	100	100	0	0
101117	国债 1117	20180707	3.7	100	100	0	0
101119	国债 1119	20210818	3.93	100	100	0	0
101121	国债 1121	20181013	3.65	100	100	0	0
101122	国债 1122	20161020	3.55	100	100	0	0
101123	国债 1123	20611110	4.33	100	100	0	0
101124	国债 1124	20211117	3.57	100	100	0	0
101125	国债 1125	20141208	2.82	100	100	0	0
101201	国债 1201	20130112	2.78	100	100	1000000	10001
101202	国债 1202	20130208	2.87	100	100	1400000	13992
101203	国债 1203	20170216	3.14	100	100	0	0
101204	国债 1204	20220223	3.51	100	100	0	0
101205	国债 1205	20190308	3.41	100	100	0	0
101206	国债 1206	20320423	4.03	100	100	100000	993
101207	国债 1207	20150426	2.91	100	100	0	0
101208	国债 1208	20620517	4.25	100	100	0	0
101209	国债 1209	20220524	3.36	100	100	0	0
101210	国债 1210	20190607	3.14	100	100	0	0
101211	国债 1211	20130614	2.15	100	100	0	0
101212	国债 1212	20420628	4.07	100	100	1000000	9799
101213	国债 1213	20420802	4.12	100	100	0	0
101214	国债 1214	20170816	2.95	100	100	0	0
101215	国债 1215	20220823	3.39	100	100	0	0
101216	国债 1216	20190906	3.25	100	100	0	0
101217	国债 1217	20150913	3.1	100	100	0	0
101218	国债 1218	20320927	4.1	100	100	1000000	10034

代码	债券现货	到期日期	票面利率	2012 年 1 月 – 12 月			
				最高价	最低价	成交张数	成交金额
101219	国债 1219	20131018	2.94	100	100	0	0
101220	国债 1220	20621115	4.35	100	100	0	0
101221	国债 1221	20221213	3.55	100	100	0	0
101917	国债 917	20210731	4.26	107.5	100.001	11651	123
108051	贴债 1201	20130114		97.913	97.913	0	0
108052	贴债 1202	20130204		97.953	97.953	0	0
108053	贴债 1203	20130318		98.342	98.342	0	0
108054	贴债 1204	20130114		98.899	98.899	0	0
108055	贴债 1205	20130128		98.829	98.829	0	0
108056	贴债 1206	20130204		98.799	98.799	0	0
108057	贴债 1207	20130121		99.289	99.289	0	0
108058	贴债 1208	20130204		99.242	99.242	0	0
109051	地债 1001	20130621	2.77	100	100	0	0
109052	地债 1002	20150621	2.9	100	100	0	0
109053	地债 1003	20130719	2.33	100	100	0	0
109054	地债 1004	20130810	2.37	100	100	0	0
109055	地债 1005	20150810	2.67	100	100	0	0
109056	地债 1006	20130824	2.37	100	100	0	0
109057	地债 1007	20130907	2.36	100	100	0	0
109058	地债 1008	20150907	2.67	100	100	0	0
109059	地债 1009	20131115	3.23	100	100	0	0
109060	地债 1010	20151115	3.7	100	100	0	0
109061	地债 1101	20160712	3.84	100	100	0	0
109062	地债 1102	20140712	3.93	100	100	0	0
109063	地债 1103	20140802	4.07	100	100	0	0
109064	地债 1104	20160809	4.12	100	100	0	0
109065	地债 1105	20140823	4.01	100	100	0	0
109066	地债 1106	20160830	4.3	100	100	0	0
109067	地债 1107	20141018	3.67	100	100	0	0
109068	地债 1108	20161025	3.7	100	100	0	0
109069	上海 1101	20141116	3.1	100	100	0	0
109070	上海 1102	20161116	3.3	100	100	0	0
109071	广东 1101	20141121	3.08	100	100	0	0
109072	广东 1102	20161121	3.29	100	100	0	0
109073	浙江 1101	20141122	3.01	100	100	0	0
109074	浙江 1102	20161122	3.24	100	100	0	0
109075	深圳 1101	20141128	3.03	100	100	0	0
109076	深圳 1102	20161128	3.25	100	100	0	0
109077	地债 1201	20150618	2.76	100	100	0	0
109078	地债 1202	20170702	3.07	100	100	0	0
109079	地债 1203	20150710	2.75	100	100	0	0
109080	地债 1204	20170717	3.02	100	100	0	0
109081	地债 1205	20150724	2.74	100	100	0	0
109082	地债 1206	20170731	3.13	100	100	0	0
109083	地债 1207	20150813	2.98	100	100	0	0
109084	地债 1208	20170820	3.38	100	100	0	0
109085	上海 1201	20170824	3.25	100	100	0	0
109086	上海 1202	20190824	3.39	100	100	0	0
109087	广东 1201	20170907	3.21	100	100	0	0
109088	广东 1202	20190907	3.4	100	100	0	0
109089	地债 1209	20150917	3.47	100	100	0	0
109090	地债 1210	20170917	3.58	100	100	0	0
109091	浙江 1201	20170924	3.3	100	100	0	0
109092	浙江 1202	20190924	3.47	100	100	0	0
109093	深圳 1201	20171015	3.22	100	100	0	0
109094	深圳 1202	20191015	3.43	100	100	0	0
111018	02 电网 15	20170619	4.86	103	90	17251	169
111019	02 广核债	20171111	4.5	100	90	32131	312

代码	债券现货	到期日期	票面利率	2012年1月－12月			
				最高价	最低价	成交张数	成交金额
111020	03 华能 1	20131209	4.6	100.81	90	5102515	51192
111021	03 华能 2	20131209	4.8	101	93.89	1540438	15482
111022	04 首旅债	20140219	5.25	101	91	136862	1363
111023	03 中铁债	20210825	4.63	99.9	90	57693	544
111024	04 华电 1	20140929	5.4	109.024	94.08	21634	217
111025	04 华电 2	20140929	5.3	103	91.921	11582	115
111026	05 粤交通	20200629	5.3	103.95	93.411	202923	2071
111027	03 石油债	20131028	4.11	103.997	90	124384	1240
111029	06 豫投债	20160119	4.3	91.283	88.888	20	0
111030	05 泰达债	20151219	4.65	120	92.222	7442	77
111031	06 鄂能债	20160522	4.05	122.01	100.134	520	5
111032	06 鲁能债	20210731	4.4	109.15	91	4025	40
111033	06 铁道 01	20131016	4	109.5	91	81479	812
111035	06 节能债	20160403	4.05	99.637	92.35	409911	4016
111037	08 昆建债	20130402	6.12	115.5	94	4342841	43543
111038	08 西基投	20130402	6.7	105	94.99	2886383	29285
111039	08 奈伦债	20150520	8	105.2	98.553	8895573	91035
111040	08 甬交投	20130722	6.9	105	93.192	777408	7931
111041	08 铁岭债	20150821	8.35	107	100.04	11726787	122859
111042	08 嘉城投	20150827	7.05	104.98	91.21	380689	3859
111044	08 吉高速	20131024	5.65	102.42	94.3	3560655	35362
111045	08 西城投	20151216	6.38	107.674	91.899	2208506	22336
111046	08 东特债	20151225	7.1	101.989	92.99	2458391	24684
111047	08 长兴债	20160106	8.13	107.29	100	19248699	199784
111048	09 渝水投	20160209	5.92	100.8	93.101	2154266	21527
111049	09 绍水务	20160209	5.78	109	96.1	1965030	20034
111050	09 华菱债	20190217	5.2	105.5	94.1	5105396	50807
111051	09 怀化债	20190218	8.1	107.388	98.271	29654569	304423
111052	09 哈城投	20190312	7.08	103.9	94.7	2633247	26017
111055	09 华西债	20160515	6.05	100.688	92.651	8409749	82034
111056	09 湖交投	20160521	5.48	111	92.6	8139428	80562
111057	09 兖城投	20160923	6.8	114.5	95.889	13303118	135314
111058	09 黄城投	20171231	6.98	113	94.822	2409579	24446
111059	09 宿建投	20161203	7.48	104.305	95.427	9219483	93838
111060	10 佳城投	20170309	7.88	106.38	94.79	5996955	59655
111061	10 中关村	20160826	5.18	99.89	91.52	3567100	34578
111062	10 并高铁	20200906	5.18	96.03	82.602	4639321	41860
111063	11 富阳债	20180303	7.33	104.068	93	14186426	141559
111064	11 长交债	20180310	7.2	102.48	91.4	11919530	116215
111065	11 豫中小	20170216	7.8	102.69	95	7335571	73859
111066	11 蓉中小	20170415	6.78	100	100	335378	3363
112001	08 粤电债	20150310	5.5	111.999	90.81	3619753	36812
112002	08 中联债	20160421	6.5	112.51	93.08	12317660	126292
112003	08 泰达债	20130812	7.1	106.65	92.6	20558259	209799
112004	08 中粮债	20180825	6.06	107.02	102	1843520	19073
112005	08 万科 G1	20130905	5.5	103	99.001	9830364	99484
112006	08 万科 G2	20130905	7	108.86	100.489	59045212	605348
112008	09 金街 02	20140901	5.7	114.5	91.018	12817821	129645
112009	09 粤高债	20140921	5.1	107.3	91.147	751640	7567
112010	09 西煤债	20141019	5.38	106.87	92	11173547	113358
112011	09 东药债	20141102	7.05	101.79	95.1	13980056	138836
112012	09 名流债	20141103	8	102.958	97	64442393	648863
112013	09 亿城债	20141104	8.5	104.37	98	16886400	168948
112014	09 银基债	20151106	8.5	104.359	98.751	28094945	285067
112015	09 泛海债	20141113	7.2	102.27	93.2	50936597	506962
112016	09 宏润债	20141113	7.8	102.85	95.62	15121731	152634
112017	09 希望债	20141125	6.1	112	95.99	6540760	66316
112018	09 津滨债	20141126	7.2	103	99.982	3400000	34409

代码	债券现货	到期日期	票面利率	2012 年 1 月 – 12 月			
				最高价	最低价	成交张数	成交金额
112019	09 宜化债	20191217	5.75	109.8	96.77	11431044	114885
112020	10 大亚债	20150129	5.5	109.99	95	7969301	78453
112021	10 南玻 01	20151020	5.33	105.8	90.501	6346435	63334
112022	10 南玻 02	20171020	5.33	101	92.98	4570081	45642
112023	10 煤气 01	20151103	5.35	102.1	96.11	2366050	23882
112024	10 煤气 02	20171103	5.5	101.95	90.951	2407460	24155
112025	11 珠海债	20190301	6.8	102.5	94	3678318	36883
112026	11 新兴 01	20160318	5.25	104	90.846	7277563	73049
112027	11 新兴 02	20210318	5.39	120	90	2277	24
112028	11 冀能债	20160504	4.9	103	91	27869588	278926
112029	11 软控债	20160602	5.48	101.2	91.89	11930616	119307
112030	11 鲁西债	20180706	6.18	103.6	91	12162818	123468
112031	11 晨鸣债	20160706	5.95	120	95	14791232	150095
112032	11 柳工 01	20160720	5.4	105	91.5	1017660	10242
112033	11 柳工 02	20180720	5.85	104	95.001	283931	2900
112034	11 陕气债	20190722	6.2	106.62	93.49	7225568	74730
112035	11 国脉债	20180726	6.8	101.8	90.97	3290140	32719
112036	11 三钢 01	20180801	6.7	106	92.16	5773625	58922
112037	11 万方债	20160812	6.7	112.7	99.16	7037930	71424
112038	11 锡业债	20180817	6.6	105.05	99.49	5057650	52339
112039	11 黔轮债	20170822	6.8	103.01	91.5	7757108	78548
112040	11 建能债	20170829	6.2	103.56	96.889	1565783	15919
112041	11 冀东 01	20180830	6.28	114	94	160891	1616
112042	11 东控 01	20140922	7.25	114.1	93.726	4843888	49981
112043	11 东控 02	20160922	7.4	105	92.712	1737883	18131
112044	11 中泰 01	20181103	7.3	109.5	98	11679953	121257
112045	11 宗申债	20171114	7.45	113	97.8	8500962	87816
112046	11 华孚 01	20161118	7.8	107	93.601	9010000	92465
112047	11 海大债	20161118	7	105.6	99.99	8738050	91235
112048	11 凯迪债	20181121	8.5	107.949	100.024	23715299	246994
112049	11 安泰 01	20161122	6.4	112.2	99	5961617	61097
112050	11 报喜 01	20161124	7	105.99	94.182	5979388	61558
112051	11 报喜 02	20181124	7.4	107	94.25	5434260	56321
112052	11 许继债	20181130	6.75	103.3	100	7061848	72047
112053	11 新筑债	20161207	8.5	105.28	100.001	22584280	231897
112054	11 鄂能债	20141219	5.83	103.5	100	16499756	167322
112055	11 徐工 01	20161229	5.38	103.81	98.002	13684734	138196
112056	11 远兴债	20170117	8	105.99	99.52	15474480	157024
112057	11 东磁债	20170209	7	105	98	1378845	13981
112058	11 中粮 01	20170216	6.8	104	93	3433720	35275
112059	11 联化债	20190221	7.3	105.6	99	3461994	35132
112060	12 金风 01	20150223	6.63	103.837	99.001	36445247	368346
112061	11 超日债	20170307	8.98	106.496	97	50326588	518423
112062	12 新都债	20170308	7.35	105.5	102	2898750	30046
112063	11 常山债	20150313	8.2	104.189	100.6	15672311	160108
112064	12 隆平债	20170314	7.18	105	99	3361101	34875
112065	12 柳工债	20170314	5.2	103.62	90.7	3035190	30576
112066	11 西建债	20170315	7.5	105.5	99.41	6118671	63047
112067	11 冀东 02	20200320	5.58	103	98.7	1512050	15245
112068	11 棕榈债	20170321	7.3	106.413	100.381	6829918	69355
112069	12 明牌债	20170322	7.2	113.5	100	6016636	61553
112070	12 中泰债	20190322	6.5	105	99.5	6198030	63321
112071	11 智光债	20170323	7.98	103.9	100	4924769	50305
112072	12 湘鄂债	20170405	6.78	110.101	100.1	4611340	47043
112073	11 三钢 02	20190409	6.88	110	96.667	1635200	16470
112074	12 华茂债	20170412	6.3	102.88	98.5	5754270	58264
112075	12 雅致 01	20170410	6.5	104.1	100.11	1761333	18118
112076	12 雅致 02	20190410	6.7	115	96	2011570	20714

代码	债券现货	到期日期	票面利率	2012 年 1 月－12 月			
				最高价	最低价	成交张数	成交金额
112077	12 化机债	20170417	7	104.2	99.96	5332987	54260
112078	12 太钢 01	20170418	5.2	103.08	97.401	4354086	43630
112079	12 长安债	20170423	5.3	102.3	97.601	3301616	33547
112080	12 万向债	20170425	6	103.2	100	9202130	93787
112081	11 新野 01	20170425	7.1	105.888	100.1	3386770	34199
112082	11 赤湾 01	20170426	5.28	102	99.999	1541060	13408
112083	11 国星债	20170503	6.8	102.21	92	8069425	81489
112084	11 万家债	20170515	7.4	102.01	98.54	8106311	81464
112085	12 乐视 01	20150508	9.99	105.83	99.483	7290000	73956
112086	12 圣农 01	20180516	5.5	110	94.706	3971940	39827
112087	12 中富 01	20150528	5.28	101	89.8	4408210	43997
112088	12 富春 01	20170605	6.7	103	99.012	4254231	42897
112089	12 万丰 01	20170604	5.4	100	90.949	1295532	12801
112090	12 中兴 01	20150613	4.2	100.1	96.963	19405650	191950
112091	12 向日 01	20170601	9.6	100	100	0	0
112092	12 海药债	20170614	5.2	100.16	96.789	3288090	32783
112093	11 亚迪 01	20170619	5.25	103.7	94	15209233	150090
112094	11 中利债	20170620	6.7	99.66	96.6	8835713	86936
112095	12 康盛债	20170705	7.8	100	99.978	1200000	12000
112096	12 国创债	20170710	6.2	98.818	93	3108452	29905
112097	12 亚厦债	20170713	5.2	99.6	95.9	2700023	26817
112098	11 新野 02	20170713	5.88	99.6	95.58	2460430	24368
112099	12 乐视 02	20150713	8.5	101.648	99.671	9379000	93695
112100	12 盾安债	20170727	5.7	100	97.299	9938195	99293
112101	12 安泰债	20170725	5.5	100.5	95.378	795620	7883
112102	12 大康债	20170823	7.3	105	100.01	2672686	27099
112103	12 海型债	20170817	5	100	90.94	2291740	22858
112104	12 太钢 02	20150822	4.8	100.1	90.993	3108711	31086
112105	12 东宝债	20150810	8	100	99.99	200000	2000
112106	12 太钢 03	20170822	5.1	102	100	40	0
112107	12 云内债	20180827	6.05	102.1	97.001	5350110	54062
112108	12 舜天债	20190918	6.6	103.5	100.1	5685140	57559
112109	12 南糖债	20190917	7.25	101.88	100.25	4194385	42069
112110	12 东锆债	20191008	7.46	102.487	100.379	294256	2980
112111	12 深机 01	20151008	4.99	100.7	99.807	331840	3322
112112	12 江泥 01	20171018	7.05	103.499	100	8576087	86365
112113	12 冀东 01	20171015	5.65	102	100	12540	125
112114	12 冀东 02	20191015	5.9	100	100	0	0
112115	12 冀东 03	20221015	6	100	100	0	0
112116	12 中桥债	20171015	7	101.889	100.508	777564	7873
112117	12 福发债	20181017	7	102.3	100.9	2722450	27502
112118	12 金螳 01	20171029	5	100.16	95.003	2330855	23254
112119	12 恒邦债	20171030	6.3	101.2	99.6	862130	8665
112120	12 联发债	20171025	6.2	101.801	99.901	5992708	60189
112121	12 景兴债	20191025	7.38	101.15	99.9	2721359	27274
112122	12 建峰债	20191102	6.39	100.38	100	4352460	43490
112123	12 中山 01	20191029	5.5	99.8	99	903330	9026
112124	11 徐工 02	20171026	4.89	99.798	98.5	27059	258
112125	12 海翔债	20151031	5.6	100.2	99	802360	8010
112126	12 科伦 01	20171105	5.6	100.919	100	11917411	119449
112127	12 华西债	20171105	6	101	99.801	1502450	15101
112128	12 辰矿 01	20191107	5.7	99.99	96.94	137754	1372
112129	12 辽通债	20171109	5.6	100	99.6	9085530	90846
112131	12 露笑债	20171114	6.8	100.51	99.101	1461916	14591
112134	12 合兴债	20171116	6.25	99.8	98.35	68370	677
112135	12 蓝标 01	20151119	7.9	100	100	200000	2000
115002	国安债 1	20130913	1.2	97.648	92.59	17743379	170077
115003	中兴债 1	20130130	0.8	99.7	95.18	25803812	253923

代码	债券现货	到期日期	票面利率	2012 年 1 月 –12 月			
				最高价	最低价	成交张数	成交金额
125089	深机转债	20170715	0.8	100.4	91	15650573	147175
125709	唐钢转债			111.75	104.87	49409274	543230
125731	美丰转债	20150602	1.2	121.6	102.2	8487396	94768
125887	中鼎转债	20160211	1.1	116	102.9	4978698	54078
126729	燕京转债	20151015	0.9	115.85	99.96	6990827	71981
129031	巨轮转2	20160719	1	124.999	92.62	6163731	68359

2012 年深市债券回购成交统计

成交金额单位:万元 10,000

代码	债券回购	2012 年 1 月 – 12 月			
		最高价	最低价	成交张数	成交金额
131800	R –003	12.99	0.08	51,420,610	514,206
131801	R –007	8.4	1	208,926,870	2,089,269
131802	R –014	5.505	0.1	17,430,710	174,307
131803	R –028	4.501	1	1,306,430	13,064
131805	R –091	3.7	3.15	64,670	647
131806	R –182	3.8	2.5	12,330	123
131809	R –004	9.45	0.05	16,923,270	169,233
131810	R –001	30.002	0.001	1,982,411,160	19,824,112
131811	R –002	19.1	0.5	40,387,200	403,872
131900	RC –003	17	0.05	488,740,290	4,887,403
131901	RC –007	10.005	0.001	2,297,848,210	22,978,482
131910	RC –001	24.04	0.001	16,590,668,340	165,906,683
131911	RC –002	18	0.002	478,939,120	4,789,391

2012 年深圳证券市场各省股票集资情况一览表 –(2012.1 –2012.12)

单位:百万元

省份	总集资		主板						中小板						创业板					
			首次发行		增发		配股集资		首次发行		增发		配股集资		首次发行		增发		配股集资	
	只数	集资金额	只数	集资金额	只数	集资金额	只数	集资金额	只数	集资金额	只数	集资金额	只数	集资金额	只数	集资金额	只数	集资金额	只数	集资金额
广东	58	30769.12			5	7607.77			13	8125.86	22	9406.63			14	5560.78	4	68.09		
河南	5	27429.3			2	26477.26					1	540.37	1	390.15			1	21.51		
北京	34	19084.68			3	1574.28			6	5824.29	5	3830.92			14	6794.57	6	1060.63		
江苏	30	18320.59			1	2866.03			5	2274.92	6	6041.57			14	7023.47	4	114.61		
浙江	30	14753.74			2	2486.18			6	2456.28	12	2805.77			10	7005.51				
湖北	8	12214.8			4	7016.84			1	468	1	3718.76			1	1000	1	11.2		
新疆	4	9698.47			2	9004.5			1	398.48					1	295.49				
湖南	8	7858.32			2	3092.5			2	1636.17	1	1673.85			3	1455.8				
陕西	5	7802.89			4	6062.89			1	1740										
山东	14	7099							3	1527.6	6	4262.13			4	1275.3	1	33.97		
河北	8	6509.76			3	3074.83			1	370	3	3034.75					1	30.19		
吉林	2	6185.35			2	6185.35														
福建	11	4543.06							4	2073.46	2	1850.53			2	571	3	48.08		
辽宁	5	4183.87			1	2578			2	1045					2	560.87				
甘肃	1	3966.69			1	3966.69														
四川	6	3062.22			2	546.87			2	1963	2	552.35								
天津	3	2840.52									1	1898.45			1	486.62	1	455.45		
黑龙江	2	2468.07			1	1943.27			1	524.8										
宁夏	2	2347.45			1	1713.96	1	633.49												
上海	8	2303.32							1	300	2	65.05			5	1938.27				
安徽	4	2073.64							1	850	3	1223.64								
贵州	3	2046.72			1	1120.2					1	625.82			1	300.7				
江西	5	1942.37			2	500.83			1	929.4	1	36.63			1	475.51				
内蒙古	3	1148.66			1	253.07			1	490.14					1	405.45				
海南	2	1142.08			1	542.08			1	600										
重庆	1	900			1	900														
西藏	1	802							1	802										
广西	1	525.8							1	525.8										

省份	总集资		主板						中小板						创业板					
			首次发行		增发		配股集资		首次发行		增发		配股集资		首次发行		增发		配股集资	
	只数	集资金额	只数	集资金额	只数	集资金额	只数	集资金额	只数	集资金额	只数	集资金额	只数	集资金额	只数	集资金额	只数	集资金额	只数	集资金额
青海	1	339.35			1	339.35														
云南	3	281.72			1	23.33					1	210.04					1	48.35		
合计	268	204643.6			44	89876.1	1	633.49	55	34925.19	70	41777.26	1	390.15	74	35149.33	23	1892.07		

注:发行集资以上市日为准,配股集资以配股上市日为准

2012年深交所会员公司交易排名

排名	会员名称	交易金额(百万)	市场占比
1	华泰证券股份有限公司	1,992,010.216	5.5749%
2	中国银河证券股份有限公司	1,833,980.701	5.1326%
3	国泰君安证券股份有限公司	1,699,032.145	4.7549%
4	海通证券股份有限公司	1,561,395.241	4.3697%
5	国信证券股份有限公司	1,508,423.421	4.2215%
6	招商证券股份有限公司	1,470,157.894	4.1144%
7	申银万国证券股份有限公司	1,458,506.742	4.0818%
8	广发证券股份有限公司	1,450,785.049	4.0602%
9	中信建投证券股份有限公司	1,181,733.418	3.3072%
10	中信证券股份有限公司	1,157,462.172	3.2393%
11	光大证券股份有限公司	1,068,390.786	2.9900%
12	安信证券股份有限公司	895,778.214	2.5069%
13	齐鲁证券有限公司	866,335.162	2.4245%
14	中国中投证券有限责任公司	827,746.783	2.3165%
15	方正证券股份有限公司	637,292.046	1.7835%
16	长江证券股份有限公司	628,409.865	1.7587%
17	中信证券(浙江)有限责任公司	621,619.790	1.7397%
18	东方证券股份有限公司	592,196.853	1.6573%
19	兴业证券股份有限公司	573,820.780	1.6059%
20	中国国际金融有限公司	436,311.112	1.2211%
21	宏源证券股份有限公司	431,397.135	1.2073%
22	平安证券有限责任公司	430,139.569	1.2038%
23	财通证券有限责任公司	393,973.039	1.1026%
24	浙商证券股份有限公司	387,489.585	1.0844%
25	中银国际证券有限责任公司	386,611.144	1.0820%
26	华西证券有限责任公司	382,228.781	1.0697%
27	东兴证券股份有限公司	360,576.780	1.0091%
28	东吴证券股份有限公司	340,920.167	0.9541%
29	国元证券股份有限公司	337,443.376	0.9444%
30	信达证券股份有限公司	301,164.634	0.8428%
31	湘财证券有限责任公司	291,475.188	0.8157%
32	长城证券有限责任公司	279,734.336	0.7829%
33	东莞证券有限责任公司	271,561.031	0.7600%
34	华福证券有限责任公司	269,640.639	0.7546%
35	东北证券股份有限公司	265,968.813	0.7443%
36	国海证券股份有限公司	262,860.769	0.7356%
37	西南证券股份有限公司	256,162.438	0.7169%
38	国金证券股份有限公司	253,986.517	0.7108%
39	上海证券有限责任公司	246,832.031	0.6908%
40	国联证券股份有限公司	237,820.812	0.6656%
41	渤海证券股份有限公司	237,133.424	0.6636%
42	民生证券股份有限公司	235,851.322	0.6601%
43	中信万通证券有限责任公司	235,361.843	0.6587%
44	南京证券股份有限公司	233,264.361	0.6528%
45	东海证券有限责任公司	230,466.446	0.6450%
46	中国民族证券有限责任公司	219,909.878	0.6154%
47	中原证券股份有限公司	214,451.485	0.6002%
48	财达证券有限责任公司	214,266.021	0.5996%
49	西部证券股份有限公司	189,737.785	0.5310%
50	华安证券有限责任公司	187,833.491	0.5257%
51	山西证券股份有限公司	174,595.699	0.4886%
52	新时代证券有限责任公司	171,266.174	0.4793%
53	中航证券有限公司	157,678.574	0.4413%
54	国都证券有限责任公司	154,816.452	0.4333%
55	江海证券有限公司	151,722.646	0.4246%
56	广州证券有限责任公司	142,197.249	0.3980%
57	金元证券股份有限公司	138,129.785	0.3866%
58	财富证券有限责任公司	137,723.498	0.3854%
59	华林证券有限责任公司	136,866.231	0.3830%
60	国盛证券有限责任公司	133,219.610	0.3728%
61	恒泰证券股份有限公司	131,224.843	0.3672%
62	英大证券有限责任公司	128,728.412	0.3603%
63	华创证券有限责任公司	127,987.272	0.3582%
64	红塔证券股份有限公司	123,451.722	0.3455%
65	万联证券有限责任公司	120,940.553	0.3385%
66	西藏同信证券有限责任公司	118,096.129	0.3305%
67	世纪证券有限责任公司	117,062.674	0.3276%
68	第一创业证券股份有限公司	112,778.973	0.3156%
69	华龙证券有限责任公司	110,897.750	0.3104%
70	大通证券股份有限公司	108,224.476	0.3029%
71	华融证券股份有限公司	106,925.890	0.2992%
72	北京高华证券有限责任公司	103,221.886	0.2889%
73	华鑫证券有限责任公司	95,890.133	0.2684%
74	联讯证券有限责任公司	85,620.440	0.2396%
75	首创证券有限责任公司	85,372.577	0.2389%
76	中山证券有限责任公司	83,013.643	0.2323%
77	太平洋证券股份有限公司	82,586.192	0.2311%
78	德邦证券有限责任公司	80,098.150	0.2242%
79	厦门证券有限公司	74,878.512	0.2096%
80	大同证券经纪有限责任公司	74,700.720	0.2091%
81	瑞银证券有限责任公司	72,878.855	0.2040%
82	银泰证券有限责任公司	64,744.765	0.1812%
83	中天证券有限责任公司	64,469.495	0.1804%
84	爱建证券有限责任公司	61,870.478	0.1732%
85	宏信证券有限责任公司	61,342.340	0.1717%
86	华宝证券有限责任公司	56,741.668	0.1588%
87	国开证券有限责任公司	47,901.249	0.1341%
88	天风证券股份有限公司	46,928.525	0.1313%
89	五矿证券有限公司	36,342.251	0.1017%
90	天源证券有限公司	35,927.183	0.1005%
91	日信证券有限责任公司	33,263.536	0.0931%
92	万和证券有限责任公司	30,301.554	0.0848%
93	华泰联合证券有限责任公司	30,000.996	0.0840%
94	开源证券有限责任公司	24,842.235	0.0695%
95	恒泰长财证券有限责任公司	22,776.153	0.0637%
96	众成证券经纪有限公司	22,221.755	0.0622%

排名	会员名称	交易金额（百万）	市场占比
97	中邮证券有限责任公司	19,378.165	0.0542%
98	诚浩证券有限责任公司	16,686.410	0.0467%
99	川财证券经纪有限责任公司	15,392.804	0.0431%
100	航天证券有限责任公司	9,758.818	0.0273%
101	财富里昂证券有限责任公司	1,482.036	0.0041%
102	中国证券金融股份有限公司	315.842	0.0009%
103	海际大和证券有限责任公司	0.250	0.0000%
	市场总成交金额	17,865,969.052	

2012年深交所会员公司营业部交易排名(前100名)

排序	营业部名称	交易金额（百万）
1	国信证券股份有限公司深圳泰然九路证券营业部	143,259.116
2	国信证券股份有限公司上海北京东路证券营业部	120,366.292
3	国信证券股份有限公司北京平安大街证券营业部	109,847.193
4	国信证券股份有限公司广州东风中路证券营业部	104,538.679
5	国信证券股份有限公司杭州体育场路证券营业部	75,192.756
6	国信证券股份有限公司深圳红岭中路证券营业部	67,112.424
7	招商证券股份有限公司深圳益田路免税商务大厦证券营业部	60,174.496
8	齐鲁证券有限公司青岛香港中路证券营业部	52,377.150
9	申银万国证券股份有限公司福州鼓屏路证券营业部	50,794.964
10	中国国际金融有限公司上海淮海中路证券营业部	50,075.084
11	华西证券有限责任公司北京紫竹院路证券营业部	48,574.676
12	海通证券股份有限公司杭州解放路证券营业部	47,790.946
13	国泰君安证券股份有限公司上海江苏路证券营业部	46,787.325
14	华泰证券股份有限公司上海武定路证券营业部	46,508.675
15	中国国际金融有限公司北京建国门外大街证券营业部	44,855.248
16	中信证券股份有限公司上海淮海中路证券营业部	44,824.331
17	招商证券股份有限公司深圳南山南油大道证券营业部	44,590.057
18	国信证券股份有限公司义乌稠州北路证券营业部	43,832.005
19	华泰证券股份有限公司深圳深南大道证券营业部	42,709.104
20	招商证券股份有限公司北京建国路证券营业部	41,631.523
21	中国银河证券股份有限公司北京金融街证券营业部	41,550.749
22	华泰证券股份有限公司江阴福泰路证券营业部	41,147.873
23	中信证券（浙江）有限责任公司义乌城中中路证券营业部	40,041.796
24	光大证券股份有限公司上海淮海中路证券营业部	39,797.416
25	国信证券股份有限公司南京洪武路证券营业部	39,638.616
26	中信证券（浙江）有限责任公司温岭东辉北路证券营业部	39,533.676
27	华泰证券股份有限公司无锡解放西路证券营业部	39,222.971
28	招商证券股份有限公司深圳建安路证券营业部	38,265.674
29	华泰证券股份有限公司深圳益田路荣超商务中心证券营业部	37,547.530
30	招商证券股份有限公司深圳常兴路证券营业部	37,326.214
31	招商证券股份有限公司上海世纪大道证券营业部	36,560.629
32	申银万国证券股份有限公司温州车站大道证券营业部	36,512.815
33	兴业证券股份有限公司福州湖东路证券营业部	36,138.526
34	招商证券股份有限公司杭州文三路证券营业部	35,461.126
35	华泰证券股份有限公司常州和平北路证券营业部	35,005.642
36	招商证券股份有限公司广州天河北路证券营业部	34,932.332
37	海通证券股份有限公司上海周家嘴路证券营业部	34,893.141
38	瑞银证券有限责任公司上海花园石桥路证券营业部	33,928.703
39	招商证券股份有限公司南京中山南路证券营业部	33,437.878
40	国信证券股份有限公司西安友谊东路证券营业部	32,700.647
41	方正证券股份有限公司台州解放路证券营业部	32,568.242
42	国信证券股份有限公司福州五一中路证券营业部	32,045.406
43	方正证券股份有限公司绍兴胜利东路证券营业部	31,530.691
44	中信证券股份有限公司北京安外大街证券营业部	31,176.609
45	华西证券有限责任公司深圳民田路证券营业部	30,696.761
46	国联证券股份有限公司无锡中山路证券营业部	30,610.951
47	西藏同信证券有限责任公司上海东方路证券营业部	30,556.172
48	国泰君安证券股份有限公司北京知春路证券营业部	30,195.785
49	中信建投证券股份有限公司北京东直门南大街证券营业部	30,064.359
50	中信证券股份有限公司北京复外大街证券营业部	29,920.248
51	招商证券股份有限公司武汉中北路证券营业部	29,575.260
52	东莞证券有限责任公司东莞莞太路证券营业部	29,264.636
53	国泰君安证券股份有限公司郑州花园路证券营业部	29,219.603
54	海通证券股份有限公司绍兴劳动路证券营业部	29,013.794
55	国信证券股份有限公司南海大沥证券营业部	28,985.413
56	华西证券有限责任公司成都高升桥路证券营业部	28,948.615
57	光大证券股份有限公司东莞运河东一路证券营业部	28,914.821
58	招商证券股份有限公司深圳福民路证券营业部	28,776.121
59	浙商证券股份有限公司义乌江滨北路证券营业部	28,716.908
60	中信证券（浙江）有限责任公司杭州延安路证券营业部	28,701.695
61	中国银河证券股份有限公司绍兴证券营业部	28,699.708
62	中信建投证券股份有限公司北京海淀南路证券营业部	28,409.151
63	中信证券（浙江）有限责任公司海宁硖西路证券营业部	28,302.008
64	安信证券股份有限公司北京北三环东路证券营业部	28,262.944
65	中信证券股份有限公司深圳福华一路证券营业部	27,927.315
66	国金证券股份有限公司北京金融街证券营业部	27,893.446
67	华泰证券股份有限公司苏州人民路证券营业部	27,757.450
68	国信证券股份有限公司珠海翠香路证券营业部	27,729.377
69	国泰君安证券股份有限公司南京太平南路证券营业部	27,684.807
70	国信证券股份有限公司武汉沿江大道证券营业部	27,496.224
71	光大证券股份有限公司深圳深南大道证券营业部	27,369.358
72	海通证券股份有限公司北京中关村南大街证券营业部	27,357.741
73	中信证券（浙江）有限责任公司诸暨永兴路证券营业部	27,248.643
74	东兴证券股份有限公司莆田梅园东路证券营业部	27,111.881
75	民生证券股份有限公司郑州西太康路证券营业部	27,029.223
76	华泰证券股份有限公司上海国宾路证券营业部	26,974.364
77	五矿证券有限公司深圳金田路证券营业部	26,845.103
78	国信证券股份有限公司杭州萧然东路证券营业部	26,659.707
79	国信证券股份有限公司佛山体育路证券营业部	26,591.998
80	国泰君安证券股份有限公司成都北一环路证券营业部	26,249.996
81	招商证券股份有限公司深圳东门南路证券营业部	26,219.685
82	东吴证券股份有限公司苏州狮山路营业部	26,138.324
83	海通证券股份有限公司南京广州路证券营业部	26,024.520
84	上海证券有限责任公司温州谢池商城证券营业部	25,953.233
85	平安证券有限责任公司北京东花市证券营业部	25,778.273
86	国泰君安证券股份有限公司宁波彩虹北路证券营业部	25,583.503
87	平安证券有限责任公司上海零陵路证券营业部	25,464.812
88	招商证券股份有限公司上海肇嘉浜路证券营业部	25,412.632
89	国联证券股份有限公司宜兴人民南路证券营业部	25,320.500
90	财通证券有限责任公司杭州解放路证券营业部	25,299.194
91	兴业证券股份有限公司厦门兴隆路证券营业部	25,282.775
92	中信建投证券股份有限公司揭阳站前路证券营业部	25,133.847
93	英大证券有限责任公司深圳华侨城证券营业部	25,099.012
94	中银国际证券有限责任公司深圳中心四路证券营业部	25,083.778
95	中信证券股份有限公司徐州解放南路证券营业部	25,016.101
96	中银国际证券有限责任公司武汉黄孝河路证券营业部	24,985.920
97	中信证券（浙江）有限责任公司杭州市心南路证券营业部	24,983.318
98	国联证券股份有限公司无锡梁溪路证券营业部	24,868.098
99	招商证券股份有限公司福州群众东路证券营业部	24,849.212
100	中国银河证券股份有限公司福州证券营业部	24,751.329

2012年深市地区交易金额分布

单位:元

省/市	总交易金额(元)	占市场	股票交易金额	基金交易金额	债券交易金额	权证交易金额
上海	6048773844566.43	16.928	4423819640268.56	220332994387.13	1404621209910.74	
北京	3780391884672.67	10.58	2830771929144.49	137562899319.61	812057056208.57	
深圳	3651380501460.59	10.219	2844508562843.57	102659752753.69	704212185863.34	
浙江	3361868743379.11	9.409	3117005800228.86	71995516580.10	172867426570.15	
江苏	2725778977184.30	7.628	2269176633946.61	69685178622.48	386917164615.20	
广东	1799527459049.35	5.036	1623850932809.44	31448860847.59	144227665392.32	
福建	1643930518995.78	4.601	1442895469187.34	59862724994.84	141172324813.60	
广州	1543137424323.00	4.319	1379193398779.79	43293458224.34	120650567318.87	
山东	1272902914810.49	3.562	1122952821905.83	73613359784.11	76336733120.55	
四川	1158538727824.21	3.242	1035859159047.95	15528998108.28	107150570667.98	
湖北	1040332060052.13	2.911	921724442123.30	24249010427.93	94358607500.90	
湖南	877383844693.36	2.455	817800602266.41	13855341630.05	45727900796.90	
辽宁	799927145123.65	2.239	730631387047.58	16792406144.56	52503351931.52	
河南	718051119076.83	2.01	680873223634.51	13389489727.30	23788405715.02	
江西	551003110899.51	1.542	507135120126.00	8700379269.67	35167611503.84	
安徽	506840089370.16	1.418	474131476523.96	10841647146.24	21866965699.96	
天津	459483791145.23	1.286	409070305087.35	14338908503.44	36074577554.44	
陕西	442519328710.77	1.238	398867091762.93	6759882491.10	36892354456.74	
重庆	426709255242.30	1.194	401503305447.40	4618768539.48	20587181255.42	
黑龙江	402398314249.53	1.126	358929335675.92	9419173963.39	34049804610.22	
河北	399847423050.15	1.119	370422686255.95	7766758747.67	21657978046.53	
广西	385024544821.23	1.078	352471947486.41	4068154483.66	28484442851.16	
山西	304297684494.81	0.852	280470968487.39	5271707936.38	18555008071.04	
云南	293792066818.59	0.822	243042430483.95	7300954335.61	43448681999.03	
吉林	253219177447.40	0.709	229528848390.17	3228097879.59	20462231177.64	
新疆	211035395455.68	0.591	194815388768.46	3726566175.98	12493440511.24	
甘肃	161257702619.00	0.451	137594604987.81	1580594533.87	22082503097.32	
海南	148839719297.44	0.417	117337526143.35	4201620838.64	27300572315.46	
贵州	141254633838.85	0.395	122457542162.59	2307988844.76	16489102831.50	
内蒙古	112499981610.19	0.315	104933966212.25	1550639800.02	60155375597.93	
宁夏	40559312310.97	0.114	39307912131.85	361981024.28	889419154.85	
西藏	33969970250.21	0.095	6795638794.41	78529833.50	27095801622.29	
青海	24294663079.49	0.068	23434528785.58	106036432.44	754097861.47	
境外地区	11166774618.85	0.031	11166774618.85			

2012年深市会员交易金额统计

单位:百万元

2012年1-12月	总计	本地会员	异地会员	其它
总交易金额(百万元)	35,731,938.10	7,397,092.22	27,996,043.24	338,802.65
股票	30,024,481.40	6,171,565.03	23,670,259.23	182,657.14
主板A股	12,894,335.36	2,740,135.31	10,052,559.10	101,640.95
中小板	12,378,290.66	2,478,510.24	9,829,932.48	69,847.94
创业板	4,660,925.37	928,454.74	3,732,469.86	0.77
主板B股	90,930.02	24,464.74	55,297.79	11,167.49
基金	990,498.38	209,232.71	739,762.41	41,503.26
ETFs	351,031.54	69,463.45	264,366.78	17,201.31
LOFs	37,224.25	9,855.57	24,049.35	3,319.34
分级基金	358,604.03	77,096.53	271,734.57	9,772.92
封闭基金	243,638.56	52,817.16	179,611.71	11,209.69
债券	4,716,958.32	1,016,294.49	3,586,021.60	114,642.24
国债	1,724.28	1,406.74	317.38	0.16
公司债	142,483.44	48,427.84	92,751.55	1,304.05

2012 年 1－12 月	总计	本地会员	异地会员	其它
企业债	118,142.92	39,007.18	75,470.73	3,665.00
可转债	19,591.85	4,494.22	13,993.96	1,103.67
债券回购	4,435,015.84	922,958.51	3,403,487.97	108,569.37
权证				

2013 年深市主板上市公司一季报主要财务指标

截至日期:2013－04－27

股票代码	股票简称	净利润(万元)	每股收益(元)	每股净资产(元)	每股经营性现金流量(元)	分配预案
000001	平安银行	358900.00	0.7	17.3245	2.7558	
000002	万科 A	161390.42	0.15	5.964	－0.2167	
000004	国农科技	80.74	0.0096	0.932	－0.0562	
000005	世纪星源	－923.54	－0.0101	0.7358	－0.1314	
000006	深振业 A	6169.56	0.048	2.7574	0.1377	
000007	零七股份	－911.55	－0.0395	1.2081	0.0185	
000008	宝利来	394.94	0.026	3.5888	0.0434	
000009	中国宝安	2514.21	0.0231	2.7566	－0.0728	
000010	SST 华新	－510.43	－0.03	0.3475	－0.0197	
000011	深物业 A	23636.06	0.3966	2.9187	0.1583	
000012	南玻 A	10766.10	0.05	3.3324	0.1396	
000014	沙河股份	－166.45	－0.0083	2.8891	－0.1766	
000016	深康佳 A	1424.26	0.0118	3.3709	0.3799	
000017	*ST 中华 A	－2664.68	－0.0483	－3.1488	－0.0327	
000018	*ST 中冠 A	－266.28	－0.02	0.6864	0.0058	
000019	深深宝 A	110.93	0.0044	3.8475	－0.0367	
000020	深华发 A	81.82	0.0029	0.9924	－0.2508	
000021	长城开发	3253.27	0.0247	3.0267	0.0418	
000022	深赤湾 A	13020.74	0.202	5.9079	0.2202	
000023	深天地 A	－1076.77	－0.08	2.3695	0.2828	
000024	招商地产	81070.11	0.4721	14.0943	0.46	
000025	特力 A	453.38	0.0206	0.8584	－0.0208	
000026	飞亚达 A	3476.36	0.089	3.7703	0.1334	
000027	深圳能源	23153.77	0.0876	5.8238	0.0729	
000028	国药一致	14365.45	0.499	6.6624	0.381	
000029	深深房 A	350.87	0.0035	1.6204	0.2677	
000030	富奥股份	13763.74	0.14	2.6123	－0.0818	
000031	中粮地产	6050.50	0.03	2.6653	0.6134	
000032	深桑达 A	1084.27	0.05	3.9535	0.0375	
000033	新都酒店	－487.14	－0.0148	0.8	0.0058	
000034	深信泰丰	－132.73	－0.004	0.2458	－0.0235	
000035	*ST 科健	55.75	0.003	－9.8301	－0.0003	
000036	华联控股	102.53	0.0009	1.6026	－0.0449	
000037	深南电 A	－6433.97	－0.11	2.463	0.5188	
000038	*ST 大通	21.90	0.0023	1.6296	－0.0211	
000039	中集集团	21942.50	0.0824	7.3631	－0.8214	
000040	宝安地产	3358.71	0.07	2.5754	－0.3513	
000042	深长城	16304.94	0.6809	12.2714	0.0573	
000043	中航地产	－3989.97	－0.0598	4.2954	－0.8301	
000045	深纺织 A	－483.77	－0.01	4.4866	－0.0662	
000046	泛海建设	8078.90	0.0177	1.8847	－0.3372	
000048	康达尔	136.77	0.0035	1.056	－0.1137	
000049	德赛电池	4366.06	0.3191	3.0166	3.1041	10 派 3 元(含税)
000050	深天马 A	145.79	0.003	2.3884	0.1901	
000055	方大集团	1121.22	0.01	1.4663	－0.0552	
000056	*ST 国商	－1896.37	－0.0858	－0.4656	－0.2466	
000058	深赛格	2048.86	0.0261	1.5496	－0.1008	
000059	辽通化工	－8209.12	－0.07	6.0273	－0.4518	
000060	中金岭南	8815.35	0.043	2.7617	－0.039	
000061	农产品	1083.33	0.007	2.8679	0.0268	

股票代码	股票简称	净利润(万元)	每股收益(元)	每股净资产(元)	每股经营性现金流量(元)	分配预案
000062	深圳华强	200.91	0.003	2.2116	0.1414	
000063	中兴通讯	20499.60	0.06	6.3526	-0.9226	
000065	北方国际	-895.64	-0.06	3.9701	0.8659	
000066	长城电脑	395.45	0.003	2.1356	-0.2037	
000068	ST 华赛	-883.61	-0.0099	0.25	-0.0956	
000069	华侨城 A	48620.24	0.067	2.8062	0.1589	
000070	特发信息	2429.73	0.092	3.669	-0.1577	
000078	海王生物	2509.45	0.0385	1.9683	-0.1816	
000088	盐田港	7909.85	0.0407	2.3951	0.0111	
000089	深圳机场	16274.68	0.0963	4.4357	0.0864	
000090	深天健	8259.35	0.1644	7.6608	-0.3722	
000096	广聚能源	-653.67	-0.01	3.3947	-0.1343	
000099	中信海直	3690.41	0.0719	3.8937	-0.0594	
000100	TCL 集团	30415.84	0.0359	1.4578	0.1085	
000150	宜华地产	68.74	0.0021	2.1769	-0.7542	
000151	中成股份	1798.12	0.061	3.0977	-0.171	
000153	丰原药业	273.17	0.0105	3.2684	0.0453	
000155	*ST 川化	-8155.70	-0.17	2.7257	0.0883	
000156	华数传媒	6379.43	0.058	0.826	0.0709	
000157	中联重科	59179.49	0.08	5.371	-0.3729	
000158	常山股份	-1789.01	-0.025	3.3506	-0.1947	
000159	国际实业	2542.31	0.0528	4.3664	-0.054	
000301	东方市场	5481.96	0.045	2.2536	0.0107	
000338	潍柴动力	81337.07	0.41	12.7946	-0.6333	
000400	许继电气	6826.93	0.1805	7.5917	0.334	
000401	冀东水泥	-40121.21	-0.298	8.336	-0.0915	
000402	金融街	38758.78	0.13	6.6834	-0.0386	
000403	*ST 生化	2524.12	0.09	0.9009	0.0829	
000404	华意压缩	3575.68	0.0743	3.2009	-0.2877	
000407	胜利股份	405.57	0.01	1.693	-0.1108	
000408	金谷源	127.72	0.005	0.6909	-0.0223	
000409	泰复实业	1528.29	0.03	2.0179	-0.079	
000410	沈阳机床	1289.23	0.02	2.8747	-0.745	
000411	英特集团	2790.53	0.1345	2.3906	-2.4701	
000413	宝石 A	6188.24	0.16	1.1849	-0.4404	
000415	渤海租赁	10884.51	0.0858	5.6729	0.4755	
000416	民生投资	1855.09	0.0349	1.5571	-0.013	
000417	合肥百货	15212.03	0.1951	3.6072	0.4144	
000418	小天鹅 A	11100.37	0.18	6.0036	0.4393	
000419	通程控股	3610.26	0.0664	3.1496	-0.1963	
000420	吉林化纤	-4330.51	-0.1145	1.2476	0.1623	
000421	南京中北	1709.40	0.0486	2.557	0.4325	
000422	湖北宜化	10476.35	0.117	6.9697	0.3607	
000423	东阿阿胶	38317.76	0.5859	7.0789	-0.4822	
000425	徐工机械	45304.35	0.22	8.8523	-0.7277	
000426	兴业矿业	1076.97	0.0246	3.8846	0.0746	
000428	华天酒店	2280.26	0.03	2.1967	0.2013	
000429	粤高速 A	2231.82	0.02	3.446	0.1115	
000430	张家界	-1646.71	-0.0513	1.132	-0.0617	
000488	晨鸣纸业	7141.16	0.03	6.7076	0.1362	
000498	*ST 路桥	2967.50	0.0265	1.8328	-0.0708	
000501	鄂武商 A	16090.95	0.32	5.1091	1.0828	
000502	绿景控股	-231.64	-0.0125	1.035	-0.0167	
000503	海虹控股	181.64	0.002	1.4013	-0.0418	
000504	ST 传媒	-758.35	-0.0243	0.3853	-0.0058	
000505	*ST 珠江	-2539.59	-0.06	0.4806	-0.0756	
000506	中润资源	4619.78	0.0597	2.0186	0.2121	
000507	珠海港	1904.95	0.0241	3.0551	0.0312	
000509	SST 华塑	-771.99	-0.0309	-0.8321	-0.0099	

股票代码	股票简称	净利润(万元)	每股收益(元)	每股净资产(元)	每股经营性现金流量(元)	分配预案
000510	金路集团	-5978.37	-0.0981	1.6426	-0.1226	
000511	银基发展	497.82	0.0043	1.4079	-0.0317	
000513	丽珠集团	14673.94	0.5	10.6682	0.1645	
000514	渝开发	1644.97	0.0214	3.3464	0.5946	
000516	开元投资	4574.35	0.06	1.7371	0.0851	
000517	荣安地产	8967.73	0.0845	2.7243	0.2342	
000518	四环生物	-294.91	-0.0029	0.7215	-0.0077	
000519	江南红箭	-320.55	-0.017	1.789	-0.0456	
000520	*ST 凤凰	-19010.46	-0.2818	-1.2546	-0.0124	
000521	美菱电器	4087.78	0.0535	3.9236	-0.1178	
000523	广州浪奇	312.10	0.01	2.2996	0.0596	
000524	东方宾馆	829.93	0.031	2.2844	0.0244	
000525	红太阳	6612.28	0.13	6.0945	0.1558	
000526	银润投资	93.92	0.0098	1.6856	0.0075	
000527	美的电器	107755.38	0.32	6.807	0.4822	
000528	柳工	9222.50	0.08	8.3247	-0.0448	
000529	广弘控股	1782.89	0.03	1.4515	-0.1647	
000530	大冷股份	2117.92	0.06	5.2283	-0.0994	
000531	穗恒运 A	6546.29	0.1911	6.9381	1.8345	
000532	力合股份	658.30	0.019	1.8857	0.0467	
000533	万家乐	1060.27	0.015	1.5355	0.0462	
000534	万泽股份	1696.92	0.0342	2.3595	0.0512	
000536	华映科技	7657.57	0.1093	3.7479	0.0067	
000537	广宇发展	1345.63	0.03	2.3052	0.2396	
000538	云南白药	37506.59	0.54	10.6528	-0.0335	
000539	粤电力 A	39691.26	0.091	3.8067	0.4926	
000540	中天城投	28949.07	0.2264	2.076	-0.6241	
000541	佛山照明	6728.45	0.07	3.087	0.0547	
000543	皖能电力	15510.25	0.2	5.4948	0.6232	
000544	中原环保	1662.67	0.06	2.923	-0.1714	
000545	*ST 吉药	57.05	0	-0.269	-0.0006	
000546	光华控股	-301.06	-0.0178	0.8698	-0.1514	
000547	闽福发 A	4987.67	0.06	1.9328	0.0216	
000548	湖南投资	422.36	0.008	2.985	0.0568	
000550	江铃汽车	49987.93	0.58	9.941	1.0328	
000551	创元科技	1294.10	0.03	3.154	0.0139	
000552	靖远煤电	11108.01	0.309	6.4472	0.2915	
000553	沙隆达 A	3750.68	0.0632	2.1771	0.1099	
000554	泰山石油	348.71	0.0073	1.8694	0.0282	
000555	ST 太光	-216.63	-0.024	-1.5415	-0.0966	
000557	*ST 广夏	7.67	0.0001	0.198	-0.0018	
000558	莱茵置业	1110.28	0.0176	1.3973	0.355	
000559	万向钱潮	10900.67	0.068	2.3604	0.0145	
000560	昆百大 A	1053.65	0.064	6.0955	-1.0006	
000561	烽火电子	-3640.42	-0.0611	1.3545	-0.0281	
000562	宏源证券	48992.10	0.2467	7.7407	0.3776	
000563	陕国投 A	7379.49	0.1276	5.7811	-0.0364	
000564	西安民生	2605.03	0.055	3.4783	0.4256	
000565	渝三峡 A	1040.00	0.06	3.3439	-0.1502	
000566	海南海药	4001.30	0.08	2.9457	0.1203	
000567	海德股份	26.83	0.0018	1.2334	-0.0139	
000568	泸州老窖	114275.26	0.817	7.7599	0.1391	
000570	苏常柴 A	1893.46	0.03	3.2725	0.1272	
000571	新大洲 A	2035.38	0.0277	2.4492	-0.0663	
000572	海马汽车	2972.78	0.0181	4.0829	0.1417	
000573	粤宏远 A	633.72	0.0102	2.361	-0.0942	
000576	广东甘化	235.89	0.01	0.5478	-0.0916	
000581	威孚高科	25899.27	0.38	13.1361	0.1372	
000582	北海港	1026.49	0.072	2.9942	0.0365	

股票代码	股票简称	净利润(万元)	每股收益(元)	每股净资产(元)	每股经营性现金流量(元)	分配预案
000584	友利控股	12145.87	0.2971	4.3533	-0.0489	
000585	东北电气	-111.19	-0.0013	0.3093	-0.0229	
000586	汇源通信	832.60	0.043	1.029	-0.18	
000587	金叶珠宝	2790.76	0.05	1.9268	0.2826	
000589	黔轮胎A	3624.24	0.07	4.6505	0.3353	
000590	紫光古汉	1574.82	0.0705	2.2136	0.1075	
000591	桐君阁	761.01	0.0277	1.5341	0.2497	
000592	中福实业	-101.96	-0.0012	1.2061	-0.1093	
000593	大通燃气	57.16	0.003	1.5062	-0.057	
000594	国恒铁路	169.49	0.0011	2.0361	0.0008	
000595	西北轴承	-924.45	-0.043	0.9902	0.0008	
000596	古井贡酒	30761.61	0.61	7.3094	0.9545	
000597	东北制药	-2607.89	-0.08	4.9358	-0.2412	
000598	兴蓉投资	20330.76	0.18	4.2218	0.1672	
000599	青岛双星	474.60	0.009	2.9279	-0.0358	
000600	建投能源	3358.56	0.037	3.2673	0.7251	
000601	韶能股份	3544.28	0.0383	3.43	0.188	
000602	金马集团	18440.11	0.183	3.5977	0.4955	
000603	盛达矿业	4944.93	0.1	1.4505	0.301	
000605	四环药业	24.27	0.0026	0.6142	-0.0112	
000606	青海明胶	15.80	0.0003	2.0467	-0.023	
000607	华智控股	-1179.56	-0.0242	0.7192	-0.2479	
000608	阳光股份	-284.30	-0.004	3.7303	-0.199	
000609	绵世股份	-579.96	-0.0195	3.5506	0.0933	
000610	西安旅游	-116.30	-0.0059	2.2923	-0.1154	
000611	四海股份	-421.01	-0.013	1.8022	0.1763	
000612	焦作万方	7097.74	0.148	5.2623	-0.1896	
000613	ST东海A	87.98	0.0024	0.2334	0.0123	
000615	湖北金环	-699.69	-0.03	2.9538	0.0031	
000616	亿城股份	8903.59	0.07	3.3404	-0.2773	
000617	*ST济柴	-1190.75	-0.04	2.3765	0.0161	
000619	海螺型材	1761.24	0.0489	6.1302	0.1584	
000620	新华联	12822.76	0.08	1.7456	-0.1478	
000622	*ST恒立	-129.91	-0.002	0.5303	-0.0136	
000623	吉林敖东	19314.15	0.22	11.084	-0.0496	
000625	长安汽车	54866.00	0.12	3.4428	0.3219	
000626	如意集团	1672.49	0.0826	2.0423	-1.9025	
000627	天茂集团	-595.21	-0.004	1.1102	-0.0088	
000628	高新发展	-967.38	-0.044	0.8525	0.2614	
000629	攀钢钒钛	27850.69	0.0324	1.8118	-0.1306	
000630	铜陵有色	15844.67	0.11	7.7478	-0.7231	
000631	顺发恒业	2469.16	0.02	2.7165	0.152	
000632	三木集团	415.43	0.0089	2.6497	-0.162	
000633	ST合金	83.19	0.0022	0.576	-0.0777	
000635	英力特	1939.07	0.064	8.8649	0.1055	
000636	风华高科	512.24	0.008	3.2362	-0.0307	
000637	茂化实华	515.22	0.01	1.4696	-0.0586	
000638	万方发展	70.22	0.0045	1.398	1.3527	
000639	西王食品	3595.13	0.1909	5.6311	-0.826	
000650	仁和药业	7434.59	0.075	1.7184	0.0009	
000651	格力电器	133519.54	0.45	9.3265	5.324	
000652	泰达股份	131.23	0.0009	1.3557	0.2624	
000655	金岭矿业	2436.73	0.04	4.7528	0.2999	
000656	金科股份	37466.35	0.32	6.3189	-0.709	
000657	*ST中钨	-266.15	-0.012	1.2545	-0.0126	
000659	珠海中富	-6047.20	-0.05	1.602	-0.0241	
000661	长春高新	6984.73	0.53	7.6078	0.1126	
000662	*ST索芙	-430.24	-0.0149	2.1579	-0.3653	
000663	永安林业	-162.84	-0.01	1.6994	-0.0812	

股票代码	股票简称	净利润(万元)	每股收益(元)	每股净资产(元)	每股经营性现金流量(元)	分配预案
000665	湖北广电	3929.75	0.1	5.5979	0.1319	
000666	经纬纺机	10365.28	0.15	6.7213	0.7266	
000667	名流置业	1521.74	0.01	2.1002	-0.1941	
000668	荣丰控股	120.73	0.01	4.5703	0.2015	
000669	领先科技	6775.64	0.2519	6.8122	0.3479	
000670	S*ST 天发	-398.96	-0.0147	0.7567	-0.0992	
000671	阳光城	4356.38	0.08	4.1986	-1.3335	
000672	上峰水泥	254.40	0.0118	0.1337	-0.0119	
000673	ST 当代	-36.07	-0.002	0.0416	0.0016	
000676	*ST 思达	-654.45	-0.0208	0.4803	-0.0895	
000677	*ST 海龙	13777.80	0.159	0.8129	-0.027	
000678	襄阳轴承	249.43	0.006	2.4721	-0.1111	
000679	大连友谊	1929.92	0.054	3.9957	-0.2415	
000680	山推股份	2613.61	0.023	3.7112	-0.0409	
000681	*ST 远东	-305.88	-0.02	0.7138	-0.0325	
000682	东方电子	407.62	0.0042	1.4318	-0.0489	
000683	远兴能源	-3003.24	-0.04	3.065	0.1542	
000685	中山公用	9935.56	0.13	7.9559	0.0181	
000686	东北证券	18611.30	0.1902	7.5481	-0.456	
000687	保定天鹅	-3438.12	-0.045	2.0303	-0.0867	
000688	朝华集团	2650.37	0.0233	0.6386	0.0462	
000690	宝新能源	29023.76	0.17	2.2019	0.3387	
000691	亚太实业	92.77	0.0029	0.4565	0.0127	
000692	惠天热电	615.78	0.0231	4.6987	-0.5968	
000693	S*ST 聚友	-912.97	-0.0474	-0.9793	-0.4263	
000695	滨海能源	811.11	0.037	1.4379	0.1418	
000697	炼石有色	379.84	0.008	1.0457	-0.0259	
000698	沈阳化工	-5605.42	-0.085	4.5516	-0.3324	
000700	模塑科技	2408.50	0.0779	3.9818	0.1869	
000701	厦门信达	3629.54	0.1511	3.5342	-3.0482	
000702	正虹科技	606.60	0.023	1.7946	0.085	
000703	恒逸石化	1239.84	0.01	4.4858	0.7159	
000705	浙江震元	1498.56	0.0897	6.7247	-0.0902	
000707	双环科技	-5506.55	-0.1186	4.3922	-0.8179	
000708	大冶特钢	5583.81	0.124	6.661	0.0307	
000709	河北钢铁	4380.36	0.004	4.0124	0.0642	
000710	天兴仪表	-155.04	-0.0103	0.7705	0.0265	
000711	天伦置业	-50.11	-0.003	2.2686	-0.0761	
000712	锦龙股份	3057.29	0.07	5.0258	0.0185	
000713	丰乐种业	1467.16	0.05	4.0753	-0.1664	
000715	中兴商业	2211.66	0.079	4.3275	0.2694	
000716	南方食品	1977.69	0.111	2.0475	-0.1777	
000717	*ST 韶钢	3455.03	0.0207	1.6544	0.5509	
000718	苏宁环球	27926.35	0.14	2.5866	0.1729	
000719	大地传媒	4300.44	0.1	4.0217	-0.171	
000720	*ST 能山	152.92	0.0018	0.8662	0.2844	
000721	西安饮食	319.61	0.016	2.3104	0.0037	
000722	湖南发展	4895.83	0.1055	4.6237	0.108	
000723	美锦能源	1700.99	0.12	3.2951	-0.0312	
000725	京东方 A	28690.30	0.021	1.9359	0.108	
000726	鲁泰 A	19256.76	0.2	5.4153	0.1042	
000727	华东科技	-2651.82	-0.0738	1.2098	-0.0448	
000728	国元证券	12049.87	0.06	7.6865	-1.1942	
000729	燕京啤酒	4549.23	0.018	3.8794	0.2276	
000731	四川美丰	2242.14	0.0416	4.9084	-0.2658	
000732	泰禾集团	16428.20	0.1615	2.3984	-1.3244	
000733	振华科技	1936.20	0.05	6.0429	-0.2492	
000735	罗牛山	379.07	0.0043	1.9204	-0.0289	
000736	中房地产	4659.15	0.16	5.3912	-0.4437	

股票代码	股票简称	净利润(万元)	每股收益(元)	每股净资产(元)	每股经营性现金流量(元)	分配预案
000737	南风化工	-3814.22	-0.0695	0.8012	-0.2406	
000738	中航动控	2398.13	0.0254	2.8637	-0.0473	
000739	普洛药业	2284.53	0.059	4.4037	0.2513	
000748	长城信息	205.14	0.0055	3.2669	-0.5094	
000750	国海证券	9540.95	0.05	1.5846	-0.0864	
000751	*ST锌业	676.17	0.006	-3.0203	-0.0026	
000752	西藏发展	13669.32	0.5183	2.9304	0.0395	
000753	漳州发展	1549.61	0.05	2.3148	0.2178	
000755	山西三维	-7809.15	-0.166	3.9888	-0.0114	
000756	新华制药	-811.82	-0.02	3.7385	-0.2682	
000757	浩物股份	3116.62	0.09	0.2558	0.0567	
000758	中色股份	2159.08	0.025	4.3636	-0.4621	
000759	中百集团	8534.99	0.13	4.3592	0.4156	
000760	博盈投资	114.32	0	0.7921	-0.0143	
000761	本钢板材	10286.19	0.03	4.9071	-0.2083	
000762	西藏矿业	414.09	0.0087	3.5921	-0.1315	
000766	通化金马	947.78	0.0211	1.4012	0.0432	
000767	漳泽电力	3685.08	0.02	1.8885	0.2692	
000768	中航飞机	-2994.11	-0.0113	4.3084	-0.7782	
000776	广发证券	68060.82	0.11	5.7372	-0.7703	
000777	中核科技	627.70	0.0295	4.6468	-0.066	
000778	新兴铸管	32697.84	0.1706	6.4144	-0.2646	
000779	三毛派神	-645.88	-0.035	1.617	-0.0365	
000780	平庄能源	6661.72	0.07	4.7065	-0.4866	
000782	美达股份	1474.70	0.04	2.6018	-0.3087	
000783	长江证券	30933.81	0.13	5.2593	0.0216	
000785	武汉中商	2827.67	0.11	3.2412	0.264	
000786	北新建材	6863.44	0.119	6.2524	-0.0845	
000788	西南合成	3447.56	0.06	1.8418	0.0474	
000789	江西水泥	3108.99	0.076	4.2412	0.1793	
000790	华神集团	875.84	0.025	1.5853	-0.0338	
000791	甘肃电投	-6014.49	-0.0833	4.4241	0.3408	
000792	盐湖股份	32911.37	0.2069	10.1816	0.1446	
000793	华闻传媒	4383.38	0.0322	1.8019	0.0445	
000795	太原刚玉	323.16	0.012	1.3571	-0.4509	
000796	易食股份	796.59	0.0323	1.9306	-0.2244	
000797	中国武夷	2585.44	0.07	3.2684	-0.0493	
000798	中水渔业	-1620.29	-0.0507	2.3343	-0.2079	
000799	酒鬼酒	1010.91	0.0311	5.7779	-0.5568	
000800	一汽轿车	35637.86	0.219	4.8932	-0.0609	
000801	四川九洲	1336.96	0.0291	2.9366	-0.1944	
000802	北京旅游	201.79	0.01	4.3998	-0.026	
000803	金宇车城	-300.32	-0.0235	0.9982	0.043	
000806	*ST银河	112.60	0.0016	1.2092	0.0563	
000807	云铝股份	-7453.33	-0.048	2.5002	-0.0458	
000809	铁岭新城	-2495.93	-0.0454	4.9403	-0.2401	
000810	华润锦华	423.72	0.0327	3.8456	0.3605	
000811	烟台冰轮	2919.74	0.07	3.369	-0.0875	
000812	陕西金叶	1209.00	0.027	1.6711	0.0518	
000813	天山纺织	-788.66	-0.0217	1.0836	-0.032	
000815	*ST美利	-1343.38	-0.04	2.0585	-0.7212	
000816	江淮动力	3350.84	0.0308	1.5303	-0.0711	
000818	方大化工	-2991.64	-0.044	2.8671	0.0415	
000819	岳阳兴长	1353.63	0.064	2.7762	0.0793	
000820	*ST金城	20.74	0	0.7075	-0.0185	
000821	京山轻机	146.73	0.004	3.09	-0.016	
000822	山东海化	-14212.75	-0.16	3.3426	-0.0608	
000823	超声电子	1796.18	0.0408	4.3439	0.264	
000825	太钢不锈	25486.86	0.045	4.3032	0.0941	

股票代码	股票简称	净利润(万元)	每股收益(元)	每股净资产(元)	每股经营性现金流量(元)	分配预案
000826	桑德环境	9150.00	0.14	6.1089	-0.1327	
000828	东莞控股	10023.16	0.0964	3.3496	0.1166	
000829	天音控股	-6720.80	-0.071	2.2143	-1.4407	
000830	鲁西化工	13738.32	0.094	3.7192	0.2749	
000831	五矿稀土	2709.34	0.028	2.3048	-0.0142	
000833	贵糖股份	-2455.39	-0.08	3.0471	-0.5692	
000835	四川圣达	1155.51	0.0378	1.4296	-0.1118	
000836	鑫茂科技	7115.59	0.2433	2.8215	-0.1644	
000837	秦川发展	195.26	0.0056	3.1721	-0.0924	
000838	国兴地产	-469.05	-0.0259	1.8115	0.2545	
000839	中信国安	4036.89	0.0257	3.7403	-0.0554	
000848	承德露露	18533.92	0.46	2.4477	0.3199	
000850	华茂股份	12947.75	0.137	3.1114	0.1694	
000851	高鸿股份	-742.72	-0.0144	4.0884	-0.4914	
000852	江钻股份	1136.01	0.03	2.8054	-0.2567	
000856	冀东装备	-1415.49	-0.06	2.0511	-0.1227	
000858	五粮液	362686.63	0.955	9.1633	0.2995	
000859	国风塑业	-1573.31	-0.0374	2.1733	-0.0271	
000860	顺鑫农业	10351.36	0.24	6.816	1.6048	
000861	海印股份	5797.53	0.12	3.5151	0.1167	
000862	银星能源	484.33	0.0171	1.1841	0.1156	
000863	三湘股份	648.69	0.01	1.8488	-0.3427	
000868	安凯客车	621.32	0.009	1.8364	-0.1222	
000869	张裕A	57063.80	0.83	9.4589	0.7638	
000875	吉电股份	5875.04	0.07	2.3971	0.108	
000876	新希望	46253.24	0.27	6.8435	-0.1485	
000877	天山股份	-18062.02	-0.21	7.1795	-0.7337	
000878	云南铜业	-14883.80	-0.11	4.8026	0.9975	
000880	潍柴重机	1617.80	0.06	4.3342	0.2207	
000881	大连国际	2102.39	0.07	5.0726	-0.1792	
000882	华联股份	651.84	0.0061	2.713	0.0251	
000883	湖北能源	15311.08	0.06	4.8675	0.0922	
000885	同力水泥	183.88	0.0056	5.0379	0.0046	
000886	海南高速	4448.52	0.045	2.6729	-0.0147	
000887	中鼎股份	12997.52	0.2182	3.4108	-0.1804	
000888	峨眉山A	693.95	0.0295	4.5185	-0.0926	
000889	渤海物流	3472.67	0.0779	2.5054	0.1044	
000890	法尔胜	228.83	0.01	2.75	0.0917	
000892	星美联合	-59.18	-0.0014	0.013	-0.0023	
000893	东凌粮油	816.98	0.04	3.4514	1.6322	
000895	双汇发展	75819.26	0.6891	11.4109	0.6926	
000897	津滨发展	-5306.38	-0.0328	1.1036	-0.0858	
000898	*ST鞍钢	54000.00	0.075	6.4736	0.7584	
000899	*ST赣能	12314.46	0.1904	2.2418	0.2411	
000900	现代投资	12598.66	0.21	9.6329	0.4299	
000901	航天科技	779.00	0.031	3.1753	-0.3481	
000902	中国服装	-1618.60	-0.0627	0.7284	0.264	
000903	云内动力	5147.99	0.076	3.904	0.3021	
000905	厦门港务	2527.79	0.05	3.7864	-0.0948	
000906	物产中拓	1618.42	0.05	3.029	-0.823	
000908	ST天一	-1125.05	-0.04	-0.2562	0.0049	
000909	数源科技	428.73	0.02	3.3036	-0.6147	
000910	大亚科技	1859.97	0.04	4.5153	-0.4644	
000911	南宁糖业	-8330.18	-0.29	3.464	-2.2454	
000912	泸天化	551.16	0.009	3.8766	-0.1517	
000913	钱江摩托	932.96	0.02	5.0646	-0.0097	
000915	山大华特	3712.45	0.21	3.7177	0.2143	
000916	华北高速	3297.90	0.03	3.6148	-0.066	
000917	电广传媒	16224.98	0.16	4.1553	0.2898	

股票代码	股票简称	净利润(万元)	每股收益(元)	每股净资产(元)	每股经营性现金流量(元)	分配预案
000918	嘉凯城	-4527.85	-0.03	2.3198	0.033	
000919	金陵药业	3108.82	0.0617	4.2725	0.0501	
000920	南方汇通	-222.46	-0.0053	2.3602	-0.2446	
000921	海信科龙	23188.18	0.1712	1.2855	-0.0076	
000922	佳电股份	3011.30	0.057	2.7013	0.0789	
000923	河北宣工	155.70	0.0079	2.9357	-0.3835	
000925	众合机电	-193.01	-0.006	3.5249	0.1827	
000926	福星股份	13684.94	0.19	8.3336	1.2108	
000927	一汽夏利	-5813.58	-0.04	2.2653	-0.0592	
000928	中钢吉炭	-6778.38	-0.2396	2.5717	-0.0749	
000929	兰州黄河	1858.02	0.1	3.2667	0.3485	
000930	中粮生化	2904.44	0.03	3.0352	-0.1823	
000931	中关村	-1023.10	-0.0152	1.1125	0.0395	
000932	华菱钢铁	-36859.05	-0.1222	3.1901	0.3664	
000933	神火股份	8965.15	0.047	3.9163	0.0711	
000935	四川双马	-807.37	-0.01	3.1422	0.0685	
000936	华西股份	-1125.19	-0.015	2.4923	-0.2352	
000937	冀中能源	50767.98	0.2195	6.779	0.2736	
000938	紫光股份	1420.20	0.069	4.6464	-2.0723	
000939	凯迪电力	2854.90	0.03	2.6101	-0.0913	
000948	南天信息	-5756.62	-0.25	5.3344	-1.075	
000949	新乡化纤	151.36	0.0018	2.0543	-0.0536	
000950	建峰化工	1777.63	0.0297	4.0821	0.0166	
000951	中国重汽	1877.92	0.04	8.912	-0.0482	
000952	广济药业	-894.01	-0.036	2.8208	0.2168	
000953	*ST 河化	428.28	0.0145	2.3065	0.0792	
000955	ST 欣龙	46.92	0.001	1.7544	-0.0278	
000957	中通客车	1224.08	0.05	2.9365	-0.2787	
000958	*ST 东热	3053.94	0.1	-2.4105	0.1787	
000959	首钢股份	-16024.92	-0.054	2.4219	0.0666	
000960	锡业股份	-19408.95	-0.2141	5.4366	-0.2719	
000961	中南建设	16095.85	0.14	5.681	-0.2577	
000962	东方钽业	1571.88	0.0357	5.5829	-0.0896	
000963	华东医药	15979.83	0.3681	4.9729	-0.9009	
000965	天保基建	3790.34	0.05	3.5968	-0.334	
000966	长源电力	13061.71	0.2357	2.7168	1.191	
000967	上风高科	601.71	0.029	3.5471	-0.366	
000968	煤气化	-8176.16	-0.16	5.1456	-0.5809	
000969	安泰科技	1911.08	0.0221	3.8681	-0.0412	
000970	中科三环	12635.53	0.24	6.4119	0.1745	
000971	蓝鼎控股	-225.92	-0.009	0.0867	-0.0659	
000972	*ST 中基	-4987.12	-0.0647	0.7576	0.2143	
000973	佛塑科技	966.94	0.011	2.1282	-0.0542	
000975	银泰资源	19641.71	0.2109	3.1961	-0.1386	
000976	春晖股份	-2597.72	-0.0442	0.8633	-0.156	
000977	浪潮信息	216.16	0.01	5.4077	-1.6863	
000978	桂林旅游	-2766.56	-0.077	4.0525	-0.0889	
000979	中弘股份	18157.49	0.18	2.9308	0.3458	
000980	金马股份	2245.83	0.07	3.926	0.0673	
000981	银亿股份	6735.86	0.08	8.0114	-1.5418	
000982	中银绒业	9125.52	0.13	2.4783	-0.5167	
000983	西山煤电	54228.79	0.1721	5.0739	0.0915	
000985	大庆华科	-754.36	-0.058	3.5887	-0.2038	
000987	广州友谊	10069.49	0.28	5.7439	-0.1307	
000988	华工科技	975.52	0.01	2.9472	-0.0172	
000989	九芝堂	3717.24	0.12	5.1017	0.0428	
000990	诚志股份	372.83	0.0126	5.4256	0.0615	
000993	闽东电力	702.47	0.0188	4.2083	-0.3261	
000995	皇台酒业	169.07	0.01	1.0591	-0.0981	

股票代码	股票简称	净利润(万元)	每股收益(元)	每股净资产(元)	每股经营性现金流量(元)	分配预案
000996	中国中期	331.34	0.0144	2.4088	-0.0128	
000997	新大陆	3323.06	0.065	2.8999	0.0947	
000998	隆平高科	10050.91	0.242	3.1784	0.1515	
000999	华润三九	33817.36	0.35	5.7284	0.2425	
001696	宗申动力	6707.04	0.0565	2.5081	-0.0171	
001896	豫能控股	4313.15	0.07	1.0669	0.4119	
200002	万科 B	161390.42	0.15	5.964	-0.2167	
200011	深物业 B	23636.06	0.3966	2.9187	0.1583	
200012	南玻 B	10766.10	0.05	3.3324	0.1396	
200016	深康佳 B	1424.26	0.0118	3.3709	0.3799	
200017	*ST 中华 B	-2664.68	-0.0483	-3.1488	-0.0327	
200018	*ST 中冠 B	-266.28	-0.02	0.6864	0.0058	
200019	深深宝 B	110.93	0.0044	3.8475	-0.0367	
200020	深华发 B	81.82	0.0029	0.9924	-0.2508	
200022	深赤湾 B	13020.74	0.202	5.9079	0.2202	
200024	招商局 B	81070.11	0.4721	14.0943	0.46	
200025	特力 B	453.38	0.0206	0.8584	-0.0208	
200026	飞亚达 B	3476.36	0.089	3.7703	0.1334	
200028	一致 B	14365.45	0.499	6.6624	0.381	
200029	深深房 B	350.87	0.0035	1.6204	0.2677	
200030	富奥 B	13763.74	0.14	2.6123	-0.0818	
200037	深南电 B	-6433.97	-0.11	2.463	0.5188	
200045	深纺织 B	-483.77	-0.01	4.4866	-0.0662	
200053	深基地 B	4281.33	0.19	5.7691	0.3821	
200054	*ST 建摩 B	-1738.03	-0.036	0.2619	0.0819	
200055	方大 B	1121.22	0.01	1.4663	-0.0552	
200056	*ST 国商 B	-1896.37	-0.0858	-0.4656	-0.2466	
200058	深赛格 B	2048.86	0.0261	1.5496	-0.1008	
200152	山航 B	6200.44	0.16	6.3527	0.4205	
200160	南江 B	72.75	0.001	0.1637	-0.0013	
200168	雷伊 B	342.59	0.01	1.1269	-0.0515	
200413	宝石 B	6188.24	0.16	1.1849	-0.4404	
200418	小天鹅 B	11100.37	0.18	6.0036	0.4393	
200429	粤高速 B	2231.82	0.02	3.446	0.1115	
200468	宁通信 B	-721.19	-0.034	1.7237	-0.6165	
200488	晨鸣 B	7141.16	0.03	6.7076	0.1362	
200505	*ST 珠江 B	-2539.59	-0.06	0.4806	-0.0756	
200512	闽灿坤 B	757.87	0.0409	2.6904	-0.1532	
200513	丽珠 B	14673.94	0.5	10.6682	0.1645	
200521	皖美菱 B	4087.78	0.0535	3.9236	-0.1178	
200530	大冷 B	2117.92	0.06	5.2283	-0.0994	
200539	粤电力 B	39691.26	0.091	3.8067	0.4926	
200541	粤照明 B	6728.45	0.07	3.087	0.0547	
200550	江铃 B	49987.93	0.58	9.941	1.0328	
200553	沙隆达 B	3750.68	0.0632	2.1771	0.1099	
200570	苏常柴 B	1893.46	0.03	3.2725	0.1272	
200581	苏威孚 B	25899.27	0.38	13.1361	0.1372	
200596	古井贡 B	30761.61	0.61	7.3094	0.9545	
200613	ST 东海 B	87.98	0.0024	0.2334	0.0123	
200625	长安 B	54866.00	0.12	3.4428	0.3219	
200706	瓦轴 B	1961.72	0.05	3.8141	-0.0299	
200725	京东方 B	28690.30	0.021	1.9359	0.108	
200726	鲁泰 B	19256.76	0.2	5.4153	0.1042	
200761	本钢板 B	10286.19	0.03	4.9071	-0.2083	
200770	*ST 武锅 B	-1198.25	-0.0403	-4.2263	-0.2879	
200771	杭汽轮 B	9255.40	0.12	5.256	0.1709	
200869	张裕 B	57063.80	0.83	9.4589	0.7638	
200986	粤华包 B	-119.75	-0.002	3.2424	0.3931	
200992	中鲁 B	918.08	0.03	1.8283	0.0178	

2013年深市中小企业板上市公司一季报主要财务指标

截至日期:2013-04-27

股票代码	股票简称	净利润(万元)	每股收益(元)	每股净资产(元)	每股经营性现金流量(元)	分配预案
002001	新和成	18961.73	0.26	8.5982	0.442	
002002	金材股份	21.28	0.0013	0.5866	0.0084	
002003	伟星股份	-613.03	-0.02	6.3447	-0.1205	
002004	华邦颖泰	6231.13	0.11	6.3858	-0.1939	
002005	德豪润达	4328.84	0.0371	3.6551	0.018	
002006	精功科技	-3150.31	-0.07	2.1831	-0.0326	
002007	华兰生物	13099.02	0.2273	4.7356	0.1943	
002008	大族激光	5667.55	0.05	3.3179	0.0974	
002009	天奇股份	1863.76	0.08	2.6999	-0.8896	
002010	传化股份	2471.82	0.05	3.4042	-0.297	
002011	盾安环境	6185.98	0.0738	3.8939	0.0742	
002012	凯恩股份	1605.01	0.03	2.4279	-0.0458	
002013	中航精机	1733.20	0.0242	5.5153	-0.4445	
002014	永新股份	4369.23	0.13	4.4211	-0.0673	
002015	霞客环保	91.33	0.004	3.1017	0.6186	
002016	世荣兆业	41040.21	0.89	3.2987	0.2899	
002017	东信和平	915.09	0.0419	3.1594	-0.3721	
002018	华星化工	487.86	0.01	2.3475	-0.0232	
002019	*ST鑫富	448.02	0.02	2.205	0.0427	
002020	京新药业	1386.15	0.1097	6.2252	0.091	
002021	中捷股份	1341.79	0.02	1.7043	0.0401	
002022	科华生物	6526.28	0.1326	2.2068	0.0298	
002023	海特高新	2036.46	0.069	4.3684	0.0086	
002024	苏宁云商	49277.70	0.07	3.9121	-0.101	
002025	航天电器	3894.28	0.12	4.6835	-0.2146	
002026	山东威达	1062.60	0.06	3.8758	-0.0078	
002027	七喜控股	-805.50	-0.03	1.9995	-0.0075	
002028	思源电气	2488.13	0.06	6.6203	-0.8344	
002029	七匹狼	18596.57	0.37	8.8377	0.7535	
002030	达安基因	2435.09	0.06	1.4363	-0.235	
002031	巨轮股份	3664.21	0.09	3.4065	0.1291	
002032	苏泊尔	15826.44	0.249	5.0246	0.4336	
002033	丽江旅游	2251.96	0.14	5.4919	0.0093	
002034	美欣达	-296.63	-0.04	6.0384	-0.8501	
002035	华帝股份	3385.40	0.12	3.5527	-0.2349	
002036	宜科科技	172.75	0.01	1.6391	-0.0309	
002037	久联发展	2040.01	0.1	7.9033	-1.1538	
002038	双鹭药业	12903.20	0.3389	5.6532	-0.0648	
002039	黔源电力	322.86	0.0159	8.4572	0.7352	
002040	南京港	787.29	0.032	2.4837	-0.0149	
002041	登海种业	7530.01	0.2139	4.0574	-0.0706	
002042	华孚色纺	4431.26	0.05	3.689	-0.4551	
002043	兔宝宝	29.02	0.001	1.612	-0.0283	
002044	江苏三友	522.58	0.023	1.8806	0.0078	
002045	国光电器	1266.18	0.03	2.8861	0.139	
002046	轴研科技	166.52	0.006	3.6323	-0.2243	
002047	*ST成霖	-564.12	-0.01	1.4336	0.0672	
002048	宁波华翔	7642.12	0.14	7.3589	-0.2316	
002049	同方国芯	4091.56	0.1368	7.0857	0.0515	
002050	三花股份	7864.25	0.13	4.9892	-0.0762	
002051	中工国际	15170.35	0.24	6.8625	-0.9176	
002052	同洲电子	401.84	0.012	3.8825	-0.4717	
002053	云南盐化	795.49	0.043	4.4431	0.264	
002054	德美化工	1853.33	0.06	4.554	-0.0089	
002055	得润电子	1980.70	0.0478	2.8817	-0.0435	

股票代码	股票简称	净利润(万元)	每股收益(元)	每股净资产(元)	每股经营性现金流量(元)	分配预案
002056	横店东磁	4512.58	0.11	6.6051	0.4076	
002057	中钢天源	226.61	0.0227	4.6163	-0.1726	
002058	威尔泰	-278.53	-0.022	1.5204	-0.0033	
002059	云南旅游	370.41	0.0172	2.7473	-0.1451	
002060	粤水电	1518.97	0.03	4.7739	-0.4614	
002061	江山化工	198.61	0.01	5.3193	0.2257	
002062	宏润建设	4588.71	0.08	3.5359	0.2623	
002063	远光软件	4820.06	0.1053	3.0609	-0.2188	
002064	华峰氨纶	1885.74	0.03	2.2696	0.1205	
002065	东华软件	11741.45	0.1702	4.1789	-0.2246	
002066	瑞泰科技	212.63	0.0092	2.5756	-0.2671	
002067	景兴纸业	474.62	0	2.6277	0.0696	
002068	黑猫股份	-836.77	-0.02	2.7209	-0.2885	
002069	獐子岛	2777.68	0.04	3.6132	-0.1249	
002070	众和股份	1104.71	0.0226	2.4292	0.0012	
002071	江苏宏宝	164.37	0.01	1.6491	0.0446	
002072	ST 德棉	127.13	0.007	1.3103	0.0634	
002073	软控股份	3984.09	0.05	4.2881	0.0688	
002074	东源电器	1175.11	0.05	1.7762	0.1017	
002075	沙钢股份	468.47	0.003	1.4752	0.3027	
002076	雪莱特	638.10	0.0346	2.3082	-0.2888	
002077	大港股份	634.39	0.03	3.5166	-1.85	
002078	太阳纸业	5246.57	0.05	3.9794	1.0136	
002079	苏州固锝	225.18	0.003	1.6706	0.008	
002080	中材科技	93.33	0.0023	5.9089	-0.0429	
002081	金螳螂	28589.22	0.37	5.7085	-0.6536	
002082	栋梁新材	991.71	0.04	4.6166	-0.2802	
002083	孚日股份	5847.35	0.06	2.9927	0.3603	
002084	海鸥卫浴	270.52	0.01	2.0893	0.1169	
002085	万丰奥威	6968.26	0.18	4.1237	0.2406	
002086	东方海洋	706.09	0.029	5.3825	0.0869	
002087	新野纺织	2669.44	0.0514	3.4908	0.134	
002088	鲁阳股份	1188.85	0.05	6.249	0.0699	
002089	新海宜	1492.25	0.0352	2.5474	0.1404	
002090	金智科技	1104.19	0.0541	2.7558	-0.0063	
002091	江苏国泰	3465.30	0.1	3.476	-0.0082	
002092	中泰化学	7342.46	0.064	5.964	0.5163	
002093	国脉科技	6134.28	0.0709	1.4067	-0.1313	
002094	青岛金王	596.32	0.019	1.7317	-0.3397	
002095	生意宝	988.05	0.06	2.959	0.0659	
002096	南岭民爆	2772.49	0.075	4.6265	-0.3789	
002097	山河智能	1123.34	0.0273	4.0736	0.232	
002098	浔兴股份	-316.86	-0.02	3.8312	0.4031	
002099	海翔药业	315.57	0.01	2.2031	-0.0615	
002100	天康生物	5056.83	0.17	4.2692	0.117	
002101	广东鸿图	930.51	0.06	6.0666	-0.3306	
002102	*ST 冠福	140.95	0.0034	1.5306	0.0169	
002103	广博股份	247.76	0.01	3.3796	-0.0472	
002104	恒宝股份	2803.79	0.06	1.8984	-0.0888	
002105	信隆实业	12.60	0.0005	1.9852	0.0568	
002106	莱宝高科	2135.22	0.0356	5.9131	0.1776	
002107	沃华医药	224.82	0.01	3.6386	0.0444	
002108	沧州明珠	2405.02	0.07	3.2548	-0.1488	
002109	兴化股份	1074.34	0.03	3.6279	0.0754	
002110	三钢闽光	2528.41	0.047	5.1676	0.2681	
002111	威海广泰	1795.12	0.06	3.6336	-0.0712	
002112	三变科技	330.36	0.03	4.0007	0.1588	
002113	天润控股	135.82	0.011	0.7707	0.0116	
002114	罗平锌电	-3865.17	-0.21	0.8696	0.2069	

股票代码	股票简称	净利润(万元)	每股收益(元)	每股净资产(元)	每股经营性现金流量(元)	分配预案
002115	三维通信	1010.09	0.0295	3.1536	-0.2704	
002116	中国海诚	2997.48	0.15	3.023	-0.6608	
002117	东港股份	3086.61	0.12	4.2988	-0.1836	
002118	紫鑫药业	1854.70	0.04	3.731	0.007	
002119	康强电子	184.98	0.01	3.4073	0.137	
002120	新海股份	524.45	0.03	3.0858	0.1054	
002121	科陆电子	677.77	0.0171	3.2086	-0.2821	
002122	天马股份	1005.88	0.008	4.0523	0.0392	
002123	荣信股份	100.62	0.002	4.2351	-0.4573	
002124	天邦股份	-1636.40	-0.08	1.9961	-0.5451	
002125	湘潭电化	-1197.65	-0.0861	2.1829	0.2149	
002126	银轮股份	1269.18	0.04	3.8558	0.0411	
002127	新民科技	-4403.49	-0.1	2.0365	-0.1001	
002128	露天煤业	40135.82	0.3	4.5749	-0.0176	
002129	中环股份	1005.54	0.0114	3.9336	0.0392	
002130	沃尔核材	900.43	0.02	2.2529	0.019	
002131	利欧股份	1984.00	0.06	3.3922	-0.054	
002132	恒星科技	-174.10	-0.003	2.0945	0.0347	
002133	广宇集团	10085.35	0.17	3.1979	0.0447	
002134	天津普林	-1288.17	-0.05	2.4265	0.0662	
002135	东南网架	2253.98	0.03	2.3776	0.1249	
002136	安纳达	-751.28	-0.0349	2.9295	-0.0732	
002137	实益达	172.67	0.0055	1.7266	-0.0795	
002138	顺络电子	2828.54	0.09	3.8912	0.0033	
002139	拓邦股份	605.34	0.03	2.3047	-0.0113	
002140	东华科技	2110.82	0.05	3.154	-0.008	
002141	蓉胜超微	34.44	0.0019	1.6988	-0.1947	
002142	宁波银行	126953.30	0.44	8.1066	11.8872	
002143	高金食品	-1740.64	-0.0834	2.2917	-0.1767	
002144	宏达高科	1987.80	0.11	9.4175	-0.0051	
002145	中核钛白	-749.74	-0.019	2.7348	-0.4209	
002146	荣盛发展	29848.32	0.16	4.5429	-1.1861	
002147	方圆支承	-574.74	-0.02	3.4092	-0.0138	
002148	北纬通信	1011.62	0.09	4.4714	0.125	
002149	西部材料	-746.43	-0.04	4.8772	0.2242	
002150	江苏通润	1084.93	0.04	2.1221	0.0275	
002151	北斗星通	-917.91	-0.05	3.662	-0.4207	
002152	广电运通	13657.08	0.22	4.9861	-0.5748	
002153	石基信息	4609.78	0.15	4.3134	0.0977	
002154	报喜鸟	5124.82	0.09	4.4822	-0.3766	
002155	辰州矿业	7054.46	0.0921	3.9029	0.2333	
002156	通富微电	480.86	0.007	3.4062	0.08	
002157	正邦科技	2113.00	0.05	2.4327	-0.1253	
002158	汉钟精机	2039.01	0.0935	3.6402	0.2226	
002159	三特索道	-3258.09	-0.27	4.1564	-0.0616	
002160	常铝股份	-1468.09	-0.043	1.6832	-0.4565	
002161	远望谷	2871.80	0.04	1.9448	-0.0404	
002162	*ST上控	-1429.72	-0.0342	1.2003	0.0909	
002163	中航三鑫	-4395.46	-0.05	1.6406	-0.2474	
002164	东力传动	101.56	0.002	2.4548	0.0293	
002165	红宝丽	2359.62	0.04	1.8363	0.1705	
002166	莱茵生物	180.55	0.01	1.2732	-0.6908	
002167	东方锆业	633.95	0.02	3.565	0.0201	
002168	深圳惠程	481.14	0.0064	1.4986	-0.0172	
002169	智光电气	-428.70	-0.0161	2.019	-0.0633	
002170	芭田股份	4026.95	0.085	2.983	-0.143	
002171	精诚铜业	-468.01	-0.01	1.8403	-0.0909	
002172	澳洋科技	1663.51	0.03	1.0904	0.3292	
002173	千足珍珠	1070.28	0.05	2.3885	-0.1243	

股票代码	股票简称	净利润(万元)	每股收益(元)	每股净资产(元)	每股经营性现金流量(元)	分配预案
002174	梅花伞	-153.71	-0.02	2.8012	-1.1529	
002175	广陆数测	155.26	0.0182	3.1318	-0.0202	
002176	江特电机	1091.74	0.026	1.9902	-0.018	
002177	御银股份	3275.94	0.06	2.4274	-0.0878	
002178	延华智能	437.06	0.03	2.3502	-0.5396	
002179	中航光电	3419.43	0.085	5.9664	-0.1956	
002180	万力达	133.56	0.011	3.0054	-0.0572	
002181	粤传媒	5554.19	0.0803	5.2858	-0.0461	
002182	云海金属	-53.62	-0.0019	3.1267	0.2085	
002183	怡亚通	5079.88	0.06	1.8484	-1.0653	
002184	海得控制	-1661.01	-0.0755	3.1768	0.0161	
002185	华天科技	3388.07	0.0521	2.3969	0.0523	
002186	全聚德	3746.06	0.2646	6.4339	0.2577	
002187	广百股份	6570.60	0.19	6.1249	0.2628	
002188	新嘉联	-770.60	-0.05	1.9587	-0.0282	
002189	利达光电	-915.68	-0.046	2.4286	-0.0009	
002190	成飞集成	1129.12	0.033	4.5986	-0.0219	
002191	劲嘉股份	15544.01	0.24	3.9291	0.3017	
002192	路翔股份	-303.61	-0.021	2.9293	-0.289	
002193	山东如意	99.49	0.01	4.1991	0.014	
002194	武汉凡谷	825.63	0.0149	3.5706	0.0368	
002195	海隆软件	1116.92	0.098	3.9665	0.0551	
002196	方正电机	550.67	0.05	2.6347	0.1692	
002197	证通电子	584.43	0.028	2.6146	-0.3236	
002198	嘉应制药	217.37	0.0106	1.3682	0.0111	
002199	东晶电子	228.25	0.0121	2.8992	0.0529	
002200	*ST 大地	-373.85	-0.02	2.1549	-0.3189	
002201	九鼎新材	212.54	0.01	2.3877	0.0552	
002202	金风科技	3246.16	0.012	4.8168	-0.2715	
002203	海亮股份	6103.51	0.0789	3.5569	0.1171	
002204	大连重工	1827.34	0.03	9.6922	0.1386	
002205	国统股份	-1016.86	-0.0875	7.3785	0.0822	
002206	海利得	2390.55	0.05	4.4368	-0.1189	
002207	准油股份	-1436.43	-0.14	3.5822	-0.0064	
002208	合肥城建	1645.18	0.05	3.8022	0.681	
002209	达意隆	494.92	0.0253	3.2372	-0.0076	
002210	飞马国际	3363.61	0.08	1.5742	0.8089	
002211	宏达新材	-2355.38	-0.05	3.8525	0.0305	
002212	南洋股份	1724.02	0.03	3.361	0.1392	
002213	特尔佳	201.55	0.01	1.5678	0.1193	
002214	大立科技	-350.53	-0.04	4.5391	-0.1423	
002215	诺普信	4792.65	0.14	3.813	-0.2404	
002216	三全食品	5448.18	0.27	8.5988	-0.2997	
002217	联合化工	-743.37	-0.02	2.6297	0.0411	
002218	拓日新能	371.85	0.0076	2.9242	-0.0415	
002219	独一味	5023.21	0.1159	1.5011	0.1468	
002220	天宝股份	1933.89	0.04	3.2779	0.034	
002221	东华能源	599.35	0.02	4.799	1.754	
002222	福晶科技	1116.68	0.04	2.2074	0.0208	
002223	鱼跃医疗	7656.49	0.14	2.5923	0.0394	
002224	三力士	866.90	0.05	4.2383	-0.5232	
002225	濮耐股份	2914.61	0.04	1.7978	0.0329	
002226	江南化工	2112.03	0.0534	6.0767	-0.0426	
002227	奥特迅	249.60	0.023	5.7278	-0.1434	
002228	合兴包装	1335.62	0.04	2.622	0.0015	
002229	鸿博股份	1025.42	0.0344	2.7629	-0.2326	
002230	科大讯飞	3432.05	0.09	3.6644	-0.0836	
002231	奥维通信	-1239.08	-0.0347	1.9036	-0.2239	
002232	启明信息	104.33	0.0026	2.4408	-0.1951	

股票代码	股票简称	净利润(万元)	每股收益(元)	每股净资产(元)	每股经营性现金流量(元)	分配预案
002233	塔牌集团	4914.68	0.05	3.9027	0.2014	
002234	民和股份	-3900.62	-0.13	4.4148	-0.175	
002235	安妮股份	265.60	0.01	2.5004	-0.211	
002236	大华股份	14267.31	0.13	4.0949	-0.3855	
002237	恒邦股份	8406.53	0.18	7.0422	0.2274	
002238	天威视讯	3384.02	0.11	4.6494	0.0943	
002239	金飞达	3079.18	0.15	2.9213	-0.0065	
002240	威华股份	-880.45	-0.02	3.1655	0.006	
002241	歌尔声学	19053.25	0.22	6.3057	0.2151	
002242	九阳股份	11354.11	0.149	3.9009	0.1622	
002243	通产丽星	1570.99	0.0609	2.937	0.0699	
002244	滨江集团	14839.84	0.11	4.5484	1.1428	
002245	澳洋顺昌	2274.24	0.0623	1.9163	0.0495	
002246	北化股份	13.99	0.0007	2.9447	-0.2249	
002247	帝龙新材	800.55	0.08	8.3406	-0.2066	
002248	华东数控	-1982.57	-0.08	3.5068	0.082	
002249	大洋电机	3539.96	0.05	3.525	0.0252	
002250	联化科技	9431.15	0.18	4.4915	0.2843	
002251	步步高	16643.13	0.6156	10.1012	1.5411	
002252	上海莱士	2243.01	0.046	2.0958	-0.1876	
002253	川大智胜	356.45	0.0256	5.6579	-0.0998	
002254	泰和新材	1339.26	0.03	4.1055	-0.0362	
002255	海陆重工	2569.42	0.1	5.6205	0.0227	
002256	彩虹精化	350.47	0.011	1.4517	-0.0806	
002258	利尔化学	2988.55	0.15	5.1334	0.228	
002259	升达林业	-880.39	-0.01	1.257	-0.043	
002260	伊立浦	-56.12	-0.0036	2.1042	0.0546	
002261	拓维信息	909.24	0.03	2.9113	-0.149	
002262	恩华药业	3816.06	0.1631	3.0712	-0.0059	
002263	大东南	-935.68	-0.016	4.1359	-0.0967	
002264	新华都	3107.24	0.06	2.4948	0.0919	
002265	*ST西仪	56.92	0.002	1.7251	-0.0471	
002266	浙富股份	1652.82	0.03	2.2889	-0.1393	
002267	陕天然气	18952.73	0.1864	3.1452	0.2557	
002268	卫士通	-2257.83	-0.1307	2.9032	-0.4542	
002269	美邦服饰	12578.28	0.13	3.4881	0.7207	
002270	法因数控	311.42	0.02	3.0441	0.0466	
002271	东方雨虹	311.52	0.01	3.6321	-0.4627	
002272	川润股份	944.93	0.02	2.991	-0.0232	
002273	水晶光电	2322.87	0.09	4.3209	0.0607	
002274	华昌化工	-1630.73	-0.062	5.2391	0.0078	
002275	桂林三金	7198.82	0.122	3.6426	0.0652	
002276	万马电缆	2308.96	0.0249	2.4741	-0.0067	
002277	友阿股份	19572.30	0.3503	4.396	0.4019	
002278	神开股份	894.74	0.03	4.4522	-0.1234	
002279	久其软件	-1927.41	-0.1096	3.684	-0.2126	
002280	新世纪	-485.38	-0.05	4.4372	-0.3569	
002281	光迅科技	6196.65	0.34	8.4767	-0.1254	
002282	博深工具	544.65	0.02	3.5112	-0.2051	
002283	天润曲轴	2874.13	0.05	5.3712	0.0438	
002284	亚太股份	3015.28	0.105	3.923	0.005	
002285	世联地产	2509.62	0.08	4.6319	-0.0005	
002286	保龄宝	1349.70	0.0998	6.1433	0.0742	
002287	奇正藏药	4536.95	0.11	3.366	0.1472	
002288	超华科技	1422.90	0.043	3.4499	-0.0617	
002289	宇顺电子	256.22	0.03	4.7887	2.3739	
002290	禾盛新材	1200.07	0.06	4.6301	-0.2715	
002291	星期六	1610.40	0.04	4.4098	-0.0063	
002292	奥飞动漫	4520.01	0.07	3.7213	-0.1261	

股票代码	股票简称	净利润(万元)	每股收益(元)	每股净资产(元)	每股经营性现金流量(元)	分配预案
002293	罗莱家纺	8575.66	0.61	14.0913	0.2664	
002294	信立泰	20192.25	0.46	6.438	0.2401	
002295	精艺股份	-577.38	-0.0273	3.9285	-0.5532	
002296	辉煌科技	162.99	0.0092	3.8193	-0.2652	
002297	博云新材	135.63	0.01	2.8146	0.0226	
002298	鑫龙电器	2866.49	0.0701	2.919	0.0511	
002299	圣农发展	-7858.66	-0.0863	3.5624	-0.1929	
002300	太阳电缆	1613.79	0.0535	3.7948	-0.3208	
002301	齐心文具	463.55	0.01	2.9291	-0.2044	
002302	西部建设	-6172.77	-0.17	11.3565	-2.293	
002303	美盈森	2861.97	0.1601	10.2747	0.1465	
002304	洋河股份	235648.86	2.18	15.7883	1.8661	
002305	南国置业	2004.52	0.02	2.1375	-0.4964	
002306	湘鄂情	-6840.09	-0.17	2.9894	-0.0625	
002307	北新路桥	303.88	0.01	2.8679	-0.3254	
002308	威创股份	7096.00	0.11	3.3016	-0.084	
002309	中利科技	-6212.37	-0.13	5.11	-0.6588	
002310	东方园林	-1398.24	-0.05	8.8158	-0.5596	
002311	海大集团	472.19	0.006	3.8607	0.2697	
002312	三泰电子	-987.95	-0.05	4.1952	-0.5486	
002313	日海通讯	2614.94	0.11	8.2497	-0.6891	
002314	雅致股份	-1206.92	-0.04	6.1857	-0.0266	
002315	焦点科技	2271.35	0.19	13.9583	-0.1432	
002316	键桥通讯	533.14	0.0163	2.7128	-0.183	
002317	众生药业	4490.63	0.12	4.2823	0.0598	
002318	久立特材	4302.52	0.14	5.2661	-0.0848	
002319	乐通股份	421.07	0.02	2.6664	-0.0435	
002320	海峡股份	2942.42	0.07	4.4686	0.1125	
002321	华英农业	47.44	0.002	3.3617	-0.0929	
002322	理工监测	1347.84	0.1	7.9756	0.2725	
002323	中联电气	861.17	0.1041	10.4787	-0.0443	
002324	普利特	4331.29	0.1604	4.8544	-0.2798	
002325	洪涛股份	5647.65	0.12	3.3632	-0.262	
002326	永太科技	1039.44	0.043	4.2452	-0.2395	
002327	富安娜	8786.03	0.55	9.9823	0.0073	
002328	新朋股份	317.39	0.0071	4.6629	0.0845	
002329	皇氏乳业	1008.01	0.047	3.7873	0.151	
002330	得利斯	2574.83	0.051	5.188	-0.0216	
002331	皖通科技	2049.31	0.153	5.3817	-0.2379	
002332	仙琚制药	1789.11	0.05	3.4637	-0.2075	
002333	罗普斯金	1395.81	0.06	5.2053	0.02	
002334	英威腾	1495.50	0.0683	5.45	0.0585	
002335	科华恒盛	1747.40	0.08	4.4294	-0.337	
002336	人人乐	2331.29	0.0583	8.2364	0.6123	
002337	赛象科技	680.65	0.04	6.6118	0.1653	
002338	奥普光电	1232.09	0.1	5.4581	-0.504	
002339	积成电子	976.06	0.06	6.1223	-0.6016	
002340	格林美	2221.17	0.04	3.8751	-0.2942	
002341	新纶科技	1583.02	0.0424	3.8318	-0.0421	
002342	巨力索具	3053.34	0.03	2.4432	0.0232	
002343	禾欣股份	1080.03	0.0545	6.0688	0.0685	
002344	海宁皮城	19782.37	0.35	5.5459	0.6298	
002345	潮宏基	6054.42	0.34	8.4757	1.0793	
002346	柘中建设	-691.24	-0.05	7.1096	0.2324	
002347	泰尔重工	1813.25	0.17	8.9321	-0.0415	
002348	高乐股份	1934.98	0.0817	4.8097	-0.0485	
002349	精华制药	1620.73	0.081	3.2042	-0.01	
002350	北京科锐	45.78	0.0021	4.5627	-0.2304	
002351	漫步者	2835.68	0.1	5.5492	0.8349	

股票代码	股票简称	净利润(万元)	每股收益(元)	每股净资产(元)	每股经营性现金流量(元)	分配预案
002352	鼎泰新材	1059.61	0.14	9.2823	-0.226	
002353	杰瑞股份	15060.65	0.33	7.1761	-0.4834	
002354	科冕木业	-2.16	0	4.9169	-0.2283	
002355	兴民钢圈	3767.74	0.07	3.6552	0.1694	
002356	浩宁达	58.94	0.01	11.7017	-1.2161	
002357	富临运业	2920.69	0.1491	3.3849	0.3662	
002358	森源电气	4110.47	0.12	3.4153	-0.2609	
002359	齐星铁塔	756.90	0.05	4.9752	-0.5191	
002360	同德化工	910.68	0.08	5.6539	-0.2555	
002361	神剑股份	1334.90	0.0417	3.5665	-0.2463	
002362	汉王科技	-1406.96	-0.07	4.3001	0.0594	
002363	隆基机械	1360.94	0.11	7.6305	-0.1848	
002364	中恒电气	1421.34	0.11	6.3336	-0.3742	
002365	永安药业	1061.01	0.06	5.9079	0.0453	
002366	丹甫股份	934.87	0.07	5.4795	0.1464	
002367	康力电梯	4286.46	0.1134	4.2049	-0.343	
002368	太极股份	1765.04	0.07	4.9402	-1.7731	
002369	卓翼科技	1003.42	0.04	5.51	-0.149	
002370	亚太药业	-448.68	-0.02	3.4299	-0.1358	
002371	七星电子	1414.99	0.08	9.9537	-0.1943	
002372	伟星新材	3895.03	0.15	7.1609	0.1788	
002373	联信永益	-3597.43	-0.52	8.2441	-1.1521	
002374	丽鹏股份	1135.45	0.11	7.6561	0.1232	
002375	亚厦股份	13643.76	0.21	5.7309	-0.9187	
002376	新北洋	3075.63	0.1	4.8023	-0.145	
002377	国创高新	-568.53	-0.027	3.3825	-1.0314	
002378	章源钨业	2479.80	0.06	3.3214	0.4896	
002379	鲁丰股份	607.48	0.03	7.1691	1.2487	
002380	科远股份	399.67	0.06	13.1375	-0.1385	
002381	双箭股份	2908.69	0.25	8.505	0.335	
002382	蓝帆股份	1107.49	0.05	4.0538	-0.1352	
002383	合众思壮	-2084.90	-0.1114	7.3464	-0.2791	
002384	东山精密	1016.92	0.03	3.4455	0.2028	
002385	大北农	19740.83	0.25	5.3272	-0.2817	
002386	天原集团	3434.84	0.07	8.2628	0.1071	
002387	黑牛食品	1131.11	0.036	4.3727	-0.0997	
002388	新亚制程	281.02	0.0141	2.8449	-0.0006	
002389	南洋科技	1240.84	0.05	6.2264	0.279	
002390	信邦制药	710.29	0.04	5.9031	-0.0719	
002391	长青股份	4207.52	0.2045	8.6896	0.0982	
002392	北京利尔	3973.80	0.074	3.7351	0.1243	
002393	力生制药	10670.11	0.58	15.7762	0.238	
002394	联发股份	4380.53	0.2	10.6037	0.2194	
002395	双象股份	391.99	0.0438	8.8915	-0.1823	
002396	星网锐捷	693.22	0.0197	5.3115	-0.8328	
002397	梦洁家纺	2560.91	0.17	7.5549	-0.038	
002398	建研集团	5221.98	0.26	7.2588	-0.0763	
002399	海普瑞	13910.28	0.17	10.2052	0.061	
002400	省广股份	4198.36	0.22	6.7286	0.414	
002401	中海科技	1311.34	0.0649	2.9429	-0.7442	
002402	和而泰	452.54	0.05	7.6419	0.108	
002403	爱仕达	1534.30	0.06	6.6644	0.2621	
002404	嘉欣丝绸	1152.18	0.04	4.6829	0.0218	
002405	四维图新	4063.21	0.06	4.079	0.0739	
002406	远东传动	3330.91	0.12	7.3646	0.0847	
002407	多氟多	1019.06	0.05	6.6211	-0.0705	
002408	齐翔腾达	9508.83	0.17	5.7085	0.1684	
002409	雅克科技	2026.17	0.1218	7.271	-0.0716	
002410	广联达	6126.53	0.15	5.341	-0.1365	

股票代码	股票简称	净利润(万元)	每股收益(元)	每股净资产(元)	每股经营性现金流量(元)	分配预案
002411	九九久	606.21	0.03	3.5856	0.1362	
002412	汉森制药	2525.71	0.17	6.6917	0.131	
002413	常发股份	945.83	0.04	5.4396	0.0529	
002414	高德红外	1619.47	0.054	7.8814	-0.2212	
002415	海康威视	45043.19	0.22	4.5337	-0.3329	
002416	爱施德	9731.61	0.1	3.9109	-1.5303	
002417	三元达	610.43	0.02	3.2677	-0.2718	
002418	康盛股份	1100.38	0.05	5.0717	-0.1062	
002419	天虹商场	18699.70	0.23	5.1918	-0.096	
002420	毅昌股份	458.35	0.0114	4.0204	-0.0002	
002421	达实智能	1069.44	0.0512	3.3922	-0.0284	
002422	科伦药业	20661.58	0.43	18.7694	0.0948	
002423	中原特钢	-2176.17	-0.047	3.8248	-0.2044	
002424	贵州百灵	6744.64	0.14	4.3463	-0.0684	
002425	凯撒股份	1663.83	0.06	4.4021	0.1345	
002426	胜利精密	112.62	0.0028	3.3162	-0.0647	
002427	尤夫股份	20.16	0	4.0635	0.3122	
002428	云南锗业	3508.91	0.11	4.3536	-0.0298	
002429	兆驰股份	14632.14	0.21	4.8933	-0.1349	
002430	杭氧股份	4509.49	0.06	3.9346	0.4291	
002431	棕榈园林	159.10	0.004	5.7182	-0.2908	
002432	九安医疗	126.25	0.0051	3.0418	-0.0802	
002433	太安堂	2002.99	0.14	13.3966	-0.1583	
002434	万里扬	3620.56	0.11	5.7531	0.2013	
002435	长江润发	1517.12	0.1149	6.1033	-0.1499	
002436	兴森科技	1836.87	0.08	7.2392	-0.0006	
002437	誉衡药业	1994.99	0.07	8.4012	0.1256	
002438	江苏神通	1197.96	0.058	4.0904	-0.1242	
002439	启明星辰	-3765.55	-0.18	5.7331	-0.3845	
002440	闰土股份	10350.59	0.27	10.8794	0.1228	
002441	众业达	5657.28	0.24	8.6839	-0.1748	
002442	龙星化工	516.73	0.01	2.3447	-0.2475	
002443	金洲管道	2288.44	0.08	4.6261	-0.8065	
002444	巨星科技	9307.08	0.18	5.9249	0.3421	
002445	中南重工	1232.92	0.05	3.754	-0.374	
002446	盛路通信	-74.58	-0.01	4.9426	-0.007	
002447	壹桥苗业	478.94	0.02	3.5442	-0.1447	
002448	中原内配	4177.96	0.36	14.2255	-0.1442	
002449	国星光电	2231.54	0.0519	4.9324	0.3759	
002450	康得新	12924.07	0.14	5.2225	0.1125	
002451	摩恩电气	305.39	0.01	2.9013	-0.3342	
002452	长高集团	1187.90	0.091	8.0663	0.0052	
002453	天马精化	1395.43	0.06	3.0955	0.0321	
002454	松芝股份	5221.66	0.1674	6.2407	0.2359	
002455	百川股份	511.49	0.04	5.7811	0.1861	
002456	欧菲光	8526.52	0.39	12.1784	1.4754	
002457	青龙管业	-193.23	-0.01	4.7438	-0.0142	
002458	益生股份	-2454.57	-0.09	3.3213	-0.06	
002459	天业通联	-4228.45	-0.19	3.9806	0.2609	
002460	赣锋锂业	1745.86	0.11	5.4242	-0.1004	
002461	珠江啤酒	543.15	0.008	4.77	0.0653	
002462	嘉事堂	1807.90	0.08	4.6211	-0.029	
002463	沪电股份	5907.40	0.05	3.0037	-0.3602	
002464	金利科技	1447.86	0.1	6.4368	0.2271	
002465	海格通信	1668.67	0.05	13.0997	0.0916	
002466	天齐锂业	203.59	0.01	6.8936	-0.1063	
002467	二六三	3510.71	0.15	5.3868	0.1894	
002468	艾迪西	100.39	0.004	3.1253	-0.1201	
002469	三维工程	1265.54	0.05	4.9389	-0.3163	

股票代码	股票简称	净利润(万元)	每股收益(元)	每股净资产(元)	每股经营性现金流量(元)	分配预案
002470	金正大	19907.29	0.28	5.324	0.4379	
002471	中超电缆	1448.86	0.06	5.8605	0.1893	
002472	双环传动	2182.76	0.08	5.1057	0.0445	
002473	圣莱达	121.26	0.01	2.7664	-0.0165	
002474	榕基软件	2053.06	0.066	6.459	-0.0218	
002475	立讯精密	4539.24	0.12	5.7433	0.0921	
002476	宝莫股份	1504.64	0.0418	2.7305	-0.1423	
002477	雏鹰农牧	5439.81	0.1	4.0834	0.0616	
002478	常宝股份	4664.99	0.12	6.4272	0.2807	
002479	富春环保	5369.53	0.0728	2.6248	0.1017	
002480	新筑股份	-3973.36	-0.14	6.4974	-0.2575	
002481	双塔食品	720.34	0.0333	4.1523	0.2713	
002482	广田股份	6633.64	0.13	6.2402	0.0908	
002483	润邦股份	2481.10	0.07	5.8256	-0.1454	
002484	江海股份	2051.60	0.0986	6.623	0.0552	
002485	希努尔	2095.02	0.07	6.3092	-0.0407	
002486	嘉麟杰	896.16	0.0431	4.5666	-0.104	
002487	大金重工	812.50	0.05	8.2314	0.1169	
002488	金固股份	1188.95	0.07	5.0887	-0.6509	
002489	浙江永强	16825.86	0.35	6.7114	0.9699	
002490	山东墨龙	1773.78	0.02	3.6438	-0.1524	
002491	通鼎光电	3484.91	0.1301	6.369	-0.9422	
002492	恒基达鑫	1283.23	0.1069	6.7738	0.1224	
002493	荣盛石化	1498.31	0.01	6.1384	0.1282	
002494	华斯股份	1465.50	0.13	8.655	-0.3208	
002495	佳隆股份	1322.77	0.0467	3.814	0.0707	
002496	辉丰股份	3295.39	0.2017	10.9057	0.2691	
002497	雅化集团	3374.80	0.0703	4.118	0.0329	
002498	汉缆股份	2888.49	0.04	5.3755	-0.4038	
002499	科林环保	411.47	0.04	5.8421	0.0448	
002500	山西证券	6572.45	0.0274	2.5483	-0.4406	
002501	利源铝业	6004.54	0.32	7.9279	1.2997	
002502	骅威股份	352.59	0.03	6.2596	-0.1332	
002503	搜于特	6261.48	0.22	7.0831	-0.5824	
002504	东光微电	12.50	0.0012	6.2899	-0.061	
002505	大康牧业	878.80	0.036	3.3203	0.057	
002506	ST 超日	-26262.37	-0.31	1.0008	-0.0824	
002507	涪陵榨菜	3037.78	0.2	6.3392	0.1067	
002508	老板电器	5702.07	0.22	6.9685	0.0858	
002509	天广消防	2461.43	0.12	4.2466	-0.0531	
002510	天汽模	1048.31	0.05	7.0851	0.2826	
002511	中顺洁柔	4115.71	0.2	10.7632	-0.7567	
002512	达华智能	973.87	0.0306	3.028	-0.1387	
002513	蓝丰生化	1568.94	0.07	5.6231	0.2813	
002514	宝馨科技	442.18	0.04	4.7571	0.0885	
002515	金字火腿	2059.45	0.14	6.0218	0.2769	
002516	江苏旷达	2874.45	0.11	6.7258	0.0533	
002517	泰亚股份	118.83	0.01	3.6562	-0.0415	
002518	科士达	1829.27	0.09	6.2986	-0.1812	
002519	银河电子	2265.45	0.16	7.858	-0.5399	
002520	日发精机	844.43	0.06	5.1062	-0.0821	
002521	齐峰股份	3745.21	0.09	10.444	-0.9039	
002522	浙江众成	1842.64	0.11	6.7058	0.1445	
002523	天桥起重	1144.46	0.04	4.2081	-0.1238	
002524	光正钢构	-1009.28	-0.05	2.3096	-0.1475	
002526	山东矿机	296.54	0.0056	3.637	-0.1092	
002527	新时达	1221.96	0.059	6.8262	-0.0061	
002528	英飞拓	-3052.79	-0.09	6.1404	-0.0824	
002529	海源机械	30.15	0.002	6.209	-0.0084	

股票代码	股票简称	净利润(万元)	每股收益(元)	每股净资产(元)	每股经营性现金流量(元)	分配预案
002530	丰东股份	1020.15	0.038	2.3047	-0.0477	
002531	天顺风能	4153.34	0.2	8.8413	-0.0119	
002532	新界泵业	2132.02	0.13	5.7697	-0.2285	
002533	金杯电工	1404.17	0.042	5.236	-0.2838	
002534	杭锅股份	7467.00	0.19	6.7504	0.1845	
002535	林州重机	4917.46	0.09	3.9028	0.1123	
002536	西泵股份	1218.47	0.13	12.1902	0.1615	
002537	海立美达	1555.33	0.1	9.0187	-0.2556	
002538	司尔特	4777.72	0.161	5.4664	-0.0062	
002539	新都化工	4263.27	0.13	6.9467	0.2382	
002540	亚太科技	3054.08	0.15	10.8357	0.3068	
002541	鸿路钢构	3247.86	0.1212	7.9176	0.0142	
002542	中化岩土	1495.64	0.07	4.027	-0.0308	
002543	万和电气	6613.65	0.33	11.8818	0.9943	
002544	杰赛科技	1231.81	0.07	5.9527	-1.5631	
002545	东方铁塔	3918.40	0.1506	10.5499	0.0146	
002546	新联电子	2087.43	0.1243	6.5693	-0.1296	
002547	春兴精工	1571.94	0.06	2.7262	-0.1094	
002548	金新农	436.83	0.03	5.7443	-0.3851	
002549	凯美特气	954.85	0.04	2.7583	0.0167	
002550	千红制药	4225.84	0.26	11.683	0.3608	
002551	尚荣医疗	2033.05	0.11	6.6873	-0.1206	
002552	宝鼎重工	511.40	0.03	5.4068	-0.0099	
002553	南方轴承	1151.68	0.1324	6.5734	0.2536	
002554	惠博普	804.29	0.03	4.0618	-0.3349	
002555	顺荣股份	73.44	0.01	5.782	0.1294	
002556	辉隆股份	1821.67	0.04	3.9866	-1.0737	
002557	洽洽食品	5863.44	0.17	7.8225	0.2907	
002558	世纪游轮	-1482.08	-0.25	10.0006	-0.2567	
002559	亚威股份	1472.09	0.08	6.8628	0.1024	
002560	通达股份	548.55	0.05	8.6516	-0.1268	
002561	徐家汇	7350.48	0.18	4.1689	0.0786	
002562	兄弟科技	-1321.52	-0.06	3.5319	-0.2149	
002563	森马服饰	13286.19	0.2	11.9124	0.5206	
002564	张化机	2369.93	0.08	7.1587	0.0202	
002565	上海绿新	5235.08	0.15	4.9075	0.3294	
002566	益盛药业	1567.66	0.07	7.1816	0.2137	
002567	唐人神	2371.81	0.09	5.9648	0.0143	
002568	百润股份	827.59	0.05	4.0401	0.0257	
002569	步森股份	773.88	0.08	6.6503	-0.8901	
002570	贝因美	10772.21	0.25	8.3228	1.0015	
002571	德力股份	2837.35	0.0834	2.9453	0.0497	
002572	索菲亚	2457.59	0.11	7.1055	-0.0473	
002573	国电清新	3043.80	0.1	7.2304	0.2025	
002574	明牌珠宝	2108.74	0.09	11.796	-0.0822	
002575	群兴玩具	929.78	0.07	6.6763	0.2148	
002576	通达动力	0.66	0	5.1972	0.0121	
002577	雷柏科技	1844.20	0.0848	6.7046	0.1272	
002578	闽发铝业	1055.16	0.06	5.3365	-0.087	
002579	中京电子	108.61	0.01	3.8566	0.0704	
002580	圣阳股份	801.05	0.07	7.4132	-0.8666	
002581	万昌科技	2228.36	0.21	6.7112	0.0473	
002582	好想你	3319.96	0.22	8.8567	0.4006	
002583	海能达	-3064.81	-0.11	6.562	-0.4689	
002584	西陇化工	1012.96	0.05	5.2509	0.3521	
002585	双星新材	1905.08	0.0458	8.7425	0.1314	
002586	围海股份	906.31	0.04	4.2805	-0.7521	
002587	奥拓电子	759.89	0.07	4.8558	0.1248	
002588	史丹利	8248.53	0.49	14.1184	0.9409	

股票代码	股票简称	净利润(万元)	每股收益(元)	每股净资产(元)	每股经营性现金流量(元)	分配预案
002589	瑞康医药	3041.28	0.324	10.094	-2.2694	
002590	万安科技	653.59	0.05	5.3385	-0.0506	
002591	恒大高新	616.14	0.06	7.2536	-0.2751	
002592	八菱科技	2217.06	0.23	6.8842	-0.1273	
002593	日上集团	1302.55	0.061	5.6323	0.1338	
002594	比亚迪	11238.70	0.05	9.062	0.3148	
002595	豪迈科技	5921.11	0.2961	10.5454	0.1885	
002596	海南瑞泽	749.08	0.06	6.5577	0.0187	
002597	金禾实业	3500.00	0.16	8.0858	0.272	
002598	山东章鼓	1213.48	0.0389	2.2785	0.046	
002599	盛通股份	464.89	0.04	4.3364	0.1757	
002600	江粉磁材	442.16	0.01	4.0759	-0.0411	
002601	佰利联	586.95	0.03	11.393	-0.8464	
002602	世纪华通	1910.17	0.07	6.1073	0.121	
002603	以岭药业	6989.64	0.13	7.0855	0.2156	
002604	龙力生物	2094.54	0.1	9.3212	0.0755	
002605	姚记扑克	3653.05	0.1954	8.8495	0.7071	
002606	大连电瓷	-319.68	-0.02	3.5898	-0.282	
002607	亚夏汽车	2500.80	0.14	4.9806	0.1264	
002608	舜天船舶	1058.11	0.07	13.9371	-1.093	
002609	捷顺科技	-516.81	-0.0421	5.3549	-0.4302	
002610	爱康科技	407.31	0.01	4.1061	0.3042	
002611	东方精工	1762.69	0.1	4.4082	0.0148	
002612	朗姿股份	8588.95	0.43	11.8322	0.1451	
002613	北玻股份	157.98	0.0039	3.5672	-0.0016	
002614	蒙发利	-833.98	-0.03	8.2585	0.022	
002615	哈尔斯	1400.99	0.15	6.2893	-0.2709	
002616	长青集团	590.68	0.0399	7.3297	-0.1083	
002617	露笑科技	879.58	0.07	7.3221	-0.7611	
002618	丹邦科技	732.70	0.0458	5.5645	0.2056	
002619	巨龙管业	390.15	0.03	5.0013	0.1131	
002620	瑞和股份	1564.23	0.13	7.6799	-0.8998	
002621	大连三垒	1599.63	0.11	6.7223	0.1075	
002622	永大集团	480.28	0.03	7.6159	0.0548	
002623	亚玛顿	859.71	0.05	12.6838	0.5276	
002624	金磊股份	528.63	0.03	2.4807	-0.0676	
002625	龙生股份	563.45	0.05	3.6043	0.0134	
002626	金达威	1721.82	0.1	7.1465	0.1113	
002627	宜昌交运	1737.95	0.1302	6.3421	0.0639	
002628	成都路桥	5103.40	0.15	5.0146	-1.3301	
002629	仁智油服	496.17	0.04	6.5517	-0.0106	
002630	华西能源	2601.16	0.1558	10.0118	-1.7922	
002631	德尔家居	1542.07	0.1	7.6733	0.0456	
002632	道明光学	312.49	0.03	8.4133	0.1182	
002633	申科股份	-678.08	-0.05	3.7408	0.069	
002634	棒杰股份	978.87	0.1	4.943	0.0281	
002635	安洁科技	4450.70	0.37	9.5424	0.5171	
002636	金安国纪	1016.45	0.04	4.7205	0.2624	
002637	赞宇科技	-1323.42	-0.08	6.0533	0.2323	
002638	勤上光电	2820.82	0.08	5.7553	-0.1634	
002639	雪人股份	732.40	0.0458	7.2283	-0.0566	
002640	百圆裤业	725.74	0.05	5.0699	-0.6033	
002641	永高股份	3678.32	0.18	9.3083	-0.3091	
002642	荣之联	1397.13	0.0699	4.4819	-0.5681	
002643	烟台万润	3064.40	0.22	9.2625	0.2061	
002644	佛慈制药	494.70	0.0557	7.6581	-0.2225	
002645	华宏科技	735.68	0.0613	5.5541	0.0994	
002646	青青稞酒	16274.93	0.3617	4.3193	0.4794	
002647	宏磊股份	1151.58	0.07	5.9067	0.6787	

股票代码	股票简称	净利润(万元)	每股收益(元)	每股净资产(元)	每股经营性现金流量(元)	分配预案
002648	卫星石化	9552.53	0.24	8.3957	0.6366	
002649	博彦科技	2149.66	0.14	6.3325	-0.2256	
002650	加加食品	4237.62	0.22	9.0706	-0.2175	
002651	利君股份	6861.06	0.17	5.3206	0.0378	
002652	扬子新材	877.97	0.08	5.1899	0.3002	
002653	海思科	8094.18	0.1	1.8604	0.0715	
002654	万润科技	1087.61	0.06	5.754	0.2369	
002655	共达电声	573.56	0.05	4.8347	-0.1132	
002656	卡奴迪路	7123.57	0.71	12.0304	-0.0999	
002657	中科金财	334.38	0.05	9.4841	-2.2994	
002658	雪迪龙	1193.26	0.09	7.8553	-0.0012	
002659	中泰桥梁	818.30	0.05	4.323	-0.6087	
002660	茂硕电源	868.22	0.09	6.9806	-0.1265	
002661	克明面业	1964.53	0.24	8.2576	-0.0819	
002662	京威股份	6781.31	0.11	4.3922	-0.0256	
002663	普邦园林	3893.93	0.14	6.9563	-0.8474	
002664	信质电机	2878.42	0.22	8.0781	-0.2767	
002665	首航节能	134.94	0.01	12.4131	-0.6472	
002666	德联集团	2270.01	0.14	8.8164	-0.4821	
002667	鞍重股份	1088.75	0.16	9.9518	0.0118	
002668	奥马电器	3159.52	0.19	7.2782	-0.5519	
002669	康达新材	769.52	0.08	5.6083	-0.0042	
002670	华声股份	1840.84	0.09	3.8542	-0.0742	
002671	龙泉股份	911.15	0.096	8.1096	-0.1907	
002672	东江环保	5091.86	0.34	14.3161	0.3666	
002673	西部证券	13692.68	0.11	3.824	-0.3226	
002674	兴业科技	2801.60	0.1167	5.9734	-1.1125	
002675	东诚生化	3468.15	0.32	9.7233	-0.1759	
002676	顺威股份	1893.97	0.12	6.41	-0.286	
002677	浙江美大	2038.19	0.1	4.414	-1.2608	
002678	珠江钢琴	6245.23	0.13	3.5896	-0.1508	
002679	福建金森	-1067.33	-0.08	4.4821	-2.3128	
002680	黄海机械	904.46	0.11	8.6673	-0.0326	
002681	奋达科技	1696.42	0.11	6.0601	0.1945	
002682	龙洲股份	2094.84	0.13	6.536	0.1094	
002683	宏大爆破	1394.95	0.06	5.3687	-0.3697	
002684	猛狮科技	-570.77	-0.11	9.9933	-0.3609	
002685	华东重机	147.20	0.01	3.9334	-0.0148	
002686	亿利达	1422.83	0.16	7.3211	0.065	
002687	乔治白	1151.05	0.12	9.7461	-0.184	
002688	金河生物	1828.36	0.17	8.1055	0.435	
002689	博林特	-4960.33	-0.16	3.8774	-0.2289	
002690	美亚光电	1700.65	0.09	6.9606	-0.0707	
002691	石煤装备	948.26	0.05	3.8439	-0.1113	
002692	远程电缆	2189.01	0.1207	6.4031	-2.0329	
002693	双成药业	706.75	0.06	7.1076	-0.0201	
002694	顾地科技	718.43	0.05	7.0944	-0.2102	
002695	煌上煌	3369.23	0.27	10.9013	0.7703	
002696	百洋股份	411.49	0.05	10.1044	0.3609	
002697	红旗连锁	4384.08	0.22	8.6523	0.1241	
002698	博实股份	4143.44	0.1	3.3553	0.0561	
002699	美盛文化	290.31	0.03	6.981	-0.0904	
002700	新疆浩源	2166.44	0.3	8.3264	0.305	
002701	奥瑞金	13979.31	0.46	10.1364	0.5937	
002702	腾新食品	1925.58	0.272	11.3518	0.3004	
002703	浙江世宝	1332.44	0.05	2.6301	-0.0572	

2013年深市创业板上市公司一季报主要财务指标

截至日期:2013－04－27

股票代码	股票简称	净利润(万元)	每股收益(元)	每股净资产(元)	每股经营性现金流量(元)	分配预案
300001	特锐德	1858.80	0.09	6.0048	－0.258	
300002	神州泰岳	9744.63	0.25	8.59	－0.0259	
300003	乐普医疗	9293.30	0.1144	3.3292	0.0396	
300004	南风股份	1938.67	0.1	4.6032	0.1339	
300005	探路者	5907.58	0.1675	2.4619	－0.153	
300006	莱美药业	2115.29	0.12	3.7211	－0.2247	
300007	汉威电子	624.92	0.05	5.2115	－0.0672	
300008	上海佳豪	302.28	0.014	2.4285	－0.0628	
300009	安科生物	1355.96	0.0717	3.1407	0.021	
300010	立思辰	548.31	0.021	3.043	－0.1377	
300011	鼎汉技术	534.51	0.0231	3.1326	－0.1657	
300012	华测检测	1822.48	0.1	4.702	0.1418	
300013	新宁物流	536.05	0.06	3.7561	－0.1317	
300014	亿纬锂能	2224.92	0.11	3.81	0.03	
300015	爱尔眼科	4872.39	0.11	3.6758	0.1514	
300016	北陆药业	1358.61	0.0889	3.5191	－0.0245	
300017	网宿科技	2163.92	0.1403	5.8191	0.1535	
300018	中元华电	646.25	0.05	5.4195	－0.0876	
300019	硅宝科技	945.85	0.09	4.9548	－0.2283	
300020	银江股份	1971.19	0.08	3.419	－0.2801	
300021	大禹节水	458.52	0.02	1.6641	－0.3483	
300022	吉峰农机	410.85	0.0115	1.7352	－0.488	
300023	宝德股份	－383.21	－0.04	3.6828	－0.0103	
300024	机器人	3479.12	0.1169	4.8038	－0.356	
300025	华星创业	24.55	0	2.2101	－0.3481	
300026	红日药业	6109.82	0.25	5.7642	0.2377	
300027	华谊兄弟	16062.25	0.27	4.22	0.04	
300028	金亚科技	999.36	0.0377	2.8683	－0.2221	
300029	天龙光电	－1063.03	－0.05	3.4263	－0.2459	
300030	阳普医疗	303.07	0.02	4.3928	－0.2599	
300031	宝通带业	2066.60	0.14	5.0587	0.091	
300032	金龙机电	1426.99	0.1	5.8813	0.283	
300033	同花顺	474.97	0.04	8.4076	－0.0055	
300034	钢研高纳	1806.97	0.0852	4.5875	－0.3148	
300035	中科电气	4328.45	0.36	6.7256	－0.0799	
300036	超图软件	－97.38	－0.008	4.6694	－0.3236	
300037	新宙邦	2376.45	0.14	6.9706	0.0395	
300038	梅泰诺	434.51	0.03	6.039	－0.2306	
300039	上海凯宝	6835.44	0.26	5.6537	0.3724	
300040	九洲电气	363.31	0.03	9.6	－0.13	
300041	回天胶业	2228.69	0.2111	8.8808	－0.0702	
300042	朗科科技	326.96	0.0245	6.1568	0.0564	
300043	星辉车模	1959.52	0.12	5.5519	－0.5181	
300044	赛为智能	531.70	0.0242	2.6094	－0.0912	
300045	华力创通	797.33	0.03	2.8088	－0.0984	
300046	台基股份	898.79	0.0633	6.0228	0.1017	
300047	天源迪科	402.88	0.0257	6.6735	－0.3606	
300048	合康变频	1983.23	0.059	4.4965	－0.078	
300049	福瑞股份	311.39	0.02	5.6641	0.0271	
300050	世纪鼎利	137.55	0.01	7.1633	－0.0149	
300051	三五互联	－321.02	－0.02	3.0235	－0.0767	
300052	中青宝	384.77	0.03	6.8435	－0.0257	
300053	欧比特	900.57	0.045	3.1159	－0.0283	
300054	鼎龙股份	1471.23	0.05	2.3367	0.1016	
300055	万邦达	1971.99	0.0862	7.6766	－0.0905	

股票代码	股票简称	净利润(万元)	每股收益(元)	每股净资产(元)	每股经营性现金流量(元)	分配预案
300056	三维丝	317.31	0.0339	4.0707	-0.1227	
300057	万顺股份	3435.36	0.0814	3.5261	-0.1822	
300058	蓝色光标	5380.40	0.14	3.6075	0.1723	
300059	东方财富	-1485.06	-0.04	5.0746	-0.005	
300061	康耐特	71.76	0.01	3.9323	0.0271	
300062	中能电气	553.33	0.036	4.6669	-0.0757	
300063	天龙集团	363.48	0.0362	6.4053	-0.2174	
300064	豫金刚石	2701.33	0.04	2.264	-0.0387	
300065	海兰信	-650.49	-0.06	5.4047	-0.8164	
300066	三川股份	1099.23	0.07	6.0216	0.0603	
300067	安诺其	627.39	0.04	4.6078	-0.0086	
300068	南都电源	2822.92	0.09	9.16	-0.5611	
300069	金利华电	980.97	0.13	6.2279	0.5536	
300070	碧水源	1250.47	0.02	7.0841	-0.2838	
300071	华谊嘉信	1080.82	0.07	3.2125	-0.5208	
300072	三聚环保	988.16	0.03	3.3727	-0.1482	
300073	当升科技	-261.01	-0.0163	5.2576	-0.1339	
300074	华平股份	880.73	0.0881	9.1937	-0.3737	
300075	数字政通	315.12	0.04	11.4409	-0.2626	
300076	宁波 GQY	529.93	0.05	10.0244	-0.196	
300077	国民技术	612.46	0.02	10.0575	-0.1451	
300078	中瑞思创	1818.65	0.11	7.0594	0.0849	
300079	数码视讯	3333.75	0.0992	7.6324	-0.1665	
300080	新大新材	-932.44	-0.03	5.2203	0.094	
300081	恒信移动	724.26	0.11	12.6416	-0.3216	
300082	奥克股份	1311.11	0.05	10.8681	-0.6617	
300083	劲胜股份	2655.26	0.13	6.6689	0.6357	
300084	海默科技	206.78	0.0162	4.8222	0.1056	
300085	银之杰	215.00	0.0179	4.3155	-0.1759	
300086	康芝药业	574.25	0.029	9.0025	-0.02	
300087	荃银高科	154.91	0.01	5.4029	-0.3141	
300088	长信科技	6028.28	0.18	4.6193	0.1994	
300089	长城集团	967.12	0.06	5.2503	0.0729	
300090	盛运股份	1677.36	0.0657	4.0651	-0.3483	
300091	金通灵	-1728.31	-0.08	3.7311	-0.1641	
300092	科新机电	-247.06	-0.03	5.9283	-0.0445	
300093	金刚玻璃	813.50	0.04	3.9732	0.0913	
300094	国联水产	-871.34	-0.02	4.014	0.07	
300095	华伍股份	725.76	0.09	8.9634	-0.0548	
300096	易联众	984.36	0.06	3.723	-0.1293	
300097	智云股份	92.58	0.0154	6.7886	-0.1411	
300098	高新兴	-1130.42	-0.0636	4.2458	-0.274	
300099	尤洛卡	2119.55	0.21	7.41	0.09	
300100	双林股份	2711.28	0.19	6.9966	0.159	
300101	国腾电子	42.99	0.0015	2.6765	-0.0983	
300102	乾照光电	2366.99	0.08	5.9824	0.0074	
300103	达刚路机	797.73	0.0377	3.4548	-0.0446	
300104	乐视网	7111.92	0.17	3.151	0.2126	
300105	龙源技术	480.98	0.02	6.5377	-0.4629	
300106	西部牧业	418.51	0.03	5.0564	0.0561	
300107	建新股份	411.43	0.03	5.9744	0.0411	
300108	双龙股份	561.70	0.04	2.8844	-0.1605	
300109	新开源	490.93	0.04	3.2007	-0.024	
300110	华仁药业	2553.00	0.12	6.0118	0.1335	
300111	向日葵	1061.51	0.02	2.2396	0.028	
300112	万讯自控	464.72	0.03	2.782	-0.0253	
300113	顺网科技	1433.87	0.11	6.2321	0.099	
300114	中航电测	922.73	0.077	6.6108	-0.1724	
300115	长盈精密	4491.26	0.1741	5.95	0.22	

股票代码	股票简称	净利润(万元)	每股收益(元)	每股净资产(元)	每股经营性现金流量(元)	分配预案
300116	坚瑞消防	-190.27	-0.02	5.9007	-0.3588	
300117	嘉寓股份	307.41	0.01	5.623	-0.5884	
300118	东方日升	762.32	0.0136	3.4835	-0.6494	
300119	瑞普生物	3013.06	0.16	7.926	-0.145	
300120	经纬电材	934.47	0.0551	3.5423	-0.0826	
300121	阳谷华泰	447.21	0.04	4.0898	-0.1844	
300122	智飞生物	4130.34	0.1	6.0433	-0.0158	
300123	太阳鸟	1097.00	0.08	6.265	-0.1672	
300124	汇川技术	7769.37	0.2	7.15	0.1878	
300125	易世达	234.07	0.02	9.0455	0.1065	
300126	锐奇股份	1140.48	0.0752	6.2573	-0.1165	
300127	银河磁体	1325.88	0.08	6.2401	0.0717	
300128	锦富新材	3585.53	0.18	6.5895	-0.0013	
300129	泰胜风能	903.37	0.03	4.2959	0.0049	
300130	新国都	624.81	0.06	8.6616	-0.5988	
300131	英唐智控	370.22	0.04	5.3265	0.3332	
300132	青松股份	1520.59	0.1261	4.7125	-0.3257	
300133	华策影视	4353.95	0.11	4.0258	-0.1049	
300134	大富科技	220.57	0.01	6.6971	0.2773	
300135	宝利沥青	594.67	0.02	3.3218	-0.9906	
300136	信维通信	-1985.58	-0.1489	4.8077	-0.2156	
300137	先河环保	-211.61	-0.01	5.8042	-0.2513	
300138	晨光生物	1115.61	0.0621	5.586	-0.0576	
300139	福星晓程	1758.00	0.16	10.6041	-0.0101	
300140	启源装备	379.53	0.03	6.4437	0.0941	
300141	和顺电气	1496.70	0.14	5.4385	-0.0313	
300142	沃森生物	2585.85	0.14	16.3527	-0.3733	
300143	星河生物	-1446.36	-0.1	5.08	-0.03	
300144	宋城股份	4738.37	0.09	5.2931	0.1735	
300145	南方泵业	2260.59	0.16	7.8502	-0.3604	
300146	汤臣倍健	11786.61	0.54	8.7498	0.2133	
300147	香雪制药	2126.43	0.07	4.9992	0.1461	
300148	天舟文化	362.24	0.03	4.1823	-0.3852	
300149	量子高科	757.77	0.0377	3.1073	-0.0222	
300150	世纪瑞尔	695.08	0.05	10.2939	0.0238	
300151	昌红科技	781.25	0.08	7.241	0.5234	
300152	燃控科技	717.02	0.03	5.8155	-0.3333	
300153	科泰电源	311.21	0.02	5.7641	0.0377	
300154	瑞凌股份	2250.82	0.1	6.272	0.2759	
300155	安居宝	485.37	0.03	5.6863	-0.1747	
300156	天立环保	1435.30	0.05	5.5726	-0.1576	
300157	恒泰艾普	1498.00	0.08	10.6991	-0.2089	
300158	振东制药	2257.78	0.08	6.6106	-0.2196	
300159	新研股份	108.14	0.01	5.2976	0.0078	
300160	秀强股份	1611.39	0.09	5.5997	0.0528	
300161	华中数控	-259.10	-0.02	7.8159	-0.1874	
300162	雷曼光电	551.33	0.04	5.5989	-0.1406	
300163	先锋新材	382.36	0.05	8.2056	0.099	
300164	通源石油	-1815.77	-0.11	7.3127	-0.1284	
300165	天瑞仪器	1418.71	0.0922	9.219	-0.1541	
300166	东方国信	1771.71	0.15	6.181	-0.358	
300167	迪威视讯	-155.56	-0.02	7.073	-0.2736	
300168	万达信息	160.56	0.0066	5.1349	-0.5809	
300169	天晟新材	-228.56	-0.01	3.3267	-0.0349	
300170	汉得信息	2520.23	0.15	7.0253	-0.1298	
300171	东富龙	6308.34	0.3	10.83	-0.09	
300172	中电环保	477.13	0.04	6.3337	-0.0969	
300173	松德股份	36.60	0.0032	5.021	-0.1662	
300174	元力股份	31.44	0.0023	3.7207	-0.0523	

股票代码	股票简称	净利润(万元)	每股收益(元)	每股净资产(元)	每股经营性现金流量(元)	分配预案
300175	朗源股份	1101.31	0.0234	1.5306	0.1109	
300176	鸿特精密	883.98	0.0989	6.1733	0.326	
300177	中海达	1044.47	0.052	4.1156	-0.201	
300178	腾邦国际	1748.20	0.14	8.7019	0.2553	
300179	四方达	732.04	0.06	5.6805	0.0403	
300180	华峰超纤	1307.60	0.08	7.983	0.1527	
300181	佐力药业	1479.07	0.1	5.0049	-0.1927	
300182	捷成股份	2796.98	0.16	6.8276	-0.1354	
300183	东软载波	5878.34	0.27	7.2324	0.1578	
300184	力源信息	563.83	0.06	4.569	-0.2297	
300185	通裕重工	3712.96	0.04	3.9442	-0.1505	
300186	大华农	4629.19	0.17	7.94	-0.0818	
300187	永清环保	1022.01	0.08	6.0624	-0.1855	
300188	美亚柏科	-382.96	-0.035	7.0013	-0.6706	
300189	神农大丰	3413.26	0.1333	5.2893	-0.1025	
300190	维尔利	1033.90	0.1	9.8677	0.1781	
300191	潜能恒信	2217.57	0.14	7.135	-0.0167	
300192	科斯伍德	747.91	0.07	5.4448	0.0187	
300193	佳士科技	1793.59	0.08	8.4443	-0.0306	
300194	福安药业	1570.07	0.12	12.875	0.1074	
300195	长荣股份	4623.54	0.33	9.4054	0.2217	
300196	长海股份	1841.44	0.15	7.41	0.87	
300197	铁汉生态	3622.64	0.17	7.5358	-0.8146	
300198	纳川股份	1917.31	0.092	4.965	-0.1605	
300199	翰宇药业	1798.15	0.09	5.1695	-0.0169	
300200	高盟新材	1029.67	0.0964	7.0691	-0.0513	
300201	海伦哲	-794.57	-0.0451	3.6399	-0.2678	
300202	聚龙股份	988.70	0.06	4.7646	-0.5242	
300203	聚光科技	1392.76	0.0313	4.027	-0.1922	
300204	舒泰神	4792.36	0.36	9.6607	0.129	
300205	天喻信息	468.94	0.03	7.04	-0.92	
300206	理邦仪器	830.03	0.08	11.7858	0.1505	
300207	欣旺达	1384.22	0.0566	5.0435	-0.0373	
300208	恒顺电气	181.62	0.01	4.6762	0.1149	
300209	天泽信息	287.87	0.02	5.258	-0.0466	
300210	森远股份	2318.68	0.17	5.1536	-0.28	
300211	亿通科技	299.19	0.06	8.789	0.0122	
300212	易华录	1286.90	0.096	5.7861	-0.1653	
300213	佳讯飞鸿	-152.25	-0.01	5.5933	-0.653	
300214	日科化学	1298.52	0.06	5.7106	-0.1228	
300215	电科院	4023.26	0.22	6.7611	0.3432	
300216	千山药机	1141.44	0.09	5.6398	-0.0866	
300217	东方电热	1835.60	0.09	5.2268	-0.164	
300218	安利股份	861.89	0.0408	3.7714	-0.0532	
300219	鸿利光电	829.67	0.0338	3.1394	0.0891	
300220	金运激光	388.45	0.1135	8.1776	-0.3036	
300221	银禧科技	430.80	0.02	3.4371	-0.1427	
300222	科大智能	259.26	0.02	5.6273	-0.294	
300223	北京君正	584.71	0.0562	10.4754	-0.0076	
300224	正海磁材	786.09	0.03	5.6459	-0.061	
300225	金力泰	1486.45	0.1479	7.186	0.1709	
300226	上海钢联	312.47	0.04	4.5594	-0.0792	
300227	光韵达	312.78	0.05	4.7768	0.1401	
300228	富瑞特装	4875.35	0.36	5.9464	-0.6857	
300229	拓尔思	107.19	0.0053	3.8985	-0.084	
300230	永利带业	847.13	0.0524	3.1795	-0.036	
300231	银信科技	799.78	0.1	4.0935	-0.9058	
300232	洲明科技	423.65	0.04	5.6653	0.2677	
300233	金城医药	1427.30	0.12	8.18	0.0328	

股票代码	股票简称	净利润(万元)	每股收益(元)	每股净资产(元)	每股经营性现金流量(元)	分配预案
300234	开尔新材	777.98	0.06	3.2448	0.1085	
300235	方直科技	937.41	0.11	3.4666	0.002	
300236	上海新阳	706.57	0.08	4.5053	0.0539	
300237	美晨科技	619.04	0.11	9.8185	0.2208	
300238	冠昊生物	756.34	0.06	3.7786	0.0312	
300239	东宝生物	1507.33	0.0992	2.2315	0.0394	
300240	飞力达	1090.90	0.07	5.708	-0.1283	
300241	瑞丰光电	855.58	0.08	5.1139	0.0122	
300242	明家科技	-162.14	-0.0216	3.7699	-0.1896	
300243	瑞丰高材	550.33	0.06	4.3181	-0.4378	
300244	迪安诊断	1535.66	0.17	5.6903	-0.4151	
300245	天玑科技	752.05	0.06	3.9343	-0.2404	
300246	宝莱特	541.64	0.07	5.1469	0.0162	
300247	桑乐金	634.93	0.08	6.9889	-0.1645	
300248	新开普	116.14	0.013	5.5226	-0.2767	
300249	依米康	323.76	0.04	6.1276	0.024	
300250	初灵信息	653.62	0.082	4.5062	0.0012	
300251	光线传媒	8227.26	0.34	8.5893	0.8582	
300252	金信诺	1187.81	0.11	6.2695	-0.5632	
300253	卫宁软件	773.62	0.07	5.0375	-0.3026	
300254	仟源制药	521.04	0.0389	4.4954	0.1234	
300255	常山药业	2147.07	0.11	5.9671	-0.5109	
300256	星星科技	-3082.41	-0.2055	4.8753	0.277	
300257	开山股份	7617.82	0.27	10.7367	-0.0034	
300258	精锻科技	2655.38	0.177	6.7204	0.0934	
300259	新天科技	2410.46	0.16	4.3074	0.0454	
300260	新莱应材	464.43	0.046	6.1282	-0.1977	
300261	雅本化学	1402.14	0.0966	4.374	-0.3816	
300262	巴安水务	420.12	0.0315	3.562	-0.6529	
300263	隆华节能	1342.54	0.08	5.7661	0.0476	
300264	佳创视讯	-386.74	-0.03	3.8983	-0.2522	
300265	通光线缆	1012.80	0.08	5.5119	-0.2865	
300266	兴源过滤	388.46	0.04	5.964	-0.0125	
300267	尔康制药	3331.36	0.1393	4.9795	0.0238	
300268	万福生科	-477.11	-0.036	3.5997	0.1824	
300269	联建光电	411.75	0.06	7.8151	-0.2774	
300270	中威电子	819.40	0.14	8.0127	0.033	
300271	华宇软件	989.95	0.0669	5.855	-0.6394	
300272	开能环保	631.94	0.04	3.4052	0.0042	
300273	和佳股份	3556.42	0.18	4.7784	-0.807	
300274	阳光电源	523.18	0.02	5.7584	-0.064	
300275	梅安森	1467.26	0.09	7.0311	-0.1272	
300276	三丰智能	959.97	0.12	6.9275	-0.2145	
300277	海联讯	98.74	0.0074	4.1566	-0.3823	
300278	华昌达	365.45	0.02	3.0982	-0.1673	
300279	和晶科技	628.69	0.052	2.958	-0.0551	
300280	南通锻压	121.84	0.0095	4.9337	0.0863	
300281	金明精机	338.28	0.06	9.6245	-0.3446	
300282	汇冠股份	24.01	0	5.3574	-0.1441	
300283	温州宏丰	534.05	0.08	7.6972	0.5416	
300284	苏交科	2326.82	0.09	5.9388	-0.1288	
300285	国瓷材料	1508.88	0.24	9.1701	0.0671	
300286	安科瑞	875.18	0.13	5.7722	0.221	
300287	飞利信	527.37	0.06	5.8327	-0.8074	
300288	朗玛信息	1861.94	0.35	9.4347	0.0801	
300289	利德曼	2354.03	0.15	5.11	0.02	
300290	荣科科技	449.07	0.066	5.1181	-1.5818	
300291	华录百纳	2158.76	0.3598	16.1856	-0.188	
300292	吴通通讯	14.64	0.002	4.9672	-0.3138	

股票代码	股票简称	净利润(万元)	每股收益(元)	每股净资产(元)	每股经营性现金流量(元)	分配预案
300293	蓝英装备	1862.71	0.21	7.0618	-1.792	
300294	博雅生物	1694.12	0.22	9.6391	0.2513	
300295	三六五网	1427.82	0.27	12.903	0.089	
300296	利亚德	826.26	0.08	6.7332	-0.7191	
300297	蓝盾股份	1409.83	0.14	6.8253	-0.6449	
300298	三诺生物	3988.36	0.4532	9.3075	-0.0374	
300299	富春通信	124.32	0.02	5.7867	-0.1677	
300300	汉鼎股份	1108.63	0.13	6.8524	-0.3221	
300301	长方照明	1031.61	0.04	2.6932	-0.0976	
300302	同有科技	235.58	0.04	7.8287	-0.6211	
300303	聚飞光电	2906.08	0.13	3.7409	0.1062	
300304	云意电气	2341.15	0.23	8.578	0.0134	
300305	裕兴股份	933.47	0.12	14.6708	-0.0246	
300306	远方光电	1089.11	0.09	7.4595	-0.0483	
300307	慈星股份	8564.30	0.13	5.0602	0.2309	
300308	中际装备	1378.24	0.21	8.0247	0.1095	
300309	吉艾科技	1098.58	0.05	5.5007	-0.0681	
300310	宜通世纪	1445.40	0.08	3.4828	-0.6157	
300311	任子行	287.94	0.04	5.7767	-0.1652	
300312	邦讯技术	1067.94	0.1001	8.1114	-1.1332	
300313	天山生物	-192.20	-0.0211	4.2619	-0.1163	
300314	戴维医疗	2262.62	0.28	7.6839	-0.0475	
300315	掌趣科技	1692.02	0.1	5.492	0.0709	
300316	晶盛机电	1842.31	0.14	12.7306	0.0911	
300317	珈伟股份	1305.63	0.09	4.1607	0.0608	
300318	博晖创新	770.54	0.08	6.4467	-0.0061	
300319	麦捷科技	572.83	0.11	5.5234	0.0556	
300320	海达股份	1408.12	0.2112	9.1452	0.1813	
300321	同大股份	523.19	0.1178	11.1641	0.4076	
300322	硕贝德	418.44	0.04	5.3914	0.1048	
300323	华灿光电	1730.82	0.09	8.6159	0.0969	
300324	旋极信息	123.96	0.02	9.7386	-0.5985	
300325	德威新材	1026.23	0.13	8.4547	-0.4584	
300326	凯利泰	1431.98	0.2794	8.9608	-0.5326	
300327	中颖电子	332.48	0.026	4.5161	-0.0359	
300328	宜安科技	1012.85	0.0904	5.3752	0.189	
300329	海伦钢琴	879.82	0.131	7.7154	-0.309	
300330	华虹计通	545.63	0.07	5.3246	-0.3233	
300331	苏大维格	422.53	0.07	7.5199	-0.1022	
300332	天壕节能	1261.76	0.04	3.678	0.0258	
300333	兆日科技	1035.04	0.09	7.2769	-0.0978	
300334	津膜科技	922.21	0.08	6.2132	-0.2452	
300335	迪森股份	1486.25	0.1066	5.4454	0.1079	
300336	新文化	2039.79	0.21	9.1341	-0.8196	
300337	银邦股份	1928.65	0.1	8.8507	-0.3692	
300338	开元仪器	156.84	0.02	12.074	-0.2058	
300339	润和软件	1709.23	0.22	8.749	-0.4971	
300340	科恒股份	320.76	0.06	18.584	-0.6152	
300341	麦迪电气	855.56	0.09	5.3653	0.134	
300342	天银机电	2626.76	0.26	7.1549	0.0927	
300343	联创节能	766.40	0.19	10.6417	0.3222	
300344	太空板业	-952.43	-0.0948	6.8988	-0.084	
300345	红宇新材	943.79	0.1	6.6513	-0.0178	
300346	南大光电	1698.07	0.34	22.2	0.01	
300347	泰格医药	2192.35	0.41	13.3328	0.0614	
300348	长亮科技	742.82	0.14	8.1656	-0.7481	
300349	金卡股份	1929.70	0.32	10.8853	-0.5668	
300350	华鹏飞	740.38	0.09	4.49	-0.77	
300351	永贵电器	557.97	0.071	11.4263	0.1662	

股票代码	股票简称	净利润(万元)	每股收益(元)	每股净资产(元)	每股经营性现金流量(元)	分配预案
300352	北信源	18.81	0.0028	8.8818	-0.4524	
300353	东土科技	11.81	0.0022	7.2487	-0.1048	
300354	东华测试	-281.61	-0.0635	7.4233	-0.1886	
300355	蒙草抗旱	327.48	0.02	5.9799	-0.3266	
300356	光一科技	963.65	0.11	7.6995	-0.6388	

2013年上半年深市成交概况

2013年1月-6月份	交易日数	成交金额		成交数量		成交笔数	
		人民币元	占总计%	数量	单位	笔	占总计%
股票	113	10,480,704,672,944	81.17	962,206,413,768	股	581,199,116	93.83
主板A股	113	4,233,316,923,290	32.78	476,527,926,059	股	230,370,709	37.19
中小板	113	4,326,344,286,757	33.51	359,145,061,774	股	252,513,562	40.77
创业板	113	1,872,714,813,852	14.5	117,795,376,946	股	94,508,108	15.26
主板B股	113	48,328,649,045	0.37	8,738,048,989	股	3,806,737	0.61
基金	113	290,423,340,770	2.25	366,058,852,461	基金单位	9,519,695	1.54
ETFs	113	114,976,890,446	0.89	129,561,305,620	基金单位	1,891,977	0.31
LOFS	113	9,378,632,806	0.07	10,110,428,671	基金单位	403,469	0.07
分级基金	113	155,452,915,827	1.2	213,174,949,073	基金单位	6,295,957	1.02
封闭基金	113	10,614,901,691	0.08	13,212,169,097	基金单位	928,292	0.15
债券	113	2,141,286,472,184	16.58	21,395,657,873	张	28,671,573	4.63
国债	113	558,465,018	0	5,597,240	张	7,478	0
公司债	113	77,843,006,352	0.6	775,974,988	张	572,820	0.09
企业债	113	13,887,615,376	0.11	134,084,321	张	101,151	0.02
可转债	113	6,433,521,438	0.05	54,362,684	张	110,023	0.02
债券回购	113	2,042,563,864,000	15.82	20,425,638,640	张	27,880,101	4.5
权证		0	0	0	份	0	0
合计	113	12,912,414,485,898	100	1,349,660,924,102		619,390,384	100

2013年上半年深市上市证券

2013年6月底	上市数目	总发行股本	总流通股本	市价总值	流通市值
股票	1,578	785,534,097,167	583,726,762,457	7,303,839,677,165	5,030,226,022,847
主板A股	469	428,723,995,572	354,241,141,495	3,068,831,976,338	2,494,412,007,124
中小板	701	270,064,371,585	180,059,046,953	3,039,255,949,898	1,917,991,240,662
创业板	355	72,864,425,585	35,665,426,287	1,111,768,459,937	534,631,319,284
主板B股	53	13,881,304,425	13,761,147,722	83,983,290,992	83,191,455,777
基金	257	166,003,198,685	165,735,036,511	147,801,927,335	147,585,486,612
ETFs	23	52,247,358,160	52,247,358,160	54,417,904,861	54,417,904,861
LOFs	110	22,675,367,790	22,627,205,616	21,153,887,052	21,110,771,328
分级基金	113	63,080,472,735	63,080,472,735	50,089,135,423	50,089,135,423
封闭基金	11	28,000,000,000	27,780,000,000	22,141,000,000	21,967,675,000
债券	422	6,122,111,200,400	198,223,833,600	6,124,513,123,727	200,201,836,542
国债	193	5,891,420,000,000	4,667,882,000	5,891,689,901,900	4,614,766,864
公司债	175	170,344,942,300	170,344,942,300	172,050,675,891	172,050,675,891
企业债	40	56,993,000,000	19,857,751,200	57,355,822,630	20,119,670,480
可转债	5	3,353,258,100	3,353,258,100	3,416,723,307	3,416,723,307
债券回购	9	0	0	0	0
权证	0	0	0	0	0
合计	2,257	7,073,648,496,252	947,685,632,568	13,576,154,728,228	5,378,013,346,001

2013年上半年深圳证券市场各省股票集资情况一览表(2013.01-2013.06)

单位:百万元

省份	总集资		主板						中小板						创业板					
			首次发行		增发		配股集资		首次发行		增发		配股集资		首次发行		增发		配股集资	
	只数	集资金额	只数	集资金额	只数	集资金额	只数	集资金额	只数	集资金额	只数	集资金额	只数	集资金额	只数	集资金额	只数	集资金额	只数	集资金额
广东	30	32563.73			10	25573.29	1	507.32			13	6368.72					6	114.39		

省份	总集资		主板						中小板						创业板					
			首次发行		增发		配股集资		首次发行		增发		配股集资		首次发行		增发		配股集资	
	只数	集资金额	只数	集资金额	只数	集资金额	只数	集资金额	只数	集资金额	只数	集资金额	只数	集资金额	只数	集资金额	只数	集资金额	只数	集资金额
安徽	7	7548.01			3	3797.15					3	3722.32					1	28.54		
甘肃	4	6084.07			2	5172.3					2	911.78								
山西	2	5870.43			2	5870.43														
吉林	2	5793.49			1	4344.18					1	1449.3								
山东	10	5598.71			2	2995.48					8	2603.23								
河北	2	5168.8			1	5038.8					1	130								
浙江	17	4734.37			2	341.5					13	4356.1					2	36.77		
江苏	9	4721.22									8	4718.27					1	2.96		
云南	2	4108.65			2	4108.65														
北京	7	3761.61			1	1640.27	1	1800.95			2	117.4					3	202.98		
河南	4	3536.16			1	1801					2	845.43					1	889.73		
重庆	2	3089.39			1	2169.39					1	920								
湖北	3	3007.55			1	546.56	1	1850.59			1	610.4								
四川	4	2789.29					1	1816.53			3	972.76								
新疆	2	2741.68									2	2741.68								
黑龙江	1	1943.27			1	1943.27														
湖南	3	1298.06									1	1208					2	90.06		
辽宁	1	1227.6			1	1227.6														
江西	1	1100			1	1100														
广西	2	717.77			1	450.47					1	267.3								
上海	4	113.09									1	4.31					3	108.78		
天津	3	69.74									1	27.85					2	41.9		
福建	1	1.3															1	1.3		
合计	123	107587.99			33	68120.34	4	5975.39			64	31974.85					22	1517.41		

2013 年上半年深市投资者开户地区分布

地区	总开户数				本月新开户数		
	开户总数	比例	个人开户	机构开户	本月总新开户	本月个人新开户	本月机构新开户
北京	25774938	23.78	25689302	85636	148026	146614	1412
江苏	6783608	6.26	6756980	26628	18589	18475	114
上海	6524631	6.02	6478160	46471	19034	18814	220
深圳	6088155	5.62	6034160	53995	14852	14670	182
浙江	5624827	5.19	5600053	24774	20097	19965	132
广东	5238659	4.83	5228172	10487	19485	19413	72
山东	5134259	4.74	5124735	9524	18340	18270	70
广州	3936924	3.63	3924537	12387	9050	8985	65
四川	3657173	3.37	3648485	8688	11841	11784	57
河南	3445885	3.18	3441440	4445	10395	10353	42
辽宁	3413146	3.15	3407569	5577	9255	9238	17
湖北	3390475	3.13	3380914	9561	11285	11233	52
福建	3322114	3.06	3313109	9005	10958	10916	42
湖南	3146595	2.9	3141213	5382	11713	11675	38
河北	2299076	2.12	2296479	2597	6805	6775	30
黑龙江	1977667	1.82	1975142	2525	5624	5616	8
陕西	1871833	1.73	1868082	3751	6986	6956	30
江西	1727185	1.59	1725113	2072	6136	6117	19
安徽	1666012	1.54	1659588	6424	6190	6158	32
广西	1595267	1.47	1592690	2577	5796	5779	17
重庆	1586398	1.46	1578857	7541	5507	5465	42
天津	1537537	1.42	1532723	4814	3729	3703	26
山西	1455545	1.34	1452585	2960	4391	4373	18
吉林	1368343	1.26	1367012	1331	3168	3155	13
新疆	1128511	1.04	1126265	2246	4095	4057	38
云南	1009480	0.93	1006592	2888	3173	3161	12
甘肃	915664	0.84	914414	1250	3773	3704	69

地区	总开户数				本月新开户数		
	开户总数	比例	个人开户	机构开户	本月总新开户	本月个人新开户	本月机构新开户
内蒙古	840447	0.78	839492	955	3163	3138	25
海南	688786	0.64	683078	5708	1894	1868	26
贵州	546474	0.5	545158	1316	2178	2162	16
宁夏	302486	0.28	301508	978	937	935	2
青海	224174	0.21	223840	334	478	477	1
境外	120421	0.11	117300	3121	2750	2645	105
西藏	34866	0.03	34789	77	73	73	0
其他	23127	0.02	21859	1268	356	339	17
A股	107398265	99.08	107043147	355118	409724	406750	2974
B股	1002423	0.92	988248	14175	398	311	87
总计	108400688	100	108031395	369293	410122	407061	3061

2013年上半年深市地区交易金额分布

单位:元

省/市	总交易金额(元)	占市场	股票交易金额	基金交易金额	债券交易金额	权证交易金额
上海	4594247602236.53	17.79	3257954905661.34	133714622990.80	1202578073584.39	
深圳	2919924824794.39	11.307	2108330792403.07	65443808573.10	746150223818.22	
北京	2672944689364.38	10.35	2018430697969.55	70797152698.87	583716838695.95	
浙江	2299546533250.33	8.904	2085113286875.27	45140519688.68	169292726686.39	
江苏	1929596263439.06	7.472	1580438245220.85	35464264378.58	313693753839.62	
广东	1247974507174.67	4.832	1106012759893.26	18955245368.08	123006501913.32	
广州	1121917020732.48	4.344	946282827647.26	23307706328.13	152326436757.09	
福建	1107830525418.86	4.29	956791200750.35	27807909629.03	123231415039.48	
山东	892286094172.34	3.455	766080472935.83	50927641190.14	75277980046.37	
四川	815256948380.33	3.157	722401805359.63	8615469086.88	84239673933.82	
湖北	749290686523.80	2.901	638860339660.20	17679925627.08	92750421236.53	
湖南	590502646050.39	2.287	537431099366.62	8811601309.89	44259945373.87	
辽宁	561752614629.90	2.175	504173511849.36	10028535014.20	47550567766.34	
河南	500695423838.56	1.939	465259665113.21	7745746390.55	27690012334.79	
江西	384838456355.35	1.49	348151564477.56	3481644183.40	33205247694.40	
安徽	370637547330.98	1.435	335352207510.87	6435641750.13	28849698069.98	
重庆	315688416682.84	1.222	272697085630.78	4432923271.31	38558407780.76	
陕西	308698137407.46	1.195	276471162312.38	5316409030.67	26910566064.41	
天津	304392153508.34	1.179	262353646375.98	7050642589.38	34987864542.98	
河北	297765299732.60	1.153	262739344903.50	8748175222.57	26277779606.53	
黑龙江	274851307304.95	1.064	234191794016.00	6000215157.24	34659298131.71	
云南	273813548503.57	1.06	149683465056.24	2271145405.33	121858938042.00	
广西	270913109827.62	1.049	242156614715.01	2109916823.37	26646578289.24	
吉林	195858495912.61	0.758	164906937797.60	1650258070.68	29301300044.33	
山西	190557483413.77	0.738	173546831875.11	2853260937.94	14157390600.72	
新疆	157737821581.95	0.611	142241278816.02	1537107473.41	13959435292.53	
海南	118595943149.37	0.459	85921068924.97	1180544693.10	31494329531.30	
甘肃	115820900568.54	0.448	100957718977.13	1112417361.94	13750764229.47	
贵州	92482968391.24	0.358	83505632748.88	835301386.58	8142034255.78	
内蒙古	78459837773.86	0.304	72405632106.42	822018154.16	5232187513.28	
宁夏	29585752294.34	0.115	28220860504.56	259547946.71	1105343843.08	
青海	20269134852.21	0.078	15909850382.42	295360287.75	4063924182.04	
境外地区	11842758856.60	0.046	11842758856.60			
西藏	8253518512.53	0.032	4592279365.17	14003520.74	3647235626.62	

2013年上半年深市股票行业成交数据统计

2013年1－6月份	交易天数	成交金额		成交股数		成交笔数	
		人民币元	占总计	股数	占总计%	笔	占总计%
合计	113	10,480,704,672,944	100	962,206,413,768	100	581,199,116	100

2013 年 1 – 6 月份	交易天数	成交金额		成交股数		成交笔数	
		人民币元	占总计	股数	占总计%	笔	占总计%
农林牧渔	113	184,889,519,740	1.76	17,608,225,194	1.83	12,052,630	2.07
采矿业	113	266,961,920,884	2.55	25,999,342,331	2.7	15,181,059	2.61
制造业	113	6,746,297,858,386	64.37	615,932,929,748	64.01	384,879,435	66.22
水电煤气	113	239,079,307,708	2.28	32,304,056,069	3.36	14,788,584	2.54
建筑业	113	259,355,519,293	2.47	18,991,136,944	1.97	13,416,133	2.31
批发零售	113	347,240,735,749	3.31	44,294,682,923	4.6	21,855,283	3.76
运输仓储	113	73,738,400,361	0.7	10,165,851,053	1.06	5,459,269	0.94
住宿餐饮	113	46,666,183,602	0.45	5,257,438,350	0.55	2,802,320	0.48
信息技术	113	748,195,194,738	7.14	48,489,782,291	5.04	36,372,441	6.26
金融业	113	501,715,734,985	4.79	34,424,725,008	3.58	20,499,916	3.53
房地产	113	535,941,720,454	5.11	68,436,340,928	7.11	27,462,708	4.73
商务服务	113	84,677,715,943	0.81	9,048,613,509	0.94	4,787,874	0.82
科研服务	113	57,270,705,468	0.55	3,710,117,372	0.39	3,190,162	0.55
公共环保	113	159,236,758,605	1.52	11,927,626,689	1.24	7,637,998	1.31
卫生	113	9,205,858,293	0.09	380,701,906	0.04	392,064	0.07
文化传播	113	156,567,148,473	1.49	8,306,405,604	0.86	6,912,732	1.19
综合	113	63,664,390,262	0.61	6,928,437,849	0.72	3,508,508	0.6

2013 年上半年深市股票行业分布

2013 年 6 月底	上市数目	总发行股本	总流通股本	市价总值	流通市值
合计	1578	785,534,097,167	583,726,762,457	7,303,839,677,165	5,030,226,022,847
农林牧渔	26	8,692,536,212	6,906,127,450	84,731,247,413	64,573,825,404
采矿业	26	27,780,916,238	19,981,255,612	188,564,201,739	139,574,280,238
制造业	1108	487,754,337,080	359,244,430,031	4,706,769,062,523	3,189,987,623,929
水电煤气	35	32,759,319,987	20,871,035,009	190,480,856,090	112,572,748,288
建筑业	31	15,894,984,781	11,076,670,332	221,969,816,565	150,711,514,824
批发零售	67	34,509,611,753	27,886,261,702	238,542,739,543	186,481,208,321
运输仓储	27	13,702,162,345	12,542,235,254	64,866,788,824	58,446,543,696
住宿餐饮	11	3,345,858,772	2,998,222,999	21,256,400,394	18,477,063,932
信息技术	97	25,139,409,174	16,346,682,655	392,783,061,698	238,092,865,197
金融业	11	32,256,962,443	23,865,574,557	313,639,559,599	230,337,305,731
房地产	76	70,227,530,751	60,846,029,968	470,503,889,421	390,806,348,656
商务服务	14	9,063,690,060	6,672,888,572	96,661,138,875	70,913,416,823
科研服务	11	2,589,280,513	1,554,867,563	35,098,710,363	19,115,641,926
公共环保	18	12,648,494,697	6,825,469,473	140,249,082,713	83,440,183,106
卫生	2	552,220,500	400,858,404	13,433,505,150	9,358,268,766
文化传播	12	5,762,666,556	2,899,910,010	101,599,462,024	44,966,957,905
综合	6	2,854,115,305	2,808,242,866	22,690,154,230	22,370,226,105

2013 年上半年深市成交金额前 20 名股票

序号	证券代码	证券简称	前收	收盘	成交金额(元)	成交量(股)
1	000001	平安银行	16.02	9.97	141,270,794,983.97	7,257,450,011
2	000002	万科 A	10.12	9.85	113,161,924,039.04	10,045,389,805
3	000598	兴蓉投资	7.39	4.81	90,815,467,290.55	12,040,079,420
4	000858	五粮液	28.23	20.04	81,361,097,607.09	3,314,869,064
5	000776	广发证券	15.42	11.08	67,827,248,548.35	4,646,863,830
6	002008	大族激光	8.18	11.19	57,907,523,146.51	4,816,746,539
7	000651	格力电器	25.5	25.06	56,623,671,817.32	2,097,629,973
8	000562	宏源证券	18.85	8.79	55,068,923,584.89	2,889,543,669
9	000750	国海证券	11.99	10.32	53,774,232,469.57	4,184,903,537
10	000157	中联重科	9.21	5.43	53,584,677,759.46	6,528,691,367
11	000063	中兴通讯	9.75	12.75	48,970,948,053.96	4,273,555,202
12	000024	招商地产	29.89	24.28	48,404,069,221.86	1,799,815,619
13	000799	酒鬼酒	32.8	16.15	44,398,590,209.20	1,657,104,125
14	000970	中科三环	32.59	13.04	43,291,036,699.68	1,551,108,061

序号	证券代码	证券简称	前收	收盘	成交金额(元)	成交量(股)
15	002304	洋河股份	93.37	54.3	42,944,276,933.51	592,887,521
16	300251	光线传媒	34.99	32.01	41,774,631,381.86	1,328,644,365
17	000100	TCL 集团	2.19	2.27	40,917,530,287.47	15,840,856,601
18	002024	苏宁云商	6.65	5.01	39,583,510,490.76	6,065,027,140
19	000423	东阿阿胶	40.41	38.68	39,163,466,124.48	867,090,746
20	000503	海虹控股	9.48	14.08	39,163,241,833.03	2,833,728,216

2013 年上半年深市成交量前 20 名股票

序号	证券代码	证券简称	前收	收盘	成交金额(元)	成交量(股)
1	000100	TCL 集团	2.19	2.27	40,917,530,287.47	15,840,856,601
2	000725	京东方 A	2.27	2.22	37,622,868,024.14	15,124,853,936
3	000598	兴蓉投资	7.39	4.81	90,815,467,290.55	12,040,079,420
4	000002	万科 A	10.12	9.85	113,161,924,039.04	10,045,389,805
5	000001	平安银行	16.02	9.97	141,270,794,983.97	7,257,450,011
6	000629	攀钢钒钛	4.12	2.35	23,506,770,101.55	6,744,862,975
7	000157	中联重科	9.21	5.43	53,584,677,759.46	6,528,691,367
8	002024	苏宁云商	6.65	5.01	39,583,510,490.76	6,065,027,140
9	000069	华侨城 A	7.5	5.17	33,712,381,755.91	5,342,849,858
10	002008	大族激光	8.18	11.19	57,907,523,146.51	4,816,746,539
11	000776	广发证券	15.42	11.08	67,827,248,548.35	4,646,863,830
12	000063	中兴通讯	9.75	12.75	48,970,948,053.96	4,273,555,202
13	000750	国海证券	11.99	10.32	53,774,232,469.57	4,184,903,537
14	000625	长安汽车	6.65	9.29	37,533,204,224.06	4,080,016,084
15	000735	罗牛山	5.83	5.22	24,358,584,081.31	3,946,630,570
16	000783	长江证券	9.4	7.91	35,722,355,800.32	3,674,789,718
17	000009	中国宝安	8.8	11	38,175,033,242.11	3,542,167,033
18	000858	五粮液	28.23	20.04	81,361,097,607.09	3,314,869,064
19	000709	河北钢铁	2.68	1.85	7,958,236,529.06	3,262,538,273
20	000510	金路集团	5.76	5.29	23,307,993,911.03	3,225,513,268

2013 年上半年深市成交笔数前 20 名股票

序号	证券代码	证券简称	前收	收盘	成交金额(元)	成交量(股)	成交笔数
1	000598	兴蓉投资	7.39	4.81	90,815,467,290.55	12,040,079,420	4,896,975
2	000001	平安银行	16.02	9.97	141,270,794,983.97	7,257,450,011	3,513,802
3	000858	五粮液	28.23	20.04	81,361,097,607.09	3,314,869,064	3,292,589
4	000002	万科 A	10.12	9.85	113,161,924,039.04	10,045,389,805	3,216,372
5	000750	国海证券	11.99	10.32	53,774,232,469.57	4,184,903,537	3,154,426
6	002008	大族激光	8.18	11.19	57,907,523,146.51	4,816,746,539	3,050,580
7	000157	中联重科	9.21	5.43	53,584,677,759.46	6,528,691,367	2,868,720
8	000100	TCL 集团	2.19	2.27	40,917,530,287.47	15,840,856,601	2,574,422
9	000776	广发证券	15.42	11.08	67,827,248,548.35	4,646,863,830	2,246,618
10	000799	酒鬼酒	32.8	16.15	44,398,590,209.20	1,657,104,125	2,067,549
11	000063	中兴通讯	9.75	12.75	48,970,948,053.96	4,273,555,202	2,057,092
12	002024	苏宁云商	6.65	5.01	39,583,510,490.76	6,065,027,140	2,038,281
13	000562	宏源证券	18.85	8.79	55,068,923,584.89	2,889,543,669	2,029,237
14	000970	中科三环	32.59	13.04	43,291,036,699.68	1,551,108,061	1,969,273
15	000725	京东方 A	2.27	2.22	37,622,868,024.14	15,124,853,936	1,947,065
16	000625	长安汽车	6.65	9.29	37,533,204,224.06	4,080,016,084	1,935,199
17	000768	中航飞机	8.32	8.9	34,153,468,810.96	3,137,703,329	1,926,183
18	000735	罗牛山	5.83	5.22	24,358,584,081.31	3,946,630,570	1,887,163
19	000800	一汽轿车	8.32	12.3	35,979,115,945.49	3,175,281,609	1,825,795
20	002405	四维图新	11.73	13.98	32,919,106,219.72	2,496,980,443	1,775,027

2013 年上半年深市涨幅前 20 名股票

序号	证券代码	证券简称	前收	收盘	成交金额(元)	成交量(股)	涨幅
1	000622	岳阳恒立	1.12	4.24	6,039,674,135.23	1,134,468,488	278.57
2	300315	掌趣科技	22.86	32.98	19,469,735,265.64	499,376,404	217.85
3	300052	中青宝	11.25	32.68	11,590,510,486.50	674,084,033	191.5
4	300059	东方财富	9.38	13.55	18,335,750,914.68	1,431,154,957	190.12
5	300273	和佳股份	16.72	21.42	16,564,432,636.60	630,662,014	183.82
6	000403	*ST 生化	5.06	13.5	14,775,592,075.26	770,229,515	166.8
7	300104	乐视网	18.79	25.95	35,536,458,071.62	1,192,975,078	162.76
8	300051	三五互联	7.05	9.1	10,252,309,928.87	894,263,114	158.16
9	000670	S 舜元	4.72	11.95	7,591,589,714.43	643,695,557	153.18
10	002148	北纬通信	12.97	32.64	18,593,109,627.24	841,237,048	152.76
11	300228	富瑞特装	34	80	12,474,972,762.64	206,732,661	135.59
12	200168	雷伊 B	1.43	3.33	361,920,441.78	146,003,510	132.87
13	300017	网宿科技	16.89	38.97	9,001,515,830.74	307,955,193	132
14	002400	省广股份	23.11	26.4	10,763,393,110.54	326,870,617	129.41
15	002456	欧菲光	41.97	47.66	38,884,353,464.84	745,981,267	127.67
16	300071	华谊嘉信	7.1	15.98	4,471,370,840.86	376,341,359	126.17
17	300014	亿纬锂能	10.76	23.6	10,694,245,670.73	614,707,965	120.87
18	300167	迪威视讯	11.35	12.4	3,661,571,769.82	278,638,252	120.14
19	300133	华策影视	16.8	24.43	8,459,075,451.65	401,614,063	118.75
20	300055	万邦达	18.3	39.1	11,646,803,734.32	445,535,904	113.66

2013 年上半年深市跌幅前 20 名股票

序号	证券代码	证券简称	前收	收盘	成交金额(元)	成交量(股)	跌幅
序号	证券代码	证券简称	前收	收盘	成交金额(元)	成交量(股)	跌幅
1	000799	酒鬼酒	32.8	16.15	44,398,590,209.20	1,657,104,125	50.29
2	002155	辰州矿业	20.08	8.04	19,204,124,614.81	1,158,810,316	47.62
3	002506	*ST 超日	5.11	2.74	7,245,141,207.26	1,941,900,066	46.38
4	002160	常铝股份	6.78	3.7	3,617,000,637.98	609,656,128	45.43
5	300278	华昌达	13.15	7.19	2,655,574,722.75	237,168,404	45.2
6	000780	平庄能源	9.58	5.37	5,849,280,787.36	693,380,709	43.55
7	000758	中色股份	20.4	10.13	20,698,188,707.93	1,288,276,253	42.99
8	000629	攀钢钒钛	4.12	2.35	23,506,770,101.55	6,744,862,975	42.96
9	002029	七匹狼	18.88	7.15	12,818,139,628.56	894,732,522	42.8
10	000630	铜陵有色	18.9	10.78	23,955,158,364.61	1,391,297,938	42.59
11	002237	恒邦股份	23.17	13.64	19,357,156,382.87	925,722,646	41.13
12	000983	西山煤电	13.91	8.16	24,483,255,091.16	1,983,608,118	41.08
13	000157	中联重科	9.21	5.43	53,584,677,759.46	6,528,691,367	41.04
14	000968	煤气化	12.34	7.28	8,069,905,585.88	672,292,075	41
15	000933	神火股份	7.53	4.46	9,797,240,617.49	1,387,455,998	40.49
16	000401	冀东水泥	13.8	8.22	15,749,504,309.78	1,223,527,878	40.43
17	000655	金岭矿业	12.4	7.4	6,933,344,344.97	596,072,070	40.32
18	300305	裕兴股份	35.4	11.61	3,053,940,026.39	97,589,341	40.27
19	002304	洋河股份	93.37	54.3	42,944,276,933.51	592,887,521	39.97
20	002154	报喜鸟	9.98	6.05	8,877,850,875.60	1,066,158,638	39.38

2013 年上半年深市换手率前 20 名股票

序号	证券代码	证券简称	前收	收盘	成交金额(元)	成交量(股)	换手率%
1	000156	华数传媒	10.43	16.1	17,290,311,657.04	1,076,971,261	1684.47
2	002423	中原特钢	8.82	10.17	17,419,548,395.03	1,451,372,502	1668.69
3	300343	联创节能	60.45	79.23	10,117,846,533.01	163,832,195	1638.3
4	300311	任子行	15.13	23.9	5,278,064,574.71	264,442,434	1470.19
5	300348	长亮科技	31.2	26.2	5,433,218,951.92	190,976,952	1469.06
6	002606	大连电瓷	12.67	15.88	9,593,627,535.02	685,276,098	1370.55

序号	证券代码	证券简称	前收	收盘	成交金额(元)	成交量(股)	换手率%
7	300044	赛为智能	14.38	7.22	14,242,749,844.12	1,121,931,050	1307.71
8	300251	光线传媒	34.99	32.01	41,774,631,381.86	1,328,544,365	1299.25
9	300103	达刚路机	11.23	10.95	9,008,129,486.30	832,236,572	1295.18
10	002476	宝莫股份	9.42	6.33	27,417,287,045.08	2,517,605,547	1290.6
11	300148	天舟文化	11.89	13.68	7,577,538,437.43	591,967,520	1277.94
12	300262	巴安水务	22.7	12.56	14,952,821,376.77	702,417,089	1272.82
13	002319	乐通股份	11.95	7.19	23,999,315,188.29	2,101,930,676	1271.27
14	002679	福建金森	17.33	11.54	7,442,705,423.94	435,060,028	1254.47
15	002596	海南瑞泽	17.15	9.75	13,893,064,583.21	815,672,615	1215.78
16	300355	蒙草抗旱	32.39	26.59	16,637,074,750.38	446,035,650	1196.38
17	300301	长方照明	8.4	14.08	7,762,408,569.28	799,447,439	1184.36
18	002700	新疆浩源	40.96	61	9,589,307,987.41	216,229,524	1179.18
19	300352	北信源	30.68	22.25	7,812,672,321.10	264,464,701	1172.21
20	002655	共达电声	15.72	8.65	11,688,888,078.33	757,580,071	1168.63

2013 年上半年深市会员交易金额

单位:百万元

2013 年 1-6 月	总计	本地会员	异地会员	其它
总交易金额(百万元)	25,824,828.97	5,554,384.85	19,980,990.98	289,453.14
股票	20,961,409.35	4,397,653.71	16,418,106.01	145,649.62
主板 A 股	8,466,633.85	1,837,840.48	6,556,673.96	72,119.41
中小板	8,652,688.57	1,768,382.10	6,822,619.02	61,687.46
创业板	3,745,429.63	765,813.69	2,979,615.93	
主板 B 股	96,657.30	25,617.44	59,197.10	11,842.76
基金	580,846.68	129,573.84	427,311.63	23,961.21
ETFs	229,953.78	48,688.44	166,800.42	14,464.93
LOFs	18,757.27	5,801.99	12,048.84	906.43
分级基金	310,905.83	70,016.24	234,450.97	6,438.63
封闭基金	21,229.80	5,067.17	14,011.40	2,151.23
债券	4,282,572.94	1,027,157.29	3,135,573.35	119,842.30
国债	1,116.93	808.32	307.89	0.73
公司债	155,686.01	50,518.14	102,660.68	2,507.19
企业债	27,775.23	10,333.47	17,218.91	222.85
可转债	12,867.04	3,289.12	9,490.62	87.31
债券回购	4,085,127.73	962,208.24	3,005,895.26	117,024.23
权证				

2013 年深市主板上市公司中期主要财务指标

截至日期:2013-09-02

股票代码	股票简称	净利润(万元)	每股收益(元)	每股净资产(元)	每股经营性现金流量(元)	分配预案
000001	平安银行	753100.00	0.92	11.1673	3.51	不分配不转增
000002	万科 A	455630.49	0.41	6.0511	-0.8891	不分配不转增
000004	国农科技	5.41	0.0006	0.923	-0.1244	不分配不转增
000005	世纪星源	-2245.69	-0.0246	0.7214	-0.129	不分配不转增
000006	深振业 A	27015.78	0.2001	2.7186	0.0851	不分配不转增
000007	零七股份	94.81	0.0041	0.9184	0.2884	不分配不转增
000008	宝利来	1054.52	0.035	1.8161	0.0801	不分配不转增
000009	中国宝安	3101.22	0.025	2.7508	-0.0975	不分配不转增
000010	ST 华新	760.80	0.013	4.25	-0.0229	不分配不转增
000011	深物业 A	35360.10	0.5933	3.1138	0.2125	不分配不转增
000012	南玻 A	35371.97	0.17	3.3003	0.3408	不分配不转增
000014	沙河股份	-701.12	-0.0348	2.8376	-0.0466	不分配不转增
000016	深康佳 A	4054.77	0.0337	3.3846	1.8868	不分配不转增
000017	*ST 中华 A	-2928.36	-0.0531	-3.1536	-0.0373	不分配不转增
000018	*ST 中冠 A	-412.36	-0.02	0.6747	0.0115	不分配不转增
000019	深深宝 A	-593.50	-0.0237	3.6194	-0.0472	不分配不转增

股票代码	股票简称	净利润(万元)	每股收益(元)	每股净资产(元)	每股经营性现金流量(元)	分配预案
000020	深华发 A	196.80	0.007	0.9964	-0.1009	不分配不转增
000021	长城开发	8749.69	0.0663	3.0361	0.2246	不分配不转增
000022	深赤湾 A	29559.49	0.458	5.803	0.555	不分配不转增
000023	深天地 A	952.08	0.0686	2.4857	0.19	不分配不转增
000024	招商地产	255063.10	1.4853	14.9446	-0.7427	不分配不转增
000025	特力 A	374.64	0.017	0.8542	0.1648	不分配不转增
000026	飞亚达 A	6909.74	0.176	3.8502	0.3412	不分配不转增
000027	深圳能源	63636.79	0.2408	5.8564	0.3979	不分配不转增
000028	国药一致	26079.47	0.905	6.8889	0.8269	不分配不转增
000029	深深房 A	1305.03	0.0129	1.6306	0.3454	不分配不转增
000030	富奥股份	28420.02	0.25	2.7257	-0.1114	不分配不转增
000031	中粮地产	10831.57	0.06	2.6186	0.7723	不分配不转增
000032	深桑达 A	1983.79	0.09	3.993	0.0187	不分配不转增
000033	新都酒店	-292.44	-0.0089	0.8059	0.0081	不分配不转增
000034	深信泰丰	505.13	0.014	0.2636	0.0011	不分配不转增
000035	*ST 科健	673.12	0.036	-9.7974	-0.495	不分配不转增
000036	华联控股	221.19	0.002	1.6009	-0.1051	不分配不转增
000037	深南电 A	-10153.53	-0.17	2.4013	0.8385	不分配不转增
000038	深大通	-336.20	-0.035	1.5663	0.3591	不分配不转增
000039	中集集团	55197.20	0.2073	7.3629	-1.1349	不分配不转增
000040	宝安地产	6952.37	0.15	2.6078	-0.5201	不分配不转增
000042	深长城	20987.97	0.8765	11.947	0.7218	不分配不转增
000043	中航地产	-3266.69	-0.049	4.204	-1.9276	不分配不转增
000045	深纺织 A	-364.21	-0.01	4.461	-0.1135	不分配不转增
000046	泛海建设	20178.07	0.0443	1.8112	-0.401	不分配不转增
000048	康达尔	3565.67	0.0912	1.1447	-0.1782	不分配不转增
000049	德赛电池	7130.14	0.5211	2.9513	2.4233	不分配不转增
000050	深天马 A	2141.11	0.037	2.3591	0.7216	不分配不转增
000055	方大集团	3936.16	0.05	1.4737	0.0014	不分配不转增
000056	*ST 国商	-3953.66	-0.18	-0.5587	-0.912	不分配不转增
000058	深赛格	3967.41	0.0506	1.5739	-0.0773	不分配不转增
000059	辽通化工	-32542.23	-0.272	5.8268	0.2345	不分配不转增
000060	中金岭南	12007.41	0.06	2.6714	0.0268	不分配不转增
000061	农产品	3691.12	0.0224	2.8358	0.0194	不分配不转增
000062	深圳华强	7477.31	0.112	2.2928	0.5404	不分配不转增
000063	中兴通讯	31001.20	0.09	6.3116	-1.2619	不分配不转增
000065	北方国际	2793.74	0.13	3.1825	0.8451	不分配不转增
000066	长城电脑	417.53	0.003	2.077	-1.6005	不分配不转增
000068	华控赛格	-1772.38	-0.0198	0.2401	-0.1918	不分配不转增
000069	华侨城 A	181860.45	0.2501	2.9202	0.1195	不分配不转增
000070	特发信息	4175.80	0.1561	3.6961	-0.0411	不分配不转增
000078	海王生物	5135.23	0.0742	2.0028	-0.449	不分配不转增
000088	盐田港	18199.55	0.0937	2.348	0.0346	不分配不转增
000089	深圳机场	32255.19	0.1908	4.5001	0.2105	不分配不转增
000090	深天健	10113.16	0.183	5.9718	-0.5349	不分配不转增
000096	广聚能源	2691.41	0.051	3.4347	-0.0046	不分配不转增
000099	中信海直	8108.99	0.1579	3.9298	0.1436	不分配不转增
000100	TCL 集团	62737.37	0.074	1.4701	0.4437	不分配不转增
000150	宜华地产	1080.44	0.0333	2.2081	-0.7402	不分配不转增
000151	中成股份	3732.81	0.1261	3.093	-0.0143	不分配不转增
000153	丰原药业	1187.09	0.0415	3.1977	0.0453	不分配不转增
000155	川化股份	-15849.92	-0.34	2.5642	-0.3453	不分配不转增
000156	华数传媒	12574.61	0.11	0.8825	0.3321	不分配不转增
000157	中联重科	290591.43	0.38	5.4654	0.1501	不分配不转增
000158	常山股份	-3460.45	-0.048	3.3252	-0.2107	不分配不转增
000159	国际实业	3301.62	0.0686	4.2809	-0.2353	10 派 0.2 元(含税)
000301	东方市场	12570.07	0.1032	2.3118	0.0684	不分配不转增
000338	潍柴动力	208496.74	1.04	13.2185	0.3675	10 派 1 元(含税)
000400	许继电气	18157.57	0.3692	5.9933	1.0316	不分配不转增

股票代码	股票简称	净利润(万元)	每股收益(元)	每股净资产(元)	每股经营性现金流量(元)	分配预案
000401	冀东水泥	-16644.31	-0.124	8.448	0.4275	不分配不转增
000402	金融街	75757.74	0.25	6.6551	0.3946	不分配不转增
000403	*ST 生化	5373.95	0.1972	1.0412	0.0556	不分配不转增
000404	华意压缩	10080.06	0.1937	3.3173	-0.6975	不分配不转增
000407	胜利股份	359.04	0.0055	1.6916	-0.1955	不分配不转增
000408	金谷源	480.50	0.019	0.7049	0.0077	不分配不转增
000409	泰复实业	5155.89	0.11	2.0961	-0.0811	不分配不转增
000410	沈阳机床	1025.35	0.01	3.5994	-0.8921	不分配不转增
000411	英特集团	4918.17	0.2371	2.4857	-0.7303	不分配不转增
000413	宝石 A	11396.76	0.2	6.0545	-1.0156	不分配不转增
000415	渤海租赁	28673.78	0.2259	5.8519	0.7289	不分配不转增
000416	民生投资	-522.33	-0.0098	1.4624	0.0079	不分配不转增
000417	合肥百货	24273.00	0.3112	3.6234	0.4221	不分配不转增
000418	小天鹅 A	22096.15	0.35	5.8766	1.4722	不分配不转增
000419	通程控股	8842.45	0.1627	3.2459	-0.0007	不分配不转增
000420	吉林化纤	-11214.73	-0.2965	1.0656	0.1952	不分配不转增
000421	南京中北	3175.22	0.0903	2.5718	0.8367	不分配不转增
000422	湖北宜化	20571.86	0.229	6.9769	0.8294	不分配不转增
000423	东阿阿胶	54213.26	0.8289	7.3219	-0.3535	不分配不转增
000425	徐工机械	85080.60	0.41	8.8893	0.07	不分配不转增
000426	兴业矿业	5634.93	0.117	3.9733	-0.0685	不分配不转增
000428	华天酒店	6260.19	0.087	2.222	0.707	不分配不转增
000429	粤高速 A	5761.19	0.05	3.361	0.2638	不分配不转增
000430	张家界	1062.63	0.0331	1.2191	0.0259	不分配不转增
000488	晨鸣纸业	33340.95	0.16	6.93	0.4398	不分配不转增
000498	山东路桥	10974.63	0.098	1.9096	-0.1739	不分配不转增
000501	鄂武商 A	26897.56	0.53	5.3218	1.1247	不分配不转增
000502	绿景控股	-447.04	-0.0242	1.0233	-0.0086	不分配不转增
000503	海虹控股	720.13	0.008	1.407	-0.0349	不分配不转增
000504	ST 传媒	-1318.46	-0.0423	0.3673	-0.0123	不分配不转增
000505	*ST 珠江	-6445.50	-0.15	0.3379	-0.1028	不分配不转增
000506	中润资源	22128.45	0.2382	1.8291	0.0715	不分配不转增
000507	珠海港	1322.06	0.0187	2.9978	0.1152	不分配不转增
000509	S*ST 华塑	-2450.92	-0.098	-0.8996	-0.0911	不分配不转增
000510	金路集团	-7877.28	-0.1293	1.6064	-0.1305	不分配不转增
000511	银基发展	921.09	0.01	1.4115	-0.0687	不分配不转增
000513	丽珠集团	25931.04	0.88	10.5417	0.6284	不分配不转增
000514	渝开发	5593.63	0.0663	3.0708	0.5697	不分配不转增
000516	开元投资	9159.91	0.128	1.7514	0.0909	不分配不转增
000517	荣安地产	19495.09	0.1837	2.8235	0.8195	不分配不转增
000518	四环生物	-118.14	-0.0011	0.7233	0.0251	不分配不转增
000519	江南红箭	-578.92	-0.03	1.7755	-0.0882	不分配不转增
000520	*ST 凤凰	-34358.90	-0.5092	-1.4877	-0.0247	不分配不转增
000521	美菱电器	13569.16	0.1777	4.0473	-0.1876	不分配不转增
000523	广州浪奇	1113.76	0.025	2.2985	-0.0767	不分配不转增
000524	东方宾馆	1732.02	0.06	2.2653	0.0545	不分配不转增
000525	红太阳	16373.99	0.323	6.2808	0.6039	不分配不转增
000526	银润投资	-39.90	-0.0041	1.6717	0.0027	不分配不转增
000527	美的电器	260431.27	0.77	6.6685	1.3779	不分配不转增
000528	柳工	26113.93	0.23	8.2069	-0.48	不分配不转增
000529	广弘控股	3940.86	0.07	1.4884	-0.1472	不分配不转增
000530	大冷股份	6512.24	0.19	5.1979	0.0107	不分配不转增
000531	穗恒运 A	15332.25	0.4476	7.0087	2.1032	不分配不转增
000532	力合股份	2497.70	0.072	1.8868	0.0564	不分配不转增
000533	万家乐	6093.23	0.09	1.6083	-0.0201	不分配不转增
000534	万泽股份	2252.45	0.0454	2.3292	0.048	不分配不转增
000536	华映科技	18702.55	0.267	3.5289	0.2754	不分配不转增
000537	广宇发展	17440.25	0.34	2.6191	0.7183	不分配不转增
000538	云南白药	93656.24	1.35	11.0136	0.5457	不分配不转增

股票代码	股票简称	净利润(万元)	每股收益(元)	每股净资产(元)	每股经营性现金流量(元)	分配预案
000539	粤电力 A	135748.43	0.31	3.9483	1.2167	不分配不转增
000540	中天城投	50493.03	0.3948	2.1466	-0.8998	不分配不转增
000541	佛山照明	15304.73	0.16	2.8572	0.012	不分配不转增
000543	皖能电力	40974.86	0.45	5.5657	1.6491	不分配不转增
000544	中原环保	3575.45	0.13	2.994	-0.0825	不分配不转增
000545	金浦钛业	4053.39	0.2	4.421	0.1348	不分配不转增
000546	光华控股	-572.34	-0.0338	0.8687	-0.0972	不分配不转增
000547	闽福发 A	7317.19	0.09	1.8984	-0.0154	不分配不转增
000548	湖南投资	988.56	0.02	2.9959	0.0633	不分配不转增
000550	江铃汽车	93750.37	1.09	9.748	1.7301	不分配不转增
000551	创元科技	2086.33	0.05	3.1709	0.1207	不分配不转增
000552	靖远煤电	20472.06	0.2848	3.3282	0.3744	不分配不转增
000553	沙隆达 A	12747.05	0.2146	2.2741	0.7108	不分配不转增
000554	泰山石油	597.57	0.0124	1.8746	0.0356	不分配不转增
000555	*ST 太光	-447.50	-0.0494	-1.5669	-0.1328	不分配不转增
000557	*ST 广夏	-70.14	-0.001	0.1969	-0.0012	不分配不转增
000558	莱茵置业	3284.96	0.0521	1.3658	0.5266	不分配不转增
000559	万向钱潮	20000.51	0.126	2.1803	0.2356	不分配不转增
000560	昆百大 A	1144.77	0.0696	6.0483	-0.805	不分配不转增
000561	烽火电子	-2589.05	-0.04	1.3722	-0.0724	不分配不转增
000562	宏源证券	83509.70	0.21	3.6356	-0.0127	不分配不转增
000563	陕国投 A	18576.39	0.1529	5.9253	-0.655	不分配不转增
000564	西安民生	3751.58	0.0793	3.4525	0.2953	不分配不转增
000565	渝三峡 A	2034.34	0.117	3.3513	0.0224	不分配不转增
000566	海南海药	5982.69	0.12	2.9386	-0.0968	不分配不转增
000567	海德股份	117.78	0.0078	1.2394	-0.0369	不分配不转增
000568	泸州老窖	181614.00	1.295	6.4635	0.4899	不分配不转增
000570	苏常柴 A	3986.52	0.07	3.1546	0.1544	不分配不转增
000571	新大洲 A	4403.52	0.0598	2.4222	-0.0909	不分配不转增
000572	海马汽车	12142.74	0.0738	4.1416	0.2752	不分配不转增
000573	粤宏远 A	8917.94	0.1432	2.4948	-0.0483	不分配不转增
000576	广东甘化	624.93	0.02	2.212	-0.3469	不分配不转增
000581	威孚高科	53195.38	0.78	13.3057	0.4684	不分配不转增
000582	北海港	1403.82	0.099	3.0238	0.6642	不分配不转增
000584	友利控股	26704.16	0.6531	4.7059	0.0684	不分配不转增
000585	东北电气	-44.75	-0.0005	0.3098	-0.0037	不分配不转增
000586	汇源通信	1434.57	0.074	1.0657	-0.0977	不分配不转增
000587	金叶珠宝	5848.44	0.1	1.9817	0.7787	不分配不转增
000589	黔轮胎 A	9502.92	0.19	4.7101	0.847	不分配不转增
000590	紫光古汉	1705.66	0.0764	2.0895	0.0788	不分配不转增
000591	桐君阁	1878.97	0.0684	1.5732	0.3315	不分配不转增
000592	中福实业	1277.94	0.0151	1.2224	-0.1089	不分配不转增
000593	大通燃气	247.01	0.011	1.5147	-0.0226	不分配不转增
000594	*ST 国恒	124.58	0.0008	2.0358	0.0269	不分配不转增
000595	西北轴承	-3173.64	-0.146	1.4689	-0.0595	不分配不转增
000596	古井贡酒	37575.28	0.75	6.9391	0.2834	不分配不转增
000597	东北制药	-3270.41	-0.098	4.9046	-0.4409	不分配不转增
000598	兴蓉投资	40813.34	0.15	2.1545	0.1734	不分配不转增
000599	青岛双星	1040.28	0.02	2.9287	0.1446	不分配不转增
000600	建投能源	24770.61	0.271	3.4513	1.344	不分配不转增
000601	韶能股份	17456.42	0.174	3.5342	0.3913	不分配不转增
000603	盛达矿业	15034.11	0.3	1.6536	0.469	10 派 10 元(含税)
000605	四环药业	-206.58	-0.0222	0.5894	-0.0164	不分配不转增
000606	青海明胶	-454.60	-0.0096	1.9743	-0.0239	不分配不转增
000607	华智控股	872.90	0.018	0.7599	-0.2368	不分配不转增
000608	阳光股份	3299.00	0.04	3.7381	-0.243	不分配不转增
000609	绵世股份	-1763.48	-0.0592	3.5109	0.3031	不分配不转增
000610	西安旅游	-626.61	-0.0318	2.2464	-0.1156	不分配不转增
000611	四海股份	141.07	0.004	1.8197	-0.0862	不分配不转增

股票代码	股票简称	净利润(万元)	每股收益(元)	每股净资产(元)	每股经营性现金流量(元)	分配预案
000612	焦作万方	12444.67	0.232	6.6908	-0.3126	不分配不转增
000613	大东海A	-48.20	-0.0013	0.2297	0.0081	不分配不转增
000615	湖北金环	-778.41	-0.04	2.9247	0.0735	不分配不转增
000616	亿城股份	19017.06	0.13	2.8202	-0.1726	不分配不转增
000617	*ST济柴	1527.80	0.05	2.4712	-0.1183	不分配不转增
000619	海螺型材	6482.10	0.1801	6.1613	0.7473	不分配不转增
000620	新华联	30700.74	0.19	1.7577	-0.179	不分配不转增
000622	岳阳恒立	-502.84	-0.012	0.5216	-0.0233	不分配不转增
000623	吉林敖东	42420.78	0.47	11.1755	0.0064	不分配不转增
000625	长安汽车	133096.98	0.29	3.5585	0.7837	不分配不转增
000626	如意集团	2985.94	0.1475	2.1105	-1.8404	不分配不转增
000627	天茂集团	-1762.83	-0.013	1.0905	0.044	不分配不转增
000628	高新发展	-495.17	-0.023	0.873	0.7315	不分配不转增
000629	攀钢钒钛	34458.63	0.04	1.7506	-0.3751	不分配不转增
000630	铜陵有色	30178.76	0.21	7.6961	-0.35	不分配不转增
000631	顺发恒业	4269.54	0.04	2.3322	-0.2594	不分配不转增
000632	三木集团	573.23	0.0123	2.6531	-0.3469	不分配不转增
000633	合金投资	206.02	0.0053	0.5792	-0.0861	不分配不转增
000635	英力特	5097.19	0.168	8.9613	0.2651	不分配不转增
000636	风华高科	3856.55	0.06	3.2498	0.0405	不分配不转增
000637	茂化实华	2494.94	0.048	1.4673	0.1254	不分配不转增
000638	万方发展	-175.32	-0.0057	0.691	0.2184	不分配不转增
000639	西王食品	5731.78	0.304	5.4939	-1.5462	不分配不转增
000650	仁和药业	15003.56	0.1514	1.7875	0.0738	不分配不转增
000651	格力电器	401534.38	1.33	9.1992	5.2369	不分配不转增
000652	泰达股份	-5138.60	-0.0348	1.3206	0.1479	不分配不转增
000655	金岭矿业	8866.20	0.149	4.8625	0.3572	10派1元(含税)
000656	金科股份	79015.29	0.68	6.5775	-1.0465	不分配不转增
000657	*ST中钨	311.82	0.014	1.28	0.08	不分配不转增
000659	珠海中富	-6723.45	-0.05	1.5691	-0.044	不分配不转增
000661	长春高新	14852.12	1.13	8.0069	1.4137	不分配不转增
000662	索芙特	-1845.89	-0.0641	2.1088	-0.3779	不分配不转增
000663	永安林业	-1058.23	-0.05	1.6026	-0.0475	不分配不转增
000665	湖北广电	9176.20	0.24	5.7329	0.5425	不分配不转增
000666	经纬纺机	30430.46	0.43	6.8517	1.5861	不分配不转增
000667	名流置业	6512.54	0.03	2.0981	-0.244	不分配不转增
000668	荣丰控股	134.59	0.01	4.5613	0.6526	不分配不转增
000669	金鸿能源	14981.05	0.5569	7.1172	0.3724	不分配不转增
000670	S舜元	560.10	0.0206	0.7919	-0.2131	不分配不转增
000671	阳光城	14058.08	0.14	2.1653	-0.5759	不分配不转增
000672	上峰水泥	3645.71	0.0544	1.5017	0.2463	不分配不转增
000673	当代东方	138.90	0.007	0.0501	0.0204	不分配不转增
000676	*ST思达	-848.49	-0.027	0.5217	0.0139	不分配不转增
000677	山东海龙	9137.66	0.1058	0.7592	0.0051	不分配不转增
000678	襄阳轴承	156.13	0.0038	2.4699	-0.1622	不分配不转增
000679	大连友谊	6382.23	0.179	3.9135	-1.1938	不分配不转增
000680	山推股份	3330.92	0.0293	3.7169	0.0688	不分配不转增
000681	远东股份	776.23	0.04	0.7682	0.0378	不分配不转增
000682	东方电子	1228.91	0.0126	1.44	-0.0195	不分配不转增
000683	远兴能源	-11252.87	-0.15	2.9427	0.2464	不分配不转增
000685	中山公用	22711.62	0.29	7.9491	0.1243	不分配不转增
000686	东北证券	30768.81	0.31	7.4259	-0.8986	不分配不转增
000687	恒天天鹅	-4593.27	-0.061	2.0089	-0.1336	不分配不转增
000688	建新矿业	12835.75	0.1129	0.73	0.0486	不分配不转增
000690	宝新能源	53593.00	0.31	2.2919	0.5852	不分配不转增
000691	亚太实业	24.36	0.0008	0.4544	0.0111	不分配不转增
000692	惠天热电	1510.71	0.0567	4.7357	-1.8844	不分配不转增
000693	S*ST聚友	-193.03	-0.01	-0.9419	0.0019	不分配不转增
000695	滨海能源	-506.60	-0.023	1.3797	0.1229	不分配不转增

股票代码	股票简称	净利润(万元)	每股收益(元)	每股净资产(元)	每股经营性现金流量(元)	分配预案
000697	炼石有色	2682.13	0.0558	1.0853	0.1266	不分配不转增
000698	沈阳化工	-12259.84	-0.185	4.456	0.0451	不分配不转增
000700	模塑科技	13669.26	0.4423	4.1838	0.7912	不分配不转增
000701	厦门信达	6071.32	0.2527	3.5658	-6.9129	不分配不转增
000702	正虹科技	737.38	0.0277	1.7518	0.1144	不分配不转增
000703	恒逸石化	10245.47	0.09	4.4675	0.5205	不分配不转增
000705	浙江震元	3207.64	0.192	6.7666	-0.4312	不分配不转增
000707	双环科技	-9198.87	-0.1982	4.3032	0.2733	不分配不转增
000708	大冶特钢	11090.95	0.247	6.7835	0.0861	不分配不转增
000709	河北钢铁	7660.55	0.007	4.0082	-0.2338	不分配不转增
000710	天兴仪表	-268.99	-0.0178	0.763	-0.0936	不分配不转增
000711	天伦置业	-776.78	-0.05	2.2235	-0.0026	不分配不转增
000712	锦龙股份	4751.08	0.106	4.9628	0.0256	不分配不转增
000713	丰乐种业	1342.86	0.0449	4.0295	0.2308	不分配不转增
000715	中兴商业	5037.80	0.181	4.4288	0.3174	不分配不转增
000716	南方食品	2339.08	0.123	3.3273	-0.4325	不分配不转增
000717	*ST 韶钢	1097.53	0.0066	2.5298	0.8038	不分配不转增
000718	苏宁环球	68534.07	0.335	2.6854	0.1833	不分配不转增
000719	大地传媒	11952.23	0.27	4.1958	-0.0803	不分配不转增
000720	新能泰山	3517.59	0.0407	0.9057	0.5727	不分配不转增
000721	西安饮食	835.89	0.0419	3.542	0.039	不分配不转增
000722	湖南发展	10326.70	0.22	4.7407	0.1932	不分配不转增
000723	美锦能源	1963.46	0.07	1.5587	0.2255	不分配不转增
000725	京东方 A	85928.89	0.064	1.9788	0.2757	不分配不转增
000726	鲁泰 A	41617.59	0.43	5.3761	0.4885	不分配不转增
000727	华东科技	-4902.90	-0.1365	1.1471	-0.067	不分配不转增
000728	国元证券	29577.34	0.15	7.6962	-1.3956	不分配不转增
000729	燕京啤酒	52710.02	0.209	4.121	0.6123	不分配不转增
000731	四川美丰	6401.49	0.1165	4.8095	-0.0236	不分配不转增
000732	泰禾集团	41196.56	0.405	2.8517	-8.0314	不分配不转增
000733	振华科技	4661.19	0.13	6.0741	-0.1791	不分配不转增
000735	罗牛山	-1920.19	-0.0218	1.8707	0.1711	不分配不转增
000736	中房地产	8133.20	0.27	5.5081	-0.5449	不分配不转增
000737	南风化工	-4502.48	-0.082	0.7887	-0.6002	不分配不转增
000738	中航动控	8915.16	0.0946	2.873	-0.0182	不分配不转增
000739	普洛药业	8088.43	0.1034	2.0934	0.0954	不分配不转增
000748	长城信息	1283.13	0.0342	3.2456	-0.8003	不分配不转增
000750	国海证券	18143.83	0.1	1.6003	-0.1502	不分配不转增
000751	*ST 锌业	7216.30	0.065	-2.9623	0.1329	不分配不转增
000752	西藏发展	13844.62	0.5249	2.937	0.0888	不分配不转增
000753	漳州发展	2212.62	0.05	1.7814	0.5493	不分配不转增
000755	山西三维	-12193.70	-0.26	3.8935	0.066	不分配不转增
000756	新华制药	498.78	0.01	3.7248	0.0118	不分配不转增
000757	浩物股份	4144.68	0.11	0.286	0.0464	不分配不转增
000758	中色股份	2278.37	0.028	4.2706	-0.6627	不分配不转增
000759	中百集团	11299.77	0.17	4.3998	0.8639	不分配不转增
000760	博盈投资	113.58	0.004795	0.7921	-0.0154	不分配不转增
000761	本钢板材	16748.40	0.05	4.9086	0.162	不分配不转增
000762	西藏矿业	2127.91	0.0447	3.6289	-0.1803	不分配不转增
000766	通化金马	489.09	0.0109	1.3886	0.0036	不分配不转增
000767	漳泽电力	7475.98	0.04	2.0321	0.5487	不分配不转增
000768	中航飞机	7587.54	0.0286	4.2589	-1.221	不分配不转增
000776	广发证券	136176.97	0.23	5.6529	-1.5877	不分配不转增
000777	中核科技	3124.95	0.1467	4.6441	0.0515	不分配不转增
000778	新兴铸管	40987.53	0.2138	6.3312	-0.0573	不分配不转增
000779	三毛派神	-1347.66	-0.072	1.5794	-0.0815	不分配不转增
000780	平庄能源	4160.59	0.04	4.6383	-0.58	不分配不转增
000782	美达股份	749.39	0.02	2.5611	-0.7061	不分配不转增
000783	长江证券	48656.27	0.21	5.1212	-0.2967	不分配不转增

股票代码	股票简称	净利润(万元)	每股收益(元)	每股净资产(元)	每股经营性现金流量(元)	分配预案
000785	武汉中商	3850.10	0.15	3.2567	0.5796	不分配不转增
000786	北新建材	31035.50	0.54	6.355	0.7202	不分配不转增
000788	北大医药	5648.79	0.09	1.8737	0.0155	不分配不转增
000789	江西水泥	13255.99	0.3241	4.3885	0.8565	不分配不转增
000790	华神集团	1915.09	0.0498	1.4409	-0.0151	不分配不转增
000791	甘肃电投	6739.44	0.0933	4.5097	0.6116	不分配不转增
000792	盐湖股份	82198.27	0.5168	10.1318	0.5169	不分配不转增
000793	华闻传媒	24383.40	0.1793	1.9106	0.2998	不分配不转增
000795	太原刚玉	-2863.84	-0.1	1.242	-0.3532	不分配不转增
000796	易食股份	1061.38	0.043	1.9335	-0.0912	不分配不转增
000797	中国武夷	4630.87	0.12	3.2967	-1.4797	不分配不转增
000798	中水渔业	-1387.65	-0.0434	2.272	-0.3307	不分配不转增
000799	酒鬼酒	3071.85	0.0945	5.6413	-1.0636	不分配不转增
000800	一汽轿车	62694.27	0.3852	5.0597	0.2825	不分配不转增
000801	四川九洲	3404.46	0.074	2.9816	-0.0964	不分配不转增
000802	北京旅游	1142.70	0.0305	2.21	0.0484	不分配不转增
000803	金宇车城	-1365.15	-0.1069	0.9148	0.098	不分配不转增
000806	银河投资	-1646.24	-0.0235	1.1521	0.0141	不分配不转增
000807	云铝股份	-12868.27	-0.084	2.4367	0.0011	不分配不转增
000809	铁岭新城	10052.66	0.18	5.1667	-0.1372	不分配不转增
000810	华润锦华	762.50	0.0588	3.8418	0.2079	不分配不转增
000811	烟台冰轮	11016.43	0.28	3.3063	0.0073	不分配不转增
000812	陕西金叶	3193.14	0.0714	1.7155	0.0293	不分配不转增
000813	天山纺织	-1751.01	-0.0482	1.0571	-0.0805	不分配不转增
000815	*ST 美利	-8100.23	-0.26	1.913	-0.5737	不分配不转增
000816	江淮动力	7522.31	0.0691	1.556	0.0185	不分配不转增
000818	方大化工	-4724.51	-0.0695	2.8417	0.0133	不分配不转增
000819	岳阳兴长	2784.80	0.131	2.6933	0.0873	不分配不转增
000820	金城股份	391.08	0.0136	0.7203	-0.1777	不分配不转增
000821	京山轻机	-1732.70	-0.05	3.0294	-0.1771	不分配不转增
000822	山东海化	-25371.01	-0.28	3.2198	-0.0482	不分配不转增
000823	超声电子	4506.20	0.102	4.2658	0.4763	不分配不转增
000825	太钢不锈	33332.75	0.059	4.2662	0.1649	不分配不转增
000826	桑德环境	22362.28	0.347	6.199	0.5162	不分配不转增
000828	东莞控股	20550.57	0.1977	3.2907	0.2349	不分配不转增
000829	天音控股	-5021.26	-0.053	2.2323	-1.0832	不分配不转增
000830	鲁西化工	23598.94	0.161	3.7885	0.4155	不分配不转增
000831	五矿稀土	1017.55	0.011	2.2895	-0.2889	不分配不转增
000833	贵糖股份	-4843.21	-0.16	2.9664	-0.4886	不分配不转增
000835	四川圣达	381.32	0.0125	1.404	-0.2414	不分配不转增
000836	鑫茂科技	5023.47	0.1717	2.72	-0.1127	不分配不转增
000837	秦川发展	-364.23	-0.0104	3.1749	-0.1991	不分配不转增
000838	国兴地产	-906.19	-0.0501	1.7385	0.4907	不分配不转增
000839	中信国安	7469.76	0.0476	3.659	-0.0748	不分配不转增
000848	承德露露	20705.44	0.52	2.5018	-0.2018	不分配不转增
000850	华茂股份	17571.86	0.186	2.8797	0.0268	不分配不转增
000851	高鸿股份	2670.74	0.0518	4.094	-0.6327	不分配不转增
000852	江钻股份	5289.03	0.13	2.7091	-0.2427	不分配不转增
000856	冀东装备	-2381.62	-0.1	2.0254	0.0018	不分配不转增
000858	五粮液	579103.45	1.526	8.9334	0.3946	不分配不转增
000859	国风塑业	-2371.00	-0.0564	2.1544	0.0063	不分配不转增
000860	顺鑫农业	14514.21	0.331	6.8859	1.1652	不分配不转增
000861	海印股份	15265.49	0.31	3.2642	0.074	不分配不转增
000862	银星能源	-4866.30	-0.1719	0.9951	0.4271	不分配不转增
000863	三湘股份	6899.52	0.09	1.9335	-0.6619	不分配不转增
000868	安凯客车	2501.24	0.036	1.8615	-0.1932	不分配不转增
000869	张裕 A	74057.42	1.08	9.7068	0.5969	不分配不转增
000875	吉电股份	4853.94	0.0578	2.4337	0.5462	不分配不转增
000876	新希望	84851.25	0.49	6.8946	-0.0754	不分配不转增

股票代码	股票简称	净利润(万元)	每股收益(元)	每股净资产(元)	每股经营性现金流量(元)	分配预案
000877	天山股份	8242.92	0.0937	7.3201	-0.1354	不分配不转增
000878	云南铜业	-81799.77	-0.577	4.2645	2.0241	不分配不转增
000880	潍柴重机	3211.76	0.12	4.3425	0.0667	不分配不转增
000881	大连国际	6605.77	0.21	5.0848	-0.2021	不分配不转增
000882	华联股份	3174.41	0.0296	2.6902	0.1659	不分配不转增
000883	湖北能源	58408.37	0.22	4.9889	0.2932	10 派 0.8 元(含税)
000885	同力水泥	2726.08	0.0639	3.9383	0.2097	不分配不转增
000886	海南高速	7659.65	0.077	2.7085	-0.0363	不分配不转增
000887	中鼎股份	26444.18	0.25	1.9259	0.0528	不分配不转增
000888	峨眉山 A	2948.51	0.1254	4.4344	0.4019	不分配不转增
000889	茂业物流	5809.12	0.1304	2.5329	0.1483	不分配不转增
000890	法尔胜	516.83	0.0136	2.7576	-0.1181	不分配不转增
000892	星美联合	37.80	0.0009	0.0154	0.001	不分配不转增
000893	东凌粮油	3027.63	0.12	3.3828	1.2071	不分配不转增
000895	双汇发展	169009.86	0.768	5.4814	0.5138	不分配不转增
000897	津滨发展	-12047.40	-0.0745	1.0619	0.133	不分配不转增
000898	*ST 鞍钢	70200.00	0.097	6.4971	1.4738	不分配不转增
000899	赣能股份	18773.94	0.2903	2.3201	0.5779	不分配不转增
000900	现代投资	26606.97	0.44	9.8402	1.2367	不分配不转增
000901	航天科技	1698.17	0.0678	3.1923	-0.2347	不分配不转增
000902	中国服装	-3296.87	-0.13	0.6627	0.3332	不分配不转增
000903	云内动力	8007.95	0.118	3.896	0.2956	不分配不转增
000905	厦门港务	8920.22	0.17	3.8577	0.0107	不分配不转增
000906	物产中拓	3549.49	0.11	3.0391	0.2264	不分配不转增
000908	*ST 天一	-1182.78	-0.0422	-0.2582	-0.0201	不分配不转增
000909	数源科技	2045.46	0.07	2.2574	-0.606	不分配不转增
000910	大亚科技	3376.78	0.06	4.5207	0.2412	不分配不转增
000911	南宁糖业	-11968.13	-0.42	3.3371	-3.2328	不分配不转增
000912	泸天化	689.39	0.012	3.8569	0.2749	不分配不转增
000913	钱江摩托	1197.69	0.03	4.9293	0.0671	不分配不转增
000915	山大华特	7975.97	0.44	3.8542	0.4839	不分配不转增
000916	华北高速	12197.18	0.11	3.5882	0.0303	不分配不转增
000917	电广传媒	27413.69	0.27	4.1622	0.293	不分配不转增
000918	嘉凯城	2054.37	0.01	2.3823	-0.2503	不分配不转增
000919	金陵药业	8206.21	0.1628	4.3732	0.2211	不分配不转增
000920	南方汇通	2173.86	0.0515	2.3908	-0.1499	不分配不转增
000921	海信科龙	70681.26	0.522	1.6369	0.0585	不分配不转增
000922	佳电股份	7334.72	0.14	2.7658	0.1017	不分配不转增
000923	河北宣工	271.25	0.0137	2.9916	-0.7414	不分配不转增
000925	众合机电	252.98	0.008	3.5533	0.2773	不分配不转增
000926	福星股份	27861.28	0.39	8.598	1.3767	不分配不转增
000927	一汽夏利	458.13	0.0029	2.2949	-0.2994	不分配不转增
000928	中钢吉炭	-17682.09	-0.625	2.1366	-0.3235	不分配不转增
000929	兰州黄河	1166.77	0.0628	3.2295	0.7772	不分配不转增
000930	中粮生化	4285.82	0.044	2.9719	0.1013	不分配不转增
000931	中关村	-2625.17	-0.0389	1.087	-0.0093	不分配不转增
000932	华菱钢铁	-38347.42	-0.1272	3.1812	0.1986	不分配不转增
000933	神火股份	22106.86	0.116	3.9549	0.3666	不分配不转增
000935	四川双马	461.58	0.01	3.1628	0.2755	不分配不转增
000936	华西股份	1521.32	0.02	2.3704	-0.025	不分配不转增
000937	冀中能源	79116.96	0.3421	6.6693	0.6348	不分配不转增
000938	紫光股份	2587.09	0.126	4.5804	-1.3016	不分配不转增
000939	凯迪电力	4635.26	0.05	2.7601	0.3499	不分配不转增
000948	南天信息	-4904.83	-0.21	5.3536	-1.2502	不分配不转增
000949	新乡化纤	151.75	0.0018	2.0543	-0.16	不分配不转增
000950	建峰化工	2421.50	0.0404	4.0897	0.1878	不分配不转增
000951	中国重汽	18491.09	0.44	9.2781	1.3429	不分配不转增
000952	广济药业	64.66	0.003	2.8417	0.06	不分配不转增
000953	*ST 河化	-1580.32	-0.0537	1.9839	0.0533	不分配不转增

股票代码	股票简称	净利润(万元)	每股收益(元)	每股净资产(元)	每股经营性现金流量(元)	分配预案
000955	欣龙控股	-979.82	-0.02	1.3309	0.0018	不分配不转增
000957	中通客车	4509.02	0.19	3.0809	-0.3976	不分配不转增
000958	*ST东热	5909.26	0.2	-2.3152	0.2861	不分配不转增
000959	首钢股份	-26894.43	-0.0907	2.3852	0.063	不分配不转增
000960	锡业股份	-96537.24	-1.0191	6.4789	-0.204	不分配不转增
000961	中南建设	48513.60	0.42	5.8586	0.0611	不分配不转增
000962	东方钽业	3270.41	0.0742	5.5858	-0.0178	不分配不转增
000963	华东医药	33287.53	0.7669	5.3716	0.745	不分配不转增
000965	天保基建	8182.98	0.12	3.6392	-0.0022	不分配不转增
000966	长源电力	23006.78	0.4152	2.8963	2.7206	不分配不转增
000967	上风高科	2361.35	0.096	3.1703	-0.2076	不分配不转增
000968	煤气化	-17753.50	-0.3456	4.9765	-0.5431	不分配不转增
000969	安泰科技	3219.46	0.0373	3.7632	0.138	不分配不转增
000970	中科三环	18011.95	0.17	3.1563	0.1498	不分配不转增
000971	蓝鼎控股	-1310.59	-0.054	0.0198	-0.0434	不分配不转增
000972	*ST中基	-9841.27	-0.1276	0.4074	0.4095	不分配不转增
000973	佛塑科技	2021.94	0.02	2.0939	-0.0993	不分配不转增
000975	银泰资源	20228.80	0.2006	3.2054	-0.1795	不分配不转增
000976	春晖股份	-4654.35	-0.0793	0.8282	-0.1915	不分配不转增
000977	浪潮信息	5562.64	0.2587	4.5529	-2.0137	不分配不转增
000978	桂林旅游	-1969.64	-0.055	4.0286	-0.046	不分配不转增
000979	中弘股份	23913.79	0.24	2.5932	0.342	10送9股派2.25元(含税)
000980	金马股份	3221.24	0.1	3.8968	0.0592	不分配不转增
000981	银亿股份	19814.18	0.23	4.5743	-0.4261	不分配不转增
000982	中银绒业	18093.66	0.25	2.5926	-0.145	不分配不转增
000983	西山煤电	89428.77	0.2838	5.2913	0.4966	不分配不转增
000985	大庆华科	22.87	0.002	3.6477	0.1845	不分配不转增
000987	广州友谊	16727.74	0.47	5.4294	-0.285	不分配不转增
000988	华工科技	2258.92	0.03	2.9494	-0.0796	不分配不转增
000989	九芝堂	6508.40	0.22	4.9268	0.213	不分配不转增
000990	诚志股份	1632.42	0.055	5.4422	-0.4302	不分配不转增
000993	闽东电力	5495.06	0.15	4.3368	-0.218	不分配不转增
000995	皇台酒业	-58.75	-0.003	1.0463	0.0238	不分配不转增
000996	中国中期	686.83	0.0299	2.3943	-0.0132	不分配不转增
000997	新大陆	5714.50	0.11	2.8678	0.317	不分配不转增
000998	隆平高科	10519.75	0.253	3.0393	0.3159	不分配不转增
000999	华润三九	59704.66	0.61	5.7327	0.7116	不分配不转增
001696	宗申动力	15739.36	0.1327	2.4745	0.2394	不分配不转增
001896	豫能控股	10875.91	0.1745	1.1721	1.0407	不分配不转增
200002	万科B	455630.49	0.41	6.0511	-0.8891	不分配不转增
200011	深物业B	35360.10	0.5933	3.1138	0.2125	不分配不转增
200012	南玻B	35371.97	0.17	3.3003	0.3408	不分配不转增
200016	深康佳B	4054.77	0.0337	3.3846	1.8868	不分配不转增
200017	*ST中华B	-2928.36	-0.0531	-3.1536	-0.0373	不分配不转增
200018	*ST中冠B	-412.36	-0.02	0.6747	0.0115	不分配不转增
200019	深深宝B	-593.50	-0.0237	3.6194	-0.0472	不分配不转增
200020	深华发B	196.80	0.007	0.9964	-0.1009	不分配不转增
200022	深赤湾B	29559.49	0.458	5.803	0.555	不分配不转增
200024	招商局B	255063.10	1.4853	14.9446	-0.7427	不分配不转增
200025	特力B	374.64	0.017	0.8542	0.1648	不分配不转增
200026	飞亚达B	6909.74	0.176	3.8502	0.3412	不分配不转增
200028	一致B	26079.47	0.905	6.8889	0.8269	不分配不转增
200029	深深房B	1305.03	0.0129	1.6306	0.3454	不分配不转增
200030	富奥B	28420.02	0.25	2.7257	-0.1114	不分配不转增
200037	深南电B	-10153.53	-0.17	2.4013	0.8385	不分配不转增
200045	深纺织B	-364.21	-0.01	4.461	-0.1135	不分配不转增
200053	深基地B	9768.89	0.42	5.9079	0.8378	不分配不转增
200054	*ST建摩B	-3312.62	-0.0694	0.229	-0.0385	不分配不转增
200055	方大B	3936.16	0.05	1.4737	0.0014	不分配不转增

股票代码	股票简称	净利润(万元)	每股收益(元)	每股净资产(元)	每股经营性现金流量(元)	分配预案
200056	*ST 国商 B	-3953.66	-0.18	-0.5587	-0.912	不分配不转增
200058	深赛格 B	3967.41	0.0506	1.5739	-0.0773	不分配不转增
200152	山航 B	8236.60	0.21	6.0036	0.9234	不分配不转增
200160	南江 B	8602.13	0.12	0.2845	-0.2302	不分配不转增
200168	雷伊 B	718.46	0.02	1.1387	0.0122	不分配不转增
200413	宝石 B	11396.76	0.2	6.0545	-1.0156	不分配不转增
200418	小天鹅 B	22096.15	0.35	5.8766	1.4722	不分配不转增
200429	粤高速 B	5761.19	0.05	3.361	0.2638	不分配不转增
200468	宁通信 B	-271.92	-0.013	1.746	-0.6291	不分配不转增
200488	晨鸣 B	33340.95	0.16	6.93	0.4398	不分配不转增
200505	*ST 珠江 B	-6445.50	-0.15	0.3379	-0.1028	不分配不转增
200512	闽灿坤 B	1042.57	0.06	2.618	-0.3422	不分配不转增
200513	丽珠 B	25931.04	0.88	10.5417	0.6284	不分配不转增
200521	皖美菱 B	13569.16	0.1777	4.0473	-0.1876	不分配不转增
200530	大冷 B	6512.24	0.19	5.1979	0.0107	不分配不转增
200539	粤电力 B	135748.43	0.31	3.9483	1.2167	不分配不转增
200541	粤照明 B	15304.73	0.16	2.8572	0.012	不分配不转增
200550	江铃 B	93750.37	1.09	9.748	1.7301	不分配不转增
200553	沙隆达 B	12747.05	0.2146	2.2741	0.7108	不分配不转增
200570	苏常柴 B	3986.52	0.07	3.1546	0.1544	不分配不转增
200581	苏威孚 B	53195.38	0.78	13.3057	0.4684	不分配不转增
200596	古井贡 B	37575.28	0.75	6.9391	0.2834	不分配不转增
200613	大东海 B	-48.20	-0.0013	0.2297	0.0081	不分配不转增
200625	长安 B	133096.98	0.29	3.5585	0.7837	不分配不转增
200706	瓦轴 B	2283.21	0.06	3.8221	-0.1071	不分配不转增
200725	京东方 B	85928.89	0.064	1.9788	0.2757	不分配不转增
200726	鲁泰 B	41617.59	0.43	5.3761	0.4885	不分配不转增
200761	本钢板 B	16748.40	0.05	4.9086	0.162	不分配不转增
200770	*ST 武锅 B	-3643.89	-0.12	-4.3086	-0.8391	不分配不转增
200771	杭汽轮 B	23292.62	0.31	5.0426	0.149	不分配不转增
200869	张裕 B	74057.42	1.08	9.7068	0.5969	不分配不转增
200986	粤华包 B	388.60	0.008	3.3824	0.8127	不分配不转增
200992	中鲁 B	2310.30	0.09	1.8813	-0.0786	不分配不转增

2013 年深市中小企业板上市公司中期主要财务指标

截至日期:2013-09-02

股票代码	股票简称	净利润(万元)	每股收益(元)	每股净资产(元)	每股经营性现金流量(元)	分配预案
002001	新和成	41114.13	0.57	8.4025	0.5905	不分配不转增
002002	鸿达兴业	10800.49	0.2172	2.952	-0.0632	不分配不转增
002003	伟星股份	9132.76	0.35	6.221	0.217	不分配不转增
002004	华邦颖泰	16016.88	0.29	6.2554	0.0053	不分配不转增
002005	德豪润达	5050.10	0.04	3.6643	-0.0319	不分配不转增
002006	精功科技	-5317.82	-0.12	2.1362	0.0204	不分配不转增
002007	华兰生物	23099.62	0.4009	4.8092	0.3836	不分配不转增
002008	大族激光	18469.99	0.18	3.2104	0.0949	不分配不转增
002009	天奇股份	3902.02	0.16	4.1538	-0.5511	不分配不转增
002010	传化股份	6382.82	0.13	3.3842	-0.2725	不分配不转增
002011	盾安环境	26887.50	0.3209	4.0565	-0.1564	不分配不转增
002012	凯恩股份	3302.50	0.07	2.4341	0.0452	不分配不转增
002013	中航精机	20192.86	0.28	5.7343	-0.8472	不分配不转增
002014	永新股份	7697.02	0.24	4.2368	0.2408	不分配不转增
002015	霞客环保	-2683.57	-0.11	2.986	1.613	不分配不转增
002016	世荣兆业	41246.49	0.64	2.2523	0.0197	不分配不转增
002017	东信和平	1359.98	0.0623	3.1351	-0.271	不分配不转增
002018	华星化工	1329.95	0.02	2.1468	-0.1634	不分配不转增
002019	鑫富药业	938.86	0.04	2.2309	0.0665	不分配不转增
002020	京新药业	3397.35	0.1345	3.1172	0.1312	不分配不转增
002021	中捷股份	2056.45	0.04	1.7035	0.1447	不分配不转增

股票代码	股票简称	净利润(万元)	每股收益(元)	每股净资产(元)	每股经营性现金流量(元)	分配预案
002022	科华生物	14826.76	0.3012	2.0154	0.2008	不分配不转增
002023	海特高新	5058.48	0.16	4.3576	0.0148	不分配不转增
002024	苏宁云商	73376.50	0.1	3.8987	0.369	不分配不转增
002025	航天电器	8344.25	0.25	4.6802	-0.0752	不分配不转增
002026	山东威达	2834.65	0.12	3.0206	-0.0475	不分配不转增
002027	七喜控股	-2166.60	-0.0717	1.9631	0.0495	不分配不转增
002028	思源电气	10669.41	0.24	6.733	-0.6055	不分配不转增
002029	七匹狼	25644.44	0.34	5.9175	0.3774	不分配不转增
002030	达安基因	5688.04	0.12	1.3658	-0.0976	不分配不转增
002031	巨轮股份	6870.69	0.1616	3.5532	0.2581	不分配不转增
002032	苏泊尔	27480.08	0.433	4.8828	0.5564	不分配不转增
002033	丽江旅游	8329.68	0.39	4.3945	0.4362	不分配不转增
002034	美欣达	463.45	0.06	5.8201	0.0446	不分配不转增
002035	华帝股份	9313.59	0.32	3.5659	0.3824	不分配不转增
002036	宜科科技	824.48	0.04	1.6699	0.081	不分配不转增
002037	久联发展	8742.22	0.27	5.0328	-0.7305	不分配不转增
002038	双鹭药业	29171.08	0.6385	4.9005	0.2511	不分配不转增
002039	黔源电力	1422.79	0.0699	8.3912	2.6207	不分配不转增
002040	南京港	1600.24	0.0651	2.5145	0.0327	不分配不转增
002041	登海种业	15333.05	0.4356	4.1791	0.3068	不分配不转增
002042	华孚色纺	11541.11	0.14	3.7635	0.0687	不分配不转增
002043	兔宝宝	666.93	0.01	1.5951	0.0217	不分配不转增
002044	江苏三友	914.14	0.041	1.6981	-0.192	不分配不转增
002045	国光电器	3443.70	0.08	2.8568	0.2426	不分配不转增
002046	轴研科技	2226.42	0.08	3.6558	-0.3174	不分配不转增
002047	*ST 成霖	-201.52	-0.004	1.4416	0.0689	不分配不转增
002048	宁波华翔	16774.38	0.32	6.1764	0.5194	不分配不转增
002049	同方国芯	11073.67	0.3676	7.218	-0.0927	不分配不转增
002050	三花股份	18924.60	0.32	5.0682	0.0357	不分配不转增
002051	中工国际	34528.44	0.54	6.7839	1.5584	不分配不转增
002052	同洲电子	3527.80	0.05	1.937	-0.2005	不分配不转增
002053	云南盐化	-2302.95	-0.124	4.2772	0.3385	不分配不转增
002054	德美化工	5965.56	0.18	4.5717	0.2276	不分配不转增
002055	得润电子	5250.51	0.1267	2.9222	-0.012	不分配不转增
002056	横店东磁	11409.20	0.28	6.7722	0.6728	不分配不转增
002057	中钢天源	583.84	0.06	4.6521	-0.1486	不分配不转增
002058	威尔泰	-60.88	-0.004	1.3025	0.0099	不分配不转增
002059	云南旅游	890.04	0.0414	2.7221	-0.1406	不分配不转增
002060	粤水电	3878.17	0.0644	3.9885	-0.1463	不分配不转增
002061	江山化工	2275.46	0.068	3.5355	0.1926	不分配不转增
002062	宏润建设	7671.69	0.14	3.4816	-0.1967	不分配不转增
002063	远光软件	13833.52	0.3008	3.2761	-0.3606	不分配不转增
002064	华峰氨纶	8021.41	0.11	2.2526	0.2626	不分配不转增
002065	东华软件	30640.24	0.4441	4.2528	-0.3572	不分配不转增
002066	瑞泰科技	-1835.99	-0.0795	2.4369	-0.2151	不分配不转增
002067	景兴纸业	1114.87	0.01	2.6336	0.1051	不分配不转增
002068	黑猫股份	104.39	0.0022	2.7405	-0.6625	不分配不转增
002069	獐子岛	5270.64	0.07	3.3438	-0.2214	不分配不转增
002070	众和股份	3721.63	0.0762	2.4838	-0.1187	不分配不转增
002071	江苏宏宝	58.16	0.0032	1.6426	-0.0036	不分配不转增
002072	德棉股份	93.52	0.005	1.3084	0.2458	不分配不转增
002073	软控股份	9871.64	0.13	4.339	0.1279	不分配不转增
002074	东源电器	3204.74	0.13	1.854	0.0205	不分配不转增
002075	沙钢股份	880.60	0.0056	1.4779	0.1953	不分配不转增
002076	雪莱特	832.86	0.0452	2.1688	-0.3135	不分配不转增
002077	大港股份	2246.34	0.09	3.5305	-2.0679	不分配不转增
002078	太阳纸业	14066.13	0.13	4.4083	0.3794	不分配不转增
002079	苏州固锝	1523.84	0.021	1.6716	-0.0196	不分配不转增
002080	中材科技	5200.50	0.13	5.9658	-0.7104	不分配不转增

股票代码	股票简称	净利润(万元)	每股收益(元)	每股净资产(元)	每股经营性现金流量(元)	分配预案
002081	金螳螂	59757.16	0.5093	3.9	-0.1679	不分配不转增
002082	栋梁新材	5094.70	0.21	4.6958	0.4652	不分配不转增
002083	孚日股份	12453.57	0.13	3.0353	0.6639	不分配不转增
002084	海鸥卫浴	1274.20	0.03	1.8436	0.0898	不分配不转增
002085	万丰奥威	13953.78	0.3577	4.3027	0.3498	10派5元(含税)
002086	东方海洋	3788.56	0.1554	5.5089	0.0069	不分配不转增
002087	新野纺织	4713.94	0.0907	3.5315	0.2214	不分配不转增
002088	鲁阳股份	3074.61	0.13	6.2296	0.2704	不分配不转增
002089	新海宜	3960.80	0.0921	2.6174	0.0471	不分配不转增
002090	金智科技	2481.07	0.1216	2.7242	-0.0927	不分配不转增
002091	江苏国泰	9418.19	0.26	3.5207	0.3472	不分配不转增
002092	中泰化学	3046.17	0.026	5.9202	0.4637	不分配不转增
002093	国脉科技	7121.10	0.0823	1.4081	-0.1341	不分配不转增
002094	青岛金王	1830.88	0.057	1.7637	-0.1225	不分配不转增
002095	生意宝	1973.80	0.12	2.9199	0.0895	不分配不转增
002096	南岭民爆	9774.98	0.26	4.7611	0.1259	不分配不转增
002097	山河智能	5173.85	0.1257	4.1429	0.8187	不分配不转增
002098	浔兴股份	3752.67	0.242	3.9937	0.2821	不分配不转增
002099	海翔药业	247.41	0.01	2.1964	0.1164	不分配不转增
002100	天康生物	7050.86	0.18	3.2976	0.378	不分配不转增
002101	广东鸿图	3254.85	0.2	6.0068	-0.0461	不分配不转增
002102	冠福家用	2852.86	0.07	1.6008	0.1885	不分配不转增
002103	广博股份	705.80	0.0323	3.3493	-0.1149	不分配不转增
002104	恒宝股份	7141.76	0.16	1.8965	-0.0501	不分配不转增
002105	信隆实业	-1286.55	-0.05	1.836	0.0205	不分配不转增
002106	莱宝高科	2639.53	0.0404	5.77	0.3589	不分配不转增
002107	沃华医药	298.04	0.02	3.6431	0.0389	不分配不转增
002108	沧州明珠	6594.21	0.19	3.198	0.0353	不分配不转增
002109	兴化股份	3999.62	0.11	3.6131	0.0424	不分配不转增
002110	三钢闽光	-3099.49	-0.058	5.0624	-0.1128	不分配不转增
002111	威海广泰	3841.45	0.13	3.6202	-0.1331	不分配不转增
002112	三变科技	677.32	0.03	2.2287	0.3944	不分配不转增
002113	天润控股	254.89	0.02	0.7885	-0.0848	不分配不转增
002114	罗平锌电	-6193.18	-0.34	0.7432	-0.0618	不分配不转增
002115	三维通信	1045.92	0.0255	2.5457	-0.2937	不分配不转增
002116	中国海诚	7810.56	0.381	3.0393	-0.0028	不分配不转增
002117	东港股份	6657.38	0.22	3.7077	0.0463	不分配不转增
002118	紫鑫药业	2042.04	0.04	3.7347	-0.3371	不分配不转增
002119	康强电子	778.72	0.04	3.4111	0.0865	不分配不转增
002120	新海股份	1768.25	0.12	3.0685	0.5578	不分配不转增
002121	科陆电子	5371.69	0.1354	3.2869	-0.3974	不分配不转增
002122	天马股份	1940.48	0.02	3.9601	0.0872	不分配不转增
002123	荣信股份	7837.09	0.16	4.2184	-0.4926	不分配不转增
002124	天邦股份	-1002.93	-0.049	1.9238	-0.4955	不分配不转增
002125	湘潭电化	-2394.70	-0.1721	2.1382	0.2127	不分配不转增
002126	银轮股份	3953.48	0.12	3.9212	0.0689	不分配不转增
002127	新民科技	-12439.26	-0.28	1.8565	0.8902	不分配不转增
002128	露天煤业	41147.44	0.31	4.372	0.2197	不分配不转增
002129	中环股份	2800.22	0.0319	3.95	0.1982	不分配不转增
002130	沃尔核材	2594.77	0.05	1.718	0.0344	不分配不转增
002131	利欧股份	4728.19	0.15	3.4519	0.0859	不分配不转增
002132	恒星科技	428.80	0.01	2.1056	0.2097	10派0.5元(含税)
002133	广宇集团	13208.43	0.22	3.1701	-1.2462	不分配不转增
002134	天津普林	-2687.79	-0.1093	2.3686	0.0933	不分配不转增
002135	东南网架	5000.90	0.07	2.3992	-0.0224	不分配不转增
002136	安纳达	-2208.94	-0.1027	2.8627	-0.3089	不分配不转增
002137	实益达	-1658.81	-0.0394	1.2204	-0.0002	不分配不转增
002138	顺络电子	6868.42	0.22	3.9347	0.1772	不分配不转增
002139	拓邦股份	1703.20	0.08	2.2105	0.1972	不分配不转增

股票代码	股票简称	净利润(万元)	每股收益(元)	每股净资产(元)	每股经营性现金流量(元)	分配预案
002140	东华科技	8867.80	0.2	3.2555	0.3289	不分配不转增
002141	蓉胜超微	185.56	0.0102	1.7071	-0.1165	不分配不转增
002142	宁波银行	260750.81	0.9	8.5541	12.6773	不分配不转增
002143	高金食品	-2408.71	-0.1154	2.2402	0.028	不分配不转增
002144	宏达高科	4778.64	0.29	9.9934	0.161	不分配不转增
002145	中核钛白	340.41	0.0085	2.7614	-0.2412	不分配不转增
002146	荣盛发展	111896.59	0.6	4.8354	-2.1079	不分配不转增
002147	方圆支承	-263.85	-0.01	3.3237	-0.0419	不分配不转增
002148	北纬通信	2494.91	0.22	4.5022	0.2452	不分配不转增
002149	西部材料	-412.25	-0.0236	4.8513	0.2484	不分配不转增
002150	江苏通润	2442.67	0.1	2.0764	0.0233	不分配不转增
002151	北斗星通	-122.47	-0.01	3.6555	-0.6228	不分配不转增
002152	广电运通	27863.40	0.37	4.0927	-0.4633	不分配不转增
002153	石基信息	14695.73	0.48	4.4939	0.1534	不分配不转增
002154	报喜鸟	8183.43	0.14	4.3336	-0.5058	不分配不转增
002155	辰州矿业	7862.19	0.0789	2.953	0.3244	不分配不转增
002156	通富微电	2445.64	0.038	3.4161	0.1279	不分配不转增
002157	正邦科技	472.41	0.01	2.3446	0.013	不分配不转增
002158	汉钟精机	6077.90	0.2534	3.2496	0.3963	不分配不转增
002159	三特索道	-3363.92	-0.28	4.2607	0.2151	不分配不转增
002160	常铝股份	-2923.06	-0.086	1.6404	-0.0855	不分配不转增
002161	远望谷	6549.61	0.089	1.9944	-0.0045	不分配不转增
002162	*ST上控	820.73	0.0196	1.2584	0.1644	不分配不转增
002163	中航三鑫	-11483.31	-0.14	1.5524	-0.2756	不分配不转增
002164	东力传动	420.94	0.01	2.462	0.0426	不分配不转增
002165	红宝丽	668.94	0.01	1.7277	0.2862	不分配不转增
002166	莱茵生物	568.55	0.04	1.3022	-0.7382	不分配不转增
002167	东方锆业	2422.59	0.06	3.6049	0.1838	不分配不转增
002168	深圳惠程	1945.73	0.0257	1.4579	-0.0281	不分配不转增
002169	智光电气	418.66	0.0157	2.0507	-0.0269	不分配不转增
002170	芭田股份	7684.46	0.09	1.6512	0.1079	不分配不转增
002171	精诚铜业	-473.94	-0.01	1.8402	0.0386	不分配不转增
002172	澳洋科技	2569.46	0.05	1.1067	0.4442	不分配不转增
002173	千足珍珠	2497.60	0.12	2.4676	-0.0273	不分配不转增
002174	梅花伞	-391.99	-0.05	2.7699	0.1076	不分配不转增
002175	广陆数测	611.55	0.0674	4.4429	-0.0068	不分配不转增
002176	江特电机	3003.28	0.07	2.0346	0.0316	不分配不转增
002177	御银股份	9587.19	0.13	1.9222	-0.1001	不分配不转增
002178	延华智能	1789.43	0.13	2.4508	-0.6728	不分配不转增
002179	中航光电	10941.79	0.2527	5.3343	-0.1367	10派1元(含税)
002180	万力达	496.79	0.04	2.9845	-0.0651	不分配不转增
002181	粤传媒	13112.96	0.1895	5.295	0.0004	不分配不转增
002182	云海金属	1070.95	0.037	3.1302	0.1338	不分配不转增
002183	怡亚通	9143.96	0.1	2.1803	-1.8767	不分配不转增
002184	海得控制	-961.40	-0.0437	3.1586	-0.0464	不分配不转增
002185	华天科技	10192.32	0.1569	2.4516	0.1254	不分配不转增
002186	全聚德	6158.04	0.3729	3.0522	0.4494	不分配不转增
002187	广百股份	11077.05	0.32	6.2565	-0.3762	不分配不转增
002188	新嘉联	-1219.09	-0.08	1.9249	-0.026	不分配不转增
002189	利达光电	-533.25	-0.03	2.4308	-0.0157	不分配不转增
002190	成飞集成	2042.41	0.06	4.5262	0.1226	不分配不转增
002191	劲嘉股份	25917.51	0.4	4.0897	0.5937	不分配不转增
002192	路翔股份	-497.40	-0.036	2.9165	-0.1159	不分配不转增
002193	山东如意	190.90	0.01	4.2035	0.0137	不分配不转增
002194	武汉凡谷	1475.46	0.0265	3.4323	0.1806	不分配不转增
002195	海隆软件	1857.83	0.164	3.8806	0.1865	不分配不转增
002196	方正电机	430.29	0.037	2.4736	0.2299	不分配不转增
002197	证通电子	1455.57	0.069	2.6562	-0.561	不分配不转增
002198	嘉应制药	737.56	0.036	1.3625	0.0303	不分配不转增

股票代码	股票简称	净利润(万元)	每股收益(元)	每股净资产(元)	每股经营性现金流量(元)	分配预案
002199	东晶电子	291.75	0.0153	2.9026	0.099	不分配不转增
002200	*ST大地	-1062.99	-0.07	2.1093	-0.8691	不分配不转增
002201	九鼎新材	417.71	0.02	2.4004	0.056	不分配不转增
002202	金风科技	9268.22	0.0344	4.7982	-0.4531	不分配不转增
002203	海亮股份	13678.37	0.1767	3.5534	0.5706	不分配不转增
002204	大连重工	7941.10	0.08	9.717	1.3974	不分配不转增
002205	国统股份	521.91	0.0449	7.461	-0.314	不分配不转增
002206	海利得	5067.00	0.11	4.3269	0.0468	不分配不转增
002207	准油股份	-110.91	-0.01	3.6555	-0.3236	不分配不转增
002208	合肥城建	3336.33	0.1	3.805	1.1849	不分配不转增
002209	达意隆	1022.15	0.0524	3.2342	0.1146	不分配不转增
002210	飞马国际	5976.67	0.15	1.6022	3.1184	不分配不转增
002211	宏达新材	-17063.56	-0.39	3.5128	0.1542	不分配不转增
002212	南洋股份	2534.46	0.05	3.2966	0.1364	不分配不转增
002213	特尔佳	1014.71	0.05	1.5573	0.0836	不分配不转增
002214	大立科技	925.13	0.05	2.2834	0.0613	不分配不转增
002215	诺普信	14432.50	0.27	2.6557	-0.0675	不分配不转增
002216	三全食品	11038.85	0.27	4.4385	0.0909	不分配不转增
002217	联合化工	-2252.48	-0.07	2.5775	0.2089	不分配不转增
002218	拓日新能	667.08	0.014	2.9279	0.1121	不分配不转增
002219	独一味	10407.49	0.2382	1.6233	0.128	不分配不转增
002220	天宝股份	7062.45	0.15	3.3843	0.6001	不分配不转增
002221	东华能源	2454.05	0.042	2.4216	0.6747	不分配不转增
002222	福晶科技	2360.64	0.08	2.1511	0.0698	不分配不转增
002223	鱼跃医疗	15665.93	0.29	2.6429	0.1222	不分配不转增
002224	三力士	5346.55	0.26	4.4036	-0.5408	10转增5股
002225	濮耐股份	5971.64	0.08	1.8569	0.1232	不分配不转增
002226	江南化工	11991.95	0.3031	6.0331	0.37	不分配不转增
002227	奥特迅	518.40	0.0477	5.653	-0.2255	不分配不转增
002228	合兴包装	4728.00	0.14	2.6196	0.1521	不分配不转增
002229	鸿博股份	2642.80	0.0886	2.7589	-0.2657	不分配不转增
002230	科大讯飞	8249.50	0.2	6.7665	0.0061	10派1.5元(含税)
002231	奥维通信	-2336.13	-0.0655	1.8729	-0.2906	不分配不转增
002232	启明信息	191.84	0.0047	2.4253	-0.1611	不分配不转增
002233	塔牌集团	9730.57	0.1088	3.8785	0.163	不分配不转增
002234	民和股份	-7793.58	-0.26	4.2859	-0.2543	不分配不转增
002235	安妮股份	781.77	0.04	2.2774	0.0605	不分配不转增
002236	大华股份	38625.35	0.34	2.9874	-0.0689	不分配不转增
002237	恒邦股份	13732.43	0.3	7.3697	0.4143	不分配不转增
002238	天威视讯	7426.66	0.23	4.6756	0.4166	不分配不转增
002239	金飞达	9104.60	0.45	3.2005	0.0265	不分配不转增
002240	威华股份	591.29	0.01	3.19	0.089	不分配不转增
002241	歌尔声学	48023.62	0.31	3.6083	0.2415	不分配不转增
002242	九阳股份	25369.41	0.33	3.585	0.2408	不分配不转增
002243	通产丽星	3377.18	0.115	3.9966	0.0908	不分配不转增
002244	滨江集团	93211.23	0.69	5.0312	1.4821	不分配不转增
002245	澳洋顺昌	4498.28	0.1233	1.9422	0.2768	不分配不转增
002246	北化股份	329.09	0.0156	4.0142	-0.0804	10派0.3元(含税)
002247	帝龙新材	3094.08	0.27	6.5666	0.1568	不分配不转增
002248	华东数控	-2917.70	-0.11	3.4723	0.1005	不分配不转增
002249	大洋电机	10444.46	0.15	3.4835	0.5259	不分配不转增
002250	联化科技	19397.11	0.37	4.5923	0.4959	不分配不转增
002251	步步高	24415.92	0.4292	9.6772	2.0926	不分配不转增
002252	上海莱士	8590.82	0.175	2.154	-0.0252	不分配不转增
002253	川大智胜	1727.60	0.1241	5.5564	-0.0698	不分配不转增
002254	泰和新材	3815.71	0.07	3.2068	0.1055	不分配不转增
002255	海陆重工	8457.91	0.33	5.7607	0.1217	不分配不转增
002256	彩虹精化	3125.03	0.1	1.5203	0.0186	不分配不转增
002258	利尔化学	6938.27	0.34	5.2054	0.3265	不分配不转增

股票代码	股票简称	净利润(万元)	每股收益(元)	每股净资产(元)	每股经营性现金流量(元)	分配预案
002259	升达林业	310.34	0.0048	1.2755	0.0179	不分配不转增
002260	伊立浦	391.86	0.0251	2.0314	0.0863	不分配不转增
002261	拓维信息	1882.49	0.07	2.9256	-0.1402	不分配不转增
002262	恩华药业	9874.59	0.3014	2.3215	0.0804	不分配不转增
002263	大东南	-1310.11	-0.022	4.2263	-0.0672	不分配不转增
002264	新华都	1759.80	0.0325	2.4121	-0.3501	不分配不转增
002265	*ST西仪	130.06	0.004	1.7276	0.018	不分配不转增
002266	浙富股份	5785.68	0.09	3.1659	-0.1457	10转增10股派0.5元(含税)
002267	陕天然气	21358.42	0.21	2.9731	0.4078	不分配不转增
002268	卫士通	-348.06	-0.0202	3.0137	-0.5495	不分配不转增
002269	美邦服饰	22247.77	0.22	3.5833	0.3781	不分配不转增
002270	法因数控	901.70	0.05	3.0254	0.0997	不分配不转增
002271	东方雨虹	9731.95	0.2833	3.7063	0.1969	不分配不转增
002272	川润股份	275.12	0.0066	2.96	-0.0814	不分配不转增
002273	水晶光电	5674.35	0.15	2.8422	0.0773	不分配不转增
002274	华昌化工	-4680.37	-0.18	5.2819	0.3803	不分配不转增
002275	桂林三金	21595.14	0.366	3.3866	0.4961	不分配不转增
002276	万马电缆	9089.64	0.0978	2.5471	-0.1962	不分配不转增
002277	友阿股份	29935.57	0.5358	4.4945	-0.1481	不分配不转增
002278	神开股份	3681.09	0.13	4.0069	0.0249	不分配不转增
002279	久其软件	-2294.60	-0.1305	3.5631	-0.2767	不分配不转增
002280	新世纪	-1038.35	-0.1	4.2655	-0.5526	不分配不转增
002281	光迅科技	9214.91	0.5	8.345	-0.2453	不分配不转增
002282	博深工具	3104.33	0.14	3.5279	-0.0424	不分配不转增
002283	天润曲轴	5489.18	0.1	5.4029	0.2987	不分配不转增
002284	亚太股份	7451.46	0.26	3.9976	0.4185	不分配不转增
002285	世联地产	10436.29	0.25	3.519	0.3961	不分配不转增
002286	保龄宝	2598.16	0.17	7.6659	0.1509	不分配不转增
002287	奇正藏药	11479.26	0.28	3.227	0.5444	不分配不转增
002288	超华科技	2530.51	0.064	2.8848	-0.0723	不分配不转增
002289	宇顺电子	517.63	0.0596	6.6134	1.3013	不分配不转增
002290	禾盛新材	2207.72	0.1	4.5779	0.0903	不分配不转增
002291	星期六	3104.56	0.0854	4.451	0.0001	不分配不转增
002292	奥飞动漫	9022.55	0.15	2.5208	0.0196	不分配不转增
002293	罗莱家纺	13710.59	0.49	6.8776	-0.2268	不分配不转增
002294	信立泰	39283.69	0.6	4.1173	0.3254	不分配不转增
002295	精艺股份	-1459.78	-0.0689	3.8544	-0.8875	不分配不转增
002296	辉煌科技	1019.04	0.0573	3.8675	-0.2488	不分配不转增
002297	博云新材	1785.30	0.0556	2.8917	0.0319	不分配不转增
002298	鑫龙电器	6239.06	0.1523	3.0405	0.0414	不分配不转增
002299	圣农发展	-23330.82	-0.2561	3.3925	-0.3952	不分配不转增
002300	太阳电缆	4976.55	0.1651	3.5406	0.1502	不分配不转增
002301	齐心文具	952.61	0.02	2.928	-0.1835	不分配不转增
002302	西部建设	10799.01	0.23	5.4343	-1.3142	不分配不转增
002303	美盈森	7404.90	0.4141	10.4271	0.3219	10转增10股
002304	洋河股份	328490.91	3.04	14.6132	2.2527	不分配不转增
002305	南国置业	11660.95	0.1214	2.2411	-0.9839	不分配不转增
002306	湘鄂情	-22032.53	-0.55	2.5325	-0.2348	不分配不转增
002307	北新路桥	2242.51	0.0523	2.9453	-0.6108	不分配不转增
002308	威创股份	14713.04	0.18	2.3755	0.0711	不分配不转增
002309	中利科技	-15957.72	-0.33	4.9738	-0.3004	不分配不转增
002310	东方园林	32060.51	0.53	4.9373	-0.5543	不分配不转增
002311	海大集团	13639.23	0.14	2.9878	0.2169	不分配不转增
002312	三泰电子	-2350.18	-0.13	4.1025	-1.463	不分配不转增
002313	日海通讯	11054.20	0.35	6.4106	-0.6225	不分配不转增
002314	雅致股份	-2178.21	-0.08	6.1512	-0.2914	不分配不转增
002315	焦点科技	6278.60	0.53	14.4096	0.3357	不分配不转增
002316	键桥通讯	1520.31	0.04	2.2608	-0.1928	不分配不转增
002317	众生药业	9333.62	0.26	4.4168	0.0633	不分配不转增

股票代码	股票简称	净利润(万元)	每股收益(元)	每股净资产(元)	每股经营性现金流量(元)	分配预案
002318	久立特材	10148.40	0.33	5.3532	0.2802	不分配不转增
002319	乐通股份	1084.85	0.054	2.7072	-0.0313	不分配不转增
002320	海峡股份	6721.24	0.16	4.4068	0.2437	不分配不转增
002321	华英农业	-6735.77	-0.229	5.1537	0.4316	不分配不转增
002322	理工监测	4243.44	0.15	4.0499	0.2082	不分配不转增
002323	中联电气	2283.61	0.2123	7.8956	-0.0785	不分配不转增
002324	普利特	8874.29	0.33	4.9226	-0.3776	不分配不转增
002325	洪涛股份	10517.94	0.15	2.2758	-0.259	不分配不转增
002326	永太科技	2062.40	0.09	4.1871	-0.0379	不分配不转增
002327	富安娜	13606.23	0.42	5.0005	-0.0894	不分配不转增
002328	新朋股份	1133.67	0.03	4.6502	0.3679	不分配不转增
002329	皇氏乳业	2113.66	0.099	3.6402	0.3878	不分配不转增
002330	得利斯	2959.30	0.059	2.6017	0.0936	不分配不转增
002331	皖通科技	3174.79	0.1482	3.3536	-0.1663	不分配不转增
002332	仙琚制药	5153.07	0.15	3.3621	-0.2207	不分配不转增
002333	罗普斯金	4492.20	0.18	5.1489	0.2241	不分配不转增
002334	英威腾	5306.83	0.2204	3.4401	0.1079	不分配不转增
002335	科华恒盛	4460.95	0.2	4.382	-0.4817	不分配不转增
002336	人人乐	1014.20	0.0254	8.2035	0.5358	不分配不转增
002337	赛象科技	2100.32	0.11	6.3884	0.1374	不分配不转增
002338	奥普光电	2903.38	0.2419	5.2974	0.0717	不分配不转增
002339	积成电子	2134.66	0.06	3.0417	-0.3037	不分配不转增
002340	格林美	7143.17	0.09	3.0072	-0.3843	不分配不转增
002341	新纶科技	6666.33	0.2001	3.8568	-0.1107	不分配不转增
002342	巨力索具	5971.50	0.062	2.4535	0.0904	不分配不转增
002343	禾欣股份	3684.00	0.1859	5.8591	0.1918	不分配不转增
002344	海宁皮城	58560.80	0.523	2.9942	0.9163	不分配不转增
002345	潮宏基	10625.02	0.3	4.2164	0.4149	不分配不转增
002346	柘中建设	-271.61	-0.02	7.1394	0.203	不分配不转增
002347	泰尔重工	2178.33	0.12	4.983	-0.1979	不分配不转增
002348	高乐股份	5443.84	0.1149	2.4274	-0.0116	不分配不转增
002349	精华制药	2661.53	0.1331	3.2085	-0.1517	不分配不转增
002350	北京科锐	1833.74	0.08	4.4767	-0.3011	不分配不转增
002351	漫步者	5025.20	0.17	5.4245	0.927	不分配不转增
002352	鼎泰新材	2455.98	0.32	9.3618	-0.5021	10 派 2.5 元(含税)
002353	杰瑞股份	41304.71	0.69	5.7526	0.1395	不分配不转增
002354	科冕木业	1170.33	0.13	5.0423	-0.022	不分配不转增
002355	兴民钢圈	5564.83	0.11	3.7037	0.0595	不分配不转增
002356	浩宁达	377.87	0.05	11.4916	-1.5517	不分配不转增
002357	富临运业	5025.73	0.2565	3.2931	0.5262	不分配不转增
002358	森源电气	11008.98	0.32	3.4959	-0.154	不分配不转增
002359	齐星铁塔	1529.72	0.08	5.0123	-0.5917	10 转增 10 股派 1 元(含税)
002360	同德化工	4766.17	0.2648	3.9263	0.2188	不分配不转增
002361	神剑股份	2871.78	0.0897	1.8313	-0.0587	不分配不转增
002362	汉王科技	-3386.36	-0.16	4.2076	-0.0253	不分配不转增
002363	隆基机械	2645.63	0.2	8.3802	-0.0419	不分配不转增
002364	中恒电气	3433.36	0.14	3.1627	-0.3081	不分配不转增
002365	永安药业	1940.96	0.1	5.7544	0.051	不分配不转增
002366	丹甫股份	2344.36	0.1756	5.4351	0.2311	不分配不转增
002367	康力电梯	10966.83	0.2937	4.0639	0.3353	不分配不转增
002368	太极股份	6377.77	0.27	4.9548	-1.8742	不分配不转增
002369	卓翼科技	3197.07	0.13	5.4514	0.1169	不分配不转增
002370	亚太药业	-778.02	-0.04	3.4128	-0.0188	不分配不转增
002371	七星电子	5478.97	0.16	5.0423	-0.2153	不分配不转增
002372	伟星新材	13505.65	0.41	5.1947	0.607	不分配不转增
002373	联信永益	-6256.92	-0.46	3.9211	-0.7146	不分配不转增
002374	丽鹏股份	1894.94	0.1	4.1264	0.0627	不分配不转增
002375	亚厦股份	36022.11	0.57	5.9913	-0.6393	不分配不转增
002376	新北洋	7290.13	0.12	2.3714	0.0018	不分配不转增

股票代码	股票简称	净利润(万元)	每股收益(元)	每股净资产(元)	每股经营性现金流量(元)	分配预案
002377	国创高新	200.05	0.0093	3.4184	-1.0649	不分配不转增
002378	章源钨业	5962.04	0.14	3.2055	0.1747	不分配不转增
002379	鲁丰股份	602.15	0.01	3.5849	1.0356	不分配不转增
002380	科远股份	1477.14	0.22	13.146	0.0528	不分配不转增
002381	双箭股份	6498.53	0.28	4.2559	0.411	不分配不转增
002382	蓝帆股份	2767.26	0.12	4.0226	-0.0234	不分配不转增
002383	合众思壮	-3310.42	-0.1768	7.2791	-1.0306	不分配不转增
002384	东山精密	3052.10	0.0795	3.4973	0.1096	不分配不转增
002385	大北农	32023.61	0.2	2.6702	-0.2201	不分配不转增
002386	天原集团	6036.64	0.1258	8.3196	0.2203	不分配不转增
002387	黑牛食品	32.03	0.001	4.2962	-0.1469	不分配不转增
002388	新亚制程	690.36	0.03	2.7653	0.0115	不分配不转增
002389	南洋科技	1985.47	0.04	3.0881	0.1691	不分配不转增
002390	信邦制药	1796.83	0.1	5.8478	0.0193	不分配不转增
002391	长青股份	10234.25	0.5	8.733	0.5342	不分配不转增
002392	北京利尔	7893.74	0.146	3.7568	0.1778	不分配不转增
002393	力生制药	20950.98	1.15	16.3472	0.0808	不分配不转增
002394	联发股份	10530.81	0.49	10.6916	0.7899	10派2元(含税)
002395	双象股份	1387.28	0.1552	4.4014	0.0884	不分配不转增
002396	星网锐捷	4519.65	0.1287	5.1704	-0.5515	不分配不转增
002397	梦洁家纺	4764.89	0.32	7.401	-0.2293	不分配不转增
002398	建研集团	11886.59	0.45	5.7596	0.0284	不分配不转增
002399	海普瑞	25026.57	0.31	9.7009	0.1801	不分配不转增
002400	省广股份	11017.11	0.29	3.4262	0.6561	不分配不转增
002401	中海科技	2763.98	0.1367	3.0148	-0.7235	不分配不转增
002402	和而泰	1602.33	0.16	7.4925	-0.0053	不分配不转增
002403	爱仕达	1869.51	0.08	6.6783	0.2278	不分配不转增
002404	嘉欣丝绸	3998.92	0.15	4.5648	-0.1742	不分配不转增
002405	四维图新	4683.31	0.07	3.3987	0.0979	不分配不转增
002406	远东传动	7314.06	0.26	7.3066	0.0725	不分配不转增
002407	多氟多	335.82	0.02	6.4902	0.1022	不分配不转增
002408	齐翔腾达	19144.57	0.34	5.7296	0.3125	不分配不转增
002409	雅克科技	3329.43	0.2002	7.2183	0.0685	不分配不转增
002410	广联达	18665.96	0.35	3.9762	0.2048	不分配不转增
002411	九九久	2215.67	0.06	2.4053	0.0701	不分配不转增
002412	汉森制药	4862.26	0.33	6.8495	0.1752	不分配不转增
002413	常发股份	1836.31	0.08	5.3763	0.0883	不分配不转增
002414	高德红外	5169.50	0.1723	7.8997	-0.5422	10转增10股
002415	海康威视	98569.30	0.245	4.5144	-0.1007	不分配不转增
002416	爱施德	25862.47	0.26	4.0724	-0.597	不分配不转增
002417	三元达	-2685.22	-0.1	3.1457	-0.3429	不分配不转增
002418	康盛股份	2452.71	0.107	5.0808	-0.0257	不分配不转增
002419	天虹商场	29796.81	0.37	5.0005	-0.7064	不分配不转增
002420	毅昌股份	-583.13	-0.0145	3.9997	0.3588	不分配不转增
002421	达实智能	2665.82	0.1277	3.4255	0.112	不分配不转增
002422	科伦药业	53435.32	1.11	19.2016	0.9546	不分配不转增
002423	中原特钢	-3160.75	-0.068	3.7737	-0.0633	不分配不转增
002424	贵州百灵	11841.30	0.25	4.1553	0.0672	不分配不转增
002425	凯撒股份	3018.62	0.109	3.4393	0.1472	不分配不转增
002426	胜利精密	4712.29	0.1177	3.3261	-0.1743	不分配不转增
002427	尤夫股份	32.66	0.001371	4.0541	-0.0606	不分配不转增
002428	云南锗业	6717.16	0.103	2.1768	0.2669	不分配不转增
002429	兆驰股份	24019.69	0.22	3.2116	-0.313	不分配不转增
002430	杭氧股份	12197.21	0.15	3.8779	0.2389	不分配不转增
002431	棕榈园林	13871.44	0.301	5.0079	-0.3521	不分配不转增
002432	九安医疗	583.98	0.02	2.048	-0.1032	不分配不转增
002433	太安堂	3975.20	0.143	6.7692	-0.1674	不分配不转增
002434	万里扬	7493.07	0.22	5.767	0.6006	不分配不转增
002435	长江润发	2648.40	0.1338	4.0593	-0.4315	不分配不转增

股票代码	股票简称	净利润(万元)	每股收益(元)	每股净资产(元)	每股经营性现金流量(元)	分配预案
002436	兴森科技	5298.15	0.24	6.9735	0.2598	不分配不转增
002437	誉衡药业	9281.64	0.33	8.0614	0.5255	不分配不转增
002438	江苏神通	3164.97	0.152	4.135	-0.0856	不分配不转增
002439	启明星辰	-4105.51	-0.2	5.6167	-0.5002	不分配不转增
002440	闰土股份	25560.14	0.67	10.8812	0.6643	10 转增 10 股
002441	众业达	11066.00	0.48	8.617	0.174	不分配不转增
002442	龙星化工	878.58	0.0183	2.3501	-0.1376	不分配不转增
002443	金洲管道	6268.94	0.2	5.2165	-0.2204	10 转增 2 股派 1 元(含税)
002444	巨星科技	16980.45	0.33	6.4632	0.234	10 转增 10 股
002445	中南重工	2684.46	0.11	3.7616	0.4418	不分配不转增
002446	盛路通信	311.37	0.02	4.9217	-0.0122	不分配不转增
002447	壹桥苗业	7558.21	0.28	3.7484	0.0542	不分配不转增
002448	中原内配	8453.82	0.719	14.5884	-0.0507	不分配不转增
002449	国星光电	4984.41	0.1159	4.8964	0.1608	不分配不转增
002450	康得新	28858.61	0.31	3.5869	0.2154	不分配不转增
002451	摩恩电气	846.79	0.04	2.8531	0.0476	不分配不转增
002452	长高集团	4324.50	0.33	8.179	-0.2156	10 派 1 元(含税)
002453	天马精化	2888.83	0.12	4.1595	0.3192	不分配不转增
002454	松芝股份	11681.75	0.3744	6.4477	0.3597	不分配不转增
002455	百川股份	2438.08	0.19	5.827	-0.1185	不分配不转增
002456	欧菲光	22083.03	0.49	6.2739	-0.5565	不分配不转增
002457	青龙管业	3809.82	0.11	4.8333	-0.0227	不分配不转增
002458	益生股份	-9333.49	-0.33	3.0763	-0.0287	不分配不转增
002459	天业通联	-5878.27	-0.26	3.9044	0.4745	不分配不转增
002460	赣锋锂业	3488.49	0.23	5.3596	-0.057	不分配不转增
002461	珠江啤酒	2677.92	0.04	4.7914	0.2578	不分配不转增
002462	嘉事堂	5984.04	0.25	4.6375	-0.131	不分配不转增
002463	沪电股份	12761.47	0.09	2.3856	0.0573	不分配不转增
002464	金利科技	1859.42	0.13	6.2451	0.2887	不分配不转增
002465	海格通信	11608.66	0.35	13.0986	-0.2356	10 转增 10 股
002466	天齐锂业	731.73	0.05	6.8311	-0.3895	不分配不转增
002467	二六三	6350.91	0.26	5.2241	0.3609	不分配不转增
002468	艾迪西	261.65	0.01	2.6103	0.0496	不分配不转增
002469	三维工程	6910.75	0.27	3.5262	0.0387	不分配不转增
002470	金正大	37611.23	0.54	5.4269	0.87	不分配不转增
002471	中超电缆	7423.73	0.15	2.9542	-0.1077	不分配不转增
002472	双环传动	3808.86	0.14	5.1042	0.0481	不分配不转增
002473	圣莱达	274.30	0.02	2.676	0.0144	不分配不转增
002474	榕基软件	5084.94	0.1635	4.3024	-0.0132	不分配不转增
002475	立讯精密	11946.99	0.22	3.8994	0.2549	不分配不转增
002476	宝莫股份	2964.73	0.0484	1.6006	-0.031	不分配不转增
002477	雏鹰农牧	4187.54	0.0784	3.86	0.2195	不分配不转增
002478	常宝股份	10058.59	0.25	6.3826	0.4173	不分配不转增
002479	富春环保	10529.13	0.1427	2.7023	0.3609	不分配不转增
002480	新筑股份	919.66	0.03	6.6722	-0.1925	不分配不转增
002481	双塔食品	2579.60	0.1194	4.2384	0.2728	不分配不转增
002482	广田股份	19721.90	0.38	6.5083	-0.319	不分配不转增
002483	润邦股份	8123.79	0.23	5.8623	0.1243	不分配不转增
002484	江海股份	6033.77	0.2901	6.7645	0.1331	10 派 0.5 元(含税)
002485	希努尔	5326.14	0.17	6.2102	0.0834	不分配不转增
002486	嘉麟杰	2706.61	0.0651	2.3268	-0.0029	不分配不转增
002487	大金重工	1526.81	0.04	4.1356	0.2967	不分配不转增
002488	金固股份	3314.60	0.18	5.0568	-0.1282	不分配不转增
002489	浙江永强	27905.25	0.58	6.5657	2.3122	不分配不转增
002490	山东墨龙	4560.17	0.06	3.6789	-0.321	不分配不转增
002491	通鼎光电	10220.65	0.3817	6.3205	-0.7967	不分配不转增
002492	恒基达鑫	2824.68	0.2354	6.9022	0.3676	不分配不转增
002493	荣盛石化	6289.14	0.06	6.0916	0.1316	不分配不转增
002494	华斯股份	4019.00	0.35	8.68	-0.064	不分配不转增

股票代码	股票简称	净利润(万元)	每股收益(元)	每股净资产(元)	每股经营性现金流量(元)	分配预案
002495	佳隆股份	2608.11	0.0921	3.7489	0.091	不分配不转增
002496	辉丰股份	7577.54	0.31	7.2547	0.1822	不分配不转增
002497	雅化集团	10899.01	0.2271	4.0601	0.1864	不分配不转增
002498	汉缆股份	8559.65	0.08	3.5346	-0.3263	不分配不转增
002499	科林环保	664.13	0.059	5.8246	0.105	不分配不转增
002500	山西证券	9540.53	0.04	2.5133	-0.3905	不分配不转增
002501	利源铝业	15042.97	0.4	6.3023	0.6463	不分配不转增
002502	骅威股份	1342.12	0.1	6.2302	-0.0766	不分配不转增
002503	搜于特	12959.57	0.3	4.5438	-0.3359	不分配不转增
002504	东光微电	478.00	0.04	6.3334	-0.189	不分配不转增
002505	大康牧业	114.04	0.005	3.2893	0.0176	不分配不转增
002506	*ST超日	-41514.14	-0.49	0.8223	0.3369	不分配不转增
002507	涪陵榨菜	7522.23	0.49	6.2785	0.5108	不分配不转增
002508	老板电器	14454.00	0.56	7.0104	1.0141	不分配不转增
002509	天广消防	4360.41	0.11	2.1479	-0.0447	不分配不转增
002510	天汽模	3936.12	0.19	7.0706	0.4982	不分配不转增
002511	中顺洁柔	8152.19	0.26	7.2048	-0.1744	不分配不转增
002512	达华智能	2357.25	0.074	3.0888	-0.1643	不分配不转增
002513	蓝丰生化	2769.17	0.13	5.5769	0.1926	不分配不转增
002514	宝馨科技	853.28	0.08	4.7745	0.1337	不分配不转增
002515	金字火腿	2079.07	0.15	5.9232	0.1423	不分配不转增
002516	江苏旷达	6669.17	0.27	6.7576	-0.1383	不分配不转增
002517	泰亚股份	171.52	0.01	3.6592	-0.0594	不分配不转增
002518	科士达	4342.05	0.21	6.27	-0.0934	不分配不转增
002519	银河电子	4835.78	0.23	5.032	-0.0089	不分配不转增
002520	日发精机	1602.05	0.07	2.9059	0.1073	不分配不转增
002521	齐峰股份	8751.85	0.21	5.1721	-0.4437	不分配不转增
002522	浙江众成	3708.40	0.22	6.0136	0.3123	不分配不转增
002523	天桥起重	2013.80	0.06	3.2247	-0.0984	不分配不转增
002524	光正集团	-596.06	-0.01	1.6646	-0.0038	不分配不转增
002526	山东矿机	2352.50	0.0441	3.6355	-0.1612	不分配不转增
002527	新时达	6262.37	0.303	7.0752	0.2193	不分配不转增
002528	英飞拓	-7.76	-0.000219	6.0038	-0.0914	不分配不转增
002529	海源机械	470.02	0.03	6.2071	0.0616	不分配不转增
002530	丰东股份	2548.59	0.0951	2.3617	-0.0083	不分配不转增
002531	天顺风能	10063.49	0.24	4.4179	-0.0984	不分配不转增
002532	新界泵业	6288.31	0.39	5.9506	0.3817	不分配不转增
002533	金杯电工	4078.70	0.121	5.0534	-0.3684	不分配不转增
002534	杭锅股份	12109.44	0.3	6.6547	0.3753	不分配不转增
002535	林州重机	11326.78	0.21	3.9087	0.1047	不分配不转增
002536	西泵股份	2205.65	0.2298	12.093	0.6017	不分配不转增
002537	海立美达	3658.95	0.24	8.9997	-0.735	不分配不转增
002538	司尔特	7843.01	0.26	5.47	0.5354	不分配不转增
002539	新都化工	5268.55	0.16	6.7243	-0.1274	不分配不转增
002540	亚太科技	7281.51	0.18	5.4183	0.1475	不分配不转增
002541	鸿路钢构	9412.36	0.3512	8.1076	0.4672	不分配不转增
002542	中化岩土	3183.94	0.16	4.0413	0.1522	不分配不转增
002543	万和电气	14655.76	0.37	5.9915	0.565	不分配不转增
002544	杰赛科技	3175.81	0.09	2.9311	-0.7058	不分配不转增
002545	东方铁塔	8464.68	0.3253	10.5252	0.3016	不分配不转增
002546	新联电子	5443.78	0.324	6.7691	0.2206	不分配不转增
002547	春兴精工	1657.58	0.06	2.7277	0.1027	不分配不转增
002548	金新农	1626.85	0.12	5.8287	-0.3525	不分配不转增
002549	凯美特气	2544.19	0.09	2.8177	0.0399	不分配不转增
002550	千红制药	9024.53	0.56	11.4829	0.6398	不分配不转增
002551	尚荣医疗	3905.85	0.14	6.5888	-0.0548	不分配不转增
002552	宝鼎重工	711.99	0.05	5.3202	-0.0664	不分配不转增
002553	南方轴承	2261.05	0.2599	6.6009	0.3865	不分配不转增
002554	惠博普	4201.23	0.09	2.748	-0.2727	不分配不转增

股票代码	股票简称	净利润(万元)	每股收益(元)	每股净资产(元)	每股经营性现金流量(元)	分配预案
002555	顺荣股份	337.34	0.03	5.5017	0.1261	不分配不转增
002556	辉隆股份	5137.14	0.11	4.0552	-0.6044	不分配不转增
002557	洽洽食品	9864.37	0.29	7.2405	0.9102	不分配不转增
002558	世纪游轮	99.21	0.02	10.1664	-0.0227	不分配不转增
002559	亚威股份	4719.70	0.27	6.8473	0.225	不分配不转增
002560	通达股份	2200.92	0.21	8.6149	-1.0393	不分配不转增
002561	徐家汇	12263.36	0.295	3.927	0.1108	不分配不转增
002562	兄弟科技	-144.54	-0.01	3.5871	0.1246	不分配不转增
002563	森马服饰	28416.30	0.42	11.1383	0.7128	不分配不转增
002564	张化机	5680.69	0.19	7.4707	-0.3619	不分配不转增
002565	上海绿新	9260.98	0.27	4.9244	0.3424	不分配不转增
002566	益盛药业	4783.01	0.22	7.3273	-0.0455	不分配不转增
002567	唐人神	3817.39	0.09	3.9363	0.0227	不分配不转增
002568	百润股份	1908.29	0.12	4.1076	0.1254	10派2.5元(含税)
002569	步森股份	1131.63	0.08	4.3924	-0.5809	不分配不转增
002570	贝因美	38626.43	0.6	5.5995	1.1582	不分配不转增
002571	德力股份	6677.90	0.1962	3.0598	-0.0353	不分配不转增
002572	索菲亚	7472.33	0.1722	3.5139	0.2223	不分配不转增
002573	国电清新	8288.53	0.16	4.0042	0.1802	不分配不转增
002574	明牌珠宝	3203.42	0.13	11.741	0.5396	不分配不转增
002575	群兴玩具	2315.32	0.09	3.3648	0.1778	不分配不转增
002576	通达动力	464.44	0.03	5.1949	-0.1148	不分配不转增
002577	雷柏科技	2954.02	0.1044	4.9367	0.0953	不分配不转增
002578	闽发铝业	2336.24	0.14	5.4052	0.0173	不分配不转增
002579	中京电子	467.58	0.02	2.5731	0.0598	不分配不转增
002580	圣阳股份	1781.64	0.16	7.4032	-0.9861	不分配不转增
002581	万昌科技	4603.31	0.33	4.9466	0.2858	不分配不转增
002582	好想你	4298.88	0.29	8.823	0.9718	不分配不转增
002583	海能达	899.13	0.03	6.6269	-0.3702	不分配不转增
002584	西陇化工	2895.05	0.14	5.0496	-0.1723	不分配不转增
002585	双星新材	3979.26	0.1	8.6923	0.4929	不分配不转增
002586	围海股份	1867.25	0.06	2.7942	-0.6494	不分配不转增
002587	奥拓电子	3243.72	0.3	4.9075	0.052	不分配不转增
002588	史丹利	21336.96	0.97	11.3022	0.5932	不分配不转增
002589	瑞康医药	6076.89	0.648	10.2977	-3.3632	不分配不转增
002590	万安科技	1313.60	0.11	5.3428	0.209	不分配不转增
002591	恒大高新	2067.94	0.16	5.6683	-0.1206	不分配不转增
002592	八菱科技	4581.18	0.26	3.7917	0.0551	不分配不转增
002593	日上集团	2390.23	0.11	5.5593	-0.1006	不分配不转增
002594	比亚迪	42693.80	0.18	9.1724	0.9776	不分配不转增
002595	豪迈科技	15452.36	0.7729	10.4218	0.3917	不分配不转增
002596	海南瑞泽	2674.50	0.13	4.1258	-0.0527	不分配不转增
002597	金禾实业	8847.90	0.32	6.2495	0.5337	不分配不转增
002598	山东章鼓	3567.34	0.1143	2.1538	0.1154	不分配不转增
002599	盛通股份	1354.90	0.1	4.3732	0.2281	不分配不转增
002600	江粉磁材	710.43	0.02	3.9843	-0.2556	不分配不转增
002601	佰利联	157.57	0.01	11.1815	-1.1855	不分配不转增
002602	世纪华通	4544.62	0.17	6.1077	0.3789	不分配不转增
002603	以岭药业	15166.79	0.27	7.4977	0.2075	不分配不转增
002604	龙力生物	4130.90	0.17	7.1798	0.1746	不分配不转增
002605	姚记扑克	5708.04	0.3052	4.1946	0.5486	不分配不转增
002606	大连电瓷	549.60	0.03	3.5082	-0.0144	不分配不转增
002607	亚夏汽车	4299.06	0.19	3.7944	-0.231	不分配不转增
002608	舜天船舶	7282.74	0.33	14.2086	-5.9361	不分配不转增
002609	捷顺科技	2133.33	0.1158	3.6404	-0.081	不分配不转增
002610	爱康科技	453.13	0.02	4.1077	-0.3578	不分配不转增
002611	东方精工	3202.38	0.18	4.286	0.0564	不分配不转增
002612	朗姿股份	14914.50	0.75	11.5968	0.0462	10派3.5元(含税)
002613	北玻股份	2458.28	0.0614	3.6247	-0.0868	不分配不转增

股票代码	股票简称	净利润(万元)	每股收益(元)	每股净资产(元)	每股经营性现金流量(元)	分配预案
002614	蒙发利	2869.34	0.12	8.3125	0.0245	不分配不转增
002615	哈尔斯	3111.70	0.34	6.3269	0.0081	不分配不转增
002616	长青集团	1910.07	0.13	7.0731	0.3677	不分配不转增
002617	露笑科技	3137.38	0.17	4.9402	-0.5693	不分配不转增
002618	丹邦科技	2048.90	0.13	5.6118	0.4066	不分配不转增
002619	巨龙管业	1571.54	0.13	5.0185	-0.1342	不分配不转增
002620	瑞和股份	5003.41	0.42	7.9614	-1.2716	不分配不转增
002621	大连三垒	3309.95	0.22	6.7815	0.2245	不分配不转增
002622	永大集团	1989.91	0.13	7.7165	0.0993	不分配不转增
002623	亚玛顿	2283.36	0.14	12.7228	0.586	不分配不转增
002624	金磊股份	1035.87	0.05	2.5061	0.0827	不分配不转增
002625	龙生股份	2050.04	0.18	3.7325	0.0679	不分配不转增
002626	金达威	3639.42	0.2	6.953	0.4852	不分配不转增
002627	宜昌交运	3483.70	0.261	6.2734	0.3671	不分配不转增
002628	成都路桥	17373.98	0.52	5.2307	-1.6394	10转增8股
002629	仁智油服	1708.13	0.1	4.3092	-0.1507	不分配不转增
002630	华西能源	6521.95	0.3905	10.154	-0.4433	不分配不转增
002631	德尔家居	4250.42	0.27	7.8425	0.3749	不分配不转增
002632	道明光学	1112.18	0.08	6.4141	-0.3087	不分配不转增
002633	申科股份	-780.29	-0.05	3.7349	0.22	不分配不转增
002634	棒杰股份	1410.28	0.14	4.7861	0.0292	不分配不转增
002635	安洁科技	7705.87	0.43	6.2659	0.8395	不分配不转增
002636	金安国纪	1958.22	0.07	4.754	0.3805	不分配不转增
002637	赞宇科技	-127.67	-0.01	6.028	1.0056	不分配不转增
002638	勤上光电	5459.15	0.15	5.8267	0.0703	10派0.5元(含税)
002639	雪人股份	2621.38	0.16	7.1199	-0.0523	不分配不转增
002640	百圆裤业	2064.78	0.15	5.1695	-0.3574	不分配不转增
002641	永高股份	11957.11	0.33	5.3012	0.1286	不分配不转增
002642	荣之联	4573.78	0.1525	2.9634	-0.5574	不分配不转增
002643	烟台万润	6272.10	0.23	4.5957	0.2372	不分配不转增
002644	佛慈制药	1372.92	0.1545	7.7259	-0.2322	不分配不转增
002645	华宏科技	2192.51	0.1827	5.5967	0.1186	不分配不转增
002646	青青稞酒	21457.41	0.4768	4.1844	0.3496	不分配不转增
002647	宏磊股份	2292.78	0.1357	5.9743	0.1203	不分配不转增
002648	卫星石化	18143.02	0.45	8.315	0.0256	不分配不转增
002649	博彦科技	6060.37	0.4	6.4101	-0.3139	不分配不转增
002650	加加食品	7824.77	0.34	7.2145	0.0042	不分配不转增
002651	利君股份	17180.92	0.43	4.3579	0.4091	不分配不转增
002652	扬子新材	2103.68	0.13	3.4365	-0.2044	不分配不转增
002653	海思科	22707.69	0.28	2.043	0.2915	10转增3.5股
002654	万润科技	2251.11	0.13	2.8931	0.2496	不分配不转增
002655	共达电声	1561.86	0.11	2.4251	0.0445	不分配不转增
002656	卡奴迪路	8660.47	0.43	5.9037	-0.2974	不分配不转增
002657	中科金财	2298.34	0.3	6.4103	-2.2934	不分配不转增
002658	雪迪龙	3510.25	0.13	7.8639	-0.0344	不分配不转增
002659	中泰桥梁	789.50	0.03	2.1206	0.0224	不分配不转增
002660	茂硕电源	2347.85	0.12	3.5207	0.0123	不分配不转增
002661	克明面业	4156.91	0.5	8.0215	0.1798	不分配不转增
002662	京威股份	15065.26	0.25	4.2803	0.0338	不分配不转增
002663	普邦园林	15522.14	0.28	3.6112	-0.2391	不分配不转增
002664	信质电机	6286.66	0.47	8.1337	-0.4897	不分配不转增
002665	首航节能	8237.51	0.31	6.3619	-0.2439	不分配不转增
002666	德联集团	5888.66	0.18	4.3759	-0.3605	不分配不转增
002667	鞍重股份	2920.43	0.43	10.0912	0.1308	不分配不转增
002668	奥马电器	9812.77	0.59	7.5806	0.1403	不分配不转增
002669	康达新材	1687.29	0.17	5.3901	0.0345	不分配不转增
002670	华声股份	4188.97	0.21	3.7217	0.1532	不分配不转增
002671	龙泉股份	5576.51	0.59	8.304	0.9713	10转增10股派2元(含税)
002672	东江环保	11592.20	0.51	9.5645	0.4696	不分配不转增

股票代码	股票简称	净利润(万元)	每股收益(元)	每股净资产(元)	每股经营性现金流量(元)	分配预案
002673	西部证券	17410.41	0.15	3.8494	-0.6111	不分配不转增
002674	兴业科技	8327.58	0.347	6.0037	-1.4617	不分配不转增
002675	东诚生化	5963.85	0.55	9.6919	-0.1025	不分配不转增
002676	顺威股份	4148.56	0.26	6.4281	0.0505	不分配不转增
002677	浙江美大	4072.28	0.2	4.2657	-0.0995	不分配不转增
002678	珠江钢琴	10437.13	0.22	3.6816	-0.141	不分配不转增
002679	福建金森	373.36	0.03	4.4773	-3.8392	不分配不转增
002680	黄海机械	2195.89	0.27	8.6514	0.2164	不分配不转增
002681	奋达科技	4621.41	0.31	6.0551	0.3399	不分配不转增
002682	龙洲股份	3828.56	0.18	4.963	0.1642	不分配不转增
002683	宏大爆破	6498.80	0.3	5.6445	-0.1588	不分配不转增
002684	猛狮科技	-1306.58	-0.12	9.6947	-0.9475	不分配不转增
002685	华东重机	777.04	0.04	3.9169	-0.0736	不分配不转增
002686	亿利达	3784.33	0.28	4.941	0.0971	不分配不转增
002687	乔治白	3886.60	0.2	4.7618	0.0272	不分配不转增
002688	金河生物	4500.73	0.4132	7.8516	0.7801	不分配不转增
002689	博林特	5132.35	0.13	3.0026	-0.1408	不分配不转增
002690	美亚光电	7140.31	0.27	5.3344	0.2092	不分配不转增
002691	石煤装备	1831.07	0.09	3.8795	-0.1422	不分配不转增
002692	远程电缆	6760.50	0.21	3.5307	-0.3381	不分配不转增
002693	双成药业	3067.81	0.17	4.6363	0.0446	不分配不转增
002694	顾地科技	5231.09	0.3	5.7565	0.0448	不分配不转增
002695	煌上煌	5078.03	0.41	10.8143	0.5423	不分配不转增
002696	百洋股份	1533.06	0.17	9.9249	0.4112	不分配不转增
002697	红旗连锁	10308.66	0.52	8.7315	0.7518	10转增10股派0.93元(含税)
002698	博实股份	11254.28	0.28	3.4344	0.2631	不分配不转增
002699	美盛文化	1285.99	0.14	6.5875	-0.2604	不分配不转增
002700	新疆浩源	4075.37	0.56	8.4255	0.6768	10转增6股
002701	奥瑞金	30721.21	1	9.7023	0.1657	不分配不转增
002702	海欣食品	1649.99	0.117	5.5164	-0.3743	不分配不转增
002703	浙江世宝	3484.59	0.13	2.6276	0.0498	不分配不转增

2013年深市创业板上市公司中期主要财务指标

? 截至日期:2013-09-02

股票代码	股票简称	净利润(万元)	每股收益(元)	每股净资产(元)	每股经营性现金流量(元)	分配预案
300001	特锐德	4977.09	0.25	6.0604	-0.1699	不分配不转增
300002	神州泰岳	26868.97	0.438	5.4027	-0.216	不分配不转增
300003	乐普医疗	18752.08	0.2309	3.2665	0.1516	不分配不转增
300004	南风股份	2921.02	0.16	4.5554	0.0988	不分配不转增
300005	探路者	9661.88	0.2283	2.0321	-0.3355	不分配不转增
300006	莱美药业	3726.83	0.2	3.7091	0.0432	不分配不转增
300007	汉威电子	1225.74	0.1	5.2165	0.1631	不分配不转增
300008	上海佳豪	610.92	0.028	2.3626	-0.092	不分配不转增
300009	安科生物	3512.93	0.1482	2.4782	0.0958	不分配不转增
300010	立思辰	745.51	0.0286	2.9331	-0.1137	不分配不转增
300011	鼎汉技术	1908.50	0.0826	3.2009	-0.1167	不分配不转增
300012	华测检测	5758.00	0.16	2.3809	0.217	不分配不转增
300013	新宁物流	732.93	0.08	3.7576	0.1324	不分配不转增
300014	亿纬锂能	5808.59	0.29	3.89	0.36	不分配不转增
300015	爱尔眼科	10196.06	0.24	3.5559	0.3965	不分配不转增
300016	北陆药业	3274.46	0.1072	1.7223	-0.0493	不分配不转增
300017	网宿科技	5576.06	0.3611	5.9515	0.4028	不分配不转增
300018	中元华电	1683.34	0.09	3.5662	0.0082	不分配不转增
300019	硅宝科技	2924.28	0.18	3.0618	0.1097	不分配不转增
300020	银江股份	6396.28	0.26	3.6184	-0.5065	不分配不转增
300021	大禹节水	854.63	0.03	1.6737	-0.3635	不分配不转增
300022	吉峰农机	465.84	0.013	1.7127	-0.163	不分配不转增
300023	宝德股份	-835.67	-0.09	3.6325	0.0377	不分配不转增

股票代码	股票简称	净利润(万元)	每股收益(元)	每股净资产(元)	每股经营性现金流量(元)	分配预案
300024	机器人	9744.44	0.33	5.0143	-0.4579	不分配不转增
300025	华星创业	-724.76	-0.05	2.1402	-0.3495	不分配不转增
300026	红日药业	16513.44	0.44	4.0543	0.2424	不分配不转增
300027	华谊兄弟	40306.98	0.67	5.1	0.66	不分配不转增
300028	金亚科技	97.55	0.0045	2.8371	-0.1153	不分配不转增
300029	天龙光电	-639.35	-0.032	3.4518	-0.2613	不分配不转增
300030	阳普医疗	1254.80	0.08	4.3971	-0.3618	不分配不转增
300031	宝通带业	4770.72	0.32	4.9317	0.2805	不分配不转增
300032	金龙机电	2101.38	0.0736	2.9142	0.0785	不分配不转增
300033	同花顺	1089.43	0.08	8.3934	0.0434	不分配不转增
300034	钢研高纳	3515.10	0.1658	4.5081	-0.2471	不分配不转增
300035	中科电气	5349.03	0.3	4.5347	0.0737	不分配不转增
300036	超图软件	-1294.45	-0.108	4.565	-0.539	不分配不转增
300037	新宙邦	5191.24	0.3	6.8838	0.2869	不分配不转增
300038	梅泰诺	1335.14	0.09	6.0961	-0.5239	不分配不转增
300039	上海凯宝	16579.00	0.32	2.7621	0.3416	不分配不转增
300040	九洲电气	841.84	0.03	4.51	-0.29	不分配不转增
300041	回天胶业	4162.81	0.2464	5.5087	-0.0186	不分配不转增
300042	朗科科技	721.36	0.054	6.0863	0.0905	不分配不转增
300043	星辉车模	5165.55	0.22	3.8741	0.1657	不分配不转增
300044	赛为智能	1536.01	0.0698	2.6551	-0.1377	不分配不转增
300045	华力创通	992.15	0.04	2.7949	-0.0759	不分配不转增
300046	台基股份	2498.03	0.1758	5.7353	0.255	不分配不转增
300047	天源迪科	1083.40	0.035	3.2788	-0.1423	不分配不转增
300048	合康变频	4521.40	0.13	4.4216	-0.1099	不分配不转增
300049	福瑞股份	561.52	0.045	5.6843	0.0078	不分配不转增
300050	世纪鼎利	-1373.44	-0.06	6.8716	0.0478	不分配不转增
300051	三五互联	-44.37	-0.0014	1.5202	0.0293	不分配不转增
300052	中青宝	1751.30	0.13	6.9737	0.1976	10转增10股
300053	欧比特	1745.24	0.087	3.1261	-0.1295	不分配不转增
300054	鼎龙股份	3284.71	0.12	2.4135	0.1309	不分配不转增
300055	万邦达	6477.88	0.2831	7.7236	0.0916	不分配不转增
300056	三维丝	965.68	0.1	4.0995	0.1786	不分配不转增
300057	万顺股份	6210.95	0.1472	3.5733	-0.1187	不分配不转增
300058	蓝色光标	13754.93	0.35	3.8319	0.0376	不分配不转增
300059	东方财富	-1672.58	-0.02	2.4852	0.0454	不分配不转增
300061	康耐特	852.99	0.09	4.0002	0.0446	不分配不转增
300062	中能电气	2152.13	0.14	4.68	-0.1641	不分配不转增
300063	天龙集团	338.79	0.0337	6.3046	-0.3793	不分配不转增
300064	豫金刚石	6241.36	0.1027	2.2628	-0.0052	不分配不转增
300065	海兰信	-631.40	-0.06	5.4049	-0.9992	不分配不转增
300066	三川股份	3821.48	0.24	6.0552	0.0821	不分配不转增
300067	安诺其	1727.47	0.1076	4.594	-0.0696	不分配不转增
300068	南都电源	5569.68	0.09	4.5755	-0.0902	不分配不转增
300069	金利华电	1801.96	0.15	6.1331	0.2828	不分配不转增
300070	碧水源	10217.41	0.12	4.519	-0.4165	不分配不转增
300071	华谊嘉信	2343.53	0.15	3.2438	-0.588	不分配不转增
300072	三聚环保	7171.07	0.14	2.6782	-0.0168	不分配不转增
300073	当升科技	230.99	0.0144	5.2883	-0.1196	不分配不转增
300074	华平股份	4157.13	0.189	4.2824	-0.1232	不分配不转增
300075	数字政通	2092.65	0.17	7.6419	-0.2979	不分配不转增
300076	GQY视讯	1040.61	0.1	10.0728	-0.2331	不分配不转增
300077	国民技术	1015.55	0.04	9.9719	-0.1131	不分配不转增
300078	中瑞思创	4323.57	0.26	6.6886	0.0658	不分配不转增
300079	数码视讯	6824.11	0.2028	7.6235	-0.0919	不分配不转增
300080	新大新材	-717.12	-0.0175	5.553	0.8107	不分配不转增
300081	恒信移动	514.13	0.04	6.2104	0.1547	不分配不转增
300082	奥克股份	3434.29	0.1	8.2694	-0.4949	不分配不转增
300083	劲胜股份	5543.98	0.28	6.7214	1.5751	不分配不转增

股票代码	股票简称	净利润(万元)	每股收益(元)	每股净资产(元)	每股经营性现金流量(元)	分配预案
300084	海默科技	327.31	0.0256	4.7966	0.0135	不分配不转增
300085	银之杰	500.32	0.0417	4.2193	-0.257	不分配不转增
300086	康芝药业	1658.95	0.08	8.8567	0.1797	10派2元(含税)
300087	荃银高科	-995.01	-0.09	5.294	-0.5272	不分配不转增
300088	长信科技	14292.56	0.29	3.1482	0.258	不分配不转增
300089	长城集团	1215.25	0.08	5.2668	0.0847	不分配不转增
300090	盛运股份	5456.16	0.2137	4.2132	-0.2582	不分配不转增
300091	金通灵	-1577.94	-0.08	3.7382	-0.2628	不分配不转增
300092	科新机电	-1057.23	-0.12	5.7205	-0.2528	不分配不转增
300093	金刚玻璃	1568.09	0.07	3.9855	0.0876	不分配不转增
300094	国联水产	432.48	0.01	4.0503	0.6816	不分配不转增
300095	华伍股份	1337.28	0.1336	6.8791	-0.0836	不分配不转增
300096	易联众	1555.50	0.09	3.6562	-0.2368	不分配不转增
300097	智云股份	1610.92	0.27	7.0358	-0.1043	10转增10股
300098	高新兴	744.93	0.0416	4.3823	-0.4602	不分配不转增
300099	尤洛卡	3547.55	0.17	3.5263	0.163	不分配不转增
300100	双林股份	5774.09	0.21	3.3575	0.2839	不分配不转增
300101	国腾电子	-1160.42	-0.0417	2.5832	-0.2594	不分配不转增
300102	乾照光电	5038.21	0.17	5.873	0.1839	不分配不转增
300103	达刚路机	3657.68	0.17	3.5399	-0.0543	不分配不转增
300104	乐视网	11669.88	0.15	1.7501	0.0778	不分配不转增
300105	龙源技术	2673.60	0.09	6.5144	-0.1332	不分配不转增
300106	西部牧业	1617.36	0.14	5.1684	0.0644	不分配不转增
300107	建新股份	469.21	0.0351	5.9488	0.1166	不分配不转增
300108	双龙股份	1777.66	0.13	2.8744	-0.0527	不分配不转增
300109	新开源	1133.31	0.1	3.1964	0.0838	不分配不转增
300110	华仁药业	4903.77	0.11	3.0568	0.1502	不分配不转增
300111	向日葵	2937.45	0.06	2.2701	0.1472	10转增12股
300112	万讯自控	1633.17	0.1	2.808	0.024	不分配不转增
300113	顺网科技	4461.64	0.34	6.2115	0.283	不分配不转增
300114	中航电测	2426.54	0.16	5.1278	-0.0072	不分配不转增
300115	长盈精密	9263.20	0.36	6.036	0.6094	不分配不转增
300116	坚瑞消防	-299.76	-0.02	2.9406	-0.2395	不分配不转增
300117	嘉寓股份	2417.35	0.11	5.6835	-0.6912	不分配不转增
300118	东方日升	3062.95	0.0547	3.5429	-0.6977	不分配不转增
300119	瑞普生物	7006.07	0.3623	7.8976	-0.0189	不分配不转增
300120	经纬电材	1786.84	0.1053	3.4907	-0.1559	不分配不转增
300121	阳谷华泰	987.60	0.0703	3.1844	-0.0471	不分配不转增
300122	智飞生物	10224.22	0.26	5.8987	0.0923	不分配不转增
300123	太阳鸟	2996.40	0.22	6.3015	-0.5884	不分配不转增
300124	汇川技术	22480.47	0.58	6.9545	0.59	不分配不转增
300125	易世达	1231.44	0.1	9.11	0.3525	不分配不转增
300126	锐奇股份	3170.09	0.2092	6.2913	0.082	不分配不转增
300127	银河磁体	2510.94	0.16	5.8634	0.0053	不分配不转增
300128	锦富新材	4487.25	0.11	6.3348	0.3063	不分配不转增
300129	泰胜风能	4267.84	0.13	4.3536	0.1982	不分配不转增
300130	新国都	2372.46	0.21	8.7645	-0.6383	不分配不转增
300131	英唐智控	-2333.09	-0.11	2.4802	-0.4178	不分配不转增
300132	青松股份	2710.47	0.1405	2.9108	-0.2798	不分配不转增
300133	华策影视	13153.02	0.23	2.7983	-0.1054	不分配不转增
300134	大富科技	-3043.21	-0.1	6.5911	0.1973	不分配不转增
300135	宝利沥青	4768.38	0.093	2.0951	-1.1142	不分配不转增
300136	信维通信	-2625.84	-0.1969	4.7553	-0.1857	不分配不转增
300137	先河环保	1737.59	0.09	5.9292	-0.3407	不分配不转增
300138	晨光生物	1273.08	0.07	5.5276	-0.0341	不分配不转增
300139	福星晓程	4409.52	0.4	10.6313	0.1776	不分配不转增
300140	启源装备	772.84	0.06	6.4788	0.0359	不分配不转增
300141	和顺电气	2720.61	0.16	3.6356	-0.3039	不分配不转增
300142	沃森生物	7688.37	0.42	16.3827	-0.1531	不分配不转增

股票代码	股票简称	净利润(万元)	每股收益(元)	每股净资产(元)	每股经营性现金流量(元)	分配预案
300143	星河生物	-4634.13	-0.31	4.86	-0.04	不分配不转增
300144	宋城股份	13436.58	0.24	5.3073	0.3801	不分配不转增
300145	南方泵业	6225.66	0.43	8.1329	0.1149	不分配不转增
300146	汤臣倍健	23294.45	0.71	6.1839	0.6857	不分配不转增
300147	香雪制药	5523.47	0.14	3.7783	0.2595	不分配不转增
300148	天舟文化	822.45	0.05	3.4549	-0.1619	不分配不转增
300149	量子高科	2002.18	0.1	3.1187	0.0496	不分配不转增
300150	世纪瑞尔	2302.28	0.09	4.9565	-0.0121	不分配不转增
300151	昌红科技	1625.01	0.16	7.1249	0.6138	不分配不转增
300152	燃控科技	2478.37	0.103	5.8596	-0.6726	不分配不转增
300153	科泰电源	1066.24	0.07	5.7105	0.1733	不分配不转增
300154	瑞凌股份	4801.50	0.21	6.1861	0.5226	不分配不转增
300155	安居宝	2484.53	0.14	5.6392	-0.0328	不分配不转增
300156	天立环保	2819.25	0.1	5.4704	-0.5372	不分配不转增
300157	恒泰艾普	6336.75	0.17	10.9428	-0.0646	不分配不转增
300158	振东制药	3520.78	0.12	6.622	-0.218	不分配不转增
300159	新研股份	1399.56	0.08	5.2187	0.0798	不分配不转增
300160	秀强股份	2708.36	0.145	5.6084	-0.0352	不分配不转增
300161	华中数控	321.28	0.03	7.8828	0.7176	不分配不转增
300162	雷曼光电	1475.36	0.11	5.4678	-0.2194	不分配不转增
300163	先锋新材	979.70	0.12	8.1712	0.1454	不分配不转增
300164	通源石油	1694.15	0.07	4.8883	-0.111	不分配不转增
300165	天瑞仪器	2608.22	0.17	9.1763	-0.2008	不分配不转增
300166	东方国信	2890.92	0.24	6.2196	-0.5975	不分配不转增
300167	迪威视讯	360.83	0.02	3.4823	-0.1283	不分配不转增
300168	万达信息	1573.60	0.0656	5.0972	-0.5867	不分配不转增
300169	天晟新材	566.75	0.02	3.355	-0.197	不分配不转增
300170	汉得信息	6622.66	0.38	7.2724	-0.2124	不分配不转增
300171	东富龙	14398.52	0.69	10.73	0.91	不分配不转增
300172	中电环保	2515.37	0.19	6.3405	-0.3794	不分配不转增
300173	松德股份	2063.40	0.18	5.1	-0.0233	不分配不转增
300174	元力股份	479.23	0.0352	3.6536	-0.093	不分配不转增
300175	朗源股份	1850.23	0.04	1.5465	0.4158	不分配不转增
300176	鸿特精密	1711.96	0.1596	5.1383	1.1852	不分配不转增
300177	中海达	5090.62	0.25	4.3418	-0.2687	不分配不转增
300178	腾邦国际	4046.58	0.33	8.7969	-0.5267	不分配不转增
300179	四方达	1424.61	0.07	3.1046	0.0305	不分配不转增
300180	华峰超纤	4157.17	0.26	8.0634	0.1515	不分配不转增
300181	佐力药业	3847.28	0.2672	5.0694	-0.0988	不分配不转增
300182	捷成股份	5881.36	0.26	5.1496	-0.3536	不分配不转增
300183	东软载波	10843.28	0.49	6.9835	0.385	不分配不转增
300184	力源信息	1128.06	0.11	4.2854	-0.2378	不分配不转增
300185	通裕重工	4237.22	0.05	3.85	-0.0992	不分配不转增
300186	大华农	6613.04	0.12	3.7571	-0.0172	不分配不转增
300187	永清环保	2360.81	0.12	4.1096	0.0093	不分配不转增
300188	美亚柏科	18.45	0.001	3.45	-0.3746	不分配不转增
300189	神农大丰	4324.60	0.1689	5.2749	0.0007	不分配不转增
300190	维尔利	1420.97	0.09	6.0757	-0.0246	不分配不转增
300191	潜能恒信	3595.76	0.11	3.5793	-0.0202	不分配不转增
300192	科斯伍德	1825.54	0.1656	5.4426	0.1215	不分配不转增
300193	佳士科技	4570.14	0.2063	8.4693	0.0102	不分配不转增
300194	福安药业	2208.79	0.13	9.711	0.3555	不分配不转增
300195	长荣股份	9750.47	0.69	9.1041	0.3892	不分配不转增
300196	长海股份	4314.43	0.36	7.61	1.06	不分配不转增
300197	铁汉生态	8515.16	0.27	5.09	-0.77	不分配不转增
300198	纳川股份	6046.19	0.29	5.1702	0.0306	不分配不转增
300199	翰宇药业	4166.63	0.1042	2.5922	0.0398	不分配不转增
300200	高盟新材	2260.63	0.1058	3.3922	-0.0362	不分配不转增
300201	海伦哲	-750.90	-0.0213	1.8104	-0.2093	不分配不转增

股票代码	股票简称	净利润(万元)	每股收益(元)	每股净资产(元)	每股经营性现金流量(元)	分配预案
300202	聚龙股份	3969.26	0.13	2.6609	-0.3734	不分配不转增
300203	聚光科技	5565.52	0.13	4.0409	-0.085	不分配不转增
300204	舒泰神	9643.86	0.4	5.347	0.1061	不分配不转增
300205	天喻信息	2687.14	0.125	4.7174	-0.5416	不分配不转增
300206	理邦仪器	2130.77	0.16	8.9357	0.1673	不分配不转增
300207	欣旺达	3154.69	0.1291	5.0158	0.0506	不分配不转增
300208	恒顺电气	685.97	0.0245	2.3344	0.0328	不分配不转增
300209	天泽信息	243.81	0.02	5.2561	0.0236	不分配不转增
300210	森远股份	4924.55	0.37	5.248	-0.53	不分配不转增
300211	亿通科技	892.19	0.14	7.3328	0.06	不分配不转增
300212	易华录	2444.76	0.091	2.9163	-0.4697	不分配不转增
300213	佳讯飞鸿	1099.35	0.09	5.6378	-0.4671	不分配不转增
300214	日科化学	3372.27	0.17	5.713	0.2293	不分配不转增
300215	电科院	9501.67	0.26	3.3827	0.4208	不分配不转增
300216	千山药机	3115.21	0.18	4.3793	-0.1973	不分配不转增
300217	东方电热	3709.79	0.19	5.2215	0.024	不分配不转增
300218	安利股份	2723.45	0.129	3.7813	0.0234	不分配不转增
300219	鸿利光电	2180.60	0.0888	3.1644	0.1666	不分配不转增
300220	金运激光	709.84	0.1014	4.1373	-0.2318	不分配不转增
300221	银禧科技	980.85	0.05	3.389	-0.3051	不分配不转增
300222	科大智能	646.83	0.06	5.6132	-0.4402	不分配不转增
300223	北京君正	1056.88	0.1016	10.2199	-0.0798	不分配不转增
300224	正海磁材	2960.73	0.12	5.5866	0.0802	不分配不转增
300225	金力泰	4057.40	0.31	5.4958	0.1681	不分配不转增
300226	上海钢联	1107.72	0.0923	3.0725	0.9664	不分配不转增
300227	光韵达	959.10	0.07	2.3866	0.1287	不分配不转增
300228	富瑞特装	10070.92	0.75	6.296	-1.3836	不分配不转增
300229	拓尔思	2528.81	0.124	3.9961	-0.0256	不分配不转增
300230	永利带业	2213.97	0.1371	3.1641	0.0313	不分配不转增
300231	银信科技	2196.55	0.183	2.7454	-0.1205	不分配不转增
300232	洲明科技	1128.60	0.11	5.6728	0.0282	不分配不转增
300233	金城医药	2848.46	0.24	8.1469	0.2272	不分配不转增
300234	开尔新材	1857.53	0.15	3.3347	-0.2728	不分配不转增
300235	方直科技	1047.62	0.12	3.4791	0.0519	不分配不转增
300236	上海新阳	1707.15	0.2	4.4336	0.1648	不分配不转增
300237	美晨科技	2072.68	0.36	10.0184	0.916	不分配不转增
300238	冠昊生物	1502.68	0.12	3.7383	0.1212	不分配不转增
300239	东宝生物	2491.71	0.1261	1.6894	0.0725	不分配不转增
300240	飞力达	3365.83	0.2	5.66	0.4911	不分配不转增
300241	瑞丰光电	2618.21	0.1213	2.6222	0.1536	不分配不转增
300242	明家科技	-789.87	-0.1053	3.6662	-0.1567	不分配不转增
300243	瑞丰高材	1522.95	0.15	3.6515	-0.0289	不分配不转增
300244	迪安诊断	4534.51	0.38	4.5437	-0.0649	不分配不转增
300245	天玑科技	2180.79	0.1627	3.9408	-0.1004	不分配不转增
300246	宝莱特	1624.93	0.1112	2.5476	0.1334	不分配不转增
300247	桑乐金	1077.61	0.0879	4.6946	-0.0413	不分配不转增
300248	新开普	27.86	0.003	5.4127	-0.3789	不分配不转增
300249	依米康	984.96	0.06	3.056	-0.118	不分配不转增
300250	初灵信息	1543.90	0.19	4.5174	0.1345	不分配不转增
300251	光线传媒	17284.41	0.34	4.0777	0.8998	不分配不转增
300252	金信诺	1287.11	0.1192	6.2718	-0.6939	不分配不转增
300253	卫宁软件	2690.40	0.25	5.1694	-0.3006	不分配不转增
300254	仟源制药	1352.93	0.1011	4.4575	0.2674	不分配不转增
300255	常山药业	5337.87	0.283	6.0535	0.0117	不分配不转增
300256	星星科技	-3894.93	-0.2597	4.8211	0.2335	不分配不转增
300257	开山股份	16980.20	0.3958	7.0317	0.2222	不分配不转增
300258	精锻科技	5445.84	0.3025	5.6163	0.1095	不分配不转增
300259	新天科技	4329.72	0.24	3.6035	0.0658	不分配不转增
300260	新莱应材	1012.65	0.101	6.2327	-0.1323	不分配不转增

股票代码	股票简称	净利润(万元)	每股收益(元)	每股净资产(元)	每股经营性现金流量(元)	分配预案
300261	雅本化学	2682.82	0.1155	2.6639	0.0446	不分配不转增
300262	巴安水务	1901.44	0.0713	1.8205	-0.6548	不分配不转增
300263	隆华节能	4337.03	0.27	5.856	0.0761	不分配不转增
300264	佳创视讯	372.87	0.02	3.9479	-0.0923	不分配不转增
300265	通光线缆	2920.66	0.22	5.5555	0.0164	不分配不转增
300266	兴源过滤	1209.96	0.104	4.6044	0.0669	不分配不转增
300267	尔康制药	8020.24	0.34	5.0756	0.2462	不分配不转增
300268	万福生科	-1990.72	-0.1486	3.4867	0.1183	不分配不转增
300269	联建光电	863.04	0.07	4.7976	-0.2316	不分配不转增
300270	中威电子	1913.30	0.16	3.9975	0.0187	不分配不转增
300271	华宇软件	5234.23	0.35	5.9463	-1.1624	不分配不转增
300272	开能环保	2278.05	0.12	2.4758	0.059	不分配不转增
300273	和佳股份	6989.95	0.16	2.1137	-0.4316	不分配不转增
300274	阳光电源	5391.29	0.17	5.8484	0.4472	不分配不转增
300275	梅安森	4414.97	0.27	3.545	0.0362	不分配不转增
300276	三丰智能	1803.23	0.14	4.322	-0.1845	不分配不转增
300277	海联讯	459.76	0.0343	4.0335	-0.7014	不分配不转增
300278	华昌达	1178.24	0.07	3.1251	-0.2643	不分配不转增
300279	和晶科技	1427.62	0.119	3.0189	-0.0577	不分配不转增
300280	南通锻压	160.57	0.0125	4.8892	0.0735	不分配不转增
300281	金明精机	2197.77	0.18	4.8672	-0.0872	不分配不转增
300282	汇冠股份	59.54	0.01	4.0622	-0.2819	不分配不转增
300283	温州宏丰	-719.27	-0.08	5.7079	0.2756	不分配不转增
300284	苏交科	5985.32	0.2494	5.9035	-0.2437	不分配不转增
300285	国瓷材料	3623.06	0.58	9.3515	0.1809	10转增10股
300286	安科瑞	2839.81	0.41	5.847	0.4627	不分配不转增
300287	飞利信	1560.38	0.12	3.8852	-0.5437	不分配不转增
300288	朗玛信息	3387.61	0.32	4.7102	0.1499	不分配不转增
300289	利德曼	6338.50	0.41	5.24	0.17	不分配不转增
300290	荣科科技	2038.73	0.1499	2.6009	-1.2074	不分配不转增
300291	华录百纳	4863.85	0.368	7.2893	-0.376	不分配不转增
300292	吴通通讯	462.00	0.0462	3.2229	-0.2982	不分配不转增
300293	蓝英装备	5192.71	0.29	3.6159	-0.9167	不分配不转增
300294	博雅生物	3814.96	0.5	9.9189	0.6242	不分配不转增
300295	三六五网	5418.18	1.02	12.651	0.8967	不分配不转增
300296	利亚德	3067.40	0.2	4.5574	-0.6107	不分配不转增
300297	蓝盾股份	827.01	0.04	6.7658	-1.0691	不分配不转增
300298	三诺生物	6993.15	0.6812	6.4326	0.1207	不分配不转增
300299	富春通信	617.03	0.05	3.1969	-0.1929	不分配不转增
300300	汉鼎股份	3466.63	0.1811	3.1925	-0.1606	不分配不转增
300301	长方照明	3205.57	0.1187	2.7737	0.1061	不分配不转增
300302	同有科技	1166.25	0.19	7.9038	-0.4118	不分配不转增
300303	聚飞光电	6125.68	0.28	3.8889	0.1989	不分配不转增
300304	云意电气	4953.46	0.5	8.5392	0.1487	不分配不转增
300305	裕兴股份	3139.01	0.22	8.118	0.0537	不分配不转增
300306	远方光电	3955.55	0.33	7.6984	0.1304	不分配不转增
300307	慈星股份	20342.78	0.25	5.1103	0.6064	不分配不转增
300308	中际装备	1738.76	0.23	4.4355	0.187	不分配不转增
300309	吉艾科技	1999.75	0.09	5.457	-0.0803	不分配不转增
300310	宜通世纪	2163.25	0.12	3.5236	-0.5764	不分配不转增
300311	任子行	778.01	0.11	5.736	-0.2685	不分配不转增
300312	邦讯技术	1498.67	0.0937	5.334	-1.1236	不分配不转增
300313	天山生物	448.43	0.0493	4.3323	0.0232	不分配不转增
300314	戴维医疗	3680.06	0.23	3.7556	0.0397	不分配不转增
300315	掌趣科技	4500.67	0.13	2.5289	0.1034	10转增8股
300316	晶盛机电	2607.40	0.1	6.244	0.3065	不分配不转增
300317	珈伟股份	1105.99	0.08	4.1611	0.0931	不分配不转增
300318	博晖创新	2351.55	0.1435	4.0632	0.0536	不分配不转增
300319	麦捷科技	1385.03	0.26	5.4757	0.2979	不分配不转增

股票代码	股票简称	净利润(万元)	每股收益(元)	每股净资产(元)	每股经营性现金流量(元)	分配预案
300320	海达股份	3515.21	0.26	4.6306	0.0438	不分配不转增
300321	同大股份	1545.38	0.3481	11.2603	0.654	不分配不转增
300322	硕贝德	1082.36	0.1	4.4688	0.1391	不分配不转增
300323	华灿光电	1429.05	0.05	8.5008	0.37	不分配不转增
300324	旋极信息	398.35	0.04	4.4912	-0.1827	不分配不转增
300325	德威新材	2780.26	0.17	4.287	-0.2181	不分配不转增
300326	凯利泰	2910.68	0.3786	6.1662	0.0535	不分配不转增
300327	中颖电子	1457.79	0.1139	4.604	0.161	不分配不转增
300328	宜安科技	2150.06	0.192	5.3764	0.1178	不分配不转增
300329	海伦钢琴	1757.11	0.13	3.7732	0.0297	不分配不转增
300330	华虹计通	1292.39	0.16	5.268	-0.4605	不分配不转增
300331	苏大维格	882.60	0.14	7.3944	-0.0266	不分配不转增
300332	天壕节能	4692.44	0.15	3.7852	0.1296	不分配不转增
300333	兆日科技	2720.43	0.24	6.9273	0.078	不分配不转增
300334	津膜科技	2233.81	0.19	6.3262	-0.4764	不分配不转增
300335	迪森股份	4170.97	0.1993	3.6253	0.2771	不分配不转增
300336	新文化	5068.32	0.53	8.9495	-0.8215	不分配不转增
300337	银邦股份	5039.60	0.27	8.9354	-0.6505	不分配不转增
300338	开元仪器	2501.11	0.28	7.9765	-0.106	不分配不转增
300339	润和软件	3489.93	0.23	4.3883	-0.1508	不分配不转增
300340	科恒股份	329.27	0.0329	9.1928	-0.1417	不分配不转增
300341	麦迪电气	1993.12	0.22	5.3832	0.2424	不分配不转增
300342	天银机电	5577.83	0.56	7.0475	0.3541	不分配不转增
300343	联创节能	2049.47	0.5124	10.9611	0.5789	不分配不转增
300344	太空板业	1415.60	0.088	4.409	-0.147	不分配不转增
300345	红宇新材	2364.85	0.2463	6.4895	-0.2912	不分配不转增
300346	南大光电	3422.93	0.34	11.093	0.06	不分配不转增
300347	泰格医药	4625.82	0.4331	6.4936	0.1225	不分配不转增
300348	长亮科技	1065.73	0.21	7.9281	-1.0729	不分配不转增
300349	金卡股份	5369.18	0.6	7.539	-0.154	不分配不转增
300350	华鹏飞	1913.07	0.22	4.6342	-1.1745	不分配不转增
300351	永贵电器	2265.47	0.22	8.4118	0.2269	不分配不转增
300352	北信源	1349.88	0.1	4.4404	-0.2624	不分配不转增
300353	东土科技	974.20	0.1138	7.2285	0.2224	不分配不转增
300354	东华测试	492.24	0.074	4.7985	-0.1134	不分配不转增
300355	蒙草抗旱	6130.52	0.3	4.169	-0.5165	不分配不转增
300356	光一科技	2176.23	0.17	5.0263	-0.4131	不分配不转增

深圳市场首次公开发行股票网上按市值申购实施办法

深证上〔2013〕456 号

第一章　总　则

第一条　为规范投资者按持有的深圳市场非限售 A 股股份市值(以下简称“市值”)参与首次公开发行股票网上资金申购业务,根据《证券发行与承销管理办法》、《中国证监会关于进一步推进新股发行体制改革的意见》和《首次公开发行股票时公司股东公开发售股份暂行规定》,制定本办法。

第二条　通过深圳证券交易所(以下简称“深交所”)交易系统并采用网上按市值申购方式首次公开发行股票,适用本办法。

第二章　市值计算规则

第三条　投资者持有的市值以投资者为单位进行计算。投资者的同一证券账户多处托管的,其市值合并计算。

第四条　投资者持有多个证券账户的,多个证券账户的市值合并计算。

确认多个证券账户为同一投资者持有的原则为证券账户注册资料中的“账户持有人名称”、“有效身份证明文件号码”均相同。证券账户注册资料以发行公告确定的网上申购日(T 日,下同)前两个交易日(T-2 日)日终为准。

融资融券客户信用证券账户的市值合并计算到该投资者持有的市值中,证券公司转融通担保证券明细账户的市值合并计算到该证券公司持有的市值中。

第五条　证券公司客户定向资产管理专用账户以及企业年金账户,证券账户注册资料中“账户持有人名称”相同且

"有效身份证明文件号码"相同的,按证券账户单独计算市值并参与申购。

第六条　不合格、休眠、注销证券账户不计算市值。

第七条　投资者相关证券账户市值为其 T－2 日日终持有的市值。非限售 A 股股份发生司法冻结、质押,以及存在上市公司董事、监事、高级管理人员持股限制的,不影响证券账户内持有市值的计算。

第八条　投资者相关证券账户持有市值按其 T－2 日证券账户中纳入市值计算范围的股份数量与相应收盘价的乘积计算。

第三章　基本规则

第九条　根据投资者持有的市值确定其网上可申购额度,持有市值 1 万元以上(含 1 万元)的投资者才能参与新股申购,每 5000 元市值可申购一个申购单位,不足 5000 元的部分不计入申购额度。

每一个申购单位为 500 股,申购数量应当为 500 股或其整数倍,但最高不得超过当次网上初始发行股数的千分之一,且不得超过 999,999,500 股。

第十条　投资者可以根据其持有市值对应的网上可申购额度,使用所持深圳市场证券账户申购在深交所发行的新股。深交所接受申购申报的时间为 T 日 9:15－11:30、13:00－15:00。

投资者在进行申购委托前需足额缴款,投资者申购量超过其持有市值对应的网上可申购额度部分为无效申购。

对于申购量超过主承销商确定的申购上限的新股申购,深交所交易系统将视为无效予以自动撤销,不予确认;对于申购量超过按市值计算的网上可申购额度,中国证券登记结算有限责任公司(以下简称"中国结算")深圳分公司将对超过部分作无效处理。

第十一条　新股申购一经深交所交易系统确认,不得撤销。投资者参与网上公开发行股票的申购,只能使用一个有市值的证券账户。同一投资者使用多个证券账户参与同一只新股申购的,中国结算深圳分公司将以该投资者第一笔有市值的证券账户的申购为有效申购,对其余申购作无效处理。

每只新股发行,每一证券账户只能申购一次。同一证券账户多次参与同一只新股申购的,以深交所交易系统确认的该投资者的第一笔申购为有效申购,其余申购均被自动撤销。

第十二条　不合格、休眠、注销和无市值证券账户不得参与新股申购,上述账户参与申购的,中国结算深圳分公司将对其作无效处理。各证券公司须做好上述证券账户的前端监控。

第十三条　T 日有多只新股发行的,同一投资者参与当日每只新股网上申购的可申购额度均按其 T－2 日日终持有的市值确定。

第十四条　申购委托前,投资者应把申购款全额存入其在证券公司开立的资金账户。申购时间内,投资者按委托买入股票的方式,以发行价格填写委托单。一经申报,不得撤单。申购配号根据实际有效申购进行,每一有效申购单位配一个号,对所有有效申购单位按时间顺序连续配号。

第十五条　中国结算深圳分公司对新股申购实行非担保交收。

结算参与人应使用其在中国结算深圳分公司开立的资金交收账户(即结算备付金账户)完成新股申购的资金交收,并应保证其资金交收账户在规定的资金到账时点有足额资金用于新股申购的资金交收。

第十六条　如果结算参与人在规定的资金到账时点资金不足以完成新股申购的资金交收,则资金不足部分确认为无效申购。中国结算深圳分公司将根据以下原则进行无效申购处理:同一日内有多只新股进行申购的,按证券代码从大到小进行无效处理;同一新股的申购,根据深交所主机确认申购的时间先后,逆序从最晚一笔申购开始,对该结算参与人的申购逐笔进行无效处理,直至满足实际资金余额为止。

第四章　业务流程

第十七条　T－2 日,中国结算深圳分公司计算该日所有深圳市场证券账户的非限售 A 股股份市值及可申购额度,并于申购日前一个交易日(T－1 日)将可申购额度向各证券公司发送。

各证券公司须做好其投资者网上申购数量的前端监控。

第十八条　T 日,投资者根据其持有的市值数据,在申购时间内通过与深交所联网的各证券公司进行申购委托,并根据发行人发行公告规定的发行价格以及申购数量足额缴纳申购款。如投资者缴纳的申购款不足,证券公司不得接受相关申购委托。

已开立资金账户但没有足额资金的投资者,必须在 T 日申购前,根据自己的申购量存入足额的申购资金;尚未开立资金账户的投资者,必须在 T 日前在与深交所联网的证券公司开立资金账户,并根据申购量存入足额的申购资金。

第十九条　申购日后的第一个交易日(T＋1 日),中国结算深圳分公司对申购资金进行冻结处理。T＋1 日 15:00 前,申购资金须全部到账。T＋1 日 16:00 后,发行人及其主承销商会同中国结算深圳分公司和具有执行证券、期货相关业务资格的会计师事务所对申购资金的到位情况进行核查,并由会计师事务所出具验资报告。发行人应当向负责申购冻结资金验资的会计师事务所支付验资费用。

验资结束后当天(T＋1 日),中国结算深圳分公司根据实际到账的新股申购资金确认有效申购总量,按每申购单位配一个号,对所有有效申购按时间先后顺序连续配号,直到最后一笔有效申购,并按以下办法配售新股:

(一)如有效申购量小于或等于本次网上发行量,不需进行摇号抽签,所有配号都是中签号码,投资者按其有效申购量认购新股。

(二)如有效申购量大于本次网上发行量,则通过摇号抽签,确定有效申购中签号码,每一中签号码认购一个申购单位新股。

第二十条　如有效申购量大于本次网上发行量,申购日后的第二个交易日(T＋2 日),在公证部门的监督下,由主承销商主持摇号抽签,确认摇号中签结果,并于申购日后的第三个交易日(T＋3 日)在指定媒体上公布中签结果。

第二十一条　T＋2 日,中国结算深圳分公司根据中签结果进行新股认购中签清算,并于当日收市后向各参与申购的结算参与人发送中签数据。

第二十二条　T＋3 日,中国结算深圳分公司对新股申购资金进行解冻处理,并从结算参与人的资金交收账户上扣收新股认购款项。中国结算深圳分公司将中签的认购款项扣除相关费用后,划至主承销商的资金交收账户。主承销商在收到中国结算深圳分公司划转的认购资金后,依据承销协议将该款项扣除承销费用后划转到发行人指定的银行账户。结算参与人在收到中国结算深圳分公司返还未中签部分的申购余款后，将该款项返还给投资者。

申购日后第一个交易日（T＋1 日）至网上申购资金解冻日（T＋3 日）的前一自然日，网上发行申购资金由中国结算深圳分公司予以冻结，申购冻结资金产生的利息收入由中国结算深圳分公司按照相关规定划入证券投资者保护基金。

第二十三条　T＋3 日，网上发行结束后，中国结算深圳分公司完成网上发行新股股东的股份登记。

第五章　网上发行与网下发行的衔接

第二十四条　新股按市值申购网上发行与网下申购缴款同时进行。

第二十五条　对于通过网下初步询价确定股票发行价格的，网下配售和网上发行均按照定价发行方式进行。

对于通过网下累计投标询价确定股票发行价格的，参与网上发行的投资者按询价区间的上限进行申购。网下累计投标确定发行价格后，T＋3 日，中签投资者将获得申购价格与发行价格之间的差额部分及未中签部分的申购余款。

第二十六条　发行人和主承销商应在 T－1 日之前刊登网上发行公告，网上发行公告与网下发行公告可以合并刊登。

第二十七条　对每只新股发行，凡参与网下发行报价或申购的投资者，不得再参与网上新股申购。中国结算深圳分公司根据主承销商提供的已参与网下发行报价或申购的投资者名单对其网上申购作无效处理。

第二十八条　如发行人和主承销商拟在网上与网下发行之间安排回拨，在确定网下发行流程时应将网下发行申购冻结资金的解冻安排在网上申购资金验资日以后，并安排在网下申购结束后刊登网下配售初步结果公告。

如发行人拟启动网上与网下发行之间的回拨安排，发行人和主承销商应在网上申购资金验资当日通知深交所；未在规定时间内通知深交所的，发行人和主承销商应根据发行公告确定的网上、网下发行量进行股票配售。

第二十九条　网下发行结束后，发行人向中国结算深圳分公司提交相关材料申请办理股份登记。材料齐备的，中国结算深圳分公司在两个交易日内完成登记。

网上与网下股份登记完成后，中国结算深圳分公司将新股股东名册交发行人。

第六章　附　则

第三十条　因使用多个证券账户申购同一只新股、同一证券账户多次申购同一只新股、无市值证券账户申购新股，以及因申购量超过可申购额度，导致部分申购无效的，由投资者自行承担相关责任。

投资者应根据中国结算相关规定管理其证券账户。

第三十一条　各证券公司未按规定做好投资者新股申购前端监控的，中国结算深圳分公司可以根据相关业务规则对失职证券公司予以处理。

第三十二条　对同一只新股发行，参与网下发行报价或申购的投资者再参与网上新股申购，导致其网上申购无效的，由投资者自行承担相关责任。深交所可以对此类投资者的证券账户采取限制交易等监管措施，并提请有权部门作出处罚。

第三十三条　发行人通过深交所交易系统发行股票，深交所不向发行人收取手续费。

第三十四条　本办法自发布之日起施行。原由深交所、中国结算颁布的涉及首次公开发行股票申购的相关规定与本办法不一致的，以本办法为准。

深圳市场首次公开发行股票网下发行实施细则

深证上〔2013〕455 号

第一章　总　则

第一条　为规范深圳市场首次公开发行股票网下发行行为，根据《证券发行与承销管理办法》、《中国证监会关于进一步推进新股发行体制改革的意见》和《首次公开发行股票时公司股东公开发售股份暂行规定》，制定本细则。

第二条　本细则所称网下发行是指首次公开发行股票（以下简称“新股”）通过深圳证券交易所（以下简称“深交所”）网下发行电子平台及中国证券登记结算有限责任公司深圳分公司（以下简称“中国结算深圳分公司”）登记结算平台进行的发行配售。

第二章　基本规定

第三条　根据主承销商的申请，深交所可以向其提供网下发行电子平台进行初步询价、网下申购及网下配售工作。

第四条　根据主承销商的书面委托，中国结算深圳分公司提供登记结算平台代理主承销商申购资金的收付、网下发行募集款的收付以及备案银行账户的审核。经发行人书面委托，中国结算深圳分公司根据主承销商提供的网下配售结果数据办理股份初始登记。

第五条　在初次使用网下发行电子平台发行股票前，主承销商应当办理网下发行电子平台数字证书，与深交所签订网下发行电子平台使用协议，申请成为网下发行电子平台的主承销商用户。主承销商应当使用数字证书在网下发行电子平台进行操作，并对其所有操作负责。

第六条　投资者通过主承销商在网下发行电子平台完成初次登记备案后，应当办理网下发行电子平台数字证书，与深交所签订网下发行电子平台使用协议，申请成为网下发行电子平台的投资者用户。投资者应当使用数字证书在网下发行电子平台进行操作，及时更新相关信息，并对其所有操作负责。

第七条　投资者及配售对象的信息以在网下发行电子平台登记备案的数据为准。投资者应当于初步询价截止日前一交易日的 12:00 前在网下发行电子平台完成配售对象信息的登记备案工作。

配售对象是指参与网下配售的投资者或其管理的产品。

第八条　具有主承销商和投资者双重身份的机构，应当分别办理网下发行电子平台数字证书，分别申请成为主承销商用户和投资者用户。

第九条　新股网下发行电子化的有关数据，自网下申购缴款之日起在网下发行电子平台和登记结算平台上保留六个月。

第十条　初步询价截止前，主承销商应当在网下发行电子平台完成参与网下询价投资者的确定。符合主承销商初步询价公告规定的报价条件的投资者可以向主承销商申请参与询价，主承销商无正当理由不得拒绝。

第十一条　网下发行初步询价期间，投资者在网下发行电子平台为其所管理的配售对象进行价格申报并填写相应的拟申购数量等信息。相关申报一经提交，不得撤销。因特殊原因（如市场发生突然变化需要调整估值、经办人员出错等）

需要调整报价或拟申购数量的，应当在网下发行电子平台填写具体原因。

第十二条　配售对象应当使用在网下发行电子平台备案的银行账户向中国结算深圳分公司在结算银行开立的网下发行银行账户划付申购资金，并应当保证在最终资金划付时点有足额资金用于新股申购。配售对象划付申购资金应于同一银行系统内划付，不得跨行划付。

配售对象划出申购资金的账户与在网下发行电子平台登记备案的资金账户不一致、申购资金不足或未在规定的时间内到账的，其新股申购全部无效。多只新股同日发行时，配售对象出现前述情形的，其全部新股申购无效。

不同配售对象共用银行账户的，由托管银行向中国结算深圳分公司提供实际划拨资金的配售对象名单，若申购资金不足或未在规定的时间内到账，没有包括在名单中的配售对象的新股申购无效；若托管银行未能及时提供名单，且申购资金不足或未在规定的时间内到账，则共用银行账户的配售对象的新股申购全部无效。

配售对象在网下发行电子平台登记备案的银行账户为其网下配售申购余款退款的指定收款账户。

第十三条　结算银行在首次参与网下发行业务前应向中国结算深圳分公司提交书面申请。

结算银行应当根据中国结算深圳分公司提供的资料，及时、准确地维护配售对象来款银行联行行号及银行账号等信息，否则造成的损失由结算银行承担。

第三章　发行流程

第十四条　初步询价开始前一个交易日，主承销商应当向深交所提出使用网下发行电子平台的申请，并向中国结算深圳分公司提出使用登记结算平台的书面委托申请。

第十五条　初步询价应当在交易日进行，投资者在发行人初步询价公告规定的时间内通过网下发行电子平台，为其所管理的配售对象填报价格及相应的拟申购数量等信息。

第十六条　初步询价应当在T－2日（T日为网上申购日，下同）15:00前完成。初步询价报价期间，主承销商可通过网下发行电子平台查询有关价格及相应的拟申购数量等信息。初步询价截止后，主承销商根据投资者通过网下发行电子平台提交的报价及相应的拟申购数量等信息确定网下发行初步询价结果及有效报价配售对象名单。

第十七条　T－1日15:00前，主承销商应当在网下发行电子平台录入发行价格等相关信息。

第十八条　网下申购缴款日为T日，参与网下发行的有效报价投资者应于T日9:30－15:00通过网下发行电子平台录入申购单信息，包括申购价格、申购数量及主承销商在发行公告中规定的其他信息。

第十九条　T日，配售对象应当从在网下发行电子平台备案的银行账户向中国结算深圳分公司在结算银行开立的网下发行银行账户足额划付申购资金，申购资金应当于T日15:00前到账。

对于配售对象在T日规定时间（8:30－15:00）以外时间划入的资金，中国结算深圳分公司将认定为无效资金并予以退回。

第二十条　T日15:00－15:20，主承销商通过网下发行电子平台将网下发行申购初步结果提交中国结算深圳分公司。

第二十一条　T日，中国结算深圳分公司根据配售对象新股申购资金的到账情况以及主承销商提交的网下发行申购初步结果，按照本细则第十二条的规定进行处理，形成新股网下申购结果后于T日17:30前通过网下发行电子平台交主承销商确认。

第二十二条　T+1日10:30前，发行人及其主承销商会同具有执行证券、期货相关业务资格的会计师事务所对“网下发行银行账户”的新股申购资金进行验证，中国结算深圳分公司和结算银行予以协助。

第二十三条　T+1日15:00前，主承销商通过网下发行电子平台下载制作新股配售结果所需的文件，按照规定的格式制作新股网下配售结果文件，并将新股网下配售结果通过网下发行电子平台交中国结算深圳分公司。

第二十四条　T+1日17:30前，中国结算深圳分公司根据新股网下配售结果计算配售对象应退款项，并将相关数据通过网下发行电子平台交主承销商。

第二十五条　T+2日9:00前，中国结算深圳分公司扣收新股认购款项，并发出付款指令，要求结算银行将剩余款项退至配售对象登记备案的收款银行账户。

主承销商未能在T+1日15:00前通过网下发行电子平台提供新股网下配售结果的，中国结算深圳分公司的退款时间将顺延，由此给投资者造成的损失由主承销商承担。

第二十六条　T+2日9:00前，中国结算深圳分公司将网下发行新股认购款项划至主承销商的资金交收账户。

第二十七条　主承销商收到中国结算深圳分公司划转的新股认购款项后，应当及时依据承销协议将有关款项划转到发行人指定的银行账户。

第二十八条　网下发行结束后，中国结算深圳分公司根据主承销商通过网下发行电子平台提供的网下配售结果数据办理股份初始登记。

由于主承销商报送的网下配售结果数据有误，导致网下配售股份初始登记不实的，相关法律责任由主承销商承担，中国结算深圳分公司不承担责任。

第四章　附　则

第二十九条　投资者应当按照指定方式报送和更新其管理的配售对象的关联深圳A股证券账户资料，并根据要求及时进行补报和更正相关资料。

对于未报送配售对象证券账户资料或未及时根据要求补报和更正相关资料的投资者，其所管理的配售对象将不能参与网下配售。

第三十条　配售对象已参与某只新股网下报价、申购、配售的，不得参与该只新股网上申购。对于违规者，中国结算将对其网上申购作无效处理；深交所可以视情节轻重给予警告、限制申购等相应处分，情节严重的报有权部门查处。

第三十一条　主承销商应当针对初步询价、网下申购和网下配售过程中可能出现的突发事件制定相应的应急措施，并予以公告。

第三十二条　因不可抗力、意外事件、技术故障以及其他异常情况导致网下发行电子平台和登记结算平台不能正常运行，深交所和中国结算深圳分公司不承担责任。

第三十三条　本细则由深交所和中国结算深圳分公司负责解释。

第三十四条　本细则自发布之日起施行。原《深圳市场首次公开发行股票网下发行电子化实施细则》（深证上〔2009〕49号）同时废止。

深圳证券交易所退市公司重新上市实施办法

深证上〔2012〕423 号

第一章　总　则

第一条　为规范深圳证券交易所（以下简称“本所”）终止上市公司（以下简称“公司”）申请重新上市行为，保护投资者的合法权益，根据《关于改进和完善深圳证券交易所主板、中小企业板上市公司退市制度的方案》、《深圳证券交易所股票上市规则（2012 年修订）》（以下简称“《上市规则》”）等有关规定，制定本办法。

第二条　本所主板和中小企业板上市公司在其股票终止上市后，向本所申请重新上市的，适用本办法。

第三条　公司申请其股票重新上市应当符合《上市规则》规定的重新上市条件。

第四条　公司申请其股票重新上市的，应当根据本办法及有关规定申报材料和披露信息，并保证所申报材料和披露信息的真实、准确、完整，不得有虚假记载、误导性陈述或者重大遗漏。

公司董事、监事和高级管理人员应当勤勉尽责，保证公司所披露信息的真实、准确、完整。

第五条　保荐机构及其保荐代表人应当勤勉尽责、诚实守信，对其所出具文件的真实性、准确性、完整性负责。

第六条　为公司重新上市出具有关文件的证券服务机构应当严格履行职责，并对其所出具文件的真实性、准确性和完整性负责。除律师事务所外，其他证券服务机构及其相关人员应当具有从事证券、期货相关业务的资格。

第七条　本所同意公司股票重新上市的决定，不表明对该公司股票的投资价值或者投资者的投资收益作出实质性判断或者保证。

第二章　重新上市申请

第八条　公司申请其股票重新上市，应当符合《上市规则》规定的重新上市条件，本所对公司以下情况将予以重点关注：

（一）公司是否符合国家产业政策和环境保护、土地管理、反垄断等法律、行政法规等有关规定；

（二）公司与控股股东、实际控制人及其关联人在人员、资产、财务、机构和业务等方面是否保持独立，是否存在关联交易或者同业竞争，公司的资产权属是否清晰；

（三）退市后实施的重大资产重组、破产重整等事项是否合法合规；

（四）公司的股权结构是否清晰，主要股东所持股份变动情况及其股权是否存在瑕疵；

（五）退市整理期间及退市后，公司是否因涉嫌内幕交易、市场操纵等被中国证监会立案调查或者司法机关立案侦查；

（六）公司及其董事、监事和高级管理人员最近三年内是否受过刑事处罚、行政处罚、证券交易所纪律处分等；

（七）本所关注的其他情况。

第九条　公司首次提出重新上市申请与其股票终止上市后进入场外交易市场的时间间隔应当不少于一个完整的会计年度或者十八个月。

公司在其股票终止上市过程中拒不履行本所业务规则规定的义务、不配合本所相关工作或者出现本所认定其他情形的，本所自公司股票终止上市后三十六个月内不受理其重新上市的申请。

第十条　公司申请其股票重新上市的，应当经公司董事会同意后提交股东大会审议。股东大会就该事项作出决议应当经出席会议的股东所持表决权三分之二以上通过。

第十一条　公司申请其股票重新上市的，应当聘请符合《上市规则》要求的保荐机构作为重新上市保荐机构，并按本办法附件一的要求向本所提交重新上市申请及相关申请文件。

第十二条　保荐机构应当对公司申请重新上市情况进行尽职调查，按照本办法附件二的要求制作尽职调查工作报告，并出具重新上市保荐书。

重新上市保荐书应当包括以下内容：

（一）公司基本情况；

（二）逐项说明公司是否符合本所规定的重新上市条件；

（三）公司是否符合国家产业政策和环境保护、土地管理、反垄断等法律、行政法规等有关规定；

（四）公司是否存在关联交易、同业竞争及解决措施；

（五）公司存在的主要风险，包括但不限于市场风险、经营风险、技术风险、政策风险、公司治理与内部控制风险；

（六）退市后公司实施重大资产重组、破产重整等事项的合规性说明；

（七）退市后公司信息披露的合规性说明；

（八）公司股本总额、股份权益变动情况及公司股份登记托管情况；

（九）公司股东所持股份的流通限制和自愿锁定的承诺情况；

（十）尽职调查中发现的问题及解决情况说明；

（十一）保荐机构是否存在可能影响其公正履行保荐职责情形的说明；

（十二）保荐机构按照有关规定所作出的承诺事项；

（十三）对公司重新上市后持续督导期间的工作安排；

（十四）保荐机构认为应当说明的其他事项；

（十五）无保留且表述明确的保荐意见；

（十六）本所要求的其他内容。

重新上市保荐书和尽职调查工作报告应当由保荐机构法定代表人（或者授权代表）和两名保荐代表人签字，注明签署日期并加盖保荐机构公章。

第十三条　公司应当聘请律师对其重新上市申请的合法性、合规性以及相关申请文件的真实性、有效性进行尽职调查，出具法律意见书和律师工作报告。

律师应当在法律意见书中对以下事项发表明确意见：

（一）对公司是否符合重新上市条件进行逐项说明；

（二）公司申请股票重新上市是否已履行必要的批准或者授权程序；

（三）退市后公司实施的重大资产重组、破产重整等事项的合法合规性；

（四）公司股本总额、股份权益变动及公司股份登记托管情况的合法合规性；

（五）公司主要资产权属状况；

（六）公司重大债权债务情况；

（七）公司重大诉讼或者仲裁情况；

（八）公司依法纳税情况；

（九）公司及其董事、监事和高级管理人员最近三年内是否受过刑事处罚、行政处罚、证券交易所纪律处分等情况；

（十）退市整理期间及退市后公司是否因涉嫌内幕交易、市场操纵等被中国证监会立案调查或者司法机关立案侦查；

（十一）公司是否存在其他纠纷、潜在风险或律师认为需要说明的其他事项；

（十二）本所要求的其他事项。法律意见书和律师工作报告应当由律师事务所的负责人和两名律师签字，注明签署日期并加盖律师事务所公章。

第十四条　本所在收到公司重新上市申请文件后的五个交易日内作出是否受理的决定。

公司按照本所要求提供补充材料的时间不计入上述期限内，但补充材料的期限累计不得超过十五个交易日。

第十五条　公司经审计财务会计报告的截止日距公司重新上市的申请日间隔应当不超过六个月。

第三章　重新上市审核

第十六条　本所将在受理公司股票重新上市申请后的六十个交易日内，作出是否同意其股票重新上市申请的决定。

在此期间，本所要求提供补充材料的，公司应当按照本所要求提供。公司补充材料的时间不计入上述期限内，但累计不得超过三十个交易日。

第十七条　本所受理公司重新上市申请后，可以聘请律师事务所或者具有从事证券、期货相关业务资格的会计师事务所等机构对公司申请材料的真实性进行调查核实，调查核实期间不计入本办法第十六条所述本所作出重新上市申请决定的期限内。

第十八条　本所上市委员会对公司股票重新上市的申请进行审议，作出独立的专业判断并形成审核意见。本所依据上市委员会的审核意见作出是否同意公司股票重新上市的决定。

第十九条　本所在作出是否同意公司重新上市决定后的两个交易日内通知公司，并报中国证监会备案。

第二十条　公司重新上市申请未获本所同意的，自本所作出决定之日起六个月内公司不得再次向本所提出重新上市的申请。

第二十一条　公司对本所作出不同意其股票重新上市的决定不服的，可以在收到本所相关决定后的十五个交易日内，向本所申请复核。

申请复核的具体程序等相关事项按照《上市规则》第十五章的规定执行。

第四章　重新上市安排

第二十二条　公司重新上市申请获得本所同意的，应当自本所作出同意其股票重新上市决定之日起三个月内完成重新上市的所有准备工作并挂牌交易。公司遇特殊情形需延长办理期限的，应当向本所申请并获本所同意。

公司股票未在上述规定期限内挂牌交易的，本所关于同意其股票重新上市的文件失效。

第二十三条　公司重新上市申请获得本所同意后，应当在其股票重新上市前与本所签订上市协议书，并缴纳相关费用。

第二十四条　公司应当在其股票重新上市前向本所提交以下文件：

（一）公司董事、监事和高级管理人员签署的《声明及承诺书》；

（二）公司控股股东、实际控制人签署的《声明及承诺书》；

（三）公司全部股份已经中国证券登记结算有限责任公司深圳分公司托管的证明文件；

（四）公司行业分类的情况说明；

（五）本所要求的其他文件。

第二十五条　公司在股票重新上市申请获得本所同意至股票挂牌交易的期间发生重大事项的，应当及时报告本所并对外披露。相关事项可能影响公司重新上市条件的，本所可以视情况决定重新提交上市委员会审核，并根据上市委员会的意见作出是否同意其股票重新上市的决定。

第二十六条　公司股票重新上市首日的开盘参考价原则上为公司股票在全国性场外交易市场或者区域性场外交易市场的最后一个交易日的收盘价。公司股票重新上市首日不实行价格涨跌幅限制。

公司认为有必要调整上述开盘参考定价的，可以向本所提出申请并说明理由。经本所同意的，公司应当对外披露具体情况，重新上市保荐机构应当对此发表专门意见。

第二十七条　公司控股股东和实际控制人应当承诺：自公司股票重新上市之日起三十六个月内，不转让或者委托他人管理其直接或者间接持有的公司股份，也不由公司回购其直接或者间接持有的公司股份。

公司董事、监事及高级管理人员应当承诺：自公司股票重新上市之日起十二个月内，不转让或者委托他人管理其直接或者间接持有的公司股份，也不由公司回购其直接或者间接持有的公司股份。

第二十八条　公司股东所持股份在公司申请其股票重新上市时属于以下情形之一的，将分别按照以下规定流通或者限售：

（一）股东所持股份为有限售条件且重新上市时限售期尚未届满的，该部分股份的限售期将自公司股票重新上市之日起连续计算直至限售期届满；

（二）股东所持股份为重新上市前六个月内（以公司重新上市申请日为基准日）公司新增发行的股份且重新上市时限售期尚未届满的，该部分股份至少自公司股票重新上市之日起十二个月内不能上市流通；

（三）股东所持股份在重新上市时为未经股权分置改革的非流通股份的，该部分股份在公司股票重新上市后仍不能流通，直至股权分置改革实施完成且限售期届满方可流通。

前款所述股东如为公司控股股东或者实际控制人的，还应当同时遵守本办法第二十七条的规定。

第二十九条　经本所审核同意其股票重新上市的，公司应当及时在中国证监会指定媒体公告相关情况，并在其股票重新上市前五个交易日内，在指定媒体披露重新上市报告书（参见附件三）、重新上市提示性公告、重新上市保荐书和法律意见书。

第三十条　重新上市提示性公告应当包括以下内容：

（一）重新上市地点；

（二）重新上市日期；

（三）重新上市的证券种类、证券简称、证券代码和日涨跌幅限制；

（四）本所有关股票重新上市的决定情况；

（五）股本结构及前十大股东情况；

（六）本次重新上市的可流通股份数量；

（七）本次重新上市的股份限售情况及期限；

（八）本所要求的其他内容。

第三十一条　公司股票重新上市后，保荐机构应当在公司股票重新上市当年的剩余时间及其后的两个完整会计年度内履行持续督导职责。

第五章　附　则

第三十二条　本办法实施前其股票已被本所终止上市的公司，可以按照本办法向本所申请重新上市。

第三十三条　本办法经本所理事会审议通过并报中国证监会批准后生效。

第三十四条　本办法由本所负责解释。

第三十五条　本办法自发布之日起施行。

深圳证券交易所交易规则

深证会〔2013〕135 号

（2001 年 11 月 30 日实施；2006 年 5 月 15 日第一次修订；2011 年 1 月 17 日第二次修订；2012 年 11 月 30 日第三次修订；2013 年 7 月 29 日第四次修订；根据 2013 年 11 月 30 日《关于修改〈深圳证券交易所交易规则（2013 年修订）〉第 3.1.4 条的决定》修订）

第一章　总　则

1.1　为规范证券市场交易行为，维护证券市场秩序，保护投资者合法权益，根据《中华人民共和国证券法》、《证券交易所管理办法》等法律、行政法规、部门规章、规范性文件以及《深圳证券交易所章程》，制定本规则。

1.2　深圳证券交易所（以下简称"本所"）上市证券及其衍生品种（以下统称"证券"）的交易，适用本规则。

本规则未作规定的，适用本所其他有关规定。

1.3　证券交易遵循公开、公平、公正的原则。

1.4　投资者交易行为应当遵守法律、行政法规、部门规章、规范性文件以及本所有关业务规则，遵循自愿、有偿、诚实信用原则。

1.5　证券交易采用无纸化的集中交易或经中国证券监督管理委员会（以下简称"证监会"）批准的其他方式。

第二章　交易市场

第一节　交易场所

2.1.1　本所为证券交易提供交易场所及设施。交易场所及设施由交易主机、交易大厅、交易单元、报盘系统及相关的通信系统等组成。

第二节　交易参与人

2.2.1　会员进入本所市场进行证券交易，应当向本所申请取得交易权限，成为本所交易参与人。

交易参与人应当通过在本所申请开设的交易单元进行证券交易。

2.2.2　交易单元，是指交易参与人向本所申请设立的、参与本所证券交易与接受本所监管及服务的基本业务单位。

2.2.3　交易单元和交易权限的具体规定，由本所另行制定。

第三节　交易品种与方式

2.3.1　在本所市场上市交易的品种包括：

（一）股票；

（二）基金；

（三）债券；

（四）权证；

（五）经证监会批准的其他交易品种。

2.3.2　证券交易的方式包括：

（一）现券交易；

（二）回购交易；

（三）融资融券交易；

（四）经证监会批准的其他交易方式。

第四节　交易时间

2.4.1　本所交易日为每周一至周五。国家法定假日和本所公告的休市日，本所市场休市。

2.4.2　证券采用竞价交易方式的，每个交易日的 9:15 至 9:25 为开盘集合竞价时间，9:30 至 11:30、13:00 至 14:57 为连续竞价时间，14:57 至 15:00 为收盘集合竞价时间。经证监会批准，本所可以调整交易时间。

2.4.3　交易时间内因故停市，交易时间不作顺延。

第三章　证券买卖

第一节　一般规定

3.1.1　会员接受投资者的买卖委托后，应当确认投资者具备相应证券或资金，并按照委托的内容向本所申报，承担相应的交易、交收责任。

会员接受投资者买卖委托达成交易的，投资者应当向会员交付其委托会员卖出的证券或其委托会员买入证券的款项，会员应当向投资者交付卖出证券所得款项或买入的证券。

3.1.2　会员通过报盘系统向本所交易主机发送买卖申报指令，并按本规则达成交易，交易记录由本所发送至会员。

3.1.3　会员应当按有关规定妥善保管委托和申报记录。

3.1.4　投资者买入的证券，在交收前不得卖出，但实行回转交易的除外。

证券的回转交易，是指投资者买入的证券，经确认成交后，在交收完成前全部或部分卖出。

债券、债券交易型开放式指数证券投资基金、黄金交易型开放式证券投资基金、上市交易的货币市场基金竞价交易实行当日回转交易，B 股实行次交易日起回转交易。

经证监会批准，本所可以调整实行回转交易的证券品种和回转方式。

3.1.5　本所可以根据市场需要，实行主交易商制度，具体规定由本所另行制定，报证监会批准后生效。

第二节　委托

3.2.1　投资者买卖证券，应当以实名方式开立证券账户和资金账户，并与会员签订证券交易委托协议。协议生效后，投资者为该会员经纪业务的客户。

投资者开立证券账户，按本所指定登记结算机构的规定办理。

3.2.2　投资者可以通过书面或电话、自助终端、互联网等自助委托方式委托会员买卖证券。投资者通过自助委托方式参与证券买卖的，会员应当与其签订自助委托协议。

3.2.3　投资者通过电话、自助终端、互联网等方式进行自助委托的，应当按相关规定操作。

会员应当记录投资者委托的电话号码、网卡地址、IP 地址等信息。

3.2.4　除本所另有规定外，投资者的委托指令应当包括：

（一）证券账户号码；

（二）证券代码；

（三）买卖方向；

（四）委托数量；

（五）委托价格；

（六）本所及会员要求的其他内容。

3.2.5　投资者可以采用限价委托或市价委托的方式委托会员买卖证券。

限价委托，是指投资者委托会员按其限定的价格买卖证券，会员必须按限定的价格或低于限定的价格申报买入证券；按限定的价格或高于限定的价格申报卖出证券。

市价委托，是指投资者委托会员按市场价格买卖证券。

3.2.6　投资者可以撤销委托的未成交部分。

3.2.7　被撤销或失效的委托，会员应当在确认后及时向投资者返还相应的资金或证券。

第三节　申报

3.3.1　本所接受会员竞价交易申报的时间为每个交易日9:15至11:30、13:00至15:00。

每个交易日9:20至9:25、14:57至15:00，本所交易主机不接受参与竞价交易的撤销申报；在其他接受申报的时间内，未成交申报可以撤销。

每个交易日9:25至9:30，交易主机只接受申报，但不对买卖申报或撤销申报作处理。本所可以调整接受会员申报的时间。

3.3.2　会员应当按照接受投资者委托的时间先后顺序及时向本所申报。

买卖申报和撤销申报经本所交易主机确认后方为有效。

3.3.3　本所接受会员的限价申报和市价申报。

3.3.4　本所可以根据市场需要，接受下列类型的市价申报：

（一）对手方最优价格申报；

（二）本方最优价格申报；

（三）最优五档即时成交剩余撤销申报；

（四）即时成交剩余撤销申报；

（五）全额成交或撤销申报；

（六）本所规定的其他类型。

对手方最优价格申报，以申报进入交易主机时集中申报簿中对手方队列的最优价格为其申报价格。

本方最优价格申报，以申报进入交易主机时集中申报簿中本方队列的最优价格为其申报价格。

最优五档即时成交剩余撤销申报，以对手方价格为成交价，与申报进入交易主机时集中申报簿中对手方最优五个价位的申报队列依次成交，未成交部分自动撤销。

即时成交并撤销申报，以对手方价格为成交价，与申报进入交易主机时集中申报簿中对手方所有申报队列依次成交，未成交部分自动撤销。

全额成交或撤销申报，以对手方价格为成交价，如与申报进入交易主机时集中申报簿中对手方所有申报队列依次成交能够使其完全成交的，则依次成交，否则申报全部自动撤销。

3.3.5　市价申报只适用于有价格涨跌幅限制证券连续竞价期间的交易。其他交易时间，交易主机不接受市价申报。

3.3.6　本方最优价格申报进入交易主机时，集中申报簿中本方无申报的，申报自动撤销。其他市价申报类型进入交易主机时，集中申报簿中对手方无申报的，申报自动撤销。

3.3.7　限价申报指令应当包括证券账户号码、证券代码、交易单元代码、证券营业部识别码、买卖方向、数量、价格等内容。

市价申报指令应当包括申报类型、证券账户号码、证券代码、交易单元代码、证券营业部识别码、买卖方向、数量等内容。

申报指令应当按本所规定的格式传送。本所可以根据市场需要，调整申报的内容。

3.3.8　通过竞价交易买入股票或基金的，申报数量应当为100股（份）或其整数倍。

卖出股票或基金时，余额不足100股（份）部分，应当一次性申报卖出。

3.3.9　通过竞价交易买入债券以10张或其整数倍进行申报。买入、卖出债券质押式回购以10张或其整数倍进行申报。卖出债券时，余额不足10张部分，应当一次性申报卖出。债券以人民币100元面额为1张，债券质押式回购以100元标准券为1张。

3.3.10　股票（基金）竞价交易单笔申报最大数量不得超过100万股（份），债券和债券质押式回购竞价交易单笔申报最大数量不得超过100万张。

3.3.11　股票交易的计价单位为“每股价格”，基金交易的计价单位为“每份基金价格”，债券交易的计价单位为“每百元面值的价格”，债券质押式回购交易的计价单位为“每百元资金到期年收益”。

3.3.12　债券交易可以采取净价交易或全价交易的方式。

净价交易，是指买卖债券时以不含有应计利息的价格申报并成交。

全价交易，是指买卖债券时以含有应计利息的价格申报并成交。

3.3.13　A股交易的申报价格最小变动单位为0.01元人民币；基金、债券、债券质押式回购交易的申报价格最小变动单位为0.001元人民币；B股的申报价格最小变动单位为0.01港元。

3.3.14　本所可以根据市场需要，调整证券单笔买卖申报数量和申报价格的最小变动单位。

3.3.15　本所对股票、基金交易实行价格涨跌幅限制，涨跌幅限制比例为10%，ST和＊ST等被实施特别处理的股票价格涨跌幅限制比例为5%。经证监会批准，本所可以调整证券的涨跌幅限制比例。

3.3.16　涨跌幅限制价格的计算公式为：涨跌幅限制价格＝前收盘价（1±涨跌幅限制比例）。

计算结果按照四舍五入原则取至价格最小变动单位。

涨跌幅限制价格与前收盘价之差的绝对值低于价格最小变动单位的，以前收盘价增减一个价格最小变动单位为涨跌幅限制价格。

3.3.17　属于下列情形之一的，股票上市首日不实行价格涨跌幅限制：

（一）首次公开发行股票上市的；

（二）暂停上市后恢复上市的；

（三）证监会或本所认定的其他情形。

3.3.18　申报当日有效。每笔竞价交易的申报不能一次全部成交时，未成交部分继续参加当日竞价，但第3.3.4条第（三）、（四）、（五）项市价申报类型除外。

第四节　竞价

3.4.1　证券竞价交易采用集合竞价和连续竞价两种方式。集合竞价，是指对一段时间内接受的买卖申报一次性集中撮合的竞价方式。

连续竞价，是指对买卖申报逐笔连续撮合的竞价方式。

3.4.2　买卖有价格涨跌幅限制的证券，其有效竞价范围与涨跌幅限制范围一致，在价格涨跌幅限制以内的申报为有效申报，超过涨跌幅限制的申报为无效申报。

3.4.3　买卖无价格涨跌幅限制的证券，按下列方法确定有效竞价范围：

（一）股票开盘集合竞价的有效竞价范围为即时行情显示的前收盘价的900%以内，连续竞价、盘中临时停牌复牌集合竞价、收盘集合竞价的有效竞价范围为最近成交价的上下10%；

（二）债券上市首日开盘集合竞价的有效竞价范围为发行价的上下30%，连续竞价、收盘集合竞价的有效竞价范围为最近成交价的上下10%；非上市首日开盘集合竞价的有效竞价范围为前收盘价的上下10%，连续竞价、收盘集合竞价的有效竞价范围为最近成交价的上下10%；

（三）债券质押式回购非上市首日开盘集合竞价的有效竞价范围为前收盘价的上下100%，连续竞价、收盘集合竞价的有效竞价范围为最近成交价的上下100%。债券质押式回购上市首日的有效竞价范围设置，由本所另行规定。

有效竞价范围计算结果按照四舍五入原则取至价格最小变动单位。

无价格涨跌幅限制证券有效竞价范围上限或下限与最近成交价之差的绝对值低于价格最小变动单位的，以最近成交价增减一个该证券的价格最小变动单位为有效竞价范围。

3.4.4　买卖无价格涨跌幅限制的证券，超过有效竞价范围的申报不能即时参加竞价，暂存于交易主机；当成交价波动使其进入有效竞价范围时，交易主机自动取出申报，参加竞价。

3.4.5　无价格涨跌幅限制的证券在集合竞价期间没有产生成交的，继续交易时，按下列方式调整有效竞价范围：

（一）有效竞价范围内的最高买入申报价高于即时行情显示的前

收盘价或最近成交价，以最高买入申报价为基准调整有效竞价范围；

（二）有效竞价范围内的最低卖出申报价低于即时行情显示的前收盘价或最近成交价，以最低卖出申报价为基准调整有效竞价范围。

3.4.6　本所可以根据市场需要，调整证券的有效竞价范围。

第五节　成交

3.5.1　证券竞价交易按价格优先、时间优先的原则撮合成交。

价格优先的原则为：较高价格买入申报优先于较低价格买入申报，较低价格卖出申报优先于较高价格卖出申报。

时间优先的原则为：买卖方向、价格相同的，先申报者优先于后申报者。先后顺序按交易主机接受申报的时间确定。

3.5.2　集合竞价时，成交价的确定原则为：

（一）可实现最大成交量；

（二）高于该价格的买入申报与低于该价格的卖出申报全部成交；

（三）与该价格相同的买方或卖方至少有一方全部成交。

两个以上价格符合上述条件的，取在该价格以上的买入申报累计数量与在该价格以下的卖出申报累计数量之差最小的价格为成交价；买卖申报累计数量之差仍存在相等情况的，开盘集合竞价时取最接近即时行情显示的前收盘价为成交价，盘中、收盘集合竞价时取最接近最近成交价的价格为成交价。

集合竞价的所有交易以同一价格成交。

3.5.3　连续竞价时，成交价的确定原则为：

（一）最高买入申报与最低卖出申报价格相同，以该价格为成交价；

（二）买入申报价格高于集中申报簿当时最低卖出申报价格时，以集中申报簿当时的最低卖出申报价格为成交价；

（三）卖出申报价格低于集中申报簿当时最高买入申报价格时，以集中申报簿当时的最高买入申报价格为成交价。

3.5.4　买卖申报经交易主机撮合成交后，交易即告成立。符合本规则各项规定达成的交易于成立时生效，买卖双方必须承认交易结果，履行清算交收义务。

因不可抗力、意外事件、交易系统被非法侵入等原因造成严重后果的交易，本所可以采取适当措施或认定无效。对显失公平的交易，经本所认定，可以采取适当措施。违反本规则，严重破坏证券市场正常运行的交易，本所有权宣布取消交易。由此造成的损失由违规交易者承担。

3.5.5　依照本规则达成的交易，其成交结果以交易主机记录的成交数据为准。

3.5.6　会员间的清算交收业务由本所指定的登记结算机构负责办理。

第六节　大宗交易

3.6.1　在本所进行的证券交易符合以下条件的，可以采用大宗交易方式：

（一）A股单笔交易数量不低于30万股，或者交易金额不低于200万元人民币；

（二）B股单笔交易数量不低于3万股，或者交易金额不低于20万元港币；

（三）基金单笔交易数量不低于200万份，或者交易金额不低于200万元人民币；

（四）债券单笔交易数量不低于5千张，或者交易金额不低于50万元人民币；

（五）债券质押式回购单笔交易数量不低于5千张，或者交易金额不低于50万元人民币；

（六）多只A股合计单向买入或卖出的交易金额不低于300万元人民币，且其中单只A股的交易数量不低于10万股；

（七）多只基金合计单向买入或卖出的交易金额不低于300万元人民币，且其中单只基金的交易数量不低于60万份；

（八）多只债券合计单向买入或卖出的交易金额不低于100万元人民币，且其中单只债券的交易数量不低于2千张。

本所可以根据市场需要，调整大宗交易的最低限额。

3.6.2　本所大宗交易采用协议大宗交易和盘后定价大宗交易方式。

协议大宗交易，是指大宗交易双方互为指定交易对手方，协商确定交易价格及数量的交易方式。

盘后定价大宗交易，是指证券交易收盘后按照时间优先的原则，以证券当日收盘价或证券当日成交量加权平均价格对大宗交易买卖申报逐笔连续撮合的交易方式。

3.6.3　采用协议大宗交易方式的，本所接受申报的时间为每个交易日9:15至11:30、13:00至15:30。采用盘后定价大宗交易方式的，本所接受申报的时间为每个交易日15:05

至15:30。当天全天停牌的证券,本所不接受其大宗交易申报。

3.6.4　有价格涨跌幅限制证券的协议大宗交易的成交价格,在该证券当日涨跌幅限制价格范围内确定。

无价格涨跌幅限制证券的协议大宗交易的成交价格,在前收盘价的上下30%之间确定。

3.6.5　本所接受下列类型的协议大宗交易申报:

(一)意向申报;

(二)成交申报;

(三)定价申报;

(四)其他申报。

3.6.6　协议大宗交易意向申报指令应当包括证券账户号码、证券代码、买卖方向和本方交易单元代码等内容。意向申报不承担成交义务,意向申报指令可以撤销。

协议大宗交易成交申报指令应当包括证券账户号码、证券代码、买卖方向、价格、数量、对手方交易单元代码、约定号等内容。成交申报要求明确指定价格和数量。成交申报可以撤销,但在对手方提交匹配的申报后不得撤销。本所对约定号、证券代码、买卖方向、价格、数量等各项要素均匹配的成交申报进行成交确认。

协议大宗交易定价申报指令应当包括证券账户号码、证券代码、买卖方向、价格、数量和本方交易单元代码等内容。市场所有参与者可以提交成交申报,按指定的价格与定价申报全部或部分成交,本所按时间优先顺序进行成交确认。定价申报的未成交部分可以撤销。定价申报每笔成交的数量或交易金额,应当满足协议大宗交易最低限额的要求。

3.6.7　权益类证券协议大宗交易、债券(公司债券除外)协议大宗交易的成交确认时间为每个交易日15:00至15:30;公司债券协议大宗交易的成交确认时间为每个交易日9:15至11:30、13:00至15:30。

3.6.8　盘后定价大宗交易的申报指令应当包括证券账户号码、证券代码、交易单元代码、证券营业部识别码、买卖方向、数量、价格类型等内容。

盘后定价大宗交易的价格类型包括:

(一)证券当日收盘价;

(二)证券当日成交量加权平均价格。

在接受申报的时间内,未成交申报可以撤销。

3.6.9　本所在交易时间内通过交易系统或交易所网站即时公布以下交易信息:

(一)公司债券协议大宗交易的报价信息,内容包括:证券代码、证券简称、申报类型、买卖方向、数量、价格等;公司债券协议大宗交易的成交信息,内容包括:证券代码、证券简称、开盘价、当日最高价、当日最低价、总成交数量、总成交金额、总成交笔数等;

(二)盘后定价大宗交易的交易信息,内容包括:证券代码、证券简称、价格、当日累计成交数量、当日累计成交金额以及实时买入或卖出的申报数量等。

3.6.10　本所在每个交易日结束后通过交易所网站公布以下交易信息:

(一)协议大宗交易的每笔成交信息,内容包括:证券代码、证券简称、成交量、成交价格以及买卖双方所在会员证券营业部或交易单元的名称;

(二)单只证券盘后定价大宗交易的累计成交量、累计成交金额,及该证券当日买入、卖出金额最大五家会员证券营业部或交易单元的名称和各自的买入、卖出金额;

(三)单只证券大宗交易的累计成交量、累计成交金额,及该证券当日买入、卖出金额最大五家会员证券营业部或交易单元的名称和各自的买入、卖出金额。

3.6.11　大宗交易不纳入本所即时行情和指数的计算,成交量在大宗交易结束后计入当日该证券成交总量。

3.6.12　会员应当保证大宗交易参与者实际拥有与交易申报相对应的证券或资金。

第七节　融资融券交易

3.7.1　融资融券交易,是指投资者向会员提供担保物,借入资金买入证券或借入证券并卖出的行为。

3.7.2　会员参与本所融资融券交易,应当向本所申请融资融券交易权限,并通过融资融券专用交易单元进行。

3.7.3　投资者进行融资融券交易,应当按照规定开立信用证券账户。信用证券账户的开立和注销,根据会员和本所指定登记结算机构的有关规定办理。

3.7.4　本所对融资融券交易的下列事项作出规定:

(一)交易业务流程;

(二)可用于融资买入和融券卖出的证券;

(三)可充抵保证金证券的种类和最高折算率;

(四)融资融券的最长期限;

(五)初始保证金比例及最低维持担保比例;

(六)信息披露与报告制度;

(七)市场风险控制措施;

(八)其他事项。

3.7.5　会员向投资者融资、融券前,应当与其签订融资融券合同,向其讲解融资融券业务规则和合同内容,并要求其签署风险揭示书。

3.7.6　融资融券交易活动出现异常,已经或者可能危及市场稳定的,本所认为必要时,可以暂停全部或部分证券的融资融券交易,并予以公告。

3.7.7　融资融券交易的具体规定,由本所另行制定,报证监会批准后生效。

第八节　债券回购交易

3.8.1　债券回购交易采取质押式回购交易等方式。

债券质押式回购交易,是指债券持有人在将债券质押并将相应债券以标准券折算比率计算出的标准券数量为融资额度向交易对手方进行质押融资的同时,交易双方约定在回购期满后返还资金和解除质押的交易。其中,质押债券取得资金的交易参与人为"融资方";其对手方为"融券方"。

3.8.2　会员应当与参与债券质押式回购交易的投资者签订债券回购委托协议,并设立标准券明细账。

标准券,是指可用于回购质押的债券品种按标准券折算比率折算形成的、可用于融资的额度。标准券折算比率,是指各债券现券品种所能折成的标准券金额与债券面值之比。

标准券及标准券折算比率的具体规定,由本所指定登记结算机构制定。

3.8.3　债券回购交易申报中,融资方按"买入"方向进行申报,融券方按"卖出"方向进行申报。

3.8.4　本所债券回购按回购期限设立不同品种,并向市场公布。

3.8.5　债券质押式回购交易实行一次交易、两次结算。回购交易达成后,初次结算的结算价格为100元,回购到期二次结算的结算价格为购回价,购回价是指每百元资金的本金和利息之和。

购回价的具体计算方法,由本所另行制定。

第四章 其他交易事项

第一节 转托管

4.1.1 投资者可以以同一证券账户在单个或多个会员的不同证券营业部买入证券。

4.1.2 投资者买入的证券可以通过原买入证券的交易单元委托卖出，也可以向原买入证券的交易单元发出转托管指令，转托管完成后，在转入的交易单元委托卖出。

转托管的具体规定，由本所指定登记结算机构制定。

第二节 开盘价与收盘价

4.2.1 证券的开盘价为当日该证券的第一笔成交价。

4.2.2 证券的开盘价通过集合竞价方式产生，不能通过集合竞价产生的，以连续竞价方式产生。

4.2.3 证券的收盘价通过集合竞价的方式产生。收盘集合竞价不能产生收盘价或未进行收盘集合竞价的，以当日该证券最后一笔交易前一分钟所有交易的成交量加权平均价（含最后一笔交易）为收盘价。

当日无成交的，以前收盘价为当日收盘价。

第三节 挂牌、摘牌、停牌与复牌

4.3.1 本所对上市证券实施挂牌交易。

4.3.2 证券上市期届满或依法不再具备上市条件的，本所终止其上市交易，予以摘牌。

4.3.3 证券交易出现第 6.1 条规定的异常交易行为或情形的，本所可以视情况对相关证券实施停牌，发布公告，并根据需要公布相关交易、股份和基金份额统计信息。有披露义务的当事人应当按照本所的要求及时公告。

具体停牌及复牌的时间，以相关公告为准。

4.3.4 无价格涨跌幅限制股票交易出现下列情形的，本所可以对其实施盘中临时停牌措施：

（一）盘中成交价较当日开盘价首次上涨或下跌达到或超过 10% 的，临时停牌时间为 1 小时；

（二）盘中成交价较当日开盘价首次上涨或下跌达到或超过 20% 的，临时停牌至 14:57；

（三）盘中换手率达到或超过 50% 的，临时停牌时间为 1 小时。

盘中临时停牌具体时间以本所公告为准，临时停牌时间跨越 14:57 的，于 14:57 复牌并对已接受的申报进行复牌集合竞价，再进行收盘集合竞价。本所可以视盘中交易情况调整相关指标阀值，或采取进一步的盘中风险控制措施。

4.3.5 证券停牌时，本所发布的行情中包括该证券的信息；证券暂停上市或摘牌后，行情信息中无该证券的信息。

4.3.6 证券在 9:25 前停牌的，当日复牌时对已接受的申报实行开盘集合竞价，复牌后继续当日交易。

证券在 9:30 及其后临时停牌的，当日复牌时对已接受的申报实行盘中集合竞价，复牌后继续当日交易。

停牌期间，可以申报，也可以撤销申报。

停牌期间不揭示集合竞价参考价、匹配量和未匹配量。

4.3.7 证券的挂牌、摘牌、停牌与复牌，由本所或证券发行人予以公告。

4.3.8 证券挂牌、摘牌、停牌与复牌的其他规定，按照本所上市规则及其他有关规定执行。

第四节 除权与除息

4.4.1 上市证券发生权益分派、公积金转增股本、配股等情况，本所在权益登记日（B 股为最后交易日）次一交易日对该证券作除权除息处理，本所另有规定的除外。

4.4.2 除权（息）参考价计算公式为：

除权（息）参考价 =〔（前收盘价 - 现金红利）+ 配股价格股份变动比例〕÷（1 + 股份变动比例）证券发行人认为有必要调整上述计算公式时，可以向本所提出调整申请并说明理由。经本所同意的，证券发行人应当向市场公布该次除权（息）适用的除权（息）参考价计算公式。

4.4.3 除权（息）日证券买卖，按除权（息）参考价作为计算涨跌幅度的基准，本所另有规定的除外。

第五节 退市整理期间交易事项

4.5.1 退市整理期间，上市公司股票进入退市整理板交易，不在主板、中小企业板或者创业板行情中揭示。

股票进入退市整理板交易的上市公司，其可转换公司债券、权证等衍生品种可以同时进入退市整理板交易，相关交易事项由本所另行规定并报证监会批准。

4.5.2 本所对股票退市整理期间交易实行价格涨跌幅限制，涨跌幅限制比例为 10%。

经证监会批准，本所可以调整退市整理期间股票交易的涨跌幅限制比例。

4.5.3 股票退市整理期间，本所公布其当日买入、卖出金额最大的五家会员证券营业部或交易单元的名称及其各自的买入、卖出金额。

4.5.4 股票退市整理期间交易不纳入本规则第五章规定的证券公开信息披露及异常波动指标的计算。

4.5.5 股票退市整理期间交易不纳入本所指数的计算，成交量计入当日市场成交总量。

第五章 交易信息

第一节 一般规定

5.1.1 本所每个交易日发布证券交易即时行情、证券指数、证券交易公开信息等交易信息。

5.1.2 本所及时编制反映市场成交情况的各类日报表、周报表、月报表和年报表，并通过本所网站或其他媒体予以公布。

5.1.3 本所交易信息归本所所有。未经许可，任何机构和个人不得使用和传播。经本所许可使用交易信息的机构和个人，未经同意，不得将交易信息提供给其他机构和个人使用或予以传播。

证券交易信息的管理办法，由本所另行制定。

第二节 即时行情

5.2.1 开盘、收盘集合竞价期间，即时行情内容包括：证券代码、证券简称、集合竞价参考价、匹配量和未匹配量等。

5.2.2 连续竞价期间，即时行情内容包括：证券代码、证券简称、前收盘价、最近成交价、当日最高价、当日最低价、当日累计成交数量、当日累计成交金额、实时最高五个价位买入申报价和数量、实时最低五个价位卖出申报价和数量等。

5.2.3 即时行情显示的前收盘价为该证券上一交易日的收盘价，但下列情形的除外：

（一）首次公开发行并上市股票、上市债券上市首日，其即时行情显示的前收盘价为其发行价；

（二）恢复上市股票上市首日，其即时行情显示的前收盘价为其暂停上市前最后交易日的收盘价或恢复上市前最近一次增发价；

（三）基金上市首日，其即时行情显示的前收盘价为其前

一交易日基金份额净值(四舍五入至0.001元),本所另有规定的除外;

(四)证券除权(息)日,其即时行情显示的前收盘价为该证券除权(息)参考价;

(五)本所规定的其他情形。

5.2.4 即时行情通过本所许可的通信系统传输,会员应在本所许可的范围内使用。

5.2.5 本所可以根据市场需要,调整即时行情发布的方式和内容。

第三节 证券指数

5.3.1 本所编制综合指数、成份指数、分类指数等证券指数,以反映证券交易总体价格或某类证券价格的变动和走势,随即时行情发布。

5.3.2 证券指数的设置和编制方法,由本所另行制定。

第四节 证券交易公开信息

5.4.1 有价格涨跌幅限制的股票、封闭式基金竞价交易出现下列情形之一的,本所分别公布相关证券当日买入、卖出金额最大五家会员证券营业部或交易单元的名称及其各自的买入、卖出金额:

(一)当日收盘价涨跌幅偏离值达到±7%的各前五只证券;收盘价涨跌幅偏离值的计算公式为:收盘价涨跌幅偏离值=单只证券涨跌幅-对应分类指数涨跌幅证券价格达到涨跌幅限制的,取对应的涨跌幅限制比例进行计算。

(二)当日价格振幅达到15%的前五只证券;价格振幅的计算公式为:价格振幅=(当日最高价-当日最低价)/当日最低价100%

(三)当日换手率达到20%的前五只证券;换手率的计算公式为:换手率=成交股数/无限售条件股份总数100%收盘价涨跌幅偏离值、价格振幅或换手率相同的,依次按成交金额和成交量选取。

主板A股股票、中小企业板股票、创业板股票、B股股票、封闭式基金的对应分类指数分别是本所编制的深证A股指数、中小板综合指数、创业板综合指数、深证B股指数和深证基金指数。

5.4.2 第3.3.17条规定的无价格涨跌幅限制股票,本所公布其当日买入、卖出金额最大的五家会员证券营业部或交易单元的名称及其各自的买入、卖出金额。

5.4.3 股票、封闭式基金竞价交易出现下列情形之一的,属于异常波动,本所分别公布其在交易异常波动期间累计买入、卖出金额最大五家会员证券营业部或交易单元的名称及其各自累计买入、卖出金额:

(一)连续三个交易日内日收盘价涨跌幅偏离值累计达到±20%的;

(二)ST和*ST股票连续三个交易日内日收盘价涨跌幅偏离值累计达到±12%的;

(三)连续三个交易日内日均换手率与前五个交易日的日均换手率的比值达到30倍,且该证券连续三个交易日内的累计换手率达到20%的;

(四)证监会或本所认为属于异常波动的其他情形。

异常波动指标自相关信息披露义务人发布异常波动公告或复牌之日起重新计算。

第3.3.17条规定的无价格涨跌幅限制股票不纳入异常波动指标的计算。

5.4.4 证券交易公开信息涉及机构专用交易单元的,公布名称为"机构专用"。

第六章 证券交易监督

6.1 本所对证券交易中的下列事项,予以重点监控:

(一)涉嫌内幕交易、操纵市场等违法违规行为;

(二)证券买卖的时间、数量、方式等受到法律、行政法规、部门规章和规范性文件及本所业务规则等相关规定限制的行为;

(三)可能影响证券交易价格或者证券交易量的异常交易行为;

(四)证券交易价格或者证券交易量明显异常的情形;

(五)本所认为需要重点监控的其他事项。

6.2 可能影响证券交易价格或者证券交易量的异常交易行为包括:

(一)可能对证券交易价格产生重大影响的信息披露前,大量或持续买入或卖出相关证券;

(二)单个或两个以上固定的或涉嫌关联的证券账户之间,大量或频繁进行反向交易;

(三)单个或两个以上固定的或涉嫌关联的证券账户,大笔申报、连续申报、密集申报或申报价格明显偏离该证券行情揭示的最新成交价;

(四)单独或合谋,以涨幅或跌幅限制的价格大额申报或连续申报,致使该证券交易价格达到或维持涨幅或跌幅限制;

(五)频繁申报和撤销申报,或大额申报后撤销申报,以影响证券交易价格或误导其他投资者;

(六)集合竞价期间以明显高于前收盘价的价格申报买入后又撤销申报,随后申报卖出该证券,或以明显低于前收盘价的价格申报卖出后又撤销申报,随后申报买入该证券;

(七)对单一证券品种在一段时期内进行大量且连续交易;

(八)同一证券账户、同一会员或同一证券营业部的客户大量或频繁进行日内回转交易;

(九)大量或者频繁进行高买低卖交易;

(十)在证券价格敏感期内,通过异常申报,影响相关证券或其衍生品的交易价格、结算价格或参考价值;

(十一)单独或合谋,在公开发布投资分析、预测或建议前买入或卖出有关证券,或进行与自身公开发布的投资分析、预测或建议相背离的证券交易;

(十二)在综合协议交易平台进行虚假或其他扰乱市场秩序的申报;

(十三)本所认为需要重点监控的其他异常交易行为。

6.3 证券交易价格或证券交易量明显异常的情形包括:

(一)同一证券营业部或同一地区的证券营业部集中买入或卖出同一证券且数量较大;

(二)证券交易价格连续大幅上涨或下跌,明显偏离同期相关指数的涨幅或跌幅,且上市公司无重大事项公告;

(三)本所认为需要重点监控的其他异常交易情形。

6.4 本所根据市场需要,可以联合其他证券、期货交易所等机构,对出现第6.2条第(十)项等情形进行调查。

6.5 会员发现客户的证券交易出现第6.1条所列重点监控事项之一,且可能严重影响证券交易秩序的,应当予以提醒,并及时向本所报告。

6.6 本所可以针对证券交易中重点监控事项进行现场或非现场调查,会员及其证券营业部、投资者应当予以配合。

6.7 本所在现场或非现场调查中,可以根据需要要求相关会员及其证券营业部、投资者及时、准确、完整地提供下列文件和资料：

（一）投资者的开户资料、授权委托书、资金账户情况和相关证券账户的交易情况等；

（二）相关证券账户或资金账户的实际控制人和操作人情况、资金来源以及相关账户间是否存在关联的说明等；

（三）对证券交易中重点监控事项的解释；

（四）其他与本所重点监控事项有关的资料。

6.8　对第6.1条所列重点监控事项中情节严重的行为，本所可以视情况采取下列措施：

（一）口头或书面警示；

（二）约见谈话；

（三）要求提交书面承诺；

（四）限制相关证券账户交易；

（五）上报证监会。

对第（四）项措施有异议的，可以自接到相关措施执行通知之日起15日内，向本所申请复核。复核期间不停止该措施的执行。

第七章　交易异常情况处理

7.1　发生下列交易异常情况之一，导致部分或全部交易不能进行的，本所可以决定单独或同时采取暂缓进入交收、技术性停牌或临时停市等措施：

（一）不可抗力；

（二）意外事件；

（三）技术故障；

（四）本所认定的其他异常情况。

7.2　出现无法申报或行情传输中断情况的，会员应及时向本所报告。无法申报或行情传输中断的证券营业部数量超过本所全部会员证券营业部总数10%以上的，属于交易异常情况，本所可以实行临时停市。

7.3　本所认为可能发生第7.1条、第7.2条规定的交易异常情况，并严重影响交易正常进行的，可以决定技术性停牌或临时停市。经证监会要求，本所实行临时停市。

7.4　本所对暂缓进入交收、技术性停牌或临时停市决定予以公告。

技术性停牌或临时停市原因消除后，本所可以决定恢复交易，并予以公告。

7.5　因交易异常情况及本所采取的相应措施造成损失的，本所不承担赔偿责任。

7.6　交易异常情况处理的具体规定，由本所另行制定。

第八章　交易纠纷

8.1　会员之间、会员与客户之间发生交易纠纷，相关会员应当记录有关情况，以备本所查阅。交易纠纷影响正常交易的，会员应当及时向本所报告。

8.2　会员之间、会员与客户之间发生交易纠纷，本所可以按有关规定，提供必要的交易数据。

8.3　客户对交易有疑义的，会员有义务协调处理。

第九章　交易费用

9.1　投资者买卖证券成交的，应当按规定向会员交纳佣金。

9.2　会员应当按规定向本所交纳会员管理费用、交易经手费及其他费用。

9.3　证券交易的收费项目、收费标准和管理办法按照有关规定执行。

第十章　附　则

10.1　会员违反本规则的，本所根据《深圳证券交易所会员管理规则》对相关会员进行纪律处分。

10.2　通过本所交易系统进行证券发行、认购、申购、赎回、行权等业务的，参照本规则的相关规定执行；证监会及本所另有规定的，从其规定。

10.3　经本所同意，会员可以通过其派驻交易大厅的交易员进行申报。

进入交易大厅的，仅限于下列人员：

（一）登记在册交易员；

（二）场内监管人员；

（三）本所特许人员。

10.4　经证监会批准，特定交易品种可以通过本所综合协议交易平台进行协议交易，具体规定由本所另行制定。

10.5　本规则中所述时间，以本所交易主机的时间为准。

10.6　本规则下列用语具有如下含义：

（一）市场：指本所设立的证券交易市场。

（二）委托：指投资者向会员进行具体授权买卖证券的行为。

（三）申报：指交易参与人向本所交易主机发送证券买卖指令的行为。

（四）集中申报簿：指交易主机某一时点有效竞价范围内按买卖方向以及价格优先、时间优先顺序排列的所有未成交申报队列。

（五）对手方（本方）队列最优价格：指集中申报簿中买方的最高价或卖方的最低价。

（六）集合竞价参考价：指截至揭示时集中申报簿中所有申报按照集合竞价规则形成的虚拟集合竞价成交价。

（七）匹配量：指截至揭示时集中申报簿中所有申报按照集合竞价规则形成的虚拟成交数量。

（八）未匹配量：指截至揭示时集中申报簿中在集合竞价参考价位上的不能按照集合竞价参考价虚拟成交的买方或卖方申报剩余量。

（九）证券价格敏感期：指计算相关证券及其衍生品的交易价格、结算价格、参考价值的特定期间，包括计算修正可转换债券转股价的特定时间，计算证券增发价的特定时间，计算证券单位净值的特定时间，计算衍生品结算价格的特定时间等。

10.7　本规则未定义的用语的含义，依照法律、行政法规、部门规章、规范性文件及本所有关业务规则确定。

10.8　本规则所称“超过”、“低于”、“不足”不含本数，“达到”、“以上”、“以下”含本数。

10.9　本规则经本所理事会通过，报证监会批准后生效。修改时亦同。

10.10　本规则由本所负责解释。

10.11　本规则自2013年8月5日起施行。

2012年深圳证券交易所大事记

一月

1月6日，博彦科技股份有限公司（证券代码为“002649”）、加加食品集团股份有限公司（证券代码为“002650”）、成都利君实业股份有限公司（证券代码为“002651”）在中小企业板上市。

1月10日，温州宏丰电工合金股份有限公司（证券代码为"300283")江苏省交通科学研究院股份有限公司(证券代码为"300284")在创业板上市。

1月13日,山东国瓷功能材料股份有限公司(证券代码为"300285")、上海安科瑞电气股份有限公司(证券代码为"300286")在创业板上市。

1月17日,西藏海思科药业集团股份有限公司(证券代码为"002653")在中小企业板上市。

1月19日,苏州扬子江新型材料股份有限公司(证券代码为"002652")在中小企业板上市。

二月

2月1日,北京飞利信科技股份有限公司(证券代码为"300287")在创业板上市。

2月9日,北京华录百纳影视股份有限公司(证券代码为"300291")在创业板上市。

2月16日,贵阳朗玛信息技术股份有限公司(证券代码"300288")、北京利德曼生化股份有限公司(证券代码"300289")、荣科科技股份有限公司(证券代码"300290")在创业板上市。

2月17日,深圳万润科技股份有限公司(证券代码"002654")、山东共达电声股份有限公司(证券代码"002655")、在中小企业板上市。

2月24日,我所就《关于完善创业板退市制度的方案(征求意见稿)》的修改情况召开新闻发布会。

2月29日,我所召开"深化落实创业板市场投资者适当性管理制度培训会"。

2月28日,广州卡奴迪路服饰股份有限公司(证券代码"002656")、北京中科金财科技股份有限公司(证券代码"002657")在中小企业板上市

2月29日,江苏吴通通讯股份有限公司(证券代码"300292")在创业板上市。

三月

3月8日,我所发布《关于完善首次公开发行股票上市首日盘中临时停牌制度的通知》。

3月8日,沈阳蓝英工业自动化装备股份有限公司(证券代码"300293")、江西博雅生物制药股份有限公司(证券代码"300294")在创业板上市。

3月9日,北京雪迪龙科技股份有限公司(证券代码"002658")、江苏中泰桥梁钢构股份有限公司(证券代码"002659")、北京威卡威汽车零部件股份有限公司(证券代码"002662")在中小企业板上市。

3月14日,我所举办主题为"透明性·理性·适当性"的弘扬理性投资、深化适当性管理暨会员营业部投资者保护培训交流活动,至8月31日,先后共举办18期。

3月15日,江苏三六五网络股份有限公司(证券代码"300295")、利亚德光电股份有限公司(证券代码"300296")、蓝盾信息安全技术股份有限公司(证券代码"300297")在创业板上市。

3月15日,我所发布《2011年个人投资者状况调查报告》。

3月15日,我所举办3.15投资者权益保护网上在线交流活动。

3月16日,深圳茂硕电源科技股份有限公司(证券代码"002660")、克明面业股份有限公司(证券代码"002661")、广州普邦特园林股份有限公司(证券代码"002663")、信质电机股份有限公司(证券代码"002664")在中小企业板上市。

3月19日,长沙三诺生物传感技术股份有限公司(证券代码"300298")、富春通信股份有限公司(证券代码"300299")、汉鼎信息科技股份有限公司(证券代码"300300")、深圳市聚飞光电股份有限公司(证券代码"300303")在创业板上市。

3月20日,我所在陕西杨凌举办第十三届保荐机构联席工作会议。

3月21日,深圳市长方半导体照明股份有限公司(证券代码"300301")、北京同有飞骥科技股份有限公司(证券代码"300302")、江苏云意电气股份有限公司(证券代码"300304")在创业板上市。

3月23日,我所发布《深圳证券交易所2011年度自律监管工作报告》。

3月27日,北京首航艾启威节能技术股份有限公司(证券代码"002665")、广东德联集团股份有限公司(证券代码"002666")在中小企业板上市。

3月28日,南京公用控股污水处理收费收益权专项资产管理计划"在我所挂牌转让。

3月29日,江苏裕兴薄膜科技股份有限公司(证券代码"300305")、杭州远方光电信息股份有限公司(证券代码"300306")、宁波慈星股份有限公司(证券代码"300307")在创业板上市。

3月29日,鞍山重型矿山机器股份有限公司(证券代码"002667")在中小企业板上市。

四月

4月10日,山东中际电工装备股份有限公司(证券代码"300308")、吉艾科技(北京)股份公司(证券代码"300309")在创业板上市。

4月20日,我所发布修订后的《深圳证券交易所创业板股票上市规则》。

4月16日,广东奥马电器股份有限公司(证券代码"002668")、上海康达化工新材料股份有限公司(证券代码"002669")、广东华声电器股份有限公司(证券代码"002670")在中小企业板上市。

4月29日,我所发布《关于就〈关于改进和完善主板、中小企业板上市公司退市制度的方案(征求意见稿)〉公开征求意见的通知》。

4月25日,广东宜通世纪科技股份有限公司(证券代码"300310")、任子行网络技术股份有限公司(证券代码"300311")、新疆天山畜牧生物工程股份有限公司(证券代码"300313")在创业板上市。

4月26日,山东龙泉管道工程股份有限公司(证券代码"002671")、东江环保股份有限公司(证券代码"002672")在中小企业板上市。

五月

5月3日,西部证券股份有限公司(证券代码"002673")在中小企业板上市。

5月7日,兴业皮革科技股份有限公司(证券代码"002674")在中小企业板上市。

5月8日,邦讯技术股份有限公司(证券代码"300312")、宁波戴维医疗器械股份有限公司(证券代码"300314")在创业板上市。

5月11日,北京掌趣科技股份有限公司(证券代码"300315")、浙江晶盛机电股份有限公司(证券代码"300316")、深圳珈伟光伏照明股份有限公司(证券代码

"300317")在创业板上市。

5 月 23 日,我所发布《关于进一步完善首次公开发行股票上市首日盘中临时停牌制度的通知》及《深圳证券交易所中小企业私募债券业务试点办法》。

5 月 24 日,我所发布《关于交易型开放式指数基金作为融资融券标的证券相关事项的通知》。

5 月 23 日,北京博晖创新光电技术股份有限公司(证券代码为"300318")、深圳市麦捷微电子科技股份有限公司(证券代码为"300319")、山东同大海岛新材料股份有限公司(证券代码为"300321")在创业板上市。

5 月 25 日,烟台东诚生化股份有限公司(证券代码为"002675")、广东顺威精密塑料股份有限公司(证券代码为"002676")、浙江美大实业股份有限公司(证券代码为"002677")在中小企业板上市。

5 月 28 日,嘉实沪深 300ETF 在我所上市。

5 月 30 日,广州珠江钢琴集团股份有限公司(证券代码为"002678")在中小企业板上市。

六月

6 月 1 日,江阴海达橡塑股份有限公司(证券代码为"300320")、华灿光电股份有限公司(证券代码为"300323")、江苏德威新材料股份有限公司(证券代码为"300325")在创业板上市。

6 月 5 日,我所开展年度"交易规则日"活动,举办"大宗交易优化创新"圆桌会议。

6 月 7 日,我所通过首批中小企业私募债券备案申请。

6 月 5 日,福建金森林业股份有限公司(证券代码为"002679")、连云港黄海机械股份有限公司(证券代码为"002680")、深圳市奋达科技股份有限公司(证券代码为"002681")在中小企业板上市。

6 月 8 日,惠州硕贝德无线科技股份有限公司(证券代码为"300322")、北京旋极信息技术股份有限公司(证券代码为"300324")在创业板上市。

6 月 12 日,福建龙洲运输股份有限公司(证券代码为"002682")、广东宏大爆破股份有限公司(证券代码为"002683")、广东猛狮电源科技股份有限公司(证券代码为"002684")、无锡华东重型机械股份有限公司(证券代码为"002685")在中小企业板上市。

6 月 13 日,上海凯利泰医疗科技股份有限公司(证券代码为"300326")、中颖电子股份有限公司(证券代码为"300327")在创业板上市。

6 月 19 日,东莞宜安科技股份有限公司(证券代码为"300328")、海伦钢琴股份有限公司(证券代码为"300329")、上海华虹计通智能系统股份有限公司(证券代码为"300330")在创业板上市。

6 月 28 日,我所发布《关于改进和完善深圳证券交易所主板、中小企业板上市公司退市制度的方案》。

6 月 29 日,我所发布《深圳证券交易所上市公司信息披露直通车试点业务指引》(2012 年修订)。

6 月 28 日,苏州苏大维格光电科技股份有限公司(证券代码为"300331")、天壕节能科技股份有限公司(证券代码为"300332")、深圳兆日科技股份有限公司(证券代码为"300333")在创业板上市。

七月

7 月 7 日,我所发布《深圳证券交易所股票上市规则(2012 年修订)》及修订说明。

7 月 3 日,浙江亿利达风机股份有限公司(证券代码为"002686")在中小企业板上市。

7 月 5 日,天津膜天膜科技股份有限公司(证券代码为"300334")在创业板上市。

7 月 10 日,广州迪森热能技术股份有限公司(证券代码为"300335")、上海新文化传媒集团股份有限公司(证券代码为"300336")在创业板上市。

7 月 13 日,浙江乔治白服饰股份有限公司(证券代码为"002687")、金河生物科技股份有限公司(证券代码为"002688")在中小企业板上市。

7 月 17 日,沈阳博林特电梯股份有限公司(证券代码为"002689")在中小企业板上市。

7 月 18 日,银邦金属复合材料股份有限公司(证券代码为"300337")、江苏润和软件股份有限公司(证券代码为"300339")在创业板上市。

7 月 24 日,我所正式启用全国统一的服务热线电话 400-808-9999。

7 月 26 日,长沙开元仪器股份有限公司(证券代码为"300338")、江门市科恒实业股份有限公司(证券代码为"300340")、麦克奥迪(厦门)电气股份有限公司(证券代码为"300341")、常熟市天银机电股份有限公司(证券代码为"300342")在创业板上市。

7 月 27 日,我所召开"稳中求进,全力推进多层次资本市场创新发展"2012 年中工作务虚会。

7 月 31 日,合肥美亚光电技术股份有限公司(证券代码为"002690")、石家庄中煤装备制造股份有限公司(证券代码为"002691")在中小企业板上市。

八月

8 月 1 日,山东联创节能新材料股份有限公司(证券代码为"300343")、北京太空板业股份有限公司(证券代码为"300344")、湖南红宇耐磨新材料股份有限公司(证券代码为"300345")在创业板上市。

8 月 7 日,江苏南大光电材料股份有限公司(证券代码为"300346")在创业板上市。

8 月 8 日,江苏新远程电缆股份有限公司(证券代码为"002692")、海南双成药业股份有限公司(证券代码为"002693")在中小企业板上市。

8 月 16 日,顾地科技股份有限公司(证券代码为"002694")在中小企业板上市。

8 月 17 日,杭州泰格医药科技股份有限公司(证券代码为"300347")、深圳市长亮科技股份有限公司(证券代码为"300348")、浙江金卡高科技股份有限公司(证券代码为"300349")在创业板上市。

8 月 21 日,深圳市华鹏飞现代物流股份有限公司(证券代码为"300350")在创业板上市。

8 月 27 日,我所发布《深圳证券交易所转融通证券出借交易实施办法(试行)》。

九月

9 月 5 日,江西煌上煌集团食品股份有限公司(证券代码为"002695")、百洋水产集团股份有限公司(证券代码为"002696")、成都红旗连锁股份有限公司(证券代码为"002697")在中小企业板上市。

9 月 11 日,哈尔滨博实自动化股份有限公司(证券代码为"002698")、美盛文化创意股份有限公司(证券代码为"002699")、成都红旗连锁股份有限公司(证券代码为

"002697")在中小企业板上市。

9月12日,北京北信源软件股份有限公司(证券代码为"300352")在创业板上市。

9月20日,浙江永贵电器股份有限公司(证券代码为"300351")、江苏东华测试技术股份有限公司(证券代码为"300354")在创业板上市。

9月21日,新疆浩源天然气股份有限公司(证券代码为"002700")在中小企业板上市。

9月24日,由证监会纪委主办、我所承办的"内幕交易警示教育展"在京开展。

9月27日,北京东土科技股份有限公司(证券代码为"300353")、内蒙古和信园蒙草抗旱绿化股份有限公司(证券代码为"300355")在创业板上市。

十月

10月9日,光一科技股份有限公司(证券代码为"300356")在创业板上市。

10月11日,奥瑞金包装股份有限公司(证券代码为"002701")、福建腾新食品股份有限公司(证券代码为"002702")在中小企业板上市。

华夏香港恒生ETF10月22日在我所上市。

十一月

11月2日,浙江世宝股份有限公司(证券代码为"002703")在中小企业板上市。

11月16日,我所发布《关于加强与上市公司重大资产重组相关股票异常交易监管的通知》。

11月23日,我所发布《深圳证券交易所上市公司保荐工作指引》及《深圳证券交易所上市公司保荐工作评价办法》。

11月29日,我所发布《深圳证券交易所债券交易实施细则》。

11月30日,我所发布《深圳证券交易所交易规则》(2012年修订)。

十二月

12月7日,我所发布《深圳证券交易所上市委员会工作细则(2012年修订)》。

12月14日,我所发布《会员退市整理期股票交易风险警示业务指南》。

12月16日,我所发布《深圳证券交易所退市公司重新上市实施办法》及《深圳证券交易所退市整理期业务特别规定》。

12月19日,"欢乐谷主题公园入园凭证专项资产管理计划"在我所挂牌转让。

12月24日,我所上市委员会审议通过江苏炎黄在线物流股份有限公司、创智信息科技股份有限公司股票终止上市事宜。

12月25日,中共中央政治局委员、广东省委书记胡春华同志视察我所。

第二章　证券监管与经营机构

第一节　证券监管机构

中国证券监督管理委员会

中国证监会为国务院直属正部级事业单位，依照法律、法规和国务院授权，统一监督管理全国证券期货市场，维护证券期货市场秩序，保障其合法运行。

中国证监会设在北京，现设主席1名，副主席4名，纪委书记1名（副部级），主席助理3名；会机关内设18个职能部门，1个稽查总队，3个中心；根据《证券法》第14条规定，中国证监会还设有股票发行审核委员会，委员由中国证监会专业人员和所聘请的会外有关专家担任。中国证监会在省、自治区、直辖市和计划单列市设立36个证券监管局，以及上海、深圳证券监管专员办事处。

依据有关法律法规，中国证监会在对证券市场实施监督管理中履行下列职责。

（1）研究和拟订证券期货市场的方针政策、发展规划；起草证券期货市场的有关法律、法规，提出制定和修改的建议；制定有关证券期货市场监管的规章、规则和办法。

（2）垂直领导全国证券期货监管机构，对证券期货市场实行集中统一监管；管理有关证券公司的领导班子和领导成员。

（3）监管股票、可转换债券、证券公司债券和国务院确定由证监会负责的债券及其他证券的发行、上市、交易、托管和结算；监管证券投资基金活动；批准企业债券的上市；监管上市国债和企业债券的交易活动。

（4）监管上市公司及其按法律法规必须履行有关义务的股东的证券市场行为。

（5）监管境内期货合约的上市、交易和结算；按规定监管境内机构从事境外期货业务。

（6）管理证券期货交易所；按规定管理证券期货交易所的高级管理人员；归口管理证券业、期货业协会。

（7）监管证券期货经营机构、证券投资基金管理公司、证券登记结算公司、期货结算机构、证券期货投资咨询机构、证券资信评级机构；审批基金托管机构的资格并监管其基金托管业务；制定有关机构高级管理人员任职资格的管理办法并组织实施；指导中国证券业、期货业协会开展证券期货从业人员资格管理工作。

（8）监管境内企业直接或间接到境外发行股票、上市以及在境外上市的公司到境外发行可转换债券；监管境内证券、期货经营机构到境外设立证券、期货机构；监管境外机构到境内设立证券、期货机构、从事证券、期货业务。

（9）监管证券期货信息传播活动，负责证券期货市场的统计与信息资源管理。

（10）会同有关部门审批会计师事务所、资产评估机构及其成员从事证券期货中介业务的资格，并监管律师事务所、律师及有资格的会计师事务所、资产评估机构及其成员从事证券期货相关业务的活动。

（11）依法对证券期货违法违规行为进行调查、处罚。

（12）归口管理证券期货行业的对外交往和国际合作事务。

（13）承办国务院交办的其他事项。

领导介绍：

主席：肖钢

肖钢同志，1958年8月出生，汉族，江西吉安人，出生于湖南长沙，法学硕士。

现任中国证券监督管理委员会主席、党委书记。

1981年开始在中国人民银行工作。1989年5月至1996年10月，历任中国人民银行政策研究室副主任、主任、中国外汇交易中心总经理、中国人民银行计划资金司司长等职务。1996年10月至2003年3月曾担任中国人民银行行长助理及副行长，并于此期间先后兼任中国人民银行计划资金司司长、货币政策司司长、中国人民银行广东省分行行长及国家外汇管理局广东省分局局长。自2003年3月至2004年8月任中国银行董事长、行长、党委书记。2004年8月至2013年3月任中国银行董事长、党委书记。2003年5月至2013年3月兼任中银香港（控股）董事长。2013年3月任中国证券监督管理委员会主席、党委书记。

肖钢同志是第十七届中央候补委员、第十八届中央委员。

副主席：庄心一

庄心一同志，1955年4月出生，汉族，上海人，经济学博士。

现任中国证券监督管理委员会副主席、党委委员。

庄心一同志1992年1月任中国人民建设银行信贷部副主任；1992年10月任国务院证券委员会办公室副主任；1993年8月任中国人民建设银行信托投资公司副总经理；1995年10月任深圳证券交易所总经理、党委书记；1997年10月任国务院证券委员会办公室巡视员兼中国证券监督管理委员会培训中心主任；1998年10月任深圳市副市长；2002年7月任中国证券业协会会长、党委书记；2003年11月任中国证券监督管理委员会主席助理、党委委员；2005年2月任中国证券监督管理委员会副主席、党委委员。

副主席：姚刚

姚刚同志，1962年5月出生，汉族，山西文水人，经济学博士。现任中国证券监督管理委员会副主席、党委委员。姚刚同志1993年起任中国证券监督管理委员会期货监管部副主任、主任；1999年任国泰君安证券有限公司总经理、党委副书记、副董事长;2002 年任中国证券监督管理委员会发行监管部主任;2004 年 7 月任中国证券监督管理委员会主席助理、党委委员兼发行监管部主任。2008 年任中国证券监督管理委员会副主席、党委委员。

副主席:刘新华

刘新华同志,1955 年 9 月出生,回族,河北人,经济学博士。现任中国证券监督管理委员会副主席、党委委员。刘新华同志 1975 年起在宁夏银川市电信局工作;1982 年起任宁夏回族自治区党委宣传部部务秘书、办公室副主任;1989 年起任深圳市委政策研究室秘书处处长、深圳证券管理办公室副主任、主任、党组书记、深圳证券交易所理事;1999 年 1 月任中国证券监督管理委员会办公厅主任、党委办公室主任兼机关党委常务副书记;2006 年 7 月任中国证券监督管理委员会主席助理、党委委员兼办公厅主任、党委办公室主任;2009 年 4 月任中国证券监督管理委员会副主席、党委委员。

纪委书记:王会民

王会民同志,1959 年 2 月出生,汉族,籍贯甘肃,工商管理硕士。

现任中国证券监督管理委员会纪委书记、党委委员。

王会民同志 1975 年 7 月参加工作。1984 年 1 月进入中国建设银行新疆分行,1992 年 7 月起先后任中国建设银行新疆分行办公室主任,巴音郭楞蒙古自治州中心支行党组副书记、副行长,乌鲁木齐支行党组书记、行长,新疆分行党组副书记、副行长,新疆分行党委书记、行长。2002 年 2 月起先后任新疆维吾尔自治区政府主席助理、党组成员,2005 年 8 月起兼任自治区金融工作办公室主任、党组书记,2008 年 8 月起兼任自治区农村信用社联合社党委书记,2012 年 1 月任新疆维吾尔自治区人大常委会副主任。2014 年 1 月任中国证券监督管理委员会纪委书记、党委委员。

主席助理:姜洋

姜洋同志,1956 年 9 月出生,汉族,四川泸州人,经济学博士。

现任中国证券监督管理委员会副主席、党委委员。

姜洋同志 1982 年起任经济日报社编辑、记者;1989 年任金融时报经济部负责人;1990 年起任中国人民银行办公厅新闻处副处长、处长、办公厅秘书处处长、办公厅副主任、非银行金融机构监管司副司长;1998 年任中国证券监督管理委员会机构监管部主任;2001 年 7 月任上海期货交易所总经理、党委书记;2006 年 7 月任中国证券监督管理委员会主席助理、党委委员;2006 年 8 月至 2009 年 4 月兼任期货监管部主任;2012 年 9 月任中国证券监督管理委员会副主席、党委委员。

主席助理:吴利军

吴利军同志,1964 年 8 月出生,汉族,山西朔州人,经济学博士。

现任中国证券监督管理委员会主席助理、党委委员。

吴利军同志 1988 年起先后在国家物资部、国内贸易部人事劳动司、办公厅工作;1997 年 4 月任国内贸易部国家物资储备调节中心副主任;1997 年 10 月任中国证券监督管理委员会信息中心负责人;1998 年 10 月任中国证券监督管理委员会培训中心副主任(主持工作);2000 年 11 月任中国证券监督管理委员会人事教育部副主任、党委组织部副部长(主持工作);2001 年 4 月任中国证券监督管理委员会人事教育部主任、党委组织部部长;2009 年 4 月任中国证券监督管理委员会主席助理、党委委员。

主席助理:张育军

张育军同志,1963 年 5 月出生,汉族,四川什邡人,经济学博士、法学博士。

现任中国证券监督管理委员会主席助理、党委委员。

张育军同志 1995 年 5 月任中国证券监督管理委员会办公室副主任。1995 年 10 月任深圳证券交易所副总经理。1997 年 11 月任中国证券监督管理委员会副秘书长,1998 年 6 月兼任外事部主任,1998 年 10 月任政策研究室副主任(主持工作)。1999 年 6 月任深圳证券监管办公室党委书记、主任(正厅局级),2000 年 8 月兼任深圳证券交易所总经理。2000 年 10 月任深圳证券交易所党委书记、总经理。2001 年 9 月任深圳证券交易所党委副书记、总经理。2008 年 2 月任上海证券交易所党委副书记、总经理。2012 年 8 月任中国证券监督管理委员会党委委员。2012 年 9 月任中国证券监督管理委员会主席助理。

上海证券交易所

上海证券交易所成立于 1990 年 11 月 26 日,同年 12 月 19 日开业,归属中国证监会直接管理。秉承“法制、监管、自律、规范”的八字方针,上海证券交易所致力于创造透明、开放、安全、高效的市场环境,切实保护投资者权益,其主要职能包括:提供证券交易的场所和设施;制定证券交易所的业务规则;接受上市申请,安排证券上市;组织、监督证券交易;对会员、上市公司进行监管;管理和公布市场信息。

上证所下设办公室(理事会办公室)、人事部(党委组织部)、党委办公室(党委宣传部)、纪检监察办公室、交易管理部、发行上市部、上市公司监管一部、上市公司监管二部、会员部、债券业务部、国际发展部、基金与衍生品部、市场监察部、法律部、投资者教育部、系统运行部、技术开发部、技术规划与服务部、信息中心、北京中心、财务部、风控与内审部、基建工作小组等二十三个部门,以及五个下属机构上海证券交易所发展研究中心、上海证券通信有限责任公司、上证所信息网络有限公司、上海上证金融服务有限公司(保卫部)、上交所驻香港办事处,通过它们的合理分工和协调运作,有效地担当起证券市场组织者的角色。

上证所市场交易采用电子竞价交易方式,所有上市交易证券的买卖均须通过电脑主机进行公开申报竞价,由主机按照价格优先、时间优先的原则自动撮合成交。上交所新一代交易系统峰值订单处理能力达到 80000 笔/秒,系统日双边成交容量不低于 1.2 亿笔,相当于单市场 1.2 万亿元的日成交规模,并且具备平行扩展能力。

经过多年的持续发展,上海证券市场已成为中国内地首屈一指的市场。截至 2012 年底,上交所共有上市公司 954 家,2012 年新上市 26 家。上市股票数 998 只。股票市价总值 158698.44 亿元;流通市值 134294.45 亿元。上市公司总股本 24617.62 亿股,流通股本 19521.34 亿股,流通股本占总股本的 79.30%。一大批国民经济支柱企业、重点企业、基础行业企业和高新科技企业通过上市,既筹集了发展资金,又转换了经营机制。

迈入新世纪后,上证所肩负着规范发展市场的艰巨任务,也面临着进一步推进市场各项建设的良好机遇。凭借一流的硬件设施和浦东优越的区位优势与强大辐射力，凭借上海经济良好发展势头和特有的龙头效应，凭借国企改革和金融中心建设对上海资本市场的积极推动，上证所将按照坚定信心、加强监管、保持稳定、规范发展的思路，在技术、监管、人才、服务等方面多管齐下，为建设一个规范透明、高效开放、充满生机活力的世界一流交易所开启新的篇章。

地址：上海市浦东南路528号证券大厦
邮编：200120
传真：021－68804868
总机：021－68808888
电子邮件：webmaster@ secure. sse. com. cn
因特网网址：http://www. sse. com. cn

深圳证券交易所

深圳证券交易所（以下简称“深交所”）成立于1990年12月1日，是为证券集中交易提供场所和设施，组织和监督证券交易，履行国家有关法律、法规、规章、政策规定的职责，实行自律管理的法人，由中国证券监督管理委员会（以下简称“中国证监会”）监督管理。深交所的主要职能包括：提供证券交易的场所和设施；制定业务规则；接受上市申请、安排证券上市；组织、监督证券交易；对会员进行监管；对上市公司进行监管；管理和公布市场信息；中国证监会许可的其他职能。

深交所以建设中国多层次资本市场体系为使命，全力支持中国中小企业发展，推进自主创新国家战略实施。2004年5月，中小企业板正式推出；2006年1月，中关村科技园区非上市公司股份报价转让开始试点；2009年10月，创业板正式启动，多层次资本市场体系架构基本确立。深交所坚持从严监管根本理念，贯彻“监管、创新、培育、服务”八字方针，努力营造公开、公平、公正的市场环境。

截至2013年底，深圳证券市场股票、基金、债券累计成交29.67万亿元，年末上市公司1536家，市值87912亿元，上市基金291只，挂牌债券（不含私募债）460只，中小企业私募债累计通过备案260家，165只完成发行，募集资金180.95亿元，挂牌资产证券化产品6只。多层次资本市场规模稳步增长，质量逐步提高，合理配置资源、服务经济转型的功能进一步发挥。

地址：深圳市深南东路5045号
邮编：518010
电话：0755－82083333
电子邮件：cis@ szse. cn

中国证券登记结算有限公司

中国证券登记结算有限公司依据《中华人民共和国证券法》和《中华人民共和国公司法》组建。公司总资本为人民币12亿元，上海、深圳证券交易所是公司的两个股东，各持50%的股份。公司总部设在北京，下设上海、深圳和北京数据技术分公司三家分公司。中国证监会是公司的主管部门。

一、公司的历史沿革

2001年3月30日，按照《证券法》关于证券登记结算集中统一运营的要求，经国务院同意，中国证监会批准，中国结算组建成立。同年9月，中国结算上海、深圳分公司正式成立。从2001年10月1日起，中国结算承接了原来隶属于上海和深圳证券交易所的全部登记结算业务，标志着全国集中统一的证券登记结算体制的组织架构已经基本形成。

二、公司的宗旨

公司的宗旨是，建立一个符合规范化、市场化和国际化要求，具有开放性、拓展性特点，有效防范市场风险和提高市场效率，能够更好地为中国证券市场未来发展服务的集中统一的证券登记结算体系。

三、公司的基本职能

按照《证券法》和《证券登记结算管理办法》的相关规定，中国结算履行下列职能。

（1）证券账户、结算账户的设立和管理；

（2）证券的存管和过户；

（3）证券持有人名册登记及权益登记；

（4）证券和资金的清算交收及相关管理；

（5）受发行人的委托派发证券权益；

（6）依法提供与证券登记结算业务有关的查询、信息、咨询和培训服务；

（7）中国证监会批准的其他业务。

2012年证券登记结算业务运行及发展情况

（一）新开账户数有所减少

截至2012年底，中国结算沪市A股账户开户代办点5,813个，比上年增加270个；深市A股账户开户代办点5,278个，比上年增加268个。

2012年全年新开股票账户约556.21万户，较上年减少约523.31万户，同比减少约48.48%。其中，新开A股账户554.93万户，较上年减少522.10万户，减少48.48%；新开B股账户1.28万户，较上年减少1.20万户，减少48.41%。

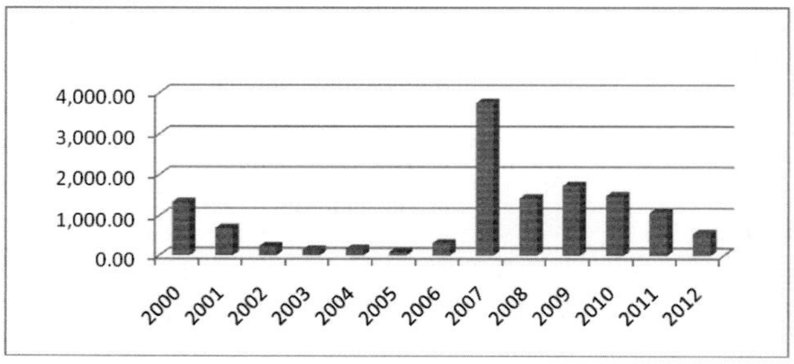

图1　新开A股账户数

截至2012年底，期末股票账户数约17,064.47万户；其中，期末A股账户数为16,811.42万户，比上年增加516.68万户，增长3.17%；B股账户253.05万户，比上年增加0.89万户，增长0.35%。经证券公司核实、申报的休眠账户数为3,018.56万户。股票账户去除休眠账户后的有效账户数为14,045.91万户。

（二）登记存管的主要证券数量明显增加

截止到2012年末，中国结算登记存管的证券达到4,094只。其中，A股2,472只，比上年增加148只；B股107只，与上年减少1只；国债122只，比上年增加13只；地方债3只，比上年减少1只；公司债358只，比上年增加192只；企业债561只，比上年增加239只；可转债23只，比上年增加3只；分离式可转债16只，比上年减少3只；中小企业私募债87只；封闭式基金52只，比上年减少5只；ETF50只，比上年增加13只；LOF228只，比上年增加96只；资产证券化产品15只，比上年增加9只。

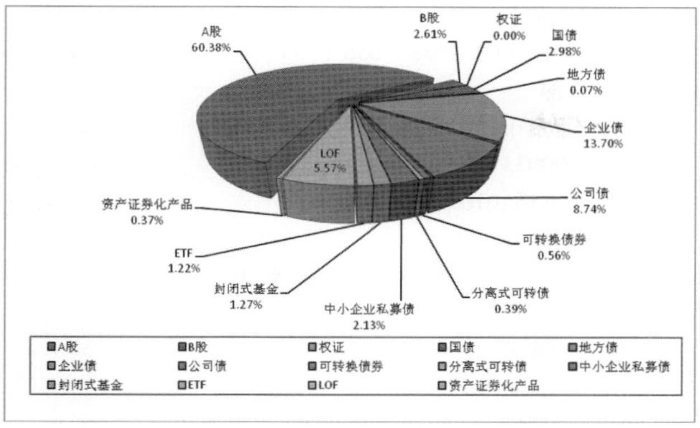

图 2　登记存管的证券类型

截至 2012 年末，中国结算登记存管的证券面值为4.69万亿元。其中，流通 A 股面值 2.46 万亿元，流通 B 股面值281.18亿元，限售流通股面值 6,861.22 亿元，国债面值 1,782.43 亿元，地方债面值 3.30 亿元，企业债面值3,229.89亿元，公司债面值 5,339.50 亿元，可转债面值 1,255.26 亿元，分离式可转债面值 752.15 亿元，中小企业私募债面值 93.75 亿元，封闭式基金面值 807.42 亿元，ETF 面值 1,281.71 亿元，LOF 面值 634.72 亿元，资产证券化产品 33.98 亿元。

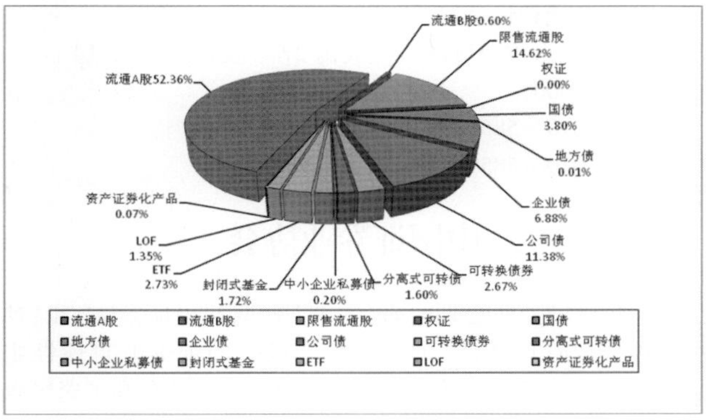

图 3　登记存管的证券面值

2012 年末登记存管证券总市值 24.51 万亿元，其中流通市值为 19.88 万亿元。其中，A 股流通市值 18.27 万亿元，B 股流通市值 1,579.02 亿元，国债流通市值 1,790.37 亿元，地方债 3.30 亿元，企业债流通市值 2,797.95 亿元，公司债流通市值 5,246.60 亿元，可转债流通市值 1,289.12 亿元，分离式可转债流通市值 714.72 亿元，中小企业私募债流通市值 40.17 亿元，封闭式基金流通市值 697.41 亿元，ETF 流通市值 1,424.83 亿元，LOF 流通市值 535.60 亿元，资产证券化产品流通市值 32.33 亿元。

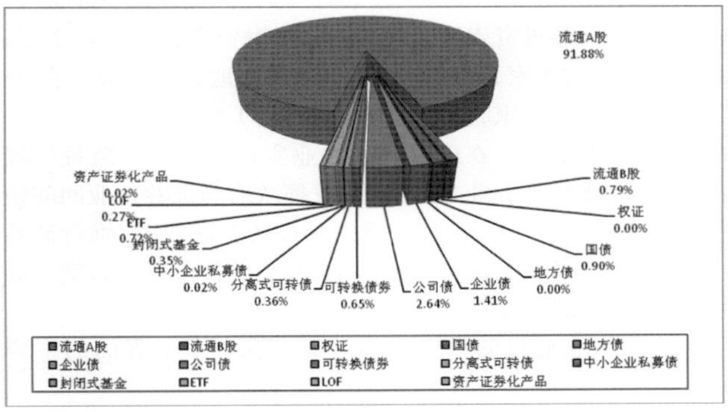

图 4　证券市值分布

（三）结算总额有所减少，结算净额有所增加

2012 年中国结算的证券结算总额为 238.12 万亿元，较上年减少了 25.79 万亿元，降幅为 9.77%；结算净额为 9.86 万亿元，较上年增加了 0.92 万亿元，增幅为 10.27%。

（四）开放式基金业务稳步发展

截至 2012 年底，开放式基金 TA 系统内参与的管理人共有 126 家，其中基金公司 51 家、券商 74 家、银行 1 家；累计代理发行理财产品 811 只，其中开放式基金 281 只、创新型封闭式基金 23 只、券商集合理财产品 493 只、银行理财产品 14 只。产品类型涵盖了股票型、债券型、混合型、货币型、保本型、QDII、FOF、LOF、上证基金通、场外 ETF 等。另外，还全面支持了集合计划的参与、退出、权益分派、业绩报酬、收益补偿、展期以及 TA 移转等各类业务。

中国证券登记结算有限公司上海分公司

一、公司概况

中国证券登记结算有限公司上海分公司（以下简称公司），是一个为证券交易提供集中的登记、托管与结算服务，不以营利为目的的证券登记结算机构。

公司的业务职能包括：证券帐户、结算帐户的设立；证券的托管和过户；证券持有人名册登记；证券交易所上市证券交易的清算和交收；受发行人的委托派发证券权益；办理与上述业务有关的查询；国务院证券监督管理机构批准的其他业务。

公司的前身上海证券中央登记结算公司于 1993 年 3 月 8 日成立，在 8 年多时间内为证券交易市场的快速发展提供了优质的后台支持服务。随着中国证券登记结算体系的改革，公司于 2001 年 9 月 20 日改组为中国证券登记结算有限公司上海分公司。目前公司设有综合管理部、财务部、法律部、投资人登记部、发行人登记部、结算管理部、交收部、技术开发部、系统运行部等部门，并设立了相对独立的风险管理委员会和技术委员会。

公司一直致力于证券登记结算制度的研究和完善。自 1997 年开始，在充分总结和科学设想的基础上，比较国际证券结算业的不同做法，借助现代电子技术手段，率先建立了法人证券集中托管制度和中央交收体制下的法人结算制度。“法人托管”和“法人结算”两项制度的实施，为最终实现银货对（DVP）的证券结算制度奠定了基础。

公司也始终重视具体业务和技术手段的改进和完善，创建了独立的完整的登记结算技术系统，开发了国内第一个证券结算电子商务平台——PROP2000，建设了国内证券业第一个大型数据仓库，建立了以 DVP 为目标的电子交收模式，依照《证券法》建立了包括结算风险基金、清算交收备付金制度、待交收机制和交收风险监控制度在内的风险管理体系。

在参与建立全国集中统一的登记结算体系的同时，公司将继续在总部的领导下，与市场参与各方进行紧密的合作，正确处理发展与规范、改革创新与风险控制的关系，充分保障登记结算业务的稳定性、高效性与安全性，向证券市场提供安全、公平、高效的服务。

二、登记结算技术系统

公司已经建立了具有强大的业务处理能力、高效快捷的通信能力、智能化存储和数据查询分析能力的技术系统。这是我国惟一的独立于交易系统之外的功能完整的证券登记结算技术系统，主要包括以下三个组成部分。

（一）登记结算系统

公司于1998年4月1日推出的登记结算业务处理系统，是一个独立的、可支持完整意义上的登记结算业务的技术系统，可以将全部的登记结算业务集中到一个统一的技术平台上处理。这一系统采用了当时世界上领先的技术配置，经过最新的升级和优化后，可在180分钟内完成4000万笔成交记录和20个证券品种权益（送股、配股、红利、上市挂牌等）的数据处理，而且具有安全可靠、操作简单的优点。

（二）信息服务系统（数据仓库）

公司以数据仓库为核心创建了信息服务系统。数据仓库的作用是通过建立一个高效实用的、存储庞大的历史数据仓库，将大量的业务数据经过加工和精炼，从中提取与主题相关的有价值的信息，满足市场监管和市场服务的需要，为加强风险防范、完善决策支持、提高服务质量提供技术手段。

公司建设的数据仓库一期项目于2001年11月2日通过验收并投入使用，这是国内证券业第一个TB级（1TB = 1000G）数据仓库，目前的主要用户包括上海证券交易所监察部，同时为中国证监会的监管工作随时提供服务。随着市场发展的需要，公司将向包括证券公司、上市公司在内的市场参与主体提供优质的数据增值服务。

（三）登记结算互联网络（PROP2000）

PROP系统是公司开发建立的实现证券登记、存管、结算数据实时通信的登记结算互联网络，目前已升级到PROP2000。ROP2000将证券电子商务概念引入了证券登记结算系统，在提高市场运作效率、降低市场运作风险、为新业务开发开展提供技术基础等方面取得了突破性的进步，标志着中国证券结算进行了电子网络时代。

PROP系统是一个基于光缆和电话线双备份的数据通信网络，与卫星广播的数据通信方式比较，具有安全、稳定、可靠的优势，并且具有双向交流的功能。PROP网络系统又是一个综合的业务平台，采用了模块化的设计模式，可以同时实现开户、账户管理、查询、电子资金划拨、挂失转户等各项业务功能，又可以根据市场发展的需要随时扩展功能。

目前PROP2000的联网用户有1000多家，几乎涉及市场的所有参与者：证券公司、证券公司营业部、结算代理银行、基金托管人、上市公司、B股结算会员等，以及监管机构和业务代理单位。用户不仅遍布全国，还有63家B股会员分布在世界各地。

中国证券登记结算有限公司深圳分公司

中国证券登记结算有限公司（以下简称“中国结算”）深圳分公司的前身深圳证券登记有限公司成立于1991年1月24日，1995年9月16日并入深圳证券交易所，2001年9月21日改组为中国结算深圳分公司，现有员工175人。中国结算深圳分公司十几年来一直致力于为中国证券市场的快速发展提供安全、高效的证券登记结算服务。

中国结算深圳分公司依法对在深圳证券交易所上市的证券进行登记结算，主要业务范围包括：证券账户的设立和管理；证券登记和托管；证券、资金的清算与交收；证券权益分派等代理服务；提供与登记结算业务有关的信息服务、咨询服务和培训服务；中国证券监督管理委员会批准的其他业务。

中国作为一个经济发展和改革开放的发展中国家，经济增长潜力巨大，证券市场发展的空间极其广阔。中国结算深圳分公司将在社会各界的关心和支持下，继续励精图治，开拓创新，进一步完善登记结算运作体系和服务体系，为中国证券市场和国民经济的发展作出新的贡献。

【联系我们】
服务热线：4008－058－058
公司总部
地址：北京市西城区太平桥大街17号
邮编：100033
值班室电话：010－59378888
上海分公司
地址：上海市浦东新区陆家嘴东路166号
中国保险大厦36楼
邮编：200120
值班室电话：021－68870587
深圳分公司
地址：广东省深圳市深南中路1093号中信大厦18楼
邮编：518031
值班室电话：0755－25938000
投诉电话：0755－25988133
北京分公司
地址：北京市西城区金融大街26号金阳大厦5层
邮编：100033
电话：010－58598980
传真：010－58598977
信息基地建设公司
地址：北京市西城区金融大街27号投资广场23层
邮编：100033
电话：010－58598889
传真：010－58598805

中国证券业协会

中国证券业协会是依据《中华人民共和国证券法》和《社会团体登记管理条例》的有关规定设立的证券业自律性组织，属于非营利性社会团体法人，接受中国证监会和国家民政部的业务指导和监督管理。

中国证券业协会成立于1991年8月28日。2011年6月23日至24日，协会召开了第五次会员大会，陈共炎同志当选为会长。20年来，协会认真贯彻执行“法制、监管、自律、规范”的八字方针和《中国证券业协会章程》，在中国证监会的监督指导下，团结和依靠全体会员，切实履行“自律、服务、传导”三大职能，在推进行业自律管理、反映行业意见建议、改善行业发展环境等方面做了一些工作，发挥了行业自律组织的应有作用。

中国证券业协会的最高权力机构是由全体会员组成的会员大会，理事会为其执行机构。中国证券业协会实行会长负责制。截至2011年6月，协会共有会员239家，其中，证券公司107家，证券投资咨询公司86家，金融资产管理公司2家，资信评估机构5家，特别会员39家（其中地方证券业协会36家，证券交易所2家，证券登记结算公司1家）。

协会的宗旨是：在国家对证券业实行集中统一监督管理的前提下，进行证券业自律管理；发挥政府与证券行业间的桥梁和纽带作用；为会员服务，维护会员的合法权益；维持证券业的正当竞争秩序，促进证券市场的公开、公平、公正，推动证券市场的健康稳定发展。

会员大会通过的章程明确了协会在以下三方面的主要职责。

依据《证券法》的有关规定，行使下列职责：教育和组织会员遵守证券法律、行政法规；依法维护会员的合法权益，向中国证监会反映会员的建议和要求；收集整理证券信息，为会员提供服务；制定会员应遵守的规则，组织会员单位的从业人员的业务培训，开展会员间的业务交流；对会员之间、会员与客户之间发生的证券业务纠纷进行调解；组织会员就证券业的发展、运作及有关内容进行研究；监督、检查会员行为，对违反法律、行政法规或者协会章程的，按照规定给予纪律处分。

依据行政法规、中国证监会规范性文件规定，行使下列职责：制定自律规则、执业标准和业务规范，对会员及其从业人员进行自律管理；负责证券业从业人员资格考试、认定和执业注册管理；负责组织证券公司高级管理人员资质测试和保荐代表人胜任能力考试，并对其进行持续教育和培训；负责做好证券信息技术的交流和培训工作，组织、协调会员做好信息安全保障工作，对证券公司重要信息系统进行信息安全风险评估，组织对交易系统事故的调查和鉴定；行政法规、中国证监会规范性文件规定的其他职责。

依据行业规范发展的需要，行使其他涉及自律、服务、传导的自律管理职责：推动行业诚信建设，督促会员依法履行公告义务，对会员信息披露的诚信状况进行评估和检查；制定证券从业人员职业标准，组织证券从业人员水平考试和水平认证；组织开展证券业国际交流与合作，代表中国证券业加入相关国际组织，推动相关资质互认；其他自律、服务、传导职责。

中国证券业协会连续被国家社团管理机关民政部评为全国先进社会组织，并在国家改革开放30年系列活动中被评为中国改革开放30年120家优秀集体之一。

协会领导：

陈共炎　会长，博士

49岁，证券从业时间18年。历任国务院发展研究中心副研究员，北京商品交易所理事、副总裁，中国证券监督委员会信息中心负责人，中国证券监督委员会政策研究室助理巡视员、机构监管部副主任、证券公司风险处置办公室主任，中国证券投资者保护基金有限责任公司党委书记、董事长，中国证券业协会党委书记、会长。

王东明　监事长，硕士研究生，中信证券股份有限公司董事长、执行委员会委员

59岁，证券从业时间19年。曾在加拿大枫叶银行证券公司投资银行部任职。历任华夏证券公司投资银行部总经理，南方证券公司副总裁，中信证券副总经理、总经理、董事长等职务。

陈自强　副会长，大学本科

48岁，证券从业时间18年。先后在中国人民银行资金管理司、中国光大集团光大银行筹备处、中国科技财务公司、中国科技国际信托投资公司工作，历任中国证监会机构部处长，中国证监会海口特派办党委委员、副主任，中国证监会海南监管局党委委员、副局长、党委书记、局长，中国证监会证券公司风险处置办公室副主任，第四届中国证券业协会党委副书记、副会长兼秘书长。

葛伟平　副会长，硕士

48岁，曾任湖南省体改委副处长，湖南省证监委副处长，证监会长沙特派办副处长，证监会机构部、风险办处长，证监会深圳专员办副专员，证监会风险办副主任，保护基金公司执行董事、副董事长、纪委书记。现任中国证券业协会副会长。

储晓明　副会长，硕士，申银万国证券股份有限公司党委书记、副董事长、总经理

50岁，曾任工商银行商业信贷部科员、副主任科员、技改信贷部项目评估处负责人、技改信贷部调查评估处副处长、固定资产信贷部调查评估处处长、评估咨询部基础设施评估处处长、资产风险管理部副总经理级调研员，中海石油财务有限公司副总经理，中海信托股份有限公司党委书记、总经理。现任申银万国证券股份有限公司党委书记、副董事长、总经理。

王开国　副会长，经济学博士，海通证券股份有限公司董事长、党委书记

53岁，证券从业时间16年。曾任国家国有资产管理局科研所应用室副主任、政策法规司政法处处长、科研所副所长，海通证券有限公司副总经理、党委书记、董事长兼总经理。现任任海通证券股份有限公司董事长、党委书记。

牛冠兴　副会长，硕士，安信证券股份有限公司董事长、党委书记

56岁，证券从业时间18年。曾任招商银行总行信贷部总经理，招商证券总裁、党委书记，招商基金董事长，南方证券行政接管组组长、党委书记，广东证券托管组组长。现任安信证券股份有限公司董事长、党委书记。

兰荣　副会长，硕士，兴业证券股份有限公司董事长

51岁，证券从业时间20年。曾任福建省福兴财务公司综合处科长，福建兴业银行计划资金部副总经理（主持工作）、证券业务部副总经理，福建兴业证券公司总裁。现任兴业证券股份有限公司董事长、总裁、党委书记。

朱云来　副会长，博士，中国国际金融有限公司总裁兼首席执行官、管理委员会主席

52岁，证券从业时间15年。曾任中国国家气象局助理工程师，美国威斯康星大学研究助理，安达信会计师事务所审计/会计师，瑞士信贷第一波士顿银行金融经理，中国国际金融有限公司投资银行部负责人。现任中国国际金融有限公司管理委员会主席、总裁。

王岩　副会长，经济学博士，招商证券股份有限公司总裁兼首席执行官

47岁，金融从业时间24年，历任中国工商银行国际融资处负责人、总行办公室秘书处副处长兼行长秘书，纽约代表处首席代表，香港分行副总经理兼行政总裁，中国工商银行（亚洲）有限公司副总经理、董事副总经理兼行政总裁，中银国际控股有限公司总裁兼首席营运官，中银国际控股有限公司首席执行官。

【联系方式】

地 址：北京市西城区金融大街19号富凯大厦B座2层
邮编：100032
电话：010－66575653
传真：010－66575827

中国期货业协会

中国期货业协会（以下简称协会）成立于 2000 年 12 月 29 日，是根据《社会团体登记管理条例》设立的全国期货行业自律性组织，为非营利性的社会团体法人。协会的注册地和常设机构设在北京。协会接受中国证监会和国家社会团体登记管理机关的业务指导和管理。

协会由期货公司等从事期货业务的会员、期货交易所特别会员和地方期货业协会联系会员组成。会员大会是协会的最高权力机构，每四年举行一次。理事会是会员大会闭会期间的协会常设权力机构，对会员大会负责，理事会每年至少召开一次会议。理事会由会员理事、特别会员理事和非会员理事组成。理事任期四年，可连选连任。理事会根据工作需要下设专业委员会，专业委员会为理事会议事机构，对理事会负责。

协会设会长一名，专职副会长若干名，兼职副会长若干名，秘书长一名，副秘书长若干名。会长、副会长和秘书长任期四年，可连选连任。协会实行会长负责制，会长为协会法定代表人。协会设会长办公会，由会长、专职副会长、秘书长、副秘书长以及会长指定的其他人员组成，在理事会闭会期间行使理事会授权的职责。目前协会常设办事机构设办公室、党委办公室（纪检办）、会员部、培训部、投资者教育部、研究部、合规调查部、资格考试与认证部、信息技术部等九个部门。

协会宗旨是：在国家对期货业实行集中统一监督管理的前提下，进行期货业自律管理；发挥政府与期货行业间的桥梁和纽带作用，为会员服务，维护会员的合法权益；坚持期货市场的公开、公平、公正，维护期货业的正当竞争秩序，保护投资者利益，推动期货市场的健康稳定发展。

协会主要职能有：

（1）教育和组织会员及期货从业人员遵守期货法律法规和政策，制定行业自律性规则，建立健全期货业诚信评价制度，进行诚信监督。

（2）负责期货从业人员资格的认定、管理以及撤销工作，负责组织期货从业资格考试、期货公司高级管理人员资质测试及行政法规、中国证监会规范性文件授权的其他专业资格胜任能力考试。

（3）监督、检查会员和期货从业人员的执业行为，受理对会员和期货从业人员的举报、投诉并进行调查处理，对违反本章程及自律规则的会员和期货从业人员给予纪律惩戒；向中国证监会反映和报告会员和期货从业人员执业状况，为期货监管工作提供意见和建议。

（4）制定期货业行为准则、业务规范，参与开展行业资信评级，参与拟订与期货相关的行业和技术标准。

（5）受理客户与期货业务有关的投诉，对会员之间、会员与客户之间发生的纠纷进行调解。

（6）为会员服务，依法维护会员的合法权益，积极向中国证监会及国家有关部门反映会员在经营活动中的问题、建议和要求。

（7）制定并实施期货业人才发展战略，加强期货业人才队伍建设，对期货从业人员进行持续教育和业务培训，提高期货从业人员的业务技能和职业道德水平。

（8）设立专项基金，为期货业人才培养、投资者教育或其他特定事业提供资金支持。

（9）负责行业信息安全保障工作的自律性组织协调，提高行业信息安全保障和信息技术水平。

（10）收集、整理期货信息，开展会员间的业务交流，推动会员按现代金融企业要求完善法人治理结构和内控机制，促进业务创新，为会员创造更大市场空间和发展机会。

（11）组织会员对期货业的发展进行研究，参与有关期货业规范、发展的政策论证，对相关方针政策、法律法规提出建议。

（12）加强与新闻媒体的沟通与联系，广泛开展期货市场宣传和投资者教育，为行业发展创造良好的环境。

（13）表彰、奖励行业内有突出贡献的会员和个人，组织开展业务竞赛和文化活动，加强会员间沟通与交流，培育健康向上的行业文化。

（14）开展期货业的国际交流与合作，代表中国期货业加入国际组织，推动相关资质互认，对期货涉外业务进行自律性规范与管理。

（15）法律、行政法规规定以及中国证监会赋予的其他职责。

地址：北京市西城区金融大街 33 号通泰大厦 C 座八层
邮编：100140
电话：010 – 88087239
传真：010 – 88087060
邮箱：cfa@ cfachina. org

第二节　证券经营机构

爱建证券有限责任公司

爱建证券有限责任公司于2002年经中国证监会批准成立，并于2006年10月完成增资扩股，目前注册资本为11亿元人民币。公司为浦东新区人民政府金融控股平台——陆家嘴金融发展有限公司（简称“陆家嘴金融”）旗下控股企业。公司总部所在地为上海市，并在上海、深圳、厦门、宁波、嘉兴、重庆、北京等大中城市设立了16家证券营业部，员工总数500余人。

“诚信、稳健、开拓”是公司经营管理的核心理念。目前，公司业务涵盖了证券经纪、证券承销与保荐、财务顾问、企业并购、投资咨询、证券自营买卖、证券资产管理、证券投资基金代销、代办股份转让和股份报价等众多业务领域。公司以合规经营、严控风险为前提，从核心业务开拓、团队能力提升、后台业务支撑、经营资质和品牌建设、企业文化建设等方面扎实、有效开展工作，遵循做实、做强、做大的发展次序，逐步加快步伐，力争实现跨越式发展。

公司董事长由常宏博士担任，常宏同志先后担任上海浦东新区区委领导秘书、副处长、美国大都会人寿公司投资顾问、Sinocentury Capital&Development Co. Ltd. 创始合伙人、汉世纪投资公司董事长、张江汉世纪创投公司总经理，现任陆家嘴金融总经理、陆家嘴国际信托董事长。2013年6月起兼任爱建证券董事长。公司总经理由宫龙云博士担任，宫龙云同志先后担任南方证券常务副总裁、山东证券总裁、中原证券总裁、上海海际大和证券总经理。2013年4月起任爱建证券总经理。

公司倡导“以人为本、以德为先、人为为人”的企业文化，强调尊重人才、培育人才、德才兼备、人尽其才的人才观。公司拥有一支专业、高素质的员工队伍，力求以良好的专业技能和高度的敬业精神，为客户提供专业化、多元化、个性化的金融服务。展望未来，公司将以成功重组为契机，着力打造优秀企业文化，以客户为中心，以市场为导向，全面推进公司发展战略规划的实施，发挥股东优势，抓住机遇，不断提升企业核心竞争力，实现爱建证券新的发展飞跃，为上海国际金融中心建设做出自己应有的贡献。

经纪业务

公司拥有行业较高水准的交易平台和信息通道，交易手段齐全，包括现场委托、电话委托、远程终端委托、网上交易和手机炒股等，证券投资方便快捷，沪、深A股、B股、债券、基金、权证等交易品种齐。营业网点分布在上海、深圳、厦门、宁波、嘉兴、重庆等地。

秉持“诚信、稳健、开拓”的经营理念，公司经纪业务从业务管理、风险监控、客户服务、营销创新等方面不断完善管理体系。公司实行了覆盖全部营业网点的大集中交易，实现了交易集中、清算集中、数据集中。全面实施了客户交易结算资金第三方存管，做到客户资金和自有资金的完全分离，确保客户保证金安全。集中化管理、前后台业务的分离、制定并执行严格的规章制度和对经纪业务进行集中监控进一步有效控制了经纪业务的风险。

公司逐步建立一支专业进取的营销团队，通过营销服务平台，以客户为中心，力求为客户提供专业化、多元化、个性化的服务，全方位满足客户理财需求，实现公司与客户的共同成长。

投行业务

爱建证券投资银行系统现有专业人员30余名，拥有一支由金融、管理、会计、法律、工程技术等方面的硕士、博士专业人员组成的诚信、高效的专业团队。

爱建证券投行系统人员精诚团结，富有创新精神和工作热情，严谨而不刻板，创新而不随意，精通证券市场的各种专业技能，可为企业参与资本市场运作提供全方位的专业化服务。

爱建证券投行系统以重组为契机，将采取极富竞争力的激励机制和以人为本的管理理念吸收更多优秀的投行专业人士加盟，为客户提供专业化、多元化、个性化服务。

固定收益业务

公司固定收益业务始于2004年6月，其业务范围主要包括企业债券、公司债券承销，固定收益证券投资业务等。

公司拥有中央国债登记结算有限责任公司结算会员（乙类）资格、全国银行间同业拆借中心债券市场交易成员资格、上海交易所固定收益证券综合电子平台交易商资格。

2005年以来，公司承销、分销了全国银行间债券市场和上海证券交易所上市的多家公司企业债券、公司债券，客户资源不断丰富。

目前，公司正大力加强业务团队建设，逐步建立与相关政府机构、各大商业银行及非银行金融机构等的合作，不断加强业务开拓，以促进公司固定收益业务的长足发展。

研究咨询

公司研究发展总部拥有高质量专业研究和咨询服务团队，近半数研究员为博士和海归金融精英，硕士以上学历占82%。

公司研发总部研究涉及中国证券投资的经济、行业、公司策略、股票、基金和衍生品等领域，以重点上市公司为核心，覆盖近20个主要行业（重点为农业、食品饮料、医药、化工、通讯、煤炭、电力、工程机械、交通运输、有色金属、钢铁等行业）及专题研究。

公司研发总部致力于为各类投资者提供独立、特色、前瞻、务实的研究咨询服务，帮助客户发现新机会、拓展新价值。

证券投资业务

证券投资总部在公司投资决策委员会授权及领导下，具体负责股票、债券、基金及权证等投资品种的日常自营工作，同时接受公司风险控制委员会的监督。证券投资奉行价值投资理念，通过风险控制等对部门的投资行为进行事前监督、事中监控及事后评估，防范及控制部门投资风险，在研究、决策、投资、交易等各个环节均建立并实施较为完备的投资管理与风险控制制度，同时依托先进的电子交易平台对投资流程进行技术控制，在合规操作的前提下确保具体投资策略的有效实施。

地址：上海市世纪大道 1600 号 32 层

总机：021 －32229888

传真：021 －68728700

服务与投诉热线：021 －63340678

邮编：200122

E －mail：ajzq@ ajzq. com

安信证券股份有限公司

【公司概况】

安信证券股份有限公司（以下简称“安信证券”）成立于2006 年 8 月 18 日。目前股东为国家开发投资公司、中国证券投资者保护基金有限责任公司、深圳市远致投资有限公司等 14 家，注册资本 319，999 万元。

安信证券总部设于深圳，下辖 5 家分公司，在 25 个省级行政区设有 154 家证券营业部，并全资拥有安信期货、安信国际、安信乾宏，控股安信基金等子公司，构建起综合金融理财服务平台。

安信证券可为广大投资者提供证券代理买卖、证券承销与保荐、证券资产管理、证券投资咨询、融资融券、基金代销、金融产品代销、股指期货中间介绍以及与证券交易、证券投资活动有关的财务顾问等服务。

【公司业务】

零售经纪业务

服务　创造价值

安信证券代销股票、基金、债券、权证、集合理财等基础及衍生金融产品，提供交易通道、业务办理、投资咨询、理财规划等系列服务，有效满足您的不同需求。

平台　安全快捷

安信证券倾力打造公司网站、网上交易系统、客户服务中心、手机证券等专业服务平台，让您尽享行情、交易、资讯等安全、便利的服务。

渠道　高效专业

安信证券在全国拥有 117 家营业网点，与多家商业银行开通第三方存管业务，形成了一个覆盖全国主要区域的服务网络。

由遍布营业网点的营销人员及咨询分析师组成的专业团队，已经为 200 多万的投资者提供了高效、快速的专业服务。

管理　引领前行

经纪业务管理团队均为拥有丰富行业经验的管理者和实践者，面临风起云涌的资本市场，能够有效把握稳健发展与创新开拓等关键环节，引领业务不断前行。

伴随资本市场的发展，我们关注到您可能已经不满足单纯或品种单一的投资渠道，因此我们对自己提出了更加专业的服务要求，我们营销服务团队将会把公司更新、更适合您的服务产品及时送达，在您成就宏愿与梦想的每段道路上，我们愿时刻相伴。

投资银行业务

全面多元化的服务内容

提供主板及中小板 IPO、主板及中小板上市公司再融资（包括公开增发、配股、非公开发行股票、可转债、分离交易可转债等）的保荐及承销服务；提供创业板 IPO、创业板上市公司再融资的保荐及承销服务；提供企业债券、公司债券、上市公司股东可交换债券的推（保）荐及承销服务；提供上市公司收购兼并及重大资产重组的财务顾问服务；提供面向政府的财务顾问服务，以及面向企业的改制辅导及管理咨询、战略规划等全方位深层次服务。

高素质的专业团队

截至 2012 年底，投资银行业务拥有专业人员超过 290 人，其中保荐代表人 62 人，团队规模居国内投行前列。

快速便捷的业务联系渠道

在深圳、北京、上海设有投资银行部门，并针对重点客户成立了重点行业部，在全国二十多个省市设有业务联络机构，随时随地响应客户的需求。

丰富优质的客户资源

公司成立以来，已经为有色金属、零售贸易、港口运输、机械制造、房地产、金融服务及信息技术等众多行业的优质客户提供了资本服务。

机构客户业务

机构销售交易部坚持以客户为中心、以市场为导向的服务理念，通过股票销售、研究报告推荐、基金销售，为核心客户提供研究咨询、投资顾问和交易代理服务；整合公司内外部业务资源服务于机构和个人高端客户，建立、维护、发展并经营核心客户网络，为核心客户提供专业、高效的“一站式”投资理财服务。

公募基金销售业务

重点依托公司研究中心、投资银行、资产管理、固定收益等专业资源，为高端客户提供“专业化、个性化、品质化”的综合服务，努力打造业内一流基金销售服务机构。

非公募基金销售业务

2008 年安信证券在北京、上海、深圳相继成立了三家旗舰营业部。通过专属销售经理的个性化服务，享有核心研究资讯和专业化的交易支持，为核心客户量身定做投资理财方案，力争成为中国私募机构的最佳合作伙伴。

QFII& 交易业务

QFII 业务专注于为境外机构客户提供高质量的研究及销售交易服务，满足国际客户对交易和清算的各种定制化需求；交易业务通过专业化的交易系统为核心客户提供准确无误的交易代理服务，进行大宗交易撮合。

战略业务

随着市场形势的发展变化，2012 年 6 月部门成立了战略业务组，主要负责社保和保险等重大客户的特色化服务，以及私募客户的业务开拓和服务，维护重大客户和非交易客户，培育新型业务；且全面整合三地旗舰营业部资源并实现共享，推动产品创新和销售，提高业务组协同作战能力。

资产管理业务

2008 年 9 月，经中国证监会批准，安信证券获得集合资产管理业务和定向资产管理业务资格。至 2012 年底，公司受托管理资产市值超过 450 亿元，行业排名第 9。安信证券以稳健投资风格、高水平投研能力、良好投资业绩、专业化服务获得市场与客户的认可。资产管理团队致力于为客户提供全面的资产管理服务，产品线已涵盖债券、股票等证券品种，产品投资风格及风险收益特征丰富多样，可满足客户多层次投资管理需求，并为高净值客户提供“量体裁衣”式的个性化投资管理服务。依照相关法规及规定，安信证券已建立了严格的内控体系和运作流程，形成了事前、事中、事后的全面风险管理能力，力争在可承受风险范围内为客户实现稳健持续的绝对回报。

投资理念

以创造绝对回报为目标,以深入的宏观研究为支持,以严格的风险预算和严密的投资流程管理为保障,在承担有限风险的前提下,为投资者创造稳健投资收益。

安信证券的独特优势

宏观经济与市场策略研究处于行业领先地位;业务资源丰富,具有股票、债券等证券承销资格;综合服务模式,为客户提供投资银行、交易、资产管理、投资顾问等服务。

债券业务

业务范围

国债、政策性银行债、信用类债券等固定收益类证券的承分销;固定收益类证券及相关产品的销售交易、产品研发和投资顾问。

经营理念

秉承"创造价值,追求双赢"的理念,奉行"研究主导、团队协作"的文化,持续为客户提供优质高效服务,树立"亲和、信任、专业、迅速"的业内形象。

业务团队

由拥有优秀业绩、丰富债券业务经验的资深专业人员、研究人员以及风险管理专业人士构成。

业务优势

拥有一流的债券销售交易队伍,目前为国债、国开债、农发债和进出口债的承销团成员,多次取得单期债券承销量券商排名前列的好成绩。

拥有高素质的研究团队,立足全球视野,对国内外宏观经济走势、货币政策、利率、汇率、债券市场等广泛领域进行深入分析,并坚持"数量化、精细化"的研究风格,强调运用量化模型为各项业务提供专业支持和决策依据。

拥有广泛的客户网络,已与国内各大政策性银行、国有商业银行、保险公司等大型金融机构和大型企业建立了长期、良好的业务合作关系。

创新业务

以高收益债等新型债券的发展为切入点,围绕新的债券品种整合承销、投资、销售交易、投资顾问等业务条线,并大力发展固定收益资本中介业务,通过创新发展,形成多品种、多策略的业务模式。

证券投资业务

投资目标

在严格控制风险的基础上,充分权衡、匹配风险与收益的关系,确保公司资本金获得持续稳定的收益。

投资理念

坚持价值投资,以深入的研究挖掘企业内在价值,寻找安全边际较高的股票,中长期持有,充分享受上市公司成长带来的投资收益。

研究咨询业务

研究理念

强调基本面研究,追求大概率事件。

研究队伍

在深圳、上海和北京设立研究机构,广聚研究精英人才;研究队伍具有规模化、专业化、高学历、实战经验丰富等特点,对资本市场各个领域进行全方位的跟踪、研究。

研究特色

强调客观独立、洞察敏锐、逻辑清晰、论证翔实、观点鲜明、具有前瞻性和原创性的研究风格,在竞争中保持差异化。强调宏观、策略与重点行业研究之间的互相印证和互相补充。全面覆盖与重点突出,在研究覆盖齐整的基础上,重点突出宏观、策略以及能源、有色金属、化工、交通运输、钢铁、公用事业、传媒、旅游、医药、银行、保险等重点行业的研究。强调创新研究,对权证和股指期货、资产证券化、结构性产品、股票期权等金融衍生产品进行前瞻性研究。

研究产品

研究产品包括宏观经济研究报告、投资策略报告、行业研究报告、公司研究报告、债券研究报告、基金研究报告、证券市场研究报告、重点课题研究报告、财务顾问报告等,并开展研究产品推介和研究服务工作。

【联系方式】

联系地址:深圳市福田区金田路 4018 号安联大厦 35 楼

客服电话:4008－001－001

行政总机:0755－82825551

邮政编码:518026

长城证券有限责任公司

【基本概况】

长城证券成立于 1995 年 11 月,是我国最早成立的证券公司之一。2002 年,中国华能集团公司控股长城证券,目前公司主要股东还有深圳能源集团股份有限公司、深圳新江南投资公司、中核财务有限公司等大型国有企业。公司主要业务覆盖证券经纪、证券投资与咨询、与证券交易及证券投资活动有关的财务顾问、证券承销与保荐、证券自营、证券资产管理、融资融券、证券投资基金代销、为期货公司提供中间介绍业务等,50 家营业部遍布全国大中城市,另有一批营业部正在筹建。公司参控股长城基金、景顺长城基金、宝城期货、长城长富投资公司,拥有由国内经济、金融领域权威专家组成的高级咨询机构——长城证券专家委员会。

作为国内最早成立的综合类证券公司之一,长城证券取得了全面的证券业务资质:首批注册的保荐机构;具有综合经营证券投资、基金代销和网上交易业务等资格;全国首批获准进入同业拆借市场的成员;发起设立证券投资基金管理公司;企业债主承销资格;银行间同业拆借市场成员;银行间债券市场结算成员;沪、深证券交易所会员单位;A 股主承销商;外资股主承销商;私募股权投资 PE 金融服务业务资格;期货 IB 业务资格;代办股份转让主办券商业务资格;资产管理业务资格;融资融券业务资格;中小企业私募债承销资格;沪深 300ETF 一级交易商资格;香港恒指国企指数跨境 ETF 一级交易商资格;为保险机构提供交易单元的资格;远程质押业务试点资格;债券质押式报价回购业务资质;约定购回式证券交易业务资格;转融通试点业务资格;代销金融产品业务资格。

【主要业务】

1. 经纪业务

服务优势

长城证券在深圳、北京、上海、广州等全国各主要城市共设有 50 家营业部,为客户提供股票、基金、权证、债券等品种齐全、方式多样的代理交易买卖业务,提供快捷高效的交易通道,依托强大的研发力量,每天为客户及时提供各类资讯,通过交易系统、网站、彩信、短信、客户热线等多种途径为客户提供极具价值的投资建议。

长城证券每周定期在全国营业部举办"投资大讲堂活动",通过证券研究专家及投资顾问为广大客户进行账户诊断、点评热点板块、分析市场走势等,受到投资者的热烈追捧。

2010 年,公司营业部部均净收入国内券商排名第 10,居行业前列。2010 年,公司咨询服务体系进入证券时报“金融机构十大创新案例”,被评为“中国最佳成长性证券经纪商”、“中国最佳经纪业务服务品牌烽火台”。2011 年,证券时报第四届中国最佳证券经纪商暨中国明星证券营业部评选中被评选为“中国最具特色证券经纪商”。2011 和讯财经风云榜评选中被评为“最佳证券研究机构”。2012 年度获得“最佳投顾服务平台”的殊荣。

服务及产品体系

长城证券以客户为中心建设具有核心竞争力的服务体系。包括客户基础服务体系与投资顾问服务体系,开展客户服务、理财规划、财富管理等业务。

长城证券投资顾问服务涵盖了一站式资讯、实用的决策参考、丰富的金融理财产品等,通过长城证券 VIP 终端平台,及时便捷地向客户提供个性化投资顾问服务,以三个大类产品满足多层次、多元化的客户需求。

三个大类产品

基础服务:客户可免费使用的基础服务产品,内容包括公共财经信息、市场资讯及大众化投资工具等,根据客户的资产量,基础服务共分为 7 级,高级别的服务涵盖低级别的服务内容。

理财服务:为长城证券客户量身定做有特色的投顾服务产品套餐,通过详实的资讯内容、可操作性强的决策参考和丰富的金融理财产品帮助客户实现资产配置和财富管理的目标,并最终提升客户价值。目前理财服务产品包含“烽火理财”套餐和“烽火乐享”套餐。

高端服务:面向高端客户提供的个性化服务,提供全面的投顾服务、理财服务和财富管理服务。服务内容包括核心客户服务、金锦囊、狙击手、波段王、研究员直通热线、联合调研、定向增发、股权投资、投行项目、资产配置等一系列高端服务。

代表产品:

“烽火乐享”套餐——乐在其中,畅享成长。

“烽火乐享”服务套餐是基于长城证券自主研发与外部资讯的基础上打造的一款理财服务产品,汇聚海量高端信息,一站式资讯服务轻松获取,照亮您投资之路。

产品特色:

全面资讯:涵盖财经资讯、投资内参、资金流向、公司研究、个股推荐等全面信息,让您的投资有的放矢。

轻松易得:零资金门槛,轻松获取高端资讯,随时随地多渠道尽享海量资讯内容。

产品内容包括:晨汇宝、觅庄巢、强新股、特色内参、研报资讯、持仓资讯、核心报告短信提示等。

“烽火理财”套餐——闻风而动、捷足先登。

“烽火理财”套餐通过多途径整合市场内高端资源,提供前瞻性、实战性、指导性较强的服务产品,帮助客户在控制风险的同时发掘市场投资机会,提升客户价值。

“掌上乾坤”系列——投资决策、尽在“掌”握。

将市场稀缺的资讯信息和专家级的市场研判有效结合,提炼出最具投资价值的市场资讯,通过专业视角分析市场动向,研判具备投资价值的机会,并将第一时间传递给核心客户。

产品特色:1)紧扣市场脉搏,直击市场潜在热点;2)独有的资讯信息,真实有效;3)捕捉盘中战机,信息实时传递;4)专家级团队持续关注,个股全程跟踪。

财富长城—投顾增值服务

财富长城是长城证券投资顾问业务的专业品牌。

多样化的服务产品:为不同风险偏好、交易习惯、投资风格的投资者提供各种交易服务系统、高附加值的资讯内容、投资组合、模拟盘等优质服务产品。

个性化投资顾问业务:以多元化的交易和风险管理策略为基础,对期货 IB、融资融券、套利交易等特定交易偏好类型的客户提供支持和投顾服务。

理财与财富管理业务:以多元化的交易系统、金融产品、广义投资品、综合性理财服务等为基础,逐步开展理财规划和财富管理业务。

多元化金融产品和理财工具

长城证券通过资产管理部、固定收益部、量化投资部及研究所等联合开发合适的金融产品,同时遵循严谨的评估和评审机制,积极引进外部优秀的基金、券商集合理财产品、信托产品、商业银行理财产品、保险产品等各类金融产品,建立并丰富公司产品池,以多元化的金融产品为客户提供多样化和个性化的资产配置服务。

在创新时代下,长城证券还将为客户提供 ETF 套利、股指期货期现套利、分级基金套利、债券质押式报价回购、融资融券、约定式购回等创新理财工具,实现不同类型客户的多元化投资需求,为促使通道向理财服务转型奠定更加坚实的基础。

核心客户服务

核心客户服务是长城证券投融资综合服务,拓展与维护保险、券商、私募基金等机构投资者、企业、集团公司及高净值私人客户群体,作为公司核心客户的维护与服务工作的运营中心,公司电商零售产品部整合公司业务资源,为客户提供广泛的高端综合服务,主要承担投资咨询、受限流通股服务、资产管理产品发行、大宗交易、市值管理、债务管理、资金管理、融资或再融资等业务。

信息系统支持

长城证券不仅为客户提供尊享的场内行情交易及服务系统和场外互联网交易及服务系统,而且为了满足客户快速交易需求,公司还特为客户提供交易专线业务,配置专线供客户进行委托交易的业务活动。

财富长城 VIP 终端是长城证券专为 VIP 客户精心打造的高端资讯与行情综合平台,提供海量且具有深度的证券相关资讯,及时充分地把全面的研究报告和服务提供给客户,满足客户的个性化需求,使客户体验到轻松、高效的一对一专属投资顾问服务。

长城证券随身股:利用手机上网技术实现行情、交易、资讯、转账等特色功能的移动证券交易平台,投资者可通过手机登录 wap. cgws. com 下载适合的随身股软件,安装后即可实现随时随地轻松投资。

全国统一客户服务电话:400—6666—888

2. 投行业务

核心优势

长城投行长期立足于基础产业,专长于以资源为核心的基础产业领域的价值再发现,在电力、煤炭、金融、房地产、军工、金属等基础行业具备丰富的资本运作经验。

管理模式及风险控制机制与国际接轨,项目成功率远高于同行业平均水平。

强调项目全过程质量控制和风险管理,积极推动金融创新,与客户长期共同发展。

良好的政府沟通关系,与国家各大部委、行业协会有密切合作背景。

掌握富有市场经验的估值方法与技术，得到市场的高度认同，可为大型企业集团收购兼并、股票发行等资本运作提供一流的估值服务。

核心服务

证券发行上市保荐及相关的承销业务：企业 IPO 的上市保荐与证券承销，上市公司再融资的上市保荐和承销，以及以上市为目的的企业重组改制财务顾问与上市前辅导。

企业兼并收购与资产重组财务顾问业务：上市公司兼并收购、资产重组，非上市公司兼并收购、非改制类重大资产重组以及企业估值等业务。

管理咨询与投资顾问业务：公司治理顾问，上市公司信息披露及投资者关系维护，政府及其下属重点企业的财务顾问，管理层持股、股权激励方案设计与咨询，企业战略规划、区域产业整合及行业规划与重组顾问。

投资银行创新业务：资产证券化设计与发行，风险投资以及企业海外上市相关顾问业务。

引入战略投资者：介绍企业与国际风险投资或国内私募投资者对接。

推荐企业在代办股份转让系统（新三板）挂牌上市。

历史业绩

·2004 年股票主承销家数全国排名第 3。

·2004 年 IPO 主承销金额全国排名第 2。

·2005 年股权分置改革项目全部通过，企业债承销业务名列前茅。

·2006 年主承销金额在全国券商排名第 14 位。

·2006 年成功完成 6 家股改项目和泛海建设非公开发行项目。

·2007 年成功完成大龙地产非公开发行项目。

·2008 年成功完成诚志股份再融资项目。

·2009 年成功完成航天科工等 7 个财务顾问项目。

·2010 年成功完成主承销 4 家（含债券），其中以超额认购、大幅超出底价的理想价格完成桂东电力非公开发行主承销工作。

·2011 年成功完成天一众合、拓尔思、巨龙管业、汇冠股份、河北钢铁等一批“新三板”、创业板、中小板 IPO、非公开发行项目。

·2012 年成功完成康辰亚奥、环旭电子、华北制药、内蒙华电、国电电力、华能新能源、青松建化、武进广投、春秋淹城等“新三板”、主板、非公开发行、公司债、企业债及中小企业私募债项目。

·2012 年 3 月 20 日荣获深圳证券交易所授予的 2011 年保荐工作最佳进步奖。

·2012 年 3 月 21 日长城证券与招商证券联合主承销的内蒙华电非公开发行项目圆满完成发行工作。

·2012 年 5 月，环旭电子 IPO 项目被证券时报评为“2012 中国区优秀投行最佳 IPO 项目”。

·2012 年 6 月，在第六届新财富中国最佳投行评选中拓尔思项目与河北钢铁项目分别荣获最佳创业板 IPO 项目奖，最佳增发项目奖。

·2012 年 9 月，被《理财周报》评为中国券商最具发展潜力投资银行。

3. 证券研究

核心优势

长城证券金融研究所在以资源为核心的基础产业领域的研究实力优势明显，宏观策略、能源、金融、地产、化工、TMT 和消费等几大主要领域的研究员在业内具有较高知名度和影响力。

金融研究所建立了以关键价值驱动因素为核心，涵盖宏观、策略以及行业公司研究在内的完整的研究体系。能够把握宏观经济与产业变动的内在规律，为投资者持续提供大类资产配置、行业资产配置以及个股选择三个层级的资产配置服务，帮助投资者在市场上系统性地筛选投资机会。

金融研究所在全行业创新性地建立了全面的质量控制体系，对研究流程进行了科学的分解，并在流程的每一个环节上建立了相应的质量控制标准，确保研究输出的质量稳定可靠。

2007 年 1 月 8 日，长城证券金融研究所正式推出了“长城 30 股票池”，2007 年，长城 30 股票池累计涨幅 214.1%，同期上证指数累计涨幅 91.5%，“长城 30 股票池”超越上证指数 122.6%。

2007 年，长城证券金融研究所被和讯网评为全国券商荐股成功率第一名。

2008 年，在朝阳永续、上海证券报和腾迅网等机构举办的“行业研究领先奖”评比中，医药研究员获行业研究王冠奖，电力研究员和新能源研究员分别获行业研究领先奖，长城证券研究所获团队领先奖。

2009 年，长城证券研究所被《新财富》评为最具潜力研究机构第一名。

2010 年，在今日投资与中央电视台、中国证券报及证券市场周刊等权威媒体“中国最佳证券分析师”评选中，长城证券食品饮料、房地产、电子、电力、煤炭、家电和电力设备等行业研究员被评为最佳分析师；在汤森路透 2010 年度全球最佳卖方分析师评选中长城证券食品饮料、房地产、家电和传媒等行业研究员分别获得大中华地区和亚太地区明星分析师；金属、传媒和轻工行业研究员也分别荣获开来咨询中国金牌证券分析师。在中国证券业协会 2010 年度科研课题研究成果评比中，长城证券研究所的《股指期货标的指数选择与定价机制研究》荣获二等奖。

2011 年，在国内著名财经网站金融界、今日投资与经济观察报与新浪财经等媒体主办的中国证券分析师评比排名中，长城证券研究所策略研究、钢铁行业、食品饮料、有色金属、文化传媒、商业零售、房地产行业、轻工制造和建筑建材等行业荣获多个第一名，长城证券研究所名列券商第五名。

2012 年，公司研究员在建筑工程、煤炭开采、基础化工等行业跻身《新财富》排行榜前列。

4. 证券投资

遵循价值投资理念是长城证券证券投资业务的基本思路。近年来，长城证券坚持把深入研究和价值发现作为投资决策的主要依据，成功地抓住了市场机会，取得了优良的投资业绩。2010 年投资决策严防风险，回报率大幅超越市场。

经营业绩

2005 年全年，长城证券的证券投资收益率为 20.22%。同期上证综指由 1266.49 点下跌到 1161.06 点，下跌幅度为 8.32%。长城证券投资业绩超越了大盘 28.4%，同时也超越了绝大部分股票型基金同期收益。

2006 年，长城证券投资回报率为 155.75%，在国内股票型基金与券商中排名前十。

2007 年，长城证券投资业务投资回报率为 198.49%，同期上证综指涨幅为 96.66%，与国内全部 138 家股票型开放式基金相比，回报率名列第二。

2008 年在股市单边下跌的情况下，长城证券投资业务及时调整压缩自营持仓，有效规避了市场风险。与 189 家股票型开放式基金同期收益率相比，长城证券 2008 年投资业务回报率排名第一。

2010 年投资决策严防风险，股票自营谨慎控制仓位，长城证券投资业务投资回报率为 -0.07%。同期上证指数下跌幅 14.31%，深成指下跌幅 9.06%，沪深 300 指数跌幅 12.51%，在大盘深度调整的情况下，长城证券投资业务回报率大幅超越市场，同时债券自营业务收入大幅增长，收入排名业内领先。

2011 年优化持仓结构，取得明显成效。

2012 年经过投资分组重新调整，较好地抓住了年末市场机会。

5. 资产管理

截至 2012 年底，长城证券资产管理业务规模已经突破百亿元大关，达到近 300 亿元，跻身行业"百亿俱乐部"。

在符合相关法律法规及监管部门的要求下，长城证券资产管理部正在积极发展的服务产品有：

集合资产管理业务

为多个客户办理集合资产管理业务，设立集合资产管理计划，与客户签订集合资产管理合同，将客户资产交由具有客户交易结算资金法人存管业务资格的商业银行或者中国证监会认可的其他机构进行托管，通过专门账户为客户提供资产管理服务，产品种类涵盖权益类、固定收益类、量化对冲类等。

定向资产管理业务

为单一客户办理定向资产管理业务，与客户签订定向资产管理合同，通过该客户的账户为客户提供资产管理服务。定向资产管理计划可依据客户对风险性、收益性、流动性等需求量身定做个性化的产品，且具有灵活的投资策略，同时，委托人将会享受到资产管理人动态的沟通服务。

6. 融资融券

长城证券于 2010 年 11 月获得融资融券业务资格，是国内首批获得这一业务资格的 25 家券商之一。目前，我司客户可在当地营业部申请从事融资融券。

通过杠杆效益，融资融券可为投资者开辟新的投资渠道，满足不同风险偏好投资者的需求。投资者合理利用融资杠杆，投资收益有望同步放大，而把握时机融券卖空，则有机会在股票下跌时获利。对投资经验丰富、资金管理能力强、交投活跃的客户，融资融券是一个可以积极参与的投资方式。

2012 年 10 月，长城证券取得约定购回式证券交易业务资格，公司信贷类融资融券业务进一步拓展到实业领域，可灵活满足客户各类融资需求。

核心优势

融资融券专业团队经验丰富，秉承客户利益至上的经营理念，为广大客户提供专业的个性化服务。

业内首推的《融资融券 VIP 资讯》紧扣市场热点，每日挖掘点评潜力标的股票。

"套利快枪手"及时把握市场套利良机，第一时间为客户提供专业掘金信息。

公司投资大讲堂活动定期举办融资融券交流专场，为客户答疑解惑、介绍投资技巧。

约定购回业务质押率高，办理时效快，可灵活满足客户资金周转需求。

【参控股公司】

长城基金

长城基金管理有限公司成立于 2001 年 12 月 27 日，是经中国证监会批准设立的第 15 家基金管理公司，长城证券持股比例 47.059%，是长城基金第一大股东。

目前，长城基金管理有限公司管理着长城久富核心成长股票型证券投资基金（LOF）、久嘉证券投资基金、长城久恒平衡型证券投资基金、长城久泰中信标普 300 指数证券投资基金、长城货币市场证券投资基金、长城消费增值股票型证券投资基金、长城安心回报混合型证券投资基金、长城品牌优选证券投资基金、长城双动力股票型证券投资基金共 20 只基金。截至 2012 年底，长城基金基金总资产 319 亿元。

景顺长城基金

景顺长城基金管理有限公司是经中国证监会批准设立的国内首家中美合资的基金管理公司，由全球五大独立资产管理公司之一的美国景顺集团与长城证券有限责任公司联合开滦（集团）有限责任公司和大连实德集团有限公司共同发起设立，其中长城证券和美国景顺集团各持有 49% 的公司股份。公司注册资本 1.3 亿元人民币。

目前，景顺长城旗下已管理了 21 只开放式基金，建立了覆盖高中低风险等级的较为完善的产品线，截至 2011 年 12 月底，基金总资产 400 亿元。

宝城期货

2007 年 11 月，长城证券有限责任公司联合华能资本服务有限公司完成了对宝城期货有限责任公司（原浙江金达期货经纪有限公司）的收购和增资，目前宝城期货注册资本为 1.2 亿人民币，并已取得中国金融交易所结算会员资格。

宝城期货积极探索股指期货业务，目前正在全力推进期货营业网点的建设，在深圳、大连、临海、南昌、南宁、昆明、郑州、青岛、沈阳、长沙等城市设立了 12 家营业部，为广大客户提供便捷、专业的股指期货、商品期货交易服务。

长城长富

深圳市长城长富投资管理有限公司于 2012 年 6 月 20 日正式成立，注册地为深圳市，注册资本 3 亿元人民币，是长城证券旗下专门从事直接股权投资业务的全资子公司。

长城长富秉承"科学决策、积极投资、稳健经营、规范管理"的投资理念，以专业化经营、规范化管理为原则，通过深入研究和专业判断，选择优质项目，帮助企业成长，实现资本的长期增值。

地址：深圳市福田区深南大道 6008 号特区报业大厦
14、16、17 楼

邮编：518034

总机：0755 - 83516222

传真：0755 - 83516189

值班电话：0755 - 83516066

长江证券股份有限公司

汇聚财智　共享成长

从世界屋脊的青藏高原起步，由高原雪水化为丰沛大江。长江，涌动的是生生不息的力量。

从艰苦创业，到成为中国第 6 家上市证券公司，到跻身"中国证券市场 20 年最具影响力证券公司"之列，长江证券一直稳步发展，与中国资本市场一同成长。公司的成就源于客户的信任与支持，公司追求的绝不仅仅是自己的成功，而是与客户携手并进，持续为客户创造价值，致力于客户财富的稳定增长。

长江证券谋求持续发展、共同发展、和谐发展，努力成为行业内有地位、社会上受人尊敬的一流金融企业。

汇聚财智

江海纳千溪万流，方能成其大。志存高远，宏伟浩瀚，是长江的气魄，也是长江证券的追求。

客户、人才和资本，是公司生存的根本和发展的动力。公司以海纳百川的博大胸怀、一流的经营业绩和追求卓越的理念，广泛吸引社会资本，集聚优秀人才，持续为客户提供专业的投融资服务。经过多年不懈努力，公司资本实力雄厚、员工素质优良、治理结构完善、发展战略清晰，综合实力和各项指标在业内稳居前列。在不断提升实力、发展壮大的同时，公司努力践行社会责任，逐渐形成了独具特色的企业品牌和企业文化，建立了良好的商誉。

【资本实力】

公司成立于 1991 年，经过多次增资扩股，资本实力不断增强，净资产和净资本两个指标逐渐递增，在行业内始终排名靠前。

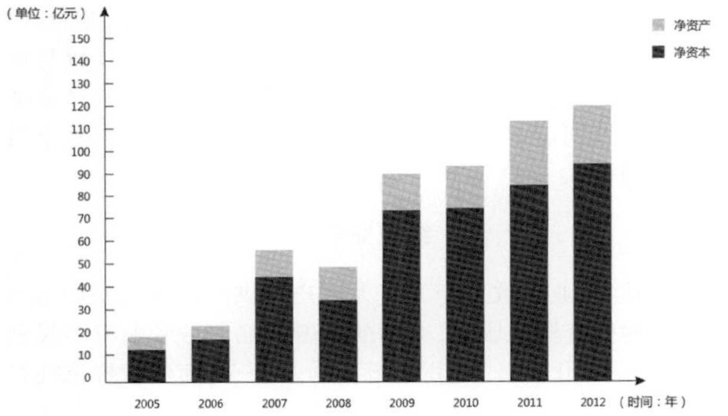

净资产和净资本增长图

【人才优势】

公司拥有一支综合素质高、专业水平强、富有活力与创造力的员工队伍。员工人数 5000 余人，平均年龄 32 岁。投资管理、产品设计、研究咨询等岗位人员均具有硕士及以上学历，且平均从业年限超过 6 年。

【业务资格】

公司拥有齐备的业务资格，其中多数资格均为业内首批获得。

包括：

投资银行业务：股票承销与保荐、债券承销、并购财务顾问

资产管理业务：证券资产管理、保险资金管理、股权投资基金管理

经纪业务：证券经纪、期货经纪、证券投资咨询、融资融券、转融通、约定购回式证券交易、股票质押式回购交易、向保险机构投资者提供综合服务、金融产品代销、保险兼业代理

交易投资业务：证券自营、直接投资、柜台交易、债券质押式报价回购、银行间市场人民币利率互换

【诚信规范】

公司以诚实守信为立身之本，以诚立信，对客户重承诺、守信用，合作共赢。公司法人治理结构完善，股权分布合理，经营管理市场化程度高，严格按照法律法规和公司章程规范运作，不断完善内部控制体系，保证公司稳定、健康和持续发展。

【技术领先】

公司密切跟踪新技术的发展动态，不断加强业务与技术的融合，保持技术领先、业内一流，促使信息技术从传统的后台支持转变为创新发展的直接驱动力。公司在业内较早通过了 ISO20000（IT 服务标准化）质量认证，自主研发了多个特色软件系统，拥有多项软件著作权。

【创新发展】

公司高度重视创新文化建设和创新能力培养，以创新求发展。2004 年，公司率先进入创新试点券商行列。2009 年和 2011 年，公司账户管理模式创新项目、结算存管工作质量控制模式创新项目均以第 1 名通过专业评价。

2012 年，公司获得了柜台交易业务、受托管理保险资金、设立股权直投基金等多项创新业务资格；融资融券和约定购回式证券交易等创新业务规模位居行业前列。

【资源整合】

公司坚持客户导向，在业内较早推进资源整合，寻求资源配置与客户需求的最佳结合。公司持续开展业务融合和升级，不断提高资源利用效率和客户响应速度，提升全面服务客户的水平。

【区域优势】

公司是华中地区唯一上市金融机构，在以湖北为核心的中部地区具有明显区域优势。公司坚持“深耕湖北”战略，作为湖北省政府及武汉、襄阳、宜昌、荆州、恩施等市政府的财务顾问，全面参与湖北资本市场建设，推动地方经济发展。截至 2012 年末，公司为湖北近百家企业实现直接融资超过 700 亿元，占历年来湖北资本市场直接融资总额的 20% 以上，在湖北地区的累计客户数量和股票基金交易额等指标保持行业第 1 位，多次荣获湖北省政府颁发的“支持湖北经济发展突出贡献奖”。

【社会责任】

公司在谋求自身发展的同时，努力践行作为企业公民的社会责任。公司成立了国内第一家由证券公司发起的公益慈善基金会，组建了志愿者团队，先后组织了“情系灾区，共建家园”、“冬衣暖人心”、“汶川爱心接力”、“为玉树灾区人民工作一天”、“心系雅安 长江同心”等公益慈善活动，多次获评“华中地区最佳企业公民”、“中国（湖北）最佳企业公民”、“湖北最具爱心企业”、“中华慈善突出贡献单位”，被中华总工会授予“全国工人先锋号”荣誉称号。

【愿景与核心价值观】

公司的愿景是成为提供全面理财和融资服务的一流金融企业。“追求卓越”是公司全体员工坚守的价值观。公司坚持有目标，有追求，努力保持综合实力居行业前列，让客户信赖、股东满意、员工自豪，力争成为拥有一流人才团队、一流管理水平、一流服务品质、一流经营业绩和一流品牌声誉的金融企业，成为在行业内有地位、在社会上受人尊敬的百年老店。

共享成长

与客户共成长是公司经营的最高理念之一。想客户之所想，求客户之所求，是我们前进的方向和为之奋斗的目标。

公司始终坚持以“客户导向”为核心的业务发展策略，投资银行、资产管理、证券经纪和投资交易四大业务板块齐头并进，不断提升业务能力和专业水平，寻找新机遇，融合新理念，拓展新业务，发掘新渠道，形成了鲜明的业务特色和竞争优势。

投资银行业务

公司拥有多个经验丰富、专业精深的业务团队，成立了国内首家专门从事承销保荐业务的专业子公司。公司注重"全业务链"整合，以实现"一个客户、一个团队、一个平台、一个整体、一揽子解决方案"为目标，为政府、企业和其他机构提供更加全面且满足客户不同发展阶段需求的投融资服务。

【股票承销】

公司致力于打造"精品投行、特色投行"，成功融合了国际投资银行先进的管理经验和国内投资银行的本土优势，建立资深、专业的专家团队，赢得客户的信赖。公司已担任葛洲坝、华侨城、苏宁电器、京东方、青岛海尔、海螺水泥、华新水泥、中青旅、华工科技、楚天高速、中百集团、大庆华科、七匹狼、马应龙、汉商集团、人福医药，以及近年来的中青宝、天喻信息、新莱应材、开能环保、信维通信等100多家上市公司融资的主承销商、保荐机构或上市推荐人。

2012年，公司被《新财富》、《上海证券报》、《证券时报》等评为"最具区域影响力投行（湖北省）"、"最具成长性投行"和"最佳创新团队"。

【债券承销】

公司债券承销业务发展迅速，凭借专注的服务精神和强大的销售能力，为企业客户提供"方案优、速度快、成本低"的专业服务。公司所有主承销的企业债券发行利率均低于同期发行的同期限同类债券。公司主承销的45亿元中国兵器工业集团公司企业债券，是当年国内发行规模最大的无担保企业债券。

2012年，公司债券承销业务取得新突破，企业债承销规模成倍增长，中小企业私募债主承销金额行业排名第5位；主承销湖北省首只金融债券（汉口银行债），在全国商业银行债券发行规模年度排名中列第2位。

【财务顾问】

公司积极服务各地各级政府，参与区域资本市场规划建设，更好地服务实体经济。公司先后担任了湖北省政府及武汉、襄阳、宜昌、荆州等近10个市政府财务顾问。

公司已为陕西金叶、苏宁电器、武汉锅炉、南京高科、华胜天成、长源电力、东湖高新等国内近百家上市公司担任了并购重组财务顾问。

2012年，在第6届新财富中国最佳投行评选中，公司承做的重大资产重组项目"长江出版"荣获"最佳财务顾问"奖。

【新三板】

公司是首批获得全国中小企业股份转让系统（NEEQ）业务资格的券商之一，为企业客户提供包括挂牌NEEQ的承揽和承做、在NEEQ的再融资、信息披露、上市的前期辅导和政策允许的各项创新服务。

2012年，公司推荐挂牌企业家数行业排名第5位，截至2013年上半年，公司推荐挂牌企业家数行业排名上升至第1位。

资产管理业务

公司资产管理业务始终以客户需求为中心，将客户需求与产品设计进行快速有效对接，打通投融资市场，初步搭建"大资管"平台，有效满足多样化投融资需求。公司在集合理财、定向理财、保险资金管理、证券投资基金和直投基金管理等方面均已赢得良好的市场口碑，在资产证券化等创新业务方面正逐渐建立竞争优势。

【券商资产管理业务】

公司2001年在业内首推银证合作理财，2005年推出"超越理财1号"产品，是证监会首次审核批准的3只券商集合理财产品之一。公司以"追求绝对收益，真诚回报客户"为目标，专注建设"超越理财"专业品牌，产品线覆盖混合型、债券型、FOF型、货币型以及量化产品、分级产品等，充分满足不同风险偏好客户的需求。公司强化风险管理和合规运作，产品业绩均高于同类产品平均水平，其中"长江证券超越理财增强债券"在《中国证券报》主办的首届金牛理财产品评选中荣获"2012年度金牛券商集合资产管理计划"称号。

2012年，公司获准受托管理保险资金，是最早取得资格的10家券商之一。

【证券投资基金管理】

2012年，公司控股子公司长信基金经过10年精耕细作，在固定收益领域成功打造明星产品线，成为获得债券投资能力"五星评级"的6家基金公司之一。"长信利息收益货币基金"全年净值增长率在全部79只货币基金中排名第1位。

长江证券（香港）的"长江绝对回报中国基金"在彭博发布的大中华区同类基金中收益率排名第1位。

【直投基金管理】

公司以市场化的运作机制、专业的投资及风控能力、丰富的管理经验和深厚的产业理解，通过设立和管理直投基金，为投资者进行私募股权和债权投资，为企业进行私募股权与债权融资。目前，公司管理一只创业投资基金，参股一只产业基金，正积极筹划设立一只股权投资基金、一只产业并购基金及一只夹层基金。

经纪业务

公司经纪业务致力于为广大客户提供高速的交易通道服务、专业的投资资讯服务、全面的金融产品服务和贴身的投资理财专家一体化服务，并积极筹备为基金、券商资管提供托管服务。

【证券经纪】

公司已为逾百万的个人投资者和包括基金、保险、信托、社保、QFII、私募等在内的机构投资者提供优质、专业、便捷的证券经纪服务。

公司注重客户体验，不断提升客户满意度，建立了一流的客户服务平台、业内领先的客户分级服务体系和多层次的服务渠道。"长网"（www. 95579. com）、全国统一客服热线"95579"、手机证券"长江 e 号"和彩信产品"长江 e 财通"等均已成为市场知名的客户服务品牌。公司以长网、SOME平台（客户关系管理系统）为骨干搭建客户服务平台，通过精确的模型分析和数据挖掘，为投资者提供覆盖各品种、涵盖各期限的资产配置方案，全方位满足客户的投资理财需求。公司自主研发的机构客户服务平台，能快速整合公司业务资源，为客户提供跨部门的一揽子金融服务，不断帮助客户挖掘价值、创造价值。

2012年，公司股票基金交易量市场份额连续4年增长，被全国权威财经媒体授予"中国最佳经纪业务证券公司"、"中国最佳零售客户服务商"等荣誉称号；公司基金分仓市场份额取得历史最好成绩，在第10届新财富最佳分析师评选中获得北京区域最佳销售服务第1名。

【期货经纪】

公司及全资子公司长江期货、长江证券控股（香港）公司拥有成熟的期货行业服务团队，以雄厚的实力提供全天候的全球期货产品，致力于为机构投资者、产业客户提供风险管理和金融衍生产品开发与服务的全套解决方案。在金融期货领域，与多家公募基金、私募基金、信托、资产管理公司进行产品开发和业务合作，成功帮助不同类型投资者实现风险管理和财富管理目标；在商品期货领域，为200余家大中型的钢材、有色金属、棉花、油脂、粮食、能源化工等企业设计并实施现货经营避险方案，形成独具特色的"棉花"、"菜籽油"产业链服务模式。公司通过成功吸收合并湘财祈年期货，进一步提升在期货研究咨询、理财产品、专业服务等方面的竞争实力。

2012年，公司荣获中国金融期货交易所、郑州商品交易所、大连商品交易所、上海期货交易所颁发的"客户管理奖"、"市场发展奖"、"产业客户开发服务奖"、"最具成长性会员奖"等奖项。

【投资咨询】

公司是国内首批获得证券投资咨询资格的机构之一。研究部秉承为客户创造价值的研究理念，专职从事宏观经济、证券投资策略、行业与上市公司研究。研究团队实行上海与武汉的两地架构，上海团队位于国际金融中心，具备视野与角度的天然优势；武汉团队位于中部产业中心，具备获取草根数据的地利之便，从而实现了产业一线信息的及时掌控与国际比较分析的有机结合。

2012年，在第10届新财富最佳分析师评选中，公司入围领域为7个，获得钢铁行业研究和有色金属行业研究第1名、通信行业研究第2名和计算机行业研究第3名。在2012年第一财经最佳分析师评选中，公司获得通信行业研究、钢铁行业研究第1名，有色金属研究、房地产行业研究第2名，金融工程研究、汽车行业研究第3名和计算机行业研究第5名。

【信用业务】

公司全方位开展以信用为基础的资本中介服务，拥有一支专业性强、业务素质过硬、理财经验丰富的信用业务服务团队，能够为客户提供个性化投资理财及中短期股权融资方案。公司取得了融资融券、约定购回、转融通等业务资格，是业内最早开展相关业务的券商之一。公司推出了业内首只融资融券策略产品"对对赢"，将市场中性策略引入融资融券交易，为客户带来低风险的稳定收益。

2012年，公司融资融券业务规模同比增长了5倍。

【金融产品销售】

公司倾力打造全方位的金融产品销售平台，为客户提供公募基金、阳光私募、量化对冲、信托等金融产品，金融产品种类和累计销售金额在行业名列前茅。

2012年，7只基金销量在券商渠道中排名前10位，其中4只进入前5位。

投资交易

公司投资交易业务多年来在业内享有较高声誉，拥有一流的业务团队，在证券自营、债券交易、流动性管理和直接投资方面具备丰富经验，排名始终保持行业前列。公司利用柜台市场开展交易型业务，努力成为市场组织者、创新引导者、流动性提供者、产品设计者、交易参与者及风险和财富管理者。

【证券投资】

公司自营业务一直坚持价值投资和组合投资的理念，具有良好的风险管理能力，强调投资过程管理，连续多年保持正收益，收益率排名位居行业前列。公司投资团队经验丰富，眼光独到，绝大多数成员拥有10年以上证券投资经历，形成了独具特色的投资风格和理念。

【直接投资】

公司直接投资业务主要指标位居行业前10位。公司以成长型企业为目标客户，发挥券商背景及投行专业优势，通过市场化的业务合作、考核激励及风险约束机制，依托公司遍布全国的业务网络，发掘优质项目，为企业提供包括投前财务顾问、投后项目管理在内的全程资本服务。目前，累计投资项目15个，投资金额近4亿元，所投项目均具有稳定的收益和较高的安全边际。

截至2012年末，公司直接投资业务累计投资家数和累计投资金额稳居行业前10位；在China Venture投中集团2012年度中国券商直投公司排行榜中，公司综合指标排名第8位。

【柜台交易】

公司于2012年获准搭建柜台市场平台，是华中地区唯一获此资格的券商。公司紧紧围绕机构客户需求，充分发挥柜台市场的兼容性、创新性和灵活性优势，设计并提供非标准化产品和个性化服务，更专业、更灵活、更贴身地服务客户。

【公司架构】

网点布局

公司在全国26个省、自治区、直辖市的近80个城市设立了11家分公司、110家证券营业部和17家期货营业部，形成了覆盖全国的业务网络，为数百万客户提供全方位的金融服务。

大通证券股份有限公司

【基本概况】

大通证券股份有限公司是总部设在大连的唯一一家证券公司，注册资本22亿元，经营范围包括：证券经纪；证券投资咨询；与证券交易、证券投资活动有关的财务顾问；证券承销与保荐；证券自营；证券资产管理；为期货公司提供中间介绍业务；证券投资基金销售业务；融资融券业务；代销金融产品业务；中国证监会批准的其他业务。公司目前拥有38家分支机构（其中1家分公司，37家营业部），分布于大连、上海、北京、天津、广州、深圳等全国20余个城市。

2007年8月，公司通过中国证券业协会组织的规范类证券公司评审，取得规范类证券公司资格。

历史沿革

公司是经中国证监会《关于同意大通证券股份有限公司开业的批复》（证监机构字［2001］90号）批准，于2001年7月18日领取了《中华人民共和国经营证券业务许可证》，同年7月28日正式注册登记成立，注册资本11.188亿元。

2006年12月，在中国证监会及国家相关部委的关心帮助下，在大连市人民政府的主导下，公司进行了重整，重新变更登记，注册资本5亿元。2007年10月，公司增资扩股获得中国证监会批准，注册资本增至12亿元，2010年11月，公司增资扩股至22亿元。

发展战略

立足大连，面向全国，积极培育国际视野，在资本实力、资产规模、业务开拓、管理水平、技术手段、市场占有率等方面实现跨越式发展，最终成为具有较强核心竞争力和综合实力的证券公司。

【业务资格】

证券经纪；证券投资咨询；与证券交易、证券投资活动有关的财务顾问;证券承销与保荐;证券自营;证券资产管理;为期货公司提供中间介绍业务;证券投资基金代销;全国银行间同业拆借市场融资资格;网上交易资格;融资融券业务资格。

【经纪业务】

大通证券目前在全国拥有 37 家证券服务机构,分布于大连、北京、上海、深圳、广州等全国主要中心城市和经济发达地区。网点覆盖面较广,布局均衡合理,为近 30 多万投资者提供证券经纪业务服务。为更好地服务投资者,公司还对呼叫中心系统进行了升级和扩容,推出了客户自助服务和语音留言服务功能。总部客服中心产品部推出的智通管家系列产品,受到广大客户好评,强大的投资顾问团队为客户进行一对一高品质服务。短信服务平台建立起了总公司和营业部上下统一互补的短信服务机制,将公司丰富的资讯和研究成果及时传递到客户手中。公司投资者教育工作依据适当性管理原则服务客户,更好地保障客户利益。2012 年,公司根据市场发展趋势大胆改革创新,以实现通道业务和渠道业务并重发展为目标,推动经纪业务转型,将营业部从传统交易中心模式逐步升级为营销中心模式,实现服务、营销、理财的一体化发展。

集中交易、通买通卖:大通证券所有营业部全面实现集中交易,客户可以在各营业部网点通买通卖。

保证金第三方存管,保证客户资产安全:大通证券与工行、农行、中行、建行、光大银行、浦发银行、广发银行、交通银行、民生银行、招商银行、兴业银行、中信银行、华夏银行、深圳发展银行开通了第三方存管业务,使您真正做到足不出户,运筹千里。

业务范围齐全,交易品种多元化:深沪 A 股、B 股、基金、债券、权证、股指期货 IB 业务、融资融券、开放式基金和集合理财业务等,将更大程度地满足客户全方位的金融服务需求。

交易手段先进,服务品质优良:具有完善的网络平台和交易平台,各分支机构交易手段齐全,包括现场自助委托、网上委托、电话委托、手机炒股等多种方式,使投资者能够便捷、快速地完成交易、查询、转账等业务。

手机炒股:为满足"上班族"和商务人士的需要,公司及时推出了包括"智信通"、"智慧通"两款手机炒股软件。通过这些平台,方便地利用手机查看行情、资讯并进行交易。

全方位的信息资讯服务:除提供公告信息之外,公司已组建优秀的投资顾问团队配合目前已经推出"智通管家"系列服务产品,为广大投资者提供产品化特色服务。

高效、快捷的呼叫中心服务:公司以客户为中心,呼叫中心同时提供普通坐席服务和专家在线服务,及时为客户提供一对一、贴身化的投资理财咨询服务,及时满足客户"一站式"的服务需求。同时,营业部配有专职的咨询人员和咨询专线,实时为你解答业务及投资方面的困惑。

投资者教育工作,建立风险能力测评体系:为了在合适的时机,向合适的客户推荐合适的产品,公司对风险投资意向的客户进行风险承受能力测评,根据测评结果推荐相应等级的证券产品。

多年来,公司秉承立正气、讲诚信、求卓越的企业精神,围绕以人为本、规范发展、诚信服务、稳健进取的经营理念,立足长远,稳健经营,走可持续发展之路,实现客户与公司的双赢。路遥知马力,日久见人心,相信我们,大通证券是您更好的选择!

【投资银行业务】

投资银行总部作为公司主要的业务部门,秉承"立正气、讲诚信、求卓越"的企业精神,围绕以"人为本、规范发展、诚信服务、稳健进取"的经营理念,立足大连,面向全国,积极培育国际视野,争取较短时间内在资本实力、业务开拓、人员管理、市场占有率等方面实现跨越式发展,实现"大投行"的战略目标。

【联系方式】

公司地址:辽宁省大连市沙河口区会展路 129 号

邮政编码:116021

客服电话:4008169169

公司电话:(0411)39673333

公司传真:(0411)82826601

德邦证券有限责任公司

德邦证券有限责任公司成立于 2003 年 5 月,是经中国证监会批准设立的全国性综合类证券公司。目前公司注册资本 13 亿元人民币,净资产 19.35 亿元人民币,公司已连续十年实现盈利,同时旗下拥有德邦基金管理有限公司、中州期货有限公司及德邦星睿投资管理有限公司。公司在投资银行、固定收益、资产管理、量化投资、证券经纪与财富管理、公募基金服务、私募及 PE 基金评价等方面不断创新,秉承"心连心、手拉手"的服务理念,为广大客户提供投资、融资等全面、专业的金融服务。

德邦证券坚持创新,秉承差异化发展战略,建立了"7 + 4"运营模式,全面推动公司逐步成为一流的金融服务公司。创新推动各项业务的迅猛发展,公司创立"财富玖功"服务品牌,推动首家广告公司在 A 股挂牌上市,管理中国青年创业就业基金会的创业基金。2012 年,公司开创性地提出面对 PE 机构的全方位特色服务,并连续两年与 ChinaVenture 投中集团联合编写、出版了《中国私募股权投资(PE)年度报告》,以翔实的数据和独特的视角,把对中国私募股权投资市场的研究推到了更高境界。数年来公司赢得了投资者、合作伙伴等的广泛肯定和充分信任,获得了"2012 年度中国最佳创新证券公司奖"、"2011 中国区优秀投行——最具创新奖"等多项荣誉。

德邦证券是中国财富管理领域的先行者,率先为机构客户与高端私人客户提供全面财富管理服务。公司曾与交通银行、上海证券报社等发起主办了"中国阳光私募高峰论坛"及"中国财富管理高峰论坛",并与上海证券报社联合组织了四届中国私募基金"金阳光奖"的评选,共同推进中国财富管理事业的蓬勃发展。公司研究实力卓越,连续两年编写、出版了《中国财富管理年度报告》,并与上海证券报社合作连续四年编写、出版了《中国阳光私募年度报告》,成为国内首创的全景式行业年度报告,深受各界好评。

证券经纪

经纪业务是德邦证券的核心业务之一,为公司提供稳定的收入来源。公司成立十年来,德邦证券经纪业务得到稳步发展,市场各项排名都得到有效提升,连续多年保持盈利,特别是部均交易量、市场占有率、利润等,都有了质的飞跃,市场影响力逐渐增加。截至 2012 年底,累计托管资产达到 366 亿元,总客户数超 17 万个。

经纪业务管理总部负责证券经纪、金融衍生品、产品销售等业务,下辖 12 家证券营业部,多家新设营业部及江苏分公司的筹建也正在紧锣密鼓地进行中。截至目前,德邦证券已经与中国银行、农业银行、工商银行、建设银行、交通银行、招商银行、兴业银行、中信银行、民生银行等建立了客户资金第三方存管关系，充分保障客户资金安全和存取便利。

融资

融资业务是德邦证券的品牌业务，由投资银行总部和固定收益部组成，以股权、债权业务双轮驱动发展的思路依托复星在其保险、基金、私募等全方位金融平台及消费、能源、工业等实体产业平台为客户提供股权融资、债权融资、并购重组以及财务顾问等全面、综合性的金融服务，并配合公司的股权投资和私募融资平台，协助客户实现发展战略目标，得到企业客户和机构投资者的广泛认可，并获得众多荣誉。

2008 年，公司获得“最具潜力投行”奖。因为“省广股份”等保荐企业的成功挂牌上市，2011 年 5 月在证券时报社主办的“2011 中国区优秀投行”评选中，公司获得了“最具创新奖”。

2012 年，债券主承销募资总额 79 亿元，承销排名已连续两年进入市场前 20 位。同时，固定收益部在创新业务方面突破传统渠道，开拓中期票据财务顾问业务，获得客户高度认可。

资产管理

资产管理业务是德邦证券最具成长潜力的业务之一，仅用两年时间，跻身管理规模超百亿资产的专业资产管理机构，居行业前列。包括“心连心”集合理财系列和“手拉手”专户定制系列在内，德邦资管目前已拥有 50 多只产品，我们为团中央中国青年创业就业基金所定制的产品，在沪深 300 指数下跌 16.37% 情况下，实现收益 15.13%。我们的客户不仅有高净值的个人客户、上市公司，也包括银行、信托、保险、证券、基金等金融机构。

德邦证券的资产管理团队具有丰富的投融资管理经验，多人拥有特许金融分析师（CFA）、金融风险管理师（FRM）等国际权威金融投资资格认证。始终秉承创新务实的精神为客户实现资产的优化管理与保值增值，并首创“五心”服务理念：放心、信心、用心、耐心、贴心，全心全意服务于广大客户。

机构客户与财富管理服务

德邦证券机构客户部为满足客户的利益或特定需求，利用信托计划、证券及保险资产管理计划、基金特定客户资产管理计划、银行理财产品等各类金融平台，为客户设计和管理差异化、个性化的金融产品，提供全方位、专业化的服务。

德邦证券是中国阳光私募及对冲基金行业最早的支持者与研究者。作为公司重点发展的业务，机构客户部汇聚了中国证券业第一批“私募证券投资基金研究和服务”的探索者，创建了“德邦阳光私募 PRT 评价体系”。该评价体系以“公正性、客观性、科学适用”而著称，旨在挑选出能持久为投资者实现资产保值增值的优秀产品和投资顾问。

证券投资

证券投资业务是德邦证券传统业务之一。自 2003 年成立至今，证券投资业务业绩优异，累计投资收益率 287%，超越上证指数 134%，并连续十年实现盈利，成为公司稳定的利润来源。

证券投资部秉承“理财规划，稳健为先”的投资理念，始终坚持价值投资的原则，采取“自下而上”精选个股的投资模式，进行公司自有资金的全面运作。证券投资部在民生银行上的投资，可以作为德邦证券践行价值投资的范例，在 2010 年一季度对民生银行进行估值水平、成长确定性、经营模式等多因素的全面考察后，大规模建仓集中持有，穿越市场波动持有至 2013 年 1 月底，实现收益 93.29%。

证券研究

德邦证券研究所负责对宏观经济、上市公司等进行全面、深入的研究。依托复星及相关上市公司丰富的产业经验与研究资源，将研究力量重点配置在医药、有色、钢铁、零售、纺织、农业及泛消费业、金融服务、投资策略等重点领域。财富玖功作为研究所最稳定的投研团队具有相当高的水准，连续三年看准大盘点位。公司同时还在经纪业务管理总部、固定收益部、资产管理部、证券投资部、量化投资部、债券投资与交易部、机构客户部设立研究岗位，从不同的视角、不同的品种以及不同的策略出发，开展全方位、多视角的研究与分析。

【联系方式】

地址：上海市福山路 500 号城建国际中心 26 楼

电话：021 － 68761616

传真：021 － 68767880

邮箱：webmaster@ tebon. com. cn

网址：http://www. tebon. com. cn

第一创业证券股份有限公司

【历史沿革】

第一创业证券股份有限公司前身佛山证券有限责任公司，是经中国人民银行银复［1992］608 号文批准，于 1993 年 4 月 26 日成立，原注册资本金 1000 万元。1997 年 12 月 9 日，在“银证脱钩”中，经中国人民银行非银证［1997］160 号文批准，同意公司增资扩股，并在原佛山证券公司基础上改制为佛山证券有限责任公司，公司注册资本金增至 8000 万元。2002 年 4 月 19 日中国证监会以证监机构字［2002］101 号文批准佛山证券有限责任公司增资扩股、更名、迁址方案。2002 年 7 月 26 日，公司依法完成了增资扩股的程序，注册资本金由 8000 万元增加至 7.47 亿元，注册地迁至广东省深圳市，更名为第一创业证券有限责任公司。2008 年 8 月 28 日，中国证监会以证监机构字［2008］1072 号文批准第一创业证券有限责任公司增资扩股；2008 年 9 月 10 日，公司注册资本金由 7.47 亿元增加至 15.9 亿元。2011 年 8 月 3 日，中国证监会下发证监许可［2011］1230 号，核准第一创业证券有限责任公司变更注册资本，由 15.9 亿元变更为 19.7 亿元。经中国证监会核准，深圳市工商局同意，公司由“第一创业证券有限责任公司”改制并更名为“第一创业证券股份有限公司”，于 2012 年 3 月 22 日取得更名后的企业法人营业执照。

截至 2012 年 12 月底，公司有员工 1359 名，其中总部员工 303 名，营业部员工 1056 名。在总部员工中，博士 9 名、硕士 153 名，学士 128 名；营业部员工中 40 名拥有硕士学历，470 名拥有本科、双学士等及以上学历。

【主营业务】

1. 投行业务

第一创业是国内首批证券发行上市保荐机构、首批股权分置改革试点保荐机构及首批 IPO 询价对象，拥有一支专业的，具有丰富从业经验的投资银行队伍，富有创新活力和高效的融资能力，重点为国有大中型企业、高成长性的大型民营企业、中外合资企业提供多品种的融资服务，并致力于通过专业服务使客户成为行业龙头。自 2006 年以来，公司主承销股票债券家数、承销金额等业务排名多年进入业内前 20 名。

第一创业自 1997 年就设立收购兼并总部，始终把打造中国投资银行并购品牌作为自己的奋斗目标，秉承对客户高度负责的敬业精神，着眼于客户的长远发展及关心的现实问题，为客户提供创新的、具有专业水准和全局眼光的、个性化的并购服务，致力推动优势客户利用资本平台逐步实现行业龙头地位。公司在企业并购及资产重组业务上拥有雄厚的实力，积累了丰富的客户资源，享有良好的市场声誉。2008 年、2009 年，公司财务顾问收入在全国券商中分别排名第 17 位、第 21 位。

2010 年 12 月 31 日，第一创业与摩根大通共同出资组建合资证券公司——第一创业摩根大通证券有限责任公司的申请获中国证监会批准。2011 年 6 月，一创摩根筹建完毕正式开业，注册资本 8 亿元人民币，总部设在北京，公司持股 67%，摩根大通持股 33%。公司原收购兼并业务、投资银行业务、债券承销业务全部平移至合资公司。

一创摩根在中国内地开展证券承销和保荐业务，借助公司长期根植本土市场的丰富经验和摩根大通全球领先的国际视野和平台，致力于成为备受尊敬的一流中国投资银行。

2. 经纪业务

第一创业证券拥有先进的交易支持系统，为客户提供完备的交易手段、快速安全的交易通道和及时、周到、优质的服务。

公司以分设在北京、上海、深圳等沿海及中部经济发展最活跃地区的营业网点为平台，与网络系统相结合，借助“易富人生”财富品牌，为客户提供 A 股、B 股、债券、基金、回购等丰富的投资交易品种，并完善咨询建议、投资分析、理财策划、服务定制等服务功能，全面满足客户“一站式”服务的需求，把营业部打造成为公司金融产品和服务的营销中心，使营业部成为公司向客户提供全面金融服务的终端，公司联系客户的纽带和触角。

公司率先在业界开展投资顾问的业务模式，率先在服务中引入理财策划概念，为客户提供个人理财策划服务，有效满足客户理财需求。

业绩摘要

·2002 年至 2009 年，公司股票基金市场占有率由 1.413‰提高到 3.11‰，保持了近 20% 的年均增长速度。

·近几年营业部部均收入连续排名业内前 20 名，2009 年为第 7 名，目前管理客户资产近 500 亿元。

·2006 年至 2010 年，公司在中国证监会广东监管局辖区内佛山地区的营业部全部被评为 A 类（最高级别）营业部。

·2007 年，公司佛山季华路营业部被中国证券业协会授予“做明明白白的投资者”教育活动证券知识竞赛优秀组织奖。

·2008 年至 2010 年，佛山季华路营业部连续三年获评《证券时报》中国明星营业部评选之“最佳区域明星证券营业部”称号。

·2009 年，公司北京营业部获评《证券时报》中国明星营业部评选之“最具市场开拓力证券营业部”称号。

·2010 年，在《理财周报》2010 中国券商“金方向”奖评选中，公司荣获“2010 中国最佳客户服务证券公司”称号；北京营业部获“2010 年中国证券营业部 100 强”称号。

·2010 年，公司荣获《上海证券报》“优秀投资者教育工作组织单位”称号；北京、季华、上海及深圳营业部荣膺“优秀投资者教育工作网点”称号。

·2011 年，公司杭州金城路证券营业部在《证券时报》主办的“第四届中国最佳证券经纪商暨明星营业部评选”中荣获“营业部新星”奖。

3. 固定收益业务

第一创业证券在固定收益业务领域拥有具备良好专业技能和丰富经验的人才团队，积累了包括银行、基金、保险公司、投资公司和企业等大量高端客户，形成了覆盖全国的客户网络，已成为中国优秀的债券交易商之一。

业绩摘要

·从 2004 年至 2011 年，固定收益部在全国银行间债券市场现券交易量连续六年在业内排名前五位，其中，2010 年业内排名跻身前三，2011 年跃升至行业第二，并连续多年荣获全国银行间债券市场“优秀交易成员”、“交易量 100 强”、“交易活跃前 100 强”等称号。

4. 资产管理业务

第一创业证券资产管理业务秉承“专业、创新、卓越”的经营理念，积极探索“以产品为驱动、以客户为中心、以投研能力为核心”三位一体的综合业务体系，致力于建立以“集合理财、定向理财、专项理财、投资顾问服务多平台”方式全面满足客户个性化理财需求的业务体系，以经验丰富、业绩优异的专家团队为客户提供长期稳定的投资回报，打造富有第一创业特色的一流资产管理业务品牌。

经中国证券监督管理委员会批准，第一创业证券目前拥有开展受托投资管理业务、集合资产管理业务等资格。

产品简介

集合资产管理计划产品——“创业 1 号安心回报”。

集合资产管理计划产品——“创业 2 号稳健回报”。

投资顾问产品——“薪加薪 1 号”人民币理财产品。

投资顾问产品——“一创基金宝”结构式信托计划。

集合资产管理计划产品——“创金避险增值”。

集合资产管理计划产品——“金益求金”。

集合资产管理计划产品——“创金价值成长”。

集合资产管理计划产品——“创金灵活成长 1 期”。

集合资产管理计划产品——“创策略尊享”。

集合资产管理计划产品——“创金灵活成长 2 期”。

5. 证券投资业务

在严格控制风险的基础上，坚持深入研究，遵循价值投资理念，依托较为科学的投资决策体系及完善的投资管理制度，积极灵活的投资策略与仓位控制，对股票及其衍生品、基金进行投资，确保公司资本金获得持续稳定的收益。

·2007 年，在投资规模平均保持 60% 的情况下，公司证券投资收益率为 152%，超过同期上海综合指数涨幅近 50 个百分点。

·2008 年，公司证券投资收益率超过同期上证综合指数 45 个百分点。

·2009 年，公司证券投资收益在全国券商中排名第 17 位。

东北证券股份有限公司

【基本概况】

东北证券股份有限公司（以下简称“公司”）前身为吉林省证券有限责任公司。2000 年 6 月经中国证监会批准，经过增资扩股成立东北证券有限责任公司。2007 年 8 月，锦州经济技术开发区六陆实业股份有限公司定向回购股份，以新增股份换股吸收合并东北证券有限责任公司，并更名为“东北证券股份有限公司”。2007 年 8 月 27 日，公司在深圳证券交易所挂牌上市，股票简称为“东北证券”，股票代码为 000686。公司注册地为吉林省长春市，注册资本为 9.78 亿元。

经过二十多年、几代人的努力，公司规范经营，不断进取，无论经营规模还是综合实力都取得了翻天覆地的变化。截至目前，公司已经开展全面证券及与证券相关的业务，包括证券经纪、证券承销与保荐、证券自营、证券资产管理、证券研究咨询、IB、直接投资、融资融券、中小企业私募债、债券质押式报价回购、约定购回证券交易等业务，形成了较为完整的业务体系。同时公司积极开展对外投资业务，控股东证融通、渤海期货、东方基金，参股银华基金，已经初步建立起集证券、基金、期货、直接投资为一体的开展综合金融服务的控股集团雏形。公司已在全国19个省、自治区、直辖市的32个大中城市设立75家证券营业部，并在北京、上海设立了4家分公司，分别经营证券承销与保荐业务、证券资产管理业务、证券自营业务、证券研究咨询业务，公司全国战略布局趋于合理并形成了一定的规模优势和品牌优势。

公司肩负"关爱资本、富足社会"的使命，坚持"一切以客户收益为重，一切以股东权益为重，一切以员工利益为重，一切以社会效益为重"的理念，在竞争中成长、在创新中收获、在服务中共赢。公司致力于建立和谐的经营管理团队，通过充分调动全体员工的积极性，从根本上提高公司的创利能力，回报股东，回报社会。

【总体经营情况】

2013年，公司实现营业收入17.68亿元，实现归属于母公司股东的净利润4.83亿元，同比分别增长47.33%和220.42%。公司经营业绩实现大幅增长的主要原因：一是公司调整证券投资业务品种，积极把握市场结构性投资机会，证券投资业务收入比上年同期大幅增长；二是继续加快创新业务推进步伐，大力开展融资融券、约定购回式证券交易、股票质押式回购等创新业务，增加信用交易业务规模，取得了较好的收益；三是积极推进经纪业务和资产管理业务转型发展，收入同比实现较大增长；公司整体收入结构持续改善，盈利水平显著提升。综合以上因素，公司2013年度营业收入和净利润比上年同期均实现大幅度提升。

2013年末，公司总资产有所增加，主要是公司成功发行了19亿元公司债券，东方基金纳入公司合并范围，以及公司开展转融通业务；在派发2012年度现金红利的情况下，公司净资产仍有所增加的主要原因是本年实现净利润增加所致。

【2012年度所获荣誉】

2012年1月，吉林省总工会授予公司工会财务部"2010年度吉林省工会财务工作先进集体"荣誉称号；

2012年3月，公司工会荣获吉林省直属机关工会工作委员会"2011年度省直机关先进工会"光荣称号；

2012年4月，杨树财总裁荣获全国"五·一"劳动奖章；

2012年5月，由中国改革报、新浪财经和中国江苏网主办的2012中国金牌高成长企业及投行领导人峰会在苏州举行，公司在此次会议中荣获"2012中国新锐投行奖"；

2012年11月，公司荣获第八届中国证券市场年会"金钥匙奖"；

2012年12月，公司荣获省总工会授予的"创建和谐劳动关系模范单位"荣誉称号；

2012年12月，公司在《新财富》杂志主办的第十届"新财富最佳分析师"评选中，荣获"最具潜力研究机构"第一名。

【联系方式】

地址：长春市自由大路1138号

邮编：130021

电话：0431－85096806

传真：0431－85096816

网址：www.nesc.cn

信箱：dbzq@nesc.cn

东方证券股份有限公司

【基本概况】

东方证券股份有限公司（以下简称公司）是一家经中国证券监督管理委员会批准的综合类证券公司，其前身是成立于1998年3月的东方证券有限责任公司。公司现有注册资本金为42.82亿元人民币，员工3100余人（含全资子公司）。公司资产质量优良，业务品种齐全，涵盖了证券承销、自营买卖、交易代理、投资咨询、财务顾问、企业并购、基金和资产管理等众多领域。

公司以上海为总部所在地，在上海、北京、天津、长春、沈阳、抚顺、成都、武汉、长沙、南京、苏州、杭州、广州、深圳、汕头、南宁、桂林、北海、济南、福州、合肥等22个城市设有68个分支机构，形成了依托上海、立足中心城市、辐射全国的大型证券公司的经营网络。

公司控股东证期货、东证资本、东证资产管理、东方（香港）、汇添富基金、东方花旗、东证创新七家子公司。

2012年，公司实现营业收入24.27亿元，完成利润总额7.58亿元，取得净利润7.10亿元。年末总资产为487.32亿元；净资产为147.50亿元；净资本为84.77亿元。每股收益0.17元，每股净资产3.44元。同时，公司努力完善治理结构，建立健全合规与风险管理长效机制，管理水平不断提高。

【经营理念】

稳健经营、专业服务、以人为本、开拓创新。

"稳健经营"即合规是立身之本，稳健是经营之道，着眼于公司的长期可持续发展；"专业服务"即致力于提供真诚、优质、高效的专业服务，满足和超越客户的期望；"以人为本"即尊重人才、人尽其才，敬业、专业的人才是公司的最宝贵资源；"开拓创新"即勇于面对机遇、挑战和激烈竞争，开拓进取，勇于创新，追求卓越。

公司着力打造具有向心力和凝聚力的企业文化，提炼出和谐、创新、进取、竞争等企业文化的核心价值观，为公司发展提供强大的精神动力。

公司将以创新促发展，迈向一流券商行列，发展成为一家真正的现代金融服务企业。

【股东背景】

公司股东实力雄厚。

既有申能（集团）有限公司、文汇新民联合报业集团、上海海烟投资管理有限公司、上海电气（集团）总公司、上海邮政等大型国有企业；

也有上海金桥出口加工开发股份公司、长城信息产业股份有限公司、上海建工股份有限公司等上市公司；

还有上海致达科技（集团）股份有限公司、上海绿地（集团）有限公司、高远控股有限公司等民营企业。

【旗下公司】

公司将以创建具有一流综合竞争力的证券公司为目标，致力于成为一家公开上市的由资产管理公司、基金管理公司、投资银行公司、经纪业务公司、期货公司、研究所等分支机构组成的金融控股集团。

上海东证期货有限公司

上海东证期货有限公司（简称：东证期货）是东方证券股

份有限公司全资子公司，注册资本5亿元。其前身系上海久联期货经纪有限公司，2007年9月公司与久联期货股东签署股权转让协议，2007年11月该项股权转让获得中国证监会批准，2007年12月正式更名。东证期货是国内四家期货交易所的全权结算会员，可以代理股指期货、黄金期货、钢材期货和其他商品期货交易。公司拥有一支具有多年期货、证券市场从业经验的优秀团队，以规范管理、诚信创新的经营理念为广大投资者提供专业期货服务。公司致力于打造国内期货界最优秀的期货公司之一，尤其专注股指期货、钢材期货、有色金属、黄金期货以及能源化工期货等领域的代理和研究服务。

上海东方证券资本投资有限公司

上海东方证券资本投资有限公司（简称：东证资本）成立于2010年2月8日，是东方证券股份有限公司的全资子公司，注册资本7亿元。东证资本具有优秀的直投投资业务团队，在企业的投融资、业务重组及上市、并购方面拥有丰富的经验。

东证资本将依托母公司东方证券强大的业务平台，依靠自身优秀的业务团队，致力于创建拥有一流管理团队、雄厚资本实力、强大投资和管理能力、广阔国际化视野的国内领先的投资管理公司，投资具有高成长性的国内企业，为企业的成长提供优质的资本服务，成为企业成长的助推器。

东方证券资产管理有限公司

上海东方证券资产管理有限公司（简称：东证资产管理）成立于2010年7月，是在原东方证券股份有限公司资产管理总部基础上组建而成。资产管理总部从事客户资产管理业务已有12年历史，并于2002年首批获得中国证监会的批准从事客户资产管理业务资格，具有丰富的实践经验和管理经验。2005年首批获准开展集合资产管理业务。

东方红资产管理团队成立12年来，经历了中国证券市场多次牛市熊市的考验，已经积累了丰富的投资经验和风险管理经验。陆续推出了多只东方红系列集合理财产品和定向理财产品，投资收益率长期在券商同类产品中名列前茅。

东方金融控股（香港）有限公司

东方金融控股（香港）有限公司（简称：东方（香港））为东方证券股份有限公司全资附属公司，是于2009年9月经中国证监会批准于香港设立的中资证券公司。

东方金融控股（香港）有限公司注册资本金为1亿元港币，下设东方证券（香港）有限公司、东方期货（香港）有限公司和东方资产管理（香港）有限公司，三家各子公司将分别持有香港证监会颁发的证券经纪业务、期货经纪业务等业务牌照。

汇添富基金管理有限公司

汇添富基金管理有限公司（简称：汇添富）成立于2005年1月，是一家高起点、国际化、充满活力的基金公司，由东方证券股份有限公司、文汇新民联合报业集团、东方航空集团三家实力雄厚、声誉卓越的集团联合发起设立，注册资本1亿元。三家股东分别在各自行业中处于引领地位，东方证券是中国证监会认定的具"创新试点"资格的券商之一，是中国证券业资产质量最优、盈利能力最强的证券公司之一；文汇新民联合报业集团为中国最大的报业集团之一，拥有巨大的辐射力和影响力；中国东方航空集团是中国三大航空运输集团之一，拥有强大的品牌影响力和庞大的客户群。

汇添富以一流的企业文化汇聚中外精英，开发受市场欢迎的产品系列，建立高效的销售渠道，提供优质的客户服务，实施一流的投资风险管理，以长期稳定的优秀投资业绩回报投资人，并有志发展成为中国业内管理国际资产和投资国际市场的专家，经过中长期的努力发展成为中国最佳的资产管理公司之一。

东方花旗证券有限公司

东方花旗证券有限公司（简称"东方花旗"）成立于2012年6月，是一家由东方证券与花旗环球金融（亚洲）有限公司基于战略投资合作关系共同投资组建的中外合资证券公司。东方花旗总部位于上海，并于北京、深圳、新疆等地设立办公机构。

东方花旗注册资本为8亿人民币，员工人数约200名。东方花旗根系本土市场，致力于为政府和企业提供优质的投资银行服务，同时积极开拓海外市场，旨在成为连接国内外资本市场的桥梁。

上海东方证券创新投资有限公司

上海东方证券创新投资有限公司（简称"东证创新"）成立于2012年11月19日，是东方证券股份有限公司的全资子公司，注册资本金3亿元。

东证创新致力于投资业务的创新工作，拓宽投资渠道，提升盈利手段与能力。东证创新依托母公司优秀的自营投资团队，努力打造与自营业务互补的创新投资业务平台，力争成为行业内领先的创新投资团队。

【2012年大事记】

1月9日，公司召开二届五次董事会。公司董事、监事、部分高管、上市中介机构等出席会议。会议由公司董事长潘鑫军同志主持。

会议审议通过了公司2012年度《经营工作报告》、《财务预算方案》、《资产负债配置、业务规模及风险控制计划》以及公司章程和制度修订、开展转融通业务等议案。

1月11日，公司获中国证监会核准设立一家合资证券公司——东方花旗证券有限公司（Citi Orient Securities Co Ltd）。

2月2日，公司召开2012年第一次临时股东大会。公司董事、监事、高管和股东代表等出席会议。会议由潘鑫军董事长主持。会议审议通过了《公司2012年度财务预算方案》、《关于增选公司监事的议案》、《关于修订公司章程的议案》等18项议案。

2月26日，公司举行第四届职工运动会开幕式暨"开拓创新"健康跑比赛。公司党委书记、董事长潘鑫军致开幕式辞，党委副书记、监事会主席肖银涛主持仪式，党委副书记、总裁金文忠宣布健康跑比赛结果。

2月27日，公司召开二届七次董事会。会议由潘鑫军董事长主持。公司董事、监事、部分高管、上市中介机构等出席会议。会议审议通过了公司2011年度《董事会工作报告》、《财务决算报告》、《年度报告》、《合规报告》、《利润分配方案》等12项议案。

2月27日，公司召开二届五次监事会。会议由监事会主席肖银涛主持。公司监事出席会议，公司副总裁、财务总监、合规总监等列席会议。会议审议并通过了公司2011年度《监事会工作报告》、《财务工作报告》和《合规报告》。

3月28日，公司荣获2011中国金融品牌金像奖之"2011中国金融品牌年度优秀营销事件"。本次评选涉及银行、保险、券商、基金和信托等行业，公司是两家获奖券商之一。

4月18日，公司召开2011年度股东大会。公司董事、监事、高管和股东代表等出席会议。会议由潘鑫军董事长主持。会议审议通过了《董事会工作报告》、《监事会工作报告》和

《2011 年度财务决算报告》等 6 项议案。

5 月 3 日，公司被上海市金融党委评为“上海金融系统城乡党组织结对帮扶工作先进单位”。

6 月 5 日，公司召开 2012 年第二次临时股东大会。公司董事、监事、高管和股东代表等出席会议。会议由潘鑫军董事长主持。会议审议通过《关于公司发行短期融资券的议案》。

6 月 26 日，公司召开第二届董事会第十二次会议。公司董事、监事、部分高管、市金融办有关领导等出席会议。会议由潘鑫军董事长主持。会议审议通过申请开展约定购回式证券交易、代销金融产品业务和向东证期货增资、设立另类产品投资子公司等 6 项议案。

8 月 6 日，东方花旗证券有限公司在上海半岛酒店隆重举行开业典礼。上海市副市长屠光绍以及上海市金融党工委、上海市金融服务办、上海证监局、黄浦区政府、上海证券同业公会等共约 300 人出席了开业典礼。

9 月 12 日，公司召开 2012 年第三次临时股东大会。公司董事、监事、高管和股东代表等出席会议。会议由潘鑫军董事长主持，审议通过了《关于申请开展代销金融产品业务的议案》等议案。

11 月 3 日，公司举行第四届职工运动会闭幕式。

11 月 19 日，公司全资另类投资子公司——上海东方证券创新投资有限公司成立。

11 月 26 日，公司召开“学习贯彻十八大，建设东方大文化”——公司企业文化项目动员培训会暨签约仪式。

12 月 7 日，公司获评 2012 上海企业文化建设优胜单位。

12 月 20 日，公司获评 2012 年度上海市治安防范先进集体。

12 月 27 日，公司荣获 2012 年度上海金融创新成果三等奖。

【联系方式】

地址：上海市黄浦区中山南路 318 号东方国际金融广场 21 - 29 层
邮编：200010
全国统一客服热线：95503
总机：(8621)63325888
传真：(8621)63327888

东海证券股份有限公司

东海证券的前身是 1993 年成立的常州证券。2003 年 5 月，在行业大潮转折之际，常州证券改名为“东海证券有限责任公司”，2013 年 5 月设立“东海证券股份有限公司”。目前公司注册资本为 16.7 亿元，48 个股东分布全国各大中城市。10 年来，东海证券在朱科敏董事长的带领下，经历了证券市场的变革和洗礼，一路稳健发展，营业网点从 9 个发展到 54 个，客户数量从 12 万发展到 100 万户，管理客户资产从 30 亿发展到 800 亿，员工人数从 170 人发展到最多 3000 余人。

新设另类投资子公司——东海证券全资子公司东海证券创新产品投资有限公司，为公司未来业务模式的拓宽提供了平台和契机；积极开展融资融券、新三板、利率互换等创新业务；公司获得了中小企业私募债发行资格批复，拓宽了债券发行业务空间，增加公司盈利增长点。

10 年来，东海证券已拥有保荐业务、客户资产管理、短期融资券承销、经纪业务、网上交易、投资咨询、同业拆借、股票质押贷款、银行间市场交易、证券自营、基金管理公司设立、权证创设、权证一级交易商、资产证券化、代办转让市场、首批甲类结算人等证券公司业务经营的牌照、资格。

东海证券通过在文化建设、品牌打造、产品创新、管理变革、提升服务等方面孜孜不倦、扎实有效的工作，经营业绩取得了长足进步。2008 至 2011 年，公司连续四年获得“年度全国银行间债券市场交易量 100 强”称号；2010 年公司交易量排名居券商中第七名，2009 年、2010 年，公司研究所在第七届、第八届新财富评选中分别获得“最具有潜力研究机构第三名”；2010 年 5 月，在《证券时报》举办的“2010 中国区优秀投行评选”活动中，获得“最具成长性投行”称号；2011 年，在中国区优秀投行评选中获得“最具定价能力投行”、“最具投资价值保荐项目”、“最佳并购重组项目主办人”三个奖项；2011 年 4 月，在深交所举办的 2010 年度保荐工作评比中获得“2010 年度保荐工作最佳进步奖”；2011 年 4 月，获《中国改革报》评选的“中国资本市场 20 年十佳保荐机构”奖。

2007 年、2008 年、2011 年分别获得常州市企业“特别重大贡献奖”，董事长朱科敏荣获“常州市杰出企业家”称号，2011 年被评为“江苏省十佳优秀企业”、“江苏省十佳诚信企业”，2012 年“江苏省用户满意服务明星企业”、“2013 年江苏省政府满意客户放心五星级单位”。

2007 年度，公司进入“中国独立企业属地纳税总排名五百强排行榜”。在《福布斯》发布的“2012 年度中国 A 股最佳 IPO 投行”排行榜上，跻身福布斯中国 A 股最佳 IPO 投行；2012 年再次获得 A 类券商，是江苏省获得 A 类的三家券商之一。

【联系方式】

地址：上海市浦东新区东方路 1928 号东海证券大厦
邮编：200125
电话：021 - 20333333
传真：021 - 50498871
客服电话：95531、4008888588
邮箱：service@ longone. com. cn

东莞证券有限责任公司

【基本概况】

东莞证券有限责任公司成立于 1988 年 6 月，注册资本 15 亿元，是国有控股的全国性综合类证券公司，也是全国首批承销保荐机构之一。公司业务范围涵盖了经纪、投资咨询、财务顾问、承销与保荐、证券自营、资产管理、基金代销、期货 IB、直接投资、融资融券等领域。

截至 2013 年底，公司有分支机构 57 家（其中营业网点 54 家，上海分公司 1 家，深圳分公司 1 家，北京办事处 1 家），营业网点遍布珠三角、长三角及环渤海经济圈，“立足东莞、面向华南、走向全国”的格局基本形成。公司全资拥有东证锦信投资管理有限公司，并参股华联期货有限公司。

公司紧跟国家政策和行业发展动态，不断丰富公司业务品种，大力优化收入来源结构。当前，公司以经纪、资管、投行三大业务为核心，积极发展两融、直投、债融、新三板和投资咨询等业务，实现了从收入来源单一型券商向收入来源多元化型券商的转型。

【业务资格】

证券经纪；证券投资咨询；与证券交易、证券投资咨询活动有关的财务顾问；证券承销与保荐；证券自营；证券资产管理；证券投资基金代销；为期货公司提供中间介绍业务；融资融券;中国证监会批准的其他业务。

【业务介绍】

经纪业务:

遍布全国的专业服务网络

投资理财的专业首选。东莞证券拥有国内先进的双交易中心,业内优秀的“财富通”网上证券交易系统和“掌证宝”手机炒股软件,在广东、北京、上海等27个城市设立了49家证券营业部,营业网点遍布珠三角、长三角及环渤海经济圈,在全国工、农、中、建等18家主流银行设立营销渠道2600多个,近3000名专业理财经理为您提供专业、便捷的投资理财服务。

传统业务强者恒强。在通道业务方面提供深沪A、B股、融资融券、IB、权证、债券、回购、基金等齐全的证券品种及投资交易服务。2013年托管客户资产已近700亿元,保持行业内中上游水平,在东莞地区市场份额占绝对优势。东莞证券“港澳台”客户2013年开户量占全国份额近10%,雄踞行业榜首。

创新业务百花齐放。率先获批多金业务资格、非现场开户资格,全营业部获得IB资格。财富中心不断挖掘内外部优秀产品,多次创造金融产品销售首日就告罄的佳话。机构业务已签约的IPO项目、新三板、债券类项目如雨后春笋,遍地开花。

个人理财产品与服务、企业投融资产品与服务兼具的财富管理中心逐步成型。东莞证券为个人投资者提供品种覆盖全面、风险层次丰富的各类理财产品,满足不同类型投资者的需要;从服务实体经济出发,通过多层次资本市场建设,为企业提供投资建议、资产配置及理财规划等全方位综合财富管理服务。

资产管理业务:

专业的财富管理专家

悠久的历史。东莞证券深圳分公司成立于2003年,前身为东莞证券资产管理部,是东莞证券下属专门开展资产管理业务的分公司,有机整合证券、保险、银行、信托等资源,为投资者提供层次丰富、覆盖全面的专业理财服务。

完整的产品链条。东莞证券深圳分公司拥有以标准化集合资产管理为业务基础,以定制化定向资产管理、专项资产管理业务为特色的服务范围。在充分调研客户财富管理需求的基础上,逐渐形成覆盖债券、基金、股票市场的集合资产管理产品链条,构成“现金管理类”、“固定收益类”、“股票投资类”三大集合资产管理计划配置版块。

现金管理类产品为投资者流动性理财工具。主要投向银行大额协议存款,同时配置部分期限短、信用高、风险低的债券。特点:每日开放,申赎方便,预期收益率是银行活期存款利率的8-16倍,是投资者最好的流动性理财工具之一。

固定收益类产品是稳健型投资者的首选。专注于投资债券、信托、股票质押式回购等品种,开放期一般为半年至一年,预期收益率相当于同期银行定期存款利率的2-5倍。

股票投资类产品主要服务于进取型投资者。主要通过积极配置股票与权益基金,在遵循价值投资理念的前提下,顺应市场趋势操作,追求超额收益。特点:净值波动频繁、投资风险相对较大,但在市场环境较好的情况下,能获得非常可观的收益,是进取型投资者的首选。

优秀的产品品牌。在瞬息万变的市场面前,东莞证券深圳分公司以打造“旗峰理财”品牌为长远目标,贯彻“成长为王、风控至上”的投资理念,拥有完善的组织架构和严谨的投资研究体系,以稳健的投资风格,致力于为各种风险偏好的客户提供需要的投资品种。

投资银行业务:

全面的企业融资解决方案

东莞证券致力于打造完整、专业的大投行业务体系,分别成立投资银行部、债务融资总部、场外市场业务部,面向全国为企业提供IPO、再融资、债券发行与承销、“新三板”挂牌等场内外市场融资服务,范围覆盖企业改制辅导、并购重组及其他财务顾问业务。

大投行团队拥有经验丰富、专业优秀的员工近百人,其中80%以上具有硕士以上学历,70%以上拥有律师、注册会计师、注册评估师等专业技术资格。截至2013年12月,已完成银禧科技、天龙集团、沪电股份、瑞普生物等多个IPO项目和生益科技、宁波华翔、上柴股份等多家非公开发行股票项目及众多全国范围内的企业改制辅导、并购重组等财务顾问项目。2013年以来,在创新业务中小企业私募债领域方面取得有突出业绩,承销规模及数量名列前茅,展现出卓越的为中小企业融资服务的能力。“新三板”挂牌业务也取得长足进步,2013年签约新三板项目近50家,准备申报推荐挂牌材料近10家,其中4家有望在“新三板”全国扩容第一批实现挂牌。为创新型、科技型、成长型企业发展服务,我们更专业。

融资融券业务:

贴心的融资助手

扎实积累——东莞证券融资融券业务经过三年精心筹备,于2012年6月全面上线,成为“双融”业务转常规后首批获准券商。东莞证券“双融”业务推出后,凭借“专业、创新、激情”的发展理念,快速席卷东莞市场,并迅速辐射华南地区。

创新转型——东莞证券已全面构建以融资融券业务为主导、股票质押式回购业务等创新融资业务为重要依托的信用业务体系,配备了具有深厚财务、法律、风险控制以及IT等领域背景的专业团队,为投资者提供便捷、高效的融资服务,解决投资者的资金需求。

成果卓越——截至2013年11月,东莞证券信用融资规模超22亿元,为全国9省市超过6000名客户提供融资服务,被客户亲切地称为“最贴心的融资帮手”,成为广大客户最信赖的融资品牌。

整合升级——东莞证券全面整合各类资源,深度完善战略布局,搭建高效稳定的信息系统支持体系,打造丰富灵活的产品服务体系,建立以客户需求为导向的业务模式。

研究咨讯业务:

实力雄厚的研究资讯业务

东莞证券研究所十多年来奋勇进取,经历了两轮牛熊循环的考验,目前已经成长为覆盖金融、地产、通信、电子、新能源、机械设备、电力、电力设备、医药、食品饮料、农业、商业零售、交通运输、公用事业、纺织服装、化工、有色金属、煤炭等主要行业,拥有金融工程、宏观策略、行业等近30名分析师的中型券商研究机构。按照“以市场为导向、以客户为中心”的服务理念,东莞证券研究所围绕东莞证券独具特色的财富通服务体系打造了一系列宏观、策略、行业、公司、基金等专业性研究资讯产品。

一路走来,东莞证券研究所始终秉承“智慧创造财富、专业成就价值”的核心价值观,以“提升客户价值”为宗旨,以“客观分析、独立判断”为原则,坚持创新不人云亦云。根据《中国经营报》独立研究结果,2010年东莞证券研究所以排名靠后的规模取得了在券商研究机构当中研究报告准确率排名第31名的成绩。2010、2011年连续两年东莞证券研究所都有分析师入选经济观察报和今日投资联合举办的天眼分析师最佳排名。2012年以来,东莞证券研究所积极迎接市场的变化,全面加强各项研究业务工作。我们和金融界网站合作,提供周、月度观点、行业配置和潜力股等,其中行业配置和周报观点取得良好成绩。我们的超配行业在金融界券商月度超配行业榜中多次名列前茅,在全部50多家券商中,东莞证券研究所的排名从2012年的第6名跃升为2013年的第1名;而在每周策略观点方面,从2012年的第17名跃升为2013年的第5名。

【联系方式】

地址:广东东莞市莞城区可园南路1号金源中心30楼

总机:0769－22119341

传真:0769－22116999

委托、服务电话:961130(省内直拨,省外请在前加拨0769)

邮政编码:523000

电邮:service@ dgzq. com. cn

东吴证券股份有限公司

【基本概况】

东吴证券股份有限公司(以下简称"东吴证券"或"公司"),前身为组建于1992年的苏州证券,历经三次增资扩股。2010年5月28日,东吴证券有限责任公司改制并更名为东吴证券股份有限公司。2011年11月23日,经中国证券监督管理委员会核准,东吴证券向社会公开发行5亿股普通A股股票,并于2011年12月12日在上海证券交易所挂牌上市交易,股票简称"东吴证券",股票代码"601555"。通过登陆资本市场,东吴证券掀开了发展的新篇章。

公司总部及注册地在苏州,注册资本金20亿元。目前公司下属北京、上海、苏州、昆山、常熟、张家港、吴江、太仓、南京9个分公司,拥有48家证券营业网点,并参股东吴基金管理有限公司,控股东吴期货有限公司,下设全资子公司东吴创业投资有限公司从事直接投资业务。

截至2013年6月末,公司总资产159.78亿元,归属母公司股东权益76.64亿元,实现营业收入7.72亿元,实现利润总额2.60亿元,归属母公司净利润1.91亿元。

在巩固公司在苏州地区的龙头地位同时,公司经纪业务将加快向全国重点城市的扩张,按照"立足苏州,面向全国"经纪业务战略布局,当前及未来一个阶段新设营业部的重点区域将会是省外地区,增强区域外的业务实力。

展望未来,机遇与挑战并存。公司将在继续业务转型的同时,把客户服务放在首位,锐意改革,不断创新,努力提升东吴证券的综合实力和品牌形象,实现公司平稳健康的可持续发展。

【主营业务及其经营情况】

1.证券经纪业务

公司继续稳固传统经纪业务,大力推进综合金融业务。将考核重点放在产品销售收入、利润等方面,逐步向以产品销售、创新业务为主的盈利模式转变。报告期内,公司继续贯彻推广根据地战略,完成了无锡、常州分公司筹建工作,申报了设立徐州、泰州、南通分公司的请示并已经获批;拟定轻型营业部的筹建规划,申报了24家新设营业部请示并已经获批。目前筹建工作正在稳步开展中。对各分支机构营业面积和人员进行了压缩;取得代销金融产品业务资格,完善了各项业务制度的修订工作。已代销首发开放式基金及理财产品62只。报告期内,公司累计实现股票和基金交易量3807.8亿元,市占率0.873%,经纪业务共实现收入39,539.02万元,经纪业务市场份额保持相对稳定。

2.投资银行业务

公司投资银行业务努力应对传统IPO融资通道业务暂停的严重影响,加大项目核查和管理力度,加大在企业债、中小企业私募债、新三板等方面的拓展力度,继续打造具有全业务链、全周期、多业务品种的投行模式。报告期内,投资银行业务完成无锡锡东新城以及上海奉贤南桥新城2单企业债券的发行,承销金额21.5亿元;完成私募债9单,承销金额6.9亿元,累计完成债券主承销、副主承销30.96亿元,实现营业收入5,094.00万元。

3.自营投资业务

上半年影响证券市场的内外因素相对复杂,指数剧烈波动,给投资带来很多困难,公司自营投资业务从"绝对收益"原则出发,坚持价值投资理念,积极谨慎地开展投资业务,加大衍生品及数量化投资工具和策略的运用,较好地把握住债券市场的投资机会,获得了相对稳健的投资收益。报告期内,公司自营投资业务实现营业收入22,237.22万元,权益类及衍生品投资大幅跑赢标的指数。

4.资产管理业务

公司资产管理业务通过流程再造、职能细分,整合公司资源,实现前台多元化、中台专业化、后台集中化、管理规范化。同时,积极依托根据地战略,努力打造产品设计、渠道整合、风险管理三大核心竞争力,为零售、机构、地方政府、各类企业客户提供财富管理服务,提供资产保值增值服务,提供投融资中介服务。报告期内,资产管理业务实现收入1,581.29万元。

5.新业务开展情况

公司大力推进融资融券和约定购回业务,稳步推进债券质押式报价回购业务,逐步推进股票质押融资业务。截至6月30日,公司融资融券规模达13.09亿,约定式购回规模达2.35亿;公司债券质押式报价回购业务品种5个,日均规模4.83亿元。

【主要子公司、参股公司经营情况】

(1)东吴基金管理有限公司,注册资本为1亿元人民币,公司持有49%的股权,经营范围为:基金募集、基金销售、资产管理、中国证监会许可的其他业务(涉及许可经营的凭许可证经营)。截至到2013年6月30日,东吴基金共管理15只基金,6只专户,10个子公司资产管理计划,管理资产规模121.7亿。报告期内,东吴基金强化投资研究能力,有效提升投资业绩;加强营销体系建设,顺利完成2只基金和4只专户的发行工作;子公司多元业务快速发展,加快财富管理转型进程。公司整体合规意识增强,风控措施完善,管理效益提高,实现营业收入8653.02万元,净利润1475.08万元。截至报告期末,东吴基金管理有限公司总资产2.42亿元,净资产为2.05亿元(未经审计)。

(2)东吴期货有限公司,注册资本为2亿元人民币,本公司持有74.5%的股权,其经营范围包括:商品期货经纪,金融期货经纪,期货投资咨询(涉及行政许可的凭许可证经营)。2013年上半年,东吴期货全面实施2012年底制订的经营管理计划,紧紧围绕实现经营目标,大力开展工作。2013年上半年共实现收入5998.25万元,净利润751.31万元,期末总资产 13.90 亿元，净资产 2.38 亿元（未经审计）。

（3）东吴创业投资有限公司，注册资本为 6 亿元人民币，为公司全资子公司，成立于 2010 年 1 月，其经营范围包括：创业投资业务；代理其他创业投资企业等机构或个人的创业投资业务；创业投资咨询业务；为创业企业提供创业管理服务业务；参与设立创业投资企业与创业投资管理顾问机构。

报告期内，东吴创投始终围绕价值投资理念，继续执行稳健的投资方针，公司决策层和投资团队在上半年对每个上会项目都事先展开内部讨论，仔细剖析，进而严格筛选，在实践中逐渐形成一套较为完善的投资机制。同时也在积极把握合适的投资时点和投资价格，稳步推进项目投资进程；要求项目组继续拓展、储备优质的项目资源，为今后市场的变化和公司的转型做好准备。报告期内，东吴创投实现营业收入 477.62 万元，净利润 727.52 万元，期末总资产 6.09 亿元，净资产 6.08 亿元（未经审计）。

（4）东吴创新资本管理有限责任公司，注册资本为 3 亿元人民币，为公司全资子公司，成立于 2012 年 6 月 14 日，经营范围为：项目投资、实业投资、股权投资，投资管理，投资信息咨询服务。2013 年以来，东吴创新资本以做强做实资本中介业务为切入点，严控风险，稳健经营，努力在创新资本业务方面取得新的突破，业务范围涵盖信托产品投资、股权质押融资、股权投资、量化投资、集合理财计划等。截至报告期末，东吴创新资本实现净利润 549.32 万元（未经审计）。

联系方式

地址：苏州市工业园区星阳街 5 号

邮编：215021

全国委托及咨询热线：4008－601555

投诉受理电话：4008－601555

传真电话：0512－62938833

邮箱：dwzq601555@gsjq.com.cn

东兴证券股份有限公司

【基本概况】

东兴证券股份有限公司是经财政部和中国证监会批准，由中国东方资产管理公司作为主要发起人发起设立的全国性综合类证券公司，注册资本 20.04 亿元，是国内规模较大的资产管理公司系证券公司之一。公司业务涵盖证券经纪；证券投资咨询；与证券交易、证券投资活动有关的财务顾问；证券承销与保荐；证券自营与证券资产管理业务；金融产品代销；为期货公司提供中间介绍业务；融资融券业务。公司总部设在北京，目前在全国拥有 48 家证券营业部；在福建、上海、深圳设有分公司；在上海设有全资子公司——东兴期货有限责任公司；在福建设有另类投资公司——东兴证券投资有限公司。

公司主要发起人中国东方资产管理公司是经国务院批准设立，拥有证券、期货、信托、保险、金融租赁、信用评级等多种业务的国有金融控股集团。注册资本 100 亿元人民币，在全国 26 个中心城市设有分支机构以及多个平台子公司。中国东方资产管理公司以其深厚的金融背景和雄厚实力为东兴证券的发展提供强有力的支持。

凭借雄厚的股东实力、优良的资产质量、众多的网点分布、广泛的市场资源，东兴证券秉承"诚信、专业、创新、高效"的经营理念，把客户利益放在首位，以高水准的专业技能、至诚有效的服务和稳健的经营风格赢得客户信任；积极构建具有鲜明时代特色和符合自身特点的企业文化体系，精心打造结构优化、素质精良、战斗力强的专业化人才队伍；深入推进业务的开拓创新，在产品设计、项目运作上追求高质量、低风险；奉行以严格的风险控制为前提、以合理的投资收益为目标的稳健投资策略，建立科学、严谨、高效的业务流程和风险管控体系，追求稳步增长的经营效益，为客户、股东和员工创造价值最大化，将东兴证券建设成为品牌领先、能力突出、业绩优良、特色鲜明的现代金融服务企业。

【主要业务介绍】

1. 证券经纪

东兴证券经纪业务形成了实体经纪业务和虚拟经纪业务双轨发展、有效互动的模式，是公司重要的基础业务之一，业务范围包括证券代理买卖、代理还本付息、分红派息、证券代保管、鉴证、代理登记开户、证券投资咨询及中国证监会批准的其他业务等。

公司在北京、上海、天津、深圳、福州、武汉、杭州、成都、南京、南昌、南宁等中心城市设立了 48 家证券营业部，形成了市场范围与服务辐射全国的经纪业务网络，为客户提供多种安全、方便、快捷的委托方式，包括柜台委托、磁卡委托、电话委托、自助委托、网上交易和手机炒股等。

公司从规章制度建设、业务操作流程、信息技术系统、后台体系监督和预警等方面全方位对经纪业务进行风险控制，形成一套完整的风险内部控制体系，确保客户交易安全，也为公司经纪业务在制度化、规范化、严格化轨道上运行提供了有力保证。

2. 投资银行

东兴证券是经中国证监会核准的保荐机构，同时具有企业债券主承销商资格和代办系统主办券商资格。东兴证券投资银行业务以打造"精品投行"为战略目标，面向国内成长性好的优秀企业，为其提供高质量、全方位的金融服务，形成了立足北京、上海两地，服务全国的战略格局。

东兴证券投资银行业务包括为客户提供股票、债券和衍生产品等有价证券的发行与承销、企业重组改制、兼并收购财务顾问等服务。此外，对于因条件限制不能在证券交易所上市的企业，东兴证券可以推荐其在代办系统（即三板市场）挂牌并融资。

东兴证券良好的投行文化和市场化激励机制吸引业内优秀人才不断加入。目前，东兴证券拥有一支 60 多人的投行团队，其中保荐代表人和准保荐代表人 16 名，团队成员拥有丰富的专业知识和业务经验，可根据客户需求提供个性化的专业服务。在东兴证券的尽职推荐下，探路者（300005）作为创业板首批上市公司成功发行上市，东宝生物（300239）顺利登陆创业板，亚太科技（002540）、露笑科技（002617）在中小板上市，这些案例充分体现了东兴投行过硬的业务素质和定价销售能力。2011 年，东兴证券被深圳证券交易所评为保荐工作最佳进步奖。

3. 资产管理

东兴证券于 2009 年 7 月获得中国证监会批准从事受托资产管理业务资格，可以从事集合资产管理业务、定向资产管理业务和专项资产管理业务。

公司已构建完善的资产管理业务组织架构，形成了科学严谨的投资决策体系和业务运作流程，拥有一支专业的投研团队，核心成员均具有丰富的投资实践经验和管理经验。已建成覆盖债券市场、基金市场、股票市场的较为完整的资产管理产品线，以满足低、中、高不同风险收益特征的投资者的理财需求。

东兴证券资产管理业务坚持秉承“以客户为中心，与客户共成长”的经营理念，坚持价值投资，依托专业化的投资和管理团队，致力于为客户提供全方位、个性化的理财服务。

4. 固定收益

东兴证券固定收益业务涉及的品种包括国债、央行票据、政策性金融债、一般金融债、次级债、企业债、公司债、短期融资券、中期票据、资产证券化产品等。依托公司的雄厚实力，能够为客户提供企业债券融资、债券交易销售、业务咨询等全方位的专业服务，及时满足客户个性化的需求。

固定收益部门下设项目承揽、投资和研究、交易销售、风险管理和后台等多个业务团队，均由拥有优良业绩和丰富经验的专业人士构成，为公司固定收益业务在高起点上稳步、快速发展奠定了基础。

固定收益业务坚持稳健发展的经营理念，严格遵守中国债券市场的相关政策和公司的规章制度。已取得开展银行间债券市场和交易所债券市场各项主要债券交易业务的资质，具有债券主承销业务资质。近年来各项业务快速发展，债券交易量及排名不断上升，债券承销领域也取得较好的业绩。

5. 债券融资业务

东兴证券债券融资业务涉及的品种包括企业债券、公司债券、金融债券、次级债、中小企业私募债、资产证券化产品等。依托公司的雄厚实力，能够为客户提供企业债券融资、债券销售、财务顾问等全方位的专业服务，及时满足客户个性化的需求。

东兴证券债券业务部汇集了一批优秀的专业人员，是国内为数不多的同时拥有企业债、公司债、可转债、中期票据、次级债、中小企业集合债等债券产品的操作能力和操作经验的业务团队。东兴证券债券业务致力于与企业客户形成长期的战略合作关系，为客户提供全方位可持续的综合融资服务，打造全方位的企业综合融资服务能力。经过多年的积累，东兴证券债券融资业务在城市建设、能源、高速公路等领域和民营企业债务融资等方面形成较高的品牌知名度，民营企业债务融资承销家数排名位居前列，已先后为多家民营企业成功发行了债券产品。

6. 融资融券业务

东兴证券融资融券业务于2012年5月16日获得中国证监会批准开展。东兴证券立足于公司零售业务销售服务体系，以公司存量客户为基础，通过客户分类与筛选，构建融资融券潜在客户池，以各营业部作为业务前台部门，采取由融资融券部等业务执行部门总部集中统一管理的业务模式，保障业务在风险可测、可控、可承受的前提下顺利开展，拓宽公司盈利渠道。作为国内券商新的业务增长点，融资融券业务的开展使得我公司可以为客户提供全面的理财产品服务，使得客户无论在市场上涨还是下跌时都有机会放大投资的正收益。

目前融资融券部已形成13人的专业团队，包括了客户管理、征信评级、风险监控等岗位。整个团队组织有效，分工明确，对融资融券业务的发展趋势、业务定位与推广形成了自己的独特理解，独立研发了特有的征信指标系统、证券管理系统，最大程度上保持融资融券业务的科学性。

【旗下公司】

1. 东兴证券投资有限公司

东兴证券投资有限公司是东兴证券股份有限公司的全资子公司，首期注册资本3亿元。作为全国首批券商另类投资公司，公司全面依靠股东东兴证券的资源优势，发挥中国东方资产管理公司及旗下多个金融平台的协同服务能力，专门从事非传统证券类的投融资业务。

公司充分利用市场的非有效性和低流动性，挖掘超越市场的超额收益机会，设计并运用结构化的金融产品，规避市场的波动风险，获取稳定的固定收益。公司一方面首先实现自有资金的绝对收益，同时也积极开展成熟业务条线的另类投资管理业务，形成以金融产品为核心的投融资业务模式。

公司拥有一支专业的投研团队，团队成员掌握成熟的投资模式，具备突出的研究能力和多年的业务积累。投研团队对于矿业、能源、房地产开发、低流动性股权投融资等当前主要的另类投资领域有深刻理解和成功实践，在项目承揽、承做和投资管理方面拥有丰富经验。

公司励志于开拓全面的金融产品投资业务，旨在开辟东兴证券的战略性发展空间，丰富东兴证券的收入渠道，增强东兴证券多品种、多策略、跨市场的买方业务模式，同时实现与东兴证券的全面风险隔离。公司以“绝对收益，固定收益”为核心理念，致力发展成为一家在全国范围内有品牌影响的，具备资本金支持的非牌照投资银行。

2. 东兴期货有限责任公司

东兴期货有限责任公司是东兴证券股份有限公司的全资子公司，注册资本2.88亿元。公司拥有中国金融期货交易所、上海期货交易所、大连商品交易所和郑州商品交易所的会员资格，可以为客户代理国内所有期货品种的交易。

公司拥有国内一流的软硬件设施，主机房设于上海期货交易所张江数据中心内，一流的网上综合交易平台，先进的期货交易管理和结算系统，通过多条不同运营商的百兆宽带接入，确保交易的安全、快捷。

公司总部落户上海，在山东烟台、山西太原、福建福州设有期货营业部，依托股东遍及全国的分支机构网络，东兴期货的金融衍生品服务范围已经辐射至国内所有中心城市。

东兴期货有限责任公司依靠强大的股东背景优势，秉承“诚信、专业、创新”的经营理念，高度重视对内部管理体制和风险防范机制的健全和完善，形成了一套稳健、规范的制度化管理体系。公司以风险控制为前提、以市场为导向、以客户为中心，力争发展成为“资本充足、运作安全、内控严密、服务优质、效益良好、有核心竞争力”的现代金融服务企业。

方正证券股份有限公司

方正证券股份有限公司（股票代码：601901）系中国证监会核准的第一批综合类证券公司，为上海证券交易所、深圳证券交易所首批会员。公司成立于1988年，其前身为浙江省证券公司，2008年5月经中国证监会批准吸收合并泰阳证券（原为湖南省证券公司），2010年9月改制为股份有限公司，2011年8月10日公司在上海证券交易所成功实现A股主板上市，成为国内证券市场第7家IPO上市券商。公司目前注册在湖南长沙市，截至2012年末，公司总股本61亿股、总资产280亿元人民币，净资产为144.32亿元，有效客户数达213万户。公司为我国中西部最大证券公司，市值规模、综合财务指标和业务指标位居上市券商前列。

公司目前已设立合资投行、期货、直投、合资基金等四家子公司，并持有盛京银行股份有限公司8.12%的股权，截至2013年10月，拥有营业网点131家（其中证券营业部120家，期货营业部11家），员工超过4000人。

公司是业务资格“全牌照”的证券公司，系全国25家融资融券业务试点券商之一，同时还拥有新三板代办股份转让等多项新业务资格,公司业务范围涵盖证券经纪、投资银行、证券自营、资产管理、研究咨询、期货经纪、直接投资、基金管理、融资融券、期货中间介绍业务、代办系统主办券商业务、基金代销、QFII 业务及证监会核准的其他业务资格。公司在浙江地区设立浙江分公司,并控股拥有瑞信方正(中外合资)、方正期货、方正和生投资、方正富邦基金(与台湾合资)等多家专业子公司,目前公司正筹备设立香港子公司,并与瑞士信贷等国际投行在诸多业务领域展开深层次的战略合作。公司的综合金融业务管理架构初步成型。

作为全国首批 6 家合规试点券商之一,公司法人治理结构健全,股东会、董事会、监事会及经营层架构明晰、运作规范,并建立了总部垂直管理的三级合规管理体系及以净资本为核心的风险控制体系。公司拥有行业领先的多功能电子商务平台 www.foundersc.com,按照 CCCS 标准建立了 95571 全国呼叫中心,公司还推出"富、贵、雅"客户分类分级体系,在全国中心城市建立了区域财富管理中心,形成了包括"泉友通"(交易类)、"泉友会"(客服类)、"金泉友"(理财产品类)、"金泉涌"(互动咨询类)、"泉搜"(信息搜索类)等在内的"泉家福"系列产品及服务品牌并获商标注册,公司在客户财富管理方面拥有"金泉友"系列理财产品并树立了优势品牌,市场影响力及美誉度不断提升。

秉承"稳健经营,持续创新"的理念,经过二十多年的积淀与发展,公司目前已经成为具有湘浙"双区域"集中优势、高成长的全国性上市证券公司,连续多年在证监会分类监管评级中获评全国 A 类,"方正证券网"连续多届获得"中国优秀证券网站奖"、"最佳行情服务特别奖"、"最佳客户服务奖"等奖项,公司还先后获得"年度进步最快证券经纪商"、"中国最具特色证券经纪商"和"中国最佳业务创新证券经纪商"等多种荣誉称号。凭借良好的企业文化和承担较多的社会责任,公司获得了市场与社会的广泛认可。

着眼未来,公司以成为"21 世纪中国最具竞争力的财富管理服务商"为发展愿景,以"一体两翼、双轮驱动"为公司发展战略,致力于为广大投资者提供全面的财富管理与增值服务,为我国资本市场的改革发展作出更大贡献!

【联系方式】

公司地址:湖南省长沙市芙蓉中路二段 200 号
华侨国际大厦 22 - 24 层
邮政编码:410015
全国统一客服热线:95571
公司网站:http://www.foundersc.com

光大证券股份有限公司

【基本概况】

光大证券股份有限公司(以下简称"公司")创建于 1996 年,系由中国光大(集团)总公司投资控股的全国性综合类股份制证券公司,是中国证监会批准的首批三家创新试点公司之一。2009 年 8 月 4 日公司成功发行 A 股股票,共计募集资金 109.62 亿元,并于 8 月 18 日在上海证券交易所挂牌上市。

截至 2013 年 6 月末,公司总资产 592.28 亿元,净资产 221.40 亿元,母公司净资本 132.63 亿元。公司实现营业收入 23.92 亿元,同比增长 13%,实现净利润 8.39 亿元。公司连续四年获得中国证监会 A 类 AA 级的券商分类评级。

公司成立十七年来,秉承"诚信卓越专业共享"的核心价值观和"合规稳健,创新发展"的经营理念,资本充足、内控严密、运营安全、服务优质、效益良好、创新能力和市场竞争能力突出。公司积极投身于国内外资本市场,各项业务迅速发展,业务规模及主要营业指标居国内证券公司前列,综合实力排名位居业内前十。

展望未来,公司拟通过经营综合化、展业国际化、收入多元化、业务优质化、管理精细化、机制市场化等战略的实施,逐渐增强营销能力、定价能力、风控能力、研发创新能力以及企业文化等核心竞争能力,进一步完善公司治理机制,提高股东回报,努力将光大证券打造成为一家具备全能型金融服务能力、在市场上有重要影响力的优质、大型、蓝筹上市证券公司。

【总体经营情况】

2013 年上半年,公司完成股票基金交易额 13,717 亿元,市场份额 3.18%,同比上升 0.14 个百分点;投资银行业务实现收入同比增长 106.16%,权益类投资完成 4 单再融资项目,主承销家数排名行业第 8,债券类项目完成 11 单;融资融券余额较年初增长 116%,并首批取得转融券、股票质押回购等业务资格;销售交易业务实现收入同比增长 100.82%;资产管理业务受托管理本金规模 1,629 亿元,较年初增加 713 亿元;期货业务日均保证金规模 53.3 亿元,同比增长 40%,进一步巩固了市场地位;直投业务成功设立了直投基金管理子公司;香港子公司成功扭亏,并完成核心交易系统上线,为业务发展打下坚实基础。

【公司各项主营业务情况】

1. 经纪业务

2013 年上半年,公司经纪业务以"增收节支、转型创新"为指导思想,一方面大力推进证券营业部减亏增盈,另一方面积极拓展信用业务、产品代销、财富管理等创新业务及内部资源整合,继续有序深入推进业务转型。上半年,股票基金交易量份额 3.18%,同比上升 0.14 个百分点;净佣金率 0.762‰,同比增长 10%;代销金融产品 35.6 亿元,超上年全年规模;投资顾问业务签约资产达 131 亿元。上半年,公司经纪业务系统实现收入 78,670 万元,同比增长 1.24%。

2. 信用交易业务

公司是首批 11 家转融通业务试点券商之一,报告期内又首批获得沪深证券交易所股票质押式回购业务资格。上半年末,公司融资融券余额 88 亿元,较年初增长 116%。客户信用账户总交易量 1,779 亿元,同比增长 470%,行业排名第 10。报告期,公司信用业务实现收入 44,890 万元,同比增长 245.84%。

3. 机构销售业务

2013 年上半年,公司机构销售业务进一步强化营销和专业化服务能力,上半年,出租席位交易量占所有基金公司交易量的 4.11%,同比上升 30%,实现收入 11,493 万元,同比增加 100.82%。

4. 投资银行业务

在 IPO 发行政策性暂停的背景下,公司投资银行业务主动加强了股票再融资和债券融资业务。上半年累计完成股票及债券承销金额 370 亿元,同比增长六成,股票融资完成 4 个再融资项目,承销家数排名行业第 8。债券融资完成 5 个公司债、1 个企业债、5 个中小企业私募债项目。截至报告期末,公司投行业务在会审核 IPO 家数 18 个(不含已终止项目),行业排名第 13,过会待发行 IPO 家数 4 个,行业排名第 5,待发行债券融资项目 3 个。报告期,公司投资银行业务实现收入 16,287 万元,同比增长 106.16%。

5. 投资业务

2013 年上半年,公司继续推进投资业务转型,方向性权益类投资规模适当压缩，固定收益类投资实现收入1.3亿元。报告期，公司投资业务实现收入31,633万元。

6. 基金业务

公司分别持有光大保德信基金管理有限公司和大成基金管理有限公司55%和25%股权。截至报告期末，上述两家基金管理公司管理基金规模分别为233亿元和720亿元，公司按持股比例享有的基金管理规模合计308亿元，占公募基金市场份额的1.26%。报告期，公司基金业务实现收入19,643万元，同比增加5.31%。

7. 资产管理业务

自去年设立光大证券资产管理有限公司以来，资产管理子公司积极探索新的业务模式，在定向产品理财、固定收益投资以及各类创新产品研发方面取得了较大进展。上半年，完成发行17只集合理财产品，合计募集资金66亿元，新增定向资产管理计划646亿元。截至报告期末，受托管理本金规模1,629亿元，较年初增加713亿元，其中集合理财产品规模166亿元，位居行业第4。同时，各产品业绩回报表现良好，33只产品中有27只在弱市中取得正收益。报告期，公司资产管理业务实现收入8,168万元，同比增加45.6%。

8. 期货业务

光大期货面对交易所返佣大降八成的不利市场环境，加大力度巩固市场地位。报告期内，成为首批三家获得为保险机构提供期货经纪服务资格的期货公司之一。上半年，期货保证金日均规模53.3亿元，同比增长40%，累计市场份额3.11%，同比增长37%。报告期，公司期货业务实现收入13,704万元，同比减少1.93%。

9. 直投业务

顺应市场变化趋势，光大资本积极探索新的业务发展模式。报告期，光大资本成功设立了直投基金管理子公司光大北创，并将业务重心逐步转向PE基金管理，目前正全力募集首支直投基金。上半年，光大资本还积极参与地区性股权交易市场建设，发起设立了青海省股权交易中心；筹备设立小贷公司，探索消费贷款和小微企业贷款新模式。截至报告期末，公司已投项目中新增1个在会审核项目。报告期，公司直投业务实现收入2,724万元，同比减少46.67%。

10. 境外业务

香港子公司光证金控完成核心交易系统上线，实现了客户端同时交易港股和B股功能，为业务发展打下坚实基础。上半年，零售佣金和融资利息收入稳步上升，机构销售业务平稳推进，资产管理业务渐有起色，投行业务完成2个IPO主承销项目。报告期，公司境外业务实现收入8,223万元，同比增加41.12%。

【联系方式】

地址：上海市新闸路1508号
邮编：200040
电话：021－22169999
传真：021－62151789
E－mail：ebs@ebscn.com

广发证券股份有限公司

广发证券的前身是1991年9月8日成立的广东发展银行证券部，1993年末成立公司，1996年改制为广发证券有限责任公司，2001年整体变更为股份有限公司，是国内首批综合类证券公司，2004年12月获得创新试点资格。2010年2月12日，公司在深圳证券交易所成功上市，股票代码：000776.sz；2011年被评为A类AA级证券公司。

截至2012年12月31日，公司注册资本59.19亿元，合并报表资产总额899.76亿元，归属于母公司股东的所有者权益330.49亿元；2012年合并报表实现营业收入69.71亿元，实现利润总额26.85亿元，实现归属于母公司所有者的净利润为21.91亿元。资本实力及盈利能力在国内证券行业持续领先，总市值居国内上市证券公司前列。公司营业网点遍布全国，现有证券营业部207个，数量位列全国前三。

20余年的发展壮大，公司旗下拥有四家全资子公司，分别是广发期货有限公司、广发控股（香港）有限公司、广发信德投资管理有限公司和广发乾和投资有限公司，并持股广发基金管理有限公司和易方达基金管理有限公司，初步形成了以证券业务为核心的金融控股集团架构。

公司秉持“知识图强、求实奉献”的核心价值观，继承“团结、开拓、求实、高效”的企业精神，坚持“稳健经营、规范管理”的经营原则，依托“专心、专业、专为您”的服务理念，不断提高服务专业化水平，我们将在国际化金融集团的道路上谱写更加辉煌的篇章。

随着行业创新政策的陆续兑现，展望明天，多项改革齐头并进，新一轮的创新势在必行。2013，不断创新，不断超越，为所有创新者展开双臂。广发证券，将在改革的号角下奋勇前行，以市场导向，以专业为前提，以满足您的需求为目标，加快创新转型，持续保持竞争优势，向实现中国领先、亚太一流的证券金融集团的战略目标迈进！

【联系方式】

地址：广州市天河北路183号大都会广场36、38、41、42楼
电话：020－87555888
传真：020－87553600
邮编：510075

广州证券有限责任公司

【公司简介】

广州证券有限责任公司前身为广州证券公司，1988年经中国人民银行批准成立，是全国最早成立的证券公司之一。1997年增资改制为广州证券有限责任公司，2001年经中国证监会核准为全国性综合类券商。2012年8月3日，获得广东局批复核准增资扩股10亿元，增资后注册资本金达197,776万元，现在由广州越秀金融投资集团有限公司控股，其为越秀集团的三大支柱产业之一，广州证券为金融集团的核心主体。

广州证券以“打造国内一流的证券企业集团”为自身愿景，业务范围涵盖证券经纪、证券投资咨询、与证券交易、证券投资活动有关的财务顾问、证券承销与保荐、证券自营、证券资产管理、融资融券业务、以及中国证监会批准的其他业务等所有综合性业务。

广州证券立足广东，走向全国。在广东、北京、杭州等地设立了共21个证券营业部；先后担任了16家股票发行主承销商，26家股票发行副主承销。2012年IPO主承销家数及金额排名居行业前二十；担任全国各地超40家债券发行的主承销和副主承销商，2012年主承销债券家数居行业前十；投资管理业务三年加权平均收益率约为15%，居行业领先水平，投资收益行业排名前二十。

广州证券旗下拥有全资子公司广州期货有限公司和直投子公司广州证券创新投资管理有限公司，控股金鹰基金管理

有限公司和广州广证恒生证券投资咨询有限公司，其中广证恒生为 CEPA 框架协议下国内首家合资证券投资咨询公司。

截至 2012 年末，广州证券总资产达 196 亿元，行业排名第 23 位；营业收入 9.54 亿元，行业排名第 38 位；净利润 2.93 亿元，行业排名第 27 位；公司多项指标均稳居广东辖区第二，是近年来行业具有成长性的证券公司之一。公司最新分类评级为 AA 级，为目前行业内最高级别。

【联系方式】

总部地址：广东省广州市珠江新城珠江西路 5 号
广州国际金融中心 19－20 楼

邮政编码：510623

联系电话：020－88836999

公司网站：www. gzs. com. cn

电子邮箱：zcb@ gzs. com. cn

创富专线：961303

公司官方微博：http://e. weibo. com/gzsecurities

国都证券有限责任公司

国都证券有限责任公司是经中国证监会批准，于 2001 年 12 月 28 日在中诚信托有限责任公司和北京国际信托有限公司原有证券业务整合的基础上，吸收其他股东出资成立的综合性证券公司。公司注册地为北京。

2005 年，公司经中国证券业协会评审取得创新试点证券公司资格。2012 年，公司在中国证监会组织的证券公司分类评级中再次取得 A 类 A 级的评级。截至 2012 年末，公司注册资本 262,298 万元、净资产 59.07 亿元，行业排名第 29 名。

国都证券前身早在 1990 年开始从事证券经纪业务、1992 年开始从事承销业务，并于 1992 年在北京设立了第一家证券营业部——工体营业部。多年的业务积淀使公司在金融服务领域拥有丰富的成功经验和众多的资深专业人士。

国都证券成立以来，始终秉承“关注客户需求，与客户共成长”的服务理念，在坚持合规经营的基础上，努力为客户提供便捷、多样化、个性化的金融服务，深得客户认可与信赖，并在业内赢得了良好的声誉。为拓展业务发展空间，公司通过设立另类子公司、香港子公司、控股期货公司、参股基金公司，整合股东、银行等金融机构的资源，搭建起一个多元化的金融服务平台。公司发展至今，已形成了门类齐全、服务模式多样化的业务体系，可针对客户的个性化需求，提供一揽子金融解决方案。

在管理方面，公司构建了完善的法人治理结构、科学严密的内部控制机制和风险管理体系，形成了以人为本、和谐发展的企业文化，打造了一支独具特色、精诚团结、锐意进取的精英团队，为公司健康稳步的发展奠定了坚实的基础。

“互信、共赢、美好生活”是国都证券的发展愿景，也是国都人的责任所在。国都证券全体同仁愿凭借自身的专业优势，携手广大客户及各界伙伴，把握经济发展的契机，共同开创我们健康丰盛的财富人生。

国海证券股份有限公司

【基本概况】

国海证券股份有限公司前身为广西证券公司，1988 年经中国人民银行批准正式设立，是国内首批设立并在广西区内注册的唯一一家全国性证券公司。2001 年，公司增资扩股并更名为国海证券有限责任公司。2011 年 8 月，公司借壳桂林集琦药业股份有限公司在国内 A 股市场上市，更名为国海证券股份有限公司。

国海证券目前拥有 5 家分公司、58 家营业部，营业网点覆盖全国 14 个省级区域，并控股国海富兰克林基金管理有限公司和国海良时期货有限公司，全资设立国海创新资本投资管理有限公司，成为融证券、基金、期货、直投等多元业务为一体的金融服务企业。

站在新的起点，国海证券获得了前所未有的发展机遇，同时也将承担着更大的责任。国海证券将紧紧抓住上市带来的发展机遇，乘势而上，把公司建设成为资本充足、特色鲜明、专业精湛、服务优良，持续盈利能力强的现代企业，努力创造优异的业绩回报投资者、回报社会。

【经营范围】

证券经纪；证券投资咨询；与证券交易、证券投资活动有关的财务顾问；证券承销与保荐；证券自营；证券资产管理；证券投资基金代销；为期货公司提供中间介绍业务；融资融券。

【业务资格】

证券业务外汇经营资格、网上证券委托业务资格、全国银行间同业拆借市场成员资格、国债承销业务资格、中国证券登记结算有限责任公司结算参与人资格、代办系统主办券商业务资格。

【经营情况】

2013 年上半年，公司实现营业收入 89,775.98 万元，较上年同期增长 13.87%；利润总额 26,979.50 万元，较上年同期增长 22.28%；归属于上市公司股东的净利润 18,143.83 万元，较上年同期增长 21.59%。

【主要子公司、参股公司情况】

（1）国海富兰克林基金管理有限公司，注册资本为 22,000万元，公司持有其 51% 股权，其主营业务为：基金募集、基金销售、资产管理和中国证监会许可的其他业务。截至 2013 年 6 月 30 日，基金公司总资产54,195.27万元，净资产46,674.21万元。2013 年 1－6 月，基金公司实现营业收入14,081.07万元，营业利润4,914.55万元，净利润3,673.91万元。与上年同期相比，基金公司营业利润增加 32.24%，净利润增加 32.00%，主要是公司管理的公募基金产品月均保有规模较上年同期有所增长，基金管理费收入相应增加，同时加强了费用管理及控制所致。截至 2013 年 6 月 30 日，基金公司旗下共管理 13 只基金，公募基金管理规模为1,543,184.81 万元，整体投资业绩保持稳定，公募基金规模排名行业第 39 位（数据来源：中国证券投资基金业协会）。

（2）国海良时期货有限公司，注册资本 20,000 万元，公司持有其 83.84% 股权，其主营业务为：商品期货经纪、金融期货经纪、期货投资咨询。截至 2013 年 6 月 30 日，期货公司总资产 180,576.26 万元，净资产 26,561.00 万元。2013 年 1－6 月，期货公司实现营业收入 10,259.75 万元，营业利润 1,548.39万元，净利润 1,162.52 万元。期货公司总资产较期初增加 11.71%，主要是客户权益增加所致。与上年同期相比，期货公司营业利润减少 30.11%，净利润减少 30.92%，主要原因是手续费收入较上年同期大幅减少。截至 2013 年 6 月 30 日，期货公司拥有期货营业部 12 家，市场占有率 1.1845%。

（3）国海创新资本投资管理有限公司，注册资本 20,000 万元，公司持有其 100% 股权，其主营业务为：股权投资，股权投资管理、股权投资顾问，证监会同意的其他业务。截至

2013 年 6 月 30 日,直投公司总资产 20,038.42 万元,净资产 19,976.45 万元。2013 年 1－6 月,直投公司投资的项目尚未产生收益,实现净利润－252.63 万元。截至 2013 年 6 月 30 日,直投公司完成 1 家自有资金项目投资,发起设立 1 只创业投资基金并完成 1 家项目投资。

【联系方式】

客户服务电话:95563

总部地址:广西南宁市滨湖路 46 号国海大厦

邮编:530028

电话:0771－5539300

传真:0771－5539100

深圳市福田区竹子林四路光大银行大厦 3 楼、11 楼、30 楼

邮编:518040

电话:0755－83718808

传真:0755－83711597

上海市静安区南京西路 555 号三五大厦 1207－1208 室

邮编:200041

电话:021－63906118

北京市海淀区西直门外大街 168 号腾达大厦 15 层

邮编:100044

电话:010－88576898

电子邮箱:zcbgs@ ghzq. com. cn

国金证券股份有限公司

【基本概况】

国金证券股份有限公司(以下简称"国金证券"或"公司")前身为成都证券,于 1990 年 12 月经中国人民银行批准成立,注册地在四川省成都市,是国内第一批专业证券公司之一。2008 年 2 月 5 日,经中国证券监督管理委员会核准,公司在上海证券交易所挂牌上市交易,股票简称"国金证券",股票代码"600109",是沪深 300 指数、上证 180 指数、上证 180 金融股指数和上证中型企业指数成份股。公司控股国金期货有限责任公司、国金鼎兴投资有限公司,参股国金通用基金管理有限责任公司。

公司愿景是成为"受人尊重的公众公司",并以"差异化增值服务商"为经营理念。公司形成"以研究咨询为驱动,以经纪业务为基础,以投资银行业务为重点突破,以自营业务和创新业务为重要补充"的"一体两翼"业务发展模式。

公司秉承"规范管理、稳健经营、深化服务、科学创新"的经营理念及"专业创造价值,诚信铸就未来"的服务理念,取得了良好的经营业绩。成立至今连续保持 20 年年终税前盈利,成为证券行业仅有的 2 家连续盈利的证券公司之一。在中国证券报、上海证券报、证券时报、证券日报联合主办的"1990－2010:走向资本强国——中国证券市场 20 年回顾与展望暨第四届中国上市公司市值管理高峰论坛"活动中,荣获"中国 20 家最具影响力证券公司奖"。

【总体运营情况】

2013 年,公司面对复杂的市场环境,取得了一定的经营成绩。一是分类监管评级提升到 A 类 AA 级。公司综合竞争实力进一步提高,为未来的创新发展奠定了坚实基础;二是全牌照、多层次、高覆盖的综合金融服务平台进一步完善。公司取得了代销金融产品、股票质押式回购交易等业务资格,拟收购香港粤海证券有限公司和粤海融资有限公司,拟设立另类投资子公司;三是公司各项业务发展势头良好。经纪业务部均收入排名稳定在全行业前 10 位;投行业务在 IPO 暂停的情况下,加大债券、并购重组、新三板等业务的开拓力度,积极研究并推动资产证券化业务,在会审核项目数量排名全行业第 6 位;证券资产管理业务从无到有,发展较快,截至报告期末共发行集合产品 6 只、设立定向产品 15 只,受托资产管理规模共计 490.51 亿元,其中公司发行的量化对冲集合资产管理计划的产品净值排名全行业同类产品前列。2013 年上半年取得营业收入 8.53 亿元,实现利润总额 2.35 亿元,归属于上市公司股东的净利润 1.75 亿元。

【主营业务发展情况】

1. 证券经纪业务

公司经纪业务股票、基金、债券和权证交易总金额 1,978.46亿元,比上年同期增长 11.01%,其中股票基金交易总金额 1,966.25 亿元,比上年同期增长 10.56%。另外,公司还向基金公司等机构提供交易单元,公司沪深交易所股票基金交易总金额为 2,990.27 亿元,在全国证券公司中排名第 37 位。代理买卖证券业务净收入 28,247.96 万元(包含经纪业务席位净收入 7,459.25 万元),比上年同期增长 9.40%;经纪业务营业利润 10,389.66 万元,比上年同期增长 11.04%。

2. 投资银行业务

公司投行 IPO、增发等股权融资业务受到了较大影响,但也为投行发展模式的转型带来了机遇。公司投行加大债券、并购重组、新三板等业务的开拓力度,积极研究并推动资产证券化业务,在会审核项目数量排名全行业第 6 位。

2013 年上半年,公司投行在股权融资方面,完成了时代新材配股项目的发行工作,承销金额 12.68 亿元。新三板业务方面,完成了桦清股份的挂牌上市。并购重组业务方面,完成了莱美药业等项目的申报工作。债券业务方面,发行科伦债、广田债 2 个公司债,合计承销金额 14 亿;发行滁州同创债、江门债和华发集团债 3 个企业债,合计承销金额 28 亿;发行镇江旅游中小企业私募债,承销金额 5 亿。截至 2012 年 5 月底,公司拥有保荐代表人 61 人,在全部保荐机构中位列前十,为公司投行业务的发展提供了保障。2013 年上半年报告期内,公司共取得承销收入 9,669.95 万元,保荐业务收入 275.00 万元;取得财务顾问收入 696.00 万元。

3. 证券投资业务

2013 年上半年影响证券市场的因素错综复杂,沪深指数波动剧烈,加大了公司自营业务开展的难度。公司继续坚持严控投资风险的原则,取得了较好的投资收益。固定收益类投资方面,坚持价值投资理念,获取高于市场平均收益的回报率;在权益类证券投资上,保持稳健风格,持有大盘蓝筹股,并利用 ETF 基金与股指期货进行套保对冲,增加对非公开发行、单一信托产品、基金专户、资产管理产品等场外投资项目的投资,实际收益率较去年同期增长。

4. 资产管理业务

公司成立了资产管理分公司,将资产管理业务的发展目标定位于根据客户的财务状况和具体需求,设计并提供适合其风险特征的个性化财富管理产品,以客户为中心,努力实现客户价值、公司价值和社会价值最大化,注重产品创新和组合多样化,力争成为特色鲜明的差异化财富管理服务提供商。报告期内公司的资产管理业务稳健开展,截至 2013 年 6 月底,共发行集合产品 6 只、设立定向产品 15 只,受托资产管理规模共计 490.51 亿元。投资业绩方面,公司管理的混合型产品净值增长较快,实现了资产的稳健增值,在市场同类产品中排名居前。

5. 融资融券业务

公司继续加大融资融券业务的拓展力度，融资融券客户数量出现了较快增长，累计开户数超过 7000 户，较上年末增长近 2 倍。报告期末，公司的融资融券余额为 6.02 亿元，较上年末增长 159.48%，市场占有率为 2.71‰，行业排名第 54 位。另外，公司获得了转融资业务资格和约定购回式证券交易业务资格，并已经开展了相关业务。报告期公司取得融资融券利息净收入 1,823.68 万元、约定购回式证券交易利息净收入 36.10 万元。

【联系方式】

地址：成都市青羊区东城根上街 95 号成证大厦 16 楼

邮编：610015

网址：www.gjzq.com.cn

信箱：bgs@gjzq.com.cn

全国统一服务热线：4006－600109

国联证券股份有限公司

【基本概况】

国联证券股份有限公司创立于 1992 年 9 月，前身为无锡市证券公司，2008 年 5 月通过改制更名为国联证券股份有限公司，注册资本 15 亿元人民币。作为一家国有控股的现代金融服务企业，公司多年来秉承“诚信、稳健、开放、创新”的经营理念，现控股华英证券有限责任公司、参股中海基金管理有限公司，设立国联通宝资本投资有限责任公司，证券金融控股集团构架初具。

作为综合类、创新类券商，国联证券现已形成包括经纪业务、资产管理、证券投资、融资融券业务、代办股份转让和股份报价等在内较为完善的业务体系。在江苏、上海、北京、浙江、广东、广西、重庆、山东、江西和湖南等省区市重要区域拥有证券营业部 48 家。在行业内较早推出全国呼叫中心 95570，净资本收益率和成本管理能力等指标排位表现突出。

伴随着中国资本市场进入了一个崭新的发展阶段，国联证券将积极把握这难得的历史性机遇，不断提升企业的核心竞争力，用国联人的智慧和努力，去迎接挑战、创造价值，续写更加精彩的篇章！

【企业文化】

自 1992 年成立以来，国联证券以“诚信、稳健、创新、超越”的理念为指导，以专业控制风险，以智慧创造价值，一步一个脚印，实现了有序的发展和提升，连续十余年的盈利，更是在行业写就了自己的精彩。

现在，国联证券已成为中国证券行业的优秀企业之一，国联人将立足江南，辐射全国，把公司专业和创新的服务，推荐给更多的企业和普通投资人。

面对机遇和挑战，公司通过调研和论证，规划了未来的发展战略，用通过有战略的企业整体行动，抓住机遇，实现企业又快又好的发展。

未来，公司将不断提高投资定价能力，这是公司最核心的竞争力。公司将打造一支具有价值发现能力、定价议价能力、市场资源广泛的核心骨干队伍，为各类企业、机构和个人投资者提供量身定造的投资顾问、并购融资、专业咨询以及理财服务。

同时，公司将以大投行为触角，转换经营思路，由金融贵族向金融服务转变，由被动适应市场向主动寻找市场机会转变，由粗放式经营向集约化、精细化发展转变。

公司将不断建立和完善管理制度体系、风险控制体系和业务流程，以丰富的企业文化和灵活的激励制度为纽带，加强团队建设，提高企业向心力，强化各部门的联系和合作，打造综合理财业务平台，进一步加强企业整体服务能力，提高金融企业的服务水准，丰富金融服务内涵。

【主要业务部门介绍】

1. 经纪业务管理总部

负责证券经纪、金融衍生品、产品销售等业务，下辖 38 家证券营业部，多家新设营业部的筹建也正在紧锣密鼓的进行中。

经纪业务部恪守“重团队、亲客户、立长远、争领先！”的信念，以加强集中管理、推进业务市场化发展和转换经营机制为策略；以丰富产品资源、优化渠道资源、巩固和开拓客户资源为发展核心，实现“打造金融产品销售中心”的目标。

公司经纪业务连续多年保持盈利，利润指标、赢利能力和人均创利在行业内名列前茅。截至目前，国联证券已经与中国银行、农业银行、工商银行、建设银行、交通银行、招商银行、兴业银行、浦发银行、中信银行、广发银行、民生银行、华夏银行和上海银行等建立了客户资金第三方存管关系，充分保障客户资金安全和存取便利。

公司将始终遵循“热心、耐心、贴心、细心、尽心”的五星级标准，竭诚为广大投资者提供全面理财服务！

主要优势

立足江苏，辐射全国

经纪业务立足江南、辐射全国，连续多年保持盈利，利润指标、赢利能力、人均创利在行业内名列前茅，无锡地区经纪业务市场占有率接近 50%，目前下辖 38 家证券营业部，分布于无锡、南通、常州、上海、南京、杭州、广州、北京等地。

敬业奉献，倡导团队合作

国联证券经纪业务管理总部下设发展规划部、运营管理部、客服管理部、营销管理部、市场拓展部等 5 个二级部门，负责证券经纪、金融衍生品业务、产品销售等业务，团队间专业分工、精诚合作，共同致力于业务发展。

关注行业动态，不断开拓创新

手机资讯交易平台和在 CRM 基础上开发的经纪业务零售支持服务系统业内领先。

业绩、荣誉

2011 年 3 月，正式启动公司代办股份转让业务。

2011 年 7 月，正式开展单客户多银行服务业务。

2011 年 10 月，开通国联证券统一客服热线 95570。

2012 年 4 月，获得“2011 年度证券公司投资者教育与服务优秀单位”。

截至目前，与中国银行、农业银行、工商银行、建设银行、交通银行、招商银行、兴业银行、浦发银行、中信银行、广发银行、民生银行、华夏银行和上海银行等建立了第三方存管业务合作关系。

2. 三板业务部

公司开展代办股份转让业务的专业部门，由原并购融资部变更而来。公司于 2011 年 1 月 27 日获得代办系统主办券商业务资格，新成立的三板业务部主要负责与三板业务相关的规章制度建设、辅导与推荐挂牌、信息披露、尽职调查、信息报备等主办券商业务。在对企业代办股份转让系统的辅导与推荐挂牌中涉及的具体业务包括：企业改制、定向增发、股份置换、资产重组等。

资产管理部负责客户理财业务的产品设计、推广销售和投资运作,为客户提供股票、债券、基金等多种金融工具的组合投资管理服务。经过几年的努力开拓,资产管理业务已成为公司核心业务之一,并在资本市场上拥有良好的口碑。

主要优势

专项资产管理服务

此项业务针对某些特定投资目的而定,一般为委托资金额在1000万元以上的客户而设,投资目的如专门参与定向增发投资、专门参与并购套利、专门参与封闭式基金折价率回复套利、专门参与上市前的股权风险投资业务、为上市公司大股东提供市值管理服务等。

定向资产管理服务

此项业务针对委托资金额在100万元以上的个人或机构客户而设,投资方向与比例可双方协商。

集合资产管理服务

通过银行等销售渠道募集大众零散资金,组成规模庞大的资金集合,投资于国债、企业债、可转债、分离交易债、各类基金、股票或其他创新金融工具。

投资顾问服务

面向银行、信托等同业机构,为他们发行的理财产品提供投资管理服务,充当第三方投资顾问。

全面的资源

国联证券是中国证券业协会评审的全国29家创新类券商之一,是中国证监会评审的A类A级券商,拥有专门负责产业公司调研的研究团队和对企业运作有深入理解的投资银行,可为客户理财业务提供强力的研究支持。

专业的团队

秉承理性控制风险、专业发现价值的投资风格,选派具备多年证券投资经历、业绩优异的资深投资经理负责投资操作。

理性的策略

证券市场的财富在长期内来自于优质企业的价值创造。优质企业在实业领域创造的财富可在证券市场体现为金融财富的放大效应,从而为其长期投资人提供回报。在此理念基础上公司确立策略为与产业竞争的胜利者为伍。

贴心的服务

注重专业化的增值服务,提供资产管理报告和核心研究报告;与客户保持随时的沟通和交流。

个性化方案

根据客户的投资偏好、风险承受能力及特殊需求,制订个性化的投资方案,并根据情况进行动态调整。

透明的运作

证券在客户专用资管账户中运作,资金存放于独立的第三方银行,客户可随时动态监测账户投资运作细节。

合理的费用

多种收费方式供客户选择,费用合理;通常固定费用低于基金,而主要采取低固定费率加局部受益分成的收费方式;免收申购费、赎回费。

荣誉、成绩

2003年4月,江苏首家推出个人受托理财计划产品,募集资金3.3亿元。

2009年2月,获准开展定向资产管理业务和集合资产管理业务,同年6月,公司第一个定向账户设立。

2009年11月,公司第一只集合理财产品“金如意1号集合资产管理计划”获批通过。

2010年2月,“国联金如意1号——债券增强集合资产管理计划”正式成立,首发规模4.6亿。

2010年7月,公司第二只集合理财产品“金如意2号集合资产管理计划”获批通过。

2010年9月,“国联金如意2号集合资产管理计划”正式成立,首发规模2.81亿。截至目前,公司资产管理业务规模为7.10亿元。其中定向账户资产管理业务规模为3.49亿元;集合资产管理计划规模为2.79亿元;担任投资顾问的业务规模为0.82亿元。由公司担任投资顾问的招行“荣惠一号”债券增强型产品到期收益率达到10.22%,得到客户的高度肯定。

4. 研究所

拥有无锡、上海等多地研究服务团队,覆盖金融研究、机构销售、理财服务等领域,具有完整的研究与销售服务产业链。研究所拥有超过50名员工,70%以上拥有硕士及以上学位。研究业务突出专业定价能力,以坚实的宏观经济研究为基础,依托区域及行业资源,重点覆盖新兴产业,包括物联网、节能减排及现代制造、新兴能源、文化及动漫、新型消费等领域;销售业务突出专业渠道资源,构建银行、基金、产业资本等客户为主体的多层次销售渠道,形成立体销售服务体系。

研究所与科研院所、行业专家等建立了良好的合作关系,并与海外知名机构,以及国内外投资专家、行业专家建立长效联动机制,积极发挥长三角区位优势,为客户提供着眼全球、立足本土、前瞻性的研究及财富管理服务。

【2013年大事记】

7月16日,获得沪深证券交易所股票质押式回购交易业务资格。

6月14日,获批在无锡地区设立十家新型证券营业部。

1月30日,获得代销金融产品业务资格。

1月18日,获得转融通业务试点资格。

1月14日,获批成立宜兴分公司。

【联系方式】

公司地址:无锡市太湖新城金融一街8号国联金融大厦

客户服务或投诉电话:95570

公司邮箱:glsc@glsc.com.cn

网址:http://www.glsc.com.cn

国盛证券有限责任公司

国盛证券有限责任公司是2002年12月经江西省人民政府和中国证监会批准设立的证券公司。公司注册地为江西省南昌市,注册资本1,272,436,375.97元。2007年2月2日,经中国证券业协会评审通过,公司成为规范发展类证券公司,2013年证券评级为BBB级。

公司是中国证监会注册的保荐机构,曾首批获准参与股权分置改革试点。是全国银行间和交易所间同业拆借及债券市场成员单位,中国证券业协会监事单位。公司目前拥有证券经纪、证券自营、证券承销与保荐、证券资产管理、证券投资咨询、财务顾问、融资融券、代办系统主办券商、中小企业私募债、约定购回式证券交易、代销金融产品、开放式证券投资基金销售等多牌照业务资格。

截至目前,公司控股了江信国盛期货公司,发起设立了江信基金管理有限公司。公司设置了12个业务部门及7个综合管理部门,在北京拥有一家分公司,共有155家营业网点,分布于北京、上海、深圳、天津、亳州等国内中心城市及江西省各地市。

公司始终致力于建设昂扬向上的企业文化,以“共同利益观”为核心价值观，即国家、股东、客户、员工利益一体，互利共赢。以“忠诚拼搏、艰苦创业”为企业精神，始终以优质高效的服务，不断满足投资者多方位需求，实现公司的可持续发展。

国信证券股份有限公司

【公司概况】

国信证券股份有限公司（简称“国信证券”）源起于中国证券市场最早的三家营业部之一深圳国投证券业务部，1994年成立公司。国信证券是全国性大型综合类证券公司，法定代表人为何如，注册资本70亿元，总部设在深圳，目前在全国52个城市设有79家营业网点，同时拥有三家全资子公司：国信期货有限责任公司、国信弘盛创业投资有限公司、国信证券（香港）金融控股有限公司。公司拥有齐全的证券业务牌照，经营范围涵盖：证券经纪、证券投资咨询；与证券交易、证券投资活动相关的财务顾问；证券承销与保荐；证券自营；证券资产管理；融资融券；证券投资基金代销；为期货公司提供中间业务。公司的企业精神是“务实、专业、和谐、自律”，核心理念是“创造价值，成就你我”。截至2012年12月31日，公司总资产578.27亿元，净资产188.04亿元，净资本128.90亿元。2012年，公司实现营业收入54.72亿元、利润总额21.01亿元、净利润16.47亿元。2013年1－3月，公司实现净利润6.37亿元。

【股东情况】

国信证券共有5家股东，股东单位名称和股权结构如下：

深圳市投资控股有限公司持股40%；

华润深国投信托有限公司持股30%；

云南红塔集团有限公司持股20%；

中国第一汽车集团公司持股5.1%；

北京城建投资发展股份有限公司持股4.9%。

【市场地位】

国信证券各项业务市场地位和竞争优势突出。经纪业务自2008年以来，股票基金交易额连续四年稳居行业第三，2011年代理买卖证券业务净收入排名行业第二；投资银行业务主承销家数2006－2009年连续四年排名行业第一，2010年排名行业第二，是当年主承销家数、主承销金额同时进入行业前十的两家券商之一，2011年项目主承销家数排名行业前二、主承销金额排名行业第一（联合保荐按平均数计算）；研究业务2005－2011年连续在《新财富》“最佳分析师”评选中获得“最具影响力研究机构”称号，共90多人次获得“最佳分析师”奖项。在中国证券业协会主持的全国证券公司经营业绩排名中，国信证券近三年的总资产、净资产、净资本、营业收入、净利润、代理买卖证券业务净收入、承销保荐业务项目发行家数等主要指标均进入行业前十。公司各项业务的市场地位如下：

投资银行业务：行业内唯一连续五年（2006－2010）被深交所评为“最佳保荐机构”，2006－2009年主承销家数连续四年排名行业第一。2010年，是主承销家数、主承销金额同时进入行业前十的两家券商之一，是当年融资品种最齐全的证券公司，其中股票发行家数41家，排名行业第二；通过并购重组委审核项目4家，排名行业第二。2011年，项目主承销家数41家，市场占有率为9.7%，排名行业前二，主承销金额477亿元，市场占有率为8.8%，排名行业第一（联合保荐按平均数计算）。2012年1－4月，项目主承销家数14家，主承销金额120亿元，均排名行业第一。国信投行目前拥有500人的专业团队，其中注册保荐代表人147人，专业队伍人数居行业第一。

证券经纪业务：行业内首家实行员工制营销管理模式，建立了一支训练有素、纪律严明的正规化客户经理队伍，同时在行业内率先推行服务产品化以及全面客户关系管理，形成了独具特色的营销模式和服务模式。2008年以来，股票基金交易额连续四年稳居行业第三；2012年1－4月，公司股票基金交易量市场份额4.18%，排名行业第六，业务净收入排名行业第三。从2007年开始，国信证券在行业内率先自主开发、推广手机证券，并被苹果公司iPhone、iPad产品选为中国落地宣传的唯一证券应用，成为市场领先品牌。截至2012年5月20日，国信“金太阳”手机证券注册用户数达到439万。

资产管理业务：致力于为客户提供全方位优质的理财服务，实现客户资产长期稳定增值。在国内券商中率先规范资产管理业务，以国际化标准模式管理客户资产，运作规范稳健，投资回报良好，在市场形成了良好声誉。目前，拥有8只集合资产管理计划和2只定向资产管理项目。2008年，在行业内首创集合理财产品合同电子化，并被证监会确定为行业标准；2010年初，设立了业内首创的国信“金理财”收益互换集合资产管理计划，此外还设立了国信“金理财”6号、国信“金理财－泰然1号”和国信“金理财”限额特定1号集合资产管理计划，当年全部理财产品均跑赢上证指数。2011年推出国信“金理财”内需升级集合资产管理计划，首次募集规模达到16亿元，当年大多数理财产品跑赢同期上证指数。

自营投资业务：国信证券确立向低风险、可控风险领域发展的战略后，对自营业务规模进行了适度控制。在此前提下，积极探索具有证券公司特点的投资模式，推行投资经理负责制，已基本形成一套有别于基金公司、吸纳证券公司专长的投资管理体系和运行机制，具有较强的投资能力。国信证券还积极探索另类投资业务，在衍生产品业务上形成了较强的专业能力。

研究业务：国信证券在业内率先推行行业首席分析师制，创新卖方研究业务，确立了研究的制度优势。公司目前拥有一支由100多名精英分析师组成的研究服务团队，研究力量覆盖市场全部主要行业以及宏观经济、策略、金融工程、固定收益等领域，重点跟踪公司超过500家，在国内证券市场上拥有广泛的知名度和影响力。2005－2011年连续在《新财富》“最佳分析师”评比中被评为“最具影响力研究机构”，共90多人次获得“最佳分析师”奖项。2011年获《新财富》“本土最佳研究团队”第四名，其中金融工程研究团队连续两年在三大权威评比中获得第一。

固定收益证券业务：国信证券建立了固定收益证券发行承销和销售交易一体化运作模式，2008年以来先后担任50余只企业债主承销商。2011年，国信证券企业债承销量80.33亿元，国债承销量154.5亿元，在证券公司中具有较强的综合竞争力。国信证券是上海证券交易所固定收益证券综合电子平台首批做市商，2007－2011年连续五年综合排名第一。2012年1－4月，国信固定收益业务主承销项目12.5家，排名行业第一；主承销金额144亿元，排名行业第六。

信息技术：具备行业一流的信息技术系统和IT研发实力，满足业务发展和行业创新的系列技术需求，拥有行业领先的核心交易系统和网上交易系统，系统运行稳定、安全、通畅、可靠，深受监管机关和广大投资者的好评；拥有专业的IT工作团队、先进的软硬件设施、完备的运营保障体系和突出的

IT 创新能力，近年来先后开发完成企业级证券电子商务平台、创新型一体化智能经纪业务平台、CRM 客户服务平台、金太阳手机证券、95536 多层次电话理财中心等多项行业领先的信息应用系统。2008 年，企业级证券电子商务平台荣获"证券期货业科学技术二等奖"，在网上交易和网站类系统中排列第一；2009 年，入选国家信息化测评中心"中国企业信息化 500 强"；2010 年，信息安全等级保护达标工程获公安部评测机构最高等级"符合"评价；2011 年，"金天盾"非现场客户端安全产品获中国证券业协会组织的"网上交易双因素身份认证"专业评审总评分第一。

其他业务：国信证券是首批获得融资融券业务试点资格的券商，目前旗下 62 家营业网点可满足客户该项业务需求，截至 2012 年 4 月底，累计开户数居行业第三。国信证券是首批获得股指期货 IB 业务资格的券商，拥有全资子公司国信期货有限责任公司开展股指期货和商品期货经纪业务，国信期货具有中国金融期货交易所交易结算会员资格和上海期货交易所、大连商品交易所、郑州商品交易所会员资格，共设有 11 家营业部，并有国信证券旗下证券营业部进行 IB 业务支持。2010－2011 年，国信期货凭借突出的业绩连续两年获得中国金融期货交易所颁发的"优秀会员金奖"。国信证券拥有全资子公司国信弘盛投资有限公司开展直接投资业务，累计投资 53 个项目，其中自有资金投资项目 29 个，已有 12 个自有资金投资项目成功上市。国信证券拥有全资子公司国信证券（香港）金融控股有限公司开展国际业务，是目前香港中资证券公司中唯一一家具有全面无限制业务牌照的证券公司。此外，国信证券还是首家在彭博系统中推出 A 股市场算法交易服务的本土券商，ETF 活跃交易、私募信托基金（TOT）产品、QFII 等业务开展良好。

【主要荣誉】

2011 年，国信证券共获得权威机构和媒体评选的 30 多项荣誉，包括："中国最佳证券公司"、"最令投资者满意证券公司"、"最佳证券经纪公司"、"中国最佳投行"，"最佳券商集合理财品牌"、"最受欢迎港股券商"等。此外，公司还在 2009－2010 连续两年被《证券时报》评为"中国最佳证券经纪业务服务品牌"，2006－2010 连续五年被深交所评为"最佳保荐机构"，2008 年获民政部颁发的"中华慈善奖"。

【联系方式】

地址：深圳市红岭中路国信证券大厦

电话：0755－82130833

传真：0755－82130570

邮编：518001

邮件：xzyxzb@ guosen. com. cn

网址：www. guosen. com. cn

国元证券股份有限公司

【基本概况】

国元证券（以下简称"公司"）是为顺应信证分业、行业重组的发展趋势，由原安徽省国际信托投资公司和原安徽省信托投资公司作为主发起人，于 2001 年 8 月设立。2007 年 10 月 30 日以股权分置改革为契机，借壳北京化二股份有限公司成功在深圳证券交易所上市。公司是经中国证监会批准、安徽省工商行政管理局注册登记的综合类证券公司，公司注册资本 1,964,100,000 元人民币。

公司长期以来遵循"法制、监管、自律、规范"的八字方针，弘扬"团结、敬业、求实、创新"的企业精神，秉承"诚信为本、规范运作、客户至上、优质高效"的经营理念，努力打造让投资者放心的证券公司，致力建设"百年老店"，使公司努力跻身国内一流券商行列。

【总体经营情况概述】

2013 年上半年，由于受 IPO 暂停影响，公司投行业务实现收入同比下降 29.65%；其他各项业务均实现同比增长，经纪业务积极向财富管理模式转变，实现收入同比增长 20.06%；资产管理业务逐步走出低谷，实现业务收入同比增长 30.31%；自营投资业务继续扩大债券投资规模，另类投资抓住市场机遇，积极开展对信托产品、券商集合资产管理计划等项目的投资，获得了较好的收益，实现业务收入 10,490.71 万元；融资融券业务规模进一步扩大，已成为公司较为稳定的收入来源之一，实现业务收入同比增长 227.14%。

2013 年上半年，公司实现营业收入 8.51 亿元，营业支出 4.85 亿元，利润总额 3.65 亿元，归属于母公司股东的净利润 2.96 亿元，基本每股收益 0.15 元，加权平均净资产收益率 1.96%。截至 2013 年 6 月 30 日，公司总资产 248.66 亿元，归属于母公司股东权益 151.16 亿元，净资本 75.01 亿元。

【主营业务情况】

1. 经纪业务

2013 年上半年，公司积极推进经纪业务转型与创新，以拓展创新业务为抓手，加快营业部向多业务综合平台转变，实现与资管、投行业务联动；围绕转型加快产品线建设，促进产品销售工作，着力培育和提升营业部的财富管理能力，推动经纪业务向财富管理模式转变；引导各类营业部加快营销团队转型升级，对现有营销人员进行整合，提高营销人员贡献度。报告期，公司实现经纪业务收入 44,024.26 万元，同比增长 20.06%；经纪业务成本 26,374.19 万元，同比增长 6.02%；经纪业务利润 17,150.08 万元，同比增长 51.51%。其中：母公司实现经纪业务收入 40,062.67 万元，同比增长 18.84%；经纪业务成本 23,736.87 万元，同比增长 3.62%；经纪业务利润 16,325.80 万元，同比增长 51.09%。国元香港实现经纪业务收入 1,503.30 万元，同比增长 60.27%；经纪业务成本934.49 万元，同比增长51.31%；经纪业务利润568.82万元，同比增长 77.54%。国元期货实现经纪业务收入2,458.29万元，同比增长 21.92%；经纪业务成本2,202.83万元，同比增长 20.85%；经纪业务利润255.46万元，同比增长 31.99%。

2. 证券承销、保荐及财务顾问业务

2013 年上半年，证券市场首发暂停，行业监管趋严。在此严峻的形势下，公司继续推进传统业务转型，积极落实创新业务发展，全面开展投行项目的财务核查工作，化解风险隐患。上半年完成 2 个再融资发行项目，申报 3 个首发、1 个企业债，公司推荐的美兰创新（北京）科技股份有限公司在全国中小企业股份转让系统成功挂牌，实现了零的突破。报告期内，公司实现承销业务净收入 3,377.44 万元，保荐业务收入 400.00 万元，财务顾问收入 120.00 万元，证券承销、保荐及顾问业务共实现营业收入 3,897.44 万元，同比下降 29.65%，营业成本 3,640.28 万元，同比下降 12.54%，营业利润257.16 万元，同比下降 81.33%。

3. 自营投资业务

2013 年上半年，公司固定收益业务收入稳定，权益类业务收入出现下滑；公司积极利用创新发展机会，再次向国元创新增资 15 亿元，开展另类投资业务。截至 2013 年 6 月 30 日，公司股票、基金投资余额为 109,961.82 万元，债券投资余额为464,243.71万元,其他(包含公司另类投资)投资余额为327,144.39万元。报告期内,公司实现自营业务收入19,010.41万元,同比增长21.59%;自营业务成本655.45万元,同比下降27.44%;自营业务利润18,354.96万元,同比增长24.59%。其中,母公司实现自营业务收入8,159.54万元,同比下降42.32%;自营业务成本324.21万元,同比下降64.11%;自营业务利润7,835.33万元,同比下降40.83%。国元香港实现自营业务利润360.16万元,比上年同期减少1,128.73万元。国元创新实现自营业务收入10,490.71万元,自营业务成本为331.24万元,自营业务利润为10,159.47万元。

4. 资产管理业务

2013年上半年,公司按照打造多样化资产管理服务平台的工作思路,顺利完成了14只集合资产管理计划和16只定向资产管理计划的发行,着力为客户提供差异化的产品以及全方位的产品服务;加强债券研究,提高固定收益产品设计及销售、管理能力;继续加强与银、证、保及各类型金融机构的合作,拓宽业务渠道,为拓展盈利空间奠定基础。截至2013年6月30日,公司受托资金余额为1,439,789.18万元,其中:集合资产管理受托规模390,874.09万元,定向资产管理受托规模1,048,915.09万元。报告期内,公司实现资产管理业务收入978.27万元,同比增长30.31%;资产管理业务成本1,119.25万元,同比增长178.40%;资产管理业务利润-140.97万元,同比下降140.43%。其中:母公司实现资产管理业务收入737.40万元,同比增长144.86%;资产管理业务成本949.00万元,同比增长190.84%。

资产管理业务利润-211.59万元,同比下降741.43%。国元香港实现资产管理业务收入240.87万元,同比下降46.42%;资产管理业务成本170.25万元,同比增长124.81%;资产管理业务利润70.62万元,同比下降81.11%。

【主要创新业务情况】

2013年上半年,公司积极贯彻落实创新发展大会精神,持续推进各项创新业务,继续加大资格申报力度,取得了私募产品报价与转让业务资格、非现场开户资格、股票质押回购业务等业务资格。同时,公司进一步补充完善风控合规制度,认真梳理排查各项业务风险点,保障业务健康发展。

1. 向国元创新增资15亿元。为提升自有资金使用效率,增加投资收益,经公司2013年第一次临时股东大会审议通过,同意公司向国元创新增资15亿元。截至报告期末,国元创新共完成投资29.9亿元,实现营业收入10,490.71万元,营业利润10,159.48万元,净利润7,600.09万元。

2. 参股并负责筹建安徽省股权托管交易中心有限责任公司。经公司第六届董事会第三十次会议审议,同意公司联合国元集团等六家法人单位发起设立安徽省股权托管交易中心有限责任公司。目前,该公司已完成工商登记事宜,正在抓紧进行系统搭建和网站建设,拟于2013年9月中下旬开业。

3. 取得股票质押式回购交易业务资格。2013年7月初,深交所、上交所分别以《关于股票质押式回购交易权限开通的通知》(深证会〔2013〕60号)、《关于确认国元证券股份有限公司股票质押式回购业务交易权限的通知》(上证会字〔2013〕93号)的形式,确认公司开通股票质押回购交易业务的权限。目前,公司76家营业部均可开展此项业务。

4. 取得私募产品报价与转让业务资格。2013年5月31日,公司成为首批通过中国证券业协会审核获得私募产品报价与转让系统业务资质的券商,业务资质包括私募产品分销、代销、做市、推荐、发售、投资全部业务资质。

5. 客户保证金现金管理产品业务发展势头良好。公司在取得该业务资格后,推出了"元增利"现金管理类产品,2013年上半年,该产品取得较好的投资收益。

6. RQFII业务。国元香港积极开展RQFII业务,在成功发行5亿元额度的基础上,2013年5月再次获批5亿元RQFII额度,为进一步拓展收入来源奠定基础。

7. 其他创新业务

积极推进非现场开户业务。为积极抢占市场份额,主动参与市场竞争,公司是业内较早开展该项业务的券商之一。目前,76家营业部均可开展非现场开户,实际开展此项业务的营业部已达53家。积极、审慎开展网点新设工作。作为落实券商创新大会的一项重要内容,公司积极、审慎、稳妥地开展网点新设工作。经过公司第六届董事会第三十二次会议审议通过,同意公司设立青岛、西南分公司,在成都、西安两地各新设一家B型证券营业部,在上海、天津等地新设九家轻型证券营业部。2013年8月,公司收到中国证监会安徽监管局《关于核准国元证券股份有限公司设立13家分支机构的批复》(皖证监函字〔2013〕209号),核准公司设立13家分支机构。(具体公告可查看2013年8月28日的《中国证券报》、《上海证券报》、《证券时报》及巨潮资讯网)柜台交易市场(OTC)资格申报目前已通过协会评审,资格处于待批状态。对冲产品设计、股转系统、私募市场建设、地区指数产品以及支付等业务正在积极谋划、筹备过程中。

【主要控股公司及参股公司的经营情况】

1. 国元证券(香港)有限公司(以下简称"国元香港")

国元香港于2006年7月19日在香港注册成立,注册资本60,000万港币,公司持有国元(香港)公司100%的股权。国元香港的主营业务:证券交易和咨询;期货交易和咨询;资产管理;发放贷款;证券投资。

截至2013年6月30日,国元(香港)总资产135,254.33万元人民币,净资产58,573.21万元人民币。报告期内,实现营业收入2,983.58万元人民币,同比下降21.51%;营业利润1,373.93万元人民币,同比下降40.85%;净利润983.78万元人民币,同比下降47.37%。

2. 国元股权投资有限公司(以下简称"国元直投")

国元直投于2009年8月18日注册成立,注册资本100,000万元。公司持有国元直投100%的股权。国元直投的主营业务:股权投资。

截至2013年6月30日,国元直投总资产108,675.16万元,净资产106,924.25万元。报告期内,实现营业收入1,151.53万元,同比下降32.19%;营业利润842.80万元,同比下降37.8%;净利润755.62万元,同比下降27.56%。

3. 国元期货有限公司(以下简称"国元期货")

国元期货成立于1996年4月17日,注册资本20,000万元,公司持有国元期货100%的股权。国元期货的主营业务:商品期货经纪业务,金融期货经纪业务,期货投资咨询。

截至2013年6月30日,国元期货总资产114,546.76万元,净资产20,497.34万元。报告期内,实现营业收入2,964.46万元,同比增长28.07%;营业利润761.63万元,同比增长54.82%;净利润567.25万元,同比增长53.98%。

4. 国元创新投资有限公司(以下简称"国元创新")

国元创新成立于2012年11月28日,注册资本150,000万元。2013年1月28日,公司召开2013年第一次临时股东大会,审议通过了《关于向国元创新投资有限公司增资的议案》,同意向国元创新增资15亿元,截至报告期末,公司已向国元创新增资完毕。公司持有国元创新100%的股权。国元创新的主营业务:项目投资;投资管理;投资信息咨询。

截至2013年6月30日,国元创新总资产311,179.04万元,净资产308,039.01万元。报告期内,实现营业收入10,490.71万元,营业利润10,159.48万元,净利润7,600.09万元。

5.长盛基金管理有限公司(以下简称"长盛基金")

长盛基金成立于1999年3月26日,注册资本15,000万元,是国内最早成立的十家基金管理公司之一,也是首批获得全国社保基金管理资格的六家基金管理公司之一,公司持有长盛基金41%的股权。长盛基金的主营业务:基金募集、基金销售、资产管理及中国证监会许可的其他业务。

截至2013年6月30日,长盛基金总资产83,053.75万元,净资产72,995.92万元。报告期内,实现营业收入23,430.18万元,同比下降14.00%;营业利润11,382.78万元,同比下降22.53%;净利润8,521.99万元,同比下降22.56%。

【联系方式】

地址:安徽省合肥市寿春路179号国元大厦

电话:0551-62207323　0551-62207968

传真:0551-62207322　0551-62207322

信箱:wansq@ gyzq. com. cn

likemu@ gyzq. com. cn

宏信证券有限责任公司

宏信证券有限责任公司前身为和兴证券经纪有限责任公司,公司于2001年8月由四川省6家信托投资机构剥离证券资产合并成立。2012年11月,经中国证监会和四川省工商行政管理局核准,公司名称变更为宏信证券有限责任公司。

公司股东实力雄厚,在业界享有较高声誉。现有股东12家,前五大股东分别为:四川信托有限公司(占总股本的60.376%)、凉山州国有投资发展有限责任公司(占9.589%)、南充市国有资产投资经营有限责任公司(6.705%)、德阳市国有资产经营有限公司(5.507%)、四川省国际信托投资公司(占4.606%)。

公司实际控制人——四川宏达(集团)有限公司为国内500强企业,集团董事局主席刘沧龙先生为现任全国工商联副主席。

公司人才济济,汇聚有识之士。具有博士、研究生、本科生等学历的一大批年轻有为的证券专业人士约800余人齐聚公司,为公司发展奠定了坚实基础。公司所属证券营业部27家,其中北京1家、上海3家、成都市区6家、四川省内其他市州17家。大多数证券营业部都是西南地区证券业的先锋,是中国证券市场的开拓者和见证者。1990年以来,公司为四川省股份制改造和证券市场的发展以及中国经济社会的健康发展做出了积极贡献,公司已成为西南地区历史悠久、发展稳定、地位重要的综合类专业券商。

公司法人治理完善,经营管理合规,资产质量优良,经营业绩良好。根据中国证券业协会2012年6月公布的2011年度111家证券公司会员财务指标排名情况,公司三项指标位居全国券商前列。净资本收益位居全国第二;净资产收益位居全国第五;成本管理能力位居全国第十二。

公司秉承"专业、高效、务实、创新"的经营理念,围绕"客户财富增值商"的战略定位,构建以研发业务为支撑,以经纪业务为基础,以资产管理业务为核心,以创新业务为重点的发展模式,充分发挥实际控制人在体制、机制、用人的三大优势,发扬"敢于担当,勇于吃苦,甘于奉献"的公司精神以及"团结协作,与时俱进,诚信为本,客户至上"的公司理念,实现美丽宏信和"与客户一起成长,为股东创造价值,携员工共享未来"的公司愿景。

法定代表人:刘晓亚

注册资本:10亿元人民币

经营范围:证券经纪、证券投资咨询、证券资产管理、证券自营、证券投资基金销售、证券承销、融资融券

注册地址:四川省成都市人民南路二段18号川信大厦10楼

联系电话:028-86199665

传真电话:028-86199079

公司网址:http://www. hxzq. cn

http://www. hx818. com

宏源证券股份有限公司

【基本概况】

宏源证券股份有限公司(证券代码:000562)是中国第一家上市证券公司,是经中国证监会批准的全国性、综合类、创新类券商,全国首批保荐机构之一。

公司拥有全面的证券类业务资格,主要经营范围包括:证券经纪,证券投资咨询,与证券交易、证券投资活动有关的财务顾问,证券承销与保荐,证券自营,证券资产管理,证券投资基金代销,为期货公司提供中间介绍业务,融资融券业务,代销金融产品等。

截至2014年2月底,公司在全国拥有119家证券营业部,下辖北京承销保荐分公司、北京资产管理分公司两家分公司,全资拥有宏源期货有限公司、宏源汇富创业投资有限公司和宏源汇智投资有限公司三家子公司。

2013年,公司实现营业收入41.30亿元,实现净利润12.47亿元。截止2013年年底,公司总资产346亿元,净资产148亿元。

公司始终履行"为客户创造价值、为员工提升价值、为股东实现价值、为社会奉献价值"的使命,坚持"客户至上、人才为本、诚信协作、进取卓越"的核心价值观,践行"专业、高效、创新、发展"的经营管理理念,努力成为持续创造价值的一流金融服务公司。

【联系方式】

办公地址:北京市西城区太平桥大街19号

咨询电话:4008-000-562

邮政编码:100033

投诉电话:4008-000-562

电子邮箱:4008000562@ hysec. com

东方花旗证券有限公司

1.东方花旗简介

东方花旗证券有限公司是一家由东方证券股份有限公司与花旗环球金融(亚洲)有限公司基于战略投资合作关系共同投资组建的中外合资证券公司。

东方花旗证券整体承接原东方证券的投资银行业务,于

2012 年 6 月成立，总部位于上海，并于北京、深圳、新疆等地设立办公机构。东方花旗注册资本为 8 亿人民币，员工人数超过 250 名。公司根系本土，同时积极开拓海外市场，致力成为汇聚中西经验智慧的国内一流投资银行。

2. 中方股东——东方证券

东方证券成立于 1998 年，注册资本 42.82 亿元人民币，员工 3100 余人（含全资子公司）。东方证券的业务领域覆盖证券承销、自营买卖、交易代理、投资咨询、财务顾问、企业并购、基金和资产管理等众多领域。

东方证券 2004 年经中国证监会批准成为国内第一批保荐机构，拥有完整的国内证券业务牌照。东方证券以上海为总部所在地，在 22 个城市设有 68 个分支机构，形成了依托上海、立足中心城市、辐射全国的大型证券公司的经营网络。2012 年，东方证券实现营业收入 24.27 亿元，完成利润总额 7.58 亿元，取得净利润 7.10 亿元。

主要子公司：

东证期货、东证资本

东证资产管理、东方（香港）

东证创新、汇添富基金、东方花旗

重要荣誉：

2012 年，获证券时报评选之“中国最佳资产管理机构”、“中国最佳混合资管产品”

2012 年，获中国中小企业协会评选之“中国企业上市优秀服务机构金手指奖”

2011 年、2012 年，连续两年获第一财经评选之“年度最佳卖方研究创富奖”、“年度最佳卖方销售服务机构”

2011 年，获新财富评选之“新财富最佳分析师”（东方证券研究所造纸轻工、社会服务业、通信行业团队）

2010 年、2011 年，连续两年获新财富评选之“最佳销售服务团队”

2008 年，获深圳证券交易所评选之“中小企业板保荐项目创新奖”

3. 外方股东——花旗集团

花旗集团是全球领先的金融机构，在全球超过 160 个国家和地区拥有两亿客户账户。花旗集团为个人、公司、政府和机构客户提供广泛的金融产品和服务，包括个人银行及信贷、公司银行与投资银行、证券经纪、交易服务和财富管理。

花旗在中国的经营历史可追溯至 100 多年前，是首家在中国开业的美国银行。2007 年 4 月，花旗成为首批注册成为本地法人银行的国际银行之一。目前，花旗中国在在华国际银行中处领先地位，拥有 13 家分行，以及 52 家零售银行网点。

亚太区重要荣誉：

2013 年 7 月，获欧洲货币 EUROMONEY 评选之“亚洲最佳银行”、“最佳投资银行”

2012 年 12 月，获财资 The Asset 评选之“中国最佳银行”、“最佳并购商”、“最佳交易和预托银行”

2012 年 12 月，获亚洲金融 Finance Asia 评选之“亚洲最佳银行”

2011 年 12 月，获国际金融评论亚洲版 IFR Asia 评选之“年度最佳银行”

4. 东方花旗企业文化

公司愿景：

东方花旗汇聚东方证券卓越的本土经验，结合花旗集团全球资源及其在华百年耕耘，致力于为客户提供全方位的金融解决方案，成为连接客户与国内外资本市场的桥梁，协助客户走向成功。

公司精神：

C　Client—oriented　客户至上

为客户提供价值，是我们的立足点

O　Original　创新思变

重视产品创新，我们不断提升自己

S　Strategic　策略先行

先思考而后行动，我们以策略执行项目

C　Cooperative　协作分工

团队分工合作，是我们高效工作的基础

O　Open　开明坦诚

开明的态度去沟通，是我们的企业文化

R　Responsible　诚信负责

正直诚信，我们以责任感赢得客户信赖

E　Effective　高效优质

客户的需求，我们尽一切可能满足

核心理念：

汇聚专业金融人才

坚持严谨负责态度

秉承诚信经营理念

发挥中西协同效应

提供定制金融方案

实践创新金融服务

5. 公司荣誉

2013 年 4 月，获证券时报社“2013 中国区优秀投行评选”之“最佳创新项目奖”

2012 年 10 月，获第一财经中国资本力年会评选之“最佳风控投行”

2012 年 9 月，获《理财周报》“2012 中国券商‘金方向’奖评选”之“最佳资本市场部总经理”、“最佳投资银行家”、“金牌保荐代表人”三个奖项

2010 年－2012 年，连续三年获浙江省人民政府金融工作办公室评选之“年度优秀证券中介机构”

6. 东方花旗专业团队

截止 2013 年 7 月底，东方花旗拥有投行从业人员 250 余名，汇聚各专业领域精英人才。其中，具有证券从业资格人员 230 多名、保荐代表人 40 多名、具有 CPA、律师、CFA 等资格的人员 40 多名。

通过运作大量成功项目，团队积累了丰富的执行经验，服务的客户涉及 TMT、消费与医疗、地产、多元化工业等众多重要行业，服务的地域范围遍及全国各重要省市自治区。

这支紧密合作的专业团队，整体具备高水准的职业操守和出众的业务能力，全心服务每一位客户。

东方花旗具备雄厚的研究支持团队，东方证券研究所拥有 70 多名资深职业分析师，对宏观经济、货币市场、资本市场、主要经济行业等方面进行实时跟踪研究，提供针对不同市场不同经济环境下的解决方案，是机构投资者值得信赖的专业团队。花旗集团的研究覆盖所有上市公司行业，包括消费品行业在内一批分析师排名始终居行业前列，多次受到权威媒体如《机构投资者》杂志的高度赞誉，连续三年在该杂志的研究排名中名列亚洲第一。

7. 东方花旗业务范围

股本融资：包括 A 股首发上市及再融资、新三板以及私募融资等

债券融资:企业债、公司债、可转债、可分离交易可转债、金融债和私募债等

财务顾问:企业兼并收购、中票、短融、PPN、ABN 等非金融企业债务融资工具的融资服务、资产重组、改制等

新三板:代办系统主办券商资格、推荐挂牌等

结构化融资:资产证券化、担保债务证券、信用关联票据、结构性票据、杠杆租赁和项目融资等

8. 东方花旗业务运作

1)稳健合规经营

东方花旗不仅承袭了东方证券成功的管理经验,又融合了花旗的先进运作模式,本着扎根本土、远眺海外的理念,为客户提供符合国际化标准且贴近本土环境的一流服务。

东方花旗严格遵从国际投行的合规管理模式、每个环节落实合规操作,确保在合规经营的基础上为客户实现利益最大化。东方花旗为每个项目提供全程细致服务。

3)丰富项目经验

东方花旗执行的项目遍及各类企业融资领域,服务的客户涉及各大行业。东方花旗厚积薄发,将成熟的运作模式和丰厚的执行经验与客户分享,将为客户创造更佳的项目效果。

3)卓越定价能力

东方花旗在针对基础投资者、机构投资者、私人银行及零售投资者等全方位的领域内,都拥有卓越的销售实力和丰富的经验积累。加之巧妙应用广泛的零售投资者网络,东方花旗能为发行人实现最大程度的溢价发行价格。

4)强大销售网络

东方花旗拥有专业的股票和债券销售团队,同时依托中方股东东方证券完善的营业网络、深厚的机构投资者客户基础以及外方股东花旗集团覆盖境内外的强大销售网络,东方花旗能为股票和债券的成功定价、成功发行保驾护航。

东方花旗的 ECM 和 DCM 团队共约 20 名

东方证券遍布全国的营销网络

—— 证券营业部:68 家

—— 营业部遍布全国 20 多个主要城市和经济发达地区,便于向零售投资者推介股票和债券相关的投资品种

花旗银行卓越机构销售实力,为发行注入新的活力

—— 无与伦比的遍布全球的机构销售平台,600 余名全球销售人员,覆盖超过 5,800 个机构投资者

—— 分销网络遍布国内和全球重要城市

9. 东方花旗优势

1)全面的投资银行服务度身定制有效解决方案

目前,东方花旗的专业服务全面、成熟,完整覆盖股权融资、债券融资、兼并收购、新三板及结构化融资等各个业务领域。

在股权融资领域,为客户执行首次公开发行并上市、上市公司公开/非公开发行、配股、可转债、可分离交易可转债的发行等业务。在债券融资方面,提供包括公司债、企业债、城投债、私募债发行等在内的各项服务。

配合客户企业重组、兼并收购业务的需求,以专业顾问服务帮助实现企业战略发展目标和最优化资源配置。

同时,东方花旗专业的创新融资团队业已成立,目前已有大批资产证券化项目在推动中。

2)广泛的资本市场经验精准服务中国市场需求

提供市场分析和融资窗口判断

为客户评估承销风险、设计发行结构、组织承销团、推介、定价、配售并管理项目收入

3)优秀的公共关系管理顺畅协调各方合作进程

透彻理解国内监管标准,成为企业与监管者之间的高效联络人

善于管理投资者关系,是投资者与企业之间的沟通纽带

与其他证券服务机构默契配合,协调组织高效优质服务

4)深厚的行业知识积淀深谙各行各业客户特质

运作众多成功项目,深刻了解 TMT、消费与医疗、地产、多元化工业等行业

精准把握宏观行业政策走向与行业整体发展态势,精通各行业的特有经营模式

5)出众的融资业绩表现连续多年屡获专业殊荣

2009 年,IPO 融资规模行业排名第 4

2010 年,增发业务规模行业排名第 6

2011 年,业务覆盖主板、中小板、创业板的 IPO 与再融资,以及公司债、企业债、重大资产重组等全部投行业务种类

6)领先的融资承销能力完美实现资本市场目标

截至 2013 年 5 月,公司主承销总金额规模达 755 亿元:其中股本融资约 450 亿元、债券融资约 305 亿元

10. 展望未来稳健发展

展望未来,东方花旗承诺将从扎根本土做起,全心全意服务客户,致力成为国内一流投资银行。同时,东方花旗亦热心参与社会公益事业,积极履行企业社会责任,全情回报本地社区。

东方花旗联系方式

网站:www. citiorient. com

上海

地址:上海市黄浦区中山南路 318 号东方金融广场 24 层

电话:021 -23153888　传真:021 -23153500

邮编:200010

北京

地址:北京市西城区金融大街 12 号中国人寿广场 B 座 7 层

电话:021 -23153888　传真:021 -23153509

邮编:100033

深圳

地址:深圳市福田区深南大道 7888 号东海国际中心 A 座 22 楼

电话:021 -23153888　传真:021 -23153510

邮编:508034

新疆

地址:新疆维吾尔自治区乌鲁木齐市金银路 53 号金融大厦 1407 室

电话:0991 -2621218　传真:0991 -2621217

邮编:830000

华安证券股份有限公司

【基本概况】

华安证券股份有限公司(以下简称"公司")前身是 1991 年 5 月经中国人民银行总行批准设立的安徽省证券公司,2000 年 12 月 28 日中国证监会核准公司增资改制并更名为华安证券有限责任公司,同时核准公司为综合类证券公司。2010 年底,公司完成增资扩股工作,注册资本增至 24.05 亿元。2012 年 7 月末,公司再次增资,注册资本由 24.05 亿元增加至 28.21 亿元,股东 16 家,多为国有或国有控股的上市公司和大型企业。2012 年 12 月,公司整体变更为"华安证券股份有限公司"。公司现有营业部 81 家,在全国 100 多家证券

公司中位居前列。华安证券是华富基金管理有限公司的主发起人和第一大股东,控股华安期货公司,全资拥有华富嘉业投资管理有限公司和安徽华安新兴证券投资咨询公司,初步建立起集团化发展框架。公司最新行业分类评级为 B 类 BBB 级。

公司经营范围包括:证券经纪;证券投资咨询;与证券交易、证券投资咨询活动有关的财务顾问;证券承销与保荐;证券自营;证券资产管理;融资融券;证券投资基金代销;为期货公司提供中间介绍业务。

公司董事会设战略发展委员会、提名委员会、薪酬与考核委员会、风险控制委员会、审计委员会等五个专门委员会,公司经营管理层根据工作需要设置若干专业委员会,并按照专业分工、精简高效、风险隔离的原则,设置了十六个内设部门及上海分公司。公司业务主要立足安徽,辐射全国,营业网点遍布安徽省各地级市以及 70% 以上县城,并在北京、上海、深圳和广州等主要城市设有 21 家营业部以及投资银行、证券投资、资产管理、固定收益等业务部门。先后承销证券 50 多只,其中担任 A 股和 B 股主承销的 26 次,担任企业财务顾问 50 多次,其中担任 H 股财务顾问 1 次。

近年来,华安证券抢抓市场机遇,坚持规范经营,深化内部改革和管理创新,做实传统业务和布局创新领域并重,在保持各项传统业务良好发展势头基础上,先后还取得直接投资业务资格、融资融券业务和中小企业私募债业务等资格。截至 2012 年末,公司净资产 40.85 亿元,净资本 27.08 亿元。资本状况和财务结构不断改善,风险控制指标持续符合中国证监会的监管要求。

【业务资格】

综合类证券公司经营范围内的业务资格,以及外资股业务、国债承销及回购业务、受托资产管理业务、网上证券经纪业务、权证代理买卖业务、买断式国债回购业务、开放式基金交易所场内申购赎回业务等。

【产品业务介绍】

证券经纪业务

证券经纪是公司的基础业务。公司是上海证券交易所、深圳证券交易所首批会员单位,拥有 A、B 股交易席位 72 个,是全国首批取得网上证券经纪业务资格的证券公司之一。2008 年 8 月,经中国证监会核准,公司在省内首家获得期货中间介绍业务资格。公司目前在各地设有证券营业部 71 个,分布在北京、上海、深圳、广州等大中城市和安徽省境内市、县,主要从事沪深市 A、B 股、基金和国债交易的代理业务。公司多年来致力于交易手段现代化,开拓网上证券经纪、柜台交易等新型业务,为广大客户提供规范、安全、便捷和专业化的证券投资服务。

投资银行业务

公司自 1991 年起开展投资银行业务,是国内最早从事投资银行业务的证券公司之一,目前主要从事企业改制与上市辅导、证券发行承销与上市保荐、企业重组与收购兼并、投资和融资咨询、财务顾问、投资银行创新业务研究等业务。先后成功主承销 IPO 股票 16 只,配股 7 只,增发 2 只,副主承销和分销 70 多只。公司着力打造一支知识结构全面、资力经验丰富的投资银行专业队伍,在农业、水泥、旅游、家电等领域形成自身业务特色,研发水平和证券发行在业内保持领先水平,提升在中小企业重组、创业板、三板和境外上市等方面的业务竞争力。

证券投资业务

公司设置了董事会、投资决策委员会、自营部门三级投资管理体系,建立了科学的投资决策机制和严密的投资执行体系,建立了前、中、后台风险监控体系,实现证券投资业务集中领导、分级授权、科学决策和相互制约。证券投资部拥有一支具有长期投资经验的从业人员队伍,专门从事股票、基金、国债和企业债券等自营交易业务,随着市场的发展,业务品种将拓展至柜台交易、非流通股转让、股票期权期指及并购业务中的证券自营交易等。

资产管理业务

2002 年 5 月,经中国证监会核准,公司成为首批具有从事受托资产管理业务资格的全国性综合类券商之一。公司目前具有从事面向公众投资者的集合资产管理和面向高端客户与机构客户的定向资产管理等业务的资格。公司秉承客户至上的理念,依托专业的研究力量与科学的投资决策体系,强化风险控制确保客户资产安全,为客户提供全方位、专业化、个性化的财富管理服务,满足客户资产保值、增值的需求。公司首只集合理财产品——华安理财 1 号稳定收益集合资产管理计划成立于 2010 年 6 月,投资业绩在同期同类理财产品中排名居于前列。

固定收益业务

固定收益部是专门从事固定收益证券以及相关衍生产品的业务部门,主要业务范围包括固定收益证券的承销、投资、产品研发与理财服务,业务品种包括国债、金融债、企业债、短期融资债、中期票据、可转换债券等。公司拥有一支具有丰富市场经验和良好客户资源的业务团队,硕士学位的占 40%,为追求低风险和稳定收益的客户群体提供稳健的、高品质的专业化服务。公司是财政部国债理事会成员,具有企业债券的主承销资格。近几年来,先后参与了国家电网、广州汽车、北京基础设施、合肥城投等数十家企业债的副主承销和分销工作,树立了良好的行业品牌形象。债券主承销业务获得突破性进展,担任滁州交通开发公司、池州城投公司的债券主承销商,为企业的发展搭建了一个更广阔的融资平台。

【大事记】

1 月 5 日,公司召开 2013 年工作会议、职工代表大会、新年联欢会、新任职中层管理人员廉政谈话等系列会议。

1 月 18 日,省国资委宣讲团到公司宣讲十八大精神。

1 月 11 日,公司获批代销金融产品业务资格。

1 月 18 日,公司获批转融通业务资格。

1 月 21 日,公司马鞍山江东大道营业部被马鞍山市政府授予"2012 年度马鞍山金融服务优秀单位"称号。

2 月 4 日,深交所正式批复,公司获得开展约定购回式证券交易业务资格。

2 月 20 日,公司召开 2013 年度营业部工作(视频)会议。

2 月 21 日,公司淮北营业部被淮北市政府授予"2012 年度全市证券工作先进单位"荣誉称号。

2 月 21 日下午,华安证券、徽商银行联名卡发卡仪式暨业务对接交流会在公司财智中心 B3 座 6 楼会议室隆重举行。

2 月 22 日,公司召开 2012 年度领导班子民主生活会。

3 月,公司网上预约开户互动系统成功上线。

3 月,公司呼叫中心荣获"安徽省巾帼文明岗"称号。

3 月 11 日、12 日,公司在合肥召开第一届监事会第二次会议、第一届董事会第三次会议,圆满完成各项议程。

3 月 13 日,上海证券交易所副总经理徐明率法律部、会员部、上市公司监管部等部门负责人,在省政府金融办副主任何昌顺、安徽证监局上市公司二处处长王军的陪同下,到公司考察调研。

3月，公司郑州营业部荣获新浪首届投顾大赛“最佳营业部”奖。

3月，公司舒城桃溪路营业部获评反洗钱工作A类机构。

3月20日，公司在淮南举办炒股大赛颁奖会暨2013年季度证券投资策略报告会。

3月，公司书画摄影协会组织公司第五届暨2012年“五彩华安”摄影书画展。

4月2日，公司在合肥召开2012年度股东大会，圆满完成各项议程。

4月9日，省国资委纪委副书记左登峰带领检查组一行，到公司检查验收廉洁风险防控工作。

4月23日，巢湖营业部荣获巢湖市2012年度“金融工作先进单位”称号。

4月25日，省国资委副主任项小龙、监事会主席李永江莅临公司调研指导。

4月27日，公司淮南朝阳路营业部荣获“安徽省工人先锋号”称号。

4月27日，公司团委组织团员青年参观爱国主义教育基地。

4月，公司池州营业部、铜陵淮河路营业部、枞阳营业部荣获“A级纳税信用等级”称号。

4月，公司南昌营业部获辖区“优秀证券营业部”称号。

5月，公司宣城营业部荣获“守合同重信用单位”荣誉称号。

5月，公司池州东湖南路营业部被中国人民银行池州市中心支行评为“反洗钱A类金融机构”。

5月10日，公司李工董事长主持会议传达证券公司创新发展研讨会精神。

5月16日，公司淮北营业部荣获淮北市“反洗钱工作先进单位”荣誉称号，营业部员工石宁被评为“2012年反洗钱优秀信息报告员”。

5月16日，公司两项课题获中国证券业协会2013年重点课题研究立项。

5月，公司再获“反洗钱工作A类金融机构”评级。

5月18日至19日，公司广州东湖西路营业部获“粤证协羽球赛”亚军。

5月20日，公司与安徽省投资集团签署战略合作协议。

6月，公司荣获“2012年度证券公司投资者教育与服务优秀单位”。

6月，公司芜湖新芜路营业部荣获“反洗钱A类金融机构”荣誉称号。

6月，公司保险兼业代理资格正式获批。

6月1日，公司在安庆举办“华安证券炒股大赛宣传暨2013年下半年投资策略报告会”。

6月25日，中共华安证券合肥第五党支部成立。

6月，华安证券公司成功代销首只银行理财产品——兴业银行理财产品“天天万利宝”。

6月28日，中共华安证券石家庄党支部成立。

6月，公司宁国津河东路证券营业部获得2012年度“省属企业青年文明号”荣誉称号，六安梅山路营业部张晓伟同志荣获“安徽省优秀共青团员”荣誉称号，阜阳第一团支部书记牛金伟、计划财务部陈玲同志分获“省属企业优秀共青团干”和“省属企业优秀共青团员”荣誉称号，信息技术部胡文平同志获“省属企业十八大报告和党章知识竞赛优秀个人”荣誉称号。

6月，公司淮南朝阳路营业部荣获了“淮南市2012年反洗钱工作先进单位”和淮南市“反洗钱十年”优秀论文三等奖。

6月，公司宣城营业部荣获证券业服务地方经济“进步奖”单位荣誉称号。

6月29日、30日，公司分别在芜湖、蚌埠召开“2013年中期策略报告会”。

7月3日，上海华富资产管理有限公司成立。

7月4日上午，省委群众路线教育实践活动第十五督导组组长李士杰、副组长王卫生等一行三人来公司就公司深入开展党的群众路线教育实践活动召开见面会。

7月13日上午，经省委督导组同意，公司在合肥召开党的群众路线教育实践活动动员大会。

7月13日上午，公司在财智中心总部召开2013年中期工作视频会议。

8月3日，公司第一届投顾人才选拔大赛颁奖仪式暨合肥合作化南路营业部客户答谢会圆满落幕。

8月23日上午，公司在合肥召开第一届董事会第六次会议、第一届监事会第三次会议，圆满完成各项议程。

8月，公司淮南朝阳路等11家营业部被安徽证券业协会分别授予“规范发展先进证券营业部”、“投资者保护先进证券营业部”、“创新业务先进证券营业部”荣誉称号，铜陵淮河北路俞勇等19名员工被授予“优秀证券从业人员”荣誉称号。

8月，公司宣城鳌峰西路证券营业部被省国税局、省地税局联合授予“2010－2011年度A级纳税信用等级”单位荣誉称号。

9月，公司参股安徽省股权托管交易中心。

9月，公司向证监会报送IPO申请材料，并被正式受理。

9月，公司向亳州市魏岗镇贫困学子捐赠助学金。

9月，《智享生活·财富专刊》（创刊号）成功首发。

9月，公司厦门营业部荣获了“2012－2013年度投资者教育工作先进单位”的称号。

9月18日，公司池州营业部荣获“2012年度池州市证券业先进单位”荣誉称号，营业部负责人同时被评为“2012年度池州市证券业先进个人”。

10月，安徽证监局核准公司在北京等地设立17家分支机构。

10月，公司青年读书会成立。

10月16日，公司党委召开2013年度专题民主生活会。

10月17日，公司安庆龙山路营业部在市人行反洗钱知识测试中取得了团体第一、个人取得第一和第五名的成绩。

10月18日，公司成都高升桥路营业部、金寨金顾路营业部开业。

10月22日，省国资委党委常务副书记、副主任高伟，组宣处处长蔡时清，组宣处调研员王安龙和组宣处主任科员王成龙等一行4人，专程到公司调研城乡基层组织结对共建工作开展情况。

10月24日，公司召开领导班子专题民主生活会情况通报会。

10月28日，公司涡阳营业部荣获中国人民银行涡阳支行知识竞赛团体二等奖。

11月6日，公司董事长李工访问太平洋寿险总部，并签订全面业务合作协议。

11月，公司机关第二党支部与祁门县历口镇历溪村党支部结为城乡基层党组织结对共建单位。

11 月 14 日,中国证券登记结算公司总经理助理张汉玉一行四人到公司调研指导工作。

11 月 17 日,公司成功举办“华安杯”账户业务知识竞赛。

11 月 19 日,公司党委召开中心组扩大会议,认真传达学习党的十八届三中全会精神,并结合公司实际,对落实贯彻三中全会精神作出部署。

11 月 29 日,黄山营业部黄玲同志喜获市金融机构反洗钱宣传课件制作比赛三等奖。

11 月,公司芜湖新芜路营业部郭利群得到全市独家证券行业提名,荣获 2008 – 2013 年度芜湖市金融学会先进个人嘉奖,营业部杨彦平撰写的《论证券创新业务及风险问题研究——融资融券业务方向》获研讨论文二等奖,成为在研讨会上获得该奖的唯一非银行类金融机构。

12 月 3 日,省委教育实践活动第十四督导组组长顾章根、副组长林传慧、成员徐晓东和张晓峰一行到华安证券公司检查教育实践活动开展情况。

12 月,公司涡阳营业部荣获亳州市“青年文明号”荣誉称号。

12 月 21 日,公司在合肥召开 2014 年度策略报告会。

12 月 23 日,公司获准参加上交所个股期权经纪业务全真模拟交易。

【联系方式】

地址:安徽省合肥市政务文化新区天鹅湖路 198 号

邮编:230081

电话:0551 – 65161666

传真:0551 – 65161600

邮箱:bgs@ hazq. com

网址:http://www. hazq. com

华创证券有限责任公司

华创证券有限责任公司于 2002 年 1 月经中国证监会证监机构字[2002]6 号文批准成立,注册资本 15 亿元,经营范围为证券经纪;证券投资咨询;证券投资基金销售;证券自营;与证券交易、证券投资活动有关的财务顾问;证券资产管理;证券承销与保荐;为期货公司提供中间介绍业务;融资融券;金融产品销售。

公司成立以来,抓住机遇低成本扩张,业务规模和机构数量快速增长,现有全资直投业务子公司 1 家,控股期货子公司 1 家,并在北京、上海、贵州各设有 1 家分公司,营业网点立足贵州,分布北京、上海、深圳、江苏、浙江、四川、重庆等地。公司不断强化基础管理,严格规范经营,资产质量和财务状况良好,2005 年成为全国第一批规范类证券公司;2009 – 2011 年连续三年被中国证监会评为 A 类 A 级证券公司;2010、2011 年连续两年被《金融时报》评为“年度最具成长性券商”;2012、2013 年分类评级为 B 类 BB 级。

继往开来,公司将坚持以客户为中心、市场为导向,不断提高投融资服务能力和风险管理能力,走差异化发展道路,以更高的服务质量、更好的服务设施、更新的服务理念、更丰富的服务品种为广大客户提供更及时、高效、专业的服务。

直接投资业务子公司简介

金汇财富资本管理有限公司系根据中国证监会贵州监管局《关于核准华创证券有限责任公司变更公司章程章程重要条款的批复》(黔证监发(2013)80 号)和华创证券公司股东会决议,于 2013 年 8 月 9 日经北京市工商行政管理局批准设立,注册资本 3 亿元,注册地:北京市西城区锦什坊街 26 号恒奥中心 C 座 3A 层 3A – 01;经营范围为项目投资、投资管理、资产管理、投资咨询。

【联系方式】

公司地址:贵州省贵阳市云岩区中华北路 216 号华创大厦

公司总机:0851 – 6820115

省内统一委托电话:960871

省内统一客服电话:960872

华林证券有限责任公司

【基本情况】

名称:华林证券有限责任公司

简称:华林证券

成立时间:1988 年 4 月

注册资本:80700 万元

主要业务资格:

证券经纪;证券投资咨询;与证券交易、证券投资活动有关的财务顾问;证券承销与保荐;证券自营;证券投资基金代销;证券资产管理;代销金融产品;融资融券业务;全国股份转让推荐业务和经纪主办券商资格。

分支机构情况:

①全资子公司:华林资本投资有限公司,具有直投业务资格。

②分公司:2 家,分别是:华林证券有限责任公司上海分公司、华林证券有限责任公司北京分公司。

③营业部:13 家,其中 7 家营业网点设置在江门地区,北京、上海、深圳、广州、长沙、合肥等地各设有 1 家营业网点,另外 5 家新设营业部正在积极筹建中(分别位于天津、重庆、上海、东莞、深圳)。

【企业文化】

1. 使命:协作 · 创造　服务中国成长

协作:在华林,股东与公司之间、公司与客户之间、公司与员工之间、员工与员工之间、股东与股东之间,必须充分沟通,协同合作。

创造:是指创造价值。我们要将华林现有的优势保持和发挥到极致,并创造出更多有利于华林长期发展的业务模式和工作方法。

服务中国成长:我们要充分把握中国经济发展所带来的机遇,通过自身的专业能力水平的提升,最终服务于中国成长中的企业和投资者。在伴随着中国企业及投资者成长的过程中,彼此依托,合作共赢,共同成长。

2. 愿景:致力成为中国最具特色的一流券商

3. 核心价值观:进取　信义　专业　责任

4. 行为准则:坚持守法合规、坚持客户至上、坚持协同分享、坚持简单务实、坚持开放包容、坚持积极沟通、坚持职业精神、坚持艰苦奋斗。

【公司主要业务情况】

1. 经纪业务

多年来,公司依靠珠三角的地区优势,不断发展,在广东辖区已经发展成为一个具地区特色的区域性证券机构,公司通过为客户提供全面、专业和个性化服务来体现公司的服务宗旨,并朝着做优、做强、做特色的目标前进,公司营业部部均交易量和交易佣金一直居市场前列。

近年来公司通过业务转型，提高投顾服务、产品销售服务的质量，为客户财富管理奠定了基础。目前公司已经建立一支理论基础扎实、以策略见长、富于实战的财富管理团队，专职从事投资顾问业务的人员近百人。同时财富管理为客户提供以"华林智造"为主品牌的多元化专享金融理财产品，为高净值客户和企业投资者提供包括市值管理在内的全面的资本市场解决方案。

2. 投行业务

公司投行团队由300余名具有多年投行业务的经验的专业人才组成，其中保荐代表人70人，准保荐代表人47人，具有CPA业务资格57人、律师资格25人，专业队伍和保荐代表人数居行业前列；并在上海、深圳、北京3大区域搭建起22个专业化的业务团队。人才规模和结构合理，市场竞争力较强。

公司投行团队执业经验丰富、专业能力强，自2004年以来，该团队承做IPO项目115家、市场占有率9%；再融资项目37家，市场占有率4%。在信息技术产业、先进制造产业、医疗诊断产业、农业科技产业等行业里已建立较为明显的市场竞争优势。投行团队针对每一位客户的具体情况和需求，为客户量身设计解决问题的最佳方案。凭借专业的客户服务能力和高效的管理机制，团队承做项目成功率和周转率均达到行业领先水平。

公司在积极发展业务的同时也严格控制风险，首先，依托公司内部控制机制，控制投资银行业务风险；其次，完善业务控制机制，控制项目风险和发行风险。

目前，投行团队项目储备充足，管理规范，机制灵活。另外，公司已组建并购重组团队和场外市场团队，开展并购重组业务、财务顾问业务、场外市场业务，目前已取得一定程度的进展。

2013年，公司投行完成再融资主承销8家，承销家数排名第9，融资额排名第7，承销佣金收入排名第6。

3. 固定收益业务

2008年以来，公司固定收益业务获得长足的发展，承销企业债数目和规模均居行业前列。2009年、2010年、2011年公司固定收益业务团队凭借优异的经营业绩，连续三年被评为"中国区债券最佳投行"，2011年更是勇夺中国企业债承销家数的桂冠。在行业内树立了高效率、专业化的品牌形象。目前，固收业务团队经过优化整合，注入新的发展动力，确保在该业务领域的行业领先水平。

4. 资产管理业务

公司资产管理业务奉行价值投资、理性投资的理念。建立了纪律严明，科学严谨，制度完善的投资决策流程，初步形成以绝对收益为目标的投资管理模式。团队成员稳健规范运作，实现良好的投资回报。

资管业务设立的集合、定向、专项资产管理计划涉及中国资本市场投融资各领域，创建了"富贵竹"、"富贵增"等资管品牌，2013年主动投资产品收益率占行业同期产品排名前5%。公司资管将奉行价值投资、理性投资理念，继续推出"金谷信"、"金穗信"等系列产品，打造投资管理和融资平台两大核心竞争力。

【公司未来发展】

目前，公司以"协作·创造　服务中国成长"为使命，立足券商的本源业务，走专业化、特色化、一体化的发展道路，致力于打造成中国最具特色的一流证券公司。

公司未来的战略目标：第一，实现规模发展。通过三到五年的发展，将公司的规模扩大至中型券商。第二，走特色化经营之路。公司特色化经营的前提是管理机制的创新、组织模式的创新，发挥中小券商决策机制灵活的优势，持续激发人力资本的价值，提高公司的整体运营效率。第三，持续加大产品创新。加大研究的力度、加大研发投入，从根本理念上以客户为中心，合理保障投资者的收益，特别是中小投资者的收益。第四，积极推进互联网金融。顺应大数据时代信息的优势，借助互联网开放及时、全程的优势，构筑"以客户为中心"的业务模式，创造客户需求，丰富金融产品，完善安全机制。

【联系方式】

地址：深圳市福田区民田路178号华融大厦五、六楼
电话：0755－82707888
传真：0755－82707700
邮编：518048
网站：http://www.chinalions.com

华龙证券有限责任公司

华龙证券有限责任公司是由甘肃省人民政府组织筹建，经中国证监会批准，于2001年5月18日成立的全牌照综合类证券经营机构，2011年公司实施了新一轮增资扩股，资本金达到30亿元。公司业务资质齐全，能够为客户提供证券经纪、保荐承销、投资咨询、资产管理、财务顾问、直接投资等综合性一揽子金融服务。公司拥有广泛的客户资源和良好的社会形象，在北京、上海、深圳、重庆、杭州、无锡、乌鲁木齐、合肥、西安和甘肃省内各主要城市设有8家分公司和近50家营业部，在北京发起设立了华商基金管理公司和全资直投子公司——金城资本管理有限公司，控股华龙期货，参股甘肃股权交易中心，已成长为专业财富资本管理机构、现代金融服务集团、国有大型重点投资机构。

华龙证券高度重视人才培养和团队建设，拥有大批高学历、高素质的专业人才，打造了经验丰富、业务精湛的投资银行保荐代表人、投资顾问、证券研究分析专家、信息工程师和注册会计师等各类专业团队，成为公司创新发展的坚实基础。经国家科技部、教育部批准，公司设有博士后流动站，成为公司培养优秀后备人才的基地。

华龙证券始终坚持"深耕甘肃，拓展全国"的发展战略，凭借专业化的优质服务，诚信、务实、高效、敬业的团队精神，在竞争激烈的中国证券服务业中稳步提升市场份额。作为国有控股的综合类证券经营机构，华龙证券推荐企业上市和债券融资的能力突出，不遗余力地为各类企业提供专业的一揽子金融服务，先后成功保荐一汽集团启明信息、北大荒、浙江龙盛、祁连山等十多家大型企业的上市与融资，完成了甘肃省首家创业板企业大禹节水的上市保荐工作，成为首批保荐企业在创业板上市的全国17家证券公司之一。公司债权融资业务团队拥有丰富的项目操作经验和扎实的专业能力，近年来累计为客户进行债券融资近500亿元，先后成功完成了甘肃农垦集团、甘肃省公路航空旅游投资集团、贵州铜仁梵净山公司、新疆克拉玛依城市建设发展公司等多家企业的债券承销项目，获得市场广泛认可。公司发起设立的华商基金管理公司继荣获2010年度"金牛管理基金公司"奖项后，2013年又以综合41.31%的投资收益率获得国内70家基金公司股票投资管理能力第一名的优异成绩。

多年来，华龙证券高度关注客户、员工、社会等各方面的利益，力争实现股东、客户、员工与公司的共同发展，积极奉献社会，履行国有企业的社会责任。先后向南方冰雪灾区、汶川

地震灾区、玉树地震灾区、舟曲泥石流灾区和甘肃岷县冰雹泥石流灾区捐款3000多万元。为进一步推动公司精神文明建设,建立公司联村联户为民富民和救助贫困、奉献爱心的长效载体,公司发起设立了华龙证券“垄上人家”爱心基金,首期募集资金近70万元。公司被评为“甘肃省十大慈善单位”,取得了经济效益和社会效益的双丰收。

凭借良好的专业能力和业绩表现,华龙证券得到了社会各界的广泛认可。2008—2012年,公司连续五年获得甘肃省“省长金融奖”、先后被评为省级文明单位、最具创新成长性证券公司、中国最佳区域券商、最具成长性投资银行。目前,华龙证券公司财务稳健,资产优良,营业收入和利润稳定增长,已成长为西北地区综合竞争实力最强的证券公司之一。

华融证券股份有限公司

【公司概况】

华融证券股份有限公司(以下简称“公司”)是经中国证监会批准,由中国华融资产管理股份有限公司(以下简称“中国华融”)作为主发起人,联合中国葛洲坝集团公司共同发起设立的全国性证券公司。2007年9月,公司在北京正式挂牌成立。目前,公司注册资本31.78亿元,其中:中国华融出资25.31亿元,北京纽森特投资有限公司、中国葛洲坝集团股份有限公司、九江和汇进出口有限公司、江阴市振新毛纺织厂、星星集团有限公司、浙江金财控股集团有限公司、广州南雅房地产开发有限公司、吉林昊融有色金属集团有限公司、中南成长(天津市)股权投资基金合伙企业(有限合伙)、北京双融福泰投资有限公司、中国葛洲坝集团公司等11家股东共出资6.47亿元。公司的注册地址:北京市西城区金融大街8号。

公司下设31家营业部、上海和深圳2家投行业务部,控股华融期货有限责任公司和华融天泽投资有限公司。公司紧紧依托中国华融在资产管理、银行、信托和金融租赁等方面的综合优势,可为客户提供证券经纪、融资融券、证券承销与保荐、与证券交易及证券投资活动有关的财务顾问、证券投资咨询、证券自营、证券资产管理、投资顾问等综合化的财富管理服务。公司2011—2013年连续三年被中国证监会评为A类A级券商,2009年、2011年两次获评为“首都文明单位”。

证券承销与保荐业务承接中国华融(国内首批保荐机构)原有的承销和投资咨询业务,可为广大客户提供IPO承销保荐、再融资、财务顾问、债券承销等业务服务。公司于2008年取得保荐人资格后,成功完成了杭氧股份的首次公开发行,先后完成了中航三鑫、特变电工、金隅股份、太行水泥、苏宁环球、联化科技、亚泰集团、欧亚集团、华微电子等多家上市公司的增发及财务顾问业务,作为副主承销商完成了工商银行可转债发行项目。2012年,公司在中国中小企业协会主办的中国企业IPO高端峰会上荣获“中国企业上市优秀服务机构金手指奖”,在证券时报社主办的中国区优秀投行评选中荣获“最具成长性投行”奖。

证券资产管理业务可为投资者提供专业化的集合、定向及专项资产管理业务。公司具有一支高素质的资产管理业务团队,员工全部具有硕士及以上学历,50%以上员工具有海外学习或海外金融从业经历。具有优秀的业务创新能力,成功发行了行业首只SOT小集合、首只含“或有次级”的结构化小集合等多个创新产品,管理集合理财规模居行业前列。2010年公司资产管理部被《理财周刊》评为“2010年中国证券公司最佳资产管理部门”,2012年被理财周报评选为中国券商最佳资产管理团队。

证券经纪业务可为投资者提供主办、创业板、中小企业板、代办股份转让、股份报价转让等市场的交易服务,提供包括普通股股票、债券、国债回购、基金、权证等综合化、多元化的交易品种服务,并凭借支持现场委托、电话委托、手机炒股、网上交易委托等多种交易方式和强大的信息技术力量,为客户提供国内最先进的交易平台服务。

证券自营业务主要涉及股票市场、债券市场、基金市场以及金融衍生品投资等。公司自营业务投资管理水平不断提升,近几年在股票指数整体下滑的情况下均实现盈利,总收益在行业中的占比和排名持续提升。

直接投资业务由公司全资子公司——华融天泽投资有限公司经营,可为投资者提供资本市场投融资上市等一系列完整的投资银行一站式服务以及涉及企业投融资需求的综合性一揽子金融服务,包括股权投资、债权投资、投资相关通道业务、中介业务、募集资金设立投资基金、投资股权/证券基金、投资集合/专项资管计划等。

研究咨询业务紧贴市场需求,发挥专业优势,以服务于股权投资和财富管理为使命。公司拥有一支由经济学、管理学、金融工程、工程机械等多学科博士、硕士组成的高素质专业研究团队,拥有注册会计师(CPA)、特许金融分析师(CFA)、金融风险管理师(FRM)等各类优秀专业资质人才,逐步建立了涵盖宏观、策略、行业、公司、基金、债券、金融工程在内的完整的研究体系。目前,行业研究已覆盖房地产、煤炭、有色金属、银行、电子元器件、计算机软件、通讯、重工机械、环保等20多个行业。

公司坚持以市场为导向,以客户为中心,以诚信、专业、稳健、共赢为经营宗旨,在社会各界和投资者的大力支持下,努力打造一家有尊严、有价值、有内涵、有实力、有责任的“五有”现代一流投资银行!

【企业文化】

核心价值观:稳健、创新、和谐、发展

公司愿景:“有尊严、有价值、有内涵、有实力、有责任”的现代金融企业。

品牌理念:华英成秀　融通致远

感恩文化:辛苦理应得到回报,贡献理应获得表彰,成绩理应充分肯定。

一个没有文化的民族是注定要灭亡的;一个没有文化的企业是注定要失败的。

【发展理念】

三年发展战略:力争通过三年的努力,到2014年,公司跻身证券行业第二集团,综合实力跃居行业前30位,主要业务指标均进入行业中位数,达到证监会关于证券公司IPO的条件;通过五年的努力,将公司建设成为一家“管理规范、资本充足、机制灵活、品牌响亮”的中国一流投资银行。

做强主业、做大利润、做响品牌,不断增强科学可持续发展能力。

发展是硬道理,是第一要务;风险是硬约束,是第一责任;利润是硬任务,是第一目标。

大发展小困难,小发展大困难,不发展最困难。

成绩源自“精气神”;发展赢得尊严;文化引领未来。

【经营理念】

听党的话,跟政府走,按市场规律办事。

思想是先导,创新是动力,文化是灵魂,尊严是基石,队伍是核心,利润是实力,责任是担当,风险是保障,发展是目的。

依法合规科学发展，风险管控责任到人，争创利润绩效优先。

以市场为导向，以客户为中心，以利润为目标。

与客户建立“资源共享、优势互补、风险共担、利益均沾、互惠双赢、合作发展”的新型战略合作伙伴关系。

依法经营出效益，求真务实比贡献。

抓利润、防风险、带队伍、促发展。

比较看差距，落后求奋进。

处理好业务发展与风险管控的关系，创新发展与依法合规的关系，公司发展与员工发展的关系，当前发展与长远发展、局部利益与整体利益的关系。

着力抓执行力，着力抓内部管理，着力抓风险管控，着力抓盈利能力，着力抓企业文化，着力抓班子队伍建设。

节约成本就等于创造利润。

先立规矩后办事，立了规矩办好事。

多创利润添后劲、严控风险保安全。

以利润论英雄，以风险论成败。

【创新理念】

八大创新实践：创新思想观念、创新发展战略、创新体制机制、创新经营哲学、创新业务平台、创新业务品种、创新企业文化、创新队伍建设。

创新意愿与创新能力相结合，业务创新与风险防范相结合，成本可算与利润可获相结合；努力做到成本可算、风险可控、效益可获。

鼓励创新、容忍失败，在创新中求生存、以创新求发展。

【组织队伍建设理念】

讲话把握一个“准”；做事把握一个“度”；用权把握一个“廉”；行为把握一个“正”。

讲团结，讲大局，讲纪律，讲效率，讲业绩。

想干事、能干事、会干事、干成事、不出事。

领导干部要努力做到“四个带头”：带头学习、带头严以律己、带头勤政、带头廉政。

领导干部要努力做到“五个正确对待”：正确对待组织、正确对待同志、正确对待群众、正确对待自己、正确对待名利。

创建学习型组织、争做知识型员工。

青年兴、华融兴；青年强，华融强；青年是华融的未来，青年是华融的希望。

“五好”基层党组织：领导班子好，党员队伍好，工作机制好，工作业绩好，群众反映好。

“五优”共产党员：政治素质优，岗位技能优，工作业绩优，思想作风优，群众评价优。

培训理念：“培训普惠制”、“培训也是福利”、“培训出干部”、“培训出人才”。

员工队伍十大能力建设：不断加强领导决策能力建设；不断加强依法经营能力建设；不断加强市场运作能力建设；不断加强开拓创新能力建设；不断加强风险防控能力建设；不断加强处理应对复杂突发事件和风险危机的能力建设；不断加强分析解决实际问题的能力建设；不断加强与各类人打交道的能力建设；不断加强营造和谐科学务实的企业文化的能力建设；不断加强自身反腐倡廉的能力建设。

【联系方式】

地址：北京市西城区金融大街 8 号 A 座 3 层

邮编：100033

电话：010－58568139　58568199

业务投诉：010－58568118

华泰联合证券有限责任公司

华泰联合证券有限责任公司是华泰证券股份有限公司在业内率先打造的专注于提供投资银行服务的专业子公司。公司致力于为政府、企业、基金、保险、QFII、私募等机构投资者提供全面综合的金融服务。公司注册地址位于深圳，在北京、上海、南京设有业务分支机构。

华泰联合证券锐意进取，在新一轮创新发展的历史大潮中，把握资本市场快速发展的有利时机，通过完全市场化的运作、先进的管理理念、有效的激励机制、优秀的团队建设等举措，在资本市场上开辟出一条创新发展的新路径。

华泰联合证券在承销保荐、并购重组、债券等业务领域始终位于行业前列：

公司拥有优异的主承销（保荐）业绩，多年保持业界前列，累计完成 IPO、配股、增发、可转债等各类主承销（保荐）项目近 200 家，募集资金总量达到 1356.14 亿元。

公司并购业务在行业内长期处于领先地位，业务类型囊括收购、重组、私募融资、破产重整、行业整合等，涉及 IT、地产、医药等多个行业，积累了国内券商最多的成功案例，培养了大批专业人才，在业内树立了良好的口碑，通过中国证监会核准的上市公司并购重组案例数量连续三年均排名行业第一，在中国证券业协会的财务顾问执业能力专业评价中，华泰联合证券被评为 A 类券商。

公司拥有一支积极进取、进步显著的债券承销团队，具有中国农业发展银行、国家开发银行、中国进出口银行承销团资格，并获得了 2009 年、2010 年度中国农业发展银行金融债券优秀承销商和 2010 年度中国进出口银行金融债券优秀承销商的荣誉。

华泰联合证券顺应证券市场创新变革大潮，在华泰证券构建“以投行为龙头，以理财顾问和资产管理为两翼”的全业务链体系、实现一流证券控股集团的战略目标引领下，立志为客户提供从卖方到买方的一揽子综合金融解决方案，全力打造领先的创新实力。

华泰联合证券作为华泰证券金融产业链上的重要环节，将以专业化的业务能力、特色化的综合金融品牌服务，至诚于中，执着其事，不断朝着一流投资银行的目标奋进！

华泰证券股份有限公司

【公司概况】

华泰证券股份有限公司于 1991 年 5 月 26 日成立，是中国证监会首批批准的综合类券商，是全国最早获得创新试点资格的券商之一，于 2010 年 2 月 26 日在上海证券交易所成功挂牌上市交易，股票代码 601688。公司旗下控股华泰联合证券有限责任公司、华泰长城期货有限公司、江苏股权交易中心有限责任公司；全资设立华泰金融控股（香港）有限公司、华泰紫金投资有限责任公司；参股南方基金管理有限公司、华泰柏瑞基金管理有限公司、江苏银行股份有限公司、金浦产业投资基金管理有限公司。已基本形成集证券、基金、期货、直接投资和海外业务等为一体的、国际化的证券控股集团架构。

【服务理念】

以客户服务为中心、以客户需求为导向、以客户满意为目的是华泰证券坚持的服务理念。华泰证券拥有证券经纪服务、资产管理服务、投资银行服务、固定收益服务和直接投资服务为基本架构的完善的专业证券服务体系，以及研究咨询、信息技术和风险管理等强有力的服务支持体系。华泰证券于2010年2月26日在上海证券交易所成功上市，市场地位和品牌影响力稳步提升，已成长为具有核心服务优势和较强市场竞争能力的综合金融服务提供商。

【证券经纪服务】

遍布全国的营业网点。华泰证券在全国30个省、市、自治区拥有逾200家营业网点，形成了分布广泛、布局合理的有形服务网络，能够为不同地域的客户提供便捷的综合理财服务。2007年以来，华泰证券陆续对分布全国的营业网点进行了改造和升级，为客户提供更舒适优雅的投资理财环境及金融理财新体验。

专业的理财服务队伍。华泰证券拥有一批经验丰富、责任心强的标准化服务队伍，及时响应客户需求，为客户提供周到、贴心的服务；公司和各营业网点建立了具有咨询执业资格、职业素养高、从业经验丰富的理财师队伍，能针对客户的个性化理财需求提供专业的投资理财解决方案。

安全、快捷的理财服务平台。华泰证券在证券行业素有"技术先锋"之称，在业内率先推出了无形席位、电话委托、网上交易、银证转账等多种创新交易方式。强大的信息技术研发和应用能力为华泰证券高效、安全的交易服务提供了可靠保证。客户可以通过网上交易、电话理财、手机理财和现场等多层次的立体化服务方式进行交易，必要时还能享受紫金快车道、紫金高速通道等更加高效的交易服务，满足其个性化交易需求。2010年以来，华泰证券顺应移动互联网的发展趋势，结合3G技术和智能手机的应用，推出"涨乐"移动理财客户端，满足了客户的移动理财需求。伴随微博在国内蓬勃发展，华泰证券整合理财服务资源，在全国率先自主开发了第一个垂直类股票微博——"涨乐"微博，让公司的投研专家和投资者们一起适时地交流和分享。

专业化、个性化的理财服务体系。华泰证券以"财富永续之道"为内涵的"紫金理财"服务品牌已得到了广大客户的高度认可。菜单式的"紫金大管家"服务，能满足客户的综合交易服务需求；尊贵的"紫金私人顾问"服务，能满足高端客户的个性化理财需求。公司在业内率先实行"同类客户、同等服务、同等收费"的服务模式，不断满足客户的差异化需求。华泰证券的"紫金理财大讲堂"，不仅得到了广大客户的喜爱，也得到了中国证券业协会的高度肯定，称其"将投资者教育工作与品牌文化相结合，推动了投资者教育工作的创新发展"。

持续发展的创新业务。华泰证券作为创新试点券商，融资融券、投资顾问、IB业务、套利业务等创新业务发展迅速，为客户提供多元化的投资方式，进一步满足不同类型的客户需求，为实现通道向理财服务转型奠定更加坚实的基础。

【研究咨询服务】

华泰证券研究所是首批经中国证监会核准的具有证券投资咨询资格的研究机构。

独具特色的研究咨询服务体系。华泰证券紧紧围绕客户需求，建立了以研究所为研究基础平台、各专业服务部门联动的研究咨询服务体系。根据宏观经济、行业、市场交易品种和客户需求类别等进行研究细分，形成了多个专业研究团队，密切跟踪，点面结合，深入调研，实时为客户提供研究成果。多名研究员在相关媒体的评选中，获得"明星分析师"、"独立见解分析师"、"行业最佳分析师"等荣誉称号，多项研究成果在中国证券业协会等单位的评比中获得奖项。

行业领先的资讯服务套餐。华泰证券高度重视发挥研究对专业服务的先导和核心支持作用。在整合优势资源的基础上，建立跨业务的产品研发平台，精心研发多种风格的投资组合，形成特色服务套餐。不同类型的投资者都能选择到适合自己的服务套餐，也可根据自己的偏好自由选择搭配，理财服务充分个性化。

智能化的资讯交易服务平台。华泰证券研发的资讯交易服务平台在业内具有领先性。通过该平台，客户可获得专业实时的金融资讯，更有价值的是与客户持仓相关的个性化资讯信息。核心客户可独享华泰证券研究所最新、最全、最及时的精选研究报告。客户可实时了解华泰证券投资理财品牌产品，还可根据个人喜好自主选择数据指标，挖掘符合自己定义的股票、基金、债券等品种。这一市场领先的、智能化的资讯交易服务平台为投资者提供了把握市场机会的利器，已经受到越来越多高端客户的推崇。

【投资银行服务和直接投资服务】

华泰联合证券是华泰证券专业的投资银行子公司，整合了原华泰联合证券和华泰证券两家投行之所长，在投资银行领域具有经验丰富、团队强大、资源充沛等特色优势，持续为客户"发现价值、挖掘价值、提升价值"。作为国内首批保荐机构，累计完成各类主承销项目120余家，总承销家数排名行业前十，尤其在中小企业保荐领域业绩突出，在行业中享有盛誉。

高素质的专业团队。同华泰证券业务整合完成以后，华泰联合证券拥有一支高学历、高素质、实战经验丰富的近500人的投资银行专业团队，其中保荐代表人百余名，是国内团队最庞大、保荐通道最多的投行之一，可提供股票发行承销、债券发行承销、私募并购、财务顾问、金融业务创新等综合金融服务。

广泛的优质客户群和特色服务。华泰联合证券在煤炭、汽车、机械、地产、精细化工、电子、纺织、冶炼等行业及福建、山东、江苏、广东等地区具有独特优势，拥有一大批优质客户群。在并购业务方面，公司长期处于行业的领先地位，按交易数量排名在行业中名列前茅。并购部门核心人员从事并购业务十余年，行业涉及IT、地产、医药等多个领域，业务类型囊括收购、重组、私募融资、破产重整、行业整合等众多题材。华泰联合并购团队先后参与了《收购办法》《重组办法》等多部政策、法规的起草与修订。

持续凸显的整合优势。华泰证券在业内较早坚持以优势行业为中心的特色化投资银行服务，在机械设备制造、基础化工、有色金属、煤炭电力、信息技术、医药等行业形成了一定的竞争优势。集两家公司投行之所长，发挥长期积累的客户资源和业务经验优势，依托华泰证券遍布全国的营业网点，华泰联合证券的市场竞争能力将进一步增强，成为集成集团服务资源向客户提供全方位金融服务的重要平台。

具有长期工作经验的直接投资服务。华泰紫金投资有限公司是华泰证券专门从事直接投资服务的全资子公司，以自有资金参与优秀成长企业股权投资，依托集团实力雄厚的投资银行，为企业提供上市、重组和并购等增值服务，提高企业融资效率，加速企业走向资本市场，提升企业的市场地位和核心竞争力。

【固定收益服务】

华泰证券提供限国债、非金融企业债务融资工具的证券承销服务，华泰联合证券提供除国债、非金融企业债务融资工具以外的承销与保荐服务。

公司的固定收益服务在业内具有传统优势。经过多年的发展,公司已经形成了集债券发行与承销、债券交易和债券研究为一体的综合服务能力,主承销了中国资本市场第一单公司债券——07 长电债,在中国债券市场树立了良好的品牌形象。

全面的服务范围和广泛的销售网络。公司拥有全面的固定收益业务范围,涵盖国债、央票、金融债、企业债、公司债、短期融资券、中期票据和资产证券化等各类产品的承销、投资和研究咨询。机构客户销售网络遍及国内主要的商业银行、保险机构、基金公司、证券公司和财务公司,为各类债券产品的承销提供了有效的保证。

突出的研究和创新能力。公司在债券融资策划、方案设计、发行时机选择、发行定价等方面具有较高的研究水平;在公司债券和城投企业债券融资方面具有比较优势;在债券产品创新方面能力突出,设计并承销了我国第一单公司债券,在国内率先推出了企业资产证券化产品。

【资产管理服务】

华泰证券自提供客户资产管理服务以来,一直秉承稳健的投资理念,以良好的投资业绩和专业的理财服务回报客户。

全面的服务范围和领先的产品研发能力。华泰证券拥有包括集合资产管理、定向资产管理和专项资产管理在内的全面的服务范围。理财产品的研发创新能力在业内具有领先性,陆续推出了华泰紫金 1 号(债券型)、华泰紫金 2 号(基金精选型)、华泰紫金 3 号(股票型)、华泰紫金鼎(创新伞型)、华泰紫金优债精选(债券型)、华泰紫金现金管家(现金管理型)和华泰紫金策略优选(混合型)、华泰紫金智富(高端专属股票型)、华泰紫金周期轮动(主题股票型)、华泰紫金龙大中华(股票型 QDII)、华泰紫金新兴产业(主题股票型)集合资产管理计划,其中,华泰紫金鼎是国内券商的首只伞型集合理财产品。

完备的理财产品线和专业的投研体系。华泰证券逐渐形成了覆盖债券市场、基金市场、股票市场的较为完整的集合资产管理产品线,满足了低、中、高不同风险收益特征的投资者的理财需求。华泰证券拥有完备的产品投资研究体系,各类产品的投资业绩表现优异,为客户创造了良好的投资收益。目前,华泰证券正积极研发更多类型的集合资产管理计划,以满足投资者日益多元化的投资需求。

【联系方式】

地址:南京市中山东路 90 号华泰证券大厦
邮编:210002
电话:95597
传真:025 - 84579778
电子邮件:95597@ mail. htsc. com. cn

华西证券有限责任公司

华西证券有限责任公司于 2000 年 6 月 26 日经中国证券监督管理委员会证监机构字[2000]133 号文批准,由原四川省证券股份有限公司与原四川证券交易中心合并重组、增资扩股成立,注册资本 14.13 亿元,注册地为四川省成都市。泸州老窖为第一大股东和实际控制人。

目前公司出资人总数为 37 家,其中上市公司 5 家,非上市国有企业 20 家,民营企业 17 家;其中,泸州老窖股份有限公司持股比例为 24.99%,是公司的第一大股东。其他大股东还包括泸州老窖集团有限责任公司、四川华能太平驿水电有限责任公司、都江堰蜀电投资有限责任公司、四川剑南春(集团)有限责任公司等。

公司拥有证券营业部近 50 家,遍布四川、北京、上海、天津、重庆、南京、广州、深圳、大连和杭州等地。目前,公司有多家营业部在当地市场占有率排名靠前,其中,成都高升桥营业部市场占有率排名稳居四川省第一,北京营业部在北京地区市场占有率排名前五,深圳营业部在深圳的市场占有率中排名前十。公司投资银行总部的主要办公地点在北京,证券研究业务和自营投资业务的办公地点在深圳;公司还拥有两家全资子公司,专注期货业务的华西期货有限责任公司及开展直投业务的华西金智投资有限责任公司。

公司倡导"助你成功,共享成果"的核心价值观,秉承专业化、市场化的经营理念规范运作。多年来,无论市场变幻如何起伏跌宕,华西证券凭着其强大的市场适应能力,一直保持强劲盈利发展势头,是全国少有的连续 7 年持续盈利的证券公司,并已成为中国证券行业具有相当竞争力的生力军队伍。

【联系方式】

地址:四川省成都市高新区天府二街 198 号华西证券大厦
网址:www. hx168. com. cn
电话:028 - 86150061
传真:028 - 86150615
邮编:610041

华鑫证券有限责任公司

华鑫证券有限责任公司是经中国证券监督管理委员会批准,于 2001 年 3 月在深圳市注册成立的全国性综合类证券经营机构,注册资本 16 亿元人民币。华鑫证券的前身是成立于 1988 年 5 月的西安证券,西安证券是我国西部地区最早成立的证券公司。

华鑫证券共有四家股东,均为实力雄厚、信誉卓著的大型国有企业集团或上市公司。其中控股股东是上海仪电控股(集团)公司,该公司是上海市国资委授权国有资产经营单位。

华鑫证券经营范围横跨证券、基金、期货三大领域,形成了较为完备的金融控股架构。公司是摩根士丹利华鑫基金管理有限公司第一大股东,是摩根士丹利华鑫证券有限责任公司、华鑫期货有限公司的控股股东。

华鑫证券的业务范围包括证券经纪、证券自营、资产管理、投资咨询及财务顾问业务。此外,公司还拥有开放式基金代销业务资格、上证 50ETF 一级交易商资格、股指期货 IB 业务资格、全国银行间拆借业务资格、沪深证券交易所大宗交易、融资融券等业务资格、代销金融产品业务资格,可以为广大投资者提供优质的综合化金融服务。

华鑫证券在全国各地设有分支机构,其中公司下设 3 家分公司:上海分公司、自营分公司、西安分公司,并在北京、上海、西安、深圳、江苏等地拥有 21 家证券营业部。

华鑫证券成立以来,秉承"规范、专业、创新"的企业文化,倡导"以不断提升客户价值增长为导向,持续创造健康财富"的核心价值观。公司以人为本,求真务实,关爱员工,和谐发展,努力打造一个人才培育、成长、创新的良好平台,吸引了各方优秀人才的加入。

华鑫证券立足中高端市场,全力打造"鑫智汇"证券理财品牌,为投资者提供差异化、特色化的专业服务。公司构建了立体化投资咨询服务体系,借助金融资讯专用平台,为客户提供证券研究、投资评级、智能化数据分析和选股决策等精准服务，引领价值投资，全方位满足客户多元化理财需求。

华鑫证券偕同摩根士丹利华鑫基金、摩根士丹利华鑫证券、华鑫期货，致力于为客户提供优质的金融服务，为中国资本市场发展做出卓越贡献，为股东带来持续回报，为员工创造发挥才能、实现价值的机会。公司将紧紧抓住中国资本市场改革开放带来的机遇，从容应对挑战，推动公司建设成为勇于创新、特色服务、品牌卓越的专业化金融机构。

【联系方式】

总部地址：深圳市福田区金田路 4018 号安联大厦 28 层 A01、B01(b)单元

邮政编码：518026

联系电话：0755－82083788

网址：http://www.cfsc.com.cn

公司各分支机构联系方式及地址：

上海分公司

电话：021－64339000

地址：上海市徐汇区肇嘉浜路 750 号 4 幢

上海证券自营分公司

电话：021－34638430

地址：上海市闵行区浦江镇浦雪路 329 号 3 楼

西安分公司

电话：029－68680333

地址：西安市莲湖区南二环西段群贤路 6 号西安锦都花园 10202 号

公司各证券营业部联系方式及地址：

上海淞滨路证券营业部

电话：021－56672424

地址：上海市淞滨路 600 号北翼商厦四楼

上海漕宝路证券营业部

电话：021－64514647

地址：上海市徐汇区漕宝路 111 号 3、4 楼

上海茅台路证券营业部

电话：021－62903301

地址：上海市茅台路 596 号

上海斜土路证券营业部

电话：021－64228585

地址：上海市斜土路 1939 号 D 幢裙房一、二楼

上海嘉定证券营业部

电话：021－59915414

地址：上海市梅园路 226 号二楼

上海金山证券营业部

电话：021－57320739

地址：上海市金山区朱泾镇东风路 15 号

上海惠南镇人民东路证券营业部

电话：021－58024374

地址：上海市浦东新区惠南镇人民东路 2881 号

上海武宁路证券营业部

电话：021－62546146

地址：上海市武宁路 1067 号

上海凌河路证券营业部

电话：021－68957328

地址：上海市浦东新区凌河路 269 号(美华国际酒店二楼)

上海松江证券营业部

电话：021－67752822

地址：上海市松江区文诚路 228 号 2 楼

上海龙吴路证券营业部

电话：021－64525078

地址：上海市龙吴路 5555 号

上海莘庄证券营业部

电话：021－64881288

地址：上海市沪闵路 6018 号

上海浦雪路证券营业部

电话：021－34303899

地址：上海市浦雪路 329 号

西安西大街证券营业部

电话：029－87629755

地址：陕西省西安市莲湖区西大街 330 号安定广场一号楼 1、2 层

西安科技路证券营业部

电话：029－68912226

地址：西安市高新区科技路 18 号新科大厦

西安解放路证券营业部

电话：029－87415619

地址：西安市解放路 236 号 6 层

西安群贤路证券营业部

电话：029－88354131

地址：西安市群贤路 6 号

西安阎良红安路证券营业部

电话：029－86846199

地址：西安市阎良区红安路 6 号

深圳深南东路证券营业部

电话：0755－25889969

地址：深圳市罗湖区深南东路 4003 号世界金融中心 A 座 23 层 ABCH 单元

北京车公庄大街证券营业部

电话：010—88306678

地址：北京市车公庄大街 12 号中核大厦二层

常州晋陵中路证券营业部

电话：0519－81199808

地址：江苏省常州市钟楼区晋陵中路 168 号三楼

华英证券有限责任公司

【成立背景】

2010 年 11 月，第三次中英经济财金对话在北京顺利召开，时任中国国务院副总理王岐山和英国财政大臣乔治・奥斯本(George Osborne)就多项商业协定达成一致，其中包括国联证券股份有限公司和苏格兰皇家银行建立合资证券公司的协定。

2010 年 11 月 8 日，中国证券监督管理委员会以证监许可【2010】1564 号文核准设立该合资证券公司，新公司取名“华英证券有限责任公司”。

2011 年 4 月 20 日，华英证券有限责任公司正式成立，注册资本人民币 8 亿元，其中：国联证券股份有限公司出资比例为 66.7%，苏格兰皇家银行出资比例为 33.3%。

【中外股东】

国联证券股份有限公司

国联证券股份有限公司(下称“国联证券”)成立于 1992 年 9 月，前身为无锡市证券公司，2008 年 5 月通过改制更名

为国联证券股份有限公司。如今,国联证券已经发展成为员工超过1.200人,在全国拥有38家证券营业部。

在近20年的发展历程中,公司秉承"诚信、稳健、创新、超越"的企业理念,坚持"以人为本、科学发展"的企业文化,始终保持着对管理体制、经营方式、业务创新和文化培育等方面的建设和革新,成为国内最具活力的新锐券商之一。

2004年,获得全国首批保荐机构资格。

2005年,获得规范类证券公司资格。

2007年,获得创新类证券公司资格。

2008年至2010年,连续三年被评为A类A级券商。

苏格兰皇家银行(RBS)

苏格兰皇家银行(RBS)始建于1727年,总部设在英国爱丁堡,是世界领先的金融服务集团,也是英国最大的银行,其业务遍及全球40多个国家,能够向全球所有客户提供本地知识和全球网络服务。

在中国,RBS已有100多年的经营历史。一直以来,RBS都将中国视为亚洲的核心市场,并向政府机构、金融机构、大型企业以及机构客户提供全面的银行服务,包括融资产品、风险管理及交易、交易类服务以及电子银行平台。

如今,为了一如既往地满足中国客户开展国际业务及国际客户拓展中国业务的需要,RBS将大力拓展中国的批发银行业务和投资银行业务。华英证券的成立将使RBS成为第一家涉足不断扩大的中国证券发行市场的英国银行,进一步健全和完善RBS的中国业务平台,提升为客户提供一揽子融资解决方案的能力,增强RBS作为领先投资银行的市场地位。

【公司战略】

华英证券将坚持"以市场为导向、以客户为中心"的经营理念,建立有竞争力和吸引力的薪酬体制和激励机制,构筑人才体系,提升专业能力,提高核心竞争力,打造专业化的现代投资银行。

在业务条线上,华英证券将建立完整的投资银行业务流程和制度,实现股票融资业务和债券业务全面发展。以成长型中小企业为切入点,培育项目资源,积极开展IPO业务、再融资业务、债券业务和并购重组业务;同时以国际板为契机,借助RBS的优势,介入大型项目市场,实现多层次经营与发展,切实提升公司效益水平。

在业务区域上,华英证券将以区域经济发达的无锡市场作为根据地和大本营,聚焦江苏、山东、浙江等重点市场,积极开拓和储备项目资源,扩大市场份额,提升品牌知名度,并通过人才引进以及其他项目的以点带面,在其他地区及全国范围内不断传播华英证券的品牌,带动其他地区市场项目资源的开拓和储备,并最终将华英证券发展成为全国知名和行业领先的国际化的现代投资银行。

【大事记】

2013年

12月20日,华英证券签约无锡惠山开发区企业债券发行。

12月9日,甘肃省武威市地区首只企业债券"13武威债01"完成发行。

11月1日,华英证券首单并购重组项目许继电气顺利过会。

10月11日,15亿元无锡城市发展集团有限公司公司债券完成发行。

9月25日,华英证券圆满完成鑫科材料9.08亿非公发行。

9月5-8日,华英证券团队及部门以上负责人和优秀员工在江西干部学院学习。

8月29日-8月30日,华英证券举办2013年度新员工培训。

8月1日,改版的公司新网站正式上线运行。

7月29日,公司无锡总部完成内部环境宣传设计和安装。

7月12日,华英证券举办"新政策下的场外市场业务"培训讲座。

7月11日,召开2013年度上半年工作总结会议。

6月28日,公司举行"2013年安全月培训活动"。

5月24日,华英证券举办"定向增发项目发行承销专题"培训会。

5月23日,由华英证券主承销的保税科技2013年公司债券(简称为"13保税债")圆满完成市场发行。

4月17日,华英证券有限责任公司召开了一届三次审计委员会、一届二次风险控制委员会、一届二次薪酬与提名委员会、一届九次董事会、一届四次监事会暨二零一二年度股东会。

3月26日,华英证券举办"债券专题之城投债"视频培训及业务研讨会。

3月11日,华英证券举办"创新产品"培训会。

3月5日,华英证券成功完成"13江阴高新债"发行。

2月26日,华英证券成功完成"13陕有色债"发行。

1月29日,通过公司视频会议系统召开"2012年度总结会议"。

1月23日,由华英证券担任主承销商的江苏金桥盐化集团有限责任公司公司债券"13金桥盐化债"圆满完成发行。

1月10日,华英证券特邀RBS次级债专家为公司全体员工进行"次级债业务"培训。

【联系方式】

地址:江苏省无锡市新区高浪东路19号15层

电话:0510-85200510(无锡)

010-56321800(北京)

021-38991668(上海)

0755-23901683(深圳)

邮编:214028

邮箱:office@huayingsc.com

网址:www.huayingsc.com

金元证券股份有限公司

【公司概况】

金元证券股份有限公司成立于2002年8月,是经中国证监会批准,由首都机场集团公司作为核心股东出资成立的综合类证券公司,是首都机场集团金融板块的核心企业。公司注册资本31.74亿元,开业以来年年盈利,净资本率达80%以上。

公司总部位于深圳,在全国13个省21个中心城市设有29家证券营业部,其中以珠江三角洲、长江三角洲和环渤海经济带为重点,各地区中心城市为辅助,形成了面向全国的立体、多元业务营销网络。同时,公司旗下控股金元期货经纪有限公司和金元惠理基金管理公司,现已形成证券、期货、基金业务良性互动的证券控股集团运作模式。

金元证券坚持“诚信、亲和、创新、志成”的企业精神和“稳健经营、规范管理、风险控制”的经营理念，并将其贯穿于经营管理和客户服务的每个环节，在跌宕起伏的资本市场上实现了较好的业绩，实现连续十年盈利。公司全体同仁以高度使命感、事业心和专业追求致力于为客户提供优质、高效的全方位服务。并努力为繁荣和发展中国证券市场，推动中国资本市场建设进程贡献力量。

【证券经纪业务】

伴随着金元证券的稳步发展，金元证券经纪业务得到快速提升。

营业网点规模从成立伊始的 9 家发展到目前分布在 13 个省市的 29 家，客户资产规模和员工规模均实现了跨越式的增长。

业务特色

■业务覆盖面广　交易品种丰富

金元证券经纪业务牌照齐全，可满足不同投资者的投资需求。金元证券已具有为期货公司提供中间介绍业务资格、融资融券业务资格以及代办股份转让及股份报价转让业务资格等。

■开放式基金代销品种丰富

金元证券代销二十几家基金公司的三百多只基金，涵盖了保本型基金、股票型基金、债券型基金、货币型基金、混合型基金等所有基金品种。

■投顾服务产品创新务实

“金元宝”投顾服务产品：专门针对客户细分需求，由公司投顾团队精心研发的个性化、差异化收费服务产品。

市场策略：集市场观点、操作策略为一体的每日投资参考。

金缘智讯：从每日公开交易数据、每日公司公告中筛选出对股价有重大影响的信息，第一时间发送给客户，以满足客户个股及资讯需求。

智用双赢：研究团队根据市场动态，精心打造进取型、稳健型等极具操作性的市场投资策略，为客户搏击股海提供参考。

■客户服务周到细致

金元证券在业内率先设立了全国统一的客户服务中心，通过网络系统、移动通讯、电话终端等先进技术，以及邮件寄送等多种方式，为客户提供全面、细致、周到的专业化服务。

定期举办投资者教育讲座、股民学校、股市沙龙、投资者报告会，为客户提供理财知识、投资技巧及投资资讯等，与客户共同成长。

快速交易通道“金通道”为客户提供高速行情，实现快速委托。

【投资银行业务】

金元证券具有证券发行上市保荐机构资格、股票发行主承销资格、债券发行主承销资格、财务顾问业务资格、代办系统主办券商业务资格、上市公司股权分置改革保荐机构资格等全部投资银行业务资质。

金元证券投资银行团队熟悉国内外资本市场运作，具有丰富的项目运作经验，在证券发行承销、上市保荐、资产重组、收购兼并、改制辅导等多项业务领域成绩斐然。

金元证券投资银行服务客户遍布全国经济发展地区，分布在电子及信息技术、基础设施建设、能源、交通、有色金属、医药等产业领域，绝大部分客户属于所在地区优势企业和所在行业领先企业。

业务种类

■首次公开发行股票保荐及承销业务

金元证券充分了解客户行业特征、竞争环境，洞悉发展诉求，精心设计发行上市计划，帮助客户通过上市融资实现跨越式发展，达成长远战略目标。

■再融资保荐及承销业务

金元证券协助客户合理设计财务结构及融资计划，发挥自身资源优势为客户安排最适当的投资者，帮助客户以最低成本达成融资目标，实现既定发展规划。

■资产重组财务顾问业务

金元证券洞悉产业发展规律及资本市场运作方式，为重组双方安排合适对象，精心设计完美方案，协调各项工作关系，主导促进重组工作顺利进行，帮助客户实现资源整合和战略配置。

■收购兼并财务顾问业务

金元证券熟悉企业跨越式发展要素及资本交易手段，为并购双方利益充分考虑，设计最优并购安排和策略，主导促成交易成功，实现客户组织再造、规模扩张、发展升级目标。

■企业改制辅导财务顾问业务

金元证券协助客户设立长远发展规划，制定股份制改造计划，辅导建立现代企业治理结构及规范化运作，使客户符合进入资本市场之条件要求，并最终促成发行上市既定目标。

■债券发行承销业务

金元证券熟悉债权融资及固定收益业务运作，结合客户资产负债结构、资金运用计划、发展规划，精心安排设计融资方案，协助客户从企业债、公司债、非公开发行债券、中小企业私募债、可转换债等多业务品种中以最低成本获得发展所需资金，优化财务结构，实现快速发展。

■场外市场业务

金元证券洞悉中小企业发展诉求，致力于多层次资本市场体系建设，为中小企业量身定做资本发展路径，提供新三板等广阔的资本展示平台，提升企业价值。

团队介绍

金元证券汇五洲睿智、集四海精英，拥有一个锐意创新的投行团队，主要业务骨干为来自国内外名牌大学的博士、硕士，具有扎实的理论基础，丰富的经营管理经验，对证券市场和公司管理具有极强的研究能力和实践能力。

目前投行业务在深圳、北京、上海、广州等城市都设有分支机构，拥有一支上百人的投行业务团队，其中保荐代表人达数十名，绝大多数投行从业人员具有硕士及以上学位，多人具有注册会计师或律师专业资格，从业经历丰富，团队专业结构合理。

业务发展

自成立来，金元证券投资银行队伍积极参与国内资本市场的发展，并伴随这个全球近十年来发展最快的资本市场一同壮大。

■为华东重机、台基股份、中联电气、奥维通信、川投能源、新疆城建、湘潭电化等多家上市公司提供了股票 IPO 及再融资保荐及主承销商服务；

■作为主承销商组织实施了首都机场集团公司、山东高速、宝泰隆等数家大型企业的债券发行工作；

■担任南方航空、千金药业、金证科技、兴业聚酯等数十家企业融资副主承销商及上市推荐人；

■担任长江电力、莱茵置业、正和股份、世纪光华、珠江国际、大厦股份等数十家企业资产收购、重组财务顾问；

■担任国电电力、丽江旅游、北方国际等数十家上市公司股权分置改革保荐机构，项目数在全国券商中排名第19位，在同等规模券商中排名第一。

【证券研究所】

公司业务发展的智囊团

金元证券研究所拥有一支具有较强专业素养和研发实力的研究团队，研究人员全部具有硕士以上学位，在各自领域都经历过实业和资本市场的千锤百炼，积累了广泛的资源，并对所覆盖的领域拥有丰富的知识和深刻的理解，因此在洞悉行业大势和挖掘潜在投资标的上能够做到及时而深入。

遵循“专业铸就价值，创新引领研究”的理念

证券研究所在探索和实践中逐渐走出一条有金元特色的研究之路。一直以来，研究所始终秉承“研究创造价值”的理念，对分析师的思想性、实践性和独立性始终提出高要求，凭此为投资者提供有价值的决策依据。证券研究所始终保持研究的独立精神，不人云亦云，独立地挖掘公司价值，为投资者提供具备独特观点的研究报告。

2010年末，《投资者报》对当年所有券商研究所的公开报告的统计分析，金元证券研究报告准确度雄踞业内第二。

2011年，在证券市场一片低迷之时，国内证券四大报之一的《证券日报》针对券商研报进行了一项研究，结果表明金元证券研究所以33.3%的荐股成功率位居榜首。

2011年，金元证券研究所的研究课题获深交所三等奖。“代办股份转让系统引入做市商制度的模式设计”专题研究，对我国经济转型中的多层次资本市场建设的基础性、前瞻性、综合性及政策性研究做出了积极贡献。

2012年，在著名财经网站金融界2012券商金股排行榜中，金元证券研究所以涨幅25.40%雄居第四名。

【投资业务】

金元证券股票投资业务保持着长期稳定创利的良好势头，2003年下半年至2011年底，股票投资收益率年均复合增长率为19.41%，高于同期上证综合指数4.61%的增长幅度，并持续处于同期股票型证券投资基金前20%的水平。其中在2011年，金元证券股票投资收益率处于整个市场前5%的水平。

固定收益业务是金元证券自有资金运营的安全垫，主要投资品种包括：央票、国债、金融债、企业债、公司债、短期融资券、可转换债券和分离式可转换债券等各类品种。投资市场为交易所债券市场和银行间债券市场。交易业务包括现券交易、质押式回购交易和远期债券交易。通过资金面、基本面、债券估值来把握合理的建仓时点和买卖交易时点，选择合适的投资品种，良好运营公司部分自有资金。

【资产管理业务】

金元证券于2011年成立资产管理分公司，成功开发了多个定向资产管理客户，并于2011年12月顺利发行金元1号核心主题集合理财产品。同时，资产管理分公司还积极开展了通道、投资顾问、专项资产管理等业务。根据客户的实际情况，从委托期限、收益预期、风险承受能力、投资限制等多角度出发，为客户度身定制投资方案，从而满足客户对资金的安全性、流动性、收益性的综合要求。

资产管理分公司拥有一支经验丰富的证券研究和投资管理团队，研究范围涵盖宏观策略、行业公司、债券、衍生品和金融工程，通过积极灵活的操作策略，敏锐地捕捉市场机会，为客户创造稳健的收益。同时资产管理分公司拥有一批对客户开发和服务有丰富经验且勤勉尽职的专业理财人士，以团队经验和智慧为客户财富增长提供量身定做的理财产品。

管理理念：专业投资、稳健增值、持续创新、客户至上。

投资策略：把握市场变化趋势，发现价格和价值偏差，结合定量的品种筛选和基本面分析，组建有效的组合投资策略，实现资产保值增值。

【融资融券业务】

金元证券融资融券业务于2012年5月7日取得中国证监会行政许可批复，6月11日正式开展业务。金元证券融资融券业务为客户提供融资和融券交易手段。2012年公司董事会批准的融资融券业务规模为10亿元，公司自有资金充裕，审批流程简洁，交易手段先进，可以满足各类投资者的融资和融券需求。

【联系方式】

地址：深圳市深南大道4001号时代金融中心17层

邮编：518048

邮箱：jyzq@jyzq.cn

全国统一客服电话：400－8888－228

网址：http://www.jyzq.cn

联讯证券有限责任公司

联讯证券有限责任公司（下称“公司”）成立于1988年6月。公司注册资本为5亿元，经营范围为：证券经纪；证券投资基金代销；证券投资咨询；与证券交易、证券投资活动有关的财务顾问；证券资产管理；证券自营；代销金融产品；融资融券；证券承销。

公司股东实力雄厚，在董事会的领导下，联讯证券实施“稳健发展、特色经营”的发展战略，迈入快速发展通道，网点规模和业务范围正在不断扩大。公司现有26家营业部，分布在北京、上海、沈阳、成都、南通、惠州、佛山、揭阳、梅州、潮州、清远、韶关、河源、茂名、湛江、中山、东莞、广州等地区。公司以规范经营为前提，致力于在传统业务中创新，推行“营销、咨询、客服、IT”四位一体的服务模式，组建专业化的投资顾问团队和营销团队，为客户提供差异化、个性化的专业服务，实现财富增值，让客户感受“财富联讯，服务贴心”。

通过创新服务，公司取得良好的经营业绩，历年净资产收益率在全国100多家证券公司中排名靠前。联讯证券的经营特色，以客户利益为中心的服务模式在业内和监管机构均受佳评，经营管理经验和体会在《证券时报》、《证券日报》、《中国证券报》、《上海证券报》、《中国证券》等媒体均有报道和转载。

联讯证券将坚持“诚信、规范、创新、和谐”企业文化，坚守“四个诚信：公司对客户的诚信；公司对员工的诚信；公司对股东的诚信；员工对公司的诚信”。用心服务客户，不断提高服务能力，增加公司信誉和美誉度，创建“联讯证券”百年老店。

【资产管理部】

联讯证券资产管理部是公司实施业务转型的重要平台。资产管理部通过吸收优秀人才，打造了一支具有丰富经验和高素质的专业投资团队，注重产品设计创新，快速响应客户需求，为客户量身制作合适的理财产品并提供专业化、全方位的资产管理服务。

资产管理部目前的业务包括集合资产管理业务、定向资产管理业务和专项资产管理业务。其中，集合资产管理业务

可以为多个客户提供现金类、固定收益类、权益类和定向增发类等财富管理服务；定向资产管理业务可以为单个客户提供证券投资、股权融资、市值管理、融资融券、限售股增值等服务；专项资产管理业务可以为机构投资者提供资产证券化服务。

目前，资产管理团队成员共九人，其中有五人具备三年以上从事资产管理、自营业务或证券投资基金管理业务的从业经历。

其中，资产管理部总经理邓建，从业经历近20年，曾担任多家券商各业务部门负责人，具有丰富的证券从业和团队管理经验。资产管理部副总经理吴明，历任多家券商研究员、资产管理部负责人等职务，曾担任过多个集合资产管理计划的投资主办人，并取得了优异的成绩，有着丰富的投资研究经验。

联 系 人：张 耀

联系电话：0752－2119692

联系邮箱：zcglb@ lxzq. com. cn

【投资研究中心】

投资研究中心成立于2005年6月，为公司授权对发布证券研究报告行为及相关人员实行集中统一管理的部门。

投资研究中心（以下简称"投研中心"）是公司开展证券投资咨询业务的专业部门，配备具备证券投资咨询从业资格的专职人员，以公司网站为主要发布平台，以发布证券研究报告为主要服务手段，以制作、播出视频节目为辅助支持方式，从事面向客户的证券投资咨询服务工作。

投资研究中心涉及到的研究领域包括：

宏观经济、固定收益、市场策略、采掘行业、化工行业、有色金属行业、机械设备行业、电子元器件行业、交运设备行业、证券行业、房地产行业、农林牧渔行业、餐饮旅游行业、信息设备行业、零售行业、食品饮料行业、医药生物行业、信息服务行业、传媒行业、证券投资基金、融资融券。

联 系 人：边 枫、曹宝文

联系电话：010－64408703

联系邮箱：touyan@ lxzq. com. cn

【金融产品零售部】

为适应证券行业创新发展，公司于2012年4月正式成立金融产品零售部，负责公司金融产品代销业务。联讯证券金融产品零售部是公司适应金融产品创新，实施业务转型而成立的部门。金融产品零售部与各合作金融机构充分沟通，结合营销部门及客户需求，为各类客户提供适当的金融产品。金融产品零售部作为公司金融产品提供部门，通过与公司投资研究中心合作，结合市场情况，为公司各营业部及各级营销部门提供金融产品信息，协助组织金融产品知识培训和相关业务培训，逐步提高营业部及营销人员的金融产品服务意识，为客户提供全面财富管理的金融服务。

金融产品服务是现代金融企业服务客户的重要功能，为投资者提供个性化和综合性金融产品服务以满足投资者多样化需求。在金融产品代销业务中，联讯证券构建的"四位一体"的营销服务模式，以适当性管理和客户分类分级为基础，以丰富的产品和标准化的服务为依托，搭建贯穿客户营销和服务全过程的工作流程体系，以适应市场竞争，满足广大投资者的金融服务需求。

联 系 人：丁宁 13910989081

叶进 18930636231

联系邮箱：jrcplsb@ lxzq. com. cn

财务顾问部

联讯证券财务顾问部成立于2011年，立志为企业高效率地利用资本市场提供专业化的咨询服务。联讯财务顾问部汇集了来自各方面的专才，从收购兼并、企业重组、战略规划、投资者关系、股权激励和管理层收购、私募和常年财务顾问等方面为企业提供多方面多层次的服务。

股权激励服务

我们是专业的上市公司股权激励方案设计的本土机构之一，部门及成员曾为包括伊利股份、泰达股份、宝石A、瑞普生物、科士达、嘉寓股份等10多家上市公司和货通达、蒙太因、一鸣电力、盛夏阳光等10余家非上市公司提供服务。

我们可提供包括薪酬激励行业调查、绩效单元贡献分析、激励方式选择、费用摊销预算、额度分配以及全流程申报服务，并对激励效果做持续性的跟踪分析和调查。

市值管理业务

我们不是股评家和经济学家，只是根据近二十余年数据分析的结论，判断各个行业市盈率的未来表现，以此作为上市公司规划增发、收购、回购以及资产重组等资本运营政策的依据。

我们可为客户量身定做面向市值管理的《资本运营规划报告》。目的是为了协助公司构建符合资本市场的管理逻辑，使公司市值能够通过该逻辑，传达给主流人群，理顺公司价值实现的路径。

并购财务顾问服务

我们的团队出身自国内知名证券公司和投资银行，常年从事上市公司兼并收购、资产重组和非公开发行组织业务：

协助公司制定并购规划并寻找、筛选、确定目标公司，拟定初步收购方案；

协助甲方与目标公司或其股东会面，搭建公司与目标公司的良好关系；

组织、协调并与各专业中介机构（如有）对目标公司进行尽职调查并出具尽职调查报告；

协助甲方设计本合同约定收购方案和收购工作所需的其他文件；

应甲方要求，协助甲方对目标公司进行整合。

另外，我们正和国内两家实力雄厚的基金合谋成立并购基金，为以后的并购重组业务扩展渠道。

融资业务

我们利用与境内投资机构的联系和本身拥有的专业人士，为企业在资本市场运营提供咨询、媒介、策划服务。提供企业融资过程中政策、财务、法律等方面的咨询以及必要的尽职调查服务；协助编制融资方案，帮助企业合理配置资源；选择合理的资本运营方式，包括企业内部资产剥离和整合、企业间资产重组等；提供全方位的中介服务，包括资产评估、项目论证以及落实资金等事项。

联 系 人：刘夏、李军、谢孟霖

联系电话：64408701

联系邮箱：liuxia@ lxzq. com. cn

lijun@ lxzq. com. cn

xiemenglin@ lxzq. com. cn

固定收益部

固定收益部是公司重点发展的业务部门，主要开展销售交易等业务。业务开展一年半时间以来，在银行间市场取得了一定知名度，得到了市场成员的认可，已在市场上建立起了广泛的交易对手网络。

部门拥有一支精通业务、敬业奉献、精干高效的业务团队。部门注重不断提升专业化程度和研究创新能力，致力于为客户提供多层次的固定收益类证券服务。在与客户保持长期良好合作关系的同时，积极拓宽业务渠道、维护业务网络，为后续业务的继续发展打开了良好的局面。

联 系 人：居娴

联系电话：010－64408619

【联系方式】

地址：广东省惠州市惠城区江北东江三路惠州广播电视新闻中心三、四楼

邮编：516003

电话：0752－2119391

邮箱：lxzqkfzx@ lxzq. com. cn

平安证券有限责任公司

平安证券有限责任公司是中国平安（保险）集团股份有限公司旗下重要成员，前身为1991年8月创立的平安保险证券业务部，目前拥有平安财智投资管理有限公司、平安期货有限公司、中国平安证券（香港）有限公司、平安磐海资本有限责任公司共四家子公司。凭借平安集团雄厚的资金、品牌和客户优势，秉承"稳中思变，务实创新"的经营理念，公司建立了完善的合规和风险控制体系，各项业务均保持稳健增长，成为全国综合性主流券商之一。截至2012年12月31日，公司净资产85.5亿元，总资产323.3亿元。2013年4月，公司注册资本增加到55亿元。

作为首批具有主承销资格的券商之一，公司投资银行业务凭借在中小企业融资方面的优势，在股票承销与保荐上市、收购兼并等方面成绩卓越，拥有逾百家股权融资和逾百家财务顾问项目的成熟运作经验。2010－2011年股票主承销家数、IPO承销家数、中小板IPO保荐家数、创业板IPO保荐家数排名全国第一，股票主承销规模连续两年占据同业前三强。2012年，投行业务主承销14家IPO及2家再融资项目，发行家数和IPO承销收入均位居行业前三。曾连续四年荣膺深圳证券交易所"中小企业板最佳保荐机构"。

公司固定收益业务各业绩指标稳居行业前列，曾为铁道部以及中铝公司、海螺水泥等数十家大型企业提供长期、优质的债券融资服务。2012年，主承销发行信用债债券42家，市场排名第五，私募发行次级债2家，中小企业私募债8家，主承销200亿12铁道债四期，90亿12平安寿险次级债，30亿12平安产险次级债等超大型项目。银行间债券综合交易量达2万亿，市场排名第四，2010－2012连续三年位列上海证券交易所一级交易商第二名。2012年累计承销国债220亿，位列记账式国债承销团成员（券商类）综合第五名，2008－2011年，连续四年荣获中国财政部颁发"记账式国债承销优秀奖"。

公司经纪业务拥有约1500名专业销售人员，在全国34个城市拥有44家营业部，初步形成立足深圳、辐射全国的服务网络体系。经纪业务积极探索证券产品、技术和服务的改良创新，致力打造高素质的销售团队、专业化的投资顾问团队及客户服务团队，满足客户多元化投资需求。2012年，正式发布安e理财终端通道类产品及服务，为客户提供高效、全面的服务和产品。

公司资产管理业务团队致力提供满足客户需求的产品，运用科学的投资目标管理体系为客户提供专业的资管服务。2012年，凭借稳健的投资风格，资管团队及所管理产品获上海证券报等主流财经媒体颁发综合五星管理人、最佳股票型券商集合理财计划等奖项。2012年底，资产管理规模突破百亿，产品投资业绩稳健良好。

公司融资融券业务致力于打造具有核心优势的资券管理平台，先后获得上交所约定购回创新业务资格、转融通业务试点资格，深交所约定购回业务资格。融资融券业务客户量、业务规模、业务收入逐年大幅增长，深市约定购回业务列行业前三。

公司研究团队致力于为客户提供专业、客观的研究成果，在宏观经济、股票策略与资产配置、大金融、大消费、大制造和新兴产业等研究领域，建立了竞争优势和影响力。股票销售交易团队以研究和专业销售、交易服务为基础，构建专业机构投资者和企业客户的综合金融服务平台，大力开拓大宗交易、质押融资、融资融券等各项创新业务。

公司投资交易业务组建了具有国际水准的对冲投资团队，自主开发交易平台，创造了稳定收益的投资模式，收益率大幅领先市场同类产品，并位列沪深300ETF做市商前两名，占市场流量15%。同时大力发展第三方理财、结构化及衍生产品，为公司提供更丰富的产品服务。

未来，平安证券将继续依托集团综合金融优势，秉承差异化、独特的增值服务理念，持续推进"积累客户、积累资产、创造产品、创造交易"的核心发展战略，以满足客户多元金融需求为宗旨，致力成为国内最专业的证券服务商。

齐鲁证券有限公司

【基本概况】

齐鲁证券有限公司是全国大型综合类券商，员工4800余人，截至2013年12月31日，在全国27个省、市、自治区设有25家分公司、192家证券营业部，控股鲁证期货股份公司、鲁证创业投资公司、齐鲁国际控股公司，参股万家基金管理公司、齐鲁股权交易中心，形成了集证券、基金、期货、直投为一体的综合性证券控股集团。近几年来，公司为全国100多家企业提供股权融资、债券融资服务，实现融资额1000多亿元；服务客户400万，管理客户资产近5000亿元。

【经营状况与市场成就】

公司按照"各种专业化证券业务协同发展"的战略目标，全力推进包括经纪、投行、固定收益、场外市场、资产管理、资本中介、金融创新等在内的全牌照业务体系建设。

经纪业务，从通道服务向财富管理转型。截至2013年底，服务客户近400万，管理客户资产3000亿元。

投资银行业务，拥有包括50名保荐代表人、36名准保荐代表人在内的高素质业务团队，具有丰富的IPO、再融资、债券发行、新三板、并购重组、财务顾问业务开展以及创新融资经验。2013年，完成了"日照债"等22家债券主承销项目，募集资金近200亿元；完成了"北京利尔"等多家重大资产重组项目；新增新三板挂牌项目9家，累计挂牌项目19家，市场排名第3位。

资产管理业务，建立了涵盖现金管理类、货币类、债券类、权益类、量化类等多种类型的产品线。截至2013年底，管理33只集合产品和218只定向产品，资产管理规模1650亿元。

资本中介业务，公司具有融资融券、约定购回、股票质押回购等资本中介业务资格，2013年，累计为6万名客户融资800亿元。

研究业务，公司在农林牧渔、钢铁、TMT产业研究、电力设备与新能源以及大宗品研究等领域处于业内领先水平，农

林牧渔行业研究荣获新财富排名第一名。

创新业务，公司具有利率互换、股票收益权互换等互换业务资格，提高了为客户融资的能力；参与了上交所个股期权全真模拟交易；国债期货业务，公司成为第一批取得套保套利额度的券商之一。

【公司荣誉】

凭借良好的专业能力和业绩表现，齐鲁证券得到了社会各界的广泛认可。公司自 2008 年来多次被山东省政府授予“山东省金融创新奖”、“山东省金融发展贡献奖”，获得中国证券业协会“证券公司投资者教育与服务优秀单位”、上海证券交易所“投资者教育活力奖”、深圳证券交易所“优秀保荐机构奖”、中国证券报“金牛投行进步奖”、“2008 中国民生行动先锋”、“中国金融企业慈善榜卓越贡献奖”、“山东最具爱心慈善捐赠企业”、“十一运特别贡献奖”等荣誉称号。

【大事记】

1. 公司董事长、党委书记李玮当选全国人大代表

公司董事长、党委书记李玮光荣当选第十二届全国人大代表，是证券行业仅有的两名代表之一。

2. 毕玉国出任公司总经理

12 月 8 日，召开公司第四届董事会第四十三次会议，聘任毕玉国先生为公司总经理。

3. 山东省首单资产证券化项目“国泰租赁”获批

12 月底，公司“国泰租赁”获批，是证券公司资产证券化新规发布后证监会批准的第 5 个项目，也是山东省范围内首个资产证券化项目。

4. 公司成为业内首家获准网上开户的券商

公司于 3 月份完成了网上开户系统开发工作，率先试水手机开户。同时，公司同中国证券登记结算公司签署《中国证券登记结算有限公司数字证书认证业务代理及使用协议》，成为业内第一家获得中国结算授权认可网上开户的证券公司。

5. 新三板业务位居行业前列

2013 年，公司推荐“四维传媒”等 9 家企业在新三板市场挂牌，累计推荐挂牌 19 家，新增挂牌家数及累计挂牌家数均位居行业前列，树立了良好的市场品牌。

【联系方式】

地址：山东省济南市经七路 86 号
邮编：250001
传真：0531－68889357
网址：www.easysino.com
融易热线：95538
客服邮箱：95538@qlzq.com.cn
业务邮箱：bgs@qlzq.com.cn
客户投诉：95538@qlzq.com.cn

山西证券股份有限公司

山西证券股份有限公司最早成立于 1988 年，为全国首批证券公司之一。经过二十多年的发展，山西证券已发展成为作风稳健、经营稳定、管理规范、业绩良好的创新类证券公司。2010 年 9 月 20 日，公司上市首发申请获中国证监会发审委审核通过，11 月 15 日正式在深圳证券交易所挂牌上市，股票代码 002500。

公司注册资本 23.998 亿元。发起人股东包括：山西省国信投资（集团）公司、太原钢铁（集团）有限公司、山西国际电力集团有限公司、山西海鑫实业股份有限公司、中信国安集团公司、山西焦化集团有限公司、山西杏花村汾酒集团有限责任公司、山西省科技基金发展总公司、山西信托有限责任公司、吕梁市投资管理公司、长治市行政事业单位国有资产管理中心、山西省经贸资产经营有限责任公司。公司股东资金实力雄厚，经营风格稳健，资产质量优良，盈利能力良好，其构成集中体现了多种优质资源、多家优势企业的强强联合。

公司经营范围为：证券经纪；证券自营；证券资产管理；证券投资咨询；与证券交易、证券投资活动有关的财务顾问；证券投资基金代销；为期货公司提供中间介绍业务；融资融券。

公司各单项业务资格为：网上证券委托业务资格、经营外汇业务资格、开放式基金代理销售资格、全国银行间债券市场成员、全国银行间同业拆借市场成员、中国证券登记结算有限责任公司结算参与人资格、代办股份转让主办券商业务资格、报价转让业务资格和大宗交易系统专场业务资格。

公司与全球知名投资银行——德意志银行合资设立中德证券有限责任公司，其从事的主要业务为股票（包括人民币普通股、外资股）和债券（包括政府债券、公司债券）的承销与保荐；公司全资控股大华期货有限公司，其从事的主要业务为商品期货经纪与金融期货经纪；公司设立直投业务子公司——龙华启富投资有限责任公司，其主要从事的业务为投资管理、项目投资、财务顾问、经济信息咨询等。

公司现有证券营业网点 69 家，期货营业网点 15 家，分别分布在山西各地市、主要县区及北京、上海、天津、深圳、重庆、西安、宁波、大连、济南、福州等地，形成了以国内主要城市为前沿，重点城市为中心，覆盖山西、面向全国的业务发展框架，为八十多万客户提供全面、优质的专业服务。

山西证券多年来一直坚持“诚信、稳健、规范、创新、高效”的经营宗旨，培育务实高效、恪尽职守的工作作风，营造和谐宽松、风清气正的公司氛围，打造公司与客户共同发展的平台。公司始终把谋求股东权益最大化，客户收益最优化和员工价值实现最大化作为企业发展的基本目标，以向客户提供优质高效的金融多元化服务为己任，以自觉维护广大投资者的正当权益作为己责，将制度、技术、管理创新作为企业发展的源动力，不断优化和提升公司核心竞争能力，实现了公司业务的持续快速健康发展，形成了公司自身的经营特色。

公司先后获得山西省政府颁发的“优秀中介机构”、深交所颁发的“中小企业板优秀保荐机构”、中国证监会颁发的“账户规范先进集体”、中国管理科学研究院颁发的“改革开放 30 年中国信用建设特别贡献单位”、中国产品质量协会颁发的“全国第一批国家级征信企业”、新财富评选的“2009 年最具潜力研究机构第二名”及上海证券报评选的“最快进步证券经纪商奖”等荣誉称号；2010 年荣获《证券时报》颁发的“中国最佳区域证券经纪商”称号、“汇通启富”客服品牌荣获“中国最佳经纪业务服务品牌新星”称号、三网分离工作荣获《证券时报》颁发的“金融机构十大 IT 创新案例”称号；2007 年至 2010 年，公司连续四届荣获中国证券市场年会颁发的“中国高成长证券公司”金钥匙奖；《理财周报》2010 年、2011 年主办的“中国券商金方向”评比活动中，公司荣获“2010 年中国最具发展潜力证券公司”奖项和“2011 中国最佳客户服务证券公司”奖励；新财富评选中，公司荣获“2010 年第八届新财富进步最快研究机构”第五名和“2011 年第九届新财富最具潜力研究机构第一名”奖项；公司汇通启富 1 号集合理财产品荣获“2010 年度中国私募基金风云榜最受欢迎的理财产品新秀奖”、研究所荣获“2010 年度中国证券行业最佳伯乐奖——行业研究领先团体

奖";2011 年,公司荣获山西省人民政府授予的"2011 年支持地方经济发展突出贡献奖"和中国证券业协会颁发的"2011 年度证券公司投资者教育与服务优秀单位"荣誉称号,并在上海证券报"第五届中国最佳证券经纪商"评选中,荣获"2011 年度最具成长性证券经纪商"奖项;2012 年,公司荣获华夏时报举办的"第五届中国机构投资者年会暨金蝉奖——2011 最稳健证券公司奖"、在当地证监局主办的山西资本市场评优表彰大会中,公司荣获"山西资本市场优秀证券公司"奖项、在证券时报举办的"中国最佳财富管理机构暨第五届最佳证券经纪商"评选活动中,公司荣获"中国最具特色证券经纪商"和"最佳投顾服务品牌"两项奖项。

未来的山西证券将继续秉承诚信为本、以义制利、专业服务的经营理念,坚持让投资更明白的服务理念,持续丰富公司发展历程中专业化、规模化、品牌化、集团化和国际化的内涵,努力把公司建设成为有特色、有品牌、有竞争力的一流券商。

【联系方式】

地址:太原市府西街 69 号山西国际贸易中心东塔楼

邮编:030002

传真:0351 - 8686667

邮箱:sxzq@ i618. com. cn

投资者热线:0351 - 8686668

上海证券有限责任公司

【公司概况】

上海证券有限责任公司(以下简称"公司")成立于 2001 年 5 月,是由原上海财政证券公司和上海国际信托有限公司证券总部新设合并成立的全国性综合类证券公司。公司注册资本金 26.1 亿元人民币,股东单位为上海国际集团有限公司和上海国际信托有限公司。2005 年 12 月,公司成为全国创新试点证券公司之一。同时,公司也是上海国际集团核心成员企业之一。

公司现拥有各类专业人员 1000 余人,营业网点 56 家,已形成以上海为中心,北京、深圳、重庆、温州、南京、杭州等发达城市为主体的经营网络。公司资产质量优良,业务资格齐备。公司下属现有海际大和证券有限责任公司和海证期货有限公司两家子公司。公司于 2007 年正式受让中富证券有限责任公司证券类资产,实现了经纪业务的快速扩张,进一步推动了公司的战略发展。

公司成立以来,一贯秉承"诚信、专业"的核心价值观,以诚信经营为根本,以专业服务为中心;规范运作、稳健务实、开拓进取、和谐创新;立足上海,服务全国,在市场上树立了良好的企业形象。公司将致力于打造自身经营品牌,走现代金融企业的可持续发展道路,不断做强做大,努力成为国内一流的券商。

【经营范围】

证券的代理买卖,代理证券的还本付息和分红派息,证券的代保管、鉴证,代理证券登记开户,证券的自营买卖,证券的承销和上市推荐,证券投资咨询,资产管理,发起设立证券投资基金和基金管理公司,中国证监会批准的其他业务。

【历史沿革】

上海证券有限责任公司于 2001 年 5 月 8 日由原上海国际信托投资公司证券部和原上海财政证券公司以新设合并方式成立,注册资本为人民币 15 亿元。2008 年 9 月 17 日,经中国证券监督管理委员会核准,公司以利润分配方式增加注册资本,增资后注册资本为人民币 26.1 亿元。公司住所为上海市西藏中路 336 号。目前公司在全国拥有 52 家营业网点。

2005 年 12 月 31 日,经中国证券业协会从事相关创新活动证券公司评审委员会评审,公司获得全国第 15 家从事相关创新活动证券公司资格。

2004 年 9 月,公司与日本大和证券 SMBC 株式会社合资组建成立海际大和证券有限责任公司。2007 年 6 月,公司收购上海实友期货经纪有限公司 100% 股权,现更名为海证期货有限公司。

【公司股东】

股东名称	持股数量(股)	持股比例(%)	备注
上海国际集团有限公司	17.4 亿	66.67	
上海国际信托有限公司	8.7 亿	33.33	上海国际集团有限公司持有上海国际信托有限公司 66.332% 的股权。

【联系方式】

地址:上海市西藏中路 336 号

邮编:200001

电话:021 - 53519888

网址:http://www. shzq. com

邮箱:962518web@ 163. com

客服电话:021 - 962518

太平洋证券股份有限公司

【基本概况】

太平洋证券股份有限公司是一家 2004 年在云南昆明注册成立的全国性综合类证券公司。2007 年,公司整体变更为股份有限公司,并通过规范类券商的评审。同年,太平洋证券 A 股(601099)在上海证券交易所成功上市,成为证券行业第七家上市的证券公司。2012 年 7 月公司注册资本增至 16.53 亿元。

公司以"守正、出奇"为行为准则,追求"宁静、致远"的精神境界,以客户需求为导向,追求股东和社会价值的最大化;以经济效益为中心,追求公司与员工的共同成长。

公司作为在云南本地注册的企业,在省内拥有 18 家营业部,另有 10 家正在筹建,省外经济发达地区拥有 11 家营业部,是云南省内营业网点最多、市场份额最大的证券公司。公司投行业务快速成长,曾获得"深圳证券交易所 2010 年保荐工作最佳进步奖"、"2011 中国区最具成长性投行"多项荣誉。2012 年公司 IPO 主承销业务排名上升至 18 位,首次达到市场前 20 名。公司固定收益业务发展稳健,近几年参与了近百家公司的企业债券发行工作,2011 年度企业债券总承销金额排名第七、企业债券承销数量排名第九,成功跻身全国证券公司前十强的行列。2012 年,公司又成功发行 7 只城投债券,保持了良好的增长势头。

面对创新发展的新形势,证券行业的赢利模式正在从传统的通道业务向财富管理、资产管理业务为代表的综合金融服务转型。为此,公司明确了未来业务发展的目标和方向,即以全新的资管业务为突破口,建立以资管业务为核心的业务体系。公司在保持传统业务稳定增长的基础上,将以组织创新、机制创新和业务创新为基础,优化公司盈利模式、进一步培育核心竞争力,力争成为资产质量良好、收入结构合理,在某些细分市场具有自身特色的证券公司。

【公司荣誉】

2010、2011、2012、2013 年中国证券市场年会金钥匙奖。

深圳证券交易所 2010 年保荐工作最佳进步奖。

“2011 中国区优秀投行评选颁奖”活动中，获得“最具成长性投行”称号。

久联发展非公开发行项目获得 2013 中国区优秀投行最佳再融资项目。

2011 年云南省财贸工会重点工作目标责任制考核一等奖。

2013 年中国最佳区域证券经纪商。

中国人民银行 2011 年度反洗钱先进集体。

【业务资质】

证券经纪；证券投资咨询；与证券交易、证券投资活动有关的财务顾问；证券自营；证券承销与保荐；中国证监会批准的其他业务。

【总体经营情况】

2013 年上半年，公司实现营业收入 22,733.14 万元，比去年同期减少了 8,216.15 万元，减少了 27%。下降的主要原因是受 A 股市场下跌和 IPO 暂停的影响，公司投资收益（含公允价值变动收益）较去年同期下降了 58%；证券承销业务净收入较去年同期下降了 30%。

【证券经纪业务】

公司自成立以来，经纪业务始终坚持立足云南、辐射全国，保持着良性快速的发展势头。公司目前共有 29 家证券营业部，其中云南省内有 18 家证券营业部，上海、北京等一线城市共有 11 家证券营业部，是云南省营业网点最多、市场份额占比最高的证券经营机构。公司计划新设多家证券营业部，目前云南省内已获批营业部 10 家。公司未来将继续扩大云南辖区的网点覆盖面，巩固云南市场的龙头地位。

公司拥有先进和稳定的证券交易系统，依靠先进的集中交易平台，为数十万计的客户提供便利、快捷、安全、高效的交易通道。营业场所的设计符合业务发展趋势，在拥有优良设备和稳定交易系统的基础上实现了低成本运作。公司通过短信平台、公司网站、交易委托系统、客户服务中心等多种渠道，综合运用报刊、网络、宣传材料、培训讲座、手机短信等多种方式，为客户揭示投资风险；公司自主研发的“红珊瑚”系列咨询产品已在投资者之间形成了品牌效应，成为客户重要的投资参考。

近年来，公司经纪业务积极扩展建设营销渠道、改善提升客服质量，市场排名和份额稳步提高。公司根据不同地区的情况区别实行客户经理或证券经纪人制度，多个营业部已建立专业营销团队，规模逐渐扩大。在从事经纪业务的员工中，56% 具有 8 年以上的证券从业经历，经验丰富的员工队伍为公司经纪业务的良性发展奠定了坚实的基础。

【投资银行业务】

公司投行部门秉承研究先行、注重销售、为客户提供全方位的金融服务、培育核心客户的业务理念，通过加强统一管理、实施整体接单、强化后台保障等多种方式确保项目质量，差异化经营实现重大突破。内部流程日趋完善，实现了“发行一批、上报一批、承做一批、储备一批”的良性循环，2010 年至今创造了过会率 100% 的成绩，完成了 30 多家公司 IPO、在融资、债券发行、重大资产重组项目，在环保、软件等行业细分市场影响力不断增强。2012 年公司 IPO 主承销业务排名上升至 18 位，首次达到市场前 20，体现出公司投行在大环境不佳情况下的相对增长。2013 年上半年实现净收入 4,001.54 万元，比去年同期降低了 40%。其中完成主承销债券项目五个，实现债券承销净收入 3,936.54 万元，同比增长了 74%；财务顾问收入 65 万元。公司也因投行业务优异的成长性而获得“深圳证券交易所 2010 年保荐工作最佳进步奖”，在“2011 中国区优秀投行评选颁奖”活动中，获得“最具成长性投行”称号，并连续三年获得“中国证券市场年会金钥匙奖”。

投行主要项目：

主板 IPO：骆驼股份

中小板 IPO：三元达、富春环保、瑞和装饰、龙泉管道

创业板 IPO：盛运股份、经纬电材、南大光电

主板再融资：宁波韵升、新赛股份、鑫科材料

中小板再融资：伟星股份、德豪润达、众和机电、久联发展、丽鹏股份

重大资产重组：华孚色纺、天津松江

【资产管理业务】

资产管理业务的发展是一家证券公司综合竞争力及品牌影响力的重要体现，是改善公司收入结构、保持公司可持续增长的重要环节，也是实现公司总体发展目标和战略的重要保证。面对目前证券行业创新发展的新形势，公司确立了未来业务发展的目标和方向，即以全新的资管业务为突破口，建立以资管业务为核心的业务体系。以资管业务为切入点，各部门分工合作，打造企业投融资—资管产品设计—产品销售投融资产业链，有效连接、满足客户投融资需求。随着业务体系的重建，公司所有业务将相应地创新转型并整合资源，逐步形成以资管业务为核心的竞争力。

公司经过 2011 年的整体筹划和准备，于 2012 年 3 月 19 日正式取得资产管理业务资格，在取得业务资格后，公司成立了资产管理总部，并在上海、北京均设有机构点，以便于更好地为业务发展拓宽市场渠道。2012 年 9 月，公司正式推出了第一个资产管理计划产品。截至 2013 年 6 月底，资产管理总部发行产品累计规模 71.8 亿元，已成功发行 16 只定向资产管理计划和 4 只集合资产管理计划。集合产品分别为 1 只混合投资产品、1 只债券分级产品、1 只现金类产品和 1 只其他类型投资产品。

【证券投资业务】

证券投资总部在公司董事会、投资决策委员会授权及领导下，具体负责股票、债券、基金、权证及各类衍生交易品种的投资业务，并接受公司风险管理委员会的监督。

证券投资部门始终秉承价值投资理念，运用稳健的投资策略。面对多变的证券市场，公司证券投资部门深入分析经济、政策、市场的变化特征，通过对市场走势的预判，确定了相应的操作计划，并根据市场变化，及时调整操作思路，加强了对债券和基金的投资力度，将仓位保持在相对安全的区域。风险控制部负责对部门的投资行为进行事前监督、事中监控及事后评估，防范及控制自营投资风险，在合规操作的前提下确保投资策略的有效实施。

【固定收益业务】

近年来，我国债券市场持续快速发展，公司固定收益部抓住国家鼓励地方政府利用融资平台发债的机遇，大力拓展城投债业务。

2010 年，公司城投债业务处于起步阶段，成功发行辽源债、楚雄债和红河债，为支持地方经济建设做出了贡献，并培养了一批技术娴熟的业务骨干。

2011 年公司成功发行了山西临汾、黑龙江绥化、陕西汉中、江西景德镇、辽宁辽阳、吉林通化和黑龙江双鸭山 7 只城

投债，根据万德数据统计，公司2011年度企业债券总承销金额排名行业第七、企业债券承销数量排名第九，成功跻身全国证券公司前十强的行列。

2012年，公司又成功发行了来宾、双流、佳木斯、江阴、白山、辽阳和长沙先导7只城投债，取得了较好的成绩。

【研究咨询服务】

太平洋研究院专门从事与证券业务相关的宏观、行业、策略、金融产品及财富管理的研究，致力于发现证券市场的投资机会，力争为投资者提供专业、及时和公允的投资建议，以帮助投资者取得更好的投资回报为己任，同时为本公司经纪、投行、自营、资管、固定收益等业务提供研究支持。

太平洋研究院总部设在北京，下设宏观策略研究部、行业公司研究部、金融产品研究部和销售服务部，研究覆盖宏观经济、市场策略、行业公司、金融产品及财富管理等领域，汇集了一批专业素质高、市场经验丰富的研究人才，形成了一支精干、高效、实力较强的专业化研究团队，具备了较为完善的研究产品序列，能够满足各类投资者对研究服务的需求。

太平洋研究院研究业务近年来不断得到业内认同，在《投资者报》2010年券商研究报告准确度排名中，研究院获得第一名。

【直投业务】

2012年5月，太证资本管理有限责任公司正式成立。作为公司的直投子公司，太证资本管理有限责任公司致力于对成长期及上市前阶段的本土企业的股权投资事业，在北京、上海等地设有办事处。

太证资本以国家的宏观政策和产业政策为基点，重点关注现代农业、先进制造业、节能环保、消费医疗、数字商务、高科技、新材料、新技术等领域。太证资本依托实力雄厚的母公司太平洋证券，不仅可以为企业提供资金支持和完善的投后管理服务，还可以为企业提供行业资源整合、人才引进、企业改制、资产重组、收购兼并、上市策划等一系列增值服务。

【国际业务】

太平洋证券国际业务部成立于2012年8月，拥有具备丰富境外证券市场投资管理经验的领导团队，秉承公司"守正、出奇、宁静、致远"的企业文化和经营理念，依托对境外市场的深入了解和丰富的操作经验，充分发挥专业人才的优势，矢志为国内企业进行海外融资、并购提供专业化的投融资综合服务。具体包括：为拟赴海外上市企业提供方案设计、协助完成红筹架构的搭建、申请文件准备及境外财务顾问选择等服务；为拟进行海外并购企业提供并购目标选择、价格谈判、方案设计等财务顾问服务，同时从事并购投资。此外，国际业务部为国内机构和高端个人客户投资海外市场提供投资咨询服务，通过对海外市场的深入研究，精心捕捉投资机会，提供针对性强的专业投资方案。

【联系方式】

昆明

地址：云南省昆明市青年路389号志远大厦18层

电话：0871－68885858

传真：0871－68898100

邮编：650021

北京

地址：北京市西城区北展北街九号华远企业号D座三单元

电话：010－88321818

传真：0871－68898100

邮编：100044

上海

地址：上海市浦东南路500号国开行大厦17楼

委托交易电话：0871－68889988，0871－63139999

天源证券有限公司

【公司概况】

天源证券有限公司（以下简称天源证券）成立于2002年12月，2014年1月9日经中国证监会证监许可［2014］69号的批复，广州证券有限责任公司成为天源证券有限公司控股股东。

天源证券注重"以人为本"的管理思想，建立并完善了科学的考核制度和奖惩分明的激励机制，汇聚了一批具有较高专业素质和经验丰富的证券专业人才和资深管理精英。天源证券的营业部主要分布在珠三角、渤海湾、东北、西北等地，布局较为合理。

天源证券秉承"为客户提供优质的金融服务，为股东创造良好的投资回报"的宗旨，稳健经营，规范运作，保证了客户资产安全和公司资产优良。目前，天源证券正处于战略转型期和快速发展期，确立了"在3到5年内，发展成为业务特色鲜明、具有较强竞争能力和盈利能力的国内中等规模券商"的战略目标。天源证券已插上腾飞的翅膀，将展翅高飞。

【企业愿景及使命】

成为业务特色鲜明、具有较强竞争能力和盈利能力的国内中等规模券商。

【企业价值观】

为客户提供优质的金融服务，为股东创造良好的投资回报。

【公司理念】

为客户和员工提供更加优质的服务，创造财富，实现价值。

【公司沿革】

天源证券有限公司前身为三江源证券经纪有限公司。

2001年12月10日，三江源证券经纪有限公司由8家股东单位发起设立。

2006年度，中国南方航空集团公司受让西宁财盛投融资有限责任公司等5家股东单位所持三江源证券经纪有限公司股份，成为公司第一大股东，持股比例为80.47%。

2007年5月28日，三江源证券经纪有限公司更名为天源证券经纪有限公司，注册资本为人民币18,392万元。

2008年8月1日，天源证券经纪有限公司取得基金代销业务资格。

2011年3月1日，天源证券经纪有限公司取得投资咨询业务资格。

2012年3月20日，天源证券经纪有限公司取得证券自营与财务顾问资格。

2012年6月26日，天源证券经纪有限公司更名为天源证券有限公司。

2014年，广州证券有限责任公司通过受让天源证券有限公司80.47%股权，成为公司控股股东。

【营业网点】

营业部	客服电话	委托电话
辽阳新华路证券营业部	0419－2146808	4006543218
本溪东明路证券营业部	0414－2807509	0414－2819288
抚顺东四路证券营业部	024－52782188	024－52780118
盘锦泰山路证券营业部	0427－2818913	0427－2812228
大连庄河新华路证券营业部	0411－89852499	0411－89852999

营业部	客服电话	委托电话
西宁七一路证券营业部	0971－8251119	4006543218
西宁西关大街证券营业部	0971－6107037	4006543218
兰州雁南路证券营业部	0931－2116905	0931－2150888
唐山卫国路证券营业部	0315－2841909	0315－2816666
唐山滦南县中大街证券营业部	0315－4166896	4006543218
长沙三一大道营业部	0731－88210558	
福州交通路营业部	0591－88598686	4006543218
深圳福华一路证券营业部	0755－33029108	0755－33029109
广州华夏路证券营业部	020－28089887	4006543218
东莞胜和路证券营业部	0769－23661988 23663988	4006543218
大通人民路证券营业部	0971－2767668	4006543218
乐都河门街证券营业部	0972－8633199	4006543218

【联系方式】

地址：青海省西宁市城中区西大街 11 号工行三楼

邮编：810001

深圳总部地址：广东省深圳市民田路新华保险大厦 18 楼

邮编：518026

客服热线：4006－5432－18

万联证券有限责任公司

万联证券有限责任公司于 2001 年 8 月 23 日经中国证监会证监机构字[2001]148 号文批准设立，是由实力雄厚的国有资产经营公司和投资公司出资组建的全资国有企业，公司注册资本雄厚，是广东省首家规范类证券公司。

公司经营范围包括：证券经纪；证券投资咨询；与证券交易、证券投资活动有关的财务顾问；证券承销与保荐；证券自营；证券资产管理；证券投资基金代销；为期货公司提供中间介绍业务；融资融券；代销金融产品。

公司总部设在广州市，在广东、北京、上海、湖南、湖北、四川、浙江、福建、江苏、陕西、山东、河南等省市设立了 35 家营业网点，初步形成了以华南为中心、辐射全国的营业网点布局。

自成立以来，公司秉承"诚信、务实、创新、高效"的经营理念，以人为本，稳健进取，深入研究客户需求，致力于将客户利益放在第一位，以高超的专业技能和至诚的服务精神赢得客户信任；深入推进业务的开拓创新，在产品设计、项目运作上追求高质量、低风险；奉行以严格的风险控制为前提、以合理的投资收益为目标的稳健投资策略，建立科学、严谨、高效的业务流程和风险管控体系，追求稳步增长的经营效益。多年来，公司坚持合规、守法经营，构建稳健的业务组合，促使公司长期健康、稳定持续地发展。公司已逐步发展成为运作规范、资产优质、抗风险能力强的全国性综合类证券公司。

展望未来，在广州市政府领导、相关主管部门的关心和支持下，在证券监管部门的指导和帮助下，在董事会及经营班子的正确带领下，公司上下团结一致，齐心协力，认真贯彻中国证监会关于证券公司综合治理的有关文件精神，紧紧围绕广州市区域金融中心建设的战略构想，抓住机遇，凭借"团结、敬业、创新、发展"的企业精神和规范类券商的品牌优势，不断提升营销能力、风控能力、研发创新能力以及企业文化等核心竞争能力，进一步完善公司治理机制，提高管理能力、服务水平，强化风险管理，逐步扩展业务规模和业务种类，进一步优化盈利模式。把万联建设成一个业务上有特色、行业中有影响、经营管理规范、对股东有较好回报、为广大客户提供优质服务的证券公司。

【联系方式】

公司地址：广州市天河区珠江东路 11 号高德置地广场 F 座 18、19 楼

投诉电话：400－8888－133

投诉受理专用邮箱：wlzqxf@ wlzq. com. cn

西部证券股份有限公司

西部证券股份有限公司成立于 2001 年元月，公司注册资本金 12 亿元人民币，注册地陕西省西安市，是全国首批规范类证券公司、第 19 家创新类证券公司。2012 年 5 月 3 日，公司在深圳证券交易所正式挂牌上市。目前，公司在陕西、北京、上海、深圳、山东、江苏、河南、河北、广西、甘肃、宁夏等地区共设有 62 家证券营业部，在上海设有从事自营业务、客户资产管理业务的第一、二分公司和研究发展中心，在北京设有从事新三板业务的北京第一分公司。2008 年 5 月，公司全资子公司——西部期货有限公司正式挂牌成立。2010 年 7 月，公司与纽约银行梅隆资产管理国际有限公司合资设立的纽银梅隆西部基金管理有限公司正式成立。

自成立以来，公司坚持"风控至上"的指导思想和"稳健经营，规范发展"的发展原则，走出了一条审慎经营、规范管理、稳中求先、注重效益的渐进式发展之路，取得了连续十二年盈利的经营业绩，公司业务实现了经纪业务、投资业务、投行业务、研发业务、客户资产管理业务、融资融券业务、基金业务、期货业务的全面发展，新三板业务行业领先。公司现已逐渐发展成为一个经营稳健、制度完善、业务完整、内控良好的中型券商，其资本实力、核心竞争力、管理能力、抵御风险能力和行业影响力不断提升，从而使公司始终沿着最具盈利价值和最具增值潜力券商的轨道前行。

公司在自身发展壮大的过程中，积极支持地方经济建设，努力推进区域多层次资本市场发展，同时热心参与公益事业，为救灾及社会慈善事业积极捐款，以高度的社会责任感回馈社会。公司近六年来(2007－2012 年)累计上缴国家税金 20.91 亿元，多次获得陕西省、西安市"支持地方经济发展成绩显著金融企业"和陕西省、西安市纳税先进单位等称号，得到了社会各界的广泛认可和赞誉。

【联系方式】

地址：西安市东新街 232 号陕西信托大厦 16－17 层

邮编：710004

客服电话：95582

网址：www. westsecu. com

西藏同信证券有限责任公司

【公司概况】

西藏同信证券有限责任公司原名西藏证券经纪有限责任公司，前身为西藏自治区信托投资公司(以下简称"西藏信托")证券部。2000 年 3 月，根据国务院关于信托与证券分业经营管理的要求，公司经中国证监会核准成立，注册资本人民币 6000 万元，由西藏信托全资控股，实际控制人为西藏自治区财政厅。2006 年底，公司进行改制并通过增资扩股引入郑州宇通集团成为公司第一大股东，注册资本增至人民币 2 亿元。2010 年，西藏自治区投资有限公司(以下简称"西藏投

资")承接公司原股东西藏信托的全部股权划转,至此宇通集团持有公司70%股权,西藏投资持有30%股权。

公司改制后规模及综合实力实现了跨越式发展,经纪业务的市场占有率逐年提升,复合增长率位居行业前茅;2012年2月,经过中国证监会的批准,公司完成了新一轮增资扩股,注册资本由2亿增加到6亿,资本实力得到进一步提升;2012年3月,公司收购了上海久恒期货经纪有限公司95.5%股权,为进一步拓展业务范围奠定了基础。

截至2012年8月,公司营业网点由2007年的5家营业部发展到遍及全国13个省、自治区、直辖市的31家营业部和3个分公司;公司的业务资格由原来单一的经纪业务发展为包括经纪业务、证券投资基金代销、证券自营、财务顾问、证券投资咨询、证券资产管理、证券承销等综合业务类型。

【业务资格】

证券经纪;证券投资基金代销;证券自营;与证券交易、证券投资活动有关的财务顾问;证券投资咨询;证券资产管理;证券承销业务。

【发展历程】

2000年3月,根据国务院关于信托与证券分业经营的原则,公司经中国证监会核准成立,注册资本人民币6000万元。

2006年12月,根据公司的发展战略规划和监管部门的要求,公司完成了改制并进行了增资扩股,引入民营资本郑州宇通集团有限公司作为战略投资者,以现金方式向公司增资1.4亿元人民币,增资后,公司注册资本增至人民币2亿元。

2008年1月,公司全面完成客户账户的规范工作,并通过西藏证监局的验收,为全国第一家通过验收的证券公司。

2008年10月,中国证监会发文,对在账户规范工作中表现突出、做出优异成绩的先进集体和先进个人进行了表彰,公司被评为证券市场账户规范工作先进集体,公司成都营业部的柜台主管陈莉同志被评为先进个人。

2009年12月,公司由"西藏证券经纪有限责任公司"更名为"西藏同信证券有限责任公司"。

2010年3月,上海分公司完成筹建工作,并正式开业。

2010年11月,根据中国证监会批复,批准西藏自治区投资有限公司承接公司原股东西藏自治区信托投资公司的全部股权划转,折合公司30%股权,6000万元资本,股东西藏自治区信托投资公司变更为西藏自治区投资有限公司。

2008年、2009年以及2010年,公司连续三年在证券公司分类评级中获得A类A级。

2012年2月,经过中国证监会的批准,公司完成了增资扩股的工作,将公司注册资本由2亿增加到6亿,增强了公司的资本实力。

2012年3月,公司完成了收购上海久恒期货经纪有限公司95.5%股权的相关工作,为进一步拓展业务范围奠定了基础。

2012年9月,河南分公司完成筹建工作,并正式开业。

2013年10月,福建分公司完成筹建工作,并正式开业。

2013年11月,公司向西藏银行借入期限为6年的五亿元次级债,为公司进一步发展提供资金支持。

【联系方式】

地址:上海市闸北区永和路118弄24号
邮编:200072
邮箱:xzsec@ mail. xzsec. com
网址:www. xzsec. com
客户服务或投诉电话:4008811177

西南证券股份有限公司

一、西南证券概况

"西南证券是一个有理想的企业。西南证券要全力以赴,早日努力实现'四有企业'的新理想。'四有'是指有战略目标;有能力活力;有法规纪律以及有道德责任。"

——西南证券党委书记、董事长崔坚

"全体员工要同心同德,创新发展,提高投资能力,以优异的成绩报答市委市府、股东的充分信任和对西南证券长期不懈的理解和支持!西南证券的明天会更好。"

——西南证券党委副书记、董事、总裁余维佳

西南证券成立于1999年,注册资本23.23亿元人民币,是唯一一家注册地在重庆的全国综合性证券公司,也是中国第九家上市证券公司和重庆第一家上市金融机构。公司现有员工近2000名,在北京、上海、深圳、成都、重庆、南京、杭州等地设有17个投行业务部门,并获批在全国24个省和直辖市设立86家营业网点。公司经营范围包括证券经纪,证券投资咨询,与证券交易、证券投资活动有关的财务顾问,证券承销与保荐,证券自营,证券资产管理,证券投资基金代销,融资融券,代销金融产品,为期货公司提供中间介绍业务。公司设立了西证股权投资有限公司和西证创新投资有限公司两家全资子公司,分别从事直接股权投资业务和证券自营以外的投资业务,注册资本均为6亿元;拥有重庆股份转让中心有限责任公司53%的股权,成为全国首家控股地方股权交易中心的券商;拥有全国排名前十的银华基金管理有限公司49%的股权,为其第一大股东;全资拥有西南期货有限公司;获得中国证监会批准在香港特别行政区设立西证国际投资有限公司。

西南证券股权结构

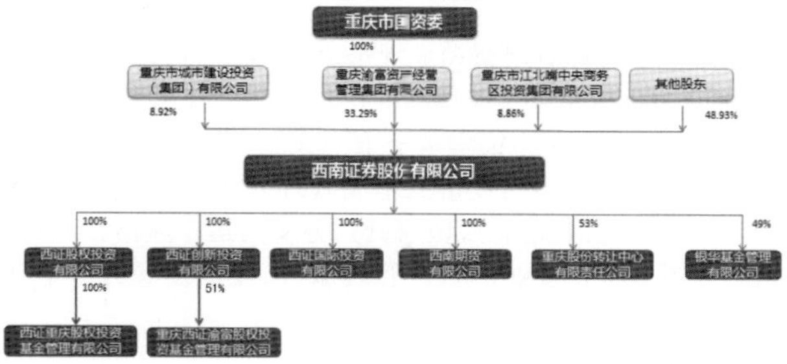

西南证券组织架构

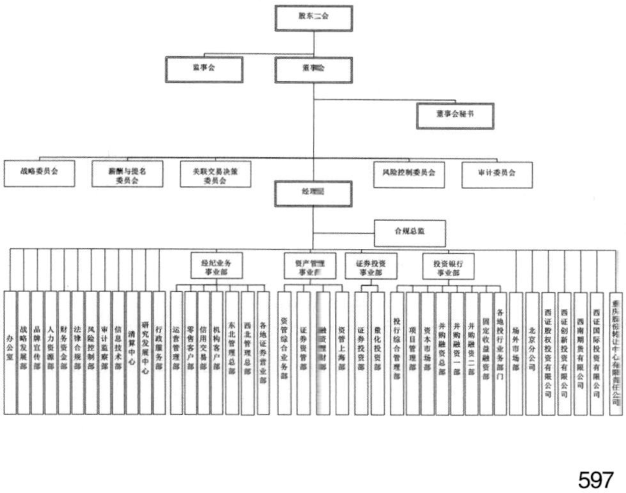

西南证券主要子公司情况

1. 西证股权投资有限公司

公司持股比例	100%
子公司名称	西证股权投资有限公司
法定代表人	余维佳
注册地址	重庆市江北区桥北苑8号8－2
注册资本	6亿元
经营范围	股权投资
注册时间	2010年3月29日
联系电话	023－63786322

西证股权投资有限公司成立于2010年3月，是西南证券股份有限公司旗下唯一开展直接投资业务的全资子公司，注册资本为6亿元人民币，注册地为重庆，是国内第一批券商直投子公司之一。同时，西证股权投资有限公司全资设立了股权投资基金管理公司——西证重庆股权投资基金管理有限公司，其经营范围为股权投资管理、股权投资咨询、发起设立股权投资企业。

2. 银华基金管理有限公司

公司持股比例	49%
子公司名称	银华基金管理有限公司
法定代表人	王珠林
注册地址	深圳市福田区深南大道6008号特区报业大厦19层
注册资本	2亿元
经营范围	基金募集、基金销售、资产管理、中国证监会许可的其他业务。
注册时间	2001年5月28日
联系电话	010－58163000

银华基金管理有限公司成立于2001年5月，西南证券于2011年成功收购海鑫实业持有的银华基金20%股权，累计持有其49%的股份，成为银华基金第一大股东。银华基金作为少数几家同时拥有多项资格的基金管理公司之一，在其成立的13年以来，凭借诚信、规范、稳健、务实的运作风格，致力于为广大投资者提供专业的资产管理服务，逐步发展为一个具有大资金管理能力的综合型资产管理公司。

3. 重庆股份转让中心有限责任公司

公司持股比例	53%
子公司名称	重庆股份转让中心有限责任公司
法定代表人	崔坚
注册地址	重庆市江北区桥北苑8号1－2
注册资本	15,625万元
经营范围	为非上市股份公司股份、有限公司股权以及其他各类权益的登记、托管、挂牌、交易、结算及投融资提供场所和服务。
注册时间	2012年12月4日
联系电话	023－63883859

2009年12月27日，重庆股份转让中心正式成立，成为全国率先成立并首批通过验收的区域性股权交易市场之一。2012年，为进一步增强股份中心市场竞争力、做实服务实体经济能力，重庆股份转让中心启动改制工作。2013年2月6日，股份中心改制完成，注册资本1.56亿元的重庆股份转让中心有限责任公司正式成立，西南证券拥有其53%的股权，成为全国首家券商控股的地方股权交易中心。

4. 西证创新投资有限公司

公司持股比例	100%
子公司名称	西证创新投资有限公司
法定代表人	崔坚
注册地址	重庆市江北区复盛镇正街(政府大楼)2层8间
注册资本	6亿元
经营范围	从事投资业务及相关资产管理；投资咨询服务；企业财务顾问服务
注册时间	2013年4月15日
联系电话	023－67110992

西证创新投资有限公司成立于2013年4月，是西南证券股份有限公司旗下从事非证券类投资业务的全资子公司，注册资本为6亿元人民币，注册地为重庆。同时，西证创新投资有限公司通过收购方式控股了股权投资基金管理公司——重庆西证渝富股权投资基金管理有限公司，从事股权投资管理业务。

西南证券业务范围

西南证券具有较为齐全的业务资格，除拥有《经营证券业务许可证》所列的证券经纪，证券投资咨询，与证券交易、证券投资活动有关的财务顾问，证券承销与保荐，证券自营，证券资产管理，证券投资基金代销，融资融券，代销金融产品，为期货公司提供中间介绍业务等业务资格外，西南证券各项创新业务快速推进，同时还拥有近30项业务资格。

序号	业务资格
1	保险资金受托管理业务资格
2	股票质押式回购业务资格
3	直接投资业务资格
4	全国中小企业股份转让系统主办券商业务资格
5	中小企业私募债券承销业务试点资格
6	证券经纪人制度实施资格
7	外币有价证券经纪业务资格
8	网上证券委托业务资格
9	公司自营业务参与股指期货套期保值交易业务资格
10	公司资产管理业务参与股指期货交易资格
11	债券质押式报价回购业务试点资格
12	约定购回式证券交易业务试点资格
13	开放式证券投资基金代销业务资格
14	参与转融通业务资格
15	新股网下询价业务资格
16	参与利率互换交易资格
……	……

西南证券发展大事记

1. 1999年12月28日，经中国证监会批准，以原重庆信托证券部、原重庆市证券公司、原重庆有价证券公司和原重庆证券登记有限责任公司的全部净资产为基础，联合其他股东共

同发起设立西南证券有限责任公司,注册资本 112,820.99 万元;

2.2006 年 10 月 23 日,经中国证监会批准,中国建银投资有限责任公司、重庆渝富资产经营管理有限公司、云南冶金集团总公司等对西南证券有限责任公司进行了增资,注册资本增至 233,661.56 万元;

3.2008 年 7 月 22 日,经中国证监会核准,中国建银投资有限责任公司将其持有的西南证券有限责任公司 958,713,372元股权转让给重庆渝富资产经营管理有限公司。转让完成后,重庆渝富资产经营管理有限公司成为西南证券有限责任公司第一大股东;

4.2009 年 1 月 20 日,＊ST 长运重大资产出售暨新增股份吸收合并西南证券有限责任公司获中国证监会核准。同年 2 月 17 日,"西南证券股份有限公司"正式成立,注册资本 190,385.46 万元;

5.2009 年 2 月 26 日,西南证券股份有限公司在上海证券交易所挂牌上市,股票简称"西南证券",股票代码"600369.SH";

6.2010 年 8 月 30 日,经中国证监会批复,西南证券向特定对象非公开发行人民币普通股 41,870 万股,共募集资金净额 594,426.10 万元;同年 11 月 2 日,公司注册资本变更为 232,255.46 万元;

7.2011 年 7 月 14 日,西南证券股份有限公司在中国证监会公告的 2011 年证券公司分类结果中,分类评级连续三年获得提升,由 B 类 BB 级提高至 A 类 A 级,正式跻身 A 类券商行列;

8.2012 年 1 月 30 日,经中国证监会批复,核准西南证券股份有限公司增持银华基金管理有限公司 20% 股权,西南证券股份有限公司持有银华基金股权的比例由 29% 上升至 49%,成为其第一大股东;

9.2013 年 2 月 8 日,西南证券股份有限公司完成增资控股重庆股份转让中心有限责任公司,持有 53% 股权,成为行业内首家绝对控股区域股权交易市场的券商;

10.2013 年 9 月 26 日,经中国证监会批复,核准西南证券股份有限公司全资收购西南期货经纪有限公司;2014 年 1 月 10 日,西南期货经纪有限公司更名为西南期货有限公司;

11.2013 年 10 月 10 日,经中国证监会批复,核准西南证券股份有限公司在香港特别行政区设立西证国际投资有限责任公司;同年 11 月,经香港公司注册机构核准,西证国际投资有限公司正式成立;

12.2014 年 2 月,经中国证监会核准同意,西南证券股份有限公司完成向特定对象非公开发行人民币普通股 5 亿股,共募集资金 43.1 亿元。

西南证券各业务板块介绍

(一)经纪业务

西南证券经纪业务主要为客户代理深沪 A 股、B 股、基金和债券等所有合法交易品种的买卖服务,在重庆地区始终保持营业网点最多、交易量最大的龙头地位。2012 年以来,西南证券加快在全国范围内的规模扩张和谋篇布局。截至目前,公司营业部家数已从 2012 年底的 41 家增加到 86 家,届时,公司营业网点将实现对重庆区县的全覆盖,且覆盖的省份(含省、直辖市及自治区)由 16 个增加至 24 个。下一阶段,公司还将有计划地开展在西藏、新疆、广西、陕西、江西、贵州、海南等 7 个省及自治区的布局工作,实现公司网点对全国各省份的全覆盖。

(二)投资银行业务

西南证券是国内首批获得保荐业务资格的券商,投资银行事业部下设十七个业务部门,构筑了以北京、上海、杭州、南京、成都、重庆、深圳七地为辐射核心,覆盖华北、华东、华中、西南、华南、东南等地区的全国服务网络,现有员工 200 多名,其中保荐代表人 50 余人。作为成立最早的投资银行专业机构之一,西南投行恪守诚信、稳健、创新、求精的原则,以客户融资需求为中心、以项目质量为基础,坚持市场化、专业化服务方向,为客户提供全方位增值服务,赢得市场良好声誉。

西南投行实行相互协同的"大投行"运作体系,实现股权、债券、并购三大业务全面、均衡、稳健发展,有效打造投行综合业务实力。近年来,公司投行取得了股权业务稳中有升、债券业务均衡发展、并购业务市场领先的业绩,融资家数、融资金额、承销业务净收入等业务指标处于业内领先水平。

(三)证券投资业务

西南证券的证券投资业务坚持价值投资的理念,重视行业配置和个股选择,通过研究重点行业及上市公司,挖掘行业和个股的投资机会,将主要资金集中投资于蓝筹股;重视仓位控制和优良投资品种的选择,保证稳健的投资收益,结合市场波段优化调整仓位水平和持仓结构。通过控制投资规模和采用先进的风险管理机制和措施,追求风险可控的收益。

西南证券于 2012 年新设量化投资部,其团队成立以来一直积极利用金融衍生品从事国内外权益及固定收益类量化交易,拥有较为丰富实战经验和创新能力。量化投资部一直秉承自主开发的优良传统,通过长年的技术积累,形成了自有的程序化交易平台,以保证公司能快速实施新量化策略,活跃在市场前列。目前拥有权证创设系统、基金做市系统和股指期货套保等系统。

(四)资产管理业务

西南证券资产管理业务是公司"全牌照金融超市"战略发展蓝图中的重要组成部分,目前正处于高速发展期,业务规模、经营业绩已进入行业前列。管理团队拥有丰富的资产管理从业经历与良好过往业绩,秉承"以客户需求为导向"的经营理念,针对各类型客户需求提供个性化的定向资产管理、股权动态管理、投资顾问等专属服务,建立了包含股票投资、债券投资、量化套利等不同风险收益类别的丰富产品线,形成了"稳健投资、复利增长"的投资风格。同时,西南证券新设融资理财部,以实现对实体经济的直接融资,大力支持地方经济的发展。

(五)场外市场业务

西南证券场外市场业务秉承"充分发挥专业优势、打造业务运营模式"的理念,为企业提供改制、重组及财务规范等服务,并向新三板或区域性股权交易市场推荐挂牌,为挂牌公司提供股权转让、定向股权融资、债券融资、转板上市及投资咨询等相关业务。同时,能整合多类资源,为企业提供全方位的融资平台,帮助企业制订资本市场发展战略,使企业能充分利用资本市场发展壮大。2013 年,西南证券取得全国中小企业股份转让系统主办券商资格,新三板进入快速发展阶段;同年,西南证券控股重庆 OTC,推动区域市场发展进入新阶段。

二、西南证券"新气象"

在公司党委、董事会和经营班子的领导下,通过西南证券全体员工不懈地努力,"西证兴盛,员工有幸;西证兴盛,员工有责"的企业文化建设核心价值理念得以逐步形成,"有战略目标、有能力活力、有法规纪律、有道德责任"的"四有企业"目标逐渐清晰并在教育实践活动中积极落实。

2013 年开年以来，在 GDP 增速连续三年下滑、上证指数运行区间连续三年下移、A 股市场震荡起伏的背景下，公司立足实际，积极实施创新转型战略，苦练内功挖潜，兼收并蓄增效，不断优化业务结构和盈利模式，提高公司综合业务能力和投资能力，稳步推进公司有特色有效益的转型升级，并开始取得成效：截至 2013 年 9 月末，公司实现营业收入 12.46 亿元，同比增长 53.44%；归属于上市公司股东的净利润 5.05 亿元，同比增长 149.87%；每股收益 0.22 元，较去年同期增加 0.13 元。截至 9 月底，公司总资产 257.80 亿元，比年初增长 49.39%；净资产 106.94 亿元，比年初增长 2.78%。

具体来看，今年以来西南证券发展呈现的“新气象”体现在以下几个方面：

第一，完成增资控股 OTC。西南证券于 2013 年 2 月完成重庆 OTC（即重庆股份转让中心有限责任公司，其主要指标居全国前列）的增资控股，以 8281.25 万元占其 53% 的股份，成为行业内首家绝对控股区域股权交易市场的券商。2013 年前三季度实现营业收入 1794 万元，其中归属于母公司股东的净利润 524 万元。

第二，基本完成西南期货收购和香港子公司新设。一方面，西南证券全资收购西南期货，已取得证监会批复并完成股权变更，目前公司已全资控股西南期货；另一方面，西南证券香港子公司新设工作，已获得证监会批复。西南期货的收购将会为公司增加新的产品线，延伸公司的产业链，而香港子公司则是公司开展国际业务，连接海外金融市场与国内金融市场，支持重庆地方板块经济发展的优势平台。

第三，筹建西证创新投资有限公司。西南证券于 2013 年 4 月完成西证创新投资有限公司（注册资本 6 亿元）筹建并开始快速出击：一是投入 3000 万元收购“重庆西证渝富股权投资基金管理有限公司”（控股 60%）；二是联合重庆城投、重庆水务资产发起设立产业基金（规模 35 亿元）；三是全面展开集团内外部战略合作，拓展业务。

第四，实施短融券发行工作。西南证券在年初积极启动短期融资券的发行申报工作，并已取得中国证监会和中国人民银行的批准，可在全国银行间债券市场自主发行最高金额达 44 亿元的短期融资券。短融券的顺利发行将会大大提升公司的资本实力，为更好地开展业务打下了良好的基础。

第五，推行营业部改革。西南证券正在推行营业部的改革有三大特点：1. 积极转变发展观念，调整经营模式；2. 扩大覆盖范围，目前获批营业部总数已经从 41 家增加到 86 家，未来公司还将筹建更多的营业部来巩固这种内生增长趋势；3. 抓住市场机遇，探索分公司管理模式。通过推行营业部改革，公司上半年经纪业务业绩喜人。

第六，加速创新业务发展。2013 年以来，西南证券的融资融券业务，约定购回式业务，大资管业务，股权质押回购业务等创新业全面提速，势头良好。这些业务从无至有，从有至优，从优至盛，直接跃入前十强。可以预料，创新业务将会和传统业务一起成为公司发展的助推器。

第七，调整自营管理结构。2013 年以来，西南证券从管理结构、经营额度、经营思路等方面对自营业务做了优化调整。特别是公司创新地将量化投资和自营投资相结合，更好地应对了 2013 年以来的股市波动，提高了收益，防范了风险。

第八，启动财务管理改革。西南证券正向国内一流券商阵营迈进，在这一过程中公司将会面对“如何能更好地管理资金，发挥出资金最大效能”等问题。为了应对挑战，公司目前正积极扎实地推进财务管理改革，把现行会计式财务转向管理型和经营型财务。

第九，推动人力资源管理改革。西南证券启动了人力资源管理体系优化及实施项目，通过对公司人事管理制度、激励制度、薪酬制度等的梳理与重新设计，将对进一步提升组织管理运行效能、调动和激发全员积极性、保障公司高质量创新转型、全面推进“四有企业”建设起到重要作用。

第十，全面开展“解放思想创新转型”大学习、大讨论、大实践活动。自 5 月起，公司全面开展了“解放思想创新转型”大学习大讨论大实践活动，在公司上下掀起了一场“解放思想创新转型”的“头脑风暴”和“行动风暴”，形成了你追我赶、奋勇争先的局面，涌现了大批先进典型，提出了建设“有战略目标、有能力活力、有法规纪律、有道德责任”的“四有企业”新目标，为党的群众路线教育实践活动的开展奠定了坚实的基础。

第十一，以党的群众路线教育实践活动促风气转变、队伍建设、业务发展，高质量推动党的群众路线教育实践活动。自 7 月下旬，公司全面启动了党的群众路线教育实践活动，公司党委按照市委精神，积极、有序、深入推动了各环节规定的工作，并按照市委“快、实、细、新、俭、严”六字要求，快速回应和解决了为员工办好事、办实事的一系列具体事项，高质量召开了民主专题生活会，并积极开展“四风”问题整改，成效显著，受到了市委第十八督导组及《重庆日报》等主流媒体的肯定和关注，是第一批第一家启动教育实践活动的国有重点企业，也是第一批第一家高质量完成教育实践活动走基层民主生活会的国有重点企业，高质量推动了党的群众路线教育实践活动。

第十二，做好对外宣传和品牌文化建设工作。在对外宣传和品牌文化建设方面，双管齐下，还创办了自己的内刊《西南证券月刊》。所有文章都为员工原创，对于上传下达，员工间交流互动起到很大积极作用，增加了员工的凝聚力。鉴于此杂志，西南证券得到重庆国资委主管部门的充分肯定，并首次获得公司企业文化建设奖。

作为连续八年受到重庆市人民政府金融贡献表彰的西南证券，在公司党委、董事会和经营班子的领导下，以“为投资者、客户和实体经济创造价值”为经营宗旨，把诚信作为公司发展最重要的基础，立足重庆，紧紧围绕和服务实体经济，全面推行业务转型和创新发展，牢固树立风险防范意识，加强风控管理，成为重庆和西部金融企业的标杆。西南证券明天会更好！

信达证券股份有限公司

【基本情况】

信达证券股份有限公司是经中国证券监督管理委员会批准，由中国信达资产管理公司（现名中国信达资产管理股份有限公司）作为主要发起人，联合中海信托投资有限责任公司（现名中海信托股份有限公司）和中国材料工业科工集团公司（现名中国中材集团有限公司），在承继中国信达资产管理公司投资银行业务和收购原汉唐证券有限责任公司、辽宁省证券公司的证券类资产基础上设立。公司于 2007 年 9 月 3 日获准开业，9 月 4 日取得《企业法人营业执照》，是金融资产管理公司系统首家设立的证券公司，注册资本 15.11 亿元。2011 年 2 月，公司完成增资工作，注册资本由 15.11 亿元变更为 25.687 亿元。

雄厚的金融集团背景

公司共有三家股东，分别为中国信达资产管理股份有限公司、中海信托股份有限公司和中国中材集团有限公司。

公司股份共计256870万股。中国信达资产管理股份有限公司持有255140万股、占比为99.3265%，中海信托股份有限公司持有1530万股、占比为0.5956%，中国中材集团有限公司持有200万股、占比为0.0779%。

公司的主要出资人及控股股东中国信达资产管理股份有限公司是财政部独家发起的国有独资非银行金融机构，1999年4月20日成立，2010年改制为股份有限公司，注册资本为251亿元。2012年，中国信达资产管理股份有限公司引入全国社会保障基金理事会、瑞银集团、中信资本、渣打银行四家战略投资者，注册资本变更为301亿人民币，四家战略投资者合计持有16.54%股份。

现代企业组织架构及日趋完善的网点布局

信达证券按照现代企业制度建设的要求，建立了完善的组织架构和精简高效、权责明晰的组织管理体系，在北京、上海、深圳、广州、沈阳、成都等30个城市设立了证券服务机构。随着业务的发展，信达证券将进一步完善网点布局，构建更加科学高效的机构网络，使得公司能够在多个层面及时、准确地了解资本市场的信息，把握好市场发展的脉动，为投资者提供更加专业和针对性的服务，实现公司与客户的共同发展。

【经营范围】

公司业务范围齐全，具有证券经纪、证券投资咨询、与证券交易及证券投资活动有关的财务顾问、证券承销与保荐、证券自营、证券资产管理、融资融券业务、代销金融产品业务资格。此外，公司下辖信达期货有限公司、信风投资管理有限公司，开展期货业务、直接投资业务。

【主营业务】

投行业务

投资银行业务几年来陆续完成了建设银行、连云港、开滦集团、信达金融债等40余家企业股票、债券发行的主承销、上市保荐和财务顾问项目，与信达国际一起完成了中国大唐集团新能源公司H股上市项目。近三年，公司债券主承销家数排名行业20名上下。农发行金融债的承销额连续两年位列券商金融债承销中的第一梯队。

经纪业务

经纪业务以技术领先的电子化交易为特色。几年来，公司营业网点不断优化，目前在北京、上海、天津、深圳、辽宁等省市拥有68家证券营业部，股票基金市场份额不断攀升，从7‰达到9‰以上，2012年排名30位。

资产管理业务

资产管理业务受托资产规模达到160亿元，发行的理财产品涵盖了基金宝、主题投资、现金管理、债券、套利等领域，形成了丰富的产品线。先后被《金融理财》杂志评为"2011年度金牌理财成长价值券商"，被《理财周报》评为"2012中国券商"金方向"奖榜单之2012中国券商最佳资产管理团队"。

创新业务

公司的创新业务在2011年引起了业界的震动，在业界首创客户保证金现金管理产品——现金宝集合资产管理计划，拉开证券行业客户现金系统性管理的序幕，在业内产生了积极深远的影响。"现金宝"拥有创新、灵活、高效等多方面的优势，推出后受到市场热捧。在"2011年度中国证券期货品牌价值评选榜"活动中，信达"现金宝"荣获"最佳产品创新奖"殊荣。荣获证券时报"怀新投资杯"中国最佳财富管理机构暨第五届中国最佳证券经纪商评选之中国最佳资管创新产品。

信达期货

信达期货注册资本3亿元，在北京、上海、沈阳、哈尔滨、大连、石家庄及浙江的乐清、金华、富阳、台州、义乌等地设有13家营业部。信达期货拥有上海期货交易所等三大期货交易所的全权会员资格，是中金所15家全面结算会员之一，可开展商品期货经纪、金融期货经纪业务。自成立以来，期货公司一直保持高于行业平均增速10%的业务增长幅度，获得了三大期货交易所的多项荣誉称号。

【企业文化】

公司秉承"崇德精业，诚信为本，规范经营，创新发展"的经营思想，以"客户至上"为经营原则，以"专业创造价值"为核心价值观，通过服务创新、产品创新、技术创新，为客户提供专业、优质高效的服务，坚持与客户共同成长，为社会创造更多的经济和社会价值。

公司以"激情工作、快乐生活"为企业文化的核心理念，积极推进企业文化建设。

【联系方式】

办公地址：北京市西城区闹市口大街9号院1号楼
信达金融中心

邮政编码：100031

客服电话：400－800－8899

公司网址：http://www.cindasc.com

中信建投证券股份有限公司

【基本情况】

中信建投证券成立于2005年11月2日，是经中国证监会批准设立的全国性大型综合证券公司。公司注册地为北京，注册资本为61亿元，在全国29个省、市、自治区设有175家证券营业部，并设有中信建投资本管理有限公司、中信建投期货有限公司、中信建投（国际）金融控股有限公司、中信建投基金管理有限公司等四家子公司。公司拥有近350万客户，客户资产规模达3000多亿元。在为政府、企业、机构和个人投资者提供优质专业的金融服务过程中，公司建立了良好的声誉，连续三年被中国证监会评为目前行业最高级别的A类AA级证券公司。

中信建投证券拥有实力强大的股东背景，北京国有资本经营管理中心、中央汇金投资有限责任公司、世纪金源投资集团有限公司与中信证券股份有限公司均为拥有雄厚资本实力、成熟资本运作经验与较高社会知名度的大型企业。

经相关监管部门批准，中信建投证券的主要业务范围包括：证券承销与保荐、证券经纪、与证券交易和证券投资活动有关的财务顾问、证券投资咨询、证券自营、证券资产管理、证券投资基金代销、为期货公司提供中间介绍业务、融资融券业务、代销金融产品业务以及中国证监会批准的其他业务。

自成立以来，中信建投证券各项业务不断发展，在企业融资、固定收益、收购兼并、证券经纪、资产管理、基金销售与服务等领域形成了自身特色和核心业务优势，并搭建了研究咨询、信息技术、运营管理、风险控制、合规管理等高效的业务支持体系。凭借高度的敬业精神与突出的专业能力，中信建投证券主要经营指标一直稳居行业前列。

【业务资格】

证券经纪；证券投资咨询；与证券交易、证券投资活动有关的财务顾问；证券承销与保荐；证券自营；证券资产管理；证券投资基金代销；为期货公司提供中间介绍业务；融资融券业务;中国证监会批准的其他业务。

【联系方式】

地址:北京市东城区朝内大街 188 号

邮编:100010

邮箱:csc@ csc. com. cn

网址:www. csc108. com

客户服务或投诉电话:4008888108

中国民族证券有限责任公司

一、公司基本概况

中国民族证券有限责任公司(以下简称"公司")成立于 2002 年 4 月,是经中国证监会批准的综合类证券公司,注册地北京市。2013 年,股东政泉控股、乐山国资公司、兵工财务等完成对公司增资后,注册资本 44.87 亿元人民币。总部位于北京市朝阳区盘古大观,是上海证券交易所、深圳证券交易所的会员单位。现有员工近 2000 人,在北京、上海、深圳等 18 个大中省市和经济发达地区设立了 51 家分支机构。

公司业务资质齐全。已取得包括证券经纪、证券投资咨询、与证券交易、证券投资活动有关的财务顾问、证券承销与保荐、证券自营、证券资产管理、融资融券、证券投资基金代销、代销金融产品等业务资格。

公司作为全国银行间债券交易系统成员、交易所债券市场成员、企业债券主承销商、IPO 网下投资者、全国中小企业股份转让系统主办券商、上证 180 金融交易型开放式指数证券投资基金一级交易商、海富通上证周期 ETF 证券投资基金一级交易商、汇添富深证 300ETF 证券投资基金一级交易商,可从事关于中小企业私募债承销、证券经纪人、转融通、约定购回式证券交易、股票质押式回购交易、LOF 基金申购、赎回代理销售、上证基金通、深圳 ETF 申赎、保险兼业代理等业务。

公司始终秉承"诚信、和谐、进取、规范"的企业文化,坚持履行企业公民的社会责任。2013 年提出"让民族证券成为一个真正具有世界级、有尊严、有生产力、有创造力和有责任感的企业"的民族梦,得到公司员工的一致认同。

自成立以来,公司系统获省部级、全国级"工人先锋号"、"五一劳动奖状、奖章"等先进集体、个人荣誉共 130 余个,在证券行业内屈指可数。还先后荣获首届国家理财规划师年会"中国理财行业突出贡献奖"、第九届"中国财经风云榜"—"最佳创新业务券商"、第六届中国证券市场年会"金钥匙奖"等殊荣。特别是 2013 年,在"改革开放 35 周年中外企业文化 2013 上海峰会"上,董事长赵大建被评为"改革开放 35 周年企业文化竞争力十大典范人物"。公司获得"改革开放 35 周年企业文化竞争力优秀单位"奖。在 2013(第五届)责任中国优企业峰会"上,登上了"2013(第五届)中国企业社会责任"100 强榜单,荣获了"2013 中国社会责任典范企业"奖。

二、公司经营状况与市场成就

公司各项业务发展迅速,行业排名逐年上升,自 2006 年以来,公司连续八年盈利,净资产收益率居行业前列,已在行业内形成了具有民族证券特色的业务品牌。

(一)零售业务

公司零售业务是以证券经纪业务为基础,以各地分支机构为载体,重点向非机构类客户提供专业化证券交易服务的基础平台、资源平台和创新平台。零售业务作为公司最重要的基础业务、客户接触点及利润支柱,为近百万客户提供安全、高效、便捷的综合金融业务服务,并一直保持着稳健的发展态势。

根据证券行业转型 + 创新的业务发展趋势,公司对组织架构进行了调整,设立零售业务管理总部作为公司零售业务的组织与管理者,其下辖 51 家分支机构,下设交易运行部、市场营销部、财富中心 3 个一级部门,分别履行分支机构管理与交易运行支持、零售客户服务与营销体系建设、零售客户财富管理等职能,与机构客户部共同构建起了公司完整的客户服务体系。

公司投顾业务从无到有,从零开始发展,不仅成为北京地区首家完成报备工作、全面启动推广该业务的券商,而且成功创建了"民富齐实"经纪业务服务品牌,形成了"民富太和"、"民富中和"、"民富保和"的系列多层次投顾服务产品,投顾团队业务水平进入业内前列,并为未来公司经纪业务向全面财富管理方向的战略转型奠定了较好的业务基础。

2013 年,公司经纪业务平稳运行,继续成为公司重要收入来源,并作为营销平台为公司其他业务开展发挥基础作用。传统通道业务股票基金交易市占率 6.19‰,代理买卖业务净收入总额行业排名第 40 位,较上年第 44 位前进 4 名,非通道业务发展迅速。在业务指标提升的同时,也实现业绩稳步增长。

(二)资产管理业务

公司资产管理业务总部成立于 2008 年,主要为中高端客户提供优质的投资管理服务。资产管理部秉承"全心专注为每一份信赖"的品牌理念,始终将客户利益放在首位,以规范的经营、严谨的投资管理、严格的风险控制,并通过不断的业务开拓与创新,给客户带来稳定、持续的投资回报。

资产管理业务包括定向资产管理业务及集合资产管理业务两大类,不断扩大规模,丰富和完善产品线,努力提高产品收益率,取得规模和收入双丰收。截至 2013 年 12 月,集合资产管理产品达到 5 只,规模达到 11.46 亿元;定向资产管理业务规模 631.08 亿元;资产管理业务总规模 643 亿元,在 92 家统计券商中排名第 25 位,收入排名较上年上升 5 位,在 97 家统计券商中排名第 28 位。集合产品投资收益率取得佳绩,5 只产品均为正增长,尤其是"民族金港湾 1 号"全年累计收益率达到 10.16%,在券商 107 只同类产品中排名第一。

(三)证券投资业务

证券投资业务秉承集中领导、科学决策、分级管理、严格监督的投资理念,运用专业化投资手段,为公司创造更大收益。2013 年抓住市场机会,稳健操作,取得远超市场的收益率水平,为公司在行业内和客户中树立了良好投资品牌。

截至 2013 年末,股票自营业务收入 2,506 万元,规模资金收益率 25.06%,而同期沪深 300 指数涨跌幅为 -7.65%,与券商资管同类产品比较,投资收益率在 251 只产品中排名第 21 位,稳居前十分之一。

(四)固定收益业务

公司固定收益业务范围涵盖债券投资、债券销售交易和理财投资顾问等,是公司的传统支柱业务之一,也是公司利润创造的核心。始终坚持专业、高效、稳健、创新的投资理念,以科学有效的风险管控能力为依托,实现公司自有资金的保值增值,并为客户提供一流的金融增值服务。

固定收益业务规模资金收益率 15.88%,远高于同期中债财富指数(1.05%),同期中长期纯债型开放式基金总回报率最高 5.39%,业绩大幅跑赢市场。

投资顾问业务范围涵盖银行理财产品、信托产品等,先后与国有大行、城商行、信托公司等金融机构合作,产品业绩名列前茅,投资管理能力广受业内好评。近年来,固定收益团队凭借优良的业绩，获得了银行间市场成员的广泛认可，建立了长期的业务往来，在市场赢得了良好声誉。

（五）信用业务

信用业务是公司重要的创新业务之一，其致力于建立连通货币市场和证券市场的服务平台，为投资者提供融资、融券、证券出借、股票质押类融资等多种信用金融服务，以满足投资者多元化的投融资需求。

业务团队由一批具备高学历、海归背景、丰富从业经验的专业人才组成，做事勤劳务实、灵活高效，秉承“专心专业，同心同赢”的服务理念，用心为投资者提供专业的服务，让投资者实现财富增值，短短一年间不仅取得了融资融券、股票质押回购式交易、约定购回式证券交易、转融通等多项重要创新业务资格，并且各项业务上线后发展迅猛，尤其是融资融券业务，业务规模增长速度在业内名列前茅。

信用业务规模爆发式增长，有效支撑了经纪业务并迅速成为公司新的利润增长点和竞争优势。截至2013年年末，融资融券余额31.15亿元，在开展两融业务83家券商中排名第24位，远超年初预算目标。信用业务开展一年多的时间，业务范围从起步到融资融券、约定购回、股票质押和转融券等业务种类齐全，业务总规模从零到36亿元，实现了超预期的跨越式发展。

（六）投资银行业务

公司为全国首批注册登记的保荐机构。投资银行总部自2002年成立后实行集中统一、专业化分工协作的管理体制，遵循项目承做、质量与风险控制相分离的原则，实行统一立项、统一质量监督、统一风险控制的运作模式，并适应保荐制度的变革及时调整业务流程和管理体制，能够为客户提供全方位、完善的保荐承销和财务顾问业务服务。具有全国中小企业股份转让系统主办券商业务资格（新三板），以及中小企业私募债券承销业务资格。

投行业务经过几年的发展，取得了长足进步，正逐步树立起民族证券的“精品投行”品牌形象。从初期的分销业务开始，逐步扩展到IPO、再融资、债券等发行的保荐与承销、以及并购重组等投行核心业务领域。截至2013年末，公司先后完成了38个保荐、主承销、财务顾问及新三板项目。其中，IPO项目9个，上市公司股权再融资项目8个，债权融资项目11个，上市公司财务顾问项目8个，新三板项目2个；储备项目若干。

2013年，投行业务积极应对政策环境压力，拓展收入渠道，在IPO暂停和发改委债券发行审核政策调整的环境下，成功发行了天康生物非公开发行股票项目、金刚玻璃非公开发行公司债项目、国中水务非公开发行股票项目、池州平天湖企业债项目，其中国中水务项目是公司历史上第三单募资金额超10亿元的股权融资项目。

投行业务多次实现行业首创，公司承做的“08钒钛债”项目成为国内证券市场首单无银行担保公司债券，“09亿城债”成为首单在深交所综合协议交易平台上市交易的公司债券，2013年成功发行了10亿元次级债，不仅是自公司成立以来首创，也是证监会新规颁布后北京辖区乃至行业内首单。

（七）研究所

公司研究所是一个朝气蓬勃、富有特色、厚积薄发、臻于至善的团队，秉承“研究创造价值、专业铸就成功”的理念，保持“独立、公正、专业、严谨”的研风，致力于打造一支睿智、精干的研究队伍。

研究所广纳贤才，研究人员来自北京大学、清华大学、中国人民银行研究生部、中国人民大学、美国伊利诺伊大学、英国曼彻斯特大学等海内外名校。其中既有经验丰富、眼光老辣的元老耆宿，也有初露峥嵘、蓄势进取的行业新锐。多名研究人员拥有CFA、CPA等专业资格。

研究所下设9个研究小组，涵盖宏观策略研究、行业公司研究、金融工程三大研究领域，力求为客户提供多层次和差异化的服务，同时可根据客户需要量身定做专题研究报告，充分匹配客户的收益与风险，满足不同风险偏好和投资期限的客户需求。

研究所还与清华大学、中国人民大学等国内的知名研究机构、专家建立了长效的联动机制，积极构建全球视野智库，打造国内领先的研究咨询服务平台。

研究所对各业务线服务效果明显，通过路演、视频会议、提供研究报告、联合调研等形式，为公司核心业务提供了有效的研究支持，同时通过对机构客户的服务，树立了公司在业内的研究品牌，荣获2013年“新财富评选”最具潜力研究机构第四名。

（八）信息技术

信息技术方面完成了公司信息系统架构优化改造工程项目，为未来创新业务开展腾出更大空间；完成了CRM系统的体系搭建和推广落地工作；公司电子商务平台完成基础性技术积累，已经具备加速发展和转型的能力；全年完成了约定购回等多个创新业务系统的建设，为创新业务开展提供技术支撑。

三、公司2013年所获荣誉

中国民族证券有限责任公司获得“改革开放35周年企业文化竞争力优秀单位”、“2013中国社会责任典范企业”称号；

公司漳州胜利东路证券营业部获“全国金融系统工人先锋号”、“全国工人先锋号”称号；

公司宁波中山西路证券营业部获“全国金融五一巾帼标兵岗”、“全国五一巾帼标兵岗”、“全国金融五一劳动奖状”称号；

中国民族证券总部工会“全国模范职工小家”称号；

公司信用业务部获第五届全国金融系统“学习型组织标兵单位”、“全国金融五一劳动奖状”称号；

公司上海延平路证券营业部总经理高尚发获“全国职工职业道德建设先进个人”称号；

公司通化新华大街证券营业部获“全国金融系统思想政治工作先进单位”称号；

公司董事长赵大建获“改革开放35周年企业文化竞争力十大典范人物”称号；

公司曾剑光漳州胜利东路证券营业部总经理获“全国金融系统思想政治工作先进工作者”称号；

公司固定收益部总经理陈飞获“全国金融五一劳动奖章”称号；

公司鞍山证券营业部总经理李惠新获“全国金融五一巾帼标兵”称号；

公司济南历山路证券营业部总经理张伟建获第七届全国金融系统“职工之友”称号；

公司财务部赵彦获“全国金融系统职工体育先进个人”称号；

公司零售业务总部交易运行部获“北京市青年文明号”称号；

公司乐山营业部团总支获“四川省五四红旗团支部”称号。

【联系方式】

公司网址：http://www.e5618.com

公司客服电话：40088－95618

中国银河证券股份有限公司

一、公司基本情况

中国银河证券股份有限公司(股票代码:06881. HK,以下简称"中国银河证券"或"公司")是中国证券行业领先的综合性金融服务提供商,提供经纪、销售和交易、投资银行和投资管理等综合证券服务。

2007 年 1 月 26 日,公司经中国证监会批准,由中国银河金融控股有限责任公司作为主发起人,联合 4 家国内机构投资者共同发起正式成立。中央汇金投资有限责任公司为公司实际控制人。公司本部设在北京,注册资本为人民币 75.37 亿元。截至 2013 年 6 月底,公司共有员工 7200 余人。

公司的经营宗旨是:根据国家法律法规、方针政策及国际惯例,致力开拓证券业务,秉承"忠诚、包容、创新、卓越"的企业精神和"客户至上、员工为本"的经营理念,坚持"创造价值、增长财富"的企业使命,倾力打造"一流服务、最佳投行",实现股东长期利益和公司价值的最大化,促进、支持国民经济和证券市场的发展。

公司的经营范围为:证券经纪;证券投资咨询;与证券交易、证券投资活动有关的财务顾问;证券承销与保荐;证券自营;证券资产管理;融资融券;开放式证券投资基金代销;为银河期货经纪公司提供中间介绍业务;代销金融产品业务。

公司旗下拥有银河创新资本管理有限公司、中国银河国际金融控股有限公司和银河期货有限公司。

公司于 2013 年 5 月 22 日在香港联合交易所上市,控股股东为中国银河金融控股有限责任公司。

二、经营情况

公司是中国证券行业最大的经纪服务提供商之一。从 2008 年到 2012 年各年,公司的证券经纪净收益在中国证券业协会的会员中均名列第一。根据中国期货业协会的资料,以 2011 年的佣金及手续费收入计算,公司的期货业务子公司银河期货在中国证券公司所有期货子公司中名列第二,在中国所有期货公司中名列第五。

公司的客户托管证券总市值具有领先的市场地位,于 2012 年 12 月 31 日,公司的客户托管证券总市值约为人民币 1.8 万亿元,市场份额为 7.50%。于 2012 年 12 月 31 日,公司的客户账户总余额约为人民币 332 亿元,市场份额为 5.53%,亦居行业第一。

在中国证券行业中,公司拥有数量最多和分布最广的证券营业网点。于 2012 年 12 月 31 日,公司在中国 30 个省、自治区、自辖市的有利位置设有 229 家证券营业网点,在中国有约 5,573,000 名经纪客户,拥有业内最大的客户群之一。利用证券经纪网络和客户群优势,公司正加速将传统经纪营业网点向提供经纪及理财全方位服务的财富管理中心转型。

公司的销售及交易业务发展迅速。于 2012 年 12 月 31 日,公司融资融券业务余额约为人民币 53.77 亿元,市场份额为 6.01%。于 2013 年 3 月 31 日,融资融券业务余额增至约人民币 96.51 亿元。公司向约 500 户机构投资者客户(包括公募基金管理公司、私募基金管理公司、QFII、全国社保基金、保险公司、信托公司、资产管理公司、财务公司及商业银行)提供证券销售、交易及其他增值服务。于 2012 年 12 月 31 日,公司的股票研究服务覆盖中国 24 个行业超过 400 家上市公司。2012 年,公司获选新财富"最具影响力研究机构"第四名。公司的基金研究中心广受业内认同,且公司的基金分类体系已成为中国基金分类的主要标准之一。

2012 年,公司的公募基金管理公司客户佣金市场份额为 4.65%,排名行业第三。公司致力于在中国不断开发新型证券服务及产品,例如为客户提供短期融资的约定购回式证券交易、为客户提供现金管理服务及短期投资工具的债券及基金质押式报价回购业务、增加市场流动性的流动性服务以及为客户提供流动性的买入转售大额交易服务。

如果包括银河有限参与的项目,截至 2012 年 12 月 31 日公司参与了中国证券市场上募集资金前十大 IPO 项目。如果包括银河有限承销的项目,根据万得资讯,截至 2012 年 12 月 31 日公司主承销 68 个股票融资项目,累计募资金额约人民币 2,030 亿元,包括煤矿采掘业约人民币 546 亿元、金融及保险业约人民币 709 亿元、运输及仓储业约人民币 142 亿元。

以承销金额及承销费用计,公司是中国证券行业的领先债务融资承销商。公司的企业债券承销总金额于 2009 年至 2011 年连续三年位居行业第一,2012 年位居行业第二。根据万得资讯,截至 2012 年 2 月 31 日,包括银河有限承销的项目,公司已担任了 178 个债权融资项目的主承销商,累计主承销项目募资金额约人民币 3,085 亿元。

此外,公司的投资管理业务于 2012 年增长迅速。公司的集合资产管理计划的管理资产总额从 2011 年 12 月 31 日约人民币 18 亿元增至 2012 年 12 月 31 日约人民币 30 亿元。截至 2012 年 12 月 31 日,公司亦已签订 22 份定向资产管理计划合同,其中开展了 10 份合同,管理资产总额约为人民币 130 亿元。

公司现通过香港子公司银河国际控股开展海外业务。银河国际控股拥有在香港提供各种金融证券服务所需的业务牌照,且客户群及收入均快速增加。将银河国际控股作为公司开拓海外业务的首个平台,公司计划在时机成熟时进一步探寻其他海外发展机遇。

自 2007 年起,公司已建立健全的公司治理与有效的风险管理及内部控制体系,以管理公司在证券市场中面临的风险。

三、履行社会责任情况

公司积极投身社会公益事业。2012 年,公司捐建的 2 所希望小学中,宁夏吴忠市银河小学于年内建成,公司在落成仪式上追加捐建一所电教室(服务器 2 台、电脑 31 台及无线网络连接等设备);捐建 24 所偏远山区儿童早教点;与甘肃静宁签订《中国银河定点扶贫静宁县框架协议》,年内向静宁县捐款 100 万元建设"银河小学",捐款 100 万元进行扶贫项目开发;长沙芙蓉中路营业部响应湖南省证券业协会发起的"关于参加送温暖献爱心慈善一日捐"活动,向湖南省慈善总会捐款 2,000 元,为困难群众送温暖、献爱心。

【联系方式】

地址:中国北京西城区金融大街 35 号国际企业大厦 C 座
邮编:100033
电话:4008－888－888(客服电话)
传真:010－66568532
邮箱:webmaster@ chinastock. com. cn

云南白药集团股份有限公司

云南白药集团股份有限公司2012年年度报告摘要

第一节　重要提示

本年度报告摘要来自年度报告全文，投资者欲了解详细内容，应当仔细阅读同时刊载于深圳证券交易所网站等中国证监会指定网站上的年度报告全文。

公司简介

股票简称	云南白药	股票代码	000538
股票上市交易所	深圳证券交易所		
变更后的股票简称(如有)	无		
联系人和联系方式	董事会秘书	证券事务代表	
姓名	吴伟	赵雁	
电话	0871-66324159	0871-66226106	
传真	0871-66324159	0871-66324159	
电子信箱	wuwei@yunnanbaiyao.com.cn	zyan@yunnanbaiyao.com.cn	

第二节　主要财务数据和股东变化

(1)主要财务数据

公司是否因会计政策变更及会计差错更正等追溯调整或重述以前年度会计数据

	2012年	2011年	本年比上年增减(%)	2010年
营业收入(元)	13,686,824,525.57	11,312,322,432.03	20.99%	10,075,437,834.26
归属于上市公司股东的净利润(元)	1,582,515,843.41	1,210,908,666.46	30.69%	926,168,580.36
归属于上市公司股东的扣除非经常性损益的净利润(元)	1,558,570,257.23	1,181,204,760.06	31.95%	925,383,578.46
经营活动产生的现金流量净额(元)	794,948,911.25	-447,788,107.10	277.55%	432,083,884.83
基本每股收益(元/股)	2.28	1.74	30.69%	1.33
稀释每股收益(元/股)	2.28	1.74	30.69%	1.33
加权平均净资产收益率(%)	25.16%	24.29%	0.87%	23.07%
	2012年末	2011年末	本年末比上年末增减(%)	2010年末
总资产(元)	10,663,968,964.98	9,090,918,377.18	17.3%	7,633,056,302.81
归属于上市公司股东的净资产(元)	7,027,296,496.31	5,555,281,890.72	26.5%	4,413,671,848.85

(2)前10名股东持股情况表

报告期股东总数	21,922	年度报告披露日前第5个交易日末股东总数	20,049

前10名股东持股情况

股东名称	股东性质	持股比例(%)	持股总数	持有有限售条件股份数量	质押或冻结的股份数量
云南白药控股有限公司	国有法人	41.52%	288,284,398		
云南红塔集团有限公司	国有法人	12.32%	85,558,086		
中国平安人寿保险股份有限公司-自有资金	国有法人	9.36%	65,000,000		
中国银行-大成蓝筹稳健证券投资基金	国有法人	1.14%	7,890,000		
中国工商银行-易方达价值成长混合型证券投资基金	国有法人	1.07%	7,460,000		
上海浦东发展银行-嘉实优质企业股票型开放式证券投资基金	国有法人	0.95%	6,628,802		
融通新蓝筹证券投资基金	国有法人	0.9%	6,250,000		
YALEUNIVERSITY	境外法人	0.59%	4,072,453		
中国银行-易方达深证100交易型开放式指数证券投资基金	国有法人	0.58%	4,027,868		
BILL&MELINDA GATES FOUNDATION TRUST	境外法人	0.58%	4,000,380		
上述股东关联关系或一致行动的说明	中国工商银行-易方达价值成长混合型证券投资基金与中国银行-易方达深证100交易型开放式指数证券投资基金同属易方达基金管理有限公司，其余股东之间是否存在关联关系或《上市公司持股变动信息披露管理办法》规定的一致行动情况不详。				

(3)以方框图形式披露公司与实际控制人之间的产权及控制关系(略)

第三节　管理层讨论与分析

一、概述

2012年是公司"新白药大健康"战略实施的第二年，是新一届董事会选举产生的第一年，同时也是搬迁到新产业区的第一年。云南白药2012"新起点新征程"主题年会年初在公司总部召开，会议提出2012年，公司将以制造体系改革为突破口、以企业内部组织结构和业务流程重组为切入点，开始云南白药又一次企业再造。

2012年公司全新构建了一个集研发创新、敏捷制造、效率管理、资源聚合于一体的、对市场形成有效支撑的综合服务平台。同时为搭建整个平台配套推行全面绩效管理，在公司总部、制造体系进行薪酬绩效改革。通过改革，制造系统产能逐步释放、劳动生产率快速提升、内部激励机制有效构建，成为公司稳步发展的坚实基础，与市场营销系统形成了良性互动。

2012年公司实现营业收入136.87亿元，较上年同期的113.12亿元净增23.75亿元，增幅为20.99%；归属于上市公司股东的净利润15.83亿元，较上年同期的12.11亿元增长3.72亿元，增幅为30.69%；各项主要经营指标全面超额完成预定目标，再创历史新高，公司经营规模、资产运行质量、收益率、市值等继续保持健康稳健发展。

二、主营业务分析

1.概述

公司回顾总结前期披露的发展战略和经营计划在报告期内的进展情况

"十一五"期间，公司通过"稳中央突两翼"的产品战略、"以全球资源聚焦中国市场"的研发战略以及"内生性增长与外延式扩张并举，技术创新与销售拉动同步"的发展策略，主要经济指标年均复合增长率保持在30%以上，形成了以药品为基础和根本，健康产品、透皮产品、中药饮片等相关多元化的产品发展格局。进入"十二五"，公司进行了战略转型，确立了"新白药大健康"的发展战略，公司牢抓新医改带来的市场扩容机遇，努力提升管理水平。

在新一届董事会的领导下，2012年公司遵循"新白药、大健康"的战略，为既定的构建一个集研发创新、制造能力、管理效率、资源聚合于一体的、对市场形成有效支撑的综合服务平台而努力，以全方位应对市场的变化。2012年公司完成了整体搬迁、内部资源整合及管理机制重塑和优化，各项工作均取得新进展，主要经济指标继续保持着健康的增长态势。

(一)获得的荣誉

·2012年2月17日，公司荣获昆明市"2011年度纳税优秀企业"称号，公司已连续四年被昆明市政府授予此荣誉。公司亦被昆明市西山区授予2012年度"产业发展先进企业"称号；昆明市高新区授予"昆明高新区2012年度经济发展突出贡献企业"称号；昆明市经开区授予2012年度"纳税优秀企业"称号。

·2012年2月29日，云南省商务厅举办的"云南老字号"授牌大会上，公司(注册商标：云南白药)荣获第一批"云南老字号"企业称号。

·2012年2月22日，云南省首批认定的知识产权优势企业，公司被认定为云南省第一批知识产权优势企业。

·2012年4月22日，由中国企业家俱乐部支持发起，民间智库道农研究院和《绿公司》杂志主办的中国绿公司2012年百强榜单发布，云南白药首次入选其中。

·2012 年 5 月，云南白药连续第四次入选“2012 年度中国上市公司市值管理百佳榜”。

·2012 年 7 月，在由证券时报及中国上市公司协会联合推出的 2011 年度中国上市公司价值评选活动中，云南白药荣获“2011 中国上市公司主板价值百强”（前十强）以及“2011 中国上市公司主板十佳管理团队”两项荣誉称号。

·2012 年 7 月，云南白药在深交所上市公司 2011 年度信息披露考核工作中再次被考评为优秀，这是公司连续第六年被考评为优秀。

·云南白药连续四年入选胡润品牌榜，品牌价值为 79 亿元，排名第 59 位。

·2012 年 8 月，云南白药入选美国《巴伦周刊》评选的中国十大消费品牌榜单，成为其中唯一的本土医药品牌。

·2012 年 10 月，公司当选“2012 中国最佳雇主排行榜医药行业最佳雇主”。

·2012 年 11 月，公司被授予 2011-2012 年全国“讲理想、比贡献”活动先进集体称号。

·2012 年 12 月，云南白药入选世界著名品牌咨询公司 WPP 中国研究机构华通明略发布《2013 年中国最具价值品牌 TOP50 强》榜单，综合品牌价值排名第 26 位，品牌价值 17.43 亿美元。

·2012 年 12 月，云南白药入选全球最大品牌咨询公司 Interbrand 联合《21 世纪经济报道》发布的 2012 中国品牌价值排行榜，是其中唯一的医药企业，排名第 28 位，品牌价值 59.75 亿元。

·2012 年 12 月，云南白药入选由《投资者报》组织评选的 2012 年度“最受尊敬上市公司”榜单，名列第四，并且连续三年稳居前十名。

（二）主要工作

（1）全面推进实施“五统一”。2012 年实现新的“五统一”，统一销售、统一生产、统一采购、统一资金和统一后台管理，整合公司内部各项资源，为公司提高系统运行效率夯实基础。

（2）完成药品事业部与透皮产品事业的整合，重建组织结构，实施“大终端、大商务、大后台”的营销战略；云南省医药公司实现由经营型向服务型的整体转变，提升物流配送能力。

（3）以搬迁为契机，再造制造体系，打造战略支撑平台。制造体系持续变革、推进全面绩效管理，推动全面质量管理，鼓励工艺创新、技术创新和模式创新，搬迁认证、推进产能释放。以高效率、高质量、高柔性、低成本为目标，开展了一系列卓有成效的工作。

雨花分厂已有片剂、胶囊剂、颗粒剂、散剂、丸剂、气雾剂、酊剂、软膏剂、栓剂 9 个剂型、14 个模块通过新版 GMP 认证；七甸分厂已有原料药（灯盏细辛浸膏）（含中药前处理及提取）通过新版 GMP 认证；兴中车间已完成小容量注射剂、中药前处理和提取车间的 GMP 延期认证。

（4）推行全面绩效管理模式，不断提升基础管理和业务运营水平。云南白药与 IBM 公司合作实施的 IBM 管理咨询项目，通过职代会主席团审议，以项目实施为抓手，从组织构架、业务流程、人员配置、奖惩考核等进行全方位的调整，持续梳理、优化标准、工艺、质量、成本、供应链管理、效率提升等工作。

（5）内部控制体系有效实施。公司聘请内控咨询机构重新梳理并细化了内控制度和流程，对已有的内控体系进行了相应的维护和更新，初步形成了保证生产、经营、资产、人力资源、资本、科研、行政管理等各项工作安全运行，能够有效实施风险控制、识别、防范、计量、评估、检测和缓释的内部控制体系。公司预算管理工作全面展开，通过完善、优化预算管理制度，规范各单位业务运作，提高资金运营效率和效益。公司开发的“集团资金预算电子化管理系统项目”及“资金集团化管理系统项目”相继投入运行，大幅度提升了公司的资金管理水平，对公司战略形成了强有力的财务支撑。

（6）人才培训逐步专业化、系统化，针对不同层次、不同领域的人员开展培训工作，提高全员素质，适应公司发展需要。

（7）深入推进信息化建设。资金预算、生产、采购、办公等逐步实现信息化管理。

（8）社会责任的践行。百年的峥嵘历练和医药文化精粹的积淀造就了云南白药“传承文化、超越自我、济世为民”的社会责任理念。2012 年，公司继续将这一理念的精髓发扬光大，不断将其贯穿并融入公司管理与运营之中，以塑造更加阳光和具有包容性的企业形象。公司将自身发展与社会协调发展相结合，持续完善企业社会责任管理体系，悉心倾听利益相关方的声音，重视与利益相关方、社会、环境保护、资源利用等方面的健康平衡发展。公司围绕推动和实现可持续价值增长的经营理念，进行了许多积极的探索，做了大量颇具实效的工作。详见公司《2012 年度社会责任报告》。

公司实行事业部制，按事业部的经营业绩列表

单位：万元

公司名称	营业收入			净利润		
	2012 年 1-12 月	2011 年 1-12 月	增长%	2012 年 1-12 月	2011 年 1-12 月	增长%
省医药有限公司	835,609	699,475	19.46	21,358	17,591	21.41
药品事业部(含透皮部)	369,199	308,683	19.60	98,725	74,360	32.77
健康事业部	176,084	120,925	45.61	36,320	21,864	66.12
原生药材事业部	35,034	24,998	40.14	592	1,182	-49.92
海外业务部	5,586	2,642	111.44	402	811	-50.43

公司实际经营业绩较曾公开披露过的本年度盈利预测低于或高于 20%以上的差异原因

□适用　　√不适用

2.收入

说明：报告期公司实现营业收入 1,368,682 万元，较上年的 1,131,232 万元增加 237,450 万元，增长 20.99%，其中主营业务收入 1,363,935 万元，较上年的 1,124,766 万元增加 239,169 万元，增长 21.26%，主营业务收入增长原因主要是销售量增加及产品的销售结构变动。

公司实物销售收入是否大于劳务收入

√是　　□否

相关数据同比发生变动 30%以上的原因说明

√适用　　□不适用

（1）货币资金期末数比年初数增加 585,622,611.46 元，增长 51.25%，增长的主要原因是：销售收入增加及票据贴现增加。

（2）交易性金融资产期末数比年初数减少 519,683.25 元，降低 100%，降低的主要原因是：上期购买的货币性基金本期已出售。

（3）应收利息期末数比年初数减少 3,911,648.90 元，降低 75.66%，降低的主要原因是：定期存款大量减少。

（4）存货期末数比年初数增加 824,155,854.58 元，增长 23.31%，增长的主要原因是：销售增长，为生产储备的原材料数量增加，原材料的采购价格上涨。

（5）长期待摊费用期末数比年初数减少 6,744,525.27 元，降低 38.73%，降低的主要原因是：公司装修工程摊销。

（6）应交税费期末数比年初数减少 68,514,242.75 元，降低 86.65%，降低的主要原因是：本期公司及其子公司期末存货大量增加导致可抵扣进项税增加相应减少应缴税额及子公司置业公司本年末的销售收入比上年末大幅下降计提的各项税金相应减少。

（7）未分配利润期末数比年初数增加了 1,409,437,530.80 元，增长 43.44%，增加的主要原因为：本年度净利润的增长。

（8）外币报表折算差额期末数比年初数减少 194,639.82 元，降低 300.54%，其主要原因是澳元汇率变化导致外币报表折算差额变化。

（9）财务费用本期发生额比上期发生额增加 20,642,786.84 元，增长 106.91%，增长的主要原因是：支付的票据贴现利息的增加及收到的定期存款利息的减少。

（10）资产减值准备本期发生额比上期发生额增加 6,618,465.26 元，增长 76.27%，增长的主要原因是：应收账款增加导致计提的坏账准备增加。

（11）投资收益本期发生额比上期发生额减少了 16,155,736.40 元，降低了 96.02%，降低的主要原因是上期处置联营企业股权产生大额投资收益。

（12）利润总额比上期增加 422,878,468.21 元，增长 30.06%，其主要原因是：收入的增长超过成本费用的增长。

（13）其他综合收益本期发生额比上期发生额减少 394,328.42 元，减少 197.47%，其主要原因是：外币报表折算差异的影响。

公司重大的在手订单情况

□适用　　√不适用

公司报告期内产品或服务发生重大变化或调整有关情况

□适用　　√不适用

公司主要销售客户情况

前五名客户合计销售金额（元）	1,487,307,612.92
前五名客户合计销售金额占年度销售总额比例（%）	10.87

公司前 5 大客户资料

√适用　　□不适用

序号	客户名称	销售额（元）	占年度销售总额比例（%）
1	销售客户 A	365,403,376.57	2.67
2	销售客户 B	330,461,102.26	2.41
3	销售客户 C	311,468,161.54	2.28
4	销售客户 D	262,279,190.09	1.92
5	销售客户 E	217,695,782.46	1.59
合计	——	1,487,307,612.92	10.87

3.成本

行业分类

单位：元

行业分类	项目	2012 年		2011 年		同比增减（%）
		金额	占营业成本比重（%）	金额	占营业成本比重（%）	

医药制造行业	直接材料	2,697,838,833.84	90.95	1,915,047,043.28	90.55	40.88
医药制造行业	直接工资	30,732,776.15	1.22	25,785,138.42	1.03	19.19
医药制造行业	其他直接支出	22,431,846.69	1.02	21,523,329.33	0.75	4.22
医药制造行业	制造费用	228,362,035.67	6.81	143,264,456.19	7.67	59.4

公司主要供应商情况

前五名供应商合计采购金额(元)	808,661,307.63
前五名供应商合计采购金额占年度采购总额比例(%)	6.91

公司前5名供应商资料

√适用　□不适用

序号	供应商名称	采购额(元)	占年度采购总额比例(%)
1	供应商A	222,785,119.03	1.9
2	供应商B	158,966,926.60	1.36
3	供应商C	144,657,515.22	1.24
4	供应商D	144,017,975.38	1.23
5	供应商E	138,233,771.40	1.18
合计	——	808,661,307.63	6.91

4.费用

报告期内,公司累计发生期间费用222,091万元,较上年增加25,607万元,占公司成本费用总额的18.69%,公司合并期间费用率16.23%。其中,管理费用35,538万元,占费用总额的16.00%;营业费用186,420万元,占费用总额的83.94%;财务费用133万元,占费用总额的0.06%。

5.研发支出

报告期内研发支出总额9,506万元,比上年增加853万元,增长9.87%,主要原因是公司报告期内大力加强新产品的研发投入。本年度研发支出总额占公司净资产的1.35%、占公司营业收入的0.69%。

6.现金流

单位:元

项目	2012年	2011年	同比增减(%)
经营活动现金流入小计	15,571,405,668.98	11,534,565,197.73	35
经营活动现金流出小计	14,776,456,757.73	11,982,353,304.83	23.32
经营活动产生的现金流量净额	794,948,911.25	−447,788,107.10	277.53
投资活动现金流入小计	175,724,547.09	134,741,081.87	30.42
投资活动现金流出小计	273,171,770.47	469,312,510.72	−41.79
投资活动产生的现金流量净额	−97,447,223.38	−334,571,428.85	70.87
筹资活动现金流入小计	10,000,000.00	10,000,000.00	0
筹资活动现金流出小计	121,851,538.53	80,057,360.96	52.21
筹资活动产生的现金流量净额	−111,851,538.53	−70,057,360.96	−59.66
现金及现金等价物净增加额	585,622,611.46	−852,251,064.41	168.71%

相关数据同比发生变动30%以上的原因说明

项目	增减	原因说明
经营活动产生的现金流量净额	277.53%	经营性现金流入增幅较大,其中:1.销售商品收到的现金比上年同期增加407035万元,增幅36%,主要是销售收入增加及票据贴现增加;2.经营性现金流出增幅较小,其中:(1)支付其他与经营活动有关的现金比上年同期增加10547万元,增加7%;(2)购买商品支付的现金比上年同期增加226188万元,增加25%。
投资活动产生的现金流量净额	70.87%	购建固定资产、无形资产和其他长期资产支付的现金比上年同期减少24717万元,减少68%。
筹资活动产生的现金流量净额	−59.66%	分配股利、利润或偿付利息支付的现金与上年同比流出净额增加60%。

报告期内公司经营活动的现金流量与本年度净利润存在重大差异的原因说明

□适用　√不适用

三、主营业务构成情况

单位:元

	营业收入	营业成本	毛利率(%)	营业收入比上年同期增减(%)	营业成本比上年同期增减(%)	毛利率比上年同期增减(%)
分行业						
工业销售收入	5,721,983,094.09	2,222,382,643.61	61.15	30.56	51.89	−5.45
商业销售收入	7,819,957,233.00	7,271,417,130.86	7.01	17.58	16.79	0.63
房地产销售收入	97,407,583.00	43,729,626.13	55.11	−54.51	−75.06	37
分产品						
工业产品(自制)	5,721,983,094.09	2,222,382,643.61	61.15	30.56	51.89	−5.45
批发零售(药品)	7,819,957,233.00	7,271,417,130.86	7.01	17.58	16.79	0.63
房地产销售收入	97,407,583.00	43,729,626.13	55.11	−54.51	−75.06	37
分地区						
国内	13,583,492,039.24	9,507,514,568.15	30.01	21.05	21.03	0.01
国外	55,855,870.85	30,514,832.45	45.37	111.42	219.68	−18.5

公司主营业务数据统计口径在报告期发生调整的情况下,公司最近1年按报告期末口径调整后的主营业务数据

□适用　√不适用

四、资产、负债状况分析

1.资产项目重大变动情况

单位:元

	2012年末		2011年末		比重增减(%)	重大变动说明
	金额	占总资产比例(%)	金额	占总资产比例(%)		
货币资金	1,728,332,161.40	16.21%	1,142,709,549.94	12.57%	3.64%	营业收入增加
应收账款	461,109,819.64	4.32%	413,371,289.70	4.55%	−0.23%	
存货	4,360,023,280.50	40.89%	3,535,867,425.92	38.89%	2%	
投资性房地产	7,173,850.13	0.07%			0.07%	
长期股权投资	30,000,000.00	0.28%	30,154,371.07	0.33%	−0.05%	对云南白药先进中草药芯片有限公司的长期股权投资采用权益法核算,2012年该公司亏损,根据持股比例本年度确认投资收益−154,371.07元
固定资产	1,251,589,383.64	11.74%	1,033,185,052.11	11.37%	0.37%	呈贡产业区整体搬迁工程转固定资产
在建工程	221,512,865.36	2.08%	298,231,339.58	3.28%	−1.2%	呈贡产业区整体搬迁工程转固定资产
应收票据	1,961,241,753.44	18.39%	1,914,223,889.73	21.06%	−2.67%	票据贴现
预付款项	234,256,619.20	2.2%	289,709,208.61	3.19%	−0.99%	

2.负债项目重大变动情况

单位:元

	2012年		2011年		比重增减(%)	重大变动说明
	金额	占总资产比例(%)	金额	占总资产比例(%)		
短期借款	10,000,000.00	0.09%	10,000,000.00	0.11%	−0.02%	总资产增加
长期借款	6,684,882.14	0.06%	6,684,882.14	0.07%	−0.01%	总资产增加
应付账款	1,782,637,485.57	16.72%	1,590,135,442.07	17.49%	−0.77%	销售增长,原材料采购增加
应交税费	10,556,262.57	0.1%	79,070,505.32	0.87%	−0.77%	存货大量增加导致可抵扣进项税增加相应减少应缴税额

应付票据	499,943,324.29	4.69%	507,401,715.05	5.58%	-0.89%	销售增长，原材料采购增加

3.以公允价值计量的资产和负债

单位：元

项目	期初数	本期公允价值变动损益	计入权益的累计公允价值变动	本期计提的减值	本期购买金额	本期出售金额	期末数
金融资产							
1.以公允价值计量且其变动计入当期损益的金融资产(不含衍生金融资产)	519,683.25	15,032.33			0.00	534,715.58	
2.衍生金融资产					0.00		
3.可供出售金融资产					0.00		
金融资产小计	519,683.25	15,032.33			0.00	534,715.58	
投资性房地产					0.00		
生产性生物资产					0.00		
其他					0.00		
上述合计	519,683.25	15,032.33			0.00	534,715.58	
金融负债					0.00		

报告期内公司主要资产计量属性是否发生重大变化

□是　　√否

五、核心竞争力分析

云南白药创制至今 111 年，作为一个经历过血与火洗礼的止血愈伤传世品牌，一个记录着中华民族屈辱史和抗争史的民族品牌，一个从诞生那天起，神奇的药效和传说就让人们广为传诵的传奇品牌，蕴含着极其深厚的文化底蕴。在此基础上，公司经过持续不断的创新打造已经形成“母品牌下的多个子品牌”发展体系，并按此体系逐步推进、培育、打造、宣传各品牌及其所属产品。

公司拥有一支高素质的经营骨干团队，遵循董事会制定的“新白药大健康”战略，一直把创新谋变作为企业持续增长的动力，一方面以“药”为本持续进行产品、商业模式的创新以及内外部资源的整合和平台构架工作；另一方面，积极探索跨界发展，让传统中药融入现代生活，为医药科技提升人类健康品质而努力。

六、公司未来发展的展望

(一)社会环境、政策及市场

在未来的十年里，医药产业将迎来最为强劲的时期“黄金十年”，在宏观经济稳定增长这一基本现状面的支撑下，随着人口老龄化的不断加速、疾病谱和生活方式的不断改变、医疗支付能力水平的提高、国民自我药疗意识的不断增强等几个方面的因素将直接刺激医药及其相关行业需求的继续扩容。

展望 2013 年，企业生态环境将有所改善。一是政策趋于温和。医药分开试水、药价稳中略降、医保资金宽裕、新药加快审评、新版基药目录出台、县级基药目录试水、新版 GMP 认证，都将推升行业集中度提升。二是宏观经济形势总体有利。GDP 增速下滑，货币政策宽松，缓解资金压力，对提升医药行业增长有利。三是需求继续保持强劲。人口老龄化加速，慢性发病率提高，对医药消费潜在需要不断增长；就诊人次快速提升是拉动需求的主要动力；收入提高带动支付能力提高，人均卫生消费支出提升；医保覆盖面、补偿水平提高，大病统筹切实减轻个人负担；这些因素将带动行业增长加速，同时也是公司发展的机遇和挑战。

全球医药产业正处于市场和资源加速整合期，市场竞争激烈。公司普药营销模式创新、特色中成药形成储备，通过品牌联想进入快消品市场，健康品牌相关多元化领域的拓展为公司在激烈市场竞争中蓄积力量。

(二)面临的风险及困难

公司整体搬迁之后，面临各生产要素、资源的磨合与整合；年内还将进行数个剂型的新版 GMP 认证；为达到规模制造和柔性生产有机结合，由原来的单纯依靠销售拉动变为销售生产同步互动，公司还将面临相当规模的二次改造和建设。

部分原料野生资源的逐年减少，部分原材料成本持续上涨，对公司的资源规划和采购成本管理提出了更高的要求。

随着公司产品线的增加及产品族群的扩大，对公司的基础管理和专业化提出了更高的要求，公司需要进一步夯实基础、精耕细作，把产品从源头抓起，严把质量关。

国家医改、药政监管、物价及其相关产业政策的调整变革增加了企业经营的不确定性；与此同时，伴随公司规模的发展壮大以及业务范围的拓展，品牌运维及各种突发事件的应对管理进入常态化，并且需要不断提升专业水平。

(三)未来发展的展望

云南白药一直把变革作为企业持续增长的动力，2013 年，公司将着力打造四大业务板块：药品板块包括中央产品(云南白药系列)、透皮产品(包括医疗器械产品)及普药系列，健康品板块、商业物流板块、中药资源板块，以凸显公司业务的核心和主体地位。

药品板块优化产品结构，强化专业化推广及新的营销模式的探索；随着社会消费能力和消费群体的持续升级，快速消费品市场将迎来广阔发展空间，健康品板块中的云南白药牙膏系列、千草堂系列和养元青洗发护发系列都是公司具有代表性的突破传统制药领域的品牌延伸。商业物流板块强化基础管理工作，提高现代化物流水平。中药资源板块，将进行中药资源全产业链统筹整合，聚集优势，打造新的增长极。

云南省药物所被公司成功收购后，公司可实现研发资源有效整合，公司的科研实力、新产品研发能力将得到极大提升，构建起支撑企业未来发展的研发创新体系，使创新成果不断涌现，让科技创新成为公司发展不竭的动力。

在公司董事会的领导下，将围绕核心业务，依托已有的产品、品牌、创新优势，持续开展产品创新，不断提升产品质量，最大限度实现产品和市场的对接与融合，进一步增强公司的核心竞争力；深度整合配置内外部资源，尽快形成强有力的支持服务平台；更加夯实内部管理、精耕细作，加强风险管理和内部控制，不断提升企业抗风险能力；积极延伸白药产业链，突破发展空间，打造大健康产业；建立以目标和客户为导向的运行流程和绩效评估体系，倡导更专业、开放、务实、精进的文化，保持公司业务持续、健康、稳定发展，用专业铸就品质，让健康成就未来！

第四节　涉及财务报告的相关事项

(1)与上年度财务报告相比，会计政策、会计估计和核算方法发生变化的情况说明

无。

(2)报告期内发生重大会计差错更正需追溯重述的情况说明

无。

(3)与上年度财务报告相比，合并报表范围发生变化的情况说明

无。

(4)董事会、监事会对会计师事务所本报告期“非标准审计报告”的说明

无。

云南白药集团股份有限公司

董事会

2013 年 3 月 17 日

四川友利投资控股股份有限公司

四川友利投资控股股份有限公司2012年年度报告摘要

第一节　重要提示

本年度报告摘要来自年度报告全文,投资者欲了解详细内容,应当仔细阅读同时刊载于深圳证券交易所网站等中国证监会指定网站上的年度报告全文。

公司简介

股票简称	友利控股	股票代码	000584
股票上市交易所	深圳证券交易所		
联系人和联系方式	董事会秘书	证券事务代表	
姓名	杨林	崔益民	
电话	028-86518901	028-86757539	
传真	028-86741677	028-86741677	
电子信箱	Yl000584@sina.com	ymcui4521@163.com	

第二节　主要财务数据和股东变化

(1)主要财务数据

	2012年	2011年	本年比上年增减(%)	2010年
营业收入(元)	1,553,495,394.03	1,153,094,398.35	34.72%	1,396,006,387.41
归属于上市公司股东的净利润(元)	44,488,322.92	10,516,489.14	323.03%	126,430,334.83
归属于上市公司股东的扣除非经常性损益的净利润(元)	42,804,004.74	2,519,450.85	1,598.94%	122,198,417.60
经营活动产生的现金流量净额(元)	-71,602,940.26	360,060,736.34	-119.89%	586,037,215.15
基本每股收益(元/股)	0.1088	0.0257	323.35%	0.3092
稀释每股收益(元/股)	0	0	0%	0
加权平均净资产收益率(%)	2.69%	0.64%	2.05%	7.99%
	2012年末	2011年末	本年末比上年末增减(%)	2010年末
总资产(元)	3,723,194,154.12	3,692,389,244.58	0.83%	3,500,205,892.84
归属于上市公司股东的净资产(元)	1,659,601,449.93	1,652,900,736.31	0.41%	1,644,224,297.17

(2)前10名股东持股情况表

报告期股东总数　32,598　年度报告披露日前第5个交易日末股东总数　29,941

前10名股东持股情况

股东名称	股东性质	持股比例(%)	持股总数	持有有限售条件股份数量	质押或冻结的股份数量
江苏双良科技有限公司		32.76%	133,943,746	0	0
					0
					0
					0
					0
					0
					0
					0
					0
					0
					0
华泰证券股份有限公司客户信用交易担保证券账户		3.15%	12,862,265	0	
江阴银德投资发展有限公司		2.4%	9,800,000	0	
江苏利创新能源有限公司		1.99%	8,130,068	0	
中国银行-招商先锋证券投资基金		1.64%	6,700,148	0	
缪秋英		1.49%	6,100,000	0	
俞　平		1.44%	5,900,000	0	
西藏自治区国有资产经营公司		1.13%	4,612,744	0	
山东方辰投资有限公司		0.55%	2,264,100	0	
肖勤文		0.54%	2,200,0870		
上述股东关联关系或一致行动的说明	前10名股东中,江苏双良科技有限公司为公司控股股东;江苏双良科技有限公司与江苏利创新能源有限公司之间存在关联关系,属于《上市公司股东持股变动信息披露管理办法》规定的一致行动人。除此之外,公司未知其他股东之间是否存在关联关系,也未知其之间是否属于《上市公司股东持股变动信息披露管理办法》规定的一致行动人。				

(3)以方框图形式披露公司与实际控制人之间的产权及控制关系(略)

第三节　管理层讨论与分析

报告期内公司经营情况回顾

1.公司报告期内总体经营情况

报告期内,公司实现营业收入115,349.54万元,比去年同期增长34.72%;实现营业利润5,753.33万元,比去年同期增长271.05%;实现的归属于母公司的净利润4,448.83万元,比去年同期增长323.03%。

面对困难局面,公司董事会稳妥应对挑战,积极支持经营管理层大胆开展工作,公司通过及时采取调整经营策略,优化市场布局,加强营销工作,加快新产品开发,强化内部精细化管理等措施,提升巩固公司在市场竞争中的优势;同时,公司董事会贯彻执行公司股东大会提出的"坚持控制风险,适度加大项目开发力度"发展目标,督促经营管理层关注房地产市场变化,加快项目开发进度,强化产品销售,严格控制开发成本,以实现把房地产业务发展成为公司新的经营利润增长点。

2.报告期内公司主营业务及其经营状况

报告期内,公司主营业务收入分为工业(含氨纶、氨纶包覆纱产品)、房地产业、服务业及场地租赁等的销售收入。报告期内,在公司主营业务经营中,工业所实现的营业收入为107,078.98万元,占公司本年度营业收入总额的68.93%,房地产业务实现的营业收入为47,042.97万元,占公司本年度营业收入总额的30.28%。公司两大主营业务主要情况如下:

(1)氨纶业务:报告期内,受欧美等传统市场需求不振的影响,纺织品服装业出口持续增长势头明显回落,同时,银行信贷收紧,中小企业融资困难,用工成本不断上扬,企业订单明显减少等多种因素制约了氨纶产品下游用户开机开工率,市场对氨纶产品需求受到抑制;近年来,随着新增氨纶产能进一步释放,氨纶产品市场竞争更趋激烈,供大于求的局面抑制了氨纶产品售价回升,期内,氨纶售价持续低迷;同期,公司氨纶业务原材料采购价格、公司的人工成本同比增幅较大,虽然报告期内公司的氨纶生产装置开工负荷率全年均保持相对较高水平,产销基本平衡,但受前述因素影响,公司氨纶业务全年实现营业收入和净利润同比均有一定程度的下降。

(2)房地产开发业务:报告期内,公司自筹建设项目——由公司全资子公司成都蜀都银泰置业有限责任公司开发的"蜀都中心"城市综合体D7地块项目工程建设进展顺利,全部建筑(2栋写字楼、1栋公寓楼和2栋住宅楼)均已在期末之前完工,并取得了《项目规划验收合格证》和相应的消防、人防、防雷、质检、环评、卫生、电梯等单项验收合格,并从12月27日开始向买受人交付房屋。由于该开发项目产品设计新颖,工程管理严格,建设质量和工程进度得到有力保证,先后被有关部门授予多项荣誉。自2010年5月领取了《商品房预售许可证》以来,该地块项目预售形势总体良好,截止期末,预售额累计177,847.98万元;由该控股子公司承担开发的"蜀都中心"城市综合体D3地块项目全部建筑已在期末之前完成封顶,目前已进入室内安装施工、外立面玻璃幕墙安装等阶段,工程进展顺利。预计在2013年5月进行全面预售;D4地块项目系"蜀都中心"城市综合体配套工程。截止期末,D4地块项目已完成全部土建施工工程、相关设备安装工作,目前,正在进行地面景观绿化(市政公园)工程,预计在2013年5月区域集中供冷(热)投入使用。

3.报告期内公司现金流量状况

本期,公司经营活动产生的现金流量净额为-7,160.29万元,较去年同期的36,006.07万元减少43,166.36万元。减少的主要原因为:本期,公司氨纶产品销售以及公司子公司成都蜀都银泰置业有限责任公司开发的"蜀都中心"城市综合体D7地块项目房屋预售收到的现金较去年同期减少所致。

本期,公司投资活动产生的现金流量净额为-694.07万元,较去年同期的-6,669.57万元增加7,363.64万元。增加的主要原因是:本期购建固定资产、无形资产和其他长期资产支付的现金较去年有所减少所致。

本期,公司筹资活动产生的现金流量净额为-9,586.32万元,较去年同期的-28,798.99万元增加19,212.67万元。增加的主要原因为本期银行借款增加以及收到银行承兑汇票融资款增加所致。

4.报告期内公司设备利用和订单获取情况

(1)报告期内,公司的其他氨纶生产装置、氨纶包覆纱生产装置运行正常,开工负荷率全年保持在相对合理的水平。

(2)报告期内,公司管理层及时把握市场动态,对市场波动作出判断并对氨纶和氨纶包覆纱的生产节奏适时进行了调整,并采取加强主营产品销售力度等相关措施,全年公司氨纶产品产销基本平衡,产品库存量保持在较为合理的水平;公司氨纶包覆纱产品产销基本平衡,但因市场竞争日趋激烈,产品价格有所下降;报告期内,公司自筹资金投资建设的"蜀都中心"城市综合体开发项目D7地块项目商品房的预售形势总体良好,达到了全年预售回款进度指标,但该开发项目中配套的住宅产品,因国家和地方政府对房地产行业实施了严厉的调控措施,获得购房者订单的情况不太理想。

5.报告期内公司主要控股公司经营情况

报告期内,公司控股子公司江苏双良氨纶有限公司、江阴友利特种纤维有限公司和公司全资子公司江阴友利氨纶科技有限公司的营业收入和净利润同比均有一定程度下降。其主要原因为:报告期内,服装纺织品主要市场有效需求不振,造成氨纶产品下游企业订单减少,开机开工率不足;新增氨纶产能进一步释放,同行竞争更趋激烈,氨纶市场行情一直持续低迷;与此同时,氨纶生产原材料采购价格、人工成本等生产要素同比增幅明显,导致上述控股子公司、全资子公司的本年度营业收入和净利润同比均有一定程度下降。

公司控股子公司四川恒创特种纤维有限公司主要从事氨纶包覆纱的生产和销售。报告期,该控股子公司的营业收入和净利润同比均有一定程度下降。其主要原因为:同行竞争日趋激烈,产品价格有所下降。

公司从事房地产开发业务的全资控股子公司成都蜀都银泰置业有限责任公司开发的"蜀都中心"城市综合体D7地块开发项目预售情况总体良好,截止期末,并已按照售房合同的约定,从12月27日开始向D7地块项目商品房买受人交付房屋。按照相关财务规定,已交付的房屋对应的收入计入本期损益。

6.处理历史遗留问题情况

一年来,公司继续加大债权清收力度,该项工作按年初计划取得较好成绩,如:因诉讼案件执行形成的惠州土地资产、高碑店市土地资产等,公司经多方努力,与当地的有关部门达成回购意向或与当地企业达成转让的初步协议,圆满解决了长达十余年之久的历史遗留问题。

第四节　涉及财务报告的相关事项

(1)与上年度财务报告相比,会计政策、会计估计和核算方法发生变化的情况说明

无

(2)报告期内发生重大会计差错更正需追溯重述的情况说明

无

(3)与上年度财务报告相比,合并报表范围发生变化的情况说明

无

(4)董事会、监事会对会计师事务所本报告期"非标准审计报告"的说明

无

江苏法尔胜股份有限公司

江苏法尔胜股份有限公司2012年年度报告摘要

第一节　重要提示

本年度报告摘要来自年度报告全文，投资者欲了解详细内容，应当仔细阅读同时刊载于深圳证券交易所网站等中国证监会指定网站上的年度报告全文。

公司简介

股票简称	法尔胜	股票代码	000890
股票上市交易所	深圳证券交易所		
联系人和联系方式	董事会秘书	证券事务代表	
姓名	张文栋		
电话	0510－86119890		
传真	0510－86102007		
电子信箱	zhang_wendong@chinafasten.com		

第二节　主要财务数据和股东变化

（1）主要财务数据

	2012年	2011年	本年比上年增减(%)	2010年
营业收入（元）	1,758,414,201.05	1,810,529,492.09	−2.88%	1,683,268,479.56
归属于上市公司股东的净利润（元）	10,419,667.23	13,433,511.53	−22.44%	12,871,270.99
归属于上市公司股东的扣除非经常性损益的净利润（元）	−24,796,928.25	−39,385,145.81	37.04%	−2,796,530.34
经营活动产生的现金流量净额（元）	393,776,422.95	−362,482,257.77	−208.63%	86,172,723.44
基本每股收益（元/股）	0.0274	0.0354	−22.6%	0.0339
稀释每股收益（元/股）	0.0274	0.0354	−22.6%	0.0339
加权平均净资产收益率(%)	1%	1.29%	−0.29%	1.26%
	2012年末	2011年末	本年末比上年末增减(%)	2010年末
总资产（元）	2,927,371,751.26	3,300,747,201.79	−11.31%	3,378,202,336.44
归属于上市公司股东的净资产（元）	1,041,744,376.41	1,038,934,277.24	0.27%	1,025,049,513.36

（2）前10名股东持股情况表

报告期股东总数	47,767	年度报告披露日前第5个交易日末股东总数	55,072

前10名股东持股情况

股东名称	股东性质	持股比例(%)	持股总数	持有有限售条件股份数量	质押或冻结的股份数量
江苏法尔胜泓昇集团有限公司	境内非国有法人	21.07%	79,973,918	0	
胡　光	境内自然人	1.16%	4,400,000	0	
申银万国证券股份有限公司客户信用交易担保证券账户	境内非国有法人	0.46%	1,757,016	0	
周纪才	境内自然人	0.4%	1,518,550	0	
王松有	境内自然人	0.37%	1,408,442	0	
魏　毅	境内自然人	0.32%	1,204,400	0	
张鞋珍	境内自然人	0.27%	1,022,000	0	
张鞋芳	境内自然人	0.25%	937,000	0	
余昭昭	境内自然人	0.23%	887,878	0	
张长生	境内自然人	0.23%	885,738	0	
上述股东关联关系或一致行动的说明	公司控股股东江苏法尔胜泓昇集团有限公司与前十名股东之间不存在关联关系，也不属于《上市公司收购管理办法》规定的一致行动人。未知其他股东之间是否存在关联关系，也未知是否属于《上市公司股东持股变动信息披露管理办法》规定的一致行动人。				

（3）以方框图形式披露公司与实际控制人之间的产权及控制关系（略）

第三节　管理层讨论与分析

报告期内，欧债危机不断蔓延，全球经济复苏艰难，中国经济回升缓慢，制造业面临的挑战和压力前所未有，在出口减缓和内需不振的大环境下，企业受到来自国内外销售市场疲软和成本上升的双重挤压，面对持续上涨的劳动力、能源、原材料多种要素成本的影响；尤其多次加息后企业融资成本显著上升，收入增速减缓和成本费用进一步提高，产品盈利空间有限，公司的效益受到了很大影响。面对严峻的市场环境，公司继续加快内部控制规范体系建设，加强内部管理，制度化管理定规矩，专业化分工稳质量，规模化生产降成本，标准化成本压费用，职业化培训育人才，坚决抓好核心资产的经营，优化资产和资金结构，坚持科技创新，最大限度地减少行业下滑带来的不利影响，努力保证各项经营目标和任务计划的稳步推进。

（1）继续坚持资产整合，不断提升资产效率

2012年度，股份公司按照既定战略发展规划和整体产业布局调整要求，进一步整合和优化公司产业结构，同时借助资源共享，提升公司盈利能力，做强做精金属制品主业。

（2）加快公司内部控制规范体系建设步伐，进一步提高公司治理规范化运作水平

根据中国证监会、江苏证监局的统一部署和相关要求，2012年，股份公司特制定了《内控规范实施工作方案》，并落实措施进行贯彻实施，全方位对股份公司及分（子）公司的所有部门进行内控制度建设、自我评价和审计工作，初步目标就是配合会计师事务所人员使公司内部控制管理工作达到上市公司监管要求。内控规范的实施，进一步提升了公司治理规范化运作水平，较好地保证了本公司经营管理合法合规、资产安全、财务报告及相关信息真实完整。

（3）加快产品结构调整，提高企业竞争实力

继续推进金属制品传统产业的结构调整和转型升级，主力打造专业化、集约化、规模化的生产基地。坚持科技创新与技术改造，不断提升产品质量。求真务实，不断提升管理水平。

(4)加强以核算、资金、税务三大条线的财务管理

优化、升级财务信息管理系统,深化推广全面预算管理,完善资金集中管理功能,拓展银企直连数量;强化并拓展财务分析、资产管理、税务管理工作,继续压降并抓好两项资金的有效整治工作,切实发挥财务在生产经营中的管理和指导作用。强化内部审计工作,及时发现和修正经营中出现的偏差,降低公司经营风险损失。

(5)继续做好并发扬法尔胜企业文化建设作用,凝聚发展合力

按照公司和谐发展、投资与文化同步延伸原则,积极有序地开展丰富多彩的群众性文体活动、知识讲座和技能培训,丰富了职工业余生活、培养了团队精神和竞争意识。

(6)强化生产安全,提高职工收入

组织各公司通过教育、培训、监督、检查等扎实有效的全面质量管理和安全治安的综合管理,有效实现了全年无重大质量事故和无重大安全事故。职工生活水平稳定提高。在岗职工收入稳步增长,实现了公司与员工收入同步的和谐发展。

2012 年度公司经营情况

(1)2012 年度公司实现营业收入 175841.42 万元,较去年的 181052.95 万元下降了 2.88%;

(2)营业总成本 178731.7 万元,较去年的 184053.07 万元下降了 2.89%;

(3)三项费用合计 25573.07 万元,较去年的 24289.48 万元增加了 5.28%。

主营业务构成情况

单位:元

	营业收入	营业成本	毛利率(%)	营业收入比上年同期增减(%)	营业成本比上年同期增减(%)	毛利率比上年同期增减(%)
分行业						
金属制品	1,478,533,306.26	1,266,305,817.81	16.75%	−1.74%	−5.35%	5.66%
光通信	226,207,906.53	198,920,027.87	13.72%	44.53%	44.85%	1.47%
新型管材销售						
分产品						
金属制品销售	1,478,533,306.26	1,266,305,817.81	16.75%	−1.74%	−5.35%	5.66%
光通信销售	226,207,906.53	198,920,027.87	13.72%	44.53%	44.85%	1.47%
新型管材销售						
分地区						
境内销售	1,315,218,941.06	1,141,827,298.90	15.19%	−0.53%	−4.8%	4.95%
境外销售	389,522,271.73	323,398,546.78	20.45%	−2.86%	−3.53%	0.82%

第四节　涉及财务报告的相关事项

(1)与上年度财务报告相比,会计政策、会计估计和核算方法发生变化的情况说明

适用　　√不适用

(2)报告期内发生重大会计差错更正需追溯重述的情况说明

适用　　√不适用

(3)与上年度财务报告相比,合并报表范围发生变化的情况说明

2012 年 12 月,本公司与普天法尔胜光通信有限公司签订《股权转让协议》,本公司将所持有的江苏法尔胜光通有限公司 100%的股权以人民币 12,199.60 万元转让给普天法尔胜光通信有限公司,于 2012 年 12 月办妥工商变更手续,本公司将江苏法尔胜光通有限公司 2012 年度的利润表和现金流量表纳入合并范围。

(4)董事会、监事会对会计师事务所本报告期"非标准审计报告"的说明

适用　　√不适用

江苏法尔胜股份有限公司董事会

董事长:蒋纬球

2013 年 4 月 15 日

苏宁云商集团股份有限公司

苏宁云商集团股份有限公司 2012 年年度报告摘要

第一节　重要提示

本年度报告摘要来自年度报告全文，投资者欲了解详细内容，应当仔细阅读同时刊载于深圳证券交易所网站等中国证监会指定网站上的年度报告全文。

公司简介

股票简称	苏宁云商	股票代码	002024
股票上市交易所	深圳证券交易所		
联系人和联系方式	董事会秘书	证券事务代表	
姓名	任　峻	韩　枫	
电话	025-84418888-888122/888480		
电子信箱	stock@cnsuning.com		

第二节　主要财务数据和股东变化

1.主要财务数据

（单位：千元）

	2012 年	2011 年	本年比上年增减(%)	2010 年
营业收入	98,357,161	93,888,580	4.76%	75,504,739
归属于上市公司股东的净利润	2,676,119	4,820,594	-44.49%	4,011,820
归属于上市公司股东的扣除非经常性损益的净利润	2,515,093	4,623,986	-45.61%	4,029,589
经营活动产生的现金流量净额	5,299,441	6,588,520	-19.57%	3,881,336
基本每股收益(元/股)	0.3722	0.6890	-45.98%	0.5734
稀释每股收益(元/股)	0.3722	0.6890	-45.98%	0.5734
加权平均净资产收益率(%)	10.61%	23.68%	-13.07%	24.48%
	2012 年末	2011 年末	本年末比上年末增减(%)	2010 年末
总资产	76,161,501	59,786,473	27.39%	43,907,382
归属于上市公司股东的净资产	28,459,130	22,328,334	27.46%	18,338,189

2.前 10 名股东持股情况表

（单位：股）

报告期股东总数	318,079	年度报告披露日前第 5 个交易日末股东总数	322,138

前 10 名股东持股情况

股东名称	股东性质	持股比例(%)	持股总数	持有有限售条件股份数量	质押或冻结情况 股份状态	数量
张近东	境内自然人	26.44%	1,951,811,430	1,951,811,430（注 1）	质押	1,422,310,000（注 4）
苏宁电器集团有限公司	境内非国有法人	13.72%	1,012,633,055	-	质押	349,760,000（注 4）
南京润东投资有限公司	境内非国有法人	3.90%	288,065,848	288,065,848（注 1）	质押	288,065,848（注 4）
陈金凤	境内自然人	2.66%	196,132,370	-	质押	196,000,000（注 4）
金　明	境内自然人	1.67%	123,107,407	92,330,555（注 2）	质押	122,064,000（注 4）
北京弘毅贰零壹零股权投资中心(有限合伙)	境内非国有法人	1.34%	98,765,436	98,765,436（注 3）	未知	-
全国社保基金一零八组合	境内非国有法人	1.10%	80,989,295	-	未知	-
中国银行-易方达深证 100 交易型开放式指数证券投资基金	境内非国有法人	0.90%	66,282,198	-	未知	-
中国银行-嘉实主题精选混合型证券投资基金	境内非国有法人	0.80%	59,285,076	-	未知	-
蒋　勇	境内自然人	0.79%	58,064,580	-	质押	56,200,000（注 4）
上述股东关联关系或一致行动的说明	1.张近东先生持有苏宁电器集团有限公司 28%的股权，张近东先生与苏宁电器集团有限公司构成关联股东关系。 2.张近东先生持有南京润东投资有限公司 100%的股权，张近东先生与南京润东投资有限公司构成一致行动人关系。 3.除前述关联关系外，未知公司前十名主要股东、前十名无限售条件股东之间是否存在其他关联关系，也未知是否存在《上市公司收购管理办法》中规定的一致行动人的情况。					

注 1：控股股东张近东先生及其全资子公司南京润东投资有限公司因润东投资认购公司 2011 年非公开发行股票，出具了《关于苏宁电器股份有限公司向特定对象发行股份及豁免要约收购相关事宜之承诺函》，承诺其拥有的全部苏宁电器股份自发行结束之日（即 2012 年 7 月 10 日）起三十六个月内不进行转让。

注 2：金明先生为公司现任董事，其所持有的公司股份需按照国家有关法律法规及规范性文件进行锁定。

注 3：北京弘毅贰零壹零股权投资中心（有限合伙）认购公司 2011 年非公开发行股票按照相关法律法规及规范性文件规定自发行结束之日（2012 年 7 月 10 日）起限售三十六个月。

注 4：公司股东股票质押主要原因为张近东先生为其全资子公司南京润东投资有限公司认购本公司 2011 年非公开发行股份进行融资等相关融资事项提供质押担保；为协助苏宁电器集团有限公司加快店面建设，以配合我司推进自建店开发。

3.以方框图形式披露公司与实际控制人之间的产权及控制关系（略）

第三节　管理层讨论与分析

2012 年，国际经济复苏乏力，国内经济转型发展复杂严峻。国内经济稳中求进，加强改善宏观调控，国内生产总值增长 7.8%，增幅比 2011 年回落 1.5 个百分点。零售行业增速放缓，创 2005 年以来新低。根据中华全国商业信息中心的统计，2012 年全国百家重点大型零售企业零售额名义同比增长 10.8%，增速相比去年大幅度放缓 11.8 个百分点，其中，家用电器零售额同比增长 3.0%，比去年同期放缓 13.9 个百分点。家电行业由于激励政策退出，行业规模出现阶段性的下滑，据北京中怡康时代市场研究有限公司数据显示，2012 年整体家电市场零售总额为 11,596 亿元，同比下降 4.83%。行业疲软，消费市场受挫，尤其是部分发达富裕的一二线城市波动较为明显，由于公司在该部分区域布局较为集中，销售受到影响，短期内可比门店销售出现下滑，加之租金、人员费用相对刚性，对公司利润产生了影响。但整体来看，公司的表现优于行业平均水平。

年度内，网购市场仍保持了较快的发展速度，艾瑞咨询数据显示，2012 年中国网络购物交易规模达到 13,040 亿元，同比增长 66.2%，在社会消费品总零售额占比达到 6.2%，较上年提升了 1.9 个百分点。网购市场发展较快，且从长期来看互联网的发展也成为零售行业转型升级的趋势。但短期内，网购市场对实体零售的影响仍然有限。自 2010 年上线苏宁易购以来，公司电子商务业务的发展速度、增长情况在行业中一直处于领先水平，但目前仍处于投入与培育期，人员、广告、物流等都需要加大投入，此外行业存在的不理性竞争等问题也对线上业务的毛利率产生了影响。综上，使得短期内线上业务出现亏损。

面对复杂多变的外部环境，公司坚定地推进"科技转型、智慧服务"转型战略的实施，2012 年是公司新战略实施的第二年，通过前期的摸索与积累，公司转型的路径更加清晰。以"虚实互动"、线上线下融合的业务发展模式为核心，搭建新的业务模型，开展了大量的基础性工作。线下业务，贯彻大店攻略，调整低效社区店，推进"超级店+旗舰店+乐购仕生活广场"的战略布局；加速"超电器化"发展，注重消费者全套购物体验的提升；线上业务，充分运用开放平台加快品类拓展，加强系统开发优化购物体验，加大广告投入增强品牌影响力，大量引进互联网技术人才充实团队；与此同时，基于长远发展需要，坚持后台先行的发展策略，超前布局物流，物流基地进入批量开发、快速复制阶段，有效支撑线上线下融合发展。

综上，2012 年公司的发展受到外部环境变化的影响，短期的业绩出现波动。2012 年实现营业收入 983.57 亿元，同比增长 4.76%，营业利润 30.14 亿元，较同期下降 53.23%，归属于公司股东的净利润 26.76 亿元，较同期下降 44.49%。竞争与发展相伴，挑战与机遇并存。我们相信，大量基础工作的开展为企业转型成功奠定了良好的基础。苏宁发展的新模式已经确定，与之配套的业务模型也已完善，企业发展打开了新的空间。

（一）连锁发展情况分析

1.连锁发展基本情况

（1）大陆市场

报告期内，随着消费市场趋势的变化，公司积极调整了连锁发展策略：一级市场加强店面结构的优化，严格控制社区店开设，推进旗舰店开发，探索培育乐购仕品牌，建立完善在商品规划、出样陈设、宣传推广等方面的标准和流程，一级市场旗舰店占比较上年提升了 3.08 个百分点，达到了 41.24%；二三级市场具有较强的消费潜力，公司继续加大该区域的开发力度，新开店占比达到 76.58%。全年来看，在外部环境不甚乐观的情况下，公司积极应对，着重优化店面类型分布和市场分布。

2012 年，公司新进地级以上城市 15 个，新开连锁店 158 家，其中常规店 146 家，县镇店 5 家，乐购仕生活广场店 7 家，置换/关闭连锁店 178 家。

报告期内公司持续推进"租、建、购、并"综合开发策略，在南京、无锡、岳阳、内江、嘉兴核心商圈新增 5 家购置店项目；此外公司积极探索实践自建店开发模式，在南京以合作开发方式开设新街口 EXPO 超级旗舰店。截止报告期末，公司共拥有自有物业连锁店 40 家（其中 3 家处于前期筹建期）；自行开发模式自建店 1 家，合作开发模式自建店 4 家，另与部分全国性的商业地产开发企业建立战略合作，提前锁定了较多优质店面资源。

截至 2012 年 12 月 31 日，公司店面已覆盖全国 271 个地级以上城市，共计拥有连锁店 1,664 家，其中常规店 1,546 家、精品店 6 家、县镇店 104 家、乐购仕生活广场店 8 家，连锁店面积合计达 692.90 万平方米，比上年同期增长 1.47%。

（2）国际市场

报告期内，公司持续优化香港地区店面布局，新开连锁店 3 家，置换/关闭连锁店 3 家；积极拓展日本市场，新开店面 2 家，置换/关闭连锁店 1 家。截至报告期末，公司在香港地区拥有连锁店 30 家，在日本市场拥有连锁店 11 家。

综上，截止报告期末，公司在中国大陆、香港地区、日本市场共拥有连锁店 1,705 家。

（二）经营结果及原因概述

1.营业收入变化情况

报告期内，公司线下业务由于宏观调控政策的持续，家电激励政策退出等因素，增长受到一定影响，与此同时公司线上业务保持了较快增长态势。综上，公司实现营业收入同比上年同期增长 4.76%，其中主营业务收入同比增长 4.91%。

2.毛利率变化情况

项目	2012 年	2011 年	增减变化	2010 年
主营业务毛利率(%)	16.93%	17.96%	下降 1.03 个百分点	16.59%
其他业务毛利率(%)	1.08%	1.27%	下降 0.19 个百分点	1.55%
综合毛利率(%)	18.01%	19.23%	下降 1.22 个百分点	18.14%

报告期内，公司持续推进差异化采购，自主产品占比稳步提升；在市场整体环境不甚理想的情况下，公司加大促销力度提升销售，尤其是线上业务快速增长，对整体毛利率水平有一定影响。此外，报告期内公司消费类电子产品运营进一步成熟，规模占比提升。综上，公司主营业务毛利率同比下降 1.03 个百分点，其他业务毛利率同比下降 0.19 个百分点，综合毛利率同比下降 1.22 个百分点。

3.三项费用率变化情况

项目	2012 年	2011 年	增减变化	2010 年
销售费用率	12.18%	10.13%	增加 2.05 个百分点	9.17%
管理费用率	2.42%	2.26%	增加 0.16 个百分点	1.68%
财务费用率	−0.19%	−0.44%	增加 0.25 个百分点	−0.49%
三项费用率	14.41%	11.95%	增加 2.46 个百分点	10.36%

报告期内，可比店面同比销售下降，而租金、人员等费用相对刚性，此外为提升苏宁易购品牌形象及市场份额，公司加大了宣传、促销推广力度，相关投入增加，使得销售费用率、管理费用率同比增加。另公司银行借款增加带来利息支出有所增加以及消费刷卡比例上升，财务费用率也有所上升。

综上，报告期内，公司三项费用率同比上升了 2.46 个百分点。

4.归属于上市公司股东的净利润变化情况

鉴于上述 1–3 项，报告期内，公司实现归属于上市公司股东的净利润同比下降 44.49%。

（三）主营业务构成情况

1.报告期内公司主营业务范围为：家用电器及消费类电子产品的销售和服务，未发生变更。

2.报告期内公司主营业务收入、主营业务利润的构成情况（单位：千元）

A.主营业务分行业、产品情况表：

	营业收入	营业成本	毛利率(%)	营业收入比上年同期增减(%)	营业成本比上年同期增减(%)	毛利率比上年同期增减(%)
分行业						
零售业	97,006,791	80,581,387	16.93%	4.91%	6.23%	−1.03%
分产品						
彩电、音像、碟机	21,408,773	17,108,058	20.09%	−9.66%	−8.88%	−0.68%
数码及 IT 产品	18,448,785	16,814,784	8.86%	7.58%	7.49%	0.08%
通讯产品	16,571,708	14,669,145	11.48%	33.93%	33.78%	0.10%
冰箱、洗衣机	15,507,326	12,218,743	21.21%	−1.15%	0.69%	−1.43%
小家电产品(注)	13,155,810	10,318,892	21.56%	18.88%	20.92%	−1.33%
空调器产品	10,899,207	8,706,706	20.12%	−3.31%	−2.57%	−0.61%
安装维修业务	868,153	625,810	27.91%	−4.56%	4.23%	−6.08%
其他产品	147,029	119,249	18.89%	−52.54%	−54.96%	4.36%
合计	97,006,791	80,581,387	16.93%	4.91%	6.23%	−1.03%

注：小家电产品包括厨卫、生活电器以及百货类产品。

B.主营业务分地区情况表：

地区	2012 年主营业务收入	占主营业务收入比重%	2011 年主营业务收入	主营业务收入比上年同期增减(%)
华东一区	21,219,408	21.87%	22,647,570	−6.31%
华东二区	15,456,118	15.93%	15,115,193	2.26%
华北地区	14,818,581	15.28%	14,362,746	3.17%
华南地区	13,409,653	13.82%	13,635,283	−1.65%
西南地区	10,126,475	10.44%	9,905,433	2.23%
华中地区	5,421,331	5.59%	5,294,576	2.39%
东北地区	5,239,720	5.40%	5,197,520	0.81%
西北地区	4,488,652	4.63%	4,325,590	3.77%
香港地区(注)	5,773,344	5.95%	1,653,427	249.17%
日本地区(注)	1,053,509	1.09%	328,039	221.15%
合计	97,006,791	100.00%	92,465,377	4.91%

注：(1)报告期内，香港地区实现销售按照 2012 年 1–12 月平均汇率港元兑人民币 1：0.8108 进行计算；(2)日本 LAOX 株式会社销售收入按照 2012 年 1–12 月平均汇率日元兑人民币 1：0.077076 进行计算。由于日本 LAOX 于 2011 年 9 月并入公司合并报表，故上表中 2011 年主营业务收入为 9–12 月份收入。

报告期内，大陆地区线下实体实现销售收入 902.95 亿元（含税），同比下降 9.67%，线上业务实现商品销售收入 152.16 亿元（含税），同比增长 157.90%。另香港地区、日本市场分别实现销售收入 57.73 亿元、10.54 亿元，较上年分别增加 249.17%、221.15%。

（四）公司未来发展的展望

1.行业发展趋势分析

（1）宏观经济发展面临复杂形势，继续稳增长、转方式、调结构

2013 年，国际金融危机深层次影响持续显现，世界经济复苏充满不确定性、不稳定性。从国内来看，我国发展仍处于重要战略机遇期，中国经济将继续"稳中求进"的工作总基调，立足于扩大内需，以提高经济增长质量和效益为中心，深化改革开放，实施创新驱动战略。2013 年，国内生产总值增长预计在 7.5%左右，发展的协调性将进一步增强。

（2）零售行业短期景气度下降

2013 年，零售行业发展面临挑战，由于物价、房价上涨预期明显，在收入预期增长不确定的情况下，消费者信心受到抑制。同时，零售行业还面临了租金、人工成本等费用刚性上涨，新兴业态迅猛发展、行业竞争加剧等诸多不利因素。

但另一方面，随着新型城镇化战略的实践，以及一系列收入分配改革政策的推进，零售行业发展的外部环境逐步改善，行业有望获得新一轮的发展机会。

(3)网购市场保持高速增长

艾瑞咨询数据显示,2012年中国网络购物交易规模突破10,000亿元大关,达到13,040亿元,较往年增长66.20%,在社会消费品总零售额的占比达到6.20%。中国网络购物市场从2012年后开始逐渐进入成熟期。未来几年,随着传统零售行业转型升级,中国西部省份及中东部三四线城市的网购潜力得到进一步开发,加上移动互联网的发展促使移动网购日益便捷,中国网络购物市场整体还将保持较快增长速度,预计仍将保持50%以上的增速。

2.公司发展机遇与挑战并存

(1)快速推进转型升级,打开新的发展空间

基于对市场环境、行业趋势的演变不断进行前瞻性的研究以及把握,公司于2011年就完整的提出新十年"科技转型、智慧服务"的发展战略,探索实践企业新的业务模式。两年多来,通过不断创新探索,苏宁易购联动线下虚实结合,全品类拓展,发展迅猛;苏宁科技转型以云服务为核心,从最初的员工云服务、供应商云服务,逐渐进入融合互联物联、集成智能家居的消费者云服务领域。苏宁新的业务模式已经逐步进入了市场化运用、规模化发展的阶段。虚实融合战略的实施呈现阶段性、周期性的特点,短期内线上线下的博弈给公司经营带来一定的挑战,但随着公司大量基础工作的不断落实推进,组织结构的不断完善,挑战也将转化为新的机遇,相信转型的成功能够为公司打开全新的发展空间。

(2)线上业务受到不规范经营的影响,发展面临挑战

过去十年,电子商务事业虽然取得迅猛发展,但不容忽视的是,伴随着高投资、高增长,出现了管理滞后、执法缺位的现象。由于历史原因,绝大部分平台商家没有履行工商登记手续,处于非税经营状态;由于国家工商、税务、物价、海关、质监等执法职能,在电子商务领域存在管理真空、监控盲点,水货、假货在网上进行交易,对零售市场秩序造成了冲击。此外,大批的互联网企业在境外资本的支持下,不考虑长期发展和竞争能力建设,不计成本纯粹依靠价格竞争,对市场进行掠夺式的占有,不仅对国内传统零售行业产生影响,也对制造业和市场规范秩序造成了破坏。

电商业务是零售行业的消费方式革命,商业模式革命,代表着先进的生产力,其发展必须是建立在规范市场机制之上的,只有加强行业规范和监督,才能引导行业由"野蛮生长"走向规范发展,真正打造一批具备核心竞争能力的优质电商企业。

(3)二、三级市场发展亟待渗透,物流建设网路布局需进一步加强

据中国发展研究基金会预测,2020年,中国城市化率将达到58%,到2030年,中国城市化率将达到65%以上。同时,随着城市化进程的推进,未来中国将形成特大城市、大城市、中小城市同步发展的城市形态,因此可以预见城市化水平的增长和城市群落聚集效应的增加,也将有力地推动零售行业的发展。这样的变化为公司连锁发展网络的更深层次渗透提供了新的机遇,但同时对公司二、三级市场经营管理能力及物流网络覆盖提出了更高的要求。

由于物流平台建设步伐相对连锁网络拓展有一定的滞后,这在一定程度上限制了公司二、三级市场的区域资源整合以及采购及配套服务能力的提升。此外,公司加快发展3C产品及电子商务业务,对提升小件商品的存储、调拨、配送效率也提出了新的要求。目前公司物流基地已进入批量化筹建阶段,物流网路布局不断加快,已形成从采购枢纽到门店库的四级库存与全国运输体系,随着物流体系不断完善,效应逐步体现,对公司二三级市场发展以及线上业务发展提供有力的支撑。

(4)加强资产管理,提高运营效率

公司始终坚持"前台带动后台、后台推动前台"的经营策略,不断完善物流平台、信息体系的建设,长期来看,有利于企业经营稳定性,但是短期内随着购置店、自建店、物流体系相关的资产投入加大,影响了周转效率。公司必须加强资产的管理,提高周转效率。一方面对于已有项目,加快建设,缩短建设周期,早日投入运营,加快效益的实现;另一方面对于新增项目,强化投资的可行性分析,重视投入产出比,并综合运用多种资金筹集方式,实现资金效益的最大化。随着自有物业店面一定规模的形成,以及物流网络体系的完善,企业发展基础更加夯实,将极大促进销售规模的持续提升以及成本费用的有效节约,推动效率效益的大幅度提高。

3.公司发展战略及2013年经营规划

苏宁在过往的22年发展过程中间,经历了多次创新和转型,2009年启动营销变革,2010年苏宁易购正式上线,开始线上线下双平台的融合发展,2011年实施新十年"科技转型、智慧服务"的发展战略,经过三年的创新转型探索,2013年苏宁零售事业的发展全力进入转型提速、跨越裂变的快车道。2013年3月22日,公司正式启用"苏宁云商"这一新名称,苏宁云服务将进入全品类、全渠道、全客群的成熟推广时期,苏宁"云商"模式以及与之配套的更加专业开放的组织将清晰呈现。

云商模式,即"店商+电商+零售服务商",是互联网时代的零售与服务模式,将致力于打造线下连锁店面平台和线上电子商务两个平台,通过云商系统以云技术为支撑、以开放平台为架构,服务全产业、服务全客群,形成多渠道融合、全品类经营、开放平台服务的业务形态。

业务模式的转型固化,还需要组织架构、运行流程与之相配套,为更好地推进"云商"模式落地,公司对组织架构进行了全面调整和优化。在总部管理层面设立了连锁开发、市场营销、服务物流、财务信息、行政人事五大管理总部,负责战略规划、标准制定、计划管控,协调各经营事业群工作。在总部经营层面,打造线上电子商务、线下连锁平台和商品经营三大经营总部,涵盖了实体产品、内容产品、服务产品三大类28个事业部,形成"平台共享+垂直协同"的经营组合。在大区层面,扁平化垂直管理、本地化自主经营,把大区—子公司—营运部三级缩减为大区—城市终端两级管理,并大幅扩充大区和城市终端数量,增强区域化运营和本地化服务能力,提升运营效率。

线上线下两大开放平台三大经营事业群,28个事业部,60个大区组成了苏宁联合舰队,既保障了各项业务独立经营,也全面推动业务之间相互融合,实现"1+1>2"的效应,将更加有效整合内外各种资源,最大化调动和发掘各业务单元的经营主动性、积极性,构建一个虚实融合平台,拓展新型价值链,助推新模式的价值实现,将苏宁云商真正打造成为一个互联网时代的零售服务企业。

第四节　涉及财务报告的相关事项

1.与上年度财务报告相比,会计政策、会计估计和核算方法发生变化的情况说明

不适用

2.报告期内发生重大会计差错更正需追溯重述的情况说明

不适用

3.与上年度财务报告相比,合并报表范围发生变化的情况说明

2012年度公司合并报表范围新增47家子公司,其中27家从事电器与电子消费品的连锁零售业务、11家从事仓储物流业务、8家从事网上电器与电子消费品的零售业务、1家从事金融服务业务。另同时报告期内公司注销子公司1家。本年度合并报表范围详见财务报表附注:"四、企业合并及合并财务报表本年度新纳入合并范围的主体和本年度不再纳入合并范围的主体"。

4.董事会、监事会对会计师事务所本报告期"非标准审计报告"的说明

不适用

苏宁云商集团股份有限公司

董事长:张近东

2013年3月30日

西部证券股份有限公司

西部证券股份有限公司2012年年度报告摘要

第一节　重要提示

本年度报告摘要来自年度报告全文，投资者欲了解详细内容，应当仔细阅读同时刊载于深圳证券交易所网站等中国证监会指定网站上的年度报告全文。

公司简介

股票简称	西部证券	股票代码	002673
股票上市交易所	深圳证券交易所		
联系人和联系方式	董事会秘书	证券事务代表	
姓名	王宝辉	黄斌	
电话	029-87406171	029-87406171	
传真	029-87406409	029-87406409	
电子信箱	wangbh@xbmail.com.cn	huangb@xbmail.com.cn	

第二节　主要财务数据和股东变化

(1)主要财务数据

项目	2012年	2011年	本期比上年同期增减	2010年
营业收入(元)	792,940,460.18	1,032,792,520.97	-23.22%	1,536,421,817.92
归属于上市公司股东的净利润(元)	118,899,060.32	223,237,142.83	-46.74%	537,084,098.27
归属于上市公司股东的扣除非经常性损益的净利润(元)	113,364,593.15	219,198,749.35	-48.28%	532,254,969.07
经营活动产生的现金流量净额(元)	-818,228,320.19	-2,648,798,028.09	不适用	-2,501,263,171.36
基本每股收益(元/股)	0.1	0.22	-54.55%	0.54
稀释每股收益(元/股)	0.1	0.22	-54.55%	0.54
加权平均净资产收益率(%)	2.73%	7.1%	减少4.37个百分点	18.24%
项目	2012年末	2011年末	增减变动幅度	2010年末
总资产(元)	10,520,156,496.15	9,874,710,211.02	6.54%	12,422,216,623.11
归属于上市公司股东的净资产(元)	4,447,864,225.08	3,169,190,589.98	40.35%	3,114,917,274.69

(2)前10名股东持股情况表

报告期股东总数　40,042　年度报告披露日前第5个交易日末股东总数　40,270

前10名股东持股情况

股东名称	股东性质	持股比例(%)	持股总数	持有有限售条件股份数量	质押或冻结情况 股份状态	数量
陕西省电力建设投资开发公司	国有法人	29.51%	354,094,656	-8,294,144		
上海城投控股股份有限公司	国有法人	25.58%	306,980,200			
西部信托有限公司	国有法人	12.5%	150,000,000			
北京远大华创投资有限公司	境内非国有法人	4.91%	58,947,100		质押	44,750,000
陕西综合利用电力开发有限公司	境内非国有法人	1.84%	22,136,800			
西安惠群集团公司	国有法人	1.22%	14,656,688	-343,312		
陕西宝光集团有限公司	国有法人	1.2%	14,399,512	-337,288		
南京天讯科技发展有限公司	境内非国有法人	1.2%	14,378,968			
中铁宝桥集团有限公司	国有法人	0.81%	9,771,125	-228,875		
四川省乾盛投资有限公司	境内非国有法人	0.8%	9,600,000			
上述股东关联关系或一致行动的说明	公司第一大股东陕西电投对公司第三大股东西部信托出资35,824.46万元，持有西部信托57.78%的股权。除前述情形外，公司主要股东之间不存在关联关系。					

(3)以方框图形式披露公司与实际控制人之间的产权及控制关系(略)

第三节　管理层讨论与分析

3.1 概述

报告期内，公司董事会严格遵守《公司法》、《证券法》、《深圳证券交易所股票上市规则》、《深圳证券交易所中小企业板上市公司规范运作指引》等法律法规与《公司章程》的相关规定，勤勉履行各项职责，努力提升公司治理水平，不断提升公司市场竞争力与业务盈利能力，有效控制经营风险。2012年5月3日，公司首次公开发行股票在深圳证券交易所成功上市，成为中国A股市场第19家上市券商。

2012年5月召开的全国证券公司创新发展研讨会标志着中国证券业进入创新发展的新阶段，公司面临的市场环境、监管环境、投资者构成、行业竞争态势发生深刻变化，公司结合自身实际情况，克服困难，抓住机遇，实现新的发展，为股东带来长期、稳定的回报。

公司外部环境及行业发展变化

2012年全球经济增长放缓，经济复苏进程缓慢。在世界经济整体处于深度调整的大环境下，我国A股市场频遭重挫，证券行业盈利状况受到很大影响。年末中国经济走势逐步企稳引发A股反弹，经济见底带动企业盈利逐渐回升，证券行业改革创新进一步推进。

根据中国证券业协会对证券公司经营数据(未经审计)的统计，截至2012年12月31日，114家证券公司总资产为1.72万亿元，净资产为6,943.46亿元，净资本为4,970.99亿元；2012年实现营业收入1,294.71亿元，净利润329.30亿元，99家公司实现盈利，占证券公司总数的86.84%。

3.2 经营情况分析

2012年公司累计实现营业收入7.93亿元，营业支出6.35亿元，营业利润1.58亿元，利润总额1.66亿元，净利润1.19亿元；期末净资产为44.56亿元，净资本为40.42亿元。

受市场环境影响，公司经纪业务和投资银行业务收入均有较大幅度的下降，公司自营业务投资收益也较去年同期下降，致使公司2012年度营业利润、利润总额、基本每股收益和归属于上市公司股东的净利润等指标均较去年同期有较大幅度的下降。公司2012年经营主要财务指标如下：

项目	2012年12月31日	2011年12月31日	增减
总资产(元)	10,520,156,496.15	9,874,710,211.02	6.54%
净资产(元)	4,456,073,038.37	3,177,563,483.99	40.24%
净资本(元)	4,042,444,929.65	2,728,875,071.70	48.14%
项目	2012年1-12月	2011年1-12月	增减
营业收入(元)	792,940,460.18	1,032,792,520.97	-23.22%
营业利润(元)	158,280,008.44	301,926,787.85	-47.58%
利润总额(元)	165,660,948.63	307,442,673.57	-46.12%
净利润(元)	118,734,979.60	222,666,693.98	-46.68%
净资产收益率	2.73%	7.10%	减少4.37个百分点

1.收入

2012年公司实现营业收入79,294.05万元，较上年度103,279.25万元减少23,985.20万元，减幅为23.22%。其中实现手续费及佣金净收入49,466.29万元，较上年度77,292.80万元减少27,826.51万元，减幅为36.00%；利息净收入23,263.11万元，较上年度17,869.24万元增加5,393.87万元，增幅为30.19%；投资收益5,203.74万元，较上年度7,331.43万元减少2,127.69万元，减幅为29.02%；公允价值变动收益1,128.34万元，较上年度613.31万元增加515.03万元，增幅为83.98%；其他业务收入235.65万元，较上年度243.94万元基本持平。

2.成本

2012年公司营业支出总额63,466.05万元，较上年度73,086.57万元减少9,620.52万元，减幅为

13.16%。其中:营业税金及附加3,327.83万元,较上年度5,727.79万元减少2,399.96万元,减幅为41.90%;业务及管理费用56,687.76万元,较上年度67,216.13万元减少10,528.37万元,减幅为15.66%;其他业务成本126.59万元,较上年度113.38万元增加13.21万元,增幅为11.65%。公司报告期内主要业务及管理费项目如下:

单位:元

项目	2012年	2011年	同比增减
职工工资	187,209,732.74	266,214,691.65	−29.68%
社会保险及住房公积金	97,943,031.65	105,776,331.36	−7.41%
营销费用	29,589,621.09	28,863,174.62	2.52%
办公及后勤费	45,268,250.12	53,833,531.39	−15.91%
租赁、物业管理及水电费	71,512,802.76	68,310,059.40	4.69%
折旧与摊销	60,533,609.12	57,716,116.84	4.88%
咨讯信息费	13,654,201.26	12,510,246.00	9.14%
投资者保护基金	11,318,152.22	25,570,554.54	−55.74%
交易设施使用及通讯传输费	33,000,003.00	34,732,950.80	−4.99%
职工福利、工会及教育经费	16,848,224.44	18,633,618.77	−9.58%
合计	566,877,628.40	672,161,275.37	−15.66%

注:业务及管理费下降的原因为:营业收入下降,职工工资和投资者保护基金减少。

3.现金流

单位:元

项目	2012年	2011年	同比增减
经营活动现金流入小计	1,302,199,665.68	1,866,325,148.53	−30.23%
经营活动现金流出小计	2,120,427,985.87	4,515,123,176.62	−53.04%
经营活动产生的现金流量净额	−818,228,320.19	−2,648,798,028.09	不适用
投资活动现金流入小计	8,947,044.40	252,756.26	3439.79%
投资活动现金流出小计	34,086,275.40	61,405,787.91	−44.49%
投资活动产生的现金流量净额	−25,139,231.00	−61,153,031.65	不适用
筹资活动现金流入小计	1,687,800,000.00	–	不适用
筹资活动现金流出小计	545,778,693.65	10,400,000.00	5147.87%
筹资活动产生的现金流量净额	1,142,021,306.35	−10,400,000.00	不适用
现金及现金等价物净增加额	298,622,971.86	−2,721,065,808.99	不适用

4.资产、负债状况

截至2012年12月31日,公司期末资产总额105.20亿元,负债总额60.64亿元,净资产44.56亿元,分别较年初资产总额98.75亿元增加6.45亿元,增幅为6.53%,较年初负债总额66.97亿元减少6.33亿元,减幅为9.45%,较年初净资产31.78亿元增加12.78亿元,增幅为40.21%。

(1)资产结构表

单位:元

项目	2012年末		2011年末		比重
	金额	占总资产比例	金额	占总资产比例	增减
货币资金	7,438,455,546.05	70.71%	7,183,802,101.68	72.75%	−2.04%
应收账款	3,362,399.01	0.03%	1,541,246.72	0.02%	0.01%
长期股权投资	58,111,734.02	0.55%	64,901,185.72	0.66%	−0.11%
固定资产	153,433,086.02	1.46%	178,857,285.32	1.81%	−0.35%

(2)以公允价值计量的资产和负债

单位:元

项目	期初数	本期公允价值变动损益	计入权益的累计公允价值变动	本期计提的减值	本期购买金额	本期出售金额	期末数
金融资产							
1.以公允价值计量且其变动计入当期损益的金融资产(不含衍生金融资产)	581,777,371.66	11,858,421.69	–	–	2,308,673,566.31	1,996,228,215.74	906,081,143.92
2.衍生金融资产	–	−575,013.10	–	–	151,368,300.00	150,793,286.90	–
3.可供出售金融资产	573,257,651.58	–	37,537,691.25	29,031,738.60	198,358,776.57	529,565,509.98	250,556,870.82
金融资产小计	1,155,035,023.24	11,283,408.59	37,537,691.25	29,031,738.60	2,658,400,642.88	2,676,587,012.62	1,156,638,014.74

5.比较式财务报表中变动幅度超过30%以上项目的情况

(1)公司资产负债表项目大幅度变动的情况及原因

单位:元

项目	2012年12月31日	2011年12月31日	增减幅度	主要原因
融出资金	154,389,849.18	–	–	本年开展融资融券业务
融出证券	3,834,552.00	–	–	本年开展融资融券业务
交易性金融资产	906,081,143.92	581,777,371.66	55.74%	自营业务年终调整持仓证券
买入返售金融资产	938,155,900.48	672,706,060.86	39.46%	自营开展债券回购业务
可供出售金融资产	250,556,870.82	573,257,651.58	−56.29%	自营业务年终调整持仓证券
递延所得税资产	19,044,227.00	10,636,919.58	79.04%	计提的减值准备增加以及出售可供出售金融资产
其他资产	33,772,351.00	77,683,233.76	−56.53%	证券清算款变动
应付职工薪酬	51,815,781.49	117,064,595.37	−55.74%	受本年业绩影响计提职工薪酬减少
应交税费	26,586,188.38	−742,527.89	不适用	代扣未缴的限售股出售个人所得税增加
预计负债	8,491,655.43	450,000.00	1787.03%	计提的预计损失增加
递延所得税负债	4,889,140.52	1,924,535.09	154.04%	交易性金融资产市值增加
资本公积	1,475,446,488.83	−24,328,085.95	不适用	IPO发行,新增股本溢价
未分配利润	629,782,245.13	1,086,897,472.40	−42.06%	本年给股东分红5.4亿元

(2)公司利润表项目大幅度变动的情况及原因

单位:元

项目	本年数	上年数	增减幅度	主要原因
手续费及佣金净收入	494,662,915.05	772,927,987.54	−36.00%	股市低迷
其中:代理买卖证券业务净收入	448,836,472.24	661,962,842.67	−32.20%	股市低迷
证券承销业务净收入	16,660,000.00	72,675,000.00	−77.08%	本年仅承销完成1单IPO
受托客户资产管理业务净收入	3,028,025.87	4,689,365.76	−35.43%	规模下降,计提管理费减少
利息净收入	232,631,054.01	178,692,407.65	30.19%	本年有募集资金利息收入
公允价值变动收益(损失以"–"号填列)	11,283,408.59	6,133,145.67	83.97%	期末市场反弹,交易性金融资产公允价值增加
汇兑收益(损失以"–"号填列)	−30,783.30	−714,749.25	不适用	汇率变动幅度下降
营业税金及附加	33,278,283.21	57,277,900.79	−41.90%	本年收入减少
资产减值损失	33,238,645.55	292,789.35	11252.41%	本年计提减值损失增加
所得税费用	46,925,969.03	84,775,979.59	−44.65%	本年利润总额减少
归属于母公司所有者的净利润	118,899,060.32	223,237,142.83	−46.74%	本年利润总额减少
少数股东损益	−164,080.72	−570,448.85	−71.24%	本年利润总额减少
其他综合收益	28,153,268.43	−168,963,827.54	不适用	可供出售金融资产公允价值回升

综合收益总额	146,888,248.03	53,702,866.44	173.52%	今年其他综合收益增加
归属于母公司所有者的综合收益总额	147,052,328.75	54,273,315.29	170.95%	今年其他综合收益增加

3.3 公司主要业务经营状况

截至 2012 年底，公司共设有 62 家证券营业部(其中 2 家正在筹建)，2 家分公司，控股西部期货有限公司，与纽约银行梅隆资产管理国际有限公司共同设立合营公司纽银梅隆西部基金管理有限公司，主要经营机构分布在陕西、北京、上海、广东、山东、江苏、甘肃、宁夏、广西、河南、河北等 11 个省市区。

公司的主要业务包括证券经纪业务、证券自营业务、客户资产管理业务、投资银行业务、融资融券业务、研发业务、期货业务等。

2012 年公司证券经纪业务的营业收入占公司全部营业收入 71.98%；证券自营业务的营业收入占公司全部营业收入 13.16%；客户资产管理业务的营业收入占公司全部营业收入 0.61%；投资银行业务的营业收入占公司全部营业收入 2.84%；融资融券业务的营业收入占公司全部营业收入 0.35%。公司主要业务经营情况如下：

单位：元

业务类别	营业收入	营业支出	营业利润率	营业收入比上年增减	营业支出比上年增减	营业利润率比上年增减
证券经纪业务	570,756,791.48	375,790,463.85	34.16%	−26.37%	−15.24%	−20.08%
证券自营业务	104,358,256.15	33,765,555.38	67.64%	−19.98%	27.97%	−15.2%
投资银行业务	22,510,000.00	66,276,022.04	−194.43%	−74.34%	−26.80%	不适用
客户资产管理业务	4,810,175.52	8,262,910.44	−71.78%	−26.63%	−23.48%	不适用
融资融券业务	2,750,936.36	2,181,928.51	20.68%	不适用	40.70%	不适用

1.证券经纪业务

2012 年公司经纪业务实现营业收入 57,075.68 万元，较上年 77,518.49 万元减少 20,442.81 万元，减幅为 26.37%；经纪业务利润总额 19,516.61 万元，比上年 33,284.38 万元减少 13,767.77 万元，减幅为 41.36%。

2012 年公司经纪业务客户总资产 660.95 亿元，较上年末 649.27 亿元上升了 11.68 亿元，增幅为 1.80%；公司 A 股、基金累计交易量 3452.48 亿元，较上年末的 4841.18 亿元下降了 28.69%；A 股、基金累计交易量占全国市场份额为 0.536%，较上年末的 0.567%下降了 0.031 个百分点。

2012 年公司经纪业务积极应对证券行业的创新发展，拟定业务发展规划，推动公司经纪业务从传统通道服务向财富管理转型，对经纪业务组织架构进行优化调整，将原经纪业务管理总部和原营销管理总部分别更名为运营管理总部和零售业务管理总部，新设主要负责投顾业务、理财业务、增值服务、高端客户的服务以及金融产品业务创新的财富管理总部，前中后台建设进一步加强。

2012 年公司经纪业务各项经营指标及行业排名情况如下：

指标类型	指标名称	2011 年	2012 年	排名变化
收入类	手续费及佣金净收入	37/109	45/111	下降 8 位
	代理买卖证券业务净收入	31/100	35/100	下降 4 位
	利息净收入	31/109	21/114	上升 10 位
客户资产规模类	托管客户交易结算资金余额	32/99	29/100	上升 3 位
	托管证券市值	38/99	40/100	下降 2 位
交易量大小	股票债券产品代理交易额	50/99	54/100	下降 4 位
	代理买卖的市场份额	0.567%	0.536%	下降 5.47%

数据来源：中国证券业协会按月发布的《证券公司经营数据统计表》。

西部证券股份有限公司 2012 年度报告摘要

2.证券自营业务

2012 年公司自营投资业务实现营业收入 10,435.83 万元，比上年 13,041.09 万元减少 2,605.26 万元，减幅为 19.98%；实现利润总额 7,428.13 万元，比上年 10,529.91 万元减少 3,101.78 万元，减幅为 29.46%。

公司 2012 年制定了自营业务发展规划，修订完善自营投资决策委员会工作规则及相关业务操作流程，公司三届董事会十四次会议审议通过了《上海第一分公司业务发展规划的提案》，确定了未来 3 年的发展目标，积极探索创新业务。通过结构调整、人才建设、薪酬体系改革以及信息技术增强业务核心竞争力及持续发展能力，进一步加强合规管理和流程控制，确保盈利的持续性和稳定性。

3.客户资产管理业务

2012 年公司客户资产管理业务实现营业收入 481.02 万元，比上年 655.61 万元减少 174.59 万元，减幅为 26.63%；利润总额−326.37 万元，比上年−412.42 万元减少亏损 86.05 万元。

2012 年客户资产管理业务注重集合产品的投资业绩评估管理，开发为经纪业务客户提供现金管理服务功能的集合资产管理计划，促进客户资产管理业务与经纪业务的有效对接。进一步拓展资产管理业务销售渠道，完善资产管理业务系统功能，提高内部控制和风险管理能力。

4.投资银行业务

2012 年投资银行业务实现营业收入 2,251.00 万元，比上年 8,770.90 万元减少 6,519.90 万元，减幅为 74.34%；利润总额−4,360.00 万元，比上年−223.73 万元增加亏损 4,136.27 万元。

2012 年受国内经济形势尚未完全好转及证监会减缓 IPO 发行及审核速度影响，公司投资银行业务收入较大幅度下降，本年度仅完成 1 单 IPO 项目。在业务创新方面，公司取得中小企业私募债业务试点资格，代办股份转让(新三板)业务继续保持良好的市场开拓力度。报告期内，投行业务着手建立以全成本核算为中心的管理制度体系，强化激励约束机制，保持投行业务的平稳发展。

5.融资融券业务

公司 2012 年 5 月取得融资融券业务资格，7 月正式开展融资融券业务，本年实现营业收入 275.09 万元，利润总额 56.90 万元。

2012 年是融资融券业务转常规首年，公司已分三批安排 56 家营业部上线，业务技术系统准备、团队建设及客户培育等各项工作积极有序推进，业务启动及运行平稳。

6.研发业务

2012 年公司研发业务围绕投资业务支持、经纪业务咨询服务体系构建和公司品牌宣传展开。坚持自下而上价值挖掘，持续关注和储备个股的投资机会。本年启动了投资顾问业务体系搭建工作，优化分析师平台结构，完善咨询服务体系，对原有自主开发的资讯产品进行丰富与调整，同时参与形式多样的媒体活动，提升公司品牌。

7.期货业务

西部期货有限公司为公司控股子公司，2012 年期货业务实现营业收入 2,811.99 万元，较上年 2,232.05 万元增长了 25.98%。利润总额−111.71 万元，较上年−574.59 万元相比减少亏损 462.88 万元。

报告期内，期货子公司注重加强营销与客户服务，稳步推进商品期货和股指期货经营，提升研发能力，积极筹备创新业务。

3.4 公司营业收入、营业利润的地区分布报告

1.公司营业收入地区分布情况表

单位：元

地区	2012 年 1—12 月 营业部数量	2012 年 1—12 月 营业收入	2011 年 1—12 月 营业部数量	2011 年 1—12 月 营业收入	营业收入比上年同期增减
陕西省	46	491,843,339.99	44	668,977,194.87	−26.48%
北京市	2	11,043,156.69	2	15,110,188.04	−26.92%
上海市	4	29,544,259.08	4	41,163,449.21	−28.23%
广东省	2	8,251,568.05	2	10,797,839.69	−23.58%
山东省	2	15,683,492.98	2	21,689,773.35	−27.69%
江苏省	1	7,985,998.72	1	11,644,575.38	−31.42%
河南省	1	448,443.14	1	75,511.50	493.87%
广西省	1	1,736,779.85	1	942,126.29	84.35%
甘肃省	1	1,500,297.65	1	367,920.03	307.78%
宁夏回族自治区	1	685,525.99	1	364,701.93	87.97%
河北省	1	173,788.13	1	33,041.87	425.96%
营业部小计	62	568,896,650.27	60	771,166,322.16	−26.23%
公司本部及子公司、分公司		224,043,809.91		261,626,198.81	−14.36%
合计		792,940,460.18		1,032,792,520.97	−23.22%

2.公司营业利润地区分部情况表

单位：元

地区	2012 年 1—12 月 营业部数量	2012 年 1—12 月 营业利润	2011 年 1—12 月 营业部数量	2011 年 1—12 月 营业利润	营业利润比上年同期增减
陕西省	46	240,872,330.90	44	386,658,805.73	−37.70%
北京市	2	−945,399.19	2	−250,762.47	不适用
上海市	4	7,689,416.50	4	16,458,943.50	−53.28%
广东省	2	−1,331,741.24	2	−686,763.25	不适用
山东省	2	−195,280.64	2	3,124,764.66	不适用
江苏省	1	2,018,239.12	1	3,630,212.28	−44.40%
河南省	1	−3,245,143.20	1	−3,182,214.90	不适用
广西省	1	−4,904,047.54	1	−4,347,128.97	不适用
甘肃省	1	−2,615,455.75	1	−3,645,617.34	不适用
宁夏回族自治区	1	−3,662,015.26	1	−3,469,207.38	不适用
河北省	1	−2,588,333.45	1	−2,751,983.73	不适用

营业部小计	62	231,092,570.25	60	391,539,048.13	−40.98%
公司本部及子公司、分公司		−72,812,561.81		−89,612,260.28	不适用
合计		158,280,008.44		301,926,787.85	−47.58%

3.5 核心竞争力分析

公司是国有控股的全牌照中型券商，是全国首批规范类证券公司、第 19 家创新类证券公司和第 19 家上市证券公司，成立 12 年来连续盈利，具有稳定突出的持续盈利能力、较强的综合管控能力和抵御风险能力。公司主要的经营资源和核心客户均集中在陕西，拥有显著的区域优势，客户群体对公司具有较高的认知度和忠诚度。另外公司的新三板业务在业内处于领先地位，目前已成为国内场外市场和新三板市场建设发展的龙头企业，对市场发展起着引领作用。

3.6 投资状况分析

1.对外股权投资情况

(1)持有金融企业股权情况

公司名称	公司类别	最初投资成本(元)	期初持股数量(股)	期初持股比例	期末持股数量(股)	期末持股比例	期末账面值(元)	报告期损益(元)	会计核算科目	股份来源
广东发展银行股份有限公司	商业银行	5,010,500.00	1,013,977	0.01%	1,013,977	0.01%	5,010,500.00	–	长期股权投资	–
西安银行	商业银行	345,200.00	482,718	0.02%	482,718	0.02%	345,200.00	–	长期股权投资	–
纽银梅隆西部基金管理有限公司	其他	102,000,000.00	–	51%	–	51%	51,356,034.02	–	长期股权投资	–
合计		107,355,700.00	–	–	–	–	56,711,734.02	–	–	–

(2)证券投资情况

序号	证券品种	证券代码	证券简称	初始投资金额(元)	持有数量(股/张)	期末账面值(元)	占期末证券投资比例	报告期损益(元)
1	基金	050003	博时现金货币	100,000,000.00	100,002,000	100,002,000.00	8.62%	2,000.00
2	债券	0982013	中船 MTN1	60,356,021.51	600,000	61,541,400.00	5.30%	2,310,000.00
3	债券	122020	09 复地债(公司债)	49,990,000.00	499,900	52,834,431.00	4.55%	3,649,270.00
4	债券	1182134	龙建 MTN1	50,149,616.67	500,000	52,498,200.00	4.52%	5,019,050.00
5	债券	1280490	12 吴江经开债	50,000,000.00	500,000	50,000,000.00	4.31%	0.00
6	债券	041259018	12 南高轮 CP001	41,439,632.88	400,000	42,159,960.00	3.63%	720,327.12
7	债券	1282065	12 三房巷 MTN1	30,574,504.11	300,000	32,791,020.00	2.83%	2,575,797.53
8	债券	1282145	12 法尔胜 MTN1	30,017,370.00	300,000	31,926,180.00	2.75%	1,908,810.00
9	债券	041252011	12 奥克斯 CP001	30,040,842.74	300,000	31,545,810.00	2.72%	1,504,967.26
10	债券	1182095	11 山水 MTN1	30,967,444.93	300,000	31,544,640.00	2.72%	577,195.07
期末持有的其他证券投资				691,312,067.11	–	673,628,925.74	58.05%	18,036,246.61
报告期已出售证券投资收益				–	–	–	–	35,297,831.03
合计				1,164,847,499.95	–	1,160,472,566.74	100.00%	71,601,494.62

(3)持有其他上市公司股权情况

单位：元

证券代码	证券简称	初始投资金额	占该公司股权比例	期末账面值	报告期损益	报告期股东权益变动	会计核算科目	股份来源
601006	大秦铁路	24,691,436.28	0.02%	22,228,177.92	698,157.58	−1,885,823.47	可供	交易所买入
600016	民生银行	7,698,041.66	0.00%	9,432,000.00	119,649.56	1,733,958.34	出售	交易所买入
002672	东江环保	3,741,000.00	0.06%	5,195,640.00	13,768,834.22	1,454,640.00	金融	交易所买入
002304	洋河股份	2,143,352.84	0.00%	1,867,400.00	−6,024,979.41	−467,817.46	资产	交易所买入
400051	精密 3	214,800.00	0.07%	214,800.00	–	–	长期股权投资	出资
合计		38,488,630.78	–	38,938,017.92	8,561,661.95	834,957.41		–

注 1：本表包括可供出售金融资产中的股票投资。

注 2：本表报告期损益指：该项投资对公司本报告期合并净利润的影响。

注 3：本表报告期所有者权益变动金额不含报告期损益影响，报告期所有者权益变动不包含递延所得税的影响。

2.衍生品投资情况

(1)衍生品投资情况

报告期衍生品持仓的风险分析及控制措施说明(包括但不限于市场风险、流动性风险、信用风险、操作风险、、法律风险等)	报告期内公司通过中国金融期货交易所进行股指期货套期保值业务。公司股指期货套期保值业务接受监管机构监管，并在中国金融期货交易所批准额度内开展，不存在法律风险。公司股指期货业务现仅限于套期保值业务，不进行任何投机业务，不存在杠杆性投资，市场风险可控。公司在开展股指期货套期保值业务时均采用近月合约，因此流动性风险较小。公司建立了完善的衍生品投资业务授权机制，以加强决策流程的风险控制；制定了配套的衍生品业务规章制度，以加强业务流程的风险控制。通过公司风险控制部门设定各种风险控制阈值，同时衍生产品投资部门通过实时监控、及时报告等多种措施控制操作风险。
已投资衍生品报告期内市场价格或产品公允价值变动的情况，对衍生品公允价值的分析应披露具体使用的方法及相关假设与参数的设定	报告期内公司衍生品公允价值采用期货市场的公开报价计量。
报告期公司衍生品的会计政策及会计核算具体原则与上一报告期相比是否发生重大变化的说明	报告期内公司衍生品公允价值采用期货市场的公开报价计量。
报告期公司衍生品的会计政策及会计核算具体原则与上一报告期相比是否发生重大变化的说明	无重大变化
独立董事对公司衍生品投资及风险控制情况的专项意见	公司第三届董事会第十次会议审议通过《公司 2012 年度自营证券投资规模及最大亏损限额控制指标的提案》，其中对证券衍生品投资规模进行了规定，全体独立董事同意该项议案。

(2)报告期末衍生品投资的持仓情况

合约种类	期初合约金额(元)	期末合约金额(元)	报告期损益情况(元)	期末合约金额与公司报告期末净资产比例(%)
股指期货 IF1211	0.00	0.00	80,027.14	
股指期货 IF1212	0.00	0.00	−390,899.00	
股指期货 IF1301	0.00	9,895,360.00	−1,253,293.91	0.22%
合计	0.00	9,895,360.00	−1,564,165.77	

3.募集资金使用情况

(1)募集资金总体使用情况

单位：万元

募集资金总额	167,[illegible]62.13
报告期投入募集资金总额	20,[illegible]00.00
已累计投入募集资金总额	20,000.00
报告期内变更用途的募集资金总额	0.00
累计变更用途的募集资金总额	0.00
累计变更用途的募集资金总额比例	0%

(2)募集资金承诺项目情况

单位：万元

承诺投资项目和超募资金投向	是否已变更项目(含部分变更)	募集资金承诺投资总额	调整后投资总额(1)	本报告期投入金额	截至期末累计投入金额(2)	截至期末投资进度(%)(3)=(2)/(1)	项目达到预定可使用状态日期	本报告期实现的效益	是否达到预计效益	项目可行性是否发生重大变化
承诺投资项目										
1.向西部期货有限公司追加投资	否	12,000	12,000	–	–	–	–	–	–	–
2.追加自营投资规模和融资融券业务资金规模	否	100,000	100,000	20,000	20,000	20%	–	275.17	–	–
3.设立直投公司	否	20,000	20,000	–	–	–	–	–	–	–
4.向纽银梅隆西部基金管理公司追加投资	否	10,200	10,200	–	–	–	–	–	–	–

5.信息系统投入	否	7,000	7,000	–	–	–	–	–	–	–
6.新设营业部注册资本	否	5,000	5,000	–	–	–	–	–	–	–
承诺投资项目小计	–	154,200	154,200	20,000	20,000	–	–	275.17	–	–

4.主要子公司、参股公司经营情况分析

公司名称	公司类型	所处行业	主要产品或服务	注册资本（元）	总资产（元）	净资产（元）	营业收入（元）	营业利润（元）	净利润（元）
西部期货有限公司	子公司	金融业	商品期货经纪业务、金融期货经纪业务	80,000,000	439,064,158.31	66,065,433.29	28,119,945.96	−1,130,305.12	−995,950.06
纽银梅隆西部基金管理有限公司	参股公司	金融业	基金募集、基金销售、资产管理和中国证监会许可的其他业务。	200,000,000	118,120,149.20	100,698,105.92	53,330,549.48	−15,688,650.40	−13,312,650.4

3.7 对公司未来发展的讨论与分析

（一）主要业务规划

1.经纪业务

建立以客户诉求为中心的盈利模式，充分发挥营业部的终端职能，以传统通道服务为基础，引进多元化的理财产品，向客户提供咨询和多样化金融产品，培育新的利润增长点；客户服务模式逐渐向多元化增值服务领域迈进；继续调整优化经纪业务管理模式，建立起高效高素质的人才队伍；持续推动经纪业务 IT 系统的建设及升级优化工作。

2.自营业务

公司自营业务将继续加强股票市场系统性研究，密切关注市场发展变化，严格精选行业和个股，把握市场投资机会；进一步完善债券业务团队，丰富交易手段与模式，积极主动寻求投资机会；全面推进股指期货业务的研究和交易，丰富投资和风险管理手段，拓宽业务盈利模式；积极开展量化投资、高频交易和备兑权证等创新业务的研究工作；深入研究国债期货及股指期权等证券市场即将推出的创新品种，为未来业务开展做好准备；拓展研究覆盖面及投资视野，加大自营业务新增投资范围的其他新品种的研究工作，以进一步拓宽投资范围，丰富交易模式；全面加强合规及风控工作，逐步探索使用定量的风险管理手段，提高自营业务风险管理水平，以适应业务发展需要。

3.投资银行业务

公司投资银行业务将进一步夯实业务平台，建立起以全成本核算为中心的团队、业务管理体系，确立内部竞争机制，强化激励约束，提高投行业务的竞争力；完善内部控制制度，建立投行电子业务平台，实现对业务风险的全面把控；提升投行各职能部门的管理水平，进一步完善工作流程；建立长效的人才培养机制，优化人才结构，提高团队整体业务水平。根据监管政策的变化和行业发展要求，新三板业务将完成在业务形态、组织机构、考核体系上的相关调整；业务重心从单纯的规模扩大转向业务结构多样化，重点调整业务结构，在继续发展传统“通道制”业务的基础上，大力发展私募债券、场外市场交易、并购重组、产业投资等市场化程度更高、创新要求更强的业务。在债券业务方面，进一步整合固定收益团队，实现资源共享，提高竞争力。

4.客户资产管理业务

公司客户资产管理业务将分步进行业务模式转型，完善激励机制，培养及引进人才；稳步推进现金管理类集合资产管理计划；建立融合投研系统、客户管理系统、交易和风控系统、内部业务流程管理系统的统一 IT 支持平台，建立规范化、标准化和流程化的管理体系。

5.融资融券业务

公司融资融券业务将从基础建设、营销工作和创新业务方面开展工作，梳理和修订内部管理制度，加强融资融券业务各相关系统的开发、测试与上线工作，进一步加强部门合作；积极进行转融通业务和约定购回式证券交易业务的各项准备工作。

6.研发业务

公司研发业务将加强对内部各项业务的支持，在合适的时机和条件下，实现买方研究业务模式的转型。积极推动建立财富管理总部和营业部联动的二级工作模式，为客户共同提供全方位的服务。

7.期货业务

2013 年西部期货公司要结合市场创新发展要求，推进投资咨询业务等创新业务开展，加强机构客户开发力度，提升市场份额与盈利能力；通过完成对西部期货增资促进其持续、稳定、快速发展。

（二）基础管理工作规划

2013 年公司将整合管理要素，优化业务与控制流程，全面开展精细化管理；完善薪酬体系，制定符合市场化要求的薪酬管理基本制度，按照业务发展与盈利模式需求加强人才培养与引进，提高团队的业务素质；进一步完善合规与风险管理体系，有效控制经营风险；加强信息系统建设，保障公司业务运行与管理控制安全、高效。

（三）公司经营活动面临主要风险因素、存在的问题与应对措施

1.风险因素

随着证券行业创新不断深入，行业竞争与分化加剧，公司作为区域性券商，占公司主要业务收入来源的经纪业务优势将全面临巨大的挑战，公司投资银行与资产管理等业务也将面临更大的竞争压力，同时公司主要业务盈利情况均与证券市场周期性变化密切相关，存在因市场周期性变化造成盈利大幅波动的风险。

2.存在的问题

公司经营管理的各个层面与业内优秀券商还存在一定的差距，基础设施及人才队伍建设方面依然不足，现有人才队伍和薪酬体系、激励机制难以满足公司快速发展的需要，出现了人员流失的现象；各业务发展和盈利能力不均衡，业务结构不尽合理，区域相对优势有逐渐弱化的趋势，业务结构和盈利模式有待进一步改善；公司运作的市场化机制还有待进一步提升。

3.涉及财务报告的相关事项

(1)与上年度财务报告相比，会计政策、会计估计和核算方法发生变化的情况说明

与上年度财务报告相比，公司会计政策、会计估计和核算方法未发生变化。

(2)报告期内发生重大会计差错更正需追溯重述的情况说明

报告期内公司未发生重大会计差错更正需追溯重述的情况。

(3)与上年度财务报告相比，合并报表范围发生变化的情况说明

与上年度财务报告相比，公司未发生合并报表范围发生变化的情况。

常州光洋轴承股份有限公司

常州光洋轴承股份有限公司首次公开发行股票上市公告书

特别提示

本股票将于2014年1月21日在深圳交易所上市。本公司提醒投资者应充分了解首次公开发行股票上市初期的投资风险,避免盲目炒作,理性参与新股交易。

第一节　重要声明与提示

常州光洋轴承股份有限公司(以下简称"公司"、"本公司"、"光洋股份"或"发行人")及全体董事、监事、高级管理人员保证上市公告书的真实性、准确性、完整性,承诺上市公告书不存在虚假记载、误导性陈述或重大遗漏,并承担个别和连带的法律责任。

深圳证券交易所、其他政府机关对本公司股票上市及有关事项的意见,均不表明对本公司的任何保证。

本公司提醒广大投资者注意,凡本上市公告书未涉及的有关内容,请投资者查阅刊载于巨潮资讯网站(http://www.cninfo.com.cn)的本公司招股说明书全文。

一、公司股东、董事、监事、高级管理人员关于自愿锁定的承诺:

本公司控股股东光洋控股,公司股东、实际控制人程上楠、张湘文夫妇承诺:自股票上市之日起三十六个月内,不转让或者委托他人管理其已持有的发行人股份,也不由发行人收购该部分股份。承诺期限届满后,上述股份可以上市流通和转让。

本公司股东当代科技、德睿亨风承诺:发行人股票上市之日起12个月内,不转让或者委托他人管理其持有的发行人股份,也不要求发行人回购该部分股份。

本公司股东信德投资承诺:自股票上市之日起三十六个月内,不转让或者委托他人管理其已持有的发行人股份,也不由发行人收购该部分股份。锁定期满后,上述股份可以上市流通和转让,每年转让的股份不超过其所持有发行人股份总数的百分之二十五。

本公司股东程上柏、朱雪英、吴进华、汤伟庆承诺:自股票上市之日起十二个月内,不转让或者委托他人管理其已持有的发行人股份,也不由发行人收购该部分股份。承诺期限届满后,上述股份可以上市流通和转让。

程上楠、程上柏、朱雪英、吴进华除了遵守上述承诺外,还承诺:在本人担任常州光洋轴承股份有限公司的董事、监事、高管期间,每年转让的股份不超过所持有发行人股份总数的百分之二十五;在离职后半年内不转让其所直接或间接持有的发行人股份,在申报离职六个月后的十二个月内通过证券交易所挂牌交易出售公司股票数量占其所持有公司股份总数的比例不超过百分之五十。

光洋控股、信德投资、程上楠、张湘文、程上柏和朱雪英除遵守上述承诺外,还承诺:所持发行人股票在锁定期满后两年内进行减持的,其减持价格不低于发行价,光洋控股锁定期满后两年内每年减持数量不超过上一年末持股数量的5%,程上楠、张湘文、朱雪英锁定期满后两年内每年减持数量不超过上一年末持股数量的25%;发行人上市后6个月内股票连续20个交易日的收盘价均低于发行价,或者上市后6个月期末收盘价低于发行价的,所持股票锁定期限自动延长6个月;相关责任人的行为与承诺不符的,由此产生的收益将归上市公司所有。

上述承诺不因其职务变更、离职等原因而失效。

二、发行人及其控股股东、实际控制人、董事、监事、高级管理人员关于申请文件真实、准确、完整的承诺

发行人及其控股股东、实际控制人承诺:发行人招股说明书和有关申报文件真实、准确、完整。如招股说明书存在虚假记载、误导性陈述或者重大遗漏,对判断发行人是否符合法律规定的发行条件构成重大、实质影响的,在该项事实经有权机关生效法律文件确认后30日内,发行人将依法回购首次公开发行的全部新股,发行人控股股东将督促发行人依法回购首次公开发行的全部新股,并将购回已转让的股份。发行人、控股股东及实际控制人将通过交易所竞价系统回购上述股份,股份回购的价格为本次发行价格。发行人招股说明书有虚假记载、误导性陈述或者重大遗漏,致使投资者在证券交易中遭受损失的,将依法赔偿投资者损失。

公司全体董事、监事、高级管理人员承诺:发行人招股说明书和有关申报文件真实、准确、完整。如发行人招股说明书存在虚假记载、误导性陈述或者重大遗漏,致使投资者在证券交易中遭受损失的,依法赔偿投资者损失。

有权获得赔偿的投资者资格、投资者损失的范围认定、赔偿主体之间的责任划分和免责事由按照《证券法》、《最高人民法院关于审理证券市场因虚假陈述引发的民事赔偿案件的若干规定》(法释[2003]2号)等相关法律法规的规定执行,如相关法律法规相应修订,则按届时有效的法律法规执行。

发行人、控股股东、实际控制人以及全体董事、监事、高级管理人员将严格履行生效司法文书认定的赔偿方式和赔偿金额,并接受社会监督,确保投资者合法权益得到有效保护。

三、本次发行的股价稳定预案:

(一)触发和停止股价稳定方案的条件

发行人首次公开发行并上市后36个月内,如出现连续20个交易日收盘价低于上个定期报告披露的每股净资产时,触发股价稳定方案。

自股价稳定方案触发之日起,公司董事会应在5日内召开董事会会议并告知稳定方案履行义务人。

董事会公告后3个交易日内,相关履行增持义务人将按顺序启动股票增持方案;

如触发股价稳定方案时点至股价稳定方案尚未正式实施前或股价稳定方案实施后,某日收盘价高于上个定期报告披露的每股净资产时,则停止实施本阶段股价稳定方案。

(二)股价稳定方案的具体措施

1.控股股东、实际控制人增持公司股票

控股股东、实际控制人以自有资金在二级市场增持流通股份。36个月内增持数量最大限额为本次发行前持股数量的10%。

2.发行人回购公司股票

发行人以自有资金在二级市场回购流通股份。36个月内回购资金最大限额为本次发行新股融资净额的10%。

公司2013年12月19日临时股东大会授权董事会在上市后36个月内触发回购条件时,制定相关方案并实施。该授权自上市后36个月内有效。

3.董事、高级管理人员增持公司股票

领取薪酬的董事、高级管理人员以不低于股价稳定方案启动时上一年度从光洋股份领取的薪酬在二级市场增持流通股份。

对于本次发行后新聘任的董事、高级管理人员,公司在聘任合同中明确上述承诺并要求履行。

4.增持或回购股票的限定条件

以上股价稳定方案的任何措施都以不影响《深圳证券交易所股票上市规则》中对于上市公司股权分布的要求为前提。

5.增持或回购股票方案的启动时点

自股价稳定方案触发之日起,公司董事会应在5日内召开董事会会议并告知股价稳定方案履行义务人。

董事会公告后3个交易日内,控股股东、实际控制人将启动股票增持方案;

董事会公告后且控股股东、实际控制人履行完增持义务后,发行人根据董事会已制定的回购方案,于董事会决议公告后3个交易日内开始实施;

董事会公告后且控股股东、实际控制人、发行人履行完增持及回购义务后,发行人董事、高级管理人员将在董事会决议公告后3个交易日内启动股票增持;

公司及相关责任人在执行股价稳定方案时不得违反中国证监会及深圳证券交易所关于增持或回购股票的时点限制。

(三)股价稳定方案的优先顺序

触发股价稳定方案时,控股股东和实际控制人增持股票为第一顺位,光洋股份回购公司股票为第二顺位,董事和高级管理人员增持股票为第三顺位。控股股东、实际控制人增持到承诺的最大数量后,公司股价仍未达到停止股价稳定方案的条件的,则由光洋股份实施回购;光洋股份用尽最大回购资金后,公司股价仍未达到停止股价稳定方案的条件的,则由董事、高级管理人员承担增持义务。

控股股东、实际控制人履行完强制增持义务后,可自愿增持。

(四)责任追究机制

自股价稳定方案触发之日起,公司董事会应在5日内召开董事会会议,并及时公告将采取的具体措施并履行后续法律程序。董事会不履行上述义务的,全体董事以上一年度薪酬为限对股东承担赔偿责任。

控股股东、实际控制人承诺在本次发行前持股数量的10%以内承担增持义务,控股股东、实际控制人不履行上述义务的,在三年限售期满解禁时由公司零元回购上述数量的股票并注销。

光洋股份承诺在本次募集资金净额的10%以内承担增持义务,公司不履行上述义务的,以其承诺的最大回购金额为限对流通股东承担赔偿责任。

董事、高级管理人员不履行增持义务的,公司从未来的薪酬中扣除其承诺的最大增持金额。

四、持有发行人股份5%以上股东的持股意向、减持意向及约束措施

序号	股东名称	持股比例	股份锁定期	持股及减持意向
1	光洋控股	45.2912%	上市后满三十六个月	1.该部分股份上市后将锁定36个月; 2.若发行人上市后6个月内股票连续20个交易日的收盘价均低于发行价或者上市后6个月期末收盘价低于发行价,该部分股份锁定期将自动延长6个月; 3.本公司将视自身实际经营情况进行增持或减持; 4.本公司所持发行人股票在锁定期满后两年内进行减持的,其减持价格不低于发行价,每年减持数量不超过上一年末所持股份数量的5%; 5.减持行为将通过竞价交易以及大宗交易的方式进行。每次减持时,将提前三个交易日通知公司公告本次减持的数量、减持价格区间、减持时间区间等;
2	程上楠	19.9364%	上市后满三十六个月	1.该部分股份上市后将锁定36个月; 2.若发行人上市后6个月内股票连续20个交易日的收盘价均低于发行价或者上市后6个月期末收盘价低于发行价,该部分股份锁

				定期将自动延长 6 个月； 3.本人将视自身财务情况及资金需求进行增持或减持； 4.本人所持发行人股票在锁定期满后两年内进行减持的，其减持价格不低于发行价，每年减持数量不超过上一年末所持股份数量的 25%； 5.减持行为将通过竞价交易以及大宗交易的方式进行。每次减持时，将提前三个交易日通知公司公告本次减持的数量、减持价格区间、减持时间区间等； 6.当发行人股价触发股价稳定方案的条件时，本人将以自有资金在二级市场增持流通股。上市后 36 个月内增持数量最大限额为本次发行前持股数量的 10%； 7.本人进行股份增减持操作时符合相关法律法规中对于董事、监事、高级管理人员增减持股份的相关规定； 8.本人的增减持行为不得违反本人在公开募集及上市文件中所作出的相关承诺。增持方案不得违反深交所相关上市规则； 9.本人的增减持行为未履行或违反了相关承诺的，增减持收益归发行人所有； 10.本人所作的承诺不因职务变化而更改。
3	朱雪英	10.8798%	上市后满十二个月	1.该部分股份上市后将锁定 12 个月； 2.若发行人上市后 6 个月内股票连续 20 个交易日的收盘价均低于发行价或者上市后 6 个月期末收盘价低于发行价，该部分股份锁定期将自动延长 6 个月； 3.本人将视自身财务情况及资金需求进行增减持； 4.本人所持发行人股票在锁定期满后两年内进行减持的，其减持价格不低于发行价，每年减持数量不超过上一年末所持股份数量的 25%； 5.减持行为将通过竞价交易以及大宗交易的方式进行。每次减持时，将提前三个交易日通知公司公告本次减持的数量、减持价格区间、减持时间区间等； 6.当发行人股价触发股价稳定方案的条件时且控股股东、实际控制人以及发行人已履行完股价稳定义务后，本人将以不低于方案启动时点上一年度从发行人处领取的薪酬从二级市场增持流通股份。增持方案不得违反深交所相关上市规则； 7.本人进行股份增减持操作时符合相关法律法规中对于董事、监事、高级管理人员增减持股份的相关规定； 8.本人的增减持行为不得违反本人在公开募集及上市文件中所作出的相关承诺； 9.本人的增减持行为未履行或违反了相关承诺的，增减持收益归发行人所有； 10.本人所作的承诺不因职务变化而更改。
4	当代科技	10.00%	上市后满十二个月	1.该部分股份上市后将锁定 12 个月。锁定期满后，根据法律法规的要求和自身财务规划的需要，进行合理减持； 2.本公司减持时，减持行为将通过竞价交易以及大宗交易的方式进行，减持价格不低于发行价的 80%，锁定期满两年内减持数量不超过上市前所持股份数量的 50%； 3.本公司减持时，须提前三个交易日予以公告； 4.本公司的减持行为不得违反本公司在公开募集及上市文件中所作出的相关承诺。若公司的减持行为未履行或违反了相关承诺，减持所得收入归上市公司所有。
5	德睿亨风	5.00%	上市后满十二个月	1.该部分股份上市后将锁定 12 个月。锁定期满后，根据法律法规的要求和自身财务规划的需要，进行合理减持； 2.本公司减持时，减持行为将通过竞价交易以及大宗交易的方式进行，减持价格不低于发行价的 80%，锁定期满两年内减持数量不超过上市前所持股份数量的 50%； 3.本公司减持时，须提前三个交易日予以公告； 4.本公司的减持行为不得违反本公司在公开募集及上市文件中所作出的相关承诺。若公司的减持行为未履行或违反了相关承诺，减持所得收入归上市公司所有。
6	张湘文	0.0723%	上市后满三十六个月	1.该部分股份上市后将锁定 36 个月； 2.若发行人上市后 6 个月内股票连续 20 个交易日的收盘价均低于发行价或者上市后 6 个月期末收盘价低于发行价，该部分股份锁定期将自动延长 6 个月； 3.本人将视财务情况及资金需求进行增持或减持； 4.本人所持发行人股票在锁定期满后两年内进行减持的，其减持价格不低于发行价，每年减持数量不超过上一年末所持股份数量的 25%； 5.减持行为将通过竞价交易以及大宗交易的方式进行。每次减持时，将提前三个交易日通知公司公告本次减持的数量、减持价格区间、减持时间区间等； 6.当发行人股价触发股价稳定方案的条件时，本人将以自有资金在二级市场增持流通股份。上市后 36 个月内增持数量最大限额为本次发行前持股数量的 10%。增持方案不得违反深交所相关上市规则； 7.本人进行股份增减持操作时符合相关法律法规中对于董事、监事、高级管理人员增减持股份的相关规定； 8.本人的增减持行为不得违反本人在公开募集及上市文件中所作出的相关承诺； 9.本人的增减持行为未履行或违反了相关承诺减持的，增减持收益归发行人所有； 10.本人所作的承诺不因职务变化而更改。

五、证券服务机构关于申请文件真实、准确、完整的承诺

发行人保荐机构、会计师事务所、律师事务所承诺：因本机构（本所）为发行人本次公开发行制作、出具的文件有虚假记载、误导性陈述或者重大遗漏，给投资者造成损失的，将依法赔偿投资者损失。

有权获得赔偿的投资者资格、投资者损失的范围认定、赔偿主体之间的责任划分和免责事由按照《证券法》、《最高人民法院关于审理证券市场因虚假陈述引发的民事赔偿案件的若干规定》（法释[2003]2 号）等相关法律法规的规定执行，如相关法律法规相应修订，则按届时有效的法律法规执行。

本机构（本所）将严格履行生效司法文书认定的赔偿方式和赔偿金额，并接受社会监督，确保投资者合法权益得到有效保护。

六、公司控股股东光洋控股、实际控制人及关联人关于避免同业竞争的承诺

公司控股股东光洋控股、实际控制人程上楠和张湘文、控股股东的全资子公司常州车辆、佳卓特种车辆和上上人力、实际控制人之女程晓苏均向本公司出具了《关于避免同业竞争的承诺函》，承诺不以任何形式从事与本公司相同或相似的业务。

若相关责任人行为与承诺不符的，相关责任人除公开道歉外，由此所获收益归属于发行人所有。

第二节　股票上市情况

一、公司股票上市审批情况

本上市公告书是根据《中华人民共和国公司法》、《中华人民共和国证券法》、《首次公开发行股票并上市管理办法》和《深圳证券交易所股票上市规则》（2012 年修订）等国家有关法律、法规的规定，并按照《深圳证券交易所股票上市公告书内容与格式指引》（2013 年 12 月修订）编制而成，旨在向投资者提供有关本公司首次公开发行股票上市的基本情况。

经中国证券监督管理委员会《关于核准常州光洋轴承股份有限公司首次公开发行股票的批复》（证监许可[2013]1662 号）核准，公司首次公开发行新股不超过 3,332 万股，公司股东可公开发售股份不超过 2,499 万股，本次公开发行股票总量不超过 3,332 万股。公司本次共发行 3,320 万股，其中公开发行新股 3,283 万股，公司股东公开发售股份 37 万股。本次发行采用网下向投资者询价配售与网上向社会公众投资者定价发行相结合的方式，其中网下向询价对象配售 672 万股，网上资金申购定价发行 2,648 万股，发行价格为 11.88 元/股。

经深圳证券交易所《关于常州光洋轴承股份有限公司人民币普通股股票上市的通知》（深证上[2014]24 号）同意，本公司发行的人民币普通股股票在深圳证券交易所上市，证券简称“光洋股份”，股票代码“002708”；其中：本次公开发行的 3,320 万股股票将于 2014 年 1 月 21 日起上市交易。

本次发行的招股意向书、招股说明书全文及相关备查文件已在巨潮资讯网（http://www.cninfo.com.cn）披露，故与其重复的内容不再重述，敬请投资者查阅上述内容。

二、公司股票上市概况

（一）上市地点：深圳证券交易所

（二）上市时间：2014 年 1 月 21 日

（三）股票简称：光洋股份

（四）股票代码：002708

（五）本次发行后总股本：132,790,000 股

（六）首次公开发行股票数量：33,200,000 股

（七）公司股东所持股份的流通限制及期限：

项目	股东名称	发行前		发行后		流通、锁定
		持股数（股）	持股比例	持股数（股）	持股比例	限制及期限
有售条件股份	光洋控股	45,273,084	45.2912%	45,075,934	33.9453%	三十六个月
	程上楠	19,928,425	19.9364%	19,841,643	14.9421%	三十六个月
	张湘文	72,271	0.0723%	71,956	0.0542%	三十六个月
	信德投资	4,248,300	4.25%	4,229,800	3.1853%	三十六个月
	当代科技	9,996,000	10.00%	9,996,000	7.5277%	十二个月
	德睿亨风	4,998,000	5.00%	4,998,000	3.7638%	十二个月
	朱雪英	10,875,448	10.8798%	10,828,089	8.1543%	十二个月
	程上柏	4,083,366	4.0850%	4,065,584	3.0617%	十二个月
	吴进华	303,179	0.3033%	301,859	0.2273%	十二个月
	汤伟庆	181,927	0.1820%	181,135	0.1364%	十二个月
社会公众股		–	–	33,200,000	25.00%	无锁定期
合计		99,960,000	100%	132,790,000	100%	

截止本公告书出具日，公司股东所持公司股份无其他锁定及流通限制。

（八）发行前股东对所持股份自愿锁定的承诺：

本公司控股股东光洋控股，公司股东、实际控制人程上楠、张湘文夫妇承诺：自股票上市之日起三十六个月内，不转让或者委托他人管理其已持有的发行人股份，也不由发行人收购该部分股份。承诺期限届满后，上述股份可以上市流通和转让。

本公司股东当代科技、德睿亨风承诺：发行人股票上市之日起 12 个月内，不转让或者委托他人管理其持有的发行人股份，也不要求发行人回购该部分股份。

本公司股东信德投资承诺：自股票上市之日起三十六个月内，不转让或者委托他人管理其已持有的发行人股份，也不由发行人收购该部分股份。锁定期满后，上述股份可以上市流通和转让，每年转让的股份不超过其所持有发行人股份总数的百分之二十五。

本公司股东程上柏、朱雪英、吴进华、汤伟庆承诺：自股票上市之日起十二个月内，不转让或者委托他人管理其已持有的发行人股份，也不由发行人收购该部分股份。承诺期限届满后，上述股份可以上市流通和转让。

程上楠、程上柏、朱雪英、吴进华除了遵守上述承诺外，还承诺：在本人担任常州光洋轴承股份有限公司的董事、监事、高管期间，每年转让的股份不超过所持有发行人股份总数的百分之二十五；在离职后半年内不转让其所直接或间接持有的发行人股份，在申报离职六个月后的十二个月内通过证券交易所挂牌交易出售公司股票数量占其所持有公司股份总数的比例不超过百分之五十。

光洋控股、信德投资、程上楠、张湘文、程上柏和朱雪英除遵守上述承诺外，还承诺：所持发行人股票在锁定期满后两年内进行减持的，其减持价格不低于发行价，光洋控股锁定期满后两年内每年减持数量不超过上一年末持股数量的 5%，程上楠、张湘文、朱雪英锁定期满后两年内每年减持数量不超过上一年末持股数量的 25%；发行人上市后 6 个月内股票连续 20 个交易日的收盘价均低于发行价，或者上市后 6 个月期末收盘价低于发行价的，所持股票锁定期限自动延长 6 个月；相关责任人的行为与承诺不符的，由此产生的收益将归上市公司所有。

上述承诺不因其职务变更、离职等原因而失效。

（九）公司股份可上市交易时间表

	股东名称	持股数量（万股）	占发行后股本比例	可上市交易日期（非交易日顺延）
首次公开发行前已发行股份	常州光洋控股集团有限公司	45,075,934	33.9453%	2017 年 1 月 21 日
	程上楠	19,841,643	14.9421%	2017 年 1 月 21 日
	张湘文	71,956	0.0542%	2017 年 1 月 21 日
	常州信德投资有限公司	4,229,800	3.1853%	2017 年 1 月 21 日
	武汉当代科技产业集团股份有限公司	9,996,000	7.5277%	2015 年 1 月 21 日
	苏州德睿亨风创业投资有限公司	4,998,000	3.7638%	2015 年 1 月 21 日
	朱雪英	10,828,089	8.1543%	2015 年 1 月 21 日
	程上柏	4,065,584	3.0617%	2015 年 1 月 21 日
	吴进华	301,859	0.2273%	2015 年 1 月 21 日
	汤伟庆	181,135	0.1364%	2015 年 1 月 21 日
	小计	99,590,000	75.00%	
首次公开发行股份	网下配售股份	6,720,000	5.06%	2014 年 1 月 21 日
	网上发行股份	26,480,000	19.94%	2014 年 1 月 21 日
	小计	33,200,000	25.00%	
	合计	132,790,000	100.00%	

本次首次公开发行股票中，除武汉当代科技产业集团股份有限公司与苏州德睿亨风创业投资有限公司所持股份（合计占发行前总股本的 15%）未满足股东公开发售股份的资格外，发行人其余股东所持股份（合计占发行前总股本的 85%）按比例向投资者发售了 37 万股，具体情况如下：

股东名称	转让股份（股）	比例
常州光洋控股集团有限公司	197,150	53.28%
常州信德投资有限公司	18,500	5.00%
程上楠	86,782	23.45%
张湘文	315	0.09%
程上柏	17,782	4.81%
朱雪英	47,359	12.80%
吴进华	1,320	0.36%
汤伟庆	792	0.21%
合　计	370,000	100.00%

（十二）股票登记机构：中国证券登记结算有限责任公司深圳分公司

（十三）上市保荐机构：齐鲁证券有限公司

第三节　发行人、股东和实际控制人情况

一、发行人基本情况

1.公司名称：常州光洋轴承股份有限公司

2.英文名称：Changzhou Guangyang Bearing Co.,Ltd.

3.注册资本：人民币 13,279 万元（发行后）

4.法定代表人：程上楠

5.设立日期：2011 年 1 月 27 日

6.公司住所：常州市新北区汉江路 52 号

7.经营范围：一般经营项目：轴承、汽车配件、金属加工机械、工具、模具、机械零部件的制造，销售；汽车的销售；轴承的技术咨询、技术服务；自营和代理各类商品和技术的进出口，但国家限定公司经营或禁止进出口的商品和技术除外。

9.主营业务：汽车精密轴承的研发、生产和销售。

10.所属行业：通用设备制造业

11.电话：0519-68861888

12.传真：0519-85150888

13.电子邮箱：owen.wu@nrb.com.cn

14.董事会秘书：吴朝阳

二、发行人董事、监事、高级管理人员

姓名	职务	直接持有公司股份（股）	间接持有公司股份（股）	占发行后总股本比例	任期
程上楠	董事长、总经理	19,841,643	43,121,871	47.42%	2011 年 1 月
程上柏	董事、副总经理、财务总监	4,065,584	2,253,797	4.76%	21 日~2014 年
朱雪英	董事	10,828,089	2,253,797	9.85%	1 月 20 日
吴朝阳	董事、副总经理、董事会秘书	–	190,341	0.14%	
沈　霞	董事	–	–	–	
王　鸣	董事	–	–	–	
王肖健	独立董事	–	–	–	
周　宇	独立董事	–	–	–	
郭磊明	独立董事	–	–	–	
蒋爱辉	监事会主席、规划发展部副部长	–	63,447	0.05%	
王启宝	职工监事	–	42,298	0.03%	
吴进华	监事	301,859	0.23%		
张建钢	副总经理	–	169,192	0.13%	

三、公司控股股东及实际控制人的情况

常州光洋控股集团有限公司（以下简称"光洋控股"）为公司的控股股东，程上楠、张湘文夫妇直接持有公司发行后 14.9421%、0.0542%的股权，且程上楠通过光洋控股和信德投资间接控制公司发行后 33.9453%和 3.1853%的股权，合计控制发行人 52.1269%的股权，为公司实际控制人。

光洋控股注册资本为人民币 5540 万元，营业执照为 320402000009067。控股股东目前除对子公司进行投资管理外，并无具体生产经营活动。

截至 2013 年 6 月 30 日，光洋控股经审计的财务情况如下（母公司口径）：

单位：万元

资产负债表项目	2013 年 6 月 30 日	2012 年 12 月 31 日
流动资产	3,260.74	3,286.80
长期股权投资	9,587.72	9,587.72
其他非流动资产	894.58	901.93
总资产	13,743.04	13,776.45
负债	1,442.36	1,445.07
所有者权益	12,184.07	12,330.38
利润表项目	2013 年上半年	2012 年
营业收入	0.00	0.00
营业利润	0.00	–277.30
利润总额	–29.70	–254.35
净利润	–29.70	–254.35

实际控制人对外投资情况如下：

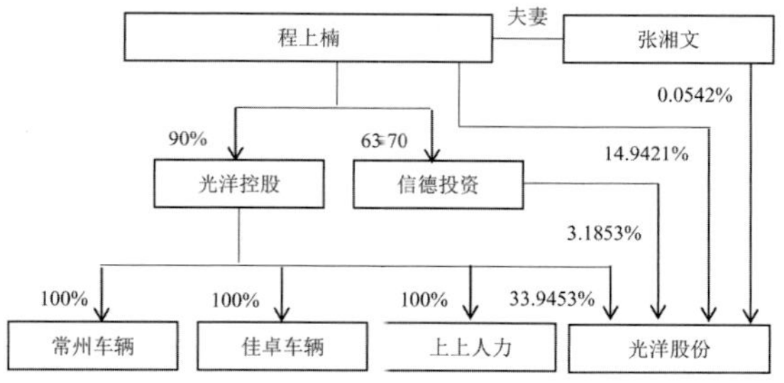

有关常州车辆、佳卓车辆、上上人力的详细情况请见招股说明书

四、公司前十名股东持有本公司股份情况

本次发行结束后，上市前的股东总人数为 46962 人，其中前十名股东的持股情况如下：

序号	股东名称	持股数量(股)	持股比例
1	常州光洋控股集团有限公司	45,075,934	33.9453%
2	程上楠	19,841,643	14.9421%
3	朱雪英	10,828,089	8.1543%
4	武汉当代科技产业集团股份有限公司	9,996,000	7.5277%
5	苏州德睿亨风创业投资有限公司	4,998,000	3.7638%
6	常州信德投资有限公司	4,229,800	3.1853%
7	程上柏	4,065,584	3.0617%
8	国泰君安证券股份有限公司	845,951	0.6371%
9	红塔证券股份有限公司	704,951	0.5309%
10	西藏丰煜汇投资中心(有限合伙)	639,792	0.4818%
	合计	101,225,744	76.2299%

第四节　股票发行情况

一、本次股票上市前首次公开发行股票的情况

(一)发行数量：3,320 万股

(二)发行价格：11.88 元/股

(三)发行方式及认购情况：本次发行采用网下向投资者询价配售和网上向社会公众投资者定价发行相结合的方式。

本次发行网下配售 672 万股，有效申购为 9,532.57 万股，超额认购倍数为 14.19 倍。本次发行网上定价发行 2,648 万股，中签率为 1.83%，超额认购倍数为 54.57 倍。本次发行网上、网下不存在余股。

(四)募集资金总额

根据信永中和会计师事务所有限公司(以下简称“信永中和”)于 2014 年 1 月 16 日出具的《验资报告》(XYZH/2013A8037)，截至 2014 年 1 月 16 日止，发行人本次发行共募集资金总额为人民币 394,416,000 元。

(五)发行费用总额及构成

序号	项目	金额
1	承销费用	11,832,480.00 元
2	保荐费用	15,776,640.00 元
3	审计费用	4,700,000 元
4	律师费用	3,100,000 元
5	上网发行费用	4,228,998.97 元
	合计	39,638,118.97 元
	每股发行费用	1.19 元/股

(六)发行人募集资金净额及股东转让股份所得资金净额

本次公开发行中，股东公开发售股份和公司发行新股按发行股数的比例承担发行和承销费用。公司股东公开发售股份所得资金不归公司所有。

a 根据信永中和出具的《验资报告》(XYZH/2013A8037)，新股发行募集资金为人民币 390,020,400 元，扣除所承担的发行费用人民币 39,196,368.85 元，净额为 350,824,031.15 元；公司股东公开发售股份所得资金为人民币 4,395,600 元，扣除所承担的发行费用人民币 441,750.12 元及相关税费 274,502.36 元，净额为 3,679,347.52 元。

(七)发行后每股净资产：6.22 元/股(以 2013 年 6 月 30 日经审计的归属于发行人股东的净资产与本次发行新股募集资金净额的合计数除以本次发行后总股本计算)

(八)发行后每股收益：0.42 元/股(按照 2012 年经会计师事务所审计的扣除非经常性损益前后孰低的净利润除以本次发行后总股本计算)

第五节　财务会计资料

公司 2010 年-2012 年及 2013 年 1-6 月经审计的财务数据已于公告中的招股说明书进行了详细披露，投资者欲了解相关情况请详细阅读招股说明书。

公司 2013 年未经审计的财务数据如下：

项目	2013 年 12 月 31 日	2012 年 12 月 31	本报告期末比上年度期末增减(%)
流动资产(元)	529,822,268.82	481,197,738.02	10.10%
流动负债(元)	231,759,949.27	225,315,892.15	2.86%
总资产(元)	784,532,808.38	721,929,813.38	8.67%
归属于发行人股东的所有者权益(元)	501,372,859.11	448,213,921.23	11.86%
归属于发行人股东的每股净资产(元/股)	5.02	4.48	12.05%
项目	2013 年	2012 年	本报告期比上年度期增减(%)
营业总收入	580,556,133.38	555,619,106.38	4.49%
营业利润	61,945,542.07	65,934,687.79	-6.05%
利润总额	63,593,538.04	70,429,534.26	-9.71%
归属于发行人股东的净利润(元)	53,170,300.73	58,937,608.91	-9.79%
归属于发行人股东的扣除非经常性损益后的净利润(元)	51,927,665.42	55,196,410.56	-5.92%
基本每股收益(元/股)	0.53	0.59	-10.17%
扣除非经常性损益后的基本每股收益(元/股)	0.52	0.55	-5.45%
加权平均净资产收益率(%)	11.20%	14.10%	-2.90%
扣除非经常损益后的加权净资产收益率(%)	10.95%	13.27%	-2.32%
经营活动产生的现金流量净额(元)	32,878,244.72	30,329,739.44	8.40%
每股经营活动产生的现金流量净额(元)	0.33	0.30	10.00%

2013 年，发行人所处汽车零部件行业整体仍保持稳定增长态势，同期公司生产经营状况良好，无重大变化。

公司营业利润相对去年同期有下降 6.05%，主要因素是同期管理费用中的修理费和三包费大幅增加。

2014 年一季度业绩情况预测如下：

单位：万元

项目	2014 年一季度	2013 年一季度
营业收入	16,000	13,751.44
净利润	1,400~1,600	1,343.47
预计 2014 年一季度净利润同比增幅	4.21%~19.09%	

第六节　其他重要事项

一、本公司已向深圳证券交易所承诺，将严格按照中小企业板的有关规则，在上市后三个月内尽快完善公司章程等相关制度。

二、本公司自 2014 年 1 月 3 日刊登首次公开发行股票招股意向书至本上市公告书刊登前，没有发生可能对公司有较大影响的重要事项。具体如下：

1、本公司严格依照《公司法》、《证券法》等法律法规的要求，规范运作，生产经营状况正常，主营业务发展目标进展正常；

2、本公司生产经营情况、外部条件或生产环境未发生重大变化(包括原材料采购和产品销售价格、原材料采购和产品销售方式、所处行业或市场等均未发生重大变化)；

3、本公司未订立可能对公司资产、负债、权益和经营成果产生重大影响的重要合同；

4、本公司未发生重大关联交易事项，资金未被关联方非经营性占用；

5、本公司未进行重大投资；

6、本公司未发生重大资产(或股权)购买、出售及置换；

7、本公司住所没有变更；

8、本公司董事、监事、高级管理人员及核心技术人员没有变化；

9、本公司未发生重大诉讼、仲裁事项；

10、本公司未发生对外担保等或有事项；

11、本公司的财务状况和经营成果未发生重大变化；

12、本公司未召开董事会、监事会和股东大会；

13、本公司无其他应披露的重大事项。

第七节　上市保荐机构及其意见

一、上市保荐人情况

保荐人(主承销商)	齐鲁证券有限公司
法定代表人	李　玮
联系地址	上海市浦东新区花园石桥路 66 号东亚银行大厦 17 楼
电话	021-20315036
传真	021-20315096
保荐代表人	黎友强　万炎华

二、保荐人(主承销商)的推荐意见

上市保荐人齐鲁证券有限公司认为发行人申请首次公开发行的股票符合上市条件，已向深圳证券交易所提交了《齐鲁证券有限公司关于常州光洋轴承股份有限公司股票上市保荐书》，上市保荐人的保荐意见如下：

常州光洋轴承股份有限公司申请其股票上市符合《公司法》、《证券法》和《深圳证券交易所股票上市规则》(2012 年修订)等法律、法规的有关规定，发行人股票具备在深圳证券交易所上市的条件。齐鲁证券愿意保荐发行人的股票在深圳证券交易所上市交易，并承担相关保荐责任。

常州光洋轴承股份有限公司

2014 年 1 月 20 日

麦趣尔集团股份有限公司

麦趣尔集团股份有限公司首次公开发行股票上市公告书

第一节　重要声明与提示

麦趣尔集团股份有限公司(以下简称“麦趣尔”、“公司”、“本公司”或“发行人”)及全体董事、监事、高级管理人员保证上市公告书的真实性、准确性、完整性,承诺上市公告书不存在虚假记载、误导性陈述或重大遗漏,并承担个别和连带的法律责任。

深圳证券交易所、其他政府机关对本公司股票上市(以下简称“本次上市”)及有关事项的意见,均不表明对本公司的任何保证。

本公司提醒广大投资者注意,凡本上市公告书未涉及的有关内容,请投资者查阅刊载于巨潮资讯网(www.cninfo.com.cn)的招股说明书全文。

首次公开发行股票上市初期具有一定的投资风险,本公司提醒广大投资者充分了解风险、理性参与新股交易。

发行人及其实际控制人、董事、监事、高级管理人员就首次公开发行股票并上市作出的重要承诺及说明如下:

一、关于股份锁定、减持价格及延长锁定期的承诺

公司控股股东新疆麦趣尔集团有限责任公司承诺:自公司股票上市之日起三十六个月内,不转让或者委托他人管理其已直接或间接持有的本次公开发行股票前已发行的股份,也不由公司回购该部分股份。

公司股东李勇、李刚、新疆聚和盛投资有限公司承诺:自公司股票上市之日起三十六个月内,不转让或者委托他人管理其已直接或间接持有的本次公开发行股票前已发行的股份,也不由公司回购该部分股份;上述锁定期满后在李勇、李刚担任公司董事、监事或高级管理人员的期间内,每年转让的股份不超过持有股份数的25%;自李勇、李刚离任上述职务后的半年内,不转让所持有的公司股份;在李勇、李刚申报离任六个月后的十二个月内通过证券交易所挂牌交易出售公司股票数量占其所持有公司股票总数的比例不超过50%。

公司股东王翠先承诺:自公司股票上市之日起三十六个月内,不转让或者委托他人管理其已直接或间接持有的本次公开发行股票前已发行的股份,也不由公司回购该部分股份。

公司股东陈全仁、张美玲、新疆新美股权投资管理有限责任公司、王龙、库尔勒通汇投资咨询服务有限公司、杨冬梅、华融渝富基业(天津)股权投资合伙企业(有限合伙)、北京华特利新能源科技有限公司承诺:自公司股票上市之日起十二个月内,不转让或者委托他人管理其已直接或间接持有的本次公开发行股票前已发行的股份,也不由公司回购该部分股份。

公司控股股东新疆麦趣尔集团有限责任公司、新疆聚和盛投资有限公司、持有公司股份的董事和高级管理人员李勇、李刚追加承诺:其所持股票在锁定期满后两年内减持的,其减持价格不低于发行价;公司上市后6个月内如公司股票连续20个交易日的收盘价均低于发行价,或者上市后6个月期末收盘价低于发行价,其持有的公司股票的锁定期限自动延长6个月;以上承诺不因为董事、高级管理人员的职务变更、离职而失去效力。

二、稳定股价的预案

公司及其控股股东新疆麦趣尔集团有限责任公司、公司全体董事及高级管理人员追加承诺:如果上市后三年内公司连续20个交易日收盘价均出现低于每股净资产(与前一年度经审计的每股净资产比较)的情况时,公司将启动稳定公司股价的预案:

(1)启动股价稳定措施的具体条件:

A.预警条件:当股价低于每股净资产的120%时,在10个工作日内召开投资者见面会,与投资者就上市公司经营状况、财务指标、发展战略进行深入沟通;

B.启动条件:当连续20个交易日收盘价均低于每股净资产时,在30日内实施相关稳定股价的方案;

(2)稳定股价所采取的具体措施

上市公司及相关责任主体将综合采用多种方案稳定股价,包括但不限于:

A.公司控股股东新疆麦趣尔集团有限责任公司、李勇、李刚追加承诺:如果上市后三年内连续20个交易日收盘价均低于每股净资产,将通过以不超过前一年度经审计的每股净资产的120%的价格增持股票等方式来稳定公司股价;在符合相关买卖公司股票规定等前提下,积极通过交易所集中竞价交易方式增持公司股票。当年通过本方案增持股票不低于30万股或300万元;

B.公司全体董事、高级管理人员追加承诺:如果上市后三年内连续20个交易日收盘价均低于每股净资产,将通过以不超过前一年度经审计的每股净资产的120%的价格增持股票的方式来稳定公司股价;当年通过本方案增持股票不低于2万股或10万元;公司上市后三年内入职的董事、高级管理人员也将追加本承诺;

C.公司回购公司股票:如果上市后三年内连续20个交易日收盘价均低于每股净资产时,经董事会、股东大会审议通过,在不影响公司正常生产经营的情况下,公司将通过回购股票的方式以不超过前一年度经审计的每股净资产的120%的价格回购公司股票稳定公司股价。

上述机构及个人在启动股价稳定措施时,按照相关法律法规的规定提前公告具体实施方案。

三、关于招股说明书有虚假记载、误导性陈述或者重大遗漏方面的承诺

发行人及其控股股东新疆麦趣尔集团有限责任公司承诺:招股说明书如有虚假记载、误导性陈述或者重大遗漏,对判断发行人是否符合法律规定的发行条件构成重大、实质影响的,将依法回购首次公开发行的全部新股,且发行人控股股东新疆麦趣尔集团有限责任公司将购回首次公开发行股票时控股股东公开发售的股份。若存在上述情形,发行人在收到有权机构的书面认定后二十个交易日内,启动股份回购措施。回购价格为发行人首次公开发行股票的发行价格(已经除权的,应当复权计算)为准。

发行人及其控股股东新疆麦趣尔集团有限责任公司、实际控制人李玉瑚、王翠先、李勇、李刚、发行人全体董事、监事、高级管理人员承诺:招股说明书如有虚假记载、误导性陈述或者重大遗漏,致使投资者在证券交易中遭受损失的,将依法赔偿投资者损失。投资者损失的确认以有权机构认定的金额或者发行人与投资者协商的金额确定。在中国证券监督管理委员会认定招股说明书存在虚假记载、误导性陈述或者重大遗漏后二十个工作日内,应启动赔偿投资者损失的相关工作。

发行人保荐机构东方花旗证券有限公司、发行人会计师事务所瑞华会计师事务所(特殊普通合伙)、发行人律师北京市康达律师事务所承诺:因其为发行人首次公开发行制作、出具的文件有虚假记载、误导性陈述或者重大遗漏,给投资者造成损失的,将依法赔偿投资者损失。

四、公开发行前持股5%以上股东的持股意向及减持意向

公开发行前持股5%以上股东新疆麦趣尔集团有限责任公司、华融渝富基业(天津)股权投资合伙企业(有限合伙)、李勇、新疆聚和盛投资有限公司的在公司上市后持股意向及减持意向披露如下:

A.限售期结束后两年内,新疆麦趣尔集团有限责任公司、李勇合计减持不超过200万股(已经除权的,应当复权计算),其减持价格不低于发行价,上述减持股份数额不包含承诺人在此期间增持的股份。

B.限售期结束后两年内,新疆聚和盛投资有限公司每年转让的股份不超过持有股份数的25%,其减持价格不低于发行价,在李勇、李刚离任董事或高级管理人员的半年内,不转让所持有的公司股份;在李勇、李刚申报离任六个月后的十二个月内通过证券交易所挂牌交易出售公司股票数量占其所持有公司股票总数的比例不超过50%。

C.限售期结束后两年内,华融渝富基业(天津)股权投资合伙企业(有限合伙)每年转让的股份不超过持有股份数的50%,其减持价格不低于发行价,上述减持股份数额不包含承诺人在此期间增持的股份。

D.新疆麦趣尔集团有限责任公司、华融渝富基业(天津)股权投资合伙企业(有限合伙)、李勇、新疆聚和盛投资有限公司在承诺锁定期满后转让股票的,公司将提前三个交易日予以公告,披露该股东减持原因、该股东未来持股意向、减持行为对公司治理结构及持续经营的影响等。

五、未能履行承诺时的约束措施

发行人、控股股东承诺:如未履行招股说明书披露的承诺事项,将在股东大会及中国证监会指定报刊上公开说明未履行的具体原因并向股东和社会公众投资者道歉;如果因未履行相关承诺事项给投资者造成损失的,本公司将向投资者赔偿相关损失。

公司董事、监事及高级管理人员承诺:如未履行招股说明书披露的承诺事项,将在公司股东大会及中国证监会指定报刊上公开说明未履行的具体原因并向股东和社会公众投资者道歉;如果因未履行相关承诺事项而获得收益的,收益归公司所有,在获得收益的五个工作日内将前述收益支付到本公司账户;如果因未履行相关承诺事项给投资者造成损失的,将向公司或者其他投资者依法承担赔偿责任。

六、其他承诺

1.关于避免同业竞争的重要承诺

公司控股股东新疆麦趣尔集团有限责任、李勇先生、新疆聚和盛投资有限公司为了避免与发行人同业竞争,承诺本公司/本人没有直接或间接地从事与麦趣尔股份的生产经营存在竞争关系的任何活动。自本承诺函出具日始至本公司/本人为麦趣尔股份持股5%以上的主要股东或由本公司委派的人员担任麦趣尔股份董事、监事、高级管理人员的期间内,本单位/本人不直接或间接从事、参与或进行与麦趣尔股份生产、经营相竞争的任何活动且不会对该等业务进行投资。如有任何违反上述承诺的事项发生,本公司愿意承担因此给麦趣尔股份造成的一切损失(含直接损失和间接损失)。

华融渝富基业(天津)股权投资合伙企业(有限合伙)为了避免与发行人同业竞争,承诺本单位没有直接或间接地从事与麦趣尔股份的生产经营存在竞争关系的任何活动。自本承诺函出具日始至本单位为麦趣尔股份持股5%以上的主要股东或由本单位委派的人员担任麦趣尔股份董事、监事、高级管理人员的期间内,本单位不直接从事与麦趣尔股份的主营业务相同、相似或构成直接竞争的业务,不投资控股于业务与麦趣尔股份的主营业务相同、相似或在任何方面构成竞争的公司、企业或其他组织。如有任何违反上述承诺的事项发生,本单位愿意承担因此给麦趣尔股份造成的一切损失(含直接损失和间接损失)。

2.持股5%以上股份的主要股东的其他重要承诺

新疆麦趣尔集团有限责任、华融渝富基业(天津)股权投资合伙企业(有限合伙)和新疆聚和盛投资有限公司承诺:本公司所持有的麦趣尔股份的全部股份系由本公司实际、真实持有,不存在通过委托、信托或任何其他方式为他人代为持有的情形;该等股份权属清晰,不存在质押、冻结等限制转让或设置他方权益的情形;本公司将尽量避免与麦趣尔股份之间产生关联交易事项,对于不可避免发生的关联业务往来或交易,将在平等、自愿的基础上,按照公平、公允和等价有偿的原则进行,交易价格将按照市场公认的合理价格确定。本公司将严格遵守公司章程等规范性文件中关于关联交易事项的回避规定,所涉及的关联交易均将按照规定的决策程序进行,并将履行合法程序,及时对关联交易事项进行信息披露。本公司承诺不会利用关联交易转移、输送利润,不会通过麦趣尔股份的经营决策权损害公司及其他股东的合法权益。

李勇先生承诺:本人所持有的麦趣尔股份的全部股份系由本人实际、真实持有,不存在通过委托、信托或任何其他方式为他人代为持有的情形;该等股份权属清晰,不存在质押、冻结等限制转让或设置他方权益的情形;本人将尽量避免与麦趣尔股份之间产生关联交易事项,对于不可避免发生的关联业务往来或交易,将在平等、自愿的基础上,按照公平、公允和等价有偿的原则进行,交易价格将按照市场公认的合理价格确定。本人将严格遵守公司章程等规范性文件中关于关联交易事项的回避规定,所涉及的关联交易均将按照规定的决策程序进行,并将履行合法程序,及时对关联交易事项进行信息披露。本人承诺不会利用关联交易转移、输送利润,不会通过麦趣尔股份的经营决策权损害公司及其他股东的合法权益。

本上市公告书中若出现总计数与所加总数值总和尾数不符,均为四舍五入所致。

如无特别说明,本上市公告书中的简称或名词的释义与本公司首次公开发行股票招股说明书中的相同。

本上市公告书已披露 2013 年 12 月 31 日及 2012 年 12 月 31 日、2013 年度及 2012 年度主要财务数据。其中，2013 年 12 月 31 日、2013 年度的财务数据未经审计，2012 年 12 月 31 日、2012 年度财务数据已经审计。敬请投资者注意。

第二节 股票上市情况

一、公司股票发行上市审批情况

本上市公告书是根据《中华人民共和国公司法》、《中华人民共和国证券法》、《首次公开发行股票并上市管理办法》和《深圳证券交易所股票上市规则》(2012 年修订)等有关法律、法规的规定，并按照《深圳证券交易所股票上市公告书内容与格式指引》(2013 年修订)编制而成，旨在向投资者提供有关本公司首次公开发行 A 股股票上市的基本情况。

经中国证券监督管理委员会证监许可[2014]46 号文核准，本公司首次公开发行 2,617 万股人民币普通股股票(A 股)(以下简称"本次发行")。本次发行采用网下向投资者询价配售(以下简称"网下配售")和网上向持有深圳市场非限售 A 股股份市值的社会公众投资者定价发行(以下简称"网上发行")相结合的方式进行，其中网下向配售对象配售数量为 916 万股，占本次发行总量的 40%；网上向社会公众投资者定价发行数量为 1,374 万股，占本次发行总量的 60%，发行价格为 25.38 元/股。

经深圳证券交易所《关于麦趣尔集团股份有限公司人民币普通股股票上市的通知》(深证上[2014]73 号)同意，本公司发行的人民币普通股股票在深圳证券交易所上市，股票简称"麦趣尔"，股票代码"002719"，其中本次公开发行的 2,290 万股股票将于 2014 年 1 月 28 日起上市交易。

本次发行的招股意向书、招股说明书全文及相关备查文件可以在巨潮资讯网(www.cninfo.com.cn)查询，本公司招股意向书及招股说明书的披露距今不足一个月，故与其重复的内容不再重述，敬请投资者查阅上述内容。

二、公司股票上市概况

1.上市地点：深圳证券交易所

2.上市时间：2014 年 1 月 28 日

3.股票简称：麦趣尔

4.股票代码：002719

5.首次公开发行后总股本：9,160 万股

6.首次公开发行股票数量：2,290 万股(发行新股 1,311 万股，公司股东公开发售 979 万股)

7.发行前股东所持股份的流通限制及期限：根据《公司法》的有关规定，公司公开发行前已发行的股份，自公司股票在证券交易所上市之日起一年内不得转让。

8.发行前股东对所持股份自愿锁定的承诺，详见本上市公告书"第一节重要声明与提示"。

9.本次上市股份的其他锁定安排：本次发行的股票无流通限制及锁定安排。

10.本次上市的无流通限制及锁定安排的股份：本次公开发行的股份无流通限制及锁定安排。

11.公司股份可上市交易时间

项目	股东名称	持股数量（万股）	占首次公开发行后总股本的比例(%)	可上市流通日期（非交易日顺延）
首次公开发行前已发行股份	新疆麦趣尔集团有限责任公司	4,282.90	46.757	2017 年 1 月 28 日
	华融渝富基业（天津）股权投资合伙企业	750.00	8.188	2015 年 1 月 28 日
	李 勇	701.49	7.658	2017 年 1 月 28 日
	新疆聚和盛投资有限公司	345.46	3.771	2017 年 1 月 28 日
	新疆新美股权投资管理有限责任公司	320.00	3.493	2015 年 1 月 28 日
	北京华特利新能源科技有限公司	225.00	2.456	2015 年 1 月 28 日
	王 龙	70.13	0.766	2015 年 1 月 28 日
	王翠先	60.01	0.655	2017 年 1 月 28 日
	库尔勒通汇投资咨询服务有限公司	50.01	0.546	2015 年 1 月 28 日
	杨冬梅	50.01	0.546	2015 年 1 月 28 日
	李 刚	15.00	0.164	2017 年 1 月 28 日
	小 计	6,870.00	75.000	
首次公开发行股份	网下配售的股份	916.00	10.000	2014 年 1 月 28 日
	网上发行的股份	1,374.00	15.000	2014 年 1 月 28 日
	小计	2,290.00	25.000	
	合计	9,160.00	100.000	

12.股票登记机构：中国证券登记结算有限责任公司深圳分公司

13.上市保荐机构：东方花旗证券有限公司

第三节 发行人、股东和实际控制人情况

一、发行人基本情况

公司名称：麦趣尔集团股份有限公司

英文名称：MaiquerGroupCo.,LTD.

注册资本：7,849 万元(发行前)、9,160 万元(发行后)

法定代表人：李勇

成立日期：2002 年 12 月 30 日

整体变更日期：2009 年 12 月 30 日

公司住所：新疆维吾尔自治区昌吉回族自治州昌吉市麦趣尔大道

邮政编码：831100

电话：0994-6568908

传真：0994-2516699

公司网址：http://www.maiquer.com

电子邮箱：bod@maiquer.com

经营范围：许可经营项目：乳制品[液体奶(灭菌乳、酸乳)]、饮料(蛋白饮料类)、冷冻饮品(冰淇淋、雪糕、冰棍)、矿泉水、速冻米面食品的生产、销售。一般经营项目：农副产品(除粮食、棉花)经销；畜禽养殖、农业种植。

主营业务：乳制品的生产和销售，烘焙食品的连锁经营。

所属行业：食品制造业

董事会秘书：姚雪

二、公司董事、监事、高级管理人员及其持有公司的股票情况

姓 名	职务	性别	任职期限	直接持有股数(股)	间接持有股数(股)	持股比例(%)
李 勇	董事长	男	2012 年 12 月-2015 年 12 月	7,014,902	15,612,335	24.70
李 刚	董事/总经理	男	2012 年 12 月-2015 年 12 月	150,000	7,115,257	7.93
王翠萍	董事	女	2012 年 12 月-2015 年 12 月	0	0	0
姜传波	董事	男	2012 年 12 月-2015 年 12 月	0	0	0
孙进山	独立董事	男	2012 年 12 月-2015 年 12 月	0	0	0
陈志武	独立董事	男	2012 年 12 月-2015 年 12 月	0	0	0
郭志勤	独立董事	男	2012 年 12 月-2015 年 12 月	0	0	0
贾勇军	监事会主席	男	2012 年 12 月-2015 年 12 月	0	0	0
唐志毅	监事	男	2012 年 12 月-2015 年 12 月	0	0	0
朱 杰	职工监事	男	2012 年 12 月-2015 年 12 月	0	0	0
张 超	副总经理	男	2012 年 12 月-2015 年 12 月	0	0	0
李景迁	副总经理	男	2012 年 12 月-2015 年 12 月	0	0	0
姚 雪	副总经理/董事会秘书/财务总监	女	2012 年 12 月-2015 年 12 月	0	0	0

三、控股股东及实际控制人情况

新疆麦趣尔集团有限责任公司(以下简称"麦趣尔集团")为公司的控股股东，李玉瑚、王翠先、李勇、李刚共持有麦趣尔集团 100%的股权，通过麦趣尔集团持有发行后发行人 46.757%的股份。王翠先、李勇和李刚分别直接持有本公司发行后 0.655%、7.658%和 0.164%的股份，李勇、李刚持有本公司股东新疆聚和盛投资有限公司 100%的股权，通过新疆聚和盛投资有限公司持有发行后发行人 3.771%的股份。李玉瑚、王翠先、李勇、李刚合计控制发行人 59.005%的股权，为公司实际控制人。

(一)控股股东简要情况

新疆麦趣尔集团有限责任公司成立于 1993 年 7 月，注册资本为 33,999 万元人民币，营业执照为 652300050002563，法定代表人为李玉瑚，注册地址为昌吉市麦趣尔大道 66 区 2 丘 10 栋 5 楼，实际经营业务为实业投资、股权投资与管理。该公司股东情况如下：

序号	股东名称	出资金额(万元)	出资比例(%)
1	王翠先	11,899.65	35.00
2	李 勇	10,199.70	30.00
3	李玉瑚	6,799.80	20.00
4	李 刚	5,099.85	15.00
	合 计	33,999.00	100.00

麦趣尔集团最近一年一期的主要财务数据如下：

项目	2013 年 6 月 30 日	2012 年 12 月 31 日
总资产(元)	1,229,755,464.64	1,226,030,180.75
净资产(元)	453,183,479.61	452,485,394.49
项目	2013 年 1-6 月	2012 年度
净利润(元)	698,085.12	39,685,742.42

注：上表中 2013 年 6 月 30 日/2013 年 1-6 月数据未经审计，2012 年 12 月 31 日/2012 年度数据经由华寅五洲会计师事务所(特殊普通合伙)审计。

(二)实际控制人简要情况

李玉瑚、王翠先、李勇、李刚为公司实际控制人。

李玉瑚先生：麦趣尔集团董事长。中国国籍，无境外永久居留权，1938 年出生。曾任新疆大天池食品有限公司(麦趣尔集团前身)总经理，还曾担任昌吉市政协委员、工商联副主席，2002 年至今任麦趣尔集团董事长。曾荣获 2003 年"中国月饼发展贡献奖"、2009 年"中国烘焙食品工业终生成就奖"等荣誉称号。

王翠先女士：麦趣尔集团副董事长。中国国籍，无境外永久居留权，1942 年出生。曾任新疆大天池食品有限公司(麦趣尔集团前身)副总经理，2002 年至今任麦趣尔集团副董事长。

李勇先生，本公司董事长。中国国籍，无境外永久居留权，1970 年出生，研究生学历，高级经济师，昌吉州人大常委会委员、自治区工商联执委，昌吉州工商联副会长，昌吉市工商联副会长。历任麦趣尔集团总经理，麦趣尔乳业董事长。现任麦趣尔股份董事长、麦趣尔集团总经理，曾荣获 2002 年中国奶业协会优秀工作者、2007 年昌吉市首届优秀青年企业家、2007 年昌吉州科学技术进步奖第一名、2007 年全国轻工行业劳模、2008 年和 2009 年昌吉市总工会"支持工会党政"好领导、2009 年昌吉高新技术产业开发区优秀企业管理者等荣誉称号。

李刚先生，本公司董事、总经理。中国国籍，无境外永久居留权，1974 年出生，本科学历，高级经济师，昌吉州人大代表，烘焙行业国家职业技能竞赛裁判员，乌鲁木齐烘焙食品行业协会第一届理事会理事、副会长。历任麦趣尔食品及麦趣尔冰淇淋董事长，麦趣尔乳业副总经理。现任麦趣尔股份总经理、新疆麦趣尔食品饮料有限公司董事长、新疆麦趣尔冷冻食品有限公司董事长。曾荣获 2002 年全国质量管理先进工作者、2009 年昌吉州五一劳动奖章等荣誉称号。

(三)控股股东和实际控制人控制或具有重大影响的其他企业基本情况

发行人的控股股东麦趣尔集团控制的企业除本公司外，还控制铭成兴业、新悦铭城、忠群诚信、嘉亿园林、顺佳聚信、亿泰福能源、九州通(600998,股吧)、新坐标共 8 家全资子公司。有关铭成兴业、新悦铭城、忠群诚信、嘉亿园林、顺佳聚信、亿泰福能源、九州通、新坐标的详细情况请见招股说明书。

发行人实际控制人除控制麦趣尔集团及其子公司、新疆聚和盛投资有限公司外，未投资或控制其他企业。

四、公司前十名股东持有本公司股份的情况

本次公开发行后，公司股东总数为 24,999 名，公司前十名股东持有股份的情况如下：

序号	股东名称	持股数量(股)	持股比例(%)
1	新疆麦趣尔集团有限责任公司	42,828,973	46.76
2	华融渝富基业（天津）股权投资合伙企业（有限合伙）	7,500,000	8.19
3	李 勇	7,014,902	7.66
4	新疆聚和盛投资有限公司	3,454,554	3.77

5	新疆新美股权投资管理有限责任公司	3,200,009	3.49
6	北京华特利新能源科技有限公司	2,250,000	2.46
7	东方精选混合型开放式证券投资基金	1,232,250	1.35
8	中国太平洋(601099,股吧)人寿保险(放心保)股份有限公司—传统—普通保险产品	924,122	1.01
9	中国华电集团财务有限公司	906,718	0.99
10	中国人寿股份有限公司-分红-个人分红-005L-FH002深	906,718	0.99
11	中国平安人寿保险股份有限公司—投连—个险投连	906,718	0.99
	合计	71,124,964	77.65

第四节 股票发行情况

一、发行数量

本次发行总股数为2,290万股。其中,网下配售数量为916万股,占本次发行数量的40%;网上定价发行数量为1,374万股,占本次发行数量的60%。

二、发行价格

本次发行价格为25.38元/股,对应的市盈率为:

1.33.96倍(每股收益按照2012年度经会计师事务所依据中国会计准则审计的扣除非经常性损益前后孰低的归属于母公司股东净利润除以本次发行前总股本计算);

2.39.64倍(每股收益按照2012年度经会计师事务所依据中国会计准则审计的扣除非经常性损益前后孰低的归属于母公司股东净利润除以本次发行后总股本计算)。

三、发行方式及认购情况

本次发行采用网下向投资者询价配售和网上向持有深圳市场非限售A股股份市值的社会公众投资者定价发行相结合的方式进行。其中,通过网下向询价对象询价配售的股票数量为916万股,为本次发行数量的40%,有效申购数量为4,053万股,有效申购获得配售的比例为22.60%,有效申购倍数为4.42倍。本次网上发行的股票数量为1,374万股,为本次发行数量的60%,网上定价发行的中签率为2.2274801995%,超额认购倍数为44.89倍。本次网下发行及网上发行均不存在余股。

四、募集资金总额及注册会计师对资金到位的验证情况

根据瑞华会计师事务所(特殊普通合伙)于2014年1月23日出具的《验资报告》(瑞华验字[2014]第48110004号),发行人本次发行共募集资金总额为人民币332,731,800元。

五、发行费用

1.本次发行费用共计5,740.81万元,具体明细如下:

项目	金额(万元)
承销保荐费用	4,849.62
审计、评估费用	327.00
律师费用	80.00
网上发行费用	30.60
信息披露费用	453.59
合计	5,740.81

2.每股发行费用为2.51元(每股发行费用=发行费用总额/本次发行股本)

六、发行人募集资金净额及股东转让股份所得资金净额

本次发行新股募集资金总额为33,273.18万元;扣除发行费用3,753.05万元后,发行新股募集资金净额为29,520.13万元,公司股东公开发售股份募集资金总额24,847.02万元,扣除分摊的发行费用1,987.76万元后,公司股东发售股份所得资金净额为22,859.26万元。

七、发行后每股净资产

发行后每股净资产:6.29元(按照2013年6月30日净资产值加上本次发行募集资金净额,除以本次发行后总股本计算)。

八、发行后每股收益

发行后每股收益:0.64元/股(以公司2012年扣除非经常性损益后的净利润按照发行后股本摊薄计算)。

第五节 财务会计资料

一、主要会计数据及财务指标

本上市公告书已披露2013年12月31日及2012年12月31日、2013年度及2012年度主要财务数据。其中,2013年12月31日、2013年度的财务数据未经审计,2012年12月31日、2012年度财务数据已经审计。

项目	2013.12.31	2012.12.31	本报告期末比上年度期末增减(%)
流动资产(元)	311,783,503.66	236,236,427.65	31.98
流动负债(元)	159,780,073.84	160,085,491.76	-0.19
总资产(元)	487,928,980.94	425,995,488.39	14.54
归属于发行人股东的所有者权益(元)	328,108,907.10	264,869,996.63	23.88
归属于发行人股东的每股净资产(元/股)	4.18	3.37	23.88

项目	2013年度	2012年度	本报告期比上年同期增减(%)
营业总收入(元)	403,291,925.66	403,191,954.37	0.02
营业利润(元)	61,302,191.38	65,629,006.41	-6.59
利润总额(元)	69,493,308.21	67,211,389.05	3.40
归属于发行人股东的净利润(元)	63,238,910.47	60,092,920.55	5.24
归属于发行人股东的扣除非经常性损益后的净利润(元)	55,784,994.15	58,652,952.35	-4.89
基本每股收益(元/股)	0.81	0.77	5.24
扣除非经常性损益后的基本每股收益(元/股)	0.71	0.75	-4.89
加权平均净资产收益率(%)	21.33	25.59	-4.26
扣除非经常性损益后的加权净资产收益率(%)	18.82	24.98	-6.16
经营活动产生的现金流量净额(元)	34,712,838.80	70,015,794.55	-50.42
每股经营活动产生的现金流量净额(元)	0.44	0.89	-50.42

注:净资产收益率和扣除非经常性损益后的净资产收益率两个指标的本年比上年同期增减为两期数的差值。

二、经营业绩和财务状况的简要说明

发行人所处行业属于"C14食品制造业",发展较为稳健,不存在较强的周期性。从行业发展趋势来看,随着国家经济水平和国民可支配收入的持续提高,以及城镇化建设加快推进等有利因素的影响,乳制品和烘焙连锁行业市场需求旺盛,发展空间广阔。

2013年发行人的经营情况整体较2012年基本稳定,经营模式(包括采购模式、生产模式和销售模式等)、产品构成、主要客户及供应商、税收政策等事项没有发生重大变化。受当年生鲜乳供应紧张、月饼销售未达预期等影响,2013年发行人营业收入增幅较低。

2013年发行人利润总额和净利润的增幅超过营业收入的增幅,主要原因是2013年发行人取得的政府补贴较2012年有所增加。

2013年1季度,发行人实现营业收入8,454.12万元(未经审计),净利润654.32万元(未经审计)。由于2014年春节较2013年春节的公历日期有所提前,因此2014年1季度因春节带动销售的有利因素将较2013年1季度有所减弱。预计2014年1季度发行人的营业收入较2013年1季度下降10%左右,净利润下降5%-10%。

2014年1季度的业绩预测只是发行人的初步估计,公司将根据实际情况及时披露生产经营信息,请广大投资者谨慎决策,注意投资风险。

第六节 其他重要事项

一、本公司自2014年1月9日刊登首次公开发行股票招股意向书至本上市公告书刊登前,没有发生可能对公司有较大影响的重要事项:

1.本公司严格依照《公司法》、《证券法》等法律法规的要求,规范运作,经营状况正常;主营业务目标进展情况正常;

2.本公司生产经营情况、外部条件或生产环境未发生重大变化(包括原材料采购和产品销售价格、原材料采购和产品销售方式、所处行业或市场的重大变化等);

3.公司未订立可能对公司资产、负债、权益和经营成果产生重大影响的重要合同;

4.公司未发生重大关联交易,发行人资金未被关联人非经常性占用;

5.公司未发生重大投资;

6.公司未发生重大资产(或股权)购买、出售及置换;

7.公司住所没有变更;

8.公司董事、监事、高级管理人员及核心技术人员未发生变化;

9.公司未发生重大诉讼、仲裁事项;

10.公司未发生对外担保等或有事项;

11.公司的财务状况和经营成果未发生重大变化;

12.公司未召开董事会、监事会和股东大会

13.公司无其他应披露的重大事项。

第七节 上市保荐机构及其意见

一、上市保荐机构情况

保荐机构:东方花旗证券有限公司

法定代表人:潘鑫军

保荐代表人:席睿、李旭巍

联系地址:上海市黄浦区中山南路318号24层

电话:021-23153888

传真:021-23153509

二、上市保荐机构的推荐意见

公司的上市保荐机构东方花旗证券有限公司已向深圳证券交易所提交了《东方花旗证券有限公司关于麦趣尔集团股份有限公司股票上市保荐书》。保荐机构的保荐意见主要内容如下

麦趣尔集团股份有限公司申请其股票上市符合《中华人民共和国公司法》、《中华人民共和国证券法》及《深圳证券交易所股票上市规则》(2012年修订)等国家有关法律、法规的有关规定,麦趣尔集团股份有限公司股票具备在深圳证券交易所上市的条件。东方花旗愿意推荐麦趣尔集团股份有限公司的股票在深圳证券交易所上市交易,并承担相关保荐责任。

麦趣尔集团股份有限公司

2014年1月27日

日照港股份有限公司

日照港股份有限公司 2013 年年度报告摘要

第一节　重要提示

1.1 本年度报告摘要摘自年度报告全文，投资者欲了解详细内容，应当仔细阅读同时刊载于上海证券交易所网站等中国证监会指定网站上的年度报告全文。

1.2 公司简介

股票简称	日照港	股票代码	600017
股票上市交易所	上海证券交易所		
股票简称	11 日照港	股票代码	122121
股票上市交易所	上海证券交易所		
股票简称	13 日照港	股票代码	122289
股票上市交易所	上海证券交易所		
联系人和联系方式	董事会秘书	证券事务代表	
姓名	余慧芳	范守猛	
电话	0633－8388822	0633－8388822	
传真	0633－8387361	0633－8387361	
电子信箱	yhfang@rzport.com	fansm@rzport.com	

第二节　主要财务数据和股东变化

2.1 主要财务数据

单位:元　币种:人民币

项目	2013 年(末)	2012 年(末)	本年(末)比上年(末)增减(%)	2011 年(末)
总资产	15,888,509,000.67	13,816,471,938.28	15.00	12,903,833,655.37
归属于上市公司股东的净资产	9,470,308,878.94	8,652,400,816.91	9.45	7,691,113,004.85
经营活动产生的现金流量净额	882,419,723.77	981,654,784.11	−10.11	933,133,023.62
营业收入	4,965,500,568.05	4,798,872,357.48	3.47	4,441,103,493.13
归属于上市公司股东的净利润	801,910,146.79	786,500,758.81	1.96	639,776,866.59
归属于上市公司股东的扣除非经常性损益的净利润	800,389,378.89	705,598,610.00	13.43	477,473,798.04
加权平均净资产收益率(%)	8.85	9.60	减少 0.75 个百分点	9.49
基本每股收益(元/股)	0.26	0.26	0.00	0.22
稀释每股收益(元/股)	0.26	0.26	0.00	0.22

2.2 股东数量和持股情况

单位:股

截止报告期末股东总数	128,737	年度报告披露日前第 5 个交易日末股东总数	127,304

前十名股东持股情况

股东名称	股东性质	持股比例(%)	持股总数	报告期内增减	持有有限售条件股份数量	质押或冻结的股份数量
日照港集团有限公司	国有法人	41.09	1,263,740,123		273,114,379	冻结 59,143,867
兖矿集团有限公司	国有法人	6.06	186,514,800			冻结 3,246,726
山东高速集团有限公司	国有法人	3.80	117,000,000			未知
日照港集团岚山港务有限公司	国有法人	2.60	79,993,559		79,993,559	未知
中国华融资产管理股份有限公司	国有法人	2.39	73,600,000			未知
淄博矿业集团有限责任公司	国有法人	2.35	72,199,200			冻结 1,391,454
山东省国有资产投资控股有限公司	国有法人	1.59	48,796,113			未知
山东钢铁集团有限公司	国有法人	1.31	40,442,288		40,442,288	未知
中国长城资产管理公司	国有法人	1.27	39,000,000			未知
山东海洋投资有限公司	境内非国有法人			1.27	39,000,000	未知

前十名无限售条件股东持股情况

股东名称	持有无限售条件股份的数量	股份种类及数量
日照港集团有限公司	990,625,744	人民币普通股
兖矿集团有限公司	186,514,800	人民币普通股
山东高速集团有限公司	117,000,000	人民币普通股
中国华融资产管理股份有限公司	73,600,000	人民币普通股
淄博矿业集团有限责任公司	72,199,200	人民币普通股
山东省国有资产投资控股有限公司	48,796,113	人民币普通股
中国长城资产管理公司	39,000,000	人民币普通股
山东海洋投资有限公司	39,000,000	人民币普通股
中交投资有限公司	30,460,390	人民币普通股
中国中煤能源集团有限公司	25,824,787	人民币普通股
上述股东关联关系或一致行动的说明	上述持有无限售条件股份的股东中，日照港集团有限公司、兖矿集团有限公司、山东高速集团有限公司、山东省国有资产投资控股有限公司均为山东海洋投资有限公司的发起人股东。以上单位在日常生产经营中存在一定的关联关系，但非一致行动人。除此之外，未知其它股东之间是否存在关联关系，也未知其它股东是否属于《上市公司股东持股变动信息披露管理办法》规定的一致行动人。	

2.3 以方框图描述公司与实际控制人之间的产权及控制关系

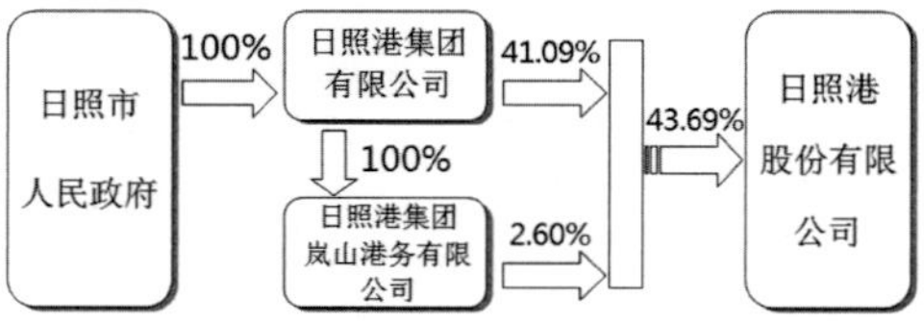

第三节　管理层讨论与分析

(一)整体经营情况的回顾与分析

报告期内，按照董事会部署的年度目标，公司克服了港口竞争加剧、大宗原材料需求不旺等困难，加大市场营销力度开拓市场，推进港口基础设施建设，深化管理，加强内部控制，实现了吞吐量和经济效益的稳步提升。

公司董事会确定的 2013 年度经营计划与实际完成情况的比较及分析：计划完成吞吐量 24,200 万吨，实际完成 24,169 万吨，完成计划的 99.87%；计划实现营业收入 53.90 亿元，实际实现 49.66 亿元，完成计划的 92.13%；计划发生营业成本 38.85 亿元，实际发生 35.77 亿元，占计划的 92.07%；计划实现利润总额 9.89 亿，实际实现 10.23 亿元，完成计划的 103.44%；计划完成投资 23.74 亿元，实际完成 20.25 亿元，完成计划的 85.30%。具体分析如下：

(1)吞吐量完成情况分析

2013 年度，随着国外矿山产能的逐步释放，外贸铁矿石在品味、价格上相比国内铁矿石具有相对优势，进口煤炭相比国内煤炭价格优势明显，公司具有接卸效率高、堆存面积大、输运便捷等综合优势，全年铁矿石和煤炭进口吞吐量回升，金属矿石吞吐量较上年增幅较大。但总体还是受国内经济增速放缓、房地产调控、环保节能要求、淘汰落后产能等综合因素影响，国内对传统型大宗能源、原材料货种的需求量受到一定程度的制约，公司全年吞吐量的增速较上年有所回落。

2013 年度，公司完成吞吐量 24,169 万吨，同比增长 9%(按同一控制下企业合并口径，吞吐量同比增幅为 5.7%)，其中：金属矿石吞吐量为 15,306 万吨，同比增长 11%；煤炭及制品吞吐量为 3,337 万吨，同比下降 2%；钢铁、木材、粮食吞吐量分别为 586 万吨、1,644 万吨、961 万吨等。各货种生产情况稳定。全年共完成外贸货物吞吐量 18,946 万吨，同比增长 11%；完成内贸货物吞吐量 5,223 万吨，同比增长 3%。

(2)营业收入、成本、利润总额等指标完成情况分析

2013 年度，公司实现营业收入 49.66 亿元，同比增长 3.47%；发生营业成本 35.77 亿元，同比增长 4.17%；实现利润总额 10.23 亿元，同比增长 13.26%；实现净利润 8.33 亿元，同比增长 2.83%；实现归属母公司净利润 8.02 亿元，同比增长 1.96%；实现每股收益 0.26 元。

营业收入变动的主要原因是：吞吐量的增长以及 2013 年 12 月合并岚山万盛财务报表导致营业收入增加，但营业收入的增幅小于吞吐量增幅，且完成进度稍落后于年度计划，主要原因是随着今年岚山万盛新建泊位的投产，经营业务发展较快，其在纳入合并范围前 1-11 月业务收入不直接体现在公司总营业收入内，而是通过投资收益纳入公司损益。同时，公司上半年转水矿石业务增长较快以及“营改增”税收体制的变化也是导致营业收入与吞吐量增速不匹配的原因。

营业成本变动的主要原因是：吞吐量增长、西三期后方货场工程等全部完工结转固定资产导致折旧费用等生产成本的增加，公司员工整体薪酬提高以及合并岚山万盛财务报表。

利润总额增长的主要原因是：公司于 2013 年 12 月份合并岚山万盛的报表。

净利润增长幅度小于利润总额增长幅度主要原因是：2013 年公司享受的公共基础设施所得税优惠较 2012 年同比减少，导致所得税费用同比增长。

(3)对外投资完成情况分析

2013 年度，公司实际完成投资 20.25 亿元，其中固定资产投资 20.06 亿元，股权投资 0.19 亿元。主要包括：向日照港集团和岚山港务公司购买部分经营性资产、日照港石臼港区南区焦炭码头工程、石臼港区西港四期工程、裕廊公司散粮储运系统改扩建工程、岚山港区南作业区散粮储运系统三期扩建工程、在建拖轮设备投资以及购置装载机、挖掘机等港用生产机械和环保机械等。

2013 年没有完成年度投资计划的主要原因是：港口建设主要用材——土石方资源紧张以及港口周边有关设施拆迁进展缓慢，导致公司部分码头基建和填海陆域项目进度放缓。

(二)公司经营中的主要优势和困难

经营中的主要优势体现在：

区位优势明显，集疏运条件优越。日照港位于山东半岛南岸、山东省和江苏省交界处，是华东地区距离内陆最近的港口之一。港口集疏运条件优越，设计能力 1.5 亿吨、国内主要能源通道之一的“新–菏–兖–日”电气化铁路直通港口，公司参与投资的东平铁路、枣临铁路通车运营，贯通山西、河北、山东三省的晋豫鲁铁路通道有望 2014 年底全线通车运营，将有效提升公司煤炭、铁矿石集疏运能力。公司通过“沈–海”、“日–兰”、“长–深”三条高速公路与全国公路网连接，交通便利，货物集疏运能力较强。

设备、设施先进，装卸效率高。公司拥有大型专业化的 20 万吨级、30 万吨级矿石码头各一个，以及能够承担矿石接卸中转任务的通用泊位 15 个，拥有专业化矿石堆场 60 万平方米及其他散货堆场。公司继续保持着 9786 吨/小时的世界矿石卸船效率，并保持三天接卸四艘大型“开普敦”船舶、一小时装运两列火车的作业效率。公司拥有全国最大的木片和粮食装卸码头，配套全自动化转运系统，并在码头后方配备了专用的粮食筒仓和木片堆场，目前日照港木片和粮食进口量居全国沿海港口首位。设备精良、设施先进、装卸高效、调度统一，港口以提供流程化服务为目标，有效减少了来港船舶、装运车辆的在港停时，为客户创造更多的时间价值。

以最低的综合物流成本为客户提供最优质的服务。综合物流是现代社会对运输发展的客观要求，也是未来港口转型发展的必然趋势。日照港作为综合物流运输网络中的重要节点，依托高效的装卸效率、强大的仓储能力、便捷的集疏运条件以及富饶的腹地资源，不断创新和优化“装卸–堆存–运输”一体化的经营模式，为客户提供最优质的服务。与此同时，日照港通过整合资源、创新机制、合资合作等方法，与产业上下游建立战略合作关系，不断延长客户服务链条，提升服务质量，努力为客户提供最低成本的综合物流方案。

对外合资合作的新进展为公司未来长远发展奠定坚实基础。为推进日照钢铁精品基地的建设，日照港、山钢集团、山东省国投共同签署了《日照港山钢码头有限公司合资合同》，出资设立合资公司投资建设并经营岚山港区北作业区矿石专用泊位、钢材产成品泊位以及相应配套设施，新公司由日照港控股。项目建成投产后预计将新增铁矿石进口通过能力约 2000 万吨/年，钢材、水渣及其他附产品通过能力约 820 万吨/年。2013 年，日照港与中国交通建设股份有限公司就港口未来发展合作签署了战略合作框架协议。与晋豫鲁铁路通道股份有限公司、华润煤业控股有限公司就港口、铁路、煤炭一体化运输达成合作共识，与中远太平洋就港口多用途码头的经营达成了合作意向。

基本设施投资稳步推进，为未来产能释放奠定基础。2013 年，公司加快推进日照港石臼港区南区焦炭码头工程、石臼港西区四期工程建设，工程进度分别完成 62.84%和 34.10%；岚山万盛岚南 8#、10# 泊位工程通过竣工验收；日照港石臼港区南作业区 #1 至 #6 通用泊位工程项目于 2013 年 12 月获山东省发改委核准批复，拟开工建设。上述项目将在 2014 年、2015 年陆续建成投产，将有效提升公司港口作业能力，缓解公司目前压港压船现状，提升公司市场竞争力。

港区规划调整将为干散货业务发展带来新机遇。根据日照市委、市政府对日照港石臼港区规划调整方案(草案，尚处于报批阶段)，为缓解港口生产与城市发展之间的矛盾和环保压力，未来日照港拟加大对石臼港区南作业区的建设，实现货物运输由现在的“北进北出”逐步转变为“南进南出”，将金属矿石、煤炭、非金属矿石等对环境污染较大货种的装卸作业功能逐步调整至南作业区，离城区较近的港区安排散粮、木片、集装箱等业务，以促进港口与城市的协调发展。随着石臼港区南作业区码头堆场建设和港口功能的不断完善，公司从事大宗干散业务可以实现货物港内运输和短倒距离更短、货物中转更便捷、生产效率更高效。随着晋豫鲁铁路通道 2014 年底建成直通港口，为客户提供的货物中转综合物流成本有望进一步降低。

经营中的困难体现在：一是生产能力结构性矛盾突出。煤炭、水泥出口能力富余，但矿石及其他货种的接卸却严重超负荷，生产能力的不平衡导致生产成本的额外增加，吞吐量持续快速增长面临较大压力；二是港口经营面临新风险。铁矿石货种“一货独大”的情况仍较为突出，货种结构的多元化发展、盈利模式的创新亟需改善；三是环保压力日趋增加。目前港口生产与城市发展之间的矛盾日益突出，港口在环境保护、粉尘控制、噪声污染等方面的研发和投入还将持续增加；四是成本压力加大。近年来港口生产经营所需的水、电、燃料、机械配件等各项生产资料价格不断上涨，劳动力成本不断攀升，公司面临的成本上涨压力依然较大；五是港口总体能力不足，不能满足快速增长的货物装卸需求；六是建设资金依然紧张，资金成本压力较大。

(三)利润表及现金流量表相关科目变动分析表

单位：元　币种：人民币

科目	本期数	上年同期数	变动比例(%)
营业收入	4,965,500,568.05	4,798,872,357.48	3.47
营业成本	3,577,409,181.91	3,434,290,124.21	4.17
管理费用	128,404,269.85	140,367,909.19	−8.52
财务费用	252,659,435.58	226,649,142.02	11.48
经营活动产生的现金流量净额	882,4[illegible]9,723.77	981,654,784.11	−10.11
投资活动产生的现金流量净额	−726,2[illegible]6,402.01	−1,195,116,280.82	−39.24
筹资活动产生的现金流量净额	−246,6[illegible]8,348.86	−82,090,072.96	200.42

(四)公司前期各类融资、重大资产重组事项实施进度分析说明

2013 年 11 月 21 日，经中国证监会“证监许可[2013]1474 号”《关于核准日照港股份有限公司公开发行公司债券的批复》文件核准，公司获准向社会公开发行面值总额不超过人民币 10 亿元的公司债券。本期债券于 2014 年 3 月 3 日公开发行，2014 年 3 月 5 日发行完毕，发行总额为人民币 10 亿元，利率为 6.15%，期限为三年。

董事长：杜传志

日照港股份有限公司

2014 年 3 月 14 日

广西五洲交通股份有限公司

广西五洲交通股份有限公司 2012 年年度报告摘要

第一节　重要提示

1.1 本年度报告摘要摘自年度报告全文，投资者欲了解详细内容，应当仔细阅读同时刊载于上海证券交易所网站等中国证监会指定网站上的年度报告全文。

1.2 公司简介

股票简称	五洲交通	股票代码	600368
股票上市交易所	上海证券交易所		
联系人和联系方式	董事会秘书	证券事务代表	
姓名	王　权	林　明	
电话	0771-5568918	0771-5518383	
传真	0771-5518111	0771-5518111	
电子信箱	wzjt600368@sohu.com	wzjt600368@sohu.com	

第二节　主要财务数据和股东变化

2.1 主要财务数据

单位：元　币种：人民币

	2012 年(末)	2011 年(末) 调整后	2011 年(末) 调整前	本年(末)比上年(末)增减(%)	2010 年(末)
总资产	11,440,721,167.52	9,993,392,540.58	9,993,392,540.58	14.48	9,837,357,629.77
归属于上市公司股东的净资产	2,825,400,668.02	2,544,603,788.02	2,513,006,767.27	11.03	2,330,812,857.54
经营活动产生的现金流量净额	-665,349,584.78	261,891,606.67	261,891,606.67	-354.06	222,763,845.69
营业收入	5,388,886,972.64	2,301,723,556.16	2,301,723,556.16	134.12	358,396,513.24
归属于上市公司股东的净利润	316,928,279.73	274,936,376.16	243,339,355.41	15.27	213,825,337.63
归属于上市公司股东的扣除非经常性损益的净利润	304,508,780.69	272,578,724.42	240,981,703.67	11.71	128,353,526.93
加权平均净资产收益率(%)	11.80	11.30	10.11	增加 4.42 个百分点	9.52
基本每股收益(元/股)	0.38	0.33	0.44	15.15	0.38
稀释每股收益(元/股)	0.38	0.33	0.44	15.15	0.38

2.2 前 10 名股东持股情况表

单位：股

报告期股东总数	51,548	年度报告披露日前第 5 个交易日末股东总数	51,114

前 10 名股东持股情况

股东名称	股东性质	持股比例(%)	持股总数	持有有限售条件股份数量	质押或冻结的股份数量
广西交通投资集团有限公司	国有法人	34.46	287,332,800	0	无
招商局华建公路投资有限公司	国有法人	13.86	115,531,200	0	无
广西国宏经济发展集团有限公司	国有法人	5.98	49,875,000	0	质押 27,000,000
陈镇其	未知	0.49	4,097,490	0	未知
罗楚珠	未知	0.43	3,627,000	0	未知
陈小斌	未知	0.29	2,387,929	0	未知
陈镇美	未知	0.26	2,198,880	0	未知
罗映宏	未知	0.22	1,848,645	0	未知
广发证券股份有限公司客户信用交易担保证券账户	未知	0.21	1,727,840	0	未知
光大证券股份有限公司客户信用交易担保证券账户	未知	0.16	1,374,380	0	未知
上述股东关联关系或一致行动的说明	前十名股东中，在本公司知悉范围内，第一名、第三名股东即广西交通投资集团有限公司、广西国宏经济发展集团有限公司属同一个实际控制人区国资委，但前三名股东之间不存在关联关系，也无《上市公司股东持股变动信息披露办法》规定的一致行动人；第四名至第十名股东未知其是否存在关联关系或是《上市公司股东持股变动信息披露办法》规定的一致行动人。				

2.3 以方框图描述公司与实际控制人之间的产权及控制关系(略)

第三节　管理层讨论与分析

(一)董事会关于公司报告期内经营情况的讨论与分析

围绕董事会制订的年度经营目标，2012 年公司经营层认真贯彻执行董事会、股东大会的决议，深入实施"提升交通主业，稳步推进多元化经营"的战略，团结带领全体员工进一步解放思想、拼搏进取、争创佳绩，想方设法拓展经营渠道、增加营业收入。通过经营创效、提升项目运营水平、加快项目投资建设、拓展大宗物流贸易、探索创新融资手段等，实现了调整业务结构、推进产业布局的阶段性目标。公司经营业绩较好增长，盈利能力稳步提升，为公司跨越式发展打下坚实基础。

2012 年公司实现营业收入 53.89 亿元，较上年增长 134.12%，主要是公司物流贸易业务收入较上年增长 312.51%所致；实现利润总额 3.91 亿元，较上年增长 19.15%；实现净利润 2.96 亿元，较上年增长 10.04%；实现归属于母公司所有者的净利润 3.17 亿元，较上年增长 15.27%。截止 2012 年 12 月 31 日，公司总资产为 114.41 亿元，较上年增长 14.48%；归属于母公司所有者权益为 28.25 亿元，较上年增长 11.03%。2012 年公司加权平均净资产收益率为 11.80%，较上年增加 0.5 个百分点；基本每股收益为 0.38 元，较上年增长 15.15%；稀释每股收益为 0.37 元，较上年增长 12.12%。

对照董事会确定的年度经营目标，2012 年公司实现营业总收入 538,888.70 万元，是目标值 280,000 万元的 192.46%；实现净利润 29,643.18 万元，是目标值 26,800 万元的 110.61%；归属于母公司所有者净利润 31,692.83 万元，是目标值 29,300 万元的 108.17%；净资产收益率 11.80%，是目标值 8%的 147.5%。公司董事会下达的 2012 年度经营目标较好完成。

1.主营业务分析

(1)利润表及现金流量表相关科目变动分析表

单位：元　币种：人民币

科目	本期数	上年同期数	变动比例(%)
营业收入	5,388,886,972.64	2,301,723,556.16	134.12
营业成本	4,441,845,525.22	1,495,641,658.91	196.99
销售费用	74,891,395.24	76,054,662.38	-1.53
管理费用	115,078,909.46	112,562,497.58	2.24
财务费用	291,464,477.06	183,170,528.51	59.12
经营活动产生的现金流量净额	-665,349,584.78	261,891,606.67	-354.06
投资活动产生的现金流量净额	-199,133,922.59	-721,970,612.29	-72.42
筹资活动产生的现金流量净额	807,332,674.52	393,494,254.38	105.17

(2)收入

报告期公司主营业务的收入情况如下：

单位：元　币种：人民币

分行业情况

分行业	2012 年度	2011 年度	同比增长(%)
交通运输业	930,899,110.00	845,595,727.59	10.09%
房地产业	458,256,341.26	470,201,003.00	−2.54%
物流贸易	3,989,159,676.05	967,530,798.93	312.30%
合 计	5,378,315,127.31	2,283,327,529.52	135.55%

分产品情况

分产品	2012 年度	2011 年度	同比增长(%)
通行费收入	930,899,110.00	845,595,727.59	10.09%
房地产收入	458,256,341.26	470,201,003.00	−2.54%
物流贸易	3,989,159,676.05	967,530,798.93	312.30%
合 计	5,378,315,127.31	2,283,327,529.52	135.55%

分地区情况

分地区	2012 年度	2011 年度	同比增长(%)
广西地区	4,418,070,687.04	2,087,942,908.14	111.60%
境内(广西除外)	959,952,039.49	192,922,840.41	397.58%
境外	292,400.78	2,461,780.97	−88.12%
合 计	5,378,315,127.31	2,283,327,529.52	135.55%

说明:物流贸易收入本期比上期增加 3,021,628,877.12 元,增长 312.30%,主要是公司物流贸易业务扩大,致收入增加。

(3)成本

1)成本分析表

单位:元

分行业情况

分行业	成本构成项目	本期金额	本期占总成本成本比例(%)	上年同期金额	上年同期占总比例(%)	本期金额较上年同期变动比例(%)
交通运输业	折旧	195,271,297.25	4.40	159,955,395.15	10.69	22.08
	养护费	60,465,553.99	1.36	40,309,929.72	2.70	50.00
	其他	12,108,095.96	0.27	9,156,218.50	0.61	32.24
	合计	267,844,947.20	6.03	209,421,543.37	14.00	27.90
房地产业	普通住宅营业成本	164,586,063.12	3.71	0	0.00	100.00
	非普通住宅营业成本	27,348,214.27	0.62	0	0.00	100.00
	商铺营业成本	14,630,204.58	0.33	337,371,103.99	22.56	−95.66
	合计	206,008,118.15	4.64	337,371,103.99	22.56	−38.94
物流贸易	成本	3,952,916,578.97	88.99	932,209,442.90		324.04
	合计	3,952,916,578.97	88.99	932,209,442.90	62.33	324.04
其他业务	成本	15,075,880.90	0.34	16,639,568.65		−9.40
	合计	15,075,880.90	0.34	16,639,568.65	1.11	−9.40
总成本		4,441,845,525.22	100.00	1,495,641,658.91	100.00	196.99

分产品情况

分产品	成本构成项目	本期金额	本期占总成本比例(%)	上年同期金额	上年同期占总成本比例(%)	本期金额较上年同期变动比例(%)
通行费成本	折旧	195,271,297.25	4.40	159,955,395.15	10.69	22.08
	养护费	60,465,553.99	1.36	40,309,929.72	2.70	50.00
	其他	12,108,095.96	0.27	9,156,218.50	0.61	32.24
	合计	267,844,947.20	6.03	209,421,543.37	14.00	27.90
房地产成本	普通住宅营业成本	164,586,063.12	3.71	0	0.00	100.00
	非普通住宅营业成本	27,348,214.27	0.62	0	0.00	100.00
	商铺营业成本	14,630,204.58	0.33	337,371,103.99	22.56	−95.66
	合计	206,008,118.15	4.64	337,371,103.99	22.56	−38.94
物流贸易成本	成本	3,952,916,578.97	88.99	932,209,442.90	62.33	324.04
	合计	3,952,916,578.97	88.99	932,209,442.90	62.33	324.04
其他业务成本	成本	15,075,880.90	0.34	16,639,568.65	1.11	−9.40
	合计	15,075,880.90	0.34	16,639,568.65	1.11	−9.40
总成本	合计	4,441,845,525.22	100.00	1,495,641,658.91	100.00	196.99

(4)费用

公司报告期费用情况如下:

单位:元

科目	2012 年度	2011 年度	同比增长(%)
销售费用	74,891,595.24	76,054,662.38	−1.53%
管理费用	115,078,909.46	112,562,497.58	2.24%
财务费用	291,464,477.06	183,170,528.51	59.12%

变化在 30%以上项目的原因说明:

财务费用本期比上期增加 108,293,948.55 元,增长 59.12%,主要系贷款的增加致本期的利息支出相应增加及本年外汇汇率较上年变化较小导致本公司之子公司广西坛百高速公路有限公司的外币借款的本期汇兑收益较上年大幅减少所致。

(5)现金流

报告期公司现金流量构成情况、同比变动情况和变动原因说明(合并报表)

单位:元

项目	2012 年度	2011 年度	增减比例(%)	变动原因
一、经营活动产生的现金流量:				
销售商品、提供劳务收到的现金	5,801,815,369.06	1,901,285,817.99	205.15%	主要为本年公司物流贸易业务扩大导致贸易业务收入增加所致。
收到的税费返还	76,141.32	785,363.98	−90.30%	主要为本期二级子公司广西凭祥万通国际物流有限公司收到的增值税返还款比去年同期减少所致。
收到其他与经营活动有关的现金	1,029,848,877.91	299,294,011.24	244.09%	主要是本期物流贸易的单位往来款较上年同期的单位往来款有所增加所致。
购买商品、接受劳务支付的现金	6,034,747,154.15	1,298,254,321.69	364.84%	主要是本期各子公司开展物流贸易增加营业成本及本年子公司广西三洲房地产有限公司购入经营性项目用地所致。
支付的各项税费	287,534,854.21	140,362,047.37	104.85%	主要是本期母公司"五洲国际"项目部及子公司南宁金桥农产品有限公司缴纳土地增值税,支付较上年同期增加所致。
支付其他与经营活动有关的现金	1,093,483,295.77	400,561,344.33	172.99%	主要是本期支付的单位往来款较去年同期有所增加所致。
经营活动产生的现金流量净额	−665,349,584.78	261,891,606.67	−354.06%	主要是本期经营活动现金流入量较去年同期增加幅度与流出量较去年同期增加幅度之比有所减少所致。
二、投资活动产生的现金流量:				
处置固定资产、无形资产和其他长期资产收回的现金净额	522,597.15	34,032,383.82	−98.46%	主要为上年子公司广西凭祥万通国际物流有限公司处置前置核放区收到的赔偿款 3400 万元,本年无此项收入发生所致。
购建固定资产、无形资产和其他长期资产支付的现金	114,176,519.74	306,002,996.11	−62.69%	主要为上年母公司支付平宾路改扩建工程款 1.6 亿元,本年此项支出减少所致。
投资支付的现金	85,480,000.00	450,000,000.00	−81.00%	主要为上年同期支付收购子公司广西坛百高速公路

				有限公司68%股权应付款4.5亿元，本年此项支出为子公司广西坛百高速公路有限公司出资5500万元，子公司南宁金桥农产品有限公司出资3000万元，投资设立南宁利和小额贷款公司所致。
投资活动产生的现金流量净额	−199,133,922.59	−721,970,612.29	−72.42%	主要是去年同期收购子公司广西坛百高速公路有限公司68%股权支付的投资活动现金较本年投资支付的现金大所致。
三、筹资活动产生的现金流量：				
取得借款收到的现金	2,144,456,689.00	480,000,000.00	346.76%	主要是本期银行贷款较上年同期增加所致。
发行债券收到的现金		1,000,000,000.00	−100.00%	主要为上年同期公司发行10亿元中期票据，本年无此项业务发生所致。
分配股利、利润或偿付利息支付的现金	369,204,154.68	271,498,966.62	35.99%	主要为本年分配2011年现金股利较上年同期分配2010年现金股利减少所致。
支付其他与筹资活动有关的现金	1,875,000.00	7,500,000.00	−75.00%	主要为本年支付中期票据承销费较上年同期减少所致。
筹资活动产生的现金流量净额	1,038,415,022.44	393,494,254.38	163.90%	本期筹资活动产生的现金流入增幅比筹资活动产生的现金流出增幅少导致该活动的现金流量净额增加所致。

报告期公司经营活动产生的现金流量净额为−665,349,584.78元，公司实现净利润为296,431,839.1元，存在重大差异的原因是本期公司支付经营性项目用地款。

(6)其他

1)公司前期各类融资、重大资产重组事项实施进度分析说明

2000年12月，经中国证监会批准公司发行8000万A股并在上海证券交易所挂牌上市，公司《招股说明书》披露了以下公司发展规划(具体请查阅公司《招股说明书》)：

1.公司经营发展战略：坚持以交通建设开发为主业，重点发展公路建设，积极发展与主业相关的服务行业，兼顾发展与水路运输相关的行业。通过加强企业管理，提高经济效益，扩大企业经营规模。

2.发展方向和发展目标

发展方向：突出主业、围绕主业多种经营

发展目标：计划发展成为以公路建设开发为主业，经营公路运输、公路沿线配套服务、公路工程施工建设、工程承包、工程质量监理、水运建设、航运枢纽等的综合性交通建设、经营企业。

3.发展计划

一是坚持以交通建设开发为主业，重点发展公路建设；二是积极发展与主业相关的服务行业；三是兼顾发展与水路运输相关的行业。

4.企业管理计划

一是加强企业管理，提高经济效益；二是加强人员管理，适当补充人员。

公司上市后，在经营好现有路桥资产的同时，积极收购公路经营权，参与投资建设经营高速公路等交通项目。公司以上市募集资金收购金宜路，先后参股投资建设坛百高速公路、岑罗高速公路，收购坛百公司股权、实现对坛百高速公路的全资拥有。2005年以来，公司紧抓发展机遇，提升公路主业、稳步推进多元化经营。根据形势变化，积极拓展和深化地产、物流业务，开发现代国际、五洲国际等房地产项目，投资建设中国东盟自由贸易区凭祥物流园、南宁金桥农产品批发市场等大型物流项目，并依托物流园等大力拓展贸易业务，有力地提升了公司整体经营业绩。截止2000年末，公司总资产14.08亿元、净资产9.81亿元，2000年公司实现利润总额1.25亿元、净利润0.83亿元；截止2012年末，公司总资产114.41亿元、净资产31.90亿元，较上市当年增长712.57%、225.18%；2012年公司实现利润总额3.91亿元、净利润2.96亿元，较上市当年增长212.80%、256.63%。2000年公司经营管理的普通公路总里程仅为90.71公里、高速公路里程仅为29.44公里，目前公司经营管理的普通公路里程已达158.44公里、高速公路总里程已达到256.36公里。公司经营业务逐渐由单一的收费公路，发展为"公路为主业，物流、地产及相关产业蓬勃发展"的多元经营态势。公司员工人数已由2000年招股说明书披露的499人，增加到截止报告期末的1224人。公司构架已由单一企业，发展为拥有2个全资子公司、4个控股子公司、7个直管单位的集团型大型企业。

2008年3月经中国证监会批准，公司发行5年期5.4亿元可转换公司债券并于2009年7月提前赎回。公司《发行可转换公司债券募集说明书》对公司未来发展与规划未作披露。

2)发展战略和经营计划进展情况说明

2012年公司继承和发扬开拓创新、踏实勤奋、克难攻坚的优良传统，深入贯彻落实公司战略部署，经营层贯彻执行董事会决策，妥善应对经营压力，克服不利因素，带领全体员工奋发图强、争创佳绩，公司继续保持良好发展态势。

①思路谋新局，战略发展目标基本确立

去年以来，公司面临的经营形势和内外环境发生了较大变化，在公路上市公司积极寻求战略转型的环境下，公司认真分析、研究判断五洲交通的经营状况和外部环境，对发展思路进行了调整。一是顺应形势，将公路主业的重心放在提升现有路产经营水平上；二是探讨将现代服务和资源开发及加工制造作为公司"十二五"期间重点拓展和培育的方向；三是加快推进各项目前期工作和建设力度，加强筹融资工作，全面开展内控体系建设和提高风险防范水平，实现公司做强做大、全面协调可持续发展。

②增效益创品牌，公路运营水平不断提高

一是收费工作顺利开展，堵漏增收工作取得成效，各运营单位进一步创新完善稽查工作机制，在与地方政府、公安交警、派出所等部门的联动上取得新突破，稽查打逃工作成效显著。2012年公司实现通行费收入9.31亿元，同比增长10.09%，为公司经营活动提供了稳定的现金流。在国家免费通行假期，各运营单位精心部署、完善预案、加班加点，成功经受考验，安全保畅、应急处置能力得到了锻炼和提高。

二是品牌建设持续推进，服务区和收费服务品牌效应凸显。各单位不断提升收费服务质量，逐渐形成了独具特色的服务品牌。坛百公司深化"四班一岗"服务活动，加大"五洲驿站"创建力度，将坛百路文化元素融入服务区建设，拓展人性化服务功能，与公安部门联合在全线服务区建设警务室，经营秩序和安全度得到保证，"五洲驿站"品牌独树一帜，获得各方充分肯定，田东服务区被评为"五星级服务区"。岑罗公司开展"三声三到六标准"服务活动，平宾所打造"业务精英站"和"温馨收费站"，都成为了五洲交通高速公路运营品牌的具体支撑。

三是道路养护坚持"预防性养护"理念，重视科技创新。坛百公司加强周期养护理论研究，与东南大学共同开发路面决策系统、编制坛百路养护三年规划，成为国内首家进行高速公路周期养护理论研究的运营公司。

四是适时抓好主业拓展延伸，拉长高速公路业务链条，以打造专业养护施工队伍为方向推进百兴公司业务转型，拓展专业养护施工市场。启动岑罗路筋竹停车区扩建工程，为下一步增加服务内容做准备。

③破难题推转型，探索产业发展取得经验

一是物流贸易业务规模提升，成为营业收入增长主力。

二是业务调整初见成效，项目建设稳步推进。公司对物流和地产业务进行调整，扎实推进项目建设。金桥公司加快项目二期建设，二期工程主体基本建成，同时对市场业态和布局进行了调整。万通公司争取中国—东盟(凭祥)原木及半成品交易中心项目落户物流园，取得凭祥国际客运站项目业主资格，为实现园区功能调整和业务转型、保证可持续发展奠定了基础，同时通过加大加快园区的物业招商招租，园区的收益稳步回升。五洲房地产公司以开发百色综合地块为契机，将实现地产业务由单一房地产开发向综合地产开发转型。公司牵头设立润通公司拟参股投资中信汕头滨海新城等项目。根据物流、地产业务发展规划，收储了钦州白石湖二期地块、百色龙景区地块、凭祥国际客运站等项目用地共计580余亩。

三是扎实开展前期工作，做好资源项目储备。按照"立足广西、放眼大西南及东南亚"的思路，公司将紧抓有色金属产业调整的机遇，克服专业人才比较缺乏和经验不足的实际困难，积极开展大量前期调研工作，对有关项目进行深入了解，为今后进入资源产业做好项目储备。

四是积极探索产业发展新路子。公司筹建小额贷款公司取得阶段性进展，获得了自治区金融办开业批复及经营许可证。此外，继续跟进其他项目，探索新项目投资途径。

④拓渠道增融资，资金保障能力获得提升

一是加强与各家银行的合作，增强子公司造血功能，实现子公司自行滚动发展。公司累计获得银行授信49.13亿元，取得银行流动贷款17.26亿元。金桥公司获得银行贷款支持，落实了市场二期工程的建设资金。国通公司获得银行授信5.7亿元，通过开具信用证等融资票据3亿元较好开展业务。

二是继续探索债券市场融资。2012年8月公司成功注册20亿元非公开定向债务融资工具，2013年1月发行了2013年度第一期，发行总额10亿元、期限3年、票面利率6.1%；12月份公司基本完成了拟发行11亿元短期融资券的方案，目前申报材料正在争取尽快上报。

⑤抓内控强管理，企业发展建立可靠保障

2012年公司继续深入推进内控建设，全面加强制度建设、流程管理和风险防范，公司管理效率

得到提高，内部管理水平进一步提升。

公司对 2011 年内控体系建设工作进行了评价并开展了内控审计，继续修订内部管理制度 20 余项，进一步提高内控体系建设的完整性和实效性。坛百公司按要求开展了内控体系建设工作，形成初步成果。

结合内控体系的建设实施，公司重点开展法律事务管理，加强合同管理。公司制订贸易项目管理制度，加强对物流贸易业务风险的防控。按照广西证监会要求，公司组织开展财务会计基础工作自查自纠工作，改进财务会计基础工作；公司加强资金运用和管理，开展资金统一结算和调拨业务，提高资金使用效益；公司加强人力资源管理，制定人力资源发展规划，继续扩大招聘选材范围，为公司发展储备优秀人才；公司推进管理信息化建设，完成人力资源信息系统一期工程和手机 OA 办公平台建设。

⑥超额完成公司董事会确定的 2012 年度经营目标，其中完成营业总收入目标超过 50%以上是公司物流贸易业务收入较上年同期增长 312.30%所致。

2.行业、产品或地区经营情况分析

(1)主营业务分行业、分产品情况

单位:元　币种:人民币

主营业务分行业情况

分行业	营业收入	营业成本	毛利率(%)	营业收入比上年增减(%)	营业成本比上年增减(%)	毛利率比上年增减(%)
交通运输业	930,899,110.00	267,844,947.20	71.23	10.09	27.90	减少 4.01 个百分点
房地产业	458,256,341.26	206,008,118.15	55.05	−2.54	−38.94	增加 26.8 个百分点
物流贸易	3,989,159,676.05	3,952,916,578.97	0.91	312.30	324.04	减少 2.74 个百分点
合 计	5,378,315,127.31	4,426,769,644.32	17.69	135.55	199.31	−17.53

主营业务分产品情况

分产品	营业收入	营业成本	毛利率(%)	营业收入比上年增减(%)	营业成本比上年增减(%)	毛利率比上年增减(%)
通行费收入	930,899,110.00	267,844,947.20	71.23	10.09	27.90	减少 4.01 个百分点
房地产收入	458,256,341.26	206,008,118.15	55.05	−2.54	−38.94	增加 26.80 个百分点
物流贸易	3,989,159,676.05	3,952,916,578.97	0.91	312.30	324.04	减少 2.74 个百分点
合 计	5,378,315,127.31	4,426,769,644.32	17.69	135.55	199.31	−17.53

主营业务分行业和分产品情况的说明：

公司主营业务收入按分行业主要为：交通运输业、房地产业、物流贸易，其中：交通运输业主要为母公司及子公司广西坛百高速公路有限公司、广西岑罗高速公路有限责任公司经营收费公路；房地产业主要为母公司"五洲国际"项目部经营的房地产业务；物流贸易主要为子公司广西五洲房地产有限公司、广西万通国际物流有限公司、南宁金桥农产品有限公司、广西坛百高速公路有限公司及广西岑罗高速公路有限责任公司经营的物流贸易业务。

公司主营业务收入按分产品主要为：通行费收入、房地产收入、物流贸易收入，其中：通行费收入主要为母公司及子公司广西坛百高速公路有限公司、广西岑罗高速公路有限责任公司经营收费公路；房地产收入主要为母公司"五洲国际"项目部经营的房地产业务；物流贸易收入主要为子公司广西五洲房地产有限公司、广西万通国际物流有限公司、南宁金桥农产品有限公司、广西坛百高速公路有限公司及广西岑罗高速公路有限责任公司经营的物流贸易业务。

(2)主营业务分地区情况

单位:元　币种:人民币

地区	营业收入	营业收入比上年增减(%)
广西地区	4,418,070,687.04	111.60
境内(广西除外)	959,952,039.49	397.58
境外	292,400.78	−88.12
合 计	5,378,315,127.31	135.55

主营业务分地区情况的说明：

公司主营业务收入共计 5,378,315,127.31 元，其中 4,418,070,687.04 元收入主要来源于各子公司在广西区内营业收入；959,952,039.49 元收入主要来源于公司三级子公司上海容顺物流有限公司营业收入；292,400.78 元来源于三级子公司广西锐祥万通国际物流有限公司出口(越南)贸易收入。

3.资产、负债情况分析

(1)资产负债情况分析表

单位:元

项目名称	本期期末数	本期期末数占总资产的比例(%)	上期期末数	上期期末数占总资产的比例(%)	本期期末金额较上期期末变动比例(%)	情况说明
应收票据	99,404,486.93	0.87	26,124,[illegible]00.18	0.26	280.51	主要是公司贸易业务量较上期大幅增加，以票据结算方式的客户增多所致。
应收账款	182,223,701.87	1.59	278,537,519.39	2.79	−34.58	主要是本公司加强了货款催收力度所致。
预付款项	974,233,230.41	8.52	294,419,392.24	2.95	230.90	主要是公司贸易业务扩大，预付货款增加及公司开展地产业务征地预付的土地出让金等。
其他应收款	284,688,177.01	2.49	142,850,768.20	1.43	99.29	主要是公司之子公司广西坛百高速公路有限公司与南宁金桥农产品有限公司分别出资 5500 万元、3000 万元投资南宁利和小额贷款有限公司，该公司截止 2012 年 12 月 31 日尚未成立，出资款暂挂其他应收款所致。
存货	1,436,598,969.42	12.56	750,614,114.64	7.51	91.39	主要是公司投资开发的地产项目增加所致。
长期股权投资	480,000.00	0.00	−		100.00	主要是本期公司全资子公司广西五洲地产有限公司之子公司广西五洲国通投资有限公司投资出资 48 万成立南宁维德投资管理有限公司。
投资性房地产	64,827,981.32	0.57	5,818,059.30	0.06	1014.25	主要是金桥农产品批发市场一期中的茶城用于出租，从存货−开发成品转入所致。
工程物资	818,182.00	0.01	−		100.00	主要是本期子公司广西岑罗高速公路有限责任公司购入岑罗高速路未开通路段收费临近系统设备未安装使用所致。
开发支出	2,330,114.75	0.02	809,928.30	0.01	187.69	主要是公司开发的物流信息系统管理平台及金桥市场信息系统本期增加所致。
长期待摊费用	29,808,000.21	0.26	10,525,618.59	0.11	183.19	主要是坛百服务区建设改造完工转入所致。
短期借款	1,048,456,689.00	9.16	370,000,000.00	3.70	183.37	主要是经营规模的扩张，公司流动资金需求增加所致。
应付票据	150,661,596.00	1.32	−		100.00	主要是本期子公司应付物流贸易业务开具银行承兑汇票所致。
应付账款	589,903,723.27	5.16	436,660,460.45	4.37	35.09	主要是公司本期贸易业务增长，导致存货采购量增加相应的应付账款。
预收款项	182,906,286.37	1.60	454,85[illegible],069.83	4.55	−59.79	主要是公司五洲国际项目部本年达到收入确认条件，预收销售款本期转入营业收入

						所致。
应付职工薪酬	37,533,318.09	0.33	22,648,514.09	0.23	65.72	主要是公司期末计提绩效工资所致。
应交税费	7,498,333.15	0.07	61,182,566.36	0.61	−87.74	主要是本期增值税进项税较多及五洲国际项目部按预售款减少，导致预缴企业所得税所致。
其他应付款	403,942,744.41	3.53	186,771,075.87	1.87	116.28	主要是本期母公司及子公司广西五洲房地产有限公司共计借入广西交通投资集团有限公司经营周转金2.5亿元及子公司广西岑罗高速公路有限责任公司工程质量保证金所致。
一年内到期的非流动负债	100,000,000.00	0.87	150,000,000.00	1.50	−33.33	主要是公司一年内到期的长期借款较上年同期下降所致。
其他非流动负债	65,087,710.37	0.57	37,582,277.85	0.38	73.19	主要是公司之全资子公司广西五洲房地产有限公司取得政府补助2870万所致。
股本	833,801,532.00	7.29	555,867,688.00	5.56	50.00	主要是公司本期执行2011年利润分配方案，以资本公积金转增股本每10股转增2.5股、并同时以未分配利润向全体股东每10股送红股2.5股。

4.核心竞争力分析

报告期内公司核心竞争力(包括设备、专利、非专利技术、特许经营权、土地使用权、水面养殖权、采矿权、独特经营方式和盈利模式、允许他人使用自己所有的资源要素或作为被许可方使用他人资源要素等)无发生重要变化。

5.投资状况分析

(1)对外股权投资总体分析

截止报告期末，公司合并报表长期股权投资金额为48万元，期初余额为0万元。被投资公司为南宁维德投资管理有限公司，是国通公司参股投资设立的公司。该公司注册资本300万元，国通公司出资48万元，出资比例16%。

目前南宁维德投资管理有限公司尚未开展经营业务，经营范围：投资管理咨询、资产管理咨询、企业管理咨询，投资咨询，商务咨询，会计咨询，企业营销和形象策划，服务外包，会展服务，计算机系统集成，项目策划及管理(除国家专项规定外)。

截止报告期末，母公司报表长期股权投资金额为3,327,977,882.54元，包括对6家子公司：广西万通国际物流有限公司、广西岑罗高速公路有限责任公司、广西坛百高速公路有限公司、南宁金桥农产品有限公司、广西五洲房地产有限公司、广西五洲润通投资有限公司的投资和对广西五洲国通投资有限公司的投资。其中报告期新增的有：对广西五洲房地产有限公司增资40,000,000元；对广西五洲润通投资有限公司投资5,000,000元；对广西五洲国通投资有限公司投资50,000,000元，本期实现对广西五洲国通投资有限公司投资收益5,292,959.54元。

1)证券投资情况

报告期公司无证券投资情况。

2)持有其他上市公司股权情况

报告期公司无持有其他上市公司股权情况。

3)持有非上市金融企业股权情况

报告期公司无持有非上市金融企业股权情况。

4)买卖其他上市公司股份的情况

报告期公司无买卖其他上市公司股份的情况。

(2)非金融类公司委托理财及衍生品投资的情况

1)委托理财情况

报告期公司无委托理财情况。

2)委托贷款情况

报告期公司无委托贷款情况

3)其他投资理财及衍生品投资情况

报告期公司无其他投资理财及衍生品投资情况

(3)募集资金使用情况

报告期内，公司无募集资金使用或前期募集资金使用到本期的情况。

(4)主要子公司、参股公司分析

1)主要子公司分析

①主要子公司基本情况

公司名称	子公司类型	公司持股比例	主要产品、服务或业务	注册资本(万元)
广西万通国际物流有限公司	控股子公司	70%	以口岸基础设施和物流基础设施投资管理；提供国际货运、仓储、搬卸装运、报关报检、进出口贸易的代理服务；国内贸易(国际有专项规定的除外)；机动车配件销售；普通货运、货物专用运输(集装箱、冷藏保鲜、罐式)、大型物件运输(一类)	25,000
广西岑罗高速公路有限责任公司	控股子公司	70.74%	广西筋竹至岑溪高速公路的投资、建设、运营收费和管理。	82,019.36
广西五洲房地产有限公司	全资子公司	100%	对钦州基础设施代建工程、南宁市大板一区和新竹小区危旧房改造项目代建工程、百色“五洲·半岛阳光”项目的投资。	5,000
南宁金桥农产品有限公司	控股子公司	70%	农副土特产品、房地产开发、农资、物流管理咨询服务、房屋租赁、停车场管理，对市场开发的投资、经营、管理。	30,000
广西坛百高速公路有限公司	全资子公司	100%	南宁坛洛至百色高速公路的运营、管理、养护和收费；服务区的经营管理；钢材项目贸易等；对金融业的投资及管理，开办小额贷款公司；工程项目管理；机械设备租赁。	180,400
广西五洲润通投资有限公司	控股子公司	直接50%、间接20%	对房地产、公路、桥梁、基础设施、交通能源的投资，报告期内尚未开展业务。	1,000

报告期新设子公司情况：

i 投资设立广西五洲润通投资有限公司

2012年6月11日经公司第七届董事会第四次会议决议：公司投资设立广西五洲润通投资有限公司(简称“五洲润通公司”)，注册资本1000万元，由公司及公司控股子公司广西岑罗高速公路有限责任公司(简称“岑罗公司”)合计出资700万元(出资比例70%)、其他股东出资300万元(出资比例30%)。五洲润通公司经广西壮族自治区工商管理局批准于2012年9月6日成立、注册资本1000万，其中公司出资500万、公司控股子公司岑罗公司出资200万，合计出资比例为70%。五洲润通公司主要业务是对房地产、公路、桥梁、基础设施、交通能源的投资，报告期内尚未开展业务。

ii 投资设立广西万通进出口贸易有限公司

公司控股子公司广西万通国际物流有限公司投资1000万设立广西万通进出口贸易有限公司，该公司于2012年9月6日成立，成立时注册资本1000万。经营范围：进出口贸易；斯太尔·金王子系列、斯太尔·HOKA系列汽车(除九座以下乘用车)销售及售后服务、金属材料、机电产品、摩托车及配件、汽车配件、化工产品、沥青、建筑材料、橡胶及制品、机械设备、农副土特产品、五金交电、通讯设备、电子产品、机电设备、化肥、日用百货、计算机及辅助设备的销售；计算机维修及技术咨询；网络综合布线；物流基础设施的投资及管理，国际货物运输代理、装卸服务，报关报检代理服务。

iii 投资设立广西兴通投资有限公司

公司控股子公司广西岑罗高速公路有限责任公司投资1000万设立广西兴通投资有限公司，该公司于2012年6月25日成立，成立时注册资本1000万。目前主要开展的业务有钢材、化肥、生木薯及干木薯贸易，并负责岑罗路沿线弃土场经济林、广告牌及筋竹停车区的经营管理。

②主要子公司基本经营情况

单位：万元

公司名称	总资产	较上年增长比例	净资产	较上年增长比例	净利润	较上年增长比例	占合并报表净利润比例
广西万通国际物流有限公司	57,871.00	50.05%	22,369.00	11.82%	−997.00	3.42%	−2.55%
广西岑罗高速公路有限责任公司	207,830.00	11.83%	199,447.00	12.30%	−5,840.00	1.81%	−14.93%
广西五洲房地产有限公司	139,147.00	4100.03%	15,092.00	1446.31%	−144.00	−136.73%	−0.37%
南宁金桥农产品							

有限公司	72,837.00	43.42%	32,293.00	4461.16%	259.00	−94.84%	0.66%
广西坛百高速公路有限公司	537,020.00	1.31%	230,619.00	−52.24%	27,089.00	16.43%	91.6%
广西五洲润通投资有限公司	1,001.00	100.00%	1,000.00	100.00%	−	0.00%	−

③对公司净利润影响在10%以上的子公司情况

坛百公司成立于2007年7月，注册资本180,400万元，为2006年公司参股32%与广西高速公路管理局共同投资设立，2010年12月公司完成对广西高速公路管理局持有坛百公司68%股权的收购，坛百公司成为公司全资子公司。

坛百公司目前主要经营管理坛百高速公路，坛百高速公路是衡阳至昆明国道主干线的重要路段，是西南地区通往广西沿海港口及粤港澳地区的出海通道，全长187.62公里，批复概算总投资51.53亿元。项目资本金18.04亿元，最初由广西高速公路管理局出资122,672万元、占68%；公司出资57,728万元、占32%。坛百高速公路2007年12月建成通车。

2012年坛百公司实现营业收入832,910,954.56元，比2011年增加28.97%，其中通行费收入为683,480,490元，比2011年增长16.01%。实现利润总额318,101,837.56元，比2011年增长2.91%；实现营业利润318,947,173.49元，比2011年增长3.24%；实现净利润271,545,706.39元，比2011年增长16.71%。报告期坛百公司经营业绩稳步增长，本期实现净利润占公司合并报表净利润的91.6%。

④主要参股公司分析

广西五洲国通投资有限公司原为公司全资子公司五洲房地产公司的全资子公司，于2011年7月1日在广西南宁成立，注册资金1000万元。为稳步实施公司发展战略，实现可持续发展，报告期公司和全资子公司坛百公司向国通公司增加注册资本金10,000万元。增资前国通公司注册资本5,000万元，增资后注册资本变更为15,000万元，其中公司出资5,000万元、坛百公司出资5,000万元、五洲房地产公司出资5,000万元，各持股33.33%。公司对国通公司直接持股33.33%，间接持股100%。

国通公司的经营范围为：对矿业、金融业、房地产、基础建设、公路、桥梁、农业、交通能源、食品业、旅游业、文化教育、中小企业的投资；煤炭批发经营，危险化学品无仓储批发（按许可证核证的范围、有效期开展经营），木材（按许可证核定的范围）、化肥、饲料、农用机械、橡胶、建筑材料、装饰材料、矿产品、五金交电、日用百货、机械设备、家用电器、仪器仪表的销售；批发兼零售预包装食品；进出口贸易；建筑设备、机械设备、建筑周转材料的租赁；房地产开发经营；物业服务；建筑装饰安装工程、电气安装工程施工；交通、楼宇智能化系统及计算机系统集成；企业管理咨询服务；设计、制作、发布、代理国内各类广告（法律法规禁止的项目除外，法律法规限制的项目取得许可、资质后方可开展经营）。

截止报告期末，国通公司总资产为77,270万元，净资产为61,370万元；2012年实现净利润670.67万元。公司报告期实现对国通公司的投资收益5,292,959.54元。

⑤公司子公司、参股公司发展情况说明

2005年以来，公司紧抓国家深入实施西部大开发战略和中国东盟自由贸易区、泛北部湾经济合作区、泛珠三角经济区的构建以及广西交通"十一五"规划实施的机遇，提升公路主业，稳步推进多元化经营。根据形势的变化，积极拓展和深化地产、物流业务，开发现代国际、五洲国际等房地产项目，投资建设中国东盟自由贸易区凭祥物流园、南宁金桥农产品批发市场等大型物流项目，并依托物流园大力发展大宗建材、农资贸易业务，有力地提升了五洲交通整体经营业绩。

公司经营业务逐渐由单一的收费公路，发展为"公路为主业，物流、地产及相关产业蓬勃发展"的多元经营态势。公司构架由单一企业，发展为目前拥有2个全资子公司、4个控股子公司、7个直管单位的集团型大型企业构架，除主业经营的直属收费站（所）和两家子公司外，还有地产、物流业务及相关产业的其他子公司。未来公司将顺应形势，将公路主业的重心放在提升现有路产经营水平上，稳步推进多元化发展，并探讨将现代服务和资源开发及加工制造作为公司"十二五"期间重点拓展和培育的方向，实现公司做强做大、全面协调可持续发展。

(5)非募集资金项目情况

单位:万元 币种:人民币

项目名称	项目金额	项目进度	本年度投入金额	累计实际投入金额	项目收益情况
中国东盟自由贸易区凭祥国际物流园	17,500.00	2006年11月一期工程基本建成并投入使用。报告期中国东盟(凭祥)原木及半成品交易中心项目落户物流园，并启动建设人才小高地配套公寓项目。	0	17,500.00	项目公司凭祥万通公司报告期实现净利润 −617万元。
南宁金桥农产品批发市场	21,000.00	2011年项目一期开园试业，二期工程于2011年11月动工，目前工程主体基本建成。	0	21,000.00	项目公司金桥公司报告期实现净利润259万元。
五洲国际房地产项目	29,000.00	2011年12月31日开始交房，目前住宅、商铺在售。	0	29,000.00	报告期实现销售收入4.5亿元。
广西区政府机关事务管理局大板一区危旧房改住房改造代建项目	30,000.00	尚在进行项目前期工作	140.45	468.55	尚未产生利润
广西区政府机关事务管理局新竹小区危旧房改住房改造代建项目	2,000.00	尚在进行项目前期工作	11.00	22.40	尚未产生利润
南宁市利和小额贷款公司	8,500.00	2012年10月获自治区金融办批复筹建。2013年1月14日注册成立	8,500.00	8,500.00	尚未产生利润
百色市城西片区J01-1地块竞拍	26,740.00	竞拍成功，2013年将投资建设"五洲半岛阳光"项目。	26,740.00	26,740.00	尚未产生利润
钦州市白石湖片区B-02-04、D-04-01地块竞拍	22,070.00	竞拍成功，尚未启动项目投资建设	9,709.60	22,070.00	尚未产生利润
南宁金桥农产品批发市场二期区域GC2011-080、GC2011-082、GC2011-083地块竞拍	14,727.77	竞拍成功，尚未启动项目投资建设	7,360.00	14,727.77	尚未产生利润
五洲锦绣壮乡(暂定名)项目	20,400.00	尚在进行项目前期工作	0	0	尚未产生利润
广东汕头中信滨海新城开发项目	3,500.00	成立了润通公司拟参股成立项目公司。	700.00	700.00	尚未产生利润
钦州市白石湖片区B-06-01、B-06-02、B-06-04地块竞拍	21,290.00	竞拍成功，尚未启动项目投资建设	11,988.00	11,988.00	尚未产生利润
中国东盟(凭祥)国际客运站	65,453.10	尚在进行项目前期工作	5,000.00	5,000.00	尚未产生利润
合计	282,180.87	0.00	70,149.05	157,716.72	/

上表项目为公司报告期在投、在建非募集资金投资项目，项目金额指公司投资总额。

6.公司控制的特殊目的主体情况

报告期公司无控制的特殊目的主体情况

(二)董事会关于公司未来发展的讨论与分析

1.行业竞争格局和发展趋势

1)行业竞争格局

目前公司经营的收费公路均在广西区内，主要面临着同向其他公路的竞争，随着广西高速公路路网日趋完善，收费二级公路逐步取消收费，路段进入大中修，都会分流公司经营路段的车流。公司在物流、地产及其他产业的经营业务在市场上面临竞争。

2)行业发展趋势

公路交通作为国民经济的基础性行业，改革开放以来一直受到国家各级政府的大力支持。特别是上世纪80年代末，我国高速公路建设从无到有，总体上实现了持续、快速和有序的发展。近年来，全国高速公路行业发展迅速，高速公路通车里程稳步增长，年均新增5,000公里高速公路通车里程。高速公路的快速发展，极大地提高了我国公路网的整体技术水平，实现了大规模跨省贯通，加强了各大区域间的经济交流，分担了各省、经济区之间的客货运输，通道效应日趋显著；高速公路网骨架的基本形成，构建了城市间的公路运输通道，提高了综合运输能力，优化了交通运输结构，对缓解交通运输的"瓶颈"制约发挥了重要作用，有力地促进了我国经济发展和社会进步。对于交通运输业来说，现阶段是国家大力支持发展的行业，也为公司提升公路主业，发展物流产业提供了良好条件。

由于在不同的发展阶段，国家和地方的产业指导政策会有不同程度的调整，对于公司来说，国家逐步取消二级公路收费使得公司非高速公路路段的收费环境持续恶化，经营压力增大。国家开展收费公路专项清理工作，在一定时期内限制了公司在资本市场的融资功能，导致公司资金压力增大，未来国家收费公路政策尚不明确，是否对公司经营业绩产生一定负面影响尚存较大不确定性。在房地产行业，目前公司主要是在广西区内适时适度进行房地产项目的开发，近年来广西房地产市场得到较快发展，但受近期国家调控政策影响，开发经营所面临的不确定性因素明显增长。2011年，广西房地产市场出现明显的观望情绪，短期内的不确定性有所加大。但目前广西正着力建设多层次、多渠道的住房供应体系，这将为符合政策导向、拥有多元化和规模化优势、资金实力较强且融资渠道畅通的房地产企业带来一定的发展机遇。

2.公司发展战略

为加快公司做强做大的步伐，2010 年公司修订了中长期发展规划，明确公司发展战略为：提升交通主业，稳步推动多元化经营；发挥上市优势，积极实施收购与融资相结合的资本运作，把公司做强做大。提出了公司中长期发展规划的总体思路：积极提升高速公路，稳步推进物流，适时适度开展房地产；构建多元化拓展、专业化经营的发展新态势。注重协调好稳健、扩张与增长的关系，推进公司较快发展，实现企业品牌推广新目标。与此同时提出了公司产业发展规划、资本运营发展规划、企业管理发展规划、公司治理发展规划、人力资源发展规划、企业文化建设和品牌建设发展规划。

公司产业发展规划包括了主业发展规划和主业外多元业务发展规划。主业发展上提出：要抓住区域发展良机，以收购优良公路资产为重点，提高高速公路资产比例，强化交通主业。主业外多元业务发展上：要充分利用内外资源，灵活发展主业外业务，稳步推进公司多元化经营。在现有基础上，未来公司主业外业务发展重点为物流和资源开发，将逐步形成以经营高速公路为主，物流、资源开发齐头并进的多元化经营格局。

实施多元化经营策略以来，公司一方面公路主业得到显著增强，另一方面业务范围逐步扩大，物流、地产得到积极拓展并形成重要支柱产业，2011、2012 年，南宁金桥农产品批发市场项目及五洲国际房地产项目投资效益显现，大大提升了公司的盈利水平。公司经营业务已由单一的收费公路，发展为"公路为主业，物流、地产及相关产业蓬勃发展"的多元经营态势。

2011 年以来国家开展收费公路专项清理工作，直接限制了公路上市公司在资本市场的融资功能，间接导致了公路上市公司资金压力增大，财务成本升高。由于目前国家宏观政策不支持公路资产上市融资，未来能否继续收购公路资产不能确定，对公司下一步通过并购提升公路资产具有极大的不确定性，将会造成公司主业发展受阻。同时高速公路普遍面临着新建、在建工程高费用、高资产负债率的情形，高速公路通车后车流量培育时间较长，投资收益难以达到基本期望值。而从长远来看，收费公路终究要逐渐回归其公共产品的本质，收费公路极有可能在未来一二十年间逐步萎缩，并最终淡出历史舞台。从目前国家有关收费公路政策及对房地产行业的调控政策看，公司收费公路和房地产业务面临的政策形势需认真研判。并在必要的情况下思变求变，逐步、稳步推进战略转型。

为更好实现公司经营目标，谋求全面协调可持续发展，通过认真分析、研究判断公司的经营状况和外部环境，公司对发展思路进行了调整并将对公司战略规划和主要业务发展规划作进一步的修订。

3.经营计划

2012 年，公司妥善应对经营压力，克服不利因素，营业收入快速增长，盈利能力稳步提升，多元经营发展态势良好。2013 年，公司将把握稳中求进总基调，以风险可控、利润优先为前提条件，坚持公路主业提水平、现代服务优项目、资源产业稳布局，加快物流贸易、地产和资源类业务发展，更加注重融资整体策略，更加注重制度建设和执行，更加注重员工队伍建设，夯实战略转型的基础、建立科学发展的保障，实现五洲交通的全面协调可持续发展。

(1)2013 年年度主要工作

1)主业经营要提水平

一是重点推进金宜路资产置换工作，争取年内取得突破性的进展；根据收费公路清理工作进度，提前做好应对措施，尽量降低对通行费收入的影响。

二是抓好公路运营管理，要采取有效措施，稳步提升运营效率。继续强化稽查打逃措施，调动收费员工增收堵漏的积极性；继续加强直属收费站开展收费环境和收费秩序的治理工作；经常性检查维护公路收费、监控和通信系统，确保收费三大系统运行稳定。

三是针对五塘收费站收费经营期满，做好人员安置和资产处置工作；根据岑罗路广东段计划年底开通的情况，做好岑罗路与广东路段对接的运营方案。

四是加快推进筋竹停车区升级改造工程和完善服务功能；加快推进田阳进城大道和田阳收费站车道改造项目。百兴公司积极申报公路施工相关资质，结合实际引入行业管理模式，有计划引进专业技术人才，稳步开拓区内养护市场。

五是持之以恒开展品牌建设，进一步丰富品牌内涵、凸显品牌魅力。继续推进坛百路"和畅之路"、"红色之路"、"五洲驿站"，岑罗路"桂东明珠"建设工作。

2)现代服务要优项目

一是科学合理制定物流项目建设和运营方案，增强物流项目的持续盈利能力。南宁金桥农产品批发市场围绕二期开园的目标，加快完善项目施工和配套设施，扎实做好招商和宣传工作，积极引进战略合作伙伴，提高市场的影响力和带动力，确保市场运营达到预期目标。精心策划凭祥国际物流园区的运营，结合园区功能布局，采取合作经营、销售、承包租赁等方式，用活用好现有资产，动工建设原木及半成品交易中心等项目。

二是加快地产项目进度，提高规划设计水平、完善施工及预售方案，继续推进地产业务的综合性转变。将五洲.半岛阳光项目打造为"质量、速度、效益、品牌"都比较突出的精品项目；跟进钦州路网代建项目，完成钦州地块项目开发的前期报建手续；推动南宁保障房代建项目；加强土地市场信息收集分析，适时进行土地开发。

三是加快步伐做强贸易业务，积极拓展优质项目，提高贸易业务收益。要进一步规范业务流程，对项目进行全面甄别、评判，不断优化业务结构，稳定信誉良好的合作伙伴，充分利用银行信用证、承兑汇票等金融工具开展贸易结算工作，最大程度减少资金占用、降低风险。要严格控制资金审批，加强资金使用监管；要加强合同管理，规范合同谈判、订立等程序，加强合同执行过程的跟踪，完善合同手续、建立合同台账。

四是要在业务拓展上迈出新步伐，完善现代服务产业的构架。小额贷款公司充分做好市场调研、找准自身定位，做到沉稳起步、稳健经营，在良性发展中积累经验；以短平快项目为重点，继续跟进和收集其他项目投资信息。

3)资源产业要稳布局

认真研究国家有关行业政策，准确判断资源项目的前景，2013 年稳步开展资源产业布局工作。要严格履行公司内部程序，有效加快决策过程，推进项目落地。

4)多元融资要精策划

一是做好今年及"十二五"后两年的融资需求计划，坚持走"多元化、低成本、结构优"的融资路子。

二是要密切保持与各银行间的业务联系，争取扩大授信规模，根据需要落实银行贷款。

三是做好非公开定向债务融资工具的发行工作，通过短融、中票等筹资方式降低融资成本。

四是通过采用银行承兑汇票、开具信用证等方式开展贸易业务，减少现金支付。

五是继续加强政策研究，争取有利的财税政策和扶持政策。

六是结合公司战略转型，积极探索以高速公路服务区、物流园、资源类项目为载体的股权融资渠道，改善资产负债率。

七是准确把握融资节奏，减少借款沉甸，降低融资成本。

八是重视债务管理工作，建立畅通的债务信息台帐及有效反馈渠道，时刻关注债务动态，确保债务资金使用安全，防范债务风险。

5)企业管理要增实效

一是增强风险防范意识，切实加强贸易业务开展和项目投资工作的风险管控，结合内控体系建设对内外风险点进行全面排查，落实风险监控、应对措施和应急预案，形成具体可操作的流程，建立全面风险防范机制。

二是增强增收节支意识，树立效益至上、从俭治企的观念。切实提高预算管理的水平，预算编制科学合理、项目建设优化方案、日常费用支出严格控制，真正做到从管理中要效益。

三是增强精细化管理的意识，逐步完善管理体系。以绩效管理为抓手，建立以绩效为先导的管理考核体系。对各业务板块实行差异化考核。

四是提高执行力。全体员工加强制度学习和落实，各职能部门承担监督职责，加强对下属单位、本部员工制度落实情况的督查和指导，确保各项制度落到实处。

6)队伍建设要激活力

一是加强领导班子建设。加强民主集中制建设，完善领导决策机制，实现决策的民主化、科学化，三重一大事项坚持民主决策。领导班子成员之间加强交流沟通，心往一处想、劲往一处使，相互补台、形成合力。

二是加强人才培养。针对新业务加大高级管理人才和专业技术人才的引进。加强内部人才培养，加快各层次人才的培养锻炼。着手建立公司内部培训队伍，逐步改进培训方式。

三是加强团队建设。积极探索建立与企业发展和市场化运作相适应、更灵活的薪酬体系，稳定员工队伍，维护并激励员工干事创业的积极性。加强企业文化和精神文明建设，坚持"以人为本"的核心理念，继续深入推进企业文化宣传贯彻工作。积极创建文化品牌，提升公司的优秀形象和品牌影响，增强员工自豪感和凝聚力。

(2)2013 年度董事会考核指标

根据《广西五洲交通股份有限公司薪酬管理制度》和《广西五洲交通股份有限公司高层管理人员薪酬考核暂行办法》，2013 年度董事会考核指标为：营业总收入 543,000 万元，利润总额 33,800 万元，归属于母公司股东的净利润 27,500 万元，净资产收益率为 7.97%，总资产为 108 亿元。

4.因维持当前业务并完成在建投资项目公司所需的资金需求

(1)2013 年度资本性支出预算合计为 11 亿元。其中：

1)金桥二期工程建设（大型冷库及仓库等市场配套设施）约 2.0 亿元。

2)万通物流公司

①中国-东盟（凭祥）原木及半成品交易中心项目 1000 万元。

②中国-东盟（凭祥）国际客运站项目 3000 万元。

③中国-东盟自由贸易区凭祥物流园人才小高地配套公寓 1000 万元。

3)五洲房地产公司计划土地收储及项目开发，预计支出 8.5 亿元。

(2)公司 2013 年年初货币资金 6.82 亿元，预计全年经营性现金流入 54 亿元，向金融机构或中国银行间市场交易商协会融资现金流入不超过 15 亿元，经营性资金支出 51 亿元，资本性支出 11 亿元，偿还银行贷款 8.5 亿元，即现金流出约 70.50 亿元。如有特殊情况下需要其他资金支出的，公司将根据实际现金流量情况用自有资金或其他机构融资予以解决。

5.可能面对的风险

(1)风险分析

1)国家收费公路政策风险

公司主营业务属于交通运输业,现阶段是国家大力支持发展的行业。但在我国国民经济的不同发展阶段,国家和地方的产业指导政策会有不同程度的调整。目前国家已出台了《国务院关于实施成品油价格和税费改革的通知》(国发[2008]37 号)、《国务院办公厅转发国家发展改革委交通运输部财政部关于逐步有序取消政府还贷二级公路收费的通知》(国办发[2009]10 号)、《交通运输部国家发改委财政部关于启动第二批省份取消政府还贷二级公路收费的函》(公交路明电[2009]0411 号)以及《关于开展收费公路专项清理工作的通知》(交公路[2011]283 号)等相关文件,确定了逐步取消二级公路收费的可行性时间表:东部经济发达地区先取消、中西部经济欠发达地区则会逐步取消,同时开展对收费公路违规及不合理收费等专项清理。

国家逐步取消二级公路收费使得公司非高速公路路段的收费环境持续恶化,经营压力增大。国家开展收费公路专项清理工作,在一定时期内限制了公司在资本市场的融资功能,导致公司资金压力增大,未来国家收费公路政策尚不明确,是否对公司经营业绩产生一定负面影响尚存较大不确定性。

2)房地产宏观调控风险

近年来广西房地产市场得到较快发展,但受近期国家调控政策影响,房地产开发企业经营所面临的不确定性因素明显增长。2010 年以来,国家出台了一系列的房地产调控政策,广西区政府也陆续公布了多项地方性房地产调控措施细则。进入 2011 年后,广西房地产市场出现明显的观望情绪,短期内的不确定性有所加大。但目前广西正着力建设多层次、多渠道的住房供应体系,这将为符合政策导向、拥有多元化和规模化优势、资金实力较强且融资渠道畅通的房地产企业带来一定的发展机遇。

3)税收政策风险

2012 年公司本部执行 25%的税率、子公司广西坛百高速公路有限公司执行西部大开发税收优惠政策:15%的所得税税率,有利于公司业绩的增长。

未来上述税收政策如有变化,将对公司经营业绩产生一定的影响。

4)运营风险

①收费标准非市场化定价的风险

根据《公路法》及《收费公路管理条例》的有关规定,车辆通行费的收费标准制定或调整实行听证制度,通过听证的车辆通行费收费标准方案由自治区交通行政主管部门会同价格、财政行政主管部门审核后,报自治区政府审查批准。由于公路收费标准由政府制定,不能根据市场变化自主调整,在各种成本不断变化的情况下,价格的限制会使公司利润水平出现波动。

②公路收费经营权时间限制的风险

根据《收费公路管理条例》规定,收费公路的收费期限,由省、自治区、直辖市人民政府按照有关标准审查批准。国家确定的中西部省、自治区、直辖市的经营性公路收费期限,最长不得超过 30 年。公路收费经营权有时间限制,公路收费期结束后,如果没有新的项目替代,将在一定程度影响公司的经营收益。

③公路营运风险

交通运输的客货流量同国家及当地的经济状况有直接关系,宏观经济政策和宏观经济运行情况会直接导致运输需求的变化,进而会影响到公路经营企业的收入水平。交通项目投资金额巨大,国家宏观经济紧缩政策和物价上涨、利率上升,会增加公路运营企业成本,而公路大、中修如时间过长会影响车辆通行,也会增加公司营运成本。此外,公司的利润水平也会随着相关政策变化而变化,如扩大免征车辆范围、节假日免费通行等。

5)贸易物流业务经营风险

目前公司积极拓展物流园区建设和贸易物流等业务,易受到国家宏观调控政策和地方政府相关政策的影响;另一方面物流园区的土地取得受土地指标和地方政府支持力度的限制,未来也将面临一定的后续开发经营风险。

(2)风险对策

1)风险管理策略

对于企业外部风险,如政策、宏观经济环境变化带来的风险,要及时跟踪、研判政策走势,适时制定应对策略与措施,力争负面影响最小化,并走多元化发展的路子,以规避单一业务受限而造成业绩大幅下滑的风险。

对于企业内部风险,内部控制是一种较为有效的风险管理策略,也是管理运营风险最重要的工具。只有建立完善高效的内部控制,才能使公司的生产经营活动有条不紊地进行、才能提高工作效率、才能进一步提升公司整体管理水平。此外,内部控制应与公司经营规模、业务范围、竞争状况和风险水平等相适应,并随着情况的变化及时加以调整。

2)风险对策

一是积极探索以高速公路服务区、物流园、资源类项目为载体的股权融资渠道,推进和完成金宜路资产置换工作,根据收费公路清理工作进度,积极争取最大程度维护上市公司利益,降低国家收费公路政策变化带来的风险。由于所属南梧路的路段经营期限将陆续到期,对各收费站来说"维稳"是第一要务,要全力保障"收费队伍稳定、收费秩序稳定、收费环境稳定",尽最大的努力完成通行费征收工作。

二是及时跟踪、研判房地产宏观调控政策走势,在稳中求进的方针指引下,在符合政策导向的前提下,积极寻求发展机遇。对已启动或拟启动的项目,要加大对市场需求调研,找准销售定位,提高规划设计水平,打造精品项目,确保实现预期投资目标。

三是继续加强研究和争取获得更多的有利的财税政策和扶持政策。

四是继续通过主业外多元业务的发展,寻求非主业项目投资收益对主业收入的适当补充。

五是根据实际情况,科学合理制定物流项目的建设和运营方案,增强物流项目的持续盈利能力。

六是在拓展物流贸易业务的同时,强化风险防控意识,加强法律事务特别是合同管理工作,建立健全贸易项目决策和资金支付流程,严格执行有关管理办法,切实加强对风险的防范。开展业务的公司要对贸易项目进行全面甄别、评判,不断优化业务结构,寻求信誉良好的合作伙伴,充分利用金融工具开展业务,最大程度减少资金占用,降低风险。

总而言之,公司将密切关注,积极研究国家有关宏观政策及行业政策的变化,及时制定应对措施,果断决策,同时继续推进和加强内部控制建设和贯彻执行,确保公司正常运营及收入利润的稳定增长。

(三)董事会对会计师事务所"非标准审计报告"的说明

1.董事会、监事会对会计师事务所"非标准审计报告"的说明

√不适用

2.董事会对会计政策、会计估计或核算方法变更的原因和影响的分析说明

会计估计变更,分别是对公司公路折旧系数变更和坏账准备计提比例的变更:

(1)会计估计变更的原因

1)公路折旧系数

根据交通部《高速公路公司财务管理办法》(财工字[1997]59 号)固定资产折旧办法的规定,公司经营的金城江至宜州一级公路(以下简称金宜路)、小平阳至王灵高速公路(以下简称平王路)采用车流量法计提折旧,具体测算方法是,按资产净值与经批准的可行性研究报告中低方案的总车流量进行相除计算单车折旧。2011 年公司委托长安大学对平王路、金宜路车流量重新测算,并于 5 月出具了《小平阳至王灵高速公路交通量及通行费收入预测报告》、《金城江至宜州一级公路交通量及通行费收入预测报告》。经比较,实际车流量与原预测车流量有差异,导致在批准的经营期内不能收回或提前完成收回投资。

2)坏账准备计提比例

公司目前构建的两个物流贸易平台,即广西五洲国通投资有限公司和广西万通国际物流有限公司,该类业务有着交易资金大,交易周期短,资金回笼快,公司应收账款回收质量较高,发生坏账风险可能性较小;公司目前开展的房地产业务 其他应收款主要为支付项目有关的保证金 发生坏账风险可能性较小,公司 2009 年至 2011 年实际各年未发生过坏账。根据客户回款的安全性、客户构成、业务类型等特点,使得资产和负债的当前状况及预期经济利益和义务发生了变化,从而需对资产或负债的账面价值或者资产的定期消耗金额进行调整。为了更客观公正地反映公司的财务状况和经营成果,便于投资者进行价值评估与比较分析,结合目前行业应收账款坏账准备计提比例以及公司的实际情况,公司决定自董事会审议通过之日(2012 年 11 月 20 日)起对应收款项(应收账款及其他应收款)中"根据信用风险特征组合账龄分析法坏账准备计提比例"的会计估计进行变更。

(2)会计估计变更的内容

1)公路折旧系数

公司从 2012 年 1 月 1 日起按照新的测算结果调整单车折旧系数计提两公路固定资产折旧。平王路的单车折旧系数从 1.9 元/辆调整为 1.30 元/辆,金宜路的单车折旧系数从 2.70 元/辆调整为 2.88 元/辆。

2)坏账准备计提比例

对账龄 1 年以内的应收款项,坏账准备计提比例由原来的 6%调为 3%;对账龄 5 年以上的应收款项,坏账准备计提比例由原来的 15%调为 50%;账龄 1-2 年的应收账款,坏账准备计提比例维持 8%不变;账龄 2-3 年的应收账款,坏账准备计提比例维持 10%不变;账龄 3-5 年的应收账款,坏账准备计提比例维持 15%不变。

(3)会计估计变更的会计处理及其影响

公司对上述会计估计变更采用了未来适用法进行会计处理。会计估计变更追溯调整影响的报表项目及影响金额如下:

受影响的报表项目	2012 年度		
	变更前	变更影响额	变更后
坏账准备	27,504,129.56	−8,322,945.57	19,181,183.99
累计折旧	1,068,201,220.20	−4,516,086.19	1,063,685,134.01
主营业务成本	4,446,361,611.41	−4,516,086.19	4,441,845,525.22

资产减值损失	61,724.16	-8,322,945.57	-8,261,221.41

公司对上述会计估计变更的会计处理符合《企业会计准则第 28 号—会计政策、会计估计变更和差错更正》的规定。

3.董事会对重要前期差错更正的原因及影响的分析说明

√ 不适用

(四)利润分配或资本公积金转增预案

1.现金分红政策的制定、执行或调整情况

(1)2011 年度公司现金分红情况

经公司 2011 年度股东大会审议批准,公司 2011 年度利润分配方案为:2011 年度,归属于上市公司股东的净利润 243,339,355.41 元,母公司实现净利润 258,006,325.71 元,按母公司实现的净利润计提 10%法定盈余公积金 25,800,632.57 元,加上股东未分配利润年初余额 695,827,359.66 元,扣除已支付的 2010 年度普通股股利 61,145,445.68 元,可供分配的利润年末余额为 852,220,636.82 元。2011 年度利润分配以 555,867,688 股为基数,向全体股东每 10 股派发现金红利 0.65 元(含税),送 2.50 股,转增 2.50 股,扣税后每 10 股派发现金红利 0.335 元,共计派发股利 36,131,399.72 元。实施后总股本为 833,801,532 股,增加 277,933,844 股。

公司于 2012 年 6 月 6 日在《中国证券报》和《上海证券报》以及上海证券交易所网站披露了 2011 年度利润分配及公积金转增股本实施公告,从 2012 年 6 月 18 日起,除国有法人股东(即广西交通投资集团有限公司、招商局华建公路投资有限公司、广西国宏经济发展集团有限公司、广西民族经济发展资金管理局)的现金红利由公司直接以转账方式派发外,其他流通股的现金红利委托中国证券登记结算有限责任公司上海分公司通过其资金清算系统向股权登记日(2012 年 6 月 11 日)登记在册并在上海证券交易所收市后的全体股东派发,除权(除息)日:2012 年 6 月 12 日,现金红利发放日:2012 年 6 月 18 日。

(2)经 2012 年 7 月 30 日召开的公司第七届董事会第六次会议审议通过并提交公司 2012 年第三次临时股东大会审议批准,公司按照中国证监会、广西证监局的要求在《公司章程》中具体明确以下利润分配政策(含现金分红政策)内容:

1)公司利润分配政策的基本原则

①公司的利润分配政策保持连续性和稳定性,重视对投资者的合理投资回报,兼顾全体股东的整体利益及公司的可持续发展。

②公司对利润分配政策的决策和论证应当充分考虑独立董事和公众投资者的意见。

③公司按照合并报表当年实现的归属公司股东的可分配利润的规定比例向股东分配股利。

④公司优先采用现金分红的利润分配方式。

2)公司利润分配具体政策

①利润分配的形式:公司采用现金、股票或者现金与股票相结合的方式分配利润。在有条件的情况下,公司可以进行中期利润分配。

②公司现金分红的具体条件和比例:除特殊情况外,公司在当年盈利且累计未分配利润为正的情况下,采取现金方式分配股利,每年以现金方式分配的利润不少于公司合并报表当年实现的归属公司股东可分配利润的百分之十;公司每三年以现金方式累计分配的利润不少于该三年实现的归属公司股东的年均可分配利润的百分之三十。

在特殊情况下,公司当年可以不进行现金分红或现金分红的比例可以少于公司合并报表当年实现的归属公司股东的可分配利润的百分之十。特殊情况是指下列情形之一:

a 公司当年年末合并报表资产负债率超过 70%;

b 公司当年合并报表经营活动产生的现金流量净额为负数;

c 公司合并报表当年实现的归属公司股东的每股可供分配利润低于 0.1 元;

d 公司在未来 12 个月内计划进行重大投资或发生重大现金支出等事项(重大投资或重大现金支出的标准是指累计支出超过公司最近一期经审计的合并报表净资产的 30%,募集资金项目除外);

③公司发放股票股利的条件:公司在满足上述现金分红的条件下,可以提出股票股利分配预案。

3)公司利润分配方案的审议程序

①公司董事会就利润分配方案的合理性进行充分讨论并形成详细会议记录。独立董事应当就利润分配方案发表明确意见。利润分配方案形成专项决议后提交股东大会审议。

②公司当年盈利且累计未分配利润为正的情况下,不采取现金方式分红或拟定的现金分红比例未达到第一百五十八条规定的,股东大会审议利润分配方案时,公司为股东提供网络投票方式。

③公司因前述第一百五十八条规定的特殊情况而不进行现金分红时,董事会就不进行现金分红的具体原因、公司留存收益的确切用途及预计投资收益等事项进行专项说明,经独立董事发表意见后提交股东大会审议,并在公司指定媒体上予以披露。

4)公司利润分配方案的实施:公司股东大会对利润分配方案做出决议后,董事会须在股东大会召开后两个月内完成股利的派发事宜。

5)公司利润分配政策的变更:如遇战争、自然灾害等不可抗力,或者公司外部经营环境发生重大变化并对公司生产经营造成重大影响,或公司自身经营状况发生较大变化时,公司可对利润分配政策进行调整。

公司调整利润分配政策应由董事会做出专题论述,详细论证调整理由,形成书面论证报告并经 2/3 以上(含)独立董事表决通过后提交股东大会特别决议通过。股东大会审议利润分配政策变更事项时,公司为股东提供网络投票方式。

2.报告期内盈利且母公司未分配利润为正,但未提出现金红利分配预案的,公司应当详细披露原因以及未分配利润的用途和使用计划

√ 不适用

3.公司近三年(含报告期)的利润分配方案或预案、资本公积金转增股本方案或预案

单位:元 币种:人民币

分红年度	每 10 股送红股数(股)	每 10 股派息数(元)(含税)	每 10 股转增数(股)	现金分红的数额(含税)	分红年度合并报表中归属于上市公司股东的净利润	占合并报表中归属于上市公司股东的净利润的比率(%)
2012 年		0.30		25,140,459.60	316,928,279.73	7.93
2011 年	2.50	0.65	2.50	36,131,399.72	274,936,376.16	13.14
2010 年		1.10		61,145,445.68	213,825,337.63	28.60

第四节 涉及财务报告的相关事项

4.1 与上年度财务报告相比,会计政策、会计估计和核算方法发生变化的,公司应当说明情况、原因及其影响。

详见本报告摘要的第三部分管理讨论与分析之董事会对会计政策、会计估计或核算方法变更的原因和影响的分析说明

4.2 与上年度财务报告相比,对财务报表合并范围发生变化的,公司应当作出具体说明。

(1)本期新纳入合并范围的子公司的情况:

①投资设立子公司广西五洲润通投资有限公司

2012 年 6 月 11 日经公司第七届董事会第四次会议决议:公司拟投资设立广西五洲润通投资有限公司(简称"五洲润通公司"),注册资本 1000 万元,由公司及本公司控股子公司广西岑罗高速公路有限责任公司(简称"岑罗公司")合计出资 700 万元(出资比例 70%)、其他股东出资 300 万元(出资比例 30%)。五洲润通公司经广西壮族自治区工商管理局批准于 2012 年 9 月 6 日成立、注册资本 1000 万,其中本公司出资 500 万、本公司之子公司岑罗公司出资 200 万,合计出资比例为 70%。

②投资设立广西万通进出口贸易有限公司

本公司之子公司广西万通国际物流有限公司投资 1000 万设立广西万通进出口贸易有限公司,该公司于 2012 年 9 月 6 日成立,成立时注册资本 1000 万。

③投资设立广西兴通投资有限公司

本公司之子公司广西岑罗高速公路有限责任公司投资 1000 万设立广西兴通投资有限公司,该公司于 2012 年 6 月 25 日成立,成立时注册资本 1000 万。

(2)不再纳入合并范围的情况:

本期内,公司无不再纳入合并范围的公司。

广西五洲交通股份有限公司

董事长:何国纯

2013 年 3 月 8 日

大连圣亚旅游控股股份有限公司

大连圣亚旅游控股股份有限公司 2012 年年度报告摘要

第一节　重要提示

1.1 本年度报告摘要摘自年度报告全文，投资者欲了解详细内容，应当仔细阅读同时刊载于上海证券交易所网站等中国证监会指定网站上的年度报告全文。

1.2 公司简介

股票简称	大连圣亚	股票代码	600593
股票上市交易所	上海证券交易所		
联系人和联系方式	董事会秘书	证券事务代表	
姓名	丁　霞	惠美娜	
电话	0411-84685225	0411-84685225	
传真	0411-84685217	0411-84685217	
电子信箱	dingxia@sunasia.com	hmn@sunasia.com	

第二节　主要财务数据和股东变化

2.1 主要财务数据

单位：元　币种：人民币

	2012 年(末)	2011 年(末)		本年(末)	2010 年(末)	
		调整后	调整前	比上年(末)增减(%)	调整后	调整前
总资产	708,110,314.48	621,385,478.04	600,465,290.95	13.9567	613,523,604.89	596,887,395.78
归属于上市公司股东的净资产	288,757,632.92	277,552,698.17	279,380,296.56	4.0370	274,734,423.62	274,735,297.37
经营活动产生的现金流量净额	76,126,776.73	54,107,944.32	50,304,670.86	40.6943	64,973,713.28	65,479,389.71
营业收入	209,139,162.00	161,316,994.39	157,382,294.39	29.6448	127,173,958.40	126,223,958.40
归属于上市公司股东的净利润	12,582,630.05	4,541,259.78	4,644,999.19	177.0736	5,226,581.66	5,227,455.41
归属于上市公司股东的扣除非经常性损益的净利润	9,541,665.71	−924,304.82	−924,304.82	不适用	−2,695,184.17	−2,695,184.17
加权平均净资产收益率(%)	4.44	1.64	1.68	增加 2.800 个百分点	1.92	1.92
基本每股收益(元/股)	0.1368	0.0494	0.0505	176.9231	0.0568	0.0568
稀释每股收益(元/股)	0.1368	0.0494	0.0505	176.9231	0.0568	0.0568

2.2 前 10 名股东持股情况表

单位：股

报告期股东总数	7,091	年度报告披露日前第 5 个交易日末股东总数	7,897

前 10 名股东持股情况

股东名称	股东性质	持股比例(%)	持股总数	持有有限售条件股份数量	质押或冻结的股份数量
大连星海湾金融商务区投资管理股份有限公司	国有法人	24.03	22,104,000	0	未知
辽宁迈克集团股份有限公司	境内非国有法人	8.59	7,900,000	0	未知
N.Z. UNDERWATER WORLD ENGINEERING AND DEVELOPMENT CO LIMITED	境外法人	8.01	7,368,000	0	未知
汪琤琤	境内自然人	4.54	4,174,301	0	未知
周建平	境内自然人	3.84	3,534,619	0	未知
上海杉业实业有限公司	境内非国有法人	2.88	2,650,000	0	未知
大连神洲游艺公司	境内非国有法人	2.67	2,456,000	0	未知
中融人寿保险股份有限公司－传统保险产品	国有法人	2.63	2,422,195	0	未知
谢永康	境内自然人	2.39	2,200,243	0	未知
中融国际信托有限公司－融裕 25 号	国有法人	2.34	2,148,635	0	未知
上述股东关联关系或一致行动的说明	大连星海湾金融商务区投资管理股份有限公司为公司控股股东，其他持股 5%以上股东与公司不存在关联关系。公司持股 5%以上的股东之间不存在关联关系，公司未知其他股东之间是否存在关联关系或一致行动。				

2.3 以方框图描述公司与实际控制人之间的产权及控制关系(略)

第三节　管理层讨论与分析

2012 年，公司经营管理工作围绕保业绩为中心，加快新项目开发，确保全年经营业绩目标的实现。经过全体员工的努力，以及股东和各位董事、监事的大力支持下，公司业绩呈稳步上升趋势，最终圆满地完成了年度经营目标。

2012 年，公司实现营业收入 20,913.92 万元，比上年同期 16,131.70 万元(追溯调整后数据)，增加 4,782.22 万元，增长幅度为 30%；实现净利润 1,258.26 万元，比上年同期 454.13 万元(追溯调整后数据)增加 804 万元，增长幅度为 177%。

其中：大连本部营业收入 14,553.84 万元，比上年同期 11,101.23 万元，增加 3,452.61 万元，增长幅度为 31.10%；哈尔滨公司营业收入 5,865.10 万元，比上年同期 5,105.99 万元，增加 759.11 万元，增长幅度为 14.87%。

1.营销工作

2012 年，公司以新产品上市为契机和营销重心，一方面综合运用各种手段尤其是网络途径加大品牌推广力度，在主要客源地提升品牌的知名度与认知度，以有效影响目标客户群，实现营销的拉力；另一方面，加大本地分销渠道的开拓力度。两个新项目“深海传奇”和“恐龙传奇”分别于 2012 年 4 月底和 6 月初试运营，不仅提升了公司的销售业绩，增强了客户对圣亚的信心与忠诚度，保证公司全年业绩实现增长，更为公司未来发展新项目提供了创新模式和创新技术保障。此外，公司的电子商务直销平台已经建成运营，为 2013 年大力开展网络营销奠定了基础。公司之子公司哈尔滨圣亚极地营销重点是通过事件营销引起关注，通过线上活动增加互动参与，通过举办导游俱乐部年会、配套推出激励措施等方式维护现有分销渠道，开拓新的分销渠道，从而实现整体客流量较上年同比增长 5%。

2.服务工作

2012 年,公司继续强化"服务是圣亚的核心竞争力"意识。年内游客量不论淡旺季均较往年有大幅增加,给现场服务接待及安全带来极大的压力。公司不断完善服务标准,加强对公司全员的服务意识培训以及对一线服务人员的服务技能培训,并关爱员工,让员工以愉悦的心情投入服务工作。此外,旺季期间,客流暴增,通过全员上岗服务,以及聘用大中专院校实习生充实到服务接待岗位等手段,较好地并且以较低成本解决了服务岗位阶段性缺员的问题。

3.综合管理工作

结合企业内控建设,加强日常经营管理工作。根据国家五部委的要求及监管部门的工作安排,公司在 2012 年开展内控制度建设工作,贯彻落实《企业内部控制基本规范》及相关配套指引,董事会审议通过《公司内部控制规范实施工作方案》,成立内控工作领导小组,全面负责公司内控制度建设工作。根据公司内控制度规范实施工作方案,公司进行全面的内控流程梳理、综合分析、风险识别等,提升了公司的经营管理质量,推动了公司管理的科学发展,通过不断优化企业内部流程、完善企业管理制度、提升企业防范和化解风险的能力。2012 年,根据公司经营实际需要和内控有关加强信息化建设的要求,为提升管理水平、提高工作效率、增强协同办公能力,公司启动了办公自动化改造工作,目前该系统正在全面试运行中。

2012 年,公司继续探索改变公司主营业务单一、刚性成本费用过高的发展路径,立足于对公司传统进行有益传承、充分发挥自身优势、符合文化旅游融合发展趋势的几大原则,逐步拓展现有主营业务,扩大公司产业规模,从而拉动公司的业绩增长,为公司能够长期可持续发展积蓄力量。

(一)主营业务分析

1.利润表及现金流量表相关科目变动分析表

单位:元 币种:人民币

科目	本期数	上年同期数	变动比例(%)
营业收入	209,139,162.00	161,316,994.39	29.6448
营业成本	98,333,057.29	72,488,393.22	35.6535
销售费用	22,243,737.35	18,017,465.07	23.4565
管理费用	45,482,361.46	37,935,784.24	19.893
财务费用	16,694,297.10	16,669,930.97	0.1462
经营活动产生的现金流量净额	76,126,776.73	54,107,944.32	40.6943
投资活动产生的现金流量净额	−78,411,868.26	−19,116,275.53	
筹资活动产生的现金流量净额	23,567,099.32	10,416,765.11	126.2420

2.收入

(1)驱动业务收入变化的因素分析

公司实现较快增长的原因一是上年产品更新改造的效益逐渐释放,2011 年完成的《功夫海象》表演场升级改造以及新增水下白鲸表演——《白鲸传奇》,经过一年的推广,有效提升了本部项目的吸引力;二是"深海传奇"和"恐龙传奇"两个新项目在经营旺季上市,大连本部的销售主力由原来的三馆套票变为五馆套票,提高了销售单价。新项目在带来新的利润增长点的同时,也带来建设费用、人员薪酬和销售运营费用的相应增加,不过公司通过加强内控管理,开展内控审计工作,压缩可控性开支,实现了较高幅度的利润增长。

(2)新产品及新服务的影响分析

2012 年公司新项目"深海传奇"和"恐龙传奇"分别于 2012 年 4 月和 6 月试运营。开业前,公司加大对新项目销售宣传力度,通过反复走访客户,多次召集部分旅行社老总、计调及导游,讨论研究公司项目渠道宣传点及门票价格的合理性等,保证渠道客户对新项目的认知和对公司票制政策的熟悉,积极推销公司五馆及四馆套票。旺季期间,旅行社和导游积极向客人推荐公司新项目,使得旺季销售业绩有了较好的提升。新项目的推广不仅提升了公司的销售业绩,也使客户利益得到了一定满足,增强客户对圣亚的忠诚度,保证公司业绩实现增长。

(3)主要销售客户的情况

公司 2012 年度营业收入排名前五位的客户共计实现收入 4,617 万元,占公司全部营业收入比例为 22.08%。

3.成本

(1)成本分析表

单位:元 币种:人民币

分行业情况

分行业	本期金额	本期占总成本比例(%)	上年同期金额	上年同期占总成本比例(%)	本期金额较上年同期变动比例(%)
旅游服务业	95,351,775.50	96.99	71,396,184.35	98.49	33.55

4.费用

(1)销售费用

单位:元 币种:人民币

项目	本期发生额	上期发生额	变动幅度	变动原因
工资	3,095,723.68	1,676,772.38	84.62%	系本期薪资调整增加所致
差旅费	340,887.29	736,133.30	−53.69%	系本期控制差旅支出所致
广告费	9,430,057.00	6,748,189.60	39.74%	系本期加大广告投入力度所致
会务费	121,778.00	345,479.00	−64.75%	系本期会务开支降低所致
招待费	58,867.40	169,978.76	−65.37%	系本期控制业务招待费用所致
办公费	306,449.83	132,327.80	131.58%	系本期印刷新项目宣传资料增加所致

(2) 管理费用

单位:元 币种:人民币

项目	本期发生额	上期发生额	变动幅度	变动原因
职工薪酬及社保	14,883,216.21	11,014,893.02	35.12%	系本期薪资调整增加所致
劳动保护费	654,593.30	447,836.56	46.17%	系本期新场馆开业,劳保费用支出增加所致
办公费及电话费	1,930,282.24	3,260,624.10	−40.80%	系本期控制办公费所致
折旧	2,315,763.97	1,197,698.64	93.35%	系本期新项目新增资产投入,计提折旧费用所致
职工教育经费	170,352.10	268,925.82	−36.65%	系本期职工教育开支减少所致
工会经费	327,871.72	218,814.63	49.84%	系本期人工成本增加
税金	3,131,284.89	1,994,703.00	56.98%	系本期税金支出增加所致
咨询顾问费	4,706,911.03	1,046,911.70	349.60%	系本期内增加项目咨询设计所致
中介机构费用	1,632,700.00	2,846,647.34	−42.64%	系去年同期聘请中介机构费用较高所致
保险费	2,971,702.18	1,940,093.10	53.17%	系本期新增资产,增加保险费用所致

5.现金流

报告期现金流量表项目变动及说明详见利润表及现金流量表相关科目变动分析。

单位:元 币种:人民币

项目	本期金额	上期金额	增幅	变动原因
收到其他与经营活动有关的现金	15,095,960.88	4,822,759.54	213.02%	系本期新增往来款项所致
购买商品、接受劳务支付的现金	50,225,737.75	38,089,954.46	31.86%	系本期成本费用支出增加所致
支付给职工以及为职工支付的现金	38,002,410.13	28,509,181.67	33.30%	系本期人工成本增加所致
支付的各项税费	18,135,161.37	8,155,073.33	122.38%	系本期收入增加,税费增加所致
收回投资所收到的现金	40,000,000.00	30,000,000.00	33.33%	系本期出售参股公司股权所致
取得投资收益收到的现金	0.00	3,200,000.00	−100.00%	系去年同期收到现金红利所致
收到其他与投资活动有关的现金	0.00	2,000,000.00	−100.00%	系去年同期收到投资款项所致
购建固定资产、无形资产和其他长期资产支付的现金	114,498,228.42	46,771,272.03	144.80%	系本期新项目增加工程付款所致

投资支付的现金	5,000,000.00	10,000,000.00	−50.00%	系本期投资规模调整所致
分配股利、利润或偿付利息支付的现金	21,566,570.36	16,583,234.89	30.05%	系本期筹资利息支出增加所致

(二)行业、产品或地区经营情况分析

1.主营业务分行业、分产品情况

单位:元　币种:人民币

主营业务分行业情况

业务类别	营业收入	营业成本	毛利率(%)	营业收入比上年增减(%)	营业成本比上年增减(%)	毛利率比上年增减(%)
旅游服务业	196,301,305.00	95,351,775.50	51.43	28.49	33.55	减少 1.84 个百分点
其他服务业	9,639,753.00	2,960,099.35	69.29	169.67	171.02	减少 0.16 个百分点

2.主营业务分地区情况

单位:元　币种:人民币

地区	营业收入	营业收入比上年增减(%)
大连地区	148,090,008.00	40.25
其他地区	58,351,050.00	14.96

(三)资产、负债情况分析

1.其他情况说明

报表项目	期末余额(或本期金额)	期初余额(或上期金额)	变动比率(%)	变动原因
预付款项	323,036.06	544,331.42	−40.65	本期购货预付款减少所致
长期股权投资	15,000,000.00	50,000,000.00	−70	本期将持有的北京越达投资有限公司股权转让所致
在建工程	4,811,137.77	20,638,018.74	−76.69	本期在建工程完工转固所致
无形资产	91,868,408.65	46,000,253.27	99.71	本期新增大连三山岛经营权及多媒体特效技术所致
商誉	623,234.20	0.00	100	本期收购非同一控制的子公司产生所致
短期借款	154,000,000.00	253,000,000.00	−39.13	主要系本期调整贷款结构所致
应付票据	4,866,330.32	0.00	100	主要系应付工程款增加所致
应付账款	7,889,453.87	2,910,588.85	171.06	主要系应付工程款增加所致
预收款项	2,873,570.19	5,007,085.52	−42.61	主要系上期预收的固定资产房屋转让款转入收入所致
应付职工薪酬	711,155.85	542,325.79	31.13	本期新增子公司合并范围增加所致
应付利息	632,341.52	476,829.72	32.61	本期银行借款增加所致
应交税费	651,094.61	1,513,776.82	−56.99	本期未缴税费减少所致
其他应付款	63,975,728.97	44,090,538.63	45.1	主要系新项目应付工程款增加所致
一年内到期的非流动负债	16,000,000.00	2,000,000.00	700	主要系新项目资金需求增加及贷款结构调整及贷款结构调整所致
长期借款	142,000,000.00	7,000,000.00	1928.57	主要系新项目资金需求增加及贷款构调整所致

(四)核心竞争力分析

公司确定以"优质服务"为核心竞争力,并不断提高品牌优势,产品优势,技术优势,管理优势,人才优势及充分利用资本市场融资平台的优势。

1.作为旅游业的上市公司,多年来公司一直将为游客提供"优质服务"为公司第一竞争力。

2.品牌影响力:多年来,公司坚持品牌建设与维护,并在近三年中不断深化网络营销,使得圣亚品牌在中青年主力客群中保持较好的知名度与美誉度。

3.产品吸引力:公司坚持对产品不断升级改造,于 2011 年及 2012 年连续增加新产品,保持了产品的吸引力。

4.技术优势:公司拥有国内水族馆行业一流的技术团队,在诸多领域拥有国内领先的优势,并能保持不断创新。

5.管理经验:公司自成立以来即专注于旅游业,并拥有一支稳定的管理团队,在景区运营管理方面有着丰富的经验。

6.专业人才优势:公司现有专业技术人才 190 人,占公司员工总量的 36%,多年来公司储备了一批拥有水族馆行业领先技术的专业人才。公司子公司哈尔滨极地馆成功举办中国自然博物馆协会水族馆专业委员会 2011 年学术年会。会议共提报和讨论 26 篇报告,其中,我公司共做了 7 篇报告,报告的成果得到了同行业相关人员的肯定,也引起了广泛的关注。2012 年公司通过有针对性、专业化的行业内交流加大力度培养和储备专业技术人才,保证了专业人才的梯队建设。

(五)投资状况分析

1.对外股权投资总体分析

(1)报告期内,公司投资 500 万元参股大连中山信德小额贷款有限公司,占其股份的 10%。

(2)报告期内,公司投资 1,320 万元整合大连星海湾金融商务区旅游管理有限公司拥有的大连星海湾区域的经营权,占其股份的 42.67%,包括旅游、餐饮、娱乐以及大连三山岛的前期建造、开发项目等旅游资源,拟打造集餐饮、娱乐、观光、文化休闲于一体的欢乐海岸综合旅游项目。

2.持有非上市金融企业股权情况

所持对象名称	最初投资金额(元)	持有数量(股)	占该公司股权比例(%)	期末账面价值(元)	报告期损益(元)	报告期所有者权益变动(元)	会计核算科目	股份来源
大连旅顺蒙银村镇银行股份有限公司	10,000,000.00	10,000,000.00	10	10,000,000.00	`		长期股权投资	投资
大连中山信德小额贷款有限公司	5,000,000.00	5,000,000.00	10	5,000,000.00			长期股权投资	投资
合计	15,000,000.00	15,000,000.00	/	15,000,000.00	/	/	/	/

(1)公司于 2011 年投资 1000 万元参股大连旅顺蒙银村镇银行股份有限公司,占其股分的 10%。

(2)公司于 2012 年投资 500 万元参股大连中山信德小额贷款有限公司,占其股份的 10%。

3.非金融类公司委托理财及衍生品投资的情况

(1)委托理财情况

本年度公司无委托理财事项。

(2)委托贷款情况

本年度公司无委托贷款事项。

4.募集资金使用情况

报告期内,公司无募集资金或前期募集资金使用到本期的情况。

5.主要子公司、参股公司分析

单位:万元　币种:人民币

公司名称	注册资本	公司持股比例	总资产	净资产	收入	净利润	经营范围
哈尔滨圣亚极地公园有限公司	6000	100%	14378.16	7493.51	5865.11	570.61	经营水族馆,极地动物馆,海洋人造景观、海洋生物标本陈列,船舶模型陈列馆等
大连旅顺口蒙银村镇银行股份有限公司	10000	10%	53090.12	10666.58	2194.35	591.61	经营银监会依照有关法律、行政法规和其他规定批准的业务

(六)董事会关于公司未来发展的讨论与分析

1.行业竞争格局和发展趋势

2012 年全球旅游业以 4%的增幅实现强劲增长,全球旅游人数首次突破 10 亿大关,其中亚太地区增长最为强劲,增幅达 7%。随着新兴经济体旅游业的增长再次超过发达国家,2013 年世界旅游业有望维持上涨势头,实现 3%至 4%的增长。而中国旅游业是世界旅游业中重要的组成部分,2013 年我国在宏观经济温和复苏的预期下，旅游行业收入增长有望持续高于名义 GDP 的增速。官方预计 2013 年全国旅游业发展的预期目标为旅游总收入 2.85 万亿元，增长 11%，预计新增旅游直接就业 50 万人左右。

2013 年，根据《国务院关于加快发展旅游业的意见》，国务院正式发布《国民旅游休闲纲要》，要求积极创造开展旅游休闲活动的便利条件，不断促进国民旅游休闲规模扩大和品质提升，提高国民生活质量。在此政策背景下，全国各地加大对旅游文化产业的投入和支持。大连旅游业也借势辽宁沿海经济带发展和我市全域城市化发展战略，抢抓机遇，乘势而上，发挥资源、区位和品牌优势，围绕海洋文化这一核心，加大旅游产业的发展，力把大连打造成为东北亚著名的国际滨海旅游目的地，最终实现了旅游业的跨越式发展计划。

2013 年作为东北大连地区唯一一家旅游上市公司，公司将借助市场政策支持及本地政府的引导，借力"东北亚航空旅游转运平台"的高铁时代及全运会给大连旅游产业的发展带来的机遇，全力整合公司周边旅游资源，多层次、多方位全力营销，着力进行品牌战略规划，拓宽宣传推广渠道，提升公司核心竞争力，提高公司业绩增长，实现全年经营业绩目标。

2.公司发展战略

2013 年公司总体发展战略是：确保公司经营业绩稳步增长，积极探索全新发展方式及业务模式，加快新项目开发及人才储备，增加新的利润增长点，深入落实内控管理工作，增强公司可持续发展能力。

3.经营计划

根据 2013 年公司总体发展战略，今年的工作计划主要为：

(1)保证原有项目经营业绩稳定，探索经营新模式。

继续做好公司原有项目的经营管理，全力做好各销售渠道的整合和促销，推进各项工作的开展，保证各渠道业绩的稳定增长。同时，公司将加快开展泛星海湾周边区域旅游的资源整合，继续探索其他符合市场需求及公司实际需要，能够发挥公司技术优势和管理优势的新项目，重点探索新的合作模式及聚集多种休闲业态的综合性旅游项目，为公司经营发展做好项目资源储备工作。

(2)坚持以服务为核心竞争力，创新用人机制。

加强企业文化宣传，坚持以优质服务为公司核心竞争力，从战略角度制定人才发展和培养规划，开展人才引进计划，加强骨干技术力量的培养，加快管理队伍梯队建设，建立多层次的人才培养体系，为公司的长期发展及人才技术输出打下坚实的基础。

(3)抓住市场机遇，提高公司营业收入，积蓄发展力量。

公司企划营销工作将紧紧抓住国务院发布《国民旅游休闲纲要》的历史机遇，借力"东北亚航空旅游转运平台"的高铁时代及全运会给大连旅游产业的发展带来的机遇，全力整合公司周边旅游资源，多层次、多方位全力营销，着力进行品牌战略规划，拓宽宣传推广渠道，提高公司业绩增长，实现全年经营业绩目标。

(4)加强公司信息化建设，不断优化官网电子商务平台。

借助大连市旅游局发展"智慧旅游"城市的契机，充分运用政府有效资源，不断提升景区服务质量，同时与业内领先的旅游预订网站及异业电子商务平台合作，逐步建立辐射面广、美誉度高、网友体验好、管理规范、良性发展的网络分销体系，形成对原有渠道的有力补充。

(5)将内控工作深入落实到公司的经营管理中。

2013 年，公司将在 2012 年内控建设工作的基础上，严格按照法律法规、监管部门的要求和公司经营管理以及内部控制工作的需要，继续将内控建设工作深入落实到公司日常经营管理当中。随着监管要求和经营环境的改变，内部控制的有效性也将随之改变，采取有效措施进一步健全、完善内部控制，确保其持续有效的提升公司管理效率和工作质量，为公司长期健康可持续发展提供可靠的保障。

4.因维持当前业务并完成在建投资项目公司所需的资金需求

围绕公司总体工作目标，公司将持续推进公司资产重组事宜，密切关注国家宏观政策的调整情况，同时全面寻找其他适合资源，探索新模式，积极推进资产注入事宜。公司将切实完成 2013 年信贷额度的落实，保障公司健康、平稳的运营，同时，综合考虑公司运营及未来发展的需要，积极寻求其他再融资机会，保证公司日常经营及发展所需资金。

5.可能面对的风险

(1)现有水族馆项目面对的市场竞争日趋严峻，各地新生旅游项目不断滋生瓜分市场客流。大连本土同类企业竞争激烈更加残酷，竞争对手数量不断增多，投资扩张不断增加，水族馆项目的经营成本也随着国内消费指数增长呈现上升趋势，利润空间缩小。公司急需有效控制成本，解决业务单一，资金短缺的问题，同时积极寻求探索新的经营发展模式。

(2)随着社会的发展以及人们生活水平的不断提高，近年来国内在线旅游市场规模也一直在持续扩张，在线旅游市场潜力巨大。公司目前的在线票务销售模式和票务自动化建设均处于初步阶段，尚未成熟和发展，迫切需要紧跟旅游行业信息化发展的步伐。

(3)随着国际政治经济形势不断变化，可能会对国内旅游行业尤其是东北三省旅游行业产生一定影响。同时，国内环境问题越来越受关注，国内各类污染事件及全国范围内流行性疾病的爆发，都可能会对公司经营产生一定影响。

第四节　涉及财务报告的相关事项

4.1 与上年度财务报告相比，对财务报表合并范围发生变化的，公司应当作出具体说明。

1.本期公司向受同一实际控制人大连星海湾建设开发管理中心控制的大连星海湾商务区旅游管理有限公司增资 1320 万元，分两次出资。第一次出资 700 万元，占实收资本的 28.30%，出资后，重新选举董事会成员，三名董事中由公司派出两名，占表决权的 67%，形成了同一控制下企业合并，将第一次出资日 2012 年 8 月 10 日确定为合并日。本期将其纳入合并范围。

2.本期公司的控股子公司大连星海湾商务区旅游管理有限公司通过受让大连星海世博展览展示有限公司 50%和倪岩 20%股权，取得对大连新世界会展服务有限公司的控制权，形成了非同一控制下的企业合并，将股权转让款支付日 2012 年 11 月 2 日确认为股权购买日，纳入本期合并范围。

3. 本期公司的全资子公司哈尔滨圣亚极地公园有限公司以货币出资 1,000 万元设立哈尔滨圣亚旅游产业发展有限公司，持股比例为 100%。本期哈尔滨圣亚旅游产业发展有限公司自成立之日起纳入合并范围。

光明乳业股份有限公司

光明乳业股份有限公司 2012 年年度报告摘要

第一节　重要提示

1.1 本年度报告摘要摘自年度报告全文，投资者欲了解详细内容，应当仔细阅读同时刊载于上海证券交易所网站等中国证监会指定网站上的年度报告全文。

1.2 公司简介

股票简称	光明乳业	股票代码	600597
股票上市交易所	上海证券交易所		
联系人和联系方式	董事会秘书	证券事务代表	
姓名	朱建毅	沈小燕	
电话	021-54584520 转 5506	021-54584520 转 5623	
传真	021-64013337	021-64013337	
电子信箱	600597@brightdairy.com	shenxiaoyan@brightdairy.com	

第二节　主要财务数据和股东变化

2.1 主要财务数据

单位：元　币种：人民币

项目	2012 年(末)	2011 年(末)	本年(末)比上年(末)增减(%)	2010 年(末)
总资产	9,339,299,576	7,374,015,019	26.65	5,974,549,480
归属于上市公司股东的净资产	4,013,845,495	2,451,519,909	63.73	2,329,316,250
经营活动产生的现金流量净额	1,241,841,613	89,416,285	1,288.83	534,244,918
营业收入	13,775,072,506	11,788,779,319	16.85	9,572,111,030
归属于上市公司股东的净利润	311,302,623	237,841,618	30.89	194,375,554
归属于上市公司股东的扣除非经常性损益的净利润	299,415,880	204,922,215	46.11	166,999,179
加权平均净资产收益率(%)	10.4	9.9	增加 0.5 个百分点	8.8
基本每股收益(元/股)	0.28	0.23	21.74	0.19
稀释每股收益(元/股)	不适用	不适用	不适用	不适用

2.2 前 10 名股东持股情况表

单位：股

报告期股东总数	40,042	年度报告披露日前第 5 个交易日末股东总数	40,270

前十名股东持股情况

股东名称	股东性质	持股比例(%)	持股总数	报告期内增减	持有有限售条件股份数量	质押或冻结的股份数量
上海牛奶(集团)有限公司	国有法人	30.00	367,498,967	0	0	无
光明食品(集团)有限公司	国有法人	25.66	314,404,338	0	0	无
上海六禾御秀投资中心(有限合伙)	未知	4.68	57,300,000		57,300,000	未知
上海景林景通股权投资中心	未知	1.67	20,500,000		20,500,000	未知
中国工商银行-易方达价值成长混合型证券投资基金	未知	1.63	19,964,060		0	未知
广东温氏投资有限公司	未知	1.51	18,500,000		18,500,000	未知
光大金控(上海)投资中心(有限合伙)	未知	1.48	18,100,000		18,100,000	未知
全国社保基金一一零组合	未知	1.34	16,391,589		0	未知
中国银行股份有限公司-华泰柏瑞盛世中国股票型开放式证券投资基金	未知	1.26	15,415,661		0	未知
金鑫证券投资基金	未知	1.24	15,144,142			未知
上述股东关联关系或一致行动的说明	光明食品(集团)有限公司系上海牛奶(集团)有限公司控股股东，持有上海牛奶(集团)有限公司100%的股份。其余股东未知是否存在关联关系或一致行动的关系。					

2.3 以方框图描述公司与实际控制人之间的产权及控制关系(略)

第三节　管理层讨论与分析

3.1 董事会关于公司报告期内经营情况的讨论与分析

2012 年是公司 2010 至 2012 年三年战略规划的收官之年，是公司非公开发行股票成功实施之年，也是公司历经腾飞、挫折、重振、奋起之年。

2012 年，光明乳业在董事会的领导下围绕"聚焦乳业、领先新鲜、做强常温、突破奶粉"的发展战略，锁定高端，坚持做"中国乳业高端品牌引领者"。通过聚焦重点产品、突破重点区域，扩大营业收入，提升盈利能力；通过管理整合、挖潜增效，使各项财务指标持续好转。

2012 年，全体员工团结一致、同舟共济、努力拼搏，实现营业总收入 137.75 亿元，比去年同期增长 16.8%；实现归属于母公司所有者的净利润 3.11 亿元，比去年同期增长 30.9%；加权平均每股收益 0.28 元，同比增长 21.7%。

3.2 财务报表分析

3.2.1 资产负债表分析

单位：元　币种：人民币

项目名称	本期期末数	本期期末数占总资产的比例(%)	上期期末数	上期期末数占总资产的比例(%)	增减额	本期期末金额较上期期末变动比例(%)
货币资金	2,339,384,038	25.05	1,114,185,977	15.11	1,225,198,061	109.96
交易性金融资产	11,781,416	0.13	21,640,296	0.29	−9,858,880	−45.56
其他应收款	58,358,609	0.62	108,736,593	1.47	−50,377,984	−46.33
其他流动资产	−	−	50,000,000	0.68	−50,000,000	−100.00
长期应收款	1,523,939	0.02	8,203,847	0.11	−6,679,908	−81.42
在建工程	709,740,369	7.60	217,501,149	2.95	492,239,220	226.32
递延所得税资产	272,757,236	2.92	208,330,525	2.83	64,426,711	30.93
其他应付款	1,037,183,584	11.11	744,214,204	10.09	292,969,380	39.37
一年内到期的非流动负债	130,380,216	1.40	375,041,694	5.09	−244,661,478	−65.24

长期借款	708,489,280	7.59	504,359,925	6.84	204,129,355	40.47
长期应付款	10,671,738	0.11	19,941,839	0.27	−9,270,101	−46.49
递延所得税负债	64,061,750	0.69	40,560,143	0.55	23,501,607	57.94
资本公积	1,676,837,088	17.95	454,269,505	6.16	1,222,567,583	269.13
外币报表折算差额	13,190,930	0.14	3,201,843	0.04	9,989,087	311.98

注:变动的主要原因

1)货币资金增加,主要原因是本期非公开发行A股股票现金流入。

2)交易性金融资产减少,主要原因是新西兰新莱特于2012年行使了土地购买权合约。

3)其他应收款减少,主要原因是应收包材返利款减少。

4)其他流动资产减少,主要原因是个别子公司收回购买的银行理财产品。

5)长期应收款减少,主要原因是对长期应收款项计提减值准备。

6)在建工程增加,主要原因是华东中心工厂投入增加。

7)递延所得税资产增加,主要原因是本期可抵扣暂时性差异增加。

8)其他应付款增加,主要原因是销售规模增大,期末未付费用增加。

9)一年内到期的非流动负债减少,主要原因是长期借款中一年内部分余额减少。

10)长期借款增加,主要原因是上期一年内到期长期借款到期,本期新增长期借款。

11)长期应付款减少,主要原因是本期应付设备款减少。

12)递延所得税负债增加,主要原因是长期资产折旧的时间性差异。

13)资本公积比期初增加,主要原因是本期非公开发行A股股票。

14)外币报表折算差额增加,主要原因是汇率变动影响。

3.2.2 利润表分析

单位:元　币种:人民币

项目	金额(元)		增减额	增减比
	本期数	上年同期数		率(%)
营业收入	13,775,072,506	11,788,779,319	1,986,293,187	16.85
营业成本	8,937,639,956	7,845,325,896	1,092,314,060	13.92
销售费用	3,819,649,184	3,245,800,807	573,848,377	17.68
管理费用	441,902,612	354,951,037	86,951,575	24.50
财务费用	64,625,544	47,129,710	17,495,834	37.12
资产减值损失	78,855,149	40,865,687	37,989,462	92.96
公允价值变动收益	−9,565,751	3,658,894	−13,224,645	−361.44
营业外收入	107,522,528	54,539,245	52,983,283	97.15
营业外支出	43,714,390	14,246,155	29,468,235	206.85
所得税费用	84,190,709	−30,217,400	114,408,109	不适用

注:变动的主要原因

1)财务费用比上年增加,主要原因是资本化利息支出减少,费用化利息支出增加。

2)资产减值损失比上年增加,主要原因是公司拟搬迁乳品二厂、八厂,计提固定资产减值准备增加。

3)公允价值变动收益比上年减少,主要原因是本年行使土地购买权。

4)营业外收入比上年增加,主要原因是政府补助增加及处置土地所得。

5)营业外支出比上年增加,主要原因是本年处置固定资产损失增加。

6)所得税费用比上年增加,主要原因是上期利用以前年度未确认可抵扣亏损的所得税影响。

3.2.3 现金流量表分析

单位:元　币种:人民币

项目	金额(元)		增减额	增减比
	本期数	上年同期数		率(%)
经营活动产生的现金流量净额	1,241,841,613	89,416,285	1,152,425,328	1,288.83
投资活动产生的现金流量净额	−909,511,583	−930,668,452	21,156,869	不适用
筹资活动产生的现金流量净额	893,479,428	821,052,821	72,426,607	8.82

注:变动的主要原因

1)经营活动产生的现金流量净额比上年增加,主要原因是本年销售商品、提供劳务收到的现金增加。

2)投资活动产生的现金流量净额比上年增加,主要原因是本年收到处置长期资产的现金增加及收回个别子公司银行理财产品。

3)筹资活动产生的现金流量净额比上年增加,主要原因是公司本年完成非公开发行A股股票。

其中:

单位:元　币种:人民币

项目	金额(元)		增减额	增减比
	本期数	上年同期数		率(%)
收到其他与经营活动有关的现金	58,114,367	39,313,974	18,800,393	47.82
支付的各项税费	1,190,209,204	861,094,637	329,114,567	38.22
收回投资收到的现金	50,305,008	590,590	49,714,418	8,417.75
取得投资收益收到的现金	7,750,000	2,591,926	5,158,074	199.01
处置固定资产、无形资产和其他长期资产收回的现金净额	76,883,239	27,959,321	48,923,918	174.98
取得或处置子公司及其他营业单位收到的现金净额	5,384,000	−	5,384,000	不适用
收到其他与投资活动有关的现金	44,347,686	80,730,558	−36,382,872	−45.07
投资支付的现金	−	50,590,590	−50,590,590	−100.00
取得子公司及其他营业单位支付的现金净额	2,800,000	14,965,000	−12,165,000	−81.29
吸收投资收到的现金	1,392,444,154	20,000,000	1,372,444,154	6,862.22
偿还债务支付的现金	1,373,572,307	521,213,945	852,358,362	163.53

注:变动的主要原因

1)收到其他与经营活动有关的现金比上年增加,主要原因是本年收到利息收入和与收益相关的政府补助增加。

2)支付的各项税费比上年增加,主要原因是本年已交的企业所得税和流转税增加。

3)收回投资收到的现金比上年增加,主要原因是本年收回个别子公司委托理财产品款。

4)取得投资收益收到的现金比上年增加,主要原因是收到联营公司分配股利。

5)处置固定资产、无形资产和其他长期资产收回的现金净额比上年增加,主要原因是本年处置土地所得。

6)取得或处置子公司及其他营业单位收到的现金净额比上年增加,主要原因是本年子公司购买浙江荷斯坦牧业有限公司。

7)收到其他与投资活动有关的现金比上年减少,主要原因是本年取得的与资产相关的政府补助减少。

8)投资支付的现金比上年减少,主要原因是本年未继续投资委托理财产品。

9)取得子公司及其他营业单位支付的现金净额比上年减少,主要原因是上年投资联营企业。

10)吸收投资收到的现金比上年增加,主要原因是公司本年完成非公开发行A股股票。

11)偿还债务支付的现金比上年增加,主要原因是本年偿还银行借款金额增加。

3.3 收入分析

3.3.1 驱动业务收入变化的因素分析

报告期,公司以重点产品为核心,通过聚焦"优倍",抓住鲜奶发展势头,实现鲜奶销售收入快速增长;通过聚焦"莫斯利安",打造全新品类,推动常温产品的结构升级;通过聚焦"畅优"、"健能",坚持高端差异化路线,提高酸奶的市场份额。公司重点产品的快速增长驱动公司营业总收入的较快增长。

3.3.2 以实物销售为主的公司产品收入影响因素分析

报告期内,公司营业收入比去年同期增长16.8%,主要原因是:液态奶、奶粉等乳制品的总体销售量同比上升,产品平均单价同比上升,重点产品销售收入较快增长。

3.3.3 主要销售客户的情况

前5名客户销售金额216,447万元,占销售比例16%。

同期对比表

单位:万元　币种:人民币

项目	本年数	上年数	同比增长(%)
前5名客户销售金额	216,447	228,253	−5.17

3.4 成本分析

3.4.1 成本分析表

单位:元　币种:人民币

分产品情况

分产品	成本构成项目	本期金额	本期占总成本比例(%)	上年同期金额	上年同期占总成本比例(%)	本期金额较上年同期变动比例(%)
液态奶	直接材料	4,790,097,618	85.43	4,276,636,410	84.56	12.01
	直接人工	191,181,740	3.41	155,895,947	3.08	22.63
	制造费用	625,917,726	11.16	625,230,478	12.36	0.11
其他乳制品	直接材料	2,347,781,695	86.32	2,006,628,070	90.41	17.00
	直接人工	47,517,321	1.75	38,095,507	1.72	24.73
	制造费用(注)	324,404,697	11.93	174,754,920	7.87	85.63
其他	直接材料	266,235,856	58.15	198,351,181	57.15	34.22
	直接人工	25,935,938	5.67	20,027,024	5.77	29.50
	制造费用	165,640,941	36.18	128,696,889	37.08	28.71

注:其他乳制品的制造费用同比增长 85.63%,主要原因是新西兰新莱特二号工厂新投产,计提折旧费用增加。

3.4.2 主要供应商情况

前 5 名供应商采购金额 146,834 万元,占采购比例 13%。

3.5 行业、产品或地区经营情况分析

3.5.1 主营业务分行业、分产品情况

单位:元　币种:人民币

主营业务分产品情况

分产品	营业收入	营业成本	毛利率(%)	营业收入比上年增减(%)	营业成本比上年增减(%)	毛利率比上年增减(%)
液态奶	9,887,534,985	5,607,197,084	43.29	16.59	10.86	增加 2.93 个百分点
其他乳制品	3,164,202,223	2,719,703,713	14.05	21.18	22.54	减少 0.95 个百分点
其他	578,541,015	457,812,735	20.87	19.53	31.91	减少 7.42 个百分点

3.5.2 主营业务分地区情况

单位:万元　币种:人民币

地区	营业收入	营业收入比上年增减(%)
上海	416,271	23
外地	756,658	16
海外	190,099	16

3.6 重要事项

3.6.1 重大诉讼、仲裁和媒体普遍质疑的事项

事项概述及类型	查询索引
2012 年 6 月至 9 月,公司发生多起媒体质疑事件,公司通过临时公告及时披露相关信息。	详见 2012 年 6 月 21 日、6 月 29 日、7 月 24 日、9 月 11 日、9 月 21 日《中国证券报》、《上海证券报》、《证券时报》及上海证券交易所网站。

3.6.2 报告期内资金被占用情况及清欠进展情况

√不适用

3.6.3 破产重整相关事项

本年度公司无破产重整相关事项。

3.6.4 资产交易、企业合并事项

√不适用

3.6.5 公司股权激励情况及其影响

单位:份

报告期内激励对象的范围	公司高级管理人员、公司中层管理人员及子公司高管、经公司董事会认定对公司经营业绩和未来发展有直接影响的核心营销、技术和管理骨干等共计 94 人。
报告期内授出的权益总额	0
报告期内行使的权益总额	0
报告期内失效的权益总额	0
至报告期末累计已授出但尚未行使的权益总额	7,300,300
至报告期末累计已授出且已行使的权益总额	0
报告期内授予价格与行权价格历次调整的情况以及经调整后的最新授予价格与行权价格	无

董事、监事、高级管理人员报告期内获授和行使权益情况

姓　名	职务	报告期内获授权益数量	报告期内行使权益数量	报告期末尚未行使的权益数量
郭本恒	高级管理人员	0	0	271,900
梁永平	高级管理人员	0	0	221,000
罗　海	高级管理人员	0	0	201,000
沈伟平	高级管理人员	0	0	201,000
李　柯	高级管理人员	0	0	201,000
孙克杰	高级管理人员	0	0	201,000
朱建毅	高级管理人员	0	0	162,200
董宗泊	高级管理人员	0	0	140,300

因激励对象行权所引起的股本变动情况	股权激励前,公司总股本 1,041,892,560 股。股权激励定向增发股票 7,300,800 股。股权激励后,公司总股本 1,049,193,360 股。
权益工具公允价值的计量方法	限制性股票的授予价格为 4.70 元/股,确定方法是股权激励计划草案摘要公布前 20 个交易日公司股票均价(前 20 个交易日股票交易总额/前 20 个交易日股票交易总量)的 50%。

2012 年度,实际摊销股权激励成本 9,467 545 元。

2013 年 1 月 29 日,公司召开第四届董事会第三十次会议、第四届监事会第十五次会议,审议首批限制性股票解锁及回购事宜。(详见 2013 年 1 月 31 日《中国证券报》、《上海证券报》、《证券时报》、《证券日报》及上海证券交易所网站)

3.6.6 重大关联交易

2012 年 4 月 27 日,本公司 2011 年度股东大会审议通过了《2012 年度日常关联交易预计的提案》(详见 2012 年 4 月 28 日《中国证券报》、《上海证券报》、《证券时报》及上海证券交易所网站)。

2012 年 5 月 28 日,本公司第四届董事会第二十四次会议审议通过了《关于与海通证券股份有限公司签订非公开发行 A 股股票之承销协议的议案》(详见 2012 年 5 月 29 日《中国证券报》、《上海证券报》、《证券时报》及上海证券交易所网站)。

2012 年 12 月 28 日,本公司第四届董事会第二十九次会议审议通过了《关于 2012 年度新增日常关联交易的议案》(详见 2012 年 12 月 29 日《中国证券报》、《上海证券报》、《证券时报》、《证券日报》及上海证券交易所网站)。

经审计,2012 年度,本公司与光明食品集团及其下属公司,与牛奶集团及其下属公司之间的关联交易实际发生额均在预计范围之内。

重大关联交易情况表:

单位:元　币种:人民币

关联交易方	关联关系	关联交易类型	关联交易内容	关联交易定价原则	关联交易金额	占同类交易金额的比例(%)
光明食品集团及其下属公司	其他	购买商品	糖采购	根据董事会决议按协议价执行	114,379,275	70
光明食品集团及其下属公司	其他	购买商品	牧草等畜牧产品采购	根据董事会决议按协议价执行	16,638,914	4
牛奶集团及其下属公司	其他	购买商品	生奶采购	根据董事会决议按协议价执行	259,334,279	7
光明食品集团及其下属公司	其他	其它流出	商超渠道费	根据董事会决议按协议价执行	33,242,722	23
海通证券股份有限公司	其他	增资扩股	非公开发行承销和保荐费用	根据董事会决议按协议价执行	25,000,000	100
光明食品集团及其下属公司	其他	销售商品	乳制品销售	根据董事会决议按协议价执行	375,816,090	3
牛奶集团及其下属公司	其他	销售商品	饲料、冻精等畜牧产品销售	根据董事会决议按协议价执行	3,031,345	1
牛奶集团及其下属公司	其他	销售商品	乳制品销售	根据董事会决议按协议价执行	40,495,526	–

3.6.7 担保情况

单位:万元 币种:人民币

公司对外担保情况(不包括对子公司的担保)	
报告期内担保发生额合计(不包括对子公司的担保)	0
报告期末担保余额合计(A)(不包括对子公司的担保)	0
公司对子公司的担保情况	
报告期内对子公司担保发生额合计	24,999
报告期末对子公司担保余额合计(B)	24,999
公司担保总额情况(包括对子公司的担保)	
担保总额(A+B)	24,999
担保总额占公司净资产的比例(%)	6.23
其中:	
为股东、实际控制人及其关联方提供担保的金额(C)	0
直接或间接为资产负债率超过70%的被担保对象提供的债务担保金额(D)	0
担保总额超过净资产50%部分的金额(E)	0
上述三项担保金额合计(C+D+E)	0

3.6.8 承诺事项履行情况(略)

3.6.9 聘任、解聘会计师事务所情况

单位:万元 币种:人民币

是否改聘会计师事务所:	否	
	现聘任	
境内会计师事务所名称	德勤华永会计师事务所(特殊普通合伙)	
境内会计师事务所报酬	220	
境内会计师事务所审计年限	17	
	名称	报酬
内部控制审计会计师事务所	德勤华永会计师事务所(特殊普通合伙)	101.5
保荐人	海通证券股份有限公司	300

3.7 其他

3.7.1 公司前期各类融资、重大资产重组事项实施进度分析说明

2011 年,为满足进一步发展的资金需求,公司启动非公开发行 A 股股票再融资项目。2011 年度,非公开发行 A 股股票再融资项目进展情况详见 2011 年度报告。2012 年度,非公开发行 A 股股票再融资项目进展情况如下:

2012 年 4 月 27 日,中国证监会发行审核委员会对公司非公开发行 A 股股票的申请进行了审核。本公司非公开发行 A 股股票的申请获得有条件通过。(详见 2012 年 4 月 28 日《中国证券报》、《上海证券报》、《证券时报》及上海证券交易所网站)

2012 年 6 月 8 日,中国证监会核发《关于核准光明乳业股份有限公司非公开发行股票的批复》(证监许可 2012765 号),核准公司非公开发行不超过 18,100 万股新股。(详见 2012 年 6 月 9 日《中国证券报》、《上海证券报》、《证券时报》及上海证券交易所网站)

2012 年 9 月 3 日,本公司非公开发行新增股份在中登公司办理了登记托管手续。(详见 2012 年 9 月 5 日《中国证券报》、《上海证券报》、《证券时报》及上海证券交易所网站)

2012 年度,本公司非公开发行股份募集资金项目为日产 2000 吨乳制品中央自动控制技术生产线技术改造项目,项目投资总额为 142,083 万元,项目预计将于 2014 年达纲。截止 2012 年 12 月 31 日,该项目按预期进度实施。

3.7.2 发展战略和经营计划进展说明

2012 年全年经营计划为:争取实现营业总收入 136.51 亿元,扣除非经常性损益和激励成本后净利润 2.73 亿元,净资产收益率不低于 8%。2012 年全年公司实现营业总收入 137.75 亿元,扣除非经常性损益和激励成本后净利润 3.15 亿元,净资产收益率 10.80%,完成 2012 年全年经营计划。

3.7.3 核心竞争力分析

1)拥有国家驰名商标"光明"等一系列较高知名度的品牌;

2)拥有乳业生物科技国家重点实验室;

3)拥有丰富的市场和渠道经验;

4)拥有先进的全程冷链保鲜系统;

5)拥有多项发明专利技术;

6)拥有先进的乳品加工工艺、技术和设备;

7)在国内和新西兰拥有供应稳定、质量优良的原料奶基地。

第四节 涉及财务报告的相关事项

4.1 与上年度财务报告相比,会计政策、会计估计和核算方法未发生变化。

4.2 报告期内,公司未发生重大会计差错更正事项。

4.3 与上年度财务报告相比,本期合并范围新增主体 5 家,不纳入合并范围主体 1 家。

1)本期合并范围新增主体:南京光明金阳光乳品销售有限公司、武汉光明生态示范奶牛场有限公司、内蒙古蒙元和牛肉业有限公司、东乌珠穆沁旗乌兰安格斯畜牧业发展有限公司、浙江荷斯坦牧业有限公司。

2)不纳入合并范围主体:广州光明酸乳酪有限公司。

光明乳业股份有限公司

董事长:庄国蔚

2013 年 3 月 22 日

鲁银投资集团股份有限公司

鲁银投资集团股份有限公司 2012 年年度报告摘要

第一节　重要提示

1.1 本年度报告摘要摘自年度报告全文，投资者欲了解详细内容，应当仔细阅读同时刊载于上海证券交易所网站等中国证监会指定网站上的年度报告全文。

1.2 公司简介

股票简称	鲁银投资	股票代码	600784
股票上市交易所	上海证券交易所		
联系人和联系方式	董事会秘书	证券事务代表	
姓名	孙　凯	刘晓志	
电话	0531-82024156	0531-82024156	
传真	0531-82024179	0531-82024179	
电子信箱	uyin784@163.com	luyin784@163.com	

第二节　主要财务数据和股东变化

2.1 主要财务数据

单位：元　币种：人民币

项目	2012 年(末)	2011 年(末)	本年(末)比上年(末)增减(%)	2010 年(末)
总资产	4,488,068,495.86	3,457,644,737.19	29.80	2,107,379,933.96
归属于上市公司股东的净资产	903,888,382.06	820,761,736.02	10.13	526,869,136.31
经营活动产生的现金流量净额	−485,514,608.93	−186,893,623.45	不适用	−57,511,066.67
营业收入	4,580,291,170.95	5,691,869,037.11	−19.53	4,294,463,054.88
归属于上市公司股东的净利润	107,477,526.61	295,143,847.23	−63.58	105,540,327.75
归属于上市公司股东的扣除非经常性损益的净利润	52,175,202.50	159,421,471.31	−67.27	91,856,614.88
加权平均净资产收益率(%)	12.54	43.81	减少 31.27 个百分点	22.30
基本每股收益(元/股)	0.22	0.59	−62.71	0.21
稀释每股收益(元/股)	0.22	0.59	−62.71	0.21

2.2 前 10 名股东持股情况表

单位：股

报告期股东总数	50,952	年度报告披露日前第 5 个交易日末股东总数	53,980

前 10 名股东持股情况

股东名称	股东性质	持股比例(%)	持股总数	持有有限售条件股份数量	质押或冻结的股份数量
莱芜钢铁集团有限公司	国有法人	14.52	72,131,266		无
山东省国有资产投资控股有限公司	国有法人	4.75	23,578,072		无
上海银炬实业发展有限公司	境内非国有法人	2.66	13,211,199		未知
中国银行股份有限公司-泰信蓝筹精选股票型证券投资基金	其他	0.77	3,800,000		未知
王加波	境内自然人	0.52	2,562,644		未知
翟海斌	境内自然人	0.48	2,400,000		未知
黄钢	境内自然人	0.48	2,380,100		未知
兴业国际信托有限公司-新股申购单一资金信托项目(建行财富第一期(22 期))	其他	0.39	1,929,900		未知
佛山市一路无忧贸易有限公司	未知	0.38	1,898,200		未知
赵昆红	境内自然人	0.37	1,834,600		未知

2.3 以方框图描述公司与实际控制人之间的产权及控制关系(略)

第三节　管理层讨论与分析

(一)董事会关于公司报告期内经营情况的讨论与分析

2012 年是公司发展史上面对外部经营压力很大的一年，严峻的宏观经济态势和市场形势给公司带来了巨大挑战。公司各级领导团结带领广大干部职工，从拓市场、降成本、控费用和强化基础管理等方面入手，进一步优化产业结构，加快重点项目建设，使公司经受住了严峻考验，基本保持了生产经营各项工作的平稳运行。

报告期，公司实现营业收入 45.80 亿元，归属于母公司所有者的净利润 10,748 万元，分别比上年降低 19.53%和 63.58%；主要原因(1)本期钢铁市场低迷，公司带钢产品销售量及销售价格下滑导致收入、利润下降；(2)上年济南经十东路写字楼项目实现销售，贡献收入、利润额较大，公司本期房地产项目收入、利润对比上年减少；(3)上年由于烟台万润发行上市，公司按规定确认了投资收益 1.35 亿元，本期没有此类事项，投资收益比去年有较大幅度下降。

报告期，公司积极推进"十二五"规划落地实施，加快主要产业发展步伐。

1.加快推进房地产业发展步伐，全年在建开工面积 60 余万平方米，另外取得了即墨温泉镇 300 亩土地使用权。

2.加大粉末冶金产业投入，经过扩建改造，粉末冶金年产能有了进一步的提升，生产能力提高到一个新的水平。

3.青岛豪杰矿业选场建设和设备安装已全部完成，于 8 月取得了《安全生产许可证》，经营管理转入正轨

4.积极推进新产业培育。公司成立了文化艺术品公司和鲁银小额贷款公司，两家新建公司目前运营正常，公司投资金融文化产业取得初步成效。

1.主营业务分析

(1)利润表及现金流量表相关科目变动分析表

单位：元　币种：人民币

科目	本期数	上年同期数	变动比例(%)
营业收入	4,580,291,170.95	5,691,869,037.11	−19.53
营业成本	4,37[illegible],909,131.03	5,271,397,877.46	−17.01
销售费用	3[illegible],426,954.06	33,405,975.22	9.04
管理费用	8[illegible],043,716.76	93,383,194.15	−14.28
财务费用	42,325,151.16	31,418,593.05	34.71
经营活动产生的现金流量净额	−485,514,608.93	−186,893,623.45	
投资活动产生的现金流量净额	10,979,486.70	−20,604,111.45	
筹资活动产生的现金流量净额	590,441,420.38	461,647,452.96	27.90

(2)收入

①驱动业务收入变化的因素分析

公司本年营业收入比上年减少 11.12 亿元。主要原因是：.公司本期带钢产品销售量及销售价格下滑导致收入比上年减少 9.05 亿元，下降 24.89%；.上年济南经十东路写字楼项目实现销售，贡献收入较大，公司本期房地产项目收入比上年减少 5.90 亿元，下降 88.99%。

②以实物销售为主的公司产品收入影响因素分析

公司本年生产带钢 83.86 万吨，销售 82.93 万吨，分别比上年降低 9.95%、10.23%；

生产还原铁粉、雾化铁粉 7.58 万吨，销售 7.43 万吨，分别比上年增长 0.24%和降低 1.51%；

生产粉末冶金制品 903.42 吨，销售 846.64 吨，分别比上年下降 9.37%、10.66%；

生产羊绒制品 1017.18 吨，销售 1073.92 吨，分别下降 3.11%和增长 1.36%；

生产毛衫 24.24 万件，销售 23.37 万件，分别比上年降低 31.95%、34.88%，产销量下降的原因为外协加工减少所致。

③主要销售客户的情况

公司向前五名客户的销售金额占公司年度销售总额的 39.37%。

(3)成本

a)成本分析表

单位：元

分行业情况

分行业	成本构成项目	本期金额	本期占总成本比例(%)	上年同期金额	上年同期占总成本比例(%)	本期金额较上年同期变动比例(%)
粉末冶金	直接材料	262,430,690.21	6.00	285,731,573.93	5.44	−8.15
粉末冶金	直接人工	11,570,596.13	0.26	11,134,528.57	0.21	3.92
粉末冶金	直接动力	18,836,738.29	0.43	20,471,126.00	0.39	−7.98
粉末冶金	制造费用	24,846,371.16	0.57	21,704,945.09	0.41	14.47
合计		317,684,395.79	7.26	339,042,173.59	6.46	−6.30
粉末制品	直接材料	17,273,562.95	0.39	18,024,153.94	0.34	−4.16
粉末制品	直接人工	3,496,240.23	0.08	3,130,512.11	0.06	11.68
粉末制品	直接动力	903,710.04	0.02	919,620.16	0.02	−1.73
粉末制品	制造费用	3,696,334.59	0.08	4,140,486.64	0.08	−10.73
合计		25,369,847.81	0.58	26,214,772.85	0.50	−3.22
羊绒	直接材料	87,766,607.94	2.01	109,163,203.96	2.08	−19.60
羊绒	直接人工	8,687,815.92	0.20	10,701,738.49	0.20	−18.82
羊绒	直接动力	3,229,907.26	0.07	3,454,451.04	0.07	−6.50
羊绒	制造费用	13,977,565.54	0.32	11,978,552.85	0.23	16.69
合计		113,661,896.66	2.60	135,297,946.34	2.58	−15.99
毛衫	直接材料	10,437,381.60	0.24	16,607,814.76	0.32	−37.15
毛衫	直接人工	9,120,121.52	0.21	13,565,030.87	0.26	−32.77
毛衫	直接动力	547,400.89	0.01	488,967.44	0.01	11.95
毛衫	制造费用	3,026,107.25	0.07	3,189,421.42	0.06	−5.12
合计		23,131,011.26	0.53	33,851,234.48	0.64	−31.67
带钢	直接材料	2,538,465,500.77	58.05	3,423,121,680.35	65.20	−25.84
带钢	直接人工	18,914,226.23	0.43	20,506,858.75	0.39	−7.77
带钢	直接动力	72,058,515.21	1.65	72,964,161.62	1.39	−1.24
带钢	制造费用	51,741,064.76	1.18	54,890,213.37	1.05	−5.74
合计		2,681,179,306.97	61.31	3,571,482,914.09	68.03	−24.93

b)主要供应商情况

公司向前五名供应商的采购额占年度采购总额的比例为 51.14%。

(4)费用

报表项目	2012 年度	2011 年度	变动金额	变动幅度(%)
财务费用	42,325,151.16	31,418,593.05	10,906,558.11	34.71
所得税费用	8,596,476.70	53,939,193.25	−45,342,716.55	−84.06

财务费用增加主要系本期公司平均占用银行贷款额度增加和利率上升，导致银行借款利息增加所致；所得税费用减少主要系公司本期营业利润减少计提的税费减少所致。

(5)现金流

科目	本期数	上年同期数	变动比例(%)
经营活动产生的现金流量净额	−485,514,608.93	−186,893,623.45	不适用
投资活动产生的现金流量净额	10,979,486.70	−20,604,111.45	不适用
筹资活动产生的现金流量净额	590,441,420.38	461,647,452.96	28.98%

经营活动现金净流量减少主要是本期房地产投入所致；

投资活动产生的现金流量净额增加主要是因为处置子公司上海新天收到的现金净额增加所致。

(6)其他

公司利润构成或利润来源发生重大变动的详细说明

①本期钢铁市场低迷，公司带钢产品销售量及销售价格下滑导致收入、利润下降；

②上年济南经十东路写字楼项目实现销售，贡献收入、利润额较大，公司本期房地产项目收入、利润对比上年减少；

③上年由于烟台万润发行上市，公司按规定确认了投资收益 1.35 亿元，本期没有此类事项，投资收益比去年有较大幅度下降。

2.行业、产品或地区经营情况分析

(1)主营业务分行业、分产品情况

单位：元　币种：人民币

主营业务分行业情况

分产品	营业收入	营业成本	毛利率(%)	营业收入比上年增减(%)	营业成本比上年增减(%)	毛利率比上年增减(%)
钢铁	2,730,681,815.81	2,681,179,306.97	1.81	−24.89	−24.93	增加 0.05 个百分点
钢铁粉末及制品	411,751,821.16	343,054,243.60	16.68	−5.44	−6.08	增加 0.57 个百分点
纺织	152,006,474.46	136,792,907.92	10.01	−20.28	−19.13	减少 1.28 个百分点
房地产	73,075,045.07	28,223,349.80	61.38	−88.99	−93.32	增加 25.02 个百分点
商贸	1,174,055,656.08	1,165,980,418.56	0.69	63.97	63.99	减少 0.01 个百分点
其他	29,022,734.79	17,903,149.09	38.31	64.69	67.22	减少 0.93 个百分点

公司涉及多种产业，非单一生产型企业，因此按分行业列示，不做分产品列示。

(2)主营业务分地区情况

单位：元　币种：人民币

地区	营业收入	营业收入比上年增减(%)
国内销售	4,526,388,642.28	−19.26
国外销售	44,204,905.09	−16.19

3.资产、负债情况分析

(1)资产负债情况分析表

单位：元

项目名称	本期期末数	本期期末数占总资产的比例(%)	上期期末数	上期期末数占总资产的比例(%)	本期期末金额较上期期末变动比例(%)
存货	2,035,928,378.68	45.36	1,065,295,043.55	30.81	91.11
投资性房地产		0.00	87,479,198.99	2.53	−100.00
在建工程	27,024,099.80	0.60	61,667,596.45	1.78	−56.18
应付账款	582,054,391.85	12.97	152,967,839.95	4.42	280.51
应付职工薪酬	16,658,922.60	0.37	24,960,942.78	0.72	−33.26
应交税费	27,463,607.54	0.61	94,460,292.40	2.73	−70.93
应付股利	6,232,247.59	0.14	1,911,195.04	0.06	226.09
一年内到期的非流动负债		0.00	55,000,000.00	1.59	−100.00
长期借款	229,850,000.00	5.12	385,750.00	0.01	59,485.22
长期应付款		0.00	7,500,436.52	0.22	−100.00
专项应付款	1,800,000.00	0.04	8,345,400.00	0.24	−78.43

存货：主要系公司房地产项目支出增加所致；

投资性房地产：主要系公司出售上海新天股权导致投资性房地产减少所致；

在建工程：主要系公司青岛豪杰铁矿项目转资所致；

应付账款：主要系商贸销售规模增加，享受供应商给予信用额度增加所致；

应付职工薪酬：主要系公司本期业绩下降，导致计提的应付职工薪酬减少所致；

应交税费：主要系本期房地产和带钢实现销售收入减少，导致计提的税费减少所致；

应付股利：主要系公司 2011 年度大股东股利未支付，导致应付股利增加；

一年内到期的非流动负债：主要系公司归还借款，导致一年内到期的非流动负债减少；

长期借款：主要系公司开发地产项目筹资增加，导致长期银行贷款增加所致；

长期应付款：主要系本期支付所致；

专项应付款：主要系公司承担的科技经费拨款项目完工验收转销，导致专项应付款减少所致。

(2)公允价值计量资产、主要资产计量属性变化相关情况说明

可供出售金融资产明细表

单位：元

证券代码	名称	数量	期末数	期初数
200992	中鲁 b	130,000.00	460,818.54	300,364.35
200152	山航 b	199,000.00	1,708,332.22	1,852,060.37
530001	建信恒久价值	1,885,704.07	934,932.08	925,880.70
合计			3,104,082.83	3,078,305.42

公司可供出售金融资产公允价值按 2012 年 12 月 31 日的市场交易价格和人民币汇率中间价计算，本期由于其市场交易价格变化不大，其期末数比期初数增加 2.58 万元，增加的金额计入公司资本公积项目，对公司财务状况和经营成果没有重大影响。

4.核心竞争力分析

2012 年，公司通过技术、产品、工艺、管理等方面的创新，不断增强企业核心竞争能力。报告期内主要相关变化情况如下：

(1)粉末冶金公司通过了高新技术企业资格复审,在资格有效期内,该公司将继续享受国家关于高新技术企业的相关优惠政策。以粉末冶金公司为主承担的国家科技支撑计划"高性能钢铁粉末冶金材料关键技术研究与应用"项目于2012年6月份顺利通过最后一个课题的鉴定验收。粉末冶金两条7000吨还原炉顺利建成,两条隧道窑主体施工完成,"两炉两窑"正式投产后,年产能将达10万吨,进一步巩固了公司在粉末冶金行业龙头地位。

(2)2012年8月,豪杰矿业顺利取得《安全生产许可证》,正式投入运营,公司在资源类行业培育方面取得重要进展。

(3)禹城粉末制品公司获得国家级高新技术企业称号,公司综合竞争能力及市场影响力进一步提升。

(4)山东鲁邦公司通过招拍挂取得即墨温泉镇299.99亩土地使用权,实现了公司项目滚动接续。

(5)投资状况分析

(1)对外股权投资总体分析

公司投资情况

单位:万元

报告期内投资额	30,521.98
投资额增减变动数	805.61
上年同期投资额	29,716.37
投资额增减幅度(%)	2.71

被投资的公司情况

被投资的公司名称	主要经营活动	占被投资公司权益的比例(%)	备注
山东天泰高新材料股份有限公司	碳纤维及后续制品的研制、开发和生产	2	
德州市德信资产管理有限公司	企业委托管理、经营,项目投资等	89	清算中,不再具有控制力
山东玉泉股份有限公司	住宿和餐饮业	1.35	
鲁银实业集团潍坊分公司	销售普通机械等	100.00	清算中,不再具有控制力
烟台万润精细化工股份有限公司	有机中间体、精细化工产品、农药杀菌剂的制造、销售	19.93	
青岛青大电缆有限公司	生产销售电力及通信用电缆、电线及其附件,通讯工程电气工程安装	67.43	终止经营、不再对其实施控制
青岛鲁邦国宴厨房制造餐饮有限公司	餐饮服务、会议服务	30.00	

①证券投资情况

序号	证券品种	证券代码	证券简称	初始投资金额(元)	持有数量(股/张)	期末账面值(元)	占期末证券投资比例	报告期损益(元)
1	基金	530001	建信恒久价值	1,000,000.00	1,885,704	925,880.70	100	
		合计		1,000,000.00	/	925,880.70	100	

②持有其他上市公司股权情况

单位:元

证券代码	证券简称	最初投资成本	占该公司股权比例(%)	期末账面值	报告期损益	报告期所有者权益变动	会计核算科目	股份来源
200992	中鲁b	200,000.00		460,818.54		160,454.19	可供出售金融资产	发起人股份
200152	山航b	200,000.00		1,708,332.22		−143,728.15	可供出售金融资产	发起人股份
002643	烟台万润	13,123,226.27	19.93	248,018,239.47	21,773,343.42	8,056,041.68	长期股权投资	发起人股份
	合计	13,523,226.27	/	250,187,390.23	21,773,343.42	8,072,767.72	/	/

(2)非金融类公司委托理财及衍生品投资的情况

①委托理财情况

本年度公司无委托理财事项。

㈡委托贷款情况

本年度公司无委托贷款事项。

(3)募集资金使用情况

报告期内,公司无募集资金或前期募集资金使用到本期的情况。

(4)主要子公司、参股公司分析

公司主要子公司的经营情况

公司名称	业务性质	主要产品	注册资本	总资产	净资产	净利润
济南鲁邦置业有限公司	房地产	房地产开发	50,000,000.00	1,017,913,703.48	89,031,404.08	602,493.30
山东省鲁邦房地产开发有限公司	房地产	房地产开发	100,000,000.00	866,838,205.86	118,044,594.43	21,873,361.12
莱芜钢铁集团粉末冶金有限公司	生产制造	铁粉	36,225,515.29	354,072,975.57	182,508,235.04	26,600,075.86
山东鲁银国际经贸有限公司	商贸	商贸	30,000,000.00	316,851,673.59	31,842,517.37	3,351,883.43
鲁银集团禹城羊绒纺织有限公司	生产制造	羊绒纺织	60,000,000.00	180,862,757.20	65,525,719.66	1,073,507.25
鲁银集团禹城粉末冶金制品有限公司	生产制造	粉末制品	30,000,000.00	76,798,086.64	40,282,345.26	137,738.89

本年取得子公司情况

报告期内公司投资成立了山东鲁银文化艺术品有限公司,主要从事绘画、雕塑类工艺品生产、销售;首饰、玉器的销售;代理艺术家作品及承办艺术品展览。

报告期内公司发起设立了济南市市中区鲁银小额贷款有限责任公司,主要从事小额贷款业务,公司持有30%股份。

报告期内公司子公司山东省鲁邦房地产开发有限公司收购了青岛泰泽海泉置业有限公司90%股权,主要开发即墨温泉镇土地。

名称	期末净资产	本期净利润
山东鲁银文化艺术品有限公司	147,619,073.86	−2,380,926.14
青岛泰泽海泉置业有限公司	103,836,853.87	
济南市市中区鲁银小额贷款有限责任公司	102,560,196.93	2,560,196.93

本年处置子公司情况

报告期内公司与深圳市吉隆兴实业发展有限公司(以下简称"深圳吉隆兴")签订《股权转让协议》,将公司持有深圳市鲁银投资发展有限公司100%股权转让给深圳吉隆兴,转让价格为1,160.00万元,上述股权转让办理完毕。

报告期内公司与丽江永同发能源投资有限公司(以下简称"丽江永同发")签订《有限公司出资(股权)转让协议》,将公司持有的上海新天创业投资有限公司(以下简称"上海新天")100%股权转让给丽江永同发。

名称	2012年6月30日净资产	2012年1–6月净利润
上海新天创业投资有限公司	27,109,452.18	223,023.39

对公司净利润影响达10%以上子公司的经营情况

单位:元

公司名称	主营业务收入	营业利润	净利润
山东省鲁邦房地产开发有限公司	73,075,045.07	21,865,251.95	21,873,361.12
莱芜钢铁集团粉末冶金有限公司	387,809,422.81	27,567,137.06	26,600,075.86

对公司净利润影响达10%以上参股公司的经营情况

公司名称	经营范围	主营业务收入	营业利润	净利润	参股公司贡献的投资收益	占上市公司净利润的比重(%)
烟台万润精细化工股份有限公司	液晶材料、医药中间体、光电化学品的开发、生产、销售	789,577,816.87	117,609,721.96	109,249,088.89	21,773,343.42	17.32

经营业绩与上一年度报告期内相比变动在30%以上子公司

①山东省鲁邦房地产开发有限公司由于上年没有达到收入确认条件的房地产项目,而今年城阳项目确认收入,因此对比上年收入及利润大幅增长;

②济南鲁邦置业有限公司由于上年济南经十东路写字楼项目实现销售,而本期没有达到收入确认条件的房地产项目,因此对比上年收入及利润大幅减少。

(5)非募集资金项目情况

报告期内,公司无非募集资金投资项目。

(二)董事会关于公司未来发展的讨论与分析

1.行业竞争格局和发展趋势

公司产业主要包括钢铁、粉末冶金及制品、房地产、矿业开采、羊绒纺织、商贸、金融及文化产业等。

(1)钢铁产业

2013 年国内钢铁价格将继续呈低迷状态，钢铁企业困难局面难以得到有效改善。公司带钢分公司 2013 年的主要任务是转方式、调结构、持续降本增效。

(2)粉末冶金及制品产业

2013 年,在汽车市场持续增长、家电市场保持平稳的背景下,其下游的粉末冶金及制品产业市场需求将稳中有升。公司粉末冶金及制品产业将抢抓机遇,持续巩固粉末冶金制粉产业龙头地位,逐步扩大粉末冶金制品生产规模、提高产品档次,做强、做大粉末冶金及制品产业。

(3)房地产产业

2013 年国家进一步加大对房地产业的调控，持续促进房地产业健康发展。从国五条及地方实施细则来看,在继续控制投机、投资性买房需求,支持自住型买房需求的背景下,2013 年房地产需求增速将大体保持平稳。公司房地产业近几年已步入项目滚动接续的良性发展轨道,2013 年公司济南奥林逸城项目将部分竣工并实现销售,于 2012 年底竣工的青岛城阳项目将积极培育商圈并完成除自持部分的其余楼盘销售,同时启动即墨温泉项目开工建设。

(4)矿业开采产业

2013 年,预计铁矿石供应略大于需求,且受人工成本上涨、矿山安全标准提高、环境治理投入加大等多种因素的影响,矿山生产成本将有一定幅度上升。青岛豪杰矿业于 2012 年 8 月取得《安全生产许可证》后投入运营,2013 年将扩大采面,提高采掘效率,并适时开展探矿工作。

(5)商贸

2013 年商贸公司将继续在矿石钢坯等业务上,扩大经营规模。

(6)金融及文化产业

2013 年大力拓展业务,提升盈利水平,力争培育成为公司新的利润增长点。

2.公司发展战略

以科学发展观为统领,贯彻落实"十八大"会议精神,按照"置换、整合、培育、提升"的总体思路,形成"3+1"的战略发展模式。"3"是指发展提升三大产业,即整合扩张粉末冶金及制品产业,大力提升房地产业,积极培育矿业开采产业;"1"是指秉承鲁银金融产业传统,发挥投资功能,通过置换带钢产业,置入金融产业,同时参股金融、文化行业,把鲁银打造成主业突出、结构合理、融资能力强、公众信誉好、经济效益高的上市公司,促进企业健康、快速、持续发展。

(1)加快发展进程,做强做大粉末冶金及制品产业

粉末冶金产业发展战略是:在坚持增量发展的同时,走"高质量、精品化"之路,持续增强科研开发能力,优化工艺路线,提升产品质量,提高产品档次,保持国内行业领先地位。

粉末冶金制品产业发展战略是:坚持走中高端汽车结构件路线,不断提高质量,扩大产业规模。大力培植战略合作伙伴,持续优化产品结构,提高产品档次,力争加入汽车行业一级供应商行列。

(2)加快推进房地产业发展,提升项目盈利水平。

房地产业发展战略是:按照"建设一批、销售一批、规划一批、储备一批"的发展思路,立足于"高效率、出精品、创效益",加强项目储备,打造鲁银房地产区域名牌。

(3)加快推进矿石开采业的发展。

在坚持安全生产的前提下,进一步提高产能,实现效益最大化;立足铁矿开采,做好探矿工作;同时,寻求多种合作方式,积极扩大生产规模,力争早日形成产业优势。

3.经营计划

公司 2013 年主要经营目标:营业收入:50 亿元;利润总额:2 亿元;净利润:1.6 亿元。

公司 2013 年主要工作:

(1)坚持以"十二五"规划为统领,持续推进各产业良性发展。

按照公司战略规划的总体原则和目标要求,集中优势资源,加快产业整合步伐,实现公司健康快速发展。立足开拓创新,加快粉末冶金及制品产业发展进程;加快推进房地产业发展,提升项目盈利水平;优化铁矿生产经营环节,推进资源产业发展;加快新建企业发展速度,积极培育新的利润增长点。

(2)坚持深挖潜促发展,增强企业内在发展动力。

一是全面加强成本管理,挖掘成本潜力,提升经济效益。二是调整营销思路,突出市场的导向地位和营销工作的战略地位,努力创收增效。三是加强生产经营调度,强化生产组织管理,推行标准化生产,强化过程控制,全面推行点检定修制度,保证生产高效稳定运行。

(3)坚持向管理要效益,持续提升企业经营效果。

一是进一步完善经济责任制考核体系,加大考核力度,充分发挥考核责任制的激励导向作用,鼓励增产增收、降本增效,更好的完成既定目标;二是以内控管理制度执行为契机,进一步完善基础管理工作;三是强化安全生产管理,落实安全生产责任制,杜绝安全事故;四是加强人力资源建设,持续实施"人才强企"战略;五是加强资金管理,积极拓宽融资渠道;六是强化市场形势、政策导向研究,增强市场敏感度;七是审慎做好投资管理,积极推动资产重组工作。

(4)坚持以创新求发展,着力提升企业核心竞争力。

一是大力推进科技创新,提高产品质量,降低生产成本,解决生产难题;二是着力推进工艺创新,提高现有生产工艺水平;三是持续推进产品创新,提升产品技术含量,提高新产品收益。

(5)坚持提升执行力,使经营目标化为全员的一致行动。

一是大兴务实之风,坚持求真务实、真抓实干,制定科学合理、操作性强的落实方案和实施办法,因时、因事、创造性开展工作,真正将公司各项要求落到实处,圆满完成经营任务。二是加大奖惩力度,强化过程监督,提高各项工作的执行效果;三是以"十八大"会议精神为指导,发挥群团工作优势,动员全体员工,确保步调一致、目标一致、执行有力。

4.可能面对的风险

行业	面临风险	应对措施
房地产行业	政策性风险:2013 年,"国五条"的出台说明国家对房地产业的调控进一步趋紧趋严,楼市成交量及价格均将受到政策较大影响。公司 2013 年经营计划中,房地产业收入、利润占较大比重。因此公司房地产业所面临的政策性风险及市场不确定因素,将对公司全年经营计划的完成产生较大影响。	一是积极关注国家政策变化,采取灵活应对措施;二是加快项目开发速度,缩短项目运作周期,降低项目成本;三是提高项目内涵品质,通过增加产品卖点、增强与销售团队的合作、完善售前及售后服务来吸引客户。
矿石开采业	价格风险、环保风险、成本风险:从长期来看,钢铁业的持续低迷和海外矿的冲击必然导致国内铁精粉市场供大于求。铁精粉价格的波动将对青岛豪杰矿业公司销售目标完成产生较大影响;面对环保要求进一步提高,尾矿的处理导致成本上升;由于人工成本上涨、矿山安全标准提高等多种因素的影响,也将使矿山生产成本将明显提高。	一是建立长期战略合作伙伴关系,稳定销售渠道,降低经营风险;二是扩大采面、提高采掘效率、充分发挥选厂产能,形成规模效益;三是优化生产流程,降本增效;四是重视安全管理和环境治理,坚决杜绝各类安全事故。
粉末冶金及制品业	市场风险、技术风险、核心技术人员变动风险:受上游汽车、家电市场波动影响较大,存在市场风险;作为高新技术企业,较多涉及新技术研究开发、产品试制、生产技术探索等问题,掌握研发及关键操作技术的核心人员的变动,也将对企业造成一定影响。	一是积极关注上游市场变动,及时作出有效应对;二是加大技术开发、产品研发的投入力度,以新技术、新产品带动企业发展,做好研发成果的相关保密工作;三是加强人力资源管理,做好留人、用人。
钢铁行业	行业风险:钢铁市场持续低迷,钢铁企业困难局面难以得到有效改善。	转方式、调结构,持续降本增效

第四节　涉及财务报告的相关事项

(一)本报告期无会计政策、会计估计变更。

(二)本报告期无前期会计差错更正。

(三)与上年度财务报告相比,财务报表合并范围变化说明:

1.本期新纳入合并范围的子公司:山东鲁银文化艺术品有限公司、济南市市中区鲁银小额贷款有限责任公司、青岛泰泽海泉置业有限公司。

2.本期不再纳入合并范围的子公司:上海新天创业投资有限公司。

鲁银投资集团股份有限公司

董事长:刘相学

2013 年 4 月 18 日

马应龙药业集团股份有限公司

马应龙药业集团股份有限公司2012年年度报告摘要

第一节　重要提示

1.1 本年度报告摘要摘自年度报告全文，投资者欲了解详细内容，应当仔细阅读同时刊载于上海证券交易所网站等中国证监会指定网站上的年度报告全文。

1.2 公司简介

股票简称	马应龙	股票代码	600993
股票上市交易所	上海证券交易所		
联系人和联系方式	董事会秘书	证券事务代表	
姓名	夏有章	马倩、赵仲华	
电话	027-87291519	027-87389583	
传真	027-87291724	027-87291724	
电子信箱	xiayouzhang@sohu.com	maqian1582@sohu.com zhaozhonghua@wo.com.cn	

第二节　主要财务数据和股东变化

2.1 主要财务数据

单位：元　币种：人民币

项目	2012年(末)	2011年(末)	本年(末)比上年(末)增减(%)	2010年(末)
总资产	1,842,873,682.56	1,657,623,423.16	11.18	1,448,908,861.77
归属于上市公司股东的净资产	1,290,610,577.22	1,153,286,174.38	11.91	1,023,045,843.86
经营活动产生的现金流量净额	169,253,825.06	75,366,404.89	124.57	-11,420,430.73
营业收入	1,542,034,451.31	1,415,545,180.08	8.94	1,178,494,580.77
归属于上市公司股东的净利润	173,798,448.42	137,726,001.33	26.19	122,538,058.93
归属于上市公司股东的扣除非经常性损益的净利润	139,376,689.39	155,584,222.90	-10.42	103,022,436.24
加权平均净资产收益率(%)	14.22	12.65	增加1.57个百分点	12.36
基本每股收益(元/股)	0.52	0.42	23.81	0.37
稀释每股收益(元/股)	0.52	0.42	23.81	0.37

2.2 前10名股东持股情况表

单位：股

报告期股东总数	31,364	年度报告披露日前第5个交易日末股东总数	30,318

前10名股东持股情况

股东名称	股东性质	持股比例(%)	持股总数	持有有限售条件股份数量	质押或冻结的股份数量
中国宝安集团股份有限公司	境内非国有法人	29.27	97,048,702	0	质押 97,048,702
武汉国有资产经营公司	国有法人	10.83	35,900,000	0	质押 12,000,000
全国社保基金一零九组合	境内非国有法人	3.32	11,000,000	0	无
同德证券投资基金	境内非国有法人	1.96	6,500,705	0	无
中国建设银行股份有限公司-民生加银红利回报灵活配置混合型证券投资基金	境内非国有法人	1.72	5,710,863	0	无
全国社保基金六零三组合	境内非国有法人	1.69	5,590,836	0	无
中国建设银行-工银瑞信精选平衡混合型证券投资基金	境内非国有法人	1.62	5,366,070	0	无
中国银行-易方达策略成长证券投资基金	境内非国有法人	1.54	5,110,254	0	无
中国银行-易方达策略成长二号混合型证券投资基金	境内非国有法人	1.44	4,760,064	0	无
UBSAG	境外法人	1.34	4,432,126	0	无
上述股东关联关系或一致行动的说明	未知前十名流通股股东之间存在关联关系。				

第三节　管理层讨论与分析

3.1 董事会关于公司报告期内经营情况的讨论与分析

2012年，公司以"抗通胀、保增长"为目标，进一步转换经营管理机制，健全人力资源绩效管理模式，提高经营效能和管理效率，品牌管理持续升级。报告期内，公司营业收入同比增长8.94%，归属于上市公司股东的净利润同比增长26.19%。

1.品牌价值不断提升。在世界品牌实验室评选的2012年中国500最具价值品牌排行榜中，马应龙品牌价值达83.61亿元。

2.品类管理模式不断升级。品类管理的市场统筹规划和营销策划能力逐步提高，主导品种市场地位进一步巩固，膏栓呈现稳步增长态势；积极培育新品，产品梯队结构逐步成型。

3.加快产品研发进程，丰富产品品类系列。肛肠新药槐榆清热止血胶囊已顺利获得新药证书和生产批件，肛肠治痔系列产品进一步丰富；药妆"瞳话"四个系列22个品种研发完成并上市销售；马应龙八宝婴儿护臀膏上市；《八宝组方针对湿疹类皮肤病方向延伸品种》获得立项批准。

4.强化品质文化教育，确保产品质量安全。明确质量责任制，强化全员质量意识，加强对质量管理工作的督导和检查，不断完善以客户需求为导向的质量管理体系，促进质量管理的创新和升级，产品一次合格率稳定在较高水平，产品市场抽检合格率达100%。

5.着力拓展新兴业务，提升商业板块竞争实力。推动诊疗产业资源整合，逐步完善连锁医院经营模式；完成大同肛肠医院并购，进一步拓展连锁医院网络布局；深化实施药妆品牌经营和文化营销，新品牌"瞳话"上市销售；调整零售产业经营思路，推进门店管理的精细化发展；优化调整批发业务结构，纯销业务实现快速增长。

6.完善内控建设，提高管理水平。开展专项成本费用分析，重点评估产品产业资源使用效率，优化预算管理和绩效管理，完善资源配置机制；全面推动内控建设，强化专项风险管控，突出管理的针对性和有效性。

（一）主营业务分析

1.利润表及现金流量表相关科目变动分析表

单位：元　币种：人民币

科目	本期数	上年同期数	变动比例(%)
营业收入	1,542,034,451.31	1,415,545,180.08	8.94
营业成本	900,827,606.05	857,550,139.89	5.05
销售费用	363,071,676.86	285,566,425.17	27.14
管理费用	102,375,686.33	81,904,863.02	24.99
财务费用	-6,776,338.62	-2,111,969.13	-
经营活动产生的现金流量净额	169,253,825.06	75,366,404.89	124.57
投资活动产生的现金流量净额	61,480,077.96	-67,029,353.85	-
筹资活动产生的现金流量净额	-46,027,012.41	43,231,286.03	-206.47
研发支出	28,685,574.05	22,790,061.17	25.87

2.收入

(1)驱动业务收入变化的因素分析

2012年公司实施"工业重速度、商业重质量、诊疗重布局"的经营策略，实现营业收入15.42亿元，同比增长8.94%。

医药工业板块：公司坚持"争资格、建渠道、占终端、抢份额"的经营思路，通过转变绩效考评机制、利益分配、用人机制，调整产品结构、费用结构、人员结构，提升销售系统的精细化和专业化水平，推动公司销售规模持续增长和销售质量的提升；

医院诊疗板块：通过扩大连锁医院布局，发挥马应龙品牌优势，加大营销投入，积极扩大病人来源，实现收入快速增长；医药流通板块：药品零售业务由于竞争日趋激烈，市场增量空间有限，单店产出减弱，公司控制了新店开发进程，销售收入同比有所下降；药品批发业务调整收入结构，整体业务收入稳中有升。

(2)以实物销售为主的公司产品收入影响因素分析

医药工业板块：实现主营收入7.52亿元，同比增长22.57%，其中治痔产品增长14.06%，非治痔产品增长45.32%。

医院诊疗板块：初诊病人数量、初诊手术达成率和人均住院费用较上年均有所提高，因西安和沈阳医院全年并表、新建南京马应龙中医院开始营业等合并口径因素的影响，实现收入同比增长

69.81%。

医药流通板块：营业收入同比下降 3.93%，其中药品零售业务由于单店收入同比下降，门店数量因拆迁、优化网点布局同比减少 4 家，收入同比下降 9.62%，药品批发业务同比增长 1.88%，其中纯销业务积极拓展基药配送和零售配送，较上年同期增长 42.2%。

(3)主要销售客户的情况

公司前五名客户销售收入总额为 278,097,878.09 元，占公司全部营业收入的比例为 18.03%。

3.成本

(1)成本分析表

单位：万元

分行业情况

分行业	成本构成项目	本期金额	本期占总成本比例(%)	上年同期金额	上年同期占总成本比例(%)	本期金额较上年同期变动比例(%)
医药工业	原辅材料	15,351.56	69.52	13,128.22	68.67	16.94
	直接人工	2,140.81	9.69	1,811.35	9.47	18.19
	燃料及动力	1,074.03	4.86	995.88	5.21	7.85
	制造费用	3,518.51	15.93	3,182.69	16.65	10.55
医药流通	采购成本	67,688.35	100.00	68,102.80	100.00	−0.61
医院诊疗	直接材料	1,669.77	45.16	783.32	45.62	113.17
	人工费用	1,466.40	39.66	675.19	39.32	117.18
	日常及固定费用	561.21	15.18	258.69	15.06	116.94

(2)主要供应商情况

公司前五名主要原料供应商采购金额为 267,734,513.37 元，占公司采购总额的 29.58%。

4.费用

单位：人民币元

项目	本期数	上年同期数	变动比率(%)	变动原因
销售费用	363,071,676.86	285,566,425.17	27.14	主要为公司经营规模扩大、人工薪酬增加、新产品拓展费用增加所致
管理费用	102,375,686.33	81,904,863.02	24.99	主要为公司经营规模扩大、人工薪酬增加所致
财务费用	−6,776,338.62	−2,111,969.13	—	为本期利息收入较去年同期上升所致

5.研发支出

研发支出情况表

单位：元

本期费用化研发支出	25,052,656.54
本期资本化研发支出	3,632,917.51
研发支出合计	28,685,574.05
研发支出总额占净资产比例(%)	2.00
研发支出总额占营业收入比例(%)	1.86
研发支出占医药工业营业收入比例(%)	3.81

6.现金流

单位：人民币元

项目	本期金额	上年同期金额	变动比率(%)	变动原因
经营活动产生的现金流量净额	169,253,825.06	75,366,404.89	124.57	主要为本年度销售收入增长导致经营性现金流上升
投资活动产生的现金流量净额	61,480,077.96	−67,029,353.85	—	主要为本期处置部分交易性金融资产导致现金流增加
筹资活动产生的现金流量净额	−46,027,012.41	43,231,286.03	−206.47	主要为本期现金分红增加及子公司吸收少数股东投资收到的现金较上期减少所致

7.其他

(1)公司利润构成或利润来源发生重大变动的详细说明

单位：人民币元

项目	本期金额	上年同期金额	变动比率(%)	变动原因
公允价值变动净收益	26,917,133.44	−23,804,204.51	—	主要为本期交易性金融资产公允价值回升所致
投资收益	−2,343,767.26	4,933,117.11	−147.51	主要为本期处置交易性金融资产取得的投资收益减少所致
对联营企业和合营企业的投资收益	−758,071.26	2,878,815.94	−126.33	主要为被投资公司净利润的变动所致
营业外收入	13,527,724.73	7,149,739.61	89.21	主要为本期收到的与资产相关的政府补助增长所致

(二)行业、产品或地区经营情况分析

1.主营业务分行业、分产品情况

单位：元　币种：人民币

主营业务分行业情况

分行业	营业收入	营业成本	毛利率(%)	营业收入比上年增减(%)	营业成本比上年增减(%)	毛利率比上年增减(%)
医药工业	751,983,509.72	220,849,121.43	70.63	22.57	21.52	增加 0.25 个百分点
医药流通	755,242,461.13	676,883,471.80	10.38	−3.93	−1.97	减少 1.79 个百分点
医院诊疗	57,964,956.90	36,973,760.83	36.21	69.81	115.31	减少 13.48 个百分点
内部抵消	−38,263,873.61	−38,418,181.04				

主营业务分产品情况

分产品	营业收入	营业成本	毛利率(%)	营业收入比上年增减(%)	营业成本比上年增减(%)	毛利率比上年增减(%)
医药工业	751,983,509.72	220,849,121.43	70.63	22.57	21.52	增加 0.25
治痔类产品	509,434,243.45	114,405,834.85	77.54	14.06	19.84	减少 1.08 个百分点
其他产品	242,549,266.27	106,443,286.58	56.11	45.32	23.39	增加 7.8 个百分点
医药流通	755,242,461.13	676,883,471.80	10.38	−3.93	−1.97	减少 1.79 个百分点
医院诊疗	57,964,956.90	36,973,760.83	36.21	69.81	115.31	减少 13.48 个百分点
内部抵消	−38,263,873.61	−38,418,181.04				

说明：随着公司业务规模扩大和业务类型增加，内部购销业务量也随同提高，为充分反映不同业务类型的实际情况，根据年报披露规则将内部购销单列反映，上年同期数也同口径调整，调整后的 2011 年度公司主营业务分行业、分产品情况如下：

单位：元　币种：人民币

2011 年度主营业务分行业情况

分行业	营业收入	营业成本	毛利率(%)
医药工业	613,538,182.44	181,732,601.81	70.38
医药流通	786,146,138.26	690,476,820.84	12.17
医院诊疗	34,134,969.36	17,172,031.69	49.69
内部抵消	−32,803,874.45	−32,404,124.45	

2011 年度主营业务分产品情况

分产品	营业收入	营业成本	毛利率(%)
治痔类产品	446,629,055.74	95,464,146.33	78.63
其他产品	166,909,126.70	86,268,455.48	48.31
医药流通	786,146,138.26	690,476,820.84	12.17
医院诊疗	34,134,969.36	17,172,031.69	49.69
内部抵消	−32,803,874.45	−32,404,124.45	

2.主营业务分地区情况

单位：元　币种：人民币

地区	营业收入	营业收入比上年增减(%)
华北地区	253,159,268.77	−36.83
华东地区	168,077,237.12	3.62
华南地区	144,514,105.81	15.07
华中地区	752,842,276.01	49.95
其他地区	208,334,166.43	−0.98

(三)资产、负债情况分析

资产负债情况分析表

单位：元　币种：人民币

项目名称	本期期末数	本期期末数占总资产	上期期末数	上期期末数占总资产	本期期末金额较上期	变动原因

		的比例(%)		的比例(%)	期末变动比例(%)	
货币资金	817,132,147.52	44.34	618,670,876.58	37.32	32.08	主要为本期经营规模扩大并出售了部分交易性金融资产所致
交易性金融资产	37,372,580.00	2.03	91,068,800.05	5.49	−58.96	主要为本期出售了大部分交易性金融资产所致
应收票据	236,635,311.02	12.84	181,130,002.52	10.93	30.64	主要为本期受宏观经济政策影响，且营业收入增长，销售货款采用票据结算的比例上升所致
在建工程	5,326,761.12	0.29	34,721,101.54	2.09	−84.66	主要为本期部分在建项目完工投入使用所致
无形资产	19,814,173.46	1.08	31,887,606.37	1.92	−37.86	主要为本期合并范围减少所致
开发支出	2,995,872.96	0.16	4,954,308.64	0.30	−39.53	主要为本期开发支出转无形资产所致
商誉	17,565,483.90	0.95	11,925,483.90	0.72	47.29	主要为本期新增溢价收购子公司所致
应付票据	62,102,132.34	3.37	19,341,386.21	1.17	221.08	主要为期末未到期的应付票据余额上升所致
预收款项	17,231,464.62	0.94	36,499,306.59	2.20	−52.79	主要为本期业务结算所致
应交税费	58,816,343.63	3.19	27,168,244.74	1.64	116.49	主要为本期盈利增长应交所得税款增长所致
应付股利	1,339,966.06	0.07	976,656.72	0.06	37.20	主要为部分股东单位未领取股利所致

(四)核心竞争力分析

公司在竞争中取得优势关键在于聚焦肛肠治痔领域，深耕利基市场，形成了品牌、品质、价格、服务等多方面的竞争优势。

公司历经四百多年的历史，马应龙品牌薪火相传，表现出旺盛的生命力和朴实的文化积淀。经过治痔药品领域的多年耕耘，马应龙成为该领域的领导品牌。马应龙品牌被商务部评为中华老字号，被国家工商总局认定为中国驰名商标。

公司眼药制作技艺获评国家级非物质文化遗产，公司八宝组方为独家保密配方，已衍生出马应龙麝香痔疮膏、痔疮栓、龙珠软膏、八宝眼霜、婴儿护臀霜等多种产品，公司主导产品在质量、疗效、安全性、经济性等方面具有显著优势。

公司根据“目标客户一元化、服务功能多元化”的思路，聚焦肛肠及下消化道领域，并向肛肠诊疗行业延伸产业链，初步形成了药品经营、诊疗技术、医疗服务一体化的战略格局，实现了由药到医的有效延伸，医药互动效应逐步显现。

(五)投资状况分析

1.对外股权投资总体分析

单位：人民币元

报告期内投资额	11,679,167.00
投资额增减变动数	−219,100,833.00
上年同期投资额	230,780,000.00
投资额增减幅度(%)	−94.94

被投资的公司情况

被投资的公司名称	主要经营活动	本年度投资金额	累计投资金额	占被投资公司权益的比例(%)
湖南湘泉制药有限公司	医药制造	1,729,167.00	11,729,167.00	6.85
大同马应龙肛肠医院有限公司	肛肠诊疗	7,200,000.00	7,200,000.00	60
武汉仲龙投资管理有限公司	投资及投资咨询	2,750,000.00	2,750,000.00	55

(1)证券投资情况

序号	证券品种	证券代码	证券简称	最初投资金额(元)	持有数量(股)	期末账面值(元)	占期末证券投资比例(%)	报告期损益(元)
1	股票	000423	东阿阿胶	17,741,399.75	420,000	16,972,200.00	45.41	−52,387.36
2	股票	000538	云南白药	6,731,155.28	110,000	7,480,000.00	20.02	4,155,194.58
3	股票	600479	千金药业	6,664,905.03	580,000	6,960,000.00	18.62	2,513,239.78
4	股票	600329	中新药业	6,399,728.38	562,300	5,960,380.00	15.95	−460,539.13
报告期已出售证券投资损益								12,268,201.13
合计				37,537,188.94	/	37,372,580.00	100	18,423,709.00

(2)买卖其他上市公司股份的情况

股份名称	期初股份数量(股)	报告期买入股份数量(股)	使用的资金数量(元)	报告期卖出股份数量(股)	期末股份数量(股)	产生的投资收益(元)
东阿阿胶	500,000.00	671,000.00	27,784,676.73	751,000.00	420,000	−52,387.36
复星医药	−	13,603.00	140,055.06	13,603.00	−	−28.70
千金药业	1,500,891.00	107,000.00	1,202,663.26	1,027,891.00	580,000	2,513,239.78
胜利股份	8,570,000.00	20,000.00	97,048.50	8,590,000.00	−	11,792,429.29
通化东宝		360,000.00	2,822,355.34	360,000.00	−	378,635.49
通化金马	500,000.00	−	−	500,000.00	−	97,165.05
云南白药	354,000.00	173,100.00	10,456,323.42	417,100.00	110,000	4,155,194.58
中新药业	−	615,000.00	7,014,864.55	52,700.00	562,300	−460,539.13

报告期内卖出申购取得的新股产生的投资收益总额0元。

2.非金融类公司委托理财及衍生品投资的情况

(1)委托理财情况

本年度公司无委托理财事项。

(2)委托贷款情况

本年度公司无委托贷款事项。

3.募集资金使用情况

(1)募集资金总体使用情况

单位：元　币种：人民币

募集年份	募集方式	募集资金总额	本年度已使用募集资金总额	已累计使用募集资金总额	尚未使用募集资金总额	尚未使用募集资金用途及去向
2004	首次发行	277,168,670.00	0.00	277,168,670.00	0.00	
合计	/	277,168,670.00	0.00	277,168,670.00	0.00	/

公司上市发行取得资金总额289,980,000.00元，扣除发行费用12,811,330.00元，实际募集资金总额277,168,670.00元。公司募集资金在以前年度已使用完毕，报告期无募集资金使用情况。

募集资金承诺项目使用情况

单位：元　币种：人民币

承诺项目名称	是否变更项目	募集资金拟投入金额	募集资金本年度投入金额	募集资金实际累计投入金额	是否符合计划进度	项目进度	预计收益	产生收益情况	是否符合预计收益	未达到计划进度和收益说明	变更原因及募集资金变更程序说明
软膏车间GMP技术改造	否	35,400,000.00		35,400,000.00	是			46,002,000.00	是		
固体制剂车间GMP技术改造	否	38,000,000.00		38,000,000.00	是			17,132,000.00	是		
增资深圳大佛药业有限公司	是	40,000,000.00			否				否	变更投向	经2006年6月29日股东大会批准
建设武汉马应龙大药房连锁有限公司连锁药店	否	41,600,000.00		41,600,000.00	是			−2,550,000.00	是		
建设马应龙新药中试基地	否	38,000,000.00		38,000,000.00	否				否	在建	100.00%
扩建公司销售网络	否	33,490,000.00		33,490,000.00	是			75,770,000.00	是		100.00%
开发“马应龙”系	否	33,780,000.00		33,780,000.00	是			3,990,000.00	是		

列产品											
建设武汉马应龙大药房连锁有限公司物流中心	是	16,774,000.00			否				否	变更投向	经2006年6月29日股东大会批准
合计	/	277,044,000.00	0	220,270,000.00	/	/	/	/	/	/	/

(2)募集资金变更项目情况

单位:元　币种:人民币

变更后的项目名称	对应的原承诺项目	变更项目拟投入金额	本年度投入金额	累计实际投入金额	是否符合计划进度	变更项目的预计收益	产生收益情况	项目进度	是否符合预计收益	未达到计划进度和收益说明
设立"武汉马应龙医药物流有限公司"	武汉马应龙大药房连锁有限公司物流中心	16,774,000.00		16,774,000.00	是		461,000.00		是	
设立武汉马应龙医院投资管理有限公司	增资深圳大佛药业有限公司	40,000,000.00		40,000,000.00	是		-358,000.00		是	
合计	/	56,774,000.00		56,774,000.00	/		/	/	/	/

4.主要子公司、参股公司分析

单位:人民币元

公司名称	主营业务	注册资本	总资产	净资产	2012 年度净利润
湖北马应龙连锁医院投资管理有限公司	医院投资	160,000,000.00	199,939,329.47	153,199,113.88	-2,677,503.69
武汉马应龙大药房连锁有限公司	药品零售	70,000,000.00	385,618,372.94	97,885,369.72	-5,940,935.31

5.非募集资金项目情况

单位:元　币种:人民币

项目名称	项目金额	项目进度	本年度投入金额	累计实际投入金额	项目收益情况
大同马应龙肛肠医院有限公司	7,200,000.00	100.00%	7,200,000.00	7,200,000.00	10,937.59
武汉仲龙投资管理有限公司	2,750,000.00	100.00%	2,750,000.00	2,750,000.00	
湖南湘泉制药有限公司	11,729,167.00	100.00%	1,729,167.00	11,729,167.00	
合计	21,679,167.00	/	11,679,167.00	21,679,167.00	/

3.2 董事会关于公司未来发展的讨论与分析

(一)行业竞争格局和发展趋势

我国经济正处在发展转换和寻求新平衡的关键期,国际金融危机仍在延续,国内宏观经济增速放缓,通胀形势严峻,企业发展面临考验。随着医疗体制改革的不断深化、医疗市场刚性需求逐步释放,医疗产业将启动新一轮的发展周期。

医药行业整体以需求释放为主,医保进入持续投入阶段,基药政策逐步优化,市场会因政策影响短期波动,但整体呈稳定增长趋势,市场结构调整明显。

传统医药盈利收窄,新型医药潜力巨大。药品生产企业议价能力受限,传统医药企业利润空间压缩,资本将逐渐流向新型医药领域;消费结构将继续调整升级,产业发展可能面临新的市场机遇。

流通领域加速整合,零售终端面临变革,行业集中度继续提高,龙头企业优势明显;医药流通行业定位将逐渐转变,流通企业开始转向服务型经销商;药品零售企业出现模式创新,零售环节面临诸多变化。

药品安全问题受到空前关注。药品安全监管机构责任和压力加大,必然强化对药品生产和流通企业的监控;药品行业监管政策将围绕药品研制、药品生产、药品流通和药品使用等领域进一步严格和强化;医药行业可能成为社会矛盾爆发的聚焦点。

(二)公司发展战略

公司以品牌经营战略为主导战略,聚焦优势领域,实行"目标客户一元化,服务功能多元化"的战略延伸,产业经营与资本经营相结合,打造集药品经营、诊疗技术、医疗服务于一体的全产业价值链。

1.加快医药工业的发展速度,提高专业化、精细化的管理水平,促进资源使用效率和单位产出能力的提升。

2.注重医院诊疗产业布局,持续推进诊疗产业规模扩张,注重高质量的内涵增长,避免单纯依赖经营要素投入驱动扩张,创新营运方式,坚持轻资产经营。

3.持续推进医药流通的经营机制调整和优化,切实提高医药流通的经营质量。

4.药妆业务以八宝组方的延伸应用为基础,围绕眼部产品定位,构建核心竞争优势。

(三)经营计划

公司将坚持以"深化改革、强化创新、促进发展"为经营方针,增强企业发展的动力和活力,创造和把握新的发展机遇,进一步拓宽企业盈利路径,实现改革创新驱动企业发展。

2013 年,公司力争实现销售收入 16.7 亿元,总成本费用控制在 14.7 亿元以内。

1.针对体制机制实施改革,优化企业效能效率。

(1)改进工作作风。强化各级员工责任意识、职业意识和使命感,构建和完善企业责任文化体系。

(2)改进业务流程。明确市场导向,优化工作流程,改善运营效率;以追求工作实效为基本标准,工作机制和流程去行政化;优化内部服务和协调机制,坚持"划拨资源、分账核算,考核贡献"原则,完善资源配置机制。

(3)完善治理结构。强化客户、股东、员工的主体地位;进一步理顺管控体系,各岗位责、权、利达到均衡和统一;促进干部队伍建设的知识化、专业化、职业化、年轻化。

2.围绕经营能力推动创新,拓宽盈利路径。

(1)创新经营模式。明确客户价值导向,创新商业模式;深入开展收入和结构的分析,基本明确盈利突破的方向和路径。

(2)创新技术。提高行业政策的前瞻性和应变能力,促进产品改良和品质升级;提升新品研发技术、工艺技术、质量检测技术和信息技术。

(3)创新运营方式。完善整合式运行机制,搭建适合马应龙实际的资源整合方式;完善创新与开发新业务的政策,提高资源对新产业、新业务的扶持力度;进一步革新用人方式,提高劳动生产率。

(四)因维持当前业务并完成在建投资项目公司所需的资金需求

公司自有资金能够满足维持当前业务和在建投资项目的需要。

(五)可能面对的风险

1.政策风险。公司业务范围涉及医药行业全产业链,受国家多种政策影响。新药审批、生产质量监管、流通环节限价、药品招标、医保控费、公立医院改革等政策措施有可能对公司产生负面影响。

对策:强化战略情报收集,及时跟踪和把握相关产业政策的发展和走向,加大政策信息的情报收集、研究等工作力度,提高行业政策的前瞻性和敏感性;注重对行业重大信息和敏感信息的分析,把握行业发展变化趋势,主动应对,未雨绸缪,努力为公司后续发展奠定有利战略基础。

2.质量安全风险。近年来,医药行业质量安全事件时有发生,社会各界空前关注,医药企业成为矛盾焦点。

对策:与时俱进提高质量管理意识,不断巩固和提升员工对于药品质量重要性的认识。持续完善质量体系建设。坚持全过程的质量管控,质量体系必须从上至下的覆盖、从研发到销售的各环节的贯彻;不断健全质量责任制,切实推动质量责任制的层层落实。要坚持以满足客户需求为导向的创新路径,及时反馈和促进产品升级。深化质量管理的督导,提高管理团队执行力,切实强化质量风险管控能力。

第四节　涉及财务报告的相关事项

4.1 与上年度财务报告相比,对财务报表合并范围发生变化的,公司应当作出具体说明。

1.大同马应龙肛肠医院有限公司,系公司子公司北京马应龙长青医院管理有限公司与大同市肛肠病研究所共同以货币出资设立的控股子公司,工商登记事宜已于 2012 年 11 月 27 日办理完毕,故新增合并其 2012 年 12 月 31 日的资产负债表,2012 年 11 月 27 日至 2012 年 12 月 31 日的利润表和现金流量表。

2.武汉仲龙投资管理有限公司,系公司与上海泰合创业投资管理有限公司共同以货币出资设立的控股子公司,公司投资 275 万元,持股比率 55%,工商登记手续已于 2012 年 12 月 12 日办理完毕,故新增合并其 2012 年 12 月 31 日的资产负债表,2012 年 12 月 12 日至 2012 年 12 月 31 日的现金流量表。

3.2012 年 9 月,公司与子公司马应龙国际医药发展有限公司分别与海南朗天医药有限公司签订股权转让协议,将所持有的西安太极药业有限公司 55%股权以 3,190 万元转让给海南朗天医药有限公司,工商变更手续已于 2012 年 12 月 27 日办理完毕,故其 2012 年 12 月 31 日的资产负债表不再纳入合并范围。

马应龙药业集团股份有限公司

2013 年 4 月 23 日

西部矿业股份有限公司

西部矿业股份有限公司2012年年度报告摘要

第一节　重要提示

1.1 本年度报告摘要摘自年度报告全文，投资者欲了解详细内容，应当仔细阅读同时刊载于上海证券交易所网站等中国证监会指定网站上的年度报告全文。

1.2 公司简介

股票简称	西部矿业	股票代码	601168
股票上市交易所	上海证券交易所		
联系人和联系方式	董事会秘书		
姓名	胡晗东		
电话	0971-6108188		
传真	0971-6122926		
电子信箱	huhd@westmining.com		

第二节　主要财务数据和股东变化

2.1 主要财务数据

单位：元　币种：人民币

项目	2012年(末)	2011年(末)	本年(末)比上年(末)增减(%)	2010年(末)
总资产	26,148,226,588	26,513,599,680	-1.38	22,457,274,320
归属于上市公司股东的净资产	11,253,393,980	11,515,829,598	-2.28	11,133,793,434
经营活动产生的现金流量净额	1,436,324,531	-1,156,145,789	240.12	1,771,565,001
营业收入	19,829,215,410	21,273,153,001	-6.79	18,511,447,284
归属于上市公司股东的净利润	42,526,400	858,711,709	-95.05	989,427,083
归属于上市公司股东的扣除非经常性损益的净利润	-282,333,836	662,773,355	-142.60	898,366,841
加权平均净资产收益率(%)	0.37	7.12	减少6.75个百分点	9.21
基本每股收益(元/股)	0.02	0.36	-94.44	0.42
稀释每股收益(元/股)			不适用	

2.2 前10名股东持股情况表

单位：股

截止报告期末股东总数	342,332	年度报告披露日前第5个交易日末股东总数	334861

前十名股东持股情况

股东名称	股东性质	持股比例(%)	持股总数	报告期内增减	持有有限售条件股份数量	质押或冻结的股份数量
西部矿业集团有限公司	国有法人	28.21	672,300,000	0	0	质押 341,164,519
新疆塔城国际资源有限公司	境内非国有法人	3.20	76,350,000	0	0	质押 76,350,000
上海联创创业投资有限公司	境内非国有法人	2.04	48,580,000	0	0	无
新疆同裕股权投资有限公司	境内非国有法人	1.14	27,160,000	0	0	质押 9,000,000
株洲冶炼集团股份有限公司	境内非国有法人	0.71	17,000,000	0	0	无
中国银行股份有限公司-嘉实沪深300交易型开放式指数证券投资基金	未知	0.63	15,109,980		0	质押 33,300
上海海成资源(集团)有限公司	境内非国有法人	0.63	15,083,034	0	0	质押 15,083,034
NEWMARGIN MINING CORPORATION LIMITED	境外法人	0.49	11,613,400	0	0	无
中国建设银行-华夏红利混合型开放式证券投资基金	未知	0.48	11,466,194	0	无	
广州保税区瑞丰实业有限公司	境内非国有法人	0.45	10,800,000	0	0	无

前十名无限售条件股东持股情况

股东名称	持有无限售条件股份的数量	股份种类及数量
西部矿业集团有限公司	672,300,000	人民币普通股
新疆塔城国际资源有限公司	76,350,000	人民币普通股
上海联创创业投资有限公司	48,580,000	人民币普通股
新疆同裕股权投资有限公司	27,160,000	人民币普通股
株洲冶炼集团股份有限公司	17,000,000	人民币普通股
中国银行股份有限公司-嘉实沪深300交易型开放式指数证券投资基金	15,109,980	人民币普通股
上海海成资源(集团)有限公司	15,083,034	人民币普通股
NEWMARGIN MINING CORPORATION LIMITED	11,613,400	人民币普通股
中国建设银行-华夏红利混合型开放式证券投资基金	11,466,194	人民币普通股
广州保税区瑞丰实业有限公司	10,800,000	人民币普通股
上述股东关联关系或一致行动的说明	1公司股东新疆塔城国际资源有限公司和上海海成资源(集团)有限公司属同一自然人控制，两者在报告期末合并持有本公司3.83%的股份；2.公司未知其他股东之间是否存在关联关系和属于《上市公司收购管理办法》规定的一致行动人。	

2.3 以方框图描述公司与实际控制人之间的产权及控制关系(略)

第三节　管理层讨论与分析

(一)2012年是公司较为困难的一年，在经济增长速度放缓、市场需求不足的宏观经济形势下，有色金属市场低迷，各种主要产品价格持续走低，形势逼人。但公司紧扣"改革回头看、管理上台阶、项目大突破、文化大发展"工作主题，上下齐心协力，攻坚克难，完成了全年各项工作任务。

1.以精细化管理为抓手，基本完成各项生产经营指标。深入推进精细化管理工作，各单位努力挖潜降耗，对标找差，持续提高基础管理水平，关键生产技术指标稳步提升，主营业务实现了预算利润目标。

2.以重点项目建设为核心，齐抓共管、多措并举、迎难而上，着力实现"项目大突破"。公司重点建设项目按计划有序推进，费用总体控制在预算之内。2013年1月18日玉龙铜业36万t/a硫化矿浮选工程投料试车成功，极大地优化了自身发展的内外环境；10万吨电锌项目主体工程建设顺利，为该项目2013年内建成投料试车奠定良好基础。

3.以强化行政督办为手段，各项年度重点工作工作稳中有进。年初所设定的公司级重点工作任务在公司总部及分子公司的共同努力下，借助督办系统，通过任务分解，责任到人，跟踪检查，逐级推进，完成情况较好，公司体系建设、能力提升方面取得可喜进步。

(二)报告期内，公司累计生产铅精矿(金属量，下同)铅金属量52,833吨，计划完成率100.27%；锌金属量72,923吨，计划完成率101.04%；铜金属量25,257吨，计划完成率101.86%；精矿含金145.4千克，计划完成率113.88%；精矿含银102,607千克，计划完成率99.91%；硫精矿100,000吨，计划完成率103.7%；铝锭99,000吨，计划完成率100.44%；锌锭51,000吨，计划完成率103.78%；粗铅55,638吨，计划完成率74.54%；电铅45,700吨，计划完成率66.49%；电解铜30,000吨，计划完成率91.41%；供电量80,268万千瓦时，计划完成率104.57%；原煤600,000吨，计划完成率138.99%。除了粗铅、电铅和电解铜产量完成率较低外，其他产品都基本完成了生产任务。

公司未完成全年计划产量的主要产品及原因如下：

1.粗铅

由于控股子公司青海西豫公司前期资本金不足，导致融资困难，从而影响原料采购，生产一直不饱和，导致产量减少。

2.电铅

由于上游粗铅的生产受到影响，直接导致电解铅的生产计划也未完成。

3.电解铜

由于受到上游原材料供应的影响，且市场上铜冶炼加工费空间缩小，为避免亏损扩大，减少了生产量。

(三)在复杂艰难的市场环境下，公司虽然在夯实管理基础、确保安全稳定生产、狠抓挖潜增效等方面取得了一些成绩，但2012年总体经营情况不容乐观，实现营业收入198亿元，较上年同期下降 7%；实现利润总额-1.27 亿元，较上年同期减少 111%，实现归属于母公司股东的净利润 0.43 亿元，较上年同期减少 95%。主要原因如下：

1.公司营业收入减少，主要原因是本期贸易业务量较上年同期减少 30 亿元，减少了 19%；

2.公司归属于母公司股东的净利润下降，主要原因为：

一是本期计提了 6.14 亿的资产减值损失，其中包括：(1)本期对铅业分公司、锌业分公司、西部铅业、西部铜材和西豫金属的资产及对 AOG 股权投资计提了 4.36 亿的资产减值准备；(2)根据拟出售价格与转让成本之差，对拟出售子公司保靖锌锰公司的资产计提了减值损失 0.79 亿元；(3)计提存货跌价准备 0.82 亿元；(4)计提坏账准备 0.17 亿元。

二是公司主要矿产品的市场价格、主要矿产品的产量和公司冶炼产品加工费区间较上年同期有较大幅度降低。

对于矿产品来说，有色金属价格的下降直接影响矿产品的利润贡献。根据公司统计，本期主要精矿产品铅精矿、锌精矿、铜精矿的平均售价较上年同期分别下降 7%、12%、13%，冶炼产品铅锭、锌锭、铝锭、电解铜、粗铅的销售价格分别较上年同期下降 7%、12%、7%、15%和 8%，同时受原材料价格上涨的影响，各产品的生产成本均有所上升，直接导致公司采选冶业务毛利减少；对于冶炼产品来说，受有色金属价格下降的影响，公司冶炼产品加工费区间较上年同期下降，使得冶炼产品的亏损加大。

(一)主营业务分析

1.利润表及现金流量表相关科目变动分析表

单位：元　币种：人民币

科目	本期数	上年同期数	变动比例(%)
营业收入	19,829,215,410	21,273,153,001	-6.79
营业成本	18,564,175,209	18,983,446,009	-2.21
销售费用	159,427,616	168,253,228	-5.25
管理费用	785,047,115	823,853,706	-4.71
财务费用	305,775,108	303,478,789	0.76
经营活动产生的现金流量净额	1,436,324,531	-1,156,145,789	240.12
投资活动产生的现金流量净额	-2,298,482,047	-405,612,043	-346.10
筹资活动产生的现金流量净额	-667,806,252	1,999,485,260	-133.40
研发支出	11,080,000	8,388,208	32.13

2.收入

(1)驱动业务收入变化的因素分析

公司营业收入减少，主要原因是本期贸易业务量较上年同期减少。

与上期相比，本期的合并范围新增了西部矿业集团财务有限公司和西海煤电有限公司，其中财务公司为 2011 年 12 月 26 日设立，本期业务正常发展，贡献的营业收入为 6,905 万元，西海煤电则是 2011 年 12 月 31 日从集团公司收购，本期贡献的营业收入为 15,371 万元，同口径调整后本期收入为 196.06 亿元，较上期减少 7.8%。

(2)以实物销售为主的公司产品收入影响因素分析

从营业收入变动构成来看，2012 年度的营业收入较上年同期减少 7%，主要是本期产品平均价格较上年同期有所下降，此外，主要产品粗铅、电铅、电解铜的产量较上年同期下降，也使得营业收入减少。

(3)主要销售客户的情况

2012 年前五名客户的营业收入为 76.19 亿元，占全部销售收入的 39%，主要是贸易业务收入。

3.成本

(1)成本分析表

单位：元

分行业情况

分行业	成本构成项目	本期金额	本期占总成本比例(%)	上年同期金额	上年同期占总成本比例(%)	本期金额较上年同期变动比例(%)
有色金属采选冶	主营业务成本	4,744,223,808	26.03	2,565,730,754	13.63	84.91
有色金属贸易	主营业务成本	12,916,679,229	70.88	15,866,525,600	84.26	-18.59
其他	主营业务成本	563,483,034	3.09	398,412,515	2.12	41.43
合计		18,224,386,071	100	18,830,668,869	100	-3.22

分产品情况

分产品	成本构成项目	本期金额	本期占总成本比例(%)	上年同期金额	上年同期占总成本比例(%)	本期金额较上年同期变动比例(%)
铅类产品	主营业务成本	338,051,024	1.85	2,016,344,637	10.71	-83.23
锌类产品	主营业务成本	1,946,950,439	10.68	2,801,302,272	14.88	-30.50
铜类产品	主营业务成本	10,653,261,115	58.46	10,224,671,628	54.30	4.19
铝类产品	主营业务成本	1,709,191,726	9.38	1,128,562,394	5.99	51.45
银锭	主营业务成本	110,262,127	0.61	353,975,781	1.88	-68.85
钢				378,102,557	2.01	
润滑油				204,790,594	1.09	
镍	主营业务成本	2,613,593,630	14.34	474,914,955	2.52	450.33
锡锭				272,645,052	1.45	
阳极泥	主营业务成本	162,484,290	0.89	213,790,840	1.14	-24.00
其他	主营业务成本	690,591,720	3.79	761,568,159	4.04	-9.32
合计		18,224,386,071	100.00	18,830,668,869	100.00	-3.22

(2)主要供应商情况

2012 年前五名供应商的采购总额为 82.36 亿元，占全部采购额的 46%，主要是贸易业务采购。

4.费用

项目	2012 年度	2011 年度	增减额	增减率(%)
销售费用	159,427,616	168,253,228	-8,825,612	-5.25
管理费用	785,047,115	823,853,706	-38,806,591	-4.71
财务费用	305,775,108	303,478,789	2,296,319	0.76
所得税费用	90,123	303,520,972	-303,430,849	-99.97

所得税费用本期较上年同期减少 3.03 亿元，减少 100%，主要原因是本期公司利润总额下降导致计提的企业所得税减少，以及本期计提大额的资产减值损失而计提递延所得税资产，从而导致所得税费用减少。

其他科目如销售费用、管理费用、财务费用等财务数据同比变动均在 30%以内。

5.研发支出

研发支出情况表

单位：万元

本期费用化研发支出	528
本期资本化研发支出	580
研发支出合计	1,108
研发支出总额占净资产比例(%)	0.10
研发支出总额占营业收入比例(%)	0.10

6.现金流

项目	本期金额	上期金额	增减额	增减率(%)
经营活动现金流量净额	1,436,324,531	-1,156,145,789	2,592,470,320	224
投资活动现金流量净额	-2,298,482,047	-405,612,043	-1,892,870,004	467
筹资活动现金流量净额	-667,806,252	1,999,485,260	-2,667,291,512	-133

(1)经营活动现金流量净额本期约人民币 14.36 亿元，比上年增加 224%，主要是上期巴彦淖尔西部铜材有限公司电解铜冶炼项目、铅业分公司电铅冶炼项目、青海西豫有色金属有限公司粗铅冶炼项目陆续投产，原材料采购及铺底在产品的资金占用增加，而本期则处于正常生产过程，购买商品支付的现金减少；

(2)投资活动现金流量净额本期约人民币-22.98 亿元，比上年减少 467%，主要是本期玉龙铜业采选业工程基建付款及支付理财产品和期货保证增加；

(3)筹资活动现金流量净额本期约人民币-6.68 亿元，比上年减少 133%，主要是上期发行了公司债券。

7.其他

公司利润构成或利润来源发生重大变动的详细说明

公司 2012 年度实现净利润-1.27 亿元，较上年同期减少 115%，其中归属于母公司股东的净利润 0.43 亿元，较上年同期减少 95%。主要原因是：

1.本期计提了 6.14 亿的资产减值损失，其中主要包括：(1)本期对铅业分公司、锌业分公司、西部铅业和西豫金属的资产及对 AOG 股权投资计提了 4.32 亿的资产减值准备；(2)根据拟出售价格与转让成本之差，对拟出售子公司保靖锌锰公司的资产计提了减值损失 7,934 万元。

2.公司主要矿产品的市场价格、主要矿产品的产量和公司冶炼产品加工费区间较上年同期有较大幅度降低所致。

(二)行业、产品或地区经营情况分析

1.主营业务分行业、分产品情况

单位：元　币种：人民币

主营业务分行业情况

分行业	营业收入	营业成本	毛利率(%)	营业收入比上年增减(%)	营业成本比上年增减(%)	毛利率比上年增减(%)
采选冶	6,055,898,906	4,744,223,808	21.66	26.94	84.91	减少 24.56 个百分点
贸易	13,045,405,752	12,916,679,229	0.99	-18.89	-18.59	减少 0.36 个百分点
其他	387,664,401	563,483,034	-45.35	58.38	41.43	增加 17.42 个百分点

主营业务分产品情况

分产品	营业收入	营业成本	毛利率(%)	营业收入比上年增减(%)	营业成本比上年增减(%)	毛利率比上年增减(%)
铅类产品	851,888,372	338,051,024	60.32	−69.00	−83.23	增加 33.70 个百分点
锌类产品	2,135,889,484	1,946,950,439	8.85	−33.47	−30.50	减少 3.90 个百分点
铜类产品	11,302,092,711	10,653,261,115	5.74	0.65	4.19	减少 3.20 个百分点
铝类产品	1,750,568,374	1,709,191,726	2.36	36.39	51.45	减少 9.71 个百分点
银锭	121,062,163	110,262,127	8.92	−67.10	−68.85	增加 5.11 个百分点
镍	2,629,770,666	2,613,593,630	0.62	441.20	450.33	减少 1.65 个百分点
阳极泥	160,888,339	162,484,290	−0.99	−33.51	−24.00	减少 12.63 个百分点
其他	536,808,950	690,591,720	−28.65	−16.15	−9.32	减少 9.69 个百分点

2.主营业务分地区情况

单位:元　币种:人民币

地区	营业收入	营业收入比上年增减(%)
国内	13,423,512,350	−15.94
海外	6,065,456,709	18.26

(三)资产、负债情况分析

1.资产负债情况分析表

单位:元

项目名称	本期期末数	本期期末数占总资产的比例(%)	上期期末数	上期期末数占总资产的比例(%)	本期期末金额较上期期末变动比例(%)
应收票据	88,417,685	0.34	238,664,804	0.90	−62.95
预付款项	670,029,199	2.56	997,199,760	3.76	−32.81
应收利息	13,738,618	0.05	5,096,614	0.02	169.56
其他应收款	1,624,199,951	6.21	933,926,187	3.52	73.91
可供出售金融资产	44,253,589	0.17	65,256,100	0.25	−32.18
在建工程	2,797,949,451	10.70	2,160,406,028	8.15	29.51
商誉	28,870,377	0.11	61,501,377	0.23	−53.06
其他非流动资产	768,053,016	2.94	89,403,995	0.34	759.08
吸收存款	1,347,716,210	5.15			
短期借款	4,099,035,779	15.68	4,090,440,438	15.43	0.21
应交税费	−32,380,832	−0.12	352,438,668	1.33	−109.19
其他应付款	671,749,077	2.57	1,029,664,452	3.88	−34.76
一年内到期的非流动负债	366,534,618	1.40	215,082,931	0.81	70.42
其他非流动负债	290,734,427	1.11	560,238,687	2.11	−48.11

2.其他情况说明

(1)应收票据年末余额约人民币 8,841.77 万元,比上年减少 63%,主要是本期部分票据到期承兑,以及本期因出售子公司天津大通公司而不合并其资产负债表所致;

(2)预付账款年末余额约人民币 6.7 亿元,比上年减少 33%,主要是本期因出售子公司再生资源和天津大通公司而不合并其资产负债表所致;

(3)应收利息年末余额约人民币 1,372.86 万元,比上年增加 170%,主要是本期子公司西矿财务发放的贷款较上年增加;

(4)其他应收款年末余额约人民币 16.24 亿元,比上年增加 74%,主要是转让再生资源股权产生的应收大显集团 2.4 亿元债权,以及应收再生资源公司 1.33 亿元债权;

(5)可供出售金融资产年末余额为人民币 4,425.36 万元,比上年减少 32%,主要是本期被投资单位 AOG 公司股价下跌,公司对其计提了减值准备;

(6)在建工程年末余额约人民币 27.98 亿元,比上年增长 30%,主要是本年增加的基建支出,工程尚未完工;

(7)商誉年末余额约人民币 2,887.03 万元,较上年减少 53%,主要是本公司本期出售了子公司再生资源的股权,导致原收购时确认的商誉减少;

(8)其他非流动资产年末余额约人民币 7.68 亿元,较上年增加 759%,主要是本期对青海铜业公司的增资款尚未完成验资,以及子公司西矿财务本期发放了 2 亿元中长期贷款;

(9)吸收存款年末余额约人民币 13.48 亿元,主要为西矿财务吸收的西矿集团及其他成员企业的存款;

(10)应交税费年末余额约人民币−3,238.08 万元,比上年减少 109%,主要是本期公司利润总额下降导致计提的企业所得税减少、以及冶炼产品加工费空间缩小导致应交增值税减少;

(11)其他应付款年末余额约人民币 6.72 亿元,比上年减少 35%,主要是本期子公司西海煤电归还了西矿集团欠款 3.99 亿元;

(12)一年内到期的非流动负债年末余额约人民币 3.67 亿元,比上年增加 70%,主要是本公司部分长期借款将于 2013 年内到期,致使一年内到期的长期借款增加;

(13)其他非流动负债年末余额约人民币 2.91 亿元,比上年减少 48%,主要是本期出售再生资源,其子公司递延收益(购地补偿款)3.42 亿元不再纳入合并范围。

(四)核心竞争力分析

1.本公司的领先地位和西部丰富的矿产资源使本公司拥有发现和获得优质资源的优势

西部是我国地质成矿条件最佳、矿产资源最为丰富的地区。根据国土资源部的估计,西部蕴藏着我国 59%的锌资源、55%的铅资源和 65%的铜资源。本公司作为西部最大的有色金属矿业公司之一,通过对西部二十多年的长期经营和持续专注,已经树立了在西部有色金属行业中的领先地位和社会广誉度。本公司熟悉西部的人文社会环境、地方少数民族政策、矿产资源分布和开发现状。这种优势在公司优先发现和获得西部优质矿产资源的过程中已经和正在发挥着重大作用,并且将继续发挥更大的作用。

2.本公司拥有高海拔环境下开发矿山的优秀团队

我国未经勘探的矿产资源更多位于西部高海拔地区。本公司位于素有"世界屋脊"之称的青藏高原,是国内少数几个可以在海拔 3,000 米以上开展作业的矿业企业之一。锡铁山矿作为本公司的核心矿山之一,自 1986 年开始建设生产,二十多年来为本公司培养了能够在高海拔恶劣环境下持续生产经营的生产管理队伍和科研队伍。他们积累了丰富的高海拔环境下的矿山采选技术和生产管理经验,成为本公司在西部高海拔地区获取和开采优质矿产资源的中坚力量,并推动本公司目前在高海拔地区的其他矿山和选矿厂不断培养出新的队伍。

3.本公司控制多个高品质矿山,形成了良好的产业地域布局

目前本公司主要拥有和控制锡铁山铅锌矿、获各琦铜矿、赛什塘铜矿、呷村银多金属矿和玉龙铜矿。上述五个矿山由北至南分布在内蒙古、青海、四川和西藏,这些矿山的分布以及对周边地区矿产资源的辐射影响将不断构建和完善本公司在西部的产业地域布局。

4.本公司下属主要矿山运营稳健,未来产能将进一步提高

目前,公司锡铁山矿有 150 万吨/年的矿石处理量,呷村矿有 50 万吨/年矿石处理量,获各琦矿有 300 万吨/年的矿石处理量,赛什塘有 75 万吨/年的选矿处理量,未来公司将根据各个矿山的资源和运营等情况适时提高各矿山的产能,提升公司业绩。

5.本公司的资源储备和安排使公司拥有显著的持续性增长机会

本公司现有矿山资源储量丰富且有进一步找矿潜力;根据与西矿集团签订的不竞争协议,本公司拥有购买西矿集团未来在锌、铅、铜业务和资源方面股权的优先选择权。这些都使本公司拥有显著的持续性增长机会。

(五)投资状况分析

1.对外股权投资总体分析

项目	金额
报告期内总投资额(万元)	72,594.00
上年同期投资额(万元)	60,947.32
投资额增减幅度(%)	19

被投资的公司名称	主要经营活动	占被投资公司权益的比例(%)	备注
青海西部矿业规划设计咨询公司	设计咨询	100	以自有资金收购少数股权
青海铜业有限责任公司	铜冶炼	40	以自有资金增资
青海西豫有色金属有限公司	粗铅冶炼	85.39	以自有资金收购少数股权并增资
青海西部矿业百河铝业有限责任公司	铝冶炼	100	以自有资金增资
华能果多水电有限公司	水电开发	34	以自有资金增资

(1)持有其他上市公司股权情况

单位:元

证券代码	证券简称	最初投资成本	占该公司股权比例(%)	期末账面值	报告期损益	报告期所有者权益变动	会计核算科目	股份来源
AOG	AOG	116,483,115	0.43	44,250,846			可供出售金融资产	股权置换
合计		116,483,115	/	44,250,846			/	/

2.非金融类公司委托理财及衍生品投资的情况

(1)委托理财情况

本年度公司无委托理财事项。

(2)委托贷款情况

本年度公司无委托贷款事项。

3.募集资金使用情况

(1)募集资金总体使用情况

单位:万元　币种:人民币

募集年份	募集方式	募集资金总额	本年度已使用募集资金总额	已累计使用募集资金总额	尚未使用募集资金总额	尚未使用募集资金用途及去向
2007	首次发行	605,229	34,817	540,853	64,376	存储于公司在银行开立的募集资金专户中
合计	/	605,229	34,817	540,853	64,376	/

截至 2012 年 12 月 31 日,募集资金在本年度累计支出 34,817 万元,主要为支付 10 万吨/年电锌氧压浸出项目款 34,817 万元。

(2)募集资金承诺项目使用情况

单位:万元　币种:人民币

承诺项目名称	是否变更项目	募集资金拟投入金额	募集资金本年度投入金额	募集资金实际累计投入金额	是否符合计划进度	项目进度	预计收益	产生收益情况	是否符合预计收益	未达到计划进度和收益说明
锡铁山铅锌矿矿山深部(2702 米以下)工程	否	23,638		14,855	是	已竣工				
10 万吨/年电锌氧压浸出新技术工程	否	49,682	34,817	39,762	否	80				
鑫源矿业股权收购及增资项目	否	36,300		21,100	是	58				
合计	/	109,620	34,817	75,717	/	/		/	/	/

2011 年度之前已经完成的募集资金项目不再列示。

4.主要子公司、参股公司分析

(1)本公司重要子公司情况

单位名称	与本公司关系	业务性质	持股比例(%)	净资产(万元)	营业收入总额(万元)	净利润(万元)
鑫源矿业	控股子公司	铅锌矿采选	76%	88,504	44,545	13,221
贵州信成	全资子公司	矿山开发	100%	7,455		-411
玉龙铜业	控股子公司	铜矿采选	68%	27,797	1,896	-2,732
百河铝业	全资子公司	铝冶炼	100%	51,463	132,938	28
西矿(香港)	全资子公司	贸易	100%	2,003	610,652	2,067
西部铅业	控股子公司	电铅冶炼	64.36%	-9,199	4,444	-12,823
西部铜业	全资子公司	铜矿采选	100%	270,634	108,522	31,931
西豫金属	控股子公司	粗铅冶炼	85.39%	-24,578	81,459	-32,243
青海湘和	控股子公司	锌粉冶炼	51%	2,199	6,868	-14
西矿科技	全资子公司	科技开发	100%	27,020		-973
四川夏塞	控股子公司	铅锌矿采选	51%	5,290	5,673	-1,822
保靖锌锰	全资子公司	锌冶炼	100%	-4,330	66	-9,937
深圳百河	控股子公司	贸易	51%	1,127	12,042	154
西矿上海	全资子公司	贸易	100%	9,770	255,141	-75
西矿财务	控股子公司	金融服务	60%	32,552	6,905	3,905
西海煤电	全资子公司	煤矿开发	100%	-9,204	15,371	-4,616

(2)本公司重要参股公司情况

单位名称	与本公司关系	业务性质	持股比例(%)	净资产(万元)	营业收入总额(万元)	净利润(万元)
双利矿业	合营公司	铁矿开发	50%	94,275	62,227	14,184
内蒙古冶金	合营公司	生物堆浸技术	50%	656	0	0
巴彦淖尔紫金	联营公司	冶炼	20%	106,079	26,879	-7,962
兰州有色	联营公司	设计	30%	10,838	19,483	2,432
西钢集团	联营公司	钢铁冶炼	39.44%	455,519	52,861	3,955
西部碳素	联营公司	碳素制品	49%	15,846	33,923	1,200
青海铜业	联营公司	铜冶炼	40%	16,000	0	0
华能果多水电	联营公司	水电开发	34%	31,600	0	0

5.非募集资金项目情况

单位:万元　币种:人民币

项目名称	项目金额	项目进度	本年度投入金额	累计实际投入金额	项目收益情况
玉龙铜业铜矿采选冶工程	135,000	工艺完善阶段	72,323	169,296	
默勒 90 万吨煤矿改扩建项目	61,055	基建阶段	16,234	50,511	
合计	196,055	/	88,557	219,807	/

第四节　董事会关于公司未来发展的讨论与分析

(一)行业竞争格局和发展趋势

本公司的主要竞争者是国内大型基本金属生产商和部分已经开始参与中国基本金属相关业务的外资公司。本公司凭借所拥有的矿产资源储量、不断提升的采选冶技术和管理水平、西部地区的产业优势等,力求在行业中保持独特的竞争力。

(二)公司发展战略

战略愿景:创建"国内一流、国际知名"的有色金属矿业集团

战略定位:西矿集团大有色板块的战略执行和运营平台

战略目标:以提高发展质量和效益为中心,以"矿山、冶炼、营销"三大运营板块为核心主体,以财务、人力资源和信息化建设为强大支撑,一手抓重点项目建设,一手抓内部挖潜增效,力争在调结构、促转型上取得新突破,形成和保持资源丰富、运营稳定、资金充沛、效益良好的持续健康发展态势。

(三)经营计划

2013 年计划生产铅金属量 53,038 吨,锌金属量 70,616 吨,铜金属量 30,608 吨,精矿含金量 151.78 千克,精矿含银 101,640 千克,电解铜 25,000 吨,特高品位氧化铜矿石 50,000 吨,硫精矿实物量 100,000 吨,粗铅 95,000 吨,电铅 55,000 吨,锌锭 71,300 吨。

2013 年计划实现营业收入 200 亿元,营业成本 189 亿元,费用总额 13.27 亿。

(四)因维持当前业务并完成在建投资项目公司所需的资金需求

公司目前的资金状况能够满足生产经营所需。

(五)可能面对的风险

1.产品价格波动的风险

本公司主要产品锌、铅、铜及铝的价格是参照国内和国际市场价格确定。这些基本金属的国内和国际市场价格不仅受供求变化的影响,而且与全球经济状况、中国经济状况密切相关。此外,锌、铅、铜及铝的价格波动一直以来受汽车、建筑、电气及电子等行业的周期活动影响。若上述因素变化导致基本金属价格持续下跌,则本公司需要相应降低产品售价,这可能会使本公司的财务状况和经营业绩受到重大不利影响。

2.采矿和冶炼属于高风险行业

采矿和冶炼业务涉及多项经营风险,包括工业事故、矿场坍塌、恶劣天气、设备故障、火灾、爆炸、地下水渗漏及其他突发性事件,这些风险可能导致本公司的矿场或冶炼厂受到财产损失,并可能造成人员伤亡、环境破坏及潜在的法律责任。

3.矿产资源量和可采储量估测的风险

本公司通过勘查技术对矿产资源量和可采储量进行估测,并据此判断开发和经营矿山的可行性和进行工业设计。由于本公司的多个矿山地质构造复杂且勘探工程范围有限,矿山的实际情况可能与估测结果存在差异。若未来本公司的实际矿产资源量和可采储量与估测结果有重大差异,则将会对本公司的生产经营和财务状况造成不利影响。

4.在冶炼业务方面的经营历史较短带来的风险

近年来,本公司采取多项举措进入基本金属冶炼及精炼业务,并为冶炼产能的提升增加较多的资本开支。而本公司冶炼业务经营历史较短,公司尚需一定的时间提升管理和营运经验,以达致良好的业绩。

5.从事贸易业务的风险

本公司贸易额度较大,贸易业务集中在基本金属产品领域,贸易业务具有交易资金量大、毛利率低的特点,而且相关金属产品的价格近年来市场波动较大,难以准确预测。若相关产品价格走势与公司预测出现背离,则会给公司造成较大损失。

第五节　涉及财务报告的相关事项

4.1 本报告期无会计政策、会计估计的变更

4.2 本报告期无前期会计差错更正

4.3 与最近一期年度报告相比,合并范围发生变化的具体说明

除本年新处置的子公司、本年度发生的非同一控制下企业合并及注销的子公司外,合并财务报表范围与上年度一致。

此外,本公司持有内蒙古双利矿业有限公司(双利矿业)50%的股权,本公司在董事会持有 60% 的表决权,但因双利矿业章程规定董事会通过决议需要三分之二的表决权,因此本公司不能对双利矿业的生产经营活动和财务政策实施控制。因此本公司认定双利矿业为公司的合营公司,而非子公司。

西部矿业股份有限公司

董事长:汪海涛

2013 年 3 月 26 日

中国北车股份有限公司

中国北车股份有限公司2012年年度报告摘要

第一节　重要提示

1.1 本年度报告摘要来自年度报告全文，投资者欲了解详细内容，应当仔细阅读同时刊载于上海证券交易所网站等中国证监会指定网站上的年度报告全文。

1.2 公司简介

股票简称	中国北车	股票代码	601299
股票上市交易所	上海证券交易所		
联系人和联系方式	董事会秘书	证券事务代表	
姓名	谢纪龙	魏　东	
电话	010-51897290	010-51897290	
传真	010-52608380	010-52608380	
电子信箱	ir@chinacnr.com	ir@chinacnr.com	

第二节　主要财务数据和股东变化

2.1 主要财务数据

单位：人民币千元

项目	2012年(末)	2011年(末)	本年(末)比上年(末)增减(%)	2010年(末)
总资产	106,436,603	97,259,731	9.4	80,400,680
归属于上市公司股东的净资产	34,815,497	24,969,051	39.4	23,541,588
经营活动产生的现金流量净额	1,904,325	−2,514,687	不适用	1,278,746
营业收入	92,431,301	89,353,178	3.4	64,322,645
归属于上市公司股东的净利润	3,383,835	2,985,173	13.4	1,923,905
归属于上市公司股东的扣除非经常性损益的净利润	2,971,784	2,600,418	14.3	1,754,724
加权平均净资产收益率(%)	10.52	12.57	减少2.1个百分点	8.43
基本每股收益(元/股)	0.34	0.34	−1.2	0.23
稀释每股收益(元/股)	0.33	0.34	−2.2	0.23

2.2 前10名股东持股情况表

单位：股

报告期股东总数	247,520	年度报告披露日前第5个交易日末股东总数	242,266

前10名股东持股情况

股东名称	股东性质	持股比例(%)	持股总数	持有有限售条件股份数量	质押或冻结的股份数量
中国北方机车车辆工业集团公司	国有法人	61.49	6,345,941,154	0	无
北京北车投资有限责任公司	国有法人	5.23	539,583,320	0	无
全国社会保障基金理事会转持三户	国有法人	3.00	309,393,275	0	未知
中国建设银行－长城品牌优选股票型证券投资基金	未知	0.91	93,747,971	0	未知
新华人寿保险股份有限公司－分红－团体分红－018L－FH001沪	未知	0.49	50,440,504	0	未知
中国工商银行－南方隆元产业主题股票型证券投资基金	未知	0.48	49,645,500	0	未知
中国银行－嘉实服务增值行业证券投资基金	未知	0.48	49,076,761	0	未知
中国工商银行－嘉实策略增长混合型证券投资基金	未知	0.39	40,004,013	0	未知
中国银行股份有限公司－嘉实研究精选股票型证券投资基金	未知	0.35	35,768,870	0	未知
中国工商银行－上证50交易型开放式指数证券投资基金	未知	0.33	34,216,617	0	未知
上述股东关联关系或一致行动的说明	中国北方机车车辆工业集团公司为公司控股股东，北京北车投资有限责任公司为公司控股股东的全资子公司及一致行动人。除此之外，公司未知上述股东之间是否存在其他关联关系或一致行动关系。				

2.3 以方框图描述公司与实际控制人之间的产权及控制关系(略)

第三节　管理层讨论与分析

(一)董事会关于公司报告期内经营情况的讨论与分析

报告期内公司总体经营情况概述：

2012年，公司经营业绩继续维持增长态势，全年实现营业收入924.3亿元，较上年增加30.8亿元，增幅为3.4%；实现利润总额41.37亿元，较上年增加5.23亿元，增幅为14.5%。实现归属于母公司股东的净利润33.84亿元，同比增长13.4%。

2012年是中国北车第二步发展的开局之年，也是国内外经济环境错综复杂、公司生产经营形势非常困难的一年。面对全球经济增速回落、国内经济下行压力加大等严峻挑战，面对铁路市场、体制、政策等不断变化的经营形势，公司认真贯彻"三步走"发展战略，凝聚各方力量，采取有效措施，积极应对各种困难挑战，努力化解各种风险压力，大力推进经营模式创新、管理创新、技术创新，确保了各项经营指标全面完成，保持了较好的成长性。

1.主营业务分析

(1)利润表及现金流量表相关科目变动分析表

单位：人民币千元

科目	本期数	上年同期数	变动比例(%)
营业收入	92,431,301	89,353,178	3.4
营业成本	78,892,525	77,348,786	2.0
销售费用	1,722,667	1,468,341	17.3
管理费用	6,673,215	5,847,180	14.1
财务费用	1,058,443	1,225,339	−13.6
经营活动产生的现金流量净额	1,904,325	−2,514,687	不适用
投资活动产生的现金流量净额	−5,070,496	−8,772,319	−30.8
筹资活动产生的现金流量净额	6,652,465	11,964,760	−44.4
研发支出	2,589,429	2,183,647	18.6

(2)收入

公司的主营业务为铁路机车车辆(含动车组)、城市轨道车辆、工程机械、机电设备、环保设备、相关部件等产品的研发、制造、修理及技术服务、设备租赁等。

1)驱动业务收入变化的因素分析

单位：人民币千元

项目	2012年度		2011年度		增长率
	收入	占比(%)	收入	占比(%)	(%)
轨道交通业务	67,024,305	72.5	70,883,000	79.3	−5.4
通用机电业务	2,262,162	2.4	1,320,089	1.5	71.4
现代服务业务	20,303,194	22.0	14,979,935	16.8	35.5
战略新兴产业	2,841,640	3.1	2,170,154	2.4	30.9
合计	92,431,301	100.0	89,353,178	100.0	3.4

公司营业收入比上年同期增长3.4%，轨道交通业务、通用机电业务、现代服务业务、战略新兴业务分别占总收入的72.5%、2.4%、22.0%、3.1%。其中轨道交通业务中机车业务收入16,343,398千元、客车业务收入5,497,641千元、动车组业务收入22,292,304千元、城轨地铁业务收入8,181,187千元、货车业务收入14,709,775千元。

2012 年度，在铁路建设趋缓的形势下，轨道交通业务产品来自铁路部分收入减少，公司抓住城市轨道交通发展的有利时机，积极开拓市场，同时加大走出去的工作力度，出口收入大幅增长。公司业务收入的主要板块轨道交通业务已形成较为完整的研发制造体系，动车组、机车、普通客车、货车、城轨车辆等具备较强的生产制造能力和市场竞争力。高速铁路动车组技术水平达到国际先进水平，在高铁主要线路承担运营任务，2008 年开通的国内首条 300 公里高速铁路京津城际铁路，运营车辆全部为中国北车生产的 CRH3 型动车，该项目获国家科技进步奖一等奖；2012 年开通的世界上第一条高寒地区长大高速铁路——哈大高铁，中国北车 CRH380B 承担全部运营任务；2011 年开通的京沪高铁所配置动车，中国北车占 60%以上。机车业务形成具备较强的市场竞争能力的产品结构，截止 2012 年末，累计招标大功率机车 6,280 台，中国北车占 58%，已全部投入运营，其中客运大功率机车全部为北车生产。铁路货车在技术、市场方面持续领先。城轨地铁业务保持良好发展势头，2012 年，在国内 12 个城市 19 个整车招议标项目中，公司中标金额及数量均居首位。首列耐高寒地铁车辆交付用户。公司在巩固轨道交通业务的同时，加快核心关键零部件、固定装备业务向相关多元领域拓展，整合内外资源，物流服务、租赁业务、工程总承包等现代服务业业务取得了较好的成绩。公司不断探索，在节能环保、风电装备、新材料等新领域也取得了突破性的进展。

2)订单分析

2012 年全年新签订单 802.6 亿元，较 2011 年 736.1 亿元，增长 9.0%；2012 年 12 月底未完成合同额 650 多亿元。

3)新产品及新服务的影响分析

公司围绕轨道交通业务，积极开发适应客户需求的系列产品，满足客户要求。时速 200–250 公里城际动车组研制成功，"北车心"牵引电传动和网络控制系统研发成功，并批量投入运用，装用"北车心"系统的八轴大功率机车，完成 10 万公里线路运用考核，无辫现代有轨电车开始试制。在相关多元业务方面，1.5MW、2MW 风机通过电网适应性测试、3MW 海陆两用风机成功下线，智能抽油机、大型养路机械、挖掘机市场得到拓展。不断创新经营模式，加快服务业和制造业融合，加快信息化与服务业的融合，配套主机产品的电气、电子、制动、传动、风源、网络控制等产品开发成功，并自我配套。北车财务公司成立，加快金融服务业务的拓展。公司始终坚持以市场需求为导向，发挥自身优势，巩固传统业务，加快培育新兴业务，促进公司持续发展。

4)主要销售客户的情况

公司前 5 名客户的销售额合计 5,191,271 万元，占年度销售总额的比例为 56.2%。客户集中度较高的原因在于原铁道部及下属铁路局是公司的最主要客户。

(3)成本

1)营业成本：2012 年公司营业成本 788.9 亿元，比上年同期增长 2.0%，低于收入增长幅度。2012 年公司产品毛利率 14.6%，比 2011 年度 13.4%，提高了 1.2 个百分点。在报告期内按照国务院国资委关于开展管理提升活动的要求，公司结合实际，制定活动方案，创新工作载体，细化工作目标，认真查找管理短板和薄弱环节，切实落实改进措施，边推进、边总结、边固化，管理基础不断夯实，经营素质有效改善，成本费用合理有效控制。

2)主要供应商情况：公司对前五名供应商的采购金额合计 858,128 万元，占年度采购总额的比例为 18.8%。

(4)费用

报告期内公司三项费用合计 94.5 亿元，比上年同期的 85.4 亿元增加 9.1 亿元，增长 10.7%。三项费用合计占营业收入的 10.2%，比上年同期 9.6%增长 0.6 个百分点。其中：

销售费用 17.2 亿元，较上年同期增长 17.3%，主要是由于报告期内公司积极扩大地铁、国外市场、新兴业务等，销售费用相应增长所致。

管理费用 66.7 亿元，较上年同期增长 14.1%，主要是报告期内研发费用增加导致管理费用相应增加所致，同时公司规模增长导致管理费用相应增加所致。

财务费用 10.6 亿元，较上年同期下降 13.6%，主要是报告期内有息负债资金成本下降引起财务费用减少所致。

所得税费用 6.0 亿元，较上年同期增长 18.2%，主要原因是本年度营业利润增加所致。

(5)研发支出

1)研发支出情况表

单位:人民币千元

科技支出	4,562,515
其中：本期费用化研发支出	2,589,214
本期资本化研发支出	215
科技支出总额占净资产比例(%)	12.5
科技支出总额占营业收入比例(%)	4.9

2)情况说明

报告期内，公司继续加大科技投入力度，全年科技支出 4,562,515 千元，占营业收入的 4.9%。其中本期研发费用支出 2,589,214 千元，比上年同期增长 18.6%。公司以"安全、高效、低碳、环保"为宗旨，以"形成品种齐全、性能优良、能够满足国内外需求的产品结构，主要产品达到国际先进水平，部分产品达到国际领先水平，实现整车技术转让"为目标，加速产品开发。以"动车组与机车牵引与控制国家重点实验室、高速列车系统集成国家工程实验室"为主导，覆盖从芯片、部件、系统，到整车产品研发的技术创新体系基本形成。有效支撑公司未来持续、快速发展。

(6)现金流

2012 年，公司经营活动产生的现金净流量为净流入 19.0 亿元，而上年度为净流出 25.1 亿元，主要原因是报告期内公司生产经营规模增长，本期销售商品、提供劳务收到的现金较上年度增加额大于购买商品接受劳务支出的现金较上年度增加额所致。

公司投资活动产生的现金净流量为现金净流出 60.7 亿元，净流出量比上年度减少 27.0 亿元，主要是报告期内公司投资支出减少所致。

公司筹资活动产生现金净流量为净流入 66.5 亿元，净流入量比上年同期下降 44.4%，主要原因是报告期内资金需求较上年减少所致。

(7)其他

1)公司利润构成或利润来源发生重大变动的详细说明

报告期内公司利润构成或利润来源未发生重大变动。

2)公司前期各类融资、重大资产重组事项实施进度分析说明

公司前期各类融资事项实施进度详见本报告摘要"三、管理层讨论与分析""6、投资状况分析"中"(3)募集资金使用情况"。报告期内公司未发生重大资产重组事项。

3)发展战略和经营计划进展说明

发展战略实施进展：

2012 年，公司重点从产品开发、战略布局、管理提升、经营模式创新等方面落实"三步走"发展战略，各项工作扎实推进，为实现第二步发展目标奠定了坚实基础。

1.产品开发成果显著，核心技术不断突破

2012 年，公司开发成果显著，核心技术不断突破。高速动车组技术平台不断完善，CRH380BL 动车组技术持续深化，CRH380B 高寒型高速动车组投入运营。机车产品自主创新水平不断提升，装用北车自主研发，拥有完全知识产权的"北车心"系统的机车投入运用考核。铁路货车技术实现由引领国内向引领国际的快速转变。多个具有较高技术含量和性价比的城轨产品开发成功。牵引电传动系统和网络控制系统的技术取得突破，动车组和机车牵引与控制国家实验室完成建设，高速列车系统集成国家工程实验室投入使用，货车整车疲劳振动试验台达到国际领先水平，技术开发手段得到加强，技术创新能力进一步提升。

2.战略布局深入推进，竞争能力不断增强

加强战略合作，推进区域发展。公司以城轨业务为先导，以华东、华南、华中等区域为重点，发挥公司整体优势，进一步加强与地方政府、大企业集团和科研院校的战略合作。

优化产业结构，推进全球布局。公司以战略规划为引导，优化产业布局、开拓新兴产业。在轨道交通业务方面，结合企业搬迁、整合重组、技术改造，推进大连、长春、黑龙江、唐山、太原等地区产业基地建设。积极推进城轨业务区域化发展。在通用机电业务方面，进一步加大了电气、电子、制动、传动、风源、网络控制等产品的投资力度。在现代服务业务方面，投资设立了中国北车集团财务有限公司(以下简称"北车财务公司")。在战略新兴业务方面，面向现代信息技术，完成北京清软英泰信息技术有限公司(以下简称"清软英泰公司")股权收购项目；面向能源装备领域，完成永济新时速电机电器有限责任公司(以下简称"永济电机公司")收购西安金风科技有限公司 80%股权项目。通过对相关子公司非轨道产业的重点投入，对其规避单一产品经营风险、实现产业多元化起到了重要支撑和保障作用。按照全球化发展的战略部署，以轨道交通装备为重点业务，以南美、南亚、东欧、独联体和大洋洲为目标区域，积极推进境外产业布局谋划。

3.管理提升扎实开展，经营模式不断创新

强化经营管理，提高经济效益。公司将内控体系建设作为规范管理、提高工作效率的重要手段，在文件体系实施的基础上，根据实施过程和内控评价中发现的问题，不断优化完善。公司围绕提升毛利率、降低费用、降低存货、提高人工效率等薄弱环节，确定了 32 个公司级管理创新创效项目，累计创效过亿元。公司精益管理加快推进，所属企业全面启动了精益生产工作。节能减排工作深入推进。质量管理不断加强，严格工艺纪律，强化质量攻关，狠抓责任落实。供应链管理持续改进，基本实现了"一杜绝、两减少、三控制"的量化目标。公司搭建集中统一的供应链管理电子商务平台，初步实现公司物资采购业务网上运作，促进物资采购对标工作开始由事后对比分析向事前比价、事中控制转变。

创新经营模式，实现协同效应。公司项目总承包模式取得实质性的进展，组建了北车建设工程有限公司，沈阳浑南有轨电车项目得到用户高度评价。内涵式发展扎实推进，按照打造具有竞争优势的产业链，提升整体市场竞争力的要求，公司制订实施了产业链建设管理办法，建立考核激励机制，通过"内需"市场，不断拉动核心技术的突破。

经营计划进展情况见本节"报告期内公司总体经营情况概述"。

2.行业、产品或地区经营情况分析

(1)主营业务分行业、分产品情况

单位:人民币千元

主营业务分行业情况

分行业	营业收入	营业成本	毛利率(%)	营业收入比上年增减(%)	营业成本比上年增减(%)	毛利率比上年增减(%)
轨道交通业务	67,024,305	55,507,806	17.2	–5.4	–8.4	2.7

通用机电业务	2,262,162	1,834,204	18.9	71.4	95.2	−9.9
现代服务业务	20,303,194	19,284,348	5.0	35.5	36.4	−0.6
战略新兴产业	2,841,640	2,266,167	20.3	30.9	36.1	−3.0
合计	92,431,301	78,892,525	14.6	3.4	2.0	1.2

轨道交通业务的营业收入比上年同期减少 5.4%，主要受铁路市场变化，动车组、大功率机车交付量减少影响。

通用机电业务的营业收入比上年同期增长 71.4%，公司在巩固整车产品的同时，利用资源优势，加速研发配套部件及相关市场的扩展，电机、电子、电器等的销售得以大幅增长。

现代服务业务的营业收入比上年同期增长 35.5%，主要是租赁业务及 BT 业务的收入增加。

战略新兴业务的营业收入比上年同期增长 30.9%，主要是智能气动机械、采油设备业务及节能环保业务的良好开展，增加了收入。

(2)主营业务分地区情况

单位:人民币千元

项目	2012 年度		2011 年度		增长率
	收入	占比(%)	收入	占比(%)	(%)
国内市场	82,772,066	89.5	83,075,286	93.0	−0.4
国际市场	9,659,235	10.5	6,277,892	7.0	53.9
合计	92,431,301	100.0	89,353,178	100.0	3.4

报告期内公司国内市场营业收入降幅为 0.4%，国际市场收入同比增幅为 53.9%，主要是报告期内国内经济形势趋缓，尤其是行业内市场需求下降，使国内市场略有降低；公司积极开拓国际市场，凭借高质量的产品赢得用户的信赖，产量和销量较上年有了较快增长。长客股份公司出口澳大利亚的 EDI 双层客车在澳大利亚荣获“制造工艺优秀奖”。齐齐哈尔装备公司在获得国际矿业巨擘澳大利亚力拓公司授予的全球最佳产品类供应商荣誉后，又被全球最大的矿业巨头澳大利亚必和必拓公司授予中国区唯一铁路行业战略供应商荣誉。

3.资产、负债情况分析

(1)资产负债情况分析表

单位:人民币千元

项目名称	本期期末数	本期期末数占总资产的比例(%)	上期期末数	上期期末数占总资产的比例(%)	本期期末金额较上期期末变动比例(%)
货币资金	9,025,114	8.5	6,037,811	6.2	49.5
应收账款	21,829,901	20.5	15,928,559	16.4	37.1
预付款项	5,412,862	5.1	7,582,292	7.8	−28.6
存货	24,646,220	23.2	31,054,409	31.9	−20.6
流动资产合计	64,214,534	60.3	63,138,857	64.9	1.7
固定资产	19,787,975	18.6	15,418,031	15.9	28.3
在建工程	5,270,086	5.0	6,391,554	6.6	−17.6
无形资产	8,566,518	8.1	8,032,962	8.3	6.6
非流动资产合计	42,222,069	39.7	34,120,874	35.1	23.7
资产总计	106,436,603	100.0	97,259,731	100.0	9.4
短期借款	5,740,600	8.2	10,110,520	14.2	−43.2
应付票据	9,692,475	13.8	8,099,667	11.4	19.7
应付账款	23,616,574	33.7	22,686,461	32.0	4.1
预收款项	6,341,885	9.1	11,339,980	16.0	−44.1
其他流动负债	13,984,474	20.0	7,987,852	11.3	75.1
流动负债合计	65,202,273	93.1	65,253,812	91.9	−0.1
长期借款	20,033	0.0	219,660	0.3	−90.9
其他非流动负债	4,693,277	6.7	4,595,303	6.5	2.1
非流动负债合计	4,840,197	6.9	5,713,633	8.1	−15.3
负债总计	70,042,470	100.0	70,967,445	100.00	−1.3

1)2012 年末公司货币资金余额占总资产比重为 8.5%，与公司需保持一定的货币资金存量以满足日常生产经营需要有关；货币资金余额较 2011 年末有所增加，主要原因是公司 2012 年底因主要客户集中支付货款使公司年末持有货币资金较上年有所增加所致。

2)公司应收账款主要为按销售合同约定的应收销货款。从绝对额看，2012 年末应收账款净额较 2011 年末增长了 37.1%；从应收账款净额占总资产比重看，2012 年末应收账款净额占总资产比重为 20.5%，较 2011 年末的 16.4%有一定增长，主要原因是本公司报告期内受国内经济环境影响，相关多元产品应收款项增加，以及出口业务大幅增长，付款期限加长等带来应收账款相应增加。

3)公司短期借款主要为向银行借入的款项，用于满足经营过程中短期流动资金的需求。2012 年末短期借款较 2011 年末减少了 43.2%，主要原因是报告期内公司增加发行了短期债券，偿还了部分银行贷款所致。

4)公司 2012 年预收款项较 2011 年末减少 44.1%，主要原因是公司签订的大功率电力机车、高速动车组和机电设备的生产订单按照合同约定生产交付，报告期内预收款项结转所致。

5)公司其他流动负债主要是应付短期债券。2012 年末其他流动负债较 2011 年末增加 75.1%，主要原因是公司报告期内增加 60 亿元短期融资券开致。

6)公司 2012 年末长期借款较 2011 年末减少 90.9%，主要原因是偿还了银行借款所致。

4.核心竞争力分析

公司主业轨道交通装备属高端装备制造业，是国家《十二五规划纲要》中的战略性产业重点之一。轨道交通装备作为国内乃至全球未来交通运输发展的重要载体，产业技术资金密集，是国家综合实力的集中体现。

中国北车是世界轨道交通装备制造行业的领军企业，在规模经营、核心技术研发、生产工艺等方面处于国际领先地位。国际铁路行业权威战略咨询公司德国 SCIVerkehr 咨询公司 2012 年发布的研究报告显示，公司 2011 年轨道交通装备业务稳居全球轨道交通装备制造商之首位。

公司创新体系能够有效支撑四大业务发展。已掌握了牵引变流、网络控制、制动、走行、驱动等 5 大关键系统相关技术，主要系统和关键部件形成内部配套能力。逐步实现从“技术跟随”到“技术引领”、从“引进来”到“走出去”、从“装备主导者”到“技术的主导者”的跨越。

5.2012 年技术创新情况

2012 年，公司全面落实中国北车科技发展“一二五”规划和年度经营发展计划，技术创新体系建设取得重大进展，技术创新能力进一步提升，产品技术研发实现新的突破，技术创新工作取得新成绩，进一步提升了公司核心竞争力和在国际轨道交通装备行业的影响力。

(1)技术创新体系建设取得重大进展。到 2012 年底，包括动车组与机车牵引与控制国家重点实验室和高速列车系统集成国家工程实验室等 2 个国家级研发机构，5 个核心关键技术研发单位，4 个系统部件研制企业和 4 个整车制造企业在内的中国北车电力牵引核心关键技术与产品的研发体系基本形成。

(2)技术创新能力进一步提升。高速列车系统集成国家工程实验室 13 个试验台投入使用，在动车组产品开发中开始发挥重要作用。动车组和机车牵引与控制国家重点实验室(北车基地)完成建设工程。整车疲劳振动试验台达到国际领先水平，为货车技术持续领跑提供了有力支撑。以牵引变流控制半实物仿真系统为代表的一批系统部件试验验证、半实物仿真和分析计算条件基本形成，增强了技术产品的开发能力。主持起草的《客车通过台》UIC 国际标准项目启动，主持起草国家标准 9 项、行业标准 59 项，参与起草国家标准 18 项、行业标准 66 项，完成 4 项中国北车技术标准的编制和颁布。申请专利 1,345 件，其中发明专利 696 件，发明专利占比达 51.7%，获得 3 项中国专利优秀奖，申报 PCT 专利 48 件、国外专利 32 件，获得澳大利亚授权专利 5 件、美国授权专利 4 件。这是中国轨道交通装备行业首次获得美国专利授权。美国是世界上专利审查最严格的国家之一，其专利具有较高的含金量，获得美国专利授权将为中国北车进一步登陆美国及拓展国际市场起到较好的“保驾护航”作用。

(3)技术产品研发实现新的突破。

开发研制多个重大重点产品，产品研发实现新突破。世界设计时速最高，实现多项重大技术原创，达到国际领先水平的 CRH380B 型高寒动车组投入批量运用，标志着中国北车高速动车组设计制造技术新的跃升。时速 200−250 公里 CRH3A 型、CRH3G 型城际动车组完成总组装。国家科技项目智能列车、谱系化列车研制按照计划积极推进。向巴基斯坦铁路提供客车组装技术支持，迈出了技术出口的又一新步伐。

装用北车自主研发、拥有完全知识产权的“北车心”系统的 HXD2C 型机车投入运用考核且状态良好。装用“北车心”系统的自主化八轴机车完成型式试验及 10 万公里线路运用考核。160km/h 客运机车进入运用考核阶段。HXN3B 型内燃机车和 4400 马力内燃调车机车完成总装。30t 轴重货运机车完成设计。

铁路货车技术实现由引领国内向引领国际的快速转变。出口澳大利亚 40t 轴重矿石车列入国家重点新产品计划，成为世界上自重最轻，载重最大的货车产品。ZK1 型 32.5t 货车转向架经过美国铁路运输技术中心 TTCI 试验测试，性能达到国际领先水平。装有符合 UIC 标准 160km/h 转向架的快捷行包专用车样车经过环线试验，指标优良。研制的 KM80 型煤炭漏斗车和 KZ80 型石砟漏斗车具有国内领先水平。

首列自主化 100%低地板轻轨车正式载客运行。为哈尔滨成功研制了国内首列耐高寒地铁车辆，该设计获得了德国 IF 汉诺威工业设计大奖。采用混合动力配置的沈阳浑南现代有轨电车项目进展顺利。时速 120−160 公里、200−250 公里城际(市域)电动车组完成了技术规范，细化了技术条件和总体方案。

在相关多元产品方面，多功能综合作业车、边坡清筛机、接触网综合作业车、钢轨铣磨车等产品研发成功并投入生产。3MW 风力发电机组完成整机调试，达到满发状态，并通过中国船级社的认证。3MW 永磁风力发电机样机完成试制。

6.投资状况分析

(1)对外股权投资总体分析

对外股权投资总体分析

单位: 人民币万元

报告期内投资额	914,091
投资额增减变动数	761,808
上年同期投资额	152,283

投资额增减幅度(%)	400.26

公司 2012 年股权投资项目表

序号	被投资的公司名称	所属行业	占被投资公司权益的比例(%)	投资形式
1	CNR Cargo 货车有限公司	交通运输设备制造业	50	增资
2	北车建设工程有限责任公司	建筑业	100	独资新设
3	北车财务公司	金融业	83.30	合资新设
4	清软英泰公司	软件业	51	股权收购、增资
5	长春长客轨道车辆配件销售有限责任公司	交通运输设备制造业	100	增资
6	重庆北车长客四方所科技有限公司	交通运输设备制造业	100	独资新设
7	山东华腾环保科技有限公司	专用设备制造业	100	增资
8	山东同力达智能机械有限公司	专用设备制造业	100	增资
9	沈阳北车建设工程有限公司	工程总承包	100	独资新设
10	牡丹江金缘钩缓制造有限责任公司	交通运输设备制造业	100	股权收购
11	西安永电金风科技有限公司	专用设备制造业	80	股权收购
12	中国北车集团大同电力机车有限责任公司、济南轨道交通装备有限责任公司等所属 8 家子企业	交通运输设备制造业	100	增资
13	齐齐哈尔装备公司、唐山轨道客车有限责任公司、中国北车集团大连机车车辆有限公司等所属 12 家子企业	交通运输设备制造业	100	增资
14	长客股份公司	交通运输设备制造业	93	股权收购
15	北车集团齐齐哈尔铁路车辆有限责任公司	交通运输设备制造业	100	独资新设
16	大同北车重工有限公司	专用设备制造业	100	独资新设
17	青岛思锐科技有限公司	交通运输设备制造业	100	增资

1)持有其他上市公司股权的主要情况

单位:人民币千元

证券代码	证券简称	最初投资成本	占该公司股权比例(%)	期末账面值	报告期损益	报告期所有者权益变动	会计核算科目	股份来源
600458	时代新材	2,555	0.83	55,960	429	8,705	可供出售金融资产	原始股购入
HK00580	赛晶电力电子	27,854	3.75	18,267	–	−2,902	可供出售金融资产	原始股购入
合计		30,409	/	74,227	429	5,803	/	/

2)持有非上市金融企业股权情况

所持对象名称	最初投资金额(元)	持有数量(股)	占该公司股权比例(%)	期末账面价值(元)	报告期损益(元)	报告期所有者权益变动(元)	会计核算科目	股份来源
北车财务公司	1,000,000,000	–	83.33	1,000,000,000	–	–	长期股权投资	初始投入
合计	1,000,000,000	–	/	1,000,000,000	–	–	/	/

(2)非金融类公司委托理财及衍生品投资的情况

1)委托理财情况

本年度公司无重大委托理财事项。

2)委托贷款情况

本年度公司无委托贷款事项。

3)其他投资理财及衍生品投资情况

本年度公司无其他投资理财及衍生品投资事项。

(3)募集资金使用情况

1)募集资金总体使用情况

单位:人民币万元

募集年份	募集方式	募集资金总额	本年度已使用募集资金总额	已累计使用募集资金总额	尚未使用募集资金总额	尚未使用募集资金用途及去向
2009	首次发行	1,354,292	49,840	1,310,331	43,961	以募集资金向控股子公司(含分公司)增资并存放于控股子公司
2012	配股	687,364	567,452	567,452	119,912	以募集资金向控股子公司增资并存放于控股子公司

2)募集资金承诺项目使用情况

单位:人民币万元

序号	承诺项目名称	是否变更项目	募集资金拟投入金额	募集资金本年度投入金额	募集资金实际累计投入金额	是否符合计划进度	项目进度	产生收益情况	是否符合预计收益	未达到计划进度和收益说明	变更原因及募集资金变更程序说明
首次公开发行 A 股股票募集资金投资项目											
1	时速 350 公里动车组制造平台建设项目	是	131,200	0	131,200	是	100%	922,135	是		变更原因和变更程序详见 2010 年年度报告“八、董事会报告”部分
2	时速 300 公里动车组技术引进消化吸收和国产化技术改造项目	否	68,000	0	68,000	是	100%	29,486	是		
3	时速 300 公里动车组仓储系统建设项目	否	9,000	0	9,000	是	100%	不适用	不适用		
4	时速 200 公里动车组技术引进消化吸收和国产化技术改造项目	否	46,000	378	46,000	是	100%	372,366	是		
5	高速列车系统集成国家工程实验室建设项目	否	11,400	1,922	11,400	是	100%	不适用	不适用		
6	时速 300 公里动车组转向架技术引进消化吸收和国产化技术改造项目	否	9,800	0	9,800	是	100%	502,564	是		
7	六轴大功率交流传动电力机车技术引进消化吸收和国产化技术改造项目	否	38,800	7,206	36,509	是	94%	161,339	是	已于 2012 年内如期完工,部分合同尾款尚未支付完毕	
8	9600kW 大功率交流传动电力机车技术改造项目	否	45,100	442	44,898	是	100%	156,530	是	已于 2010 年内如期完工,部分合同尾款尚未支付完毕	
9	生产六轴大功率交流传动电力机车技术改造项目	否	34,500	0	34,500	是	100%	30,963	是		
10	大功率交流传动内燃机机车技术引进消化吸收和国产化技术改造项目	否	47,800	603	43,752	是	92%	115,277	是	已于 2010 年内如期完工,部分合同尾款尚未同尾款尚未	
11	大型养路工程	否	20,000	4,549	17,780	是	89%	22,244	是	已于 2012	

	机械技术引进消化吸收和国产化技术改造项目									年内如期完工,部分合同尾款尚未支付完毕	
12	大功率交流机车微机网络控制系统及内燃机车柴油机关键部件技术引进消化吸收和国产化技术改造项目	否	10,000	369	10,000	是	100%	32,115	是		
13	时速200公里动车组配套列车网络系统、制动系统和钩缓装置技术引进消化吸收和国产化技术改造项目	否	11,000	0	11,000	是	100%	58,615	是		
14	加强电力牵引核心技术自主创新能力技术改造项目	是	9,000	2,692	7,348	否	82%	不适用	不适用	由于中国北车股份有限公司大连电力牵引研发中心(以下简称“大连电牵研发中心”)所处位置已被大连市纳入新版《大连市整体城市规划》的商业区,公司将新址选择在大连旅顺机车基地区域,建设需要统一规划调整,项目完工时间由2011年调整至2013年。具体变更程序详见“募集资金变更项目情况”。	
15	提高铁路货车水平及关键零部件专业化生产技术改造项目	否	32,000	4,744	31,152	是	97%	121,617	是	已于2012年内如期完工,部分合同尾款尚未支付完毕	
16	建设铁路货车研发中心和组装基地建设项目	否	22,000	0	22,000	是	100%	88,082	是		
17	出口铁路客车生产技术改造项目	否	36,000	109	36,000	是	100%	454,760	是		
18	适应25吨轴重货运重载技术开发提高70吨级铁路新型罐车制造工艺水平技术改造项目	否	19,600	930	14,149	否	72%	67,038	是	为了满足原铁道部对铁路货车重载、快捷的发展要求,对部分设备进行了优化,项目完工时间由2011年调整至2013年	
19	新型电力机车检修和提高工程车制造工艺水平技术改造项目	是	31,000	13,854	19,779	否	64%	不适用	不适用	由于项目实施主体太原轨道交通装备有限责任公司(以下简称“太原装备公司”)将实施企业整体搬迁,因此项目投资进度放缓,项目完工时间由2010年调整至2013年。具体变更程序详见“募集资金变更项目情况”。	
20	建设快速重载铁路货车研发与制造基地改造项目	否	23,400	230	22,600	是	97%	138,800	是	已于2009年内如期完工,部分合同尾款尚未支付完毕	
21	风力发电和研发中心项目	否	82,000	5,565	71,265	是	87%	76,901	是	已于2012年内如期完工,部分合同尾款尚未支付完毕	
22	大型钢结构产业基地及智能化装配设备技术改造项目	否	27,000	1,396	26,742	是	99%	71,192	是	已于2010年内如期完工,部分合同尾款尚未支付完毕	
23	列车电气产品及空气弹簧产品技术改造项目	否	37,000	6	37,000	是	100%	79,873	是		
24	整体信息化建设工程项目	否	16,000	4,845	12,457	否	78%	不适用	不适用	结合公司整体流程优化,重新调整项目进度,项目完工时间由2011年调整至2013年	
	配股发行A股股票募集资金投资项目										
1	动车组和机车牵引与控制国家重点实验室北车基地建设项目	否	14,400	11,372	11,372	是	79%	不适用	不适用		
2	高速检测列车及时速400公里以上高速动车组研发和试验平台建设项目	否	39,000	8,613	8,613	是	22%	不适用	不适用		
3	时速350公里动车组新技术改造项目(4-6列)	否	8,000	8,000	8,000	是	100%	不适用	不适用		
4	高速动车组检修基地建设项目	否	65,000	30,182	30,182	是	46%	不适用	不适用		
5	城际列车不锈钢车体制造建设项目	是	19,000	17,728	17,728	是	93%	不适用	不适用	已于2012年内如期完工,部分合同尾款尚未支付完毕	实施主体由下属二级全资子公司变更为其对应的下属三级全资子公司。变更原因和变更程序详见“募集资金变更项目情况”。
6	配套大功率机车和时速200公里以上动车	否	21,000	15,392	15,392	是	73%	不适用	不适用	已于2012年内如期完工,部分	

(上页续:2013年。具体变更程序详见“募集资金变更项目情况”。)

	组齿轮箱专业化生产技术改造项目									合同尾款尚未支付完毕	
7	交流传动机车及高速动车组传动装置与风源系统产业化能力提升技术改造项目	否	27,300	19,649	19,649	是	72%	不适用	不适用		
8	轨道车辆制动系统研发及产业化技术改造项目	否	8,300	6,869	6,869	否	83%	不适用	不适用	已于2012年内如期完工，部分合同尾款尚未支付完毕	
9	高速列车弹簧制造及轧制工具生产技术改造项目	否	4,500	4,500	4,500	是	100%	不适用	不适用		
10	重载快捷货车技术研发平台建设项目	否	10,000	4,756	4,756	是	48%	不适用	不适用		
11	铁路货车疲劳与振动试验台建设项目	否	6,400	6,182	6,182	是	97%	不适用	不适用	已于2012年内如期完工，部分合同尾款尚未支付完毕	
12	重载快捷铁路货车制造工艺技术水平提升技术改造项目	否	45,000	24,136	24,136	是	54%	不适用	不适用		
13	重载快捷及出口铁路货车大型部件制造水平提升技术改造项目	是	18,000	18,000	18,000	是	100%	不适用	不适用		实施主体由下属二级全资子公司变更为其对应的下属三级全资子公司。变更原因和变更程序详见“募集资金变更项目情况”。
14	大连机车旅顺基地一期建设项目	否	45,000	45,000	45,000	否	100%	不适用	不适用		
15	大连机车旅顺基地二期建设项目	否	100,000	26,920	26,920	是	27%	不适用	不适用		
16	机车检修及工矿机车扩能技术改造项目	否	3,300	3,262	3,262	是	99%	不适用	不适用	已于2012年内如期完工，部分合同尾款尚未支付完毕	
17	大连旅顺经济开发区特种铁路集装箱产业基地建设项目	是	8,000	8,000	8,000	是	100%	不适用	不适用		实施主体由下属二级全资子公司变更为其对应的下属三级全资子公司。变更原因和变更程序详见“募集资金变更项目情况”。
18	煤机装备制造（液压支架一期）建设项目	否	5,500	3,956	3,956	是	72%	不适用	不适用	已于2012年内如期完工，部分合同尾款尚未支付完毕	
19	煤机装备一期（无轨胶轮车）建设项目	否	4,800	1,373	1,373	是	29%	不适用	不适用		
20	哈车钢材物流基地建设技术改造项目	是	7,500	7,498	7,498	是	100%	不适用	不适用	已于2012年内如期完工，部分合同尾款尚未支付完毕	实施主体由下属二级全资子公司变更为其对应的下属三级全资子公司。变更原因和变更程序详见“募集资金变更项目情况”。
21	增资北车租赁公司项目	否	50,000	50,000	50,000	是	100%	不适用	不适用		
22	补充一般营运资金	否	177,364	177,364	177,364	是	100%	不适用	不适用		

3）募集资金变更项目情况

单位：人民币万元

变更投资项目资金总额 92,500

序号	变更后的项目名称	对应的原承诺项目	变更项目拟投入金额	本年度投入金额	累计实际投入金额	是否符合计划进度	产生收益情况	项目进度	是否符合预计收益	未达到计划进度和收益说明
1	时速350公里动车组制造平台建设项目	时速350公里动车组制造平台建设项目	131,200	0	131,200	是	922,135	100%	是	
2	加强电力牵引核心技术自主创新能力技术改造项目	加强电力牵引核心技术自主创新能力技术改造项目	9,000	2,692	7,348	否	不适用	82%	不适用	由于大连电牵研发中心所处位置已被大连市纳入新版《大连市整体城市规划》的商业区，公司将新址选择在大连旅顺机车基地区域，建设需要统一规划调整，项目完工时间由2011年调整至2013年
3	新型电力机车检修和提高工程车制造工艺水平技术改造项目	新型电力机车检修和提高工程车制造工艺水平技术改造项目	31,000	13,854	19,779	否	不适用	64%	不适用	由于项目实施主体太原装备公司将实施企业整体搬迁，因此项目投资进度放缓，项目完工时间由2010年调整至2013年
4	城际列车不锈钢车体制造建设项目	城际列车不锈钢车体制造建设项目	19,000	17,728	17,728	是	不适用	93%	不适用	已于2012年内如期完工，部分合同尾款尚未支付完毕
5	重载快捷及出口铁路货车大	重载快捷及出口铁路货车大	18,000	18,000	18,000	是	不适用	100%	不适用	

	型部件制造水平提升技术改造项目	型部件制造水平提升技术改造项目								
6	大连旅顺经济开发区特种铁路集装箱产业基地建设项目	大连旅顺经济开发区特种铁路集装箱产业基地建设项目	8,000	8,000	8,000	是	不适用	100%	不适用	
7	哈车钢材物流基地建设技术改造项目	哈车钢材物流基地建设技术改造项目	7,500	7,498	7,498	是	不适用	100%	不适用	已于2012年内如期完工,部分合同尾款尚未支付完毕

a)首次公开发行A股股票募集资金变更项目情况说明

因公司下属大连电牵研发中心所处位置已被大连市纳入新版《大连市整体城市规划》的商业区,中国北车将新址选择在大连旅顺机车基地区域,并实施动车组和机车牵引与控制国家工程实验室建设项目,"加强电力牵引核心技术自主创新能力技术改造项目"建设需要统一规划调整;太原装备公司地处的山西省太原市为促进带动山西装备制造业的发展,决定建设"铁路工业装备园"区,与中国北车签订战略合作框架协议,将太原装备公司整体搬迁入园,太原装备公司退城搬迁入园建设项目已开工建设,本项目应统筹规划。经公司于2012年4月26日召开的第二届董事会第五次会议审议通过,公司对首次公开发行股票的24项募集资金投资项目中的大连电牵研发中心实施的"加强电力牵引核心技术自主创新能力技术改造项目"以及太原装备公司实施的"新型电力机车检修和提高工程车制造工艺水平技术改造项目"的实施地点进行变更。

该次变更上述募投项目实施地点,为企业可持续发展创造了有利的环境条件,有利于项目纲领规模和预期效益目标的实现,并未改变募集资金投资项目建设内容和实施方式,不存在变相改变募集资金投向和损害股东利益的情形。依据相关规定,该次募集资金投资项目变更仅涉及实施地点变更,无需股东大会审批。保荐人中国国际金融有限公司出具了专项核查意见,同意该变更事项。公司于2012年4月28日发布了《中国北车股份有限公司第二届董事会第五次会议决议公告》(临2012-031)和《中国北车股份有限公司关于变更部分首次公开发行股票募集资金投资项目实施地点的公告》(临2012-033)对上述变更事项进行了详细披露。

b)配股发行A股股票募集资金变更项目情况说明

经公司于2012年4月10日召开的第二届董事会第四次会议、第二届监事会第二次会议和于2012年5月23日召开的2011年年度股东大会审议批准,公司将配股募集资金投资项目中的4个投资项目的实施主体由下属二级全资子公司变更为其对应的下属三级全资子公司,具体情况如下:

1."城际列车不锈钢车体制造建设项目":项目总投资人民币25,450万元,计划使用配股募集资金人民币19,000万元,原实施主体为唐山轨道客车有限责任公司(以下简称"唐山客车公司"),调整后的实施主体为其全资子公司天津北车轨道装备有限公司。

2."重载快捷及出口铁路货车大型部件制造水平提升技术改造项目":项目总投资人民币40,000万元,计划使用配股募集资金人民币18,000万元,原实施主体为齐齐哈尔装备公司,调整后的实施主体为其全资子公司牡丹江金缘钩缓制造有限责任公司。

3."大连旅顺经济开发区特种铁路集装箱产业基地建设项目":项目总投资人民币20,000万元,计划使用配股募集资金人民币8,000万元,原实施主体为齐齐哈尔装备公司,调整后的实施主体为其全资子公司大连齐车轨道交通装备有限责任公司。

4."哈车钢材物流基地建设技术改造项目":项目总投资人民币19,800万元,计划使用配股募集资金人民币7,500万元,原实施主体为齐齐哈尔装备公司,调整后的实施主体为其全资子公司哈尔滨装备公司。

上述变更部分配股募集资金投资项目实施主体符合公司发展规划和客观实际情况,项目实施主体调整后,项目的建设内容、建设地点等其他事项均保持不变,不影响该募集资金投资项目的实施,不存在变相改变募集资金投向和损害股东利益的情形。

公司独立董事就前述事项发表了同意意见,公司监事会作出决议同意该变更事项,保荐人中国国际金融有限公司出具了专项核查意见,同意该变更事项。公司于2012年4月12日及2012年5月24日分别发布了《中国北车股份有限公司第二届董事会第四次会议决议暨召开2011年年度股东大会通知的公告》(临2012-022)和《中国北车股份有限公司关于变更部分配股募集资金投资项目实施主体的公告》(临2012-027)及《中国北车股份有限公司2011年年度股东大会决议公告》(临2012-037)对上述变更事项进行了详细披露。

c)募集资金置换预先投入的自筹资金的情况说明

2012年度,公司实施了两次使用募集资金置换预先投入自筹资金的情况。截至2012年12月31日,公司实际累计以募集资金置换预先投入募投项目的自有资金的金额为132,441万元。

2012年4月10日,经公司第二届董事会第四次会议审议批准,本公司以配股募集资金置换预先投入募投项目的自有资金人民币98,522万元。毕马威华振会计师事务所对所置换的自筹资金使用情况予以审核,并出具了《中国北车股份有限公司预先已投入募集资金投资项目的自筹资金截至2012年3月9日止使用情况的审核报告》(KPMG-A(2012)ORNo.0069号)。公司独立董事对该置换事项发表了同意意见。保荐人中国国际金融有限公司对上述置换情况出具了专项核查意见。公司于2012年4月12日发布了《中国北车股份有限公司第二届董事会第四次会议决议暨召开2011年年度股东大会通知的公告》(临2012-022)和《中国北车股份有限公司关于运用募集资金置换预先投入募集资金投资项目的自筹资金的公告》(临2012-026),对该项募投项目先期投入及置换情况进行了详细披露。

2012年7月6日,经公司第二届董事会第七次会议审议批准,本公司以配股募集资金置换预先投入募投项目的自有资金33,919万元。毕马威华振会计师事务所对所置换的自筹资金使用情况予以审核,并出具了《中国北车股份有限公司预先已投入募集资金投资项目的自筹资金截至2012年5月30日止使用情况的审核报告》(KPMG-A(2012)ORNo.0473号)。公司独立董事对该置换事项发表了同意意见。保荐人中国国际金融有限公司对上述置换情况出具了专项核查意见。公司于2012年7月7日发布了《中国北车股份有限公司第二届董事会第七次会议决议公告》(临2012-046)和《中国北车股份有限公司关于以配股募集资金置换预先投入至4项配股募集资金投资项目的自筹资金的公告》(2012-049),对该项募投项目先期投入及置换情况进行了详细披露。

d)使用闲置募集资金暂时补充营运资金的情况说明

2012年4月26日,经公司第二届董事会第五次会议审议批准,公司以人民币6.87亿元闲置募集资金暂时用于补充流动资金,约占配股募集资金净额的9.99%,使用时间不超过6个月。公司独立董事对该事项发表了同意意见。监事会作出决议同意该事项。保荐人中国国际金融有限公司出具了专项核查意见。公司于2012年4月28日发布了《中国北车股份有限公司第二届董事会第五次会议决议公告》(临2012-031)和《中国北车股份有限公司关于以闲置募集资金暂时补充流动资金的公告》(2012-034),对该部分闲置募集资金补充流动资金的情况进行了详细披露。公司已将补充流动资金人民币6.87亿元的募集资金归还,上述资金已于2012年10月19日全部转入公司募集资金专户。上述归还事项已及时通知保荐人中国国际金融有限公司和保荐代表人。公司于2012年10月22日发布了《中国北车股份有限公司关于用自有资金归还募集资金的公告》(临2012-060)。

2012年10月26日,经公司第二届董事会第十次会议审议批准,公司在确保募集资金投资项目正常进展的前提下,继续使用人民币6.87亿元闲置募集资金暂时用于补充流动资金,约占配股募集资金净额的9.99%,使用期限不超过6个月,到期后归还至募集资金专用账户。在此期间如遇募集资金专用账户余额不能满足募集资金的正常支付的情况,将根据实际需要将已补充流动资金的募集资金返回至募集资金专用账户。公司独立董事对该事项发表了同意意见。监事会作出决议同意该事项。保荐人中国国际金融有限公司出具了专项核查意见。公司于2012年10月29日发布了《中国北车股份有限公司第二届董事会第十次会议决议公告》(临2012-063)和《中国北车股份有限公司关于继续使用部分闲置募集资金暂时用于补充流动资金的公告》(2012-065),对该部分闲置募集资金补充流动资金的情况进行了详细披露。

(4)主要子公司分析

单位:人民币千元

企业名称	主营业务产品及范围	注册资本	年末资产总额	归属于母公司股东的年末净资产	归属于母公司股东的2012年净利润	2012年营业收入	2012年营业利润
大连机辆公司	铁路内燃机车、电力机车、城轨车辆研发制造与修理	2,443,000	9,910,585	4,631,243	332,244	10,338,829	309,663
长客股份公司	铁路动车组、客车、城轨车辆研发、制造,铁路动车组、高档客车修理	2,079,388	24,621,873	6,222,231	1,338,223	22,842,079	1,489,931
唐山客车公司	铁路动车组、客车、城轨车辆研发、制造,铁路动车组、高档客车修理	2,257,000	14,280,859	4,242,299	614,660	10,637,999	601,568
齐齐哈尔装备公司	铁路货车研发、制造与修理;铁路起重机研发、制造	778,000	5,398,375	1,776,734	317,826	11,044,028	315,792

(二)董事会关于公司未来发展的讨论与分析

1.行业竞争格局和发展趋势

(1)宏观经济方面

当今,全球进入了一个长期波动和低速增长时期,因次贷危机、主权债务危机引发的全球金融危机已经延伸到实体经济,范围已经布及全球,此次经济危机,集中反映出多个经济体多年来在经济发展方式、经济结构、金融结构和财政结构等各个层面存在的问题,危机的恢复须以这些基本问题得到解决为基本前提,而解决结构问题时间相对较长,因此,危机可能持续的时间相对较长。

(2)产业政策方面

1)铁路仍是国家投资建设的重点,需求稳步增长。

铁路作为国民经济大动脉、国家重要基础设施和大众化交通工具,仍然是当前国家投资和建设的重点,铁路建设将保持加快推进的态势,铁路"十二五"规划将如期实施。随着高铁客运专线的陆续开通,高铁网络初步形成,既有线运输能力逐步释放,铁路运输装备需求将平稳增长。

2)铁路改革逐步深化,带来新的机遇。

随着铁路管理体制和运行机制改革的加快推进,铁路体制改革迈出实质性步伐,带来市场环境、产品结构和招标采购方式等一系列变化。铁路市场环境虽更趋复杂,但改革发展的趋势给公司经营带来新的机遇。

3)城市轨道建设保持较快增长势头,呈现多种发展模式。

随着国内城镇化步伐的加快,未来城市轨道交通将继续保持较快的增长势头。据国家发改委统计数据,至2012年底,我国已有35个城市轨道交通规划获得批准,规划总里程达到2,700公里左右,计划投资将超过1万亿元。同时,还有部分城市开始规划轨道交通线路,我国城市轨道交通建设的总规模还会扩大。到2013年,已批准的项目将进入规模建设阶段,城轨投资规模将达到2,800-2,900亿元。城市轨道交通建设保持高位,必将带来城轨车辆需求的持续增长。但是城轨市场竞争也越来越激烈,必将使城轨项目建设呈多样化的发展模式。

(3)行业格局方面

1)公司经营规模和经营领域有了质的飞跃。

根据国际业内权威机构的研究报告,公司在轨道交通装备领域的营业收入已经位居世界第一。在全国18个省、自治区及直辖市拥有生产基地。产品出口60多个国家和地区,内燃机车、客车、货车批量进入发达国家市场,大功率交流传动电力机车进入欧洲市场,城轨地铁车辆成功打入香港、沙特等城轨地铁高端市场,公司基本具备了与国际同行企业同台竞技的能力。

2)主要业务板块均获得长足发展。

2012年度,公司在机车、高速动车组、普通客车、货车、城轨车、核心关键零部件、固定装备业务、工程总包等主要业务板块均获得长足发展。公司机车业务形成具备较强的市场应变能力的产品结构;高速铁路动车组技术达到国际先进水平;普通客车业务快速增长;铁路货车业务持续领跑;城轨车辆业务以磁浮车、低地板车为代表的新产品业务实现了新突破;核心关键零部件相关业务主要涉及牵引、驱动、电气控制、柴油机动力、机械传动、制动、风源、换热、通风冷却、轮轴轮对等专业业务,目前的配套能力已经能基本满足主机厂的生产需求;工程总包业已搭建了业务发展平台,与多个城市签订了工程总承包或BT项目建设框架协议,持续拓展市场空间。

(4)存在的压力方面

公司主要存在三方面压力。一是世界经济增速将在相当长时期处于较低水平,国际贸易保护主义抬头,国际市场竞争更加激烈,实施北车国际化战略面临更多的风险和挑战。二是我国已进入土地、原材料、能源、劳动力等生产要素成本持续上升的发展阶段,资源环境约束不断强化。三是人民币面临升值压力,公司在国际市场上的成本比较优势将逐步消失。总体而言,要素成本不断加大的压力,使得经营环境严峻复杂,经营压力不断加大。

2.公司发展战略

铁路作为国民经济大动脉、国家重要基础设施和大众化交通工具,未来仍是国家投资和建设的重点,铁路建设将保持加快推进的态势。随着铁路管理体制和运行机制改革的加快推进,铁路发展的体制机制将更为理顺,市场化程度将会不断提高,对公司经营发展必将带来新的机遇。随着城镇化进程的不断加快,城市轨道交通将继续保持较快的增长势头,城轨项目建设必将呈现出多元化的发展模式。

未来,公司发展战略、决策制定仍然以三步走发展战略为指导,不断提升发展质量和效益,加快把中国北车打造成为以轨道交通装备为核心、为未来城市提供系统解决方案、具有国际竞争力的世界一流企业。公司已经圆满完成了第一步走的目标,并继续以第二步和第三步目标为发展方向,通过加强全面风险管理,有效控制投资风险、财务风险、法律风险以及国际化经营风险,确保实现有质量、有效益、可持续的增长。

3.经营计划

2013年,公司紧密围绕三步走发展战略总要求,牢牢把握"成长"、"效益"、"健康"总基调,转变发展方式,深化经营模式、技术、管理三大创新,以"调结构"、"强核心"、"降成本"为重点,紧紧围绕股权激励计划明确的考核年度营业收入增长率15%、扣除非经常性损益后的加权平均净资产收益率10.5%的业绩目标,不断提升发展质量和效益,加快把中国北车打造成为以轨道交通装备为核心、为未来城市提供系统解决方案、具有国际竞争力的世界一流企业。

在营业收入总量增长的情况下,进一步优化产业结构,继续巩固壮大轨道交通装备核心产业。密切关注以政企分开为核心内容的铁路体制改革,在产业布局、市场营销、产品开发等方面超前研究,抓住机遇,积极应对。紧紧抓住城轨市场发展机遇,创新营销手段。加快向相关多元领域拓展。整合内外资源,不断提升通用机电核心能力,将节能环保、风电装备、新材料、船舶海工装备等目标产业做强做优做大。大力发展生产性服务业。把生产性服务业作为未来的重要产业来发展。加快制造业和服务业的融合,加快向制造环节的两端延伸。融资租赁业务在重点发展国内轨道交通设备租赁市场的同时,研究探索境外租赁业务,逐步扩展国外市场。积极探索其他金融服务业务,围绕产业链,通过产融结合做成金融服务产业。结合公司的战略布局调整,通过在国外设立、并购生产基地、研发机构等,力争使北车的国际化程度提高,为建设国际化北车奠定基础。

4.因维持当前业务并完成在建投资项目公司所需的资金需求

2013年公司在建固定资产投资项目计划投资55亿元,主要用于高速动车组、大功率交流传动机车、重载货车和城市轨道车辆造修基地,关键系统和重要零部件研发和产业化制造平台,风电装备、煤机装备、环保产品制造平台以及物流基地等项目建设,并推进公司业务的区域化、全球化拓展。2013年资金来源主要为已募集资金、企业自有资金及银行贷款。

5.可能面对的风险

(1)政策性风险。公司所处行业受国家宏观调控经济政策和行业或产业政策调整的影响。未来国家宏观经济政策紧缩、行业需求或发展放缓将直接影响公司市场环境,并给公司经营带来风险。此外,公司从事的轨道装备制造业作为国民经济的基础性行业之一,存在受国家宏观经济周期波动性影响的风险。

应对措施:加强对宏观经济形势的分析,提高分析研究的有效性和及时性;通过调整业务模式或结构来应对不同的宏观经济形势。

(2)行业风险。公司主要从事铁路装备制造业,国内、国际铁路行业有相对独立的技术规范和行业标准,目前中国铁路正处在高速发展期,中国的铁路技术标准正在逐步与国际接轨。如果公司不能及时调整并适应上述标准和规范的变化,将给公司经营带来风险。公司随着行业准入可能进一步的放开、中国铁路市场的逐步开放和国外厂商利用技术和资本输出等方式的渗透,导致市场竞争可能日益加剧。如果公司不能有效应对前述竞争,将可能导致利润率水平降低和市场占有率的下滑。公司可能存在其他运输装备发展而导致对铁路产品需求降低的风险。

应对措施:不断提高公司的市场竞争能力,提高公司产品的性价比,使公司产品处于市场竞争的有利地位。以市场需求为导向,研发满足市场需求的产品。加强公司对国内、国际行业标准制定的参与度,使公司处于行业标准和规范的引领地位。

(3)经营风险。

1)客户相对集中风险。近年来公司不断开拓路外市场、相关多元市场和国际市场,逐步降低对铁路市场的依赖度。但是,近期公司所处的行业如不发生重大变化,中国铁路总公司仍然是公司的主要客户。如果其调整政策或由于宏观经济形势或其自身的经营状况不佳,而对公司产品降低需求、不及时付款、以大客户身份与公司磋商降低采购价格,将对公司的经营业绩和现金流产生不利的影响。

应对措施:不断提升轨道交通装备产品的核心竞争力,开发满足市场需求的多元化产品,提升在总收入中的占比;加大国际市场的开拓力度,同时提升国际市场收入占比。

2)技术风险。目前公司在技术创新方面已经取得了相当的进步,但是,随着行业产品的换代升级和国际同行业产品的不断创新,对公司的持续产品创新能力和产品质量的可靠性提出更高的要求,公司存在技术创新方面的风险与挑战。

应对措施:组建公司不同领域的专家团队,提升产品的创新管理能力。处理好技术引进、消化吸收与再创新的关系。采取引进与加速培养相结合的方式,加快培育行业技术领军型人才。

3)原材料价格风险。公司所处的行业属于传统的机械制造业,公司产品的原材料采购成本占生产成本的比重较高,如果未来原材料价格出现明显上涨,而公司产品的价格无法及时调整,将对公司的经营造成不利的影响。

应对措施:调整完善采购管理方式与方法,加大集中采购管理制度,通过采购方式的创新,相应降低采购成本;同时,加强对市场采购产品的价格跟踪,完善产品价格分析与管理系统。

(4)财务风险。公司利率与汇率风险。公司日常生产经营尚需要银行等金融机构的支持,存在一定的金融负债,人民币利率的上升将直接增加公司的财务费用,降低公司的盈利水平;公司海外业务产品的交付期比国内产品要长,会存在汇率波动的风险,同时,随着汇率的进一步上涨,将影响到产品出口价格,进而影响到公司产品的出口竞争力。

应对措施:优化公司的资产结构,采取组合融资方式,降低公司的融资成本;加强对汇率的分析,利用好汇率波动周期,采取锁汇等方式,降低汇率风险。

(三)董事会对会计师事务所"非标准审计报告"的说明

1.董事会、监事会对会计师事务所"非标准审计报告"的说明

√不适用

2.董事会对会计政策、会计估计或核算方法变更的原因和影响的分析说明

√不适用

3.董事会对重要前期差错更正的原因及影响的分析说明

√不适用

(四)利润分配或资本公积金转增预案

1.现金分红政策的制定、执行或调整情况

报告期内,公司严格按照中国证监会第57号令《关于修改上市公司现金分红若干规定的决定》的要求执行现金分红政策,并根据中国证监会《关于进一步落实上市公司现金分红有关事项的通知》(证监发[2012]37号)及北京证监局《关于进一步完善上市公司现金分红有关事项的通知》(京证公司发[2012]101号)的要求,修订了《公司章程》中利润分配政策,即除特殊情况外,公司在当年盈利且累计未分配利润为正的情况下,采取现金方式分配股利,每年以现金方式分配的利润原则上不少于当年实现的公司合并报表可供分配利润的百分之十,每三年以现金方式累计分配的利润原则上不少于最近三年公司实现的合并报表年均可供分配利润的百分之三十。该修订已于2012年8月24日经公司第二届董事会第八次会议审议通过,并于2012年10月26日经公司2012年第二次临时股东大会审议通过。

公司的利润分配政策符合公司章程及审议程序的规定,有明确的分红标准和分红比例,利润分配政策调整的条件和程序合规、透明,有利于充分保护中小投资者的合法权益。独立董事对修改公司章程中有关利润分配条款已发表同意意见,认为修改后的公司利润分配政策,在保持公司自身持续稳健发展的同时,高度重视股东的合理投资回报,更好地维护了公司股东特别是中小股东的利益,是对公司法人治理结构的进一步完善,不存在损害公司和股东利益的情形。

2013年4月9日,公司召开第二届董事会第十二次会议,审议通过了《关于中国北车股份有限公司2012年度利润分配预案的议案》。公司董事会建议以公司实施2012年度利润分配时的股权登记日的总股本10,320,056,303股为基数,向全体股东每10股派发现金红利人民币1.00元(含税)。本次现金分红需人民币1,032,005,630.30元(含税),派发的现金红利占当年合并报表归属于上市公司股东净利润的30.5%。该利润分配预案尚须经公司2012年年度股东大会审议通过。

2.报告期内盈利且母公司未分配利润为正,但未提出现金红利分配预案的,公司应当详细披露原因以及未分配利润的用途和使用计划

√不适用

3.公司近三年股利分配情况或资本公积转增股本和分红情况:

单位:人民币千元

分红年度	每10股送红股数(股)	每10股派息数(元)(含税)	每10股转增数(股)	现金分红的数额(含税)	分红年度合并报表中归属于上市公司股东的净利润	占合并报表中归属于上市公司股东的净利润的比率(%)
2012年	–	1.0	–	1,032,006	3,383,835	30.5
2011年	–	0.5	–	516,003	2,985,173	17.3
2010年	–	0.5	–	415,000	1,909,089	21.7

(五)积极履行社会责任的工作情况

社会责任工作情况

详见公司于同日在上交所网站上披露的《中国北车2012年社会责任报告》。

第四节　涉及财务报告的相关事项

(一)报告期内,公司未发生会计政策、会计估计和核算方法变更事项。

(二)报告期内,公司未发生前期会计差错更正事项。

(三)与上年度财务报告相比,对财务报表合并范围变化情况的具体说明。

1.本年新纳入合并范围的主体和本年不再纳入合并范围的主体

(1)本年新纳入合并范围的主体

单位:人民币千元

单位名称	形成控制的判断依据	2012年12月31日净资产	截至2012年12月31日净利润/(亏损)	纳入合并范围原因
北车建设工程有限责任公司	控股	301,455	1,407	新设
沈阳北车建设工程有限公司	控股	210,146	4,421	新设
重庆北车四方所科技有限公司	控股	18,326	−1,674	新设
中国北车集团财务有限公司	控股	1,208,965	8,965	新设
北京清软英泰信息技术有限公司	控股	37,131	5,341	非同一控制下企业合并
北车齐齐哈尔铁路车辆有限责任公司	控股	980,839	–	新设
西安永电金风科技有限公司	控股	76,879	18,733	非同一控制下企业合并
北车(捷克)科技发展有限公司	控股	504	4	新设

(2)本年不再纳入合并范围的子公司

单位名称	注册地	业务性质	母公司	母公司持股比例	表决权比例并	不再纳入合并范围原因
长春长客铸锻有限责任公司	长春	轨道交通运输装备零部件的制造、销售及相关领域的技术	长春轨道客车股份有限公司	100%	100%	本年工商注销

2.本年发生的非同一控制下企业合并

单位:人民币千元

被合并方	注	商誉	商誉计算方法
清软英泰公司	(1)	13,557	本公司在合并中取得清软英泰公司51%权益在购买日的公允价值为人民币16,213千元,其低于合并成本的差额人民币13,557千元确认为商誉。

(1)于2012年1月6日,本公司以支付现金人民币17,860千元作为对价,取得清华控股有限公司所持清软英泰公司38.44%的股权;于2012年1月13日,本公司以现金人民币11,910千元对清软英泰公司进行增资,持股比例增至51%,清软英泰公司成为本公司之控股子公司。

清软英泰公司是于1998年7月8日在北京成立的公司,总部位于北京市海淀区,主要从事技术开发、技术咨询、技术转让、技术服务;计算机技术培训;基础软件服务;应用软件服务;计算机系统服务;数据处理;技术进出口;货物进出口;代理进出口。在被合并之前,清软英泰公司的母公司和最终控股公司为清华控股有限公司。

清软英泰公司的财务信息如下:

单位:人民币千元

项目	自购买日至2012年12月31日
收入	59,031
净利润	5,341
经营活动净现金流	6,696

于购买日,清软英泰公司可辨认净资产账面价值为人民币19,879千元,可辨认净资产公允价值为人民币31,789千元。

(2)于购买日2012年10月31日,本公司下属子公司永济电机公司以支付现金人民币67,122千元作为合并成本购买了西安永电金风科技有限公司80%的权益,西安金风公司成为本公司下属子公司永济电机公司之子公司。合并成本在购买日的总额为人民币67,122千元。

西安金风公司是于2008年5月8日在陕西省成立的公司,总部位于西安,主要从事大型风力发电机组及零部件的研发、生产、销售;大型风力发电机组的设计安装、技术开发、咨询服务、技术转让。在被合并之前,西安金风公司公司的母公司和最终控股公司为新疆金风科技有限公司。

西安金风公司的财务信息如下:

单位:人民币千元

项目	自购买日至2012年12月31日
收入	75,946
净(亏损)	−279
经营活动净现金流	2,791

西安金风公司可辨认资产和负债的情况:

单位:人民币千元

项目	购买日		2011年12月31日	
	账面价值	公允价值	账面价值	公允价值
可辨认资产	409,035	416,283	890,764	890,764
其中:货币资金	618	618	30,122	30,122
可辨认负债	332,381	332,381	588,038	588,038
可辨认净资产	76,654	83,902	302,726	302,726

(四)公司年度财务报告已经毕马威华振会计师事务所(特殊普通合伙)审计,出具了标准无保留意见的审计报告。

中国北车股份有限公司

董事长:崔殿国

二〇一三年四月九日

北京北辰实业股份有限公司

北京北辰实业股份有限公司 2012 年年度报告摘要

第一节　重要提示

1.1 本年度报告摘要摘自年度报告全文，投资者欲了解详细内容，应当仔细阅读同时刊载于上海证券交易所网站等中国证监会指定网站上的年度报告全文。

1.2 公司简介

股票简称	北辰实业	股票代码	601588
股票上市交易所	上海证券交易所		
股票简称	北京北辰实业股份	股票代码	0588
股票上市交易所	香港交易所		
股票简称	08 北辰债	股票代码	122013
股票上市交易所	上海证券交易所		
联系人和联系方式	董事会秘书	证券事务代表	
姓名	郭　川	胡　浩	
电话	010-64991277	010-64991277	
传真	010-64991352	010-64991352	
电子信箱	northstar@beijingns.com.cn	northstar@beijingns.com.cn	

第二节　主要财务数据和股东变化

2.1 主要财务数据

单位：元　币种：人民币

项目	2012 年(末)	2011 年(末)	本年(末)比上年(末)增减(%)	2010 年(末)
总资产	29,483,823,785.00	28,513,238,612.00	3.40	25,740,009,334.00
归属于上市公司股东的净资产	10,109,496,972.00	9,577,119,873.00	5.56	9,175,655,893.00
经营活动产生的现金流量净额	473,534,358.00	67,732,622.00	599.12	-661,903,655.00
营业收入	5,735,903,865.00	3,968,933,244.00	44.52	5,564,129,051.00
归属于上市公司股东的净利润	633,387,699.00	468,780,243.00	35.11	203,058,165.00
归属于上市公司股东的扣除非经常性损益的净利润	635,022,960.00	469,334,193.00	35.30	202,202,694.00
加权平均净资产收益率(%)	6.43	5.00	增加 1.43 个百分点	2.23
基本每股收益(元/股)	0.19	0.14	35.71	0.06
稀释每股收益(元/股)	0.19	0.14	35.71	0.06

2.2 前 10 名股东持股情况表

单位：股

报告期股东总数	294,638	年度报告披露日前第 5 个交易日末股东总数	291,397

前 10 名股东持股情况

股东名称	股东性质	持股比例(%)	持股总数	持有有限售条件股份数量	质押或冻结的股份数量
北京北辰实业集团有限责任公司	国有法人	34.482	1,161,000,031	0	冻结 150,000,000
HKSCC NOMINEES LIMITED	境外法人	20.328	684,442,498	0	无 0
北京王府井百货(集团)股份有限公司	国有法人	4.069	137,000,000	0	无 0
中航鑫港担保有限公司	境内非国有法人	2.185	73,573,353	0	无 0
浙江海越股份有限公司	境内非国有法人	0.802	27,000,000	0	无 0
招商证券股份有限公司客户信用交易担保证券账户	其他	0.485	16,327,556	0	无 0
陈惠	境内自然人	0.402	13,550,000	0	无 0
中国农业银行股份有限公司-新华优选分红混合型证券投资基金	境内非国有法人	0.302	10,170,075	0	无 0
中国建设银行-华夏红利混合型开放式证券投资基金	境内非国有法人	0.297	9,999,950	0	无 0
兴业国际信托有限公司-新股申购单一资金信托项目(建行财富第一期(23 期))	境内非国有法人	0.242	8,158,571	0	无 0

上述股东关联关系或一致行动的说明	第 2 大股东 HKSCC NOMINEES LIMITED 拥有的公司 H 股股份，为代表多个客户持有；第 3 大股东北京王府井百货(集团)股份有限公司与本公司控股股东北辰集团的实际控制人均为北京市人民政府国有资产监督管理委员会；公司未知其余股东之间是否存在关联关系，也未知其余股东是否属于《上市公司收购管理办法》规定的一致行动人。

根据《境内证券市场转持部分国有股充实全国社会保障基金实施办法》(财企[2009]94 号)文件和中华人民共和国财政部、国务院国有资产监督管理委员会、中国证券监督管理委员会及全国社会保障基金理事会联合发出的 2009 年第 63 号公告，公司控股股东北京北辰实业集团有限责任公司持有的 150,000,000 股股份目前处于冻结状态。

2.3 以方框图描述公司与实际控制人之间的产权及控制关系(略)

第三节　管理层讨论与分析

3.1 董事会关于公司报告期内经营情况的讨论与分析

董事长报告

各位股东：

本人谨代表董事会向各位股东提呈公司截至二〇一二年十二月三十一日之年度经营业绩报告。

截至二〇一二年十二月三十一日，按照中国会计准则，受房地产开发项目结算增加和投资物业经营业绩快速提高的带动，公司实现营业额人民币 573,590.4 万元，同比上升 44.52%，实现利润总额、净利润和归属于母公司股东的净利润分别为人民币 82,283.2 万元、60,956.4 万元和 63,338.8 万元，同比分别大幅上升 23.71%、24.17%和 35.11%。每股收益为人民币 0.19 元，较二〇一一年提高 35.71%。

面对持续的房地产宏观调控和逐渐提升的投资物业需求，二〇一二年，既是公司发展物业努力化解风险取得良好成绩的一年，又是投资物业紧抓市场机遇实现快速增长的一年，更是公司创新发展工作取得开拓性进展的一年。从长沙北辰三角洲项目持续热卖、销售指标连续 3 年保持增长，到国家会议中心全成本盈利、创造国内外会展场馆运营奇迹，再到深化创新发展模式、成功实现品牌扩张的突破，成绩的取得不仅是公司管理层辛勤努力的结果，更是近 5000 名干部员工努力奋斗的结果。

展望二〇一三年，在"稳中求进"的总基调下，我国经济运行将持续向好。就房地产而言，随着国五条的出台，预示房地产宏观调控仍将持续，而且可能更加深入，房地产行业仍将面临波动发展。此外，随着投资物业和商业物业市场氛围日渐成熟，北京市对"中国特色世界城市"以及"绿色北京、人文北京、科技北京"的倾力打造，也将为行业发展提供更广阔的前景和空间。

风险与机遇同在，发展与挑战并存。二〇一三年既是公司十二五规划承上启下的一年，又是公司经营要达到新高度、创新发展要实现新突破的一年。公司将以资本扩张、品牌扩张和低成本扩张三个战略拓展为核心，在深入研判市场、政策和竞争对手的基础上，坚持创新发展理念、创新发展模式和创新发展战略。一方面，以加强会展场馆输出管理和全面启动会展上游业务为驱动力，在寻求重资产投资型业务扩张的同时，大力推进品牌扩张战略和低成本扩张战略，使重资产投资性业务与轻资产服务性业务并行发展，开创公司创新发展的新格局；另一方面，以实现房地产扩张发展和投融资产融结合的突破为核心，充分提炼和发挥北辰综合运营优势，强化并完善城市综合体开发与运营模式，深入推进低成本扩张战略，积极探索可复制的新型房地产业务模式，使用权益杠杆努力寻找合作并购的投资机会，结合资本扩张战略的实施，开拓公司跨越式发展的新路径。

"物业开发销售"加"物业持有经营"的业务模式和抗风险能力，使公司在房地产行业中形成了独特的核心竞争力。二〇一三年，公司将紧扣发展主题，坚定不移，坚持不懈，勇于探索，敢于创新，为公司开辟出一条可持续发展的道路。全体北辰人也将以高度的责任感和使命感，不负投资人的重托，为实现公司"创造物业价值，筑就百年基业"的历史使命，为实现"创建全国大型一流房地产综合运营企业"的战略目标而努力奋斗！

最后，我谨代表公司董事会向一直以来支持公司发展的各位股东致以最诚挚的谢意，并对公司董事会及监事会同仁的勤勉尽责，以及公司全体员工的辛勤努力表示衷心的感谢！

经营环境

二〇一二年，面对复苏乏力的世界经济，我国经济在"稳中求进"的总基调下，以加快转变经济发展方式为主线，通过实施积极的财政政策和稳健的货币政策，物价涨幅稳步回落，国内经济呈现出稳步回升的良好态势，全年 GDP 增速达到 7.8%。

1.发展物业

二〇一二年，政府坚持房地产宏观调控不动摇，但随着货币政策的适度宽松，刚性需求及改善性需求逐步释放，下半年开始全国部分大中型城市销售面积逐月稳步回升，销售价格出现明显上扬。根据统计局的数据(下同)，二〇一二年全国房地产市场商品住宅销售面积为 98,468 万平方米，同比上涨 2.0%，增幅较二〇一一年回落 1.9 个百分点。全年商品住宅平均销售价格为人民币 5,430 元/平方米，同比上涨 8.4%，增幅较去年上升 2.3 个百分点。

北京房地产市场受部分开发商以价换量的策略带动，二季度以来销售指标持续向好，下半年受刚性需求和改善性需求快速释放的影响，市场去化加速并再度呈现量价齐升态势。二〇一二年北京市商品住宅销售面积、销售金额分别为 1,483 万平方米和人民币 2,456 亿元，同比分别大幅上升 43.3%和 52.9%，平均售价为人民币 16,554 元/平方米，同比上升 6.7%。

长沙房地产市场受供需基本平衡的供求关系影响，市场表现较为平稳，销售价格小幅上升。此外，从产品结构来看，随着超高层建筑的不断涌现，以城市综合体为主导的多元化发展模式已成为支撑长沙房地产市场的重要力量之一。二〇一二年长沙房地产市场商品住宅成交面积为 1,385 万平方米，较二〇一一年基本持平，销售价格达到人民币 5,602 元/平方米，较去年小幅上涨 2.2%。

2.投资物业(含酒店)

在北京市建设有"中国特色世界城市"和打造"五都一城"的历史机遇下，北京投资物业(含酒店)市场经营环境持续向好，需求稳步增长。写字楼市场受新增供应放缓和吸纳量稳步提升的叠加影响，空置率连续走低，租金水平再创新高；高星级酒店市场借助北京良好的经济发展环境和对会展旅游业的强力开发，平均房价和出租率稳步上升；公寓市场由于新增项目供给放缓，需求持续旺盛，出租率高位运行，租金水平不断上涨；会展市场在北京市"全球国际会议五强举办地之一"的倾力打造下，市场需求稳步提升，经济效益和社会效益日益凸显。此外，战略性新兴产业和文化创意产业的快速发展，也为北京会展业提供了较好的发展机遇。

3.商业物业

受前期大量项目集中投放市场和新增供应逐步入市的双重因素影响，市场供过于求的格局难以在短时间内消除，加之新兴网购业态对传统商业业态消费分流的冲击，市场环境竞争更为激烈。从短期来看，零售企业通过并购等方式，提高商业集中度，扩大规模及其占有率，餐饮、娱乐、购物为一体的多元化模式运作已成为北京市商业市场的发展趋势。从长期来看，国家将牢牢把握扩大内需这一战略基点，增强消费对经济增长的基础作用，商业物业市场仍将保持较快增长。

报告期经营回顾

面对复杂多变的宏观经济形势和竞争日益激烈的行业市场环境，公司积极拓展营销思路，灵活应对市场变化，在提升房地产开发项目周转和强化以会展为龙头、带动其他经营业态协同发展的同时，大力推进资本扩张、品牌扩张和低成本扩张创新发展战略的实施，公司经营发展再攀高峰。二〇一二年，公司实现营业收入人民币 573,590.4 万元，同比上升 44.52%。受房地产开发项目结算增加和投资物业经营业绩快速提高的带动下，实现利润总额、净利润和归属母公司净利润分别为人民币 82,283.2 万元、60,956.4 万元、63,338.8 万元，同比分别上涨 23.71%、24.17%和 35.11%。此外，报告期内，公司密切关注市场动态，狠抓销售，营业收入如期实现全年计划；公司严格控制各项成本费用支出，将成本费用控制在预算指标内。

1.发展物业

报告期内，面对持续的房地产宏观调控，公司积极创新营销思路，采取灵活多样的销售手段，紧抓重点项目销售，取得良好经营业绩。京内项目方面，碧海方舟别墅二期一经面世便受到市场追捧，截至年底共完成签约 13 栋，实现合同金额人民币 85,552 万元。长河玉墅低密度项目二期经过前期艰苦努力，已成功取得规划许可证及施工许可证。马坡项目一期工程也按期开工，为二〇一三年择机入市销售创造了条件。

在京内项目扎实推进的同时，公司加速推进长沙北辰三角洲项目的开发建设和营销推广。一方面，通过紧锣密鼓的施工建设，截至二〇一二年末，长沙北辰三角洲项目开发规模已达到 211 万平方米，占总建筑规模的 39%，项目开发建设已全面展开。此外，经过 3 年多的辛苦付出，随着 D3 区和 E5 区住宅分别于 5 月 5 日和 11 月 20 日的交付入住，长沙北辰三角洲项目已开始进入收获期。报告期内，上述两个组团共实现入住 24.3 万平方米，确认营业收入人民币 203,048 万元。另一方面，长沙北辰三角洲以出精品，树品牌为手段，通过创新营销方式和策略，项目自首次开盘以来，销售面积、合同金额和销售套数三大指标实现连续三年堆长，为发展物业板块经营目标的实现奠定了坚实基础。二〇一二年长沙北辰三角洲项目实现销售面积 16.8 万平方米(共计 1,496 套)，合同金额(含车位)人民币 169,829 万元，在长沙楼市综合销售排行榜中名列前三，其中，住宅平均售价为人民币 8,521 元/平方米，商业平均售价达到人民币 34,[illegible]53 元/平方米。

报告期内，受房地产开发项目结算增加的影响，发展物业实现营业收入人民币 320,590.8 万元(含车位)，同比上升 90.35%。由于结算项目结构变化，发展物业税前利润为人民币 67,235.2 万元，同比上升 26.95%。报告期内，公司新开工面积 5[illegible].4 万平方米，开复工面积 230.2 万平方米，竣工面积 55.3 万平方米，实现合同销售金额和销售面积分别为人民币 375,490 万元(含车位)和 26.[illegible] 万平方米，区域市场占有率保持稳定。

2.投资物业(含酒店)

公司紧抓北京投资物业(含酒店)市场持续向好的外部机遇，凭借处于亚奥核心区的地缘优势，充分发挥会展场馆和写字楼两大支柱产业的综合优势，资产经营大幅提升，效益水平快速增长。二〇一二年公司投资物业(含酒店)实现主营业务收入人民币 203,859.3 万元，同比上升 15.8[illegible]%，在不考虑利息费用分摊的情况下，实现税前利润人民币 60,390.6 万元，同比大幅上涨 29.33%，其中北辰时代大厦、北辰世纪中心和国家会议中心等新项目经营效益跨越式增长，税前利润同比增长人民币 1.29 亿元，占整个投资物业(含酒店)板块利润增长额的 94.35%，经营呈现诸多亮点。

国家会议中心和北京国际会议中心作为北辰会展服务功能区的核心主体，公司坚持以会展为龙头，带动其他业态共同发展的一体化专业经营模式，不仅构架起公司会展业规模化发展的新格局，更使北辰会展的行业地位和品牌影响力显著提升。二〇一二年，两家会议中心共计接待会议、展览 1528 个，其中，国家会议中心作为北京市乃至全国的领军企业和旗舰品牌，着力强化会议展览的服务管理，通过承办系列大型、高端、国际化的会展活动，在扣除利息支出后全成本下实现盈利，成为奥运场馆赛后可持续发展的良好典范。北京国际会议中心经过改造和转型，实现了与国家会议中心的错位经营，中小型会议市场份额不断提升，特色高端市场开发效果显著，经营业绩稳步增长。此外，公司围绕实现会展品牌输出和做强会展产业链，积极推行品牌扩张战略，年内成功签约江苏连云港徐圩新区大陆桥会展中心和广东珠海国际会展中心，成功实现会展品牌扩张的突破，为公司向重资产投资性业务与轻资产服务性业务并行发展的转变奠定基础。

写字楼业态通过坚持专业化经营理念和多项目联销经营策略，积极调整和置换客户结构，其中北辰时代大厦和北辰世纪中心在维持高出租率的同时，价格始终保持 CBD 同质项目水平，带动写字楼业态整体利润持续大幅增长，成为投资物业(含酒店)板块利润的重要来源。

3.商业物业

商业物业面对激烈的市场竞争形势，认真分析，积极应对，不断满足消费需求的变化，存量项目经营基本稳定，增量项目商业氛围日益浓厚。

报告期内，商业物业实现营业收入人民币 37,983.6 万元，同比下降 6.17%。受市场竞争加剧和新开项目仍处于经营培育期的影响，税前利润为人民币 753.2 万元，同比下降 79.66%。

4.综合实力与品牌建设

二〇一二年公司继续执行品牌规划纲要，品牌价值和行业影响力得到持续提升。在由国务院发展研究中心、清华大学和中国指数研究院共同组成的中国房地产 TOP10 研究组发布的研究成果中，公司再次被评为中国复合地产专业领先品牌，公司集物业开发销售和物业持有经营为一体的复合地产运营模式和企业形象，已得到了消费者和社会的认可。

此外，伴随着北辰会展的快速发展，公司在亚奥核心区集会议、展览、酒店、写字楼、公寓和商业在内的 120 万平方米持有物业，构成了北辰会展功能区。大批国家级、国际性会展活动聚集北辰会展，国家会议中心和北京国际会议中心全年共计接待会议、展览 1528 个，并以高水准和优质服务完成了首届京交会、第二届北京国际电影节和第 37 届国际证监组织大会等多个重大会展活动，彰显北辰会展服务软实力和为首都经济发展做出贡献的同时，不仅展示了公司良好的社会形象和价值，更为北辰会展的品牌扩张和管理输出奠定了坚实基础。

5.投资者关系

作为一家 A+H 股地产上市公司，公司根据两地上市的特点，通过业绩说明会、投资者见面会、实地调研、项目考察和电话会议等方式多次接待境内、外基金及机构投资者的调研活动，及时整理市场反馈，梳理行业动态，加强互动沟通，重视并积极听取来自多方股东及投资者的意见与建议，资本市场地位和影响力不断提升。

6.环保努力

公司一直秉承环境效益和经济效益协调发展的理念，积极通过节能降耗、优化生态环境等多项措施，实现公司经济发展和环境保护之间的和谐统一。在项目施工过程中，公司重视环保新技术的应用，例如长沙北辰三角洲在A1区写字楼的施工中，采用高性能的围护结构保温隔热系统和高性能的玻璃幕墙，既满足国内节能标准，又达到美国ASHRAE（美国供热制冷空调工程师学会）节能标准要求，最大限度地减少空调及采暖负荷；在冷热源的提供上，采用高效离心机组和锅炉，设备效率达到美国ASHRAE节能标准要求，从源头上减少了能源消耗。

对于持有型物业，公司通过管理和技术手段，采取多项措施，大力挖掘节能降耗潜力，为建设“绿色北京”贡献力量。其中五洲皇冠假日酒店通过投资人民币17万元改建蒸汽凝水余热回收设备，在帮助企业节约经济成本的同时，达到节能减排的效果。公司辖属的公用设施管理分公司（负责公司主要持有型物业的设备系统管理维护和能源管理统计）传播宣传绿色理念，积极参与“创建节水型企业”的活动，得到北京市水务局颁发的创建节水型企业奖励资金。

3.1.1 主营业务分析

3.1.1.1 利润表及现金流量表相关科目变动分析表

单位:元　币种:人民币

科目	本期数	上年同期数	变动比例(%)
营业收入	5,735,903,865.00	3,968,933,244.00	44.52
营业成本	3,150,596,045.00	1,935,864,161.00	62.75
销售费用	272,203,029.00	180,286,762.00	50.98
管理费用	614,000,247.00	525,480,734.00	16.85
财务费用	372,310,669.00	311,981,814.00	19.34
经营活动产生的现金流量净额	473,534,358.00	67,732,622.00	599.12
投资活动产生的现金流量净额	−46,104,491.00	−97,631,598.00	52.78
筹资活动产生的现金流量净额	−658,784,006.00	317,859,168.00	−307.26

3.1.1.2 收入

3.1.1.2.1 驱动业务收入变化的因素分析

报告期内公司发展物业实现收入32.06亿元，同比增长90.35%。主要由于长沙公司首开区实现竣工入住，首次结转收入20.30亿元所致。

报告期内公司投资物业（含酒店）实现收入20.39亿元，同比增长15.81%，其中因北辰会展行业地位和品牌影响力显著提升，国家会议中心实现收入6.33亿元，同比增长35.78%。

3.1.1.2.2 以实物销售为主的公司产品收入影响因素分析

报告期内公司发展物业结算面积33万平方米，同比增长227%。主要是长沙公司首开区实现竣工入住，结算面积24.32万平方米，占总结算面积73.72%。

3.1.1.2.3 新产品及新服务的影响分析

公司围绕实现会展品牌输出和做强会展产业链，积极推行品牌扩张战略，年内成功签约江苏连云港徐圩新区大陆桥会展中心和广东珠海国际会展中心，成功实现会展品牌扩张的突破，为公司向重资产投资性业务与轻资产服务性业务并行发展的转变奠定基础。

3.1.1.2.4 主要销售客户的情况

公司截止2012年12月31日前五名客户营业收入的总额为60,943.42万元（截止2011年12月31日:84,545.52万元），占公司全部营业收入的比例为10.62%(公司截止2011年12月31日:21.30%)

3.1.1.3 成本

3.1.1.3.1 成本分析表

单位:元　币种:人民币

分行业情况

分行业	成本构成项目	本期金额	本期占总成本比例(%)	上年同期金额	上年同期占总成本比例(%)	本期金额较上年同期变动比例(%)
投资物业（含酒店）	人工成本	149,356,300	4.74	124,367,148	6.42	20.09
	资产折旧	265,311,905	8.42	256,552,413	13.25	3.41
	修理费	34,335,677	1.09	27,311,283	1.41	25.72
	物料消耗	185,674,295	5.89	162,263,690	8.38	14.43
	能源费	89,190,392	2.83	84,624,162	4.37	5.40
商业物业	商品成本	219,557,616	6.97	252,231,231	13.03	−12.95
发展物业	房地产开发成本	2,029,017,951	64.40	865,024,831	44.68	134.56

3.1.1.3.2 主要供应商情况

公司截止2012年12月31日前五名采购供应商采购金额为:204,864.75万元（公司截止2011年12月31日:88,076.70万元），占本公司采购金额的52.67%(公司截止2011年12月31日:30.59%)。

3.1.1.4 费用

面对持续的房地产宏观调控，为加快开发项目周转速度，提高销售力度。报告期内公司销售费用2.72亿元，较去年同期增长51%，主要为2012年公司发展物业销售面积26.43万平方米，同比增幅9.35%。

3.1.1.5 研发支出

3.1.1.5.1 情况说明

根据公司业务类型及经营开展需要，公司无研发业务类型，无研发支出。

3.1.1.6 现金流

报告期内公司经营活动现金流量净额4.74亿元，较去年同期增长4.06亿元，主要为公司发展物业和投资物业（含酒店）销售收入大幅增长所致。

报告期内公司投资活动现金流量净额−0.46亿元，去年同期−0.98亿元，主要为国家会议中心及其配套完工项目的工程尾款支出较去年同期减少所致。

报告期内公司筹资活动现金流量净额为−6.59亿元，较去年同期减少307.26%，主要为公司偿还银行借款较去年同期增幅较大所致。

3.1.1.7 其他

3.1.1.7.1 公司利润构成或利润来源发生重大变动的详细说明

报告期内由于公司发展物业结算面积增加及投资物业新项目经营业绩增长，公司实现营业收入57.36亿元，同比增长44.52%。实现利润总额8.23亿元，同比增长23.71%，基本每股收益0.19元，同比增长35.71%。

报告期内公司投资物业（含酒店）利润占三大板块利润比例为47.04%，较上年同期增长1.86个百分点。投资物业利润总额较上年同期增加29.33%。主要为2012年国家会议中心利润总额为1.3亿元，较去年同期增长123.98%所致。

公司发展物业利润占三大板块利润比例为52.37%，较上年同期增长1.13个百分点。发展物业利润总额较去年同期增长26.95%，主要为长沙公司首开区实现竣工入住，发展物业整体利润较去年同期增长1.43亿元所致。

商业物业利润占三大板块利润比例0.59%，较上年同期下降2.99个百分点。商业利润较去年同期下降79.66%，主要为周边商业数量增加，市场竞争加剧，公司新增商业物业处于爬坡阶段。

3.1.1.7.2 发展战略和经营计划进展说明

报告期内，公司以稳健运营为基础，深入研究宏观经济和政策的变化，不断增强新形势下对市场走势的预判和市场机遇的把握，及时调整业务策略，加速项目周转，加强对现金流的分析和运用。

报告期内，受房地产开发项目结算增加和投资物业经营继续大幅上升的带动，公司实现营业额人民币573,590.4万元，同比上升44.52%，营业收入如期实现全年计划；公司严格控制各项成本费用支出，将成本费用控制在预算指标内。

3.1.2 行业、产品或地区经营情况分析

3.1.2.1 主营业务分行业、分产品情况

单位:元　币种:人民币

主营业务分行业情况

分行业	营业收入	营业成本	毛利率(%)	营业收入比上年增减(%)	营业成本比上年增减(%)	毛利率比上年增减(%)
出售开发产品业务	3,205,908,611	2,029,017,951	36.71	90.35	134.56	减少11.93个百分点
零售商业业务	379,835,991	219,557,616	42.20	−6.17	−12.95	增加4.50个百分点
投资物业和酒店业务	2,038,593,287	798,825,271	60.81	15.81	8.10	增加2.79个百分点

主营业务分产品情况

分产品	营业收入	营业成本	毛利率(%)	营业收入比上年增减(%)	营业成本比上年增减(%)	毛利率比上年增减(%)

绿色家园项目	644,419,610	220,515,655	65.78	-31.90	-32.58	增加 0.34 个百分点
北辰香麓 B、C、D 区(温泉项目)	241,775,198	164,792,589	31.84	-59.19	-60.93	增加 3.04 个百分点
北辰香麓 A 区(温泉镇项目)	56,301,999	40,097,692	28.78			
北辰福第两限房(常营项目)	142,934,170	135,462,411	5.23	249.35	209.84	增加 12.09 个百分点
长沙北辰三角洲 D3、E5	2,030,477,634	1,457,044,533	28.24			

二〇一二年,发展物业实现营业收入人民币 320,590.8 万元(含车位),同比上升 90.35%。受房地产开发项目结算有所增加的带动,税前利润为人民币 67,235.2 万元,同比上升 26.95%。

二〇一二年,公司投资物业(含酒店)实现主营业务收入人民币 203,859.3 万元,同比上升 15.81%,实现税前利润人民币 60,390.6 万元,同比大幅上涨 29.33%,其中,北辰时代大厦、北辰世纪中心和国家会议中心等新项目经营效益大幅上升,实现税前利润同比增长人民币 1.29 亿元,占整个投资物业(含酒店)板块利润增长额的 94.35%。

3.1.2.2 主营业务分地区情况

单位:元　币种:人民币

地区	营业收入	营业收入比上年增减(%)
北京地区	3,689,799,512	-6.59
长沙地区	2,030,477,634	

报告期内,长沙公司首开区实现竣工入住,本年度结转销售收入 203,048 万元,占本公司主营业务收入的 35.5%。

3.1.3 资产、负债情况分析

3.1.3.1 资产负债情况分析表

单位:元

项目名称	本期期末数	本期期末数占总资产的比例(%)	上期期末数	上期期末数占总资产的比例(%)	本期期末金额较上期期末变动比例(%)
应收账款	51,312,047	0.17	35,613,171	0.12	44.08
存货	18,898,021,522	64.10	17,883,333,660	62.72	5.67
长期股权投资	7,278,824	0.02			
短期借款	1,200,000,000	4.07	700,000,000	2.45	71.43

应收账款:主要为投资物业和酒店收入增长所致。

存货:主要为房地产开发项目工程支出增加所致。

长期股权投资:主要由于本年新增联营企业投资所致。

短期借款:主要由于本年新增短期借款所致。

3.1.3.2 公允价值计量资产、主要资产计量属性变化相关情况说明

公司不存在与公允价值计量相关的项目,主要资产计量属性在本报告期内未发生变化。

3.1.3.3 其他情况说明

报告期末公司总资产 294.84 亿元,比上年期末增长 3.40%。其中:流动资产占公司总资产 75.67%;存货占公司总资产 64.10%;投资性房地产、固定资产及在建工程项目占公司总资产 24.16%。报告期末,公司负债总额 192.88 亿元,比上年期末增长 2.45%。其中预收账款为 39.83 亿元,占负债总额 20.65%;银行借款 83.86 亿元,占负债总额的 43.48%。公司资产负债率为 65.42%,比上年期末下降 0.60 个百分点。

3.1.4 核心竞争力分析

公司的优势主要体现在准确的机会把握能力、独特业务模式的抗风险能力和综合运营能力。首先,公司对于市场变化和走势具有较强的前瞻能力和把握能力,面对持续的房地产宏观调控,公司积极调整销售策略取得良好经营成果,同时,抓住北京大力发展会展业和市场整体回暖的有利局面,投资物业(含酒店)新增资产经营实现快速增长,为公司主营业务核心经营业绩的大幅上升提供了强力支持。其次,公司"物业开发销售"加"物业持有经营"的独特业务模式,既可以通过房地产开发获得快速增长收益,又能通过出租、经营物业获得长期稳定收益,抗风险能力优于纯开发的房地产企业。最后,公司集发展物业、投资物业和商业物业为一体的综合运营能力,及三大业务的互相促进、优势互补,使公司在大型、综合房地产项目的开发中具有明显优势。

3.1.5 投资状况分析

3.1.5.1 对外股权投资总体分析

本报告期内,本公司持有股权的北京北辰星房地产投资基金管理有限公司于 2012 年 7 月 17 日成立,主营业务为非证券业务的投资管理、咨询。公司初始投资成本为 900 万元,持股比例 30%,表决权比例 40%。

3.1.5.2 非金融类公司委托理财及衍生品投资的情况

3.1.5.2.1 委托理财情况

本年度公司无委托理财事项。

3.1.5.2.2 委托贷款情况

本年度公司无委托贷款事项。

3.1.5.3 募集资金使用情况

3.1.5.3.1 募集资金总体使用情况

单位:元　币种:人民币

募集年份	募集方式	募集资金总额	本年度已使用募集资金总额	已累计使用募集资金总额	尚未使用募集资金总额	尚未使用募集资金用途及去向
2006	首次发行	3,517,070,000	0	3,517,070,000	0	无
2008	公司债	1,681,300,000	0	1,681,300,000	0	无
合计	/	5,198,370,000	0	5,198,370,000	0	/

3.1.5.3.2 募集资金承诺项目使用情况

单位:元　币种:人民币

承诺项目名称	是否变更项目	募集资金拟投入金额	募集资金本年度投入金额	募集资金实际累计投入金额	是否符合计划进度	项目进度	预计收益	产生收益情况	是否符合预计收益	未达到计划进度和收益说明	变更原因及募集资金变更程序说明
奥运媒体村	否	1,714,570,000		1,714,570,000	是	已竣工		报告期内实现效益 13518 万元。	是		
北辰大厦	是	1,202,850,000		1,202,850,000	是	已竣工		报告期内实现效益 12535 万元。			北辰大厦项目由于市场需求以及产品定位发生变化和设计变更等原因使预计总投减少,该项目变更已经 2008 年 5 月 6 日召开的 2007 年年度股东大会及 2011 年 6 月 1 日召开的 2010 年年度股东大会批准。
偿还债项	否	183,400,000		183,400,000	是						
一般营运资金	是	336,970,000		336,970,000	是						2008 年 5 月 6 日召开的 2007 年年度股东大会批准,北辰大厦项目预计总投资由 161,910 万元调减为 128,213 万元,剩余募集资金 33,697 万元及利息,变更为一般营运资金。

一般营运资金	是	79,280,000	79,280,000	是						2011年6月1日召开的2010年年度股东大会批准,将北辰大厦项目节余募集资金7,928万元及利息,变更为一般营运资金。
偿还银行借款及补充流动资金	否	1,681,300,000	1,681,300,000	是						
合计	/	5,198,370,000	5,198,370,000	/	/	/	/	/	/	

3.1.5.3.3 募集资金变更项目情况

单位:元　币种:人民币

变更投资项目资金总额　416,250,000

变更后的项目名称	对应的原承诺项目	变更项目拟投入金额	本年度投入金额	累计实际投入金额	是否符合计划进度	变更项目的预计收益	产生收益情况	项目进度	是否符合预计收益	未达到计划进度和收益说明
一般营运资金	北辰大厦	336,970,000		336,970,000	是					
一般营运资金	北辰大厦	79,280,000		79,280,000	是					
合计	/	416,250,000		416,250,000	/		/	/	/	/

3.1.5.4 主要子公司、参股公司分析

2012 年主要控股公司经营情况

被投资单位全称	注册地	注册资本	业务性质及经营范围	持股比例(%)	表决权比例(%)	持股比例与表决权比例不一致的原因	总资产	净资产	净利润
北京北辰房地产开发股份有限公司	北京市	500,180,000	房地产开发	98.83	98.83	不适用	1,401,578,899	1,332,943,783	35,343,625
北京兴荣基房地产开发有限公司	北京市	30,000,000	房地产开发	50.4	51	间接持股	130,427,691	61,055,808	41,548
北京北辰会议中心发展有限公司	北京市	1,700,000,000	房地产开发	100	100	不适用	5,502,487,228	1,700,000,000	–
长沙北辰房地产开发有限公司	长沙市	1,200,000,000	房地产开发	100	100	不适用	14,536,045,630	1,390,795,692	262,211,466

报告期内,长沙公司首开区实现竣工入住,本年度结转销售收入 203,048 万元,占本公司主营业务收入的 35.5%。

3.1.5.5 非募集资金项目情况

报告期内,公司无非募集资金投资项目。

3.2 董事会关于公司未来发展的讨论与分析

3.2.1 行业竞争格局和发展趋势

二〇一三年作为国家“十二五”规划承前启后的关键一年,面对持续低迷的国际经济形势,我国将继续坚持稳中求进的总基调,实施积极的财政政策和稳健的货币政策,通过流动性管理和通胀预期管理,加快推进经济发展方式转变和经济结构调整,着力扩大国内需求,加强自主创新,保持经济平稳较快发展和物价总水平基本稳定,促进国民经济平稳健康发展。

就发展物业而言,坚持房地产调控不动摇的政策基调和近期颁布的国五条,预示针对房地产市场的宏观调控不仅仍将持续,而且可能更加严厉。此外,在宏观调控的直接影响下,限购、限贷政策以及抑制投资、投机性需求导致购房成本的提升,使房地产行业仍将面临融资难度大、资金成本上升和去杠杆化带来的销售压力。受上述因素影响,房地产市场走势具有较大的不确定性,而房地产项目运作周期较长,期间市场一旦出现大幅波动,将可能对房地产销售带来一定风险。

就投资物业和商业物业而言,尽管部分业态供需矛盾依然存在,但随着经济增速逐步回升,市场呈现持续升温态势。随着“十二五”期间北京市加速对“中国特色世界城市”以及“国际活动聚集之都”的倾力打造,会展业收入 1∶9 的带动作用,不仅使会展经济和服务经济的功能效益和社会效益日趋显著,也为公司投资物业相关业态创造了良好的发展环境。此外,为落实二〇一二年中央经济工作会提出的扩大内需目标,预计国家及相关部门还将出台更多市场优惠政策和扶持措施,进而为北京市商业物业发展带来新的市场机遇。公司持有并经营逾 120 万平方米的优质投资物业(含酒店)和商业物业,不断增长的市场需求和广阔的市场空间,都将对公司持有物业的经营提升产生积极促进作用。

3.2.2 公司发展战略

面对强力的房地产行业宏观调控和复杂多变的市场环境,公司将重点提高新形势下对市场走势的预判能力,在加速推进现有项目高品质开发建设和全力打造北辰会展功能区、扩大北辰会展品牌影响力的同时,紧扣发展主题,通过结合自身形势及内外部资源,全面推进资本扩张、品牌扩张和低成本扩张为方针的“三大战略”拓展,同时,提升人力资源管理水平,加强企业文化与品牌建设,凝心聚力,勇于探索,敢于创新,开创北辰经营发展的新格局。

二〇一三年,公司本着厉行勤俭节约、反对铺张浪费的原则,严格控制成本费用开支,继续压缩费用,强化预算刚性,规范预算执行。二〇一三年公司发展物业将深入研究行业政策、市场形势,采取有效措施,加快项目周转速度,公司预计实现新开工面积 79.6 万平方米,开复工面积 252.6 万平方米,竣工面积 57.7 万平方米。力争实现销售面积 36.5 万平方米,签订合同金额人民币 52.7 亿元(含车位)。投资物业(含酒店)将继续提升品牌效益,突出综合运营优势,作为北京会展业的主力军,两家会议中心继续扩大市场占有份额,坚持专业化经营,继续以高标准服务提升效益水平。

1.发展物业

公司将深入研究行业政策及市场形势,不断提升产品定位能力和营销策划能力,在打造建筑精品、提高增值空间的同时,全力加快项目周转,其中碧海方舟项目全部售罄并于 10 月底竣工备案,达到入住条件。北辰福第 A09 商业公建项目在推进项目建设的同时,借助区域建设提速和地铁通车契机,实现成功开盘和年内竣工。马坡项目一期工程 24 栋合院别墅加速建设,力争年内结构封顶。

长沙北辰三角洲项目以打造公司发展史上里程碑式项目为目标,持续提升项目的性价比、周转速度和品牌影响力。在工程建设方面,A1、D1 区超大型城市综合体实现基本完工,为长沙北辰洲际酒店和写字楼(推广案名“出云”)按计划开业创造条件。D2 区 7 月实现结构封顶,E3 区年底前结构施工平均达到地上 15 层,长沙市重点雅礼中学(分校)和清水塘小学(分校)7 月完成竣工移交,确保 9 月开学。此外,公司将充分挖掘轨道地产商业价值,实现新开工组团“现代凤凰”(B1、B2、E1、E2 区)与长沙地铁 1 号线站点的无缝衔接,打造长沙首个地铁上盖主题式开放型商业街区。未来,公司将紧紧围绕商业资源和教育资源两大主题,总结客户反馈,优化产品竞争力,深挖市场潜力,创新营销方式,继续实现销售突破。

二〇一三年,公司还将积极寻找市场机会,通过公开交易、收购、并购与合作开发等方式,择机增加土地储备,努力实现市场调整期的低成本扩张,不断增强发展物业的核心竞争力和可持续发展能力。

2.投资物业(含酒店)

公司将以北京建设世界城市、打造“三个北京”为契机,充分利用投资物业业态丰富、联动性强的综合优势及均处于亚奥核心区的地缘优势,不断提升北辰会展功能区的品牌形象和行业影响力,努力将北辰会展打造成为我国会展业的航母。此外,公司还将通过对部分项目的局部定位调整和更新改造,精耕细作,深挖潜力,进一步提高资产回报率。未来,公司将在品牌扩张战略的指引下,积极推进北辰会展的管理输出和产业链延伸,努力实现重资产投资性业务与轻资产服务性业务并行发展的格局。

3.商业物业

商业物业将针对零售市场变化,进一步加大招商和市场营销工作力度,充分发挥多项目联合推广的优势,努力提高运营能力和整体资产经营效益水平。

4.融资工作和资本开支

公司将在加速项目开发、营销推广和周转速度的同时,进一步加强资金管理和计划管理,利用“总部融资”模式的优势,合理统筹安排资金运作,重点强化对货币资金的合理配置、调动及使用,在降低资金成本、提高使用效率的同时,确保资金的安全性和流动性。此外,公司还将积极拓宽融资渠道,并通过对养老、文化旅游等新型房地产业务的研究和低成本扩张模式的探索,实现公司规模的

扩张和可持续发展能力的提升。

二〇一三年，公司预计固定资产投资人民币3.1亿元，按工程进度付款，资金来源安排为自有资金。

3.2.3 经营计划

二〇一三年，公司本着厉行勤俭节约、反对铺张浪费的原则，严格控制成本费用开支，继续压缩费用，强化预算刚性，规范预算执行。二〇一三年公司发展物业将深入研究行业政策、市场形势，采取有效措施，加快项目周转速度，公司预计实现新开工面积79.6万平方米，开复工面积252.6万平方米，竣工面积57.7万平方米。力争实现销售面积36.5万平方米，签订合同金额人民币52.7亿元(含车位)。投资物业(含酒店)将继续提升品牌效益，突出综合运营优势，做为北京会展业的主力军，两家会议中心继续扩大市场占有份额，坚持专业化经营，继续以高标准服务提升效益水平。

3.2.4 因维持当前业务并完成在建投资项目公司所需的资金需求

二〇一三年，公司预计固定资产投资主要为投资物业固定资产更新改造及合同尾款支出，公司有充裕的资金用于支付上述款项。

3.2.5 可能面对的风险

公司发展面临的问题和风险，主要来自于发展物业市场风险和短期经营风险。

(1)发展物业市场风险

坚持房地产调控不动摇的政策基调和近期颁布的国五条，预示针对房地产市场的宏观调控不仅仍将持续，而且可能更加严厉。此外，在宏观调控的直接影响下，限购、限贷政策以及抑制投资、投机性需求导致购房成本的提升，使房地产行业仍将面临融资难度大、资金成本上升和去杠杆化带来的销售压力。受上述因素影响，房地产市场走势具有较大的不确定性，而房地产项目运作周期较长，期间市场一旦出现大幅波动，将可能对房地产销售带来一定风险。

针对上述发展物业市场风险，公司将积极应对市场变化，采取灵活多样的业务策略，在打造建筑精品、提高增值空间的同时，全力提升销售速度，并通过对养老、文化旅游等新型房地产业务的研究和低成本扩张模式的探索，实现公司规模的扩张和可持续发展能力的提升。

(2)公司短期经营风险

在发展物业方面，虽然长河玉墅项目二期在2012年已取得土地证、投资计划批准和规划许可证，但距离竣工入住、确认收入还需较长时间，进而导致公司短期内可供结算的高毛利率产品减少，并对经营业绩产生影响。

针对上述公司短期经营风险，对于长河玉墅低密度项目的二期工程，公司现已取得相关证件，未来将在加速项目高品质开发建设的同时，择机预售，尽早实现对公司销售业绩的支持。

3.2.6 其他

公司可持续发展能力分析：

“进取不忘稳健，稳健不忘进取，在加速发展中控制风险，在控制风险中加速发展”的经营理念，是公司可持续发展的理论依据；与当前发展物业开发能力相匹配的549万平方米的适度土地储备规模，是公司可持续发展的必备条件；面对低迷的房地产市场环境，120万平方米持有型物业持续经营所产生的稳定现金流，是公司可持续发展的强力支持；三大主业互相促进、优势互补的“三位一体”综合运营模式，面对市场波动时较强的抗风险能力，是公司可持续发展的根本基础。随着投资物业新增资产提前完成经营爬坡、实现快速增长，长沙北辰三角洲项目持续热销，公司三大业务板块项目运作扎实推进，经营规模不断扩大，可持续发展能力也将持续提升。

3.3 董事会对会计师事务所“非标准审计报告”的说明

3.3.1 董事会、监事会对会计师事务所“非标准审计报告”的说明

√不适用

3.3.2 董事会对会计政策、会计估计或核算方法变更的原因和影响的分析说明

√不适用

3.3.3 董事会对重要前期差错更正的原因及影响的分析说明

√不适用

3.4 利润分配或资本公积金转增预案

3.4.1 现金分红政策的制定、执行或调整情况

为进一步增强现金分红透明度，强化回报股东意识，报告期内，根据监管机构相关规范要求，公司针对《公司章程》中利润分配政策部分进行了修订，使分红标准和分红比例更加明确，内容及程序更加合规、透明。同时，公司还制订了未来三年的《股东分红回报规划(2012年-2014年)》，不仅有利于公司逐步形成持续、稳定、科学和透明的回报机制，而且有利于保持利润分配政策的连续性和稳定性。

本次《公司章程》中利润分配政策的修订及《股东分红回报规划(2012年-2014年)》的制订，于2012年10月25日，经公司第六届第八次董事会会议审议通过，会上独立董事充分表达了意见，并于2012年12月21日，经公司召开的2012年第二次临时股东大会审议通过，会上认真听取了股东提出的意见和建议，切实维护了中小股东的合法利益。

报告期内，公司严格执行《公司章程》中的利润分配政策，经过公司董事会审议，并报股东大会批准，独立董事和中小股东能够充分表达意见，程序合法、完备。公司2011年利润分配方案以公司2011年末总股本3,367,020,000股为基数，向全体股东每10股派0.30元(含税)。该利润分配方案已实施完毕(其中，A股股息派发已于2012年7月11日完成，H股股息也已另行派发完毕)，共支付现金红利人民币101,010,600元，占公司2011年归属母公司股东净利润的21.55%。

3.4.2 报告期内盈利且母公司未分配利润为正，但未提出现金红利分配预案的，公司应当详细披露原因以及未分配利润的用途和使用计划

√不适用

3.4.3 公司近三年(含报告期)的利润分配方案或预案、资本公积金转增股本方案或预案

单位：元　币种：人民币

分红年度	每10股送红股数(股)	每10股派息数(元)(含税)	每10股转增数(股)	现金分红的数额(含税)	分红年度合并报表中归属于上市公司股东的净利润	占合并报表中归属于上市公司股东的净利润的比率(%)
2012年	0	0.60	0	202,021,200	633,387,699	31.90
2011年	0	0.30	0	101,010,600	468,780,243	21.55
2010年	0	0.20	0	67,340,400	203,058,165	33.16

3.5 积极履行社会责任的工作情况

3.5.1 社会责任工作情况

公司编制并披露了《北京北辰实业股份有限公司二〇一二年度社会责任报告》，报告全文刊登在上海证券交易所网站www.sse.com.cn

第四节　涉及财务报告的相关事项

4.1 与上年度财务报告相比，对财务报表合并范围发生变化的，公司应当作出具体说明。

于2012年7月，本公司单独以现金出资的方式设立北辰国际会展，注册资本为20,000,000元。于2012年7月25日，相应的工商登记备案已完成。

北辰国际会展公司为本年度通过设立方式取得的子公司。

东方网力科技股份有限公司

东方网力科技股份有限公司首次公开发行股票并在创业板上市公告书

第一节 重要声明与提示

本公司股票将在深圳证券交易所创业板市场上市，该市场具有较高的投资风险。创业板公司具有业绩不稳定、经营风险高、退市风险大等特点，投资者面临较大的市场风险。投资者应充分了解创业板市场的投资风险及本公司所披露的风险因素，审慎做出投资决定。

东方网力科技股份有限公司（以下简称"本公司"、"公司"、或"东方网力"）

及全体董事、监事、高级管理人员保证上市公告书的真实性、准确性、完整性，承诺上市公告书不存在虚假记载、误导性陈述或重大遗漏，并承担个别和连带的法律责任。

证券交易所、其他政府机关对本公司股票上市及有关事项的意见，均不表明对本公司的任何保证。

本公司提醒广大投资者注意，凡本上市公告书未涉及的有关内容，请投资者查阅刊载于中国证监会创业板指定的五家信息披露网站：巨潮资讯网（www.cninfo.com.cn）、中证网（www.cs.com.cn）、中国证券网（www.cnstock.com）、证券时报网（www.secutimes.com）、中国资本证券网（www.ccstock.cn）的本公司招股说明书全文。

一、本次发行前股东所持股份的限售安排、股东对所持股份自愿锁定、持股5%以上股东减持意向的承诺：

（一）本公司控股股东、实际控制人、董事长兼总经理刘光承诺："自东方网力科技股份有限公司股票上市之日起三十六个月内，不转让或者委托他人管理本人持有的发行人首次公开发行股票前已发行的股份，也不由发行人回购该部分股份。

除前述锁定期外，本人在发行人任职期间每年转让的股份不超过所持有的发行人可转让股份总数的百分之二十五；在上述锁定期届满后本人离职的，自离职之日起半年内不转让所持有的发行人股份；本人所持股票在上述锁定期届满后二十四个月内转让的，转让价格不低于以转让日为基准经前复权计算的发行价格；发行人股票上市后六个月内如股票价格连续20个交易日的收盘价格均低于以当日为基准经前复权计算的发行价格，或者发行人股票上市后六个月期末收盘价低

于以当日为基准经前复权计算的发行价格，则本人所持公司股票的锁定期自动延长六个月。

本人作为发行人的控股股东，未来五年内，如确因自身经济需求，在上述锁定期满后，可根据需要以集中竞价交易、大宗交易、协议转让或其他合法的方式适当转让部分发行人股票，但并不会因转让发行人股票影响本人控股地位。在上述锁定期满后二十四个月内，如本人拟转让持有的发行人股票，则每十二个月转让数量不超过本人所持发行人股票数量的5%，且转让价格不低于以转让日为基准经前复权计算的发行价格。在本人拟转让所持发行人股票时，本人将在减持前三个交易日通过发行人公告减持意向。

本人保证不会因职务变更、离职等原因不遵守上述承诺。如本人未履行承诺，本人愿依法承担相应责任。"

（二）本公司的董事兼核心技术人员钟宏全承诺："自东方网力科技股份有限公司股票上市之日起三十六个月内，不转让或者委托他人管理本人持有的发行人首次公开发行股票前已发行的股份，也不由发行人回购该部分股份。

除前述锁定期外，本人在发行人任职期间每年转让的股份不超过所持有的发行人可转让股份总数的百分之二十五；在上述锁定期届满后本人离职的，自离职之日起半年内不转让所持有的发行人股份。本人所持股票在上述锁定期届满后二十四个月内转让的，转让价格不低于以转让日为基准经前复权计算的发行价格；发行人股票上市后六个月内如股票价格连续20个交易日的收盘价格均低于以当日为基准经前复权计算的发行价格，或者发行人股票上市后六个月期末收盘价低于以当日为基准经前复权计算的发行价格，则本人所持公司股票的锁定期自动延长六个月。

本人保证不会因职务变更、离职等原因不遵守上述承诺。如本人未履行承诺，本人愿依法承担相应责任。"

（三）本公司的股东及核心技术人员蒋宗文和高军承诺："自东方网力科技股份有限公司股票上市之日起三十六个月内，不转让或者委托他人管理本人持有的发行人首次公开发行股票前已发行的股份，也不由发行人回购该部分股份。

本人作为发行人持股5%以上的股东，未来五年内如确因自身经济需求，在上述锁定期满后，可根据需要以集中竞价交易、大宗交易、协议转让或其他合法的方式适当转让部分发行人股票。在上述锁定期满后二十四个月内，如本人拟转让持有的发行人股票，则每十二个月转让数量不超过本人所持发行人股票数量的5%，且转让价格不低于以转让日为基准经前复权计算的发行价格。在本人拟转让所持发行人股票时，本人将在减持前三个交易日通过发行人公告减持意向。

本人保证不会因职务变更、离职等原因不遵守上述承诺。如本人未履行承诺，本人愿依法承担相应责任。"

（四）本公司的监事兼核心技术人员甘亚西承诺："自东方网力科技股份有限公司股票上市之日起三十六个月内，不转让或者委托他人管理本人持有的发行人首次公开发行股票前已发行的股份，也不由发行人回购该部分股份。除前述锁定期外，本人在发行人任职期间每年转让的股份不超过所持有的发行人可转让股份总数的百分之二十五；在上述锁定期届满后本人离职的，自离职之日起半年内不转让所持有的发行人股份。

本人保证不会因职务变更、离职等原因不遵守上述承诺。如本人未履行承诺，本人愿依法承担相应责任。"

（五）本公司的股东及核心技术人员郭军承诺："自东方网力科技股份有限公司股票上市之日起三十六个月内，不转让或者委托他人管理本人持有的发行人首次公开发行股票前已发行的股份，也不由发行人回购该部分股份。

本人保证不会因职务变更、离职等原因不遵守上述承诺。如本人未履行承诺，本人愿依法承担相应责任。"

（六）除刘光、钟宏全和甘亚西外，本公司的其他董事、监事和高级管理人员程滢、潘少斌、冯程、任重、杨志杰、张新跃、赵永军承诺："本人为东方网力科技股份有限公司的股东兼高级管理人员，本人承诺如下：自东方网力科技股份有限公司股票上市之日起十二个月内，不转让或者委托他人管理本人持有的发行人首次公开发行股票前已发行的股份，也不由发行人回购该部分股份。

除前述锁定期外，本人在发行人任职期间每年转让的股份不超过所持有的发

行人可转让股份总数的百分之二十五；本人在发行人上市之日起六个月内离职的，自离职之日起十八个月内不转让所持有的发行人股份；本人在发行人上市之日起第七个月至第十二个月之间离职的，自离职之日起十二个月内不转让所持有的发行人股份；本人在发行人上市之日起第十二个月之后离职的，自离职之日起半年内不转让所持有的发行人股份。

本人所持股票在上述锁定期届满后二十四个月内转让的，转让价格不低于以转让日为基准经前复权计算的发行价格；发行人股票上市后六个月内如股票价格连续20个交易日的收盘价格均低于以当日为基准经前复权计算的发行价格，或者发行人股票上市后六个月期末收盘价低于以当日为基准经前复权计算的发行价格，则本人所持公司股票的锁定期自动延长六个月。

本人保证不会因职务变更、离职等原因不遵守上述承诺。如本人未履行承诺，本人愿依法承担相应责任。"

（七）本公司董事DABINZHU的配偶张玉萍承诺："自东方网力科技股份有限公司股票上市之日起十二个月内，不转让或者委托他人管理本人持有的发行人首次公开发行股票前已发行的股份，也不由发行人回购该部分股份。

除前述锁定期外，在本人配偶DABINZHU在发行人任职期间每年转让的股份不超过所持有的发行人可转让股份总数的百分之二十五；在本人配偶DABINZHU在发行人上市之日起六个月内离职的，自离职之日起十八个月内本人不转让所持有的发行人股份；在本人配偶DABINZHU在发行人上市之日起第七个月至第十二个月之间离职的，自离职之日起十二个月内本人不转让所持有的发行人股份；在本人配偶DABINZHU在发行人上市之日起第十二个月之后离职的，自离职之日起半年内本人不转让所持有的发行人股份。

本人所持股票在上述锁定期届满后二十四个月内转让的，转让价格不低于以转让日为基准经前复权计算的发行价格；发行人股票上市后六个月内如股票价格连续20个交易日的收盘价格均低于以当日为基准经前复权计算的发行价格，或者发行人股票上市后六个月期末收盘价低于以当日为基准经前复权计算的发行价格，则本人所持公司股票的锁定期自动延长六个月。

本人保证不会因本人配偶DABINZHU职务变更、离职等原因不遵守上述承诺。如本人未履行承诺，本人愿依法承担相应责任。"

（八）广东中科白云创业投资有限公司承诺："自东方网力科技股份有限公司股票上市之日起十二个月内，不转让或者委托他人管理本公司持有的发行人首次公开发行股票前已发行的股份，也不由发行人回购该部分股份。

在上述锁定期满后，本公司可因自身的经营或投资需求，可根据需要以集中竞价交易、大宗交易、协议转让或其他合法方式适当转让部分发行人股票。本公司将在上述锁定期满后二十四个月内，减持完毕所持发行人的全部股票，且转让价格不低于以转让日为基准经前复权计算的发行价格。在本公司拟转让所持发行人股票时，本公司将在减持前三个交易日通过发行人公告减持意向。

如本公司未履行承诺，本公司愿依法承担相应责任。"

（九）英特尔产品（成都）有限公司承诺："自东方网力科技股份有限公司股票上市之日起十二个月内，除根据东方网力科技股份有限公司股票上市方案公开发售的股份外，不转让或者委托他人管理本公司持有的发行人首次公开发行股票前已发行的股份，也不由发行人回购该部分股份。

在上述锁定期满后，可根据需要以任何合法方式转让全部或部分东方网力科技股份有限公司股票（包括但不限于公开市场交易、集中竞价交易、大宗交易、协议转让等）。本公司拟在上述锁定期满后六十个月内，以市场价格减持完毕所持发行人的全部股票。本公司将提前通知东方网力科技股份有限公司，让东方网力科技有限公司可在减持前三个交易日公告上述减持意向。

如本公司未履行承诺，本公司愿依法承担相应责任。"

（十）除以上股东外，本公司其他股东承诺："自东方网力科技股份有限公司股票上市之日起十二个月内，不转让或者委托他人管理本人持有的发行人首次公开发行股票前已发行的股份，也不由发行人回购该部分股份。"

二、本公司、本公司控股股东、实际控制人刘光、董事、监事、高级管理人员及有关中介机构关于发行上市申请文件真实性、准确性、完整性的承诺

（一）本公司关于发行上市申请文件真实性、准确性、完整性的承诺

"东方网力科技股份有限公司（以下简称"本公司"）承诺招股说明书不存在虚假记载、误导性陈述或重大遗漏，并对其真实性、准确性、完整性承担个别和连带的法律责任。

本公司承诺，如招股说明书有虚假记载、误导性陈述或者重大遗漏，对判断本公司是否符合法律规定的发行条件构成重大、实质影响的，将按照市场价格依法公开回购首次公开发行股票的全部新股。

本公司承诺，如招股说明书有虚假记载、误导性陈述或者重大遗漏，致使投资者在证券交易中遭受损失的，将依法赔偿投资者损失。"

（二）控股股东、实际控制人刘光关于发行上市申请文件真实性、准确性、完整性的承诺

"本人作为东方网力科技股份有限公司（以下简称"发行人"）的控股股东，承诺招股说明书不存在虚假记载、误导性陈述或重大遗漏，并对其真实性、准确性、完整性承担个别和连带的法律责任。

本人承诺，如招股说明书有虚假记载、误导性陈述或者重大遗漏，对判断发行人是否符合法律规定的发行条件构成重大、实质影响的，将按照市场价格依法购回已转让的原限售股份。

本人承诺，如招股说明书有虚假记载、误导性陈述或者重大遗漏，致使投资者在证券交易中遭受损失的，将依法赔偿投资者损失。"

(三)本公司全体董事、监事、高级管理人员关于发行上市申请文件真实性、准确性、完整性的承诺

“东方网力科技股份有限公司全体董事、监事、高级管理人员承诺招股说明书不存在虚假记载、误导性陈述或重大遗漏,并对其真实性、准确性、完整性承担个别和连带的法律责任。

东方网力科技股份有限公司全体董事、监事、高级管理人员承诺,如招股说明书有虚假记载、误导性陈述或者重大遗漏,致使投资者在证券交易中遭受损失

的,将依法赔偿投资者损失。”

(四)中信建投证券股份有限公司关于发行上市申请文件真实性、准确性、完整性的承诺

“本公司作为东方网力科技股份有限公司(以下简称“发行人”)首次公开发行股票并上市的保荐机构,现承诺如下:

因本公司为发行人首次公开发行制作、出具的文件有虚假记载、误导性陈述或者重大遗漏,给投资者造成损失的,将依法赔偿投资者损失。”

(五)北京国枫凯文律师事务所关于发行上市申请文件真实性、准确性、完整性的承诺

“东方网力科技股份有限公司(以下简称“发行人”或“公司”)首次公开发行人民币普通股(A股)股票的申请已通过中国证券监督管理委员会(以下简称“中国证监会”)发行审核委员会审核,发行人拟在中国境内向社会公众首次公开发行人民币普通股(A股)股票(以下简称“首次公开发行”)并上市。根据中国证监会《关于进一步推进新股发行体制改革的意见》有关规定,北京国枫凯文律师事务所(以下简称“本所”)作为发行人律师,郑重承诺:

本所为发行人首次公开发行制作、出具的文件不存在虚假记载、误导性陈述或者重大遗漏的情形;若因本所为发行人首次公开发行制作、出具的文件有虚假记载、误导性陈述或者重大遗漏,给投资者造成损失的,本所将依法承担相应法律责任。”

(六)天职国际会计师事务所(特殊普通合伙)关于发行上市申请文件真实性、准确性、完整性的承诺

“本所作为东方网力科技股份有限公司(以下简称“发行人”)首次公开发行股票并上市的审计机构,现承诺如下:

因本所为发行人首次公开发行制作、出具的文件有虚假记载、误导性陈述或者重大遗漏,给投资者造成损失的,将依法赔偿投资者损失。”

三、本公司及控股股东、实际控制人刘光、董事、监事、高级管理人员关于稳定股价的承诺

(一)本公司关于稳定股价的承诺

“自本公司股票上市之日起三十六个月期间内,当出现公司股票连续20个交易日的收盘价均低于当日已公告每股净资产,且非在股价稳定措施实施期内的情况时,则触发本公司在符合相关法律法规、中国证监会相关规定及其他对本公司有约束力的规范性文件规定且本公司股权分布符合上市条件的前提下回购股份的义务(以下简称“本公司回购义务触发条件”)。其中当日已公告每股净资产为1)发行人最新报告期期末公告的每股净资产,或2)如最新报告期期末财务数据公告后至下一报告期期末财务数据公告前期间因分红、配股、转增等情况导致发行人股份或权益变化时,则为经调整后的每股净资产。股价稳定措施实施期为前次股份回购议案经股东大会审议通过日起至其后六个月。

本公司董事会办公室负责本公司回购义务触发条件的监测。在本公司回购义务触发条件满足的当日,本公司应发布公告提示发行人将启动回购股份的措施以稳定股价。

本公司董事会应于本公司回购义务触发条件满足之日起10个交易日内制定股份回购预案并进行公告,股份回购预案包括但不限于回购股份数量、回购价格区间、回购资金来源、回购对公司股价及公司经营的影响等内容。股份回购预案应明确本公司将在股份回购义务触发之日起6个月内通过证券交易所以集中竞价方式、要约方式及/或其他合法方式回购本公司股份,股份回购价格区间参考本公司每股净资产并结合本公司当时的财务状况和经营状况确定,用于股份回购的资金总额不低于本公司上一年度归属于本公司股东的净利润的5%,但不高于本公司上一年度归属于本公司股东的净利润的20%,结合本公司当时的股权分布状况、财务状况和经营状况确定。股份回购议案经董事会、股东大会审议通过、履行相关法律法规、中国证监会相关规定及其他对本公司有约束力的规范性文件所规定的相关程序并取得所需的相关批准后,由本公司实施股份回购的相关决议。本公司将在启动上述股份回购措施时提前公告具体实施方案。在实施上述回购计划过程中,如公司股票连续20个交易日的收盘价均高于当日已公告每股净资产,则本公司可中止实施股份回购计划。本公司中止实施股份回购计划后,自本公司股票上市之日起三十六个月期间内,如本公司回购义务触发条件再次得到满足,则本公司应继续实施上述股份回购计划。

如本公司未能履行上述股份回购的承诺,则本公司控股股东、实际控制人刘光以及董事、高级管理人员将承担增持本公司股份以稳定股价的义务。

本公司如拟新聘任董事、高级管理人员,将要求其同时出具将履行本公司首次公开发行上市时董事、高级管理人员已作出的稳定公司股价承诺的承诺函。”

(二)控股股东、实际控制人刘光关于稳定股价的承诺

“自发行人股票上市之日起三十六个月期间内,当出现公司股票连续20个交易日的收盘价均低于当日发行人已公告每股净资产(当日发行人已公告每股净资产为1)发行人最新报告期期末公告的每股净资产,或2)如最新报告期期末财务数据公告后至下一报告期期末财务数据公告前期间因分红、配股、转增等情况导致发行人股份或权益变化时,则为经调整后的每股净资产)的情况时,则触发发行人回购股份稳定股价的义务。本人承诺就公司股份回购预案以本人的董事(如有)身份在董事会上投赞成票,并以所拥有的全部表决票数在股东大会上投赞成票。

如发行人股份回购议案未获董事会或股东大会审议通过,或因如发行人履行股份回购义务而使其违反有关法律法规、中国证监会相关规定及其他对发行人有约束力的规范性文件,或导致发行人股权分布不再符合上市条件,或因其他原因导致发行人未能履行回购股份义务,或发行人未能按照已公布的股份回购方案实施股份回购时,则触发本人增持发行人股份以稳定股价的义务(以下简称“增持触发条件”)。

发行人董事会办公室负责前述增持触发条件的监测。在增持触发条件满足的当日,发行人应发布公告提示发行人股价已连续20个交易日低于每股净资产,且发行人回购股份以稳定股价的义务无法履行或未履行,并通知本人采取措施稳定股价。

本人承诺按以下预案采取措施稳定公司股价:

本人在接到发行人董事会办公室通知之日起10个交易日内,应就增持公司股票的具体计划书面通知公司,包括但不限于拟增持的数量范围、价格区间、完成期限等信息,并由公司进行公告。

本人将在接董事会办公室通知之日起6个月内通过证券交易所以大宗交易方式、集中竞价方式及/或其他合法方式增持公司股份,增持股份数量不低于发行人总股本的1%,但不超过发行人总股本的2%。在实施上述增持计划过程中,如公司股票连续20个交易日的收盘价均高于当日发行人已公告每股净资产,则本人可中止实施股份增持计划。本人中止实施股份增持计划后,自发行人股票上市之日起三十六个月期间内,如增持触发条件再次得到满足,则本人应继续实施上述股份增持计划。本人在增持计划完成后的六个月内将不出售所增持的股份,增持后公司的股权分布应当符合上市条件,增持股份行为应符合《公司法》、《证券法》及其他相关法律、行政法规的规定以及深圳证券交易所相关业务规则、备忘录的要求。

如本人未履行上述增持股份的承诺,则发行人可将本人增持义务触发当年及其后两个年度公司应付本人现金分红予以扣留直至本人履行承诺为止。自增持触发条件开始至本人履行承诺期间,本人直接或间接持有的发行人股份不予转让。

本人保证不会因职务变更、离职等原因不遵守上述承诺以及在发行人首次公开发行股票时所作出的其他承诺。如本人未履行承诺,本人愿依法承担相应责任。”

(三)除刘光外其他董事、高级管理人员关于稳定股价的承诺

“自发行人股票上市之日起三十六个月期间内,当出现公司股票连续20个交易日的收盘价均低于当日发行人已公告每股净资产(当日发行人已公告每股净资产为1)发行人最新报告期期末公告的每股净资产,或2)如最新报告期期末财务数据公告后至下一报告期期末财务数据公告前期间因分红、配股、转增等情况导致发行人股份或权益变化时,则为经调整后的每股净资产)的情况时,则触发发行人回购股份稳定股价的义务。本人承诺就公司股份回购预案以本人的董事身份(如有)在董事会上投赞成票,并以所拥有的全部表决票数(如有)在股东大会上投赞成票。

如发行人股份回购议案未获董事会或股东大会审议通过,或因如发行人履行股份回购义务而使其违反有关法律法规、中国证监会相关规定及其他对发行人有约束力的规范性文件,或导致发行人股权分布不再符合上市条件,或因其他原因导致发行人未能履行回购股份义务,或发行人未能按照已公布的股份回购方案实施股份回购时,则触发本人增持发行人股份以稳定股价的义务(以下简称“增持触发条件”)。

发行人董事会办公室负责前述增持触发条件的监测。在增持触发条件满足的当日,发行人应发布公告提示发行人股价已连续20个交易日低于每股净资产,且发行人回购股份以稳定股价的义务无法履行或未履行,并通知本人采取措施稳定股价。

本人承诺按以下预案采取措施稳定公司股价:

本人在接到发行人董事会办公室通知之日起10个交易日内,应就增持公司股票的具体计划书面通知公司,包括但不限于拟增持的数量范围、价格区间、完成期限等信息,并由公司进行公告。本人将在接董事会办公室通知之日起6个月内通过证券交易所以大宗交易方式、集中竞价方式及/或其他合法方式增持公司股份,用于增持股份的金额不低于发行人高级管理人员上一年度平均薪酬的50%。在实施上述增持计划过程中,如公司股票连续20个交易日的收盘价均高于当日发行人已公告每股净资产,则本人可中止实施股份增持计划。本人中止实施股份增持计划后,自发行人股票上市之日起三十六个月期间内,如增持触发条件再次得到满足,则本人应继续实施上述股份增持计划。本人在增持计划完成后的六个月内将不出售所增持的股份,增持后公司的股权分布应当符合上市条件,增持股份行为应符合《公司法》、《证券法》及其他相关法律、行政法规的规定以及深圳证券交易所相关业务规则、备忘录的要求。

如本人未履行上述增持股份的承诺,则发行人可将本人增持义务触发当年及其后两个年度公司应付本人现金分红或薪酬予以扣留直至本人履行承诺为止。自增持触发条件开始至本人履行承诺期间,本人直接或间接持有的发行人股份不予转让。

本人保证不会因职务变更、离职等原因不遵守上述承诺以及在发行人首次公开发行股票时所作出的其他承诺。如本人未履行承诺,本人愿依法承担相应责任。”

四、关于缴纳社会保险金或住房公积金的承诺

本公司控股股东和实际控制人刘光就缴纳社会保险和住房公积金作出不可撤销的承诺,承诺如下:

“如应有权部门要求或决定,东方网力需要为公司员工补缴社保、住房公积金或因未缴纳社保、住房公积金而承担罚款或损失,本人愿无条件代东方网力承担上述所有补缴金额、承担任何罚款或损失赔偿责任,保证东方网力不因此受到损失。”

五、关于避免同业竞争的承诺

为了避免可能出现与本公司的同业竞争,本公司控股股东、实际控制人刘光先生已于2011年9月9日向本公司出具了《关于避免同业竞争的承诺书》,主要承诺如下:

1.承诺人作为东方网力的控股股东、实际控制人,为东方网力及其中小股东利益,承诺人保证目前没有在中国境内或境外单独或与其他自然人、法人、合伙企业或组织,以任何形式直接或间接从事或参与任何对发行人构成竞争的业务及活动或拥有与发行人存在竞争关系的任何经济实体、机构、经济组织的权益,或在该经济实体、机构、经济组织中担任高级管理人员或核心技术人员,保证自身及控制下的其他企业目前没有、将来也不从事与东方网力主营业务相同或相似的生产经营活动,也不通过投资其他公司从事或参与与东方网力主营业务相同或类似的业务。

2.承诺人保证遵守关于上市公司法人治理结构的法律法规及中国证券监督管理委员会的相关规定,保证东方网力的人员和管理层稳定,业务、资产、财务、机构、人员独立,东方网力持续稳定经营,确保东方网力按照上市公司的规范独立自主经营。

3.承诺人如从事新的有可能涉及与东方网力相同或相似的业务,则有义务就该新业务通知东方网力。如该新业务可能构成与东方网力的同业竞争,在东方网力提出异议后,承诺人同意终止该业务。

4.承诺人将不利用与东方网力的关联关系进行任何损害东方网力及东方网力其他股东利益的经营活动。

5.承诺人确认本承诺书旨在保障东方网力及东方网力全体股东之合法权益而作出。

6.承诺人确认本承诺书所载的每一项承诺均为可独立执行之承诺。任何一项承诺若被视为无效或终止将不影响其他各项承诺的有效性。

7.承诺人愿意承担由于违反上述承诺给东方网力造成的直接、间接的经济损失、索赔责任及额外的费用支出。”

第二节　股票上市情况

一、公司股票发行上市审批情况

本上市公告书是根据《中华人民共和国公司法》、《中华人民共和国证券法》和《首次公开发行股票并在创业板上市管理暂行办法》等国家有关法律、法规的规定，并按照《深圳证券交易所股票上市公告书内容与格式指引(2013 年 12 月修订)》而编制，旨在向投资者提供有关东方网力科技股份有限公司首次公开发行股票并在创业板上市的基本情况。

本公司首次公开发行股票并在创业板上市申请已获中国证券监督管理委员会"证监许可[2014]20 号"文核准，本公司公开发行 1,470.25 万股人民币普通股，其中公开发行新股 631.00 万股，股东公开发售股份 839.25 万股。

本次发行采用网下向股票配售对象询价配售与网上向社会公众投资者定价发行相结合的方式，其中网下配售 882.15 万股，网上定价发行 588.10 万股，发行价格为 49.90 元/股。

经深圳证券交易所同意，本公司发行的人民币普通股股票在深圳证券交易所创业板上市，股票简称"东方网力"，股票代码"300367"；本次公开发行的 1,470.25 万股股票(公开发行新股 631.00 万股，股东公开发售股份 839.25 万股)将于 2014 年 1 月 29 日起上市交易。

本次发行的招股意向书、招股说明书全文及相关备查文件可以在中国证监会五家指定网站(巨潮资讯网，网址 www.cninfo.com.cn；中证网，网址 www.cs.com.cn；中国证券网，网址 www.cnstock.com；证券时报网，网址 www.secutimes.com；中国资本证券网，网址 www.ccstock.cn)查询，因上述文件中已披露而未在本公告书中重复披露的内容，敬请投资者查阅上述网站的相关内容。

二、公司股票上市概况

(一)上市地点：深圳证券交易所

(二)上市时间：2014 年 1 月 29 日

(三)股票简称：东方网力

(四)股票代码：300367

(五)首次公开发行后总股本：5,881.00 万股

(六)首次公开发行股票数量：1,470.25 万股

其中，公开发行新股数量：631.00 万股

股东公开发售股份：839.25 万股

(七)发行前股东所持股份的流通限制及期限：根据《公司法》的有关规定，公司公开发行股份前已发行的股份，自公司股票在证券交易所上市交易之日起一年内不得转让。

(八)发行前股东对所持股份自愿锁定的承诺：(详见"第一节重要声明与提示")

(九)本次上市的无流通限制及锁定安排的股份：本次公开发行的 1,470.25 万股股份(公开发行新股 631.00 万股，股东公开发售股份 839.25 万股)无流通限制及锁定安排。

(十)公司股份可上市交易时间

序号	股东名称	持股数(万股)	占首次公开发行后总股本的比例(%)	可上市交易时间(非交易日顺延)
首次公开前已发行股份	刘　光	1,734.9089	29.5002%	2017 年 1 月 29 日
	蒋宗文	512.2726	8.7106%	2017 年 1 月 29 日
	高　军	265.3498	4.5120%	2017 年 1 月 29 日
	钟宏全	136.3602	2.3187%	2017 年 1 月 29 日
	张玉萍	110.5625	1.8800%	2015 年 1 月 29 日
	程　滢	87.3444	1.4852%	2015 年 1 月 29 日
	郭　军	84.7645	1.4413%	2017 年 1 月 29 日
	李　京	73.7083	1.2533%	2015 年 1 月 29 日
	甘亚西	58.9666	1.0027%	2017 年 1 月 29 日
	夏朝阳	36.8541	0.6267%	2015 年 1 月 29 日
	许晓阳	36.8541	0.6267%	2015 年 1 月 29 日
	徐　燕	36.8541	0.6267%	2015 年 1 月 29 日
	赵永军	18.427	0.3133%	2015 年 1 月 29 日
	冯　程	14.7417	0.2507%	2015 年 1 月 29 日
	潘少斌	14.7417	0.2507%	2015 年 1 月 29 日
	杨志杰	9.2135	0.1567%	2015 年 1 月 29 日
	钟　玲	9.2135	0.1567%	2015 年 1 月 29 日
	张新跃	7.3708	0.1253%	2015 年 1 月 29 日
	张秀峰	7.3708	0.1253%	2015 年 1 月 29 日
	袁道强	7.3708	0.1253%	2015 年 1 月 29 日
	田海燕	7.3708	0.1253%	2015 年 1 月 29 日
	陈鉴平	7.3708	0.1253%	2015 年 1 月 29 日
	夏黎明	7.3708	0.1253%	2015 年 1 月 29 日
	郭明尧	7.3708	0.1253%	2015 年 1 月 29 日
	洪　宇	7.3708	0.1253%	2015 年 1 月 29 日
	贺贵川	5.5281	0.0940%	2015 年 1 月 29 日
	任　重	5.5281	0.0940%	2015 年 1 月 29 日
	郑　旺	4.791	0.0815%	2015 年 1 月 29 日
	王志强	3.6855	0.0627%	2015 年 1 月 29 日
	孙余顺	3.6855	0.0627%	2015 年 1 月 29 日
	唐玉林	3.6855	0.0627%	2015 年 1 月 29 日
	薛　硕	3.6855	0.0627%	2015 年 1 月 29 日
	杨柏松	3.6855	0.0627%	2015 年 1 月 29 日
	冯　升	2.7641	0.0470%	2015 年 1 月 29 日
	刘见钺	1.8427	0.0313%	2015 年 1 月 29 日
	广东中科白云创业投资有限公司	368.5414	6.2666%	2015 年 1 月 29 日
	英特尔产品(成都)有限公司	264.6588	4.5002%	2015 年 1 月 29 日
	北京盛世景投资管理有限公司	184.2707	3.1333%	2015 年 1 月 29 日
	深圳市天阔数码科技有限公司	110.5625	1.8800%	2015 年 1 月 29 日
	深圳市中科招商创业投资管理有限公司	92.1354	1.5667%	2015 年 1 月 29 日
	北京意元斯路软件技术有限公司	51.5958	0.8773%	2015 年 1 月 29 日
	小计	4,410.7500	75.00%	--
首次公开发行股份	网下配售股份	882.15	15.00%	2014 年 1 月 29 日
	网上发行股份	588.10	10.00%	2014 年 1 月 29 日
	小计	1,470.25	25.00%	--
	合计	5,881.00	100.00%	--

注：首次公开发行股票 1,470.25 万股，其中，公开发行新股数量 631.00 万股，股东公开发售股份 839.25 万股。

1.股票登记机构：中国证券登记结算有限责任公司深圳分公司

2.上市保荐机构：中信建投证券股份有限公司(以下简称"中信建投证券")

第三节　公司、股东和实际控制人情况

一、公司基本情况

公司名称：东方网力科技股份有限公司

英文名称：NetPosa Technologies,Ltd.

注册资本：5,250 万元(发行前)；5,881 万元(发行后)

法定代表人：刘光

公司住所：北京市海淀区学院路 35 号世宁大厦 4 层 408 室

经营范围：许可经营项目：无；一般经营项目：技术推广；制造电子计算机外部设备；销售计算机、软件及辅助设备(不含零售)。

主营业务：城市视频监控管理平台的研发、制造、销售及提供相关技术服务。

所属行业：计算机、通信及其他电子设备制造业

电话：010-82325566

传真：010-82328940

互联网址：http://www.netposa.com

电子信箱：irm@netposa.com

董事会秘书：潘少斌

二、公司董事、监事、高级管理人员及其持有公司的股票情况

姓名	职务	任职期间	直接持股数(万股)	间接持股数(万股)	总持股比例
刘　光	董事长、总经理	2013 年 9 月至 2016 年 9 月	1734.9089	-	29.5002%
DABIN ZHU	董事	2013 年 9 月至 2016 年 9 月	-	110.5625 注	1.8800%
程　滢	董事	2013 年 9 月至 2016 年 9 月	87.3444	-	1.4852%
钟宏全	董事、副总经理	2013 年 9 月至 2016 年 9 月	136.3602	-	2.3187%
于小云	董事	2013 年 9 月至 2016 年 9 月	-	-	-
ALBERT SHIN TSE CHANG	董事	2013 年 9 月至 2016 年 9 月	-	-	-
郇绍奎	独立董事	2013 年 9 月至 2016 年 9 月	-	-	-
杨　骅	独立董事	2013 年 9 月至 2016 年 9 月	-	-	-
张宇锋	独立董事	2013 年 9 月至 2016 年 9 月	-	-	-
甘亚西	监事会主席、硬件设计总监	2013 年 9 月至 2016 年 9 月	58.9666	-	1.0027%
金林海	监事	2013 年 9 月至 2016 年 9 月	-	-	-
尹　丽	职工代表监事、商务主管	2013 年 9 月至 2016 年 9 月	-	-	-
潘少斌	副总经理、董秘	2013 年 9 月至 2016 年 9 月	14.7417	-	0.2507%
冯　程	副总经理	2013 年 9 月至 2016 年 9 月	14.7417	-	0.2507%
任　重	副总经理	2013 年 9 月至 2016 年 9 月	5.5281	-	0.0940%
杨志杰	副总经理	2013 年 9 月至 2016 年 9 月	9.2135	-	0.1567%
张新跃	副总经理	2013 年 9 月至 2016 年 9 月	7.3708	-	0.1253%
赵永军	副总经理、财务总监	2013 年 9 月至 2016 年 9 月	18.4270	-	0.3133%

注：公司董事 DABINZHU 间接持有股份系其配偶张玉萍系直接持有。

三、公司控股股东及实际控制人的情况

本公司控股股东和实际控制人为刘光，中国公民，无境外永久居留权，身份证号码为 32010919710202****。

刘光：男，中国国籍，无境外永久居住权，1971 年 2 月出生，硕士学历。

曾任中国工商银行江苏省分行胥浦直属支行科技科工程师，深圳市印像计算机系统有限公司监事，深圳市迪瑞计算机技术有限公司董事和总经理，北京东方网力科技有限公司董事长、总经理。现任东方网力董事长、总经理，兼子公司重庆网力执行董事。

截至本公告出具日，本公司控股股东及实际控制人刘光先生除持有本公司股份外，无其他对外投资。

四、公司前十名股东持有公司发行后股份情况

此次发行后，公司股东总数为：11,503 人

公司前 10 名股东持有公司发行后股份情况如下：

序号	股东名称	持股数(万股)	占首次公开发行后总股本的比例(%)
1	刘光	1734.9089	29.5002%
2	蒋宗文	512.2726	8.7106%
3	广东中科白云创业投资有限公司	368.5414	6.2666%

4	高军	265.3498	4.5120%
5	英特尔产品(成都)有限公司	264.6588	4.5002%
6	北京盛世景投资管理有限公司	184.2707	3.1333%
7	钟宏全	136.3602	2.3187%
8	富国天博创新主题股票型证券投资基金	120.0000	2.0405%
8	富国天益价值证券投资基金	120.0000	2.0405%
10	张玉萍	110.5625	1.8800%
10	深圳市天阔数码科技有限公司	110.5625	1.8800%
	合计	3,927.4874	66.7826%

第四节　股票发行情况

一、首次公开发行股票数量:1,470.25万股,其中,网下向配售对象询价配售股票数量为882.15万股,占本次发行总量的60%;网上向社会公众投资者定价发行股票数量为588.10万股,占本次发行总量的40%。

二、发行价格:49.90元/股,此发行价格对应的市盈率为:

(一)33.70倍(每股收益按照2012年度经会计师事务所审计的扣除非经常性损益前后孰低的净利润除以本次发行前总股本计算);

(二)37.75倍(每股收益按照2012年度经会计师事务所审计的扣除非经常性损益前后孰低的净利润除以本次发行后总股本计算)。

三、发行方式及认购情况:本次发行采用网下向配售对象询价配售和网上向社会公众投资者定价发行相结合的方式。

本次发行中通过网下发行最终向网下投资者配售的数量为882.15万股,公募基金和社保基金最终获配比例为60.00%,其他配售对象最终获配比例为8.60%,具体情况详见本公司2014年1月23日披露的《东方网力科技股份有限公司首次公开发行股票并在创业板上市网下配售结果公告》。

本次发行网上定价发行588.10万股,本次网上定价发行有效申购户数为133,653户,有效申购股数为263,660,500股,本次网上定价发行的中签率为2.2305199300%,认购倍数为44.83260倍,具体情况详见本公司2014年1月23日披露的《东方网力科技股份有限公司首次公开发行股票并在创业板上市网上定价发行申购情况及中签率公告》。

四、募集资金总额:31,486.90万元。天职国际会计师事务所(特殊普通合伙)已于2014年1月24日对发行人首次公开发行股票的资金到位情况进行了审验,并出具"天职业字[2014]2058号"《验资报告》。

发行费用总额:2,834.80万元(不含公司股东公开发售股份分摊的费用),明细如下:

项目	金额(万元)
发行费用:	2,834.80
其中:承销及保荐费用	2,422.79
审计及验资费用	137.34
律师费用	137.34
信息披露费及发行手续费用	137.34

每股发行费用:1.93元。(每股发行费用=发行费用总额/本次发行股本)

1、募集资金净额:28,652.10万元;发行前公司股东转让股份资金净额:38,108.58万元。

2、发行后每股净资产:9.67元(根据2013年6月30日经审计的净资产加上本次发行募集资金净额除以本次发行后总股本计算)。

3、发行后每股收益:1.32元/股(按照2012年12月31日经会计师事务所审计的扣除非经常性损益前后孰低的净利润除以本次发行后总股本计算)。

第五节　财务会计资料

本上市公告书已披露2013年财务数据,包括:2013年12月31日比较式资产负债表、2013年度比较式利润表、2013年度比较式现金流量表。其中,2013年财务数据未经审计,2012年度财务数据已经天职国际会计师事务所(特殊普通合伙)审计。本上市公告书已披露2014年1-3月业绩预计情况,该业绩预告是根据公司财务部门对经营情况初步测算做出,未经注册会计师审计,具体数据将在公司2014年第一季度报告中详细披露。敬请投资者注意。

一、主要会计数据及财务指标

项目	2013年12月31日	2012年12月31日	本报告期比上年度期末增减
流动资产(万元)	68,943.36	45,409.02	51.83%
流动负债(万元)	44,946.21	24,054.25	86.85%
总资产(万元)	85,731.24	53,404.00	60.53%
归属于发行人股东的所有者权益(万元)	36,597.03	26,349.75	38.89%
归属于发行人股东的每股净资产(元/股)	6.97	5.02	38.84%
项目	2013年	2012年	本报告期比上年同期增减
营业总收入(万元)	43,400.96	30,528.18	42.17%
营业利润(万元)	8,635.23	6,696.81	28.95%
利润总额(万元)	11,644.70	9,102.52	27.93%
归属于发行人股东的净利润(万元)	10,247.28	7,821.07	31.02%
扣除非经常性损益后的净利润(万元)	9,016.41	7,772.95	16.00%
基本每股收益(元)	1.95	1.49	30.87%
扣除非经常性损益后的基本每股收益(元)	1.72	1.48	16.22%
净资产收益率(加权平均)	32.56%	34.85%	-2.29%
扣除非经常性损益后的净资产收益率(加权平均)	28.65%	34.64%	-5.99%
经营活动产生的现金流量净额(万元)	3,931.04	686.14	472.92%
每股经营活动产生的现金流量净值(元)	0.75	0.13	472.92%

注:净资产收益率和扣除非经常性损益后的净资产收益率两个指标的本报告期比上年同期增减为两期数的差值。

二、经营业绩和财务状况的简要说明

(一)财务状况

1.资产

发行人资产规模逐年增加,资产流动性较高,整体财务状况良好。截至2013年12月31日,公司资产总额85,731.24万元,较上年末增长60.53%;流动资产总额为68,943.36万元,较上年末增长51.83%。主要原因是:随着公司销售规模的逐步扩大和公司增加的银行贷款较多,经营积累和负债金额带来了资产规模的稳定增长。

2.负债

截至2013年12月31日,公司的流动负债总额为44,946.21万元,较2012年末增加了20,891.96万元,增幅为86.85%,主要由于公司业务规模增加较快,公司增加了银行贷款。截至2013年12月31日,公司的负债总额为49,134.21万元,较2012年末增加22,079.96万元,增幅为81.61%,整体负债规模较去年年底增长较快。

3.所有者权益

截至2013年12月31日,公司的股东权益总额为36,597.03万元,较2012年末增加10,247.28万元,增幅为38.89%,系2013年度公司净利润实现所致。

截至2013年12月31日,公司的资产质量良好,资产和负债结构合理,公司的流动性和偿债能力较强,财务状况稳定。

(二)经营业绩

发行人经营规模稳步增长,盈利能力逐步增强。2013年度,公司营业收入43,400.96万元,较上年度增长42.17%;营业利润8,635.23万元,较上年度增长28.95%;利润总额11,644.70万元,较上年度增长27.93%;归属于发行人股东的净利润10,247.28万元,较上年度增长31.02%。主要原因是:随着公司销售规模的逐步扩大,公司盈利能力得到进一步增强。

(三)经营性现金流情况

2013年度,发行人经营活动产生的现金流量净额为3,931.04万元,较上年度增加472.92%。主要原因是:公司不断加强销售回款的回收力度以及本年度年末收款情况较好,使得公司经营活动现金流量有所好转。

三、2014年第一季度业绩预计情况

经估算,2014年一季度收入预计为6400-6800万元,上年度同一季度同比增长51.62%至61.10%,净利润为530-570万元,上年度同一季度同比增长37.46%至47.84%。由于市场状况具有较大的不确定性,上述数据仅为初步估计,具体数据以法定时间披露的2014年一季度财务报告为准。

第六节　其他重要事项

一、本公司已向深圳证券交易所承诺,将严格按照创业板的有关规则,在上市后三个月内尽快完善公司章程等相关规章制度。

二、本公司自2014年1月6日刊登首次公开发行股票招股意向书至本上市公告书刊登前,没有发生可能对公司有较大影响的重要事项,具体如下:

(一)公司严格依照《公司法》、《证券法》等法律、法规的要求,规范运作,生产经营状况正常,主要业务发展目标进展正常;

(二)公司生产经营情况、外部条件或生产环境未发生重大变化(包括原材料采购和产品销售价格、原材料采购和产品销售方式、所处行业或市场等均未发生重大变化);

(三)公司未订立可能对公司资产、负债、权益和经营成果产生重大影响的重要合同;

(四)公司未发生重大关联交易事项,资金未被关联方非经营性占用;

(五)公司未发生重大投资行为;

(六)公司未发生重大资产(或股权)购买、出售及置换;

(七)公司住所没有变更;

(八)公司董事、监事、高级管理人员及核心技术人员未发生变化;

(九)公司未发生重大诉讼、仲裁事项;

(十)公司未发生对外担保等或有事项;

(十一)公司财务状况和经营成果的未发生重大变化;

(十二)公司未召开董事会、监事会和股东大会;

(十三)公司无其他应披露的重大事项。

第七节　上市保荐机构及其意见

一、上市保荐机构情况

保荐人(主承销商):中信建投证券股份有限公司

法定代表人:王常青

联系地址:北京市朝阳门内大街188号

邮编:100010

电话:010-85130588

传真:010-65185227

保荐代表人:林煊、张庆升

二、上市保荐机构的推荐意见

上市保荐机构中信建投证券股份有限公司(以下简称"中信建投证券")已向深证券交易所提交了《中信建投证券股份有限公司关于东方网力科技股份有限公司股票上市保荐书》,上市保荐机构的推荐意见如下:

东方网力科技股份有限公司申请其股票上市符合《中华人民共和国公司法》、《中华人民共和国证券法》及《深圳证券交易所创业板股票上市规则》等国家有关法律、法规的有关规定,东方网力科技股份有限公司股票具备在深圳证券交易所创业板上市的条件。中信建投证券愿意推荐东方网力科技股份有限公司的股票在深圳证券交易所创业板上市交易,并承担相关保荐责任。

天津鹏翎胶管股份有限公司

天津鹏翎胶管股份有限公司首次公开发行股票并在创业板上市上市公告书

第一节　重要声明与提示

本公司股票将在深圳证券交易所创业板上市，该市场具有较高的投资风险。创业板公司具有业绩不稳定、经营风险高、退市风险大等特点，投资者面临较大的市场风险。投资者应充分了解创业板市场的投资风险及本公司所披露的风险因素，审慎做出投资决定。

天津鹏翎胶管股份有限公司(以下简称"鹏翎股份"、"公司"、"本公司"或"发行人")及全体董事、监事、高级管理人员保证上市公告书的真实性、准确性、完整性，承诺上市公告书不存在虚假记载、误导性陈述或者重大遗漏，并承担个别和连带的法律责任。

证券交易所、其他政府机关对本公司股票上市及有关事项的意见，均不表明对本公司的任何保证。

本公司提醒广大投资者注意，凡本上市公告书未涉及的有关内容，请投资者查阅刊载于中国证监会五家指定网站（巨潮资讯网，www.cninfo.com.cn；证券时报网，www.secutimes.com；中证网，www.cs.com.cn；中国证券网，www.cnstock.com；中国资本证券网，www.ccstock.cn）及发行人网站(www.pengling.cn)的本公司招股说明书全文。

发行人、控股股东、实际控制人、董事、监事、高级管理人员等就首次公开发行股票上市作出如下重要承诺及说明：

一、发行前股份自愿锁定的承诺

公司控股股东、实际控制人张洪起先生和公司第三至九大股东刘世菊、孙伟杰、李金楼、张兆辉、王泽祥、张宝海、李风海做出如下承诺：自鹏翎胶管股票上市之日起三十六个月内不转让或者委托他人管理其本次发行上市前已持有的本公司股份，也不由本公司收购该部分股份。

公司第二大股东博正投资做出如下承诺：自鹏翎胶管股票上市之日起四十二个月内，博正投资将遵守自愿锁定股份的承诺并持有鹏翎胶管股份，不转让或者委托他人管理已持有的鹏翎胶管股份，也不由鹏翎胶管收购该部分股份。

刘世菊的直系亲属刘世文、王泽祥的直系亲属王泽龙承诺自鹏翎胶管股票上市之日起三十六个月内不转让或者委托他人管理其本次发行上市前已持有的本公司股份，也不由本公司收购该部分股份。

张洪起、李风海、张兆辉、李金楼作为公司董事或高级管理人员承诺：三十六个月锁定期满后，在任职期间，每年转让的公司股份不超过其所持有公司股份总数的25%；在离职后半年内，不转让所持有的本公司股份。张洪利、张兆玲等上述董事或高管的直系亲属，承诺自鹏翎胶管股票上市之日起三十六个月内不转让或者委托他人管理其本次发行上市前已持有的本公司股份，也不由本公司收购该部分股份；同时三十六个月锁定期满后在其上述直系亲属担任公司董事或监事或高级管理人员期间，每年转让的公司股份不超过其所持有公司股份总数的25%；在相关直系亲属离职后半年内，不转让所持有的本公司股份。

监事张万坤、王培利和公司高管王忠升承诺：自公司股票上市之日起十二个月内，不转让或者委托他人管理其直接或者间接持有的本次发行上市前的股份，也不由公司收购该部分股份；十二个月期满后，在担任公司董事和/或监事和/或高级管理人员期间，每年转让的股份不超过其本人所持有公司股份总数的25%；公司股票上市之日起六个月内，若其申报离职，则自其申报离职之日起十八个月内不转让其本人所持公司股票；公司股票上市之日起第七个月至第十二个月之间，若其申报离职，则自其申报离职之日起十二个月内不转让其本人所持公司股票。

除上述股东外，本公司其他股东承诺：自鹏翎胶管股票上市之日起十二个月内，不转让或者委托他人管理其已直接或间接持有的本次发行上市前的股份，也不由本公司回购该部分股份。

根据《境内证券市场转持部分国有股充实全国社会保障基金实施办法》(财企【2009】94号)以及天津市国有资产监督管理委员会出具的《关于对天津鹏翎胶管股份有限公司首次发行A股上市划转部分国有股权有关问题的批复》(津国资产权【2011】59号)，公司法人股东博正投资将其持有的公司150.2221万股国有股在本次发行后转由全国社会保障基金理事会持有。全国社会保障基金理事会将承继博正投资的禁售期义务。

二、关于所持股票在锁定期满后两年内减持价格的承诺公司控股股东、实际控制人张洪起先生、董事李风海、张兆辉、高级管理人员李金楼、王忠升持有公司股份，以上人员承诺如下：

(一)减持承诺

签署人所持公司股票在锁定期满后两年内减持的，减持价格不低于发行价；公司股票首次公开发行并上市后6个月内如公司股票连续20个交易日的收盘价均低于发行价，或者公司股票首次公开发行并上市后6个月期末收盘价低于发行价，签署人持有公司股票的锁定期限在原有锁定期限基础上自动延长6个月。

自公司股票上市日至签署人减持期间，公司如有派息、送股、资本公积金转增股本、配股等除权除息事项，减持底价下限将相应进行调整。

(二)承诺履行和约束措施

1.同意由公司监事会和独立董事负责监督签署人按照本承诺函的内容履行。

2.若签署人违反承诺时，自愿接受中国证监会和深圳证券交易所按照届时有效的规范性文件对签署人进行处罚和制裁。

3.凡违反上述减持承诺违规减持的，一律视为签署人对公司的违约，应按照每笔减持金额的20%向公司支付违约金。

4.本承诺一经作出，即构成签署人对公司不可撤销的单方面合同义务，且不得因签署人职务变更、离职等原因而放弃履行承诺。

三、发行人及控股股东关于招股说明书披露内容的承诺

(一)公司的回购及赔偿承诺

1.本公司公开发布的《招股说明书》有虚假记载、误导性陈述或者重大遗漏，对判断本公司是否符合法律规定的发行条件构成重大、实质影响的，本公司将依法回购首次公开发行的全部新股。届时，本公司董事会应当在该等违法违规行为被证券监管机构或司法部门认定后的第一个交易日开盘前或当日申请公司股票停牌，并在1个月内公告股票回购方案及具体实施办法。该等股票回购方案必须满足如下回购价格和回购时间的要求：

(1)回购价格：回购义务触发时点前最后一个交易日公司股票的收盘价。

(2)回购行为需在回购公告发布之日起30个交易日之内完成。

2.本公司招股说明书有虚假记载、误导性陈述或者重大遗漏，且致使投资者在证券交易中遭受损失的，本公司将按照有效的司法裁决文件依法赔偿投资者损失。上述公司回购新股不影响投资者对本公司的民事索赔。

3.如本公司未能履行上述承诺的，同意证券监管机构依据本承诺函对本公司及本公司的董事、监事和高级管理人员作出的任何处罚或处理决定。

4.本承诺函一经作出，即具有不可撤销的法律效力。

(二)控股股东的回购及赔偿承诺

1.若发行人公开发布的《招股说明书》有虚假记载、误导性陈述或者重大遗漏，对判断发行人是否符合法律规定的发行条件构成重大、实质影响的，控股股东应当在该等违法违规行为被证券监管机构或司法部门认定后的第一个交易日开盘前或当日申请公司股票停牌，并在1个月内公告股票回购方案及具体实施办法。届时，控股股东同意按照下列价格和时间全部回购其已转让的股份：

(1)回购价格：回购义务触发时点前最后一个交易日公司股票的收盘价。

(2)回购行为需在回购公告发布之日起30个交易日之内完成。

2.若发行人首次公开发行股票并在创业板上市过程中公开发布的《招股说明书》有虚假记载、误导性陈述或者重大遗漏，且因此致使公众投资者在证券交易中遭受损失的，控股股东将依法对投资者承担相应的赔偿责任。

为切实履行上述承诺，控股股东同意采取如下措施保证上述承诺的实施：

(1)若发行人进行现金分红的，可以由发行人直接或申请红利发放机构扣划控股股东应分得的红利作为赔偿金；

(2)发行人向中国证券登记结算有限责任公司申请将控股股东所持发行人全部股票采取限售措施直至赔偿责任依法履行完毕；

(3)发行人依据本承诺函向深圳证券交易所申请直接卖出控股股东所持发行人股票，或申请公司住所地人民法院冻结并拍卖控股股东所持发行人股票赔偿投资者损失。

四、公司董事、监事、高级管理人员的赔偿承诺

1.若公司首次公开发行股票并在创业板上市过程中公开发布的《招股说明书》有虚假记载、误导性陈述或者重大遗漏，且因此致使公众投资者在证券交易中遭受损失的，公司董事、监事、高级管理人员将依法对投资者承担相应的赔偿责任。

2.为切实履行上述承诺，公司董事、监事、高级管理人员同意采取如下措施保证上述承诺的实施：

(1)若持有发行人股份，则在发行人进行现金分红时，可以由发行人直接或申请红利发放机构扣划承诺人应分得红利的50%作为赔偿金；

(2)若不持有发行人股份，则以上市后承诺人从发行人累计获得的税后薪酬总额的50%作为赔偿金。

3.本承诺一经作出，即构成承诺人对公司不可撤销的单方面合同义务，且不得因承诺人职务变更、离职等原因而放弃履行承诺。

五、稳定公司股价的预案

2013年12月2日，公司召开第五届董事会第十四次会议审议通过了《关于公司股价低于每股净资产值时维护公司股价的预案》。2013年12月18日，公司召开2013年第二次临时股东大会亦审议通过了上述预案。根据该议案，公司股票首次公开发行并上市后，在不违反法律、法规及相关规范性文件且保证公司符合上市条件的前提下，公司在股价低于最近一年经审计的每股净资产值(本预案中涉及的每股净资产值均需扣除转增股本和分红的影响)时将采取如下稳定股价的措施：

(一)股票回购措施

公司股票首次公开发行并上市后，在不违反法律、法规及相关规范性文件且保证公司符合上市条件的前提下，当公司股价低于最近一年经审计的每股净资产值时，公司将会按照下列条件进行回购：

(1)当公司股票收盘价格在每股净资产值水平上下跌不超过5%的，在股价跌破每股净资产值的首个交易日起20个交易日内，公司将回购股票数量不低于届时公司股本总额(不含尚未转换为公司股票的可转换债券)的1%；

(2)当公司股票收盘价格在每股净资产值水平上下跌不超过10%的，在股本总额1%的股票已回购完成日起20个交易日内，公司将回购股票数量不低于届时公司股本总额(不含尚未转换为公司股票的可转换债券)的5%(包含之前已回购的1%)；

(3)当公司股票收盘价格在每股净资产值水平上下跌不超过15%的，在股本总额5%的股票已回购完成日起20个交易日内，公司将回购股票数量不低于届时公司股本总额(不含尚未转换为公司股票的可转换债券)的10%(包含之前已回购的5%)；

(4)当公司股票收盘价格在每股净资产值水平上下跌不超过20%的，在股本总额10%的股票已回购完成日起20个交易日内，公司将回购股票数量不低于届时公司股本总额(不含尚未转换为公司股票的可转换债券)的15%(包含之前已回购的10%)；

(5)当公司股票收盘价格在每股净资产值水平上下跌不超过30%的，在股本总额15%的股票已回购完成日起20个交易日内，公司将回购股票数量不低于届时公司股本总额(不含尚未转换为公司股票的可转换债券)的20%(包含之前已回购的15%)。

公司针对上述任一触发回购义务的情形实施回购行为均以一年一次为限。回购义务触发时，公

司董事会应及时制定回购计划，并经公司股东大会审议批准后实施。

上述回购的公司股票不超过股本总额5%的部分，依据《公司法》的规定，可以奖励给公司职工；超过股本总额5%的部分，将全部注销，并在工商管理部门办理减资。

公司实际控制人张洪起先生已出具书面承诺，届时将支持公司的股票回购行动，且如果公司未能按照上述预案要求实施股票回购，张洪起先生将代替公司按照上述预案设定的条件和内容履行公司股票回购事项，回购的股票归张洪起本人所有，不注销或用于股权激励。

（二）控股股东（实际控制人）和公司非独立董事、高级管理人员的增持措施

1.控股股东的增持承诺

公司控股股东、实际控制人张洪起先生于2013年12月18日出具承诺，公司股票首次公开发行并上市后，当公司股价低于每股净资产时，由其对公司股份进行增持，承诺的具体内容如下：

公司股票上市后三年内股票收盘价首次低于每股净资产值（公司每股净资产值以公司最近一期经审计的财务数据为准，且扣除转增股本和分红的影响）时，签署人将以如下二种方式孰高确定的资金额（简称"增持基金"）实施对公司股票的增持：

（1）上市后本人从公司获得的税后现金分红的50%；

（2）人民币1000万元。

签署人同意在增持义务触发后的10个交易日内完成上述增持行为，上述增持基金使用完毕则本人的增持义务履行完毕。

若签署人未能履行或未能完全履行增持承诺的，一律视为签署人违约，每违约一日，签署人应按照承诺义务金额日万分之五计算向公司支付承诺违约金，直至签署人按照承诺履行增持义务为止，违约金可以从签署人税后分红和薪酬中扣缴，所有违约金归公司所有。

签署人应在完成增持后向公司提供交易记录等书面文件证明其已完成本承诺所载之增持承诺，并愿意接受公司及保荐机构的核查。

本承诺一经作出，即为不可撤销，在增持义务触发后，若签署人不予履行，公司有权以签署人为被告向公司住所地人民法院提起民事诉讼。"

2.公司非独立董事、高级管理人员的增持承诺

非独立董事李风海、张兆辉、高级管理人员张宝新、李金楼、王忠升、刘世玲于2013年12月18日出具承诺，公司股票首次公开发行并上市后，当公司股价低于每股净资产时，由以上人员对公司股份进行增持，承诺的具体内容如下：

一、增持承诺

作为天津鹏翎胶管股份有限公司（简称"公司"）的非独立董事和/或高级管理人员，为稳定公司上市后三年内的股票价格，现按照中国证监会《关于进一步推进新股发行体制改革的意见》，签署人谨此承诺：

1.公司股票上市后三年内股票收盘价首次低于每股净资产值（公司每股净资产值以公司最近一期经审计的财务数据为准，且扣除转增股本和分红的影响）时，签署人同意无条件增持公司股票，本人的增持额以公司股票上市后本人从公司累计获得的税后薪酬总额的50%（简称"增持基金"）为标准。

2.签署人同意在上述增持义务触发后的10个交易日内完成上述增持行为，上述增持基金使用完毕则本人的增持义务履行完毕。

3.公司股票上市后三年内，若本人有减持公司股票的行为，则减持价格不低于公司最近一期经审计的每股净资产值。

二、对增持承诺的约束措施

1.若签署人未能履行或未能完全履行增持承诺的，一律视为签署人违约，每违约一日，签署人应按照义务增持额日万分之五计算向公司支付承诺违约金，直至签署人按照承诺履行增持义务为止，违约金可以从签署人税后分红和薪酬中扣缴，所有违约金归公司所有。

2.签署人将在完成增持后向公司提供交易记录等书面文件证明其已完成本承诺所载之增持承诺，并愿意接受公司及保荐机构的核查。

3.本承诺一经作出，即为不可撤销的，且不得因签署人职务变更、离职等原因而放弃履行承诺。

4.本承诺一经作出，即构成签署人对公司的单方面合同义务，在增持义务实际发生时签署人必须无条件履行，若签署人不予履行，公司有权以签署人为被告向公司住所地人民法院提起民事诉讼。

同时，根据公司2013年12月18日召开的2013年第二次临时股东大会审议后修订的《公司章程（草案）》，公司对于未来新聘的董事、高级管理人员，也应履行公司发行上市时董事、高级管理人员已作出的相关增持承诺。

（三）拟实施股权激励计划

公司股票首次公开发行并上市后二年内，为了使董事、高级管理人员和核心员工分享公司的发展成果，公司将会尽快依法推出公平、合理且激励力度适宜的股权激励计划，公司董事、高级管理人员及核心员工将获得激励股份，但该部分人员均须书面承诺不得在低于每股净资产值以下减持，并附有相应的承诺约束措施。通过股权激励计划，可以进一步调动广大职工的工作积极性、创造性和责任感，为公司提供长期发展的动力，同时对维护公司股价不低于每股净资产值会产生良好的积极效果。

六、发行前持股5%以上股东的持股意向及减持意向

（一）控股股东、实际控制人张洪起的持股及减持意向

公司控股股东、实际控制人张洪起先生对其所持公司股份的持股及减持意向出具了专项说明，具体内容如下："本人作为天津鹏翎胶管股份有限公司（简称"公司"）的控股股东和实际控制人期间，基于对宏观经济、汽车行业和公司未来良好的发展趋势判断，在公司首次公开发行股票并上市之日起本人所持公司股份锁定期满后原则上不减持公司股票。如因个人财务需求进行减持，则减持价格为锁定期满后两年内不低于发行价格、此后减持价格不低于最近一年末经审计的每股净资产值，减持方式为通过证券交易所竞价交易或大宗交易；锁定期满后两年内每年减持股票总量不超过本人于减持年度上年末所持公司股票的20%；具体的减持行为持续期间和拟减持总数本人将在减持前3个交易日予以公告。如本人未履行上述承诺，自愿接受中国证券监督管理委员会和深圳证券交易所按照届时有效的规范性文件对本人的处罚和制裁。"

（二）博正投资的持股及减持意向

公司股东博正投资持有公司股份5,000,000股，持股比例6.49%，对其所持公司股份的持股及减持意向出具了专项说明：

1.在公司首次公开发行股票并上市之日起42个月内，博正投资将遵守自愿锁定股份的承诺并持有发行人股份，不转让或者委托他人管理已持有的发行人股份，也不由发行人收购该部分股份。

2.博正投资所持发行人股份锁定期满后，经博正投资内部有权机构作出减持决策的，博正投资将通过二级市场或大宗交易，在综合考虑宏观经济状况、资本市场状况、发行人的经营管理情况、博正投资的持股成本及经营管理情况、国有股东转让所持上市公司股份的相关规定等因素后确定价格。

3.博正投资所持发行人股份锁定期满后，每年减持数量不超过减持年度上一年末持有的发行人股份的90%，当减持年度上一年度末博正投资所持发行人股份不超过50万股时，博正投资可一次性减持完毕。博正投资将在减持前3个交易日对减持事项履行信息披露义务。

4.如博正投资未履行上述承诺，自愿接受中国证券监督管理委员会和深圳证券交易所按照届时有效的规范性文件对博正投资的处罚和制裁。

七、关于发行人及其控股股东、公司董事及高级管理人员等公开承诺事项未能履行时的约束措施的说明关于发行人及其控股股东、公司董事及高级管理人员等公开承诺事项未能履行时的约束措施的说明详见上文"一"至"六"各项承诺之说明。

八、招股说明书中披露的其他承诺

（一）控股股东关于避免同业竞争的承诺

为了避免将来可能出现的同业竞争，发行人控股股东张洪起先生承诺：

1. 本人及本人控制的公司和/或其他经济组织目前未从事与天津鹏翎胶管股份有限公司及其下属子公司已生产经营或将生产经营的产品具有同业竞争或潜在同业竞争的产品的生产经营。

2.本人目前没有、将来也不会在中国境内外直接或间接从事或参与任何在商业上对公司构成竞争的业务及活动（包括但不限于研制、生产和销售与公司研制、生产和销售产品相同或相似的任何产品），或拥有与公司存在竞争关系的任何经济实体、机构、经济组织的权益；或以其他任何形式取得该经济实体、机构、经济组织的控制权；或在该经济实体、机构、经济组织中担任高级管理人员或核心技术人员。

3.本人愿意承担因违反上述承诺而给公司造成的全部经济损失。

4.上述承诺不可撤销。"

目前，本公司不存在同业竞争的情况。

（二）控股股东关于住房公积金补缴风险的承诺

鹏翎胶管控股股东张洪起先生出具书面承诺函：因公司欠缴公司员工住房公积金事宜，若发生任何纠纷（包括但不限于诉讼、仲裁、索赔）和政府及住房公积金管理部门作出任何补缴通知、行政处罚而给公司造成任何经济损失均由本人偿付和承担，且本人承担该等经济损失后，将不得向公司主张任何权利和补偿，保证不给公司造成任何经济损失。

九、中介机构的相关承诺

保荐机构、发行人律师、审计机构等证券服务机构就其为发行人首次公开发行制作、出具的文件承诺如下：

保荐机构（主承销商）渤海证券股份有限公司承诺如下："如因本公司未能依照适用的法律法规、规范性文件及行业准则的要求勤勉尽责地履行法定职责而导致本公司为鹏翎胶管首次公开发行制作、出具的文件有虚假记载、误导性陈述或者重大遗漏，给投资者造成损失的，本公司除按照证券监督机关依法作出的行政处罚决定接受行政处罚外，还将执行有管辖权的人民法院依照法律程序作出的生效司法裁决，依法向投资者承担相应的民事赔偿责任。"

发行人律师北京观韬律师事务所承诺如下："如因本所未能依照适用的法律法规、规范性文件及行业准则的要求勤勉尽责地履行法定职责而导致本所为鹏翎胶管首次公开发行制作、出具的文件有虚假记载、误导性陈述或者重大遗漏，给投资者造成损失的，本所除按照证券监督机关依法作出的行政处罚决定接受行政处罚外，还将执行有管辖权的人民法院依照法律程序作出的生效司法裁决，依法向投资者承担相应的民事赔偿责任。"

审计机构致同会计师事务所（特殊普通合伙）承诺如下："如因本所会计师未能按照会计师行业公认的业务标准和道德规范严格履行法定职责而导致本所为发行人首次公开发行股票并上市所制作、出具的文件有虚假记载、误导性陈述或者重大遗漏，且因此给投资者造成损失的，本所将按照司法机关依照法律程序作出的司法裁决依法承担相应的民事赔偿责任。"

如无特殊说明，本上市公告书中涉及的简称与《天津鹏翎胶管股份有限公司首次公开发行股票并在创业板上市招股说明书》中的简称一致。

第二节　股票上市情况

一、公司股票发行上市审批情况

本上市公告书系根据《中华人民共和国公司法》、《中华人民共和国证券法》、《首次公开发行股票并在创业板上市管理暂行办法》和《深圳证券交易所创业板股票上市规则》等有关法律法规规定，按照《深圳证券交易所股票上市公告书内容与格式指引（2013年12月修订）》编制而成，旨在向投资者提供本公司首次公开发行股票并在创业板上市的基本情况。

经中国证券监督管理委员会"证监许可[2014]22号文"核准，公开发行新股不超过1,210万股，公司股东公开发售股份不超过1,360万股，首次公开发行股票总量不超过2,570万股人民币普通股（A股）（以下简称"本次发行"）。本次发行采用网下向询价对象询价配售（以下简称"网下发行"）和网上向社会公众投资者定价发行（以下简称"网上发行"）相结合的方式，其中网下配售1,106万股，网上定价发行1,114万股，发行价格为19.58元/股。

经深圳证券交易所《关于天津鹏翎胶管股份有限公司人民币普通股股票在创业板上市的通知》（深证上[2014]66号文）同意，本公司发行的人民币普通股股票在深圳证券交易所创业板上市，股票简称"鹏翎股份"，股票代码"300375"，其中本次公开发行的2,220万股股票将于2014年1月27日起上市交易。

本次发行的招股意向书、招股说明书全文及相关备查文件可以在巨潮资讯网（http://www.cninfo.com.cn）、证券时报网（http://www.secutimes.com）、中证网（http://www.cs.com.cn）、中国证券网（http://www.cnstock.com）、中国资本证券网（http://www.ccstock.cn）及本公司网站（www.pengling.cn）查询。本公司招股意向书及招股说明书的披露距今不足一个月，故与其重复的内容不再重述，敬请投资者查阅上述内容。

二、公司股票上市概况

1.上市地点：深圳证券交易所

2.上市时间：2014年1月27日

3.股票简称：鹏翎股份

4.股票代码：300375

5.首次公开发行后总股本：88,691,478股

6.首次公开发行股票数量：22,200,000股（其中公开发行新股11,700,000股，公开发售老股

10,500,000 股）

7.发行前股东所持股份的流通限制及期限：详见本上市公告书第一节“重要声明与提示”的相关内容。

8.发行前股东对所持股份自愿锁定的承诺：详见本上市公告书“第一节重要声明与提示”相关内容。

9.本次上市股份的其他锁定安排：本次发行的股票无流通限制及锁定安排。

10.本次上市的无流通限制及锁定安排的股份：本次公开发行中配售对象参与网下配售获配的股票和网上发行股票均无流通限制及锁定安排。

11.公司股份可上市交易时间：

序号	股东姓名	持股数量（股）	发行后持股比例	可上市交易日期（非交易日顺延）
一、首次公开发行前已发行的股份				
1	张洪起	32,645,729	36.81%	2017 年 1 月 27 日
2	博正投资 SS	3,497,779	3.94%	2017 年 7 月 27 日
3	全国社会保障基金理事会 SS	1,502,221	1.69%	2017 年 7 月 27 日
4	刘世菊	2,771,733	3.13%	2017 年 1 月 27 日
5	孙伟杰	2,700,000	3.04%	2017 年 1 月 27 日
6	李金楼	1,877,229	2.12%	2017 年 1 月 27 日
7	张兆辉	1,814,314	2.05%	2017 年 1 月 27 日
8	王泽祥	1,796,924	2.03%	2017 年 1 月 27 日
9	张宝海	1,543,193	1.74%	2017 年 1 月 27 日
10	李风海	923,655	1.04%	2017 年 1 月 27 日
11	王忠升	504,812	0.57%	2015 年 1 月 27 日
12	王昌风	277,676	0.31%	2015 年 1 月 27 日
13	张学震	258,040	0.29%	2015 年 1 月 27 日
14	刘俊英	249,345	0.28%	2015 年 1 月 27 日
15	张宝慧	248,954	0.28%	2015 年 1 月 27 日
16	刘元会	248,333	0.28%	2015 年 1 月 27 日
17	许凤山	247,701	0.28%	2015 年 1 月 27 日
18	刘汉华	237,009	0.27%	2015 年 1 月 27 日
19	王风祥	236,543	0.27%	2015 年 1 月 27 日
20	邢春发	231,061	0.26%	2015 年 1 月 27 日
21	张洪利	219,175	0.25%	2017 年 1 月 27 日
22	王培利	219,060	0.25%	2015 年 1 月 27 日
23	田凤明	210,031	0.24%	2015 年 1 月 27 日
24	杜德平	210,031	0.24%	2015 年 1 月 27 日
25	韩龙兰	206,833	0.23%	2015 年 1 月 27 日
26	刘全华	205,337	0.23%	2015 年 1 月 27 日
27	张兆玲	203,040	0.23%	2017 年 1 月 27 日
28	刘世文	203,040	0.23%	2017 年 1 月 27 日
29	白春妹	203,008	0.23%	2015 年 1 月 27 日
30	刘世鹏	203,008	0.23%	2015 年 1 月 27 日
31	张金武	201,563	0.23%	2015 年 1 月 27 日
32	皇甫少军	201,033	0.23%	2015 年 1 月 27 日
33	吴英斌	195,735	0.22%	2015 年 1 月 27 日
34	徐廷霞	190,361	0.21%	2015 年 1 月 27 日
35	沈春林	186,051	0.21%	2015 年 1 月 27 日
36	柴德香	185,815	0.21%	2015 年 1 月 27 日
37	沈春锁	185,815	0.21%	2015 年 1 月 27 日
38	刘　丽	180,980	0.20%	2015 年 1 月 27 日
39	刘汉山	178,994	0.20%	2015 年 1 月 27 日
40	刘汉珍	177,098	0.20%	2015 年 1 月 27 日
41	刘世举	174,956	0.20%	2015 年 1 月 27 日
42	刘全福	174,592	0.20%	2015 年 1 月 27 日
43	薛秀珍	169,902	0.19%	2015 年 1 月 27 日
44	张金来	169,629	0.19%	2015 年 1 月 27 日
45	刘元来	166,944	0.19%	2015 年 1 月 27 日
46	陈长和	166,944	0.19%	2015 年 1 月 27 日
47	张景生	166,925	0.19%	2015 年 1 月 27 日
48	陈长强	165,728	0.19%	2015 年 1 月 27 日
49	王绍国	161,608	0.18%	2015 年 1 月 27 日
50	程俊林	152,228	0.17%	2015 年 1 月 27 日
51	刘世岐	152,228	0.17%	2015 年 1 月 27 日
52	闫少杰	149,251	0.17%	2015 年 1 月 27 日
53	张万奎	146,885	0.17%	2015 年 1 月 27 日
54	王竹营	146,885	0.17%	2015 年 1 月 27 日
55	高会杰	146,885	0.17%	2015 年 1 月 27 日
56	吴英俊	146,885	0.17%	2015 年 1 月 27 日
57	赵国庆	146,885	0.17%	2015 年 1 月 27 日
58	王之虎	146,885	0.17%	2015 年 1 月 27 日
59	程玉林	146,885	0.17%	2015 年 1 月 27 日
60	刘世阁	146,885	0.17%	2015 年 1 月 27 日
61	刘世鸣	146,885	0.17%	2015 年 1 月 27 日
62	刘　霞	146,885	0.17%	2015 年 1 月 27 日
63	万树云	146,885	0.17%	2015 年 1 月 27 日
64	刘世友	146,885	0.17%	2015 年 1 月 27 日
65	王月亮	146,885	0.17%	2015 年 1 月 27 日
66	刘世坤	146,885	0.17%	2015 年 1 月 27 日
67	王连生	146,885	0.17%	2015 年 1 月 27 日
68	刘　涛	146,866	0.17%	2015 年 1 月 27 日
69	刘世伟	146,540	0.17%	2015 年 1 月 27 日
70	刘全增	143,240	0.16%	2015 年 1 月 27 日
71	王志冬	139,033	0.16%	2015 年 1 月 27 日
72	王泽云	138,892	0.16%	2015 年 1 月 27 日
73	王泽凤	138,892	0.16%	2015 年 1 月 27 日
74	陈长海	138,892	0.16%	2015 年 1 月 27 日
75	夏吉良	138,892	0.16%	2015 年 1 月 27 日
76	刘元珍	138,892	0.16%	2015 年 1 月 27 日
77	程森林	138,725	0.16%	2015 年 1 月 27 日
78	刘芳生	137,419	0.15%	2015 年 1 月 27 日
79	屈凤秀	134,826	0.15%	2015 年 1 月 27 日
80	李如棠	132,518	0.15%	2015 年 1 月 27 日
81	崔桂枝	131,615	0.15%	2015 年 1 月 27 日
82	刘汉珍	129,190	0.15%	2015 年 1 月 27 日
83	王泽龙	126,530	0.14%	2017 年 1 月 27 日
84	薛从勇	126,530	0.14%	2015 年 1 月 27 日
85	姚忠林	126,530	0.14%	2015 年 1 月 27 日
86	刘元广	123,343	0.14%	2015 年 1 月 27 日
87	薛从建	122,203	0.14%	2015 年 1 月 27 日
88	王同柱	121,199	0.14%	2015 年 1 月 27 日
89	韩龙泉	121,043	0.14%	2015 年 1 月 27 日
90	刘元玖	120,790	0.14%	2015 年 1 月 27 日
91	韩义寿	110,654	0.12%	2015 年 1 月 27 日
92	薛从才	110,654	0.12%	2015 年 1 月 27 日
93	韩月江	110,654	0.12%	2015 年 1 月 27 日
94	宋长春	110,654	0.12%	2015 年 1 月 27 日
95	马文明	110,654	0.12%	2015 年 1 月 27 日
96	刘全国	110,328	0.12%	2015 年 1 月 27 日
97	张万坤	102,837	0.12%	2015 年 1 月 27 日
98	王　强	102,661	0.12%	2015 年 1 月 27 日
99	刘永清	100,809	0.11%	2015 年 1 月 27 日
100	王志宝	96,324	0.11%	2015 年 1 月 27 日
101	张兆怀	96,324	0.11%	2015 年 1 月 27 日
102	程汝忠	92,972	0.10%	2015 年 1 月 27 日
103	李培瑞	92,972	0.10%	2015 年 1 月 27 日
104	张秋利	56,740	0.06%	2015 年 1 月 27 日
105	宋长青	23,724	0.03%	2015 年 1 月 27 日
106	王竹财	23,724	0.03%	2015 年 1 月 27 日
107	韩月水	23,724	0.03%	2015 年 1 月 27 日
	小　计	66,491,478	74.97%	–
二、本次公开发行的股份				
	网下询价发行的股份	11,060,000	12.47%	2014 年 1 月 27 日
	网上定价发行的股份	11,140,000	12.56%	2014 年 1 月 27 日
	小　计	22,200,000	25.03%	–
	合　计	88,691,478	100.00%	–

注：本次公开发行股份 2,220 万股中包括公开发行新股 1,170 万股以及公开发售老股 1,050 万股。

12.公司本次公开发行向老股发售股票情况：

公司本次公开发售老股 1,050 万股，发售价格为 19.58 元/股，具体情况如下：

序号	股东姓名	上市前持股数量（股）	公开发售股份数量（股）	上市后持股数量（股）
1	张洪起	38,500,842	5,855,113	32,645,729
2	刘世菊	3,268,851	497,118	2,771,733
3	李金楼	2,213,916	336,687	1,877,229
4	张兆辉	2,139,717	325,403	1,814,314
5	王泽祥	2,119,208	322,284	1,796,924
6	张宝海	1,819,969	276,776	1,543,193
7	李风海	1,089,315	165,660	923,655
8	王忠升	595,352	90,540	504,812
9	王昌风	327,478	49,802	277,676
10	张学震	304,320	46,280	258,040
11	刘俊英	294,066	44,721	249,345
12	张宝慧	293,605	44,651	248,954
13	刘元会	292,872	44,539	248,333
14	刘汉华	279,517	42,508	237,009
15	王风祥	278,968	42,425	236,543
16	邢春发	272,502	41,441	231,061
17	张洪利	258,485	39,310	219,175
18	王培利	258,349	39,289	219,060
19	田凤明	247,701	37,670	210,031
20	杜德平	247,701	37,670	210,031
21	韩龙兰	243,929	37,096	206,833
22	刘全华	242,165	36,828	205,337

23	张兆玲	239,456	36,416	203,040
24	刘世文	239,456	36,416	203,040
25	白春妹	239,418	36,410	203,008
26	刘世鹏	239,418	36,410	203,008
27	张金武	237,714	36,151	201,563
28	皇甫少军	237,089	36,056	201,033
29	吴英斌	230,841	35,106	195,735
30	徐廷霞	224,503	34,142	190,361
31	沈春林	219,420	33,369	186,051
32	柴德香	219,141	33,326	185,815
33	沈春锁	219,141	33,326	185,815
34	刘　丽	213,439	32,459	180,980
35	刘汉山	211,097	32,103	178,994
36	刘汉珍	208,861	31,763	177,098
37	刘世举	206,335	31,379	174,956
38	刘全福	205,906	31,314	174,592
39	薛秀珍	200,374	30,472	169,902
40	张金来	200,052	30,423	169,629
41	刘元来	196,886	29,942	166,944
42	陈长和	196,886	29,942	166,944
43	张景生	196,863	29,938	166,925
44	陈长强	195,452	29,724	165,728
45	王绍国	190,593	28,985	161,608
46	程俊林	179,530	27,302	152,228
47	刘世岐	179,530	27,302	152,228
48	闫少杰	176,020	26,769	149,251
49	张万奎	173,229	26,344	146,885
50	王竹营	173,229	26,344	146,885
51	高会杰	173,229	26,344	146,885
52	吴英俊	173,229	26,344	146,885
53	赵国庆	173,229	26,344	146,885
54	王之虎	173,229	26,344	146,885
55	程玉林	173,229	26,344	146,885
56	刘世阁	173,229	26,344	146,885
57	刘世鸣	173,229	26,344	146,885
58	刘　霞	173,229	26,344	146,885
59	万树云	173,229	26,344	146,885
60	刘世友	173,229	26,344	146,885
61	王月亮	173,229	26,344	146,885
62	刘世坤	173,229	26,344	146,885
63	王连生	173,229	26,344	146,885
64	刘　涛	173,207	26,341	146,866
65	刘世伟	172,822	26,282	146,540
66	刘全增	168,930	25,690	143,240
67	王志冬	163,969	24,936	139,033
68	王泽云	163,803	24,911	138,892
69	王泽凤	163,803	24,911	138,892
70	陈长海	163,803	24,911	138,892
71	夏吉良	163,803	24,911	138,892
72	刘元珍	163,803	24,911	138,892
73	程森林	163,606	24,881	138,725
74	刘芳生	162,066	24,647	137,419
75	屈凤秀	159,007	24,181	134,826
76	李如棠	156,285	23,767	132,518
77	崔桂枝	155,221	23,606	131,615
78	刘汉珍	152,361	23,171	129,190
79	王泽龙	149,223	22,693	126,530
80	薛从勇	149,223	22,693	126,530
81	姚忠林	149,223	22,693	126,530
82	刘元广	145,465	22,122	123,343
83	薛从建	144,121	21,918	122,203
84	王同柱	142,936	21,737	121,199
85	韩龙泉	142,753	21,710	121,043
86	刘元玖	142,454	21,664	120,790
87	韩义寿	130,500	19,846	110,654
88	薛从才	130,500	19,846	110,654
89	韩月江	130,500	19,846	110,654
90	宋长春	130,500	19,846	110,654
91	马文明	130,500	19,846	110,654
92	刘全国	130,116	19,788	110,328
93	张万坤	121,281	18,444	102,837
94	王　强	121,073	18,412	102,661
95	刘永清	118,889	18,080	100,809
96	王志宝	113,600	17,276	96,324
97	张兆怀	113,600	17,276	96,324
98	程汝忠	109,647	16,675	92,972
99	李培瑞	109,647	16,675	92,972
100	张秋利	66,916	10,176	56,740
101	宋长青	27,979	4,255	23,724
102	王竹财	27,979	4,255	23,724
103	韩月水	27,979	4,255	23,724
	合　计	69,043,777	10,500,000	58,543,777

13.股票登记机构：中国证券登记结算有限责任公司深圳分公司

14.上市保荐机构：渤海证券股份有限公司

第三节　发行人、股东和实际控制人情况

一、发行人的基本情况

1.中文名称：天津鹏翎胶管股份有限公司

2.英文名称：TIANJINPENGLINGRUBBERHOSECO.,LTD.

3.注册资本：76,991,478 元（本次发行前）

88,691,478 元（本次发行后）

4.法定代表人：张洪起

5.股份公司设立日期：1998 年 9 月 25 日

6.公司住所：天津市滨海新区大港葛万公路 1703 号

7.邮政编码：300270

8.联系电话：022－63267888

9.传真号码：022－63267817

10.互联网址：http//www.pengling.cn

11.电子信箱：liushiling@pengling.cn

12.信息披露与投资者关系管理部门：董事会办公室

13.董事会秘书：刘世玲

14.经营范围：橡胶板、管、带及橡塑制品的制造、销售业务；经营本企业自产产品及技术的出口业务、代理出口将本企业自行研制开发的技术转让给其他企业所生产的产品；经营本企业生产所需的原辅材料、机械设备、仪器仪表、零配件及相关技术的进口业务和经营进料加工“三来一补”业务。

15.主营业务：汽车用胶管的科研、开发、生产和销售。

16.所属行业：C29 橡胶和塑料制品业

二、公司董事、监事、高级管理人员及其持有公司股票的情况

姓　名	现任职务（或近亲属关系）	任职期间	持股数量（万股）	合计占发行后股份比例(%)
张洪起	董事长、总经理	2011 年 3 月至 2014 年 3 月	32,645,729	36.81
张兆辉	董事	2011 年 3 月至 2014 年 3 月	1,814,314	2.05
李风海	董事	2011 年 3 月至 2014 年 3 月	923,655	1.04
张万坤	监事	2011 年 3 月至 2014 年 3 月	102,837	0.12
王培利	监事	2011 年 3 月至 2014 年 3 月	219,060	0.25
李金楼	副总经理	2012 年 3 月至 2015 年 3 月	1,877,229	2.12
王忠升	财务总监	2011 年 3 月至 2014 年 3 月	504,812	0.57
	合　计		38,087,636	42.94

三、公司控股股东及实际控制人情况

本次发行后，张洪起先生持有公司 32,645,729 股股份，占公司总股本的 36.81%，是公司的控股股东和实际控制人。张洪起先生自公司设立以来即担任公司的董事长和总经理职务，实际管理公司的生产经营。

张洪起先生，男，出生于 1956 年，中国国籍 无永久境外居留权，研究生学历，高级经济师。1989 年 8 月起任职于中塘胶管厂，为公司创立人之一，历任本公司前身中塘胶管厂厂长、大港鹏翎总经理职务。1998 年 9 月本公司发起设立后，任公司董事长兼总经理，拥有 20 余年橡胶行业生产、市场和企业管理实践经验；1989 年至今先后获得天津市明星企业家、十佳青年企业家、全国乡镇功勋企业家、天津市劳动模范、天津市“九五”立功优秀经营者等荣誉称号；1990 至 2000 年领导研制 EPDM 胶管、锁针增强层胶管、分叉胶管产品获得大港区科技进步奖励证书、并获得 2007 年天津市科学技术进步奖，是新型“环保型 THV 氟树脂燃油胶管”项目的主要负责人。

除持有发行人股份外，张洪起先生不存在持有其他公司股份的情形。

四、本次发行后上市公司前十名股东持有公司股份情况

本次发行后，公司股东总数为 21,268 人。公司发行后前 10 名股东持有公司股份情况如下：

序号	股东名称	持股数(万股)	持股比例
1	张洪起	32,645,729	36.81%
2	博正投资 SS	3,497,779	3.94%
3	刘世菊	2,771,733	3.13%
4	孙伟杰	2,700,000	3.04%
5	李金楼	1,877,229	2.12%
6	张兆辉	1,814,314	2.05%
7	王泽祥	1,796,924	2.03%
8	张宝海	1,543,193	1.74%
9	全国社会保障基金理事会 SS	1,502,221	1.69%
10	交通银行－富国天益价值证券投资基金	1,293,566	1.46%
11	全国社保基金五零三组合	1,293,566	1.46%
12	浙江中大集团投资有限公司	1,293,566	1.46%
	合计	54,029,820	60.92%

第四节　股票发行情况

一、发行数量

公司本次公开发行股票 2,220 万股（公开发行新股数量为人民币普通股 1,170 万股，发行人股东公开发售股份数量为人民币普通股 1,050 万股）。其中，网下发行数量为 1,106 万股，占本次发行

数量的 49.82%;网上发行数量 1,114 万股,占本次发行数量的 50.18%。

二、发行价格

公司本次发行股票价格为 19.58 元/股。此发行价格对应的市盈率为:

1.21.05 倍(每股收益按照 2012 年度经会计师事务所审计的扣除非经常性损益前后孰低的净利润除以本次发行前总股本计算);

2.24.17 倍(每股收益按照 2012 年度经会计师事务所审计的扣除非经常性损益前后孰低的净利润除以本次发行后总股本计算)。

三、发行方式及认购情况

(一)发行方式

本次发行采用网下向询价对象询价配售与网上向社会公众投资者定价发行相结合的方式。

(二)认购情况

本次发行中通过网下发行最终向网下投资者配售的股票数量为 1,106 万股,有效申购为 4,275 万股,有效申购获得配售比例为 25.87%,认购倍数为 3.87 倍,具体情况详见本公司于 2014 年 1 月 17 日披露的《天津鹏翎胶管股份有限公司首次公开发行股票并在创业板上市网下配售结果公告》。

本次网上发行 1,114 万股,有效申购股数为 589,085,500 股,中签率为 1.8910667467%,超额认购倍数为 52.88021 倍,具体情况详见本公司于 2014 年 1 月 17 日披露的《天津鹏翎胶管股份有限公司首次公开发行股票并在创业板上市网上定价发行申购情况及中签率公告》。

本次网下发行与网上发行均不存在余股。

四、募集资金总额及注册会计师对资金到位的验证情况

本次发行募集资金总额为 22,908.60 万元,致同会计师事务所(特殊普通合伙)已于 2014 年 1 月 21 日对本公司首次公开发行股票的资金到位情况进行了审验,并出具了致同验字(2014)第 110ZA0029 号《验资报告》。

五、发行费用

1.本次发行费用总额:2,209.59 万元,包括:

(1)保荐、承销费用:1,738.70 万元,其中由公司承担的保荐承销费用为 916.34 万元,由公开发售老股的股东承担的保荐承销费用为 822.36 万元。

(2)其他发行费用:本次公开发行除保荐承销费用外的其他发行费用合计 470.89 万元,全部由发行人承担,具体如下:

审计、律师费用:134.36 万元

验资、股权登记费用:23.03 万元

信息披露费用:313.50 万元

2.本次发行每股发行费用:1.00 元

六、本次发行募集资金净额:21,521.37 万元

本次发行前公司股东转让股份资金净额:19,736.64 万元

七、发行后每股净资产:8.05 元/股(根据本次发行后归属于本公司股东的净资产除以发行后总股本计算,其中,发行后归属于本公司股东的净资产按本公司 2013 年 6 月 30 日经审计的归属于本公司股东的净资产和本次发行募集资金净额之和计算)

八、发行后每股收益:0.81 元/股(按照 2012 年经审计的扣除非经常性损益前后孰低的净利润除以本次发行后总股本计算)

第五节 财务会计资料

致同会计师事务所(特殊普通合伙)已对本公司截至 2013 年 6 月 30 日、2012 年 12 月 31 日、2011 年 12 月 31 日、2010 年 12 月 31 日的资产负债表及合并资产负债表,2013 年 1-6 月、2012 年度、2011 年度、2010 年度的利润表及合并利润表、股东权益变动表及合并股东权益变动表和现金流量表及合并现金流量表,以及财务报表附注进行了审计,并出具了致同审字(2013)第 110ZA1953 号标准无保留意见的《审计报告》。相关财务信息已在招股说明书中予以披露。

本上市公告书已披露 2013 年年度财务数据及资产负债表、利润表、现金流量表,2013 年年度财务数据未经审计,对比表中 2012 年年度数据已经审计,敬请投资者注意。

一、主要财务数据及财务指标

项目	2013 年 12 月 31 日	2012 年 12 月 31 日	本年比上年同期增加
流动资产(元)	540,548,673.25	448,808,538.69	20.44%
流动负债(元)	206,255,704.00	167,279,426.86	23.30%
总资产(元)	828,166,966.80	682,961,720.75	21.26%
归属于发行人股东的所有者权益(元)	594,244,579.07	498,790,493.89	19.14%
归属于发行人股东的每股净资产(元/股)	7.72	6.48	19.14%
项目	2013 年度	2012 年度	本年比上年同期增加
营业总收入(元)	1,003,513,501.87	760,554,893.47	31.94%
营业利润(元)	110,678,821.72	84,509,684.01	30.97%
利润总额(元)	113,826,071.64	90,384,860.09	25.93%
归属于发行人股东的净利润(元)	95,454,085.18	76,550,588.76	24.69%
归属于发行人股东的扣除非经常性损益后的净利润(元)	92,793,303.18	71,579,983.13	29.64%
基本每股收益(元/股)	1.24	0.99	25.25%
扣除非经常性损益后的基本每股收益(元/股)	1.21	0.93	30.11%
加权平均净资产收益率(%)	17.47%	16.62%	0.85
扣除非经常损益后的加权平均净资产收益率(%)	16.98%	15.54%	1.44
经营活动产生的现金流量净额(元)	135,003,283.17	34,204,798.73	294.69%
每股经营活动产生的现金流量净额(元)	1.75	0.22	697.04%

注:净资产收益率和扣除非经常损益后的净资产收益率两个指标的本年比上年同期增减为两期数的差值。

二、主营经营情况分析

(一)资产变动情况

截至 2013 年 12 月 31 日,公司资产总额为 82,816.70 万元,与 2012 年末相比增加 14,520.52 万元,增幅 21.26%,主要原因为:一方面随着公司销售规模的持续增加,应收账款余额相应增加;另一方面,公司全资子公司江苏鹏翎已于 2013 年下半年着手进行厂房兴建及设备购置等工作,发生较多预付工程款、设备款等,并购入土地使得账面无形资产增加所致。

(二)经营业绩情况

2013 年度公司实现营业收入 100,351.35 万元、实现净利润 9,545.41 万元,与 2012 年相比分别增长 31.94%和 24.69%,公司销售收入及盈利水平均有所增加的主要原因为:一方面 2013 年国内整车销售市场持续向好,相关配套产品需求量不断增加,结合公司自身的产品技术优势及与客户的长期合作关系,2013 年公司销售收入与 2012 年同期相比出现较大幅度增长;此外,2012 年下半年起国内外橡胶价格回落,原材料价格过高导致的高成本态势得到有效缓解,公司各项利润指标亦呈现不同程度增长。

(三)现金流量情况

2013 年公司因销售规模增加的同时原材料成本下降,且全年主要客户销售回款情况较好,使得公司 2013 年实现经营活动现金流量净额 13,500.33 万元,与 2012 年相比增加 10,079.85 万元,增幅 294.69%。

三、2014 年一季度经营情况预测

基于公司已接受销售订单及产品生产、发货情况,并结合对国内整车市场未来供求变动趋势的初步判断,公司预计 2014 年一季度实现营业收入约 2.7-3 亿元,与 2013 年同期相比预计增幅 22.73%-36.36%;预计实现净利润约 2,320-2,620 万元,与 2013 年同期相比预计增幅-4.14%-8.44%。

由于市场状况具有较大的不确定性,上述数据仅为初步估计,具体数据以法定时间公布的 2014 年一季度报告为准。

第六节 其他重要事项

一、本公司已向深圳证券交易所承诺,将严格按照创业板的有关规则,在上市后三个月内完善公司章程等规章制度。

二、本公司于 2014 年 1 月 11 日召开第五届董事会第十六次会议,审议通过关于对首次公开发行股票发行方案中发行承销费分摊方式调整的议案,以及与渤海证券股份有限公司签署相关承销协议补充协议的议案,除本次董事会外,公司在招股意向书刊登日至上市公告书刊登前未召开董事会、监事会和股东大会。

三、本公司在招股意向书刊登日至上市公告书刊登前,没有发生可能对本公司有较大影响的重要事项,具体如下:

1.本公司严格依照《公司法》、《证券法》等法律法规的要求,规范运作,生产经营状况正常,主营业务发展目标进展正常。

2.本公司生产经营情况、外部条件或生产环境未发生重大变化(包括原材料采购和产品销售价格、原材料采购和产品销售方式、所处行业或市场的重大变化等)。

3.本公司未订立可能对公司的资产、负债、权益和经营成果产生重大影响的重要合同。

4.本公司未发生重大关联交易。

5.本公司未进行重大投资。

6.本公司未发生重大资产(或股权)购买、出售及置换。

7.本公司住所未发生变更。

8.本公司董事、监事、高级管理人员及核心技术人员未发生变化。

9.本公司未发生重大诉讼、仲裁事项。

10.本公司未发生对外担保等或有事项。

11.本公司的财务状况和经营成果未发生重大变化。

12.本公司无其他应披露的重大事项。

第七节 上市保荐机构及其意见

一、上市保荐机构情况

上市保荐机构:渤海证券股份有限公司

法定代表人:杜庆平

注册地址:天津经济技术开发区第二大街 42 号写字楼 101 室

联系地址:天津市南开区宾水西道 8 号

保荐代表人:吴永强、陈玮

项目协办人:方万磊

联系电话:022-28451962022-28451830

联系传真:022-28451611

二、上市保荐机构的保荐意见

上市保荐机构渤海证券股份有限公司认为:天津鹏翎胶管股份有限公司申请其股票上市符合《中华人民共和国公司法》、《中华人民共和国证券法》及《深圳证券交易所股票上市规则》等法律、法规的有关规定,鹏翎股份股票具备在深圳证券交易所创业板上市的条件,渤海证券股份有限公司同意推荐鹏翎股份股票在深圳证券交易所创业板上市交易,并承担相关保荐责任。

上海浦东发展银行股份有限公司

公司概况	公司名称	上海浦东发展银行股份有限公司			证券简称	浦发银行
	法人代表	吉晓辉	董秘	沈思	证券代码	600000
	公司网址	www.spdb.com.cn		电子信箱	shens2@spdb.com.cn	
	电　话	021-63611226 61618888		传　真	021-63230807	
	办公地址	上海市中山东一路 12 号				
	经营范围	经中国人民银行及中国银行业监督管理委员会批准的商业银行业务融资租赁业务				

	指标\报告期	2013.06.30	2012.12.31	2012.06.30	2011.12.31
主要财务指标	基本每股收益(元)	1.0390	1.8330	0.9220	1.4630
	基本每股收益(扣除)(元)	1.0330	1.8090	0.9120	1.4500
	每股净资产(元)	10.0090	9.5160	8.6860	7.9820
	每股经营现金净流量(元)	13.4756	4.9630	1.1253	10.1739
	每股现金流量(元)	-4.4641	-1.0965	-1.7165	7.7751
	每股资本公积金(元)	3.1973	3.1931	3.2748	3.1921
	每股盈余公积金(元)	2.0082	1.4607	1.4607	1.1690
	每股未分配利润(元)	2.2248	2.6261	1.7151	1.6184
	净资产收益率(%)	10.3833	19.2600	10.6110	18.3300
	加权净资产收益率(%)	10.4500	20.9500	10.8600	20.0700
	净资产收益率(扣除)(%)	-	-	-	-
	总资产(万元)	346844200.00	314570700.00	303643242.20	268469400.00
	归属母公司股东权益(万元)	18670400.00	17749700.00	16203033.10	14889000.00
	主营业务收入(万元)	-	-	-	-
	营业收入(万元)	4651800.00	8295200.00	4000200.00	6791800.00
	主营成本(万元)	-	3853300.00	1749652.80	3216100.00
	营业成本(万元)	56800.00	7600.00	11800.00	19400.00
	投资收益(万元)	1950200.00	3431100.00	1726600.00	2735500.00
	净利润(万元)	2538700.00	4441900.00	2250600.00	3575700.00
	利润总额(万元)	2542900.00	4475400.00	2254700.00	3583900.00

广州白云国际机场股份有限公司

公司概况	公司名称	广州白云国际机场股份有限公司			证券简称	白云机场
	法人代表	张克俭	董秘	徐光玉	证券代码	600004
	公司网址	www.gbiac.net		电子信箱	sh600004@tom.com	
	电　话	020-36063595 36063593		传　真	020-36063415	
	办公地址	广东省广州市白云国际机场南工作区自编一号股份公司本部办公大楼				
	经营范围	旅客过港服务，与航空运输有关的地面服务、交通运输和仓储服务等				

	指标\报告期	2013.06.30	2012.12.31	2012.06.30	2011.12.31
主要财务指标	基本每股收益(元)	0.3900	0.6500	0.3380	0.6100
	基本每股收益(扣除)(元)	0.3840	0.7000	0.3200	0.5800
	每股净资产(元)	6.3414	6.2836	5.9610	5.9700
	每股经营现金净流量(元)	0.7789	1.5623	0.7640	1.1392
	每股现金流量(元)	0.5588	0.2703	0.2590	-0.0699
	每股资本公积金(元)	2.8025	2.8071	2.8011	2.8023
	每股盈余公积金(元)	0.4846	0.4846	0.4250	0.4250
	每股未分配利润(元)	2.0543	1.9918	1.7349	1.7466
	净资产收益率(%)	6.1890	10.4218	5.6760	10.1472
	加权净资产收益率(%)	6.0600	10.6400	5.5100	10.3600
	净资产收益率(扣除)(%)	-	-	-	-
	总资产(万元)	1060082.84	1014429.72	1068879.91	1063946.49
	归属母公司股东权益(万元)	729266.30	722609.73	685518.07	680989.75
	主营业务收入(万元)	-	391287.90	-	-
	营业收入(万元)	246232.47	467331.54	228940.41	423935.16
	主营成本(万元)	-	235922.74	-	-
	营业成本(万元)	159266.87	285287.61	144290.62	265441.40
	投资收益(万元)	-	585.20	-	416.24
	净利润(万元)	47893.28	79111.31	40864.64	73035.20
	利润总额(万元)	63535.02	106746.43	54830.72	97695.41

武汉钢铁股份有限公司

公司概况	公司名称	武汉钢铁股份有限公司			证券简称	武钢股份
	法人代表	邓崎琳	董秘	万毅	证券代码	600005
	公司网址	www.wisco.com.cn		电子信箱	wiscl@wisco.com.cn	
	电　话	86-27-86802031 86807873		传　真	86-27-86306023	
	办公地址	湖北省武汉市青山区厂前				
	经营范围	冶金产品及副产品、钢铁延伸产品制造、冶金产品的技术开发等				

	指标\报告期	2013.06.30	2012.12.31	2012.06.30	2011.12.31
主要财务指标	基本每股收益(元)	0.0460	0.0210	0.0130	0.1090
	基本每股收益(扣除)(元)	0.0420	-0.0100	0.0120	0.1100
	每股净资产(元)	3.5640	3.5282	3.5220	3.5580
	每股经营现金净流量(元)	0.1682	0.3819	0.0447	0.0748
	每股现金流量(元)	0.0017	-0.0166	0.0154	-0.1682
	每股资本公积金(元)	1.0046	1.0046	1.0046	1.0046
	每股盈余公积金(元)	0.4676	0.4676	0.4630	0.4630
	每股未分配利润(元)	1.0900	1.0543	1.0515	1.0881
	净资产收益率(%)	1.2807	0.5897	0.3797	3.0175
	加权净资产收益率(%)	1.2850	0.5870	0.3750	3.0770
	净资产收益率(扣除)(%)	-	-	-	-
	总资产(万元)	9711776.81	9872762.67	10181845.92	9610067.33
	归属母公司股东权益(万元)	3597427.92	3561299.62	3555186.84	3590971.41
	主营业务收入(万元)	4105230.05	8734942.29	4324853.23	9678315.22
	营业收入(万元)	4439798.79	9157939.32	4530834.29	10105831.05
	主营成本(万元)	3849291.42	8321161.88	4102887.05	9135114.47
	营业成本(万元)	4138796.00	8656480.21	4275482.36	9482633.91
	投资收益(万元)	6306.18	10927.70	5885.73	8157.28
	净利润(万元)	46441.51	4110.72	13927.65	94890.59
	利润总额(万元)	69099.94	11197.00	20053.59	142293.78

东风汽车股份有限公司

公司概况	公司名称	东风汽车股份有限公司			证券简称	东风汽车
	法人代表	徐平	董秘	张新峰	证券代码	600006
	公司网址	www.dfac.com		电子信箱	zhangxinfeng@dfac.com	
	电　话	027-84287896 84287977		传　真	027-84287988	
	办公地址	湖北省武汉市汉阳经济技术开发区创业路 58 号				
	经营范围	汽车(小轿车除外)、汽车发动机及零部件、铸件的开发、设计、生产、销售等				

	指标\报告期	2013.06.30	2012.12.31	2012.06.30	2011.12.31
主要财务指标	基本每股收益(元)	0.0216	0.0109	0.0478	0.2096
	基本每股收益(扣除)(元)	0.0145	-0.1426	0.0261	0.1214
	每股净资产(元)	2.9871	2.9891	3.0437	3.0042
	每股经营现金净流量(元)	-0.5373	-0.1815	-0.5180	-0.3085
	每股现金流量(元)	-0.6207	0.3942	-0.5072	-0.3263
	每股资本公积金(元)	0.3272	0.3475	0.3427	0.3235
	每股盈余公积金(元)	0.3521	0.3521	0.3543	0.3521
	每股未分配利润(元)	1.3078	1.2895	1.3467	1.3287
	净资产收益率(%)	0.7229	0.3636	1.5716	6.9777
	加权净资产收益率(%)	0.7200	0.3600	1.5800	7.0500
	净资产收益率(扣除)(%)	-	-	-	-
	总资产(万元)	1971353.74	1860249.48	1900735.91	1940876.18
	归属母公司股东权益(万元)	597417.26	597818.06	608741.89	600847.95
	主营业务收入(万元)	898308.82	1578391.78	888043.40	1942400.38
	营业收入(万元)	1007902.18	1769964.54	995843.30	2139317.61
	主营成本(万元)	737821.28	1416622.62	796031.78	1743652.72
	营业成本(万元)	878348.79	1570461.43	886889.23	1915733.67
	投资收益(万元)	19220.65	29290.73	18222.62	58862.99
	净利润(万元)	11962.24	13872.68	15773.88	51208.69
	利润总额(万元)	14333.00	18614.37	20714.72	57496.27

中国国际贸易中心股份有限公司

公司概况	公司名称	中国国际贸易中心股份有限公司			证券简称	中国国贸
	法人代表	洪敬南	董秘	王京京	证券代码	600007
	公司网址	www.cwtc.com		电子信箱	dongmi@cwtc.com	
	电　　话	010-65052288		传　　真	010-65053862	
	办公地址	北京市朝阳区建国门外大街一号				
	经营范围	出租办公场所、公寓、商场及展览场地等				

	指标\报告期	2013.06.30	2012.12.31	2012.06.30	2011.12.31
主要财务指标	基本每股收益(元)	0.2300	0.3800	0.1900	0.1900
	基本每股收益(扣除)(元)	0.2300	0.3700	0.1800	0.2000
	每股净资产(元)	4.7290	4.6606	4.4700	4.4100
	每股经营现金净流量(元)	0.5156	0.9726	0.4736	0.8426
	每股现金流量(元)	-0.0177	0.0228	-0.0695	0.1781
	每股资本公积金(元)	1.8590	1.8590	1.8590	1.8590
	每股盈余公积金(元)	0.4535	0.4535	0.4157	0.4157
	每股未分配利润(元)	1.4165	1.3481	1.2002	1.1362
	净资产收益率(%)	4.8289	8.1494	4.3351	4.3700
	加权净资产收益率(%)	4.8400	8.4100	4.3500	4.4400
	净资产收益率(扣除)(%)	-	-	-	-
	总资产(万元)	928164.86	937078.55	931964.43	942495.06
	归属母公司股东权益(万元)	476343.28	469457.89	450740.33	444294.77
	主营业务收入(万元)	101751.98	197995.04	96145.38	167825.89
	营业收入(万元)	101751.98	197995.04	96145.38	167825.89
	主营成本(万元)	51858.84	104807.17	50133.63	99954.68
	营业成本(万元)	51858.84	104807.17	50133.63	99954.68
	投资收益(万元)	515.79	1157.94	655.61	276.41
	净利润(万元)	23027.09	38325.74	19568.49	19476.19
	利润总额(万元)	30695.59	51186.38	26081.07	26088.68

北京首创股份有限公司

公司概况	公司名称	北京首创股份有限公司			证券简称	首创股份
	法人代表	刘晓光	董秘	郭鹏	证券代码	600008
	公司网址	www.capitalwater.cn		电子信箱	securities@capitalwater.cn	
	电　　话	010-64689035		传　　真	010-64689030	
	办公地址	北京市朝阳区北三环东路8号静安中心三层				
	经营范围	公用基础设施的投资及投资管理、高科技产品的技术开发、咨询、转让等				

	指标\报告期	2013.06.30	2012.12.31	2012.06.30	2011.12.31
主要财务指标	基本每股收益(元)	0.0583	0.2642	0.0714	0.2377
	基本每股收益(扣除)(元)	0.0588	0.2347	0.0715	0.2290
	每股净资产(元)	2.4859	2.5924	2.3832	2.4503
	每股经营现金净流量(元)	0.0170	0.0298	0.0550	0.2415
	每股现金流量(元)	0.1113	-0.3685	-0.1352	0.4979
	每股资本公积金(元)	0.7508	0.7626	0.7459	0.7567
	每股盈余公积金(元)	0.2816	0.2816	0.2638	0.2638
	每股未分配利润(元)	0.4664	0.5581	0.3831	0.4417
	净资产收益率(%)	2.3464	10.1926	2.9945	9.7000
	加权净资产收益率(%)	2.3000	10.4800	2.9500	9.9400
	净资产收益率(扣除)(%)	-	-	-	-
	总资产(万元)	2502656.68	2195498.14	2002479.09	1902356.12
	归属母公司股东权益(万元)	546897.66	570324.88	524303.21	539067.52
	主营业务收入(万元)	140900.37	329682.26	121888.34	349456.56
	营业收入(万元)	142624.42	338292.46	124169.37	353837.67
	主营成本(万元)	79821.32	188181.91	62652.28	200308.54
	营业成本(万元)	80402.71	190762.24	63755.42	202444.70
	投资收益(万元)	-1214.67	3986.16	-2444.81	-1514.49
	净利润(万元)	18143.75	74675.49	20818.79	67533.65
	利润总额(万元)	23721.03	93273.04	26160.06	84564.22

上海国际机场股份有限公司

公司概况	公司名称	上海国际机场股份有限公司			证券简称	上海机场
	法人代表	贾锐军	董秘	黄晔	证券代码	600009
	公司网址	www.shairport.com		电子信箱	ir@shairport.com	
	电　　话	021-68341609		传　　真	021-68341615	
	办公地址	上海市浦东新区启航路900号				
	经营范围	为国内外航空运输企业及旅客提供地面保障服务等				

	指标\报告期	2013.06.30	2012.12.31	2012.06.30	2011.12.31
主要财务指标	基本每股收益(元)	0.4600	0.8200	0.3900	0.7800
	基本每股收益(扣除)(元)	0.4600	0.8000	0.3900	0.7800
	每股净资产(元)	8.2852	8.1918	7.7600	7.9700
	每股经营现金净流量(元)	0.5426	1.1326	0.2767	1.2048
	每股现金流量(元)	0.3693	0.7165	0.2565	1.0410
	每股资本公积金(元)	1.3366	1.3366	1.3366	1.3366
	每股盈余公积金(元)	0.6797	0.6797	0.6797	0.6797
	每股未分配利润(元)	5.2689	5.1755	4.7467	4.9550
	净资产收益率(%)	5.5926	10.0200	5.0457	9.7630
	加权净资产收益率(%)	5.5000	10.0300	4.8000	10.1700
	净资产收益率(扣除)(%)	-	-	-	-
	总资产(万元)	2041382.07	1940883.84	1955244.27	1891995.14
	归属母公司股东权益(万元)	1596516.90	1578527.96	1495900.26	1536039.56
	主营业务收入(万元)	247104.49	471603.49	227368.46	461121.16
	营业收入(万元)	247104.49	472041.37	227368.46	461121.16
	主营成本(万元)	137191.05	292590.51	140697.45	279969.95
	营业成本(万元)	137191.05	292986.63	140697.45	279969.95
	投资收益(万元)	24920.52	59093.96	27392.82	56851.58
	净利润(万元)	96200.82	171832.09	81280.56	161517.34
	利润总额(万元)	119907.82	210586.88	99735.38	194373.31

内蒙古包钢钢联股份有限公司

公司概况	公司名称	内蒙古包钢钢联股份有限公司			证券简称	包钢股份
	法人代表	周秉利	董秘	董林	证券代码	600010
	公司网址	www.baoganggufen.com		电子信箱	glgfzqb@126.com	
	电　　话	0472-2189515 2189529		传　　真	0472-2189530	
	办公地址	内蒙古自治区包头市昆区包钢厂区信息大楼东副楼				
	经营范围	生产销售黑色金属及其延压加工产品、冶金机械、设备及配件、汽车等				

	指标\报告期	2013.06.30	2012.12.31	2012.06.30	2011.12.31
主要财务指标	基本每股收益(元)	0.0100	0.0400	0.0400	0.0800
	基本每股收益(扣除)(元)	0.0100	0.0400	0.0200	0.0700
	每股净资产(元)	2.3748	2.1000	1.9900	2.0100
	每股经营现金净流量(元)	0.0790	0.8547	0.0593	0.4473
	每股现金流量(元)	0.2744	-0.1546	0.0256	0.1160
	每股资本公积金(元)	1.0293	0.5901	0.5901	0.5901
	每股盈余公积金(元)	0.1093	0.1362	0.1362	0.1362
	每股未分配利润(元)	0.2222	0.2589	0.2598	0.2789
	净资产收益率(%)	0.6054	1.9770	0.5500	3.8496
	加权净资产收益率(%)	0.5800	1.9800	1.6300	3.9100
	净资产收益率(扣除)(%)	-	-	-	-
	总资产(万元)	8149131.25	7082304.06	5601975.85	4973308.27
	归属母公司股东权益(万元)	1900463.59	1673374.68	1277294.63	1289218.18
	主营业务收入(万元)	1773314.97	3507134.37	1890172.26	4164416.32
	营业收入(万元)	1921629.61	3693360.60	1994589.55	4281492.28
	主营成本(万元)	1642004.95	3251381.06	1751109.55	3885116.40
	营业成本(万元)	1783777.46	3411433.40	1838800.74	3986624.38
	投资收益(万元)	1897.62	1111.96	-1353.58	2218.38
	净利润(万元)	10201.55	25820.42	27167.02	49655.15
	利润总额(万元)	23399.14	33868.59	31306.11	64648.73

华能国际电力股份有限公司

公司概况	公司名称	华能国际电力股份有限公司			证券简称	华能国际
	法人代表	曹培玺	董秘	杜大明	证券代码	600011
	公司网址	www.hpi.com.cn		电子信箱	zqb@hpi.com.cn	
	电　话	010-63226999 66086765		传　真	010-63226888 66412321	
	办公地址	北京市西城区复兴门内大街6号楼华能大厦				
	经营范围	投资、建设、营运管理电厂、开发、投资、经营等				

主要财务指标	指标＼报告期	2013.06.30	2012.12.31	2012.06.30	2011.12.31
	基本每股收益(元)	0.4200	0.4200	0.1600	0.0900
	基本每股收益(扣除)(元)	0.4300	0.4100	0.1600	0.0600
	每股净资产(元)	4.0781	3.9544	3.6600	3.5600
	每股经营现金净流量(元)	1.4642	1.9159	0.9075	1.4905
	每股现金流量(元)	0.3640	0.1389	0.3445	-0.0622
	每股资本公积金(元)	1.1867	1.2120	1.1894	1.2189
	每股盈余公积金(元)	0.5074	0.5074	0.5074	0.5023
	每股未分配利润(元)	1.4270	1.2349	0.9799	0.8802
	净资产收益率(%)	10.2839	10.5588	4.2977	2.5330
	加权净资产收益率(%)	10.2000	11.1100	4.3100	2.4700
	净资产收益率(扣除)(%)	-	-	-	-
	总资产(万元)	26076264.06	25686186.94	25894136.94	25436539.33
	归属母公司股东权益(万元)	5731907.73	5558079.00	5138695.16	5007526.37
	主营业务收入(万元)	6344645.12	13236867.75	6631557.08	13153334.70
	营业收入(万元)	6406232.88	13396665.89	6718047.29	13342076.89
	主营成本(万元)	4879695.90	11068219.89	5703855.23	12008769.81
	营业成本(万元)	4932251.51	11213653.80	5783220.60	12181676.79
	投资收益(万元)	49135.97	81729.41	46691.79	80392.15
	净利润(万元)	710717.58	685245.40	258729.66	136425.93
	利润总额(万元)	941177.35	942726.41	361255.59	234814.28

安徽皖通高速公路股份有限公司

公司概况	公司名称	安徽皖通高速公路股份有限公司			证券简称	皖通高速
	法人代表	周仁强	董秘	谢新宇	证券代码	600012
	公司网址	www.anhui-expressway.net		电子信箱	wtgs@anhui-expressway.cn	
	电　话	0551-5338681 5338697		传　真	0551-5338696	
	办公地址	安徽省合肥市望江西路520号				
	经营范围	高等级公路投资、建设、设计、监理、收费、养护、施救、路产路权管理等				

主要财务指标	指标＼报告期	2013.06.30	2012.12.31	2012.06.30	2011.12.31
	基本每股收益(元)	0.2780	0.4590	0.2386	0.5240
	基本每股收益(扣除)(元)	0.2776	0.4590	0.2385	0.5230
	每股净资产(元)	4.0231	3.9451	3.7200	3.8327
	每股经营现金净流量(元)	0.3960	0.7897	0.4295	0.9393
	每股现金流量(元)	-0.1073	0.0962	0.1716	-0.1297
	每股资本公积金(元)	0.1691	0.1691	0.1691	0.3056
	每股盈余公积金(元)	0.5386	0.5386	0.5386	0.5386
	每股未分配利润(元)	2.2890	2.2110	1.9911	1.9622
	净资产收益率(%)	6.9104	11.6302	6.4070	13.6593
	加权净资产收益率(%)	6.8600	11.8100	6.0900	14.3700
	净资产收益率(扣除)(%)	-	-	-	-
	总资产(万元)	1152463.58	1133416.14	1075964.87	1045677.08
	归属母公司股东权益(万元)	667273.67	654334.39	617781.64	635700.92
	主营业务收入(万元)	110067.35	217074.92	110704.67	225038.80
	营业收入(万元)	112569.04	222250.70	112315.62	228721.61
	主营成本(万元)	39159.88	79691.10	38850.51	72734.26
	营业成本(万元)	40732.86	82925.56	38497.11	75183.87
	投资收益(万元)	7783.92	1203.10	96.71	802.00
	净利润(万元)	50899.39	83806.86	43763.47	95777.30
	利润总额(万元)	65280.49	111509.66	58328.63	127655.08

华夏银行股份有限公司

公司概况	公司名称	华夏银行股份有限公司			证券简称	华夏银行
	法人代表	吴建	董秘	赵军学	证券代码	600015
	公司网址	www.hxb.com.cn		电子信箱	zhdb@hxb.com.cn	
	电　话	010-85239938 85238570		传　真	010-85239605	
	办公地址	北京市东城区建国门内大街22号华夏银行大厦				
	经营范围	吸收公众存款、发放短期、中期和长期贷款、办理国内外结算等				

主要财务指标	指标＼报告期	2013.06.30	2012.12.31	2012.06.30	2011.12.31
	基本每股收益(元)	0.8200	1.8681	0.6800	1.4800
	基本每股收益(扣除)(元)	0.8200	1.8582	0.6700	1.4900
	每股净资产(元)	9.2200	8.3900	10.0100	9.3300
	每股经营现金净流量(元)	14.1563	13.8464	2.0034	11.5373
	每股现金流量(元)	14.4775	2.8173	-3.4423	6.9251
	每股资本公积金(元)	4.7321	4.7168	-	4.7593
	每股盈余公积金(元)	0.6694	0.6694	0.4826	0.4826
	每股未分配利润(元)	3.6937	2.6280	2.2944	1.6575
	净资产收益率(%)	8.8916	17.1316	8.8591	14.4320
	加权净资产收益率(%)	9.3100	18.5000	9.0900	17.4400
	净资产收益率(扣除)(%)	-	-	-	-
	总资产(万元)	150715200.00	148886000.00	135451513.12	124414118.16
	归属母公司股东权益(万元)	8210000.00	7469400.00	6858480.49	6390108.47
	主营业务收入(万元)	-	-	-	-
	营业收入(万元)	2220700.00	3977695.11	1945200.00	3354379.54
	主营成本(万元)	-	-	-	-
	营业成本(万元)	-	2257580.76	-	2253135.02
	投资收益(万元)	1000.00	-1745.67	-900.00	-2204.86
	净利润(万元)	729800.00	1279565.88	607500.00	922097.18
	利润总额(万元)	973800.00	1725148.07	809300.00	1252739.92

中国民生银行股份有限公司

公司概况	公司名称	中国民生银行股份有限公司			证券简称	民生银行
	法人代表	董文标	董秘	万青元	证券代码	600016
	公司网址	www.cmbc.com.cn		电子信箱	cmbc@cmbc.com.cn	
	电　话	010-68946790		传　真	010-68466796	
	办公地址	北京市中关村南大街1号友谊宾馆嘉宾楼				
	经营范围	吸收公众存款、发放短期、中期和长期贷款、发放委托贷款等				

主要财务指标	指标＼报告期	2013.06.30	2012.12.31	2012.06.30	2011.12.31
	基本每股收益(元)	0.8100	1.3400	0.6900	1.0500
	基本每股收益(扣除)(元)	0.8100	1.3500	0.7000	1.0500
	每股净资产(元)	6.5261	5.7500	5.2800	4.8500
	每股经营现金净流量(元)	-1.1314	-0.7012	-2.3604	3.7779
	每股现金流量(元)	-2.6841	-0.3418	-1.0402	3.5952
	每股资本公积金(元)	1.7147	1.5965	1.6295	1.4318
	每股盈余公积金(元)	0.5136	0.4347	0.3708	0.3237
	每股未分配利润(元)	1.8032	1.3261	1.5799	1.4690
	净资产收益率(%)	12.3949	23.0339	12.7221	21.5440
	加权净资产收益率(%)	13.0200	25.2400	13.4400	23.9500
	净资产收益率(扣除)(%)	-	-	-	-
	总资产(万元)	341009300.00	321200100.00	259406600.00	222906400.00
	归属母公司股东权益(万元)	18511600.00	16307700.00	14976300.00	12959700.00
	主营业务收入(万元)	-	-	-	-
	营业收入(万元)	5823900.00	10311100.00	5145600.00	8236800.00
	主营成本(万元)	-	-	-	-
	营业成本(万元)	-	-	-	-
	投资收益(万元)	238000.00	478500.00	328700.00	215900.00
	净利润(万元)	2349400.00	3830800.00	1940800.00	2844300.00
	利润总额(万元)	3099400.00	5065200.00	2569900.00	3717500.00

日照港股份有限公司

公司概况	公司名称	日照港股份有限公司			证券简称	日照港
	法人代表	杜传志	董秘	余慧芳	证券代码	600017
	公司网址	www.rzpcl.com		电子信箱	yhfang@rzport.com	
	电　　话	0633-8388822		传　　真	0633-8387361	
	办公地址	山东省日照市海滨二路				
	经营范围	港口货物中转、装卸、搬运和仓储(不含易燃易爆危险品)服务等				

主要财务指标	指标\报告期	2013.06.30	2012.12.31	2012.06.30	2011.12.31
	基本每股收益(元)	0.1300	0.2600	0.1300	0.2200
	基本每股收益(扣除)(元)	0.1300	0.2400	0.1200	0.1900
	每股净资产(元)	2.9481	2.8132	2.6740	2.9200
	每股经营现金净流量(元)	0.1266	0.3192	0.1215	0.3547
	每股现金流量(元)	-0.0570	-0.0961	0.0704	0.3074
	每股资本公积金(元)	0.9610	0.9610	0.9610	1.0100
	每股盈余公积金(元)	0.1131	0.1131	0.0816	0.0954
	每股未分配利润(元)	0.8635	0.7308	0.6314	0.8182
	净资产收益率(%)	4.5023	9.0900	4.6693	8.3184
	加权净资产收益率(%)	4.6100	9.6000	4.8220	9.4900
	净资产收益率(扣除)(%)	--	--	-	-
	总资产(万元)	1409171.70	1381647.19	1332170.85	1290383.37
	归属母公司股东权益(万元)	906727.58	865240.08	822440.80	769111.30
	主营业务收入(万元)	232749.93	445345.35	221838.66	408326.82
	营业收入(万元)	250273.67	479887.24	244005.39	444110.35
	主营成本(万元)	166139.85	323444.23	155077.97	284205.62
	营业成本(万元)	178336.09	343429.01	169418.76	308097.65
	投资收益(万元)	6589.43	8286.12	3379.00	6096.26
	净利润(万元)	41583.17	80975.20	39632.34	66780.92
	利润总额(万元)	51167.00	90357.69	49273.15	85408.69

上海国际港务(集团)股份有限公司

公司概况	公司名称	上海国际港务(集团)股份有限公司			证券简称	上港集团
	法人代表	陈戌源	董秘	张欣	证券代码	600018
	公司网址	www.portshanghai.com.cn		电子信箱	dongmi@portshanghai.com.cn	
	电　　话	021-55333388		传　　真	021-35308688	
	办公地址	上海市虹口区东大名路358号(国际港务大厦)				
	经营范围	集装箱装卸业务、散杂货装卸业务、港口服务和港口物流业务等				

主要财务指标	指标\报告期	2013.06.30	2012.12.31	2012.06.30	2011.12.31
	基本每股收益(元)	0.1121	0.2184	0.0990	0.2131
	基本每股收益(扣除)(元)	0.1086	0.2115	0.0967	0.2020
	每股净资产(元)	2.0728	2.0978	1.9690	1.9920
	每股经营现金净流量(元)	0.1914	0.2875	0.1971	0.3180
	每股现金流量(元)	-0.0226	-0.0417	-0.0395	0.1332
	每股资本公积金(元)	0.3364	0.3368	0.3267	0.3304
	每股盈余公积金(元)	0.1275	0.1275	-	0.0979
	每股未分配利润(元)	0.6093	0.6314	-	0.5617
	净资产收益率(%)	5.4079	10.4099	5.0294	10.4220
	加权净资产收益率(%)	5.2044	10.7451	4.8980	11.3771
	净资产收益率(扣除)(%)	-	-	-	-
	总资产(万元)	8865753.54	8710299.23	8255680.67	8325750.52
	归属母公司股东权益(万元)	4716662.64	4773587.39	4480596.33	4532851.21
	主营业务收入(万元)	1336692.85	2771356.31	1334513.22	2116779.65
	营业收入(万元)	1373398.59	2838102.13	1364611.53	2177885.72
	主营成本(万元)	893971.84	1903353.14	888534.80	1158478.73
	营业成本(万元)	911138.20	1927898.63	898725.47	1178116.03
	投资收益(万元)	48726.66	76710.87	16430.27	28164.95
	净利润(万元)	305286.00	583931.54	274068.34	579271.41
	利润总额(万元)	381141.91	718784.88	344841.26	725927.27

宝山钢铁股份有限公司

公司概况	公司名称	宝山钢铁股份有限公司			证券简称	宝钢股份
	法人代表	何文波	董秘	朱可炳	证券代码	600019
	公司网址	www.baosteel.com		电子信箱	ir@baosteel.com	
	电　　话	021-26647000		传　　真	021-26646999	
	办公地址	上海市宝山区富锦路885号宝钢指挥中心				
	经营范围	钢铁产品的制造和销售以及钢铁产销过程中产生的副产品的销售与服务等				

主要财务指标	指标\报告期	2013.06.30	2012.12.31	2012.06.30	2011.12.31
	基本每股收益(元)	0.2200	0.6000	0.5500	0.4200
	基本每股收益(扣除)(元)	0.2200	0.2700	0.1400	0.4000
	每股净资产(元)	6.5935	6.4692	6.4300	6.0800
	每股经营现金净流量(元)	0.3979	1.2967	0.5692	0.6934
	每股现金流量(元)	0.3484	-0.3247	0.2461	0.2994
	每股资本公积金(元)	2.0111	2.0963	2.1330	2.1317
	每股盈余公积金(元)	1.4103	1.3567	1.2067	1.2067
	每股未分配利润(元)	2.1994	2.0326	2.1049	1.7562
	净资产收益率(%)	3.4094	9.3768	8.5300	6.9130
	加权净资产收益率(%)	3.3500	9.5200	8.7300	7.0200
	净资产收益率(扣除)(%)	-	-	-	-
	总资产(万元)	22732511.72	22087584.32	22619955.28	23109974.58
	归属母公司股东权益(万元)	10860652.14	11076614.20	11260839.04	10649549.09
	主营业务收入(万元)	9510531.38	18989093.04	9682723.52	22093231.19
	营业收入(万元)	9609958.93	19113553.68	9790173.01	22250468.47
	主营成本(万元)	8682807.20	17586763.50	8928880.20	20178655.10
	营业成本(万元)	8726674.35	17687935.88	9024119.39	20304072.09
	投资收益(万元)	29138.08	121469.08	40738.39	63047.07
	净利润(万元)	381377.80	1043295.57	968525.17	773580.02
	利润总额(万元)	517801.06	1313965.28	1233423.65	926012.54

河南中原高速公路股份有限公司

公司概况	公司名称	河南中原高速公路股份有限公司			证券简称	中原高速
	法人代表	金雷	董秘	许亮	证券代码	600020
	公司网址	www.zygs.com		电子信箱	zygs600020@163.com	
	电　　话	0371-67717696 67717695		传　　真	0371-87166867	
	办公地址	河南省郑州市郑东新区农业东路100号				
	经营范围	高速公路和特大桥梁的投资、经营管理和维护等				

主要财务指标	指标\报告期	2013.06.30	2012.12.31	2012.06.30	2011.12.31
	基本每股收益(元)	0.1096	0.2313	0.0705	0.1325
	基本每股收益(扣除)(元)	0.0805	0.2269	0.0615	0.1222
	每股净资产(元)	3.0342	3.0243	2.8734	2.9616
	每股经营现金净流量(元)	0.3853	0.8296	0.4435	0.8625
	每股现金流量(元)	1.0470	-0.0461	0.1736	-0.4275
	每股资本公积金(元)	0.7934	0.7931	0.8031	0.8517
	每股盈余公积金(元)	0.4351	0.4351	0.4241	0.4453
	每股未分配利润(元)	0.8057	0.7961	0.6462	0.6646
	净资产收益率(%)	3.6125	7.6481	2.4524	4.6970
	加权净资产收益率(%)	3.5600	7.9100	2.4700	4.7400
	净资产收益率(扣除)(%)	-	-	-	-
	总资产(万元)	3456180.39	3104496.45	3094965.83	3037938.88
	归属母公司股东权益(万元)	681905.16	679675.28	645764.43	633883.62
	主营业务收入(万元)	141240.17	389403.55	140222.21	254573.14
	营业收入(万元)	144325.01	397089.02	144476.09	262726.66
	主营成本(万元)	54265.76	178815.80	58360.30	109196.87
	营业成本(万元)	54265.76	185059.39	58360.30	114991.62
	投资收益(万元)	10837.53	10960.34	4185.74	8381.07
	净利润(万元)	24541.05	52538.58	15725.93	29853.65
	利润总额(万元)	28749.99	65840.97	21387.17	40128.14

上海电力股份有限公司

公司概况	公司名称	上海电力股份有限公司			证券简称	上海电力
	法人代表	王运丹	董秘	夏梅兴	证券代码	600021
	公司网址	www.shanghaipower.com		电子信箱	sepco@shanghaipower.com	
	电　话	021-23108718 23108800		传　真	021-23108717	
	办公地址	上海市中山南路268号				
	经营范围	从事火力发电厂的运营、向用户提供电力和热力产品等				

	指标\报告期	2013.06.30	2012.12.31	2012.06.30	2011.12.31
主要财务指标	基本每股收益(元)	0.2190	0.4127	0.1428	0.2165
	基本每股收益(扣除)(元)	0.2134	0.4094	0.1493	0.0146
	每股净资产(元)	3.2791	3.2533	2.9516	2.7510
	每股经营现金净流量(元)	0.9492	1.5021	0.8331	-0.4063
	每股现金流量(元)	0.8971	-0.2541	0.2260	0.1027
	每股资本公积金(元)	1.5490	1.5913	1.5591	1.4513
	每股盈余公积金(元)	0.2199	0.2199	0.1836	0.1836
	每股未分配利润(元)	0.5123	0.4433	0.2097	0.1169
	净资产收益率(%)	6.6798	12.6859	4.8392	7.8690
	加权净资产收益率(%)	6.5547	13.7500	4.9658	7.9700
	净资产收益率(扣除)(%)	-	-	-	-
	总资产(万元)	3268561.74	3156724.37	3174716.23	3160258.47
	归属母公司股东权益(万元)	701652.01	696129.42	631564.22	588643.39
	主营业务收入(万元)	725897.88	1485192.90	704572.32	1719777.36
	营业收入(万元)	735374.99	1504433.96	714229.85	1737628.82
	主营成本(万元)	588942.41	1237709.13	618022.06	1557760.84
	营业成本(万元)	591454.56	1242757.21	620285.89	1561747.01
	投资收益(万元)	33926.48	70272.07	38404.54	38728.63
	净利润(万元)	73443.83	115098.45	37086.72	66447.59
	利润总额(万元)	91211.21	135491.68	45218.65	82345.31

山东钢铁股份有限公司

公司概况	公司名称	山东钢铁股份有限公司			证券简称	山东钢铁
	法人代表	任浩	董秘	金立山	证券代码	600022
	公司网址	www.jigang.com.cn		电子信箱	jggf@jigang.com.cn	
	电　话	0531-88865480 67606889		传　真	0531-88865480 88866684	
	办公地址	山东省济南市高新区舜华路2000号舜泰广场4号楼				
	经营范围	钢铁冶炼、加工、钢材、水渣生产、销售等				

	指标\报告期	2013.06.30	2012.12.31	2012.06.30	2011.12.31
主要财务指标	基本每股收益(元)	-0.0297	-0.6521	-0.1548	0.0907
	基本每股收益(扣除)(元)	-0.0266	-0.5838	-0.1587	0.0166
	每股净资产(元)	1.9676	1.9966	2.4461	2.6002
	每股经营现金净流量(元)	-0.0677	0.4804	0.0347	0.2206
	每股现金流量(元)	-0.1526	-0.0247	-0.0148	-0.1444
	每股资本公积金(元)	1.1935	1.1935	1.1938	2.4650
	每股盈余公积金(元)	0.1111	0.1111	0.1111	0.2292
	每股未分配利润(元)	-0.3369	-0.3072	0.1334	0.5943
	净资产收益率(%)	-1.5100	-29.8546	-6.3281	3.4900
	加权净资产收益率(%)	-1.5000	-29.1000	-6.1400	3.5500
	净资产收益率(扣除)(%)	-	-	-	-
	总资产(万元)	5390[illegible]91.31	5320105.54	5802205.16	5722116.01
	归属母公司股东权益(万元)	1266433.50	1285067.08	1574377.75	1673561.65
	主营业务收入(万元)	3212681.97	6910007.44	3811597.87	7786776.67
	营业收入(万元)	3671[illegible]78.40	7330368.40	4024385.80	8356211.12
	主营成本(万元)	3098423.71	6918567.78	3729839.58	7301498.71
	营业成本(万元)	3541708.77	7302391.97	3938081.08	7854858.19
	投资收益(万元)	[illegible]46.03	292.44	-1228.65	-16.56
	净利润(万元)	-18[illegible]34.21	-383521.90	-99709.46	58924.37
	利润总额(万元)	-17201.00	-377935.78	-95924.97	77335.71

中海发展股份有限公司

公司概况	公司名称	中海发展股份有限公司			证券简称	中海发展
	法人代表	李绍德	董秘	姚巧红	证券代码	600026
	公司网址	www.cnshippingdev.com		电子信箱	csd@cnshipping.com	
	电　话	021-65967678		传　真	021-65966160	
	办公地址	上海市东大名路700号16楼				
	经营范围	主营沿海、远洋、长江货物运输、船舶租赁、货物代理、代运业务等				

	指标\报告期	2013.06.30	2012.12.31	2012.06.30	2011.12.31
主要财务指标	基本每股收益(元)	-0.2786	0.0217	-0.1446	0.3120
	基本每股收益(扣除)(元)	-0.2770	-0.1291	-0.1555	0.2707
	每股净资产(元)	6.6080	6.9076	6.7171	6.9784
	每股经营现金净流量(元)	0.2057	0.2873	-0.0652	0.4322
	每股现金流量(元)	-0.2949	-0.0267	-0.1769	0.6800
	每股资本公积金(元)	1.4969	1.4956	1.4643	1.4948
	每股盈余公积金(元)	0.8452	0.8452	0.8401	0.8405
	每股未分配利润(元)	3.5524	3.8310	3.6646	3.9140
	净资产收益率(%)	-4.2163	0.3136	-2.1531	4.4709
	加权净资产收益率(%)	-4.1200	0.3100	-2.0900	4.6100
	净资产收益率(扣除)(%)	-	-	-	-
	总资产(万元)	5714548.59	5786052.28	5497976.30	5174728.83
	归属母公司股东权益(万元)	2249719.98	2351713.73	2286882.42	2375830.51
	主营业务收入(万元)	522947.45	1111727.63	565618.25	1227365.25
	营业收入(万元)	524532.50	1115664.95	567130.06	1229058.32
	主营成本(万元)	546923.65	1125225.11	585104.14	1063668.78
	营业成本(万元)	547406.67	1126075.02	585782.91	1064175.14
	投资收益(万元)	-3421.09	29877.38	15592.81	37182.49
	净利润(万元)	-95476.58	13776.91	-45817.12	109366.38
	利润总额(万元)	-94941.09	-33137.44	-45800.22	124407.39

华电国际电力股份有限公司

公司概况	公司名称	华电国际电力股份有限公司			证券简称	华电国际
	法人代表	云公民	董秘	周连青	证券代码	600027
	公司网址	www.hdpi.com.cn		电子信箱	zhoulq@hdpi.com.cn	
	电　话	010-83567779 835679[illegible]00		传　真	010-83567963 83567967	
	办公地址	北京市西城区宣武门内大街2号				
	经营范围	电厂经营建设和电力产品生产销售等				

	指标\报告期	2013.06.30	2012.12.31	2012.06.30	2011.12.31
主要财务指标	基本每股收益(元)	0.2300	0.2010	0.0400	0.0120
	基本每股收益(扣除)(元)	0.2440	0.1200	0.0210	-0.1280
	每股净资产(元)	2.7846	2.7300	2.6900	2.3800
	每股经营现金净流量(元)	1.6672	1.6663	0.7833	0.9943
	每股现金流量(元)	0.2034	0.1275	0.3615	0.1294
	每股资本公积金(元)	0.7790	0.7800	0.9512	0.6805
	每股盈余公积金(元)	0.2108	0.2108	0.2285	0.2285
	每股未分配利润(元)	0.7814	0.6222	0.5088	0.4689
	净资产收益率(%)	8.2559	7.3400	1.4808	0.4920
	加权净资产收益率(%)	8.4100	7.9800	1.6600	0.4900
	净资产收益率(扣除)(%)	-	-	-	-
	总资产(万元)	16660607.70	16457114.90	15876704.10	14854635.10
	归属母公司股东权益(万元)	2052551.20	1930193.20	1822951.30	1610002.70
	主营业务收入(万元)	3141977.70	5907971.40	2943728.00	5417806.00
	营业收入(万元)	3159970.20	5948997.30	2955791.90	5449080.70
	主营成本(万元)	2467677.50	4975385.90	2555970.10	4929241.80
	营业成本(万元)	2472660.80	4996835.80	2563741.50	4946489.30
	投资收益(万元)	2[illegible]200.20	110413.40	40478.20	128178.60
	净利润(万元)	227692.60	191697.20	38113.30	14472.30
	利润总额(万元)	293198.50	261530.70	48040.00	17678.80

中国石油化工股份有限公司

公司概况						
	公司名称	中国石油化工股份有限公司			证券简称	中国石化
	法人代表	傅成玉	董秘	黄文生	证券代码	600028
	公司网址	www.sinopec.com		电子信箱	ir@sinopec.com	
	电　话	010-59960028		传　真	010-59960386	
	办公地址	北京市朝阳区朝阳门北大街 22 号				
	经营范围	石油、天然气勘探、开采、石油炼制、石油化工、成品油销售等				

主要财务指标	指标\报告期	2013.06.30	2012.12.31	2012.06.30	2011.12.31
	基本每股收益(元)	0.2540	0.7310	0.2100	0.8270
	基本每股收益(扣除)(元)	0.2520	0.7130	0.2060	0.8130
	每股净资产(元)	4.6870	5.9130	4.5480	5.4720
	每股经营现金净流量(元)	0.2823	1.6524	0.2367	1.7437
	每股现金流量(元)	0.0063	-0.1635	-0.1392	0.0881
	每股资本公积金(元)	0.3389	0.3522	0.3494	0.3412
	每股盈余公积金(元)	1.6051	2.1263	2.0811	2.0560
	每股未分配利润(元)	1.7201	2.4124	2.0992	2.0569
	净资产收益率(%)	5.3839	12.3684	4.9090	15.1130
	加权净资产收益率(%)	5.4900	12.8000	4.8900	15.9300
	净资产收益率(扣除)(%)	-	-	-	-
	总资产(万元)	127423300.00	123852200.00	116817800.00	113005300.00
	归属母公司股东权益(万元)	54638600.00	51337400.00	48273000.00	47439900.00
	主营业务收入(万元)	139593400.00	273361800.00	132746600.00	246376700.00
	营业收入(万元)	141524400.00	278604500.00	134807200.00	250568300.00
	主营成本(万元)	-	-	-	-
	营业成本(万元)	121355000.00	237223500.00	115243100.00	209319900.00
	投资收益(万元)	90800.00	154000.00	23200.00	418600.00
	净利润(万元)	3150400.00	6641100.00	2494600.00	7686400.00
	利润总额(万元)	4397200.00	9010700.00	3428300.00	10263800.00

中国南方航空股份有限公司

公司概况						
	公司名称	中国南方航空股份有限公司			证券简称	南方航空
	法人代表	司献民	董秘	谢兵	证券代码	600029
	公司网址	www.csair.com		电子信箱	webmaster@csair.com	
	电　话	020-86124462		传　真	020-86659040	
	办公地址	广东省广州市机场路 278 号				
	经营范围	国内、地区和国际定期及不定期航空客、货、邮、行李运输业务等				

主要财务指标	指标\报告期	2013.06.30	2012.12.31	2012.06.30	2011.12.31
	基本每股收益(元)	0.0300	0.2700	0.0500	0.5200
	基本每股收益(扣除)(元)	0.0300	0.2500	0.0400	0.4900
	每股净资产(元)	3.3149	3.3347	3.1100	3.2700
	每股经营现金净流量(元)	0.2787	1.3633	0.3952	1.3736
	每股现金流量(元)	-0.0682	0.0223	0.2319	-0.0551
	每股资本公积金(元)	1.4673	1.4678	1.4669	1.4675
	每股盈余公积金(元)	0.1076	0.1076	0.0941	0.0941
	每股未分配利润(元)	0.7401	0.7594	0.5508	0.7058
	净资产收益率(%)	0.9279	8.0269	1.4700	15.8210
	加权净资产收益率(%)	0.9200	8.1500	1.4000	17.2200
	净资产收益率(扣除)(%)	-	-	-	-
	总资产(万元)	15090600.00	14249400.00	13555400.00	12926000.00
	归属母公司股东权益(万元)	3254600.00	3274000.00	3055100.00	3207800.00
	主营业务收入(万元)	4.52	9958300.00	4716900.00	9065100.00
	营业收入(万元)	4600400.00	10148300.00	4802800.00	9270700.00
	主营成本(万元)	4.10	8467700.00	4071600.00	7579900.00
	营业成本(万元)	4157100.00	8593200.00	4129200.00	7695400.00
	投资收益(万元)	11900.00	52600.00	19100.00	70700.00
	净利润(万元)	60000.00	379500.00	98200.00	604900.00
	利润总额(万元)	82700.00	474800.00	113200.00	686800.00

中信证券股份有限公司

公司概况						
	公司名称	中信证券股份有限公司			证券简称	中信证券
	法人代表	王东明	董秘	郑京	证券代码	600030
	公司网址	www.cs.ecitic.com		电子信箱	ir@citics.com	
	电　话	0755-23835383 010-60836030		传　真	0755-23835525 010-60836031	
	办公地址	广东省深圳市福田区中心三路 8 号中信证券大厦　北京市朝阳区亮马桥路 48 号中信证券大厦				
	经营范围	证券(含境内上市外资股)的代理买卖、代理证券还本付息、分红派息等				

主要财务指标	指标\报告期	2013.06.30	2012.12.31	2012.06.30	2011.12.31
	基本每股收益(元)	0.1900	0.3800	0.2000	1.2300
	基本每股收益(扣除)(元)	0.1900	0.3800	0.2000	1.2300
	每股净资产(元)	7.6590	7.8500	7.6400	7.8600
	每股经营现金净流量(元)	-1.6896	-1.7339	-0.6646	-2.4439
	每股现金流量(元)	0.6274	-0.8639	-0.5128	-0.9132
	每股资本公积金(元)	3.0553	3.1217	3.0884	3.0848
	每股盈余公积金(元)	0.5342	0.5342	0.4960	0.4960
	每股未分配利润(元)	2.1807	2.2892	2.2110	2.4368
	净资产收益率(%)	2.5002	4.9007	2.6721	14.5250
	加权净资产收益率(%)	2.4200	4.9000	2.5600	17.0000
	净资产收益率(扣除)(%)	-	-	-	-
	总资产(万元)	19908586.92	16850755.47	14924312.06	14828038.00
	归属母公司股东权益(万元)	8437857.53	8646500.38	8415669.72	8658728.49
	主营业务收入(万元)	-	-	-	-
	营业收入(万元)	604134.24	1169388.19	578819.13	2503319.38
	主营成本(万元)	-	-	-	-
	营业成本(万元)	-	-	291839.04	-
	投资收益(万元)	291217.34	366341.16	186760.13	1556336.01
	净利润(万元)	211092.85	430680.30	224735.91	1260448.89
	利润总额(万元)	271653.25	548726.91	290438.86	1503100.34

三一重工股份有限公司

公司概况						
	公司名称	三一重工股份有限公司			证券简称	三一重工
	法人代表	梁稳根	董秘	肖友良	证券代码	600031
	公司网址	www.sany.com.cn		电子信箱	sany@sany.com.cn	
	电　话	0731-84031555		传　真	0731-84031777	
	办公地址	湖南省长沙市经济技术开发区				
	经营范围	建筑工程机械、起重机械、停车库、通用设备及机电设备的生产、销售与维修等				

主要财务指标	指标\报告期	2013.06.30	2012.12.31	2012.06.30	2011.12.31
	基本每股收益(元)	0.3500	0.7500	0.6800	1.1400
	基本每股收益(扣除)(元)	0.3300	0.6600	0.6400	1.0400
	每股净资产(元)	3.1193	3.0314	2.9400	2.5900
	每股经营现金净流量(元)	-0.1834	0.7482	-0.2300	0.3001
	每股现金流量(元)	-0.2949	0.0076	0.1211	0.4403
	每股资本公积金(元)	0.0118	0.0004	-0.0024	0.0013
	每股盈余公积金(元)	0.2945	0.2954	0.2416	0.2416
	每股未分配利润(元)	1.8509	1.7592	1.7436	1.3641
	净资产收益率(%)	11.1580	24.7013	23.1414	43.9860
	加权净资产收益率(%)	10.9000	26.6400	23.3000	55.9600
	净资产收益率(扣除)(%)	-	-	-	-
	总资产(万元)	7032353.10	6446140.00	7087395.95	5130671.80
	归属母公司股东权益(万元)	2375839.40	2301941.40	2229851.79	1966271.40
	主营业务收入(万元)	2156.18	4501675.60	3063.61	4906643.09
	营业收入(万元)	2208481.70	4683053.50	3176030.70	5077630.10
	主营成本(万元)	1468.94	3027712.40	3063.61	3079044.61
	营业成本(万元)	1519399.40	3196325.20	2050014.61	3225223.14
	投资收益(万元)	8980.40	16137.40	11329.40	14123.50
	净利润(万元)	284324.50	601068.20	543319.90	936155.60
	利润总额(万元)	332734.30	688065.90	635660.50	1079226.80

福建发展高速公路股份有限公司

公司概况	公司名称	福建发展高速公路股份有限公司			证券简称	福建高速
	法人代表	黄祥谈	董秘	何高文	证券代码	600033
	公司网址	www.fjgs.com.cn		电子信箱	stock@fjgs.com.cn	
	电话	0591-87077366		传真	0591-87077366	
	办公地址	福建省福州市东水路18号福建交通综合大楼26层				
	经营范围	高速公路的建设、运营、收费、养护与管理等				

	指标\报告期	2013.06.30	2012.12.31	2012.06.30	2011.12.31
主要财务指标	基本每股收益(元)	0.1074	0.1496	0.0868	0.1596
	基本每股收益(扣除)(元)	0.1078	0.1510	0.0865	0.1630
	每股净资产(元)	2.6452	2.6378	2.5750	2.5776
	每股经营现金净流量(元)	0.3597	0.5987	0.2580	0.6090
	每股现金流量(元)	–0.0359	0.1432	0.0465	0.0436
	每股资本公积金(元)	0.6276	0.6276	0.6276	0.6266
	每股盈余公积金(元)	0.2394	0.2394	0.2308	0.2308
	每股未分配利润(元)	0.7782	0.7708	0.7166	0.7202
	净资产收益率(%)	4.0595	5.6731	3.3712	6.1916
	加权净资产收益率(%)	4.0100	5.7700	3.3300	6.2600
	净资产收益率(扣除)(%)	–	–	–	–
	总资产(万元)	1934411.05	1977190.84	1985414.09	1980950.18
	归属母公司股东权益(万元)	725955.45	723929.46	706684.23	707396.66
	主营业务收入(万元)	123432.81	240210.52	118961.13	230521.30
	营业收入(万元)	125234.00	242542.82	120141.29	231205.64
	主营成本(万元)	34914.47	78391.88	34231.89	75783.61
	营业成本(万元)	36504.16	81067.23	35238.27	76851.00
	投资收益(万元)	–3972.36	–11754.60	–5360.81	–9410.53
	净利润(万元)	38440.94	55927.12	32246.47	57996.47
	利润总额(万元)	52650.03	79272.17	44800.25	81636.88

招商银行股份有限公司

公司概况	公司名称	招商银行股份有限公司			证券简称	招商银行
	法人代表	傅育宁	董秘	许世清	证券代码	600036
	公司网址	www.cmbchina.com		电子信箱	cmb@cmbchina.com	
	电话	0755-83198888		传真	0755-83195109	
	办公地址	广东省深圳市福田区深南大道7088号				
	经营范围	从事银行业及相关金融服务等				

	指标\报告期	2013.06.30	2012.12.31	2012.06.30	2011.12.31
主要财务指标	基本每股收益(元)	1.2200	2.1000	1.0800	1.6700
	基本每股收益(扣除)(元)	1.2100	2.0700	1.0800	1.6600
	每股净资产(元)	9.8412	9.2800	8.4000	7.6500
	每股经营现金净流量(元)	–2.3005	11.5733	11.9773	4.6947
	每股现金流量(元)	–5.6863	10.8314	10.2993	1.9434
	每股资本公积金(元)	1.7232	1.7400	1.8345	1.7456
	每股盈余公积金(元)	0.8629	0.8629	0.6639	0.6639
	每股未分配利润(元)	4.5156	3.9357	4.0685	3.4068
	净资产收益率(%)	12.3720	22.5994	12.8908	21.8970
	加权净资产收益率(%)	12.7300	24.7800	27.0000	24.1700
	净资产收益率(扣除)(%)	–	–	–	–
	总资产(万元)	381062900.00	340809900.00	332270100.00	279497100.00
	归属母公司股东权益(万元)	21234300.00	20032800.00	18134700.00	16499700.00
	主营业务收入(万元)	–	–	–	–
	营业收入(万元)	6405700.00	11336700.00	5711900.00	9615700.00
	主营成本(万元)	–	–	–	–
	营业成本(万元)	–	–	–	–
	投资收益(万元)	175700.00	341900.00	239500.00	228300.00
	净利润(万元)	2626600.00	4527700.00	2337600.00	3612700.00
	利润总额(万元)	3484800.00	5956400.00	3082500.00	4712200.00

湖北楚天高速公路股份有限公司

公司概况	公司名称	湖北楚天高速公路股份有限公司			证券简称	楚天高速
	法人代表	祝向军	董秘	张晴	证券代码	600035
	公司网址	www.hbctgs.com		电子信箱	600035@hbctgs.com	
	电话	027-84863942		传真	027-84863942	
	办公地址	湖北省武汉市汉阳区龙阳大道9号				
	经营范围	对汉荆段及江宜段高速公路的经营管理等				

	指标\报告期	2013.06.30	2012.12.31	2012.06.30	2011.12.31
主要财务指标	基本每股收益(元)	0.1500	0.2100	0.1500	0.3200
	基本每股收益(扣除)(元)	0.1500	0.2100	0.1500	0.3200
	每股净资产(元)	3.7260	3.5767	3.5121	3.4500
	每股经营现金净流量(元)	0.3066	0.7096	0.3623	0.6275
	每股现金流量(元)	–0.4951	0.9484	1.6985	0.1536
	每股资本公积金(元)	0.9449	0.9449	0.9449	0.9449
	每股盈余公积金(元)	0.6156	0.6156	0.5425	0.5425
	每股未分配利润(元)	1.1655	1.0161	1.0247	0.9596
	净资产收益率(%)	4.0086	5.8624	4.1317	9.2025
	加权净资产收益率(%)	4.0900	5.9600	4.1200	9.5500
	净资产收益率(扣除)(%)	–	–	–	–
	总资产(万元)	1211900.11	1180872.84	1152788.44	953488.22
	归属母公司股东权益(万元)	347137.75	333222.36	327206.78	321140.79
	主营业务收入(万元)	47541.30	92390.28	48584.90	93183.37
	营业收入(万元)	49562.87	95424.34	49610.82	94987.22
	主营成本(万元)	14473.16	34424.44	14765.14	35481.75
	营业成本(万元)	15482.78	35930.55	15299.96	36380.78
	投资收益(万元)	–46.32	3.09	3.09	–
	净利润(万元)	13915.39	19528.66	13517.90	29505.42
	利润总额(万元)	20853.79	31276.22	20263.52	41359.31

北京歌华有线电视网络股份有限公司

公司概况	公司名称	北京歌华有线电视网络股份有限公司			证券简称	歌华有线
	法人代表	郭章鹏	董秘	梁彦军	证券代码	600037
	公司网址	www.bgctv.com.cn		电子信箱	600037@bgctv.com.cn	
	电话	010-62364114 62035573		传真	010-62035573 62364114	
	办公地址	北京市东城区青龙胡同1号歌华大厦7层				
	经营范围	广播电视网络的建设开发、经营管理和维护、广播电视节目收转等				

	指标\报告期	2013.06.30	2012.12.31	2012.06.30	2011.12.31
主要财务指标	基本每股收益(元)	0.1455	0.2805	0.1182	0.2630
	基本每股收益(扣除)(元)	–0.0506	–0.1225	–0.0805	–0.0830
	每股净资产(元)	5.2396	5.1941	5.0300	5.0100
	每股经营现金净流量(元)	0.3614	0.8386	0.2765	0.8729
	每股现金流量(元)	0.0400	–0.1479	–0.1702	0.2690
	每股资本公积金(元)	1.9359	1.9359	1.9359	1.9358
	每股盈余公积金(元)	0.4560	0.4560	0.4286	0.4286
	每股未分配利润(元)	1.8478	1.8023	1.6673	1.6492
	净资产收益率(%)	2.7764	5.3998	2.3481	5.2450
	加权净资产收益率(%)	2.7600	5.5000	2.3400	5.2700
	净资产收益率(扣除)(%)	–	–	–	–
	总资产(万元)	–0.9600	–2.4000	1071274.76	1111743.39
	归属母公司股东权益(万元)	1035017.44	1042770.39	533558.41	531631.05
	主营业务收入(万元)	555593.31	550770.77	95466.37	188791.38
	营业收入(万元)	102213.52	218708.92	96090.65	189783.70
	主营成本(万元)	102667.52	220208.97	93920.36	175958.60
	营业成本(万元)	94995.06	205689.08	94031.26	176148.73
	投资收益(万元)	95076.16	205892.63	–225.32	5493.88
	净利润(万元)	–68.22	–549.49	12547.00	27931.98
	利润总额(万元)	15451.22	29775.02	12645.91	28208.28

哈飞航空工业股份有限公司

公司概况

公司名称	哈飞航空工业股份有限公司			证券简称	哈飞股份
法人代表	郭殿满	董秘	顾韶辉	证券代码	600038
公司网址	www.hafei.com		电子信箱	gsh0808@sina.com	
电　话	0451-86528350		传　真	0451-86524324	
办公地址	黑龙江省哈尔滨市平房区友协大街15号				
经营范围	航空产品及零部件的开发、设计研制、生产和销售等				

主要财务指标

指标\报告期	2013.06.30	2012.12.31	2012.06.30	2011.12.31
基本每股收益(元)	0.1619	0.3425	0.1369	0.3255
基本每股收益(扣除)(元)	0.1617	0.3389	0.1371	0.3040
每股净资产(元)	4.7464	4.7321	4.6000	4.4600
每股经营现金净流量(元)	-0.9681	1.3552	0.0879	0.2070
每股现金流量(元)	-1.1393	1.2364	0.0780	0.0948
每股资本公积金(元)	1.8538	1.8538	1.8538	1.8538
每股盈余公积金(元)	0.4632	0.4632	0.4290	0.4290
每股未分配利润(元)	1.3898	1.3879	1.3166	1.1796
净资产收益率(%)	3.4104	7.2387	2.9772	7.2950
加权净资产收益率(%)	-	-	3.0222	7.4692
净资产收益率(扣除)(%)	3.3741	7.3454	-	-
总资产(万元)	569688.41	498624.35	410146.67	313013.54
归属母公司股东权益(万元)	160118.78	159636.46	155157.33	150537.91
主营业务收入(万元)	102876.64	274924.10	78330.53	271484.95
营业收入(万元)	108478.85	285818.70	82311.11	276943.37
主营成本(万元)	88277.71	237888.17	65543.75	240229.81
营业成本(万元)	93052.95	247154.21	69044.15	244935.06
投资收益(万元)	-24.47	-1354.56	-578.52	-689.81
净利润(万元)	5460.63	11555.68	4619.42	10980.92
利润总额(万元)	6431.18	13255.45	5550.11	12329.94

四川路桥建设股份有限公司

公司概况

公司名称	四川路桥建设股份有限公司			证券简称	四川路桥
法人代表	孙云	董秘	曹川	证券代码	600039
公司网址	www.scrbc.com.cn		电子信箱	srbcdsh@163.com	
电　话	028-85126085		传　真	028-85126084	
办公地址	四川省成都市高新区九兴大道12号				
经营范围	各级公路工程和桥梁、隧道工程的施工等				

主要财务指标

指标\报告期	2013.06.30	2012.12.31	2012.06.30	2011.12.31
基本每股收益(元)	0.2362	0.6451	0.2257	0.6025
基本每股收益(扣除)(元)	0.2308	0.6273	0.2322	0.2940
每股净资产(元)	3.7140	3.6713	2.9578	9.8809
每股经营现金净流量(元)	0.2652	0.5733	0.3844	2.6242
每股现金流量(元)	0.1877	-0.2718	0.1075	0.1588
每股资本公积金(元)	0.6189	0.6280	0.6389	4.3966
每股盈余公积金(元)	0.1471	0.1471	0.1191	0.4434
每股未分配利润(元)	1.6612	1.5750	1.0263	3.5141
净资产收益率(%)	6.3590	17.5714	7.6297	20.9891
加权净资产收益率(%)	6.2000	19.7400	7.8800	25.5500
净资产收益率(扣除)(%)	-	-	-	-
总资产(万元)	3665097.27	3433893.84	3317018.62	2959604.10
归属母公司股东权益(万元)	388670.27	384197.61	309532.40	300380.34
主营业务收入(万元)	141083.57	2482717.09	277698.66	1923412.87
营业收入(万元)	849040.40	2492969.33	977612.31	1931848.09
主营成本(万元)	134379.45	2210735.80	256497.54	1701065.23
营业成本(万元)	729040.98	2216215.41	889198.71	1706891.30
投资收益(万元)	838.81	1138.74	505.26	2124.64
净利润(万元)	26495.76	70966.02	24308.96	66954.76
利润总额(万元)	30431.76	90783.75	25783.49	88726.86

保利房地产(集团)股份有限公司

公司概况

公司名称	保利房地产(集团)股份有限公司			证券简称	保利地产
法人代表	宋广菊	董秘	黄海	证券代码	600048
公司网址	www.polycn.com		电子信箱	stock@polycn.com	
电　话	020-89898833		传　真	020-89898666 8831	
办公地址	广东省广州市海珠区阅江中路688号保利国际广场北塔29-33层				
经营范围	房地产开发、销售、租赁及其物业管理等				

主要财务指标

指标\报告期	2013.06.30	2012.12.31	2012.06.30	2011.12.31
基本每股收益(元)	0.4800	1.1800	0.3500	0.9100
基本每股收益(扣除)(元)	0.4700	1.1700	0.3500	0.9100
每股净资产(元)	6.2112	5.9521	5.1142	5.9300
每股经营现金净流量(元)	-0.5716	0.4333	0.2263	-1.3318
每股现金流量(元)	0.3081	2.0212	0.9856	-0.1646
每股资本公积金(元)	1.5236	1.5098	1.5024	2.0001
每股盈余公积金(元)	0.1137	0.1137	0.0879	0.1055
每股未分配利润(元)	3.5737	3.3284	2.5238	2.8215
净资产收益率(%)	7.6842	19.8610	6.8772	18.5240
加权净资产收益率(%)	7.8000	21.8400	6.9600	20.2000
净资产收益率(扣除)(%)	-	-	-	-
总资产(万元)	28394024.21	25116861.76	21680328.81	19501456.53
归属母公司股东权益(万元)	4433562.85	4248638.07	3650514.02	3525766.06
主营业务收入(万元)	3053916.55	6887411.77	2017323.11	4703194.50
营业收入(万元)	3054423.67	6890575.67	2018292.30	4703622.22
主营成本(万元)	2058783.65	4395620.70	1225233.47	2953617.78
营业成本(万元)	2059315.73	4397208.18	1225683.96	2953680.26
投资收益(万元)	16720.75	41136.90	19868.48	-1818.82
净利润(万元)	368087.00	997859.83	325448.37	736720.05
利润总额(万元)	509453.90	1353212.70	451723.48	1007409.21

中国联合网络通信股份有限公司

公司概况

公司名称	中国联合网络通信股份有限公司			证券简称	中国联通
法人代表	常小兵	董秘	李超	证券代码	600050
公司网址	www.chinaunicom-a.com		电子信箱	zhangby@chinaunicom-a.com	
电　话	021-52732228		传　真	021-52732220	
办公地址	上海市长宁区长宁路1033号29楼				
经营范围	从事国(境)内外电信行业的投资等				

主要财务指标

指标\报告期	2013.06.30	2012.12.31	2012.06.30	2011.12.31
基本每股收益(元)	0.0834	0.1117	0.0545	0.0670
基本每股收益(扣除)(元)	0.0822	0.0933	0.0515	0.0550
每股净资产(元)	3.4454	3.4108	3.3500	3.3500
每股经营现金净流量(元)	2.0096	3.5260	1.7349	3.2766
每股现金流量(元)	-0.1881	0.1488	0.2002	-0.3531
每股资本公积金(元)	1.2545	1.2632	1.2607	1.2813
每股盈余公积金(元)	0.0389	0.0389	0.0352	0.0352
每股未分配利润(元)	1.1534	1.1098	1.0563	1.0353
净资产收益率(%)	2.4207	3.2760	1.6261	1.9880
加权净资产收益率(%)	2.4300	3.3100	1.6200	1.9900
净资产收益率(扣除)(%)	-	-	-	-
总资产(万元)	50826191.20	51835729.01	47388551.09	45852384.39
归属母公司股东权益(万元)	7303151.62	7229728.32	7103085.95	7102380.22
主营业务收入(万元)	12026084.29	21678556.82	10561379.12	19177119.58
营业收入(万元)	14860614.50	25626474.94	12529280.40	21551851.15
主营成本(万元)	7198503.69	13406822.77	6516988.84	12467511.54
营业成本(万元)	10379786.70	17910817.89	8812478.72	15441402.37
投资收益(万元)	223.60	41732.68	41221.97	86624.06
净利润(万元)	526222.29	702542.85	341049.84	418796.54
利润总额(万元)	707863.95	954406.09	459414.98	566404.08

宁波联合集团股份有限公司

公司概况					
公司名称	宁波联合集团股份有限公司			证券简称	宁波联合
法人代表	李水荣	董秘	董庆慈	证券代码	600051
公司网址	www.nug.com.cn		电子信箱	dqc@nug.com.cn	
电　话	0574-86221609		传　真	0574-86221320	
办公地址	浙江省宁波市开发区东海路1号联合大厦				
经营范围	基础设施、房地产、对外贸易、医药生物和其他高新技术产业的开发等				

主要财务指标：指标\报告期	2013.06.30	2012.12.31	2012.06.30	2011.12.31
基本每股收益(元)	0.0100	0.1100	0.0700	0.7500
基本每股收益(扣除)(元)	−0.0200	−0.2000	–	0.5700
每股净资产(元)	5.8329	6.2235	6.5500	5.8500
每股经营现金净流量(元)	−0.5549	0.0051	−0.0223	0.4502
每股现金流量(元)	0.0422	−0.6043	−0.6163	0.9256
每股资本公积金(元)	2.2504	2.5591	2.9298	2.1936
每股盈余公积金(元)	0.6269	0.6269	0.5999	0.5999
每股未分配利润(元)	1.9471	2.0334	2.0167	2.0510
净资产收益率(%)	0.2343	1.7592	1.0000	12.8510
加权净资产收益率(%)	0.2200	1.8100	1.0900	13.1300
净资产收益率(扣除)(%)	–	–	–	–
总资产(万元)	654661.83	648673.02	553379.51	541776.71
归属母公司股东权益(万元)	176386.32	188197.64	198099.41	176939.53
主营业务收入(万元)	109721.26	298110.78	111907.18	409865.07
营业收入(万元)	113748.32	302392.71	112765.43	413752.65
主营成本(万元)	96654.71	273951.40	99790.90	340935.35
营业成本(万元)	97797.33	275241.51	100092.37	342708.54
投资收益(万元)	990.40	6249.11	2884.28	5876.24
净利润(万元)	−1342.97	1802.56	1617.25	21563.60
利润总额(万元)	1452.80	5005.35	3028.28	31088.24

浙江广厦股份有限公司

公司概况					
公司名称	浙江广厦股份有限公司			证券简称	浙江广厦
法人代表	杜鹤鸣	董秘	包宇芬	证券代码	600052
公司网址	www.gsgf.com		电子信箱	baoyufen@guangsha.com	
电　话	0571-87974176		传　真	0571-85125355	
办公地址	浙江省杭州市玉古路166号				
经营范围	房地产投资、实业投资、房地产中介代理、园林、绿化、市政、幕墙等				

主要财务指标：指标\报告期	2013.06.30	2012.12.31	2012.06.30	2011.12.31
基本每股收益(元)	0.0400	0.0700	−0.0800	0.3500
基本每股收益(扣除)(元)	0.0400	0.0600	−0.0700	0.0100
每股净资产(元)	2.0735	2.1003	1.9500	2.6700
每股经营现金净流量(元)	0.3623	0.0148	−0.0936	−0.5569
每股现金流量(元)	0.2422	−0.2224	−0.0266	−0.1448
每股资本公积金(元)	0.0320	0.0320	0.0320	0.3736
每股盈余公积金(元)	0.1580	0.1613	0.1614	0.1902
每股未分配利润(元)	0.8834	0.9070	0.7730	1.1017
净资产收益率(%)	1.7059	3.1303	−3.2086	13.0523
加权净资产收益率(%)	1.6700	2.9500	−2.6000	13.1300
净资产收益率(扣除)(%)	–	–	–	–
总资产(万元)	1031240.80	944718.66	901835.49	860084.00
归属母公司股东权益(万元)	180765.41	183100.69	171432.25	232369.16
主营业务收入(万元)	78507.58	150670.05	43782.16	179138.36
营业收入(万元)	79313.13	152025.20	46284.64	181239.08
主营成本(万元)	47996.91	87003.29	27039.86	110736.01
营业成本(万元)	48044.78	87097.67	27084.44	110784.33
投资收益(万元)	3796.69	4583.22	2759.57	30245.10
净利润(万元)	2597.70	3461.42	−5656.56	30213.73
利润总额(万元)	6531.77	10770.19	−3394.71	38494.89

江西中江地产股份有限公司

公司概况					
公司名称	江西中江地产股份有限公司			证券简称	中江地产
法人代表	钟虹光	董秘	钟虹光(代)	证券代码	600053
公司网址	www.jzjt.com		电子信箱	zjre600053@126.com	
电　话	0791-88164127		传　真	0791-88164141	
办公地址	江西省南昌市东湖区沿江北大道1379号紫金城A栋写字楼				
经营范围	房地产开发及经营、土地开发及经营、对旅游项目的投资、装饰工程等				

主要财务指标：指标\报告期	2013.06.30	2012.12.31	2012.06.30	2011.12.31
基本每股收益(元)	0.0134	0.0292	0.0028	0.0400
基本每股收益(扣除)(元)	0.0136	0.0257	0.0031	0.0100
每股净资产(元)	1.8226	1.8292	1.8028	1.8000
每股经营现金净流量(元)	0.4725	0.0123	0.2854	0.2758
每股现金流量(元)	0.5378	−0.0219	0.0361	−0.0830
每股资本公积金(元)	0.4352	0.4352	0.4352	0.4352
每股盈余公积金(元)	0.0727	0.0727	0.0698	0.0698
每股未分配利润(元)	0.3147	0.3212	0.2978	0.2950
净资产收益率(%)	0.7371	1.5948	0.1546	1.9880
加权净资产收益率(%)	0.7317	1.6100	0.1548	2.0100
净资产收益率(扣除)(%)	–	–	–	–
总资产(万元)	323471.97	298644.50	292207.07	275790.98
归属母公司股东权益(万元)	79017.49	79302.16	78158.32	78037.45
主营业务收入(万元)	16166.41	32621.88	3918.57	39882.80
营业收入(万元)	16428.40	33060.31	3856.52	40056.78
主营成本(万元)	12761.93	25066.45	2182.61	33604.95
营业成本(万元)	12969.81	25387.33	2317.08	33713.82
投资收益(万元)	−16.74	5.38	−0.20	10.03
净利润(万元)	582.41	1264.71	120.87	1551.10
利润总额(万元)	777.98	1646.83	197.10	2083.27

黄山旅游发展股份有限公司

公司概况					
公司名称	黄山旅游发展股份有限公司			证券简称	黄山旅游
法人代表	许继伟	董秘	黄慧敏	证券代码	600054
公司网址	www.huangshan.com.cn		电子信箱	hshhm666@126.com	
电　话	0559-5580567 5580526		传　真	0559-5580505	
办公地址	安徽省黄山市黄山风景区温泉				
经营范围	园林门票、客运索道、酒店食宿及旅游服务等				

主要财务指标：指标\报告期	2013.06.30	2012.12.31	2012.06.30	2011.12.31
基本每股收益(元)	0.1538	0.5100	0.2960	0.5400
基本每股收益(扣除)(元)	0.1520	0.5000	0.2956	0.5500
每股净资产(元)	4.1870	4.0332	3.9600	3.6640
每股经营现金净流量(元)	0.0518	0.7666	0.0718	0.5880
每股现金流量(元)	−0.2398	0.1644	0.0803	−0.2086
每股资本公积金(元)	0.2797	0.2797	0.2797	0.2797
每股盈余公积金(元)	0.4968	0.4968	0.4504	0.4504
每股未分配利润(元)	2.4105	2.2567	2.2300	1.9339
净资产收益率(%)	3.6736	12.6250	7.4754	14.8310
加权净资产收益率(%)	3.7400	13.2300	7.7700	15.9600
净资产收益率(扣除)(%)	–	–	–	–
总资产(万元)	332467.75	337967.68	324244.14	299381.63
归属母公司股东权益(万元)	197354.96	190104.97	186656.40	172703.05
主营业务收入(万元)	69503.91	183779.23	79541.36	172420.50
营业收入(万元)	69544.49	184140.77	74848.16	160122.74
主营成本(万元)	45329.47	110496.55	48115.07	103900.45
营业成本(万元)	45372.66	110546.83	44386.41	91650.32
投资收益(万元)	−99.27	762.90	804.83	998.51
净利润(万元)	7885.08	26057.03	14844.87	27072.16
利润总额(万元)	10933.74	35813.82	19219.02	37439.06

华润万东医疗装备股份有限公司

公司概况

公司名称	华润万东医疗装备股份有限公司		证券简称	华润万东
法人代表	陈刚	董秘 张丹石	证券代码	600055
公司网址	www.wandong.com.cn		电子信箱	wdyL055@263.net.cn
电　　话	010-84569688		传　　真	010-84575717
办公地址	北京市朝阳区酒仙桥东路9号院3号楼			
经营范围	各类医疗器械的生产和销售等			

主要财务指标

指标＼报告期	2013.06.30	2012.12.31	2012.06.30	2011.12.31
基本每股收益(元)	0.0800	0.1490	0.0920	0.1840
基本每股收益(扣除)(元)	0.0390	0.1240	0.0470	0.1143
每股净资产(元)	2.9527	2.9400	2.8800	2.7900
每股经营现金净流量(元)	-0.4047	0.3038	-0.2838	-0.1463
每股现金流量(元)	-0.7532	0.1236	-0.1134	-0.0475
每股资本公积金(元)	0.5336	0.5502	0.5502	0.5502
每股盈余公积金(元)	0.3239	0.3239	0.3070	0.3070
每股未分配利润(元)	1.0952	1.0754	1.0260	0.9338
净资产收益率(%)	2.6867	5.0689	3.1972	6.6030
加权净资产收益率(%)	2.5600	5.2000	3.2500	6.7400
净资产收益率(扣除)(%)	-	-	-	-
总资产(万元)	104989.02	123169.13	104080.00	101428.85
归属母公司股东权益(万元)	63910.59	66148.92	62406.48	60411.23
主营业务收入(万元)	33472.74	68553.33	26568.20	57700.58
营业收入(万元)	33768.17	69034.62	27447.35	58880.52
主营成本(万元)	21216.54	46682.15	17221.80	38059.11
营业成本(万元)	21474.63	47023.30	17406.55	38513.14
投资收益(万元)	-176.20	-4.56	19.52	158.88
净利润(万元)	1757.39	3360.95	2007.13	4072.03
利润总额(万元)	1808.68	3913.86	2380.08	5250.07

中国医药保健品股份有限公司

公司概况

公司名称	中国医药保健品股份有限公司		证券简称	中国医药
法人代表	张本智	董秘 袁精华	证券代码	600056
公司网址	www.meheco.cn		电子信箱	meheco600056@sina.com
电　　话	010-67164267		传　　真	010-67152359
办公地址	北京市东城区光明中街18号			
经营范围	高新技术及成套设备的进出口贸易、易货贸易、国际招标采购等			

主要财务指标

指标＼报告期	2013.06.30	2012.12.31	2012.06.30	2011.12.31
基本每股收益(元)	0.8450	1.1209	0.6491	0.8656
基本每股收益(扣除)(元)	0.8154	1.0876	0.6220	0.8069
每股净资产(元)	-	6.4333	5.8891	5.4242
每股经营现金净流量(元)	-1.4990	3.0913	1.5914	0.1845
每股现金流量(元)	-1.8010	2.2035	1.3646	0.1375
每股资本公积金(元)	1.1284	1.2031	1.1307	1.2149
每股盈余公积金(元)	0.5692	0.5692	0.5004	0.5004
每股未分配利润(元)	4.1560	3.6610	3.2580	2.7089
净资产收益率(%)	12.3296	17.4239	11.0223	15.9576
加权净资产收益率(%)	12.2900	18.9300	11.4900	17.1600
净资产收益率(扣除)(%)	-	-	-	-
总资产(万元)	814586.90	817791.63	714640.80	618864.87
归属母公司股东权益(万元)	213119.42	200047.41	183125.79	168669.65
主营业务收入(万元)	532920.98	988932.91	444125.95	726362.97
营业收入(万元)	533556.80	990135.83	444434.57	726985.92
主营成本(万元)	469822.70	880099.36	389810.53	634569.68
营业成本(万元)	469967.97	880240.83	389853.39	634744.09
投资收益(万元)	876.01	710.46	575.11	2090.68
净利润(万元)	30075.13	40966.03	23463.98	32093.93
利润总额(万元)	39240.87	54042.10	30262.40	41495.42

厦门象屿股份有限公司

公司概况

公司名称	厦门象屿股份有限公司		证券简称	象屿股份
法人代表	王龙雏	董秘 高晨霞	证券代码	600057
公司网址	www.xiangyu.cn		电子信箱	stock@xiangyu.cn
电　　话	0592-6516003 5603375		传　　真	0592-5051631
办公地址	福建省厦门市象屿保税区银盛大厦2楼			
经营范围	物流园区相关项目的开发经营、房地产租赁服务等			

主要财务指标

指标＼报告期	2013.06.30	2012.12.31	2012.06.30	2011.12.31
基本每股收益(元)	-0.0500	0.1300	0.0100	0.2900
基本每股收益(扣除)(元)	-0.1600	-0.0700	0.0200	0.0300
每股净资产(元)	1.7661	1.7900	1.6600	1.6500
每股经营现金净流量(元)	-1.5139	0.5498	-0.7131	-1.1037
每股现金流量(元)	0.1504	-0.3058	0.1055	0.4532
每股资本公积金(元)	0.1929	0.1618	0.1564	0.1554
每股盈余公积金(元)	0.0459	0.0459	0.0236	0.0236
每股未分配利润(元)	0.5565	0.6088	0.5050	0.4975
净资产收益率(%)	-2.9639	7.4626	0.4500	12.5090
加权净资产收益率(%)	-2.9500	7.7700	0.4500	11.5900
净资产收益率(扣除)(%)	-	-	-	-
总资产(万元)	960488.07	675055.00	962903.42	685186.18
归属母公司股东权益(万元)	151858.75	153911.03	142686.77	141908.72
主营业务收入(万元)	1448361.65	2911783.46	1465746.02	3390501.86
营业收入(万元)	1448740.19	2935574.10	1466310.91	3393435.06
主营成本(万元)	1428200.42	2845121.72	1423296.27	3310648.27
营业成本(万元)	1428486.20	2849663.41	1423589.61	3311120.51
投资收益(万元)	12328.61	8765.16	656.21	22268.84
净利润(万元)	-3226.82	12630.77	1096.33	17878.96
利润总额(万元)	-4290.00	16835.07	1612.15	23564.67

五矿发展股份有限公司

公司概况

公司名称	五矿发展股份有限公司		证券简称	五矿发展
法人代表	周中枢	董秘 王宏利	证券代码	600058
公司网址	www.minlist.com.cn		电子信箱	cuiql@minmetals.com
电　　话	010-68494205 68494267		传　　真	010-68494207
办公地址	北京市海淀区三里河路5号B座			
经营范围	国内外贸易、国际货运、货代、仓储、国际招标投标、酒店经营、工业生产等			

主要财务指标

指标＼报告期	2013.06.30	2012.12.31	2012.06.30	2011.12.31
基本每股收益(元)	0.1781	-0.3549	-0.2476	0.5190
基本每股收益(扣除)(元)	0.1141	-0.6064	-0.2831	0.0149
每股净资产(元)	7.8836	7.7055	7.9960	8.6400
每股经营现金净流量(元)	-2.1186	3.7539	2.8008	-2.8164
每股现金流量(元)	0.6626	-1.1386	-0.0609	0.4177
每股资本公积金(元)	3.5424	3.5462	3.7852	4.1750
每股盈余公积金(元)	0.8498	0.8498	0.8110	0.8262
每股未分配利润(元)	2.4771	2.2991	2.3941	2.6372
净资产收益率(%)	2.2586	-4.6061	-3.0962	6.0080
加权净资产收益率(%)	2.2844	-4.3012	-2.9072	6.3221
净资产收益率(扣除)(%)	-	-	-	-
总资产(万元)	5085797.46	4384911.36	5044261.21	5097242.51
归属母公司股东权益(万元)	845051.67	825965.49	857104.50	925956.26
主营业务收入(万元)	7655114.69	14886029.69	7115784.54	16560243.87
营业收入(万元)	7697522.33	14938844.99	7133088.26	16582628.42
主营成本(万元)	7535141.82	14742882.15	7032116.09	16207377.58
营业成本(万元)	7574509.59	14785867.82	7043261.43	16221025.34
投资收益(万元)	1112.06	26828.08	156.76	47537.22
净利润(万元)	11480.02	-78342.45	-44972.31	57267.18
利润总额(万元)	16334.11	-97988.01	-54440.76	85642.33

浙江古越龙山绍兴酒股份有限公司

公司概况	公司名称	浙江古越龙山绍兴酒股份有限公司		证券简称	古越龙山
	法人代表	傅建伟	董秘	周娟英	证券代码	600059
	公司网址	www.shaoxingwine.com.cn		电子信箱	zjy@shaoxingwine.com.cn
	电　　话	0575-85158435 85176000		传　　真	0575-85166884
	办公地址	浙江省绍兴市北海桥			
	经营范围	黄酒、白酒、饮料、副食品及食品原辅料开发、制造、销售等			

	指标\报告期	2013.06.30	2012.12.31	2012.06.30	2011.12.31
主要财务指标	基本每股收益(元)	0.1620	0.3010	0.1600	0.2680
	基本每股收益(扣除)(元)	0.1600	0.2040	0.1470	0.2080
	每股净资产(元)	3.8553	3.7935	3.6500	3.5400
	每股经营现金净流量(元)	-0.1413	0.1132	-0.0911	0.2687
	每股现金流量(元)	-0.6386	0.2065	-0.2663	-0.0921
	每股资本公积金(元)	1.5133	1.5133	1.5133	1.5133
	每股盈余公积金(元)	0.2567	0.2567	0.2304	0.2304
	每股未分配利润(元)	1.0896	1.0277	0.9130	0.8034
	净资产收益率(%)	4.1987	7.9240	4.3699	7.5680
	加权净资产收益率(%)	4.1800	8.1900	4.4100	7.8600
	净资产收益率(扣除)(%)	-	-	-	-
	总资产(万元)	324536.81	358644.64	290078.60	309407.01
	归属母公司股东权益(万元)	244757.14	240832.07	231918.94	224953.87
	主营业务收入(万元)	84591.75	139664.89	80319.30	122776.38
	营业收入(万元)	85992.51	142178.92	81492.87	124555.42
	主营成本(万元)	50783.67	86958.85	49513.61	75613.69
	营业成本(万元)	51014.61	88196.77	49953.51	76945.72
	投资收益(万元)	184.75	632.34	199.96	589.14
	净利润(万元)	10324.35	19231.03	10184.31	17137.53
	利润总额(万元)	13825.32	24400.57	13404.02	21474.32

青岛海信电器股份有限公司

公司概况	公司名称	青岛海信电器股份有限公司			证券简称	海信电器
	法人代表	于淑珉	董秘	王东波	证券代码	600060
	公司网址	www.hisense.com		电子信箱	zqb@hisense.com	
	电　　话	0532-83889556		传　　真	0532-83889556	
	办公地址	山东省青岛市经济技术开发区前湾港路218号				
	经营范围	电视机、广播电视设备、通讯产品制造、信息技术产品、家用、商用电器、电子产品的制造 销售等				

	指标\报告期	2013.06.30	2012.12.31	2012.06.30	2011.12.31
主要财务指标	基本每股收益(元)	0.6200	1.2290	0.4410	1.2980
	基本每股收益(扣除)(元)	0.5750	1.1690	0.4310	1.2490
	每股净资产(元)	5.9273	6.7229	8.9200	8.2500
	每股经营现金净流量(元)	0.4825	0.1789	2.4093	0.9155
	每股现金流量(元)	0.5423	-0.9288	2.0410	0.3790
	每股资本公积金(元)	1.7270	1.7191	3.0777	3.0751
	每股盈余公积金(元)	0.9094	0.9094	1.0082	1.0082
	每股未分配利润(元)	3.2910	3.1170	3.8636	3.1965
	净资产收益率(%)	8.9551	18.2500	7.4219	23.5660
	加权净资产收益率(%)	8.9200	20.1000	7.7100	25.3700
	净资产收益率(扣除)(%)	-	-	-	-
	总资产(万元)	1649756.08	1825135.73	1502486.12	1614461.48
	归属母公司股东权益(万元)	905151.75	878443.01	774875.38	716744.93
	主营业务收入(万元)	1274648.96	2321366.44	936411.93	2175406.90
	营业收入(万元)	1360334.94	2525198.04	1006561.45	2352372.36
	主营成本(万元)	1037258.07	1876040.52	761202.69	1692467.01
	营业成本(万元)	1118946.05	2070207.92	826944.27	1861449.32
	投资收益(万元)	4241.64	3076.37	74.75	1672.86
	净利润(万元)	84328.83	163075.13	58424.06	171179.88
	利润总额(万元)	99104.67	191153.50	68840.45	196480.59

中纺投资发展股份有限公司

公司概况	公司名称	中纺投资发展股份有限公司			证券简称	中纺投资
	法人代表	张嵩林	董秘	沈强	证券代码	600061
	公司网址	www.sinotex-ctrc.com.cn		电子信箱	600061@sinotex-ctrc.com.cn	
	电　　话	010-52021965 021-62818687		传　　真	010-52021966 021-62818686	
	办公地址	上海市长宁区延安西路1228号嘉利大厦33层				
	经营范围	纺织品、纺织原材料、化轻材料、新产品的开发、生产、销售等				

	指标\报告期	2013.06.30	2012.12.31	2012.06.30	2011.12.31
主要财务指标	基本每股收益(元)	0.0100	0.0100	-0.0300	0.0400
	基本每股收益(扣除)(元)	0.0100	-0.0100	-0.0330	0.0300
	每股净资产(元)	1.3854	1.3752	1.3330	1.3630
	每股经营现金净流量(元)	-0.4631	0.2465	-0.2088	-0.2300
	每股现金流量(元)	-0.0777	0.1482	-0.1223	0.0705
	每股资本公积金(元)	0.0330	0.0330	0.0330	0.0330
	每股盈余公积金(元)	-	0.0531	0.0531	0.0531
	每股未分配利润(元)	-	0.2891	0.2472	0.2772
	净资产收益率(%)	0.7388	0.8639	-2.2520	2.8650
	加权净资产收益率(%)	0.7400	0.8700	-2.2300	2.9100
	净资产收益率(扣除)(%)	-	-	-	-
	总资产(万元)	210776.83	172844.34	149730.41	135391.02
	归属母公司股东权益(万元)	59445.55	59006.34	57208.27	58496.59
	主营业务收入(万元)	193762.22	316386.62	128978.88	290048.10
	营业收入(万元)	195209.69	325261.07	134973.80	301371.25
	主营成本(万元)	185760.72	299868.14	124042.45	274087.80
	营业成本(万元)	186815.76	309908.90	129833.65	285138.03
	投资收益(万元)	-100.82	-290.45	-212.12	-3.32
	净利润(万元)	432.62	510.77	-1286.35	1681.57
	利润总额(万元)	492.06	853.45	-1058.71	2043.76

华润双鹤药业股份有限公司

公司概况	公司名称	华润双鹤药业股份有限公司			证券简称	华润双鹤
	法人代表	李福祚	董秘	范彦喜	证券代码	600062
	公司网址	www.dcpc.com.cn		电子信箱	mss@dcpc.com	
	电　　话	010-64742227 380[illegible]655		传　　真	010-64398166 64398086	
	办公地址	北京市朝阳区望京利泽东二路1号				
	经营范围	加工、制造、销售制剂药品、化学原料药、制药装备等				

	指标\报告期	2013.06.30	2012.12.31	2012.06.30	2011.12.31
主要财务指标	基本每股收益(元)	0.5961	1.0747	0.5901	0.9253
	基本每股收益(扣除)(元)	0.5649	0.9465	0.4869	0.8310
	每股净资产(元)	8.4092	8.1400	7.6535	7.4475
	每股经营现金净流量(元)	0.2697	0.6928	0.2541	0.8948
	每股现金流量(元)	0.4014	-0.2528	-0.0059	0.0915
	每股资本公积金(元)	2.0392	2.0398	2.0380	2.0380
	每股盈余公积金(元)	0.5330	0.5333	0.5333	0.5333
	每股未分配利润(元)	4.8371	4.5669	4.0822	3.8762
	净资产收益率(%)	7.0892	13.2028	7.7098	12.4250
	加权净资产收益率(%)	7.1100	13.8500	7.5400	12.9600
	净资产收益率(扣除)(%)	-	-	-	-
	总资产(万元)	721495.27	650777.56	643469.93	607696.85
	归属母公司股东权益(万元)	480752.23	465360.63	437549.11	425768.04
	主营业务收入(万元)	377467.19	691292.24	366676.99	630363.37
	营业收入(万元)	381202.21	698932.34	370218.81	638337.53
	主营成本(万元)	255711.72	462923.25	254479.96	425224.32
	营业成本(万元)	256922.64	466145.01	255861.39	432146.78
	投资收益(万元)	-	5235.67	5310.72	1251.35
	净利润(万元)	34113.77	63054.72	33660.50	55251.74
	利润总额(万元)	42057.83	76275.79	40607.54	70299.17

安徽皖维高新材料股份有限公司

公司概况	公司名称	安徽皖维高新材料股份有限公司			证券简称	皖维高新
	法人代表	吴福胜	董秘	吴尚义	证券代码	600063
	公司网址	www.wwgf.com.cn		电子信箱	wusy@wwgf.com.cn	
	电　　话	0551-82189280 82189294		传　　真	0551-82189447	
	办公地址	安徽省巢湖市皖维路 56 号				
	经营范围	系列聚乙烯醇、高强高模 PVA 纤维、超高强高模 PVA 纤维、环保水泥等				

主要财务指标	指标\报告期	2013.06.30	2012.12.31	2012.06.30	2011.12.31
	基本每股收益(元)	-0.0410	-0.1000	0.0330	0.0900
	基本每股收益(扣除)(元)	-0.0490	-0.1400	0.0030	0.0700
	每股净资产(元)	1.4963	1.6300	1.7579	2.6492
	每股经营现金净流量(元)	-0.0551	0.1062	0.0130	0.2137
	每股现金流量(元)	0.0832	0.0600	0.1016	-0.1554
	每股资本公积金(元)	0.5023	0.5950	0.5870	1.4375
	每股盈余公积金(元)	0.0639	0.0639	0.0639	0.1022
	每股未分配利润(元)	-0.0843	-0.0437	0.0936	0.0970
	净资产收益率(%)	-2.7164	-6.4103	1.8733	5.1968
	加权净资产收益率(%)	-2.6000	-6.3500	1.9300	5.5700
	净资产收益率(扣除)(%)	-	-	-	-
	总资产(万元)	620280.81	603303.87	615508.64	538226.52
	归属母公司股东权益(万元)	224118.76	243740.31	263305.91	248009.20
	主营业务收入(万元)	150124.66	282493.96	129440.74	310445.79
	营业收入(万元)	150839.34	287915.06	130384.49	313776.63
	主营成本(万元)	137663.12	261515.46	111989.42	262251.52
	营业成本(万元)	138161.34	265571.12	112772.33	264295.07
	投资收益(万元)	841.37	4931.95	5334.52	2181.33
	净利润(万元)	-5750.14	-16247.16	4359.00	12895.87
	利润总额(万元)	-5899.83	-16892.30	5255.90	14703.65

南京高科股份有限公司

公司概况	公司名称	南京高科股份有限公司			证券简称	南京高科
	法人代表	徐益民	董秘	谢建晖	证券代码	600064
	公司网址	www.600064.com		电子信箱	600064@600064.com	
	电　　话	025-85800728		传　　真	025-85800720	
	办公地址	江苏省南京市经济技术开发区新港大道 129 号				
	经营范围	高新技术产业投资、开发、市政基础设施建设、投资及管理等				

主要财务指标	指标\报告期	2013.06.30	2012.12.31	2012.06.30	2011.12.31
	基本每股收益(元)	0.4630	0.7440	0.3950	0.7070
	基本每股收益(扣除)(元)	0.4630	0.5020	0.3950	0.5090
	每股净资产(元)	9.2855	10.0248	9.4600	9.0600
	每股经营现金净流量(元)	1.2708	0.7314	-0.4742	-0.5727
	每股现金流量(元)	-0.4325	0.6632	1.0379	0.1423
	每股资本公积金(元)	4.9278	5.8804	5.6615	5.4603
	每股盈余公积金(元)	0.7122	0.7122	0.6544	0.6544
	每股未分配利润(元)	2.6456	2.4322	2.1413	1.9465
	净资产收益率(%)	4.9903	7.4166	4.1751	7.8010
	加权净资产收益率(%)	4.7600	7.8000	4.2300	7.5900
	净资产收益率(扣除)(%)	-	-	-	-
	总资产(万元)	1575199.77	1634840.77	1637195.24	1496611.42
	归属母公司股东权益(万元)	479336.59	517498.41	488200.58	467755.14
	主营业务收入(万元)	181666.27	216320.93	92466.79	243067.02
	营业收入(万元)	181666.27	216345.86	92475.91	243121.03
	主营成本(万元)	135132.22	124652.54	53425.77	148490.79
	营业成本(万元)	135156.65	124715.76	53430.79	148518.46
	投资收益(万元)	23676.54	40091.09	21602.83	37063.94
	净利润(万元)	24820.21	41569.81	20788.50	38652.20
	利润总额(万元)	28511.46	53308.56	25051.80	47852.99

郑州宇通客车股份有限公司

公司概况	公司名称	郑州宇通客车股份有限公司			证券简称	宇通客车
	法人代表	汤玉祥	董秘	于莉	证券代码	600066
	公司网址	www.yutong.com		电子信箱	sbd@yutong.com	
	电　　话	0371-66718281 66899008		传　　真	0371-66899123	
	办公地址	郑州市管城区宇通路宇通工业园				
	经营范围	客车及其附件的生产和销售等				

主要财务指标	指标\报告期	2013.06.30	2012.12.31	2012.06.30	2011.12.31
	基本每股收益(元)	0.4978	2.3100	0.5115	2.0600
	基本每股收益(扣除)(元)	0.3737	2.0500	0.4569	1.9800
	每股净资产(元)	5.9060	10.3715	8.9692	6.4113
	每股经营现金净流量(元)	1.0481	1.9455	1.9774	2.7818
	每股现金流量(元)	0.8185	2.7247	5.0478	0.8305
	每股资本公积金(元)	1.7520	3.8635	3.6277	0.5312
	每股盈余公积金(元)	0.5306	0.9596	0.7767	1.0064
	每股未分配利润(元)	2.6234	4.5483	3.5648	3.8736
	净资产收益率(%)	8.3898	21.1859	9.7596	35.4440
	加权净资产收益率(%)	8.3600	25.8600	11.6700	40.5800
	净资产收益率(扣除)(%)	-	-	-	-
	总资产(万元)	1524234.22	1427911.01	1233256.59	786007.11
	归属母公司股东权益(万元)	753328.28	731488.60	604217.47	333316.07
	主营业务收入(万元)	927253.53	1883496.62	792394.19	1625101.32
	营业收入(万元)	966374.73	1976345.92	829624.31	1693192.59
	主营成本(万元)	758306.12	1509466.53	644031.82	1327640.54
	营业成本(万元)	789408.12	1581765.70	674065.34	1385038.09
	投资收益(万元)	1243.57	6134.20	5971.30	792.97
	净利润(万元)	63196.85	154978.72	59040.03	118238.04
	利润总额(万元)	71983.00	176518.54	67147.30	135332.45

冠城大通股份有限公司

公司概况	公司名称	冠城大通股份有限公司			证券简称	冠城大通
	法人代表	韩国龙	董秘	肖林寿	证券代码	600067
	公司网址	www.gcdt.net		电子信箱	gcdt@gcdt.net	
	电　　话	0591-83350026 83353338		传　　真	0591-83350013	
	办公地址	福建省福州市鼓楼区五一中路 32 号元洪大厦 26 层				
	经营范围	特种漆包线生产与销售、房地产开发等				

主要财务指标	指标\报告期	2013.06.30	2012.12.31	2012.06.30	2011.12.31
	基本每股收益(元)	0.9700	0.7100	0.3600	0.6800
	基本每股收益(扣除)(元)	0.4600	0.4900	0.3600	0.6700
	每股净资产(元)	3.8281	3.0406	2.8200	4.3259
	每股经营现金净流量(元)	0.2813	0.8918	-0.0915	0.6056
	每股现金流量(元)	0.5031	0.9637	-0.0317	-0.3641
	每股资本公积金(元)	0.1040	0.0511	0.1767	0.5678
	每股盈余公积金(元)	0.1509	0.1509	0.1007	0.2352
	每股未分配利润(元)	2.6005	1.8386	1.5440	2.5229
	净资产收益率(%)	25.1880	23.2200	12.7925	25.0120
	加权净资产收益率(%)	27.6000	24.7000	12.3900	29.4700
	净资产收益率(扣除)(%)	-	-	-	-
	总资产(万元)	1464547.39	1479500.98	936427.84	936464.38
	归属母公司股东权益(万元)	455015.15	357817.25	332013.67	318168.52
	主营业务收入(万元)	425549.58	609921.95	337033.76	915226.56
	营业收入(万元)	435457.66	625627.16	342260.20	932005.91
	主营成本(万元)	302767.61	454708.35	237757.60	694591.25
	营业成本(万元)	311127.41	466983.91	242279.99	711535.20
	投资收益(万元)	64983.17	23301.95	-934.01	-85.69
	净利润(万元)	114550.39	86174.24	43184.42	82443.80
	利润总额(万元)	137947.02	114387.78	60089.28	114611.03

中国葛洲坝集团股份有限公司

公司概况	公司名称	中国葛洲坝集团股份有限公司		证券简称	葛洲坝
	法人代表	聂凯	董秘	彭立权	证券代码	600068
	公司网址	www.cggc.cn		电子信箱	lzh319@163.com
	电　话	027-83790455		传　真	027-83790755
	办公地址	湖北省武汉市解放大道558号葛洲坝大酒店B座7层			
	经营范围	水泥生产销售、建筑工程承包施工、民用爆破、水力发电、高速公路等			

主要财务指标	指标\报告期	2013.06.30	2012.12.31	2012.06.30	2011.12.31
	基本每股收益(元)	0.2430	0.4480	0.2470	0.4450
	基本每股收益(扣除)(元)	0.2380	0.4350	0.2450	0.4340
	每股净资产(元)	3.6325	3.5740	3.3800	3.1900
	每股经营现金净流量(元)	0.2807	–0.0761	–0.4415	0.3269
	每股现金流量(元)	0.2237	–0.5075	–0.6550	0.7382
	每股资本公积金(元)	0.9802	1.0033	0.9995	0.9647
	每股盈余公积金(元)	0.1754	0.1754	0.1353	0.1353
	每股未分配利润(元)	1.4946	1.3865	1.2260	1.0786
	净资产收益率(%)	6.6927	12.5360	7.3252	13.9290
	加权净资产收益率(%)	6.7470	13.2400	7.4230	14.5200
	净资产收益率(扣除)(%)	–	–	–	–
	总资产(万元)	8264031.93	7640809.88	7105603.28	6631571.37
	归属母公司股东权益(万元)	1266809.12	1246425.22	1177834.22	1113051.22
	主营业务收入(万元)	2869682.09	5299377.96	2594681.87	4608411.93
	营业收入(万元)	2885513.72	5353689.53	2617064.78	4653989.62
	主营成本(万元)	2511856.09	4596847.26	2268469.71	3976444.25
	营业成本(万元)	2525485.02	4641019.70	2285868.08	4011936.53
	投资收益(万元)	1812.79	6274.11	2038.36	8967.68
	净利润(万元)	104044.69	188477.50	99147.73	181007.09
	利润总额(万元)	133012.86	238103.80	125388.63	226481.11

河南银鸽实业投资股份有限公司

公司概况	公司名称	河南银鸽实业投资股份有限公司			证券简称	银鸽投资
	法人代表	王伟	董秘	谭洪涛	证券代码	600069
	公司网址	www.yinge.com.cn		电子信箱	chg@yinge.cn	
	电　话	0395-5615559 5615539		传　真	0395-5615583	
	办公地址	河南省漯河市人民东路与东环路交叉口银鸽投资科技研发大厦				
	经营范围	纸张、纸浆及其深加工产品、百货销售、技术服务、投资咨询等				

主要财务指标	指标\报告期	2013.06.30	2012.12.31	2012.06.30	2011.12.31
	基本每股收益(元)	–0.1000	0.0200	0.5200	–0.2600
	基本每股收益(扣除)(元)	–0.1200	–0.3300	–0.1200	–0.2800
	每股净资产(元)	2.1456	2.2315	2.1230	2.2100
	每股经营现金净流量(元)	–0.0937	0.1310	–0.1483	–0.5550
	每股现金流量(元)	–0.0077	–0.0161	–0.0044	–1.3152
	每股资本公积金(元)	0.9330	0.9167	0.9175	0.9171
	每股盈余公积金(元)	0.0892	0.0892	0.0892	0.0892
	每股未分配利润(元)	0.1235	0.2256	0.1164	0.2056
	净资产收益率(%)	–4.7600	0.8957	–4.2020	–11.8210
	加权净资产收益率(%)	–4.6800	0.9000	–4.1200	–11.1600
	净资产收益率(扣除)(%)	–	–	–	–
	总资产(万元)	641987.82	642353.93	616583.90	562611.82
	归属母公司股东权益(万元)	177095.99	184182.13	175233.87	182563.45
	主营业务收入(万元)	160484.00	334335.95	160984.42	356522.14
	营业收入(万元)	162003.90	339258.55	163877.85	362860.89
	主营成本(万元)	149492.70	317793.07	151403.85	342790.11
	营业成本(万元)	150450.17	320323.11	153622.49	349375.56
	投资收益(万元)	–	–732.33	–732.33	638.09
	净利润(万元)	–3967.50	1059.52	–7559.91	–22545.91
	利润总额(万元)	–11906.99	2535.92	–9508.84	–29114.64

浙江富润股份有限公司

公司概况	公司名称	浙江富润股份有限公司			证券简称	浙江富润
	法人代表	赵林中	董秘	卢伯军	证券代码	600070
	公司网址	www.furun.net		电子信箱	whf65@126.com	
	电　话	0575-87015296 87015763		传　真	0575-87026018	
	办公地址	浙江省诸暨市陶朱南路12号				
	经营范围	绢丝及绢丝绸、精纺呢绒、纺织服装、纺织品印染加工、药品零售等				

主要财务指标	指标\报告期	2013.06.30	2012.12.31	2012.06.30	2011.12.31
	基本每股收益(元)	0.1400	0.7000	0.1500	0.2100
	基本每股收益(扣除)(元)	0.0500	0.2000	0.1400	0.1800
	每股净资产(元)	4.3435	3.2244	2.7400	3.6786
	每股经营现金净流量(元)	0.2281	0.7311	0.0511	0.3359
	每股现金流量(元)	0.2497	0.0092	–0.0302	–0.2996
	每股资本公积金(元)	2.1443	0.8680	0.8823	1.4613
	每股盈余公积金(元)	0.2764	0.2764	0.2307	0.2998
	每股未分配利润(元)	0.9229	1.0801	0.6271	0.9174
	净资产收益率(%)	3.2891	21.5716	5.5544	7.2490
	加权净资产收益率(%)	4.0700	23.0900	5.2400	7.6100
	净资产收益率(扣除)(%)	–	–	–	–
	总资产(万元)	180907.22	154891.23	157455.97	145337.98
	归属母公司股东权益(万元)	79433.94	58966.99	50110.05	51748.61
	主营业务收入(万元)	53345.20	103299.68	52700.73	107462.49
	营业收入(万元)	54228.35	105670.64	53896.87	110162.30
	主营成本(万元)	44736.84	88296.51	45402.80	95062.64
	营业成本(万元)	45490.01	90187.23	46407.70	97121.92
	投资收益(万元)	2288.66	3699.74	2329.08	2089.30
	净利润(万元)	5351.84	18354.83	4861.07	6927.26
	利润总额(万元)	6130.44	22578.94	5439.78	7728.85

凤凰光学股份有限公司

公司概况	公司名称	凤凰光学股份有限公司			证券简称	凤凰光学
	法人代表	罗小勇	董秘	朱群峰	证券代码	600071
	公司网址	www.phenixoptics.com.cn		电子信箱	jianweiz@phenixoptics.com.cn	
	电　话	0793-8259547 8259523		传　真	0793-8259547	
	办公地址	江西省上饶市光学路1号				
	经营范围	光学镜头、照相器材、钢片快门、光学原材料、仪器零配件等产品的生产和销售				

主要财务指标	指标\报告期	2013.06.30	2012.12.31	2012.06.30	2011.12.31
	基本每股收益(元)	–0.0526	0.0263	0.0053	0.0194
	基本每股收益(扣除)(元)	–0.0548	0.0210	0.0005	0.0118
	每股净资产(元)	2.5641	2.6167	2.5958	2.5905
	每股经营现金净流量(元)	–0.1119	0.3757	0.0839	0.0893
	每股现金流量(元)	–0.3335	0.1210	0.0057	–0.2428
	每股资本公积金(元)	0.4640	0.4640	0.4640	0.4640
	每股盈余公积金(元)	0.2961	0.2961	0.2791	0.2791
	每股未分配利润(元)	0.8040	0.8567	0.8528	0.8475
	净资产收益率(%)	–2.0522	1.0032	0.2060	0.7490
	加权净资产收益率(%)	–2.0300	1.0100	0.2100	0.7500
	净资产收益率(扣除)(%)	–	–	–	–
	总资产(万元)	91780.03	101064.28	112823.99	114615.19
	归属母公司股东权益(万元)	60890.23	62139.82	61643.40	61516.41
	主营业务收入(万元)	29863.42	127026.57	68037.17	138508.22
	营业收入(万元)	31753.15	136014.09	73197.36	148334.31
	主营成本(万元)	29855.62	118687.13	64451.67	125845.36
	营业成本(万元)	31365.05	126403.95	68989.18	134457.33
	投资收益(万元)	673.60	446.80	29.23	–77.42
	净利润(万元)	–2022.33	–49.41	–14.54	1456.31
	利润总额(万元)	–2010.91	317.07	205.17	1763.88

中船江南重工股份有限公司

公司概况	公司名称	中船江南重工股份有限公司		证券简称	中船股份
	法人代表	周辉	董秘	陈慧	证券代码	600072
	公司网址	www.jnhi.com	电子信箱	mail@jnhi.com	
	电　话	021-53023456 672	传　真	021-63141103	
	办公地址	上海市鲁班路 600 号江南造船大厦 11-13 楼			
	经营范围	大型钢结构、压力容器、港口机械等			

主要财务指标	指标\报告期	2013.06.30	2012.12.31	2012.06.30	2011.12.31
	基本每股收益(元)	-0.1290	-0.1590	0.0050	0.0800
	基本每股收益(扣除)(元)	-0.1290	-0.1960	0.0050	0.0750
	每股净资产(元)	2.6292	2.7609	2.9630	2.9630
	每股经营现金净流量(元)	-0.0285	-0.2928	-0.1470	0.1091
	每股现金流量(元)	-0.0704	-0.0714	-0.1971	0.0972
	每股资本公积金(元)	0.8718	0.8749	0.9127	0.9177
	每股盈余公积金(元)	0.2611	0.2611	0.2611	0.2611
	每股未分配利润(元)	0.4963	0.6249	0.7889	0.7839
	净资产收益率(%)	-4.8912	-5.7576	0.1705	2.6950
	加权净资产收益率(%)	-4.7720	-5.5550	0.1710	2.7140
	净资产收益率(扣除)(%)	-	-	-	-
	总资产(万元)	236455.35	241496.66	236868.66	239394.64
	归属母公司股东权益(万元)	125786.71	132089.49	141746.10	141743.84
	主营业务收入(万元)	30951.17	101593.35	51769.39	147242.15
	营业收入(万元)	31921.12	104153.73	52757.09	150312.06
	主营成本(万元)	33984.86	103558.16	47960.96	134326.41
	营业成本(万元)	34049.16	105036.59	48142.05	136042.68
	投资收益(万元)	132.72	2216.11	357.56	1235.24
	净利润(万元)	-6175.98	-9737.32	85.63	4008.29
	利润总额(万元)	-6031.05	-9605.07	264.95	5072.77

上海梅林正广和股份有限公司

公司概况	公司名称	上海梅林正广和股份有限公司		证券简称	上海梅林
	法人代表	周海鸣	董秘	虞晓芳	证券代码	600073
	公司网址	www.shanghaimaling.com	电子信箱	yuxf@shanghaimaling.com	
	电　话	021-58391220	传　真	021-53891221	
	办公地址	上海新闸路 1418 号			
	经营范围	资产经营、电子商务、信息采集、信息加工、信息发布、经济信息服务等			

主要财务指标	指标\报告期	2013.06.30	2012.12.31	2012.06.30	2011.12.31
	基本每股收益(元)	0.0920	0.1900	0.0770	0.2900
	基本每股收益(扣除)(元)	0.0850	0.1200	0.0340	-0.2200
	每股净资产(元)	2.3096	2.5084	2.4150	3.6992
	每股经营现金净流量(元)	-0.2190	0.0524	0.0615	0.2905
	每股现金流量(元)	-0.0050	-0.1442	-0.1072	0.7756
	每股资本公积金(元)	1.1205	1.3308	1.3436	2.6649
	每股盈余公积金(元)	0.0623	0.0685	0.0605	0.0910
	每股未分配利润(元)	0.1379	0.1208	0.0237	-0.0379
	净资产收益率(%)	3.9707	7.4680	3.5113	8.2654
	加权净资产收益率(%)	4.0000	7.5200	3.4700	8.9800
	净资产收益率(扣除)(%)	--	--	--	--
	总资产(万元)	540487.12	525708.14	422324.52	461844.32
	归属母公司股东权益(万元)	190020.94	187614.29	180625.75	184450.00
	主营业务收入(万元)	481807.69	773575.17	289367.45	626177.76
	营业收入(万元)	483320.98	785227.71	292345.49	633922.02
	主营成本(万元)	411584.12	665864.33	244335.34	537276.48
	营业成本(万元)	411936.21	672172.22	245256.73	540350.78
	投资收益(万元)	1452.42	3451.04	1588.30	18931.61
	净利润(万元)	8265.47	12934.16	5605.23	15157.43
	利润总额(万元)	10426.31	16853.95	6985.77	18781.25

江苏中达新材料集团股份有限公司

公司概况	公司名称	江苏中达新材料集团股份有限公司		证券简称	*ST 中达
	法人代表	童爱平	董秘	林硕奇	证券代码	600074
	公司网址	www.jszdzm.com	电子信箱	frog73@yeah.net	
	电　话	0510-86686352	传　真	0510-86621021	
	办公地址	江苏省江阴市滨江西路 589 号亚包商务大厦			
	经营范围	生产、销售双向拉伸聚酯薄膜、双向拉伸聚丙烯薄膜、聚乙烯薄膜等			

主要财务指标	指标\报告期	2013.06.30	2012.12.31	2012.06.30	2011.12.31
	基本每股收益(元)	-0.1140	-0.7950	-0.1540	0.0190
	基本每股收益(扣除)(元)	-0.1150	-0.7980	-0.1560	-0.0920
	每股净资产(元)	-0.3481	-0.2336	0.4210	0.5740
	每股经营现金净流量(元)	0.0213	0.1356	0.0170	0.2655
	每股现金流量(元)	-0.0469	-0.1860	-0.1762	-0.0810
	每股资本公积金(元)	0.3321	0.3321	0.3460	0.3460
	每股盈余公积金(元)	0.0742	0.0742	0.0742	0.0742
	每股未分配利润(元)	-1.7545	-1.6400	-0.9989	-0.8464
	净资产收益率(%)	-32.8862	-340.4176	-36.5806	3.2860
	加权净资产收益率(%)	-	-460.0500	-31.0200	3.2400
	净资产收益率(扣除)(%)	-	-	-	-
	总资产(万元)	208436.32	218868.75	273528.78	292699.90
	归属母公司股东权益(万元)	-23020.22	-15449.75	27856.95	37944.79
	主营业务收入(万元)	66332.89	171366.27	83197.32	190579.03
	营业收入(万元)	68034.00	174542.16	85110.87	196312.33
	主营成本(万元)	63983.72	171079.57	82279.38	171175.55
	营业成本(万元)	64935.71	173538.76	83718.66	174395.47
	投资收益(万元)	-607.74	3981.02	-402.80	228.70
	净利润(万元)	-9339.04	-58800.65	-12990.95	1503.19
	利润总额(万元)	-9307.01	-58595.78	-12991.17	2348.43

新疆天业股份有限公司

公司概况	公司名称	新疆天业股份有限公司		证券简称	新疆天业
	法人代表	余天池	董秘	李刚	证券代码	600075
	公司网址	www.xj-tianye.com	电子信箱	ygdq@sohu.com	
	电　话	0993-2623118	传　真	0993-2623163	
	办公地址	新疆维吾尔自治区石河子市经济技术开发区北三东路 36 号			
	经营范围	化工产品、塑料制品的生产和销售、商贸、番茄制品加工、柠檬酸的生产和销售等			

主要财务指标	指标\报告期	2013.06.30	2012.12.31	2012.06.30	2011.12.31
	基本每股收益(元)	-0.1900	-0.1600	0.0200	0.2200
	基本每股收益(扣除)(元)	-0.2000	-0.2000	0.0100	0.1700
	每股净资产(元)	3.7303	3.9169	4.1040	4.1200
	每股经营现金净流量(元)	0.6698	0.2724	0.3701	0.4918
	每股现金流量(元)	-0.0174	0.2986	0.3211	-0.2712
	每股资本公积金(元)	0.5634	0.5634	0.5634	0.5545
	每股盈余公积金(元)	0.4338	0.4338	0.4338	0.4338
	每股未分配利润(元)	1.7331	1.9197	2.1064	2.1323
	净资产收益率(%)	-5.0017	-4.1512	0.5881	5.3040
	加权净资产收益率(%)	-4.8800	-4.0500	0.0600	5.4500
	净资产收益率(扣除)(%)	-	-	-	-
	总资产(万元)	441648.03	448334.68	461673.33	447092.16
	归属母公司股东权益(万元)	163608.06	171791.25	179981.22	180726.55
	主营业务收入(万元)	183727.65	392666.27	197256.16	345426.04
	营业收入(万元)	189177.29	405004.16	205429.35	362060.00
	主营成本(万元)	164454.68	343177.70	172360.56	285064.31
	营业成本(万元)	167563.48	352537.28	179203.12	299542.05
	投资收益(万元)	-23.95	94.94	-67.61	583.28
	净利润(万元)	-8280.13	-7735.49	1236.39	10223.06
	利润总额(万元)	-8073.51	-3864.82	2839.73	13579.05

潍坊北大青鸟华光科技股份有限公司

公司概况					
公司名称	潍坊北大青鸟华光科技股份有限公司			证券简称	青鸟华光
法人代表	周燕军	董秘	刘世祯	证券代码	600076
公司网址	www.hg.com.cn		电子信箱	liusz@hg.com.cn	
电　话	0536-2991601		传　真	0536-8865200	
办公地址	山东省潍坊市高新技术产业开发区北宫东街6号				
经营范围	通信类产品、计算机类产品、广电类产品、锂离子二次电池类产品的研发、生产和销售				

主要财务指标：指标\报告期	2013.06.30	2012.12.31	2012.06.30	2011.12.31
基本每股收益(元)	-0.0300	0.1000	-0.0300	-0.0600
基本每股收益(扣除)(元)	-0.0300	-0.0400	-0.0300	-0.0600
每股净资产(元)	0.2062	0.2400	0.1047	0.1400
每股经营现金净流量(元)	-0.0044	-0.0371	0.0066	-0.2710
每股现金流量(元)	-0.0061	0.0135	0.0050	-0.0019
每股资本公积金(元)	1.2167	1.2167	1.2203	1.2203
每股盈余公积金(元)	0.2290	0.2290	0.2290	0.2290
每股未分配利润(元)	-2.2394	-2.2104	-2.3446	-2.3137
净资产收益率(%)	-14.0897	43.9100	-29.5185	-43.0570
加权净资产收益率(%)	-13.1600	55.1800	-25.7200	-35.4300
净资产收益率(扣除)(%)	-	-	-	-
总资产(万元)	44333.11	40247.05	35037.22	33875.97
归属母公司股东权益(万元)	7539.06	8601.29	3827.05	4956.74
主营业务收入(万元)	214.89	1260.61	207.73	690.74
营业收入(万元)	220.10	1279.17	215.78	829.88
主营成本(万元)	113.63	795.74	82.24	377.48
营业成本(万元)	113.63	795.74	82.24	377.48
投资收益(万元)	-36.86	4204.95	-40.58	4.50
净利润(万元)	-1364.73	3675.90	-1188.95	-2166.38
利润总额(万元)	-1364.71	3618.65	-1188.93	-2171.39

宋都基业投资股份有限公司

公司概况					
公司名称	宋都基业投资股份有限公司			证券简称	宋都股份
法人代表	俞建午	董秘	龚睿	证券代码	600077
公司网址	www.songdu.com		电子信箱	600077@songdu.com	
电　话	0571-86759621		传　真	0571-86056788	
办公地址	浙江省杭州市富春路789号宋都大厦5楼				
经营范围	实业投资、企业管理咨询等				

主要财务指标：指标\报告期	2013.06.30	2012.12.31	2012.06.30	2011.12.31
基本每股收益(元)	0.0280	0.3600	0.2570	0.3900
基本每股收益(扣除)(元)	0.0250	0.3400	0.2540	0.3650
每股净资产(元)	2.0569	2.0363	1.9000	3.3598
每股经营现金净流量(元)	-0.3065	1.2707	1.0424	-1.2455
每股现金流量(元)	-0.5679	0.1573	-0.3119	0.4840
每股资本公积金(元)	4.5366	4.0984	0.7559	0.7624
每股盈余公积金(元)	0.0679	0.0684	0.1367	0.1367
每股未分配利润(元)	1.4431	1.4618	2.7156	2.2621
净资产收益率(%)	1.3677	17.7153	13.4883	17.9670
加权净资产收益率(%)	1.3700	19.4900	14.2000	19.7500
净资产收益率(扣除)(%)	-	-	-	-
总资产(万元)	1050081.13	1069218.48	1092958.96	1080806.03
归属母公司股东权益(万元)	222371.92	218632.16	204359.82	180364.34
主营业务收入(万元)	-	304938.48	180223.87	262324.79
营业收入(万元)	25468.49	306258.59	180795.09	263726.78
主营成本(万元)	-	175252.55	91662.77	173908.28
营业成本(万元)	12542.33	175661.97	91818.42	174307.33
投资收益(万元)	-242.34	-922.86	-348.87	-1109.58
净利润(万元)	2826.32	40150.89	27510.53	31934.42
利润总额(万元)	3425.08	62566.37	46636.88	44880.71

江苏澄星磷化工股份有限公司

公司概况					
公司名称	江苏澄星磷化工股份有限公司			证券简称	澄星股份
法人代表	李兴	董秘	夏正华	证券代码	600078
公司网址	www.phosphatechina.com		电子信箱	cx@phosphatechina.com	
电　话	0510-80622327 80622329		传　真	0510-86281884	
办公地址	江苏省江阴市梅园大街618号				
经营范围	精细磷化工系列产品的生产和销售、自产化工原料和化工产品的进出口等				

主要财务指标：指标\报告期	2013.06.30	2012.12.31	2012.06.30	2011.12.31
基本每股收益(元)	0.0686	0.0420	0.0446	0.0770
基本每股收益(扣除)(元)	0.0075	0.0150	0.0450	0.1020
每股净资产(元)	2.6779	2.6292	2.6200	2.6100
每股经营现金净流量(元)	1.5574	0.9449	1.0923	-0.1826
每股现金流量(元)	-0.3751	-0.7198	0.2022	0.1476
每股资本公积金(元)	0.5770	0.5770	0.5770	0.5762
每股盈余公积金(元)	0.1890	0.1890	0.1884	0.1885
每股未分配利润(元)	0.9002	0.8515	0.8551	0.8410
净资产收益率(%)	2.5633	1.5816	1.7006	2.9220
加权净资产收益率(%)	2.5700	1.5900	1.7000	3.0900
净资产收益率(扣除)(%)	-	-	-	-
总资产(万元)	477695.76	580414.78	634044.34	684060.94
归属母公司股东权益(万元)	177427.71	174204.85	173628.49	172599.13
主营业务收入(万元)	118715.71	252504.98	113912.63	241888.76
营业收入(万元)	122776.00	266149.46	119137.71	254196.06
主营成本(万元)	105709.97	215454.64	94669.49	203126.13
营业成本(万元)	107243.47	221088.07	96770.53	207184.38
投资收益(万元)	-	-2.89	-	-
净利润(万元)	5364.42	4953.33	3856.70	6761.49
利润总额(万元)	5460.81	6384.36	4671.64	8231.30

人福医药集团股份公司

公司概况					
公司名称	人福医药集团股份公司			证券简称	人福医药
法人代表	王学海	董秘	李前伦	证券代码	600079
公司网址	www.humanwell.com.cn		电子信箱	renfu.pr@renfu.com.cn	
电　话	027-87597232		传　真	027-87596393	
办公地址	湖北省武汉市东湖高新区高新大道666号				
经营范围	医药、医疗器械、生殖健康等产品及技术的研发、生产、销售及技术服务等				

主要财务指标：指标\报告期	2013.06.30	2012.12.31	2012.06.30	2011.12.31
基本每股收益(元)	0.4200	0.8200	0.4100	0.6200
基本每股收益(扣除)(元)	0.4000	0.6700	0.3200	0.5700
每股净资产(元)	6.4695	6.1250	5.7933	5.3715
每股经营现金净流量(元)	0.0296	0.3491	0.0603	0.1910
每股现金流量(元)	0.9810	0.3601	0.1629	0.4599
每股资本公积金(元)	2.2183	2.2950	2.3086	2.2929
每股盈余公积金(元)	0.3241	0.3241	0.2541	0.2541
每股未分配利润(元)	2.9272	2.5075	2.2327	1.8247
净资产收益率(%)	6.4871	13.4329	7.0421	11.3320
加权净资产收益率(%)	6.6200	14.2700	7.3200	13.0500
净资产收益率(扣除)(%)	-	-	-	-
总资产(万元)	933470.97	786125.75	662982.07	617036.01
归属母公司股东权益(万元)	319233.99	302235.91	285867.80	265055.53
主营业务收入(万元)	278386.17	530565.08	229274.68	361710.37
营业收入(万元)	280711.35	531709.30	230300.51	362143.61
主营成本(万元)	159134.29	319550.34	137009.57	213445.31
营业成本(万元)	160539.20	319892.20	137262.49	213458.15
投资收益(万元)	996.48	5265.77	3317.60	2784.43
净利润(万元)	30236.39	56334.08	28039.76	42930.38
利润总额(万元)	38993.77	69584.12	34027.18	50552.19

金花企业(集团)股份有限公司

公司概况					
公司名称	金花企业(集团)股份有限公司			证券简称	金花股份
法人代表	吴一坚	董秘	孙明	证券代码	600080
公司网址	www.ginwa.com.cn		电子信箱	ginwa@pub.xaonline.com	
电　　话	029-88336635		传　　真	029-81778626	
办公地址	陕西省西安市科技四路 202 号				
经营范围	医药保健品、金属材料、化工材料、化妆品、化学仪器、电子产品等				

主要财务指标　指标\报告期	2013.06.30	2012.12.31	2012.06.30	2011.12.31
基本每股收益(元)	0.0577	0.1450	0.0691	0.5423
基本每股收益(扣除)(元)	0.0523	0.1292	0.0666	0.0020
每股净资产(元)	3.2034	3.1457	3.0698	3.0007
每股经营现金净流量(元)	0.0296	0.0598	−0.0267	0.2981
每股现金流量(元)	−0.0846	0.2919	0.1294	−0.3398
每股资本公积金(元)	0.8274	0.8274	0.8274	0.8274
每股盈余公积金(元)	0.3021	0.3021	0.2829	0.2829
每股未分配利润(元)	1.0739	1.0162	0.9595	0.8904
净资产收益率(%)	1.8006	4.6081	2.2495	18.0715
加权净资产收益率(%)	1.8169	4.7200	2.2751	20.2100
净资产收益率(扣除)(%)	–	–	–	–
总资产(万元)	113548.73	112404.88	108189.91	106906.12
归属母公司股东权益(万元)	97797.61	96036.69	93719.40	91611.19
主营业务收入(万元)	20732.69	45864.60	20941.66	37379.87
营业收入(万元)	20836.85	46019.40	21019.66	37825.00
主营成本(万元)	8637.92	22348.10	9777.36	19944.51
营业成本(万元)	8642.02	22355.29	9780.39	19984.95
投资收益(万元)	–	49.00	15.67	3997.66
净利润(万元)	1754.08	4377.24	2104.03	16558.55
利润总额(万元)	1893.47	4864.59	2307.31	17462.26

东风电子科技股份有限公司

公司概况					
公司名称	东风电子科技股份有限公司			证券简称	东风科技
法人代表	高大林	董秘	天涯	证券代码	600081
公司网址	www.detc.com.cn		电子信箱	tianya@detc.com.cn	
电　　话	021-62033003*52 53		传　　真	021-62032133	
办公地址	上海市中山北路 2000 号 22 楼				
经营范围	研究、开发、采购、制造、销售汽车仪表系统、饰件系统、制动系统等				

主要财务指标　指标\报告期	2013.06.30	2012.12.31	2012.06.30	2011.12.31
基本每股收益(元)	0.3953	0.3090	0.2329	0.4386
基本每股收益(扣除)(元)	0.3935	0.2886	0.2272	0.3755
每股净资产(元)	2.5096	2.2986	2.2224	1.9883
每股经营现金净流量(元)	0.1379	0.9909	0.3262	0.6628
每股现金流量(元)	−0.1275	0.0519	0.1010	0.1660
每股资本公积金(元)	0.0329	0.0687	0.0686	0.0675
每股盈余公积金(元)	0.2410	0.2894	0.2463	0.2463
每股未分配利润(元)	1.2357	0.9405	0.9075	0.6746
净资产收益率(%)	15.7499	13.4438	10.4817	22.0570
加权净资产收益率(%)	15.8342	14.4210	11.0674	24.0836
净资产收益率(扣除)(%)	–	–	–	–
总资产(万元)	246814.96	185145.14	211623.18	204128.71
归属母公司股东权益(万元)	78691.29	72074.99	69686.03	62346.35
主营业务收入(万元)	153880.70	241490.68	133458.84	250364.36
营业收入(万元)	155848.45	244882.42	137441.37	258454.49
主营成本(万元)	128326.50	197596.63	107819.69	207784.22
营业成本(万元)	129086.38	199018.29	111115.62	214351.18
投资收益(万元)	8902.78	7344.32	3297.83	9208.18
净利润(万元)	15012.79	15126.61	10294.05	17363.14
利润总额(万元)	15647.99	17748.48	12450.16	20326.04

天津海泰科技发展股份有限公司

公司概况					
公司名称	天津海泰科技发展股份有限公司			证券简称	海泰发展
法人代表	宋克新	董秘	宋克新(代)	证券代码	600082
公司网址	www.hitech-develop.com		电子信箱	quyang@hitech-develop.com	
电　　话	022-85689891		传　　真	022-85689889	
办公地址	天津市新技术产业园区华苑产业区海泰西路 18 号				
经营范围	高新技术企业孵化器建设和经营、创业孵化服务、高新技术产业开发、投资及管理等				

主要财务指标　指标\报告期	2013.06.30	2012.12.31	2012.06.30	2011.12.31
基本每股收益(元)	0.0500	0.0700	0.0400	0.1300
基本每股收益(扣除)(元)	0.0400	0.0600	0.0400	0.0600
每股净资产(元)	2.6215	2.5762	2.5490	2.5600
每股经营现金净流量(元)	−0.2191	−0.9141	−0.7047	1.1197
每股现金流量(元)	−0.3633	−0.7584	−0.6228	0.4135
每股资本公积金(元)	0.6386	0.6386	0.6386	0.6386
每股盈余公积金(元)	0.1428	0.1428	0.1419	0.1419
每股未分配利润(元)	0.8401	0.7948	0.7687	0.7795
净资产收益率(%)	1.7288	2.5663	1.5366	4.9442
加权净资产收益率(%)	1.7400	2.5500	1.5200	5.0700
净资产收益率(扣除)(%)	–	–	–	–
总资产(万元)	268860.05	278845.03	284752.37	306386.45
归属母公司股东权益(万元)	169377.43	166449.23	164708.59	165408.23
主营业务收入(万元)	36583.49	83893.20	49622.55	117582.63
营业收入(万元)	36583.49	83893.20	49622.55	117582.63
主营成本(万元)	28111.04	72152.17	43094.91	100571.33
营业成本(万元)	28111.04	72152.17	43094.91	100571.33
投资收益(万元)	86.86	262.28	106.53	226.67
净利润(万元)	2928.20	4271.58	2530.94	8178.16
利润总额(万元)	3894.42	5837.74	3528.00	11345.95

广东博信投资控股股份有限公司

公司概况					
公司名称	广东博信投资控股股份有限公司			证券简称	博信股份
法人代表	朱凤廉	董秘	裯振生	证券代码	600083
公司网址	www.600083.com		电子信箱	gdbx600083@163.com	
电　　话	0763-3663333		传　　真	0763-3663311	
办公地址	广东省清远市新城方正二街 1 号				
经营范围	偏转线圈、金属漆包线、会聚磁组件等电子元器件的研究、开发、生产、销售等				

主要财务指标　指标\报告期	2013.06.30	2012.12.31	2012.06.30	2011.12.31
基本每股收益(元)	−0.0050	−0.0280	−0.0130	0.0720
基本每股收益(扣除)(元)	−0.0050	−0.0280	−0.0130	−0.0180
每股净资产(元)	0.0950	0.1002	0.1150	0.1280
每股经营现金净流量(元)	0.0007	0.0352	−0.0146	−0.0961
每股现金流量(元)	−0.0009	0.0301	−0.0247	−0.0542
每股资本公积金(元)	0.4193	0.4193	0.4193	0.4193
每股盈余公积金(元)	–	–	–	–
每股未分配利润(元)	–	−1.3191	−1.3042	−1.2915
净资产收益率(%)	−5.4004	−27.5999	−11.0172	56.2630
加权净资产收益率(%)	−5.2600	−24.2500	−10.4400	78.2900
净资产收益率(扣除)(%)	–	–	–	–
总资产(万元)	5301.06	4420.11	3527.78	3854.31
归属母公司股东权益(万元)	2185.78	2303.83	2647.95	2939.68
主营业务收入(万元)	1796.17	1190.84	131.92	–
营业收入(万元)	1796.49	1190.84	131.92	–
主营成本(万元)	1448.24	1179.08	130.61	–
营业成本(万元)	1448.24	1179.08	130.61	–
投资收益(万元)	–	–	–	1466.62
净利润(万元)	−118.04	−635.85	−291.73	1653.96
利润总额(万元)	−79.33	−635.85	−291.73	1653.96

中信国安葡萄酒业股份有限公司

公司概况	公司名称	中信国安葡萄酒业股份有限公司		证券简称	中葡股份
	法人代表	孙亚雷	董秘 张荣亮	证券代码	600084
	公司网址	www.guoanwine.com		电子信箱	zhouyc1964@sina.cn
	电　话	0991-8881238		传　真	0991-8882439
	办公地址	新疆维吾尔自治区乌鲁木齐市红山路 39 号			
	经营范围	农业综合开发、葡萄酒生产销售等			

主要财务指标	指标\报告期	2013.06.30	2012.12.31	2012.06.30	2011.12.31
	基本每股收益(元)	-0.0970	0.0123	-0.1020	-0.2300
	基本每股收益(扣除)(元)	-0.1060	-0.1056	-0.1020	-0.2700
	每股净资产(元)	1.0594	1.1568	1.0430	1.1400
	每股经营现金净流量(元)	-0.0888	-0.0767	0.0095	-0.3257
	每股现金流量(元)	-0.1736	0.0175	-0.1664	-0.7047
	每股资本公积金(元)	1.9151	1.9151	1.9151	1.9151
	每股盈余公积金(元)	0.1032	0.1032	0.1032	0.1032
	每股未分配利润(元)	-1.9589	-1.8615	-1.9756	-1.8738
	净资产收益率(%)	-9.1937	1.0621	-9.7569	-19.8130
	加权净资产收益率(%)	-8.7900	1.0680	-9.3000	-18.0300
	净资产收益率(扣除)(%)	-	-	-	-
	总资产(万元)	263946.26	281008.32	250313.11	277109.64
	归属母公司股东权益(万元)	85801.07	93689.35	84454.19	92694.29
	主营业务收入(万元)	15852.90	53636.20	17680.44	52092.53
	营业收入(万元)	16119.37	61903.94	17979.52	53708.91
	主营成本(万元)	7994.24	28565.42	11055.08	-
	营业成本(万元)	8103.46	31891.71	11185.89	29520.83
	投资收益(万元)	-3455.34	4349.15	-13.27	-32.90
	净利润(万元)	-8550.54	1393.38	-8369.10	-18474.14
	利润总额(万元)	-8540.88	1766.02	-8365.97	-18363.57

北京同仁堂股份有限公司

公司概况	公司名称	北京同仁堂股份有限公司		证券简称	同仁堂
	法人代表	梅群	董秘 贾泽涛	证券代码	600085
	公司网址	www.tongrentang.com		电子信箱	tongrentang@tongrentang.com
	电　话	010-67020018		传　真	010-67020018
	办公地址	北京市崇文区东兴隆街 52 号 北京市崇文门外大街 42 号			
	经营范围	中药生产、科研、销售等			

主要财务指标	指标\报告期	2013.06.30	2012.12.31	2012.06.30	2011.12.31
	基本每股收益(元)	0.2860	0.4380	0.2360	0.3360
	基本每股收益(扣除)(元)	0.2840	0.4250	0.2340	0.3140
	每股净资产(元)	3.1838	3.0558	2.7570	2.6700
	每股经营现金净流量(元)	0.4977	0.6712	0.4684	0.4185
	每股现金流量(元)	0.7242	1.1989	0.3671	0.0526
	每股资本公积金(元)	0.3943	0.2919	0.1950	0.1950
	每股盈余公积金(元)	0.2883	0.2883	0.2636	0.2636
	每股未分配利润(元)	1.5376	1.5015	1.3245	1.2385
	净资产收益率(%)	8.9862	14.3272	8.5600	12.6000
	加权净资产收益率(%)	8.9000	15.5600	8.5400	13.0300
	净资产收益率(扣除)(%)	-	-	-	-
	总资产(万元)	1112244.78	966792.66	823997.19	732989.94
	归属母公司股东权益(万元)	414565.66	397883.37	358944.87	347685.00
	主营业务收入(万元)	474044.84	743348.01	387449.64	606245.22
	营业收入(万元)	476155.50	750403.20	391043.70	610838.37
	主营成本(万元)	265233.24	419957.38	211202.43	-
	营业成本(万元)	265626.02	420883.99	211613.33	360416.88
	投资收益(万元)	399.34	775.29	299.34	1266.48
	净利润(万元)	60099.21	87861.38	48022.12	65465.11
	利润总额(万元)	73007.34	107645.38	58307.02	80163.35

东方金钰股份有限公司

公司概况	公司名称	东方金钰股份有限公司		证券简称	东方金钰
	法人代表	赵兴龙	董秘 方莉	证券代码	600086
	公司网址	www.goldjade.cn		电子信箱	600086@goldjade.cn
	电　话	0755-25266298		传　真	0755-25266279
	办公地址	广东省深圳市罗湖区贝丽北路水贝工业区 2 栋东方金钰珠宝大厦 3 楼			
	经营范围	宝石及珠宝饰品的加工、批发、销售、翡翠原材料的批发销售等			

主要财务指标	指标\报告期	2013.06.30	2012.12.31	2012.06.30	2011.12.31
	基本每股收益(元)	0.3715	0.4550	0.2887	0.2222
	基本每股收益(扣除)(元)	0.3158	0.4432	0.2858	0.2466
	每股净资产(元)	2.4595	2.0880	1.9217	1.6329
	每股经营现金净流量(元)	-0.9420	0.9642	0.8905	-0.5200
	每股现金流量(元)	-0.1583	0.1141	0.0912	-0.0831
	每股资本公积金(元)	0.4750	0.4750	0.4750	0.4750
	每股盈余公积金(元)	0.1032	0.1032	0.1032	0.1032
	每股未分配利润(元)	0.8812	0.5097	0.3434	0.0547
	净资产收益率(%)	15.1048	21.7937	15.0245	13.6060
	加权净资产收益率(%)	16.3400	24.4600	16.2400	13.1300
	净资产收益率(扣除)(%)	-	-	-	-
	总资产(万元)	503023.48	493347.44	302549.10	316099.15
	归属母公司股东权益(万元)	86643.13	73555.83	67696.30	57525.30
	主营业务收入(万元)	441160.52	482605.39	167257.60	309501.24
	营业收入(万元)	442017.07	482696.51	167325.67	311401.16
	主营成本(万元)	419928.86	441007.71	146433.53	281227.27
	营业成本(万元)	419934.78	441027.95	146433.75	281232.93
	投资收益(万元)	6284.96	-3732.99	-1294.62	2058.38
	净利润(万元)	13087.30	16030.53	10171.09	7826.66
	利润总额(万元)	17224.15	21316.67	13572.79	10254.53

中视传媒股份有限公司

公司概况	公司名称	中视传媒股份有限公司		证券简称	中视传媒
	法人代表	梁晓涛	董秘 贺芳	证券代码	600088
	公司网址	www.ctv-media.com.cn		电子信箱	irmanager@ctv-media.com.cn
	电　话	021-68765168		传　真	021-68763868
	办公地址	上海市浦东新区福山路 450 号新天国际大厦 17 层 A 座			
	经营范围	影视拍摄基地开发、经营、影视拍摄[摄制电影(单片)]、电视剧节目制作等			

主要财务指标	指标\报告期	2013.06.30	2012.12.31	2012.06.30	2011.12.31
	基本每股收益(元)	0.1260	0.1360	0.0640	0.2210
	基本每股收益(扣除)(元)	0.1240	0.1230	0.0630	0.2170
	每股净资产(元)	3.3027	3.1767	3.1038	3.1263
	每股经营现金净流量(元)	-0.2304	-1.7409	-1.7533	1.7584
	每股现金流量(元)	-0.2885	-1.8869	-1.8663	1.4638
	每股资本公积金(元)	0.9653	0.9653	0.9653	0.9653
	每股盈余公积金(元)	-	0.3477	0.3346	0.3346
	每股未分配利润(元)	-	0.8637	0.8039	0.8263
	净资产收益率(%)	3.8162	4.2945	2.0463	7.0670
	加权净资产收益率(%)	3.8900	4.3400	2.0100	7.2200
	净资产收益率(扣除)(%)	-	-	-	-
	总资产(万元)	168087.03	185949.84	167015.11	231962.39
	归属母公司股东权益(万元)	109459.13	105281.97	102865.54	103610.86
	主营业务收入(万元)	52119.15	122788.42	50842.40	128867.01
	营业收入(万元)	52164.32	122864.78	50882.57	128948.46
	主营成本(万元)	42679.28	108980.48	46037.49	110977.47
	营业成本(万元)	42718.18	109042.25	46069.34	111042.37
	投资收益(万元)	-	-	-	-
	净利润(万元)	4312.45	4855.87	2013.81	7569.95
	利润总额(万元)	5749.93	6437.83	2638.44	10026.60

特变电工股份有限公司

公司概况					
公司名称	特变电工股份有限公司			证券简称	特变电工
法人代表	张新	董秘	郭俊香	证券代码	600089
公司网址	www.tbea.com.cn		电子信箱	gjxtbea@tbea.com.cn	
电　话	0994-2724766		传　真	0994-2723615	
办公地址	新疆维吾尔自治区昌吉市延安南路 52 号				
经营范围	变压器、电线电缆以及输变电成套工程业务等				

主要财务指标 指标\报告期	2013.06.30	2012.12.31	2012.06.30	2011.12.31
基本每股收益(元)	0.2561	0.3721	0.2075	0.4664
基本每股收益(扣除)(元)	0.2090	0.2718	0.1628	0.3924
每股净资产(元)	5.2734	5.1800	4.9954	4.8758
每股经营现金净流量(元)	-1.0150	0.7276	-0.8135	0.6709
每股现金流量(元)	-1.7840	0.1588	-1.2019	0.9867
每股资本公积金(元)	1.7536	1.7886	1.7572	1.7689
每股盈余公积金(元)	0.2548	0.2548	0.2216	0.2216
每股未分配利润(元)	2.2871	2.1511	2.0198	1.8923
净资产收益率(%)	4.8556	7.1785	4.1547	9.5660
加权净资产收益率(%)	4.8419	7.3900	4.1712	9.9700
净资产收益率(扣除)(%)	-	-	-	-
总资产(万元)	4365947.12	4204476.38	3509049.80	3361246.64
归属母公司股东权益(万元)	1389838.63	1366062.39	1316558.75	1285043.37
主营业务收入(万元)	1122557.49	1968692.75	967316.73	1755704.94
营业收入(万元)	1150535.68	2032514.19	983198.98	1816474.41
主营成本(万元)	929983.90	1634752.15	807138.98	1414861.56
营业成本(万元)	950919.76	1689659.08	818552.63	1468767.12
投资收益(万元)	4588.78	7848.43	5166.70	8444.68
净利润(万元)	69129.67	93342.07	54007.56	123487.18
利润总额(万元)	76212.44	105490.58	61594.40	138822.49

新疆啤酒花股份有限公司

公司概况					
公司名称	新疆啤酒花股份有限公司			证券简称	啤 酒 花
法人代表	王克勤	董秘	唐伟梅	证券代码	600090
公司网址	www.xjhops.com		电子信箱	lichong@xjhops.com	
电　话	0991-3687305 3687319		传　真	0991-3687311	
办公地址	新疆维吾尔族自治区乌鲁木齐市经济技术开发区上海路 130 号				
经营范围	啤酒花、啤酒大麦、食品饮料、房地产开发、农副产品等				

主要财务指标 指标\报告期	2013.06.30	2012.12.31	2012.06.30	2011.12.31
基本每股收益(元)	0.2030	0.0390	0.0980	0.1590
基本每股收益(扣除)(元)	0.0750	0.0490	0.0970	0.1310
每股净资产(元)	1.3840	1.1808	1.2400	1.1420
每股经营现金净流量(元)	0.7923	0.5643	0.5818	0.3001
每股现金流量(元)	0.7873	0.0584	0.1430	0.0933
每股资本公积金(元)	1.0468	1.0468	1.0468	1.0468
每股盈余公积金(元)	0.1041	0.1041	0.1041	0.1041
每股未分配利润(元)	-0.7668	-0.9700	-0.9110	-1.0089
净资产收益率(%)	14.6816	3.2946	7.8969	13.9220
加权净资产收益率(%)	15.8450	3.3500	8.2220	14.9630
净资产收益率(扣除)(%)	-	-	-	12.2900
总资产(万元)	140844.47	124769.11	120738.10	120349.84
归属母公司股东权益(万元)	50921.02	43445.00	45615.88	42013.65
主营业务收入(万元)	72452.15	122853.58	66558.95	109672.26
营业收入(万元)	73890.62	125242.12	67956.43	113255.61
主营成本(万元)	44614.90	73788.10	40329.92	65558.67
营业成本(万元)	45313.41	76202.43	41613.42	68667.34
投资收益(万元)	4496.95	692.66	-	162.54
净利润(万元)	11225.60	10586.67	7828.37	12418.34
利润总额(万元)	13377.55	12188.99	7682.84	17385.00

包头明天科技股份有限公司

公司概况					
公司名称	包头明天科技股份有限公司			证券简称	ST 明 科
法人代表	李国春	董秘	关明	证券代码	600091
公司网址	www.tomotech.com		电子信箱	600091@sina.com	
电　话	0472-2207068 2207058		传　真	0472-2207059	
办公地址	内蒙古自治区包头市稀土高新技术产业开发区曙光路 22 号				
经营范围	生产、销售烧碱、聚氯乙烯树脂、苯酚、盐酸、硫酸、氢氟酸、电石等化工产品				

主要财务指标 指标\报告期	2013.06.30	2012.12.31	2012.06.30	2011.12.31
基本每股收益(元)	-0.1500	0.0400	-0.1300	-0.4300
基本每股收益(扣除)(元)	-0.1500	-0.3600	-0.1500	-0.4100
每股净资产(元)	1.5364	1.6610	1.5300	1.6500
每股经营现金净流量(元)	-0.1375	-0.2553	-0.1185	-0.3167
每股现金流量(元)	-0.0597	0.0197	0.0856	-0.2065
每股资本公积金(元)	3.6190	3.6190	3.6190	3.6190
每股盈余公积金(元)	0.1915	0.1915	0.1915	0.1915
每股未分配利润(元)	-3.2978	-3.1496	-3.3184	-3.1848
净资产收益率(%)	-9.6429	2.1198	-8.7268	-26.0924
加权净资产收益率(%)	-9.3400	2.1100	-8.4100	-22.4400
净资产收益率(扣除)(%)	-	-	-	-
总资产(万元)	131522.08	133629.55	140286.29	135404.76
归属母公司股东权益(万元)	51704.42	55895.36	51520.94	55685.44
主营业务收入(万元)	1116.59	2552.60	-	547.75
营业收入(万元)	1361.10	3173.59	248.00	547.75
主营成本(万元)	1111.26	2484.81	-	-
营业成本(万元)	1256.09	2713.80	134.48	282.92
投资收益(万元)	59.30	15177.18	2025.12	3897.49
净利润(万元)	-4985.82	1184.88	-4496.11	-14529.66
利润总额(万元)	-4985.82	1184.88	-4496.11	-14529.66

四川禾嘉股份有限公司

公司概况					
公司名称	四川禾嘉股份有限公司			证券简称	禾嘉股份
法人代表	冷天辉	董秘	徐德智	证券代码	600093
公司网址	www.hejia.com		电子信箱	dmb@hejia.com	
电　话	028-85155498 85178855		传　真	028-85178855	
办公地址	四川省成都市高新技术产业开发区九兴大道 3 号				
经营范围	投资及管理				

主要财务指标 指标\报告期	2013.06.30	2012.12.31	2012.06.30	2011.12.31
基本每股收益(元)	0.0600	0.0620	0.0350	0.0670
基本每股收益(扣除)(元)	0.0350	0.0850	0.0370	0.0390
每股净资产(元)	1.2133	1.1537	1.1120	1.0800
每股经营现金净流量(元)	0.0465	0.2141	0.0103	0.1601
每股现金流量(元)	-0.0442	0.0833	0.0590	-0.0462
每股资本公积金(元)	0.1371	0.1371	0.1371	0.1371
每股盈余公积金(元)	0.0413	0.0413	0.0413	0.0413
每股未分配利润(元)	0.0349	-0.0247	-0.0666	-0.1018
净资产收益率(%)	4.9114	5.3612	3.1700	6.1770
加权净资产收益率(%)	5.0400	5.4700	3.2200	6.3200
净资产收益率(扣除)(%)	—	—	-	-
总资产(万元)	60949.54	69112.29	68221.29	62428.24
归属母公司股东权益(万元)	39121.05	37199.66	35849.79	34713.20
主营业务收入(万元)	19926.25	41111.22	21455.47	30768.09
营业收入(万元)	20463.38	42726.01	22522.39	33975.72
主营成本(万元)	14596.08	30286.46	15817.66	22071.84
营业成本(万元)	14946.13	31264.05	16453.49	23436.51
投资收益(万元)	1245.52	—	-	-318.92
净利润(万元)	1876.52	1943.56	1094.94	2227.30
利润总额(万元)	2645.53	2837.56	1662.55	3436.89

上海大名城企业股份有限公司

公司概况	公司名称	上海大名城企业股份有限公司			证券简称	大名城
	法人代表	俞培俤	董秘	张燕琦	证券代码	600094
	公司网址	www.greattown.cn		电子信箱	dmc@greattown.cn	
	电　话	021-62470088 62478900		传　真	021-62479099	
	办公地址	上海市闵行区红松东路1116号上海虹桥元一大厦5楼				
	经营范围	房地产综合开发、建造、销售商品房、物业管理、物业租赁等				

	指标＼报告期	2013.06.30	2012.12.31	2012.06.30	2011.12.31
主要财务指标	基本每股收益(元)	0.1378	0.1250	0.1378	0.1250
	基本每股收益(扣除)(元)	0.1243	0.1230	0.1243	0.1230
	每股净资产(元)	1.7064	1.5686	1.7064	1.5686
	每股经营现金净流量(元)	-0.4708	-0.7317	-0.4708	-0.7317
	每股现金流量(元)	0.4399	0.2584	0.4399	0.2584
	每股资本公积金(元)	0.2724	0.2724	0.2724	0.2724
	每股盈余公积金(元)	0.1501	0.1501	0.1501	0.1501
	每股未分配利润(元)	0.2838	0.1460	0.2838	0.1460
	净资产收益率(%)	8.0758	7.9695	8.0758	7.9695
	加权净资产收益率(%)	8.4200	8.3000	8.4200	8.3000
	净资产收益率(扣除)(%)	—	—	—	—
	总资产(万元)	1292809.60	1038549.14	1292809.60	1038549.14
	归属母公司股东权益(万元)	257927.53	237097.75	257927.53	237097.75
	主营业务收入(万元)	136711.62	162665.76	136711.62	162665.76
	营业收入(万元)	139688.68	167645.01	139688.68	167645.01
	主营成本(万元)	64036.06	86437.61	64036.06	86437.61
	营业成本(万元)	65562.86	88896.77	65562.86	88896.77
	投资收益(万元)	6480.45	300.46	6480.45	300.46
	净利润(万元)	29476.18	25365.85	29476.18	25365.85
	利润总额(万元)	41367.83	33962.96	41367.83	33962.96

哈尔滨高科技(集团)股份有限公司

公司概况	公司名称	哈尔滨高科技(集团)股份有限公司			证券简称	哈高科
	法人代表	杨登瑞	董秘	马昆	证券代码	600095
	公司网址	www.hgk-group.com		电子信箱	mkn@hgk-group.com	
	电　话	0451-84348141 84346722		传　真	0451-84348057 84346722	
	办公地址	黑龙江省哈尔滨市高新技术产业开发区迎宾路集中区天平路2号				
	经营范围	大豆深加工、药业、房地产开发等				

	指标＼报告期	2013.06.30	2012.12.31	2012.06.30	2011.12.31
主要财务指标	基本每股收益(元)	-0.0703	0.0678	-0.0757	0.0567
	基本每股收益(扣除)(元)	-0.0701	-0.0709	-0.0758	-0.1154
	每股净资产(元)	1.7992	1.8685	1.7001	1.7699
	每股经营现金净流量(元)	0.0891	0.1414	-0.0368	-0.5662
	每股现金流量(元)	-0.5359	0.5334	-0.0542	-0.1597
	每股资本公积金(元)	0.7718	0.7709	0.7401	0.7401
	每股盈余公积金(元)	0.1003	0.1003	0.0931	0.0931
	每股未分配利润(元)	-0.0730	-0.0027	-0.1331	-0.0633
	净资产收益率(%)	-3.9050	3.6287	-4.4503	3.2046
	加权净资产收益率(%)	-3.8300	3.7300	-4.3400	3.2600
	净资产收益率(扣除)(%)	-	-	-	-
	总资产(万元)	147808.24	155344.59	128641.57	128593.19
	归属母公司股东权益(万元)	64997.07	67503.38	61419.39	63941.46
	主营业务收入(万元)	10261.86	31412.22	12369.43	28880.13
	营业收入(万元)	10334.91	32360.70	12451.53	28989.79
	主营成本(万元)	8210.98	26180.34	10795.43	24398.75
	营业成本(万元)	8281.42	26995.62	10813.81	24511.86
	投资收益(万元)	20.39	7502.79	461.49	8104.12
	净利润(万元)	-2858.30	1637.45	-3321.78	1293.47
	利润总额(万元)	-2842.98	1663.44	-3300.31	1339.00

云南云天化股份有限公司

公司概况	公司名称	云南云天化股份有限公司			证券简称	云天化
	法人代表	他盛华	董秘	冯驰	证券代码	600096
	公司网址	www.yyth.com.cn		电子信箱	ythfc@yyth.com.cn	
	电　话	0871-66242239		传　真	0871-64318015	
	办公地址	云南省昆明市滇池路1417号				
	经营范围	化肥、化工原料、新材料、新能源及产品的研发、生产、销售				

	指标＼报告期	2013.06.30	2012.12.31	2012.06.30	2011.12.31
主要财务指标	基本每股收益(元)	-0.3153	-0.7607	0.2491	0.2594
	基本每股收益(扣除)(元)	-0.5129	-0.7862	-0.3469	0.2370
	每股净资产(元)	7.1422	7.5028	8.4693	8.9920
	每股经营现金净流量(元)	-1.0858	1.8347	1.0675	0.1974
	每股现金流量(元)	-0.2105	-0.8936	1.2735	-0.4626
	每股资本公积金(元)	4.9733	4.2516	4.7888	4.7886
	每股盈余公积金(元)	0.7598	1.8279	1.4376	1.4376
	每股未分配利润(元)	0.3047	1.5031	1.1944	1.7337
	净资产收益率(%)	-4.4146	-10.1392	-4.0066	2.7060
	加权净资产收益率(%)	-4.6500	-9.0900	3.4600	2.9700
	净资产收益率(扣除)(%)	-	-	-	-
	总资产(万元)	7436867.26	7090285.11	2754901.89	2707135.32
	归属母公司股东权益(万元)	1191788.34	1117292.26	587460.86	623714.30
	主营业务收入(万元)	2559190.58	954301.31	2827416.26	986114.19
	营业收入(万元)	2606956.42	989303.53	2850576.54	1011661.68
	主营成本(万元)	2231092.03	800943.66	2402147.30	789384.74
	营业成本(万元)	2264941.58	831183.21	2415850.65	811586.63
	投资收益(万元)	-5705.47	811.92	5407.40	877.79
	净利润(万元)	-59580.54	-54813.92	60832.77	23859.75
	利润总额(万元)	-54928.66	-51710.57	80211.26	26707.12

上海开创国际海洋资源股份有限公司

公司概况	公司名称	上海开创国际海洋资源股份有限公司			证券简称	开创国际
	法人代表	汤期庆	董秘	汪涛	证券代码	600097
	公司网址	www.skmic.sh.cn		电子信箱	ir@skmic.sh.cn	
	电　话	021-65686875 65690310		传　真	021-65696280 65673892	
	办公地址	上海市杨浦区共青路448号				
	经营范围	远洋捕捞、食品销售管理、渔用设备、产品销售等				

	指标＼报告期	2013.06.30	2012.12.31	2012.06.30	2011.12.31
主要财务指标	基本每股收益(元)	0.3200	0.6400	0.4900	0.3200
	基本每股收益(扣除)(元)	0.2800	0.5100	0.4900	0.2000
	每股净资产(元)	4.0293	3.9281	3.8700	3.3700
	每股经营现金净流量(元)	0.4444	1.5931	1.5307	0.7170
	每股现金流量(元)	0.0553	0.1735	0.7529	0.3016
	每股资本公积金(元)	0.0622	0.0622	0.0622	0.0622
	每股盈余公积金(元)	0.2647	0.2647	0.2463	0.2463
	每股未分配利润(元)	1.6818	1.5590	1.5112	1.0217
	净资产收益率(%)	8.0110	16.1817	12.6600	9.6181
	加权净资产收益率(%)	7.9100	17.4400	13.5200	9.9900
	净资产收益率(扣除)(%)	-	-	-	-
	总资产(万元)	150098.10	132105.32	136375.74	133341.35
	归属母公司股东权益(万元)	81632.36	79582.49	78327.54	68360.24
	主营业务收入(万元)	41709.21	81741.12	38964.41	73403.64
	营业收入(万元)	42220.38	81981.89	39984.04	73463.70
	主营成本(万元)	39640.75	71888.56	32132.71	59515.59
	营业成本(万元)	40067.73	72024.56	32974.06	69543.69
	投资收益(万元)	-	-	-	-
	净利润(万元)	6539.58	12877.82	9918.86	6574.92
	利润总额(万元)	6539.58	12939.72	9918.86	6574.92

广州发展集团股份有限公司

公司概况

公司名称	广州发展集团股份有限公司			证券简称	广州发展
法人代表	伍竹林	董秘	张雪球	证券代码	600098
公司网址	www.gdih.cn		电子信箱	gzkg600098@gdih.cn	
电　话	020-37850968 37850978		传　真	020-37850938	
办公地址	广州市天河区临江大道3号31-32楼				
经营范围	电力、能源物流、基建等产业的投资、建设、生产管理和经营业务等				

主要财务指标

指标\报告期	2013.06.30	2012.12.31	2012.06.30	2011.12.31
基本每股收益(元)	0.1916	0.3429	0.1870	0.2459
基本每股收益(扣除)(元)	0.1909	0.2684	0.1829	0.1467
每股净资产(元)	4.7031	4.6715	4.5100	5.8104
每股经营现金净流量(元)	0.5075	1.1054	0.5571	0.4076
每股现金流量(元)	-0.3489	0.5832	1.5210	0.3541
每股资本公积金(元)	1.3906	1.3927	1.8511	2.1038
每股盈余公积金(元)	0.9279	0.9279	1.2400	1.2314
每股未分配利润(元)	1.3769	1.3453	1.5767	1.4721
净资产收益率(%)	4.0749	6.8119	3.5495	4.8264
加权净资产收益率(%)	4.0200	7.0500	3.6100	4.4400
净资产收益率(扣除)(%)	-	-	-	-
总资产(万元)	3235750.53	3269182.28	3037289.29	2672612.91
归属母公司股东权益(万元)	1289683.12	1281027.13	1236709.26	1196469.53
主营业务收入(万元)	770455.50	1494865.98	713281.25	1306841.39
营业收入(万元)	777430.06	1516446.59	719431.61	1324141.01
主营成本(万元)	621249.96	1253619.26	605029.69	1130275.77
营业成本(万元)	627315.69	1263970.29	606704.46	1146108.89
投资收益(万元)	19795.65	41728.11	18464.20	17065.70
净利润(万元)	73922.46	117123.68	57910.12	78153.57
利润总额(万元)	96737.07	147816.99	72997.62	105447.94

林海股份有限公司

公司概况

公司名称	林海股份有限公司			证券简称	林海股份
法人代表	刘群	董秘	郭健	证券代码	600099
公司网址	www.linhai.cn		电子信箱	luzhonghua6551888@hotmail.com	
电　话	0523-86992109 86568091		传　真	0523-86551403	
办公地址	江苏省泰州市迎春西路199号				
经营范围	林业及园林动力机械、农业机械、喷灌机械、木材采运设备等				

主要财务指标

指标\报告期	2013.06.30	2012.12.31	2012.06.30	2011.12.31
基本每股收益(元)	0.0016	0.0022	0.0055	0.0149
基本每股收益(扣除)(元)	0.0016	-0.0488	-0.0066	0.0142
每股净资产(元)	2.1797	2.1781	2.1810	2.1800
每股经营现金净流量(元)	-0.1213	0.0029	-0.0807	-0.0840
每股现金流量(元)	-0.1412	-0.1108	-0.1974	-0.1431
每股资本公积金(元)	0.9100	0.9100	0.9100	0.9100
每股盈余公积金(元)	0.1134	0.1134	0.1132	0.1132
每股未分配利润(元)	0.1562	0.1547	0.1581	0.1526
净资产收益率(%)	0.0715	0.1032	0.2500	0.6870
加权净资产收益率(%)	0.0720	0.1030	0.2504	0.6830
净资产收益率(扣除)(%)	-	-	-	-
总资产(万元)	52892.51	52706.78	54858.30	52946.50
归属母公司股东权益(万元)	47761.35	47727.18	47797.50	47677.94
主营业务收入(万元)	9558.73	21119.09	11270.73	24701.81
营业收入(万元)	10062.41	21959.56	11613.97	25640.28
主营成本(万元)	8650.16	19572.71	10341.18	22217.29
营业成本(万元)	9026.89	20182.42	10620.72	22901.77
投资收益(万元)	-	-2.98	16.65	152.50
净利润(万元)	34.17	49.24	119.56	327.56
利润总额(万元)	28.58	51.33	124.16	329.42

同方股份有限公司

公司概况

公司名称	同方股份有限公司			证券简称	同方股份
法人代表	陆致成	董秘	孙岷	证券代码	600100
公司网址	www.thtf.com.cn		电子信箱	600100@thtf.com.cn	
电　话	010-82399888		传　真	010-82399765	
办公地址	北京市海淀区清华同方科技大厦A座29层				
经营范围	计算机产品、商品销售、网络、软件、系统集成与信息服务等				

主要财务指标

指标\报告期	2013.06.30	2012.12.31	2012.06.30	2011.12.31
基本每股收益(元)	0.2151	0.3051	0.0780	0.3559
基本每股收益(扣除)(元)	0.0159	0.0918	0.0129	0.0608
每股净资产(元)	4.7005	4.5743	4.3000	4.2900
每股经营现金净流量(元)	-0.4265	0.4389	-0.3731	-0.1102
每股现金流量(元)	-0.2478	0.2581	-0.5622	-0.6329
每股资本公积金(元)	1.9902	1.9746	1.9297	1.8840
每股盈余公积金(元)	0.3085	0.3085	0.2795	0.2795
每股未分配利润(元)	1.4253	1.3102	1.1122	1.1487
净资产收益率(%)	4.5770	6.6690	1.8135	8.2880
加权净资产收益率(%)	4.5700	6.9700	1.7900	8.5400
净资产收益率(扣除)(%)	-	-	-	-
总资产(万元)	3532170.98	3370204.79	3190064.54	3017095.18
归属母公司股东权益(万元)	934309.82	909238.97	855116.81	853598.38
主营业务收入(万元)	936229.17	2200218.47	969763.15	2086812.37
营业收入(万元)	945106.81	2234267.99	977855.55	2096204.99
主营成本(万元)	779301.41	1847108.31	822129.98	1765013.84
营业成本(万元)	783271.26	1873140.84	827237.35	1770487.71
投资收益(万元)	73920.92	53598.27	30062.92	24557.69
净利润(万元)	55006.31	84372.23	23462.84	86852.56
利润总额(万元)	65554.44	102776.53	28598.96	105570.02

四川明星电力股份有限公司

公司概况

公司名称	四川明星电力股份有限公司			证券简称	明星电力
法人代表	秦怀平	董秘	唐敏	证券代码	600101
公司网址	www.mxdl.com.cn		电子信箱	tangmin_law@vip.126.com	
电　话	0825-2210076 2210081		传　真	0825-2210017 2210089	
办公地址	四川省遂宁市开发区明月路88号				
经营范围	电力、热力生产供应、送变电工程、线路、设备安装、施工、批发等				

主要财务指标

指标\报告期	2013.06.30	2012.12.31	2012.06.30	2011.12.31
基本每股收益(元)	0.4760	0.3400	0.1840	0.6800
基本每股收益(扣除)(元)	0.1500	0.3000	0.1780	0.3700
每股净资产(元)	5.3704	4.8900	4.7300	4.6000
每股经营现金净流量(元)	0.1431	0.6129	0.1877	0.5250
每股现金流量(元)	0.3924	0.1659	0.0566	-0.0078
每股资本公积金(元)	1.4143	1.4143	1.4143	1.4143
每股盈余公积金(元)	0.2303	0.2303	0.1796	0.1796
每股未分配利润(元)	2.7193	2.2430	2.1366	2.0029
净资产收益率(%)	8.8677	6.9659	3.8838	14.7970
加权净资产收益率(%)	9.2800	7.1800	3.9400	15.9100
净资产收益率(扣除)(%)	-	-	-	-
总资产(万元)	269673.27	255075.23	251231.13	248270.16
归属母公司股东权益(万元)	174096.35	158619.75	153354.97	149019.91
主营业务收入(万元)	48041.99	89439.16	42546.73	79858.47
营业收入(万元)	48803.07	90826.08	43077.66	80837.88
主营成本(万元)	39092.79	66745.77	31777.57	56040.69
营业成本(万元)	39172.24	67081.06	31866.17	56214.16
投资收益(万元)	13952.88	2124.07	1542.73	13358.42
净利润(万元)	14942.83	10095.19	5379.35	21758.38
利润总额(万元)	17888.84	12259.91	6428.62	25401.01

福建省青山纸业股份有限公司

公司概况					
公司名称	福建省青山纸业股份有限公司			证券简称	青山纸业
法人代表	徐宗明	董秘	林建平	证券代码	600103
公司网址	www.qingshanpaper.com		电子信箱	dm@qingshanpaper.com	
电　话	0591-83367773		传　真	0591-87110973	
办公地址	福建省沙县青州镇				
经营范围	纸袋纸系列产品及副产品、高强牛皮卡纸、精制牛皮纸、高强瓦楞纸等				

主要财务指标　指标＼报告期	2013.06.30	2012.12.31	2012.06.30	2011.12.31
基本每股收益(元)	–0.0591	–0.3014	–0.0556	0.0117
基本每股收益(扣除)(元)	–0.0936	–0.3508	–0.0719	–0.0355
每股净资产(元)	1.2047	1.2956	1.5252	1.5690
每股经营现金净流量(元)	–0.0524	–0.1205	–0.1397	0.0342
每股现金流量(元)	0.0340	–0.0814	0.0800	–0.0382
每股资本公积金(元)	0.1415	0.1733	0.1570	0.1449
每股盈余公积金(元)	0.1927	0.1927	0.1927	0.1927
每股未分配利润(元)	–0.1295	–0.0704	0.1755	0.2311
净资产收益率(%)	–4.9088	–23.2665	–3.6438	0.7480
加权净资产收益率(%)	–4.7300	–21.2600	–3.5900	0.7200
净资产收益率(扣除)(%)	–	–	–	–
总资产(万元)	368436.56	352141.39	392271.53	365853.12
归属母公司股东权益(万元)	127917.68	137572.53	161950.09	166573.07
主营业务收入(万元)	91394.07	164871.35	79732.39	197402.82
营业收入(万元)	92930.44	171949.07	81424.41	201585.57
主营成本(万元)	81618.39	152537.74	67131.40	174107.34
营业成本(万元)	83809.99	156194.00	69092.78	178192.49
投资收益(万元)	3459.97	6400.83	2059.97	4934.52
净利润(万元)	–5761.88	–31577.81	–5548.51	1886.95
利润总额(万元)	–5083.14	–30759.39	–5005.35	2924.51

上海汽车集团股份有限公司

公司概况					
公司名称	上海汽车集团股份有限公司			证券简称	上汽集团
法人代表	胡茂元	董秘	王剑璋	证券代码	600104
公司网址	www.saicmotor.com		电子信箱	saicmotor@saic.com.cn	
电　话	021-22011138		传　真	021-22011777	
办公地址	上海市静安区威海路489号				
经营范围	汽车,摩托车,拖拉机等各种机动车整车,机械设备,总成及零部件的生产、销售等				

主要财务指标　指标＼报告期	2013.06.30	2012.12.31	2012.06.30	2011.12.31
基本每股收益(元)	1.0400	1.8820	0.9780	1.8340
基本每股收益(扣除)(元)	0.9600	1.8570	0.9500	1.8020
每股净资产(元)	11.4422	11.0958	9.9280	9.2800
每股经营现金净流量(元)	0.5280	1.7769	0.9770	1.8330
每股现金流量(元)	2.6250	–1.1545	0.6381	–0.0936
每股资本公积金(元)	3.9917	4.0693	3.7973	3.8250
每股盈余公积金(元)	1.2974	1.2974	0.8892	0.8892
每股未分配利润(元)	5.1421	4.7144	4.2310	3.5572
净资产收益率(%)	9.0889	16.9627	9.8515	19.7550
加权净资产收益率(%)	9.0700	18.5200	10.0800	21.3700
净资产收益率(扣除)(%)	--	--	–	–
总资产(万元)	32585015.76	31720299.90	31567975.95	31863318.10
归属母公司股东权益(万元)	12615632.23	12233736.74	10946497.05	10236231.47
主营业务收入(万元)	27596074.41	47039434.80	23043481.23	42637783.69
营业收入(万元)	27942508.88	47843257.63	23416320.34	43309548.43
主营成本(万元)	--	39412982.36	–	34658357.94
营业成本(万元)	24911674.29	40056359.67	19363866.72	35187030.02
投资收益(万元)	1362265.85	1542934.12	759597.77	1345196.59
净利润(万元)	1672071.54	3352825.37	1807412.86	3498963.10
利润总额(万元)	1974681.88	4015636.50	2154140.26	4202816.28

江苏永鼎股份有限公司

公司概况					
公司名称	江苏永鼎股份有限公司			证券简称	永鼎股份
法人代表	莫林弟	董秘	彭勇泉	证券代码	600105
公司网址	www.yongding.com.cn		电子信箱	pme@yongding.com.cn	
电　话	0512-63272395 63272489		传　真	0512-63271866	
办公地址	江苏省吴江市芦墟镇汾湖经济技术开发区				
经营范围	光缆、电缆的生产和销售、房地产开发和销售、境外工程承揽与施工等				

主要财务指标　指标＼报告期	2013.06.30	2012.12.31	2012.06.30	2011.12.31
基本每股收益(元)	0.0370	0.0300	0.0320	0.1100
基本每股收益(扣除)(元)	0.0030	–0.1400	0.0090	0.0700
每股净资产(元)	3.6820	3.7128	3.7100	3.6800
每股经营现金净流量(元)	0.1471	0.2379	–0.1209	–0.3229
每股现金流量(元)	–0.2814	0.3203	0.1584	–0.2172
每股资本公积金(元)	1.2124	1.2124	1.2124	1.2124
每股盈余公积金(元)	0.4873	0.4873	0.4788	0.4788
每股未分配利润(元)	0.9823	1.0131	1.0235	0.9918
净资产收益率(%)	1.0100	0.8018	0.8500	2.8730
加权净资产收益率(%)	1.0000	0.8100	0.8600	2.8800
净资产收益率(扣除)(%)	–	–	–	–
总资产(万元)	382576.61	381341.66	398243.59	373042.28
归属母公司股东权益(万元)	140268.31	141441.07	141512.34	140306.95
主营业务收入(万元)	44485.62	130517.54	54165.86	189007.87
营业收入(万元)	45868.33	137054.03	57143.17	191249.12
主营成本(万元)	37257.24	113311.71	45510.14	171883.71
营业成本(万元)	37990.97	118699.81	48053.63	172764.06
投资收益(万元)	159.12	3214.64	942.23	9402.46
净利润(万元)	–41.97	2674.02	2426.53	6642.63
利润总额(万元)	–1090.20	3290.91	2652.19	6937.56

重庆路桥股份有限公司

公司概况					
公司名称	重庆路桥股份有限公司			证券简称	重庆路桥
法人代表	江津	董秘	张漫	证券代码	600106
公司网址	www.cqrb.com.cn		电子信箱	cqrb@cqrb.com.cn	
电　话	023-62803632		传　真	023-62909387	
办公地址	重庆市南坪经济技术开发区丹龙路11号				
经营范围	长江石板坡大桥,嘉陵江石门大桥,嘉华嘉陵江大桥,长寿湖旅游专用高速公路经营,维护等				

主要财务指标　指标＼报告期	2013.06.30	2012.12.31	2012.06.30	2011.12.31
基本每股收益(元)	0.1270	0.2564	0.1144	0.3917
基本每股收益(扣除)(元)	0.1191	0.1846	0.0859	0.2338
每股净资产(元)	2.3228	2.2758	2.1564	4.1563
每股经营现金净流量(元)	0.1096	0.2525	0.0047	1.0191
每股现金流量(元)	0.5812	–0.6178	–0.3422	–0.3949
每股资本公积金(元)	0.0598	0.0598	0.0824	0.7172
每股盈余公积金(元)	0.2652	0.2652	0.2396	0.4792
每股未分配利润(元)	0.9978	0.9508	0.8344	1.9600
净资产收益率(%)	5.4682	11.2663	5.3035	18.8480
加权净资产收益率(%)	5.4600	11.8200	5.4000	20.7800
净资产收益率(扣除)(%)	–	–	–	–
总资产(万元)	572049.41	536565.54	532774.26	563804.79
归属母公司股东权益(万元)	210849.56	206581.84	195742.69	183642.32
主营业务收入(万元)	15885.32	32134.64	16032.94	39743.83
营业收入(万元)	15978.24	32184.60	16098.45	39838.41
主营成本(万元)	1604.74	3594.19	1969.96	3529.80
营业成本(万元)	13161.60	3594.78	1970.07	3529.80
投资收益(万元)	9112.45	18184.97	8416.40	25682.02
净利润(万元)	11529.66	23274.15	10381.22	35555.04
利润总额(万元)	11893.13	24513.53	10766.94	39317.33

湖北美尔雅股份有限公司

公司概况	公司名称	湖北美尔雅股份有限公司			证券简称	美尔雅
	法人代表	杨闻孙	董秘	王黎	证券代码	600107
	公司网址	www.mailyard.com.cn		电子信箱	gufen@mailyard.com.cn	
	电　话	0714-6360298 6360238		传　真	0714-6360219	
	办公地址	湖北省黄石市团城山开发区美尔雅工业园				
	经营范围	精毛纺织制品、服装及辅料制造、加工和销售,兼营酒店业等				

主要财务指标	指标\报告期	2013.06.30	2012.12.31	2012.06.30	2011.12.31
	基本每股收益(元)	0.0530	0.0430	0.0270	0.0770
	基本每股收益(扣除)(元)	-0.0086	0.0300	0.0280	0.0800
	每股净资产(元)	1.4963	1.4438	1.4300	1.4000
	每股经营现金净流量(元)	0.1650	0.3803	0.1849	0.6684
	每股现金流量(元)	0.0329	0.5818	0.3578	0.4195
	每股资本公积金(元)	0.4430	0.4430	0.4463	0.4443
	每股盈余公积金(元)	0.0674	0.0674	0.0674	0.0674
	每股未分配利润(元)	-0.0141	-0.0666	-0.0833	-0.1100
	净资产收益率(%)	3.5100	3.0044	1.8644	5.5110
	加权净资产收益率(%)	3.5700	3.0500	1.8800	5.6500
	净资产收益率(扣除)(%)	-	-	-	-
	总资产(万元)	264396.84	256350.34	243500.53	221044.99
	归属母公司股东权益(万元)	53867.81	51977.05	51493.45	50459.56
	主营业务收入(万元)	30950.86	59874.75	29768.88	55242.34
	营业收入(万元)	26420.55	48851.17	25841.61	47375.67
	主营成本(万元)	14803.44	26421.75	15274.42	25473.42
	营业成本(万元)	15170.82	27491.81	16121.08	27421.90
	投资收益(万元)	97.63	1131.62	93.08	92.92
	净利润(万元)	1963.58	3639.68	1849.74	4542.62
	利润总额(万元)	2405.35	5738.05	2716.11	6642.53

甘肃亚盛实业(集团)股份有限公司

公司概况	公司名称	甘肃亚盛实业(集团)股份有限公司			证券简称	亚盛集团
	法人代表	杨树军	董秘	符继军	证券代码	600108
	公司网址	www.yasheng.com.cn		电子信箱	invest@yasheng.com	
	电　话	0931-8857057		传　真	0931-8857182	
	办公地址	甘肃省兰州市城关区雁兴路21号10-15楼				
	经营范围	高科技农业新技术,新品种开发,加工,生产等				

主要财务指标	指标\报告期	2013.06.30	2012.12.31	2012.06.30	2011.12.31
	基本每股收益(元)	0.0666	0.2413	0.0633	0.0637
	基本每股收益(扣除)(元)	0.0625	0.1875	0.0624	0.1000
	每股净资产(元)	2.2468	2.2151	2.0600	1.5500
	每股经营现金净流量(元)	0.0610	0.2039	0.0262	0.0347
	每股现金流量(元)	-0.0940	0.2237	0.5143	0.0560
	每股资本公积金(元)	0.5335	0.5435	0.5630	0.0562
	每股盈余公积金(元)	0.1201	0.1201	0.1004	0.1125
	每股未分配利润(元)	0.5932	0.5515	0.3963	0.3796
	净资产收益率(%)	2.9657	10.4997	2.7969	4.1165
	加权净资产收益率(%)	2.9800	12.2400	4.0900	4.1300
	净资产收益率(扣除)(%)	-	-	-	-
	总资产(万元)	606879.36	611502.60	560390.16	447369.36
	归属母公司股东权益(万元)	437433.62	431261.86	400997.85	268935.04
	主营业务收入(万元)	84702.60	221863.80	77257.26	143541.76
	营业收入(万元)	84858.19	224605.74	77406.92	147021.52
	主营成本(万元)	63301.11	165760.70	57369.23	106770.72
	营业成本(万元)	63337.85	167250.41	57423.32	108643.45
	投资收益(万元)	143.02	-53.97	-9.57	-56.46
	净利润(万元)	13075.92	45791.75	11399.13	11678.36
	利润总额(万元)	13257.40	46101.50	11503.84	11736.98

国金证券股份有限公司

公司概况	公司名称	国金证券股份有限公司			证券简称	国金证券
	法人代表	冉云	董秘	周洪刚	证券代码	600109
	公司网址	www.gjzq.com.cn		电子信箱	liubx@gjzq.com.cn	
	电　话	028-86690021 86690206		传　真	028-86695681	
	办公地址	四川省成都市青羊区东城根上街95号成证大厦16楼				
	经营范围	证券代理买卖、证券的自营买卖、证券的承销、证券投资咨询等				

主要财务指标	指标\报告期	2013.06.30	2012.12.31	2012.06.30	2011.12.31
	基本每股收益(元)	0.1350	0.2740	0.1990	0.2320
	基本每股收益(扣除)(元)	0.1330	0.2620	0.1970	0.2180
	每股净资产(元)	5.0747	4.9008	3.3400	3.2400
	每股经营现金净流量(元)	-0.0837	-0.1561	0.5216	-2.9453
	每股现金流量(元)	-1.1625	1.9467	0.3932	-3.0206
	每股资本公积金(元)	2.0753	2.0363	0.0068	0.0049
	每股盈余公积金(元)	0.2441	0.2441	0.2887	0.2887
	每股未分配利润(元)	1.2822	1.1473	1.4904	1.3912
	净资产收益率(%)	2.6576	4.3268	5.9566	7.1420
	加权净资产收益率(%)	2.7000	8.2400	6.0500	7.4000
	净资产收益率(扣除)(%)	-	-	-	-
	总资产(万元)	1419275.43	1262134.89	907871.45	886470.51
	归属母公司股东权益(万元)	656704.78	634199.63	334467.49	324360.31
	主营业务收入(万元)	-	-	-	-
	营业收入(万元)	85252.57	153432.86	80523.69	107970.96
	主营成本(万元)	-	-	-	-
	营业成本(万元)	-	-	53859.69	77307.89
	投资收益(万元)	23491.16	17004.07	8620.42	-398.81
	净利润(万元)	17456.91	27455.09	19934.84	23167.11
	利润总额(万元)	23474.42	37650.36	26997.64	32424.24

中科英华高技术股份有限公司

公司概况	公司名称	中科英华高技术股份有限公司			证券简称	中科英华
	法人代表	张国庆	董秘	袁梅	证券代码	600110
	公司网址	www.kinwa.com.cn		电子信箱	ir@kinwa.com.cn	
	电　话	0431-85161088		传　真	0431-85161071	
	办公地址	吉林省长春市高新技术开发区火炬路286号				
	经营范围	热缩材料等高技术、新材料、新产品的开发、生产与经营等				

主要财务指标	指标\报告期	2013.06.30	2012.12.31	2012.06.30	2011.12.31
	基本每股收益(元)	0.0036	0.0045	0.0090	-0.0595
	基本每股收益(扣除)(元)	0.0011	-0.0700	-0.0303	-0.0891
	每股净资产(元)	1.7191	1.7177	1.7134	1.7038
	每股经营现金净流量(元)	-0.2970	-0.1065	0.1432	-0.1657
	每股现金流量(元)	0.0818	-0.0098	0.0659	-0.6952
	每股资本公积金(元)	0.6176	0.6176	0.6082	0.6082
	每股盈余公积金(元)	-	0.0589	0.0589	0.0589
	每股未分配利润(元)	-	0.0508	0.0552	0.0462
	净资产收益率(%)	0.2116	0.2645	0.5200	-3.4894
	加权净资产收益率(%)	0.2116	0.2700	0.5242	-3.3900
	净资产收益率(扣除)(%)	-	-	-	-
	总资产(万元)	621015.94	528740.57	508421.38	450902.81
	归属母公司股东权益(万元)	197755.31	197584.32	197096.78	195986.25
	主营业务收入(万元)	99479.58	148288.31	71595.46	123367.64
	营业收入(万元)	102139.49	153295.22	74783.13	124020.58
	主营成本(万元)	83927.94	124313.15	59095.71	100284.15
	营业成本(万元)	86108.97	127582.57	61999.05	100647.70
	投资收益(万元)	1161.14	-3290.08	-1428.51	-2593.20
	净利润(万元)	689.95	614.55	1114.32	-5763.40
	利润总额(万元)	531.89	1350.58	1908.68	-4545.06

内蒙古包钢稀土(集团)高科技股份有限公司

公司概况	公司名称	内蒙古包钢稀土(集团)高科技股份有限公司			证券简称	包钢稀土
	法人代表	周秉利	董秘	张日辉	证券代码	600111
	公司网址	www.reht.com		电子信箱	security@reht.com	
	电　话	0472-2207525 2207799		传　真	0472-2207788	
	办公地址	内蒙古自治区包头市稀土高新技术产业开发区黄河路 83 号				
	经营范围	稀土精矿、稀土深加工产品、稀土新材料生产与销售等				

主要财务指标	指标\报告期	2013.06.30	2012.12.31	2012.06.30	2011.12.31
	基本每股收益(元)	0.4340	0.6240	0.6480	1.4360
	基本每股收益(扣除)(元)	0.4220	0.6030	0.6400	1.4390
	每股净资产(元)	3.0092	2.7745	2.8000	4.6518
	每股经营现金净流量(元)	0.4139	-0.4058	0.5614	1.6084
	每股现金流量(元)	0.6020	0.0851	0.5527	0.6868
	每股资本公积金(元)	0.0607	0.0607	0.0607	0.1214
	每股盈余公积金(元)	0.3851	0.3851	0.2069	0.4138
	每股未分配利润(元)	1.5562	1.3222	1.5269	3.1077
	净资产收益率(%)	14.4209	22.4762	23.1430	61.7460
	加权净资产收益率(%)	14.6700	23.6420	25.0100	84.6670
	净资产收益率(扣除)(%)	-	-	-	-
	总资产(万元)	1991342.68	1764986.69	1697206.43	1472663.29
	归属母公司股东权益(万元)	728851.03	671992.38	678188.28	563345.37
	主营业务收入(万元)	481835.82	921549.58	628492.19	1147948.30
	营业收入(万元)	483167.32	924175.05	629713.67	1152826.21
	主营成本(万元)	318793.56	540323.71	321791.95	310859.75
	营业成本(万元)	319870.75	542575.59	322747.23	313720.22
	投资收益(万元)	-174.80	-482.82	153.12	474.74
	净利润(万元)	45569.20	167273.48	184247.73	560881.38
	利润总额(万元)	58275.66	209597.74	243779.21	727554.95

贵州长征电气股份有限公司

公司概况	公司名称	贵州长征电气股份有限公司			证券简称	长征电气
	法人代表	李勇	董秘	王肃	证券代码	600112
	公司网址	www.czdq.cn		电子信箱	ws@czdq.cn	
	电　话	0852-8620788		传　真	0852-8654903	
	办公地址	贵州省遵义市武汉路 1 号(长征电气工业园)				
	经营范围	高、中、低压电器元件及成套设备,风力发电设备的设计、研制、生产、销售等				

主要财务指标	指标\报告期	2013.06.30	2012.12.31	2012.06.30	2011.12.31
	基本每股收益(元)	0.0543	0.1470	0.0822	0.1296
	基本每股收益(扣除)(元)	-0.0064	-0.0362	0.0268	0.0127
	每股净资产(元)	2.3692	2.3198	2.2550	2.6174
	每股经营现金净流量(元)	0.0339	-0.0624	-0.0812	-0.0602
	每股现金流量(元)	0.3885	-0.5492	-0.2461	0.2380
	每股资本公积金(元)	0.6364	0.6364	0.6364	0.9636
	每股盈余公积金(元)	0.0449	0.0449	0.0449	0.0538
	每股未分配利润(元)	0.6879	0.6386	0.5738	0.5999
	净资产收益率(%)	2.2932	6.3364	3.6448	5.9430
	加权净资产收益率(%)	2.3173	6.5317	3.6985	6.0972
	净资产收益率(扣除)(%)	-	-	-	-
	总资产(万元)	293855.30	251693.15	247932.90	221420.78
	归属母公司股东权益(万元)	120639.69	118127.78	114827.89	111067.01
	主营业务收入(万元)	38293.91	81176.13	38827.41	46620.80
	营业收入(万元)	38735.57	82608.31	39431.31	47412.07
	主营成本(万元)	27228.38	57134.45	26536.10	27723.30
	营业成本(万元)	27530.17	58211.93	27124.80	28315.88
	投资收益(万元)	230.53	710.64	452.38	737.70
	净利润(万元)	2756.51	7485.11	4185.21	6476.91
	利润总额(万元)	2431.22	7750.22	4411.76	8650.51

浙江东日股份有限公司

公司概况	公司名称	浙江东日股份有限公司			证券简称	浙江东日
	法人代表	杨作军	董秘	郑羲亮	证券代码	600113
	公司网址	www.dongri.com		电子信箱	zjdongri@wz.zj.cn	
	电　话	0577-88812155		传　真	0577-88842287	
	办公地址	浙江省温州市矮凳桥 92 号				
	经营范围	房地产销售、租赁以及物业管理等				

主要财务指标	指标\报告期	2013.06.30	2012.12.31	2012.06.30	2011.12.31
	基本每股收益(元)	0.0500	0.0900	0.0800	0.2300
	基本每股收益(扣除)(元)	0.0400	0.0800	0.0600	0.2200
	每股净资产(元)	1.7998	1.7472	1.7380	1.6580
	每股经营现金净流量(元)	-0.0360	-0.3953	-0.3586	-0.4852
	每股现金流量(元)	0.0461	-0.1870	-0.1899	-0.5184
	每股资本公积金(元)	0.3367	0.3370	0.3370	0.3370
	每股盈余公积金(元)	0.1285	0.1285	0.1198	0.1198
	每股未分配利润(元)	0.3346	0.2818	0.2816	0.2013
	净资产收益率(%)	2.9348	5.1070	4.6201	13.6550
	加权净资产收益率(%)	2.9800	5.2400	4.7300	14.5700
	净资产收益率(扣除)(%)	-	-	-	-
	总资产(万元)	84835.90	78721.40	75656.91	75106.56
	归属母公司股东权益(万元)	57341.23	55666.21	55382.03	52823.33
	主营业务收入(万元)	12850.02	30391.44	13933.61	71793.35
	营业收入(万元)	13025.06	30808.59	14241.58	72064.75
	主营成本(万元)	11097.76	25974.53	12312.97	58044.35
	营业成本(万元)	11121.84	25997.15	11531.10	58059.38
	投资收益(万元)	936.70	1282.99	1163.03	1047.52
	净利润(万元)	1623.23	3033.20	2826.53	7696.13
	利润总额(万元)	1939.98	3765.28	3481.99	9615.70

东睦新材料集团股份有限公司

公司概况	公司名称	东睦新材料集团股份有限公司			证券简称	东睦股份
	法人代表	芦德宝	董秘	曹阳	证券代码	600114
	公司网址	www.pm-china.com		电子信箱	caoyang@pm-china com	
	电　话	0574-87841061 87475981		传　真	0574-87831133	
	办公地址	浙江省宁波市鄞州工业园区(姜山)景江路 8 号				
	经营范围	粉末冶金机械零件的生产和销售				

主要财务指标	指标\报告期	2013.06.30	2012.12.31	2012.06.30	2011.12.31
	基本每股收益(元)	0.1900	0.1900	0.1000	0.3000
	基本每股收益(扣除)(元)	0.1900	0.1700	0.0800	0.2900
	每股净资产(元)	3.4076	3.3300	3.2400	3.2800
	每股经营现金净流量(元)	0.3653	0.9307	0.5503	0.8184
	每股现金流量(元)	0.0179	-0.0435	-0.3265	0.1613
	每股资本公积金(元)	1.5882	1.5413	1.5463	1.5664
	每股盈余公积金(元)	0.2463	0.2589	0.2404	0.2404
	每股未分配利润(元)	0.5731	0.5276	0.4530	0.4721
	净资产收益率(%)	5.4399	5.8295	3.1165	9.0680
	加权净资产收益率(%)	5.6200	5.9100	3.0800	9.4200
	净资产收益率(扣除)(%)	-	-	--	--
	总资产(万元)	168304.94	160184.35	142494.74	148784.40
	归属母公司股东权益(万元)	70027.15	65057.86	63336.69	64102.16
	主营业务收入(万元)	-	94496.11	47740.30	98418.72
	营业收入(万元)	57892.60	96943.61	48812.83	100410.22
	主营成本(万元)	-	71624.76	36497.64	72094.36
	营业成本(万元)	41982.63	72908.23	37077.50	73255.94
	投资收益(万元)	0.01	-	--	--
	净利润(万元)	4276.11	4336.86	2297.25	7023.47
	利润总额(万元)	4917.61	5249.27	2780.37	8611.24

中国东方航空股份有限公司

公司概况

公司名称	中国东方航空股份有限公司			证券简称	东方航空
法人代表	刘绍勇	董秘	汪健	证券代码	600115
公司网址	www.ceair.com		电子信箱	ir@ceair.com	
电　　话	021-62686268		传　　真	021-62686116	
办公地址	上海市虹桥路 2550 号				
经营范围	国内和经批准的地区、国际航空客、货、邮、行李运输业务及延伸服务等				

主要财务指标

指标\报告期	2013.06.30	2012.12.31	2012.06.30	2011.12.31
基本每股收益(元)	0.0658	0.3042	0.0882	0.4334
基本每股收益(扣除)(元)	0.0581	0.2108	0.0827	0.4098
每股净资产(元)	2.2032	2.0730	1.9012	1.8124
每股经营现金净流量(元)	0.2982	1.1181	0.5185	1.1940
每股现金流量(元)	0.0916	-0.1197	0.1330	0.0694
每股资本公积金(元)	1.3825	1.3422	1.3864	1.3858
每股盈余公积金(元)	-	-	-	-
每股未分配利润(元)	-0.1793	-0.2692	-0.4851	-0.5734
净资产收益率(%)	2.7334	14.6734	4.6415	23.9110
加权净资产收益率(%)	3.1700	15.4800	4.7500	27.1200
净资产收益率(扣除)(%)	-	-	-	-
总资产(万元)	13082979.50	12096247.90	11808408.60	11221515.20
归属母公司股东权益(万元)	2792451.80	2337634.60	2143947.70	2043737.70
主营业务收入(万元)	3842.12	8040334.10	3803757.90	7868196.70
营业收入(万元)	4147925.40	8556925.00	4040278.00	8397450.50
主营成本(万元)	3573.70	7052559.10	3360876.20	6647118.40
营业成本(万元)	3824162.60	7470031.00	3551666.30	7044783.70
投资收益(万元)	1105.10	23405.80	6554.60	12812.20
净利润(万元)	66881.00	330032.80	88872.80	490248.70
利润总额(万元)	74972.10	351565.60	106756.10	516771.40

重庆三峡水利电力(集团)股份有限公司

公司概况

公司名称	重庆三峡水利电力(集团)股份有限公司			证券简称	三峡水利
法人代表	叶建桥	董秘	陈丽娟	证券代码	600116
公司网址	www.cqsxsl.com		电子信箱	sxsl600116@163.com	
电　　话	023-63801161		传　　真	023-63801165	
办公地址	重庆市渝中区邹容路 68 号大都会商厦 3611 室 重庆市万州区高笋塘 85 号				
经营范围	发电、供电、电力建设咨询服务、制造第一类压力容器等				

主要财务指标

指标\报告期	2013.06.30	2012.12.31	2012.06.30	2011.12.31
基本每股收益(元)	0.1300	0.3100	0.1300	0.2500
基本每股收益(扣除)(元)	0.1200	0.2400	0.1100	0.1500
每股净资产(元)	3.9274	3.9947	3.8200	3.7900
每股经营现金净流量(元)	0.5722	0.7339	0.1672	0.4243
每股现金流量(元)	0.7162	-0.3225	-0.1628	-0.5062
每股资本公积金(元)	1.9189	1.9189	1.9187	1.9187
每股盈余公积金(元)	0.1682	0.1682	0.1469	0.1469
每股未分配利润(元)	0.8403	0.9077	0.7506	0.7217
净资产收益率(%)	3.3768	7.6915	3.3767	6.4910
加权净资产收益率(%)	3.2700	7.9100	3.3600	6.6200
净资产收益率(扣除)(%)	-	-	-	-
总资产(万元)	358138.27	316122.99	301329.46	289099.53
归属母公司股东权益(万元)	105070.06	106872.72	102095.02	101322.93
主营业务收入(万元)	44815.25	93698.01	38734.79	82115.83
营业收入(万元)	45076.14	94524.26	39483.70	82651.99
主营成本(万元)	33242.26	71091.83	27464.51	65363.77
营业成本(万元)	33362.18	71883.42	28583.16	66307.12
投资收益(万元)	508.36	1518.26	540.11	1383.88
净利润(万元)	3019.58	6893.25	3093.36	5804.80
利润总额(万元)	3745.22	8316.54	4178.66	6539.89

西宁特殊钢股份有限公司

公司概况

公司名称	西宁特殊钢股份有限公司			证券简称	西宁特钢
法人代表	郭海荣	董秘	杨凯	证券代码	600117
公司网址	www.xntg.com		电子信箱	xntg@public.xn.qh.cn	
电　　话	0971-5299673 5299865		传　　真	0971-5218389	
办公地址	青海省西宁市柴达木西路 52 号				
经营范围	特殊钢冶炼及压延、机械设备制造、来料加工、副产品出售等				

主要财务指标

指标\报告期	2013.06.30	2012.12.31	2012.06.30	2011.12.31
基本每股收益(元)	0.0931	0.0400	0.0787	0.4400
基本每股收益(扣除)(元)	0.0813	-0.0100	0.0470	0.3900
每股净资产(元)	3.9933	3.9080	3.9444	3.8637
每股经营现金净流量(元)	-0.3221	-0.2394	0.1073	0.9765
每股现金流量(元)	-0.2964	-0.8165	-0.7217	0.1393
每股资本公积金(元)	0.9533	0.9533	0.9533	0.9533
每股盈余公积金(元)	0.2597	0.2597	0.2522	0.2522
每股未分配利润(元)	1.7564	1.6763	1.7199	1.6412
净资产收益率(%)	2.3316	1.0871	1.9954	11.3120
加权净资产收益率(%)	2.3500	1.0900	2.0200	11.9400
净资产收益率(扣除)(%)	-	-	-	-
总资产(万元)	1614464.14	1489227.14	1410599.28	1341040.09
归属母公司股东权益(万元)	295994.27	289669.52	292369.25	286381.28
主营业务收入(万元)	317416.52	661104.27	360891.99	801903.02
营业收入(万元)	329082.86	687129.51	373453.78	820799.45
主营成本(万元)	250627.98	542956.99	293219.67	635783.48
营业成本(万元)	261722.12	565029.04	303342.32	651629.81
投资收益(万元)	240.00	200.00	200.00	200.00
净利润(万元)	8342.80	9224.05	10267.18	48847.47
利润总额(万元)	9617.05	12674.93	12976.81	60891.55

中国东方红卫星股份有限公司

公司概况

公司名称	中国东方红卫星股份有限公司			证券简称	中国卫星
法人代表	李开民	董秘	万银娟	证券代码	600118
公司网址	www.spacesat.com.cn		电子信箱	600118@spacesat.com.cn	
电　　话	010-68197793 68118118		传　　真	010-68197777	
办公地址	北京市海淀区中关村南大街 31 号神舟科技大厦 12 层				
经营范围	卫星及相关产品研制、设计、制造、销售等				

主要财务指标

指标\报告期	2013.06.30	2012.12.31	2012.06.30	2011.12.31
基本每股收益(元)	0.1600	0.3000	0.1200	0.2500
基本每股收益(扣除)(元)	0.1500	0.2500	0.1200	0.2300
每股净资产(元)	2.6890	2.6189	2.2900	2.8605
每股经营现金净流量(元)	-0.4304	0.4149	-0.3045	0.5326
每股现金流量(元)	-0.6608	0.5506	-0.1606	0.2750
每股资本公积金(元)	0.5050	0.4958	0.3354	0.6360
每股盈余公积金(元)	0.0578	0.0578	0.0466	0.0606
每股未分配利润(元)	1.1237	1.0638	0.9041	1.1639
净资产收益率(%)	5.9476	11.2700	5.4347	11.5310
加权净资产收益率(%)	5.9800	12.4000	5.5100	12.1500
净资产收益率(扣除)(%)	-	-	-	-
总资产(万元)	646179.23	563552.26	551947.31	460869.54
归属母公司股东权益(万元)	246471.52	240043.89	209546.99	201684.09
主营业务收入(万元)	207643.82	426089.04	177667.07	361126.11
营业收入(万元)	207643.82	426089.04	177667.07	361126.11
主营成本(万元)	180803.68	368881.80	153480.40	310682.97
营业成本(万元)	180803.68	368881.80	153480.40	310682.97
投资收益(万元)	920.56	-1.78	-1.78	-119.49
净利润(万元)	16576.92	30613.53	12568.49	25726.85
利润总额(万元)	17865.21	34908.39	14851.16	28283.01

长发集团长江投资实业股份有限公司

公司概况	公司名称	长发集团长江投资实业股份有限公司			证券简称	长江投资
	法人代表	居亮	董秘	朱联	证券代码	600119
	公司网址	www.cjtz.cn			电子信箱	zhulian@cjtz.cn
	电　话	021-68407009 68407032			传　　真	021-68407010
	办公地址	上海市闵行区光华路 888 号				
	经营范围	实业投资、国内贸易、信息咨询服务等				

	指标\报告期	2013.06.30	2012.12.31	2012.06.30	2011.12.31
主要财务指标	基本每股收益(元)	0.0637	0.1100	0.0544	0.0600
	基本每股收益(扣除)(元)	0.0418	0.0500	0.0076	0.0200
	每股净资产(元)	2.3817	2.3885	2.3372	2.3426
	每股经营现金净流量(元)	–0.1862	–0.6836	0.0329	1.2162
	每股现金流量(元)	–0.2486	–0.2001	0.1039	0.4842
	每股资本公积金(元)	1.0465	1.0465	1.0465	1.0465
	每股盈余公积金(元)	0.0857	0.0857	0.0821	0.0821
	每股未分配利润(元)	0.2484	0.2547	0.2073	0.2129
	净资产收益率(%)	2.6732	4.4700	2.3278	2.5840
	加权净资产收益率(%)	2.6600	4.5400	2.2957	2.9900
	净资产收益率(扣除)(%)	–	–	–	–
	总资产(万元)	169070.32	164942.67	141340.39	141553.79
	归属母公司股东权益(万元)	73212.21	73421.72	71844.12	72012.75
	主营业务收入(万元)	78418.98	137945.08	48738.79	101851.02
	营业收入(万元)	78737.81	138648.28	49079.28	102559.39
	主营成本(万元)	68036.67	117305.04	40113.24	86881.04
	营业成本(万元)	68332.41	117901.65	40383.68	87495.36
	投资收益(万元)	152.62	336.32	205.79	1114.19
	净利润(万元)	2756.61	4789.18	2194.13	3497.20
	利润总额(万元)	3201.63	7129.08	3509.32	5060.15

浙江东方集团股份有限公司

公司概况	公司名称	浙江东方集团股份有限公司			证券简称	浙江东方
	法人代表	高康	董秘	王俊	证券代码	600120
	公司网址	www.zjorient.com			电子信箱	invest@zjorient.com
	电　话	0571-87600383			传　　真	0571-87600324
	办公地址	浙江省杭州市西湖大道 12 号				
	经营范围	以毛、棉、麻、晴纶为主要原料的针织、梭织服装、服饰和家用纺织品出口业务				

	指标\报告期	2013.06.30	2012.12.31	2012.06.30	2011.12.31
主要财务指标	基本每股收益(元)	0.5300	0.7900	0.4900	0.4300
	基本每股收益(扣除)(元)	–0.0200	0.2400	0.0700	0.3400
	每股净资产(元)	7.4198	7.2087	6.5400	5.8700
	每股经营现金净流量(元)	–0.9615	–0.9328	–0.0473	–1.8703
	每股现金流量(元)	–0.5983	0.5947	0.2126	–0.4027
	每股资本公积金(元)	3.5319	3.6026	3.2301	2.9325
	每股盈余公积金(元)	0.5453	0.5453	0.4710	0.4710
	每股未分配利润(元)	2.3435	2.0617	1.8402	1.4662
	净资产收益率(%)	7.1668	10.9733	7.5500	7.4060
	加权净资产收益率(%)	7.1500	12.1000	7.2900	7.5000
	净资产收益率(扣除)(%)	–	–	–	–
	总资产(万元)	1056149.69	981759.29	791602.72	786970.72
	归属母公司股东权益(万元)	375049.68	364383.14	330610.20	296663.50
	主营业务收入(万元)	491565.39	790395.68	232568.79	719131.59
	营业收入(万元)	492491.59	793386.33	233973.05	721084.22
	主营成本(万元)	456551.34	701699.08	196477.44	596614.38
	营业成本(万元)	456793.46	702956.95	196607.72	597292.64
	投资收益(万元)	36739.48	41909.80	34940.05	8254.56
	净利润(万元)	30169.99	54213.71	29514.90	41672.18
	利润总额(万元)	38048.35	71196.37	36741.67	57829.13

郑州煤电股份有限公司

公司概况	公司名称	郑州煤电股份有限公司			证券简称	郑州煤电
	法人代表	孟中泽	董秘	陈晓燕	证券代码	600121
	公司网址	www.zzce.com.cn			电子信箱	zzce@zmjt.cn
	电　话	0371-87785121			传　　真	0371-87785126
	办公地址	河南省郑州市中原西路 188 号				
	经营范围	煤炭生产和销售、企业专用通信网建设与服务等				

	指标\报告期	2013.06.30	2012.12.31	2012.06.30	2011.12.31
主要财务指标	基本每股收益(元)	0.0202	0.4300	0.3053	0.6500
	基本每股收益(扣除)(元)	0.0189	0.0100	0.0226	0.1300
	每股净资产(元)	3.5223	3.3951	3.1269	5.7043
	每股经营现金净流量(元)	–0.5706	0.4998	–0.1172	2.1774
	每股现金流量(元)	0.1551	–0.6360	0.4670	0.5021
	每股资本公积金(元)	0.1617	0.0907	0.0064	1.7322
	每股盈余公积金(元)	0.4513	0.4513	0.4410	0.6594
	每股未分配利润(元)	1.5421	1.6519	1.4195	1.9770
	净资产收益率(%)	0.5734	12.7422	14.6853	17.2335
	加权净资产收益率(%)	0.6000	10.9100	7.7800	17.7700
	净资产收益率(扣除)(%)	–	–	–	–
	总资产(万元)	1072059.80	976745.61	829257.02	1132334.11
	归属母公司股东权益(万元)	333257.36	321224.35	196726.70	358880.96
	主营业务收入(万元)	1057753.84	1995332.66	1175107.83	1830786.33
	营业收入(万元)	1065326.52	2013854.48	1189250.20	1853734.20
	主营成本(万元)	977336.91	1778366.59	1059717.70	1581629.15
	营业成本(万元)	985767.83	1797314.06	1011547.55	1598590.17
	投资收益(万元)	1.56	568.16	559.74	–1.34
	净利润(万元)	10893.32	56623.89	39424.33	91131.67
	利润总额(万元)	18903.99	76184.63	52445.85	125436.16

江苏宏图高科技股份有限公司

公司概况	公司名称	江苏宏图高科技股份有限公司			证券简称	宏图高科
	法人代表	杨怀珍	董秘	韩宏图	证券代码	600122
	公司网址	www.hiteker.cn			电子信箱	raojin@hiteker.cn
	电　话	025-83274777 83274691			传　　真	025-83274701
	办公地址	江苏省南京市雨花台区软件大道 60 号				
	经营范围	计算机(软硬件)、打印机、网络设备、系统工程集成、通信设备等				

	指标\报告期	2013.06.30	2012.12.31	2012.06.30	2011.12.31
主要财务指标	基本每股收益(元)	0.0827	0.2080	0.0850	0.1770
	基本每股收益(扣除)(元)	0.0855	0.1780	0.0812	0.1720
	每股净资产(元)	4.8283	4.9593	4.9140	4.4390
	每股经营现金净流量(元)	–0.1660	–0.9431	–0.3549	0.1759
	每股现金流量(元)	–0.1254	–1.2868	–0.2591	0.3630
	每股资本公积金(元)	2.6262	2.8190	2.8965	2.5064
	每股盈余公积金(元)	0.0772	0.0772	0.0745	0.0745
	每股未分配利润(元)	1.1248	1.0631	0.9432	0.8582
	净资产收益率(%)	1.7129	4.1868	1.7295	3.9950
	加权净资产收益率(%)	1.6540	4.4200	1.8960	4.8500
	净资产收益率(扣除)(%)	–	–	–	–
	总资产(万元)	1388970.32	1352959.30	1299924.73	1172088.28
	归属母公司股东权益(万元)	546942.54	561785.37	556675.19	502860.85
	主营业务收入(万元)	712828.61	1391758.06	672159.60	1312775.49
	营业收入(万元)	724596.29	1424771.69	689253.35	1349289.32
	主营成本(万元)	653111.37	1262644.31	614361.33	1205961.36
	营业成本(万元)	653792.64	1263671.28	615343.55	1207636.42
	投资收益(万元)	2536.70	2570.70	2214.28	2217.42
	净利润(万元)	9928.48	26242.63	10338.10	22067.50
	利润总额(万元)	13567.73	36277.19	15738.14	30457.33

山西兰花科技创业股份有限公司

公司概况					
公司名称	山西兰花科技创业股份有限公司			证券简称	兰花科创
法人代表	郝跃洲	董秘	王立印	证券代码	600123
公司网址	www.chinalanhua.com			电子信箱	wly@chinalanhua.com
电　　话	0356-2189656			传　　真	0356-2189608 2189600
办公地址	山西省晋城市凤台东街2288号兰花科技大厦				
经营范围	煤炭、化肥的生产和销售等				

主要财务指标 指标\报告期	2013.06.30	2012.12.31	2012.06.30	2011.12.31
基本每股收益(元)	0.6123	1.6307	0.9592	1.4554
基本每股收益(扣除)(元)	0.6114	1.6570	0.9897	1.5661
每股净资产(元)	9.0326	8.3300	7.6964	13.9314
每股经营现金净流量(元)	0.2489	0.8942	0.5547	2.0571
每股现金流量(元)	0.9425	1.0028	0.4496	-0.4981
每股资本公积金(元)	0.3670	0.3353	0.3369	1.1237
每股盈余公积金(元)	1.0135	1.0135	0.8197	1.6394
每股未分配利润(元)	6.0561	5.4499	4.9907	9.1631
净资产收益率(%)	6.7789	19.5439	12.4625	20.8936
加权净资产收益率(%)	7.0900	21.3000	13.0400	22.9300
净资产收益率(扣除)(%)	-	-	-	-
总资产(万元)	2088447.76	2035291.17	1677263.95	1518702.78
归属母公司股东权益(万元)	1031887.79	951053.46	879240.53	795761.00
主营业务收入(万元)	306940.19	755360.64	392701.59	747936.63
营业收入(万元)	309148.15	760050.90	395706.84	760796.34
主营成本(万元)	168599.10	415485.03	201757.17	403927.19
营业成本(万元)	170030.40	419336.68	204336.13	407644.52
投资收益(万元)	19890.97	54117.96	30773.53	5261.38
净利润(万元)	62816.60	167760.44	100066.97	156767.35
利润总额(万元)	88835.91	230614.12	136937.80	211249.49

中铁铁龙集装箱物流股份有限公司

公司概况					
公司名称	中铁铁龙集装箱物流股份有限公司			证券简称	铁龙物流
法人代表	朱友文	董秘	畅晓东	证券代码	600125
公司网址	www.chinacrt.com			电子信箱	changxiaodong@chinacrt.com
电　　话	0411-82810881			传　　真	0411-82816639
办公地址	辽宁省大连市中山区新安街1号				
经营范围	铁路特种集装箱业务、铁路货运及临港物流业务、房地产业务等				

主要财务指标 指标\报告期	2013.06.30	2012.12.31	2012.06.30	2011.12.31
基本每股收益(元)	0.1842	0.3540	0.1840	0.3858
基本每股收益(扣除)(元)	0.1799	0.3300	0.1780	0.3761
每股净资产(元)	3.1923	3.1187	2.9480	2.8240
每股经营现金净流量(元)	-0.0865	0.2565	0.1327	0.3557
每股现金流量(元)	-0.1608	-0.1648	-0.0291	0.1399
每股资本公积金(元)	0.1247	0.1253	0.1246	0.1247
每股盈余公积金(元)	0.2998	0.2998	0.2665	0.2665
每股未分配利润(元)	1.7678	1.6936	1.5566	1.4329
净资产收益率(%)	5.7696	11.3494	6.2333	13.6600
加权净资产收益率(%)	5.7370	11.9120	6.3010	14.6490
净资产收益率(扣除)(%)	-	-	-	-
总资产(万元)	506697.68	475354.84	419471.55	411316.58
归属母公司股东权益(万元)	416759.49	407147.45	384830.84	368694.47
主营业务收入(万元)	223720.53	411400.54	198189.77	290669.84
营业收入(万元)	223720.53	411400.54	198189.77	290669.84
主营成本(万元)	185156.30	342551.55	160679.95	212877.48
营业成本(万元)	185156.30	342551.55	160679.95	212877.48
投资收益(万元)	400.56	384.65	-99.78	526.15
净利润(万元)	24122.25	46259.94	24119.57	50426.35
利润总额(万元)	32178.81	59588.71	32007.35	62504.54

杭州钢铁股份有限公司

公司概况					
公司名称	杭州钢铁股份有限公司			证券简称	杭钢股份
法人代表	汤民强	董秘	周尧福	证券代码	600126
公司网址	www.hzsteel.com			电子信箱	hggf@hzsteel.com
电　　话	0571-88132917			传　　真	0571-88132919
办公地址	浙江省杭州市拱墅区半山路178号				
经营范围	钢铁及压延产品、焦炭及其副产品的生产、销售等				

主要财务指标 指标\报告期	2013.06.30	2012.12.31	2012.06.30	2011.12.31
基本每股收益(元)	-0.0900	-0.4500	-0.1300	0.3600
基本每股收益(扣除)(元)	-0.0900	-0.4800	-0.1300	0.3300
每股净资产(元)	3.8299	3.9151	4.2400	4.4200
每股经营现金净流量(元)	0.1752	0.3533	0.4049	-0.4896
每股现金流量(元)	-0.0465	-0.0334	0.3450	-0.0248
每股资本公积金(元)	0.8770	0.8770	0.8770	0.8770
每股盈余公积金(元)	0.6281	0.6281	0.6281	0.6281
每股未分配利润(元)	1.3247	1.4099	1.7345	1.9121
净资产收益率(%)	-2.2251	-11.5497	-3.0088	8.0920
加权净资产收益率(%)	-2.2000	-10.8800	-2.9400	8.2600
净资产收益率(扣除)(%)	-	-	-	-
总资产(万元)	823119.20	838833.32	902652.01	905199.25
归属母公司股东权益(万元)	321301.08	328450.31	355683.61	370580.07
主营业务收入(万元)	807159.21	1693108.27	895857.85	2204617.94
营业收入(万元)	813834.06	1713345.76	909401.60	2232644.30
主营成本(万元)	785279.40	1661888.19	875581.47	2093384.51
营业成本(万元)	791700.55	1681631.30	888914.65	2120643.38
投资收益(万元)	-12.96	1.87	-7.31	27.41
净利润(万元)	-6266.06	-36234.20	-9748.15	32541.46
利润总额(万元)	-5215.58	-32493.56	-7012.07	42419.41

湖南金健米业股份有限公司

公司概况					
公司名称	湖南金健米业股份有限公司			证券简称	金健米业
法人代表	谢文辉	董秘	刘俊	证券代码	600127
公司网址	www.600127.cn			电子信箱	dm_600127@163.com
电　　话	0736-2588288 2588216			传　　真	0736-2588220
办公地址	湖南省常德市常德经济技术开发区德山办事处莲池居委会崇德路158号				
经营范围	开发、生产、销售定型包装粮油及制品、食品包装材料等				

主要财务指标 指标\报告期	2013.06.30	2012.12.31	2012.06.30	2011.12.31
基本每股收益(元)	0.0456	0.0100	-0.0168	-0.1231
基本每股收益(扣除)(元)	-0.0793	-0.0900	-0.0201	-0.2200
每股净资产(元)	0.9506	0.9050	0.8786	0.8954
每股经营现金净流量(元)	0.2437	-0.0443	0.1187	0.0030
每股现金流量(元)	-0.0360	-0.0814	-0.1406	0.0869
每股资本公积金(元)	0.3176	0.3176	0.3176	0.3176
每股盈余公积金(元)	0.0300	0.0300	0.0300	0.0300
每股未分配利润(元)	-0.3970	-0.4426	-0.4690	-0.4522
净资产收益率(%)	4.7945	1.0611	-1.9100	-13.7530
加权净资产收益率(%)	4.9123	1.0700	-1.8948	-12.8700
净资产收益率(扣除)(%)	-	-	-	-
总资产(万元)	115928.76	135401.96	129864.54	139124.81
归属母公司股东权益(万元)	51754.43	49273.05	47835.16	48750.23
主营业务收入(万元)	66578.25	143875.68	66926.80	138333.01
营业收入(万元)	67746.36	147202.25	68537.68	142590.43
主营成本(万元)	58109.31	124746.89	57476.82	123586.40
营业成本(万元)	59075.53	127347.44	58690.89	127445.12
投资收益(万元)	5049.72	82.35	27.63	1412.22
净利润(万元)	2512.69	695.39	-832.47	-7074.64
利润总额(万元)	2563.12	797.96	-831.51	-6397.07

江苏弘业股份有限公司

公司概况	公司名称	江苏弘业股份有限公司			证券简称	弘业股份
	法人代表	李结祥	董秘	王翠	证券代码	600128
	公司网址	www.artall.com.cn			电子信箱	jianglin@artall.com
	电　话	025-52262530 52278488			传　　真	025-52307117 52278488
	办公地址	江苏省南京市中华路50号弘业大厦				
	经营范围	承包与其实力、规模、业绩相适应的国外工程项目等				

	指标\报告期	2013.06.30	2012.12.31	2012.06.30	2011.12.31
主要财务指标	基本每股收益(元)	0.0864	0.2648	0.1329	0.3917
	基本每股收益(扣除)(元)	0.0354	0.0585	0.0365	0.1049
	每股净资产(元)	5.5207	–	5.4100	5.3700
	每股经营现金净流量(元)	–0.5767	0.3261	0.1425	0.5722
	每股现金流量(元)	–0.1210	0.0608	0.2968	–1.2713
	每股资本公积金(元)	2.8014	2.8256	2.8273	2.8203
	每股盈余公积金(元)	0.4753	0.4753	0.4471	0.4471
	每股未分配利润(元)	1.2462	1.2399	1.1362	1.1033
	净资产收益率(%)	1.5645	4.7783	2.4568	7.2940
	加权净资产收益率(%)	1.5600	4.8500	2.4700	7.4000
	净资产收益率(扣除)(%)	–	–	–	–
	总资产(万元)	290003.57	270390.85	267021.39	286343.53
	归属母公司股东权益(万元)	136232.14	136728.13	133517.34	132529.81
	主营业务收入(万元)	33228.05	325131.95	144099.69	326031.69
	营业收入(万元)	164521.21	329998.70	144844.41	329234.17
	主营成本(万元)	30765.12	302703.09	134868.09	303342.77
	营业成本(万元)	153229.67	305059.22	135429.60	305031.95
	投资收益(万元)	1233.39	4999.13	3623.09	9426.51
	净利润(万元)	2283.96	7372.55	3441.77	10755.25
	利润总额(万元)	3151.35	10008.50	4725.27	13114.64

重庆太极实业(集团)股份有限公司

公司概况	公司名称	重庆太极实业(集团)股份有限公司			证券简称	太极集团
	法人代表	白礼西	董秘	蔡建军	证券代码	600129
	公司网址	www.taiji.com			电子信箱	caijianjun003@hotmail.com
	电　话	023-72800072 89886129			传　　真	023-89886129
	办公地址	重庆市涪陵区太极大道1号				
	经营范围	中成药、西药加工、销售等				

	指标\报告期	2013.06.30	2012.12.31	2012.06.30	2011.12.31
主要财务指标	基本每股收益(元)	0.0493	–0.5200	–0.0293	0.0500
	基本每股收益(扣除)(元)	–0.1251	–0.5700	–0.0409	–0.3100
	每股净资产(元)	2.1446	2.1110	2.7686	2.6216
	每股经营现金净流量(元)	0.0501	0.1876	0.0419	0.4038
	每股现金流量(元)	0.2365	0.1964	0.0842	–0.2521
	每股资本公积金(元)	1.0795	1.0957	1.1579	1.0917
	每股盈余公积金(元)	0.1724	0.1724	0.1724	0.1724
	每股未分配利润(元)	–0.1095	–0.1588	0.4367	0.3564
	净资产收益率(%)	2.2977	–24.4038	2.8993	1.8478
	加权净资产收益率(%)	2.3200	–21.7700	–1.0900	1.8800
	净资产收益率(扣除)(%)	–	–	–	–
	总资产(万元)	872756.99	832841.50	796490.21	795256.06
	归属母公司股东权益(万元)	91552.57	90119.06	118190.80	111914.72
	主营业务收入(万元)	336919.67	653516.41	364436.23	633050.83
	营业收入(万元)	345004.94	659697.76	369540.02	638580.14
	主营成本(万元)	249268.66	484119.99	279849.22	487997.32
	营业成本(万元)	254942.58	488421.81	282829.97	490389.78
	投资收益(万元)	28.85	553.52	964.73	8.54
	净利润(万元)	6357.71	–18235.68	1525.99	4387.12
	利润总额(万元)	7237.80	–14389.65	3389.94	8241.53

宁波波导股份有限公司

公司概况	公司名称	宁波波导股份有限公司			证券简称	波导股份
	法人代表	徐立华	董秘	马思甜	证券代码	600130
	公司网址	www.chinabird.com			电子信箱	birdzq@chinabird.com
	电　话	0574-88918855			传　　真	0574-88929054
	办公地址	浙江省奉化市大成东路999号				
	经营范围	电子通讯产品、通讯系统、计算机及配件、现代办公室设备研究开发、制造、维修等				

	指标\报告期	2013.06.30	2012.12.31	2012.06.30	2011.12.31
主要财务指标	基本每股收益(元)	0.0330	0.0900	0.0500	0.0800
	基本每股收益(扣除)(元)	0.0040	0.0400	0.0300	0.0200
	每股净资产(元)	1.0178	0.9845	0.9500	0.9000
	每股经营现金净流量(元)	–0.0524	–0.0036	0.0212	0.0407
	每股现金流量(元)	–0.2334	–0.0863	0.0269	0.3810
	每股资本公积金(元)	0.5936	0.5936	0.5936	0.5936
	每股盈余公积金(元)	0.0865	0.0865	0.0865	0.0865
	每股未分配利润(元)	–0.6621	–0.6953	–0.7343	–0.7845
	净资产收益率(%)	3.2671	9.0618	5.3155	8.7490
	加权净资产收益率(%)	3.3200	9.4900	5.4600	9.1500
	净资产收益率(扣除)(%)	–	–	–	–
	总资产(万元)	96357.76	94340.77	93144.00	90398.37
	归属母公司股东权益(万元)	78169.90	75607.21	72616.42	68755.96
	主营业务收入(万元)	59581.27	101302.49	39494.06	54483.46
	营业收入(万元)	62560.72	107448.61	42671.02	59385.86
	主营成本(万元)	54396.82	87948.58	32056.48	46309.33
	营业成本(万元)	57032.08	93005.51	34451.97	49905.61
	投资收益(万元)	1598.88	2398.42	1194.63	3455.20
	净利润(万元)	2553.90	6851.37	3859.93	6015.19
	利润总额(万元)	2633.97	7657.72	4065.02	6172.19

四川岷江水利电力股份有限公司

公司概况	公司名称	四川岷江水利电力股份有限公司			证券简称	岷江水电
	法人代表	张有才	董秘	肖劲松	证券代码	600131
	公司网址	www.mjsdgs.com			电子信箱	xjs600131@263.net
	电　话	028-80808131 80808555			传　　真	028-80808132
	办公地址	四川省都江堰市奎光路301号				
	经营范围	电力生产、电力购售				

	指标\报告期	2013.06.30	2012.12.31	2012.06.30	2011.12.31
主要财务指标	基本每股收益(元)	–0.0953	0.1400	0.1356	0.2500
	基本每股收益(扣除)(元)	0.1224	0.1200	0.1286	0.2100
	每股净资产(元)	1.5145	1.6598	1.6600	1.5200
	每股经营现金净流量(元)	0.1858	0.3875	0.1282	0.2153
	每股现金流量(元)	–0.0705	0.0251	0.2381	–0.1393
	每股资本公积金(元)	0.0935	0.0935	0.0935	0.0935
	每股盈余公积金(元)	0.2201	0.2201	0.2091	0.2091
	每股未分配利润(元)	0.2009	0.3462	0.3526	0.2170
	净资产收益率(%)	–6.2907	8.4415	8.1935	16.7213
	加权净资产收益率(%)	–5.9100	8.8100	8.5400	18.2500
	净资产收益率(扣除)(%)	–	–	–	–
	总资产(万元)	236377.35	240766.93	260051.57	245553.99
	归属母公司股东权益(万元)	76348.97	83672.45	83446.40	76609.23
	主营业务收入(万元)	44940.23	79860.43	37554.96	66494.31
	营业收入(万元)	45226.57	80498.66	37919.88	67114.65
	主营成本(万元)	34059.11	60096.69	28118.72	54407.45
	营业成本(万元)	34341.16	60660.43	28392.38	54463.11
	投资收益(万元)	2528.68	8931.97	4235.30	13554.15
	净利润(万元)	–5031.06	6658.56	6764.58	12759.88
	利润总额(万元)	–5230.48	7166.25	6742.56	15172.93

重庆啤酒股份有限公司

公司概况	公司名称	重庆啤酒股份有限公司			证券简称	重庆啤酒
	法人代表	王克勤	董秘	邓炜	证券代码	600132
	公司网址	www.chongqingbeer.com		电子信箱	600132@chongqingbeer.com	
	电　话	023-89139388 89139399		传　真	023-89139393	
	办公地址	重庆市九龙坡区马王乡龙泉村一号				
	经营范围	生产及销售啤酒等				

主要财务指标	指标\报告期	2013.06.30	2012.12.31	2012.06.30	2011.12.31
	基本每股收益(元)	0.2300	0.3300	0.2200	0.3200
	基本每股收益(扣除)(元)	0.2000	0.2800	0.1800	0.2800
	每股净资产(元)	3.0770	3.0692	2.9600	2.9400
	每股经营现金净流量(元)	0.7525	0.3437	0.2168	0.7366
	每股现金流量(元)	0.1470	0.2507	0.8655	0.1572
	每股资本公积金(元)	0.0066	0.0067	0.0067	0.0067
	每股盈余公积金(元)	0.5000	0.5000	0.4872	0.4872
	每股未分配利润(元)	1.5704	1.5625	1.4661	1.4467
	净资产收益率(%)	7.5807	10.7067	7.4143	10.7940
	加权净资产收益率(%)	7.6500	11.0600	7.2000	10.9800
	净资产收益率(扣除)(%)	–	–	–	–
	总资产(万元)	477754.26	465791.00	521749.95	358433.49
	归属母公司股东权益(万元)	148917.08	148538.99	143256.84	142314.72
	主营业务收入(万元)	162234.20	304455.06	143678.56	264411.75
	营业收入(万元)	167360.94	314926.88	147601.44	269494.50
	主营成本(万元)	90141.87	173350.17	80282.02	149076.58
	营业成本(万元)	93418.92	178716.34	82736.73	151467.78
	投资收益(万元)	1744.23	2687.16	635.74	183.90
	净利润(万元)	9802.49	12318.31	10273.29	15223.59
	利润总额(万元)	12427.46	19001.80	12844.12	20062.59

武汉东湖高新集团股份有限公司

公司概况	公司名称	武汉东湖高新集团股份有限公司			证券简称	东湖高新
	法人代表	丁振国	董秘	李雪梅	证券代码	600133
	公司网址	www.elht.com		电子信箱	dhgx@hotmail.com	
	电　话	027-87172021 87172038		传　真	027-87172021 87172038	
	办公地址	湖北省武汉市东湖开发区佳园路1号东湖高新大楼				
	经营范围	科技工业园、烟气脱硫和环保电力的建设、开发及运营等				

主要财务指标	指标\报告期	2013.06.30	2012.12.31	2012.06.30	2011.12.31
	基本每股收益(元)	–1.0800	0.0255	0.0500	0.1484
	基本每股收益(扣除)(元)	–1.0800	–0.0661	0.0600	0.0115
	每股净资产(元)	1.5592	2.2668	1.7955	2.6900
	每股经营现金净流量(元)	–1.1524	–1.0867	0.1307	–0.8761
	每股现金流量(元)	1.2219	0.2848	1.6624	–0.1676
	每股资本公积金(元)	0.8555	0.4890	0.1106	0.7950
	每股盈余公积金(元)	0.2151	0.2303	0.2395	0.2697
	每股未分配利润(元)	–0.5169	0.5426	0.4454	0.6228
	净资产收益率(%)	–65.6534	1.1267	2.9487	6.5903
	加权净资产收益率(%)	–60.8300	1.1300	1.9500	7.0500
	净资产收益率(扣除)(%)	–	–	–	–
	总资产(万元)	860061.18	751641.07	315298.95	591082.86
	归属母公司股东权益(万元)	98893.32	134277.45	89067.49	133378.15
	主营业务收入(万元)	156205.07	374467.04	166093.06	366463.93
	营业收入(万元)	156205.07	374467.04	166093.06	366463.93
	主营成本(万元)	133337.45	312548.22	141531.34	317944.96
	营业成本(万元)	133337.45	312548.22	20407.51	317944.96
	投资收益(万元)	193.57	942.36	710.98	13101.83
	净利润(万元)	–65042.95	1447.18	2626.01	8248.18
	利润总额(万元)	–63269.71	9559.22	5146.39	17074.91

乐凯胶片股份有限公司

公司概况	公司名称	乐凯胶片股份有限公司			证券简称	乐凯胶片
	法人代表	宋黎定	董秘	张永光	证券代码	600135
	公司网址	www.luckyfilm.com.cn		电子信箱	stock@luckyfilm.com.cn	
	电　话	0312-3302372 3302383		传　真	0312-3302386	
	办公地址	河北省保定市乐凯南大街6号				
	经营范围	彩色胶卷、彩色相纸、彩色电影胶片等彩色感光材料的科研、生产、销售等				

主要财务指标	指标\报告期	2013.06.30	2012.12.31	2012.06.30	2011.12.31
	基本每股收益(元)	0.0537	0.0792	0.0106	0.1100
	基本每股收益(扣除)(元)	0.0517	0.0296	0.0105	–0.0300
	每股净资产(元)	2.8252	2.7940	1.2204	1.2098
	每股经营现金净流量(元)	0.0291	0.1748	0.0312	0.3604
	每股现金流量(元)	0.2671	–0.2050	0.0781	–0.3208
	每股资本公积金(元)	0.9973	0.9950	0.0065	0.0065
	每股盈余公积金(元)	0.4027	0.4027	0.0665	0.0665
	每股未分配利润(元)	0.4252	0.3965	0.1474	0.1368
	净资产收益率(%)	1.8995	2.8356	0.8668	9.4860
	加权净资产收益率(%)	1.9906	2.8800	0.8700	9.3800
	净资产收益率(扣除)(%)	–	–	–	–
	总资产(万元)	105641.19	107582.86	17075.01	16990.51
	归属母公司股东权益(万元)	96621.45	95563.65	12746.47	12635.99
	主营业务收入(万元)	44626.56	100814.26	2522.54	6558.52
	营业收入(万元)	44935.05	101587.32	2522.54	6558.52
	主营成本(万元)	35321.09	82597.76	1541.66	5351.93
	营业成本(万元)	35469.34	83206.24	1541.66	5351.93
	投资收益(万元)	195.90	578.93	–	–
	净利润(万元)	2081.27	3149.89	153.22	1295.47
	利润总额(万元)	2509.15	3734.83	308.12	1563.87

武汉道博股份有限公司

公司概况	公司名称	武汉道博股份有限公司			证券简称	道博股份
	法人代表	陈海淳	董秘	周家敏	证券代码	600136
	公司网址	www.whggfz.com		电子信箱	zhoujiamin0716@126.com	
	电　话	027-81732221		传　真	027-81732230	
	办公地址	湖北省武汉市东湖新技术开发区关凤大道特二号当代国际花园C座3-2F				
	经营范围	房地产开发与商品房销售、房地产销售服务、学生公寓的租赁及运营管理等				

主要财务指标	指标\报告期	2013.06.30	2012.12.31	2012.06.30	2011.12.31
	基本每股收益(元)	0.0200	0.0500	0.0100	0.1100
	基本每股收益(扣除)(元)	0.0200	0.0500	0.0100	–0.0300
	每股净资产(元)	1.2911	1.2698	1.2204	1.2100
	每股经营现金净流量(元)	0.0712	0.0241	0.0312	0.3604
	每股现金流量(元)	0.0214	0.0684	0.0781	–0.3208
	每股资本公积金(元)	0.0174	0.0174	0.0065	0.0065
	每股盈余公积金(元)	0.0665	0.0665	0.0665	0.0665
	每股未分配利润(元)	0.2072	0.1859	0.1474	0.1368
	净资产收益率(%)	1.6550	3.8626	0.8668	9.4860
	加权净资产收益率(%)	1.6700	3.9700	0.8700	9.3800
	净资产收益率(扣除)(%)	–	–	–	–
	总资产(万元)	17753.13	18328.02	17075.01	16990.51
	归属母公司股东权益(万元)	13485.07	13261.89	12746.47	12635.99
	主营业务收入(万元)	3164.69	8747.43	2522.54	6558.52
	营业收入(万元)	3164.69	8747.43	2522.54	6558.52
	主营成本(万元)	1976.09	6457.23	1541.66	5351.93
	营业成本(万元)	1976.09	6444.64	1541.66	5351.93
	投资收益(万元)	5.90	15.25	–	–
	净利润(万元)	207.16	578.44	153.22	1295.47
	利润总额(万元)	310.65	818.06	308.12	1563.87

四川浪莎控股股份有限公司

公司概况	公司名称	四川浪莎控股股份有限公司		证券简称	浪莎股份
	法人代表	翁荣金	董秘　马中明	证券代码	600137
	公司网址	www.langshastock.com		电子信箱	cjbz@vip.163.com
	电　　话	0831-8216216		传　　真	0831-8216016
	办公地址	四川省宜宾市外南街63号			
	经营范围	生产、销售针织品、针织品面料、针织内衣等内装产品等			

主要财务指标	指标\报告期	2013.06.30	2012.12.31	2012.06.30	2011.12.31
	基本每股收益(元)	0.0720	0.1100	0.0970	0.3600
	基本每股收益(扣除)(元)	0.0640	0.0800	0.0840	0.3100
	每股净资产(元)	4.7095	4.6379	4.6290	4.5310
	每股经营现金净流量(元)	–0.8216	0.1649	–1.1225	0.2790
	每股现金流量(元)	–0.8569	–0.4088	–1.2090	0.5105
	每股资本公积金(元)	3.5158	3.5158	3.5158	3.5158
	每股盈余公积金(元)	0.1078	0.1078	0.1078	0.1078
	每股未分配利润(元)	0.0859	0.0143	0.0049	–0.0924
	净资产收益率(%)	1.5199	2.2991	2.1019	7.8730
	加权净资产收益率(%)	1.5300	2.3300	2.1200	8.2000
	净资产收益率(扣除)(%)	–	–	–	–
	总资产(万元)	62066.65	61615.50	58329.45	66489.37
	归属母公司股东权益(万元)	45784.19	45088.34	44997.49	44051.71
	主营业务收入(万元)	15061.99	41495.69	9358.49	40975.98
	营业收入(万元)	15061.99	41495.69	9358.49	40975.98
	主营成本(万元)	12238.63	35601.20	7160.76	33759.51
	营业成本(万元)	12238.63	35601.20	7160.76	33759.51
	投资收益(万元)	–	–	–	–
	净利润(万元)	695.86	1036.63	945.78	3468.16
	利润总额(万元)	935.74	1253.60	1220.61	4020.99

中青旅控股股份有限公司

公司概况	公司名称	中青旅控股股份有限公司		证券简称	中青旅
	法人代表	张骏	董秘　王蕾	证券代码	600138
	公司网址	www.aoyou.com		电子信箱	zhqb@aoyou.com
	电　　话	010-58158702 58158717		传　　真	010-58158708
	办公地址	北京市东城区东直门南大街5号中青旅大厦			
	经营范围	旅游、高科技、风险投资领域的投资、旅游服务、高新技术产品开发等			

主要财务指标	指标\报告期	2013.06.30	2012.12.31	2012.06.30	2011.12.31
	基本每股收益(元)	0.2995	0.1430	0.2558	0.6400
	基本每股收益(扣除)(元)	0.2232	0.0902	0.2084	0.6800
	每股净资产(元)	7.0351	7.0380	6.1850	6.1420
	每股经营现金净流量(元)	0.4020	0.2680	0.0801	1.4713
	每股现金流量(元)	–0.3062	–0.2610	–0.7442	0.0165
	每股资本公积金(元)	2.5075	2.5075	2.2578	2.2613
	每股盈余公积金(元)	0.2547	0.2547	0.2441	0.2441
	每股未分配利润(元)	3.3397	3.3333	2.7459	2.6901
	净资产收益率(%)	4.2570	2.0323	4.1352	10.4760
	加权净资产收益率(%)	4.2500	2.0530	4.1010	11.8900
	净资产收益率(扣除)(%)	–	–	–	–
	总资产(万元)	816617.94	782342.76	878220.40	853359.13
	归属母公司股东权益(万元)	292201.47	292320.79	256911.79	255118.94
	主营业务收入(万元)	413912.94	–	376625.08	842124.89
	营业收入(万元)	413912.94	194198.32	376625.08	842124.89
	主营成本(万元)	332111.53	–	300624.82	669553.68
	营业成本(万元)	332111.53	158702.86	300624.82	669553.68
	投资收益(万元)	–18.09	–13.19	847.96	–937.92
	净利润(万元)	20549.67	9236.15	17748.88	50492.52
	利润总额(万元)	27460.09	12505.96	24594.76	69130.30

四川西部资源控股股份有限公司

公司概况	公司名称	四川西部资源控股股份有限公司		证券简称	西部资源
	法人代表	王成	董秘　王娜	证券代码	600139
	公司网址	www.scxbzy.com		电子信箱	qinhua@scxbzy.com
	电　　话	028-85917855		传　　真	028-85917855
	办公地址	四川省成都市锦江区锦江工业开发区毕升路168号			
	经营范围	铜矿石、铜精矿采选、销售等			

主要财务指标	指标\报告期	2013.06.30	2012.12.31	2012.06.30	2011.12.31
	基本每股收益(元)	0.0301	0.2817	0.1130	0.4263
	基本每股收益(扣除)(元)	0.0302	0.2609	0.1080	0.2063
	每股净资产(元)	2.0736	2.4395	2.2440	3.8620
	每股经营现金净流量(元)	0.0744	0.4476	0.2560	0.7967
	每股现金流量(元)	0.2619	0.0917	0.2353	1.3311
	每股资本公积金(元)	0.5743	0.5743	0.5743	1.8337
	每股盈余公积金(元)	0.0836	0.0836	0.0716	0.1288
	每股未分配利润(元)	0.3589	0.7287	0.5499	0.8263
	净资产收益率(%)	1.4506	11.5483	5.0350	18.4206
	加权净资产收益率(%)	1.2600	12.3200	5.1800	34.4400
	净资产收益率(扣除)(%)	–	–	–	–
	总资产(万元)	241855.22	207296.77	195407.19	189713.75
	归属母公司股东权益(万元)	137246.74	161469.29	148542.72	142008.14
	主营业务收入(万元)	21602.38	16931.84	26108.51	30535.63
	营业收入(万元)	22119.22	58770.84	26418.54	31213.30
	主营成本(万元)	8483.35	58078.38	7194.84	9021.48
	营业成本(万元)	8605.33	17179.15	7317.80	9250.21
	投资收益(万元)	–	29.25	29.25	38.95
	净利润(万元)	2543.60	20315.63	8266.23	26168.27
	利润总额(万元)	4118.99	25505.85	11263.18	29026.26

湖北兴发化工集团股份有限公司

公司概况	公司名称	湖北兴发化工集团股份有限公司		证券简称	兴发集团
	法人代表	李国璋	董秘　程亚利	证券代码	600141
	公司网址	www.xingfagroup.com		电子信箱	xfdmb2008@163.com
	电　　话	0717-6760850 6760939		传　　真	0717-6760850
	办公地址	湖北省宜昌市兴山县古夫镇高阳大道58号			
	经营范围	磷化工系列产品及精细化工产品生产销售等			

主要财务指标	指标\报告期	2013.06.30	2012.12.31	2012.06.30	2011.12.31
	基本每股收益(元)	0.1900	0.8100	0.4400	0.6400
	基本每股收益(扣除)(元)	0.1700	0.7700	0.4500	0.6900
	每股净资产(元)	7.7410	7.8713	5.6563	5.1963
	每股经营现金净流量(元)	0.5193	0.9428	0.4657	1.5232
	每股现金流量(元)	–2.0359	2.9549	0.8959	0.6446
	每股资本公积金(元)	4.2582	4.2786	1.7290	1.7094
	每股盈余公积金(元)	0.3651	0.3651	0.3810	0.3810
	每股未分配利润(元)	2.0923	2.2065	2.5118	2.0765
	净资产收益率(%)	2.3997	8.5958	7.6971	12.2403
	加权净资产收益率(%)	2.3300	14.4600	8.0400	12.8500
	净资产收益率(扣除)(%)	–	–	–	–
	总资产(万元)	1519543.54	1380102.95	1133862.99	824904.36
	归属母公司股东权益(万元)	337034.73	342706.57	206726.69	189915.90
	主营业务收入(万元)	553115.67	953311.58	466773.76	652542.65
	营业收入(万元)	566674.08	961203.89	469514.91	656851.31
	主营成本(万元)	504312.89	834412.82	408290.41	563660.95
	营业成本(万元)	510423.26	839244.57	409571.04	565995.77
	投资收益(万元)	6176.53	7631.06	315.57	1050.15
	净利润(万元)	8769.99	31964.82	14954.42	23338.66
	利润总额(万元)	11226.11	39183.77	19182.52	30645.43

金发科技股份有限公司

公司概况	公司名称	金发科技股份有限公司			证券简称	金发科技
	法人代表	袁志敏	董秘	宁凯军(代)	证券代码	600143
	公司网址	www.kingfa.com.cn		电子信箱	ninght@kingfa.com.cn	
	电　话	020-66818881		传　真	020-66818881	
	办公地址	广州市广州高新技术产业开发区科学城科丰路 33 号				
	经营范围	塑料、化工产品、塑料回收及再生利用、日用机械、金属制品等				

	指标＼报告期	2013.06.30	2012.12.31	2012.06.30	2011.12.31
主要财务指标	基本每股收益(元)	0.1600	0.3000	0.1600	0.4300
	基本每股收益(扣除)(元)	0.1300	0.2500	0.1400	0.3000
	每股净资产(元)	2.9495	2.9699	2.8200	3.2397
	每股经营现金净流量(元)	0.0651	0.0760	–0.0528	0.3458
	每股现金流量(元)	–0.1851	0.4652	0.5604	–0.2926
	每股资本公积金(元)	1.1764	1.1556	1.1532	0.5531
	每股盈余公积金(元)	0.1274	0.1274	0.1135	0.2142
	每股未分配利润(元)	0.6454	0.6870	0.5584	1.4733
	净资产收益率(%)	5.3689	9.9291	5.3444	21.0882
	加权净资产收益率(%)	5.1800	10.8500	5.9300	23.6700
	净资产收益率(扣除)(%)	–	–	–	–
	总资产(万元)	1262928.99	1269236.31	1225527.28	1020179.86
	归属母公司股东权益(万元)	777009.38	782386.30	744148.34	452421.69
	主营业务收入(万元)	666270.21	1219561.27	602308.24	1152982.02
	营业收入(万元)	668515.45	1224014.83	603601.55	1154696.92
	主营成本(万元)	564242.53	1005357.60	497932.95	938197.37
	营业成本(万元)	565086.23	1006801.66	498090.89	939251.96
	投资收益(万元)	438.67	983.68	31.35	21727.26
	净利润(万元)	41533.45	77519.97	39389.44	93778.16
	利润总额(万元)	46593.98	91702.70	44931.25	106474.41

贵州国创能源控股(集团)股份有限公司

公司概况	公司名称	贵州国创能源控股(集团)股份有限公司			证券简称	国创能源
	法人代表	周剑云	董秘	王强	证券代码	600145
	公司网址	www.gc145.com		电子信箱	gcdm600145@163.com	
	电　话	0851-5833622		传　真	0851-5833622	
	办公地址	贵州省贵阳市南明区护国路凯宾斯基大厦 26 楼				
	经营范围	建筑卫生陶瓷、复合材料浴缸、塑料制品、五金配件、厨房设备等				

	指标＼报告期	2013.06.30	2012.12.31	2012.06.30	2011.12.31
主要财务指标	基本每股收益(元)	0.0100	0.0100	0.0300	–0.0600
	基本每股收益(扣除)(元)	0.0100	–0.0200	0.0100	–0.0600
	每股净资产(元)	0.5290	0.5180	0.5400	0.5100
	每股经营现金净流量(元)	0.1301	–0.0564	–0.0721	–0.1322
	每股现金流量(元)	0.1240	–0.1243	–0.1366	–0.4032
	每股资本公积金(元)	0.1786	0.1786	0.1786	0.1786
	每股盈余公积金(元)	0.1038	0.1038	0.1038	0.1038
	每股未分配利润(元)	–0.7534	–0.7643	–0.7426	–0.7715
	净资产收益率(%)	2.0742	1.3854	5.3651	–12.2480
	加权净资产收益率(%)	2.1000	1.4000	5.5100	–11.5400
	净资产收益率(扣除)(%)	–	–	–	–
	总资产(万元)	24973.90	24311.13	24905.36	36784.16
	归属母公司股东权益(万元)	19979.40	19564.98	20387.75	19293.93
	主营业务收入(万元)	1248.94	2993.20	2117.92	16128.20
	营业收入(万元)	1248.94	2993.55	2117.92	16314.08
	主营成本(万元)	975.68	2139.76	1413.85	15096.05
	营业成本(万元)	975.68	2139.76	1413.85	15215.21
	投资收益(万元)	–	699.51	700.03	1.27
	净利润(万元)	439.02	284.64	1143.38	–2428.10
	利润总额(万元)	439.02	302.29	1167.53	–2492.09

宁夏大元化工股份有限公司

公司概况	公司名称	宁夏大元化工股份有限公司			证券简称	大元股份
	法人代表	洪金益	董秘	李智昊	证券代码	600146
	公司网址	www.600146.net		电子信箱	dy600146@vip.sina.com	
	电　话	010-84989022		传　真	010-84989025	
	办公地址	北京市朝阳区北辰东路 8 号北辰时代大厦 1406 室				
	经营范围	生产销售工程用塑料板材、管材、异型材、电线、电缆等				

	指标＼报告期	2013.06.30	2012.12.31	2012.06.30	2011.12.31
主要财务指标	基本每股收益(元)	–0.0560	0.0550	0.0690	–0.3100
	基本每股收益(扣除)(元)	–0.0550	–0.1600	–0.0840	–0.4900
	每股净资产(元)	1.1103	1.1562	1.1519	0.9500
	每股经营现金净流量(元)	–0.1789	–0.0289	–0.1082	–0.0958
	每股现金流量(元)	–0.1738	0.1111	–0.0143	–0.5266
	每股资本公积金(元)	0.6418	0.6321	0.6144	0.4811
	每股盈余公积金(元)	0.0212	0.0212	0.0212	0.0212
	每股未分配利润(元)	–0.5527	–0.4971	–0.4837	–0.5524
	净资产收益率(%)	–5.0055	4.7821	5.9582	–32.6672
	加权净资产收益率(%)	–4.9400	4.8000	6.9700	–24.8800
	净资产收益率(扣除)(%)	–	–	–	–
	总资产(万元)	46713.92	46612.82	44812.81	45354.84
	归属母公司股东权益(万元)	22205.05	23123.10	23037.12	18998.01
	主营业务收入(万元)	1466.69	3423.56	1556.29	6474.56
	营业收入(万元)	1971.03	3823.15	1563.55	6568.36
	主营成本(万元)	1290.52	3815.83	1859.53	6235.06
	营业成本(万元)	1727.69	4149.52	1865.05	6318.42
	投资收益(万元)	–80.28	2545.34	2570.67	2826.25
	净利润(万元)	–1469.61	1147.10	1014.42	–7291.07
	利润总额(万元)	–1469.61	1147.10	1014.42	–7291.07

长春一东离合器股份有限公司

公司概况	公司名称	长春一东离合器股份有限公司			证券简称	长春一东
	法人代表	尚兴中	董秘	杨金生	证券代码	600148
	公司网址	www.ccyd.com.cn		电子信箱	600148@ccyd.com.cn	
	电　话	0431-85158520 85158570		传　真	0431-85174234	
	办公地址	吉林省长春市高新技术产业开发区超然街 2555 号				
	经营范围	制造汽车离合器、机械配件和汽车零件				

	指标＼报告期	2013.06.30	2012.12.31	2012.06.30	2011.12.31
主要财务指标	基本每股收益(元)	0.0740	0.0237	0.0150	0.2900
	基本每股收益(扣除)(元)	0.0650	0.0200	0.0180	0.2900
	每股净资产(元)	2.2556	2.1770	2.1680	2.2100
	每股经营现金净流量(元)	0.0197	0.2830	0.0644	–0.0410
	每股现金流量(元)	–0.3109	–0.0642	–0.1359	0.2716
	每股资本公积金(元)	0.6297	0.6297	0.6297	0.6297
	每股盈余公积金(元)	0.1691	0.1691	0.1691	0.1691
	每股未分配利润(元)	0.4518	0.3781	0.3696	0.4144
	净资产收益率(%)	3.2662	1.0894	0.7000	13.2896
	加权净资产收益率(%)	3.3200	1.0800	0.6900	14.2400
	净资产收益率(扣除)(%)	–	–	–	–
	总资产(万元)	85097.06	83004.41	89735.60	90275.14
	归属母公司股东权益(万元)	31920.40	30807.76	30687.42	31321.24
	主营业务收入(万元)	32496.09	58768.24	31314.24	73527.75
	营业收入(万元)	33101.76	60271.00	32214.98	75095.24
	主营成本(万元)	24067.94	46031.89	24517.35	53842.95
	营业成本(万元)	24179.13	46344.77	24769.56	53906.29
	投资收益(万元)	–	–	–	10.00
	净利润(万元)	1759.39	1439.06	841.73	5449.79
	利润总额(万元)	2051.62	1858.67	1071.57	6234.14

廊坊发展股份有限公司

公司概况	公司名称	廊坊发展股份有限公司			证券简称	廊坊发展
	法人代表	鲍涌波	董秘	曹玫	证券代码	600149
	公司网址	www.600149.com		电子信箱	hxjt@600149.com	
	电　　话	0316-6066958		传　　真	0316-6069858	
	办公地址	河北省廊坊市开发区科技谷园区青果路99号				
	经营范围	各类轧辊的设计制造及销售				

主要财务指标	指标\报告期	2013.06.30	2012.12.31	2012.06.30	2011.12.31
	基本每股收益(元)	-0.0070	0.0163	0.0050	0.1379
	基本每股收益(扣除)(元)	-0.0120	0.0067	0.0070	-0.0198
	每股净资产(元)	0.8275	0.8349	0.8235	0.8185
	每股经营现金净流量(元)	0.0249	-0.0378	-0.0266	0.2258
	每股现金流量(元)	-0.0562	-0.0575	-0.0279	0.2231
	每股资本公积金(元)	0.2788	0.2788	0.2788	0.2788
	每股盈余公积金(元)	0.1224	0.1224	0.1298	0.1298
	每股未分配利润(元)	-0.5737	-0.5663	-0.5850	-0.5900
	净资产收益率(%)	-0.8868	1.9555	0.6029	16.8420
	加权净资产收益率(%)	-0.8800	1.9700	0.6000	18.3900
	净资产收益率(扣除)(%)	-	-	-	-
	总资产(万元)	35046.47	34303.85	34533.49	35823.52
	归属母公司股东权益(万元)	31459.61	31738.59	31306.70	31117.94
	主营业务收入(万元)	3036.46	2653.63	1057.75	657.18
	营业收入(万元)	3149.80	2653.63	1057.75	657.18
	主营成本(万元)	2725.74	1043.61	373.53	228.97
	营业成本(万元)	2725.74	1043.61	373.53	228.97
	投资收益(万元)	-	555.30	-	148.57
	净利润(万元)	-278.98	652.20	188.75	5117.74
	利润总额(万元)	-276.02	898.62	251.71	6354.30

中国船舶工业股份有限公司

公司概况	公司名称	中国船舶工业股份有限公司			证券简称	中国船舶
	法人代表	胡问鸣	董秘	施卫东	证券代码	600150
	公司网址	www.cssholdings.com		电子信箱	stock@cssholdings.com	
	电　　话	021-68860618		传　　真	021-68860568	
	办公地址	上海市浦东新区浦东大道1号15A层				
	经营范围	船舶行业和柴油机生产行业内的投资、民用船舶销售				

主要财务指标	指标\报告期	2013.06.30	2012.12.31	2012.06.30	2011.12.31
	基本每股收益(元)	0.0400	0.0200	0.3430	1.6300
	基本每股收益(扣除)(元)	0.0090	-0.1200	0.3170	1.5100
	每股净资产(元)	12.6732	12.7115	13.0340	16.8000
	每股经营现金净流量(元)	-1.1542	-2.5410	-1.0210	-2.2917
	每股现金流量(元)	-1.1850	-5.3106	-2.2341	-4.9873
	每股资本公积金(元)	3.0946	3.1372	3.1372	4.3784
	每股盈余公积金(元)	0.4000	0.4000	0.3605	0.4687
	每股未分配利润(元)	8.1724	8.1420	8.5360	10.9482
	净资产收益率(%)	0.3191	0.1534	2.6476	12.6505
	加权净资产收益率(%)	0.3200	0.1500	2.6200	13.3300
	净资产收益率(扣除)(%)	-	-	-	-
	总资产(万元)	3746058.36	4603766.32	4738958.91	4975047.41
	归属母公司股东权益(万元)	1746518.56	1751365.09	1796205.24	1780450.92
	主营业务收入(万元)	759075.66	2370912.22	1288768.17	2809047.80
	营业收入(万元)	779836.63	2427648.37	1314276.91	2869937.40
	主营成本(万元)	655033.49	2064571.70	1097831.87	2221148.84
	营业成本(万元)	673851.82	2112048.08	1119722.38	2274926.38
	投资收益(万元)	877.83	-11791.31	-4725.39	-11908.66
	净利润(万元)	4952.49	1859.13	45880.11	233039.24
	利润总额(万元)	12298.49	23487.73	69666.97	287224.80

上海航天汽车机电股份有限公司

公司概况	公司名称	上海航天汽车机电股份有限公司			证券简称	航天机电
	法人代表	姜文正	董秘	王慧莉	证券代码	600151
	公司网址	www.ht-saae.com		电子信箱	saae@ht-saae.com	
	电　　话	021-64827176		传　　真	021-64827177	
	办公地址	上海市漕溪路222号航天大厦南楼				
	经营范围	研制、开发卫星及卫星应用、运载火箭应用等				

主要财务指标	指标\报告期	2013.06.30	2012.12.31	2012.06.30	2011.12.31
	基本每股收益(元)	0.1360	-0.8429	-0.3150	0.0150
	基本每股收益(扣除)(元)	0.0950	-0.8760	-0.3340	-0.2950
	每股净资产(元)	3.0395	2.9073	2.4300	2.7480
	每股经营现金净流量(元)	-0.0399	-0.4566	-0.7354	-0.6089
	每股现金流量(元)	0.1045	0.2452	-0.3103	0.0889
	每股资本公积金(元)	2.2907	2.2922	1.3231	1.3245
	每股盈余公积金(元)	0.1629	0.1629	0.2126	0.2126
	每股未分配利润(元)	-0.4121	-0.5484	-0.1025	0.2127
	净资产收益率(%)	4.4868	-24.4662	-12.9718	0.5620
	加权净资产收益率(%)	4.5830	-31.5590	-12.1650	0.5630
	净资产收益率(扣除)(%)	-	-	-	-
	总资产(万元)	696886.19	1114594.75	1026098.10	998922.36
	归属母公司股东权益(万元)	379993.73	363464.98	232627.61	263133.56
	主营业务收入(万元)	117516.63	145587.47	66221.28	227932.70
	营业收入(万元)	120982.30	152939.33	68350.58	238716.50
	主营成本(万元)	93898.33	182028.02	74445.77	224044.43
	营业成本(万元)	95734.87	187420.91	75734.09	231433.30
	投资收益(万元)	14743.51	7921.01	3931.25	40016.63
	净利润(万元)	19214.90	-124141.88	-43820.78	-10912.72
	利润总额(万元)	19422.88	-123954.94	-43899.19	-7800.68

宁波维科精华集团股份有限公司

公司概况	公司名称	宁波维科精华集团股份有限公司			证券简称	维科精华
	法人代表	何承命	董秘	黄颖	证券代码	600152
	公司网址	www.vekenelite.com		电子信箱	hy@mail.veken.com	
	电　　话	0574-87341480		传　　真	0574-87279527	
	办公地址	浙江省宁波市和义路99号维科大厦10楼				
	经营范围	纱、线、带制品、床上用品、家纺织品、针织品、装饰布等				

主要财务指标	指标\报告期	2013.06.30	2012.12.31	2012.06.30	2011.12.31
	基本每股收益(元)	-0.0457	-0.4998	-0.1241	0.3217
	基本每股收益(扣除)(元)	-0.2560	-0.5858	-0.1754	0.1931
	每股净资产(元)	2.5824	2.6300	2.9818	3.1390
	每股经营现金净流量(元)	-0.1694	-0.2063	-0.4998	1.2961
	每股现金流量(元)	-0.4602	-0.9332	-0.9850	0.4309
	每股资本公积金(元)	0.5333	0.5351	0.5109	0.4840
	每股盈余公积金(元)	0.3620	0.3620	-	0.3620
	每股未分配利润(元)	0.6874	0.7331	-	1.2929
	净资产收益率(%)	-1.7693	-19.0042	-4.1621	10.2490
	加权净资产收益率(%)	-1.3600	-17.3900	-4.0300	10.5700
	净资产收益率(扣除)(%)	-	-	-	-
	总资产(万元)	258501.88	281619.21	292737.66	324745.73
	归属母公司股东权益(万元)	75792.67	77189.46	87513.27	92127.38
	主营业务收入(万元)	97428.17	289415.27	129996.61	458141.08
	营业收入(万元)	101457.21	295163.17	133576.63	465502.21
	主营成本(万元)	90674.93	261340.24	116905.83	374030.07
	营业成本(万元)	94031.00	266126.39	119994.96	380486.68
	投资收益(万元)	2959.94	2539.79	1818.76	1776.45
	净利润(万元)	-2109.08	-13373.63	-3260.67	22638.09
	利润总额(万元)	-1601.66	-10827.93	-1722.20	32096.96

厦门建发股份有限公司

公司概况	公司名称	厦门建发股份有限公司			证券简称	建发股份
	法人代表	黄文洲	董秘	林茂	证券代码	600153
	公司网址	www.chinacnd.com		电子信箱	lm@chinacnd.com	
	电　话	0592-2132319		传　真	0592-2112185 3616	
	办公地址	福建省厦门市鹭江道 52 号海滨大厦 7 楼				
	经营范围	进出口及国内贸易、房地产开发与经营、物流服务及实业投资等				

主要财务指标	指标\报告期	2013.06.30	2012.12.31	2012.06.30	2011.12.31
	基本每股收益(元)	0.4700	0.9600	0.4000	1.0100
	基本每股收益(扣除)(元)	0.4200	0.9700	0.3900	0.8400
	每股净资产(元)	5.0171	4.4783	4.0100	3.6100
	每股经营现金净流量(元)	-0.8904	2.1246	0.9171	-2.2161
	每股现金流量(元)	-0.6907	0.9088	0.4213	0.4594
	每股资本公积金(元)	0.1143	0.0485	0.0381	0.0368
	每股盈余公积金(元)	-	0.2588	0.2321	0.2321
	每股未分配利润(元)	-	3.1680	2.7412	2.3396
	净资产收益率(%)	9.4433	21.5147	10.0169	27.8930
	加权净资产收益率(%)	9.9800	23.7800	10.5500	31.7800
	净资产收益率(扣除)(%)	-	-	-	-
	总资产(万元)	6761296.67	6108111.13	5993575.98	5225397.35
	归属母公司股东权益(万元)	1122695.66	1002123.27	897233.80	806718.19
	主营业务收入(万元)	4896963.33	9089773.08	4048590.52	8013701.30
	营业收入(万元)	4902236.95	9116697.01	4052923.32	8025413.60
	主营成本(万元)	4534645.93	8314135.21	3716533.55	7303532.73
	营业成本(万元)	4536110.96	8318564.04	3717808.31	7306072.33
	投资收益(万元)	9741.70	6468.61	2521.99	61382.72
	净利润(万元)	127733.46	266993.59	113108.77	278849.72
	利润总额(万元)	176033.80	359865.61	157946.63	364703.14

河北宝硕股份有限公司

公司概况	公司名称	河北宝硕股份有限公司			证券简称	*ST 宝硕
	法人代表	赵力宾	董秘	戴文斌	证券代码	600155
	公司网址	www.baoshuo.com.cn		电子信箱	baoshuo600155@sina.com	
	电　话	0312-3109607		传　真	0312-3109607	
	办公地址	河北省保定市国家高新技术产业开发区朝阳北大街 1098 号				
	经营范围	塑料制品和化工产品的生产和销售				

主要财务指标	指标\报告期	2013.06.30	2012.12.31	2012.06.30	2011.12.31
	基本每股收益(元)	-0.1300	-0.3400	-0.1300	5.2500
	基本每股收益(扣除)(元)	-0.1300	-0.3400	-0.1300	-0.1200
	每股净资产(元)	-1.6154	-1.4860	-1.2800	-1.1500
	每股经营现金净流量(元)	-0.0897	-0.0448	-0.0734	-0.2087
	每股现金流量(元)	-0.0605	-0.1298	-0.1938	0.0287
	每股资本公积金(元)	0.5775	0.5775	0.5775	0.5775
	每股盈余公积金(元)	0.0393	0.0393	0.0393	0.0393
	每股未分配利润(元)	-3.2322	-3.1029	-2.8947	-2.7676
	净资产收益率(%)	-8.0075	-22.5642	-9.9482	-456.1739
	加权净资产收益率(%)	-	-	-	-
	净资产收益率(扣除)(%)	-	-	-	-
	总资产(万元)	63018.59	68339.92	61593.90	77050.39
	归属母公司股东权益(万元)	-66634.97	-61299.20	-52711.35	-47467.54
	主营业务收入(万元)	795.21	36413.00	36025.38	105362.90
	营业收入(万元)	1497.32	37880.50	36663.28	107208.44
	主营成本(万元)	1343.63	38499.43	37256.27	101568.38
	营业成本(万元)	1990.01	39838.62	37829.89	103211.17
	投资收益(万元)	-	2.40	2.40	-
	净利润(万元)	-5341.72	-13856.65	-5253.41	216520.41
	利润总额(万元)	-5341.72	-13856.65	-5253.41	216520.41

湖南华升股份有限公司

公司概况	公司名称	湖南华升股份有限公司			证券简称	华升股份
	法人代表	刘政	董秘	朱小明	证券代码	600156
	公司网址			电子信箱	hnhsgf@163.com	
	电　话	0731-85237818		传　真	0731-85237861	
	办公地址	湖南省长沙市芙蓉中路三段 420 号华升大厦				
	经营范围	苎麻纺织品的开发、生产和进出口贸易				

主要财务指标	指标\报告期	2013.06.30	2012.12.31	2012.06.30	2011.12.31
	基本每股收益(元)	-0.0657	0.0104	0.0103	0.0107
	基本每股收益(扣除)(元)	-0.0833	-0.0695	-0.0108	-0.0640
	每股净资产(元)	1.4085	1.4998	1.4920	1.5100
	每股经营现金净流量(元)	-0.1474	0.1104	0.0645	-0.0687
	每股现金流量(元)	-0.1056	0.0390	0.0244	0.0514
	每股资本公积金(元)	0.2367	0.2623	0.2623	0.2623
	每股盈余公积金(元)	0.0490	0.0490	0.0473	0.0473
	每股未分配利润(元)	0.1227	0.1884	0.1824	0.1997
	净资产收益率(%)	-4.6638	0.6726	0.6886	0.7070
	加权净资产收益率(%)	-4.3300	0.6900	-0.0108	0.7100
	净资产收益率(扣除)(%)	-	-	-	-
	总资产(万元)	130673.13	125067.11	108301.17	109552.76
	归属母公司股东权益(万元)	56636.85	62330.17	59993.73	60692.21
	主营业务收入(万元)	40180.43	76599.36	39049.40	90636.45
	营业收入(万元)	40710.72	78037.11	39653.13	92130.99
	主营成本(万元)	37260.28	73246.48	35598.81	83650.73
	营业成本(万元)	37613.64	73996.62	34666.36	84529.88
	投资收益(万元)	56.99	206.37	1.49	332.63
	净利润(万元)	-2522.51	306.82	698.97	465.48
	利润总额(万元)	-1520.20	833.40	867.74	1302.46

永泰能源股份有限公司

公司概况	公司名称	永泰能源股份有限公司			证券简称	永泰能源
	法人代表	王金余	董秘	王军	证券代码	600157
	公司网址	www.wtecl.com		电子信箱	wteclzqb@126.com	
	电　话	010-63211831 63211817		传　真	010-63211823	
	办公地址	北京市西城区宣武门西大街 127 号永泰 A 座				
	经营范围	煤炭开采与经营、煤炭洗选加工				

主要财务指标	指标\报告期	2013.06.30	2012.12.31	2012.06.30	2011.12.31
	基本每股收益(元)	0.1818	0.5761	0.2034	0.1879
	基本每股收益(扣除)(元)	0.1840	0.4337	0.2056	0.1542
	每股净资产(元)	4.7927	4.9017	4.4951	5.0000
	每股经营现金净流量(元)	0.4368	1.1173	0.5682	0.7093
	每股现金流量(元)	0.4981	4.7421	0.0177	1.6143
	每股资本公积金(元)	3.0239	3.0259	3.0237	3.0213
	每股盈余公积金(元)	0.0738	0.0738	0.0378	0.1177
	每股未分配利润(元)	0.6160	0.7342	0.4148	0.8137
	净资产收益率(%)	3.7935	11.4022	4.5258	11.3510
	加权净资产收益率(%)	3.7091	13.5500	5.8185	14.4500
	净资产收益率(扣除)(%)	-	-	-	-
	总资产(万元)	4411102.59	4256863.56	2848057.62	1464943.67
	归属母公司股东权益(万元)	847138.30	866396.19	794531.27	283954.80
	主营业务收入(万元)	437329.84	770384.05	303298.87	204764.71
	营业收入(万元)	438492.13	771832.98	304474.16	206175.79
	主营成本(万元)	283214.45	454542.09	164195.31	83082.41
	营业成本(万元)	438492.13	458155.57	164841.09	83913.67
	投资收益(万元)	54.81	23537.49	35.59	-4.18
	净利润(万元)	43138.42	119254.85	43675.35	33295.99
	利润总额(万元)	62661.17	170320.18	68599.21	52681.40

中体产业集团股份有限公司

公司概况	公司名称	中体产业集团股份有限公司			证券简称	中体产业
	法人代表	刘军	董秘	段越清	证券代码	600158
	公司网址	www.csig158.com		电子信箱	csig@csig158.com	
	电　话	010-65536158		传　真	010-65515338	
	办公地址	北京市朝阳区朝外大街225号				
	经营范围	体育用品的生产、加工、销售、体育场馆、设施的建设、开发、经营等				

	指标\报告期	2013.06.30	2012.12.31	2012.06.30	2011.12.31
主要财务指标	基本每股收益(元)	0.0438	0.0924	0.0439	0.0943
	基本每股收益(扣除)(元)	0.0176	0.0609	0.0086	0.0784
	每股净资产(元)	1.5556	1.5409	1.4922	1.4993
	每股经营现金净流量(元)	−0.0067	−0.1175	−0.1016	−0.0764
	每股现金流量(元)	0.1480	−0.3783	−0.1288	−0.2604
	每股资本公积金(元)	0.0055	0.0066	0.0064	0.0075
	每股盈余公积金(元)	0.1030	0.1030	0.0984	0.0984
	每股未分配利润(元)	0.4471	0.4313	0.3873	0.3934
	净资产收益率(%)	2.8160	5.9964	2.9425	6.2890
	加权净资产收益率(%)	2.8200	6.0800	2.8900	6.4700
	净资产收益率(扣除)(%)	–	–	–	–
	总资产(万元)	354940.77	348425.68	314401.21	357627.77
	归属母公司股东权益(万元)	131252.15	130007.01	125901.67	126504.38
	主营业务收入(万元)	39343.54	104412.65	58152.63	150170.10
	营业收入(万元)	39598.41	104943.91	58353.43	150684.52
	主营成本(万元)	25791.90	72960.20	42198.88	98538.74
	营业成本(万元)	25887.96	73156.63	42294.94	98710.12
	投资收益(万元)	−86.65	6505.24	3734.78	3298.37
	净利润(万元)	4470.96	10235.95	3763.39	14992.77
	利润总额(万元)	6367.77	14992.97	6824.94	21005.15

北京市大龙伟业房地产开发股份有限公司

公司概况	公司名称	北京市大龙伟业房地产开发股份有限公司			证券简称	大龙地产
	法人代表	李绍林	董秘	马志方	证券代码	600159
	公司网址	www.dldc.com.cn		电子信箱	mazhifang2005@tom.com	
	电　话	010-69446339		传　真	010-69446339	
	办公地址	北京市顺义区府前东街甲2号				
	经营范围	房地产开发经营等				

	指标\报告期	2013.06.30	2012.12.31	2012.06.30	2011.12.31
主要财务指标	基本每股收益(元)	0.0037	−0.1200	0.0037	−0.1200
	基本每股收益(扣除)(元)	−0.0021	−0.1200	−0.0021	−0.1200
	每股净资产(元)	2.1361	2.1324	2.1361	2.1324
	每股经营现金净流量(元)	0.6274	−0.4622	0.6274	−0.4622
	每股现金流量(元)	0.5684	0.0585	0.5684	0.0585
	每股资本公积金(元)	0.4171	0.4171	0.4171	0.4171
	每股盈余公积金(元)	0.0325	0.0325	0.0325	0.0325
	每股未分配利润(元)	0.6866	0.6829	0.6866	0.6829
	净资产收益率(%)	0.1747	−5.5047	0.1747	−5.5047
	加权净资产收益率(%)	0.1700	−5.3600	0.1700	−5.3600
	净资产收益率(扣除)(%)	–	–	–	–
	总资产(万元)	337954.42	324688.26	337954.42	324688.26
	归属母公司股东权益(万元)	177300.27	176990.58	177300.27	176990.58
	主营业务收入(万元)	11389.49	27790.00	11389.49	27790.00
	营业收入(万元)	11715.25	28530.41	11715.25	28530.41
	主营成本(万元)	7588.17	23265.39	7588.17	23265.39
	营业成本(万元)	7701.53	23490.94	7701.53	23490.94
	投资收益(万元)	–	134.56	–	134.56
	净利润(万元)	290.29	−10128.79	290.29	−10128.79
	利润总额(万元)	276.61	−12947.31	276.61	−12947.31

浙江巨化股份有限公司

公司概况	公司名称	浙江巨化股份有限公司			证券简称	巨化股份
	法人代表	杜世源	董秘	刘云华	证券代码	600160
	公司网址	www.jhgf.com.cn		电子信箱	gfzqb@juhua.com.cn	
	电　话	0570-3091758 3091704		传　真	0570-3091777	
	办公地址	浙江省衢州市柯城区				
	经营范围	氟化工原料及后续产品、基本化工原料及后续产品和化肥、农药的生产与销售				

	指标\报告期	2013.06.30	2012.12.31	2012.06.30	2011.12.31
主要财务指标	基本每股收益(元)	0.0840	0.4250	0.3860	1.2330
	基本每股收益(扣除)(元)	0.0760	0.4100	0.3740	1.2990
	每股净资产(元)	4.0226	4.1060	4.0680	6.3840
	每股经营现金净流量(元)	0.5023	−0.0036	0.1492	3.1409
	每股现金流量(元)	0.0166	−0.9734	−0.4378	2.1036
	每股资本公积金(元)	0.8613	0.8888	0.8895	2.0231
	每股盈余公积金(元)	0.2536	0.2543	0.2215	0.3545
	每股未分配利润(元)	1.8831	1.9496	1.9388	2.9905
	净资产收益率(%)	2.0782	9.7674	9.4833	30.8960
	加权净资产收益率(%)	1.9500	10.5700	8.9500	48.2400
	净资产收益率(扣除)(%)	–	–	–	–
	总资产(万元)	796482.72	748375.28	685159.45	684252.50
	归属母公司股东权益(万元)	569965.71	616616.16	576465.09	565360.59
	主营业务收入(万元)	301472.96	566528.09	399096.67	744166.36
	营业收入(万元)	492241.19	788153.59	445886.50	821188.19
	主营成本(万元)	279967.67	451145.00	315843.81	455408.67
	营业成本(万元)	448243.81	654810.74	348450.78	496307.63
	投资收益(万元)	−320.47	359.43	32.30	2618.99
	净利润(万元)	11720.51	59987.13	54631.70	178373.87
	利润总额(万元)	14089.22	76121.09	68906.39	222576.32

北京天坛生物制品股份有限公司

公司概况	公司名称	北京天坛生物制品股份有限公司			证券简称	天坛生物
	法人代表	杨晓明	董秘	慈翔	证券代码	600161
	公司网址	www.tiantanbio.com		电子信箱	flyci@126.com	
	电　话	010-65724045 65772357		传　真	010-65792747 65772354	
	办公地址	北京市朝阳区三间房南里四号				
	经营范围	制造生物制品、体外诊断试剂等				

	指标\报告期	2013.06.30	2012.12.31	2012.06.30	2011.12.31
主要财务指标	基本每股收益(元)	0.4300	0.5900	0.2800	0.4500
	基本每股收益(扣除)(元)	0.4300	0.5400	0.2800	0.4300
	每股净资产(元)	3.4491	3.0148	2.7000	2.5005
	每股经营现金净流量(元)	0.1216	0.8381	0.0927	0.6851
	每股现金流量(元)	0.0366	0.0690	0.2743	0.0209
	每股资本公积金(元)	0.3183	0.3183	0.3102	0.2955
	每股盈余公积金(元)	0.2197	0.2197	0.1932	0.1932
	每股未分配利润(元)	1.9112	1.4768	1.1967	1.0118
	净资产收益率(%)	12.5943	19.6210	10.5513	18.1040
	加权净资产收益率(%)	13.4400	21.4900	10.7800	20.2900
	净资产收益率(扣除)(%)	–	–	–	–
	总资产(万元)	521666.14	480605.11	400379.29	322404.10
	归属母公司股东权益(万元)	177792.25	155400.56	139178.05	128892.57
	主营业务收入(万元)	89424.73	148094.67	71527.46	137889.25
	营业收入(万元)	90[illegible]34.68	150235.12	72904.17	139439.53
	主营成本(万元)	36593.66	58780.33	27494.10	52869.83
	营业成本(万元)	37[illegible]81.30	60656.48	28532.87	54359.28
	投资收益(万元)	–	831.38	–	430.00
	净利润(万元)	27308.72	36995.59	17850.44	29183.63
	利润总额(万元)	32992.40	44509.56	21533.37	34197.41

深圳香江控股股份有限公司

公司概况						
	公司名称	深圳香江控股股份有限公司			证券简称	香江控股
	法人代表	翟美卿	董秘	舒剑刚	证券代码	600162
	公司网址	www.hkhc.com.cn		电子信箱	liuyingkun@hkhc.com.cn	
	电　　话	020-34821006		传　　真	020-34821008	
	办公地址	广东省广州市番禺区迎宾路锦绣香江花园香江控股办公楼				
	经营范围	从事工程机械和商贸物流业务的经营				

主要财务指标	指标\报告期	2013.06.30	2012.12.31	2012.06.30	2011.12.31
	基本每股收益(元)	0.1700	0.0400	-0.0700	0.0600
	基本每股收益(扣除)(元)	0.1400	0.0200	-0.0800	0.0500
	每股净资产(元)	2.0254	1.8858	1.7600	1.8261
	每股经营现金净流量(元)	0.0533	2.0344	1.4780	-0.8154
	每股现金流量(元)	0.0852	1.4050	1.1825	-1.6576
	每股资本公积金(元)	0.0286	0.0483	0.0289	0.0286
	每股盈余公积金(元)	0.1375	0.1375	0.1332	0.1332
	每股未分配利润(元)	0.8594	0.7000	0.5970	0.6643
	净资产收益率(%)	8.6088	2.1196	-3.8266	3.1434
	加权净资产收益率(%)	8.9200	2.1500	-3.7600	3.1800
	净资产收益率(扣除)(%)	-	-	-	-
	总资产(万元)	1350698.13	1249650.53	1102635.31	830466.85
	归属母公司股东权益(万元)	155515.79	144795.43	135067.40	140210.43
	主营业务收入(万元)	145160.87	268951.32	42428.86	130259.31
	营业收入(万元)	145160.87	268951.32	42428.86	130259.31
	主营成本(万元)	64075.17	165204.46	18970.59	65242.01
	营业成本(万元)	64075.17	165204.46	18970.59	65242.01
	投资收益(万元)	3717.16	2671.46	-158.19	-
	净利润(万元)	26965.87	4406.62	-3658.09	11647.42
	利润总额(万元)	40311.09	14447.85	-2689.68	12703.05

福建省南纸股份有限公司

公司概况						
	公司名称	福建省南纸股份有限公司			证券简称	福建南纸
	法人代表	张骏	董秘	李永和	证券代码	600163
	公司网址	www.nanpingpaper.com		电子信箱	nzzqb@fjnz163.com	
	电　　话	0599-8808806		传　　真	0599-8808807	
	办公地址	福建省南平市滨江北路 177 号				
	经营范围	新闻纸、纸浆、纸制品及副产品等的生产和销售				

主要财务指标	指标\报告期	2013.06.30	2012.12.31	2012.06.30	2011.12.31
	基本每股收益(元)	-0.3440	0.0310	-0.3180	-0.4200
	基本每股收益(扣除)(元)	-0.3450	-0.5690	-0.3200	-0.4800
	每股净资产(元)	1.6373	1.9845	1.7050	2.0170
	每股经营现金净流量(元)	-0.2844	0.4643	0.0116	0.1269
	每股现金流量(元)	-0.3914	0.0992	-0.3810	-0.1796
	每股资本公积金(元)	1.6270	1.6303	1.7001	1.6941
	每股盈余公积金(元)	0.0980	0.0980	0.0980	0.0980
	每股未分配利润(元)	-1.0877	-0.7438	-1.0935	-0.7753
	净资产收益率(%)	-21.0036	1.5834	-18.6656	-20.8490
	加权净资产收益率(%)	-18.9770	1.5430	-16.9730	-18.4950
	净资产收益率(扣除)(%)	-	-	-	-
	总资产(万元)	313228.00	357394.25	357142.27	412591.71
	归属母公司股东权益(万元)	118118.34	143167.08	122982.47	145498.28
	主营业务收入(万元)	70587.28	144032.22	72410.01	205771.41
	营业收入(万元)	71521.83	146698.65	73779.30	211631.42
	主营成本(万元)	76647.22	150285.10	76343.11	205080.31
	营业成本(万元)	77567.55	152655.47	77621.03	209995.18
	投资收益(万元)	84.74	2803.80	-	423.34
	净利润(万元)	-24802.87	2211.40	-22980.28	-30467.35
	利润总额(万元)	-24802.87	2214.92	-22980.28	-30465.35

宁夏新日恒力钢丝绳股份有限公司

公司概况						
	公司名称	宁夏新日恒力钢丝绳股份有限公司			证券简称	新日恒力
	法人代表	肖家守	董秘	赵丽莉	证券代码	600165
	公司网址	www.nxhengli.com.cn		电子信箱	hlqg@nxhengli.com.cn	
	电　　话	0952-3671799 3671222		传　　真	0952-3671799	
	办公地址	宁夏回族自治区石嘴山市惠农区河滨街				
	经营范围	丝、钢丝绳、钢绞线等钢丝及其制品的生产与销售				

主要财务指标	指标\报告期	2013.06.30	2012.12.31	2012.06.30	2011.12.31
	基本每股收益(元)	0.0210	0.1544	0.0240	0.0080
	基本每股收益(扣除)(元)	-0.0260	0.0240	-0.0160	-0.0560
	每股净资产(元)	3.7696	3.7470	3.6140	3.5890
	每股经营现金净流量(元)	0.1022	0.3654	-0.0747	-0.6994
	每股现金流量(元)	0.0590	-0.2135	-0.0916	0.4577
	每股资本公积金(元)	2.5366	2.5366	2.5366	2.5366
	每股盈余公积金(元)	0.1690	0.1690	0.1690	0.1690
	每股未分配利润(元)	0.0587	0.0381	-0.0921	-0.1162
	净资产收益率(%)	0.5443	4.1203	0.6688	0.2003
	加权净资产收益率(%)	0.5460	4.2090	0.6710	0.2780
	净资产收益率(扣除)(%)	-	-	-	-
	总资产(万元)	260268.11	253828.18	236826.74	199785.88
	归属母公司股东权益(万元)	103269.33	102650.41	99009.63	98329.52
	主营业务收入(万元)	100387.00	183150.08	78377.03	166221.10
	营业收入(万元)	100603.68	184180.56	79012.50	167699.01
	主营成本(万元)	91609.03	164668.50	70841.56	148523.91
	营业成本(万元)	91751.67	165349.55	71145.22	149724.24
	投资收益(万元)	155.00	3591.34	797.41	733.80
	净利润(万元)	466.78	4282.86	759.62	639.18
	利润总额(万元)	592.50	4655.84	745.80	1028.61

北汽福田汽车股份有限公司

公司概况						
	公司名称	北汽福田汽车股份有限公司			证券简称	福田汽车
	法人代表	徐和谊	董秘	龚敏	证券代码	600166
	公司网址	www.foton.com.cn		电子信箱	600166@foton.com.cn	
	电　　话	010-80716459		传　　真	010-80716459	
	办公地址	北京市昌平区沙河镇沙阳路老牛湾村北				
	经营范围	轻型载货汽车、中重型载货汽车、轻型客车、大中客车等				

主要财务指标	指标\报告期	2013.06.30	2012.12.31	2012.06.30	2011.12.31
	基本每股收益(元)	0.1450	0.5500	0.8700	0.5460
	基本每股收益(扣除)(元)	0.0800	-0.3290	0.1010	0.3980
	每股净资产(元)	5.2071	5.2431	5.4200	4.1900
	每股经营现金净流量(元)	0.2375	-0.2845	0.0433	-0.2488
	每股现金流量(元)	-0.6022	0.5263	1.9346	-0.6028
	每股资本公积金(元)	2.7698	2.7734	2.7823	1.7468
	每股盈余公积金(元)	0.5274	0.5274	0.4108	0.5408
	每股未分配利润(元)	0.9475	0.9625	1.2505	0.9218
	净资产收益率(%)	2.7858	9.1866	12.0455	13.0260
	加权净资产收益率(%)	2.7300	11.5400	19.0700	13.6700
	净资产收益率(扣除)(%)	-	-	-	-
	总资产(万元)	3225101.29	3304900.62	3534864.51	2812145.43
	归属母公司股东权益(万元)	1463034.71	1473131.75	1523426.08	884701.37
	主营业务收入(万元)	1721871.09	3949218.67	2541774.37	5014934.05
	营业收入(万元)	1795960.17	4097330.85	2624374.79	5164573.49
	主营成本(万元)	1507240.91	3576791.21	2294257.16	4560122.55
	营业成本(万元)	1559003.84	3657478.88	2350698.19	4695285.39
	投资收益(万元)	11528.41	-10050.27	3435.35	-3527.57
	净利润(万元)	40374.30	140219.16	183459.51	115238.91
	利润总额(万元)	47886.87	164313.98	217526.02	134225.25

联美控股股份有限公司

公司概况	公司名称	联美控股股份有限公司			证券简称	联美控股
	法人代表	朱昌一	董秘	刘思生	证券代码	600167
	公司网址			电子信箱	zqb@shnd.sina.net	
	电　　话	024-23784835		传　　真	024-83781352	
	办公地址	沈阳市浑南新区远航中路 1 号				
	经营范围	供热、供水、房屋租赁、市政建设、工程施工、物业管理				

主要财务指标	指标\报告期	2013.06.30	2012.12.31	2012.06.30	2011.12.31
	基本每股收益(元)	0.3916	0.5220	0.3056	0.3896
	基本每股收益(扣除)(元)	0.4080	0.4767	0.3146	0.4063
	每股净资产(元)	4.0098	3.6182	3.4020	3.1000
	每股经营现金净流量(元)	-0.2827	2.0597	-0.6535	1.3304
	每股现金流量(元)	-0.4997	-0.1688	-0.8810	0.4446
	每股资本公积金(元)	1.1707	1.1707	1.1707	1.1707
	每股盈余公积金(元)	0.0203	-	-	-
	每股未分配利润(元)	1.8189	1.4475	1.2312	0.9255
	净资产收益率(%)	9.7666	14.4272	8.9849	12.5830
	加权净资产收益率(%)	10.2700	15.5500	9.4100	13.4300
	净资产收益率(扣除)(%)	-	-	-	-
	总资产(万元)	219577.67	224752.80	170587.91	182589.82
	归属母公司股东权益(万元)	84607.63	76344.37	71779.32	65330.02
	主营业务收入(万元)	28277.06	49375.04	24197.02	-
	营业收入(万元)	28277.06	49375.04	24197.02	40619.45
	主营成本(万元)	14789.45	32560.36	13843.17	-
	营业成本(万元)	14789.45	32560.36	13843.17	25856.15
	投资收益(万元)	-	-	-	-71.87
	净利润(万元)	8262.08	11014.71	6447.89	8221.21
	利润总额(万元)	11183.98	14759.59	8660.37	10983.75

武汉三镇实业控股股份有限公司

公司概况	公司名称	武汉三镇实业控股股份有限公司			证券简称	武汉控股
	法人代表	陈莉茜	董秘	李丹	证券代码	600168
	公司网址	www.600168.com.cn		电子信箱	dmxx@600168.com.cn	
	电　　话	027-85725739		传　　真	027-85725739	
	办公地址	湖北省武汉市武昌区友谊大道特 8 号长江隧道公司管理大楼				
	经营范围	城市给排水、污水综合处理、道路、桥梁、供气、供电、通讯等				

主要财务指标	指标\报告期	2013.06.30	2012.12.31	2012.06.30	2011.12.31
	基本每股收益(元)	0.0700	0.1200	0.0600	0.1400
	基本每股收益(扣除)(元)	0.0400	0.0600	0.0300	0.0700
	每股净资产(元)	3.8740	3.8369	3.7800	3.7500
	每股经营现金净流量(元)	0.0938	0.2650	0.1483	0.2041
	每股现金流量(元)	0.0303	0.1085	0.0157	0.0446
	每股资本公积金(元)	1.6968	1.6968	1.6968	1.6968
	每股盈余公积金(元)	0.3266	0.3266	0.3178	0.3178
	每股未分配利润(元)	0.8506	0.8136	0.7670	0.7320
	净资产收益率(%)	1.8597	3.0322	1.6141	3.6980
	加权净资产收益率(%)	1.8700	3.0600	1.6200	3.7400
	净资产收益率(扣除)(%)	-	-	-	-
	总资产(万元)	317935.48	314057.48	313544.48	318882.99
	归属母公司股东权益(万元)	170900.02	169265.77	166826.04	165280.22
	主营业务收入(万元)	13779.01	25479.18	11395.29	27657.79
	营业收入(万元)	13872.12	25593.37	11444.76	27725.36
	主营成本(万元)	14167.73	29620.92	13055.83	29597.85
	营业成本(万元)	14167.73	29620.92	13055.83	29597.85
	投资收益(万元)	-	358.02	-	-
	净利润(万元)	3201.38	5158.35	2700.06	6148.73
	利润总额(万元)	3806.20	5884.78	3156.24	7298.45

太原重工股份有限公司

公司概况	公司名称	太原重工股份有限公司			证券简称	太原重工
	法人代表	王创民	董秘	李迎魁	证券代码	600169
	公司网址	www.tyhi.com.cn		电子信箱	tyhi@public.ty.sx.cn	
	电　　话	0351-6361155		传　　真	0351-6362554	
	办公地址	山西省太原市万柏林区玉河街 53 号				
	经营范围	制造销售火车轴、冶金、轧钢、锻压、起重、非标设备、加压气化炉等				

主要财务指标	指标\报告期	2013.06.30	2012.12.31	2012.06.30	2011.12.31
	基本每股收益(元)	-0.0197	-0.1371	-0.0379	0.1610
	基本每股收益(扣除)(元)	-0.0274	-0.1520	-0.0397	0.1477
	每股净资产(元)	2.2007	2.2201	2.3192	3.5357
	每股经营现金净流量(元)	-0.3874	-0.2743	-0.2703	0.0170
	每股现金流量(元)	-0.1431	-0.1561	0.0432	-0.5159
	每股资本公积金(元)	0.5072	0.5078	0.5078	1.2618
	每股盈余公积金(元)	0.1085	0.1085	0.1085	0.1627
	每股未分配利润(元)	0.5844	0.6040	0.7032	1.1116
	净资产收益率(%)	-0.8937	-6.1735	-1.6340	6.8323
	加权净资产收益率(%)	-0.8900	-5.9900	-1.6200	7.0500
	净资产收益率(扣除)(%)	-	-	-	-
	总资产(万元)	2183377.67	2069218.71	2046169.69	1871553.91
	归属母公司股东权益(万元)	533428.36	543147.31	562173.03	571366.48
	主营业务收入(万元)	368382.83	932134.01	407170.12	1029943.11
	营业收入(万元)	373035.77	936007.69	408324.34	1032596.17
	主营成本(万元)	313405.80	840773.18	352885.16	892755.82
	营业成本(万元)	317863.36	845016.87	354000.66	894926.99
	投资收益(万元)	-	-23.90	-	-4.49
	净利润(万元)	-4783.84	-33149.78	-9107.24	39037.46
	利润总额(万元)	-5968.61	-34920.87	-11593.60	40521.06

上海建工集团股份有限公司

公司概况	公司名称	上海建工集团股分有限公司			证券简称	上海建工
	法人代表	徐征	董秘	尤卫平	证券代码	600170
	公司网址	www.shconstruction.cn		电子信箱	sc@china-scg.com	
	电　　话	021-35100838 35318170		传　　真	021-55886222	
	办公地址	上海市虹口区东大名路 666 号				
	经营范围	各类建设工程总承包、设计、施工、咨询、设备、材料、构配件生产等				

主要财务指标	指标\报告期	2013.06.30	2012.12.31	2012.06.30	2011.12.31
	基本每股收益(元)	0.3400	0.6900	0.3000	0.5900
	基本每股收益(扣除)(元)	0.2900	0.4900	0.2700	0.4300
	每股净资产(元)	5.2302	5.1127	4.7200	9.0218
	每股经营现金净流量(元)	-1.5842	2.0280	-1.4698	-2.1422
	每股现金流量(元)	-1.8604	2.5827	-0.8512	0.7567
	每股资本公积金(元)	1.7771	1.7830	1.7773	4.1217
	每股盈余公积金(元)	0.2094	0.2094	0.1745	0.3664
	每股未分配利润(元)	2.2535	2.1252	1.7692	3.5368
	净资产收益率(%)	6.4696	13.5303	6.3726	13.0351
	加权净资产收益率(%)	6.4600	14.4100	6.4900	13.8100
	净资产收益率(扣除)(%)	-	-	-	-
	总资产(万元)	8410987.04	8274823.15	7018542.54	6834889.75
	归属母公司股东权益(万元)	1209601.28	1182436.33	1091498.49	1043243.53
	主营业务收入(万元)	4598034.20	9278329.70	4401261.24	8274002.94
	营业收入(万元)	4620396.41	9315363.14	4424382.96	8300573.03
	主营成本(万元)	4284025.85	8684375.13	4097200.69	7728081.73
	营业成本(万元)	4302864.96	8713492.77	4117867.01	7739070.39
	投资收益(万元)	7339.87	30991.40	15621.44	15765.87
	净利润(万元)	80257.10	165006.48	73047.45	148514.38
	利润总额(万元)	100376.51	206949.08	90887.37	185893.47

上海贝岭股份有限公司

公司概况	公司名称	上海贝岭股份有限公司			证券简称	上海贝岭
	法人代表	赵贵武	董秘	周承捷	证券代码	600171
	公司网址	www.belling.com.cn		电子信箱	bloffice@belling.com.cn	
	电　话	021-24261000 24261157		传　真	021-64854424	
	办公地址	上海市漕河泾开发区宜山路 810 号				
	经营范围	集成电路的设计、制造、销售和技术服务				

主要财务指标	指标\报告期	2013.06.30	2012.12.31	2012.06.30	2011.12.31
	基本每股收益(元)	0.0260	0.0500	0.0370	0.0470
	基本每股收益(扣除)(元)	-0.0360	-0.0120	0.0110	-0.0340
	每股净资产(元)	2.5869	2.5755	2.5630	2.5110
	每股经营现金净流量(元)	-0.0189	0.0796	0.0619	0.0358
	每股现金流量(元)	-0.1157	-0.0782	-0.0850	-0.0700
	每股资本公积金(元)	1.1916	1.1916	1.1916	1.1916
	每股盈余公积金(元)	0.1974	0.1974	0.1919	0.1919
	每股未分配利润(元)	0.1979	0.1865	0.1793	0.1575
	净资产收益率(%)	1.0191	1.9245	1.4380	1.8610
	加权净资产收益率(%)	1.0200	1.9200	1.4300	1.8600
	净资产收益率(扣除)(%)	-	-	-	-
	总资产(万元)	205761.45	207023.49	205181.47	199975.72
	归属母公司股东权益(万元)	174308.09	173542.35	172685.81	171213.21
	主营业务收入(万元)	27850.13	66840.02	28456.58	59920.88
	营业收入(万元)	28030.82	67692.95	28500.56	60075.91
	主营成本(万元)	23220.84	54543.56	22738.69	48263.59
	营业成本(万元)	23299.09	54648.56	22738.69	48269.81
	投资收益(万元)	180.50	857.98	91.06	622.98
	净利润(万元)	1782.58	3872.31	2616.60	3680.97
	利润总额(万元)	1794.47	4075.54	2718.04	3509.61

河南黄河旋风股份有限公司

公司概况	公司名称	河南黄河旋风股份有限公司			证券简称	黄河旋风
	法人代表	乔秋生	董秘	杜长洪	证券代码	600172
	公司网址	www.hhxf.com		电子信箱	pxuanfeng@yahoo.com.cn	
	电　话	0374-6108899 6165530		传　真	0374-6108986	
	办公地址	河南省长葛市人民路 200 号				
	经营范围	人造金刚石、人造金刚石磨料磨具磨削及其他金刚石制品等				

主要财务指标	指标\报告期	2013.06.30	2012.12.31	2012.06.30	2011.12.31
	基本每股收益(元)	0.1845	0.3207	0.1536	0.2578
	基本每股收益(扣除)(元)	0.1872	0.3201	0.1528	0.2473
	每股净资产(元)	3.9394	3.7948	3.6280	5.9560
	每股经营现金净流量(元)	0.3828	0.7137	0.3134	0.7254
	每股现金流量(元)	-0.1991	0.1809	0.0997	0.1115
	每股资本公积金(元)	1.4073	1.4073	1.4073	3.0924
	每股盈余公积金(元)	0.2388	0.2388	0.2070	0.3519
	每股未分配利润(元)	1.2933	1.1487	1.0133	1.5116
	净资产收益率(%)	4.6846	8.4523	4.2337	7.0010
	加权净资产收益率(%)	4.7500	8.8000	4.3000	6.3400
	净资产收益率(扣除)(%)	-	-	-	-
	总资产(万元)	417487.27	384665.89	337448.18	318517.51
	归属母公司股东权益(万元)	210110.51	202401.22	193485.26	186862.39
	主营业务收入(万元)	78082.43	123953.29	57919.45	99567.36
	营业收入(万元)	78534.85	125581.00	58449.80	101915.41
	主营成本(万元)	53728.17	83156.96	38317.90	68592.80
	营业成本(万元)	53831.42	84110.62	38638.39	70037.32
	投资收益(万元)	1057.13	1312.41	653.77	1086.45
	净利润(万元)	9842.74	17107.54	8191.58	13082.19
	利润总额(万元)	11071.38	19639.44	9238.61	15257.23

卧龙地产集团股份有限公司

公司概况	公司名称	卧龙地产集团股份有限公司			证券简称	卧龙地产
	法人代表	陈建成	董秘	马亚军	证券代码	600173
	公司网址	www.wolong-re.com		电子信箱	wolong600173@wolong.com	
	电　话	0575-82177017 82176751		传　真	0575-82177000	
	办公地址	浙江省上虞市经济开发区人民西路 1801 号				
	经营范围	房地产开发与经营，建筑工程、装饰装潢工程设计、施工、物业管理				

主要财务指标	指标\报告期	2013.06.30	2012.12.31	2012.06.30	2011.12.31
	基本每股收益(元)	0.0790	0.1000	0.0660	0.1900
	基本每股收益(扣除)(元)	0.0800	0.1000	0.0670	0.1900
	每股净资产(元)	2.0082	1.9790	1.9400	2.0700
	每股经营现金净流量(元)	-0.1088	-0.0317	-0.1812	-0.3858
	每股现金流量(元)	-0.1125	-0.2445	-0.2721	-0.3399
	每股资本公积金(元)	0.1077	0.1077	0.1042	0.3002
	每股盈余公积金(元)	0.1287	0.1287	0.0958	0.0958
	每股未分配利润(元)	0.7717	0.7425	0.7390	0.6730
	净资产收益率(%)	3.9440	5.1741	3.4000	9.4020
	加权净资产收益率(%)	3.9200	5.2500	3.3800	9.7300
	净资产收益率(扣除)(%)	-	-	-	-
	总资产(万元)	348251.35	336933.54	306586.85	318035.75
	归属母公司股东权益(万元)	145621.31	143503.74	140609.97	150033.27
	主营业务收入(万元)	45740.28	76579.62	39207.11	99232.41
	营业收入(万元)	45830.70	76716.61	39232.11	99397.40
	主营成本(万元)	29762.46	50042.94	23655.08	60204.05
	营业成本(万元)	29762.46	50045.96	23655.08	60207.07
	投资收益(万元)	-	-	-	-
	净利润(万元)	5666.46	7404.33	4746.07	12944.88
	利润总额(万元)	7877.99	9071.65	7558.23	16475.79

美都控股股份有限公司

公司概况	公司名称	美都控股股份有限公司			证券简称	美都控股
	法人代表	闻掌华	董秘	王勤	证券代码	600175
	公司网址	www.chinameidu.com		电子信箱	wangqin5182@sohu.com	
	电　话	0571-88301613 88301615		传　真	0571-88301607	
	办公地址	浙江省杭州市密渡桥路 70 号美都恒升名楼 4 楼				
	经营范围	房地产开发、酒店业、贸易及实业投资等				

主要财务指标	指标\报告期	2013.06.30	2012.12.31	2012.06.30	2011.12.31
	基本每股收益(元)	0.0600	0.0600	0.0600	0.0900
	基本每股收益(扣除)(元)	0.0600	0.0500	0.0500	0.0800
	每股净资产(元)	1.5350	1.4766	1.4840	1.5802
	每股经营现金净流量(元)	-0.0888	-0.0774	0.0195	0.0057
	每股现金流量(元)	0.4911	0.0929	0.1734	-0.1769
	每股资本公积金(元)	0.1882	0.1852	0.1929	0.2122
	每股盈余公积金(元)	0.0843	0.0843	0.0803	0.0884
	每股未分配利润(元)	0.2625	0.2070	0.2111	0.2795
	净资产收益率(%)	4.1320	4.1969	3.9575	6.3110
	加权净资产收益率(%)	4.2100	4.3100	4.0200	6.4900
	净资产收益率(扣除)(%)	-	-	-	-
	总资产(万元)	681618.38	512582.22	464418.46	414018.67
	归属母公司股东权益(万元)	213485.15	205359.62	203545.13	196985.80
	主营业务收入(万元)	209344.68	295321.81	124256.96	279284.26
	营业收入(万元)	209995.20	296668.85	125175.76	280498.30
	主营成本(万元)	188552.24	280877.19	114199.41	260614.12
	营业成本(万元)	188811.44	281514.80	114551.07	261274.49
	投资收益(万元)	4694.98	12884.76	7253.24	12984.93
	净利润(万元)	9411.64	8933.01	8104.93	12660.41
	利润总额(万元)	12990.81	10512.70	9855.49	13662.46

中国玻纤股份有限公司

公司概况	公司名称	中国玻纤股份有限公司			证券简称	中国玻纤
	法人代表	曹江林	董秘	陶铮	证券代码	600176
	公司网址	www.cfgcl.com.cn		电子信箱	cfgcl@cfgcl.com.cn	
	电 话	010-88028660		传 真	010-88028955	
	办公地址	北京市海淀区西三环中路10号(望海楼C座)				
	经营范围	新材料的研发、生产和销售、商业房地产开发与经营等				

	指标\报告期	2013.06.30	2012.12.31	2012.06.30	2011.12.31
主要财务指标	基本每股收益(元)	0.0932	0.3142	0.1164	0.4069
	基本每股收益(扣除)(元)	0.0892	0.2300	0.0860	0.3244
	每股净资产(元)	4.1391	4.1688	3.9727	5.9280
	每股经营现金净流量(元)	0.5921	1.2936	0.5482	2.1844
	每股现金流量(元)	0.1186	0.7697	0.5573	-0.4902
	每股资本公积金(元)	1.5581	1.5581	1.5581	2.8372
	每股盈余公积金(元)	0.1680	0.1680	0.1569	0.2354
	每股未分配利润(元)	1.4345	1.4619	1.2751	1.8762
	净资产收益率(%)	2.2525	7.5370	2.9290	8.4760
	加权净资产收益率(%)	2.2129	7.7500	2.9141	13.6200
	净资产收益率(扣除)(%)	–	–	–	–
	总资产(万元)	1892393.23	1851247.24	1722430.90	1594769.48
	归属母公司股东权益(万元)	361188.99	363782.76	346670.76	344861.29
	主营业务收入(万元)	253261.66	500514.94	261261.01	489590.99
	营业收入(万元)	257646.28	510308.24	266352.36	503839.17
	主营成本(万元)	174135.50	336728.58	186903.19	319362.39
	营业成本(万元)	176362.58	338461.59	187645.54	323011.97
	投资收益(万元)	-194.06	2121.51	-53.30	2289.51
	净利润(万元)	9615.36	28357.65	10047.13	45520.87
	利润总额(万元)	14152.00	37243.64	13191.60	55090.21

雅戈尔集团股份有限公司

公司概况	公司名称	雅戈尔集团股份有限公司			证券简称	雅戈尔
	法人代表	李如成	董秘	刘新宇	证券代码	600177
	公司网址	www.youngor.com		电子信箱	ir@youngor.com.cn	
	电 话	0574-87425136		传 真	0574-87425390	
	办公地址	浙江省宁波市鄞州区鄞县大道西段2号				
	经营范围	服装服饰产品及服装辅料的设计制造、销售、房地产开发、销售等				

	指标\报告期	2013.06.30	2012.12.31	2012.06.30	2011.12.31
主要财务指标	基本每股收益(元)	0.4300	0.7200	0.4000	0.7900
	基本每股收益(扣除)(元)	0.7000	0.7900	0.4000	0.5400
	每股净资产(元)	5.5718	6.2900	5.6400	5.4200
	每股经营现金净流量(元)	0.8779	2.3761	0.7960	-0.6947
	每股现金流量(元)	-0.4104	0.2462	0.5095	-0.8455
	每股资本公积金(元)	0.1916	0.8409	0.5101	0.2958
	每股盈余公积金(元)	0.5601	0.5601	0.5601	0.5601
	每股未分配利润(元)	3.8264	3.8953	3.5739	3.5774
	净资产收益率(%)	7.7379	11.4142	7.0342	14.5970
	加权净资产收益率(%)	7.1900	12.2600	7.1700	13.6100
	净资产收益率(扣除)(%)	–	–	–	–
	总资产(万元)	4793247.64	5023410.01	4893969.15	4893257.33
	归属母公司股东权益(万元)	1240620.76	1431474.22	1254905.00	1207592.73
	主营业务收入(万元)	794110.85	1046279.88	535553.00	1118880.69
	营业收入(万元)	798898.02	1073250.21	542745.52	1153944.01
	主营成本(万元)	409656.31	524168.08	267028.51	669289.83
	营业成本(万元)	412940.75	544822.21	271940.19	696952.18
	投资收益(万元)	45216.52	54345.02	37150.65	144250.62
	净利润(万元)	97237.75	165787.18	92087.56	205850.15
	利润总额(万元)	144483.35	221684.91	123120.34	262112.49

哈尔滨东安汽车动力股份有限公司

公司概况	公司名称	哈尔滨东安汽车动力股份有限公司			证券简称	东安动力
	法人代表	邹文超	董秘	于健	证券代码	600178
	公司网址	www.daengine.com.cn		电子信箱	dadl600178@263.net.cn	
	电 话	0451-86528172 86528173		传 真	0451-86505502	
	办公地址	黑龙江省哈尔滨市平房区保国街51号				
	经营范围	微型汽车发动机、变速器、零部件及相关产品的研制、生产销售等				

	指标\报告期	2013.06.30	2012.12.31	2012.06.30	2011.12.31
主要财务指标	基本每股收益(元)	-0.0444	-0.1416	0.0307	0.0732
	基本每股收益(扣除)(元)	-0.0458	-0.1596	0.0264	-0.0297
	每股净资产(元)	4.8217	4.8662	5.0380	5.0080
	每股经营现金净流量(元)	-0.1486	0.4377	-0.0127	0.3542
	每股现金流量(元)	-0.1534	0.4164	0.0221	0.2026
	每股资本公积金(元)	1.8578	1.8578	1.8578	1.8578
	每股盈余公积金(元)	0.5242	0.5242	0.5242	0.5242
	每股未分配利润(元)	1.4397	1.4842	1.6564	1.6257
	净资产收益率(%)	-0.9217	-2.9089	0.6086	1.4620
	加权净资产收益率(%)	-0.9200	-2.8700	0.6100	1.4700
	净资产收益率(扣除)(%)	–	–	–	–
	总资产(万元)	349054.51	361908.19	382966.11	360398.17
	归属母公司股东权益(万元)	222801.82	224855.47	232813.35	231396.37
	主营业务收入(万元)	50500.89	121433.73	83985.01	149035.26
	营业收入(万元)	51136.57	124319.53	85352.01	152245.55
	主营成本(万元)	49057.45	109410.63	73408.74	136943.19
	营业成本(万元)	49331.58	111507.96	75075.36	140254.44
	投资收益(万元)	4447.37	7542.84	1975.54	11669.81
	净利润(万元)	-2053.65	-6540.90	1416.97	3383.04
	利润总额(万元)	-2053.65	-6540.90	1416.97	3383.04

黑龙江黑化股份有限公司

公司概况	公司名称	黑龙江黑化股份有限公司			证券简称	黑化股份
	法人代表	岳守成	董秘	张连增	证券代码	600179
	公司网址	www.hh.chemchina.com		电子信箱	hhgf600179@126.com	
	电 话	0452-8927129		传 真	0452-6884895	
	办公地址	黑龙江省齐齐哈尔市富拉尔基区向阳大街2号				
	经营范围	生产与销售焦炭及焦化产品、化学肥料、甲醇等				

	指标\报告期	2013.06.30	2012.12.31	2012.06.30	2011.12.31
主要财务指标	基本每股收益(元)	0.0100	0.0400	-0.1100	-0.9600
	基本每股收益(扣除)(元)	-0.0400	-0.2600	-0.1100	-0.9200
	每股净资产(元)	0.7785	0.7667	0.6048	0.7000
	每股经营现金净流量(元)	-0.3943	0.1675	0.1259	0.1894
	每股现金流量(元)	0.1469	0.0258	0.0623	-0.4252
	每股资本公积金(元)	0.8350	0.8350	0.8350	0.8350
	每股盈余公积金(元)	–	0.0720	0.0720	0.0720
	每股未分配利润(元)	–	-1.2072	-1.3574	-1.2514
	净资产收益率(%)	1.3862	5.7709	-17.5200	-136.1671
	加权净资产收益率(%)	1.4000	6.0100	-16.1800	-81.6200
	净资产收益率(扣除)(%)	–	–	–	–
	总资产(万元)	212914.34	168232.19	161197.55	132579.50
	归属母公司股东权益(万元)	30362.99	29903.04	23586.43	27435.76
	主营业务收入(万元)	66910.00	154229.48	73325.24	145794.82
	营业收入(万元)	71863.13	163973.66	77676.99	155798.30
	主营成本(万元)	63838.75	151798.67	72612.26	167978.61
	营业成本(万元)	69801.42	163832.19	78436.92	180145.49
	投资收益(万元)	–	–	–	–
	净利润(万元)	384.29	1626.10	-4169.72	-37521.21
	利润总额(万元)	384.29	1626.10	-4169.72	-37521.21

瑞茂通供应链管理股份有限公司

公司概况					
公司名称	瑞茂通供应链管理股份有限公司			证券简称	瑞 茂 通
法人代表	万永兴	董秘	张菊芳	证券代码	600180
公司网址	www.ccsoln.com			电子信箱	ir@ccsoln.com
电　　话	0371-89988090			传　　真	0371-89988091
办公地址	河南省郑州市郑东新区商务外环路 20 号海联大厦 20 楼				
经营范围	投资、房地产租赁及建材生产等				

主要财务指标

指标＼报告期	2013.06.30	2012.12.31	2012.06.30	2011.12.31
基本每股收益(元)	0.1120	0.5440	0.3130	0.5116
基本每股收益(扣除)(元)	0.0880	0.4625	0.3060	0.4342
每股净资产(元)	1.5626	1.4322	0.6500	3.5169
每股经营现金净流量(元)	-0.4797	0.4981	1.4860	-1.2422
每股现金流量(元)	-0.4680	0.1346	0.5246	0.9176
每股资本公积金(元)	0.0205	-	1.4545	-
每股盈余公积金(元)	0.0141	0.0141	0.2353	0.0310
每股未分配利润(元)	0.5280	0.4181	-2.0390	1.0231
净资产收益率(%)	7.1309	30.6722	118.3610	35.8254
加权净资产收益率(%)	7.4500	35.8900	19.7400	52.2200
净资产收益率(扣除)(%)	-	-	-	-
总资产(万元)	217672.98	202546.67	16731.08	161402.22
归属母公司股东权益(万元)	136296.07	124476.21	16333.76	88271.31
主营业务收入(万元)	236981.81	528124.26	238669.13	331137.56
营业收入(万元)	236981.81	528124.26	238669.13	331155.52
主营成本(万元)	205912.56	454193.39	199717.09	277412.13
营业成本(万元)	205912.56	454193.39	199717.09	277413.12
投资收益(万元)	-	-	-	7.70
净利润(万元)	9718.41	38179.56	19332.80	31623.55
利润总额(万元)	12195.36	46833.40	23588.15	35509.40

佳通轮胎股份有限公司

公司概况					
公司名称	佳通轮胎股份有限公司			证券简称	S 佳 通
法人代表	李怀靖	董秘	张翠	证券代码	600182
公司网址	www.gitiirecorp.com			电子信箱	giticorp@giti.com
电　　话	021-22073131 22073132			传　　真	021-22073002
办公地址	上海市长宁区临虹路 28-2 号				
经营范围	轮胎生产及销售等				

主要财务指标

指标＼报告期	2013.06.30	2012.12.31	2012.06.30	2011.12.31
基本每股收益(元)	0.3500	0.5400	0.2100	0.2300
基本每股收益(扣除)(元)	0.3500	0.5300	0.2100	0.2200
每股净资产(元)	2.5021	2.3098	1.9800	1.7700
每股经营现金净流量(元)	0.9034	1.3931	0.2135	1.2299
每股现金流量(元)	-0.2846	0.5840	0.1444	-0.0174
每股资本公积金(元)	0.0035	0.0035	0.0035	0.0035
每股盈余公积金(元)	0.0660	0.0660	0.0478	0.0478
每股未分配利润(元)	1.4326	1.2402	0.9327	0.7201
净资产收益率(%)	14.0808	23.3070	10.7161	12.7310
加权净资产收益率(%)	14.3300	26.3800	11.3200	13.3900
净资产收益率(扣除)(%)	-	-	-	-
总资产(万元)	376187.72	391313.71	369544.74	366025.80
归属母公司股东权益(万元)	85071.08	78532.40	67457.71	60228.85
主营业务收入(万元)	218697.18	425408.69	204942.08	479334.68
营业收入(万元)	219923.72	428271.65	206429.46	481740.66
主营成本(万元)	168962.91	346633.12	170477.47	428233.21
营业成本(万元)	169071.27	346852.31	170650.76	428328.61
投资收益(万元)	-	-	-	-
净利润(万元)	23658.31	36088.33	14273.61	15191.38
利润总额(万元)	31662.50	48158.58	19007.48	19764.52

广东生益科技股份有限公司

公司概况					
公司名称	广东生益科技股份有限公司			证券简称	生益科技
法人代表	李锦	董秘	温世龙	证券代码	600183
公司网址	www.syst.com.cn			电子信箱	tzzgx@syst.com.cn
电　　话	0769-22271828*8225			传　　真	0769-22174183
办公地址	广东省东莞市万江区莞穗大道 411 号				
经营范围	生产和销售覆铜板和粘结片、印刷线路板、陶瓷电子元件、液晶产品等				

主要财务指标

指标＼报告期	2013.06.30	2012.12.31	2012.06.30	2011.12.31
基本每股收益(元)	0.1400	0.2300	0.1300	0.3300
基本每股收益(扣除)(元)	0.1400	0.2100	0.1300	0.3200
每股净资产(元)	2.8427	2.8541	2.7600	3.7300
每股经营现金净流量(元)	0.0784	0.2245	0.0580	0.5039
每股现金流量(元)	0.3171	-0.2710	-0.1522	0.6010
每股资本公积金(元)	0.7294	0.7294	0.7294	1.2482
每股盈余公积金(元)	0.2991	0.2991	0.2836	0.3686
每股未分配利润(元)	0.8150	0.8263	0.7459	1.1190
净资产收益率(%)	4.8818	7.9624	4.7627	11.0150
加权净资产收益率(%)	4.7500	8.0500	4.6000	13.1600
净资产收益率(扣除)(%)	-	-	--	--
总资产(万元)	726050.53	671630.39	683073.74	674684.47
归属母公司股东权益(万元)	404517.71	406137.82	392497.93	408823.54
主营业务收入(万元)	299945.92	600538.91	296852.42	578567.01
营业收入(万元)	304519.11	609294.98	301067.97	587690.40
主营成本(万元)	258158.49	524878.91	255247.14	497050.77
营业成本(万元)	258670.62	526346.82	255661.68	497679.30
投资收益(万元)	624.18	-255.83	-765.93	2309.64
净利润(万元)	19837.89	33737.54	19541.17	48026.84
利润总额(万元)	22457.93	38643.38	22289.44	53745.85

北方光电股份有限公司

公司概况					
公司名称	北方光电股份有限公司			证券简称	光电股份
法人代表	刘海虹	董秘	孙峰	证券代码	600184
公司网址	www.sicong.com			电子信箱	newhgzqb@163.com
电　　话	029-82537951			传　　真	029-82526666
办公地址	陕西省西安市长乐中路 35 号				
经营范围	光电装备、光电仪器产品、信息技术产品、太阳能电池及太阳能发电系统等				

主要财务指标

指标＼报告期	2013.06.30	2012.12.31	2012.06.30	2011.12.31
基本每股收益(元)	0.2100	0.0100	-0.2100	0.1100
基本每股收益(扣除)(元)	0.0400	-0.0100	-0.2300	0.0700
每股净资产(元)	5.4170	4.7805	4.6000	4.5900
每股经营现金净流量(元)	-1.8749	2.1156	-0.1711	-0.0654
每股现金流量(元)	-1.4784	0.8310	-0.9491	-0.1020
每股资本公积金(元)	2.1068	1.6899	1.7403	1.4663
每股盈余公积金(元)	0.2197	0.2197	0.2197	0.2197
每股未分配利润(元)	2.0820	1.8689	1.6433	1.9045
净资产收益率(%)	3.9346	0.3012	-4.5873	2.4130
加权净资产收益率(%)	4.3000	0.3100	-4.6300	2.4500
净资产收益率(扣除)(%)	--	--	-	-
总资产(万元)	231610.61	299004.32	289407.85	289617.02
归属母公司股东权益(万元)	113421.90	100094.90	96383.97	96115.66
主营业务收入(万元)	42274.00	185612.04	62406.37	194188.79
营业收入(万元)	43305.69	188704.94	63371.58	196158.95
主营成本(万元)	32812.44	149172.48	50311.33	163165.15
营业成本(万元)	33644.32	151293.99	51170.22	164263.72
投资收益(万元)	4640.55	374.11	299.02	485.65
净利润(万元)	4350.75	-1516.07	-5549.26	1161.57
利润总额(万元)	4619.94	511.72	-4811.81	2356.09

格力地产股份有限公司

公司概况	公司名称	格力地产股份有限公司			证券简称	格力地产
	法人代表	鲁君四	董秘	黄华敏	证券代码	600185
	公司网址	www.greedc.com		电子信箱	gldc@greedc.com	
	电 话	0756-8860606		传 真	0756-8309666	
	办公地址	广东省珠海市石花西路213号				
	经营范围	实业投资、投资及投资管理、房地产开发经营、物业管理等				

主要财务指标	指标\报告期	2013.06.30	2012.12.31	2012.06.30	2011.12.31
	基本每股收益(元)	0.3300	0.5600	0.3100	0.4400
	基本每股收益(扣除)(元)	0.2600	0.5000	0.2800	0.4200
	每股净资产(元)	4.5080	4.4021	3.9500	3.4800
	每股经营现金净流量(元)	0.0941	-2.3582	-2.5822	-0.6470
	每股现金流量(元)	2.8119	-1.6912	-1.5993	-1.0466
	每股资本公积金(元)	0.4571	0.4768	0.2688	0.1095
	每股盈余公积金(元)	-	0.1835	0.1599	0.1599
	每股未分配利润(元)	-	2.7418	2.5178	2.2090
	净资产收益率(%)	7.2230	12.6394	7.8242	12.5750
	加权净资产收益率(%)	7.1300	14.8100	8.5000	13.2200
	净资产收益率(扣除)(%)	-	-	-	-
	总资产(万元)	1473105.18	1274729.78	1220353.75	1145535.24
	归属母公司股东权益(万元)	260379.29	254260.94	227943.17	200909.72
	主营业务收入(万元)	96317.92	162052.50	74807.07	133308.76
	营业收入(万元)	96492.35	162367.07	74946.44	133515.11
	主营成本(万元)	53009.91	85069.38	34099.88	64319.10
	营业成本(万元)	53091.29	85175.64	34136.15	64396.60
	投资收益(万元)	3445.24	1722.62	1722.62	1033.57
	净利润(万元)	18737.47	32028.24	17799.78	25264.87
	利润总额(万元)	23449.28	40895.98	23679.35	33319.54

河南莲花味精股份有限公司

公司概况	公司名称	河南莲花味精股份有限公司			证券简称	莲花味精
	法人代表	刘向东	董秘	时祖健	证券代码	600186
	公司网址	www.chinalotus.com.cn		电子信箱	lh600186@sina.com	
	电 话	0394-4298666		传 真	0394-4298899	
	办公地址	河南省项城市莲花大道18号				
	经营范围	味精和调味品的生产及销售、热力、电力的生产及销售等				

主要财务指标	指标\报告期	2013.06.30	2012.12.31	2012.06.30	2011.12.31
	基本每股收益(元)	-0.0956	0.0344	0.0165	-0.4322
	基本每股收益(扣除)(元)	-0.1107	-0.2478	-0.1511	-0.4773
	每股净资产(元)	0.7580	0.8536	0.8260	0.8100
	每股经营现金净流量(元)	0.0167	0.0262	0.0149	0.0136
	每股现金流量(元)	0.0182	0.0197	0.0082	0.0119
	每股资本公积金(元)	0.2978	0.2978	0.2884	0.2884
	每股盈余公积金(元)	0.0781	0.0781	0.0781	0.0781
	每股未分配利润(元)	-0.6178	-0.5222	-0.5402	-0.5567
	净资产收益率(%)	-12.6100	4.0340	1.9950	-53.3743
	加权净资产收益率(%)	-11.8600	4.1600	2.0200	-42.1300
	净资产收益率(扣除)(%)	-	-	-	-
	总资产(万元)	281537.08	281394.17	280202.70	294851.85
	归属母公司股东权益(万元)	80504.91	90656.60	87750.11	85999.52
	主营业务收入(万元)	112347.20	252986.18	132050.43	275641.18
	营业收入(万元)	113975.86	254282.69	133081.31	276237.18
	主营成本(万元)	108335.93	250116.55	133624.53	275306.25
	营业成本(万元)	109488.56	251945.00	134557.27	275565.51
	投资收益(万元)	-1095.87	-603.98	-1364.65	-1988.83
	净利润(万元)	-10586.94	2790.64	1454.30	-46214.46
	利润总额(万元)	-10586.94	2790.64	1454.30	-46214.46

黑龙江国中水务股份有限公司

公司概况	公司名称	黑龙江国中水务股份有限公司			证券简称	国中水务
	法人代表	朱勇军	董秘	刘玉萍	证券代码	600187
	公司网址	www.interchinawater.com		电子信箱	liuyuping@interchina-bj.com	
	电 话	010-51695607		传 真	010-65595378	
	办公地址	北京市东城区灯市口大街33号国中商业大厦10层				
	经营范围	机制纸及纸浆、供排水及污水处理				

主要财务指标	指标\报告期	2013.06.30	2012.12.31	2012.06.30	2011.12.31
	基本每股收益(元)	0.0672	0.1734	0.0668	0.1571
	基本每股收益(扣除)(元)	0.0531	0.1391	0.0667	0.0831
	每股净资产(元)	4.1332	2.7074	2.5896	2.5232
	每股经营现金净流量(元)	0.0455	0.3041	0.1075	0.2231
	每股现金流量(元)	1.8938	-0.1330	-0.1671	0.3748
	每股资本公积金(元)	3.8028	2.7001	2.6922	2.6893
	每股盈余公积金(元)	0.0526	0.0716	0.0716	0.0716
	每股未分配利润(元)	-0.7221	-1.0513	-1.1744	-1.2377
	净资产收益率(%)	1.1923	6.4049	2.5787	6.1050
	加权净资产收益率(%)	2.4400	6.6300	2.6100	6.6800
	净资产收益率(扣除)(%)	-	-	-	-
	总资产(万元)	342729.53	206281.01	189232.45	185549.83
	归属母公司股东权益(万元)	240655.36	116222.12	110632.38	107797.62
	主营业务收入(万元)	16446.33	35226.76	15613.84	29489.43
	营业收入(万元)	16655.16	35659.04	15801.40	30531.65
	主营成本(万元)	8542.97	17738.03	7588.68	16035.04
	营业成本(万元)	8561.24	17779.86	7611.15	16449.16
	投资收益(万元)	521.03	-2.93	142.99	643.59
	净利润(万元)	3066.22	7906.47	3064.71	6978.51
	利润总额(万元)	3698.47	9060.45	3326.09	7874.31

兖州煤业股份有限公司

公司概况	公司名称	兖州煤业股份有限公司			证券简称	兖州煤业
	法人代表	李位民	董秘	张宝才	证券代码	600188
	公司网址	www.yanzhoucoal.com.cn		电子信箱	yzc@yanzhoucoal.com.cn	
	电 话	0537-5393679 5382319		传 真	0537-5383311	
	办公地址	山东省邹城市凫山南路298号				
	经营范围	地下煤炭开采、洗选加工、销售和煤炭铁路运输等				

主要财务指标	指标\报告期	2013.06.30	2012.12.31	2012.06.30	2011.12.31
	基本每股收益(元)	-0.4873	1.1215	0.9909	1.7300
	基本每股收益(扣除)(元)	-0.4723	0.7300	0.5818	1.7600
	每股净资产(元)	7.8943	9.0800	8.7900	8.5500
	每股经营现金净流量(元)	0.1647	1.6503	1.5698	3.8488
	每股现金流量(元)	-0.9145	0.9445	2.1186	0.2797
	每股资本公积金(元)	0.6481	0.6917	0.7127	0.9098
	每股盈余公积金(元)	1.0132	1.0132	0.9314	0.9314
	每股未分配利润(元)	4.8511	5.6984	5.7248	5.2973
	净资产收益率(%)	-6.1733	12.3499	11.2705	20.2780
	加权净资产收益率(%)	-5.6600	12.5600	11.4700	21.6600
	净资产收益率(扣除)(%)	-	-	-	-
	总资产(万元)	11818387.30	12075083.60	11872609.91	9808942.15
	归属母公司股东权益(万元)	3882733.70	4436693.00	4324119.99	4206636.25
	主营业务收入(万元)	2524069.10	5864489.08	2878509.10	4827450.88
	营业收入(万元)	2618802.60	5967354.64	2920821.00	4979914.42
	主营成本(万元)	1962504.10	4413830.93	2074095.10	2809926.60
	营业成本(万元)	2057640.40	4529838.75	2129895.40	2981873.74
	投资收益(万元)	-6001.40	4021.86	6900.00	6989.85
	净利润(万元)	-342444.50	558354.12	488810.30	855150.31
	利润总额(万元)	-473166.50	556042.53	490936.50	1200841.08

吉林森林工业股份有限公司

公司概况						
公司名称	吉林森林工业股份有限公司			证券简称	吉林森工	
法人代表	柏广新	董秘	王海	证券代码	600189	
公司网址	www.jlsg.com.cn		电子信箱	gfgs@jlsg.com.cn		
电　　话	0431-88912969		传　　真	0431-88930595		
办公地址	吉林省长春市朝阳区延安大街1399号					
经营范围	森林采伐、人造板及饰面材料、进出口贸易、林化产品等的生产与销售等					

主要财务指标

指标\报告期	2013.06.30	2012.12.31	2012.06.30	2011.12.31
基本每股收益(元)	0.0300	0.1300	-0.1500	0.2500
基本每股收益(扣除)(元)	0.0100	-0.3800	-0.2900	-0.0500
每股净资产(元)	4.1912	4.2564	3.9800	4.3300
每股经营现金净流量(元)	0.0615	-0.8018	-0.5091	0.0176
每股现金流量(元)	-0.5655	0.4189	0.6270	0.4425
每股资本公积金(元)	2.0723	2.0723	2.0723	2.0723
每股盈余公积金(元)	0.5569	0.5569	0.5428	0.5428
每股未分配利润(元)	0.5620	0.6272	0.3646	0.7150
净资产收益率(%)	0.8320	2.9660	-3.7786	5.6642
加权净资产收益率(%)	0.8200	2.9500	-3.5300	5.7700
净资产收益率(扣除)(%)	-	-	-	-
总资产(万元)	299680.03	308098.83	317011.19	282986.15
归属母公司股东权益(万元)	130138.15	132160.45	123571.24	134450.52
主营业务收入(万元)	58674.24	119777.73	52270.67	147142.79
营业收入(万元)	61798.56	128085.48	55988.01	154274.72
主营成本(万元)	48094.14	98174.21	44051.49	117394.08
营业成本(万元)	49589.21	105450.60	47999.50	123968.17
投资收益(万元)	694.75	15522.44	3349.71	10071.69
净利润(万元)	642.40	3650.37	-5118.96	7690.08
利润总额(万元)	1709.83	3666.81	-5118.96	7678.82

锦州港股份有限公司

公司概况						
公司名称	锦州港股份有限公司			证券简称	锦 州 港	
法人代表	张宏伟	董秘	王健	证券代码	600190	
公司网址	www.jinzhouport.com		电子信箱	jzcjhga@mail.jzptt.ln.cn		
电　　话	0416-3586462 3586234		传　　真	0416-3582431		
办公地址	辽宁省锦州市经济技术开发区锦港大街一段1号					
经营范围	港口装卸、仓储及船货代理服务等					

主要财务指标

指标\报告期	2013.06.30	2012.12.31	2012.06.30	2011.12.31
基本每股收益(元)	0.0510	0.0840	0.0540	0.1600
基本每股收益(扣除)(元)	0.0350	0.0580	0.0510	0.1600
每股净资产(元)	2.6418	2.6173	2.5870	2.5330
每股经营现金净流量(元)	0.1628	0.3097	0.0578	0.3296
每股现金流量(元)	-0.0090	-0.0112	0.1200	-0.0496
每股资本公积金(元)	1.0707	1.0707	1.0707	1.0707
每股盈余公积金(元)	0.1748	0.1748	0.1594	0.1594
每股未分配利润(元)	0.3964	0.3718	0.3571	0.3031
净资产收益率(%)	1.9134	3.2111	2.0850	6.3280
加权净资产收益率(%)	1.9100	3.2600	2.1100	6.4700
净资产收益率(扣除)(%)	-	-	-	-
总资产(万元)	1018435.18	1025320.91	861530.88	784697.19
归属母公司股东权益(万元)	412595.92	408761.87	404066.00	395641.15
主营业务收入(万元)	51353.35	91247.82	50806.56	102529.09
营业收入(万元)	75443.89	116869.27	62665.90	118808.41
主营成本(万元)	31045.41	51943.63	26730.14	49639.69
营业成本(万元)	50859.39	75400.44	37495.43	63215.17
投资收益(万元)	1293.82	-410.21	-526.63	-51.03
净利润(万元)	8477.66	13905.90	8621.65	25403.93
利润总额(万元)	11316.83	19335.67	12028.39	34164.96

包头华资实业股份有限公司

公司概况						
公司名称	包头华资实业股份有限公司			证券简称	华资实业	
法人代表	宋卫东	董秘	魏相永	证券代码	600191	
公司网址	www.huazi.com		电子信箱	wxy@basestone.net		
电　　话	0472-6957558 6957240		传　　真	0472-4190473		
办公地址	内蒙古自治区包头市东河区					
经营范围	生产、销售糖、食用酒精、颗粒粕、电子元器件、计算机的研制、生产等					

主要财务指标

指标\报告期	2013.06.30	2012.12.31	2012.06.30	2011.12.31
基本每股收益(元)	0.0520	0.0110	-0.0355	0.0789
基本每股收益(扣除)(元)	0.0383	-0.1565	-0.0355	-0.4726
每股净资产(元)	3.3847	3.4516	3.3800	3.5900
每股经营现金净流量(元)	-0.0984	-0.2016	-0.1691	-0.1712
每股现金流量(元)	-0.0855	-0.1171	-0.1557	0.4277
每股资本公积金(元)	1.6929	1.8019	1.7815	1.9478
每股盈余公积金(元)	0.1950	0.1950	0.1930	0.1930
每股未分配利润(元)	0.4967	0.4547	0.4102	0.4457
净资产收益率(%)	1.5366	0.3191	-1.0487	2.1997
加权净资产收益率(%)	1.5200	0.3100	-1.0200	2.1200
净资产收益率(扣除)(%)	-	-	-	-
总资产(万元)	196891.32	201205.59	207661.44	221270.57
归属母公司股东权益(万元)	164132.74	167381.13	164134.84	173920.12
主营业务收入(万元)	5799.70	16463.31	3473.26	15310.36
营业收入(万元)	6040.72	17626.94	4271.08	17411.97
主营成本(万元)	5473.49	16333.71	3424.99	24787.30
营业成本(万元)	5878.53	17333.53	4028.18	26379.99
投资收益(万元)	6426.47	11427.60	2609.22	29798.18
净利润(万元)	2517.34	524.00	-1728.65	3816.51
利润总额(万元)	2539.28	654.71	-1716.58	358.67

兰州长城电工股份有限公司

公司概况						
公司名称	兰州长城电工股份有限公司			证券简称	长城电工	
法人代表	杨林	董秘	白天洪	证券代码	600192	
公司网址	www.chinagwe.com		电子信箱	gwe@chinagwe.com		
电　　话	0931-8415501		传　　真	0931-8414606		
办公地址	甘肃省兰州市城关区农民巷215号					
经营范围	电器机械及器材、电器元件的研究开发、生产、批发零售等					

主要财务指标

指标\报告期	2013.06.30	2012.12.31	2012.06.30	2011.12.31
基本每股收益(元)	0.1285	0.1407	0.0659	0.1006
基本每股收益(扣除)(元)	0.0778	0.0657	0.0538	0.0454
每股净资产(元)	3.6035	3.4900	3.4146	3.3487
每股经营现金净流量(元)	0.1013	-0.2629	0.0577	0.0240
每股现金流量(元)	-0.1860	0.0047	0.0715	-0.3106
每股资本公积金(元)	1.3968	1.3968	1.3962	1.3962
每股盈余公积金(元)	0.1390	0.1390	0.1390	0.1390
每股未分配利润(元)	1.0677	0.9541	0.8794	0.8135
净资产收益率(%)	3.5667	4.0303	1.9304	3.0050
加权净资产收益率(%)	3.6200	4.1100	1.9500	3.0700
净资产收益率(扣除)(%)	-	-	-	-
总资产(万元)	320279.43	321268.69	292244.30	288650.59
归属母公司股东权益(万元)	123149.79	119269.99	116694.87	114442.16
主营业务收入(万元)	-	186222.04	95656.97	180112.90
营业收入(万元)	105716.71	191695.15	97292.54	183669.82
主营成本(万元)	-	141150.00	72977.37	140335.60
营业成本(万元)	80437.01	145259.76	74576.23	142670.21
投资收益(万元)	49.00	-203.13	8.28	-158.98
净利润(万元)	4682.06	5738.18	2522.50	3827.42
利润总额(万元)	5558.21	7264.79	3122.05	5022.22

上海创兴资源开发股份有限公司

公司概况	公司名称	上海创兴资源开发股份有限公司			证券简称	创兴资源
	法人代表	陈冠全	董秘	陈冠全(代)	证券代码	600193
	公司网址	www.600193.com		电子信箱	prosolar_lee@yahoo.com.cn	
	电　话	021-58125999		传　　真	021-58125066	
	办公地址	上海市浦东新区康桥路1388号				
	经营范围	矿业投资、实业投资、从事货物及技术的进出口业务				

主要财务指标	指标\报告期	2013.06.30	2012.12.31	2012.06.30	2011.12.31
	基本每股收益(元)	0.3700	0.3400	0.2300	–0.1700
	基本每股收益(扣除)(元)	–0.0100	0.2000	0.1200	–0.1700
	每股净资产(元)	1.9983	1.5876	1.4800	1.9200
	每股经营现金净流量(元)	–0.0313	0.0321	0.0317	0.3771
	每股现金流量(元)	0.2210	–0.0121	–0.0703	0.0719
	每股资本公积金(元)	0.0412	0.0072	0.0076	0.0114
	每股盈余公积金(元)	0.1480	0.1072	0.0643	0.0964
	每股未分配利润(元)	0.7823	0.4531	0.3878	0.7923
	净资产收益率(%)	18.5130	21.4933	15.7754	–8.2610
	加权净资产收益率(%)	20.5000	23.5300	16.7700	–7.8800
	净资产收益率(扣除)(%)	––	––	–	–
	总资产(万元)	121427.64	108653.83	97782.34	86278.17
	归属母公司股东权益(万元)	65388.00	51947.73	48324.60	41866.72
	主营业务收入(万元)	4284.41	10435.52	3689.81	14432.84
	营业收入(万元)	4284.41	10435.82	3689.81	17069.79
	主营成本(万元)	3275.97	9248.15	3271.07	10962.57
	营业成本(万元)	3275.97	9248.15	3271.07	12524.50
	投资收益(万元)	19122.73	16319.87	9286.41	–1290.34
	净利润(万元)	12062.74	10960.61	7602.25	–3443.94
	利润总额(万元)	16808.29	13462.86	8217.83	–3890.08

中牧实业股份有限公司

公司概况	公司名称	中牧实业股份有限公司			证券简称	中牧股份
	法人代表	张春新	董秘	张菁桦	证券代码	600195
	公司网址	www.cahic.com		电子信箱	600195@cahic.com	
	电　话	010-63701111 63702195		传　　真	010-63702196	
	办公地址	北京市丰台区南四环西路188号总部基地八区16号楼				
	经营范围	饲料行业、动物保健品行业及畜牧业生产资料贸易等				

主要财务指标	指标\报告期	2013.06.30	2012.12.31	2012.06.30	2011.12.31
	基本每股收益(元)	0.4559	0.6014	0.4090	1.1275
	基本每股收益(扣除)(元)	0.4458	0.5870	0.3880	0.7611
	每股净资产(元)	5.4192	4.9625	5.1530	4.7700
	每股经营现金净流量(元)	–0.8507	–0.0890	–1.0921	0.9430
	每股现金流量(元)	–0.8557	–0.5316	–0.8609	–0.4516
	每股资本公积金(元)	0.7300	0.7292	0.6798	0.7387
	每股盈余公积金(元)	0.6093	0.6093	0.6093	0.6093
	每股未分配利润(元)	3.0800	2.6241	2.8643	2.4220
	净资产收益率(%)	8.4131	12.1193	7.9372	23.6384
	加权净资产收益率(%)	8.7800	11.4100	8.2400	24.4700
	净资产收益率(扣除)(%)	–	–	–	–
	总资产(万元)	330232.41	300922.39	308737.34	279825.37
	归属母公司股东权益(万元)	211350.16	193538.12	200982.72	186029.19
	主营业务收入(万元)	147783.55	308824.08	130804.48	301950.34
	营业收入(万元)	148566.40	310899.25	131462.10	302910.21
	主营成本(万元)	106273.36	226544.12	94892.08	209135.83
	营业成本(万元)	106324.96	227818.43	95373.57	209852.86
	投资收益(万元)	1783.96	4143.49	2793.46	19662.07
	净利润(万元)	18509.10	24258.88	16954.13	45036.10
	利润总额(万元)	21956.25	29017.33	19927.25	53393.53

上海复星医药(集团)股份有限公司

公司概况	公司名称	上海复星医药(集团)股份有限公司			证券简称	复星医药
	法人代表	陈启宇	董秘	周飚	证券代码	600196
	公司网址	www.fosunpharma.com		电子信箱	600196@fosunpharma.com	
	电　话	021-23138196		传　　真	021-23138035	
	办公地址	上海市复兴东路2号				
	经营范围	药品制造、药品销售、医疗器械和医疗诊断产品等				

主要财务指标	指标\报告期	2013.06.30	2012.12.31	2012.06.30	2011.12.31
	基本每股收益(元)	0.4700	0.8000	0.3700	0.6100
	基本每股收益(扣除)(元)	0.2200	0.4400	0.2100	0.3000
	每股净资产(元)	6.3395	6.0518	5.3200	5.1300
	每股经营现金净流量(元)	0.1390	0.2970	0.1213	0.1663
	每股现金流量(元)	–0.4995	0.7781	–0.5068	–0.2851
	每股资本公积金(元)	1.9386	1.9136	1.0859	1.1612
	每股盈余公积金(元)	0.5974	0.5974	0.6220	0.6220
	每股未分配利润(元)	2.8055	2.5455	2.6228	2.3543
	净资产收益率(%)	7.4147	11.5343	6.9203	11.9280
	加权净资产收益率(%)	7.5000	14.9700	7.0000	13.0400
	净资产收益率(扣除)(%)	–	–	–	–
	总资产(万元)	2760247.32	2550714.05	2232215.40	2229081.82
	归属母公司股东权益(万元)	1420350.48	1355879.26	1014071.36	977186.30
	主营业务收入(万元)	446104.39	725878.48	345381.65	640485.77
	营业收入(万元)	450928.94	734078.27	349427.42	648554.08
	主营成本(万元)	249486.52	406446.22	190485.35	396299.18
	营业成本(万元)	251425.13	412680.38	193483.07	399114.66
	投资收益(万元)	109339.61	186597.90	86611.83	168538.75
	净利润(万元)	120215.13	183927.15	85776.95	138484.27
	利润总额(万元)	145108.99	212303.57	98722.94	172666.13

新疆伊力特实业股份有限公司

公司概况	公司名称	新疆伊力特实业股份有限公司			证券简称	伊力特
	法人代表	徐勇辉	董秘	君洁	证券代码	600197
	公司网址	www.xjyilite.com		电子信箱	yilitedm@163.com	
	电　话	0991-3667490		传　　真	0991-3672172	
	办公地址	新疆维吾尔自治区伊犁哈萨克自治州新源县肖尔布拉克				
	经营范围	白酒生产和销售等业务				

主要财务指标	指标\报告期	2013.06.30	2012.12.31	2012.06.30	2011.12.31
	基本每股收益(元)	0.3667	0.5367	0.2538	0.4682
	基本每股收益(扣除)(元)	0.3645	0.5225	0.2522	0.4613
	每股净资产(元)	3.3137	2.9470	2.6642	2.6103
	每股经营现金净流量(元)	0.1609	0.9951	0.4399	0.2495
	每股现金流量(元)	0.1153	0.1995	0.3430	–0.3771
	每股资本公积金(元)	0.4668	0.4668	0.4668	0.4668
	每股盈余公积金(元)	–	0.4913	0.4064	0.4064
	每股未分配利润(元)	–	0.9890	0.7910	0.7371
	净资产收益率(%)	11.0662	18.2117	9.5282	17.9370
	加权净资产收益率(%)	11.7100	19.3200	9.2700	18.9100
	净资产收益率(扣除)(%)	–	–	–	–
	总资产(万元)	252925.25	277386.58	228452.21	227352.76
	归属母公司股东权益(万元)	146135.73	129964.02	117490.01	115115.38
	主营业务收入(万元)	104715.94	175607.77	89004.34	123129.17
	营业收入(万元)	104798.25	176229.17	89038.53	123484.30
	主营成本(万元)	58683.23	96029.09	49318.50	58827.91
	营业成本(万元)	58800.19	97191.57	49387.32	58990.55
	投资收益(万元)	–115.80	180.66	–15.16	175.47
	净利润(万元)	15651.19	22767.87	10931.26	20608.16
	利润总额(万元)	25843.63	28787.83	18354.69	28554.70

大唐电信科技股份有限公司

公司概况					
公司名称	大唐电信科技股份有限公司			证券简称	大唐电信
法人代表	曹斌	董秘	齐秀彬	证券代码	600198
公司网址	www.datang.com		电子信箱	dt600198@datang.com	
电　话	010-58919172		传　真	010-58919173	
办公地址	北京市海淀区永嘉北路 6 号				
经营范围	各类通讯网络系统、各类通信终端、计算机软硬件等产品开发、生产、销售等				

主要财务指标：指标\报告期	2013.06.30	2012.12.31	2012.06.30	2011.12.31
基本每股收益(元)	-0.1067	0.2719	-0.1091	0.2177
基本每股收益(扣除)(元)	-0.2336	-0.1108	-0.1898	-0.1589
每股净资产(元)	2.7964	2.9230	1.1827	2.3705
每股经营现金净流量(元)	-0.6896	-0.1571	-1.6166	-0.2962
每股现金流量(元)	-0.2148	0.0389	-1.2417	0.7016
每股资本公积金(元)	3.1201	3.1400	3.1208	3.8113
每股盈余公积金(元)	0.0807	0.0807	0.1363	0.1363
每股未分配利润(元)	-1.4021	-1.2954	-3.0708	-2.5734
净资产收益率(%)	-3.8171	7.7903	-7.1610	12.4918
加权净资产收益率(%)	-3.7274	13.1011	-6.1593	14.1446
净资产收益率(扣除)(%)	-	-	-	-
总资产(万元)	922374.24	846718.93	551411.81	668014.17
归属母公司股东权益(万元)	207407.82	216804.57	51917.22	104059.53
主营业务收入(万元)	269859.72	617063.48	234496.15	534029.91
营业收入(万元)	270166.75	618326.14	235275.35	535296.02
主营成本(万元)	226316.46	505538.69	195456.23	424133.94
营业成本(万元)	226328.96	505603.14	195516.00	424205.22
投资收益(万元)	2971.56	3524.39	-507.95	-499.61
净利润(万元)	-7089.86	22202.31	-6175.13	18702.29
利润总额(万元)	-4924.98	27314.46	-4949.07	22488.89

安徽金种子酒业股份有限公司

公司概况					
公司名称	安徽金种子酒业股份有限公司			证券简称	金种子酒
法人代表	锁炳勋	董秘	金彪	证券代码	600199
公司网址	www.jzz.cn		电子信箱	jinbiao@600199.com.cn	
电　话	0558-2210568 2210699		传　真	0558-2212666 2212836	
办公地址	安徽省阜阳市莲花路 259 号				
经营范围	白酒的生产与销售等				

主要财务指标：指标\报告期	2013.06.30	2012.12.31	2012.06.30	2011.12.31
基本每股收益(元)	0.4890	1.0100	0.5538	0.6600
基本每股收益(扣除)(元)	0.4946	1.0000	0.5506	0.6200
每股净资产(元)	4.1543	3.9684	3.5086	3.1300
每股经营现金净流量(元)	0.4147	1.0219	0.5993	0.2651
每股现金流量(元)	0.0894	0.8845	0.3962	0.0671
每股资本公积金(元)	1.2609	1.2609	1.2609	1.2609
每股盈余公积金(元)	0.1610	0.1610	0.1048	0.1048
每股未分配利润(元)	1.6788	1.4997	1.0998	0.7260
净资产收益率(%)	11.7717	25.4494	15.7849	21.0561
加权净资产收益率(%)	11.6100	27.8100	16.2800	23.6200
净资产收益率(扣除)(%)	-	-	-	-
总资产(万元)	297112.16	297410.40	249982.90	234335.36
归属母公司股东权益(万元)	230886.83	220553.93	195001.76	173735.20
主营业务收入(万元)	115169.82	227603.72	124745.27	172040.50
营业收入(万元)	115388.77	229443.67	126285.15	176456.29
主营成本(万元)	38621.51	79207.17	-	65160.36
营业成本(万元)	38650.32	80570.28	45906.23	69351.95
投资收益(万元)	-	-	-	0.05
净利润(万元)	27188.97	56152.84	30780.91	36580.76
利润总额(万元)	36199.48	75020.97	41390.18	48433.07

江苏吴中实业股份有限公司

公司概况					
公司名称	江苏吴中实业股份有限公司			证券简称	江苏吴中
法人代表	赵唯一	董秘	朱菊芳	证券代码	600200
公司网址	www.600200.com		电子信箱	zjf@wuzhong.com	
电　话	0512-65272131 65626898		传　真	0512-65270086	
办公地址	江苏省苏州市吴中区宝带东路 388 号				
经营范围	服装与医药等				

主要财务指标：指标\报告期	2013.06.30	2012.12.31	2012.06.30	2011.12.31
基本每股收益(元)	0.0280	0.0750	0.0200	0.0490
基本每股收益(扣除)(元)	0.0190	-0.0070	-0.0310	-0.0090
每股净资产(元)	1.4940	1.4913	1.4360	1.4150
每股经营现金净流量(元)	0.0510	0.7029	0.3946	-0.5182
每股现金流量(元)	-0.0693	0.0249	0.2791	-0.0064
每股资本公积金(元)	0.0327	0.0327	0.0327	0.0327
每股盈余公积金(元)	0.1897	0.1897	0.1897	0.1897
每股未分配利润(元)	0.2716	0.2689	0.2135	0.1938
净资产收益率(%)	1.8546	5.0357	1.3697	3.4970
加权净资产收益率(%)	1.8500	5.1700	1.3800	3.5400
净资产收益率(扣除)(%)	--	--	-	-
总资产(万元)	414462.61	430876.46	431132.93	377216.27
归属母公司股东权益(万元)	93179.69	93010.86	89553.77	88269.63
主营业务收入(万元)	172332.93	371512.57	182996.64	387300.79
营业收入(万元)	172393.00	372297.47	183336.50	387528.75
主营成本(万元)	152532.30	330225.30	164539.02	356326.81
营业成本(万元)	152543.41	330811.01	164669.56	356455.34
投资收益(万元)	401.37	4553.78	3308.69	3809.23
净利润(万元)	1813.58	6493.19	3086.21	4092.08
利润总额(万元)	3160.25	9924.27	4543.24	5593.41

内蒙古金宇集团股份有限公司

公司概况					
公司名称	内蒙古金宇集团股份有限公司			证券简称	金宇集团
法人代表	张翀宇	董秘	李树剑	证券代码	600201
公司网址	www.jinyu.com.cn		电子信箱	lisj@jinyu.com.cn	
电　话	0471-3315857		传　真	0471-3315863	
办公地址	内蒙古自治区呼和浩特市鄂尔多斯大街 26 号				
经营范围	生物药品制造、房地产开发、羊绒纺织、生物技术开发应用等				

主要财务指标：指标\报告期	2013.06.30	2012.12.31	2012.06.30	2011.12.31
基本每股收益(元)	0.5600	0.4600	0.2300	0.5300
基本每股收益(扣除)(元)	0.3100	0.4400	0.2300	0.5000
每股净资产(元)			3.5960	3.5170
每股经营现金净流量(元)	0.5600	0.4600	-0.4909	0.6595
每股现金流量(元)	4.3470	3.8311	-0.8402	0.5065
每股资本公积金(元)	-0.0753	0.3666	0.7557	0.7557
每股盈余公积金(元)	0.3203	-0.3733	0.2596	0.2596
每股未分配利润(元)	0.7557	0.7557	1.5808	1.5014
净资产收益率(%)	0.3102	0.3102	6.3790	15.1326
加权净资产收益率(%)	2.2811	1.7652	6.3600	16.3700
净资产收益率(扣除)(%)	12.8269	12.1240	-	-
总资产(万元)	13.6400	12.6900	164931.15	172532.26
归属母公司股东权益(万元)	--	--	100982.11	98752.66
主营业务收入(万元)	178145.75	188283.89	25580.64	56716.10
营业收入(万元)	122070.51	107583.92	25647.21	57614.03
主营成本(万元)	30022.98	54638.54	8379.06	17942.09
营业成本(万元)	30227.55	55647.51	8454.89	18067.92
投资收益(万元)	10360.64	17845.40	-5.77	29.16
净利润(万元)	10579.78	18160.47	6340.75	14698.20
利润总额(万元)	9294.66	191.59	8410.91	17094.71

哈尔滨空调股份有限公司

公司概况	公司名称	哈尔滨空调股份有限公司			证券简称	哈 空 调
	法人代表	于明升	董秘	孙淑玲	证券代码	600202
	公司网址	www.hac.com.cn		电子信箱	ssl@hac.com.cn	
	电　话	0451-84644521		传　真	0451-84676205	
	办公地址	黑龙江省哈尔滨市高新技术开发区迎宾路集中区滇池街 7 号				
	经营范围	空气冷却设备、空气调节设备、节能换热设备的开发、生产与销售等				

	指标\报告期	2013.06.30	2012.12.31	2012.06.30	2011.12.31
主要财务指标	基本每股收益(元)	-0.0622	0.0549	0.0075	-0.5084
	基本每股收益(扣除)(元)	-0.0736	0.0102	0.0008	-0.5216
	每股净资产(元)	2.3414	2.4206	2.3730	2.3660
	每股经营现金净流量(元)	0.1158	-0.0523	-0.2671	-0.0808
	每股现金流量(元)	0.0363	-0.1490	-0.2058	0.1737
	每股资本公积金(元)	0.1996	0.1996	0.1996	0.1996
	每股盈余公积金(元)	0.3256	0.3256	0.3145	0.3145
	每股未分配利润(元)	0.8162	0.8954	0.8590	0.8515
	净资产收益率(%)	-2.6568	2.2675	0.3139	-21.4880
	加权净资产收益率(%)	-2.6100	2.2900	0.3100	-19.4000
	净资产收益率(扣除)(%)	-	-	-	-
	总资产(万元)	285435.00	288593.75	276986.52	272019.13
	归属母公司股东权益(万元)	89754.50	92790.84	90972.40	90686.80
	主营业务收入(万元)	37227.11	83283.75	44435.65	72227.70
	营业收入(万元)	51122.34	94913.13	50066.01	84174.07
	主营成本(万元)	30801.10	65759.96	36571.86	65295.53
	营业成本(万元)	43376.34	76038.25	41918.40	76945.31
	投资收益(万元)	75.08	266.77	93.18	169.78
	净利润(万元)	-2384.56	2104.04	285.60	-19487.18
	利润总额(万元)	-2644.30	2446.14	201.29	-23470.36

福建福日电子股份有限公司

公司概况	公司名称	福建福日电子股份有限公司			证券简称	福日电子
	法人代表	卞志航	董秘	许政声	证券代码	600203
	公司网址	www.furielec.com		电子信箱	xuzs@furielec.com	
	电　话	0591-83315984 83318998		传　真	0591-83319978	
	办公地址	福建省福州市鼓楼区六一中路 106 号榕航花园 1 号楼 1-3 层				
	经营范围	电子计算机及配件、电子产品及通讯设备、家用电器、电子元、器件的制造、销售				

	指标\报告期	2013.06.30	2012.12.31	2012.06.30	2011.12.31
主要财务指标	基本每股收益(元)	0.2100	0.1800	0.1600	0.3300
	基本每股收益(扣除)(元)	-0.1651	-0.3000	-0.0959	-0.4200
	每股净资产(元)	2.2970	1.7969	1.6883	1.1271
	每股经营现金净流量(元)	0.2064	-0.1265	-0.0553	-0.7543
	每股现金流量(元)	0.0062	0.1074	-0.0595	0.1388
	每股资本公积金(元)	2.0981	1.8074	1.7146	1.3166
	每股盈余公积金(元)	0.0572	0.0572	0.0572	0.0572
	每股未分配利润(元)	-0.8584	-1.0677	-1.0836	-1.2467
	净资产收益率(%)	9.1158	9.9598	9.6610	29.3100
	加权净资产收益率(%)	10.2300	12.2400	11.5900	23.9600
	净资产收益率(扣除)(%)	-	-	-	-
	总资产(万元)	159770.64	136264.36	144800.12	124538.74
	归属母公司股东权益(万元)	55253.00	43223.59	40609.92	27111.71
	主营业务收入(万元)	132753.56	271380.61	126393.55	210436.52
	营业收入(万元)	133081.15	272330.19	127029.95	211409.96
	主营成本(万元)	131907.85	267600.81	124714.72	208511.89
	营业成本(万元)	131979.61	267855.66	124855.37	209552.67
	投资收益(万元)	7772.88	9979.33	5594.04	18905.35
	净利润(万元)	4024.94	3835.72	3923.81	7435.00
	利润总额(万元)	3998.48	3862.70	3928.82	7474.59

有研半导体材料股份有限公司

公司概况	公司名称	有研半导体材料股份有限公司			证券简称	有研硅股
	法人代表	周旗钢	董秘	赵春雷	证券代码	600206
	公司网址	www.gritek.com		电子信箱	liujing@gritek.com	
	电　话	010-62355380		传　真	010-62355381	
	办公地址	北京市新街口外大街 2 号				
	经营范围	单晶硅、锗、化合物、半导体材料及相关电子材料的研究、开发生产和销售				

	指标\报告期	2013.06.30	2012.12.31	2012.06.30	2011.12.31
主要财务指标	基本每股收益(元)	0.0020	-0.5700	-0.1200	0.0300
	基本每股收益(扣除)(元)	-0.0110	-0.6000	-0.1500	-0.0300
	每股净资产(元)	4.3730	2.9538	3.4000	3.5230
	每股经营现金净流量(元)	-0.0758	0.0959	0.0358	0.2891
	每股现金流量(元)	1.1347	-0.0784	-0.1883	0.0527
	每股资本公积金(元)	3.4288	2.0275	2.0275	2.0273
	每股盈余公积金(元)	0.0987	0.1261	0.1261	0.1261
	每股未分配利润(元)	-0.1533	-0.1983	0.2496	0.3711
	净资产收益率(%)	0.0457	-19.2792	-3.5700	0.8220
	加权净资产收益率(%)	0.0700	-17.5900	-3.5100	0.8300
	净资产收益率(扣除)(%)	-	-	-	-
	总资产(万元)	150998.54	108736.97	124768.17	121026.15
	归属母公司股东权益(万元)	121503.65	64245.49	73988.49	76626.95
	主营业务收入(万元)	23504.66	39219.32	18427.90	55631.49
	营业收入(万元)	24042.70	40899.96	19288.40	59819.37
	主营成本(万元)	20469.03	43404.43	19179.08	50918.87
	营业成本(万元)	20633.74	44499.05	19795.57	53984.23
	投资收益(万元)	-	819.01	804.41	2251.19
	净利润(万元)	55.48	-12386.00	-2643.86	629.78
	利润总额(万元)	191.73	-12761.16	-2526.70	580.57

河南安彩高科股份有限公司

公司概况	公司名称	河南安彩高科股份有限公司			证券简称	安彩高科
	法人代表	蔡志端	董秘	李明	证券代码	600207
	公司网址	www.acht.com.cn		电子信箱	achtzqb@acbc.com.cn	
	电　话	0372-3732533		传　真	0372-3938035	
	办公地址	河南省安阳市中州路南段				
	经营范围	21#、25#、29# 彩玻的生产和销售				

	指标\报告期	2013.06.30	2012.12.31	2012.06.30	2011.12.31
主要财务指标	基本每股收益(元)	-0.1714	-0.7860	-0.2943	0.0220
	基本每股收益(扣除)(元)	-0.2717	-0.7601	-0.2950	-0.5078
	每股净资产(元)	1.3712	0.0822	0.5827	0.9397
	每股经营现金净流量(元)	-0.0552	-0.4608	-0.4328	-0.1378
	每股现金流量(元)	0.4712	-0.1549	0.2927	-0.3487
	每股资本公积金(元)	2.8388	2.7643	2.7730	2.8357
	每股盈余公积金(元)	0.5624	0.8820	0.8820	0.8820
	每股未分配利润(元)	-3.0300	-4.5641	-4.0723	-3.7780
	净资产收益率(%)	-3.7236	-955.8797	-50.4992	2.3440
	加权净资产收益率(%)	-51.4801	-165.3900	-37.3746	2.3700
	净资产收益率(扣除)(%)	-	-	-	-
	总资产(万元)	287331.44	242789.60	266244.02	243728.80
	归属母公司股东权益(万元)	94514.41	3618.20	25639.53	41347.00
	主营业务收入(万元)	77074.02	134121.24	58855.52	100968.50
	营业收入(万元)	77312.83	136357.76	65779.16	115644.77
	主营成本(万元)	73767.04	134789.42	58620.03	85306.74
	营业成本(万元)	73916.70	136786.16	64922.09	96698.35
	投资收益(万元)	252.00	-38.36	-16.93	-27.05
	净利润(万元)	-7982.47	-34082.70	-12504.94	2109.33
	利润总额(万元)	-7583.32	-32917.75	-12121.75	2913.51

新湖中宝股份有限公司

公司概况

公司名称	新湖中宝股份有限公司			证券简称	新湖中宝
法人代表	林俊波	董秘	虞迪锋	证券代码	600208
公司网址	www.600208.net		电子信箱	yudf@600208.net	
电　　话	0571-87395003 85171837		传　　真	0571-87395052	
办公地址	浙江省杭州市西溪路128号新湖商务大厦11层				
经营范围	港口设施、酒店服务、教育产业和房地产业				

主要财务指标

指标\报告期	2013.06.30	2012.12.31	2012.06.30	2011.12.31
基本每股收益(元)	0.0360	0.3700	0.0450	0.2300
基本每股收益(扣除)(元)	0.0160	0.3000	0.0170	0.1300
每股净资产(元)	2.0337	2.0088	1.6600	1.5700
每股经营现金净流量(元)	0.0004	–0.0185	–0.1040	–0.4105
每股现金流量(元)	0.0041	0.3389	0.3474	–0.2220
每股资本公积金(元)	0.1801	0.1915	0.1624	0.1229
每股盈余公积金(元)	0.0811	0.0811	0.0744	0.0744
每股未分配利润(元)	0.7729	0.7366	0.4232	0.3778
净资产收益率(%)	1.7847	18.3684	2.7214	14.3890
加权净资产收益率(%)	1.8000	20.8500	2.8400	15.4400
净资产收益率(扣除)(%)	–	–	–	–
总资产(万元)	4914389.18	4645959.98	4022776.69	3530786.26
归属母公司股东权益(万元)	1272836.66	1257287.89	1036291.35	977975.01
主营业务收入(万元)	302285.50	987777.83	223743.53	665720.05
营业收入(万元)	315227.73	990865.54	225462.72	668829.85
主营成本(万元)	235354.17	614236.99	198657.63	485196.33
营业成本(万元)	236034.62	615752.85	199342.50	486464.22
投资收益(万元)	17877.38	61433.12	21370.47	73188.96
净利润(万元)	23351.31	233447.99	28604.77	145609.95
利润总额(万元)	30152.18	328465.07	33309.98	187411.25

罗顿发展股份有限公司

公司概况

公司名称	罗顿发展股份有限公司			证券简称	罗顿发展
法人代表	高松	董秘	韦胜杭	证券代码	600209
公司网址	www.lawtonfz.com.cn		电子信箱	golden@public.hk.hi.cn	
电　　话	0898-66258868		传　　真	0898-66254868	
办公地址	海南省海口市人民大道68号12楼				
经营范围	酒店经营与管理和装饰工程等				

主要财务指标

指标\报告期	2013.06.30	2012.12.31	2012.06.30	2011.12.31
基本每股收益(元)	–0.0280	0.0038	0.0040	0.0320
基本每股收益(扣除)(元)	–0.0290	0.0021	0.0040	0.0313
每股净资产(元)	1.5299	1.5618	1.5620	1.5580
每股经营现金净流量(元)	–0.0753	0.2334	–0.0135	0.1133
每股现金流量(元)	–0.0642	0.0965	0.0150	–0.0243
每股资本公积金(元)	0.2697	0.2697	0.2697	0.2697
每股盈余公积金(元)	0.0709	0.0709	0.0709	0.0709
每股未分配利润(元)	0.1893	0.2213	0.2211	0.2175
净资产收益率(%)	–1.8411	0.2417	0.2322	2.0559
加权净资产收益率(%)	–1.8200	0.2400	0.2300	1.7200
净资产收益率(扣除)(%)	–	–	–	–
总资产(万元)	116828.89	116679.66	122756.34	111755.67
归属母公司股东权益(万元)	67162.20	68565.53	68558.98	68399.82
主营业务收入(万元)	6770.54	33275.87	11859.26	24274.20
营业收入(万元)	6770.54	33348.43	11859.26	24337.68
主营成本(万元)	5722.11	28120.27	9619.82	19148.28
营业成本(万元)	5722.11	28149.72	9619.82	19148.28
投资收益(万元)	0.83	2089.70	649.30	2096.37
净利润(万元)	–1580.22	–779.35	51.76	910.03
利润总额(万元)	–1567.99	–109.32	99.65	1064.35

上海紫江企业集团股份有限公司

公司概况

公司名称	上海紫江企业集团股份有限公司			证券简称	紫江企业
法人代表	沈雯	董秘	高军	证券代码	600210
公司网址	www.zijiangqy.com		电子信箱	zijiangqy@zijiangqy.com	
电　　话	021-62377118		传　　真	021-62377327	
办公地址	上海市虹桥路2272号虹桥商务大厦7楼C座				
经营范围	包装业务和房地产业务				

主要财务指标

指标\报告期	2013.06.30	2012.12.31	2012.06.30	2011.12.31
基本每股收益(元)	0.1130	0.1130	0.1180	0.3660
基本每股收益(扣除)(元)	0.1010	0.0920	0.1090	0.3480
每股净资产(元)	2.6283	2.5210	2.7290	2.6140
每股经营现金净流量(元)	0.3666	0.7799	0.1997	0.6695
每股现金流量(元)	–0.1265	0.2335	–0.0114	–0.3228
每股资本公积金(元)	0.3314	0.3373	0.3403	0.3429
每股盈余公积金(元)	–	0.2612	0.2452	0.2452
每股未分配利润(元)	–	0.9225	1.1434	1.0259
净资产收益率(%)	4.3072	4.4673	4.3058	13.9930
加权净资产收益率(%)	4.4000	4.3500	4.3900	14.3500
净资产收益率(扣除)(%)	–	–	–	–
总资产(万元)	1049687.82	1027963.34	1044125.68	1013034.77
归属母公司股东权益(万元)	377624.37	362201.56	392074.45	375559.37
主营业务收入(万元)	421117.10	770778.41	393595.39	798579.55
营业收入(万元)	431688.67	805689.38	400623.95	822775.51
主营成本(万元)	352872.67	645430.85	321630.09	644701.48
营业成本(万元)	357194.48	667527.68	324982.54	662837.66
投资收益(万元)	1880.23	5029.67	3308.17	13689.53
净利润(万元)	18522.75	19715.21	19097.44	57489.69
利润总额(万元)	23683.78	29057.11	25256.95	70420.52

西藏诺迪康药业股份有限公司

公司概况

公司名称	西藏诺迪康药业股份有限公司			证券简称	西藏药业
法人代表	陈达彬	董秘	刘岚	证券代码	600211
公司网址	www.xzyy.cn		电子信箱	zqb@xzyy.cn	
电　　话	0891-6835752 028-86653915		传　　真	0891-6837749 028-86660740	
办公地址	西藏自治区拉萨市北京中路93号				
经营范围	生产、销售诺迪康胶囊、诺迪康颗粒、诺迪康口服液、藏药产品及医疗器械等				

主要财务指标

指标\报告期	2013.06.30	2012.12.31	2012.06.30	2011.12.31
基本每股收益(元)	0.0680	0.2100	0.0780	0.1400
基本每股收益(扣除)(元)	0.0540	0.1600	0.0580	0.1300
每股净资产(元)	2.5510	2.5527	2.4130	2.3400
每股经营现金净流量(元)	0.0745	0.3860	0.0915	0.0830
每股现金流量(元)	0.0029	0.2307	0.1114	0.3969
每股资本公积金(元)	1.4882	1.4882	1.4804	1.4804
每股盈余公积金(元)	0.1582	0.1582	0.1432	0.1432
每股未分配利润(元)	–0.0953	–0.0937	–0.2106	–0.2884
净资产收益率(%)	2.6801	8.2150	3.2259	6.0340
加权净资产收益率(%)	2.6800	8.5800	3.2800	6.2200
净资产收益率(扣除)(%)	–	–	–	–
总资产(万元)	88404.73	84515.07	81349.02	78786.43
归属母公司股东权益(万元)	37140.44	37164.14	35129.84	33996.59
主营业务收入(万元)	61396.42	121102.05	60077.16	106882.50
营业收入(万元)	61866.20	122138.54	60585.64	107903.80
主营成本(万元)	49924.03	97627.24	49919.27	88354.68
营业成本(万元)	50030.83	97801.45	50001.21	88516.72
投资收益(万元)	115.62	427.88	281.07	8.28
净利润(万元)	904.59	3050.21	1109.94	2108.61
利润总额(万元)	1082.11	3204.78	1267.78	2342.16

山东江泉实业股份有限公司

公司概况	公司名称	山东江泉实业股份有限公司			证券简称	江泉实业
	法人代表	连德团	董秘	王广勇	证券代码	600212
	公司网址	www.jiangquan.com.cn		电子信箱	wang600212@126.com	
	电　话	0539-7100051		传　真	0539-7100153	
	办公地址	山东省临沂市罗庄区江泉工业园三江路6号				
	经营范围	电力生产供应、供热、供汽等				

	指标\报告期	2013.06.30	2012.12.31	2012.06.30	2011.12.31
主要财务指标	基本每股收益(元)	-0.0089	-0.1090	-0.0231	0.0314
	基本每股收益(扣除)(元)	-0.0096	-0.1099	-0.0238	0.0305
	每股净资产(元)	1.9544	1.9633	2.0490	2.0700
	每股经营现金净流量(元)	0.0637	0.1426	0.0029	0.1631
	每股现金流量(元)	0.0226	0.0480	-0.0107	-0.0409
	每股资本公积金(元)	0.8632	0.8632	0.8632	0.8632
	每股盈余公积金(元)	0.1899	0.1899	0.1899	0.1899
	每股未分配利润(元)	-0.0987	-0.0898	-0.0040	0.0192
	净资产收益率(%)	-0.4539	-5.5502	-1.1298	1.5140
	加权净资产收益率(%)	-0.4500	-5.4000	-1.1200	1.5300
	净资产收益率(扣除)(%)	-	-	-	-
	总资产(万元)	118112.97	115393.26	123793.30	125658.99
	归属母公司股东权益(万元)	100005.42	100459.35	104850.47	106035.05
	主营业务收入(万元)	31118.88	70619.82	30572.45	53968.91
	营业收入(万元)	31118.88	71649.37	30572.45	55598.91
	主营成本(万元)	29369.72	65928.77	28059.18	46423.75
	营业成本(万元)	29369.72	66702.04	28059.18	46945.38
	投资收益(万元)	444.06	-641.45	-977.94	-561.16
	净利润(万元)	-453.93	-5575.70	-1184.57	1605.57
	利润总额(万元)	-203.23	-5540.42	-1176.26	1547.77

扬州亚星客车股份有限公司

公司概况	公司名称	扬州亚星客车股份有限公司			证券简称	亚星客车
	法人代表	金长山	董秘	刘竹金	证券代码	600213
	公司网址	www.yaxingkeche.com.cn		电子信箱	zhujinliu@hotmail.com	
	电　话	0514-82989118		传　真	0514-87852329	
	办公地址	江苏省扬州市渡江南路41号				
	经营范围	客车、特种车、农用车、汽车零部件的开发、制造、销售、进出口等				

	指标\报告期	2013.06.30	2012.12.31	2012.06.30	2011.12.31
主要财务指标	基本每股收益(元)	-0.1000	0.0300	-0.0700	-0.1900
	基本每股收益(扣除)(元)	-0.1200	-0.1000	-0.0900	-0.3500
	每股净资产(元)	0.7500	0.8413	0.7408	0.8096
	每股经营现金净流量(元)	-0.2627	-0.4182	-0.3667	-0.4653
	每股现金流量(元)	-0.0153	0.5219	0.1110	-0.1765
	每股资本公积金(元)	1.5550	1.5550	1.5550	1.5550
	每股盈余公积金(元)	0.1935	0.1935	0.1935	0.1935
	每股未分配利润(元)	-2.0100	-1.9120	-2.0076	-1.9389
	净资产收益率(%)	-13.0591	3.1936	-9.2805	-23.3830
	加权净资产收益率(%)	-12.3100	3.2600	-8.8700	-20.9400
	净资产收益率(扣除)(%)	-	-	-	-
	总资产(万元)	145355.66	118209.62	109261.46	90317.41
	归属母公司股东权益(万元)	15500.34	18509.13	16297.81	17810.33
	主营业务收入(万元)	49855.02	98807.87	46839.83	80004.89
	营业收入(万元)	49932.06	99591.63	47335.27	80941.29
	主营成本(万元)	44444.90	88747.52	42755.49	73345.21
	营业成本(万元)	44475.56	88929.95	42897.95	74189.77
	投资收益(万元)	-	23.59	-	23.71
	净利润(万元)	-2224.91	591.11	-1512.52	-4164.61
	利润总额(万元)	-2224.91	591.11	-1512.52	-4164.61

长春经开(集团)股份有限公司

公司概况	公司名称	长春经开(集团)股份有限公司			证券简称	长春经开
	法人代表	陈平	董秘	王昱人	证券代码	600215
	公司网址	www.ccjk600215.com		电子信箱	ccjk8508@mail.cetdz.com.cn	
	电　话	0431-84644225		传　真	0431-84630809	
	办公地址	吉林省长春市经济技术开发区自由大路5188号				
	经营范围	公用设施投资、开发、建设、租赁、经营、管理、实业与科技投资				

	指标\报告期	2013.06.30	2012.12.31	2012.06.30	2011.12.31
主要财务指标	基本每股收益(元)	-0.0424	0.0215	-0.0509	0.0062
	基本每股收益(扣除)(元)	-0.0423	0.0218	-0.0874	-0.0324
	每股净资产(元)	5.1222	5.1746	5.1022	5.1500
	每股经营现金净流量(元)	-0.3140	-1.2407	-0.0915	-0.1300
	每股现金流量(元)	-0.1951	0.2091	0.4903	0.2024
	每股资本公积金(元)	2.1042	2.1042	2.1042	2.1042
	每股盈余公积金(元)	-	0.4169	0.4087	0.4087
	每股未分配利润(元)	-	1.6535	1.5893	1.6402
	净资产收益率(%)	-0.8271	0.4153	-0.9976	0.1200
	加权净资产收益率(%)	-0.8223	0.4200	-0.9926	0.1196
	净资产收益率(扣除)(%)	-	-	-	-
	总资产(万元)	450423.45	445500.28	454258.47	390517.89
	归属母公司股东权益(万元)	238199.29	240634.35	237268.05	239634.98
	主营业务收入(万元)	25136.70	30197.12	5320.08	24629.62
	营业收入(万元)	25136.70	30197.12	5954.44	27087.74
	主营成本(万元)	17594.45	24553.92	4390.00	19920.33
	营业成本(万元)	17594.45	24553.92	4547.52	20851.68
	投资收益(万元)	52.04	11376.17	-	-
	净利润(万元)	-1970.96	996.36	-2370.45	285.55
	利润总额(万元)	-2071.53	2633.78	-2866.34	545.98

浙江医药股份有限公司

公司概况	公司名称	浙江医药股份有限公司			证券简称	浙江医药
	法人代表	李春波	董秘	俞祝军	证券代码	600216
	公司网址	www.china-zmc.com		电子信箱	zmc3@163.com	
	电　话	0571-87213883		传　真	0571-87213883	
	办公地址	浙江省杭州市拱墅区登云路268号				
	经营范围	化学原料药及其制剂产品的研制、开发、生产与销售				

	指标\报告期	2013.06.30	2012.12.31	2012.06.30	2011.12.31
主要财务指标	基本每股收益(元)	0.6900	1.7900	1.2100	2.2500
	基本每股收益(扣除)(元)	0.6800	1.8100	1.2100	2.2600
	每股净资产(元)	12.1469	11.9000	10.3950	9.7560
	每股经营现金净流量(元)	0.4760	1.5527	0.7074	2.0281
	每股现金流量(元)	-1.0587	1.7284	0.3581	0.3322
	每股资本公积金(元)	2.9638	2.8998	0.8315	0.8021
	每股盈余公积金(元)	1.5954	1.5954	1.5684	1.5684
	每股未分配利润(元)	6.5877	6.4005	6.9947	6.3858
	净资产收益率(%)	5.6573	13.7162	11.6306	23.0590
	加权净资产收益率(%)	5.6400	16.7000	11.6500	24.7100
	净资产收益率(扣除)(%)	-	-	-	-
	总资产(万元)	728949.10	705767.13	571460.98	519907.79
	归属母公司股东权益(万元)	631711.17	618644.31	467817.72	439089.22
	主营业务收入(万元)	261050.58	524735.28	270839.88	480614.78
	营业收入(万元)	261757.40	526400.61	271702.04	482596.84
	主营成本(万元)	185853.14	360333.30	180292.48	300096.79
	营业成本(万元)	186466.57	361824.13	181035.34	301649.09
	投资收益(万元)	701.15	771.64	706.94	1052.36
	净利润(万元)	35817.55	85114.18	54397.27	101592.36
	利润总额(万元)	42264.74	99555.24	64357.42	118814.22

陕西秦岭水泥(集团)股份有限公司

公司概况

公司名称	陕西秦岭水泥(集团)股份有限公司			证券简称	秦岭水泥
法人代表	于九洲	董秘	刘福生	证券代码	600217
公司网址	www.qinling.com	电子信箱	qlc@vip.163.com		
电　话	0919-6231630	传　真	0919-6233344		
办公地址	陕西省铜川市耀州区东郊				
经营范围	水泥生产与销售				

主要财务指标

指标\报告期	2013.06.30	2012.12.31	2012.06.30	2011.12.31
基本每股收益(元)	-0.0860	0.0168	-0.0420	-0.2505
基本每股收益(扣除)(元)	-0.0960	-0.0230	-0.0480	-0.2978
每股净资产(元)	0.0987	0.1850	0.1280	0.1679
每股经营现金净流量(元)	-0.0072	-0.0720	-0.0904	-0.2623
每股现金流量(元)	-0.0331	0.0397	0.0028	-0.1344
每股资本公积金(元)	0.3780	0.3780	0.3780	0.3777
每股盈余公积金(元)	0.1036	0.1036	0.1036	0.1036
每股未分配利润(元)	-1.3829	-1.2965	-1.3552	-1.3134
净资产收益率(%)	-87.4749	9.0989	-32.6872	-149.2220
加权净资产收益率(%)	-60.8600	9.5401	-26.7700	-0.8740
净资产收益率(扣除)(%)	-	-	-	-
总资产(万元)	221719.07	223002.99	198354.27	179994.01
归属母公司股东权益(万元)	6522.45	12227.97	8459.76	11093.26
主营业务收入(万元)	36349.76	75494.65	32787.35	55740.63
营业收入(万元)	36583.25	76016.56	33076.49	56940.01
主营成本(万元)	32165.68	58341.61	28343.25	54433.99
营业成本(万元)	32426.80	58773.35	28604.63	55504.25
投资收益(万元)	-	4.27	-	4810.07
净利润(万元)	-5715.26	1025.83	-2784.70	-16707.45
利润总额(万元)	-5715.26	1025.83	-2784.70	-16707.45

安徽全柴动力股份有限公司

公司概况

公司名称	安徽全柴动力股份有限公司			证券简称	全柴动力
法人代表	谢力	董秘	徐明余	证券代码	600218
公司网址	www.quanchai.com.cn	电子信箱	qcxumy@163.com		
电　话	0550-5038369 5011156	传　真	0550-5011156		
办公地址	安徽省滁州市全椒县襄河镇吴敬梓路 788 号				
经营范围	多缸柴油机、单缸柴油机及新型塑料管材的开发、生产和销售				

主要财务指标

指标\报告期	2013.06.30	2012.12.31	2012.06.30	2011.12.31
基本每股收益(元)	0.0780	0.0700	0.0545	0.0900
基本每股收益(扣除)(元)	0.0590	-0.0300	0.0347	-0.0100
每股净资产(元)	3.6852	3.6435	3.6320	3.5800
每股经营现金净流量(元)	0.1712	-0.0232	0.1080	-0.4103
每股现金流量(元)	0.0146	-0.1490	0.1131	-0.6892
每股资本公积金(元)	1.6153	1.6153	1.6153	1.6153
每股盈余公积金(元)	0.2303	0.2303	0.2293	0.2293
每股未分配利润(元)	0.8263	0.7979	0.7874	0.7329
净资产收益率(%)	2.1277	1.8123	1.5003	2.5090
加权净资产收益率(%)	2.1300	1.8300	1.5100	2.3300
净资产收益率(扣除)(%)	-	-	-	-
总资产(万元)	252232.29	242873.23	238425.68	225754.43
归属母公司股东权益(万元)	104437.81	103257.04	102929.97	101385.69
主营业务收入(万元)	170123.32	268803.72	139602.72	243798.55
营业收入(万元)	171272.65	271205.62	140735.38	249349.28
主营成本(万元)	153451.00	249195.64	129362.40	223870.53
营业成本(万元)	154420.34	250179.69	130340.14	227843.58
投资收益(万元)	41.91	1120.55	329.30	997.84
净利润(万元)	2185.66	1944.76	1644.89	2346.15
利润总额(万元)	2901.56	1909.03	1884.57	3008.57

山东南山铝业股份有限公司

公司概况

公司名称	山东南山铝业股份有限公司			证券简称	南山铝业
法人代表	宋建波	董秘	隋冠男	证券代码	600219
公司网址	www.600219.com.cn	电子信箱	xingmeimin@nanshan.com.cn		
电　话	0535-8666352 8616188	传　真	0535-8616230		
办公地址	山东省龙口市东江镇南山村				
经营范围	铝制品、毛纺织品的开发、生产及销售、电力的生产及供应				

主要财务指标

指标\报告期	2013.06.30	2012.12.31	2012.06.30	2011.12.31
基本每股收益(元)	0.1600	0.3600	0.2000	0.5300
基本每股收益(扣除)(元)	0.1600	0.3600	0.2000	0.5400
每股净资产(元)	8.7053	8.6617	8.1100	8.0100
每股经营现金净流量(元)	0.1325	0.6747	0.2433	0.8255
每股现金流量(元)	-1.0416	1.1444	-0.1142	-0.6890
每股资本公积金(元)	5.0383	5.0383	4.6398	4.6398
每股盈余公积金(元)	0.2426	0.2426	0.2213	0.2213
每股未分配利润(元)	2.4418	2.3999	2.2650	2.1640
净资产收益率(%)	1.8604	4.1238	2.4786	6.5980
加权净资产收益率(%)	1.8600	4.3600	2.4800	6.7700
净资产收益率(扣除)(%)	-	-	-	-
总资产(万元)	2864807.09	2785961.80	2192577.49	2090381.44
归属母公司股东权益(万元)	1683755.52	1675313.73	1568698.84	1548593.29
主营业务收入(万元)	718132.48	1469332.51	729548.59	1310653.88
营业收入(万元)	724159.15	1486960.01	740093.73	1332807.69
主营成本(万元)	624726.86	1286781.45	643038.20	1124405.37
营业成本(万元)	629208.06	1297921.87	649373.09	1137434.13
投资收益(万元)	930.14	1705.15	1300.40	2240.43
净利润(万元)	36688.16	78773.94	43644.58	125858.04
利润总额(万元)	46994.06	98469.19	49459.80	138141.03

江苏阳光股份有限公司

公司概况

公司名称	江苏阳光股份有限公司			证券简称	江苏阳光
法人代表	陈丽芬	董秘	徐伟民	证券代码	600220
公司网址	www.sunshine.com.cn	电子信箱	jsyg88@pub.wx.jsinfo.net		
电　话	0510-86121688	传　真	0510-86121688		
办公地址	江苏省江阴市新桥镇马嘶桥				
经营范围	中高档精毛纺呢绒、高档男士西服和女式时装生产和销售				

主要财务指标

指标\报告期	2013.06.30	2012.12.31	2012.06.30	2011.12.31
基本每股收益(元)	0.0179	-0.7634	-0.0404	0.0049
基本每股收益(扣除)(元)	0.0165	-0.7578	-0.0419	0.0015
每股净资产(元)	0.8720	0.8532	1.5779	1.6199
每股经营现金净流量(元)	0.0620	0.0221	0.2541	0.0717
每股现金流量(元)	-0.1206	0.0410	0.0490	-0.0128
每股资本公积金(元)	0.0010	0.0026	0.0042	0.0059
每股盈余公积金(元)	0.0965	0.0954	0.0957	0.0954
每股未分配利润(元)	-0.2255	-0.2448	0.4780	0.5187
净资产收益率(%)	2.0583	-89.4791	-2.5604	0.3010
加权净资产收益率(%)	2.0800	-61.7400	-2.5300	0.3000
净资产收益率(扣除)(%)	-	-	-	0.0900
总资产(万元)	399668.63	433006.18	547626.67	587144.33
归属母公司股东权益(万元)	155508.80	152156.58	281388.79	288881.83
主营业务收入(万元)	110917.72	279659.84	146951.85	384118.47
营业收入(万元)	112276.71	282892.40	151884.59	387287.43
主营成本(万元)	91810.46	249192.98	137307.17	342292.02
营业成本(万元)	91810.46	249761.17	140873.33	342917.17
投资收益(万元)	-	-159.38	-	720.22
净利润(万元)	4024.17	-141347.55	-11088.56	1070.06
利润总额(万元)	5147.29	-139322.53	-10348.80	1698.09

海南航空股份有限公司

公司概况					
公司名称	海南航空股份有限公司			证券简称	海南航空
法人代表	陈明	董秘	黄琪珺	证券代码	600221
公司网址	www.hnair.com		电子信箱	webmaster@hnair.com	
电　　话	0898-66739961		传　　真	0898-66739960	
办公地址	海南省海口市国兴大道7号海航大厦				
经营范围	航空客货运输业务				

主要财务指标				
指标\报告期	2013.06.30	2012.12.31	2012.06.30	2011.12.31
基本每股收益(元)	0.0940	0.4000	0.1200	0.6400
基本每股收益(扣除)(元)	0.0750	0.2300	0.0600	0.3900
每股净资产(元)	1.9560	4.6600	3.5200	3.5100
每股经营现金净流量(元)	0.2475	1.6739	0.4633	1.4516
每股现金流量(元)	0.1031	0.6626	0.6032	0.4568
每股资本公积金(元)	0.4633	1.9274	1.4221	1.4101
每股盈余公积金(元)	0.0540	0.1079	0.1377	0.1377
每股未分配利润(元)	0.4388	0.8717	0.9623	0.9613
净资产收益率(%)	2.7075	8.1000	3.4344	18.1760
加权净资产收益率(%)	2.7100	11.0000	3.4400	19.0000
净资产收益率(扣除)(%)	–	–	–	–
总资产(万元)	9836171.10	9271914.40	8215799.20	8129665.20
归属母公司股东权益(万元)	2382848.60	2379757.30	1453044.20	1447667.20
主营业务收入(万元)	1339031.50	2687027.50	1275209.90	2428051.00
营业收入(万元)	1442322.70	2886758.50	1389139.40	2627324.60
主营成本(万元)	1077411.20	2067130.50	1009098.90	1850826.10
营业成本(万元)	1123576.70	2155764.10	1051907.20	1949798.70
投资收益(万元)	14335.50	18824.10	8259.00	19788.40
净利润(万元)	64738.80	194494.60	50486.70	283420.80
利润总额(万元)	82622.80	265371.40	67142.60	369605.60

河南太龙药业股份有限公司

公司概况					
公司名称	河南太龙药业股份有限公司			证券简称	太龙药业
法人代表	李景亮	董秘	罗剑超	证券代码	600222
公司网址	www.taloph.com		电子信箱	wzq@taloph.com	
电　　话	0371-67982194 67986158		传　　真	0371-67993600	
办公地址	河南省郑州市高新技术产业开发区金梭路8号				
经营范围	研制、开发、生产和销售中成药和西药				

主要财务指标				
指标\报告期	2013.06.30	2012.12.31	2012.06.30	2011.12.31
基本每股收益(元)	0.0337	0.0490	0.0217	0.0309
基本每股收益(扣除)(元)	0.0283	0.0373	0.0111	0.0037
每股净资产(元)	1.5501	1.5164	1.4892	1.4674
每股经营现金净流量(元)	0.1047	0.2120	0.0502	0.0003
每股现金流量(元)	0.0557	0.0515	0.0051	0.0376
每股资本公积金(元)	0.0342	0.0342	0.0342	0.0342
每股盈余公积金(元)	0.1137	0.1137	0.1110	0.1110
每股未分配利润(元)	0.4023	0.3686	0.3441	0.3223
净资产收益率(%)	2.1753	3.2299	1.4597	2.1070
加权净资产收益率(%)	2.2000	3.2800	1.4700	2.1300
净资产收益率(扣除)(%)	–	–	–	–
总资产(万元)	160855.90	156943.56	151185.13	146016.78
归属母公司股东权益(万元)	63927.10	62536.48	61413.09	60516.61
主营业务收入(万元)	60042.16	108318.01	47399.46	95071.83
营业收入(万元)	60524.13	108913.06	47565.50	98073.18
主营成本(万元)	50828.59	90403.24	40781.59	84933.81
营业成本(万元)	51042.38	90611.23	40781.59	85503.94
投资收益(万元)	–	4.85	4.85	125.36
净利润(万元)	2070.79	3203.64	1312.32	2083.74
利润总额(万元)	2674.48	4117.50	1654.23	2752.60

鲁商置业股份有限公司

公司概况					
公司名称	鲁商置业股份有限公司			证券简称	鲁商置业
法人代表	赵西亮	董秘	李璐	证券代码	600223
公司网址	www.lshzy.com.cn		电子信箱	600223lszy@163.com	
电　　话	0531-66699999		传　　真	0531-66697128	
办公地址	山东省济南市经十路9777号				
经营范围	房地产开发与经营				

主要财务指标				
指标\报告期	2013.06.30	2012.12.31	2012.06.30	2011.12.31
基本每股收益(元)	0.0362	0.2500	0.0244	0.2300
基本每股收益(扣除)(元)	0.0292	0.2500	0.0250	0.2200
每股净资产(元)	1.5970	1.5607	1.3388	1.3144
每股经营现金净流量(元)	–0.7612	0.1035	–0.3151	–3.6304
每股现金流量(元)	0.8691	0.1716	0.4641	–0.2041
每股资本公积金(元)	0.3186	0.3186	0.3186	0.3186
每股盈余公积金(元)	0.1003	0.1003	0.1003	0.1003
每股未分配利润(元)	0.1780	0.1418	–0.0801	–0.1045
净资产收益率(%)	2.2687	15.7850	1.8244	17.8340
加权净资产收益率(%)	2.2900	17.1400	1.8400	19.5800
净资产收益率(扣除)(%)	–	–	–	–
总资产(万元)	2504637.60	2155853.74	1893752.53	1763437.79
归属母公司股东权益(万元)	159852.14	156225.53	134010.18	131565.32
主营业务收入(万元)	80752.32	364555.00	36169.84	236036.97
营业收入(万元)	82457.60	367381.91	37367.98	238169.86
主营成本(万元)	58251.31	255958.31	23682.20	172237.19
营业成本(万元)	59285.12	257421.28	24428.26	173478.08
投资收益(万元)	361.14	931.81	218.45	1404.55
净利润(万元)	4164.96	32634.84	1979.34	23040.29
利润总额(万元)	6121.57	47522.68	3051.07	30958.40

天津松江股份有限公司

公司概况					
公司名称	天津松江股份有限公司			证券简称	天津松江
法人代表	曹立明	董秘	詹鹏飞	证券代码	600225
公司网址	www.ciity.com.cn		电子信箱	songjiangzqb@sina.com	
电　　话	022-58915818		传　　真	022-58915816	
办公地址	天津市西青区友谊南路与外环线交口东北侧环岛西路天湾园公建1号楼				
经营范围	房地产、高新技术产业、公用事业、环保业、物流业等				

主要财务指标				
指标\报告期	2013.06.30	0.1400	2012.06.30	2011.12.31
基本每股收益(元)	–0.3540	0.0500	–0.1140	0.3800
基本每股收益(扣除)(元)	–0.4030	1.9460	–0.1250	0.3100
每股净资产(元)	1.5919	–0.6724	1.6950	1.8100
每股经营现金净流量(元)	–2.0107	0.4047	–0.1203	–0.3455
每股现金流量(元)	–0.5370	–0.2602	–0.6318	–0.7859
每股资本公积金(元)	–0.2602	0.1677	–0.2602	–0.2602
每股盈余公积金(元)	0.1677	1.0385	0.1522	0.1522
每股未分配利润(元)	0.6845	7.0177	0.8031	0.9174
净资产收益率(%)	–22.2401	7.2700	–6.7469	21.0760
加权净资产收益率(%)	–20.0100	–	–6.5300	23.5400
净资产收益率(扣除)(%)	–	1075508.53	–	19.3200
总资产(万元)	1194398.63	121896.08	1030705.93	1054566.32
归属母公司股东权益(万元)	99718.55	267650.77	106178.05	113341.76
主营业务收入(万元)	33343.12	269324.23	81405.88	203445.10
营业收入(万元)	34100.19	198719.59	82296.75	204320.90
主营成本(万元)	19342.19	200052.42	70219.45	130264.68
营业成本(万元)	20054.77	6970.94	70744.13	130962.45
投资收益(万元)	6678.68	10899.39	390.55	13470.79
净利润(万元)	–23675.71	13508.81	–9414.64	27116.11
利润总额(万元)	–25137.20	0.1400	–9389.00	34317.60

浙江升华拜克生物股份有限公司

公司概况	公司名称	浙江升华拜克生物股份有限公司		证券简称	升华拜克
	法人代表	张文骏	董秘	陶舜晓	证券代码 600226
	公司网址	www.biok.com		电子信箱	jingx@biok.com
	电　　话	0572-8402738		传　　真	0572-8089511
	办公地址	浙江省湖州市德清县钟管镇工业区			
	经营范围	从事兽药、农药原料药及制成品、相关饲料添加剂的生产经营等			

主要财务指标	指标\报告期	2013.06.30	2012.12.31	2012.06.30	2011.12.31
	基本每股收益(元)	0.0600	0.0800	0.0800	0.2400
	基本每股收益(扣除)(元)	0.0500	0.0600	0.0600	0.2200
	每股净资产(元)	3.3264	3.3197	3.3143	3.2363
	每股经营现金净流量(元)	-0.0165	0.5374	0.4804	0.1420
	每股现金流量(元)	0.1834	-0.3680	0.0434	0.1254
	每股资本公积金(元)	0.8510	0.8510	0.8510	0.8510
	每股盈余公积金(元)	0.3240	0.3240	0.3030	0.3030
	每股未分配利润(元)	1.1631	1.1542	1.1691	1.0915
	净资产收益率(%)	1.7699	2.5202	2.3407	7.2840
	加权净资产收益率(%)	1.7600	2.5500	2.3700	7.4000
	净资产收益率(扣除)(%)	-	-	-	-
	总资产(万元)	231873.75	221510.19	226942.52	231082.15
	归属母公司股东权益(万元)	134902.06	134632.13	134412.83	131249.89
	主营业务收入(万元)	80691.33	163561.93	80831.33	174039.79
	营业收入(万元)	81962.03	165184.30	82124.46	176557.55
	主营成本(万元)	70846.64	142672.26	69758.76	143679.42
	营业成本(万元)	71799.67	143811.72	70809.61	145351.22
	投资收益(万元)	1802.41	3980.81	1606.47	5547.37
	净利润(万元)	2385.76	2955.02	3381.01	10183.84
	利润总额(万元)	2609.03	3075.87	3913.06	11991.49

贵州赤天化股份有限公司

公司概况	公司名称	贵州赤天化股份有限公司		证券简称	赤天化
	法人代表	周俊生	董秘	吴善华	证券代码 600227
	公司网址	www.chth.com.cn		电子信箱	ycx@chth.cn
	电　　话	0852-2878788 2878518		传　　真	0852-2878874
	办公地址	贵州省赤水市化工路			
	经营范围	尿素的生产和销售			

主要财务指标	指标\报告期	2013.06.30	2012.12.31	2012.06.30	2011.12.31
	基本每股收益(元)	0.0294	0.0371	0.0580	0.0980
	基本每股收益(扣除)(元)	0.0268	-0.0972	0.0520	0.0970
	每股净资产(元)	3.6513	3.6349	3.6500	3.6100
	每股经营现金净流量(元)	0.3127	0.6230	0.0481	0.4040
	每股现金流量(元)	0.0129	-0.4929	-0.1819	-0.9602
	每股资本公积金(元)	1.4236	1.4230	1.4243	1.4244
	每股盈余公积金(元)	0.2357	0.2315	0.2285	0.2212
	每股未分配利润(元)	0.9436	0.9387	0.9631	0.9325
	净资产收益率(%)	0.8038	1.0215	1.5881	2.7070
	加权净资产收益率(%)	0.8100	1.0300	1.6000	2.7400
	净资产收益率(扣除)(%)	-	-	-	-
	总资产(万元)	839374.42	819714.38	1045235.15	1010665.90
	归属母公司股东权益(万元)	347020.66	345458.63	346847.21	343072.53
	主营业务收入(万元)	242106.28	347461.75	112163.75	193914.00
	营业收入(万元)	243450.06	350416.46	112514.85	196095.01
	主营成本(万元)	202006.51	307703.37	89821.68	152542.43
	营业成本(万元)	203698.01	311387.68	90140.18	153786.41
	投资收益(万元)	211.27	14489.46	240.00	295.50
	净利润(万元)	3721.71	-4031.40	6158.25	9301.03
	利润总额(万元)	4721.84	-1793.48	7564.62	12364.66

江西昌九生物化工股份有限公司

公司概况	公司名称	江西昌九生物化工股份有限公司		证券简称	昌九生化
	法人代表	姚伟彪	董秘	张浩	证券代码 600228
	公司网址	www.600228.net		电子信箱	zhanghao1234cn@yahoo.com.cn
	电　　话	0791-8504560 88504386		传　　真	0791-88504797
	办公地址	江西省南昌市青山湖区尤氨路			
	经营范围	化工、化肥、环保及生化产品的生产与销售等			

主要财务指标	指标\报告期	2013.06.30	2012.12.31	2012.06.30	2011.12.31
	基本每股收益(元)	-0.1700	-0.6000	-0.2900	0.0600
	基本每股收益(扣除)(元)	-0.1090	-0.3600	-0.1770	-0.4600
	每股净资产(元)	-0.0622	0.1029	0.2790	0.5710
	每股经营现金净流量(元)	-0.1502	0.0041	-0.1948	0.5023
	每股现金流量(元)	-0.2035	0.0602	-0.1009	-0.2033
	每股资本公积金(元)	0.5137	0.5137	0.4153	0.4153
	每股盈余公积金(元)	0.0544	0.0544	0.0544	0.0544
	每股未分配利润(元)	-1.6676	-1.4981	-1.1905	-0.8986
	净资产收益率(%)	-272.3739	-582.5707	-104.5616	10.4980
	加权净资产收益率(%)	-	-220.9400	-68.6600	11.0800
	净资产收益率(扣除)(%)	-	-	-	-
	总资产(万元)	81631.46	85400.94	92025.41	88861.60
	归属母公司股东权益(万元)	-1501.02	2483.53	6737.62	13782.59
	主营业务收入(万元)	36479.13	65175.08	30921.98	95378.52
	营业收入(万元)	37458.88	76714.46	31865.37	97439.26
	主营成本(万元)	34192.91	62606.40	30174.18	92797.35
	营业成本(万元)	35008.81	74499.49	31344.90	94028.79
	投资收益(万元)	-23.01	-79.83	-26.08	-53.82
	净利润(万元)	-4425.52	-16044.16	-8066.24	2162.08
	利润总额(万元)	-4448.69	-16217.07	-8032.48	2635.38

青岛碱业股份有限公司

公司概况	公司名称	青岛碱业股份有限公司		证券简称	青岛碱业
	法人代表	郭汉光	董秘	邹怀基	证券代码 600229
	公司网址	www.qdjy.com		电子信箱	xxzx@qdjy.com
	电　　话	0532-84822574		传　　真	0532-84815402
	办公地址	山东省青岛市四流北路 78 号			
	经营范围	纯碱、肥料、农药氯化钙及其他化工产品的生产和销售			

主要财务指标	指标\报告期	2013.06.30	2012.12.31	2012.06.30	2011.12.31
	基本每股收益(元)	-0.2690	-0.6500	-0.2740	0.0200
	基本每股收益(扣除)(元)	-0.2600	-0.5300	-0.2500	-0.0300
	每股净资产(元)	2.3844	2.6547	3.0300	3.3000
	每股经营现金净流量(元)	-0.1102	0.1035	-0.0965	0.2519
	每股现金流量(元)	-0.4557	0.0023	0.1938	-0.5350
	每股资本公积金(元)	1.8778	1.8787	1.8783	1.8782
	每股盈余公积金(元)	0.3451	0.3451	0.3451	0.3451
	每股未分配利润(元)	-0.8385	-0.5691	-0.1981	0.0759
	净资产收益率(%)	-11.2974	-24.2968	-9.0548	0.6558
	加权净资产收益率(%)	-11.3000	-21.6700	-9.0500	0.6600
	净资产收益率(扣除)(%)	-	-	-	-
	总资产(万元)	245508.99	274052.22	288981.55	291095.11
	归属母公司股东权益(万元)	94371.63	105070.99	119740.31	130579.90
	主营业务收入(万元)	94743.17	191296.35	108569.58	228640.40
	营业收入(万元)	96639.26	191916.07	109356.21	231548.70
	主营成本(万元)	89477.03	184799.88	100289.67	198999.22
	营业成本(万元)	89556.56	184861.15	100315.02	200750.82
	投资收益(万元)	197.30	481.54	63.58	3307.56
	净利润(万元)	-9919.65	-28810.62	-10617.19	1195.98
	利润总额(万元)	-8977.74	-32146.38	-10326.70	2735.86

沧州大化股份有限公司

公司概况						
公司名称	沧州大化股份有限公司			证券简称	沧州大化
法人代表	武洪才	董秘	金津	证券代码	600230
公司网址	www.czdh.com.cn		电子信箱	zhengquanban@czdh.com.cn	
电　　话	0317-3556143		传　　真	0317-3025065	
办公地址	河北省沧州市运河区永济东路 19 号				
经营范围	尿素、TDI 等化工产品的生产及销售				

主要财务指标　指标＼报告期	2013.06.30	2012.12.31	2012.06.30	2011.12.31
基本每股收益(元)	0.3258	1.1122	0.4578	0.2707
基本每股收益(扣除)(元)	0.3265	1.1147	0.4588	0.2662
每股净资产(元)	6.0698	5.8481	5.2212	4.7658
每股经营现金净流量(元)	1.4321	1.8610	0.3957	0.5013
每股现金流量(元)	–0.3127	0.4660	0.5435	–1.2926
每股资本公积金(元)	1.3733	1.3733	1.3733	1.3733
每股盈余公积金(元)	0.6248	0.6248	0.5104	0.5104
每股未分配利润(元)	3.0558	2.8500	2.3099	1.8821
净资产收益率(%)	5.3681	19.0185	8.7683	5.6800
加权净资产收益率(%)	5.4500	20.9900	9.1600	5.7900
净资产收益率(扣除)(%)	–	–	–	–
总资产(万元)	448580.29	461748.69	489912.15	426288.24
归属母公司股东权益(万元)	157408.42	151658.64	135402.71	123593.43
主营业务收入(万元)	179954.47	333023.01	144271.29	255972.26
营业收入(万元)	181078.72	335669.95	145274.99	258645.55
主营成本(万元)	142774.33	254429.86	109475.93	218867.66
营业成本(万元)	142906.38	255047.96	109607.49	219370.52
投资收益(万元)	–	–	–	–
净利润(万元)	7552.37	28041.15	10701.98	1810.15
利润总额(万元)	10671.96	38042.24	15104.53	6994.42

凌源钢铁股份有限公司

公司概况						
公司名称	凌源钢铁股份有限公司			证券简称	凌钢股份
法人代表	张振勇	董秘	文广	证券代码	600231
公司网址	www.lggf.com.cn		电子信箱	wen600231403@sohu.com	
电　　话	0421-6838192 6838259		传　　真	0421-6831910	
办公地址	辽宁省凌源市钢铁路 3 号				
经营范围	生产、经营、开发冶金产品(含副产品)、进出口业务				

主要财务指标　指标＼报告期	2013.06.30	2012.12.31	2012.06.30	2011.12.31
基本每股收益(元)	0.0500	0.0540	–0.2900	0.1900
基本每股收益(扣除)(元)	–0.3200	–0.4200	–0.2900	0.2000
每股净资产(元)	–	4.7500	4.4900	4.7800
每股经营现金净流量(元)	0.8288	2.9848	1.4180	0.1258
每股现金流量(元)	0.7885	0.5899	0.4333	1.2084
每股资本公积金(元)	0.0771	0.0824	0.0793	0.0786
每股盈余公积金(元)	0.7065	0.7065	0.7020	0.7020
每股未分配利润(元)	2.9513	2.9054	2.5671	2.8757
净资产收益率(%)	0.9593	1.1413	–6.4256	4.0560
加权净资产收益率(%)	0.9600	1.1300	–6.2200	4.1300
净资产收益率(扣除)(%)	–	–	–	–
总资产(万元)	1466944.03	1310151.57	1107274.60	1122450.47
归属母公司股东权益(万元)	384947.94	381877.37	361040.92	384464.49
主营业务收入(万元)	699224.62	1204799.71	618042.38	1361291.71
营业收入(万元)	732981.52	1313615.13	660604.51	1430807.34
主营成本(万元)	684081.96	1171342.02	606196.58	1266172.57
营业成本(万元)	717397.44	1279129.53	647867.56	1333577.45
投资收益(万元)	–735.31	61.81	79.40	77.48
净利润(万元)	3692.73	4358.40	–23198.87	15594.37
利润总额(万元)	3228.98	4420.90	–31583.72	19305.46

浙江金鹰股份有限公司

公司概况						
公司名称	浙江金鹰股份有限公司			证券简称	金鹰股份
法人代表	傅国定	董秘	刘浩力	证券代码	600232
公司网址	www.cn-goldeagle.com		电子信箱	conespent@gmail.com	
电　　话	0580-8021228		传　　真	0580-8020228	
办公地址	浙江省舟山市定海区小沙镇				
经营范围	绢、麻、丝、毛纺机械成套设备制造销售等				

主要财务指标　指标＼报告期	2013.06.30	2012.12.31	2012.06.30	2011.12.31
基本每股收益(元)	0.0350	0.0200	–0.0260	0.0700
基本每股收益(扣除)(元)	0.0270	–0.0200	–0.0320	0.0700
每股净资产(元)	3.2363	3.2817	3.2320	3.3590
每股经营现金净流量(元)	0.0682	0.1801	–0.0469	0.3049
每股现金流量(元)	–0.2967	0.0299	0.0203	–0.0241
每股资本公积金(元)	1.0895	1.0895	1.0892	1.0892
每股盈余公积金(元)	–	0.3056	0.3033	0.3033
每股未分配利润(元)	–	0.8867	0.8396	0.9660
净资产收益率(%)	1.0666	0.7030	–0.8186	2.1830
加权净资产收益率(%)	1.0590	0.6900	–0.8030	2.1900
净资产收益率(扣除)(%)	–	–	–	–
总资产(万元)	185225.24	192331.31	202736.55	199843.70
归属母公司股东权益(万元)	118032.65	119691.47	117879.20	122491.37
主营业务收入(万元)	52080.94	107834.31	44638.29	121430.34
营业收入(万元)	52612.58	108788.66	45792.70	123010.06
主营成本(万元)	44459.38	94980.76	39265.11	102629.57
营业成本(万元)	44752.44	95580.65	40098.73	103532.95
投资收益(万元)	–	20.18	–	53.02
净利润(万元)	1234.31	201.45	–1167.61	2797.72
利润总额(万元)	1728.25	859.37	–1188.46	3158.76

大连大杨创世股份有限公司

公司概况						
公司名称	大连大杨创世股份有限公司			证券简称	大杨创世
法人代表	李桂莲	董秘	胡冬梅	证券代码	600233
公司网址	www.trands.com		电子信箱	panlixiang@dayang.net	
电　　话	0411-87555199		传　　真	0411-87612800	
办公地址	辽宁省大连市经济技术开发区哈尔滨路 23 号				
经营范围	服装制造、包装制品、服饰辅料制造等				

主要财务指标　指标＼报告期	2013.06.30	2012.12.31	2012.06.30	2011.12.31
基本每股收益(元)	0.1452	0.4667	0.1634	0.7086
基本每股收益(扣除)(元)	0.1004	0.4157	0.1815	0.6461
每股净资产(元)	6.0041	6.0092	5.7060	5.6626
每股经营现金净流量(元)	0.0441	0.3205	0.0047	0.2963
每股现金流量(元)	–0.5684	0.6656	0.1781	–0.5816
每股资本公积金(元)	1.1217	1.1217	1.1217	1.1217
每股盈余公积金(元)	0.4828	0.4828	0.4264	0.4264
每股未分配利润(元)	3.4000	3.4048	3.1579	3.1145
净资产收益率(%)	2.4188	7.7661	2.8643	12.5340
加权净资产收益率(%)	2.4000	8.0100	2.8600	13.1700
净资产收益率(扣除)(%)	–	–	–	–
总资产(万元)	135782.73	136595.39	131930.86	129133.27
归属母公司股东权益(万元)	99066.86	99152.62	94149.08	93432.36
主营业务收入(万元)	34104.69	85141.90	36946.99	96069.41
营业收入(万元)	34410.61	85612.82	37088.37	96377.38
主营成本(万元)	24358.48	59681.54	25255.31	64998.79
营业成本(万元)	24486.17	60031.44	25366.98	65215.77
投资收益(万元)	1234.51	2634.74	1268.85	1229.44
净利润(万元)	3294.70	10521.41	3916.06	14630.50
利润总额(万元)	4984.28	14317.34	6075.98	19494.68

太原天龙集团股份有限公司

公司概况					
公司名称	太原天龙集团股份有限公司			证券简称	*ST 天龙
法人代表	李同玉	董秘	戴蓉	证券代码	600234
公司网址				电子信箱	tljt600234@163.com
电　话	0351-2025168 4040922			传　真	0351-4039403
办公地址	山西省太原市迎泽大街 289 号				
经营范围	批发零售针纺织品、百货、劳保用品、日用杂品等				

主要财务指标：指标\报告期	2013.06.30	2012.12.31	2012.06.30	2011.12.31
基本每股收益(元)	-0.0600	-0.2400	-0.0900	0.3400
基本每股收益(扣除)(元)	-0.0600	-0.2100	-0.0900	-0.1700
每股净资产(元)	-0.6896	-0.6285	-0.6200	-0.5300
每股经营现金净流量(元)	0.0015	0.0086	0.0028	-0.0814
每股现金流量(元)	-0.0120	-0.0284	-0.0226	-0.0261
每股资本公积金(元)	0.6221	0.6221	0.6227	0.6227
每股盈余公积金(元)	0.0623	0.0623	0.0623	0.0623
每股未分配利润(元)	-2.3740	-2.3129	-2.3030	-2.2177
净资产收益率(%)	-8.8649	-38.0176	-13.8043	-63.2947
加权净资产收益率(%)	-	-	-	-
净资产收益率(扣除)(%)	-	-	-	-
总资产(万元)	39001.08	39773.07	42161.66	41575.02
归属母公司股东权益(万元)	-13960.91	-12723.29	-12511.45	-10784.33
主营业务收入(万元)	526.86	2278.32	1697.71	6102.57
营业收入(万元)	526.86	2488.34	1882.83	6840.02
主营成本(万元)	1.35	1248.45	1172.96	5220.29
营业成本(万元)	11.35	1561.14	1423.72	5858.26
投资收益(万元)	-	866.22	-	-
净利润(万元)	-1514.23	-5503.01	-2057.94	6629.46
利润总额(万元)	-1514.23	-5199.61	-2057.94	6521.43

民丰特种纸股份有限公司

公司概况					
公司名称	民丰特种纸股份有限公司			证券简称	民丰特纸
法人代表	吴立东	董秘	姚名欢	证券代码	600235
公司网址	www.minfenggroup.com			电子信箱	dsh@mfspchina.com
电　话	0573-82812992			传　真	0573-82812992
办公地址	浙江省嘉兴市甪里街 70 号				
经营范围	纸浆、纸和纸制品的制造、销售等				

主要财务指标：指标\报告期	2013.06.30	2012.12.31	2012.06.30	2011.12.31
基本每股收益(元)	0.0240	0.0600	0.0460	0.0300
基本每股收益(扣除)(元)	0.0190	0.0400	0.0450	0.0100
每股净资产(元)	3.9682	3.6149	3.6000	3.7500
每股经营现金净流量(元)	0.0919	0.8547	0.2326	-0.2472
每股现金流量(元)	-0.0820	0.2239	-0.0684	-0.0056
每股资本公积金(元)	2.3599	1.8318	1.8318	1.8324
每股盈余公积金(元)	0.1980	0.2641	0.2641	0.2641
每股未分配利润(元)	0.4103	0.5190	0.5044	0.6583
净资产收益率(%)	0.5339	1.6776	1.2802	0.7590
加权净资产收益率(%)	0.6300	1.6600	1.2300	0.7500
净资产收益率(扣除)(%)	-	-	-	-
总资产(万元)	220347.37	204985.34	201749.87	225697.01
归属母公司股东权益(万元)	139404.18	95215.18	94831.87	98902.22
主营业务收入(万元)	57776.22	119851.75	62158.42	124210.93
营业收入(万元)	62501.19	126805.69	65466.27	140054.29
主营成本(万元)	45999.57	95791.85	50867.06	271780.72
营业成本(万元)	50118.50	101644.76	53340.55	118992.49
投资收益(万元)	-60.30	1285.44	602.95	-194.94
净利润(万元)	745.62	1827.32	1359.82	914.02
利润总额(万元)	869.08	2760.20	1724.72	1651.10

广西桂冠电力股份有限公司

公司概况					
公司名称	广西桂冠电力股份有限公司			证券简称	桂冠电力
法人代表	蔡哲夫	董秘	张云	证券代码	600236
公司网址	www.ggep.com.cn			电子信箱	zhangyun@ggep.com.cn
电　话	0771-6118880			传　真	0771-6118899
办公地址	广西壮族自治区南宁市青秀区民族大道 126 号				
经营范围	开发建设和管理水电站、火电厂和输变电工程等				

主要财务指标：指标\报告期	2013.06.30	2012.12.31	2012.06.30	2011.12.31
基本每股收益(元)	0.0890	0.1260	-0.0210	0.0850
基本每股收益(扣除)(元)	0.0830	0.1160	-0.0220	0.0510
每股净资产(元)	1.5108	1.4615	1.3100	1.3700
每股经营现金净流量(元)	0.6240	0.9013	0.3273	0.6728
每股现金流量(元)	0.2339	-0.1154	-0.0392	0.1140
每股资本公积金(元)	0.0439	0.0439	0.0439	0.0439
每股盈余公积金(元)	0.2064	0.2064	0.1976	0.1910
每股未分配利润(元)	0.2606	0.2113	0.0734	0.1309
净资产收益率(%)	5.9103	8.5999	-1.5957	6.1920
加权净资产收益率(%)	5.9300	8.8900	-1.5500	6.3100
净资产收益率(扣除)(%)	-	-	-	-
总资产(万元)	2217437.80	2177184.08	2146277.53	2095854.51
归属母公司股东权益(万元)	344538.15	333296.55	299848.90	311474.83
主营业务收入(万元)	33173.26	518574.30	232848.73	382845.15
营业收入(万元)	243007.64	519817.61	232978.47	383763.09
主营成本(万元)	15411.99	368071.50	187139.44	271780.72
营业成本(万元)	158831.96	368376.52	187356.93	272193.45
投资收益(万元)	3737.75	13606.76	6138.07	11345.61
净利润(万元)	28228.26	43214.38	-5324.53	31053.88
利润总额(万元)	32756.49	53628.48	-2718.68	40446.47

安徽铜峰电子股份有限公司

公司概况					
公司名称	安徽铜峰电子股份有限公司			证券简称	铜峰电子
法人代表	王晓云	董秘	徐文焕	证券代码	600237
公司网址	www.tong-feng.com			电子信箱	600237@tong-feng.com
电　话	0562-2819178			传　真	0562-2831965
办公地址	安徽省铜陵市经济技术开发区铜峰工业园				
经营范围	薄膜电容器及其相关材料的研究、开发、生产、销售等				

主要财务指标：指标\报告期	2013.06.30	2012.12.31	2012.06.30	2011.12.31
基本每股收益(元)	0.0350	0.0600	0.0820	0.1200
基本每股收益(扣除)(元)	0.0016	0.0100	0.0518	0.1000
每股净资产(元)	2.6815	1.9696	1.9902	1.9082
每股经营现金净流量(元)	-0.0427	-0.1236	-0.1409	0.1495
每股现金流量(元)	0.5149	-0.0543	-0.1204	0.0040
每股资本公积金(元)	1.4841	0.7121	0.7127	0.7127
每股盈余公积金(元)	0.1209	0.1706	0.1676	0.1676
每股未分配利润(元)	0.0765	0.0868	0.1099	0.0279
净资产收益率(%)	1.3037	3.1490	4.1205	6.1830
加权净资产收益率(%)	1.4100	3.2000	4.2100	6.3800
净资产收益率(扣除)(%)	-	-	-	-
总资产(万元)	214087.12	154721.40	155564.21	148875.39
归属母公司股东权益(万元)	151338.45	78782.67	79607.65	76327.42
主营业务收入(万元)	34918.99	63352.70	37280.61	81284.48
营业收入(万元)	35977.33	65174.15	38372.60	83298.25
主营成本(万元)	28908.55	49525.19	29629.93	61675.05
营业成本(万元)	29171.17	49673.78	29955.03	62251.43
投资收益(万元)	180.49	769.01	766.99	86.01
净利润(万元)	2103.93	2808.71	3419.15	5192.22
利润总额(万元)	2225.74	3284.52	3925.29	5095.44

海南椰岛(集团)股份有限公司

公司概况	公司名称	海南椰岛(集团)股份有限公司			证券简称	海南椰岛
	法人代表	雷立	董秘	李勇	证券代码	600238
	公司网址	www.yedao.com		电子信箱	yedaohainan@163.com	
	电　　话	0898-66532987		传　　真	0898-66780881	
	办公地址	海南省海口市龙昆北路13-1号				
	经营范围	药酒、饮料、医疗保健品、营养食品的生产与销售及贸易				

	指标\报告期	2013.06.30	2012.12.31	2012.06.30	2011.12.31
主要财务指标	基本每股收益(元)	0.1749	0.3500	0.0134	–0.0900
	基本每股收益(扣除)(元)	0.1581	0.1000	–0.1290	–0.2300
	每股净资产(元)	1.9069	1.8321	1.4914	1.4778
	每股经营现金净流量(元)	0.0097	0.3854	–0.2403	–0.5056
	每股现金流量(元)	–0.2569	–0.1763	–0.4646	–0.0952
	每股资本公积金(元)	0.2844	0.2844	0.2833	0.2833
	每股盈余公积金(元)	0.2331	0.2331	0.2331	0.2331
	每股未分配利润(元)	0.3933	0.3183	–0.0215	–0.0349
	净资产收益率(%)	9.1735	19.2774	0.8994	–5.8890
	加权净资产收益率(%)	9.1100	21.3500	0.9000	–5.5900
	净资产收益率(扣除)(%)	–	–	–	–
	总资产(万元)	141735.61	166932.59	145998.77	139754.90
	归属母公司股东权益(万元)	85466.57	82116.86	66842.71	66235.67
	主营业务收入(万元)	45230.32	125876.31	19951.67	152714.02
	营业收入(万元)	45230.32	125876.31	19951.67	152714.02
	主营成本(万元)	21453.81	78701.53	15046.35	131127.50
	营业成本(万元)	21453.81	78701.53	15046.35	131127.50
	投资收益(万元)	–19.36	160.74	69.12	3724.63
	净利润(万元)	7839.77	16542.53	538.36	–3975.30
	利润总额(万元)	10469.07	21923.29	1249.44	–2618.54

云南城投置业股份有限公司

公司概况	公司名称	云南城投置业股份有限公司			证券简称	云南城投
	法人代表	刘猛	董秘	栗亭倩	证券代码	600239
	公司网址	www.ynctzy.com		电子信箱	ynctzy@163.com	
	电　　话	0871-7199757		传　　真	0871-7199767	
	办公地址	云南省昆明市民航路400号云南城投大厦3楼				
	经营范围	商品房销售、房屋租赁、基础设施建设投资、土地开发				

	指标\报告期	2013.06.30	2012.12.31	2012.06.30	2011.12.31
主要财务指标	基本每股收益(元)	–0.0802	0.2650	0.0122	0.2374
	基本每股收益(扣除)(元)	–0.0774	–0.1000	0.0118	–0.0510
	每股净资产(元)	4.1990	4.3422	4.0855	4.1214
	每股经营现金净流量(元)	1.0580	–2.1916	–0.9895	–1.5870
	每股现金流量(元)	–1.3339	3.8475	1.3409	–1.1083
	每股资本公积金(元)	2.4546	2.4376	2.4338	2.4318
	每股盈余公积金(元)	–	0.1523	0.1116	0.1116
	每股未分配利润(元)	–	0.7523	0.5401	0.5779
	净资产收益率(%)	–1.9095	6.1039	0.2988	5.7610
	加权净资产收益率(%)	–1.8775	6.2700	0.2957	5.9100
	净资产收益率(扣除)(%)	–	–	–	–
	总资产(万元)	2391372.12	2222619.56	1709483.49	1381521.06
	归属母公司股东权益(万元)	345759.54	357553.26	336413.82	339368.98
	主营业务收入(万元)	83640.10	35203.99	26431.78	14913.06
	营业收入(万元)	86583.45	35445.11	26431.78	16419.70
	主营成本(万元)	59602.61	26059.25	19486.48	6680.01
	营业成本(万元)	59615.61	26125.25	19486.48	6680.01
	投资收益(万元)	–56.12	10864.08	984.14	25967.10
	净利润(万元)	–2296.54	20877.28	688.62	18631.41
	利润总额(万元)	454.54	29080.77	889.32	25630.05

北京华业地产股份有限公司

公司概况	公司名称	北京华业地产股份有限公司			证券简称	华业地产
	法人代表	徐红	董秘	赵双燕	证券代码	600240
	公司网址	www.huayedc.com		电子信箱	zhaosy@huayedc.com	
	电　　话	010-85710735		传　　真	010-85710505	
	办公地址	北京市朝阳区东四环中路39号A座16层				
	经营范围	在合法取得地块上从事房地产开发经营业务、物业管理				

	指标\报告期	2013.06.30	2012.12.31	2012.06.30	2011.12.31
主要财务指标	基本每股收益(元)	0.1051	0.1628	0.0673	0.3159
	基本每股收益(扣除)(元)	0.1082	0.1604	0.0673	0.3172
	每股净资产(元)	2.0426	2.1816	4.5351	4.3743
	每股经营现金净流量(元)	0.3201	0.5151	0.2753	–0.6658
	每股现金流量(元)	0.2839	0.3515	0.6079	–1.5412
	每股资本公积金(元)	0.2013	0.1967	1.6632	1.6510
	每股盈余公积金(元)	0.0086	0.0086	0.0189	0.0189
	每股未分配利润(元)	0.8327	0.9368	1.8529	1.7044
	净资产收益率(%)	5.1281	7.4338	3.2739	15.8875
	加权净资产收益率(%)	5.2900	7.8600	3.1800	17.3400
	净资产收益率(扣除)(%)	–	–	–	–
	总资产(万元)	1266859.89	1101281.06	894727.10	844513.98
	归属母公司股东权益(万元)	290917.60	310710.22	292510.97	282145.33
	主营业务收入(万元)	84076.40	156516.28	65646.82	240241.01
	营业收入(万元)	84076.40	156516.28	65646.82	240241.01
	主营成本(万元)	42027.94	82499.30	36679.95	140260.44
	营业成本(万元)	42027.94	82499.30	36679.95	140260.44
	投资收益(万元)	–	1.62	1.62	–651.32
	净利润(万元)	14833.47	22340.86	9208.21	44176.01
	利润总额(万元)	19993.96	32270.27	13176.39	60289.53

辽宁时代万恒股份有限公司

公司概况	公司名称	辽宁时代万恒股份有限公司			证券简称	时代万恒
	法人代表	王忠岩	董秘	蒋明	证券代码	600241
	公司网址	www.shidaiwanheng.com		电子信箱	600241@shidaiwanheng.com	
	电　　话	0411-82357777-699		传　　真	0411-82798317	
	办公地址	辽宁省大连市中山区港湾街7号				
	经营范围	服装、服饰的出口业务及化工原料、矿产品等进口业务				

	指标\报告期	2013.06.30	2012.12.31	2012.06.30	2011.12.31
主要财务指标	基本每股收益(元)	0.0067	0.0700	0.0117	0.0800
	基本每股收益(扣除)(元)	0.0048	0.0700	0.0115	0.0600
	每股净资产(元)	2.8483	2.8685	2.8111	4.7585
	每股经营现金净流量(元)	0.0048	1.1330	–0.0344	1.7529
	每股现金流量(元)	0.0846	0.7314	0.1986	0.0924
	每股资本公积金(元)	0.8856	0.8854	0.8854	2.2053
	每股盈余公积金(元)	0.2029	0.2029	0.1920	0.3263
	每股未分配利润(元)	0.7659	0.7842	0.7372	1.2335
	净资产收益率(%)	0.2340	2.4261	0.4151	2.8580
	加权净资产收益率(%)	0.2300	2.4600	0.4200	2.9000
	净资产收益率(扣除)(%)	–	–	–	–
	总资产(万元)	140316.52	133901.15	145796.62	151528.99
	归属母公司股东权益(万元)	51325.64	51689.73	50655.87	50440.15
	主营业务收入(万元)	55919.78	157557.11	58707.03	163351.04
	营业收入(万元)	55941.78	157651.20	58730.95	165000.22
	主营成本(万元)	43183.07	126888.01	47371.01	144559.23
	营业成本(万元)	43201.51	126925.26	47390.37	144593.65
	投资收益(万元)	–172.46	–7.93	–2.72	408.12
	净利润(万元)	1416.88	4843.48	877.08	2975.50
	利润总额(万元)	2720.08	8811.86	1597.01	4163.71

中昌海运股份有限公司

公司概况	公司名称	中昌海运股份有限公司			证券简称	中昌海运
	法人代表	周健民	董秘	谢晶	证券代码	600242
	公司网址	www.zchy.net.cn		电子信箱	gdhualong@sina.com	
	电　话	0662-3229088		传　真	0662-2881697	
	办公地址	广东省阳江市江城区安宁路富华小区 A7 号(7-8 层)				
	经营范围	经营沿海、内河货物运输、船舶租赁、买卖、货物代理、代运业务等				

主要财务指标	指标\报告期	2013.06.30	2012.12.31	2012.06.30	2011.12.31
	基本每股收益(元)	-0.1980	0.0100	-0.1410	0.0700
	基本每股收益(扣除)(元)	-0.2100	-0.3200	-0.2150	-0.0600
	每股净资产(元)	1.0793	1.2775	1.1263	1.2676
	每股经营现金净流量(元)	-0.1266	1.2966	0.1517	0.4746
	每股现金流量(元)	-0.0201	-0.0802	0.0681	-0.0576
	每股资本公积金(元)	1.4491	1.4491	1.4491	1.4491
	每股盈余公积金(元)	0.1151	0.1151	0.1151	0.1151
	每股未分配利润(元)	-1.4849	-1.2867	-1.4379	-1.2966
	净资产收益率(%)	-18.3614	0.7768	-12.5478	5.4550
	加权净资产收益率(%)	-16.8200	0.7800	-11.8100	5.6100
	净资产收益率(扣除)(%)	-	-	-	-
	总资产(万元)	252187.92	248127.00	200568.49	202828.38
	归属母公司股东权益(万元)	29502.10	34919.11	30785.00	34647.85
	主营业务收入(万元)	17217.18	52732.43	15090.49	38969.05
	营业收入(万元)	17217.18	52972.63	15157.25	39035.81
	主营成本(万元)	16853.35	46618.22	16581.02	27681.34
	营业成本(万元)	16853.35	46709.19	16581.02	27724.77
	投资收益(万元)	-	0.32	-	904.93
	净利润(万元)	-5402.74	1222.81	-4398.82	3221.64
	利润总额(万元)	-6719.51	2718.78	-5838.83	5260.85

青海华鼎实业股份有限公司

公司概况	公司名称	青海华鼎实业股份有限公司			证券简称	青海华鼎
	法人代表	于世光	董秘	刘文忠	证券代码	600243
	公司网址	www.qhhdsy.com		电子信箱	liuwzhd@21cn.com	
	电　话	0971-7111668 7111159		传　真	0971-7111669	
	办公地址	青海省西宁市七一路 318 号				
	经营范围	数控机床、小型食品机械、齿轮箱、电梯件等机械产品的生产				

主要财务指标	指标\报告期	2013.06.30	2012.12.31	2012.06.30	2011.12.31
	基本每股收益(元)	-0.0522	-0.2000	-0.0428	0.0600
	基本每股收益(扣除)(元)	-0.0946	-0.3000	-0.1094	-0.0500
	每股净资产(元)	3.0119	3.0641	3.2240	3.3170
	每股经营现金净流量(元)	0.0531	0.1213	-0.1964	-0.3368
	每股现金流量(元)	0.0618	-0.5696	-0.2887	0.2574
	每股资本公积金(元)	1.6083	1.6083	1.6083	1.6083
	每股盈余公积金(元)	0.0728	0.0728	0.0728	0.0728
	每股未分配利润(元)	0.3308	0.3830	0.5431	0.6359
	净资产收益率(%)	-1.7336	-6.6214	-1.3281	1.9330
	加权净资产收益率(%)	-1.7200	-6.3600	-1.3090	1.9500
	净资产收益率(扣除)(%)	-	-	-	-
	总资产(万元)	219453.47	205935.94	203472.25	205316.53
	归属母公司股东权益(万元)	71337.22	72573.94	76365.16	78563.63
	主营业务收入(万元)	52564.33	111070.63	51827.81	108423.51
	营业收入(万元)	53725.15	114003.98	53453.95	115752.80
	主营成本(万元)	41943.99	89758.50	41718.37	84976.58
	营业成本(万元)	42627.29	91947.96	42858.29	90623.48
	投资收益(万元)	-	-68.75	-	-22.03
	净利润(万元)	-1634.13	-5126.39	-1368.14	1260.90
	利润总额(万元)	-1768.81	-5957.01	-1426.16	1745.57

北京万通地产股份有限公司

公司概况	公司名称	北京万通地产股份有限公司			证券简称	万通地产
	法人代表	许立	董秘	程晓晞	证券代码	600246
	公司网址	www.vantone.com		电子信箱	chengxiaoxi@vantone.com	
	电　话	010-59070788 59071169		传　真	010-59071159	
	办公地址	北京市朝阳区朝外大街甲 6 号万通中心写字楼 D 座 4 层				
	经营范围	住宅的开发和销售及商用物业的开发和出租				

主要财务指标	指标\报告期	2013.06.30	2012.12.31	2012.06.30	2011.12.31
	基本每股收益(元)	0.0990	0.3081	0.0169	0.2560
	基本每股收益(扣除)(元)	-0.0159	0.1683	0.0118	0.2414
	每股净资产(元)	2.9231	2.8952	2.6600	2.7100
	每股经营现金净流量(元)	0.0402	0.4566	0.3805	0.5926
	每股现金流量(元)	0.8088	-0.0109	-0.5772	-1.3230
	每股资本公积金(元)	0.8109	0.8109	0.8109	0.8109
	每股盈余公积金(元)	0.1111	0.1111	0.1003	0.1003
	每股未分配利润(元)	1.0040	0.9750	0.7548	0.7978
	净资产收益率(%)	2.9231	10.6400	0.6355	9.4550
	加权净资产收益率(%)	3.3900	10.9600	0.6300	9.7600
	净资产收益率(扣除)(%)	-	-	-	-
	总资产(万元)	1137804.75	1074600.69	1129512.47	1130776.40
	归属母公司股东权益(万元)	355687.39	352290.77	324173.43	329398.26
	主营业务收入(万元)	70776.86	404545.92	61234.22	478405.10
	营业收入(万元)	70951.46	407052.61	63453.60	481845.12
	主营成本(万元)	48097.26	274919.46	29745.73	267395.86
	营业成本(万元)	48126.88	274920.62	29837.12	267396.07
	投资收益(万元)	12332.08	11289.03	-829.68	-3483.07
	净利润(万元)	12590.06	47580.70	5141.52	47286.97
	利润总额(万元)	14394.04	68938.44	9237.61	81254.22

吉林成城集团股份有限公司

公司概况	公司名称	吉林成城集团股份有限公司			证券简称	成城股份
	法人代表	徐才江	董秘	徐昕欣	证券代码	600247
	公司网址			电子信箱	gthanhx@126.com	
	电　话	010-63220277 63220272		传　真	010-63220276	
	办公地址	北京市朝阳区朝阳公园路 19 号佳隆国际大厦 A 座 1204 室				
	经营范围	商品销售业务、商业地产租赁业务、物业管理咨询及房地产销售业务				

主要财务指标	指标\报告期	2013.06.30	2012.12.31	2012.06.30	2011.12.31
	基本每股收益(元)	0.0020	0.0670	0.0020	0.0080
	基本每股收益(扣除)(元)	0.0020	-0.0510	0.0020	0.0060
	每股净资产(元)	1.5484	1.5462	1.4810	1.4790
	每股经营现金净流量(元)	0.2302	-0.3370	-0.2465	-0.1434
	每股现金流量(元)	-0.0081	-0.2458	-0.2561	0.1785
	每股资本公积金(元)	0.0158	0.0158	0.0158	0.0158
	每股盈余公积金(元)	-	0.1744	0.1647	0.1647
	每股未分配利润(元)	-	0.3560	0.3010	0.2985
	净资产收益率(%)	0.1411	4.3434	0.1656	0.5201
	加权净资产收益率(%)	0.1400	4.4400	0.1600	0.5200
	净资产收益率(扣除)(%)	-	-	-	-
	总资产(万元)	97574.28	90341.25	121294.46	137995.66
	归属母公司股东权益(万元)	52093.00	52019.49	49842.63	49760.09
	主营业务收入(万元)	7364.12	16722.36	5740.90	47812.00
	营业收入(万元)	7389.75	35254.42	5764.13	47905.18
	主营成本(万元)	5194.48	13063.33	3542.05	43193.67
	营业成本(万元)	5194.48	26242.74	3542.05	43193.67
	投资收益(万元)	-	32.45	-	371.50
	净利润(万元)	257.72	2277.35	159.48	211.03
	利润总额(万元)	506.55	3528.24	284.06	705.79

陕西延长石油化建股份有限公司

公司概况	公司名称	陕西延长石油化建股份有限公司			证券简称	延长化建
	法人代表	张恺颙	董秘	赵永宏	证券代码	600248
	公司网址	www.ycpcec.com		电子信箱	zhaoyonghong@vip.sina.com	
	电　话	029-87016795		传　　真	029-87016795	
	办公地址	陕西省西安市杨凌农业高新技术产业示范区新桥北路2号延长化建大厦				
	经营范围	化工石油工程施工				

	指标\报告期	2013.06.30	2012.12.31	2012.06.30	2011.12.31
主要财务指标	基本每股收益(元)	0.2098	0.3650	0.1568	0.3507
	基本每股收益(扣除)(元)	0.1962	0.3608	0.1523	0.3435
	每股净资产(元)	2.7786	2.5401	2.2531	2.0911
	每股经营现金净流量(元)	0.4853	0.6173	0.0435	–0.1178
	每股现金流量(元)	0.4111	0.3079	–0.2340	–0.7222
	每股资本公积金(元)	0.8626	0.8626	0.8626	0.8626
	每股盈余公积金(元)	0.0287	0.0287	0.0287	0.0287
	每股未分配利润(元)	0.6872	0.4774	0.2692	0.1124
	净资产收益率(%)	7.5501	14.3681	6.9580	16.7710
	加权净资产收益率(%)	7.9300	16.0100	7.2200	18.5400
	净资产收益率(扣除)(%)	–	–	–	–
	总资产(万元)	459156.69	392660.84	345231.80	318951.61
	归属母公司股东权益(万元)	118364.80	108204.20	95981.43	89078.84
	主营业务收入(万元)	244270.49	449049.33	202737.81	421967.12
	营业收入(万元)	244672.66	449506.20	203112.89	422519.22
	主营成本(万元)	219619.89	403432.86	185860.57	380519.58
	营业成本(万元)	219804.48	403718.83	186102.72	380865.15
	投资收益(万元)	98.71	184.71	76.44	99.31
	净利润(万元)	8936.61	15546.88	6678.40	14939.07
	利润总额(万元)	10923.77	18109.97	7926.23	17765.37

柳州两面针股份有限公司

公司概况	公司名称	柳州两面针股份有限公司			证券简称	两面针
	法人代表	钟春彬	董秘	钟春彬	证券代码	600249
	公司网址	www.lmz.com.cn		电子信箱	lmzstock@lmz.com.cn	
	电　话	0772-2506159		传　　真	0772-2506158	
	办公地址	广西壮族自治区柳州市东环路282号				
	经营范围	牙膏、日用化妆品、香皂、膏霜、香水类、牙刷、旅游用品、家用卫生品等				

	指标\报告期	2013.06.30	2012.12.31	2012.06.30	2011.12.31
主要财务指标	基本每股收益(元)	–0.0654	0.0311	–0.0071	0.0346
	基本每股收益(扣除)(元)	–0.1074	–0.1839	–0.0671	–0.2142
	每股净资产(元)	3.9700	4.3500	4.4040	4.1266
	每股经营现金净流量(元)	–0.0973	–0.2192	–0.0987	–0.3576
	每股现金流量(元)	–0.3563	–0.2798	–0.4007	0.2244
	每股资本公积金(元)	1.7591	2.0728	2.2047	1.9169
	每股盈余公积金(元)	0.4966	0.4966	0.4864	0.4864
	每股未分配利润(元)	0.7117	0.7771	0.7133	0.7233
	净资产收益率(%)	–1.6479	0.7208	–0.2300	0.8381
	加权净资产收益率(%)	–1.5700	0.7400	–0.1600	0.7700
	净资产收益率(扣除)(%)	–	–	–	–
	总资产(万元)	303489.84	324553.46	329566.95	317920.62
	归属母公司股东权益(万元)	178535.24	195592.77	198200.50	185699.19
	主营业务收入(万元)	58007.59	121178.80	53894.41	109813.37
	营业收入(万元)	58851.42	122761.55	54614.44	111528.35
	主营成本(万元)	44393.90	98145.28	43966.25	94859.53
	营业成本(万元)	45002.56	99170.85	44371.89	96148.51
	投资收益(万元)	3021.80	15606.14	6268.86	18365.18
	净利润(万元)	–1739.54	3446.68	124.41	267.52
	利润总额(万元)	–927.92	5222.26	791.73	1449.45

南京纺织品进出口股份有限公司

公司概况	公司名称	南京纺织品进出口股份有限公司			证券简称	南纺股份
	法人代表	夏淑萍	董秘	丁益兵	证券代码	600250
	公司网址	www.nantex.com.cn		电子信箱	ranfang@nantex.com.cn	
	电　话	025-83331634		传　　真	025-83331639	
	办公地址	江苏省南京市鼓楼区云南北路77号				
	经营范围	纺织、丝绸、针织、服装机电设备、化工原料、轻工产品等产品的进出口业务				

	指标\报告期	2013.06.30	2012.12.31	2012.06.30	2011.12.31
主要财务指标	基本每股收益(元)	–0.2712	0.0677	–0.1935	–0.4373
	基本每股收益(扣除)(元)	–0.3592	–0.3523	–0.2758	–0.6467
	每股净资产(元)	0.8615	1.1335	0.9000	0.6289
	每股经营现金净流量(元)	–0.3270	–0.7869	–0.5623	0.2198
	每股现金流量(元)	–0.1936	–1.5129	–1.2659	–1.3468
	每股资本公积金(元)	0.8766	0.8774	0.8540	0.4404
	每股盈余公积金(元)	0.4095	0.4095	0.4095	0.4095
	每股未分配利润(元)	–1.4245	–1.1534	–1.3665	–1.2210
	净资产收益率(%)	–31.4733	5.9684	–21.5685	–69.5321
	加权净资产收益率(%)	–27.1800	7.1500	–24.5900	–51.1200
	净资产收益率(扣除)(%)	–	–	–	–
	总资产(万元)	301808.75	296603.21	299433.80	308031.21
	归属母公司股东权益(万元)	22287.46	29323.70	23204.06	16267.93
	主营业务收入(万元)	260690.49	444289.30	220135.93	482756.87
	营业收入(万元)	261346.40	445360.50	220417.25	483692.73
	主营成本(万元)	252206.43	425822.93	210521.22	464317.74
	营业成本(万元)	252265.75	426417.45	210589.00	464427.81
	投资收益(万元)	–5128.13	20712.58	74.91	12554.98
	净利润(万元)	–7184.52	–715.87	–5347.51	–13067.71
	利润总额(万元)	–7116.04	–327.10	–5270.64	–12876.28

新疆冠农果茸集团股份有限公司

公司概况	公司名称	新疆冠农果茸集团股份有限公司			证券简称	冠农股份
	法人代表	刘德明	董秘	金建霞	证券代码	600251
	公司网址	www.gngf.cn		电子信箱	gn600251@126.com	
	电　话	0996-2113788 2112828		传　　真	0996-2113676	
	办公地址	新疆维吾尔自治区库尔勒市团结南路48号小区				
	经营范围	果业种植、仓储、加工及销售				

	指标\报告期	2013.06.30	2012.12.31	2012.06.30	2011.12.31
主要财务指标	基本每股收益(元)	0.4357	0.6900	0.3367	0.4500
	基本每股收益(扣除)(元)	0.4313	0.6700	0.3250	0.4800
	每股净资产(元)	3.4648	3.2391	2.8880	2.7000
	每股经营现金净流量(元)	0.5664	0.4123	0.3543	0.1757
	每股现金流量(元)	0.4398	0.1997	0.1359	0.1225
	每股资本公积金(元)	1.0513	1.0513	1.0513	1.0513
	每股盈余公积金(元)	0.1901	0.1901	0.1164	0.1164
	每股未分配利润(元)	1.2233	0.9976	0.7199	0.5332
	净资产收益率(%)	12.5752	21.2442	11.6600	16.6550
	加权净资产收益率(%)	12.6000	22.6000	11.7300	18.1700
	净资产收益率(扣除)(%)	–	–	–	–
	总资产(万元)	256406.48	281628.00	238092.10	273623.59
	归属母公司股东权益(万元)	125459.21	117286.62	104561.88	97801.50
	主营业务收入(万元)	40708.84	102813.27	50242.31	87857.13
	营业收入(万元)	43337.83	107164.96	51901.83	95078.45
	主营成本(万元)	36972.85	90792.17	46335.67	73412.91
	营业成本(万元)	39362.77	93457.55	47569.95	77742.82
	投资收益(万元)	20078.02	40862.52	22001.91	32822.00
	净利润(万元)	15373.86	24286.20	12274.35	14455.77
	利润总额(万元)	15396.09	24636.58	12466.41	15981.40

广西梧州中恒集团股份有限公司

公司概况

公司名称	广西梧州中恒集团股份有限公司			证券简称	中恒集团
法人代表	许淑清	董秘	许淑清(代)	证券代码	600252
公司网址	www.wz-zhongheng.com		电子信箱	pwm680@tom.com	
电　话	0774-3939128		传　真	0774-3939053	
办公地址	广西壮族自治区梧州市工业园区工业大道 1 号				
经营范围	对医药、能源、基础设施、城市公用事业、酒店旅游业、物流业的投资与管理等				

主要财务指标

指标＼报告期	2013.06.30	2012.12.31	2012.06.30	2011.12.31
基本每股收益(元)	0.3430	0.6530	0.3170	0.3430
基本每股收益(扣除)(元)	0.2950	0.3900	0.1630	0.2690
每股净资产(元)	2.8657	2.9700	2.6600	1.8300
每股经营现金净流量(元)	0.3968	0.8303	0.0190	-0.3443
每股现金流量(元)	0.2466	0.3450	0.0913	-0.1628
每股资本公积金(元)	0.7016	0.8164	0.9511	0.3344
每股盈余公积金(元)	0.2839	0.2300	0.1971	0.1651
每股未分配利润(元)	0.8802	0.7914	0.5150	0.3299
净资产收益率(%)	11.9586	22.0064	11.9019	18.7730
加权净资产收益率(%)	11.3900	29.8900	15.9450	25.4500
净资产收益率(扣除)(%)	-	-	-	-
总资产(万元)	540349.97	466035.33	491372.76	389411.20
归属母公司股东权益(万元)	312866.16	309813.86	290752.24	199720.46
主营业务收入(万元)	153834.46	188008.91	68005.96	113237.06
营业收入(万元)	155457.25	194571.85	69726.89	115055.13
主营成本(万元)	31883.43	51309.99	18717.87	34993.80
营业成本(万元)	32229.34	53849.28	19147.15	36054.76
投资收益(万元)	553.77	34422.39	22343.37	177.67
净利润(万元)	37444.56	68479.40	34704.95	37418.85
利润总额(万元)	44212.53	82949.02	40514.65	45429.08

安徽鑫科新材料股份有限公司

公司概况

公司名称	安徽鑫科新材料股份有限公司			证券简称	鑫科材料
法人代表	周瑞庭	董秘	庄明福	证券代码	600255
公司网址	www.ahxinke.com		电子信箱	zhuangmf@ahxinke.com	
电　话	0553-5847423 5847323		传　真	0553-5847423	
办公地址	安徽省芜湖市经济技术开发区珠江路 3 号				
经营范围	铜基合金材料、金属基复合材料及制品、超细金属及特种粉末材料等				

主要财务指标

指标＼报告期	2013.06.30	2012.12.31	2012.06.30	2011.12.31
基本每股收益(元)	-0.0300	0.0200	0.0200	0.0800
基本每股收益(扣除)(元)	-0.0700	-0.0600	-0.0400	0.0400
每股净资产(元)	2.5528	2.6394	2.6300	2.6200
每股经营现金净流量(元)	0.3197	-0.2626	0.3671	0.1108
每股现金流量(元)	-0.9309	-0.1873	0.1067	0.1050
每股资本公积金(元)	1.0797	1.1337	1.1272	1.1120
每股盈余公积金(元)	0.1062	0.1062	0.1051	0.1051
每股未分配利润(元)	0.3669	0.3994	0.3992	0.4078
净资产收益率(%)	-1.2758	0.8656	0.8135	2.8900
加权净资产收益率(%)	-1.2500	0.8700	0.8100	2.8800
净资产收益率(扣除)(%)	-	-	-	-
总资产(万元)	231352.86	240045.62	252295.49	249295.43
归属母公司股东权益(万元)	114747.94	118638.95	118280.36	117984.21
主营业务收入(万元)	178272.07	391655.02	197854.85	501110.85
营业收入(万元)	178712.84	392100.79	198222.42	501394.67
主营成本(万元)	172983.61	378316.99	192952.54	480810.93
营业成本(万元)	173067.00	378429.06	193003.21	480871.92
投资收益(万元)	1146.14	2908.41	3046.63	491.50
净利润(万元)	-1298.71	1535.55	1068.44	4305.06
利润总额(万元)	-1350.21	1633.80	970.95	5299.95

广汇能源股份有限公司

公司概况

公司名称	广汇能源股份有限公司			证券简称	广汇能源
法人代表	尚继强	董秘	倪娟	证券代码	600256
公司网址	www.xjguanghui.com		电子信箱	wangyuqin@guanghui.com	
电　话	0991-3762327 2365211		传　真	0991-8637008	
办公地址	新疆维吾尔自治区乌鲁木齐市新华北路 165 号广汇中天广场 27 层				
经营范围	液化天然气、现代物流、住宅消费服务、石材和化学建材等				

主要财务指标

指标＼报告期	2013.06.30	2012.12.31	2012.06.30	2011.12.31
基本每股收益(元)	0.1061	0.2751	0.1366	0.2876
基本每股收益(扣除)(元)	0.0788	0.1424	0.0660	0.2393
每股净资产(元)	1.6179	2.3111	2.2467	3.4838
每股经营现金净流量(元)	0.0693	0.1163	0.0707	0.2580
每股现金流量(元)	0.0594	-0.3105	-0.3102	1.1342
每股资本公积金(元)	0.0188	0.2284	0.2317	1.0393
每股盈余公积金(元)	0.1412	0.2118	0.1479	0.2662
每股未分配利润(元)	0.4468	0.8610	0.8546	1.1696
净资产收益率(%)	6.5608	11.9030	9.1171	14.3990
加权净资产收益率(%)	6.6500	12.9600	10.0500	18.4300
净资产收益率(扣除)(%)	-	-	-	-
总资产(万元)	2701492.49	2321232.67	1917654.14	1885144.66
归属母公司股东权益(万元)	850447.20	809879.51	787339.66	678258.89
主营业务收入(万元)	217792.69	322579.08	177176.56	446315.23
营业收入(万元)	238569.42	371523.59	203555.82	456110.85
主营成本(万元)	124960.05	210765.62	109910.26	294566.33
营业成本(万元)	142245.29	254377.36	128508.13	296111.08
投资收益(万元)	15810.62	46678.19	39545.78	11620.66
净利润(万元)	55903.88	98504.47	73024.81	96253.28
利润总额(万元)	70642.80	124524.09	92672.04	121366.81

大湖水殖股份有限公司

公司概况

公司名称	大湖水殖股份有限公司			证券简称	大湖股份
法人代表	罗订坤	董秘	杨明	证券代码	600257
公司网址	www.dhszgf.com		电子信箱	ymdtsz@163.com	
电　话	0736-7252796		传　真	0736-7266736	
办公地址	湖南省常德市洞庭大道西段 388 号				
经营范围	水产品、水禽养殖、加工、销售及深度综合开发				

主要财务指标

指标＼报告期	2013.06.30	2012.12.31	2012.06.30	2011.12.31
基本每股收益(元)	0.5242	0.0368	0.0356	0.0417
基本每股收益(扣除)(元)	0.0009	0.0364	0.0337	0.0135
每股净资产(元)	1.9729	1.4487	1.4500	1.4100
每股经营现金净流量(元)	-0.0897	0.0530	-0.0313	-0.0094
每股现金流量(元)	0.3668	0.0142	-0.0894	-0.0927
每股资本公积金(元)	0.2624	0.2624	0.2640	0.2640
每股盈余公积金(元)	0.0624	0.0624	0.0835	0.0835
每股未分配利润(元)	0.6482	0.1240	0.1017	0.0661
净资产收益率(%)	26.5698	2.5395	2.4578	2.9530
加权净资产收益率(%)	30.5800	2.5700	2.4900	2.9800
净资产收益率(扣除)(%)	-	-	-	-
总资产(万元)	164373.98	129890.10	122914.52	119814.69
归属母公司股东权益(万元)	84253.84	61867.72	61889.48	60368.35
主营业务收入(万元)	27178.06	57116.83	28049.20	51858.68
营业收入(万元)	27297.45	57531.70	28195.09	52143.37
主营成本(万元)	18542.55	38902.15	18429.61	37779.12
营业成本(万元)	18653.67	39149.38	18490.45	37900.80
投资收益(万元)	25535.96	361.94	235.39	495.46
净利润(万元)	22754.02	1698.37	1815.31	1848.36
利润总额(万元)	25736.02	2011.05	2026.09	2304.11

北京首旅酒店(集团)股份有限公司

公司概况	公司名称	北京首旅酒店(集团)股份有限公司			证券简称	首旅酒店
	法人代表	张润钢	董秘	段中鹏	证券代码	600258
	公司网址	www.bct2000.com		电子信箱	dzpxx@sohu.com	
	电　　话	010-66014466-2446		传　　真	010-66019471 66063036	
	办公地址	北京市西城区复兴门内大街 51 号				
	经营范围	项目投资及管理、旅游服务、饭店经营及管理				

	指标\报告期	2013.06.30	2012.12.31	2012.06.30	2011.12.31
主要财务指标	基本每股收益(元)	0.2867	0.4857	0.2910	0.4585
	基本每股收益(扣除)(元)	0.2814	0.5057	0.3035	0.4393
	每股净资产(元)	4.3296	4.3591	4.1600	4.8100
	每股经营现金净流量(元)	0.3578	1.4567	0.5472	–0.0271
	每股现金流量(元)	–0.9677	0.3663	–0.0575	0.1702
	每股资本公积金(元)	0.6453	0.7124	0.7129	1.4587
	每股盈余公积金(元)	0.6802	0.6802	0.6500	0.6500
	每股未分配利润(元)	1.9847	1.9480	1.7835	1.6925
	净资产收益率(%)	6.6212	11.1411	6.9993	9.5297
	加权净资产收益率(%)	6.5800	10.9800	6.2600	9.7300
	净资产收益率(扣除)(%)	–	–	–	–
	总资产(万元)	208024.94	225554.58	219201.76	235739.52
	归属母公司股东权益(万元)	100187.29	100870.48	96190.15	111341.83
	主营业务收入(万元)	143568.76	304075.81	141966.62	269768.02
	营业收入(万元)	143568.76	304075.81	141966.62	269768.02
	主营成本(万元)	95509.09	204216.26	91425.11	175767.63
	营业成本(万元)	95509.09	204216.26	91425.11	175767.63
	投资收益(万元)	1141.19	2275.53	1226.21	2106.78
	净利润(万元)	7954.19	13833.55	8453.86	12843.56
	利润总额(万元)	10367.54	18455.89	11541.39	16470.19

广晟有色金属股份有限公司

公司概况	公司名称	广晟有色金属股份有限公司			证券简称	广晟有色
	法人代表	叶列理	董秘	李明	证券代码	600259
	公司网址	www.gdnmi.com.cn		电子信箱	gsys87226381@163.com	
	电　　话	020-87226381 87647597		传　　真	020-87649987	
	办公地址	广东省广州市广州大道北 613 号振兴商业大厦四楼				
	经营范围	有色金属的开采、加工与销售				

	指标\报告期	2013.06.30	2012.12.31	2012.06.30	2011.12.31
主要财务指标	基本每股收益(元)	–0.2800	0.2400	0.0400	0.6900
	基本每股收益(扣除)(元)	–0.3000	0.1600	0.0020	0.6400
	每股净资产(元)	1.8534	2.1325	1.9312	1.8882
	每股经营现金净流量(元)	–0.5661	0.0420	–0.0838	–0.1939
	每股现金流量(元)	–0.3381	0.1818	0.0423	0.3184
	每股资本公积金(元)	1.7881	1.7892	1.7892	1.7892
	每股盈余公积金(元)	0.0861	0.0861	0.0861	0.0861
	每股未分配利润(元)	–1.0268	–0.7492	–0.9537	–0.9915
	净资产收益率(%)	–14.9760	11.3603	1.9537	36.7760
	加权净资产收益率(%)	–15.0000	12.0500	1.9800	45.0200
	净资产收益率(扣除)(%)	–	–	–	–
	总资产(万元)	257311.49	251341.81	228173.00	230090.18
	归属母公司股东权益(万元)	46223.43	53183.56	48165.01	47091.25
	主营业务收入(万元)	49495.52	238050.67	112331.95	221527.84
	营业收入(万元)	49495.52	238050.67	112331.95	222212.94
	主营成本(万元)	40719.84	195306.84	95746.89	169382.34
	营业成本(万元)	40719.84	195306.84	95746.89	169565.85
	投资收益(万元)	–234.71	1547.16	553.72	1910.44
	净利润(万元)	–8478.26	8714.63	1832.10	22121.78
	利润总额(万元)	–8283.32	13764.37	3807.91	29852.17

湖北凯乐科技股份有限公司

公司概况	公司名称	湖北凯乐科技股份有限公司			证券简称	凯乐科技
	法人代表	朱弟雄	董秘	陈杰	证券代码	600260
	公司网址	www.cnkaile.com		电子信箱	chenjie@cnkaile.com	
	电　　话	027-87250890		传　　真	027-87250586	
	办公地址	湖北省荆州市公安县斗湖堤镇城关				
	经营范围	塑料硬管及管件、软管、管材、塑料零件及塑料土工合成材料等				

	指标\报告期	2013.06.30	2012.12.31	2012.06.30	2011.12.31
主要财务指标	基本每股收益(元)	0.2000	0.3600	0.3700	0.1200
	基本每股收益(扣除)(元)	0.2000	0.3600	0.3700	0.0800
	每股净资产(元)	3.3779	3.1917	3.2000	2.8100
	每股经营现金净流量(元)	0.3518	0.3748	0.1214	–1.6749
	每股现金流量(元)	0.0376	–0.1082	0.0444	–0.6217
	每股资本公积金(元)	0.7205	0.7330	0.7299	0.7095
	每股盈余公积金(元)	0.3641	0.3532	0.3114	0.3006
	每股未分配利润(元)	1.2933	1.1055	1.1579	0.7989
	净资产收益率(%)	5.8826	11.2542	11.5589	4.2510
	加权净资产收益率(%)	6.0600	11.9300	12.2700	4.3700
	净资产收益率(扣除)(%)	–	–	–	–
	总资产(万元)	567435.37	529180.90	472723.87	417081.91
	归属母公司股东权益(万元)	178233.24	168408.41	168801.32	148212.35
	主营业务收入(万元)	114334.29	247859.63	124638.47	152908.74
	营业收入(万元)	114334.29	248373.45	124638.47	153282.04
	主营成本(万元)	78358.17	173506.19	79076.23	112943.06
	营业成本(万元)	78358.47	174029.95	79076.23	113466.82
	投资收益(万元)	34.97	69.31	4.07	2144.23
	净利润(万元)	12720.49	23356.57	21439.28	8420.93
	利润总额(万元)	16933.06	31561.79	28160.44	11971.57

浙江阳光照明电器集团股份有限公司

公司概况	公司名称	浙江阳光照明电器集团股份有限公司			证券简称	阳光照明
	法人代表	陈森洁	董秘	赵芳华	证券代码	600261
	公司网址	www.yankon.com		电子信箱	wqy@yankon.com	
	电　　话	0575-82027720 82027721		传　　真	0575-82027720	
	办公地址	浙江省上虞市凤山路 485 号				
	经营范围	节能电光源、照明电器、仪器设备的开发、制造、销售、照明电器等				

	指标\报告期	2013.06.30	2012.12.31	2012.06.30	2011.12.31
主要财务指标	基本每股收益(元)	0.1500	0.3300	0.1400	0.4000
	基本每股收益(扣除)(元)	0.1000	0.2800	0.1300	0.3600
	每股净资产(元)	3.6751	3.6418	3.4400	3.4700
	每股经营现金净流量(元)	0.0797	0.2904	–0.0646	0.0492
	每股现金流量(元)	–0.3119	1.2149	1.0337	–0.0326
	每股资本公积金(元)	1.6629	1.6629	1.6629	0.6132
	每股盈余公积金(元)	0.2606	0.2606	0.2097	0.3611
	每股未分配利润(元)	0.7736	0.7389	0.5893	1.5258
	净资产收益率(%)	4.2093	8.9425	3.9758	17.3260
	加权净资产收益率(%)	4.1800	10.2400	5.0600	18.7300
	净资产收益率(扣除)(%)	–	–	–	–
	总资产(万元)	421930.73	409116.35	407413.72	316350.92
	归属母公司股东权益(万元)	237181.29	235031.62	222235.49	129906.43
	主营业务收入(万元)	145629.69	257177.61	118535.92	233343.82
	营业收入(万元)	146443.97	259285.30	119504.59	235443.38
	主营成本(万元)	118301.37	207720.07	96067.00	134332.19
	营业成本(万元)	119022.01	209736.99	96506.85	135958.93
	投资收益(万元)	–194.14	–44.02	274.04	275.14
	净利润(万元)	10220.41	21136.02	8875.14	22033.95
	利润总额(万元)	11422.15	23444.91	10649.11	25952.28

内蒙古北方重型汽车股份有限公司

公司概况	公司名称	内蒙古北方重型汽车股份有限公司		证券简称	北方股份
	法人代表	李建平	董秘	常德明	证券代码	600262
	公司网址	www.chinanhl.com		电子信箱	cdm@chinanhl.com
	电　话	0472-2642210 2642227		传　真	0472-2207538
	办公地址	内蒙古自治区包头市稀土高新技术产业开发区北方股份大厦			
	经营范围	制造、销售各种型号的特雷克斯牌非公路矿用自卸汽车及相应的零部件			

主要财务指标	指标\报告期	2013.06.30	2012.12.31	2012.06.30	2011.12.31
	基本每股收益(元)	0.4369	0.9900	0.5526	0.7400
	基本每股收益(扣除)(元)	0.4211	0.7300	0.3622	0.6600
	每股净资产(元)	6.2262	6.0748	5.6366	5.2243
	每股经营现金净流量(元)	-0.9085	1.5364	1.8244	0.2279
	每股现金流量(元)	-0.1121	-0.8797	0.0667	-0.3967
	每股资本公积金(元)	2.3489	2.3489	2.3489	2.3489
	每股盈余公积金(元)	1.4225	1.4225	1.1114	1.1114
	每股未分配利润(元)	1.4326	1.2957	1.1666	0.7640
	净资产收益率(%)	7.0177	16.3422	9.8029	14.1740
	加权净资产收益率(%)	6.7800	17.5800	10.0900	15.1200
	净资产收益率(扣除)(%)	-	-	-	-
	总资产(万元)	354080.63	349017.75	342932.92	319632.10
	归属母公司股东权益(万元)	105844.82	103271.28	95822.70	88812.98
	主营业务收入(万元)	130945.36	254241.02	119901.70	210176.25
	营业收入(万元)	132122.83	255410.89	120252.00	211053.16
	主营成本(万元)	104259.93	197884.06	91000.79	156917.64
	营业成本(万元)	104377.84	199571.41	91231.03	157722.39
	投资收益(万元)	1359.22	1372.64	610.21	1010.35
	净利润(万元)	7132.81	16627.22	9205.93	12118.12
	利润总额(万元)	8599.81	19204.78	10959.46	14339.86

云南景谷林业股份有限公司

公司概况	公司名称	云南景谷林业股份有限公司		证券简称	*ST 景谷
	法人代表	杨松宇	董秘	邱海涛	证券代码	600265
	公司网址	www.jgly.cn		电子信箱	jgan2301@sina.com
	电　话	0879-5226502 5226908		传　真	0879-5226502
	办公地址	云南省普洱市景谷傣族彝族自治县林纸路 201 号			
	经营范围	林产化工产品制造、人造板制造、森林资源培育、木材采运、加工等			

主要财务指标	指标\报告期	2013.06.30	2012.12.31	2012.06.30	2011.12.31
	基本每股收益(元)	-0.2800	-0.8300	-0.4500	-1.0400
	基本每股收益(扣除)(元)	-0.2800	-0.8300	-0.4500	-1.0800
	每股净资产(元)	0.0475	0.3218	0.7000	1.1500
	每股经营现金净流量(元)	0.5674	-0.2441	-0.3599	-0.0169
	每股现金流量(元)	-0.0141	0.0183	-0.0091	-0.0703
	每股资本公积金(元)	1.3604	1.3604	1.3604	1.3604
	每股盈余公积金(元)	0.1062	0.1062	0.1062	0.1062
	每股未分配利润(元)	-2.4191	-2.1449	-1.7701	-1.3191
	净资产收益率(%)	-576.6965	-256.6576	-64.7553	-90.4592
	加权净资产收益率(%)	-93.9500	-112.4100	-41.2500	-62.2900
	净资产收益率(扣除)(%)	-	-	-	-
	总资产(万元)	52290.31	49548.20	59521.41	57209.90
	归属母公司股东权益(万元)	617.17	4176.38	9040.90	14895.36
	主营业务收入(万元)	3887.86	11278.12	7553.15	29137.78
	营业收入(万元)	3887.86	12093.12	7553.15	29787.01
	主营成本(万元)	3442.36	11816.98	8913.63	30152.97
	营业成本(万元)	3442.36	12501.19	8913.63	30299.45
	投资收益(万元)	-	-	-	-
	净利润(万元)	-3586.55	-10809.32	-5871.48	-13921.17
	利润总额(万元)	-3586.55	-10809.32	-5871.48	-12399.34

北京城建投资发展股份有限公司

公司概况	公司名称	北京城建投资发展股份有限公司		证券简称	北京城建
	法人代表	徐贱云	董秘	张财广	证券代码	600266
	公司网址	www.bucid.com		电子信箱	zhangcg@bucid.com
	电　话	010-82275538 82275598		传　真	010-82275533
	办公地址	北京市朝阳区北土城西路 11 号城建开发大厦			
	经营范围	房地产开发、销售商品房、投资及投资管理等			

主要财务指标	指标\报告期	2013.06.30	2012.12.31	2012.06.30	2011.12.31
	基本每股收益(元)	0.5512	1.2313	0.4412	0.9435
	基本每股收益(扣除)(元)	0.5517	1.1325	0.3895	0.9589
	每股净资产(元)	8.6417	8.4603	6.8630	7.4200
	每股经营现金净流量(元)	-0.0085	1.5669	1.9664	-0.3750
	每股现金流量(元)	1.0812	3.0277	2.0728	0.4834
	每股资本公积金(元)	1.6642	1.6640	1.3645	1.6582
	每股盈余公积金(元)	0.5288	0.5288	0.4789	0.4830
	每股未分配利润(元)	5.4487	5.2675	4.0193	4.2820
	净资产收益率(%)	6.3785	14.5537	6.4287	12.7108
	加权净资产收益率(%)	6.3100	15.4400	5.7720	13.6100
	净资产收益率(扣除)(%)	-	-	-	-
	总资产(万元)	3210732.27	3000890.78	2504778.60	2293098.66
	归属母公司股东权益(万元)	768416.67	752293.91	610225.10	660069.85
	主营业务收入(万元)	269990.22	660509.34	148230.42	517034.54
	营业收入(万元)	275580.01	668398.03	151527.38	524649.81
	主营成本(万元)	166613.47	344931.31	40072.80	219117.84
	营业成本(万元)	166750.24	345439.90	41169.21	220692.67
	投资收益(万元)	13561.50	29177.06	13093.05	26545.51
	净利润(万元)	55300.00	142554.29	52632.73	128476.20
	利润总额(万元)	76658.31	194814.88	72580.25	174073.01

浙江海正药业股份有限公司

公司概况	公司名称	浙江海正药业股份有限公司		证券简称	海正药业
	法人代表	白骅	董秘	张薇	证券代码	600267
	公司网址	www.hisunpharm.com		电子信箱	hy@hisunpharm.com
	电　话	0576-88827809 0571-85278141		传　真	0576-88827887 0571-8527005
	办公地址	浙江省台州市椒江区外沙路 46 号			
	经营范围	化学原料药、化学中间体、医药制剂、生物制药、中成药、中药制剂等			

主要财务指标	指标\报告期	2013.06.30	2012.12.31	2012.06.30	2011.12.31
	基本每股收益(元)	0.1910	0.3600	0.2030	0.6100
	基本每股收益(扣除)(元)	0.1780	0.2900	0.1540	0.5600
	每股净资产(元)	5.6698	5.5805	5.4291	8.5752
	每股经营现金净流量(元)	0.3646	0.4475	0.2709	1.0009
	每股现金流量(元)	0.0825	0.3010	-0.0352	1.6526
	每股资本公积金(元)	2.2316	2.2232	2.2271	4.2276
	每股盈余公积金(元)	0.3622	0.3622	0.3395	0.5431
	每股未分配利润(元)	2.0775	1.9964	1.8637	2.8065
	净资产收益率(%)	3.3705	6.4296	3.7467	11.2010
	加权净资产收益率(%)	3.3770	6.5800	3.7490	12.8400
	净资产收益率(扣除)(%)	-	-	-	-
	总资产(万元)	1220601.65	1056909.17	909253.21	823098.17
	归属母公司股东权益(万元)	476099.44	468596.07	455892.77	450043.36
	主营业务收入(万元)	421260.87	570520.28	286266.30	506916.14
	营业收入(万元)	427326.30	580176.61	289731.84	516139.42
	主营成本(万元)	275097.19	427511.25	217925.10	365424.59
	营业成本(万元)	279983.32	433516.07	220486.90	370753.20
	投资收益(万元)	402.50	3544.73	3064.91	1885.83
	净利润(万元)	25996.71	26905.21	17585.47	51545.02
	利润总额(万元)	33613.67	33003.20	20771.53	61879.72

国电南京自动化股份有限公司

公司概况	公司名称	国电南京自动化股份有限公司			证券简称	国电南自
	法人代表	王日文	董秘	经海林	证券代码	600268
	公司网址	www.sac-china.com		电子信箱	s-dept@sac-china.com	
	电　话	025-83410173 83537368		传　真	025-83410871	
	办公地址	江苏省南京市浦口高新技术开发区星火路8号				
	经营范围	继电保护系统、控制系统、电力自动化系统、监测系统、管理信息系统等				

	指标\报告期	2013.06.30	2012.12.31	2012.06.30	2011.12.31
主要财务指标	基本每股收益(元)	–0.1000	0.2300	0.0500	0.3600
	基本每股收益(扣除)(元)	–0.1200	–0.0500	–0.1200	0.1600
	每股净资产(元)	3.5865	3.7879	3.6070	3.6730
	每股经营现金净流量(元)	–0.7128	0.0169	–1.1480	0.0100
	每股现金流量(元)	–0.0669	–0.1790	–0.0157	–0.5609
	每股资本公积金(元)	1.6106	1.6106	1.6228	1.6254
	每股盈余公积金(元)	0.2621	0.2621	0.2232	0.2232
	每股未分配利润(元)	0.7138	0.9152	0.7613	0.8245
	净资产收益率(%)	–2.8281	6.0695	1.3573	9.8330
	加权净资产收益率(%)	–2.7300	6.1800	1.3300	12.2600
	净资产收益率(扣除)(%)	–	–	–	–
	总资产(万元)	939561.93	867439.90	827598.03	728471.64
	归属母公司股东权益(万元)	227830.48	240626.27	229151.31	233333.75
	主营业务收入(万元)	173034.81	408695.16	156161.09	317579.54
	营业收入(万元)	174135.98	414722.95	157404.47	320414.90
	主营成本(万元)	126469.59	292092.97	113487.89	226913.32
	营业成本(万元)	127617.15	295017.47	113940.43	229395.76
	投资收益(万元)	–616.97	–785.62	–321.78	541.96
	净利润(万元)	–4624.66	30780.73	7027.33	25512.55
	利润总额(万元)	–3104.39	36794.63	9653.04	30000.21

江西赣粤高速公路股份有限公司

公司概况	公司名称	江西赣粤高速公路股份有限公司			证券简称	赣粤高速
	法人代表	黄铮	董秘	熊长水	证券代码	600269
	公司网址	www.jxexpressway.com		电子信箱	xcs@600269.cn	
	电　话	0791-86527021 86539322		传　真	0791-86527021	
	办公地址	江西省南昌市西湖区朝阳洲中路367号赣粤大厦				
	经营范围	高速公路等交通基础设施项目的投资、建设、经营管理和维护				

	指标\报告期	2013.06.30	2012.12.31	2012.06.30	2011.12.31
主要财务指标	基本每股收益(元)	0.2000	0.5000	0.2700	0.4700
	基本每股收益(扣除)(元)	0.1500	0.3700	0.2000	0.3900
	每股净资产(元)	4.7090	4.6999	4.4800	4.2800
	每股经营现金净流量(元)	0.3218	0.8270	0.4033	0.8198
	每股现金流量(元)	0.7896	0.2320	0.0682	0.7475
	每股资本公积金(元)	0.7062	0.7416	0.7499	0.7268
	每股盈余公积金(元)	0.4070	0.4070	0.3605	0.3605
	每股未分配利润(元)	2.5957	2.5513	2.3689	2.1970
	净资产收益率(%)	4.1504	10.6563	6.0700	11.0820
	加权净资产收益率(%)	4.1100	11.2100	6.2100	11.4800
	净资产收益率(扣除)(%)	–	–	–	–
	总资产(万元)	2868746.32	2563384.34	2399437.86	2300572.79
	归属母公司股东权益(万元)	1099736.28	1097608.37	1046097.64	1000556.11
	主营业务收入(万元)	170664.35	348893.00	166468.17	406082.59
	营业收入(万元)	178755.82	355766.53	169417.98	410106.24
	主营成本(万元)	178755.82	165716.43	67132.11	210313.57
	营业成本(万元)	87763.98	169204.87	69113.50	212448.93
	投资收益(万元)	397.90	–354.44	582.53	52.04
	净利润(万元)	40018.19	122533.16	66776.33	119476.94
	利润总额(万元)	60890.15	164938.67	89304.53	158033.90

中外运空运发展股份有限公司

公司概况	公司名称	中外运空运发展股份有限公司			证券简称	外运发展
	法人代表	张建卫	董秘	王晓征	证券代码	600270
	公司网址	www.sinoair.com		电子信箱	stock@sinoair.com	
	电　话	010-80418928		传　真	010-80418933	
	办公地址	北京市顺义区天竺空港工业区A区天柱路20号				
	经营范围	经营国际航空货运代理、航空快递和国内物流综合服务业务				

	指标\报告期	2013.06.30	2012.12.31	2012.06.30	2011.12.31
主要财务指标	基本每股收益(元)	0.3262	0.6264	0.2530	0.4995
	基本每股收益(扣除)(元)	0.3118	0.7454	0.2947	0.4747
	每股净资产(元)	5.7354	5.8052	5.4500	5.3700
	每股经营现金净流量(元)	0.0336	–0.0633	–0.0184	–0.0845
	每股现金流量(元)	–0.1408	0.3348	–0.1178	–0.0840
	每股资本公积金(元)	0.5588	0.7576	0.7774	0.7451
	每股盈余公积金(元)	0.5412	0.5412	0.5412	0.5412
	每股未分配利润(元)	3.6357	3.5095	3.1314	3.0792
	净资产收益率(%)	5.6872	10.7905	4.6414	9.3070
	加权净资产收益率(%)	5.4500	11.2600	4.5800	8.8900
	净资产收益率(扣除)(%)	–	–	–	–
	总资产(万元)	595796.23	604254.58	574187.39	552336.72
	归属母公司股东权益(万元)	519330.84	529213.09	493627.99	485937.16
	主营业务收入(万元)	184531.16	393447.58	187808.46	388303.66
	营业收入(万元)	185146.38	394650.67	188314.94	389129.18
	主营成本(万元)	166203.70	357262.14	169417.45	355826.06
	营业成本(万元)	166521.57	357812.52	169263.02	355990.49
	投资收益(万元)	27898.17	59761.29	21541.82	44705.55
	净利润(万元)	29547.41	56762.95	22957.26	45285.76
	利润总额(万元)	29945.99	59437.13	24876.50	46688.13

航天信息股份有限公司

公司概况	公司名称	航天信息股份有限公司			证券简称	航天信息
	法人代表	时旸	董秘	王毓敏	证券代码	600271
	公司网址	www.aisino.com		电子信箱	stock@aisino.com	
	电　话	010-88896053 88896051		传　真	010-88896055	
	办公地址	北京市海淀区杏石口路甲18号航天信息园				
	经营范围	电子及通信设备、计算机及外部设备、智能机电产品、财税专用设备的研制、生产、销售				

	指标\报告期	2013.06.30	2012.12.31	2012.06.30	2011.12.31
主要财务指标	基本每股收益(元)	0.6400	1.1000	0.5800	1.0700
	基本每股收益(扣除)(元)	0.6400	1.0900	0.5700	1.0500
	每股净资产(元)	6.0740	5.8633	5.3400	5.1800
	每股经营现金净流量(元)	–0.0259	1.3185	–0.0802	1.2936
	每股现金流量(元)	–0.7930	0.4230	–0.6756	0.5426
	每股资本公积金(元)	0.2234	0.2232	0.2272	0.2272
	每股盈余公积金(元)	0.4926	0.4926	0.4189	0.4189
	每股未分配利润(元)	4.3580	4.1475	3.6942	3.5387
	净资产收益率(%)	10.5459	18.8030	10.7767	20.6170
	加权净资产收益率(%)	10.4800	20.0800	10.6500	22.0900
	净资产收益率(扣除)(%)	–	–	–	–
	总资产(万元)	854576.13	819910.89	777585.83	722150.18
	归属母公司股东权益(万元)	560874.42	541414.65	493128.58	478768.44
	主营业务收入(万元)	675793.31	1446603.20	666985.98	1147197.17
	营业收入(万元)	679203.65	1452530.58	669356.39	1153977.66
	主营成本(万元)	536667.06	1190665.65	542324.83	905799.70
	营业成本(万元)	537273.73	1193129.64	543193.05	906289.64
	投资收益(万元)	657.64	1067.93	961.28	2457.31
	净利润(万元)	78315.21	136446.42	71006.59	128169.56
	利润总额(万元)	92711.07	160020.79	84093.68	149544.26

上海开开实业股份有限公司

公司概况	公司名称	上海开开实业股份有限公司			证券简称	开开实业
	法人代表	盛佩英	董秘	刘光靓	证券代码	600272
	公司网址	www.chinesekk.com		电子信箱	dm@chinesekk.com	
	电　话	021-62712138 62712135		传　真	021-62712138	
	办公地址	上海市新闸路 921 号二楼				
	经营范围	生产衬衫、羊毛衫、针绵织品、服装、鞋帽、纺织面料等				

主要财务指标	指标\报告期	2013.06.30	2012.12.31	2012.06.30	2011.12.31
	基本每股收益(元)	0.0600	0.2500	0.2500	0.1600
	基本每股收益(扣除)(元)	0.0400	0.2600	0.2700	-0.0200
	每股净资产(元)	1.4344	1.4111	1.4360	1.4190
	每股经营现金净流量(元)	0.0497	0.0956	0.0778	-0.0662
	每股现金流量(元)	0.0292	0.2971	0.4067	0.0094
	每股资本公积金(元)	0.1220	0.1338	0.1628	0.3918
	每股盈余公积金(元)	0.1317	0.1317	0.1297	0.1297
	每股未分配利润(元)	0.1807	0.1455	0.1433	-0.1029
	净资产收益率(%)	3.8461	17.7425	17.1478	11.1910
	加权净资产收益率(%)	3.8300	16.2200	15.9700	11.6300
	净资产收益率(扣除)(%)	-	-	-	-
	总资产(万元)	98079.66	97508.79	99272.50	97676.15
	归属母公司股东权益(万元)	34854.96	34289.02	34892.25	34473.84
	主营业务收入(万元)	40233.04	78603.53	39407.36	77136.56
	营业收入(万元)	41977.99	81801.73	40930.30	79718.95
	主营成本(万元)	32059.94	63795.03	31850.90	60196.45
	营业成本(万元)	32494.52	64695.73	32179.53	61267.04
	投资收益(万元)	100.67	5930.34	5653.11	3045.01
	净利润(万元)	1347.30	6104.68	5991.17	3914.61
	利润总额(万元)	1763.57	6873.97	6242.46	4412.81

华芳纺织股份有限公司

公司概况	公司名称	华芳纺织股份有限公司			证券简称	华芳纺织
	法人代表	戴云达	董秘	赵江波	证券代码	600273
	公司网址			电子信箱	zqb@hfang.com.cn	
	电　话	0512-58438202 58438222		传　真	0512-58438282	
	办公地址	江苏省张家港市城北路 178 号华芳国际大厦 17 楼				
	经营范围	针纺织品、服装制造、纺织原料销售、实业投资等				

主要财务指标	指标\报告期	2013.06.30	2012.12.31	2012.06.30	2011.12.31
	基本每股收益(元)	-0.0500	0.0500	-0.1100	-0.9400
	基本每股收益(扣除)(元)	-0.1000	-0.3600	-0.1700	-1.0100
	每股净资产(元)	1.8548	1.9020	1.7460	1.8500
	每股经营现金净流量(元)	-0.0092	0.7679	0.6442	-0.0561
	每股现金流量(元)	-0.3575	0.2528	0.5392	-0.6532
	每股资本公积金(元)	1.1905	1.1905	1.1905	1.1905
	每股盈余公积金(元)	0.1155	0.1155	0.1015	0.1015
	每股未分配利润(元)	-0.4513	-0.4040	-0.5459	-0.4387
	净资产收益率(%)	-2.5460	2.5598	-6.1384	-50.5080
	加权净资产收益率(%)	-2.5100	2.5900	-5.9600	-39.6100
	净资产收益率(扣除)(%)	-	-	-	-
	总资产(万元)	127486.47	144792.30	185560.88	180286.34
	归属母公司股东权益(万元)	58426.17	59913.68	55003.69	58380.03
	主营业务收入(万元)	61526.93	133961.32	67842.90	167523.17
	营业收入(万元)	64522.05	143835.22	73307.65	174748.64
	主营成本(万元)	58960.08	131079.89	64553.10	176146.64
	营业成本(万元)	61809.28	140892.56	69890.43	182176.38
	投资收益(万元)	-	-54.09	-214.09	2351.89
	净利润(万元)	-1531.41	1392.66	-3484.83	-30015.98
	利润总额(万元)	-1531.41	2720.07	-3626.40	-28691.80

湖北武昌鱼股份有限公司

公司概况	公司名称	湖北武昌鱼股份有限公司			证券简称	武 昌 鱼
	法人代表	高士庆	董秘	许轼	证券代码	600275
	公司网址	www.wuchangyu.com.cn		电子信箱	wuchangyu@263.net	
	电　话	0711-3200330 010-84094197		传　真	0711-3200330 010-84094197	
	办公地址	湖北省鄂州市洋澜路中段东侧第三幢第四层				
	经营范围	淡水鱼类及其他水产品养殖、畜禽养殖(屠宰)、蔬菜种植等				

主要财务指标	指标\报告期	2013.06.30	2012.12.31	2012.06.30	2011.12.31
	基本每股收益(元)	-0.0229	0.0101	0.0589	-0.0581
	基本每股收益(扣除)(元)	-0.0233	-0.0445	-0.0290	-0.0685
	每股净资产(元)	0.4752	0.4980	0.5088	0.4390
	每股经营现金净流量(元)	-0.0305	-0.0379	-0.0211	-0.0240
	每股现金流量(元)	-0.0306	0.0307	0.0378	-0.0044
	每股资本公积金(元)	0.2596	0.2596	0.2594	0.2504
	每股盈余公积金(元)	0.0495	0.0495	0.0495	0.0495
	每股未分配利润(元)	-0.8339	-0.8110	-0.8001	-0.8590
	净资产收益率(%)	-4.8126	2.0192	11.5767	-13.2410
	加权净资产收益率(%)	-0.0470	2.1500	0.1229	-12.4200
	净资产收益率(扣除)(%)	-	-	-	-
	总资产(万元)	33461.63	34550.66	36646.50	281787.84
	归属母公司股东权益(万元)	24178.71	25342.33	25888.64	22891.59
	主营业务收入(万元)	321.93	388.22	-	61.99
	营业收入(万元)	528.63	1310.16	479.38	1353.76
	主营成本(万元)	295.21	368.90	-	-
	营业成本(万元)	376.71	742.74	241.56	629.95
	投资收益(万元)	-196.32	2672.04	4443.41	119.63
	净利润(万元)	-1155.54	516.49	2996.57	-3032.95
	利润总额(万元)	-1155.54	524.72	2996.57	-3024.87

江苏恒瑞医药股份有限公司

公司概况	公司名称	江苏恒瑞医药股份有限公司			证券简称	恒瑞医药
	法人代表	孙飘扬	董秘	戴洪斌	证券代码	600276
	公司网址	www.hrs.com.cn		电子信箱	600276@hrs.com.cn	
	电　话	0518-85469805 81220006		传　真	0518-85453845	
	办公地址	江苏省连云港市经济技术开发区昆仑山路 7 号				
	经营范围	原料药、片剂、硬胶囊剂、注射剂的制造、销售				

主要财务指标	指标\报告期	2013.06.30	2012.12.31	2012.06.30	2011.12.31
	基本每股收益(元)	0.4720	0.8713	0.4096	0.7089
	基本每股收益(扣除)(元)	0.4724	0.8433	0.3969	0.6864
	每股净资产(元)	4.2354	4.2166	3.7927	3.7577
	每股经营现金净流量(元)	0.4263	0.7750	0.2880	0.4691
	每股现金流量(元)	0.2544	0.3074	0.0997	-0.0406
	每股资本公积金(元)	0.2437	0.2650	0.2617	0.2793
	每股盈余公积金(元)	0.3976	0.4373	0.3661	0.4027
	每股未分配利润(元)	2.5949	2.5152	2.1658	2.0767
	净资产收益率(%)	11.1440	20.6629	11.8811	20.7520
	加权净资产收益率(%)	11.6000	22.9100	12.4600	23.1100
	净资产收益率(扣除)(%)	-	-	-	-
	总资产(万元)	659649.78	589250.92	535607.39	481802.32
	归属母公司股东权益(万元)	576102.95	521410.16	468988.91	422417.74
	主营业务收入(万元)	296495.66	541452.58	259325.59	449462.54
	营业收入(万元)	296925.10	543506.76	261075.63	455039.18
	主营成本(万元)	59337.85	85246.93	39368.49	73328.10
	营业成本(万元)	59708.25	87039.68	40830.23	78414.33
	投资收益(万元)	20.09	20.09	20.09	116.48
	净利润(万元)	65917.79	115140.69	59054.50	94040.53
	利润总额(万元)	79163.29	134649.81	73327.21	106504.56

内蒙古亿利能源股份有限公司

公司概况	公司名称	内蒙古亿利能源股份有限公司			证券简称	亿利能源
	法人代表	尹成国	董秘	尹成国(代)	证券代码	600277
	公司网址	www.elion.cn		电子信箱	yljdwjm@126.com	
	电　话	010-56632451		传　真	010-56632585	
	办公地址	北京市西城区宣武门西大街甲 129 号金隅大厦 F15A				
	经营范围	医药产品的技术开发和加工销售等				

主要财务指标	指标\报告期	2013.06.30	2012.12.31	2012.06.30	2011.12.31
	基本每股收益(元)	0.0753	0.1400	0.0587	0.2200
	基本每股收益(扣除)(元)	0.0684	0.1300	0.0577	0.1800
	每股净资产(元)	3.7149	3.6877	3.5870	6.0835
	每股经营现金净流量(元)	0.1582	0.1700	0.2577	0.5653
	每股现金流量(元)	–0.1836	–0.0492	–0.1612	0.3477
	每股资本公积金(元)	2.2101	2.2100	2.1898	4.4017
	每股盈余公积金(元)	0.0689	0.0689	0.0460	0.0781
	每股未分配利润(元)	0.4266	0.4013	0.3448	0.5863
	净资产收益率(%)	2.0268	3.7466	1.6370	6.1490
	加权净资产收益率(%)	2.0206	3.8100	1.6281	5.6300
	净资产收益率(扣除)(%)	–	–	–	–
	总资产(万元)	2020736.56	1896529.57	1742021.72	1631954.53
	归属母公司股东权益(万元)	569596.02	565426.45	549963.39	548694.02
	主营业务收入(万元)	682884.64	1096943.10	701689.22	947707.70
	营业收入(万元)	688124.27	1105158.61	702646.05	953690.50
	主营成本(万元)	618318.63	973674.36	644370.24	800852.35
	营业成本(万元)	619277.37	973743.28	644387.85	800929.85
	投资收益(万元)	2450.92	4635.70	865.72	6182.23
	净利润(万元)	12570.28	24734.55	9347.84	47733.39
	利润总额(万元)	16293.16	26298.54	9075.29	65080.98

东方国际创业股份有限公司

公司概况	公司名称	东方国际创业股份有限公司			证券简称	东方创业
	法人代表	吕勇明	董秘	黄大瑜	证券代码	600278
	公司网址	www.oie.com.cn		电子信箱	oiehq@oie.com.cn	
	电　话	021-62785521 62789999		传　真	021-62784020 62785384	
	办公地址	上海市娄山关路 85 号 A 座				
	经营范围	自营和代理商品、技术进出口业务等				

主要财务指标	指标\报告期	2013.06.30	2012.12.31	2012.06.30	2011.12.31
	基本每股收益(元)	0.0900	0.2900	0.1300	0.4700
	基本每股收益(扣除)(元)	0.0600	0.1900	0.1100	0.2600
	每股净资产(元)	4.8647	4.9492	4.7700	5.9700
	每股经营现金净流量(元)	0.0715	0.3999	0.0475	0.2331
	每股现金流量(元)	–0.0181	0.1626	–0.0271	–0.1117
	每股资本公积金(元)	2.1329	2.2025	2.1835	3.0295
	每股盈余公积金(元)	0.2644	0.2644	0.2380	0.3093
	每股未分配利润(元)	1.4727	1.4875	1.3531	1.6348
	净资产收益率(%)	1.7524	5.9589	2.8115	7.9270
	加权净资产收益率(%)	1.7100	6.1800	2.8600	7.9700
	净资产收益率(扣除)(%)	–	–	–	–
	总资产(万元)	526244.13	523516.08	526462.44	524788.01
	归属母公司股东权益(万元)	254056.47	258466.64	249073.84	239694.15
	主营业务收入(万元)	620902.26	1366597.39	615098.38	1514398.66
	营业收入(万元)	626564.49	1411425.96	618441.58	1565460.70
	主营成本(万元)	538022.28	1292967.77	–	1428860.72
	营业成本(万元)	590342.47	1331642.16	581312.46	1475358.22
	投资收益(万元)	3144.40	9057.59	3994.74	13125.42
	净利润(万元)	5750.04	19065.35	8869.38	24299.78
	利润总额(万元)	7672.88	24123.19	11058.73	31333.10

重庆港九股份有限公司

公司概况	公司名称	重庆港九股份有限公司			证券简称	重庆港九
	法人代表	孙万发	董秘	张强	证券代码	600279
	公司网址	www.cqgj.com.cn		电子信箱	fyfy7497@sina.com	
	电　话	023-63100879 63100993		传　真	023-63100991	
	办公地址	重庆市江北区海尔路 318 号				
	经营范围	内河货物运输、货物装卸、搬运、商品储存、船舶修理等				

主要财务指标	指标\报告期	2013.06.30	2012.12.31	2012.06.30	2011.12.31
	基本每股收益(元)	0.1094	0.1900	0.1266	0.2700
	基本每股收益(扣除)(元)	0.0956	0.0600	0.0467	0.1800
	每股净资产(元)	6.0354	–	5.9258	4.9647
	每股经营现金净流量(元)	0.1837	0.1986	0.1540	0.7145
	每股现金流量(元)	–0.3964	0.6540	0.9041	–0.3967
	每股资本公积金(元)	3.9658	3.9658	3.9700	3.0855
	每股盈余公积金(元)	0.2093	0.2093	0.2048	0.2048
	每股未分配利润(元)	0.8603	0.8108	0.7509	0.6743
	净资产收益率(%)	1.8131	3.1908	2.1400	5.3680
	加权净资产收益率(%)	1.8200	3.4000	2.3800	5.5000
	净资产收益率(扣除)(%)	–	–	–	–
	总资产(万元)	475238.96	502579.72	518039.56	482786.64
	归属母公司股东权益(万元)	206465.56	204774.73	202717.42	169838.36
	主营业务收入(万元)	66317.48	144607.65	69067.39	145998.39
	营业收入(万元)	67061.79	146449.30	69705.04	147123.39
	主营成本(万元)	47722.98	109356.45	51523.71	110085.34
	营业成本(万元)	47937.33	109985.42	51523.71	110143.09
	投资收益(万元)	950.82	47.17	7.55	1565.67
	净利润(万元)	6463.06	10044.87	5153.31	9133.71
	利润总额(万元)	8150.19	13108.08	6493.01	12092.71

南京中央商场(集团)股份有限公司

公司概况	公司名称	南京中央商场(集团)股份有限公司			证券简称	南京中商
	法人代表	祝义材	董秘	陈新生	证券代码	600280
	公司网址	www.njzysc.com		电子信箱	chenxs_nj@sina.com	
	电　话	025-66008061 66008022		传　真	025-84717539 66008020	
	办公地址	江苏省南京市建邺区雨润路 10 号				
	经营范围	百货、食品、针纺服装、五金交电化工等商品的零售、批发等				

主要财务指标	指标\报告期	2013.06.30	2012.12.31	2012.06.30	2011.12.31
	基本每股收益(元)	0.9720	0.4040	0.0590	0.3720
	基本每股收益(扣除)(元)	0.9480	0.3890	0.0750	1.1110
	每股净资产(元)	3.6174	5.4559	4.5960	4.5400
	每股经营现金净流量(元)	0.1676	–2.1117	–0.0830	–2.5268
	每股现金流量(元)	0.4050	3.0664	–1.5830	–3.2612
	每股资本公积金(元)	0.7487	2.5010	1.8195	1.8172
	每股盈余公积金(元)	0.4933	0.9678	0.9532	0.9532
	每股未分配利润(元)	1.3753	0.9871	0.8229	0.7655
	净资产收益率(%)	26.8820	7.4106	1.2775	8.1910
	加权净资产收益率(%)	30.3900	8.1200	1.2900	6.2400
	净资产收益率(扣除)(%)	–	–	–	–
	总资产(万元)	962868.63	869692.92	730036.01	671855.41
	归属母公司股东权益(万元)	103848.46	78315.32	65966.66	65110.48
	主营业务收入(万元)	393399.23	593204.23	285440.93	649273.83
	营业收入(万元)	399959.43	602783.47	289729.69	657900.05
	主营成本(万元)	299443.75	466591.46	231485.43	518219.24
	营业成本(万元)	299822.05	467539.47	231584.24	519440.38
	投资收益(万元)	308.88	424.66	95.77	1201.87
	净利润(万元)	27982.86	5840.87	897.80	5392.32
	利润总额(万元)	39235.84	9649.23	2589.62	12821.55

太原化工股份有限公司

公司概况

公司名称	太原化工股份有限公司			证券简称	太化股份
法人代表	邢亚东	董秘	贾晓亮	证券代码	600281
公司网址	www.thgf.cn		电子信箱	guoxiao1960@163.com	
电　　话	0351-5638003 5638016		传　　真	0351-5638000 5638066	
办公地址	山西省太原市晋源区义井街20号				
经营范围	研制、开发、生产、销售化工产品及原料、化肥、焦炭、煤气等				

主要财务指标

指标\报告期	2013.06.30	2012.12.31	2012.06.30	2011.12.31
基本每股收益(元)	-0.3000	0.0364	-0.1200	0.0673
基本每股收益(扣除)(元)	-0.3005	-0.1063	-0.1400	-0.2307
每股净资产(元)	1.5642	1.8564	1.5600	1.6700
每股经营现金净流量(元)	-0.0162	-0.0357	0.0514	0.3650
每股现金流量(元)	-0.2132	0.0357	-0.2182	0.1833
每股资本公积金(元)	1.1226	1.1226	0.9834	0.9834
每股盈余公积金(元)	0.1062	0.1062	0.1062	0.1062
每股未分配利润(元)	-0.6795	-0.3795	-0.5396	-0.4159
净资产收益率(%)	-19.1848	1.9614	-7.9298	4.0205
加权净资产收益率(%)	-17.5900	2.0600	-7.6700	3.6600
净资产收益率(扣除)(%)	-	-	-	-
总资产(万元)	350239.89	349699.02	427197.86	410406.29
归属母公司股东权益(万元)	80460.83	95495.21	80236.80	86102.87
主营业务收入(万元)	147403.80	383576.30	198560.18	309561.01
营业收入(万元)	148866.24	401128.17	202506.17	316702.83
主营成本(万元)	154151.52	383611.07	197677.02	301769.97
营业成本(万元)	155458.30	392138.87	202360.08	309429.97
投资收益(万元)	-	1973.18	-	18025.65
净利润(万元)	-15507.11	1880.43	-6743.28	1612.82
利润总额(万元)	-16447.63	455.95	-6975.44	743.60

钱江水利开发股份有限公司

公司概况

公司名称	钱江水利开发股份有限公司			证券简称	钱江水利
法人代表	何中辉	董秘	熊莉威	证券代码	600283
公司网址	www.qjwater.com.cn		电子信箱	wts@qjwater.com.cn	
电　　话	0571-87974399 87974387		传　　真	0571-87974400	
办公地址	浙江省杭州市三台山路3号				
经营范围	水力发电、供水、水利资源开发、水利工程承包等				

主要财务指标

指标\报告期	2013.06.30	2012.12.31	2012.06.30	2011.12.31
基本每股收益(元)	0.0300	0.0600	0.0300	0.2600
基本每股收益(扣除)(元)	0.0220	0.0200	0.0200	0.2200
每股净资产(元)	-	3.2531	3.2600	3.4500
每股经营现金净流量(元)	-0.0738	0.2940	0.0652	0.0742
每股现金流量(元)	-0.3110	0.3476	-0.1893	0.1110
每股资本公积金(元)	1.8336	1.8016	1.8407	1.8570
每股盈余公积金(元)	0.2505	0.2505	0.2407	0.2407
每股未分配利润(元)	0.1345	0.2010	0.1809	0.3474
净资产收益率(%)	1.0430	1.9641	1.0272	7.6350
加权净资产收益率(%)	1.0300	1.9100	0.9700	6.6600
净资产收益率(扣除)(%)	-	-	-	-
总资产(万元)	343776.32	333443.62	296068.35	291656.57
归属母公司股东权益(万元)	91837.42	92819.96	93084.31	98298.93
主营业务收入(万元)	30071.95	62244.52	29788.80	52562.51
营业收入(万元)	32754.65	67828.95	32484.80	57328.19
主营成本(万元)	17597.69	37219.15	17021.85	29100.48
营业成本(万元)	19780.81	41512.46	19258.42	32882.22
投资收益(万元)	67.65	2296.70	752.53	8561.83
净利润(万元)	938.33	570.64	801.98	7226.97
利润总额(万元)	1981.76	2619.84	1627.82	9103.91

南京钢铁股份有限公司

公司概况

公司名称	南京钢铁股份有限公司			证券简称	南钢股份
法人代表	杨思明	董秘	徐林	证券代码	600282
公司网址	www.600282.net		电子信箱	webmaster@600282.net	
电　　话	025-57072073 57072083		传　　真	025-57072064	
办公地址	江苏省南京市六合区卸甲甸				
经营范围	黑色金属冶炼及压延加工、钢材、钢坯及其他金属材料销售等				

主要财务指标

指标\报告期	2013.06.30	2012.12.31	2012.06.30	2011.12.31
基本每股收益(元)	-0.0200	-0.1448	0.0190	0.0851
基本每股收益(扣除)(元)	0.0160	-0.2708	0.0060	0.0752
每股净资产(元)	2.2760	2.2684	2.4470	2.5130
每股经营现金净流量(元)	0.4153	0.5109	0.0194	-0.1261
每股现金流量(元)	-0.0262	0.0351	-0.1554	-0.1288
每股资本公积金(元)	0.1300	0.1028	0.1045	0.1135
每股盈余公积金(元)	0.1699	0.1699	0.1699	0.1699
每股未分配利润(元)	0.9728	0.9927	1.1671	1.2214
净资产收益率(%)	-0.8769	-6.3847	0.7903	3.3876
加权净资产收益率(%)	-0.8800	-6.0700	0.9200	3.3400
净资产收益率(扣除)(%)	-	-	--	--
总资产(万元)	3548521.68	3421818.15	3341882.11	3437963.10
归属母公司股东权益(万元)	882103.40	879178.18	948436.22	973941.43
主营业务收入(万元)	1444143.42	3183359.02	1778702.89	3827503.42
营业收入(万元)	1449907.01	3203205.22	1786784.53	3856515.10
主营成本(万元)	1335383.05	3065009.23	1668474.26	3597647.12
营业成本(万元)	1338129.19	3081533.19	1675890.47	3624308.36
投资收益(万元)	4756.34	8751.22	3995.11	-2558.38
净利润(万元)	-7731.62	-56172.06	8980.92	33024.57
利润总额(万元)	-14065.19	-84829.21	5718.11	28715.28

上海浦东路桥建设股份有限公司

公司概况

公司名称	上海浦东路桥建设股份有限公司			证券简称	浦东建设
法人代表	葛培健	董秘	颜立群	证券代码	600284
公司网址	www.pdjs.com.cn		电子信箱	yanlq@pdjs.com.cn	
电　　话	021-58206677 219		传　　真	021-68765759	
办公地址	上海市浦东新区银城中路8号中融碧玉蓝天大厦14F				
经营范围	道路、公路、桥梁路面摊铺施工、其他基础工程总包施工、沥青销售				

主要财务指标

指标\报告期	2013.06.30	2012.12.31	2012.06.30	2011.12.31
基本每股收益(元)	0.1798	0.7208	0.1247	0.4248
基本每股收益(扣除)(元)	0.1626	0.6673	0.0853	0.3946
每股净资产(元)	6.1173	5.8229	5.4804	6.2226
每股经营现金净流量(元)	-0.6167	0.0271	-0.5996	0.0662
每股现金流量(元)	2.7949	-0.7442	2.1892	1.0155
每股资本公积金(元)	3.4420	2.5023	2.5023	3.2028
每股盈余公积金(元)	0.1613	0.2244	0.1843	0.2211
每股未分配利润(元)	1.5140	2.0962	1.7938	1.7987
净资产收益率(%)	2.6645	12.3785	2.8694	8.1915
加权净资产收益率(%)	2.9400	13.1100	7.2900	8.4500
净资产收益率(扣除)(%)	-	-	-	-
总资产(万元)	1404954.24	1316940.61	1356215.47	1310417.57
归属母公司股东权益(万元)	423956.26	290121.56	273055.94	258360.81
主营业务收入(万元)	30404.95	120483.21	27144.11	113460.74
营业收入(万元)	30445.77	120811.92	27264.66	114176.70
主营成本(万元)	20007.51	62110.16	23043.10	95456.13
营业成本(万元)	20016.71	62195.70	23079.96	95810.13
投资收益(万元)	30300.12	72234.49	32554.50	65255.72
净利润(万元)	16277.10	63739.55	13412.43	32888.98
利润总额(万元)	21739.57	84317.58	17410.97	42375.35

河南羚锐制药股份有限公司

公司概况

公司名称	河南羚锐制药股份有限公司			证券简称	羚锐制药
法人代表	熊维政	董秘	吴希振	证券代码	600285
公司网址	www.lingrui.com		电子信箱	gsbgs@lingrui.com	
电　　话	0376-2973569		传　　真	0376-2973606	
办公地址	河南省信阳市新县城关解放路59号				
经营范围	中药硬膏剂、冲剂、搽剂、片剂、胶囊剂的生产和销售				

主要财务指标

指标\报告期	2013.06.30	2012.12.31	2012.06.30	2011.12.31
基本每股收益(元)	0.2340	0.2100	0.0630	0.1500
基本每股收益(扣除)(元)	0.0870	0.1500	0.0500	0.0700
每股净资产(元)	3.8125	3.3841	3.3760	3.3160
每股经营现金净流量(元)	0.0987	0.0769	−0.0382	0.2017
每股现金流量(元)	0.5608	−0.2562	−0.0860	0.1565
每股资本公积金(元)	0.6658	1.1662	1.2743	1.1597
每股盈余公积金(元)	0.1856	0.2118	0.1876	0.1876
每股未分配利润(元)	1.1283	1.0061	0.9139	0.9688
净资产收益率(%)	9.0918	6.2500	2.8200	4.4850
加权净资产收益率(%)	9.4600	6.2600	2.8600	4.9200
净资产收益率(扣除)(%)	–	–	–	–
总资产(万元)	147776.09	129432.42	125916.32	120803.14
归属母公司股东权益(万元)	87328.55	67925.47	67760.05	66560.40
主营业务收入(万元)	34279.95	56136.77	28728.27	44732.30
营业收入(万元)	34344.49	56270.08	28906.85	44877.82
主营成本(万元)	14332.57	25166.61	12919.16	20775.92
营业成本(万元)	14336.35	25200.29	12922.44	20841.39
投资收益(万元)	7058.85	956.90	899.77	1484.32
净利润(万元)	7954.23	4175.73	1852.66	2967.33
利润总额(万元)	9280.77	4933.61	2385.26	3426.70

江苏舜天股份有限公司

公司概况

公司名称	江苏舜天股份有限公司			证券简称	江苏舜天
法人代表	黄旭芒	董秘	陈浩杰	证券代码	600287
公司网址	www.saintycorp.com		电子信箱	ir@saintycorp.com	
电　　话	025-52875628		传　　真	025-84201927	
办公地址	江苏省南京市雨花台区软件大道21号B座				
经营范围	主营服装、纺织品及其他产品的进出口业务				

主要财务指标

指标\报告期	2013.06.30	2012.12.31	2012.06.30	2011.12.31
基本每股收益(元)	0.7690	0.0452	0.0092	0.0840
基本每股收益(扣除)(元)	0.0344	0.0066	−0.0160	−0.2119
每股净资产(元)	2.7122	1.9817	1.9636	1.9717
每股经营现金净流量(元)	2.2639	−0.4850	0.1229	0.4248
每股现金流量(元)	0.0614	−0.9547	−0.5730	0.6115
每股资本公积金(元)	0.4460	0.4454	0.4481	0.4475
每股盈余公积金(元)	0.2434	0.2434	0.2233	0.2233
每股未分配利润(元)	1.0258	0.2968	0.2961	0.3047
净资产收益率(%)	28.3526	2.2791	0.4665	4.2580
加权净资产收益率(%)	32.5800	2.2800	0.4600	4.1200
净资产收益率(扣除)(%)	–	–	–	–
总资产(万元)	492047.63	436790.66	484647.74	481616.66
归属母公司股东权益(万元)	118467.55	86560.51	85768.74	86124.08
主营业务收入(万元)	261712.13	571552.84	249885.58	587960.69
营业收入(万元)	262462.78	573211.61	250712.86	592916.01
主营成本(万元)	240085.75	524404.84	229148.76	543316.19
营业成本(万元)	240221.10	525062.11	229429.79	546519.56
投资收益(万元)	33985.79	3560.90	1017.83	19063.29
净利润(万元)	33551.04	2746.33	487.44	2750.84
利润总额(万元)	35262.81	6956.09	1506.78	7468.09

大恒新纪元科技股份有限公司

公司概况

公司名称	大恒新纪元科技股份有限公司			证券简称	大恒科技
法人代表	张家林	董秘	严宏深	证券代码	600288
公司网址	www.dhxjy.com.cn		电子信箱	600288@dhkj.sina.net	
电　　话	010-82827855　82827852		传　　真	010-82827853	
办公地址	北京市海淀区苏州街3号大恒科技大厦北座13层				
经营范围	光机电一体化产品开发、生产、销售等				

主要财务指标

指标\报告期	2013.06.30	2012.12.31	2012.06.30	2011.12.31
基本每股收益(元)	0.0251	0.1669	0.0421	0.2455
基本每股收益(扣除)(元)	0.0227	0.1566	0.0416	0.1497
每股净资产(元)	3.2201	3.1882	3.1411	3.0990
每股经营现金净流量(元)	−0.5926	0.1199	−0.4061	0.2692
每股现金流量(元)	−0.7454	−0.3920	−0.3057	0.3097
每股资本公积金(元)	0.3846	0.3778	0.3755	0.3755
每股盈余公积金(元)	0.1849	0.1849	0.1635	0.1635
每股未分配利润(元)	1.6506	1.6255	1.6021	1.5600
净资产收益率(%)	0.7792	5.2344	1.3408	7.9208
加权净资产收益率(%)	0.7800	5.2900	1.3500	8.2500
净资产收益率(扣除)(%)	–	–	–	–
总资产(万元)	317541.55	321573.37	334008.94	328235.20
归属母公司股东权益(万元)	140652.46	139259.87	137202.64	135363.09
主营业务收入(万元)	150451.93	378491.21	172696.33	404297.15
营业收入(万元)	153888.02	382946.19	175539.20	408448.48
主营成本(万元)	127942.35	322114.15	151078.33	351252.06
营业成本(万元)	129426.32	324829.71	151788.89	352079.59
投资收益(万元)	2834.32	4333.82	2864.01	1181.69
净利润(万元)	−58.36	9609.50	1457.85	14619.19
利润总额(万元)	632.82	11442.73	1720.48	16971.96

亿阳信通股份有限公司

公司概况

公司名称	亿阳信通股份有限公司			证券简称	亿阳信通
法人代表	常学群	董秘	方圆	证券代码	600289
公司网址	www.boco.com.cn		电子信箱	bit@boco.com.cn	
电　　话	010-88157899　88157181		传　　真	010-88140589	
办公地址	北京市海淀区杏石口路99号B座 哈尔滨市南岗区高新技术产业开发区1号楼				
经营范围	电信、交通、能源、金融、政府等行业的IT应用为主				

主要财务指标

指标\报告期	2013.06.30	2012.12.31	2012.06.30	2011.12.31
基本每股收益(元)	−0.0342	0.1889	0.0828	0.3401
基本每股收益(扣除)(元)	−0.0357	0.1800	0.0800	0.2035
每股净资产(元)	3.1842	3.2704	3.1617	3.1103
每股经营现金净流量(元)	−0.2631	0.4860	−0.2267	0.0294
每股现金流量(元)	−0.5102	0.2645	−0.2289	0.4574
每股资本公积金(元)	0.8005	0.7925	0.7930	0.7652
每股盈余公积金(元)	0.3361	0.3361	0.3054	0.3052
每股未分配利润(元)	1.0473	1.1416	1.0631	1.0397
净资产收益率(%)	−1.0750	5.7782	2.6200	10.7990
加权净资产收益率(%)	−1.0522	5.9500	2.6270	12.1200
净资产收益率(扣除)(%)	–	–	–	–
总资产(万元)	279128.31	286252.89	275898.53	274160.45
归属母公司股东权益(万元)	183804.25	188781.64	182506.86	179642.08
主营业务收入(万元)	37911.19	111847.14	51060.30	121567.01
营业收入(万元)	37911.19	111914.29	51098.72	121732.69
主营成本(万元)	13839.01	48513.05	17887.79	54095.79
营业成本(万元)	13839.01	48522.56	17887.79	54097.51
投资收益(万元)	7.77	1.27	52.28	8118.29
净利润(万元)	−2450.06	10365.12	4520.07	18902.17
利润总额(万元)	−1330.02	12242.94	5974.39	21394.47

华仪电气股份有限公司

公司概况						
公司概况	公司名称	华仪电气股份有限公司			证券简称	华仪电气
	法人代表	陈道荣	董秘	张传晕	证券代码	600290
	公司网址	www.heag.com		电子信箱	hyzqb@heag.com	
	电　话	0577-62661122		传　真	0577-62237777	
	办公地址	浙江省乐清市经济开发区(盐盆新区)纬四路				
	经营范围	高压电器和风电设备制造				

主要财务指标	指标\报告期	2013.06.30	2012.12.31	2012.06.30	2011.12.31
	基本每股收益(元)	0.0087	0.0600	0.0759	0.1200
	基本每股收益(扣除)(元)	-0.0070	0.0200	0.0551	0.1100
	每股净资产(元)	3.5661	3.5774	3.5719	3.4960
	每股经营现金净流量(元)	0.1665	-0.1239	-0.1382	0.0481
	每股现金流量(元)	-0.0371	-0.9982	-0.9897	2.1226
	每股资本公积金(元)	1.8009	1.8009	1.7825	1.7825
	每股盈余公积金(元)	0.0707	0.0707	0.0700	0.0700
	每股未分配利润(元)	0.6946	0.7058	0.7194	0.6435
	净资产收益率(%)	0.2451	1.7610	2.1250	3.2530
	加权净资产收益率(%)	0.2400	1.7800	2.1500	3.4400
	净资产收益率(扣除)(%)	-	-	-	-
	总资产(万元)	394992.86	376714.94	400388.61	409957.69
	归属母公司股东权益(万元)	187892.72	188485.93	188199.13	184199.62
	主营业务收入(万元)	53124.57	130970.10	68614.65	155617.31
	营业收入(万元)	54288.62	131949.90	69118.35	157874.31
	主营成本(万元)	40413.45	103390.60	55265.47	119838.59
	营业成本(万元)	41108.47	103852.34	55457.14	121723.34
	投资收益(万元)	1021.08	3094.74	1117.62	934.58
	净利润(万元)	498.21	3418.02	3997.37	6344.56
	利润总额(万元)	933.36	5225.65	5077.71	8163.91

内蒙古西水创业股份有限公司

公司概况						
公司概况	公司名称	内蒙古西水创业股份有限公司			证券简称	西水股份
	法人代表	刘建良	董秘	苏宏伟	证券代码	600291
	公司网址			电子信箱	xsgf_291@126.com	
	电　话	0473-4663855		传　真	0473-4663855	
	办公地址	内蒙古自治区乌海市海南区				
	经营范围	水泥、熟料的制造、销售、计算机硬件销售及软件开发、网络产品的研制等				

主要财务指标	指标\报告期	2013.06.30	2012.12.31	2012.06.30	2011.12.31
	基本每股收益(元)	0.0646	0.1799	-0.0372	0.0245
	基本每股收益(扣除)(元)	-0.0405	-0.3833	-0.0453	-0.3384
	每股净资产(元)	5.6726	6.1112	5.3490	5.2275
	每股经营现金净流量(元)	2.4382	0.7877	-0.3350	-0.1382
	每股现金流量(元)	-0.7734	2.8808	6.7863	-0.5838
	每股资本公积金(元)	3.1145	3.5638	3.0187	2.8599
	每股盈余公积金(元)	0.2330	0.2330	0.2121	0.2121
	每股未分配利润(元)	1.3251	1.3145	1.1183	1.1555
	净资产收益率(%)	1.1394	2.9435	-0.6958	0.4683
	加权净资产收益率(%)	1.1300	3.1700	-0.7044	0.4500
	净资产收益率(扣除)(%)	-	-	-	-
	总资产(万元)	1632165.96	1646154.95	1581012.12	421526.87
	归属母公司股东权益(万元)	217828.40	234671.64	205403.32	200736.73
	主营业务收入(万元)	421493.19	698992.49	322936.13	64923.24
	营业收入(万元)	17002.01	49068.32	21643.50	65045.34
	主营成本(万元)	261018.26	475626.98	214695.09	56349.85
	营业成本(万元)	18804.54	52042.06	22444.78	56380.97
	投资收益(万元)	20842.16	69335.72	18708.59	15796.56
	净利润(万元)	9707.59	37896.96	7262.11	902.01
	利润总额(万元)	9883.68	40367.02	7953.17	37.81

中电投远达环保(集团)股份有限公司

公司概况						
公司概况	公司名称	中电投远达环保(集团)股份有限公司			证券简称	中电远达
	法人代表	刘渭清	董秘	黄青华	证券代码	600292
	公司网址	www.jiulongep.com		电子信箱	dm@jiulongep.com	
	电　话	023-68787928		传　真	023-68787944	
	办公地址	重庆市九龙坡区杨家坪前进支路 15 号				
	经营范围	电力生产、电力技术服务、销售电机及输变电设备等				

主要财务指标	指标\报告期	2013.06.30	2012.12.31	2012.06.30	2011.12.31
	基本每股收益(元)	0.1500	0.3300	0.0900	0.1100
	基本每股收益(扣除)(元)	0.1400	0.2000	0.0800	0.0800
	每股净资产(元)	5.4122	5.3804	5.2300	5.0500
	每股经营现金净流量(元)	0.2834	0.8141	0.4667	-0.0457
	每股现金流量(元)	-0.5391	-0.2046	-0.8671	1.1028
	每股资本公积金(元)	3.5779	3.6150	3.6853	3.5973
	每股盈余公积金(元)	0.1939	0.1939	0.1813	0.1813
	每股未分配利润(元)	0.6404	0.5715	0.3641	0.2753
	净资产收益率(%)	2.7522	6.1117	1.6981	1.6830
	加权净资产收益率(%)	2.7400	6.3000	1.7300	2.6800
	净资产收益率(扣除)(%)	-	-	-	-
	总资产(万元)	507313.50	545117.25	730301.15	714579.33
	归属母公司股东权益(万元)	277037.64	275409.02	267744.62	258693.06
	主营业务收入(万元)	115335.14	475878.52	196683.54	397519.68
	营业收入(万元)	116928.19	478989.36	197925.90	399584.95
	主营成本(万元)	93612.42	431636.05	179337.93	370332.34
	营业成本(万元)	93740.96	432405.18	179414.03	371781.69
	投资收益(万元)	-14.80	19812.88	1503.17	1679.85
	净利润(万元)	10485.73	20988.84	5933.16	5924.98
	利润总额(万元)	12808.52	23969.84	6468.14	6388.01

湖北三峡新型建材股份有限公司

公司概况						
公司概况	公司名称	湖北三峡新型建材股份有限公司			证券简称	三峡新材
	法人代表	徐麟	董秘	张光春	证券代码	600293
	公司网址	www.sxxc.com.cn		电子信箱	zhanggc@sxxc.com.cn	
	电　话	0717-3280108		传　真	0717-3285258	
	办公地址	湖北省当阳市经济技术开发区				
	经营范围	平板玻璃及玻璃深加工制品、石膏及制品的生产和销售等				

主要财务指标	指标\报告期	2013.06.30	2012.12.31	2012.06.30	2011.12.31
	基本每股收益(元)	0.0186	0.0425	0.0068	0.0553
	基本每股收益(扣除)(元)	0.0071	-0.0141	0.0063	0.0103
	每股净资产(元)	2.2991	2.2805	2.2449	2.2382
	每股经营现金净流量(元)	0.2872	0.0647	0.1359	0.2222
	每股现金流量(元)	0.6311	0.0843	0.2257	0.0631
	每股资本公积金(元)	0.9390	0.9390	0.9391	0.9391
	每股盈余公积金(元)	0.1644	0.1644	0.1574	0.1574
	每股未分配利润(元)	0.1958	0.1772	0.1485	0.1417
	净资产收益率(%)	0.8080	1.8632	0.3014	2.4710
	加权净资产收益率(%)	0.8100	1.8800	0.3000	2.5000
	净资产收益率(扣除)(%)	-	-	-	-
	总资产(万元)	307058.40	312649.17	264700.71	259179.80
	归属母公司股东权益(万元)	79205.56	78565.54	77338.69	77105.58
	主营业务收入(万元)	44552.72	97748.46	43461.32	100664.28
	营业收入(万元)	45283.45	102985.41	44302.30	108889.78
	主营成本(万元)	37293.76	83450.58	38347.80	88263.62
	营业成本(万元)	37774.45	86609.17	38539.29	94434.03
	投资收益(万元)	104.62	28.11	28.15	3.35
	净利润(万元)	635.56	1446.95	234.54	1883.26
	利润总额(万元)	635.56	2032.33	235.41	2383.93

内蒙古鄂尔多斯资源股份有限公司

公司概况	公司名称	内蒙古鄂尔多斯资源股份有限公司		证券简称	鄂尔多斯
	法人代表	王林祥	董秘	曾广春	证券代码	600295
	公司网址	www.chinaerdos.com		电子信箱	zeng_gc@chinaerdos.com
	电　话	0477-8543509 8543776		传　真	0477-8536699
	办公地址	内蒙古自治区鄂尔多斯市东胜区达拉特南路102号			
	经营范围	生产无毛绒、羊绒纱、羊绒衫并销售公司自产产品			

主要财务指标	指标\报告期	2013.06.30	2012.12.31	2012.06.30	2011.12.31
	基本每股收益(元)	0.2400	0.6100	0.3000	0.8500
	基本每股收益(扣除)(元)	0.2100	0.3600	0.1800	0.6100
	每股净资产(元)	5.9788	5.8195	5.5300	5.2900
	每股经营现金净流量(元)	-0.6939	3.6801	0.9065	2.5478
	每股现金流量(元)	0.9479	-0.7452	-0.7616	-0.2153
	每股资本公积金(元)	1.2578	1.2598	1.2579	1.2579
	每股盈余公积金(元)	0.4336	0.4344	0.3950	0.3950
	每股未分配利润(元)	3.1905	3.0484	2.7783	2.5807
	净资产收益率(%)	4.0494	10.4332	5.3864	16.0500
	加权净资产收益率(%)	4.0800	10.8500	5.4700	17.0500
	净资产收益率(扣除)(%)	-	-	-	-
	总资产(万元)	3734374.73	3334805.23	3104419.83	3054130.70
	归属母公司股东权益(万元)	617011.31	600568.20	570214.42	545947.51
	主营业务收入(万元)	650476.36	1319914.80	585448.47	1328382.09
	营业收入(万元)	660589.22	1350842.61	597061.92	1363206.00
	主营成本(万元)	476592.00	945987.50	425002.96	878975.52
	营业成本(万元)	480014.69	964570.79	430322.31	910322.41
	投资收益(万元)	10839.19	13101.59	3674.05	3397.13
	净利润(万元)	42013.65	94406.86	52620.16	163031.10
	利润总额(万元)	52491.31	118507.28	63796.78	185373.74

美罗药业股份有限公司

公司概况	公司名称	美罗药业股份有限公司		证券简称	美罗药业
	法人代表	张成海	董秘	张宁	证券代码	600297
	公司网址	www.merro.com.cn		电子信箱	merro600297@163.com
	电　话	0411-84820297		传　真	0411-84820297
	办公地址	辽宁省大连市甘井子区营升路9号			
	经营范围	生产、批发和零售各类化学原料药、化学制剂、医疗器械、植物药等			

主要财务指标	指标\报告期	2013.06.30	2012.12.31	2012.06.30	2011.12.31
	基本每股收益(元)	0.0450	0.1324	0.0170	0.0155
	基本每股收益(扣除)(元)	0.0309	0.0305	-0.0003	-0.0281
	每股净资产(元)	2.6117	2.5723	2.4718	2.3033
	每股经营现金净流量(元)	0.0881	0.1369	0.0743	0.2579
	每股现金流量(元)	0.0765	-0.9174	-0.8669	0.5246
	每股资本公积金(元)	0.8417	0.8474	0.8622	0.7107
	每股盈余公积金(元)	0.0935	0.0935	0.0797	0.0797
	每股未分配利润(元)	0.6765	0.6315	0.5299	0.5129
	净资产收益率(%)	1.7212	5.1453	0.6867	0.6720
	加权净资产收益率(%)	1.7342	5.4300	0.7100	0.6800
	净资产收益率(扣除)(%)	-	-	-	-
	总资产(万元)	141568.97	134444.65	151877.64	170928.87
	归属母公司股东权益(万元)	91408.45	90032.05	86512.03	80616.06
	主营业务收入(万元)	21220.50	75671.76	46504.17	91646.86
	营业收入(万元)	21300.00	75969.98	46729.05	91997.67
	主营成本(万元)	16220.14	64199.79	41853.82	79809.63
	营业成本(万元)	16222.62	64356.85	41880.26	80062.66
	投资收益(万元)	277.74	3355.34	248.81	833.42
	净利润(万元)	1630.56	4859.18	681.56	669.45
	利润总额(万元)	1809.07	5378.51	827.94	1481.24

安琪酵母股份有限公司

公司概况	公司名称	安琪酵母股份有限公司		证券简称	安琪酵母
	法人代表	俞学锋	董秘	周帮俊	证券代码	600298
	公司网址	www.angelyeast.com		电子信箱	zbj@angelyeast.com
	电　话	0717-6369865 6371088		传　真	0717-6369865
	办公地址	湖北省宜昌市城东大道168号			
	经营范围	酵母及深加工产品、保健食品、特殊营养食品、烘焙原料、食品添加剂等			

主要财务指标	指标\报告期	2013.06.30	2012.12.31	2012.06.30	2011.12.31
	基本每股收益(元)	0.2960	0.7377	0.4820	0.9507
	基本每股收益(扣除)(元)	0.2600	0.5731	0.4280	0.6979
	每股净资产(元)	8.2179	8.1200	7.8600	7.5380
	每股经营现金净流量(元)	-0.1360	0.9484	0.0106	0.4510
	每股现金流量(元)	-0.2548	-0.2156	-1.1283	0.9840
	每股资本公积金(元)	3.4790	3.4790	3.4790	3.4790
	每股盈余公积金(元)	0.2639	0.2639	0.2639	0.2639
	每股未分配利润(元)	3.5567	3.4108	3.1549	2.8231
	净资产收益率(%)	3.5999	9.0900	6.1304	12.0100
	加权净资产收益率(%)	3.6000	9.4300	6.2500	16.3100
	净资产收益率(扣除)(%)	-	-	-	-
	总资产(万元)	652603.98	544610.69	445679.43	402885.29
	归属母公司股东权益(万元)	270889.44	267528.25	259079.23	248485.46
	主营业务收入(万元)	139094.40	270450.96	138463.56	250133.40
	营业收入(万元)	139883.68	271366.31	138994.49	250578.49
	主营成本(万元)	94896.07	187587.84	95955.98	176439.34
	营业成本(万元)	95489.99	188529.81	96426.09	176778.54
	投资收益(万元)	-143.67	-164.08	-101.21	129.87
	净利润(万元)	11764.32	28020.52	17865.84	32928.49
	利润总额(万元)	13170.87	33417.16	19584.03	37135.11

蓝星化工新材料股份有限公司

公司概况	公司名称	蓝星化工新材料股份有限公司		证券简称	蓝星新材
	法人代表	陆晓宝	董秘	冯新华	证券代码	600299
	公司网址	www.star-nm.com		电子信箱	xcl-008@star-nm.com
	电　话	010-61958799		传　真	010-61958805
	办公地址	北京市朝阳区北土城西路9号六楼			
	经营范围	有机硅单体及相关产品的研制、生产、销售等			

主要财务指标	指标\报告期	2013.06.30	2012.12.31	2012.06.30	2011.12.31
	基本每股收益(元)	-0.9700	-1.9880	-0.9500	0.1370
	基本每股收益(扣除)(元)	-1.0000	-2.0500	-0.9400	-0.4600
	每股净资产(元)	2.6747	3.6349	4.7100	5.6400
	每股经营现金净流量(元)	-0.2469	1.0007	0.0243	0.5537
	每股现金流量(元)	1.0264	0.1046	1.9886	-0.4147
	每股资本公积金(元)	3.4986	3.4986	3.4986	3.4938
	每股盈余公积金(元)	0.2634	0.2634	0.2634	0.2634
	每股未分配利润(元)	-2.1606	-1.1859	-0.1456	0.8023
	净资产收益率(%)	-36.4382	-54.6974	-20.1230	2.4290
	加权净资产收益率(%)	-30.8900	-42.7800	-18.3500	2.4600
	净资产收益率(扣除)(%)	-	-	-	-
	总资产(万元)	1995377.79	1858767.66	1979205.24	1809898.18
	归属母公司股东权益(万元)	139809.03	190001.06	246222.75	294666.32
	主营业务收入(万元)	365692.37	800509.82	426926.66	1049482.16
	营业收入(万元)	418183.26	908416.38	480435.14	1139491.64
	主营成本(万元)	366187.76	798643.13	421414.77	975874.29
	营业成本(万元)	406215.62	884016.38	462896.37	1044758.22
	投资收益(万元)	-	635.67	635.67	-
	净利润(万元)	-50904.76	-103781.16	-49527.63	6911.56
	利润总额(万元)	-52099.95	-106712.98	-48406.79	11422.21

维维食品饮料股份有限公司

公司概况					
公司名称	维维食品饮料股份有限公司			证券简称	维维股份
法人代表	杨启典	董秘	孟召永	证券代码	600300
公司网址	www.vvgroup.com		电子信箱	mengzy@vvgroup.com	
电　话	0516-83398138 83398890		传　真	0516-83394888	
办公地址	江苏省徐州市维维大道 300 号				
经营范围	研究、开发、生产食品、饮料系列产品及相关产品、销售自产产品				

主要财务指标

指标\报告期	2013.06.30	2012.12.31	2012.06.30	2011.12.31
基本每股收益(元)	0.0800	0.0500	0.0700	0.0900
基本每股收益(扣除)(元)	–0.0700	–	0.0500	0.0600
每股净资产(元)	1.5185	1.4721	1.4900	1.4700
每股经营现金净流量(元)	–0.1605	–0.0431	0.1374	–0.1343
每股现金流量(元)	–0.1037	0.0137	0.4812	0.1227
每股资本公积金(元)	0.1432	0.1054	0.1054	0.1054
每股盈余公积金(元)	0.0974	0.0974	0.0918	0.0918
每股未分配利润(元)	0.2779	0.2601	0.2853	0.2693
净资产收益率(%)	5.1208	3.1539	4.4292	6.2420
加权净资产收益率(%)	5.2000	3.1700	4.4300	6.3400
净资产收益率(扣除)(%)	–	–	–	–
总资产(万元)	767233.77	806992.51	800254.07	708910.65
归属母公司股东权益(万元)	253892.64	246130.90	249150.67	245754.51
主营业务收入(万元)	263599.65	571961.34	288917.62	524538.03
营业收入(万元)	271226.40	581049.08	293043.10	536902.90
主营成本(万元)	185790.14	398577.01	206971.92	357594.08
营业成本(万元)	194794.40	405608.49	208683.15	366446.55
投资收益(万元)	34982.79	200.56	459.07	3907.84
净利润(万元)	13985.90	15427.82	16856.97	22081.93
利润总额(万元)	25460.60	23268.31	19787.32	31885.78

南宁化工股份有限公司

公司概况					
公司名称	南宁化工股份有限公司			证券简称	*ST 南化
法人代表	覃卫国	董秘	蔡桂生	证券代码	600301
公司网址	www.nh.com.cn		电子信箱	nhzq@nnchem.com	
电　话	0771-4835135 4821093		传　真	0771-4835643 4821093	
办公地址	广西壮族自治区南宁市南建路 26 号				
经营范围	氯碱化学工业及其系列产品、农药、消毒剂等无机和有机化工产品等				

主要财务指标

指标\报告期	2013.06.30	2012.12.31	2012.06.30	2011.12.31
基本每股收益(元)	–0.5221	–1.2112	–0.5843	–0.9108
基本每股收益(扣除)(元)	–0.5424	–1.2564	–0.5883	–0.9223
每股净资产(元)	–0.6855	–0.1728	0.4569	1.0398
每股经营现金净流量(元)	–0.3408	–0.2984	–0.2381	0.2824
每股现金流量(元)	–0.3747	–1.8463	–0.0450	1.0614
每股资本公积金(元)	2.3617	2.3617	2.3617	2.3617
每股盈余公积金(元)	–	0.2424	0.2424	0.2424
每股未分配利润(元)	–	–3.8257	–3.1988	–2.6145
净资产收益率(%)	–76.1706	–701.1187	–127.8937	–87.5871
加权净资产收益率(%)	–	–279.0400	–78.0100	–60.4400
净资产收益率(扣除)(%)	–	–	–	–
总资产(万元)	223999.40	237917.06	266400.21	271417.30
归属母公司股东权益(万元)	–16118.96	–4062.33	10743.05	24451.40
主营业务收入(万元)	23525.61	75635.26	39471.17	110029.74
营业收入(万元)	36250.75	80652.77	41333.29	115413.20
主营成本(万元)	28173.33	84578.82	45420.68	113249.54
营业成本(万元)	40690.27	90002.98	47870.20	119131.55
投资收益(万元)	288.80	126.68	–16.14	53.63
净利润(万元)	–13710.15	–33350.70	–14796.96	–23639.66
利润总额(万元)	–13710.15	–33350.70	–14796.96	–22630.62

西安标准工业股份有限公司

公司概况					
公司名称	西安标准工业股份有限公司			证券简称	标准股份
法人代表	李广晖	董秘	郑璇	证券代码	600302
公司网址	www.chinatypical.com		电子信箱	typical@chinatypical.com	
电　话	029-88279352		传　真	029-88263001	
办公地址	陕西省西安市太白南路 335 号				
经营范围	缝制设备研发、生产、销售				

主要财务指标

指标\报告期	2013.06.30	2012.12.31	2012.06.30	2011.12.31
基本每股收益(元)	–0.0455	–0.1515	0.0028	0.0328
基本每股收益(扣除)(元)	–0.0582	–0.1789	0.0026	0.0186
每股净资产(元)	3.4133	3.4510	3.6020	3.6510
每股经营现金净流量(元)	0.0095	0.0383	–0.0690	–0.3587
每股现金流量(元)	–0.0004	–0.0465	–0.1300	–0.4889
每股资本公积金(元)	0.9969	0.9969	0.9953	0.9953
每股盈余公积金(元)	0.6652	0.6652	0.6652	0.6595
每股未分配利润(元)	0.7426	0.7881	0.9424	0.9954
净资产收益率(%)	–1.3327	–4.3890	0.0775	0.8980
加权净资产收益率(%)	–1.3250	–4.2700	0.0770	0.9000
净资产收益率(扣除)(%)	–	–	–	–
总资产(万元)	165484.11	145088.95	149816.06	154093.65
归属母公司股东权益(万元)	118102.57	119407.46	124643.28	126312.49
主营业务收入(万元)	42549.14	69658.70	40824.04	93038.88
营业收入(万元)	43508.54	70775.76	42131.35	94491.61
主营成本(万元)	37102.49	60114.79	35553.95	75893.06
营业成本(万元)	37490.02	60865.27	35984.20	76793.58
投资收益(万元)	–	–	–	–
净利润(万元)	–1521.25	–5184.57	134.30	1337.35
利润总额(万元)	–1551.12	–5338.01	160.67	1851.86

辽宁曙光汽车集团股份有限公司

公司概况					
公司名称	辽宁曙光汽车集团股份有限公司			证券简称	曙光股份
法人代表	李进巅	董秘	那涛	证券代码	600303
公司网址	www.sgautomotive.com		电子信箱	dongban@sgautomotive.com	
电　话	0415-4146825		传　真	0415-4142821	
办公地址	辽宁省丹东市振安区曙光路 50 号				
经营范围	汽车前后桥、汽车底盘、汽车零部件、客车的生产、销售等				

主要财务指标

指标\报告期	2013.06.30	2012.12.31	2012.06.30	2011.12.31
基本每股收益(元)	0.0400	0.2900	0.0100	0.3100
基本每股收益(扣除)(元)	–	–0.0700	–	0.2300
每股净资产(元)	4.0940	4.1393	3.8600	3.8900
每股经营现金净流量(元)	–0.3630	0.4723	0.0117	0.2747
每股现金流量(元)	–0.0924	0.1250	–0.0154	–0.5868
每股资本公积金(元)	1.1272	1.1257	1.1281	1.1257
每股盈余公积金(元)	0.4082	0.4082	0.3760	0.3760
每股未分配利润(元)	1.5697	1.6138	1.3679	1.3992
净资产收益率(%)	1.0472	6.9289	0.2266	7.9440
加权净资产收益率(%)	1.0300	7.1100	0.2300	8.2000
净资产收益率(扣除)(%)	–	–	–	–
总资产(万元)	800956.22	807937.75	790430.32	766776.83
归属母公司股东权益(万元)	235199.93	237802.62	222034.03	223654.25
主营业务收入(万元)	230351.21	545281.66	273882.62	610997.84
营业收入(万元)	236008.75	558422.40	282212.62	624811.06
主营成本(万元)	201104.52	474573.26	238029.89	523575.95
营业成本(万元)	204966.36	481831.80	243762.11	532191.87
投资收益(万元)	1113.00	–366.14	–304.68	1531.28
净利润(万元)	1724.61	15501.85	76.47	17471.01
利润总额(万元)	3370.62	22448.12	1510.41	23457.32

江苏恒顺醋业股份有限公司

公司概况					
公司名称	江苏恒顺醋业股份有限公司			证券简称	恒顺醋业
法人代表	李国权(代)	董秘	魏陈云	证券代码	600305
公司网址	www.zjhengshun.com		电子信箱	yyz3399@163.com	
电 话	0511-85307777-7775		传 真	0511-85307711	
办公地址	江苏省镇江市丹徒新城广园路66号				
经营范围	食醋、酱油、酱菜、复合调味料、调味剂、副食品、粮油制品、饮料等				

主要财务指标 指标\报告期	2013.06.30	2012.12.31	2012.06.30	2011.12.31
基本每股收益(元)	0.1426	-0.2915	0.0460	0.1776
基本每股收益(扣除)(元)	0.1308	-0.3359	0.0420	-0.3666
每股净资产(元)	4.1286	3.9860	3.3508	3.5017
每股经营现金净流量(元)	1.2656	1.3995	0.4448	-0.2683
每股现金流量(元)	0.5590	-0.9989	0.6478	-0.0501
每股资本公积金(元)	2.3648	2.3648	1.5531	1.5531
每股盈余公积金(元)	0.2628	0.2628	0.2338	0.2338
每股未分配利润(元)	0.5010	0.3584	0.5639	0.7148
净资产收益率(%)	3.4542	-7.3120	1.3821	5.0718
加权净资产收益率(%)	3.5100	-7.7800	1.3800	5.1500
净资产收益率(扣除)(%)	-	-	-	-
总资产(万元)	259243.32	272995.45	339970.35	332027.74
归属母公司股东权益(万元)	52495.30	50682.01	42604.94	44524.60
主营业务收入(万元)	53928.15	111885.93	50394.07	99885.41
营业收入(万元)	55198.50	114668.07	51482.75	101777.16
主营成本(万元)	33247.38	75244.27	33892.91	67785.04
营业成本(万元)	33611.24	76210.38	34419.72	68559.39
投资收益(万元)	42.53	506.27	-171.14	4832.84
净利润(万元)	1887.92	-5778.30	627.86	2595.19
利润总额(万元)	2723.24	-6795.64	1026.33	3478.89

沈阳商业城股份有限公司

公司概况					
公司名称	沈阳商业城股份有限公司			证券简称	商业城
法人代表	张殿华	董秘	张黎明	证券代码	600306
公司网址	www.sysyc.cn		电子信箱	sycgf@e-syc.com.cn	
电 话	024-24865832		传 真	024-24848007	
办公地址	辽宁省沈阳市沈河区中街路212号				
经营范围	日用百货、箱包皮具、食品、服装、鞋帽、针纺织品、文化钟表等				

主要财务指标 指标\报告期	2013.06.30	2012.12.31	2012.06.30	2011.12.31
基本每股收益(元)	-0.5737	-0.7210	0.0054	0.0200
基本每股收益(扣除)(元)	-0.5767	-0.7100	0.0057	-0.3233
每股净资产(元)	2.1936	2.7673	2.6750	2.6690
每股经营现金净流量(元)	-0.0735	0.1292	-0.2809	-0.1246
每股现金流量(元)	0.8175	0.7332	0.1888	0.5664
每股资本公积金(元)	1.8654	1.8654	1.0465	1.0465
每股盈余公积金(元)	0.1056	0.1056	0.1053	0.1053
每股未分配利润(元)	-0.7774	-0.2037	0.5231	0.5177
净资产收益率(%)	-26.1524	-26.0549	0.2030	0.7601
加权净资产收益率(%)	-23.1280	-31.2270	0.2040	0.7630
净资产收益率(扣除)(%)	-	-	-	-
总资产(万元)	373825.89	338849.64	0.2100	-12.1580
归属母公司股东权益(万元)	39077.24	49296.89	47650.73	47553.80
主营业务收入(万元)	96890.55	159168.24	79248.89	159363.84
营业收入(万元)	99126.60	159980.47	79520.60	159814.77
主营成本(万元)	86274.25	137752.65	65575.57	138148.42
营业成本(万元)	86274.25	137748.87	65577.57	138148.42
投资收益(万元)	-	843.31	832.20	5.21
净利润(万元)	-10252.78	-12957.15	63.07	316.38
利润总额(万元)	-9655.83	-11985.47	659.85	1487.42

甘肃酒钢集团宏兴钢铁股份有限公司

公司概况					
公司名称	甘肃酒钢集团宏兴钢铁股份有限公司			证券简称	酒钢宏兴
法人代表	程子建	董秘	齐晓东	证券代码	600307
公司网址	www.jisco.cn		电子信箱	jgzqb@jiugang.com	
电 话	0937-6715370		传 真	0937-6715370	
办公地址	甘肃省嘉峪关市雄关东路12号				
经营范围	钢、铁及其压延产品的生产和销售				

主要财务指标 指标\报告期	2013.06.30	2012.12.31	2012.06.30	2011.12.31
基本每股收益(元)	0.0407	0.1184	0.0789	0.3712
基本每股收益(扣除)(元)	0.0399	0.1153	0.0781	0.3682
每股净资产(元)	3.0785	2.5320	3.0500	2.9600
每股经营现金净流量(元)	0.0281	0.1260	0.0943	0.4737
每股现金流量(元)	0.6943	-0.3147	-0.1993	1.3282
每股资本公积金(元)	1.0964	0.6634	0.6837	0.6837
每股盈余公积金(元)	0.2025	0.3100	0.2654	0.2654
每股未分配利润(元)	0.7471	1.0851	1.0505	0.9578
净资产收益率(%)	1.2443	4.0581	3.0385	12.5320
加权净资产收益率(%)	1.5000	3.9854	2.8900	13.3370
净资产收益率(扣除)(%)	-	-	-	-
总资产(万元)	6040004.66	5441465.64	4896612.36	4470496.20
归属母公司股东权益(万元)	1928147.25	1561195.95	1248213.32	1211902.70
主营业务收入(万元)	4246942.13	5893053.18	4058979.83	5190434.74
营业收入(万元)	4469695.10	6370044.85	4241564.85	5515343.80
主营成本(万元)	3916356.22	5350362.33	3704430.75	4596359.08
营业成本(万元)	4140277.01	5820217.62	3885284.73	4920053.64
投资收益(万元)	1996.53	3704.81	1825.76	5727.54
净利润(万元)	23514.60	47734.50	46099.95	152658.98
利润总额(万元)	24574.69	50140.39	56766.45	183841.38

山东华泰纸业股份有限公司

公司概况					
公司名称	山东华泰纸业股份有限公司			证券简称	华泰股份
法人代表	李建华	董秘	魏文光	证券代码	600308
公司网址	www.huataipaper.com		电子信箱	xuhuacun@sina.com	
电 话	0546-7798799 7798848		传 真	0546-6888018	
办公地址	山东省东营市广饶县大王镇				
经营范围	造纸、纸制品及纸料加工、热电等				

主要财务指标 指标\报告期	2013.06.30	2012.12.31	2012.06.30	2011.12.31
基本每股收益(元)	0.0480	0.0520	0.0440	0.0710
基本每股收益(扣除)(元)	-0.0150	-0.0750	-0.0280	-0.0120
每股净资产(元)	5.3515	5.3309	5.3200	5.3300
每股经营现金净流量(元)	0.1237	1.2241	0.4526	0.9352
每股现金流量(元)	0.1350	-0.7898	-0.6785	0.5386
每股资本公积金(元)	1.9218	1.9218	1.9218	1.9218
每股盈余公积金(元)	0.3915	0.3915	0.3915	0.3915
每股未分配利润(元)	2.0313	2.0035	1.9953	2.0010
净资产收益率(%)	0.8938	0.9845	0.8318	1.3240
加权净资产收益率(%)	0.8930	0.9840	0.8270	1.3500
净资产收益率(扣除)(%)	-	-	-	-0.2210
总资产(万元)	1770984.18	1699914.26	1781958.99	1753395.09
归属母公司股东权益(万元)	624821.96	622413.54	621548.36	622382.17
主营业务收入(万元)	437673.37	902659.44	459149.21	922535.48
营业收入(万元)	462817.96	956740.45	484487.08	960863.77
主营成本(万元)	384047.41	793121.82	405170.31	826943.80
营业成本(万元)	396854.32	831794.49	424136.90	845981.93
投资收益(万元)	94.71	1025.15	415.09	692.14
净利润(万元)	5376.52	5216.30	4796.10	6759.69
利润总额(万元)	8186.46	10587.43	6574.07	11234.95

万华化学集团股份有限公司

公司概况	公司名称	万华化学集团股份有限公司		证券简称	万华化学
	法人代表	丁建生	董秘 寇光武	证券代码	600309
	公司网址	www.whchem.com		电子信箱	stocks@whchem.com
	电　话	0535-6698537		传　真	0535-6837894
	办公地址	山东省烟台市幸福南路7号			
	经营范围	聚氨酯及助剂、异氰酸酯(MDI)及衍生产品开发、生产和销售			

主要财务指标	指标\报告期	2013.06.30	2012.12.31	2012.06.30	2011.12.31
	基本每股收益(元)	0.7100	1.0900	0.4500	0.8600
	基本每股收益(扣除)(元)	0.7000	1.1000	0.4400	0.8300
	每股净资产(元)	3.8484	3.8405	3.2100	3.3600
	每股经营现金净流量(元)	0.8251	1.7602	0.8760	0.9307
	每股现金流量(元)	-0.0846	-0.1865	-0.4965	0.4072
	每股资本公积金(元)	0.0136	0.0155	0.0212	0.0224
	每股盈余公积金(元)	0.7304	0.7304	0.6835	0.6835
	每股未分配利润(元)	2.1073	2.0961	1.5116	1.6567
	净资产收益率(%)	18.4810	28.2848	14.1568	25.5100
	加权净资产收益率(%)	17.4400	31.0300	13.4300	27.8700
	净资产收益率(扣除)(%)	-	-	-	-
	总资产(万元)	2650558.45	2254146.13	1861258.62	1741868.33
	归属母公司股东权益(万元)	832151.25	830438.98	694931.27	726747.94
	主营业务收入(万元)	994767.17	1585683.54	714068.94	1362827.60
	营业收入(万元)	997590.26	1594212.65	716016.99	1366230.73
	主营成本(万元)	640868.14	1031621.69	479826.98	946481.21
	营业成本(万元)	642917.70	1038186.95	481397.82	948866.48
	投资收益(万元)	-374.27	437.22	423.79	994.67
	净利润(万元)	197741.36	301994.00	125398.11	239540.74
	利润总额(万元)	237334.76	356591.86	149496.27	281494.77

广西桂东电力股份有限公司

公司概况	公司名称	广西桂东电力股份有限公司		证券简称	桂东电力
	法人代表	秦春楠	董秘 陆培军	证券代码	600310
	公司网址	www.gdep.com.cn		电子信箱	lupeijun@gdep.com.cn
	电　话	0774-5297796 5283977		传　真	0774-5285255
	办公地址	广西壮族自治区贺州市平安西路12号			
	经营范围	水力发电、供电、电力投资开发、供水、交通建设及其基础设施开发			

主要财务指标	指标\报告期	2013.06.30	2012.12.31	2012.06.30	2011.12.31
	基本每股收益(元)	0.2336	0.3076	0.2857	0.3796
	基本每股收益(扣除)(元)	0.2049	0.2505	0.2668	0.2706
	每股净资产(元)	10.3143	11.2797	11.5979	6.6997
	每股经营现金净流量(元)	0.8397	0.7007	0.8403	1.1416
	每股现金流量(元)	0.7583	-0.6748	1.8744	0.4672
	每股资本公积金(元)	8.0946	8.9936	9.2330	4.4205
	每股盈余公积金(元)	-	0.2759	0.2497	0.2497
	每股未分配利润(元)	-	1.0102	1.1151	1.0295
	净资产收益率(%)	2.2652	2.7272	2.4630	5.6660
	加权净资产收益率(%)	2.1600	3.0200	3.1000	7.5500
	净资产收益率(扣除)(%)	-	-	-	-
	总资产(万元)	702474.19	743674.51	782951.55	513892.18
	归属母公司股东权益(万元)	284597.99	311234.74	320014.43	184860.66
	主营业务收入(万元)	123540.64	417633.03	143825.98	204812.68
	营业收入(万元)	124095.89	418734.04	144280.37	205627.92
	主营成本(万元)	98592.89	369203.82	117668.65	164605.56
	营业成本(万元)	98748.95	369499.77	117768.43	165073.87
	投资收益(万元)	596.74	1159.79	987.91	-27.05
	净利润(万元)	8429.20	11542.70	9780.14	12207.67
	利润总额(万元)	9962.35	14266.49	11840.20	14467.33

甘肃荣华实业(集团)股份有限公司

公司概况	公司名称	甘肃荣华实业(集团)股份有限公司		证券简称	荣华实业
	法人代表	刘永	董秘 辛永清	证券代码	600311
	公司网址			电子信箱	rhxyongqin@163.com
	电　话	0935-6151222		传　真	0935-6151333
	办公地址	甘肃省武威市东关街荣华路1号			
	经营范围	谷氨酸,生物发酵肥,淀粉及其副产品,饲料,包装材料,塑料制品的生产,批发零售等			

主要财务指标	指标\报告期	2013.06.30	2012.12.31	2012.06.30	2011.12.31
	基本每股收益(元)	0.0054	0.0165	0.0017	0.0258
	基本每股收益(扣除)(元)	0.0054	0.0184	0.0012	0.0257
	每股净资产(元)	1.3704	1.3642	1.3500	1.3480
	每股经营现金净流量(元)	-0.0428	0.2016	0.0821	0.0752
	每股现金流量(元)	-0.0133	0.3126	0.0367	0.0942
	每股资本公积金(元)	0.3297	0.3297	0.3297	0.3297
	每股盈余公积金(元)	0.0787	0.0787	0.0787	0.0787
	每股未分配利润(元)	-0.0389	-0.0442	-0.0590	-0.0608
	净资产收益率(%)	0.3937	1.2109	0.1275	1.9170
	加权净资产收益率(%)	0.3950	1.2200	0.1270	1.9300
	净资产收益率(扣除)(%)	-	-	-	-
	总资产(万元)	96554.47	100332.70	99815.41	102140.08
	归属母公司股东权益(万元)	91213.89	90800.91	89897.28	89698.87
	主营业务收入(万元)	10309.00	30557.56	15822.06	31506.72
	营业收入(万元)	10309.00	30557.56	15822.06	31506.72
	主营成本(万元)	7939.05	23516.75	12189.69	19844.59
	营业成本(万元)	7939.05	23516.75	12189.69	19844.59
	投资收益(万元)	-	-	-	-
	净利润(万元)	359.09	1099.50	114.64	1719.45
	利润总额(万元)	359.09	1292.99	211.90	2923.68

河南平高电气股份有限公司

公司概况	公司名称	河南平高电气股份有限公司		证券简称	平高电气
	法人代表	李永河	董秘 许明圣	证券代码	600312
	公司网址	www.pinggao.com		电子信箱	chengzb@pinggao.com
	电　话	0375-3804018 3804064		传　真	0375-3804464
	办公地址	河南省平顶山市南环东路22号			
	经营范围	制造、销售高压开关设备、控制设备及其配件、技术服务、咨询服务			

主要财务指标	指标\报告期	2013.06.30	2012.12.31	2012.06.30	2011.12.31
	基本每股收益(元)	0.1685	0.1653	-0.0617	0.0213
	基本每股收益(扣除)(元)	0.1655	0.1634	-0.0625	-0.0073
	每股净资产(元)	3.6232	3.5047	3.2776	3.3393
	每股经营现金净流量(元)	-0.6019	0.5750	0.1673	0.0528
	每股现金流量(元)	-0.5991	0.2448	-0.3002	-0.1212
	每股资本公积金(元)	1.6331	1.6331	1.6331	1.6331
	每股盈余公积金(元)	0.1830	0.1830	0.1678	0.1678
	每股未分配利润(元)	0.8071	0.6886	0.4767	0.5384
	净资产收益率(%)	4.6511	4.7179	-1.8833	0.6370
	加权净资产收益率(%)	4.5250	4.8300	-1.8658	0.6400
	净资产收益率(扣除)(%)	-	-	-	-
	总资产(万元)	594350.17	640435.29	543062.73	497108.22
	归属母公司股东权益(万元)	296727.73	287021.55	268424.90	273480.26
	主营业务收入(万元)	134947.33	295260.67	96148.86	245799.68
	营业收入(万元)	151037.04	328422.24	105383.47	252528.54
	主营成本(万元)	101801.96	233033.22	83273.19	200147.14
	营业成本(万元)	115049.29	261353.52	91388.58	204453.49
	投资收益(万元)	1982.57	2765.68	646.51	1590.89
	净利润(万元)	13827.03	13588.30	-5048.71	1593.11
	利润总额(万元)	15862.75	15028.83	-4886.59	3070.80

中垦农业资源开发股份有限公司

公司概况	公司名称	中垦农业资源开发股份有限公司		证券简称	中农资源
	法人代表	李学林	董秘 周紫雨	证券代码	600313
	公司网址	www.zhnzy.com.cn		电子信箱	zhongnongziyuan@126.com
	电　话	010-83607371		传　真	010-83607370
	办公地址	北京市西城区阜成门外大街甲 28 号京润大厦西楼 12 层			
	经营范围	小麦、水稻、杂交水稻、杂交玉米、棉花、油菜、大豆、蔬菜、花卉等			

主要财务指标	指标＼报告期	2013.06.30	2012.12.31	2012.06.30	2011.12.31
	基本每股收益(元)	–0.0064	0.0754	0.0072	0.0262
	基本每股收益(扣除)(元)	–0.0105	0.0537	0.0066	0.0403
	每股净资产(元)	–	2.7312	1.7187	1.7115
	每股经营现金净流量(元)	–0.1201	0.1211	0.0566	0.0585
	每股现金流量(元)	–0.1109	1.0567	0.0364	–0.4045
	每股资本公积金(元)	1.7659	1.7659	0.8327	0.8327
	每股盈余公积金(元)	0.0073	0.0073	0.0089	0.0089
	每股未分配利润(元)	–0.0484	–0.0420	–0.1229	–0.1301
	净资产收益率(%)	–0.2345	2.4050	0.4200	1.5320
	加权净资产收益率(%)	–0.2300	3.7300	0.4200	1.5400
	净资产收益率(扣除)(%)	–	–	–	–
	总资产(万元)	169413.32	172617.46	87065.46	77566.84
	归属母公司股东权益(万元)	100078.70	100313.37	52282.65	52064.91
	主营业务收入(万元)	76608.34	277567.55	98005.46	125247.42
	营业收入(万元)	76759.08	278378.29	98491.94	125438.58
	主营成本(万元)	74232.55	268436.60	96404.41	120137.62
	营业成本(万元)	74278.04	269005.89	96619.13	120210.12
	投资收益(万元)	–	–	–	–
	净利润(万元)	–219.26	5074.40	524.41	2127.28
	利润总额(万元)	–219.26	5079.96	533.32	2183.62

上海家化联合股份有限公司

公司概况	公司名称	上海家化联合股份有限公司		证券简称	上海家化
	法人代表	葛文耀	董秘 冯珺	证券代码	600315
	公司网址	www.jahwa.com.cn		电子信箱	fengjun@jahwa.com.cn
	电　话	021-25016000 25016051		传　真	021-65129748
	办公地址	上海市保定路 527 号			
	经营范围	六神、美加净、清妃、高夫、佰草集、飘洒等系列洗浴、护肤、护发及美容产品等			

主要财务指标	指标＼报告期	2013.06.30	2012.12.31	2012.06.30	2011.12.31
	基本每股收益(元)	1.0100	1.4100	0.7400	0.8500
	基本每股收益(扣除)(元)	1.0000	1.2700	0.6400	0.8200
	每股净资产(元)	4.4786	6.0445	5.6752	4.1577
	每股经营现金净流量(元)	0.8687	1.8577	0.8412	0.8205
	每股现金流量(元)	0.0319	1.0191	1.5728	0.2440
	每股资本公积金(元)	1.4789	1.9370	1.7351	0.8935
	每股盈余公积金(元)	0.3284	0.4926	0.3611	0.3828
	每股未分配利润(元)	1.6747	2.6194	2.5837	1.8866
	净资产收益率(%)	16.2642	22.6797	14.1636	20.5403
	加权净资产收益率(%)	16.7000	27.7700	18.5900	22.3300
	净资产收益率(扣除)(%)	–	–	–	–
	总资产(万元)	413673.33	364687.06	357605.92	254678.34
	归属母公司股东权益(万元)	301199.14	271005.61	254454.16	175875.53
	主营业务收入(万元)	245803.74	407550.19	208343.80	319337.69
	营业收入(万元)	274669.31	450412.26	233909.07	357660.76
	主营成本(万元)	90694.20	162514.97	82981.08	115300.29
	营业成本(万元)	117080.53	202628.43	106758.14	151929.09
	投资收益(万元)	6827.16	16789.32	10819.70	8873.73
	净利润(万元)	45968.84	62793.76	36165.38	36500.49
	利润总额(万元)	59814.78	72336.86	46830.16	45225.88

江西洪都航空工业股份有限公司

公司概况	公司名称	江西洪都航空工业股份有限公司		证券简称	洪都航空
	法人代表	宋承志	董秘 邓峰	证券代码	600316
	公司网址	www.hongdu-aviation.com		电子信箱	zqb@hongdu-aviation.com
	电　话	0791-88468162 87668769		传　真	0791-88467843
	办公地址	江西省南昌市新溪桥			
	经营范围	航空产品的开发与研制、生产与销售、航空制造技术的开发、咨询、服务			

主要财务指标	指标＼报告期	2013.06.30	2012.12.31	2012.06.30	2011.12.31
	基本每股收益(元)	0.0163	0.1222	0.0020	0.1163
	基本每股收益(扣除)(元)	0.0170	0.0869	0.0013	0.0484
	每股净资产(元)	6.4668	6.4098	6.3310	6.3410
	每股经营现金净流量(元)	0.2977	–0.5378	–0.8386	–0.3812
	每股现金流量(元)	0.0202	–1.0906	–0.9779	–0.4459
	每股资本公积金(元)	4.5935	4.5429	4.5843	4.5965
	每股盈余公积金(元)	0.2061	0.2061	0.1944	0.1944
	每股未分配利润(元)	0.6670	0.6606	0.5521	0.5502
	净资产收益率(%)	0.2524	1.9061	0.0309	1.8330
	加权净资产收益率(%)	0.2400	1.9100	0.0300	1.7800
	净资产收益率(扣除)(%)	–	–	–	–
	总资产(万元)	678540.54	624470.56	592093.76	608638.16
	归属母公司股东权益(万元)	463741.42	459658.67	453993.78	454730.86
	主营业务收入(万元)	52796.05	176396.29	41063.56	173140.86
	营业收入(万元)	79075.08	223270.63	51353.74	182465.53
	主营成本(万元)	43960.86	150863.83	30997.80	147122.53
	营业成本(万元)	69910.10	196032.42	40589.75	155059.23
	投资收益(万元)	893.33	3033.59	372.15	3191.44
	净利润(万元)	1125.89	8759.39	115.27	8351.95
	利润总额(万元)	1703.97	10152.74	243.29	10041.37

营口港务股份有限公司

公司概况	公司名称	营口港务股份有限公司		证券简称	营口港
	法人代表	高宝玉	董秘 周志旭	证券代码	600317
	公司网址	www.ykplc.com		电子信箱	lili_ykp@ykport.com.cn
	电　话	0417-6268506		传　真	0417-6268506
	办公地址	辽宁省营口市鲅鱼圈区营港路 1 号			
	经营范围	港口装卸、堆存和运输服务			

主要财务指标	指标＼报告期	2013.06.30	2012.12.31	2012.06.30	2011.12.31
	基本每股收益(元)	0.1400	0.2328	0.1200	0.2157
	基本每股收益(扣除)(元)	0.1400	0.2346	0.1300	0.2126
	每股净资产(元)	4.4301	4.3138	4.1344	8.3102
	每股经营现金净流量(元)	0.2069	0.5663	0.4978	0.7907
	每股现金流量(元)	0.0404	0.1804	–0.0071	–0.3985
	每股资本公积金(元)	2.7202	2.7202	2.1445	6.4028
	每股盈余公积金(元)	0.1334	0.1334	0.2261	0.2261
	每股未分配利润(元)	0.5765	0.4602	0.7638	0.6813
	净资产收益率(%)	3.1671	5.3970	5.7498	5.1015
	加权净资产收益率(%)	3.2005	5.4281	2.8379	5.6191
	净资产收益率(扣除)(%)	–	–	–	–
	总资产(万元)	1591893.41	1604712.77	1131687.29	1600629.11
	归属母公司股东权益(万元)	955865.84	930770.88	453770.36	912098.97
	主营业务收入(万元)	171849.04	331135.90	164236.24	304788.80
	营业收入(万元)	187460.84	344163.65	173480.86	326097.35
	主营成本(万元)	102458.43	209645.47	97650.02	186975.94
	营业成本(万元)	114296.78	217186.67	105330.34	204805.30
	投资收益(万元)	354.22	3351.52	1038.16	3637.67
	净利润(万元)	31204.13	52301.20	27875.14	50683.19
	利润总额(万元)	40666.38	68046.82	37301.70	63655.46

安徽巢东水泥股份有限公司

公司概况						
	公司名称	安徽巢东水泥股份有限公司			证券简称	巢东股份
	法人代表	黄炳均	董秘	谢旻	证券代码	600318
	公司网址			电子信箱	cddms@vip.sina.com	
	电　　话	0551-8861068 88610368		传　　真	0551-82391918	
	办公地址	安徽省巢湖市居巢区银屏镇海昌大道				
	经营范围	水泥及相关产品、轻钢结构、新型建材产品的生产、销售、建材设计等				

主要财务指标	指标\报告期	2013.06.30	2012.12.31	2012.06.30	2011.12.31
	基本每股收益(元)	0.1200	0.2900	0.1500	1.2000
	基本每股收益(扣除)(元)	0.0500	0.2600	0.1400	1.1700
	每股净资产(元)	3.6515	3.5637	3.4300	3.3800
	每股经营现金净流量(元)	0.2155	1.4310	0.7738	1.4205
	每股现金流量(元)	0.0239	-0.0783	-0.0723	0.1679
	每股资本公积金(元)	1.4621	1.4621	1.4621	1.4621
	每股盈余公积金(元)	-	0.2051	0.1761	0.1761
	每股未分配利润(元)	-	0.8867	0.7825	0.7298
	净资产收益率(%)	3.2272	8.0235	4.4513	35.4010
	加权净资产收益率(%)	3.2700	8.2400	4.4400	43.0100
	净资产收益率(扣除)(%)	-	-	-	-
	总资产(万元)	209992.49	202627.84	197830.29	202086.01
	归属母公司股东权益(万元)	88366.58	86240.79	83016.50	81741.22
	主营业务收入(万元)	50090.39	98313.16	46957.45	137342.37
	营业收入(万元)	50537.24	102105.80	49733.54	139148.23
	主营成本(万元)	40439.86	77672.15	36709.22	82622.44
	营业成本(万元)	40786.07	81216.46	39398.38	84399.54
	投资收益(万元)	28.35	5.85	5.85	-46.03
	净利润(万元)	2851.78	6919.57	3695.27	28936.86
	利润总额(万元)	4653.86	8823.67	5458.42	37887.32

潍坊亚星化学股份有限公司

公司概况						
	公司名称	潍坊亚星化学股份有限公司			证券简称	*ST 亚星
	法人代表	孙树声	董秘	孙岩(代)	证券代码	600319
	公司网址	www.chinayaxing.com		电子信箱	yan.sun@chinayasing.cn	
	电　　话	0536-8591009 8591189		传　　真	0536-8666877 8663853	
	办公地址	山东省潍坊市奎文区北宫东街 321 号				
	经营范围	生产经营烧碱、聚氯乙烯、氯化聚乙烯、液氯、漂液、非药品易制毒化学品盐酸等				

主要财务指标	指标\报告期	2013.06.30	2012.12.31	2012.06.30	2011.12.31
	基本每股收益(元)	-0.0950	-1.5100	-0.2790	-0.2500
	基本每股收益(扣除)(元)	-0.0960	-1.0000	-0.2840	-0.2800
	每股净资产(元)	1.0729	1.1653	2.4770	2.6855
	每股经营现金净流量(元)	-0.1767	0.1453	0.4233	0.5793
	每股现金流量(元)	-0.3925	-0.1599	-0.4457	-0.0117
	每股资本公积金(元)	2.2686	2.2686	2.2791	2.2791
	每股盈余公积金(元)	0.1578	0.1578	0.1578	0.1578
	每股未分配利润(元)	-2.3648	-2.2701	-0.9674	-0.7581
	净资产收益率(%)	-8.8273	-129.7542	-11.2718	-9.1437
	加权净资产收益率(%)	-0.0850	-77.6900	-10.9700	-8.7300
	净资产收益率(扣除)(%)	-	-	-	-
	总资产(万元)	244350.94	262301.36	318535.52	347834.31
	归属母公司股东权益(万元)	33858.87	36774.81	78178.80	84753.72
	主营业务收入(万元)	84274.15	166605.17	86559.69	203059.47
	营业收入(万元)	86309.39	171339.92	89151.52	211163.10
	主营成本(万元)	77558.95	158225.43	82990.33	182806.80
	营业成本(万元)	78808.31	161920.14	84684.91	188954.22
	投资收益(万元)	-	103.11	99.56	367.08
	净利润(万元)	-3682.76	-49399.20	-8812.12	-6279.48
	利润总额(万元)	-3682.76	-47144.04	-8575.05	-6176.84

上海振华重工(集团)股份有限公司

公司概况						
	公司名称	上海振华重工(集团)股份有限公司			证券简称	振华重工
	法人代表	宋海良	董秘	王珏	证券代码	600320
	公司网址	www.zpmc.com		电子信箱	zpmc@public.sta.net.cn	
	电　　话	021-50390727		传　　真	021-58397000	
	办公地址	上海市东方路 3261 号				
	经营范围	从事设计、建造、销售大型港口设备、工程船舶及大型金属结构及其部件、配件等				

主要财务指标	指标\报告期	2013.06.30	2012.12.31	2012.06.30	2011.12.31
	基本每股收益(元)	0.0100	-0.2400	-0.0500	0.0100
	基本每股收益(扣除)(元)	-0.0700	-0.2900	-0.0700	-0.0900
	每股净资产(元)	3.2624	3.2369	3.4300	3.4700
	每股经营现金净流量(元)	0.0615	0.6983	0.1350	0.3512
	每股现金流量(元)	-0.1876	0.0831	0.0637	0.1790
	每股资本公积金(元)	1.2987	1.2829	1.2883	1.2799
	每股盈余公积金(元)	-	0.3463	-	0.3463
	每股未分配利润(元)	-	0.6078	-	0.8455
	净资产收益率(%)	0.2982	-7.3441	-1.3637	0.1990
	加权净资产收益率(%)	0.3000	-7.0900	-1.3600	0.2000
	净资产收益率(扣除)(%)	-	-	-	-
	总资产(万元)	5365891.35	4677969.63	5248737.10	4405946.56
	归属母公司股东权益(万元)	1432291.37	1421095.26	1507299.78	1524137.86
	主营业务收入(万元)	1041160.28	1791102.00	962477.77	1884770.36
	营业收入(万元)	1048840.15	1825515.21	983120.97	1912925.10
	主营成本(万元)	966267.26	1705081.94	890446.26	1884770.36
	营业成本(万元)	970691.34	1736267.04	914066.74	1817129.43
	投资收益(万元)	2196.79	14109.30	608.62	1304.91
	净利润(万元)	3502.05	-109905.79	-21485.70	2965.50
	利润总额(万元)	4799.50	-117119.05	-24150.99	4776.47

四川国栋建设股份有限公司

公司概况						
	公司名称	四川国栋建设股份有限公司			证券简称	国栋建设
	法人代表	王春鸣	董秘	曾莉	证券代码	600321
	公司网址	www.guodong.cn		电子信箱	executive@guodong.cn	
	电　　话	028-86119148		传　　真	028-86154162	
	办公地址	四川省成都市金盾路 52 号国栋中央商务大厦 28/29 楼				
	经营范围	生产销售溅射镀膜玻璃、中空玻璃、钢化及夹胶玻璃等				

主要财务指标	指标\报告期	2013.06.30	2012.12.31	2012.06.30	2011.12.31
	基本每股收益(元)	0.0160	0.0040	0.0130	0.0040
	基本每股收益(扣除)(元)	0.0140	-0.0060	0.0100	-0.0160
	每股净资产(元)	1.7793	1.7630	1.7600	3.5010
	每股经营现金净流量(元)	0.0033	-0.0358	0.0009	0.1471
	每股现金流量(元)	-0.1310	0.0933	-0.0678	0.2302
	每股资本公积金(元)	0.6126	0.6126	0.6026	2.2070
	每股盈余公积金(元)	0.0753	0.0753	0.0750	0.1500
	每股未分配利润(元)	0.0915	0.0753	0.0855	0.1438
	净资产收益率(%)	0.9096	0.2106	0.7225	0.2056
	加权净资产收益率(%)	0.9100	0.2100	0.7200	0.2500
	净资产收益率(扣除)(%)	-	-	-	-
	总资产(万元)	340773.00	346945.62	310231.77	299617.63
	归属母公司股东权益(万元)	210119.87	208208.68	208202.66	206698.72
	主营业务收入(万元)	40899.34	45535.40	17957.16	28325.69
	营业收入(万元)	42030.69	47311.61	19388.05	31765.96
	主营成本(万元)	36621.50	42523.08	16318.62	27805.96
	营业成本(万元)	36853.03	42841.95	16492.06	28117.93
	投资收益(万元)	-	-	-	-
	净利润(万元)	1909.97	437.55	1503.82	424.43
	利润总额(万元)	1909.97	426.43	1503.82	439.83

天津市房地产发展(集团)股份有限公司

公司概况					
公司名称	天津市房地产发展(集团)股份有限公司			证券简称	天房发展
法人代表	张建台	董秘	杨新喆	证券代码	600322
公司网址	www.tffzgroup.cn		电子信箱	tffz@sina.com	
电　话	022-23317185		传　真	022-23317185	
办公地址	天津市和平区常德道 80 号				
经营范围	房地产的开发经营、销售与出租				

主要财务指标：指标\报告期	2013.06.30	2012.12.31	2012.06.30	2011.12.31
基本每股收益(元)	0.0700	0.2400	0.0900	0.2400
基本每股收益(扣除)(元)	0.0200	0.2200	0.0900	0.1700
每股净资产(元)	4.0554	3.9832	3.8400	3.8200
每股经营现金净流量(元)	-0.3735	-0.0797	0.2956	0.1381
每股现金流量(元)	0.2691	0.6049	-0.2985	-0.6633
每股资本公积金(元)	1.9944	1.9944	1.9944	1.9944
每股盈余公积金(元)	0.2559	0.2559	0.2370	0.2370
每股未分配利润(元)	0.8050	0.7329	0.6081	0.5865
净资产收益率(%)	1.7800	5.9084	2.3900	6.3460
加权净资产收益率(%)	1.8000	6.0300	2.3800	6.5100
净资产收益率(扣除)(%)	-	-	-	-
总资产(万元)	1346267.58	1219835.13	1119605.26	1231576.94
归属母公司股东权益(万元)	448400.16	440419.85	424537.67	422143.86
主营业务收入(万元)	63128.94	297970.02	156171.54	315538.68
营业收入(万元)	75603.56	321314.35	164988.07	325395.61
主营成本(万元)	37565.39	210619.89	121525.54	220397.05
营业成本(万元)	47860.99	230402.65	128768.94	227118.15
投资收益(万元)	-190.27	-700.21	-450.55	324.55
净利润(万元)	8890.22	33719.32	10104.81	40580.65
利润总额(万元)	12447.69	45071.25	13421.91	55447.77

南海发展股份有限公司

公司概况					
公司名称	南海发展股份有限公司			证券简称	南海发展
法人代表	何向明	董秘	黄春然	证券代码	600323
公司网址	www.nhd.net.cn		电子信箱	600323@nhd.net.cn	
电　话	0757-86280996		传　真	0757-86328565	
办公地址	广东省佛山市南海区桂城南海大道建行大厦				
经营范围	供水业务、污水处理业务和固废处理业务等				

主要财务指标：指标\报告期	2013.06.30	2012.12.31	2012.06.30	2011.12.31
基本每股收益(元)	0.1900	0.3700	0.2000	0.3100
基本每股收益(扣除)(元)	0.1800	0.3700	0.2000	0.3000
每股净资产(元)	4.0072	3.9131	3.2500	4.9843
每股经营现金净流量(元)	0.4147	0.8584	0.4568	0.6286
每股现金流量(元)	-0.4234	0.3120	-0.5514	0.5000
每股资本公积金(元)	0.9433	0.9433	0.1007	0.9814
每股盈余公积金(元)	0.5162	0.5162	0.5803	0.8704
每股未分配利润(元)	1.5478	1.4537	1.5685	2.1324
净资产收益率(%)	4.8437	8.3938	6.1625	9.2570
加权净资产收益率(%)	4.8400	10.6400	6.0900	9.5400
净资产收益率(扣除)(%)	-	-	-	-
总资产(万元)	490692.78	463530.16	396521.76	390444.08
归属母公司股东权益(万元)	232114.45	226663.97	158550.85	162129.64
主营业务收入(万元)	44353.86	86178.85	40777.05	70889.03
营业收入(万元)	45000.13	88526.80	41815.87	74769.81
主营成本(万元)	25692.71	50991.52	23754.42	40959.20
营业成本(万元)	27019.19	52538.62	24379.96	43187.59
投资收益(万元)	1500.75	2216.76	1050.58	22.72
净利润(万元)	11331.48	19201.74	9865.42	16071.50
利润总额(万元)	13284.08	22433.49	10814.78	19280.32

珠海华发实业股份有限公司

公司概况					
公司名称	珠海华发实业股份有限公司			证券简称	华发股份
法人代表	袁小波	董秘	侯贵明	证券代码	600325
公司网址	www.cnhuafas.com		电子信箱	zqb@cnhuafas.com	
电　话	0756-8282111		传　真	0756-8281000	
办公地址	广东省珠海市昌盛路 155 号				
经营范围	房地产开发和销售				

主要财务指标：指标\报告期	2013.06.30	2012.12.31	2012.06.30	2011.12.31
基本每股收益(元)	0.0690	0.6680	0.2990	0.9400
基本每股收益(扣除)(元)	0.0700	0.6400	0.2650	0.9300
每股净资产(元)	7.4035	8.1081	7.8300	7.6300
每股经营现金净流量(元)	1.2505	-0.7459	-0.4296	0.8784
每股现金流量(元)	5.0088	1.2636	0.8295	-2.0149
每股资本公积金(元)	2.0594	2.8329	2.9274	2.9274
每股盈余公积金(元)	0.2501	0.2501	0.2501	0.2501
每股未分配利润(元)	4.0941	4.0250	3.6560	3.4570
净资产收益率(%)	0.9324	8.2393	3.8172	12.3450
加权净资产收益率(%)	0.8900	8.3800	3.8700	13.0300
净资产收益率(扣除)(%)	-	-	-	-
总资产(万元)	3567934.80	2896430.16	2606706.61	2254047.45
归属母公司股东权益(万元)	604899.84	662465.47	640036.60	623770.42
主营业务收入(万元)	172033.76	442178.47	176980.14	524064.34
营业收入(万元)	178456.38	454733.24	181835.56	599255.10
主营成本(万元)	107660.39	237412.35	75322.23	304790.01
营业成本(万元)	114092.13	249366.77	80967.33	366651.34
投资收益(万元)	-	3334.06	1715.70	161.89
净利润(万元)	5435.12	58735.00	26614.76	77772.49
利润总额(万元)	11946.35	84313.37	43551.04	111910.15

西藏天路股份有限公司

公司概况					
公司名称	西藏天路股份有限公司			证券简称	西藏天路
法人代表	多吉罗布	董秘	王启云	证券代码	600326
公司网址	www.xztianlu.com		电子信箱	xztlgf@263.net	
电　话	0891-6902701		传　真	0891-6903003	
办公地址	西藏自治区拉萨市夺底路 14 号				
经营范围	公路工程施工的基础设施建设、主要承担西藏自治区内的公路桥梁的建设任务				

主要财务指标：指标\报告期	2013.06.30	2012.12.31	2012.06.30	2011.12.31
基本每股收益(元)	0.0434	-0.0800	0.0502	0.0800
基本每股收益(扣除)(元)	0.0365	-0.0800	0.0508	0.0800
每股净资产(元)	1.9843	1.9401	2.1408	2.0171
每股经营现金净流量(元)	0.0394	0.0306	-0.0272	0.3523
每股现金流量(元)	-0.0750	0.1638	-0.0714	0.2946
每股资本公积金(元)	0.3629	0.3622	0.3622	0.3619
每股盈余公积金(元)	0.1071	0.1071	0.1075	0.1071
每股未分配利润(元)	0.5144	0.4709	0.6712	0.5482
净资产收益率(%)	2.1894	-3.9828	2.3400	3.9500
加权净资产收益率(%)	2.2100	-3.9100	2.3700	4.0300
净资产收益率(扣除)(%)	-	-	-	-
总资产(万元)	279446.06	271557.23	246651.82	231743.14
归属母公司股东权益(万元)	108580.63	106164.44	117147.11	110375.36
主营业务收入(万元)	63894.06	163840.63	68950.67	132716.27
营业收入(万元)	64014.50	164025.53	69226.07	133152.92
主营成本(万元)	51945.88	145037.26	58063.35	109205.07
营业成本(万元)	52019.66	145043.66	58085.06	109288.63
投资收益(万元)	27.12	-148.57	-69.52	-182.27
净利润(万元)	4250.09	-1904.01	3828.76	7324.98
利润总额(万元)	5696.77	376.88	4608.72	10113.34

无锡商业大厦大东方股份有限公司

公司概况						
	公司名称	无锡商业大厦大东方股份有限公司			证券简称	大东方
	法人代表	潘霄燕	董秘	陈辉	证券代码	600327
	公司网址	www.eastall.com		电子信箱	cmc@eastall.com	
	电　　话	0510-82702093		传　　真	0510-82700159	
	办公地址	江苏省无锡市中山路 343 号				
	经营范围	国内一般商业百货零售				

主要财务指标	指标\报告期	2013.06.30	2012.12.31	2012.06.30	2011.12.31
	基本每股收益(元)	0.1610	0.2330	0.1710	0.3970
	基本每股收益(扣除)(元)	0.1510	0.2080	0.1690	0.3640
	每股净资产(元)	2.4358	2.3557	2.2940	2.2240
	每股经营现金净流量(元)	0.0314	0.4282	-0.0017	0.2773
	每股现金流量(元)	-0.8137	0.0609	-0.1391	-0.2076
	每股资本公积金(元)	0.0802	0.0810	0.0811	0.1014
	每股盈余公积金(元)	0.2942	0.2942	0.2566	0.2566
	每股未分配利润(元)	1.0613	0.9805	0.9568	0.8656
	净资产收益率(%)	6.6018	9.8728	7.4627	17.8650
	加权净资产收益率(%)	6.7100	10.1800	7.5900	18.8100
	净资产收益率(扣除)(%)	-	-	-	-
	总资产(万元)	436474.37	471600.84	401378.13	396208.85
	归属母公司股东权益(万元)	127078.35	122900.26	119704.40	116006.27
	主营业务收入(万元)	434136.10	736629.17	359663.69	698849.96
	营业收入(万元)	442489.61	750138.56	366078.51	709437.36
	主营成本(万元)	383348.53	649553.14	312221.30	608244.54
	营业成本(万元)	385144.93	651685.92	313808.34	609946.77
	投资收益(万元)	890.90	2129.68	99.63	1925.85
	净利润(万元)	9654.88	12411.35	10129.17	25676.93
	利润总额(万元)	14681.68	20437.65	15165.28	35857.10

内蒙古兰太实业股份有限公司

公司概况						
	公司名称	内蒙古兰太实业股份有限公司			证券简称	兰太实业
	法人代表	李德禄	董秘	陈云泉	证券代码	600328
	公司网址	www.lantaicn.com		电子信箱	ltsylj@lantaicn.com	
	电　　话	0483-8182016 8182785		传　　真	0483-8182022	
	办公地址	内蒙古自治区阿拉善盟阿拉善左旗乌斯太镇阿拉善经济开发区				
	经营范围	加碘食用盐、化工原料盐、农牧渔业盐产品、金属钠、液氯、CPE 等				

主要财务指标	指标\报告期	2013.06.30	2012.12.31	2012.06.30	2011.12.31
	基本每股收益(元)	0.1100	-0.0290	-0.0400	0.2500
	基本每股收益(扣除)(元)	0.0200	-0.0420	-0.0400	0.2200
	每股净资产(元)	3.4929	3.3427	3.3487	3.3212
	每股经营现金净流量(元)	0.0325	0.0552	0.0759	-0.0858
	每股现金流量(元)	-0.1649	-0.1239	-0.4315	-0.1242
	每股资本公积金(元)	0.9960	0.9960	0.9960	0.9364
	每股盈余公积金(元)	0.2145	0.2145	0.2064	0.2064
	每股未分配利润(元)	1.1938	1.0793	1.1050	1.1460
	净资产收益率(%)	3.2801	-0.8568	-1.2232	7.5300
	加权净资产收益率(%)	3.3500	-0.8600	-1.2300	7.8300
	净资产收益率(扣除)(%)	-	-	-	-
	总资产(万元)	690566.39	677073.55	631888.95	615589.28
	归属母公司股东权益(万元)	125435.82	120044.08	120256.43	119269.38
	主营业务收入(万元)	82467.52	148289.70	74293.69	147671.07
	营业收入(万元)	87673.63	162896.20	79290.66	165731.01
	主营成本(万元)	57340.45	105500.70	51633.38	93102.21
	营业成本(万元)	60392.38	114107.10	56068.63	105166.18
	投资收益(万元)	8735.81	-	-	-
	净利润(万元)	2301.67	-4754.12	-3159.02	10485.56
	利润总额(万元)	3205.91	-3110.11	-2476.63	13340.43

天津中新药业集团股份有限公司

公司概况						
	公司名称	天津中新药业集团股份有限公司			证券简称	中新药业
	法人代表	王志强	董秘	焦艳	证券代码	600329
	公司网址	www.zhongxinyaoye.com		电子信箱	zxyy600329@163.com	
	电　　话	022-27020892		传　　真	022-27020926	
	办公地址	天津市南开区白堤路 17 号				
	经营范围	生产及出售中药、西药、保健品及医疗器械				

主要财务指标	指标\报告期	2013.06.30	2012.12.31	2012.06.30	2011.12.31
	基本每股收益(元)	0.2600	0.6000	0.4300	0.3300
	基本每股收益(扣除)(元)	0.2500	0.4700	0.3200	0.3200
	每股净资产(元)	3.1389	2.8904	2.9280	2.5460
	每股经营现金净流量(元)	0.1714	0.0281	0.1530	0.2352
	每股现金流量(元)	0.0266	-0.0433	0.1736	0.0133
	每股资本公积金(元)	0.7443	0.7517	0.7515	0.8042
	每股盈余公积金(元)	0.3270	0.3270	0.2542	0.2542
	每股未分配利润(元)	1.0677	0.8117	0.9220	0.4881
	净资产收益率(%)	8.1529	20.6514	14.8200	13.1550
	加权净资产收益率(%)	8.4900	21.9600	15.7800	13.3600
	净资产收益率(扣除)(%)	-	-	-	-
	总资产(万元)	469734.23	442049.70	444364.28	414361.53
	归属母公司股东权益(万元)	232059.22	213689.62	216451.80	188261.58
	主营业务收入(万元)	307095.90	511597.29	257284.82	437389.07
	营业收入(万元)	307845.35	512992.60	258021.25	439188.91
	主营成本(万元)	204067.17	333610.68	155578.97	282292.01
	营业成本(万元)	204214.39	333910.90	155742.71	282567.18
	投资收益(万元)	2862.63	27690.75	20112.07	4409.08
	净利润(万元)	19361.65	45829.33	33641.63	26658.81
	利润总额(万元)	22920.02	51743.98	39733.29	28163.33

天通控股股份有限公司

公司概况						
	公司名称	天通控股股份有限公司			证券简称	天通股份
	法人代表	潘建清	董秘	许丽秀	证券代码	600330
	公司网址	www.tdgcore.com		电子信箱	xlx@tdgcore.com	
	电　　话	0573-80701330		传　　真	0573-80701300	
	办公地址	浙江省海宁市经济开发区双联路 129 号				
	经营范围	软磁铁氧体 MnZn 和 NiZn 磁芯的生产和销售				

主要财务指标	指标\报告期	2013.06.30	2012.12.31	2012.06.30	2011.12.31
	基本每股收益(元)	-0.0170	-0.3340	-0.0830	0.0210
	基本每股收益(扣除)(元)	-0.0220	-0.3560	-0.0950	-0.0550
	每股净资产(元)	-	1.9759	2.2250	2.3090
	每股经营现金净流量(元)	-0.0043	0.0792	-0.0163	0.1382
	每股现金流量(元)	-0.1310	-0.1447	-0.1590	-0.0073
	每股资本公积金(元)	1.0381	1.0377	1.0377	1.0377
	每股盈余公积金(元)	0.1388	0.1388	0.1388	0.1388
	每股未分配利润(元)	-0.2190	-0.2024	0.0488	0.1321
	净资产收益率(%)	-0.8495	-16.9271	-3.7436	0.8900
	加权净资产收益率(%)	-0.8500	-15.6100	-3.6700	0.8900
	净资产收益率(扣除)(%)	-	-	-	-
	总资产(万元)	248605.10	243460.83	259813.37	245633.81
	归属母公司股东权益(万元)	115389.22	116343.93	131026.46	135931.62
	主营业务收入(万元)	52701.11	108948.30	53031.85	131123.69
	营业收入(万元)	55860.69	113032.48	54925.38	135822.53
	主营成本(万元)	42548.21	92746.66	45098.19	109344.30
	营业成本(万元)	44784.72	95615.30	46518.84	112647.44
	投资收益(万元)	338.67	875.19	454.05	3682.57
	净利润(万元)	-887.08	-19928.00	-4940.61	1469.35
	利润总额(万元)	-778.11	-19072.73	-4839.90	1595.35

四川宏达股份有限公司

公司概况	公司名称	四川宏达股份有限公司			证券简称	宏达股份
	法人代表	杨骞	董秘	王延俊	证券代码	600331
	公司网址	www.sichuanhongda.com		电子信箱	dshbgs@sinohongda.com	
	电　话	028-86141081		传　真	028-86140372	
	办公地址	四川省成都市锦里东路2号宏达国际广场28楼				
	经营范围	工业硫酸、普通过磷酸钙、复合肥、锌锭、氧化锌、硝酸钾、氯化氨等				

主要财务指标	指标\报告期	2013.06.30	2012.12.31	2012.06.30	2011.12.31
	基本每股收益(元)	−0.0927	−0.5116	−0.1795	0.0509
	基本每股收益(扣除)(元)	−0.1065	−0.5137	−0.1842	−0.5787
	每股净资产(元)	0.6338	0.7249	1.0789	1.2049
	每股经营现金净流量(元)	0.1489	1.3704	0.4353	0.2243
	每股现金流量(元)	−0.8307	−0.0457	−0.5893	−0.1497
	每股资本公积金(元)	0.2450	0.2450	0.2481	0.2267
	每股盈余公积金(元)	0.1673	0.1673	0.1673	0.1673
	每股未分配利润(元)	−0.8109	−0.7181	−0.3860	−0.2065
	净资产收益率(%)	−14.6348	−70.5753	−16.6348	4.2240
	加权净资产收益率(%)	−13.6700	−52.7100	−16.0900	4.2300
	净资产收益率(扣除)(%)	–	–	–	–
	总资产(万元)	755091.33	789427.99	822488.54	929232.82
	归属母公司股东权益(万元)	65403.48	74806.77	111338.57	124349.61
	主营业务收入(万元)	155810.88	434623.00	210811.09	429252.87
	营业收入(万元)	158592.17	444002.18	213363.28	438470.02
	主营成本(万元)	129345.67	383248.86	179453.81	361158.14
	营业成本(万元)	131601.85	390683.08	181189.73	366855.46
	投资收益(万元)	–	4966.58	5130.00	72341.14
	净利润(万元)	−9555.99	−53247.27	−18128.57	8083.46
	利润总额(万元)	−8440.88	−47162.45	−14240.20	12104.07

广州白云山医药集团股份有限公司

公司概况	公司名称	广州白云山医药集团股份有限公司			证券简称	白云山
	法人代表	李楚源	董秘	庞健辉	证券代码	600332
	公司网址	www.gpc.com.cn		电子信箱	pangjh@gpc.com.cn	
	电　话	020-81218119　81218120		传　真	020-81216408	
	办公地址	广东省广州市荔湾区沙面北街45号				
	经营范围	中成药的制造与销售及天然药物和生物医药的研究开发等				

主要财务指标	指标\报告期	2013.06.30	2012.12.31	2012.06.30	2011.12.31
	基本每股收益(元)	0.4660	0.4870	0.3390	0.3550
	基本每股收益(扣除)(元)	0.4580	0.4650	0.3290	0.3280
	每股净资产(元)	5.0400	5.0500	4.4100	4.6600
	每股经营现金净流量(元)	1.0881	0.6247	0.9601	−0.2282
	每股现金流量(元)	0.8183	0.4520	0.7254	−0.4200
	每股资本公积金(元)	1.9280	1.4167	1.4152	1.4157
	每股盈余公积金(元)	0.5322	0.9714	0.7435	0.7435
	每股未分配利润(元)	1.6476	2.8013	1.6720	1.5043
	净资产收益率(%)	9.0200	9.6490	5.5418	7.6030
	加权净资产收益率(%)	10.0200	10.0500	8.3200	7.8400
	净资产收益率(扣除)(%)	–	–	–	–
	总资产(万元)	1193597.56	939420.81	576901.65	435126.58
	归属母公司股东权益(万元)	651279.59	556635.23	391722.82	378165.20
	主营业务收入(万元)	900096.48	812865.33	557458.51	534515.80
	营业收入(万元)	907247.28	822905.85	564980.31	543961.16
	主营成本(万元)	580460.88	593425.76	391593.17	402630.55
	营业成本(万元)	582324.34	595494.38	393422.61	404275.18
	投资收益(万元)	13244.46	19531.27	14745.50	15378.57
	净利润(万元)	60640.24	40833.07	45209.85	29999.69
	利润总额(万元)	69005.97	45783.92	51186.47	33499.30

长春燃气股份有限公司

公司概况	公司名称	长春燃气股份有限公司			证券简称	长春燃气
	法人代表	张志超	董秘	孙树怀	证券代码	600333
	公司网址	www.ccrq.com.cn		电子信箱	ccrq_zy@163.com	
	电　话	0431-85954615　85954383		传　真	0431-85954383	
	办公地址	吉林省长春市朝阳区延安大街421号				
	经营范围	焦炉煤气、冶金焦炭、煤焦油的生产、销售、天然气、液化石油气供应等				

主要财务指标	指标\报告期	2013.06.30	2012.12.31	2012.06.30	2011.12.31
	基本每股收益(元)	0.0100	0.0200	0.0500	0.1600
	基本每股收益(扣除)(元)	−0.0700	−0.1700	−0.0200	0.0300
	每股净资产(元)	3.5113	3.0291	3.0600	3.0100
	每股经营现金净流量(元)	0.0750	−0.0124	0.0527	0.5181
	每股现金流量(元)	0.2076	−0.0556	−0.0654	−0.1430
	每股资本公积金(元)	1.0638	0.3781	0.3781	0.3781
	每股盈余公积金(元)	0.2567	0.2946	0.2941	0.2941
	每股未分配利润(元)	1.1907	1.3564	1.3892	1.3345
	净资产收益率(%)	0.2487	0.7414	1.7870	5.1824
	加权净资产收益率(%)	0.2800	0.7400	1.8000	5.2300
	净资产收益率(扣除)(%)	–	–	–	–
	总资产(万元)	321909.12	293451.39	270583.17	259823.82
	归属母公司股东权益(万元)	185963.73	139800.08	141288.43	138763.64
	主营业务收入(万元)	88898.66	171808.56	93509.15	179876.72
	营业收入(万元)	89519.51	172691.52	93935.96	181085.96
	主营成本(万元)	76743.19	149477.43	79785.25	153773.94
	营业成本(万元)	77208.83	150251.75	80065.74	154825.64
	投资收益(万元)	822.86	1212.74	540.19	10.12
	净利润(万元)	369.57	367.15	2401.84	7206.69
	利润总额(万元)	962.46	545.91	3098.92	8743.15

国机汽车股份有限公司

公司概况	公司名称	国机汽车股份有限公司			证券简称	国机汽车
	法人代表	丁宏祥	董秘	谈正国	证券代码	600335
	公司网址	www.sinomach-auto.com		电子信箱	600335@sinomach-auto.com	
	电　话	010-88825988		传　真	010-88825988	
	办公地址	北京市海淀区中关村南三街6号中科资源大厦北楼				
	经营范围	生产和销售工程机械产品				

主要财务指标	指标\报告期	2013.06.30	2012.12.31	2012.06.30	2011.12.31
	基本每股收益(元)	0.6871	0.9924	0.3418	0.9455
	基本每股收益(扣除)(元)	0.5610	0.9555	0.3276	0.5656
	每股净资产(元)	5.7396	5.2977	4.5923	4.4534
	每股经营现金净流量(元)	0.5968	−9.5599	−3.6697	1.2768
	每股现金流量(元)	1.6260	−0.5809	−0.0892	2.2208
	每股资本公积金(元)	1.4801	1.6255	1.5694	1.6843
	每股盈余公积金(元)	0.0791	0.0791	0.0429	0.0429
	每股未分配利润(元)	3.1824	2.5953	1.9808	1.7271
	净资产收益率(%)	11.9715	18.7317	7.4422	19.7690
	加权净资产收益率(%)	12.3700	20.1700	7.5074	24.2200
	净资产收益率(扣除)(%)	–	–	–	–
	总资产(万元)	2055112.80	1901287.34	1768315.94	1454319.15
	归属母公司股东权益(万元)	321420.06	296675.03	257170.87	249394.63
	主营业务收入(万元)	3308294.80	6197527.08	2922743.98	5071425.36
	营业收入(万元)	3317413.82	6212369.89	2929777.11	5082149.27
	主营成本(万元)	3234547.91	6040082.82	2860870.14	4930665.22
	营业成本(万元)	3235071.96	6041157.06	2861263.61	4931334.20
	投资收益(万元)	8539.38	1008.76	1199.06	1785.53
	净利润(万元)	36952.84	50990.69	17739.25	54098.02
	利润总额(万元)	49287.17	65850.96	26006.17	74832.24

澳柯玛股份有限公司

公司概况

公司名称	澳柯玛股份有限公司			证券简称	澳柯玛
法人代表	李蔚	董秘	孙武	证券代码	600336
公司网址	www.aucma.com.cn		电子信箱	sunwu@aucma.com.cn	
电　话	0532-86765129		传　真	0532-86765129	
办公地址	山东省青岛市经济技术开发区前湾港路 315 号				
经营范围	冷柜系列、水净化设备、车用冷热转换箱、自动售货机、锂电池等				

主要财务指标

指标\报告期	2013.06.30	2012.12.31	2012.06.30	2011.12.31
基本每股收益(元)	0.2127	0.4800	0.0741	0.1100
基本每股收益(扣除)(元)	0.0900	0.2000	0.0707	0.0400
每股净资产(元)	2.6703	2.2500	1.9123	1.7641
每股经营现金净流量(元)	0.3408	0.0096	0.2167	0.6007
每股现金流量(元)	-0.0898	0.2932	0.0148	0.1458
每股资本公积金(元)	2.4626	2.4641	2.4641	2.4641
每股盈余公积金(元)	0.1337	0.1340	0.0908	0.0909
每股未分配利润(元)	-0.9260	-1.3514	-1.6426	-1.7908
净资产收益率(%)	15.9289	21.4791	7.7483	6.1640
加权净资产收益率(%)	17.3000	24.0600	8.0600	6.3600
净资产收益率(扣除)(%)	-	-	-	-
总资产(万元)	343803.30	289148.11	278215.60	270107.79
归属母公司股东权益(万元)	91065.68	76621.03	65216.74	60163.54
主营业务收入(万元)	219658.82	392067.96	211326.11	403245.92
营业收入(万元)	226741.54	400282.75	215205.64	413034.38
主营成本(万元)	168160.89	309336.78	164509.99	327895.38
营业成本(万元)	175130.62	316633.96	167681.62	336517.96
投资收益(万元)	336.47	101.03	-37.46	66.36
净利润(万元)	14533.83	16545.30	5089.76	3659.47
利润总额(万元)	16371.57	17783.42	6497.24	5045.74

美克国际家具股份有限公司

公司概况

公司名称	美克国际家具股份有限公司			证券简称	美克股份
法人代表	寇卫平	董秘	黄新	证券代码	600337
公司网址	www.markorfurniture.com		电子信箱	mkzq1@markor.com.cn	
电　话	0991-3836028		传　真	0991-3838191	
办公地址	新疆维吾尔自治区乌鲁木齐市经济开发区迎宾路 160 号				
经营范围	装饰装修材料、实木家具、聚脂家具及配套产品生产及销售等				

主要财务指标

指标\报告期	2013.06.30	2012.12.31	2012.06.30	2011.12.31
基本每股收益(元)	0.1100	0.0300	0.0800	0.3100
基本每股收益(扣除)(元)	0.1000	0.0050	0.0700	0.2900
每股净资产(元)	4.0147	3.9677	3.9500	3.9200
每股经营现金净流量(元)	0.0667	0.3244	-0.0708	0.6322
每股现金流量(元)	-0.1061	-0.2868	-0.5540	-0.6560
每股资本公积金(元)	1.4419	1.4311	1.3614	1.3615
每股盈余公积金(元)	0.2130	0.2179	0.2179	0.2179
每股未分配利润(元)	1.3988	1.3490	1.3937	1.3663
净资产收益率(%)	2.7267	0.8250	1.9600	7.9243
加权净资产收益率(%)	2.7900	0.8300	1.9700	8.1800
净资产收益率(扣除)(%)	-	-	-	-
总资产(万元)	370285.84	376789.34	346454.47	369072.14
归属母公司股东权益(万元)	259861.86	251028.68	249615.00	247822.76
主营业务收入(万元)	123889.69	260102.85	123772.54	253518.04
营业收入(万元)	125260.82	263106.26	125096.73	256067.30
主营成本(万元)	64292.11	138490.30	70530.64	131978.92
营业成本(万元)	64831.06	139481.17	71022.56	132370.91
投资收益(万元)	245.85	522.07	375.07	619.92
净利润(万元)	7085.65	2071.02	4897.57	19639.14
利润总额(万元)	8824.96	5025.66	6430.49	22569.23

西藏珠峰工业股份有限公司

公司概况

公司名称	西藏珠峰工业股份有限公司			证券简称	西藏珠峰
法人代表	黄建荣	董秘	孙华	证券代码	600338
公司网址	www.zfmotor.com		电子信箱	sunhua@zhufenggufen.com	
电　话	021-66284908		传　真	021-66284923	
办公地址	上海市闸北区柳营路 305 号 7 楼				
经营范围	锌、铟等有色金属冶炼及相关产品生产、销售				

主要财务指标

指标\报告期	2013.06.30	2012.12.31	2012.06.30	2011.12.31
基本每股收益(元)	-0.1600	0.4621	-0.1500	-0.3007
基本每股收益(扣除)(元)	-0.1700	-0.2511	-0.1600	-0.2457
每股净资产(元)	-0.1414	0.0202	-0.6124	-0.4600
每股经营现金净流量(元)	0.1173	-0.1139	-0.1838	0.0479
每股现金流量(元)	0.0914	0.0668	0.0642	-0.1396
每股资本公积金(元)	0.3155	0.3155	0.3155	0.3155
每股盈余公积金(元)	0.0901	0.0901	0.0901	0.0901
每股未分配利润(元)	-1.5682	-1.4066	-2.0180	-1.8687
净资产收益率(%)	-114.3021	2285.3598	-24.3826	-
加权净资产收益率(%)	-	-	-	-
净资产收益率(扣除)(%)	-	-	-	-
总资产(万元)	60895.21	41778.41	52766.26	47681.61
归属母公司股东权益(万元)	-2238.30	320.12	-9696.40	-7332.17
主营业务收入(万元)	66075.04	127428.94	33889.45	64751.37
营业收入(万元)	67756.16	133752.40	34710.52	68052.02
主营成本(万元)	66372.10	127204.95	33527.84	60916.17
营业成本(万元)	66941.49	129260.78	33736.17	62267.63
投资收益(万元)	-298.35	408.74	357.66	-640.84
净利润(万元)	-2387.24	7846.80	-2208.17	-3822.44
利润总额(万元)	-2391.94	7786.92	-2211.71	-3303.05

新疆独山子天利高新技术股份有限公司

公司概况

公司名称	新疆独山子天利高新技术股份有限公司			证券简称	天利高新
法人代表	付德新	董秘	唐涛	证券代码	600339
公司网址	www.600339.cc		电子信箱	lgx_xy7262@sina.com	
电　话	0992-3655959 3658055		传　真	0992-3659999	
办公地址	新疆维吾尔自治区克拉玛依市独山子区大庆东路 2 号				
经营范围	许可经营项目:普通货物运输等				

主要财务指标

指标\报告期	2013.06.30	2012.12.31	2012.06.30	2011.12.31
基本每股收益(元)	-0.0396	-0.3878	-0.1517	0.1088
基本每股收益(扣除)(元)	-0.0411	-0.3947	-0.1530	0.0890
每股净资产(元)	1.9984	2.0335	2.2680	2.4580
每股经营现金净流量(元)	0.2526	0.3791	0.4931	0.7596
每股现金流量(元)	-0.1298	0.0984	0.1166	-0.2026
每股资本公积金(元)	0.7788	0.7794	0.7794	0.7794
每股盈余公积金(元)	0.1794	0.1794	0.1794	0.1794
每股未分配利润(元)	0.0218	0.0613	0.2974	0.4941
净资产收益率(%)	-1.9796	-19.0707	-6.6898	4.4260
加权净资产收益率(%)	-1.9625	-17.3200	-6.3996	4.4000
净资产收益率(扣除)(%)	-	-	-	-
总资产(万元)	401744.65	421041.19	421995.65	431902.26
归属母公司股东权益(万元)	115538.32	117569.94	131145.06	142088.03
主营业务收入(万元)	149336.69	308702.22	169328.38	236198.85
营业收入(万元)	155648.47	318923.13	174611.31	244879.43
主营成本(万元)	136038.28	296712.43	161021.21	200034.17
营业成本(万元)	140381.70	305502.65	166062.33	208197.34
投资收益(万元)	607.27	385.00	414.09	1001.37
净利润(万元)	-2411.75	-24370.38	-10260.67	5052.28
利润总额(万元)	-2299.79	-27097.88	-10132.40	7233.35

华夏幸福基业投资开发股份有限公司

公司概况	公司名称	华夏幸福基业投资开发股份有限公司			证券简称	华夏幸福
	法人代表	王文学	董秘	朱洲	证券代码	600340
	公司网址	www.cfldcn.com		电子信箱	ir@cfldcn.com	
	电　话	010-56982988		传　真	010-56982989	
	办公地址	北京市朝阳区东三环北路霞光里 18 号佳程广场 A 座 23 层				
	经营范围	实业投资、企业管理咨询、建筑装饰材料的销售				

主要财务指标	指标\报告期	2013.06.30	2012.12.31	2012.06.30	2011.12.31
	基本每股收益(元)	2.0100	2.0200	1.4300	2.1900
	基本每股收益(扣除)(元)	2.0100	2.0200	1.4300	2.1900
	每股净资产(元)	6.6927	4.8900	4.3100	4.7400
	每股经营现金净流量(元)	−0.2427	0.2467	0.1329	0.4098
	每股现金流量(元)	2.8368	1.9711	−0.9359	1.3960
	每股资本公积金(元)	0.0180	0.0180	0.0180	0.4134
	每股盈余公积金(元)	0.2827	0.2827	0.2455	0.3683
	每股未分配利润(元)	5.3920	3.5937	3.0474	2.9575
	净资产收益率(%)	29.9747	41.3216	33.1500	48.7360
	加权净资产收益率(%)	34.3600	51.4200	37.7400	66.4900
	净资产收益率(扣除)(%)	–	–	–	–
	总资产(万元)	5763333.95	4319344.80	3195479.34	2757984.30
	归属母公司股东权益(万元)	590239.35	431644.19	380187.39	278638.68
	主营业务收入(万元)	876584.30	1201272.37	441435.80	775858.41
	营业收入(万元)	878436.89	1207694.10	442600.15	779000.68
	主营成本(万元)	522732.90	722738.14	189691.52	447750.61
	营业成本(万元)	525297.85	728800.69	192051.50	452379.95
	投资收益(万元)	−51.82	−111.29	−72.96	559.55
	净利润(万元)	175902.21	186671.92	122954.41	127938.34
	利润总额(万元)	233616.53	251965.62	166656.21	174237.28

陕西航天动力高科技股份有限公司

公司概况	公司名称	陕西航天动力高科技股份有限公司			证券简称	航天动力
	法人代表	王新敏	董秘	崔积堂	证券代码	600343
	公司网址	www.china-htdl.com		电子信箱	zqb@china-htdl.com	
	电　话	029-81881823		传　真	029-81881812	
	办公地址	陕西省西安市高新技术产业开发区锦业路 78 号				
	经营范围	航天技术流体机械系列液力变矩器、特种泵的研究、设计、试验、生产、销售等				

主要财务指标	指标\报告期	2013.06.30	2012.12.31	2012.06.30	2011.12.31
	基本每股收益(元)	0.0665	0.2370	0.0795	0.2300
	基本每股收益(扣除)(元)	0.0479	0.1800	0.0684	0.2000
	每股净资产(元)	–	4.7397	4.5746	4.4951
	每股经营现金净流量(元)	−0.3098	0.1917	−0.3623	−0.1009
	每股现金流量(元)	2.2193	−0.1028	−0.5476	−0.2047
	每股资本公积金(元)	4.6923	2.5423	2.5372	2.5372
	每股盈余公积金(元)	0.1013	0.1349	0.1229	0.1229
	每股未分配利润(元)	0.8545	1.0600	0.9145	0.8350
	净资产收益率(%)	0.8758	4.9994	1.7370	5.1240
	加权净资产收益率(%)	1.1412	5.1400	1.7522	4.6400
	净资产收益率(扣除)(%)	–	–	–	–
	总资产(万元)	365856.18	284174.85	277925.93	263431.71
	归属母公司股东权益(万元)	2[illegible]2253.76	113602.50	109644.96	107740.41
	主营业务收入(万元)	58089.91	123062.55	57358.53	121082.02
	营业收入(万元)	58629.01	124742.43	58098.66	123260.28
	主营成本(万元)	48190.03	99339.57	47121.66	97792.48
	营业成本(万元)	48261.55	100013.63	47279.97	98877.72
	投资收益(万元)	–	1.98	0.99	–
	净利润(万元)	2304.91	6972.49	2211.11	7184.38
	利润总额(万元)	2671.34	7663.55	2587.31	8210.93

武汉长江通信产业集团股份有限公司

公司概况	公司名称	武汉长江通信产业集团股份有限公司			证券简称	长江通信
	法人代表	童国华	董秘	梅勇	证券代码	600345
	公司网址	www.ycig.com		电子信箱	sh600345@ycig.com	
	电　话	027-67840308 67840279		传　真	027-67840308	
	办公地址	湖北省武汉市东湖开发区关东工业园文华路 2 号				
	经营范围	通信、电子、计算机技术及产品的开发、研制、技术服务等				

主要财务指标	指标\报告期	2013.06.30	2012.12.31	2012.06.30	2011.12.31
	基本每股收益(元)	0.0100	0.5100	0.2160	0.5000
	基本每股收益(扣除)(元)	−0.0600	0.0600	0.0810	0.1800
	每股净资产(元)	6.0362	6.0236	5.7330	5.7200
	每股经营现金净流量(元)	−0.8751	−0.1460	−0.3563	−0.8801
	每股现金流量(元)	−0.8716	0.4521	0.1979	−1.8341
	每股资本公积金(元)	1.7505	1.7495	1.7532	1.7571
	每股盈余公积金(元)	1.2273	1.2273	1.1182	1.1182
	每股未分配利润(元)	2.0584	2.0468	1.8612	1.8454
	净资产收益率(%)	0.1923	8.4741	3.7644	8.7864
	加权净资产收益率(%)	0.1900	8.6700	3.7000	9.1200
	净资产收益率(扣除)(%)	–	–	–	–
	总资产(万元)	198042.41	199525.33	209993.87	200619.29
	归属母公司股东权益(万元)	119517.27	119267.32	113507.25	113271.51
	主营业务收入(万元)	44352.87	105427.06	44304.55	103168.53
	营业收入(万元)	44838.28	107704.63	44690.63	106471.08
	主营成本(万元)	40204.49	91636.74	37160.31	87136.99
	营业成本(万元)	40451.43	92846.66	37464.22	90087.43
	投资收益(万元)	2696.42	17671.98	6231.03	15778.79
	净利润(万元)	−496.41	9415.29	4165.81	10749.82
	利润总额(万元)	−373.20	10520.52	4391.87	12369.55

大连橡胶塑料机械股份有限公司

公司概况	公司名称	大连橡胶塑料机械股份有限公司			证券简称	大橡塑
	法人代表	洛少宁	董秘	李静	证券代码	600346
	公司网址	www.dlrpm.com		电子信箱	spd@dlrpm.com	
	电　话	0411-8664137[illegible]		传　真	0411-86641645	
	办公地址	辽宁省大连市甘井子区营辉路 18 号				
	经营范围	从事橡胶机械专用设备、塑料机械专用设备及其零配件的研制、生产和销售				

主要财务指标	指标\报告期	2013.06.30	2012.12.31	2012.06.30	2011.12.31
	基本每股收益(元)	0.0400	0.0800	−0.0480	−0.3480
	基本每股收益(扣除)(元)	0.0090	−0.0350	−0.0540	−0.3670
	每股净资产(元)	2.3761	2.3606	2.2010	2.2500
	每股经营现金净流量(元)	0.5333	0.3419	0.1151	−0.2432
	每股现金流量(元)	0.0237	−1.2347	−0.5843	1.0562
	每股资本公积金(元)	1.4643	1.4643	1.4497	1.4497
	每股盈余公积金(元)	–	0.0565	0.0565	0.0565
	每股未分配利润(元)	–	−0.1623	−0.2901	−0.2420
	净资产收益率(%)	1.6703	3.3767	−2.1824	−13.6210
	加权净资产收益率(%)	1.6800	3.4600	−2.1600	−23.2500
	净资产收益率(扣除)(%)	–	–	–	−24.8300
	总资产(万元)	278605.77	282439.18	293817.83	274109.77
	归属母公司股东权益(万元)	57263.42	56889.89	53054.47	54308.96
	主营业务收入(万元)	55054.46	132375.04	64373.73	92728.09
	营业收入(万元)	55324.09	132696.50	64529.95	93585.74
	主营成本(万元)	42185.10	105634.48	54036.35	77988.54
	营业成本(万元)	42419.54	105711.90	54071.10	78414.67
	投资收益(万元)	149.92	69.07	99.94	−66.07
	净利润(万元)	1074.72	1241.77	−1292.41	−7209.31
	利润总额(万元)	1083.91	1344.11	−1568.24	−6449.35

阳泉煤业(集团)股份有限公司

公司概况	公司名称	阳泉煤业(集团)股份有限公司			证券简称	阳泉煤业
	法人代表	白英	董秘	陆新	证券代码	600348
	公司网址	www.yqmy.cc		电子信箱	0353hch@sina.com	
	电　话	0353-7078568 7080590		传　真	0353-7080589	
	办公地址	山西省阳泉市北大街5号				
	经营范围	煤炭生产、洗选加工、销售、电力生产、销售、热力生产、销售等				

主要财务指标	指标\报告期	2013.06.30	2012.12.31	2012.06.30	2011.12.31
	基本每股收益(元)	0.2700	0.9500	0.5500	1.1700
	基本每股收益(扣除)(元)	0.2700	0.9600	0.5500	4.7500
	每股净资产(元)	5.6765	5.4008	5.4000	2.0560
	每股经营现金净流量(元)	-0.2221	0.6998	0.8453	0.9124
	每股现金流量(元)	-0.4816	-0.9917	0.4011	0.0158
	每股资本公积金(元)	0.0158	0.0158	0.0334	0.4250
	每股盈余公积金(元)	0.4994	0.4994	0.4250	2.1863
	每股未分配利润(元)	2.8434	2.8631	2.5381	24.6050
	净资产收益率(%)	4.6911	17.6121	10.2249	28.2300
	加权净资产收益率(%)	3.9900	18.3800	8.8100	-
	净资产收益率(扣除)(%)	-	-	-	2791273.46
	总资产(万元)	3041773.58	3150137.43	3156843.75	1142296.61
	归属母公司股东权益(万元)	1365202.53	1298889.51	1297862.41	2818091.10
	主营业务收入(万元)	1299747.17	2909397.36	1586856.68	5072007.72
	营业收入(万元)	4059302.02	7151723.98	3358248.09	2159864.25
	主营成本(万元)	1097661.92	2329133.77	1265112.55	4377129.90
	营业成本(万元)	3833190.39	6536614.73	3012130.15	-9519.36
	投资收益(万元)	4874.08	8579.57	-723.79	271138.07
	净利润(万元)	59749.17	224627.81	132528.48	376251.43
	利润总额(万元)	92371.07	314985.15	182327.09	1.1700

山东高速股份有限公司

公司概况	公司名称	山东高速股份有限公司			证券简称	山东高速
	法人代表	孙亮	董秘	王云泉	证券代码	600350
	公司网址	www.sdecl.com.cn		电子信箱	wangyq@sdecl.com.cn	
	电　话	0531-89260052		传　真	0531-89260050	
	办公地址	山东省济南市文化东路29号七星吉祥大厦A座				
	经营范围	从事对高等级公路、桥梁、隧道基础设施的投资、管理、养护等				

主要财务指标	指标\报告期	2013.06.30	2012.12.31	2012.06.30	2011.12.31
	基本每股收益(元)	0.2080	0.4100	0.1990	0.4110
	基本每股收益(扣除)(元)	0.2060	0.4070	0.1960	0.4060
	每股净资产(元)	3.7438	3.6618	3.4510	3.4070
	每股经营现金净流量(元)	0.1661	0.2737	0.2179	0.2206
	每股现金流量(元)	0.1208	-0.0277	0.2500	0.0229
	每股资本公积金(元)	1.0169	1.0169	1.0169	1.0169
	每股盈余公积金(元)	0.3054	0.3054	0.2637	0.2637
	每股未分配利润(元)	1.4214	1.3395	1.1699	1.1263
	净资产收益率(%)	5.5540	11.1962	5.7577	12.0640
	加权净资产收益率(%)	5.5200	11.6000	5.6700	12.7500
	净资产收益率(扣除)(%)	-	-	-	-
	总资产(万元)	3284378.17	3128610.59	2471873.31	2321059.93
	归属母公司股东权益(万元)	1801189.94	1761772.02	1660104.87	1639094.32
	主营业务收入(万元)	260689.41	520524.43	259746.37	592693.51
	营业收入(万元)	264239.64	522495.89	260248.18	594850.80
	主营成本(万元)	92980.03	188341.66	85728.83	253019.47
	营业成本(万元)	93222.72	188947.58	86032.03	253797.20
	投资收益(万元)	12909.00	4691.04	920.37	1836.14
	净利润(万元)	97583.30	192059.28	97517.92	196787.94
	利润总额(万元)	137832.06	259768.15	133016.34	271798.00

亚宝药业集团股份有限公司

公司概况	公司名称	亚宝药业集团股份有限公司			证券简称	亚宝药业
	法人代表	任武贤	董秘	任蓬勃	证券代码	600351
	公司网址	www.yabao.com.cn		电子信箱	yabaorpb@vip.sina.com	
	电　话	0359-3388071 3388078		传　真	0359-3388076	
	办公地址	山西省运城市风陵渡经济开发区工业大道1号				
	经营范围	中西药制剂、化学合成原料药的生产与销售				

主要财务指标	指标\报告期	2013.06.30	2012.12.31	2012.06.30	2011.12.31
	基本每股收益(元)	0.0900	0.1700	0.0800	0.2900
	基本每股收益(扣除)(元)	0.0700	0.1300	0.0700	0.2800
	每股净资产(元)	2.3540	2.3120	1.8810	1.8020
	每股经营现金净流量(元)	0.0599	-0.1398	0.0581	0.0643
	每股现金流量(元)	-0.3057	0.4339	0.0820	-0.2063
	每股资本公积金(元)	0.5813	0.5813	0.1809	0.1809
	每股盈余公积金(元)	0.1312	0.1312	0.1243	0.1243
	每股未分配利润(元)	0.6415	0.5995	0.5754	0.4972
	净资产收益率(%)	3.9080	7.0184	4.1595	16.3420
	加权净资产收益率(%)	3.9000	8.7500	4.2500	17.4900
	净资产收益率(扣除)(%)	-	-	-	-
	总资产(万元)	283201.56	288437.83	240280.13	227035.01
	归属母公司股东权益(万元)	162895.10	159989.09	119033.26	114082.02
	主营业务收入(万元)	82879.03	126324.10	62574.74	165712.15
	营业收入(万元)	84400.30	126657.32	62733.39	166274.63
	主营成本(万元)	45361.35	61595.59	31315.31	90413.60
	营业成本(万元)	46629.21	61727.27	31427.26	90963.78
	投资收益(万元)	49.07	6.03	-	37.74
	净利润(万元)	6103.98	10986.73	4830.38	19740.91
	利润总额(万元)	7636.95	12902.34	5914.75	24140.30

浙江龙盛集团股份有限公司

公司概况	公司名称	浙江龙盛集团股份有限公司			证券简称	浙江龙盛
	法人代表	阮伟祥	董秘	姚建芳	证券代码	600352
	公司网址	www.longsheng.com		电子信箱	changsheng@longsheng.com	
	电　话	0575-82048616		传　真	0575-82041589	
	办公地址	浙江省上虞市道墟镇				
	经营范围	染料、助剂、中间体的生产和销售				

主要财务指标	指标\报告期	2013.06.30	2012.12.31	2012.06.30	2011.12.31
	基本每股收益(元)	0.3722	0.5654	0.1841	0.5522
	基本每股收益(扣除)(元)	0.3342	0.1289	0.1337	0.3404
	每股净资产(元)	5.4464	5.2092	4.8639	4.5931
	每股经营现金净流量(元)	0.4587	0.7416	0.2022	-0.3893
	每股现金流量(元)	-0.0586	-0.8976	-1.1289	0.9608
	每股资本公积金(元)	1.6189	1.5258	1.5672	1.3794
	每股盈余公积金(元)	0.1270	0.1288	0.1203	0.1203
	每股未分配利润(元)	2.6654	2.5011	2.1283	2.0442
	净资产收益率(%)	6.7518	10.8542	3.7852	12.0222
	加权净资产收益率(%)	6.9300	11.5600	3.8700	12.5900
	净资产收益率(扣除)(%)	-	-	-	-
	总资产(万元)	1748253.09	1715324.66	1486986.04	1724326.02
	归属母公司股东权益(万元)	811382.29	764928.96	714221.65	674461.97
	主营业务收入(万元)	705266.85	744603.39	405159.49	798065.10
	营业收入(万元)	727469.41	764930.84	419611.05	822943.96
	主营成本(万元)	520070.67	605555.12	329217.01	633426.87
	营业成本(万元)	527952.75	618074.27	340395.59	653241.08
	投资收益(万元)	4990.21	17368.02	8093.95	15382.58
	净利润(万元)	59184.33	80944.87	26753.10	81917.22
	利润总额(万元)	76882.90	96205.02	33703.98	96130.00

成都旭光电子股份有限公司

公司概况

公司名称	成都旭光电子股份有限公司			证券简称	旭光股份
法人代表	葛行	董秘	刘卫东	证券代码	600353
公司网址	www.xuguang.com.cn		电子信箱	lwd898@163.com	
电　话	028-83967182		传　　真	028-83967187	
办公地址	四川省成都市新都区新都镇新工大道318号				
经营范围	电子管、开关管和开关柜及电器元件等三大系列				

主要财务指标

指标\报告期	2013.06.30	2012.12.31	2012.06.30	2011.12.31
基本每股收益(元)	0.2514	0.4256	0.4313	0.0113
基本每股收益(扣除)(元)	0.0164	0.0122	–0.0500	–0.0013
每股净资产(元)	3.6014	3.4654	3.4633	2.7601
每股经营现金净流量(元)	–0.0310	–0.0577	0.0159	–0.3580
每股现金流量(元)	0.1018	0.2341	0.5889	0.1218
每股资本公积金(元)	1.3904	1.5057	1.4979	1.2260
每股盈余公积金(元)	0.2822	0.2822	0.2407	0.2407
每股未分配利润(元)	0.9288	0.6775	0.7246	0.2933
净资产收益率(%)	6.9796	12.2827	12.4539	0.3920
加权净资产收益率(%)	7.1140	13.6915	14.4900	0.4203
净资产收益率(扣除)(%)	–	–	–	–
总资产(万元)	114887.97	113686.72	112407.01	93689.82
归属母公司股东权益(万元)	97908.97	94209.30	94151.30	75033.64
主营业务收入(万元)	16923.03	38552.82	15904.53	31141.77
营业收入(万元)	19441.10	43465.06	18161.57	37495.70
主营成本(万元)	14183.00	31861.81	14540.20	27877.34
营业成本(万元)	15734.92	35237.66	16125.58	31465.42
投资收益(万元)	7573.02	13040.11	12963.97	32.17
净利润(万元)	6833.62	11571.45	11725.50	294.38
利润总额(万元)	8442.03	13540.35	11776.20	482.20

甘肃省敦煌种业股份有限公司

公司概况

公司名称	甘肃省敦煌种业股份有限公司			证券简称	敦煌种业
法人代表	王大和	董秘	张绍平	证券代码	600354
公司网址	www.dhseed.com		电子信箱	dhzyzqp@sina.com	
电　话	0937-2663908		传　　真	0937-2663908	
办公地址	甘肃省酒泉市肃州区肃州路28号				
经营范围	农作物制种和棉花收购加工业务				

主要财务指标

指标\报告期	2013.06.30	2012.12.31	2012.06.30	2011.12.31
基本每股收益(元)	–0.1690	–0.2880	–0.3280	0.0350
基本每股收益(扣除)(元)	–0.1690	–0.3060	–0.3240	0.0300
每股净资产(元)	2.0275	2.1961	2.1500	5.4600
每股经营现金净流量(元)	0.5552	1.0979	0.5941	–0.9601
每股现金流量(元)	–1.2452	1.2492	0.0392	0.5539
每股资本公积金(元)	1.1588	1.1588	1.1570	3.7454
每股盈余公积金(元)	0.0689	0.0689	0.0689	0.1515
每股未分配利润(元)	–0.2001	–0.0315	–0.0715	0.5649
净资产收益率(%)	–8.3159	–13.1272	–15.2374	1.4080
加权净资产收益率(%)	–7.0300	–12.3300	–14.1600	1.4640
净资产收益率(扣除)(%)	–	–	–	–
总资产(万元)	340958.34	454348.05	348898.40	402550.97
归属母公司股东权益(万元)	90792.72	98342.97	96472.73	111172.65
主营业务收入(万元)	55780.92	195852.55	65166.25	180898.91
营业收入(万元)	56347.69	197443.68	65339.01	181677.82
主营成本(万元)	51611.39	147108.71	57064.24	119599.09
营业成本(万元)	51804.64	148149.36	57079.69	119901.62
投资收益(万元)	–272.94	–264.69	–73.00	–5106.32
净利润(万元)	–8206.10	–4326.50	–14743.99	13542.62
利润总额(万元)	–8027.34	–2079.71	–14583.78	17226.86

精伦电子股份有限公司

公司概况

公司名称	精伦电子股份有限公司			证券简称	精伦电子
法人代表	张学阳	董秘	张万宏	证券代码	600355
公司网址	www.routon.com		电子信箱	ir@routon.com	
电　话	027-87921111 3231		传　　真	027-87467166	
办公地址	湖北省武汉市东湖开发区光谷大道70号				
经营范围	媒体屏产品、二代身份证阅读机具、工业缝纫机伺服控制器等				

主要财务指标

指标\报告期	2013.06.30	2012.12.31	2012.06.30	2011.12.31
基本每股收益(元)	–0.1300	0.0100	–0.0900	0.2100
基本每股收益(扣除)(元)	–0.1600	–0.0600	–0.1000	–0.1400
每股净资产(元)	1.7767	1.9087	1.8400	1.8900
每股经营现金净流量(元)	–0.0902	–0.1757	–0.1882	–0.2140
每股现金流量(元)	0.1534	–0.1838	–0.0833	0.0699
每股资本公积金(元)	1.3293	1.3293	1.3293	1.3293
每股盈余公积金(元)	0.1683	0.1683	0.1683	0.1683
每股未分配利润(元)	–0.7209	–0.5889	–0.6569	–0.6028
净资产收益率(%)	–7.4274	0.7244	–4.9916	10.9438
加权净资产收益率(%)	–7.1800	0.7300	–4.9800	11.6500
净资产收益率(扣除)(%)	–	–	–	–
总资产(万元)	53805.83	54153.92	52841.50	57305.07
归属母公司股东权益(万元)	43714.61	46961.47	45288.98	46621.27
主营业务收入(万元)	12632.45	25642.25	8963.34	24653.90
营业收入(万元)	13022.29	27692.53	9857.81	25784.89
主营成本(万元)	10272.97	17867.20	6954.94	18998.38
营业成本(万元)	10506.23	18983.90	7471.12	19337.02
投资收益(万元)	12.13	–128.46	–172.88	8161.98
净利润(万元)	–3246.86	340.20	–2260.63	5102.12
利润总额(万元)	–3298.92	311.16	–2315.46	4979.91

牡丹江恒丰纸业股份有限公司

公司概况

公司名称	牡丹江恒丰纸业股份有限公司			证券简称	恒丰纸业
法人代表	徐祥	董秘	张宝利	证券代码	600356
公司网址	www.hengfengpaper.com		电子信箱	sh356@hengfengpaper.com	
电　话	0453-6886668		传　　真	0453-6886667	
办公地址	黑龙江省牡丹江市阳明区恒丰路11号				
经营范围	纸、纸浆和纸制品的制造、销售、造纸原辅材料生产等				

主要财务指标

指标\报告期	2013.06.30	2012.12.31	2012.06.30	2011.12.31
基本每股收益(元)	0.1100	0.3900	0.2100	0.3800
基本每股收益(扣除)(元)	0.1100	0.3800	0.2100	0.3700
每股净资产(元)	5.8925	5.9157	5.7400	5.2600
每股经营现金净流量(元)	–0.0850	0.7950	0.1032	0.2944
每股现金流量(元)	–0.3836	0.2129	0.8952	–0.0954
每股资本公积金(元)	2.7358	2.5663	2.5672	2.1992
每股盈余公积金(元)	0.5021	0.5470	0.5085	0.5085
每股未分配利润(元)	1.6546	1.8023	1.6652	1.5518
净资产收益率(%)	1.8439	6.5950	3.7347	7.2430
加权净资产收益率(%)	1.8900	7.2500	4.0000	7.4600
净资产收益率(扣除)(%)	–	–	–	–
总资产(万元)	275235.44	277126.96	290152.19	233116.42
归属母公司股东权益(万元)	148685.24	137007.93	132959.38	121809.48
主营业务收入(万元)	63302.98	144865.93	64928.14	132117.87
营业收入(万元)	64124.51	145032.98	66247.04	132730.90
主营成本(万元)	46243.91	105952.12	48109.30	99402.07
营业成本(万元)	47211.39	106197.48	49574.14	100060.67
投资收益(万元)	–	–19.20	–	–
净利润(万元)	2777.82	9145.30	5008.37	8874.12
利润总额(万元)	3576.68	12431.37	6641.98	11937.27

国旅联合股份有限公司

公司概况	公司名称	国旅联合股份有限公司		证券简称	*ST 联合
	法人代表	王为民	董秘 程晓	证券代码	600358
	公司网址	www.cutc.com.cn		电子信箱	chengxiao@cutc.com.cn
	电　话	025-84700028		传　真	025-84711172
	办公地址	江苏省南京市汉中路 89 号金鹰国际商城 18 楼 A 座			
	经营范围	旅行服务、旅游综合服务业务、旅游客运业务等			

主要财务指标	指标 \ 报告期	2013.06.30	2012.12.31	2012.06.30	2011.12.31
	基本每股收益(元)	-0.0380	-0.1300	0.0160	-0.1500
	基本每股收益(扣除)(元)	-0.1060	-0.1900	-0.0300	-0.1300
	每股净资产(元)	0.9992	1.0374	1.2220	1.1657
	每股经营现金净流量(元)	-0.0262	-0.0796	-0.1003	0.2079
	每股现金流量(元)	0.0186	-0.3130	-0.1209	0.1659
	每股资本公积金(元)	0.1337	0.1337	0.1323	0.1323
	每股盈余公积金(元)	0.0190	0.0190	0.0190	0.0190
	每股未分配利润(元)	-0.1535	-0.1153	0.0711	0.0144
	净资产收益率(%)	-3.8156	-12.5091	1.2749	-12.5321
	加权净资产收益率(%)	-3.7400	-11.7900	1.2800	-11.7800
	净资产收益率(扣除)(%)	-	-	-	-
	总资产(万元)	117289.92	116020.91	117595.01	110486.04
	归属母公司股东权益(万元)	43167.52	44814.61	52806.88	50358.76
	主营业务收入(万元)	5362.44	11037.77	6606.58	14717.43
	营业收入(万元)	7451.08	15040.07	6606.58	17796.95
	主营成本(万元)	825.71	2365.41	1174.21	4300.14
	营业成本(万元)	825.71	2390.87	1174.21	4300.14
	投资收益(万元)	1875.89	385.83	-806.59	-2514.74
	净利润(万元)	-1577.56	-5607.72	713.29	-6176.52
	利润总额(万元)	-1381.47	-6258.87	966.15	-5533.59

新疆塔里木农业综合开发股份有限公司

公司概况	公司名称	新疆塔里木农业综合开发股份有限公司		证券简称	新农开发
	法人代表	李远晨	董秘 张春疆	证券代码	600359
	公司网址	www.xnkf.com		电子信箱	zhang-chunjiang@126.com
	电　话	0997-2134018 2125499		传　真	0997-2125238
	办公地址	新疆维吾尔自治区阿克苏市南大街 2 号新农大厦 19 层			
	经营范围	农业种植、牧渔养殖、农产品、畜产品的生产、加工及销售等			

主要财务指标	指标 \ 报告期	2013.06.30	2012.12.31	2012.06.30	2011.12.31
	基本每股收益(元)	0.0320	0.0600	-0.2300	-2.0000
	基本每股收益(扣除)(元)	0.0270	-0.5500	-0.2800	-1.5900
	每股净资产(元)	1.2470	1.1900	0.9600	1.0300
	每股经营现金净流量(元)	-0.5954	0.1247	-0.3607	-1.4634
	每股现金流量(元)	-0.9704	-0.3011	-1.2019	-0.8045
	每股资本公积金(元)	1.9465	2.0136	1.8566	1.8566
	每股盈余公积金(元)	0.1984	0.1984	0.1984	0.1984
	每股未分配利润(元)	-1.8979	-1.9296	-2.0947	-2.0201
	净资产收益率(%)	2.5428	4.6862	-7.7636	-193.5667
	加权净资产收益率(%)	2.5800	5.1300	-23.2200	-98.3000
	净资产收益率(扣除)(%)	-	-	-	-
	总资产(万元)	177319.64	217038.31	316513.39	382131.69
	归属母公司股东权益(万元)	40027.83	39010.00	30826.39	33219.64
	主营业务收入(万元)	33077.04	94085.18	42464.99	148000.42
	营业收入(万元)	33077.04	98041.09	44157.73	162990.59
	主营成本(万元)	25287.10	82714.87	37709.28	132498.01
	营业成本(万元)	25287.10	86313.92	39078.23	145869.32
	投资收益(万元)	-23.49	-946.21	-1291.99	-11880.11
	净利润(万元)	-274.95	3414.87	-9069.38	-81414.47
	利润总额(万元)	-189.21	6754.82	-9069.38	-80170.83

吉林华微电子股份有限公司

公司概况	公司名称	吉林华微电子股份有限公司		证券简称	华微电子
	法人代表	夏增文	董秘 王晓林	证券代码	600360
	公司网址	www.hwdz.com.cn		电子信箱	hwdz99@hwdz.com.cn
	电　话	0432-64684562		传　真	0432-64665812
	办公地址	吉林省吉林市高新区深圳街 99 号			
	经营范围	半导体器件、集成电路、电力电子产品、汽车电子产品、自动化仪表等			

主要财务指标	指标 \ 报告期	2013.06.30	2012.12.31	2012.06.30	2011.12.31
	基本每股收益(元)	0.0380	0.0600	0.0270	0.1500
	基本每股收益(扣除)(元)	0.0330	0.0300	0.0240	0.0800
	每股净资产(元)	2.6078	2.4535	2.4176	2.4400
	每股经营现金净流量(元)	0.1021	0.3541	0.0820	0.6037
	每股现金流量(元)	0.1477	-0.1798	-0.0660	0.1660
	每股资本公积金(元)	0.6622	0.4410	0.4410	0.4410
	每股盈余公积金(元)	0.1141	0.1242	0.1184	0.1184
	每股未分配利润(元)	0.8316	0.8883	0.8582	0.8808
	净资产收益率(%)	1.3606	2.5796	1.1327	6.1490
	加权净资产收益率(%)	1.4900	2.5900	1.1200	6.3200
	净资产收益率(扣除)(%)	-	-	-	-
	总资产(万元)	331372.79	311477.44	326917.41	324678.44
	归属母公司股东权益(万元)	192476.85	166368.03	163933.14	165466.75
	主营业务收入(万元)	55943.51	104217.15	53865.41	108684.39
	营业收入(万元)	56631.00	105506.73	54572.20	109811.56
	主营成本(万元)	42905.67	81316.94	41250.57	77306.78
	营业成本(万元)	43017.58	81597.75	41424.61	77628.61
	投资收益(万元)	445.00	458.47	454.97	634.70
	净利润(万元)	2287.78	3429.76	1648.15	10285.24
	利润总额(万元)	2903.05	4122.12	2207.63	11975.37

北京华联综合超市股份有限公司

公司概况	公司名称	北京华联综合超市股份有限公司		证券简称	华联综超
	法人代表	彭小海	董秘 李春生	证券代码	600361
	公司网址	www.beijing-hualian.com		电子信箱	zczqb@beijing-hualian.com
	电　话	010-57391823		传　真	010-57391823
	办公地址	北京市大兴区青云店镇祥云路北四条 208 号			
	经营范围	商业零售、经营大型综合超市和百货店			

主要财务指标	指标 \ 报告期	2013.06.30	2012.12.31	2012.06.30	2011.12.31
	基本每股收益(元)	0.0400	0.0800	0.0500	0.1000
	基本每股收益(扣除)(元)	0.0300	0.0400	0.0300	0.0900
	每股净资产(元)	4.5357	4.5608	4.5300	4.5600
	每股经营现金净流量(元)	0.3394	1.4416	0.1235	0.7161
	每股现金流量(元)	0.4434	0.3404	-0.6638	3.3212
	每股资本公积金(元)	2.5183	2.5183	2.5192	2.5190
	每股盈余公积金(元)	0.2053	0.2053	0.1811	0.1811
	每股未分配利润(元)	0.8121	0.8372	0.8322	0.8643
	净资产收益率(%)	0.9907	1.6910	1.0580	1.8950
	加权净资产收益率(%)	0.9800	1.7000	1.0500	2.2000
	净资产收益率(扣除)(%)	-	-	-	-
	总资产(万元)	1038410.92	1010730.91	880175.22	925718.26
	归属母公司股东权益(万元)	301989.72	303658.51	301775.03	303893.69
	主营业务收入(万元)	501099.67	1097972.25	554067.55	1028114.29
	营业收入(万元)	643816.22	1232333.87	620434.30	1145017.57
	主营成本(万元)	446805.67	974137.53	489797.78	910270.19
	营业成本(万元)	510660.07	974411.24	489948.68	910646.91
	投资收益(万元)	1350.69	3090.80	1606.89	2576.47
	净利润(万元)	2898.31	5110.70	3245.30	5710.25
	利润总额(万元)	3436.68	7562.64	4356.66	7672.69

江西铜业股份有限公司

公司概况	公司名称	江西铜业股份有限公司		证券简称	江西铜业
	法人代表	李保民	董秘	黄东风	证券代码 600362
	公司网址	www.jxcc.com		电子信箱	jccl@jxcc.com
	电　话	0701-3777736 3777733		传　真	0701-3777013
	办公地址	江西省贵溪市冶金大道 15 号			
	经营范围	有色金属矿、稀贵金属矿及非金属矿、有色金属及相关副产品的冶炼等			

主要财务指标	指标\报告期	2013.06.30	2012.12.31	2012.06.30	2011.12.31
	基本每股收益(元)	0.3600	1.5100	0.7400	1.8914
	基本每股收益(扣除)(元)	0.3300	1.2700	0.6200	1.8600
	每股净资产(元)	12.2371	12.3660	11.6400	11.3500
	每股经营现金净流量(元)	0.6361	1.8292	0.3978	1.9154
	每股现金流量(元)	0.3632	1.6160	1.4140	2.0845
	每股资本公积金(元)	3.3823	3.3749	3.3759	3.3640
	每股盈余公积金(元)	3.7749	3.7749	3.2131	3.2131
	每股未分配利润(元)	4.0697	4.2114	4.0110	3.7670
	净资产收益率(%)	2.9273	12.1809	6.3899	16.6640
	加权净资产收益率(%)	2.9000	12.7000	6.4700	17.6700
	净资产收益率(扣除)(%)	–	–	–	–
	总资产(万元)	8464213.84	7813348.44	7799960.04	6814962.87
	归属母公司股东权益(万元)	4237376.29	4281995.98	4031624.76	3930292.07
	主营业务收入(万元)	8774797.36	15815517.24	6688795.65	11728613.75
	营业收入(万元)	8797489.62	15855620.65	6706815.16	11764098.89
	主营成本(万元)	8430374.17	15021977.27	6270595.06	10671333.87
	营业成本(万元)	8448839.57	15060949.59	6282610.43	10698099.86
	投资收益(万元)	4763.49	83245.50	29021.76	3775.20
	净利润(万元)	118479.49	529448.27	260828.66	661048.40
	利润总额(万元)	147443.94	627487.17	317616.91	767087.62

江西联创光电科技股份有限公司

公司概况	公司名称	江西联创光电科技股份有限公司		证券简称	联创光电
	法人代表	肖文	董秘	邓哲	证券代码 600363
	公司网址	www.lianchuang.ccm.cn		电子信箱	600363@lianchuang.com.cn
	电　话	0791-88161979 88161956		传　真	0791-88162001
	办公地址	江西省南昌市高新技术产业开发区京东大道 168 号			
	经营范围	光电器件、继电器、通信线缆等			

主要财务指标	指标\报告期	2013.06.30	2012.12.31	2012.06.30	2011.12.31
	基本每股收益(元)	0.1012	0.2700	0.1102	0.2500
	基本每股收益(扣除)(元)	0.0981	0.2000	0.0700	0.1800
	每股净资产(元)	3.5061	3.4431	2.8100	2.7300
	每股经营现金净流量(元)	–0.1130	0.0721	–0.0029	0.1338
	每股现金流量(元)	–0.5507	0.5714	–0.1022	0.2595
	每股资本公积金(元)	1.2969	1.3172	0.6315	0.6315
	每股盈余公积金(元)	0.1695	0.1695	0.1794	0.1794
	每股未分配利润(元)	1.0398	0.9566	1.0014	0.9162
	净资产收益率(%)	2.8875	6.7162	3.9186	9.0040
	加权净资产收益率(%)	2.9000	9.3700	3.9600	9.5700
	净资产收益率(扣除)(%)	–	–	–	–
	总资产(万元)	243980.81	248644.79	195811.08	191241.66
	归属母公司股东权益(万元)	155485.52	152695.40	104272.51	101112.41
	主营业务收入(万元)	72189.80	123029.77	58236.61	114639.21
	营业收入(万元)	74858.20	126513.68	60132.42	117059.49
	主营成本(万元)	50648.03	101216.49	48629.73	94818.61
	营业成本(万元)	52554.82	104185.10	50081.18	97275.81
	投资收益(万元)	4964.39	10845.58	4633.93	8369.95
	净利润(万元)	4642.17	11460.42	4401.53	10403.57
	利润总额(万元)	4531.41	12032.22	4474.22	11073.55

通化葡萄酒股份有限公司

公司概况	公司名称	通化葡萄酒股份有限公司		证券简称	通葡股份
	法人代表	王鹏	董秘	高振才	证券代码 600365
	公司网址	www.tonhwa.com		电子信箱	gaozhencai@163.com
	电　话	0435-3530506 3949249		传　真	0435-3949616
	办公地址	吉林省通化市前兴路 28 号			
	经营范围	果露酒、葡萄酒制造、销售、土特产收购、加工、物资运输等			

主要财务指标	指标\报告期	2013.06.30	2012.12.31	2012.06.30	2011.12.31
	基本每股收益(元)	0.0060	0.0900	0.0530	0.0300
	基本每股收益(扣除)(元)	0.0060	0.0100	–0.0270	0.0200
	每股净资产(元)	3.3659	1.0715	1.0300	0.9800
	每股经营现金净流量(元)	–0.3012	–0.0648	–0.1289	–0.0437
	每股现金流量(元)	1.0596	0.3775	–0.0800	0.0389
	每股资本公积金(元)	3.7395	2.0397	2.0397	2.0397
	每股盈余公积金(元)	0.0358	0.0511	0.0511	0.0511
	每股未分配利润(元)	–1.4094	–2.0193	–2.0603	–2.1130
	净资产收益率(%)	0.1227	8.7425	5.1145	2.8530
	加权净资产收益率(%)	0.3500	9.1400	5.1100	2.9000
	净资产收益率(扣除)(%)	–	–	–	–
	总资产(万元)	78782.73	34903.91	26715.33	26931.02
	归属母公司股东权益(万元)	67318.60	15000.79	14427.22	13689.35
	主营业务收入(万元)	3489.11	8352.66	2427.34	9408.22
	营业收入(万元)	3535.84	8421.78	2427.34	9459.59
	主营成本(万元)	1389.52	3408.93	1168.61	4709.81
	营业成本(万元)	1432.19	3457.41	1168.61	4741.61
	投资收益(万元)	–	–	–	–
	净利润(万元)	82.61	1311.44	737.87	390.53
	利润总额(万元)	166.41	1506.25	737.87	406.68

宁波韵升股份有限公司

公司概况	公司名称	宁波韵升股份有限公司		证券简称	宁波韵升
	法人代表	杨齐	董秘	傅健杰	证券代码 600366
	公司网址	www.yunsheng.com		电子信箱	fujj@ysweb.com
	电　话	0574-87776939		传　真	0574-87776466
	办公地址	浙江省宁波市国家高新区扬帆路 1 号			
	经营范围	钕铁硼永磁材料、音琴和电机产品的生产和销售及进出口贸易			

主要财务指标	指标\报告期	2013.06.30	2012.12.31	2012.06.30	2011.12.31
	基本每股收益(元)	0.2907	0.8751	0.5715	1.2856
	基本每股收益(扣除)(元)	0.2491	0.7508	0.4975	1.2132
	每股净资产(元)	5.6431	5.3989	5.2488	4.6930
	每股经营现金净流量(元)	0.3335	1.8983	0.6512	0.8987
	每股现金流量(元)	–0.4207	0.9280	0.3278	1.0652
	每股资本公积金(元)	0.5803	0.5963	0.5810	0.5902
	每股盈余公积金(元)	0.4445	0.4445	0.3247	0.3247
	每股未分配利润(元)	3.6743	3.3836	3.3499	2.7783
	净资产收益率(%)	5.1508	16.2083	10.8890	27.3940
	加权净资产收益率(%)	5.2400	17.2700	11.4800	31.1900
	净资产收益率(扣除)(%)	–	–	–	–
	总资产(万元)	430104.35	404077.41	434349.33	429732.67
	归属母公司股东权益(万元)	290337.12	277770.56	270052.14	241456.08
	主营业务收入(万元)	2247.92	287518.45	165979.14	372044.98
	营业收入(万元)	117204.13	291961.46	168838.28	394087.51
	主营成本(万元)	2441.60	178796.34	94933.89	218948.26
	营业成本(万元)	32909.32	182021.56	96394.90	226095.32
	投资收益(万元)	2608.78	8043.49	3945.84	4181.61
	净利润(万元)	14850.05	53843.29	38896.55	85205.20
	利润总额(万元)	18219.73	66009.49	46770.46	100975.30

贵州红星发展股份有限公司

公司概况					
公司名称	贵州红星发展股份有限公司			证券简称	红星发展
法人代表	纪成友	董秘	万洋	证券代码	600367
公司网址	www.hxfz.com.cn		电子信箱	wenxia@hxfz.com.cn	
电　　话	0853-6780066 6780388		传　　真	0853-6780388	
办公地址	贵州省安顺市镇宁县丁旗镇				
经营范围	钡、锶、锰盐产品的研发、生产和销售				

主要财务指标

指标\报告期	2013.06.30	2012.12.31	2012.06.30	2011.12.31
基本每股收益(元)	-0.0900	0.1000	0.0700	0.2700
基本每股收益(扣除)(元)	-0.1280	0.0400	0.0530	0.2700
每股净资产(元)	4.0575	4.1425	4.1070	4.0390
每股经营现金净流量(元)	-0.2391	0.1470	-0.0819	0.1162
每股现金流量(元)	-0.2127	-0.1483	-0.1399	-0.6166
每股资本公积金(元)	0.9756	0.9756	0.9756	0.9756
每股盈余公积金(元)	0.6256	0.6256	0.6128	0.6128
每股未分配利润(元)	1.4537	1.5390	1.5165	1.4489
净资产收益率(%)	-2.1032	2.4863	1.6477	6.6808
加权净资产收益率(%)	-2.0800	2.5200	1.6600	6.9100
净资产收益率(扣除)(%)	-	-	-	-
总资产(万元)	171253.06	173765.50	164150.13	164210.74
归属母公司股东权益(万元)	118154.65	120629.48	119603.75	117620.71
主营业务收入(万元)	51736.72	114176.86	56718.04	117193.49
营业收入(万元)	52315.82	115624.41	57367.98	117772.54
主营成本(万元)	39712.16	83011.13	41864.47	78009.78
营业成本(万元)	39819.30	83864.06	41864.47	78376.35
投资收益(万元)	-3529.88	-4417.61	-1274.36	-1938.95
净利润(万元)	-2281.48	2876.44	2244.63	8806.84
利润总额(万元)	-1823.75	4991.39	3115.12	11323.66

广西五洲交通股份有限公司

公司概况					
公司名称	广西五洲交通股份有限公司			证券简称	五洲交通
法人代表	何国纯	董秘	王权	证券代码	600368
公司网址			电子信箱	wzjt600368@sohu.com	
电　　话	0771-5518383 5568918		传　　真	0771-5518111	
办公地址	广西壮族自治区南宁市民族大道115-1号现代国际大厦27层				
经营范围	经营收费公路、桥梁				

主要财务指标

指标\报告期	2013.06.30	2012.12.31	2012.06.30	2011.12.31
基本每股收益(元)	0.1900	0.3800	0.2200	0.3300
基本每股收益(扣除)(元)	0.1800	0.3700	0.2200	0.3300
每股净资产(元)	3.5473	3.3886	3.1900	4.5777
每股经营现金净流量(元)	-1.5730	-0.7980	-0.5459	0.4711
每股现金流量(元)	0.5002	-0.0685	-0.1986	-0.1198
每股资本公积金(元)	0.8042	0.8042	0.8042	1.4563
每股盈余公积金(元)	0.3801	0.3801	0.3543	0.5314
每股未分配利润(元)	1.3630	1.2043	1.0314	1.5900
净资产收益率(%)	5.3199	11.2171	6.8747	10.8047
加权净资产收益率(%)	5.4200	11.8000	7.0200	11.3000
净资产收益率(扣除)(%)	-	-	-	-
总资产(万元)	1393143.98	1144072.12	1045392.81	999339.25
归属母公司股东权益(万元)	295773.41	282540.07	265972.31	254460.38
主营业务收入(万元)	297699.42	537831.51	184179.35	228332.75
营业收入(万元)	298678.08	538888.70	184812.16	230172.36
主营成本(万元)	251266.63	442676.96	133948.65	147900.21
营业成本(万元)	252569.86	444184.55	134416.37	149564.17
投资收益(万元)	244.44	-	-	-
净利润(万元)	14285.42	29643.18	17118.00	26938.42
利润总额(万元)	18520.05	39125.14	24988.93	32838.15

西南证券股份有限公司

公司概况					
公司名称	西南证券股份有限公司			证券简称	西南证券
法人代表	余维佳	董秘	徐鸣镝	证券代码	600369
公司网址	www.swsc.com.cn		电子信箱	xmd@swsc.com.cn	
电　　话	023-63786433		传　　真	023-63786477	
办公地址	重庆市江北区桥北苑8号				
经营范围	证券经纪、证券投资、投资银行				

主要财务指标

指标\报告期	2013.06.30	2012.12.31	2012.06.30	2011.12.31
基本每股收益(元)	0.1300	0.1500	0.1200	0.1100
基本每股收益(扣除)(元)	0.1300	0.1500	0.1200	0.0400
每股净资产(元)	4.5106	4.4799	4.4500	4.2600
每股经营现金净流量(元)	0.5958	-0.1694	-0.4386	-1.5082
每股现金流量(元)	0.0622	-0.4584	-0.7744	-1.8880
每股资本公积金(元)	2.9676	2.9679	2.9653	2.8977
每股盈余公积金(元)	0.1388	0.1388	0.1242	0.1242
每股未分配利润(元)	0.1597	0.1287	0.1468	0.0252
净资产收益率(%)	2.8800	3.2909	2.7900	2.6540
加权净资产收益率(%)	2.8800	3.3700	2.7900	2.3800
净资产收益率(扣除)(%)	-	-	-	-
总资产(万元)	2124505.37	1725671.32	1659225.97	1776758.96
归属母公司股东权益(万元)	1047617.04	1040477.09	1033876.93	989935.15
主营业务收入(万元)			-	-
营业收入(万元)	77359.88	126797.08	70542.33	104025.06
主营成本(万元)			-	-
营业成本(万元)	-	-	35109.82	-
投资收益(万元)	32680.20	-24231.98	-7537.51	17804.88
净利润(万元)	30823.79	34240.75	28238.37	26267.52
利润总额(万元)	33546.25	38517.95	35525.56	33517.54

江苏三房巷实业股份有限公司

公司概况					
公司名称	江苏三房巷实业股份有限公司			证券简称	三房巷
法人代表	卞平刚	董秘	张民	证券代码	600370
公司网址	www.jssfx.com		电子信箱	sfx@jssfx.com	
电　　话	0510-86229867		传　　真	0510-86229823	
办公地址	江苏省江阴市周庄镇三房巷村				
经营范围	各类棉纱、印染布、涤棉布加工与销售；布匹染整、印花及进出口业务等				

主要财务指标

指标\报告期	2013.06.30	2012.12.31	2012.06.30	2011.12.31
基本每股收益(元)	0.0716	0.0919	0.0257	0.1035
基本每股收益(扣除)(元)	0.0695	0.0891	0.0256	0.1004
每股净资产(元)	3.7227	3.7012	3.6350	3.6590
每股经营现金净流量(元)	0.0216	0.5730	0.3149	0.3114
每股现金流量(元)	-0.0500	0.4833	0.2631	-0.0775
每股资本公积金(元)	1.6850	1.6850	1.6850	1.6850
每股盈余公积金(元)	0.3238	0.3238	0.3213	0.3213
每股未分配利润(元)	0.7139	0.6924	0.6287	0.6529
净资产收益率(%)	1.9225	2.4825	0.7075	2.8290
加权净资产收益率(%)	1.9200	2.5000	0.7000	2.8400
净资产收益率(扣除)(%)	-	-	-	-
总资产(万元)	153021.40	154528.50	156306.52	154094.26
归属母公司股东权益(万元)	118717.06	118029.19	115919.17	116693.57
主营业务收入(万元)	65250.39	149528.17	69479.97	152765.12
营业收入(万元)	65250.39	149528.17	69479.97	152765.12
主营成本(万元)	58817.74	137947.41	65421.26	148480.08
营业成本(万元)	58817.74	137947.41	65421.26	140234.47
投资收益(万元)	-	-	-	-
净利润(万元)	3047.67	3754.85	1025.13	3764.80
利润总额(万元)	3513.02	4141.08	1304.85	4406.63

万向德农股份有限公司

公司概况	公司名称	万向德农股份有限公司			证券简称	万向德农
	法人代表	管大源	董秘	霍光	证券代码	600371
	公司网址	www.wxdoneed.com		电子信箱	wxdoneed@163.com	
	电　话	0451-82368448		传　真	0451-82368448	
	办公地址	黑龙江省哈尔滨市南岗区玉山路 18 号				
	经营范围	专门经营不再分装的包装种子、化肥零售等				

	指标＼报告期	2013.06.30	2012.12.31	2012.06.30	2011.12.31
主要财务指标	基本每股收益(元)	0.0500	0.4900	0.2000	0.4700
	基本每股收益(扣除)(元)	0.0500	0.3900	0.2100	0.3700
	每股净资产(元)	2.5400	2.4873	2.2000	2.3000
	每股经营现金净流量(元)	0.3829	0.0080	0.8833	0.6691
	每股现金流量(元)	–0.0921	–0.4062	–0.4506	0.3428
	每股资本公积金(元)	0.0515	0.0515	0.0515	0.0515
	每股盈余公积金(元)	0.2203	0.2203	0.1840	0.1840
	每股未分配利润(元)	1.2683	1.2155	0.9662	1.0648
	净资产收益率(%)	2.0774	19.5806	9.1482	20.4080
	加权净资产收益率(%)	2.1000	20.3500	8.9500	21.6800
	净资产收益率(扣除)(%)	–	–	–	–
	总资产(万元)	103030.29	103171.05	95328.86	100781.18
	归属母公司股东权益(万元)	43307.55	42407.86	37538.20	39219.14
	主营业务收入(万元)	22306.93	64730.11	30900.72	54725.95
	营业收入(万元)	22324.23	66061.87	30918.01	56214.66
	主营成本(万元)	15432.98	42690.28	19019.38	33593.64
	营业成本(万元)	15432.98	43718.98	19019.38	34958.83
	投资收益(万元)	552.50	909.59	–	1300.00
	净利润(万元)	932.99	8975.57	3716.46	8736.30
	利润总额(万元)	883.24	9131.56	4508.58	8750.91

中航机载电子股份有限公司

公司概况	公司名称	中航机载电子股份有限公司			证券简称	中航电子
	法人代表	卢广山	董秘	戚侠	证券代码	600372
	公司网址	www.changheauto.com		电子信箱	zlz_changhe@tom.com	
	电　话	010-84409808		传　真	010-84409852	
	办公地址	北京市朝阳区曙光西里甲 5 号院凤凰置地广场 F 座第九层 901 单元				
	经营范围	航空机载照明与控制系统产品的制造业务				

	指标＼报告期	2013.06.30	2012.12.31	2012.06.30	2011.12.31
主要财务指标	基本每股收益(元)	0.1875	0.3556	0.1595	0.3125
	基本每股收益(扣除)(元)	0.1810	0.3129	0.1514	0.3008
	每股净资产(元)	3.6692	3.4421	2.8100	4.2388
	每股经营现金净流量(元)	–0.1539	–0.0825	–0.3692	0.1239
	每股现金流量(元)	0.2567	0.0100	–0.3504	–0.0763
	每股资本公积金(元)	2.0468	1.9607	1.5243	3.0439
	每股盈余公积金(元)	0.1274	0.1274	0.1220	0.1952
	每股未分配利润(元)	0.4779	0.3404	0.1639	–0.0004
	净资产收益率(%)	5.1107	10.0868	5.8419	11.7960
	加权净资产收益率(%)	5.2700	12.1600	6.0200	12.6500
	净资产收益率(扣除)(%)	–	–	–	–
	总资产(万元)	907086.58	864098.77	741729.41	706685.24
	归属母公司股东权益(万元)	496513.56	465782.75	369461.76	348297.85
	主营业务收入(万元)	225993.95	418312.01	192054.72	360399.28
	营业收入(万元)	228598.79	429971.69	195148.85	366365.78
	主营成本(万元)	159632.91	288260.44	132635.95	252342.62
	营业成本(万元)	160849.19	294053.64	135684.94	254623.03
	投资收益(万元)	–36.50	892.47	993.67	866.51
	净利润(万元)	26586.43	47856.05	22377.09	42298.44
	利润总额(万元)	31007.47	56405.09	25511.56	51017.38

中文天地出版传媒股份有限公司

公司概况	公司名称	中文天地出版传媒股份有限公司			证券简称	中文传媒
	法人代表	赵东亮	董秘	吴涤	证券代码	600373
	公司网址	www.jxpp.com		电子信箱	600373@jxpp.com	
	电　话	0791-85896008 85896196		传　真	0791-85896008	
	办公地址	江西省南昌市红谷滩新区学府大道 299 号				
	经营范围	国内版图书、电子、期刊批发、文化艺术品经营				

	指标＼报告期	2013.06.30	2012.12.31	2012.06.30	2011.12.31
主要财务指标	基本每股收益(元)	0.5100	0.8931	0.4200	0.8515
	基本每股收益(扣除)(元)	0.4600	0.8645	0.4300	0.5066
	每股净资产(元)	8.2094	6.8857	6.3882	6.7154
	每股经营现金净流量(元)	0.0387	2.1191	1.0355	–0.2631
	每股现金流量(元)	1.1807	0.9484	0.2578	0.9296
	每股资本公积金(元)	5.5344	4.3706	4.3705	4.3128
	每股盈余公积金(元)	0.0936	0.1087	0.0237	0.0237
	每股未分配利润(元)	1.5814	1.4063	0.9940	1.3788
	净资产收益率(%)	5.7288	12.9702	6.4996	12.6800
	加权净资产收益率(%)	6.6100	13.1300	6.3400	13.3800
	净资产收益率(扣除)(%)	–	–	–	–
	总资产(万元)	969954.28	840502.46	804173.95	758616.00
	归属母公司股东权益(万元)	540761.03	390587.96	362368.68	380925.55
	主营业务收入(万元)	416216.75	992064.11	475951.83	689494.48
	营业收入(万元)	444908.89	1000337.15	490993.62	698135.94
	主营成本(万元)	342570.86	846515.80	406823.91	567933.23
	营业成本(万元)	367454.66	848883.05	418680.30	569917.91
	投资收益(万元)	113.12	–1325.10	–1321.35	16759.18
	净利润(万元)	32326.18	51920.28	24019.87	48297.94
	利润总额(万元)	32375.55	52171.29	24028.46	48507.63

华菱星马汽车(集团)股份有限公司

公司概况	公司名称	华菱星马汽车(集团)股份有限公司			证券简称	华菱星马
	法人代表	刘汉如	董秘	金方放	证券代码	600375
	公司网址	www.camc.biz		电子信箱	xm600375@163 com	
	电　话	0555-8323038		传　真	0555-8323038	
	办公地址	安徽省马鞍山市经济技术开发区				
	经营范围	重卡、专用车及汽车零部件的研发、生产与销售				

	指标＼报告期	2013.06.30	2012.12.31	2012.06.30	2011 12.31
主要财务指标	基本每股收益(元)	0.4100	0.4100	0.2700	1.2400
	基本每股收益(扣除)(元)	0.3000	0.1800	0.1600	0.9700
	每股净资产(元)	7.2479	6.6096	6.4700	6.5700
	每股经营现金净流量(元)	–0.5974	1.8873	1.3491	0.6727
	每股现金流量(元)	2.7841	0.4556	–0.1507	–1.3341
	每股资本公积金(元)	4.7952	3.6848	3.6848	3.6848
	每股盈余公积金(元)	0.2505	0.2505	0.2389	0.2389
	每股未分配利润(元)	1.7399	1.6753	1.5464	1.6431
	净资产收益率(%)	4.1765	6.2593	4.2248	18.9500
	加权净资产收益率(%)	6.0800	6.3100	4.1200	22.0000
	净资产收益率(扣除)(%)	–	–	–	–
	总资产(万元)	995671.08	691620.22	661875.81	593274.48
	归属母公司股东权益(万元)	402797.08	268180.24	262494.29	266421.55
	主营业务收入(万元)	365892.99	435762.58	233042.23	669719.60
	营业收入(万元)	375611.55	447549.94	237884.70	685369.39
	主营成本(万元)	312841.73	382118.17	201510.67	561922.88
	营业成本(万元)	319824.75	388630.49	204929.88	571641.91
	投资收益(万元)	–	–	19.06	–
	净利润(万元)	16891.47	16855.19	11021.90	50538.69
	利润总额(万元)	19659.87	20235.45	13142.37	59771.80

北京首都开发股份有限公司

公司概况					
公司名称	北京首都开发股份有限公司			证券简称	首开股份
法人代表	刘希模	董秘	王怡	证券代码	600376
公司网址	www.shoukaigufen.com		电子信箱	bcdc@bcdh.com.cn	
电　　话	010-66428156 66428113		传　　真	010-66428061	
办公地址	北京市西城区复兴门内大街 156 号招商国际金融中心 D 座				
经营范围	房地产的开发与经营				

主要财务指标：指标\报告期	2013.06.30	2012.12.31	2012.06.30	2011.12.31
基本每股收益(元)	0.1600	1.0819	0.2400	1.2556
基本每股收益(扣除)(元)	0.1200	1.0533	0.2400	1.1513
每股净资产(元)	5.8154	8.7369	8.0300	8.0500
每股经营现金净流量(元)	-2.2420	1.4338	1.1245	-3.9280
每股现金流量(元)	0.1351	2.1367	0.9450	0.3831
每股资本公积金(元)	1.9570	3.4454	3.4416	3.4143
每股盈余公积金(元)	0.4685	0.7028	0.4689	0.4689
每股未分配利润(元)	2.3899	3.5888	3.1222	3.1666
净资产收益率(%)	2.7066	12.3828	2.9929	15.5980
加权净资产收益率(%)	2.7000	12.8700	2.9900	16.6900
净资产收益率(扣除)(%)	-	-	-	-
总资产(万元)	8470251.64	7086410.09	6551585.80	6179242.92
归属母公司股东权益(万元)	1303826.32	1305888.24	1200636.25	1203177.58
主营业务收入(万元)	398259.10	1265933.93	329201.81	903773.74
营业收入(万元)	398259.10	1267554.64	329201.81	904248.13
主营成本(万元)	234510.80	739704.72	170602.18	417095.40
营业成本(万元)	234510.80	739985.38	170602.18	417095.40
投资收益(万元)	8212.92	67380.46	19496.06	88768.48
净利润(万元)	30884.00	153608.77	35290.01	191213.08
利润总额(万元)	44440.62	203580.14	53120.89	238726.26

江苏宁沪高速公路股份有限公司

公司概况					
公司名称	江苏宁沪高速公路股份有限公司			证券简称	宁沪高速
法人代表	杨根林	董秘	姚永嘉	证券代码	600377
公司网址	www.jsexpressway.com		电子信箱	nhgs@nhgs.cn	
电　　话	025-84469332 84362700		传　　真	025-84466643	
办公地址	江苏省南京市仙林大道 6 号				
经营范围	沪宁高速公路江苏段、312 国道沪宁段、南京至连云港一级公路南京段等				

主要财务指标：指标\报告期	2013.06.30	2012.12.31	2012.06.30	2011.12.31
基本每股收益(元)	0.2849	0.4632	0.2500	0.4820
基本每股收益(扣除)(元)	0.2700	0.4650	0.2500	0.4820
每股净资产(元)	3.6325	3.7098	3.5000	3.6000
每股经营现金净流量(元)	0.2950	0.6331	0.2906	0.7613
每股现金流量(元)	0.1742	-0.0237	-0.0052	0.0657
每股资本公积金(元)	1.4996	1.5019	1.5019	1.4970
每股盈余公积金(元)	0.5062	0.5062	0.4549	0.4549
每股未分配利润(元)	0.6266	0.7017	0.5401	0.6498
净资产收益率(%)	7.8433	12.4852	7.1568	13.3910
加权净资产收益率(%)	7.4000	12.9900	6.7100	13.9600
净资产收益率(扣除)(%)	-	-	-	-
总资产(万元)	2640601.58	2584925.76	2670591.43	2537543.89
归属母公司股东权益(万元)	1829943.68	1868886.17	1761659.16	1814468.95
主营业务收入(万元)	360762.67	744945.41	371114.88	734223.14
营业收入(万元)	366847.28	779594.27	372935.64	740131.02
主营成本(万元)	168275.82	381587.90	180327.50	361429.08
营业成本(万元)	172019.29	405462.67	180882.29	363577.85
投资收益(万元)	18160.07	16144.82	10317.39	20146.43
净利润(万元)	147432.22	238123.61	128741.63	247969.45
利润总额(万元)	191834.85	314568.99	169534.44	326322.73

四川天一科技股份有限公司

公司概况					
公司名称	四川天一科技股份有限公司			证券简称	天科股份
法人代表	古共伟	董秘	魏丹	证券代码	600378
公司网址	www.tianke.com		电子信箱	ctyc@tianke.com	
电　　话	028-85963417 85963659		传　　真	028-85963417	
办公地址	四川省成都市机场路 445 信箱				
经营范围	碳一化学技术及催化剂、变压吸附气体分离技术及装置、合成芳樟醇、维生素 E 等				

主要财务指标：指标\报告期	2013.06.30	2012.12.31	2012.06.30	2011.12.31
基本每股收益(元)	0.1100	0.2300	0.1230	0.2100
基本每股收益(扣除)(元)	0.1090	0.2200	0.1130	0.1700
每股净资产(元)	2.1595	-	2.0300	2.1200
每股经营现金净流量(元)	0.0944	0.6710	0.3095	0.0903
每股现金流量(元)	-0.0248	0.1774	0.0172	0.0697
每股资本公积金(元)	0.5151	0.5151	0.5151	0.5666
每股盈余公积金(元)	0.1312	0.1312	0.1081	0.1189
每股未分配利润(元)	0.5132	0.4734	0.4077	0.4333
净资产收益率(%)	5.0842	10.9328	6.0495	10.6970
加权净资产收益率(%)	5.0800	11.4300	6.1900	11.3000
净资产收益率(扣除)(%)	-	-	-	-
总资产(万元)	104432.30	105279.65	97744.93	92620.88
归属母公司股东权益(万元)	64178.77	62996.13	60354.39	57243.62
主营业务收入(万元)	30496.32	65177.29	30952.92	61319.36
营业收入(万元)	30649.02	65701.51	31206.50	61530.42
主营成本(万元)	22141.49	46696.21	22605.63	45348.87
营业成本(万元)	22185.53	47051.62	22757.38	45448.74
投资收益(万元)	-8.27	-25.07	-20.72	-31.39
净利润(万元)	3336.32	7009.02	3717.48	6259.75
利润总额(万元)	3863.68	8276.14	4289.13	7712.11

陕西宝光真空电器股份有限公司

公司概况					
公司名称	陕西宝光真空电器股份有限公司			证券简称	宝光股份
法人代表	祁勇	董秘	蒋华明	证券代码	600379
公司网址	www.baoguang.com.cn		电子信箱	office@baoguang.com.cn	
电　　话	0917-3561512		传　　真	0917-3561512	
办公地址	陕西省宝鸡市宝光路 53 号				
经营范围	高、中、低压真空灭弧室、真空断路器、真空开关柜等产品的研制等				

主要财务指标：指标\报告期	2013.06.30	2012.12.31	2012.06.30	2011.12.31
基本每股收益(元)	0.0280	0.0655	0.0030	0.0164
基本每股收益(扣除)(元)	0.0260	0.0412	-0.0070	-0.0035
每股净资产(元)	1.6114	1.5975	1.6770	1.6846
每股经营现金净流量(元)	-0.1211	0.0790	-0.1776	0.0142
每股现金流量(元)	-0.1569	-0.0001	-0.1450	-0.0359
每股资本公积金(元)	0.0321	0.0321	0.1352	0.1352
每股盈余公积金(元)	0.0866	0.0866	0.0879	0.0879
每股未分配利润(元)	0.4909	0.4784	0.4538	0.4615
净资产收益率(%)	1.7574	4.0973	0.1506	1.0740
加权净资产收益率(%)	1.7650	4.1800	0.1500	1.0000
净资产收益率(扣除)(%)	-	-	-	-
总资产(万元)	65075.06	65778.64	62418.50	59800.54
归属母公司股东权益(万元)	38007.17	37679.01	35954.77	36120.84
主营业务收入(万元)	25898.25	52731.32	27126.36	56213.30
营业收入(万元)	29442.28	65087.70	32603.57	66379.42
主营成本(万元)	19532.41	41663.58	23013.25	49018.59
营业成本(万元)	22428.89	51281.74	27495.08	55333.77
投资收益(万元)	0.27	0.28	0.28	0.20
净利润(万元)	691.84	1583.88	69.45	471.41
利润总额(万元)	740.00	1710.57	87.40	548.67

健康元药业集团股份有限公司

公司概况	公司名称	健康元药业集团股份有限公司			证券简称	健康元
	法人代表	朱保国	董秘	邱庆丰	证券代码	600380
	公司网址	www.joincare.com		电子信箱	qiuqingfeng@joincare.com	
	电　话	0755-86252388		传　真	0755-86252398	
	办公地址	广东省深圳市南山区高新区北区郎山路 17 号健康元药业集团大厦				
	经营范围	中药、保健品及西药的研究、开发及生产经营				

主要财务指标	指标\报告期	2013.06.30	2012.12.31	2012.06.30	2011.12.31
	基本每股收益(元)	0.1140	0.1097	0.0663	0.1679
	基本每股收益(扣除)(元)	0.1031	0.0982	0.0574	0.1591
	每股净资产(元)	2.5793	2.5061	2.5027	2.9428
	每股经营现金净流量(元)	0.1953	0.4751	0.1893	0.5049
	每股现金流量(元)	0.1375	–0.2952	–0.4866	0.7955
	每股资本公积金(元)	0.2829	0.2831	0.3224	0.6055
	每股盈余公积金(元)	0.1890	0.1890	0.1782	0.2138
	每股未分配利润(元)	1.1386	1.0646	1.0320	1.1589
	净资产收益率(%)	4.4196	4.3759	2.6486	6.9102
	加权净资产收益率(%)	4.4480	4.3740	2.6670	6.9100
	净资产收益率(扣除)(%)	–	–	–	–
	总资产(万元)	1080839.92	975415.94	921547.58	881429.22
	归属母公司股东权益(万元)	398723.59	387397.47	386882.48	379084.14
	主营业务收入(万元)	37750.22	579936.61	275531.44	473803.32
	营业收入(万元)	291759.38	584996.09	277961.21	479151.35
	主营成本(万元)	26420.78	278314.73	132282.18	221020.28
	营业成本(万元)	115118.89	282345.42	134108.35	225579.58
	投资收益(万元)	740.83	–421.08	–895.90	–2562.97
	净利润(万元)	32765.08	44180.60	24279.81	49103.92
	利润总额(万元)	39789.72	54591.23	30267.38	59382.58

青海贤成矿业股份有限公司

公司概况	公司名称	青海贤成矿业股份有限公司			证券简称	*ST 贤成
	法人代表	陶亚东	董秘	马海杰	证券代码	600381
	公司网址	www.xcky.cn		电子信箱	xcsy600381@yahoo.com.cn	
	电　话	020-855060[illegible]6		传　真	020-85506092	
	办公地址	广东省广州市天河区珠江新城华夏路 8 号国际金融广场 32 楼				
	经营范围	矿产资源、天然气、水泥、水电、火电资源的投资开发				

主要财务指标	指标\报告期	2013.06.30	2012.12.31	2012.06.30	2011.12.31
	基本每股收益(元)	–0.8948	–0.0832	–0.0271	0.0578
	基本每股收益(扣除)(元)	–0.0905	–0.0850	–0.0269	0.0232
	每股净资产(元)	–0.1025	1.1227	1.1800	2.0469
	每股经营现金净流量(元)	0.0151	–0.4377	–0.0936	0.2653
	每股现金流量(元)	0.0001	–0.7849	–0.5746	1.5755
	每股资本公积金(元)	0.3725	0.3728	0.3728	1.3337
	每股盈余公积金(元)	0.0150	0.0150	0.0150	0.0255
	每股未分配利润(元)	–1.5064	–0.6115	–0.2266	–0.3392
	净资产收益率(%)	–873.4194	–7.4083	–2.2989	4.8018
	加权净资产收益率(%)	–	–7.1500	–2.2700	27.0200
	净资产收益率(扣除)(%)	–	–	–	–
	总资产(万元)	240312.83	369351.40	439943.61	393601.94
	归属母公司股东权益(万元)	–16411.31	127102.02	188591.34	192869.23
	主营业务收入(万元)	26.60	51367.76	23655.91	23790.21
	营业收入(万元)	26.60	51426.06	23699.63	23880.36
	主营成本(万元)	–	49077.38	20893.95	10949.45
	营业成本(万元)	–	49095.54	20907.57	10981.20
	投资收益(万元)	3421.96	–79.40	–23.63	29.38
	净利润(万元)	–159059.75	–16927.42	–4771.84	9145.35
	利润总额(万元)	–159059.75	–17386.83	–4411.04	12055.59

广东明珠集团股份有限公司

公司概况	公司名称	广东明珠集团股份有限公司			证券简称	广东明珠
	法人代表	张文东	董秘	钟健如	证券代码	600382
	公司网址	www.gdmzh.com		电子信箱	gdmzh@gdmzh.com	
	电　话	0753-3327282 3338549		传　真	0753-3326050	
	办公地址	广东省兴宁市官汕路 99 号				
	经营范围	以实业投资发展、贸易、建筑安装、房地产开发以及生产等				

主要财务指标	指标\报告期	2013.06.30	2012.12.31	2012.06.30	2011.12.31
	基本每股收益(元)	0.3200	0.7200	0.3000	0.5400
	基本每股收益(扣除)(元)	0.2300	0.4800	0.2300	0.4800
	每股净资产(元)	4.5928	4.3029	3.9566	3.6100
	每股经营现金净流量(元)	0.0205	0.0836	–0.1059	0.3245
	每股现金流量(元)	–0.1312	–0.7196	–0.6352	0.0271
	每股资本公积金(元)	0.2726	0.2726	0.3493	0.2726
	每股盈余公积金(元)	0.4121	0.4121	0.3612	0.3592
	每股未分配利润(元)	2.9081	2.6182	2.2462	1.9815
	净资产收益率(%)	6.9647	16.7240	7.4965	14.8804
	加权净资产收益率(%)	7.1800	18.2000	7.9000	16.0200
	净资产收益率(扣除)(%)	–	–	–	–
	总资产(万元)	173619.18	168507.43	155015.25	146947.16
	归属母公司股东权益(万元)	156958.15	147051.66	135216.67	123483.93
	主营业务收入(万元)	122.38	27106.44	12323.10	15115.89
	营业收入(万元)	2106.02	28910.21	12734.60	15946.76
	主营成本(万元)	110.92	25372.42	11418.42	13869.70
	营业成本(万元)	378.59	25977.84	11744.30	14479.45
	投资收益(万元)	9613.62	21191.61	8757.84	17310.91
	净利润(万元)	11028.99	24922.51	10312.65	18467.32
	利润总额(万元)	11520.12	26405.70	11033.81	18774.92

金地(集团)股份有限公司

公司概况	公司名称	金地(集团)股份有限公司			证券简称	金地集团
	法人代表	凌克	董秘	徐家俊	证券代码	600383
	公司网址	www.gemdale.com		电子信箱	ir@gemdale.com	
	电　话	0755-82039509		传　真	0755-82039[illegible]00	
	办公地址	广东省深圳市福田区福强路金地商业大楼				
	经营范围	主要从事房地产开发经营、自有物业管理、兴办各类实体、经营进出口业务				

主要财务指标	指标\报告期	2013.06.30	2012.12.31	2012.06.30	2011.12.31
	基本每股收益(元)	0.0700	0.7600	0.1100	0.6700
	基本每股收益(扣除)(元)	0.0600	0.6300	0.1000	0.6700
	每股净资产(元)	5.2620	5.2600	4.6900	4.6200
	每股经营现金净流量(元)	–1.7585	1.4150	0.2285	0.3422
	每股现金流量(元)	–[illegible].6523	0.6645	0.1575	0.7492
	每股资本公积金(元)	1.3431	1.3395	1.4197	1.3902
	每股盈余公积金(元)	0.2233	0.2233	0.1857	0.1857
	每股未分配利润(元)	2.6046	2.6166	2.0095	1.9651
	净资产收益率(%)	1.2913	14.3952	2.3956	14.6140
	加权净资产收益率(%)	1.2900	15.3500	2.4000	15.7800
	净资产收益率(扣除)(%)	–	–	–	–
	总资产(万元)	11466[illegible]40.63	10252094.35	9671670.32	90500[illegible]5.42
	归属母公司股东权益(万元)	2352923.59	2351651.85	2097418.66	2064690.14
	主营业务收入(万元)	879000.20	3285995.54	647285.12	2391224.68
	营业收入(万元)	8794[illegible]3.18	3286336.04	647324.00	2391850.62
	主营成本(万元)	6349[illegible]6.02	2233192.70	416975.31	1465196.34
	营业成本(万元)	6353[illegible]3.68	2233211.04	416976.26	14655[illegible]5.38
	投资收益(万元)	2356.73	10865.94	4281.25	1160.25
	净利润(万元)	458[illegible]3.51	429201.76	67737.91	374087.46
	利润总额(万元)	795[illegible]9.04	588867.59	95637.26	499432.83

北京巴士传媒股份有限公司

公司概况					
公司名称	北京巴士传媒股份有限公司			证券简称	北巴传媒
法人代表	晏明	董秘	王婕	证券代码	600386
公司网址	www.bbcm.com.cn		电子信箱	bbcm@bbcm.com.cn	
电　话	010-68477383		传　真	010-68731430	
办公地址	北京市海淀区紫竹院路 32 号				
经营范围	设计、制作、代理、发布国内及外商来华广告等				

主要财务指标 指标\报告期	2013.06.30	2012.12.31	2012.06.30	2011.12.31
基本每股收益(元)	0.2000	0.4100	0.1800	0.4400
基本每股收益(扣除)(元)	0.2000	0.3900	0.1700	0.4300
每股净资产(元)	3.6460	3.6988	3.5110	3.3200
每股经营现金净流量(元)	0.2542	0.6723	0.4331	0.7537
每股现金流量(元)	0.0008	0.4046	0.2510	0.2246
每股资本公积金(元)	1.6715	1.6665	1.7074	1.6903
每股盈余公积金(元)	0.2648	0.2648	0.2389	0.2389
每股未分配利润(元)	0.7098	0.7675	0.5649	0.3877
净资产收益率(%)	5.5467	10.9675	5.0500	13.1780
加权净资产收益率(%)	5.3800	11.5600	5.1900	14.0300
净资产收益率(扣除)(%)	–	–	–	–
总资产(万元)	241747.55	239072.48	228524.80	216784.25
归属母公司股东权益(万元)	147007.91	149136.99	141573.26	133738.59
主营业务收入(万元)	140821.08	289075.18	142708.94	237384.20
营业收入(万元)	144078.12	295232.99	145641.49	242424.11
主营成本(万元)	106078.39	217299.97	110465.58	170772.26
营业成本(万元)	107914.78	220589.77	111918.12	173234.00
投资收益(万元)	–0.08	264.89	210.52	245.78
净利润(万元)	8417.16	17723.30	7647.74	19334.88
利润总额(万元)	11494.73	24211.60	10188.67	22350.35

浙江海越股份有限公司

公司概况					
公司名称	浙江海越股份有限公司			证券简称	海越股份
法人代表	吕小奎	董秘	陈海平	证券代码	600387
公司网址	www.chinahaiyue.com		电子信箱	haiyue600387@163.com	
电　话	0575-87016161		传　真	0575-87032163	
办公地址	浙江省诸暨市西施大街 59 号				
经营范围	交通、能源等基础设施的投资和经营				

主要财务指标 指标\报告期	2013.06.30	2012.12.31	2012.06.30	2011.12.31
基本每股收益(元)	0.0800	0.0100	0.0700	0.0200
基本每股收益(扣除)(元)	–0.0200	–0.1100	–	0.0200
每股净资产(元)	–	2.6803	2.5158	2.4565
每股经营现金净流量(元)	0.0594	0.2260	0.2214	0.5245
每股现金流量(元)	0.7806	0.4313	0.0588	0.4093
每股资本公积金(元)	0.8722	0.7773	0.5571	0.5676
每股盈余公积金(元)	0.2894	0.2894	0.2876	0.2876
每股未分配利润(元)	0.6945	0.6135	0.6712	0.6014
净资产收益率(%)	2.8341	0.5216	2.7700	0.9271
加权净资产收益率(%)	2.9200	0.5400	2.8100	0.9400
净资产收益率(扣除)(%)	–	–	–	–
总资产(万元)	502011.04	328641.34	252493.17	226938.90
归属母公司股东权益(万元)	110274.07	103485.63	97135.25	94846.74
主营业务收入(万元)	121139.92	190477.29	71076.52	184099.88
营业收入(万元)	121885.93	192071.15	71874.66	185050.28
主营成本(万元)	118895.32	186804.40	69105.03	178562.55
营业成本(万元)	119104.35	187258.28	69348.45	178905.31
投资收益(万元)	4505.02	4913.29	3475.42	6376.07
净利润(万元)	1860.31	1705.82	4829.41	262.36
利润总额(万元)	3343.36	3305.12	6668.69	32.48

福建龙净环保股份有限公司

公司概况					
公司名称	福建龙净环保股份有限公司			证券简称	龙净环保
法人代表	周苏华	董秘	陈培敏	证券代码	600388
公司网址	www.longking.com.cn		电子信箱	stock@longking.com.cn	
电　话	0597-2210288		传　真	0597-2290903	
办公地址	福建省龙岩市新罗区陵园路 81 号				
经营范围	环境污染防治设备、工业自动控制系统装置、环保专用仪器、仪表等				

主要财务指标 指标\报告期	2013.06.30	2012.12.31	2012.06.30	2011.12.31
基本每股收益(元)	0.3100	1.3600	0.2800	1.1900
基本每股收益(扣除)(元)	0.2700	1.2100	0.2500	1.0500
每股净资产(元)	5.8987	11.9397	10.9600	10.7100
每股经营现金净流量(元)	–1.0153	2.1041	–0.5622	–0.9896
每股现金流量(元)	–0.0340	0.7629	0.1765	–1.9737
每股资本公积金(元)	2.2670	5.8981	5.7206	5.5297
每股盈余公积金(元)	0.2584	0.5167	0.5167	0.5167
每股未分配利润(元)	2.3751	4.5265	3.7236	3.6652
净资产收益率(%)	5.2863	11.4012	5.0954	11.0050
加权净资产收益率(%)	5.2000	12.0000	5.0600	11.7300
净资产收益率(扣除)(%)	–	–	–	–
总资产(万元)	808069.54	744529.22	696758.94	597727.30
归属母公司股东权益(万元)	252241.54	255283.12	234323.40	228998.57
主营业务收入(万元)	217710.23	424019.30	179203.16	351523.54
营业收入(万元)	217710.23	424019.30	179203.16	351523.54
主营成本(万元)	167067.01	328312.35	138632.00	266589.95
营业成本(万元)	167067.01	328312.35	138632.00	266589.95
投资收益(万元)	609.03	262.01	272.07	298.98
净利润(万元)	13379.54	29684.86	12026.00	25352.84
利润总额(万元)	15897.29	35491.62	14867.67	31704.08

南通江山农药化工股份有限公司

公司概况					
公司名称	南通江山农药化工股份有限公司			证券简称	江山股份
法人代表	李大军	董秘	宋金华	证券代码	600389
公司网址	www.jsac.com.cn		电子信箱	songjh@jsac.com.cn	
电　话	0513-83558270 83530931		传　真	0513-83521807	
办公地址	江苏省南通市经济技术开发区江山路 998 号				
经营范围	化学农药、有机化学品、无机化学品、高分子聚合物等制造、加工、销售				

主要财务指标 指标\报告期	2013.06.30	2012.12.31	2012.06.30	2011.12.31
基本每股收益(元)	0.6627	0.1683	0.0287	0.0255
基本每股收益(扣除)(元)	0.6456	0.1752	0.0062	–0.1400
每股净资产(元)	5.2438	4.7400	4.6053	4.5678
每股经营现金净流量(元)	2.3630	2.2918	0.9469	–0.0230
每股现金流量(元)	0.1157	–0.7318	–0.6795	0.3454
每股资本公积金(元)	1.0807	1.0807	1.0688	1.0688
每股盈余公积金(元)	0.4937	0.4937	0.4781	0.4781
每股未分配利润(元)	2.6627	2.1600	2.0360	2.0073
净资产收益率(%)	12.6377	3.5500	0.6224	0.5590
加权净资产收益率(%)	13.1366	3.6200	0.6256	0.5600
净资产收益率(扣除)(%)	–	–	–	–
总资产(万元)	309304.47	324381.74	342600.06	349667.07
归属母公司股东权益(万元)	103827.83	93852.15	91185.91	90442.15
主营业务收入(万元)	172863.84	299304.68	146324.47	258021.78
营业收入(万元)	173341.50	300790.54	146986.40	260100.15
主营成本(万元)	138733.09	262734.02	130582.39	233939.21
营业成本(万元)	138814.57	262963.86	130685.50	234116.24
投资收益(万元)	1826.52	1439.05	285.69	429.23
净利润(万元)	13121.46	3459.64	777.19	776.01
利润总额(万元)	16886.58	3911.89	900.70	295.34

金瑞新材料科技股份有限公司

公司概况	公司名称	金瑞新材料科技股份有限公司			证券简称	金瑞科技
	法人代表	朱希英	董秘	刘丹	证券代码	600390
	公司网址	www.king-ray.com.cn		电子信箱	liudan@crimm.cn	
	电　话	0731-88657400 88657382		传　真	0731-88711158	
	办公地址	湖南省长沙市岳麓区麓山南路966号				
	经营范围	电子基础材料、金属材料、超硬材料及其制品、专用设备的技术开发等				

主要财务指标	指标\报告期	2013.06.30	2012.12.31	2012.06.30	2011.12.31
	基本每股收益(元)	0.0296	0.0100	0.0258	-0.5400
	基本每股收益(扣除)(元)	-0.1077	-0.3400	-0.0292	-0.5900
	每股净资产(元)	4.7828	3.3981	3.4000	3.3700
	每股经营现金净流量(元)	-0.1847	0.4071	0.0040	0.3284
	每股现金流量(元)	0.0742	-0.1041	-0.1568	-0.4301
	每股资本公积金(元)	3.9385	2.6287	2.6142	2.6142
	每股盈余公积金(元)	0.1201	0.1466	0.1466	0.1466
	每股未分配利润(元)	-0.2903	-0.3861	-0.3747	-0.4004
	净资产收益率(%)	0.5450	0.4212	0.7586	-16.1300
	加权净资产收益率(%)	0.7600	0.4200	0.7600	-14.9300
	净资产收益率(扣除)(%)	-	-	-	-
	总资产(万元)	156606.65	140918.61	140202.89	136382.89
	归属母公司股东权益(万元)	93421.59	54386.39	54356.61	53908.00
	主营业务收入(万元)	37256.28	85404.94	38837.93	122684.70
	营业收入(万元)	39016.53	88658.92	40509.60	125944.60
	主营成本(万元)	34767.80	77522.74	34311.61	105992.36
	营业成本(万元)	36020.06	79259.20	35124.11	107427.87
	投资收益(万元)	66.50	3128.25	600.00	532.56
	净利润(万元)	639.46	469.36	275.33	-9359.95
	利润总额(万元)	800.02	1335.50	506.09	-9386.17

四川成发航空科技股份有限公司

公司概况	公司名称	四川成发航空科技股份有限公司			证券简称	成发科技
	法人代表	陈锦	董秘	陈育培	证券代码	600391
	公司网址	www.scfast.com		电子信箱	board@scfast.com	
	电　话	028-89358665 89358616		传　真	028-89358615	
	办公地址	四川省成都市新都区三河街成发工业园				
	经营范围	研究、制造、加工、维修销售航空发动机及零部件等				

主要财务指标	指标\报告期	2013.06.30	2012.12.31	2012.06.30	2011.12.31
	基本每股收益(元)	0.0600	0.1100	0.0300	0.1600
	基本每股收益(扣除)(元)	0.0600	0.1100	0.0300	0.0900
	每股净资产(元)	4.9657	4.9342	4.8445	8.7300
	每股经营现金净流量(元)	-0.0846	-0.2260	-0.1528	0.1938
	每股现金流量(元)	0.1281	-0.8794	-0.1217	2.8190
	每股资本公积金(元)	3.0644	3.0644	3.0647	6.3165
	每股盈余公积金(元)	0.1928	0.1928	0.1806	0.3251
	每股未分配利润(元)	0.6937	0.6700	0.5992	1.0837
	净资产收益率(%)	1.2826	2.2998	0.6278	2.9430
	加权净资产收益率(%)	1.2900	2.3200	0.6300	2.6800
	净资产收益率(扣除)(%)	-	-	-	-
	总资产(万元)	392955.45	358910.30	351451.56	331397.60
	归属母公司股东权益(万元)	163933.94	162892.61	159929.76	160026.08
	主营业务收入(万元)	78004.16	154573.38	71031.47	160525.69
	营业收入(万元)	78818.46	157302.07	71701.91	162462.76
	主营成本(万元)	59988.66	118155.04	55355.54	130800.61
	营业成本(万元)	60547.91	119691.43	55650.15	131732.58
	投资收益(万元)	-	-	-	-
	净利润(万元)	2745.69	4078.26	906.29	4537.06
	利润总额(万元)	2998.18	6348.25	2322.45	6200.69

盛和资源控股股份有限公司

公司概况	公司名称	盛和资源控股股份有限公司			证券简称	盛和资源
	法人代表	胡泽松	董秘	黄厚兵	证券代码	600392
	公司网址	www.scshre.com		电子信箱	600392@scshre.com	
	电　话	028-85425108 64362930		传　真	028-85530349 4362931	
	办公地址	成都市高新区锦城大道539号盈创动力大厦B1座16楼				
	经营范围	研制、开发、生产、销售智能电子设备及其网络系统等				

主要财务指标	指标\报告期	2013.06.30	2012.12.31	2012.06.30	2011.12.31
	基本每股收益(元)	0.0700	0.7000	0.2787	2.4800
	基本每股收益(扣除)(元)	0.0685	0.7000	0.2780	2.4800
	每股净资产(元)	2.4874	2.4200	0.6141	3.5867
	每股经营现金净流量(元)	-1.0904	0.4467	0.5519	2.3604
	每股现金流量(元)	-1.1323	0.4174	-0.3644	1.6232
	每股资本公积金(元)	0.0276	0.0276	0.9779	-
	每股盈余公积金(元)	-	-	0.1699	0.1699
	每股未分配利润(元)	1.4598	1.3898	-1.5338	3.6309
	净资产收益率(%)	2.8151	16.9840	63.7137	69.0115
	加权净资产收益率(%)	2.8600	21.5900	8.9400	105.3700
	净资产收益率(扣除)(%)	-	-	-	-
	总资产(万元)	2.7900	21.5900	86294.21	88518.49
	归属母公司股东权益(万元)	93630.70	90994.86	9616.88	78842.19
	主营业务收入(万元)	37708.78	73088.58	37272.11	97617.53
	营业收入(万元)	37708.78	74974.75	38829.24	99917.55
	主营成本(万元)	32011.65	47639.42	24752.19	19864.23
	营业成本(万元)	32205.61	48776.66	18738.61	21122.39
	投资收益(万元)	-	-	-	-
	净利润(万元)	2564.63	15266.04	6115.62	56108.10
	利润总额(万元)	3131.87	18007.63	7279.53	66335.17

广州东华实业股份有限公司

公司概况	公司名称	广州东华实业股份有限公司			证券简称	东华实业
	法人代表	杨树坪	董秘	蔡锦鹭	证券代码	600393
	公司网址	www.gzdh.com.cn		电子信箱	caijinlu@tom.com	
	电　话	020-87397172 87379702		传　真	020-87386297	
	办公地址	广东省广州市寺右新马路170号四楼				
	经营范围	房地产开发、出售、出租房屋、房屋拆迁、土建工程电气配套承装、旅游等业务				

主要财务指标	指标\报告期	2013.06.30	2012.12.31	2012.06.30	2011.12.31
	基本每股收益(元)	0.0090	0.1000	0.0640	0.0400
	基本每股收益(扣除)(元)	0.0300	0.0700	0.0640	0.0200
	每股净资产(元)	3.1342	3.1060	3.0700	3.0100
	每股经营现金净流量(元)	-0.1805	-0.4112	-0.4680	-0.8644
	每股现金流量(元)	0.1390	0.0851	-0.0020	-0.6673
	每股资本公积金(元)	0.7221	0.6173	0.6173	0.6173
	每股盈余公积金(元)	0.3276	0.3276	0.2936	0.2936
	每股未分配利润(元)	1.0845	1.1252	1.1581	1.0945
	净资产收益率(%)	0.2977	3.2383	2.0740	1.2510
	加权净资产收益率(%)	0.2900	3.2900	2.1000	1.2400
	净资产收益率(扣除)(%)	-	-	-	-
	总资产(万元)	317633.80	366376.70	334649.15	313199.66
	归属母公司股东权益(万元)	94027.19	95266.09	92071.05	90161.25
	主营业务收入(万元)	16460.81	52830.81	21208.80	76549.96
	营业收入(万元)	17359.56	53523.55	21349.56	77762.32
	主营成本(万元)	8671.21	33336.24	11196.21	53115.05
	营业成本(万元)	8741.86	33363.16	11199.33	53158.83
	投资收益(万元)	591.76	-	-	2643.87
	净利润(万元)	182.05	2924.23	1875.84	729.88
	利润总额(万元)	51.00	1695.91	1392.06	1060.68

贵州盘江精煤股份有限公司

公司概况						
	公司名称	贵州盘江精煤股份有限公司			证券简称	盘江股份
	法人代表	张仕和	董秘	张发安	证券代码	600395
	公司网址	www.pjgf.cn		电子信箱	pjzfa@163.com	
	电　　话	0858-3703046 3703068		传　　真	0858-3703046	
	办公地址	贵州省六盘水市红果经济开发区干沟桥				
	经营范围	原煤开采、洗选加工及销售				

主要财务指标	指标\报告期	2013.06.30	2012.12.31	2012.06.30	2011.12.31
	基本每股收益(元)	0.1970	0.9080	0.6110	1.0300
	基本每股收益(扣除)(元)	0.1980	0.9010	0.6120	1.0220
	每股净资产(元)	4.3746	4.5976	6.6250	6.2890
	每股经营现金净流量(元)	0.3383	0.8626	0.5442	2.1534
	每股现金流量(元)	0.4323	-0.2042	0.1480	0.1285
	每股资本公积金(元)	1.4135	1.4135	2.6169	2.6169
	每股盈余公积金(元)	0.4131	0.4131	0.4904	0.4904
	每股未分配利润(元)	1.2884	1.5413	1.9948	1.9285
	净资产收益率(%)	4.5064	19.7597	13.8316	24.5691
	加权净资产收益率(%)	4.2660	20.9100	13.8720	26.0300
	净资产收益率(扣除)(%)	-	-	-	-
	总资产(万元)	1456891.31	1396445.56	1351737.71	1222440.11
	归属母公司股东权益(万元)	724012.92	760928.94	730983.82	693955.06
	主营业务收入(万元)	269106.68	766462.61	423944.69	735237.65
	营业收入(万元)	289611.11	788229.24	433975.22	746493.18
	主营成本(万元)	168170.80	446295.89	223763.98	401972.37
	营业成本(万元)	192340.39	460146.91	230375.33	412759.62
	投资收益(万元)	800.83	2148.05	1047.46	1701.13
	净利润(万元)	19690.09	152877.71	102049.48	171935.75
	利润总额(万元)	26807.81	180291.39	120024.22	204238.92

沈阳金山能源股份有限公司

公司概况						
	公司名称	沈阳金山能源股份有限公司			证券简称	金山股份
	法人代表	彭兴宇	董秘	薛滨	证券代码	600396
	公司网址	www.chd.com.cn		电子信箱	zqb600396@126.com	
	电　　话	024-83996005 83996041		传　　真	024-83996039	
	办公地址	辽宁省沈阳市和平区南五马路183号泰宸商务大厦B座22-26层				
	经营范围	火力发电、风力发电、供暖及供热				

主要财务指标	指标\报告期	2013.06.30	2012.12.31	2012.06.30	2011.12.31
	基本每股收益(元)	0.3292	0.3239	0.1506	0.3616
	基本每股收益(扣除)(元)	0.3088	0.2578	0.1439	0.1829
	每股净资产(元)	3.6725	3.3378	3.1981	3.0500
	每股经营现金净流量(元)	2.3935	3.9685	1.7181	2.1041
	每股现金流量(元)	0.5315	-0.0620	0.6060	0.0310
	每股资本公积金(元)	0.5785	0.5730	0.5766	0.5766
	每股盈余公积金(元)	0.1996	0.1996	0.1777	0.1777
	每股未分配利润(元)	1.8945	1.5653	1.4439	1.2933
	净资产收益率(%)	8.9646	9.7035	4.7094	11.8650
	加权净资产收益率(%)	9.4000	10.1300	4.8200	10.2000
	净资产收益率(扣除)(%)	-	-	-	-
	总资产(万元)	1494937.61	1478115.62	1431454.24	1399721.50
	归属母公司股东权益(万元)	125086.46	113686.35	108928.74	103798.83
	主营业务收入(万元)	204404.43	356492.96	163451.37	320750.22
	营业收入(万元)	205100.96	357427.53	163539.79	321825.57
	主营成本(万元)	145232.99	269863.02	129370.33	249009.11
	营业成本(万元)	145233.43	269956.94	129370.33	249095.10
	投资收益(万元)	5515.68	11045.14	5821.70	5691.49
	净利润(万元)	17691.16	19604.21	6293.36	20778.12
	利润总额(万元)	21451.43	22554.01	5842.34	19344.49

安源煤业集团股份有限公司

公司概况						
	公司名称	安源煤业集团股份有限公司			证券简称	安源煤业
	法人代表	李良仕	董秘	姚培武	证券代码	600397
	公司网址	www.anyuan2002.com		电子信箱	anyuan2002@126.com	
	电　　话	0791-87151886		传　　真	0791-87151886	
	办公地址	江西省南昌市西湖区丁公路117号煤炭大厦				
	经营范围	煤炭采掘销售、浮法玻璃生产、玻璃深加工及客车制造				

主要财务指标	指标\报告期	2013.06.30	2012.12.31	2012.06.30	2011.12.31
	基本每股收益(元)	0.0951	0.6900	0.2541	1.0200
	基本每股收益(扣除)(元)	0.1048	0.6800	0.2586	1.0000
	每股净资产(元)	3.7710	7.3039	7.5869	15.3700
	每股经营现金净流量(元)	0.0832	1.3214	0.9314	0.0454
	每股现金流量(元)	-0.2857	0.8045	0.1017	-1.6972
	每股资本公积金(元)	1.8654	4.7308	4.2617	11.9177
	每股盈余公积金(元)	0.1880	0.3761	0.3149	0.5790
	每股未分配利润(元)	0.6164	1.0427	1.8931	1.6838
	净资产收益率(%)	2.5206	9.4191	6.6980	12.1852
	加权净资产收益率(%)	2.5700	9.5000	7.1100	13.1000
	净资产收益率(扣除)(%)	-	-	-	-
	总资产(万元)	2.8300	9.3800	807591.58	871151.88
	归属母公司股东权益(万元)	373318.57	361526.92	375535.53	413938.59
	主营业务收入(万元)	854339.77	1645119.73	797845.80	1336237.17
	营业收入(万元)	865561.23	1677585.50	813891.84	1370082.90
	主营成本(万元)	805569.74	1529535.67	716768.64	1150368.21
	营业成本(万元)	816019.23	1548819.50	729635.69	1171945.45
	投资收益(万元)	-	61.32	-	82.71
	净利润(万元)	8331.93	33260.50	25474.08	51320.12
	利润总额(万元)	15798.30	51105.27	37801.04	77357.04

凯诺科技股份有限公司

公司概况						
	公司名称	凯诺科技股份有限公司			证券简称	凯诺科技
	法人代表	陶晓华	董秘	许庆华	证券代码	600398
	公司网址	www.sancanal.com		电子信箱	security@sancanal.com	
	电　　话	0510-86121071		传　　真	0510-86126877	
	办公地址	江苏省江阴市新桥镇				
	经营范围	高档精纺呢绒、高档西服、衬衫、职业服的生产和销售、染整加工业务				

主要财务指标	指标\报告期	2013.06.30	2012.12.31	2012.06.30	2011.12.31
	基本每股收益(元)	0.1200	0.1600	0.1000	0.1600
	基本每股收益(扣除)(元)	0.1200	0.1600	0.1000	0.1600
	每股净资产(元)	3.2939	3.1693	3.1088	3.0576
	每股经营现金净流量(元)	-0.0920	0.5659	0.0238	0.4267
	每股现金流量(元)	-0.0918	0.4654	-0.0621	0.1075
	每股资本公积金(元)	0.6686	0.6686	0.6686	0.6686
	每股盈余公积金(元)	0.2171	0.2171	0.2022	0.2022
	每股未分配利润(元)	1.4082	1.2836	1.2380	1.1868
	净资产收益率(%)	3.7846	5.1013	3.2565	5.2105
	加权净资产收益率(%)	3.8600	5.1900	3.2600	5.2800
	净资产收益率(扣除)(%)	-	-	-	-
	总资产(万元)	286415.81	295051.47	256499.69	265398.21
	归属母公司股东权益(万元)	212987.19	204926.58	201018.76	197705.63
	主营业务收入(万元)	67677.72	134845.65	69667.33	137746.50
	营业收入(万元)	68664.81	136804.51	70479.43	139496.19
	主营成本(万元)	38110.63	84876.01	46595.65	95682.45
	营业成本(万元)	38961.57	86688.35	47429.78	97531.29
	投资收益(万元)	349.62	132.71	-	132.71
	净利润(万元)	8187.46	10739.48	6571.99	10649.56
	利润总额(万元)	9681.40	13338.52	8362.35	12945.98

抚顺特殊钢股份有限公司

公司概况	公司名称	抚顺特殊钢股份有限公司		证券简称	抚顺特钢
	法人代表	赵明远	董秘 孔德生	证券代码	600399
	公司网址	www.fs-ss.com		电子信箱	kongdesheng@dtsteel.com
	电　话	024-56676495 56678441		传　真	024-56688966
	办公地址	辽宁省抚顺市望花区鞍山路东段8号			
	经营范围	钢冶炼、压延钢加工及冶金技术服务、工业(含液体)制造、销售等			

主要财务指标	指标\报告期	2013.06.30	2012.12.31	2012.06.30	2011.12.31
	基本每股收益(元)	0.0220	0.0394	0.0210	0.0493
	基本每股收益(扣除)(元)	0.0160	0.0366	0.0180	0.0488
	每股净资产(元)	3.2893	3.2677	3.2690	3.2480
	每股经营现金净流量(元)	0.8796	-0.1223	0.9300	0.6022
	每股现金流量(元)	0.1430	-0.1902	0.3208	0.0330
	每股资本公积金(元)	1.4126	1.4126	1.4126	1.4126
	每股盈余公积金(元)	-	0.1362	0.1313	0.1313
	每股未分配利润(元)	-	0.7188	0.7250	0.7043
	净资产收益率(%)	0.6575	1.2061	0.6334	1.5172
	加权净资产收益率(%)	0.6580	1.2100	0.6330	1.5300
	净资产收益率(扣除)(%)	-	-	-	-
	总资产(万元)	1078669.50	1007726.80	935382.60	784600.52
	归属母公司股东权益(万元)	171045.15	169920.46	169987.86	168911.13
	主营业务收入(万元)	277240.26	481961.21	267497.02	527674.69
	营业收入(万元)	283351.26	491170.78	272189.79	541753.92
	主营成本(万元)	241160.56	421868.39	230983.51	464489.73
	营业成本(万元)	246696.74	430040.03	235221.39	477623.05
	投资收益(万元)	1.64	-169.72	-270.58	-153.50
	净利润(万元)	1124.69	2049.33	1076.73	2562.74
	利润总额(万元)	1553.39	3119.46	1549.88	3688.43

江苏红豆实业股份有限公司

公司概况	公司名称	江苏红豆实业股份有限公司		证券简称	红豆股份
	法人代表	刘连红	董秘 孟晓平	证券代码	600400
	公司网址	www.hongdou.com.cn		电子信箱	hongdou@hongdou.com
	电　话	0510-66868422 66868278		传　真	0510-88350139
	办公地址	江苏省无锡市锡山区港下镇			
	经营范围	服装、针织品、服装面料的生产与销售、锦纶丝的生产与销售等			

主要财务指标	指标\报告期	2013.06.30	2012.12.31	2012.06.30	2011.12.31
	基本每股收益(元)	0.0400	0.0500	0.0300	0.0600
	基本每股收益(扣除)(元)	0.0400	0.0500	0.0300	0.0600
	每股净资产(元)	2.4446	2.4268	2.4000	2.3900
	每股经营现金净流量(元)	0.5879	0.3954	-0.1319	-0.9745
	每股现金流量(元)	0.1413	0.0465	-0.0371	-0.0253
	每股资本公积金(元)	0.4518	0.4518	0.4403	0.4403
	每股盈余公积金(元)	0.1859	0.1859	0.1783	0.1783
	每股未分配利润(元)	0.8069	0.7891	0.7820	0.7696
	净资产收益率(%)	1.5478	2.0329	1.3483	2.6030
	加权净资产收益率(%)	1.5500	2.0600	1.3500	2.6200
	净资产收益率(扣除)(%)	-	-	-	-
	总资产(万元)	1.4600	1.9900	648010.99	608391.88
	归属母公司股东权益(万元)	136994.81	135995.18	134527.24	133834.17
	主营业务收入(万元)	-	160692.37	-	176530.74
	营业收入(万元)	85340.50	160692.37	77334.35	176530.74
	主营成本(万元)	-	111450.74	-	-
	营业成本(万元)	60860.12	111450.74	56105.45	128550.59
	投资收益(万元)	2687.48	2435.78	1093.98	1553.01
	净利润(万元)	2017.51	2210.64	915.91	4048.80
	利润总额(万元)	3241.90	4969.72	1346.78	7488.23

海润光伏科技股份有限公司

公司概况	公司名称	海润光伏科技股份有限公司		证券简称	海润光伏
	法人代表	任向东	董秘 陈浩	证券代码	600401
	公司网址	www.hareonsolar.com		电子信箱	ir@hareon.net
	电　话	0510-86530938 86913333		传　真	0510-86530766
	办公地址	江苏省江阴市徐霞客镇璜塘工业园区环镇北路178号			
	经营范围	研究、开发、生产、加工单晶硅片、单晶硅棒、多晶硅锭、多晶硅片			

主要财务指标	指标\报告期	2013.06.30	2012.12.31	2012.06.30	2011.12.31
	基本每股收益(元)	-0.2459	0.0020	-0.1301	0.5160
	基本每股收益(扣除)(元)	-0.2501	-0.3858	-0.1425	0.3377
	每股净资产(元)	-	2.6643	2.4830	2.6994
	每股经营现金净流量(元)	0.4729	0.0971	0.0024	0.6928
	每股现金流量(元)	-0.6540	-0.6786	0.1926	0.4186
	每股资本公积金(元)	1.2790	0.8026	0.8036	0.7101
	每股盈余公积金(元)	0.0777	0.0777	0.0688	0.0688
	每股未分配利润(元)	-0.2130	0.7729	0.6497	0.9198
	净资产收益率(%)	-11.2388	0.0752	-5.2400	14.3570
	加权净资产收益率(%)	-9.2200	0.0700	-4.9200	16.9900
	净资产收益率(扣除)(%)	-	-	-	-
	总资产(万元)	1207849.85	1302465.86	1186463.20	1090681.25
	归属母公司股东权益(万元)	226752.57	276129.90	257341.33	279765.64
	主营业务收入(万元)	190778.25	481771.47	245555.28	656189.56
	营业收入(万元)	206047.20	496575.50	254149.10	713168.97
	主营成本(万元)	178035.98	443898.33	227086.48	586255.62
	营业成本(万元)	195733.98	451835.77	232590.67	626986.26
	投资收益(万元)	559.07	370.19	92.07	-
	净利润(万元)	-29864.16	-4398.54	-13076.88	36879.72
	利润总额(万元)	-36600.98	-6063.92	-16830.46	41994.94

河南大有能源股份有限公司

公司概况	公司名称	河南大有能源股份有限公司		证券简称	大有能源
	法人代表	田富军	董秘 张建强	证券代码	600403
	公司网址	www.hndyny.com		电子信箱	dsh@hndyny.com
	电　话	0398-5887735 5898324		传　真	0398-5897007 5898326
	办公地址	河南省三门峡市义马市千秋路6号			
	经营范围	原煤开采、煤炭批发经营、对煤炭行业的投资、煤炭洗选加工			

主要财务指标	指标\报告期	2013.06.30	2012.12.31	2012.06.30	2011.12.31
	基本每股收益(元)	0.3757	1.5000	0.4592	2.1400
	基本每股收益(扣除)(元)	0.3730	1.3900	0.4594	1.5900
	每股净资产(元)	4.4045	4.1868	6.2161	10.5905
	每股经营现金净流量(元)	0.2079	3.3998	2.4973	2.1053
	每股现金流量(元)	-0.3275	1.5553	0.8582	0.9976
	每股资本公积金(元)	0.1375	1.2761	0.9414	1.8963
	每股盈余公积金(元)	0.2025	0.4050	0.1164	0.4845
	每股未分配利润(元)	2.7410	5.1806	3.0158	6.0779
	净资产收益率(%)	8.5296	17.8680	21.1865	28.7634
	加权净资产收益率(%)	8.7500	19.2400	12.0300	33.7100
	净资产收益率(扣除)(%)	-	-	-	-
	总资产(万元)	1651202.47	1656507.37	1026443.28	1554099.13
	归属母公司股东权益(万元)	1053027.13	1000983.23	518207.31	882874.58
	主营业务收入(万元)	549627.71	1192916.01	578403.20	886332.88
	营业收入(万元)	606692.86	1279928.45	617398.44	1228943.23
	主营成本(万元)	355736.47	775832.45	350980.84	546490.68
	营业成本(万元)	411272.94	861013.26	354462.03	704743.29
	投资收益(万元)	401.25	-490.92	-	0.24
	净利润(万元)	90383.59	187144.75	114907.52	266516.80
	利润总额(万元)	118136.01	240320.70	147819.38	337073.65

北京动力源科技股份有限公司

公司概况	公司名称	北京动力源科技股份有限公司			证券简称	动力源
	法人代表	何振亚	董秘	郭玉洁	证券代码	600405
	公司网址	www.dpc.com.cn		电子信箱	gyj@dpc.com.cn	
	电　　话	010-83681321		传　　真	010-63783054	
	办公地址	北京市丰台区科技园区星火路 8 号				
	经营范围	直流电源产品、交流电源产品及相关服务和集中监控系统产品及相关服务				

主要财务指标	指标＼报告期	2013.06.30	2012.12.31	2012.06.30	2011.12.31
	基本每股收益(元)	0.0100	0.0730	-0.1279	-0.0190
	基本每股收益(扣除)(元)	-0.0040	0.0240	-0.1594	-0.0670
	每股净资产(元)	1.9105	1.9008	1.7510	1.8600
	每股经营现金净流量(元)	-0.1985	0.0040	-0.2268	-0.4137
	每股现金流量(元)	0.0021	-0.0096	-0.0660	-0.2460
	每股资本公积金(元)	0.3193	0.3193	0.3792	0.3595
	每股盈余公积金(元)	0.1028	0.1028	0.0990	0.0990
	每股未分配利润(元)	0.4884	0.4787	0.2732	0.4011
	净资产收益率(%)	0.5076	3.8846	-7.3046	-1.0160
	加权净资产收益率(%)	0.5100	3.8900	-7.1000	-1.0000
	净资产收益率(扣除)(%)	-	-	-	-
	总资产(万元)	136966.83	130983.67	123412.44	120443.78
	归属母公司股东权益(万元)	49266.38	49016.30	45848.19	48681.95
	主营业务收入(万元)	32589.11	76671.62	30087.18	68096.50
	营业收入(万元)	32653.32	77263.81	30229.72	69478.42
	主营成本(万元)	21857.48	54474.51	22593.00	49072.96
	营业成本(万元)	21913.06	54514.46	22615.02	49477.55
	投资收益(万元)	-27.36	-43.06	-19.35	-
	净利润(万元)	252.35	1909.64	-3358.13	-479.56
	利润总额(万元)	608.72	2037.44	-3311.86	-597.17

国电南瑞科技股份有限公司

公司概况	公司名称	国电南瑞科技股份有限公司			证券简称	国电南瑞
	法人代表	肖世杰	董秘	方飞龙	证券代码	600406
	公司网址	www.naritech.cn		电子信箱	fangfeilong@sgepri.sgcc.com.cn	
	电　　话	025-83092026		传　　真	025-83422355	
	办公地址	江苏省南京市高新技术产业开发区高新路 20 号				
	经营范围	电网调度自动化、变电站自动化、农村电网自动化等				

主要财务指标	指标＼报告期	2013.06.30	2012.12.31	2012.06.30	2011.12.31
	基本每股收益(元)	0.1900	0.6700	0.1400	0.5400
	基本每股收益(扣除)(元)	0.1800	0.6500	0.1400	0.5200
	每股净资产(元)	1.7982	2.4640	1.9900	2.7900
	每股经营现金净流量(元)	-0.1234	0.3555	-0.1719	0.4145
	每股现金流量(元)	-0.3970	0.1680	-0.3459	0.0615
	每股资本公积金(元)	0.0086	0.0121	0.0121	0.1181
	每股盈余公积金(元)	0.1528	0.2139	0.1536	0.2303
	每股未分配利润(元)	0.6367	1.2380	0.8238	1.4423
	净资产收益率(%)	10.4630	27.2002	9.8352	29.1604
	加权净资产收益率(%)	10.1500	31.1600	10.2200	29.7500
	净资产收益率(扣除)(%)	-	-	-	-
	总资产(万元)	772357.10	767269.87	645485.24	602531.14
	归属母公司股东权益(万元)	396632.57	388219.13	313451.58	293126.47
	主营业务收入(万元)	255807.62	602025.06	213542.80	465531.72
	营业收入(万元)	256793.80	602792.99	213774.60	466001.70
	主营成本(万元)	191543.18	420222.73	149000.15	319533.42
	营业成本(万元)	191667.18	420395.08	149109.49	319703.39
	投资收益(万元)	-	-	-	132.14
	净利润(万元)	41510.13	105775.91	30804.71	85617.04
	利润总额(万元)	40944.66	117880.39	35561.75	97932.63

山西安泰集团股份有限公司

公司概况	公司名称	山西安泰集团股份有限公司			证券简称	安泰集团
	法人代表	李安民	董秘	郭全虎	证券代码	600408
	公司网址	www.antaigroup.com		电子信箱	securities_dpt@antaigroup.com	
	电　　话	0354-7531034		传　　真	0354-7536786	
	办公地址	山西省介休市义安镇				
	经营范围	煤炭洗选、焦炭、生铁、水泥及其制品、电力的生产与销售				

主要财务指标	指标＼报告期	2013.06.30	2012.12.31	2012.06.30	2011.12.31
	基本每股收益(元)	-0.0300	0.0300	0.0015	-0.3800
	基本每股收益(扣除)(元)	-0.0500	-0.0100	-0.0024	-0.3800
	每股净资产(元)	2.3800	2.4076	2.3800	2.3800
	每股经营现金净流量(元)	0.5585	-0.2187	-0.1723	0.1495
	每股现金流量(元)	0.1014	-0.5163	-0.3340	0.0307
	每股资本公积金(元)	1.4433	1.4433	1.4433	1.4433
	每股盈余公积金(元)	0.1316	0.1316	0.1316	0.1316
	每股未分配利润(元)	-0.1965	-0.1699	-0.1990	-0.2006
	净资产收益率(%)	-1.1183	1.2732	0.0650	-16.0000
	加权净资产收益率(%)	-1.1100	1.2800	0.0600	-14.8300
	净资产收益率(扣除)(%)	-	-	-	-
	总资产(万元)	706852.24	732121.07	732399.83	730435.70
	归属母公司股东权益(万元)	239621.98	242400.46	239409.91	239301.17
	主营业务收入(万元)	215674.80	518706.50	287132.89	549385.45
	营业收入(万元)	215720.55	518869.12	287179.48	550592.13
	主营成本(万元)	195798.40	457579.66	254891.16	531583.12
	营业成本(万元)	195830.66	458147.19	254912.75	532012.20
	投资收益(万元)	-	-	-	219.47
	净利润(万元)	-5418.94	2504.62	900.76	-44037.48
	利润总额(万元)	-5367.93	4261.42	2315.44	-45805.07

唐山三友化工股份有限公司

公司概况	公司名称	唐山三友化工股份有限公司			证券简称	三友化工
	法人代表	么志义	董秘	刘印江	证券代码	600409
	公司网址	www.sanyou-chem.com.cn		电子信箱	zhengquanbu@sanyou-chem.com.cn	
	电　　话	0315-8519078 8511642		传　　真	0315-8511006	
	办公地址	河北省唐山市南堡开发区				
	经营范围	生产和销售“三友”牌纯碱				

主要财务指标	指标＼报告期	2013.06.30	2012.12.31	2012.06.30	2011.12.31
	基本每股收益(元)	0.1006	0.0624	0.0331	0.3710
	基本每股收益(扣除)(元)	0.0968	0.0237	0.0175	0.3444
	每股净资产(元)	2.9392	2.9000	4.2540	3.9509
	每股经营现金净流量(元)	-0.2319	-0.5780	-0.4609	0.1599
	每股现金流量(元)	0.0395	0.0184	0.4208	0.1525
	每股资本公积金(元)	1.2050	1.2049	2.1535	1.7884
	每股盈余公积金(元)	0.1140	0.1140	0.1692	0.1970
	每股未分配利润(元)	0.5941	0.5135	0.9083	0.9314
	净资产收益率(%)	3.4242	2.1502	1.1302	14.0869
	加权净资产收益率(%)	3.4600	2.1800	1.1900	14.9100
	净资产收益率(扣除)(%)	-	-	-	-
	总资产(万元)	1752093.88	1628637.52	1529133.24	1370836.29
	归属母公司股东权益(万元)	543858.44	528390.21	524784.05	418632.19
	主营业务收入(万元)	546457.29	1020429.33	496675.14	1012377.03
	营业收入(万元)	561176.89	1048408.99	509067.73	1042860.72
	主营成本(万元)	461963.65	871321.74	428555.28	804077.98
	营业成本(万元)	470990.97	897298.13	434760.81	832348.60
	投资收益(万元)	25.27	2978.50	4.66	351.25
	净利润(万元)	18569.59	10930.92	5862.14	59348.69
	利润总额(万元)	19200.27	15951.43	8550.21	78899.64

北京华胜天成科技股份有限公司

公司概况	公司名称	北京华胜天成科技股份有限公司			证券简称	华胜天成
	法人代表	胡联奎	董秘	胡联奎(代)	证券代码	600410
	公司网址	www.teamsun.com.cn		电子信箱	securities@teamsun.com.cn	
	电　　话	010-82733988		传　　真	010-82733666	
	办公地址	北京市海淀区学清路8号科技财富中心A座10-11层				
	经营范围	为电信、金融等行业用户提供系统集成及专业服务				

	指标\报告期	2013.06.30	2012.12.31	2012.06.30	2011.12.31
主要财务指标	基本每股收益(元)	0.0855	0.2409	0.1113	0.3712
	基本每股收益(扣除)(元)	0.0829	0.2386	0.1104	0.3722
	每股净资产(元)	3.7125	3.6551	3.5400	4.2230
	每股经营现金净流量(元)	−0.3258	0.2127	−0.2583	−0.5278
	每股现金流量(元)	0.8870	−0.3414	−0.4953	0.2436
	每股资本公积金(元)	1.0683	1.0635	1.0840	1.4961
	每股盈余公积金(元)	0.2560	0.2560	0.2432	0.2915
	每股未分配利润(元)	1.4821	1.3965	1.2713	1.5104
	净资产收益率(%)	2.3043	6.6135	3.1439	9.9820
	加权净资产收益率(%)	2.3200	6.7200	3.1100	12.4900
	净资产收益率(扣除)(%)	–	–	–	–
	总资产(万元)	564192.73	455573.78	413313.06	420804.43
	归属母公司股东权益(万元)	240670.73	236955.26	230726.45	229615.57
	主营业务收入(万元)	230800.70	522859.66	226247.15	507707.79
	营业收入(万元)	231082.61	523681.18	226478.25	508387.35
	主营成本(万元)	194300.26	436655.73	185762.80	416926.39
	营业成本(万元)	194345.17	436880.46	185814.22	417142.52
	投资收益(万元)	38.77	260.95	32.15	342.57
	净利润(万元)	5321.54	17075.61	7916.56	24484.42
	利润总额(万元)	5548.98	19045.07	9437.00	26338.54

浙江中国小商品城集团股份有限公司

公司概况	公司名称	浙江中国小商品城集团股份有限公司			证券简称	小商品城
	法人代表	金方平	董秘	鲍江钱	证券代码	600415
	公司网址	www.cccgroup.com.cn		电子信箱	600415@cccgroup.com.cn	
	电　　话	0579-85182700 85182812		传　　真	0579-85197755	
	办公地址	浙江省义乌市福田路105号海洋商务写字楼				
	经营范围	市场网点经营、房地产开发销售、酒店服务、商品销售等				

	指标\报告期	2013.06.30	2012.12.31	2012.06.30	2011.12.31
主要财务指标	基本每股收益(元)	0.1500	0.2600	0.1400	0.2400
	基本每股收益(扣除)(元)	0.1400	0.2500	0.1300	0.2300
	每股净资产(元)	–	3.0296	2.9100	2.8700
	每股经营现金净流量(元)	−0.5466	0.7124	0.0930	0.8452
	每股现金流量(元)	−0.2530	−0.2686	−0.5577	0.5137
	每股资本公积金(元)	0.5396	0.5396	0.5396	0.5396
	每股盈余公积金(元)	0.2046	0.2046	0.1788	0.1788
	每股未分配利润(元)	1.3343	1.2854	1.1918	1.1515
	净资产收益率(%)	4.8344	8.5750	4.8223	8.2710
	加权净资产收益率(%)	4.8700	8.8600	4.8600	8.6300
	净资产收益率(扣除)(%)	–	–	–	–
	总资产(万元)	1901744.03	1828133.75	1684490.10	1811967.92
	归属母公司股东权益(万元)	837837.05	824548.08	792044.29	781063.26
	主营业务收入(万元)	163589.70	335173.60	152187.22	315575.56
	营业收入(万元)	177693.62	361182.77	165208.46	339633.55
	主营成本(万元)	85559.32	188864.08	80187.58	173746.29
	营业成本(万元)	86398.79	188864.08	81364.22	177030.74
	投资收益(万元)	1197.85	2993.39	1798.83	3288.39
	净利润(万元)	40503.87	70840.10	38211.14	64550.37
	利润总额(万元)	54437.47	93541.29	50561.82	85433.48

湘潭电机股份有限公司

公司概况	公司名称	湘潭电机股份有限公司			证券简称	湘电股份
	法人代表	周建雄	董秘	刘海强	证券代码	600416
	公司网址	www.xemc.com.cn		电子信箱	mail.xemc.com.cn	
	电　　话	0731-58595252 58595732		传　　真	0731-58595252	
	办公地址	湖南省湘潭市下摄司街302号				
	经营范围	大中型交直流电机(含特种电机)的开发、生产和销售业务等				

	指标\报告期	2013.06.30	2012.12.31	2012.06.30	2011.12.31
主要财务指标	基本每股收益(元)	0.0200	−0.3417	0.0100	0.2285
	基本每股收益(扣除)(元)	0.0100	−0.4200	−0.0100	0.1690
	每股净资产(元)	3.4039	3.3866	3.7300	3.8100
	每股经营现金净流量(元)	−0.5341	−2.5920	−2.0838	−3.7093
	每股现金流量(元)	−0.7002	−0.8717	−1.3068	0.2251
	每股资本公积金(元)	1.7013	1.7013	1.7013	1.7013
	每股盈余公积金(元)	0.2785	0.2785	0.2378	0.2215
	每股未分配利润(元)	0.4565	0.4317	0.8218	0.9305
	净资产收益率(%)	0.7281	−10.0883	0.2079	5.9895
	加权净资产收益率(%)	0.7300	−9.4700	0.2000	7.4200
	净资产收益率(扣除)(%)	–	–	–	–
	总资产(万元)	1449571.43	1367532.95	1394113.85	1358098.10
	归属母公司股东权益(万元)	207122.60	206070.21	226902.69	232091.10
	主营业务收入(万元)	306915.14	538867.59	312616.06	619535.11
	营业收入(万元)	309216.08	542450.13	314150.44	624750.84
	主营成本(万元)	249993.13	434280.78	259867.47	507893.39
	营业成本(万元)	251387.47	437008.75	260516.76	511722.38
	投资收益(万元)	−105.92	235.71	463.43	1192.21
	净利润(万元)	1510.67	−22001.86	176.54	14160.63
	利润总额(万元)	2351.16	−20285.94	2156.88	16781.21

安徽江淮汽车股份有限公司

公司概况	公司名称	安徽江淮汽车股份有限公司			证券简称	江淮汽车
	法人代表	安进	董秘	冯梁森	证券代码	600418
	公司网址	www.jac.com.cn		电子信箱	jqgf@jac.com.cn	
	电　　话	0551-62296835 62296666		传　　真	0551-2296837	
	办公地址	安徽省合肥市东流路176号				
	经营范围	汽车、汽车底盘及其汽车变速箱等零部件的开发、生产和销售				

	指标\报告期	2013.06.30	2012.12.31	2012.06.30	2011.12.31
主要财务指标	基本每股收益(元)	0.4100	0.3800	0.2500	0.4800
	基本每股收益(扣除)(元)	0.3600	0.3000	0.2200	0.3500
	每股净资产(元)	4.9691	4.6600	4.5300	4.5300
	每股经营现金净流量(元)	1.5956	2.3306	1.1681	−0.5384
	每股现金流量(元)	1.8366	1.1847	0.6255	−0.4471
	每股资本公积金(元)	1.0416	1.0117	1.0172	1.1191
	每股盈余公积金(元)	0.7169	0.7169	0.6455	0.6455
	每股未分配利润(元)	2.2355	1.9405	1.8645	1.7701
	净资产收益率(%)	8.1263	8.2644	5.4865	10.6252
	加权净资产收益率(%)	8.3400	8.3000	5.3900	11.2100
	净资产收益率(扣除)(%)	–	–	–	–
	总资产(万元)	2501730.35	1956917.81	1738188.99	1510670.79
	归属母公司股东权益(万元)	640391.70	598681.84	583418.76	584330.15
	主营业务收入(万元)	1701925.17	2761498.92	1402157.18	2951506.41
	营业收入(万元)	1798460.91	2911675.41	1484188.27	3103252.70
	主营成本(万元)	1425843.55	2356182.04	1190710.83	2559859.68
	营业成本(万元)	1501174.12	2480231.12	1224697.19	2692657.88
	投资收益(万元)	2176.26	1981.06	336.72	3854.80
	净利润(万元)	52684.97	50479.65	32569.03	62890.89
	利润总额(万元)	60037.81	55147.14	37260.18	71300.35

新疆天宏纸业股份有限公司

公司概况					
公司名称	新疆天宏纸业股份有限公司			证券简称	新疆天宏
法人代表	李佚	董秘	王巧玲	证券代码	600419
公司网址	www.xjth.cn		电子信箱	thwql@126.com	
电　　话	0993-7526018 7526008		传　　真	0993-2526585	
办公地址	新疆维吾尔自治区石河子市西三路 17 号				
经营范围	造纸、纸制品及纸料加工、销售、化工产品(有毒除外)、印刷物资的销售等				

主要财务指标

指标＼报告期	2013.06.30	2012.12.31	2012.06.30	2011.12.31
基本每股收益(元)	-0.3000	-0.4700	-0.2000	0.0500
基本每股收益(扣除)(元)	-0.3100	-0.5100	-0.2000	-0.2100
每股净资产(元)	0.9947	1.2933	1.5723	1.7700
每股经营现金净流量(元)	-0.1029	0.0035	-0.0773	0.3152
每股现金流量(元)	-0.1031	-0.1756	-0.2527	0.2018
每股资本公积金(元)	2.1546	2.1546	2.1546	2.1546
每股盈余公积金(元)	0.2032	0.2032	0.2032	0.2032
每股未分配利润(元)	-2.3631	-2.0646	-1.7855	-1.5896
净资产收益率(%)	-30.0103	-36.7288	-12.4560	2.6458
加权净资产收益率(%)	-26.0900	-31.0300	-11.7300	2.6800
净资产收益率(扣除)(%)	-	-	-	-
总资产(万元)	19675.57	22702.61	28270.01	29501.12
归属母公司股东权益(万元)	7973.76	10366.70	12603.69	14174.27
主营业务收入(万元)	676.40	14132.58	7066.60	38116.02
营业收入(万元)	1026.78	16092.81	7920.29	40250.97
主营成本(万元)	576.96	13845.21	6704.85	37263.24
营业成本(万元)	874.74	15634.61	7539.93	39251.27
投资收益(万元)	-	-	-	7.26
净利润(万元)	-2394.25	-3833.27	-1582.65	392.43
利润总额(万元)	-2394.25	-3768.78	-1518.16	407.40

上海现代制药股份有限公司

公司概况					
公司名称	上海现代制药股份有限公司			证券简称	现代制药
法人代表	周斌	董秘	魏冬松	证券代码	600420
公司网址	www.shyndec.com		电子信箱	weidongsong@shyndec.cn	
电　　话	021-62510990 52372865		传　　真	021-62510787	
办公地址	上海市静安区北京西路 1320 号				
经营范围	医药产品的开发、生产、经营、医药产品的代理销售				

主要财务指标

指标＼报告期	2013.06.30	2012.12.31	2012.06.30	2011.12.31
基本每股收益(元)	0.2524	0.4030	0.1889	0.4172
基本每股收益(扣除)(元)	0.2207	0.3685	0.1788	0.3816
每股净资产(元)	3.3930	3.1406	2.9208	2.8300
每股经营现金净流量(元)	0.0837	0.6722	0.1768	0.4731
每股现金流量(元)	-0.1246	0.4611	0.9158	0.4189
每股资本公积金(元)	0.1189	0.1189	0.1131	0.1131
每股盈余公积金(元)	0.2594	0.2594	0.2339	0.2339
每股未分配利润(元)	2.0148	1.7623	1.5738	1.4849
净资产收益率(%)	7.4395	12.8308	6.4683	14.7310
加权净资产收益率(%)	7.7300	13.5400	6.4600	15.7500
净资产收益率(扣除)(%)	-	-	-	-
总资产(万元)	290185.01	246884.08	225713.71	149232.84
归属母公司股东权益(万元)	97627.22	90364.20	84040.75	81482.06
主营业务收入(万元)	113191.52	199684.94	90778.87	169523.92
营业收入(万元)	113360.41	200689.22	91241.71	170262.33
主营成本(万元)	68646.73	132317.78	59317.68	116951.26
营业成本(万元)	68738.59	133007.84	59654.33	117353.72
投资收益(万元)	353.61	-14.44	-7.22	-14.44
净利润(万元)	10288.62	15167.04	7256.27	14691.77
利润总额(万元)	12463.91	18518.64	8756.51	16958.76

武汉国药科技股份有限公司

公司概况					
公司名称	武汉国药科技股份有限公司			证券简称	*ST 国药
法人代表	周伟兴	董秘	闻彩兵	证券代码	600421
公司网址			电子信箱	stocks@spring.com.cn	
电　　话	027-87654767		传　　真	027-87654767	
办公地址	湖北省武汉市武昌区武珞路 628 号亚洲贸易广场 B 座 22 层				
经营范围	企业投资开发、房地产开发、经营				

主要财务指标

指标＼报告期	2013.06.30	2012.12.31	2012.06.30	2011.12.31
基本每股收益(元)	0.0750	0.6100	-0.0100	-0.1000
基本每股收益(扣除)(元)	0.0750	-0.0300	-0.0100	-0.1000
每股净资产(元)	-0.1742	-0.2488	-0.8710	-0.8610
每股经营现金净流量(元)	-0.6620	0.3544	0.0254	-0.0260
每股现金流量(元)	-0.6169	0.6345	0.0264	0.0032
每股资本公积金(元)	0.8062	0.8062	0.8062	0.8062
每股盈余公积金(元)	0.1433	0.1433	0.1433	0.1433
每股未分配利润(元)	-2.1237	-2.1983	-2.8205	-2.8105
净资产收益率(%)	-42.8500	-246.0572	-1.1465	11.9783
加权净资产收益率(%)	-	-110.3300	-	12.7400
净资产收益率(扣除)(%)	-	-	-	-
总资产(万元)	1048.85	17234.00	6096.53	5733.61
归属母公司股东权益(万元)	-3406.72	-4866.68	-17036.80	-16841.48
主营业务收入(万元)	4156.57	4918.90	425.97	1075.62
营业收入(万元)	4156.57	4918.90	425.97	1075.62
主营成本(万元)	4092.75	4653.48	327.16	869.38
营业成本(万元)	4092.75	4653.48	327.16	869.38
投资收益(万元)	1440.29	-	-	-
净利润(万元)	1459.96	11974.81	-195.34	-2017.33
利润总额(万元)	1461.84	11992.24	-195.34	-2017.33

昆明制药集团股份有限公司

公司概况					
公司名称	昆明制药集团股份有限公司			证券简称	昆明制药
法人代表	何勤	董秘	徐朝能	证券代码	600422
公司网址	www.kpc.com.cn		电子信箱	bing.lu@holley.cn	
电　　话	0871-8324311		传　　真	0871-8324267	
办公地址	云南省昆明市国家高新技术开发区科医路 166 号				
经营范围	天然植物药的生产经营和外购药品的批发零售				

主要财务指标

指标＼报告期	2013.06.30	2012.12.31	2012.06.30	2011.12.31
基本每股收益(元)	0.3711	0.5785	0.2542	0.4142
基本每股收益(扣除)(元)	0.3630	0.5295	0.2454	0.3849
每股净资产(元)	3.0594	2.9878	2.6584	2.6042
每股经营现金净流量(元)	0.0129	0.6790	0.1697	0.4464
每股现金流量(元)	-0.1696	0.1688	-0.1128	0.1309
每股资本公积金(元)	0.6348	0.6348	0.6346	0.6346
每股盈余公积金(元)	0.2423	0.2423	0.1997	0.1997
每股未分配利润(元)	1.1769	1.1057	0.8240	0.7698
净资产收益率(%)	12.1309	19.3623	9.5600	15.9040
加权净资产收益率(%)	10.4600	20.9400	9.7600	17.0100
净资产收益率(扣除)(%)	-	-	-	-
总资产(万元)	232845.69	215176.51	169590.37	162989.48
归属母公司股东权益(万元)	96120.34	93868.01	83519.17	81817.84
主营业务收入(万元)	176002.01	299558.29	148048.49	242145.66
营业收入(万元)	177304.06	301602.18	149161.42	243400.81
主营成本(万元)	121577.31	204170.57	102256.77	170289.08
营业成本(万元)	122560.28	205826.11	103197.47	171268.08
投资收益(万元)	-	1.39	-	0.25
净利润(万元)	12404.47	20118.08	8564.18	14545.61
利润总额(万元)	15406.47	24196.67	10181.84	17515.04

柳州化工股份有限公司

公司概况	公司名称	柳州化工股份有限公司			证券简称	柳化股份
	法人代表	廖能成	董秘	袁志刚	证券代码	600423
	公司网址	www.lzhg.cn		电子信箱	yuanzg2001@163.net	
	电　话	0772-2516580 2519434		传　真	0772-2510401	
	办公地址	广西壮族自治区柳州市北雀路 67 号				
	经营范围	以煤为原料、以合成氨为中间产品的系列氨加工产品的生产和销售				

主要财务指标	指标 \ 报告期	2013.06.30	2012.12.31	2012.06.30	2011.12.31
	基本每股收益(元)	-0.0600	0.1027	0.1000	0.1684
	基本每股收益(扣除)(元)	-0.0700	0.0100	0.0900	0.1600
	每股净资产(元)	3.6376	3.7746	3.7800	3.7500
	每股经营现金净流量(元)	0.3832	0.7623	0.3309	0.8255
	每股现金流量(元)	-0.2065	-0.1894	0.0792	-0.0505
	每股资本公积金(元)	1.5009	1.5097	1.4937	1.4569
	每股盈余公积金(元)	0.2232	0.2232	0.2079	0.2079
	每股未分配利润(元)	0.9114	1.0416	1.0740	1.0736
	净资产收益率(%)	-1.7245	2.7200	2.6586	4.4940
	加权净资产收益率(%)	-1.6800	2.7400	2.6400	4.5800
	净资产收益率(扣除)(%)	-	-	-	4.2400
	总资产(万元)	425390.95	438933.28	449483.87	454055.50
	归属母公司股东权益(万元)	145267.70	150737.08	150824.22	149663.10
	主营业务收入(万元)	130630.97	269202.04	148483.77	253231.44
	营业收入(万元)	136238.54	281858.52	153497.22	266982.49
	主营成本(万元)	112485.34	232435.75	126419.38	207149.45
	营业成本(万元)	116215.91	239719.32	130133.31	215958.19
	投资收益(万元)	-5.34	3651.86	-	-8.42
	净利润(万元)	-2736.31	3702.82	3897.33	6967.88
	利润总额(万元)	-2688.39	4197.07	4023.73	8162.88

新疆青松建材化工(集团)股份有限公司

公司概况	公司名称	新疆青松建材化工(集团)股份有限公司			证券简称	青松建化
	法人代表	甘军	董秘	尹华军	证券代码	600425
	公司网址	www.xjqscc.com		电子信箱	yhj0186@sina.com	
	电　话	0997-2813793 2811282		传　真	0997-2811675	
	办公地址	新疆维吾尔自治区阿克苏市林园				
	经营范围	水泥及水泥制品的生产和销售				

主要财务指标	指标 \ 报告期	2013.06.30	2012.12.31	2012.06.30	2011.12.31
	基本每股收益(元)	0.0035	0.1710	0.2010	0.7960
	基本每股收益(扣除)(元)	0.0023	0.1620	0.0676	0.7770
	每股净资产(元)	3.8348	7.7610	8.1020	5.7867
	每股经营现金净流量(元)	0.0546	0.4392	0.0369	1.2219
	每股现金流量(元)	-1.6055	4.1189	4.1377	-0.9636
	每股资本公积金(元)	2.3211	5.6422	5.6413	2.8865
	每股盈余公积金(元)	0.0764	0.1527	0.1329	0.1914
	每股未分配利润(元)	0.4244	0.9418	1.3059	1.6798
	净资产收益率(%)	0.0913	1.8718	1.7215	16.7138
	加权净资产收益率(%)	0.0900	2.4100	3.5100	18.5600
	净资产收益率(扣除)(%)	-	-	-	-
	总资产(万元)	987796.46	1123840.98	968907.09	617534.16
	归属母公司股东权益(万元)	528737.04	535036.36	558613.58	277007.41
	主营业务收入(万元)	104926.08	223145.89	91498.42	214841.17
	营业收入(万元)	108706.49	230053.53	96792.29	221987.40
	主营成本(万元)	87539.09	186560.65	67022.72	146551.98
	营业成本(万元)	92036.63	192299.24	71281.46	151793.28
	投资收益(万元)	1088.70	2657.24	1129.03	2236.91
	净利润(万元)	484.21	11021.71	10320.43	49178.53
	利润总额(万元)	1263.66	13205.09	12299.34	57438.08

山东华鲁恒升化工股份有限公司

公司概况	公司名称	山东华鲁恒升化工股份有限公司			证券简称	华鲁恒升
	法人代表	常怀春	董秘	高景宏	证券代码	600426
	公司网址	www.hl-hengsheng.com		电子信箱	hl600426@sina.com	
	电　话	0534-2465426		传　真	0534-2465017	
	办公地址	山东省德州市德城区天衢西路 24 号				
	经营范围	尿素、DMF 和三甲胺的生产和销售				

主要财务指标	指标 \ 报告期	2013.06.30	2012.12.31	2012.06.30	2011.12.31
	基本每股收益(元)	0.1990	0.4740	0.2290	0.3720
	基本每股收益(扣除)(元)	0.1960	0.4700	0.2280	0.3650
	每股净资产(元)	5.9920	5.7907	5.5500	5.3200
	每股经营现金净流量(元)	0.7445	0.5297	0.1623	0.3644
	每股现金流量(元)	-0.0831	-0.0902	0.2819	-1.2435
	每股资本公积金(元)	2.4245	2.4245	2.4245	2.4245
	每股盈余公积金(元)	0.3298	0.3298	0.2825	0.2825
	每股未分配利润(元)	2.2356	2.0364	1.8395	1.6102
	净资产收益率(%)	3.3251	8.1773	4.1300	6.9950
	加权净资产收益率(%)	3.3800	8.5300	4.2200	7.1900
	净资产收益率(扣除)(%)	-	-	-	-
	总资产(万元)	1226317.01	1202917.40	1258279.80	1063291.85
	归属母公司股东权益(万元)	571414.82	552217.99	529734.82	507061.46
	主营业务收入(万元)	362337.41	696967.72	303934.36	517017.47
	营业收入(万元)	364415.69	700311.92	305425.27	519546.72
	主营成本(万元)	314678.25	595918.48	258480.21	442552.30
	营业成本(万元)	316250.66	598416.86	259463.73	444383.85
	投资收益(万元)	-	-	-	-
	净利润(万元)	19000.02	45156.53	21859.27	35469.66
	利润总额(万元)	22352.96	53242.98	25771.00	41848.27

中远航运股份有限公司

公司概况	公司名称	中远航运股份有限公司			证券简称	中远航运
	法人代表	叶伟龙	董秘	李建雄	证券代码	600428
	公司网址	www.coscol.com.cn		电子信箱	info@coscol.com.cn	
	电　话	020-38161888		传　真	020-38162888	
	办公地址	广东省广州市天河区珠江新城花城大道 20 号广州远洋大厦 15-26 楼				
	经营范围	远洋及沿海运输				

主要财务指标	指标 \ 报告期	2013.06.30	2012.12.31	2012.06.30	2011.12.31
	基本每股收益(元)	-0.0460	0.0110	-0.0140	0.0900
	基本每股收益(扣除)(元)	-0.0480	0.0090	-0.0120	0.0300
	每股净资产(元)	3.9597	5.1800	3.8900	3.9030
	每股经营现金净流量(元)	-0.0204	0.3736	-0.0391	0.0252
	每股现金流量(元)	-1.5367	0.0192	-0.4741	0.5235
	每股资本公积金(元)	1.7791	1.5089	1.5089	1.5089
	每股盈余公积金(元)	0.4737	0.4737	0.4737	0.4643
	每股未分配利润(元)	0.8590	1.1759	1.0515	1.0805
	净资产收益率(%)	-1.1656	0.2911	-0.3596	2.3020
	加权净资产收益率(%)	-1.1000	0.2900	-0.2700	2.3600
	净资产收益率(扣除)(%)	-	-	-	-
	总资产(万元)	1728428.57	1915941.59	1332744.00	1312204.70
	归属母公司股东权益(万元)	669360.57	875200.01	657280.82	659774.27
	主营业务收入(万元)	339220.40	592652.57	336836.06	487125.56
	营业收入(万元)	363[illegible]04.09	630477.69	360516.66	516305.93
	主营成本(万元)	325776.77	551287.15	310857.93	452242.26
	营业成本(万元)	339230.33	580188.21	266491.23	486967.95
	投资收益(万元)	3047.84	798.71	4688.12	-
	净利润(万元)	-8036.16	3853.74	-1541.39	16700.05
	利润总额(万元)	-7231.74	6901.57	2761.22	21879.99

北京三元食品股份有限公司

公司概况

公司名称	北京三元食品股份有限公司			证券简称	三元股份
法人代表	张福平	董秘	谷子	证券代码	600429
公司网址	www.sanyuan.com.cn		电子信箱	zhengquanbu@sanyuan.com.cn	
电　　话	010-56306020 56306096		传　　真	010-56306655	
办公地址	北京市大兴区瀛海瀛昌街 8 号				
经营范围	乳及乳制品的生产、销售业务				

主要财务指标

指标\报告期	2013.06.30	2012.12.31	2012.06.30	2011.12.31
基本每股收益(元)	-0.0430	0.0371	0.0384	0.0550
基本每股收益(扣除)(元)	-0.0444	-0.0409	-0.0089	-0.0504
每股净资产(元)	1.9960	2.0390	2.0613	2.0229
每股经营现金净流量(元)	0.0119	0.2248	-0.0187	0.0036
每股现金流量(元)	-0.1142	-0.1508	-0.2188	0.0319
每股资本公积金(元)	1.1025	1.1016	1.1016	1.1016
每股盈余公积金(元)	0.0858	0.0858	0.0807	0.0807
每股未分配利润(元)	-0.1954	-0.1524	-0.1248	-0.1632
净资产收益率(%)	-2.1533	1.8178	1.8635	2.7211
加权净资产收益率(%)	-2.1303	1.8300	1.8810	2.7600
净资产收益率(扣除)(%)	-	-	-	-
总资产(万元)	358890.84	364564.12	367618.43	347212.13
归属母公司股东权益(万元)	176642.47	180448.45	182422.29	179029.24
主营业务收入(万元)	183014.34	351390.63	167313.32	302046.77
营业收入(万元)	185105.41	355296.36	169273.32	307025.04
主营成本(万元)	140254.33	272352.26	131565.97	238044.83
营业成本(万元)	141842.21	275301.83	132956.88	241823.18
投资收益(万元)	1451.77	8953.95	4290.68	10832.28
净利润(万元)	-5173.10	399.89	2629.76	2413.21
利润总额(万元)	-5065.48	1321.24	2199.29	2217.60

广东冠豪高新技术股份有限公司

公司概况

公司名称	广东冠豪高新技术股份有限公司			证券简称	冠豪高新
法人代表	童来明	董秘	陈华春	证券代码	600433
公司网址	www.guanhao.com		电子信箱	chc@guanhao.com	
电　　话	0759-2820938		传　　真	0759-2820680	
办公地址	广东省湛江市经济技术开发区乐怡路 6 号				
经营范围	生产和销售热敏记录纸、无碳复写纸及其微胶囊				

主要财务指标

指标\报告期	2013.06.30	2012.12.31	2012.06.30	2011.12.31
基本每股收益(元)	0.0300	0.3400	0.0300	0.1700
基本每股收益(扣除)(元)	0.0200	0.0800	0.0200	0.1100
每股净资产(元)	1.3070	2.6750	2.3851	3.3284
每股经营现金净流量(元)	0.0142	0.1328	0.0525	0.1461
每股现金流量(元)	-0.1336	-0.7660	-0.4282	1.2427
每股资本公积金(元)	0.0791	1.1582	1.1575	2.0205
每股盈余公积金(元)	0.0427	0.0853	0.0527	0.0738
每股未分配利润(元)	0.1853	0.4315	0.1748	0.2341
净资产收益率(%)	2.2584	12.7004	2.1158	6.0260
加权净资产收益率(%)	2.2300	13.4500	2.1200	11.2100
净资产收益率(扣除)(%)	-	-	-	-
总资产(万元)	243883.17	220918.39	217452.67	214416.57
归属母公司股东权益(万元)	155574.54	159202.75	141944.55	141491.93
主营业务收入(万元)	46349.20	92966.13	45446.80	93147.10
营业收入(万元)	46415.21	93119.39	45538.20	93388.39
主营成本(万元)	35685.25	72432.14	35727.49	73344.36
营业成本(万元)	35744.70	72640.13	35866.09	73633.70
投资收益(万元)	351.80	15253.17	-	-142.65
净利润(万元)	3513.47	20219.42	3003.22	8530.62
利润总额(万元)	4288.71	24011.83	3610.36	10111.82

吉林吉恩镍业股份有限公司

公司概况

公司名称	吉林吉恩镍业股份有限公司			证券简称	吉恩镍业
法人代表	吴术	董秘	王行龙	证券代码	600432
公司网址	www.jlnickel.com.cn		电子信箱	zhq@jlnickel.com.cn	
电　　话	0432-65610887		传　　真	0432-65614429	
办公地址	吉林省磐石市红旗岭镇红旗大街 54 号				
经营范围	硫酸镍、高冰镍、电解镍、氢氧化镍、氯化镍、硫酸铜、铜精矿等				

主要财务指标

指标\报告期	2013.06.30	2012.12.31	2012.06.30	2011.12.31
基本每股收益(元)	-0.0800	-0.0300	-0.3900	0.0400
基本每股收益(扣除)(元)	-0.0900	-0.4300	-0.3900	0.0300
每股净资产(元)	3.8149	3.9821	3.7500	4.4300
每股经营现金净流量(元)	-0.4584	0.7035	-0.2682	0.4867
每股现金流量(元)	2.0777	0.2209	-0.1366	0.0809
每股资本公积金(元)	1.3754	1.4195	1.5856	1.8562
每股盈余公积金(元)	0.2781	0.2781	0.2560	0.2560
每股未分配利润(元)	1.1570	1.2397	0.8944	1.2872
净资产收益率(%)	-2.1672	-0.6388	-10.4750	0.9036
加权净资产收益率(%)	-2.1200	-0.6200	-9.2800	0.8900
净资产收益率(扣除)(%)	-	-	-	-
总资产(万元)	2058608.41	1705676.07	1550512.71	1333089.03
归属母公司股东权益(万元)	309433.81	322993.98	304150.67	359127.23
主营业务收入(万元)	67043.32	238993.09	75231.08	264253.63
营业收入(万元)	74777.44	249568.52	76047.19	279265.77
主营成本(万元)	55242.74	211813.26	84603.39	216739.60
营业成本(万元)	61201.15	220668.92	84841.05	228718.87
投资收益(万元)	161.85	43461.80	1523.07	4456.08
净利润(万元)	-10447.83	-14590.92	-37572.03	-5136.01
利润总额(万元)	-10962.94	-5546.84	-45414.31	-1703.23

北方导航控制技术股份有限公司

公司概况

公司名称	北方导航控制技术股份有限公司			证券简称	北方导航
法人代表	苏立航	董秘	赵晗	证券代码	600435
公司网址	www.bfdh.com.cn		电子信箱	600435@bfdh.com.cn	
电　　话	010-58089788		传　　真	010-58089803	
办公地址	北京市北京经济技术开发区科创十五街 2 号				
经营范围	惯性导航制导类产品、精密光机电一体化产品、遥感信息系统技术产品等				

主要财务指标

指标\报告期	2013.06.30	2012.12.31	2012.06.30	2011.12.31
基本每股收益(元)	0.0050	0.0200	0.0040	0.0200
基本每股收益(扣除)(元)	-0.0010	-0.0100	-0.0080	-0.0100
每股净资产(元)	-	2.8810	2.8600	2.8600
每股经营现金净流量(元)	0.0033	0.3841	-0.0028	0.2312
每股现金流量(元)	-0.2424	0.0261	-0.3222	-0.0200
每股资本公积金(元)	1.0206	1.0206	1.0207	1.0207
每股盈余公积金(元)	0.1110	0.1110	0.1110	0.1110
每股未分配利润(元)	0.6541	0.7494	0.7234	0.7292
净资产收益率(%)	0.1643	0.5598	0.1487	0.5420
加权净资产收益率(%)	0.1600	0.5600	0.1500	0.5400
净资产收益率(扣除)(%)	-	-	-	-
总资产(万元)	346759.67	362939.79	342328.02	372015.26
归属母公司股东权益(万元)	207577.27	214539.71	212606.81	213043.87
主营业务收入(万元)	35436.00	101408.50	45692.88	135772.95
营业收入(万元)	36116.20	104335.42	46071.52	138654.40
主营成本(万元)	24354.56	75579.31	33562.79	107641.09
营业成本(万元)	24417.06	76426.19	33564.51	108279.28
投资收益(万元)	-	1001.80	1542.44	55.00
净利润(万元)	1242.54	3839.44	1572.88	1953.02
利润总额(万元)	2281.41	5590.80	2199.82	3603.93

漳州片仔癀药业股份有限公司

公司概况	公司名称	漳州片仔癀药业股份有限公司			证券简称	片仔癀
	法人代表	冯忠铭	董秘	林绍碧	证券代码	600436
	公司网址	www.zzpzh.com		电子信箱	lsb@zzpzh.com	
	电　话	0596-2302666 2301955		传　真	0596-2300313	
	办公地址	福建省漳州市芗城区上街1号				
	经营范围	片仔癀、茵胆平肝胶囊、清热止咳颗粒心舒宝片等中成药的生产经营				

主要财务指标	指标\报告期	2013.06.30	2012.12.31	2012.06.30	2011.12.31
	基本每股收益(元)	1.6100	2.4900	1.2200	1.8200
	基本每股收益(扣除)(元)	1.5800	2.2800	1.1800	1.8000
	每股净资产(元)	11.4175	10.7160	9.0238	8.2200
	每股经营现金净流量(元)	0.6509	1.1600	0.5837	1.6639
	每股现金流量(元)	-0.8371	0.4480	1.4583	0.8930
	每股资本公积金(元)	3.5091	3.6251	3.2016	2.9311
	每股盈余公积金(元)	1.2622	1.2622	1.0223	1.0223
	每股未分配利润(元)	5.6588	4.8414	3.8126	3.2829
	净资产收益率(%)	14.0774	23.2316	13.5286	22.1370
	加权净资产收益率(%)	13.9500	27.4700	13.8200	22.9100
	净资产收益率(扣除)(%)	-	-	-	-
	总资产(万元)	238874.91	223077.46	192632.64	156868.07
	归属母公司股东权益(万元)	159844.47	150023.69	126333.44	115130.64
	主营业务收入(万元)	71088.98	116805.12	57063.55	101976.60
	营业收入(万元)	71494.68	117115.37	57309.53	102156.57
	主营成本(万元)	33072.82	54864.77	26004.50	55471.07
	营业成本(万元)	33454.56	55132.79	26257.91	55638.95
	投资收益(万元)	578.68	516.76	545.56	862.02
	净利润(万元)	22493.47	35058.11	17087.72	25654.22
	利润总额(万元)	26840.29	41525.91	20269.50	30487.00

通威股份有限公司

公司概况	公司名称	通威股份有限公司			证券简称	通威股份
	法人代表	刘汉元	董秘	李高飞	证券代码	600438
	公司网址	www.tongwei.com.cn		电子信箱	ligaofei@tongwei.com	
	电　话	028-86168551 86168555		传　真	028-85199999	
	办公地址	四川省成都市二环路南四段11号				
	经营范围	生产、销售饲料及饲料添加剂				

主要财务指标	指标\报告期	2013.06.30	2012.12.31	2012.06.30	2011.12.31
	基本每股收益(元)	0.0629	0.1396	0.0319	0.1218
	基本每股收益(扣除)(元)	0.0513	0.1146	0.0285	0.0949
	每股净资产(元)	2.1072	2.1521	2.0452	2.0713
	每股经营现金净流量(元)	1.0031	0.5529	0.6734	0.4449
	每股现金流量(元)	-0.3153	0.4886	0.3361	0.1511
	每股资本公积金(元)	0.0656	0.0656	0.0656	0.0656
	每股盈余公积金(元)	0.2233	0.2233	0.2035	0.2035
	每股未分配利润(元)	0.8775	0.9146	0.8267	0.8548
	净资产收益率(%)	2.9858	6.4861	1.5581	5.8782
	加权净资产收益率(%)	3.0197	6.6100	1.5267	5.9700
	净资产收益率(扣除)(%)	-	-	-	-
	总资产(万元)	474903.90	454116.88	467976.91	396153.21
	归属母公司股东权益(万元)	144874.31	147960.24	140611.66	142409.07
	主营业务收入(万元)	580855.63	1343335.83	543951.89	1153850.79
	营业收入(万元)	582564.76	1349078.53	548078.64	1150107.64
	主营成本(万元)	527078.58	1231941.12	500634.01	1071425.84
	营业成本(万元)	527717.19	1234510.38	502370.47	1075029.69
	投资收益(万元)	74.57	131.33	171.37	144.78
	净利润(万元)	3178.38	8399.54	1314.41	7041.44
	利润总额(万元)	5015.90	11835.98	2192.56	9479.16

河南瑞贝卡发制品股份有限公司

公司概况	公司名称	河南瑞贝卡发制品股份有限公司			证券简称	瑞贝卡
	法人代表	郑有全	董秘	胡丽平	证券代码	600439
	公司网址	www.rebecca.com.cn		电子信箱	haiyan_0427@163.com	
	电　话	0374-5136699		传　真	0374-5136567	
	办公地址	河南省许昌县尚集产业集聚区昌盛路666号				
	经营范围	发制品的生产和销售				

主要财务指标	指标\报告期	2013.06.30	2012.12.31	2012.06.30	2011.12.31
	基本每股收益(元)	0.0956	0.1700	0.1091	0.2600
	基本每股收益(扣除)(元)	0.0957	0.1500	0.1044	0.2500
	每股净资产(元)	2.3025	2.3067	2.2577	2.6976
	每股经营现金净流量(元)	-0.0036	-0.0889	-0.2839	-0.1009
	每股现金流量(元)	-0.1741	0.2257	-0.0803	-0.4336
	每股资本公积金(元)	0.4634	0.4634	0.4634	0.7561
	每股盈余公积金(元)	0.1487	0.1487	0.1341	0.1609
	每股未分配利润(元)	0.8358	0.8201	0.7757	0.8999
	净资产收益率(%)	4.1536	7.2860	4.8312	11.6130
	加权净资产收益率(%)	4.1000	7.3800	4.7500	11.9300
	净资产收益率(扣除)(%)	-	-	-	-
	总资产(万元)	410811.38	424825.14	398293.87	365811.97
	归属母公司股东权益(万元)	217203.56	217595.89	212973.14	212057.82
	主营业务收入(万元)	103328.95	218677.73	110997.29	221968.41
	营业收入(万元)	104784.18	224554.65	112822.40	226440.05
	主营成本(万元)	83580.90	173755.54	81172.59	153993.68
	营业成本(万元)	84566.83	177519.42	82435.52	157513.17
	投资收益(万元)	800.00	-	-	-
	净利润(万元)	9021.01	15854.13	10294.67	24662.52
	利润总额(万元)	9748.74	18283.83	11609.36	28271.94

安徽国通高新管业股份有限公司

公司概况	公司名称	安徽国通高新管业股份有限公司			证券简称	*ST国通
	法人代表	陈学东	董秘	钱俊	证券代码	600444
	公司网址	www.guotone.com		电子信箱	gt600444@126.com	
	电　话	0551-63817778 63817860		传　真	0551-3817000	
	办公地址	安徽省合肥市经济技术开发区繁华大道国通工业园				
	经营范围	PVC波纹管、PE波纹管、燃气管、给水管的研发、生产、销售业务				

主要财务指标	指标\报告期	2013.06.30	2012.12.31	2012.06.30	2011.12.31
	基本每股收益(元)	-0.0600	-0.3900	-0.1800	-0.7100
	基本每股收益(扣除)(元)	-0.0960	-0.3800	-0.1800	-0.7600
	每股净资产(元)	-0.3891	-0.3308	-0.1179	0.0600
	每股经营现金净流量(元)	-0.2822	-0.1650	-0.0308	-0.0398
	每股现金流量(元)	-0.3297	0.1176	-0.0481	0.2043
	每股资本公积金(元)	0.7183	0.7183	0.7183	0.7183
	每股盈余公积金(元)	0.1520	0.1520	0.1520	0.1520
	每股未分配利润(元)	-2.2597	-2.2015	-1.9881	-1.8091
	净资产收益率(%)	-14.9729	-118.6335	-151.8940	-1155.5210
	加权净资产收益率(%)	-	-	-	-1.7000
	净资产收益率(扣除)(%)	-	-	-	-
	总资产(万元)	47427.01	47356.85	43691.22	45937.14
	归属母公司股东权益(万元)	-4085.75	-3472.88	-1237.74	642.31
	主营业务收入(万元)	16305.80	29501.69	11639.96	24725.53
	营业收入(万元)	17242.71	30016.96	12466.53	25303.71
	主营成本(万元)	14914.64	27467.06	11193.63	24015.62
	营业成本(万元)	15903.54	27998.58	12041.83	24624.47
	投资收益(万元)	-	-	-	-
	净利润(万元)	-768.48	-5095.51	-2079.57	-8184.22
	利润总额(万元)	-768.48	-5323.96	-2079.57	-6505.33

深圳市金证科技股份有限公司

公司概况	公司名称	深圳市金证科技股份有限公司		证券简称	金证股份
	法人代表	赵剑	董秘	王凯	证券代码 600446
	公司网址	www.szkingdom.com		电子信箱	wangkai@szkingdom.com
	电　话	0755-86393989		传　真	0755-86393986
	办公地址	广东省深圳市南山区高新南五道金证科技大楼 8-9 层			
	经营范围	金融证券软件、系统集成及服务			

指标＼报告期	2013.06.30	2012.12.31	2012.06.30	2011.12.31
基本每股收益(元)	0.1408	0.2700	0.1104	0.2000
基本每股收益(扣除)(元)	0.1296	0.2200	0.0684	0.1800
每股净资产(元)	2.3148	2.1700	2.0000	1.9800
每股经营现金净流量(元)	-0.1255	0.1572	-0.0423	0.0857
每股现金流量(元)	-0.0905	-0.2473	-0.2121	-0.0385
每股资本公积金(元)	0.1042	0.0682	0.0559	0.0466
每股盈余公积金(元)	0.1823	0.1832	0.1582	0.1582
每股未分配利润(元)	1.0283	0.9202	0.7833	0.7728
净资产收益率(%)	6.0631	12.5390	5.5295	10.2773
加权净资产收益率(%)	6.8000	13.0200	5.4300	10.8400
净资产收益率(扣除)(%)	-	-	-	-
总资产(万元)	168091.14	120209.92	145335.71	110857.76
归属母公司股东权益(万元)	60740.39	56707.91	52157.58	51640.14
主营业务收入(万元)	82520.98	186261.30	74507.03	179029.03
营业收入(万元)	83917.20	188301.31	76146.43	180620.69
主营成本(万元)	66778.61	151807.08	59540.27	147759.65
营业成本(万元)	67147.43	152420.97	60044.70	148267.66
投资收益(万元)	-279.92	29.66	235.88	550.09
净利润(万元)	4326.29	8340.51	3341.24	6248.30
利润总额(万元)	4947.52	9562.54	3734.71	6873.85

（主要财务指标）

华纺股份有限公司

公司概况	公司名称	华纺股份有限公司		证券简称	华纺股份
	法人代表	王力民	董秘	陈宝军	证券代码 600448
	公司网址	www.hfgf.cn		电子信箱	hfzqb@hfgf.cn
	电　话	0543-3288507 3288398		传　真	0543-3288555
	办公地址	山东省滨州市黄河二路 819 号			
	经营范围	棉纺、毛纺、印染产品的生产、加工、销售和进出口贸易			

指标＼报告期	2013.06.30	2012.12.31	2012.06.30	2011.12.31
基本每股收益(元)	0.0300	0.0300	0.0300	0.0500
基本每股收益(扣除)(元)	0.0300	0.1200	0.0300	-0.0400
每股净资产(元)	1.2950	1.2629	1.3600	1.3000
每股经营现金净流量(元)	0.1607	0.0768	0.1992	0.2111
每股现金流量(元)	-0.0242	-0.2479	0.1874	0.1176
每股资本公积金(元)	1.1777	1.1777	1.2739	1.2739
每股盈余公积金(元)	0.0248	0.0248	0.0248	0.0248
每股未分配利润(元)	-0.9075	-0.9396	-0.9389	-0.9656
净资产收益率(%)	2.4801	2.0533	1.9614	3.6410
加权净资产收益率(%)	2.5100	1.9400	1.9800	3.7100
净资产收益率(扣除)(%)	-	-	-	-
总资产(万元)	133664.38	139494.91	146503.47	139133.83
归属母公司股东权益(万元)	41413.30	40386.21	43486.50	42633.55
主营业务收入(万元)	98522.86	211284.25	103123.93	208270.30
营业收入(万元)	102334.87	215376.79	104634.58	210874.59
主营成本(万元)	91378.16	194527.72	96996.82	197832.51
营业成本(万元)	94562.10	197765.06	97951.78	199905.33
投资收益(万元)	3.57	-1363.73	-	-
净利润(万元)	1018.12	791.56	861.92	1555.31
利润总额(万元)	1018.12	822.25	861.92	1559.28

（主要财务指标）

宁夏建材集团股份有限公司

公司概况	公司名称	宁夏建材集团股份有限公司		证券简称	宁夏建材
	法人代表	王广林	董秘	武雄	证券代码 600449
	公司网址	www.saimasy.com.cn		电子信箱	wuxiong@sinoma.cn
	电　话	0951-2085256 2052215		传　真	0951-2085256
	办公地址	宁夏回族自治区银川市西夏区新小线二公里处			
	经营范围	水泥及水泥熟料的生产与销售			

指标＼报告期	2013.06.30	2012.12.31	2012.06.30	2011.12.31
基本每股收益(元)	0.1700	0.1300	-0.0500	1.8100
基本每股收益(扣除)(元)	0.1700	0.1000	-0.0600	1.7080
每股净资产(元)	8.0770	7.9496	7.6500	15.8500
每股经营现金净流量(元)	0.6534	0.2481	-0.0494	-1.7946
每股现金流量(元)	-0.9541	-0.7256	-0.6501	-1.3448
每股资本公积金(元)	4.2549	4.2549	4.1319	8.2637
每股盈余公积金(元)	0.2685	0.2685	0.2586	0.5172
每股未分配利润(元)	2.5398	2.4181	2.2497	6.0498
净资产收益率(%)	2.1257	1.6106	-0.6566	9.3198
加权净资产收益率(%)	2.1400	1.6200	-0.6400	9.7500
净资产收益率(扣除)(%)	-	-	-	-
总资产(万元)	770488.18	769783.63	740126.19	741160.40
归属母公司股东权益(万元)	386337.15	380242.59	366010.74	379092.16
主营业务收入(万元)	171188.40	313200.99	127185.14	271800.42
营业收入(万元)	171643.85	314786.79	127781.58	272740.58
主营成本(万元)	124467.54	249917.61	107137.79	192338.70
营业成本(万元)	124592.54	251343.57	107634.37	192936.02
投资收益(万元)	-3211.12	-6363.71	-2445.86	114.29
净利润(万元)	10313.14	9929.99	-2299.14	37607.16
利润总额(万元)	12212.73	15643.38	-1340.28	46672.41

（主要财务指标）

重庆涪陵电力实业股份有限公司

公司概况	公司名称	重庆涪陵电力实业股份有限公司		证券简称	涪陵电力
	法人代表	洪涛	董秘	蔡彬	证券代码 600452
	公司网址	www.flepc.com		电子信箱	fldlcaibin@163.com
	电　话	023-72286777 72286349		传　真	023-72286777 72286349
	办公地址	重庆市涪陵区望州路 20 号			
	经营范围	电力供应、销售			

指标＼报告期	2013.06.30	2012.12.31	2012.06.30	2011.12.31
基本每股收益(元)	0.1600	0.1800	0.1300	0.0600
基本每股收益(扣除)(元)	0.1500	0.1400	0.1000	0.0700
每股净资产(元)	2.4297	2.2300	2.2300	2.0900
每股经营现金净流量(元)	0.4356	-0.0643	-0.5866	0.6874
每股现金流量(元)	-0.0545	-0.4092	-0.5264	-0.0047
每股资本公积金(元)	1.4424	1.4387	1.4483	1.4483
每股盈余公积金(元)	0.2137	0.2137	0.2137	0.2137
每股未分配利润(元)	-0.2263	-0.3832	-0.4323	-0.5600
净资产收益率(%)	6.4568	7.7910	5.7288	2.9780
加权净资产收益率(%)	6.6800	8.0700	5.8500	3.0200
净资产收益率(扣除)(%)	-	-	-	-
总资产(万元)	79534.57	81303.45	81228.89	89979.04
归属母公司股东权益(万元)	38874.80	36305.63	35675.65	33631.87
主营业务收入(万元)	53037.12	108698.64	43337.86	94026.57
营业收入(万元)	53783.67	111619.23	43897.40	95749.36
主营成本(万元)	46889.25	96658.43	38812.62	84195.80
营业成本(万元)	47160.18	98103.84	38953.39	85580.16
投资收益(万元)	218.81	318.69	94.97	674.02
净利润(万元)	2510.06	2811.58	2034.92	1002.41
利润总额(万元)	3092.37	4623.48	2573.00	1674.38

（主要财务指标）

西安交大博通资讯股份有限公司

公司概况					
公司名称	西安交大博通资讯股份有限公司			证券简称	博通股份
法人代表	韩东升	董秘	蔡启龙	证券代码	600455
公司网址	www.butone.com		电子信箱	caiql@butone.com	
电　　话	029-82693206		传　　真	029-82693206	
办公地址	陕西省西安市高新技术开发区东区火炬路3号楼10层C座				
经营范围	拥有自主知识产权应用软件产品、行业解决方案的研发销售等				

主要财务指标

指标\报告期	2013.06.30	2012.12.31	2012.06.30	2011.12.31
基本每股收益(元)	0.0800	0.2600	0.1000	0.2400
基本每股收益(扣除)(元)	0.0700	0.2100	0.0700	–0.1900
每股净资产(元)	1.9098	1.8334	1.6746	1.5727
每股经营现金净流量(元)	–1.0213	0.9970	–0.7518	0.9063
每股现金流量(元)	–1.8607	0.1548	–1.3710	1.7878
每股资本公积金(元)	2.3322	2.3322	2.3322	2.3322
每股盈余公积金(元)	0.1176	0.1176	0.1176	0.1176
每股未分配利润(元)	–1.5400	–1.6164	–1.7752	–1.8771
净资产收益率(%)	4.0002	14.2202	6.0800	15.1412
加权净资产收益率(%)	4.0800	15.3100	6.2800	16.3800
净资产收益率(扣除)(%)	–	–	–	–
总资产(万元)	71012.44	77500.05	69646.67	76829.70
归属母公司股东权益(万元)	11928.24	11451.09	10459.03	9822.72
主营业务收入(万元)	12296.68	31214.38	9483.34	26210.79
营业收入(万元)	12349.77	31251.44	9534.82	26256.71
主营成本(万元)	7174.55	20171.20	4760.06	19203.20
营业成本(万元)	7174.55	20171.20	4760.06	19203.20
投资收益(万元)	11.43	–28.58	–24.87	1140.91
净利润(万元)	873.56	2177.81	871.96	1536.03
利润总额(万元)	940.12	2328.01	899.48	1837.78

宝鸡钛业股份有限公司

公司概况					
公司名称	宝鸡钛业股份有限公司			证券简称	宝钛股份
法人代表	邹武装	董秘	郑海山	证券代码	600456
公司网址	www.baoti.com		电子信箱	zhenghaishan@baoti.com	
电　　话	0917-3382333　3382666		传　　真	0917-3382132	
办公地址	陕西省宝鸡市钛城路1号				
经营范围	钛及钛合金材料的生产、加工和销售等				

主要财务指标

指标\报告期	2013.06.30	2012.12.31	2012.06.30	2011.12.31
基本每股收益(元)	0.0030	0.0136	0.0020	0.1434
基本每股收益(扣除)(元)	–0.0400	–0.0038	0.0010	0.1381
每股净资产(元)	8.3883	8.4353	8.4200	8.4700
每股经营现金净流量(元)	–0.5348	–0.3803	–0.3487	0.2405
每股现金流量(元)	–0.0857	–0.2118	–0.0947	–0.2414
每股资本公积金(元)	5.5099	5.5099	5.5099	5.5099
每股盈余公积金(元)	0.4108	0.4108	0.4108	0.4108
每股未分配利润(元)	1.4676	1.5147	1.5030	1.5511
净资产收益率(%)	0.0351	0.1613	0.0233	1.6930
加权净资产收益率(%)	0.0400	0.1612	0.0200	1.6969
净资产收益率(扣除)(%)	–	–	–	–
总资产(万元)	668363.31	629658.95	625480.14	595119.87
归属母公司股东权益(万元)	360919.34	362943.84	362442.88	364509.78
主营业务收入(万元)	118616.95	225079.10	115668.75	279899.51
营业收入(万元)	123362.32	233621.73	119479.43	292092.84
主营成本(万元)	97956.38	187773.89	98470.35	231180.95
营业成本(万元)	101856.97	192365.93	100660.54	241893.21
投资收益(万元)	–70.46	–449.16	8.02	28.47
净利润(万元)	427.95	1599.28	871.64	9449.19
利润总额(万元)	610.30	1716.02	1157.72	10849.80

株洲时代新材料科技股份有限公司

公司概况					
公司名称	株洲时代新材料科技股份有限公司			证券简称	时代新材
法人代表	曾鸿平	董秘	季晓康	证券代码	600458
公司网址	www.trp.com.cn		电子信箱	jixiaokang@teg.cn	
电　　话	0731-22837718　22837786		传　　真	0731-22837888	
办公地址	湖南省株洲市天元区海天路18号				
经营范围	轨道交通装备零部件的开发、设计、制造、销售等				

主要财务指标

指标\报告期	2013.06.30	2012.12.31	2012.06.30	2011.12.31
基本每股收益(元)	0.1200	0.3100	0.1200	0.4500
基本每股收益(扣除)(元)	0.1200	0.2700	0.1200	0.4300
每股净资产(元)	4.5782	3.4551	3.3100	3.2500
每股经营现金净流量(元)	–0.2923	0.4445	–0.4561	–0.3476
每股现金流量(元)	1.5937	–0.0333	–0.3572	–0.1567
每股资本公积金(元)	2.6269	1.2892	1.2892	1.2892
每股盈余公积金(元)	0.1285	0.1643	0.1400	0.1400
每股未分配利润(元)	0.8294	1.0022	0.8791	0.8215
净资产收益率(%)	2.7035	8.8247	4.7660	13.8697
加权净资产收益率(%)	4.5000	9.1200	4.7600	14.8200
净资产收益率(扣除)(%)	–	–	–	–
总资产(万元)	576224.12	423621.91	411236.72	370879.89
归属母公司股东权益(万元)	302809.46	178748.81	171055.66	168102.61
主营业务收入(万元)	199545.28	360106.69	171050.55	340195.46
营业收入(万元)	202102.79	371940.68	173883.97	342832.86
主营成本(万元)	161593.39	293932.91	136585.46	270894.57
营业成本(万元)	163688.46	304712.56	139224.28	274407.30
投资收益(万元)	–249.63	293.78	67.49	63.20
净利润(万元)	8301.71	15724.33	8126.81	23477.98
利润总额(万元)	9831.54	18075.09	9486.10	26755.30

贵研铂业股份有限公司

公司概况					
公司名称	贵研铂业股份有限公司			证券简称	贵研铂业
法人代表	汪云曙	董秘	郭俊梅	证券代码	600459
公司网址	www.sino-platinum.com.cn		电子信箱	stock@ipm.com.cn	
电　　话	0871-8328190		传　　真	0871-8326661	
办公地址	云南省昆明市高新技术产业开发区科技路988号				
经营范围	贵金属和相关产品的生产、综合回收利用和销售等				

主要财务指标

指标\报告期	2013.06.30	2012.12.31	2012.06.30	2011.12.31
基本每股收益(元)	0.2100	0.1900	0.1800	0.2500
基本每股收益(扣除)(元)	0.1600	0.0700	0.1500	0.1900
每股净资产(元)	8.1839	5.9014	5.8900	5.7700
每股经营现金净流量(元)	–0.7727	0.1269	–1.1274	–1.0190
每股现金流量(元)	1.3415	–0.7553	–1.5723	1.8428
每股资本公积金(元)	6.1104	3.7221	3.7154	3.7221
每股盈余公积金(元)	0.2907	0.3693	0.3693	0.3693
每股未分配利润(元)	0.7797	0.8100	0.7983	0.6794
净资产收益率(%)	2.2851	3.2127	3.0228	4.0770
加权净资产收益率(%)	2.9000	3.2500	3.0500	5.2100
净资产收益率(扣除)(%)	–	–	–	–
总资产(万元)	257182.91	193735.04	200652.24	189870.93
归属母公司股东权益(万元)	164292.78	93278.26	93025.57	91214.12
主营业务收入(万元)	234194.26	420278.12	153494.01	296485.27
营业收入(万元)	234571.75	422592.48	154111.34	298552.89
主营成本(万元)	222523.73	399556.07	143298.88	277319.23
营业成本(万元)	222682.84	400832.17	143438.81	277997.31
投资收益(万元)	1411.75	–1772.30	–260.35	–380.18
净利润(万元)	4280.17	3649.47	3267.63	4352.70
利润总额(万元)	5145.90	5422.92	4579.53	5338.32

杭州士兰微电子股份有限公司

公司概况	公司名称	杭州士兰微电子股份有限公司			证券简称	士 兰 微
	法人代表	陈向东	董秘	陈越	证券代码	600460
	公司网址	www.silan.com.cn			电子信箱	600460@silan.com.cn
	电　话	0571-88210880 88212980			传　真	0571-88210763
	办公地址	浙江省杭州市黄姑山路4号				
	经营范围	电子元器件、电子零部件及其他电子产品设计、制造、销售，经营进出口业务				

主要财务指标	2013.06.30	2012.12.31	2012.06.30	2011.12.31
基本每股收益(元)	0.0400	0.0200	0.0100	0.1800
基本每股收益(扣除)(元)	0.0200	-0.0500	-0.0300	0.1500
每股净资产(元)	2.0313	1.9546	1.9440	3.9385
每股经营现金净流量(元)	0.0763	0.1937	0.0702	0.5078
每股现金流量(元)	-0.0557	-0.1359	-0.0101	-0.3359
每股资本公积金(元)	0.2052	0.1709	0.1693	1.3133
每股盈余公积金(元)	0.1029	0.1029	0.0958	0.1916
每股未分配利润(元)	0.7311	0.6883	0.6861	1.4487
净资产收益率(%)	2.1049	1.0769	0.6050	8.9623
加权净资产收益率(%)	2.1500	1.0800	0.5900	9.0800
净资产收益率(扣除)(%)	-	-	-	-
总资产(万元)	348442.52	335040.81	329252.69	331745.06
归属母公司股东权益(万元)	176351.65	169689.20	168751.95	170962.64
主营业务收入(万元)	73969.50	134348.96	61704.70	154416.55
营业收入(万元)	74675.81	134902.42	62204.91	154598.87
主营成本(万元)	56371.28	104748.09	47842.92	106668.88
营业成本(万元)	56459.45	104768.12	48188.05	106775.11
投资收益(万元)	2180.58	954.67	542.96	1806.59
净利润(万元)	3843.85	1996.80	1049.10	15571.79
利润总额(万元)	3809.78	1454.16	1313.67	16781.10

江西洪城水业股份有限公司

公司概况	公司名称	江西洪城水业股份有限公司			证券简称	洪城水业
	法人代表	郑克一	董秘	康乐平	证券代码	600461
	公司网址	www.jxhcsy.com			电子信箱	leping6688@sina.com
	电　话	0791-85235057 85210336			传　真	0791-85226672
	办公地址	江西省南昌市灌婴路99号				
	经营范围	自来水、水表、给排水设备、节水设备、仪器仪表、环保设备的生产、销售等				

主要财务指标	2013.06.30	2012.12.31	2012.06.30	2011.12.31
基本每股收益(元)	0.1670	0.3051	0.1600	0.3000
基本每股收益(扣除)(元)	0.1460	0.2700	0.1550	0.2900
每股净资产(元)	5.1529	5.0774	4.9100	4.9500
每股经营现金净流量(元)	0.5577	1.2020	0.6112	1.4358
每股现金流量(元)	0.6161	-0.0224	-0.0768	-0.1487
每股资本公积金(元)	3.5574	3.5477	3.5317	3.5317
每股盈余公积金(元)	0.1404	0.1404	0.1104	0.1104
每股未分配利润(元)	0.4502	0.3832	0.2689	0.3082
净资产收益率(%)	3.2403	6.0096	3.2700	6.0430
加权净资产收益率(%)	3.2400	6.1600	3.1900	6.2700
净资产收益率(扣除)(%)	-	-	-	-
总资产(万元)	440928.43	430335.48	416942.23	397721.85
归属母公司股东权益(万元)	170045.63	167552.71	162061.45	163358.32
主营业务收入(万元)	50727.57	101948.31	46470.80	97628.04
营业收入(万元)	51761.55	104150.15	47157.44	99318.41
主营成本(万元)	32367.16	65309.34	28788.10	63022.92
营业成本(万元)	32912.32	66071.12	29135.05	63763.43
投资收益(万元)	1025.15	1100.81	261.92	249.69
净利润(万元)	5569.68	10177.91	5378.21	9985.34
利润总额(万元)	6752.79	11768.49	5983.07	11847.80

延边石岘白麓纸业股份有限公司

公司概况	公司名称	延边石岘白麓纸业股份有限公司			证券简称	石岘纸业
	法人代表	郑艳民	董秘	崔文根	证券代码	600462
	公司网址	www.jlshixian.com			电子信箱	cwg0048@vip.sina.com
	电　话	0433-3810015			传　真	0433-3810019
	办公地址	吉林省图们市石岘镇				
	经营范围	新闻纸、胶版纸、商品木浆等产品的生产和销售				

主要财务指标	2013.06.30	2012.12.31	2012.06.30	2011.12.31
基本每股收益(元)	0.2616	1.1306	-0.0540	-1.8515
基本每股收益(扣除)(元)	-0.0571	-0.1545	-0.0550	-0.1953
每股净资产(元)	0.8445	0.5828	-2.0700	-2.0160
每股经营现金净流量(元)	-0.2107	-0.1849	0.0170	0.0274
每股现金流量(元)	-0.1398	0.4003	0.0165	-0.0060
每股资本公积金(元)	1.2047	1.2047	0.5732	0.5732
每股盈余公积金(元)	0.0408	0.0408	0.0531	0.0531
每股未分配利润(元)	-1.4011	-1.6627	-3.6962	-3.6422
净资产收益率(%)	30.9828	193.9875	-2.6093	-91.8440
加权净资产收益率(%)	36.6600	-122.6600	2.6400	169.8400
净资产收益率(扣除)(%)	-	-	-	-
总资产(万元)	62790.95	50007.22	62890.43	60773.71
归属母公司股东权益(万元)	45075.38	31109.76	-84991.59	-82773.90
主营业务收入(万元)	11645.36	30244.80	15783.30	37853.88
营业收入(万元)	11796.89	30346.04	15819.34	37904.09
主营成本(万元)	11489.73	29480.09	14710.31	36857.96
营业成本(万元)	11489.73	29481.90	14712.12	36866.69
投资收益(万元)	-	-	-	-
净利润(万元)	13965.62	60349.06	-2217.69	-76022.82
利润总额(万元)	13965.62	60349.06	-2217.69	-76022.82

北京空港科技园区股份有限公司

公司概况	公司名称	北京空港科技园区股份有限公司			证券简称	空港股份
	法人代表	田建国	董秘	刘彦明	证券代码	600463
	公司网址	www.600463.com.cn			电子信箱	yanm_liu@163.com
	电　话	010-80489305			传　真	010-80491684
	办公地址	北京市顺义区空港工业区B区裕民大街甲6号				
	经营范围	高新技术的开发、转让和咨询、销售开发后的产品等				

主要财务指标	2013.06.30	2012.12.31	2012.06.30	2011.12.31
基本每股收益(元)	0.1800	0.2900	0.1600	0.2900
基本每股收益(扣除)(元)	0.1700	0.2900	0.1600	0.2900
每股净资产(元)	2.9784	2.9018	2.7700	2.7083
每股经营现金净流量(元)	-0.9550	1.3981	0.5987	0.2363
每股现金流量(元)	-0.4434	1.1183	0.3543	-0.1347
每股资本公积金(元)	0.3894	0.3894	0.3894	0.3892
每股盈余公积金(元)	0.2388	0.2388	0.2300	0.2300
每股未分配利润(元)	1.3503	1.2736	1.1524	1.0892
净资产收益率(%)	5.9313	10.1053	5.8888	10.7450
加权净资产收益率(%)	5.9100	10.4500	5.8500	11.2100
净资产收益率(扣除)(%)	-	-	-	-
总资产(万元)	243854.45	245494.39	225205.79	238033.81
归属母公司股东权益(万元)	75056.89	73125.05	69848.78	68250.41
主营业务收入(万元)	40727.89	80323.30	32982.51	71048.18
营业收入(万元)	41895.96	82983.56	34282.86	78177.10
主营成本(万元)	27651.40	56811.81	20840.07	53993.79
营业成本(万元)	28498.69	59410.12	21877.62	57885.90
投资收益(万元)	-17.81	-125.28	-23.93	-40.43
净利润(万元)	4476.88	7998.65	4677.86	7378.57
利润总额(万元)	6241.89	10560.94	6251.43	9965.15

四川迪康科技药业股份有限公司

公司概况	公司名称	四川迪康科技药业股份有限公司			证券简称	迪康药业
	法人代表	任东川	董秘	蒋黎	证券代码	600466
	公司网址	www.dikangyaoye.com		电子信箱	jiangl@dkyaoye.com	
	电　　话	028-87838250		传　　真	028-87838281	
	办公地址	四川省成都市高新区西部园区迪康大道1号				
	经营范围	大输液系列、片剂、生物医学材料等产品				

主要财务指标	指标\报告期	2013.06.30	2012.12.31	2012.06.30	2011.12.31
	基本每股收益(元)	0.0199	0.0488	0.0189	0.0537
	基本每股收益(扣除)(元)	–0.0097	0.0044	–0.0025	0.0122
	每股净资产(元)	1.3024	1.2825	1.2530	1.2340
	每股经营现金净流量(元)	–0.0185	0.0342	–0.0159	0.0289
	每股现金流量(元)	–0.0339	–0.0171	0.0871	–0.0028
	每股资本公积金(元)	0.3266	0.3266	0.3266	0.3266
	每股盈余公积金(元)	0.0400	0.0400	0.0381	0.0381
	每股未分配利润(元)	–0.0643	–0.0841	–0.1121	–0.1310
	净资产收益率(%)	1.5252	3.8073	1.5080	4.3540
	加权净资产收益率(%)	1.5400	3.8800	1.5200	4.4500
	净资产收益率(扣除)(%)	–	–	–	–
	总资产(万元)	64451.51	64274.36	63346.97	62590.37
	归属母公司股东权益(万元)	57176.51	56304.43	54989.99	54160.76
	主营业务收入(万元)	18362.76	36299.14	16059.44	31497.56
	营业收入(万元)	18422.74	36500.11	16143.54	31743.63
	主营成本(万元)	8042.28	16421.18	7505.77	15152.89
	营业成本(万元)	8053.71	16458.11	7524.20	15194.43
	投资收益(万元)	771.97	1202.91	605.65	962.60
	净利润(万元)	870.47	2141.51	828.04	2356.93
	利润总额(万元)	1097.38	2663.37	1016.85	2670.34

山东好当家海洋发展股份有限公司

公司概况	公司名称	山东好当家海洋发展股份有限公司			证券简称	好当家
	法人代表	唐传勤	董秘	戚燕	证券代码	600467
	公司网址	www.sdhaodangjia.com		电子信箱	hdj_600467@sina.com	
	电　　话	0631-7438073		传　　真	0631-7438073	
	办公地址	山东省威海市荣成市虎山镇沙咀子				
	经营范围	海水养殖、许可范围内水产加工品、速冻食品、饮料的加工、销售等				

主要财务指标	指标\报告期	2013.06.30	2012.12.31	2012.06.30	2011.12.31
	基本每股收益(元)	0.0900	0.3000	0.1400	0.3200
	基本每股收益(扣除)(元)	0.0800	0.2700	0.1400	0.3100
	每股净资产(元)	3.9267	3.9276	3.7720	3.6800
	每股经营现金净流量(元)	0.1024	0.0209	0.0565	0.0509
	每股现金流量(元)	–0.1277	–0.8047	–0.4558	1.3432
	每股资本公积金(元)	1.5478	1.5478	1.5478	1.5478
	每股盈余公积金(元)	0.2368	0.2368	0.2066	0.2066
	每股未分配利润(元)	1.1420	1.1429	1.0179	0.9265
	净资产收益率(%)	2.2692	7.5532	3.7486	7.7170
	加权净资产收益率(%)	2.2700	7.8000	3.7900	13.1000
	净资产收益率(扣除)(%)	–	–	–	–
	总资产(万元)	416039.54	385267.86	376683.56	368947.99
	归属母公司股东权益(万元)	286841.42	286906.82	275565.97	268888.71
	主营业务收入(万元)	50123.41	101286.40	47804.77	85994.27
	营业收入(万元)	50714.69	102868.19	47999.31	88086.63
	主营成本(万元)	39600.95	70827.70	33387.84	56710.02
	营业成本(万元)	39600.95	72019.72	33387.84	58272.08
	投资收益(万元)	498.87	382.72	310.63	68.80
	净利润(万元)	5967.24	20985.22	10434.69	20532.90
	利润总额(万元)	5967.92	21361.60	10435.39	20954.30

天津百利特精电气股份有限公司

公司概况	公司名称	天津百利特精电气股份有限公司			证券简称	百利电气
	法人代表	张文利	董秘	刘敏	证券代码	600468
	公司网址	www.benefo.tj.cn		电子信箱	benefo600468@126.com	
	电　　话	022-23979181 83969181		传　　真	022-83963876	
	办公地址	天津市西青经济开发区民和道12号				
	经营范围	输配电设备制造与稀有金属加工等				

主要财务指标	指标\报告期	2013.06.30	2012.12.31	2012.06.30	2011.12.31
	基本每股收益(元)	0.0312	0.0641	0.0517	0.1091
	基本每股收益(扣除)(元)	0.0182	0.0275	0.0247	0.0181
	每股净资产(元)	1.2639	1.2465	1.2287	1.1705
	每股经营现金净流量(元)	–0.0131	0.0902	0.0277	0.0955
	每股现金流量(元)	–0.0297	0.0594	–0.0410	0.0215
	每股资本公积金(元)	0.0670	0.0608	0.0502	0.0489
	每股盈余公积金(元)	0.0474	0.0474	0.0446	0.0449
	每股未分配利润(元)	0.1495	0.1383	0.1339	0.0767
	净资产收益率(%)	2.4705	5.1412	4.2100	9.3210
	加权净资产收益率(%)	2.4700	5.3000	4.3200	9.5600
	净资产收益率(扣除)(%)	–	–	–	1.5900
	总资产(万元)	129151.24	120338.07	122776.53	125490.96
	归属母公司股东权益(万元)	57657.64	56863.53	56051.79	53398.95
	主营业务收入(万元)	35219.40	68435.41	33820.36	74729.10
	营业收入(万元)	35644.73	69837.75	34649.82	76397.36
	主营成本(万元)	26739.85	49356.17	24901.48	56544.45
	营业成本(万元)	26907.50	50096.08	25240.48	57346.55
	投资收益(万元)	1421.40	1652.88	1534.08	4761.98
	净利润(万元)	1754.06	3908.80	2760.26	5446.47
	利润总额(万元)	1935.36	4739.82	3181.74	7151.72

风神轮胎股份有限公司

公司概况	公司名称	风神轮胎股份有限公司			证券简称	风神股份
	法人代表	王锋	董秘	韩法强	证券代码	600469
	公司网址	www.aeolustyre.com		电子信箱	hfq@aeolustyre.com	
	电　　话	0391-3999080 3999007		传　　真	0391-3999080	
	办公地址	河南省焦作市焦东南路48号				
	经营范围	轮胎的研制、设计、开发、生产、经营及轮胎进出口等				

主要财务指标	指标\报告期	2013.06.30	2012.12.31	2012.06.30	2011.12.31
	基本每股收益(元)	0.4350	0.7280	0.4640	0.6240
	基本每股收益(扣除)(元)	0.4300	0.7200	0.4570	0.6030
	每股净资产(元)	6.2787	5.9575	5.6900	5.3300
	每股经营现金净流量(元)	0.6049	1.8670	0.7528	0.8770
	每股现金流量(元)	0.8726	–0.2436	0.3719	0.7394
	每股资本公积金(元)	2.1334	2.1470	2.1427	2.1435
	每股盈余公积金(元)	0.4182	0.4182	0.3436	0.3436
	每股未分配利润(元)	2.7271	2.3923	2.2023	1.8388
	净资产收益率(%)	6.9242	12.2211	8.1480	11.7230
	加权净资产收益率(%)	7.0500	12.9100	8.2800	12.3000
	净资产收益率(扣除)(%)	–	–	–	–
	总资产(万元)	779396.20	696469.32	775347.14	698280.25
	归属母公司股东权益(万元)	235414.26	223371.92	213290.95	199691.68
	主营业务收入(万元)	412180.26	893520.82	497503.47	1014004.08
	营业收入(万元)	415188.36	902297.02	501090.00	1022950.63
	主营成本(万元)	333046.32	727184.54	417993.43	853874.53
	营业成本(万元)	334590.78	733422.73	419450.18	860774.62
	投资收益(万元)	70.37	146.30	146.30	104.06
	净利润(万元)	16300.51	27295.57	17380.24	23414.20
	利润总额(万元)	20439.22	32359.38	20602.29	27290.76

安徽六国化工股份有限公司

公司概况					
公司名称	安徽六国化工股份有限公司			证券简称	六国化工
法人代表	黄化锋	董秘	邢金俄	证券代码	600470
公司网址	www.liuguo.com		电子信箱	tlxxe@163.com	
电　　话	0562-3801021 3801675		传　　真	0562-3802688	
办公地址	安徽省铜陵市铜港路				
经营范围	化学肥料(含复混肥料)、磷石膏生产、加工、销售等				

主要财务指标：指标\报告期	2013.06.30	2012.12.31	2012.06.30	2011.12.31
基本每股收益(元)	0.0300	0.1400	0.0800	0.2600
基本每股收益(扣除)(元)	0.0200	0.0900	0.0600	0.2500
每股净资产(元)	4.3409	4.4140	4.3660	4.3900
每股经营现金净流量(元)	-1.0363	0.3156	-0.2648	-0.4564
每股现金流量(元)	-0.7697	-0.4472	-0.4391	-0.8068
每股资本公积金(元)	2.4208	2.4208	2.4208	2.4208
每股盈余公积金(元)	0.1809	0.1809	0.1591	0.1591
每股未分配利润(元)	0.7174	0.7884	0.7528	0.7732
净资产收益率(%)	0.6680	3.1045	1.8226	5.8220
加权净资产收益率(%)	0.6500	3.1100	1.8000	5.9400
净资产收益率(扣除)(%)	-	-	-	-
总资产(万元)	649177.01	648075.72	578591.79	531719.09
归属母公司股东权益(万元)	226422.97	230234.63	227746.57	228979.87
主营业务收入(万元)	228217.93	524122.51	285635.81	323756.64
营业收入(万元)	258403.48	594345.54	293001.21	335258.11
主营成本(万元)	211014.06	491707.02	269042.93	290092.15
营业成本(万元)	237966.93	557467.12	275566.91	300126.51
投资收益(万元)	-	1030.98	1090.12	506.00
净利润(万元)	-607.38	5397.97	3486.01	13653.55
利润总额(万元)	178.04	6905.84	4241.98	16150.30

无锡华光锅炉股份有限公司

公司概况					
公司名称	无锡华光锅炉股份有限公司			证券简称	华光股份
法人代表	王福军	董秘	魏利岩	证券代码	600475
公司网址	www.wxboiler.com		电子信箱	600475@wxboiler.com	
电　　话	051-85225852 85211464		传　　真	051-85215605	
办公地址	江苏省无锡市城南路3号				
经营范围	电站锅炉、工业锅炉、锅炉辅机、水处理设备、压力容器、烟气脱硫脱硝成套设备的制造、销售				

主要财务指标：指标\报告期	2013.06.30	2012.12.31	2012.06.30	2011.12.31
基本每股收益(元)	0.1700	0.3238	0.2300	0.5330
基本每股收益(扣除)(元)	0.1500	0.2500	0.2300	0.4280
每股净资产(元)	5.0864	5.0214	4.9300	4.8000
每股经营现金净流量(元)	-0.1798	0.3758	0.4797	-0.4226
每股现金流量(元)	-0.9246	-0.3180	0.0251	-1.0969
每股资本公积金(元)	0.5570	0.5570	0.5570	0.5570
每股盈余公积金(元)	0.5957	0.5957	0.5528	0.5528
每股未分配利润(元)	2.9337	2.8688	2.8237	2.6929
净资产收益率(%)	3.2437	6.4484	4.6783	11.0930
加权净资产收益率(%)	3.6200	6.5900	4.7400	11.6000
净资产收益率(扣除)(%)	-	-	-	-
总资产(万元)	441665.26	456248.31	479782.91	493913.98
归属母公司股东权益(万元)	130212.18	128548.54	126295.75	122947.22
主营业务收入(万元)	134448.27	334836.28	178999.71	363333.27
营业收入(万元)	136177.02	338122.48	181371.56	367524.55
主营成本(万元)	111194.00	285523.01	154495.15	309909.90
营业成本(万元)	112255.17	287345.99	155886.25	311206.51
投资收益(万元)	165.00	824.55	150.00	1987.55
净利润(万元)	5350.84	9912.71	6716.30	15646.95
利润总额(万元)	6561.07	11816.00	7764.76	17404.25

湖南湘邮科技股份有限公司

公司概况					
公司名称	湖南湘邮科技股份有限公司			证券简称	湘邮科技
法人代表	阎洪生	董秘	刘朝晖(代)	证券代码	600476
公司网址	www.copote.com		电子信箱	copote@copote.com	
电　　话	0731-88998688 88998817		传　　真	0731-88998686 88998859	
办公地址	湖南省长沙市高新技术产业开发区麓谷基地玉兰路2号				
经营范围	研制、开发、生产、销售计算机软、硬件及邮电高科技电子产品等				

主要财务指标：指标\报告期	2013.06.30	2012.12.31	2012.06.30	2011.12.31
基本每股收益(元)	-0.0658	0.0379	-0.0125	0.0409
基本每股收益(扣除)(元)	-0.0776	-0.1150	-0.0200	-0.1140
每股净资产(元)	1.7049	1.7707	1.7200	1.7300
每股经营现金净流量(元)	-0.2340	-0.0873	-0.3332	-0.1030
每股现金流量(元)	-0.3433	0.0434	-0.2817	-0.3400
每股资本公积金(元)	0.8139	0.8139	0.8139	0.8139
每股盈余公积金(元)	0.0834	0.0834	0.0834	0.0834
每股未分配利润(元)	-0.1925	-0.1267	-0.1772	-0.1646
净资产收益率(%)	-3.8620	2.1424	-0.7305	2.3602
加权净资产收益率(%)	-3.7800	2.1700	-0.7300	2.3900
净资产收益率(扣除)(%)	-	-	-	-
总资产(万元)	39566.73	43984.38	43438.72	43453.01
归属母公司股东权益(万元)	27460.08	28520.58	27707.14	27909.54
主营业务收入(万元)	8105.81	35266.32	13700.78	35714.10
营业收入(万元)	8105.81	35372.59	13700.78	35757.72
主营成本(万元)	6932.52	32060.98	11855.91	31922.78
营业成本(万元)	6932.52	32071.16	11855.91	31923.19
投资收益(万元)	-	2631.23	-	2399.73
净利润(万元)	-1060.50	612.25	-201.98	657.22
利润总额(万元)	-993.61	810.58	-192.92	781.82

浙江杭萧钢构股份有限公司

公司概况					
公司名称	浙江杭萧钢构股份有限公司			证券简称	杭萧钢构
法人代表	单银木	董秘	陈瑞	证券代码	600477
公司网址	www.hxss.com.cn		电子信箱	chen.rui@hxss.com.cn	
电　　话	0571-87246788		传　　真	0571-87247920	
办公地址	浙江省杭州市中河中路258号瑞丰大厦3楼、5楼、7楼				
经营范围	钢结构工程的设计、制作与安装				

主要财务指标：指标\报告期	2013.06.30	2012.12.31	2012.06.30	2011.12.31
基本每股收益(元)	0.0160	-0.2490	0.0090	0.1520
基本每股收益(扣除)(元)	0.0090	-0.2390	0.0320	0.1050
每股净资产(元)	1.6224	1.6056	1.8700	1.8600
每股经营现金净流量(元)	0.1735	-0.2017	-0.2741	-0.6620
每股现金流量(元)	-0.0871	-0.0733	-0.1675	-0.3043
每股资本公积金(元)	0.0617	0.0617	0.0662	0.0653
每股盈余公积金(元)	0.1403	0.1403	0.1403	0.1403
每股未分配利润(元)	0.4190	0.4031	0.6608	0.6523
净资产收益率(%)	0.9824	-15.5192	0.4595	8.1930
加权净资产收益率(%)	0.9900	-14.2800	0.4600	8.4300
净资产收益率(扣除)(%)	-	-	-	-
总资产(万元)	603076.22	571691.11	530899.89	550369.98
归属母公司股东权益(万元)	75193.74	74411.46	86553.47	86229.98
主营业务收入(万元)	142454.85	298726.05	118432.85	350002.82
营业收入(万元)	145273.03	304284.30	121163.84	358126.87
主营成本(万元)	123748.22	261164.76	98943.41	314598.61
营业成本(万元)	125681.85	266470.24	101216.01	320621.92
投资收益(万元)	-	-	-	2717.15
净利润(万元)	1268.67	-10429.93	1031.14	8969.81
利润总额(万元)	1115.83	-14066.07	1753.66	9639.26

湖南科力远新能源股份有限公司

公司概况	公司名称	湖南科力远新能源股份有限公司			证券简称	科力远
	法人代表	钟发平	董秘	伍定军	证券代码	600478
	公司网址	www.corun.com		电子信箱	wdj@corun.com	
	电　话	0731-88983638		传　真	0731-88983623	
	办公地址	湖南省长沙市岳麓区长沙国家高新技术产业开发区桐梓坡西路348号				
	经营范围	法律、法规、政策允许的新材料、新能源的研究、开发、生产、销售等				

主要财务指标	指标\报告期	2013.06.30	2012.12.31	2012.06.30	2011.12.31
	基本每股收益(元)	0.0200	-0.1800	-0.0500	0.0500
	基本每股收益(扣除)(元)	-0.1300	-0.2400	-0.0600	-0.0600
	每股净资产(元)	3.0718	3.1227	3.2950	3.3530
	每股经营现金净流量(元)	0.3497	0.2410	-0.2437	-0.0697
	每股现金流量(元)	-0.5314	0.6174	0.2084	-0.8442
	每股资本公积金(元)	1.9052	1.9052	1.9052	1.9044
	每股盈余公积金(元)	0.0953	0.0953	0.0953	0.0953
	每股未分配利润(元)	0.1897	0.1681	0.2994	0.3498
	净资产收益率(%)	0.7057	-5.8940	-1.5312	1.5580
	加权净资产收益率(%)	0.6900	-5.4200	-1.5200	1.5700
	净资产收益率(扣除)(%)	-	-	-	-
	总资产(万元)	214198.94	245851.90	228261.95	257392.47
	归属母公司股东权益(万元)	96708.90	98308.86	103740.91	105569.91
	主营业务收入(万元)	61389.46	166277.12	88625.58	236312.59
	营业收入(万元)	61948.40	168164.80	91552.66	238243.08
	主营成本(万元)	52467.69	148770.22	80339.51	217489.08
	营业成本(万元)	52756.30	149766.03	82743.04	218495.13
	投资收益(万元)	-374.78	605.39	391.76	804.49
	净利润(万元)	3416.32	-6961.76	-2231.66	285.93
	利润总额(万元)	5297.54	-4906.57	-1805.43	1049.52

株洲千金药业股份有限公司

公司概况	公司名称	株洲千金药业股份有限公司			证券简称	千金药业
	法人代表	江端预	董秘	谢爱维	证券代码	600479
	公司网址	www.cnqjyy.com		电子信箱	llfy@cnqjyy.com	
	电　话	0731-22490083 22496088		传　真	0731-22496088	
	办公地址	湖南省株洲市天元区株洲大道801号				
	经营范围	中成药产品、中药保健品、化学药制品的开发、生产和销售				

主要财务指标	指标\报告期	2013.06.30	2012.12.31	2012.06.30	2011.12.31
	基本每股收益(元)	0.1531	0.3942	0.2075	0.2717
	基本每股收益(扣除)(元)	0.1498	0.3662	0.1927	0.3030
	每股净资产(元)	3.0723	3.1692	2.9872	2.9798
	每股经营现金净流量(元)	0.2926	0.6490	0.5784	0.0741
	每股现金流量(元)	-0.0694	0.0961	0.0265	-0.5100
	每股资本公积金(元)	0.4982	0.4982	0.5030	0.5030
	每股盈余公积金(元)	-	0.4319	0.3998	0.3998
	每股未分配利润(元)	-	1.2391	1.0845	1.0770
	净资产收益率(%)	4.9834	12.4389	6.9451	9.1183
	加权净资产收益率(%)	4.7200	12.8200	6.7600	9.2200
	净资产收益率(扣除)(%)	-	-	-	-
	总资产(万元)	175482.31	164521.22	141750.64	128165.36
	归属母公司股东权益(万元)	93649.95	96603.52	91056.96	90829.32
	主营业务收入(万元)	85326.47	157326.23	68345.41	124558.03
	营业收入(万元)	85989.12	158342.27	68870.63	125652.73
	主营成本(万元)	45050.85	78506.44	34026.70	60309.91
	营业成本(万元)	45110.55	78631.47	34086.05	60353.80
	投资收益(万元)	489.52	1115.96	1222.76	27.27
	净利润(万元)	4631.99	13090.54	6475.36	9477.16
	利润总额(万元)	5630.14	15128.98	7533.23	10965.39

凌云工业股份有限公司

公司概况	公司名称	凌云工业股份有限公司			证券简称	凌云股份
	法人代表	李喜增	董秘	张建华	证券代码	600480
	公司网址	www.lingyun.com.cn		电子信箱	zhangjianhua@lygf.com	
	电　话	0312-3951002		传　真	0312-3951234	
	办公地址	河北省涿州市松林店镇				
	经营范围	生产和销售塑料燃气管道系统、给水管道系统、供热管道系统等				

主要财务指标	指标\报告期	2013.06.30	2012.12.31	2012.06.30	2011.12.31
	基本每股收益(元)	0.1600	0.3200	0.2000	0.5500
	基本每股收益(扣除)(元)	0.1400	0.2900	0.1800	0.5000
	每股净资产(元)	5.1019	5.0322	5.3100	5.1100
	每股经营现金净流量(元)	-0.2253	1.2876	0.0277	0.4379
	每股现金流量(元)	-0.7665	-0.4621	-0.7321	-0.4905
	每股资本公积金(元)	1.7780	1.7644	1.7644	1.7644
	每股盈余公积金(元)	0.1340	0.1340	0.1106	0.1106
	每股未分配利润(元)	2.1898	2.1338	2.4357	2.2384
	净资产收益率(%)	3.0579	6.4468	3.7155	10.7390
	加权净资产收益率(%)	3.0500	6.3500	3.7900	10.6400
	净资产收益率(扣除)(%)	-	-	-	-
	总资产(万元)	639513.29	599665.42	578436.43	533520.66
	归属母公司股东权益(万元)	184541.86	182022.19	192093.17	184955.94
	主营业务收入(万元)	243254.96	476205.61	215143.81	419198.85
	营业收入(万元)	249898.58	488265.72	220486.55	428631.78
	主营成本(万元)	197225.75	384538.70	171156.47	329583.27
	营业成本(万元)	203018.85	393097.24	174551.07	335739.75
	投资收益(万元)	1160.57	2362.71	956.62	1655.02
	净利润(万元)	9378.51	22581.92	13888.04	32690.60
	利润总额(万元)	12019.06	28935.20	17471.16	39143.27

双良节能系统股份有限公司

公司概况	公司名称	双良节能系统股份有限公司			证券简称	双良节能
	法人代表	缪志强	董秘	王晓松	证券代码	600481
	公司网址	www.shuangliang.com		电子信箱	600481@shuangliang.com	
	电　话	0510-86632358		传　真	0510-86632307	
	办公地址	江苏省江阴市利港镇西利路				
	经营范围	研究、开发、生产空调、热泵、空气冷却设备、海水淡化节能设备等				

主要财务指标	指标\报告期	2013.06.30	2012.12.31	2012.06.30	2011.12.31
	基本每股收益(元)	0.1748	0.2665	0.0649	0.1912
	基本每股收益(扣除)(元)	0.1685	0.2699	0.0645	0.1986
	每股净资产(元)	2.6078	2.6832	2.4900	2.5700
	每股经营现金净流量(元)	0.4457	0.5221	0.1201	0.5390
	每股现金流量(元)	-0.2840	0.9895	0.0098	-0.7194
	每股资本公积金(元)	1.0335	1.0337	1.0386	1.0384
	每股盈余公积金(元)	0.2331	0.2331	0.1891	0.1892
	每股未分配利润(元)	0.3412	0.4164	0.2588	0.3439
	净资产收益率(%)	6.7035	9.9319	2.6115	7.4350
	加权净资产收益率(%)	7.0500	10.1900	2.5200	7.0800
	净资产收益率(扣除)(%)	-	-	-	-
	总资产(万元)	700017.56	683606.43	608661.23	531922.93
	归属母公司股东权益(万元)	211257.82	217368.67	201432.38	208309.98
	主营业务收入(万元)	66571.46	571670.30	237993.78	506026.78
	营业收入(万元)	287323.56	582335.49	242294.97	513203.89
	主营成本(万元)	36341.49	491645.11	206697.63	436201.83
	营业成本(万元)	244160.75	498836.70	210342.15	441150.68
	投资收益(万元)	-120.23	28.94	140.12	31.89
	净利润(万元)	12732.03	19598.13	4842.08	15845.05
	利润总额(万元)	18397.32	26848.13	6151.87	19188.41

风帆股份有限公司

公司概况					
公司名称	风帆股份有限公司			证券简称	风帆股份
法人代表	刘宝生	董秘	张亚光	证券代码	600482
公司网址	www.sail.com.cn		电子信箱	sh600482@126.com	
电　话	0312-3208529 3208588		传　真	0312-3215920	
办公地址	河北省保定市富昌路8号				
经营范围	蓄电池开发、生产、销售等				

主要财务指标

指标\报告期	2013.06.30	2012.12.31	2012.06.30	2011.12.31
基本每股收益(元)	0.1200	0.1700	0.0900	0.1500
基本每股收益(扣除)(元)	0.1100	0.2000	0.1000	0.1300
每股净资产(元)	2.8001	2.7394	2.6539	2.5626
每股经营现金净流量(元)	-0.2539	0.6680	0.3114	0.3185
每股现金流量(元)	-0.3542	-0.0529	-0.2931	0.5395
每股资本公积金(元)	1.6261	1.6261	1.6261	1.6261
每股盈余公积金(元)	0.1458	0.1458	0.1218	0.1218
每股未分配利润(元)	0.0212	-0.0405	-0.0940	-0.1853
净资产收益率(%)	4.1690	6.1600	3.4400	5.8730
加权净资产收益率(%)	4.1900	6.3700	3.7100	6.0400
净资产收益率(扣除)(%)	-	-	-	-
总资产(万元)	350831.53	342334.68	320702.54	328023.50
归属母公司股东权益(万元)	129084.92	126286.27	122346.22	118138.09
主营业务收入(万元)	257965.12	469362.98	228447.11	402289.30
营业收入(万元)	258742.67	472736.62	230050.10	407475.53
主营成本(万元)	227772.82	401217.90	199370.48	351845.28
营业成本(万元)	228460.77	403295.96	200974.57	355646.73
投资收益(万元)	135.80	65.00	-	50.00
净利润(万元)	5231.38	7498.48	4141.41	6785.82
利润总额(万元)	7265.50	10133.08	5066.70	8378.55

福建南纺股份有限公司

公司概况					
公司名称	福建南纺股份有限公司			证券简称	福建南纺
法人代表	陈军华	董秘	李峰	证券代码	600483
公司网址	www.fjnf.com		电子信箱	nf600483@sina.com	
电　话	0599-8813009 8813015		传　真	0599-8805190 8809965	
办公地址	福建省南平市安丰路63号				
经营范围	纺织品、PU革的制造、经营本公司自产产品及相关的出口业务				

主要财务指标

指标\报告期	2013.06.30	2012.12.31	2012.06.30	2011.12.31
基本每股收益(元)	0.0210	0.0800	0.0252	0.1900
基本每股收益(扣除)(元)	0.0037	0.0600	0.0222	0.1900
每股净资产(元)	2.5355	2.6080	2.5400	2.6200
每股经营现金净流量(元)	0.1948	-0.2043	-0.3985	0.1297
每股现金流量(元)	0.0954	-0.1645	-0.3495	0.0150
每股资本公积金(元)	1.0524	1.0959	1.0821	1.0883
每股盈余公积金(元)	0.2169	0.2169	0.2097	0.2097
每股未分配利润(元)	0.2662	0.2952	0.2488	0.3236
净资产收益率(%)	0.8277	3.0211	0.9921	7.0650
加权净资产收益率(%)	0.8200	3.0200	0.9800	7.2100
净资产收益率(扣除)(%)	-	-	-	-
总资产(万元)	115054.45	119812.23	116999.29	122805.37
归属母公司股东权益(万元)	73144.32	75235.70	73291.64	75628.63
主营业务收入(万元)	53438.37	131683.83	64017.96	153537.96
营业收入(万元)	53794.18	132666.35	64578.69	155917.39
主营成本(万元)	49343.55	121849.87	59490.13	139517.18
营业成本(万元)	49483.21	122397.15	59853.54	141409.72
投资收益(万元)	2.96	270.60	270.60	109.46
净利润(万元)	716.67	2466.34	815.05	5599.33
利润总额(万元)	944.59	3017.67	931.37	7005.21

北京中创信测科技股份有限公司

公司概况					
公司名称	北京中创信测科技股份有限公司			证券简称	中创信测
法人代表	李军	董秘	王志刚	证券代码	600485
公司网址	www.zctt.com		电子信箱	investors@zctt.com	
电　话	010-62100118 62100102		传　真	010-62121092	
办公地址	北京市海淀区中关村南大街甲18号北京·国际C座12-14层				
经营范围	通信网测试维护产品的研制开发、生产、销售和服务				

主要财务指标

指标\报告期	2013.06.30	2012.12.31	2012.06.30	2011.12.31
基本每股收益(元)	-0.0350	-0.3250	-0.1240	0.1550
基本每股收益(扣除)(元)	-0.0360	-0.3320	-0.1220	0.0230
每股净资产(元)	-	3.2223	3.4100	3.5400
每股经营现金净流量(元)	0.0566	0.1618	-0.1377	-0.2376
每股现金流量(元)	-0.5192	0.3377	0.0793	-0.4930
每股资本公积金(元)	0.9926	0.9926	0.9845	0.9845
每股盈余公积金(元)	0.2237	0.2237	0.2237	0.2237
每股未分配利润(元)	0.9712	1.0060	1.2068	1.3308
净资产收益率(%)	-1.0907	-10.0814	-3.6335	4.3810
加权净资产收益率(%)	-1.0850	-9.6100	-3.5700	4.5000
净资产收益率(扣除)(%)	-	-	-	-
总资产(万元)	58591.98	59952.46	68411.08	66751.58
归属母公司股东权益(万元)	44174.31	44656.12	47325.49	49045.05
主营业务收入(万元)	8522.25	21518.05	8885.86	23566.87
营业收入(万元)	9579.46	24781.87	9704.01	25743.02
主营成本(万元)	5466.28	14231.21	5220.88	13443.50
营业成本(万元)	5573.31	14666.14	5220.88	13536.22
投资收益(万元)	14.97	25.05	2.95	-52.08
净利润(万元)	-482.69	-4503.02	-1723.80	2123.74
利润总额(万元)	-482.27	-4066.22	-1840.73	1768.28

江苏扬农化工股份有限公司

公司概况					
公司名称	江苏扬农化工股份有限公司			证券简称	扬农化工
法人代表	戚明珠	董秘	吴孝举	证券代码	600486
公司网址	www.yngf.com		电子信箱	stockcom@yngf.com	
电　话	0514-85860486		传　真	0514-85889486	
办公地址	江苏省扬州市文峰路39号				
经营范围	卫生用、农用拟除虫菊酯系列产品的生产和销售				

主要财务指标

指标\报告期	2013.06.30	2012.12.31	2012.06.30	2011.12.31
基本每股收益(元)	1.1560	1.1270	0.6220	0.8930
基本每股收益(扣除)(元)	1.1970	1.1510	0.6170	0.8110
每股净资产(元)	12.2469	11.3865	10.8710	10.3960
每股经营现金净流量(元)	2.9529	2.5858	1.3909	2.1223
每股现金流量(元)	2.0880	1.5064	0.8647	1.5009
每股资本公积金(元)	4.9359	4.9359	4.9359	4.9359
每股盈余公积金(元)	0.5267	0.5267	0.4489	0.4489
每股未分配利润(元)	5.4257	4.6099	4.1824	3.7605
净资产收益率(%)	9.4379	9.8994	5.7207	8.5880
加权净资产收益率(%)	9.6900	10.3700	5.8100	8.9200
净资产收益率(扣除)(%)	-	-	-	-
总资产(万元)	354378.53	318536.35	304762.00	269064.16
归属母公司股东权益(万元)	210850.05	196036.51	187168.65	178984.76
主营业务收入(万元)	158803.57	218687.63	121425.09	181499.99
营业收入(万元)	160158.87	221866.27	123249.33	184281.41
主营成本(万元)	124431.49	178883.52	99995.01	151144.63
营业成本(万元)	125770.68	182044.37	101808.98	153941.88
投资收益(万元)	-	-	-	-1.58
净利润(万元)	20462.94	19978.03	10977.15	15658.18
利润总额(万元)	24070.48	23182.31	12914.29	17827.63

江苏亨通光电股份有限公司

公司概况					
	公司名称	江苏亨通光电股份有限公司		证券简称	亨通光电
	法人代表	尹纪成	董秘 王军	证券代码	600487
	公司网址	www.htgd.com.cn		电子信箱	htgd@htgd.com.cn
	电话	0512-63430985		传真	0512-63092355
	办公地址	江苏省吴江市经济开发区亨通路100号			
	经营范围	光纤光缆的生产与销售			

主要财务指标	指标\报告期	2013.06.30	2012.12.31	2012.06.30	2011.12.31
	基本每股收益(元)	0.3050	1.6660	0.8630	1.2340
	基本每股收益(扣除)(元)	0.2250	1.1320	0.7360	0.9430
	每股净资产(元)	11.7813	11.8666	11.1530	10.5977
	每股经营现金净流量(元)	0.3574	3.3389	-0.2327	0.9423
	每股现金流量(元)	-0.3214	0.7614	0.2971	0.9709
	每股资本公积金(元)	4.1261	4.3124	4.5023	4.6095
	每股盈余公积金(元)	0.7368	0.7368	0.6022	0.6343
	每股未分配利润(元)	5.9183	5.7238	5.0485	4.3539
	净资产收益率(%)	2.5846	14.0400	7.7400	11.6446
	加权净资产收益率(%)	2.5700	14.6300	7.9700	12.0500
	净资产收益率(扣除)(%)	-	-	-	-
	总资产(万元)	997165.59	914047.47	948363.93	783584.38
	归属母公司股东权益(万元)	243970.65	245908.91	230959.92	219459.28
	主营业务收入(万元)	355593.92	769718.72	344776.45	662890.23
	营业收入(万元)	358741.90	780427.56	352252.06	668864.37
	主营成本(万元)	279493.47	621656.18	275415.77	541821.09
	营业成本(万元)	279799.83	626806.04	279218.43	542723.92
	投资收益(万元)	114.06	9141.88	9068.96	-742.45
	净利润(万元)	8011.16	39708.33	19831.78	30406.52
	利润总额(万元)	12247.71	46434.17	22603.02	35350.29

天津天药药业股份有限公司

公司概况					
	公司名称	天津天药药业股份有限公司		证券简称	天药股份
	法人代表	杨凤翎	董秘 杨新意	证券代码	600488
	公司网址	www.kingyork.biz/tianya.yaoye		电子信箱	tjpc600488@vip.sina.com
	电话	022-24160910		传真	022-24160910
	办公地址	天津市河东区八纬路109号			
	经营范围	皮质激素类原料药和制剂的生产和销售、出口			

主要财务指标	指标\报告期	2013.06.30	2012.12.31	2012.06.30	2011.12.31
	基本每股收益(元)	0.0360	0.1820	0.0480	0.1720
	基本每股收益(扣除)(元)	0.0300	0.1740	0.0420	0.1520
	每股净资产(元)	2.3862	3.2186	3.1080	3.0700
	每股经营现金净流量(元)	0.0312	0.0244	0.0968	0.1445
	每股现金流量(元)	0.3021	-0.0202	0.0317	0.1977
	每股资本公积金(元)	0.6404	0.9373	0.9373	0.9373
	每股盈余公积金(元)	-	0.2420	0.2312	0.2247
	每股未分配利润(元)	-	1.0456	0.9458	0.9138
	净资产收益率(%)	1.4082	5.6569	2.2990	5.5927
	加权净资产收益率(%)	1.5000	5.8000	2.1400	5.7300
	净资产收益率(扣除)(%)	-	-	-	-
	总资产(万元)	302697.15	249196.56	256916.21	241672.23
	归属母公司股东权益(万元)	229282.92	174732.55	168740.77	166641.98
	主营业务收入(万元)	72713.69	148431.31	77424.04	126164.07
	营业收入(万元)	76864.06	164253.15	86983.45	141838.17
	主营成本(万元)	61953.60	120862.65	64243.35	99841.82
	营业成本(万元)	66060.51	136693.23	73700.65	115529.62
	投资收益(万元)	-211.15	388.70	-135.71	543.03
	净利润(万元)	3232.61	9891.61	3871.58	9512.35
	利润总额(万元)	3803.60	11214.98	4627.72	11024.25

中金黄金股份有限公司

公司概况					
	公司名称	中金黄金股份有限公司		证券简称	中金黄金
	法人代表	孙兆学	董秘 宋宪彬	证券代码	600489
	公司网址	www.zjgold.com		电子信箱	lyq@zjgold.com
	电话	010-56353909 56353902		传真	010-56353910 56353902
	办公地址	北京市东城区安外大街9号			
	经营范围	黄金等有色金属地质勘查、采选、冶炼等			

主要财务指标	指标\报告期	2013.06.30	2012.12.31	2012.06.30	2011.12.31
	基本每股收益(元)	0.2000	0.5300	0.2800	0.6400
	基本每股收益(扣除)(元)	0.1900	0.5200	0.2800	0.5700
	每股净资产(元)	3.4518	3.4151	4.7300	4.4516
	每股经营现金净流量(元)	0.1277	0.8311	0.3550	1.0229
	每股现金流量(元)	-0.0573	-0.1291	0.1137	0.7093
	每股资本公积金(元)	0.5747	0.5747	1.3206	1.4639
	每股盈余公积金(元)	0.1408	0.1408	0.1468	0.1468
	每股未分配利润(元)	1.7286	1.6916	2.2475	1.8277
	净资产收益率(%)	5.7049	15.4949	8.8787	21.1488
	加权净资产收益率(%)	5.6500	16.7000	9.2500	28.5200
	净资产收益率(扣除)(%)	-	-	-	-
	总资产(万元)	2269956.20	2149523.67	2121178.79	1932254.17
	归属母公司股东权益(万元)	1015954.27	1005133.31	928519.48	873471.26
	主营业务收入(万元)	1518469.45	3574114.12	1612768.56	3281529.13
	营业收入(万元)	1532907.12	3605180.45	1624814.75	3320910.30
	主营成本(万元)	1331619.26	3109357.17	1385952.01	2807488.76
	营业成本(万元)	1339700.85	3131594.74	1395170.27	2836994.45
	投资收益(万元)	531.91	624.59	685.75	6801.43
	净利润(万元)	79343.73	208737.53	109443.79	248988.41
	利润总额(万元)	110591.47	288237.75	147564.62	333856.07

鹏欣环球资源股份有限公司

公司概况					
	公司名称	鹏欣环球资源股份有限公司		证券简称	鹏欣资源
	法人代表	何昌明	董秘 关小掬	证券代码	600490
	公司网址	www.synica.com.cn		电子信箱	daiwz@synica.com.cn
	电话	021-61677666 61677397		传真	021-61677397
	办公地址	上海市虹桥路2188弄41号、47号楼			
	经营范围	医药中间体、农药中间体及有机新材料等精细化工品的生产和销售			

主要财务指标	指标\报告期	2013.06.30	2012.12.31	2012.06.30	2011.12.31
	基本每股收益(元)	0.0443	0.2400	-0.1916	-0.3900
	基本每股收益(扣除)(元)	0.0442	0.2700	-0.0338	-0.4400
	每股净资产(元)	1.6649	2.4700	6.5420	4.5126
	每股经营现金净流量(元)	0.0597	0.3461	-0.6080	1.6702
	每股现金流量(元)	0.0281	0.9165	5.3212	1.0421
	每股资本公积金(元)	0.8381	1.7571	6.2442	5.5596
	每股盈余公积金(元)	-	0.0265	0.0663	0.1166
	每股未分配利润(元)	-	-0.2934	-0.7685	-2.0197
	净资产收益率(%)	2.6580	8.9212	-1.8765	-8.5842
	加权净资产收益率(%)	2.6500	6.4600	-3.4800	-4.5200
	净资产收益率(扣除)(%)	-	-	-	-
	总资产(万元)	438170.64	417247.35	177808.34	245682.06
	归属母公司股东权益(万元)	144842.84	143260.71	151775.02	59566.29
	主营业务收入(万元)	111915.69	145692.97	22225.88	37847.67
	营业收入(万元)	111922.50	146186.49	22231.48	39226.82
	主营成本(万元)	87350.97	104064.53	20703.22	35452.32
	营业成本(万元)	87357.15	104485.37	19228.69	36755.29
	投资收益(万元)	-219.28	1728.94	-300.58	683.74
	净利润(万元)	11085.21	32656.25	-5144.56	-6782.37
	利润总额(万元)	13239.54	34096.64	-5144.56	-6782.37

龙元建设集团股份有限公司

公司概况

公司名称	龙元建设集团股份有限公司		证券简称	龙元建设
法人代表	赖振元	董秘 张丽	证券代码	600491
公司网址	www.lycg.com.cn	电子信箱	webmaster@lycg.com.cn	
电　话	021-65615689	传　真	021-65615689	
办公地址	上海市逸仙路 768 号			
经营范围	民用、工业、市政及公共设施等各类工程的建筑施工、工程安装			

主要财务指标

指标\报告期	2013.06.30	2012.12.31	2012.06.30	2011.12.31
基本每股收益(元)	0.0919	0.4200	0.3450	0.2900
基本每股收益(扣除)(元)	0.0717	0.0500	0.0108	0.2700
每股净资产(元)	3.0973	3.1141	2.9548	2.7522
每股经营现金净流量(元)	−0.1730	−0.2744	−0.4108	0.0643
每股现金流量(元)	−0.1308	−0.1774	−0.1063	0.2187
每股资本公积金(元)	0.4556	0.4556	0.4023	0.4039
每股盈余公积金(元)	0.2753	0.2753	0.2018	0.2401
每股未分配利润(元)	1.3440	1.3820	1.3460	1.0822
净资产收益率(%)	2.9683	13.3583	11.6756	10.6980
加权净资产收益率(%)	2.9100	14.2100	11.8500	11.1500
净资产收益率(扣除)(%)	−	−	−	−
总资产(万元)	1423562.60	1409345.14	1208091.56	1257931.96
归属母公司股东权益(万元)	293496.22	295093.14	279992.17	260794.45
主营业务收入(万元)	593148.20	1398590.61	585530.11	1349291.14
营业收入(万元)	595623.50	1399326.85	589093.70	1349584.67
主营成本(万元)	539987.29	1291238.96	538391.67	1199104.20
营业成本(万元)	541449.57	1291651.07	539651.49	1199267.25
投资收益(万元)	−15.52	39548.33	41796.10	875.35
净利润(万元)	8754.77	39660.16	33055.84	32106.76
利润总额(万元)	12123.10	53883.77	45723.78	55016.40

福建凤竹纺织科技股份有限公司

公司概况

公司名称	福建凤竹纺织科技股份有限公司		证券简称	凤竹纺织
法人代表	陈澄清	董秘 施金平	证券代码	600493
公司网址	www.fynex.com.cn	电子信箱	zhangrongxing@fynex.com.cn	
电　话	0595-85656506	传　真	0595-85656941	
办公地址	福建省晋江市青阳凤竹工业区			
经营范围	生产、加工针织、机织色布、漂染、染纱、服装,销售自产产品等			

主要财务指标

指标\报告期	2013.06.30	2012.12.31	2012.06.30	2011.12.31
基本每股收益(元)	0.0050	0.0444	0.0046	−0.0617
基本每股收益(扣除)(元)	−0.0428	−0.1958	−0.1340	−0.0970
每股净资产(元)	2.2814	2.2765	2.2366	2.2320
每股经营现金净流量(元)	0.1010	0.7000	0.5492	0.5201
每股现金流量(元)	−0.1648	0.1111	0.2750	−0.1213
每股资本公积金(元)	0.7019	0.7019	0.7019	0.7019
每股盈余公积金(元)	0.2912	0.2912	0.2799	0.2799
每股未分配利润(元)	0.2883	0.2833	0.2547	0.2502
净资产收益率(%)	0.2174	1.9522	0.2035	−2.7640
加权净资产收益率(%)	0.2176	1.9715	0.2037	−2.7134
净资产收益率(扣除)(%)	−	−	−	−
总资产(万元)	125055.55	128185.32	128513.57	123353.55
归属母公司股东权益(万元)	62054.88	61919.99	60834.94	60711.16
主营业务收入(万元)	40999.40	84522.24	41080.15	93495.74
营业收入(万元)	41494.59	84698.08	41151.74	94100.46
主营成本(万元)	38526.10	80355.59	40345.05	88436.72
营业成本(万元)	38780.28	80446.05	40348.75	88667.83
投资收益(万元)	167.61	381.40	354.75	−150.58
净利润(万元)	134.89	1208.83	123.77	−1677.78
利润总额(万元)	171.74	2086.11	124.85	−2636.46

晋西车轴股份有限公司

公司概况

公司名称	晋西车轴股份有限公司		证券简称	晋西车轴
法人代表	李照智	董秘 周海红	证券代码	600495
公司网址	www.jinxiaxle.com.cn	电子信箱	stock@jinxiaxle.com.cn	
电　话	0351-6628286 6629027	传　真	0351-6628286	
办公地址	山西省太原市和平北路北巷 5 号			
经营范围	各类车轴的生产及销售,合金钢等精密锻件生产、销售或委托加工			

主要财务指标

指标\报告期	2013.06.30	2012.12.31	2012.06.30	2011.12.31
基本每股收益(元)	0.1600	0.4000	0.1600	0.3300
基本每股收益(扣除)(元)	0.0700	0.3600	0.1600	0.2700
每股净资产(元)	5.3733	5.2953	5.0500	4.9300
每股经营现金净流量(元)	−0.2672	−0.4326	−0.6681	1.1235
每股现金流量(元)	−0.5050	−0.5915	−0.1347	0.2235
每股资本公积金(元)	2.6646	2.6646	2.6646	2.6646
每股盈余公积金(元)	−	0.2544	0.2433	0.2433
每股未分配利润(元)	−	1.3763	1.1405	1.0178
净资产收益率(%)	2.9414	7.6403	3.1246	6.6981
加权净资产收益率(%)	2.9600	7.9200	3.1600	6.9300
净资产收益率(扣除)(%)	−	−	−	−
总资产(万元)	267453.18	251126.20	261129.97	241029.23
归属母公司股东权益(万元)	162402.94	160043.87	152583.73	148873.88
主营业务收入(万元)	84427.05	247037.79	126303.67	190933.49
营业收入(万元)	103977.95	273528.92	139910.31	216172.05
主营成本(万元)	73506.78	215240.43	113526.57	164119.13
营业成本(万元)	92393.44	241135.47	126659.99	188073.10
投资收益(万元)	500.00	500.00	500.00	−
净利润(万元)	4777.54	13163.58	4729.21	9971.78
利润总额(万元)	5352.06	15694.50	5536.31	11530.29

长江精工钢结构(集团)股份有限公司

公司概况

公司名称	长江精工钢结构(集团)股份有限公司		证券简称	精工钢构
法人代表	方朝阳	董秘 沈月华	证券代码	600496
公司网址	www.600496.com	电子信箱	600496@jgsteel.cn	
电　话	021-31215599-6858 0564-3631386	传　真	021-31215599-6870 0564-3630000	
办公地址	安徽省六安市经济技术开发区长江精工工业园			
经营范围	轻型、高层用钢结构产品及新型墙体材料生产销售等			

主要财务指标

指标\报告期	2013.06.30	2012.12.31	2012.06.30	2011.12.31
基本每股收益(元)	0.1800	0.3600	0.1800	0.4800
基本每股收益(扣除)(元)	0.1700	0.3500	0.1900	0.4600
每股净资产(元)	3.7067	3.5815	3.4100	3.2900
每股经营现金净流量(元)	−0.1939	−0.6181	−0.4496	0.1891
每股现金流量(元)	−0.0755	−0.0469	−0.0468	0.0023
每股资本公积金(元)	0.7143	0.7243	0.7331	0.7224
每股盈余公积金(元)	0.1815	0.1815	0.1496	0.1496
每股未分配利润(元)	1.8197	1.6820	1.5332	1.4262
净资产收益率(%)	4.7946	9.9876	5.1926	14.4860
加权净资产收益率(%)	4.8700	10.4000	5.2900	16.0300
净资产收益率(扣除)(%)	−	−	−	−
总资产(万元)	761769.94	740348.32	657995.85	553326.74
归属母公司股东权益(万元)	217421.56	210079.59	200012.26	193146.96
主营业务收入(万元)	304924.47	608675.03	252746.17	567907.36
营业收入(万元)	306781.34	613147.76	254896.75	570627.40
主营成本(万元)	260600.49	514532.35	211698.91	487747.25
营业成本(万元)	260775.06	515243.98	211849.61	488854.62
投资收益(万元)	2.22	−783.84	−794.24	323.76
净利润(万元)	10309.73	21587.75	10489.25	28017.26
利润总额(万元)	12889.97	25744.45	13948.88	32162.61

云南驰宏锌锗股份有限公司

公司概况					
公司名称	云南驰宏锌锗股份有限公司			证券简称	驰宏锌锗
法人代表	董英	董秘	沈立俊	证券代码	600497
公司网址	www.chxz.com		电子信箱	tyc@chxz.com	
电　　话	0874-8966698		传　　真	0874-8966789	
办公地址	云南省曲靖市经济技术开发区				
经营范围	铅、锌、锗系列产品的生产与销售等				

主要财务指标：指标\报告期	2013.06.30	2012.12.31	2012.06.30	2011.12.31
基本每股收益(元)	0.2323	0.2655	0.1331	0.2741
基本每股收益(扣除)(元)	0.0761	0.2132	0.0892	0.2491
每股净资产(元)	4.2396	2.9259	2.7525	2.7805
每股经营现金净流量(元)	0.1360	1.0376	0.2468	0.7808
每股现金流量(元)	0.1543	0.3850	0.5119	–0.3153
每股资本公积金(元)	2.3673	0.9770	0.9760	0.9758
每股盈余公积金(元)	0.2776	0.3534	0.3216	0.3216
每股未分配利润(元)	0.6176	0.7211	0.4817	0.5140
净资产收益率(%)	4.7429	9.0752	5.0511	9.8570
加权净资产收益率(%)	5.5600	9.3500	3.3100	8.7800
净资产收益率(扣除)(%)	–	–	–	–
总资产(万元)	2817304.56	2634824.68	2106975.73	1529542.72
归属母公司股东权益(万元)	706984.48	577865.66	360606.39	364271.01
主营业务收入(万元)	733801.20	1200781.43	557105.35	615676.27
营业收入(万元)	738876.82	1213038.98	563303.05	631494.95
主营成本(万元)	653792.44	1019323.36	469381.88	454395.09
营业成本(万元)	657811.70	1028710.12	452712.62	464480.14
投资收益(万元)	652.47	3943.95	–60.57	715.98
净利润(万元)	34662.64	34181.96	20746.07	35872.91
利润总额(万元)	39085.40	41637.19	21289.54	43099.06

烽火通信科技股份有限公司

公司概况					
公司名称	烽火通信科技股份有限公司			证券简称	烽火通信
法人代表	童国华	董秘	戈俊	证券代码	600498
公司网址	www.fiberhome.com.cn		电子信箱	info@fiberhome.com.cn	
电　　话	027-87693885		传　　真	027-87691704	
办公地址	湖北省武汉市洪山区光谷创业街42号				
经营范围	光纤通信和相关通信技术、信息技术领域科技开发等				

主要财务指标：指标\报告期	2013.06.30	2012.12.31	2012.06.30	2011.12.31
基本每股收益(元)	0.5400	1.0700	0.6500	1.0100
基本每股收益(扣除)(元)	0.4600	0.8700	0.5100	0.8500
每股净资产(元)	5.6183	10.9246	10.4800	8.7800
每股经营现金净流量(元)	–1.6177	0.7117	–2.9011	0.6516
每股现金流量(元)	–1.8223	2.9759	–0.6694	1.1361
每股资本公积金(元)	2.8083	6.6072	6.6004	5.0700
每股盈余公积金(元)	0.2326	0.4658	0.4161	0.4166
每股未分配利润(元)	1.5785	2.8520	2.7253	2.2982
净资产收益率(%)	5.5854	9.4287	5.6900	11.4663
加权净资产收益率(%)	5.6200	10.8700	7.1700	12.0700
净资产收益率(扣除)(%)	–	–	–	–
总资产(万元)	1211665.16	1253446.97	1095879.21	1008360.09
归属母公司股东权益(万元)	542567.98	526961.00	505721.53	388565.52
主营业务收入(万元)	419896.46	793756.14	357732.06	690544.22
营业收入(万元)	433497.86	818295.18	369984.90	705157.33
主营成本(万元)	318077.99	588292.76	273806.78	510848.05
营业成本(万元)	328009.37	601652.45	282698.41	518040.09
投资收益(万元)	3801.79	5377.45	4546.51	5878.90
净利润(万元)	33256.72	56322.71	29154.28	51208.00
利润总额(万元)	34373.93	62224.30	30985.80	55535.21

广东科达机电股份有限公司

公司概况					
公司名称	广东科达机电股份有限公司			证券简称	科达机电
法人代表	边程	董秘	曾飞	证券代码	600499
公司网址	www.kedachina.com.cn		电子信箱	600499@kedachina.com.cn	
电　　话	0757-23833869		传　　真	0757-23833869	
办公地址	广东省佛山市顺德区陈村镇广隆工业园环镇西路1号				
经营范围	陶瓷、石材、墙体材料、节能环保等建材机械设备制造等				

主要财务指标：指标\报告期	2013.06.30	2012.12.31	2012.06.30	2011.12.31
基本每股收益(元)	0.2870	0.4270	0.2390	0.5870
基本每股收益(扣除)(元)	0.2720	0.3850	0.2220	0.3330
每股净资产(元)	4.0263	3.7195	3.2900	3.1600
每股经营现金净流量(元)	0.0253	0.2719	–0.0012	–0.0036
每股现金流量(元)	–0.1298	–0.5038	–0.4395	–0.2000
每股资本公积金(元)	1.1028	0.9126	0.6247	0.6247
每股盈余公积金(元)	0.2448	0.2502	0.2135	0.2135
每股未分配利润(元)	1.6731	1.5513	1.4507	1.3127
净资产收益率(%)	7.0250	11.2743	7.2550	17.8510
加权净资产收益率(%)	7.4500	12.5700	7.4100	21.9500
净资产收益率(扣除)(%)	–	–	–	–
总资产(万元)	560075.34	515175.75	447233.21	470575.09
归属母公司股东权益(万元)	268251.13	242385.46	208228.66	199501.11
主营业务收入(万元)	162126.24	265779.74	125307.54	249230.21
营业收入(万元)	162284.99	266064.31	125331.36	249254.91
主营成本(万元)	125597.62	199560.99	96415.42	202473.47
营业成本(万元)	125597.62	199560.99	96423.80	202497.15
投资收益(万元)	2947.34	4359.41	1877.59	28125.41
净利润(万元)	17893.80	27150.62	14627.46	34866.90
利润总额(万元)	21093.73	32792.05	17212.48	41694.66

中化国际(控股)股份有限公司

公司概况					
公司名称	中化国际(控股)股份有限公司			证券简称	中化国际
法人代表	潘正义	董秘	刘翔	证券代码	600500
公司网址	www.sinochemintl.com		电子信箱	ir@sinochem.com	
电　　话	021-61048666 50475048		传　　真	021-50470205	
办公地址	上海市浦东新区世纪大道88号金茂大厦3区18层				
经营范围	化工原料、精细化工、农用化工、塑料、橡胶制品等的进出口、内销贸易等				

主要财务指标：指标\报告期	2013.06.30	2012.12.31	2012.06.30	2011.12.31
基本每股收益(元)	0.2600	0.4100	0.2100	0.5400
基本每股收益(扣除)(元)	0.2400	0.1500	0.1300	0.3900
每股净资产(元)	4.6497	4.6000	4.4200	4.3800
每股经营现金净流量(元)	0.4136	0.4579	–0.4361	0.6300
每股现金流量(元)	–0.6563	–1.6458	1.0925	0.4993
每股资本公积金(元)	0.9972	1.0037	1.0879	1.0930
每股盈余公积金(元)	0.3766	0.3766	0.3695	0.3695
每股未分配利润(元)	2.4253	2.3129	2.1190	2.0637
净资产收益率(%)	5.6441	8.8356	4.6438	12.3060
加权净资产收益率(%)	5.6100	9.0900	4.6600	12.7700
净资产收益率(扣除)(%)	–	–	–	–
总资产(万元)	3036139.88	3018565.17	3002925.49	2555669.93
归属母公司股东权益(万元)	668429.53	661259.22	635560.83	629905.76
主营业务收入(万元)	2423166.31	5432159.15	2755994.78	5526645.02
营业收入(万元)	2424330.44	5444816.27	2763890.79	5529127.57
主营成本(万元)	–	5242571.45	–	5273368.80
营业成本(万元)	2289776.30	5247802.14	2667204.22	5274381.81
投资收益(万元)	21531.71	75216.03	27043.88	30063.80
净利润(万元)	46482.18	72371.15	37463.64	105344.37
利润总额(万元)	58122.50	88637.04	44434.68	123922.91

航天晨光股份有限公司

公司概况				
公司名称	航天晨光股份有限公司		证券简称	航天晨光
法人代表	时旸	董秘 陆卫杰	证券代码	600501
公司网址	www.aerosun.cn		电子信箱	stock@aerosun.cn
电　话	025-52826007 52826030		传　真	025-52826039
办公地址	江苏省南京市江宁经济技术开发区天元中路 188 号			
经营范围	专用汽车类产品和波纹柔性管类产品			

主要财务指标

指标＼报告期	2013.06.30	2012.12.31	2012.06.30	2011.12.31
基本每股收益(元)	0.0800	0.0800	0.1000	0.2000
基本每股收益(扣除)(元)	0.0700	0.0300	0.0900	0.1800
每股净资产(元)	3.0168	2.9651	2.9800	2.9300
每股经营现金净流量(元)	–0.4516	0.1594	–0.2682	–0.3823
每股现金流量(元)	–0.4734	0.1089	–0.3101	0.0334
每股资本公积金(元)	1.2843	1.2843	1.2843	1.2843
每股盈余公积金(元)	0.1966	0.1966	0.1851	0.1851
每股未分配利润(元)	0.5359	0.4842	0.5116	0.4644
净资产收益率(%)	2.7079	2.7959	3.2610	6.6910
加权净资产收益率(%)	2.7200	2.7600	3.2600	6.9200
净资产收益率(扣除)(%)	–	–	–	–
总资产(万元)	429070.59	405416.82	400240.10	397396.75
归属母公司股东权益(万元)	117439.23	115426.90	116043.81	114206.00
主营业务收入(万元)	176056.32	394770.85	148819.85	337597.36
营业收入(万元)	178281.90	400302.91	151209.37	346096.60
主营成本(万元)	147375.67	332023.59	125535.04	274859.91
营业成本(万元)	149375.57	336043.34	127462.66	281030.50
投资收益(万元)	1608.37	1488.17	1902.84	4096.01
净利润(万元)	2617.54	3707.59	2967.05	9782.70
利润总额(万元)	3367.77	4862.29	3658.50	10591.36

安徽水利开发股份有限公司

公司概况				
公司名称	安徽水利开发股份有限公司		证券简称	安徽水利
法人代表	赵时运	董秘 赵作平	证券代码	600502
公司网址	www.cahsl.com		电子信箱	ahslzqb@163.com
电　话	0552-3950553		传　真	0552-3950276
办公地址	安徽省蚌埠市东海大道张公山南侧			
经营范围	水利水电工程及其他工程施工、小水电和城乡供水			

主要财务指标

指标＼报告期	2013.06.30	2012.12.31	2012.06.30	2011.12.31
基本每股收益(元)	0.2300	0.7700	0.2300	0.7500
基本每股收益(扣除)(元)	0.2200	0.7100	0.2300	0.7600
每股净资产(元)	2.9290	4.0483	3.6900	3.3700
每股经营现金净流量(元)	–0.6313	–0.2735	–1.8870	–1.2813
每股现金流量(元)	–0.0715	–0.0074	–0.5635	1.0546
每股资本公积金(元)	0.0544	0.3816	0.3816	0.3826
每股盈余公积金(元)	0.1326	0.1988	0.1540	0.1540
每股未分配利润(元)	1.5405	2.2441	1.8628	1.6186
净资产收益率(%)	7.8886	19.0290	9.3248	22.4060
加权净资产收益率(%)	8.0200	20.1500	9.7200	25.4700
净资产收益率(扣除)(%)	–	–	–	–
总资产(万元)	905903.62	816267.52	718845.60	604045.96
归属母公司股东权益(万元)	147016.31	135463.99	123402.96	112739.66
主营业务收入(万元)	364815.43	645793.94	280233.34	530807.30
营业收入(万元)	365083.35	649019.45	280617.68	531293.38
主营成本(万元)	302900.87	530633.99	228924.58	428938.69
营业成本(万元)	303026.51	532875.08	229055.99	429161.65
投资收益(万元)	–314.33	–304.99	–175.32	–74.56
净利润(万元)	11784.18	25740.58	11389.55	25021.51
利润总额(万元)	19615.09	37587.32	17040.93	35973.37

华丽家族股份有限公司

公司概况				
公司名称	华丽家族股份有限公司		证券简称	华丽家族
法人代表	林立新	董秘 娄欣	证券代码	600503
公司网址	www.deluxe-family.com		电子信箱	dmb@deluxe-family.com
电　话	021-62376199		传　真	021-62376089
办公地址	上海市虹桥路 2272 号虹桥商务中心 3 楼 L 座			
经营范围	房地产开发经营			

主要财务指标

指标＼报告期	2013.06.30	2012.12.31	2012.06.30	2011.12.31
基本每股收益(元)	0.0108	0.0311	0.0307	0.5253
基本每股收益(扣除)(元)	–0.0034	0.0282	0.0284	0.0116
每股净资产(元)	1.7211	1.7275	1.7185	1.6800
每股经营现金净流量(元)	0.1639	0.1627	0.0201	0.2128
每股现金流量(元)	–0.0361	–0.1245	0.0214	–0.8728
每股资本公积金(元)	0.0286	0.0359	0.0273	0.0222
每股盈余公积金(元)	0.1581	0.1581	0.1283	0.1283
每股未分配利润(元)	0.5344	0.5336	0.5630	0.5323
净资产收益率(%)	0.6296	1.8008	1.7854	31.2170
加权净资产收益率(%)	0.6300	1.8300	1.8100	34.8600
净资产收益率(扣除)(%)	–	–	–	–
总资产(万元)	342439.98	430404.22	467054.44	564635.52
归属母公司股东权益(万元)	196048.65	196779.19	195755.26	191677.86
主营业务收入(万元)	39316.03	109434.22	80265.73	113599.12
营业收入(万元)	39467.18	109536.31	80287.21	113703.68
主营成本(万元)	29200.20	75294.16	52381.35	81539.13
营业成本(万元)	29353.71	75457.99	52467.34	81840.94
投资收益(万元)	0.33	4051.81	2112.70	80793.00
净利润(万元)	1234.27	6360.27	6948.67	62317.37
利润总额(万元)	2853.42	9780.49	10454.11	83786.72

四川西昌电力股份有限公司

公司概况				
公司名称	四川西昌电力股份有限公司		证券简称	西昌电力
法人代表	何永祥	董秘 邱永志	证券代码	600505
公司网址	www.xcep.com.cn		电子信箱	xcdlgs@163.net
电　话	0834-3830167		传　真	0834-3830169
办公地址	四川省西昌市胜利路 66 号			
经营范围	生产、开发电力产品及发、供、用电设备、发电、供电、电力、电子设计、安装、调试			

主要财务指标

指标＼报告期	2013.06.30	2012.12.31	2012.06.30	2011.12.31
基本每股收益(元)	0.0464	0.1970	–0.0710	0.5038
基本每股收益(扣除)(元)	0.0411	0.0892	–0.0902	0.1186
每股净资产(元)	2.2768	2.2604	1.9924	2.0934
每股经营现金净流量(元)	0.2017	0.2518	–0.0702	0.3160
每股现金流量(元)	–0.2654	0.4587	–0.0487	–0.2366
每股资本公积金(元)	0.2090	0.2090	0.2090	0.2090
每股盈余公积金(元)	0.2335	0.2335	0.2123	0.2123
每股未分配利润(元)	0.8343	0.8179	0.5712	0.6721
净资产收益率(%)	2.0385	8.7142	–3.5614	24.0673
加权净资产收益率(%)	2.0300	8.9900	–3.4400	27.3600
净资产收益率(扣除)(%)	–	–	–	–
总资产(万元)	179973.28	186738.07	163425.23	156659.24
归属母公司股东权益(万元)	83004.32	82406.01	72638.03	76318.70
主营业务收入(万元)	30282.21	59299.93	26430.46	54851.59
营业收入(万元)	30420.74	62054.40	28805.96	55414.33
主营成本(万元)	22501.97	45271.82	24714.39	40398.57
营业成本(万元)	22527.25	47455.67	26239.05	40504.48
投资收益(万元)	–200.07	–249.89	152.43	15078.46
净利润(万元)	1827.44	7083.50	–2660.32	18287.33
利润总额(万元)	2156.55	7552.46	–2542.98	20454.61

新疆库尔勒香梨股份有限公司

公司概况	公司名称	新疆库尔勒香梨股份有限公司			证券简称	香梨股份
	法人代表	刘建文	董秘	康莹	证券代码	600506
	公司网址	www.xjxlgf.com.cn		电子信箱	xlgf_dmb@163.com	
	电　话	0996-2115936		传　真	0996-2115935	
	办公地址	新疆维吾尔自治区库尔勒市圣果路圣果名苑				
	经营范围	农业、林业、果业的种植为主、农副产品的收购加工和销售				

主要财务指标	2013.06.30	2012.12.31	2012.06.30	2011.12.31
基本每股收益(元)	0.0100	-0.0380	0.0040	0.0340
基本每股收益(扣除)(元)	-0.0330	-0.0830	-0.0370	-0.0970
每股净资产(元)	1.9202	1.9099	1.9516	1.9500
每股经营现金净流量(元)	0.1965	-0.3055	0.0700	-0.1483
每股现金流量(元)	0.0534	0.0761	-0.0087	0.1627
每股资本公积金(元)	1.5164	1.5164	1.5164	1.5164
每股盈余公积金(元)	0.2315	0.2315	0.2315	0.2315
每股未分配利润(元)	-0.8277	-0.8380	-0.7963	-0.8000
净资产收益率(%)	0.5381	-1.9903	0.1893	1.7670
加权净资产收益率(%)	0.5400	-1.9700	0.1900	1.7800
净资产收益率(扣除)(%)	-	-	-	-
总资产(万元)	30438.30	33085.09	31054.65	32806.57
归属母公司股东权益(万元)	28362.46	28209.83	28825.87	28771.29
主营业务收入(万元)	1829.44	5477.29	1217.85	3418.96
营业收入(万元)	2031.59	6075.31	1423.46	13835.33
主营成本(万元)	1595.23	4970.76	1005.25	2928.28
营业成本(万元)	1728.82	5538.77	1250.03	11021.93
投资收益(万元)	-	-	-	-
净利润(万元)	122.40	-626.85	35.60	508.39
利润总额(万元)	217.32	-689.41	39.58	442.66

方大特钢科技股份有限公司

公司概况	公司名称	方大特钢科技股份有限公司			证券简称	方大特钢
	法人代表	钟崇武	董秘	田小龙	证券代码	600507
	公司网址	www.fangda-specialsteels.com		电子信箱	fdtg600507@163.com	
	电　话	0791-88392677 88394025		传　真	0791-88386926	
	办公地址	江西省南昌市青山湖区冶金大道475号				
	经营范围	汽车钢板弹簧、扭杆弹簧、圆簧、弹簧扁钢、减震器、弹簧专用设备等				

主要财务指标	2013.06.30	2012.12.31	2012.06.30	2011.12.31
基本每股收益(元)	0.2100	0.4000	0.1600	0.5600
基本每股收益(扣除)(元)	0.2000	0.3800	0.1700	0.3600
每股净资产(元)	1.7971	2.5772	2.3246	2.1573
每股经营现金净流量(元)	0.8914	0.3910	-0.4409	0.8549
每股现金流量(元)	-0.5886	0.3774	-0.1923	0.7489
每股资本公积金(元)	0.0541	0.0442	0.0306	0.0260
每股盈余公积金(元)	0.1901	0.1901	0.1397	0.1397
每股未分配利润(元)	0.5184	1.3076	1.1185	0.9555
净资产收益率(%)	11.7324	15.6173	7.0081	25.7720
加权净资产收益率(%)	9.6600	17.0700	7.2700	29.7600
净资产收益率(扣除)(%)	-	-	-	-
总资产(万元)	985971.44	1051711.26	1030235.35	989544.36
归属母公司股东权益(万元)	233722.01	335177.13	302328.95	280567.76
主营业务收入(万元)	632751.07	1327794.09	665095.03	1326591.26
营业收入(万元)	636140.39	1335510.16	670307.24	1333397.90
主营成本(万元)	550553.52	1167873.42	591866.71	1183041.67
营业成本(万元)	553566.09	1174497.39	595773.79	1189567.36
投资收益(万元)	204.36	916.52	-24.41	19598.44
净利润(万元)	29852.03	53704.67	21388.63	76739.75
利润总额(万元)	40320.34	78394.05	30845.60	98403.78

上海大屯能源股份有限公司

公司概况	公司名称	上海大屯能源股份有限公司			证券简称	上海能源
	法人代表	文宝厚	董秘	戚后勤	证券代码	600508
	公司网址	www.sdtny.com		电子信箱	shdtny@sh163.net	
	电　话	021-68864621		传　真	021-68865615	
	办公地址	上海市浦东新区浦东南路256号(华夏银行大厦12层)				
	经营范围	煤炭开采、洗选加工、煤炭销售、铁路运输、矿山采掘设备、洗选设备等				

主要财务指标	2013.06.30	2012.12.31	2012.06.30	2011.12.31
基本每股收益(元)	0.3000	1.2800	0.8100	1.9600
基本每股收益(扣除)(元)	0.3100	1.2600	0.8000	1.9200
每股净资产(元)	11.0149	-	10.7200	10.0500
每股经营现金净流量(元)	0.4310	2.0391	1.4105	2.0330
每股现金流量(元)	-0.1666	-0.5802	0.5113	0.1311
每股资本公积金(元)	1.1493	1.1493	1.1493	1.1493
每股盈余公积金(元)	0.5000	0.5000	0.5000	0.5000
每股未分配利润(元)	8.0612	8.1599	7.6940	7.1839
净资产收益率(%)	2.7359	11.6043	7.5542	19.5200
加权净资产收益率(%)	2.7100	12.1500	7.7300	21.4200
净资产收益率(扣除)(%)	-	-	-	-
总资产(万元)	1191728.17	1129799.95	1143046.35	1045111.83
归属母公司股东权益(万元)	796064.83	794698.04	775105.52	726340.93
主营业务收入(万元)	446899.62	955337.09	506119.74	988586.92
营业收入(万元)	452066.80	972298.41	515057.65	1008062.78
主营成本(万元)	365650.52	722222.09	367775.58	700485.34
营业成本(万元)	368881.69	735301.12	375401.65	712853.80
投资收益(万元)	-	35.90	-	252.68
净利润(万元)	21093.56	93526.73	59659.56	143265.68
利润总额(万元)	30438.97	125298.16	79116.06	188689.35

新疆天富热电股份有限公司

公司概况	公司名称	新疆天富热电股份有限公司			证券简称	天富热电
	法人代表	赵磊	董秘	陈志勇	证券代码	600509
	公司网址	www.tfrd.com.cn		电子信箱	tfrd.600509@163.com	
	电　话	0993-2901128 2902360		传　真	0993-2901728 2904371	
	办公地址	新疆维吾尔自治区石河子市红星路54号				
	经营范围	电、热的生产与供应				

主要财务指标	2013.06.30	2012.12.31	2012.06.30	2011.12.31
基本每股收益(元)	0.1880	0.3900	0.1570	0.6100
基本每股收益(扣除)(元)	0.1500	0.2900	0.1400	0.2000
每股净资产(元)	4.7776	3.5868	3.3522	3.4270
每股经营现金净流量(元)	0.2945	0.0204	-0.2844	-0.4762
每股现金流量(元)	0.0404	0.8246	0.7619	0.3819
每股资本公积金(元)	2.8303	1.5024	1.5024	1.5024
每股盈余公积金(元)	0.1903	0.2629	0.2195	0.2195
每股未分配利润(元)	0.7569	0.8215	0.6303	0.7053
净资产收益率(%)	3.3938	10.9113	4.6766	17.7580
加权净资产收益率(%)	6.0500	11.3500	4.5200	18.9200
净资产收益率(扣除)(%)	-	-	-	-
总资产(万元)	999893.91	909730.68	829929.39	749023.87
归属母公司股东权益(万元)	432703.04	235186.55	219804.16	224719.47
主营业务收入(万元)	134587.72	281084.81	117766.11	231001.23
营业收入(万元)	133573.75	291835.00	121575.52	239846.58
主营成本(万元)	97693.07	213512.51	90226.80	162911.72
营业成本(万元)	98210.58	216511.72	90583.16	165074.40
投资收益(万元)	-125.23	-408.85	-254.66	32303.02
净利润(万元)	15436.61	25916.78	10368.53	39949.16
利润总额(万元)	18287.55	30078.28	12449.68	54716.88

黑牡丹(集团)股份有限公司

公司概况						
	公司名称	黑牡丹(集团)股份有限公司			证券简称	黑 牡 丹
	法人代表	戈亚芳	董秘	周明	证券代码	600510
	公司网址	www.blackpeony.com		电子信箱	zm@chinadenim.com	
	电　　话	0519-68866958		传　　真	0519-68866908	
	办公地址	江苏省常州市青洋北路 47 号				
	经营范围	牛仔布、服装的制造和加工				

主要财务指标	指标\报告期	2013.06.30	2012.12.31	2012.06.30	2011.12.31
	基本每股收益(元)	0.1300	0.4300	0.2500	0.3200
	基本每股收益(扣除)(元)	0.1300	0.2500	0.1200	0.1600
	每股净资产(元)	5.3308	5.3312	5.1400	4.9900
	每股经营现金净流量(元)	-1.4362	-0.9647	-0.4395	-2.0612
	每股现金流量(元)	-0.0351	0.4375	0.8488	-1.0561
	每股资本公积金(元)	2.1011	2.1011	2.1000	2.1000
	每股盈余公积金(元)	0.4198	0.4198	0.3951	0.3951
	每股未分配利润(元)	1.8058	1.8103	1.6487	1.4931
	净资产收益率(%)	2.4480	8.1023	4.7749	6.3870
	加权净资产收益率(%)	2.4500	8.3700	4.8500	6.5000
	净资产收益率(扣除)(%)	-	-	-	-
	总资产(万元)	1312958.41	1143257.56	1142006.94	999114.02
	归属母公司股东权益(万元)	424074.42	424105.52	409270.07	396801.78
	主营业务收入(万元)	174099.85	347266.68	160262.37	334010.97
	营业收入(万元)	183463.88	367690.65	161666.01	336263.67
	主营成本(万元)	140808.70	281462.30	122055.97	265560.32
	营业成本(万元)	149522.87	289403.09	123196.23	267208.21
	投资收益(万元)	-27.58	3599.06	89.44	6.81
	净利润(万元)	11348.29	38903.89	24603.00	30142.12
	利润总额(万元)	14753.58	52220.48	33558.12	42175.46

国药集团药业股份有限公司

公司概况						
	公司名称	国药集团药业股份有限公司			证券简称	国药股份
	法人代表	刘勇	董秘	吕致远	证券代码	600511
	公司网址	www.cncm.com.cn		电子信箱	lvzhiyuan@cncm.com.cn	
	电　　话	010-67262920 67271828		传　　真	010-67262919 67271828	
	办公地址	北京市东城区永外三元西巷甲 12 号				
	经营范围	批发中成药、化学药制剂、化学原料药、抗生素、生化药品、生物制品等				

主要财务指标	指标\报告期	2013.06.30	2012.12.31	2012.06.30	2011.12.31
	基本每股收益(元)	0.4150	0.7014	0.3523	0.5665
	基本每股收益(扣除)(元)	0.4144	0.6871	0.3515	0.5284
	每股净资产(元)	-	3.7505	3.4096	3.1098
	每股经营现金净流量(元)	0.2578	0.3882	0.5177	-0.7739
	每股现金流量(元)	0.0628	0.1980	0.5663	-1.3129
	每股资本公积金(元)	0.0903	0.0888	0.0969	0.0894
	每股盈余公积金(元)	0.3846	0.3846	0.3238	0.3238
	每股未分配利润(元)	2.4721	2.2771	1.9889	1.6966
	净资产收益率(%)	10.5145	18.7010	10.3323	18.2180
	加权净资产收益率(%)	10.7800	19.9200	10.8100	19.4800
	净资产收益率(扣除)(%)	-	-	-	-
	总资产(万元)	453988.67	455926.99	405421.49	355167.35
	归属母公司股东权益(万元)	188987.15	179574.86	163249.53	148897.52
	主营业务收入(万元)	483930.05	858507.62	412830.40	703484.45
	营业收入(万元)	484111.90	859163.25	413150.42	704224.59
	主营成本(万元)	449920.36	802250.71	387069.86	659225.51
	营业成本(万元)	449955.91	802365.44	387081.73	659271.98
	投资收益(万元)	4001.01	8583.96	4426.00	7295.90
	净利润(万元)	20451.49	34395.36	17227.24	27586.56
	利润总额(万元)	25997.24	42391.45	21431.31	34140.93

腾达建设集团股份有限公司

公司概况						
	公司名称	腾达建设集团股份有限公司			证券简称	腾达建设
	法人代表	叶洋友	董秘	王士金	证券代码	600512
	公司网址	www.tengdajs.com		电子信箱	zqb@tengdajs.com	
	电　　话	021-68406906		传　　真	021-68406906	
	办公地址	浙江省台州市路桥区路桥大道东 1 号				
	经营范围	市政公用工程、房屋建筑工程、公路工程、桥梁工程、公路路面工程等				

主要财务指标	指标\报告期	2013.06.30	2012.12.31	2012.06.30	2011.12.31
	基本每股收益(元)	0.1900	0.0273	0.0200	0.0300
	基本每股收益(扣除)(元)	0.0200	0.0300	0.0200	0.0300
	每股净资产(元)	1.5924	1.4213	1.4100	1.4900
	每股经营现金净流量(元)	-0.1008	-0.4344	-0.1111	-0.2646
	每股现金流量(元)	-0.0459	0.0214	-0.0489	0.1707
	每股资本公积金(元)	0.0339	0.0339	0.0339	0.1421
	每股盈余公积金(元)	0.1132	0.1132	0.0996	0.0996
	每股未分配利润(元)	0.4231	0.2558	0.2652	0.2421
	净资产收益率(%)	11.7607	1.9183	1.6380	2.2770
	加权净资产收益率(%)	12.3300	1.9100	1.5500	2.2700
	净资产收益率(扣除)(%)	-	-	-	-
	总资产(万元)	494826.63	475769.41	438159.74	416432.69
	归属母公司股东权益(万元)	117351.14	104743.75	103910.41	109938.09
	主营业务收入(万元)	78375.77	136272.48	58664.89	126561.71
	营业收入(万元)	78636.20	137330.31	58794.47	126799.06
	主营成本(万元)	69394.86	116893.19	49829.43	108351.48
	营业成本(万元)	69495.49	117124.66	49829.43	108351.48
	投资收益(万元)	-	-	-	-
	净利润(万元)	13640.43	1920.45	1641.90	2306.45
	利润总额(万元)	18639.37	2496.86	2362.96	3688.86

江苏联环药业股份有限公司

公司概况						
	公司名称	江苏联环药业股份有限公司			证券简称	联环药业
	法人代表	姚兴田	董秘	潘和平	证券代码	600513
	公司网址	www.lhpharma.com		电子信箱	php@lhpharma.com	
	电　　话	0514-87813082		传　　真	0514-87815079	
	办公地址	江苏省扬州市文峰路 21 号				
	经营范围	制造和销售化学原料药、化学药制剂、有机中间体				

主要财务指标	指标\报告期	2013.06.30	2012.12.31	2012.06.30	2011.12.31
	基本每股收益(元)	0.1200	0.1900	0.1100	0.2100
	基本每股收益(扣除)(元)	0.1200	0.1900	0.1100	0.2100
	每股净资产(元)	2.4683	2.3010	2.2000	2.8000
	每股经营现金净流量(元)	0.0314	0.1114	0.0165	0.2051
	每股现金流量(元)	-0.1312	0.0188	-0.0121	-0.0238
	每股资本公积金(元)	0.4729	0.3104	0.3104	0.7035
	每股盈余公积金(元)	0.1502	0.1453	0.1265	0.1645
	每股未分配利润(元)	0.8452	0.9062	0.7628	0.9283
	净资产收益率(%)	4.7655	7.5914	3.9637	7.4910
	加权净资产收益率(%)	4.7700	8.4800	3.9700	7.7000
	净资产收益率(扣除)(%)	-	-	-	-
	总资产(万元)	62548.28	60421.84	42725.52	41852.21
	归属母公司股东权益(万元)	38678.84	37748.19	33458.87	32717.66
	主营业务收入(万元)	28396.15	31712.57	15017.76	31684.04
	营业收入(万元)	28657.57	32535.90	15339.35	32421.50
	主营成本(万元)	14554.89	14196.15	6777.69	15780.94
	营业成本(万元)	15268.15	14813.54	6994.60	16300.40
	投资收益(万元)	169.10	209.80	70.68	97.60
	净利润(万元)	1843.60	2865.86	1327.42	2451.38
	利润总额(万元)	2292.35	3404.11	1567.62	2926.05

海南海岛建设股份有限公司

公司概况	公司名称	海南海岛建设股份有限公司		证券简称	海岛建设
	法人代表	李爱国	董秘 周志远	证券代码	600515
	公司网址	www.zhuxin.biz		电子信箱	zy_zhou@hnair.com
	电　　话	0898-68876405 68876404		传　　真	0898-68876427
	办公地址	海南省海口市美兰区国兴大道7号海航大厦12层			
	经营范围	商品零售业、旅游宾馆业和房地产业			

主要财务指标	指标\报告期	2013.06.30	2012.12.31	2012.06.30	2011.12.31
	基本每股收益(元)	0.0500	0.3970	-0.0600	-0.3050
	基本每股收益(扣除)(元)	0.0400	-0.0840	-0.0700	-0.3180
	每股净资产(元)	2.1868	2.1363	0.3610	0.4200
	每股经营现金净流量(元)	0.0658	0.3887	0.2441	-0.0684
	每股现金流量(元)	0.8753	0.2658	-0.0381	0.6311
	每股资本公积金(元)	1.7875	1.7875	0.8573	0.8573
	每股盈余公积金(元)	0.1056	0.1056	0.1510	0.1510
	每股未分配利润(元)	-0.7062	-0.7567	-1.6469	-1.5886
	净资产收益率(%)	2.3079	15.3150	-16.1220	-72.7400
	加权净资产收益率(%)	2.3300	26.2000	-14.9200	-130.6000
	净资产收益率(扣除)(%)	-	-	-	-
	总资产(万元)	279096.41	250398.44	168299.20	166593.21
	归属母公司股东权益(万元)	92452.72	90319.00	10681.27	12403.31
	主营业务收入(万元)	47045.45	70635.77	34101.65	38038.58
	营业收入(万元)	47045.45	76290.07	34101.65	39733.64
	主营成本(万元)	35298.58	55713.44	26174.51	30405.26
	营业成本(万元)	35298.58	56739.79	26174.51	30441.32
	投资收益(万元)	-9.35	15970.42	-	-
	净利润(万元)	2133.71	13832.37	-1722.04	-9022.14
	利润总额(万元)	2144.81	14634.68	-1720.38	-10000.20

方大炭素新材料科技股份有限公司

公司概况	公司名称	方大炭素新材料科技股份有限公司		证券简称	方大炭素
	法人代表	何忠华	董秘 安民	证券代码	600516
	公司网址	www.fdtsgs.com		电子信箱	anmin516@163.com
	电　　话	0931-6239320 6239122		传　　真	0931-6239221 6239320
	办公地址	甘肃省兰州市红古区海石湾2号街坊354号			
	经营范围	石墨电极、炭砖、炭糊、特种炭素新材料等石墨及炭素制品的生产销售			

主要财务指标	指标\报告期	2013.06.30	2012.12.31	2012.06.30	2011.12.31
	基本每股收益(元)	0.1393	0.3663	0.2020	0.4801
	基本每股收益(扣除)(元)	0.1289	0.3301	0.1893	0.5568
	每股净资产(元)	3.2049	3.2200	2.9250	2.7224
	每股经营现金净流量(元)	-0.2732	0.6630	0.1229	0.2033
	每股现金流量(元)	0.8598	0.5117	0.3638	-0.3553
	每股资本公积金(元)	0.9740	0.2908	0.2909	0.2907
	每股盈余公积金(元)	0.0779	0.1047	0.0977	0.0977
	每股未分配利润(元)	1.1439	1.6704	1.5270	1.3250
	净资产收益率(%)	3.8801	11.8470	6.9065	17.6340
	加权净资产收益率(%)	5.3000	12.6000	7.1600	19.3300
	净资产收益率(扣除)(%)	-	-	-	-
	总资产(万元)	98[illegible]081.22	823076.60	751820.73	681142.68
	归属母公司股东权益(万元)	55[illegible]973.77	411719.12	374123.94	348218.17
	主营业务收入(万元)	18[illegible]080.40	369218.94	191656.36	412321.68
	营业收入(万元)	189452.51	395070.62	201231.58	452604.56
	主营成本(万元)	122924.82	249705.16	131757.62	253636.78
	营业成本(万元)	125634.29	265714.24	133565.10	279239.41
	投资收益(万元)	703.82	-29.40	154.38	975.49
	净利润(万元)	21728.67	47213.31	26404.60	63624.57
	利润总额(万元)	29836.78	61549.02	34841.48	87292.89

上海置信电气股份有限公司

公司概况	公司名称	上海置信电气股份有限公司		证券简称	置信电气
	法人代表	奚国富	董秘 牛希红	证券代码	600517
	公司网址	www.zhixindianqi.com.cn		电子信箱	zhixin@sh-zx.com.cn
	电　　话	021-62386050 62388280		传　　真	021-52170323
	办公地址	上海市长宁区天山西路1028号			
	经营范围	电气领域内的科技咨询、技术开发、转让、服务、生产销售自身开发的产品			

主要财务指标	指标\报告期	2013.06.30	2012.12.31	2012.06.30	2011.12.31
	基本每股收益(元)	0.0870	0.2460	0.0550	0.2700
	基本每股收益(扣除)(元)	0.0790	0.2300	0.0490	0.2200
	每股净资产(元)	2.6974	1.8304	1.6400	1.9800
	每股经营现金净流量(元)	-0.4967	0.4592	-0.0666	0.4127
	每股现金流量(元)	-0.1696	0.1450	-0.3417	0.0326
	每股资本公积金(元)	1.1173	0.1294	0.1294	0.1294
	每股盈余公积金(元)	0.1883	0.2104	0.1939	0.1939
	每股未分配利润(元)	0.3918	0.4906	0.3162	0.6612
	净资产收益率(%)	3.2269	13.4390	3.3565	13.3730
	加权净资产收益率(%)	3.1470	11.6730	2.9300	12.9300
	净资产收益率(扣除)(%)	-	-	-	-
	总资产(万元)	390258.09	216430.68	174474.20	183758.83
	归属母公司股东权益(万元)	186499.92	113248.61	101433.81	122777.38
	主营业务收入(万元)	109977.08	154132.13	43926.43	127752.96
	营业收入(万元)	112236.34	154592.11	43951.24	127946.08
	主营成本(万元)	90384.65	117244.50	32167.89	94675.71
	营业成本(万元)	90580.49	117589.10	32170.11	94739.87
	投资收益(万元)	-	-	-	-
	净利润(万元)	6409.56	19209.84	4409.08	19405.95
	利润总额(万元)	8743.76	23870.50	5645.05	23851.19

康美药业股份有限公司

公司概况	公司名称	康美药业股份有限公司		证券简称	康美药业
	法人代表	马兴田	董秘 邱锡伟	证券代码	600518
	公司网址	www.kangmei.com.cn		电子信箱	kangmei@kangmei.com.cn
	电　　话	0755-33915822 33137777		传　　真	0755-86275777
	办公地址	广东省深圳市福田区下梅林泰科路			
	经营范围	中药饮片、化学药品等的生产与销售			

主要财务指标	指标\报告期	2013.06.30	2012.12.31	2012.06.30	2011.12.31
	基本每股收益(元)	0.4300	0.6550	0.3220	0.4660
	基本每股收益(扣除)(元)	0.4260	0.6570	0.3250	0.4540
	每股净资产(元)	5.0432	4.8124	4.4790	4.2050
	每股经营现金净流量(元)	0.4196	0.4586	0.3760	0.2615
	每股现金流量(元)	0.4132	-0.1026	-0.2109	1.6207
	每股资本公积金(元)	2.1585	2.1573	2.1574	2.1557
	每股盈余公积金(元)	0.2107	0.2107	0.1477	0.1477
	每股未分配利润(元)	1.6740	1.4444	1.1739	0.9020
	净资产收益率(%)	8.5180	13.6206	7.1888	10.8700
	加权净资产收益率(%)	8.5400	14.5500	7.3900	17.3000
	净资产收益率(扣除)(%)	-	-	-	-
	总资产(万元)	1958472.27	1795829.29	1652213.81	1523749.45
	归属母公司股东权益(万元)	1108851.78	1058098.40	984808.66	924629.38
	主营业务收入(万元)	610046.15	1115569.32	510948.59	607649.67
	营业收入(万元)	610574.94	1116515.48	511331.71	608050.72
	主营成本(万元)	440967.72	835587.87	378726.56	424526.71
	营业成本(万元)	440982.42	835606.27	378737.78	424538.97
	投资收益(万元)	2778.65	4791.71	2592.71	5615.15
	净利润(万元)	94452.08	144135.85	70775.87	100519.47
	利润总额(万元)	113723.62	169261.39	83265.76	118042.14

贵州茅台酒股份有限公司

公司概况

公司名称	贵州茅台酒股份有限公司			证券简称	贵州茅台
法人代表	袁仁国	董秘	樊宁屏	证券代码	600519
公司网址	www.moutaichina.com		电子信箱	fnp@moutaichina.com	
电　话	0852-2386002		传　真	0852-2386005	
办公地址	贵州省仁怀市茅台镇				
经营范围	贵州茅台酒系列产品的生产与销售				

主要财务指标

指标\报告期	2013.06.30	2012.12.31	2012.06.30	2011.12.31
基本每股收益(元)	6.9800	12.8200	6.7400	8.4400
基本每股收益(扣除)(元)	7.1700	12.9100	6.7400	8.4400
每股净资产(元)	33.4562	32.8938	26.8100	24.0700
每股经营现金净流量(元)	5.0232	11.4829	4.2957	9.7753
每股现金流量(元)	-3.8114	3.6673	2.6269	5.1689
每股资本公积金(元)	1.3244	1.3244	1.3244	1.3244
每股盈余公积金(元)	4.0664	2.9248	2.9269	2.5438
每股未分配利润(元)	27.0654	27.6446	21.5622	19.2039
净资产收益率(%)	20.8673	38.9699	25.1308	35.0650
加权净资产收益率(%)	19.1900	45.0000	24.5600	40.3900
净资产收益率(扣除)(%)	-	-	-	-
总资产(万元)	4362071.04	4499820.90	3971145.20	3490086.90
归属母公司股东权益(万元)	3473352.14	3414965.41	2783729.61	2499118.00
主营业务收入(万元)	1412756.89	2645525.14	1326439.96	1840205.55
营业收入(万元)	1412786.72	2645533.52	1326443.78	1840235.52
主营成本(万元)	93255.62	204424.09	105963.42	155112.65
营业成本(万元)	93256.67	204430.65	105964.53	155123.40
投资收益(万元)	301.00	310.33	310.33	338.30
净利润(万元)	762091.48	1400845.07	734893.95	925032.38
利润总额(万元)	1012540.62	1870049.05	980017.62	1233466.05

铜陵中发三佳科技股份有限公司

公司概况

公司名称	铜陵中发三佳科技股份有限公司			证券简称	中发科技
法人代表	黄言勇	董秘	申立丰	证券代码	600520
公司网址	www.chinatrinity.com		电子信箱	office@chinatrinity.com	
电　话	0562-2627520 2627503		传　真	0562-2627555	
办公地址	安徽省铜陵市石城路电子工业区				
经营范围	半导体集成电路塑封模具与化学建材挤出模具等精密模具的生产等				

主要财务指标

指标\报告期	2013.06.30	2012.12.31	2012.06.30	2011.12.31
基本每股收益(元)	0.0730	-0.0424	-0.0411	0.0264
基本每股收益(扣除)(元)	-0.1327	-0.1414	-0.0478	-0.0026
每股净资产(元)	1.9259	1.8618	1.8631	1.9042
每股经营现金净流量(元)	-0.0398	-0.0766	-0.1701	-0.5007
每股现金流量(元)	-0.5561	0.3265	-0.0252	-0.5070
每股资本公积金(元)	0.8982	0.8982	0.8982	0.8982
每股盈余公积金(元)	0.1075	0.1075	0.1075	0.1075
每股未分配利润(元)	-0.0798	-0.1439	-0.1426	-0.1015
净资产收益率(%)	3.7883	-2.2800	-2.2080	1.3870
加权净资产收益率(%)	2.9000	-2.2500	-2.1839	1.4000
净资产收益率(扣除)(%)	-	-	-	-0.1400
总资产(万元)	62877.55	56988.93	53223.30	51575.22
归属母公司股东权益(万元)	21770.33	21045.60	21060.32	21525.34
主营业务收入(万元)	15494.49	26475.54	13086.42	26241.17
营业收入(万元)	16226.24	28089.37	13937.64	28310.43
主营成本(万元)	12910.95	20259.82	10466.80	20714.84
营业成本(万元)	13211.54	21020.48	10888.68	21648.59
投资收益(万元)	-	-	-	-
净利润(万元)	877.77	-315.42	-289.51	875.94
利润总额(万元)	877.77	-185.48	-263.67	941.40

浙江华海药业股份有限公司

公司概况

公司名称	浙江华海药业股份有限公司			证券简称	华海药业
法人代表	童建新	董秘	祝永华	证券代码	600521
公司网址	www.huahaipharm.com		电子信箱	600521@huahaipharm.com	
电　话	0576-85991096		传　真	0576-85016010	
办公地址	浙江省台州市临海市汛桥				
经营范围	片剂、硬胶囊剂、原料药制造等				

主要财务指标

指标\报告期	2013.06.30	2012.12.31	2012.06.30	2011.12.31
基本每股收益(元)	0.3100	0.6300	0.2300	0.4000
基本每股收益(扣除)(元)	0.3100	0.5500	0.2100	0.4200
每股净资产(元)	3.6557	3.5453	3.1500	2.8376
每股经营现金净流量(元)	0.1915	0.4454	0.1278	0.3667
每股现金流量(元)	1.0942	-0.2019	0.0744	0.2338
每股资本公积金(元)	1.0332	0.4244	0.3548	0.2149
每股盈余公积金(元)	0.2432	0.3446	0.2837	0.2837
每股未分配利润(元)	1.4039	1.7813	1.5474	1.3438
净资产收益率(%)	7.7685	17.5758	9.4949	14.1920
加权净资产收益率(%)	10.3600	19.8600	10.2100	15.4000
净资产收益率(扣除)(%)	-	-	-	-
总资产(万元)	431332.74	321661.21	294255.98	257702.78
归属母公司股东权益(万元)	287080.73	194086.48	172213.24	152832.78
主营业务收入(万元)	121677.59	198424.91	92696.90	180148.77
营业收入(万元)	122617.58	201439.10	94252.84	182761.40
主营成本(万元)	69529.36	119219.43	55234.90	109238.72
营业成本(万元)	69778.08	120322.84	55612.52	110330.14
投资收益(万元)	315.59	466.78	354.60	-2186.33
净利润(万元)	23213.53	33849.41	16232.80	21408.88
利润总额(万元)	24891.85	40186.64	19282.78	27315.52

江苏中天科技股份有限公司

公司概况

公司名称	江苏中天科技股份有限公司			证券简称	中天科技
法人代表	薛济萍	董秘	杨栋云	证券代码	600522
公司网址	www.chinaztt.com		电子信箱	zqb@chinaztt.com	
电　话	0513-83599505		传　真	0513-83599504	
办公地址	江苏省南通市经济技术开发区中天路六号				
经营范围	光纤、光缆、电线、电缆、导线及相关材料和附件等				

主要财务指标

指标\报告期	2013.06.30	2012.12.31	2012.06.30	2011.12.31
基本每股收益(元)	0.3250	0.5980	0.2700	0.5590
基本每股收益(扣除)(元)	0.3240	0.5640	0.2720	0.5480
每股净资产(元)	6.8271	6.3894	6.1170	11.1000
每股经营现金净流量(元)	-0.1537	0.3628	-0.1660	-0.6404
每股现金流量(元)	-0.6502	0.0889	0.1896	1.4951
每股资本公积金(元)	3.0572	2.9390	2.9938	6.5670
每股盈余公积金(元)	0.2471	0.2471	0.1941	0.3494
每股未分配利润(元)	2.5284	2.2037	1.9289	3.1859
净资产收益率(%)	4.7552	9.3574	4.4146	8.1090
加权净资产收益率(%)	4.9100	9.5400	4.4000	10.5600
净资产收益率(扣除)(%)	-	-	-	-
总资产(万元)	825248.37	787402.48	755769.54	690820.67
归属母公司股东权益(万元)	480973.42	450136.80	430925.29	434535.11
主营业务收入(万元)	319819.99	579702.49	273683.24	455544.21
营业收入(万元)	324871.52	581220.99	275036.77	487397.05
主营成本(万元)	251351.64	477605.48	216306.86	385238.31
营业成本(万元)	255654.67	456273.26	217250.44	391838.80
投资收益(万元)	-220.14	-209.44	-569.75	-1012.96
净利润(万元)	24046.49	44701.45	20591.09	37330.14
利润总额(万元)	29402.45	53708.12	24151.24	43646.49

贵州贵航汽车零部件股份有限公司

公司概况

公司名称	贵州贵航汽车零部件股份有限公司			证券简称	贵航股份
法人代表	张晓军	董秘	陈秀	证券代码	600523
公司网址	www.gzghgf.com		电子信箱	ghgf-zqb@china.com	
电　　话	0851-3802670		传　　真	0851-3803931	
办公地址	贵州省贵阳市小河区珠江路166号				
经营范围	汽车、摩托车零部件的开发、制造、销售等				

主要财务指标

指标\报告期	2013.06.30	2012.12.31	2012.06.30	2011.12.31
基本每股收益(元)	0.1800	0.4000	0.1600	0.3900
基本每股收益(扣除)(元)	0.1800	0.3400	0.1500	0.3300
每股净资产(元)	5.7664	5.7170	5.4156	5.4100
每股经营现金净流量(元)	-0.1804	0.6261	0.2488	0.1482
每股现金流量(元)	-0.4206	0.1755	0.0637	-0.2351
每股资本公积金(元)	3.1683	3.1683	3.1064	3.1218
每股盈余公积金(元)	0.4448	0.4448	0.3996	0.3996
每股未分配利润(元)	1.1493	1.1010	0.9097	0.8905
净资产收益率(%)	3.1431	6.9103	2.9002	7.1552
加权净资产收益率(%)	3.1100	7.1700	2.8700	7.3600
净资产收益率(扣除)(%)	-	-	-	-
总资产(万元)	293447.41	282333.46	286985.86	288202.25
归属母公司股东权益(万元)	166529.74	165103.51	156400.48	156291.36
主营业务收入(万元)	124651.94	251906.59	136706.01	255885.13
营业收入(万元)	133227.89	261253.40	141459.94	265795.05
主营成本(万元)	101870.61	202203.74	110080.08	202510.00
营业成本(万元)	108599.37	208923.89	113707.24	210386.21
投资收益(万元)	2344.08	5577.59	1316.33	3694.49
净利润(万元)	5805.71	15646.61	8340.62	16528.38
利润总额(万元)	6498.02	16117.86	8369.81	20157.34

长园集团股份有限公司

公司概况

公司名称	长园集团股份有限公司			证券简称	长园集团
法人代表	许晓文	董秘	倪昭华	证券代码	600525
公司网址	www.cyg.com		电子信箱	zqb@cyg.com	
电　　话	0755-26719476		传　　真	0755-26739900	
办公地址	广东省深圳市南山区高新区科苑中路长园新材料港F栋5楼				
经营范围	高分子热缩材料、功能材料、辐射加工、机电产品、通信电缆附件等				

主要财务指标

指标\报告期	2013.06.30	2012.12.31	2012.06.30	2011.12.31
基本每股收益(元)	0.1148	0.2500	0.1229	0.7700
基本每股收益(扣除)(元)	0.1043	0.2000	0.0800	0.2100
每股净资产(元)	2.6556	-	2.5100	2.4600
每股经营现金净流量(元)	-0.0191	0.2446	-0.0183	0.1756
每股现金流量(元)	-0.0796	0.0754	0.0878	-0.1362
每股资本公积金(元)	0.1571	0.1434	0.1693	0.1602
每股盈余公积金(元)	0.1235	0.1235	0.1124	0.1124
每股未分配利润(元)	1.3750	1.3402	1.2268	1.1839
净资产收益率(%)	4.3244	9.4900	4.8993	31.3430
加权净资产收益率(%)	4.3300	9.7700	4.8900	31.3000
净资产收益率(扣除)(%)	-	-	-	-
总资产(万元)	449533.53	427657.97	394807.08	360559.28
归属母公司股东权益(万元)	229317.49	225127.07	216609.66	212121.96
主营业务收入(万元)	110226.78	239977.37	93784.38	192890.72
营业收入(万元)	110226.78	241322.35	93784.38	194069.36
主营成本(万元)	64552.88	136539.29	54225.87	107550.06
营业成本(万元)	64552.88	137483.11	54225.87	108365.83
投资收益(万元)	1.11	716.19	-118.30	54417.54
净利润(万元)	10172.01	22295.44	10956.57	69120.60
利润总额(万元)	12916.89	28481.29	13294.30	81998.32

浙江菲达环保科技股份有限公司

公司概况

公司名称	浙江菲达环保科技股份有限公司			证券简称	菲达环保
法人代表	舒英钢	董秘	周明良	证券代码	600526
公司网址	www.feida.biz		电子信箱	feida@ep.zjbnet.com	
电　　话	0575-87211326		传　　真	0575-87214695	
办公地址	浙江省诸暨市望云路88号				
经营范围	除尘器、气力输送设备				

主要财务指标

指标\报告期	2013.06.30	2012.12.31	2012.06.30	2011.12.31
基本每股收益(元)	0.0900	0.1400	0.0500	0.1200
基本每股收益(扣除)(元)	0.0600	0.0900	0.0400	0.0700
每股净资产(元)	6.2640	3.9063	3.8210	3.7700
每股经营现金净流量(元)	-0.5946	0.5589	0.4801	0.0178
每股现金流量(元)	0.9394	-0.6348	0.5443	0.2105
每股资本公积金(元)	4.2483	1.3926	1.3907	1.3907
每股盈余公积金(元)	0.1232	0.1790	0.1743	0.1743
每股未分配利润(元)	0.8964	1.3392	1.2606	1.2082
净资产收益率(%)	1.1940	3.4734	1.3719	3.0540
加权净资产收益率(%)	2.0000	3.5300	1.3800	3.1000
净资产收益率(扣除)(%)	-	-	-	-
总资产(万元)	273603.11	212410.81	236877.75	234647.82
归属母公司股东权益(万元)	127437.08	54687.83	53495.60	52767.48
主营业务收入(万元)	94388.42	166466.67	73469.28	165880.70
营业收入(万元)	94862.62	167620.46	73734.60	166651.23
主营成本(万元)	80564.59	140467.14	62297.67	140146.65
营业成本(万元)	80788.02	141125.61	62325.05	140419.95
投资收益(万元)	29.55	218.56	184.16	67.04
净利润(万元)	1517.09	1935.64	741.69	1625.38
利润总额(万元)	1985.10	2758.07	896.38	2661.24

江苏江南高纤股份有限公司

公司概况

公司名称	江苏江南高纤股份有限公司			证券简称	江南高纤
法人代表	陶国平	董秘	陆正中	证券代码	600527
公司网址	www.jngx.cn		电子信箱	jiangnanyanfa@163.com	
电　　话	0512-65481181 65712564		传　　真	0512-65712238	
办公地址	江苏省苏州市相城区黄埭镇苏阳路				
经营范围	生产、销售短纤维、涤纶毛条等				

主要财务指标

指标\报告期	2013.06.30	2012.12.31	2012.06.30	2011.12.31
基本每股收益(元)	0.1500	0.2700	0.1100	0.2200
基本每股收益(扣除)(元)	0.1400	0.2700	0.1100	0.2200
每股净资产(元)	2.0954	2.0400	1.8800	3.5800
每股经营现金净流量(元)	-0.0136	0.2980	0.1033	0.6170
每股现金流量(元)	-0.1508	-0.0781	0.1262	0.6368
每股资本公积金(元)	0.1602	0.1602	0.1601	1.3202
每股盈余公积金(元)	0.1103	0.1103	0.0803	0.1606
每股未分配利润(元)	0.8249	0.7671	0.6400	1.1033
净资产收益率(%)	7.0526	13.2894	6.0288	11.3190
加权净资产收益率(%)	7.0000	14.1400	6.1300	14.1100
净资产收益率(扣除)(%)	-	-	-	-
总资产(万元)	178599.59	174160.59	161663.02	155618.17
归属母公司股东权益(万元)	168070.10	163435.55	150827.15	143739.32
主营业务收入(万元)	77602.74	152053.16	73760.61	174937.12
营业收入(万元)	77668.78	152247.88	73778.14	175126.93
主营成本(万元)	64155.56	127438.02	61849.23	151740.55
营业成本(万元)	64220.86	127632.75	61866.75	151928.19
投资收益(万元)	2083.22	2676.21	993.44	1942.64
净利润(万元)	11888.10	21848.08	9152.86	16662.52
利润总额(万元)	13191.89	22813.26	9800.43	18217.39

中铁二局股份有限公司

公司概况	公司名称	中铁二局股份有限公司			证券简称	中铁二局
	法人代表	唐志成	董秘	邓爱民	证券代码	600528
	公司网址	www.crec.com.cn		电子信箱	ztejdb@cregc.com.cn	
	电　　话	028-66752888 66752811		传　　真	028-66752889	
	办公地址	四川省成都市马家花园 10 号中铁二局大厦				
	经营范围	承担各类型工业、能源、交通、民用等工程项目施工的承包等				

主要财务指标	指标\报告期	2013.06.30	2012.12.31	2012.06.30	2011.12.31
	基本每股收益(元)	0.1119	0.3982	0.1198	0.3586
	基本每股收益(扣除)(元)	0.1101	0.3741	0.1121	0.3430
	每股净资产(元)	3.8973	3.9054	3.6270	3.6072
	每股经营现金净流量(元)	-1.2310	-0.1359	-1.1498	-1.0592
	每股现金流量(元)	-0.1500	0.0902	-0.0941	0.6955
	每股资本公积金(元)	1.0950	1.0950	1.0950	1.0950
	每股盈余公积金(元)	0.3082	0.2942	0.2830	0.2712
	每股未分配利润(元)	1.4941	1.5161	1.2490	1.2410
	净资产收益率(%)	2.8723	10.1970	3.3040	9.9420
	加权净资产收益率(%)	2.8400	10.6000	3.2800	10.3000
	净资产收益率(扣除)(%)	-	-	-	-
	总资产(万元)	5267249.22	4410779.78	4409321.38	3937364.13
	归属母公司股东权益(万元)	568698.72	569874.35	529250.94	526356.54
	主营业务收入(万元)	3413058.25	6638818.35	2651207.65	5928020.94
	营业收入(万元)	3424180.95	6661103.38	2660358.54	5952128.68
	主营成本(万元)	3245505.88	6282740.49	2504794.63	5558579.33
	营业成本(万元)	3254151.88	6298250.28	2511677.73	5576359.28
	投资收益(万元)	17838.63	23812.29	5326.30	1114.80
	净利润(万元)	26730.86	72803.54	20664.50	66883.23
	利润总额(万元)	35400.93	93615.73	27566.01	86709.27

山东省药用玻璃股份有限公司

公司概况	公司名称	山东省药用玻璃股份有限公司			证券简称	山东药玻
	法人代表	柴文	董秘	赵海宝	证券代码	600529
	公司网址	www.pharmglass.com		电子信箱	sdyb@pharmglass.com	
	电　　话	0533-3259016 3259028		传　　真	0533-3249700	
	办公地址	山东省淄博市沂源县药玻路				
	经营范围	各种药用玻璃包装产品的制造、销售				

主要财务指标	指标\报告期	2013.06.30	2012.12.31	2012.06.30	2011.12.31
	基本每股收益(元)	0.2614	0.4700	0.2451	0.5100
	基本每股收益(扣除)(元)	0.2528	0.4500	0.2383	0.4500
	每股净资产(元)	7.6688	7.5388	7.3300	7.1900
	每股经营现金净流量(元)	0.4272	-0.3018	-0.1910	1.0670
	每股现金流量(元)	0.1396	-0.4311	-0.3460	-0.1484
	每股资本公积金(元)	2.2794	2.2794	2.2794	2.2794
	每股盈余公积金(元)	0.6498	0.6498	0.6044	0.6044
	每股未分配利润(元)	3.6354	3.5140	3.3390	3.1939
	净资产收益率(%)	3.4087	6.1756	3.3452	7.1649
	加权净资产收益率(%)	3.4100	6.3300	3.3500	7.3700
	净资产收益率(扣除)(%)	-	-	-	-
	总资产(万元)	266587.75	261214.47	252691.10	249454.97
	归属母公司股东权益(万元)	197379.15	194034.69	188614.75	184974.66
	主营业务收入(万元)	74441.21	143798.29	69826.35	136647.81
	营业收入(万元)	75892.80	32726.66	71280.78	139717.80
	主营成本(万元)	53035.70	103831.56	50927.02	99270.45
	营业成本(万元)	54551.68	106059.41	51942.82	101370.62
	投资收益(万元)	0.52	1.49	2.57	715.11
	净利润(万元)	6728.07	2775.65	6309.59	13250.81
	利润总额(万元)	8871.88	3691.61	8514.01	16665.25

上海交大昂立股份有限公司

公司概况	公司名称	上海交大昂立股份有限公司			证券简称	交大昂立
	法人代表	杨国平	董秘	娄健颖	证券代码	600530
	公司网址	www.onlly.com.cn		电子信箱	stock@mail.onlly.com.cn	
	电　　话	021-54277900 54277820		传　　真	021-54277827	
	办公地址	上海市宜山路 700 号				
	经营范围	生物制品、保健食品、参制品等保健食品的研制、生产和销售				

主要财务指标	指标\报告期	2013.06.30	2012.12.31	2012.06.30	2011.12.31
	基本每股收益(元)	0.1420	0.2670	0.1160	0.1780
	基本每股收益(扣除)(元)	0.0080	0.0010	0.0680	0.0880
	每股净资产(元)	4.1367	4.7132	4.5310	4.3641
	每股经营现金净流量(元)	-0.0530	0.0641	0.0515	-0.0086
	每股现金流量(元)	-0.0549	0.0337	0.1480	-0.1288
	每股资本公积金(元)	2.7876	3.3563	3.3250	3.1538
	每股盈余公积金(元)	0.2387	0.2387	0.1960	0.1960
	每股未分配利润(元)	0.1104	0.1182	0.0102	0.0144
	净资产收益率(%)	3.4388	5.6546	2.5564	4.0840
	加权净资产收益率(%)	3.1600	5.8700	2.5700	4.6000
	净资产收益率(扣除)(%)	-	-	-	-
	总资产(万元)	162763.52	185454.42	178000.96	169434.63
	归属母公司股东权益(万元)	129065.49	147052.19	141373.96	136161.06
	主营业务收入(万元)	19061.05	37092.38	20262.98	33747.09
	营业收入(万元)	19368.22	37527.19	20474.01	35094.01
	主营成本(万元)	7097.59	12864.94	6792.01	12387.10
	营业成本(万元)	7134.65	12959.22	6829.09	12465.15
	投资收益(万元)	5575.46	10584.83	2596.30	5836.54
	净利润(万元)	4523.76	8346.91	3616.56	5653.03
	利润总额(万元)	5350.63	10134.28	4152.79	6248.07

河南豫光金铅股份有限公司

公司概况	公司名称	河南豫光金铅股份有限公司			证券简称	豫光金铅
	法人代表	杨安国	董秘	蔡亮	证券代码	600531
	公司网址	www.yggf.com.cn		电子信箱	yuguang@yggf.com.cn	
	电　　话	0391-6665836		传　　真	0391-6688986	
	办公地址	河南省济源市荆梁南街 1 号				
	经营范围	电解铅、白银、黄金、冰铜、硫酸、次氧化锌的生产和销售				

主要财务指标	指标\报告期	2013.06.30	2012.12.31	2012.06.30	2011.12.31
	基本每股收益(元)	-0.8300	0.1600	0.0500	0.3000
	基本每股收益(扣除)(元)	-0.8900	0.0400	-0.0200	0.2200
	每股净资产(元)	5.3996	6.3581	6.1500	6.2400
	每股经营现金净流量(元)	1.8932	0.5148	2.3333	-1.8915
	每股现金流量(元)	-0.8822	1.0487	1.4403	-0.7909
	每股资本公积金(元)	2.5691	2.5969	2.5565	2.6035
	每股盈余公积金(元)	0.4887	0.4887	0.4776	0.4776
	每股未分配利润(元)	1.3291	2.2052	2.1052	2.1519
	净资产收益率(%)	-15.2989	2.5849	0.8658	4.7800
	加权净资产收益率(%)	-13.9000	2.6200	0.8500	4.8600
	净资产收益率(扣除)(%)	-	-	-	-
	总资产(万元)	637169.92	737281.57	670332.13	685921.83
	归属母公司股东权益(万元)	159422.71	187723.61	181573.31	184203.33
	主营业务收入(万元)	628145.25	1227696.98	554572.37	1149504.16
	营业收入(万元)	633898.76	1249683.48	563641.33	1166799.16
	主营成本(万元)	636413.50	1185195.88	528494.05	1094545.02
	营业成本(万元)	640328.52	1201010.87	531691.09	1107346.44
	投资收益(万元)	10711.72	4378.95	4292.46	-3356.58
	净利润(万元)	-23949.57	5792.21	2214.73	9130.42
	利润总额(万元)	-25686.13	8819.77	3288.20	13440.91

自律 高效 包容 创新

公司领导合影

2013 年 1 月 16 日，全国中小企业股份转让系统揭牌

我司董事长杨晓嘉与挂牌企业代表一起敲响开市宝钟

公司的经营宗旨是：坚持公开、公平、公正的原则，完善市场功能，加强市场服务，维护市场秩序，推动市场创新，保护投资者及其他市场参与主体的合法权益，推动场外交易市场健康发展，促进民间投资和中小企业发展，有效服务实体经济。

公司的经营范围是：组织安排非上市股份公司股份的公开转让；为非上市股份公司融资、并购等相关业务提供服务；为市场参与人提供信息、技术和培训服务。

设立全国中小企业股份转让系统是加快我国多层次资本市场建设发展的重要举措。公司将在中国证监会的领导下，不断改善中小企业金融环境，大力推动创新、创业，积极推动我国场外市场健康、稳定、持续发展。

股份代号：6818.HK
热烈庆祝中国光大银行
于香港联合交易所主板
成功上市
光大未来
唐双宁题：光大未来

山东宏达矿业股份有限公司

公司概况	公司名称	山东宏达矿业股份有限公司		证券简称	宏达矿业
	法人代表	段连文	董秘 于晓兵	证券代码	600532
	公司网址	http://hd.hdky.net		电子信箱	yxb@hdky.net
	电　话	0533-7608266 7608677		传　真	0533-7608266 7608677
	办公地址	山东省淄博市临淄区凤凰镇南金村			
	经营范围	农药及化工原料的生产、销售、火力发电及电力销售等			

主要财务指标	指标＼报告期	2013.06.30	2012.12.31	2012.06.30	2011.12.31
	基本每股收益(元)	0.1900	0.4800	0.1600	0.9900
	基本每股收益(扣除)(元)	0.1900	0.4700	0.1600	0.9200
	每股净资产(元)	2.4619	2.2703	1.2980	3.1921
	每股经营现金净流量(元)	-0.1448	0.0530	0.4877	1.2537
	每股现金流量(元)	-0.1077	-0.3744	-0.1410	0.6661
	每股资本公积金(元)	0.4679	0.4679	0.8961	2.2575
	每股盈余公积金(元)	-	-	0.0978	0.0978
	每股未分配利润(元)	0.9613	0.7736	-0.7140	1.2109
	净资产收益率(%)	7.6230	13.6012	1.5939	31.0651
	加权净资产收益率(%)	7.9400	14.5700	7.9700	36.7500
	净资产收益率(扣除)(%)	-	-	-	-
	总资产(万元)	173414.15	165701.71	75565.82	172238.67
	归属母公司股东权益(万元)	97548.44	89955.37	19737.08	77930.92
	主营业务收入(万元)	31268.39	56169.08	27613.69	63706.18
	营业收入(万元)	31388.09	56332.72	27652.87	63799.25
	主营成本(万元)	19013.55	37438.23	18596.89	34091.18
	营业成本(万元)	19013.55	37438.23	29470.28	34091.18
	投资收益(万元)	1426.94	4325.39	2348.68	6195.69
	净利润(万元)	7436.07	12235.02	6468.08	24209.31
	利润总额(万元)	9496.38	15047.39	7849.17	30427.22

南京栖霞建设股份有限公司

公司概况	公司名称	南京栖霞建设股份有限公司		证券简称	栖霞建设
	法人代表	江劲松	董秘 王海刚	证券代码	600533
	公司网址	www.chixia.com		电子信箱	invest@chixia.com
	电　话	025-85600533		传　真	025-85502482
	办公地址	江苏省南京市玄武区龙蟠路9号			
	经营范围	住宅小区综合开发建设、商品房销售、租赁、售后服务等			

主要财务指标	指标＼报告期	2013.06.30	2012.12.31	2012.06.30	2011.12.31
	基本每股收益(元)	0.0907	0.3012	0.1739	0.2608
	基本每股收益(扣除)(元)	0.0907	0.3009	0.1734	0.2589
	每股净资产(元)	3.4166	3.4037	3.3290	3.2247
	每股经营现金净流量(元)	-0.2518	0.2955	-0.4064	-0.3268
	每股现金流量(元)	0.4036	0.0227	-0.0552	-0.1261
	每股资本公积金(元)	1.4197	1.3976	1.4499	1.4197
	每股盈余公积金(元)	0.2061	0.2061	0.1815	0.1815
	每股未分配利润(元)	0.7908	0.8001	0.6974	0.6234
	净资产收益率(%)	2.6545	8.8497	5.2200	8.0880
	加权净资产收益率(%)	2.6500	9.1100	5.2300	7.7400
	净资产收益率(扣除)(%)	-	-	-	-
	总资产(万元)	1371768.06	1215266.56	1200804.27	1068578.49
	归属母公司股东权益(万元)	358741.73	357392.81	349524.67	338590.55
	主营业务收入(万元)	115187.23	261990.90	138235.82	208675.85
	营业收入(万元)	116272.81	264955.61	139511.84	210851.44
	主营成本(万元)	75462.25	152917.90	82694.52	118545.85
	营业成本(万元)	76022.17	154285.32	83288.09	119750.99
	投资收益(万元)	113.90	-2542.66	-883.26	121.06
	净利润(万元)	12901.98	42182.50	22816.60	33368.92
	利润总额(万元)	17104.76	57341.28	30705.45	45216.77

天士力制药集团股份有限公司

公司概况	公司名称	天士力制药集团股份有限公司		证券简称	天 士 力
	法人代表	闫凯	董秘 刘俊峰	证券代码	600535
	公司网址	www.tasly.com		电子信箱	stock@tasly.com
	电　话	022-26736999		传　真	022-26736721
	办公地址	天津市北辰区普济河东道2号(天士力现代中药城)			
	经营范围	滴丸剂、颗粒剂、硬胶囊剂、软胶囊剂、片剂、丸剂的生产等			

主要财务指标	指标＼报告期	2013.06.30	2012.12.31	2012.06.30	2011.12.31
	基本每股收益(元)	0.5800	1.4900	0.4300	1.1800
	基本每股收益(扣除)(元)	0.5000	1.4500	0.3800	1.0300
	每股净资产(元)	3.2449	7.7682	7.0600	6.9800
	每股经营现金净流量(元)	0.2089	0.8003	0.6101	0.2617
	每股现金流量(元)	-0.1453	-1.0030	-0.9173	-0.4152
	每股资本公积金(元)	0.2054	3.0037	3.0037	3.0037
	每股盈余公积金(元)	0.4227	0.8454	0.6278	0.6278
	每股未分配利润(元)	1.6183	3.2733	2.4321	2.3501
	净资产收益率(%)	17.9254	17.8719	12.2180	16.9480
	加权净资产收益率(%)	13.1000	20.5300	11.0900	17.9500
	净资产收益率(扣除)(%)	-	-	-	-
	总资产(万元)	897614.60	815450.53	660909.75	663416.69
	归属母公司股东权益(万元)	335143.31	430398.09	364622.03	360395.00
	主营业务收入(万元)	532130.05	925899.15	416819.61	653566.39
	营业收入(万元)	540248.52	930021.51	419566.49	656966.46
	主营成本(万元)	343534.10	642337.37	269961.76	458616.90
	营业成本(万元)	348266.80	644895.08	288023.15	460132.60
	投资收益(万元)	270.55	459.58	207.04	8291.64
	净利润(万元)	62746.13	79208.29	44675.24	63996.44
	利润总额(万元)	73917.93	95985.89	52236.02	78579.79

中国软件与技术服务股份有限公司

公司概况	公司名称	中国软件与技术服务股份有限公司		证券简称	中国软件
	法人代表	杨军	董秘 陈复兴	证券代码	600536
	公司网址	www.css.com.cn		电子信箱	cfx@css.com.cn
	电　话	010-51508699		传　真	010-51508661
	办公地址	北京市昌平区昌盛路18号			
	经营范围	制造医用光学仪器设备、医用红外热像仪等			

主要财务指标	指标＼报告期	2013.06.30	2012.12.31	2012.06.30	2011.12.31
	基本每股收益(元)	0.0600	0.2600	0.0400	0.5800
	基本每股收益(扣除)(元)	-0.2100	-0.1100	-0.2900	0.0900
	每股净资产(元)	5.3875	5.6226	5.4400	5.7600
	每股经营现金净流量(元)	-1.7128	-1.0379	-1.6932	1.3364
	每股现金流量(元)	-1.1011	-0.7603	-0.7583	2.6026
	每股资本公积金(元)	2.6562	2.8587	2.8861	3.1506
	每股盈余公积金(元)	0.1999	0.1999	0.1895	0.1895
	每股未分配利润(元)	1.7146	1.7276	1.5199	1.5808
	净资产收益率(%)	1.0580	4.5743	0.7202	10.0180
	加权净资产收益率(%)	1.0100	4.4000	0.7200	9.5900
	净资产收益率(扣除)(%)	-	-	-	-
	总资产(万元)	358263.44	349032.98	348855.35	355172.43
	归属母公司股东权益(万元)	121593.52	126897.78	122665.35	130009.67
	主营业务收入(万元)	113260.53	266009.53	83465.62	233373.05
	营业收入(万元)	114390.78	268056.69	84640.55	234975.70
	主营成本(万元)	69596.89	160890.83	52578.86	149875.20
	营业成本(万元)	69916.83	161575.93	52932.97	150687.62
	投资收益(万元)	6245.49	9485.50	8135.46	12149.02
	净利润(万元)	1472.78	9285.53	256.29	15080.99
	利润总额(万元)	1411.01	10096.41	400.51	16074.88

亿晶光电科技股份有限公司

公司概况	公司名称	亿晶光电科技股份有限公司		证券简称	亿晶光电
	法人代表	荀建华	董秘 刘党旗	证券代码	600537
	公司网址	www.egingpv.com		电子信箱	eging-public@egingpv.com
	电　　话	0519-82585558		传　　真	0519-82585550
	办公地址	江苏省金坛市尧塘镇金武路 18 号			
	经营范围	果蔬加工、包括速冻、脱水、保鲜、腌渍、调理果蔬等			

主要财务指标	指标\报告期	2013.06.30	2012.12.31	2012.06.30	2011.12.31
	基本每股收益(元)	0.0100	–1.4200	–0.5800	0.3900
	基本每股收益(扣除)(元)	–0.0060	–1.4200	–0.5800	0.2800
	每股净资产(元)	2.4389	2.4283	3.2570	3.8940
	每股经营现金净流量(元)	0.2067	–0.3739	–0.1897	0.8583
	每股现金流量(元)	0.1093	–0.6801	–0.0533	–0.3670
	每股资本公积金(元)	–	–	–	0.0495
	每股盈余公积金(元)	–	–	–	–
	每股未分配利润(元)	1.4391	1.4287	2.2579	2.8453
	净资产收益率(%)	0.4287	–58.3358	–17.6154	5.5930
	加权净资产收益率(%)	0.4300	–44.4600	–15.9000	5.6400
	净资产收益率(扣除)(%)	–	–	–	–
	总资产(万元)	451793.65	485828.56	564733.07	504428.52
	归属母公司股东权益(万元)	118499.90	117986.50	158255.83	189221.33
	主营业务收入(万元)	118554.32	195919.93	84446.80	399482.57
	营业收入(万元)	118638.91	196349.60	84656.49	407128.97
	主营成本(万元)	97677.32	196255.38	76237.23	333502.03
	营业成本(万元)	97713.95	196386.10	76435.30	339740.17
	投资收益(万元)	487.53	707.12	–	–
	净利润(万元)	451.40	–68802.88	–27690.68	11073.13
	利润总额(万元)	623.48	–67972.14	–27765.90	13367.01

北海国发海洋生物产业股份有限公司

公司概况	公司名称	北海国发海洋生物产业股份有限公司		证券简称	*ST 国发
	法人代表	潘利斌	董秘 李勇	证券代码	600538
	公司网址	www.gofar.com.cn		电子信箱	securities@gofar.com.cn
	电　　话	0779-3200619		传　　真	0779-3200618
	办公地址	广西壮族自治区北海市北京路 9 号			
	经营范围	藻类、贝类、甲壳类等海洋生物系列产品的研究、开发、生产和销售等			

主要财务指标	指标\报告期	2013.06.30	2012.12.31	2012.06.30	2011.12.31
	基本每股收益(元)	–0.0300	–0.3900	–0.0700	–0.1400
	基本每股收益(扣除)(元)	–0.0300	–0.3300	–0.0600	–0.1500
	每股净资产(元)	0.0730	0.1008	0.4300	0.4900
	每股经营现金净流量(元)	–0.0302	–0.0863	–0.0400	–0.0571
	每股现金流量(元)	–0.0738	0.0238	–0.0154	–0.0578
	每股资本公积金(元)	0.2993	0.2993	0.2993	0.2993
	每股盈余公积金(元)	0.1311	0.1311	0.1290	0.1290
	每股未分配利润(元)	–1.3574	–1.3296	–1.0015	–0.9352
	净资产收益率(%)	–38.1371	–389.2851	–15.5536	–28.3500
	加权净资产收益率(%)	–32.0300	–132.1200	–14.4300	–24.8300
	净资产收益率(扣除)(%)	–	–	–	–
	总资产(万元)	62955.77	61397.74	69997.07	69654.25
	归属母公司股东权益(万元)	2037.53	2814.58	11917.70	13771.33
	主营业务收入(万元)	25455.58	54283.68	29520.28	52863.33
	营业收入(万元)	25558.60	54298.27	29567.44	52870.27
	主营成本(万元)	21866.13	46116.62	25034.15	45552.42
	营业成本(万元)	21895.82	46118.86	25034.15	45553.03
	投资收益(万元)	–	–77.97	–23.94	–47.88
	净利润(万元)	–534.98	–10442.18	–1337.68	–3382.63
	利润总额(万元)	–445.35	–10113.89	–1048.40	–3266.14

太原狮头水泥股份有限公司

公司概况	公司名称	太原狮头水泥股份有限公司		证券简称	ST 狮头
	法人代表	邓守信	董秘 郝瑛	证券代码	600539
	公司网址	www.600539.com.cn		电子信箱	haoying@600539.com.cn
	电　　话	0351-2857002 2857006		传　　真	0351-2857006
	办公地址	山西省太原市万柏林区开城街 1 号			
	经营范围	水泥、水泥熟料、商品混凝土、新型墙体材料的生产和销售等			

主要财务指标	指标\报告期	2013.06.30	2012.12.31	2012.06.30	2011.12.31
	基本每股收益(元)	–0.0880	0.0100	0.0262	–1.2100
	基本每股收益(扣除)(元)	–0.0930	–0.1600	0.0266	–0.2700
	每股净资产(元)	2.5380	2.6258	2.6410	2.6150
	每股经营现金净流量(元)	0.0712	–0.1106	0.0029	–0.1720
	每股现金流量(元)	–0.4549	0.2455	0.3295	–0.1251
	每股资本公积金(元)	2.2233	2.2233	2.2233	2.2233
	每股盈余公积金(元)	0.1626	0.1626	0.1626	0.1626
	每股未分配利润(元)	–0.8479	–0.7601	–0.7447	–0.7709
	净资产收益率(%)	–3.4597	0.4122	0.9916	–46.1560
	加权净资产收益率(%)	–3.4010	0.4100	0.9970	–37.5000
	净资产收益率(扣除)(%)	–	–	–	–
	总资产(万元)	95605.33	97402.78	99114.00	74921.11
	归属母公司股东权益(万元)	58374.92	60394.50	60747.90	60145.55
	主营业务收入(万元)	5251.49	27659.88	14105.96	38165.47
	营业收入(万元)	5516.60	28013.17	14371.55	38592.75
	主营成本(万元)	5393.12	24640.32	11964.41	37079.58
	营业成本(万元)	5450.17	24863.86	12093.01	37139.35
	投资收益(万元)	23.58	25.64	–	9.67
	净利润(万元)	–2071.34	216.24	595.66	–27764.57
	利润总额(万元)	–2071.34	248.41	595.66	–26986.92

新疆赛里木现代农业股份有限公司

公司概况	公司名称	新疆赛里木现代农业股份有限公司		证券简称	新赛股份
	法人代表	何伟	董秘 郭玉星	证券代码	600540
	公司网址	www.xinsai.com.cn		电子信箱	gmgsgwq@sina.com
	电　　话	0909-2268166 2268189		传　　真	0909-2268162
	办公地址	新疆维吾尔自治区博乐市红星路 158 号			
	经营范围	棉花种植、加工、销售及食用油的生产、销售等			

主要财务指标	指标\报告期	2013.06.30	2012.12.31	2012.06.30	2011.12.31
	基本每股收益(元)	0.0195	0.1152	–0.1401	–0.7946
	基本每股收益(扣除)(元)	–0.0483	–0.5428	–0.1891	–0.9072
	每股净资产(元)	2.3586	2.3387	2.0833	2.2300
	每股经营现金净流量(元)	–0.3273	2.4300	–0.0413	–0.0579
	每股现金流量(元)	–1.0871	0.1645	–0.7931	0.8748
	每股资本公积金(元)	1.5160	1.5160	1.5166	1.5268
	每股盈余公积金(元)	0.1357	0.1357	0.1357	0.1357
	每股未分配利润(元)	–0.2942	–0.3136	–0.5690	–0.4289
	净资产收益率(%)	0.8251	4.9279	–6.7270	–35.5740
	加权净资产收益率(%)	0.0060	5.0298	–5.9100	–29.8500
	净资产收益率(扣除)(%)	–	–	–	–
	总资产(万元)	208790.73	241694.46	253637.86	286257.35
	归属母公司股东权益(万元)	71398.25	70793.72	63062.36	67615.46
	主营业务收入(万元)	30024.98	254426.59	72823.32	172511.41
	营业收入(万元)	32277.08	266452.14	82787.76	182690.55
	主营成本(万元)	29097.46	251874.35	75459.54	174804.70
	营业成本(万元)	29987.71	260397.51	80551.63	183508.04
	投资收益(万元)	605.89	10419.94	191.66	101.11
	净利润(万元)	500.79	1257.44	–5109.27	–28101.49
	利润总额(万元)	518.28	3723.96	–5101.65	–30594.53

甘肃莫高实业发展股份有限公司

公司概况	公司名称	甘肃莫高实业发展股份有限公司			证券简称	莫高股份
	法人代表	赵国柱	董秘	贾洪文	证券代码	600543
	公司网址	www.mogao.com		电子信箱	mgjiahw@126.com	
	电　话	0931-8776219 8776209		传　真	0931-4890543	
	办公地址	甘肃省兰州市城关区东岗西路638号兰州财富中心23层				
	经营范围	农产品及加工品、药品的生产和销售等				

主要财务指标	指标\报告期	2013.06.30	2012.12.31	2012.06.30	2011.12.31
	基本每股收益(元)	0.0800	0.1600	0.0900	0.1500
	基本每股收益(扣除)(元)	0.0800	0.1500	0.0900	0.1400
	每股净资产(元)	3.6000	3.5608	3.5600	3.4000
	每股经营现金净流量(元)	0.1411	0.2699	0.1973	0.1423
	每股现金流量(元)	0.0954	0.0481	0.1341	0.0919
	每股资本公积金(元)	1.4510	1.4510	1.4510	1.4510
	每股盈余公积金(元)	0.3071	0.3071	0.2647	0.2647
	每股未分配利润(元)	0.8450	0.8028	0.7819	0.6885
	净资产收益率(%)	2.0887	4.3988	2.6700	4.3713
	加权净资产收益率(%)	2.0900	4.5000	2.7100	4.4700
	净资产收益率(扣除)(%)	–	–	–	–
	总资产(万元)	129162.15	128875.07	125832.87	121639.79
	归属母公司股东权益(万元)	115701.98	114345.06	112316.37	109315.19
	主营业务收入(万元)	16009.61	36105.97	19085.80	36214.14
	营业收入(万元)	16009.61	36127.53	19094.27	36258.51
	主营成本(万元)	7210.05	13624.95	8692.18	15681.60
	营业成本(万元)	7210.05	13680.94	8692.18	15735.59
	投资收益(万元)	–	32.62	–8.09	–117.21
	净利润(万元)	2416.62	5029.86	3001.18	4778.49
	利润总额(万元)	3576.94	7155.19	4017.69	6227.08

新疆城建(集团)股份有限公司

公司概况	公司名称	新疆城建(集团)股份有限公司			证券简称	新疆城建
	法人代表	刘军	董秘	李若帆	证券代码	600545
	公司网址	www.xjcj.com		电子信箱	xjcj888@sina.com	
	电　话	0991-4889803 4889812		传　真	0991-4889813	
	办公地址	新疆维吾尔自治区乌鲁木齐市南湖南路133号城建大厦22层				
	经营范围	城市基础设施建设与运营、城市源水供应、房地产开发与销售等				

主要财务指标	指标\报告期	2013.06.30	2012.12.31	2012.06.30	2011.12.31
	基本每股收益(元)	0.0400	0.2304	0.0500	0.2375
	基本每股收益(扣除)(元)	0.0400	0.0400	0.0300	0.2027
	每股净资产(元)	2.9012	2.8634	2.7308	2.6858
	每股经营现金净流量(元)	0.8119	–0.1789	–0.3057	–1.5862
	每股现金流量(元)	0.8635	0.0502	–0.2703	–0.2365
	每股资本公积金(元)	0.8317	0.8317	0.8317	0.8317
	每股盈余公积金(元)	0.1767	0.1767	0.1436	0.1436
	每股未分配利润(元)	0.8909	0.8532	0.7508	0.7058
	净资产收益率(%)	1.3013	8.0475	1.6481	8.8430
	加权净资产收益率(%)	1.3100	8.2900	1.6600	9.0800
	净资产收益率(扣除)(%)	–	–	–	–
	总资产(万元)	861707.83	707158.84	592352.61	533927.51
	归属母公司股东权益(万元)	196055.82	193504.62	184544.43	181502.88
	主营业务收入(万元)	77872.56	255440.02	63400.65	216180.26
	营业收入(万元)	78420.89	258749.40	63777.45	217656.22
	主营成本(万元)	64285.53	218069.89	51323.03	172438.95
	营业成本(万元)	64760.75	220796.50	51746.20	173856.38
	投资收益(万元)	31.08	1783.78	1501.80	2970.37
	净利润(万元)	2153.61	15401.82	2726.43	15543.65
	利润总额(万元)	3338.15	18406.92	3598.13	18322.02

山煤国际能源集团股份有限公司

公司概况	公司名称	山煤国际能源集团股份有限公司			证券简称	山煤国际
	法人代表	郭海	董秘	李荣强	证券代码	600546
	公司网址	www.smgjcoal.com		电子信箱	smzqb@shanxicoal.cn	
	电　话	0351-4645546		传　真	0351-4645846	
	办公地址	山西省太原市长风街115号				
	经营范围	煤炭生产和销售等				

主要财务指标	指标\报告期	2013.06.30	2012.12.31	2012.06.30	2011.12.31
	基本每股收益(元)	0.3000	0.7700	0.5700	1.4500
	基本每股收益(扣除)(元)	0.2700	0.6800	0.5700	1.4700
	每股净资产(元)	8.5020	8.0789	8.1413	11.7004
	每股经营现金净流量(元)	0.5114	–0.6452	–0.8657	0.5984
	每股现金流量(元)	–0.9423	–5.6430	–4.1908	4.2258
	每股资本公积金(元)	3.2171	3.2171	3.0827	7.2792
	每股盈余公积金(元)	0.2005	0.2005	0.0612	0.0612
	每股未分配利润(元)	3.6641	3.3598	3.5961	3.0251
	净资产收益率(%)	3.5788	9.5797	7.0136	9.6246
	加权净资产收益率(%)	3.6700	7.0000	5.8000	18.2700
	净资产收益率(扣除)(%)	–	–	–	–
	总资产(万元)	4767281.70	4533788.52	4000955.82	3951438.95
	归属母公司股东权益(万元)	842744.30	800800.89	806993.07	1159777.35
	主营业务收入(万元)	4770626.63	9508042.20	5208894.79	6938665.04
	营业收入(万元)	4781289.02	9540758.86	5225764.00	6976057.49
	主营成本(万元)	4572284.49	8972395.86	4922440.39	6457012.72
	营业成本(万元)	4577699.84	8983139.58	4926870.26	6461177.07
	投资收益(万元)	138.71	1154.55	1736.14	1039.14
	净利润(万元)	58816.51	149721.30	103814.84	166909.51
	利润总额(万元)	80468.48	225919.84	150227.86	238717.98

山东黄金矿业股份有限公司

公司概况	公司名称	山东黄金矿业股份有限公司			证券简称	山东黄金
	法人代表	陈玉民	董秘	林朴芳	证券代码	600547
	公司网址	www.sdhjgf.com		电子信箱	gold547@sina.com	
	电　话	0531-67710376 67710381		传　真	0531-67710380	
	办公地址	山东省济南市舜华路2000号舜泰广场3号楼				
	经营范围	黄金开采和选冶加工、同时伴有白银、硫精矿的生产				

主要财务指标	指标\报告期	2013.06.30	2012.12.31	2012.06.30	2011.12.31
	基本每股收益(元)	0.6800	1.5300	0.9900	1.3400
	基本每股收益(扣除)(元)	0.6800	1.5500	0.9900	1.3500
	每股净资产(元)	5.8688	5.3394	4.8200	3.9800
	每股经营现金净流量(元)	1.2881	1.6758	0.8972	1.6203
	每股现金流量(元)	–0.3154	0.0570	–0.0022	–
	每股资本公积金(元)	–	–	–	–
	每股盈余公积金(元)	0.3026	0.3010	0.2326	0.2358
	每股未分配利润(元)	4.5603	4.0402	3.5889	2.7509
	净资产收益率(%)	11.5835	28.5741	20.4880	33.5490
	加权净资产收益率(%)	12.0700	32.9000	22.3100	40.1000
	净资产收益率(扣除)(%)	–	–	–	–
	总资产(万元)	1748421.78	1745991.51	1468230.63	1266058.93
	归属母公司股东权益(万元)	835168.24	759833.07	686072.91	567060.25
	主营业务收入(万元)	2800409.22	5016689.53	2533280.33	3935646.63
	营业收入(万元)	2803374.76	5022844.32	2535576.43	3941480.74
	主营成本(万元)	2572699.40	4519242.93	2251028.34	3495748.03
	营业成本(万元)	2574293.83	4522642.55	2252183.39	3499479.38
	投资收益(万元)	–2486.12	5031.49	3844.03	259.75
	净利润(万元)	97708.40	221699.56	145584.13	198269.24
	利润总额(万元)	130590.23	291516.15	194685.21	269238.07

深圳高速公路股份有限公司

公司概况				
公司名称	深圳高速公路股份有限公司		证券简称	深 高 速
法人代表	杨海	董秘 吴倩	证券代码	600548
公司网址	www.sz-expressway.com		电子信箱	secretary@sz-expressway.com
电　　话	0755-82853338　82853331		传　　真	0755-82853400
办公地址	广东省深圳市福田区益田路江苏大厦裙楼 2-4 层			
经营范围	公路和道路的投资和建造、建设管理、经营管理等			

主要财务指标：指标＼报告期	2013.06.30	2012.12.31	2012.06.30	2011.12.31
基本每股收益(元)	0.1770	0.3140	0.1920	0.4010
基本每股收益(扣除)(元)	0.1710	0.3030	0.1870	0.3890
每股净资产(元)	4.4208	4.3730	4.2500	4.2200
每股经营现金净流量(元)	0.3712	0.7019	0.3706	0.6916
每股现金流量(元)	-0.2533	-0.0980	-0.1469	0.7294
每股资本公积金(元)	1.4597	1.4587	1.4592	1.4603
每股盈余公积金(元)	0.7356	0.7356	0.7038	0.7038
每股未分配利润(元)	1.2255	1.1787	1.0887	1.0566
净资产收益率(%)	3.9991	7.1780	4.5200	9.5080
加权净资产收益率(%)	3.9800	7.3300	4.4800	9.8400
净资产收益率(扣除)(%)	-	-	-	-
总资产(万元)	2341673.07	2420912.50	2425692.35	2460879.27
归属母公司股东权益(万元)	964072.07	953648.61	927194.86	920441.71
主营业务收入(万元)	136214.09	272635.32	138245.55	271556.16
营业收入(万元)	148904.49	313462.31	156062.83	295161.91
主营成本(万元)	66360.05	130157.90	58872.34	110009.29
营业成本(万元)	69304.80	151073.23	66462.40	118253.36
投资收益(万元)	8931.81	12909.95	6844.86	12770.20
净利润(万元)	40591.09	72658.30	43993.41	91953.78
利润总额(万元)	51279.34	93641.92	57076.63	115661.52

厦门钨业股份有限公司

公司概况				
公司名称	厦门钨业股份有限公司		证券简称	厦门钨业
法人代表	刘同高	董秘 许火耀	证券代码	600549
公司网址	www.cxtc.com		电子信箱	xtc@public.xm.fj.cn
电　　话	0592-5363856		传　　真	0592-5363857
办公地址	福建省厦门市开元区湖滨南路 619 号 16 层			
经营范围	钨及有色金属冶炼、加工、钨合金、钨深加工产品的生产和销售			

主要财务指标：指标＼报告期	2013.06.30	2012.12.31	2012.06.30	2011.12.31
基本每股收益(元)	0.1044	0.7715	0.4679	1.4968
基本每股收益(扣除)(元)	0.0560	0.7235	0.4534	1.5011
每股净资产(元)	-	6.0700	5.3500	5.0500
每股经营现金净流量(元	1.3377	2.4630	0.2766	-0.7181
每股现金流量(元)	0.1206	0.3812	0.4097	-0.3360
每股资本公积金(元)	1.0891	1.1079	1.1076	1.1088
每股盈余公积金(元)	0.2955	0.2955	0.2351	0.2351
每股未分配利润(元)	3.0084	3.1541	2.9590	2.6809
净资产收益率(%)	1.9065	13.6464	8.9435	29.6690
加权净资产收益率(%)	1.8000	14.4700	8.2100	34.3200
净资产收益率(扣除)(%)	-	-	-	-
总资产(万元)	1466296.26	1366099.97	1335610.87	1265579.63
归属母公司股东权益(万元)	373335.55	414098.22	364624.25	344067.07
主营业务收入(万元)	361249.64	876565.12	449907.02	1181553.41
营业收入(万元)	365404.59	883689.78	452913.55	1191040.40
主营成本(万元)	275455.31	653800.14	332435.10	807309.30
营业成本(万元)	277785.38	656089.61	335171.76	812169.27
投资收益(万元)	791.47	775.34	-1020.76	1946.35
净利润(万元)	22107.07	88069.50	50592.65	149305.05
利润总额(万元)	33112.96	104509.13	59768.53	214704.02

保定天威保变电气股份有限公司

公司概况				
公司名称	保定天威保变电气股份有限公司		证券简称	天威保变
法人代表	董其宏	董秘 张继承	证券代码	600550
公司网址	www.twbb.com		电子信箱	zjc@twbb.com
电　　话	0312-3252455		传　　真	0312-3230382
办公地址	河北省保定市天威西路 2222 号			
经营范围	变压器、互感器、电抗器等输变电设备及辅助设备、零部件的制造与销售等			

主要财务指标：指标＼报告期	2013.06.30	2012.12.31	2012.06.30	2011.12.31
基本每股收益(元)	-0.8000	-1.1100	-0.2500	0.0300
基本每股收益(扣除)(元)	-0.7900	-1.1600	-0.2900	-0.0600
每股净资产(元)	3.0911	3.8914	4.7400	4.9900
每股经营现金净流量(元)	0.2986	0.1205	-0.3613	-0.1079
每股现金流量(元)	0.1753	-0.3401	-0.0980	-0.0511
每股资本公积金(元)	2.3719	2.3719	2.3714	2.3707
每股盈余公积金(元)	0.2372	0.2372	0.2372	0.2372
每股未分配利润(元)	-0.5284	0.2710	1.1308	1.3815
净资产收益率(%)	-25.8613	-28.5356	-5.2914	0.5130
加权净资产收益率(%)	-22.8900	-25.0400	-5.1600	0.5700
净资产收益率(扣除)(%)	-	-	-	-
总资产(万元)	1444727.61	1522357.18	1708290.27	1723715.00
归属母公司股东权益(万元)	424407.72	534291.60	650621.89	684991.45
主营业务收入(万元)	202863.81	273909.17	107566.08	-
营业收入(万元)	206942.57	282967.10	112540.03	534582.64
主营成本(万元)	179994.16	264395.91	96102.04	-
营业成本(万元)	183830.15	271654.67	99459.54	423629.31
投资收益(万元)	-12017.88	-40597.34	-6821.14	-1702.74
净利润(万元)	-121678.41	-169882.27	-38124.96	6535.99
利润总额(万元)	-122038.90	-168328.46	-37165.87	14507.12

时代出版传媒股份有限公司

公司概况				
公司名称	时代出版传媒股份有限公司		证券简称	时代出版
法人代表	王亚非	董秘 刘红	证券代码	600551
公司网址	www.press-mart.com		电子信箱	luyl@press-mart.com
电　　话	0551-3533671　3533053		传　　真	0551-3533050
办公地址	安徽省合肥市蜀山区翡翠路 1118 号出版传媒广场			
经营范围	出版传媒、印刷复制以及与其密切相关的高新科技研发与成果转化等			

主要财务指标：指标＼报告期	2013.06.30	2012.12.31	2012.06.30	2011.12.31
基本每股收益(元)	0.3739	0.6167	0.3407	0.5391
基本每股收益(扣除)(元)	0.3266	0.5179	0.3073	0.4953
每股净资产(元)	-	6.1927	5.9152	5.7140
每股经营现金净流量(元)	0.2076	0.7066	-0.3066	0.4520
每股现金流量(元)	-0.9287	0.4083	-0.3855	-0.0693
每股资本公积金(元)	2.6750	2.6774	2.6740	2.6754
每股盈余公积金(元)	0.1897	0.1897	0.1717	0.1717
每股未分配利润(元)	2.5034	2.3147	2.0695	1.8669
净资产收益率(%)	5.8706	9.9585	5.7925	9.4360
加权净资产收益率(%)	5.9200	10.4000	5.8000	9.8500
净资产收益率(扣除)(%)	-	-	-	-
总资产(万元)	490285.92	469724.49	414707.05	410083.66
归属母公司股东权益(万元)	322114.55	313542.04	299208.20	289027.16
主营业务收入(万元)	181471.49	307962.22	140179.02	237724.40
营业收入(万元)	183567.92	313950.73	142849.87	243817.84
主营成本(万元)	152322.27	249956.40	112009.72	186769.40
营业成本(万元)	152794.81	253470.92	114180.68	189292.59
投资收益(万元)	1609.67	3501.03	1561.83	1804.72
净利润(万元)	19502.96	31795.69	17593.45	27524.97
利润总额(万元)	19669.25	32473.39	17744.50	28018.62

安徽方兴科技股份有限公司

公司概况					
公司名称	安徽方兴科技股份有限公司			证券简称	方兴科技
法人代表	茆令文	董秘	黄晓婷	证券代码	600552
公司网址	www.fangxingkj.com			电子信箱	chch0254@sina.com
电　话	0552-4077780			传　真	0552-4077780
办公地址	安徽省蚌埠市涂山路767号				
经营范围	浮法玻璃、在线镀膜玻璃、ITO导电膜玻璃、玻璃深加工制品及新型材料的开发等				

主要财务指标：指标\报告期	2013.06.30	2012.12.31	2012.06.30	2011.12.31
基本每股收益(元)	0.3188	1.1400	0.3966	0.5500
基本每股收益(扣除)(元)	0.2850	1.0000	0.3628	0.1600
每股净资产(元)	6.3985	4.4000	3.8625	2.8127
每股经营现金净流量(元)	0.2636	0.4609	0.4816	-0.6047
每股现金流量(元)	0.8749	-0.0948	0.4908	-0.8973
每股资本公积金(元)	4.4080	1.8064	1.8064	1.3516
每股盈余公积金(元)	0.1042	0.2131	0.2131	0.2131
每股未分配利润(元)	0.8862	1.3841	0.8429	0.2481
净资产收益率(%)	4.3177	25.7970	15.4009	19.4130
加权净资产收益率(%)	6.4300	30.5400	17.8200	19.4600
净资产收益率(扣除)(%)	-	-	-	-
总资产(万元)	215384.13	106481.75	104929.23	102993.19
归属母公司股东权益(万元)	153134.33	51522.26	45190.86	32909.54
主营业务收入(万元)	38981.97	85944.25	41023.53	93539.11
营业收入(万元)	49684.57	97092.04	48260.37	107367.80
主营成本(万元)	27838.31	62228.17	28991.37	71255.69
营业成本(万元)	37742.09	71829.45	34546.37	81106.05
投资收益(万元)	398.80	-213.75	-174.96	3.37
净利润(万元)	7236.16	14450.14	7585.14	12305.02
利润总额(万元)	8433.56	16677.99	8901.64	14928.69

上海九龙山旅游股份有限公司

公司概况					
公司名称	上海九龙山旅游股份有限公司			证券简称	*ST九龙
法人代表	李勤夫	董秘	孙爱林	证券代码	600555
公司网址	www.ninedragon.com.cn			电子信箱	chenhaiyan@ninedragon.com.cn
电　话	021-68407880*8963 8086			传　真	021-68407909
办公地址	上海市浦东新区世纪大道1500号东方大厦4楼				
经营范围	旅游景点综合经营管理、酒店管理、游艇销售、展览等				

主要财务指标：指标\报告期	2013.06.30	2012.12.31	2012.06.30	2011.12.31
基本每股收益(元)	-0.0200	-0.1400	0.0100	0.0600
基本每股收益(扣除)(元)	-0.0200	-0.1300	0.0100	0.0300
每股净资产(元)	1.2202	1.2375	1.3928	1.3797
每股经营现金净流量(元)	-0.0306	-0.0572	-0.0208	0.0764
每股现金流量(元)	0.0073	-0.0472	-0.0355	-0.1202
每股资本公积金(元)	0.3098	0.3098	0.3098	0.3098
每股盈余公积金(元)	0.1039	0.1039	0.1039	0.1039
每股未分配利润(元)	-0.1986	-0.1812	-0.0255	-0.0392
净资产收益率(%)	-1.4203	-11.4813	0.9794	4.1520
加权净资产收益率(%)	-1.4100	-10.8600	1.0000	4.1400
净资产收益率(扣除)(%)	-	-	-	-
总资产(万元)	288027.84	287630.21	286899.99	292191.76
归属母公司股东权益(万元)	159057.20	161307.83	181549.16	179838.89
主营业务收入(万元)	5292.64	12520.54	11422.90	38644.15
营业收入(万元)	5585.51	13096.82	11517.08	38934.77
主营成本(万元)	2228.54	5730.22	5260.22	20784.82
营业成本(万元)	2645.87	6634.81	5260.22	20893.66
投资收益(万元)	-112.31	826.10	940.79	4647.18
净利润(万元)	-2272.23	-19131.38	1613.39	7203.19
利润总额(万元)	-2271.87	-19114.77	1621.08	8293.04

广西北生药业股份有限公司

公司概况					
公司名称	广西北生药业股份有限公司			证券简称	*ST北生
法人代表	何京云	董秘	何京云(代)	证券代码	600556
公司网址	www.bsyy.com.cn			电子信箱	bsyy_bh@163.net
电　话	0779-2228937			传　真	0779-2228936
办公地址	广西壮族自治区北海市北海大道西16号海富大厦17层D座				
经营范围	化学药品、抗生素,中药材、中药饮片、中成药,生化药品、生物制品等				

主要财务指标：指标\报告期	2013.06.30	2012.12.31	2012.06.30	2011.12.31
基本每股收益(元)	-0.0027	0.0270	-0.0050	0.0450
基本每股收益(扣除)(元)	-0.0028	-0.0050	-0.0050	-0.0070
每股净资产(元)	-0.0798	-0.0772	-0.1093	-0.1043
每股经营现金净流量(元)	-0.0097	0.0032	0.0098	-0.0056
每股现金流量(元)	-0.0078	0.0500	0.0169	0.0025
每股资本公积金(元)	0.9194	0.9194	0.9194	0.9194
每股盈余公积金(元)	0.0975	0.0975	0.0975	0.0975
每股未分配利润(元)	-2.0967	-2.0941	-2.1262	-2.1212
净资产收益率(%)	-3.3235	-35.1634	4.5555	-43.0804
加权净资产收益率(%)	-	-	-	-
净资产收益率(扣除)(%)	-	-	-	-
总资产(万元)	5020.33	5146.28	3681.37	3172.07
归属母公司股东权益(万元)	-3151.71	-3046.96	-4314.94	-4118.38
主营业务收入(万元)	1735.94	310.27	-	-
营业收入(万元)	1790.19	646.53	-	210.63
主营成本(万元)	1276.85	251.06	-	-
营业成本(万元)	1297.64	287.18	-	25.24
投资收益(万元)	-	-	-	-
净利润(万元)	-104.70	1071.20	-196.57	1774.21
利润总额(万元)	-45.43	1086.81	-196.57	1774.21

江苏康缘药业股份有限公司

公司概况					
公司名称	江苏康缘药业股份有限公司			证券简称	康缘药业
法人代表	肖伟	董秘	程凡	证券代码	600557
公司网址	www.kanion.com			电子信箱	chf@kanion.com
电　话	0518-85521990			传　真	0518-85521990
办公地址	江苏省连云港市经济技术开发区江宁工业城				
经营范围	中成药制剂、保健品制造、销售等				

主要财务指标：指标\报告期	2013.06.30	2012.12.31	2012.06.30	2011.12.31
基本每股收益(元)	0.3200	0.5700	0.2500	0.4400
基本每股收益(扣除)(元)	0.3000	0.5100	0.2800	0.3700
每股净资产(元)	4.1291	3.8763	3.5480	3.3930
每股经营现金净流量(元)	0.3663	0.5103	0.2501	0.2131
每股现金流量(元)	-0.2467	0.3619	0.1456	0.0950
每股资本公积金(元)	0.6451	0.6453	0.6451	0.7089
每股盈余公积金(元)	0.3403	0.3403	0.2839	0.2788
每股未分配利润(元)	2.1456	1.8926	1.6213	1.4067
净资产收益率(%)	7.8233	14.8756	7.0153	12.7110
加权净资产收益率(%)	8.0700	15.6300	6.9700	14.1500
净资产收益率(扣除)(%)	-	-	-	-
总资产(万元)	316964.95	312485.84	276026.56	258140.66
归属母公司股东权益(万元)	171624.38	161117.08	147491.91	143587.28
主营业务收入(万元)	104619.78	189866.12	83191.64	153558.44
营业收入(万元)	104760.38	190337.37	83388.35	153777.76
主营成本(万元)	26820.05	47135.56	18399.37	42198.20
营业成本(万元)	26978.33	47211.46	18420.91	42543.93
投资收益(万元)	34.34	3.41	4.97	78.18
净利润(万元)	13554.49	24013.89	10466.68	18946.17
利润总额(万元)	15920.68	27450.15	12273.73	21379.91

四川大西洋焊接材料股份有限公司

公司概况

公司名称	四川大西洋焊接材料股份有限公司			证券简称	大 西 洋
法人代表	李欣雨	董秘	唐敏	证券代码	600558
公司网址	www.weldatlantic.com		电子信箱	dxy600558@vip.163.com	
电　　话	0813-5103847 5101327		传　　真	0813-5109042	
办公地址	四川省自贡市大安区马冲口街 2 号				
经营范围	开发、生产、销售电焊条、焊丝、焊剂三大类别、八大系列等				

主要财务指标

指标\报告期	2013.06.30	2012.12.31	2012.06.30	2011.12.31
基本每股收益(元)	0.1460	0.2014	0.1230	0.3071
基本每股收益(扣除)(元)	0.1430	0.2044	0.1230	0.2905
每股净资产(元)	5.2182	7.7545	7.6700	7.6300
每股经营现金净流量(元)	–0.1544	0.8461	0.1751	–0.4550
每股现金流量(元)	–0.2305	0.7584	0.3796	–0.5728
每股资本公积金(元)	2.3967	4.0960	4.0960	4.0960
每股盈余公积金(元)	0.3447	0.5057	0.4991	0.4871
每股未分配利润(元)	1.4768	2.1528	2.0781	2.0500
净资产收益率(%)	1.8662	2.5969	1.6032	4.0230
加权净资产收益率(%)	1.8500	2.6300	1.5990	4.1000
净资产收益率(扣除)(%)	–	–	–	–
总资产(万元)	201773.79	199555.80	197756.56	186691.90
归属母公司股东权益(万元)	108151.10	108267.06	106021.62	105468.17
主营业务收入(万元)	110949.95	230512.52	122394.76	241948.93
营业收入(万元)	111429.91	231954.57	123057.42	243289.17
主营成本(万元)	95475.04	204294.89	108517.18	216374.96
营业成本(万元)	95749.33	204827.95	109075.96	217325.71
投资收益(万元)	–	77.72	15.22	50.00
净利润(万元)	2443.43	3326.99	1990.51	4944.66
利润总额(万元)	3015.93	4307.79	2372.13	6090.33

河北衡水老白干酒业股份有限公司

公司概况

公司名称	河北衡水老白干酒业股份有限公司			证券简称	老白干酒
法人代表	张新广	董秘	刘勇	证券代码	600559
公司网址	www.hengshuilaobaigan.net		电子信箱	hslbg@hengshuilaobaigan.net	
电　　话	0318-2122755		传　　真	0318-2669976	
办公地址	河北省衡水市人民东路 809 号				
经营范围	衡水老白干酒的生产与销售、商品猪及种猪的饲养与销售				

主要财务指标

指标\报告期	2013.06.30	2012.12.31	2012.06.30	2011.12.31
基本每股收益(元)	0.2000	0.8000	0.2300	0.6600
基本每股收益(扣除)(元)	0.1900	0.8200	0.2200	0.6200
每股净资产(元)	4.6687	4.4532	3.8488	3.6200
每股经营现金净流量(元)	–0.0467	–0.3025	–0.9121	0.7657
每股现金流量(元)	0.1423	–0.0131	–0.1054	–0.0062
每股资本公积金(元)	1.1887	1.1887	1.1887	1.1887
每股盈余公积金(元)	0.3267	0.3267	0.2439	0.2439
每股未分配利润(元)	2.1075	1.9073	1.4163	1.1884
净资产收益率(%)	4.2891	18.0034	5.9215	18.1744
加权净资产收益率(%)	5.0700	19.9300	6.7500	19.4200
净资产收益率(扣除)(%)	–	–	–	–
总资产(万元)	191052.77	169055.71	160364.73	144867.23
归属母公司股东权益(万元)	65362.11	62344.55	53883.70	50692.99
主营业务收入(万元)	80599.19	166626.74	72800.72	141283.85
营业收入(万元)	80599.19	166627.04	72800.72	141369.48
主营成本(万元)	39856.05	76782.62	37307.42	77582.67
营业成本(万元)	39856.05	76782.62	37307.42	77638.38
投资收益(万元)	–	–605.80	–264.30	–
净利润(万元)	2803.45	11224.13	3190.71	9213.14
利润总额(万元)	4000.35	15268.10	4391.22	12214.47

北京金自天正智能控制股份有限公司

公司概况

公司名称	北京金自天正智能控制股份有限公司			证券简称	金自天正
法人代表	张剑武	董秘	胡邦周	证券代码	600560
公司网址	www.aritime.com		电子信箱	hubangzhou@163.com	
电　　话	010-56982304		传　　真	010-63713257	
办公地址	北京市丰台区科学城富丰路 6 号				
经营范围	自动化系统的技术开发、技术转让、技术咨询、技术培训、技术服务				

主要财务指标

指标\报告期	2013.06.30	2012.12.31	2012.06.30	2011.12.31
基本每股收益(元)	0.1600	0.3528	0.1800	0.3200
基本每股收益(扣除)(元)	0.1600	0.3699	0.1800	0.3100
每股净资产(元)	3.0262	2.9728	2.8000	3.9900
每股经营现金净流量(元)	0.5566	0.8038	0.3198	–0.0106
每股现金流量(元)	–0.0294	0.6863	0.3014	–0.2103
每股资本公积金(元)	0.9274	0.9269	0.9270	1.6893
每股盈余公积金(元)	0.2139	0.2139	0.1869	0.2803
每股未分配利润(元)	0.8850	0.8320	0.6883	1.0194
净资产收益率(%)	5.3848	11.8666	6.4948	11.9030
加权净资产收益率(%)	5.3700	12.5400	6.6300	12.5600
净资产收益率(扣除)(%)	–	–	–	–
总资产(万元)	190490.24	217144.59	199345.10	210631.64
归属母公司股东权益(万元)	67680.45	66485.59	62667.94	59474.64
主营业务收入(万元)	59780.66	127229.74	73215.30	114571.36
营业收入(万元)	60010.24	127538.32	73274.97	114871.66
主营成本(万元)	50034.56	107306.44	62842.55	94214.08
营业成本(万元)	50075.61	107386.66	62882.07	94296.28
投资收益(万元)	65.69	92.95	92.95	24.85
净利润(万元)	3839.35	8206.64	4239.81	7431.14
利润总额(万元)	4447.21	9665.74	5281.17	8470.71

江西长运股份有限公司

公司概况

公司名称	江西长运股份有限公司			证券简称	江西长运
法人代表	葛黎明	董秘	黄笑	证券代码	600561
公司网址	www.jxcy.com.cn		电子信箱	dongsihui@jxcy.com.cn	
电　　话	0791-6298107		传　　真	0791-86217722	
办公地址	江西省南昌市广场南路 118 号				
经营范围	公路旅客运输、旅游服务、汽车租赁等				

主要财务指标

指标\报告期	2013.06.30	2012.12.31	2012.06.30	2011.12.31
基本每股收益(元)	0.4100	0.6900	0.3700	0.6800
基本每股收益(扣除)(元)	0.3200	0.4900	0.2800	0.4600
每股净资产(元)	5.8096	4.5157	4.2730	4.1100
每股经营现金净流量(元)	0.8957	1.5601	1.0553	1.9047
每股现金流量(元)	1.4890	0.1698	0.1113	0.4902
每股资本公积金(元)	2.0398	0.4509	0.5186	0.5586
每股盈余公积金(元)	0.4827	0.6161	0.5477	0.5477
每股未分配利润(元)	2.2430	2.4133	2.1648	1.9729
净资产收益率(%)	6.0656	15.2526	8.7039	16.4420
加权净资产收益率(%)	8.1000	15.8300	8.7700	17.7800
净资产收益率(扣除)(%)	–	–	–	–
总资产(万元)	407240.33	353394.64	320911.05	299914.29
归属母公司股东权益(万元)	137724.62	83866.60	79352.24	76380.37
主营业务收入(万元)	108781.46	199151.56	102375.52	175392.79
营业收入(万元)	118692.58	216671.02	111075.00	191717.16
主营成本(万元)	87214.94	165979.91	82438.06	142259.47
营业成本(万元)	91779.12	174212.11	86260.33	148919.11
投资收益(万元)	–128.81	467.95	69.75	7.46
净利润(万元)	10116.99	15789.74	8905.46	15277.57
利润总额(万元)	13681.31	21087.22	11436.76	20273.14

国睿科技股份有限公司

公司概况	公司名称	国睿科技股份有限公司			证券简称	国睿科技
	法人代表	周万幸	董秘	王贵夫	证券代码	600562
	公司网址	www.gctc.cn		电子信箱	wanggf@gctc.cn	
	电　话	025-52787053 52787013		传　真	025-52787018	
	办公地址	江苏省南京市江宁经济开发区将军大道 39 号				
	经营范围	通信传输设备,机电一体化设备,工业自动化设备,微波器件等				

	指标\报告期	2013.06.30	2012.12.31	2012.06.30	2011.12.31
主要财务指标	基本每股收益(元)	0.1300	0.1600	0.3600	0.2000
	基本每股收益(扣除)(元)	–0.4000	0.1000	0.0400	0.0600
	每股净资产(元)	5.4309	3.9487	3.8500	3.7900
	每股经营现金净流量(元)	–0.1225	0.2024	0.0650	0.2615
	每股现金流量(元)	0.8305	–0.5899	–0.5311	0.4207
	每股资本公积金(元)	0.8660	2.2698	2.2698	2.2698
	每股盈余公积金(元)	0.2921	0.4465	0.4286	0.4286
	每股未分配利润(元)	3.2728	4.6467	0.1551	0.0867
	净资产收益率(%)	2.4507	4.1410	14.4440	5.2870
	加权净资产收益率(%)	2.0300	4.2300	5.0500	5.4300
	净资产收益率(扣除)(%)	–	–	–	–
	总资产(万元)	107626.27	158134.13	64396.97	65598.63
	归属母公司股东权益(万元)	69804.31	98903.29	32404.13	31829.20
	主营业务收入(万元)	37563.90	27098.17	45578.63	29236.10
	营业收入(万元)	37684.16	27320.08	46093.08	29537.65
	主营成本(万元)	24777.19	16592.53	30184.84	16521.74
	营业成本(万元)	24842.14	16630.42	8852.77	16573.23
	投资收益(万元)	81.19	3202.68	1052.20	174.09
	净利润(万元)	1516.00	1407.61	4740.88	1680.12
	利润总额(万元)	2412.75	1575.20	5764.79	2177.68

厦门法拉电子股份有限公司

公司概况	公司名称	厦门法拉电子股份有限公司			证券简称	法拉电子
	法人代表	曾福生	董秘	许琼玖	证券代码	600563
	公司网址	www.faratronic.com		电子信箱	xuqj@faratronic.com.cn	
	电　话	0592-6208778 6208600		传　真	0592-6208555	
	办公地址	福建省厦门市新园路 99 号				
	经营范围	簿膜电容器、金属化膜及电子变压器的生产及销售				

	指标\报告期	2013.06.30	2012.12.31	2012.06.30	2011.12.31
主要财务指标	基本每股收益(元)	0.5600	1.0800	0.5200	1.2500
	基本每股收益(扣除)(元)	0.5500	1.0400	0.5100	1.2200
	每股净资产(元)	6.4586	6.5019	5.9447	6.0263
	每股经营现金净流量(元)	0.6351	1.4032	0.5630	1.4796
	每股现金流量(元)	–0.1718	0.7195	–0.0180	0.6951
	每股资本公积金(元)	1.1644	1.1644	1.1645	1.1645
	每股盈余公积金(元)	0.6983	0.6983	0.6983	0.6983
	每股未分配利润(元)	3.5958	3.6392	3.0819	3.1635
	净资产收益率(%)	8.6182	16.5444	8.7203	20.6990
	加权净资产收益率(%)	8.3300	17.3100	8.3800	22.3100
	净资产收益率(扣除)(%)	–	–	–	–
	总资产(万元)	168024.04	168961.74	155963.02	157748.87
	归属母公司股东权益(万元)	145317.44	146293.70	133755.52	135591.64
	主营业务收入(万元)	60225.20	120916.86	59442.13	129425.21
	营业收入(万元)	61319.18	123193.61	60430.22	132523.80
	主营成本(万元)	37688.52	78110.65	38764.10	83808.05
	营业成本(万元)	37809.72	78431.88	38852.13	84165.87
	投资收益(万元)	115.95	328.67	136.27	989.03
	净利润(万元)	13160.49	25638.99	12313.32	29488.59
	利润总额(万元)	15485.08	29984.26	14494.67	33128.58

重庆市迪马实业股份有限公司

公司概况	公司名称	重庆市迪马实业股份有限公司			证券简称	迪马股份
	法人代表	向志鹏	董秘	张爱明	证券代码	600565
	公司网址	www.chinadima.com		电子信箱	tongyongxiu@chinadima.com	
	电　话	023-89021876 89021877		传　真	023-89021878	
	办公地址	重庆市南岸区南城大道 199 号正联大厦 21 楼				
	经营范围	生产经营专用汽车、有线电视网络产品				

	指标\报告期	2013.06.30	2012.12.31	2012.06.30	2011.12.31
主要财务指标	基本每股收益(元)	0.0200	0.1600	0.0300	0.1000
	基本每股收益(扣除)(元)	0.0200	0.1600	0.0300	0.0900
	每股净资产(元)	1.7543	1.7486	–	1.5960
	每股经营现金净流量(元)	–0.6944	1.0724	0.1970	0.1155
	每股现金流量(元)	–0.5439	0.2677	0.1011	–0.2523
	每股资本公积金(元)	0.0730	0.0607	0.0613	0.0613
	每股盈余公积金(元)	0.0872	0.0872	0.0816	0.0816
	每股未分配利润(元)	0.5941	0.6006	0.4724	0.4527
	净资产收益率(%)	1.3344	9.3562	1.8418	6.4190
	加权净资产收益率(%)	1.3200	9.7900	1.8500	6.6100
	净资产收益率(扣除)(%)	–	–	–	–
	总资产(万元)	961931.67	910520.78	583288.85	585165.81
	归属母公司股东权益(万元)	126311.44	125900.77	116301.30	114879.21
	主营业务收入(万元)	156659.55	307469.87	133623.72	177550.91
	营业收入(万元)	156873.29	308100.92	133932.48	178946.12
	主营成本(万元)	126474.75	229581.05	100713.11	134296.96
	营业成本(万元)	126613.30	229789.13	100811.91	134744.60
	投资收益(万元)	28.95	508.10	178.47	2543.05
	净利润(万元)	1740.58	19245.27	7186.79	8578.56
	利润总额(万元)	6219.51	29273.47	12614.61	9995.99

湖北洪城通用机械股份有限公司

公司概况	公司名称	湖北洪城通用机械股份有限公司			证券简称	洪城股份
	法人代表	王洪运	董秘	王速建	证券代码	600566
	公司网址	www.hbhc.com.cn		电子信箱	hcweb@vip.163.com	
	电　话	0716-8221198		传　真	0716-8221198	
	办公地址	湖北省荆州市沙市区红门路 3 号				
	经营范围	各类阀门、水工机械及环保设备的生产、销售等				

	指标\报告期	2013.06.30	2012.12.31	2012.06.30	2011.12.31
主要财务指标	基本每股收益(元)	–0.1290	–0.2507	0.0140	0.0573
	基本每股收益(扣除)(元)	–0.1350	–0.2642	0.0140	0.0360
	每股净资产(元)	3.4143	3.5433	3.8080	3.8000
	每股经营现金净流量(元)	0.0162	0.1954	0.0447	0.0030
	每股现金流量(元)	0.1751	–0.0642	–0.0875	–0.0091
	每股资本公积金(元)	1.9153	1.9153	1.9153	1.9153
	每股盈余公积金(元)	0.1432	0.1432	0.1432	0.1432
	每股未分配利润(元)	0.3558	0.4848	0.7495	0.7455
	净资产收益率(%)	–3.7788	–7.0766	0.3670	1.5060
	加权净资产收益率(%)	–3.7100	–6.8300	0.3700	1.5200
	净资产收益率(扣除)(%)	–	–	–	–
	总资产(万元)	101310.25	99287.15	99615.75	96182.07
	归属母公司股东权益(万元)	47185.26	48968.31	52626.71	52571.79
	主营业务收入(万元)	9302.71	13038.19	11003.06	21687.18
	营业收入(万元)	10391.41	16002.07	12220.72	24046.98
	主营成本(万元)	7096.23	10056.92	7678.82	14926.30
	营业成本(万元)	8100.37	12374.83	8615.62	16698.18
	投资收益(万元)	–	0.41	–	–6.42
	净利润(万元)	–1783.71	–3464.30	193.43	793.57
	利润总额(万元)	–1783.71	–3510.82	230.05	827.96

安徽山鹰纸业股份有限公司

公司概况

公司名称	安徽山鹰纸业股份有限公司			证券简称	山鹰纸业
法人代表	吴明武	董秘	孙红莉	证券代码	600567
公司网址	www.shanyingpaper.com		电子信箱	stock@shanyingpaper.com	
电　　话	0555-2826275		传　　真	0555-2826369	
办公地址	安徽省马鞍山市勤俭路3号				
经营范围	纸、纸板、纸箱的制造、公司生产产品出口及公司生产、科研所需的原辅材料、机械设备等				

主要财务指标

指标\报告期	2013.06.30	2012.12.31	2012.06.30	2011.12.31
基本每股收益(元)	0.0010	-0.0180	0.0200	0.0250
基本每股收益(扣除)(元)	-0.0042	-0.0320	0.0034	-0.0080
每股净资产(元)	1.8574	1.8564	1.8900	3.9400
每股经营现金净流量(元)	-0.0728	0.0031	0.0334	-0.2729
每股现金流量(元)	-0.0386	0.1827	0.1931	0.7324
每股资本公积金(元)	0.5530	0.5530	0.5530	2.2613
每股盈余公积金(元)	0.0515	0.0515	0.0515	0.1081
每股未分配利润(元)	0.2529	0.2519	0.2809	0.5660
净资产收益率(%)	0.0540	-0.9504	0.6010	1.2190
加权净资产收益率(%)	0.0500	-0.9500	0.5500	0.0100
净资产收益率(扣除)(%)	-	-	-	-
总资产(万元)	843146.39	783089.58	773837.53	675112.56
归属母公司股东权益(万元)	294582.82	294423.66	299018.92	297221.83
主营业务收入(万元)	194131.76	410956.49	199587.41	396518.13
营业收入(万元)	195446.27	414344.70	201215.03	398375.44
主营成本(万元)	168251.90	359641.72	175465.80	351112.52
营业成本(万元)	169019.67	363089.16	176641.81	352612.74
投资收益(万元)	362.57	1311.39	112.88	-39.68
净利润(万元)	176.99	-2687.01	1760.21	3814.51
利润总额(万元)	628.42	-2286.02	2029.89	5097.15

中珠控股股份有限公司

公司概况

公司名称	中珠控股股份有限公司			证券简称	中珠控股
法人代表	叶继革	董秘	陈小峥	证券代码	600568
公司网址	www.zzkg600568.com		电子信箱	zzkg_stock@126.com	
电　　话	027-59409632		传　　真	027-59409631	
办公地址	湖北省潜江市章华南路特1号				
经营范围	房地产开发、物业管理、实业投资、基础建设投资、投资管理				

主要财务指标

指标\报告期	2013.06.30	2012.12.31	2012.06.30	2011.12.31
基本每股收益(元)	0.1233	0.1645	0.0983	0.4998
基本每股收益(扣除)(元	0.1236	0.0869	0.0436	0.5043
每股净资产(元)	2.7665	2.6432	5.6945	5.4800
每股经营现金净流量(元)	0.1649	-0.1322	-0.2580	-0.4493
每股现金流量(元)	0.3058	0.1911	0.3631	-0.9163
每股资本公积金(元)	0.4553	0.4553	2.0017	2.0017
每股盈余公积金(元)	0.1267	0.1267	0.2077	0.2077
每股未分配利润(元)	1.1844	1.0611	2.4851	2.2687
净资产收益率(%)	4.4572	6.2217	3.7995	20.0740
加权净资产收益率(%)	4.5600	6.3900	3.8700	22.3100
净资产收益率(扣除)(%)	-	-	-	-
总资产(万元)	238368.84	225368.08	218405.82	209575.38
归属母公司股东权益(万元)	101315.41	96799.53	94794.85	91193.09
主营业务收入(万元)	61644.67	62767.23	31261.59	46391.79
营业收入(万元)	61644.67	62788.93	31261.59	46414.89
主营成本(万元)	52451.47	53111.89	23754.90	38986.17
营业成本(万元)	52451.47	53126.77	23754.90	39008.59
投资收益(万元)	2859.38	9795.09	2535.95	21183.12
净利润(万元)	4461.44	5973.26	3562.97	18185.02
利润总额(万元)	5518.28	7532.03	5050.00	18322.19

安阳钢铁股份有限公司

公司概况

公司名称	安阳钢铁股份有限公司			证券简称	安阳钢铁
法人代表	王子亮	董秘	张宪胜	证券代码	600569
公司网址	www.aysteel.com.cn		电子信箱	zqb@aysteel.com.cn	
电　　话	0372-3120175		传　　真	0372-3120181	
办公地址	河南省安阳市殷都区梅元庄				
经营范围	钢铁及钢铁延伸产品的生产和销售				

主要财务指标

指标\报告期	2013.06.30	2012.12.31	2012.06.30	2011.12.31
基本每股收益(元)	-0.2500	-1.4610	-0.6050	0.0160
基本每股收益(扣除)(元)	-0.2450	-1.4710	-0.6080	-0.0030
每股净资产(元)	2.7448	2.9697	3.8055	4.4100
每股经营现金净流量(元)	0.0502	0.6714	0.2103	1.8376
每股现金流量(元)	-0.5777	0.0818	-0.0800	0.3872
每股资本公积金(元)	1.4358	1.4191	1.4191	1.4191
每股盈余公积金(元)	0.7198	0.7198	0.7198	0.7198
每股未分配利润(元)	-0.4411	-0.1907	0.6654	1.2706
净资产收益率(%)	-9.1201	-49.2060	-15.9031	0.3586
加权净资产收益率(%)	-8.7600	-39.6000	-14.7300	0.3600
净资产收益率(扣除)(%)	-	-	-	-
总资产(万元)	3370768.09	3220858.28	3203262.10	3295014.66
归属母公司股东权益(万元)	657011.40	710854.55	910908.93	1055771.95
主营业务收入(万元)	1199313.43	2051353.73	1097640.56	2909721.84
营业收入(万元)	1212050.03	2095098.95	1122097.88	2976813.67
主营成本(万元)	1178523.04	2222252.98	1157951.18	2718973.05
营业成本(万元)	1192294.17	2268999.09	1182853.95	2781065.09
投资收益(万元)	-	46.45	20.96	177.53
净利润(万元)	-60653.97	-350129.05	-145097.85	3436.44
利润总额(万元)	-60881.93	-349631.30	-145191.26	37310.95

恒生电子股份有限公司

公司概况

公司名称	恒生电子股份有限公司			证券简称	恒生电子
法人代表	彭政纲	董秘	童晨晖	证券代码	600570
公司网址	www.hundsun.com		电子信箱	investor@hundsun.com	
电　　话	0571-28829702		传　　真	0571-28829703	
办公地址	浙江省杭州市滨江区江南大道3588号恒生大厦				
经营范围	计算机软件的技术开发、咨询、服务、成果转让、计算机系统集成等				

主要财务指标

指标\报告期	2013.06.30	2012.12.31	2012.06.30	2011.12.31
基本每股收益(元)	0.1300	0.3200	0.0900	0.4100
基本每股收益(扣除)(元	0.0900	0.2300	0.0800	0.3500
每股净资产(元)	2.2599	2.1424	1.9400	1.9500
每股经营现金净流量(元)	-0.2054	0.5436	-0.2205	0.3144
每股现金流量(元)	0.0653	-0.2733	-0.4630	0.2160
每股资本公积金(元)	0.1069	0.0273	0.0539	0.0785
每股盈余公积金(元)	0.2268	0.2246	0.1918	0.1918
每股未分配利润(元)	0.9273	0.8907	0.6961	0.6831
净资产收益率(%)	5.7086	14.9531	4.7885	20.8880
加权净资产收益率(%)	5.7300	15.6700	4.6800	23.0400
净资产收益率(扣除)(%)	-	-	-	-
总资产(万元)	171003.40	184796.56	152365.75	174677.84
归属母公司股东权益(万元)	139617.17	133631.05	121069.21	121798.58
主营业务收入(万元)	41868.63	100213.75	35649.61	104459.61
营业收入(万元)	42128.33	100609.15	35789.11	104819.34
主营成本(万元)	9199.48	21012.45	5865.17	21338.32
营业成本(万元)	9226.13	21067.77	5892.37	21370.06
投资收益(万元)	1362.47	8069.16	1882.57	3473.21
净利润(万元)	7813.91	21224.96	5803.32	26201.00
利润总额(万元)	8977.78	22121.32	6809.50	28584.54

信雅达系统工程股份有限公司

公司概况	公司名称	信雅达系统工程股份有限公司			证券简称	信 雅 达
	法人代表	郭华强	董秘	叶晖	证券代码	600571
	公司网址	www.sunyard.com		电子信箱		mail@sunyard.com
	电　话	0571-56686627		传　真		0571-56686777
	办公地址	浙江省杭州市滨江区江南大道 3888 号				
	经营范围	电子文档影像、电子商务和信息安全等软件产品的生产、销售，提供系统集成等				

主要财务指标	指标\报告期	2013.06.30	2012.12.31	2012.06.30	2011.12.31
	基本每股收益(元)	0.1510	0.3500	0.1090	0.2700
	基本每股收益(扣除)(元)	0.1380	0.2200	0.0680	0.2500
	每股净资产(元)	2.8227	2.6680	2.4170	2.3400
	每股经营现金净流量(元)	–0.9008	0.5075	–0.6368	0.6883
	每股现金流量(元)	–0.2878	–0.2055	–0.4071	0.4519
	每股资本公积金(元)	0.6186	0.6161	0.6026	0.5846
	每股盈余公积金(元)	0.1662	0.1661	0.1365	0.1365
	每股未分配利润(元)	1.0378	0.8858	0.6782	0.6195
	净资产收益率(%)	5.3585	12.9667	4.5005	11.1555
	加权净资产收益率(%)	5.2100	13.8100	4.5260	13.0300
	净资产收益率(扣除)(%)	–	–	–	–
	总资产(万元)	91193.55	90540.91	85478.20	78751.87
	归属母公司股东权益(万元)	57211.87	54124.60	49042.86	47480.29
	主营业务收入(万元)	29687.54	70364.66	23424.42	66916.69
	营业收入(万元)	30224.50	71236.32	23876.51	67894.76
	主营成本(万元)	12749.65	33297.24	9316.03	33776.32
	营业成本(万元)	13025.22	33683.95	9432.21	34159.43
	投资收益(万元)	–30.28	–188.98	–136.79	72.68
	净利润(万元)	2633.18	7103.78	1655.39	4932.14
	利润总额(万元)	2923.65	7369.22	1726.31	5542.56

浙江康恩贝制药股份有限公司

公司概况	公司名称	浙江康恩贝制药股份有限公司			证券简称	康 恩 贝
	法人代表	胡季强	董秘	杨俊德	证券代码	600572
	公司网址	www.conba.com.cn		电子信箱		yangjd@conbagroup.com
	电　话	0571-87774710 87774828		传　真		0571-87774709
	办公地址	浙江省杭州市高新技术开发区滨江科技经济园滨康路 568 号				
	经营范围	化学原料药、化学药剂、中成药、非酒精饮料、营养食品、蜂产品、卫生材料及敷料的制造、销售等				

主要财务指标	指标\报告期	2013.06.30	2012.12.31	2012.06.30	2011.12.31
	基本每股收益(元)	0.2500	0.4203	0.2000	0.4170
	基本每股收益(扣除)(元)	0.1700	0.3100	0.1600	0.2700
	每股净资产(元)	2.6677	2.6859	2.0408	2.0882
	每股经营现金净流量(元)	0.2307	0.3036	0.1606	0.3348
	每股现金流量(元)	–0.8310	1.0102	–0.1540	0.0486
	每股资本公积金(元)	0.7125	0.8657	0.0903	0.1695
	每股盈余公积金(元)	0.1570	0.1406	0.1831	0.1605
	每股未分配利润(元)	0.7982	0.6796	0.7674	0.7582
	净资产收益率(%)	9.5581	13.5991	8.9191	19.9775
	加权净资产收益率(%)	9.2700	19.1000	9.1400	17.7500
	净资产收益率(扣除)(%)	–	–	–	–
	总资产(万元)	420810.45	453868.99	306218.60	312139.67
	归属母公司股东权益(万元)	215973.10	217451.29	143588.26	146925.87
	主营业务收入(万元)	137915.81	267575.69	131032.59	222858.75
	营业收入(万元)	139112.13	273369.12	131830.90	225994.13
	主营成本(万元)	43417.83	87334.52	43345.10	78779.75
	营业成本(万元)	44378.02	91127.99	43950.38	79891.87
	投资收益(万元)	4169.39	7281.44	1279.96	9072.85
	净利润(万元)	22426.35	34280.44	16297.54	32755.38
	利润总额(万元)	27181.14	41020.78	19234.93	37541.49

福建省燕京惠泉啤酒股份有限公司

公司概况	公司名称	福建省燕京惠泉啤酒股份有限公司			证券简称	惠泉啤酒
	法人代表	李秉骥	董秘	何泽平	证券代码	600573
	公司网址	www.huiquan-beer.com		电子信箱		hqbeer@hqbeer.com
	电　话	0595-87396105		传　真		0595-87384369
	办公地址	福建省泉州市惠安县螺城镇建设大街 157 号				
	经营范围	生产啤酒、对外贸易				

主要财务指标	指标\报告期	2013.06.30	2012.12.31	2012.06.30	2011.12.31
	基本每股收益(元)	–0.0200	–0.2900	–0.1000	0.1300
	基本每股收益(扣除)(元)	–0.0300	–0.3100	–0.1100	0.0800
	每股净资产(元)	4.1543	4.1800	4.3670	4.5136
	每股经营现金净流量(元)	0.3829	–0.0333	0.1756	0.0811
	每股现金流量(元)	–0.1207	–0.1279	–0.2567	–0.1921
	每股资本公积金(元)	2.0243	2.0243	2.0249	2.0249
	每股盈余公积金(元)	0.4870	0.4870	0.4877	0.4870
	每股未分配利润(元)	0.6430	0.6650	0.8548	1.0017
	净资产收益率(%)	–0.5297	–6.8661	–2.3511	2.8218
	加权净资产收益率(%)	–0.5300	–6.6000	–2.2900	2.8400
	净资产收益率(扣除)(%)	–	–	–	–
	总资产(万元)	117253.29	113332.53	126494.81	124640.15
	归属母公司股东权益(万元)	103856.41	104406.54	109183.41	112841.10
	主营业务收入(万元)	37331.02	68474.19	38639.57	86757.09
	营业收入(万元)	37979.92	69059.45	38871.98	88038.36
	主营成本(万元)	26199.24	52539.46	29169.40	57344.28
	营业成本(万元)	26671.32	52904.66	29351.83	58104.73
	投资收益(万元)	146.01	432.52	159.52	674.93
	净利润(万元)	–613.31	–7543.61	–2742.57	3090.75
	利润总额(万元)	–415.34	–7254.77	–2523.81	4421.75

芜湖港储运股份有限公司

公司概况	公司名称	芜湖港储运股份有限公司			证券简称	芜 湖 港
	法人代表	孔祥喜	董秘	牛占奎	证券代码	600575
	公司网址	www.wuhuport.com		电子信箱		niu_zhan_kui@163.com
	电　话	0553-5840528 5840085		传　真		0553-5840085 5840510
	办公地址	安徽省芜湖市长江中路港一路 16 号				
	经营范围	煤炭、外贸集装箱、散货、件杂货等货类的装卸中转				

主要财务指标	指标\报告期	2013.06.30	2012.12.31	2012.06.30	2011.12.31
	基本每股收益(元)	0.0500	0.3300	0.0900	0.3100
	基本每股收益(扣除)(元)	0.0500	0.3500	0.0900	0.3100
	每股净资产(元)	1.9196	3.7783	3.7126	2.8946
	每股经营现金净流量(元)	0.2131	–2.5631	–1.6411	1.5541
	每股现金流量(元)	0.1067	0.6178	0.5701	1.6539
	每股资本公积金(元)	0.6658	2.1317	2.1635	1.4528
	每股盈余公积金(元)	0.0163	0.0326	0.0269	0.0313
	每股未分配利润(元)	0.2334	0.6102	0.5149	0.4068
	净资产收益率(%)	2.7748	8.3668	4.1495	10.7028
	加权净资产收益率(%)	2.7900	9.5500	5.6000	11.3100
	净资产收益率(扣除)(%)	–	–	–	–
	总资产(万元)	2421114.59	2193822.27	1932902.49	1709290.89
	归属母公司股东权益(万元)	467468.82	460062.83	452058.33	303006.39
	主营业务收入(万元)	1478832.34	3236266.09	1544508.52	3003607.55
	营业收入(万元)	1479214.87	3239070.68	1545607.73	3005540.93
	主营成本(万元)	1413809.90	3093510.01	1482205.52	2875210.62
	营业成本(万元)	1414468.16	3095236.83	1483028.68	2876318.35
	投资收益(万元)	18.22	242.13	195.87	560.17
	净利润(万元)	13041.68	38575.82	18758.31	32430.14
	利润总额(万元)	18919.07	49808.11	26272.57	46210.97

浙江万好万家实业股份有限公司

公司概况	公司名称	浙江万好万家实业股份有限公司			证券简称	万好万家
	法人代表	孔德永	董秘	詹纯伟	证券代码	600576
	公司网址	www.cnwhwh.cn		电子信箱	whwj600576@126.com	
	电　　话	0571-85866518		传　　真	0571-85866566	
	办公地址	浙江省杭州市密渡桥路 1 号白马大厦 12 楼				
	经营范围	房地产投资、酒店投资管理				

主要财务指标	指标\报告期	2013.06.30	2012.12.31	2012.06.30	2011.12.31
	基本每股收益(元)	-0.1130	-0.3000	-0.0920	0.0900
	基本每股收益(扣除)(元)	-0.0890	-0.2000	-0.0230	0.1600
	每股净资产(元)	2.1486	2.2613	2.4700	2.5600
	每股经营现金净流量(元)	-0.5789	-0.2407	-0.1246	0.3837
	每股现金流量(元)	-0.2544	-0.3652	0.1230	0.2764
	每股资本公积金(元)	1.3991	1.3991	1.3991	1.3991
	每股盈余公积金(元)	0.2105	0.2105	0.1269	0.1269
	每股未分配利润(元)	-0.4748	-0.3619	-0.0587	0.0334
	净资产收益率(%)	-5.2565	-13.1185	-3.7341	3.4836
	加权净资产收益率(%)	-5.1200	-12.3400	-3.7300	3.5500
	净资产收益率(扣除)(%)	-	-	-	-
	总资产(万元)	80151.71	89739.99	78888.00	95857.60
	归属母公司股东权益(万元)	46859.82	49317.74	53809.02	55818.32
	主营业务收入(万元)	84.95	2060.22	-	24321.90
	营业收入(万元)	84.95	2060.22	-	24321.90
	主营成本(万元)	527.13	2043.79	-	4030.13
	营业成本(万元)	527.13	2043.79	639.43	4030.13
	投资收益(万元)	95.92	-5957.62	55.41	2627.75
	净利润(万元)	-2777.41	-6561.83	-2010.96	1889.86
	利润总额(万元)	-2858.63	-5105.38	-2140.07	2084.08

铜陵精达特种电磁线股份有限公司

公司概况	公司名称	铜陵精达特种电磁线股份有限公司			证券简称	精达股份
	法人代表	王世根	董秘	胡孔友	证券代码	600577
	公司网址	www.jingda.cn		电子信箱	zqb@jingda.cn	
	电　　话	0562-2809086		传　　真	0562-2809086	
	办公地址	安徽省铜陵市经济技术开发区黄山大道北段 988 号				
	经营范围	漆包电磁线制造和销售				

主要财务指标	指标\报告期	2013.06.30	2012.12.31	2012.06.30	2011.12.31
	基本每股收益(元)	0.1110	0.1600	0.1080	0.1700
	基本每股收益(扣除)(元)	0.1030	0.1000	0.0710	0.1500
	每股净资产(元)	2.1921	2.1827	2.1900	4.2600
	每股经营现金净流量(元)	0.4406	1.1238	0.3718	-2.3031
	每股现金流量(元)	0.0124	-0.5491	-0.3211	1.0013
	每股资本公积金(元)	0.3177	0.3177	0.3731	1.7462
	每股盈余公积金(元)	0.0743	0.0743	0.0578	0.1156
	每股未分配利润(元)	0.8804	0.7907	0.7596	1.4028
	净资产收益率(%)	4.9933	7.3427	4.9386	7.0650
	加权净资产收益率(%)	5.0300	7.4500	4.9900	9.0700
	净资产收益率(扣除)(%)	-	-	-	-
	总资产(万元)	440727.40	417873.34	447729.10	478519.55
	归属母公司股东权益(万元)	158077.49	157403.01	157963.06	153767.57
	主营业务收入(万元)	455240.96	817818.41	421760.68	939971.77
	营业收入(万元)	460453.39	824843.57	431708.36	960394.37
	主营成本(万元)	414075.19	749216.42	385630.33	872591.02
	营业成本(万元)	419187.52	756013.41	395281.51	893378.12
	投资收益(万元)	-32.87	966.19	897.90	-172.94
	净利润(万元)	8828.46	12702.70	8613.11	13869.76
	利润总额(万元)	11287.28	16675.00	10456.10	18765.73

北京京能热电股份有限公司

公司概况	公司名称	北京京能热电股份有限公司			证券简称	京能热电
	法人代表	陆海军	董秘	樊俊杰	证券代码	600578
	公司网址	www.jnrd.com.cn		电子信箱	jnrd@263.net	
	电　　话	010-65666995		传　　真	010-85218610	
	办公地址	北京市朝阳区永安东里 16 号 CBD 国际大厦 A 区 22 层				
	经营范围	电力、热力产品的生产、销售				

主要财务指标	指标\报告期	2013.06.30	2012.12.31	2012.06.30	2011.12.31
	基本每股收益(元)	0.5500	0.8300	0.3800	0.5300
	基本每股收益(扣除)(元)	0.5400	0.3300	0.3200	0.1500
	每股净资产(元)	5.3385	4.4645	3.9600	9.8363
	每股经营现金净流量(元)	0.9970	1.6079	1.8145	1.8683
	每股现金流量(元)	0.2064	-0.7644	-2.0334	1.7987
	每股资本公积金(元)	2.4732	1.8559	1.7372	6.4585
	每股盈余公积金(元)	0.3248	0.3850	0.7208	0.7449
	每股未分配利润(元)	1.5405	1.2236	0.4970	1.6330
	净资产收益率(%)	9.5230	18.5743	7.7693	13.3979
	加权净资产收益率(%)	11.1700	19.9300	9.2800	14.2400
	净资产收益率(扣除)(%)	-	-	-	-
	总资产(万元)	2899423.39	2860174.92	873242.01	3076342.66
	归属母公司股东权益(万元)	1232472.19	869402.67	311348.06	774340.31
	主营业务收入(万元)	512038.03	1004487.57	495159.66	853486.90
	营业收入(万元)	512850.66	1008158.29	495648.25	855204.03
	主营成本(万元)	346851.23	738262.63	372847.20	646120.84
	营业成本(万元)	346893.56	739048.85	372905.39	646759.25
	投资收益(万元)	63176.87	100470.85	46894.73	58834.12
	净利润(万元)	152273.65	207816.36	91625.18	136684.72
	利润总额(万元)	170105.85	230547.23	99864.86	164791.92

青岛黄海橡胶股份有限公司

公司概况	公司名称	青岛黄海橡胶股份有限公司			证券简称	*ST 黄海
	法人代表	孙振华	董秘	孙荣青	证券代码	600579
	公司网址	www.yellowsearubber.com		电子信箱	qd_yellowsearubber@163.com	
	电　　话	0532-68016139 68016068		传　　真	0532-68016056	
	办公地址	山东省青岛市城阳区棘洪滩金岭工业园 3 号				
	经营范围	橡胶轮胎制造、销售等				

主要财务指标	指标\报告期	2013.06.30	2012.12.31	2012.06.30	2011.12.31
	基本每股收益(元)	-0.2500	0.0400	-0.3100	-1.2500
	基本每股收益(扣除)(元)	-0.2500	-1.3200	-0.3026	-1.2200
	每股净资产(元)	-1.5717	-1.3176	-1.6716	-1.3602
	每股经营现金净流量(元)	0.1717	0.8226	-0.1579	0.1531
	每股现金流量(元)	-0.9918	0.7918	-0.1016	0.1597
	每股资本公积金(元)	1.2918	1.2918	1.2879	1.2879
	每股盈余公积金(元)	0.0994	0.0994	0.0994	0.0994
	每股未分配利润(元)	-3.9628	-3.7088	-4.0589	-3.7475
	净资产收益率(%)	16.1638	-2.9364	-18.6315	-91.8508
	加权净资产收益率(%)	-	-	-	-
	净资产收益率(扣除)(%)	-	-	-	-
	总资产(万元)	81015.66	110972.33	125682.51	119106.82
	归属母公司股东权益(万元)	-40171.80	-33678.50	-42725.96	-34765.45
	主营业务收入(万元)	20904.96	42406.58	25171.48	142485.24
	营业收入(万元)	21445.69	43677.94	25663.23	144418.25
	主营成本(万元)	21145.76	45089.69	24669.78	150247.69
	营业成本(万元)	21673.44	46293.41	25277.67	152136.94
	投资收益(万元)	-	-	-	-190.58
	净利润(万元)	-6493.29	988.95	-7960.51	-31932.36
	利润总额(万元)	-6493.29	988.95	-7960.51	-31932.34

卧龙电气集团股份有限公司

公司概况						
公司概况	公司名称	卧龙电气集团股份有限公司			证券简称	卧龙电气
	法人代表	王建乔	董秘	王海龙	证券代码	600580
	公司网址	www.wolong.com.cn		电子信箱	dingjiafeng@wolong.com	
	电　话	0575-82176628 82176629		传　真	0575-82176636	
	办公地址	浙江省上虞市人民西路 1801 号				
	经营范围	设计、生产、销售各种微分电机及其电子控制装置和电动车等产品				

主要财务指标	指标\报告期	2013.06.30	2012.12.31	2012.06.30	2011.12.31
	基本每股收益(元)	0.1296	0.1709	0.0532	0.1615
	基本每股收益(扣除)(元)	0.0633	0.0754	0.0480	0.0837
	每股净资产(元)	3.7856	3.7119	3.5900	3.6100
	每股经营现金净流量(元)	0.0303	0.3987	0.0746	-0.1494
	每股现金流量(元)	-0.1512	-0.0701	-0.3435	-0.4121
	每股资本公积金(元)	1.3855	1.3863	1.3859	1.4062
	每股盈余公积金(元)	0.1700	0.1700	0.1548	0.1548
	每股未分配利润(元)	1.2331	1.1585	1.0559	1.0528
	净资产收益率(%)	3.4247	4.6033	1.4792	4.4690
	加权净资产收益率(%)	3.4500	4.6800	1.4700	4.5500
	净资产收益率(扣除)(%)	-	-	-	-
	总资产(万元)	508761.50	477330.66	473167.84	482493.15
	归属母公司股东权益(万元)	260344.00	255278.17	247211.34	248389.15
	主营业务收入(万元)	135343.96	242675.13	121956.02	304350.66
	营业收入(万元)	139797.36	250720.46	125482.44	314622.33
	主营成本(万元)	109764.24	196811.79	100390.07	262993.80
	营业成本(万元)	112949.40	202560.98	103039.90	269756.65
	投资收益(万元)	1584.77	1758.67	1507.66	3188.79
	净利润(万元)	10215.53	13563.86	4442.47	13030.32
	利润总额(万元)	11811.93	15129.41	4712.05	13737.38

新疆八一钢铁股份有限公司

公司概况						
公司概况	公司名称	新疆八一钢铁股份有限公司			证券简称	八一钢铁
	法人代表	沈东新	董秘	董新风	证券代码	600581
	公司网址	www.bygt.com.cn		电子信箱	chenht1@bygt.com.cn	
	电　话	0991-3890166 3881187		传　真	0991-3890266	
	办公地址	新疆维吾尔自治区乌鲁木齐市头屯河区新钢路				
	经营范围	钢铁冶炼、轧制、加工及其延压产品的生产和销售				

主要财务指标	指标\报告期	2013.06.30	2012.12.31	2012.06.30	2011.12.31
	基本每股收益(元)	0.0800	0.2000	0.1900	0.6300
	基本每股收益(扣除)(元)	0.0700	0.1400	0.1400	0.6300
	每股净资产(元)	4.8020	5.1900	4.8300	4.7900
	每股经营现金净流量(元)	1.2467	0.2975	0.0551	1.2095
	每股现金流量(元)	-0.1591	0.0392	-0.1828	-0.0755
	每股资本公积金(元)	1.3633	1.1150	1.1150	1.1150
	每股盈余公积金(元)	0.9628	0.9628	0.9226	0.9226
	每股未分配利润(元)	1.4654	1.4568	1.7962	1.7480
	净资产收益率(%)	1.6373	3.8803	5.1351	13.1290
	加权净资产收益率(%)	1.5700	4.2200	3.5100	13.7700
	净资产收益率(扣除)(%)	-	-	-	-
	总资产(万元)	2112815.16	2088131.69	1402394.26	1301653.92
	归属母公司股东权益(万元)	368050.49	397591.87	370484.45	366788.67
	主营业务收入(万元)	1188991.95	2631715.43	1400384.24	2770671.51
	营业收入(万元)	1202546.96	2658624.37	1414606.82	2795119.70
	主营成本(万元)	1087311.84	2444591.02	1306438.27	2539169.81
	营业成本(万元)	1100567.91	2471590.46	1320218.94	2563587.75
	投资收益(万元)	-	-	-	-
	净利润(万元)	6026.25	15427.83	14573.46	48155.51
	利润总额(万元)	9636.76	19187.04	18897.15	50881.78

天地科技股份有限公司

公司概况						
公司概况	公司名称	天地科技股份有限公司			证券简称	天地科技
	法人代表	王金华	董秘	范建	证券代码	600582
	公司网址	www.tdtec.com		电子信箱	fanjian@tdtec.com	
	电　话	010-84262803 84262852		传　真	010-84262838	
	办公地址	北京市朝阳区和平街青年沟路 5 号				
	经营范围	电子产品、环保设备、矿山机电产品的生产与销售等				

主要财务指标	指标\报告期	2013.06.30	2012.12.31	2012.06.30	2011.12.31
	基本每股收益(元)	0.2680	0.9350	0.3950	0.7510
	基本每股收益(扣除)(元)	0.2310	0.8650	0.3860	0.6960
	每股净资产(元)	4.4123	4.2527	4.4400	4.0874
	每股经营现金净流量(元)	-0.2871	0.5892	0.0252	0.9269
	每股现金流量(元)	-0.5833	0.1157	-0.3691	0.3397
	每股资本公积金(元)	0.0591	0.0528	0.0556	0.0374
	每股盈余公积金(元)	0.1685	0.1685	0.1585	0.1585
	每股未分配利润(元)	3.1272	2.9795	3.1708	2.8474
	净资产收益率(%)	6.0669	21.9821	10.6648	22.0480
	加权净资产收益率(%)	6.0900	24.4100	10.9500	24.5300
	净资产收益率(扣除)(%)	-	-	-	-
	总资产(万元)	1773405.40	1749781.64	1612222.00	1396605.12
	归属母公司股东权益(万元)	535615.19	516245.84	449105.63	413482.31
	主营业务收入(万元)	533001.89	1425218.95	630457.33	1175026.17
	营业收入(万元)	541162.53	1453487.13	642298.72	1200855.51
	主营成本(万元)	393124.30	1012239.10	442015.78	796277.41
	营业成本(万元)	400173.07	1036170.26	452766.79	819208.35
	投资收益(万元)	-183.08	28.47	-173.58	2.85
	净利润(万元)	41498.77	178880.05	84106.31	163190.26
	利润总额(万元)	49017.51	219616.16	103493.21	202035.89

海洋石油工程股份有限公司

公司概况						
公司概况	公司名称	海洋石油工程股份有限公司			证券简称	海油工程
	法人代表	周学仲	董秘	刘连举	证券代码	600583
	公司网址	www.cnoocengineering.com		电子信箱	zqblx@mail.cooec.com.cn	
	电　话	022-59898808 59898033		传　真	022-59898800	
	办公地址	天津港保税区海滨十五路 199 号				
	经营范围	海洋、陆地油气开发工程及配套工程的设计、建造、安装等				

主要财务指标	指标\报告期	2013.06.30	2012.12.31	2012.06.30	2011.12.31
	基本每股收益(元)	0.2100	0.2200	0.0600	0.0500
	基本每股收益(扣除)(元)	0.1800	0.1900	0.0500	0.0400
	每股净资产(元)	2.8276	2.6332	2.4600	2.4300
	每股经营现金净流量(元)	0.3283	0.4626	0.1551	0.7033
	每股现金流量(元)	0.1065	-0.0503	-0.1239	0.1212
	每股资本公积金(元)	0.3680	0.3768	0.3857	0.3857
	每股盈余公积金(元)	0.1575	0.1575	0.1538	0.1538
	每股未分配利润(元)	1.2396	1.0588	0.9022	0.8795
	净资产收益率(%)	7.4526	8.2800	2.3496	1.9170
	加权净资产收益率(%)	7.6900	8.6000	2.3600	1.9800
	净资产收益率(扣除)(%)	-	-	-	-
	总资产(万元)	2215837.00	2036751.27	1858161.84	1878589.92
	归属母公司股东权益(万元)	1099760.91	1024151.72	955517.40	944233.28
	主营业务收入(万元)	733522.70	1237087.97	418293.52	737792.42
	营业收入(万元)	735618.97	1238303.56	418382.98	738451.67
	主营成本(万元)	597720.64	1005607.97	359330.90	630981.32
	营业成本(万元)	598897.61	1007286.59	359419.15	631804.77
	投资收益(万元)	4397.88	157.82	144.00	539.80
	净利润(万元)	82468.49	85729.84	22720.44	18612.59
	利润总额(万元)	95555.68	104923.25	29024.77	27987.94

江苏长电科技股份有限公司

公司名称	江苏长电科技股份有限公司		证券简称	长电科技
法人代表	王新潮	董秘 朱正义	证券代码	600584
公司网址	www.cj-elec.com		电子信箱	cdkj@cj-elec.com
电　话	0510-86856061		传　真	0510-86199179
办公地址	江苏省江阴市滨江中路 275 号			
经营范围	集成电路封装、测试和分立器件的生产、销售业务			

指标\报告期	2013.06.30	2012.12.31	2012.06.30	2011.12.31
基本每股收益(元)	0.0239	0.0100	0.0255	0.0800
基本每股收益(扣除)(元)	0.0300	-0.2000	-0.0600	-0.0400
每股净资产(元)	2.8635	2.8398	2.8500	2.8300
每股经营现金净流量(元)	0.2464	0.5934	0.4802	0.5680
每股现金流量(元)	0.1716	0.0403	0.2591	-0.1159
每股资本公积金(元)	1.1192	1.1192	1.1192	1.1192
每股盈余公积金(元)	0.1004	0.1004	0.1004	0.1004
每股未分配利润(元)	0.6470	0.6232	0.6365	0.6110
净资产收益率(%)	0.8340	0.4297	0.8951	2.7910
加权净资产收益率(%)	0.8400	0.4300	0.9000	2.8000
净资产收益率(扣除)(%)	-	-	-	-
总资产(万元)	752455.91	701037.93	658629.32	601648.32
归属母公司股东权益(万元)	244294.27	242276.73	243394.29	241236.05
主营业务收入(万元)	247710.68	442053.35	203893.71	371823.05
营业收入(万元)	248726.23	443615.97	204897.36	376243.25
主营成本(万元)	198028.10	379652.49	171960.97	305641.86
营业成本(万元)	198575.37	380428.74	172785.55	308866.51
投资收益(万元)	-248.58	218.56	54.92	2125.78
净利润(万元)	4022.08	3927.04	3076.42	8812.31
利润总额(万元)	5055.26	6061.90	4321.47	10330.60

安徽海螺水泥股份有限公司

公司名称	安徽海螺水泥股份有限公司		证券简称	海螺水泥
法人代表	郭文叁	董秘 杨开发 赵不渝(香港)	证券代码	600585
公司网址	www.conch.cn		电子信箱	dms@conch.cn
电　话	0553-8398911 8398927		传　真	0553-8398931
办公地址	安徽省芜湖市九华山南路 1011 号 香港中环康乐广场 1 号怡和大厦 40 楼			
经营范围	生产和销售各种优质水泥以及生产各种高标号水泥所需的商品熟料等			

指标\报告期	2013.06.30	2012.12.31	2012.06.30	2011.12.31
基本每股收益(元)	0.5800	1.1900	0.5500	2.1900
基本每股收益(扣除)(元)	0.5200	1.0700	0.4900	2.0900
每股净资产(元)	9.4023	9.2279	8.5900	8.4600
每股经营现金净流量(元)	1.1992	2.1717	1.2705	1.9798
每股现金流量(元)	0.1302	0.0686	-0.3865	0.9545
每股资本公积金(元)	1.9402	2.1023	2.1038	2.1756
每股盈余公积金(元)	0.5000	0.5000	0.3402	0.3402
每股未分配利润(元)	5.9637	5.6261	5.1462	4.9456
净资产收益率(%)	6.1412	12.9000	6.4100	25.8470
加权净资产收益率(%)	6.1400	13.5000	6.3800	29.1000
净资产收益率(扣除)(%)	-	-	-	-
总资产(万元)	8581994.82	8752352.29	8189319.52	8400341.63
归属母公司股东权益(万元)	4982583.82	4890120.54	4552162.65	4483950.87
主营业务收入(万元)	2320931.85	4506282.63	2029967.30	4814685.67
营业收入(万元)	2358708.83	4576620.34	2055915.49	4865380.88
主营成本(万元)	1659716.76	3244659.98	1480108.62	2883354.55
营业成本(万元)	1692376.45	3306191.62	1502621.93	2924582.54
投资收益(万元)	-1946.91	411.24	-735.25	12873.54
净利润(万元)	316997.13	646222.97	297022.14	1182434.40
利润总额(万元)	406081.99	808781.70	363855.05	1565219.31

山东金晶科技股份有限公司

公司名称	山东金晶科技股份有限公司		证券简称	金晶科技
法人代表	王刚	董秘 董保森	证券代码	600586
公司网址	www.cnggg.cn		电子信箱	dongbaosen@cnggg.cn
电　话	0533-3586666		传　真	0533-3585586
办公地址	山东省淄博市高新技术开发区宝石镇王庄			
经营范围	浮法玻璃、在线镀膜玻璃和超白玻璃的生产、销售			

指标\报告期	2013.06.30	2012.12.31	2012.06.30	2011.12.31
基本每股收益(元)	0.0500	-0.2500	-0.0900	0.1300
基本每股收益(扣除)(元)	0.0300	-0.3300	-0.1300	0.1000
每股净资产(元)	2.8783	2.8331	3.0200	3.1100
每股经营现金净流量(元)	0.0795	0.1469	0.1046	0.3679
每股现金流量(元)	0.0234	-0.4065	-0.1238	0.8169
每股资本公积金(元)	1.3166	1.3166	1.3169	1.3169
每股盈余公积金(元)	0.0760	0.0760	0.0760	0.0760
每股未分配利润(元)	0.4856	0.4404	0.6320	0.7183
净资产收益率(%)	1.5706	-8.9253	-2.8539	4.2404
加权净资产收益率(%)	1.5700	-8.9300	-2.8500	4.7600
净资产收益率(扣除)(%)	-	-	-	-
总资产(万元)	852629.72	801390.81	846248.92	820853.67
归属母公司股东权益(万元)	409494.14	403062.50	430347.89	442629.56
主营业务收入(万元)	157414.63	288068.96	138121.48	320029.80
营业收入(万元)	162673.91	298698.33	142082.36	329550.87
主营成本(万元)	132113.65	283562.76	135970.60	260476.70
营业成本(万元)	136833.65	292592.26	139087.78	267917.87
投资收益(万元)	310.43	-3973.09	-1114.88	1350.86
净利润(万元)	6356.42	-36431.64	-12288.45	19480.39
利润总额(万元)	6771.31	-35703.22	-11568.71	28179.42

山东新华医疗器械股份有限公司

公司名称	山东新华医疗器械股份有限公司		证券简称	新华医疗
法人代表	赵毅新	董秘 季跃相	证券代码	600587
公司网址	www.shinva.com		电子信箱	shinva@163.com
电　话	0533-3587766		传　真	0533-3587768
办公地址	山东省淄博市高新技术产业开发区新华医疗科技园			
经营范围	消毒灭菌设备、放射诊断治疗设备的生产与销售			

指标\报告期	2013.06.30	2012.12.31	2012.06.30	2011.12.31
基本每股收益(元)	0.6300	0.9800	0.4600	0.7200
基本每股收益(扣除)(元)	0.5800	0.9300	0.4500	0.6600
每股净资产(元)	9.0201	8.4936	8.3110	5.8700
每股经营现金净流量(元	0.3666	0.0624	0.1965	-0.1665
每股现金流量(元)	-0.5836	2.0879	2.6864	0.1609
每股资本公积金(元)	4.7860	4.7860	5.1229	2.4488
每股盈余公积金(元)	0.3195	0.3195	0.2442	0.3163
每股未分配利润(元)	2.9146	2.3881	1.9441	2.1054
净资产收益率(%)	6.9462	11.0470	5.0347	13.5950
加权净资产收益率(%)	7.1300	13.1300	7.1000	14.4000
净资产收益率(扣除)(%)	-	-	-	-
总资产(万元)	394019.31	337838.11	278956.38	195226.37
归属母公司股东权益(万元)	156997.81	147833.00	144659.50	78895.75
主营业务收入(万元)	190021.39	299807.17	131201.45	207055.67
营业收入(万元)	191939.84	303556.12	133057.26	210613.21
主营成本(万元)	146331.32	232214.42	102795.24	160190.73
营业成本(万元)	147599.99	234382.88	104179.21	162663.08
投资收益(万元)	50.25	682.57	135.88	358.41
净利润(万元)	12726.91	18091.29	7920.90	11763.82
利润总额(万元)	15872.82	21968.07	9728.00	14389.96

用友软件股份有限公司

公司概况	公司名称	用友软件股份有限公司			证券简称	用友软件
	法人代表	王文京	董秘	欧阳青	证券代码	600588
	公司网址	www.yonyou.com		电子信箱	ir@yonyou.com	
	电　话	010-62436838 62436637		传　真	010-62436639	
	办公地址	北京市海淀区北清路68号				
	经营范围	电子计算机软件、硬件及外部设备的技术开发、技术服务等				

主要财务指标	指标\报告期	2013.06.30	2012.12.31	2012.06.30	2011.12.31
	基本每股收益(元)	0.0720	0.3900	0.1370	0.5500
	基本每股收益(扣除)(元)	-0.0350	0.3600	0.1230	0.5000
	每股净资产(元)	-	3.0600	2.8400	3.6224
	每股经营现金净流量(元)	-0.3731	0.5093	-0.5571	0.5780
	每股现金流量(元)	-0.6015	0.2956	-0.5989	-0.0020
	每股资本公积金(元)	0.4228	0.5919	0.6089	0.9062
	每股盈余公积金(元)	0.4747	0.4651	0.3998	0.4797
	每股未分配利润(元)	0.9152	1.0217	0.8369	1.2393
	净资产收益率(%)	2.5728	12.6806	4.8361	18.1620
	加权净资产收益率(%)	2.4600	12.9100	4.6000	19.8200
	净资产收益率(扣除)(%)	-	-	-	-
	总资产(万元)	594199.94	615629.13	528149.18	546167.92
	归属母公司股东权益(万元)	269620.97	299356.86	278374.07	295555.89
	主营业务收入(万元)	151343.25	421034.79	170339.93	410719.58
	营业收入(万元)	153949.76	423521.06	171536.89	412216.17
	主营成本(万元)	25889.61	67343.29	19832.29	62175.74
	营业成本(万元)	25901.98	67488.52	19885.10	62361.64
	投资收益(万元)	6078.80	560.41	-610.52	767.81
	净利润(万元)	7657.39	38715.42	14156.41	55084.61
	利润总额(万元)	13196.31	44103.43	19275.25	60590.60

广东榕泰实业股份有限公司

公司概况	公司名称	广东榕泰实业股份有限公司			证券简称	广东榕泰
	法人代表	杨宝生	董秘	徐罗旭	证券代码	600589
	公司网址	www.rongtai.com.cn		电子信箱	guangdongrongtai@yahoo.cn	
	电　话	0663-8676616 8675710		传　真	0663-8676899	
	办公地址	广东省揭阳市榕城区新兴东二路1号				
	经营范围	生产、销售氨基塑料及制品和氨基复合材料及制品、甲醛及其辅产品等				

主要财务指标	指标\报告期	2013.06.30	2012.12.31	2012.06.30	2011.12.31
	基本每股收益(元)	0.0800	0.1800	0.1500	0.1400
	基本每股收益(扣除)(元)	0.0800	0.1100	0.0800	0.1400
	每股净资产(元)	3.3360	3.3100	3.2861	3.1400
	每股经营现金净流量(元)	-0.1814	-0.0472	-0.1875	0.5203
	每股现金流量(元)	0.0499	-0.1266	-0.3668	0.1820
	每股资本公积金(元)	0.9361	0.9361	0.9361	0.9361
	每股盈余公积金(元)	0.2161	0.2161	0.1984	0.1984
	每股未分配利润(元)	1.1838	1.1578	1.1512	1.0150
	净资产收益率(%)	2.4272	5.3007	4.6023	4.4980
	加权净资产收益率(%)	2.4400	5.4300	4.7000	4.5600
	净资产收益率(扣除)(%)	-	-	-	-
	总资产(万元)	342092.99	311301.61	294146.07	300060.75
	归属母公司股东权益(万元)	200734.25	199171.46	197713.44	189516.59
	主营业务收入(万元)	59353.64	101508.99	58194.10	86855.99
	营业收入(万元)	59553.64	120307.24	58594.50	132353.27
	主营成本(万元)	46077.24	80502.70	46178.39	70596.44
	营业成本(万元)	46112.68	98125.65	46178.39	113625.93
	投资收益(万元)	-8.77	4888.66	4907.50	1258.70
	净利润(万元)	4872.28	10537.83	9099.42	8508.42
	利润总额(万元)	5500.04	12049.02	10312.52	9271.58

泰豪科技股份有限公司

公司概况	公司名称	泰豪科技股份有限公司			证券简称	泰豪科技
	法人代表	毛勇	董秘	李结平	证券代码	600590
	公司网址	www.tellhow.com		电子信箱	tsinghua@tellhow.com	
	电　话	0791-88110590		传　真	0791-88106688	
	办公地址	江西省南昌市高新开发区泰豪大厦				
	经营范围	楼宇电气产品、发电机组产品、电力电气产品及光电信息产品等				

主要财务指标	指标\报告期	2013.06.30	2012.12.31	2012.06.30	2011.12.31
	基本每股收益(元)	0.0660	0.1400	0.0900	0.1200
	基本每股收益(扣除)(元)	0.0300	0.0800	0.0800	0.0700
	每股净资产(元)	4.4036	4.3614	4.3400	3.8100
	每股经营现金净流量(元)	-0.4909	1.0092	-0.0378	-0.5245
	每股现金流量(元)	-1.1443	0.7611	-0.6075	-0.6796
	每股资本公积金(元)	2.2717	2.2957	2.2819	1.7370
	每股盈余公积金(元)	0.1391	0.1391	0.1275	0.1401
	每股未分配利润(元)	0.9928	0.9266	0.9312	0.9283
	净资产收益率(%)	1.5044	3.1841	1.9896	3.1150
	加权净资产收益率(%)	1.5100	3.8700	2.3700	3.1500
	净资产收益率(扣除)(%)	-	-	-	-
	总资产(万元)	566510.59	594035.19	562164.42	486519.41
	归属母公司股东权益(万元)	220324.18	218211.48	217172.82	173272.35
	主营业务收入(万元)	95423.46	244161.55	108872.42	292545.46
	营业收入(万元)	96944.57	247807.73	110345.49	296683.02
	主营成本(万元)	77140.10	201814.43	88657.69	242530.98
	营业成本(万元)	77880.46	203330.54	89216.56	245407.12
	投资收益(万元)	2421.02	6450.51	704.30	3004.70
	净利润(万元)	3874.07	6952.87	4146.54	6402.65
	利润总额(万元)	4303.55	8771.70	5111.01	7887.85

福建龙溪轴承(集团)股份有限公司

公司概况	公司名称	福建龙溪轴承(集团)股份有限公司			证券简称	龙溪股份
	法人代表	曾凡沛	董秘	黄继新	证券代码	600592
	公司网址	www.ls.com.cn		电子信箱	huang@ls.com.cn	
	电　话	0596-2072091		传　真	0596-2072136	
	办公地址	福建省漳州市延安北路				
	经营范围	轴承、汽车零部件、普通机械、电器机械及器材的制造、销售				

主要财务指标	指标\报告期	2013.06.30	2012.12.31	2012.06.30	2011.12.31
	基本每股收益(元)	0.0870	0.3200	0.2310	0.3700
	基本每股收益(扣除)(元)	0.0510	0.2000	0.1670	0.3400
	每股净资产(元)	4.6141	4.3112	4.0184	3.8600
	每股经营现金净流量(元)	-0.0602	-0.0820	-0.0161	0.0601
	每股现金流量(元)	1.5656	-0.1706	0.1479	-0.2540
	每股资本公积金(元)	2.2365	1.4435	1.3090	1.2058
	每股盈余公积金(元)	0.3214	0.4281	0.3335	0.3915
	每股未分配利润(元)	1.0483	1.4323	1.3759	1.2448
	净资产收益率(%)	1.5800	7.5186	5.7500	9.5091
	加权净资产收益率(%)	2.2310	7.9700	5.8500	9.4600
	净资产收益率(扣除)(%)	-	-	-	-
	总资产(万元)	277836.90	216733.25	213158.32	184595.52
	归属母公司股东权益(万元)	184358.29	129335.11	120551.05	115261.70
	主营业务收入(万元)	36233.47	70521.59	40464.67	81571.95
	营业收入(万元)	37937.72	72641.15	42331.99	84095.06
	主营成本(万元)	28143.56	50856.42	29498.21	58492.94
	营业成本(万元)	29308.28	50856.42	30526.82	59389.37
	投资收益(万元)	490.51	1537.02	1531.67	488.48
	净利润(万元)	2918.97	9178.07	7223.13	11112.19
	利润总额(万元)	3548.62	10761.93	8529.84	12660.85

大连圣亚旅游控股股份有限公司

公司概况	公司名称	大连圣亚旅游控股股份有限公司			证券简称	大连圣亚
	法人代表	刘达	董秘	丁霞	证券代码	600593
	公司网址	www.sunasia.com		电子信箱	dingxia@sunasia.com	
	电　话	0411-84685225		传　真	0411-84685217	
	办公地址	辽宁省大连市沙河口区中山路 608-6-8 号				
	经营范围	建设、经营水族馆、海洋探险人造景观、游乐园等				

	指标 \ 报告期	2013.06.30	2012.12.31	2012.06.30	2011.12.31
主要财务指标	基本每股收益(元)	-0.0477	0.1368	-0.0373	0.0494
	基本每股收益(扣除)(元)	-0.0486	0.1037	-0.0456	-0.0100
	每股净资产(元)	3.0910	3.1387	2.9955	3.0169
	每股经营现金净流量(元)	0.5805	0.8275	0.2486	0.5881
	每股现金流量(元)	0.5599	0.2313	0.1634	0.4936
	每股资本公积金(元)	2.1785	2.1785	2.1935	2.1935
	每股盈余公积金(元)	0.1449	0.1449	0.1449	0.1449
	每股未分配利润(元)	-0.2324	-0.1847	-0.3429	-0.3215
	净资产收益率(%)	-1.5431	4.3575	-1.2460	1.6362
	加权净资产收益率(%)	-1.5300	4.4400	-1.2400	1.6400
	净资产收益率(扣除)(%)	-	-	-	-
	总资产(万元)	77605.10	70811.03	65394.33	62138.55
	归属母公司股东权益(万元)	28436.96	28875.76	27558.37	27755.27
	主营业务收入(万元)	8456.48	20594.11	7358.26	15277.35
	营业收入(万元)	8842.83	20913.92	7488.57	16131.70
	主营成本(万元)	5049.26	9831.19	4000.45	7139.62
	营业成本(万元)	5069.72	9833.31	4000.45	7248.84
	投资收益(万元)	-	-	-	851.41
	净利润(万元)	-551.70	812.11	-254.74	-320.92
	利润总额(万元)	-551.70	1448.60	-238.15	-245.07

贵州益佰制药股份有限公司

公司概况	公司名称	贵州益佰制药股份有限公司			证券简称	益佰制药
	法人代表	窦启玲	董秘	窦啟玲	证券代码	600594
	公司网址	www.gzcci.com		电子信箱	600594@gz100.cn	
	电　话	0851-4705177		传　真	0851-4719910	
	办公地址	贵州省贵阳市白云大道 220-1 号				
	经营范围	胶囊剂、小容量注射剂、洗剂、栓剂、合剂、片剂、颗粒剂、糖浆剂等				

	指标 \ 报告期	2013.06.30	2012.12.31	2012.06.30	2011.12.31
主要财务指标	基本每股收益(元)	0.3670	0.9270	0.3050	0.7530
	基本每股收益(扣除)(元)	0.3490	0.8740	0.2780	0.7190
	每股净资产(元)	4.4970	4.2661	3.5900	3.1200
	每股经营现金净流量(元)	1.1627	0.7985	0.5372	0.7876
	每股现金流量(元)	0.6294	0.2764	0.4352	0.2814
	每股资本公积金(元)	0.3301	0.3164	0.2629	0.0388
	每股盈余公积金(元)	0.4369	0.4368	0.3529	0.3609
	每股未分配利润(元)	2.7301	2.5128	1.9751	1.7922
	净资产收益率(%)	8.1573	21.6580	8.4302	23.5780
	加权净资产收益率(%)	8.3720	24.2980	9.1560	26.4660
	净资产收益率(扣除)(%)	-	-	-	-
	总资产(万元)	237748.25	227688.20	193271.18	180369.55
	归属母公司股东权益(万元)	162181.91	153877.76	129549.34	112598.21
	主营业务收入(万元)	103509.52	225257.55	94669.90	190332.22
	营业收入(万元)	103509.52	225257.55	94669.90	190333.53
	主营成本(万元)	19883.46	41715.96	18093.62	32697.86
	营业成本(万元)	19883.46	41715.96	18093.62	32699.00
	投资收益(万元)	-4.64	476.84	-96.15	-382.37
	净利润(万元)	13309.85	33875.89	11076.54	26780.53
	利润总额(万元)	15316.13	40393.10	13038.63	32506.81

河南中孚实业股份有限公司

公司概况	公司名称	河南中孚实业股份有限公司			证券简称	中孚实业
	法人代表	贺怀钦	董秘	杨萍	证券代码	600595
	公司网址	www.zfsy.com.cn		电子信箱	zfsy@zfsy.com.cn	
	电　话	0371-64569088		传　真	0371-64569089	
	办公地址	河南省巩义市新华路 31 号				
	经营范围	电解铝、铝材、炭素的生产、销售等				

	指标 \ 报告期	2013.06.30	2012.12.31	2012.06.30	2011.12.31
主要财务指标	基本每股收益(元)	-0.1300	0.0400	-0.0300	0.1300
	基本每股收益(扣除)(元)	-0.1600	-0.0700	-0.0600	0.0310
	每股净资产(元)	3.3597	3.5422	3.4700	3.5000
	每股经营现金净流量(元)	0.6424	0.3933	0.4949	0.1024
	每股现金流量(元)	0.8046	0.3667	0.6858	0.7513
	每股资本公积金(元)	1.5190	1.5471	1.5465	1.5465
	每股盈余公积金(元)	0.1674	0.1674	0.1590	0.1590
	每股未分配利润(元)	0.6587	0.8090	0.7506	0.7803
	净资产收益率(%)	-3.8776	1.0841	-0.8175	3.7900
	加权净资产收益率(%)	-3.7500	1.0900	-0.8100	3.9100
	净资产收益率(扣除)(%)	-	-	-	-
	总资产(万元)	2737799.01	2565798.29	2500939.57	2287438.65
	归属母公司股东权益(万元)	508949.03	536597.01	525848.48	530955.83
	主营业务收入(万元)	472578.36	1072336.27	542196.28	1192850.89
	营业收入(万元)	493824.60	1104223.89	557206.27	1318590.14
	主营成本(万元)	448484.66	970659.73	501778.55	1083575.39
	营业成本(万元)	465661.49	994787.98	512108.02	1199170.04
	投资收益(万元)	-654.46	2344.77	307.76	3265.91
	净利润(万元)	-19873.94	11091.72	-6864.51	16423.48
	利润总额(万元)	-22161.26	-6261.30	-7965.84	24228.57

浙江新安化工集团股份有限公司

公司概况	公司名称	浙江新安化工集团股份有限公司			证券简称	新安股份
	法人代表	王伟	董秘	姜永平	证券代码	600596
	公司网址	www.wynca.com		电子信箱	jiang_yp888@sohu.com	
	电　话	0571-64715693 64726275		传　真	0571-64715693	
	办公地址	浙江省建德市新安江新安东路 555 号				
	经营范围	农药、化工、新材料及化工机械的制造加工和销售				

	指标 \ 报告期	2013.06.30	2012.12.31	2012.06.30	2011.12.31
主要财务指标	基本每股收益(元)	0.3454	0.1933	-0.0409	0.0255
	基本每股收益(扣除)(元)	0.3238	0.0258	-0.1067	-0.2454
	每股净资产(元)	6.1856	5.9469	5.7228	5.8134
	每股经营现金净流量(元)	0.6794	0.7678	-0.1795	0.5887
	每股现金流量(元)	-0.0002	-0.3557	-0.5548	-0.3365
	每股资本公积金(元)	1.0786	1.0786	1.0800	1.0800
	每股盈余公积金(元)	0.5163	0.5163	0.5060	0.5060
	每股未分配利润(元)	3.4901	3.2647	3.0409	3.1418
	净资产收益率(%)	5.5841	3.2504	-0.7139	0.4390
	加权净资产收益率(%)	5.6900	3.2900	-0.7100	0.4400
	净资产收益率(扣除)(%)	-	-	-	-
	总资产(万元)	730956.24	724242.80	711881.50	703029.68
	归属母公司股东权益(万元)	420119.72	403905.47	388686.08	394838.29
	主营业务收入(万元)	355196.23	593103.33	287205.54	468360.45
	营业收入(万元)	364582.82	611100.67	296886.40	485299.37
	主营成本(万元)	279514.36	512085.32	257088.92	421348.56
	营业成本(万元)	287772.47	529033.20	265653.37	437217.54
	投资收益(万元)	3218.87	8132.39	4927.23	7842.37
	净利润(万元)	24939.36	14517.25	-2460.89	2331.80
	利润总额(万元)	28632.96	14385.29	-2942.05	4814.53

光明乳业股份有限公司

公司概况	公司名称	光明乳业股份有限公司			证券简称	光明乳业
	法人代表	庄国蔚	董秘	朱建毅	证券代码	600597
	公司网址	www.brightdairy.com		电子信箱	600597@brightdairy.com	
	电　话	021-54584520 5506 5623		传　真	021-64013337	
	办公地址	上海市吴中路578号				
	经营范围	生产、开发与销售乳、乳制品和饲料以及便利店零售业务				

主要财务指标	指标\报告期	2013.06.30	2012.12.31	2012.06.30	2011.12.31
	基本每股收益(元)	0.1208	0.2800	0.0921	0.2300
	基本每股收益(扣除)(元)	0.1101	0.2700	0.0850	0.2000
	每股净资产(元)	3.1841	3.2765	2.2880	2.3370
	每股经营现金净流量(元)	0.0990	1.0137	0.4712	0.0852
	每股现金流量(元)	-0.2672	1.0001	0.0346	-0.0201
	每股资本公积金(元)	1.3448	1.3688	0.4380	0.4330
	每股盈余公积金(元)	0.2624	0.2623	0.2639	0.2639
	每股未分配利润(元)	0.5757	0.6346	0.5788	0.6367
	净资产收益率(%)	3.7948	7.7557	4.0268	9.7020
	加权净资产收益率(%)	3.6500	10.4000	3.9000	9.9000
	净资产收益率(扣除)(%)	-	-	-	-
	总资产(万元)	979213.23	933929.96	767119.67	737401.50
	归属母公司股东权益(万元)	389927.40	401384.55	240078.76	245151.99
	主营业务收入(万元)	741461.18	1363027.82	640280.45	1157584.83
	营业收入(万元)	744318.88	1377507.25	646132.52	1178877.93
	主营成本(万元)	472240.60	878471.35	410058.80	762431.64
	营业成本(万元)	474666.54	893764.00	416692.52	784532.59
	投资收益(万元)	52.39	524.74	337.30	572.73
	净利润(万元)	15581.44	33488.65	10064.34	27069.64
	利润总额(万元)	21914.28	41907.72	9704.05	24047.90

黑龙江北大荒农业股份有限公司

公司概况	公司名称	黑龙江北大荒农业股份有限公司			证券简称	北大荒
	法人代表	刘长友	董秘	史晓丹	证券代码	600598
	公司网址	www.hacl.cn		电子信箱	600598@hacl.cn	
	电　话	0451-55195980		传　真	0451-55195986	
	办公地址	黑龙江省哈尔滨市南岗区汉水路263号				
	经营范围	水稻、小麦、大豆、玉米等粮食作物的生产、精深加工、销售等				

主要财务指标	指标\报告期	2013.06.30	2012.12.31	2012.06.30	2011.12.31
	基本每股收益(元)	0.0260	-0.1100	0.1600	0.2500
	基本每股收益(扣除)(元)	0.0370	-0.1000	0.1640	0.1600
	每股净资产(元)	2.9805	2.9527	3.2180	3.2420
	每股经营现金净流量(元)	0.7715	0.8529	1.1466	1.1792
	每股现金流量(元)	0.0909	-0.3942	-0.3980	0.4559
	每股资本公积金(元)	1.3655	1.3655	1.3642	1.3642
	每股盈余公积金(元)	0.5756	0.5756	0.5074	0.5074
	每股未分配利润(元)	0.0380	0.0116	0.3456	0.3705
	净资产收益率(%)	0.8867	-3.5773	4.9769	7.6486
	加权净资产收益率(%)	0.8900	-3.4100	4.8200	7.7400
	净资产收益率(扣除)(%)	-	-	-	-
	总资产(万元)	1572835.96	1569630.78	1606427.03	1800247.22
	归属母公司股东权益(万元)	529830.58	524903.24	572015.92	576385.02
	主营业务收入(万元)	470588.66	1324015.20	803868.44	1305171.82
	营业收入(万元)	493561.45	1357556.17	839715.20	1330471.53
	主营成本(万元)	340343.91	1082608.06	684865.66	1053097.34
	营业成本(万元)	364006.61	1118204.67	720510.83	1088561.36
	投资收益(万元)	111.48	442.39	299.62	-592.59
	净利润(万元)	-1136.90	-31838.40	26453.33	42350.43
	利润总额(万元)	-927.26	-30553.38	26758.32	45071.24

熊猫烟花集团股份有限公司

公司概况	公司名称	熊猫烟花集团股份有限公司			证券简称	熊猫烟花
	法人代表	李民	董秘	黄叶璞	证券代码	600599
	公司网址	www.pandafireworks.com		电子信箱	600599@pandafireworks.com	
	电　话	0731-83620963		传　真	0731-83620966	
	办公地址	湖南省浏阳市浏阳大道271号				
	经营范围	花炮产品销售、花炮材料销售、纸品销售、印刷包装材料销售、租赁等				

主要财务指标	指标\报告期	2013.06.30	2012.12.31	2012.06.30	2011.12.31
	基本每股收益(元)	0.2660	0.0710	0.1140	0.0690
	基本每股收益(扣除)(元)	0.0090	0.0280	0.0964	-0.0610
	每股净资产(元)	2.3331	2.0657	2.1060	1.9900
	每股经营现金净流量(元)	-0.1259	0.0578	-0.0454	0.3075
	每股现金流量(元)	-0.0606	-0.1212	-0.2823	0.0852
	每股资本公积金(元)	1.0824	1.0824	1.0824	1.0824
	每股盈余公积金(元)	0.0458	0.0458	0.0458	0.0458
	每股未分配利润(元)	0.1991	-0.0672	-0.0239	-0.1383
	净资产收益率(%)	11.4165	3.4380	5.4280	3.4410
	加权净资产收益率(%)	12.1100	3.5000	5.5700	3.3800
	净资产收益率(扣除)(%)	-	-	-	-
	总资产(万元)	50010.09	55881.27	52435.88	55542.50
	归属母公司股东权益(万元)	29396.92	26027.71	26541.99	25101.28
	主营业务收入(万元)	13125.26	25229.65	13841.61	20817.75
	营业收入(万元)	13345.49	25483.28	13968.27	20961.09
	主营成本(万元)	8163.55	15376.07	8852.30	-
	营业成本(万元)	8313.74	15665.25	8924.28	13669.81
	投资收益(万元)	4025.00	1297.55	935.85	2036.48
	净利润(万元)	3326.68	880.02	1440.15	919.32
	利润总额(万元)	4351.72	1007.71	1561.75	1124.21

青岛啤酒股份有限公司

公司概况	公司名称	青岛啤酒股份有限公司			证券简称	青岛啤酒
	法人代表	孙明波	董秘	张瑞祥 张学举	证券代码	600600
	公司网址	www.tsingtao.com.cn		电子信箱	secretary@tsingtao.com.cn	
	电　话	0532-85713831		传　真	0532-85713240	
	办公地址	山东省青岛市香港中路五四广场青啤大厦				
	经营范围	啤酒制造、技术研究、开发、转让、咨询服务、国内商业、自营进出口				

主要财务指标	指标\报告期	2013.06.30	2012.12.31	2012.06.30	2011.12.31
	基本每股收益(元)	1.0320	1.3020	0.7460	1.2860
	基本每股收益(扣除)(元)	0.7740	1.0880	0.6810	1.1030
	每股净资产(元)	9.9562	9.2288	8.7100	8.2200
	每股经营现金净流量(元)	2.8305	2.2973	2.6457	1.3859
	每股现金流量(元)	1.8804	0.5322	1.6070	-1.4898
	每股资本公积金(元)	3.0275	2.9356	2.9741	2.9741
	每股盈余公积金(元)	0.6867	0.6867	0.5986	0.5986
	每股未分配利润(元)	5.2250	4.5925	4.1243	3.6386
	净资产收益率(%)	11.1877	14.1071	8.5632	15.6420
	加权净资产收益率(%)	10.5600	14.9100	8.6700	16.7800
	净资产收益率(扣除)(%)	-	-	-	-
	总资产(万元)	2757889.86	2366110.56	2443686.65	2163415.36
	归属母公司股东权益(万元)	1345059.82	1246795.30	1176433.91	1111043.87
	主营业务收入(万元)	1475657.70	2531823.58	1320615.94	2279038.76
	营业收入(万元)	1497133.83	2578154.40	1340549.78	2315805.43
	主营成本(万元)	857069.07	1509997.95	783749.63	1315956.43
	营业成本(万元)	875343.48	1543386.95	797896.32	1341665.88
	投资收益(万元)	23247.02	1496.20	588.63	426.14
	净利润(万元)	143738.97	184476.22	105018.82	179761.46
	利润总额(万元)	176241.15	248415.62	141892.51	245491.26

方正科技集团股份有限公司

公司概况	公司名称	方正科技集团股份有限公司			证券简称	方正科技
	法人代表	易梅	董秘	侯郁波	证券代码	600601
	公司网址	www.foundertech.com		电子信箱	ir@founder.com	
	电　　话	021-58400030		传　　真	021-58408970	
	办公地址	上海市浦东南路 360 号新上海国际大厦 36 层				
	经营范围	电子计算机及配件、软件等				

	指标＼报告期	2013.06.30	2012.12.31	2012.06.30	2011.12.31
主要财务指标	基本每股收益(元)	0.0132	0.0367	0.0083	0.0694
	基本每股收益(扣除)(元)	0.0092	0.0138	0.0055	0.0234
	每股净资产(元)	1.9683	1.9558	1.9376	1.9291
	每股经营现金净流量(元)	0.0406	–0.0658	–0.1105	0.0775
	每股现金流量(元)	–0.0611	–0.1984	–0.1909	–0.2538
	每股资本公积金(元)	0.4093	0.4093	0.4093	0.4093
	每股盈余公积金(元)	0.0081	0.0081	0.0081	0.0081
	每股未分配利润(元)	0.5539	0.5407	0.5224	0.5141
	净资产收益率(%)	0.6685	1.8753	0.4297	3.5960
	加权净资产收益率(%)	0.6700	1.8900	0.4300	3.6500
	净资产收益率(扣除)(%)	–	–	–	–
	总资产(万元)	625686.60	652565.39	627142.31	627789.80
	归属母公司股东权益(万元)	432020.35	429276.12	425280.64	423407.19
	主营业务收入(万元)	257860.78	539655.58	212656.04	601164.77
	营业收入(万元)	263918.51	555503.36	219058.31	622183.57
	主营成本(万元)	241776.61	503820.04	197214.93	569033.57
	营业成本(万元)	246657.53	515992.80	201925.86	575909.66
	投资收益(万元)	–	1.88	–	40.20
	净利润(万元)	2888.24	8050.39	1827.29	15227.58
	利润总额(万元)	3697.01	9630.27	2616.72	18699.07

上海仪电电子股份有限公司

公司概况	公司名称	上海仪电电子股份有限公司			证券简称	仪电电子
	法人代表	黄峰	董秘	赵开兰	证券代码	600602
	公司网址	www.sva-e.com		电子信箱	stock@sva-e.com	
	电　　话	021-62980202 34695939		传　　真	021-62982121	
	办公地址	上海市徐汇区田林路 168 号 4-5 楼				
	经营范围	电视机、平板显示器件、家庭视听设备、微波炉等小家电产品等				

	指标＼报告期	2013.06.30	2012.12.31	2012.06.30	2011.12.31
主要财务指标	基本每股收益(元)	0.0285	0.0900	0.0337	0.1300
	基本每股收益(扣除)(元)	–0.0010	–0.0600	0.0114	0.1000
	每股净资产(元)	2.0668	2.0406	1.9944	2.0041
	每股经营现金净流量(元)	–0.0713	–0.0670	–0.0551	–0.0280
	每股现金流量(元)	–0.1244	–0.0233	0.0080	–0.0887
	每股资本公积金(元)	0.9326	0.9349	0.9468	0.9899
	每股盈余公积金(元)	0.2754	0.2754	0.2778	0.2754
	每股未分配利润(元)	–0.1412	–0.1698	–0.2303	–0.2612
	净资产收益率(%)	1.3810	4.4797	1.6849	6.5866
	加权净资产收益率(%)	1.3899	4.5100	1.6808	6.5600
	净资产收益率(扣除)(%)	–	–	–	–
	总资产(万元)	274472.29	275896.85	296047.04	288687.57
	归属母公司股东权益(万元)	242424.73	239349.07	233933.13	235074.35
	主营业务收入(万元)	50567.85	118067.20	55184.13	116993.82
	营业收入(万元)	51958.01	120572.74	59091.11	121853.44
	主营成本(万元)	44023.21	100312.54	47200.98	99331.13
	营业成本(万元)	44921.40	102410.24	48935.39	103411.53
	投资收益(万元)	4213.01	13311.06	4964.06	20851.15
	净利润(万元)	3530.14	11529.04	4383.71	15172.43
	利润总额(万元)	3625.86	11743.49	4500.21	15557.12

厦门大洲兴业能源控股股份有限公司

公司概况	公司名称	厦门大洲兴业能源控股股份有限公司			证券简称	*ST 兴业
	法人代表	陈铁铭	董秘	洪再春	证券代码	600603
	公司网址			电子信箱	xy600603@163.com	
	电　　话	0592-2033630 2033603		传　　真	0592-2035603	
	办公地址	厦门市思明区鹭江道 2 号厦门第一广场 1701 室				
	经营范围	新能源产业、新材料产业、房地产综合开发经营等				

	指标＼报告期	2013.06.30	2012.12.31	2012.06.30	2011.12.31
主要财务指标	基本每股收益(元)	–0.0194	0.0900	–0.0304	–0.1100
	基本每股收益(扣除)(元)	–0.0299	–0.0330	–0.0035	–0.0460
	每股净资产(元)	–1.4540	–1.4333	–1.5544	–1.5240
	每股经营现金净流量(元)	–0.0059	–0.0407	–0.0200	–0.0466
	每股现金流量(元)	–0.0059	0.0070	0.0025	–0.0109
	每股资本公积金(元)	1.7183	1.7183	1.7183	1.7183
	每股盈余公积金(元)	0.3191	0.3191	0.3191	0.3191
	每股未分配利润(元)	–4.4913	–4.4707	–4.5918	–4.5614
	净资产收益率(%)	–1.3353	–6.3245	–1.9579	–7.1836
	加权净资产收益率(%)	–	–	–	–
	净资产收益率(扣除)(%)	–	–	–	–
	总资产(万元)	3838.26	3988.26	3864.40	3355.16
	归属母公司股东权益(万元)	–28300.19	–27898.76	–30255.61	–29663.22
	主营业务收入(万元)	492.91	348.07	–	–
	营业收入(万元)	492.91	348.07	–	–
	主营成本(万元)	452.38	330.85	–	–
	营业成本(万元)	452.38	330.85	547.71	–
	投资收益(万元)	–	480.00	480.00	–
	净利润(万元)	–401.43	1764.47	–592.39	–2130.89
	利润总额(万元)	–401.43	1764.47	–592.39	–2130.89

上海市北高新股份有限公司

公司概况	公司名称	上海市北高新股份有限公司			证券简称	市北高新
	法人代表	丁明年	董秘	戴勇斌	证券代码	600604
	公司网址	www.shibeiht.com		电子信箱	zhengquan@shibei.com	
	电　　话	021-66528130		传　　真	021-56770134	
	办公地址	上海市江场三路 262 号 1 楼				
	经营范围	生产销售纺纱机械、化纤机械等产品				

	指标＼报告期	2013.06.30	2012.12.31	2012.06.30	2011.12.31
主要财务指标	基本每股收益(元)	0.0916	0.2588	0.0874	0.2418
	基本每股收益(扣除)(元)	0.0916	0.2573	0.0874	0.2403
	每股净资产(元)	2.0673	2.0037	0.2755	1.7400
	每股经营现金净流量(元)	–0.0209	0.0113	–0.3095	0.9304
	每股现金流量(元)	–0.1457	–0.7818	–0.8777	0.9927
	每股资本公积金(元)	0.4816	0.4816	0.1690	0.4816
	每股盈余公积金(元)	0.0392	0.0392	0.0063	0.0392
	每股未分配利润(元)	0.5465	0.4829	–0.8998	0.2241
	净资产收益率(%)	4.4331	12.9142	31.7158	13.8600
	加权净资产收益率(%)	4.4700	13.8100	4.8900	14.1300
	净资产收益率(扣除)(%)	–	–	–	–
	总资产(万元)	152237.64	157579.75	48123.51	191825.25
	归属母公司股东权益(万元)	117102.98	113497.71	15605.55	98840.36
	主营业务收入(万元)	13815.68	30619.49	12409.69	49577.32
	营业收入(万元)	13815.68	30619.49	12409.69	49577.32
	主营成本(万元)	4826.60	12721.91	4384.16	26686.70
	营业成本(万元)	4826.60	12721.91	22520.69	26686.70
	投资收益(万元)	2451.86	7893.03	2487.74	6031.44
	净利润(万元)	5199.60	14867.85	5051.18	13851.26
	利润总额(万元)	8014.61	17205.87	5927.86	16579.47

上海汇通能源股份有限公司

公司概况	公司名称	上海汇通能源股份有限公司		证券简称	汇通能源
	法人代表	郑树昌	董秘 邵宗超	证券代码	600605
	公司网址	www.huitongenergy.com		电子信箱	shaozongchao@sohu.com
	电　话	021-62560000*108 147		传　真	021-62566022
	办公地址	上海市南京西路 1576 号轻工机械大厦 4 楼			
	经营范围	轻工机械及成套设备的制造、销售			

主要财务指标	指标\报告期	2013.06.30	2012.12.31	2012.06.30	2011.12.31
	基本每股收益(元)	0.0453	0.0448	0.0445	0.0399
	基本每股收益(扣除)(元)	0.0185	-0.0386	0.0155	-0.0494
	每股净资产(元)	3.2550	3.2247	3.2240	3.1800
	每股经营现金净流量(元)	0.0147	0.6288	0.3648	-0.1588
	每股现金流量(元)	-0.1950	0.5155	0.6149	-0.3669
	每股资本公积金(元)	0.7915	0.7915	0.7915	0.7915
	每股盈余公积金(元)	0.5392	0.5392	0.5326	0.5326
	每股未分配利润(元)	0.9243	0.8940	0.9002	0.8557
	净资产收益率(%)	1.3924	1.3893	1.3793	1.2540
	加权净资产收益率(%)	1.3960	1.3990	1.3890	1.2700
	净资产收益率(扣除)(%)	-	-	-	-
	总资产(万元)	85317.31	86470.53	87123.59	80838.23
	归属母公司股东权益(万元)	47960.59	47513.82	47508.99	46853.72
	主营业务收入(万元)	102477.66	187249.98	94180.38	209854.42
	营业收入(万元)	103201.51	188665.89	94942.97	212588.03
	主营成本(万元)	99729.49	183160.38	91836.36	206302.21
	营业成本(万元)	99827.44	183374.09	91947.13	206546.57
	投资收益(万元)	-6.98	41.86	40.94	2.67
	净利润(万元)	667.79	660.10	655.27	587.54
	利润总额(万元)	717.08	1021.01	873.67	1346.97

上海金丰投资股份有限公司

公司概况	公司名称	上海金丰投资股份有限公司		证券简称	金丰投资
	法人代表	王文杰	董秘 包永镭	证券代码	600606
	公司网址	www.shjftz.com.cn		电子信箱	shjftz@shjftz.com.cn
	电　话	021-20770666		传　真	021-20770668
	办公地址	上海市浦东新区雪野路 928 号 11 楼			
	经营范围	新型建材、楼宇设备的研制、开发、生产、销售			

主要财务指标	指标\报告期	2013.06.30	2012.12.31	2012.06.30	2011.12.31
	基本每股收益(元)	0.0500	0.2000	0.0900	0.3900
	基本每股收益(扣除)(元)	0.0100	0.1000	0.0600	0.3000
	每股净资产(元)	4.1649	4.2156	4.3300	4.2493
	每股经营现金净流量(元)	-0.3197	-0.2282	-0.3167	-0.4755
	每股现金流量(元)	0.0021	-0.0640	0.0212	0.1274
	每股资本公积金(元)	1.1183	1.1593	1.1898	1.2028
	每股盈余公积金(元)	0.2892	0.2892	0.2911	0.2911
	每股未分配利润(元)	1.7574	1.7671	1.8529	1.7554
	净资产收益率(%)	1.2555	4.8037	2.2509	9.6490
	加权净资产收益率(%)	1.2400	4.9000	2.2700	10.0500
	净资产收益率(扣除)(%)	-	-	-	-
	总资产(万元)	618141.61	596631.55	580196.24	562383.55
	归属母公司股东权益(万元)	215875.87	218500.48	213934.53	209760.23
	主营业务收入(万元)	15044.77	42617.80	19853.90	90810.55
	营业收入(万元)	15614.24	44025.71	20534.86	91853.89
	主营成本(万元)	1067.35	10982.23	7456.67	43412.30
	营业成本(万元)	1111.05	11115.24	7529.47	43530.26
	投资收益(万元)	5644.44	13179.57	6588.71	17495.13
	净利润(万元)	2639.65	10546.46	4843.56	20439.42
	利润总额(万元)	3539.40	11996.81	5965.45	24077.28

上海宽频科技股份有限公司

公司概况	公司名称	上海宽频科技股份有限公司		证券简称	上海科技
	法人代表	史佩欣	董秘 胡兴堂	证券代码	600608
	公司网址	www.600608.net		电子信箱	invest@600608.net
	电　话	021-62317066 62319566		传　真	021-62317066 62319033
	办公地址	上海市长寿路 1111 号悦达 889 广场 29 楼			
	经营范围	通信网络设备、计算机信息工程、集成电路设计与销售等			

主要财务指标	指标\报告期	2013.06.30	2012.12.31	2012.06.30	2011.12.31
	基本每股收益(元)	-0.0700	0.0800	-0.0800	0.0500
	基本每股收益(扣除)(元)	-0.0700	-0.1800	-0.0800	-0.1400
	每股净资产(元)	-0.0584	0.0157	-0.2600	-0.1800
	每股经营现金净流量(元)	-0.0545	-0.0499	-0.0414	0.0019
	每股现金流量(元)	-0.0538	-0.1412	-0.1040	0.0868
	每股资本公积金(元)	1.3770	1.3770	1.3976	1.3976
	每股盈余公积金(元)	0.1423	0.1423	0.1423	0.1423
	每股未分配利润(元)	-2.5777	-2.5036	-2.7737	-2.6927
	净资产收益率(%)	-1.2689	507.9071	-31.3987	-28.2865
	加权净资产收益率(%)	-	-	-	-
	净资产收益率(扣除)(%)	-	-	-	-
	总资产(万元)	21069.19	23441.54	26757.90	37209.50
	归属母公司股东权益(万元)	-1921.77	516.73	-8487.06	-5821.55
	主营业务收入(万元)	10347.09	20742.60	10218.78	26793.03
	营业收入(万元)	11126.10	21786.02	10584.29	30923.68
	主营成本(万元)	8881.18	17430.12	8734.28	-
	营业成本(万元)	9637.63	18360.95	9073.65	23475.24
	投资收益(万元)	-991.79	5230.92	-433.24	29.09
	净利润(万元)	-2503.97	2302.94	-2681.23	1793.50
	利润总额(万元)	-2529.60	2556.94	-2673.78	2103.45

金杯汽车股份有限公司

公司概况	公司名称	金杯汽车股份有限公司		证券简称	金杯汽车
	法人代表	祁玉民	董秘 赵晓军	证券代码	600609
	公司网址			电子信箱	stock@syjbauto.com.cn
	电　话	024-24803399 24815610		传　真	024-24163399
	办公地址	辽宁省沈阳市沈河区万柳塘路 38 号			
	经营范围	汽车及配件制造			

主要财务指标	指标\报告期	2013.06.30	2012.12.31	2012.06.30	2011.12.31
	基本每股收益(元)	0.0310	0.0210	0.0160	0.0280
	基本每股收益(扣除)(元)	0.0070	0.0050	0.0100	0.0200
	每股净资产(元)	0.3692	0.3386	0.3330	0.3180
	每股经营现金净流量(元)	0.0033	0.2280	-0.0417	-0.0695
	每股现金流量(元)	0.0694	0.3640	0.0101	0.2438
	每股资本公积金(元)	1.0069	1.0069	1.0069	1.0069
	每股盈余公积金(元)	0.3786	0.3786	0.3786	0.3786
	每股未分配利润(元)	-2.0164	-2.0469	-2.0523	-2.0679
	净资产收益率(%)	8.2773	6.1984	4.6800	8.9460
	加权净资产收益率(%)	8.6300	6.4000	4.7900	9.3700
	净资产收益率(扣除)(%)	-	-	-	-
	总资产(万元)	747584.27	726102.05	600941.10	541791.50
	归属母公司股东权益(万元)	40337.48	36998.63	36410.09	34705.32
	主营业务收入(万元)	268930.51	473560.63	219179.41	424809.80
	营业收入(万元)	284714.63	504878.67	227208.50	468388.22
	主营成本(万元)	237707.41	416988.60	192515.21	377805.11
	营业成本(万元)	247679.96	441152.70	197573.17	415447.83
	投资收益(万元)	118.09	205.01	90.87	2256.30
	净利润(万元)	7367.60	8945.48	4063.45	7705.58
	利润总额(万元)	9010.63	11553.49	4923.58	10221.66

中国纺织机械股份有限公司

公司概况	公司名称	中国纺织机械股份有限公司			证券简称	S 中纺机
	法人代表	叶富才	董秘	程雪莲	证券代码	600610
	公司网址	www.ctmco.com.cn		电子信箱	ctmzjbk@online.sh.cn	
	电　话	021-65432970 512		传　真	021-65455130	
	办公地址	上海市长阳路 1687 号				
	经营范围	纺织机械及有关器材的生产与销售等				

	指标\报告期	2013.06.30	2012.12.31	2012.06.30	2011.12.31
主要财务指标	基本每股收益(元)	-0.0200	-0.1100	0.0100	0.0200
	基本每股收益(扣除)(元)	-0.0500	-0.1400	-0.0200	-0.0800
	每股净资产(元)	0.3185	0.3608	0.4800	0.4900
	每股经营现金净流量(元)	-0.0505	-0.0776	-0.0310	-0.0912
	每股现金流量(元)	-0.0099	-0.0255	-0.0111	0.0280
	每股资本公积金(元)	0.3291	0.3486	0.3568	0.3643
	每股盈余公积金(元)	-	-	-	-
	每股未分配利润(元)	-1.0106	-0.9878	-0.8719	-0.8770
	净资产收益率(%)	-7.1800	-30.6967	1.0522	3.2430
	加权净资产收益率(%)	-6.7300	-26.1200	1.0500	2.9600
	净资产收益率(扣除)(%)	-	-	-	-
	总资产(万元)	35474.39	36899.75	37705.16	36500.74
	归属母公司股东权益(万元)	11372.79	12885.01	17317.00	17403.01
	主营业务收入(万元)	2479.16	4103.46	2641.70	5616.70
	营业收入(万元)	4457.81	8365.72	4614.89	9914.61
	主营成本(万元)	2883.98	4672.03	2841.13	6083.17
	营业成本(万元)	4159.88	8072.87	4260.06	9062.24
	投资收益(万元)	706.68	1023.30	892.27	3253.09
	净利润(万元)	-828.59	-4042.47	172.66	556.34
	利润总额(万元)	-828.59	-4042.47	172.66	533.77

大众交通(集团)股份有限公司

公司概况	公司名称	大众交通(集团)股份有限公司			证券简称	大众交通
	法人代表	杨国平	董秘	赵思渊	证券代码	600611
	公司网址	www.96822.com		电子信箱	dzjt@96822.com	
	电　话	021-64466666(总机) 64289122		传　真	021-64285642	
	办公地址	上海市徐汇区中山西路 1515 号大众大厦 22 楼				
	经营范围	出租车运输、公共汽车运输、货运、车辆租赁、进出口代理等				

	指标\报告期	2013.06.30	2012.12.31	2012.06.30	2011.12.31
主要财务指标	基本每股收益(元)	0.1200	0.2500	0.1400	0.2700
	基本每股收益(扣除)(元)	0.1100	0.1300	0.0700	0.1700
	每股净资产(元)	3.3963	3.4415	3.3900	3.2700
	每股经营现金净流量(元)	0.1845	-0.1108	-0.2465	0.4333
	每股现金流量(元)	-0.0048	-0.5682	-0.4307	0.1742
	每股资本公积金(元)	0.6452	0.7354	0.7958	0.7426
	每股盈余公积金(元)	0.4888	0.4888	0.4684	0.4684
	每股未分配利润(元)	1.2622	1.2173	1.1293	1.0609
	净资产收益率(%)	3.6770	7.1747	4.0804	8.1930
	加权净资产收益率(%)	3.6100	7.3700	4.1100	8.0000
	净资产收益率(扣除)(%)	-	-	-	-
	总资产(万元)	1002903.04	966247.65	997141.60	975642.41
	归属母公司股东权益(万元)	535279.95	542410.47	534846.60	515662.54
	主营业务收入(万元)	138380.97	287558.38	125556.56	273549.04
	营业收入(万元)	140220.35	291297.50	127509.84	278016.61
	主营成本(万元)	106942.04	221459.47	96336.63	206768.81
	营业成本(万元)	108190.67	222533.23	97279.93	208693.22
	投资收益(万元)	5714.22	33475.61	17371.24	27201.32
	净利润(万元)	23005.85	45947.86	24074.19	47351.78
	利润总额(万元)	28505.17	63630.68	31712.01	58396.49

老凤祥股份有限公司

公司概况	公司名称	老凤祥股份有限公司			证券简称	老 凤 祥
	法人代表	胡书刚	董秘	周富良	证券代码	600612
	公司网址	www.chinafirstpencil.com		电子信箱	cfp612@126.com	
	电　话	021-54480605 64833388 转 608		传　真	021-54481529	
	办公地址	上海市漕溪路 270 号六楼				
	经营范围	黄金首饰、铅笔制造、铅笔机械、化工原料、制笔零件等				

	指标\报告期	2013.06.30	2012.12.31	2012.06.30	2011.12.31
主要财务指标	基本每股收益(元)	0.7479	1.1686	0.7191	1.1996
	基本每股收益(扣除)(元)	0.7327	1.0856	0.6830	1.1743
	每股净资产(元)	5.9967	5.2789	5.7310	4.9745
	每股经营现金净流量(元)	3.6703	1.4347	3.0337	-0.2025
	每股现金流量(元)	3.8785	1.4572	3.4466	0.4872
	每股资本公积金(元)	1.1591	1.1891	1.6064	1.5690
	每股盈余公积金(元)	0.3610	0.3610	0.3644	0.3644
	每股未分配利润(元)	3.4767	2.7288	2.7602	2.0411
	净资产收益率(%)	12.4722	22.1369	12.5476	24.1150
	加权净资产收益率(%)	13.2700	24.5800	13.4300	28.2000
	净资产收益率(扣除)(%)	-	-	-	-
	总资产(万元)	897598.54	888500.85	772979.18	727659.00
	归属母公司股东权益(万元)	313695.51	276148.69	249830.70	216855.04
	主营业务收入(万元)	1554070.56	2197200.22	1168077.83	1951190.79
	营业收入(万元)	1817507.96	2555339.90	1345292.17	2112639.72
	主营成本(万元)	1433610.72	1995118.49	1068766.10	1771243.31
	营业成本(万元)	1684300.16	2345980.49	1240425.53	1928279.98
	投资收益(万元)	41.51	11.35	-349.36	279.17
	净利润(万元)	51358.40	79377.64	40915.36	68266.65
	利润总额(万元)	67951.48	106656.91	56098.61	91112.96

上海永生投资管理股份有限公司

公司概况	公司名称	上海永生投资管理股份有限公司			证券简称	永生投资
	法人代表	张芝庭	董秘	梅君	证券代码	600613
	公司网址	www.613904.com		电子信箱	mj041@sina.com	
	电　话	021-53750009		传　真	021-53750012	
	办公地址	上海市威海路 128 号长发大厦 613 室				
	经营范围	在国家法律允许和政策鼓励的范围内进行投资管理				

	指标\报告期	2013.06.30	2012.12.31	2012.06.30	2011.12.31
主要财务指标	基本每股收益(元)	0.2000	0.0900	0.1600	0.1200
	基本每股收益(扣除)(元)	0.1500	0.0800	0.1400	0.1100
	每股净资产(元)	4.2853	1.3865	1.3779	1.2900
	每股经营现金净流量(元)	0.2295	-0.0756	0.5232	-0.0225
	每股现金流量(元)	1.5374	-0.0826	0.7180	-0.0296
	每股资本公积金(元)	2.7621	0.1622	0.1621	0.1621
	每股盈余公积金(元)	0.0739	0.1913	0.0973	0.0973
	每股未分配利润(元)	0.4493	0.9622	0.1185	0.0344
	净资产收益率(%)	2.2480	6.6817	13.2699	9.1740
	加权净资产收益率(%)	7.3500	6.9100	5.2000	9.6100
	净资产收益率(扣除)(%)	-	-	-	-
	总资产(万元)	217926.70	69136.77	25364.56	24306.68
	归属母公司股东权益(万元)	171261.80	46289.02	20379.68	19135.08
	主营业务收入(万元)	25141.04	15282.82	17576.18	14756.70
	营业收入(万元)	25148.35	15399.93	17581.61	14825.01
	主营成本(万元)	6209.61	3101.75	5361.63	3118.56
	营业成本(万元)	6216.91	3209.06	5361.63	3125.05
	投资收益(万元)	58.09	-	-	102.79
	净利润(万元)	3976.33	1510.48	2814.78	1916.14
	利润总额(万元)	4874.20	1855.28	3400.42	2254.83

上海鼎立科技发展(集团)股份有限公司

公司概况	公司名称	上海鼎立科技发展(集团)股份有限公司			证券简称	鼎立股份
	法人代表	许宝星	董秘	姜卫星	证券代码	600614
	公司网址	www.600614.com		电子信箱	jiang_wx@600614.com	
	电　话	021-35071889*698		传　真	021-35080120	
	办公地址	上海市杨浦区国权路39号财富广场(金座)18楼				
	经营范围	房地产开发、销售、物业管理、建筑材料的销售				

	指标\报告期	2013.06.30	2012.12.31	2012.06.30	2011.12.31
主要财务指标	基本每股收益(元)	0.0460	0.1000	0.0500	0.1000
	基本每股收益(扣除)(元)	0.0140	-0.0100	-0.0140	-0.0300
	每股净资产(元)	1.5601	1.5537	1.5050	1.4547
	每股经营现金净流量(元)	0.0188	-0.1238	-0.1249	-0.4069
	每股现金流量(元)	-0.0800	0.0765	-0.0489	0.0006
	每股资本公积金(元)	0.3443	0.3443	0.3443	0.3443
	每股盈余公积金(元)	0.0404	0.0404	0.0128	0.0128
	每股未分配利润(元)	0.1754	0.1689	0.1478	0.0975
	净资产收益率(%)	2.9768	6.3721	3.3414	6.5460
	加权净资产收益率(%)	2.9800	6.6000	3.4000	6.7700
	净资产收益率(扣除)(%)	-	-	-	-
	总资产(万元)	268844.96	273535.19	242480.59	236852.03
	归属母公司股东权益(万元)	88522.65	88157.13	85392.96	82539.64
	主营业务收入(万元)	57190.82	104900.62	57318.52	110679.00
	营业收入(万元)	59727.07	106292.86	57858.27	111824.40
	主营成本(万元)	48665.57	92047.32	50826.31	96246.96
	营业成本(万元)	48931.82	92691.05	50978.12	96810.21
	投资收益(万元)	94.00	4567.34	2670.85	1219.18
	净利润(万元)	2867.96	6059.82	2887.47	5512.49
	利润总额(万元)	3761.36	6785.04	3069.41	6056.70

上海丰华(集团)股份有限公司

公司概况	公司名称	上海丰华(集团)股份有限公司			证券简称	丰华股份
	法人代表	程健	董秘	查大兵	证券代码	600615
	公司网址	www.fenghwa.sh.cn		电子信箱	fenghaw600615@163.com	
	电　话	021-50903399 58702762		传　真	021-58702762	
	办公地址	上海市浦东新区浦建路76号由由国际广场901室				
	经营范围	房地产开发、房屋租赁、物业管理、酒店管理、对外投资等				

	指标\报告期	2013.06.30	2012.12.31	2012.06.30	2011.12.31
主要财务指标	基本每股收益(元)	0.0250	0.0200	0.0080	-0.0800
	基本每股收益(扣除)(元)	-0.0130	-0.0900	-0.0390	-0.2500
	每股净资产(元)	2.6597	2.6347	2.6200	2.6100
	每股经营现金净流量(元)	-0.0251	-0.0504	-0.0225	0.3529
	每股现金流量(元)	-1.9761	1.4747	0.5098	-0.5197
	每股资本公积金(元)	2.4576	2.4576	2.4576	2.4576
	每股盈余公积金(元)	0.3140	0.3140	0.3140	0.3140
	每股未分配利润(元)	-1.1119	-1.1369	-1.1506	-1.1587
	净资产收益率(%)	0.9398	0.8284	0.3135	-3.0710
	加权净资产收益率(%)	0.9440	0.8300	0.3140	-3.0200
	净资产收益率(扣除)(%)	-	-	-	-
	总资产(万元)	52938.82	53288.67	53862.71	56729.70
	归属母公司股东权益(万元)	50008.22	49538.25	49279.75	49127.86
	主营业务收入(万元)	-	2296.38	1688.70	11441.01
	营业收入(万元)	20.18	2338.38	1709.88	11487.56
	主营成本(万元)	-	2687.90	2105.00	10558.25
	营业成本(万元)	1.68	2692.62	2107.43	10564.54
	投资收益(万元)	706.62	0.43	-2.43	2609.52
	净利润(万元)	469.97	410.39	154.48	-1508.71
	利润总额(万元)	469.98	421.89	154.48	-1830.78

上海金枫酒业股份有限公司

公司概况	公司名称	上海金枫酒业股份有限公司			证券简称	金枫酒业
	法人代表	葛俊杰	董秘	张黎云	证券代码	600616
	公司网址	www.jinfengwine.com		电子信箱	lily@jinfengwine.com	
	电　话	021-58352625 50812727*8607		传　真	021-58352620	
	办公地址	上海市普陀区宁夏路777号(海棠大厦内)				
	经营范围	食品销售管理(非实物方式)、酒、仓储货运、租赁				

	指标\报告期	2013.06.30	2012.12.31	2012.06.30	2011.12.31
主要财务指标	基本每股收益(元)	0.1500	0.2400	0.1300	0.3200
	基本每股收益(扣除)(元)	0.1600	0.2300	0.1300	0.3000
	每股净资产(元)	2.9019	2.8470	2.7100	2.6800
	每股经营现金净流量(元)	-0.0859	0.2219	-0.0308	0.2696
	每股现金流量(元)	-0.4235	0.3863	0.1092	-0.0211
	每股资本公积金(元)	0.0963	0.0963	0.0640	0.0640
	每股盈余公积金(元)	0.1034	0.1034	0.0960	0.0960
	每股未分配利润(元)	1.7023	1.6473	1.5537	1.5193
	净资产收益率(%)	5.3392	8.2689	4.9524	11.9940
	加权净资产收益率(%)	5.3400	8.5700	4.8900	12.1400
	净资产收益率(扣除)(%)	-	-	-	-
	总资产(万元)	144964.21	164905.01	154017.28	147125.99
	归属母公司股东权益(万元)	127299.26	124889.25	119041.23	117532.53
	主营业务收入(万元)	47642.18	95055.72	42325.77	104173.51
	营业收入(万元)	47667.87	95118.02	42336.41	104241.36
	主营成本(万元)	21829.52	44226.16	19797.91	47150.47
	营业成本(万元)	21842.93	44251.74	19809.01	47180.14
	投资收益(万元)	91.15	172.10	78.10	120.40
	净利润(万元)	6718.30	10142.81	5804.56	14097.46
	利润总额(万元)	9043.07	13668.59	7889.46	18585.09

上海联华合纤股份有限公司

公司概况	公司名称	上海联华合纤股份有限公司			证券简称	*ST 联华
	法人代表	李保荣	董秘	高伟	证券代码	600617
	公司网址	www.600617.com.cn		电子信箱	wangxl@600617.com.cn	
	电　话	021-61639685		传　真	021-61639683	
	办公地址	上海市浦东新区长柳路58号证大立方大厦1103室				
	经营范围	生产销售聚酯切片、合成纤维及深加工产品、投资兴办企业、销售自产产品				

	指标\报告期	2013.06.30	2012.12.31	2012.06.30	2011.12.31
主要财务指标	基本每股收益(元)	-0.0260	-0.0600	0.0230	0.1000
	基本每股收益(扣除)(元)	-0.0260	-0.0800	-0.0002	-0.1800
	每股净资产(元)	-0.4387	-0.4126	-0.3340	-0.3600
	每股经营现金净流量(元)	0.0002	-0.0462	-0.0277	-0.2449
	每股现金流量(元)	0.0001	-0.0233	-0.0106	-0.2317
	每股资本公积金(元)	0.4456	0.4456	0.4456	0.4456
	每股盈余公积金(元)	0.1739	0.1739	0.1739	0.1739
	每股未分配利润(元)	-2.0582	-2.0321	-1.9535	-1.9770
	净资产收益率(%)	-5.9455	-13.3600	-7.0274	-27.6310
	加权净资产收益率(%)	-	-14.3300	-	-24.2800
	净资产收益率(扣除)(%)	-	-	-	-
	总资产(万元)	2038.39	2032.05	451.47	1793.36
	归属母公司股东权益(万元)	-7334.96	-6898.86	-5584.20	-5976.62
	主营业务收入(万元)	-	-	-	2541.15
	营业收入(万元)	-	-	-	2559.65
	主营成本(万元)	-	-	-	2443.95
	营业成本(万元)	-	-	-	2448.07
	投资收益(万元)	-	9365.64	286.39	0.40
	净利润(万元)	-436.10	-922.24	392.42	1651.40
	利润总额(万元)	-436.10	-1365.44	-52.08	2363.62

上海氯碱化工股份有限公司

公司概况					
公司名称	上海氯碱化工股份有限公司			证券简称	氯碱化工
法人代表	李军	董秘	许沛文	证券代码	600618
公司网址	www.scacc.com		电子信箱	shxpw@126.com	
电话	021-64340601 64342640		传真	021-64341341	
办公地址	上海市龙吴路 4747 号				
经营范围	聚氯乙烯、烧碱、氯系列等基本化工原料及加工产品				

主要财务指标：指标\报告期	2013.06.30	2012.12.31	2012.06.30	2011.12.31
基本每股收益(元)	0.0035	0.0887	0.0733	0.1987
基本每股收益(扣除)(元)	0.0027	0.0564	0.0676	0.1637
每股净资产(元)	2.4488	2.4459	2.4304	2.3575
每股经营现金净流量(元)	0.2057	0.5572	0.3081	0.6140
每股现金流量(元)	–0.1245	0.0519	–0.0333	–0.0065
每股资本公积金(元)	1.3745	1.3751	1.3749	1.3753
每股盈余公积金(元)	0.0090	0.0090	0.0087	0.0087
每股未分配利润(元)	0.0653	0.0619	0.0468	–0.0265
净资产收益率(%)	0.1414	3.6300	3.0169	8.4280
加权净资产收益率(%)	0.1420	3.6921	3.0630	8.7844
净资产收益率(扣除)(%)	–	–	–	–
总资产(万元)	602753.97	634013.28	618415.27	600792.94
归属母公司股东权益(万元)	283184.38	282846.46	281047.67	272620.26
主营业务收入(万元)	311041.63	623921.20	259778.39	561131.28
营业收入(万元)	315470.83	634088.36	267518.55	576252.60
主营成本(万元)	283300.38	563969.97	228288.35	478268.06
营业成本(万元)	286988.59	570071.41	234352.68	492315.79
投资收益(万元)	3802.49	10836.07	2524.59	1250.22
净利润(万元)	802.50	11116.59	8502.15	22638.29
利润总额(万元)	1005.75	11494.98	8606.45	22713.53

上海海立(集团)股份有限公司

公司概况					
公司名称	上海海立(集团)股份有限公司			证券简称	海立股份
法人代表	沈建芳	董秘	罗敏	证券代码	600619
公司网址	www.highly.cc		电子信箱	luomin@highly.cc	
电话	021-58547777 58547618		传真	021-50326960	
办公地址	上海市浦东新区金桥出口加工区宁桥路 888 号				
经营范围	生产销售空调压缩机、冰箱压缩机以及除湿机压缩机等				

主要财务指标：指标\报告期	2013.06.30	2012.12.31	2012.06.30	2011.12.31
基本每股收益(元)	0.0900	0.2300	0.1700	0.2700
基本每股收益(扣除)(元)	0.0700	0.2000	0.1600	0.2800
每股净资产(元)	3.4863	3.5418	3.0400	2.9696
每股经营现金净流量(元)	0.1046	0.6166	0.5788	0.3715
每股现金流量(元)	0.2691	–0.0150	0.1131	0.0542
每股资本公积金(元)	1.2442	1.2498	0.5999	0.6835
每股盈余公积金(元)	0.3171	0.3171	0.3333	0.3333
每股未分配利润(元)	0.9327	0.9749	1.1033	0.9527
净资产收益率(%)	2.5478	6.2514	5.6145	9.1878
加权净资产收益率(%)	2.4800	7.2400	5.5400	9.5800
净资产收益率(扣除)(%)	–	–	–	–
总资产(万元)	832667.47	753098.94	772247.01	714628.28
归属母公司股东权益(万元)	232795.41	236502.13	183027.18	178990.39
主营业务收入(万元)	357085.48	661592.50	387463.73	795588.00
营业收入(万元)	367260.99	677296.59	396973.47	820538.05
主营成本(万元)	318234.74	570211.32	337764.29	700767.64
营业成本(万元)	324930.31	579492.93	342015.83	715725.16
投资收益(万元)	326.64	1058.02	496.68	535.10
净利润(万元)	8350.65	20752.76	14300.22	23114.48
利润总额(万元)	8301.41	25528.80	17300.73	28261.25

上海市天宸股份有限公司

公司概况					
公司名称	上海市天宸股份有限公司			证券简称	天宸股份
法人代表	叶茂菁	董秘	许旭羽	证券代码	600620
公司网址	www.shstc.com		电子信箱	xuxuyu@shstc.com	
电话	021-62782233		传真	021-62789070	
办公地址	上海市长宁区仙霞路 8 号 29 楼				
经营范围	实业投资、信息网络安全产品开发、国内贸易、房地产开发经营				

主要财务指标：指标\报告期	2013.06.30	2012.12.31	2012.06.30	2011.12.31
基本每股收益(元)	0.3023	0.0300	–0.0120	0.0300
基本每股收益(扣除)(元)	0.0021	–0.0100	–0.0136	–0.0900
每股净资产(元)	1.8538	1.6276	1.5450	1.5320
每股经营现金净流量(元)	–0.0469	0.0488	–0.0817	0.4363
每股现金流量(元)	0.3133	–0.2813	–0.3603	0.3401
每股资本公积金(元)	0.0173	0.0835	0.0425	0.0176
每股盈余公积金(元)	0.1969	0.1969	0.1958	0.1958
每股未分配利润(元)	0.6396	0.3473	0.3065	0.3185
净资产收益率(%)	16.3093	1.8401	–0.7743	1.9859
加权净资产收益率(%)	17.3700	1.9000	–0.7800	2.0000
净资产收益率(扣除)(%)	–	–	–	–
总资产(万元)	104456.74	99822.48	89225.20	95913.80
归属母公司股东权益(万元)	84865.47	74511.18	70719.48	70124.46
主营业务收入(万元)	1558.68	4539.79	6904.34	6632.95
营业收入(万元)	1989.44	5331.90	7262.09	7223.55
主营成本(万元)	1218.60	2973.12	6591.22	6136.97
营业成本(万元)	1560.75	3478.30	6928.43	6498.31
投资收益(万元)	17887.27	3783.70	1415.19	4209.44
净利润(万元)	13750.22	1218.10	–632.00	1120.45
利润总额(万元)	14271.47	1490.88	–602.72	1560.91

上海华鑫股份有限公司

公司概况					
公司名称	上海华鑫股份有限公司			证券简称	华鑫股份
法人代表	毛辰	董秘	胡之奎	证券代码	600621
公司网址	www.shchinafortune.com		电子信箱	hzk@shchinafortune.com	
电话	021-63226000-501 203		传真	021-63502688	
办公地址	上海市福州路 666 号 26 楼				
经营范围	表面贴装、印刷电路板、网络产品与工程、电子设备、物业经营等				

主要财务指标：指标\报告期	2013.06.30	2012.12.31	2012.06.30	2011.12.31
基本每股收益(元)	0.1215	0.3493	0.1599	0.2602
基本每股收益(扣除)(元)	0.0929	0.3481	0.1551	0.2304
每股净资产(元)	2.7492	2.7365	2.6452	2.4800
每股经营现金净流量(元)	0.2489	–0.1601	–0.5676	0.3205
每股现金流量(元)	0.7996	0.3173	0.0605	0.3732
每股资本公积金(元)	0.4148	0.4135	0.4117	0.4093
每股盈余公积金(元)	0.3139	0.3139	0.2897	0.2897
每股未分配利润(元)	1.0206	1.0091	0.9438	0.7840
净资产收益率(%)	4.4197	12.7634	6.0432	10.4790
加权净资产收益率(%)	4.3700	13.3800	6.2300	10.8000
净资产收益率(扣除)(%)	–	–	–	–
总资产(万元)	297797.95	281953.52	250239.52	207123.51
归属母公司股东权益(万元)	144083.23	143412.64	138632.43	130127.27
主营业务收入(万元)	30641.80	90977.40	30965.98	84705.01
营业收入(万元)	32148.27	94533.77	33081.77	88739.88
主营成本(万元)	18399.79	52686.80	18700.40	49004.18
营业成本(万元)	19756.82	56262.30	20318.21	52097.66
投资收益(万元)	961.69	3832.52	3276.61	2572.01
净利润(万元)	6362.00	18128.96	8275.35	13736.23
利润总额(万元)	7056.07	21600.07	9237.41	16140.46

上海嘉宝实业(集团)股份有限公司

公司概况	公司名称	上海嘉宝实业(集团)股份有限公司			证券简称	嘉宝集团
	法人代表	钱明	董秘	孙红良	证券代码	600622
	公司网址	www.jbjt.com		电子信箱	jbdm@jbjt.com	
	电　话	021-59529711		传　真	021-59536931	
	办公地址	上海市嘉定区清河路55号6-7F				
	经营范围	实业投资、国内贸易(除专项规定)、劳务服务、进出口业务等				

主要财务指标	指标\报告期	2013.06.30	2012.12.31	2012.06.30	2011.12.31
	基本每股收益(元)	0.3290	0.5890	0.3690	0.5190
	基本每股收益(扣除)(元)	0.3200	0.5340	0.3410	0.4810
	每股净资产(元)	4.8574	4.7065	4.4880	4.2630
	每股经营现金净流量(元)	−0.7041	−0.8796	−1.0618	−0.2984
	每股现金流量(元)	0.1454	−0.4370	−0.4835	−0.9986
	每股资本公积金(元)	1.3398	1.3383	1.3393	1.3341
	每股盈余公积金(元)	0.3303	0.3303	0.2918	0.2918
	每股未分配利润(元)	2.1872	2.0378	1.8563	1.6371
	净资产收益率(%)	6.7811	12.5186	8.2275	12.1750
	加权净资产收益率(%)	6.7610	13.0650	8.2960	12.6900
	净资产收益率(扣除)(%)	–	–	–	–
	总资产(万元)	744127.47	716633.32	643698.51	603006.61
	归属母公司股东权益(万元)	249817.62	242056.38	230795.44	219253.21
	主营业务收入(万元)	87116.14	210990.03	140353.04	161135.06
	营业收入(万元)	87434.76	211682.33	140599.53	162177.57
	主营成本(万元)	53675.17	158107.59	107543.09	146478.49
	营业成本(万元)	53863.74	158289.13	107596.83	146857.99
	投资收益(万元)	2390.00	7387.59	4734.00	23943.91
	净利润(万元)	16900.81	30461.83	19020.36	26959.58
	利润总额(万元)	22158.15	38868.05	24076.05	28830.18

双钱集团股份有限公司

公司概况	公司名称	双钱集团股份有限公司			证券简称	双钱股份
	法人代表	刘训峰	董秘	王玲	证券代码	600623
	公司网址	www.doublecoinholdings.com		电子信箱	wangling@doublecoinholdings.com	
	电　话	021-33024666 6379 6238		传　真	021-63390141	
	办公地址	上海市四川中路63号				
	经营范围	轮胎、力车胎、胶鞋及其橡胶制品和前述产品的配件、橡胶原辅材料等				

主要财务指标	指标\报告期	2013.06.30	2012.12.31	2012.06.30	2011.12.31
	基本每股收益(元)	0.1830	0.3280	0.1310	0.1990
	基本每股收益(扣除)(元)	0.1740	0.2800	0.1050	0.1670
	每股净资产(元)	2.8754	2.8040	2.6140	2.5540
	每股经营现金净流量(元)	−0.4385	1.0694	−0.3545	1.0635
	每股现金流量(元)	0.2997	0.5317	0.5174	−0.0522
	每股资本公积金(元)	0.7662	0.7790	0.7913	0.8014
	每股盈余公积金(元)	0.2021	0.2021	0.1541	0.1541
	每股未分配利润(元)	0.9079	0.8252	0.6701	0.6027
	净资产收益率(%)	6.3548	11.7142	4.9927	7.7780
	加权净资产收益率(%)	6.3110	12.2700	4.9920	7.8400
	净资产收益率(扣除)(%)	–	–	–	–
	总资产(万元)	1211914.00	1074509.95	1128367.52	892504.06
	归属母公司股东权益(万元)	255759.62	249405.98	232519.71	227161.60
	主营业务收入(万元)	701233.22	1202458.33	603089.05	1081037.62
	营业收入(万元)	705601.15	1210157.96	606127.00	1092663.23
	主营成本(万元)	613353.17	984567.16	510905.56	955347.23
	营业成本(万元)	616383.86	985301.08	513379.93	961160.48
	投资收益(万元)	2348.17	1321.30	2152.92	−158.90
	净利润(万元)	15269.14	33316.81	15547.62	10041.73
	利润总额(万元)	18721.67	41191.31	16740.33	11719.46

上海复旦复华科技股份有限公司

公司概况	公司名称	上海复旦复华科技股份有限公司			证券简称	复旦复华
	法人代表	王生洪	董秘	任琳芳	证券代码	600624
	公司网址	www.forwardgroup.com		电子信箱	shareholder@forwardgroup.com	
	电　话	021-63872288		传　真	021-63869700	
	办公地址	上海市国权路525号				
	经营范围	电脑系统、通讯设备、自动化仪表、生物技术、光源照明等				

主要财务指标	指标\报告期	2013.06.30	2012.12.31	2012.06.30	2011.12.31
	基本每股收益(元)	0.0438	0.0810	0.0368	0.0690
	基本每股收益(扣除)(元)	0.0305	0.0370	0.0475	0.1140
	每股净资产(元)	1.6817	1.6778	1.6490	1.6420
	每股经营现金净流量(元)	−0.5782	0.6442	0.5030	0.3967
	每股现金流量(元)	−0.1629	−0.0902	−0.0399	0.1080
	每股资本公积金(元)	0.2633	0.2633	0.2625	0.2625
	每股盈余公积金(元)	0.0355	0.0355	0.0307	0.0307
	每股未分配利润(元)	0.4000	0.3922	0.3525	0.3467
	净资产收益率(%)	2.6039	4.8465	2.2300	4.2118
	加权净资产收益率(%)	2.5800	4.8700	2.2200	4.2120
	净资产收益率(扣除)(%)	–	–	–	–
	总资产(万元)	150665.55	131564.56	131885.82	152403.42
	归属母公司股东权益(万元)	58046.10	57910.47	56908.21	56657.63
	主营业务收入(万元)	42959.41	85514.37	39101.83	71944.93
	营业收入(万元)	43494.18	86723.74	39681.94	73106.08
	主营成本(万元)	34019.36	58701.57	26455.57	45760.68
	营业成本(万元)	34114.87	58936.38	26627.88	46145.86
	投资收益(万元)	−91.95	2159.64	−106.34	−133.85
	净利润(万元)	1841.84	3371.19	1521.24	2911.97
	利润总额(万元)	2225.91	4637.69	2118.40	3816.10

上海申达股份有限公司

公司概况	公司名称	上海申达股份有限公司			证券简称	申达股份
	法人代表	席时平	董秘	玛天羽	证券代码	600626
	公司网址	www.cnshenda.com.cn		电子信箱	600626@sh-shenda.com	
	电　话	021-62328282		传　真	021-62317250 62326869	
	办公地址	上海市江宁路1500号申达国际大厦(近澳门路)				
	经营范围	纺纱织布、两纱两布、各类纺织品服装、复制品及技术出口等				

主要财务指标	指标\报告期	2013.06.30	2012.12.31	2012.06.30	2011.12.31
	基本每股收益(元)	0.1311	0.2319	0.1287	0.3038
	基本每股收益(扣除)(元)	0.0937	0.1722	0.0795	0.2346
	每股净资产(元)	2.8855	2.8544	2.7490	2.7200
	每股经营现金净流量(元)	−0.3392	0.1997	−0.0662	0.3208
	每股现金流量(元)	−0.7981	−0.0080	−0.4562	0.3523
	每股资本公积金(元)	0.2001	0.2001	0.1979	0.1979
	每股盈余公积金(元)	1.2595	1.1763	1.1554	1.0659
	每股未分配利润(元)	0.4258	0.4780	0.3956	0.4564
	净资产收益率(%)	4.5433	8.1257	4.6810	11.1680
	加权净资产收益率(%)	4.4900	8.3300	4.6200	11.6800
	净资产收益率(扣除)(%)	–	–	–	–
	总资产(万元)	374802.08	362434.84	333374.37	316527.60
	归属母公司股东权益(万元)	204940.97	202732.38	195239.27	193202.49
	主营业务收入(万元)	328188.91	679865.46	323467.12	662888.20
	营业收入(万元)	328949.41	681747.12	324172.19	664566.57
	主营成本(万元)	300402.78	629933.87	299852.65	619555.39
	营业成本(万元)	300665.71	630630.98	300069.09	620213.25
	投资收益(万元)	3670.73	5475.36	2355.15	12298.33
	净利润(万元)	9925.27	17605.43	9873.98	23344.89
	利润总额(万元)	13039.19	21747.41	12076.50	27479.73

上海新世界股份有限公司

公司概况					
公司名称	上海新世界股份有限公司			证券简称	新 世 界
法人代表	徐若海	董秘	马炳芳	证券代码	600628
公司网址	www.newworld-china.com		电子信箱	nwuser@sh163.net	
电　　话	021-63588888 3322		传　　真	021-63583331	
办公地址	上海市南京西路 2-88 号				
经营范围	日用百货零售与批发、兼营房地产、酒店、旅游、投资咨询、成衣加工等				

主要财务指标 指标\报告期	2013.06.30	2012.12.31	2012.06.30	2011.12.31
基本每股收益(元)	0.2600	0.4500	0.2500	0.4000
基本每股收益(扣除)(元)	0.2000	0.4100	0.2500	0.3700
每股净资产(元)	4.4567	4.2014	4.1288	3.8800
每股经营现金净流量(元)	0.3174	0.8376	0.1723	0.7205
每股现金流量(元)	-0.1977	-0.3827	-0.4434	0.6553
每股资本公积金(元)	0.8785	0.8811	0.8845	0.8844
每股盈余公积金(元)	0.4509	0.4511	0.4087	0.4089
每股未分配利润(元)	2.1273	1.8691	1.8356	1.5865
净资产收益率(%)	5.7927	10.5992	6.0330	10.3570
加权净资产收益率(%)	5.9600	11.0100	6.2200	10.7000
净资产收益率(扣除)(%)	-	-	-	-
总资产(万元)	520830.87	519828.89	493648.78	556825.33
归属母公司股东权益(万元)	237009.34	223430.55	219570.56	206327.18
主营业务收入(万元)	164361.53	350871.64	153177.47	321001.79
营业收入(万元)	165385.87	354782.13	156354.69	322276.50
主营成本(万元)	119157.98	258248.85	107703.10	232655.79
营业成本(万元)	119453.73	258387.08	108232.91	232755.04
投资收益(万元)	10.15	53.70	18.30	-166.87
净利润(万元)	14195.29	24422.79	13632.90	22006.36
利润总额(万元)	17857.21	32421.98	16840.01	30000.57

上海棱光实业股份有限公司

公司概况					
公司名称	上海棱光实业股份有限公司			证券简称	棱光实业
法人代表	章曦	董秘	李恒广	证券代码	600629
公司网址			电子信箱	lihg@lengguang.sh.cn	
电　　话	021-62192863		传　　真	021-62192863	
办公地址	上海市延安西路 2558 号 2 号楼				
经营范围	实业投资、自有房屋出租、石英玻璃、电子仪表、半导体材料、机电设备等				

主要财务指标 指标\报告期	2013.06.30	2012.12.31	2012.06.30	2011.12.31
基本每股收益(元)	0.0340	0.0280	0.0570	0.1520
基本每股收益(扣除)(元)	-0.0080	-0.1650	-0.0460	0.0310
每股净资产(元)	2.2237	2.1901	2.2710	2.6349
每股经营现金净流量(元)	0.0781	0.3071	0.1455	0.4658
每股现金流量(元)	-0.4761	0.6258	0.3143	-0.5914
每股资本公积金(元)	1.7279	1.7279	1.9077	2.2008
每股盈余公积金(元)	0.1697	0.1697	0.1603	0.1697
每股未分配利润(元)	-0.6738	-0.7075	-0.7968	-0.7356
净资产收益率(%)	1.5146	1.2832	2.5147	5.7766
加权净资产收益率(%)	1.5260	1.2910	2.2570	5.8280
净资产收益率(扣除)(%)	-	-	-	-
总资产(万元)	157172.95	166287.49	115622.22	146647.64
归属母公司股东权益(万元)	77386.28	76214.19	79041.94	91693.82
主营业务收入(万元)	19205.29	51888.85	21257.84	64365.79
营业收入(万元)	19571.15	52476.04	21515.23	65035.76
主营成本(万元)	14157.23	40845.67	16896.71	48402.02
营业成本(万元)	14282.84	41140.28	16989.13	48531.20
投资收益(万元)	2793.33	721.79	409.24	413.08
净利润(万元)	1887.59	2823.57	2977.28	6406.69
利润总额(万元)	2104.98	3785.95	4425.63	7526.33

上海龙头(集团)股份有限公司

公司概况					
公司名称	上海龙头(集团)股份有限公司			证券简称	龙头股份
法人代表	朱勇	董秘	陈峰	证券代码	600630
公司网址	www.shanghaidragon.com.cn		电子信箱	ltdsh@shanghaidragon.com.cn	
电　　话	021-34061116 63159108		传　　真	021-54666630 63158280	
办公地址	上海市制造局路 584 号 A 座 4 楼				
经营范围	纺织品制造业、针织、家用纺织品、服装服饰及纺织品印染等				

主要财务指标 指标\报告期	2013.06.30	2012.12.31	2012.06.30	2011.12.31
基本每股收益(元)	0.0600	0.1100	0.0600	0.1100
基本每股收益(扣除)(元)	0.0400	0.0700	0.0500	0.0300
每股净资产(元)	3.6267	3.5671	3.5000	3.4400
每股经营现金净流量(元)	-0.0768	0.3369	0.1673	-0.0940
每股现金流量(元)	-0.0582	0.1420	-0.0644	-0.1764
每股资本公积金(元)	2.2145	2.2143	2.1975	2.1973
每股盈余公积金(元)	0.0232	0.0232	0.0232	0.0232
每股未分配利润(元)	0.3890	0.3296	0.2802	0.2221
净资产收益率(%)	1.6368	3.0128	1.6584	3.1550
加权净资产收益率(%)	1.6500	3.0700	1.6700	3.2100
净资产收益率(扣除)(%)	-	-	-	-
总资产(万元)	260301.47	257152.75	258429.23	255861.08
归属母公司股东权益(万元)	154084.52	151554.15	148739.40	146267.34
主营业务收入(万元)	200063.58	462486.35	228346.21	441031.96
营业收入(万元)	203391.99	472384.49	231924.65	452778.51
主营成本(万元)	162708.34	385655.94	190982.94	373204.12
营业成本(万元)	164502.12	391398.08	192975.10	381106.47
投资收益(万元)	324.38	1302.87	375.11	1521.71
净利润(万元)	2523.87	4577.75	2472.69	4629.26
利润总额(万元)	3386.77	6371.04	3320.23	6185.98

浙报传媒集团股份有限公司

公司概况					
公司名称	浙报传媒集团股份有限公司			证券简称	浙报传媒
法人代表	张雪南	董秘	李庆	证券代码	600633
公司网址	www.600633.cn		电子信箱	zdm@8531.cn	
电　　话	0571-85310949 85311338		传　　真	0571-85058016	
办公地址	浙江省杭州市体育场路 178 号 26-27 楼				
经营范围	传播与文化产业的投资、开发、管理及咨询服务				

主要财务指标 指标\报告期	2013.06.30	2012.12.31	2012.06.30	2011.12.31
基本每股收益(元)	0.3600	0.5200	0.2600	0.6700
基本每股收益(扣除)(元)	0.3600	0.5000	0.2500	0.6600
每股净资产(元)	5.5876	2.3937	2.1548	2.7032
每股经营现金净流量(元)	0.1722	0.7917	-0.3070	0.4926
每股现金流量(元)	1.6273	-0.8612	-0.8564	0.4985
每股资本公积金(元)	3.5578	0.0346	0.0016	0.5659
每股盈余公积金(元)	0.0677	0.0937	0.0608	0.0607
每股未分配利润(元)	0.9621	1.2655	1.0923	1.0766
净资产收益率(%)	5.3113	21.5166	12.2480	18.9967
加权净资产收益率(%)	9.4200	20.7500	9.7900	22.0600
净资产收益率(扣除)(%)	-	-	-	-
总资产(万元)	625631.40	263003.64	249284.07	219379.85
归属母公司股东权益(万元)	331985.00	102863.59	92598.98	116165.65
主营业务收入(万元)	88284.65	137311.23	62716.66	129470.52
营业收入(万元)	92975.31	143795.72	65978.46	134451.14
主营成本(万元)	46715.45	73859.64	32528.68	70883.80
营业成本(万元)	48735.31	77478.79	33869.14	73771.29
投资收益(万元)	888.93	1019.60	410.81	716.29
净利润(万元)	21043.00	28033.57	14414.62	26481.21
利润总额(万元)	22267.19	28318.04	14427.41	26499.62

上海澄海企业发展股份有限公司

公司概况

公司名称	上海澄海企业发展股份有限公司			证券简称	ST 澄海
法人代表	鲍崇宪	董秘	吴裕芹	证券代码	600634
公司网址	www.600634.com		电子信箱	shhnfz@yahoo.com.cn	
电　话	021-62696296		传　真	021-65194671	
办公地址	上海市国权路 39 号财富国际广场金座 21 楼				
经营范围	房地产开发与经营等				

主要财务指标

指标\报告期	2013.06.30	2012.12.31	2012.06.30	2011.12.31
基本每股收益(元)	-0.1500	0.2700	0.0200	0.0700
基本每股收益(扣除)(元)	-0.0900	-0.0600	-0.0100	-0.1000
每股净资产(元)	1.7914	1.9060	1.6570	1.6337
每股经营现金净流量(元)	0.0472	-0.4758	-0.1366	0.5780
每股现金流量(元)	0.0077	-0.3684	-0.3569	0.3626
每股资本公积金(元)	0.3638	0.3265	0.3265	0.3265
每股盈余公积金(元)	0.2858	0.2858	0.2858	0.2858
每股未分配利润(元)	0.1418	0.2937	0.0444	0.0214
净资产收益率(%)	-8.4774	14.2870	1.3884	4.0262
加权净资产收益率(%)	-8.2100	15.3900	1.4000	4.1100
净资产收益率(扣除)(%)	-	-	-	-
总资产(万元)	21420.05	23209.06	18314.12	20249.55
归属母公司股东权益(万元)	15622.54	16621.66	14447.52	14246.93
主营业务收入(万元)	140.48	3353.74	2875.02	5018.74
营业收入(万元)	146.60	3366.04	2875.02	5031.91
主营成本(万元)	179.35	2728.84	2531.52	4760.13
营业成本(万元)	192.47	2755.15	2544.71	4802.02
投资收益(万元)	-	-	-	-
净利润(万元)	-1328.17	2397.83	202.55	589.90
利润总额(万元)	-1310.67	2415.67	220.39	620.52

上海大众公用事业(集团)股份有限公司

公司概况

公司名称	上海大众公用事业(集团)股份有限公司			证券简称	大众公用
法人代表	杨国平	董秘	梁嘉玮	证券代码	600635
公司网址	www.dzug.cn		电子信箱	master@dzug.cn	
电　话	021-64288888 64280679		传　真	021-64288727	
办公地址	上海市徐汇区中山西路 1515 号大众大厦 8 楼、9 楼				
经营范围	交通运输业和城市燃气业等				

主要财务指标

指标\报告期	2013.06.30	2012.12.31	2012.06.30	2011.12.31
基本每股收益(元)	0.0823	0.2000	0.1208	0.2500
基本每股收益(扣除)(元)	0.0478	0.0800	0.0835	0.1100
每股净资产(元)	2.3703	2.3520	2.3900	2.3200
每股经营现金净流量(元)	0.0617	0.2312	-0.0511	0.1306
每股现金流量(元)	-0.1473	0.3643	0.3689	0.0202
每股资本公积金(元)	0.4146	0.4800	0.5365	0.5782
每股盈余公积金(元)	0.2136	0.2136	0.1967	0.1967
每股未分配利润(元)	0.7407	0.6584	0.6613	0.5406
净资产收益率(%)	3.4735	8.7037	5.0430	10.9910
加权净资产收益率(%)	3.4900	8.7600	5.1300	11.0600
净资产收益率(扣除)(%)	-	-	-	-
总资产(万元)	1047050.53	1068385.66	1060594.85	991860.91
归属母公司股东权益(万元)	389878.73	386867.98	393876.63	380870.78
主营业务收入(万元)	205845.19	363672.87	190034.92	358877.18
营业收入(万元)	207253.37	366604.87	191605.10	362256.72
主营成本(万元)	192016.44	328448.65	173583.53	328087.04
营业成本(万元)	192598.00	330271.40	174181.48	330203.22
投资收益(万元)	30510.74	60824.89	31215.11	91739.53
净利润(万元)	15275.48	38857.97	21912.85	64669.95
利润总额(万元)	17270.67	44184.42	23470.07	81117.03

上海三爱富新材料股份有限公司

公司概况

公司名称	上海三爱富新材料股份有限公司			证券简称	三 爱 富
法人代表	魏建华	董秘	李莉	证券代码	600636
公司网址	www.sh3f.com		电子信箱	bod@sh3f.com	
电　话	021-64823549 64823552		传　真	021-64823550	
办公地址	上海市漕溪路 250 号银海大楼 A805 室				
经营范围	有机氟原料及其产品的生产和销售				

主要财务指标

指标\报告期	2013.06.30	2012.12.31	2012.06.30	2011.12.31
基本每股收益(元)	0.0385	0.3650	0.2623	1.9150
基本每股收益(扣除)(元)	0.0300	0.4470	0.2589	2.0950
每股净资产(元)	4.3011	-	4.6689	4.4066
每股经营现金净流量(元)	0.5597	0.4785	0.7486	3.2049
每股现金流量(元)	-0.6312	-0.3564	-0.4104	0.8161
每股资本公积金(元)	0.2937	0.2741	0.4015	0.4015
每股盈余公积金(元)	0.2125	0.2125	0.2078	0.2078
每股未分配利润(元)	2.7949	2.8664	3.0596	2.7972
净资产收益率(%)	0.8953	8.3895	5.6188	47.8060
加权净资产收益率(%)	0.8900	8.7300	5.4700	63.5000
净资产收益率(扣除)(%)	-	-	-	-
总资产(万元)	312561.73	363827.55	332930.58	355858.29
归属母公司股东权益(万元)	164279.31	166263.04	162118.01	153008.91
主营业务收入(万元)	148209.52	297038.61	146863.42	430549.20
营业收入(万元)	150362.18	328833.38	160007.76	461044.78
主营成本(万元)	127032.70	247445.89	123135.68	287987.12
营业成本(万元)	128238.21	255859.09	126619.94	295823.99
投资收益(万元)	279.25	1157.55	365.73	1367.60
净利润(万元)	3620.57	19249.70	11372.07	99763.56
利润总额(万元)	5542.05	24045.62	13946.30	117174.88

百视通新媒体股份有限公司

公司概况

公司名称	百视通新媒体股份有限公司			证券简称	百 视 通
法人代表	裘新	董秘	张建	证券代码	600637
公司网址	www.bestv.com.cn		电子信箱	dongban@bestv.com.cn	
电　话	021-33396736 33396637		传　真	021-33396636	
办公地址	上海市徐汇区宜山路 757 号百视通大厦				
经营范围	电子、信息、网络产品的设计、研究、开发、委托加工、销售、维修等				

主要财务指标

指标\报告期	2013.06.30	2012.12.31	2012.06.30	2011.12.31
基本每股收益(元)	0.2882	0.4600	0.2304	0.6300
基本每股收益(扣除)(元)	0.2797	0.4400	0.2278	0.6200
每股净资产(元)	3.0579	2.7697	2.5500	2.3246
每股经营现金净流量(元)	0.1483	0.8284	0.2426	0.4893
每股现金流量(元)	-0.0432	0.3536	-0.0393	0.7840
每股资本公积金(元)	0.9774	0.9775	0.9947	0.9946
每股盈余公积金(元)	0.0084	-	-	-
每股未分配利润(元)	1.0735	0.7937	0.5603	0.3300
净资产收益率(%)	9.4261	16.7426	9.0161	13.7160
加权净资产收益率(%)	9.8900	18.2700	9.4400	20.1100
净资产收益率(扣除)(%)	-	-	-	-
总资产(万元)	435625.41	388289.77	341744.27	311621.50
归属母公司股东权益(万元)	340571.62	308476.27	284557.98	258900.11
主营业务收入(万元)	112140.50	201036.48	91197.76	133226.19
营业收入(万元)	112598.29	202774.84	91661.62	133546.52
主营成本(万元)	53992.54	112914.03	48142.13	67186.42
营业成本(万元)	54039.31	112937.67	48142.13	67187.82
投资收益(万元)	52.59	3843.35	2231.75	4641.93
净利润(万元)	31967.20	49779.21	25447.85	35564.89
利润总额(万元)	37646.52	58333.63	29123.21	40835.62

上海新黄浦置业股份有限公司

公司概况					
公司名称	上海新黄浦置业股份有限公司			证券简称	新黄浦
法人代表	王伟旭	董秘	李薇洁	证券代码	600638
公司网址	www.600638.com		电子信箱	stock@600638.com	
电　　话	021-63238888		传　　真	021-63237777	
办公地址	上海市北京东路 668 号西楼 32 层				
经营范围	房地产经营、旧危房改造、室内外建筑装潢、物业管理、房产咨询等				

主要财务指标：指标＼报告期	2013.06.30	2012.12.31	2012.06.30	2011.12.31
基本每股收益(元)	0.1781	0.3710	0.1534	0.4220
基本每股收益(扣除)(元)	0.1372	0.3300	0.1145	0.2640
每股净资产(元)	5.8214	5.7765	5.5820	5.3810
每股经营现金净流量(元)	-0.0722	0.6399	0.8028	-0.6475
每股现金流量(元)	0.9397	0.2673	0.7443	-0.7093
每股资本公积金(元)	1.9211	1.9544	1.9773	1.9300
每股盈余公积金(元)	0.5052	0.5052	0.4702	0.4702
每股未分配利润(元)	2.3915	2.3135	2.1311	1.9778
净资产收益率(%)	3.0588	6.4171	2.7472	7.8330
加权净资产收益率(%)	3.0400	6.6600	2.8100	7.7800
净资产收益率(扣除)(%)	-	-	-	-
总资产(万元)	915778.12	842152.75	816928.67	719583.09
归属母公司股东权益(万元)	326674.61	324158.86	313247.33	301988.25
主营业务收入(万元)	26843.13	101527.64	20495.71	105128.12
营业收入(万元)	27212.20	103385.64	20961.33	109385.82
主营成本(万元)	12193.32	72731.41	9508.68	78838.98
营业成本(万元)	12268.69	72739.45	9473.86	78976.53
投资收益(万元)	3669.16	9036.43	3256.61	20654.35
净利润(万元)	10554.20	21436.64	8732.90	24488.87
利润总额(万元)	12866.25	25330.72	9223.47	29571.91

上海金桥出口加工区开发股份有限公司

公司概况					
公司名称	上海金桥出口加工区开发股份有限公司			证券简称	浦东金桥
法人代表	张素心	董秘	代燕妮	证券代码	600639
公司网址	www.58991818.com		电子信箱	daiyn@58991818.com	
电　　话	021-50307702 50307770		传　　真	021-50301533	
办公地址	上海市浦东新区新金桥路 27 号 1 号楼				
经营范围	房地产开发和销售业务、房地产租赁业务、酒店公寓业务等				

主要财务指标：指标＼报告期	2013.06.30	2012.12.31	2012.06.30	2011.12.31
基本每股收益(元)	0.2123	0.3594	0.2037	0.4873
基本每股收益(扣除)(元	0.2124	0.3488	0.1941	0.4719
每股净资产(元)	4.7243	4.6273	4.4691	4.3451
每股经营现金净流量(元)	-0.1511	-0.0589	-0.2271	-0.0569
每股现金流量(元)	-0.0552	0.0056	0.0716	0.0008
每股资本公积金(元)	0.8872	0.8925	0.8900	0.8897
每股盈余公积金(元)	0.5162	0.5162	0.4809	0.4809
每股未分配利润(元)	2.3210	2.2186	2.0982	1.9746
净资产收益率(%)	4.4947	7.7668	4.5577	11.2140
加权净资产收益率(%)	4.5100	8.0100	4.5900	11.7300
净资产收益率(扣除)(%)	-	-	-	-
总资产(万元)	967704.04	936845.06	903751.69	879628.57
归属母公司股东权益(万元)	438807.46	429793.60	415105.47	403583.01
主营业务收入(万元)	65838.98	112148.11	55502.93	208575.09
营业收入(万元)	65879.15	112223.21	55543.18	208617.90
主营成本(万元)	19171.53	39716.40	19067.34	79316.24
营业成本(万元)	19179.50	39739.59	19080.26	79527.02
投资收益(万元)	1990.64	2122.44	2092.20	1762.09
净利润(万元)	20535.68	37026.50	19600.13	50230.98
利润总额(万元)	26637.56	46731.46	25159.48	70022.21

号百控股股份有限公司

公司概况					
公司名称	号百控股股份有限公司			证券简称	号百控股
法人代表	王玮	董秘	李培忠	证券代码	600640
公司网址	www.chinasatcomgm.com		电子信箱	yphu@chinasatcomgm.com	
电　　话	021-62762171		传　　真	021-62763321	
办公地址	上海市江宁路 1207 号国脉大厦				
经营范围	无线通信、图像、数据及各类通信产品、通信系统的设计、开发、开通等				

主要财务指标：指标＼报告期	2013.06.30	2012.12.31	2012.06.30	2011.12.31
基本每股收益(元)	0.0871	0.2477	0.1565	0.2194
基本每股收益(扣除)(元)	0.0509	0.0581	-0.0100	-0.0536
每股净资产(元)	4.5381	4.4509	4.3653	5.8297
每股经营现金净流量(元)	-0.0015	0.2167	0.0446	0.5687
每股现金流量(元)	-0.0119	0.0811	-0.0340	0.5503
每股资本公积金(元)	2.5359	2.5359	2.5415	3.9396
每股盈余公积金(元)	0.4121	0.4878	0.5094	0.6507
每股未分配利润(元)	0.5901	0.4272	0.3144	0.2394
净资产收益率(%)	1.9203	5.5660	3.5846	5.0204
加权净资产收益率(%)	1.9389	5.6524	3.6340	5.3236
净资产收益率(扣除)(%)	-	-	-	-
总资产(万元)	362690.49	353276.22	355376.67	347415.04
归属母公司股东权益(万元)	242953.01	238287.65	233701.80	233985.40
主营业务收入(万元)	93816.76	191408.17	99827.77	180246.82
营业收入(万元)	94313.99	193929.11	101432.26	185595.07
主营成本(万元)	73331.65	135444.29	71899.53	130041.85
营业成本(万元)	73364.94	136369.92	72689.83	132645.89
投资收益(万元)	1294.30	3028.23	1596.05	2654.95
净利润(万元)	4733.27	15569.72	9241.47	13370.10
利润总额(万元)	6031.81	20758.04	11915.03	17961.39

上海万业企业股份有限公司

公司概况					
公司名称	上海万业企业股份有限公司			证券简称	万业企业
法人代表	程光	董秘	吴云韶	证券代码	600641
公司网址	www.600641.com.cn		电子信箱	wyqy@vip.sina.com	
电　　话	021-50367718		传　　真	021-50366858	
办公地址	上海市浦东大道 720 号 9 楼				
经营范围	实业投资、资产经营、房地产开发经营、钢材、木材、建筑材料等				

主要财务指标：指标＼报告期	2013.06.30	2012.12.31	2012.06.30	2011.12.31
基本每股收益(元)	0.0662	0.1378	0.0086	0.1876
基本每股收益(扣除)(元)	0.0658	0.1355	0.0081	0.1302
每股净资产(元)	3.1063	3.1016	3.0195	3.0188
每股经营现金净流量(元)	0.4340	0.2066	0.2630	-0.5504
每股现金流量(元)	0.1187	-0.3067	-0.3371	-0.4736
每股资本公积金(元)	0.0466	0.0522	0.0449	0.0473
每股盈余公积金(元)	0.4519	0.4517	0.4397	0.4397
每股未分配利润(元)	1.6234	1.6074	1.5403	1.5316
净资产收益率(%)	2.1314	4.4400	0.2864	6.2140
加权净资产收益率(%)	2.1100	4.5000	0.2900	5.5100
净资产收益率(扣除)(%)	-	-	-	-
总资产(万元)	716943.72	715291.84	671857.12	676614.58
归属母公司股东权益(万元)	250419.74	250041.02	243417.83	243362.78
主营业务收入(万元)	43355.75	120266.33	10982.47	96349.51
营业收入(万元)	43362.45	120273.84	10986.79	96365.49
主营成本(万元)	29375.35	79993.43	6232.64	55545.57
营业成本(万元)	29375.35	79993.43	6232.64	55545.57
投资收益(万元)	179.44	121.22	113.15	5694.75
净利润(万元)	4910.80	11005.12	561.22	11527.86
利润总额(万元)	6836.18	15156.18	837.77	18086.60

申能股份有限公司

公司概况	公司名称	申能股份有限公司			证券简称	申能股份
	法人代表	吴建雄	董秘	周燕飞	证券代码	600642
	公司网址	www.shenergy.net.cn		电子信箱	zhengquan@shenergy.com.cn	
	电　话	021-63900642 33570888		传　真	021-33588616	
	办公地址	上海市虹井路159号5楼				
	经营范围	电力、石油天然气的投资、建设和经营管理				

主要财务指标	指标\报告期	2013.06.30	2012.12.31	2012.06.30	2011.12.31
	基本每股收益(元)	0.2700	0.3290	0.1460	0.3010
	基本每股收益(扣除)(元)	0.2700	0.3250	0.1460	0.2890
	每股净资产(元)	4.3485	4.2130	4.0220	3.9440
	每股经营现金净流量(元)	0.4858	0.6421	0.4484	0.3709
	每股现金流量(元)	-0.0006	0.1889	0.1306	-0.5869
	每股资本公积金(元)	0.8865	0.9900	0.9805	0.9492
	每股盈余公积金(元)	1.6980	1.6345	1.4912	1.4912
	每股未分配利润(元)	0.7641	0.5898	0.5504	0.5039
	净资产收益率(%)	6.2422	8.0195	3.6407	7.6230
	加权净资产收益率(%)	6.2500	8.1000	3.6600	7.8100
	净资产收益率(扣除)(%)	-	-	-	-
	总资产(万元)	3763192.53	3761546.18	3587506.73	3525253.43
	归属母公司股东权益(万元)	1979464.74	1940838.01	1901915.80	1865168.28
	主营业务收入(万元)	1246427.12	2410574.43	1211103.83	2282867.02
	营业收入(万元)	1249206.26	2411798.74	1211573.24	2283712.66
	主营成本(万元)	1111436.58	2137193.79	1068769.00	2054744.09
	营业成本(万元)	1111481.17	2137253.74	1068793.77	2054940.41
	投资收益(万元)	85048.20	81466.45	30351.39	88620.53
	净利润(万元)	157416.45	219897.07	103499.54	194211.30
	利润总额(万元)	177180.66	248108.25	120014.02	221657.82

上海爱建股份有限公司

公司概况	公司名称	上海爱建股份有限公司			证券简称	爱建股份
	法人代表	范永进	董秘	范永进(代)	证券代码	600643
	公司网址	www.aj.com.cn		电子信箱	dongmi@aj.com.cn	
	电　话	021-64396600		传　真	021-64392118	
	办公地址	上海市零陵路599号				
	经营范围	实业投资、投资管理、房地产开发、经营及咨询、外经贸部批准的进出口业务				

主要财务指标	指标\报告期	2013.06.30	2012.12.31	2012.06.30	2011.12.31
	基本每股收益(元)	0.1790	0.3260	0.1260	0.1460
	基本每股收益(扣除)(元)	0.1590	0.2030	0.0940	0.0760
	每股净资产(元)	4.0049	3.8308	3.6380	1.6570
	每股经营现金净流量(元)	0.0052	-0.8304	-0.9854	-
	每股现金流量(元)	-0.1194	0.6291	0.7888	-
	每股资本公积金(元)	2.6829	2.6886	2.6875	0.8563
	每股盈余公积金(元)	-	0.3612	0.3612	-
	每股未分配利润(元)	0.3198	-0.2208	-0.4124	-
	净资产收益率(%)	4.4792	7.5848	2.7180	8.7940
	加权净资产收益率(%)	4.5800	10.6600	5.9700	9.1900
	净资产收益率(扣除)(%)	-	-	-	-
	总资产(万元)	464409.45	444459.71	426922.32	-
	归属母公司股东权益(万元)	442738.55	423490.73	402201.64	135918.88
	主营业务收入(万元)			-	-
	营业收入(万元)	41625.15	65340.15	29851.96	46119.36
	主营成本(万元)			-	-
	营业成本(万元)	5374.50	14999.88	8587.99	25356.28
	投资收益(万元)	-	14664.35	2244.82	-
	净利润(万元)	19824.55	32261.55	10922.41	11932.74
	利润总额(万元)	26959.71	42140.29	14079.62	12081.51

乐山电力股份有限公司

公司概况	公司名称	乐山电力股份有限公司			证券简称	乐山电力
	法人代表	廖政权	董秘	王迅	证券代码	600644
	公司网址	www.lsep.com.cn		电子信箱	600644@vip.163.com	
	电　话	0833-2445800		传　真	0833-2445800	
	办公地址	四川省乐山市市中区嘉定北路46号				
	经营范围	电力设施承装、承修、承试等				

主要财务指标	指标\报告期	2013.06.30	2012.12.31	2012.06.30	2011.12.31
	基本每股收益(元)	0.0172	0.1405	0.0283	0.2439
	基本每股收益(扣除)(元)	0.0093	0.0744	0.0064	0.1226
	每股净资产(元)	2.3765	2.3600	2.3600	2.4000
	每股经营现金净流量(元)	0.2092	0.0277	0.1655	1.4507
	每股现金流量(元)	0.2170	-0.2980	0.0127	-0.0249
	每股资本公积金(元)	0.0201	0.0201	0.0512	0.0512
	每股盈余公积金(元)	0.3117	0.3117	0.3629	0.3629
	每股未分配利润(元)	1.0445	1.0273	0.9399	0.9716
	净资产收益率(%)	0.7236	5.9567	1.2024	10.1800
	加权净资产收益率(%)	0.7300	5.7700	1.1800	10.5800
	净资产收益率(扣除)(%)	-	-	-	-
	总资产(万元)	369722.27	365614.94	383134.39	376421.31
	归属母公司股东权益(万元)	77587.90	77030.49	76957.11	78209.40
	主营业务收入(万元)	68458.40	144154.52	68619.55	208662.63
	营业收入(万元)	68847.51	145015.38	69257.79	209502.33
	主营成本(万元)	50828.63	100910.11	49212.41	161641.78
	营业成本(万元)	51247.78	101291.82	49878.28	161724.69
	投资收益(万元)	287.00	161.65	77.40	3911.21
	净利润(万元)	-3286.65	-3426.08	-1516.18	9121.42
	利润总额(万元)	-1454.71	2299.69	1023.69	11287.90

中源协和干细胞生物工程股份公司

公司概况	公司名称	中源协和干细胞生物工程股份公司			证券简称	中源协和
	法人代表	王勇	董秘	夏亮	证券代码	600645
	公司网址	www.vcanbio.com		电子信箱	zhongyuanxiehe@sohu.com	
	电　话	022-23318350 8007		传　真	022-23319619	
	办公地址	天津市和平区大理道106号				
	经营范围	生命科学开发、干细胞基因工程产业化、风险投资、投资理财、投资咨询等				

主要财务指标	指标\报告期	2013.06.30	2012.12.31	2012.06.30	2011.12.31
	基本每股收益(元)	-0.0100	0.0400	0.0400	0.0700
	基本每股收益(扣除)(元)	-0.0400	-	0.0300	0.0500
	每股净资产(元)	0.4428	0.4508	0.5240	0.4800
	每股经营现金净流量(元)	0.0490	0.2166	0.2281	0.3398
	每股现金流量(元)	-0.0853	0.1146	0.2895	0.3899
	每股资本公积金(元)	-	-	0.0648	0.0648
	每股盈余公积金(元)	0.0712	0.0712	0.0712	0.0712
	每股未分配利润(元)	-0.6285	-0.6204	-0.6124	-0.6562
	净资产收益率(%)	-1.8180	9.4850	8.3741	15.0210
	加权净资产收益率(%)	-1.8000	8.9600	8.7400	16.2400
	净资产收益率(扣除)(%)	-	-	-	-
	总资产(万元)	126385.76	123342.51	125484.39	85111.03
	归属母公司股东权益(万元)	14391.92	14653.56	17021.51	15596.11
	主营业务收入(万元)	16050.82	29718.62	12729.95	24446.95
	营业收入(万元)	16597.27	30034.27	12979.59	24673.76
	主营成本(万元)	4319.01	7589.34	2764.96	4883.51
	营业成本(万元)	4590.06	7833.60	3063.95	5094.82
	投资收益(万元)	-17.04	475.12	-17.05	-71.10
	净利润(万元)	-79.71	2676.29	2667.21	4714.64
	利润总额(万元)	162.03	3797.17	3210.34	5843.28

上海同达创业投资股份有限公司

公司概况	公司名称	上海同达创业投资股份有限公司		证券简称	同达创业
	法人代表	周立武	董秘	薛玉宝	证券代码	600647
	公司网址	www.shtdcy.com		电子信箱	xueyb@126.com
	电　话	021-68871928 61638809		传　真	021-58792032
	办公地址	上海市浦东商城路 660 号乐凯大厦 21 楼			
	经营范围	主要经营中式快餐连锁业及产品贸易代理			

主要财务指标	指标＼报告期	2013.06.30	2012.12.31	2012.06.30	2011.12.31
	基本每股收益(元)	0.0686	0.2059	0.0935	0.1957
	基本每股收益(扣除)(元)	0.0615	0.1422	0.0925	0.1577
	每股净资产(元)	1.3990	1.7923	1.7086	1.5870
	每股经营现金净流量(元)	0.1342	0.4202	0.1311	0.9187
	每股现金流量(元)	0.0121	-0.5550	-0.0548	0.1974
	每股资本公积金(元)	0.0066	0.0064	0.0069	0.0069
	每股盈余公积金(元)	0.1008	0.1008	0.0823	0.0823
	每股未分配利润(元)	0.4092	0.6851	0.6193	0.4977
	净资产收益率(%)	4.9030	11.4854	7.1152	12.3290
	加权净资产收益率(%)	4.8500	12.1800	7.3800	13.0300
	净资产收益率(扣除)(%)	-	-	-	-
	总资产(万元)	41534.18	43702.57	45346.65	48568.78
	归属母公司股东权益(万元)	19465.78	19183.41	18287.37	16986.19
	主营业务收入(万元)	12656.09	23848.05	15022.80	18741.18
	营业收入(万元)	13055.97	25076.57	15355.75	20287.07
	主营成本(万元)	6943.67	12202.94	7467.14	8615.37
	营业成本(万元)	7030.91	12612.30	7584.99	9458.26
	投资收益(万元)	-11.08	482.18	21.57	39.60
	净利润(万元)	2064.50	4539.61	2861.72	4092.77
	利润总额(万元)	2923.81	6219.33	4005.00	5517.04

上海外高桥保税区开发股份有限公司

公司概况	公司名称	上海外高桥保税区开发股份有限公司			证券简称	外高桥
	法人代表	舒榕斌	董秘	黄礴	证券代码	600648
	公司网址	www.shwgq.com		电子信箱	gudong@shwgq.com	
	电　话	021-51980847		传　真	021-51980850	
	办公地址	上海市浦东新区杨高北路 2001 号				
	经营范围	房地产开发与租赁、贸易及物流、酒店经营管理等				

主要财务指标	指标＼报告期	2013.06.30	2012.12.31	2012.06.30	2011.12.31
	基本每股收益(元)	0.5208	0.4400	0.1000	0.3500
	基本每股收益(扣除)(元)	0.5160	0.3900	0.0710	0.3300
	每股净资产(元)	5.2438	4.9001	4.6400	4.5900
	每股经营现金净流量(元	-0.8958	2.3096	-0.1156	-0.4373
	每股现金流量(元)	-0.3799	0.5535	0.3840	-0.3423
	每股资本公积金(元)	1.6149	1.6520	1.7265	1.6813
	每股盈余公积金(元)	0.4041	0.4041	0.3736	0.3736
	每股未分配利润(元)	2.2347	1.8539	1.5523	1.5483
	净资产收益率(%)	9.9326	8.8973	2.2401	7.6918
	加权净资产收益率(%)	10.2900	9.3000	2.2300	7.7800
	净资产收益率(扣除)(%)	-	-	-	-
	总资产(万元)	2525119.11	2451167.70	2291949.13	2400439.20
	归属母公司股东权益(万元)	530036.82	495294.81	469288.58	464301.47
	主营业务收入(万元)	395312.64	726847.55	289235.02	854372.39
	营业收入(万元)	398256.80	730433.75	290323.07	857868.19
	主营成本(万元)	229531.88	557576.73	230251.93	691720.00
	营业成本(万元)	231749.99	559528.62	230411.21	693752.95
	投资收益(万元)	691.44	8886.80	5939.00	3324.28
	净利润(万元)	54453.34	50497.73	13321.43	44290.68
	利润总额(万元)	80689.71	61874.78	18592.51	59665.26

上海城投控股股份有限公司

公司概况	公司名称	上海城投控股股份有限公司			证券简称	城投控股
	法人代表	孔庆伟	董秘	俞有勤	证券代码	600649
	公司网址	www.sh600649.com		电子信箱	ctkg@600649sh.com	
	电　话	021-58772830*187 58770135		传　真	021-58772087	
	办公地址	上海市浦东南路 500 号 39 楼				
	经营范围	实业投资、原水供应、自来水开发、污水治理等				

主要财务指标	指标＼报告期	2013.06.30	2012.12.31	2012.06.30	2011.12.31
	基本每股收益(元)	0.2500	0.4500	0.4200	0.3700
	基本每股收益(扣除)(元)	0.2400	0.1700	0.0500	0.2000
	每股净资产(元)	4.6021	4.5309	5.8200	5.5142
	每股经营现金净流量(元)	-0.3546	-0.2622	-0.4199	0.2199
	每股现金流量(元)	0.0595	-0.0404	-0.2989	-0.4797
	每股资本公积金(元)	1.3267	1.3508	1.7265	1.9136
	每股盈余公积金(元)	0.4654	0.4654	0.5739	0.5739
	每股未分配利润(元)	1.8100	1.7147	2.5191	2.0267
	净资产收益率(%)	5.3308	9.9054	9.3200	8.6727
	加权净资产收益率(%)	5.2900	10.3300	9.5600	8.8100
	净资产收益率(扣除)(%)	-	-	-	-
	总资产(万元)	2937212.57	2960643.87	2891662.83	2770569.47
	归属母公司股东权益(万元)	1374891.65	1353603.55	1337393.33	1267216.97
	主营业务收入(万元)	257821.69	488212.61	119354.14	457718.94
	营业收入(万元)	266305.21	503876.22	123727.31	468482.14
	主营成本(万元)	154706.39	395994.90	91567.52	351521.86
	营业成本(万元)	155476.84	402311.82	94001.69	356955.76
	投资收益(万元)	9591.47	140844.60	138003.97	78103.87
	净利润(万元)	76125.17	137970.39	127589.43	113791.97
	利润总额(万元)	99006.47	170673.37	153330.68	147813.92

上海锦江国际实业投资股份有限公司

公司概况	公司名称	上海锦江国际实业投资股份有限公司			证券简称	锦江投资
	法人代表	杨原平	董秘	濮荣平	证券代码	600650
	公司网址	www.jjtz.com		电子信箱	dshms@jjtz.com	
	电　话	021-63218800		传　真	021-63213119	
	办公地址	上海市延安东路 100 号 28 楼				
	经营范围	宾馆、物业管理、俱乐部、商场、房地产开发经营、车辆服务、洗涤制衣等				

主要财务指标	指标＼报告期	2013.06.30	2012.12.31	2012.06.30	2011.12.31
	基本每股收益(元)	0.1720	0.3350	0.1720	0.4410
	基本每股收益(扣除)(元)	0.1670	0.3180	0.1640	0.4120
	每股净资产(元)	3.7650	3.8400	3.6750	3.8060
	每股经营现金净流量(元)	0.2087	0.5636	0.2171	0.6379
	每股现金流量(元)	0.0323	0.1601	0.1522	-0.2554
	每股资本公积金(元)	0.7833	0.8007	0.7988	0.8015
	每股盈余公积金(元)	0.4743	0.4729	0.4621	0.4586
	每股未分配利润(元)	1.5074	1.5664	1.4139	1.5457
	净资产收益率(%)	4.5792	8.7229	4.6699	11.5960
	加权净资产收益率(%)	4.4400	8.7600	4.4100	11.8300
	净资产收益率(扣除)(%)	-	-	-	-
	总资产(万元)	329645.64	309910.08	315881.76	305215.62
	归属母公司股东权益(万元)	207679.29	211816.33	202703.84	209935.10
	主营业务收入(万元)	98875.39	197846.77	96301.68	188524.73
	营业收入(万元)	101491.55	202551.52	97950.12	191978.73
	主营成本(万元)	78510.96	161242.08	76750.33	143524.98
	营业成本(万元)	79271.47	162379.70	77294.47	144345.98
	投资收益(万元)	5673.98	13087.99	5813.81	15234.33
	净利润(万元)	11689.47	22794.72	11570.42	29460.53
	利润总额(万元)	13695.74	26571.08	13478.56	33689.09

上海飞乐音响股份有限公司

公司概况	公司名称	上海飞乐音响股份有限公司			证券简称	飞乐音响
	法人代表	黄峰	董秘	叶盼	证券代码	600651
	公司网址	www.facs.com.cn		电子信箱	office@facs.com.cn	
	电　　话	021-59900651		传　　真	021-59978260	
	办公地址	上海市嘉定区嘉新公路 1001 号				
	经营范围	IC 卡、绿色照明、其他电子产品的生产和销售等				

主要财务指标	指标\报告期	2013.06.30	2012.12.31	2012.06.30	2011.12.31
	基本每股收益(元)	0.0260	0.1420	0.0880	0.2460
	基本每股收益(扣除)(元)	0.0170	0.1290	0.0840	0.1370
	每股净资产(元)	1.5953	1.5541	1.8130	1.8900
	每股经营现金净流量(元)	–0.1344	0.1988	–0.0868	–0.0071
	每股现金流量(元)	–0.0072	–0.1161	–0.2525	–0.0470
	每股资本公积金(元)	0.0085	–0.0122	–0.0253	0.0010
	每股盈余公积金(元)	0.0511	0.0511	0.0546	0.2046
	每股未分配利润(元)	0.5356	0.5152	0.7836	0.6845
	净资产收益率(%)	1.6066	9.1500	5.8575	13.0110
	加权净资产收益率(%)	1.6600	8.7300	5.6400	13.4500
	净资产收益率(扣除)(%)	–	–	–	–
	总资产(万元)	247186.86	228586.47	220973.57	206987.01
	归属母公司股东权益(万元)	117902.17	114858.92	111655.42	116410.55
	主营业务收入(万元)	99025.32	196701.37	86726.98	191408.49
	营业收入(万元)	101539.68	201404.26	88785.08	197521.44
	主营成本(万元)	77948.82	155071.54	67987.01	148085.28
	营业成本(万元)	80417.92	159162.79	69713.79	153744.57
	投资收益(万元)	–560.56	6826.76	7665.80	6812.61
	净利润(万元)	2288.76	12107.35	7540.12	18234.09
	利润总额(万元)	3222.79	13904.62	8366.24	20521.26

上海爱使股份有限公司

公司概况	公司名称	上海爱使股份有限公司			证券简称	爱使股份
	法人代表	肖勇	董秘	张亮	证券代码	600652
	公司网址	www.sh-ace.com		电子信箱	zhangliang@sh-ace.com	
	电　　话	021-64710022 8818 8105		传　　真	021-64711120	
	办公地址	上海市肇嘉浜路 666 号				
	经营范围	对石油液化气行业、煤炭及清洁能源的投资、机电设备及四技服务等				

主要财务指标	指标\报告期	2013.06.30	2012.12.31	2012.06.30	2011.12.31
	基本每股收益(元)	0.0070	0.3500	0.0330	0.0400
	基本每股收益(扣除)(元)	0.0030	–0.1100	0.0260	–
	每股净资产(元)	1.7447	1.8212	1.7500	1.7100
	每股经营现金净流量(元)	–0.3875	0.1847	0.5279	0.5000
	每股现金流量(元)	–0.0511	–0.5574	0.0459	–0.1413
	每股资本公积金(元)	0.0010	0.0010	0.0123	0.0123
	每股盈余公积金(元)	0.0286	0.0286	0.1360	0.1360
	每股未分配利润(元)	0.6914	0.7915	0.5609	0.5279
	净资产收益率(%)	0.3988	19.4771	1.8845	2.3779
	加权净资产收益率(%)	0.3900	20.3600	1.9100	2.3300
	净资产收益率(扣除)(%)	–	–	–	–
	总资产(万元)	329462.49	316770.37	354339.41	344307.36
	归属母公司股东权益(万元)	97179.63	101442.83	97361.08	94980.15
	主营业务收入(万元)	97904.37	201938.87	105521.24	201054.47
	营业收入(万元)	98226.57	212960.28	105810.03	211525.14
	主营成本(万元)	66094.83	122849.75	62855.68	117532.19
	营业成本(万元)	66166.41	130908.13	62906.12	125154.19
	投资收益(万元)	1770.00	24023.19	816.36	302.08
	净利润(万元)	443.36	21798.85	4741.58	7862.83
	利润总额(万元)	530.67	24124.51	7056.07	11563.93

上海申华控股股份有限公司

公司概况	公司名称	上海申华控股股份有限公司			证券简称	申华控股
	法人代表	祁玉民	董秘	翟锋	证券代码	600653
	公司网址	www.600653.com.cn		电子信箱	stock@600653.com.cn	
	电　　话	021-63372010 63372011		传　　真	021-63372000	
	办公地址	上海市宁波路 1 号				
	经营范围	实业投资、兴办各类经济实体、国内商业等				

主要财务指标	指标\报告期	2013.06.30	2012.12.31	2012.06.30	2011.12.31
	基本每股收益(元)	0.0026	0.0847	0.0025	0.0516
	基本每股收益(扣除)(元)	–0.0126	–0.1565	–0.0075	–0.0349
	每股净资产(元)	1.0638	1.0812	0.9700	0.9703
	每股经营现金净流量(元)	–0.0163	–0.1167	–0.0435	–0.1404
	每股现金流量(元)	0.0965	–0.1194	0.1483	–0.2573
	每股资本公积金(元)	0.0692	0.0891	0.0604	0.0628
	每股盈余公积金(元)	–	–	–	–
	每股未分配利润(元)	–0.0054	–0.0080	–0.0902	–0.0927
	净资产收益率(%)	0.2398	7.8355	0.2578	5.3190
	加权净资产收益率(%)	0.2380	8.2590	0.2580	5.3640
	净资产收益率(扣除)(%)	–	–	–	–
	总资产(万元)	671024.51	595343.83	689607.91	659370.00
	归属母公司股东权益(万元)	185775.45	188813.96	169431.48	169451.12
	主营业务收入(万元)	443805.79	1309549.91	631541.58	1040467.46
	营业收入(万元)	447039.71	1315468.83	635461.21	1046765.61
	主营成本(万元)	432304.75	1278876.66	607176.60	991753.71
	营业成本(万元)	433137.43	1279969.41	607634.50	994759.39
	投资收益(万元)	5861.73	44146.96	3263.01	20711.06
	净利润(万元)	2910.93	7101.18	2147.80	15921.49
	利润总额(万元)	4347.79	3954.41	2199.19	20484.69

上海飞乐股份有限公司

公司概况	公司名称	上海飞乐股份有限公司			证券简称	飞乐股份
	法人代表	黄峰	董秘	张杏兴	证券代码	600654
	公司网址	www.feilo.com.cn		电子信箱	maolijian@feilo.com.cn	
	电　　话	021-62512629		传　　真	021-62517323	
	办公地址	上海市闸北区永和路 398 号				
	经营范围	电子元器件、有无线通信设备和信息网络、成套音响系统、工程服务等				

主要财务指标	指标\报告期	2013.06.30	2012.12.31	2012.06.30	2011.12.31
	基本每股收益(元)	0.0600	0.1400	0.0500	0.1400
	基本每股收益(扣除)(元)	0.0100	0.1100	0.0500	0.0900
	每股净资产(元)	1.8731	1.8530	1.7600	1.7100
	每股经营现金净流量(元)	–0.0635	0.0556	–0.0148	–0.0164
	每股现金流量(元)	–0.0889	–0.0977	–0.1250	0.1253
	每股资本公积金(元)	0.5186	0.5162	0.5123	0.5121
	每股盈余公积金(元)	0.0716	0.0716	0.0665	0.0665
	每股未分配利润(元)	0.2829	0.2653	0.1854	0.1314
	净资产收益率(%)	3.1828	7.4959	3.0577	7.9730
	加权净资产收益率(%)	3.1800	7.8000	3.1100	8.4500
	净资产收益率(扣除)(%)	–	–	–	–
	总资产(万元)	216340.10	216508.75	216236.21	215216.93
	归属母公司股东权益(万元)	141423.88	139911.43	133206.93	129114.81
	主营业务收入(万元)	100784.87	196085.72	98138.82	130836.67
	营业收入(万元)	102476.48	201967.01	100973.40	132153.86
	主营成本(万元)	88811.39	168968.21	84831.21	110484.00
	营业成本(万元)	89647.34	172873.21	86657.79	111271.48
	投资收益(万元)	7096.71	11046.29	5163.00	12989.93
	净利润(万元)	5109.39	11491.81	4480.85	10739.50
	利润总额(万元)	5431.81	12173.50	4917.93	11427.47

上海豫园旅游商城股份有限公司

公司概况					
公司名称	上海豫园旅游商城股份有限公司			证券简称	豫园商城
法人代表	叶凯	董秘	蒋伟	证券代码	600655
公司网址	www.yuyuantm.com.cn			电子信箱	obd@yuyuantm.com.cn
电　　话	021-63559999			传　　真	021-63550558
办公地址	上海市方浜中路 269 号				
经营范围	综合百货、黄金饰品、餐饮业、食品、烟酒饮料、进出口贸易等				

主要财务指标：指标\报告期	2013.06.30	2012.12.31	2012.06.30	2011.12.31
基本每股收益(元)	0.3640	0.6730	0.2040	0.5950
基本每股收益(扣除)(元)	0.1030	0.6060	0.1950	0.5150
每股净资产(元)	4.1810	4.0548	3.6670	3.5420
每股经营现金净流量(元)	0.1322	1.1537	0.9643	-0.7572
每股现金流量(元)	-0.1466	0.3436	0.2522	-0.6937
每股资本公积金(元)	0.3490	0.3847	0.4648	0.4746
每股盈余公积金(元)	0.3805	0.3805	0.3225	0.3225
每股未分配利润(元)	2.4496	2.2888	1.8777	1.7434
净资产收益率(%)	8.7007	16.6071	5.5706	16.7950
加权净资产收益率(%)	8.6930	17.7710	5.6480	17.6970
净资产收益率(扣除)(%)	-	-	-	-
总资产(万元)	1260423.32	1115393.89	997419.08	1225893.69
归属母公司股东权益(万元)	600946.92	582804.42	526995.60	509055.52
主营业务收入(万元)	1331396.22	2001570.54	1011529.85	1628977.22
营业收入(万元)	1343766.74	2029770.41	1025267.23	1660403.57
主营成本(万元)	1249250.30	1857290.93	945114.83	1472321.95
营业成本(万元)	1252033.13	1862649.53	947698.96	1477488.55
投资收益(万元)	42262.11	80030.19	22665.96	44007.33
净利润(万元)	56079.03	99898.51	30765.88	90601.99
利润总额(万元)	71261.88	113472.49	37825.21	104698.38

珠海市博元投资股份有限公司

公司概况					
公司名称	珠海市博元投资股份有限公司			证券简称	博元投资
法人代表	余蒂妮	董秘	王寒朵	证券代码	600656
公司网址				电子信箱	stock656@126.com
电　　话	0756-2660313*817			传　　真	0756-2660878
办公地址	广东省珠海市香洲区人民西路 291 号日荣大厦 8 楼 806 室				
经营范围	创业投资、投资咨询与管理、商业的批发零售、实业投资				

主要财务指标：指标\报告期	2013.06.30	2012.12.31	2012.06.30	2011.12.31
基本每股收益(元)	0.0200	0.0958	0.0200	-0.3807
基本每股收益(扣除)(元)	0.0300	0.0257	-0.0500	-0.3220
每股净资产(元)	0.3586	0.3382	0.2500	0.2400
每股经营现金净流量(元)	0.0082	-0.0722	-0.1071	-2.0878
每股现金流量(元)	0.0149	-0.0769	-0.1130	-0.0794
每股资本公积金(元)	2.9773	2.9772	2.9772	2.9772
每股盈余公积金(元)	0.0333	0.0333	0.0333	0.0333
每股未分配利润(元)	-3.6521	-3.6724	-3.7500	-3.7682
净资产收益率(%)	5.6639	28.3393	6.9892	-157.0971
加权净资产收益率(%)	5.8300	33.0200	7.2400	-
净资产收益率(扣除)(%)	-	-	-	-
总资产(万元)	63945.36	59232.67	51119.73	61059.25
归属母公司股东权益(万元)	6825.18	6436.91	4959.03	4612.73
主营业务收入(万元)	10465.27	15253.74	6620.21	20844.39
营业收入(万元)	12615.15	19122.49	7750.11	23079.74
主营成本(万元)	10258.65	-	6391.84	-
营业成本(万元)	10258.65	14244.81	6391.84	22171.17
投资收益(万元)	-51.59	134.50	-48.33	-1273.69
净利润(万元)	234.08	2015.46	242.28	-7375.57
利润总额(万元)	247.73	2106.07	242.28	-7395.65

信达地产股份有限公司

公司概况					
公司名称	信达地产股份有限公司			证券简称	信达地产
法人代表	贾洪浩	董秘	石爱民	证券代码	600657
公司网址	www.cindare.com			电子信箱	dongmiban@cnda.com.cn
电　　话	010-82190959			传　　真	010-82190958
办公地址	北京市海淀区中关村南大街甲 18 号北京国际大厦 C 座 16 层				
经营范围	房地产开发、经营、投资及物业管理				

主要财务指标：指标\报告期	2013.06.30	2012.12.31	2012.06.30	2011.12.31
基本每股收益(元)	0.1500	0.4000	0.1200	0.3700
基本每股收益(扣除)(元)	0.0700	0.3300	0.1200	0.2700
每股净资产(元)	4.3950	4.3295	4.1420	4.0400
每股经营现金净流量(元)	-1.0175	-1.4598	-0.3006	-0.1156
每股现金流量(元)	-0.4019	0.2098	-0.3759	0.4464
每股资本公积金(元)	1.1635	1.1808	1.2724	1.2346
每股盈余公积金(元)	-	-	-	-
每股未分配利润(元)	2.2315	2.1487	1.8697	1.8060
净资产收益率(%)	3.4783	9.3008	2.9862	9.1410
加权净资产收益率(%)	3.4800	9.5500	3.0100	9.4600
净资产收益率(扣除)(%)	-	-	-	-
总资产(万元)	2105537.67	1956405.63	1503863.00	1508051.51
归属母公司股东权益(万元)	669919.97	659928.79	631364.55	615888.19
主营业务收入(万元)	136007.40	394633.85	136607.66	328646.70
营业收入(万元)	138064.32	400725.04	138051.76	330677.22
主营成本(万元)	85324.67	247808.63	75648.94	191239.79
营业成本(万元)	86233.36	249025.13	75719.86	192028.65
投资收益(万元)	14037.55	13319.16	2447.73	24167.38
净利润(万元)	23578.55	68754.63	22148.40	62192.05
利润总额(万元)	32075.19	85550.58	28252.92	83759.69

北京电子城投资开发股份有限公司

公司概况					
公司名称	北京电子城投资开发股份有限公司			证券简称	电子城
法人代表	王岩	董秘	吕延强	证券代码	600658
公司网址	www.cwtech.com.cn			电子信箱	bez@bez.com.cn
电　　话	010-58833515			传　　真	010-58833599
办公地址	北京市朝阳区酒仙桥北路甲 10 号院 205 楼 6 层(电子城 IT 产业园 B5 楼 6 层)				
经营范围	移动通信、光通信、计算机硬件及网络开发等				

主要财务指标：指标\报告期	2013.06.30	2012.12.31	2012.06.30	2011.12.31
基本每股收益(元)	0.6100	0.7300	0.1800	0.5400
基本每股收益(扣除)(元)	0.6000	0.7300	0.1800	0.4900
每股净资产(元)	4.3438	3.9640	3.4100	3.3600
每股经营现金净流量(元)	0.0518	0.9959	0.2972	0.4333
每股现金流量(元)	0.0699	0.8241	0.1257	0.1365
每股资本公积金(元)	1.2672	1.2733	1.2751	1.2342
每股盈余公积金(元)	0.0586	0.0586	0.0357	0.0357
每股未分配利润(元)	2.0180	1.6322	1.1004	1.0911
净资产收益率(%)	13.9699	18.5157	5.2547	16.0210
加权净资产收益率(%)	14.3000	20.0600	5.1700	16.7000
净资产收益率(扣除)(%)	-	-	-	-
总资产(万元)	410057.72	401036.34	356187.19	341890.04
归属母公司股东权益(万元)	251981.40	229950.43	197877.70	194968.75
主营业务收入(万元)	106646.22	139276.75	29867.34	82609.51
营业收入(万元)	106949.26	139866.81	30126.34	83094.05
主营成本(万元)	36767.79	55556.74	10265.46	27742.19
营业成本(万元)	36860.46	55807.15	10325.65	27901.36
投资收益(万元)	250.44	480.42	187.80	525.78
净利润(万元)	35183.71	42576.93	10397.92	31235.86
利润总额(万元)	46563.58	56324.35	13862.21	41349.64

福耀玻璃工业集团股份有限公司

公司概况	公司名称	福耀玻璃工业集团股份有限公司		证券简称	福耀玻璃
	法人代表	曹德旺	董秘　陈向明	证券代码	600660
	公司网址	www.fuyaogroup.com		电子信箱	linwei@fuyaogroup.com
	电　话	0591-85383777		传　真	0591-85383666 85363983
	办公地址	福建省福清市福耀工业村II区			
	经营范围	生产汽车玻璃、装饰玻璃和其它工业技术玻璃及玻璃安装、售后服务等			

主要财务指标	指标\报告期	2013.06.30	2012.12.31	2012.06.30	2011.12.31
	基本每股收益(元)	0.4200	0.7600	0.3700	0.7600
	基本每股收益(扣除)(元)	0.4300	0.7400	0.3700	0.7300
	每股净资产(元)	3.3816	3.4800	3.0700	3.1100
	每股经营现金净流量(元)	0.6096	1.2529	0.5727	0.7299
	每股现金流量(元)	–0.0636	–0.1599	–0.0363	0.3264
	每股资本公积金(元)	0.1048	0.1048	0.0995	0.0995
	每股盈余公积金(元)	0.3866	0.3866	0.3349	0.3349
	每股未分配利润(元)	1.8830	1.9624	1.6215	1.6528
	净资产收益率(%)	12.4403	21.8708	11.9876	24.2730
	加权净资产收益率(%)	11.6600	23.1300	11.4200	26.3400
	净资产收益率(扣除)(%)	–	–	–	–
	总资产(万元)	1382053.72	1304104.09	1283481.62	1221218.79
	归属母公司股东权益(万元)	677331.94	697170.82	615909.97	623166.50
	主营业务收入(万元)	545166.44	1007053.16	479501.02	955272.45
	营业收入(万元)	554548.34	1024739.15	487408.96	968941.02
	主营成本(万元)	329187.10	629548.37	296012.65	611470.91
	营业成本(万元)	331428.73	633791.60	298308.43	614666.94
	投资收益(万元)	1458.11	2153.86	803.55	1601.71
	净利润(万元)	84248.97	152464.05	73832.88	151260.69
	利润总额(万元)	104469.70	186258.30	90496.76	177233.01

上海新南洋股份有限公司

公司概况	公司名称	上海新南洋股份有限公司		证券简称	新南洋
	法人代表	钱天东	董秘　朱凯泳	证券代码	600661
	公司网址	www.xin-ny.com		电子信箱	zky@xin-ny.com
	电　话	021-62826347 62818544		传　真	021-62801900
	办公地址	上海市番禺路667号六楼			
	经营范围	高新技术产品的生产销售、教育产业投资、技工贸一体化服务等			

主要财务指标	指标\报告期	2013.06.30	2012.12.31	2012.06.30	2011.12.31
	基本每股收益(元)	0.0200	–0.2868	–0.0900	0.0203
	基本每股收益(扣除)(元)	0.0100	–0.2961	–0.0900	–0.0227
	每股净资产(元)	1.9592	2.1400	2.3232	2.3555
	每股经营现金净流量(元)	0.0756	0.1300	–0.0128	0.1762
	每股现金流量(元)	0.0287	–0.0285	–0.1805	0.1824
	每股资本公积金(元)	0.8680	1.0600	1.0481	0.9932
	每股盈余公积金(元)	0.2564	0.2564	0.2564	0.2564
	每股未分配利润(元)	–0.1651	–0.1808	0.0189	0.1060
	净资产收益率(%)	0.8037	–13.4327	–3.7700	0.8627
	加权净资产收益率(%)	0.7700	–12.9600	–3.7700	0.8500
	净资产收益率(扣除)(%)	–	–	–	–
	总资产(万元)	99292.56	100932.11	100825.47	101959.94
	归属母公司股东权益(万元)	34026.22	37087.02	40349.07	40908.73
	主营业务收入(万元)	25643.07	49267.98	26583.16	52356.34
	营业收入(万元)	25883.32	49898.87	26937.02	52943.04
	主营成本(万元)	19798.86	39488.80	21987.62	39804.77
	营业成本(万元)	19919.05	39642.16	21999.49	40177.53
	投资收益(万元)	895.78	–401.25	–208.39	–409.12
	净利润(万元)	600.79	–5116.88	–1475.88	1178.22
	利润总额(万元)	819.77	–4623.94	–1288.43	1824.25

上海强生控股股份有限公司

公司概况	公司名称	上海强生控股股份有限公司		证券简称	强生控股
	法人代表	洪任初	董秘　虞慧彬	证券代码	600662
	公司网址	www.62580000.com.cn		电子信箱	huibinyu@163.com
	电　话	021-61353185 61353186		传　真	021-61353135
	办公地址	上海市南京西路920号18楼			
	经营范围	汽车出租、公交汽车专线和汽车修理业务等			

主要财务指标	指标\报告期	2013.06.30	2012.12.31	2012.06.30	2011.12.31
	基本每股收益(元)	0.0531	0.1736	0.0729	0.1943
	基本每股收益(扣除)(元)	0.0564	0.0884	0.0688	0.1301
	每股净资产(元)	2.7406	2.7891	2.6923	2.7194
	每股经营现金净流量(元)	0.4406	0.4580	0.1000	0.5118
	每股现金流量(元)	–0.0201	0.0434	–0.0823	0.0465
	每股资本公积金(元)	0.7087	0.7103	0.7142	0.7142
	每股盈余公积金(元)	0.3352	0.3352	0.3111	0.3111
	每股未分配利润(元)	0.6968	0.7436	0.6670	0.6942
	净资产收益率(%)	1.9389	6.2240	2.7066	7.1457
	加权净资产收益率(%)	1.8900	6.3027	2.6400	7.3488
	净资产收益率(扣除)(%)	–	–	–	–
	总资产(万元)	628481.50	612007.77	598972.09	589563.47
	归属母公司股东权益(万元)	288689.71	293791.87	283599.39	286456.43
	主营业务收入(万元)	187084.54	377582.78	176142.12	366321.05
	营业收入(万元)	188475.14	381394.72	177846.90	370503.91
	主营成本(万元)	156339.20	313714.44	142607.45	292308.50
	营业成本(万元)	156612.67	314999.64	142986.95	293750.59
	投资收益(万元)	1539.11	13570.98	2251.19	4762.70
	净利润(万元)	5853.09	19350.36	8823.93	23171.81
	利润总额(万元)	9919.50	26517.32	11524.36	31547.97

上海陆家嘴金融贸易区开发股份有限公司

公司概况	公司名称	上海陆家嘴金融贸易区开发股份有限公司		证券简称	陆家嘴
	法人代表	李晋昭	董秘　王辉	证券代码	600663
	公司网址	www.ljz.com.cn		电子信箱	invest@ljz.com.cn
	电　话	021-33848801		传　真	021-33848818
	办公地址	上海市浦东新区峨山路101号1号楼			
	经营范围	房地产开发、经营、销售、出租和中介等			

主要财务指标	指标\报告期	2013.06.30	2012.12.31	2012.06.30	2011.12.31
	基本每股收益(元)	0.2629	0.5413	0.2206	0.5274
	基本每股收益(扣除)(元)	0.2421	0.4994	0.1988	0.5169
	每股净资产(元)	6.2708	6.2025	5.8500	5.8100
	每股经营现金净流量(元)	–0.1144	0.8593	0.9699	0.9474
	每股现金流量(元)	0.6408	–0.6594	0.8475	0.7591
	每股资本公积金(元)	0.7252	0.7568	0.7237	0.7489
	每股盈余公积金(元)	1.4957	1.4957	1.3938	1.3938
	每股未分配利润(元)	3.0499	2.9500	2.7313	2.6712
	净资产收益率(%)	4.1921	8.7272	3.7721	9.0710
	加权净资产收益率(%)	4.2200	9.0100	3.7300	9.3200
	净资产收益率(扣除)(%)	–	–	–	–
	总资产(万元)	3353856.08	3078207.66	3076079.34	2768811.82
	归属母公司股东权益(万元)	1171191.03	1158431.08	1092367.32	1085855.05
	主营业务收入(万元)	155356.40	296887.86	134880.57	407262.89
	营业收入(万元)	167408.74	349208.66	135818.37	416587.25
	主营成本(万元)	51686.67	104052.53	49804.33	181388.22
	营业成本(万元)	55140.66	121839.75	50482.79	183223.64
	投资收益(万元)	11973.27	25457.30	14318.63	10422.68
	净利润(万元)	53781.02	110586.00	44643.07	98398.70
	利润总额(万元)	69127.20	142923.53	57841.78	125266.93

哈药集团股份有限公司

公司概况						
	公司名称	哈药集团股份有限公司			证券简称	哈药股份
	法人代表	张利君	董秘	孟晓东	证券代码	600664
	公司网址	www.hayao.com			电子信箱	mengxd@hayao.com
	电　话	0451-51870077			传　真	0451-51870277
	办公地址	黑龙江省哈尔滨市群力新区群力大道 1 号				
	经营范围	医药原料药及制剂、中成药及中药粉针剂、滋补保健品制造、生物制药和医药商业等				

主要财务指标	指标\报告期	2013.06.30	2012.12.31	2012.06.30	2011.12.31
	基本每股收益(元)	0.1000	0.2600	0.0700	0.4600
	基本每股收益(扣除)(元)	0.0800	0.3300	0.2000	0.4300
	每股净资产(元)	4.2445	4.1494	3.9400	4.6010
	每股经营现金净流量(元)	0.3604	0.2909	0.3944	-0.0642
	每股现金流量(元)	0.2921	0.0316	0.2312	-0.5583
	每股资本公积金(元)	0.5031	0.5031	0.4887	0.7679
	每股盈余公积金(元)	0.6510	0.6510	0.6504	0.7724
	每股未分配利润(元)	2.0904	1.9953	1.8009	2.0607
	净资产收益率(%)	2.2404	6.2798	1.7183	11.9692
	加权净资产收益率(%)	2.2700	6.5100	1.7200	12.0500
	净资产收益率(扣除)(%)	-	-	-	-
	总资产(万元)	1568733.83	1566717.91	1532369.89	1546788.84
	归属母公司股东权益(万元)	813876.64	795642.86	755484.56	742873.05
	主营业务收入(万元)	-	1754001.51	901829.07	1724054.45
	营业收入(万元)	910083.23	1766294.69	908662.86	1746082.88
	主营成本(万元)	-	1197474.20	625769.29	1210434.53
	营业成本(万元)	653695.41	1203332.70	629225.05	1224038.77
	投资收益(万元)	251.16	347.50	29.68	421.88
	净利润(万元)	17776.15	59003.20	19300.78	98753.40
	利润总额(万元)	26567.69	81186.14	30842.29	122578.88

天地源股份有限公司

公司概况						
	公司名称	天地源股份有限公司			证券简称	天 地 源
	法人代表	俞向前	董秘	刘宇	证券代码	600665
	公司网址	www.tande.cn			电子信箱	liuyu@tande.cn
	电　话	029-88326035			传　真	029-88325961
	办公地址	陕西省西安市高新技术开发区科技路 33 号高新国际商务中心 27 层				
	经营范围	房地产开发和经营、自有房屋租赁、物业管理、实业投资、资产管理				

主要财务指标	指标\报告期	2013.06.30	2012.12.31	2012.06.30	2011.12.31
	基本每股收益(元)	0.2083	0.2800	0.2003	0.2637
	基本每股收益(扣除)(元)	0.2116	0.2739	0.2007	0.2609
	每股净资产(元)	2.6483	2.5250	2.4453	2.6900
	每股经营现金净流量(元)	-1.2352	-0.3074	-0.1305	-0.1448
	每股现金流量(元)	1.2631	-0.3475	-0.1828	-0.2667
	每股资本公积金(元)	0.2327	0.2327	0.2327	0.4793
	每股盈余公积金(元)	0.2294	0.2294	0.2294	0.2753
	每股未分配利润(元)	1.1861	1.0629	0.9831	0.9394
	净资产收益率(%)	7.8646	11.0889	8.1907	11.7460
	加权净资产收益率(%)	7.9200	11.7400	8.5400	12.4700
	净资产收益率(扣除)(%)	-	-	-	-
	总资产(万元)	1059531.53	894443.47	823910.88	844837.93
	归属母公司股东权益(万元)	228844.58	218191.80	211304.07	193996.83
	主营业务收入(万元)	123627.86	226739.07	112937.00	234262.99
	营业收入(万元)	123633.74	226748.24	112941.26	234275.97
	主营成本(万元)	85827.42	143504.93	68174.36	140750.68
	营业成本(万元)	85832.67	143513.39	68178.20	140768.13
	投资收益(万元)	-	-42.22	-	-8.88
	净利润(万元)	17836.37	24330.13	17239.39	25190.41
	利润总额(万元)	23485.22	34710.59	23659.20	34169.52

西南药业股份有限公司

公司概况						
	公司名称	西南药业股份有限公司			证券简称	西南药业
	法人代表	李标	董秘	蒋茜	证券代码	600666
	公司网址	www.swp.cn			电子信箱	swp600666@163.com
	电　话	023-89855125			传　真	023-89855126
	办公地址	重庆市沙坪坝区天星桥 21 号				
	经营范围	生产、销售片剂、胶囊剂、颗粒剂、粉针剂、大容量注射剂等				

主要财务指标	指标\报告期	2013.06.30	2012.12.31	2012.06.30	2011.12.31
	基本每股收益(元)	0.1200	0.1300	0.1100	0.1200
	基本每股收益(扣除)(元)	0.1200	0.1200	0.1100	0.1100
	每股净资产(元)	1.5996	1.4941	1.4820	1.3700
	每股经营现金净流量(元)	0.2436	0.2348	0.3831	0.1391
	每股现金流量(元)	0.4216	0.0975	-0.0519	0.0362
	每股资本公积金(元)	0.0080	0.0080	0.0080	0.0080
	每股盈余公积金(元)	0.2089	0.2089	0.1957	0.1957
	每股未分配利润(元)	0.3827	0.2772	0.2785	0.1650
	净资产收益率(%)	7.2621	8.3884	7.6606	9.0020
	加权净资产收益率(%)	7.5100	8.7600	7.9700	9.3600
	净资产收益率(扣除)(%)	-	-	-	-
	总资产(万元)	183845.28	151246.41	161170.78	157194.68
	归属母公司股东权益(万元)	46411.83	43351.11	43009.42	39714.66
	主营业务收入(万元)	58992.58	119958.51	55521.99	97141.83
	营业收入(万元)	59512.90	120509.89	55921.03	97693.56
	主营成本(万元)	38723.37	79025.32	36956.74	66400.67
	营业成本(万元)	39132.96	79417.18	37221.32	66896.07
	投资收益(万元)	-657.84	-679.41	-652.68	-504.87
	净利润(万元)	3348.83	3558.41	3234.30	3464.20
	利润总额(万元)	3813.07	4610.09	3681.25	4754.42

无锡市太极实业股份有限公司

公司概况						
	公司名称	无锡市太极实业股份有限公司			证券简称	太极实业
	法人代表	顾斌	董秘	胡义新	证券代码	600667
	公司网址	www.wxtj.com			电子信箱	wxtj600667@wxtj.com
	电　话	0510-85419120			传　真	0510-85430760
	办公地址	江苏省无锡市下甸桥南堍				
	经营范围	化学纤维及制品、化纤产品、化纤机械及配件、纺织机械及配件等				

主要财务指标	指标\报告期	2013.06.30	2012.12.31	2012.06.30	2011.12.31
	基本每股收益(元)	0.0010	0.0500	0.0360	0.0700
	基本每股收益(扣除)(元)	-0.0010	0.0300	0.0350	0.0500
	每股净资产(元)	1.3081	1.3183	2.1780	2.0900
	每股经营现金净流量(元)	0.3189	0.7092	1.3263	1.1938
	每股现金流量(元)	0.0592	0.1026	0.1744	0.2710
	每股资本公积金(元)	0.2562	0.2562	0.7530	0.7529
	每股盈余公积金(元)	0.0147	0.0147	0.0440	0.0337
	每股未分配利润(元)	0.0927	0.0918	0.4853	0.4178
	净资产收益率(%)	0.0730	3.2247	3.5727	7.4410
	加权净资产收益率(%)	0.0700	4.8300	3.6400	7.4600
	净资产收益率(扣除)(%)	-	-	-	-
	总资产(万元)	575345.34	540714.73	561173.38	514801.44
	归属母公司股东权益(万元)	155835.97	157041.53	102120.30	98209.44
	主营业务收入(万元)	212269.03	412274.74	204033.35	324440.82
	营业收入(万元)	213641.27	415696.60	206092.08	329524.99
	主营成本(万元)	190202.83	364437.36	176601.25	280918.89
	营业成本(万元)	191429.36	367402.19	178470.28	285391.70
	投资收益(万元)	626.11	813.42	12.65	419.71
	净利润(万元)	4810.98	14461.15	8926.79	14556.50
	利润总额(万元)	6638.99	19002.93	13166.93	21427.66

浙江尖峰集团股份有限公司

公司概况						
公司名称	浙江尖峰集团股份有限公司				证券简称	尖峰集团
法人代表	蒋晓萌	董秘	朱坚卫		证券代码	600668
公司网址	www.jianfeng.com.cn		电子信箱		jf@jianfeng.com.cn	
电　　话	0579-82320582 82324699		传　　真		0579-82324611 82320582	
办公地址	浙江省金华市婺江东路 88 号					
经营范围	水泥及药品的生产和销售					

主要财务指标

指标＼报告期	2013.06.30	2012.12.31	2012.06.30	2011.12.31
基本每股收益(元)	0.2800	0.4800	0.4600	0.7810
基本每股收益(扣除)(元)	0.2700	0.4700	0.4700	0.7710
每股净资产(元)	4.6785	4.4030	4.4700	4.1300
每股经营现金净流量(元)	0.1613	0.3256	0.0698	0.5349
每股现金流量(元)	0.7814	0.0311	0.0976	-0.2069
每股资本公积金(元)	1.3108	1.3108	1.3902	1.3902
每股盈余公积金(元)	0.2761	0.2761	0.2328	0.2328
每股未分配利润(元)	2.0916	1.8161	1.8426	1.5043
净资产收益率(%)	5.8889	10.7925	10.2649	18.9290
加权净资产收益率(%)	6.0700	11.2600	10.5200	20.8100
净资产收益率(扣除)(%)	-	-	-	-
总资产(万元)	327030.60	277837.04	284200.72	263885.06
归属母公司股东权益(万元)	160979.87	151499.92	153653.49	142010.06
主营业务收入(万元)	96152.79	164178.23	78058.29	163647.27
营业收入(万元)	96641.65	164909.55	78505.01	164478.88
主营成本(万元)	77715.43	132344.59	63003.58	123322.35
营业成本(万元)	77980.09	132552.59	63334.75	123706.45
投资收益(万元)	6152.48	14682.60	13898.85	17913.08
净利润(万元)	10673.81	18792.88	17066.06	31267.83
利润总额(万元)	12369.45	21920.19	18749.81	37100.43

杭州天目山药业股份有限公司

公司概况						
公司名称	杭州天目山药业股份有限公司				证券简称	天目药业
法人代表	胡新笠	董秘	徐欢晓		证券代码	600671
公司网址	www.hztmyy.com		电子信箱		hztmyy@126.com	
电　　话	0571-63722229		传　　真		0571-63715400	
办公地址	浙江省临安市苕溪南路 78 号					
经营范围	生物制药、中成药、西药、电子产品、机制纸的制造和销售等					

主要财务指标

指标＼报告期	2013.06.30	2012.12.31	2012.06.30	2011.12.31
基本每股收益(元)	0.0080	-0.7300	-0.2119	0.2200
基本每股收益(扣除)(元)	0.0054	-0.7200	-0.2166	-0.0400
每股净资产(元)	0.6581	0.6501	1.1678	1.3797
每股经营现金净流量(元)	0.0414	-0.1628	-0.0800	-0.0533
每股现金流量(元)	0.1017	-0.1765	-0.2166	-0.0350
每股资本公积金(元)	0.4375	0.4375	0.4375	0.4375
每股盈余公积金(元)	0.1986	0.1986	0.1986	0.1986
每股未分配利润(元)	-0.9780	-0.9860	-0.4683	-0.2564
净资产收益率(%)	1.2159	-112.2150	-18.1413	15.7363
加权净资产收益率(%)	1.2234	-71.8800	-16.6326	17.1400
净资产收益率(扣除)(%)	-	-	-	-
总资产(万元)	32344.55	29592.45	33296.02	35783.64
归属母公司股东权益(万元)	8014.62	7917.17	14221.45	16801.41
主营业务收入(万元)	14017.73	22399.56	11398.77	26952.47
营业收入(万元)	14050.44	22907.89	11422.33	27726.53
主营成本(万元)	10614.67	16683.35	8282.96	16324.63
营业成本(万元)	10628.49	16794.93	8295.11	16740.68
投资收益(万元)	477.04	279.17	4.14	2987.74
净利润(万元)	63.57	-8716.40	-2355.61	2880.05
利润总额(万元)	96.20	-8697.28	-2190.22	3205.18

广东东阳光铝业股份有限公司

公司概况						
公司名称	广东东阳光铝业股份有限公司				证券简称	东阳光铝
法人代表	郭京平	董秘	陈铁生		证券代码	600673
公司网址	www.hec-al.com		电子信箱		yzg600673@126.com	
电　　话	0769-85370225		传　　真		0769-85370230	
办公地址	广东省东莞市长安镇上沙村第五工业区					
经营范围	高纯铝、电极箔、亲水箔及亲水箔用涂料、铝电解电容器等					

主要财务指标

指标＼报告期	2013.06.30	2012.12.31	2012.06.30	2011.12.31
基本每股收益(元)	0.0600	0.1900	0.1000	0.3500
基本每股收益(扣除)(元)	0.0300	0.1700	0.0900	0.3200
每股净资产(元)	3.0945	3.1341	3.0900	2.9900
每股经营现金净流量(元)	0.4191	0.5691	0.5832	0.3529
每股现金流量(元)	0.5614	0.0902	0.0917	0.1149
每股资本公积金(元)	1.0791	1.0770	1.0770	1.0770
每股盈余公积金(元)	0.0402	0.0402	0.0243	0.0243
每股未分配利润(元)	0.9752	1.0168	0.9866	0.8866
净资产收益率(%)	1.8882	5.9191	3.2404	11.6190
加权净资产收益率(%)	1.8500	6.0800	3.2900	12.3400
净资产收益率(扣除)(%)	-	-	-	-
总资产(万元)	978435.96	772401.34	726396.01	700339.20
归属母公司股东权益(万元)	256061.25	260324.39	255518.11	247238.30
主营业务收入(万元)	221827.59	425135.58	215355.06	460119.77
营业收入(万元)	230030.84	441501.07	223555.50	476328.41
主营成本(万元)	182005.90	342637.22	175922.46	367273.66
营业成本(万元)	189788.97	357236.93	183272.62	381679.87
投资收益(万元)	237.76	-550.21	-324.07	-160.78
净利润(万元)	7508.67	21082.70	10994.15	38017.12
利润总额(万元)	10196.38	28744.36	15212.65	50244.38

四川川投能源股份有限公司

公司概况						
公司名称	四川川投能源股份有限公司				证券简称	川投能源
法人代表	黄顺福	董秘	谢洪先		证券代码	600674
公司网址	www.scte.com.cn		电子信箱		xiehongxian@scte.com.cn	
电　　话	028-86098649		传　　真		028-86098648	
办公地址	四川省成都市小南街 23 号					
经营范围	电力开发、电力生产经营、电力行业技术服务和咨询等					

主要财务指标

指标＼报告期	2013.06.30	2012.12.31	2012.06.30	2011.12.31
基本每股收益(元)	0.3051	0.2124	0.0378	0.1933
基本每股收益(扣除)(元)	0.3054	0.2102	0.0378	0.1925
每股净资产(元)	4.5512	4.3086	4.1357	6.6600
每股经营现金净流量(元)	0.1639	0.3221	0.0933	0.7430
每股现金流量(元)	0.0841	0.0236	0.0349	0.3559
每股资本公积金(元)	2.3319	2.3319	2.3308	3.9891
每股盈余公积金(元)	0.2692	0.2692	0.2225	0.4706
每股未分配利润(元)	0.9501	0.7075	0.5824	1.2018
净资产收益率(%)	6.7044	4.8282	0.8758	5.6290
加权净资产收益率(%)	6.8560	5.2444	0.9900	5.8732
净资产收益率(扣除)(%)	-	-	-	-
总资产(万元)	1602619.47	1570253.81	1535371.81	1349428.59
归属母公司股东权益(万元)	897813.02	849952.48	815833.79	621464.79
主营业务收入(万元)	54199.16	113319.71	50460.33	114735.86
营业收入(万元)	54199.16	113712.46	50460.33	115103.16
主营成本(万元)	28067.54	59518.87	28668.84	62002.02
营业成本(万元)	28067.54	59542.83	28668.84	62062.92
投资收益(万元)	58377.18	45748.33	7885.54	27980.75
净利润(万元)	62813.53	46649.88	8944.98	40809.59
利润总额(万元)	65390.82	48528.54	9913.48	42858.87

中华企业股份有限公司

公司概况					
公司名称	中华企业股份有限公司			证券简称	中华企业
法人代表	朱胜杰	董秘	印学青	证券代码	600675
公司网址	www.cecl.com.cn		电子信箱	zhqydm@cecl.com.cn	
电话	021-20772222		传真	021-20772766	
办公地址	上海市浦东新区雪野路 928 号 6 楼				
经营范围	商品房设计、建造、买卖、租赁及调剂业务等				

主要财务指标 指标\报告期	2013.06.30	2012.12.31	2012.06.30	2011.12.31
基本每股收益(元)	0.2200	0.3630	0.2110	0.4850
基本每股收益(扣除)(元)	0.2080	0.0230	–0.0720	0.3680
每股净资产(元)	3.8511	3.6532	3.4900	3.5600
每股经营现金净流量(元)	0.7185	1.0563	0.1057	–1.0940
每股现金流量(元)	3.1008	0.2800	0.7133	–0.9842
每股资本公积金(元)	0.0077	0.0298	0.0155	–0.0362
每股盈余公积金(元)	0.2845	0.2845	0.2559	0.2814
每股未分配利润(元)	2.5589	2.3388	2.2148	2.3196
净资产收益率(%)	5.7147	9.9437	6.0397	14.9510
加权净资产收益率(%)	5.8700	10.3900	6.2500	15.8200
净资产收益率(扣除)(%)	–	–	–	–
总资产(万元)	3106358.88	2585290.60	2516550.85	2388146.39
归属母公司股东权益(万元)	599181.59	568388.34	542404.98	504228.77
主营业务收入(万元)	235605.79	357520.55	114763.91	458272.85
营业收入(万元)	235605.79	358339.75	114763.91	459171.33
主营成本(万元)	105914.54	167331.27	57137.34	–
营业成本(万元)	105914.54	167331.27	57137.34	217721.64
投资收益(万元)	–2263.24	76674.78	65908.12	34341.89
净利润(万元)	36111.74	64600.34	36658.38	84656.28
利润总额(万元)	46594.03	103655.63	48962.86	121175.94

上海交运集团股份有限公司

公司概况					
公司名称	上海交运集团股份有限公司			证券简称	交运股份
法人代表	陈辰康	董秘	蒋玮芳	证券代码	600676
公司网址	www.jygf.cn		电子信箱	jygf@sh163.net	
电话	021-63176742 63178257		传真	021-63173388	
办公地址	上海市恒丰路 288 号				
经营范围	运输业与物流服务、汽车零部件制造与汽车后服务等				

主要财务指标 指标\报告期	2013.06.30	2012.12.31	2012.06.30	2011.12.31
基本每股收益(元)	0.1810	0.3200	0.1700	0.2800
基本每股收益(扣除)(元)	0.1483	0.2500	0.1254	0.2400
每股净资产(元)	3.5112	3.4299	3.3700	3.0966
每股经营现金净流量(元)	0.1684	0.6746	0.1473	0.4673
每股现金流量(元)	–0.3179	0.4595	–0.0537	0.0438
每股资本公积金(元)	1.2848	1.2850	1.1070	0.9683
每股盈余公积金(元)	0.2458	0.2458	0.2319	0.2803
每股未分配利润(元)	0.9801	0.8991	1.0276	0.8476
净资产收益率(%)	5.1563	9.3438	5.0501	9.4734
加权净资产收益率(%)	5.1400	9.8000	5.5200	9.6800
净资产收益率(扣除)(%	–	–	–	–
总资产(万元)	681115.56	660282.38	601806.34	556944.75
归属母公司股东权益(万元)	302798.97	295784.35	290322.53	226482.24
主营业务收入(万元)	411424.90	766593.34	368737.77	683020.74
营业收入(万元)	423199.92	785917.31	378936.31	699754.63
主营成本(万元)	369130.50	692857.76	332299.13	606990.80
营业成本(万元)	371666.32	697444.53	334847.67	611395.34
投资收益(万元)	1899.38	3235.33	2199.29	2803.74
净利润(万元)	17766.87	29378.11	15814.68	28312.32
利润总额(万元)	23322.17	39362.89	20037.01	38548.48

航天通信控股集团股份有限公司

公司概况					
公司名称	航天通信控股集团股份有限公司			证券简称	航天通信
法人代表	杜尧	董秘	徐宏伟	证券代码	600677
公司网址	www.aerocom.cn		电子信箱	stock@aerocom.cn	
电话	0571-87034676 87079526		传真	0571-87077662	
办公地址	浙江省杭州市解放路 138 号航天通信大厦一号楼				
经营范围	通信产业投资、通信工程、通信设备代维、轻纺产品及原辅材料、针纺织品的生产和销售等				

主要财务指标 指标\报告期	2013.06.30	2012.12.31	2012.06.30	2011.12.31
基本每股收益(元)	0.1157	0.2575	0.1181	0.4523
基本每股收益(扣除)(元)	–0.0728	–0.2469	0.0431	0.0383
每股净资产(元)	3.3216	3.2036	3.3987	3.5968
每股经营现金净流量(元)	–1.3490	0.2815	–0.9874	–0.2706
每股现金流量(元)	–1.1201	0.1963	–0.1191	–0.5155
每股资本公积金(元)	0.0282	0.0282	0.2582	0.5969
每股盈余公积金(元)	–	–	0.1795	0.1933
每股未分配利润(元)	2.2934	2.1754	1.9610	1.8066
净资产收益率(%)	3.4834	8.0369	3.8468	12.5747
加权净资产收益率(%)	3.4900	6.9100	3.2300	13.5300
净资产收益率(扣除)(%)	–	–	–	–
总资产(万元)	726147.95	700946.02	658466.82	565253.96
归属母公司股东权益(万元)	108340.76	104491.95	110856.87	117319.30
主营业务收入(万元)	461544.13	914443.74	452039.39	837668.53
营业收入(万元)	469921.80	930249.17	461290.62	848318.38
主营成本(万元)	424551.94	831275.00	409683.18	772239.75
营业成本(万元)	430773.33	843907.04	397534.96	781550.56
投资收益(万元)	–41.32	325.06	306.28	262.54
净利润(万元)	5465.18	14064.55	7279.23	18026.94
利润总额(万元)	9011.36	21069.24	10183.12	22940.88

四川金顶(集团)股份有限公司

公司概况					
公司名称	四川金顶(集团)股份有限公司			证券简称	四川金顶
法人代表	杨学品	董秘	闫蜀	证券代码	600678
公司网址	www.scjd.cn		电子信箱	dsb@scjd.cn	
电话	0833-2218123 2218555		传真	0833-2218118	
办公地址	四川省峨眉山市乐都镇				
经营范围	水泥制造、销售、房地产开发经营、汽车修理、客货运输等				

主要财务指标 指标\报告期	2013.06.30	2012.12.31	2012.06.30	2011.12.31
基本每股收益(元)	–0.0090	1.3008	–0.1495	0.0998
基本每股收益(扣除)(元)	–0.0138	–0.2857	–0.1063	–0.5930
每股净资产(元)	0.1464	0.1527	–2.1978	–2.0483
每股经营现金净流量(元)	–0.1023	–0.5947	–0.0791	0.0098
每股现金流量(元)	–0.1903	0.2215	0.1165	–0.0153
每股资本公积金(元)	0.8750	0.8750	–0.0245	–0.0245
每股盈余公积金(元)	0.0795	0.0795	0.0795	0.0795
每股未分配利润(元)	–1.8115	–1.8025	–3.2529	–3.1034
净资产收益率(%)	–6.1322	851.9960	–6.8028	–4.8734
加权净资产收益率(%)	–6.0042	–	–	–
净资产收益率(扣除)(%	–	–	–	–
总资产(万元)	14089.08	19223.46	92777.33	93020.45
归属母公司股东权益(万元)	5110.61	5328.43	–76702.34	–71484.42
主营业务收入(万元)	1158.99	1142.30	47.15	28394.83
营业收入(万元)	1187.13	1213.58	76.63	29623.56
主营成本(万元)	1090.31	1214.34	88.45	28744.08
营业成本(万元)	1097.33	1254.00	122.64	30094.12
投资收益(万元)	16.54	7670.35	–	14393.10
净利润(万元)	–313.39	41589.39	–8256.32	–1759.99
利润总额(万元)	–313.39	41589.39	–8256.32	–336.67

金山开发建设股份有限公司

公司概况	公司名称	金山开发建设股份有限公司			证券简称	金山开发
	法人代表	周卫中	董秘	刘峰	证券代码	600679
	公司网址	www.jskfjs.com		电子信箱	zj@jskfjs.com	
	电　　话	021-31351500 31351508		传　　真	021-31351501	
	办公地址	上海市闵行区吴中路 369 号美恒大厦 15 楼				
	经营范围	房地产开发经营、城市和绿化建设、旧区改造、商业开发等				

	指标＼报告期	2013.06.30	2012.12.31	2012.06.30	2011.12.31
主要财务指标	基本每股收益(元)	–0.0130	0.0116	–0.0103	0.0115
	基本每股收益(扣除)(元)	–0.0153	–0.0453	–0.0137	–0.0509
	每股净资产(元)	1.6301	1.6668	1.6244	1.6871
	每股经营现金净流量(元)	–0.1110	–0.0510	–0.0056	–0.0220
	每股现金流量(元)	–0.0033	–0.0239	–0.0775	–0.4012
	每股资本公积金(元)	0.9297	0.9535	0.9329	0.9321
	每股盈余公积金(元)	0.1632	0.1632	0.1632	0.1632
	每股未分配利润(元)	–0.4627	–0.4497	–0.4716	–0.4613
	净资产收益率(%)	–0.7962	0.6931	–0.6349	0.7067
	加权净资产收益率(%)	–0.7816	0.7000	–0.6332	0.6800
	净资产收益率(扣除)(%)	–	–	–	–
	总资产(万元)	119627.44	124271.21	120744.91	116880.07
	归属母公司股东权益(万元)	57641.90	58942.74	57441.97	57777.82
	主营业务收入(万元)	29457.68	75498.31	33264.65	99101.38
	营业收入(万元)	30937.99	79945.77	34780.53	102538.64
	主营成本(万元)	25993.42	66572.00	29487.70	87014.81
	营业成本(万元)	26524.59	68654.47	30187.70	88835.77
	投资收益(万元)	577.12	1064.87	688.68	2667.48
	净利润(万元)	–1094.95	–156.26	–502.12	–297.37
	利润总额(万元)	–1007.86	890.20	–496.79	426.61

上海普天邮通科技股份有限公司

公司概况	公司名称	上海普天邮通科技股份有限公司			证券简称	上海普天
	法人代表	曹宏斌	董秘	陆贤薇	证券代码	600680
	公司网址	www.shpte.com		电子信箱	zhengquanb@shpte.com	
	电　　话	021-64832699 64360900*2371		传　　真	021-64832699	
	办公地址	上海市宜山路 700 号				
	经营范围	设计、生产、销售各类通信设备、元器件、计算机网络及外围配套设备等				

	指标＼报告期	2013.06.30	2012.12.31	2012.06.30	2011.12.31
主要财务指标	基本每股收益(元)	0.0300	–0.2090	0.0140	0.0290
	基本每股收益(扣除)(元)	–0.0580	–0.2150	0.0020	–0.0780
	每股净资产(元)	3.5437	3.5142	3.7360	3.7530
	每股经营现金净流量(元)	–0.0108	–0.3760	–0.1780	0.0232
	每股现金流量(元)	–0.2384	–0.1332	–0.1488	–0.1454
	每股资本公积金(元)	2.2723	2.2723	2.2722	2.2722
	每股盈余公积金(元)	0.3105	0.3105	0.3105	0.3105
	每股未分配利润(元)	–0.0391	–0.0686	0.1535	0.1700
	净资产收益率(%)	0.8334	–5.9343	0.3626	0.7780
	加权净资产收益率(%)	0.8400	–5.7280	0.3600	0.7810
	净资产收益率(扣除)(%)	–	–	–	–
	总资产(万元)	251384.82	242408.85	228776.32	231853.49
	归属母公司股东权益(万元)	135450.85	134322.05	142808.41	143437.26
	主营业务收入(万元)	58362.37	124326.86	63588.78	110307.30
	营业收入(万元)	59953.48	126591.70	64558.87	113030.24
	主营成本(万元)	52620.10	111880.86	56851.62	98153.71
	营业成本(万元)	53279.66	112667.04	57203.43	99178.83
	投资收益(万元)	399.91	672.43	–28.49	2977.68
	净利润(万元)	1024.20	–7916.52	460.05	1408.70
	利润总额(万元)	1028.30	–7872.00	467.88	1481.72

万鸿集团股份有限公司

公司概况	公司名称	万鸿集团股份有限公司			证券简称	ST 万 鸿
	法人代表	戚围岳	董秘	许伟文	证券代码	600681
	公司网址	www.winowner.com		电子信箱	wdf94639@sina.com	
	电　　话	027-88066666		传　　真	027-88066666	
	办公地址	湖北省武汉市汉阳区阳新路特 1 号				
	经营范围	对酒店业、制造业、商业、旅游业、房地产业进行项目投资、装饰装修等				

	指标＼报告期	2013.06.30	2012.12.31	2012.06.30	2011.12.31
主要财务指标	基本每股收益(元)	–0.0300	0.0100	0.0005	0.1000
	基本每股收益(扣除)(元)	0.0100	0.0100	–	–
	每股净资产(元)	0.0632	0.0958	0.0700	0.0700
	每股经营现金净流量(元)	0.0216	–0.0143	0.0080	0.0003
	每股现金流量(元)	0.0402	0.0343	0.0123	0.0002
	每股资本公积金(元)	2.0762	2.0762	2.0609	2.0609
	每股盈余公积金(元)	0.1041	0.1041	0.1041	0.1041
	每股未分配利润(元)	–3.1171	–3.0845	–3.0953	–3.0959
	净资产收益率(%)	–51.5041	11.8300	0.7540	143.7270
	加权净资产收益率(%)	–81.9100	13.7300	1.5100	–
	净资产收益率(扣除)(%)	–	–	–	–
	总资产(万元)	18526.69	17401.45	16049.00	14768.24
	归属母公司股东权益(万元)	1590.08	2409.04	1753.45	1740.23
	主营业务收入(万元)	4105.65	8131.35	871.01	1254.96
	营业收入(万元)	4345.65	8611.35	1111.01	1734.96
	主营成本(万元)	3492.98	7100.10	556.33	941.80
	营业成本(万元)	3492.98	7100.10	556.33	941.80
	投资收益(万元)	–	–	–	–
	净利润(万元)	–801.45	314.56	3.49	2501.17
	利润总额(万元)	–711.46	485.98	115.46	2553.90

南京新街口百货商店股份有限公司

公司概况	公司名称	南京新街口百货商店股份有限公司			证券简称	南京新百
	法人代表	杨怀珍	董秘	潘利建	证券代码	600682
	公司网址	www.njxb.com		电子信箱	dsh.yj@njxb.com	
	电　　话	025-84717494 84761696		传　　真	025-84717494 84761696	
	办公地址	江苏省南京市中山南路 1 号				
	经营范围	预包装食品、散装食品(炒货、蜜饯、糕点、茶叶)、保健食品、冷热饮品销售等				

	指标＼报告期	2013.06.30	2012.12.31	2012.06.30	2011.12.31
主要财务指标	基本每股收益(元)	0.2000	0.5300	0.3800	0.2300
	基本每股收益(扣除)(元)	0.2000	0.2900	0.1400	0.2300
	每股净资产(元)	3.7402	3.5408	3.6700	3.1100
	每股经营现金净流量(元)	0.2417	0.7978	0.1145	0.3887
	每股现金流量(元)	–0.1789	0.2860	0.4753	0.2497
	每股资本公积金(元)	1.1412	1.1424	1.1460	1.1460
	每股盈余公积金(元)	0.5137	0.5137	0.4472	0.4472
	每股未分配利润(元)	1.0852	0.8848	1.0744	0.5212
	净资产收益率(%)	5.3604	15.0169	10.3217	7.4730
	加权净资产收益率(%)	5.5100	15.9300	11.4600	7.6300
	净资产收益率(扣除)(%)	–	–	–	–
	总资产(万元)	374762.15	374510.10	371538.79	309249.03
	归属母公司股东权益(万元)	134019.18	126875.51	131416.11	111597.12
	主营业务收入(万元)	145662.97	274415.29	137132.98	178841.86
	营业收入(万元)	152475.67	285013.13	142076.99	183771.76
	主营成本(万元)	115952.71	221088.26	109948.80	142460.84
	营业成本(万元)	116630.50	222198.13	110724.15	143901.79
	投资收益(万元)	–	9510.27	8680.00	3221.61
	净利润(万元)	7009.81	18836.91	13382.02	8339.08
	利润总额(万元)	9448.23	22258.60	15521.99	10045.23

京投银泰股份有限公司

公司概况					
公司名称	京投银泰股份有限公司			证券简称	京投银泰
法人代表	田振清	董秘	杨锟(代)	证券代码	600683
公司网址	www.600683.com		电子信箱	ir@600683.com	
电　　话	010-65636620 65636622		传　　真	010-85172628	
办公地址	北京市朝阳区建国门外大街2号银泰中心C座17层				
经营范围	百货零售、对外贸易和房地产开发与经营等业务				

主要财务指标 指标\报告期	2013.06.30	2012.12.31	2012.06.30	2011.12.31
基本每股收益(元)	–0.0100	0.1200	–0.1700	0.1600
基本每股收益(扣除)(元)	–0.3500	–0.5900	–0.2300	0.0300
每股净资产(元)	2.4044	2.4834	2.1980	2.3700
每股经营现金净流量(元)	–12.8435	–0.9826	–0.1874	–3.9729
每股现金流量(元)	0.2184	–0.1589	–0.0632	–1.4070
每股资本公积金(元)	0.4425	0.4425	0.4458	0.4458
每股盈余公积金(元)	0.1256	0.1256	0.1140	0.1140
每股未分配利润(元)	0.8363	0.9153	0.6380	0.8102
净资产收益率(%)	–0.5850	4.7017	–7.8351	6.7730
加权净资产收益率(%)	–0.5700	4.8100	–7.5400	6.7200
净资产收益率(扣除)(%)	–	–	–	–
总资产(万元)	2350429.32	1499204.09	1435504.08	1356434.98
归属母公司股东权益(万元)	178111.31	183968.29	162809.39	175565.73
主营业务收入(万元)	47624.73	46402.34	17691.40	151861.76
营业收入(万元)	47624.73	112222.99	17701.40	151861.76
主营成本(万元)	44444.55	36332.50	13023.96	84508.72
营业成本(万元)	44444.55	60024.91	13023.96	84508.72
投资收益(万元)	13338.17	6205.00	–6917.77	152.13
净利润(万元)	–2708.47	5438.94	–14193.91	8416.05
利润总额(万元)	–791.34	14768.84	–14797.87	17863.45

广州珠江实业开发股份有限公司

公司概况					
公司名称	广州珠江实业开发股份有限公司			证券简称	珠江实业
法人代表	郑暑平	董秘	黄静	证券代码	600684
公司网址	www.gzzjsy.com		电子信箱	gzzjsy@gzzjsy.com	
电　　话	020-83752328 83752439		传　　真	020-83752663	
办公地址	广东省广州市越秀区环市东路362–366号好世界广场30楼				
经营范围	经营土地开发、承建、销售、租赁商品房等				

主要财务指标 指标\报告期	2013.06.30	2012.12.31	2012.06.30	2011.12.31
基本每股收益(元)	0.7800	1.0900	0.4400	0.7000
基本每股收益(扣除)(元)	0.7800	1.0900	0.4300	0.7000
每股净资产(元)	5.3623	4.5800	3.9300	4.5380
每股经营现金净流量(元)	0.6420	1.2669	0.7402	0.0797
每股现金流量(元)	1.5420	1.3431	0.3362	0.8310
每股资本公积金(元)	0.7218	0.7218	0.7218	1.2384
每股盈余公积金(元)	0.3680	0.3680	0.2325	0.3673
每股未分配利润(元)	3.2725	2.4902	1.9222	1.9323
净资产收益率(%)	14.5889	23.7830	11.0991	20.1110
加权净资产收益率(%)	15.7400	26.9900	11.7500	22.3600
净资产收益率(扣除)(%)	–	–	–	–
总资产(万元)	494840.41	353343.08	285768.32	279383.18
归属母公司股东权益(万元)	169500.38	144772.21	124116.86	110340.97
主营业务收入(万元)	118145.59	179646.22	66371.78	121195.18
营业收入(万元)	118146.62	179718.50	66392.43	121242.16
主营成本(万元)	62281.71	93129.58	35276.05	69577.17
营业成本(万元)	62281.71	93129.58	35276.05	69577.47
投资收益(万元)	51.91	221.30	81.48	272.54
净利润(万元)	24730.82	34433.77	13776.27	22191.59
利润总额(万元)	32974.43	45934.16	18368.36	29656.14

广州广船国际股份有限公司

公司概况					
公司名称	广州广船国际股份有限公司			证券简称	广船国际
法人代表	韩广德	董秘	陈利平	证券代码	600685
公司网址	www.chinagsi.com		电子信箱	gsi@chinagsi.com	
电　　话	020-81891712 2962 2995		传　　真	020-81891575	
办公地址	广东省广州市荔湾区芳村大道南40号				
经营范围	造船、钢结构工程以及机电产品等				

主要财务指标 指标\报告期	2013.06.30	2012.12.31	2012.06.30	2011.12.31
基本每股收益(元)	0.0900	0.0200	0.1400	0.8100
基本每股收益(扣除)(元)	0.0300	–0.0600	0.1100	0.5900
每股净资产(元)	6.3580	6.4457	6.5100	6.3900
每股经营现金净流量(元)	–1.0924	–0.2296	–0.3417	–1.8389
每股现金流量(元)	–0.9709	1.2288	0.6511	–3.1783
每股资本公积金(元)	0.9966	1.0514	0.9916	1.0091
每股盈余公积金(元)	0.6718	0.6718	0.6630	0.6630
每股未分配利润(元)	3.6885	3.7225	3.8521	3.7153
净资产收益率(%)	1.3533	0.2491	2.0000	12.6190
加权净资产收益率(%)	1.3400	0.2500	2.1200	13.3100
净资产收益率(扣除)(%)	–	–	–	–
总资产(万元)	1076668.09	1086208.61	1059924.93	1188550.94
归属母公司股东权益(万元)	408871.23	414511.45	418433.19	410760.64
主营业务收入(万元)	170671.87	634389.11	338612.83	814136.17
营业收入(万元)	174586.94	642408.34	343263.95	829643.13
主营成本(万元)	154224.67	590429.45	317598.67	723455.65
营业成本(万元)	156346.09	597085.55	320891.10	736972.00
投资收益(万元)	3646.50	3370.68	2879.33	4923.86
净利润(万元)	5547.70	1862.13	8925.45	52258.86
利润总额(万元)	7075.96	2753.50	10832.99	60659.13

厦门金龙汽车集团股份有限公司

公司概况					
公司名称	厦门金龙汽车集团股份有限公司			证券简称	金龙汽车
法人代表	谷涛	董秘	唐祝敏	证券代码	600686
公司网址	www.xmklm.com.cn		电子信箱	kinglong@xmklm.com.cn	
电　　话	0592-2969815		传　　真	0592-2960686	
办公地址	福建省厦门市厦禾路668号22-23层				
经营范围	大、中、轻型客车的生产和销售等				

主要财务指标 指标\报告期	2013.06.30	2012.12.31	2012.06.30	2011.12.31
基本每股收益(元)	0.1400	0.4800	0.1300	0.5900
基本每股收益(扣除)(元)	0.0700	0.2900	0.1200	0.4600
每股净资产(元)	4.7405	4.7475	4.4100	4.3700
每股经营现金净流量(元)	–2.4832	2.1047	–2.0977	0.4801
每股现金流量(元)	–2.5578	0.8902	–2.4087	–0.2117
每股资本公积金(元)	0.6760	0.6760	0.6760	0.6760
每股盈余公积金(元)	0.5384	0.5384	0.5135	0.5135
每股未分配利润(元)	2.5264	2.5332	2.2159	2.1816
净资产收益率(%)	3.0214	10.0378	3.0497	13.3930
加权净资产收益率(%)	2.9900	10.4500	3.0400	14.1800
净资产收益率(扣除)(%)	–	–	–	–
总资产(万元)	1575587.97	1465625.09	1286635.20	1328088.55
归属母公司股东权益(万元)	209813.15	210123.66	194983.52	193463.09
主营业务收入(万元)	960512.28	1866237.18	823926.76	1840858.07
营业收入(万元)	989842.77	1916535.02	848735.86	1892491.64
主营成本(万元)	862755.55	1643530.01	737050.56	1628955.00
营业成本(万元)	885827.73	1679584.54	756205.99	1667163.72
投资收益(万元)	1782.96	2696.58	612.54	4614.91
净利润(万元)	12184.16	45523.10	12684.87	49656.93
利润总额(万元)	14026.73	52538.90	15005.00	57904.47

浙江刚泰控股(集团)股份有限公司

公司概况					
公司名称	浙江刚泰控股(集团)股份有限公司			证券简称	刚泰控股
法人代表	徐建刚	董秘	张秦	证券代码	600687
公司网址	www.gangtaikonggu.com		电子信箱	gangtaikonggu@163.com	
电　话	021-68865161　0572-8080867		传　真	021-68866511	
办公地址	上海市浦东新区陆家嘴环路958号华能联合大厦18楼				
经营范围	实业投资、矿业投资、货运代理、设备、自有房屋租赁、装卸、仓储服务、物流信息咨询等				

主要财务指标：指标\报告期	2013.06.30	2012.12.31	2012.06.30	2011.12.31
基本每股收益(元)	0.2960	0.4630	0.0124	0.7100
基本每股收益(扣除)(元)	-0.0700	0.3980	-0.0062	0.4200
每股净资产(元)	1.2860	2.8478	2.3970	2.3900
每股经营现金净流量(元)	-1.1737	-0.3820	0.0287	0.7205
每股现金流量(元)	-0.2318	0.1370	0.1897	1.8407
每股资本公积金(元)	-	0.0518	0.0518	0.0518
每股盈余公积金(元)	-	0.3641	0.3617	0.3325
每股未分配利润(元)	0.2860	1.4320	0.9834	1.0103
净资产收益率(%)	22.9872	16.2674	0.5155	29.7370
加权净资产收益率(%)	24.2800	17.6700	0.5200	34.9300
净资产收益率(扣除)(%)	-	-	-	-
总资产(万元)	80689.34	63137.59	74718.51	74407.30
归属母公司股东权益(万元)	40454.57	36135.58	30414.04	30384.16
主营业务收入(万元)	41025.97	147331.78	38349.16	157990.43
营业收入(万元)	41025.97	147379.71	38382.09	158088.07
主营成本(万元)	36316.96	135404.64	38253.16	143398.87
营业成本(万元)	36316.96	135412.99	38253.16	143398.87
投资收益(万元)	15321.50	679.66	-242.97	3766.81
净利润(万元)	9299.39	6512.05	131.81	9943.25
利润总额(万元)	12279.88	8609.25	70.11	12958.74

中国石化上海石油化工股份有限公司

公司概况					
公司名称	中国石化上海石油化工股份有限公司			证券简称	上海石化
法人代表	王治卿	董秘	张经明	证券代码	600688
公司网址	www.spc.com.cn		电子信箱	tom@spc.com.cn	
电　话	021-57943143　52377880		传　真	021-57940050　52375091	
办公地址	上海市金山区金一路48号				
经营范围	原油加工、油品、化工产品、合成纤维及单体、塑料及制品、针纺织原料及制品等				

主要财务指标：指标\报告期	2013.06.30	2012.12.31	2012.06.30	2011.12.31
基本每股收益(元)	0.0610	-0.2150	-0.1660	0.1310
基本每股收益(扣除)(元)	0.0640	-0.2390	-0.1800	0.1290
每股净资产(元)	2.3131	2.2490	2.3050	2.5160
每股经营现金净流量(元)	0.4689	-0.2238	-0.1481	0.3446
每股现金流量(元)	0.0183	0.0097	0.0140	-0.0012
每股资本公积金(元)	0.4048	0.4048	0.4048	0.4048
每股盈余公积金(元)	0.7155	0.7155	0.7155	0.7155
每股未分配利润(元)	0.1880	0.1272	0.1763	0.3922
净资产收益率(%)	2.6301	-9.5641	-7.1981	5.2142
加权净资产收益率(%)	2.6670	-9.0280	-6.8830	5.2430
净资产收益率(扣除)(%)	-	-	-	-
总资产(万元)	3591472.10	3680579.90	3348213.70	3111008.50
归属母公司股东权益(万元)	1665438.40	1619041.90	1659461.40	1811248.30
主营业务收入(万元)	5687360.10	9263659.70	4626670.80	9508939.70
营业收入(万元)	5711092.20	9307225.40	4647259.40	9560124.80
主营成本(万元)	4987438.10	-	-	-
营业成本(万元)	5001947.20	8604107.20	4344809.60	8504219.40
投资收益(万元)	815.70	2923.00	471.80	14334.00
净利润(万元)	44230.70	-152521.10	-118112.20	97483.00
利润总额(万元)	60932.20	-203297.40	-155865.20	129229.10

上海三毛企业(集团)股份有限公司

公司概况					
公司名称	上海三毛企业(集团)股份有限公司			证券简称	上海三毛
法人代表	张文卿	董秘	沈磊	证券代码	600689
公司网址	www.600689.com		电子信箱	shendby@600689.com	
电　话	021-63059496		传　真	021-63018850　601	
办公地址	上海市斜土路791号				
经营范围	生产、销售毛条、毛纱、纺织品及服装、销售自产产品等				

主要财务指标：指标\报告期	2013.06.30	2012.12.31	2012.06.30	2011.12.31
基本每股收益(元)	0.0130	-0.2400	0.0480	0.0900
基本每股收益(扣除)(元)	-0.3050	-0.4800	-0.0560	-0.0700
每股净资产(元)	1.7939	1.8000	2.0736	2.0278
每股经营现金净流量(元)	-0.7174	-0.2796	-0.6256	0.2622
每股现金流量(元)	-0.4554	-0.2838	-0.2345	0.3291
每股资本公积金(元)	1.1049	1.1278	1.1135	1.1159
每股盈余公积金(元)	0.1921	0.1921	0.1921	0.1921
每股未分配利润(元)	-0.5031	-0.5160	-0.2320	-0.2801
净资产收益率(%)	0.7197	-13.0766	2.3192	4.5360
加权净资产收益率(%)	0.7200	-12.3100	2.3500	4.5600
净资产收益率(扣除)(%)	-	-	-	-
总资产(万元)	85199.52	118300.36	110784.77	107125.61
归属母公司股东权益(万元)	36054.98	36255.56	41677.04	40757.54
主营业务收入(万元)	105272.78	260070.87	126814.62	244316.37
营业收入(万元)	106532.90	262346.56	127926.63	246529.85
主营成本(万元)	98915.64	247619.21	120668.08	230632.28
营业成本(万元)	99305.53	248349.72	120982.52	231178.03
投资收益(万元)	5501.22	626.78	484.91	266.75
净利润(万元)	200.80	-4686.47	981.69	1446.70
利润总额(万元)	303.45	-3860.06	1054.60	2035.94

青岛海尔股份有限公司

公司概况					
公司名称	青岛海尔股份有限公司			证券简称	青岛海尔
法人代表	梁海山	董秘	明国珍	证券代码	600690
公司网址	www.haier.com		电子信箱	9999@haier.com	
电　话	0532-88931670		传　真	0532-88931689	
办公地址	山东省青岛市崂山区海尔信息产业园内				
经营范围	空调器、电冰箱、电冰柜、洗碗机、燃气灶等家电产品的生产与销售				

主要财务指标：指标\报告期	2013.06.30	2012.12.31	2012.06.30	2011.12.31
基本每股收益(元)	0.7900	1.2180	0.6900	1.0020
基本每股收益(扣除)(元)	0.7620	1.1830	0.6770	0.9080
每股净资产(元)	4.5554	4.1450	3.6260	3.1060
每股经营现金净流量(元)	1.2743	2.0553	1.2608	2.3115
每股现金流量(元)	0.7129	1.4375	0.7736	0.8878
每股资本公积金(元)	0.1536	0.1589	0.1023	0.1010
每股盈余公积金(元)	0.6407	0.6433	0.6210	0.6210
每股未分配利润(元)	2.7462	2.3352	1.8971	1.3773
净资产收益率(%)	17.3503	29.3790	19.0257	32.2530
加权净资产收益率(%)	18.2800	33.7800	20.4900	31.3300
净资产收益率(扣除)(%)	-	-	-	-
总资产(万元)	5417872.23	4968831.67	4148369.07	3978331.07
归属母公司股东权益(万元)	1228089.39	1112854.65	973570.41	834034.44
主营业务收入(万元)	4256582.32	7915203.83	4015724.82	7298246.08
营业收入(万元)	4297052.52	7985659.78	4046969.35	7366250.16
主营成本(万元)	3209932.33	5929770.57	3034186.55	5587573.74
营业成本(万元)	3233275.17	5970387.08	3051886.61	5626308.13
投资收益(万元)	29651.73	54258.65	29279.20	42076.49
净利润(万元)	270153.80	436061.06	239481.37	364766.27
利润总额(万元)	324426.22	542826.85	281061.00	441354.18

阳煤化工股份有限公司

公司概况	公司名称	阳煤化工股份有限公司			证券简称	阳煤化工
	法人代表	闫文泉	董秘	杨印生	证券代码	600691
	公司网址			电子信箱	lj_wang@163.com	
	电　　话	0351-7255821 7255820		传　　真	0351-7255820	
	办公地址	山西省太原市高新区科技街阳煤大厦				
	经营范围	电碳制品、机械密封、粉末冶金产品的生产、销售等				

	指标\报告期	2013.06.30	2012.12.31	2012.06.30	2011.12.31
主要财务指标	基本每股收益(元)	0.0700	0.5100	0.4700	0.5700
	基本每股收益(扣除)(元)	0.0600	0.1900	0.3900	0.5100
	每股净资产(元)	3.1589	7.7136	-1.8052	30.4617
	每股经营现金净流量(元)	0.1681	1.2962	6.3922	6.4853
	每股现金流量(元)	-0.1387	2.2902	13.6587	-7.9690
	每股资本公积金(元)	2.1359	6.8393	0.3642	31.4117
	每股盈余公积金(元)	0.0270	0.0674	0.1148	0.1148
	每股未分配利润(元)	-0.0161	-0.2123	-3.2842	-1.0211
	净资产收益率(%)	2.1794	4.5484	-83.8875	5.9533
	加权净资产收益率(%)	2.2000	5.5700	4.8500	6.1100
	净资产收益率(扣除)(%)	-	-	-	-
	总资产(万元)	2399586.15	2213006.80	7973.52	1747149.93
	归属母公司股东权益(万元)	463684.27	452896.62	-20665.43	348722.31
	主营业务收入(万元)	1370540.53	2122581.75	985529.92	1397797.36
	营业收入(万元)	1401342.34	2169057.14	1005045.31	1457645.53
	主营成本(万元)	1273966.91	1944450.89	902847.89	1222684.60
	营业成本(万元)	1300701.86	1999230.23	1283.41	1283811.13
	投资收益(万元)	49.78	10509.01	10935.90	3017.04
	净利润(万元)	20665.37	45934.00	31432.18	46335.86
	利润总额(万元)	28075.32	62342.95	38736.97	58034.02

上海亚通股份有限公司

公司概况	公司名称	上海亚通股份有限公司			证券简称	亚通股份
	法人代表	张忠	董秘	蔡福生	证券代码	600692
	公司网址	www.shanghaiyateng.com		电子信箱	chinayatong@online.sh.cn	
	电　　话	021-69695918		传　　真	021-69691970	
	办公地址	上海市崇明县城桥镇寒山寺路 297 号				
	经营范围	房地产开发、宾馆服务业、煤炭、金属材料、农业机械及配件、汽车配件、化工产品等				

	指标\报告期	2013.06.30	2012.12.31	2012.06.30	2011.12.31
主要财务指标	基本每股收益(元)	0.0260	0.0561	0.0200	0.0104
	基本每股收益(扣除)(元)	0.0240	0.0413	0.0190	-0.1657
	每股净资产(元)	1.3942	1.3681	1.3320	1.3120
	每股经营现金净流量(元)	0.4359	0.1030	-0.2085	0.2977
	每股现金流量(元)	-0.0501	0.0533	-0.1498	-0.6254
	每股资本公积金(元)	0.1741	0.1741	0.1741	0.1741
	每股盈余公积金(元)	0.1497	0.1497	0.1497	0.1497
	每股未分配利润(元)	0.0704	0.0444	0.0083	-0.0117
	净资产收益率(%)	1.8668	4.1022	1.5073	0.7950
	加权净资产收益率(%)	1.8800	4.1900	1.5200	0.8000
	净资产收益率(扣除)(%)	-	-	-	-
	总资产(万元)	122828.40	136060.87	124523.70	133396.02
	归属母公司股东权益(万元)	49042.12	48126.60	46858.61	46152.33
	主营业务收入(万元)	26257.40	60067.87	28550.97	25901.24
	营业收入(万元)	26713.74	61427.26	29082.61	27142.92
	主营成本(万元)	20914.16	46040.57	22568.58	23644.09
	营业成本(万元)	20914.16	47321.16	22568.58	24906.76
	投资收益(万元)	173.30	299.18	60.15	16.91
	净利润(万元)	1100.98	2545.99	996.42	1283.51
	利润总额(万元)	1476.93	3667.62	1527.16	1676.90

福建东百集团股份有限公司

公司概况	公司名称	福建东百集团股份有限公司			证券简称	东百集团
	法人代表	彭瑞涛	董秘	徐海涛	证券代码	600693
	公司网址	www.dongbai.com		电子信箱	db600693@126.com	
	电　　话	0591-87531724		传　　真	0591-87531804	
	办公地址	福建省福州市八一七北路 84 号东百大厦 18 层				
	经营范围	百货零售为主业，兼营商业物业管理、广告信息、酒店餐饮、房地产开发业务				

	指标\报告期	2013.06.30	2012.12.31	2012.06.30	2011.12.31
主要财务指标	基本每股收益(元)	0.1320	0.1119	0.1400	0.9379
	基本每股收益(扣除)(元)	0.1400	0.1340	0.1440	0.2756
	每股净资产(元)	-	2.9412	2.9590	2.9690
	每股经营现金净流量(元)	-0.4087	0.4045	0.0600	-0.1951
	每股现金流量(元)	0.2109	0.3418	0.3342	-0.1371
	每股资本公积金(元)	0.1207	0.1207	0.1100	0.1100
	每股盈余公积金(元)	0.4387	0.4387	0.4259	0.4259
	每股未分配利润(元)	1.5133	1.3818	1.4231	1.4327
	净资产收益率(%)	4.2816	3.8038	4.7437	31.5940
	加权净资产收益率(%)	4.3800	3.6900	4.6200	37.6100
	净资产收益率(扣除)(%)	-	-	-	-
	总资产(万元)	283493.43	231408.04	184335.61	171596.89
	归属母公司股东权益(万元)	105464.56	100949.00	101556.32	101887.15
	主营业务收入(万元)	100883.16	191602.12	97490.83	200311.19
	营业收入(万元)	108058.07	206852.84	104795.64	213471.79
	主营成本(万元)	85027.43	162173.80	82054.09	168653.13
	营业成本(万元)	85040.78	162197.72	82066.19	168681.78
	投资收益(万元)	65.77	-1823.35	-393.44	-273.15
	净利润(万元)	4449.57	3588.98	4764.57	32008.75
	利润总额(万元)	6599.26	8145.18	7381.88	42797.78

大商股份有限公司

公司概况	公司名称	大商股份有限公司			证券简称	大商股份
	法人代表	牛钢	董秘	孟浩	证券代码	600694
	公司网址	www.dsjt.com		电子信箱	dashanggufen@126.com	
	电　　话	0411-83643215		传　　真	0411-83880798	
	办公地址	辽宁省大连市中山区青三街 1 号				
	经营范围	商品零售兼批发、加工服务、仓储、农副产品收购、电子计算机技术服务等				

	指标\报告期	2013.06.30	2012.12.31	2012.06.30	2011.12.31
主要财务指标	基本每股收益(元)	2.3700	3.3300	2.5100	0.9300
	基本每股收益(扣除)(元)	2.4000	3.1300	2.4300	0.8300
	每股净资产(元)	16.4511	15.0778	14.2600	12.0500
	每股经营现金净流量(元)	3.0317	7.9424	2.0129	9.2673
	每股现金流量(元)	0.9695	4.1907	-0.5975	5.4556
	每股资本公积金(元)	4.9532	4.9532	4.9518	4.9518
	每股盈余公积金(元)	1.0708	1.0708	0.9245	0.9245
	每股未分配利润(元)	9.4271	8.0538	7.3819	5.1738
	净资产收益率(%)	14.4300	22.0611	17.5900	7.7410
	加权净资产收益率(%)	14.5900	24.5700	18.9200	8.0500
	净资产收益率(扣除)(%)	-	-	-	-
	总资产(万元)	1441205.95	1423302.17	1273901.01	1320904.02
	归属母公司股东权益(万元)	483200.08	442862.32	418788.16	353932.94
	主营业务收入(万元)	1626890.18	2952553.45	1494047.22	2834127.03
	营业收入(万元)	1756781.34	3185909.95	1616647.76	3040378.76
	主营成本(万元)	1389159.77	2545002.49	1278130.02	2467978.79
	营业成本(万元)	1392674.84	2552903.56	1280711.62	2474917.53
	投资收益(万元)	136.64	871.38	702.17	18.88
	净利润(万元)	75464.44	105344.90	78995.66	28282.18
	利润总额(万元)	92917.35	139718.68	99724.10	50306.63

上海大江食品集团股份有限公司

公司概况						
	公司名称	上海大江食品集团股份有限公司			证券简称	大江股份
	法人代表	俞乃奋	董秘	李冬青	证券代码	600695
	公司网址	www.dajiang.com		电子信箱	dajiang@dajiang.com	
	电　话	021-34225027 34225030		传　真	021-34225056	
	办公地址	上海市莲花路 1555 号华一大厦 7 楼				
	经营范围	食用农产品（含生猪产品）、乳制品(不含婴幼儿配方乳粉)、酒类等				

主要财务指标	指标\报告期	2013.06.30	2012.12.31	2012.06.30	2011.12.31
	基本每股收益(元)	0.2200	–0.1989	–0.0900	0.0800
	基本每股收益(扣除)(元)	–0.0600	–0.2100	–0.0900	–0.1600
	每股净资产(元)	0.6232	0.4069	0.2700	0.3600
	每股经营现金净流量(元)	–0.0326	–0.1594	–0.0702	–0.0377
	每股现金流量(元)	0.0367	–0.0293	–0.0176	–0.0844
	每股资本公积金(元)	0.5314	0.5314	0.3467	0.3467
	每股盈余公积金(元)	0.1090	0.1090	0.1150	0.1150
	每股未分配利润(元)	–1.0172	–1.2335	–1.1880	–1.0976
	净资产收益率(%)	34.7101	–47.2031	–32.8429	21.2660
	加权净资产收益率(%)	42.0000	–72.8600	–28.1700	23.6300
	净资产收益率(扣除)(%)	–	–	–	–
	总资产(万元)	53005.33	53423.51	57315.56	60964.85
	归属母公司股东权益(万元)	44443.75	29017.29	18507.13	24617.04
	主营业务收入(万元)	9100.58	28841.33	14063.91	57366.77
	营业收入(万元)	9470.53	33310.75	17644.08	61563.88
	主营成本(万元)	8259.20	25611.80	11915.25	52158.57
	营业成本(万元)	8564.60	29675.78	15128.22	55745.62
	投资收益(万元)	19995.67	1561.29	–	14778.27
	净利润(万元)	15426.91	–13087.50	–5865.73	5894.74
	利润总额(万元)	15426.17	–12945.31	–5782.27	6163.33

上海多伦实业股份有限公司

公司概况						
	公司名称	上海多伦实业股份有限公司			证券简称	多伦股份
	法人代表	鲜言	董秘	鲜言(代)	证券代码	600696
	公司网址			电子信箱	duolun600696@126.com	
	电　话	021-56715833		传　真	021-56716233	
	办公地址	上海浦东新区世纪大道 88 号金茂大厦 3804B 室				
	经营范围	生产与销售高级挂釉石质墙地砖、马赛克及其原材料、窑业机械设备等				

主要财务指标	指标\报告期	2013.06.30	2012.12.31	2012.06.30	2011.12.31
	基本每股收益(元)	0.0680	0.0710	0.0160	0.0600
	基本每股收益(扣除)(元)	0.0690	0.0730	0.0170	0.0600
	每股净资产(元)	1.5825	1.5142	1.4590	1.4400
	每股经营现金净流量(元)	–0.0414	–0.0183	–0.1612	–0.0363
	每股现金流量(元)	–0.0190	–0.1446	–0.2155	0.2337
	每股资本公积金(元)	0.0878	0.0878	0.0878	0.0878
	每股盈余公积金(元)	0.0680	0.0680	0.0662	0.0662
	每股未分配利润(元)	0.4267	0.3585	0.3051	0.2889
	净资产收益率(%)	4.3144	4.7133	1.1095	4.1470
	加权净资产收益率(%)	4.4090	4.4500	1.1160	4.2300
	净资产收益率(扣除)(%)	–	–	–	–
	总资产(万元)	98737.56	93637.12	98885.13	93006.87
	归属母公司股东权益(万元)	53893.64	51568.48	49689.19	49137.89
	主营业务收入(万元)	4899.57	26429.80	163.03	9183.98
	营业收入(万元)	4899.57	26486.23	163.03	9264.09
	主营成本(万元)	2672.80	19923.44	69.64	4630.55
	营业成本(万元)	2672.80	19923.44	69.64	4630.55
	投资收益(万元)	1330.85	1719.43	1402.44	728.22
	净利润(万元)	2377.84	3209.17	371.06	1703.98
	利润总额(万元)	2518.71	4026.50	232.56	1674.09

长春欧亚集团股份有限公司

公司概况						
	公司名称	长春欧亚集团股份有限公司			证券简称	欧亚集团
	法人代表	曹和平	董秘	席汝珍	证券代码	600697
	公司网址	www.cn-eurasiagroup.com		电子信箱	ccoyjt@sina.com	
	电　话	0431-87666905		传　真	0431-87666813	
	办公地址	吉林省长春市高新技术产业开发区飞跃路 2688 号				
	经营范围	经销百货、五金、交电、日用杂品、食品业、纺织服装等				

主要财务指标	指标\报告期	2013.06.30	2012.12.31	2012.06.30	2011.12.31
	基本每股收益(元)	0.6200	1.2700	0.5200	1.0200
	基本每股收益(扣除)(元)	0.5900	1.2300	0.5100	0.9600
	每股净资产(元)	7.8091	7.1917	6.7500	6.2300
	每股经营现金净流量(元)	0.1630	3.6040	0.2408	8.1519
	每股现金流量(元)	–2.0496	0.2570	–1.3049	3.4564
	每股资本公积金(元)	1.9075	1.9068	1.9137	1.9163
	每股盈余公积金(元)	0.5000	0.5000	0.5000	0.5000
	每股未分配利润(元)	4.4015	3.7849	3.3357	2.8161
	净资产收益率(%)	7.8960	17.6428	7.6980	16.3051
	加权净资产收益率(%)	8.2200	18.8300	8.0000	17.1600
	净资产收益率(扣除)(%)	–	–	–	–
	总资产(万元)	793519.75	750415.81	644237.17	616087.83
	归属母公司股东权益(万元)	124232.77	114412.14	107374.51	99149.08
	主营业务收入(万元)	477240.32	788268.61	388654.72	645035.64
	营业收入(万元)	515037.80	859074.29	419531.77	695844.57
	主营成本(万元)	433815.81	712669.25	355637.65	577000.09
	营业成本(万元)	438032.53	720654.59	358869.03	584357.85
	投资收益(万元)	–62.88	–203.64	–71.49	–252.14
	净利润(万元)	12693.47	25475.87	10575.50	20608.69
	利润总额(万元)	17267.10	34283.33	14057.12	27666.72

湖南天雁机械股份有限公司

公司概况						
	公司名称	湖南天雁机械股份有限公司			证券简称	ST 轻 骑
	法人代表	连刚	董秘	袁天奇	证券代码	600698
	公司网址	www.tyen.com.cn		电子信箱	tyen5617@163.com	
	电　话	0734-8532012		传　真	0734-8532003	
	办公地址	湖南省衡阳市石鼓区合江套路 195 号				
	经营范围	增压器、活塞环,冷却风扇,节温器,气门及其他发动机零部件的设计等				

主要财务指标	指标\报告期	2013.06.30	2012.12.31	2012.06.30	2011.12.31
	基本每股收益(元)	0.0360	0.0657	0.0271	–0.0527
	基本每股收益(扣除)(元)	0.0326	0.0009	–0.0080	–0.0684
	每股净资产(元)	0.6790	0.6430	0.6040	0.5000
	每股经营现金净流量(元)	–0.0539	0.1852	0.1011	–0.1199
	每股现金流量(元)	–0.0756	0.1587	0.1252	0.0481
	每股资本公积金(元)	0.3850	0.3850	0.3850	0.3119
	每股盈余公积金(元)	0.0864	0.0864	0.0864	0.0864
	每股未分配利润(元)	–0.7925	–0.8285	–0.8670	–0.8942
	净资产收益率(%)	5.3072	10.2122	4.4900	–10.4515
	加权净资产收益率(%)	5.4500	10.7600	4.8900	–9.9500
	净资产收益率(扣除)(%)	–	–	–	–
	总资产(万元)	111947.68	100328.14	105365.62	176347.98
	归属母公司股东权益(万元)	65987.44	62485.33	58739.34	48999.55
	主营业务收入(万元)	41002.60	89272.02	56178.74	123894.45
	营业收入(万元)	42927.20	91811.09	58716.67	198354.95
	主营成本(万元)	29245.26	67421.31	43566.30	110812.78
	营业成本(万元)	31047.40	69575.96	45746.68	161043.92
	投资收益(万元)	–	–85.09	–85.09	–549.80
	净利润(万元)	3502.11	6524.03	2778.06	–5550.83
	利润总额(万元)	4163.66	7687.39	3207.79	–4789.96

辽源均胜电子股份有限公司

公司概况	公司名称	辽源均胜电子股份有限公司			证券简称	均胜电子
	法人代表	王剑峰	董秘	叶树平	证券代码	600699
	公司网址	www.joyson.cn		电子信箱	600699@joyson.cn	
	电　话	0437-5095910 0574-87907001		传　真	0437-3520181 0574-87402859	
	办公地址	吉林省辽源市福兴路3号				
	经营范围	电子产品、电子元件、汽车电子装置(车身电子控制系统)、光电机一体化产品等				

主要财务指标	指标\报告期	2013.06.30	2012.12.31	2012.06.30	2011.12.31
	基本每股收益(元)	0.1960	0.3600	0.1120	0.6100
	基本每股收益(扣除)(元)	0.1900	0.3900	0.1250	0.7200
	每股净资产(元)	3.2293	2.8965	1.5340	4.0801
	每股经营现金净流量(元)	0.3122	1.0452	0.4417	0.8734
	每股现金流量(元)	-0.0657	0.2080	-0.1803	0.1998
	每股资本公积金(元)	1.7481	1.4948	0.0255	2.9736
	每股盈余公积金(元)	0.0465	0.0511	0.0355	0.0355
	每股未分配利润(元)	0.7522	0.6241	0.4732	0.4341
	净资产收益率(%)	5.7034	12.3329	10.7892	11.5087
	加权净资产收益率(%)	6.5400	12.2300	3.9800	16.9300
	净资产收益率(扣除)(%)	-	-	-	-
	总资产(万元)	548923.67	516628.92	140243.72	451732.51
	归属母公司股东权益(万元)	205427.29	167721.17	60146.07	159959.34
	主营业务收入(万元)	271435.66	509025.20	255169.69	135726.59
	营业收入(万元)	281175.33	535845.86	264519.04	338914.59
	主营成本(万元)	219790.33	413509.69	218711.02	106697.58
	营业成本(万元)	229431.51	441123.31	55904.19	279399.40
	投资收益(万元)	-	14.22	14.22	-110.94
	净利润(万元)	12638.18	24885.27	7826.39	22064.02
	利润总额(万元)	16187.46	31171.13	10380.75	26845.48

哈尔滨工大高新技术产业开发股份有限公司

公司概况	公司名称	哈尔滨工大高新技术产业开发股份有限公司			证券简称	工大高新
	法人代表	张大成	董秘	吕莹(代)	证券代码	600701
	公司网址	hit-hi-tech.cn		电子信箱	lvying-hit@vip.sina.com	
	电　话	0451-86269034 86269018		传　真	0451-86209032	
	办公地址	黑龙江省哈尔滨市南岗区西大直街118号				
	经营范围	高新技术及产品的开发、生产、销售和技术服务、技术咨询、技术培训、技术转让等				

主要财务指标	指标\报告期	2013.06.30	2012.12.31	2012.06.30	2011.12.31
	基本每股收益(元)	0.0030	0.0497	0.0240	0.0682
	基本每股收益(扣除)(元)	0.0030	0.0478	0.0240	0.0684
	每股净资产(元)	1.8232	1.8206	1.7950	1.7700
	每股经营现金净流量(元)	0.1473	0.3206	0.1309	0.0305
	每股现金流量(元)	0.0666	0.0248	-0.0209	-0.0012
	每股资本公积金(元)	0.1921	0.1921	0.1921	0.1921
	每股盈余公积金(元)	0.1698	0.1698	0.1643	0.1643
	每股未分配利润(元)	0.4614	0.4587	0.4389	0.4145
	净资产收益率(%)	0.1462	2.7326	1.3589	3.8540
	加权净资产收益率(%)	0.1500	2.7705	1.3700	3.9292
	净资产收益率(扣除)(%)	-	-	-	-
	总资产(万元)	203138.82	199306.57	189592.37	191058.76
	归属母公司股东权益(万元)	90939.11	90806.11	89541.50	88324.70
	主营业务收入(万元)	34405.78	86918.82	44025.96	87071.00
	营业收入(万元)	35338.99	88875.85	44446.83	89944.68
	主营成本(万元)	23247.43	60571.94	29848.92	62657.05
	营业成本(万元)	23316.21	60645.87	29883.15	63263.30
	投资收益(万元)	-3.88	1.13	-4.67	-5.43
	净利润(万元)	134.94	2482.87	1211.91	3404.82
	利润总额(万元)	225.47	2909.76	1328.80	4131.77

四川沱牌舍得酒业股份有限公司

公司概况	公司名称	四川沱牌舍得酒业股份有限公司			证券简称	沱牌舍得
	法人代表	李家顺	董秘	马力军	证券代码	600702
	公司网址	www.chinatuopai.com		电子信箱	tzfz@tuopai.cn	
	电　话	0825-6618268 6618269		传　真	0825-6618269	
	办公地址	四川省遂宁市射洪县沱牌镇沱牌大道999号				
	经营范围	粮食收购、酒类及纯净水生产、销售、普通货运、危险货物运输等				

主要财务指标	指标\报告期	2013.06.30	2012.12.31	2012.06.30	2011.12.31
	基本每股收益(元)	0.0838	1.0965	0.5513	0.5787
	基本每股收益(扣除)(元)	0.0835	1.0953	0.5517	0.5734
	每股净资产(元)	7.0163	6.9325	6.5670	6.0160
	每股经营现金净流量(元)	0.2315	1.1890	0.8714	-1.0155
	每股现金流量(元)	-0.3213	-0.1778	0.1335	-0.9447
	每股资本公积金(元)	2.3697	2.3697	2.3697	2.3697
	每股盈余公积金(元)	0.6436	0.6436	0.6115	0.6115
	每股未分配利润(元)	3.0029	2.9192	2.5861	2.0348
	净资产收益率(%)	1.1938	15.8171	8.3944	9.6200
	加权净资产收益率(%)	1.2000	16.9400	8.7600	10.0500
	净资产收益率(扣除)(%)	-	-	-	-
	总资产(万元)	329628.41	346331.92	329143.36	326621.04
	归属母公司股东权益(万元)	236659.53	233834.21	221514.57	202919.85
	主营业务收入(万元)	73021.38	189251.24	82015.24	118487.46
	营业收入(万元)	75522.26	195946.15	86833.75	126921.54
	主营成本(万元)	24085.32	71511.53	29923.01	51471.64
	营业成本(万元)	25519.78	77739.93	33713.74	58880.65
	投资收益(万元)	686.32	1976.60	1024.16	669.59
	净利润(万元)	2825.32	36985.76	18594.72	19520.87
	利润总额(万元)	5327.47	49684.74	24341.93	26645.41

三安光电股份有限公司

公司概况	公司名称	三安光电股份有限公司			证券简称	三安光电
	法人代表	林秀成	董秘	王庆	证券代码	600703
	公司网址	www.sanan-e.com		电子信箱	600703@sanan.cn	
	电　话	0592-5937117 5903387		传　真	0592-5937117 5903387	
	办公地址	福建省厦门市思明区吕岭路1721-1725号				
	经营范围	电子工业技术研究、咨询服务、电子产品生产、销售等				

主要财务指标	指标\报告期	2013.06.30	2012.12.31	2012.06.30	2011.12.31
	基本每股收益(元)	0.3200	0.5600	0.3200	0.6500
	基本每股收益(扣除)(元)	0.2800	0.3800	0.2100	0.3200
	每股净资产(元)	4.3041	4.1840	3.9500	3.9200
	每股经营现金净流量(元)	0.1770	0.2802	-0.0755	0.5960
	每股现金流量(元)	-0.1424	0.0296	-0.0442	-0.3119
	每股资本公积金(元)	2.0588	2.0588	2.0588	2.0588
	每股盈余公积金(元)	0.0857	0.0857	0.0630	0.0630
	每股未分配利润(元)	1.1599	1.0394	0.8239	0.8011
	净资产收益率(%)	7.4469	13.4100	8.1809	16.5260
	加权净资产收益率(%)	7.3800	13.9300	8.2000	17.8300
	净资产收益率(扣除)(%)	-	-	-	-
	总资产(万元)	1216938.33	1164314.83	1073457.13	940977.26
	归属母公司股东权益(万元)	621523.95	604171.60	569775.11	566482.66
	主营业务收入(万元)	154159.34	309434.88	126498.03	162756.63
	营业收入(万元)	167422.43	336315.82	137084.60	174731.20
	主营成本(万元)	106083.77	246245.35	92162.33	100558.23
	营业成本(万元)	106084.01	246334.52	92175.32	100807.78
	投资收益(万元)	1.31	1788.53	1474.74	222.50
	净利润(万元)	46232.67	81905.11	47215.00	106004.83
	利润总额(万元)	55359.21	101456.30	60131.63	136650.81

浙江物产中大元通集团股份有限公司

公司概况	公司名称	浙江物产中大元通集团股份有限公司			证券简称	物产中大
	法人代表	陈继达	董秘	祝卸和	证券代码	600704
	公司网址	www.zhongda.com			电子信箱	stock@zhongda.com
	电　话	0571-85777029			传　真	0571-85778008
	办公地址	浙江省杭州市中大广场A座				
	经营范围	主要从事各类服装、纺织品、食品、茶叶等进出口贸易等				

主要财务指标	指标\报告期	2013.06.30	2012.12.31	2012.06.30	2011.12.31
	基本每股收益(元)	0.3372	0.5417	0.3323	0.6674
	基本每股收益(扣除)(元)	0.2975	0.4178	0.2930	0.5560
	每股净资产(元)	5.0520	4.9728	5.4695	5.0852
	每股经营现金净流量(元)	−1.4992	−0.6693	−1.4010	−1.2544
	每股现金流量(元)	−0.1320	0.3985	0.0693	0.1507
	每股资本公积金(元)	1.4253	1.5033	1.7075	1.7219
	每股盈余公积金(元)	0.2523	0.2523	0.2640	0.2640
	每股未分配利润(元)	2.3744	2.2172	2.4981	2.0993
	净资产收益率(%)	6.6750	10.8935	7.2898	15.7504
	加权净资产收益率(%)	6.5900	12.0700	7.5600	16.6600
	净资产收益率(扣除)(%)	–	–	–	–
	总资产(万元)	2621036.36	2426960.15	2365152.34	2232913.51
	归属母公司股东权益(万元)	399370.72	393108.86	360313.12	334995.84
	主营业务收入(万元)	1819126.00	3933734.11	1880279.81	3645543.60
	营业收入(万元)	1823774.38	3949097.68	1823774.38	3662792.21
	主营成本(万元)	1671475.21	3639767.25	1725422.07	3377998.06
	营业成本(万元)	1670032.53	3641682.53	1726284.74	3380411.84
	投资收益(万元)	1124.77	9058.82	2340.76	12705.99
	净利润(万元)	36756.95	57258.23	37677.20	75470.74
	利润总额(万元)	51918.44	89082.64	55667.07	110434.07

中航投资控股股份有限公司

公司概况	公司名称	中航投资控股股份有限公司			证券简称	中航投资
	法人代表	孟祥泰	董秘	王晓峰	证券代码	600705
	公司网址	www.aviccapital.com			电子信箱	dongmi@aviccapital.com
	电　话	010-65675115 0451-84878698			传　真	010-65675911 0451-84878701
	办公地址	北京市朝阳区东三环中路乙10号艾维克大厦20层				
	经营范围	实业投资、股权投资、投资咨询				

主要财务指标	指标\报告期	2013.06.30	2012.12.31	2012.06.30	2011.12.31
	基本每股收益(元)	0.2700	0.5200	0.4400	0.8800
	基本每股收益(扣除)(元)	0.2600	0.4600	0.4300	0.8000
	每股净资产(元)	3.7584	3.4844	4.7300	5.0300
	每股经营现金净流量(元)	−9.1691	2.2843	−5.7528	−60.5321
	每股现金流量(元)	−9.4459	2.6496	−5.4781	−42.0939
	每股资本公积金(元)	1.4867	1.4867	2.6519	8.5079
	每股盈余公积金(元)	0.0597	0.0597	0.0418	0.1602
	每股未分配利润(元)	1.1828	0.9088	1.0127	2.6507
	净资产收益率(%)	7.2900	13.6146	6.7979	16.3296
	加权净资产收益率(%)	7.5600	15.6700	8.3000	17.6900
	净资产收益率(扣除)(%)	–	–	–	–
	总资产(万元)	5899187.72	6511703.02	5285644.53	5259559.77
	归属母公司股东权益(万元)	572209.34	530493.63	497757.66	390859.96
	主营业务收入(万元)	80213.93	151310.37	71513.60	101609.22
	营业收入(万元)	80263.51	153867.36	71710.88	103221.86
	主营成本(万元)	42986.75	73708.67	33590.31	47760.56
	营业成本(万元)	43007.61	74802.31	33630.51	47968.46
	投资收益(万元)	18882.12	29237.80	17251.78	23892.89
	净利润(万元)	93893.74	161455.52	79814.34	125507.79
	利润总额(万元)	123693.22	212071.42	104184.64	164218.05

西安曲江文化旅游股份有限公司

公司概况	公司名称	西安曲江文化旅游股份有限公司			证券简称	曲江文旅
	法人代表	贾涛	董秘	高艳	证券代码	600706
	公司网址	www.qjtourism.com			电子信箱	cadsh@pub.xaonline.com
	电　话	029-89129355			传　真	029-89129350
	办公地址	陕西省西安市曲江新区雁塔南路292号曲江文化大厦6-7层				
	经营范围	景区运营管理业务、酒店餐饮管理业务、旅行社业务、演出演艺业务等				

主要财务指标	指标\报告期	2013.06.30	2012.12.31	2012.06.30	2011.12.31
	基本每股收益(元)	0.1700	0.4900	0.3200	0.7100
	基本每股收益(扣除)(元)	0.1100	0.4500	0.2500	0.5700
	每股净资产(元)	3.9044	3.7375	3.5300	7.8584
	每股经营现金净流量(元)	−1.0391	0.5074	−0.0448	−0.4879
	每股现金流量(元)	0.4104	0.5141	−0.0655	−0.4810
	每股资本公积金(元)	2.4984	2.4984	2.4956	6.8584
	每股盈余公积金(元)	–	–	–	0.1033
	每股未分配利润(元)	0.4061	0.2391	0.0360	−2.6901
	净资产收益率(%)	4.2752	10.5467	5.4107	9.4939
	加权净资产收益率(%)	4.3700	10.4300	4.9800	10.0100
	净资产收益率(扣除)(%)	–	–	–	–
	总资产(万元)	185252.50	175449.34	155323.13	129559.62
	归属母公司股东权益(万元)	70088.34	67091.92	63395.73	68630.10
	主营业务收入(万元)	52450.98	114000.37	52442.45	86452.12
	营业收入(万元)	52450.98	114000.37	52442.45	86452.12
	主营成本(万元)	35827.33	77491.42	35759.91	57559.92
	营业成本(万元)	35827.33	77491.42	35759.91	57559.92
	投资收益(万元)	–	–	–	−178.52
	净利润(万元)	2992.19	7054.07	3405.65	6572.23
	利润总额(万元)	3715.37	7218.40	4281.95	8466.61

彩虹显示器件股份有限公司

公司概况	公司名称	彩虹显示器件股份有限公司			证券简称	*ST彩虹
	法人代表	郭盟权	董秘	龙涛	证券代码	600707
	公司网址	www.chgf.com.cn			电子信箱	gfoffice@ch.com.cn
	电　话	029-33333853 33332866			传　真	029-33333852
	办公地址	陕西省咸阳市彩虹路一号				
	经营范围	显示器件的生产、开发与经营				

主要财务指标	指标\报告期	2013.06.30	2012.12.31	2012.06.30	2011.12.31
	基本每股收益(元)	−0.0770	−2.3380	−0.0970	−0.7030
	基本每股收益(扣除)(元)	−0.1100	−2.2980	−0.1110	−0.7130
	每股净资产(元)	2.5964	2.6735	4.9150	5.0100
	每股经营现金净流量(元)	−0.0475	−0.0772	0.0193	0.0935
	每股现金流量(元)	−0.1435	−0.7865	−0.8665	−0.6935
	每股资本公积金(元)	5.2262	5.2262	5.2262	5.2262
	每股盈余公积金(元)	0.3124	0.3124	0.3124	0.3124
	每股未分配利润(元)	−3.9421	−3.8651	−1.6241	−1.5272
	净资产收益率(%)	−2.9683	−87.4449	−1.9705	−14.0220
	加权净资产收益率(%)	−2.9800	−56.5800	−1.7400	−11.7000
	净资产收益率(扣除)(%)	–	–	–	–
	总资产(万元)	773700.09	800293.24	879914.90	886802.21
	归属母公司股东权益(万元)	191294.33	196972.48	362080.01	369214.94
	主营业务收入(万元)	9892.74	21251.21	7934.70	34626.04
	营业收入(万元)	12448.12	24869.23	8557.66	35768.98
	主营成本(万元)	8245.55	23442.53	9161.86	37101.53
	营业成本(万元)	10728.67	26923.08	9772.78	38129.42
	投资收益(万元)	1595.77	316.35	217.47	1259.42
	净利润(万元)	−5981.05	−221603.73	−8107.52	−56733.48
	利润总额(万元)	−5981.05	−221328.48	−8107.52	−56733.48

上海海博股份有限公司

公司概况	公司名称	上海海博股份有限公司		证券简称	海博股份
	法人代表	闻森	董秘	熊波	证券代码	600708
	公司网址	www.hb600708.com		电子信箱	xiongbo-sh@sohu.com
	电　话	021-61132700 61132819		传　真	021-61132819
	办公地址	上海市徐汇区宜山路 829 号			
	经营范围	工业品加工、批发、零售、有色金属加工、经销、农副产品加工、批发、零售等			

主要财务指标	指标\报告期	2013.06.30	2012.12.31	2012.06.30	2011.12.31
	基本每股收益(元)	0.1121	0.2962	0.0581	0.2489
	基本每股收益(扣除)(元)	0.0694	0.1006	0.0388	0.0774
	每股净资产(元)	2.6789	2.6685	2.4230	2.4640
	每股经营现金净流量(元)	0.4830	0.9514	0.3681	0.8017
	每股现金流量(元)	0.0607	-0.0292	-0.0500	0.0288
	每股资本公积金(元)	0.1139	0.1124	0.1094	0.1093
	每股盈余公积金(元)	0.0874	0.0878	0.0442	0.0442
	每股未分配利润(元)	1.4741	1.4620	1.2690	1.3109
	净资产收益率(%)	4.1838	11.0993	2.4002	10.0990
	加权净资产收益率(%)	4.1900	11.5600	2.3300	10.4600
	净资产收益率(扣除)(%)	-	-	-	-
	总资产(万元)	384002.61	386156.07	391687.56	387427.77
	归属母公司股东权益(万元)	136722.16	136190.35	123641.26	125775.03
	主营业务收入(万元)	104585.48	203707.58	95538.88	194281.72
	营业收入(万元)	108656.44	210985.53	97688.21	200882.46
	主营成本(万元)	78213.74	162526.01	71418.38	157914.08
	营业成本(万元)	81307.98	167360.32	72949.23	161404.82
	投资收益(万元)	1047.60	1066.59	446.86	9727.03
	净利润(万元)	7305.73	17117.70	3812.90	14715.86
	利润总额(万元)	9952.95	21158.76	5440.80	20002.68

常林股份有限公司

公司概况	公司名称	常林股份有限公司		证券简称	常林股份
	法人代表	吴培国	董秘	梁逢源	证券代码	600710
	公司网址	www.changlin.com.cn		电子信箱	lfy@changlin.com.cn
	电　话	0519-86781168 86781158		传　真	0519-86750025
	办公地址	江苏省常州市新北区黄河西路 898 号			
	经营范围	工程、林业、矿山、环保采运机械产品的研制、生产、销售及维修等			

主要财务指标	指标\报告期	2013.06.30	2012.12.31	2012.06.30	2011.12.31
	基本每股收益(元)	-0.1200	0.0200	0.0300	0.2700
	基本每股收益(扣除)(元)	-0.1200	-0.0700	-	0.2500
	每股净资产(元)	3.1417	3.2603	3.9500	3.9200
	每股经营现金净流量(元)	-0.1672	-0.1457	-0.0874	-0.3748
	每股现金流量(元)	-0.2084	-0.0472	0.0237	0.3837
	每股资本公积金(元)	0.8687	0.8687	1.2424	1.2424
	每股盈余公积金(元)	0.2094	0.2094	0.2534	0.2501
	每股未分配利润(元)	1.0618	1.1818	1.4523	1.4264
	净资产收益率(%)	-3.8205	0.4607	0.7396	8.0420
	加权净资产收益率(%)	-3.7500	0.4600	0.7400	9.4200
	净资产收益率(扣除)(%)	-	-	-	-
	总资产(万元)	320658.70	308576.85	341590.40	318866.65
	归属母公司股东权益(万元)	201161.13	208752.55	210563.08	209026.44
	主营业务收入(万元)	61184.47	132131.20	86193.74	201472.14
	营业收入(万元)	62896.95	136798.62	88514.89	213542.65
	主营成本(万元)	57379.12	117595.69	76313.10	177735.06
	营业成本(万元)	58943.33	122147.42	78577.52	189799.20
	投资收益(万元)	515.07	1880.96	2936.87	13491.84
	净利润(万元)	-7751.14	964.63	1492.77	16844.60
	利润总额(万元)	-7676.79	1130.17	1547.38	17337.45

盛屯矿业集团股份有限公司

公司概况	公司名称	盛屯矿业集团股份有限公司		证券简称	盛屯矿业
	法人代表	陈东	董秘	江艳	证券代码	600711
	公司网址	www.600711.com		电子信箱	jyan@600711.com
	电　话	0592-5891697 5891693		传　真	0592-5891699
	办公地址	福建省厦门市思明区金桥路 101 号办公楼第四层东侧 A 区			
	经营范围	有色金属采选业务、综合贸易业务等			

主要财务指标	指标\报告期	2013.06.30	2012.12.31	2012.06.30	2011.12.31
	基本每股收益(元)	-0.0100	0.0530	-0.0600	0.0930
	基本每股收益(扣除)(元)	-0.0200	0.0360	-0.0700	0.0860
	每股净资产(元)	5.1187	2.9800	5.1500	5.3000
	每股经营现金净流量(元)	0.0544	0.1589	0.6909	0.3259
	每股现金流量(元)	0.0517	-0.4527	-0.1676	-1.4343
	每股资本公积金(元)	4.1621	2.0690	4.5506	4.5506
	每股盈余公积金(元)	-	-	-	-
	每股未分配利润(元)	-0.0434	-0.0497	-0.4032	-0.2550
	净资产收益率(%)	-0.2195	1.6225	-2.6849	3.1620
	加权净资产收益率(%)	-0.5350	1.7770	-2.4600	3.1670
	净资产收益率(扣除)(%)	-	-	-	-
	总资产(万元)	374787.93	186113.85	195789.42	185929.22
	归属母公司股东权益(万元)	232130.52	95505.21	84015.03	86433.30
	主营业务收入(万元)	34054.54	136941.53	23045.81	33869.11
	营业收入(万元)	34054.54	136941.53	23045.81	33869.11
	主营成本(万元)	30098.52	126339.73	22165.37	23531.49
	营业成本(万元)	30098.52	126339.73	22165.37	23531.49
	投资收益(万元)	275.20	-333.51	-74.78	-95.81
	净利润(万元)	-546.96	992.39	-2560.32	3834.96
	利润总额(万元)	-977.66	1145.48	-3136.00	3683.77

南宁百货大楼股份有限公司

公司概况	公司名称	南宁百货大楼股份有限公司		证券简称	南宁百货
	法人代表	黄永二	董秘	周宁星	证券代码	600712
	公司网址	www.nnbh.com.cn		电子信箱	dshoffice@nnbh.cn
	电　话	0771-2610906 2098826		传　真	0771-2610906
	办公地址	广西壮族自治区南宁市朝阳路 39 号			
	经营范围	商品零售、批发、进出口贸易、广告、物业管理等			

主要财务指标	指标\报告期	2013.06.30	2012.12.31	2012.06.30	2011.12.31
	基本每股收益(元)	0.0300	0.1183	0.0724	0.1300
	基本每股收益(扣除)(元)	0.0300	0.1190	0.0723	0.1260
	每股净资产(元)	1.9610	1.9672	1.9214	3.0283
	每股经营现金净流量(元)	-0.1509	-0.0073	-0.1257	0.3431
	每股现金流量(元)	-0.1820	-0.1953	-0.4058	0.2711
	每股资本公积金(元)	0.6746	0.6746	0.6746	1.6794
	每股盈余公积金(元)	0.0632	0.0632	0.0486	0.0777
	每股未分配利润(元)	0.2232	0.2294	0.1982	0.2712
	净资产收益率(%)	1.5183	6.0122	3.7704	5.6590
	加权净资产收益率(%)	1.5200	6.1500	3.7800	11.2200
	净资产收益率(扣除)(%)	-	-	-	-
	总资产(万元)	195211.27	210148.16	179728.15	185871.70
	归属母公司股东权益(万元)	106807.12	107146.25	104650.08	103087.27
	主营业务收入(万元)	144036.53	256270.75	124074.93	223188.38
	营业收入(万元)	149742.72	264149.93	127869.07	230024.62
	主营成本(万元)	127254.43	221848.09	107356.99	193922.65
	营业成本(万元)	127317.47	222006.64	107418.66	194024.57
	投资收益(万元)	31.95	73.15	12.83	17.38
	净利润(万元)	1621.63	6441.84	3945.68	5833.78
	利润总额(万元)	2317.43	8111.31	4880.55	7006.80

南京医药股份有限公司

公司概况					
公司名称	南京医药股份有限公司			证券简称	南京医药
法人代表	陶昀	董秘	蒋晓军	证券代码	600713
公司网址	www.njyy.com			电子信箱	jiang_xiaojun@njyy.com
电　话	025-84552687 84552606			传　真	025-84552606
办公地址	江苏省南京市中山东路486号				
经营范围	经营药品、医疗器械、化学试剂、玻璃仪器四类商品研制、开发、生产、销售				

主要财务指标　指标\报告期	2013.06.30	2012.12.31	2012.06.30	2011.12.31
基本每股收益(元)	0.0240	0.0160	-0.0730	-0.2630
基本每股收益(扣除)(元)	-0.0210	-0.4210	-0.0790	-0.4390
每股净资产(元)	1.4528	1.4405	1.3000	1.3500
每股经营现金净流量(元)	-0.5373	0.2425	0.0223	-0.9985
每股现金流量(元)	-0.3733	0.1080	0.1108	-0.8035
每股资本公积金(元)	0.4609	0.4723	0.4204	0.4016
每股盈余公积金(元)	0.0794	0.0794	0.0794	0.0794
每股未分配利润(元)	-0.0875	-0.1112	-0.2002	-0.1268
净资产收益率(%)	1.6305	1.0830	-5.6485	-19.4418
加权净资产收益率(%)	1.6400	1.1200	-5.6500	-18.6700
净资产收益率(扣除)(%)	-	-	-	-
总资产(万元)	948008.96	922704.90	1036942.71	902453.94
归属母公司股东权益(万元)	100765.37	99911.01	90141.44	93930.09
主营业务收入(万元)	917292.21	1783472.94	904198.79	1710070.02
营业收入(万元)	920214.22	1802422.04	906836.93	1717169.42
主营成本(万元)	862199.12	1661823.42	845570.05	1594144.88
营业成本(万元)	862947.78	1666083.92	846433.28	1596252.71
投资收益(万元)	2956.97	9352.78	-560.56	11346.66
净利润(万元)	3394.27	-517.08	-4785.70	-18346.40
利润总额(万元)	6766.01	5782.09	-1840.13	-14999.03

青海金瑞矿业发展股份有限公司

公司概况					
公司名称	青海金瑞矿业发展股份有限公司			证券简称	金瑞矿业
法人代表	程国勋	董秘	李军颜	证券代码	600714
公司网址				电子信箱	ljyjrky@163.com
电　话	0971-6321867 6321653			传　真	0971-6330915
办公地址	青海省西宁市新宁路36号				
经营范围	锶系列产品的研究、生产、开发、加工和销售等				

主要财务指标　指标\报告期	2013.06.30	2012.12.31	2012.06.30	2011.12.31
基本每股收益(元)	0.0493	0.0400	0.0175	0.1100
基本每股收益(扣除)(元)	0.0504	0.0360	0.0161	0.0740
每股净资产(元)	1.6330	1.5763	1.4690	1.4434
每股经营现金净流量(元)	-0.3938	0.2353	0.4270	0.2282
每股现金流量(元)	-0.4825	0.4074	0.3471	0.1264
每股资本公积金(元)	0.3612	0.3612	0.3612	0.3612
每股盈余公积金(元)	0.1141	0.1141	0.1141	0.1141
每股未分配利润(元)	0.0560	0.0067	-0.0181	-0.0356
净资产收益率(%)	3.0192	2.6861	1.1889	7.9010
加权净资产收益率(%)	3.0700	2.8300	1.2000	8.0800
净资产收益率(扣除)(%)	-	-	-	-
总资产(万元)	140054.55	131969.84	118247.11	108326.55
归属母公司股东权益(万元)	44647.13	43096.00	40163.50	39461.85
主营业务收入(万元)	32619.33	51218.87	21467.81	42060.33
营业收入(万元)	32625.57	51274.13	21472.79	42191.48
主营成本(万元)	22408.44	35934.61	15174.85	26915.12
营业成本(万元)	22408.90	35936.59	15175.05	26918.10
投资收益(万元)	-	-	-	-
净利润(万元)	1347.98	1157.60	477.51	3117.80
利润总额(万元)	2161.36	2678.63	1025.85	4949.71

松辽汽车股份有限公司

公司概况					
公司名称	松辽汽车股份有限公司			证券简称	松辽汽车
法人代表	李小平	董秘	孙华东	证券代码	600715
公司网址				电子信箱	slqccom@163.com
电　话	024-31387078 31387050			传　真	024-31387077
办公地址	辽宁省沈阳市苏家屯白松路22号				
经营范围	汽车车身配套及汽车零部件制造与销售等				

主要财务指标　指标\报告期	2013.06.30	2012.12.31	2012.06.30	2011.12.31
基本每股收益(元)	0.0189	0.0400	0.1016	0.0600
基本每股收益(扣除)(元)	-0.0417	-0.0200	-0.3230	-0.1000
每股净资产(元)	0.1845	0.2100	0.1856	0.1400
每股经营现金净流量(元)	-0.0240	-0.0151	-0.0148	0.0786
每股现金流量(元)	-0.0254	-0.0180	-0.0192	0.1320
每股资本公积金(元)	1.9921	1.9921	1.9921	1.9921
每股盈余公积金(元)	0.0416	0.0416	0.0416	0.0416
每股未分配利润(元)	-2.8493	-2.8247	-2.8482	-2.8929
净资产收益率(%)	10.2340	20.7982	54.7337	45.0613
加权净资产收益率(%)	10.7700	23.2100	53.0000	58.1700
净资产收益率(扣除)(%)	-	-	-	-
总资产(万元)	-23.8600	-15.1300	26373.22	22616.24
归属母公司股东权益(万元)	4136.58	4688.33	4161.26	3158.65
主营业务收入(万元)	-	-	6585.84	356.59
营业收入(万元)	4027.33	86.59	6627.81	387.32
主营成本(万元)	-	-	6148.41	309.45
营业成本(万元)	3771.28	85.82	6159.00	309.45
投资收益(万元)	-	-	-	-
净利润(万元)	422.84	975.09	2277.61	1423.33
利润总额(万元)	365.45	975.09	3198.09	2282.80

江苏凤凰置业投资股份有限公司

公司概况					
公司名称	江苏凤凰置业投资股份有限公司			证券简称	凤凰股份
法人代表	陈海燕	董秘	毕胜	证券代码	600716
公司网址				电子信箱	fhzy@ppm.cn
电　话	025-83566267 83566255			传　真	025-83566299
办公地址	江苏省南京市中央路389号凤凰国际大厦六楼				
经营范围	房地产投资及其他投资、房屋租赁、物业管理				

主要财务指标　指标\报告期	2013.06.30	2012.12.31	2012.06.30	2011.12.31
基本每股收益(元)	0.0100	0.1023	0.0800	0.3165
基本每股收益(扣除)(元)	0.0100	0.3972	0.0600	0.3471
每股净资产(元)	2.4635	2.4490	2.2888	2.2132
每股经营现金净流量(元)	-0.7672	0.0125	-0.4871	0.2912
每股现金流量(元)	-0.5938	-0.3693	-0.4760	0.9209
每股资本公积金(元)	0.2568	0.2568	0.2116	0.2116
每股盈余公积金(元)	0.0855	0.0855	0.0767	0.0767
每股未分配利润(元)	1.1211	1.1066	1.0005	0.9248
净资产收益率(%)	0.5917	4.1782	3.3058	14.2990
加权净资产收益率(%)	0.5900	4.2800	3.3600	15.4000
净资产收益率(扣除)(%)	-	-	-	-
总资产(万元)	710863.78	681724.87	654867.98	613538.27
归属母公司股东权益(万元)	182449.53	181369.97	169512.08	163908.26
主营业务收入(万元)	19339.41	173565.64	36312.57	170516.52
营业收入(万元)	19603.05	174474.91	36837.19	171119.33
主营成本(万元)	13364.89	95190.67	21151.12	105879.25
营业成本(万元)	13387.10	95235.02	21175.44	105931.05
投资收益(万元)	1001.04	-1.59	-1.59	999.36
净利润(万元)	1014.54	7190.63	5538.77	23180.85
利润总额(万元)	541.13	17466.81	7558.12	31192.38

天津港股份有限公司

公司概况					
公司名称	天津港股份有限公司			证券简称	天 津 港
法人代表	田长松	董秘	孙埠	证券代码	600717
公司网址	www.tianjin-port.com		电子信箱	sunbu@tianjin-port.com	
电　　话	022-25706615 25702708		传　　真	022-25706615	
办公地址	天津市塘沽区津港路 99 号				
经营范围	商品储存、中转联运、汽车运输、装卸搬运、集装箱储运、拆装箱及相关业务				

主要财务指标	2013.06.30	2012.12.31	2012.06.30	2011.12.31
基本每股收益(元)	0.3400	0.6000	0.3200	0.5600
基本每股收益(扣除)(元)	0.3300	0.6000	0.3200	0.5400
每股净资产(元)	7.2689	7.1267	6.8500	6.6200
每股经营现金净流量(元)	0.4306	0.9946	0.5235	1.0945
每股现金流量(元)	0.5791	0.2565	-0.0353	-0.1628
每股资本公积金(元)	2.1351	2.1498	2.1504	2.1346
每股盈余公积金(元)	0.5794	0.5794	0.5150	0.5150
每股未分配利润(元)	3.5545	3.3975	3.1825	2.9674
净资产收益率(%)	4.6786	8.4128	4.6753	8.3910
加权净资产收益率(%)	4.7200	8.7300	4.7200	8.6700
净资产收益率(扣除)(%)	-	-	-	-
总资产(万元)	2826414.67	2552308.25	2323264.12	2277290.61
归属母公司股东权益(万元)	1217378.92	1193552.48	1146872.24	1108197.36
主营业务收入(万元)	696398.53	1245408.81	551059.54	1184570.12
营业收入(万元)	750732.40	1349334.62	597650.64	1272311.25
主营成本(万元)	563017.60	953826.22	412184.21	911217.83
营业成本(万元)	604831.32	1033808.30	446415.75	982730.66
投资收益(万元)	14953.08	21706.02	12214.93	17622.55
净利润(万元)	77418.90	140354.20	72647.01	128912.02
利润总额(万元)	93014.56	165488.72	85730.92	149011.58

东软集团股份有限公司

公司概况					
公司名称	东软集团股份有限公司			证券简称	东软集团
法人代表	刘积仁	董秘	王楠	证券代码	600718
公司网址	www.neusoft.com		电子信箱	investor@neusoft.com	
电　　话	024-83662115		传　　真	024-23783375	
办公地址	辽宁省沈阳市浑南新区新秀街 2 号东软软件园				
经营范围	软件开发和软件服务、系统集成及提供全面解决方案、医疗系统产品生产和销售等				

主要财务指标	2013.06.30	2012.12.31	2012.06.30	2011.12.31
基本每股收益(元)	0.1500	0.3700	0.1400	0.3400
基本每股收益(扣除)(元)	0.1000	0.2600	0.1000	0.2300
每股净资产(元)	4.1583	4.1702	3.9400	3.8100
每股经营现金净流量(元)	-0.6930	0.2584	-0.5845	0.2445
每股现金流量(元)	-0.8738	0.2863	-0.3664	0.0397
每股资本公积金(元)	0.2902	0.2902	0.2934	0.2951
每股盈余公积金(元)	0.5436	0.5436	0.4861	0.4861
每股未分配利润(元)	2.3837	2.3806	2.2065	2.0664
净资产收益率(%)	3.6819	8.9135	3.5547	8.9220
加权净资产收益率(%)	3.6200	9.3200	3.6200	9.3400
净资产收益率(扣除)(%)	-	-	-	-
总资产(万元)	813771.71	850143.33	750160.17	792528.51
归属母公司股东权益(万元)	510472.09	511933.77	483805.66	467467.76
主营业务收入(万元)	313915.61	688389.19	276768.01	568182.15
营业收入(万元)	317500.51	696019.50	280012.55	575124.93
主营成本(万元)	218632.75	468621.65	187482.41	396848.56
营业成本(万元)	220283.00	472972.09	189412.53	400499.84
投资收益(万元)	3629.10	11212.41	7196.19	4213.66
净利润(万元)	17073.57	43576.90	15655.33	42354.56
利润总额(万元)	22431.38	54266.85	21557.48	49288.67

大连热电股份有限公司

公司概况					
公司名称	大连热电股份有限公司			证券简称	大连热电
法人代表	于长敏	董秘	沈军	证券代码	600719
公司网址	www.dlrd.com		电子信箱	shenjun_dl@163.com	
电　　话	0411-84498988 84498968		传　　真	0411-84438755	
办公地址	辽宁省大连市西岗区沿海街 90 号				
经营范围	集中供热、热电联产、供热工程设计及安装检修等				

主要财务指标	2013.06.30	2012.12.31	2012.06.30	2011.12.31
基本每股收益(元)	0.0400	0.0140	-0.0150	-0.1710
基本每股收益(扣除)(元)	0.0390	-0.1250	-0.0150	-0.1810
每股净资产(元)	3.5665	3.5316	3.5030	3.5180
每股经营现金净流量(元)	0.1629	0.3827	-0.3038	0.6108
每股现金流量(元)	-0.0164	0.0153	0.0226	0.0834
每股资本公积金(元)	1.5051	1.5051	1.5051	1.5051
每股盈余公积金(元)	0.7768	0.7768	0.7727	0.7727
每股未分配利润(元)	0.2846	0.2497	0.2250	0.2400
净资产收益率(%)	1.1190	0.3942	-0.4276	-4.8500
加权净资产收益率(%)	1.1240	0.3950	-0.4270	-4.7260
净资产收益率(扣除)(%)	-	-	-	-
总资产(万元)	149728.04	146453.17	161341.76	146197.71
归属母公司股东权益(万元)	72151.09	71444.84	70860.26	71163.24
主营业务收入(万元)	38223.12	64496.77	38165.02	65592.46
营业收入(万元)	38480.82	67037.38	39170.03	66533.26
主营成本(万元)	31129.26	56101.51	32719.72	58714.55
营业成本(万元)	31325.51	58255.14	33562.21	59536.15
投资收益(万元)	-	-	-	-
净利润(万元)	807.40	281.61	-302.97	-3451.24
利润总额(万元)	1076.53	213.28	-302.97	-3337.25

甘肃祁连山水泥集团股份有限公司

公司概况					
公司名称	甘肃祁连山水泥集团股份有限公司			证券简称	祁 连 山
法人代表	脱利成	董秘	罗鸿基	证券代码	600720
公司网址	www.qlssn.com		电子信箱	qlssn@163.com	
电　　话	0931-4900698 4900606		传　　真	0931-4900697	
办公地址	甘肃省兰州市城关区酒泉路力行新村 3 号祁连山大厦				
经营范围	水泥研究开发制造、批发零售、水泥装备的研制、安装、修理等				

主要财务指标	2013.06.30	2012.12.31	2012.06.30	2011.12.31
基本每股收益(元)	0.1839	0.3700	0.0558	0.7000
基本每股收益(扣除)(元)	0.1849	0.3400	0.0453	0.6600
每股净资产(元)	6.3958	6.2033	5.9192	6.0054
每股经营现金净流量(元)	1.0972	1.1291	0.5912	0.9234
每股现金流量(元)	-0.1461	-0.1028	-0.5016	0.6267
每股资本公积金(元)	2.5291	2.5291	1.8787	1.8787
每股盈余公积金(元)	0.3168	0.3168	0.3669	0.3669
每股未分配利润(元)	2.4366	2.2527	2.5544	2.6486
净资产收益率(%)	2.8749	4.6850	0.9424	11.6580
加权净资产收益率(%)	2.9200	5.9700	0.9300	12.3200
净资产收益率(扣除)(%)	-	-	-	-
总资产(万元)	1086359.09	1012968.03	952449.97	873102.45
归属母公司股东权益(万元)	381924.52	370425.36	281105.60	285196.87
主营业务收入(万元)	228655.64	417054.11	180152.73	359088.92
营业收入(万元)	231227.39	424822.48	185614.21	362542.16
主营成本(万元)	169661.53	327556.72	148205.48	249515.75
营业成本(万元)	172092.62	334750.87	153487.93	252635.81
投资收益(万元)	2713.35	6123.85	2803.64	7518.68
净利润(万元)	12385.02	17342.69	1808.32	34760.75
利润总额(万元)	15048.92	22308.05	2441.82	44913.75

新疆百花村股份有限公司

公司概况

公司名称	新疆百花村股份有限公司			证券简称	百花村
法人代表	刘威东	董秘	吕政田	证券代码	600721
公司网址	www.xjbhc.net		电子信箱	xjbhc@hotmail.com	
电话	0991-2356610 2356619		传真	0991-2356600	
办公地址	新疆维吾尔自治区乌鲁木齐市中山路141号				
经营范围	电子计算机软硬件的开发销售及培训、电子元器件、五金交电租赁等				

主要财务指标

指标\报告期	2013.06.30	2012.12.31	2012.06.30	2011.12.31
基本每股收益(元)	0.0509	0.0761	0.0298	0.2810
基本每股收益(扣除)(元)	-0.1263	0.0549	0.0300	0.2744
每股净资产(元)	3.5953	3.5023	3.4799	3.4358
每股经营现金净流量(元)	0.1628	1.2721	0.0240	2.0816
每股现金流量(元)	0.0777	-0.2589	-0.3907	0.1418
每股资本公积金(元)	2.1923	2.1923	2.1923	2.1923
每股盈余公积金(元)	0.0816	0.0816	0.0816	0.0816
每股未分配利润(元)	0.2654	0.2264	0.1801	0.1503
净资产收益率(%)	1.4151	2.1735	0.8571	8.1780
加权净资产收益率(%)	1.4400	2.1900	0.8600	8.4300
净资产收益率(扣除)(%)	-	-	-	-
总资产(万元)	439282.29	441812.56	439944.95	440989.43
归属母公司股东权益(万元)	96661.38	94159.53	93558.87	92372.40
主营业务收入(万元)	54843.30	110295.48	54620.88	119549.41
营业收入(万元)	55626.39	111886.98	55436.98	120983.69
主营成本(万元)	40222.47	72217.21	36391.52	68389.82
营业成本(万元)	40373.76	72636.95	36600.54	68865.82
投资收益(万元)	910.22	-45.78	-11.31	-34.48
净利润(万元)	2453.47	4196.13	2398.87	11227.22
利润总额(万元)	3131.92	7444.25	3547.88	17324.38

河北金牛化工股份有限公司

公司概况

公司名称	河北金牛化工股份有限公司			证券简称	金牛化工
法人代表	赫孟合	董秘	郝利辉	证券代码	600722
公司网址	www.hbjnhg.com		电子信箱	gqhlh.good@163.com	
电话	0317-8885004 8885059		传真	0317-8885061 5299390	
办公地址	河北省沧州临港化工园区化工大道				
经营范围	聚氯乙烯树脂、烧碱和水泥的生产、销售等				

主要财务指标

指标\报告期	2013.06.30	2012.12.31	2012.06.30	2011.12.31
基本每股收益(元)	0.0028	0.1603	0.0057	-0.5852
基本每股收益(扣除)(元)	-0.0805	-0.1869	-0.0816	-0.7042
每股净资产(元)	1.6118	1.6312	-1.3451	-1.3230
每股经营现金净流量(元)	0.0445	-0.7935	0.0929	0.2381
每股现金流量(元)	-0.1527	0.8933	0.1422	-0.1028
每股资本公积金(元)	2.4315	2.6159	1.0658	1.0658
每股盈余公积金(元)	0.1308	0.1308	0.1867	0.1867
每股未分配利润(元)	-1.9606	-1.9634	-3.5976	-3.5755
净资产收益率(%)	0.1718	6.0262	-0.4268	-44.2331
加权净资产收益率(%)	0.1456	-64.2600	-	-
净资产收益率(扣除)(%)	-	-	-	-
总资产(万元)	277256.41	282953.83	149582.15	144855.60
归属母公司股东权益(万元)	109651.80	129292.78	-56685.02	-55755.73
主营业务收入(万元)	114269.47	146723.54	96835.30	159286.28
营业收入(万元)	115037.72	148067.43	98677.32	159762.02
主营成本(万元)	110520.74	141327.65	89908.60	166073.33
营业成本(万元)	110852.73	141411.63	69680.35	166203.43
投资收益(万元)	11.41	278.56	278.56	2500.20
净利润(万元)	174.23	7881.50	1399.75	-24580.55
利润总额(万元)	436.84	7926.80	1471.19	-24390.43

北京首商集团股份有限公司

公司概况

公司名称	北京首商集团股份有限公司			证券简称	首商股份
法人代表	于学忠	董秘	王健	证券代码	600723
公司网址	www.xdsc.com.cn		电子信箱	ssgf600723@126.com	
电话	010-82270256		传真	010-82270251	
办公地址	北京市西城区北三环中路23号燕莎盛世大厦二层				
经营范围	购销针纺织品、百货、五金交电化工、机械电器设备、电动自行车、土产品等				

主要财务指标

指标\报告期	2013.06.30	2012.12.31	2012.06.30	2011.12.31
基本每股收益(元)	0.3538	0.6040	0.3611	0.5250
基本每股收益(扣除)(元)	0.3362	0.6090	0.3584	0.4180
每股净资产(元)	4.1396	4.0357	3.7924	3.4313
每股经营现金净流量(元)	0.1228	1.2787	0.1933	1.4379
每股现金流量(元)	-0.8021	0.7948	-0.0550	1.1584
每股资本公积金(元)	1.2531	1.2531	1.2531	1.2531
每股盈余公积金(元)	0.2634	0.2634	0.2060	0.2060
每股未分配利润(元)	1.6230	1.5192	1.3333	0.9722
净资产收益率(%)	8.5480	14.9758	9.5212	15.3010
加权净资产收益率(%)	8.4000	16.1900	10.0000	16.5100
净资产收益率(扣除)(%)	-	-	-	-
总资产(万元)	623191.07	616343.05	557691.51	565270.64
归属母公司股东权益(万元)	272552.54	265714.98	249696.17	225922.01
主营业务收入(万元)	603599.60	1192858.62	605945.13	1141875.29
营业收入(万元)	621234.40	1222543.31	623221.53	1168802.21
主营成本(万元)	489863.44	961806.27	492565.58	919838.37
营业成本(万元)	490210.03	962692.03	493040.94	920873.34
投资收益(万元)	23.95	-	-	-
净利润(万元)	34097.99	59513.43	34769.24	53549.80
利润总额(万元)	45450.37	80711.43	46974.99	72940.80

宁波富达股份有限公司

公司概况

公司名称	宁波富达股份有限公司			证券简称	宁波富达
法人代表	庄立峰	董秘	赵立明	证券代码	600724
公司网址	www.fuda.com		电子信箱	syq@fuda.com	
电话	0574-87647859		传真	0574-87647853	
办公地址	浙江省宁波市江东区和济街68号城投大厦26楼				
经营范围	家用电力器具、电机、文具、鞋帽、工艺品、水暖管件、塑料制品、模具等				

主要财务指标

指标\报告期	2013.06.30	2012.12.31	2012.06.30	2011.12.31
基本每股收益(元)	0.1661	0.2409	0.1128	0.4415
基本每股收益(扣除)(元)	0.1525	0.2323	0.1068	0.3919
每股净资产(元)	2.5302	2.4639	2.3363	2.3200
每股经营现金净流量(元)	0.8011	1.0084	0.1529	-0.1554
每股现金流量(元)	-0.0927	0.6386	0.4311	-0.1583
每股资本公积金(元)	0.1800	0.1798	0.1803	0.1803
每股盈余公积金(元)	0.1117	0.1117	0.0940	0.0940
每股未分配利润(元)	1.2385	1.1723	1.0620	1.0492
净资产收益率(%)	6.5658	9.7772	4.8281	19.0020
加权净资产收益率(%)	6.6087	10.1700	4.8414	20.9700
净资产收益率(扣除)(%)	-	-	-	-
总资产(万元)	2104718.68	2141636.39	2155193.16	2004296.12
归属母公司股东权益(万元)	365673.26	356086.06	337650.88	335801.13
主营业务收入(万元)	159626.68	515997.73	144825.56	386112.50
营业收入(万元)	160515.45	518656.53	146447.13	389620.56
主营成本(万元)	92509.67	290730.81	99571.55	233001.47
营业成本(万元)	93451.55	292756.59	100215.86	234910.16
投资收益(万元)	1196.38	193.00	50.69	5369.85
净利润(万元)	29703.28	53464.52	18183.38	77176.70
利润总额(万元)	40186.82	90036.57	25030.68	101209.14

云南云维股份有限公司

公司概况						
公司概况	公司名称	云南云维股份有限公司			证券简称	云维股份
	法人代表	陈伟	董秘	李斌	证券代码	600725
	公司网址	www.ywgf.cn		电子信箱	libin@ywgf.cn	
	电　　话	0874-3068588 3064195		传　　真	0874-3068590 3064195	
	办公地址	云南省曲靖市沾益县盘江镇花山工业区				
	经营范围	化工及化纤材料、水泥、纯碱、氯化铵、氧气产品生产和销售等				

主要财务指标	指标＼报告期	2013.06.30	2012.12.31	2012.06.30	2011.12.31
主要财务指标	基本每股收益(元)	-0.5700	-1.9000	-0.5800	0.0300
	基本每股收益(扣除)(元)	-0.5700	-1.9500	-0.5800	0.0100
	每股净资产(元)	1.6326	2.1936	3.4900	4.1400
	每股经营现金净流量(元)	-0.6869	-0.6225	-0.3234	0.4007
	每股现金流量(元)	-0.4318	0.6712	0.1710	0.2575
	每股资本公积金(元)	2.3299	2.3299	2.3299	2.3326
	每股盈余公积金(元)	0.1980	0.1980	0.1980	0.1980
	每股未分配利润(元)	-1.9257	-1.3591	-0.0520	0.5879
	净资产收益率(%)	-34.7087	-86.6099	-16.7260	0.7181
	加权净资产收益率(%)	-29.2300	-60.0300	-15.2200	0.7100
	净资产收益率(扣除)(%)	-	-	-	-
	总资产(万元)	1591206.97	1620392.35	1495717.65	1414975.62
	归属母公司股东权益(万元)	100604.07	136925.83	215322.98	255374.07
	主营业务收入(万元)	475108.00	704743.52	406391.58	869475.24
	营业收入(万元)	498283.58	713918.45	410360.50	878083.70
	主营成本(万元)	438123.22	708289.62	379044.21	755945.82
	营业成本(万元)	459912.80	715687.35	381878.77	763014.83
	投资收益(万元)	-	26.79	-	14.19
	净利润(万元)	-35123.88	-138656.20	-37167.99	7301.92
	利润总额(万元)	-34522.76	-137070.69	-36317.53	9981.99

华电能源股份有限公司

公司概况						
公司概况	公司名称	华电能源股份有限公司			证券简称	华电能源
	法人代表	霍利	董秘	梅君超	证券代码	600726
	公司网址	www.hdenergy.com		电子信箱	hdenergy@hdenergy.com	
	电　　话	0451-82525998 82525778		传　　真	0451-82525878	
	办公地址	黑龙江省哈尔滨市南岗区大成街 209 号				
	经营范围	建设、经营、维修电厂、生产销售电力、电力行业的技术服务、技术咨询等				

主要财务指标	指标＼报告期	2013.06.30	2012.12.31	2012.06.30	2011.12.31
主要财务指标	基本每股收益(元)	-0.0012	-0.2344	-0.1000	-0.0058
	基本每股收益(扣除)(元)	-0.0153	-0.3300	-0.1100	-0.2200
	每股净资产(元)	1.4851	1.4866	1.6300	1.7387
	每股经营现金净流量(元)	0.6246	0.8497	0.2162	0.6515
	每股现金流量(元)	-0.1716	0.4649	0.2741	-0.0703
	每股资本公积金(元)	0.7520	0.7520	0.7431	0.7764
	每股盈余公积金(元)	0.1419	0.1419	0.1419	0.1419
	每股未分配利润(元)	-0.4154	-0.4142	-0.2561	-0.1798
	净资产收益率(%)	-0.0776	-15.7702	-6.2234	-0.3344
	加权净资产收益率(%)	-0.0800	-14.4600	-6.0300	-0.2900
	净资产收益率(扣除)(%)	-	-	-	-
	总资产(万元)	2263164.36	2310264.03	2319290.86	2224508.33
	归属母公司股东权益(万元)	292075.72	292367.85	320387.75	341944.05
	主营业务收入(万元)	499501.83	1061407.96	530874.93	962379.93
	营业收入(万元)	505960.01	1073783.53	536387.12	1007050.77
	主营成本(万元)	443867.95	990211.50	489893.29	899365.54
	营业成本(万元)	445280.16	991226.38	490717.89	937349.37
	投资收益(万元)	531.61	1996.64	631.88	27591.54
	净利润(万元)	1330.22	-44888.52	-19661.50	1436.17
	利润总额(万元)	4111.59	-41376.79	-16950.14	9079.47

山东鲁北化工股份有限公司

公司概况						
公司概况	公司名称	山东鲁北化工股份有限公司			证券简称	鲁北化工
	法人代表	陈树常	董秘	张金增	证券代码	600727
	公司网址	www.lubeichem.com		电子信箱	lubeichem@lubei.com.cn	
	电　　话	0543-6451265		传　　真	0543-6451265	
	办公地址	山东省滨州市无棣县埕口镇				
	经营范围	磷复肥、硫酸、水泥、烧碱、溴素、电等产品的生产和销售				

主要财务指标	指标＼报告期	2013.06.30	2012.12.31	2012.06.30	2011.12.31
主要财务指标	基本每股收益(元)	0.0300	0.0500	0.0600	0.1400
	基本每股收益(扣除)(元)	0.0300	0.0300	0.0200	0.0500
	每股净资产(元)	2.9102	2.8775	2.8800	3.6800
	每股经营现金净流量(元)	-0.0570	0.2700	0.0729	-0.0423
	每股现金流量(元)	-0.1317	-0.4914	-0.5888	-0.6020
	每股资本公积金(元)	2.4033	2.4033	2.3980	3.2219
	每股盈余公积金(元)	0.5002	0.5002	0.5089	0.5002
	每股未分配利润(元)	-1.0143	-1.0486	-1.0509	-1.0653
	净资产收益率(%)	1.1773	1.8350	2.0547	3.8041
	加权净资产收益率(%)	1.1800	1.6100	1.3800	3.8800
	净资产收益率(扣除)(%)	-	-	-	-
	总资产(万元)	125016.66	130765.83	131514.17	170285.98
	归属母公司股东权益(万元)	102143.41	100995.23	101157.47	129240.78
	主营业务收入(万元)	28627.60	79179.38	45924.17	92569.58
	营业收入(万元)	28627.60	84501.74	45924.17	96150.47
	主营成本(万元)	21776.18	68969.39	39428.90	81036.29
	营业成本(万元)	21776.18	70640.25	39428.90	81451.83
	投资收益(万元)	-	-3.41	-	-19.96
	净利润(万元)	1202.49	1853.29	2078.45	4916.46
	利润总额(万元)	2236.13	3989.14	2809.87	6615.87

佳都新太科技股份有限公司

公司概况						
公司概况	公司名称	佳都新太科技股份有限公司			证券简称	佳都新太
	法人代表	刘伟	董秘	刘颖	证券代码	600728
	公司网址	www.pci-suntektech.com		电子信箱	info@pci-suntektech.com	
	电　　话	020-85550260		传　　真	020-85577907	
	办公地址	广东省广州市天河软件园建工路 4 号				
	经营范围	计算机新产品生产、研制及其工程承接、计算机软、硬件的技术引进等				

主要财务指标	指标＼报告期	2013.06.30	2012.12.31	2012.06.30	2011.12.31
主要财务指标	基本每股收益(元)	-0.0188	0.1529	0.0759	0.1439
	基本每股收益(扣除)(元)	-0.0315	0.1073	0.0666	0.1116
	每股净资产(元)	2.0247	2.0440	1.1253	1.0228
	每股经营现金净流量(元)	-0.3374	0.0577	-0.1088	0.2304
	每股现金流量(元)	-0.4909	1.0500	-0.0852	0.2425
	每股资本公积金(元)	2.3997	2.3997	1.7241	1.6974
	每股盈余公积金(元)	0.1767	0.1767	0.1974	0.1974
	每股未分配利润(元)	-1.5496	-1.5308	-1.7944	-1.8703
	净资产收益率(%)	-0.9304	7.0300	6.7415	14.0700
	加权净资产收益率(%)	-0.9300	10.2200	7.0600	15.1100
	净资产收益率(扣除)(%)	-	-	-	-
	总资产(万元)	108153.15	119771.20	71219.01	74511.72
	归属母公司股东权益(万元)	73455.37	74157.89	36550.37	33219.53
	主营业务收入(万元)	25453.94	71473.75	308[illegible]1.29	61630.94
	营业收入(万元)	25833.67	72361.26	31241.15	62608.63
	主营成本(万元)	21558.84	57568.77	24530.99	46580.17
	营业成本(万元)	21845.76	58314.09	24895.37	47229.97
	投资收益(万元)	80.90	0.95	-54.03	-83.48
	净利润(万元)	-683.45	5209.94	2454.06	4674.04
	利润总额(万元)	-708.76	5293.43	2495.53	5008.97

重庆百货大楼股份有限公司

公司概况

公司名称	重庆百货大楼股份有限公司			证券简称	重庆百货
法人代表	刘伟力	董秘	尹向东	证券代码	600729
公司网址	www.e-cbest.com		电子信箱	cbhqh@126.com	
电　　话	023-63822594		传　　真	023-63845365	
办公地址	重庆市渝中区民权路28号(英利国际金融中心)第30层、31层、32层				
经营范围	批发、零售预包装食品、散装食品、粮油制品、副食品、其他食品、乳制品等				

主要财务指标

指标\报告期	2013.06.30	2012.12.31	2012.06.30	2011.12.31
基本每股收益(元)	1.2800	1.8700	1.1100	1.6200
基本每股收益(扣除)(元)	1.2700	1.8200	1.0900	1.5700
每股净资产(元)	9.4455	8.7259	7.9700	7.3100
每股经营现金净流量(元)	0.1396	2.9326	–0.6282	3.4249
每股现金流量(元)	–1.8204	–4.2057	–1.8278	2.5678
每股资本公积金(元)	1.0973	1.0973	1.0973	1.0973
每股盈余公积金(元)	0.5905	0.5905	0.5905	0.5905
每股未分配利润(元)	6.7578	6.0381	5.2815	4.6196
净资产收益率(%)	13.5875	21.4136	13.9519	22.1800
加权净资产收益率(%)	14.1300	23.0900	14.1400	24.6900
净资产收益率(扣除)(%)	–	–	–	–
总资产(万元)	981571.66	1062788.99	898611.87	1021807.22
归属母公司股东权益(万元)	352404.92	325556.77	297325.91	272632.55
主营业务收入(万元)	1556548.87	2735698.39	1503802.88	2434901.90
营业收入(万元)	1599799.90	2811669.76	1541495.59	2501151.18
主营成本(万元)	1352076.62	2380827.44	1325491.92	2128109.40
营业成本(万元)	1355863.70	2390816.11	1330074.51	2137175.12
投资收益(万元)	819.55	1087.45	153.11	144.16
净利润(万元)	48093.14	70050.86	41657.27	60875.48
利润总额(万元)	57120.26	82673.76	49787.14	72142.38

中国高科集团股份有限公司

公司概况

公司名称	中国高科集团股份有限公司			证券简称	中国高科
法人代表	余丽	董秘	刘玮	证券代码	600730
公司网址	www.chinahitech.com.cn		电子信箱	liuwei@china-hi-tech.com	
电　　话	010-82529555 021-50326450		传　　真	010-82524580	
办公地址	北京市海淀区成府路298号中关村方正大厦8层				
经营范围	实业投资、创业投资、技术及商品展示、投资及经济技术咨询服务等				

主要财务指标

指标\报告期	2013.06.30	2012.12.31	2012.06.30	2011.12.31
基本每股收益(元)	–0.0441	0.0700	–0.0694	–0.0200
基本每股收益(扣除)(元)	–0.0441	0.0600	–0.0695	–0.1700
每股净资产(元)	2.5727	2.6168	2.4800	2.5500
每股经营现金净流量(元)	–0.1109	2.1559	–0.5928	0.1515
每股现金流量(元)	–0.0729	1.5244	–1.2357	0.6834
每股资本公积金(元)	0.1907	0.1907	0.1907	0.1907
每股盈余公积金(元)	0.1551	0.1551	0.1551	0.1551
每股未分配利润(元)	1.2269	1.2710	1.1307	1.2001
净资产收益率(%)	–1.7134	2.7106	–2.8000	–0.7850
加权净资产收益率(%)	–1.7000	2.7500	–2.7600	–0.7800
净资产收益率(扣除)(%)	–	–	–	–
总资产(万元)	203682.65	193266.78	140554.88	150706.92
归属母公司股东权益(万元)	75464.68	76757.72	72642.07	74677.12
主营业务收入(万元)	9888.44	40113.14	–	102800.27
营业收入(万元)	10113.97	40392.43	5760.30	103169.13
主营成本(万元)	6043.87	25992.98	–	99403.72
营业成本(万元)	6199.67	26232.69	4128.98	99480.23
投资收益(万元)	–343.19	–678.17	–343.19	5002.29
净利润(万元)	–1248.13	2413.26	–2103.23	–1262.29
利润总额(万元)	–564.10	3607.03	–2011.58	–533.79

湖南海利化工股份有限公司

公司概况

公司名称	湖南海利化工股份有限公司			证券简称	湖南海利
法人代表	黄明智	董秘	刘洪波	证券代码	600731
公司网址	www.hnhlc.com		电子信箱	dinmin@tom.com	
电　　话	0731-85357830 85357829		传　　真	0731-85540475	
办公地址	湖南省长沙市芙蓉中路二段251号				
经营范围	化肥、化工产品、农药开发、生产及自产产品销售等				

主要财务指标

指标\报告期	2013.06.30	2012.12.31	2012.06.30	2011.12.31
基本每股收益(元)	0.0199	0.0340	0.0162	0.0170
基本每股收益(扣除)(元)	0.0115	0.1120	0.0390	–0.0910
每股净资产(元)	1.5067	1.4734	1.4780	1.4370
每股经营现金净流量(元)	0.2044	0.4914	0.1631	0.2488
每股现金流量(元)	0.0235	–0.2530	–0.0849	0.0660
每股资本公积金(元)	0.8619	0.8619	0.8615	0.8615
每股盈余公积金(元)	0.1138	0.1138	0.1138	0.1138
每股未分配利润(元)	–0.4885	–0.5084	–0.5258	–0.5420
净资产收益率(%)	1.3196	2.2813	1.0981	1.1760
加权净资产收益率(%)	1.3300	2.3100	1.1100	1.1600
净资产收益率(扣除)(%)	–	–	–	–
总资产(万元)	150247.17	142458.76	149273.92	140332.71
归属母公司股东权益(万元)	38619.68	37765.07	37889.72	36824.05
主营业务收入(万元)	55563.19	118581.73	60235.01	86065.85
营业收入(万元)	55689.01	118906.41	60415.19	87224.64
主营成本(万元)	42693.00	90341.47	47346.05	71023.68
营业成本(万元)	42786.04	90571.64	47451.99	71518.41
投资收益(万元)	0.18	7.50	–	2747.99
净利润(万元)	959.19	1717.09	719.84	1083.90
利润总额(万元)	1560.74	2534.01	1029.26	1647.95

上海新梅置业股份有限公司

公司概况

公司名称	上海新梅置业股份有限公司			证券简称	上海新梅
法人代表	张静静	董秘	何婧	证券代码	600732
公司网址	www.shinmay.com.cn		电子信箱	xm600732@shinmay.com.cn	
电　　话	021-51005380		传　　真	021-51005370	
办公地址	上海市天目中路585号新梅大厦20楼				
经营范围	房地产开发与经营、物业管理、建筑装潢、实业投资、资产经营等				

主要财务指标

指标\报告期	2013.06.30	2012.12.31	2012.06.30	2011.12.31
基本每股收益(元)	–0.0179	0.0150	–0.0364	0.1040
基本每股收益(扣除)(元)	–0.0179	–0.0210	–0.0364	–0.0720
每股净资产(元)	1.1809	2.2579	2.2062	2.2425
每股经营现金净流量(元)	–0.1992	0.0318	–0.0305	–2.0953
每股现金流量(元)	–0.1842	0.1138	–0.2372	–0.6986
每股资本公积金(元)	0.0154	0.0276	0.0276	0.0276
每股盈余公积金(元)	0.0598	0.1077	0.0014	0.0014
每股未分配利润(元)	0.1057	1.1225	1.1771	1.2135
净资产收益率(%)	–1.5173	0.6789	–1.6482	4.6170
加权净资产收益率(%)	–1.4161	0.6800	–1.6348	4.7300
净资产收益率(扣除)(%)	–	–	–	–
总资产(万元)	129124.12	130898.97	124977.36	125234.87
归属母公司股东权益(万元)	52712.87	55992.60	54710.74	55612.49
主营业务收入(万元)	1024.31	5669.36	1406.27	10788.92
营业收入(万元)	1024.31	8190.46	1406.27	10788.92
主营成本(万元)	387.07	3838.54	858.41	5684.25
营业成本(万元)	387.07	4509.23	858.41	5684.25
投资收益(万元)	–	–	–	6573.75
净利润(万元)	–806.92	485.61	–891.23	2515.37
利润总额(万元)	–806.92	389.24	–1366.47	5268.87

成都前锋电子股份有限公司

公司概况						
公司概况	公司名称	成都前锋电子股份有限公司			证券简称	S 前 锋
公司概况	法人代表	杨晓斌	董秘	邓红光	证券代码	600733
公司概况	公司网址			电子信箱	denghongguang@sina.com	
公司概况	电　话	028-86316723 86316733		传　真	028-86316767	
公司概况	办公地址	四川省成都市武侯区人民南路四段 1 号				
公司概况	经营范围	电子、通信、计算机、光机电一体化技术的开发、研制、技术服务及咨询等				

主要财务指标

指标 \ 报告期	2013.06.30	2012.12.31	2012.06.30	2011.12.31
基本每股收益(元)	0.1182	0.1380	–0.0262	–0.1870
基本每股收益(扣除)(元)	0.0430	0.1380	–0.0265	–0.1830
每股净资产(元)	1.3501	1.2320	1.0682	1.0944
每股经营现金净流量(元)	–0.0776	–0.4198	–0.2052	0.2007
每股现金流量(元)	0.0100	–0.3929	–0.2083	0.1983
每股资本公积金(元)	0.3673	0.3673	0.3673	0.3673
每股盈余公积金(元)	0.0176	0.0176	0.0176	0.0176
每股未分配利润(元)	–0.0348	–0.1530	–0.3168	–0.2905
净资产收益率(%)	8.7522	11.1651	–2.4571	–17.0498
加权净资产收益率(%)	9.1528	11.8300	–2.4273	–15.7100
净资产收益率(扣除)(%)	–	–	–	–
总资产(万元)	52811.58	60411.53	65073.35	67074.28
归属母公司股东权益(万元)	26676.76	24341.94	21105.56	21624.15
主营业务收入(万元)	10238.85	21660.06	–	38525.02
营业收入(万元)	10266.04	21822.71	106.99	38682.40
主营成本(万元)	7137.64	11835.41	–	19724.18
营业成本(万元)	7154.16	11894.76	27.23	19779.37
投资收益(万元)	–	–	–	–
净利润(万元)	2228.09	3199.20	–700.69	–2627.21
利润总额(万元)	2980.48	3864.71	–671.62	72.43

福建实达集团股份有限公司

公司概况						
公司概况	公司名称	福建实达集团股份有限公司			证券简称	实达集团
公司概况	法人代表	景百孚	董秘	吴波	证券代码	600734
公司概况	公司网址	www.start.com.cn		电子信箱	wb600734@163.com	
公司概况	电　话	0591-83725878 83709680		传　真	0591-83708128	
公司概况	办公地址	福建省福州市洪山园路 68 号招标大厦 A 座六楼				
公司概况	经营范围	电子计算机及其外部设备、仪器仪表及电传、办公设备等				

主要财务指标

指标 \ 报告期	2013.06.30	2012.12.31	2012.06.30	2011.12.31
基本每股收益(元)	–0.0562	–0.1123	–0.0101	0.3974
基本每股收益(扣除)(元)	–0.0559	–0.2048	–0.0712	0.0477
每股净资产(元)	0.3843	0.4414	0.5458	0.6042
每股经营现金净流量(元)	0.6721	–0.1239	–0.1618	–0.3889
每股现金流量(元)	0.0016	–0.4375	–0.1201	–0.9488
每股资本公积金(元)	0.5669	0.5677	0.5700	0.6182
每股盈余公积金(元)	0.0788	0.0788	0.0788	0.0788
每股未分配利润(元)	–1.2634	–1.2072	–1.1049	–1.0948
净资产收益率(%)	–14.6341	–25.4532	–1.8510	65.7680
加权净资产收益率(%)	–13.6218	–21.4898	–1.7600	69.3756
净资产收益率(扣除)(%)	–	–	–	–
总资产(万元)	111272.92	106334.55	121428.65	127125.21
归属母公司股东权益(万元)	13509.06	15516.89	19188.97	21240.50
主营业务收入(万元)	2291.00	13279.77	2952.43	112155.38
营业收入(万元)	2394.37	13544.67	2979.60	113566.32
主营成本(万元)	1428.87	11439.72	1572.83	72686.12
营业成本(万元)	1428.87	11439.72	1572.83	73316.28
投资收益(万元)	–101.04	387.87	1685.61	8451.77
净利润(万元)	–3019.96	–6993.82	–1025.69	18495.86
利润总额(万元)	–3015.96	–6672.41	–791.01	22372.33

山东新华锦国际股份有限公司

公司概况						
公司概况	公司名称	山东新华锦国际股份有限公司			证券简称	新 华 锦
公司概况	法人代表	张建华	董秘	盛强	证券代码	600735
公司概况	公司网址	www.hikinginternational.com		电子信箱	600735@hiking.cn	
公司概况	电　话	0532-85877680 85967622		传　真	0532-85877680	
公司概况	办公地址	山东省青岛市市南区东海西路 41 号东海世家大厦 4 层				
公司概况	经营范围	备案范围内的进出口业务、纺织品、针织品、工艺美术品的加工、销售				

主要财务指标

指标 \ 报告期	2013.06.30	2012.12.31	2012.06.30	2011.12.31
基本每股收益(元)	0.0881	0.2209	0.0962	0.1861
基本每股收益(扣除)(元)	0.0880	0.0099	0.0959	0.0058
每股净资产(元)	2.2642	2.1900	1.1389	2.4479
每股经营现金净流量(元)	0.2531	0.3828	0.1935	0.7327
每股现金流量(元)	0.0746	–0.0498	–0.0886	0.2075
每股资本公积金(元)	1.0901	1.0882	0.4495	1.5910
每股盈余公积金(元)	0.1004	0.1004	0.0901	0.1205
每股未分配利润(元)	0.1230	0.0348	–0.4005	–0.2232
净资产收益率(%)	3.8914	10.0879	–1.7955	9.1187
加权净资产收益率(%)	3.9600	10.3200	4.3200	8.7800
净资产收益率(扣除)(%)	–	–	–	–
总资产(万元)	90147.56	90954.26	51776.59	104227.37
归属母公司股东权益(万元)	56762.40	54902.88	23802.01	51161.27
主营业务收入(万元)	70437.47	164604.67	92775.49	102222.60
营业收入(万元)	70609.31	165150.51	92989.93	194942.28
主营成本(万元)	55895.07	130884.45	75495.88	90151.70
营业成本(万元)	55928.73	131124.98	75553.84	160009.98
投资收益(万元)	56.67	505.39	57.27	1836.51
净利润(万元)	3004.07	7418.22	3615.69	6708.78
利润总额(万元)	4271.00	10672.86	5321.25	9872.02

苏州新区高新技术产业股份有限公司

公司概况						
公司概况	公司名称	苏州新区高新技术产业股份有限公司			证券简称	苏州高新
公司概况	法人代表	徐明	董秘	缪凯	证券代码	600736
公司概况	公司网址	www.sndht.com		电子信箱	miao.k@c-snd.com	
公司概况	电　话	0512-68096233 68072571		传　真	0512-68099281	
公司概况	办公地址	江苏省苏州市高新区狮山路 35 号金河国际大厦 25 楼				
公司概况	经营范围	房地产开发、基础设施的开发与经营等				

主要财务指标

指标 \ 报告期	2013.06.30	2012.12.31	2012.06.30	2011.12.31
基本每股收益(元)	0.0780	0.1728	0.0723	0.2440
基本每股收益(扣除)(元)	0.0540	0.1570	0.0665	0.2389
每股净资产(元)	3.0806	3.0725	2.9603	2.9176
每股经营现金净流量(元	–0.3121	–0.2502	–0.5957	–1.3842
每股现金流量(元)	–0.4992	0.4520	0.0233	–0.7858
每股资本公积金(元)	0.5878	0.6058	0.5941	0.5837
每股盈余公积金(元)	0.2047	0.2047	0.2014	0.2014
每股未分配利润(元)	1.2881	1.2621	1.1648	1.1325
净资产收益率(%)	2.5323	5.6255	2.4421	8.3620
加权净资产收益率(%)	2.5285	5.7800	2.4530	8.6400
净资产收益率(扣除)(%)	–	–	–	–
总资产(万元)	1921228.22	1816739.83	1707882.59	1557978.85
归属母公司股东权益(万元)	325892.27	325038.34	313165.60	308651.43
主营业务收入(万元)	106427.56	276868.48	105758.26	295454.16
营业收入(万元)	107765.03	277112.84	107587.38	297175.48
主营成本(万元)	66730.83	–	–	–
营业成本(万元)	67202.32	181414.63	69190.99	184123.35
投资收益(万元)	3861.25	2166.88	658.42	1570.55
净利润(万元)	8898.27	21076.98	9415.15	32676.73
利润总额(万元)	13587.57	29590.06	13783.30	44826.57

中粮屯河股份有限公司

公司概况	公司名称	中粮屯河股份有限公司			证券简称	中粮屯河
	法人代表	夏令和	董秘	蒋学工	证券代码	600737
	公司网址	www.cofcotunhe.com		电子信箱	jiangxg@cofco.com	
	电　　话	0991-5571888		传　　真	0991-5571600	
	办公地址	新疆维吾尔自治区乌鲁木齐市黄河路2号招商银行大厦20楼				
	经营范围	番茄、糖、林果三大产业等				

	指标\报告期	2013.06.30	2012.12.31	2012.06.30	2011.12.31
主要财务指标	基本每股收益(元)	0.0500	-0.7325	-0.0300	0.0300
	基本每股收益(扣除)(元)	-0.1130	-0.7800	-0.1400	-0.0200
	每股净资产(元)	2.7631	1.9840	2.5700	2.7800
	每股经营现金净流量(元)	0.3558	0.6860	0.6715	0.4963
	每股现金流量(元)	0.8417	0.1223	0.0024	0.3722
	每股资本公积金(元)	1.8966	1.1470	1.1437	1.1786
	每股盈余公积金(元)	0.0546	0.1114	0.1114	0.1114
	每股未分配利润(元)	-0.1402	0.2833	0.3120	0.4880
	净资产收益率(%)	1.0586	-36.9194	-1.0861	1.1590
	加权净资产收益率(%)	1.5200	-30.9600	-0.0100	1.1000
	净资产收益率(扣除)(%)	-	-	-	-
	总资产(万元)	1217587.79	1194088.67	852022.25	920333.47
	归属母公司股东权益(万元)	566961.70	345361.48	258152.40	279355.46
	主营业务收入(万元)	491503.01	356966.24	330488.32	487986.83
	营业收入(万元)	495951.30	380889.98	335680.34	499845.93
	主营成本(万元)	438446.60	293020.52	285186.19	386544.73
	营业成本(万元)	444044.29	321118.76	132797.91	399221.47
	投资收益(万元)	164.74	10829.43	6657.44	13288.64
	净利润(万元)	5705.41	-75292.39	-3122.42	2581.33
	利润总额(万元)	8675.46	-74541.70	27.63	5176.89

兰州民百(集团)股份有限公司

公司概况	公司名称	兰州民百(集团)股份有限公司			证券简称	兰州民百
	法人代表	张　宏	董秘	成志坚	证券代码	600738
	公司网址	www.lzminbai.com		电子信箱	czjgoal@163.com	
	电　　话	0931-8473891		传　　真	0931-8473866	
	办公地址	甘肃省兰州市城关区中山路120号8-10楼				
	经营范围	日用百货、五金交电、化工产品(不含危险品)、黄金饰品、预包装食品等				

	指标\报告期	2013.06.30	2012.12.31	2012.06.30	2011.12.31
主要财务指标	基本每股收益(元)	0.1770	0.2270	0.1460	0.1790
	基本每股收益(扣除)(元)	0.1780	0.2300	0.1510	0.1900
	每股净资产(元)	2.6678	1.8090	1.7270	1.5800
	每股经营现金净流量(元)	-0.1231	0.5779	-0.0377	0.7843
	每股现金流量(元)	-0.4023	0.4358	-0.0890	0.5281
	每股资本公积金(元)	1.0841	0.1775	0.1775	0.1775
	每股盈余公积金(元)	0.0909	0.1276	0.1044	0.1044
	每股未分配利润(元)	0.4928	0.6116	0.4456	0.3000
	净资产收益率(%)	6.6367	12.5566	8.4274	11.3100
	加权净资产收益率(%)	6.6800	13.4000	8.8000	11.9900
	净资产收益率(扣除)(%)	-	-	-	-
	总资产(万元)	171255.64	184333.80	105519.63	108337.09
	归属母公司股东权益(万元)	98405.21	97120.81	45393.56	41568.07
	主营业务收入(万元)	74135.46	130309.78	68786.85	116820.95
	营业收入(万元)	75359.07	132005.75	69622.39	118818.10
	主营成本(万元)	58029.51	106836.29	55689.56	95946.99
	营业成本(万元)	58031.75	106933.83	55692.76	96032.56
	投资收益(万元)	-	375.00	-	-
	净利润(万元)	6526.87	5969.04	3825.48	4701.51
	利润总额(万元)	8215.32	7986.84	5118.31	6473.31

辽宁成大股份有限公司

公司概况	公司名称	辽宁成大股份有限公司			证券简称	辽宁成大
	法人代表	尚书志	董秘	于占洋	证券代码	600739
	公司网址	www.chengda.com.cn		电子信箱	stocks@chengda.com.cn	
	电　　话	0411-82512731 82512618		传　　真	0411-82691187	
	办公地址	辽宁省大连市中山区人民路71号				
	经营范围	针、棉、毛织品、服装进出口业务及国家统一经营外的商品进出口业务等				

	指标\报告期	2013.06.30	2012.12.31	2012.06.30	2011.12.31
主要财务指标	基本每股收益(元)	0.3120	0.5092	0.3930	1.6521
	基本每股收益(扣除)(元)	0.3016	0.4844	0.3786	0.6488
	每股净资产(元)	7.8963	7.5926	7.5087	7.0454
	每股经营现金净流量(元)	-0.3682	0.0108	-0.2132	0.2305
	每股现金流量(元)	-0.3742	-0.0372	-0.3261	0.2803
	每股资本公积金(元)	0.1044	0.1140	0.1478	0.0783
	每股盈余公积金(元)	0.5141	0.5141	0.5141	0.5141
	每股未分配利润(元)	6.2733	5.9613	5.8451	5.4521
	净资产收益率(%)	3.9511	6.7063	5.2341	23.4430
	加权净资产收益率(%)	4.0300	6.9600	5.4000	25.7600
	净资产收益率(扣除)(%)	-	-	-	-
	总资产(万元)	1713194.46	1591505.85	1552683.08	1447795.81
	归属母公司股东权益(万元)	1077617.93	1036164.36	1024719.50	961496.72
	主营业务收入(万元)	424464.59	1023566.59	502512.91	961934.41
	营业收入(万元)	427329.06	1029387.71	504991.81	966437.64
	主营成本(万元)	345985.38	868160.14	418395.45	805901.13
	营业成本(万元)	346635.65	869965.94	419313.35	807800.47
	投资收益(万元)	30781.51	51248.31	34117.09	234089.59
	净利润(万元)	52376.71	83952.10	63631.68	245885.71
	利润总额(万元)	59281.56	96028.46	70672.51	304977.08

山西焦化股份有限公司

公司概况	公司名称	山西焦化股份有限公司			证券简称	山西焦化
	法人代表	郭文仓	董秘	李峰	证券代码	600740
	公司网址	www.sxjh.com.cn		电子信箱	sjgf@public.lf.sx.cn	
	电　　话	0357-6626012 6625471		传　　真	0357-6625045	
	办公地址	山西省临汾市洪洞县广胜寺镇				
	经营范围	焦炭及其相关化工产品的生产、销售等				

	指标\报告期	2013.06.30	2012.12.31	2012.06.30	2011.12.31
主要财务指标	基本每股收益(元)	0.0200	0.0500	0.0300	0.0900
	基本每股收益(扣除)(元)	0.0600	0.0140	0.0700	0.1049
	每股净资产(元)	3.6658	2.2615	2.2360	2.2100
	每股经营现金净流量(元)	0.0591	1.0023	0.2846	1.4413
	每股现金流量(元)	1.2273	0.5466	-0.0097	-0.4779
	每股资本公积金(元)	2.9433	1.6719	1.6719	1.6719
	每股盈余公积金(元)	0.2935	0.3973	0.3973	0.3973
	每股未分配利润(元)	-0.5772	-0.8095	-0.8331	-0.8620
	净资产收益率(%)	0.5699	2.3200	1.2918	4.2670
	加权净资产收益率(%)	0.7800	2.3500	1.2900	4.3400
	净资产收益率(扣除)(%)	-	-	-	-
	总资产(万元)	925740.32	892295.83	811531.47	840311.23
	归属母公司股东权益(万元)	280689.63	127935.30	126496.72	124876.07
	主营业务收入(万元)	287433.99	565473.04	308788.66	764303.65
	营业收入(万元)	293278.73	572192.03	315903.31	775316.43
	主营成本(万元)	265597.25	512903.95	283263.74	703520.06
	营业成本(万元)	266949.31	517953.84	286723.28	711242.48
	投资收益(万元)	64.94	60.33	49.78	110.55
	净利润(万元)	1754.13	3314.77	1782.19	5663.63
	利润总额(万元)	1800.33	3447.86	1844.59	5768.05

华域汽车系统股份有限公司

公司概况					
公司名称	华域汽车系统股份有限公司			证券简称	华域汽车
法人代表	陈虹	董秘	茅其炜	证券代码	600741
公司网址	www.huayu-auto.com		电子信箱	huayuqiche@huayu-auto.com	
电　　话	021-22011701		传　　真	021-22011790	
办公地址	上海市威海路 489 号				
经营范围	汽车、摩托车、拖拉机等交通运输车辆和工程机械的零部件及其总成的设计、研发和销售等				

主要财务指标　指标\报告期	2013.06.30	2012.12.31	2012.06.30	2011.12.31
基本每股收益(元)	0.6640	1.2010	0.6260	1.1580
基本每股收益(扣除)(元)	0.6550	1.1730	0.6170	1.1030
每股净资产(元)	7.6950	7.4598	6.7430	6.4130
每股经营现金净流量(元)	1.2185	1.8684	0.8386	1.7935
每股现金流量(元)	0.5679	0.1948	-0.0372	0.7217
每股资本公积金(元)	3.5529	3.5732	3.4092	3.3763
每股盈余公积金(元)	0.2342	0.2342	0.1613	0.1613
每股未分配利润(元)	2.9079	2.6525	2.1729	1.8755
净资产收益率(%)	8.6287	16.1061	9.2781	18.0510
加权净资产收益率(%)	8.5500	17.5300	9.3000	19.2000
净资产收益率(扣除)(%)	-	-	-	-
总资产(万元)	5327153.14	4823998.71	4502978.88	4218487.59
归属母公司股东权益(万元)	1987773.47	1927028.23	1741973.21	1656644.24
主营业务收入(万元)	3207456.45	5513964.42	2688532.64	5059328.03
营业收入(万元)	3325260.80	5788922.31	2829130.24	5229878.07
主营成本(万元)	2713894.21	4629563.42	2254109.33	-
营业成本(万元)	2807033.50	4843639.17	2363478.68	4378654.77
投资收益(万元)	109440.26	181336.00	91282.96	180975.83
净利润(万元)	305293.93	554610.40	285649.67	534586.42
利润总额(万元)	346460.20	622218.19	326487.10	594301.04

长春一汽富维汽车零部件股份有限公司

公司概况					
公司名称	长春一汽富维汽车零部件股份有限公司			证券简称	一汽富维
法人代表	滕铁骑	董秘	李文东	证券代码	600742
公司网址	www.fawfw.com.cn		电子信箱	fw_fw@faw.com.cn	
电　　话	0431-85765685 85765755		传　　真	0431-85765338	
办公地址	吉林省长春市汽车产业开发区东风南街 1399 号				
经营范围	汽车零部件系列产品的研制、生产和销售等				

主要财务指标　指标\报告期	2013.06.30	2012.12.31	2012.06.30	2011.12.31
基本每股收益(元)	0.8300	1.8500	0.9900	2.0200
基本每股收益(扣除)(元)	0.8300	1.8300	0.9900	1.9800
每股净资产(元)	14.0037	13.7166	12.8464	12.0570
每股经营现金净流量(元)	0.7075	2.1725	0.8929	0.9314
每股现金流量(元)	-0.3099	0.5422	-0.3418	1.0064
每股资本公积金(元)	2.5987	2.5987	2.5987	2.5987
每股盈余公积金(元)	2.0706	2.0706	1.8951	1.8951
每股未分配利润(元)	8.3092	8.0368	7.3525	6.5632
净资产收益率(%)	5.9443	13.4809	7.7010	16.7860
加权净资产收益率(%)	5.8900	14.3700	7.9000	18.0400
净资产收益率(扣除)(%)	-	-	-	-
总资产(万元)	530288.98	478495.71	441030.68	412510.77
归属母公司股东权益(万元)	296210.03	290138.77	271730.38	255034.77
主营业务收入(万元)	421232.44	755170.97	366855.27	686798.73
营业收入(万元)	428075.74	767635.53	366855.27	698141.87
主营成本(万元)	399439.24	713838.10	346195.28	643304.55
营业成本(万元)	405561.11	724736.99	346195.28	652510.56
投资收益(万元)	17019.02	36664.55	19348.14	37491.82
净利润(万元)	20156.05	45057.97	23606.20	51020.42
利润总额(万元)	22195.53	46692.87	24847.30	52294.27

华远地产股份有限公司

公司概况					
公司名称	华远地产股份有限公司			证券简称	华远地产
法人代表	任志强	董秘	窦志康	证券代码	600743
公司网址	www.hy-online.com		电子信箱	douzk@hy-online.com	
电　　话	010-68036966 68036688		传　　真	010-68012167	
办公地址	北京市西城区北展北街 11 号华远企业中心 11 号楼				
经营范围	房地产开发销售等				

主要财务指标　指标\报告期	2013.06.30	2012.12.31	2012.06.30	2011.12.31
基本每股收益(元)	0.1300	0.3400	0.1200	0.3700
基本每股收益(扣除)(元)	0.1300	0.3400	0.1200	0.3700
每股净资产(元)	1.6470	1.5600	1.9950	1.9214
每股经营现金净流量(元)	-0.1228	0.5692	0.6840	-0.5967
每股现金流量(元)	-0.4753	1.1717	0.5001	-1.1791
每股资本公积金(元)	0.0220	0.0253	0.0316	0.0316
每股盈余公积金(元)	0.0981	0.1129	0.1088	0.1088
每股未分配利润(元)	0.5269	0.6614	0.8545	0.7809
净资产收益率(%)	7.6300	19.0302	8.7021	19.2050
加权净资产收益率(%)	7.7900	20.5300	8.6400	20.9400
净资产收益率(扣除)(%)	-	-	-	-
总资产(万元)	1388970.55	1309594.99	1059730.66	941498.53
归属母公司股东权益(万元)	299374.29	284434.95	252258.24	242951.02
主营业务收入(万元)	160775.30	307810.13	121819.41	260344.03
营业收入(万元)	161235.78	307954.00	121883.02	261475.40
主营成本(万元)	93310.60	148422.75	54096.64	128320.94
营业成本(万元)	93310.60	148422.75	54096.64	128738.42
投资收益(万元)	383.47	442.73	178.47	502.22
净利润(万元)	23102.56	59570.21	22878.91	56545.89
利润总额(万元)	32101.11	81316.98	33554.22	77100.46

大唐华银电力股份有限公司

公司概况					
公司名称	大唐华银电力股份有限公司			证券简称	华银电力
法人代表	王琳	董秘	罗赤橙	证券代码	600744
公司网址	www.hypower.com.cn		电子信箱	hy600744@188.com	
电　　话	0731-85388088 85388028		传　　真	0731-85510188	
办公地址	湖南省长沙市芙蓉中路 3 段 255 号				
经营范围	电力生产和销售、电力规划、勘测设计、科研、电力工程施工、设备安装等				

主要财务指标　指标\报告期	2013.06.30	2012.12.31	2012.06.30	2011.12.31
基本每股收益(元)	-0.2975	0.1000	-0.4404	-0.2700
基本每股收益(扣除)(元)	-0.3035	-0.5800	-0.4429	-0.9900
每股净资产(元)	1.6317	1.9292	1.4450	1.8725
每股经营现金净流量(元)	0.8914	1.7743	0.8996	1.2632
每股现金流量(元)	0.2684	-0.2523	-0.1798	-0.2658
每股资本公积金(元)	2.4726	2.4726	2.5230	2.5100
每股盈余公积金(元)	0.1942	0.1942	0.1942	0.1942
每股未分配利润(元)	-2.0350	-1.7376	-2.2757	-1.8352
净资产收益率(%)	-18.2303	5.0624	-30.4799	-14.6560
加权净资产收益率(%)	-16.7100	5.1900	-26.5500	-13.6500
净资产收益率(扣除)(%)	-	-	-	-
总资产(万元)	1606591.84	1630778.99	1546925.27	1509848.70
归属母公司股东权益(万元)	116119.36	137288.21	102834.50	133265.56
主营业务收入(万元)	300701.37	742959.48	406996.42	935030.81
营业收入(万元)	303101.71	809529.41	408796.72	983701.07
主营成本(万元)	287407.46	701246.38	397888.25	917652.19
营业成本(万元)	288160.06	719884.97	399217.61	933825.22
投资收益(万元)	302.00	5402.32	194.94	16658.00
净利润(万元)	-21420.62	9236.59	-31040.68	-18847.64
利润总额(万元)	-21299.12	11866.24	-31219.39	-16212.92

中茵股份有限公司

公司概况	公司名称	中茵股份有限公司			证券简称	中茵股份
	法人代表	高建荣	董秘	吴年有	证券代码	600745
	公司网址	www.joinin-holding.com		电子信箱	nianyouwu@163.com	
	电　话	0714-6350569		传　真	0714-6353158	
	办公地址	湖北省黄石市团城山开发区杭州西路 91 号金山大楼三楼				
	经营范围	房地产开发、经营以及物业管理等				

主要财务指标	指标＼报告期	2013.06.30	2012.12.31	2012.06.30	2011.12.31
	基本每股收益(元)	0.0700	0.3100	0.2400	0.5600
	基本每股收益(扣除)(元)	−0.0060	0.2700	0.2300	0.1400
	每股净资产(元)	2.5174	2.4474	2.3400	2.1397
	每股经营现金净流量(元)	0.2776	0.7331	0.2537	−0.8063
	每股现金流量(元)	−0.0600	−0.1654	0.2177	0.2129
	每股资本公积金(元)	0.7670	0.7670	0.7670	0.7670
	每股盈余公积金(元)	0.1318	0.1318	0.1318	0.1318
	每股未分配利润(元)	0.6187	0.5486	0.4436	0.2409
	净资产收益率(%)	2.7821	12.5740	10.1381	26.0884
	加权净资产收益率(%)	2.8200	13.4200	10.5100	30.0000
	净资产收益率(扣除)(%)	–	–	–	–
	总资产(万元)	568344.21	521526.29	488779.97	459599.52
	归属母公司股东权益(万元)	82414.24	80121.36	76682.39	70046.94
	主营业务收入(万元)	89356.44	132192.21	74441.75	66399.48
	营业收入(万元)	90018.61	135307.44	75160.08	67496.64
	主营成本(万元)	47465.23	83336.58	48334.03	45132.28
	营业成本(万元)	47465.23	83336.68	48334.44	45139.08
	投资收益(万元)	–	–	–	–
	净利润(万元)	4717.77	11746.16	8506.60	19606.66
	利润总额(万元)	6905.56	16748.61	11592.09	22655.30

江苏索普化工股份有限公司

公司概况	公司名称	江苏索普化工股份有限公司			证券简称	江苏索普
	法人代表	宋勤华	董秘	许逸中	证券代码	600746
	公司网址	www.sopo.com.cn		电子信箱	sopoxyz@163.com	
	电　话	0511-83366244 88995001		传　真	0511-83362036	
	办公地址	江苏省镇江市谏壁镇越河街 50 号				
	经营范围	化工原料及产品的制造销售、电力、蒸汽生产等				

主要财务指标	指标＼报告期	2013.06.30	2012.12.31	2012.06.30	2011.12.31
	基本每股收益(元)	0.0204	−0.1333	−0.0880	0.0659
	基本每股收益(扣除)(元)	0.0215	−0.1569	−0.0869	0.0675
	每股净资产(元)	1.3506	1.3295	1.3795	1.4629
	每股经营现金净流量(元)	0.0422	0.2006	0.0208	0.2559
	每股现金流量(元)	−0.0725	−0.1429	−0.1771	−0.1711
	每股资本公积金(元)	0.2032	0.2032	0.2033	0.2032
	每股盈余公积金(元)	0.1058	0.1058	0.1058	0.1058
	每股未分配利润(元)	0.0410	0.0205	0.0657	0.1539
	净资产收益率(%)	1.5123	−10.0296	−6.3910	4.5020
	加权净资产收益率(%)	1.5246	−9.5500	−6.2136	4.6100
	净资产收益率(扣除)(%)	–	–	–	–
	总资产(万元)	66999.21	71776.23	76241.04	81277.19
	归属母公司股东权益(万元)	41386.66	40737.98	42271.85	44826.34
	主营业务收入(万元)	36699.28	72283.35	38962.97	85862.83
	营业收入(万元)	37379.21	73974.17	39896.00	89151.45
	主营成本(万元)	33109.73	69897.13	38667.51	76821.73
	营业成本(万元)	33787.12	71590.74	39601.29	80110.37
	投资收益(万元)	–	183.52	–	2.52
	净利润(万元)	625.89	−4085.84	−2701.45	2011.04
	利润总额(万元)	825.00	−5893.09	−2757.77	2741.24

大连大显控股股份有限公司

公司概况	公司名称	大连大显控股股份有限公司			证券简称	大连控股
	法人代表	代威	董秘	王薇	证券代码	600747
	公司网址	www.dl-hold.com		电子信箱	wangwei@daxian.cn	
	电　话	0411-88853117-7714		传　真	0411-88853122	
	办公地址	辽宁省大连市甘井子区革镇堡				
	经营范围	多种金属矿业投资、开发及技术咨询、房屋租赁、仓储等				

主要财务指标	指标＼报告期	2013.06.30	2012.12.31	2012.06.30	2011.12.31
	基本每股收益(元)	−0.0168	−0.1100	−0.0450	0.0200
	基本每股收益(扣除)(元)	−0.0473	−0.1400	−0.0450	−0.0600
	每股净资产(元)	0.6319	0.6530	0.7230	0.7680
	每股经营现金净流量(元)	0.1345	0.0134	−0.0617	0.2338
	每股现金流量(元)	0.2150	−0.1693	−0.0094	−0.0125
	每股资本公积金(元)	0.0165	0.0209	0.0212	0.0212
	每股盈余公积金(元)	0.1085	0.1085	0.1085	0.1085
	每股未分配利润(元)	−0.4931	−0.4764	−0.4069	−0.3616
	净资产收益率(%)	−2.6507	−17.5839	−6.2739	2.0016
	加权净资产收益率(%)	−2.6000	−16.1500	−6.0800	2.0500
	净资产收益率(扣除)(%)	–	–	–	–
	总资产(万元)	122334.14	151777.77	198396.81	210366.71
	归属母公司股东权益(万元)	67255.98	69498.06	76930.06	81756.60
	主营业务收入(万元)	11025.05	25767.89	15746.77	61376.54
	营业收入(万元)	11250.05	26280.21	15746.77	62031.80
	主营成本(万元)	10719.48	23291.38	13258.38	48143.64
	营业成本(万元)	10719.48	23435.63	13258.38	48298.71
	投资收益(万元)	3100.14	3209.21	−183.85	7056.25
	净利润(万元)	−1939.80	−13110.29	−4845.03	3405.29
	利润总额(万元)	−1939.80	−13436.70	−5031.54	5042.77

上海实业发展股份有限公司

公司概况	公司名称	上海实业发展股份有限公司			证券简称	上实发展
	法人代表	陆申	董秘	阚兆森	证券代码	600748
	公司网址	www.sidlgroup.com		电子信箱	sid748@sidlgroup.com	
	电　话	021-53858859		传　真	021-53858879	
	办公地址	上海市淮海中路 98 号金钟广场 20 层				
	经营范围	房地产开发和经营、实业投资、资产经营、国内贸易、信息服务等				

主要财务指标	指标＼报告期	2013.06.30	2012.12.31	2012.06.30	2011.12.31
	基本每股收益(元)	0.2700	0.5900	0.4800	0.4200
	基本每股收益(扣除)(元)	0.2400	0.1600	0.0700	0.2600
	每股净资产(元)	4.6738	4.4049	4.2000	4.5600
	每股经营现金净流量(元)	0.1874	0.1328	−0.8109	0.3730
	每股现金流量(元)	−0.1162	1.5810	−0.1444	1.4003
	每股资本公积金(元)	1.3972	1.3972	1.3188	2.1162
	每股盈余公积金(元)	0.2034	0.2034	0.1941	0.1941
	每股未分配利润(元)	2.0731	1.8043	1.6870	1.2526
	净资产收益率(%)	5.7523	13.3841	11.5021	9.1345
	加权净资产收益率(%)	5.9200	13.4500	10.4700	12.7500
	净资产收益率(扣除)(%)	–	–	–	–
	总资产(万元)	1882737.84	1951931.08	1567523.95	1969212.46
	归属母公司股东权益(万元)	506342.05	477215.50	455011.66	494327.91
	主营业务收入(万元)	217606.96	365247.59	186380.81	356793.58
	营业收入(万元)	218380.36	366666.96	186894.36	358229.30
	主营成本(万元)	132360.58	237072.65	127151.97	218915.14
	营业成本(万元)	132774.90	237496.07	127274.34	219352.29
	投资收益(万元)	−5296.92	39617.44	42230.89	−108.23
	净利润(万元)	31051.87	77337.59	55411.71	44021.13
	利润总额(万元)	43804.97	106213.62	75845.58	64437.45

西藏旅游股份有限公司

公司概况					
公司名称	西藏旅游股份有限公司			证券简称	西藏旅游
法人代表	欧阳旭	董秘	王京梅	证券代码	600749
公司网址	www.tibetyalu.com			电子信箱	xzly@tibetyalu.com
电　　话	0891-6339150			传　　真	0891-6339041
办公地址	西藏自治区拉萨市经济技术开发区格桑路5号总部经济基地大楼8层				
经营范围	旅游、酒店和有线电视网络等				

主要财务指标　指标\报告期	2013.06.30	2012.12.31	2012.06.30	2011.12.31
基本每股收益(元)	–0.0909	0.0618	–0.0787	0.0589
基本每股收益(扣除)(元)	–0.0892	0.0610	–0.0762	0.0552
每股净资产(元)	3.3745	3.4654	3.3275	3.4100
每股经营现金净流量(元)	0.2201	0.4285	0.2275	0.1854
每股现金流量(元)	0.0497	–0.6934	–0.3816	0.8282
每股资本公积金(元)	2.3029	2.3029	2.3029	2.3029
每股盈余公积金(元)	0.0039	0.0039	–	–
每股未分配利润(元)	0.0677	0.1586	0.0247	0.1034
净资产收益率(%)	–2.6933	1.7075	–2.3646	1.6560
加权净资产收益率(%)	–2.5948	1.7200	–2.3370	2.0200
净资产收益率(扣除)(%)	–	–	–	–
总资产(万元)	119440.55	112682.22	101274.30	96762.32
归属母公司股东权益(万元)	63825.21	65544.22	62936.84	64425.04
主营业务收入(万元)	5757.92	15639.75	4977.96	19832.58
营业收入(万元)	6169.42	16262.02	5141.35	20223.84
主营成本(万元)	3512.04	7031.38	2756.20	10230.36
营业成本(万元)	3512.04	7033.22	2756.20	10307.02
投资收益(万元)	–	–	–	–142.16
净利润(万元)	–1738.84	1198.49	–1548.86	1075.31
利润总额(万元)	–1587.57	1651.92	–1378.03	1233.42

江中药业股份有限公司

公司概况					
公司名称	江中药业股份有限公司			证券简称	江中药业
法人代表	钟虹光	董秘	吴伯帆	证券代码	600750
公司网址	www.jzjt.com			电子信箱	jzyy@jzjt.com
电　　话	0791-88169323			传　　真	0791-88164029
办公地址	江西省南昌市高新区火炬大道788号				
经营范围	中成药片剂、冲剂、胶囊剂、保健食品生产经营等				

主要财务指标　指标\报告期	2013.06.30	2012.12.31	2012.06.30	2011.12.31
基本每股收益(元)	0.3700	0.7200	0.3500	0.7300
基本每股收益(扣除)(元)	0.2600	0.7200	0.3400	0.6700
每股净资产(元)	6.4954	6.4292	6.0443	6.0000
每股经营现金净流量(元	–0.0408	0.7276	0.5376	0.5409
每股现金流量(元)	–0.8712	1.3361	0.0913	–0.6781
每股资本公积金(元)	2.2977	2.2977	2.2917	2.2917
每股盈余公积金(元)	0.5452	0.5452	0.5452	0.5452
每股未分配利润(元)	2.6525	2.5863	2.2073	2.1621
净资产收益率(%)	5.6390	11.2644	5.7125	12.2050
加权净资产收益率(%)	5.5800	11.7100	5.6400	12.7200
净资产收益率(扣除)(%)	–	–	–	–
总资产(万元)	295881.04	322886.59	259932.10	258882.00
归属母公司股东权益(万元)	202105.53	200043.37	188067.45	186658.64
主营业务收入(万元)	129250.00	318742.46	153644.57	264023.15
营业收入(万元)	129470.97	319184.47	153832.50	264730.39
主营成本(万元)	81648.49	198227.06	100868.10	175948.65
营业成本(万元)	81708.23	198307.73	100896.90	176036.14
投资收益(万元)	3467.08	–221.13	–69.01	–190.14
净利润(万元)	11621.34	22685.57	10815.33	23196.32
利润总额(万元)	14108.60	26930.99	12835.57	27678.60

天津市海运股份有限公司

公司概况					
公司名称	天津市海运股份有限公司			证券简称	天津海运
法人代表	李小龙	董秘	张延波	证券代码	600751
公司网址	www.tjtmsc.com			电子信箱	tmsc900938@163.com
电　　话	022-58679088			传　　真	022-58679130
办公地址	天津市天津空港经济区中心大道华盈大厦八层				
经营范围	国际船舶集装箱运输、仓储服务、陆海联运、集装箱租赁买卖等				

主要财务指标　指标\报告期	2013.06.30	2012.12.31	2012.06.30	2011.12.31
基本每股收益(元)	–0.0287	0.6531	–0.0145	–0.3183
基本每股收益(扣除)(元)	–0.0308	–0.1892	–0.0648	–0.2583
每股净资产(元)	0.1634	0.3480	–1.1341	–1.1196
每股经营现金净流量(元)	0.1347	0.0569	0.5918	–0.0452
每股现金流量(元)	0.1287	0.0524	0.0022	–0.0588
每股资本公积金(元)	0.4104	1.5556	0.7437	0.7437
每股盈余公积金(元)	0.1247	0.2259	0.2259	0.2259
每股未分配利润(元)	–1.3732	–2.4361	–3.1037	–3.0892
净资产收益率(%)	–17.5501	187.6605	–1.2786	–28.4282
加权净资产收益率(%)	–17.1600	–0.8200	–	–0.3300
净资产收益率(扣除)(%)	–	–	–	–
总资产(万元)	60793.00	62593.17	44980.68	54320.55
归属母公司股东权益(万元)	14585.53	17145.30	–55871.49	–55157.13
主营业务收入(万元)	10835.10	12306.13	5722.68	17877.99
营业收入(万元)	12864.16	12677.02	5885.22	18226.37
主营成本(万元)	11422.62	12632.73	5649.05	19001.52
营业成本(万元)	13428.70	12632.73	5649.05	19001.52
投资收益(万元)	–	–2527.80	664.86	377.12
净利润(万元)	–2561.67	32170.51	–717.34	–15693.50
利润总额(万元)	–2561.67	32191.40	–717.34	–15687.76

河南东方银星投资股份有限公司

公司概况					
公司名称	河南东方银星投资股份有限公司			证券简称	东方银星
法人代表	李大明	董秘	温泉	证券代码	600753
公司网址	www.bingxiong.com.cn			电子信箱	wqq728@163.com
电　　话	0370-2790609			传　　真	0370-2790630
办公地址	河南省商丘市神火大道99号悦华大酒店25层东方银星				
经营范围	房地产项目投资、实业投资、化工产品等				

主要财务指标　指标\报告期	2013.06.30	2012.12.31	2012.06.30	2011.12.31
基本每股收益(元)	–0.0030	0.0100	–0.0030	–0.0900
基本每股收益(扣除)(元)	–0.0030	–0.0030	–0.0030	–0.0900
每股净资产(元)	0.7892	0.7924	0.7780	0.7800
每股经营现金净流量(元)	–0.0005	0.0003	0.0094	–0.0005
每股现金流量(元)	–0.0005	0.0003	0.0094	–0.0005
每股资本公积金(元)	1.1050	1.1050	1.1050	1.1050
每股盈余公积金(元)	–	–	–	–
每股未分配利润(元)	–1.3158	–1.3127	–1.3271	–1.3242
净资产收益率(%)	–0.4007	1.4557	–0.3770	–11.5115
加权净资产收益率(%)	–0.4000	1.4500	–0.3800	–10.8800
净资产收益率(扣除)(%)	–	–	–	–
总资产(万元)	22960.46	22930.44	22838.71	22285.94
归属母公司股东权益(万元)	10101.90	10142.38	9957.19	9994.73
主营业务收入(万元)	533.28	1198.63	319.75	115.43
营业收入(万元)	533.28	1410.63	319.75	127.43
主营成本(万元)	487.95	1086.21	288.71	97.76
营业成本(万元)	487.95	1086.21	288.71	97.76
投资收益(万元)	–	–	–	–
净利润(万元)	–48.61	198.93	–44.28	–1190.26
利润总额(万元)	–48.61	293.62	–41.04	–1044.49

上海锦江国际酒店发展股份有限公司

公司概况	公司名称	上海锦江国际酒店发展股份有限公司			证券简称	锦江股份
	法人代表	俞敏亮	董秘	胡暋	证券代码	600754
	公司网址	www.jinjianghotels.sh.cn		电子信箱	jjir@jinjianghotels.com	
	电话	021-63217132		传真	021-63217720	
	办公地址	上海市延安东路100号25楼				
	经营范围	宾馆、餐饮、食品生产线及连锁经营、旅游等				

主要财务指标	指标\报告期	2013.06.30	2012.12.31	2012.06.30	2011.12.31
	基本每股收益(元)	0.2786	0.6120	0.3726	0.5313
	基本每股收益(扣除)(元)	0.2057	0.4871	0.2675	0.5129
	每股净资产(元)	6.6846	7.0393	6.7548	6.5464
	每股经营现金净流量(元)	0.4787	0.9211	0.4640	0.8771
	每股现金流量(元)	−0.4762	0.2619	−0.0132	−0.1735
	每股资本公积金(元)	3.5203	3.7837	3.7385	3.5427
	每股盈余公积金(元)	0.7995	0.7995	0.7995	0.7995
	每股未分配利润(元)	1.3647	1.4561	1.2168	1.2042
	净资产收益率(%)	4.1677	8.6934	5.5161	8.1150
	加权净资产收益率(%)	3.8900	8.9900	5.4000	7.6000
	净资产收益率(扣除)(%)	–	–	–	–
	总资产(万元)	684589.99	541217.29	516144.89	498561.21
	归属母公司股东权益(万元)	403239.66	424641.19	407474.65	394903.19
	主营业务收入(万元)	118695.34	230934.45	109886.36	209159.16
	营业收入(万元)	120332.09	233599.22	111297.52	211607.82
	主营成本(万元)	13612.65	27018.39	12748.73	25909.28
	营业成本(万元)	14077.65	27493.25	12990.11	26263.88
	投资收益(万元)	8059.92	17571.55	15881.02	15098.06
	净利润(万元)	16988.57	37165.84	22478.48	32430.73
	利润总额(万元)	21593.97	46886.59	27911.48	38463.04

厦门国贸集团股份有限公司

公司概况	公司名称	厦门国贸集团股份有限公司			证券简称	厦门国贸
	法人代表	何福龙	董秘	陈晓华	证券代码	600755
	公司网址	www.itg.com.cn		电子信箱	cathy@itg.com.cn	
	电话	0592-5161888		传真	0592-5160280	
	办公地址	福建省厦门市思明区湖滨南路国贸大厦18层				
	经营范围	从事进出口贸易、房地产开发与经营、投资以及其他服务贸易等				

主要财务指标	指标\报告期	2013.06.30	2012.12.31	2012.06.30	2011.12.31
	基本每股收益(元)	0.2200	0.2900	0.1500	0.4100
	基本每股收益(扣除)(元)	0.1600	0.1900	0.1500	0.1400
	每股净资产(元)	3.6913	3.5743	3.5500	3.4500
	每股经营现金净流量(元)	3.0004	1.6890	0.6105	−0.9650
	每股现金流量(元)	1.4496	0.3784	0.0516	−0.0234
	每股资本公积金(元)	0.7849	0.7817	0.8968	0.8881
	每股盈余公积金(元)	0.1781	0.1781	0.1517	0.1517
	每股未分配利润(元)	1.7545	1.6395	1.5294	1.4454
	净资产收益率(%)	5.8255	8.1267	4.3384	11.7731
	加权净资产收益率(%)	5.8700	8.2800	4.3500	12.1600
	净资产收益率(扣除)(%)	–	–	–	–
	总资产(万元)	2706843.01	2411264.04	2256335.23	2121506.52
	归属母公司股东权益(万元)	491244.84	475674.15	472301.60	459612.48
	主营业务收入(万元)	2351234.48	4183513.53	1893909.37	4563139.49
	营业收入(万元)	2351234.48	4183513.53	1893909.37	4563139.49
	主营成本(万元)	2203143.71	3914258.72	1762744.65	4318006.43
	营业成本(万元)	2203143.71	3914258.72	1762744.65	4318006.43
	投资收益(万元)	3395.01	19992.99	590.15	49254.41
	净利润(万元)	40468.86	55764.83	29198.85	72618.40
	利润总额(万元)	55973.21	73841.61	39339.08	100814.76

山东浪潮齐鲁软件产业股份有限公司

公司概况	公司名称	山东浪潮齐鲁软件产业股份有限公司			证券简称	浪潮软件
	法人代表	王柏华	董秘	申宝伟	证券代码	600756
	公司网址	www.inspur.com		电子信箱	600756@inspur.com	
	电话	0531-85105606		传真	0531-85105600	
	办公地址	山东省济南市高新区浪潮路1036号				
	经营范围	通信及计算机软硬件技术开发、生产、销售等				

主要财务指标	指标\报告期	2013.06.30	2012.12.31	2012.06.30	2011.12.31
	基本每股收益(元)	−0.2120	0.1420	0.0190	0.0410
	基本每股收益(扣除)(元)	−0.2210	0.1300	0.0111	0.0410
	每股净资产(元)	2.5420	2.5759	2.6730	3.8737
	每股经营现金净流量(元)	−0.4521	0.1074	−0.2868	0.3065
	每股现金流量(元)	−0.5092	−0.0683	−0.4644	−0.2810
	每股资本公积金(元)	0.2882	0.2914	0.2851	0.9096
	每股盈余公积金(元)	0.2790	0.2790	0.2730	0.4094
	每股未分配利润(元)	0.9747	1.2296	1.1147	1.8910
	净资产收益率(%)	−8.3349	5.5019	0.7152	1.5719
	加权净资产收益率(%)	−7.8700	5.1700	0.6800	1.4300
	净资产收益率(扣除)(%)	–	–	–	–
	总资产(万元)	120203.73	136732.59	110797.88	118316.46
	归属母公司股东权益(万元)	70856.58	78052.15	74501.73	78235.57
	主营业务收入(万元)	35150.68	71649.12	23422.81	56088.57
	营业收入(万元)	35150.68	71649.12	23422.81	56088.57
	主营成本(万元)	25844.31	50219.33	15049.83	39884.03
	营业成本(万元)	25844.31	50219.33	23877.04	39884.03
	投资收益(万元)	−4097.36	3876.57	1070.03	721.10
	净利润(万元)	−5923.85	3918.78	552.92	1124.98
	利润总额(万元)	−5682.54	4388.42	636.95	1133.85

长江出版传媒股份有限公司

公司概况	公司名称	长江出版传媒股份有限公司			证券简称	长江传媒
	法人代表	孙永平	董秘	万智	证券代码	600757
	公司网址	www.cjcb.com.cn		电子信箱	cjcbcm@163.com	
	电话	027-87673688		传真	027-87673688	
	办公地址	湖北省武汉市武昌区雄楚大街268号B座11-12楼				
	经营范围	公开发行的国内版图书、报刊、电子出版物等				

主要财务指标	指标\报告期	2013.06.30	2012.12.31	2012.06.30	2011.12.31
	基本每股收益(元)	0.2000	0.3100	0.1800	0.4600
	基本每股收益(扣除)(元)	0.1900	0.2500	0.1700	0.3800
	每股净资产(元)	3.0158	2.8353	2.6900	2.5100
	每股经营现金净流量(元)	0.0875	0.2553	0.0038	0.2909
	每股现金流量(元)	−0.0590	0.0669	−0.0759	0.5858
	每股资本公积金(元)	0.8337	0.8508	0.8439	0.8373
	每股盈余公积金(元)	–	–	–	–
	每股未分配利润(元)	1.1821	0.9845	0.8455	0.6704
	净资产收益率(%)	6.5539	11.0782	6.5130	10.7440
	加权净资产收益率(%)	6.7400	11.7600	6.7500	11.2600
	净资产收益率(扣除)(%)	–	–	–	–
	总资产(万元)	482443.18	451735.13	418763.84	398054.46
	归属母公司股东权益(万元)	313550.61	294779.16	279616.08	260718.60
	主营业务收入(万元)	167664.66	336072.29	143965.41	249992.79
	营业收入(万元)	172651.90	348569.21	149429.21	261122.89
	主营成本(万元)	111422.11	232014.11	99165.61	157920.36
	营业成本(万元)	112611.65	235678.41	100078.96	160527.19
	投资收益(万元)	966.13	1015.57	1257.55	159.03
	净利润(万元)	20073.53	32602.37	18230.39	28488.01
	利润总额(万元)	20253.76	33513.48	18478.16	29014.42

辽宁红阳能源投资股份有限公司

公司概况	公司名称	辽宁红阳能源投资股份有限公司		证券简称	红阳能源
	法人代表	林守信	董秘	田英东	证券代码 600758
	公司网址		电子信箱	hynydm@163.com	
	电　　话	024-86131586 86131806	传　　真	024-86801050	
	办公地址	辽宁省沈阳市皇姑区黄河南大街 96-6 号启运商务大厦 4 楼			
	经营范围	能源投资开发、电力、热力生产、销售、城市集中供热、供汽、供热等			

指标＼报告期	2013.06.30	2012.12.31	2012.06.30	2011.12.31
基本每股收益(元)	0.0362	0.0800	0.0381	0.0800
基本每股收益(扣除)(元)	0.0362	0.0800	0.0381	0.0700
每股净资产(元)	1.5600	1.5532	1.5100	1.4720
每股经营现金净流量(元)	–0.2619	0.4742	–0.0876	0.1979
每股现金流量(元)	–0.4314	0.0934	–0.2479	0.0672
每股资本公积金(元)	0.0480	0.0480	0.0480	0.0480
每股盈余公积金(元)	0.0431	0.0431	0.0431	0.0431
每股未分配利润(元)	0.4683	0.4620	0.4193	0.3812
净资产收益率(%)	2.3215	5.2100	2.5250	5.4460
加权净资产收益率(%)	2.3200	5.3500	2.5600	5.6000
净资产收益率(扣除)(%)	–	–	–	–
总资产(万元)	53900.98	61026.06	52730.07	61013.32
归属母公司股东权益(万元)	32385.50	32256.70	31368.63	30576.59
主营业务收入(万元)	12624.31	23197.26	12029.34	21564.27
营业收入(万元)	13289.83	24080.47	12046.14	22101.25
主营成本(万元)	11141.29	19017.86	10036.75	16514.55
营业成本(万元)	11327.49	19474.77	10036.75	16554.03
投资收益(万元)	–	–	–	–
净利润(万元)	751.84	1680.11	792.05	1665.18
利润总额(万元)	1054.97	2384.76	1092.59	2357.38

海南正和实业集团股份有限公司

公司概况	公司名称	海南正和实业集团股份有限公司		证券简称	正和股份
	法人代表	林端	董秘	黄勇	证券代码 600759
	公司网址	www.600759.com	电子信箱	zhgf@600759.com	
	电　　话	0898-66590595 66787367	传　　真	0898-66757661	
	办公地址	海南省海口市国贸大道 2 号海南时代广场 17 层			
	经营范围	高新技术项目及产品的投资、开发、生产与经营等			

指标＼报告期	2013.06.30	2012.12.31	2012.06.30	2011.12.31
基本每股收益(元)	0.0192	0.3092	0.0325	0.0962
基本每股收益(扣除)(元)	0.0062	0.1145	0.0288	0.0275
每股净资产(元)	1.8383	1.9107	1.6340	1.6600
每股经营现金净流量(元)	0.0236	–0.3928	0.1302	–0.1405
每股现金流量(元)	–0.0271	–0.6871	–0.4432	0.6430
每股资本公积金(元)	0.3664	0.3650	0.3645	0.3632
每股盈余公积金(元)	0.0272	0.0272	0.0072	0.0072
每股未分配利润(元)	0.4447	0.5185	0.2613	0.2893
净资产收益率(%)	1.0425	16.1811	1.9919	5.7986
加权净资产收益率(%)	1.0223	17.4200	1.9762	5.9800
净资产收益率(扣除)(%)	–	–	–	–
总资产(万元)	584180.07	580990.83	455386.13	510637.53
归属母公司股东权益(万元	224289.13	233123.06	199316.34	202496.19
主营业务收入(万元)	54782.45	169157.26	81083.46	130602.63
营业收入(万元)	77357.54	169157.26	81083.46	131204.42
主营成本(万元)	47792.29	138700.97	64216.88	111027.85
营业成本(万元)	66896.10	138700.97	64216.88	111478.77
投资收益(万元)	3267.50	34850.06	375.79	1983.85
净利润(万元)	2412.32	39801.84	5483.06	13052.16
利润总额(万元)	3288.49	50523.81	8017.32	17113.85

中航黑豹股份有限公司

公司概况	公司名称	中航黑豹股份有限公司		证券简称	*ST 黑豹
	法人代表	李晓义	董秘	严楠	证券代码 600760
	公司网址	www.heibao.com.cn	电子信箱	xbq511@163.com	
	电　　话	0631-8087751	传　　真	0631-8352228	
	办公地址	山东省文登市龙山路 107 号			
	经营范围	微型汽、柴油载重汽车及其配件制造、厢式柴油专用汽车制造等			

指标＼报告期	2013.06.30	2012.12.31	2012.06.30	2011.12.31
基本每股收益(元)	–0.0900	–0.1000	–0.1600	–0.5700
基本每股收益(扣除)(元)	–0.2800	–0.2800	–0.1900	–0.6300
每股净资产(元)	2.0297	2.1203	2.0657	2.2249
每股经营现金净流量(元)	0.1042	0.6271	0.4846	–0.9384
每股现金流量(元)	–0.3028	0.1839	0.1670	0.2039
每股资本公积金(元)	1.6019	1.6019	1.6019	1.6019
每股盈余公积金(元)	0.0402	0.0402	0.0402	0.0402
每股未分配利润(元)	–0.6124	–0.5217	–0.5763	–0.4172
净资产收益率(%)	–4.4677	–4.9321	–7.7054	–25.6993
加权净资产收益率(%)	–4.3700	–4.8100	–7.4200	–22.7700
净资产收益率(扣除)(%)	–	–	–	–
总资产(万元)	336326.08	325949.72	338858.08	352307.49
归属母公司股东权益(万元)	70011.26	73139.16	71255.91	76746.43
主营业务收入(万元)	137864.79	290314.14	151148.18	360123.30
营业收入(万元)	140941.06	300289.67	155461.91	369854.74
主营成本(万元)	130210.51	274786.73	144797.38	345141.84
营业成本(万元)	132549.09	280161.04	147779.07	350402.93
投资收益(万元)	–	–	–	–
净利润(万元)	–1423.31	–4316.72	–7025.45	–20890.67
利润总额(万元)	–216.00	–3477.05	–6677.15	–20141.60

安徽合力股份有限公司

公司概况	公司名称	安徽合力股份有限公司		证券简称	安徽合力
	法人代表	张德进	董秘	张孟青	证券代码 600761
	公司网址	www.helichina.com	电子信箱	zmq@helichina.com	
	电　　话	0551-63689002 63689787	传　　真	0551-63689787	
	办公地址	安徽省合肥市经济技术开发区方兴大道 668 号			
	经营范围	叉车、装载机、工程机械、矿山起重运输机械及配件、铸锻件、热处理件制造及销售			

指标＼报告期	2013.06.30	2012.12.31	2012.06.30	2011.12.31
基本每股收益(元)	0.4800	0.6800	0.3800	0.7500
基本每股收益(扣除)(元)	0.4600	0.5900	0.3500	0.6800
每股净资产(元)	6.1436	5.8727	5.5700	6.4315
每股经营现金净流量(元)	0.4900	0.7101	0.2282	0.3564
每股现金流量(元)	0.0296	–0.0972	–0.0488	–0.5999
每股资本公积金(元)	1.0818	1.0818	1.0818	1.4982
每股盈余公积金(元)	0.6819	0.6819	0.6259	0.7511
每股未分配利润(元)	3.3798	3.1090	2.8670	3.1823
净资产收益率(%)	7.8263	11.5800	6.8486	14.0070
加权净资产收益率(%)	7.8700	12.1000	6.8800	14.7500
净资产收益率(扣除)(%)	–	–	–	–
总资产(万元)	498223.27	466448.96	477994.09	433345.89
归属母公司股东权益(万元)	315787.70	301867.53	286549.61	275491.75
主营业务收入(万元)	328747.70	592075.42	294332.05	622970.12
营业收入(万元)	331808.36	597571.91	297430.76	629149.40
主营成本(万元)	265290.81	486252.44	240638.73	513938.69
营业成本(万元)	266757.67	489665.81	242485.47	518327.33
投资收益(万元)	517.73	1448.49	656.45	1388.62
净利润(万元)	26371.40	38029.59	21004.51	42908.09
利润总额(万元)	31083.42	45182.71	24563.79	50951.02

通策医疗投资股份有限公司

公司概况	公司名称	通策医疗投资股份有限公司			证券简称	通策医疗
	法人代表	赵玲玲	董秘	黄浴华	证券代码	600763
	公司网址	www.tcmedical.com.cn		电子信箱	huangyuhua@eetop.com	
	电　话	0571-88868808 88970616		传　真	0571-87283502	
	办公地址	浙江省杭州市天目山路327号合生国贸中心5号楼				
	经营范围	投资管理、医疗器材的经营、进出口业务技术开发、技术咨询、技术培训和技术服务等				

主要财务指标	指标\报告期	2013.06.30	2012.12.31	2012.06.30	2011.12.31
	基本每股收益(元)	0.3000	0.5700	0.2800	0.4400
	基本每股收益(扣除)(元)	0.2600	0.5400	0.2600	0.4300
	每股净资产(元)	2.9151	2.6136	2.3213	2.0457
	每股经营现金净流量(元)	0.2767	0.7015	0.2659	0.5279
	每股现金流量(元)	0.2236	–0.7153	0.2111	0.6013
	每股资本公积金(元)	1.2365	1.2365	1.2365	1.2365
	每股盈余公积金(元)	0.0115	0.0115	0.0115	0.0115
	每股未分配利润(元)	0.6670	0.3655	0.0733	–0.2024
	净资产收益率(%)	10.3435	21.7273	11.8732	21.3440
	加权净资产收益率(%)	10.9100	24.3800	12.6200	23.8900
	净资产收益率(扣除)(%)	–	–	–	–
	总资产(万元)	55713.88	50675.58	44675.50	40571.03
	归属母公司股东权益(万元)	46734.67	41900.68	37215.49	32796.81
	主营业务收入(万元)	19944.53	37548.03	17011.54	31441.28
	营业收入(万元)	20117.14	37893.98	17158.65	31592.60
	主营成本(万元)	10798.41	20329.94	9251.45	16638.62
	营业成本(万元)	10813.41	20371.33	9251.45	16669.29
	投资收益(万元)	–310.45	–137.52	–85.30	–170.61
	净利润(万元)	4795.83	9554.58	4650.08	7169.04
	利润总额(万元)	6151.54	12496.61	5857.50	9816.42

中电广通股份有限公司

公司概况	公司名称	中电广通股份有限公司			证券简称	中电广通
	法人代表	李建军	董秘	杨琼	证券代码	600764
	公司网址	www.cecgt.com		电子信箱	qyang@cecgt.com	
	电　话	010-88578860		传　真	010-88578825	
	办公地址	北京市海淀区中关村南大街17号3号楼(韦伯时代中心C座)21层				
	经营范围	智能光网络平台业务、计算机系统集成与分销业务等				

主要财务指标	指标\报告期	2013.06.30	2012.12.31	2012.06.30	2011.12.31
	基本每股收益(元)	0.0150	0.1650	0.0240	0.0320
	基本每股收益(扣除)(元)	0.0180	0.0390	0.0200	0.0220
	每股净资产(元)	1.8572	1.8666	1.7300	1.7400
	每股经营现金净流量(元)	–0.4344	0.0191	–0.2778	–0.6233
	每股现金流量(元)	–0.1767	–0.1045	–0.1561	–0.2680
	每股资本公积金(元)	0.1347	0.1347	0.1525	0.1525
	每股盈余公积金(元)	0.1902	0.1902	0.1865	0.1865
	每股未分配利润(元)	0.5716	0.5791	0.4420	0.4377
	净资产收益率(%)	0.8341	8.8460	1.4051	1.8310
	加权净资产收益率(%)	0.8300	9.1300	1.3900	1.8400
	净资产收益率(扣除)(%)	–	–	–	–
	总资产(万元)	132400.89	135547.62	134130.64	133369.16
	归属母公司股东权益(万元)	61238.09	61546.59	57037.95	57219.02
	主营业务收入(万元)	34688.20	131656.58	47947.70	128468.01
	营业收入(万元)	34891.99	133192.90	48748.20	130584.57
	主营成本(万元)	30456.05	120382.59	43184.61	119050.02
	营业成本(万元)	30605.60	121352.05	43732.32	120318.49
	投资收益(万元)	1848.63	3778.49	2075.58	3727.71
	净利润(万元)	965.68	6104.40	1102.48	1740.41
	利润总额(万元)	1163.12	7447.90	1238.26	5242.42

中航重机股份有限公司

公司概况	公司名称	中航重机股份有限公司			证券简称	中航重机
	法人代表	李宗顺	董秘	孙继兵	证券代码	600765
	公司网址	www.avichm.com		电子信箱	invest@avichm.com	
	电　话	010-57827107 57827109		传　真	010-57827102	
	办公地址	北京市朝阳区安定门外小关东里14号A座				
	经营范围	股权投资及经营管理、军民共用液压件、液压系统、锻件、换热器等				

主要财务指标	指标\报告期	2013.06.30	2012.12.31	2012.06.30	2011.12.31
	基本每股收益(元)	0.1200	0.2700	0.0500	0.1900
	基本每股收益(扣除)(元)	0.1100	–0.0100	0.0400	0.1600
	每股净资产(元)	4.2148	4.1321	3.8870	3.8500
	每股经营现金净流量(元)	–0.1421	–0.1617	–0.0543	–0.5124
	每股现金流量(元)	–0.6850	–0.1120	–0.4473	–0.4472
	每股资本公积金(元)	1.6029	1.6007	1.5762	1.5735
	每股盈余公积金(元)	0.1131	0.1131	0.1018	0.1018
	每股未分配利润(元)	1.4988	1.4183	1.2087	1.1753
	净资产收益率(%)	2.8595	6.6398	1.3751	4.8790
	加权净资产收益率(%)	2.8700	6.9000	1.3800	5.1900
	净资产收益率(扣除)(%)	–	–	–	–
	总资产(万元)	1123953.12	1076039.97	991033.22	965038.03
	归属母公司股东权益(万元)	327910.00	321476.43	302382.56	299569.79
	主营业务收入(万元)	288353.79	528320.70	227679.42	524193.00
	营业收入(万元)	294089.68	537202.38	233990.11	548536.11
	主营成本(万元)	233471.92	424044.28	181302.33	417082.67
	营业成本(万元)	236741.71	430790.18	186167.12	437487.40
	投资收益(万元)	–1454.22	32826.13	–1355.09	–5785.95
	净利润(万元)	8689.27	24524.11	2993.61	14030.48
	利润总额(万元)	11656.99	38768.29	5270.22	20216.11

烟台园城黄金股份有限公司

公司概况	公司名称	烟台园城黄金股份有限公司			证券简称	园城黄金
	法人代表	徐诚惠	董秘	原国顺	证券代码	600766
	公司网址	www.ytycgf.com		电子信箱	yuanyuan82827@126.com	
	电　话	0535-6636299		传　真	0535-6636299	
	办公地址	山东省烟台市芝罘区南大街261号				
	经营范围	药品的生产和销售、商品零售及批发、房地产、印刷、旅游等				

主要财务指标	指标\报告期	2013.06.30	2012.12.31	2012.06.30	2011.12.31
	基本每股收益(元)	–0.0060	0.2800	0.1900	–0.0300
	基本每股收益(扣除)(元)	–0.0060	–0.1100	0.0007	–0.0400
	每股净资产(元)	0.1357	0.1412	0.0170	–0.2300
	每股经营现金净流量(元)	0.0053	0.1902	0.1001	0.2619
	每股现金流量(元)	–0.0014	–0.0281	–0.0095	–0.0152
	每股资本公积金(元)	1.0574	1.0574	0.8922	1.4788
	每股盈余公积金(元)	–	–	–	–
	每股未分配利润(元)	–1.9217	–1.9162	–1.8748	–2.7080
	净资产收益率(%)	–4.0645	196.7067	1102.5893	15.0260
	加权净资产收益率(%)	–	–	–	–
	净资产收益率(扣除)(%)	–	–	–	–
	总资产(万元)	25538.28	25942.02	47021.88	50939.52
	归属母公司股东权益(万元)	3041.73	3165.36	391.50	–3925.16
	主营业务收入(万元)	17.16	9120.21	4649.69	4941.36
	营业收入(万元)	60.19	12107.13	7522.60	5379.99
	主营成本(万元)	3.97	7191.87	3770.50	4298.31
	营业成本(万元)	3.97	8535.35	5113.98	4298.31
	投资收益(万元)	236.19	1862.56	–22.90	–
	净利润(万元)	–123.63	6226.48	4316.66	–589.79
	利润总额(万元)	–123.63	6222.58	4316.72	–545.83

运盛(上海)实业股份有限公司

公司概况	公司名称	运盛(上海)实业股份有限公司		证券简称	运盛实业
	法人代表	钱仁高	董秘 姜慧芳	证券代码	600767
	公司网址	www.winsan.cn		电子信箱	600767@winsan.cn
	电　　话	021-50720222		传　　真	021-50720222
	办公地址	上海市浦东仁庆路 509 号 12 号楼			
	经营范围	城市基础设施开发及其配套服务、城市供水、能源、交通、工业等			

	指标\报告期	2013.06.30	2012.12.31	2012.06.30	2011.12.31
主要财务指标	基本每股收益(元)	–0.0370	0.1010	–0.0140	0.0680
	基本每股收益(扣除)(元)	–0.0440	0.0950	–0.0210	0.0650
	每股净资产(元)	1.1325	1.1696	1.0547	1.0700
	每股经营现金净流量(元)	–0.0565	–0.0573	–0.0193	0.2416
	每股现金流量(元)	–0.1004	0.0101	–0.0779	–0.1103
	每股资本公积金(元)	0.1561	0.1561	0.1561	0.1561
	每股盈余公积金(元)	0.0181	0.0181	0.0181	0.0181
	每股未分配利润(元)	–0.0393	–0.0022	–0.1171	–0.1033
	净资产收益率(%)	–3.2735	8.6411	–1.3099	6.3640
	加权净资产收益率(%)	–3.2210	9.0320	–1.3010	6.3220
	净资产收益率(扣除)(%)	–	–	–	–
	总资产(万元)	62404.41	62548.23	80748.51	80463.88
	归属母公司股东权益(万元)	38619.57	39886.07	35967.57	36437.97
	主营业务收入(万元)	21393.89	51796.61	5283.29	32869.71
	营业收入(万元)	21715.52	52408.63	5283.29	33458.56
	主营成本(万元)	20629.92	38377.30	2617.87	21185.23
	营业成本(万元)	20921.19	38917.24	2617.87	21713.59
	投资收益(万元)	219.51	242.14	243.64	–
	净利润(万元)	–1264.24	3445.63	–471.13	2318.83
	利润总额(万元)	–1291.54	3763.72	–471.11	2348.38

宁波富邦精业集团股份有限公司

公司概况	公司名称	宁波富邦精业集团股份有限公司		证券简称	宁波富邦
	法人代表	郑锦浩	董秘 魏会兵	证券代码	600768
	公司网址	www.600768.com.cn		电子信箱	fbjy@600768.com.cn
	电　　话	0574-87410501 87410500		传　　真	0574-87410501
	办公地址	浙江省宁波市鄞州区天童北路 702 号工业城办公大楼三楼			
	经营范围	有色金属复合材料、新型合金材料、铝及铝合金板、带、箔及制品等			

	指标\报告期	2013.06.30	2012.12.31	2012.06.30	2011.12.31
主要财务指标	基本每股收益(元)	–0.0950	0.0380	–0.0510	–0.0370
	基本每股收益(扣除)(元)	–0.0970	–0.1540	–0.0510	–0.0830
	每股净资产(元)	0.9387	1.0436	0.9800	1.0300
	每股经营现金净流量(元)	–0.2214	–0.2033	–0.1648	0.4223
	每股现金流量(元)	–0.3419	–0.5323	–0.3334	0.5926
	每股资本公积金(元)	0.0599	0.0697	0.0955	0.0942
	每股盈余公积金(元)	0.1018	0.1018	0.1018	0.1018
	每股未分配利润(元)	–0.2231	–0.1279	–0.2175	–0.1663
	净资产收益率(%)	–10.1346	3.6755	–5.2214	–3.5766
	加权净资产收益率(%)	–9.6000	3.6500	–5.1000	–3.4900
	净资产收益率(扣除)(%)	–	–	–	–
	总资产(万元)	66286.84	69460.30	66528.01	68919.99
	归属母公司股东权益(万元)	12554.55	13957.40	13107.56	13772.04
	主营业务收入(万元)	41481.77	97040.44	50012.88	106690.34
	营业收入(万元)	41736.50	97746.72	50321.35	107576.64
	主营成本(万元)	40682.29	94152.15	48467.00	102730.83
	营业成本(万元)	40727.46	94211.98	48519.76	102871.95
	投资收益(万元)	150.58	1037.40	290.31	142.38
	净利润(万元)	–1272.36	513.00	–684.40	–492.58
	利润总额(万元)	–1227.40	556.32	–640.52	–471.23

武汉祥龙电业股份有限公司

公司概况	公司名称	武汉祥龙电业股份有限公司		证券简称	*ST 祥龙
	法人代表	杨守峰	董秘 杨思兵	证券代码	600769
	公司网址	www.whghjt.com		电子信箱	pxldy@public.wh.hb.cn
	电　　话	027-87602482		传　　真	027-87600367
	办公地址	湖北省武汉市洪山区葛化街化工路 31 号			
	经营范围	发电、供电、供热及基本化工原料产品的生产和销售等			

	指标\报告期	2013.06.30	2012.12.31	2012.06.30	2011.12.31
主要财务指标	基本每股收益(元)	–0.2500	–1.9100	–0.5700	–0.5900
	基本每股收益(扣除)(元)	–0.2500	–1.9200	–0.5800	–0.6100
	每股净资产(元)	–1.5349	–1.2823	0.0560	0.6277
	每股经营现金净流量(元)	–0.1400	–0.3880	–0.1475	–0.1084
	每股现金流量(元)	–0.0413	–0.0544	–0.0769	–0.2214
	每股资本公积金(元)	0.9791	0.9791	0.9791	0.9791
	每股盈余公积金(元)	0.1154	0.1154	0.1154	0.1154
	每股未分配利润(元)	–3.6294	–3.3767	–2.0384	–1.4668
	净资产收益率(%)	–16.4594	–148.9505	–1020.4838	–94.7833
	加权净资产收益率(%)	–	–	–167.2300	–64.3100
	净资产收益率(扣除)(%)	–	–	–	–
	总资产(万元)	50294.67	55453.18	111561.06	115052.08
	归属母公司股东权益(万元)	–57556.12	–48082.75	2100.59	23536.74
	主营业务收入(万元)	–	26621.47	26807.92	98888.61
	营业收入(万元)	0.90	27227.94	27093.42	99090.68
	主营成本(万元)	–	31098.13	31247.16	99926.83
	营业成本(万元)	–	31730.25	31419.89	100042.92
	投资收益(万元)	–	–	–	–
	净利润(万元)	–9473.38	–71619.49	–21436.15	–22308.90
	利润总额(万元)	–9473.38	–71619.49	–21436.15	–21345.86

江苏综艺股份有限公司

公司概况	公司名称	江苏综艺股份有限公司		证券简称	综艺股份
	法人代表	陈义	董秘 顾政巍	证券代码	600770
	公司网址	www.600770.com		电子信箱	600770dm@jsmail.com.cn
	电　　话	0513-86639999 86639987		传　　真	0513-86563501 86639987
	办公地址	江苏省南通市通州区兴东镇综艺数码城			
	经营范围	新能源、太阳能电池、组件及应用产品的开发、销售、服务等			

	指标\报告期	2013.06.30	2012.12.31	2012.06.30	2011.12.31
主要财务指标	基本每股收益(元)	–0.0700	0.0300	0.1300	0.4400
	基本每股收益(扣除)(元)	–0.0900	–0.0280	0.1000	0.3200
	每股净资产(元)	2.6237	2.9361	4.7600	4.6300
	每股经营现金净流量(元)	0.1637	0.0541	–0.2699	–1.4500
	每股现金流量(元)	–0.0077	–0.3401	–0.3428	0.3729
	每股资本公积金(元)	1.1606	1.2978	2.7783	2.6989
	每股盈余公积金(元)	0.0595	0.0595	0.0892	0.0892
	每股未分配利润(元)	0.5680	0.6922	1.1699	1.0441
	净资产收益率(%)	–2.8276	1.0035	2.6410	9.2800
	加权净资产收益率(%)	–2.6700	0.9800	2.6800	10.3200
	净资产收益率(扣除)(%)	–	–	–	–
	总资产(万元)	590033.53	637910.64	701533.55	682939.11
	归属母公司股东权益(万元)	289814.48	324319.87	350549.08	340674.39
	主营业务收入(万元)	15279.17	42118.16	43320.52	113185.10
	营业收入(万元)	19923.74	50278.96	43663.40	118124.51
	主营成本(万元)	12587.17	36951.70	35474.03	90770.71
	营业成本(万元)	17179.35	44743.89	35627.23	94612.04
	投资收益(万元)	4795.22	48774.87	20638.89	53765.49
	净利润(万元)	–9528.79	15511.76	16843.88	51600.12
	利润总额(万元)	–8487.77	25587.82	21236.80	66072.77

广誉远中药股份有限公司

公司概况	公司名称	广誉远中药股份有限公司			证券简称	广誉远
	法人代表	张斌	董秘	郑延莉	证券代码	600771
	公司网址	www.topsun.com		电子信箱	irm@topsun.com	
	电话	029-88332288		传真	029-88330835	
	办公地址	陕西省西安市高新技术开发区唐延路23号东盛大厦				
	经营范围	中药原料药、西药原料药、片剂、硬胶囊剂、软胶囊剂、颗粒剂等				

主要财务指标	指标\报告期	2013.06.30	2012.12.31	2012.06.30	2011.12.31
	基本每股收益(元)	0.0400	1.4600	-0.2100	1.0300
	基本每股收益(扣除)(元)	-0.0800	-0.6600	-0.2100	-0.4100
	每股净资产(元)	0.2265	0.0870	-2.9800	-2.9658
	每股经营现金净流量(元)	0.1796	-0.0786	-0.0388	-0.3096
	每股现金流量(元)	0.0414	-0.0111	-0.0060	-0.5762
	每股资本公积金(元)	1.7040	1.6011	0.0067	0.0067
	每股盈余公积金(元)	0.1215	0.1215	0.1215	0.1215
	每股未分配利润(元)	-2.5990	-2.6355	-4.1078	-4.0939
	净资产收益率(%)	16.1273	1676.4537	-7.1092	-34.7749
	加权净资产收益率(%)	23.3000	-	-	-
	净资产收益率(扣除)(%)	-	-	-	-
	总资产(万元)	51175.09	72121.03	79656.24	81410.64
	归属母公司股东权益(万元)	5521.32	2120.97	-72646.79	-72308.60
	主营业务收入(万元)	13010.96	25860.00	12762.35	22856.46
	营业收入(万元)	13020.60	26065.38	12793.65	22892.90
	主营成本(万元)	5818.82	12993.13	6649.24	12667.92
	营业成本(万元)	5848.16	13044.94	6650.20	12688.54
	投资收益(万元)	-	0.78	-	8097.98
	净利润(万元)	804.75	35622.41	-5236.26	25952.76
	利润总额(万元)	825.54	35651.15	-5213.05	28240.03

西藏城市发展投资股份有限公司

公司概况	公司名称	西藏城市发展投资股份有限公司			证券简称	西藏城投
	法人代表	朱贤麟	董秘	王信菁	证券代码	600773
	公司网址	www.600773sh.com		电子信箱	xzct600773@163.com	
	电话	021-63536929		传真	021-63535429	
	办公地址	西藏自治区拉萨市金珠西路75号2楼 上海市天目中路380号北方大厦23楼				
	经营范围	对房地产投资、开发销售、咨询服务、矿业投资、金融投资等				

主要财务指标	指标\报告期	2013.06.30	2012.12.31	2012.06.30	2011.12.31
	基本每股收益(元)	0.0950	0.1800	0.1200	0.5100
	基本每股收益(扣除)(元)	0.0890	0.1200	0.0870	0.4600
	每股净资产(元)	2.1142	2.0372	1.9700	1.9120
	每股经营现金净流量(元)	-2.0920	-0.8174	-0.8869	-0.0886
	每股现金流量(元)	-1.4556	-0.4911	-1.4476	0.2922
	每股资本公积金(元)	-	-	0.0152	0.0133
	每股盈余公积金(元)	0.1320	0.1320	0.1162	0.1165
	每股未分配利润(元)	0.9822	0.9052	0.8385	0.7819
	净资产收益率(%)	4.4932	8.6089	6.0755	26.5730
	加权净资产收益率(%)	4.5800	8.8800	6.1700	30.6400
	净资产收益率(扣除)(%)	-	-	-	-
	总资产(万元)	867018.63	863465.28	847032.57	838846.99
	归属母公司股东权益(万元)	121713.31	117280.73	113410.87	110053.85
	主营业务收入(万元)	39145.72	70680.10	35741.15	284204.45
	营业收入(万元)	43953.48	74736.34	39914.11	292075.77
	主营成本(万元)	25298.50	45890.70	22279.26	206890.94
	营业成本(万元)	26371.78	46797.95	22783.23	208718.44
	投资收益(万元)	-133.01	-231.40	15.74	167.90
	净利润(万元)	5500.89	10103.21	6893.34	37603.95
	利润总额(万元)	7382.63	14005.62	9286.66	49198.77

武汉市汉商集团股份有限公司

公司概况	公司名称	武汉市汉商集团股份有限公司			证券简称	汉商集团
	法人代表	张宪华	董秘	冯振宇	证券代码	600774
	公司网址	www.whhsg.com		电子信箱	hsjt@public.wh.hb.cn	
	电话	027-84843197 68849119		传真	027-84842384	
	办公地址	湖北省武汉市汉阳大道134号				
	经营范围	商贸业、会议展览、旅游服务等				

主要财务指标	指标\报告期	2013.06.30	2012.12.31	2012.06.30	2011.12.31
	基本每股收益(元)	0.0280	0.1300	0.0200	0.0900
	基本每股收益(扣除)(元)	0.0280	0.1200	0.0160	0.0600
	每股净资产(元)	3.0029	3.0152	2.9080	2.8900
	每股经营现金净流量(元)	0.0855	0.5516	0.1342	0.4084
	每股现金流量(元)	-0.1101	-0.1416	-0.1205	-0.3521
	每股资本公积金(元)	0.7415	0.7415	0.7415	0.7415
	每股盈余公积金(元)	0.3783	0.3783	0.3721	0.3721
	每股未分配利润(元)	0.8831	0.8953	0.7945	0.7744
	净资产收益率(%)	0.9253	4.2164	0.6900	3.1060
	加权净资产收益率(%)	0.9200	4.3100	0.6900	3.1600
	净资产收益率(扣除)(%)	-	-	-	-
	总资产(万元)	164166.95	166628.75	164159.14	166578.13
	归属母公司股东权益(万元)	52424.02	52637.27	50768.17	50417.89
	主营业务收入(万元)	47137.99	82590.60	42124.08	79019.11
	营业收入(万元)	52066.40	91838.96	46345.41	86488.48
	主营成本(万元)	38716.72	66134.35	33374.51	62549.52
	营业成本(万元)	38717.18	66701.05	33644.98	63113.72
	投资收益(万元)	142.94	3170.05	-86.16	2480.17
	净利润(万元)	56.43	1313.91	86.06	1053.35
	利润总额(万元)	431.43	1672.97	385.78	1193.80

南京熊猫电子股份有限公司

公司概况	公司名称	南京熊猫电子股份有限公司			证券简称	南京熊猫
	法人代表	夏德传	董秘	沈见龙	证券代码	600775
	公司网址	www.panda.cn		电子信箱	dms@panda.cn	
	电话	025-84801144		传真	025-84820729	
	办公地址	江苏省南京市中山东路301号				
	经营范围	无线电通信设备、广播电视设备、五金交电、电子元器件等				

主要财务指标	指标\报告期	2013.06.30	2012.12.31	2012.06.30	2011.12.31
	基本每股收益(元)	0.1265	0.2008	0.0796	0.1700
	基本每股收益(扣除)(元)	0.1122	0.0900	0.0716	0.1600
	每股净资产(元)	3.3087	2.5721	2.4500	2.4200
	每股经营现金净流量(元)	-0.0900	-0.1255	-0.1520	-0.2899
	每股现金流量(元)	1.4163	0.0523	-0.0218	-0.0742
	每股资本公积金(元)	1.6436	0.7120	0.7137	0.7137
	每股盈余公积金(元)	0.2416	0.3370	0.3179	0.3179
	每股未分配利润(元)	0.4236	0.5231	0.4210	0.3913
	净资产收益率(%)	2.7701	7.8085	3.2475	6.9360
	加权净资产收益率(%)	4.7800	8.0600	3.2500	7.1700
	净资产收益率(扣除)(%)	-	-	-	-
	总资产(万元)	445909.19	311625.61	294605.15	271313.12
	归属母公司股东权益(万元)	302361.57	168475.60	160645.96	158703.99
	主营业务收入(万元)	90087.27	237361.54	103916.53	208093.62
	营业收入(万元)	92974.80	243004.23	105609.11	214239.53
	主营成本(万元)	77866.28	210875.48	92697.40	181318.75
	营业成本(万元)	79120.17	215832.27	93745.01	185296.88
	投资收益(万元)	11203.65	19080.60	10138.59	18819.12
	净利润(万元)	8461.24	13602.32	5476.74	11609.54
	利润总额(万元)	8002.60	15532.03	5932.39	13293.02

东方通信股份有限公司

公司概况	公司名称	东方通信股份有限公司			证券简称	东方通信
	法人代表	张泽熙	董秘	蔡祝平	证券代码	600776
	公司网址	www.eastcom.com		电子信箱	webmaster@eastcom.com	
	电　话	0571-86676198		传　真	0571-86676197	
	办公地址	浙江省杭州市滨江高新技术开发区东信大道 66 号				
	经营范围	移动通信、IC 卡、传输设备、ATM 系列等				

	指标\报告期	2013.06.30	2012.12.31	2012.06.30	2011.12.31
主要财务指标	基本每股收益(元)	0.0645	0.1530	0.0540	0.1500
	基本每股收益(扣除)(元)	0.0390	0.0970	0.0230	0.0930
	每股净资产(元)	2.0904	2.1059	2.0068	2.0326
	每股经营现金净流量(元)	–0.2005	–0.0422	–0.1385	0.0039
	每股现金流量(元)	–0.0273	0.0376	–0.1983	0.0531
	每股资本公积金(元)	0.6936	0.6936	0.6936	0.6936
	每股盈余公积金(元)	0.0472	0.0472	0.0417	0.0417
	每股未分配利润(元)	0.3496	0.3651	0.2715	0.2973
	净资产收益率(%)	3.0844	7.2813	2.7019	7.3570
	加权净资产收益率(%)	3.0300	7.4580	2.6700	7.4850
	净资产收益率(扣除)(%)	–	–	–	–
	总资产(万元)	335618.31	341712.10	335520.56	332848.17
	归属母公司股东权益(万元)	262553.85	264503.64	252054.63	255292.41
	主营业务收入(万元)	176839.68	323977.95	120272.20	302633.21
	营业收入(万元)	179667.20	329829.16	122458.43	311652.43
	主营成本(万元)	158672.58	284089.42	106019.41	264033.66
	营业成本(万元)	160018.60	285996.02	106855.82	269283.19
	投资收益(万元)	2619.96	10167.93	5701.37	10511.34
	净利润(万元)	9341.73	19248.20	6910.29	19387.69
	利润总额(万元)	10764.13	20085.99	7276.49	19998.97

烟台新潮实业股份有限公司

公司概况	公司名称	烟台新潮实业股份有限公司			证券简称	新潮实业
	法人代表	宋向阳	董秘	何再权	证券代码	600777
	公司网址	www.xinchaoshiye.com		电子信箱	hezaiquan@126.com	
	电　话	0535-2109779		传　真	0535-2103111	
	办公地址	山东省烟台市莱山区港城东大街 301 号南山世纪大厦 B 座 14 楼				
	经营范围	毛、棉麻产品生产、同轴及数据电缆、宽带网络产品的生产、销售等				

	指标\报告期	2013.06.30	2012.12.31	2012.06.30	2011.12.31
主要财务指标	基本每股收益(元)	0.0700	–0.1200	–0.05[illegible]0	0.0200
	基本每股收益(扣除)(元)	0.0700	–0.1600	–0.08[illegible]0	–0.0900
	每股净资产(元)	1.9646	1.8926	1.9656	2.0200
	每股经营现金净流量(元)	0.1144	0.2864	0.1451	–0.1316
	每股现金流量(元)	0.3185	–0.0694	–0.0617	–0.0085
	每股资本公积金(元)	0.7716	0.7716	0.7817	0.7817
	每股盈余公积金(元)	0.1486	0.1486	0.1449	0.1449
	每股未分配利润(元)	0.0444	–0.0276	0.0391	0.0939
	净资产收益率(%)	3.6649	–6.2230	–2.7867	1.0880
	加权净资产收益率(%)	3.7300	–6.0000	–2.7500	1.0900
	净资产收益率(扣除)(%)	–	–	–	–
	总资产(万元)	595617.87	566126.14	542517.41	520975.98
	归属母公司股东权益(万元)	122868.16	118365.12	122935.69	126361.60
	主营业务收入(万元)	110339.73	40965.12	16610.27	83368.90
	营业收入(万元)	110428.07	41780.34	17247.86	83875.37
	主营成本(万元)	78619.02	35454.36	15122.93	72025.55
	营业成本(万元)	78632.04	36300.71	15597.47	72280.75
	投资收益(万元)	30.13	60.00	–	–
	净利润(万元)	12545.22	–8587.11	–4265.33	287.01
	利润总额(万元)	16532.34	–9116.87	–4225.33	1906.92

新疆友好(集团)股份有限公司

公司概况	公司名称	新疆友好(集团)股份有限公司			证券简称	友好集团
	法人代表	聂如旋	董秘	王建平	证券代码	600778
	公司网址	www.xjyh.com.cn		电子信箱	yhzqb@mail.xj.cninfo.net	
	电　话	0991-4541008 4553700		传　真	0991-4815090	
	办公地址	新疆维吾尔自治区乌鲁木齐市友好南路 668 号				
	经营范围	食盐、保健食品和其他预包装食品、乳制品等				

	指标\报告期	2013.06.30	2012.12.31	2012.06.30	2011.12.31
主要财务指标	基本每股收益(元)	0.8420	1.0760	0.2020	0.4590
	基本每股收益(扣除)(元)	0.8310	1.0221	0.1890	0.4390
	每股净资产(元)	5.1159	4.6791	3.7780	3.6100
	每股经营现金净流量(元)	0.9047	1.5669	–1.2609	4.8913
	每股现金流量(元)	0.4855	–1.0601	–1.7402	1.4196
	每股资本公积金(元)	1.4298	1.5049	1.4777	1.4660
	每股盈余公积金(元)	0.2177	0.2177	0.1274	0.1274
	每股未分配利润(元)	2.4683	1.9565	1.1725	1.0209
	净资产收益率(%)	16.4547	22.9955	5.3381	12.7116
	加权净资产收益率(%)	17.1300	25.9500	5.4600	13.2200
	净资产收益率(扣除)(%)	–	–	–	–
	总资产(万元)	688360.38	781286.85	683060.22	634601.23
	归属母公司股东权益(万元)	159355.16	145749.69	117669.83	112579.74
	主营业务收入(万元)	496666.00	777029.71	218897.54	373739.57
	营业收入(万元)	506130.05	790972.19	225325.45	386019.15
	主营成本(万元)	352486.46	564842.43	179935.73	304234.14
	营业成本(万元)	353050.53	566044.99	180515.43	305375.38
	投资收益(万元)	4233.61	4024.90	901.63	3477.41
	净利润(万元)	49448.67	67711.61	6406.83	14746.89
	利润总额(万元)	65480.05	91127.44	7571.29	16841.09

四川水井坊股份有限公司

公司概况	公司名称	四川水井坊股份有限公司			证券简称	水井坊
	法人代表	黄建勇	董秘	张宗俊	证券代码	600779
	公司网址	www.swellfun.com		电子信箱	dongshiban@swellfun.com	
	电　话	028-86252847		传　真	028-86695460	
	办公地址	四川省成都市金牛区全兴路 9 号				
	经营范围	生产销售酒、生物材料及其制品等				

	指标\报告期	2013.06.30	2012.12.31	2012.06.30	2011.12.31
主要财务指标	基本每股收益(元)	0.2744	0.6913	0.4705	0.6560
	基本每股收益(扣除)(元)	0.0027	0.6739	0.4629	0.5160
	每股净资产(元)	3.9137	3.8693	3.6500	3.4100
	每股经营现金净流量(元)	–0.5565	0.1281	0.1104	0.9670
	每股现金流量(元)	0.3869	–0.5705	–0.1115	0.4198
	每股资本公积金(元)	0.8177	0.8177	0.8177	0.8177
	每股盈余公积金(元)	0.7101	0.7101	0.5957	0.5957
	每股未分配利润(元)	1.3859	1.3415	1.2351	0.9946
	净资产收益率(%)	7.0102	17.8660	12.8960	19.2479
	加权净资产收益率(%)	6.9100	19.0000	12.9100	20.6500
	净资产收益率(扣除)(%)	–	–	–	–
	总资产(万元)	237519.91	265221.37	230166.31	252918.33
	归属母公司股东权益(万元)	191201.36	189034.37	178248.31	166497.96
	主营业务收入(万元)	41025.73	163348.06	87489.28	147965.73
	营业收入(万元)	41135.41	163618.61	87584.65	148191.11
	主营成本(万元)	9500.35	31086.35	17216.37	40039.01
	营业成本(万元)	9592.15	31390.15	17281.91	40077.36
	投资收益(万元)	12744.37	470.47	470.47	2094.79
	净利润(万元)	13511.27	33914.05	22982.59	32098.97
	利润总额(万元)	18271.06	53909.59	34238.71	48218.25

山西通宝能源股份有限公司

公司概况	公司名称	山西通宝能源股份有限公司		证券简称	通宝能源
	法人代表	刘建中	董秘 梁丽星	证券代码	600780
	公司网址	www.600780.net		电子信箱	tecllx@vip.163.com
	电话	0351-7021857 7031995		传真	0351-7031995
	办公地址	山西省太原市长治路272号			
	经营范围	火力发电、配电业务等			

主要财务指标	指标\报告期	2013.06.30	2012.12.31	2012.06.30	2011.12.31
	基本每股收益(元)	0.1834	0.3232	0.1721	0.3230
	基本每股收益(扣除)(元)	0.1856	0.3156	0.1679	0.2193
	每股净资产(元)	3.2085	3.0814	2.8900	2.8520
	每股经营现金净流量(元)	0.5938	1.0422	0.3335	0.8621
	每股现金流量(元)	0.3457	–0.1377	–0.0250	0.1663
	每股资本公积金(元)	0.8907	0.8475	0.8064	0.8413
	每股盈余公积金(元)	0.2131	0.2131	0.2052	0.2052
	每股未分配利润(元)	1.1043	1.0209	0.8749	0.8055
	净资产收益率(%)	5.7171	10.4896	5.9623	11.3248
	加权净资产收益率(%)	5.8300	10.8400	6.0000	10.7300
	净资产收益率(扣除)(%)	–	–	–	–
	总资产(万元)	781750.52	740207.16	708976.53	692624.75
	归属母公司股东权益(万元)	367852.48	353287.93	330940.17	326984.78
	主营业务收入(万元)	310582.14	603310.11	299683.40	540377.56
	营业收入(万元)	311945.23	605850.44	302152.24	546205.21
	主营成本(万元)	253209.54	493191.07	249880.33	449476.81
	营业成本(万元)	253903.33	495466.51	251343.49	453991.50
	投资收益(万元)	–774.85	–1897.85	–390.13	–118.21
	净利润(万元)	20865.94	36417.39	19260.77	36164.34
	利润总额(万元)	29923.67	50810.82	27449.44	49964.36

上海辅仁实业(集团)股份有限公司

公司概况	公司名称	上海辅仁实业(集团)股份有限公司		证券简称	上海辅仁
	法人代表	朱文臣	董秘 张海杰	证券代码	600781
	公司网址	www.shfuren.cn		电子信箱	zhanghj@shfuren.cn
	电话	021-51573876 51573829		传真	021-51573830
	办公地址	上海市建国西路285号13楼			
	经营范围	服装、服饰、鞋帽、家用纺织装饰品及床上用品的生产、加工及销售等			

主要财务指标	指标\报告期	2013.06.30	2012.12.31	2012.06.30	2011.12.31
	基本每股收益(元)	0.0657	0.0600	0.0447	0.1100
	基本每股收益(扣除)(元)	0.0463	0.0200	0.0445	0.1100
	每股净资产(元)	1.5207	1.4550	1.4372	1.4000
	每股经营现金净流量(元)	0.1289	0.6918	0.0572	0.1466
	每股现金流量(元)	–0.1472	0.0694	0.1090	0.0860
	每股资本公积金(元)	0.5887	0.5887	0.5887	0.5887
	每股盈余公积金(元)	0.0615	0.0615	0.0615	0.0615
	每股未分配利润(元)	–0.1295	–0.1951	–0.2130	–0.2577
	净资产收益率(%)	4.3172	4.2992	3.1119	8.1665
	加权净资产收益率(%)	4.4100	4.3900	3.1600	8.5100
	净资产收益率(扣除)(%)	–	–	–	–
	总资产(万元)	84482.92	85624.62	77726.21	71076.38
	归属母公司股东权益(万元)	27006.44	25840.51	25523.84	24729.57
	主营业务收入(万元)	18311.50	34692.93	17073.45	32602.46
	营业收入(万元)	18318.90	34728.26	17107.74	32617.37
	主营成本(万元)	10587.02	22376.33	10667.46	20362.65
	营业成本(万元)	10587.02	22409.67	10700.35	20379.15
	投资收益(万元)	–	0.86	–	18.49
	净利润(万元)	1357.88	1424.05	977.31	2436.07
	利润总额(万元)	1605.92	1853.66	1227.79	2996.13

新余钢铁股份有限公司

公司概况	公司名称	新余钢铁股份有限公司		证券简称	新钢股份
	法人代表	熊小星	董秘 姚红江	证券代码	600782
	公司网址	www.xinsteel.com.cn		电子信箱	ir_600782@163.com
	电话	0790-6290782 6292577		传真	0790-6294999
	办公地址	江西省新余市冶金路1号			
	经营范围	生产销售钢丝、钢绞线、铝包钢线三大系列产品			

主要财务指标	指标\报告期	2013.06.30	2012.12.31	2012.06.30	2011.12.31
	基本每股收益(元)	–0.1600	–0.7500	–0.2800	0.1200
	基本每股收益(扣除)(元)	–0.1700	–0.7600	–0.2800	0.1000
	每股净资产(元)	5.2378	5.4004	5.8700	6.1800
	每股经营现金净流量(元)	0.1789	0.2153	0.0514	0.3495
	每股现金流量(元)	0.1375	0.1992	–0.3500	0.3966
	每股资本公积金(元)	4.0778	4.0778	4.0758	4.0758
	每股盈余公积金(元)	0.1457	0.1457	0.1457	0.1457
	每股未分配利润(元)	0.0143	0.1769	0.6486	0.9564
	净资产收益率(%)	–3.1044	–13.8793	–4.7333	1.9800
	加权净资产收益率(%)	–3.0600	–12.9500	–4.6100	1.9900
	净资产收益率(扣除)(%)	–	–	–	–
	总资产(万元)	3025124.63	3028765.41	3015290.60	2930298.61
	归属母公司股东权益(万元)	729855.90	752513.29	817952.76	860844.00
	主营业务收入(万元)	1637160.61	3346368.58	1667033.11	3762670.76
	营业收入(万元)	1699191.71	3561662.71	1789728.21	4022800.90
	主营成本(万元)	1576326.85	3319331.62	1642035.71	3605002.91
	营业成本(万元)	1636195.95	3518771.13	1756093.03	3845214.13
	投资收益(万元)	126.25	–1210.67	–1775.88	–1988.84
	净利润(万元)	–22278.21	–103777.41	–38142.74	18278.25
	利润总额(万元)	–28298.75	–134271.44	–52739.26	17366.94

鲁信创业投资集团股份有限公司

公司概况	公司名称	鲁信创业投资集团股份有限公司		证券简称	鲁信创投
	法人代表	崔剑波	董秘 苗西红	证券代码	600783
	公司网址	www.600783.cn		电子信箱	lxgx600783@sina.com
	电话	0531-86566770		传真	0531-86969598
	办公地址	山东省济南市解放路166号鲁信大厦			
	经营范围	磨具、磨料、硅碳棒、金属镁、耐火材料及制品的生产、销售等			

主要财务指标	指标\报告期	2013.06.30	2012.12.31	2012.06.30	2011.12.31
	基本每股收益(元)	0.2200	0.2400	0.1100	0.8900
	基本每股收益(扣除)(元)	0.2200	0.2300	0.1100	0.8900
	每股净资产(元)	3.9817	3.9190	3.8010	3.6960
	每股经营现金净流量(元)	–0.0529	–0.0281	–0.0140	–0.0378
	每股现金流量(元)	0.0152	0.0262	0.2415	0.0359
	每股资本公积金(元)	1.0077	1.0071	1.0215	1.0226
	每股盈余公积金(元)	0.1218	0.1218	0.1093	0.1093
	每股未分配利润(元)	1.8555	1.7900	1.6696	1.5634
	净资产收益率(%)	5.4126	6.1005	2.7925	24.0336
	加权净资产收益率(%)	5.4600	6.2800	2.8300	27.0500
	净资产收益率(扣除)(%)	–	–	–	–
	总资产(万元)	414121.25	406668.63	420310.80	388412.51
	归属母公司股东权益(万元)	296379.81	291717.70	282932.95	275107.80
	主营业务收入(万元)	10047.18	23384.62	11765.98	24447.52
	营业收入(万元)	10488.53	26094.49	14390.80	24754.84
	主营成本(万元)	7361.43	16496.84	8407.36	16901.85
	营业成本(万元)	7421.07	16647.05	8688.11	17219.99
	投资收益(万元)	26576.79	28022.29	11563.57	86399.29
	净利润(万元)	16169.36	17992.09	7916.13	66207.16
	利润总额(万元)	20897.11	22601.27	9742.80	77660.86

鲁银投资集团股份有限公司

公司概况					
公司名称	鲁银投资集团股份有限公司			证券简称	鲁银投资
法人代表	刘相学	董秘	孙凯	证券代码	600784
公司网址	www.luyin.cn		电子信箱	luyin784@163.com	
电　　话	0531-82024156		传　　真	0531-82024179	
办公地址	山东省济南市经十路 10777 号东楼 26-30 层				
经营范围	股权投资、经营与管理、投资高新材料、生物医药、网络技术等高科技产业				

主要财务指标　指标\报告期	2013.06.30	2012.12.31	2012.06.30	2011.12.31
基本每股收益(元)	0.0450	0.2200	0.1020	0.5900
基本每股收益(扣除)(元)	0.0450	0.1100	0.0160	0.3200
每股净资产(元)	1.8367	1.8201	1.7050	3.3100
每股经营现金净流量(元)	-1.0211	-0.9777	-0.3611	-0.7527
每股现金流量(元)	-0.3232	0.2334	-0.4049	1.0235
每股资本公积金(元)	0.0689	0.0683	0.0678	0.1155
每股盈余公积金(元)	0.1381	0.1381	0.1194	0.2388
每股未分配利润(元)	0.6273	0.6126	0.5174	1.9498
净资产收益率(%)	2.4326	11.8906	6.0096	35.9597
加权净资产收益率(%)	2.4200	12.5400	6.0900	43.8100
净资产收益率(扣除)(%)	-	-	-	-
总资产(万元)	505487.77	448806.85	339665.23	345764.47
归属母公司股东权益(万元)	91213.02	90388.84	84691.87	82076.17
主营业务收入(万元)	268240.79	457059.35	220364.14	565894.64
营业收入(万元)	269068.12	458029.12	220639.50	569186.90
主营成本(万元)	252579.83	437313.34	213014.78	524979.65
营业成本(万元)	252657.11	437490.91	213054.05	527139.79
投资收益(万元)	1250.03	7847.95	5365.34	16722.37
净利润(万元)	2689.46	11142.93	5168.20	30071.03
利润总额(万元)	5207.80	12002.58	5447.29	35464.95

银川新华百货商业集团股份有限公司

公司概况					
公司名称	银川新华百货商业集团股份有限公司			证券简称	新华百货
法人代表	蒙进暹	董秘	李宝生	证券代码	600785
公司网址	www.xhds.com.cn		电子信箱	lbs99@vip.163.com	
电　　话	0951-6071161		传　　真	0951-6071161	
办公地址	宁夏回族自治区银川市解放西街 2 号(新华百货老大楼写字楼)7 楼				
经营范围	商业零售业务、乳制品生产销售业务等				

主要财务指标　指标\报告期	2013.06.30	2012.12.31	2012.06.30	2011.12.31
基本每股收益(元)	0.7062	1.1700	0.7520	1.2200
基本每股收益(扣除)(元)	0.7030	1.1600	0.7441	1.1800
每股净资产(元)	7.1937	6.7875	6.3688	5.8400
每股经营现金净流量(元	0.3081	1.8198	-0.2240	1.8209
每股现金流量(元)	-0.3528	-1.1138	-2.5803	1.1055
每股资本公积金(元)	1.0909	1.0909	1.0909	1.0149
每股盈余公积金(元)	0.6538	0.6538	0.5419	0.5419
每股未分配利润(元)	4.4490	4.0428	3.7361	3.2840
净资产收益率(%)	9.8165	17.2055	11.8081	20.8270
加权净资产收益率(%)	9.8900	18.1800	12.1000	21.9800
净资产收益率(扣除)(%)	-	-	-	-
总资产(万元)	355645.44	343244.35	300758.87	275453.17
归属母公司股东权益(万元)	149219.32	140794.11	132109.02	121157.34
主营业务收入(万元)	321432.05	572936.07	280629.65	509039.39
营业收入(万元)	336098.66	599982.99	294186.80	529139.06
主营成本(万元)	271435.66	487389.05	-	433838.23
营业成本(万元)	271569.52	487603.61	238530.28	434331.28
投资收益(万元)	1431.10	2360.99	1247.72	3188.94
净利润(万元)	15354.29	24990.42	16349.19	27905.78
利润总额(万元)	20196.33	32615.09	20880.60	34940.32

中储发展股份有限公司

公司概况					
公司名称	中储发展股份有限公司			证券简称	中储股份
法人代表	韩铁林	董秘	薛斌	证券代码	600787
公司网址	www.cmstd.com.cn		电子信箱	zhengquanbu@cmstd.com.cn	
电　　话	010-83673502		传　　真	010-83673332	
办公地址	北京市丰台区南四环西路 188 号 6 区 18 号楼				
经营范围	商品储存、加工、维修、包装、代展、检验、库场设备租赁等				

主要财务指标　指标\报告期	2013.06.30	2012.12.31	2012.06.30	2011.12.31
基本每股收益(元)	0.2101	0.4786	0.2619	0.4747
基本每股收益(扣除)(元)	0.1697	0.2448	0.2263	0.3474
每股净资产(元)	5.9149	5.3297	5.1823	5.0361
每股经营现金净流量(元)	-0.0449	0.8735	0.6600	-1.2105
每股现金流量(元)	-0.2031	0.0211	0.0444	-0.0837
每股资本公积金(元)	2.9492	2.3311	2.4003	2.4161
每股盈余公积金(元)	0.7239	0.8013	0.6298	0.6298
每股未分配利润(元)	1.2417	1.1973	1.1521	0.9902
净资产收益率(%)	3.5520	8.9804	5.0546	9.4250
加权净资产收益率(%)	3.9102	9.2171	5.0937	9.5478
净资产收益率(扣除)(%)	-	-	-	-
总资产(万元)	1279280.16	1183374.61	1106013.22	1108537.94
归属母公司股东权益(万元)	550034.26	447747.55	435363.59	423085.25
主营业务收入(万元)	1388356.59	2677341.48	1289574.79	2340789.02
营业收入(万元)	1388538.18	2678097.62	1289693.74	2341294.00
主营成本(万元)	1339687.95	2569147.53	1229217.42	2226937.86
营业成本(万元)	1339863.85	2569274.98	1229282.67	2227079.25
投资收益(万元)	2736.46	8387.89	2669.40	11603.36
净利润(万元)	20029.51	41142.59	22472.49	40897.93
利润总额(万元)	26287.12	55745.12	29980.34	55300.72

山东鲁抗医药股份有限公司

公司概况					
公司名称	山东鲁抗医药股份有限公司			证券简称	鲁抗医药
法人代表	杜建方	董秘	田立新	证券代码	600789
公司网址	www.lkpc.com		电子信箱	tlx600789@163.com	
电　　话	0537-2983174 2983060		传　　真	0537-2983097	
办公地址	山东省济宁市太白楼西路 152 号				
经营范围	化学原料药及制剂、医药生产用化工原料、辅料及中间本、兽用药等				

主要财务指标　指标\报告期	2013.06.30	2012.12.31	2012.06.30	2011.12.31
基本每股收益(元)	-0.0400	-0.2300	-0.1200	0.0300
基本每股收益(扣除)(元)	-0.0900	-0.2600	-0.1300	-0.0400
每股净资产(元)	2.5674	2.6113	2.7400	2.8600
每股经营现金净流量(元)	0.0377	0.1981	0.0063	0.2120
每股现金流量(元)	0.2872	-0.0808	0.1351	0.0939
每股资本公积金(元)	1.1698	1.1724	1.1712	1.1710
每股盈余公积金(元)	0.2590	0.2590	0.2590	0.2590
每股未分配利润(元)	0.1386	0.1798	0.3062	0.4291
净资产收益率(%)	-1.6059	-8.8127	-4.4904	0.9030
加权净资产收益率(%)	-1.5900	-8.3900	-4.3900	0.9100
净资产收益率(扣除)(%)	-	-	-	-
总资产(万元)	428696.69	398517.13	383354.88	348129.44
归属母公司股东权益(万元)	149312.68	151864.64	159141.75	166277.25
主营业务收入(万元)	115304.73	228999.49	117188.00	229946.63
营业收入(万元)	117323.76	233945.43	121870.33	233287.30
主营成本(万元)	99182.51	197236.10	104632.77	193446.50
营业成本(万元)	101055.90	201432.95	108195.86	196657.01
投资收益(万元)	399.38	617.11	352.57	1492.29
净利润(万元)	-2413.91	-13142.51	-6892.31	1882.34
利润总额(万元)	-2171.49	-12685.88	-6699.65	2705.22

浙江中国轻纺城集团股份有限公司

公司概况						
	公司名称	浙江中国轻纺城集团股份有限公司			证券简称	轻纺城
	法人代表	沈小军	董秘	张伟夫	证券代码	600790
	公司网址	www.qfcgroup.com		电子信箱	zwf@qfcgroup.com	
	电　　话	0575-84116158 84135815		传　　真	0575-84116045	
	办公地址	浙江省绍兴市绍兴县柯桥镇鉴湖路1号中轻大厦				
	经营范围	市场开发建设、市场租赁、市场物业管理、仓储运输服务、劳动服务等				

主要财务指标	指标\报告期	2013.06.30	2012.12.31	2012.06.30	2011.12.31
	基本每股收益(元)	0.3300	0.3200	0.2200	0.2000
	基本每股收益(扣除)(元)	0.2700	0.3200	0.2200	0.1700
	每股净资产(元)	3.8868	3.7657	2.4100	2.3000
	每股经营现金净流量(元)	−0.1428	1.2183	0.4399	−0.0177
	每股现金流量(元)	−0.0844	−0.1687	0.0488	0.0622
	每股资本公积金(元)	2.1179	2.1299	0.7007	0.7112
	每股盈余公积金(元)	0.1509	0.1509	0.1650	0.1650
	每股未分配利润(元)	0.6180	0.4849	0.5414	0.4230
	净资产收益率(%)	8.5689	6.9277	9.0712	8.6810
	加权净资产收益率(%)	8.4800	11.3200	9.0900	9.0900
	净资产收益率(扣除)(%)	–	–	–	–
	总资产(万元)	658330.46	670986.39	361719.59	360562.14
	归属母公司股东权益(万元)	313033.98	303281.33	148941.25	142269.66
	主营业务收入(万元)	28799.74	36563.24	14346.31	27270.35
	营业收入(万元)	33752.88	44471.16	17930.78	34584.65
	主营成本(万元)	10773.04	15386.34	5588.78	11922.67
	营业成本(万元)	13697.44	20391.12	7713.04	16316.29
	投资收益(万元)	15267.42	11628.09	9586.91	3781.16
	净利润(万元)	27195.85	21152.05	13707.22	12235.08
	利润总额(万元)	32201.91	24321.89	15196.24	15218.33

京能置业股份有限公司

公司概况						
	公司名称	京能置业股份有限公司			证券简称	京能置业
	法人代表	徐京付	董秘	朱兆梅	证券代码	600791
	公司网址	www.beih-zy.com		电子信箱	jnzy@beih-zy.com	
	电　　话	010-62698709 62698639		传　　真	010-62698709	
	办公地址	北京市海淀区彩和坊路8号天创科技大厦12层西侧				
	经营范围	房地产开发、房地产代理销售、租赁、室内装饰等				

主要财务指标	指标\报告期	2013.06.30	2012.12.31	2012.06.30	2011.12.31
	基本每股收益(元)	0.1000	0.3700	0.1200	0.4400
	基本每股收益(扣除)(元)	0.1000	0.3700	0.1200	0.4500
	每股净资产(元)	2.7831	2.7362	2.5600	2.4700
	每股经营现金净流量(元)	0.0852	−1.6975	−1.1266	0.0237
	每股现金流量(元)	−0.3734	−0.6464	−0.8976	−0.3600
	每股资本公积金(元)	0.3308	0.3308	0.4031	0.4031
	每股盈余公积金(元)	0.0631	0.0631	0.0607	0.0607
	每股未分配利润(元)	1.3891	1.3423	1.0974	1.0096
	净资产收益率(%)	3.4798	13.3432	4.5976	17.8670
	加权净资产收益率(%)	3.5100	13.8800	4.6800	19.4300
	净资产收益率(扣除)(%)	–	–	–	–
	总资产(万元)	481806.23	492970.02	476517.61	466314.01
	归属母公司股东权益(万元)	126038.85	123917.32	115990.15	112016.02
	主营业务收入(万元)	29134.05	106945.70	37970.69	181532.89
	营业收入(万元)	29187.05	107836.34	38026.64	182287.00
	主营成本(万元)	13283.02	47830.39	17677.54	113239.55
	营业成本(万元)	13369.48	47976.70	17680.25	113503.00
	投资收益(万元)	–	−1332.77	−27.72	−69.21
	净利润(万元)	7244.54	26737.65	8929.10	29901.56
	利润总额(万元)	10141.33	35662.42	12223.54	40434.19

云南煤业能源股份有限公司

公司概况						
	公司名称	云南煤业能源股份有限公司			证券简称	云煤能源
	法人代表	张鸿鸣	董秘	张小可	证券代码	600792
	公司网址	www.ymnygf.com		电子信箱	ymny600792@163.com	
	电　　话	0871-3155475		传　　真	0871-3114525	
	办公地址	云南省昆明市拓东路75号集成广场5楼				
	经营范围	焦炭、焦炉煤气、煤焦油深加工和苯加氢深加工等产品				

主要财务指标	指标\报告期	2013.06.30	2012.12.31	2012.06.30	2011.12.31
	基本每股收益(元)	0.1130	−0.1000	−0.1740	0.6300
	基本每股收益(扣除)(元)	0.1390	−0.1300	−0.0920	0.6000
	每股净资产(元)	5.7435	5.5700	5.5930	5.6660
	每股经营现金净流量(元)	0.9483	−0.7082	−0.3795	−0.1690
	每股现金流量(元)	0.3262	−0.4760	0.7913	−0.4160
	每股资本公积金(元)	3.3713	3.1036	3.1036	3.1036
	每股盈余公积金(元)	0.2971	0.2971	0.2669	0.2669
	每股未分配利润(元)	1.0587	0.9460	1.2036	1.2875
	净资产收益率(%)	1.9634	−1.7112	−3.1175	8.3070
	加权净资产收益率(%)	1.8600	−1.7000	−2.8400	9.1800
	净资产收益率(扣除)(%)	–	–	–	–
	总资产(万元)	603689.47	601361.71	638917.16	551975.91
	归属母公司股东权益(万元)	229869.86	239889.23	223843.83	226761.83
	主营业务收入(万元)	346323.62	651485.20	339150.02	701660.66
	营业收入(万元)	346785.59	657715.48	339596.21	702777.38
	主营成本(万元)	320423.96	621072.66	324992.84	652559.15
	营业成本(万元)	321279.74	628337.45	325137.52	653427.05
	投资收益(万元)	–	–	0.37	–
	净利润(万元)	4513.18	−3815.08	−6978.38	18837.18
	利润总额(万元)	4812.66	−6139.76	−8164.58	19626.30

宜宾纸业股份有限公司

公司概况						
	公司名称	宜宾纸业股份有限公司			证券简称	ST 宜纸
	法人代表	易从	董秘	王强	证券代码	600793
	公司网址	www.yb-zy.com		电子信箱	ybzydsh@163.com	
	电　　话	0831-3560668 3560357		传　　真	0831-3561965	
	办公地址	四川省宜宾市岷江西路54号				
	经营范围	生产经营纸及纸制品等				

主要财务指标	指标\报告期	2013.06.30	2012.12.31	2012.06.30	2011.12.31
	基本每股收益(元)	0.0058	0.5324	0.0069	−0.4291
	基本每股收益(扣除)(元)	−0.0480	−0.1001	0.0022	−0.4443
	每股净资产(元)	0.2488	0.2429	−0.2825	−0.2894
	每股经营现金净流量(元)	−0.1106	−0.2863	−0.5538	−0.1078
	每股现金流量(元)	−0.0968	−1.5727	−0.7032	1.7559
	每股资本公积金(元)	1.0007	1.0007	1.0007	1.0007
	每股盈余公积金(元)	0.0348	0.0348	0.0348	0.0348
	每股未分配利润(元)	−1.7867	−1.7926	−2.3180	−2.3249
	净资产收益率(%)	2.3481	219.1351	−2.4560	148.2665
	加权净资产收益率(%)	–	–	–	–
	净资产收益率(扣除)(%)	–	–	–	–
	总资产(万元)	100847.39	82045.27	80614.78	86964.29
	归属母公司股东权益(万元)	2619.74	2558.23	−2974.68	−3047.75
	主营业务收入(万元)	88.68	1718.12	268.42	52787.86
	营业收入(万元)	92.36	1860.68	269.94	56842.47
	主营成本(万元)	54.25	1556.67	252.11	51389.83
	营业成本(万元)	59.13	1680.32	253.81	55522.19
	投资收益(万元)	0.85	239.81	133.95	157.78
	净利润(万元)	61.51	5605.97	73.06	−4518.79
	利润总额(万元)	61.51	5605.97	73.06	−4518.79

张家港保税科技股份有限公司

公司概况

公司名称	张家港保税科技股份有限公司			证券简称	保税科技
法人代表	徐品云	董秘	邓永清	证券代码	600794
公司网址	www.zftc.net		电子信箱	dengyq@zftc.net	
电　　话	0512-58320358 58320165		传　　真	0512-58320652 58320655	
办公地址	江苏省张家港市保税区北京路保税科技大厦六楼				
经营范围	生物高新技术应用、开发、高新技术及电子商务、网络应用开发等				

主要财务指标

指标\报告期	2013.06.30	2012.12.31	2012.06.30	2011.12.31
基本每股收益(元)	0.1700	0.7600	0.1400	0.6800
基本每股收益(扣除)(元)	0.1700	0.7700	0.1400	0.5700
每股净资产(元)	1.9163	3.7007	2.6600	2.4200
每股经营现金净流量(元)	–0.0885	1.4077	0.5130	0.9177
每股现金流量(元)	0.0934	1.3867	–0.0983	0.5568
每股资本公积金(元)	0.0901	1.1802	0.4303	0.4303
每股盈余公积金(元)	0.0587	0.1302	0.0728	0.0728
每股未分配利润(元)	0.7675	1.5557	1.1616	0.9210
净资产收益率(%)	8.9200	18.5733	11.6561	27.8680
加权净资产收益率(%)	9.0800	27.6900	12.2100	32.3800
净资产收益率(扣除)(%)	–	–	–	–
总资产(万元)	218211.18	213248.00	164641.57	157663.93
归属母公司股东权益(万元)	90899.91	87772.32	57003.39	51856.42
主营业务收入(万元)	17992.02	36788.21	17117.13	36155.80
营业收入(万元)	18279.30	37189.53	17372.26	38726.32
主营成本(万元)	4775.51	9736.59	5335.29	15408.84
营业成本(万元)	4708.16	9805.62	5344.25	16255.61
投资收益(万元)	–30.10	–4.60	–	–
净利润(万元)	8257.48	16444.81	6762.44	14575.96
利润总额(万元)	10006.25	19706.40	8144.58	16044.87

国电电力发展股份有限公司

公司概况

公司名称	国电电力发展股份有限公司			证券简称	国电电力
法人代表	陈飞虎	董秘	陈景东	证券代码	600795
公司网址	www.600795.com.cn		电子信箱	cjd@600795.com.cn	
电　　话	010-58682200 58682100		传　　真	010-64829900 64829902	
办公地址	北京市朝阳区安慧北里安园 19 号				
经营范围	电力、热力生产、销售、电网经营、新能源项目、高新技术、环保产业的开发与应用等				

主要财务指标

指标\报告期	2013.06.30	2012.12.31	2012.06.30	2011.12.31
基本每股收益(元)	0.1720	0.3280	0.0780	0.2370
基本每股收益(扣除)(元)	0.1660	0.2490	0.0530	0.1560
每股净资产(元)	2.0792	2.0109	1.7400	1.7800
每股经营现金净流量(元)	0.7387	0.9648	0.4908	0.6740
每股现金流量(元)	–0.1610	0.0638	0.0581	0.1961
每股资本公积金(元)	0.3461	0.3195	0.2211	0.2330
每股盈余公积金(元)	0.1246	0.1395	0.1188	0.1188
每股未分配利润(元)	0.6085	0.6344	0.4045	0.4265
净资产收益率(%)	8.2592	14.5772	4.4728	13.3224
加权净资产收益率(%)	7.9790	17.4040	4.2930	13.7140
净资产收益率(扣除)(%	–	–	–	–
总资产(万元)	21531593.99	20761491.68	19462435.24	18218421.52
归属母公司股东权益(万元)	3582486.97	3464700.46	2685563.53	2737768.97
主营业务收入(万元)	2793214.19	5455402.98	2626312.32	4997924.83
营业收入(万元)	2840696.20	5568357.74	2670053.40	5055762.52
主营成本(万元)	2064499.72	4286485.96	2166533.56	4236215.32
营业成本(万元)	2094741.02	4352120.43	2185995.10	4251045.13
投资收益(万元)	74944.30	288399.40	77629.99	318549.59
净利润(万元)	412279.80	668474.79	171917.04	449821.70
利润总额(万元)	490534.23	787748.48	206079.26	523193.42

浙江钱江生物化学股份有限公司

公司概况

公司名称	浙江钱江生物化学股份有限公司			证券简称	钱江生化
法人代表	高云跃	董秘	宋将林	证券代码	600796
公司网址	www.600796.com		电子信箱	qjbioch@600796.com	
电　　话	0573-87042800 87038237		传　　真	0573-87035640 87042800	
办公地址	浙江省海宁市硖石镇西山路 598 号 7 楼				
经营范围	兽药生产业务、饲料添加剂的生产与销售等				

主要财务指标

指标\报告期	2013.06.30	2012.12.31	2012.06.30	2011.12.31
基本每股收益(元)	0.0600	0.0600	0.1000	0.0300
基本每股收益(扣除)(元)	0.0100	–0.1300	–0.0100	–0.0300
每股净资产(元)	1.7233	1.6658	1.7100	1.6100
每股经营现金净流量(元)	0.1966	0.5309	0.1083	0.4986
每股现金流量(元)	0.0275	0.0295	0.1909	–0.0942
每股资本公积金(元)	0.1247	0.1247	0.1247	0.1247
每股盈余公积金(元)	0.2343	0.2343	0.2286	0.2286
每股未分配利润(元)	0.3669	0.3088	0.3561	0.2561
净资产收益率(%)	3.3689	3.5107	5.8600	2.0730
加权净资产收益率(%)	3.4300	3.5800	6.0400	2.0800
净资产收益率(扣除)(%)	–	–	–	–
总资产(万元)	125651.22	133211.46	135245.02	121166.13
归属母公司股东权益(万元)	51940.70	50206.51	51436.99	48417.92
主营业务收入(万元)	24157.38	43948.87	20346.15	55407.70
营业收入(万元)	24528.41	44594.18	20605.87	55896.87
主营成本(万元)	18605.19	35385.57	16638.56	47249.03
营业成本(万元)	18726.27	35720.13	16782.12	47442.47
投资收益(万元)	172.37	–88.67	1306.81	3098.20
净利润(万元)	2030.02	2080.32	3143.09	783.67
利润总额(万元)	2458.19	2649.36	3258.91	960.46

浙大网新科技股份有限公司

公司概况

公司名称	浙大网新科技股份有限公司			证券简称	浙大网新
法人代表	史烈	董秘	许克菲	证券代码	600797
公司网址	www.insigma.com.cn		电子信箱	xukefei@insigma.com.cn	
电　　话	0571-87950500		传　　真	0571-87988110	
办公地址	浙江省杭州市西湖区西园一路 18 号浙大网新软件园 A 楼 15 层				
经营范围	计算机及网络系统、电子商务、计算机系统集成、电子工程的研究开发等				

主要财务指标

指标\报告期	2013.06.30	2012.12.31	2012.06.30	2011.12.31
基本每股收益(元)	0.0200	–0.0400	0.0300	0.1500
基本每股收益(扣除)(元)	–0.0100	–0.0900	0.0017	0.0200
每股净资产(元)	2.1958	2.1715	2.2600	2.2300
每股经营现金净流量(元)	–0.1054	–0.0536	–0.3431	–0.0031
每股现金流量(元)	–0.2560	–0.1823	–0.3456	–0.0210
每股资本公积金(元)	0.3477	0.3474	0.3572	0.3527
每股盈余公积金(元)	0.1148	0.1145	0.1145	0.1145
每股未分配利润(元)	0.7590	0.7345	0.8047	0.7861
净资产收益率(%)	1.0093	–1.9186	1.2672	6.5703
加权净资产收益率(%)	1.0100	–1.8900	1.2700	6.9800
净资产收益率(扣除)(%	–	–	–	–
总资产(万元)	457395.53	487202.07	466417.44	454993.31
归属母公司股东权益(万元)	184293.67	182846.04	189924.94	187963.30
主营业务收入(万元)	206546.02	496428.54	226500.69	583336.87
营业收入(万元)	207934.97	498491.63	228765.77	587326.86
主营成本(万元)	173077.17	414327.62	190748.77	508186.03
营业成本(万元)	173337.76	414795.76	191629.42	509918.08
投资收益(万元)	4333.24	191.62	2700.80	12710.10
净利润(万元)	1332.27	–2248.14	2749.65	13690.49
利润总额(万元)	2189.60	156.39	3516.43	15095.57

宁波海运股份有限公司

公司概况	公司名称	宁波海运股份有限公司			证券简称	宁波海运
	法人代表	褚敏	董秘	黄敏辉	证券代码	600798
	公司网址	www.nbmc.com.cn			电子信箱	hminhui@nbmc.com.cn
	电　话	0574-87659140			传　真	0574-87355051
	办公地址	浙江省宁波市北岸财富中心1幢				
	经营范围	沿海、内河（长江）货物运输、国际远洋运输和交通基础设施等				

主要财务指标	指标\报告期	2013.06.30	2012.12.31	2012.06.30	2011.12.31
	基本每股收益(元)	–0.0258	–0.1384	–0.0760	0.0593
	基本每股收益(扣除)(元)	–0.0264	–0.1601	–0.0946	0.0011
	每股净资产(元)	2.1820	2.2089	2.2718	2.3775
	每股经营现金净流量(元)	0.2217	0.3533	0.1358	0.5340
	每股现金流量(元)	0.0903	–0.2619	–0.2036	0.1068
	每股资本公积金(元)	0.7200	0.7200	0.7200	0.7200
	每股盈余公积金(元)	0.2438	0.2438	0.2438	0.2438
	每股未分配利润(元)	0.2251	0.2508	0.3132	0.4192
	净资产收益率(%)	–1.1803	–6.2658	–3.3469	2.4960
	加权净资产收益率(%)	–1.1700	–6.0500	–3.2600	2.5200
	净资产收益率(扣除)(%)	–	–	–	–
	总资产(万元)	676313.60	678863.67	693220.79	713211.06
	归属母公司股东权益(万元)	190094.25	192431.47	197912.83	207120.08
	主营业务收入(万元)	51189.63	101510.79	51533.07	126249.82
	营业收入(万元)	51639.68	102234.59	51977.91	127024.84
	主营成本(万元)	40093.42	85020.91	44564.38	94457.17
	营业成本(万元)	40159.42	85152.02	44630.39	94589.17
	投资收益(万元)	–25.66	60.05	–260.53	–935.79
	净利润(万元)	–3797.18	–15172.86	–8245.36	3748.35
	利润总额(万元)	–3798.69	–15055.41	–8130.87	5448.91

天津环球磁卡股份有限公司

公司概况	公司名称	天津环球磁卡股份有限公司			证券简称	ST 磁 卡
	法人代表	阮强	董秘	李金宏	证券代码	600800
	公司网址	www.gmcc.com.cn			电子信箱	jrzqb@gmcc.com.cn
	电　话	022-58585662 58585858*2191			传　真	022-58585633
	办公地址	天津市河西区解放南路325号				
	经营范围	软件系统设计、网络集成技术及高科技产品的开发等				

主要财务指标	指标\报告期	2013.06.30	2012.12.31	2012.06.30	2011.12.31
	基本每股收益(元)	0.0177	0.0287	–0.0238	–0.1070
	基本每股收益(扣除)(元)	0.0131	–0.1086	–0.0238	–0.1001
	每股净资产(元)	0.1291	0.1113	0.0170	0.1250
	每股经营现金净流量(元)	–0.3576	–0.0764	–0.1186	0.0451
	每股现金流量(元)	–0.0605	0.0272	–0.1261	0.0427
	每股资本公积金(元)	0.2024	0.2023	0.2634	0.2448
	每股盈余公积金(元)	0.0736	0.0736	0.0736	0.0736
	每股未分配利润(元)	–1.1469	–1.1646	–1.3198	–1.1933
	净资产收益率(%)	13.7287	25.7745	–139.1933	–85.5960
	加权净资产收益率(%)	14.7400	24.2800	–32.3900	–91.9300
	净资产收益率(扣除)(%)	–	–	–	–
	总资产(万元)	61809.53	85741.75	89564.11	99745.43
	归属母公司股东权益(万元)	7888.61	6803.53	1045.54	7643.78
	主营业务收入(万元)	7764.88	13864.01	6549.68	23067.46
	营业收入(万元)	7923.89	14347.84	6894.16	23523.01
	主营成本(万元)	4698.84	12489.74	5705.82	16269.39
	营业成本(万元)	4747.84	12558.68	5753.99	16289.71
	投资收益(万元)	224.69	3949.17	–	521.87
	净利润(万元)	909.77	1467.06	–1580.49	–7146.92
	利润总额(万元)	911.97	2669.82	–1580.49	–8313.58

华新水泥股份有限公司

公司概况	公司名称	华新水泥股份有限公司			证券简称	华新水泥
	法人代表	李叶青	董秘	王锡明	证券代码	600801
	公司网址	www.huaxincem.com			电子信箱	investor@huaxincem.com
	电　话	027-87773896 87773898			传　真	027-87773992
	办公地址	湖北省武汉市光谷大道特1号国际企业中心5号楼				
	经营范围	水泥、商品混凝土及其他建材制品、包装制品制造、销售等				

主要财务指标	指标\报告期	2013.06.30	2012.12.31	2012.06.30	2011.12.31
	基本每股收益(元)	0.3800	0.5900	0.1000	1.3100
	基本每股收益(扣除)(元)	0.3400	0.5400	0.0900	1.2500
	每股净资产(元)	8.4625	8.2696	7.8300	8.2970
	每股经营现金净流量(元)	0.9108	2.6257	0.8166	2.0168
	每股现金流量(元)	–0.9708	0.0275	–0.3523	1.0831
	每股资本公积金(元)	3.2895	3.2941	3.3494	3.7643
	每股盈余公积金(元)	0.3707	0.3707	0.3423	0.3423
	每股未分配利润(元)	3.8045	3.6051	3.1426	3.1901
	净资产收益率(%)	4.4845	7.1841	1.3090	13.8570
	加权净资产收益率(%)	4.5100	7.1800	1.2400	19.0000
	净资产收益率(扣除)(%)	–	–	–	–
	总资产(万元)	2430016.08	2329141.85	2176499.64	2172967.81
	归属母公司股东权益(万元)	791496.26	773457.73	732748.15	775997.69
	主营业务收入(万元)	660367.22	1244543.99	546057.54	1258734.26
	营业收入(万元)	662526.86	1252052.72	548644.43	1263803.92
	主营成本(万元)	498584.51	940244.20	433111.55	913934.84
	营业成本(万元)	499872.86	946589.45	435160.48	917434.73
	投资收益(万元)	–265.59	–118.72	–13.46	–209.12
	净利润(万元)	41446.54	68027.68	13453.37	122005.50
	利润总额(万元)	52562.77	90497.01	17148.46	160972.18

福建水泥股份有限公司

公司概况	公司名称	福建水泥股份有限公司			证券简称	福建水泥
	法人代表	郑盛端	董秘	蔡宣能	证券代码	600802
	公司网址	www.fjcement.com			电子信箱	cement@pub5.fz.fj.cn
	电　话	0591-87617751			传　真	0591-88561717
	办公地址	福建省福州市杨桥东路118号宏杨新城建福大厦				
	经营范围	建筑材料制造及技术服务、工业生产(不含汽车)、大型货车维修等				

主要财务指标	指标\报告期	2013.06.30	2012.12.31	2012.06.30	2011.12.31
	基本每股收益(元)	–0.2100	0.0750	–0.2500	0.3270
	基本每股收益(扣除)(元)	–0.2400	–0.5570	–0.2600	0.2420
	每股净资产(元)	2.6724	3.1046	2.8600	3.0900
	每股经营现金净流量(元)	–0.0297	–0.2175	–0.2703	0.3285
	每股现金流量(元)	–0.5334	1.5440	1.8544	–0.3909
	每股资本公积金(元)	1.4926	1.7195	1.7974	1.7317
	每股盈余公积金(元)	0.1026	0.1026	0.0742	0.0742
	每股未分配利润(元)	0.0678	0.2761	–0.0237	0.2793
	净资产收益率(%)	–7.7944	2.4300	–8.8487	10.5740
	加权净资产收益率(%)	–7.0700	2.3500	–8.3500	10.4300
	净资产收益率(扣除)(%)	–	–	–	–
	总资产(万元)	435183.19	434355.86	446112.03	360997.23
	归属母公司股东权益(万元)	102052.92	118555.71	109150.82	118070.94
	主营业务收入(万元)	69887.06	160495.34	75197.55	185625.75
	营业收入(万元)	70606.79	161881.18	75968.48	187563.78
	主营成本(万元)	65407.81	147795.38	70488.83	143631.76
	营业成本(万元)	65618.91	148617.98	70806.23	145576.06
	投资收益(万元)	2407.24	26835.33	2436.62	1707.26
	净利润(万元)	–7985.70	2593.60	–10187.50	12512.33
	利润总额(万元)	–7467.30	2829.73	–10234.33	15048.76

河北威远生物化工股份有限公司

公司概况	公司名称	河北威远生物化工股份有限公司			证券简称	威远生化
	法人代表	王玉锁	董秘	王东英	证券代码	600803
	公司网址	www.veyong.com		电子信箱	veyong@veyong.com	
	电　　话	0311-85915898		传　　真	0311-85915998	
	办公地址	河北省石家庄市和平东路 393 号				
	经营范围	生物化工产品、精细化工产品的制造、销售等				

主要财务指标	指标\报告期	2013.06.30	2012.12.31	2012.06.30	2011.12.31
	基本每股收益(元)	0.4800	0.1400	0.2400	0.0900
	基本每股收益(扣除)(元)	0.1400	0.1600	0.1200	0.0300
	每股净资产(元)	3.0554	2.6150	2.6080	2.4900
	每股经营现金净流量(元)	0.9144	-0.1062	0.6747	0.6009
	每股现金流量(元)	1.5981	0.3358	-0.3942	0.6131
	每股资本公积金(元)	0.1570	0.5087	0.5087	0.5087
	每股盈余公积金(元)	0.0926	0.0926	0.0885	0.0885
	每股未分配利润(元)	5.4488	4.0235	1.0075	0.8830
	净资产收益率(%)	15.7770	5.1711	4.7748	3.4396
	加权净资产收益率(%)	14.2200	5.2900	9.5900	3.4000
	净资产收益率(扣除)(%)	-	-	-	-
	总资产(万元)	860013.88	829113.38	179312.18	168521.12
	归属母公司股东权益(万元)	281713.92	290230.41	81328.36	77614.93
	主营业务收入(万元)	219933.20	176986.24	191773.27	176605.27
	营业收入(万元)	227967.82	180423.70	196272.32	177770.38
	主营成本(万元)	137115.60	149613.27	134863.34	151652.15
	营业成本(万元)	143665.06	152219.19	82145.11	152601.13
	投资收益(万元)	6.44	1.76	18.03	27.86
	净利润(万元)	48616.60	6226.05	23695.75	4835.01
	利润总额(万元)	57236.14	7856.08	27395.89	6572.74

鹏博士电信传媒集团股份有限公司

公司概况	公司名称	鹏博士电信传媒集团股份有限公司			证券简称	鹏 博 士
	法人代表	杨学平	董秘	任春晓	证券代码	600804
	公司网址	www.drpeng.com.cn		电子信箱	pbs804@126.com	
	电　　话	028-86755190 86742976		传　　真	028-86622006	
	办公地址	曰川省成都市顺城大街 229 号顺城大厦 5 楼				
	经营范围	计算机软件、通信产品的开发、生产和销信等				

主要财务指标	指标\报告期	2013.06.30	2012.12.31	2012.06 30	2011.12.31
	基本每股收益(元)	0.1600	0.1500	0.0900	0.1200
	基本每股收益(扣除)(元	0.1600	0.1100	0.0800	0.0900
	每股净资产(元)	2.9677	2.7859	2.7270	2.6400
	每股经营现金净流量(元)	0.7839	0.7668	0.2633	0.3049
	每股现金流量(元)	0.2542	0.1822	0.3306	-0.1339
	每股资本公积金(元)	1.0894	1.0701	1.0788	1.0788
	每股盈余公积金(元)	0.0632	0.0632	0.0409	0.0409
	每股未分配利润(元)	0.8151	0.6526	0.6075	0.5205
	净资产收益率(%)	5.4760	5.5382	3.1885	4.4410
	加权净资产收益率(%)	5.6600	5.6800	3.2400	4.5400
	净资产收益率(扣除)(%)	-	-	-	-
	总资产(万元)	1195646.52	866536.54	749420.39	666607.21
	归属母公司股东权益(万元)	397233.08	372899.63	365047.41	353407.80
	主营业务收入(万元)	266872.67	255907.62	117686.04	220218.85
	营业收入(万元)	267728.11	256021.71	117712.77	220493.93
	主营成本(万元)	125752.04	171564.59	78431.41	153527.32
	营业成本(万元)	126162.63	172078.18	78810.21	153626.93
	投资收益(万元)	7951.20	18053.61	4841.87	519.43
	净利润(万元)	21760.06	20777.79	11945.03	17680.43
	利润总额(万元)	28087.11	24361.85	13629.02	22252.72

江苏悦达投资股份有限公司

公司概况	公司名称	江苏悦达投资股份有限公司			证券简称	悦达投资
	法人代表	陈云华	董秘	王佩萍	证券代码	600805
	公司网址	www.yueda.com		电子信箱	jsyd@public.yc.js.cn	
	电　　话	0515-88202863 88202867v		传　　真	0515-88334601	
	办公地址	江苏省盐城市世纪大道东路 2 号				
	经营范围	实业投资、资产管理、财务顾问、社会经济咨询服务、机械设备等				

主要财务指标	指标\报告期	2013.06.30	2012.12.31	2012.06.30	2011.12.31
	基本每股收益(元)	0.7500	1.5700	0.6300	1.3300
	基本每股收益(扣除)(元)	0.6700	1.5500	0.6200	1.3300
	每股净资产(元)	5.3634	5.6899	4.8800	4.2700
	每股经营现金净流量(元)	0.2484	0.5239	0.3241	0.5824
	每股现金流量(元)	-0.0684	0.8155	2.2300	-0.8949
	每股资本公积金(元)	0.3237	0.3884	0.3884	0.3884
	每股盈余公积金(元)	0.5892	0.7071	0.5365	0.5365
	每股未分配利润(元)	3.4505	3.5944	2.9586	2.3469
	净资产收益率(%)	13.9241	27.5595	15.5988	31.1670
	加权净资产收益率(%)	14.6000	31.5600	16.4600	35.4100
	净资产收益率(扣除)(%)	-	-	-	-
	总资产(万元)	962995.93	923546.28	962601.43	811665.40
	归属母公司股东权益(万元)	456365.70	403457.24	346282.05	302902.50
	主营业务收入(万元)	93229.93	224795.39	102538.17	235860.60
	营业收入(万元)	96788.62	232039.32	107447.16	243171.66
	主营成本(万元)	-	162211.34	-	175475.36
	营业成本(万元)	70023.28	168882.46	75716.54	182262.61
	投资收益(万元)	65204.33	124297.76	63212.77	110686.22
	净利润(万元)	66073.63	119812.59	58322.87	102425.16
	利润总额(万元)	70434.23	132728.35	64500.64	114647.83

沈机集团昆明机床股份有限公司

公司概况	公司名称	沈机集团昆明机床股份有限公司			证券简称	昆明机床
	法人代表	王兴	董秘	罗涛	证券代码	600806
	公司网址	www.kmtcl.com.cn		电子信箱	luotao@kmtcl.com.cn	
	电　　话	0871-6166612 6166623		传　　真	0871-6166288	
	办公地址	云南省昆明市茨坝路 23 号				
	经营范围	设计、开发 生产及销售机床系列产品及配件、光电一体化产品等				

主要财务指标	指标\报告期	2013.06.30	2012.12.31	2012.06.30	2011.12.31
	基本每股收益(元)	-0.0821	-0.1400	0.0068	0.1000
	基本每股收益(扣除)(元	-0.0825	-0.1600	-0.0155	0.1000
	每股净资产(元)	2.4002	2.4823	2.6300	2.6400
	每股经营现金净流量(元)	-0.0759	0.0143	-0.0061	0.0012
	每股现金流量(元)	0.0459	-0.1622	-0.0902	-0.2073
	每股资本公积金(元)	0.0514	0.0514	0.0514	0.0514
	每股盈余公积金(元)	0.2194	0.2194	0.2194	0.2194
	每股未分配利润(元)	1.1294	1.2115	1.3561	1.3694
	净资产收益率(%)	-3.4212	-5.5542	0.2575	3.8920
	加权净资产收益率(%)	-3.3600	-5.3900	0.2600	3.9300
	净资产收益率(扣除)(%)	-	-	-	-
	总资产(万元)	269359.36	254875.22	260704.92	255866.44
	归属母公司股东权益(万元)	127468.68	131829.66	139510.92	140213.83
	主营业务收入(万元)	35230.27	108229.54	62962.41	179874.95
	营业收入(万元)	35321.70	108631.11	63167.73	180485.76
	主营成本(万元)	-	-	-	-
	营业成本(万元)	29231.91	88045.34	47864.73	136837.61
	投资收益(万元)	-118.78	299.64	255.90	733.48
	净利润(万元)	-4332.56	-8229.61	345.58	5221.56
	利润总额(万元)	-5058.81	-9524.03	418.82	6878.41

山东天业恒基股份有限公司

公司概况	公司名称	山东天业恒基股份有限公司			证券简称	天业股份
	法人代表	曾昭秦	董秘	蒋涛	证券代码	600807
	公司网址	www.tyanhome.com.cn		电子信箱	600807@vip.163.com	
	电　　话	0531-82685365		传　　真	0531-82685365	
	办公地址	山东省济南市高新开发区新宇南路1号济南国际会展中心A区三楼				
	经营范围	商业零售兼批发				

主要财务指标	指标\报告期	2013.06.30	2012.12.31	2012.06.30	2011.12.31
	基本每股收益(元)	0.0180	0.0500	0.0160	0.1400
	基本每股收益(扣除)(元)	0.0180	0.0500	0.0160	0.1400
	每股净资产(元)	1.5350	1.5309	1.5000	1.4900
	每股经营现金净流量(元)	-0.3796	-0.7854	-0.3918	0.4800
	每股现金流量(元)	-0.0182	0.1923	0.1957	-0.4199
	每股资本公积金(元)	0.1724	0.1724	0.1724	0.1724
	每股盈余公积金(元)	0.0847	0.0847	0.0772	0.0772
	每股未分配利润(元)	0.2779	0.2738	0.2518	0.2358
	净资产收益率(%)	1.1766	2.9733	1.0599	9.5980
	加权净资产收益率(%)	1.1700	3.0200	1.0700	10.0900
	净资产收益率(扣除)(%)	-	-	-	-
	总资产(万元)	270427.37	250710.93	218465.84	198817.87
	归属母公司股东权益(万元)	49295.22	49164.80	48214.01	47702.99
	主营业务收入(万元)	24207.15	48731.96	12634.03	42871.78
	营业收入(万元)	24207.15	48731.96	12634.03	42871.78
	主营成本(万元)	17471.43	32550.10	6742.91	24650.54
	营业成本(万元)	17471.43	32550.10	6742.91	24650.54
	投资收益(万元)	-	-	-	-
	净利润(万元)	429.30	1349.35	471.30	4559.44
	利润总额(万元)	663.09	2048.84	735.21	6225.99

马鞍山钢铁股份有限公司

公司概况	公司名称	马鞍山钢铁股分有限公司			证券简称	马钢股份
	法人代表	丁毅	董秘	任天宝	证券代码	600808
	公司网址	www.magang.com.cn		电子信箱	mggfdms@magang.com.cn	
	电　　话	0555-2888158 2875251		传　　真	0555-2887284	
	办公地址	安徽省马鞍山市九华西路8号				
	经营范围	钢铁产品的生产和销售等				

主要财务指标	指标\报告期	2013.06.30	2012.12.31	2012.06.30	2011.12.31
	基本每股收益(元)	-4.3200	-0.5017	-0.2460	0.0110
	基本每股收益(扣除)(元)	-0.0510	-0.5130	-0.2510	-0.0020
	每股净资产(元)	2.9476	3.0032	3.2540	3.5560
	每股经营现金净流量(元)	0.4881	0.7262	0.3031	0.1441
	每股现金流量(元)	-0.1481	-0.3325	-0.3365	0.4941
	每股资本公积金(元)	1.0816	1.0816	1.0816	1.1373
	每股盈余公积金(元)	0.4871	0.4871	0.4478	0.4473
	每股未分配利润(元)	0.3782	0.4214	0.7230	0.9697
	净资产收益率(%)	-1.4663	-16.7047	-7.5538	0.3008
	加权净资产收益率(%)	-1.4500	-15.3000	-7.2200	0.3000
	净资产收益率(扣除)(%)	-	-	-	-
	总资产(万元)	7718457.16	7601116.40	8304459.59	8122464.21
	归属母公司股东权益(万元)	2269890.25	2312664.42	2505595.73	2738720.16
	主营业务收入(万元)	3190202.45	6585277.29	3655688.68	8141856.56
	营业收入(万元)	3695256.23	7440436.40	4058688.34	8685406.01
	主营成本(万元)	3024274.28	6468326.13	3612215.60	7851931.55
	营业成本(万元)	3524379.54	7284027.46	4016776.30	8336543.80
	投资收益(万元)	6938.29	61391.10	5356.05	14360.76
	净利润(万元)	-32322.72	-380052.34	-187473.36	20354.51
	利润总额(万元)	-24611.40	-374631.76	-180300.86	31983.15

山西杏花村汾酒厂股份有限公司

公司概况	公司名称	山西杏花村汾酒厂股份有限公司			证券简称	山西汾酒
	法人代表	李秋喜	董秘	刘卫华	证券代码	600809
	公司网址	www.fenjiu.com.cn		电子信箱	sxfj@fenjiu.com.cn	
	电　　话	0358-7220255 7329321		传　　真	0358-7220394	
	办公地址	山西省汾阳市杏花村				
	经营范围	生产及销售汾酒、竹叶青酒及其系列酒并提供广告服务等				

主要财务指标	指标\报告期	2013.06.30	2012.12.31	2012.06.30	2011.12.31
	基本每股收益(元)	1.1384	1.5330	1.0606	0.9015
	基本每股收益(扣除)(元)	1.1412	1.5422	1.0702	0.9142
	每股净资产(元)	4.4473	4.1027	3.5395	5.7532
	每股经营现金净流量(元)	-0.2891	1.2002	0.6971	3.6883
	每股现金流量(元)	-1.1053	0.5017	0.3432	2.1696
	每股资本公积金(元)	0.2781	0.2781	0.3439	0.6879
	每股盈余公积金(元)	0.4079	0.4079	0.2973	0.5947
	每股未分配利润(元)	2.7462	2.4077	1.8941	3.4707
	净资产收益率(%)	25.5988	37.3651	29.9650	31.3380
	加权净资产收益率(%)	24.8600	44.1100	31.4000	34.5000
	净资产收益率(扣除)(%)	-	-	-	-
	总资产(万元)	578809.75	611215.48	31.6400	34.9800
	归属母公司股东权益(万元)	385064.54	355228.02	306464.31	249070.23
	主营业务收入(万元)	403730.18	644342.54	379778.51	446666.49
	营业收入(万元)	406459.76	647876.39	381565.21	448814.81
	主营成本(万元)	95042.10	161574.55	90564.97	106112.80
	营业成本(万元)	96606.78	163443.95	91067.81	107719.23
	投资收益(万元)	28.00	0.43	-	61.16
	净利润(万元)	102086.05	138711.41	96268.62	92456.04
	利润总额(万元)	136953.22	196576.12	132800.25	133749.60

神马实业股份有限公司

公司概况	公司名称	神马实业股份有限公司			证券简称	神马股份
	法人代表	王良	董秘	刘臻	证券代码	600810
	公司网址	www.shenma.com		电子信箱	liuzhen600810@126.com	
	电　　话	0375-3921231		传　　真	0375-3921500	
	办公地址	河南省平顶山市建设路63号				
	经营范围	帘子布、工业用布、化学纤维及制品的制造、加工、销售等				

主要财务指标	指标\报告期	2013.06.30	2012.12.31	2012.06.30	2011.12.31
	基本每股收益(元)	-0.1200	-0.7273	-0.3100	0.0564
	基本每股收益(扣除)(元)	-0.1245	-0.7601	-0.3100	0.0400
	每股净资产(元)	5.0214	5.1400	5.5700	5.9200
	每股经营现金净流量(元)	0.8077	-0.3444	0.4958	0.5454
	每股现金流量(元)	0.5503	0.1342	0.2806	-0.0654
	每股资本公积金(元)	4.1482	4.1482	4.1479	4.1479
	每股盈余公积金(元)	0.5267	0.5267	0.5267	0.5267
	每股未分配利润(元)	-0.6600	-0.5358	-0.1161	0.2416
	净资产收益率(%)	-2.4733	-14.1506	-5.5268	0.9540
	加权净资产收益率(%)	-2.4500	-13.1400	-5.3400	0.9500
	净资产收益率(扣除)(%)	-	-	-	-
	总资产(万元)	1042471.37	957292.58	1001340.14	854014.87
	归属母公司股东权益(万元)	222087.38	227333.17	246197.33	261804.74
	主营业务收入(万元)	301996.88	654200.16	333958.64	717960.16
	营业收入(万元)	876182.97	1709804.86	858094.39	1526480.54
	主营成本(万元)	278786.06	620810.59	316285.08	690587.60
	营业成本(万元)	850721.30	1665255.53	838725.99	1465586.19
	投资收益(万元)	3113.26	-2902.31	-975.83	11546.57
	净利润(万元)	-5477.56	-32666.20	-14185.32	840.55
	利润总额(万元)	-5990.86	-33974.74	-13403.86	6026.28

东方集团股份有限公司

公司概况	公司名称	东方集团股份有限公司		证券简称	东方集团
	法人代表	张宏伟	董秘	李云	证券代码 600811
	公司网址	www.china-orient.com		电子信箱	dfjt@orientgroup.com.cn
	电　话	0451-53666028		传　真	0451-53666028
	办公地址	黑龙江省哈尔滨市南岗区花园街 235 号			
	经营范围	商业银行、人寿保险业务、建材连锁超市、港口交通、加工制造业和房地产开发等			

主要财务指标	指标\报告期	2013.06.30	2012.12.31	2012.06.30	2011.12.31
	基本每股收益(元)	0.3161	0.5704	0.2498	0.4477
	基本每股收益(扣除)(元)	0.3089	0.4900	0.2500	0.2000
	每股净资产(元)	4.7860	4.4071	4.2419	3.8400
	每股经营现金净流量(元)	0.0666	-0.4860	0.0013	0.0152
	每股现金流量(元)	-0.0630	-0.2980	-0.1532	0.0979
	每股资本公积金(元)	1.2595	1.1965	1.3521	1.2024
	每股盈余公积金(元)	0.8167	0.8167	0.7088	0.7088
	每股未分配利润(元)	1.7090	1.3929	1.1801	0.9304
	净资产收益率(%)	6.6045	12.9428	331146337.4100	11.6514
	加权净资产收益率(%)	6.8800	13.8200	6.1800	12.3800
	净资产收益率(扣除)(%)	-	-	-	-
	总资产(万元)	1612487.34	1481511.11	1353293.77	1300444.18
	归属母公司股东权益(万元)	797730.08	734580.99	707035.33	640444.71
	主营业务收入(万元)	421791.72	640847.56	236610.45	396267.10
	营业收入(万元)	422562.21	647270.18	238364.79	411432.52
	主营成本(万元)	405850.34	610161.95	222997.40	355911.56
	营业成本(万元)	405940.04	610657.07	223047.76	356337.25
	投资收益(万元)	74046.81	133973.22	61175.94	139547.29
	净利润(万元)	51476.50	80801.93	33114.63	63910.57
	利润总额(万元)	52483.45	83895.77	33572.04	69884.18

华北制药股份有限公司

公司概况	公司名称	华北制药股份有限公司		证券简称	华北制药
	法人代表	王社平	董秘	杨海静	证券代码 600812
	公司网址	www.ncpc.com		电子信箱	yanghaijing@ncpc.com
	电　话	0311-86696493 85992039		传　真	0311-86060942
	办公地址	河北省石家庄市和平东路 388 号			
	经营范围	医药化工产品的生产及销售等			

主要财务指标	指标\报告期	2013.06.30	2012.12.31	2012.06.30	2011.12.31
	基本每股收益(元)	0.0060	0.0160	-0.0440	0.1350
	基本每股收益(扣除)(元	-0.0320	-0.2870	-0.0790	-0.3910
	每股净资产(元)	2.9227	2.9500	1.0600	1.2122
	每股经营现金净流量(元)	-0.0832	-0.0464	-0.1094	0.2647
	每股现金流量(元)	-0.2873	0.0820	0.2137	0.4064
	每股资本公积金(元)	1.8687	1.8687	0.0556	0.1153
	每股盈余公积金(元)	0.1241	0.1241	0.1426	0.1468
	每股未分配利润(元)	-0.0699	-0.0388	-0.1379	-0.0497
	净资产收益率(%)	0.1998	0.4370	-4.1660	11.1045
	加权净资产收益率(%)	0.2000	1.0200	-3.7100	11.7800
	净资产收益率(扣除)(%	-	-	-	-
	总资产(万元)	1390249.18	1354090.77	1250829.34	1163258.72
	归属母公司股东权益(万元)	402923.21	407222.22	109030.52	124679.25
	主营业务收入(万元)	652080.21	1103277.08	510623.28	1220232.87
	营业收入(万元)	655508.23	1112570.62	513412.04	1225134.99
	主营成本(万元)	598116.31	999868.73	457813.06	1113895.54
	营业成本(万元)	600212.53	1005308.27	459056.08	1114899.66
	投资收益(万元)	1097.52	4773.38	999.91	3288.38
	净利润(万元)	599.55	1406.09	-4400.59	15831.78
	利润总额(万元)	1449.77	2508.20	-3796.01	16947.16

杭州解百集团股份有限公司

公司概况	公司名称	杭州解百集团股份有限公司		证券简称	杭州解百
	法人代表	周自力	董秘	诸雪强	证券代码 600814
	公司网址	www.jiebai.cn		电子信箱	zxq600814@vip.sina.com
	电　话	0571-87016888 5015 5116		传　真	0571-87080499
	办公地址	浙江省杭州市上城区解放路 251 号			
	经营范围	百货零售、批发以及酒店、进出口业务等			

主要财务指标	指标\报告期	2013.06.30	2012.12.31	2012.06.30	2011.12.31
	基本每股收益(元)	0.1500	0.2500	0.1880	0.2500
	基本每股收益(扣除)(元)	0.1500	0.2400	0.1820	0.2300
	每股净资产(元)	2.5684	2.4989	2.4400	2.3200
	每股经营现金净流量(元)	-0.1508	0.1099	-0.3909	0.4382
	每股现金流量(元)	-0.3876	-0.0284	-0.2534	0.2762
	每股资本公积金(元)	0.1069	0.1139	0.1144	0.1140
	每股盈余公积金(元)	0.3074	0.3074	0.2817	0.2817
	每股未分配利润(元)	1.1541	1.0776	1.0417	0.9240
	净资产收益率(%)	5.9009	9.9766	7.6981	10.6640
	加权净资产收益率(%)	5.9200	10.3700	7.8100	11.2300
	净资产收益率(扣除)(%)	-	-	-	-
	总资产(万元)	122198.98	140661.46	123756.80	137537.43
	归属母公司股东权益(万元)	79720.10	77560.46	75662.92	72000.71
	主营业务收入(万元)	94985.54	205601.74	96873.55	211827.99
	营业收入(万元)	99439.08	214648.02	101463.00	221031.62
	主营成本(万元)	79956.60	174502.54	80757.14	179278.76
	营业成本(万元)	80074.47	175262.24	80874.84	180004.95
	投资收益(万元)	150.67	297.54	274.00	-347.91
	净利润(万元)	4627.16	7705.31	5767.44	7553.35
	利润总额(万元)	6515.45	10371.67	7777.52	10523.00

厦门厦工机械股份有限公司

公司概况	公司名称	厦门厦工机械股份有限公司		证券简称	厦工股份
	法人代表	郭清泉	董秘	王智勇	证券代码 600815
	公司网址	www.xiagong.com		电子信箱	stock@xiagong.com
	电　话	0592-6389300		传　真	0592-6389301
	办公地址	福建省厦门市灌口南路 668 号之八			
	经营范围	装载、挖掘机等工程机械产品及其配件制造、加工和销售等			

主要财务指标	指标\报告期	2013.06.30	2012.12.31	2012.06.30	2011.12.31
	基本每股收益(元)	-0.0500	0.1600	0.3800	0.7400
	基本每股收益(扣除)(元)	-0.0800	-0.2700	0.0600	0.5700
	每股净资产(元)	4.8068	4.9020	4.9900	4.7600
	每股经营现金净流量(元)	-0.1681	-1.8898	-1.0118	-1.6812
	每股现金流量(元)	-0.6244	1.3100	0.1954	-0.1279
	每股资本公积金(元)	2.1037	2.1036	1.6224	1.6102
	每股盈余公积金(元)	0.2860	0.3433	0.3337	0.3419
	每股未分配利润(元)	1.4180	1.8162	2.0385	1.8101
	净资产收益率(%)	-0.9408	2.7088	7.4511	15.4420
	加权净资产收益率(%)	-0.9300	3.3900	7.8700	16.8100
	净资产收益率(扣除)(%)	-	-	-	-
	总资产(万元)	1215887.03	1174238.58	1185390.67	1060649.89
	归属母公司股东权益(万元)	460956.14	470085.48	398975.58	371240.05
	主营业务收入(万元)	371524.15	803486.43	424829.05	1173145.21
	营业收入(万元)	378038.10	814983.42	432822.16	1199203.99
	主营成本(万元)	330306.32	717351.78	361248.53	992621.21
	营业成本(万元)	335713.15	727450.68	368171.27	1015210.24
	投资收益(万元)	-994.20	38310.16	29300.04	13122.93
	净利润(万元)	-4726.46	12284.05	29811.55	57651.67
	利润总额(万元)	-5848.63	14438.29	35114.40	67373.00

安信信托投资股份有限公司

公司概况	公司名称	安信信托投资股份有限公司			证券简称	安信信托
	法人代表	王少钦	董秘	武国建	证券代码	600816
	公司网址	www.anxintrust.com		电子信箱	ax600816@126.com	
	电　话	021-63410710		传　真	021-63410712	
	办公地址	上海市广东路689号海通证券大厦29层				
	经营范围	主要从事信托、证券、实业等业务				

主要财务指标	指标\报告期	2013.06.30	2012.12.31	2012.06.30	2011.12.31
	基本每股收益(元)	0.2432	0.2371	0.2480	0.4296
	基本每股收益(扣除)(元)	0.2428	0.0702	0.2277	0.4171
	每股净资产(元)	1.5318	1.3886	1.3994	1.1515
	每股经营现金净流量(元)	-0.9317	0.3352	-0.4518	0.3824
	每股现金流量(元)	-0.7060	0.0746	-0.4420	0.3733
	每股资本公积金(元)	0.0850	0.0850	0.1203	0.1203
	每股盈余公积金(元)	0.0267	0.0267	--	--
	每股未分配利润(元)	0.3581	0.2149	0.2427	-0.0053
	净资产收益率(%)	15.8789	17.0771	17.7182	37.3102
	加权净资产收益率(%)	16.2900	18.6700	19.4400	46.0500
	净资产收益率(扣除)(%)	-	-	--	--
	总资产(万元)	110826.72	95114.26	98787.51	93202.98
	归属母公司股东权益(万元)	69561.93	63057.35	63548.73	52289.01
	主营业务收入(万元)				
	营业收入(万元)	21875.19	54176.59	21454.46	49162.73
	主营成本(万元)				
	营业成本(万元)	6997.90	1891.58	7828.66	3243.61
	投资收益(万元)	163.06	6646.05	140.06	662.08
	净利润(万元)	11045.68	10250.87	10867.47	19777.12
	利润总额(万元)	14727.57	16612.14	14867.05	26675.20

西安宏盛科技发展股份有限公司

公司概况	公司名称	西安宏盛科技发展股份有限公司			证券简称	ST宏盛
	法人代表	马婷婷	董秘	谢斌	证券代码	600817
	公司网址			电子信箱	hs600817@163.com	
	电　话	029-88661759		传　真	029-88661759	
	办公地址	陕西省西安市曲江新区雁南五路商通大道曲江综合服务中心				
	经营范围	主要从事信托、证券、实业等业务				

主要财务指标	指标\报告期	2013.06.30	2012.12.31	2012.06.30	2011.12.31
	基本每股收益(元)	0.0070	10.9500	-0.0040	0.0500
	基本每股收益(扣除)(元)	0.0070	0.0200	-0.0040	-0.0900
	每股净资产(元)	0.7381	0.7300	-13.6315	-13.8300
	每股经营现金净流量(元)	0.0607	0.3257	-0.0033	-0.0176
	每股现金流量(元)	0.1658	0.0922	-0.0033	-0.0060
	每股资本公积金(元)	1.2914	1.2914	1.0128	0.8072
	每股盈余公积金(元)	0.0512	0.0512	0.0639	0.0639
	每股未分配利润(元)	-1.6044	-1.6116	-15.7083	-15.7036
	净资产收益率(%)	0.9846	1498.3911	-0.0341	-0.4182
	加权净资产收益率(%)	0.4580	-	-	-
	净资产收益率(扣除)(%)	-	-	-	-
	总资产(万元)	92915.61	76575.84	9991.56	9983.27
	归属母公司股东权益(万元)	11877.32	11760.38	-175475.54	-178062.47
	主营业务收入(万元)	2623.20	4158.15	922.39	1665.49
	营业收入(万元)	2623.20	4158.15	922.39	1665.49
	主营成本(万元)	-	1361.53	488.47	1027.29
	营业成本(万元)	-	1361.53	488.47	1027.29
	投资收益(万元)	-	111467.63	-	-
	净利润(万元)	417.67	177055.68	-70.95	743.80
	利润总额(万元)	600.09	177556.85	-70.95	743.80

中路股份有限公司

公司概况	公司名称	中路股份有限公司			证券简称	中路股份
	法人代表	陈荣	董秘	袁志坚	证券代码	600818
	公司网址	www.600818.cn		电子信箱	600818@zhonglu.com.cn	
	电　话	021-50596906		传　真	021-68458517	
	办公地址	上海市浦东新区南六公路818号				
	经营范围	自行车及零部件、助力车、特种车辆和与自行车相关的配套产品等				

主要财务指标	指标\报告期	2013.06.30	2012.12.31	2012.06.30	2011.12.31
	基本每股收益(元)	0.0210	0.0600	0.0200	0.0600
	基本每股收益(扣除)(元)	-0.0080	-0.1200	-0.0070	-0.0200
	每股净资产(元)	1.1883	1.3210	1.2700	1.2500
	每股经营现金净流量(元)	-0.0830	0.0134	0.0246	-0.0616
	每股现金流量(元)	0.0170	0.0260	-0.0226	0.0170
	每股资本公积金(元)	0.0384	0.0539	0.0426	0.0374
	每股盈余公积金(元)	0.0354	0.0389	0.0376	0.0376
	每股未分配利润(元)	0.1146	0.2281	0.1907	0.1731
	净资产收益率(%)	1.7535	4.2683	1.3903	4.5970
	加权净资产收益率(%)	1.7350	4.3900	1.4000	4.6600
	净资产收益率(扣除)(%)	-	-	-	-
	总资产(万元)	72619.21	74012.43	73865.30	72461.81
	归属母公司股东权益(万元)	38199.16	38602.16	37141.28	36472.51
	主营业务收入(万元)	28829.31	45192.78	28660.74	64980.08
	营业收入(万元)	29104.57	53562.15	29616.55	67577.47
	主营成本(万元)	24540.32	45192.78	25124.21	57030.64
	营业成本(万元)	24580.24	46947.36	25288.41	58885.70
	投资收益(万元)	2974.92	5098.38	291.43	4735.81
	净利润(万元)	1690.42	1628.80	421.79	2340.13
	利润总额(万元)	2230.57	2300.10	501.51	2569.70

上海耀皮玻璃集团股份有限公司

公司概况	公司名称	上海耀皮玻璃集团股份有限公司			证券简称	耀皮玻璃
	法人代表	林益彬	董秘	金闽丽	证券代码	600819
	公司网址	www.sypglass.com		电子信箱	stock@sypglass.com	
	电　话	021-61633599 61633522		传　真	021-58801554	
	办公地址	上海市浦东新区张东路1388号4-5幢				
	经营范围	生产和销售透明浮法玻璃、本体着色浮法玻璃及其深加工系列产品等				

主要财务指标	指标\报告期	2013.06.30	2012.12.31	2012.06.30	2011.12.31
	基本每股收益(元)	0.0900	0.0800	-0.0300	0.1100
	基本每股收益(扣除)(元)	0.0600	-0.1700	-0.0400	0.1100
	每股净资产(元)	2.9411	2.8769	2.7700	2.8200
	每股经营现金净流量(元)	0.1902	0.3969	0.2240	0.3878
	每股现金流量(元)	-0.1182	-0.3097	0.1786	0.0513
	每股资本公积金(元)	0.4390	0.4390	0.4366	0.4366
	每股盈余公积金(元)	0.6458	0.6458	0.6340	0.6340
	每股未分配利润(元)	0.8563	0.7921	0.6992	0.7448
	净资产收益率(%)	3.0345	2.7514	-0.9243	3.7620
	加权净资产收益率(%)	3.0500	2.7800	-0.9100	3.7800
	净资产收益率(扣除)(%)	-	-	-	-
	总资产(万元)	641759.96	646938.12	684944.45	655644.44
	归属母公司股东权益(万元)	215069.18	210370.95	202535.41	205869.98
	主营业务收入(万元)	108274.36	228204.66	107320.58	238443.99
	营业收入(万元)	110707.79	230763.19	110910.99	242110.02
	主营成本(万元)	82566.17	187505.71	93615.29	188070.87
	营业成本(万元)	84138.00	188822.92	95546.40	189908.00
	投资收益(万元)	730.88	-856.85	389.17	791.99
	净利润(万元)	6402.75	3881.18	-3512.28	8657.73
	利润总额(万元)	3150.76	5164.29	-3184.58	8879.42

上海隧道工程股份有限公司

公司概况	公司名称	上海隧道工程股份有限公司		证券简称	隧道股份
	法人代表	杨磊	董秘	田军	证券代码 600820
	公司网址	www.stec.net		电子信箱	stecodd@stec.net
	电　话	021-65419590		传　真	021-65419227
	办公地址	上海市大连路 118 号			
	经营范围	建筑业、土木工程建设项目总承包、隧道、市政、建筑、公路及桥梁、交通等			

主要财务指标	指标\报告期	2013.06.30	2012.12.31	2012.06.30	2011.12.31
	基本每股收益(元)	0.4700	0.8863	0.3900	0.8688
	基本每股收益(扣除)(元)	0.3900	0.6860	0.4300	0.6859
	每股净资产(元)	8.7187	8.4899	7.9892	13.4567
	每股经营现金净流量(元)	-1.0020	1.5234	0.1079	5.2947
	每股现金流量(元)	-0.6522	0.2137	-0.7967	0.2738
	每股资本公积金(元)	4.2110	4.2079	4.2129	8.2145
	每股盈余公积金(元)	0.3281	0.3281	0.3012	0.5373
	每股未分配利润(元)	2.9700	2.7697	2.3030	3.3844
	净资产收益率(%)	5.3941	10.4397	4.8990	11.4307
	加权净资产收益率(%)	5.4200	11.0200	4.9700	12.0400
	净资产收益率(扣除)(%)	-	-	-	-
	总资产(万元)	4932404.06	4935950.10	4413326.20	4415851.98
	归属母公司股东权益(万元)	1132265.06	1102554.33	1037524.34	987074.47
	主营业务收入(万元)	921807.53	2190611.61	768557.01	1955309.78
	营业收入(万元)	936622.07	2198897.36	777681.20	1969136.65
	主营成本(万元)	810968.77	1909184.34	675674.87	1700840.16
	营业成本(万元)	824876.68	1915432.68	678661.38	1707705.44
	投资收益(万元)	63485.94	130366.40	63197.11	125637.75
	净利润(万元)	62330.00	118433.25	52176.46	114955.57
	利润总额(万元)	80204.27	161173.51	67308.74	144723.35

天津劝业场(集团)股份有限公司

公司概况	公司名称	天津劝业场(集团)股份有限公司		证券简称	津劝业
	法人代表	回金普	董秘	赵虹	证券代码 600821
	公司网址	www.qyc.com.cn		电子信箱	tjqy600821@yahoo.com.cn
	电　话	022-27304989		传　真	022-27304989
	办公地址	天津市和平区和平路 290 号			
	经营范围	商业、各类物资的批发及零售、洗染、摄影、其它居民服务、日用品修理等			

主要财务指标	指标\报告期	2013.06.30	2012.12.31	2012.06.30	2011.12.31
	基本每股收益(元)	0.0100	0.0200	0.0100	0.0200
	基本每股收益(扣除)(元)	0.0100	-0.0200	0.0100	0.0300
	每股净资产(元)	1.3902	1.3782	1.3560	1.3500
	每股经营现金净流量(元)	-0.1168	0.1230	-0.0389	0.1708
	每股现金流量(元)	0.0766	-0.1378	0.1159	-0.1028
	每股资本公积金(元)	0.4294	0.4295	0.4295	0.4294
	每股盈余公积金(元)	0.2301	0.2301	0.2301	0.2301
	每股未分配利润(元)	-0.2694	-0.2814	-0.2940	-0.3046
	净资产收益率(%)	0.8600	1.6820	0.7800	1.3846
	加权净资产收益率(%)	0.8700	1.7000	0.7800	1.3900
	净资产收益率(扣除)(%)	-	-	-	-
	总资产(万元)	173046.29	172924.37	163251.42	159028.71
	归属母公司股东权益(万元)	57868.23	57371.98	56847.40	56402.89
	主营业务收入(万元)	49807.50	74142.58	54338.65	86507.12
	营业收入(万元)	50340.49	75215.67	55284.66	88858.45
	主营成本(万元)	43843.88	62305.17	49235.96	77868.85
	营业成本(万元)	43928.63	62355.28	58744.51	77998.57
	投资收益(万元)	4217.75	17413.82	3541.14	15412.03
	净利润(万元)	500.54	885.47	440.73	780.94
	利润总额(万元)	500.54	1905.63	440.73	681.44

上海物资贸易股份有限公司

公司概况	公司名称	上海物资贸易股份有限公司		证券简称	上海物贸
	法人代表	贺涛	董秘	李伟	证券代码 600822
	公司网址	www.600822sh.com		电子信箱	600822@shwuzi.com
	电　话	021-63231818		传　真	021-63292367
	办公地址	上海市黄浦区南苏州路 325 号			
	经营范围	燃料油、金属材料、化工原料、建材、汽车等机电产品的经营及进出口贸易等			

主要财务指标	指标\报告期	2013.06.30	2012.12.31	2012.06.30	2011.12.31
	基本每股收益(元)	0.0163	-1.2000	0.0830	0.2140
	基本每股收益(扣除)(元)	0.0126	-1.3000	0.0800	0.2090
	每股净资产(元)	1.9764	1.9665	3.4280	3.3670
	每股经营现金净流量(元)	1.3373	-2.5286	0.1142	-2.6520
	每股现金流量(元)	-0.0819	0.9223	0.7250	-0.2828
	每股资本公积金(元)	1.4059	1.4113	1.4930	1.5157
	每股盈余公积金(元)	0.1073	0.1073	0.1025	0.1025
	每股未分配利润(元)	-0.5301	-0.5464	0.8380	0.7550
	净资产收益率(%)	0.8239	-60.8271	2.4208	6.3630
	加权净资产收益率(%)	0.8260	-44.7100	2.4400	6.5700
	净资产收益率(扣除)(%)	-	-	-	-
	总资产(万元)	1222857.99	1189155.77	1270675.83	902846.58
	归属母公司股东权益(万元)	98022.16	97532.73	170029.03	167029.69
	主营业务收入(万元)	5113251.54	9520705.24	4134807.26	8051360.73
	营业收入(万元)	5116557.61	9527021.44	4136208.59	8057191.55
	主营成本(万元)	5076366.86	9487538.78	4093281.75	7976312.70
	营业成本(万元)	5076852.94	9488615.13	4093620.58	7977150.28
	投资收益(万元)	1490.89	9721.43	1366.03	3714.67
	净利润(万元)	2295.26	-56312.82	5567.11	11945.21
	利润总额(万元)	4180.82	-54348.85	7054.61	14276.66

上海世茂股份有限公司

公司概况	公司名称	上海世茂股份有限公司		证券简称	世茂股份
	法人代表	许薇薇	董秘	俞峰	证券代码 600823
	公司网址	www.shimaoco.com		电子信箱	600823@shimao.com.cn
	电　话	021-20203388		传　真	021-20203399
	办公地址	上海市银城中路 68 号时代金融中心 43 楼			
	经营范围	实业投资、房地产综合开发、本公司商标特许经营、针纺织品等			

主要财务指标	指标\报告期	2013.06.30	2012.12.31	2012.06.30	2011.12.31
	基本每股收益(元)	0.6000	1.1700	0.5100	1.0100
	基本每股收益(扣除)(元)	0.5300	0.9300	0.5000	0.8700
	每股净资产(元)	11.5185	10.7270	10.2900	8.8200
	每股经营现金净流量(元)	0.4325	1.4928	-0.9795	-1.4941
	每股现金流量(元)	-0.6255	-0.2406	-0.6970	0.8154
	每股资本公积金(元)	6.1264	5.9376	5.0012	5.0337
	每股盈余公积金(元)	0.2263	0.2263	0.1705	0.1705
	每股未分配利润(元)	4.1592	3.5579	3.1161	2.6065
	净资产收益率(%)	5.2198	10.8800	4.9510	11.4700
	加权净资产收益率(%)	5.4400	11.8600	5.6000	12.7500
	净资产收益率(扣除)(%)	-	-	-	-
	总资产(万元)	4069490.82	3708448.63	3464067.03	3300655.96
	归属母公司股东权益(万元)	1348352.43	1255700.41	1204881.00	1031977.25
	主营业务收入(万元)	417042.49	678598.24	353390.61	568205.47
	营业收入(万元)	417042.49	678598.24	355244.22	568948.06
	主营成本(万元)	262227.50	391805.68	220359.83	283523.15
	营业成本(万元)	262227.50	391805.68	220363.13	283779.99
	投资收益(万元)	-2118.03	23506.49	23934.73	525.81
	净利润(万元)	70731.79	140103.16	56577.64	123591.78
	利润总额(万元)	88108.88	188069.20	75467.40	172497.23

上海益民商业集团股份有限公司

公司概况	公司名称	上海益民商业集团股份有限公司		证券简称	益民集团
	法人代表	杨传华	董秘 邵振耀	证券代码	600824
	公司网址	www.yimingroup.com		电子信箱	yimin@yimingroup.com
	电　话	021-64339888 转 6112		传　真	021-64721377
	办公地址	上海市淮海中路 809 号甲			
	经营范围	百货零售业等			

主要财务指标	指标\报告期	2013.06.30	2012.12.31	2012.06.30	2011.12.31
	基本每股收益(元)	0.1448	0.2040	0.1375	0.1850
	基本每股收益(扣除)(元)	0.1348	0.1990	0.1350	0.1860
	每股净资产(元)	2.2615	2.1163	2.0490	1.9720
	每股经营现金净流量(元)	0.3067	0.0816	0.1804	–0.0368
	每股现金流量(元)	0.1169	–0.1321	–0.0387	0.0480
	每股资本公积金(元)	0.1857	0.1853	0.1851	0.1853
	每股盈余公积金(元)	0.2028	0.2028	0.1856	0.1856
	每股未分配利润(元)	0.8731	0.7283	0.6786	0.6011
	净资产收益率(%)	6.4024	9.6545	6.7099	9.3970
	加权净资产收益率(%)	6.6200	10.0200	6.7700	9.7300
	净资产收益率(扣除)(%)	–	–	–	–
	总资产(万元)	247742.52	236091.63	231210.66	231359.94
	归属母公司股东权益(万元)	165536.28	154905.08	150005.70	144344.28
	主营业务收入(万元)	158166.26	250708.00	127242.15	208135.43
	营业收入(万元)	163909.08	260465.22	132169.25	218657.53
	主营成本(万元)	121789.20	186534.45	92291.81	148379.91
	营业成本(万元)	123363.28	189402.56	93741.17	151121.03
	投资收益(万元)	217.11	348.07	35.78	229.77
	净利润(万元)	10759.66	15211.36	10194.76	13652.16
	利润总额(万元)	15068.08	20840.88	13888.59	19417.60

上海新华传媒股份有限公司

公司概况	公司名称	上海新华传媒股份有限公司		证券简称	新华传媒
	法人代表	陈剑峰	董秘 王左国	证券代码	600825
	公司网址	www.xhmedia.com		电子信箱	xhcm600825@gmail.com
	电　话	021-60376284		传　真	021-60376284
	办公地址	上海市徐汇区漕溪北路 331 号新华中心(中金国际广场 A 座)7–8 楼			
	经营范围	图书报刊、电子出版物零售(连锁经营)、图书报刊、电子出版物批发等			

主要财务指标	指标\报告期	2013.06.30	2012.12.31	2012.06.30	2011.12.31
	基本每股收益(元)	0.0320	0.1000	0.0620	0.1700
	基本每股收益(扣除)(元)	0.0090	–0.0020	0.0230	0.0600
	每股净资产(元)	2.4643	2.4324	2.4300	2.3680
	每股经营现金净流量(元)	0.0640	0.0303	–0.1227	0.0435
	每股现金流量(元)	0.4905	0.1826	–0.1363	0.1223
	每股资本公积金(元)	0.6079	0.6079	0.6079	0.6079
	每股盈余公积金(元)	0.1249	0.1249	0.1050	0.1050
	每股未分配利润(元)	0.7315	0.6995	0.7174	0.6551
	净资产收益率(%)	1.2974	4.2880	2.5625	7.2944
	加权净资产收益率(%)	1.3100	4.3400	2.6000	7.6600
	净资产收益率(扣除)(%)	–	–	–	–
	总资产(万元)	618295.68	599088.60	537999.49	536287.20
	归属母公司股东权益(万元)	257495.49	254154.82	253943.42	247436.23
	主营业务收入(万元)	76625.90	171918.46	77868.28	203281.25
	营业收入(万元)	81152.15	179549.11	81339.26	211098.52
	主营成本(万元)	50996.80	118938.41	53579.60	140738.53
	营业成本(万元)	51694.50	120068.51	54011.85	141720.54
	投资收益(万元)	–466.17	6199.25	203.23	9157.09
	净利润(万元)	3316.50	11010.86	6607.80	18532.57
	利润总额(万元)	5627.42	15534.72	8980.26	24279.53

上海兰生股份有限公司

公司概况	公司名称	上海兰生股份有限公司		证券简称	兰生股份
	法人代表	戴柳	董秘 杨敏	证券代码	600826
	公司网址	www.lansheng.com		电子信箱	yangmin@lansheng.com
	电　话	021-51991608 51991611		传　真	021-33772705*608 611
	办公地址	上海市中山北二路 1800 号			
	经营范围	主营自营和代理各类商品及技术的进出口业务、国内贸易等			

主要财务指标	指标\报告期	2013.06.30	2012.12.31	2012.06.30	2011.12.31
	基本每股收益(元)	0.0950	0.1180	0.0900	0.1200
	基本每股收益(扣除)(元)	0.0950	0.1100	0.0900	0.1000
	每股净资产(元)	4.6705	4.9119	4.6720	3.8600
	每股经营现金净流量(元)	–0.0647	0.0129	–0.0270	–0.1390
	每股现金流量(元)	–0.0131	–0.0439	–0.0661	–0.0605
	每股资本公积金(元)	3.0060	3.3029	3.0915	2.3356
	每股盈余公积金(元)	0.4148	0.4148	0.3994	0.3994
	每股未分配利润(元)	0.2497	0.1943	0.1813	0.1217
	净资产收益率(%)	2.0433	2.4016	1.9186	3.2190
	加权净资产收益率(%)	1.9900	3.0200	2.1000	2.6900
	净资产收益率(扣除)(%)	–	–	–	–
	总资产(万元)	262396.63	278855.59	266945.47	220442.65
	归属母公司股东权益(万元)	196460.93	206614.92	196532.16	162228.53
	主营业务收入(万元)	62067.78	130691.97	65042.14	126524.39
	营业收入(万元)	63001.98	132631.29	65577.36	129032.23
	主营成本(万元)	59400.40	125676.41	62110.66	120279.44
	营业成本(万元)	60199.96	126954.12	62445.86	122479.88
	投资收益(万元)	4217.98	5690.97	3936.78	7363.53
	净利润(万元)	3992.60	4920.49	3767.84	5176.35
	利润总额(万元)	4112.59	5015.01	3798.74	5276.60

上海友谊集团股份有限公司

公司概况	公司名称	上海友谊集团股份有限公司		证券简称	友谊股份
	法人代表	马新生	董秘 董小春	证券代码	600827
	公司网址	www.shfriendship.com		电子信箱	yy600827@163.com
	电　话	021-63223344 63229537		传　真	021-63517447
	办公地址	上海市六合路 58 号新一百大厦 13 楼			
	经营范围	综合百货、医疗器械、装潢装饰材料、服装针纺织品、五金交电等			

主要财务指标	指标\报告期	2013.06.30	2012.12.31	2012.06.30	2011.12.31
	基本每股收益(元)	0.4300	0.6800	0.4700	0.8500
	基本每股收益(扣除)(元)	0.4100	0.6300	0.4600	0.6200
	每股净资产(元)	7.1048	7.1163	6.7900	6.6800
	每股经营现金净流量(元)	1.3407	0.9703	0.0292	2.0599
	每股现金流量(元)	1.4136	–0.5456	–0.4159	0.3290
	每股资本公积金(元)	2.7550	2.8958	2.7811	2.5854
	每股盈余公积金(元)	0.4984	0.4984	0.4299	0.4299
	每股未分配利润(元)	2.8460	2.7167	2.5770	2.3557
	净资产收益率(%)	6.0427	9.5480	6.9384	12.6720
	加权净资产收益率(%)	5.8600	10.1000	7.0800	13.7100
	净资产收益率(扣除)(%)	–	–	–	–
	总资产(万元)	3865907.85	3898594.30	3571548.98	3688988.13
	归属母公司股东权益(万元)	1223790.86	1225781.73	1170043.98	1098339.25
	主营业务收入(万元)	2641718.04	4790388.70	2474348.76	4584505.78
	营业收入(万元)	2721482.84	4926286.57	2549045.80	4701515.76
	主营成本(万元)	2133485.24	3833960.80	1982230.74	3623370.06
	营业成本(万元)	2140102.68	3849298.77	1988774.39	3634831.59
	投资收益(万元)	14687.46	32376.36	16346.39	68396.89
	净利润(万元)	93740.65	153597.06	105730.12	194658.59
	利润总额(万元)	127703.77	213083.42	136794.24	261899.51

成商集团股份有限公司

公司概况	公司名称	成商集团股份有限公司			证券简称	成商集团
	法人代表	王福琴	董秘	郑怡	证券代码	600828
	公司网址	www.cpds.cn		电子信箱	cpds_600828@cpds.cn	
	电　　话	028-86665088		传　　真	028-86652529	
	办公地址	四川省成都市东御街 19 号				
	经营范围	批发、零售商品等				

主要财务指标	指标＼报告期	2013.06.30	2012.12.31	2012.06.30	2011.12.31
	基本每股收益(元)	0.1451	0.2641	0.1345	0.3431
	基本每股收益(扣除)(元)	0.1410	0.2612	0.1352	0.3311
	每股净资产(元)	1.7421	1.6270	1.5000	1.8100
	每股经营现金净流量(元)	0.0503	0.3913	0.1727	0.5519
	每股现金流量(元)	–0.1034	0.0085	0.0039	–0.0146
	每股资本公积金(元)	0.0529	0.0529	0.0529	0.0688
	每股盈余公积金(元)	0.1960	0.1960	0.1695	0.2204
	每股未分配利润(元)	0.4932	0.3781	0.2749	0.5226
	净资产收益率(%)	8.3289	16.2319	8.9793	24.6190
	加权净资产收益率(%)	8.6100	17.5800	9.3000	27.9700
	净资产收益率(扣除)(%)	–	–	–	–
	总资产(万元)	221798.99	223206.68	216418.61	209350.52
	归属母公司股东权益(万元)	99378.15	92812.35	85417.52	79502.81
	主营业务收入(万元)	102233.31	195200.88	98901.20	186407.94
	营业收入(万元)	111527.96	214640.18	108511.89	204015.83
	主营成本(万元)	86046.53	163137.22	82718.58	156385.05
	营业成本(万元)	86322.95	163690.07	82995.01	156932.98
	投资收益(万元)	533.50	699.39	149.50	7752.39
	净利润(万元)	8236.31	14931.22	7603.18	19803.58
	利润总额(万元)	11929.63	20343.34	10683.29	25896.73

哈药集团三精制药股份有限公司

公司概况	公司名称	哈药集团三精制药股份有限公司			证券简称	三精制药
	法人代表	刘占滨	董秘	林本松	证券代码	600829
	公司网址	www.sanjing.com.cn		电子信箱	linbs@hayao.com	
	电　　话	0451-84675166		传　　真	0451-84675166	
	办公地址	黑龙江省哈尔滨市香坊区哈平路 233 号				
	经营范围	医药制造、医药经销和投资管理等				

主要财务指标	指标＼报告期	2013.06.30	2012.12.31	2012.06.30	2011.12.31
	基本每股收益(元)	–0.0579	0.6277	0.3853	0.6874
	基本每股收益(扣除)(元)	–0.1077	0.5711	0.3631	0.5983
	每股净资产(元)	3.6761	3.7339	3.4916	3.1063
	每股经营现金净流量(元)	0.3362	0.3821	0.1985	–0.1868
	每股现金流量(元)	0.2823	0.1304	–0.0254	0.0343
	每股资本公积金(元)	0.2264	0.2264	0.2264	0.2264
	每股盈余公积金(元)	0.5027	0.5027	0.4436	0.4436
	每股未分配利润(元)	1.9470	2.0048	1.8216	1.4363
	净资产收益率(%)	–1.5739	16.8097	11.0360	22.1280
	加权净资产收益率(%)	–1.5600	18.3500	11.6800	23.4900
	净资产收益率(扣除)(%)	–	–	–	–
	总资产(万元)	393891.06	405149.76	397635.57	384385.00
	归属母公司股东权益(万元)	213170.30	216525.42	202473.05	180128.87
	主营业务收入(万元)	155315.47	406272.31	209932.21	359920.43
	营业收入(万元)	156118.46	406838.53	210311.28	360573.89
	主营成本(万元)	95410.60	200634.37	99802.73	182046.38
	营业成本(万元)	95739.59	200634.47	99802.86	182054.12
	投资收益(万元)	–378.23	47.21	20.86	342.57
	净利润(万元)	–3404.13	35349.39	22642.10	38847.67
	利润总额(万元)	244.24	46051.68	27962.18	48552.43

香溢融通控股集团股份有限公司

公司概况	公司名称	香溢融通控股集团股份有限公司			证券简称	香溢融通
	法人代表	孙建华	董秘	林蔚晴	证券代码	600830
	公司网址	www.sunnyloantop.cn		电子信箱	slt@sunnyloantop.cn	
	电　　话	0574-87315310		传　　真	0574-87294676	
	办公地址	浙江省宁波市西河街 158 号				
	经营范围	商业、广告、进出口、餐饮服务、娱乐及旅游等				

主要财务指标	指标＼报告期	2013.06.30	2012.12.31	2012.06.30	2011.12.31
	基本每股收益(元)	0.1110	0.2460	0.1230	0.4140
	基本每股收益(扣除)(元)	0.0200	0.0630	0.0250	0.0570
	每股净资产(元)	3.7178	3.6572	3.5340	3.4611
	每股经营现金净流量(元)	0.2019	0.0853	–0.0542	0.3971
	每股现金流量(元)	0.1460	0.0039	–0.1674	0.3635
	每股资本公积金(元)	1.1545	1.1545	1.1545	1.1545
	每股盈余公积金(元)	0.1946	0.1910	0.1819	0.1767
	每股未分配利润(元)	1.3687	1.3693	1.1980	1.1299
	净资产收益率(%)	2.9732	6.7312	3.4893	11.9700
	加权净资产收益率(%)	2.9770	6.9170	3.5010	12.6350
	净资产收益率(扣除)(%)	–	–	–	–
	总资产(万元)	237797.30	238178.03	227428.14	222271.87
	归属母公司股东权益(万元)	168906.71	168770.72	160575.12	157243.78
	主营业务收入(万元)	46438.71	112038.65	54075.30	115925.50
	营业收入(万元)	54091.76	127353.49	61548.02	130208.89
	主营成本(万元)	41845.03	101851.92	48575.43	105391.89
	营业成本(万元)	41933.56	102118.23	48670.50	105613.82
	投资收益(万元)	–	20.22	20.22	1584.07
	净利润(万元)	5642.43	12288.93	6320.99	20156.40
	利润总额(万元)	7731.95	17069.35	8723.05	26705.57

陕西广电网络传媒(集团)股份有限公司

公司概况	公司名称	陕西广电网络传媒(集团)股份有限公司			证券简称	广电网络
	法人代表	吕晓明	董秘	杨莎	证券代码	600831
	公司网址	www.600831.com		电子信箱	600831@china.com	
	电　　话	029-87991255　87991258		传　　真	029-87991266	
	办公地址	陕西省西安市曲江新区行政商务区曲江·首座大厦				
	经营范围	有线电视网络运营、广告代理、影视制作等				

主要财务指标	指标＼报告期	2013.06.30	2012.12.31	2012.06.30	2011.12.31
	基本每股收益(元)	0.1490	0.2488	0.1390	0.2482
	基本每股收益(扣除)(元)	0.1470	0.2534	0.1390	0.2260
	每股净资产(元)	2.8900	2.7800	2.6680	2.5600
	每股经营现金净流量(元)	0.6678	1.3767	0.6401	1.0953
	每股现金流量(元)	0.0730	0.0668	0.2219	–0.1598
	每股资本公积金(元)	0.7698	0.7698	0.7698	0.7698
	每股盈余公积金(元)	0.1060	0.1060	0.0838	0.0838
	每股未分配利润(元)	1.0123	0.9028	0.8148	0.7063
	净资产收益率(%)	5.1800	8.9500	5.1900	9.7000
	加权净资产收益率(%	5.2400	9.3200	5.2700	10.1900
	净资产收益率(扣除)(%)	–	–	–	–
	总资产(万元)	435437.66	400048.04	368903.71	332885.76
	归属母公司股东权益(万元)	162725.62	156557.63	150348.15	144234.40
	主营业务收入(万元)	102685.63	172143.52	85375.08	141394.31
	营业收入(万元)	102922.55	172400.36	85460.61	141917.91
	主营成本(万元)	63740.76	98359.31	49943.65	83479.56
	营业成本(万元)	63850.18	98364.55	49978.27	83523.20
	投资收益(万元)	216.79	503.89	181.62	337.21
	净利润(万元)	8332.44	14341.79	7885.01	13985.88
	利润总额(万元)	8364.82	14532.23	7976.51	14040.50

上海东方明珠(集团)股份有限公司

公司概况	公司名称	上海东方明珠(集团)股份有限公司			证券简称	东方明珠
	法人代表	钮卫平	董秘	胡湧	证券代码	600832
	公司网址	www.opg.cn			电子信箱	huyong@opg.cn
	电　话	021-58791888			传　真	021-58828222
	办公地址	上海市浦东世纪大道1号				
	经营范围	旅游观光、媒体广告、信息传输、实业投资等				

	指标\报告期	2013.06.30	2012.12.31	2012.06.30	2011.12.31
主要财务指标	基本每股收益(元)	0.0930	0.1720	0.0860	0.1430
	基本每股收益(扣除)(元)	0.0430	0.1110	0.0750	0.1130
	每股净资产(元)	2.3932	2.3816	2.4260	2.2680
	每股经营现金净流量(元)	0.0206	0.2141	0.0416	0.1836
	每股现金流量(元)	0.2442	–0.2876	–0.0829	–0.1040
	每股资本公积金(元)	0.6025	0.6836	0.6939	0.6218
	每股盈余公积金(元)	0.2246	0.2246	0.2085	0.2087
	每股未分配利润(元)	0.5661	0.4734	0.5240	0.4377
	净资产收益率(%)	3.8743	7.2205	3.5537	6.3162
	加权净资产收益率(%)	3.8200	7.4000	3.5500	6.1200
	净资产收益率(扣除)(%)	–	–	–	–
	总资产(万元)	1350515.14	1208254.62	1244322.14	1178448.27
	归属母公司股东权益(万元)	762560.41	758858.62	773137.48	722711.27
	主营业务收入(万元)	163184.93	311826.87	152549.33	256428.65
	营业收入(万元)	163184.93	312474.26	152595.41	256972.69
	主营成本(万元)	122443.87	220718.37	106546.21	169004.21
	营业成本(万元)	122443.87	220931.95	106546.21	169189.50
	投资收益(万元)	19085.30	24824.24	8421.51	12993.88
	净利润(万元)	32013.80	61084.71	30454.44	50742.58
	利润总额(万元)	43883.50	80334.20	39461.11	66726.96

上海第一医药股份有限公司

公司概况	公司名称	上海第一医药股份有限公司			证券简称	第一医药
	法人代表	徐震午	董秘	孙炳	证券代码	600833
	公司网址	www.dyyy.com.cn			电子信箱	shcred@online.sh.cn
	电　话	021-64337282			传　真	021-64337191
	办公地址	上海市徐汇区乌鲁木齐南路158号				
	经营范围	经销化学原料药、化学药制剂、生物制品、中西药、百货等				

	指标\报告期	2013.06.30	2012.12.31	2012.06.30	2011.12.31
主要财务指标	基本每股收益(元)	0.0848	0.1600	0.0822	0.1600
	基本每股收益(扣除)(元)	0.0846	0.1600	0.0817	0.1600
	每股净资产(元)	2.1749	2.2092	2.0864	1.8935
	每股经营现金净流量(元)	0.0926	0.2521	0.1452	0.1106
	每股现金流量(元)	0.0901	–0.0207	0.1508	0.0436
	每股资本公积金(元)	0.7270	0.8461	0.7544	0.6437
	每股盈余公积金(元)	0.1117	0.1117	0.0902	0.0902
	每股未分配利润(元)	0.3362	0.2513	0.2418	0.1595
	净资产收益率(%)	3.9009	7.3928	3.9414	8.7000
	加权净资产收益率(%)	3.8200	7.9600	4.1300	8.6300
	净资产收益率(扣除)(%)	–	–	–	–
	总资产(万元)	83014.82	89226.78	83145.71	79420.61
	归属母公司股东权益(万元)	48518.02	49283.48	46543.98	42240.35
	主营业务收入(万元)	66320.93	127729.14	64791.23	122131.79
	营业收入(万元)	68905.33	135767.04	67302.51	126832.71
	主营成本(万元)	57709.21	110101.22	56089.98	104707.13
	营业成本(万元)	57967.95	112323.09	56254.79	105082.71
	投资收益(万元)	288.64	259.45	244.85	236.60
	净利润(万元)	1892.63	3643.43	1834.50	3674.87
	利润总额(万元)	2349.53	5312.50	2454.15	5201.33

上海申通地铁股份有限公司

公司概况	公司名称	上海申通地铁股份有限公司			证券简称	申通地铁
	法人代表	俞光耀	董秘	孙斯惠	证券代码	600834
	公司网址	www.shtmetro.com			电子信箱	600834@shtmetro.com
	电　话	021-54259985 54259971			传　真	021-54257330
	办公地址	上海市桂林路909号3号楼2楼				
	经营范围	地铁经营及相关综合开发、轨道交通投资、附设分支机构等				

	指标\报告期	2013.06.30	2012.12.31	2012.06.30	2011.12.31
主要财务指标	基本每股收益(元)	0.1380	0.2326	0.1300	0.1159
	基本每股收益(扣除)(元)	0.1380	0.2325	0.1300	0.1159
	每股净资产(元)	2.6038	2.5347	2.4329	2.3500
	每股经营现金净流量(元)	0.2555	0.4682	0.3408	0.3576
	每股现金流量(元)	0.0031	0.2369	0.2060	0.0120
	每股资本公积金(元)	0.1711	0.1700	0.1701	0.1693
	每股盈余公积金(元)	0.3629	0.3629	0.3441	0.3441
	每股未分配利润(元)	1.0698	1.0018	0.9186	0.8380
	净资产收益率(%)	5.3024	9.1748	5.3716	4.9280
	加权净资产收益率(%)	5.3000	9.5200	5.4100	4.9800
	净资产收益率(扣除)(%)	–	–	–	–
	总资产(万元)	173876.73	177207.77	179755.06	173227.60
	归属母公司股东权益(万元)	124301.94	121001.24	116141.83	112253.39
	主营业务收入(万元)	35029.35	71946.06	35639.59	77925.28
	营业收入(万元)	35037.90	71950.34	35639.59	77925.28
	主营成本(万元)	27573.65	57094.47	27167.92	68184.40
	营业成本(万元)	27573.89	57094.71	27167.92	68184.40
	投资收益(万元)	–	1.90	–	3.80
	净利润(万元)	6590.95	11101.57	6238.62	5531.98
	利润总额(万元)	8393.51	14807.93	8318.16	7261.13

上海机电股份有限公司

公司概况	公司名称	上海机电股份有限公司			证券简称	上海机电
	法人代表	徐建国	董秘	司文培	证券代码	600835
	公司网址	www.chinasec.cn			电子信箱	shjddm@chinasec.cn
	电　话	021-68547168			传　真	021-68547170 68547550
	办公地址	上海市浦东新区民生路1286号汇商大厦9楼				
	经营范围	机电一体化产品、设备的设计、生产、销售自产产品等				

	指标\报告期	2013.06.30	2012.12.31	2012.06.30	2011.12.31
主要财务指标	基本每股收益(元)	0.2800	0.6900	0.3500	0.4200
	基本每股收益(扣除)(元)	0.4200	0.7500	0.4000	0.7100
	每股净资产(元)	5.0148	4.9911	6.0400	5.2319
	每股经营现金净流量(元)	0.9082	3.0507	1.3221	0.8657
	每股现金流量(元)	–0.5714	3.1232	1.2768	0.8852
	每股资本公积金(元)	1.5752	1.5625	1.4442	2.1332
	每股盈余公积金(元)	1.2773	1.2773	1.1925	1.2071
	每股未分配利润(元)	1.1610	1.0932	2.4040	0.8268
	净资产收益率(%)	5.5407	13.7816	5.7721	8.0844
	加权净资产收益率(%)	5.4400	13.3900	6.4500	8.2400
	净资产收益率(扣除)(%)	–	–	–	–
	总资产(万元)	2541944.86	2574367.66	1978659.19	2092777.64
	归属母公司股东权益(万元)	512880.36	510456.24	617806.80	535086.83
	主营业务收入(万元)	920650.01	1751112.19	843518.22	1762261.21
	营业收入(万元)	938154.00	1774325.09	855774.28	1788249.16
	主营成本(万元)	739297.75	1410322.59	687941.76	1433284.91
	营业成本(万元)	754287.63	1429519.92	697238.39	1453092.61
	投资收益(万元)	5298.57	43706.04	30872.45	32152.82
	净利润(万元)	64801.55	131482.47	62752.27	89940.21
	利润总额(万元)	74320.46	167913.84	72384.05	110362.06

上海界龙实业集团股份有限公司

公司概况	公司名称	上海界龙实业集团股份有限公司		证券简称	界龙实业
	法人代表	费屹立	董秘 楼福良	证券代码	600836
	公司网址	www.jielong-printing.com		电子信箱	loufl@jielongcorp.com
	电　话	021-58949028		传　真	021-58926698
	办公地址	上海市浦东新区杨高中路 2112 号(南洋泾路与杨高中路交叉口)			
	经营范围	包装装潢、彩色印刷、特种印刷、电脑制品、照相制版等			

主要财务指标	指标\报告期	2013.06.30	2012.12.31	2012.06.30	2011.12.31
	基本每股收益(元)	0.0050	0.0260	0.0050	0.0220
	基本每股收益(扣除)(元)	-0.0090	-0.0110	-0.0080	-0.0200
	每股净资产(元)	1.3804	1.3757	1.3550	1.3500
	每股经营现金净流量(元)	0.3686	0.4126	0.3119	-0.0998
	每股现金流量(元)	-0.2216	-0.0078	0.0447	0.1737
	每股资本公积金(元)	0.0126	0.0131	0.0132	0.0128
	每股盈余公积金(元)	0.0332	0.0332	0.0295	0.0295
	每股未分配利润(元)	0.3345	0.3293	0.3121	0.3073
	净资产收益率(%)	0.3786	1.8724	0.3560	1.6420
	加权净资产收益率(%)	0.3800	1.8900	0.3600	1.6600
	净资产收益率(扣除)(%)	-	-	-	-
	总资产(万元)	347974.53	350339.38	360910.15	342295.95
	归属母公司股东权益(万元)	43282.87	43135.67	42479.96	42317.76
	主营业务收入(万元)	76011.04	145149.41	50662.42	113267.33
	营业收入(万元)	78267.98	148917.49	51915.87	116219.04
	主营成本(万元)	65493.42	124170.07	42130.66	95219.29
	营业成本(万元)	65905.38	125174.84	42322.70	95678.83
	投资收益(万元)	56.50	61.17	-	1259.32
	净利润(万元)	305.76	1028.46	26.90	647.15
	利润总额(万元)	755.61	2372.07	157.74	1676.59

海通证券股份有限公司

公司概况	公司名称	海通证券股份有限公司		证券简称	海通证券
	法人代表	王开国	董秘 金晓斌	证券代码	600837
	公司网址	www.htsec.com		电子信箱	jinxb@htsec.com
	电　话	021-23219000		传　真	021-63410707
	办公地址	上海市广东路 689 号海通证券大厦			
	经营范围	证券经纪、证券自营、证券承销与保荐、证券投资咨询等			

主要财务指标	指标\报告期	2013.06.30	2012.12.31	2012.06.30	2011.12.31
	基本每股收益(元)	0.2800	0.3300	0.2300	0.3800
	基本每股收益(扣除)(元)	0.2700	0.3100	0.2300	0.3600
	每股净资产(元)	6.2683	6.1222	5.9700	5.4700
	每股经营现金净流量(元)	0.6150	-0.9554	0.1682	-2.1575
	每股现金流量(元)	0.4673	0.2069	1.1688	-2.8559
	每股资本公积金(元)	3.3801	3.3848	3.3381	2.6676
	每股盈余公积金(元)	0.2344	0.2344	0.2062	0.2402
	每股未分配利润(元)	1.2184	1.0603	1.0411	1.1167
	净资产收益率(%)	4.4363	5.1462	3.5377	6.8890
	加权净资产收益率(%)	4.4500	5.6300	4.0700	6.9300
	净资产收益率(扣除)(%)	-	-	-	-
	总资产(万元)	13942451.35	12634626.55	11535750.77	9887637.67
	归属母公司股东权益(万元)	6008000.40	5867968.32	5725488.68	4504237.47
	主营业务收入(万元)	-	-	-	-
	营业收入(万元)	211782.19	914069.40	506364.99	929273.00
	主营成本(万元)	-	-	-	-
	营业成本(万元)	-	-	-	-
	投资收益(万元)	154936.23	204246.41	88924.09	205370.73
	净利润(万元)	278182.27	323449.25	214494.04	328199.68
	利润总额(万元)	360944.37	410947.20	280063.01	430016.39

上海九百股份有限公司

公司概况	公司名称	上海九百股份有限公司		证券简称	上海九百
	法人代表	龚祥荣	董秘 张敏	证券代码	600838
	公司网址	www.shjb600838.com		电子信箱	shjb838@sina.com
	电　话	021-62729898 918 838		传　真	021-62569821
	办公地址	上海市常德路 940 号			
	经营范围	日用百货、家用电器、针纺织品、文教用品等的零售与批发等			

主要财务指标	指标\报告期	2013.06.30	2012.12.31	2012.06.30	2011.12.31
	基本每股收益(元)	0.0422	0.0642	0.0257	0.2659
	基本每股收益(扣除)(元)	0.0422	0.0644	0.0257	0.0518
	每股净资产(元)	1.7379	1.6968	1.7614	1.7357
	每股经营现金净流量(元)	-0.0276	-0.1172	-0.1052	-0.0731
	每股现金流量(元)	-0.0469	0.0002	-0.0253	-0.0248
	每股资本公积金(元)	0.4641	0.4651	0.4682	0.4682
	每股盈余公积金(元)	0.0757	0.0757	0.0621	0.0621
	每股未分配利润(元)	0.1982	0.1560	0.2310	0.2053
	净资产收益率(%)	2.4285	3.7836	1.4613	15.3194
	加权净资产收益率(%)	2.4600	3.7000	1.4700	16.5300
	净资产收益率(扣除)(%)	-	-	-	-
	总资产(万元)	108074.35	107692.45	105019.05	100687.33
	归属母公司股东权益(万元)	69671.28	68020.96	70611.18	69579.89
	主营业务收入(万元)	-	16031.29	7855.01	16092.23
	营业收入(万元)	7736.73	16639.46	7913.50	16596.88
	主营成本(万元)	-	11434.21	5449.77	11397.93
	营业成本(万元)	5051.06	11572.33	5449.77	11516.44
	投资收益(万元)	4337.70	8127.99	4222.50	10515.52
	净利润(万元)	1691.97	2573.64	1031.85	10659.21
	利润总额(万元)	1692.33	2611.01	1046.81	10694.99

四川长虹电器股份有限公司

公司概况	公司名称	四川长虹电器股份有限公司		证券简称	四川长虹
	法人代表	赵勇	董秘 谭明献	证券代码	600839
	公司网址	www.changhong.com		电子信箱	mx.tan@changhong.com
	电　话	0816-2418486		传　真	0816-2418518 2410299
	办公地址	四川省绵阳市高新区绵兴东路 35 号			
	经营范围	家用电器、电子产品及零配件、通信设备、计算机及其他电子设备等			

主要财务指标	指标\报告期	2013.06.30	2012.12.31	2012.06.30	2011.12.31
	基本每股收益(元)	0.0492	0.0705	0.0319	0.1013
	基本每股收益(扣除)(元)	0.0432	0.0164	-0.0348	0.0647
	每股净资产(元)	3.0408	2.9362	2.9000	2.8600
	每股经营现金净流量(元)	0.1351	0.1559	0.0347	-0.2642
	每股现金流量(元)	-0.3430	0.3272	0.0401	-0.0225
	每股资本公积金(元)	0.8880	0.8316	0.8272	0.8235
	每股盈余公积金(元)	0.7458	0.7458	0.7403	0.7403
	每股未分配利润(元)	0.4112	0.3620	0.3338	0.2970
	净资产收益率(%)	1.6184	2.4002	1.0993	3.0019
	加权净资产收益率(%)	1.6467	2.4321	1.1061	3.4362
	净资产收益率(扣除)(%	-	-	-	-
	总资产(万元)	5714255.35	5454554.07	5241162.05	5165106.41
	归属母公司股东权益(万元)	1403716.95	1355424.60	1338580.91	1319847.30
	主营业务收入(万元)	2740758.58	5101035.21	2246326.97	5024483.49
	营业收入(万元)	2802767.26	5233414.91	2321587.51	5200332.83
	主营成本(万元)	2294834.74	4301002.28	1889835.22	4242806.67
	营业成本(万元)	2348291.46	4399023.81	1954514.96	4387835.88
	投资收益(万元)	-15615.07	4980.00	1492.72	13861.78
	净利润(万元)	36716.44	27318.82	18631.38	31165.63
	利润总额(万元)	47902.69	52771.40	27988.21	53148.96

上海柴油机股份有限公司

公司概况

公司名称	上海柴油机股份有限公司			证券简称	上柴股份
法人代表	肖国普	董秘	汪宏彬	证券代码	600841
公司网址	www.sdec.com.cn		电子信箱	sdecdsh@sdec.com.cn	
电　话	021-60652207 60652288		传　真	021-65749845	
办公地址	上海市杨浦区军工路 2636 号				
经营范围	柴油机、工程机械、油泵及配件、柴油电站、船用成套机组等				

主要财务指标

指标\报告期	2013.06.30	2012.12.31	2012.06.30	2011.12.31
基本每股收益(元)	0.1300	0.2400	0.1100	0.2700
基本每股收益(扣除)(元)	0.1000	0.1900	0.0900	0.2500
每股净资产(元)	3.6793	3.6519	3.5400	4.5400
每股经营现金净流量(元)	0.0290	0.4537	0.1109	0.9860
每股现金流量(元)	–0.3966	0.6623	0.7320	–0.0157
每股资本公积金(元)	1.2829	1.2993	1.3111	1.4677
每股盈余公积金(元)	0.5230	0.5230	0.4984	0.9018
每股未分配利润(元)	0.8795	0.8251	0.7272	1.1713
净资产收益率(%)	3.4019	6.4184	3.1617	9.5050
加权净资产收益率(%)	3.3700	7.0700	3.6900	9.8000
净资产收益率(扣除)(%)	–	–	–	–
总资产(万元)	540031.67	496571.70	491941.99	401085.64
归属母公司股东权益(万元)	319765.48	317382.98	307366.61	218098.11
主营业务收入(万元)	150702.46	298586.78	166497.61	454325.06
营业收入(万元)	153001.95	302996.28	168356.82	463495.53
主营成本(万元)	122081.48	237310.33	136227.94	365401.86
营业成本(万元)	123638.69	240478.48	137679.17	371431.92
投资收益(万元)	1022.36	928.04	129.41	2132.83
净利润(万元)	10690.05	19863.89	9538.12	20194.90
利润总额(万元)	12017.08	22242.47	10668.77	22433.22

上工申贝(集团)股份有限公司

公司概况

公司名称	上工申贝(集团)股份有限公司			证券简称	上工申贝
法人代表	张敏	董秘	张建国	证券代码	600843
公司网址	www.sgsbgroup.com		电子信箱	sgsb@sgsbgroup.com	
电　话	021-68407515 68407700 1223		传　真	021-63302939	
办公地址	上海市浦东新区世纪大道 1500 号东方大厦 12 楼 A-D 室				
经营范围	研发、生产、维修缝制设备及零部件、缝纫机专用设备、制衣、塑料制品等				

主要财务指标

指标\报告期	2013.06.30	2012.12.31	2012.06.30	2011.12.31
基本每股收益(元)	0.0683	0.0929	0.0641	0.2510
基本每股收益(扣除)(元)	0.0684	0.0642	0.0616	0.0179
每股净资产(元)	1.5982	1.6251	1.5624	1.5553
每股经营现金净流量(元)	–0.0703	0.3089	0.0682	0.1586
每股现金流量(元)	–0.1062	0.2293	0.0146	–0.1126
每股资本公积金(元)	0.8408	0.9113	0.9158	0.9481
每股盈余公积金(元)	0.0101	0.0101	0.0101	0.0101
每股未分配利润(元)	–0.1156	–0.1839	–0.2127	–0.2768
净资产收益率(%)	4.2757	5.7146	4.1012	16.1370
加权净资产收益率(%)	4.2622	5.7978	4.0368	17.1416
净资产收益率(扣除)(%)	–	–	–	–
总资产(万元)	179619.65	162663.33	154030.83	153001.98
归属母公司股东权益(万元)	71740.75	70434.58	70136.04	69816.01
主营业务收入(万元)	84463.88	146715.15	75567.17	153279.37
营业收入(万元)	87142.33	150612.61	77692.38	157868.77
主营成本(万元)	59627.75	104971.80	53148.78	118319.65
营业成本(万元)	60681.44	106777.71	53909.30	120535.32
投资收益(万元)	1187.07	1060.51	1227.11	585.81
净利润(万元)	5142.27	6960.27	4998.14	13165.65
利润总额(万元)	7639.53	10477.58	7497.04	13950.03

丹化化工科技股份有限公司

公司概况

公司名称	丹化化工科技股份有限公司			证券简称	丹化科技
法人代表	曾晓宁	董秘	沈雅芸	证券代码	600844
公司网址			电子信箱	syy@600844.com	
电　话	021-64015596 64016400		传　真	021-64016411	
办公地址	上海市闵行区虹许路 788 号 61 室				
经营范围	煤化工产品、石油化工产品及其衍生物的技术开发、技术转让等				

主要财务指标

指标\报告期	2013.06.30	2012.12.31	2012.06.30	2011.12.31
基本每股收益(元)	–0.1853	0.0356	0.1613	–0.3781
基本每股收益(扣除)(元)	–0.1889	–0.1755	–0.1083	–0.3775
每股净资产(元)	1.1070	1.2929	1.4186	1.2572
每股经营现金净流量(元)	–0.0872	0.4486	0.4255	0.4525
每股现金流量(元)	–0.1736	0.1940	0.1650	–0.1862
每股资本公积金(元)	1.0260	1.0250	1.0250	1.0250
每股盈余公积金(元)	0.0721	0.0721	0.0721	0.0721
每股未分配利润(元)	–0.9896	–0.8042	–0.6785	–0.8399
净资产收益率(%)	–16.7425	2.7565	11.3739	–30.0760
加权净资产收益率(%)	–15.4400	2.7900	12.0600	–26.1400
净资产收益率(扣除)(%)	–	–	–	–
总资产(万元)	355319.94	374382.57	398539.95	395808.03
归属母公司股东权益(万元)	86196.04	100666.75	110454.93	97891.91
主营业务收入(万元)	23803.43	107755.24	43355.68	55034.98
营业收入(万元)	23803.43	110216.05	43526.84	55723.38
主营成本(万元)	31449.63	94959.38	42957.44	63361.28
营业成本(万元)	31449.63	97356.55	43086.27	63877.25
投资收益(万元)	–1525.32	–3369.11	–1025.37	–1082.55
净利润(万元)	–24672.77	–4312.94	7275.01	–38620.68
利润总额(万元)	–24697.25	–1087.39	6786.96	–39120.31

上海宝信软件股份有限公司

公司概况

公司名称	上海宝信软件股份有限公司			证券简称	宝信软件
法人代表	王力	董秘	陈健	证券代码	600845
公司网址	www.baosight.com		电子信箱	investor@baosight.com	
电　话	021-20378893		传　真	021-20378895	
办公地址	上海市浦东新区张江高科技园区郭守敬路 515 号				
经营范围	计算机、自动化、网络通讯系统及软硬件产品的研究、设计、开发、制造等				

主要财务指标

指标\报告期	2013.06.30	2012.12.31	2012.06.30	2011.12.31
基本每股收益(元)	0.4140	0.7700	0.3900	0.7200
基本每股收益(扣除)(元)	0.3980	0.6600	0.3730	0.6000
每股净资产(元)	4.5035	4.3216	3.9490	3.7090
每股经营现金净流量(元)	–0.4657	0.1653	–0.5835	0.1508
每股现金流量(元)	–0.4205	–0.2022	–0.7098	–0.0728
每股资本公积金(元)	0.0722	0.0722	0.0731	0.0731
每股盈余公积金(元)	0.4960	0.4960	0.4231	0.4231
每股未分配利润(元)	2.9377	2.7537	2.4506	2.2110
净资产收益率(%)	9.1933	17.7146	9.8652	19.4210
加权净资产收益率(%)	9.3000	19.1800	10.1100	21.0300
净资产收益率(扣除)(%)	–	–	–	–
总资产(万元)	361095.29	321664.27	285959.90	282700.73
归属母公司股东权益(万元)	153531.75	147332.06	134615.21	126453.43
主营业务收入(万元)	152248.70	363783.28	175865.43	314507.23
营业收入(万元)	152487.75	363847.55	175883.16	314545.52
主营成本(万元)	114927.97	289250.34	139518.14	237602.76
营业成本(万元)	114939.15	289278.67	139533.09	237639.26
投资收益(万元)	–29.83	565.86	129.83	1156.61
净利润(万元)	14165.11	26392.71	13411.92	24781.88
利润总额(万元)	16081.07	31015.33	15700.56	29094.59

上海同济科技实业股份有限公司

公司概况					
公司名称	上海同济科技实业股份有限公司			证券简称	同济科技
法人代表	丁洁民	董秘	骆君君	证券代码	600846
公司网址	www.tjkjsy.com.cn		电子信箱	tjkjsy@tjkjsy.com.cn	
电　话	021-65985860		传　真	021-33626510	
办公地址	上海市四平路 1398 号同济联合广场 B 座 20 层				
经营范围	实业投资、教育产业投资及人才培训、房地产投资与开发经营及咨询服务等				

主要财务指标：指标\报告期	2013.06.30	2012.12.31	2012.06.30	2011.12.31
基本每股收益(元)	0.0800	0.1900	0.0600	0.1800
基本每股收益(扣除)(元)	0.0700	0.1600	0.0500	0.1600
每股净资产(元)	2.2742	2.2460	2.1200	2.0800
每股经营现金净流量(元)	0.2669	0.0881	–0.3410	–2.0653
每股现金流量(元)	–0.2435	–0.0847	–0.1704	–0.1494
每股资本公积金(元)	0.3364	0.3648	0.3635	0.3633
每股盈余公积金(元)	0.1449	0.1449	0.1317	0.1317
每股未分配利润(元)	0.7929	0.7364	0.6246	0.5846
净资产收益率(%)	3.3618	8.2392	2.8321	8.7510
加权净资产收益率(%)	3.3500	8.5600	2.8500	9.1100
净资产收益率(扣除)(%)	–	–	–	–
总资产(万元)	679880.38	671656.51	655940.14	667835.95
归属母公司股东权益(万元)	142081.52	140324.54	132433.98	129918.89
主营业务收入(万元)	183382.19	231610.54	134168.66	200080.79
营业收入(万元)	183795.17	232809.44	134413.53	201417.61
主营成本(万元)	155160.69	188090.79	113387.14	159086.18
营业成本(万元)	155178.35	188339.64	113877.21	160027.60
投资收益(万元)	1393.94	5165.60	1353.86	3408.62
净利润(万元)	6688.48	15850.67	5566.74	16555.46
利润总额(万元)	9027.72	21617.51	7556.87	21348.39

重庆万里新能源股份有限公司

公司概况					
公司名称	重庆万里新能源股份有限公司			证券简称	万里股份
法人代表	刘悉承	董秘	张晶	证券代码	600847
公司网址	www.cqwanli.net.cn		电子信箱	cqwanli2010@126.com	
电　话	023-85532408		传　真	023-85532408	
办公地址	重庆市江津区双福街道创业大道 2 号				
经营范围	生产和销售各类铅酸蓄电池等				

主要财务指标：指标\报告期	2013.06.30	2012.12.31	2012.06.30	2011.12.31
基本每股收益(元)	–0.0204	0.0400	0.0440	0.0400
基本每股收益(扣除)(元)	–0.0022	0.0400	0.0455	0.0100
每股净资产(元)	0.5457	0.5661	0.5678	0.5100
每股经营现金净流量(元)	0.0638	–0.0387	0.0853	0.1150
每股现金流量(元)	0.0235	–0.0371	–0.0053	–0.1132
每股资本公积金(元)	0.2474	0.2455	0.2455	0.2316
每股盈余公积金(元)	–	–	–	–
每股未分配利润(元)	–0.7017	–0.6794	–0.6776	–0.7217
净资产收益率(%)	–3.7435	7.4687	7.7557	7.7520
加权净资产收益率(%)	–3.6700	7.8600	8.1700	8.0600
净资产收益率(扣除)(%)	–	–	–	–
总资产(万元)	30886.30	30513.98	28818.37	27376.15
归属母公司股东权益(万元)	4837.78	5018.88	5034.35	4521.29
主营业务收入(万元)	7042.53	13383.71	7581.05	11525.33
营业收入(万元)	7130.04	14444.88	7850.85	12438.28
主营成本(万元)	6086.89	10833.37	6319.85	9421.96
营业成本(万元)	6103.41	11557.12	6459.41	10050.40
投资收益(万元)	–	–	–	–
净利润(万元)	–181.10	348.59	365.98	252.72
利润总额(万元)	–181.10	348.59	365.98	252.72

上海自动化仪表股份有限公司

公司概况					
公司名称	上海自动化仪表股份有限公司			证券简称	自仪股份
法人代表	徐子瑛	董秘	车海辚	证券代码	600848
公司网址	www.saic.sh.cn		电子信箱	bod@saic.sh.cn	
电　话	021-66987559		传　真	021-66987559	
办公地址	上海市广中西路 191 号				
经营范围	设计、制造自动化控制系统、自动化仪器仪表及其元器件和成套装置等				

主要财务指标：指标\报告期	2013.06.30	2012.12.31	2012.06.30	2011.12.31
基本每股收益(元)	0.0129	0.0250	0.0101	0.0160
基本每股收益(扣除)(元)	–0.0203	–0.1260	–0.0189	–0.0200
每股净资产(元)	0.4692	0.4568	0.4414	0.4313
每股经营现金净流量(元)	–0.1798	0.0224	–0.0541	–0.0257
每股现金流量(元)	–0.1733	0.0572	–0.0037	–0.0099
每股资本公积金(元)	0.5634	0.5638	0.5637	0.5636
每股盈余公积金(元)	0.0570	0.0570	0.0570	0.0570
每股未分配利润(元)	–1.1512	–1.1641	–1.1793	–1.1893
净资产收益率(%)	2.7385	5.5331	2.2798	3.6480
加权净资产收益率(%)	2.7800	5.6900	2.3100	3.7200
净资产收益率(扣除)(%)	–	–	–	–
总资产(万元)	179204.00	168556.46	156075.38	151587.39
归属母公司股东权益(万元)	18736.42	18237.69	17624.93	17222.12
主营业务收入(万元)	52217.40	103452.53	51555.64	100257.41
营业收入(万元)	53276.74	104415.87	51995.62	102729.38
主营成本(万元)	43714.03	86068.46	43468.10	81757.26
营业成本(万元)	44365.98	86429.20	43676.51	83094.55
投资收益(万元)	938.36	5357.29	114.04	1011.20
净利润(万元)	513.11	1056.98	401.82	701.55
利润总额(万元)	513.11	1059.21	408.92	710.35

上海华东电脑股份有限公司

公司概况					
公司名称	上海华东电脑股份有限公司			证券简称	华东电脑
法人代表	游小明	董秘	侯志平	证券代码	600850
公司网址	www.shecc.com		电子信箱	dm@shecc.com	
电　话	021-23060288 23060388		传　真	021-23060202	
办公地址	上海市北京东路 668 号科技京城东楼 23 楼				
经营范围	计算机、电子及通信设备、系统集成、软件开发及软件工程和电子工程设计与施工等				

主要财务指标：指标\报告期	2013.06.30	2012.12.31	2012.06.30	2011.12.31
基本每股收益(元)	0.2156	0.5938	0.2352	0.5937
基本每股收益(扣除)(元)	0.2050	0.5644	0.2303	0.4740
每股净资产(元)	3.6660	3.6513	1.5615	5.7831
每股经营现金净流量(元)	–0.9377	–0.1952	–2.5386	1.0662
每股现金流量(元)	–1.3125	–0.1866	–2.7579	0.9260
每股资本公积金(元)	–	–	0.1335	0.7354
每股盈余公积金(元)	0.0979	0.0979	0.0874	0.3375
每股未分配利润(元)	2.5726	2.5570	0.3433	3.7165
净资产收益率(%)	5.8811	16.2634	28.3289	19.3136
加权净资产收益率(%)	5.8900	17.7000	6.9900	24.0600
净资产收益率(扣除)(%)	–	–	–	–
总资产(万元)	273656.25	307820.23	90781.99	291171.88
归属母公司股东权益(万元)	117951.18	117479.39	26707.30	98909.46
主营业务收入(万元)	208687.18	496313.04	224362.31	394073.93
营业收入(万元)	208702.16	496340.99	224379.13	394139.24
主营成本(万元)	177684.48	427025.15	194859.97	331108.72
营业成本(万元)	177688.76	427038.47	194863.38	331118.09
投资收益(万元)	267.06	539.42	234.96	785.65
净利润(万元)	7866.97	21100.41	7862.53	21485.75
利润总额(万元)	9604.82	25163.42	9110.96	25376.57

上海海欣集团股份有限公司

公司概况						
	公司名称	上海海欣集团股份有限公司			证券简称	海欣股份
	法人代表	俞锋	董秘	何莉莉	证券代码	600851
	公司网址	www.haixin.com.cn		电子信箱	hxsecretary@haixin.com	
	电　话	021-63917000		传　真	021-63917678	
	办公地址	上海市福州路666号金陵海欣大厦18楼				
	经营范围	研究开发、生产涤纶、腈纶等化纤类及动植物混纺纱及其面料、毛毯、玩具等				

主要财务指标

指标\报告期	2013.06.30	2012.12.31	2012.06.30	2011.12.31
基本每股收益(元)	0.0419	0.0429	0.0098	0.0316
基本每股收益(扣除)(元)	-0.0066	0.0193	-0.0103	-0.0089
每股净资产(元)	2.2411	2.3863	2.2970	2.0948
每股经营现金净流量(元)	-0.0720	0.0282	-0.0558	0.0037
每股现金流量(元)	-0.0520	-0.0275	-0.0825	-0.0001
每股资本公积金(元)	0.9579	1.1461	1.0890	0.8981
每股盈余公积金(元)	0.3084	0.3084	0.3030	0.3030
每股未分配利润(元)	-0.0110	-0.0530	-0.0807	-0.0905
净资产收益率(%)	1.8706	1.7967	0.4262	1.5090
加权净资产收益率(%)	1.8119	1.9100	0.4458	1.3700
净资产收益率(扣除)(%)	-	-	-	-
总资产(万元)	403874.46	434911.20	428932.64	396630.57
归属母公司股东权益(万元)	270510.46	288039.06	277263.37	252858.68
主营业务收入(万元)	47152.66	127701.48	48098.85	124004.02
营业收入(万元)	50270.82	131135.52	50231.95	126243.41
主营成本(万元)	39659.72	103777.13	39194.41	99054.79
营业成本(万元)	41958.49	105480.64	40518.81	100448.93
投资收益(万元)	13658.75	9865.90	6142.63	11217.09
净利润(万元)	4501.32	5076.43	762.52	4395.48
利润总额(万元)	5919.93	6491.60	1368.43	6643.51

龙建路桥股份有限公司

公司概况						
	公司名称	龙建路桥股份有限公司			证券简称	龙建股份
	法人代表	史铁桥	董秘	王征宇	证券代码	600853
	公司网址	www.longjianlq.com		电子信箱	zhengyu-wang@sohu.com	
	电　话	0451-82281860 82281430		传　真	0451-82281253	
	办公地址	黑龙江省哈尔滨市南岗区嵩山路109号				
	经营范围	路工程施工总承包特级、公路路面工程专业承包壹级等				

主要财务指标

指标\报告期	2013.06.30	2012.12.31	2012.06.30	2011.12.31
基本每股收益(元)	0.0086	0.0332	0.0121	0.0663
基本每股收益(扣除)(元)	0.0057	0.0315	0.0124	0.0330
每股净资产(元)	1.4455	1.4404	1.4234	1.4119
每股经营现金净流量(元)	0.1887	-0.2768	-0.0032	0.1099
每股现金流量(元)	0.1216	-0.0059	-0.0101	-0.0082
每股资本公积金(元)	0.1870	0.1870	0.1870	0.1870
每股盈余公积金(元)	0.0080	0.0080	0.0065	0.0065
每股未分配利润(元)	0.2342	0.2356	0.2159	0.2138
净资产收益率(%)	0.5951	2.3100	0.8438	4.6944
加权净资产收益率(%)	0.5948	2.3285	0.8530	4.7931
净资产收益率(扣除)(%)	-	-	-	-
总资产(万元)	604546.79	610724.19	754768.37	587316.21
归属母公司股东权益(万元)	77594.72	77320.57	76408.09	75791.86
主营业务收入(万元)	211626.13	648332.07	280748.58	659015.04
营业收入(万元)	211782.19	650300.40	280899.48	660776.02
主营成本(万元)	191875.39	599441.30	258612.52	611149.45
营业成本(万元)	192629.08	601067.14	258892.43	612402.73
投资收益(万元)	-	-	-	-
净利润(万元)	477.93	1806.78	655.55	3561.10
利润总额(万元)	1465.57	3345.58	1781.13	5482.78

江苏春兰制冷设备股份有限公司

公司概况						
	公司名称	江苏春兰制冷设备股份有限公司			证券简称	春兰股份
	法人代表	徐群	董秘	徐来林	证券代码	600854
	公司网址	www.chunlan.com		电子信箱	clgfzqb@chunlan.com	
	电　话	0523-86663663 86217958		传　真	0523-86663839 82129858	
	办公地址	江苏省泰州市春兰工业园区春兰路1号				
	经营范围	生产、销售空调器及洗涤械和贸易等				

主要财务指标

指标\报告期	2013.06.30	2012.12.31	2012.06.30	2011.12.31
基本每股收益(元)	0.0630	0.0231	0.0031	0.0354
基本每股收益(扣除)(元)	0.0532	-0.0106	-0.0101	0.0330
每股净资产(元)	3.6788	3.6158	3.5959	3.5927
每股经营现金净流量(元)	0.0609	-0.0781	-0.0542	-0.0210
每股现金流量(元)	0.0533	-0.1320	-0.0944	0.0257
每股资本公积金(元)	2.9522	2.9522	2.9522	2.9522
每股盈余公积金(元)	1.0025	1.0025	1.0025	1.0025
每股未分配利润(元)	-1.2758	-1.3389	-1.3588	-1.3619
净资产收益率(%)	1.7137	0.6379	0.0868	0.9850
加权净资产收益率(%)	1.7285	0.6399	0.0868	0.9894
净资产收益率(扣除)(%)	-	-	-	-
总资产(万元)	273784.68	277759.02	282701.49	274592.44
归属母公司股东权益(万元)	191100.75	187825.94	186789.93	186627.81
主营业务收入(万元)	38515.03	64599.36	32860.43	86230.42
营业收入(万元)	42399.05	74792.34	37642.54	95632.74
主营成本(万元)	29078.05	49580.48	26630.13	69965.29
营业成本(万元)	31205.78	55989.03	29612.40	77256.23
投资收益(万元)	4736.51	1969.54	1807.63	3585.28
净利润(万元)	2931.78	218.33	-261.89	1106.64
利润总额(万元)	3334.35	710.39	-524.78	1670.19

北京航天长峰股份有限公司

公司概况						
	公司名称	北京航天长峰股份有限公司			证券简称	航天长峰
	法人代表	敖刚	董秘	全春来	证券代码	600855
	公司网址	www.ascf.com.cn		电子信箱	liujincheng@china-ccf.cn	
	电　话	010-68386000 88525777		传　真	010-88219811	
	办公地址	北京市海淀区永定路51号航天数控大楼				
	经营范围	电子信息产品、数控机床、医疗器械及制药机械、环保产业等				

主要财务指标

指标\报告期	2013.06.30	2012.12.31	2012.06.30	2011.12.31
基本每股收益(元)	0.0592	0.0662	0.0525	0.1009
基本每股收益(扣除)(元)	0.0229	0.0199	0.0210	0.0110
每股净资产(元)	2.3885	2.3420	2.3199	2.2691
每股经营现金净流量(元)	-0.2560	-0.4900	-0.0256	-0.2088
每股现金流量(元)	-0.1420	-0.5886	-0.1271	-0.1151
每股资本公积金(元)	0.8125	0.8252	0.8194	0.8185
每股盈余公积金(元)	0.0498	0.0796	0.0789	0.0796
每股未分配利润(元)	0.5262	0.4372	0.4216	0.3711
净资产收益率(%)	2.4768	2.8249	2.2650	4.4454
加权净资产收益率(%)	2.5010	2.8700	2.2900	4.5400
净资产收益率(扣除)(%)	-	-	-	-
总资产(万元)	159798.32	136373.23	0.9180	0.6400
归属母公司股东权益(万元)	79206.26	77665.42	76930.28	75248.89
主营业务收入(万元)	41265.67	87084.26	52139.06	110169.83
营业收入(万元)	41554.57	87899.00	52503.06	101238.02
主营成本(万元)	31115.48	67466.44	41914.35	80716.82
营业成本(万元)	31137.07	67649.40	42004.09	80969.07
投资收益(万元)	70.00	1175.54	1175.54	55.35
净利润(万元)	2900.70	3211.30	2151.34	3882.70
利润总额(万元)	3400.40	4603.98	2665.52	4855.94

长春百货大楼集团股份有限公司

公司概况	公司名称	长春百货大楼集团股份有限公司		证券简称	长百集团
	法人代表	林大湑	董秘	孙永成	证券代码 600856
	公司网址	www.changbai.com.cn		电子信箱	syc99999@sina.com
	电　话	0431-88965414		传　真	0431-88920704
	办公地址	吉林省长春市人民大街 1881 号			
	经营范围	零售百货、针纺织品、五金、交电、食品、副食品、通讯器材、工艺美术品等			

主要财务指标 指标\报告期	2013.06.30	2012.12.31	2012.06.30	2011.12.31
基本每股收益(元)	0.0300	0.0400	0.0100	0.0300
基本每股收益(扣除)(元)	0.0300	0.0300	0.0200	0.0300
每股净资产(元)	0.5089	0.4824	0.4600	0.4400
每股经营现金净流量(元)	0.0828	0.2371	0.0578	0.2031
每股现金流量(元)	-0.1480	0.1339	0.0040	0.0610
每股资本公积金(元)	0.3751	0.3751	0.3751	0.3751
每股盈余公积金(元)	0.1277	0.1277	0.1277	0.1277
每股未分配利润(元)	-0.9940	-1.0205	-1.0463	-1.0595
净资产收益率(%)	5.2103	8.0841	2.8973	6.9900
加权净资产收益率(%)	5.3500	8.4200	2.9400	7.2400
净资产收益率(扣除)(%)	-	-	-	-
总资产(万元)	42202.78	45487.74	43752.05	44933.44
归属母公司股东权益(万元)	11950.76	11328.09	10723.00	10412.31
主营业务收入(万元)	16772.47	33631.94	15126.36	31147.12
营业收入(万元)	19172.67	39200.31	17908.77	36695.14
主营成本(万元)	14339.46	29045.36	13070.46	27085.35
营业成本(万元)	14339.46	29045.36	13070.46	27085.35
投资收益(万元)	30.40	-346.82	-253.65	-253.78
净利润(万元)	621.60	914.71	309.67	726.79
利润总额(万元)	621.60	915.20	309.83	727.64

哈工大首创科技股份有限公司

公司概况	公司名称	哈工大首创科技股份有限公司		证券简称	工大首创
	法人代表	龚东升	董秘	钟山	证券代码 600857
	公司网址	www.hitsc.com		电子信箱	zhongshan@hitsc.com
	电　话	0574-87367060 87367521		传　真	0574-87367996
	办公地址	浙江省宁波市海曙区和义路 77 号汇金大厦 21 层			
	经营范围	商业和旅游饮食服务、计算机软、硬件开发和销售及系统集成等			

主要财务指标 指标\报告期	2013.06.30	2012.12.31	2012.06.30	2011.12.31
基本每股收益(元)	0.0830	0.1600	0.0840	0.3100
基本每股收益(扣除)(元)	0.0810	0.1600	0.0840	0.1100
每股净资产(元)	2.3774	2.3459	2.2600	2.2300
每股经营现金净流量(元)	0.0546	0.1431	-0.1012	0.0658
每股现金流量(元)	-0.3093	0.0509	-0.1547	0.3226
每股资本公积金(元)	0.2941	0.2953	0.2949	0.2945
每股盈余公积金(元)	0.2149	0.2149	0.1985	0.1985
每股未分配利润(元)	0.8684	0.8357	0.7715	0.7376
净资产收益率(%)	3.4780	7.0121	3.7073	13.7970
加权净资产收益率(%)	3.4600	7.1900	3.6900	14.7100
净资产收益率(扣除)(%)	-	-	-	-
总资产(万元)	71121.08	70328.52	64929.88	67978.19
归属母公司股东权益(万元	53329.49	52622.20	50807.84	50036.14
主营业务收入(万元)	83104.19	118202.68	59407.73	119594.51
营业收入(万元)	83182.06	118367.03	59481.10	119781.99
主营成本(万元)	75502.51	105683.84	52793.40	107646.23
营业成本(万元)	75520.82	105720.79	52811.87	107683.18
投资收益(万元)	-70.22	936.38	3.15	520.40
净利润(万元)	1854.80	3689.92	1883.60	6903.66
利润总额(万元)	2521.04	4658.90	2494.35	9308.05

银座集团股份有限公司

公司概况	公司名称	银座集团股份有限公司		证券简称	银座股份
	法人代表	张文生	董秘	张美清	证券代码 600858
	公司网址	www.yinzuostock.com		电子信箱	600858@sina.com
	电　话	0531-83175518 86988888		传　真	0531-86966666
	办公地址	山东省济南市泺源大街 22 号中银大厦 20 层			
	经营范围	商品零售与批发业务等			

主要财务指标 指标\报告期	2013.06.30	2012.12.31	2012.06.30	2011.12.31
基本每股收益(元)	0.3267	0.6663	0.3225	0.2224
基本每股收益(扣除)(元)	0.2982	0.6366	0.3196	0.1790
每股净资产(元)	5.2270	4.9703	4.6265	7.7772
每股经营现金净流量(元)	0.6385	1.2850	0.3463	4.2731
每股现金流量(元)	-0.7068	1.1007	0.1307	0.0719
每股资本公积金(元)	1.8565	1.8565	1.8565	4.1416
每股盈余公积金(元)	0.1258	0.1258	0.1167	0.2101
每股未分配利润(元)	2.2448	1.9881	1.6533	2.4254
净资产收益率(%)	6.2500	13.4057	6.9711	5.1480
加权净资产收益率(%)	6.3600	14.3600	7.2000	5.2700
净资产收益率(扣除)(%)	-	-	-	-
总资产(万元)	1139336.54	1174266.28	1095299.71	1088300.93
归属母公司股东权益(万元)	271837.88	258488.47	240609.28	224703.00
主营业务收入(万元)	697168.21	1303616.78	623774.32	1051451.30
营业收入(万元)	726667.72	1353604.99	647992.23	1090745.71
主营成本(万元)	595957.43	1097517.25	527082.18	897898.80
营业成本(万元)	596163.58	1097662.46	527144.89	898433.47
投资收益(万元)	-	-	-	-
净利润(万元)	16994.94	34136.94	16491.79	10589.98
利润总额(万元)	23036.96	46209.81	23532.56	16485.63

北京王府井百货(集团)股份有限公司

公司概况	公司名称	北京王府井百货(集团)股份有限公司		证券简称	王府井
	法人代表	刘冰	董秘	岳继鹏	证券代码 600859
	公司网址	www.wfj.com.cn		电子信箱	wfjdshb@126.com
	电　话	010-65125960		传　真	010-65133133
	办公地址	北京市东城区王府井大街 253 号			
	经营范围	综合百货业的经营和管理等			

主要财务指标 指标\报告期	2013.06.30	2012.12.31	2012.06.30	2011.12.31
基本每股收益(元)	0.8000	1.4550	0.8300	1.3700
基本每股收益(扣除)(元)	0.7670	1.4340	0.8220	1.3490
每股净资产(元)	13.5383	12.8135	12.4460	11.5890
每股经营现金净流量(元)	-0.5617	3.7587	-0.6670	3.6137
每股现金流量(元)	-1.0126	3.7886	-1.2714	4.8757
每股资本公积金(元)	6.9963	7.0719	7.0287	7.0022
每股盈余公积金(元)	1.1736	1.1736	1.0100	1.0100
每股未分配利润(元)	4.3684	3.5681	3.4069	2.5767
净资产收益率(%)	5.9118	11.3545	6.6710	10.8640
加权净资产收益率(%)	6.0740	11.8760	6.9090	14.7350
净资产收益率(扣除)(%)	-	-	-	-
总资产(万元)	1384165.13	1452269.80	1044979.59	1084222.87
归属母公司股东权益(万元)	626510.80	592969.54	575947.79	536297.46
主营业务收入(万元)	975722.28	1776485.93	881121.14	1625417.56
营业收入(万元)	1003187.28	1826436.67	906968.79	1676109.00
主营成本(万元)	804138.91	1465365.88	729967.34	1355369.97
营业成本(万元)	807508.75	1473029.52	733764.62	1363354.22
投资收益(万元)	209.92	-1088.17	-509.37	-187.73
净利润(万元)	36979.04	67192.67	38410.13	62125.99
利润总额(万元)	52250.88	91650.51	51929.33	85151.95

北人印刷机械股份有限公司

公司概况	公司名称	北人印刷机械股份有限公司			证券简称	北人股份
	法人代表	张培武	董秘	焦瑞芳	证券代码	600860
	公司网址	www.beirengf.com		电子信箱	beirengf@beirengf.com	
	电　　话	010-67802565		传　　真	010-67802570	
	办公地址	北京市北京经济技术开发区荣昌东街6号				
	经营范围	开发、设计、销售、修理、安装印刷机械、锻压设备、包装机械等				

主要财务指标	指标\报告期	2013.06.30	2012.12.31	2012.06.30	2011.12.31
	基本每股收益(元)	-0.0400	-0.4000	-0.0800	0.0300
	基本每股收益(扣除)(元)	-0.0500	-0.4100	-0.0800	-0.0700
	每股净资产(元)	1.3490	1.3933	1.7200	1.7900
	每股经营现金净流量(元)	-0.1441	-0.1117	-0.1589	-0.0495
	每股现金流量(元)	-0.1901	0.0387	-0.1754	0.1092
	每股资本公积金(元)	1.2390	1.2390	1.2390	1.2390
	每股盈余公积金(元)	0.1023	0.1023	0.1023	0.1023
	每股未分配利润(元)	-0.9923	-0.9479	-0.6247	-0.5490
	净资产收益率(%)	-3.2901	-28.6329	-4.4130	1.5050
	加权净资产收益率(%)	-3.2400	-25.0500	-4.3200	1.5200
	净资产收益率(扣除)(%)	-	-	-	-
	总资产(万元)	148291.21	147503.87	149277.19	148544.18
	归属母公司股东权益(万元)	56925.90	58798.83	72441.36	75638.23
	主营业务收入(万元)	38104.89	73232.57	36996.99	78485.01
	营业收入(万元)	38913.60	74825.44	37794.24	80387.39
	主营成本(万元)	31079.62	60979.20	29976.73	63479.84
	营业成本(万元)	31357.29	61679.66	30443.99	64017.48
	投资收益(万元)	-94.56	-91.83	-26.50	20.69
	净利润(万元)	-1880.32	-17214.60	-3146.95	1362.98
	利润总额(万元)	-1880.32	-16943.50	-3146.95	1365.98

北京城乡贸易中心股份有限公司

公司概况	公司名称	北京城乡贸易中心股份有限公司			证券简称	北京城乡
	法人代表	周和平	董秘	陈红	证券代码	600861
	公司网址	www.bjcx.com.cn		电子信箱	bg8225@sina.com	
	电　　话	010-68296595		传　　真	010-68216933	
	办公地址	北京市海淀区复兴路甲23号				
	经营范围	商品零售及批发、公共饮食业、物资供销业、仓储业、日用品修理等				

主要财务指标	指标\报告期	2013.06.30	2012.12.31	2012.06.30	2011.12.31
	基本每股收益(元)	0.1486	0.2815	0.1434	0.2565
	基本每股收益(扣除)(元)	0.1451	0.2595	0.1380	0.2601
	每股净资产(元)	6.7789	6.7590	6.6214	6.5983
	每股经营现金净流量(元)	-0.5710	-0.3662	-0.4554	-0.9520
	每股现金流量(元)	-0.3689	0.3958	-0.3398	-0.8931
	每股资本公积金(元)	2.7143	2.7131	2.7135	2.7138
	每股盈余公积金(元)	1.8534	1.8534	1.8219	1.8219
	每股未分配利润(元)	1.2112	1.1925	1.0859	1.0625
	净资产收益率(%)	2.1922	4.1646	2.1653	3.8870
	加权净资产收益率(%)	2.1800	4.2200	2.1600	3.9400
	净资产收益率(扣除)(%)	-	-	-	-
	总资产(万元)	336330.10	329495.96	297450.89	290777.81
	归属母公司股东权益(万元)	214757.72	214128.54	209768.30	209036.24
	主营业务收入(万元)	128535.76	220077.25	112426.04	202407.21
	营业收入(万元)	130544.76	224964.58	113360.39	205182.30
	主营成本(万元)	107889.97	179059.63	91558.46	-
	营业成本(万元)	107889.97	179059.63	91558.46	162239.62
	投资收益(万元)	65.75	41.65	-17.36	151.35
	净利润(万元)	5108.97	9518.69	4900.78	8600.79
	利润总额(万元)	6824.56	12814.06	6389.35	11905.89

南通科技投资集团股份有限公司

公司概况	公司名称	南通科技投资集团股份有限公司			证券简称	南通科技
	法人代表	王建华	董秘	储健	证券代码	600862
	公司网址	www.tonmac.com.cn		电子信箱	ntmt@public.nt.js.cn	
	电　　话	0513-83580382 81110523		传　　真	0513-85512271	
	办公地址	江苏省南通市港闸区永和路1号				
	经营范围	实业投资、机床及其零配件的研发、制造、销售等				

主要财务指标	指标\报告期	2013.06.30	2012.12.31	2012.06.30	2011.12.31
	基本每股收益(元)	0.0039	0.0600	0.0257	0.1900
	基本每股收益(扣除)(元)	-0.0275	0.0300	0.0061	0.0800
	每股净资产(元)	2.0691	2.0653	2.0374	4.0291
	每股经营现金净流量(元)	0.5361	-0.3765	-0.5702	0.5157
	每股现金流量(元)	0.7884	-0.6674	-0.5110	-0.9057
	每股资本公积金(元)	0.3946	0.3946	0.4039	1.8135
	每股盈余公积金(元)	0.0581	0.0581	0.0567	0.1133
	每股未分配利润(元)	0.6164	0.6126	0.5769	1.1023
	净资产收益率(%)	0.1867	3.0468	1.2628	9.4920
	加权净资产收益率(%)	0.1900	3.0800	1.2600	10.0200
	净资产收益率(扣除)(%)	-	-	-	-
	总资产(万元)	518082.90	451831.92	400977.54	399717.37
	归属母公司股东权益(万元)	131996.37	131749.94	129971.58	128515.13
	主营业务收入(万元)	57478.41	137792.15	35405.92	131915.12
	营业收入(万元)	57478.41	139718.80	35405.92	133155.14
	主营成本(万元)	42329.10	99984.29	27835.06	93846.51
	营业成本(万元)	42329.10	101515.80	27835.06	95285.58
	投资收益(万元)	96.29	1256.61	1684.87	944.73
	净利润(万元)	437.88	7457.91	1534.24	11582.96
	利润总额(万元)	2463.52	11634.80	2077.12	17779.11

内蒙古蒙电华能热电股份有限公司

公司概况	公司名称	内蒙古蒙电华能热电股份有限公司			证券简称	内蒙华电
	法人代表	吴景龙	董秘	张彤	证券代码	600863
	公司网址	www.nmhdwz.com		电子信箱	nmhd@nmhdwz.com	
	电　　话	0471-6222388		传　　真	0471-6228410	
	办公地址	内蒙古自治区呼和浩特市锡林南路工艺厂巷电力科技楼				
	经营范围	火力发电、供应、蒸汽、热水的生产、供应、销售、维护和管理等				

主要财务指标	指标\报告期	2013.06.30	2012.12.31	2012.06.30	2011.12.31
	基本每股收益(元)	0.2000	0.5300	0.1400	0.4300
	基本每股收益(扣除)(元)	0.1900	0.5200	0.1300	0.3300
	每股净资产(元)	3.9894	3.8911	3.5700	4.9300
	每股经营现金净流量(元)	0.7953	1.4677	0.5634	1.5990
	每股现金流量(元)	0.0616	-0.0388	0.0340	0.0869
	每股资本公积金(元)	1.8121	1.8000	1.7995	3.0084
	每股盈余公积金(元)	0.2866	0.2866	0.2569	0.3347
	每股未分配利润(元)	0.8758	0.8005	0.5133	0.5839
	净资产收益率(%)	7.4023	12.9020	5.1780	8.8038
	加权净资产收益率(%)	7.2900	13.3300	4.9500	11.6100
	净资产收益率(扣除)(%)	-	-	-	-
	总资产(万元)	3598638.30	3608231.05	3605881.14	3560911.46
	归属母公司股东权益(万元)	1029760.58	1004378.28	922591.90	976157.88
	主营业务收入(万元)	525886.11	1073297.70	484097.89	850150.67
	营业收入(万元)	540864.93	1106112.86	497957.35	882859.02
	主营成本(万元)	386790.00	790527.30	362924.28	652009.26
	营业成本(万元)	401528.33	822790.61	376376.13	683124.45
	投资收益(万元)	48627.57	75102.68	37712.00	59505.95
	净利润(万元)	108426.82	186084.21	71339.90	123683.56
	利润总额(万元)	131756.92	234586.53	92973.15	163366.78

哈尔滨哈投投资股份有限公司

公司概况	公司名称	哈尔滨哈投投资股份有限公司		证券简称	哈投股份
	法人代表	冯晓江	董秘 徐建伟	证券代码	600864
	公司网址			电子信箱	sbrd27@sohu.com
	电　话	0451-82333238 82332888		传　真	0451-82332228
	办公地址	黑龙江省哈尔滨市南岗区汉水路 172 号			
	经营范围	热力、电力供应等			
主要财务指标	指标 \ 报告期	2013.06.30	2012.12.31	2012.06.30	2011.12.31
	基本每股收益(元)	0.5700	0.5100	0.1650	0.5200
	基本每股收益(扣除)(元)	0.0810	0.1200	0.1470	0.0700
	每股净资产(元)	5.7414	4.9092	5.1210	4.3700
	每股经营现金净流量(元)	−0.6663	0.1953	−0.6362	0.4735
	每股现金流量(元)	−0.0856	0.5406	−0.7756	0.3295
	每股资本公积金(元)	1.8386	1.5807	1.8910	1.3025
	每股盈余公积金(元)	0.4113	0.4113	0.3695	0.3695
	每股未分配利润(元)	2.5094	1.9390	1.8827	1.7177
	净资产收益率(%)	9.9352	10.4508	3.2233	11.9443
	加权净资产收益率(%)	10.7110	10.9800	3.4770	12.6800
	净资产收益率(扣除)(%)	–	–	–	–
	总资产(万元)	510710.04	518167.87	423292.64	423421.03
	归属母公司股东权益(万元)	313695.68	268228.82	279775.43	238618.32
	主营业务收入(万元)	56716.62	92158.23	47370.57	89077.94
	营业收入(万元)	58967.88	97467.06	50108.11	95895.93
	主营成本(万元)	44371.06	70609.05	35353.39	66645.28
	营业成本(万元)	46225.47	75382.45	37594.81	73133.99
	投资收益(万元)	36626.10	34550.66	5970.85	33283.48
	净利润(万元)	30228.37	28372.08	10083.00	29374.53
	利润总额(万元)	40830.25	37621.75	11785.70	40245.65

百大集团股份有限公司

公司概况	公司名称	百大集团股份有限公司		证券简称	百大集团
	法人代表	陈顺华	董秘 何美云	证券代码	600865
	公司网址	www.baidagroup.com		电子信箱	invest@baidagroup.com
	电　话	0571-85823016		传　真	0571-85150586
	办公地址	浙江省杭州市庆春东路 1-1 号西子联合大厦 18 楼			
	经营范围	批发、零售、百货、五金、交电、针、纺织品、化工产品等			
主要财务指标	指标 \ 报告期	2013.06.30	2012.12.31	2012.06.30	2011.12.31
	基本每股收益(元)	0.1170	0.2300	0.1130	0.2100
	基本每股收益(扣除)(元)	0.1150	0.1900	0.1070	0.2000
	每股净资产(元)	3.0360	2.9188	2.7340	3.1150
	每股经营现金净流量(元)	1.3145	0.6088	−0.3182	−0.4931
	每股现金流量(元)	−0.1043	−0.3739	−0.7394	0.6188
	每股资本公积金(元)	0.6205	0.6205	0.5543	0.9677
	每股盈余公积金(元)	0.3751	0.3751	0.3492	0.3492
	每股未分配利润(元)	1.0404	0.9231	0.8310	0.7979
	净资产收益率(%)	3.8606	7.9204	4.1335	6.7200
	加权净资产收益率(%)	3.9400	7.7700	3.6600	7.3800
	净资产收益率(扣除)(%)	–	–	–	–
	总资产(万元)	507074.22	484667.01	434192.46	442057.67
	归属母公司股东权益(万元)	114227.21	109817.31	102879.45	117189.88
	主营业务收入(万元)	65053.38	117484.69	59775.67	125407.57
	营业收入(万元)	68531.44	122526.54	62210.63	129764.41
	主营成本(万元)	52322.80	94113.07	48289.28	100564.98
	营业成本(万元)	52483.97	94437.54	48451.46	100888.67
	投资收益(万元)	343.68	496.33	308.00	356.00
	净利润(万元)	3417.20	7912.14	4206.64	7682.30
	利润总额(万元)	4948.16	10157.19	5920.93	10423.66

广东肇庆星湖生物科技股份有限公司

公司概况	公司名称	广东肇庆星湖生物科技股份有限公司		证券简称	星湖科技
	法人代表	罗宁	董秘 钟济祥	证券代码	600866
	公司网址	www.starlake.com.cn		电子信箱	zhongjx@starlake.com.cn
	电　话	0758-2291130		传　真	0758-2239449
	办公地址	广东省肇庆市工农北路 67 号			
	经营范围	化学药品原药制造业(包括肌苷、利巴韦林、脯氨酸等)			
主要财务指标	指标 \ 报告期	2013.06.30	2012.12.31	2012.06.30	2011.12.31
	基本每股收益(元)	−0.0947	−0.3686	−0.0982	0.1619
	基本每股收益(扣除)(元)	−0.2579	−0.5416	−0.2321	−0.0935
	每股净资产(元)	2.5984	2.7222	2.9910	3.1120
	每股经营现金净流量(元)	−0.0772	−0.5015	−0.2901	0.1197
	每股现金流量(元)	−0.0094	−0.5434	−0.2850	0.4918
	每股资本公积金(元)	0.9582	0.9873	0.9858	1.0085
	每股盈余公积金(元)	0.3097	0.3097	0.3097	0.3097
	每股未分配利润(元)	0.3306	0.4253	0.6956	0.7938
	净资产收益率(%)	−3.6435	−13.5386	−3.2800	5.1190
	加权净资产收益率(%)	−3.5400	−12.3700	−3.1500	5.2200
	净资产收益率(扣除)(%)	–	–	–	–
	总资产(万元)	340239.18	333261.68	330327.45	342245.20
	归属母公司股东权益(万元)	143015.67	149829.74	164626.41	171282.22
	主营业务收入(万元)	46527.99	108330.59	41904.68	105726.11
	营业收入(万元)	46660.99	109120.05	42435.60	106308.84
	主营成本(万元)	44792.99	105986.53	42252.30	86293.88
	营业成本(万元)	44901.54	106767.19	42865.38	86763.73
	投资收益(万元)	124.42	6773.54	6563.76	12476.50
	净利润(万元)	−6283.31	−20785.73	−5417.14	7962.75
	利润总额(万元)	−6754.40	−22514.87	−5276.78	8288.27

通化东宝药业股份有限公司

公司概况	公司名称	通化东宝药业股份有限公司		证券简称	通化东宝
	法人代表	李一奎	董秘 王君业	证券代码	600867
	公司网址	www.thdb.com		电子信箱	thdbwjy@qq.com
	电　话	0435-5088025 5088126		传　真	0435- 5088002
	办公地址	吉林省通化市通化县东宝新村			
	经营范围	硬胶囊剂、片剂(含激素类)、颗粒剂、小容量注射剂、原料药等			
主要财务指标	指标 \ 报告期	2013.06.30	2012.12.31	2012.06.30	2011.12.31
	基本每股收益(元)	0.1300	0.0800	0.1000	0.4700
	基本每股收益(扣除)(元)	0.1200	0.0600	0.0900	0.0300
	每股净资产(元)	2.0625	2.5700	2.5500	2.6400
	每股经营现金净流量(元)	0.1321	0.2503	0.0734	−0.0710
	每股现金流量(元)	−0.0755	−0.1538	−0.2398	0.2334
	每股资本公积金(元)	0.1036	0.3276	0.3300	0.3170
	每股盈余公积金(元)	0.2393	0.2871	0.2769	0.2769
	每股未分配利润(元)	0.7197	0.9125	0.9417	1.0420
	净资产收益率(%)	6.1035	3.1966	3.9121	20.9506
	加权净资产收益率(%)	5.8000	3.1300	3.7100	19.4300
	净资产收益率(扣除)(%)	–	–	–	–
	总资产(万元)	246679.34	238012.00	230446.89	237734.33
	归属母公司股东权益(万元)	192111.66	196170.39	197824.81	204602.72
	主营业务收入(万元)	54859.52	98481.10	43203.93	78229.42
	营业收入(万元)	55168.22	99152.78	43326.44	78449.92
	主营成本(万元)	17831.54	35037.71	14757.97	29395.18
	营业成本(万元)	18093.48	35729.64	14772.42	29539.65
	投资收益(万元)	370.32	825.59	111.79	40631.91
	净利润(万元)	11544.87	5964.64	7656.99	36298.32
	利润总额(万元)	13678.61	6706.24	8992.46	42688.63

广东梅雁吉祥水电股份有限公司

公司概况						
公司名称	广东梅雁吉祥水电股份有限公司			证券简称	梅雁吉祥	
法人代表	温增勇	董秘	胡苏平	证券代码	600868	
公司网址	www.chinameiyan.com		电子信箱	mysd@chinameiyan.com		
电　话	0753-2239829 2218286		传　真	0753-2232983 2218286		
办公地址	广东省梅州市梅县新县城沿江南路1号					
经营范围	电力生产业、房产开发与经营、养殖业、电子计算机生产销售等					

主要财务指标：指标\报告期	2013.06.30	2012.12.31	2012.06.30	2011.12.31
基本每股收益(元)	0.0090	0.0187	0.0020	0.0100
基本每股收益(扣除)(元)	0.0020	-0.0239	-0.0100	-0.0400
每股净资产(元)	1.1529	1.1442	1.1280	1.1250
每股经营现金净流量(元)	0.0240	0.0522	0.0290	0.0711
每股现金流量(元)	0.0054	-0.0055	-0.0029	-0.0259
每股资本公积金(元)	0.2186	0.2186	0.2186	0.2186
每股盈余公积金(元)	0.0176	0.0176	0.0176	0.0176
每股未分配利润(元)	-0.0838	-0.0926	-0.1093	-0.1113
净资产收益率(%)	0.7641	1.6326	0.1767	0.4630
加权净资产收益率(%)	0.7600	1.6500	0.1800	0.4700
净资产收益率(扣除)(%)	-	-	-	-
总资产(万元)	292476.61	300112.70	361534.59	364062.53
归属母公司股东权益(万元)	218844.21	217185.88	214044.22	213679.40
主营业务收入(万元)	19670.71	59823.93	31294.46	65315.67
营业收入(万元)	20929.58	59977.14	31351.88	65562.97
主营成本(万元)	13994.50	49051.97	24741.42	55817.99
营业成本(万元)	14938.14	49054.39	24742.64	55874.57
投资收益(万元)	47.51	4107.06	473.43	3538.74
净利润(万元)	1598.36	3232.13	155.16	1553.93
利润总额(万元)	1598.23	3252.61	159.15	1636.95

远东电缆股份有限公司

公司概况						
公司名称	远东电缆股份有限公司			证券简称	远东电缆	
法人代表	蒋锡培	董秘	万里扬	证券代码	600869	
公司网址	www.600869.com		电子信箱	vanbb@126.com		
电　话	0510-87249788		传　真	0510-87249922		
办公地址	江苏省宜兴市高塍远东大道6号					
经营范围	电线电缆,电缆材料,电缆附件,电力金具的设计、制造等					

主要财务指标：指标\报告期	2013.06.30	2012.12.31	2012.06.30	2011.12.31
基本每股收益(元)	0.0900	-0.1435	0.0700	0.3797
基本每股收益(扣除)(元)	0.0900	0.2050	0.0600	0.3636
每股净资产(元)	2.8475	2.9550	5.6700	6.6075
每股经营现金净流量(元)	0.2671	1.1512	0.7116	-0.1855
每股现金流量(元)	-0.2313	-1.0513	-1.5968	3.1777
每股资本公积金(元)	1.5224	1.5224	3.3774	3.3958
每股盈余公积金(元)	0.1402	0.1402	0.0956	0.1240
每股未分配利润(元)	0.1849	0.2923	1.1974	2.0877
净资产收益率(%)	3.2512	-4.8579	2.4840	10.0533
加权净资产收益率(%)	3.0800	-4.5400	2.3000	18.4700
净资产收益率(扣除)(%)	-	-	-	-
总资产(万元)	900487.83	920062.78	951868.54	1087257.42
归属母公司股东权益(万元)	281918.23	292553.51	280695.05	327086.43
主营业务收入(万元)	522784.97	986804.70	453057.82	1099180.41
营业收入(万元)	523030.56	988029.40	453179.12	1099540.38
主营成本(万元)	436171.11	820188.47	376306.72	920067.64
营业成本(万元)	436316.25	821059.20	376343.61	920262.62
投资收益(万元)	-675.96	-40986.37	-5179.58	-0.78
净利润(万元)	8506.11	-14325.47	6969.78	32881.73
利润总额(万元)	11914.92	-11954.33	9241.23	40043.38

厦门华侨电子股份有限公司

公司概况						
公司名称	厦门华侨电子股份有限公司			证券简称	厦华电子	
法人代表	王炎元	董秘	高松丽	证券代码	600870	
公司网址	www.iprima.com.cn		电子信箱	zqb@iprima.com.cn		
电　话	0592-3157203		传　真	0592-3157999		
办公地址	福建省厦门市湖里大道22号					
经营范围	主营彩色电视机、彩色监视器等产品					

主要财务指标：指标\报告期	2013.06.30	2012.12.31	2012.06.30	2011.12.31
基本每股收益(元)	0.0280	0.0263	-0.0019	0.0285
基本每股收益(扣除)(元)	-0.0798	-0.1429	-0.0252	-0.0808
每股净资产(元)	0.2048	0.1583	-2.3450	-2.3700
每股经营现金净流量(元)	-0.0334	-0.3941	-0.5229	1.3004
每股现金流量(元)	-0.1504	-0.4182	-0.1578	-0.0145
每股资本公积金(元)	3.4061	3.4024	2.6506	2.6506
每股盈余公积金(元)	0.1051	0.1051	0.1483	0.1483
每股未分配利润(元)	-4.3579	-4.3858	-6.2163	-6.2144
净资产收益率(%)	13.6506	11.7518	-1.0574	-1.2043
加权净资产收益率(%)	16.2300	-1.1300	0.0800	-1.1800
净资产收益率(扣除)(%)	-	-	-	-
总资产(万元)	81233.53	105608.07	170989.12	161783.88
归属母公司股东权益(万元)	10717.66	8283.21	-86958.96	-87846.08
主营业务收入(万元)	52175.25	291389.44	140092.95	323542.41
营业收入(万元)	52668.22	292704.75	141144.43	325316.60
主营成本(万元)	46190.72	259851.20	124247.25	286659.54
营业成本(万元)	46514.85	260603.93	124974.99	287281.62
投资收益(万元)	-	-3.74	-	604.58
净利润(万元)	1594.67	1320.56	86.64	1449.71
利润总额(万元)	1711.58	1526.88	194.78	1695.38

中国石化仪征化纤股份有限公司

公司概况						
公司名称	中国石化仪征化纤股份有限公司			证券简称	仪征化纤	
法人代表	卢立勇	董秘	吴朝阳	证券代码	600871	
公司网址	www.ycfc.com		电子信箱	cso@ycfc.com		
电　话	0514-83232235 83231888		传　真	0514-83233880 83235880		
办公地址	中国江苏省仪征市					
经营范围	化纤及化工产品的生产及销售等					

主要财务指标：指标\报告期	2013.06.30	2012.12.31	2012.06.30	2011.12.31
基本每股收益(元)	-0.1230	-0.0900	-0.0540	0.2100
基本每股收益(扣除)(元)	-0.1200	-0.0960	-0.0540	0.1950
每股净资产(元)	2.0148	2.1370	2.1740	2.2580
每股经营现金净流量(元)	-0.1813	-0.2419	-0.1258	-0.0676
每股现金流量(元)	-0.0303	-0.3449	-0.1971	-0.3064
每股资本公积金(元)	0.7867	0.7867	0.7867	0.7867
每股盈余公积金(元)	0.0501	0.0501	0.0501	0.0501
每股未分配利润(元)	0.1777	0.3005	0.3367	0.4209
净资产收益率(%)	-6.0981	-4.2268	-2.4909	9.2910
加权净资产收益率(%)	-5.9200	-4.1100	-2.4400	9.6800
净资产收益率(扣除)(%)	-	-	-	-
总资产(万元)	1133593.10	1113820.40	1040667.40	1144959.90
归属母公司股东权益(万元)	805900.80	854933.80	869457.50	903062.50
主营业务收入(万元)	852553.80	-	823084.80	1999783.90
营业收入(万元)	871799.10	1698791.60	832859.50	2017976.80
主营成本(万元)	864630.90	-	-	-
营业成本(万元)	881247.50	1657282.40	813072.40	1820623.40
投资收益(万元)	-295.90	1023.00	925.50	1655.70
净利润(万元)	-49144.50	-36136.70	-21657.00	83904.30
利润总额(万元)	-59556.10	-53953.80	-30877.70	104200.10

中炬高新技术实业(集团)股份有限公司

公司概况	公司名称	中炬高新技术实业(集团)股份有限公司			证券简称	中炬高新
	法人代表	熊炜	董秘	彭海泓	证券代码	600872
	公司网址	www.jonjee.com		电子信箱	penghaihong@jonjee.com	
	电　话	0760-85596818 2033		传　真	0760-85596877	
	办公地址	广东省中山市中山火炬高技术产业开发区火炬大厦				
	经营范围	城市基础设施的投资、房地产经营、物业管理等				

主要财务指标	指标\报告期	2013.06.30	2012.12.31	2012.06.30	2011.12.31
	基本每股收益(元)	0.1086	0.1578	0.0754	0.1638
	基本每股收益(扣除)(元)	0.1039	0.1094	0.0706	0.1440
	每股净资产(元)	2.5604	2.4453	2.3700	2.2900
	每股经营现金净流量(元)	0.0836	0.3039	0.1521	0.1641
	每股现金流量(元)	−0.0769	−0.1093	−0.1662	0.2117
	每股资本公积金(元)	0.3646	0.3581	0.3644	0.3590
	每股盈余公积金(元)	0.2189	0.2189	0.2189	0.2189
	每股未分配利润(元)	0.9786	0.8700	0.7876	0.7122
	净资产收益率(%)	4.2416	6.4533	3.1829	7.1571
	加权净资产收益率(%)	4.3400	6.6700	3.2400	7.4100
	净资产收益率(扣除)(%)	–	–	–	–
	总资产(万元)	349851.62	349508.87	324932.22	324231.63
	归属母公司股东权益(万元)	203974.59	194798.64	188736.96	182300.14
	主营业务收入(万元)	110227.35	174467.96	80131.72	156706.12
	营业收入(万元)	111236.40	175433.83	80660.98	173540.59
	主营成本(万元)	77832.07	124487.36	55160.65	112762.28
	营业成本(万元)	78688.71	125436.09	55729.38	125098.72
	投资收益(万元)	492.52	1993.40	963.02	1199.06
	净利润(万元)	8805.50	12241.34	5899.62	12243.93
	利润总额(万元)	10621.07	14532.01	7001.94	14995.24

梅花生物科技集团股份有限公司

公司概况	公司名称	梅花生物科技集团股份有限公司			证券简称	梅花集团
	法人代表	孟庆山	董秘	杨慧兴	证券代码	600873
	公司网址	www.meihuagrp.com		电子信箱	yanghuixing@meihuagrp.com	
	电　话	0316-2359652		传　真	0316-2359670	
	办公地址	河北省廊坊市经济技术开发区华祥路66号				
	经营范围	味精、氨基酸、有机肥等生物发酵领域等				

主要财务指标	指标\报告期	2013.06.30	2012.12.31	2012.06.30	2011.12.31
	基本每股收益(元)	0.0800	0.2200	0.1000	0.2700
	基本每股收益(扣除)(元)	0.0500	0.2100	0.0700	0.2200
	每股净资产(元)	2.5235	2.0239	2.0000	1.9000
	每股经营现金净流量(元)	0.0010	0.4835	0.1979	0.1720
	每股现金流量(元)	−0.0428	−0.3960	−0.3925	0.2390
	每股资本公积金(元)	0.7208	0.0692	0.0692	0.0692
	每股盈余公积金(元)	0.0509	0.0584	0.0474	0.0474
	每股未分配利润(元)	0.7518	0.8963	0.8868	0.7829
	净资产收益率(%)	2.8071	11.0892	5.1860	13.9870
	加权净资产收益率(%)	3.2500	11.3000	5.3200	14.5300
	净资产收益率(扣除)(%)	–	–	–	–
	总资产(万元)	1930641.30	1709831.48	1431740.16	1384083.58
	归属母公司股东权益(万元)	784358.74	548128.65	542565.26	514427.79
	主营业务收入(万元)	389615.30	742222.78	376800.18	681486.24
	营业收入(万元)	392150.89	746967.81	378757.49	686620.85
	主营成本(万元)	312738.61	574453.32	297685.30	516216.34
	营业成本(万元)	314499.43	576807.40	298554.08	518657.61
	投资收益(万元)	137.93	−305.46	116.22	97.22
	净利润(万元)	22017.60	60783.23	28137.47	71950.19
	利润总额(万元)	27881.87	79194.87	36481.62	88438.25

天津创业环保集团股份有限公司

公司概况	公司名称	天津创业环保集团股份有限公司			证券简称	创业环保
	法人代表	张文辉	董秘	付亚娜 卢伟强(香港)	证券代码	600874
	公司网址	www.tjcep.com		电子信箱	fu_yn@tjcep.com	
	电　话	022-23930128		传　真	022-23930126	
	办公地址	天津市南开区卫津南路76号创业环保大厦				
	经营范围	污水与自来水以及其他水处理设施的投资、建设、设计、管理、经营等				

主要财务指标	指标\报告期	2013.06.30	2012.12.31	2012.06.30	2011.12.31
	基本每股收益(元)	0.0800	0.1900	0.0800	0.1900
	基本每股收益(扣除)(元)	0.0800	0.1800	0.0800	0.1900
	每股净资产(元)	2.6700	2.6487	2.5400	2.5000
	每股经营现金净流量(元)	0.0914	0.3558	0.1489	0.5845
	每股现金流量(元)	0.1607	0.2158	0.2048	0.1048
	每股资本公积金(元)	0.2679	0.2679	0.2679	0.2679
	每股盈余公积金(元)	0.2459	0.2459	0.2285	0.2285
	每股未分配利润(元)	1.1563	1.1349	1.0443	1.0038
	净资产收益率(%)	3.0484	7.1155	3.1701	7.7290
	加权净资产收益率(%)	3.0500	7.3300	3.1700	7.7300
	净资产收益率(扣除)(%)	–	–	–	–
	总资产(万元)	1089885.10	1030699.40	964703.00	908532.40
	归属母公司股东权益(万元)	381076.40	378022.90	362620.40	356833.70
	主营业务收入(万元)	79359.40	154116.60	73553.20	149314.60
	营业收入(万元)	85135.50	163732.00	76510.00	156249.00
	主营成本(万元)	46972.30	89157.70	41198.30	83502.00
	营业成本(万元)	50941.80	95118.80	43439.10	87404.10
	投资收益(万元)	−106.70	−554.10	108.40	38.60
	净利润(万元)	12207.70	27455.10	11815.90	27988.00
	利润总额(万元)	16394.50	37280.00	16236.40	37603.40

东方电气股份有限公司

公司概况	公司名称	东方电气股份有限公司			证券简称	东方电气
	法人代表	斯泽夫	董秘	龚丹	证券代码	600875
	公司网址	www.dec-ltd.cn		电子信箱	dsb@dongfang.com	
	电　话	028-87583666		传　真	028-87583551	
	办公地址	四川省成都市金牛区蜀汉路333号				
	经营范围	水力发电设备、汽轮发电机、交直流电机、控制设备制造销售等				

主要财务指标	指标\报告期	2013.06.30	2012.12.31	2012.06.30	2011.12.31
	基本每股收益(元)	0.5900	1.0900	0.6200	1.5300
	基本每股收益(扣除)(元)	0.5700	1.0100	0.5900	1.4400
	每股净资产(元)	8.2652	7.8240	7.3500	6.8900
	每股经营现金净流量(元)	0.4426	−0.0891	−1.1262	−0.5682
	每股现金流量(元)	0.4975	−0.6763	−1.1129	−1.6899
	每股资本公积金(元)	2.4908	2.5322	2.5398	2.5327
	每股盈余公积金(元)	0.2263	0.2263	0.1595	0.1595
	每股未分配利润(元)	4.5532	4.0713	3.6654	3.2046
	净资产收益率(%)	7.1618	13.9757	8.4410	22.1430
	加权净资产收益率(%)	7.2900	14.8400	8.6200	24.6500
	净资产收益率(扣除)(%)	–	–	–	–
	总资产(万元)	7687112.96	7832705.66	7975891.43	8244272.59
	归属母公司股东权益(万元)	1656224.22	1567810.54	1473716.96	1380255.89
	主营业务收入(万元)	2033062.75	3773934.57	1987341.10	4244289.05
	营业收入(万元)	2046710.67	3807920.25	2001148.83	4291661.83
	主营成本(万元)	1666022.98	2987390.75	1602753.31	3363826.90
	营业成本(万元)	1671311.92	3000192.27	1609589.20	3395439.76
	投资收益(万元)	6732.52	17966.52	7618.37	14160.10
	净利润(万元)	121207.39	225372.13	126285.03	311821.77
	利润总额(万元)	143577.97	261865.86	147519.06	354405.68

洛阳玻璃股份有限公司

公司概况						
公司名称	洛阳玻璃股份有限公司			证券简称	洛阳玻璃	
法人代表	马立云	董秘	何江 叶沛森(香港)	证券代码	600876	
公司网址	www.zhglb.com		电子信箱	lywzhx@126.com		
电　　话	0379-63908507 63908637		传　　真	0379-63251984		
办公地址	河南省洛阳市西工区唐宫中路9号					
经营范围	生产玻璃、深加工制品、机械成套设备、电器与配件、销售自产产品等					

主要财务指标

指标\报告期	2013.06.30	2012.12.31	2012.06.30	2011.12.31
基本每股收益(元)	-0.0900	0.0102	-0.0900	0.0247
基本每股收益(扣除)(元)	-0.0983	-0.1256	-0.0924	-0.1355
每股净资产(元)	0.1698	0.2642	0.1639	0.2540
每股经营现金净流量(元)	-0.0112	0.0175	-0.0345	-0.1233
每股现金流量(元)	-0.1045	0.0298	-0.0394	0.0414
每股资本公积金(元)	1.7148	1.7148	1.7148	1.7150
每股盈余公积金(元)	0.1027	0.1027	0.1027	0.1027
每股未分配利润(元)	-2.6484	-2.5537	-2.6540	-2.5639
净资产收益率(%)	-55.7262	3.8548	-	9.7110
加权净资产收益率(%)	-43.6200	3.9300	-43.1200	10.1700
净资产收益率(扣除)(%)	-	-	-	-
总资产(万元)	121961.19	130278.23	129920.10	141578.51
归属母公司股东权益(万元)	8490.08	13212.50	8195.44	12701.36
主营业务收入(万元)	12318.80	48194.90	27790.45	82547.46
营业收入(万元)	13331.77	55368.72	30820.63	92094.29
主营成本(万元)	10497.39	38732.57	24519.77	74310.21
营业成本(万元)	11007.85	44065.94	27242.06	82105.75
投资收益(万元)	241.06	179.32	173.56	-
净利润(万元)	-5231.07	-808.81	-5240.71	-1763.21
利润总额(万元)	-4949.73	423.22	-4604.06	293.16

中国嘉陵工业股份有限公司(集团)

公司概况						
公司名称	中国嘉陵工业股份有限公司(集团)			证券简称	中国嘉陵	
法人代表	洪耕	董秘	叶宇昕(代)	证券代码	600877	
公司网址	www.jialing.com.cn		电子信箱	zqc@jialing.com.cn		
电　　话	023-61954095		传　　真	023-61951111		
办公地址	重庆市璧山县永嘉大道111号					
经营范围	摩托车及其发动机、零部件的制造和销售等					

主要财务指标

指标\报告期	2013.06.30	2012.12.31	2012.06.30	2011.12.31
基本每股收益(元)	-0.1956	0.0215	-0.0917	-0.3679
基本每股收益(扣除)(元)	-0.1876	-0.3285	-0.1905	-0.5037
每股净资产(元)	0.4213	0.6163	0.5000	0.6100
每股经营现金净流量(元)	-0.0667	-0.0815	-0.0515	-0.1454
每股现金流量(元)	0.0478	0.0190	-0.1329	-0.2340
每股资本公积金(元)	0.1619	0.1619	0.1715	0.1715
每股盈余公积金(元)	0.8521	0.8521	0.8521	0.8521
每股未分配利润(元)	-1.6048	-1.4092	-1.5224	-1.4306
净资产收益率(%)	-46.4278	3.4816	-18.2297	-60.2283
加权净资产收益率(%)	-37.7100	3.5000	-20.4200	-46.6300
净资产收益率(扣除)(%)	-	-	-	-
总资产(万元)	269789.15	292936.14	288549.19	289503.97
归属母公司股东权益(万元)	28958.62	42354.45	34576.98	41985.31
主营业务收入(万元)	75392.57	186416.83	102825.29	231575.35
营业收入(万元)	76382.48	189668.40	104431.18	236558.25
主营成本(万元)	68386.67	168533.31	92559.25	209736.32
营业成本(万元)	68953.26	171691.06	94809.23	215748.64
投资收益(万元)	1857.76	10762.45	6664.57	4997.88
净利润(万元)	-13568.75	1351.28	-6263.53	-25499.20
利润总额(万元)	-13566.44	1347.09	-6254.77	-25319.18

航天时代电子技术股份有限公司

公司概况						
公司名称	航天时代电子技术股份有限公司			证券简称	航天电子	
法人代表	刘眉玄	董秘	吕凡	证券代码	600879	
公司网址	www.catec-ltd.cn		电子信箱	lufan@catec-ltd.cn		
电　　话	027-84792199 010-88106362		传　　真	027-84792102		
办公地址	湖北省武汉市经济技术开发区高科技园					
经营范围	民用航天与运载火箭及配套装备、计算机技术及软硬件、电子测量与自动控制等					

主要财务指标

指标\报告期	2013.06.30	2012.12.31	2012.06.30	2011.12.31
基本每股收益(元)	0.0930	0.2530	0.0850	0.2080
基本每股收益(扣除)(元)	0.0840	0.1980	0.0810	0.1470
每股净资产(元)	4.6147	4.2596	4.1150	4.0310
每股经营现金净流量(元)	-0.1722	-0.0543	-0.5015	0.2722
每股现金流量(元)	0.2005	0.0680	-0.0889	-0.1582
每股资本公积金(元)	1.8315	0.9665	0.9908	0.9908
每股盈余公积金(元)	0.1017	0.1304	0.1275	0.1275
每股未分配利润(元)	1.6815	2.1627	1.9971	1.9124
净资产收益率(%)	1.5656	5.9429	2.0597	5.1520
加权净资产收益率(%)	2.1760	6.0890	2.0810	5.3050
净资产收益率(扣除)(%)	-	-	-	-
总资产(万元)	844941.26	766554.48	723373.29	679507.35
归属母公司股东权益(万元)	479716.47	345468.24	333783.50	326908.46
主营业务收入(万元)	173902.26	367750.18	160066.87	345550.80
营业收入(万元)	174671.48	371402.29	160779.74	350889.76
主营成本(万元)	131433.61	276337.11	117601.73	261672.15
营业成本(万元)	131675.75	277703.01	117782.96	264567.81
投资收益(万元)	-84.09	1558.30	104.37	827.68
净利润(万元)	7865.91	20937.75	6659.48	16933.93
利润总额(万元)	10490.25	25814.84	9011.35	21422.79

成都博瑞传播股份有限公司

公司概况						
公司名称	成都博瑞传播股份有限公司			证券简称	博瑞传播	
法人代表	孙旭军	董秘	张跃铭	证券代码	600880	
公司网址	www.b-raymedia.com		电子信箱	dongmi@b-ray.com.cn		
电　　话	028-87651183 62560962		传　　真	028-62560793		
办公地址	四川省成都市锦江区三色路38号“博瑞·创意成都”大厦A座23楼					
经营范围	信息传播服务(不含国家限制项目)、报刊投递服务、高科技产品开发等					

主要财务指标

指标\报告期	2013.06.30	2012.12.31	2012.06.30	2011.12.31
基本每股收益(元)	0.2900	0.4600	0.2700	0.6300
基本每股收益(扣除)(元)	0.2800	0.4500	0.2700	0.4900
每股净资产(元)	3.6501	3.5934	3.4100	3.2900
每股经营现金净流量(元)	0.1162	-0.1253	0.1587	0.6317
每股现金流量(元)	-0.0835	-0.5433	-0.1935	0.0668
每股资本公积金(元)	0.3834	0.3834	0.3834	0.3834
每股盈余公积金(元)	0.3973	0.3973	0.3616	0.3616
每股未分配利润(元)	1.8690	1.8124	1.6663	1.5433
净资产收益率(%)	7.8531	12.6643	8.0017	19.0720
加权净资产收益率(%)	7.8300	13.2700	8.0300	21.3400
净资产收益率(扣除)(%)	-	-	-	-
总资产(万元)	7.7600	13.2200	272447.49	276400.01
归属母公司股东权益(万元)	229216.78	225659.81	214223.06	206501.21
主营业务收入(万元)	69768.99	133765.41	65069.91	129702.38
营业收入(万元)	70321.88	134980.08	65433.93	130595.93
主营成本(万元)	34652.39	71013.42	32161.00	66610.06
营业成本(万元)	34952.45	71689.00	32392.45	66840.89
投资收益(万元)	-502.64	-296.00	-71.15	48.51
净利润(万元)	19914.24	29898.30	18584.84	42051.64
利润总额(万元)	25240.46	37866.26	22223.55	53135.51

吉林亚泰(集团)股份有限公司

公司概况	公司名称	吉林亚泰(集团)股份有限公司		证券简称	亚泰集团
	法人代表	宋尚龙	董秘	田奎武	证券代码	600881
	公司网址	www.yatai.com	电子信箱	tkw@yatai.com	
	电　话	0431-84956688	传　真	0431-84951400	
	办公地址	吉林省长春市吉林大路 1801 号			
	经营范围	房地产、水泥、证券、制药等			

主要财务指标	指标\报告期	2013.06.30	2012.12.31	2012.06.30	2011.12.31
	基本每股收益(元)	0.1000	0.2100	0.1800	0.4000
	基本每股收益(扣除)(元)	0.0900	0.0100	0.0900	0.3900
	每股净资产(元)	4.2364	4.2430	4.3000	4.1300
	每股经营现金净流量(元)	-1.6618	-2.2395	-0.1963	0.8003
	每股现金流量(元)	-0.1771	-0.7637	0.0859	1.1175
	每股资本公积金(元)	1.8095	1.8180	1.8203	1.8186
	每股盈余公积金(元)	0.1756	0.1756	0.1441	0.1441
	每股未分配利润(元)	1.2462	1.2476	1.3370	1.1606
	净资产收益率(%)	2.3279	4.9173	4.1002	9.5714
	加权净资产收益率(%)	2.3000	4.9700	4.1900	9.8900
	净资产收益率(扣除)(%)	-	-	-	-
	总资产(万元)	4762467.59	4325048.26	3788758.83	3397670.34
	归属母公司股东权益(万元)	802677.19	803935.20	815232.72	781956.76
	主营业务收入(万元)	598516.60	1127704.05	477839.14	1146251.15
	营业收入(万元)	622266.97	1162526.96	488916.14	1169981.98
	主营成本(万元)	421075.77	835757.13	317882.06	773592.02
	营业成本(万元)	438068.17	860674.53	325054.80	793595.02
	投资收益(万元)	24234.81	45100.38	24291.00	605.45
	净利润(万元)	26290.64	47870.22	44976.93	107224.35
	利润总额(万元)	45176.07	71761.85	63295.96	146815.89

山东华联矿业控股股份有限公司

公司概况	公司名称	山东华联矿业控股股份有限公司			证券简称	华联矿业
	法人代表	齐银山	董秘	米常军	证券代码	600882
	公司网址			电子信箱	hualianzqb@163.com	
	电　话	0533-3389666		传　真	0533-3389666	
	办公地址	山东省淄博市沂源县东里镇				
	经营范围	矿石销售、货物进出口、矿山设备及备品备件的销售等				

主要财务指标	指标\报告期	2013.06.30	2012.12.31	2012.06.30	2011.12.31
	基本每股收益(元)	0.3200	0.8900	0.3100	1.7800
	基本每股收益(扣除)(元)	0.3200	0.8700	0.3000	1.8100
	每股净资产(元)	3.5888	3.2516	-0.5300	5.7400
	每股经营现金净流量(元)	0.5395	0.9202	0.6025	0.5795
	每股现金流量(元)	-0.1133	-0.5035	-0.3998	1.2802
	每股资本公积金(元)	-	-	1.0581	0.9889
	每股盈余公积金(元)	0.2290	0.2290	0.1764	0.3306
	每股未分配利润(元)	2.2576	1.9350	-2.8463	2.6588
	净资产收益率(%)	8.9887	17.5177	-108.7074	31.0558
	加权净资产收益率(%)	9.4300	19.2500	10.8700	36.8300
	净资产收益率(扣除)(%)	-	-	-	-
	总资产(万元)	169538.64	185411.28	128616.58	202540.23
	归属母公司股东权益(万元)	143280.26	129814.40	-11271.73	106425.78
	主营业务收入(万元)	43816.15	122771.03	70708.82	130106.28
	营业收入(万元)	45719.72	133671.16	75190.89	135824.07
	主营成本(万元)	22477.57	79305.45	47504.68	75343.16
	营业成本(万元)	28953.09	88807.13	51532.42	80084.48
	投资收益(万元)	325.49	442.99	311.92	317.40
	净利润(万元)	12929.55	23003.23	12379.52	33183.82
	利润总额(万元)	17279.57	30606.07	15842.49	44270.15

云南博闻科技实业股份有限公司

公司概况	公司名称	云南博闻科技实业股份有限公司			证券简称	博闻科技
	法人代表	刘志波	董秘	杨庆宏	证券代码	600883
	公司网址	www.ynbowin.com		电子信箱	600883dsh@ynbowin.com	
	电　话	0871-7197370		传　真	0871-7197694	
	办公地址	云南省昆明市官渡区春城路 219 号东航投资大厦 806 室				
	经营范围	计算机硬件生产、软件开发和网络开发、信息服务等				

主要财务指标	指标\报告期	2013.06.30	2012.12.31	2012.06.30	2011.12.31
	基本每股收益(元)	0.0138	0.0410	-0.0125	0.7006
	基本每股收益(扣除)(元)	0.0125	0.0167	-0.0135	0.1576
	每股净资产(元)	2.9144	2.9208	2.8673	2.9297
	每股经营现金净流量(元)	-0.0072	0.0026	0.0214	-0.0496
	每股现金流量(元)	0.0137	-0.0291	-0.0067	-0.0731
	每股资本公积金(元)	0.6008	0.6009	0.6009	0.6008
	每股盈余公积金(元)	0.2267	0.2267	0.2229	0.2229
	每股未分配利润(元)	1.0870	1.0932	1.0436	1.1061
	净资产收益率(%)	0.4725	1.4022	-0.4360	23.9150
	加权净资产收益率(%)	0.4725	1.4000	-0.4360	26.1200
	净资产收益率(扣除)(%)	-	-	-	-
	总资产(万元)	74631.80	74434.99	73402.43	73162.46
	归属母公司股东权益(万元)	68804.84	68956.70	67693.34	69167.84
	主营业务收入(万元)	2245.54	7573.96	4300.25	9767.01
	营业收入(万元)	2247.27	7605.24	4324.11	9845.35
	主营成本(万元)	2213.19	6714.85	3929.48	8960.00
	营业成本(万元)	2215.14	6725.14	3990.83	9084.62
	投资收益(万元)	802.58	2504.83	1195.83	18309.31
	净利润(万元)	325.13	960.09	-299.01	16534.54
	利润总额(万元)	346.32	2164.53	972.91	18653.11

宁波杉杉股份有限公司

公司概况	公司名称	宁波杉杉股份有限公司			证券简称	杉杉股份
	法人代表	庄巍	董秘	钱程	证券代码	600884
	公司网址	www.ssgf.net		电子信箱	ssgf@shanshan.com	
	电　话	0574-88208337		传　真	0574-88208375	
	办公地址	浙江省宁波市鄞州区日丽中路 777 号杉杉商务大厦 8 层				
	经营范围	服装、针织品、皮革制品的制造、加工、批发、零售等				

主要财务指标	指标\报告期	2013.06.30	2012.12.31	2012.06.30	2011.12.31
	基本每股收益(元)	0.2250	0.3870	0.2200	0.3730
	基本每股收益(扣除)(元)	0.1900	0.1960	0.1400	0.2130
	每股净资产(元)	7.3044	7.8807	7.4970	7.0570
	每股经营现金净流量(元)	0.0332	0.1572	0.0288	0.0876
	每股现金流量(元)	-0.0014	-0.1655	0.1577	0.4948
	每股资本公积金(元)	3.5359	4.2780	4.0572	3.7768
	每股盈余公积金(元)	0.3828	0.3828	0.3785	0.3785
	每股未分配利润(元)	2.3966	2.2312	2.0725	1.9128
	净资产收益率(%)	3.0854	4.9060	2.9304	5.2910
	加权净资产收益率(%)	2.9680	5.1800	3.0190	4.9600
	净资产收益率(扣除)(%)	-	-	-	-
	总资产(万元)	742893.41	762390.83	738236.31	663165.27
	归属母公司股东权益(万元)	300109.06	323783.57	308022.03	289936.21
	主营业务收入(万元)	174847.53	348143.17	154725.63	285223.08
	营业收入(万元)	176708.11	375588.83	156541.89	300217.54
	主营成本(万元)	136065.76	267313.10	117843.03	216344.40
	营业成本(万元)	136768.65	290100.85	118484.43	226872.71
	投资收益(万元)	10610.37	14978.45	10315.18	18403.33
	净利润(万元)	8556.94	13756.84	9101.08	14680.33
	利润总额(万元)	9740.02	17809.98	10775 14	19552.36

宏发科技股份有限公司

公司概况					
公司名称	宏发科技股份有限公司			证券简称	宏发股份
法人代表	郭满金	董秘	林旦旦	证券代码	600885
公司网址	www.hongfa.com		电子信箱	zqb@hongfa.com	
电　　话	0592-6106688 6196768		传　　真	0592-6106678	
办公地址	福建省厦门市集美北部工业区孙坂南路 91-101 号				
经营范围	研制,生产和销售继电器,低压电器,接触器,自动化设备等				

主要财务指标 指标\报告期	2013.06.30	2012.12.31	2012.06.30	2011.12.31
基本每股收益(元)	0.2900	0.8000	0.3300	0.7200
基本每股收益(扣除)(元)	0.2700	0.7400	0.3000	0.6700
每股净资产(元)	2.5730	2.3452	-1.1960	5.5845
每股经营现金净流量(元)	0.4190	0.6937	1.0289	0.5618
每股现金流量(元)	0.0127	-0.1644	-1.0318	0.9970
每股资本公积金(元)	-	-	0.3262	1.3916
每股盈余公积金(元)	0.1429	0.1402	0.0398	0.2493
每股未分配利润(元)	1.4360	1.2084	-2.5623	2.1389
净资产收益率(%)	11.1518	24.9710	-57.4189	26.4903
加权净资产收益率(%)	11.6000	28.0600	8.8200	31.7600
净资产收益率(扣除)(%)	-	-	-	-
总资产(万元)	317358.97	296190.17	66690.37	293044.90
归属母公司股东权益(万元)	122639.49	111779.79	-18392.42	85857.56
主营业务收入(万元)	159642.37	293162.61	139045.80	294204.89
营业收入(万元)	167489.54	300825.86	143726.22	301985.79
主营成本(万元)	107871.16	196115.51	96642.61	199837.78
营业成本(万元)	114773.47	203187.29	21221.99	207585.69
投资收益(万元)	-	-	-	25.85
净利润(万元)	20570.52	39817.00	16119.92	34098.02
利润总额(万元)	24219.72	46512.09	18718.89	40697.92

国投电力控股股份有限公司

公司概况					
公司名称	国投电力控股股份有限公司			证券简称	国投电力
法人代表	胡刚	董秘	杨林	证券代码	600886
公司网址	www.sdicpower.com		电子信箱	gtdl@sdicpower.com	
电　　话	010-88006378		传　　真	010-88006368	
办公地址	北京市西城区西直门南小街 147 号国投 5 号楼 12 层				
经营范围	投资建设、经营管理以电力生产为主的能源项目等				

主要财务指标 指标\报告期	2013.06.30	2012.12.31	2012.06.30	2011.12.31
基本每股收益(元)	0.1978	0.2995	0.0183	0.1094
基本每股收益(扣除)(元)	0.1957	0.2711	0.0015	0.0670
每股净资产(元)	2.3852	3.4903	3.2600	5.0900
每股经营现金净流量(元)	0.9233	2.4448	1.0624	2.4369
每股现金流量(元)	-0.3661	0.3076	0.1992	1.6071
每股资本公积金(元)	0.9051	1.8386	1.8754	3.5444
每股盈余公积金(元)	0.0461	0.0854	0.0829	0.1244
每股未分配利润(元)	0.4340	0.5663	0.3015	0.4195
净资产收益率(%)	7.4018	8.5778	0.1665	2.7849
加权净资产收益率(%)	8.6600	8.6200	0.8600	3.4200
净资产收益率(扣除)(%)	-	-	-	-
总资产(万元)	15197586.28	14589634.59	13017027.12	12509818.65
归属母公司股东权益(万元)	1554185.88	1228697.99	1146704.21	1193245.95
主营业务收入(万元)	1212879.68	2376556.89	1182979.77	2159705.79
营业收入(万元)	1216884.12	2386700.77	1187742.97	2356871.13
主营成本(万元)	779734.70	1780769.18	978365.86	1799384.21
营业成本(万元)	780668.83	1783099.34	979314.75	1958478.55
投资收益(万元)	23193.85	19601.47	5511.34	7513.16
净利润(万元)	205886.82	201755.87	26124.42	79205.86
利润总额(万元)	227582.46	231798.18	34872.68	108851.00

内蒙古伊利实业集团股份有限公司

公司概况					
公司名称	内蒙古伊利实业集团股份有限公司			证券简称	伊利股份
法人代表	潘刚	董秘	胡利平	证券代码	600887
公司网址	www.yili.com		电子信箱	huliping@yili.com	
电　　话	0471-3350092		传　　真	0471-3601621	
办公地址	内蒙古自治区呼和浩特市金山开发区金山大道 8 号				
经营范围	乳制品制造、食品、饮料加工、农畜产品及饲料加工等				

主要财务指标 指标\报告期	2013.06.30	2012.12.31	2012.06.30	2011.12.31
基本每股收益(元)	0.9500	1.0700	0.4800	1.1300
基本每股收益(扣除)(元)	0.6000	0.8300	0.3400	0.8200
每股净资产(元)	7.1794	4.5882	3.9900	3.7700
每股经营现金净流量(元)	1.6084	1.5066	0.8071	2.2959
每股现金流量(元)	2.0170	-0.9718	-0.2354	0.0387
每股资本公积金(元)	3.6686	1.1538	1.1562	1.1580
每股盈余公积金(元)	0.3375	0.4275	0.3328	0.3328
每股未分配利润(元)	2.1844	2.0073	1.5042	1.2778
净资产收益率(%)	11.9555	23.4114	11.9305	30.0340
加权净资产收益率(%)	14.0500	25.9700	12.1500	35.3300
净资产收益率(扣除)(%)	-	-	-	-
总资产(万元)	2951536.93	1981540.05	2005614.19	1992950.06
归属母公司股东权益(万元)	1453693.23	733490.02	638306.55	602385.30
主营业务收入(万元)	2385967.66	4173612.40	2108399.25	3726551.25
营业收入(万元)	2402122.33	4199069.21	2118097.75	3745137.22
主营成本(万元)	1652889.86	2938695.20	1478814.00	-
营业成本(万元)	1660779.31	2950494.92	1482228.61	2648566.62
投资收益(万元)	984.35	2652.41	1542.49	25382.47
净利润(万元)	174606.97	173602.17	77583.19	183243.73
利润总额(万元)	149544.49	208676.18	92798.48	213641.62

新疆众和股份有限公司

公司概况					
公司名称	新疆众和股份有限公司			证券简称	新疆众和
法人代表	李建华	董秘	杨波	证券代码	600888
公司网址	www.joinworld.com		电子信箱	yangbo@joinworld.com	
电　　话	0991-6689800		传　　真	0991-6689882	
办公地址	新疆维吾尔自治区乌鲁木齐市喀什东路 18 号				
经营范围	高纯铝、电子铝箔、腐蚀箔、化成箔等电子元器件原料的生产、销售等				

主要财务指标 指标\报告期	2013.06.30	2012.12.31	2012.06.30	2011.12.31
基本每股收益(元)	0.0905	0.2886	0.1315	0.5568
基本每股收益(扣除)(元)	0.0524	0.1826	0.0993	0.5192
每股净资产(元)	5.7557	6.8986	6.7676	8.6527
每股经营现金净流量(元)	-0.3530	0.1414	-0.0574	0.5116
每股现金流量(元)	-0.1960	-2.9841	-2.0198	3.4833
每股资本公积金(元)	3.0181	3.8221	3.8220	5.1685
每股盈余公积金(元)	0.2728	0.3274	0.2983	0.3878
每股未分配利润(元)	1.4647	1.7491	1.6473	2.0964
净资产收益率(%)	1.5720	4.1839	2.3317	7.7650
加权净资产收益率(%)	1.5616	4.2612	2.3458	9.6600
净资产收益率(扣除)(%)	-	-	-	-
总资产(万元)	812621.12	724635.43	695621.47	703048.36
归属母公司股东权益(万元)	369067.38	368628.78	361628.97	355661.62
主营业务收入(万元)	166220.45	221189.77	100189.59	196889.29
营业收入(万元)	168636.18	224979.80	101597.67	200258.30
主营成本(万元)	141387.03	182660.52	80503.73	149867.37
营业成本(万元)	141837.67	184261.98	81059.04	151855.94
投资收益(万元)	-	155.81	155.81	77.07
净利润(万元)	5802.33	15423.63	8432.11	27615.74
利润总额(万元)	6521.61	16446.56	9323.38	29879.14

南京化纤股份有限公司

公司概况	公司名称	南京化纤股份有限公司		证券简称	南京化纤
	法人代表	钟书高	董秘	陈波	证券代码	600889
	公司网址	www.ncfc.cn		电子信箱	cb_008@126.com
	电　话	025-84208005		传　真	025-84208919
	办公地址	江苏省南京市六合红山精细化工园内			
	经营范围	化学纤维生产、主要产品为粘胶长、短丝等			

主要财务指标 指标\报告期	2013.06.30	2012.12.31	2012.06.30	2011.12.31
基本每股收益(元)	0.0430	0.0500	-0.0990	0.0500
基本每股收益(扣除)(元)	0.0420	0.0400	-0.0996	0.0410
每股净资产(元)	3.0203	2.9771	2.8310	2.9300
每股经营现金净流量(元)	0.5458	0.1985	1.3159	3.0808
每股现金流量(元)	0.0483	0.1242	0.1565	-0.1585
每股资本公积金(元)	0.7028	0.7028	0.7018	0.7018
每股盈余公积金(元)	0.4521	0.4521	0.4440	0.4440
每股未分配利润(元)	0.8654	0.8222	0.6850	0.7844
净资产收益率(%)	1.4306	1.5435	-3.5110	1.7050
加权净资产收益率(%)	1.4400	1.5600	-3.4500	1.7400
净资产收益率(扣除)(%)	-	-	-	-
总资产(万元)	375393.03	355166.93	379473.91	354900.04
归属母公司股东权益(万元)	92745.16	91418.35	86925.16	89977.08
主营业务收入(万元)	47179.80	127776.20	44687.30	134524.47
营业收入(万元)	57376.01	151921.02	56632.65	150126.42
主营成本(万元)	39835.14	102311.67	39237.41	115635.68
营业成本(万元)	47489.63	121789.07	49153.74	128143.09
投资收益(万元)	-713.51	-2538.83	-1107.89	2757.44
净利润(万元)	1333.11	3589.86	-2986.00	3517.94
利润总额(万元)	1365.88	6124.31	-2883.56	5777.48

中房置业股份有限公司

公司概况	公司名称	中房置业股份有限公司		证券简称	中房股份
	法人代表	林玲	董秘	桂红植	证券代码	600890
	公司网址	www.credholding.com		电子信箱	600890@126.com
	电　话	010-826[illegible]8847		传　真	010-82611808
	办公地址	北京市海淀区苏州街18号院长远天地大厦C座二层			
	经营范围	房地产开发、物业管理、制造销售动力机械、激光打印机、数字照相机等			

主要财务指标 指标\报告期	2013.06.30	2012.12.31	2012.06.30	2011.12.31
基本每股收益(元)	-0.0100	-0.0300	-0.0200	0.0800
基本每股收益(扣除)(元)	-0.0200	-0.0300	-0.0200	-0.0400
每股净资产(元)	0.5295	0.5427	0.5530	0.5690
每股经营现金净流量(元)	-0.0086	-0.0110	-0.0091	0.0309
每股现金流量(元)	-0.0086	-0.0130	-0.0092	0.0309
每股资本公积金(元)	0.0351	0.0351	0.0351	0.0351
每股盈余公积金(元)	0.1466	0.1466	0.1466	0.1466
每股未分配利润(元)	-0.6522	-0.6390	-0.6290	-0.6126
净资产收益率(%)	-2.4990	-4.8702	-2.9720	14.0750
加权净资产收益率(%)	-2.4700	-4.7500	-2.9300	15.1400
净资产收益率(扣除)(%)	-	-	-	-
总资产(万元)	35865.46	36789.28	37626.24	38619.88
归属母公司股东权益(万元)	30668.51	31434.91	32014.4[illegible]	32965.87
主营业务收入(万元)	414.82	1254.11	403.35	1254.44
营业收入(万元)	414.82	1254.11	403.35	1254.44
主营成本(万元)	425.14	1174.06	325.54	905.37
营业成本(万元)	425.14	1174.06	325.54	905.37
投资收益(万元)	-18.93	-69.31	-32.31	2187.73
净利润(万元)	-766.43	-1530.44	-951.54	4733.93
利润总额(万元)	-731.69	-1726.78	-951.54	4788.68

哈尔滨秋林集团股份有限公司

公司概况	公司名称	哈尔滨秋林集团股份有限公司		证券简称	秋林集团
	法人代表	刘宏强	董秘	朱宁	证券代码	600891
	公司网址	www.qlgroup.com.cn		电子信箱	zqb@qlgroup.com.cn
	电　话	0451-53644632		传　真	0451-53649282
	办公地址	黑龙江省哈尔滨市南岗区东大直街319号			
	经营范围	零售兼批发百货、食品、副食品、纺织品、节目录像带等业务			

主要财务指标 指标\报告期	2013.06.30	2012.12.31	2012.06.30	2011.12.31
基本每股收益(元)	0.0600	0.1700	0.1000	0.0800
基本每股收益(扣除)(元)	0.0600	0.1500	0.0900	0.1000
每股净资产(元)	2.5247	2.4649	2.3600	2.1914
每股经营现金净流量(元)	0.0272	0.1612	0.1495	1.1760
每股现金流量(元)	0.0424	0.2886	0.0573	1.4164
每股资本公积金(元)	1.0746	1.0778	0.9806	0.9223
每股盈余公积金(元)	0.0933	0.0933	0.0705	0.0705
每股未分配利润(元)	0.3568	0.2937	0.3104	0.1985
净资产收益率(%)	2.4984	6.8155	4.4212	3.4448
加权净资产收益率(%)	2.5300	7.2600	4.6500	3.6500
净资产收益率(扣除)(%)	-	-	-	-
总资产(万元)	116929.90	118380.60	115357.94	109178.46
归属母公司股东权益(万元)	82187.60	80238.24	76872.55	71336.01
主营业务收入(万元)	15903.13	32201.29	16546.34	53153.71
营业收入(万元)	18659.38	37807.44	19262.48	58261.88
主营成本(万元)	12166.23	24772.45	13111.44	46278.38
营业成本(万元)	12956.57	26351.60	13898.82	47845.20
投资收益(万元)	6.96	147.96	38.40	104.00
净利润(万元)	2079.69	5432.35	3372.53	2410.34
利润总额(万元)	2671.01	7000.41	4416.67	3761.18

宝诚投资股份有限公司

公司概况	公司名称	宝诚投资股份有限公司		证券简称	宝诚股份
	法人代表	姚建辉	董秘	李敬	证券代码	600892
	公司网址			电子信箱	bcinvst@163.com
	电　话	010-68096094		传　真	010-58096092
	办公地址	广东省深圳市罗湖区笋岗东路3012号中民时代广场B座2103室			
	经营范围	投资与资产管理、销售金属矿石、金属材料、建筑材料、五金交电、机械设备等			

主要财务指标 指标\报告期	2013.06.30	2012.12.31	2012.06.30	2011.12.31
基本每股收益(元)	0.0600	0.2100	0.0700	0.0700
基本每股收益(扣除)(元)	0.0600	0.1400	0.0600	0.0800
每股净资产(元)	0.0929	0.0327	-0.5562	-0.6300
每股经营现金净流量(元)	-0.0718	-0.2773	0.0246	-1.0048
每股现金流量(元)	-0.1995	-0.2907	0.1583	0.3997
每股资本公积金(元)	2.2492	2.2492	1.7977	1.7977
每股盈余公积金(元)	0.1361	0.1361	0.1361	0.1455
每股未分配利润(元)	-3.2923	-3.3525	-3.4899	-3.5700
净资产收益率(%)	64.8096	636.0809	-12.7064	-11.5800
加权净资产收益率(%)	95.8800	-	-	18.3500
净资产收益率(扣除)(%)	-	-	-	-
总资产(万元)	25414.13	27165.15	27692.71	34489.19
归属母公司股东权益(万元)	586.73	206.47	-3510.76	-3956.85
主营业务收入(万元)	35788.12	67463.55	28618.55	61955.84
营业收入(万元)	36175.41	68357.73	29028.33	65668.20
主营成本(万元)	34711.33	64837.71	27110.61	59323.90
营业成本(万元)	34893.16	65224.20	27294.26	62297.53
投资收益(万元)	-	72.56	72.56	3.42
净利润(万元)	384.40	1346.47	449.99	528.03
利润总额(万元)	327.78	1114.51	461.37	670.72

西安航空动力股份有限公司

公司概况	公司名称	西安航空动力股份有限公司			证券简称	航空动力
	法人代表	张民生	董秘	赵岳	证券代码	600893
	公司网址	www.xaec.com		电子信箱	hkdl2008@xaec.com	
	电　话	029-86152008 86150271		传　真	029-86629636	
	办公地址	陕西省西安市未央区徐家湾				
	经营范围	航空发动机、燃气轮机、烟气透平动力装置、航天发动机及其零部件等				

主要财务指标	指标\报告期	2013.06.30	2012.12.31	2012.06.30	2011.12.31
	基本每股收益(元)	0.1200	0.2700	0.0900	0.2400
	基本每股收益(扣除)(元)	0.1200	0.2500	0.0800	0.2300
	每股净资产(元)	3.9131	3.8734	3.6897	3.6669
	每股经营现金净流量(元)	-0.4989	0.1622	-0.4882	0.3268
	每股现金流量(元)	-0.7634	-0.0242	-0.5444	0.4363
	每股资本公积金(元)	2.1930	2.1930	2.1923	2.1930
	每股盈余公积金(元)	0.0650	0.0650	0.0427	0.0427
	每股未分配利润(元)	0.6449	0.6108	0.4549	0.4314
	净资产收益率(%)	2.9428	6.9103	2.4258	6.4860
	加权净资产收益率(%)	2.9300	7.1300	2.4100	6.6500
	净资产收益率(扣除)(%)	-	-	-	-
	总资产(万元)	865278.13	849827.91	856663.00	844328.29
	归属母公司股东权益(万元)	426357.25	422030.59	402020.44	399533.57
	主营业务收入(万元)	300389.60	700289.04	266078.24	671026.78
	营业收入(万元)	304428.61	710396.99	270941.80	680596.06
	主营成本(万元)	255552.28	592788.69	226470.89	574599.50
	营业成本(万元)	259085.70	601178.41	230674.54	582420.19
	投资收益(万元)	-8.89	-519.96	-129.04	-490.86
	净利润(万元)	12368.68	28416.54	9322.74	25274.88
	利润总额(万元)	14444.11	34326.40	12294.08	30438.11

广州广日股份有限公司

公司概况	公司名称	广州广日股份有限公司			证券简称	广日股份
	法人代表	潘胜燊	董秘	蔡志雯	证券代码	600894
	公司网址	www.guangrigf.com		电子信箱	grgf@guangrigf.com	
	电　话	020-38371213		传　真	020-38339503	
	办公地址	广东省广州市天河区珠江新城华利路59号保利大厦东塔13楼				
	经营范围	生产、加工、销售冶金产品、焦碳化工产品、各种气体、炉料和有关原材料等				

主要财务指标	指标\报告期	2013.06.30	2012.12.31	2012.06.30	2011.12.31
	基本每股收益(元)	0.3027	0.5632	0.1645	-0.5268
	基本每股收益(扣除)(元)	0.3014	0.0652	-0.2007	-0.9158
	每股净资产(元)	2.9956	2.6937	2.3100	1.9000
	每股经营现金净流量(元)	-0.0108	0.6030	0.5205	0.4961
	每股现金流量(元)	0.0155	-0.0370	-0.1277	0.1234
	每股资本公积金(元)	2.3135	2.3135	1.3687	1.6927
	每股盈余公积金(元)	0.2807	0.2807	0.2807	0.2903
	每股未分配利润(元)	-0.6073	-0.9100	-0.3426	-1.0810
	净资产收益率(%)	10.1038	20.5606	6.8932	-27.7237
	加权净资产收益率(%)	10.6400	24.0000	7.1300	-24.0300
	净资产收益率(扣除)(%)	-	-	-	-
	总资产(万元)	478070.34	406220.35	364940.29	686594.66
	归属母公司股东权益(万元)	236212.15	212404.23	181965.71	144867.30
	主营业务收入(万元)	183062.27	460807.43	276036.04	861595.88
	营业收入(万元)	184324.98	465911.68	279336.31	873554.19
	主营成本(万元)	146761.57	412023.58	264671.20	846634.28
	营业成本(万元)	147060.76	413866.86	265941.02	853761.54
	投资收益(万元)	13711.89	25850.90	11001.97	21794.07
	净利润(万元)	24870.79	45668.46	13843.15	-36700.67
	利润总额(万元)	27992.43	51821.83	16308.65	-33027.25

上海张江高科技园区开发股份有限公司

公司概况	公司名称	上海张江高科技园区开发股份有限公司			证券简称	张江高科
	法人代表	丁磊	董秘	朱攀	证券代码	600895
	公司网址	www.600895.com		电子信箱	investors@600895.com	
	电　话	021-38959000		传　真	021-50800492	
	办公地址	上海市浦东新区松涛路560号8层				
	经营范围	房地产开发与经营、公司受让地块内的土地开发与土地使用权经营等				

主要财务指标	指标\报告期	2013.06.30	2012.12.31	2012.06.30	2011.12.31
	基本每股收益(元)	0.0600	0.2400	0.0500	0.3000
	基本每股收益(扣除)(元)	0.0200	0.2300	0.0500	0.3000
	每股净资产(元)	4.3125	4.1622	3.8600	4.0600
	每股经营现金净流量(元)	-0.2458	0.5559	0.1771	-0.0203
	每股现金流量(元)	-0.6396	0.0487	-0.1945	-0.8256
	每股资本公积金(元)	2.0391	1.8610	1.7502	1.8024
	每股盈余公积金(元)	0.2744	0.2744	0.2575	0.2575
	每股未分配利润(元)	1.0653	1.0864	0.9121	1.0643
	净资产收益率(%)	1.3653	5.7408	1.2379	7.4183
	加权净资产收益率(%)	1.3800	5.8100	1.1800	7.4400
	净资产收益率(扣除)(%)	-	-	-	-
	总资产(万元)	1774597.89	1824082.73	1736950.71	1782168.07
	归属母公司股东权益(万元)	667869.44	644589.89	598183.24	629481.60
	主营业务收入(万元)	59042.03	222008.06	59175.83	175309.54
	营业收入(万元)	61111.70	226507.20	61169.86	179551.99
	主营成本(万元)	27703.47	107071.61	26954.72	70384.53
	营业成本(万元)	29738.94	111386.53	28912.51	74360.30
	投资收益(万元)	15234.54	30510.00	7488.02	18436.56
	净利润(万元)	9962.03	38729.03	8022.63	47011.64
	利润总额(万元)	12013.93	43515.28	8021.87	57737.77

中海(海南)海盛船务股份有限公司

公司概况	公司名称	中海(海南)海盛船务股份有限公司			证券简称	中海海盛
	法人代表	王大雄	董秘	胡小波	证券代码	600896
	公司网址	www.haishengshipping.com		电子信箱	x.b.hu@haishengshipping.com	
	电　话	0898-68583985 68583777		传　真	0898-68581486	
	办公地址	海南省海口市龙昆北路2号珠江广场帝豪大厦25-26层				
	经营范围	国际船舶危险品运输、国际船舶普通货物运输、国内沿海及长江中下游普通货船等				

主要财务指标	指标\报告期	2013.06.30	2012.12.31	2012.06.30	2011.12.31
	基本每股收益(元)	-0.2200	-0.6400	-0.2100	0.0200
	基本每股收益(扣除)(元)	-0.2200	-0.5400	-0.2000	-0.1600
	每股净资产(元)	2.6602	2.9029	3.4300	3.4900
	每股经营现金净流量(元)	-0.0134	-0.0271	-0.0039	0.1519
	每股现金流量(元)	-0.0240	-0.0367	-0.0588	-0.2217
	每股资本公积金(元)	1.3788	1.4031	1.5061	1.3563
	每股盈余公积金(元)	0.2334	0.2334	0.2334	0.2334
	每股未分配利润(元)	0.0428	0.2662	0.6946	0.9060
	净资产收益率(%)	-8.3973	-22.0396	-6.1637	0.6260
	加权净资产收益率(%)	-8.0400	-20.0100	-6.1100	0.5700
	净资产收益率(扣除)(%)	-	-	-	-
	总资产(万元)	573243.98	570951.89	540129.65	490763.16
	归属母公司股东权益(万元)	154643.62	168747.30	199364.99	202966.18
	主营业务收入(万元)	48114.02	101730.42	49488.28	120261.20
	营业收入(万元)	48300.95	101738.03	49676.83	120356.93
	主营成本(万元)	50357.26	106095.78	52313.83	112684.05
	营业成本(万元)	50389.84	106095.78	52349.44	112758.98
	投资收益(万元)	932.04	4487.27	3009.34	13568.27
	净利润(万元)	-12734.48	-36786.60	-11906.00	2320.25
	利润总额(万元)	-12675.41	-34846.05	-11787.87	2498.99

厦门国际航空港股份有限公司

公司概况	公司名称	厦门国际航空港股份有限公司		证券简称	厦门空港
	法人代表	蔡明理	董秘 朱昭	证券代码	600897
	公司网址	www.iport.com.cn		电子信箱	600897@iport.com.cn
	电　话	0592-5706078		传　真	0592-5730699
	办公地址	福建省厦门市高崎国际机场内厦门机场发展股份有限公司办公楼			
	经营范围	空运输、提供候机楼设施的使用保障和服务等			

主要财务指标	指标\报告期	2013.06.30	2012.12.31	2012.06.30	2011.12.31
	基本每股收益(元)	0.6947	1.2688	0.5837	1.0955
	基本每股收益(扣除)(元)	0.6798	1.2267	0.5825	1.0960
	每股净资产(元)	7.7944	7.4896	6.8118	6.3300
	每股经营现金净流量(元)	0.8547	1.5871	0.7777	1.6280
	每股现金流量(元)	-1.0137	0.9775	-0.0056	-0.9192
	每股资本公积金(元)	0.8994	0.8994	0.8994	0.8994
	每股盈余公积金(元)	1.0218	1.0218	0.9113	0.9113
	每股未分配利润(元)	4.8732	4.5684	4.0011	3.5174
	净资产收益率(%)	8.9135	16.9408	8.5686	17.3120
	加权净资产收益率(%)	9.0100	18.4000	8.8600	18.8100
	净资产收益率(扣除)(%)	-	-	-	-
	总资产(万元)	280759.18	269051.89	244881.93	224905.86
	归属母公司股东权益(万元)	232123.85	223048.15	202861.25	188457.08
	主营业务收入(万元)	60377.68	111893.45	53481.43	99539.56
	营业收入(万元)	60377.68	111893.45	53481.43	99539.56
	主营成本(万元)	28095.00	51357.53	24669.44	44831.25
	营业成本(万元)	28095.00	51357.53	24669.44	44831.25
	投资收益(万元)	523.29	2081.23	958.77	423.69
	净利润(万元)	21807.41	39698.83	18408.65	34686.79
	利润总额(万元)	29126.62	52969.35	24840.89	45621.40

三联商社股份有限公司

公司概况	公司名称	三联商社股份有限公司		证券简称	三联商社
	法人代表	王俊洲	董秘 邵杰	证券代码	600898
	公司网址	www.sanlianshop.com		电子信箱	slss600898db@163.com
	电　话	0531-81675201 81675202		传　真	0531-81675313
	办公地址	山东省济南市历下区趵突泉北路 12 号			
	经营范围	五金交电及电子产品、机械设备、日用百货、文具用品、健身器材、家具等			

主要财务指标	指标\报告期	2013.06.30	2012.12.31	2012.06.30	2011.12.31
	基本每股收益(元)	0.0448	0.0930	0.0409	0.2807
	基本每股收益(扣除)(元)	0.0445	0.1039	0.0384	0.1282
	每股净资产(元)	1.1906	-	1.0936	1.0527
	每股经营现金净流量(元)	0.1480	0.4406	0.1997	0.0495
	每股现金流量(元)	-0.2681	0.2050	-0.1434	-0.0530
	每股资本公积金(元)	0.1785	0.1785	0.1785	0.1785
	每股盈余公积金(元)	0.0884	0.0884	0.0884	0.0884
	每股未分配利润(元)	-0.0764	-0.1212	-0.1733	-0.2142
	净资产收益率(%)	3.7605	8.1203	3.7399	26.6650
	加权净资产收益率(%)	3.8300	8.4600	3.8100	30.7700
	净资产收益率(扣除)(%)	-	-	-	-
	总资产(万元)	59216.01	58318.29	53580.69	57774.43
	归属母公司股东权益(万元)	30064.23	28933.66	27617.02	26584.17
	主营业务收入(万元)	37094.96	68378.22	32480.71	87265.24
	营业收入(万元)	39911.32	73919.43	34682.19	93471.84
	主营成本(万元)	33501.42	61342.40	29177.29	77722.66
	营业成本(万元)	33873.34	62171.95	29460.01	79417.73
	投资收益(万元)	92.73	226.58	57.11	-
	净利润(万元)	1130.57	2349.49	1032.85	7088.61
	利润总额(万元)	1520.76	3251.72	1397.73	8031.66

中国长江电力股份有限公司

公司概况	公司名称	中国长江电力股份有限公司		证券简称	长江电力
	法人代表	曹广晶	董秘 楼坚	证券代码	600900
	公司网址	www.cypc.com.cn		电子信箱	cypc@cypc.com.cn
	电　话	010-58688900		传　真	010-58688898
	办公地址	北京市西城区金融大街 19 号富凯大厦 B 座			
	经营范围	电力生产、经营和投资、电力生产技术咨询、水电工程检修维护			

主要财务指标	指标\报告期	2013.06.30	2012.12.31	2012.06.30	2011.12.31
	基本每股收益(元)	0.1725	0.6274	0.1725	0.4667
	基本每股收益(扣除)(元)	0.1722	0.6182	0.1677	0.4460
	每股净资产(元)	4.3509	4.5382	4.0362	4.1358
	每股经营现金净流量(元)	0.3559	1.3007	0.4482	0.9364
	每股现金流量(元)	0.1745	-0.1338	0.0232	0.1124
	每股资本公积金(元)	1.8574	1.8855	1.8384	1.8559
	每股盈余公积金(元)	0.5669	0.5669	0.4394	0.4394
	每股未分配利润(元)	0.9273	1.0864	0.7590	0.8411
	净资产收益率(%)	3.9658	13.8248	4.2738	11.2835
	加权净资产收益率(%)	3.7400	14.5200	4.0900	11.5400
	净资产收益率(扣除)(%)	-	-	-	-
	总资产(万元)	15636717.71	15523284.55	15725030.72	15838502.64
	归属母公司股东权益(万元)	7179053.61	7487979.77	6659789.45	6824030.54
	主营业务收入(万元)	883682.24	2560114.70	927513.59	2068722.50
	营业收入(万元)	897295.00	2578197.12	927791.98	2070037.75
	主营成本(万元)	433426.95	919314.29	421904.99	842036.91
	营业成本(万元)	444981.82	935859.58	421978.27	842196.41
	投资收益(万元)	64719.71	101825.86	65305.03	111651.58
	净利润(万元)	284730.37	1035266.96	284668.19	770082.91
	利润总额(万元)	358565.48	1357683.46	361455.24	1010386.55

山东滨州渤海活塞股份有限公司

公司概况	公司名称	山东滨州渤海活塞股份有限公司		证券简称	渤海活塞
	法人代表	林风华	董秘 王洪波	证券代码	600960
	公司网址	www.bhpiston.com		电子信箱	dsh@bhpiston.com
	电　话	0543-3288868		传　真	0543-3288899
	办公地址	山东省滨州市渤海二十一路 569 号			
	经营范围	活塞、机械、汽车等部件的生产销售等			

主要财务指标	指标\报告期	2013.06.30	2012.12.31	2012.06.30	2011.12.31
	基本每股收益(元)	0.2038	0.2600	0.1748	0.6200
	基本每股收益(扣除)(元)	0.1955	0.2300	0.1681	0.6100
	每股净资产(元)	5.8580	5.6542	5.5710	5.4460
	每股经营现金净流量(元)	0.3246	1.7575	1.2378	1.4619
	每股现金流量(元)	1.4556	0.1380	0.0942	0.0791
	每股资本公积金(元)	2.0586	2.0586	2.0586	2.0586
	每股盈余公积金(元)	0.3800	0.3800	0.3558	0.3558
	每股未分配利润(元)	2.4194	2.2156	2.1568	2.0321
	净资产收益率(%)	3.4791	4.5574	3.1370	11.3199
	加权净资产收益率(%)	3.5400	4.6500	3.1600	11.9300
	净资产收益率(扣除)(%)	-	-	-	-
	总资产(万元)	240911.31	204666.46	206908.91	200964.07
	归属母公司股东权益(万元)	95381.26	92062.90	90712.50	88680.97
	主营业务收入(万元)	61630.70	137318.58	82992.00	174182.82
	营业收入(万元)	65293.21	141418.93	85090.06	182387.15
	主营成本(万元)	45554.98	114230.33	70454.50	141142.45
	营业成本(万元)	49058.36	117906.74	72465.60	148569.74
	投资收益(万元)	4.52	-0.38	-	-0.01
	净利润(万元)	3351.30	4272.56	2882.89	10057.08
	利润总额(万元)	3954.10	4998.68	3408.88	11815.56

株洲冶炼集团股份有限公司

公司概况					
公司名称	株洲冶炼集团股份有限公司			证券简称	*ST 株冶
法人代表	曹修运	董秘	刘伟清	证券代码	600961
公司网址	www.torchcn.com		电子信箱	600961@secure.sse.com.cn	
电　话	0731-28392172		传　真	0731-28390145	
办公地址	湖南省株洲市石峰区清水塘				
经营范围	锌及锌合金、工业硫酸的生产和销售等				

主要财务指标

指标\报告期	2013.06.30	2012.12.31	2012.06.30	2011.12.31
基本每股收益(元)	-0.3700	-1.1800	-0.6800	-1.1200
基本每股收益(扣除)(元)	-0.4100	-1.3000	-0.6900	-1.2400
每股净资产(元)	1.0443	1.5334	2.0162	2.7100
每股经营现金净流量(元)	-0.4629	0.7491	0.7812	-1.0326
每股现金流量(元)	0.1799	-0.0624	0.5659	-0.3808
每股资本公积金(元)	1.7631	1.8909	1.8736	1.8958
每股盈余公积金(元)	0.1803	0.1803	0.1803	0.1803
每股未分配利润(元)	-1.8990	-1.5314	-1.0311	-0.3560
净资产收益率(%)	-35.2037	-76.6535	-33.4840	-41.1570
加权净资产收益率(%)	-28.5200	-55.3400	-28.5400	-32.8300
净资产收益率(扣除)(%)	-	-	-	-
总资产(万元)	635944.16	593391.89	617769.34	647454.25
归属母公司股东权益(万元)	55080.33	80879.48	106348.18	143182.37
主营业务收入(万元)	701996.56	1218679.58	567359.55	1165623.46
营业收入(万元)	706548.97	1224609.37	569442.47	1172269.78
主营成本(万元)	672487.91	1203138.19	541902.31	1136328.58
营业成本(万元)	676860.62	1207138.97	543787.80	1141550.60
投资收益(万元)	3665.66	2761.29	170.00	4897.69
净利润(万元)	-19390.76	-61984.42	-35606.83	-59235.53
利润总额(万元)	-19296.28	-59494.51	-35440.52	-58890.41

国投中鲁果汁股份有限公司

公司概况					
公司名称	国投中鲁果汁股份有限公司			证券简称	国投中鲁
法人代表	郝建	董秘	庞甲青	证券代码	600962
公司网址	www.sdiczl.com		电子信箱	600962@sdiczl.com	
电　话	010-88009021 88009022		传　真	010-88009099	
办公地址	北京市西城区阜成门外大街 2 号万通新世界广场 B 座 21 层				
经营范围	许可经营项目为生产浓缩果蔬汁、饮料、农副产品的深加工等				

主要财务指标

指标\报告期	2013.06.30	2012.12.31	2012.06.30	2011.12.31
基本每股收益(元)	-0.1410	0.1263	0.1570	0.1708
基本每股收益(扣除)(元)	-0.1610	0.0355	0.1540	0.1687
每股净资产(元)	3.6307	3.8221	5.1020	4.9000
每股经营现金净流量(元)	2.0772	-0.6843	2.7179	0.4977
每股现金流量(元)	-0.5403	0.1912	0.8777	0.1066
每股资本公积金(元)	2.0091	2.0091	2.9491	2.9491
每股盈余公积金(元)	0.1393	0.1393	0.1811	0.1811
每股未分配利润(元)	0.4805	0.6714	0.9682	0.7638
净资产收益率(%)	-3.8820	3.3050	4.0052	4.5332
加权净资产收益率(%)	-3.7700	3.3200	4.0900	4.6300
净资产收益率(扣除)(%)	-	-	-	-
总资产(万元)	188042.14	252300.03	180324.90	206735.29
归属母公司股东权益(万元)	95199.57	100220.36	102898.56	98773.60
主营业务收入(万元)	68508.53	149007.69	72223.16	113650.72
营业收入(万元)	68929.09	149946.81	72445.80	114473.83
主营成本(万元)	61198.23	124598.97	59066.13	83008.92
营业成本(万元)	61493.47	125319.49	59321.50	84271.85
投资收益(万元)	-	1048.96	42.18	72.32
净利润(万元)	-3923.37	5065.47	4007.39	7251.40
利润总额(万元)	-3775.58	5565.31	4086.09	7720.45

岳阳林纸股份有限公司

公司概况					
公司名称	岳阳林纸股份有限公司			证券简称	岳阳林纸
法人代表	黄欣	董秘	施湘燕	证券代码	600963
公司网址	www.yypaper.com		电子信箱	zq@tigerfp.com	
电　话	0730-8590683		传　真	0730-8562203	
办公地址	湖南省岳阳市岳阳楼区城陵矶光明路				
经营范围	纸浆、机制纸的制造、销售等				

主要财务指标

指标\报告期	2013.06.30	2012.12.31	2012.06.30	2011.12.31
基本每股收益(元)	-0.1220	-0.2600	0.0150	0.1800
基本每股收益(扣除)(元)	-0.1430	-0.3400	0.0060	0.1100
每股净资产(元)	5.0081	5.1305	5.3809	5.3862
每股经营现金净流量(元)	-0.1875	0.0207	-0.4026	0.4076
每股现金流量(元)	-0.0849	-0.3582	0.0011	-1.2223
每股资本公积金(元)	3.6699	3.6699	3.5377	3.5377
每股盈余公积金(元)	0.1357	0.1357	0.1679	0.1679
每股未分配利润(元)	0.2025	0.3248	0.6753	0.6806
净资产收益率(%)	-2.4427	-4.0762	0.2726	3.3889
加权净资产收益率(%)	-2.4100	-4.9300	0.2700	3.4600
净资产收益率(扣除)(%)	-	-	-	-
总资产(万元)	1694959.77	1659825.43	1750994.70	1677106.78
归属母公司股东权益(万元)	522429.65	535191.25	453695.28	454144.92
主营业务收入(万元)	312975.34	635198.75	330021.10	675790.74
营业收入(万元)	319642.18	654247.97	335636.12	696501.14
主营成本(万元)	276918.28	539872.33	266479.55	540882.14
营业成本(万元)	280280.83	555707.57	271184.39	564749.71
投资收益(万元)	-	-	-	-
净利润(万元)	-12757.44	-21768.57	1354.41	15375.92
利润总额(万元)	-12751.89	-25943.04	1760.61	16166.31

河北福成五丰食品股份有限公司

公司概况					
公司名称	河北福成五丰食品股份有限公司			证券简称	福成五丰
法人代表	李福成	董秘	宋宝贤	证券代码	600965
公司网址	www.fucheng.net		电子信箱	songbaoxian@vip.sina.com	
电　话	010-61595607 0316-3319003 603		传　真	010-61595618	
办公地址	河北省三河市燕郊经济技术开发区				
经营范围	肉牛养殖、屠宰、加工及活牛和牛肉产品的销售等				

主要财务指标

指标\报告期	2013.06.30	2012.12.31	2012.06.30	2011.12.31
基本每股收益(元)	0.1144	0.0676	0.0231	0.0527
基本每股收益(扣除)(元)	0.0512	0.0433	0.0077	0.0417
每股净资产(元)	1.8691	1.7600	1.7646	1.7471
每股经营现金净流量(元)	0.0378	0.0991	0.1141	0.1421
每股现金流量(元)	0.0436	0.0165	0.0052	0.0169
每股资本公积金(元)	0.5543	0.5543	0.5543	0.5543
每股盈余公积金(元)	0.1129	0.1129	0.1062	0.1062
每股未分配利润(元)	0.2018	0.1174	0.1097	0.0866
净资产收益率(%)	6.1203	3.7895	1.3061	3.0170
加权净资产收益率(%)	6.2900	3.8100	1.3100	3.0600
净资产收益率(扣除)(%)	-	-	-	-
总资产(万元)	66799.99	69603.76	65094.65	64345.79
归属母公司股东权益(万元)	52222.76	49864.78	49459.35	48813.38
主营业务收入(万元)	28375.76	55414.20	25309.16	50635.49
营业收入(万元)	29528.93	57182.07	26297.73	52144.96
主营成本(万元)	24094.31	48535.00	22699.82	44373.06
营业成本(万元)	24881.88	49908.55	23429.09	45687.08
投资收益(万元)	-	-	-	-
净利润(万元)	3196.19	1889.61	645.97	1472.81
利润总额(万元)	4019.73	2014.30	645.97	1556.34

山东博汇纸业股份有限公司

公司概况	公司名称	山东博汇纸业股份有限公司		证券简称	博汇纸业
	法人代表	杨延智	董秘 杨国栋	证券代码	600966
	公司网址	www.bohui.net		电子信箱	zqb@bohui.com
	电　　话	0533-8539966		传　　真	0533-8539966
	办公地址	山东省淄博市桓台县马桥镇工业路北首			
	经营范围	从事胶印纸、书写纸、包装纸、纸板、造纸木浆的生产、销售等			

主要财务指标	指标\报告期	2013.06.30	2012.12.31	2012.06.30	2011.12.31
	基本每股收益(元)	0.0047	0.0139	0.0752	0.2543
	基本每股收益(扣除)(元)	0.0051	0.0077	0.0765	0.2541
	每股净资产(元)	6.1082	6.1034	6.1648	6.0896
	每股经营现金净流量(元)	-0.0885	-0.0858	-0.0886	0.6427
	每股现金流量(元)	-0.3113	-0.1892	0.5758	0.6471
	每股资本公积金(元)	2.3868	2.3868	2.3866	2.3866
	每股盈余公积金(元)	0.3893	0.3893	0.3893	0.3893
	每股未分配利润(元)	2.3321	2.3274	2.3889	2.3137
	净资产收益率(%)	0.0775	0.2278	1.2201	4.1753
	加权净资产收益率(%)	0.0800	0.2300	1.2300	4.2500
	净资产收益率(扣除)(%)	-	-	-	-
	总资产(万元)	1124039.07	1057159.36	978611.63	807801.36
	归属母公司股东权益(万元)	308230.00	307990.89	311061.62	307266.39
	主营业务收入(万元)	227033.57	490741.98	246349.37	533033.22
	营业收入(万元)	228485.57	499951.44	254768.85	533033.28
	主营成本(万元)	198717.90	425221.45	210282.41	444349.87
	营业成本(万元)	198717.90	433330.05	217659.08	444349.87
	投资收益(万元)	-	-	-	-
	净利润(万元)	1263.26	3036.58	4672.85	17130.91
	利润总额(万元)	1406.78	3829.15	6691.15	20286.61

包头北方创业股份有限公司

公司概况	公司名称	包头北方创业股份有限公司		证券简称	北方创业
	法人代表	白晓光	董秘 程天罡	证券代码	600967
	公司网址	www.bfcy.cc		电子信箱	bcssh@163.com
	电　　话	0472-311679[illegible] 3117903		传　　真	0472-3117182
	办公地址	内蒙古自治区包头市青山区民主路			
	经营范围	研制、开发、生产、销售铁路车辆、压力容器、车辆配件及进出口等			

主要财务指标	指标\报告期	2013.06.30	2012.12.31	2012.06.30	2011.12.31
	基本每股收益(元)	0.3550	0.9830	0.5150	0.6670
	基本每股收益(扣除)(元)	0.3480	0.9560	0.4950	0.6680
	每股净资产(元)	4.5956	8.5665	6.1930	5.8700
	每股经营现金净流量(元)	0.3293	-0.8535	-0.7129	2.2369
	每股现金流量(元)	1.0035	0.7376	0.2265	1.8139
	每股资本公积金(元)	2.3979	5.7930	3.3464	3.3464
	每股盈余公积金(元)	0.1328	0.2656	0.2529	0.2529
	每股未分配利润(元)	1.0495	1.4881	1.5928	1.2777
	净资产收益率(%)	7.7345	8.6994	8.3163	11.3410
	加权净资产收益率(%)	7.9700	15.4400	8.5300	12.0200
	净资产收益率(扣除)(%)	-	-	-	-
	总资产(万元)	360515.33	343991.52	289386.82	285208.28
	归属母公司股东权益(万元)	210077.38	195799.53	107278.89	101808.14
	主营业务收入(万元)	166275.91	282544.99	149950.98	273756.11
	营业收入(万元)	172760.69	306671.67	161503.68	295733.01
	主营成本(万元)	133636.06	231464.15	125285.99	236260.08
	营业成本(万元)	139926.54	254359.77	136351.16	257230.56
	投资收益(万元)	-	53.13	-	48.32
	净利润(万元)	16404.36	16603.48	8918.10	12586.74
	利润总额(万元)	19432.88	19085.31	10374.15	14328.04

湖南郴电国际发展股份有限公司

公司概况	公司名称	湖南郴电国际发展股份有限公司		证券简称	郴电国际
	法人代表	付国	董秘 袁志勇	证券代码	600969
	公司网址	www.chinacdi.com		电子信箱	cdizqb@chinacdi.com
	电　　话	0735-2339226 2339232		传　　真	0735-2339206 2339226
	办公地址	湖南省郴州市青年大道民生路口万国大厦			
	经营范围	电力供应和中、小水电综合开发等			

主要财务指标	指标\报告期	2013.06.30	2012.12.31	2012.06.30	2011.12.31
	基本每股收益(元)	0.2427	0.5236	0.2520	0.4288
	基本每股收益(扣除)(元)	0.2415	0.4744	0.2430	0.4005
	每股净资产(元)	6.9286	5.8397	4.9050	4.5580
	每股经营现金净流量(元)	0.6013	2.0559	0.7524	2.1507
	每股现金流量(元)	1.9627	-0.5783	0.5571	-1.4153
	每股资本公积金(元)	4.9655	3.9527	3.2896	3.1945
	每股盈余公积金(元)	0.1566	0.1566	0.1155	0.1155
	每股未分配利润(元)	0.7719	0.6956	0.4652	0.2132
	净资产收益率(%)	3.5033	8.9655	5.1381	9.4084
	加权净资产收益率(%)	4.0700	10.4300	5.3300	10.2700
	净资产收益率(扣除)(%)	-	-	-	-
	总资产(万元)	529174.77	477586.75	462609.57	417912.34
	归属母公司股东权益(万元)	145686.83	122789.71	103130.85	95832.32
	主营业务收入(万元)	101039.04	206844.13	103648.76	182281.83
	营业收入(万元)	103211.09	209592.88	104418.47	185571.08
	主营成本(万元)	80851.95	165546.44	10830.73	145118.21
	营业成本(万元)	81480.87	166123.48	81899.23	146018.00
	投资收益(万元)	25.19	247.90	148.58	648.08
	净利润(万元)	7332.48	15077.11	8139.29	14171.03
	利润总额(万元)	10166.64	21328.89	11383.28	19016.88

中国中材国际工程股份有限公司

公司概况	公司名称	中国中材国际工程股份有限公司		证券简称	中材国际
	法人代表	王伟	董秘 蒋中文	证券代码	600970
	公司网址	www.sinoma.com.cn		电子信箱	600970@sinoma.com.cn
	电　　话	010-64399502 64399501		传　　真	010-64399500
	办公地址	北京市朝阳区望京北路16号中材国际大厦			
	经营范围	大中型新型干法水泥生产线的建设、包括水泥生产线的研发与设计、装备采购等			

主要财务指标	指标\报告期	2013.06.30	2012.12.31	2012.06.30	2011.12.31
	基本每股收益(元)	0.3800	0.7000	0.4300	1.4300
	基本每股收益(扣除)(元)	0.3600	0.6700	0.4100	1.3800
	每股净资产(元)	4.2137	4.2700	3.9300	5.1000
	每股经营现金净流量(元)	0.9300	1.0436	0.4017	-3.1812
	每股现金流量(元)	0.9291	0.3874	-0.0517	-3.9113
	每股资本公积金(元)	0.1402	0.2433	0.2600	0.6453
	每股盈余公积金(元)	0.2730	0.2735	0.2608	0.3211
	每股未分配利润(元)	2.8258	2.6221	2.4241	3.1423
	净资产收益率(%)	9.1199	16.7586	10.8430	33.7136
	加权净资产收益率(%)	8.6900	15.9000	9.5400	36.8300
	净资产收益率(扣除)(%)	-	-	-	-
	总资产(万元)	2360713.50	2144892.81	2086330.70	1963761.12
	归属母公司股东权益(万元)	460680.56	466553.73	429388.10	464990.92
	主营业务收入(万元)	847541.78	2102552.97	906951.25	2564625.67
	营业收入(万元)	852788.72	2123740.85	914076.30	2576148.00
	主营成本(万元)	727345.95	1795829.29	777934.58	2191865.90
	营业成本(万元)	729294.06	1798636.92	778796.84	2194588.99
	投资收益(万元)	23.27	951.56	612.26	2229.04
	净利润(万元)	41581.58	76514.98	47121.67	158962.01
	利润总额(万元)	53865.97	103768.02	57700.85	193212.95

安徽恒源煤电股份有限公司

公司概况						
公司名称	安徽恒源煤电股份有限公司			证券简称	恒源煤电
法人代表	龚乃勤	董秘	郝宗典	证券代码	600971
公司网址	www.ahhymd.com.cn		电子信箱	hymd600971@163.com	
电　话	0557-3982147		传　　真	0557-3982260	
办公地址	安徽省宿州市西昌路157号				
经营范围	煤炭开采、洗选、销售、铁路运输、公路运输(限分公司经营)、进出口业务等				

主要财务指标：指标\报告期	2013.06.30	2012.12.31	2012.06.30	2011.12.31
基本每股收益(元)	0.0900	0.7300	0.5400	1.0500
基本每股收益(扣除)(元)	0.0900	0.7100	0.5300	1.0400
每股净资产(元)	6.9598	6.8500	6.9500	6.1989
每股经营现金净流量(元)	0.1471	1.5172	0.5776	1.8878
每股现金流量(元)	–0.2329	0.1612	–0.1216	–0.4561
每股资本公积金(元)	2.1043	2.1043	2.1194	2.1282
每股盈余公积金(元)	0.4599	0.4599	0.3775	0.3833
每股未分配利润(元)	2.8943	3.0595	2.9026	2.4051
净资产收益率(%)	1.3617	10.6771	7.7037	16.9222
加权净资产收益率(%)	1.3600	11.1900	8.2800	18.1200
净资产收益率(扣除)(%)	–	–	–	–
总资产(万元)	1315605.21	1345334.38	1328028.45	1252280.75
归属母公司股东权益(万元)	695979.03	684633.59	694913.62	619890.58
主营业务收入(万元)	353608.51	848605.63	474862.91	802264.79
营业收入(万元)	385849.23	913946.47	492182.35	834331.78
主营成本(万元)	308280.75	664807.28	366420.59	573651.69
营业成本(万元)	330759.58	709874.29	374787.29	589752.47
投资收益(万元)	3.02	107.55	5.53	–
净利润(万元)	10322.02	74701.61	54328.44	106047.52
利润总额(万元)	14645.57	96473.09	71759.16	143310.71

宝胜科技创新股份有限公司

公司概况						
公司名称	宝胜科技创新股份有限公司			证券简称	宝胜股份
法人代表	孙振华	董秘	夏成军	证券代码	600973
公司网址	www.baoshengcable.com		电子信箱	hs1029@hf-sanyo.com	
电　话	0514-88248910		传　　真	0514-88248897	
办公地址	江苏省扬州市宝应县安宜镇苏中路1号				
经营范围	电线电缆及电缆附件开发、制造、销售及相关的生产技术开发等				

主要财务指标：指标\报告期	2013.06.30	2012.12.31	2012.06.30	2011.12.31
基本每股收益(元)	0.1400	0.3300	0.1400	0.0940
基本每股收益(扣除)(元)	0.1200	0.3080	0.1400	0.0260
每股净资产(元)	6.1351	6.3116	6.0010	8.5862
每股经营现金净流量(元)	–1.7818	1.0413	–0.0489	–1.9491
每股现金流量(元)	–1.6417	1.3034	0.3948	2.5792
每股资本公积金(元)	2.8748	3.1881	3.0960	4.8960
每股盈余公积金(元)	0.3016	0.3016	0.2752	0.4128
每股未分配利润(元)	1.9588	1.8220	1.6301	2.2774
净资产收益率(%)	2.2303	5.2301	1.8623	1.0310
加权净资产收益率(%)	2.0700	5.6100	1.9000	1.7200
净资产收益率(扣除)(%)	–	–	–	–
总资产(万元)	617535.28	592571.05	535567.83	460117.43
归属母公司股东权益(万元)	186954.79	192335.77	182877.81	174431.52
主营业务收入(万元)	440055.86	828077.79	372315.19	667479.76
营业收入(万元)	454387.73	856947.47	385391.49	693512.09
主营成本(万元)	405826.49	755886.25	340548.19	619926.89
营业成本(万元)	419256.52	784033.32	353015.97	646877.22
投资收益(万元)	–	521.48	–	–
净利润(万元)	4201.31	9593.50	3405.76	1798.56
利润总额(万元)	4950.50	12344.91	4586.47	2309.37

湖南新五丰股份有限公司

公司概况						
公司名称	湖南新五丰股份有限公司			证券简称	新 五 丰
法人代表	邱卫	董秘	罗雁飞	证券代码	600975
公司网址	www.newwf.com		电子信箱	nwf_123456@126.com	
电　话	0731-84449588*811		传　　真	0731-84449593	
办公地址	湖南省长沙市芙蓉区五一西路2号"第一大道"19、20楼				
经营范围	畜禽养殖、农业种植、政策允许的农副产品销售、研制、开发、生产等				

主要财务指标：指标\报告期	2013.06.30	2012.12.31	2012.06.30	2011.12.31
基本每股收益(元)	0.0200	0.0900	0.0700	0.3100
基本每股收益(扣除)(元)	0.0100	0.0600	0.0600	0.2600
每股净资产(元)	2.3672	2.3522	3.0300	2.9409
每股经营现金净流量(元)	0.0018	–0.1607	0.1572	0.3487
每股现金流量(元)	–0.1343	0.2049	0.3233	–0.2494
每股资本公积金(元)	0.7180	0.7180	1.2334	1.2334
每股盈余公积金(元)	0.1574	0.1574	0.1911	0.1911
每股未分配利润(元)	0.4918	0.4768	0.6057	0.5164
净资产收益率(%)	0.6354	3.8252	2.9462	13.5910
加权净资产收益率(%)	0.6400	3.9000	2.9900	14.5800
净资产收益率(扣除)(%)	–	–	–	–
总资产(万元)	0.5100	2.4100	84802.03	75403.99
归属母公司股东权益(万元)	55478.17	55125.67	54626.44	53017.03
主营业务收入(万元)	51128.69	103754.84	48269.73	96087.25
营业收入(万元)	51149.68	103794.42	48285.23	96131.66
主营成本(万元)	48399.04	94054.02	43562.30	79587.41
营业成本(万元)	48399.04	94055.62	43563.40	79591.88
投资收益(万元)	–	418.86	403.94	543.71
净利润(万元)	121.36	1931.39	1596.54	7209.65
利润总额(万元)	150.96	2070.28	1656.41	7464.65

武汉健民药业集团股份有限公司

公司概况						
公司名称	武汉健民药业集团股份有限公司			证券简称	武汉健民
法人代表	何勤	董秘	杜明德	证券代码	600976
公司网址	www.whjm.com		电子信箱	mingde.du@holley.cn	
电　话	027-84523350		传　　真	027-84523350	
办公地址	湖北省武汉市汉阳区鹦鹉大道484号				
经营范围	中成药的研究、制造、开发及经营等				

主要财务指标：指标\报告期	2013.06.30	2012.12.31	2012.06.30	2011.12.31
基本每股收益(元)	0.3200	0.5400	0.2600	0.5100
基本每股收益(扣除)(元)	0.2700	0.4100	0.2000	0.3400
每股净资产(元)	5.6471	5.7071	5.4419	5.5579
每股经营现金净流量(元)	–0.0129	0.6400	0.1915	–0.4925
每股现金流量(元)	–0.5867	0.1579	0.7188	–0.6664
每股资本公积金(元)	2.0835	2.0835	2.0718	2.0718
每股盈余公积金(元)	0.7534	0.7534	0.7068	0.7068
每股未分配利润(元)	1.8102	1.8701	1.6632	1.7792
净资产收益率(%)	5.6676	9.4180	4.7534	9.1780
加权净资产收益率(%)	5.6400	9.5700	4.7000	9.3500
净资产收益率(扣除)(%)	–	–	–	–
总资产(万元)	146851.19	126099.74	124898.01	116825.79
归属母公司股东权益(万元)	86625.93	87545.43	83477.59	85256.83
主营业务收入(万元)	117307.17	151740.78	83067.01	137876.93
营业收入(万元)	118279.39	153974.52	84270.28	141284.89
主营成本(万元)	93525.35	117239.27	64004.81	107630.85
营业成本(万元)	93525.35	117239.42	64004.96	107799.34
投资收益(万元)	662.96	970.17	335.63	907.48
净利润(万元)	5033.41	8253.59	4092.89	7827.61
利润总额(万元)	5723.59	9528.82	4823.75	9427.14

广东省宜华木业股份有限公司

公司概况					
公司名称	广东省宜华木业股份有限公司			证券简称	宜华木业
法人代表	刘绍喜	董秘	刘伟宏	证券代码	600978
公司网址	www.yihuatimber.com		电子信箱	securities.yt@yihua.com	
电　　话	0754-85100989		传　　真	0754-85100797	
办公地址	广东省汕头市澄海区莲下镇槐东工业区				
经营范围	木家具、木地板、等木制品的生产和销售等				

主要财务指标				
指标\报告期	2013.06.30	2012.12.31	2012.06.30	2011.12.31
基本每股收益(元)	0.2100	0.2600	0.1600	0.2200
基本每股收益(扣除)(元)	0.2100	0.2700	0.1600	0.2200
每股净资产(元)	3.9015	3.7707	3.6820	3.5500
每股经营现金净流量(元)	0.1210	0.4673	0.6964	0.3929
每股现金流量(元)	0.0388	-0.5213	0.1646	-0.1937
每股资本公积金(元)	1.2852	1.2811	1.2956	1.2724
每股盈余公积金(元)	0.1865	0.1865	0.1660	0.1660
每股未分配利润(元)	1.4481	1.3183	1.2344	1.1272
净资产收益率(%)	5.3765	6.9389	4.2699	6.1230
加权净资产收益率(%)	5.4700	7.1600	4.3500	6.2500
净资产收益率(扣除)(%)	-	-	-	-
总资产(万元)	832985.14	797861.23	776356.62	713057.75
归属母公司股东权益(万元)	449707.48	434631.63	424399.86	409282.78
主营业务收入(万元)	182510.82	334234.87	147643.00	268828.40
营业收入(万元)	182816.44	334766.82	147915.13	269319.78
主营成本(万元)	120788.03	232829.47	101573.22	188919.07
营业成本(万元)	120789.67	232839.67	101701.37	188919.07
投资收益(万元)	-	-	-	-
净利润(万元)	24178.43	30158.59	18121.42	25059.92
利润总额(万元)	29188.84	36403.92	21972.41	30344.47

四川广安爱众股份有限公司

公司概况					
公司名称	四川广安爱众股份有限公司			证券简称	广安爱众
法人代表	罗庆红	董秘	何非	证券代码	600979
公司网址	www.sc-aaa.com		电子信箱	aaa@sc-aaa.com	
电　　话	0826-2983066 2983218		传　　真	0826-2983358	
办公地址	四川省广安市广安区渠江北路 86 号				
经营范围	水力发电和电力供应、天然气供应、自来水生产和供应等				

主要财务指标				
指标\报告期	2013.06.30	2012.12.31	2012.06.30	2011.12.31
基本每股收益(元)	0.0395	0.1118	0.0476	0.1002
基本每股收益(扣除)(元)	0.0378	0.0838	0.0430	0.0949
每股净资产(元)	2.0786	1.6562	1.6035	1.5733
每股经营现金净流量(元)	0.2010	0.4086	0.1609	0.3549
每股现金流量(元)	0.1294	0.1847	-0.1005	-0.2920
每股资本公积金(元)	0.7591	0.2567	0.2696	0.2859
每股盈余公积金(元)	0.0434	0.0525	0.0455	0.0455
每股未分配利润(元)	0.2740	0.3449	0.2869	0.2404
净资产收益率(%)	1.8799	6.7500	2.9690	6.3699
加权净资产收益率(%)	2.2676	6.8600	3.0100	6.6600
净资产收益率(扣除)(%)	-	-	-	-
总资产(万元)	405772.53	363507.60	329890.02	324534.35
归属母公司股东权益(万元)	149219.11	98194.08	95071.45	93279.36
主营业务收入(万元)	53933.82	100379.95	46408.62	86797.23
营业收入(万元)	58374.71	110245.80	48428.35	94588.87
主营成本(万元)	38406.89	66702.44	31632.75	57924.46
营业成本(万元)	40683.57	72944.03	32825.62	62623.11
投资收益(万元)	43.97	377.34	341.09	183.23
净利润(万元)	2130.73	6369.71	2185.49	5315.46
利润总额(万元)	3322.62	8808.29	3429.10	7225.76

北矿磁材科技股份有限公司

公司概况					
公司名称	北矿磁材科技股份有限公司			证券简称	*ST 北磁
法人代表	蒋开喜	董秘	李阳	证券代码	600980
公司网址	www.magmat.com		电子信箱	magmat@magmat.com	
电　　话	010-67537184 63703380		传　　真	010-67583947	
办公地址	北京市丰台区南四环西路 188 号六区 5 号楼				
经营范围	磁性材料和磁器件的研发、生产和销售等				

主要财务指标				
指标\报告期	2013.06.30	2012.12.31	2012.06.30	2011.12.31
基本每股收益(元)	0.0248	-0.1491	-0.1079	-0.1928
基本每股收益(扣除)(元)	0.0179	-0.1467	-0.1087	-0.1944
每股净资产(元)	1.8902	1.8619	1.9145	2.0178
每股经营现金净流量(元)	0.0028	-0.0118	-0.1328	0.2335
每股现金流量(元)	-0.1179	-0.0240	0.0754	-0.0455
每股资本公积金(元)	1.3027	1.2993	1.3106	1.3060
每股盈余公积金(元)	0.1448	0.1448	0.1448	0.1448
每股未分配利润(元)	-0.5573	-0.5821	-0.5409	-0.4330
净资产收益率(%)	1.3141	-8.0102	-5.6353	-9.5540
加权净资产收益率(%)	1.3200	-7.6700	-5.4900	-9.1500
净资产收益率(扣除)(%)	-	-	-	-
总资产(万元)	30225.34	30660.40	39371.81	37898.32
归属母公司股东权益(万元)	24572.48	24204.35	24888.64	26230.87
主营业务收入(万元)	11488.88	27358.85	14306.30	28840.38
营业收入(万元)	11495.90	27490.72	14315.18	28917.71
主营成本(万元)	9437.61	25153.79	13352.65	25731.62
营业成本(万元)	9437.70	25251.55	13355.75	25807.36
投资收益(万元)	1.80	912.95	0.59	10.26
净利润(万元)	298.05	-2423.23	-1723.71	-3286.93
利润总额(万元)	288.18	-2425.30	-1704.35	-3320.75

江苏汇鸿股份有限公司

公司概况					
公司名称	江苏汇鸿股份有限公司			证券简称	汇鸿股份
法人代表	蒋金华	董秘	晋永甫	证券代码	600981
公司网址	www.jstex.com		电子信箱	board@jstex.com	
电　　话	025-86648112		传　　真	025-84400800	
办公地址	江苏省南京市户部街 15 号				
经营范围	纺织品及服装的进出口业务等				

主要财务指标				
指标\报告期	2013.06.30	2012.12.31	2012.06.30	2011.12.31
基本每股收益(元)	0.0319	0.0667	0.0448	0.1263
基本每股收益(扣除)(元)	0.0178	0.0151	0.0008	0.0655
每股净资产(元)	1.6957	1.7102	1.7400	1.7500
每股经营现金净流量(元)	0.1173	-0.3557	-0.5656	-0.7945
每股现金流量(元)	0.0456	0.1062	0.3850	-0.0786
每股资本公积金(元)	-0.0634	-0.0470	0.0053	0.0306
每股盈余公积金(元)	0.2934	0.2934	0.2810	0.2810
每股未分配利润(元)	0.4659	0.4640	0.4544	0.4397
净资产收益率(%)	1.8817	3.9014	2.5712	7.2110
加权净资产收益率(%)	1.8600	3.7800	2.5500	6.8800
净资产收益率(扣除)(%)	-	-	-	-
总资产(万元)	387442.70	372397.98	377688.05	328109.78
归属母公司股东权益(万元)	87518.39	88264.27	89833.50	90375.33
主营业务收入(万元)	334594.72	681924.66	331312.32	746691.37
营业收入(万元)	334594.72	682158.88	331312.32	746973.65
主营成本(万元)	318808.59	647923.36	314754.54	713312.77
营业成本(万元)	318808.59	648133.62	314754.54	713522.15
投资收益(万元)	792.91	4856.69	3773.76	3193.10
净利润(万元)	1797.35	3860.46	2564.94	7373.14
利润总额(万元)	2455.61	5468.49	3999.16	10048.17

宁波热电股份有限公司

公司概况

公司名称	宁波热电股份有限公司			证券简称	宁波热电
法人代表	王凌云	董秘	乐碧宏	证券代码	600982
公司网址	www.nbtp.com.cn		电子信箱	nbtp@nbtp.com.cn	
电　话	0574-86897102		传　真	0574-87008281	
办公地址	浙江省宁波市海曙区解放北路128号新金穗大厦12F				
经营范围	电力电量、热量、灰渣的生产及其咨询服务、热力供应等				

主要财务指标

指标\报告期	2013.06.30	2012.12.31	2012.06.30	2011.12.31
基本每股收益(元)	0.0964	0.4091	0.2480	0.5112
基本每股收益(扣除)(元)	0.0262	0.2878	0.0987	0.2458
每股净资产(元)	5.3194	5.0957	4.4400	4.1900
每股经营现金净流量(元)	0.8868	0.4724	0.1473	0.0916
每股现金流量(元)	-0.2964	0.8690	0.3542	-2.7323
每股资本公积金(元)	2.6008	2.3439	1.8526	1.7523
每股盈余公积金(元)	0.2544	0.2544	0.2140	0.2140
每股未分配利润(元)	1.4675	1.4961	1.3754	1.2274
净资产收益率(%)	1.8116	8.0286	5.5810	12.1890
加权净资产收益率(%)	1.8300	8.9900	5.6800	13.1500
净资产收益率(扣除)(%)	-	-	-	-
总资产(万元)	172314.69	163407.19	142452.31	130248.78
归属母公司股东权益(万元)	89365.75	85607.41	74657.73	70453.94
主营业务收入(万元)	32895.60	94799.09	48922.00	95002.77
营业收入(万元)	33341.11	101710.49	51127.49	99183.84
主营成本(万元)	27325.10	84937.69	44192.20	86891.73
营业成本(万元)	27461.58	85041.42	44208.53	86923.98
投资收益(万元)	2737.16	885.18	1853.29	7013.70
净利润(万元)	2337.73	6739.67	3903.02	8621.30
利润总额(万元)	3115.79	7989.78	5205.06	11666.62

合肥荣事达三洋电器股份有限公司

公司概况

公司名称	合肥荣事达三洋电器股份有限公司			证券简称	合肥三洋
法人代表	金友华	董秘	方斌	证券代码	600983
公司网址	www.hf-sanyo.cn		电子信箱	hs1029@hf-sanyo.com	
电　话	0551-5338028		传　真	0551-5320313	
办公地址	安徽省合肥市高新技术产业开发区北区L-2号				
经营范围	洗衣机、冰箱、冷冻箱、冷藏箱、微波炉、洁身器等				

主要财务指标

指标\报告期	2013.06.30	2012.12.31	2012.06.30	2011.12.31
基本每股收益(元)	0.3600	0.5700	0.3000	0.6000
基本每股收益(扣除)(元)	0.3500	0.5400	0.2800	0.5600
每股净资产(元)	3.2927	2.9780	2.7080	2.4700
每股经营现金净流量(元)	0.2317	0.7037	0.5850	0.2480
每股现金流量(元)	0.1479	0.3161	0.3521	-0.1790
每股资本公积金(元)	0.0314	0.0314	0.0314	0.0314
每股盈余公积金(元)	0.3299	0.3299	0.2730	0.2730
每股未分配利润(元)	1.9314	1.6167	1.4035	1.1649
净资产收益率(%)	11.0762	19.1324	11.0669	24.4170
加权净资产收益率(%)	11.6300	21.0400	11.5800	27.3900
净资产收益率(扣除)(%)	-	-	-	-
总资产(万元)	435775.98	408888.64	352100.73	371820.86
归属母公司股东权益(万元)	175436.66	158669.01	144279.11	131561.98
主营业务收入(万元)	248167.52	388854.97	169129.98	377879.46
营业收入(万元)	253843.93	401575.77	173659.10	389240.66
主营成本(万元)	161871.80	255463.79	112359.59	242340.75
营业成本(万元)	166649.22	266693.58	116479.63	251874.03
投资收益(万元)	-55.50	-45.14	-0.49	30.84
净利润(万元)	19431.65	30357.11	15967.20	32123.22
利润总额(万元)	22174.51	34819.48	19000.84	37090.88

陕西建设机械股份有限公司

公司概况

公司名称	陕西建设机械股份有限公司			证券简称	建设机械
法人代表	杨宏军	董秘	白海红	证券代码	600984
公司网址	www.scmc-xa.com		电子信箱	scmc600984@163.com	
电　话	029-82592288		传　真	029-825292287	
办公地址	陕西省西安市金花北路418号				
经营范围	工程、建筑机械、起重机械成套装备、矿山机械成套装备、金属结构产品及相关配件等				

主要财务指标

指标\报告期	2013.06.30	2012.12.31	2012.06.30	2011.12.31
基本每股收益(元)	-0.4598	0.0485	-0.0173	0.0764
基本每股收益(扣除)(元)	-0.4862	0.0471	-0.0185	0.0761
每股净资产(元)	3.0698	2.0600	1.9810	1.9984
每股经营现金净流量(元)	-0.1151	-0.5586	-0.2813	-0.1109
每股现金流量(元)	0.3272	0.0132	0.1189	-0.2342
每股资本公积金(元)	2.7558	1.7708	1.7577	1.7577
每股盈余公积金(元)	0.0683	0.1166	0.1166	0.1166
每股未分配利润(元)	-0.7543	-0.8274	-0.8931	-0.8758
净资产收益率(%)	-8.7770	2.3532	-0.8729	3.8220
加权净资产收益率(%)	-25.1200	2.4000	-0.8700	3.9000
净资产收益率(扣除)(%)	-	-	-	-
总资产(万元)	112431.47	101154.88	96215.26	86667.47
归属母公司股东权益(万元)	74153.24	29160.11	28043.73	28288.53
主营业务收入(万元)	17721.19	70046.81	30474.04	64288.56
营业收入(万元)	17918.47	70489.24	30764.57	65009.62
主营成本(万元)	15932.11	53426.17	23029.70	50270.23
营业成本(万元)	16087.70	53721.51	23244.28	50639.49
投资收益(万元)	-	-	-	-
净利润(万元)	-6508.40	686.18	-244.80	1081.30
利润总额(万元)	-7242.59	477.35	-733.74	1181.81

安徽雷鸣科化股份有限公司

公司概况

公司名称	安徽雷鸣科化股份有限公司			证券简称	雷鸣科化
法人代表	张治海	董秘	张治海(代)	证券代码	600985
公司网址	www.lmkh.com		电子信箱	zhoufengdm@lmkh.com	
电　话	0561-4948188		传　真	0561-3091910	
办公地址	安徽省淮北市东山路148号				
经营范围	民用爆破器材、高岭土产品的制造、加工、销售等				

主要财务指标

指标\报告期	2013.06.30	2012.12.31	2012.06.30	2011.12.31
基本每股收益(元)	0.2600	0.2700	0.1400	0.2700
基本每股收益(扣除)(元)	0.2500	0.2800	0.1400	0.2600
每股净资产(元)	5.4256	5.1495	3.4829	3.3247
每股经营现金净流量(元)	-0.0107	0.4252	0.0416	0.3349
每股现金流量(元)	-0.1823	0.3663	-0.2217	-0.6954
每股资本公积金(元)	2.9643	2.9643	0.9237	0.9232
每股盈余公积金(元)	0.2004	0.2004	0.2594	0.2594
每股未分配利润(元)	1.1342	0.8787	1.1557	1.0197
净资产收益率(%)	4.7098	4.0202	3.9029	7.9889
加权净资产收益率(%)	4.8300	7.4800	3.9900	8.1500
净资产收益率(扣除)(%)	-	-	-	-
总资产(万元)	126029.45	119999.14	68151.88	64506.17
归属母公司股东权益(万元)	95076.19	90237.85	45138.56	43088.20
主营业务收入(万元)	38570.78	65447.82	28784.23	53044.35
营业收入(万元)	39174.84	66740.24	29477.61	54928.91
主营成本(万元)	23227.89	43897.51	18924.25	35352.03
营业成本(万元)	24541.94	45383.05	20245.84	37220.71
投资收益(万元)	44.53	211.77	45.55	56.49
净利润(万元)	4547.67	3981.91	2106.43	3698.34
利润总额(万元)	5624.66	5850.23	2912.48	5260.01

科达集团股份有限公司

公司概况	公司名称	科达集团股份有限公司			证券简称	科达股份
	法人代表	刘锋杰	董秘	姜志涛	证券代码	600986
	公司网址	www.keda-group.com	电子信箱	jiangzhitao@dkc.cn		
	电　话	0546-8301806 8304191	传　真	0546-8304191		
	办公地址	山东省东营市府前大街65号				
	经营范围	公路、市政公用、建筑工程设计、设计总承包及技术咨询等				

主要财务指标	指标\报告期	2013.06.30	2012.12.31	2012.06.30	2011.12.31
	基本每股收益(元)	0.0300	0.0600	0.1111	0.0800
	基本每股收益(扣除)(元)	0.0300	0.0600	0.1089	0.0700
	每股净资产(元)	2.0807	2.0478	2.1000	1.9900
	每股经营现金净流量(元)	-1.5621	0.2114	-0.3790	-1.5267
	每股现金流量(元)	-0.3760	0.4186	-0.3129	-0.9257
	每股资本公积金(元)	0.3151	0.3151	0.3151	0.3151
	每股盈余公积金(元)	0.2932	0.2932	0.2767	0.2767
	每股未分配利润(元)	0.4725	0.4395	0.5063	0.3952
	净资产收益率(%)	1.5850	2.9681	5.2919	3.9225
	加权净资产收益率(%)	1.6000	3.0100	5.3800	4.0000
	净资产收益率(扣除)(%)	-	-	-	-
	总资产(万元)	334732.58	279523.28	239976.90	240797.11
	归属母公司股东权益(万元)	69760.66	68654.97	70377.99	66617.20
	主营业务收入(万元)	30832.72	150183.74	53701.73	130258.39
	营业收入(万元)	31069.14	150846.63	54013.71	130637.39
	主营成本(万元)	25197.92	130545.89	42599.34	113290.38
	营业成本(万元)	25375.81	131132.61	42967.29	113818.29
	投资收益(万元)	757.96	390.99	446.50	719.27
	净利润(万元)	569.56	-584.69	2844.26	-644.07
	利润总额(万元)	1248.33	2030.13	4451.85	349.88

浙江航民股份有限公司

公司概况	公司名称	浙江航民股份有限公司			证券简称	航民股份
	法人代表	朱重庆	董秘	李军晓	证券代码	600987
	公司网址	www.hmgf.com	电子信箱	hmgf@hmgf.com		
	电　话	0571-82551588	传　真	0571-82553288		
	办公地址	浙江省杭州市萧山区瓜沥镇航民村				
	经营范围	纺织、印染及相关原辅材料的生产和销售、煤炭的采购、销售等				

主要财务指标	指标\报告期	2013.06.30	2012.12.31	2012.06.30	2011.12.31
	基本每股收益(元)	0.2250	0.6700	0.1810	0.6200
	基本每股收益(扣除)(元)	0.2120	0.6400	0.1730	0.6100
	每股净资产(元)	2.9018	4.2167	3.8300	3.7600
	每股经营现金净流量(元)	0.4543	0.9698	0.4038	0.5033
	每股现金流量(元)	0.1842	0.3937	0.5218	-0.1720
	每股资本公积金(元)	0.1642	0.7475	0.7413	0.7442
	每股盈余公积金(元)	0.2064	0.3096	0.2600	0.2600
	每股未分配利润(元)	1.5312	2.1596	1.8285	1.7563
	净资产收益率(%)	7.7472	15.8082	7.1057	16.6130
	加权净资产收益率(%)	7.7500	16.7600	7.0400	17.6700
	净资产收益率(扣除)(%)	-	-	-	-
	总资产(万元)	299626.76	281561.09	263374.94	235159.45
	归属母公司股东权益(万元)	184353.18	178593.88	162208.38	159273.01
	主营业务收入(万元)	141025.46	254212.43	121356.09	242841.21
	营业收入(万元)	141373.42	254791.48	121625.36	243337.93
	主营成本(万元)	107740.81	195469.31	94279.41	190818.73
	营业成本(万元)	107807.87	195602.37	94310.08	190879.16
	投资收益(万元)	644.28	352.74	29.49	-
	净利润(万元)	16487.58	31897.74	13038.22	29989.57
	利润总额(万元)	21337.38	39440.86	16893.02	37577.13

赤峰吉隆黄金矿业股份有限公司

公司概况	公司名称	赤峰吉隆黄金矿业股份有限公司			证券简称	赤峰黄金
	法人代表	赵美光	董秘	周新兵	证券代码	600988
	公司网址	www.cfgold.com.cn	电子信箱	a600988@126.com		
	电　话	010-82447018	传　真	010-82447018		
	办公地址	内蒙古自治区赤峰市新城玉龙大街金帝大厦B座　北京市海淀区善缘街一号立方庭大厦2-230				
	经营范围	黄金矿产品销售;对采矿业的投资与管理				

主要财务指标	指标\报告期	2013.06.30	2012.12.31	2012.06.30	2011.12.31
	基本每股收益(元)	0.1600	1.2400	0.1600	0.6500
	基本每股收益(扣除)(元)	0.1600	1.2000	0.1500	0.8500
	每股净资产(元)	1.4418	1.3000	-0.3801	0.7700
	每股经营现金净流量(元)	0.3897	0.5213	0.0443	2.2541
	每股现金流量(元)	-0.3879	0.3992	-0.0385	-0.0260
	每股资本公积金(元)	-	-	1.8244	-
	每股盈余公积金(元)	-	-	0.1809	0.3243
	每股未分配利润(元)	0.4601	0.3019	-3.3853	0.3447
	净资产收益率(%)	10.9725	64.4930	-0.7343	84.1782
	加权净资产收益率(%)	11.5800	91.1600	18.7900	48.3600
	净资产收益率(扣除)(%)	-	-	-	-
	总资产(万元)	71253.23	50628.43	9468.70	25246.62
	归属母公司股东权益(万元)	40847.87	36887.95	-3786.78	14230.69
	主营业务收入(万元)	14811.18	57238.46	10549.43	44096.40
	营业收入(万元)	14847.06	57397.90	10591.67	44191.06
	主营成本(万元)	5277.79	17799.88	3204.13	15605.90
	营业成本(万元)	5314.35	17954.24	3244.05	15706.94
	投资收益(万元)	-	-	-	-7074.16
	净利润(万元)	4482.02	23790.14	2946.71	11979.14
	利润总额(万元)	6175.40	31988.92	4179.66	18015.85

安徽四创电子股份有限公司

公司概况	公司名称	安徽四创电子股份有限公司			证券简称	四创电子
	法人代表	陈信平	董秘	刘永跃	证券代码	600990
	公司网址	www.sun-create.com	电子信箱	liuyongyue@sun-create.com		
	电　话	0551-5391324 5391323	传　真	0551-5391322		
	办公地址	安徽省合肥市高新技术产业开发区香樟大道199号				
	经营范围	雷达整机及其配套产品、集成电路、广播电视及微波通信产品等				

主要财务指标	指标\报告期	2013.06.30	2012.12.31	2012.06.30	2011.12.31
	基本每股收益(元)	0.0512	0.4113	0.0808	0.4079
	基本每股收益(扣除)(元)	0.0093	0.3204	0.0436	0.3542
	每股净资产(元)	5.8280	4.0270	3.7765	3.6957
	每股经营现金净流量(元)	-1.4753	1.6113	-0.3196	-0.5835
	每股现金流量(元)	0.9930	1.0120	-0.5346	-0.5603
	每股资本公积金(元)	3.0459	1.0080	1.0080	1.0080
	每股盈余公积金(元)	0.3207	0.3728	0.3376	0.3376
	每股未分配利润(元)	1.4614	1.6462	1.4309	1.3501
	净资产收益率(%)	0.7758	10.2146	2.1386	11.0370
	加权净资产收益率(%)	1.1700	10.6000	2.1600	11.6800
	净资产收益率(扣除)(%	-	-	-	-
	总资产(万元)	155221.76	129495.27	115064.95	123782.58
	归属母公司股东权益(万元)	79670.20	47358.04	44411.18	43461.39
	主营业务收入(万元)	29701.65	99562.19	27437.96	99851.08
	营业收入(万元)	30069.49	100303.30	27807.05	100032.81
	主营成本(万元)	22744.88	81477.34	22163.72	80249.89
	营业成本(万元)	23056.74	82189.37	22459.62	80330.13
	投资收益(万元)	-	-	-	-
	净利润(万元)	645.82	4659.01	905.14	4882.01
	利润总额(万元)	759.63	5552.37	1074.84	5536.74

贵州钢绳股份有限公司

公司概况					
公司名称	贵州钢绳股份有限公司			证券简称	贵绳股份
法人代表	黄忠渠	董秘	杨期屏	证券代码	600992
公司网址	www.gzgs.com.cn		电子信箱	yqp@gzgs.com.cn	
电　话	0852-8419247 8419570		传　真	0852-8419075 8419570	
办公地址	贵州省遵义市桃溪路47号				
经营范围	钢丝、钢绳产品及相关设备、材料、技术的研究、生产、加工、销售等				

主要财务指标	2013.06.30	2012.12.31	2012.06.30	2011.12.31
指标\报告期	2013.06.30	2012.12.31	2012.06.30	2011.12.31
基本每股收益(元)	0.0518	0.1008	0.0445	0.1587
基本每股收益(扣除)(元)	0.0520	0.0816	0.0397	0.1420
每股净资产(元)	5.2594	5.2575	5.2010	5.2367
每股经营现金净流量(元)	-0.3246	-0.5744	-0.7977	-0.2660
每股现金流量(元)	-0.3616	-1.0123	-0.3898	-0.7459
每股资本公积金(元)	2.8929	2.8929	2.8929	2.8929
每股盈余公积金(元)	0.3338	0.3338	0.3237	0.3237
每股未分配利润(元)	1.0326	1.0308	0.9846	1.0200
净资产收益率(%)	0.9853	1.9179	0.8558	3.0297
加权净资产收益率(%)	0.9800	1.9100	0.8600	3.0600
净资产收益率(扣除)(%)	-	-	-	-
总资产(万元)	149643.95	146915.15	136647.94	142492.01
归属母公司股东权益(万元)	86448.19	86418.23	85492.40	86075.74
主营业务收入(万元)	93638.16	151418.55	68309.52	145569.24
营业收入(万元)	94963.63	156086.92	69595.32	148555.45
主营成本(万元)	81141.40	132244.11	59907.79	125123.29
营业成本(万元)	82317.97	136637.05	61189.53	128093.96
投资收益(万元)	-	10.00	10.00	10.00
净利润(万元)	851.82	1657.45	731.61	2607.83
利润总额(万元)	1008.41	2015.59	917.57	3016.18

马应龙药业集团股份有限公司

公司概况					
公司名称	马应龙药业集团股份有限公司			证券简称	马应龙
法人代表	陈平	董秘	夏有章	证券代码	600993
公司网址	www.mayinglong.cn		电子信箱	xiayouzhang@sohu.com	
电　话	027-87389583 87291519		传　真	027-87291724	
办公地址	湖北省武汉市武昌南湖周家湾100号				
经营范围	中西药制造、企业经营本企业自产产品及相关技术的出口业务等				

主要财务指标	2013.06.30	2012.12.31	2012.06.30	2011.12.31
指标\报告期	2013.06.30	2012.12.31	2012.06.30	2011.12.31
基本每股收益(元)	0.3600	0.5200	0.3400	0.4200
基本每股收益(扣除)(元)	0.3300	0.4200	0.2900	0.4700
每股净资产(元)	4.0894	3.8923	3.7100	3.4800
每股经营现金净流量(元)	0.0797	0.5104	0.1750	0.2273
每股现金流量(元)	0.0441	0.5571	0.2210	0.1558
每股资本公积金(元)	0.3568	0.3568	0.3568	0.3568
每股盈余公积金(元)	0.6784	0.6784	0.6232	0.6232
每股未分配利润(元)	2.0578	1.8608	1.7329	1.5018
净资产收益率(%)	8.7305	13.4664	9.1948	11.9420
加权净资产收益率(%)	8.7700	14.2200	9.3500	12.6500
净资产收益率(扣除)(%)	-	-	-	-
总资产(万元)	198238.12	184287.37	200126.00	165762.34
归属母公司股东权益(万元)	135594.76	129061.06	122988.03	115328.62
主营业务收入(万元)	77476.67	152692.71	77313.41	140101.54
营业收入(万元)	78208.96	154203.45	78081.43	141554.52
主营成本(万元)	43403.17	89628.82	45610.41	85697.73
营业成本(万元)	43434.50	90082.76	45622.50	85755.01
投资收益(万元)	677.41	-234.38	1331.52	493.31
净利润(万元)	11307.83	16749.08	11073.35	13503.05
利润总额(万元)	13836.51	19938.24	13263.27	15982.62

云南文山电力股份有限公司

公司概况					
公司名称	云南文山电力股份有限公司			证券简称	文山电力
法人代表	杨斌	董秘	段登奇	证券代码	600995
公司网址	www.wsdl.com.cn		电子信箱	wsdl@wsdl.sina.net	
电　话	0871-63191628 63199266		传　真	0871-63190838	
办公地址	云南省文山壮族苗族自治州文山县开化镇建禾东路71号				
经营范围	水力发电、供电和配电等				

主要财务指标	2013.06.30	2012.12.31	2012.06.30	2011.12.31
指标\报告期	2013.06.30	2012.12.31	2012.06.30	2011.12.31
基本每股收益(元)	0.1800	0.3000	0.2100	0.2800
基本每股收益(扣除)(元)	0.1800	0.2700	0.1800	0.2300
每股净资产(元)	2.6887	2.6130	2.5300	2.3200
每股经营现金净流量(元)	0.2265	0.6098	0.2336	0.6199
每股现金流量(元)	-0.0002	0.0583	-0.1086	0.0843
每股资本公积金(元)	0.3244	0.3244	0.3244	0.3244
每股盈余公积金(元)	0.2401	0.2401	0.2104	0.2104
每股未分配利润(元)	1.1243	1.0485	0.9967	0.7817
净资产收益率(%)	6.5368	11.3456	8.4918	12.1940
加权净资产收益率(%)	6.5100	12.0300	8.8700	12.8400
净资产收益率(扣除)(%)	-	-	-	-
总资产(万元)	266826.59	247744.71	218217.89	213172.76
归属母公司股东权益(万元)	128661.75	125036.62	121137.25	110850.50
主营业务收入(万元)	93912.44	170486.29	79167.21	153286.83
营业收入(万元)	93968.51	171034.07	79220.89	155270.55
主营成本(万元)	69814.90	128747.92	56657.71	116673.76
营业成本(万元)	69845.66	129352.90	56782.36	118529.59
投资收益(万元)	-261.39	933.79	259.56	-460.04
净利润(万元)	8410.39	14186.12	10286.75	13516.57
利润总额(万元)	10268.14	17027.35	12460.32	16079.39

开滦能源化工股份有限公司

公司概况					
公司名称	开滦能源化工股份有限公司			证券简称	开滦股份
法人代表	裴华	董秘	侯树忠	证券代码	600997
公司网址	www.kkcc.com.cn		电子信箱	kcc@kailuan.com.cn	
电　话	0315-2812013 3026971		传　真	0315-3026507	
办公地址	河北省唐山市新华东道70号东楼				
经营范围	煤炭及伴生资源开采、原煤洗选加工、煤炭产品的经营销售等				

主要财务指标	2013.06.30	2012.12.31	2012.06.30	2011.12.31
指标\报告期	2013.06.30	2012.12.31	2012.06.30	2011.12.31
基本每股收益(元)	0.1400	0.4000	0.3500	0.6400
基本每股收益(扣除)(元)	0.1400	0.4000	0.3500	0.6300
每股净资产(元)	5.6055	5.5673	5.5400	5.2200
每股经营现金净流量(元)	0.5517	1.2724	0.5680	1.5093
每股现金流量(元)	-0.9369	0.5065	-0.1864	0.2438
每股资本公积金(元)	0.8315	0.8315	0.8292	0.8083
每股盈余公积金(元)	0.7033	0.7033	0.6478	0.6478
每股未分配利润(元)	2.9455	2.9239	2.9365	2.6843
净资产收益率(%)	2.5275	7.0977	6.3607	12.1960
加权净资产收益率(%)	2.5300	7.3300	6.5100	12.8900
净资产收益率(扣除)(%)	-	-	-	-
总资产(万元)	2091738.83	2104659.42	2000687.96	1942497.59
归属母公司股东权益(万元)	692075.17	687363.69	683657.53	644263.69
主营业务收入(万元)	988593.71	2190159.70	1207879.84	2178663.81
营业收入(万元)	875867.24	1909126.67	1037512.99	1953354.97
主营成本(万元)	880234.01	1962185.66	1057334.23	1932070.72
营业成本(万元)	770695.25	1679535.12	892273.47	1702264.81
投资收益(万元)	1444.09	1997.55	958.16	-56.72
净利润(万元)	21386.44	51186.96	47642.94	79520.19
利润总额(万元)	26229.03	71126.61	65705.43	103083.06

九州通医药集团股份有限公司

公司概况	公司名称	九州通医药集团股份有限公司		证券简称	九 州 通
	法人代表	刘宝林	董秘 林新扬	证券代码	600998
	公司网址	www.jztey.com		电子信箱	hsk1109mail@sina.com
	电 话	010-60210333 027-84672240		传 真	010-60210333 027-84451256
	办公地址	湖北省武汉市汉阳区龙阳大道特 8 号			
	经营范围	批发中药饮片、中成药、中药材、化学药制剂、抗生素制剂、抗生素原料药等			

主要财务指标	指标\报告期	2013.06.30	2012.12.31	2012.06.30	2011.12.31
	基本每股收益(元)	0.1251	0.2900	0.1045	0.2600
	基本每股收益(扣除)(元)	0.1017	0.2100	0.0940	0.1800
	每股净资产(元)	3.3624	3.2300	3.0323	2.8938
	每股经营现金净流量(元)	-0.6088	-0.2597	-0.5622	-0.2419
	每股现金流量(元)	-0.3372	0.1308	-0.3319	0.5339
	每股资本公积金(元)	1.2940	1.2855	1.2750	1.2410
	每股盈余公积金(元)	0.0845	0.0845	0.0642	0.0642
	每股未分配利润(元)	0.9839	0.8588	0.6931	0.5887
	净资产收益率(%)	3.7201	8.9984	3.4460	9.1020
	加权净资产收益率(%)	3.8000	9.6800	3.5500	9.1100
	净资产收益率(扣除)(%)	-	-	-	-
	总资产(万元)	1667501.32	1480396.93	1355596.88	1183874.69
	归属母公司股东权益(万元)	477640.10	458661.66	430737.89	411062.86
	主营业务收入(万元)	1612460.88	2940279.40	1455723.21	2479820.45
	营业收入(万元)	1616176.85	2950766.28	1457348.75	2483867.89
	主营成本(万元)	1511794.06	2757452.92	1367333.32	2332346.29
	营业成本(万元)	1513574.27	2761692.46	1368050.06	2333482.45
	投资收益(万元)	367.36	9131.38	60.07	574.00
	净利润(万元)	17404.69	41260.34	14581.65	37555.91
	利润总额(万元)	22455.73	55245.06	19928.73	48964.81

招商证券股份有限公司

公司概况	公司名称	招商证券股份有限公司		证券简称	招商证券
	法人代表	宫少林	董秘 郭健	证券代码	600999
	公司网址	www.newone.com.cn		电子信箱	ir@cmschina.com.cn
	电 话	0755-82943666		传 真	0755-82944669
	办公地址	广东省深圳市福田区益田路江苏大厦 A 座 38-45 层			
	经营范围	证券经纪、证券投资咨询、与证券交易、证券投资活动有关的财务顾问等			

主要财务指标	指标\报告期	2013.06.30	2012.12.31	2012.06.30	2011.12.31
	基本每股收益(元)	0.2246	0.3531	0.2035	0.4309
	基本每股收益(扣除)(元)	0.2246	0.3521	0.2021	0.4303
	每股净资产(元)	5.6040	5.5278	5.3768	5.2925
	每股经营现金净流量(元)	-2.1363	-0.6817	-0.8447	-5.4849
	每股现金流量(元)	0.8166	-0.4522	-0.0047	-5.7769
	每股资本公积金(元)	2.0342	2.0332	2.0293	2.0011
	每股盈余公积金(元)	0.3907	0.3907	0.3549	0.3549
	每股未分配利润(元)	1.4714	1.3888	1.3467	1.2931
	净资产收益率(%)	4.0085	6.3883	3.7852	8.1410
	加权净资产收益率(%)	4.0000	6.5300	3.7600	8.2900
	净资产收益率(扣除)(%)	-	-	-	-
	总资产(万元)	8888915.75	7553650.15	7679163.99	6885722.66
	归属母公司股东权益(万元)	2612095.49	2576563.97	2506176.83	2466899.03
	主营业务收入(万元)	-	-	-	-
	营业收入(万元)	290424.85	466571.93	256724.38	522515.57
	主营成本(万元)	-	-	-	-
	营业成本(万元)	159081.30	-	139792.86	266402.77
	投资收益(万元)	95232.52	153043.80	76636.49	120104.70
	净利润(万元)	104700.78	164599.80	94864.73	200829.40
	利润总额(万元)	131360.28	187515.05	117793.80	256451.38

唐山港集团股份有限公司

公司概况	公司名称	唐山港集团股份有限公司		证券简称	唐 山 港
	法人代表	孙文仲	董秘 王冰松	证券代码	601000
	公司网址	www.jtport.com.cn		电子信箱	tspgc@china.com
	电 话	027-2916417 2916409 2916324		传 真	0315-2916409
	办公地址	河北省唐山市海港经济开发区唐山港大厦			
	经营范围	码头和其他港口设施经营、在港口内从事货物装卸、驳运、仓储经营等			

主要财务指标	指标\报告期	2013.06.30	2012.12.31	2012.06.30	2011.12.31
	基本每股收益(元)	0.2200	0.3200	0.1700	0.2500
	基本每股收益(扣除)(元)	0.2200	0.3100	0.1700	0.2400
	每股净资产(元)	2.7400	2.5561	4.3296	4.0966
	每股经营现金净流量(元)	0.1365	0.5586	0.4711	0.5272
	每股现金流量(元)	-0.1306	-0.0065	-0.0838	0.3662
	每股资本公积金(元)	0.7304	0.7278	2.1101	2.1101
	每股盈余公积金(元)	0.1164	0.1164	0.1674	0.1674
	每股未分配利润(元)	0.8803	0.7053	1.0452	0.8192
	净资产收益率(%)	8.2095	12.4417	7.0669	9.9860
	加权净资产收益率(%)	8.4600	13.2200	7.2500	10.9900
	净资产收益率(扣除)(%)	-	-	-	-
	总资产(万元)	1142474.70	1112893.62	1063718.77	1055004.86
	归属母公司股东权益(万元)	556313.90	518977.99	488368.80	462090.99
	主营业务收入(万元)	231258.33	393787.88	211370.39	298505.86
	营业收入(万元)	231793.79	395103.30	212001.56	299826.09
	主营成本(万元)	136725.52	240439.13	136619.89	197890.71
	营业成本(万元)	136779.25	240714.63	163596.60	198214.92
	投资收益(万元)	1501.23	1266.52	125.77	1162.82
	净利润(万元)	54120.74	74117.46	39102.03	48335.97
	利润总额(万元)	65684.46	93498.78	49453.85	65375.25

大同煤业股份有限公司

公司概况	公司名称	大同煤业股份有限公司		证券简称	大同煤业
	法人代表	张有喜	董秘 钱建军	证券代码	601001
	公司网址	www.dtmy.com.cn		电子信箱	dtqianjianjun@126.com
	电 话	0352-7010476 7010167		传 真	0352-7011070
	办公地址	山西省大同市矿区新平旺			
	经营范围	煤炭采掘、洗选加工、销售			

主要财务指标	指标\报告期	2013.06.30	2012.12.31	2012.06.30	2011.12.31
	基本每股收益(元)	-0.3100	0.0400	0.2100	0.4200
	基本每股收益(扣除)(元)	-0.3100	0.0300	0.2100	0.6200
	每股净资产(元)	5.4310	5.5449	6.4800	6.6835
	每股经营现金净流量(元)	0.6491	0.5179	0.2441	1.8354
	每股现金流量(元)	0.1127	-1.3463	-1.2700	-0.0738
	每股资本公积金(元)	0.6763	0.6763	1.0993	1.7352
	每股盈余公积金(元)	0.5255	0.5255	0.5217	0.5217
	每股未分配利润(元)	1.6663	1.9744	2.3422	2.1308
	净资产收益率(%)	-5.6731	0.6749	3.2629	6.3396
	加权净资产收益率(%)	-5.6700	0.6700	3.2600	6.3400
	净资产收益率(扣除)(%	-	-	-	-
	总资产(万元)	2125712.68	2152087.23	2022091.23	2037518.51
	归属母公司股东权益(万元)	908992.37	928051.46	1084558.58	1118612.56
	主营业务收入(万元)	558826.82	1307460.88	655289.09	1397931.33
	营业收入(万元)	574383.64	1727998.74	1777220.22	1614008.45
	主营成本(万元)	370041.66	842585.24	404394.04	811481.75
	营业成本(万元)	381265.91	1244252.46	1515971.78	1016698.12
	投资收益(万元)	-	-	-	2805.11
	净利润(万元)	-11676.88	94971.89	79476.41	189580.13
	利润总额(万元)	15163.57	153359.43	109436.00	289856.02

晋亿实业股份有限公司

公司概况	公司名称	晋亿实业股份有限公司			证券简称	晋亿实业
	法人代表	蔡永龙	董秘	涂志清	证券代码	601002
	公司网址	www.gem-year.com		电子信箱	tzq@gem-year.net	
	电　话	0573-84185042 84185001*630		传　真	0573-84184488	
	办公地址	浙江省嘉兴市嘉善经济开发区晋亿大道 8 号				
	经营范围	各类紧固件产成品、中间产品的研发、生产和销售等				

主要财务指标	指标＼报告期	2013.06.30	2012.12.31	2012.06.30	2011.12.31
	基本每股收益(元)	-0.0040	-0.0160	-0.1000	0.0930
	基本每股收益(扣除)(元)	-0.0170	-0.0420	-0.1160	0.0870
	每股净资产(元)	2.2813	2.2824	2.2000	2.3000
	每股经营现金净流量(元)	-0.1732	0.7200	0.2256	-0.3816
	每股现金流量(元)	-0.2253	0.1451	0.0005	-0.0759
	每股资本公积金(元)	0.8958	0.8958	0.8968	0.8968
	每股盈余公积金(元)	0.1537	0.1537	0.1532	0.1532
	每股未分配利润(元)	0.2293	0.2330	0.1494	0.2495
	净资产收益率(%)	-0.1631	-0.7005	-4.5517	4.0540
	加权净资产收益率(%)	-0.1600	-0.7000	-4.4500	3.9700
	净资产收益率(扣除)(%)	-	-	-	-
	总资产(万元)	464040.81	415108.50	393851.55	388784.49
	归属母公司股东权益(万元)	168466.45	168550.45	162412.41	169804.86
	主营业务收入(万元)	110547.36	245386.43	106188.04	255169.00
	营业收入(万元)	116805.59	259633.87	113403.41	270344.45
	主营成本(万元)	93481.54	214162.00	98200.28	211252.97
	营业成本(万元)	99406.25	226799.52	104807.40	225048.38
	投资收益(万元)	26.29	136.46	-127.27	98.11
	净利润(万元)	-3.46	-1171.52	-7830.88	7001.16
	利润总额(万元)	-210.44	-1099.60	-9529.31	9128.69

柳州钢铁股份有限公司

公司概况	公司名称	柳州钢铁股份有限公司			证券简称	柳钢股份
	法人代表	施沛润	董秘	班俊超	证券代码	601003
	公司网址	www.liusteel.com		电子信箱	liscl@163.com	
	电　话	0772-2595971		传　真	0772-2595998	
	办公地址	广西壮族自治区柳州市北雀路 117 号				
	经营范围	烧结、炼铁、炼钢及其副产品的销售、钢材轧制、加工及其副产品的销售等				

主要财务指标	指标＼报告期	2013.06.30	2012.12.31	2012.06.30	2011.12.31
	基本每股收益(元)	-0.0327	0.0478	0.0007	0.1414
	基本每股收益(扣除)(元)	-0.0364	0.0210	0.0001	0.1370
	每股净资产(元)	2.0730	2.1056	2.0614	2.0559
	每股经营现金净流量(元)	0.7810	-0.7148	-0.2798	0.3172
	每股现金流量(元)	0.5051	-0.3696	-0.1656	0.3914
	每股资本公积金(元)	0.0813	0.0813	0.0813	0.0813
	每股盈余公积金(元)	0.3567	0.3567	0.3520	0.3520
	每股未分配利润(元)	0.6324	0.6652	0.6228	0.6221
	净资产收益率(%)	-1.5791	2.2717	0.0339	6.8756
	加权净资产收益率(%)	-1.5700	2.3000	0.0340	6.8200
	净资产收益率(扣除)(%)	-	-	-	-
	总资产(万元)	2643271.09	2253973.32	2178748.57	1916498.50
	归属母公司股东权益(万元)	531273.49	539626.09	528284.82	526876.93
	主营业务收入(万元)	1740470.65	3563691.07	1799330.49	4078941.15
	营业收入(万元)	1815433.95	3727636.16	1883645.41	4239099.70
	主营成本(万元)	1681937.15	3407560.52	1713038.48	3896631.64
	营业成本(万元)	1741851.09	3554205.61	1783444.31	4021947.72
	投资收益(万元)	57.61	-60.21	-57.17	-85.62
	净利润(万元)	-8389.57	12258.79	179.22	36226.12
	利润总额(万元)	-8389.57	12573.05	210.84	40279.07

重庆钢铁股份有限公司

公司概况	公司名称	重庆钢铁股份有限公司			证券简称	重庆钢铁
	法人代表	邓强	董秘	游晓安	证券代码	601005
	公司网址	www.cqgt.cn		电子信箱	yxa@email.cqgt.cn	
	电　话	023-68873311 68983482		传　真	023-68873189	
	办公地址	重庆市长寿区经济技术开发区钢城大道一号				
	经营范围	中厚钢板、钢坯、型材、线材及焦化副产品的生产和销售				

主要财务指标	指标＼报告期	2013.06.30	2012.12.31	2012.06.30	2011.12.31
	基本每股收益(元)	-0.6440	0.0570	-0.3740	-0.8490
	基本每股收益(扣除)(元)	-0.6460	-1.0780	-0.3740	-0.8620
	每股净资产(元)	1.7644	2.4083	1.9800	2.3500
	每股经营现金净流量(元)	-0.2242	3.0665	1.0728	0.2604
	每股现金流量(元)	-1.5984	1.2077	-0.1374	-0.1361
	每股资本公积金(元)	0.6400	0.6400	0.6400	0.6400
	每股盈余公积金(元)	0.3502	0.3502	0.3494	0.3494
	每股未分配利润(元)	-0.2267	0.4172	-0.0129	0.3610
	净资产收益率(%)	-36.4942	2.3674	-18.9111	-36.0992
	加权净资产收益率(%)	-30.8600	2.4000	-17.2800	-30.5200
	净资产收益率(扣除)(%)	-	-	-	-
	总资产(万元)	3050378.50	3110639.90	2848846.30	2705044.10
	归属母公司股东权益(万元)	305795.70	417397.60	342680.20	407510.80
	主营业务收入(万元)	927325.50	1835632.60	1023480.80	2344944.50
	营业收入(万元)	929469.80	1845877.60	1028204.20	2353294.50
	主营成本(万元)	938077.80	1834387.70	1000588.60	2251586.90
	营业成本(万元)	939497.80	1840270.90	1002261.90	2257166.20
	投资收益(万元)	-	36927.40	1630.50	-
	净利润(万元)	-111597.80	9884.30	-64803.60	-147107.50
	利润总额(万元)	-111382.20	10182.50	-64803.00	-137509.60

大秦铁路股份有限公司

公司概况	公司名称	大秦铁路股份有限公司			证券简称	大秦铁路
	法人代表	杨绍清	董秘	黄松青	证券代码	601006
	公司网址	www.daqintielu.com		电子信箱	dqtl@daqintielu.com	
	电　话	0351-2620620		传　真	0351-2620604	
	办公地址	山西省大同市站北街 14 号 山西省太原市建设北路 202 号				
	经营范围	以煤炭运输为主的铁路货物运输业务以及旅客运输业务				

主要财务指标	指标＼报告期	2013.06.30	2012.12.31	2012.06.30	2011.12.31
	基本每股收益(元)	0.4400	0.7700	0.4100	0.7900
	基本每股收益(扣除)(元)	0.4400	0.7800	0.4100	0.7900
	每股净资产(元)	4.7670	4.7212	4.2441	4.2260
	每股经营现金净流量(元)	0.4422	0.8688	0.2717	1.0162
	每股现金流量(元)	0.0335	0.2068	0.2541	-0.3682
	每股资本公积金(元)	1.6752	1.6752	1.5639	1.5639
	每股盈余公积金(元)	0.4306	0.4306	0.3532	0.3532
	每股未分配利润(元)	1.6613	1.6154	1.3270	1.3091
	净资产收益率(%)	9.1436	16.3881	9.6126	18.6198
	加权净资产收益率(%)	8.9400	17.4200	9.3500	19.7800
	净资产收益率(扣除)(%)	-	-	-	-
	总资产(万元)	9894338.76	10038767.14	9722115.39	9412072.65
	归属母公司股东权益(万元)	7087051.67	7018842.62	6309617.04	6282904.79
	主营业务收入(万元)	2374523.57	4459866.18	2176095.02	4370262.16
	营业收入(万元)	2432287.25	4596243.96	2225504.54	4500703.85
	主营成本(万元)	1432354.79	2705931.23	1266858.11	2534060.99
	营业成本(万元)	1485129.34	2832061.92	1315376.94	2642032.39
	投资收益(万元)	137072.12	206526.13	105022.89	181263.70
	净利润(万元)	648015.20	1150292.06	606555.44	1169881.63
	利润总额(万元)	820235.15	1470114.36	775288.21	1524713.30

金陵饭店股份有限公司

公司概况	公司名称	金陵饭店股份有限公司			证券简称	金陵饭店
	法人代表	李建伟	董秘	张胜新	证券代码	601007
	公司网址	www.jinlinghotel.com		电子信箱	securities@jinlinghotel.com	
	电　　话	025-84711888 4210		传　　真	025-84711666	
	办公地址	江苏省南京市汉中路 2 号				
	经营范围	酒店经营、主要提供住宿、餐饮、会议等综合性服务				

	指标\报告期	2013.06.30	2012.12.31	2012.06.30	2011.12.31
主要财务指标	基本每股收益(元)	0.0810	0.3670	0.0900	0.3900
	基本每股收益(扣除)(元)	0.0770	0.3410	0.0800	0.3390
	每股净资产(元)	4.4439	4.3627	4.0850	3.9950
	每股经营现金净流量(元)	0.1352	0.3724	0.0504	0.3045
	每股现金流量(元)	–0.4516	–0.2899	0.1299	0.1111
	每股资本公积金(元)	1.4575	1.4575	1.4575	1.4575
	每股盈余公积金(元)	0.2245	0.2245	0.1938	0.1938
	每股未分配利润(元)	1.7619	1.6807	1.4336	1.3440
	净资产收益率(%)	1.8268	8.4200	2.1928	9.7720
	加权净资产收益率(%)	1.8440	8.7900	2.2170	10.1400
	净资产收益率(扣除)(%)	–	–	–	–
	总资产(万元)	255373.81	246383.83	247641.18	239221.72
	归属母公司股东权益(万元)	133315.79	130880.40	122549.12	119861.89
	主营业务收入(万元)	24511.83	60137.89	28613.23	69054.04
	营业收入(万元)	24641.83	60662.79	28743.23	70037.08
	主营成本(万元)	9798.99	25295.39	11866.17	31753.75
	营业成本(万元)	9798.99	25316.76	11866.17	31794.94
	投资收益(万元)	651.75	5486.23	–285.31	3266.30
	净利润(万元)	2606.04	12574.02	3390.95	14068.87
	利润总额(万元)	3437.35	15172.42	4635.68	17953.52

江苏连云港港口股份有限公司

公司概况	公司名称	江苏连云港港口股份有限公司			证券简称	连云港
	法人代表	李春宏	董秘	沙晓春	证券代码	601008
	公司网址	www.jlpcl.com		电子信箱	shaxiaochun@jlpcl.com	
	电　　话	0518-82389269 82387588		传　　真	0518-82380588	
	办公地址	江苏省连云港市连云区中华路 18 号				
	经营范围	装卸业务、堆存业务、港务管理业务等				

	指标\报告期	2013.06.30	2012.12.31	2012.06.30	2011.12.31
主要财务指标	基本每股收益(元)	0.1200	0.1900	0.1100	0.1900
	基本每股收益(扣除)(元)	0.1100	0.1700	0.1100	0.1700
	每股净资产(元)	3.2442	3.1831	3.0570	3.9400
	每股经营现金净流量(元)	–0.0378	0.2432	0.0593	0.1812
	每股现金流量(元)	–0.5934	0.3135	–0.1095	0.7045
	每股资本公积金(元)	1.6479	1.6479	1.6479	2.1423
	每股盈余公积金(元)	0.1376	0.1376	0.1141	0.1547
	每股未分配利润(元)	0.4587	0.3976	0.2954	0.6385
	净资产收益率(%)	3.7339	5.8609	3.5829	5.9809
	加权净资产收益率(%)	3.7500	6.0200	3.6200	6.5000
	净资产收益率(扣除)(%)	–	–	–	–
	总资产(万元)	438976.12	465765.54	382852.07	368459.62
	归属母公司股东权益(万元)	263312.70	258350.75	248150.31	245706.51
	主营业务收入(万元)	76615.83	160737.12	80803.09	149713.44
	营业收入(万元)	76705.32	161521.01	80807.76	150038.10
	主营成本(万元)	53876.46	119424.18	57803.99	108790.53
	营业成本(万元)	53922.72	119529.65	57859.02	108906.89
	投资收益(万元)	3845.26	5561.45	4768.88	5448.61
	净利润(万元)	10028.43	15136.72	8827.88	14665.01
	利润总额(万元)	11427.66	17338.92	10035.79	16049.45

南京银行股份有限公司

公司概况	公司名称	南京银行股份有限公司			证券简称	南京银行
	法人代表	林复	董秘	汤哲新	证券代码	601009
	公司网址	www.njcb.com.cn		电子信箱	boardoffice@njcb.com.cn	
	电　　话	025-86775055		传　　真	025-86775054	
	办公地址	江苏省南京市玄武区中山路 288 号				
	经营范围	吸收公众存款、发放短期、中期和长期贷款、办理国内结算等				

	指标\报告期	2013.06.30	2012.12.31	2012.06.30	2011.12.31
主要财务指标	基本每股收益(元)	0.8100	1.3500	0.7400	1.0800
	基本每股收益(扣除)(元)	0.8100	1.3500	0.7400	1.0800
	每股净资产(元)	8.7068	8.2900	7.7900	7.2900
	每股经营现金净流量(元)	14.5833	3.7536	3.5545	4.2216
	每股现金流量(元)	1.8972	–1.5786	–0.4491	2.4162
	每股资本公积金(元)	3.4940	3.4827	3.5963	3.5323
	每股盈余公积金(元)	0.5315	0.5315	0.3975	0.3975
	每股未分配利润(元)	2.4690	2.0655	2.1243	1.6887
	净资产收益率(%)	9.2981	16.2993	9.4434	14.8380
	加权净资产收益率(%)	9.3000	17.3500	9.5700	15.8700
	净资产收益率(扣除)(%)	–	–	––	––
	总资产(万元)	41002065.30	34379215.40	33428079.80	28179169.40
	归属母公司股东权益(万元)	2585005.00	2461832.70	2312705.90	2164376.50
	主营业务收入(万元)				
	营业收入(万元)	512375.20	911445.30	477201.50	746254.00
	主营成本(万元)				
	营业成本(万元)	–	–	207236.30	355255.30
	投资收益(万元)	15238.60	48102.10	28747.90	15445.10
	净利润(万元)	242285.90	404452.60	220147.70	323535.20
	利润总额(万元)	302305.80	498040.40	269531.40	394926.10

文峰大世界连锁发展股份有限公司

公司概况	公司名称	文峰大世界连锁发展股份有限公司			证券简称	文峰股份
	法人代表	徐长江	董秘	张凯	证券代码	601010
	公司网址	www.wfdsj.com.cn		电子信箱	wf@wfdsj.cn	
	电　　话	0513-85505666 8968		传　　真	0513-85121565	
	办公地址	江苏省南通市青年东路 1 号				
	经营范围	百货、超市、电器销售专业店的连锁经营等				

	指标\报告期	2013.06.30	2012.12.31	2012.06.30	2011.12.31
主要财务指标	基本每股收益(元)	0.2800	0.8500	0.4600	0.9700
	基本每股收益(扣除)(元)	0.2600	0.6600	0.3800	0.8500
	每股净资产(元)	4.8543	7.3620	6.7460	6.7100
	每股经营现金净流量(元)	–0.1157	0.9001	–0.1586	1.1129
	每股现金流量(元)	–1.0042	–0.7532	–1.2211	1.2496
	每股资本公积金(元)	2.5957	4.3936	4.1676	4.1676
	每股盈余公积金(元)	0.2510	0.3765	0.2905	0.2905
	每股未分配利润(元)	1.0076	1.5919	1.2382	1.2493
	净资产收益率(%)	5.7603	11.5282	6.8022	13.1197
	加权净资产收益率(%)	5.6000	12.1600	6.6800	18.5900
	净资产收益率(扣除)(%)	–	–	–	–
	总资产(万元)	585631.38	645343.07	473970.97	527661.23
	归属母公司股东权益(万元)	358831.30	362801.40	332455.48	330538.66
	主营业务收入(万元)	367132.28	623495.68	315155.80	626920.35
	营业收入(万元)	376775.53	642600.34	324525.29	644227.39
	主营成本(万元)	312364.06	529942.99	266519.04	530244.66
	营业成本(万元)	312891.75	531032.16	267132.84	531766.42
	投资收益(万元)	1327.91	10920.90	4617.35	3904.23
	净利润(万元)	20668.46	41710.42	22576.08	43319.79
	利润总额(万元)	28909.54	55901.46	30608.43	58366.97

七台河宝泰隆煤化工股份有限公司

公司概况	公司名称	七台河宝泰隆煤化工股份有限公司			证券简称	宝泰隆
	法人代表	焦云	董秘	王维舟	证券代码	601011
	公司网址	www.btlgf.com		电子信箱	wwz0451@163.com	
	电　话	0464-2924686 8097 8510		传　真	0464-8338010 8336555	
	办公地址	黑龙江省七台河市新兴区宝泰隆路16号				
	经营范围	生产、储存煤焦油、生产、销售粗苯等				

	指标＼报告期	2013.06.30	2012.12.31	2012.06.30	2011.12.31
主要财务指标	基本每股收益(元)	0.0101	0.1900	0.2598	0.5900
	基本每股收益(扣除)(元)	−0.0715	0.1200	0.2149	0.5200
	每股净资产(元)	7.2538	7.2305	7.2980	7.3265
	每股经营现金净流量(元)	0.4089	0.1340	0.4114	0.1892
	每股现金流量(元)	−0.3226	−0.7766	0.1733	1.8399
	每股资本公积金(元)	4.5993	4.5993	4.5993	4.5993
	每股盈余公积金(元)	0.1358	0.1358	0.1358	0.1358
	每股未分配利润(元)	1.4723	1.4622	1.5344	1.5747
	净资产收益率(%)	0.1386	2.5940	3.5595	7.5020
	加权净资产收益率(%)	0.1400	2.5900	3.5000	9.1700
	净资产收益率(扣除)(%)	–	–	–	–
	总资产(万元)	512055.84	512208.70	521450.35	463614.20
	归属母公司股东权益(万元)	280722.68	279820.14	282415.67	283534.50
	主营业务收入(万元)	86590.46	225328.33	133123.28	280848.47
	营业收入(万元)	86616.86	225867.48	133161.53	282210.82
	主营成本(万元)	72547.62	188305.99	104554.81	231685.57
	营业成本(万元)	72547.62	188729.96	104588.21	232965.91
	投资收益(万元)	104.52	3446.04	156.75	2238.09
	净利润(万元)	168.17	7372.98	10376.66	21350.69
	利润总额(万元)	226.75	9966.88	13702.66	26800.61

西安隆基硅材料股份有限公司

公司概况	公司名称	西安隆基硅材料股份有限公司			证券简称	隆基股份
	法人代表	李振国	董秘	张以涛	证券代码	601012
	公司网址	www.longi-silicon.com		电子信箱	longi@longi-silicon.com	
	电　话	029-81566863		传　真	029-81566685	
	办公地址	陕西省西安市长安区航天中路388号				
	经营范围	单晶硅棒、硅片的研发、生产、销售等				

	指标＼报告期	2013.06.30	2012.12.31	2012.06.30	2011.12.31
主要财务指标	基本每股收益(元)	0.0400	−0.1100	0.0700	0.7300
	基本每股收益(扣除)(元)	0.0300	−0.2400	0.0300	0.6500
	每股净资产(元)	5.4085	5.3696	5.5100	6.5932
	每股经营现金净流量(元)	0.4128	−0.1424	−0.0730	−0.4934
	每股现金流量(元)	−0.6468	1.5106	2.6123	−1.7837
	每股资本公积金(元)	2.7103	2.7103	2.7102	1.1631
	每股盈余公积金(元)	0.0379	0.0379	0.0379	0.0911
	每股未分配利润(元)	1.6603	1.6214	1.7625	4.3389
	净资产收益率(%)	0.7193	−1.8907	1.0428	19.8714
	加权净资产收益率(%)	0.7200	−2.1300	1.3800	22.0900
	净资产收益率(扣除)(%)	–	–	–	–
	总资产(万元)	446739.46	472809.03	494703.46	337491.29
	归属母公司股东权益(万元)	291260.63	289165.53	296763.94	147806.69
	主营业务收入(万元)	97189.95	170832.51	79843.28	201798.92
	营业收入(万元)	97189.95	170832.51	79843.28	201798.92
	主营成本(万元)	84834.24	148508.06	65930.77	153932.94
	营业成本(万元)	84834.24	148508.06	65930.77	153932.94
	投资收益(万元)	−17.44	4569.22	410.39	1664.08
	净利润(万元)	2206.42	−5269.63	3238.89	29683.80
	利润总额(万元)	3058.38	−7518.13	3413.57	32984.76

宁波港股份有限公司

公司概况	公司名称	宁波港股份有限公司			证券简称	宁波港
	法人代表	李令红	董秘	蒋伟	证券代码	601018
	公司网址	www.nbport.com.cn		电子信箱	ird@nbport.com.cn	
	电　话	0574-27695662 27686151		传　真	0574-27687001	
	办公地址	浙江省宁波市北仑区明州路301号宁波港大厦				
	经营范围	码头开发经营、管理、港口货物的装卸、堆存、仓储、包装、灌装等				

	指标＼报告期	2013.06.30	2012.12.31	2012.06.30	2011.12.31
主要财务指标	基本每股收益(元)	0.1200	0.2100	0.1200	0.1900
	基本每股收益(扣除)(元)	0.1000	0.1900	0.1000	0.1800
	每股净资产(元)	2.1386	2.1170	2.0200	1.9600
	每股经营现金净流量(元)	0.1663	0.0622	−0.0064	0.0950
	每股现金流量(元)	0.0471	−0.0949	0.1041	−0.2956
	每股资本公积金(元)	0.6125	0.6194	0.6115	0.6022
	每股盈余公积金(元)	0.0775	0.0703	0.0510	0.0510
	每股未分配利润(元)	0.4454	0.4271	0.3572	0.3034
	净资产收益率(%)	5.3988	9.8777	5.9318	9.8550
	加权净资产收益率(%)	5.5400	10.3000	5.9200	10.3300
	净资产收益率(扣除)(%)	–	–	–	–
	总资产(万元)	4132730.70	3607844.80	3653269.70	3341743.50
	归属母公司股东权益(万元)	2737400.10	2709720.70	2585294.70	2504618.00
	主营业务收入(万元)	555020.60	762833.00	377194.70	681841.80
	营业收入(万元)	562572.40	780219.60	384819.50	698279.50
	主营成本(万元)	357202.80	407326.90	190781.90	351891.30
	营业成本(万元)	360743.00	415850.80	195748.40	360745.80
	投资收益(万元)	45482.20	73580.80	36498.50	79686.30
	净利润(万元)	155004.50	273140.60	155905.30	251502.70
	利润总额(万元)	189381.70	345403.70	198119.90	308678.30

江苏玉龙钢管股份有限公司

公司概况	公司名称	江苏玉龙钢管股份有限公司			证券简称	玉龙股份
	法人代表	唐永清	董秘	徐卫东	证券代码	601028
	公司网址	www.yulongsteelpipe.com		电子信箱	zqb@china-yulong.com	
	电　话	0510-83896205 83896210		传　真	0510-83896205	
	办公地址	江苏省无锡市玉祁镇玉龙路15号				
	经营范围	钢材轧制、石油钻杆及配套接头、回转支承的制造、加工、销售等				

	指标＼报告期	2013.06.30	2012.12.31	2012.06.30	2011.12.31
主要财务指标	基本每股收益(元)	0.2000	0.3700	0.1800	0.5800
	基本每股收益(扣除)(元)	0.2000	0.3400	0.1800	0.5400
	每股净资产(元)	6.0559	6.1023	5.9067	5.9300
	每股经营现金净流量(元)	−0.9257	1.4065	0.6603	−0.0830
	每股现金流量(元)	−0.6822	−1.6987	−1.1452	2.8571
	每股资本公积金(元)	2.6640	2.6640	2.6640	2.6640
	每股盈余公积金(元)	0.2600	0.2600	0.2163	0.2163
	每股未分配利润(元)	2.1276	2.1739	2.0250	2.0469
	净资产收益率(%)	3.3642	6.0749	3.0142	7.5080
	加权净资产收益率(%)	3.3300	6.1800	3.0100	13.4500
	净资产收益率(扣除)(%)	–	–	–	–
	总资产(万元)	365783.03	284958.85	284600.24	291417.23
	归属母公司股东权益(万元)	192273.52	193747.33	187536.54	188327.31
	主营业务收入(万元)	113806.88	232145.91	107932.71	257628.47
	营业收入(万元)	116781.40	246491.14	112956.09	274077.70
	主营成本(万元)	94729.20	203007.54	94869.33	223200.68
	营业成本(万元)	97518.75	216868.96	99517.64	238809.64
	投资收益(万元)	–	–	–	–
	净利润(万元)	6475.47	12078.93	5808.94	15051.83
	利润总额(万元)	8469.18	16262.10	7563.30	20238.37

第一拖拉机股份有限公司

公司概况	公司名称	第一拖拉机股份有限公司		证券简称	一拖股份
	法人代表	赵剡水	董秘	于丽娜	证券代码	601038
	公司网址	www.first-tractor.com.cn	电子信箱	msc0038@ytogroup.com	
	电　话	0379-64967038 64961467	传　真	0379-64967438	
	办公地址	河南省洛阳市建设路 154 号			
	经营范围	拖拉机、收获机、农机具等农业机械产品、柴油机、自行电站等			

主要财务指标：指标\报告期	2013.06.30	2012.12.31	2012.06.30	2011.12.31
基本每股收益(元)	0.1937	0.3896	0.3091	0.5202
基本每股收益(扣除)(元)	0.1795	0.2989	0.2623	0.4404
每股净资产(元)	4.4187	4.3844	4.2600	4.0366
每股经营现金净流量(元)	–0.7631	0.5574	–0.0520	0.6477
每股现金流量(元)	–0.1990	0.4184	–0.2318	0.1598
每股资本公积金(元)	2.1341	2.0829	1.7046	1.7264
每股盈余公积金(元)	0.3041	0.3041	0.2976	0.3071
每股未分配利润(元)	1.0097	0.9160	1.2844	1.0257
净资产收益率(%)	4.3827	7.9942	7.9556	12.8875
加权净资产收益率(%)	4.3500	9.2200	7.2200	13.3100
净资产收益率(扣除)(%)	–	–	–	–
总资产(万元)	1186932.39	1098837.29	994643.84	945260.92
归属母公司股东权益(万元)	440060.66	443048.76	360022.38	341456.87
主营业务收入(万元)	657058.15	1117849.67	663878.07	1162152.25
营业收入(万元)	659874.39	1122601.51	664535.44	1163809.86
主营成本(万元)	566046.32	972121.42	574420.13	1002188.17
营业成本(万元)	566846.03	975095.10	574861.86	1002920.65
投资收益(万元)	2908.71	5709.12	4486.26	6110.91
净利润(万元)	20999.55	41447.99	30280.49	51429.25
利润总额(万元)	26251.28	48518.04	35845.93	59922.96

赛轮股份有限公司

公司概况	公司名称	赛轮股份有限公司		证券简称	赛轮股份
	法人代表	杜玉岱	董秘	宋军	证券代码	601058
	公司网址	www.sailuntyre.com.cn	电子信箱	zibenguihua@sailuntyre.com	
	电　话	0532-68862851	传　真	0532-68862850	
	办公地址	山东省青岛市四方区郑州路 43 号橡胶谷 B 栋			
	经营范围	轮胎、橡胶制品、机械设备、模具、化工产品的研发、生产、销售等			

主要财务指标：指标\报告期	2013.06.30	2012.12.31	2012.06.30	2011.12.31
基本每股收益(元)	0.3400	0.4200	0.1500	0.3200
基本每股收益(扣除)(元)	0.3300	0.4200	0.1500	0.2800
每股净资产(元)	5.3749	5.1883	4.9200	4.8700
每股经营现金净流量(元)	0.5780	1.5973	0.2743	–0.5572
每股现金流量(元)	0.0705	1.6595	0.9208	–0.0701
每股资本公积金(元)	2.8458	2.8458	2.8458	2.8458
每股盈余公积金(元)	0.1294	0.1294	0.0882	0.0882
每股未分配利润(元)	1.4083	1.2140	0.9853	0.9312
净资产收益率(%)	6.4042	8.1731	3.1324	5.7069
加权净资产收益率(%)	6.4300	8.4200	3.1300	7.1200
净资产收益率(扣除)(%)	–	–	–	–
总资产(万元)	780910.99	723938.09	567238.43	474059.24
归属母公司股东权益(万元)	203170.63	196119.56	185975.02	183904.04
主营业务收入(万元)	280918.32	576408.17	269979.53	497432.84
营业收入(万元)	402325.23	707477.46	340316.25	638970.85
主营成本(万元)	240896.27	511332.71	245518.94	457706.34
营业成本(万元)	358578.24	638205.54	314224.67	595392.76
投资收益(万元)	3567.13	1389.21	–	–
净利润(万元)	13071.91	15929.98	5825.45	10495.21
利润总额(万元)	15109.06	18408.31	7227.37	12925.85

中国神华能源股份有限公司

公司概况	公司名称	中国神华能源股份有限公司		证券简称	中国神华
	法人代表	张喜武	董秘	黄清	证券代码	601088
	公司网址	www.shenhuachina.com	电子信箱	1088@csec.com	
	电　话	010-58133399 58133355	传　真	010-58131804 58131814	
	办公地址	北京市东城区安定门西滨河路 22 号			
	经营范围	煤炭生产、销售、电力生产、热力生产和供应、相关铁路、港口等运输服务			

主要财务指标：指标\报告期	2013.06.30	2012.12.31	2012.06.30	2011.12.31
基本每股收益(元)	1.2060	2.3960	1.2660	2.2620
基本每股收益(扣除)(元)	1.2100	2.3900	1.2590	2.2500
每股净资产(元)	12.9934	12.7250	11.6300	11.3400
每股经营现金净流量(元)	0.9009	3.6123	1.7788	3.6813
每股现金流量(元)	–0.5493	–0.5040	–0.4859	–0.7868
每股资本公积金(元)	4.1131	4.1206	4.1204	4.2491
每股盈余公积金(元)	0.5748	0.5748	0.5748	0.5748
每股未分配利润(元)	6.9818	6.7362	5.6107	5.2516
净资产收益率(%)	9.2784	18.8308	10.8837	19.9490
加权净资产收益率(%)	9.0700	19.9200	10.7600	20.9500
净资产收益率(扣除)(%)	–	–	–	–
总资产(万元)	47237200.00	45325600.00	41670100.00	40297800.00
归属母公司股东权益(万元)	25843900.00	25310100.00	23136400.00	22552900.00
主营业务收入(万元)	12239000.00	24248800.00	11927300.00	20505200.00
营业收入(万元)	12722600.00	25026000.00	12146800.00	20922500.00
主营成本(万元)	–	–	–	–
营业成本(万元)	8098000.00	16021400.00	7598400.00	12315200.00
投资收益(万元)	46100.00	53400.00	21100.00	46500.00
净利润(万元)	2868800.00	5570700.00	2920200.00	5180600.00
利润总额(万元)	3517200.00	6724800.00	3494200.00	6548200.00

中南出版传媒集团股份有限公司

公司概况	公司名称	中南出版传媒集团股份有限公司		证券简称	中南传媒
	法人代表	龚曙光	董秘	高军	证券代码	601098
	公司网址	www.zncmjt.com	电子信箱	gaojun4477@yahoo.cn	
	电　话	0731-84302028 85891098	传　真	0731-84405056	
	办公地址	湖南省长沙市营盘东路 38 号			
	经营范围	从事出版、发行、报纸与新媒体经营、印刷、印刷物资销售			

主要财务指标：指标\报告期	2013.06.30	2012.12.31	2012.06.30	2011.12.31
基本每股收益(元)	0.2700	0.5200	0.2400	0.4500
基本每股收益(扣除)(元)	0.2500	0.4900	0.2200	0.4300
每股净资产(元)	4.7901	4.7077	4.4216	4.3000
每股经营现金净流量(元)	0.0988	0.6102	0.0386	0.6190
每股现金流量(元)	–0.1671	0.4451	–0.0404	0.3205
每股资本公积金(元)	2.5291	2.5291	2.5294	2.5297
每股盈余公积金(元)	0.1072	0.1072	0.0646	0.0646
每股未分配利润(元)	1.1537	1.0714	0.8276	0.7103
净资产收益率(%)	5.6504	11.1231	5.3656	10.3770
加权净资产收益率(%)	5.6200	11.6500	5.3900	10.8900
净资产收益率(扣除)(%)	–	–	–	–
总资产(万元)	1216813.45	1184916.47	1108714.73	1089322.08
归属母公司股东权益(万元)	860294.90	845506.91	794121.92	773112.47
主营业务收入(万元)	328971.63	681145.08	294513.02	576164.21
营业收入(万元)	336168.07	693036.32	299562.66	585657.00
主营成本(万元)	196244.79	420880.20	180496.23	351610.65
营业成本(万元)	198476.47	425155.75	182244.56	353915.18
投资收益(万元)	1414.28	2496.30	1198.72	1099.38
净利润(万元)	49317.83	92091.91	41354.38	80619.16
利润总额(万元)	49845.25	92096.24	41355.22	80619.16

太平洋证券股份有限公司

公司概况						
	公司名称	太平洋证券股份有限公司			证券简称	太平洋
	法人代表	李长伟	董秘	许弟伟	证券代码	601099
	公司网址	www.tpyzq.com		电子信箱	jiangyy@tpyzq.com.cn	
	电　话	0871-8885858*8191		传　真	0871-8898100	
	办公地址	云南省昆明市青年路389号志远大厦18层				
	经营范围	证券承销和上市推荐、证券自营买卖、证券代理买卖等业务				

主要财务指标	指标\报告期	2013.06.30	2012.12.31	2012.06.30	2011.12.31
	基本每股收益(元)	0.0120	0.0430	0.0430	0.0950
	基本每股收益(扣除)(元)	0.0130	0.0420	0.0430	0.0930
	每股净资产(元)	1.3025	1.2911	1.4500	1.4100
	每股经营现金净流量(元)	0.0185	−0.4448	0.0363	−0.7440
	每股现金流量(元)	0.0285	−0.5514	−0.0660	−0.7554
	每股资本公积金(元)	−0.0001	0.0009	–	–
	每股盈余公积金(元)	0.0651	0.0651	0.0670	0.0670
	每股未分配利润(元)	0.1072	0.0948	0.2534	0.2062
	净资产收益率(%)	0.9533	3.3017	3.2477	7.4061
	加权净资产收益率(%)	0.9600	3.3100	3.3000	7.6900
	净资产收益率(扣除)(%)	–	–	–	–
	总资产(万元)	438268.80	448011.47	513918.45	494048.80
	归属母公司股东权益(万元)	215383.24	213498.18	218664.46	211557.69
	主营业务收入(万元)				
	营业收入(万元)	22733.14	52580.21	30949.29	66562.32
	主营成本(万元)				
	营业成本(万元)	–	–	–	46421.20
	投资收益(万元)	6973.95	13084.11	5726.38	13565.98
	净利润(万元)	2053.23	7049.13	7101.53	15668.08
	利润总额(万元)	3284.58	9942.48	9596.91	20538.95

江苏恒立高压油缸股份有限公司

公司概况						
	公司名称	江苏恒立高压油缸股份有限公司			证券简称	恒立油缸
	法人代表	汪立平	董秘	刘莉	证券代码	601100
	公司网址	www.hengli-js.com		电子信箱	hlzqb@hengli-mail.cn	
	电　话	0519-86163673 81689797		传　真	0519-86153331	
	办公地址	江苏省常州市武进区高新技术产业开发区龙潜路99号				
	经营范围	高压油缸的生产、销售等				

主要财务指标	指标\报告期	2013.06.30	2012.12.31	2012.06.30	2011.12.31
	基本每股收益(元)	0.2400	0.4400	0.2600	0.6500
	基本每股收益(扣除)(元)	0.2300	0.4100	0.2600	0.6300
	每股净资产(元)	5.3431	5.2484	5.0739	7.4700
	每股经营现金净流量(元)	0.0661	0.3787	0.0945	0.2732
	每股现金流量(元)	−0.7432	−0.6855	−0.4348	3.9542
	每股资本公积金(元)	3.3129	3.3070	3.3070	5.4605
	每股盈余公积金(元)	0.1184	0.1184	0.0749	0.1124
	每股未分配利润(元)	0.9100	0.8216	0.6896	0.8924
	净资产收益率(%)	4.5174	8.3239	5.1500	10.3630
	加权净资产收益率(%)	4.5600	8.5400	5.1200	31.1900
	净资产收益率(扣除)(%)	–	–	–	–
	总资产(万元)	381773.33	381470.55	347355.97	341402.88
	归属母公司股东权益(万元)	336614.13	330647.23	319656.26	313544.06
	主营业务收入(万元)	69055.23	104281.65	57928.21	113255.17
	营业收入(万元)	69153.32	104514.61	58004.88	113339.11
	主营成本(万元)	43593.09	63909.47	34449.60	64148.43
	营业成本(万元)	43593.09	63919.12	34453.85	64148.43
	投资收益(万元)	158.11	323.44	68.41	–
	净利润(万元)	15433.32	27622.93	16462.18	32490.96
	利润总额(万元)	18160.83	32229.59	19368.07	37967.37

北京昊华能源股份有限公司

公司概况						
	公司名称	北京昊华能源股份有限公司			证券简称	昊华能源
	法人代表	耿养谋	董秘	关杰	证券代码	601101
	公司网址	www.bjhhny.com		电子信箱	hhny@bjhhny.com	
	电　话	010-69839412		传　真	010-69839412	
	办公地址	北京市门头沟区新桥南大街2号				
	经营范围	商品煤开采、洗选、煤制品加工、销售等				

主要财务指标	指标\报告期	2013.06.30	2012.12.31	2012.06.30	2011.12.31
	基本每股收益(元)	0.3100	0.7500	0.5600	1.0800
	基本每股收益(扣除)(元)	0.3100	0.7500	0.5600	1.0900
	每股净资产(元)	5.6732	5.7999	5.6600	6.3800
	每股经营现金净流量(元)	0.3685	0.6768	0.4665	1.0124
	每股现金流量(元)	0.7495	−0.6181	−0.7598	−0.3441
	每股资本公积金(元)	2.4085	2.6957	3.2349	3.2349
	每股盈余公积金(元)	0.6527	0.6527	0.6875	0.6875
	每股未分配利润(元)	1.4103	1.3194	1.6490	1.3250
	净资产收益率(%)	5.4802	12.9883	9.9180	20.3980
	加权净资产收益率(%)	5.3800	13.4500	9.9700	21.9400
	净资产收益率(扣除)(%)	–	–	–	–
	总资产(万元)	1313994.36	1158617.81	1090266.47	1074607.29
	归属母公司股东权益(万元)	680784.16	695984.74	679663.48	638239.15
	主营业务收入(万元)	379679.18	684730.59	368712.07	689725.29
	营业收入(万元)	382815.23	693313.19	374128.93	695070.63
	主营成本(万元)	269894.61	438711.87	217294.26	388758.24
	营业成本(万元)	271899.67	444890.90	221441.37	391886.88
	投资收益(万元)	−21.20	−88.73	−44.06	−57.74
	净利润(万元)	37897.95	92764.73	69348.94	131608.18
	利润总额(万元)	46816.86	123952.47	90244.66	177213.23

中国第一重型机械股份公司

公司概况						
	公司名称	中国第一重型机械股份公司			证券简称	中国一重
	法人代表	吴生富	董秘	刘长韧	证券代码	601106
	公司网址	www.cfhi.com		电子信箱	liu.changren@cfhi.com	
	电　话	0452-6810123 6805591		传　真	0452-6810111 6810077	
	办公地址	黑龙江省齐齐哈尔市富拉尔基区红宝石办事处厂前路9号				
	经营范围	重型机械及成套设备、金属制品的设计、制造、安装、修理等				

主要财务指标	指标\报告期	2013.06.30	2012.12.31	2012.06.30	2011.12.31
	基本每股收益(元)	−0.0587	0.0045	0.0091	0.0600
	基本每股收益(扣除)(元)	−0.0607	−0.0326	0.0077	0.0400
	每股净资产(元)	2.4961	2.5555	2.5600	2.5566
	每股经营现金净流量(元)	−0.0234	−0.2867	−0.1763	−0.2515
	每股现金流量(元)	−0.1035	0.1454	0.0725	−0.1087
	每股资本公积金(元)	1.2871	1.2871	1.2871	1.2871
	每股盈余公积金(元)	0.0192	0.0192	0.0192	0.0192
	每股未分配利润(元)	0.1885	0.2485	0.2531	0.2503
	净资产收益率(%)	−2.3518	0.1756	0.3569	2.5306
	加权净资产收益率(%)	−2.2984	0.1757	0.3574	2.5400
	净资产收益率(扣除)(%)	–	–	–	–
	总资产(万元)	3584153.00	3618633.04	3421606.15	3417038.20
	归属母公司股东权益(万元)	1631980.21	1670784.45	1673744.76	1671505.89
	主营业务收入(万元)	337625.46	778737.88	388839.94	751022.86
	营业收入(万元)	337625.46	831852.00	388839.94	874920.08
	主营成本(万元)	305445.01	729333.56	303637.05	648431.78
	营业成本(万元)	305445.01	676886.33	303637.05	674990.74
	投资收益(万元)	1649.58	2598.57	−24.85	−629.30
	净利润(万元)	−39223.49	2653.76	5282.40	43242.90
	利润总额(万元)	−35488.58	8178.84	8721.71	52833.73

四川成渝高速公路股份有限公司

公司概况	公司名称	四川成渝高速公路股份有限公司			证券简称	四川成渝
	法人代表	周黎明	董秘	张永年	证券代码	601107
	公司网址	www.cygs.com		电子信箱	cygszh@163.com	
	电　话	028-85527510		传　真	028-85530753	
	办公地址	四川省成都市武侯祠大街 252 号				
	经营范围	高速公路的运营管理和投资建设				

	指标\报告期	2013.06.30	2012.12.31	2012.06.30	2011.12.31
主要财务指标	基本每股收益(元)	0.1558	0.3862	0.2116	0.4265
	基本每股收益(扣除)(元)	0.1540	0.3803	0.2094	0.4274
	每股净资产(元)	3.4243	3.3529	3.1773	3.0559
	每股经营现金净流量(元)	0.0437	0.5613	0.2050	0.3468
	每股现金流量(元)	0.1635	0.0358	0.2278	0.1652
	每股资本公积金(元)	0.6301	0.6140	0.6131	0.6133
	每股盈余公积金(元)	0.8528	0.8569	0.6760	0.6760
	每股未分配利润(元)	0.9408	0.8819	0.8882	0.7667
	净资产收益率(%)	4.5485	11.5177	6.6600	13.9560
	加权净资产收益率(%)	4.5400	12.0500	6.6900	14.7700
	净资产收益率(扣除)(%)	–	–	–	–
	总资产(万元)	2189584.11	1933838.35	1899588.21	1678756.86
	归属母公司股东权益(万元)	1047160.10	1025322.47	971631.28	934515.90
	主营业务收入(万元)	263843.58	406365.77	180930.91	375111.23
	营业收入(万元)	270263.05	420995.18	184609.74	380702.61
	主营成本(万元)	175685.89	229027.16	88514.32	186286.39
	营业成本(万元)	176437.79	230510.82	89026.42	187642.24
	投资收益(万元)	679.63	2266.38	1662.22	1232.16
	净利润(万元)	49362.44	121091.07	66736.24	131904.15
	利润总额(万元)	59605.04	143982.74	78979.38	156501.92

中国国际航空股份有限公司

公司概况	公司名称	中国国际航空股份有限公司			证券简称	中国国航
	法人代表	王昌顺	董秘	饶昕瑜	证券代码	601111
	公司网址	www.airchina.com.cn		电子信箱	zhijieqin@airchina.com	
	电　话	010-6146255[illegible] 61461959		传　真	010-61462805	
	办公地址	北京市天竺空港经济开发区天柱路 30 号				
	经营范围	国际、国内定期和不定期航空客、货、邮和行李运输业务等				

	指标\报告期	2013.06.30	2012.12.31	2012.06.30	2011.12.31
主要财务指标	基本每股收益(元)	0.0900	0.4100	0.0900	0.6100
	基本每股收益(扣除)(元)	0.0800	0.3000	0.0500	0.5600
	每股净资产(元)	3.9497	3.9233	3.8200	3.6254
	每股经营现金净流量(元)	0.4916	0.9633	0.4044	1.6785
	每股现金流量(元)	0.1617	–0.2729	–0.3015	0.0855
	每股资本公积金(元)	1.3531	1.2953	1.2597	1.2635
	每股盈余公积金(元)	0.3810	0.3547	0.3220	0.2693
	每股未分配利润(元)	1.4746	1.5028	1.2403	1.3291
	净资产收益率(%)	2.1650	9.7829	2.2504	15.9970
	加权净资产收益率(%)	2.1700	10.2000	2.2300	16.9900
	净资产收益率(扣除)(%)	–	–	–	–
	总资产(万元)	19691658.00	18541845.20	17806250.40	17332356.80
	归属母公司股东权益(万元)	5168068.70	5028608.40	4633313.10	4673801.80
	主营业务收入(万元)	4492076.50	9795322.40	4671781.20	9491962.50
	营业收入(万元)	4585831.30	9984055.10	4756035.30	9713911.10
	主营成本(万元)	3879652.50	7943869.10	3876586.60	7499966.60
	营业成本(万元)	3953070.40	8077414.50	3938519.30	7669243.50
	投资收益(万元)	17050.10	38288.60	–21140.40	133653.20
	净利润(万元)	112549.90	543443.80	117929.80	789760.90
	利润总额(万元)	151208.20	703753.70	148405.80	1012151.90

义乌华鼎锦纶股份有限公司

公司概况	公司名称	义乌华鼎锦纶股份有限公司			证券简称	华鼎锦纶
	法人代表	丁尔民	董秘	胡方波	证券代码	601113
	公司网址	www.hdnylon.com		电子信箱	zq@hdnylon.com	
	电　话	0579-85261479		传　真	0579-85261475	
	办公地址	浙江省金华市义乌市北苑工业区雪峰西路 751 号				
	经营范围	锦纶纤维、差别化化学纤维的生产、销售				

	指标\报告期	2013.06.30	2012.12.31	2012.06.30	2011.12.31
主要财务指标	基本每股收益(元)	0.0600	0.1200	0.0400	0.2300
	基本每股收益(扣除)(元)	0.0600	0.1000	0.0300	0.2100
	每股净资产(元)	2.6892	2.6780	2.6250	5.5488
	每股经营现金净流量(元)	0.4063	0.8339	0.7949	–1.2644
	每股现金流量(元)	0.0311	0.1752	0.2801	1.0678
	每股资本公积金(元)	1.1193	1.1193	1.0878	3.5194
	每股盈余公积金(元)	0.0623	0.0623	0.0504	0.1008
	每股未分配利润(元)	0.5077	0.4964	0.4872	0.9286
	净资产收益率(%)	2.2783	4.4425	1.6050	7.7107
	加权净资产收益率(%)	2.2600	4.2500	1.5100	10.1400
	净资产收益率(扣除)(%)	–	–	–	–
	总资产(万元)	264175.71	254893.84	227376.92	269531.38
	归属母公司股东权益(万元)	172110.62	171389.39	168027.05	177562.85
	主营业务收入(万元)	79624.74	175471.01	87840.72	172747.26
	营业收入(万元)	80159.46	177138.67	88793.66	174236.50
	主营成本(万元)	68617.17	153936.79	78246.99	143946.44
	营业成本(万元)	69334.56	155404.34	78959.96	145492.97
	投资收益(万元)	–	0.06	–	–
	净利润(万元)	3921.23	7613.90	2696.81	13691.30
	利润总额(万元)	4879.16	9036.46	3219.33	16384.90

三江购物俱乐部股份有限公司

公司概况	公司名称	三江购物俱乐部股份有限公司			证券简称	三江购物
	法人代表	陈念慈	董秘	泮霄波	证券代码	601116
	公司网址	www.sanjiang.com		电子信箱	sj@sanjiang.com	
	电　话	0574-838868[illegible]0 83886893		传　真	0574-83886806	
	办公地址	浙江省宁波市孝闻街 29 弄中西大厦				
	经营范围	社区平价超市的连锁经营等				

	指标\报告期	2013.06.30	2012.12.31	2012.06.30	2011.12.31
主要财务指标	基本每股收益(元)	0.2242	0.4289	0.2824	0.3816
	基本每股收益(扣除)(元)	0.1813	0.3904	0.2437	0.3154
	每股净资产(元)	3.6739	3.6508	3.5040	3.3712
	每股经营现金净流量(元)	0.3610	0.7500	0.4790	0.8958
	每股现金流量(元)	0.1860	0.4399	0.2799	2.1807
	每股资本公积金(元)	1.6288	1.6299	1.6295	1.6291
	每股盈余公积金(元)	0.1374	0.1374	0.0952	0.0952
	每股未分配利润(元)	0.9077	0.8835	0.7793	0.6469
	净资产收益率(%)	6.1021	11.7468	8.0591	11.0440
	加权净资产收益率(%)	6.0128	12.2600	8.0970	13.2000
	净资产收益率(扣除)(%)	–	–	–	–
	总资产(万元)	4.8901	11.1600	279923.09	292855.93
	归属母公司股东权益(万元)	150909.04	149959.30	143929.79	138475.34
	主营业务收入(万元)	235260.94	491120.84	259517.19	511691.05
	营业收入(万元)	244433.35	512345.29	270628.77	511691.05
	主营成本(万元)	198681.27	415148.50	220178.56	416633.25
	营业成本(万元)	198684.20	415162.74	220180.77	416633.25
	投资收益(万元)	–	5.56	5.56	4.66
	净利润(万元)	9208.57	17615.44	11599.48	15293.82
	利润总额(万元)	12256.01	23781.39	15700.28	20502.44

中国化学工程股份有限公司

公司概况	公司名称	中国化学工程股份有限公司			证券简称	中国化学
	法人代表	金克宁	董秘	周耀君	证券代码	601117
	公司网址	www.cncec.com.cn		电子信箱	zhouyj@cncec.com.cn	
	电　话	010-59765697　59765657		传　真	010-59765659	
	办公地址	北京市东城区东直门内大街2号				
	经营范围	工程承包、勘察、设计及服务、其他业务等				

	指标＼报告期	2013.06.30	2012.12.31	2012.06.30	2011.12.31
主要财务指标	基本每股收益(元)	0.3200	0.6300	0.2700	0.4800
	基本每股收益(扣除)(元)	0.3200	0.6100	0.2700	0.4700
	每股净资产(元)	3.9279	3.6460	3.3100	3.0900
	每股经营现金净流量(元)	0.1954	0.6072	0.1516	0.8356
	每股现金流量(元)	0.1032	0.3091	0.0358	0.4523
	每股资本公积金(元)	1.1050	1.0873	1.0764	1.0759
	每股盈余公积金(元)	0.0236	0.0236	0.0110	0.0110
	每股未分配利润(元)	1.8050	1.5497	1.2336	1.0092
	净资产收益率(%)	8.1554	17.1450	8.2888	15.6030
	加权净资产收益率(%)	8.4200	18.4700	8.5100	16.6500
	净资产收益率(扣除)(%)	–	–	–	–
	总资产(万元)	6545806.54	5905107.23	5213958.26	4565623.45
	归属母公司股东权益(万元)	1937648.04	1798568.20	1633303.22	1522666.18
	主营业务收入(万元)	2767314.19	5377885.45	2284784.69	4323727.56
	营业收入(万元)	2779767.89	5411670.75	2298248.57	4353795.59
	主营成本(万元)	2385073.99	4586559.53	1962727.85	3706902.79
	营业成本(万元)	2394958.87	4614557.65	1974760.60	3731631.17
	投资收益(万元)	106.88	–132.60	98.08	2262.52
	净利润(万元)	162416.26	323588.59	140881.35	251898.36
	利润总额(万元)	196919.47	388196.94	168839.77	309831.89

海南天然橡胶产业集团股份有限公司

公司概况	公司名称	海南天然橡胶产业集团股份有限公司			证券简称	海南橡胶
	法人代表	林进挺	董秘	董敬军	证券代码	601118
	公司网址	www.hirub.cn		电子信箱	info@hirub.cn	
	电　话	0898-31669317		传　真	0898-31661486	
	办公地址	海南省海口市滨海大道103号财富广场				
	经营范围	天然橡胶的种植、加工、销售以及橡胶林木的采伐和销售等				

	指标＼报告期	2013.06.30	2012.12.31	2012.06.30	2011.12.31
主要财务指标	基本每股收益(元)	0.0400	0.0750	0.0400	0.1940
	基本每股收益(扣除)(元)	–0.0200	0.0600	0.0300	0.2150
	每股净资产(元)	2.3088	2.3080	2.2700	2.3100
	每股经营现金净流量(元)	0.1911	–0.1178	0.0367	0.2244
	每股现金流量(元)	0.1232	–0.3854	–0.0975	–0.5139
	每股资本公积金(元)	0.9766	0.9614	0.9661	0.9616
	每股盈余公积金(元)	0.0853	0.0853	0.0765	0.0765
	每股未分配利润(元)	0.2479	0.2623	0.2318	0.2756
	净资产收益率(%)	1.5426	3.2707	1.5948	8.3699
	加权净资产收益率(%)	1.5200	3.1700	1.5600	8.8000
	净资产收益率(扣除)(%)	–	–	–	–
	总资产(万元)	1132405.37	1112351.58	1099600.00	1113265.28
	归属母公司股东权益(万元)	907634.05	907297.33	893744.58	909252.54
	主营业务收入(万元)	529164.84	1147639.29	387025.34	1041322.61
	营业收入(万元)	538911.75	1167413.48	393640.06	1052827.85
	主营成本(万元)	501627.19	1064312.23	344291.48	886444.04
	营业成本(万元)	508888.96	1074411.18	350627.16	895830.25
	投资收益(万元)	16993.59	–2900.12	–1037.23	–17591.92
	净利润(万元)	14175.89	30504.88	14497.36	76349.46
	利润总额(万元)	13108.16	31487.92	15769.85	76902.79

北京四方继保自动化股份有限公司

公司概况	公司名称	北京四方继保自动化股份有限公司			证券简称	四方股份
	法人代表	张伟峰	董秘	郗沭阳	证券代码	601126
	公司网址	www.sf-auto.com		电子信箱	ir@sf-auto.com	
	电　话	010-62961515		传　真	010-62981004	
	办公地址	北京市海淀区上地信息产业基地四街9号				
	经营范围	制造电力系统的继电保护装置、自动控制设备等				

	指标＼报告期	2013.06.30	2012.12.31	2012.06.30	2011.12.31
主要财务指标	基本每股收益(元)	0.2593	0.7300	0.1835	0.5400
	基本每股收益(扣除)(元)	0.2589	0.7100	0.1790	0.5100
	每股净资产(元)	7.1183	7.0934	6.6366	6.4938
	每股经营现金净流量(元)	–0.7104	0.0293	–0.8520	–0.1279
	每股现金流量(元)	–0.7823	–1.6295	–2.7193	0.0785
	每股资本公积金(元)	4.3405	4.3226	4.4169	4.1977
	每股盈余公积金(元)	0.2161	0.2161	0.1468	0.1468
	每股未分配利润(元)	1.5616	1.5547	1.0729	1.1492
	净资产收益率(%)	3.6090	10.2147	2.6168	8.2044
	加权净资产收益率(%)	3.5400	10.2600	2.7500	8.3700
	净资产收益率(扣除)(%)	–	–	–	–
	总资产(万元)	421116.36	427026.65	380822.39	352411.80
	归属母公司股东权益(万元)	289425.09	288415.19	269886.75	264078.78
	主营业务收入(万元)	121293.78	232581.53	85416.60	166472.13
	营业收入(万元)	125062.22	234870.00	86187.94	168655.96
	主营成本(万元)	69187.15	130366.50	46129.16	90170.44
	营业成本(万元)	72094.12	130799.13	46391.18	90316.43
	投资收益(万元)	1088.18	–192.81	–624.52	–
	净利润(万元)	10445.44	29460.80	7351.83	21465.28
	利润总额(万元)	12354.56	36742.87	8709.56	25252.83

宁波博威合金材料股份有限公司

公司概况	公司名称	宁波博威合金材料股份有限公司			证券简称	博威合金
	法人代表	谢识才	董秘	章培嘉	证券代码	601137
	公司网址	www.pwalloy.com		电子信箱	zpj@pwalloy.com	
	电　话	0574-82829383　82829375		传　真	0574-82829378	
	办公地址	浙江省宁波市鄞州区云龙镇太平桥				
	经营范围	有色合金材料、高温超导材料、铜合金制品、不锈钢制品、钛金属制品的制造、加工等				

	指标＼报告期	2013.06.30	2012.12.31	2012.06.30	2011.12.31
主要财务指标	基本每股收益(元)	0.2000	0.5000	0.2500	0.6400
	基本每股收益(扣除)(元)	0.1800	0.4500	0.1900	0.5400
	每股净资产(元)	8.9113	8.8961	8.6468	8.5983
	每股经营现金净流量(元)	–0.7413	0.5381	–0.4361	0.1883
	每股现金流量(元)	–0.7525	–1.6348	–1.3260	3.1863
	每股资本公积金(元)	6.4025	6.4025	6.4025	6.4025
	每股盈余公积金(元)	0.1898	0.1898	0.1568	0.1568
	每股未分配利润(元)	1.3279	1.3067	1.0885	1.0408
	净资产收益率(%)	2.2585	5.6084	2.8648	7.2760
	加权净资产收益率(%)	2.2400	5.7100	2.8500	8.0100
	净资产收益率(扣除)(%)	–	–	–	–
	总资产(万元)	239743.22	228323.55	202290.53	211988.24
	归属母公司股东权益(万元)	191593.96	191266.88	185907.21	184863.87
	主营业务收入(万元)	119405.61	235799.28	119629.32	235389.60
	营业收入(万元)	120293.03	236941.07	120284.60	238007.15
	主营成本(万元)	107251.68	212425.69	108692.68	211243.36
	营业成本(万元)	107928.90	213445.68	109275.30	213499.67
	投资收益(万元)	–121.22	37.60	–161.39	176.33
	净利润(万元)	4327.16	10727.07	5325.89	13449.68
	利润总额(万元)	4866.87	11825.42	5813.93	15215.48

深圳市燃气集团股份有限公司

公司概况	公司名称	深圳市燃气集团股份有限公司			证券简称	深圳燃气
	法人代表	李真	董秘	杨光	证券代码	601139
	公司网址	www.szgas.com.cn		电子信箱	xgq@szgas.com.cn	
	电话	0755-88660777 83601139		传真	0755-83601139	
	办公地址	广东省深圳市福田区中康北路深燃大厦				
	经营范围	从事深圳市管道燃气供应、液化石油气批发、瓶装液化石油气零售、燃气投资业务				

主要财务指标	指标\报告期	2013.06.30	2012.12.31	2012.06.30	2011.12.31
	基本每股收益(元)	0.2500	0.2700	0.1800	0.2200
	基本每股收益(扣除)(元)	0.2000	0.2500	0.1800	0.2200
	每股净资产(元)	2.2400	2.1200	2.0300	2.8961
	每股经营现金净流量(元)	0.2095	0.3115	0.1081	0.5264
	每股现金流量(元)	0.0205	-0.4111	-0.1421	0.9947
	每股资本公积金(元)	0.4960	0.4905	0.4868	1.2302
	每股盈余公积金(元)	0.0922	0.0922	0.0702	0.1053
	每股未分配利润(元)	0.6501	0.5319	0.4720	0.5606
	净资产收益率(%)	11.3211	12.5957	9.1124	10.5996
	加权净资产收益率(%)	11.4100	13.2900	9.2700	14.7300
	净资产收益率(扣除)(%)	-	-	-	-
	总资产(万元)	1022016.22	967946.55	923142.45	925089.17
	归属母公司股东权益(万元)	444340.64	419508.67	401834.56	382376.10
	主营业务收入(万元)	402639.79	889820.63	418248.38	805070.23
	营业收入(万元)	407110.07	896788.17	422676.71	811245.29
	主营成本(万元)	312054.40	739341.95	338958.99	676325.65
	营业成本(万元)	314553.72	746399.72	342692.04	682724.93
	投资收益(万元)	10282.42	12942.03	10208.33	11095.52
	净利润(万元)	51424.96	54396.92	37111.11	42195.34
	利润总额(万元)	65127.92	69161.60	46262.80	51510.39

重庆水务集团股份有限公司

公司概况	公司名称	重庆水务集团股份有限公司			证券简称	重庆水务
	法人代表	吴家宏	董秘	邱贤成	证券代码	601158
	公司网址	www.cncqsw.com		电子信箱	swjtdsb@cqswjt.com	
	电话	023-63860827		传真	023-63860827	
	办公地址	重庆市渝中区龙家湾1号				
	经营范围	自来水销售、污水处理服务等				

主要财务指标	指标\报告期	2013.06.30	2012.12.31	2012.06.30	2011.12.31
	基本每股收益(元)	0.1900	0.3900	0.1800	0.3400
	基本每股收益(扣除)(元)	0.1900	0.3600	0.1700	0.3200
	每股净资产(元)	2.5029	2.5811	2.3800	2.4100
	每股经营现金净流量(元)	0.1904	0.4129	0.1918	0.3982
	每股现金流量(元)	0.0988	0.2294	0.0397	-0.2922
	每股资本公积金(元)	0.9312	0.9404	0.9608	0.9338
	每股盈余公积金(元)	0.1345	0.1345	0.0982	0.0982
	每股未分配利润(元)	0.4372	0.5063	0.3259	0.3821
	净资产收益率(%)	7.7081	15.2437	7.4145	13.8860
	加权净资产收益率(%)	7.4500	15.9700	7.2700	14.4400
	净资产收益率(扣除)(%)	-	-	-	-
	总资产(万元)	1894917.70	1793656.49	1703293.87	1738981.81
	归属母公司股东权益(万元)	1201372.27	1238937.89	1144782.12	1158778.86
	主营业务收入(万元)	180457.26	357708.00	180504.61	352077.86
	营业收入(万元)	191430.11	396873.66	193530.58	377536.79
	主营成本(万元)	89292.62	175115.32	92593.38	178317.79
	营业成本(万元)	96461.39	208242.59	102734.38	200948.23
	投资收益(万元)	12453.97	33636.07	14343.40	25730.05
	净利润(万元)	92654.07	188922.19	84905.62	160944.84
	利润总额(万元)	93378.75	186961.80	86103.91	163395.68

兴业银行股份有限公司

公司概况	公司名称	兴业银行股份有限公司			证券简称	兴业银行
	法人代表	高建平	董秘	唐斌	证券代码	601166
	公司网址	www.cib.com.cn		电子信箱	irm@cib.com.cn	
	电话	0591-87824863		传真	0591-87842633	
	办公地址	福建省福州市湖东路154号				
	经营范围	本行主要业务方向分为公司业务、同业业务、资金业务、零售业务四大类				

主要财务指标	指标\报告期	2013.06.30	2012.12.31	2012.06.30	2011.12.31
	基本每股收益(元)	1.7000	3.2200	1.5900	2.3600
	基本每股收益(扣除)(元)	1.7000	3.2100	1.5800	2.3500
	每股净资产(元)	14.5100	13.3500	12.0300	10.6800
	每股经营现金净流量(元)	16.5510	10.8193	19.5686	-0.7310
	每股现金流量(元)	3.6180	-0.6964	16.3510	0.1163
	每股资本公积金(元)	3.9639	3.9380	2.7533	2.6233
	每股盈余公积金(元)	0.5234	0.6163	0.5482	0.5482
	每股未分配利润(元)	6.7457	6.6086	6.4468	5.2313
	净资产收益率(%)	11.7404	20.4733	13.1836	22.1380
	加权净资产收益率(%)	12.0600	26.6500	13.8100	24.6700
	净资产收益率(扣除)(%)	-	-	-	-
	总资产(万元)	357727800.00	325097500.00	278045100.00	240879800.00
	归属母公司股东权益(万元)	18430400.00	16957700.00	12972200.00	11520900.00
	主营业务收入(万元)				
	营业收入(万元)	5346400.00	8761900.00	4122100.00	5987000.00
	主营成本(万元)				
	营业成本(万元)	-	-	1860200.00	2633800.00
	投资收益(万元)	80300.00	-34600.00	2100.00	32400.00
	净利润(万元)	2178400.00	3492700.00	1718500.00	2559700.00
	利润总额(万元)	2865800.00	4619300.00	2271000.00	3366400.00

西部矿业股份有限公司

公司概况	公司名称	西部矿业股份有限公司			证券简称	西部矿业
	法人代表	汪海涛	董秘	胡晗东	证券代码	601168
	公司网址	www.westmining.com		电子信箱	huhd@westmining.com	
	电话	0971-6108188		传真	0971-6122926	
	办公地址	青海省西宁市五四大街52号				
	经营范围	铜、铅、锌等有色金属矿和锰等黑色金属矿的探矿、采矿、选矿、冶炼等				

主要财务指标	指标\报告期	2013.06.30	2012.12.31	2012.06.30	2011.12.31
	基本每股收益(元)	0.0400	0.0200	0.0600	0.3600
	基本每股收益(扣除)(元)	0.0400	-0.1200	0.0400	0.2800
	每股净资产(元)	4.6574	4.7224	4.7900	4.8300
	每股经营现金净流量(元)	0.2842	0.6027	-0.0032	-0.4852
	每股现金流量(元)	0.0929	-0.6424	-0.2733	0.1830
	每股资本公积金(元)	2.2710	2.2828	2.3048	2.3110
	每股盈余公积金(元)	0.1993	0.1993	0.1993	0.1993
	每股未分配利润(元)	1.1606	1.2164	1.2551	1.2988
	净资产收益率(%)	0.9476	0.3779	1.1767	7.4570
	加权净资产收益率(%)	0.9400	0.3700	1.1700	7.1200
	净资产收益率(扣除)(%)	-	-	-	-
	总资产(万元)	2710188.03	2614822.66	2643910.24	2651359.97
	归属母公司股东权益(万元)	1109858.33	1125339.40	1140626.76	1151582.96
	主营业务收入(万元)	1052909.63	1948896.91	1063875.17	2109816.79
	营业收入(万元)	1063244.63	1982921.54	1072311.46	2127315.30
	主营成本(万元)	1000200.46	1822438.61	1000629.30	1883066.89
	营业成本(万元)	1000200.46	1856417.52	1007053.77	1898344.60
	投资收益(万元)	13115.99	51781.51	8008.80	29037.55
	净利润(万元)	11595.01	-12723.55	11580.23	87645.29
	利润总额(万元)	15437.54	-12714.54	18098.34	117997.39

北京银行股份有限公司

公司概况	公司名称	北京银行股份有限公司			证券简称	北京银行
	法人代表	闫冰竹	董秘	杨书剑	证券代码	601169
	公司网址	www.bankofbeijing.com.cn		电子信箱	snow@bankofbeijing.com.cn	
	电　话	010-66426500　66223826		传　真	010-66426519　66223833	
	办公地址	北京市西城区金融大街丙17号北京银行大厦				
	经营范围	吸收公众存款、发放短期、中期和长期贷款、办理国内结算等				

主要财务指标	指标＼报告期	2013.06.30	2012.12.31	2012.06.30	2011.12.31
	基本每股收益(元)	0.8900	1.3800	0.7900	1.2000
	基本每股收益(扣除)(元)	0.8800	1.3800	0.7900	1.4300
	每股净资产(元)	8.6300	8.1400	9.2000	8.0900
	每股经营现金净流量(元)	5.6123	-0.4961	2.3676	11.1690
	每股现金流量(元)	8.5500	-5.6745	1.9709	6.2496
	每股资本公积金(元)	2.9407	2.9345	3.6794	2.5540
	每股盈余公积金(元)	0.6210	0.6188	0.5840	0.6876
	每股未分配利润(元)	2.5521	2.0679	3.0078	2.7496
	净资产收益率(%)	10.2700	16.0000	9.4800	18.0000
	加权净资产收益率(%)	10.4100	18.3000	10.7700	19.0000
	净资产收益率(扣除)(%)	–	–	–	–
	总资产(万元)	120245182.20	111996892.60	10.7700	19.0000
	归属母公司股东权益(万元)	7595157.10	7161678.60	6750131.30	5038334.10
	主营业务收入(万元)	–	–	–	–
	营业收入(万元)	1573392.30	2781686.00	1330729.70	2072773.40
	主营成本(万元)	–	–	–	–
	营业成本(万元)	–	–	–	937715.90
	投资收益(万元)	28326.00	35792.00	22862.90	17630.30
	净利润(万元)	780524.70	1168385.40	640459.70	894598.50
	利润总额(万元)	979662.20	1476953.50	812892.80	1139748.20

杭州前进齿轮箱集团股份有限公司

公司概况	公司名称	杭州前进齿轮箱集团股份有限公司			证券简称	杭齿前进
	法人代表	茅建荣	董秘	欧阳建国	证券代码	601177
	公司网址	www.chinaadvance.com		电子信箱	ouy@chinaadvance.com	
	电　话	0571-83802671		传　真	0571-83802049	
	办公地址	浙江省杭州市萧山区萧金路45号				
	经营范围	齿轮箱、变速箱、可调螺旋桨、公路车桥及非公路车桥、调速离合器等				

主要财务指标	指标＼报告期	2013.06.30	2012.12.31	2012.06.30	2011.12.31
	基本每股收益(元)	0.0373	0.1714	0.1573	0.3731
	基本每股收益(扣除)(元)	0.0171	0.0534	0.1030	0.3081
	每股净资产(元)	4.2890	4.2767	4.2478	4.1851
	每股经营现金净流量(元)	0.1428	0.1683	-0.1391	0.0595
	每股现金流量(元)	-0.1589	-0.3042	-0.2214	-0.1667
	每股资本公积金(元)	2.1677	2.1724	2.1614	2.1613
	每股盈余公积金(元)	0.1117	0.1101	0.1093	0.0952
	每股未分配利润(元)	1.0168	1.0011	0.9841	0.9357
	净资产收益率(%)	0.8686	4.0068	3.7024	8.9160
	加权净资产收益率(%)	0.8700	4.0500	3.6900	9.3100
	净资产收益率(扣除)(%)	–	–	–	–
	总资产(万元)	338405.61	326737.95	331968.82	362268.64
	归属母公司股东权益(万元)	171584.64	171093.41	169936.11	167429.72
	主营业务收入(万元)	92381.57	160598.64	94275.62	234614.65
	营业收入(万元)	96069.29	168074.28	95964.28	237151.61
	主营成本(万元)	75542.76	125202.41	74870.78	180590.41
	营业成本(万元)	78849.07	131626.49	75988.92	181872.96
	投资收益(万元)	-376.15	649.15	226.50	-1461.19
	净利润(万元)	1509.52	6059.14	6121.84	16347.62
	利润总额(万元)	1769.12	7079.43	6974.35	19287.83

中国西电电气股份有限公司

公司概况	公司名称	中国西电电气股份有限公司			证券简称	中国西电
	法人代表	张雅林	董秘	田喜民	证券代码	601179
	公司网址	www.xdect.com.cn		电子信箱	dsh@xd.com.cn	
	电　话	029-88832083		传　真	029-88832084	
	办公地址	陕西省西安市高新区唐兴路7号A座				
	经营范围	输配电及控制设备研发、设计、制造、销售、检测、相关设备成套、技术研究等				

主要财务指标	指标＼报告期	2013.06.30	2012.12.31	2012.06.30	2011.12.31
	基本每股收益(元)	0.0340	0.0270	-0.0360	-0.1200
	基本每股收益(扣除)(元)	0.0310	0.0090	-0.0420	-0.1340
	每股净资产(元)	3.2586	3.2295	3.1600	3.2010
	每股经营现金净流量(元)	-0.0745	0.2615	0.0182	-0.0222
	每股现金流量(元)	-0.2258	-0.1384	-0.1633	-0.0954
	每股资本公积金(元)	2.0060	2.0142	2.0112	2.0128
	每股盈余公积金(元)	0.0438	0.0438	0.0421	0.0421
	每股未分配利润(元)	0.2031	0.1686	0.1105	0.1436
	净资产收益率(%)	1.0581	0.8360	-1.1271	-3.7150
	加权净资产收益率(%)	1.0630	0.8400	-1.1200	-3.6100
	净资产收益率(扣除)(%)	–	–	–	–
	总资产(万元)	2939952.19	2923542.66	2978691.50	2920832.06
	归属母公司股东权益(万元)	1419760.57	1407084.92	1378451.10	1394674.41
	主营业务收入(万元)	573895.83	1231916.28	525150.28	1089052.21
	营业收入(万元)	582340.00	1248082.55	531048.07	1112901.44
	主营成本(万元)	447507.58	984115.30	443673.38	921385.06
	营业成本(万元)	455780.06	998729.23	448899.45	937865.81
	投资收益(万元)	3106.77	4230.64	1372.93	641.14
	净利润(万元)	14072.36	9036.73	-17043.56	-59617.25
	利润总额(万元)	18870.48	19937.80	-12895.86	-49545.58

中国铁建股份有限公司

公司概况	公司名称	中国铁建股份有限公司			证券简称	中国铁建
	法人代表	孟凤朝	董秘	余兴喜	证券代码	601186
	公司网址	www.crcc.cn		电子信箱	ir@crcc.cn	
	电　话	010-52688600		传　真	010-52688302	
	办公地址	北京市海淀区复兴路40号东院				
	经营范围	工程承包、勘察设计咨询、工业制造、房地产开发、资本运营及物流等				

主要财务指标	指标＼报告期	2013.06.30	2012.12.31	2012.06.30	2011.12.31
	基本每股收益(元)	0.3800	0.6900	0.2600	0.6400
	基本每股收益(扣除)(元)	0.3600	0.6600	0.2400	0.6200
	每股净资产(元)	6.1022	5.8329	5.3900	5.2500
	每股经营现金净流量(元)	-0.7916	0.4494	-0.2689	-1.0194
	每股现金流量(元)	0.5102	0.6629	-0.3477	1.4788
	每股资本公积金(元)	2.7468	2.7516	2.7444	2.7556
	每股盈余公积金(元)	0.0987	0.0987	0.0693	0.0693
	每股未分配利润(元)	2.2321	1.9633	1.5638	1.4053
	净资产收益率(%)	6.2079	11.7822	4.7953	12.1310
	加权净资产收益率(%)	6.3200	12.4700	4.8600	12.9800
	净资产收益率(扣除)(%)	–	–	–	–
	总资产(万元)	52167916.30	48066130.30	44244902.20	42298284.10
	归属母公司股东权益(万元)	7528632.20	7196366.70	6649085.20	6474834.30
	主营业务收入(万元)	23522132.90	48272822.20	18378420.40	45550335.10
	营业收入(万元)	23603762.30	48431292.80	18453191.00	45736611.00
	主营成本(万元)	–	43288901.10	–	40932741.30
	营业成本(万元)	21233396.90	43288901.10	16529298.80	40932741.30
	投资收益(万元)	1163.80	18693.50	12442.00	16838.30
	净利润(万元)	471322.10	852062.00	322265.80	788196.40
	利润总额(万元)	578476.70	1089585.90	401009.80	1005589.10

黑龙江交通发展股份有限公司

公司概况						
公司名称	黑龙江交通发展股份有限公司			证券简称	龙江交通	
法人代表	孙熠嵩	董秘	戴琦	证券代码	601188	
公司网址	www.hljjt.com		电子信箱	htdc@hljjt.com		
电　　话	0451-51688007		传　　真	0451-51688007		
办公地址	哈尔滨市道里区群力第五大道 1688 号					
经营范围	投资、开发、建设和经营管理收费公路、公路养护服务、园林绿化等					

主要财务指标 指标\报告期	2013.06.30	2012.12.31	2012.06.30	2011.12.31
基本每股收益(元)	0.0570	0.1014	0.0540	0.1100
基本每股收益(扣除)(元)	0.0520	0.0900	0.0490	0.1100
每股净资产(元)	2.2116	2.1654	2.1280	2.0740
每股经营现金净流量(元)	0.0349	–0.1823	0.0509	–0.1980
每股现金流量(元)	–0.0239	0.0024	–0.0084	–0.3188
每股资本公积金(元)	0.9070	0.9070	0.9070	0.9070
每股盈余公积金(元)	0.0150	0.0150	0.0096	0.0096
每股未分配利润(元)	0.2896	0.2434	0.2117	0.1574
净资产收益率(%)	2.5851	4.6829	2.5516	5.1860
加权净资产收益率(%)	2.6100	4.7800	2.5800	5.3000
净资产收益率(扣除)(%)	–	–	–	–
总资产(万元)	372739.17	375667.71	300362.50	293505.10
归属母公司股东权益(万元)	268310.15	262708.71	258207.74	251619.40
主营业务收入(万元)	20241.42	41569.44	19254.42	39144.06
营业收入(万元)	20241.42	41576.19	19254.42	39144.06
主营成本(万元)	8370.30	16697.01	7639.05	13850.14
营业成本(万元)	8370.30	16697.90	7639.05	13850.14
投资收益(万元)	1414.23	306.57	3.04	31.61
净利润(万元)	6853.26	12124.03	6523.72	12992.80
利润总额(万元)	8888.77	16482.08	8749.24	17846.06

江苏江南水务股份有限公司

公司概况						
公司名称	江苏江南水务股份有限公司			证券简称	江南水务	
法人代表	龚国贤	董秘	朱杰	证券代码	601199	
公司网址	www.jsjnsw.com		电子信箱	master@jsjnsw.com		
电　　话	0510-86276771 86276730		传　　真	0510-86276730		
办公地址	江苏省江阴市延陵路 224 号　江苏省江阴市长江路 141-143 号					
经营范围	自来水制售、自来水排水及相关水处理业务、供水工程的设计及技术咨询等					

主要财务指标 指标\报告期	2013.06.30	2012.12.31	2012.06.30	2011.12.31
基本每股收益(元)	0.2800	0.5900	0.2900	0.5500
基本每股收益(扣除)(元)	0.2400	0.5400	0.2500	0.5500
每股净资产(元)	7.5207	7.4900	7.1739	6.9500
每股经营现金净流量(元)	0.9313	1.7898	1.0054	1.7095
每股现金流量(元)	0.2843	–0.0337	–0.0071	1.1620
每股资本公积金(元)	4.6680	4.6680	4.6680	4.6680
每股盈余公积金(元)	0.2201	0.2201	0.1720	0.1720
每股未分配利润(元)	1.6139	1.5844	1.3249	1.0980
净资产收益率(%)	3.7160	7.9406	4.0001	7.3670
加权净资产收益率(%)	3.6700	8.2500	4.0500	9.1600
净资产收益率(扣除)(%)	–	–	–	–
总资产(万元)	279460.69	253616.18	236026.22	218793.94
归属母公司股东权益(万元)	175833.09	175045.55	167726.83	162375.64
主营业务收入(万元)	25256.91	51674.88	24304.70	51448.33
营业收入(万元)	25505.14	52316.53	24566.83	52133.63
主营成本(万元)	10910.25	21774.95	10451.47	21584.33
营业成本(万元)	11088.08	22271.15	10724.63	21993.27
投资收益(万元)	169.30	442.79	236.24	39.27
净利润(万元)	6533.94	13899.60	6709.17	11962.07
利润总额(万元)	8855.18	18669.21	9152.29	16109.18

四川东材科技集团股份有限公司

公司概况						
公司名称	四川东材科技集团股份有限公司			证券简称	东材科技	
法人代表	于少波	董秘	周乔	证券代码	601208	
公司网址	www.emtco.cn		电子信箱	zhouqiao@emtco.cn		
电　　话	0816-2289750		传　　真	0816-2289750		
办公地址	四川省绵阳市游仙区三星路 188 号					
经营范围	绝缘材料、高分子材料、精细化工材料的生产、销售等					

主要财务指标 指标\报告期	2013.06.30	2012.12.31	2012.06.30	2011.12.31
基本每股收益(元)	0.0700	0.2200	0.1300	0.4000
基本每股收益(扣除)(元)	0.0600	0.1700	0.0900	0.3800
每股净资产(元)	3.3508	3.4853	3.3975	7.0300
每股经营现金净流量(元)	0.0512	0.3677	0.2667	0.4750
每股现金流量(元)	–0.5595	–0.7561	–0.4207	3.8467
每股资本公积金(元)	1.8617	1.8617	1.8617	4.7234
每股盈余公积金(元)	0.0681	0.0681	0.0590	0.1181
每股未分配利润(元)	0.4210	0.5555	0.4767	1.1934
净资产收益率(%)	1.9553	6.2526	3.8282	10.1620
加权净资产收益率(%)	1.8800	6.2600	3.6700	14.5600
净资产收益率(扣除)(%)	–	–	–	–
总资产(万元)	253302.03	239840.84	227201.66	246900.23
归属母公司股东权益(万元)	206331.30	214612.02	209201.77	216587.10
主营业务收入(万元)	51472.24	102019.95	51280.18	123121.82
营业收入(万元)	53291.69	103824.05	51789.18	125983.17
主营成本(万元)	40479.22	78969.26	39337.38	86189.29
营业成本(万元)	41785.28	80467.62	39675.64	88723.14
投资收益(万元)	97.89	–	–	–
净利润(万元)	4051.87	13520.74	8079.98	22159.68
利润总额(万元)	4776.10	15788.59	9611.49	25830.04

内蒙古君正能源化工股份有限公司

公司概况						
公司名称	内蒙古君正能源化工股份有限公司			证券简称	内蒙君正	
法人代表	杜江涛	董秘	张杰	证券代码	601216	
公司网址	www.junzhenggroup.com		电子信箱	junzheng@junzhenggroup.com		
电　　话	0473-6921035		传　　真	0473-6921034		
办公地址	内蒙古自治区鄂尔多斯市鄂托克旗蒙西工业园区					
经营范围	电力生产 电力供应、热力生产和供应、商业贸易、化工产品					

主要财务指标 指标\报告期	2013.06.30	2012.12.31	2012.06.30	2011.12.31
基本每股收益(元)	0.1984	0.3302	0.1544	0.9340
基本每股收益(扣除)(元)	0.1903	0.3107	0.1540	0.8480
每股净资产(元)	4.3503	4.1996	4.0211	7.8200
每股经营现金净流量(元)	–0.0410	0.1838	0.0297	0.2419
每股现金流量(元)	–0.2547	–0.5008	–0.4536	1.3446
每股资本公积金(元)	1.9175	1.9175	1.9173	4.8307
每股盈余公积金(元)	0.0899	0.0899	0.0683	0.1366
每股未分配利润(元)	1.3331	1.1846	1.0305	1.8522
净资产收益率(%)	4.5609	7.8617	3.8386	11.5680
加权净资产收益率(%)	4.6200	8.1000	3.8700	13.6700
净资产收益率(扣除)(%)	–	–	–	–
总资产(万元)	832760.91	790300.13	732485.28	712934.25
归属母公司股东权益(万元)	556839.54	537547.09	514696.79	500562.20
主营业务收入(万元)	165643.27	361450.61	173795.66	368991.32
营业收入(万元)	165979.22	364914.27	174806.14	370795.51
主营成本(万元)	112380.21	251014.31	118649.57	257269.86
营业成本(万元)	112599.60	255155.84	121596.67	257565.47
投资收益(万元)	70.19	–4699.85	–1511.61	–1645.81
净利润(万元)	25619.81	41788.14	19060.47	58108.36
利润总额(万元)	30200.23	52155.64	25179.46	65876.53

江苏吉鑫风能科技股份有限公司

公司概况

公司名称	江苏吉鑫风能科技股份有限公司			证券简称	吉鑫科技
法人代表	包士金	董秘	朱陶芸	证券代码	601218
公司网址	www.jyjxm.com		电子信箱	jixin@jyjxm.com	
电　　话	0510-86157378		传　　真	0510-86017708	
办公地址	江苏省江阴市云亭街道工业园区那巷路8号				
经营范围	大型风力发电机组零部件的研发、生产及销售				

主要财务指标

指标\报告期	2013.06.30	2012.12.31	2012.06.30	2011.12.31
基本每股收益(元)	0.0100	0.0200	0.0700	0.3800
基本每股收益(扣除)(元)	0.0100	-0.0037	0.0700	0.2100
每股净资产(元)	2.2563	4.9516	4.9900	4.9300
每股经营现金净流量(元)	-0.1346	-0.1863	0.3146	-1.2747
每股现金流量(元)	-0.0651	-0.0245	0.2398	1.1832
每股资本公积金(元)	0.5943	2.5074	2.5074	2.5077
每股盈余公积金(元)	0.0959	0.2110	0.2079	0.2079
每股未分配利润(元)	0.5662	1.2332	1.2789	1.2115
净资产收益率(%)	0.2500	0.4991	1.3498	7.3647
加权净资产收益率(%)	0.2500	0.5000	1.3500	9.6800
净资产收益率(扣除)(%)	-	-	-	-
总资产(万元)	392507.14	372368.23	379441.11	373938.66
归属母公司股东权益(万元)	223775.41	223215.98	225140.85	222116.49
主营业务收入(万元)	57850.58	120266.43	65168.31	153617.75
营业收入(万元)	60083.68	124272.19	68000.26	158313.79
主营成本(万元)	47829.77	100537.39	53674.36	125571.96
营业成本(万元)	49355.13	101934.16	55452.27	127238.86
投资收益(万元)	84.77	502.95	-226.13	7587.77
净利润(万元)	564.79	1112.58	3036.04	16518.81
利润总额(万元)	681.11	1388.94	3615.30	19402.26

江苏林洋电子股份有限公司

公司概况

公司名称	江苏林洋电子股份有限公司			证券简称	林洋电子
法人代表	陆永华	董秘	虞海娟	证券代码	601222
公司网址	www.linyang.com.cn		电子信箱	dsh@linyang.com.cn	
电　　话	0513-83356525		传　　真	0513-83356525	
办公地址	江苏省南通市启东市经济开发区林洋路666号				
经营范围	仪器仪表、电子设备、电力电气设备、自动化设备、集成电路、光伏设备等				

主要财务指标

指标\报告期	2013.06.30	2012.12.31	2012.06.30	2011.12.31
基本每股收益(元)	0.3300	0.8600	0.2800	0.6500
基本每股收益(扣除)(元)	0.3300	0.7800	0.2400	0.5700
每股净资产(元)	6.6073	6.6299	6.0511	7.1300
每股经营现金净流量(元)	0.0309	0.4451	-0.2433	-0.0883
每股现金流量(元)	-0.2693	-0.4201	-0.5434	3.7044
每股资本公积金(元)	3.8934	3.8934	3.8677	4.8412
每股盈余公积金(元)	0.1794	0.1794	0.0996	0.1195
每股未分配利润(元)	1.5366	1.5571	1.0838	1.1645
净资产收益率(%)	4.9870	12.8463	4.6291	9.0830
加权净资产收益率(%)	4.8900	13.7700	4.7300	16.8900
净资产收益率(扣除)(%)	-	-	-	-
总资产(万元)	326937.70	326934.36	286033.35	286271.93
归属母公司股东权益(万元)	234749.82	235552.84	210577.84	206629.97
主营业务收入(万元)	75021.66	190383.96	72809.74	167796.06
营业收入(万元)	76148.39	191374.85	73058.97	169563.40
主营成本(万元)	47170.48	124377.28	48604.20	120911.99
营业成本(万元)	48525.47	125184.68	48737.85	122215.45
投资收益(万元)	390.16	1003.69	562.34	-66.04
净利润(万元)	11687.64	30129.26	9673.58	17849.46
利润总额(万元)	13931.08	35588.74	11604.08	21590.92

环旭电子股份有限公司

公司概况

公司名称	环旭电子股份有限公司			证券简称	环旭电子
法人代表	张洪本	董秘	刘丹阳	证券代码	601231
公司网址	www.usish.com		电子信箱	public@usish.com	
电　　话	021-58968418		传　　真	021-58968415	
办公地址	上海市张江高科技园区集成电路产业区张东路1558号				
经营范围	提供电子产品设计制造服务(DMS)、设计、生产、加工新型电子元器件等				

主要财务指标

指标\报告期	2013.06.30	2012.12.31	2012.06.30	2011.12.31
基本每股收益(元)	0.2600	0.6500	0.2400	0.5000
基本每股收益(扣除)(元)	0.2500	0.6300	0.2400	0.4300
每股净资产(元)	3.4666	3.4033	2.9860	2.2800
每股经营现金净流量(元)	1.1442	-0.0067	0.3566	1.0093
每股现金流量(元)	0.7981	-0.1817	0.3337	-0.5232
每股资本公积金(元)	0.6797	0.6797	0.6793	0.0227
每股盈余公积金(元)	0.1602	0.1602	0.1227	0.1372
每股未分配利润(元)	1.6687	1.5976	1.2259	1.1630
净资产收益率(%)	7.5976	18.8002	7.7236	21.9300
加权净资产收益率(%)	7.5300	21.5600	8.6700	22.2800
净资产收益率(扣除)(%)	-	-	-	-
总资产(万元)	728028.90	813602.49	681815.41	620226.59
归属母公司股东权益(万元)	350728.02	344322.88	302075.75	206003.45
主营业务收入(万元)	646744.18	1331567.15	577755.33	1267923.86
营业收入(万元)	647879.49	1333529.46	578329.71	1270758.98
主营成本(万元)	571885.87	1166127.11	506977.79	1123870.99
营业成本(万元)	571888.86	1167054.80	506981.15	1124392.07
投资收益(万元)	1321.57	1127.58	326.81	199.32
净利润(万元)	26646.80	64733.37	23331.01	45175.94
利润总额(万元)	31427.32	76307.48	28448.06	54415.98

桐昆集团股份有限公司

公司概况

公司名称	桐昆集团股份有限公司			证券简称	桐昆股份
法人代表	陈士良	董秘	周军	证券代码	601233
公司网址	www.zjtkjt.com		电子信箱	zj@zjtkjt.com	
电　　话	0573-88187878 88182269		传　　真	0573-88187838 88187776	
办公地址	浙江省桐乡市经济开发区光明路199号				
经营范围	民用涤纶长丝的研发、生产和销售				

主要财务指标

指标\报告期	2013.06.30	2012.12.31	2012.06.30	2011.12.31
基本每股收益(元)	0.0500	0.2700	0.0800	1.2300
基本每股收益(扣除)(元)	0.0500	0.2600	0.0700	1.1900
每股净资产(元)	6.9749	7.0258	6.8357	6.7500
每股经营现金净流量(元)	0.7348	0.1932	0.1310	0.7123
每股现金流量(元)	-0.2664	-1.1008	-0.6585	1.2132
每股资本公积金(元)	2.9036	2.9036	2.9026	2.8998
每股盈余公积金(元)	0.2248	0.2248	0.2101	0.2101
每股未分配利润(元)	2.8473	2.8977	2.7236	2.6452
净资产收益率(%)	0.7110	3.8021	1.1461	17.2116
加权净资产收益率(%)	0.7100	3.8800	1.1500	22.7100
净资产收益率(扣除)(%)	-	-	-	-
总资产(万元)	1351163.28	1306828.86	1130505.52	1085222.69
归属母公司股东权益(万元)	672100.48	677004.81	658683.47	650865.04
主营业务收入(万元)	994544.08	1811952.19	896532.69	1986377.45
营业收入(万元)	1002515.76	1842057.25	910561.51	2011846.83
主营成本(万元)	948015.61	1704410.13	854722.17	1775103.58
营业成本(万元)	954143.35	1733929.53	869021.88	1798145.02
投资收益(万元)	220.05	284.78	208.99	-363.56
净利润(万元)	5221.08	29814.46	8865.28	124320.14
利润总额(万元)	6948.48	35849.25	12689.70	159455.81

广州汽车集团股份有限公司

公司概况	公司名称	广州汽车集团股份有限公司			证券简称	广汽集团
	法人代表	张房有	董秘	卢飒	证券代码	601238
	公司网址	www.gagc.com.cn		电子信箱	ir@gagc.com.cn	
	电　话	020-83150886		传　真	020-83151081	
	办公地址	广东省广州市越秀区东风中路 448 号成悦大厦 23 楼				
	经营范围	汽车工业及配套工业的投资业务、汽车工业技术开发、技术转让及技术咨询服务等				

主要财务指标	指标＼报告期	2013.06.30	2012.12.31	2012.06.30	2011.12.31
	基本每股收益(元)	0.1900	0.1800	0.2400	0.6900
	基本每股收益(扣除)(元)	0.1800	0.1800	0.2400	0.5900
	每股净资产(元)	5.0006	4.8314	4.9600	4.7400
	每股经营现金净流量(元)	-0.0055	0.1486	-0.0403	-0.0467
	每股现金流量(元)	0.7745	-0.3059	-0.2480	0.2595
	每股资本公积金(元)	1.3784	1.3784	1.3783	1.0772
	每股盈余公积金(元)	0.2002	0.2002	0.2003	0.1979
	每股未分配利润(元)	2.4218	2.2525	2.3765	2.4676
	净资产收益率(%)	3.7859	3.6462	4.6459	14.6500
	加权净资产收益率(%)	3.8500	3.6800	4.7500	-
	净资产收益率(扣除)(%)	-	-	-	-
	总资产(万元)	5521578.11	4938173.17	4826349.43	4433702.32
	归属母公司股东权益(万元)	3217926.37	3108985.40	3188566.38	2915877.33
	主营业务收入(万元)	788764.29	1239593.84	530663.40	-
	营业收入(万元)	809776.63	1287401.06	547557.08	1098008.73
	主营成本(万元)	703632.01	1153115.14	500870.38	-
	营业成本(万元)	719182.46	1182866.54	512451.49	1034211.73
	投资收益(万元)	185399.37	264391.92	215671.81	465054.57
	净利润(万元)	116108.75	106462.26	144872.12	416721.12
	利润总额(万元)	119313.54	99983.64	138240.07	405729.67

庞大汽贸集团股份有限公司

公司概况	公司名称	庞大汽贸集团股份有限公司			证券简称	庞大集团
	法人代表	庞庆华	董秘	车少华	证券代码	601258
	公司网址	www.pdqmjt.com		电子信箱	pdgroup@pdqmjt.com	
	电　话	010-59767095 59767090		传　真	010-59767091	
	办公地址	北京市经济技术开发区荣华南路 16 号中冀斯巴鲁大厦 C 座				
	经营范围	汽车经销及维修养护				

主要财务指标	指标＼报告期	2013.06.30	2012.12.31	2012.06.30	2011.12.31
	基本每股收益(元)	0.1100	-0.3100	0.0900	0.2500
	基本每股收益(扣除)(元)	0.1000	-0.3600	0.0700	0.2000
	每股净资产(元)	3.4744	3.3678	3.7700	3.7100
	每股经营现金净流量(元)	2.7578	-0.7617	-0.1675	-0.0984
	每股现金流量(元)	1.3397	0.3205	1.1042	1.0560
	每股资本公积金(元)	1.6340	1.6344	1.6344	1.6344
	每股盈余公积金(元)	0.0828	0.0828	0.0823	0.0828
	每股未分配利润(元)	0.7577	0.6506	1.0542	0.9953
	净资产收益率(%)	3.0811	-9.3437	2.3570	6.6781
	加权净资产收益率(%)	3.1300	-9.0000	2.4000	9.0000
	净资产收益率(扣除)(%)	-	-	-	-
	总资产(万元)	6268601.52	6288798.67	5957122.87	5232105.09
	归属母公司股东权益(万元)	910803.02	882870.88	988631.80	973178.91
	主营业务收入(万元)	2864296.50	5606727.49	2799103.12	5442075.13
	营业收入(万元)	2958290.91	5779667.95	2878028.82	5545514.49
	主营成本(万元)	-	5156140.30	-	4905074.67
	营业成本(万元)	2587395.50	5169849.70	2539783.64	4909687.90
	投资收益(万元)	171.46	-233.71	-68.25	4330.49
	净利润(万元)	28339.82	-82631.86	23374.00	65910.30
	利润总额(万元)	61677.01	-44665.52	50092.62	102887.52

二重集团(德阳)重型装备股份有限公司

公司概况	公司名称	二重集团(德阳)重型装备股份有限公司			证券简称	*ST 二重
	法人代表	孙德润	董秘	王煜	证券代码	601268
	公司网址	www.china-erzhong.com		电子信箱	dsb@china-erzhong.com	
	电　话	0838-2343088		传　真	0838-2343066	
	办公地址	四川省德阳市珠江西路 460 号				
	经营范围	重型、普通机械及成套设备、金属制品设计、制造、安装、修理等				

主要财务指标	指标＼报告期	2013.06.30	2012.12.31	2012.06.30	2011.12.31
	基本每股收益(元)	-0.4301	-1.7095	-0.2349	-0.0829
	基本每股收益(扣除)(元)	-0.4345	-1.6768	-0.2386	-0.1433
	每股净资产(元)	1.7579	2.1873	2.9371	3.1717
	每股经营现金净流量(元)	-0.2962	-0.6974	-0.5091	-1.1275
	每股现金流量(元)	0.1356	-0.3117	-0.3510	-0.4935
	每股资本公积金(元)	2.1037	2.1030	1.7093	1.7090
	每股盈余公积金(元)	0.0515	0.0515	0.0700	0.0700
	每股未分配利润(元)	-1.4004	-0.9703	0.1578	0.3927
	净资产收益率(%)	-24.4693	-57.5927	-7.9986	-2.6140
	加权净资产收益率(%)	-21.8100	-73.7800	-7.6900	-2.5400
	净资产收益率(扣除)(%)	-	-	-	-
	总资产(万元)	2197095.89	2160517.79	2279897.02	2282878.84
	归属母公司股东权益(万元)	403160.44	501634.92	496368.07	536014.50
	主营业务收入(万元)	291179.63	391527.32	184408.89	714276.58
	营业收入(万元)	294710.76	398842.63	187772.57	722034.21
	主营成本(万元)	321749.30	489845.23	176120.45	602666.14
	营业成本(万元)	325160.14	497468.84	179874.98	610458.25
	投资收益(万元)	15.54	-217.04	-16.88	826.00
	净利润(万元)	-98651.11	-288898.24	-39659.25	-13873.10
	利润总额(万元)	-97834.79	-284586.73	-39947.33	-16743.05

中国农业银行股份有限公司

公司概况	公司名称	中国农业银行股份有限公司			证券简称	农业银行
	法人代表	蒋超良	董秘	李振江	证券代码	601288
	公司网址	www.abchina.com		电子信箱	ir@abchina.com	
	电　话	010-85109619		传　真	010-85108557	
	办公地址	北京市东城区建国门内大街 69 号				
	经营范围	吸收公众存款、发放短期、中期、长期贷款、办理国内外结算等				

主要财务指标	指标＼报告期	2013.06.30	2012.12.31	2012.06.30	2011.12.31
	基本每股收益(元)	0.2800	0.4500	0.2500	0.3800
	基本每股收益(扣除)(元)	0.2800	0.4400	0.2500	0.3700
	每股净资产(元)	2.4300	2.3100	2.1300	2.0000
	每股经营现金净流量(元	-0.3967	1.0492	1.5676	0.6866
	每股现金流量(元)	-0.8710	0.9570	1.4987	0.6973
	每股资本公积金(元)	0.2971	0.3013	0.3205	0.3082
	每股盈余公积金(元)	0.1356	0.1355	0.0909	0.0909
	每股未分配利润(元)	0.5731	0.6419	0.4877	0.4036
	净资产收益率(%)	11.6950	19.3506	11.6418	18.7695
	加权净资产收益率(%)	11.6100	20.7400	23.2600	20.4600
	净资产收益率(扣除)(%)	-	-	-	-
	总资产(万元)	1422260100.00	1324434200.00	1290141200.00	1167757700.00
	归属母公司股东权益(万元)	78966800.00	74981500.00	69146400.00	64960100.00
	主营业务收入(万元)	-	-	-	-
	营业收入(万元)	23495800.00	42196400.00	20986500.00	37773100.00
	主营成本(万元)	-	-	-	-
	营业成本(万元)	-	23499300.00	10621600.00	22099300.00
	投资收益(万元)	341400.00	-4800.00	38900.00	-213900.00
	净利润(万元)	9238400.00	14513100.00	8052200.00	12195600.00
	利润总额(万元)	11950200.00	18792700.00	10400200.00	15820100.00

中国北车股份有限公司

公司概况	公司名称	中国北车股份有限公司		证券简称	中国北车
	法人代表	崔殿国	董秘 谢纪龙	证券代码	601299
	公司网址	www.chinacnr.com		电子信箱	ir@chinacnr.com
	电　话	010-51897290		传　真	010-52608380
	办公地址	北京市丰台区芳城园一区15号楼			
	经营范围	铁路机车车辆(含动车组)、城市轨道车辆、工程机械、机电设备等			

主要财务指标	指标\报告期	2013.06.30	2012.12.31	2012.06.30	2011.12.31
	基本每股收益(元)	0.1500	0.3400	0.1700	0.3400
	基本每股收益(扣除)(元)	0.1400	0.3000	0.1600	0.2900
	每股净资产(元)	3.4264	3.3736	3.2000	3.0100
	每股经营现金净流量(元)	-0.4749	0.1845	-0.4304	-0.3030
	每股现金流量(元)	-0.3262	0.2412	0.1735	0.0783
	每股资本公积金(元)	1.5288	1.5306	1.5228	1.3084
	每股盈余公积金(元)	0.0483	0.0483	0.0239	0.0297
	每股未分配利润(元)	0.8441	0.7922	0.6489	0.6702
	净资产收益率(%)	4.4326	9.7193	5.0236	11.9555
	加权净资产收益率(%)	4.3200	10.5200	5.3500	12.5700
	净资产收益率(扣除)(%)	-	-	-	-
	总资产(万元)	11461330.60	10643660.30	11109186.70	9725973.10
	归属母公司股东权益(万元)	3536103.50	3481549.70	3297905.80	2496905.10
	主营业务收入(万元)	2797518.30	9121016.70	4230860.80	8849700.20
	营业收入(万元)	3691466.50	9243130.10	4284522.60	8935317.80
	主营成本(万元)	2209619.20	7821606.10	3650738.90	7690170.30
	营业成本(万元)	3051728.60	7889252.50	3681281.10	7734878.60
	投资收益(万元)	8347.50	23799.30	11111.00	23923.40
	净利润(万元)	162910.10	353568.50	172504.50	310499.10
	利润总额(万元)	198332.60	413722.30	208228.20	361382.00

骆驼集团股份有限公司

公司概况	公司名称	骆驼集团股份有限公司		证券简称	骆驼股份
	法人代表	刘国本	董秘 王从强	证券代码	601311
	公司网址	www.chinacamel.com		电子信箱	ir@chinacamel.com
	电　话	0710-3340127		传　真	0710-3345951
	办公地址	湖北省襄阳市樊城区汉江北路65号			
	经营范围	蓄电池及零部件的制造与销售			

主要财务指标	指标\报告期	2013.06.30	2012.12.31	2012.06.30	2011.12.31
	基本每股收益(元)	0.2300	0.2300	0.2300	0.4200
	基本每股收益(扣除)(元)	0.2100	0.2100	0.2100	0.4000
	每股净资产(元)	3.6916	3.6916	3.2660	6.4752
	每股经营现金净流量(元)	0.1582	0.1582	0.1849	-0.7215
	每股现金流量(元)	-0.5230	-0.5230	-0.0620	1.7205
	每股资本公积金(元)	1.2041	1.2041	1.1667	3.3334
	每股盈余公积金(元)	0.0815	0.0815	0.0826	0.1652
	每股未分配利润(元)	1.4060	1.4060	1.0167	1.9766
	净资产收益率(%)	6.3071	6.3071	6.9925	11.7720
	加权净资产收益率(%)	6.2300	6.2300	6.8100	16.4800
	净资产收益率(扣除)(%)	-	-	-	-
	总资产(万元)	484349.84	484349.84	400612.47	391048.63
	归属母公司股东权益(万元)	314463.14	314463.14	274598.99	272213.63
	主营业务收入(万元)	200975.16	200975.16	175586.68	298419.97
	营业收入(万元)	202383.21	202383.21	178842.98	306816.23
	主营成本(万元)	159438.85	159438.85	138854.11	237801.87
	营业成本(万元)	161689.45	161689.45	141292.56	239970.33
	投资收益(万元)	225.23	225.23	-103.04	-309.65
	净利润(万元)	20151.73	20151.73	19230.13	31948.14
	利润总额(万元)	24483.79	24483.79	22449.34	36683.96

江南嘉捷电梯股份有限公司

公司概况	公司名称	江南嘉捷电梯股份有限公司		证券简称	江南嘉捷
	法人代表	金志峰	董秘 邹克雷	证券代码	601313
	公司网址	www.sjec.com.cn		电子信箱	stock@sjec.com.cn
	电　话	0512-62741520		传　真	0512-62860300
	办公地址	江苏省苏州市工业园区唯新路28号			
	经营范围	电梯、自动扶梯、自动人行道、停车设备及配件、电气机械和器材的生产、销售等			

主要财务指标	指标\报告期	2013.06.30	2012.12.31	2012.06.30	2011.12.31
	基本每股收益(元)	0.1749	0.6609	0.1428	0.7779
	基本每股收益(扣除)(元)	0.1725	0.6495	0.1422	0.8662
	每股净资产(元)	3.2768	5.8561	5.4103	3.3146
	每股经营现金净流量(元)	0.3336	0.9402	0.2331	0.7053
	每股现金流量(元)	-0.2908	3.2596	2.7259	0.1966
	每股资本公积金(元)	1.0981	2.6936	2.6760	0.1277
	每股盈余公积金(元)	0.1149	0.2136	0.1628	0.2170
	每股未分配利润(元)	1.0405	1.9237	1.5716	1.9699
	净资产收益率(%)	5.2536	11.0503	4.5524	23.4690
	加权净资产收益率(%)	5.3600	12.1200	4.9600	26.5800
	净资产收益率(扣除)(%)	-	-	-	-
	总资产(万元)	242988.37	229148.74	203566.92	132248.73
	归属母公司股东权益(万元)	136425.90	131177.69	121191.77	55686.04
	主营业务收入(万元)	103638.34	197088.02	78210.67	164431.20
	营业收入(万元)	104708.26	199214.18	79243.52	166752.85
	主营成本(万元)	76096.60	148428.21	58890.77	125157.78
	营业成本(万元)	77162.91	150433.39	59766.15	126952.31
	投资收益(万元)	-	-	-	-39.05
	净利润(万元)	7369.80	15352.15	5942.97	13664.70
	利润总额(万元)	9153.54	18408.59	7170.44	16151.96

中国平安保险(集团)股份有限公司

公司概况	公司名称	中国平安保险(集团)股份有限公司		证券简称	中国平安
	法人代表	马明哲	董秘 金绍樑	证券代码	601318
	公司网址	www.pingan.com		电子信箱	pr@pingan.com.cn
	电　话	04008866338		传　真	0755-82431029
	办公地址	广东省深圳市福田中心区福华三路星河发展中心办公十五至十八楼			
	经营范围	以保险业务为核心的、以统一品牌向客户提供包括保险、银行、证券、信托等			

主要财务指标	指标\报告期	2013.06.30	2012.12.31	2012.06.30	2011.12.31
	基本每股收益(元)	2.2600	2.5300	1.7600	2.5000
	基本每股收益(扣除)(元)	2.2900	2.5400	1.7700	2.5000
	每股净资产(元)	21.8233	20.1600	18.5400	16.5300
	每股经营现金净流量(元)	13.3722	35.4841	25.8412	9.5183
	每股现金流量(元)	-7.9147	17.2312	17.7626	3.7320
	每股资本公积金(元)	10.3230	10.6267	9.6044	9.1239
	每股盈余公积金(元)	0.8820	0.8820	0.8820	0.8820
	每股未分配利润(元)	9.5549	7.5925	6.9730	5.4596
	净资产收益率(%)	10.3672	12.5600	9.5113	14.8815
	加权净资产收益率(%)	10.7000	13.8000	10.0000	16.0000
	净资产收益率(扣除)(%)	-	-	-	-
	总资产(万元)	317257200.00	284426600.00	264499900.00	228542400.00
	归属母公司股东权益(万元)	17275600.00	15961700.00	14676200.00	13086700.00
	主营业务收入(万元)	-	-	-	-
	营业收入(万元)	18947400.00	29937200.00	15953100.00	24891500.00
	主营成本(万元)	-	-	-	-
	营业成本(万元)	-	26699700.00	13898100.00	21900200.00
	投资收益(万元)	2799700.00	3299600.00	1824800.00	3257200.00
	净利润(万元)	2177100.00	2675000.00	1752700.00	2258200.00
	利润总额(万元)	2735100.00	3233800.00	2052100.00	3002600.00

交通银行股份有限公司

公司概况						
	公司名称	交通银行股份有限公司			证券简称	交通银行
	法人代表	牛锡明	董秘	杜江龙	证券代码	601328
	公司网址	www.bankcomm.com		电子信箱	investor@bankcomm.com	
	电　话	021-58766688		传　真	021-58798398	
	办公地址	上海市浦东新区银城中路 188 号				
	经营范围	个人金融业务、公司金融业务、基金业务、国际业务、信用卡业务等				

主要财务指标	指标\报告期	2013.06.30	2012.12.31	2012.06.30	2011.12.31
	基本每股收益(元)	0.4700	0.8800	0.5000	0.8200
	基本每股收益(扣除)(元)	0.4700	0.8800	0.5000	0.8100
	每股净资产(元)	5.3374	5.1158	5.1200	4.3900
	每股经营现金净流量(元)	0.8932	1.0315	3.1728	-0.0185
	每股现金流量(元)	-0.2778	0.8344	2.6146	0.8522
	每股资本公积金(元)	1.5152	1.5136	1.1338	1.1120
	每股盈余公积金(元)	1.3914	1.1169	1.2431	1.0871
	每股未分配利润(元)	0.6326	1.0485	0.9212	0.7492
	净资产收益率(%)	8.7865	15.3646	10.4312	18.6660
	加权净资产收益率(%)	8.7650	18.4300	10.8200	20.4900
	净资产收益率(扣除)(%)	-	-	-	-
	总资产(万元)	571760200.00	527337900.00	515220800.00	461117700.00
	归属母公司股东权益(万元)	39637100.00	37991800.00	29802900.00	27180200.00
	主营业务收入(万元)				
	营业收入(万元)	8481200.00	14733700.00	7364200.00	12695600.00
	主营成本(万元)				
	营业成本(万元)	-	-	3374100.00	6206000.00
	投资收益(万元)	92800.00	93600.00	21600.00	-500.00
	净利润(万元)	3491800.00	5847600.00	3114100.00	5081700.00
	利润总额(万元)	4506000.00	7521600.00	4017000.00	6545100.00

广深铁路股份有限公司

公司概况						
	公司名称	广深铁路股份有限公司			证券简称	广深铁路
	法人代表	李文新	董秘	郭向东	证券代码	601333
	公司网址	www.gsrc.com		电子信箱	ir@gsrc.com	
	电　话	0755-25588150		传　真	0755-25591480	
	办公地址	广东省深圳市和平路 1052 号				
	经营范围	铁路客货运输服务、铁路设施技术服务、国内货运代理、铁路货运代理等				

主要财务指标	指标\报告期	2013.06.30	2012.12.31	2012.06.30	2011.12.31
	基本每股收益(元)	0.0900	0.1900	0.1000	0.2500
	基本每股收益(扣除)(元)	0.1000	0.2000	0.1000	0.2700
	每股净资产(元)	3.6744	3.6627	3.5700	3.5800
	每股经营现金净流量(元)	0.1243	0.3311	0.1114	0.4936
	每股现金流量(元)	0.0357	-0.0977	0.0937	-0.1824
	每股资本公积金(元)	1.6326	1.6326	1.6326	1.6326
	每股盈余公积金(元)	0.3391	0.3391	0.3203	0.3203
	每股未分配利润(元)	0.7026	0.6910	0.6194	0.6236
	净资产收益率(%)	2.4938	5.0835	2.6811	7.1210
	加权净资产收益率(%)	2.4800	5.1600	2.6500	7.2900
	净资产收益率(扣除)(%)	-	-	-	-
	总资产(万元)	3274321.03	3286718.21	3235423.16	3220734.82
	归属母公司股东权益(万元)	2602758.34	2594518.96	2530470.2[illegible]	2533460.67
	主营业务收入(万元)	712570.71	1407584.40	656149.54	1366926.07
	营业收入(万元)	762618.38	1509188.60	701119.12	1469083.52
	主营成本(万元)	555017.40	1094972.04	507973.10	989206.80
	营业成本(万元)	595612.86	1177092.00	544333.16	1072777.59
	投资收益(万元)	488.43	1615.97	1351.96	952.21
	净利润(万元)	64775.09	131698.40	67757.45	180237.26
	利润总额(万元)	86349.43	175813.48	90652.11	237833.74

新华人寿保险股份有限公司

公司概况						
	公司名称	新华人寿保险股份有限公司			证券简称	新华保险
	法人代表	康典	董秘	朱迎	证券代码	601336
	公司网址	www.newchinalife.com		电子信箱	ir@newchinalife.com	
	电　话	010-85213233		传　真	010-85213219 35898555	
	办公地址	北京市朝阳区建国门外大街甲 12 号新华保险大厦				
	经营范围	人民币、外币的人身保险等				

主要财务指标	指标\报告期	2013.06.30	2012.12.31	2012.06.30	2011.12.31
	基本每股收益(元)	0.7000	0.9400	0.6100	1.2400
	基本每股收益(扣除)(元)	0.7100	0.9400	0.6200	1.1200
	每股净资产(元)	12.0793	11.5000	11.2000	10.0400
	每股经营现金净流量(元)	9.9553	17.3910	10.5932	17.9608
	每股现金流量(元)	-1.1723	1.2729	3.1351	-2.0125
	每股资本公积金(元)	7.5615	7.6817	7.3921	6.7559
	每股盈余公积金(元)	0.3206	0.3206	0.2260	0.2262
	每股未分配利润(元)	2.8754	2.1744	2.3542	1.8354
	净资产收益率(%)	5.8038	8.1767	5.4503	8.9410
	加权净资产收益率(%)	5.9500	8.6900	5.7200	16.8400
	净资产收益率(扣除)(%)	-	-	-	-
	总资产(万元)	53104800.00	49369300.00	46900400.00	38677100.00
	归属母公司股东权益(万元)	3768200.00	3587000.00	3493400.00	3130600.00
	主营业务收入(万元)				
	营业收入(万元)	6269100.00	11692100.00	6535100.00	10920900.00
	主营成本(万元)				
	营业成本(万元)	-	-	6378600.00	10582400.00
	投资收益(万元)	1212000.00	1833600.00	904600.00	1482600.00
	净利润(万元)	218800.00	293400.00	190500.00	280000.00
	利润总额(万元)	249600.00	228800.00	150800.00	327500.00

百隆东方股份有限公司

公司概况						
	公司名称	百隆东方股份有限公司			证券简称	百隆东方
	法人代表	杨卫新	董秘	华敬东	证券代码	601339
	公司网址	www.broseastern.com		电子信箱	broseastern@bros.com.cn	
	电　话	0574-86389999		传　真	0574-87149581	
	办公地址	浙江省宁波市江东区江东北路 475 号和丰创意广场意庭楼 17 楼				
	经营范围	色纺纱的研发、生产和销售				

主要财务指标	指标\报告期	2013.06.30	2012.12.31	2012.06.30	2011.12.31
	基本每股收益(元)	0.4200	0.3700	0.2700	1.5900
	基本每股收益(扣除)(元)	0.3600	0.2900	0.2200	1.3600
	每股净资产(元)	8.0302	7.7303	7.6450	5.9500
	每股经营现金净流量(元)	-0.0775	1.6780	0.9858	0.7287
	每股现金流量(元)	0.1338	-0.2284	2.6883	-0.0847
	每股资本公积金(元)	4.0502	4.0795	4.0795	2.0529
	每股盈余公积金(元)	0.2205	0.2267	0.1942	0.2428
	每股未分配利润(元)	2.7354	2.4048	2.3756	2.6277
	净资产收益率(%)	5.2068	4.3344	3.5770	26.6638
	加权净资产收益率(%)	5.2100	5.3700	5.5900	30.8500
	净资产收益率(扣除)(%)	-	-	-	-
	总资产(万元)	820691.57	867629.12	869063.63	660376.94
	归属母公司股东权益(万元)	602268.11	579773.81	573341.21	356845.31
	主营业务收入(万元)	190491.75	388018.23	207212.71	402088.63
	营业收入(万元)	218960.99	477016.43	249307.35	476118.60
	主营成本(万元)	-	321104.66	167908.26	288126.19
	营业成本(万元)	174570.31	405484.35	206945.79	344048.26
	投资收益(万元)	8858.99	581.01	1665.30	6074.30
	净利润(万元)	31358.79	25129.94	20508.57	95148.47
	利润总额(万元)	35186.67	30385.28	23925.70	105385.31

西安陕鼓动力股份有限公司

公司名称	西安陕鼓动力股份有限公司			证券简称	陕鼓动力
法人代表	印建安	董秘	印建安(代)	证券代码	601369
公司网址	www.shaangu.com		电子信箱	securities@shaangu.com	
电　　话	029-81871035		传　　真	029-81871038	
办公地址	陕西省西安市高新区沣惠南路8号				
经营范围	大型压缩机、鼓风机、通风机及各种透平机械的开发、制造、销售等				

指标\报告期	2013.06.30	2012.12.31	2012.06.30	2011.12.31
基本每股收益(元)	0.3400	0.6300	0.3600	0.5100
基本每股收益(扣除)(元)	0.3100	0.5400	0.3000	0.4400
每股净资产(元)	3.4532	3.4600	3.1688	3.1589
每股经营现金净流量(元)	–0.2122	0.1250	–0.0576	0.7327
每股现金流量(元)	–0.4680	–0.1449	0.4530	–1.1927
每股资本公积金(元)	1.0161	1.0161	0.9967	0.9967
每股盈余公积金(元)	0.4345	0.4345	0.3784	0.3784
每股未分配利润(元)	0.9943	1.0039	0.7923	0.7838
净资产收益率(%)	9.8572	18.1071	11.3131	16.0860
加权净资产收益率(%)	9.8500	19.1300	10.9300	16.8500
净资产收益率(扣除)(%)	–	–	–	–
总资产(万元)	1411220.39	1477054.04	1432810.31	1435216.55
归属母公司股东权益(万元)	565902.37	566803.99	519299.90	517669.30
主营业务收入(万元)	355812.41	599124.39	308851.66	511305.92
营业收入(万元)	358118.81	604174.47	311949.88	515047.83
主营成本(万元)	243147.34	385918.88	197549.14	339158.67
营业成本(万元)	244679.71	389737.45	199585.60	341810.87
投资收益(万元)	4542.82	16619.28	11174.93	11550.96
净利润(万元)	55714.91	102632.10	58759.25	83291.27
利润总额(万元)	64898.29	114810.40	66380.16	96051.98

兴业证券股份有限公司

公司名称	兴业证券股份有限公司			证券简称	兴业证券
法人代表	兰荣	董秘	杜建新	证券代码	601377
公司网址	www.xyzq.com.cn		电子信箱	xyzqdmc@xyzq.com.cn	
电　　话	0591-38281989 38507869		传　　真	0591-38281999 38281508	
办公地址	福建省福州市湖东路268号 上海市浦东新区民生路1199弄证大五道口广场1号楼22层				
经营范围	证券经纪、投资银行、资产管理、基金管理、证券自营等				

指标\报告期	2013.06.30	2012.12.31	2012.06.30	2011.12.31
基本每股收益(元)	0.1800	0.2200	0.1600	0.2000
基本每股收益(扣除)(元)	0.1600	0.2000	0.1400	0.1800
每股净资产(元)	4.8924	3.9589	3.9000	3.8300
每股经营现金净流量(元)	–0.2154	–0.1988	–0.2926	–4.8646
每股现金流量(元)	1.1293	–0.4126	–0.4501	–5.1754
每股资本公积金(元)	2.4471	1.3161	1.3135	1.3040
每股盈余公积金(元)	0.2134	0.2522	0.2318	0.2318
每股未分配利润(元)	0.8898	0.9858	0.9878	0.9304
净资产收益率(%)	3.2128	5.4693	4.0393	5.1660
加权净资产收益率(%)	4.0400	5.5600	4.0200	5.2000
净资产收益率(扣除)(%)	–	–	–	–
总资产(万元)	2930227.78	2270383.35	2221962.17	2194593.74
归属母公司股东权益(万元)	1272030.85	870952.21	857375.35	842637.17
主营业务收入(万元)				
营业收入(万元)	158236.84	253944.53	140103.17	231508.67
主营成本(万元)				
营业成本(万元)	–	184072.47	91989.75	161993.15
投资收益(万元)	48984.06	53561.29	32097.12	33945.07
净利润(万元)	48334.52	57388.92	39316.01	54615.59
利润总额(万元)	62633.08	74757.26	52748.04	74177.06

怡球金属资源再生(中国)股份有限公司

公司名称	怡球金属资源再生(中国)股份有限公司			证券简称	怡球资源
法人代表	黄崇胜	董秘	叶国梁	证券代码	601388
公司网址	www.yechiu.com.cn		电子信箱	yeh@yechiu.com.cn	
电　　话	0512-53703988		传　　真	0512-53703950	
办公地址	江苏省苏州市太仓市浮桥镇沪浮璜公路88号				
经营范围	通过回收废铝资源、进行再生铝合金锭的生产和销售				

指标\报告期	2013.06.30	2012.12.31	2012.06.30	2011.12.31
基本每股收益(元)	0.1800	0.4400	0.2400	1.0000
基本每股收益(扣除)(元)	0.1700	0.4100	0.2300	0.9700
每股净资产(元)	5.4432	5.4309	5.2300	2.7400
每股经营现金净流量(元)	–0.2990	0.3301	–0.0971	–0.5876
每股现金流量(元)	–0.0946	1.6727	2.7863	0.1150
每股资本公积金(元)	3.0086	3.0086	3.0168	0.2068
每股盈余公积金(元)	0.1585	0.1585	0.1326	0.1782
每股未分配利润(元)	1.4593	1.3839	1.2352	1.5582
净资产收益率(%)	3.2218	7.3773	4.3224	36.5250
加权净资产收益率(%)	3.1800	9.3900	10.4500	36.4400
净资产收益率(扣除)(%)	–	–	–	–
总资产(万元)	375944.22	369856.52	405072.94	277466.03
归属母公司股东权益(万元)	223172.02	222668.43	214425.32	83617.65
主营业务收入(万元)	239973.24	529517.86	279056.36	540343.07
营业收入(万元)	240457.41	529517.86	279320.69	540343.07
主营成本(万元)	225005.42	485927.02	254537.42	486481.03
营业成本(万元)	225005.42	485927.02	254590.20	486481.03
投资收益(万元)	147.34	272.99	18.06	579.84
净利润(万元)	7190.12	16453.88	9286.34	30586.25
利润总额(万元)	9622.91	19029.19	11495.08	36474.95

中国中铁股份有限公司

公司名称	中国中铁股份有限公司			证券简称	中国中铁
法人代表	李长进	董秘	于腾群	证券代码	601390
公司网址	www.crec.cn		电子信箱	ir@crec.cn	
电　　话	010-51878413		传　　真	010-51878417	
办公地址	北京市海淀区复兴路69号中国中铁广场A座				
经营范围	土木工程建筑和线路、管道、设备安装的总承包等				

指标\报告期	2013.06.30	2012.12.31	2012.06.30	2011.12.31
基本每股收益(元)	0.1640	0.3500	0.1100	0.3100
基本每股收益(扣除)(元)	0.1400	0.3000	0.1000	0.3000
每股净资产(元)	3.7585	3.6791	3.4500	3.3800
每股经营现金净流量(元)	–0.3329	–0.1965	–0.7394	–0.6329
每股现金流量(元)	0.3786	0.3526	–0.2737	0.2501
每股资本公积金(元)	1.4277	1.4621	1.4681	1.4596
每股盈余公积金(元)	0.1061	0.1061	0.0927	0.0927
每股未分配利润(元)	1.2424	1.1309	0.9033	0.8393
净资产收益率(%)	4.3569	9.3853	3.2510	9.2890
加权净资产收益率(%)	4.3900	9.7800	3.3100	9.6100
净资产收益率(扣除)(%)	–	–	–	–
总资产(万元)	60568496.40	55083292.70	50151920.10	46873209.70
归属母公司股东权益(万元)	8005653.60	7796296.20	7353025.90	7202020.60
主营业务收入(万元)	24541831.30	47902519.50	19607390.90	45574757.80
营业收入(万元)	24679043.60	48268840.00	19760442.50	45970134.30
主营成本(万元)	22228862.20	42997787.20	17682178.00	40977896.40
营业成本(万元)	22319454.70	43175356.10	17776268.70	41203304.90
投资收益(万元)	57957.60	102409.20	7557.90	8042.80
净利润(万元)	368194.90	803349.10	254033.00	723954.60
利润总额(万元)	513767.50	1059086.60	355986.90	960026.10

中国工商银行股份有限公司

公司概况	公司名称	中国工商银行股份有限公司			证券简称	工商银行
	法人代表	姜建清	董秘	胡浩	证券代码	601398
	公司网址	www.icbc.com.cn		电子信箱	ir@icbc.com.cn	
	电　话	010-66108608		传　真	010-66107571	
	办公地址	北京市西城区复兴门内大街 55 号				
	经营范围	提供银行及相关金融服务等				

主要财务指标	指标\报告期	2013.06.30	2012.12.31	2012.06.30	2011.12.31
	基本每股收益(元)	0.4000	0.6800	0.3500	0.6000
	基本每股收益(扣除)(元)	0.3900	0.6800	0.3500	0.5900
	每股净资产(元)	3.3505	3.2200	2.9100	2.7400
	每股经营现金净流量(元)	0.4082	1.5260	2.3503	0.9972
	每股现金流量(元)	-0.2001	1.0106	2.1729	0.9148
	每股资本公积金(元)	0.3663	0.3676	0.3841	0.3621
	每股盈余公积金(元)	0.2808	0.2805	0.2133	0.2132
	每股未分配利润(元)	1.2211	1.0656	1.0457	0.8976
	净资产收益率(%)	11.8093	21.2029	12.1183	21.7680
	加权净资产收益率(%)	11.6250	23.0200	12.1550	23.4400
	净资产收益率(扣除)(%)	-	-	-	-
	总资产(万元)	1872335300.00	1754221700.00	1707305000.00	1547686800.00
	归属母公司股东权益(万元)	117150700.00	112499700.00	101631800.00	95674200.00
	主营业务收入(万元)				
	营业收入(万元)	29860700.00	53694500.00	26548600.00	47521400.00
	主营成本(万元)				
	营业成本(万元)	-	-	10582800.00	20421400.00
	投资收益(万元)	281600.00	470700.00	279900.00	833700.00
	净利润(万元)	13847700.00	23869100.00	12324100.00	20844500.00
	利润总额(万元)	17884100.00	30868700.00	16021200.00	27231100.00

汕头东风印刷股份有限公司

公司概况	公司名称	汕头东风印刷股份有限公司			证券简称	东风股份
	法人代表	黄佳儿	董秘	邓夏恩	证券代码	601515
	公司网址	www.dfp.com.cn		电子信箱	zqb@dfp.com.cn	
	电　话	0754-88118555		传　真	0754-88118494	
	办公地址	广东省汕头市潮汕路金园工业城北郊工业区(二围工业区)、4A2-2 片区、2M4 片区、13-02 片区 A-F 座				
	经营范围	烟标印制及相关包装材料的设计、生产与销售				

主要财务指标	指标\报告期	2013.06.30	2012.12.31	2012.06.30	2011.12.31
	基本每股收益(元)	0.6200	1.0900	0.5300	1.0900
	基本每股收益(扣除)(元)	0.6000	1.0900	0.5300	1.1700
	每股净资产(元)	4.2994	4.0569	3.5000	2.3300
	每股经营现金净流量(元)	0.4157	1.2367	0.5015	0.7190
	每股现金流量(元)	0.2010	0.7937	1.1343	-0.0651
	每股资本公积金(元)	1.2748	1.2748	1.2743	0.1439
	每股盈余公积金(元)	0.1604	0.1604	0.0943	0.1046
	每股未分配利润(元)	1.8646	1.6204	1.1271	1.0815
	净资产收益率(%)	14.5167	26.4786	14.7202	46.8199
	加权净资产收益率(%)	14.5000	31.2900	16.7900	55.2000
	净资产收益率(扣除)(%)	-	-	-	-
	总资产(万元)	308569.99	278689.53	258148.72	185947.71
	归属母公司股东权益(万元)	239045.59	225561.01	194340.92	116598.92
	主营业务收入(万元)	89727.91	175060.57	87010.85	151755.51
	营业收入(万元)	90998.76	176509.74	87304.29	153522.02
	主营成本(万元)	42048.39	83675.52	41911.10	71846.71
	营业成本(万元)	42990.65	84342.95	41976.88	72356.48
	投资收益(万元)	6758.90	4981.22	2152.14	6513.31
	净利润(万元)	35488.79	61347.77	28755.04	56637.08
	利润总额(万元)	41021.96	71818.23	34694.72	64538.80

吉林高速公路股份有限公司

公司概况	公司名称	吉林高速公路股份有限公司			证券简称	吉林高速
	法人代表	张跃	董秘	张向东	证券代码	601518
	公司网址	www.jlgsgl.com		电子信箱	jlgs@jlgsgl.com	
	电　话	0431-84622188 84664798		传　真	0431-84622168 84664798	
	办公地址	吉林省长春市经济开发区浦东路 4488 号				
	经营范围	公路投资、开发、建设、养护和经营管理、建筑材料生产、经销等				

主要财务指标	指标\报告期	2013.06.30	2012.12.31	2012.06.30	2011.12.31
	基本每股收益(元)	0.1100	0.2400	0.1200	0.1800
	基本每股收益(扣除)(元)	0.1100	0.2300	0.1200	0.1300
	每股净资产(元)	1.8031	1.6943	1.5823	1.5100
	每股经营现金净流量(元)	0.5146	0.3982	0.1949	0.2380
	每股现金流量(元)	0.3799	0.6214	0.6591	0.0611
	每股资本公积金(元)	0.2614	0.2614	0.2614	0.2614
	每股盈余公积金(元)	0.0609	0.0609	0.0373	0.0373
	每股未分配利润(元)	0.4807	0.3719	0.2835	0.2077
	净资产收益率(%)	6.0326	13.9784	7.8891	11.7304
	加权净资产收益率(%)	6.2200	14.9100	8.0800	12.4000
	净资产收益率(扣除)(%)	-	-	-	-
	总资产(万元)	419974.47	368187.89	354845.98	265466.10
	归属母公司股东权益(万元)	218747.04	205551.01	191962.43	182763.00
	主营业务收入(万元)	36544.91	76182.48	36308.21	80989.55
	营业收入(万元)	36544.91	76208.47	36308.21	81016.55
	主营成本(万元)	10778.22	21055.36	9885.10	42177.13
	营业成本(万元)	10782.64	21074.43	9885.10	42190.72
	投资收益(万元)	-	-	-	-
	净利润(万元)	13534.99	29406.10	15659.31	22309.42
	利润总额(万元)	17906.66	38991.02	20634.09	26613.74

上海大智慧股份有限公司

公司概况	公司名称	上海大智慧股份有限公司			证券简称	大智慧
	法人代表	张长虹	董秘	王玫	证券代码	601519
	公司网址	www.gw.com.cn		电子信箱	ir@gw.com.cn	
	电　话	021-20219261		传　真	021-33848922	
	办公地址	上海市浦东新区杨高南路 428 号 1 号楼				
	经营范围	计算机软件服务、第二类增值电信业务中的信息服务业务等				

主要财务指标	指标\报告期	2013.06.30	2012.12.31	2012.06.30	2011.12.31
	基本每股收益(元)	-0.0810	-0.1920	-0.0310	0.0800
	基本每股收益(扣除)(元)	-0.0860	-0.2150	-0.0310	0.0700
	每股净资产(元)	1.5287	2.0927	2.2450	4.6700
	每股经营现金净流量(元)	-0.0311	-0.1821	-0.0826	0.0561
	每股现金流量(元)	-0.1951	-0.4452	-0.2827	2.8784
	每股资本公积金(元)	0.6661	1.1659	1.1649	3.3317
	每股盈余公积金(元)	0.0194	0.0252	0.0253	0.0504
	每股未分配利润(元)	-0.1543	-0.0957	0.0575	0.2927
	净资产收益率(%)	-5.2773	-9.1789	-1.7681	3.2637
	加权净资产收益率(%)	-5.1400	-8.6900	-1.7200	3.4900
	净资产收益率(扣除)(%)	-	-	-	-
	总资产(万元)	299761.00	308251.60	324194.85	340620.30
	归属母公司股东权益(万元)	276237.19	290882.07	312074.00	324503.89
	主营业务收入(万元)	32728.01	47001.28	23012.52	57082.93
	营业收入(万元)	32735.42	47013.84	23012.52	57082.93
	主营成本(万元)	8251.14	16107.87	7866.06	16540.65
	营业成本(万元)	8251.14	16107.87	7866.06	16540.65
	投资收益(万元)	88.67	555.45	108.03	110.14
	净利润(万元)	-14824.85	-26572.34	-5527.70	10590.88
	利润总额(万元)	-14197.22	-25385.32	-5331.65	12068.08

东吴证券股份有限公司

公司概况	公司名称	东吴证券股份有限公司			证券简称	东吴证券
	法人代表	吴永敏	董秘	魏纯	证券代码	601555
	公司网址	www.dwjq.com.cn		电子信箱	dwzqdb@gsjq.com.cn	
	电　话	0512-62601555		传　真	0512-62938812	
	办公地址	江苏省苏州市工业园区星阳街5号				
	经营范围	证券经纪、投资银行、证券自营、资产管理、基金管理、直接投资等				

	指标\报告期	2013.06.30	2012.12.31	2012.06.30	2011.12.31
主要财务指标	基本每股收益(元)	0.1000	0.1400	0.0700	0.1500
	基本每股收益(扣除)(元)	0.0900	0.1400	0.0700	0.1500
	每股净资产(元)	3.8322	3.7885	3.6900	3.6900
	每股经营现金净流量(元)	0.1840	-0.8331	-0.6727	-3.8954
	每股现金流量(元)	0.1833	-1.7387	-1.2361	-2.8748
	每股资本公积金(元)	2.1510	2.1528	2.1304	2.1201
	每股盈余公积金(元)	0.0651	0.0651	0.0517	0.0517
	每股未分配利润(元)	0.3631	0.3176	0.2843	0.2967
	净资产收益率(%)	2.4941	3.7185	1.8308	3.1329
	加权净资产收益率(%)	2.4900	3.7600	1.8100	5.5300
	净资产收益率(扣除)(%)	-	-	-	-
	总资产(万元)	1597847.95	1577020.26	1531326.57	1585993.30
	归属母公司股东权益(万元)	766445.41	757699.71	738566.45	738974.37
	主营业务收入(万元)				
	营业收入(万元)	77226.63	32052.99	65754.87	129789.24
	主营成本(万元)				
	营业成本(万元)	-	-	-	99066.68
	投资收益(万元)	25522.79	-1417.98	8202.04	8151.68
	净利润(万元)	19307.25	6385.17	13917.74	23568.86
	利润总额(万元)	25973.02	8513.60	18940.30	32035.25

华锐风电科技(集团)股份有限公司

公司概况	公司名称	华锐风电科技(集团)股份有限公司			证券简称	华锐风电
	法人代表	王原	董秘	赵洋	证券代码	601558
	公司网址	www.sinovel.com		电子信箱	investor@sinovelwind.com	
	电　话	010-62515566		传　真	010-62511713	
	办公地址	北京市海淀区中关村大街59号文化大厦				
	经营范围	开发、设计、销售风力发电设备等				

	指标\报告期	2013.06.30	2012.12.31	2012.06.30	2011.12.31
主要财务指标	基本每股收益(元)	-0.1100	-0.1400	0.0028	0.1500
	基本每股收益(扣除)(元)	-0.1300	-0.1600	-0.0004	0.1000
	每股净资产(元)	2.9857	3.0630	3.2700	6.8075
	每股经营现金净流量(元)	-0.3171	-0.1034	-0.1418	-2.9158
	每股现金流量(元)	-0.4012	-1.1479	-0.9032	2.1186
	每股资本公积金(元)	1.8174	1.7761	1.7934	4.6028
	每股盈余公积金(元)	0.1247	0.1247	0.1247	0.2495
	每股未分配利润(元)	0.0445	0.1584	0.3061	0.9566
	净资产收益率(%)	-3.8143	-4.7316	0.1877	4.3757
	加权净资产收益率(%)	-3.7700	-4.4800	0.0800	4.5600
	净资产收益率(扣除)(%)	-	-	-	-
	总资产(万元)	2803338.21	2867653.99	3091338.52	3409698.33
	归属母公司股东权益(万元)	1200382.62	1231441.31	1295370.55	1368451.37
	主营业务收入(万元)	138838.71	399012.75	308645.94	950649.01
	营业收入(万元)	138838.71	401814.52	308645.94	950649.01
	主营成本(万元)	128735.52	382364.72	286959.90	807844.90
	营业成本(万元)	128735.52	383530.24	286959.90	807844.90
	投资收益(万元)	10188.36	1688.60	686.92	1224.22
	净利润(万元)	-45786.04	-58267.09	1121.45	59879.77
	利润总额(万元)	-52965.58	-67858.73	9764.02	53097.90

九牧王股份有限公司

公司概况	公司名称	九牧王股份有限公司			证券简称	九牧王
	法人代表	林聪颖	董秘	吴徽荣	证券代码	601566
	公司网址	www.jiumuwang.com		电子信箱	ir@joeone.net	
	电　话	0592-2955789		传　真	0592-2955997	
	办公地址	福建省厦门市思明区龙昌路12号				
	经营范围	生产纺织品、服装、皮革服饰、家具、运动鞋及相关技术的交流和推广				

	指标\报告期	2013.06.30	2012.12.31	2012.06.30	2011.12.31
主要财务指标	基本每股收益(元)	0.5000	1.1600	0.5900	0.9900
	基本每股收益(扣除)(元)	0.5100	1.1400	0.5800	0.9900
	每股净资产(元)	7.4020	7.5910	7.0000	6.9400
	每股经营现金净流量(元)	0.3732	0.9665	0.2986	0.5848
	每股现金流量(元)	-0.4851	0.1150	-0.1079	4.0936
	每股资本公积金(元)	4.5156	4.5064	4.4865	4.4061
	每股盈余公积金(元)	0.2813	0.2813	0.1596	0.1612
	每股未分配利润(元)	1.6066	1.8046	1.3551	1.3789
	净资产收益率(%)	6.7822	15.2172	8.3424	13.0161
	加权净资产收益率(%)	6.4000	16.0800	8.1500	19.4900
	净资产收益率(扣除)(%)	-	-	-	-
	总资产(万元)	517534.27	510949.67	466867.51	475778.30
	归属母公司股东权益(万元)	428326.23	439256.57	405058.58	397886.52
	主营业务收入(万元)	115684.76	259049.86	118839.00	225429.02
	营业收入(万元)	116378.86	260055.68	119101.27	225733.12
	主营成本(万元)	49171.48	109253.08	50261.90	99654.87
	营业成本(万元)	49305.50	109762.10	50537.81	100117.56
	投资收益(万元)	1043.17	491.45	375.87	173.99
	净利润(万元)	29050.03	66842.34	33791.59	51789.32
	利润总额(万元)	38536.20	77223.95	39084.35	60168.97

宁波三星电气股份有限公司

公司概况	公司名称	宁波三星电气股份有限公司			证券简称	三星电气
	法人代表	郑坚江	董秘	缪锡雷	证券代码	601567
	公司网址	www.sanxing.com		电子信箱	stock@mail.sanxing.com	
	电　话	0574-88072272		传　真	0574-88072271	
	办公地址	浙江省宁波市鄞州工业园区(宁波市鄞州区姜山镇)				
	经营范围	仪器仪表、电能表、变压器、开关柜、配电自动化设备及相关配件的研发、制造、加工等				

	指标\报告期	2013.06.30	2012.12.31	2012.06.30	2011.12.31
主要财务指标	基本每股收益(元)	0.2100	0.6600	0.2000	0.5900
	基本每股收益(扣除)(元)	0.2100	0.6500	0.1900	0.5700
	每股净资产(元)	5.5902	5.3803	4.9195	7.5800
	每股经营现金净流量(元)	-0.4363	1.5502	-0.4504	-0.1037
	每股现金流量(元)	-1.5591	-0.2892	-0.7671	4.1318
	每股资本公积金(元)	2.7176	2.7176	2.7170	4.5755
	每股盈余公积金(元)	0.2133	0.2133	0.1526	0.2288
	每股未分配利润(元)	1.6594	1.4495	1.0499	1.7748
	净资产收益率(%)	3.7556	12.2731	4.0667	10.2570
	加权净资产收益率(%)	3.8200	12.6600	3.8800	16.2400
	净资产收益率(扣除)(%)	-	-	-	-
	总资产(万元)	351196.75	365459.65	337737.68	332431.53
	归属母公司股东权益(万元)	223888.72	215481.91	197025.05	202362.63
	主营业务收入(万元)	95734.31	254484.50	103828.90	245267.58
	营业收入(万元)	96778.02	256175.13	104179.04	247893.24
	主营成本(万元)	66212.91	178870.48	74427.19	184000.08
	营业成本(万元)	66687.37	180381.94	74683.24	185376.87
	投资收益(万元)	967.77	223.61	-	-
	净利润(万元)	8399.54	26446.33	8012.43	20755.75
	利润总额(万元)	9854.70	30892.90	9291.18	23833.93

北京北辰实业股份有限公司

公司概况						
	公司名称	北京北辰实业股份有限公司			证券简称	北辰实业
	法人代表	贺江川	董秘	郭川	证券代码	601588
	公司网址	www.beijingns.com.cn		电子信箱	northstar@beijingns.com.cn	
	电　话	010-64991277		传　真	010-64991352	
	办公地址	北京市朝阳区北辰东路 8 号汇欣大厦 A 座 707				
	经营范围	房地产开发、物业管理、物业出租、娱乐及餐饮、酒店及百货业等				

主要财务指标	指标\报告期	2013.06.30	2012.12.31	2012.06.30	2011.12.31
	基本每股收益(元)	0.1100	0.1900	0.0900	0.1400
	基本每股收益(扣除)(元)	0.1100	0.1900	0.0900	0.1400
	每股净资产(元)	3.0482	3.0025	2.9000	2.8400
	每股经营现金净流量(元)	0.2117	0.1406	0.0034	0.0201
	每股现金流量(元)	0.6815	-0.0687	0.0141	0.0855
	每股资本公积金(元)	1.0982	1.0982	1.0982	1.0982
	每股盈余公积金(元)	0.2030	0.2030	0.1924	0.1924
	每股未分配利润(元)	0.7470	0.7013	0.6105	0.5538
	净资产收益率(%)	3.4666	6.2653	2.9891	4.8950
	加权净资产收益率(%)	3.4600	6.4300	3.0100	5.0000
	净资产收益率(扣除)(%)	-	-	-	-
	总资产(万元)	3175172.82	2948382.38	2834554.41	2851323.86
	归属母公司股东权益(万元)	1026340.44	1010949.70	976808.93	957711.99
	主营业务收入(万元)	285204.57	572027.71	265840.06	395022.76
	营业收入(万元)	286675.46	573590.39	267490.13	396893.32
	主营成本(万元)	157790.31	315015.82	157566.09	193583.96
	营业成本(万元)	158085.52	315059.60	157894.96	193586.42
	投资收益(万元)	-67.85	-172.12	-	-659.20
	净利润(万元)	36982.82	60956.40	29140.51	49090.19
	利润总额(万元)	49431.00	82283.25	39024.39	66514.42

江苏鹿港科技股份有限公司

公司概况						
	公司名称	江苏鹿港科技股份有限公司			证券简称	鹿港科技
	法人代表	钱文龙	董秘	邹国栋	证券代码	601599
	公司网址	www.lugangwool.com		电子信箱	info@lugangwool.com	
	电　话	0512-58353258 58353239		传　真	0512-58470080	
	办公地址	江苏省张家港市塘桥镇鹿苑工业区				
	经营范围	各类针织毛纺纱线以及高档精纺呢绒面料生产与销售等				

主要财务指标	指标\报告期	2013.06.30	2012.12.31	2012.06.30	2011.12.31
	基本每股收益(元)	0.0800	0.0300	0.0600	0.3200
	基本每股收益(扣除)(元)	0.0400	-0.0100	0.0600	0.3100
	每股净资产(元)	3.0337	3.0047	3.0350	4.6591
	每股经营现金净流量(元)	0.6248	0.4060	0.3209	-0.1312
	每股现金流量(元)	0.7958	-0.5334	-0.4860	0.9421
	每股资本公积金(元)	1.2481	1.2481	1.2481	2.3721
	每股盈余公积金(元)	0.0449	0.0449	0.0449	0.0673
	每股未分配利润(元)	0.7417	0.7118	0.7420	1.2197
	净资产收益率(%)	2.6353	1.0651	2.0483	9.7197
	加权净资产收益率(%)	2.6400	1.0600	2.0100	19.6500
	净资产收益率(扣除)(%)	-	-	-	-
	总资产(万元)	257086.87	221348.74	210939.53	168206.87
	归属母公司股东权益(万元)	96472.39	95549.50	96509.63	98772.86
	主营业务收入(万元)	103012.87	163739.74	95512.94	172429.48
	营业收入(万元)	104811.58	167126.94	96634.99	178599.53
	主营成本(万元)	88567.58	144418.89	83714.21	146367.69
	营业成本(万元)	89380.61	146421.84	84490.42	152251.49
	投资收益(万元)	122.32	-	-	37.48
	净利润(万元)	2815.23	1080.99	2193.79	10297.77
	利润总额(万元)	3580.63	1649.86	2723.91	12837.83

中国铝业股份有限公司

公司概况						
	公司名称	中国铝业股份有限公司			证券简称	中国铝业
	法人代表	熊维平	董秘	许波	证券代码	601600
	公司网址	www.chalco.com.cn		电子信箱	ir@chalco.com.cn	
	电　话	010-82298103 82298560		传　真	010-82298158	
	办公地址	北京市海淀区西直门北大街 62 号				
	经营范围	氧化铝、原铝及铝加工产品的生产及销售等				

主要财务指标	指标\报告期	2013.06.30	2012.12.31	2012.06.30	2011.12.31
	基本每股收益(元)	-0.0500	-0.6100	-0.2400	0.0200
	基本每股收益(扣除)(元)	-0.2500	-0.6400	-0.2400	-0.0200
	每股净资产(元)	3.1729	3.2412	3.6000	3.8340
	每股经营现金净流量(元)	0.1229	0.0830	-0.1342	0.1841
	每股现金流量(元)	0.0994	-0.1130	-0.0579	0.1189
	每股资本公积金(元)	1.0157	1.0343	1.0277	1.0198
	每股盈余公积金(元)	0.4338	0.4338	0.4338	0.4338
	每股未分配利润(元)	0.7214	0.7675	1.1358	1.3763
	净资产收益率(%)	-1.4537	-18.7835	-6.6772	0.4590
	加权净资产收益率(%)	-1.4400	-17.2400	-6.4800	0.4600
	净资产收益率(扣除)(%)	-	-	-	-
	总资产(万元)	20248809.60	17501688.20	18008885.50	15713415.70
	归属母公司股东权益(万元)	4291245.20	4383511.80	4872178.20	5185335.40
	主营业务收入(万元)	7443209.30	14622813.80	7013251.50	14286316.60
	营业收入(万元)	7664102.10	14947882.10	7169778.10	14587443.30
	主营成本(万元)	7315167.60	14531405.10	6949479.90	13496128.00
	营业成本(万元)	7509427.70	14840644.00	7097993.00	13779029.10
	投资收益(万元)	175451.30	23335.90	15559.00	104744.40
	净利润(万元)	-67368.20	-864358.30	-342476.80	69050.40
	利润总额(万元)	-70860.00	-909206.20	-418135.10	81799.60

中国太平洋保险(集团)股份有限公司

公司概况						
	公司名称	中国太平洋保险(集团)股份有限公司			证券简称	中国太保
	法人代表	高国富	董秘	方林	证券代码	601601
	公司网址	www.cpic.com.cn		电子信箱	ir@cpic.com.cn	
	电　话	021-58767282		传　真	021-68870791	
	办公地址	上海市浦东新区银城中路 190 号交银金融大厦南楼				
	经营范围	人民币和外币的各种财产保险、短期健康保险和意外伤害保险业务				

主要财务指标	指标\报告期	2013.06.30	2012.12.31	2012.06.30	2011.12.31
	基本每股收益(元)	0.6000	0.5900	0.3100	0.9700
	基本每股收益(扣除)(元)	0.6000	0.5800	0.3000	0.8500
	每股净资产(元)	10.6275	10.6100	9.5100	8.9300
	每股经营现金净流量(元)	3.1610	5.7519	3.9414	6.4566
	每股现金流量(元)	0.3983	1.1062	1.5044	-0.3016
	每股资本公积金(元)	6.9210	7.1591	6.2030	5.5842
	每股盈余公积金(元)	0.2977	0.2977	0.2598	0.2598
	每股未分配利润(元)	2.4154	2.1624	2.0490	2.0922
	净资产收益率(%)	5.6736	5.2788	3.2270	10.8250
	加权净资产收益率(%)	5.6000	6.1000	3.3000	10.6000
	净资产收益率(扣除)(%)	-	-	-	-
	总资产(万元)	72120700.00	68150200.00	64051700.00	57061200.00
	归属母公司股东权益(万元)	9630600.00	9617700.00	8174800.00	7679600.00
	主营业务收入(万元)	-	-	-	-
	营业收入(万元)	10406800.00	17145100.00	9229500.00	15793400.00
	主营成本(万元)	-	-	-	-
	营业成本(万元)	-	16540700.00	8883400.00	-
	投资收益(万元)	1590800.00	2237400.00	1077400.00	2007500.00
	净利润(万元)	554600.00	513000.00	266800.00	839300.00
	利润总额(万元)	692800.00	611300.00	348100.00	1039900.00

上海医药集团股份有限公司

公司概况					
公司名称	上海医药集团股份有限公司			证券简称	上海医药
法人代表	楼定波	董秘	韩敏	证券代码	601607
公司网址	www.pharm-sh.com.cn		电子信箱	pharm@pharm-sh.com.cn	
电话	021-63730908		传真	021-63289333	
办公地址	上海市太仓路200号上海医药大厦				
经营范围	原料药和各种剂型等				

主要财务指标 指标\报告期	2013.06.30	2012.12.31	2012.06.30	2011.12.31
基本每股收益(元)	0.4424	0.7635	0.4268	0.8437
基本每股收益(扣除)(元)	0.4208	0.6675	0.3979	0.5883
每股净资产(元)	9.2665	9.1633	8.8400	8.5800
每股经营现金净流量(元)	0.1260	0.4280	0.2269	0.6592
每股现金流量(元)	-0.3695	-0.4663	-0.0698	3.1032
每股资本公积金(元)	5.2750	5.3724	5.3912	5.3888
每股盈余公积金(元)	0.2983	0.2983	0.2653	0.2653
每股未分配利润(元)	2.6988	2.4985	2.1952	1.9325
净资产收益率(%)	4.7743	8.3317	4.8279	8.8491
加权净资产收益率(%)	4.7600	8.6200	4.8700	11.8200
净资产收益率(扣除)(%)	-	-	-	-
总资产(万元)	5420161.84	5106903.80	5069774.95	4766782.29
归属母公司股东权益(万元)	2491685.43	2463929.93	2377253.92	2307847.22
主营业务收入(万元)	3850134.63	-	3346635.69	5455438.68
营业收入(万元)	3871790.18	6807811.78	3362119.56	5489987.25
主营成本(万元)	3348024.41	-	2891853.50	4672775.85
营业成本(万元)	3358307.03	5879260.09	2898242.79	4688219.16
投资收益(万元)	24846.10	38900.60	23632.43	93391.46
净利润(万元)	139713.78	246058.79	134274.02	244602.97
利润总额(万元)	170918.44	308772.68	169766.59	303510.21

中信重工机械股份有限公司

公司概况					
公司名称	中信重工机械股份有限公司			证券简称	中信重工
法人代表	任沁新	董秘	梁慧	证券代码	601608
公司网址	www.citichmc.com		电子信箱	citic_hic@citic.com	
电话	0379-64088999		传真	0379-64088108	
办公地址	河南省洛阳市涧西区建设路206号				
经营范围	重型成套机械设备及零部件、铸锻件的设计、制造、销售等				

主要财务指标 指标\报告期	2013.06.30	2012.12.31	2012.06.30	2011.12.31
基本每股收益(元)	0.1300	0.3600	0.2000	0.4000
基本每股收益(扣除)(元)	0.1300	0.3500	0.1900	0.3800
每股净资产(元)	2.8102	2.7372	1.9065	1.7095
每股经营现金净流量(元)	-0.0991	0.3022	0.1724	-0.2718
每股现金流量(元)	0.1753	0.9510	0.0452	0.2859
每股资本公积金(元)	0.9295	0.9295	0.0438	0.0583
每股盈余公积金(元)	0.1355	0.1121	0.0887	0.1182
每股未分配利润(元)	0.7514	0.7002	0.5525	0.5410
净资产收益率(%)	4.6513	11.6130	10.2629	23.2708
加权净资产收益率(%)	4.6700	15.8200	10.8200	26.4300
净资产收益率(扣除)(%)	-	-	-	-
总资产(万元)	1776216.89	1644613.23	1368008.34	1292677.20
归属母公司股东权益(万元)	769985.05	749991.99	391790.36	351299.65
主营业务收入(万元)	301656.32	723580.81	343308.45	704110.08
营业收入(万元)	301656.32	723580.81	343308.45	704110.08
主营成本(万元)	209073.08	495643.93	246295.75	481094.30
营业成本(万元)	209073.08	495643.93	246295.75	481094.30
投资收益(万元)	3582.13	4671.88	1372.40	8856.09
净利润(万元)	35831.40	87204.98	40253.56	82805.37
利润总额(万元)	40404.54	98083.58	47279.24	96448.46

上海广电电气(集团)股份有限公司

公司概况					
公司名称	上海广电电气(集团)股份有限公司			证券简称	广电电气
法人代表	赵淑文	董秘	马小丰	证券代码	601616
公司网址	www.sgeg.cn		电子信箱	office@csge.com	
电话	021-67101516 67101661		传真	021-67101890	
办公地址	上海市奉贤区南桥镇环城东路123弄1号				
经营范围	高低压输配电成套设备、各类元器件及零配件、流体设备的生产销售等				

主要财务指标 指标\报告期	2013.06.30	2012.12.31	2012.06.30	2011.12.31
基本每股收益(元)	0.0287	0.0422	0.0328	0.2241
基本每股收益(扣除)(元)	0.0233	0.0173	0.0165	0.1892
每股净资产(元)	2.6985	2.7541	2.7445	4.9815
每股经营现金净流量(元)	-0.0034	0.0932	-0.0605	-0.1695
每股现金流量(元)	-0.1341	-0.4552	-0.3085	2.3899
每股资本公积金(元)	1.4496	1.4337	1.4337	3.3806
每股盈余公积金(元)	0.0855	0.0855	0.0808	0.1454
每股未分配利润(元)	0.1640	0.2354	0.2305	0.4562
净资产收益率(%)	1.0623	1.5309	0.8419	8.0232
加权净资产收益率(%)	1.0500	1.5300	0.8300	8.6300
净资产收益率(扣除)(%)	-	-	-	-
总资产(万元)	332413.57	325339.15	345747.96	363277.20
归属母公司股东权益(万元)	251652.54	256837.98	255947.17	258089.46
主营业务收入(万元)	49666.40	88862.50	42763.90	120886.67
营业收入(万元)	50799.15	91452.52	44084.61	122438.00
主营成本(万元)	38481.34	66266.45	30815.76	88627.70
营业成本(万元)	38746.28	68334.01	31647.51	89161.38
投资收益(万元)	1580.88	2786.92	750.28	8095.85
净利润(万元)	2863.76	4860.72	2450.89	20458.93
利润总额(万元)	3094.64	5138.49	2755.42	23268.26

中国冶金科工股份有限公司

公司概况					
公司名称	中国冶金科工股份有限公司			证券简称	中国中冶
法人代表	国文清	董秘	康承业	证券代码	601618
公司网址	www.mccchina.com		电子信箱	ir@mccchina.com	
电话	010-59868666		传真	010-59868999	
办公地址	北京市朝阳区曙光西里28号中冶大厦 香港湾仔港湾道1号会展广场办公大楼32楼3205室				
经营范围	工程承包、资源开发、装备制造与房地产开发等				

主要财务指标 指标\报告期	2013.06.30	2012.12.31	2012.06.30	2011.12.31
基本每股收益(元)	0.0800	-0.3600	-0.0100	0.2200
基本每股收益(扣除)(元)	0.0400	-0.5700	-0.0300	0.1800
每股净资产(元)	2.2433	2.1533	2.5100	2.5200
每股经营现金净流量(元)	-0.2150	0.2295	-0.4799	-0.6610
每股现金流量(元)	-0.5014	-0.5566	-0.4770	0.1789
每股资本公积金(元)	0.9593	0.9464	0.9471	0.9477
每股盈余公积金(元)	0.0151	0.0151	0.0151	0.0151
每股未分配利润(元)	0.2729	0.1955	0.5633	0.5730
净资产收益率(%)	3.4534	-16.8935	-0.3881	8.8030
加权净资产收益率(%)	3.5200	-15.5600	-0.3800	9.1100
净资产收益率(扣除)(%)	-	-	-	-
总资产(万元)	33081878.70	32622652.30	34817230.60	33203096.20
归属母公司股东权益(万元)	4286872.80	4118410.80	4796244.40	4820291.00
主营业务收入(万元)	9072731.10	22022290.00	10661737.70	22797156.70
营业收入(万元)	9115321.00	22111969.80	10701419.20	23017820.40
主营成本(万元)	7887251.70	19460518.10	9391047.00	20054774.10
营业成本(万元)	7918585.60	19517314.80	9416510.30	20274392.80
投资收益(万元)	52853.40	361283.60	8766.80	113228.60
净利润(万元)	135730.50	-1045481.50	-45692.90	371256.70
利润总额(万元)	239740.90	-796229.50	59088.50	615464.10

中国人寿保险股份有限公司

公司概况

公司名称	中国人寿保险股份有限公司			证券简称	中国人寿
法人代表	杨明生	董秘	郑勇	证券代码	601628
公司网址	www.e-chinalife.com		电子信箱	ir@e-chinalife.com	
电　　话	010-63631191 63631068		传　　真	010-66575112 66575722	
办公地址	北京市西城区金融大街16号				
经营范围	人寿保险、健康保险、意外伤害保险等各类人身保险业务等				

主要财务指标

指标\报告期	2013.06.30	2012.12.31	2012.06.30	2011.12.31
基本每股收益(元)	0.5700	0.3900	0.3400	0.6500
基本每股收益(扣除)(元)	0.5700	0.3900	0.3400	0.6500
每股净资产(元)	8.1600	7.8200	7.5500	6.7800
每股经营现金净流量(元)	1.5121	4.6766	1.8862	4.7392
每股现金流量(元)	-0.6488	0.4765	1.1439	0.2877
每股资本公积金(元)	2.0013	2.0963	1.8774	1.2120
每股盈余公积金(元)	1.3560	1.3169	1.2777	1.2123
每股未分配利润(元)	3.2382	2.8443	2.8721	2.8266
净资产收益率(%)	7.0230	5.0031	4.5135	9.5710
加权净资产收益率(%)	7.1100	5.3800	4.7100	9.1600
净资产收益率(扣除)(%)	-	-	-	-
总资产(万元)	198403500.00	189891600.00	176923400.00	158390700.00
归属母公司股东权益(万元)	23064300.00	22108500.00	21347300.00	19153000.00
主营业务收入(万元)				
营业收入(万元)	25253800.00	40537900.00	22526000.00	38538800.00
主营成本(万元)				
营业成本(万元)	-	-	-	36484200.00
投资收益(万元)	4940000.00	8000600.00	3941200.00	6482300.00
净利润(万元)	1632800.00	1127200.00	974100.00	1849100.00
利润总额(万元)	2015700.00	1096800.00	1101200.00	2051300.00

长城汽车股份有限公司

公司概况

公司名称	长城汽车股份有限公司			证券简称	长城汽车
法人代表	魏建军	董秘	徐辉	证券代码	601633
公司网址	www.gwm.com.cn		电子信箱	zqb@gwm.com.cn	
电　　话	0312-2197813 2197815		传　　真	0312-2197812	
办公地址	河北省保定市朝阳南大街2266号				
经营范围	汽车整车及汽车零部件的研发、生产及销售				

主要财务指标

指标\报告期	2013.06.30	2012.12.31	2012.06.30	2011.12.31
基本每股收益(元)	1.3400	1.8700	0.7700	1.2200
基本每股收益(扣除)(元)	1.3200	1.8100	0.7600	1.1800
每股净资产(元)	7.8449	7.0714	5.9700	5.5000
每股经营现金净流量(元)	1.6281	1.4255	0.7994	1.4622
每股现金流量(元)	0.3568	-0.2336	-0.2687	1.3912
每股资本公积金(元)	1.4663	1.4663	1.4663	1.4672
每股盈余公积金(元)	0.7290	0.7290	0.5204	0.5204
每股未分配利润(元)	4.6516	3.8782	2.9893	2.5157
净资产收益率(%)	17.1252	26.4600	12.9490	20.4710
加权净资产收益率(%)	17.5700	29.8800	13.2500	27.8300
净资产收益率(扣除)(%)	-	-	-	-
总资产(万元)	4488228.09	4256939.65	3692599.41	3313485.77
归属母公司股东权益(万元)	2386736.41	2151424.40	1817532.25	1673710.84
主营业务收入(万元)	2622549.17	3993891.38	1788709.20	2938541.63
营业收入(万元)	2641683.86	4315996.66	1828757.14	3008947.67
主营成本(万元)	1863928.20	3179749.76	1317316.73	2200195.37
营业成本(万元)	1876554.01	3156150.14	1347610.54	2259379.79
投资收益(万元)	3027.89	1932.29	693.27	2435.73
净利润(万元)	409167.76	572207.13	237680.15	351065.29
利润总额(万元)	493137.20	684103.63	285538.60	413065.13

株洲旗滨集团股份有限公司

公司概况

公司名称	株洲旗滨集团股份有限公司			证券简称	旗滨集团
法人代表	俞其兵	董秘	钟碰辉	证券代码	601636
公司网址	www.kibinggroup.com		电子信箱	phyy99@163.com	
电　　话	0596-5699668 5699660		传　　真	0596-5699660	
办公地址	福建省漳州市东山县西埔镇环岛路8号				
经营范围	玻璃及制品生产、销售、玻璃加工、装卸劳务等				

主要财务指标

指标\报告期	2013.06.30	2012.12.31	2012.06.30	2011.12.31
基本每股收益(元)	0.2390	0.2890	0.1810	0.3750
基本每股收益(扣除)(元)	0.2290	0.0670	0.0040	0.3220
每股净资产(元)	4.1562	3.9850	3.8427	3.8041
每股经营现金净流量(元)	0.8921	-0.0503	-0.1438	0.0684
每股现金流量(元)	0.1474	0.1744	0.3057	0.6055
每股资本公积金(元)	2.0689	2.0378	2.0039	1.9643
每股盈余公积金(元)	0.1177	0.1176	0.0824	0.0857
每股未分配利润(元)	0.9696	0.8297	0.7563	0.7540
净资产收益率(%)	5.7583	7.1297	4.5670	8.1950
加权净资产收益率(%)	5.7100	7.1100	4.6600	14.2300
净资产收益率(扣除)(%)	-	-	-	-
总资产(万元)	773944.37	675148.52	648165.28	478924.47
归属母公司股东权益(万元)	288545.53	276771.89	266935.54	254111.86
主营业务收入(万元)	156241.22	263660.33	103657.49	200352.92
营业收入(万元)	163771.94	268453.56	104869.17	203581.83
主营成本(万元)	114462.32	222712.03	89025.32	157519.25
营业成本(万元)	120755.33	226132.14	89669.77	159391.69
投资收益(万元)	-	-	-	-
净利润(万元)	16615.44	19733.02	12190.98	20823.62
利润总额(万元)	19696.62	22999.28	14410.18	23843.98

平顶山天安煤业股份有限公司

公司概况

公司名称	平顶山天安煤业股份有限公司			证券简称	平煤股份
法人代表	刘银志	董秘	黄爱军	证券代码	601666
公司网址	www.pmta.com.cn		电子信箱	pmta@pmjt.com.cn	
电　　话	0375-2749515 2723076		传　　真	0375-2726426	
办公地址	河南省平顶山市矿工中路21号				
经营范围	煤炭开采、煤炭洗选加工及煤炭销售				

主要财务指标

指标\报告期	2013.06.30	2012.12.31	2012.06.30	2011.12.31
基本每股收益(元)	0.1828	0.4750	0.3516	0.7804
基本每股收益(扣除)(元)	0.1833	0.4691	0.3456	0.8367
每股净资产(元)	4.9418	4.7250	4.8558	4.4568
每股经营现金净流量(元)	-0.5226	-0.1238	0.2160	0.9371
每股现金流量(元)	0.8871	-0.4635	-0.8145	0.1972
每股资本公积金(元)	1.1522	1.1522	1.1366	1.1494
每股盈余公积金(元)	0.6372	0.6372	0.5887	0.5887
每股未分配利润(元)	1.9441	1.9043	1.8295	1.6778
净资产收益率(%)	3.6984	10.0518	7.2414	17.5096
加权净资产收益率(%)	3.7530	10.4700	7.4659	18.6200
净资产收益率(扣除)(%)	-	-	-	-
总资产(万元)	2461739.82	2086175.31	1976127.73	1983581.07
归属母公司股东权益(万元)	1166842.76	1115654.19	1146529.52	1052316.84
主营业务收入(万元)	877880.46	2006156.71	1119311.74	2173581.95
营业收入(万元)	928069.59	2216935.37	1241640.59	2517923.64
主营成本(万元)	691396.68	1581044.41	856480.83	1651822.25
营业成本(万元)	741131.80	1789161.22	979333.71	1996417.85
投资收益(万元)	125.45	220.00	151.12	456.00
净利润(万元)	48112.93	117033.88	86217.11	177066.36
利润总额(万元)	61679.99	144164.91	114635.87	227812.77

中国建筑股份有限公司

公司概况						
公司概况	公司名称	中国建筑股份有限公司			证券简称	中国建筑
	法人代表	易军	董秘	孟庆禹	证券代码	601668
	公司网址	www.cscec.com		电子信箱		ir@cscec.com
	电　　话	010-88083288		传　　真		010-88082678
	办公地址	北京市海淀区三里河路15号				
	经营范围	勘察、设计、施工、安装、咨询、开发、装饰、生产、批发、零售、进出口等				

主要财务指标	指标\报告期	2013.06.30	2012.12.31	2012.06.30	2011.12.31
	基本每股收益(元)	0.2900	0.5200	0.2400	0.4500
	基本每股收益(扣除)(元)	0.2600	0.4900	0.2300	0.4300
	每股净资产(元)	3.5600	3.3953	3.0800	2.9800
	每股经营现金净流量(元)	–0.5115	0.0798	–0.3707	–0.2562
	每股现金流量(元)	0.1345	0.8229	0.1289	0.1394
	每股资本公积金(元)	0.9821	1.0099	0.9819	0.9994
	每股盈余公积金(元)	0.0341	0.0341	0.0240	0.0240
	每股未分配利润(元)	1.5065	1.3186	1.0448	0.8857
	净资产收益率(%)	8.2343	15.4482	7.7608	15.1920
	加权净资产收益率(%)	8.3300	16.5200	7.7100	16.2800
	净资产收益率(扣除)(%)	–	–	–	–
	总资产(万元)	73793176.00	65169416.50	57836426.70	51351019.10
	归属母公司股东权益(万元)	10674185.30	10185837.80	9243851.40	8954333.10
	主营业务收入(万元)	30129219.60	57041338.00	25295177.00	48240077.00
	营业收入(万元)	30193393.70	57151583.50	25349200.50	48283663.70
	主营成本(万元)	26511649.10	50089530.50	22248499.10	42409470.70
	营业成本(万元)	26566019.00	50183538.70	22291665.70	42470383.90
	投资收益(万元)	298447.00	299569.60	102736.40	199239.30
	净利润(万元)	1286573.00	2277669.80	994480.90	1923854.10
	利润总额(万元)	1734568.80	3016093.40	1345588.00	2589216.60

中国水利水电建设股份有限公司

公司概况						
公司概况	公司名称	中国水利水电建设股份有限公司			证券简称	中国水电
	法人代表	范集湘	董秘	王志平	证券代码	601669
	公司网址	www.sinohydro.com		电子信箱		zgsd@sinohydro.com
	电　　话	010-58381999		传　　真		010-58381621
	办公地址	北京市海淀区车公庄西路22号				
	经营范围	水利、电力、公路、铁路、港口与航道、机场、房屋、市政工程设施等				

主要财务指标	指标\报告期	2013.06.30	2012.12.31	2012.06.30	2011.12.31
	基本每股收益(元)	0.2323	0.4265	0.2098	0.4924
	基本每股收益(扣除)(元)	0.2313	0.4021	0.2019	0.5090
	每股净资产(元)	3.3178	3.2219	3.0155	2.8398
	每股经营现金净流量(元)	–0.2268	0.2524	–0.1815	0.6046
	每股现金流量(元)	0.2135	–0.6333	–0.2942	2.0262
	每股资本公积金(元)	1.1236	1.1348	1.1335	1.1337
	每股盈余公积金(元)	0.0238	0.0238	0.0064	0.0064
	每股未分配利润(元)	1.1545	1.0502	0.8509	0.6791
	净资产收益率(%)	7.0027	13.2371	6.9587	13.2750
	加权净资产收益率(%)	7.0100	14.0900	7.1300	23.0400
	净资产收益率(扣除)(%)	–	–	–	–
	总资产(万元)	20958017.18	18152676.58	17427221.04	16321513.50
	归属母公司股东权益(万元)	3185044.38	3092998.99	2894838.05	2726171.18
	主营业务收入(万元)	6560241.00	12540392.95	5447748.42	11189796.05
	营业收入(万元)	6618955.61	12703657.24	5518903.21	11347088.11
	主营成本(万元)	5661043.60	10820307.36	4702169.90	9597216.42
	营业成本(万元)	5710048.01	10945796.51	4759081.81	9711329.58
	投资收益(万元)	3066.33	14871.97	13137.74	18950.07
	净利润(万元)	243283.16	436117.38	208499.33	394107.26
	利润总额(万元)	303450.70	551586.64	259577.79	498651.76

河南明泰铝业股份有限公司

公司概况						
公司概况	公司名称	河南明泰铝业股份有限公司			证券简称	明泰铝业
	法人代表	马廷义	董秘	雷鹏	证券代码	601677
	公司网址	www.hngymt.com		电子信箱		mtly@hngymt.com
	电　　话	0371-67898155		传　　真		0371-67898155
	办公地址	河南省巩义市回郭镇开发区				
	经营范围	制造空调箔、电缆箔、铜箔、防盗瓶盖带、铝板、铜板等				

主要财务指标	指标\报告期	2013.06.30	2012.12.31	2012.06.30	2011.12.31
	基本每股收益(元)	0.0800	0.1600	0.1300	0.7200
	基本每股收益(扣除)(元)	0.0700	0.1100	0.1000	0.7000
	每股净资产(元)	6.2343	6.2549	6.2317	6.1970
	每股经营现金净流量(元)	–0.4638	0.0800	–0.4401	0.6226
	每股现金流量(元)	–0.5749	–0.8092	–1.0402	2.6368
	每股资本公积金(元)	3.4384	3.4384	3.4384	3.4384
	每股盈余公积金(元)	0.1682	0.1682	0.1512	0.1512
	每股未分配利润(元)	1.6277	1.6483	1.6421	1.6074
	净资产收益率(%)	1.2741	2.5249	2.1615	10.3090
	加权净资产收益率(%)	1.2600	2.5400	2.1500	16.8300
	净资产收益率(扣除)(%)	–	–	–	–
	总资产(万元)	352640.90	326508.03	333112.10	346544.46
	归属母公司股东权益(万元)	249996.59	250821.40	249889.76	248498.32
	主营业务收入(万元)	265698.55	522702.59	263685.29	653085.27
	营业收入(万元)	266762.71	526359.59	265519.32	657346.02
	主营成本(万元)	251605.83	501305.85	250542.63	596620.73
	营业成本(万元)	251666.18	501785.86	250774.07	596792.71
	投资收益(万元)	–	128.23	128.44	457.24
	净利润(万元)	3566.90	6444.90	5643.89	28217.91
	利润总额(万元)	4755.72	8725.25	7525.18	37734.80

滨化集团股份有限公司

公司概况						
公司概况	公司名称	滨化集团股份有限公司			证券简称	滨化股份
	法人代表	张忠正	董秘	于江	证券代码	601678
	公司网址	www.befar.com		电子信箱		befar@befar.com
	电　　话	0543-2118571 2118572		传　　真		0543-2118592
	办公地址	山东省滨州市黄河五路869号				
	经营范围	有机、无机化工产品的生产、加工与销售等				

主要财务指标	指标\报告期	2013.06.30	2012.12.31	2012.06.30	2011.12.31
	基本每股收益(元)	0.2947	0.1100	0.4725	0.1100
	基本每股收益(扣除)(元)	–	0.0800	0.4683	0.2000
	每股净资产(元)	6.0721	5.8840	5.8600	5.5900
	每股经营现金净流量(元)	0.3714	–0.0544	0.7893	0.3564
	每股现金流量(元)	–0.8377	–0.4698	0.3140	0.0305
	每股资本公积金(元)	2.7308	2.7308	2.7308	2.7308
	每股盈余公积金(元)	0.2199	0.2199	0.1539	0.1539
	每股未分配利润(元)	2.1082	1.9233	1.9468	1.6740
	净资产收益率(%)	4.8537	1.8669	8.0578	3.5716
	加权净资产收益率(%)	4.2500	1.8400	8.3400	3.5700
	净资产收益率(扣除)(%)	–	–	–	–
	总资产(万元)	577783.35	559068.53	550678.35	466892.99
	归属母公司股东权益(万元)	400757.00	388323.24	386997.23	369094.31
	主营业务收入(万元)	–	–	–	–
	营业收入(万元)	293128.85	104084.94	309951.84	110555.03
	主营成本(万元)	–	–	–	–
	营业成本(万元)	248818.69	88457.70	242977.62	82767.22
	投资收益(万元)	5590.72	826.85	4648.91	–
	净利润(万元)	19467.04	7265.64	32369.15	13721.38
	利润总额(万元)	24438.60	9744.17	42071.41	18323.09

华泰证券股份有限公司

公司概况					
公司名称	华泰证券股份有限公司			证券简称	华泰证券
法人代表	吴万善	董秘	姜健	证券代码	601688
公司网址	www.htsc.com.cn		电子信箱	bgs@mail.htsc.com.cn	
电　话	025-83290511 84457777		传　真	025-84579938	
办公地址	江苏省南京市中山东路 90 号华泰证券大厦				
经营范围	证券经纪业务、证券自营、证券承销业务等				

主要财务指标：指标\报告期	2013.06.30	2012.12.31	2012.06.30	2011.12.31
基本每股收益(元)	0.2300	0.2885	0.1900	0.3186
基本每股收益(扣除)(元)	0.2300	0.2872	0.1900	0.3136
每股净资产(元)	6.1767	6.1039	5.9900	5.9337
每股经营现金净流量(元)	-2.2087	-1.6931	-0.6497	-5.6384
每股现金流量(元)	0.4750	-2.1220	-0.8644	-5.9645
每股资本公积金(元)	3.0310	3.0370	3.0241	3.0052
每股盈余公积金(元)	0.1963	0.1963	0.1716	0.1716
每股未分配利润(元)	1.5241	1.4441	1.4183	1.3794
净资产收益率(%)	3.7250	4.7267	3.1532	5.3702
加权净资产收益率(%)	3.6900	4.8000	3.1300	5.5200
净资产收益率(扣除)(%)	-	-	-	-
总资产(万元)	9532057.14	7927109.21	8466708.12	8574237.03
归属母公司股东权益(万元)	3458938.84	3418183.12	3355406.82	3322862.87
主营业务收入(万元)	-	-	-	-
营业收入(万元)	363589.84	588319.94	339459.31	623034.31
主营成本(万元)	-	-	-	-
营业成本(万元)	-	-	-	379143.13
投资收益(万元)	76699.35	116796.92	74601.74	35772.13
净利润(万元)	130764.69	166103.44	108124.25	182073.98
利润总额(万元)	170870.15	212279.93	139891.82	245104.80

山西潞安环保能源开发股份有限公司

公司概况					
公司名称	山西潞安环保能源开发股份有限公司			证券简称	潞安环能
法人代表	李晋平	董秘	毛永红	证券代码	601699
公司网址	www.luanhn.com		电子信箱	mao601699@163.com	
电　话	0355-5923833 5968816		传　真	0355-5925912 5924899	
办公地址	山西省长治市襄垣县侯堡镇				
经营范围	煤炭采掘、洗选加工、销售等				

主要财务指标：指标\报告期	2013.06.30	2012.12.31	2012.06.30	2011.12.31
基本每股收益(元)	0.4100	1.1200	0.7900	1.6700
基本每股收益(扣除)(元)	0.4100	1.1200	0.8000	1.6800
每股净资产(元)	7.4474	6.9620	7.0820	6.4700
每股经营现金净流量(元)	0.4764	1.5042	0.5113	3.1786
每股现金流量(元)	0.7037	-0.5537	-0.3883	0.5972
每股资本公积金(元)	0.2642	0.2642	0.2617	0.2617
每股盈余公积金(元)	0.8394	0.8394	0.7114	0.7114
每股未分配利润(元)	3.4822	3.4085	3.2148	2.9211
净资产收益率(%)	5.5015	16.0205	11.2068	25.7720
加权净资产收益率(%)	5.6900	16.0200	11.3000	28.6500
净资产收益率(扣除)(%)	-	-	-	-
总资产(万元)	4291328.33	3961280.39	3481103.67	3457155.82
归属母公司股东权益(万元)	1713705.92	1602016.19	1629695.34	1488438.28
主营业务收入(万元)	908401.03	1944864.65	995736.55	2190294.86
营业收入(万元)	947403.05	2006529.91	1017960.83	2242627.99
主营成本(万元)	575374.49	1122696.35	559735.92	1180653.48
营业成本(万元)	612369.00	1182620.10	577496.29	1230778.66
投资收益(万元)	4193.64	7611.05	4118.91	4521.82
净利润(万元)	76918.53	204978.43	173940.12	333961.82
利润总额(万元)	110105.96	300532.06	225399.32	435070.05

常熟风范电力设备股份有限公司

公司概况					
公司名称	常熟风范电力设备股份有限公司			证券简称	风范股份
法人代表	范建刚	董秘	陈良东	证券代码	601700
公司网址	www.cstower.cn		电子信箱	liangdongchen@263.net	
电　话	0512-52122997		传　真	0512-52401600	
办公地址	江苏省苏州市常熟市尚湖镇工业集中区西区人民南路 8 号				
经营范围	输变电铁塔、风力发电设备、通讯铁塔、钢杆管、钢结构件、电力设备研发、加工、制造等				

主要财务指标：指标\报告期	2013.06.30	2012.12.31	2012.06.30	2011.12.31
基本每股收益(元)	0.2400	0.6800	0.3400	0.5100
基本每股收益(扣除)(元)	0.1700	0.6800	0.3400	0.4800
每股净资产(元)	5.8649	11.7515	11.4100	11.2700
每股经营现金净流量(元)	-0.1817	0.4920	-0.1317	0.0166
每股现金流量(元)	-1.3167	3.4158	3.0845	2.0441
每股资本公积金(元)	4.0653	9.1306	9.1306	9.1306
每股盈余公积金(元)	0.1086	0.2172	0.1487	0.1487
每股未分配利润(元)	0.6910	1.4038	1.1307	0.9882
净资产收益率(%)	4.0767	5.8210	3.0020	4.4030
加权净资产收益率(%)	4.0400	5.9400	3.0000	4.7400
净资产收益率(扣除)(%)	-	-	-	-
总资产(万元)	326945.38	316328.20	294387.52	270063.90
归属母公司股东权益(万元)	257584.93	258063.90	250563.97	247434.10
主营业务收入(万元)	62232.20	161290.49	74237.11	124302.95
营业收入(万元)	80381.65	165205.82	75995.17	128052.65
主营成本(万元)	49435.65	129443.58	60436.11	105514.64
营业成本(万元)	66543.97	131472.58	61086.03	106560.47
投资收益(万元)	563.14	-	-	186.33
净利润(万元)	10501.03	15021.80	7521.86	10894.08
利润总额(万元)	12333.11	0.6800	8859.27	13836.98

郑州煤矿机械集团股份有限公司

公司概况					
公司名称	郑州煤矿机械集团股份有限公司			证券简称	郑煤机
法人代表	焦承尧	董秘	鲍雪良	证券代码	601717
公司网址	www.zzmj.com		电子信箱	deyuelou@tom.com	
电　话	0371-67891023 67891015		传　真	0371-67891000	
办公地址	河南省郑州市经济技术开发区第九大街 167 号				
经营范围	设计、加工、制造矿山机械设备、环保设备、通用机械、电站设备等				

主要财务指标：指标\报告期	2013.06.30	2012.12.31	2012.06.30	2011.12.31
基本每股收益(元)	0.3300	1.1200	0.5800	0.8500
基本每股收益(扣除)(元)	0.3300	1.1000	0.5600	0.8300
每股净资产(元)	5.6813	5.6509	4.7100	8.3915
每股经营现金净流量(元)	-0.3442	0.2143	0.0023	0.7650
每股现金流量(元)	-0.5501	0.7648	-0.2578	-0.5676
每股资本公积金(元)	2.1271	2.1271	1.3485	3.6970
每股盈余公积金(元)	0.2578	0.2578	0.1981	0.3962
每股未分配利润(元)	2.2964	2.2659	2.1660	3.2983
净资产收益率(%)	5.8163	17.3473	12.2409	20.3280
加权净资产收益率(%)	5.6800	23.5400	12.9500	21.6600
净资产收益率(扣除)(%)	-	-	-	-
总资产(万元)	1285320.24	1299513.88	1122032.04	1032050.63
归属母公司股东权益(万元)	921013.49	916077.84	659769.61	587407.70
主营业务收入(万元)	356946.20	949036.83	431642.23	734809.11
营业收入(万元)	377763.55	1021285.38	472360.72	806008.24
主营成本(万元)	264679.21	682825.65	300405.93	552386.76
营业成本(万元)	280120.16	746821.24	336558.15	606940.78
投资收益(万元)	388.31	2916.17	2586.44	1234.10
净利润(万元)	52911.42	161354.35	82799.16	121325.07
利润总额(万元)	63393.99	191092.82	98534.03	142102.73

际华集团股份有限公司

公司概况	公司名称	际华集团股份有限公司		证券简称	际华集团
	法人代表	沙鸣	董秘　王兴智	证券代码	601718
	公司网址	www.jihuachina.com		电子信箱	ir@jihuachina.com
	电　话	010-63706018 63706086		传　真	010-63706008
	办公地址	北京市丰台区南四环西路188号十五区6号楼			
	经营范围	职业装、职业鞋靴、防护装具、纺织印染、皮革皮鞋等			

主要财务指标	指标\报告期	2013.06.30	2012.12.31	2012.06.30	2011.12.31
	基本每股收益(元)	0.1087	0.2200	0.1005	0.1600
	基本每股收益(扣除)(元)	0.0853	0.1500	0.0963	0.1200
	每股净资产(元)	2.6838	2.6065	2.4900	2.4200
	每股经营现金净流量(元)	-0.0589	0.0863	0.1105	-0.8482
	每股现金流量(元)	-0.1675	0.1786	-0.1231	-1.0276
	每股资本公积金(元)	1.0996	1.1014	1.1008	1.1007
	每股盈余公积金(元)	0.0119	0.0119	0.0060	0.0060
	每股未分配利润(元)	0.5718	0.4931	0.3824	0.3073
	净资产收益率(%)	4.0486	8.3168	4.0385	6.6890
	加权净资产收益率(%)	4.1100	8.6200	4.1000	6.9000
	净资产收益率(扣除)(%)	-	-	-	-
	总资产(万元)	1796365.01	1688041.56	1663495.48	1524919.52
	归属母公司股东权益(万元)	1035157.53	1005325.12	960090.63	932478.28
	主营业务收入(万元)	1553074.30	2566590.45	1365821.34	1830854.33
	营业收入(万元)	1593634.70	2648638.74	1383401.60	1950612.02
	主营成本(万元)	1452779.19	2373285.67	1265150.77	1668526.83
	营业成本(万元)	1486827.26	2446742.36	1277208.27	1777346.30
	投资收益(万元)	137.52	2243.35	226.28	322.01
	净利润(万元)	42285.35	83126.50	38872.47	62604.26
	利润总额(万元)	52834.88	105424.55	47757.44	83165.99

上海电气集团股份有限公司

公司概况	公司名称	上海电气集团股份有限公司		证券简称	上海电气
	法人代表	徐建国	董秘　伏蓉	证券代码	601727
	公司网址	www.shanghai-electric.com		电子信箱	ir@shanghai-electric.com
	电　话	021-33261888		传　真	021-34695780
	办公地址	上海市徐汇区钦江路212号			
	经营范围	电站及输配电、机电一体化、交通运输、环保设备的相关装备制造业产品的设计、制造、销售			

主要财务指标	指标\报告期	2013.06.30	2012.12.31	2012.06.30	2011.12.31
	基本每股收益(元)	0.1138	0.2122	0.1461	0.2500
	基本每股收益(扣除)(元)	0.0868	0.1700	0.1306	0.2100
	每股净资产(元)	2.4151	2.3789	2.3700	2.3027
	每股经营现金净流量(元)	0.0806	0.5203	-0.0639	0.0214
	每股现金流量(元)	0.1714	0.0049	-0.0608	-0.0197
	每股资本公积金(元)	0.3280	0.3316	0.3370	0.3868
	每股盈余公积金(元)	0.2680	0.2585	0.2123	0.2141
	每股未分配利润(元)	0.8211	0.7868	0.8215	0.6987
	净资产收益率(%)	4.7129	8.9184	6.3397	10.9250
	加权净资产收益率(%)	4.6900	8.9800	6.1600	11.3900
	净资产收益率(扣除)(%)	-	-	-	-
	总资产(万元)	12312657.80	11869953.70	11082313.30	11079964.10
	归属母公司股东权益(万元)	3097092.10	3050656.20	3039853.30	2952846.70
	主营业务收入(万元)	3776290.80	7526726.40	3773404.30	7007442.20
	营业收入(万元)	3856511.20	7707674.30	3868075.10	7186315.80
	主营成本(万元)	3112840.50	6112342.40	3053909.00	5717612.10
	营业成本(万元)	3140063.50	6180927.90	3093460.90	5792875.90
	投资收益(万元)	32645.50	91240.70	53773.50	98013.70
	净利润(万元)	222658.50	445954.10	266480.40	426220.70
	利润总额(万元)	283393.70	580355.80	319347.50	503453.40

中国南车股份有限公司

公司概况	公司名称	中国南车股份有限公司		证券简称	中国南车
	法人代表	郑昌泓	董秘　邵仁强	证券代码	601766
	公司网址	www.csrgc.com.cn		电子信箱	csr@csrgc.com
	电　话	010-51862188		传　真	010-63984785
	办公地址	北京市海淀区西四环中路16号			
	经营范围	轨道交通装备制造			

主要财务指标	指标\报告期	2013.06.30	2012.12.31	2012.06.30	2011.12.31
	基本每股收益(元)	0.1100	0.3000	0.1500	0.3300
	基本每股收益(扣除)(元)	0.0900	0.2700	0.1400	0.3000
	每股净资产(元)	2.3895	2.3731	2.2200	1.9100
	每股经营现金净流量(元)	-0.2355	0.1735	-0.8062	0.5863
	每股现金流量(元)	-0.1615	-0.5451	-0.7120	0.6974
	每股资本公积金(元)	0.6790	0.6771	0.6756	0.2236
	每股盈余公积金(元)	0.0555	0.0555	0.0360	0.0419
	每股未分配利润(元)	0.6582	0.6423	0.5103	0.6428
	净资产收益率(%)	4.4308	12.2406	6.2622	17.1270
	加权净资产收益率(%)	4.3900	13.3600	6.5800	16.9600
	净资产收益率(扣除)(%)	-	-	-	-
	总资产(万元)	10582078.12	10521730.08	10271597.02	9278639.08
	归属母公司股东权益(万元)	3298283.77	3275542.70	3063835.26	2256163.04
	主营业务收入(万元)	3654474.25	8945303.81	4202864.31	7990412.54
	营业收入(万元)	3692858.58	9045624.22	4245364.32	8071080.68
	主营成本(万元)	3023412.62	7311523.14	3387558.22	6464440.20
	营业成本(万元)	3051885.90	7394431.38	3425421.86	6530548.12
	投资收益(万元)	30021.91	58919.91	5853.53	69142.66
	净利润(万元)	167375.00	485221.55	231608.39	474323.97
	利润总额(万元)	201798.72	559267.01	279673.88	544212.66

力帆实业(集团)股份有限公司

公司概况	公司名称	力帆实业(集团)股份有限公司		证券简称	力帆股份
	法人代表	尹明善	董秘　汤晓东	证券代码	601777
	公司网址	www.lifan.com		电子信箱	tzzqb@lifan.com
	电　话	023-61663050		传　真	023-65213175
	办公地址	重庆市沙坪坝区上桥张家湾60号			
	经营范围	主要从事摩托车、汽车、通用汽油机的研发、生产及销售			

主要财务指标	指标\报告期	2013.06.30	2012.12.31	2012.06.30	2011.12.31
	基本每股收益(元)	0.1857	0.3378	0.2060	0.4102
	基本每股收益(扣除)(元)	0.1787	0.2639	0.1964	0.3492
	每股净资产(元)	5.1617	5.1604	5.0200	5.0100
	每股经营现金净流量(元)	0.2237	-0.6721	-0.5315	0.1507
	每股现金流量(元)	0.5780	0.6821	-0.0555	-2.4284
	每股资本公积金(元)	3.3392	3.3317	3.3241	3.3241
	每股盈余公积金(元)	0.1376	0.1376	0.1020	0.1020
	每股未分配利润(元)	0.6981	0.7123	0.6162	0.6102
	净资产收益率(%)	3.5986	6.5465	4.1039	8.1870
	加权净资产收益率(%)	3.5700	6.6900	4.1100	8.2800
	净资产收益率(扣除)(%)	-	-	-	-
	总资产(万元)	1542594.04	1404951.96	1105810.02	1078908.93
	归属母公司股东权益(万元)	491105.89	490979.62	477691.79	476676.35
	主营业务收入(万元)	465832.72	859283.14	401648.62	858990.68
	营业收入(万元)	467002.15	867873.94	402680.08	863035.45
	主营成本(万元)	375906.40	703248.80	327079.70	719200.21
	营业成本(万元)	376211.44	710312.54	327463.00	722143.61
	投资收益(万元)	1766.22	2015.99	1883.65	1530.23
	净利润(万元)	16879.01	30554.12	18530.05	37534.19
	利润总额(万元)	19699.16	34643.07	21376.88	44099.25

光大证券股份有限公司

公司概况	公司名称	光大证券股份有限公司			证券简称	光大证券
	法人代表	徐浩明	董秘	薛峰(代)	证券代码	601788
	公司网址	www.ebscn.com			电子信箱	ebs@ebscn.com
	电　话	021-22169999			传　真	021-22169964 62151789
	办公地址	上海市静安区新闸路 1508 号				
	经营范围	证券经纪、证券投资咨询、与证券交易、证券投资活动有关的财务顾问等				

主要财务指标	指标\报告期	2013.06.30	2012.12.31	2012.06.30	2011.12.31
	基本每股收益(元)	0.2400	0.2934	0.2427	0.4519
	基本每股收益(扣除)(元)	0.2346	0.2653	0.2237	0.4303
	每股净资产(元)	6.4776	6.4870	6.3900	6.2833
	每股经营现金净流量(元)	-1.6771	0.6552	0.2450	-5.0845
	每股现金流量(元)	0.7507	0.6421	0.0693	-6.0153
	每股资本公积金(元)	2.8418	2.9965	2.9485	2.8243
	每股盈余公积金(元)	0.4249	0.4249	0.3955	0.3955
	每股未分配利润(元)	1.4036	1.2583	1.2958	1.3152
	净资产收益率(%)	3.6627	4.5235	3.7974	7.1920
	加权净资产收益率(%)	3.5900	4.5600	3.7500	6.8500
	净资产收益率(扣除)(%)	-	-	-	-
	总资产(万元)	5922823.98	5835802.20	5117688.64	4411775.30
	归属母公司股东权益(万元)	2214040.66	2217247.91	2184093.35	2147624.25
	主营业务收入(万元)	-	-	-	-
	营业收入(万元)	239242.33	96937.45	211261.01	449848.07
	主营成本(万元)	-	-	-	-
	营业成本(万元)	-	-	-	251068.27
	投资收益(万元)	62030.95	7275.33	38286.10	60935.05
	净利润(万元)	83868.87	34860.52	83962.64	159542.56
	利润总额(万元)	110592.35	44316.49	106269.23	209350.43

宁波建工股份有限公司

公司概况	公司名称	宁波建工股份有限公司			证券简称	宁波建工
	法人代表	徐文卫	董秘	李长春	证券代码	601789
	公司网址	www.jiangong.com.cn			电子信箱	nbjiangong@gmail.com
	电　话	0574-87066873 87066661			传　真	0574-87888090
	办公地址	浙江省宁波市江东区宁穿路 538 号				
	经营范围	承包境外房屋建筑、机电安装和境内国际招标工程等				

主要财务指标	指标\报告期	2013.06.30	2012.12.31	2012.06.30	2011.12.31
	基本每股收益(元)	0.2067	0.3361	0.1375	0.3473
	基本每股收益(扣除)(元)	0.1994	0.3277	0.1287	0.3150
	每股净资产(元)	3.9655	3.7289	3.0677	3.6351
	每股经营现金净流量(元)	-0.0082	0.1155	-0.2109	-0.9990
	每股现金流量(元)	-0.0292	0.7102	-0.2689	0.8783
	每股资本公积金(元)	2.0681	1.8950	1.3036	1.3036
	每股盈余公积金(元)	0.0800	0.0844	0.0710	0.0710
	每股未分配利润(元)	0.8133	0.7494	0.6931	0.6556
	净资产收益率(%)	4.9859	7.8068	4.4812	9.5540
	加权净资产收益率(%)	5.3600	10.7100	4.3800	15.0300
	净资产收益率(扣除)(%)	-	-	-	-
	总资产(万元)	781561.85	772220.46	458462.78	442377.73
	归属母公司股东权益(万元)	193533.85	172499.74	122909.88	121408.63
	主营业务收入(万元)	605469.51	946045.21	421327.73	866490.53
	营业收入(万元)	606388.19	947681.13	422321.75	867562.69
	主营成本(万元)	553078.61	863346.92	386986.54	799500.12
	营业成本(万元)	553399.44	864872.86	387452.64	800534.98
	投资收益(万元)	134.19	291.80	81.25	188.38
	净利润(万元)	9890.38	14265.33	5668.84	11972.40
	利润总额(万元)	13745.07	19579.89	7694.42	16839.73

甘肃蓝科石化高新装备股份有限公司

公司概况	公司名称	甘肃蓝科石化高新装备股份有限公司			证券简称	蓝科高新
	法人代表	张延丰	董秘	解庆	证券代码	601798
	公司网址	www.lanpec.com			电子信箱	lanpec@lanpec.com
	电　话	0931-7639858 021-57208870			传　真	0931-7663346 021-57208182
	办公地址	甘肃省兰州市安宁区蓝科路 8 号				
	经营范围	本企业科技成果产业化产品、机械成套设备的制造、加工、销售等				

主要财务指标	指标\报告期	2013.06.30	2012.12.31	2012.06.30	2011.12.31
	基本每股收益(元)	0.1510	0.3290	0.1980	0.4320
	基本每股收益(扣除)(元)	0.1410	0.2860	0.1930	0.4170
	每股净资产(元)	5.3324	4.9300	5.0430	4.9030
	每股经营现金净流量(元)	0.1568	0.0366	-0.0828	-0.3655
	每股现金流量(元)	-0.0968	-0.3755	0.0049	1.6313
	每股资本公积金(元)	2.6494	2.6494	2.6494	2.6494
	每股盈余公积金(元)	0.0614	0.0566	0.0589	0.0509
	每股未分配利润(元)	1.6137	1.4680	1.3348	1.2030
	净资产收益率(%)	2.8237	6.3617	3.9361	7.7144
	加权净资产收益率(%)	2.8700	6.3300	3.9700	11.0600
	净资产收益率(扣除)(%)	-	-	-	-
	总资产(万元)	300383.88	283422.41	260029.86	236175.17
	归属母公司股东权益(万元)	170637.32	165710.03	161379.09	156906.46
	主营业务收入(万元)	36363.35	81615.76	35365.18	74582.51
	营业收入(万元)	36578.38	84789.29	35384.28	74664.76
	主营成本(万元)	23644.27	53016.28	21768.86	44485.00
	营业成本(万元)	23644.27	56059.38	21769.59	44493.30
	投资收益(万元)	-	-	-	-
	净利润(万元)	4870.09	10594.45	6382.90	12164.34
	利润总额(万元)	5698.60	12399.11	7397.39	14346.45

常州星宇车灯股份有限公司

公司概况	公司名称	常州星宇车灯股份有限公司			证券简称	星宇股份
	法人代表	周晓萍	董秘	黄和发	证券代码	601799
	公司网址	www.xyl.cn			电子信箱	xingyu@xyl.cn
	电　话	0519-85156063			传　真	0519-85113616
	办公地址	江苏省常州市新北区秦岭路 182 号				
	经营范围	汽车车灯、摩托车车灯、塑料工业配件的制造及销售				

主要财务指标	指标\报告期	2013.06.30	2012.12.31	2012.06.30	2011.12.31
	基本每股收益(元)	0.4021	0.7880	0.3415	0.7213
	基本每股收益(扣除)(元)	0.3971	0.7371	0.3338	0.6725
	每股净资产(元)	7.3678	7.6200	7.1659	7.3926
	每股经营现金净流量(元)	0.5017	0.1170	-0.2613	0.6514
	每股现金流量(元)	-0.9533	-2.0355	-0.9837	5.2492
	每股资本公积金(元)	5.0645	5.0605	5.0554	5.0435
	每股盈余公积金(元)	0.3156	0.2755	0.1945	0.1968
	每股未分配利润(元)	0.9877	1.2820	0.9160	1.1682
	净资产收益率(%)	5.4579	10.3381	4.7653	9.4390
	加权净资产收益率(%)	5.5300	10.6500	4.6300	10.5400
	净资产收益率(扣除)(%)	-	-	-	-
	总资产(万元)	250560.05	232845.07	221948.45	229782.75
	归属母公司股东权益(万元)	176597.96	182608.38	171666.60	177096.36
	主营业务收入(万元)	72948.07	126512.82	60788.97	103955.62
	营业收入(万元)	75447.83	131816.18	63394.66	109751.94
	主营成本(万元)	55023.98	92829.34	45537.19	74657.90
	营业成本(万元)	57242.43	97641.64	47918.07	79880.07
	投资收益(万元)	529.83	278.57	90.60	-
	净利润(万元)	9622.96	18813.58	8166.62	16721.64
	利润总额(万元)	10740.62	22066.63	9456.74	19844.58

中国交通建设股份有限公司

公司概况	公司名称	中国交通建设股份有限公司			证券简称	中国交建
	法人代表	刘起涛	董秘	刘文生	证券代码	601800
	公司网址	www.ccccltd.cn		电子信箱	ir@ccccltd.cn	
	电　　话	010-82016562		传　　真	010-82016524	
	办公地址	北京市西城区德胜门外大街85号				
	经营范围	基建设计、基建建设、疏浚和装备制造四大板块				

	指标＼报告期	2013.06.30	2012.12.31	2012.06.30	2011.12.31
主要财务指标	基本每股收益(元)	0.3300	0.7500	0.3100	0.7800
	基本每股收益(扣除)(元)	0.3000	0.7300	0.3000	0.6600
	每股净资产(元)	5.5076	5.4127	4.8800	4.8000
	每股经营现金净流量(元)	–0.6557	0.8246	–0.3096	0.1059
	每股现金流量(元)	–0.5245	1.4070	0.4753	0.3892
	每股资本公积金(元)	1.7090	1.7782	1.6832	1.5608
	每股盈余公积金(元)	0.0869	0.0869	0.0732	0.0732
	每股未分配利润(元)	2.6162	2.4699	2.0462	1.9263
	净资产收益率(%)	6.0095	13.6497	6.1494	16.2870
	加权净资产收益率(%)	5.9600	14.6900	6.3100	17.3100
	净资产收益率(扣除)(%)	–	–	–	–
	总资产(万元)	47425279.80	43401816.27	40122021.12	35956792.21
	归属母公司股东权益(万元)	8908420.47	8754968.57	7886953.68	7123021.85
	主营业务收入(万元)	14075695.90	29469109.42	12445283.79	29371354.02
	营业收入(万元)	14137315.26	29622738.53	12506895.05	29537048.61
	主营成本(万元)	12300226.46	25414025.44	10786966.22	25751420.63
	营业成本(万元)	12336916.76	25526606.84	10841262.45	25852854.10
	投资收益(万元)	94005.64	70639.14	46851.96	96951.95
	净利润(万元)	537400.76	1140981.60	473093.17	1179415.84
	利润总额(万元)	699752.17	1514938.10	610608.30	1482677.79

安徽新华传媒股份有限公司

公司概况	公司名称	安徽新华传媒股份有限公司			证券简称	皖新传媒
	法人代表	曹杰	董秘	曹杰(代)	证券代码	601801
	公司网址	www.ahsxhsd.com		电子信箱	wxcmdb@tom.com	
	电　　话	0551-62661323 62634712		传　　真	0551-62661179 62634712	
	办公地址	安徽省合肥市包河区北京路8号				
	经营范围	出版物的批发、零售、文体用品零售、音像出版、广告传媒等				

	指标＼报告期	2013.06.30	2012.12.31	2012.06.30	2011.12.31
主要财务指标	基本每股收益(元)	0.3100	0.5500	0.2500	0.4400
	基本每股收益(扣除)(元)	0.2800	0.4900	0.2600	0.4400
	每股净资产(元)	4.7184	4.5468	4.2500	4.1200
	每股经营现金净流量(元)	0.0738	0.5564	0.2907	0.3396
	每股现金流量(元)	–0.6609	–0.2461	–0.2564	–0.5365
	每股资本公积金(元)	1.7250	1.6970	1.6993	1.7021
	每股盈余公积金(元)	0.2488	0.2488	0.1274	0.1275
	每股未分配利润(元)	1.7446	1.6010	1.4268	1.2941
	净资产收益率(%)	6.6474	12.0561	5.9606	10.5732
	加权净资产收益率(%)	6.6500	12.6400	5.9700	10.8800
	净资产收益率(扣除)(%)	–	–	–	–
	总资产(万元)	568014.88	535776.94	526931.23	482912.09
	归属母公司股东权益(万元)	429372.40	413758.13	387070.04	375252.02
	主营业务收入(万元)	185377.28	356488.12	158745.11	303059.50
	营业收入(万元)	189049.36	364311.51	162620.14	309704.78
	主营成本(万元)	130712.41	245576.33	106430.06	205611.88
	营业成本(万元)	131021.98	247323.31	106744.95	207323.53
	投资收益(万元)	2619.86	7673.14	1431.71	1380.83
	净利润(万元)	28867.22	50252.81	23331.84	39925.25
	利润总额(万元)	29123.85	50683.12	23539.52	40165.74

中海油田服务股份有限公司

公司概况	公司名称	中海油田服务股份有限公司			证券简称	中海油服
	法人代表	李勇	董秘	杨海江	证券代码	601808
	公司网址	www.cosl.com.cn		电子信箱	cosl@cosl.com.cn	
	电　　话	010-84521685		传　　真	010-84521325	
	办公地址	北京市东城区朝阳门内大街2号 凯恒大厦B座11层10号(1110室)				
	经营范围	涉及石油及天然气勘探、开发及生产的各个阶段				

	指标＼报告期	2013.06.30	2012.12.31	2012.06.30	2011.12.31
主要财务指标	基本每股收益(元)	0.7100	1.0100	0.5300	0.9000
	基本每股收益(扣除)(元)	0.6900	1.0600	0.5400	0.9100
	每股净资产(元)	7.5309	7.1617	6.6900	6.3300
	每股经营现金净流量(元)	0.6812	1.9440	0.7630	1.4123
	每股现金流量(元)	0.0243	0.9273	0.4169	–0.0447
	每股资本公积金(元)	1.7996	1.7962	1.7962	1.7962
	每股盈余公积金(元)	0.5581	0.5581	0.4607	0.4607
	每股未分配利润(元)	4.3315	3.9341	3.5506	3.1972
	净资产收益率(%)	9.3942	14.1622	7.9720	14.1940
	加权净资产收益率(%)	9.4900	15.0300	8.0800	14.8500
	净资产收益率(扣除)(%)	–	–	–	–
	总资产(万元)	7484125.06	7470954.33	6613056.33	6500167.42
	归属母公司股东权益(万元)	3385402.35	3219390.97	3007641.88	2845856.48
	主营业务收入(万元)	1270699.96	2262851.79	1025528.97	1890603.51
	营业收入(万元)	1270699.96	2262851.79	1025528.97	1890603.51
	主营成本(万元)	858573.14	1594618.86	677257.99	1289805.85
	营业成本(万元)	858573.14	1594618.86	677257.99	1289805.85
	投资收益(万元)	16292.75	26980.19	13296.81	17417.97
	净利润(万元)	319045.07	456977.02	240277.56	403953.49
	利润总额(万元)	356301.53	543680.78	288937.20	481162.91

中国光大银行股份有限公司

公司概况	公司名称	中国光大银行股份有限公司			证券简称	光大银行
	法人代表	唐双宁	董秘	卢鸿	证券代码	601818
	公司网址	www.cebbank.com		电子信箱	ir@cebbank.com	
	电　　话	010-63636388		传　　真	010-63636713	
	办公地址	北京市西城区太平桥大街25号中国光大中心				
	经营范围	银行业务、零售银行业务、资金业务等				

	指标＼报告期	2013.06.30	2012.12.31	2012.06.30	2011.12.31
主要财务指标	基本每股收益(元)	0.3700	0.5800	0.3200	0.4500
	基本每股收益(扣除)(元)	0.3700	0.5800	0.3200	0.4500
	每股净资产(元)	3.1376	2.8200	2.5900	2.3800
	每股经营现金净流量(元)	1.8707	6.7270	–0.2884	1.1459
	每股现金流量(元)	–0.8337	–0.4633	–1.0135	1.6219
	每股资本公积金(元)	0.5040	0.5010	0.5272	0.5027
	每股盈余公积金(元)	0.1622	0.1622	0.1045	0.1045
	每股未分配利润(元)	0.7774	0.4665	0.6111	0.4246
	净资产收益率(%)	11.7600	20.6600	12.3600	18.8140
	加权净资产收益率(%)	12.2950	22.5400	12.6000	20.4400
	净资产收益率(扣除)(%)	–	–	–	–
	总资产(万元)	247116800.00	227929500.00	209379424.20	173334600.00
	归属母公司股东权益(万元)	12687000.00	11417800.00	10456734.00	9603500.00
	主营业务收入(万元)				
	营业收入(万元)	3378200.00	5991600.00	3048000.00	4607200.00
	主营成本(万元)				
	营业成本(万元)	–	–	1322699.60	2192500.00
	投资收益(万元)	–800.00	–36100.00	–18700.00	–13300.00
	净利润(万元)	1493900.00	2362000.00	1293600.00	1808500.00
	利润总额(万元)	1942800.00	3159000.00	1729000.00	2421100.00

中国石油天然气股份有限公司

公司概况						
公司名称	中国石油天然气股份有限公司			证券简称	中国石油	
法人代表	周吉平	董秘	孙龙德(代)	证券代码	601857	
公司网址	www.petrochina.com.cn	电子信箱	suxinliang@petrochina.com.cn			
电　话	010-59986959 59986223	传　真	010-62099557 62099559			
办公地址	北京市东城区东直门北大街9号					
经营范围	原油和天然气的勘探、开发、生产和销售等					

主要财务指标：指标\报告期	2013.06.30	2012.12.31	2012.06.30	2011.12.31
基本每股收益(元)	0.3600	0.6300	0.3400	0.7300
基本每股收益(扣除)(元)	–	–	0.3500	0.7500
每股净资产(元)	6.0171	5.8143	5.6900	5.4796
每股经营现金净流量(元)	0.5576	1.3074	0.2623	1.5854
每股现金流量(元)	0.5830	–0.0971	0.0665	0.0845
每股资本公积金(元)	0.6319	0.6331	0.6296	0.6167
每股盈余公积金(元)	0.8831	0.8831	0.8266	0.8266
每股未分配利润(元)	3.4981	3.2711	3.1884	3.0139
净资产收益率(%)	5.9496	10.8400	5.9583	13.2600
加权净资产收益率(%)	6.0000	11.1000	6.0000	13.6000
净资产收益率(扣除)(%)	–	–	–	–
总资产(万元)	234141500.00	216883700.00	205143300.00	191752800.00
归属母公司股东权益(万元)	110126400.00	106414700.00	104097100.00	100288500.00
主营业务收入(万元)	108263700.00	215440600.00	102953800.00	196504100.00
营业收入(万元)	110109600.00	219529600.00	104666100.00	200384300.00
主营成本(万元)	81938700.00	159396500.00	75090500.00	138874900.00
营业成本(万元)	83776200.00	163481900.00	76715500.00	142528400.00
投资收益(万元)	477800.00	878700.00	520300.00	1263000.00
净利润(万元)	7255700.00	13061800.00	6982800.00	14600700.00
利润总额(万元)	9376100.00	16681000.00	8759100.00	18427600.00

中海集装箱运输股份有限公司

公司概况						
公司名称	中海集装箱运输股份有限公司			证券简称	中海集运	
法人代表	李绍德	董秘	叶宇芒	证券代码	601866	
公司网址	www.cscl.com.cn	电子信箱	yym@cnshipping.com			
电　话	021-65966105 65966512	传　真	021-65966498 65966813			
办公地址	上海市浦东新区福山路450号					
经营范围	国内沿海及长江中下游普通货船、国内沿海外贸集装箱内支线班轮运输等					

主要财务指标：指标\报告期	2013.06.30	2012.12.31	2012.06.30	2011.12.31
基本每股收益(元)	–0.1083	0.0447	–0.1096	–0.2348
基本每股收益(扣除)(元)	–0.1110	–0.0671	–0.1193	–0.2454
每股净资产(元)	2.1512	2.2707	2.1200	2.2300
每股经营现金净流量(元)	–0.0334	0.0191	–0.1218	–0.1935
每股现金流量(元)	–0.1513	0.1504	0.5677	–0.3060
每股资本公积金(元)	1.4699	1.4699	1.4698	1.4698
每股盈余公积金(元)	0.1166	0.1166	0.1166	0.1166
每股未分配利润(元)	–0.3124	–0.2040	–0.3584	–0.2487
净资产收益率(%)	–5.0358	1.9703	–5.1715	–10.5420
加权净资产收益率(%)	–4.9000	1.9900	–5.0400	–9.9400
净资产收益率(扣除)(%)	–	–	–	–
总资产(万元)	5017649.41	5120526.29	5814674.35	4941249.05
归属母公司股东权益(万元)	2513319.23	2652857.66	2476999.84	2602333.33
主营业务收入(万元)	1585067.63	3255106.95	1530983.50	2669230.96
营业收入(万元)	1585726.49	3258126.43	1531999.95	2828075.25
主营成本(万元)	1660931.48	3269554.75	1614480.46	3028678.38
营业成本(万元)	1661864.49	3272244.91	1615637.99	3030627.39
投资收益(万元)	4496.43	10194.00	4973.15	8168.24
净利润(万元)	–126302.89	57080.33	–125283.90	–270047.33
利润总额(万元)	–122114.75	15172.53	–121404.44	–262625.92

招商局能源运输股份有限公司

公司概况						
公司名称	招商局能源运输股份有限公司			证券简称	招商轮船	
法人代表	李建红	董秘	孔康	证券代码	601872	
公司网址	www.cmenergyshipping.com	电子信箱	ir@cmeshipping.com			
电　话	0755-88237361 021-63217396	传　真	021-63238238			
办公地址	上海市中山东一路9号三楼(外滩9号楼)					
经营范围	本公司主营业务为远洋油轮及散货船运输					

主要财务指标：指标\报告期	2013.06.30	2012.12.31	2012.06.30	2011.12.31
基本每股收益(元)	–0.0426	–0.0150	0.0169	0.0200
基本每股收益(扣除)(元)	–	–0.0161	0.0141	0.0100
每股净资产(元)	2.5300	2.5900	2.6100	2.8700
每股经营现金净流量(元)	–0.8255	–0.7333	0.1283	0.0267
每股现金流量(元)	–0.8017	–0.8197	0.8136	0.8164
每股资本公积金(元)	1.2644	1.2630	1.4822	1.4829
每股盈余公积金(元)	0.0226	0.0226	0.0221	0.0221
每股未分配利润(元)	0.6032	0.6368	0.7140	0.7203
净资产收益率(%)	–1.6872	–0.5798	0.5506	0.4250
加权净资产收益率(%)	–1.6594	–0.5800	0.5960	0.5600
净资产收益率(扣除)(%)	–	–	–	–
总资产(万元)	1995913.23	1960673.24	2004414.95	2015055.48
归属母公司股东权益(万元)	1192265.64	1222441.03	1231557.44	1229737.71
主营业务收入(万元)	–	–	–	–
营业收入(万元)	192853.65	65044.95	221778.02	81471.97
主营成本(万元)	–	–	–	–
营业成本(万元)	208895.51	71159.43	215471.32	75947.51
投资收益(万元)	6886.38	2318.25	5685.43	1927.80
净利润(万元)	–20333.38	–7146.48	6674.71	5094.98
利润总额(万元)	–16850.20	–6426.60	9151.58	5599.04

浙江正泰电器股份有限公司

公司概况						
公司名称	浙江正泰电器股份有限公司			证券简称	正泰电器	
法人代表	南存辉	董秘	王国荣	证券代码	601877	
公司网址	www.chint.net	电子信箱	chintzqb@chint.com			
电　话	0577-62877777 021-56777777	传　真	0577-62763701 021-56777777			
办公地址	浙江省乐清市北白象镇正泰工业园区正泰路1号					
经营范围	低压电器研发、制造、销售等					

主要财务指标：指标\报告期	2013.06.30	2012.12.31	2012.06.30	2011.12.31
基本每股收益(元)	0.6600	1.2600	0.5400	0.8900
基本每股收益(扣除)(元)	0.6300	1.1400	0.4800	0.7900
每股净资产(元)	4.6944	4.5175	4.3430	4.8286
每股经营现金净流量(元)	0.0201	2.5357	1.0000	0.0742
每股现金流量(元)	–1.7458	–0.7210	–0.2374	0.7014
每股资本公积金(元)	1.9965	1.8771	2.3274	2.4525
每股盈余公积金(元)	0.4027	0.4027	0.2479	0.2800
每股未分配利润(元)	1.2982	1.2393	0.7688	1.0967
净资产收益率(%)	14.0364	27.7876	11.1747	18.4290
加权净资产收益率(%)	13.8700	24.1600	11.1700	17.5800
净资产收益率(扣除)(%)	–	–	–	–
总资产(万元)	1023361.08	990014.19	833138.57	952749.24
归属母公司股东权益(万元)	471784.11	454005.18	436459.56	485271.99
主营业务收入(万元)	532614.51	1054966.68	497328.88	812330.87
营业收入(万元)	541464.86	1070316.34	502660.67	971867.14
主营成本(万元)	373934.05	739614.95	360332.26	618664.69
营业成本(万元)	379998.85	749873.17	318457.41	733715.71
投资收益(万元)	1610.86	2729.79	466.64	554.28
净利润(万元)	73108.99	140109.19	62305.85	101460.16
利润总额(万元)	87522.91	167016.56	75244.10	119448.78

大连港股份有限公司

公司概况					
公司名称	大连港股份有限公司			证券简称	大连港
法人代表	惠凯	董秘	桂玉婵	证券代码	601880
公司网址	www.dlport.cn		电子信箱	zhuhb@dlport.cn	
电　话	0411-82625378 82623910		传　真	0411-87599897	
办公地址	大连国际物流园区金港路新港商务大厦				
经营范围	国际、国内货物装卸、运输、中转、仓储等港口业务和物流服务等				

主要财务指标				
指标＼报告期	2013.06.30	2012.12.31	2012.06.30	2011.12.31
基本每股收益(元)	0.0900	0.1400	0.0700	0.1500
基本每股收益(扣除)(元)	0.0700	0.1200	0.0600	0.1400
每股净资产(元)	2.9681	2.9292	2.8600	2.8500
每股经营现金净流量(元)	0.1139	0.2935	0.0752	0.2779
每股现金流量(元)	-0.0294	0.0596	-0.0397	-0.2317
每股资本公积金(元)	1.3816	1.3819	1.3812	1.3819
每股盈余公积金(元)	0.1062	0.1062	0.0929	0.0929
每股未分配利润(元)	0.4761	0.4383	0.3841	0.3760
净资产收益率(%)	2.9480	4.6287	2.3706	5.2760
加权净资产收益率(%)	2.9400	4.6900	2.3500	5.3700
净资产收益率(扣除)(%)	–	–	–	–
总资产(万元)	2724245.69	2782878.04	2709976.94	2717385.43
归属母公司股东权益(万元)	1313693.60	1296456.19	1266141.50	1262879.86
主营业务收入(万元)	312982.08	428916.99	188074.81	366041.89
营业收入(万元)	334127.68	464455.90	204822.15	395539.44
主营成本(万元)	228556.73	275078.57	109349.12	224849.40
营业成本(万元)	243953.51	305668.94	122970.06	248775.21
投资收益(万元)	9652.01	17087.37	7196.48	14108.00
净利润(万元)	44513.21	68476.31	34563.75	75746.45
利润总额(万元)	57222.75	90648.16	45975.13	99505.25

江河创建集团股份有限公司

公司概况					
公司名称	江河创建集团股份有限公司			证券简称	江河创建
法人代表	刘载望	董秘	刘中岳	证券代码	601886
公司网址	www.janghogroup.com		电子信箱	liuzhongyue@janghogroup.com	
电　话	010-60411166		传　真	010-60411666	
办公地址	北京市顺义区牛汇北五街5号				
经营范围	制造各类幕墙、门窗、钢结构产品等				

主要财务指标				
指标＼报告期	2013.06.30	2012.12.31	2012.06.30	2011.12.31
基本每股收益(元)	0.1700	0.8500	0.1600	0.7000
基本每股收益(扣除)(元)	0.1600	0.8200	0.1600	0.6600
每股净资产(元)	4.0497	7.9994	7.4600	7.3400
每股经营现金净流量(元)	-1.0187	-0.4293	-1.3880	-2.0117
每股现金流量(元)	-1.3116	1.1060	-1.0010	1.0641
每股资本公积金(元)	1.5918	4.1760	4.1760	4.1760
每股盈余公积金(元)	0.1472	0.2945	0.2537	0.2238
每股未分配利润(元)	1.3019	2.5269	2.0273	1.9431
净资产收益率(%)	4.1606	10.6815	4.2124	8.2760
加权净资产收益率(%)	4.1000	11.0000	4.2100	13.3500
净资产收益率(扣除)(%)	–	–	–	–
总资产(万元)	1278800.00	1244205.46	922574.59	775574.39
归属母公司股东权益(万元)	453566.82	447966.58	417580.99	411156.56
主营业务收入(万元)	524867.79	898416.34	306709.73	576066.26
营业收入(万元)	525168.23	898920.45	306881.78	576249.05
主营成本(万元)	432958.20	720841.45	239694.24	440543.12
营业成本(万元)	433224.57	721319.36	239854.11	440698.46
投资收益(万元)	3062.59	-18.79	-16.75	311.61
净利润(万元)	18662.96	47563.51	17299.01	33709.74
利润总额(万元)	22921.08	55520.04	20666.98	39705.29

中国国旅股份有限公司

公司概况					
公司名称	中国国旅股份有限公司			证券简称	中国国旅
法人代表	盖志新	董秘	薛军	证券代码	601888
公司网址	www.citsgroup.net		电子信箱	citszq@citsgroup.com.cn	
电　话	010-84478866 84479696		传　真	010-84479312	
办公地址	北京市东城区东直门外小街甲2号A座8层				
经营范围	旅游服务及旅游商品相关项目的投资与管理等				

主要财务指标				
指标＼报告期	2013.06.30	2012.12.31	2012.06.30	2011.12.31
基本每股收益(元)	0.9100	1.1430	0.6460	0.7780
基本每股收益(扣除)(元)	0.8840	1.0600	0.6340	0.7740
每股净资产(元)	6.9243	6.3642	5.8640	5.3200
每股经营现金净流量(元)	0.8010	1.4461	0.4528	0.6272
每股现金流量(元)	0.4523	0.8598	0.2243	-0.7039
每股资本公积金(元)	2.7330	2.7330	2.7291	2.7291
每股盈余公积金(元)	0.1737	0.1737	0.0713	0.0713
每股未分配利润(元)	3.0879	2.5237	2.1295	1.5836
净资产收益率(%)	13.2028	17.9564	11.0158	14.6350
加权净资产收益率(%)	13.5200	19.5600	11.4500	15.5900
净资产收益率(扣除)(%)	–	–	–	–
总资产(万元)	995815.90	893026.97	841610.78	769636.60
归属母公司股东权益(万元)	609341.28	560045.67	516036.79	467995.35
主营业务收入(万元)	775610.05	1600193.76	685418.11	1259961.46
营业收入(万元)	784551.81	1613391.99	690723.58	1269469.44
主营成本(万元)	577506.01	1261871.12	524155.59	1004216.89
营业成本(万元)	578587.31	1263900.98	525102.40	1006212.24
投资收益(万元)	6332.10	11066.58	4652.08	9740.16
净利润(万元)	90112.29	118038.52	64824.74	83522.07
利润总额(万元)	117792.31	156251.22	84235.04	108650.09

江苏亚星锚链股份有限公司

公司概况					
公司名称	江苏亚星锚链股份有限公司			证券简称	亚星锚链
法人代表	陶安祥	董秘	吴汉岐	证券代码	601890
公司网址	www.asac.cn		电子信箱	whq@asac.cn	
电　话	0523-84686986		传　真	0523-84686659	
办公地址	江苏省靖江市东兴镇何德村江苏亚星锚链股份有限公司办公楼				
经营范围	船用锚链、船舶配件及锚链附件产品制造				

主要财务指标				
指标＼报告期	2013.06.30	2012.12.31	2012.06.30	2011.12.31
基本每股收益(元)	0.0600	0.1606	0.0900	0.2136
基本每股收益(扣除)(元)	0.0500	0.1353	0.0900	0.1500
每股净资产(元)	5.9826	5.9783	5.9100	5.9200
每股经营现金净流量(元)	0.0457	0.7752	-0.4114	-0.2193
每股现金流量(元)	-0.2728	-0.0051	-0.9374	-1.4620
每股资本公积金(元)	3.9456	3.9456	3.9456	3.9456
每股盈余公积金(元)	0.0869	0.0869	0.0765	0.0765
每股未分配利润(元)	0.9502	0.9459	0.8882	0.8956
净资产收益率(%)	1.0749	2.6860	1.5668	3.6096
加权净资产收益率(%)	1.0700	2.7000	1.5500	3.6400
净资产收益率(扣除)(%)	–	–	–	–
总资产(万元)	382297.69	378622.84	375174.17	377178.95
归属母公司股东权益(万元)	279985.85	279784.39	276603.19	276949.34
主营业务收入(万元)	66058.25	179974.80	92370.66	182852.19
营业收入(万元)	67293.32	186420.22	96750.08	194158.08
主营成本(万元)	52523.39	146581.32	76610.84	150523.14
营业成本(万元)	53484.81	151640.63	80254.92	159928.65
投资收益(万元)	10.40	270.67	-153.92	30.23
净利润(万元)	2989.04	8348.01	4216.33	10304.31
利润总额(万元)	3673.55	10228.50	5325.39	12560.41

中国中煤能源股份有限公司

公司概况	公司名称	中国中煤能源股份有限公司			证券简称	中煤能源
	法人代表	王安	董秘	周东洲	证券代码	601898
	公司网址	www.chinacoalenergy.com		电子信箱	ird@chinacoal.com	
	电　话	010-82236028 82256482		传　真	010-82256479 82256484	
	办公地址	北京市朝阳区黄寺大街 1 号				
	经营范围	煤炭的生产和销售、煤焦化产品的生产、煤矿装备制造、煤矿工程的勘探、咨询等				

	指标 \ 报告期	2013.06.30	2012.12.31	2012.06.30	2011.12.31
主要财务指标	基本每股收益(元)	0.2100	0.7000	0.3700	0.7300
	基本每股收益(扣除)(元)	0.2000	0.6800	0.3500	0.7100
	每股净资产(元)	6.5510	–	6.3000	6.1771
	每股经营现金净流量(元)	0.2872	0.9409	0.3180	1.1396
	每股现金流量(元)	–0.3574	–0.5796	–0.4617	–0.1621
	每股资本公积金(元)	2.8166	2.8111	2.8589	2.9241
	每股盈余公积金(元)	0.2823	0.2823	0.2002	0.2002
	每股未分配利润(元)	2.2170	2.2108	1.9375	1.7959
	净资产收益率(%)	3.1564	10.7794	5.7132	11.8031
	加权净资产收益率(%)	3.1800	11.0100	5.7900	12.4000
	净资产收益率(扣除)(%)	–	–	–	–
	总资产(万元)	19236779.10	18386382.10	16396143.40	16063531.70
	归属母公司股东权益(万元)	8685729.40	8610164.50	8347506.40	8190065.30
	主营业务收入(万元)	4004631.80	8654245.40	4543800.20	8976101.80
	营业收入(万元)	4039816.90	8729167.00	4571998.10	9086474.60
	主营成本(万元)	2658609.40	5500428.30	2970267.20	5952377.20
	营业成本(万元)	2692800.00	5571570.50	2994706.50	6052866.60
	投资收益(万元)	8621.20	7391.70	21441.00	30496.30
	净利润(万元)	332107.70	1000994.00	516337.60	1051163.00
	利润总额(万元)	448676.40	1341197.40	688689.20	1385127.90

紫金矿业集团股份有限公司

公司概况	公司名称	紫金矿业集团股份有限公司			证券简称	紫金矿业
	法人代表	陈景河	董秘	郑于强	证券代码	601899
	公司网址	www.zjky.cn		电子信箱	zyq@zjky.cn	
	电　话	0592-2933662		传　真	0592-2933580	
	办公地址	福建省上杭县紫金大道 1 号　厦门市湖里区泗水道 599 号海富中心 19–22 层				
	经营范围	以黄金为主导产业的矿产资源的勘探、采矿、选矿、冶炼及矿产品销售				

	指标 \ 报告期	2013.06.30	2012.12.31	2012.06.30	2011.12.31
主要财务指标	基本每股收益(元)	0.0500	0.2400	0.1090	0.2600
	基本每股收益(扣除)(元)	0.0590	0.2400	0.1130	0.2600
	每股净资产(元)	1.2318	1.2920	1.1570	1.1470
	每股经营现金净流量(元)	0.0934	0.2479	0.1346	0.2930
	每股现金流量(元)	–0.0683	0.0641	0.0335	0.0516
	每股资本公积金(元)	0.3481	0.3563	3.5138	3.5254
	每股盈余公积金(元)	0.0605	0.0605	0.0605	0.0605
	每股未分配利润(元)	0.7313	0.7810	0.6514	0.6420
	净资产收益率(%)	4.0870	18.4915	9.4520	22.8420
	加权净资产收益率(%)	3.8900	19.7000	9.4500	24.5200
	净资产收益率(扣除)(%)	–	–	–	–
	总资产(万元)	6719023.63	6735442.10	6053712.44	5232019.93
	归属母公司股东权益(万元)	2686701.13	2818158.88	2522966.63	2500861.09
	主营业务收入(万元)	2578287.88	4773263.64	2050736.89	3943693.70
	营业收入(万元)	2598763.41	4841471.92	2099252.44	3976391.54
	主营成本(万元)	2143127.57	3596640.46	1516657.62	2735483.62
	营业成本(万元)	2150970.68	3637486.41	1553038.64	2753654.36
	投资收益(万元)	8644.37	63988.46	24795.94	56177.58
	净利润(万元)	153288.89	615325.33	284001.27	691052.54
	利润总额(万元)	208436.77	855605.93	384399.64	927630.17

方正证券股份有限公司

公司概况	公司名称	方正证券股份有限公司			证券简称	方正证券
	法人代表	雷杰	董秘	何其聪	证券代码	601901
	公司网址	www.foundersc.com		电子信箱	pub@foundersc.com	
	电　话	0731-85832367		传　真	0731-85832366	
	办公地址	湖南省长沙市芙蓉区芙蓉中路二段华侨国际大厦 22–24 层				
	经营范围	证券经纪、投资银行、证券自营、资产管理、基金管理、直接投资等				

	指标 \ 报告期	2013.06.30	2012.12.31	2012.06.30	2011.12.31
主要财务指标	基本每股收益(元)	0.0700	0.0922	0.0700	0.0504
	基本每股收益(扣除)(元)	0.0700	0.0832	0.0700	0.0289
	每股净资产(元)	2.4665	2.3700	2.3200	2.3300
	每股经营现金净流量(元)	0.0207	–0.7675	–0.4402	–1.3128
	每股现金流量(元)	–0.0098	–0.8225	–0.7331	–0.6761
	每股资本公积金(元)	0.9903	0.9561	0.9512	0.9384
	每股盈余公积金(元)	0.0369	0.0369	0.0288	0.0288
	每股未分配利润(元)	0.2863	0.2200	0.2241	0.2221
	净资产收益率(%)	2.6907	3.8957	2.3923	1.8110
	加权净资产收益率(%)	2.7600	3.9300	3.0300	2.4200
	净资产收益率(扣除)(%)	–	–	–	–
	总资产(万元)	2922612.94	2798475.48	2680375.81	2614167.27
	归属母公司股东权益(万元)	1504566.47	1443189.21	1427858.88	1418865.47
	主营业务收入(万元)				
	营业收入(万元)	143465.69	233162.41	120429.35	170903.39
	主营成本(万元)				
	营业成本(万元)	–	–	65731.05	137705.12
	投资收益(万元)	27489.10	30654.19	17614.47	1629.00
	净利润(万元)	39534.46	55939.71	42912.80	25125.84
	利润总额(万元)	47190.42	66639.04	54606.41	35830.16

北京京运通科技股份有限公司

公司概况	公司名称	北京京运通科技股份有限公司			证券简称	京 运 通
	法人代表	冯焕培	董秘	张文慧	证券代码	601908
	公司网址	www.jingyuntong.com		电子信箱	ir@jytcorp.com	
	电　话	010-80803015-8080 3016		传　真	010-80803016-8298	
	办公地址	北京市北京经济技术开发区经海四路 158 号				
	经营范围	生产半导体及光伏精密设备等				

	指标 \ 报告期	2013.06.30	2012.12.31	2012.06.30	2011.12.31
主要财务指标	基本每股收益(元)	0.0100	0.0900	0.0300	0.5900
	基本每股收益(扣除)(元)	0.0060	0.0600	0.0200	0.5600
	每股净资产(元)	4.2152	4.2307	4.1700	8.5800
	每股经营现金净流量(元)	–0.1374	0.4217	–0.1101	–0.2402
	每股现金流量(元)	–0.0889	–0.8662	–0.1172	4.5958
	每股资本公积金(元)	2.2090	2.2090	2.2090	5.4180
	每股盈余公积金(元)	0.1390	0.1390	0.1271	0.2542
	每股未分配利润(元)	0.8673	0.8827	0.8347	1.9127
	净资产收益率(%)	0.3446	2.0862	0.6794	12.3050
	加权净资产收益率(%)	0.3400	2.0700	0.6600	27.4700
	净资产收益率(扣除)(%)	–	–	–	–
	总资产(万元)	454138.04	446470.34	450477.86	454554.76
	归属母公司股东权益(万元)	362412.90	363743.28	358591.06	369051.51
	主营业务收入(万元)	21579.36	38148.47	22760.56	157913.99
	营业收入(万元)	23362.45	56853.30	24388.52	177540.23
	主营成本(万元)	15248.41	27267.80	16660.44	87928.49
	营业成本(万元)	16732.95	41814.58	19231.88	104418.14
	投资收益(万元)	1022.02	1141.79	185.02	–4.41
	净利润(万元)	1176.51	7389.05	1439.92	43408.83
	利润总额(万元)	2507.11	8406.21	2627.73	51325.31

国投新集能源股份有限公司

公司概况	公司名称	国投新集能源股份有限公司			证券简称	国投新集
	法人代表	刘谊	董秘	马文杰	证券代码	601918
	公司网址	www.sdicxinji.com.cn		电子信箱	xinji@sdicxinji.com.cn	
	电　　话	0551-2231918 2639800		传　　真	0554-8661922 8661819	
	办公地址	安徽省淮南市洞山中路 12 号				
	经营范围	煤炭开采、洗选加工、火力发电				

主要财务指标	指标\报告期	2013.06.30	2012.12.31	2012.06.30	2011.12.31
	基本每股收益(元)	0.0700	0.7200	0.5000	0.7200
	基本每股收益(扣除)(元)	-0.0100	0.7100	0.4800	0.7200
	每股净资产(元)	4.8352	4.7225	4.5380	4.2232
	每股经营现金净流量(元)	0.2975	0.9169	0.5091	0.6986
	每股现金流量(元)	-0.1208	-0.0780	0.1578	-0.0686
	每股资本公积金(元)	1.1001	1.1001	1.0985	1.0864
	每股盈余公积金(元)	0.3942	0.3942	0.3291	0.3287
	每股未分配利润(元)	2.2298	2.1590	2.0040	1.7010
	净资产收益率(%)	1.4631	15.3220	11.0070	17.1517
	加权净资产收益率(%)	1.4800	16.1700	12.4500	18.0100
	净资产收益率(扣除)(%)	-	-	-	-
	总资产(万元)	2536559.27	2508879.40	2435740.93	2222412.25
	归属母公司股东权益(万元)	894700.84	873848.27	839665.38	781451.05
	主营业务收入(万元)	318617.95	838862.07	435953.23	744961.19
	营业收入(万元)	340983.17	885205.85	456576.15	776722.88
	主营成本(万元)	263161.82	561563.84	269400.43	484376.73
	营业成本(万元)	269747.55	575985.92	277399.75	492684.29
	投资收益(万元)	9070.09	318.68	96.55	-4393.29
	净利润(万元)	13002.19	133716.15	92356.21	133743.45
	利润总额(万元)	20634.85	183940.34	122699.58	182980.48

中国远洋控股股份有限公司

公司概况	公司名称	中国远洋控股股份有限公司			证券简称	*ST 远洋
	法人代表	马泽华	董秘	郭华伟	证券代码	601919
	公司网址	www.chinacosco.com		电子信箱	guohuawei@chinacosco.com	
	电　　话	022-66270898		传　　真	022-66270899	
	办公地址	天津市天津空港经济区中心大道与东七道交口远航商务中心 12 号楼二层				
	经营范围	国际船舶普通货物运输、国际船舶集装箱运输				

主要财务指标	指标\报告期	2013.06.30	2012.12.31	2012.06.30	2011.12.31
	基本每股收益(元)	-0.1000	-0.9400	-0.4800	-1.0200
	基本每股收益(扣除)(元)	-0.4700	-0.9300	-0.5200	-1.0200
	每股净资产(元)	2.2988	2.4605	2.9300	3.4000
	每股经营现金净流量(元)	-0.3330	-0.5187	-0.3099	-0.4905
	每股现金流量(元)	0.8865	-0.0613	-0.6014	0.0274
	每股资本公积金(元)	2.7758	2.7802	2.7805	2.7763
	每股盈余公积金(元)	0.0635	0.0635	0.0635	0.0635
	每股未分配利润(元)	-1.0883	-0.9914	-0.5325	-0.0557
	净资产收益率(%)	-4.2155	-38.0284	-16.2650	-30.1160
	加权净资产收益率(%)	-4.0700	-31.9500	-15.0700	-25.3400
	净资产收益率(扣除)(%)	-	-	-	-
	总资产(万元)	16722130.19	16522806.06	15813682.71	15743661.39
	归属母公司股东权益(万元)	2348484.43	2513688.62	2995107.81	3469528.62
	主营业务收入(万元)	3020447.34	7205680.26	3464718.84	6890817.89
	营业收入(万元)	3020447.34	7205680.26	3464718.84	6890817.89
	主营成本(万元)	3059108.18	7244203.53	3506676.21	7188881.31
	营业成本(万元)	3059108.18	7244203.53	3506676.21	7188881.31
	投资收益(万元)	553668.04	172856.52	83327.61	217314.18
	净利润(万元)	110649.51	-813744.15	-411951.17	-883882.64
	利润总额(万元)	197389.28	-739734.53	-372056.50	-780739.21

江苏凤凰出版传媒股份有限公司

公司概况	公司名称	江苏凤凰出版传媒股份有限公司			证券简称	凤凰传媒
	法人代表	陈海燕	董秘	徐云祥	证券代码	601928
	公司网址	www.phoenixmedia.cn		电子信箱	xuyx@ppm.cn	
	电　　话	025-51883301 51883338		传　　真	025-51883338 51883366	
	办公地址	江苏省南京市百子亭 34 号				
	经营范围	图书出版物及音像制品的出版、发行及文化用品销售				

主要财务指标	指标\报告期	2013.06.30	2012.12.31	2012.06.30	2011.12.31
	基本每股收益(元)	0.2100	0.3600	0.1900	0.3600
	基本每股收益(扣除)(元)	0.1800	0.3100	0.1800	0.3100
	每股净资产(元)	3.7785	3.5729	3.5179	3.4100
	每股经营现金净流量(元)	0.2209	0.4269	0.2501	0.3624
	每股现金流量(元)	0.1137	-0.4900	-0.4883	1.5579
	每股资本公积金(元)	1.1964	1.1962	1.1982	1.2017
	每股盈余公积金(元)	0.5107	0.5107	0.4804	0.4804
	每股未分配利润(元)	1.0394	0.8339	0.8105	0.6999
	净资产收益率(%)	5.4376	10.1973	5.3711	8.5137
	加权净资产收益率(%)	5.5900	10.1400	5.3900	16.1700
	净资产收益率(扣除)(%)	-	-	-	-
	总资产(万元)	1395861.95	1328090.41	1260888.34	1236519.65
	归属母公司股东权益(万元)	961602.36	909278.90	895275.00	868279.31
	主营业务收入(万元)	356365.80	647701.17	324138.39	583725.56
	营业收入(万元)	366367.24	670580.23	335578.45	602675.53
	主营成本(万元)	224372.35	407871.49	208508.34	362639.61
	营业成本(万元)	226512.97	414091.51	209745.49	366828.11
	投资收益(万元)	6060.70	7401.75	1277.87	1291.18
	净利润(万元)	52038.99	93208.27	48617.59	73815.95
	利润总额(万元)	52359.70	93594.31	48731.12	74123.67

吉视传媒股份有限公司

公司概况	公司名称	吉视传媒股份有限公司			证券简称	吉视传媒
	法人代表	谭铁鹰	董秘	麻卫东	证券代码	601929
	公司网址	www.jishimedia.com		电子信箱	fanenhui@jishimedia.com	
	电　　话	0431-88789022 85321577		传　　真	0431-88789990 8532879	
	办公地址	吉林省长春市新民大街 1027-1 号				
	经营范围	有线电视业务、广播电视节目传输服务业务等				

主要财务指标	指标\报告期	2013.06.30	2012.12.31	2012.06.30	2011.12.31
	基本每股收益(元)	0.1044	0.0327	0.0863	0.0336
	基本每股收益(扣除)(元)	-	0.0317	0.0820	0.0314
	每股净资产(元)	2.7607	2.9000	2.6761	2.6500
	每股经营现金净流量(元)	0.2957	0.0225	0.2087	0.0552
	每股现金流量(元)	0.1004	-0.1215	0.2372	1.2744
	每股资本公积金(元)	1.0130	1.1424	1.1424	1.1424
	每股盈余公积金(元)	0.2093	0.2197	0.1160	0.0435
	每股未分配利润(元)	0.5384	0.5367	0.4177	0.4596
	净资产收益率(%)	3.7800	1.1280	3.0816	1.1013
	加权净资产收益率(%)	3.7700	1.1200	3.5100	2.1400
	净资产收益率(扣除)(%)	-	-	-	-
	总资产(万元)	597389.79	547358.38	488816.33	581009.05
	归属母公司股东权益(万元)	405237.32	405246.13	374114.81	369836.20
	主营业务收入(万元)	-	-	-	-
	营业收入(万元)	129312.86	42639.13	108296.81	36245.03
	主营成本(万元)	-	-	-	-
	营业成本(万元)	73763.67	23774.30	62163.82	19757.14
	投资收益(万元)	-	-	-	-
	净利润(万元)	16718.25	5673.18	12049.02	4446.88
	利润总额(万元)	16724.53	5673.18	12049.02	4446.88

永辉超市股份有限公司

公司概况	公司名称	永辉超市股份有限公司		证券简称	永辉超市
	法人代表	张轩松	董秘 张经仪	证券代码	601933
	公司网址	www.yonghui.com.cn		电子信箱	bod.yh@yonghui.cn
	电　话	0591-83787308		传　真	0591-83787308 83762990
	办公地址	福建省福州市西二环中路436号			
	经营范围	农副产品、粮油及制品、食品饮料、酒及其他副食品、零售乳制品等			

主要财务指标	指标\报告期	2013.06.30	2012.12.31	2012.06.30	2011.12.31
	基本每股收益(元)	0.2530	0.6500	0.1250	0.6100
	基本每股收益(扣除)(元)	0.2220	0.5900	0.1120	0.5800
	每股净资产(元)	2.9794	5.7522	5.3500	5.2983
	每股经营现金净流量(元)	0.7853	2.3863	0.5144	0.7542
	每股现金流量(元)	0.1553	-0.2575	0.5105	-1.3767
	每股资本公积金(元)	0.9963	2.9925	2.9925	2.9925
	每股盈余公积金(元)	0.0701	0.1403	0.0940	0.0940
	每股未分配利润(元)	0.9130	1.6194	1.2621	1.2118
	净资产收益率(%)	8.5023	11.3676	4.6806	11.4763
	加权净资产收益率(%)	8.4400	11.8300	4.6400	11.6800
	净资产收益率(扣除)(%)	-	-	-	-
	总资产(万元)	1085656.00	1090684.85	1001791.55	946693.48
	归属母公司股东权益(万元)	457576.30	441708.67	410721.30	406855.06
	主营业务收入(万元)	1383890.92	2374809.60	1129424.74	1711798.88
	营业收入(万元)	1441273.94	2468431.80	1171183.15	1773155.58
	主营成本(万元)	1159356.32	1983185.09	948862.20	1430829.04
	营业成本(万元)	1162303.40	1985902.59	948886.29	1431820.62
	投资收益(万元)	-	1348.03	-1.25	2157.88
	净利润(万元)	38962.80	50304.76	19263.16	46756.69
	利润总额(万元)	50591.78	66361.80	26298.98	60278.58

中国建设银行股份有限公司

公司概况	公司名称	中国建设银行股份有限公司		证券简称	建设银行
	法人代表	王洪章	董秘 陈彩虹	证券代码	601939
	公司网址	www.ccb.com		电子信箱	ir@ccb.com
	电　话	010-66215533		传　真	010-66218888
	办公地址	北京市西城区金融大街25号　香港中环干诺道中1号友邦金融中心12楼			
	经营范围	吸收公众存款、发放短期、中期、长期贷款等			

主要财务指标	指标\报告期	2013.06.30	2012.12.31	2012.06.30	2011.12.31
	基本每股收益(元)	0.4800	0.7700	0.4300	0.6800
	基本每股收益(扣除)(元)	0.4800	0.7700	0.4200	0.6700
	每股净资产(元)	3.9693	3.8000	3.4500	3.2400
	每股经营现金净流量(元)	0.3069	1.4752	1.3637	0.5000
	每股现金流量(元)	0.1305	0.7618	1.0182	1.0286
	每股资本公积金(元)	0.5414	0.5411	0.5407	0.5407
	每股盈余公积金(元)	0.3469	0.3469	0.2703	0.2703
	每股未分配利润(元)	1.4875	1.5641	1.2943	1.1570
	净资产收益率(%)	12.0631	20.5132	12.3080	20.8667
	加权净资产收益率(%)	11.9500	21.9800	12.2800	22.5100
	净资产收益率(扣除)(%)	-	-	-	-
	总资产(万元)	1485921400.00	1397282800.00	1350574500.00	1228183400.00
	归属母公司股东权益(万元)	99237400.00	94166800.00	86352600.00	81114100.00
	主营业务收入(万元)				
	营业收入(万元)	25140100.00	46074600.00	22700500.00	39709000.00
	主营成本(万元)				
	营业成本(万元)	-	21046000.00	-	17941800.00
	投资收益(万元)	350200.00	632700.00	262600.00	372200.00
	净利润(万元)	11996400.00	19360200.00	10649400.00	16943900.00
	利润总额(万元)	15518900.00	25143900.00	13851200.00	21910700.00

金堆城钼业股份有限公司

公司概况	公司名称	金堆城钼业股份有限公司		证券简称	金钼股份
	法人代表	张继祥	董秘 秦国政	证券代码	601958
	公司网址	www.jdcmoly.com		电子信箱	jdc@jdcmoly.com
	电　话	029-88320076 88320019		传　真	029-88320330
	办公地址	陕西省西安市高新技术产业开发区锦业一路88号金钼股份综合楼A座			
	经营范围	钼炉料、钼化工、钼金属产品和硫酸产品的生产与销售等			

主要财务指标	指标\报告期	2013.06.30	2012.12.31	2012.06.30	2011.12.31
	基本每股收益(元)	0.0400	0.1600	0.0900	0.2300
	基本每股收益(扣除)(元)	0.0300	0.1400	0.0900	0.2300
	每股净资产(元)	4.0626	4.1603	4.0900	4.1700
	每股经营现金净流量(元)	0.0824	0.3435	0.0912	0.0860
	每股现金流量(元)	-0.3194	-0.1233	-0.2842	-0.2813
	每股资本公积金(元)	2.0902	2.0902	2.0902	2.0902
	每股盈余公积金(元)	0.2235	0.2235	0.2070	0.2070
	每股未分配利润(元)	0.5626	0.6851	0.6348	0.7399
	净资产收益率(%)	0.9229	3.8883	2.3189	5.4720
	加权净资产收益率(%)	0.9000	3.9000	2.2600	5.4800
	净资产收益率(扣除)(%)	-	-	-	-
	总资产(万元)	1523846.60	1478098.74	1429991.99	1485984.11
	归属母公司股东权益(万元)	1310838.09	1342362.81	1320671.57	1345370.42
	主营业务收入(万元)	433196.39	845472.53	423385.18	723825.69
	营业收入(万元)	437440.91	857388.07	428171.60	733328.59
	主营成本(万元)	398664.74	746214.55	366545.58	601552.96
	营业成本(万元)	402874.15	757843.60	371115.37	610179.25
	投资收益(万元)	1030.67	1703.75	566.77	-
	净利润(万元)	12633.47	52977.14	31697.13	73826.78
	利润总额(万元)	15608.66	63273.64	37183.88	85638.13

中国汽车工程研究院股份有限公司

公司概况	公司名称	中国汽车工程研究院股份有限公司		证券简称	中国汽研
	法人代表	任晓常	董秘 刘旭黎	证券代码	601965
	公司网址	www.caeri.com.cn		电子信箱	ir@caeri.com.cn
	电　话	023-68825531 68851877		传　真	023-68821361
	办公地址	重庆市北部新区金渝大道9号			
	经营范围	低速货车、摩托车及零部件、检测设备产品的研究、技术开发、技术转让等			

主要财务指标	指标\报告期	2013.06.30	2012.12.31	2012.06.30	2011.12.31
	基本每股收益(元)	0.2250	0.5300	0.2230	0.4500
	基本每股收益(扣除)(元)	0.2220	0.4900	0.1980	0.4200
	每股净资产(元)	4.6280	4.5000	4.2600	2.4000
	每股经营现金净流量(元)	0.2023	0.3130	0.0935	-0.1944
	每股现金流量(元)	-0.8331	2.0735	2.2105	-0.6904
	每股资本公积金(元)	2.5026	2.5026	2.5026	0.6354
	每股盈余公积金(元)	0.0661	0.0661	0.0344	0.0491
	每股未分配利润(元)	1.0593	0.9348	0.7245	0.7165
	净资产收益率(%)	4.8513	10.3193	5.2266	18.5722
	加权净资产收益率(%)	4.8600	14.1300	12.4200	21.2300
	净资产收益率(扣除)(%)	-	-	-	-
	总资产(万元)	378018.62	364403.94	353567.62	197519.91
	归属母公司股东权益(万元)	296558.18	288579.13	273072.22	107748.83
	主营业务收入(万元)	72611.79	113241.93	56978.29	193159.23
	营业收入(万元)	72970.06	114319.65	57629.85	194734.23
	主营成本(万元)	50661.20	65844.34	34530.09	154588.36
	营业成本(万元)	50923.95	66561.46	35146.77	156019.90
	投资收益(万元)	-51.73	-304.70	-195.63	-234.00
	净利润(万元)	14511.07	30032.90	14195.42	20995.86
	利润总额(万元)	17554.80	35683.03	16984.91	25265.62

中国银行股份有限公司

公司概况	公司名称	中国银行股份有限公司			证券简称	中国银行
	法人代表	田国立	董秘	范耀胜	证券代码	601988
	公司网址	www.boc.cn		电子信箱	bocir@bank-of-china.com	
	电　话	010-66596688 66592638		传　真	010-66594568 66016871	
	办公地址	北京市西城区复兴门内大街1号				
	经营范围	吸收人民币存款、发放短期、中期和长期贷款、办理结算、办理票据贴现等				

主要财务指标	指标\报告期	2013.06.30	2012.12.31	2012.06.30	2011.12.31
	基本每股收益(元)	0.2900	0.5000	0.2600	0.4500
	基本每股收益(扣除)(元)	0.2900	0.5000	0.2500	0.4400
	每股净资产(元)	3.0400	2.9500	2.7100	2.5900
	每股经营现金净流量(元)	-0.9061	0.9455	1.9039	0.7679
	每股现金流量(元)	-0.8781	0.1967	1.6320	0.8884
	每股资本公积金(元)	0.4278	0.4397	0.4382	0.4265
	每股盈余公积金(元)	0.2348	0.2341	0.1872	0.1869
	每股未分配利润(元)	0.9826	0.8701	0.8549	0.7544
	净资产收益率(%)	9.4950	16.9075	9.4550	17.1672
	加权净资产收益率(%)	9.4650	18.1000	9.4800	18.2700
	净资产收益率(扣除)(%)	-	-	-	-
	总资产(万元)	1325620600.00	1268061500.00	1282559000.00	1182978900.00
	归属母公司股东权益(万元)	84997800.00	82467700.00	75619500.00	72391400.00
	主营业务收入(万元)	-	-	-	-
	营业收入(万元)	20608400.00	36609100.00	17962700.00	32816600.00
	主营成本(万元)	-	-	-	-
	营业成本(万元)	-	17878600.00	8279800.00	15962700.00
	投资收益(万元)	425300.00	1471900.00	156600.00	1898000.00
	净利润(万元)	8417200.00	14552200.00	7488400.00	13050200.00
	利润总额(万元)	11025100.00	18738000.00	9699200.00	16864400.00

中国船舶重工股份有限公司

公司概况	公司名称	中国船舶重工股份有限公司			证券简称	中国重工
	法人代表	李长印	董秘	郭同军	证券代码	601989
	公司网址	www.csicl.com.cn		电子信箱	investors@csicl.com.cn	
	电　话	010-88508596		传　真	010-88475234	
	办公地址	北京市海淀区昆明湖南路72号				
	经营范围	船用动力及部件、船用辅机和运输设备及其他				

主要财务指标	指标\报告期	2013.06.30	2012.12.31	2012.06.30	2011.12.31
	基本每股收益(元)	0.1000	0.2400	0.1800	0.3500
	基本每股收益(扣除)(元)	0.1000	0.1900	0.1700	0.3100
	每股净资产(元)	2.8814	2.8505	2.7900	2.8700
	每股经营现金净流量(元)	-0.3115	-0.4886	-0.4053	-0.6577
	每股现金流量(元)	-0.1691	0.0355	0.0708	-0.6575
	每股资本公积金(元)	0.8962	0.9024	0.9104	1.1034
	每股盈余公积金(元)	0.0759	0.0759	0.0573	0.0687
	每股未分配利润(元)	0.9050	0.8702	0.8230	0.7021
	净资产收益率(%)	3.4446	8.5556	6.2842	11.9070
	加权净资产收益率(%)	3.4200	8.7500	6.2200	12.5000
	净资产收益率(扣除)(%)	-	-	-	-
	总资产(万元)	17567831.88	17916399.39	17863303.20	17696916.24
	归属母公司股东权益(万元)	4226362.94	4180995.87	4093302.88	4215710.83
	主营业务收入(万元)	2467409.14	5714709.69	2869988.51	6282375.94
	营业收入(万元)	2511436.67	5850138.19	2918524.22	6480337.66
	主营成本(万元)	2198770.24	4971776.27	2406506.48	5361902.84
	营业成本(万元)	2228596.13	5070452.78	2450224.50	5525228.78
	投资收益(万元)	4753.62	5636.81	2865.77	9209.74
	净利润(万元)	137133.89	356464.50	252960.76	499728.73
	利润总额(万元)	166263.85	440512.10	299568.64	598856.71

大唐国际发电股份有限公司

公司概况	公司名称	大唐国际发电股份有限公司			证券简称	大唐发电
	法人代表	陈进行	董秘	周刚	证券代码	601991
	公司网址	www.dtpower.com		电子信箱	zhougang@dtpower.com	
	电　话	010-88008678 88008682		传　真	010-88008684	
	办公地址	北京市西城区广宁伯街9号				
	经营范围	建设、经营电厂、销售电力、热力、电力设备的检修调试等				

主要财务指标	指标\报告期	2013.06.30	2012.12.31	2012.06.30	2011.12.31
	基本每股收益(元)	0.1419	0.3011	0.0818	0.1481
	基本每股收益(扣除)(元)	0.1217	0.1676	0.0670	0.1240
	每股净资产(元)	3.1427	3.1172	2.9000	2.9100
	每股经营现金净流量(元)	1.0201	1.6294	0.7584	0.9718
	每股现金流量(元)	0.2081	0.0109	0.0727	0.0770
	每股资本公积金(元)	0.7473	0.7670	0.7620	0.7577
	每股盈余公积金(元)	1.1056	1.0626	1.0422	0.9621
	每股未分配利润(元)	0.2409	0.2421	0.0432	0.1515
	净资产收益率(%)	4.5144	9.6597	2.8249	4.9250
	加权净资产收益率(%)	4.4500	9.9800	2.7700	5.3700
	净资产收益率(扣除)(%)	-	-	-	-
	总资产(万元)	27987062.70	27121424.30	26145106.80	24407007.60
	归属母公司股东权益(万元)	4182977.00	4149023.60	3855298.90	3878786.40
	主营业务收入(万元)	3685410.80	7729921.20	3682820.00	7226746.20
	营业收入(万元)	3701001.60	7759814.30	3687696.30	7238186.50
	主营成本(万元)	2809723.00	6038631.80	2976995.20	5972077.20
	营业成本(万元)	2812235.10	6072231.50	2984088.60	5984433.60
	投资收益(万元)	66003.20	251101.20	70104.10	102578.60
	净利润(万元)	301065.00	617791.00	186353.60	298935.90
	利润总额(万元)	388546.10	754011.20	230161.40	365278.90

北京金隅股份有限公司

公司概况	公司名称	北京金隅股份有限公司			证券简称	金隅股份
	法人代表	蒋卫平	董秘	吴向勇	证券代码	601992
	公司网址	www.bbmg.com.cn		电子信箱	wuxiangyong@bbmg.com.cn	
	电　话	010-66410128		传　真	010-66410889	
	办公地址	北京市东城区北三环东路36号环球贸易中心D座				
	经营范围	包括水泥、新型建筑材料、房地产开发和物业投资及管理等				

主要财务指标	指标\报告期	2013.06.30	2012.12.31	2012.06.30	2011.12.31
	基本每股收益(元)	0.3000	0.6900	0.3200	0.8100
	基本每股收益(扣除)(元)	0.2300	0.4500	0.2400	0.4800
	每股净资产(元)	5.5735	5.3467	4.9600	4.7000
	每股经营现金净流量(元)	0.0948	1.0063	0.1926	-0.2651
	每股现金流量(元)	0.2629	-0.3662	-0.1806	0.0224
	每股资本公积金(元)	1.2525	1.2596	1.2396	1.2400
	每股盈余公积金(元)	0.1355	0.1355	0.0796	0.0796
	每股未分配利润(元)	3.1817	2.9494	2.6370	2.3852
	净资产收益率(%)	5.4416	12.9500	6.5340	17.0120
	加权净资产收益率(%)	5.5300	13.8200	6.6700	18.1600
	净资产收益率(扣除)(%)	-	-	-	-
	总资产(万元)	8911580.70	8316180.36	7899432.41	7691497.25
	归属母公司股东权益(万元)	2387549.18	2290390.43	2123097.75	2015377.92
	主营业务收入(万元)	2016105.13	3354916.98	1449072.49	2823438.30
	营业收入(万元)	2038662.28	3405409.60	1474595.91	2874479.39
	主营成本(万元)	1588851.60	2549491.40	1026920.99	2049035.95
	营业成本(万元)	1601338.93	2572469.14	1039737.77	2079132.13
	投资收益(万元)	-2369.66	-714.27	-1958.93	31489.44
	净利润(万元)	129603.33	315023.06	152794.98	359312.53
	利润总额(万元)	172280.46	395397.73	211367.59	467000.89

广西丰林木业集团股份有限公司

公司概况	公司名称	广西丰林木业集团股份有限公司			证券简称	丰林集团
	法人代表	刘一川	董秘	王钢	证券代码	601996
	公司网址	www.fenglingroup.com		电子信箱	ir@fenglingroup.com	
	电　话	0771-4016666-8616		传　真	0771-4010400	
	办公地址	广西壮族自治区南宁市白沙大道22号丰林集团				
	经营范围	园林设计、营林造林、林产品销售(国家专控除外)、中密度纤维板生产等				

	指标\报告期	2013.06.30	2012.12.31	2012.06.30	2011.12.31
主要财务指标	基本每股收益(元)	0.1000	0.1500	0.0800	0.2200
	基本每股收益(扣除)(元)	0.1000	0.1500	0.0700	0.2200
	每股净资产(元)	3.3941	3.3469	3.2700	6.4900
	每股经营现金净流量(元)	0.1084	0.2160	0.0396	0.1244
	每股现金流量(元)	-0.2817	-0.1103	-0.0158	2.4550
	每股资本公积金(元)	1.5377	1.5377	1.5377	4.0754
	每股盈余公积金(元)	0.0724	0.0724	0.0490	0.0979
	每股未分配利润(元)	0.7840	0.7369	0.6857	1.3208
	净资产收益率(%)	2.8620	4.4775	2.2992	5.4590
	加权净资产收益率(%)	2.8700	4.5500	2.2900	8.6700
	净资产收益率(扣除)(%)	-	-	-	-
	总资产(万元)	173046.38	170014.64	170908.25	173701.24
	归属母公司股东权益(万元)	159151.33	156940.96	153441.98	152258.54
	主营业务收入(万元)	37484.29	84841.18	41064.07	88175.36
	营业收入(万元)	38320.10	85733.48	41237.29	88640.46
	主营成本(万元)	30936.06	71327.85	34310.63	73253.32
	营业成本(万元)	31577.04	71886.39	34374.25	73385.36
	投资收益(万元)	0.31	0.21	0.21	0.40
	净利润(万元)	4554.94	7026.97	3527.99	8312.07
	利润总额(万元)	4790.94	6935.32	3514.84	8292.40

中信银行股份有限公司

公司概况	公司名称	中信银行股份有限公司			证券简称	中信银行
	法人代表	常振明	董秘	李欣	证券代码	601998
	公司网址	bank.ecitic.com		电子信箱	ir_cncb@citicbank.com	
	电　话	010-65558000		传　真	010-65550809	
	办公地址	北京市东城区朝阳门北大街8号富华大厦C座				
	经营范围	从事银行及相关金融服务等				

	指标\报告期	2013.06.30	2012.12.31	2012.06.30	2011.12.31
主要财务指标	基本每股收益(元)	0.4400	0.6600	0.4100	0.7100
	基本每股收益(扣除)(元)	0.4300	0.6600	0.4100	0.7100
	每股净资产(元)	4.5100	4.2400	4.0200	3.7300
	每股经营现金净流量(元)	1.0127	-1.1846	-1.6143	6.4142
	每股现金流量(元)	0.0882	-3.0405	-2.3863	6.5226
	每股资本公积金(元)	1.0443	1.0538	1.0785	1.0624
	每股盈余公积金(元)	0.2503	0.2503	0.1858	0.1858
	每股未分配利润(元)	1.5116	1.2258	1.3510	1.0820
	净资产收益率(%)	9.6591	15.6446	10.3107	17.6620
	加权净资产收益率(%)	9.7900	16.7000	10.6200	21.0700
	净资产收益率(扣除)(%)	-	-	-	-
	总资产(万元)	343694500.00	295993900.00	291636500.00	276588100.00
	归属母公司股东权益(万元)	21110700.00	19835600.00	18789200.00	17449600.00
	主营业务收入(万元)	-	-	-	-
	营业收入(万元)	4987800.00	4417100.00	4417100.00	7694800.00
	主营成本(万元)	-	-	-	-
	营业成本(万元)	-	-	1834000.00	3552300.00
	投资收益(万元)	37300.00	54300.00	54300.00	25700.00
	净利润(万元)	2064300.00	1958500.00	1958500.00	3084400.00
	利润总额(万元)	2724300.00	2587600.00	2587600.00	4159000.00

北方联合出版传媒(集团)股份有限公司

公司概况	公司名称	北方联合出版传媒(集团)股份有限公司			证券简称	出版传媒
	法人代表	李家巍	董秘	费宏伟	证券代码	601999
	公司网址	www.nupmg.com.cn		电子信箱	fhw0509@sohu.com	
	电　话	024-23284236 23284128		传　真	024-23284232	
	办公地址	辽宁省沈阳市和平区十一纬路29号				
	经营范围	图书、报刊、音像、电子出版物编辑出版、出版物总批发、批发与分销、零售等				

	指标\报告期	2013.06.30	2012.12.31	2012.06.30	2011.12.31
主要财务指标	基本每股收益(元)	0.0500	0.1200	0.0500	0.1200
	基本每股收益(扣除)(元)	0.0400	0.0400	0.0400	0.0600
	每股净资产(元)	3.1006	3.0913	3.0200	2.9700
	每股经营现金净流量(元)	-0.2439	0.2049	-0.1085	0.0526
	每股现金流量(元)	-0.2357	0.1973	-0.1119	0.0381
	每股资本公积金(元)	1.0088	1.0097	1.0097	1.0100
	每股盈余公积金(元)	0.1617	0.1617	0.1182	0.1182
	每股未分配利润(元)	0.9301	0.9200	0.8881	0.8404
	净资产收益率(%)	1.5194	3.9794	1.5827	4.1324
	加权净资产收益率(%)	1.5100	4.0600	1.6000	4.1900
	净资产收益率(扣除)(%)	-	-	-	-
	总资产(万元)	252011.17	246877.71	239929.94	243202.57
	归属母公司股东权益(万元)	170815.57	170303.89	166158.35	163544.10
	主营业务收入(万元)	54966.67	121967.13	55892.05	135688.15
	营业收入(万元)	57091.77	126805.80	58640.88	139299.76
	主营成本(万元)	42686.05	95697.46	42879.45	106909.57
	营业成本(万元)	42870.89	96721.39	43320.07	107306.44
	投资收益(万元)	240.07	894.17	0.79	7.58
	净利润(万元)	2605.28	6812.89	2612.01	6807.82
	利润总额(万元)	2612.04	6835.77	2614.65	6811.75

人民网股份有限公司

公司概况	公司名称	人民网股份有限公司			证券简称	人民网
	法人代表	马利	董秘	刘楠	证券代码	603000
	公司网址	www.people.com.cn		电子信箱	ir@people.cn	
	电　话	010-65369999		传　真	010-65369999	
	办公地址	北京市朝阳区金台西路2号				
	经营范围	互联网新闻信息服务及其他综合信息服务等				

	指标\报告期	2013.06.30	2012.12.31	2012.06.30	2011.12.31
主要财务指标	基本每股收益(元)	0.3600	0.8300	0.2800	0.6700
	基本每股收益(扣除)(元)	0.3500	0.7900	0.2800	0.5800
	每股净资产(元)	7.5595	7.7555	8.6800	3.1600
	每股经营现金净流量(元)	0.0294	0.3358	-0.1297	0.9685
	每股现金流量(元)	2.1645	1.8314	4.4535	0.8223
	每股资本公积金(元)	5.4413	5.4413	5.4413	1.1226
	每股盈余公积金(元)	0.1608	0.1608	0.0833	0.1111
	每股未分配利润(元)	0.9664	1.1529	0.7044	0.9261
	净资产收益率(%)	4.8085	9.8100	3.2480	21.2750
	加权净资产收益率(%)	4.5800	13.0800	10.0200	23.6200
	净资产收益率(扣除)(%)	-	-	-	-
	总资产(万元)	251073.32	244483.80	220275.43	86844.94
	归属母公司股东权益(万元)	208962.46	214379.94	199844.94	65559.18
	主营业务收入(万元)	41258.72	-	29163.48	-
	营业收入(万元)	41258.72	70802.36	29163.48	49726.24
	主营成本(万元)	19495.79	-	11844.55	-
	营业成本(万元)	19495.79	26766.23	11844.55	19490.61
	投资收益(万元)	53.96	-	-	16.75
	净利润(万元)	10324.81	21783.46	6759.20	13875.42
	利润总额(万元)	10524.15	22444.47	7001.86	14152.52

浙江奥康鞋业股份有限公司

公司概况	公司名称	浙江奥康鞋业股份有限公司			证券简称	奥康国际
	法人代表	王振滔	董秘	余雄平	证券代码	603001
	公司网址	www.aokang.com		电子信箱	aks@Aokang.com	
	电　话	0577-67915188		传　真	0577-67915188	
	办公地址	浙江省温州市永嘉县瓯北镇东瓯工业区奥康工业园				
	经营范围	鞋及制鞋材料、皮具、服装的研发、生产、销售等				

主要财务指标	指标\报告期	2013.06.30	2012.12.31	2012.06.30	2011.12.31
	基本每股收益(元)	0.5306	1.3725	0.7357	1.4295
	基本每股收益(扣除)(元)	0.5151	1.3387	0.7158	1.2674
	每股净资产(元)	9.1299	8.9927	8.3600	3.6800
	每股经营现金净流量(元)	-0.6995	0.0086	-0.3232	0.8688
	每股现金流量(元)	-2.8953	3.9692	4.4932	0.4389
	每股资本公积金(元)	4.8126	4.8126	4.8126	0.0126
	每股盈余公积金(元)	0.2071	0.2071	0.0750	0.0940
	每股未分配利润(元)	3.1102	2.9730	2.4676	2.5752
	净资产收益率(%)	5.8122	14.2352	7.6915	38.8260
	加权净资产收益率(%)	5.8600	18.5100	11.3800	46.2200
	净资产收益率(扣除)(%)	-	-	-	-
	总资产(万元)	451632.57	509530.37	453661.64	236368.88
	归属母公司股东权益(万元)	366089.25	360587.97	335026.21	117810.20
	主营业务收入(万元)	147954.10	341938.36	160410.11	294683.73
	营业收入(万元)	149194.46	345510.95	161806.26	296588.48
	主营成本(万元)	87629.72	216961.35	101428.16	193906.07
	营业成本(万元)	87693.89	217114.97	101513.33	194095.33
	投资收益(万元)	455.02	48.20	30.53	2.36
	净利润(万元)	21277.68	51330.37	25768.61	45740.39
	利润总额(万元)	28122.93	66149.30	34156.65	59618.14

宏昌电子材料股份有限公司

公司概况	公司名称	宏昌电子材料股份有限公司			证券简称	宏昌电子
	法人代表	林瑞荣	董秘	黄兴安	证券代码	603002
	公司网址	www.graceepoxy.com		电子信箱	stock@graceepoxy.com	
	电　话	020-82266156		传　真	020-32021356	
	办公地址	广东省广州市萝岗区云埔一路一号之二				
	经营范围	电子级环氧树脂的生产和销售等				

主要财务指标	指标\报告期	2013.06.30	2012.12.31	2012.06.30	2011.12.31
	基本每股收益(元)	0.0800	0.1300	0.0700	0.1400
	基本每股收益(扣除)(元)	0.0800	0.1300	0.0700	0.1300
	每股净资产(元)	2.1425	2.1000	2.0677	1.6150
	每股经营现金净流量(元)	-0.1213	0.3463	0.1318	-0.1055
	每股现金流量(元)	-0.1332	0.9845	0.7712	-0.0224
	每股资本公积金(元)	0.6345	0.6345	0.6345	0.1131
	每股盈余公积金(元)	0.0595	0.0595	0.0492	0.0656
	每股未分配利润(元)	0.4480	0.4057	0.3836	0.4355
	净资产收益率(%)	3.6511	5.6832	2.7547	8.7230
	加权净资产收益率(%)	3.6700	6.9000	4.1500	8.8200
	净资产收益率(扣除)(%)	-	-	-	-
	总资产(万元)	137663.83	137893.77	136810.35	114863.59
	归属母公司股东权益(万元)	85698.44	84010.65	82707.35	48448.57
	主营业务收入(万元)	59070.51	122695.32	60451.08	141557.86
	营业收入(万元)	59226.36	123048.51	60618.02	141892.07
	主营成本(万元)	53276.85	112182.74	55339.93	132022.62
	营业成本(万元)	53276.85	112182.74	55339.93	132022.62
	投资收益(万元)	-	-	-	-
	净利润(万元)	3128.92	4774.46	2278.38	4226.17
	利润总额(万元)	3728.42	5393.85	2575.17	4769.15

上海龙宇燃油股份有限公司

公司概况	公司名称	上海龙宇燃油股份有限公司			证券简称	龙宇燃油
	法人代表	徐增增	董秘	程裕	证券代码	603003
	公司网址	www.lyrysh.com		电子信箱	lyry@lyrysh.com	
	电　话	021-58300945 58301681-1185		传　真	021-58308810	
	办公地址	上海市浦东新区东方路 710 号 19 楼				
	经营范围	船用燃料油的供应等				

主要财务指标	指标\报告期	2013.06.30	2012.12.31	2012.06.30	2011.12.31
	基本每股收益(元)	-0.1700	0.3500	0.2400	0.5400
	基本每股收益(扣除)(元)	-0.1700	0.3400	0.2400	0.5000
	每股净资产(元)	3.9531	4.1693	3.4000	3.1600
	每股经营现金净流量(元)	0.4245	-2.7186	-0.6469	0.2256
	每股现金流量(元)	-0.5816	-1.0355	-0.5335	1.0598
	每股资本公积金(元)	1.7038	1.7038	0.5987	0.5987
	每股盈余公积金(元)	0.0923	0.0923	0.0972	0.0972
	每股未分配利润(元)	1.1538	1.3707	1.7087	1.4683
	净资产收益率(%)	-4.2213	6.9269	7.0606	17.0081
	加权净资产收益率(%)	-4.0800	9.5700	7.3200	18.5900
	净资产收益率(扣除)(%)	-	-	-	-
	总资产(万元)	148976.28	168188.47	122121.66	106253.14
	归属母公司股东权益(万元)	79851.84	84219.92	51579.48	47937.59
	主营业务收入(万元)	197750.11	777174.80	278987.27	544059.51
	营业收入(万元)	197750.11	777174.80	278987.27	544068.80
	主营成本(万元)	194954.12	750585.32	265650.42	516401.36
	营业成本(万元)	195432.33	751533.86	266111.39	517322.82
	投资收益(万元)	-25.23	-112.55	-115.09	261.80
	净利润(万元)	-3381.28	6021.04	3711.04	8284.15
	利润总额(万元)	-3117.05	8234.77	5063.91	11030.84

喜临门家具股份有限公司

公司概况	公司名称	喜临门家具股份有限公司			证券简称	喜 临 门
	法人代表	陈阿裕	董秘	杨刚	证券代码	603008
	公司网址	www.chinabed.com		电子信箱	xilinmen@chinabed.com	
	电　话	0575-85159531		传　真	0575-85151221	
	办公地址	浙江省绍兴市西大门钟家湾				
	经营范围	床垫、软床及其他家具产品的设计研发、生产和销售等				

主要财务指标	指标\报告期	2013.06.30	2012.12.31	2012.06.30	2011.12.31
	基本每股收益(元)	0.1300	0.5700	0.2200	0.5600
	基本每股收益(扣除)(元)	0.1300	0.5500	0.2200	0.5800
	每股净资产(元)	3.2310	4.8274	2.1700	2.1100
	每股经营现金净流量(元)	-0.0152	0.6439	-0.2143	0.5915
	每股现金流量(元)	-0.2961	0.3168	-0.4739	-0.4380
	每股资本公积金(元)	1.4817	2.7225	0.1296	0.1296
	每股盈余公积金(元)	0.0903	0.1354	0.1278	0.1278
	每股未分配利润(元)	0.6591	0.9695	0.9179	0.8495
	净资产收益率(%)	4.1086	10.0354	10.0419	26.4800
	加权净资产收益率(%)	4.0400	16.5500	10.3200	29.7100
	净资产收益率(扣除)(%)	-	-	-	-
	总资产(万元)	129883.43	124838.04	61533.31	65730.90
	归属母公司股东权益(万元)	101776.93	101375.29	34261.27	33183.29
	主营业务收入(万元)	42309.30	89545.99	-	83591.45
	营业收入(万元)	42421.59	89711.61	38836.48	83824.16
	主营成本(万元)	27525.05	57577.77	-	54290.79
	营业成本(万元)	27531.82	57593.89	34599.50	54371.61
	投资收益(万元)	-	-	-	-
	净利润(万元)	4181.64	10173.40	3440.48	8787.06
	利润总额(万元)	5025.84	11978.60	4044.90	10685.98

四川和邦股份有限公司

公司概况					
公司名称	四川和邦股份有限公司			证券简称	和邦股份
法人代表	贺正刚	董秘	莫融	证券代码	603077
公司网址	www.hebang.cn		电子信箱	mr@hebang.cn	
电　话	028-62050230		传　真	028-62050290	
办公地址	四川省乐山市五通桥区				
经营范围	化工制造及盐矿、磷矿的开发				

主要财务指标 指标\报告期	2013.06.30	2012.12.31	2012.06.30	2011.12.31
基本每股收益(元)	0.0900	0.8600	0.7700	1.1900
基本每股收益(扣除)(元)	0.0900	0.8400	0.7700	1.1900
每股净资产(元)	7.2602	7.5660	4.7000	3.9336
每股经营现金净流量(元)	-0.3787	0.2999	0.2218	1.5788
每股现金流量(元)	-1.9174	2.2081	-0.5905	0.7042
每股资本公积金(元)	3.8828	3.8828	0.4411	0.4411
每股盈余公积金(元)	0.2627	0.2627	0.2468	0.2468
每股未分配利润(元)	2.1121	2.4202	3.0132	2.2457
净资产收益率(%)	1.2655	9.8362	16.3172	30.2334
加权净资产收益率(%)	1.2300	14.8900	17.7700	35.6200
净资产收益率(扣除)(%)	-	-	-	-
总资产(万元)	520855.73	504643.44	366519.17	367118.02
归属母公司股东权益(万元)	326708.25	340471.22	164628.09	137677.31
主营业务收入(万元)	64682.45	173033.10	104514.99	189726.11
营业收入(万元)	64837.91	173777.09	104550.08	189997.01
主营成本(万元)	50202.21	108160.21	59424.77	109166.51
营业成本(万元)	50247.07	108521.09	74709.75	109260.70
投资收益(万元)	1428.42	2737.57	1502.12	1814.43
净利润(万元)	4133.55	33489.37	26862.69	41624.57
利润总额(万元)	4656.64	38977.83	31342.45	48728.99

北京翠微大厦股份有限公司

公司概况					
公司名称	北京翠微大厦股份有限公司			证券简称	翠微股份
法人代表	张丽君	董秘	姜荣生	证券代码	603123
公司网址	www.cwjt.com		电子信箱	dshbgs@cwjt.com	
电　话	010-68241688		传　真	010-58159573	
办公地址	北京市海淀区复兴路33号				
经营范围	以百货零售业务为主				

主要财务指标 指标\报告期	2013.06.30	2012.12.31	2012.06.30	2011.12.31
基本每股收益(元)	0.3000	0.5200	0.3400	0.7700
基本每股收益(扣除)(元)	0.2900	0.5100	0.3300	0.7200
每股净资产(元)	5.3579	5.2532	5.0569	3.7185
每股经营现金净流量(元)	0.4041	1.6500	0.3335	1.7654
每股现金流量(元)	-0.0689	1.7895	0.9379	-0.0423
每股资本公积金(元)	2.8874	2.8874	2.8874	1.4237
每股盈余公积金(元)	0.3058	0.2772	0.2592	0.3102
每股未分配利润(元)	1.1647	1.0886	0.9103	0.9846
净资产收益率(%)	5.6870	9.1514	5.6252	15.3058
加权净资产收益率(%)	5.6700	11.0100	7.8600	27.0600
净资产收益率(扣除)(%)	-	-	-	-
总资产(万元)	327580.06	342579.40	317187.15	299657.69
归属母公司股东权益(万元)	165024.06	161799.08	155753.65	85896.37
主营业务收入(万元)	242484.52	484537.19	246369.70	471256.04
营业收入(万元)	247612.79	494786.76	251497.59	480338.84
主营成本(万元)	196829.48	391955.49	199141.52	387436.50
营业成本(万元)	198314.95	394946.07	200659.68	390317.92
投资收益(万元)	108.00	108.00	108.00	820.80
净利润(万元)	9464.20	15007.21	8827.99	13454.51
利润总额(万元)	12644.83	20045.51	11733.86	18066.29

港中旅华贸国际物流股份有限公司

公司概况					
公司名称	港中旅华贸国际物流股份有限公司			证券简称	华贸物流
法人代表	张震	董秘	林世宽	证券代码	603128
公司网址	www.ctsfreight.com		电子信箱	ird@ctsfreight.com	
电　话	021-63588811		传　真	021-63582311	
办公地址	上海市南京西路338号天安中心20楼				
经营范围	承办海运、陆运、空运进出口货物、过境货物等				

主要财务指标 指标\报告期	2013.06.30	2012.12.31	2012.06.30	2011.12.31
基本每股收益(元)	0.1000	0.2100	0.1600	0.3400
基本每股收益(扣除)(元)	0.0900	0.1900	0.1400	0.3100
每股净资产(元)	3.1159	3.1024	3.0364	1.9455
每股经营现金净流量(元)	-0.0899	-0.4303	-0.4284	0.2172
每股现金流量(元)	-0.1360	0.6578	0.7897	0.5451
每股资本公积金(元)	1.5860	1.5860	1.5860	0.4152
每股盈余公积金(元)	0.0379	0.0379	0.0265	0.0353
每股未分配利润(元)	0.5843	0.5653	0.5098	0.6150
净资产收益率(%)	3.1772	6.1394	4.0689	17.7067
加权净资产收益率(%)	3.1400	8.0000	7.1600	19.0000
净资产收益率(扣除)(%)	-	-	-	-
总资产(万元)	273412.11	274536.32	241002.74	198712.89
归属母公司股东权益(万元)	124637.55	124096.32	121455.32	58366.33
主营业务收入(万元)	404754.46	748601.53	371972.36	694642.25
营业收入(万元)	404754.46	748601.53	371972.36	694642.25
主营成本(万元)	383255.83	704804.05	350522.71	649987.94
营业成本(万元)	383255.83	704804.05	350522.71	649987.94
投资收益(万元)	-	-	-	-
净利润(万元)	3959.94	7618.81	4941.89	10334.65
利润总额(万元)	5352.30	10290.95	6258.17	13301.90

渤海轮渡股份有限公司

公司概况					
公司名称	渤海轮渡股份有限公司			证券简称	渤海轮渡
法人代表	刘建君	董秘	宁武	证券代码	603167
公司网址	www.bohailundu.cn		电子信箱	zqb@bohailundu.cn	
电　话	0535-6291223		传　真	0535-6291223	
办公地址	山东省烟台市芝罘区环海路2号				
经营范围	烟台至大连、蓬莱至大连、蓬莱至旅顺客滚船运输业务、船舶配件销售、代理销售船票				

主要财务指标 指标\报告期	2013.06.30	2012.12.31	2012.06.30	2011.12.31
基本每股收益(元)	0.2800	0.5100	0.4000	0.7300
基本每股收益(扣除)(元)	0.1600	0.3300	0.2100	0.4900
每股净资产(元)	5.1730	5.0600	3.4500	3.1500
每股经营现金净流量(元)	0.2929	0.7239	0.5780	1.0678
每股现金流量(元)	0.1741	-0.0056	0.4419	0.1073
每股资本公积金(元)	2.2075	2.2075	0.2616	0.2616
每股盈余公积金(元)	0.2530	0.2530	0.2651	0.2651
每股未分配利润(元)	1.7125	1.6023	1.9243	1.6259
净资产收益率(%)	5.4153	8.6937	11.5448	23.1607
加权净资产收益率(%)	5.3800	13.0100	12.1300	26.1900
净资产收益率(扣除)(%)	-	-	-	-
总资产(万元)	286625.55	274090.45	265986.89	224842.47
归属母公司股东权益(万元)	249030.35	243728.43	131273.48	119922.16
主营业务收入(万元)	55680.66	105441.57	49241.16	105056.23
营业收入(万元)	55732.62	105561.70	49272.31	105115.93
主营成本(万元)	40959.50	75085.35	32614.50	66625.60
营业成本(万元)	40962.49	75094.57	32618.68	66685.54
投资收益(万元)	21.90	96.24	49.03	74.22
净利润(万元)	13476.55	21189.10	15155.32	27774.82
利润总额(万元)	17970.66	28273.28	20190.75	37046.16

四川明星电缆股份有限公司

公司概况						
公司概况	公司名称	四川明星电缆股份有限公司			证券简称	明星电缆
	法人代表	盛业武	董秘	姜向东	证券代码	603333
	公司网址	www.mxdl.cn		电子信箱	securities@mxdlgroup.cn	
	电　话	0833-2595155		传　真	0833-2595155	
	办公地址	四川省乐山市高新区迎宾大道18号				
	经营范围	专业从事特种电线电缆的研发、生产、销售和服务等				

	指标\报告期	2013.06.30	2012.12.31	2012.06.30	2011.12.31
主要财务指标	基本每股收益(元)	0.0500	0.1800	0.0800	0.3400
	基本每股收益(扣除)(元)	0.0500	0.1700	0.0700	0.3300
	每股净资产(元)	3.0180	3.0133	4.3830	2.7800
	每股经营现金净流量(元)	-0.4295	0.1818	-0.3930	0.3544
	每股现金流量(元)	-0.7796	1.1601	1.0730	-0.3200
	每股资本公积金(元)	1.2592	1.2592	2.3888	0.5879
	每股盈余公积金(元)	0.0742	0.0742	0.0899	0.1198
	每股未分配利润(元)	0.6847	0.6799	0.9045	1.0690
	净资产收益率(%)	1.7474	5.3006	2.3457	18.3980
	加权净资产收益率(%)	1.7300	6.8800	4.1100	20.2600
	净资产收益率(扣除)(%)	-	-	-	-
	总资产(万元)	234628.23	242887.03	230757.04	168899.25
	归属母公司股东权益(万元)	156939.87	156693.60	151952.22	72195.09
	主营业务收入(万元)	54765.08	114196.76	57625.66	132390.78
	营业收入(万元)	55186.41	115411.45	58096.27	133145.74
	主营成本(万元)	41691.74	84054.25	42321.15	93779.08
	营业成本(万元)	42100.63	85298.61	42803.96	94513.56
	投资收益(万元)	20.12	14.74	-	7.00
	净利润(万元)	2742.30	8305.72	3564.33	13282.13
	利润总额(万元)	3226.23	9834.02	4193.33	15638.53

日出东方太阳能股份有限公司

公司概况						
公司概况	公司名称	日出东方太阳能股份有限公司			证券简称	日出东方
	法人代表	徐新建	董秘	刘伟	证券代码	603366
	公司网址	www.solareast.com		电子信箱	zqb@solareast.com	
	电　话	0518-85959992		传　真	0518-85807993	
	办公地址	江苏省连云港海宁工贸园瀛洲南路199号				
	经营范围	太阳能热水器、太阳能热利用产品、太阳能采暖系统、太阳能空调系统等				

	指标\报告期	2013.06.30	2012.12.31	2012.06.30	2011.12.31
主要财务指标	基本每股收益(元)	0.4100	1.1900	0.6500	1.2300
	基本每股收益(扣除)(元)	0.4000	1.1600	0.6100	1.2100
	每股净资产(元)	8.4402	9.7600	10.2200	3.9400
	每股经营现金净流量(元)	0.1340	1.4925	0.6730	-
	每股现金流量(元)	-0.8575	5.6512	5.7352	-
	每股资本公积金(元)	5.7966	5.7966	5.7966	-
	每股盈余公积金(元)	0.2109	0.2109	0.1052	-
	每股未分配利润(元)	1.4325	1.7341	1.6356	-
	净资产收益率(%)	4.8385	12.2032	5.7918	31.2780
	加权净资产收益率(%)	4.6900	16.9200	8.9200	35.4800
	净资产收益率(扣除)(%)	-	-	-	-
	总资产(万元)	448627.19	456586.01	434140.12	201454.61
	归属母公司股东权益(万元)	337609.50	349675.46	341499.29	118239.36
	主营业务收入(万元)	142429.61	308448.26	151615.64	-
	营业收入(万元)	158125.34	336479.32	165959.47	309499.67
	主营成本(万元)	95038.52	201983.85	96487.50	-
	营业成本(万元)	106825.57	222696.49	107153.69	200244.92
	投资收益(万元)	62.05	8.00	-	101.52
	净利润(万元)	16335.18	42671.69	20500.80	36983.11
	利润总额(万元)	19601.56	50400.95	25141.67	44741.38

锦州新华龙钼业股份有限公司

公司概况						
公司概况	公司名称	锦州新华龙钼业股份有限公司			证券简称	新华龙
	法人代表	郭光华	董秘	高文重	证券代码	603399
	公司网址	www.ncdmoly.com		电子信箱	xhldsh@163.com	
	电　话	0416-3198622 3198621		传　真	0416-3168802	
	办公地址	辽宁省锦州市经济技术开发区天山路一段50号				
	经营范围	从事钼炉料、钼化工、钼金属等钼系列产品的生产、加工、销售业务				

	指标\报告期	2013.06.30	2012.12.31	2012.06.30	2011.12.31
主要财务指标	基本每股收益(元)	0.1100	0.4300	0.2700	0.4800
	基本每股收益(扣除)(元)	0.1000	0.4000	0.2500	0.4700
	每股净资产(元)	4.0350	3.9623	2.5800	2.3000
	每股经营现金净流量(元)	-1.5865	-1.2287	0.2644	0.6997
	每股现金流量(元)	-0.1847	-0.0365	-0.5881	0.5016
	每股资本公积金(元)	1.7833	1.7833	0.2322	0.2322
	每股盈余公积金(元)	0.1260	0.1260	0.1225	0.1225
	每股未分配利润(元)	1.0854	1.0284	1.2130	0.9428
	净资产收益率(%)	2.7770	8.9710	10.4630	20.9759
	加权净资产收益率(%)	2.7900	14.1000	11.1100	23.0400
	净资产收益率(扣除)(%)	-	-	-	-
	总资产(万元)	215682.22	169606.63	122615.43	134274.25
	归属母公司股东权益(万元)	102229.95	100388.43	49071.30	43653.13
	主营业务收入(万元)	101934.84	257478.09	141051.89	336084.41
	营业收入(万元)	101980.77	258221.26	141353.65	337431.92
	主营成本(万元)	94235.65	238949.09	130662.26	315333.82
	营业成本(万元)	94261.80	239896.15	131040.00	317037.28
	投资收益(万元)	-	-	-	-
	净利润(万元)	2781.14	8889.20	5080.54	9062.09
	利润总额(万元)	3578.04	12060.93	6827.53	12170.40

隆鑫通用动力股份有限公司

公司概况						
公司概况	公司名称	隆鑫通用动力股份有限公司			证券简称	隆鑫通用
	法人代表	高勇	董秘	黄经雨	证券代码	603766
	公司网址	www.loncinindustries.com		电子信箱	security@loncinindustry.com	
	电　话	023-89028829		传　真	023-89028051	
	办公地址	重庆市经济技术开发区白鹤工业园				
	经营范围	摩托车及发动机、通用动力机械产品的研发、生产及销售等				

	指标\报告期	2013.06.30	2012.12.31	2012.06.30	2011.12.31
主要财务指标	基本每股收益(元)	0.3500	0.6200	0.3000	0.6100
	基本每股收益(扣除)(元)	0.3200	0.5900	0.2900	0.5100
	每股净资产(元)	4.1905	4.0100	3.4400	3.2000
	每股经营现金净流量(元)	0.4736	0.6051	0.0342	0.6655
	每股现金流量(元)	-0.1423	0.2455	-0.1822	0.2349
	每股资本公积金(元)	0.8688	0.8688	0.3999	0.3999
	每股盈余公积金(元)	0.1105	0.1105	0.0691	0.0691
	每股未分配利润(元)	2.2111	2.0350	1.9707	1.7295
	净资产收益率(%)	8.3795	14.3797	8.6404	19.1358
	加权净资产收益率(%)	8.4400	17.3000	8.9300	21.2000
	净资产收益率(扣除)(%)	-	-	-	-
	总资产(万元)	543171.66	532806.50	425084.12	444573.24
	归属母公司股东权益(万元)	335237.01	321145.93	247655.18	230288.90
	主营业务收入(万元)	332086.62	642804.96	302222.90	681731.40
	营业收入(万元)	332715.55	644481.85	303053.51	683578.44
	主营成本(万元)	268186.72	526923.38	250494.97	580344.90
	营业成本(万元)	268557.74	527642.66	250554.87	581122.14
	投资收益(万元)	688.83	1323.17	1151.42	2567.86
	净利润(万元)	29642.07	48550.27	22503.49	45258.36
	利润总额(万元)	34723.60	57180.42	26190.56	53569.02

洛阳栾川钼业集团股份有限公司

公司概况	公司名称	洛阳栾川钼业集团股份有限公司		证券简称	洛阳钼业
	法人代表	吴文君	董秘 张新晖	证券代码	603993
	公司网址	www.chinamoly.com		电子信箱	cmoc03993@gmail.com
	电　话	0379-68658017		传　真	0379-68658030
	办公地址	河南省洛阳市栾川县城东新区画眉山路伊河以北			
	经营范围	矿产资源的采选、冶炼、深加工及勘探、矿产资源系列产品、化工产品的出口等			

主要财务指标	指标\报告期	2013.06.30	2012.12.31	2012.06.30	2011.12.31
	基本每股收益(元)	0.1200	0.2100	0.1500	0.2300
	基本每股收益(扣除)(元)	0.1100	0.1800	0.1200	0.2300
	每股净资产(元)	2.2817	2.2737	2.2900	2.0468
	每股经营现金净流量(元)	0.2096	0.3164	0.1647	0.2109
	每股现金流量(元)	-0.0414	-0.2592	-0.2700	-0.0124
	每股资本公积金(元)	1.5963	1.5963	1.5555	1.5555
	每股盈余公积金(元)	0.1389	0.1389	0.1446	0.1446
	每股未分配利润(元)	0.3225	0.3234	0.3627	0.2149
	净资产收益率(%)	5.2226	9.1000	6.4643	10.7619
	加权净资产收益率(%)	5.1100	9.5000	6.2000	10.3300
	净资产收益率(扣除)(%)	-	-	-	-
	总资产(万元)	1634970.17	1574931.52	1336243.65	1494612.40
	归属母公司股东权益(万元)	1158222.87	1154153.50	1114842.94	1039013.34
	主营业务收入(万元)	263823.67	556904.17	295431.92	593554.48
	营业收入(万元)	268973.28	571089.39	303311.41	609965.16
	主营成本(万元)	175922.56	388080.73	192185.44	376129.52
	营业成本(万元)	181382.36	400921.68	198711.86	391137.01
	投资收益(万元)	13768.71	15104.26	7616.99	12704.15
	净利润(万元)	55457.41	101637.57	71584.33	115616.18
	利润总额(万元)	66588.74	109695.70	73843.07	151191.65

公司概况	公司名称			证券简称	
	法人代表		董秘	证券代码	
	公司网址			电子信箱	
	电　话			传　真	
	办公地址				
	经营范围				

主要财务指标	指标\报告期	2013.06.30	2012.12.31	2012.06.30	2011.12.31
	基本每股收益(元)				
	基本每股收益(扣除)(元)				
	每股净资产(元)				
	每股经营现金净流量(元)				
	每股现金流量(元)				
	每股资本公积金(元)				
	每股盈余公积金(元)				
	每股未分配利润(元)				
	净资产收益率(%)				
	加权净资产收益率(%)				
	净资产收益率(扣除)(%)				
	总资产(万元)				
	归属母公司股东权益(万元)				
	主营业务收入(万元)				
	营业收入(万元)				
	主营成本(万元)				
	营业成本(万元)				
	投资收益(万元)				
	净利润(万元)				
	利润总额(万元)				

公司概况	公司名称			证券简称	
	法人代表		董秘	证券代码	
	公司网址			电子信箱	
	电　话			传　真	
	办公地址				
	经营范围				

主要财务指标	指标\报告期	2013.06.30	2012.12.31	2012.06.30	2011.12.31
	基本每股收益(元)				
	基本每股收益(扣除)(元)				
	每股净资产(元)				
	每股经营现金净流量(元)				
	每股现金流量(元)				
	每股资本公积金(元)				
	每股盈余公积金(元)				
	每股未分配利润(元)				
	净资产收益率(%)				
	加权净资产收益率(%)				
	净资产收益率(扣除)(%)				
	总资产(万元)				
	归属母公司股东权益(万元)				
	主营业务收入(万元)				
	营业收入(万元)				
	主营成本(万元)				
	营业成本(万元)				
	投资收益(万元)				
	净利润(万元)				
	利润总额(万元)				

公司概况	公司名称			证券简称	
	法人代表		董秘	证券代码	
	公司网址			电子信箱	
	电　话			传　真	
	办公地址				
	经营范围				

主要财务指标	指标\报告期	2013.06.30	2012.12.31	2012.06.30	2011.12.31
	基本每股收益(元)				
	基本每股收益(扣除)(元)				
	每股净资产(元)				
	每股经营现金净流量(元				
	每股现金流量(元)				
	每股资本公积金(元)				
	每股盈余公积金(元)				
	每股未分配利润(元)				
	净资产收益率(%)				
	加权净资产收益率(%)				
	净资产收益率(扣除)(%)				
	总资产(万元)				
	归属母公司股东权益(万元)				
	主营业务收入(万元)				
	营业收入(万元)				
	主营成本(万元)				
	营业成本(万元)				
	投资收益(万元)				
	净利润(万元)				
	利润总额(万元)				

上海仪电电子股份有限公司

公司概况	公司名称	上海仪电电子股份有限公司			证券简称	仪电 B 股
	法人代表	黄峰	董秘	赵开兰	证券代码	900901
	公司网址	www.inesa-e.com		电子信箱	stock@inesa-e.com	
	电　话	021-62980202 34695939		传　真	021-62982121	
	办公地址	上海市徐汇区田林路 168 号 4-5 楼				
	经营范围	电视机、平板显示器件、家庭视听设备、微波炉等小家电产品等				

主要财务指标	指标\报告期	2013.06.30	2012.12.31	2012.06.30	2011.12.31
	基本每股收益(元)	0.0285	0.0900	0.0336	0.1300
	基本每股收益(扣除)(元)	-0.0010	-0.0600	0.0114	0.1000
	每股净资产(元)	2.0668	2.0406	1.9944	2.0039
	每股经营现金净流量(元)	-0.0713	-0.0670	-0.0551	-0.0292
	每股现金流量(元)	-0.1244	-0.0233	0.0080	-0.0882
	每股资本公积金(元)	0.9326	0.9349	0.9468	0.9566
	每股盈余公积金(元)	0.2754	0.2754	0.2778	0.2778
	每股未分配利润(元)	-0.1412	-0.1698	-0.2303	-0.2639
	净资产收益率(%)	1.3810	4.4797	1.6849	6.5970
	加权净资产收益率(%)	1.3899	4.5100	1.6800	6.5600
	净资产收益率(扣除)(%)	-	-	-	-
	总资产(万元)	274472.29	275896.85	296047.04	288651.84
	归属母公司股东权益(万元)	242424.73	239349.07	233933.13	235041.28
	主营业务收入(万元)	50567.85	118067.20	55184.13	88896.09
	营业收入(万元)	51958.01	120572.74	59091.11	93674.28
	主营成本(万元)	44023.21	100312.54	47200.98	76620.75
	营业成本(万元)	44921.40	102410.24	48935.39	77492.51
	投资收益(万元)	4213.01	13311.06	4964.06	20829.46
	净利润(万元)	3530.14	11529.04	4383.71	14869.70
	利润总额(万元)	3625.86	11743.49	4500.21	15164.86

上海市北高新股份有限公司

公司概况	公司名称	上海市北高新股份有限公司			证券简称	市北 B 股
	法人代表	丁明年	董秘	戴勇斌	证券代码	900902
	公司网址	www.shibeiht.com		电子信箱	libolibo918@sina.com	
	电　话	021-66528130		传　真	021-56770134	
	办公地址	上海市江场三路 262 号 1 楼				
	经营范围	生产销售纺纱机械、化纤机械等产品				

主要财务指标	指标\报告期	2013.06.30	2012.12.31	2012.06.30	2011.12.31
	基本每股收益(元)	0.0916	0.2588	0.0874	0.2418
	基本每股收益(扣除)(元)	0.0916	0.2573	0.0874	0.2403
	每股净资产(元)	2.0673	2.0037	0.2755	1.7400
	每股经营现金净流量(元)	-0.0209	0.0113	-0.3095	0.9304
	每股现金流量(元)	-0.1457	-0.7818	-0.8777	0.9927
	每股资本公积金(元)	0.4816	0.4816	0.1690	0.4816
	每股盈余公积金(元)	0.0392	0.0392	0.0063	0.0392
	每股未分配利润(元)	0.5465	0.4829	-0.8998	0.2241
	净资产收益率(%)	4.4331	12.9142	31.7158	13.8600
	加权净资产收益率(%)	4.4700	13.8100	4.8900	14.1300
	净资产收益率(扣除)(%)	-	-	-	-
	总资产(万元)	152237.64	157579.75	48123.51	191825.25
	归属母公司股东权益(万元)	117102.98	113497.71	15605.55	98840.36
	主营业务收入(万元)	13815.68	30619.49	12409.69	49577.32
	营业收入(万元)	13815.68	30619.49	12409.69	49577.32
	主营成本(万元)	4826.60	12721.91	4384.16	26686.70
	营业成本(万元)	4826.60	12721.91	22520.69	26686.70
	投资收益(万元)	2451.86	7893.03	2487.74	6031.44
	净利润(万元)	5199.60	14867.85	5051.18	13851.26
	利润总额(万元)	8014.61	17205.87	5927.86	16579.47

大众交通(集团)股份有限公司

公司概况	公司名称	大众交通(集团)股份有限公司			证券简称	大众 B 股
	法人代表	杨国平	董秘	赵思渊	证券代码	900903
	公司网址	www.96822.com		电子信箱	dzjt@96822.com	
	电　话	021-64466666(总机) 64289122		传　真	021-64285642	
	办公地址	上海市徐汇区中山西路 1515 号大众大厦 22 楼				
	经营范围	出租车运输、公共汽车运输、货运、车辆租赁、进出口代理等				

主要财务指标	指标\报告期	2013.06.30	2012.12.31	2012.06.30	2011.12.31
	基本每股收益(元)	0.1200	0.2500	0.1400	0.2700
	基本每股收益(扣除)(元)	0.1100	0.1300	0.0700	0.1700
	每股净资产(元)	3.3963	3.4415	3.3900	3.2700
	每股经营现金净流量(元)	0.1845	-0.1108	-0.2465	0.4333
	每股现金流量(元)	-0.0048	-0.5682	-0.4307	0.1742
	每股资本公积金(元)	0.6452	0.7354	0.7958	0.7426
	每股盈余公积金(元)	0.4888	0.4888	0.4684	0.4684
	每股未分配利润(元)	1.2622	1.2173	1.1293	1.0609
	净资产收益率(%)	3.6770	7.1747	4.0804	8.1930
	加权净资产收益率(%)	3.6100	7.3700	4.1100	8.0000
	净资产收益率(扣除)(%)	-	-	-	-
	总资产(万元)	1002903.04	966247.65	997141.60	975642.41
	归属母公司股东权益(万元)	535279.95	542410.47	534846.60	515662.54
	主营业务收入(万元)	138380.97	287558.38	125556.56	273549.04
	营业收入(万元)	140220.35	291297.50	127509.84	278016.61
	主营成本(万元)	106942.04	221459.47	96336.63	206768.81
	营业成本(万元)	108190.67	222533.23	97279.93	208693.22
	投资收益(万元)	5714.22	33475.61	17371.24	27201.32
	净利润(万元)	23005.85	45947.86	24074.19	47351.78
	利润总额(万元)	28505.17	63630.68	31712.01	58396.49

上海神奇制药投资管理股份有限公司

公司概况	公司名称	上海神奇制药投资管理股份有限公司			证券简称	神奇 B 股
	法人代表	张芝庭	董秘	梅君	证券代码	900904
	公司网址	www.613904.com		电子信箱	mj041@sina.com	
	电　话	021-53750009		传　真	021-53750012	
	办公地址	上海市威海路 128 号长发大厦 613 室				
	经营范围	在国家法律允许和政策鼓励的范围内进行投资管理等				

主要财务指标	指标\报告期	2013.06.30	2012.12.31	2012.06.30	2011.12.31
	基本每股收益(元)	0.2000	0.0900	0.1600	0.1200
	基本每股收益(扣除)(元)	0.1500	0.0800	0.1400	0.1100
	每股净资产(元)	4.2853	1.3865	1.3779	1.2900
	每股经营现金净流量(元)	0.2295	-0.0756	0.5232	-0.0225
	每股现金流量(元)	1.5374	-0.0826	0.7180	-0.0296
	每股资本公积金(元)	2.7621	0.1622	0.1621	0.1621
	每股盈余公积金(元)	0.0739	0.1913	0.0973	0.0973
	每股未分配利润(元)	0.4493	0.9622	0.1185	0.0344
	净资产收益率(%)	2.2480	6.6817	13.2699	9.1740
	加权净资产收益率(%)	7.3500	6.9100	5.2000	9.6100
	净资产收益率(扣除)(%)	-	-	-	-
	总资产(万元)	217926.70	69136.77	25364.56	24306.68
	归属母公司股东权益(万元)	171261.80	46289.02	20379.68	19135.08
	主营业务收入(万元)	25141.04	15282.82	17576.18	14756.70
	营业收入(万元)	25148.35	15399.93	17581.61	14825.01
	主营成本(万元)	6209.61	3101.75	5361.63	3118.56
	营业成本(万元)	6216.91	3209.06	5361.63	3125.05
	投资收益(万元)	58.09	-	-	102.79
	净利润(万元)	3976.33	1510.48	2814.78	1916.14
	利润总额(万元)	4874.20	1855.28	3400.42	2254.83

老凤祥股份有限公司

公司概况					
公司名称	老凤祥股份有限公司			证券简称	老凤祥 B
法人代表	胡书刚	董秘	周富良	证券代码	900905
公司网址	www.chinafirstpencil.com		电子信箱	cfp612@126.com	
电　话	021-54480605 64833388 转 608		传　真	021-54481529	
办公地址	上海市漕溪路 270 号六楼				
经营范围	生产经营金银制品、珠宝、钻石与相关产品及设备等				

主要财务指标 指标\报告期	2013.06.30	2012.12.31	2012.06.30	2011.12.31
基本每股收益(元)	0.7479	1.1686	0.7191	1.1996
基本每股收益(扣除)(元)	0.7327	1.0856	0.6830	1.1743
每股净资产(元)	5.9967	5.2789	5.7310	4.9745
每股经营现金净流量(元)	3.6703	1.4347	3.0337	-0.2025
每股现金流量(元)	3.8785	1.4572	3.4466	0.4872
每股资本公积金(元)	1.1591	1.1891	1.6064	1.5690
每股盈余公积金(元)	-	0.3610	0.3644	0.3644
每股未分配利润(元)	-	2.7288	2.7602	2.0411
净资产收益率(%)	12.4722	22.1369	12.5476	24.1150
加权净资产收益率(%)	13.2700	24.5800	13.4300	28.2000
净资产收益率(扣除)(%)	-	-	-	-
总资产(万元)	897598.54	888500.85	772979.18	727659.00
归属母公司股东权益(万元)	313695.51	276148.69	249830.70	216855.04
主营业务收入(万元)	1554070.56	2197200.22	1168077.83	1951190.79
营业收入(万元)	1817507.96	2555339.90	1345292.17	2112639.72
主营成本(万元)	1433610.72	1995118.49	1068766.10	1771243.31
营业成本(万元)	1684300.16	2345980.49	1240425.53	1928279.98
投资收益(万元)	41.51	11.35	-349.36	279.17
净利润(万元)	51358.40	79377.64	40915.36	68266.65
利润总额(万元)	67951.48	106656.91	56098.61	91112.96

中国纺织机械股份有限公司

公司概况					
公司名称	中国纺织机械股份有限公司			证券简称	中纺 B 股
法人代表	叶富才	董秘	程雪莲	证券代码	900906
公司网址	www.ctmc[illegible].com.cn		电子信箱	ctmzjbk@online.sh.cn	
电　话	021-65432[illegible]70*512		传　真	021-65455130	
办公地址	上海市长阳路 1687 号				
经营范围	纺织机械及有关器材的生产与销售业务等				

主要财务指标 指标\报告期	2013.06.30	2012.12.31	2012.06.30	2011.12.31
基本每股收益(元)	-0.0200	-0.1100	0.0100	0.0200
基本每股收益(扣除)(元)	-0.0500	-0.1400	-0.0200	-0.0800
每股净资产(元)	0.3185	0.3608	0.4800	0.4900
每股经营现金净流量(元)	-	-0.0776	-0.0310	-0.0912
每股现金流量(元)	-	-0.0255	-0.0111	0.0280
每股资本公积金(元)	0.3291	0.3486	0.3568	0.3643
每股盈余公积金(元)	-	-	-	-
每股未分配利润(元)	-	-0.9878	-0.8719	-0.8770
净资产收益率(%)	-7.1800	-30.6967	1.0522	3.2430
加权净资产收益率(%)	-6.7300	-26.1200	1.0500	2.9600
净资产收益率(扣除)(%)	-	-	-	-
总资产(万元)	35474.39	36899.75	37705.16	36500.74
归属母公司股东权益(万元)	11372.79	12885.01	17317.00	17403.01
主营业务收入(万元)	-	4103.46	2641.70	5616.70
营业收入(万元)	4457.81	8365.72	4614.89	9914.61
主营成本(万元)	-	4672.03	2841.13	6083.17
营业成本(万元)	4159.88	8072.87	4260.06	9062.24
投资收益(万元)	706.68	1023.30	892.27	3253.09
净利润(万元)	-828.59	-4042.47	172.66	556.34
利润总额(万元)	-828.59	-4042.47	172.66	533.77

上海鼎立科技发展(集团)股份有限公司

公司概况					
公司名称	上海鼎立科技发展(集团)股份有限公司			证券简称	鼎立 B 股
法人代表	许宝星	董秘	姜卫星	证券代码	900907
公司网址	www.600614.com		电子信箱	qian_hx@600614.com	
电　话	021-35071889		传　真	021-35080120	
办公地址	上海市杨浦区国权路 39 号财富广场(金座)18 楼				
经营范围	国家鼓励和允许的范围内进行投资等				

主要财务指标 指标\报告期	2013.06.30	2012.12.31	2012.06.30	2011.12.31
基本每股收益(元)	0.0460	0.1000	0.0500	0.1000
基本每股收益(扣除)(元)	0.0140	-0.0100	-0.0140	-0.0300
每股净资产(元)	1.5601	1.5537	1.5050	1.4547
每股经营现金净流量(元)	0.0188	-0.1238	-0.1249	-0.4069
每股现金流量(元)	-0.0800	0.0765	-0.0489	0.0006
每股资本公积金(元)	0.3443	0.3443	0.3443	0.3443
每股盈余公积金(元)	0.0404	0.0404	0.0128	0.0128
每股未分配利润(元)	0.1754	0.1689	0.1478	0.0975
净资产收益率(%)	2.9768	6.3721	3.3414	6.5460
加权净资产收益率(%)	2.9800	6.6000	3.4000	6.7700
净资产收益率(扣除)(%)	-	-	-	-
总资产(万元)	268844.96	273535.19	242480.59	236852.03
归属母公司股东权益(万元)	88522.65	88157.13	85392.96	82539.64
主营业务收入(万元)	57190.82	104900.62	57318.52	110679.00
营业收入(万元)	59727.07	106292.86	57858.27	111824.40
主营成本(万元)	48665.57	92047.32	50826.31	96246.96
营业成本(万元)	48931.82	92691.05	50978.12	96810.21
投资收益(万元)	94.00	4567.34	2670.85	1219.18
净利润(万元)	2867.96	6059.82	2887.47	5512.49
利润总额(万元)	3761.36	6785.04	3069.41	6056.70

上海氯碱化工股份有限公司

公司概况					
公司名称	上海氯碱化工股份有限公司			证券简称	氯碱 B 股
法人代表	李军	董秘	许沛文	证券代码	900908
公司网址	www.scacc.com		电子信箱	shxpw@126.com	
电　话	021-6434060[illegible] 64342640		传　真	021-64341341 64341438	
办公地址	上海市龙吴路 4747 号				
经营范围	聚氯乙烯、烧碱、氯系列等基本化工原料及加工产品等				

主要财务指标 指标\报告期	2013.06.30	2012.12.31	2012.06.30	2011.12.31
基本每股收益(元)	0.0035	0.0887	0.0733	0.1987
基本每股收益(扣除)(元)	0.0027	0.0564	0.0676	0.1637
每股净资产(元)	2.4488	2.4459	2.4304	2.3575
每股经营现金净流量(元)	0.2057	0.5572	0.3081	0.6140
每股现金流量(元)	-0.1245	0.0519	-0.0333	-0.0065
每股资本公积金(元)	1.3745	1.3751	1.3749	1.3753
每股盈余公积金(元)	-	0.0090	0.0087	0.0087
每股未分配利润(元)	-	0.0619	0.0468	-0.0265
净资产收益率(%)	0.1414	3.6300	3.0169	8.4280
加权净资产收益率(%)	0.1420	3.6921	3.0630	8.7844
净资产收益率(扣除)(%)	-	-	-	-
总资产(万元)	602753.97	634013.28	618415.27	600792.94
归属母公司股东权益(万元)	283184.38	282846.46	281047.67	272620.26
主营业务收入(万元)	311041.63	623921.20	259778.39	561131.28
营业收入(万元)	315470.83	634088.36	267518.55	576252.60
主营成本(万元)	283300.38	563969.97	228288.35	478268.06
营业成本(万元)	286988.59	570071.41	234352.68	492315.79
投资收益(万元)	3802.49	10836.07	2524.59	1250.22
净利润(万元)	802.50	11116.59	8502.15	22638.29
利润总额(万元)	1005.75	11494.98	8606.45	22713.53

双钱集团股份有限公司

公司概况	公司名称	双钱集团股份有限公司			证券简称	双钱B股
	法人代表	刘训峰	董秘	王玲	证券代码	900909
	公司网址	www.doublecoinholdings.com			电子信箱	wangling@doublecoinholdings.com
	电 话	021-26067000 26067034			传 真	021-26067025 26067032
	办公地址	上海市虹口区吴淞路290号耀江国际广场办公大楼				
	经营范围	轮胎、力车胎、胶鞋及其橡胶制品和前述产品的配件、橡胶原辅材料、橡胶机械等				

主要财务指标	指标\报告期	2013.06.30	2012.12.31	2012.06.30	2011.12.31
	基本每股收益(元)	0.1830	0.3280	0.1310	0.1990
	基本每股收益(扣除)(元)	0.1740	0.2800	0.1050	0.1670
	每股净资产(元)	2.8754	2.8040	2.6140	2.5540
	每股经营现金净流量(元)	–0.4385	1.0694	–0.3545	1.0635
	每股现金流量(元)	0.2997	0.5317	0.5174	–0.0522
	每股资本公积金(元)	0.6797	0.7790	0.7913	0.8014
	每股盈余公积金(元)	–	0.2021	0.1541	0.1541
	每股未分配利润(元)	–	0.8252	0.6701	0.6027
	净资产收益率(%)	6.3548	11.7142	4.9927	7.7780
	加权净资产收益率(%)	6.3110	12.2700	4.9920	7.8400
	净资产收益率(扣除)(%)	–	–	–	–
	总资产(万元)	1211914.00	1074509.95	1128367.52	892504.06
	归属母公司股东权益(万元)	255759.62	249405.98	232519.71	227161.60
	主营业务收入(万元)	701233.22	1202458.33	603089.05	1081037.62
	营业收入(万元)	705601.15	1210157.96	606127.00	1092663.23
	主营成本(万元)	613353.17	984567.16	510905.56	955347.23
	营业成本(万元)	616383.86	985301.08	513379.93	961160.48
	投资收益(万元)	2348.17	1321.30	2152.92	–158.90
	净利润(万元)	15269.14	33316.81	15547.62	10041.73
	利润总额(万元)	18721.67	41191.31	16740.33	11719.46

上海海立(集团)股份有限公司

公司概况	公司名称	上海海立(集团)股份有限公司			证券简称	海立B股
	法人代表	沈建芳	董秘	罗敏	证券代码	900910
	公司网址	www.highly.cc			电子信箱	heartfelt@highly.cc
	电 话	021-58547777(总机)			传 真	021-50326960
	办公地址	上海市浦东新区金桥出口加工区宁桥路888号				
	经营范围	研发、生产制冷设备及零部件、汽车零部件、家用电器及相关的材料等				

主要财务指标	指标\报告期	2013.06.30	2012.12.31	2012.06.30	2011.12.31
	基本每股收益(元)	0.0900	0.2300	0.1700	0.2700
	基本每股收益(扣除)(元)	0.0700	0.2000	0.1600	0.2800
	每股净资产(元)	3.4863	3.5418	3.0400	2.9696
	每股经营现金净流量(元)	0.1046	0.6166	0.5788	0.3715
	每股现金流量(元)	0.2691	–0.0150	0.1131	0.0542
	每股资本公积金(元)	1.2442	1.2498	0.5999	0.6835
	每股盈余公积金(元)	0.3171	0.3171	0.3333	0.3333
	每股未分配利润(元)	0.9327	0.9749	1.1033	0.9527
	净资产收益率(%)	2.5478	6.2514	5.6145	9.1878
	加权净资产收益率(%)	2.4800	7.2400	5.5400	9.5800
	净资产收益率(扣除)(%)	–	–	–	–
	总资产(万元)	832667.47	753098.94	772247.01	714628.28
	归属母公司股东权益(万元)	232795.41	236502.13	183027.18	178990.39
	主营业务收入(万元)	357085.48	661592.50	387468.73	795588.00
	营业收入(万元)	367260.99	677296.59	396973.47	820538.05
	主营成本(万元)	318234.74	570211.32	337764.29	700767.64
	营业成本(万元)	324930.31	579492.93	342015.83	715725.16
	投资收益(万元)	326.64	1058.02	496.68	535.10
	净利润(万元)	8350.65	20752.76	14300.22	23114.48
	利润总额(万元)	8301.41	25528.80	17300.73	28261.25

上海金桥出口加工区开发股份有限公司

公司概况	公司名称	上海金桥出口加工区开发股份有限公司			证券简称	金桥B股
	法人代表	张素心	董秘	代燕妮	证券代码	900911
	公司网址	www.58991818.com			电子信箱	daiyn@58991818.com
	电 话	021-50307702 50307770			传 真	021-50301533
	办公地址	上海市浦东新区新金桥路27号1号楼				
	经营范围	在依法取得的地块上从事房地产开发、经营、销售、出租和中介等				

主要财务指标	指标\报告期	2013.06.30	2012.12.31	2012.06.30	2011.12.31
	基本每股收益(元)	0.2123	0.3594	0.2037	0.4873
	基本每股收益(扣除)(元)	0.2124	0.3488	0.1941	0.4719
	每股净资产(元)	4.7243	4.6273	4.4691	4.3451
	每股经营现金净流量(元)	–	–0.0589	–0.2271	–0.0569
	每股现金流量(元)	–	0.0056	0.0716	0.0008
	每股资本公积金(元)	0.8872	0.8925	0.8900	0.8897
	每股盈余公积金(元)	–	0.5162	0.4809	0.4809
	每股未分配利润(元)	–	2.2186	2.0982	1.9746
	净资产收益率(%)	4.4947	7.7668	4.5577	11.2140
	加权净资产收益率(%)	4.5100	8.0100	4.5900	11.7300
	净资产收益率(扣除)(%)	–	–	–	–
	总资产(万元)	967704.04	936845.06	903751.69	879628.57
	归属母公司股东权益(万元)	438807.46	429793.60	415105.47	403583.01
	主营业务收入(万元)	–	112148.11	55502.93	208575.09
	营业收入(万元)	65879.15	112223.21	55543.18	208617.90
	主营成本(万元)	–	39716.40	19067.34	79316.24
	营业成本(万元)	19179.50	39739.59	19080.26	79527.02
	投资收益(万元)	1990.64	2122.44	2092.20	1762.09
	净利润(万元)	20535.68	37026.50	19600.13	50230.98
	利润总额(万元)	26637.56	46731.46	25159.48	70022.21

上海外高桥保税区开发股份有限公司

公司概况	公司名称	上海外高桥保税区开发股份有限公司			证券简称	外高B股
	法人代表	舒榕斌	董秘	黄礴	证券代码	900912
	公司网址	www.shwgq.com			电子信箱	gudong@shwgq.com
	电 话	021-51980847			传 真	021-51980850
	办公地址	上海市外高桥保税区杨高北路2001号				
	经营范围	受让地块内的房地产经营、工程承包、商业、保税区内的转口贸易等				

主要财务指标	指标\报告期	2013.06.30	2012.12.31	2012.06.30	2011.12.31
	基本每股收益(元)	0.5208	0.4400	0.1000	0.3500
	基本每股收益(扣除)(元)	0.5160	0.3900	0.0710	0.3300
	每股净资产(元)	5.2438	4.9001	4.6400	4.5900
	每股经营现金净流量(元)	–0.8958	2.3096	–0.1156	–0.4373
	每股现金流量(元)	–0.3799	0.5535	0.3840	–0.3423
	每股资本公积金(元)	1.6149	1.6520	1.7265	1.6813
	每股盈余公积金(元)	0.4041	0.4041	0.3736	0.3736
	每股未分配利润(元)	2.2347	1.8539	1.5523	1.5483
	净资产收益率(%)	9.9326	8.8973	2.2401	7.6918
	加权净资产收益率(%)	10.2900	9.3000	2.2300	7.7800
	净资产收益率(扣除)(%)	–	–	–	–
	总资产(万元)	2525119.11	2451167.70	2291949.13	2400439.20
	归属母公司股东权益(万元)	530036.82	495294.81	469288.58	464301.47
	主营业务收入(万元)	395312.64	726847.55	289235.02	854372.39
	营业收入(万元)	398256.80	730433.75	290323.07	857868.19
	主营成本(万元)	229531.88	557576.73	230251.93	691720.00
	营业成本(万元)	231749.99	559528.62	230411.21	693752.95
	投资收益(万元)	691.44	8886.80	5939.00	3324.28
	净利润(万元)	54453.34	50497.73	13321.43	44290.68
	利润总额(万元)	80689.71	61874.78	18592.51	59665.26

上海联华合纤股份有限公司

公司概况				
公司名称	上海联华合纤股份有限公司		证券简称	ST 联华 B
法人代表	李保荣	董秘 高伟	证券代码	900913
公司网址	www.600617.com.cn		电子信箱	600617@600617.com.cn
电　话	021-61639685		传　真	021-61639683
办公地址	上海市浦东新区长柳路 58 号证大立方大厦 1103 室			
经营范围	生产销售聚酯切片、合成纤维及深加工产品			

主要财务指标：指标\报告期	2013.06.30	2012.12.31	2012.06.30	2011.12.31
基本每股收益(元)	-0.0260	-0.0600	0.0230	0.1000
基本每股收益(扣除)(元)	-0.0260	-0.0800	-0.0100	-0.1800
每股净资产(元)	-0.4387	-0.4126	-0.3340	-0.3600
每股经营现金净流量(元)	0.0002	-0.0462	-0.0277	-0.2449
每股现金流量(元)	0.0001	-0.0233	-0.0106	-0.2317
每股资本公积金(元)	0.4456	0.4456	0.4456	0.4456
每股盈余公积金(元)	0.1739	0.1739	0.1739	0.1739
每股未分配利润(元)	-2.0582	-2.0321	-1.9535	-1.9770
净资产收益率(%)	-5.9455	-13.3600	-7.0274	-27.6310
加权净资产收益率(%)	-	-14.3300	-	-24.2800
净资产收益率(扣除)(%)	-	-	-	-
总资产(万元)	2038.39	2032.05	451.47	1793.36
归属母公司股东权益(万元)	-7334.96	-6898.86	-5584.20	-5976.62
主营业务收入(万元)	-	-	-	2541.15
营业收入(万元)	-	-	-	2559.65
主营成本(万元)	-	-	-	2443.95
营业成本(万元)	-	-	-	2448.07
投资收益(万元)	-	9365.64	286.39	0.40
净利润(万元)	-436.10	-922.24	392.42	1651.40
利润总额(万元)	-436.10	-1365.44	-52.08	2363.62

上海锦江国际实业投资股份有限公司

公司概况				
公司名称	上海锦江国际实业投资股份有限公司		证券简称	锦投 B 股
法人代表	杨原平	董秘 濮荣平	证券代码	900914
公司网址	www.jjtz.com		电子信箱	dshms@jjtz.com
电　话	021-63218800		传　真	021-63213119
办公地址	上海市延安东路 100 号 28 楼			
经营范围	车辆服务、物流服务(普通货物的仓储、装卸、加工、包装、配送)等			

主要财务指标：指标\报告期	2013.06.30	2012.12.31	2012.06.30	2011.12.31
基本每股收益(元)	0.1720	0.3350	0.1720	0.4410
基本每股收益(扣除)(元)	0.1670	0.3180	0.1640	0.4120
每股净资产(元)	3.7650	3.8400	3.6750	3.8060
每股经营现金净流量(元)	0.2087	0.5636	0.2171	0.6379
每股现金流量(元)	0.0323	0.1601	0.1522	-0.2554
每股资本公积金(元)	0.7833	0.8007	0.7988	0.8015
每股盈余公积金(元)	-	0.4729	0.4621	0.4586
每股未分配利润(元)	-	1.5664	1.4139	1.5457
净资产收益率(%)	4.5792	8.7229	4.6699	11.5960
加权净资产收益率(%)	4.4400	8.7600	4.4100	11.8300
净资产收益率(扣除)(%)	-	-	-	-
总资产(万元)	329645.64	309910.08	315881.75	305215.62
归属母公司股东权益(万元)	207679.29	211816.33	202703.84	209935.10
主营业务收入(万元)	98875.39	197846.77	96301.63	188524.73
营业收入(万元)	101491.55	202551.52	97950.12	191978.73
主营成本(万元)	78510.96	161242.08	76750.33	143524.98
营业成本(万元)	79271.47	162379.70	77294.47	144345.98
投资收益(万元)	5673.98	13087.99	5813.81	15234.33
净利润(万元)	11689.47	22794.72	11570.42	29460.53
利润总额(万元)	13695.74	26571.08	13478.56	33689.09

中路股份有限公司

公司概况				
公司名称	中路股份有限公司		证券简称	中路 B 股
法人代表	陈荣	董秘 袁志坚	证券代码	900915
公司网址	www.600818.cn		电子信箱	600818@cnforever.com
电　话	021-50596906		传　真	021-68458517
办公地址	上海市浦东新区南六公路 818 号			
经营范围	生产自行车及零部件、助力车(含燃气助力车)、手动轮椅车等			

主要财务指标：指标\报告期	2013.06.30	2012.12.31	2012.06.30	2011.12.31
基本每股收益(元)	0.0210	0.0600	0.0200	0.0600
基本每股收益(扣除)(元)	-0.0080	-0.1200	-0.0070	-0.0200
每股净资产(元)	1.1883	1.3210	1.2700	1.2500
每股经营现金净流量(元)	-0.0830	0.0134	0.0246	-0.0616
每股现金流量(元)	0.0170	0.0260	-0.0226	0.0170
每股资本公积金(元)	0.0384	0.0539	0.0426	0.0374
每股盈余公积金(元)	0.0354	0.0389	0.0376	0.0376
每股未分配利润(元)	0.1146	0.2281	0.1907	0.1731
净资产收益率(%)	1.7535	4.2683	1.3903	4.5970
加权净资产收益率(%)	1.7350	4.3900	1.4000	4.6600
净资产收益率(扣除)(%)	-	-	-	-
总资产(万元)	72619.21	74012.43	73865.30	72461.81
归属母公司股东权益(万元)	38199.16	38602.16	37141.28	36472.51
主营业务收入(万元)	28829.31	45192.78	28660.74	64980.08
营业收入(万元)	29104.57	53562.15	29616.55	67577.47
主营成本(万元)	24540.32	45192.78	25124.21	57030.64
营业成本(万元)	24580.24	46947.36	25288.41	58885.70
投资收益(万元)	2974.92	5098.38	291.43	4735.81
净利润(万元)	1690.42	1628.80	421.79	2340.13
利润总额(万元)	2230.57	2300.10	501.51	2569.70

金山开发建设股份有限公司

公司概况				
公司名称	金山开发建设股份有限公司		证券简称	金山开发
法人代表	周卫中	董秘 刘峰	证券代码	900916
公司网址	www.jskfjs.com		电子信箱	lyl@phoenix.com.cn
电　话	021-31351500　31351518		传　真	021-31351501
办公地址	上海市吴中路 369 号美恒大厦 15 楼			
经营范围	房地产开发经营、城市和绿化建设、旧区改造、商业开发等			

主要财务指标：指标\报告期	2013.06.30	2012.12.31	2012.06.30	2011.12.31
基本每股收益(元)	-0.0130	0.0116	-0.0103	0.0115
基本每股收益(扣除)(元)	-0.0153	-0.0453	-0.0137	-0.0509
每股净资产(元)	1.6301	1.6668	1.6244	1.6871
每股经营现金净流量(元)	-0.1110	-0.0510	-0.0056	-0.0220
每股现金流量(元)	-0.0033	-0.0239	-0.0775	-0.4012
每股资本公积金(元)	0.9297	0.9535	0.9329	0.9321
每股盈余公积金(元)	0.1632	0.1632	0.1632	0.1632
每股未分配利润(元)	-0.4627	-0.4497	-0.4716	-0.4613
净资产收益率(%)	-0.7962	0.6931	-0.6349	0.7067
加权净资产收益率(%)	-0.7816	0.7000	-0.6332	0.6800
净资产收益率(扣除)(%)	-	-	-	-
总资产(万元)	119627.44	124271.21	120744.91	116880.07
归属母公司股东权益(万元)	57641.90	58942.74	57441.97	57777.82
主营业务收入(万元)	29457.68	75498.31	33264.65	99101.38
营业收入(万元)	30937.99	79945.77	34780.53	102538.64
主营成本(万元)	25993.42	66572.00	29487.70	87014.81
营业成本(万元)	26524.59	68654.47	30187.70	88835.77
投资收益(万元)	577.12	1064.87	688.58	2667.48
净利润(万元)	-1094.95	-156.26	-502.12	-297.37
利润总额(万元)	-1007.86	890.20	-496.79	426.61

上海海欣集团股份有限公司

公司概况						
	公司名称	上海海欣集团股份有限公司			证券简称	海欣B股
	法人代表	俞锋	董秘	何莉莉	证券代码	900917
	公司网址	www.haixin.com.cn		电子信箱	hxsecretary@haixin.com	
	电　　话	021-63917000		传　　真	021-63917678	
	办公地址	上海市福州路666号金陵海欣大厦18楼				
	经营范围	纺织行业中的长毛绒产品的生产加工和销售等				

主要财务指标	指标\报告期	2013.06.30	2012.12.31	2012.06.30	2011.12.31
	基本每股收益(元)	0.0419	0.0429	0.0098	0.0316
	基本每股收益(扣除)(元)	–0.0066	0.0193	–0.0103	–0.0089
	每股净资产(元)	2.2411	2.3863	2.2970	2.0948
	每股经营现金净流量(元)	–0.0720	0.0282	–0.0558	0.0037
	每股现金流量(元)	–0.0520	–0.0275	–0.0825	–0.0001
	每股资本公积金(元)	0.9579	1.1461	1.0890	0.8981
	每股盈余公积金(元)	0.3084	0.3084	0.3030	0.3030
	每股未分配利润(元)	–0.0110	–0.0530	–0.0807	–0.0905
	净资产收益率(%)	1.8706	1.7967	0.4262	1.5090
	加权净资产收益率(%)	1.8119	1.9100	0.4458	1.3700
	净资产收益率(扣除)(%)	–	–	–	–
	总资产(万元)	403874.46	434911.20	428932.64	396630.57
	归属母公司股东权益(万元)	270510.46	288039.06	277263.37	252858.68
	主营业务收入(万元)	47152.66	127701.48	48098.85	124004.02
	营业收入(万元)	50270.82	131135.52	50231.95	126243.41
	主营成本(万元)	39659.72	103777.13	39194.41	99054.79
	营业成本(万元)	41958.49	105480.64	40518.81	100448.93
	投资收益(万元)	13658.75	9865.90	6142.63	11217.09
	净利润(万元)	4501.32	5076.43	762.52	4395.48
	利润总额(万元)	5919.93	6491.60	1368.43	6643.51

上海耀皮玻璃集团股份有限公司

公司概况						
	公司名称	上海耀皮玻璃集团股份有限公司			证券简称	耀皮B股
	法人代表	林益彬	董秘	金闽丽	证券代码	900918
	公司网址	www.sypglass.com		电子信箱	stock@sypglass.com	
	电　　话	021-61633599 61633522		传　　真	021-58801554	
	办公地址	上海市浦东新区张东路1388号4-5幢				
	经营范围	生产和销售透明浮法玻璃、本体着色浮法玻璃及其深加工系列产品				

主要财务指标	指标\报告期	2013.06.30	2012.12.31	2012.06.30	2011.12.31
	基本每股收益(元)	0.0900	0.0800	–0.0300	0.1100
	基本每股收益(扣除)(元)	0.0600	–0.1700	–0.0400	0.1100
	每股净资产(元)	2.9411	2.8769	2.7700	2.8200
	每股经营现金净流量(元)	0.1902	0.3969	0.2240	0.3878
	每股现金流量(元)	–0.1182	–0.3097	0.1786	0.0513
	每股资本公积金(元)	0.4390	0.4390	0.4366	0.4366
	每股盈余公积金(元)	–	0.6458	0.6340	0.6340
	每股未分配利润(元)	–	0.7921	0.6992	0.7448
	净资产收益率(%)	3.0345	2.7514	–0.9243	3.7620
	加权净资产收益率(%)	3.0500	2.7800	–0.9100	3.7800
	净资产收益率(扣除)(%)	–	–	–	–
	总资产(万元)	641759.96	646938.12	684944.45	655644.44
	归属母公司股东权益(万元)	215069.18	210370.95	202535.41	205869.98
	主营业务收入(万元)	108274.36	228204.66	107320.58	238443.99
	营业收入(万元)	110707.79	230763.19	110910.99	242110.02
	主营成本(万元)	82566.17	187505.71	93615.29	188070.87
	营业成本(万元)	84138.00	188822.92	95546.40	189908.00
	投资收益(万元)	730.88	–856.85	389.17	791.99
	净利润(万元)	6402.75	3881.18	–3512.28	8657.73
	利润总额(万元)	3150.76	5164.29	–3184.58	8879.42

上海大江(集团)股份有限公司

公司概况						
	公司名称	上海大江(集团)股份有限公司			证券简称	大江B股
	法人代表	俞乃奋	董秘	李冬青	证券代码	900919
	公司网址	www.dajiang.com		电子信箱	dajiang@dajiang.com	
	电　　话	021-34225027 34225030		传　　真	021-34225056	
	办公地址	上海市徐汇区宜山路810号贝岭大厦10F				
	经营范围	食用农产品(含生猪产品)、乳制品(不含婴幼儿配方乳粉)、酒类等				

主要财务指标	指标\报告期	2013.06.30	2012.12.31	2012.06.30	2011.12.31
	基本每股收益(元)	0.2200	–0.1989	–0.0900	0.0800
	基本每股收益(扣除)(元)	–0.0600	–0.2100	–0.0900	–0.1600
	每股净资产(元)	0.6232	0.4069	0.2700	0.3600
	每股经营现金净流量(元)	–0.0326	–0.1594	–0.0702	–0.0377
	每股现金流量(元)	0.0367	–0.0293	–0.0176	–0.0844
	每股资本公积金(元)	0.5314	0.5314	0.3467	0.3467
	每股盈余公积金(元)	0.1090	0.1090	0.1150	0.1150
	每股未分配利润(元)	–1.0172	–1.2335	–1.1880	–1.0976
	净资产收益率(%)	34.7101	–47.2031	–32.8429	21.2660
	加权净资产收益率(%)	42.0000	–72.8600	–28.1700	23.6300
	净资产收益率(扣除)(%)	–	–	–	–
	总资产(万元)	53005.33	53423.51	57315.56	60964.85
	归属母公司股东权益(万元)	44443.75	29017.29	18507.13	24617.04
	主营业务收入(万元)	9100.58	28841.33	14063.91	57366.77
	营业收入(万元)	9470.53	33310.75	17644.08	61563.88
	主营成本(万元)	8259.20	25611.80	11915.25	52158.57
	营业成本(万元)	8564.60	29675.78	15128.22	55745.62
	投资收益(万元)	19995.67	1561.29	–	14778.27
	净利润(万元)	15426.91	–13087.50	–5865.73	5894.74
	利润总额(万元)	15426.17	–12945.31	–5782.27	6163.33

上海柴油机股份有限公司

公司概况						
	公司名称	上海柴油机股份有限公司			证券简称	上柴B股
	法人代表	肖国普	董秘	汪宏彬	证券代码	900920
	公司网址	www.sdec.com.cn		电子信箱	sdecdsh@sdec.com.cn	
	电　　话	021-60652207		传　　真	021-65749845	
	办公地址	上海市杨浦区军工路2636号				
	经营范围	柴油机、工程机械、油泵及配件、柴油电站、船用成套机组、机电设备及配件等				

主要财务指标	指标\报告期	2013.06.30	2012.12.31	2012.06.30	2011.12.31
	基本每股收益(元)	0.1300	0.2400	0.1100	0.2700
	基本每股收益(扣除)(元)	0.1000	0.1900	0.0900	0.2500
	每股净资产(元)	3.6793	3.6519	3.5400	4.5400
	每股经营现金净流量(元)	0.0290	0.4537	0.1109	0.9860
	每股现金流量(元)	–0.3966	0.6623	0.7320	–0.0157
	每股资本公积金(元)	1.2829	1.2993	1.3111	1.4677
	每股盈余公积金(元)	0.5230	0.5230	0.4984	0.9018
	每股未分配利润(元)	0.8795	0.8251	0.7272	1.1713
	净资产收益率(%)	3.4019	6.4184	3.1617	9.5050
	加权净资产收益率(%)	3.3700	7.0700	3.6900	9.8000
	净资产收益率(扣除)(%)	–	–	–	–
	总资产(万元)	540031.67	496571.70	491941.99	401085.64
	归属母公司股东权益(万元)	319765.48	317382.98	307366.61	218098.11
	主营业务收入(万元)	150702.46	298586.78	166497.61	454325.06
	营业收入(万元)	153001.95	302996.28	168356.82	463495.53
	主营成本(万元)	122081.48	237310.33	136227.94	365401.86
	营业成本(万元)	123638.69	240478.48	137679.17	371431.92
	投资收益(万元)	1022.36	928.04	129.41	2132.83
	净利润(万元)	10690.05	19863.89	9538.12	20194.90
	利润总额(万元)	12017.08	22242.47	10668.77	22433.22

丹化化工科技股份有限公司

公司概况					
公司名称	丹化化工科技股份有限公司			证券简称	丹科 B 股
法人代表	曾晓宁	董秘	沈雅芸	证券代码	900921
公司网址			电子信箱	syy@600844.com	
电　　话	021-64015596 64016400		传　　真	021-64016411	
办公地址	上海市闵行区虹许路 788 号 61 室				
经营范围	煤化工产品、石油化工产品及其衍生物的技术开发、技术转让等				

主要财务指标：指标\报告期	2013.06.30	2012.12.31	2012.06.30	2011.12.31
基本每股收益(元)	-0.1853	0.0356	0.1613	-0.3781
基本每股收益(扣除)(元)	-0.1889	-0.1755	-0.1083	-0.3775
每股净资产(元)	1.1070	1.2929	1.4186	1.2572
每股经营现金净流量(元)	-0.0872	0.4486	0.4255	0.4525
每股现金流量(元)	-0.1736	0.1940	0.1650	-0.1862
每股资本公积金(元)	1.0260	1.0250	1.0250	1.0250
每股盈余公积金(元)	0.0721	0.0721	0.0721	0.0721
每股未分配利润(元)	-0.9896	-0.8042	-0.6785	-0.8399
净资产收益率(%)	-16.7425	2.7565	11.3739	-30.0760
加权净资产收益率(%)	-15.4400	2.7900	12.0600	-26.1400
净资产收益率(扣除)(%)	-	-	-	-
总资产(万元)	355319.94	374382.57	398539.95	395808.03
归属母公司股东权益(万元)	86196.04	100666.75	110454.93	97891.91
主营业务收入(万元)	23803.43	107755.24	43355.68	55034.98
营业收入(万元)	23803.43	110216.05	43526.84	55723.38
主营成本(万元)	31449.63	94959.38	42957.44	63361.28
营业成本(万元)	31449.63	97356.55	43086.27	63877.25
投资收益(万元)	-1525.32	-3369.11	-1025.37	-1082.55
净利润(万元)	-24672.77	-4312.94	7275.01	-38620.68
利润总额(万元)	-24697.25	-1087.39	6786.96	-39120.31

上海三毛企业(集团)股份有限公司

公司概况					
公司名称	上海三毛企业(集团)股份有限公司			证券简称	三毛 B 股
法人代表	张文卿	董秘	沈磊	证券代码	900922
公司网址	www.600689.com		电子信箱	shendby@hotmail.com	
电　　话	021-63059496		传　　真	021-63018850#601	
办公地址	上海斜土路 791 号				
经营范围	在国家允许投资的领域依法进行投资、公司自有房产的对外租赁等				

主要财务指标：指标\报告期	2013.06.30	2012.12.31	2012.06.30	2011.12.31
基本每股收益(元)	0.0130	-0.2400	0.0480	0.0900
基本每股收益(扣除)(元)	-0.3050	-0.4800	-0.0560	-0.0700
每股净资产(元)	1.7939	1.8000	2.0736	2.0278
每股经营现金净流量(元)	-0.7174	-0.2796	-0.6256	0.2622
每股现金流量(元)	-0.4554	-0.2838	-0.2345	0.3291
每股资本公积金(元)	1.1049	1.1278	1.1135	1.1159
每股盈余公积金(元)	0.1921	0.1921	0.1921	0.1921
每股未分配利润(元)	-0.5031	-0.5160	-0.2320	-0.2801
净资产收益率(%)	0.7197	-13.0766	2.3192	4.5360
加权净资产收益率(%)	0.7200	-12.3100	2.3500	4.5600
净资产收益率(扣除)(%)	-	-	-	-
总资产(万元)	85199.52	118300.36	110784.77	107125.61
归属母公司股东权益(万元)	36054.98	36255.56	41677.04	40757.54
主营业务收入(万元)	105272.78	260070.87	126814.62	244316.37
营业收入(万元)	106532.90	262346.56	127926.63	246529.85
主营成本(万元)	98915.64	247619.21	120668.08	230632.28
营业成本(万元)	99305.53	248349.72	120982.52	231178.03
投资收益(万元)	5501.22	626.78	484.91	266.75
净利润(万元)	200.80	-4686.47	981.69	1446.70
利润总额(万元)	303.45	-3860.06	1054.60	2035.94

上海友谊集团股份有限公司

公司概况					
公司名称	上海友谊集团股份有限公司			证券简称	友谊 B 股
法人代表	马新生	董秘	董小春	证券代码	900923
公司网址	www.shfriendship.com		电子信箱	yy600827@163.com	
电　　话	021-63223344 63229537		传　　真	021-63517447	
办公地址	上海市六合路 58 号新一百大厦 13 楼				
经营范围	综合百货、医疗器械、装潢装饰材料、服装针纺织品等				

主要财务指标：指标\报告期	2013.06.30	2012.12.31	2012.06.30	2011.12.31
基本每股收益(元)	0.4300	0.6800	0.4700	0.8500
基本每股收益(扣除)(元)	0.4100	0.6300	0.4600	0.6200
每股净资产(元)	7.1048	7.1163	6.7900	6.3764
每股经营现金净流量(元)	1.3407	0.9703	-0.4189	1.4405
每股现金流量(元)	1.4136	-0.5456	-0.8640	-0.2903
每股资本公积金(元)	2.7550	2.8958	2.7811	2.5854
每股盈余公积金(元)	0.4984	0.4984	0.4299	0.4299
每股未分配利润(元)	2.8460	2.7167	2.5770	2.3557
净资产收益率(%)	6.0427	9.5480	6.9384	12.6720
加权净资产收益率(%)	5.8600	10.1000	7.0800	13.7100
净资产收益率(扣除)(%)	-	-	-	-
总资产(万元)	3865907.85	3898594.30	3571548.98	3691029.40
归属母公司股东权益(万元)	1223790.86	1225781.73	1170043.98	1098339.25
主营业务收入(万元)	2641718.04	4790388.70	2474348.76	4584505.78
营业收入(万元)	2721482.84	4926286.57	2549045.80	4701515.76
主营成本(万元)	2133485.24	3833960.80	1982230.74	3623370.06
营业成本(万元)	2140102.68	3849298.77	1988774.39	3634831.59
投资收益(万元)	14687.46	32376.36	16346.39	68396.89
净利润(万元)	93740.65	153597.06	105730.12	194658.59
利润总额(万元)	127703.77	213083.42	136794.24	261899.51

上工申贝(集团)股份有限公司

公司概况					
公司名称	上工申贝(集团)股份有限公司			证券简称	上工 B 股
法人代表	张敏	董秘	张建国	证券代码	900924
公司网址	www.sgsbgroup.com		电子信箱	sgsb@sgsbgroup.com	
电　　话	021-68407515 68407700*1223		传　　真	021-63302939	
办公地址	上海市浦东新区世纪大道 1500 号东方大厦 12 楼 A-D 室				
经营范围	生产销售缝制设备及零部件、缝纫机专用设备、技术开发与咨询				

主要财务指标：指标\报告期	2013.06.30	2012.12.31	2012.06.30	2011.12.31
基本每股收益(元)	0.0683	0.0929	0.0641	0.2510
基本每股收益(扣除)(元)	0.0684	0.0642	0.0616	0.0179
每股净资产(元)	1.5982	1.6251	1.5624	1.5553
每股经营现金净流量(元)	-0.0703	0.3089	0.0682	0.1586
每股现金流量(元)	-0.1062	0.2293	0.0146	-0.1126
每股资本公积金(元)	0.8408	0.9113	0.9158	0.9481
每股盈余公积金(元)	0.0101	0.0101	-	0.0101
每股未分配利润(元)	-0.1156	-0.1839	-	-0.2768
净资产收益率(%)	4.2757	5.7146	4.1012	16.1370
加权净资产收益率(%)	4.2622	5.7978	4.0368	17.1416
净资产收益率(扣除)(%)	-	-	-	-
总资产(万元)	179619.65	162663.33	154030.83	153001.98
归属母公司股东权益(万元)	71740.75	70434.58	70136.04	69816.01
主营业务收入(万元)	84463.88	146715.15	75567.17	153279.37
营业收入(万元)	87142.33	150612.61	77692.58	157868.77
主营成本(万元)	59627.75	104971.80	53148.78	118319.65
营业成本(万元)	60681.44	106777.71	53909.30	120535.32
投资收益(万元)	1187.07	1060.51	1227.[illegible]1	585.81
净利润(万元)	5142.27	6960.27	4998.[illegible]4	13165.65
利润总额(万元)	7639.53	10477.58	7497.04	13950.03

上海机电股份有限公司

公司概况					
公司名称	上海机电股份有限公司			证券简称	机电B股
法人代表	徐建国	董秘	司文培	证券代码	900925
公司网址	www.chinasec.cn		电子信箱	shjddm@chinasec.cn	
电　话	021-68547168		传　真	021-68547170 68547550	
办公地址	上海市浦东新区民生路1286号汇商大厦9楼				
经营范围	机电一体化产品、设备的设计、生产、销售自产产品等				

主要财务指标

指标\报告期	2013.06.30	2012.12.31	2012.06.30	2011.12.31
基本每股收益(元)	0.2800	0.6900	0.3500	0.4200
基本每股收益(扣除)(元)	0.4200	0.7500	0.4000	0.7100
每股净资产(元)	5.0148	4.9911	6.0400	5.2319
每股经营现金净流量(元)	0.9082	3.0507	1.3221	0.8657
每股现金流量(元)	–0.5714	3.1232	1.2768	0.8852
每股资本公积金(元)	1.5752	1.5625	1.4442	2.1332
每股盈余公积金(元)	1.2773	1.2773	1.1925	1.2071
每股未分配利润(元)	1.1610	1.0932	2.4040	0.8268
净资产收益率(%)	5.5407	13.7816	5.7721	8.0844
加权净资产收益率(%)	5.4400	13.3900	6.4500	8.2400
净资产收益率(扣除)(%)	–	–	–	–
总资产(万元)	2541944.86	2574367.66	1978659.19	2092777.64
归属母公司股东权益(万元)	512880.36	510456.24	617806.80	535086.83
主营业务收入(万元)	920650.01	1751112.19	843518.22	1762261.21
营业收入(万元)	938154.00	1774325.09	855774.28	1788249.16
主营成本(万元)	739297.75	1410322.59	687941.76	1433284.91
营业成本(万元)	754287.63	1429519.92	697238.39	1453092.61
投资收益(万元)	5298.57	43706.04	30872.45	32152.82
净利润(万元)	64801.55	131482.47	62752.27	89940.21
利润总额(万元)	74320.46	167913.84	72384.05	110362.06

上海宝信软件股份有限公司

公司概况					
公司名称	上海宝信软件股份有限公司			证券简称	宝信B
法人代表	王力	董秘	陈健	证券代码	900926
公司网址	www.baosight.com		电子信箱	investor@baosight.com	
电　话	021-20378893		传　真	021-20378893	
办公地址	上海市浦东新区张江高科技园区郭守敬路515号				
经营范围	计算机、自动化、网络通讯系统及软硬件产品的研究、设计、开发、制造等				

主要财务指标

指标\报告期	2013.06.30	2012.12.31	2012.06.30	2011.12.31
基本每股收益(元)	0.4140	0.7700	0.3900	0.7200
基本每股收益(扣除)(元)	0.3980	0.6600	0.3730	0.6000
每股净资产(元)	4.5035	4.3216	3.9490	3.7090
每股经营现金净流量(元)	–0.4657	0.1653	–0.5835	0.1508
每股现金流量(元)	–0.4205	–0.2022	–0.7098	–0.0728
每股资本公积金(元)	0.0722	0.0722	0.0731	0.0731
每股盈余公积金(元)	0.4960	0.4960	0.4231	0.4231
每股未分配利润(元)	2.9377	2.7537	2.4506	2.2110
净资产收益率(%)	9.1933	17.7146	9.8652	19.4210
加权净资产收益率(%)	9.3000	19.1800	10.1100	21.0300
净资产收益率(扣除)(%)	–	–	–	–
总资产(万元)	361095.29	321664.27	285959.90	282700.73
归属母公司股东权益(万元)	153531.75	147332.06	134615.21	126453.43
主营业务收入(万元)	152248.70	363783.28	175865.43	314507.23
营业收入(万元)	152487.75	363847.55	175883.16	314545.52
主营成本(万元)	114927.97	289250.34	139518.14	237602.76
营业成本(万元)	114939.15	289278.67	139533.09	237639.26
投资收益(万元)	–29.83	565.86	129.83	1156.61
净利润(万元)	14165.11	26392.71	13411.92	24781.88
利润总额(万元)	16081.07	31015.33	15700.56	29094.59

上海物资贸易股份有限公司

公司概况					
公司名称	上海物资贸易股份有限公司			证券简称	物贸B股
法人代表	贺涛	董秘	李伟	证券代码	900927
公司网址	www.600822sh.com		电子信箱	600822@shwuzi.com	
电　话	021-63231818		传　真	021-63292367	
办公地址	上海市黄浦区南苏州路325号				
经营范围	金属材料、化轻原料、建材、木材、汽车(含小轿车)及配件、机电设备、燃料等				

主要财务指标

指标\报告期	2013.06.30	2012.12.31	2012.06.30	2011.12.31
基本每股收益(元)	0.0163	–1.2000	0.0833	0.2140
基本每股收益(扣除)(元)	0.0126	–1.3000	0.0800	0.2090
每股净资产(元)	1.9764	1.9665	3.4280	3.3700
每股经营现金净流量(元)	1.3373	–2.5286	0.1196	–2.6419
每股现金流量(元)	–0.0819	0.9223	0.7270	–0.2833
每股资本公积金(元)	1.4059	1.4113	1.4930	1.5342
每股盈余公积金(元)	0.1073	0.1073	0.1025	0.1032
每股未分配利润(元)	–0.5301	–0.5464	0.8380	0.7553
净资产收益率(%)	0.8239	–60.8271	2.4300	6.1692
加权净资产收益率(%)	0.8260	–44.7100	2.4400	6.5700
净资产收益率(扣除)(%)	–	–	–	–
总资产(万元)	1222857.99	1189155.77	1270675.83	903825.91
归属母公司股东权益(万元)	98022.16	97532.73	170029.03	167991.21
主营业务收入(万元)	5113251.54	9520705.24	4136823.16	8055221.25
营业收入(万元)	5116557.61	9527021.44	4138438.66	8061173.75
主营成本(万元)	5076366.86	9487538.78	4093302.57	7976402.73
营业成本(万元)	5076852.94	9488615.13	4093641.41	7977240.31
投资收益(万元)	1490.89	9721.43	1366.03	3806.36
净利润(万元)	2295.26	–56312.82	5579.64	11669.01
利润总额(万元)	4180.82	–54348.85	7078.81	14047.44

上海自动化仪表股份有限公司

公司概况					
公司名称	上海自动化仪表股份有限公司			证券简称	自仪B股
法人代表	徐子瑛	董秘	车海辚	证券代码	900928
公司网址	www.saic.sh.cn		电子信箱	bod@saic.sh.cn	
电　话	021-54260980		传　真	021-54262329	
办公地址	上海市徐汇区虹漕路41号				
经营范围	设计、制造自动化控制系统、自动化仪器仪表及其元器件和成套装置等				

主要财务指标

指标\报告期	2013.06.30	2012.12.31	2012.06.30	2011.12.31
基本每股收益(元)	0.0129	0.0250	0.0101	0.0160
基本每股收益(扣除)(元)	–0.0203	–0.1260	–0.0189	–0.0200
每股净资产(元)	0.4692	0.4568	0.4414	0.4313
每股经营现金净流量(元)	–0.1798	0.0224	–0.0541	–0.0257
每股现金流量(元)	–0.1733	0.0572	–0.0037	–0.0099
每股资本公积金(元)	0.5634	0.5638	0.5637	0.5636
每股盈余公积金(元)	0.0570	0.0570	0.0570	0.0570
每股未分配利润(元)	–1.1512	–1.1641	–1.1793	–1.1893
净资产收益率(%)	2.7385	5.5331	2.2798	3.6480
加权净资产收益率(%)	2.7800	5.6900	2.3100	3.7200
净资产收益率(扣除)(%)	–	–	–	–
总资产(万元)	179204.00	168556.46	156075.38	151587.39
归属母公司股东权益(万元)	18736.42	18237.69	17624.93	17222.12
主营业务收入(万元)	52217.40	103452.53	51555.64	100257.41
营业收入(万元)	53276.74	104415.87	51995.62	102729.38
主营成本(万元)	43714.03	86068.46	43468.10	81757.26
营业成本(万元)	44365.98	86429.20	43676.51	83094.55
投资收益(万元)	938.36	5357.29	114.04	1011.20
净利润(万元)	513.11	1056.98	401.82	701.55
利润总额(万元)	513.11	1059.21	408.92	710.35

上海锦江国际旅游股份有限公司

公司概况	公司名称	上海锦江国际旅游股份有限公司			证券简称	锦旅 B 股
	法人代表	邵晓明	董秘	沈赟	证券代码	900929
	公司网址	www.jjtravel.com		电子信箱	scits@scits.com	
	电　话	021-63299090		传　真	021-63296636	
	办公地址	上海市延安东路 100 号联谊大厦 27 楼				
	经营范围	入境、国内、出国旅游及客票代理、非贸易物提、运、报关等				

主要财务指标	指标\报告期	2013.06.30	2012.12.31	2012.06.30	2011.12.31
	基本每股收益(元)	0.2400	0.3200	0.1743	0.2000
	基本每股收益(扣除)(元)	0.1601	0.1000	0.1222	0.0900
	每股净资产(元)	6.3565	6.8012	6.5600	6.6000
	每股经营现金净流量(元)	0.3506	–0.1697	0.0775	0.2850
	每股现金流量(元)	0.6760	–1.1109	0.1361	0.3980
	每股资本公积金(元)	3.3905	3.9107	3.8141	3.9235
	每股盈余公积金(元)	1.0249	1.0249	0.9926	0.9926
	每股未分配利润(元)	0.9412	0.8656	0.7543	0.6800
	净资产收益率(%)	3.7052	4.6736	2.6564	2.9970
	加权净资产收益率(%)	3.3600	4.7500	2.6500	2.8100
	净资产收益率(扣除)(%)	–	–	–	–
	总资产(万元)	140762.27	137350.96	145785.50	135438.60
	归属母公司股东权益(万元)	84259.64	90154.00	86971.01	87435.96
	主营业务收入(万元)	87427.93	206244.98	81639.96	190955.05
	营业收入(万元)	88629.23	208643.03	82909.02	193385.68
	主营成本(万元)	78685.76	187866.16	73692.23	173584.16
	营业成本(万元)	79139.24	188801.56	74155.66	174529.83
	投资收益(万元)	2783.79	4370.61	1490.68	1821.99
	净利润(万元)	3096.56	4187.07	2291.60	2366.67
	利润总额(万元)	3701.63	5442.54	2678.02	3058.70

上海普天邮通科技股份有限公司

公司概况	公司名称	上海普天邮通科技股份有限公司			证券简称	沪普天 B
	法人代表	曹宏斌	董秘	陆贤薇	证券代码	900930
	公司网址	www.shpte.com		电子信箱	zhengquanb@shpte.com	
	电　话	021-64832699 64360900*2371		传　真	021-64832699	
	办公地址	上海市宜山路 700 号				
	经营范围	开发、生产各类通信设备、元器件、计算机网络及外围设备等				

主要财务指标	指标\报告期	2013.06.30	2012.12.31	2012.06.30	2011.12.31
	基本每股收益(元)	0.0300	–0.2090	0.0140	0.0290
	基本每股收益(扣除)(元)	–0.0580	–0.2150	0.0020	–0.0780
	每股净资产(元)	3.5437	3.5142	3.7360	3.7530
	每股经营现金净流量(元)	–0.0108	–0.3760	–0.1780	0.0232
	每股现金流量(元)	–0.2384	–0.1332	–0.1488	–0.1454
	每股资本公积金(元)	2.2723	2.2723	2.2722	2.2722
	每股盈余公积金(元)	–	0.3105	0.3105	0.3105
	每股未分配利润(元)	–	–0.0686	0.1535	0.1700
	净资产收益率(%)	0.8334	–5.9343	0.3626	0.7775
	加权净资产收益率(%)	0.8400	–5.7280	0.3600	0.7810
	净资产收益率(扣除)(%)	–	–	–	–
	总资产(万元)	251384.82	242408.85	228776.32	231853.49
	归属母公司股东权益(万元)	135450.85	134322.05	142808.41	143437.26
	主营业务收入(万元)	58362.37	124326.86	63588.78	110307.30
	营业收入(万元)	59953.48	126591.70	64558.87	113030.24
	主营成本(万元)	52620.10	111880.86	56851.62	98153.71
	营业成本(万元)	53279.66	112667.04	57203.43	99178.83
	投资收益(万元)	399.91	672.43	–28.49	2977.68
	净利润(万元)	1024.20	–7916.52	460.05	1408.70
	利润总额(万元)	1028.30	–7872.00	467.88	1481.72

上海陆家嘴金融贸易区开发股份有限公司

公司概况	公司名称	上海陆家嘴金融贸易区开发股份有限公司			证券简称	陆家 B 股
	法人代表	李晋昭	董秘	陶剑雯	证券代码	900932
	公司网址	www.ljz.com.cn		电子信箱	invest@ljz.com.cn	
	电　话	021-33848801		传　真	021-33848594 33848818	
	办公地址	上海市浦东新区峨山路 101 号 1 号楼				
	经营范围	房地产开发、经营、销售、出租和中介等				

主要财务指标	指标\报告期	2013.06.30	2012.12.31	2012.06.30	2011.12.31
	基本每股收益(元)	0.2629	0.5413	0.2206	0.5274
	基本每股收益(扣除)(元)	0.2421	0.4994	0.1988	0.5169
	每股净资产(元)	6.2708	6.2025	5.8500	5.8100
	每股经营现金净流量(元)	–0.1144	0.8593	0.9699	0.9474
	每股现金流量(元)	0.6408	–0.6594	0.8475	0.7591
	每股资本公积金(元)	0.7252	0.7568	0.7237	0.7489
	每股盈余公积金(元)	1.4957	1.4957	1.3938	1.3938
	每股未分配利润(元)	3.0499	2.9500	2.7313	2.6712
	净资产收益率(%)	4.1921	8.7272	3.7721	9.0710
	加权净资产收益率(%)	4.2200	9.0100	3.7300	9.3200
	净资产收益率(扣除)(%)	–	–	–	–
	总资产(万元)	3353856.08	3078207.66	3076079.34	2768811.82
	归属母公司股东权益(万元)	1171191.03	1158431.08	1092367.32	1085855.05
	主营业务收入(万元)	155356.40	296887.86	134880.57	407262.89
	营业收入(万元)	167408.74	349208.66	135818.37	416587.25
	主营成本(万元)	51686.67	104052.53	49804.33	181388.22
	营业成本(万元)	55140.66	121839.75	50482.79	183223.64
	投资收益(万元)	11973.27	25457.30	14318.63	10422.68
	净利润(万元)	53781.02	110586.00	44643.07	98398.70
	利润总额(万元)	69127.20	142923.53	57841.78	125266.93

华新水泥股份有限公司

公司概况	公司名称	华新水泥股份有限公司			证券简称	华新 B 股
	法人代表	徐永模	董秘	王锡明	证券代码	900933
	公司网址	www.huaxincem.com		电子信箱	investor@huaxincem.com	
	电　话	027-87773898 87773896		传　真	027-87773962	
	办公地址	湖北省武汉市关山二路特 1 号国际企业中心 5 号楼				
	经营范围	水泥、商品混凝土及其他建材制品、包装制品制造、销售等				

主要财务指标	指标\报告期	2013.06.30	2012.12.31	2012.06.30	2011.12.31
	基本每股收益(元)	0.3800	0.5900	0.1000	1.3100
	基本每股收益(扣除)(元)	0.3400	0.5400	0.0900	1.2500
	每股净资产(元)	8.4625	8.2696	7.8300	8.2970
	每股经营现金净流量(元)	0.9108	2.6257	0.8166	2.0168
	每股现金流量(元)	–0.9708	0.0275	–0.3523	1.0831
	每股资本公积金(元)	3.2895	3.2941	3.3494	3.7643
	每股盈余公积金(元)	0.3707	0.3707	0.3423	0.3423
	每股未分配利润(元)	3.8045	3.6051	3.1426	3.1901
	净资产收益率(%)	4.4845	7.1841	1.3090	13.8570
	加权净资产收益率(%)	4.5100	7.1800	1.2400	19.0000
	净资产收益率(扣除)(%)	–	–	–	–
	总资产(万元)	2430016.08	2329141.85	2176499.64	2172967.81
	归属母公司股东权益(万元)	791496.26	773457.73	732748.15	775997.69
	主营业务收入(万元)	660367.22	1244543.99	546057.54	1258734.26
	营业收入(万元)	662526.86	1252052.72	548644.43	1263803.92
	主营成本(万元)	498584.51	940244.20	433111.55	913934.84
	营业成本(万元)	499872.86	946589.45	435160.48	917434.73
	投资收益(万元)	–265.59	–118.72	–13.46	–209.12
	净利润(万元)	41446.54	68027.68	13453.37	122005.50
	利润总额(万元)	52562.77	90497.01	17148.46	160972.18

上海锦江国际酒店发展股份有限公司

公司概况	公司名称	上海锦江国际酒店发展股份有限公司			证券简称	锦江 B 股
	法人代表	俞敏亮	董秘	胡暋	证券代码	900934
	公司网址	www.jinjianghotels.sh.cn		电子信箱	jjir@jinjianghotels.com	
	电　话	021-63217132		传　真	021-63217720	
	办公地址	上海市延安东路 100 号 25 楼				
	经营范围	宾馆、餐饮、食品生产线及连锁经营、旅游等				

主要财务指标	2013.06.30	2012.12.31	2012.06.30	2011.12.31
基本每股收益(元)	0.2786	0.6120	0.3726	0.5313
基本每股收益(扣除)(元)	0.2057	0.4871	0.2675	0.5129
每股净资产(元)	6.6846	7.0393	6.7548	6.5464
每股经营现金净流量(元)	–	0.9211	0.4640	0.8771
每股现金流量(元)	–	0.2619	–0.0132	–0.1735
每股资本公积金(元)	3.5203	3.7837	3.7385	3.5427
每股盈余公积金(元)	–	0.7995	0.7995	0.7995
每股未分配利润(元)	–	1.4561	1.2168	1.2042
净资产收益率(%)	4.1677	8.6934	5.5161	8.1150
加权净资产收益率(%)	3.8900	8.9900	5.4000	7.6000
净资产收益率(扣除)(%)	–	–	–	–
总资产(万元)	684589.99	541217.29	516144.89	498561.21
归属母公司股东权益(万元)	403239.66	424641.19	407474.65	394903.19
主营业务收入(万元)	–	230934.45	109886.36	209159.16
营业收入(万元)	120332.09	233599.22	111297.52	211607.82
主营成本(万元)	–	27018.39	12748.73	25909.28
营业成本(万元)	14077.65	27493.25	12990.11	26263.88
投资收益(万元)	8059.92	17571.55	15881.02	15098.06
净利润(万元)	16988.57	37165.84	22478.48	32430.73
利润总额(万元)	21593.97	46886.59	27911.48	38463.04

上海阳晨投资股份有限公司

公司概况	公司名称	上海阳晨投资股份有限公司			证券简称	阳晨 B 股
	法人代表	刘强	董秘	仲辉	证券代码	900935
	公司网址			电子信箱	zh900935@hotmail.com	
	电　话	021-63901001 63901800		传　真	021-63901001 63901007	
	办公地址	上海市徐家汇路 555 号 10 楼 C、D 座				
	经营范围	城市污水处理等环保项目和其他市政基础设施的投资、经营、管理及相关的咨询服务等				

主要财务指标	2013.06.30	2012.12.31	2012.06.30	2011.12.31
基本每股收益(元)	0.0250	0.1400	0.0640	0.0700
基本每股收益(扣除)(元)	0.0250	0.1000	0.0620	0.0700
每股净资产(元)	2.1890	2.1636	2.0900	2.0300
每股经营现金净流量(元)	0.5963	1.4062	0.5244	1.0120
每股现金流量(元)	0.2127	0.1709	0.0580	0.0336
每股资本公积金(元)	0.5889	0.5889	0.5889	0.5889
每股盈余公积金(元)	0.0828	0.0828	0.0794	0.0794
每股未分配利润(元)	0.5172	0.4919	0.4212	0.3577
净资产收益率(%)	1.1573	6.6541	3.0418	3.5520
加权净资产收益率(%)	1.1600	6.8700	3.0900	3.6200
净资产收益率(扣除)(%)	–	–	–	–
总资产(万元)	203686.52	203785.95	212893.14	219076.78
归属母公司股东权益(万元)	53541.38	52921.76	51109.06	49554.44
主营业务收入(万元)	21304.64	45133.35	22275.51	40090.38
营业收入(万元)	21728.24	45236.40	22275.51	40189.48
主营成本(万元)	14782.18	30083.23	14027.56	25698.09
营业成本(万元)	14782.18	30161.89	14027.56	25770.81
投资收益(万元)	–	–	–	–
净利润(万元)	1517.23	6259.68	2289.11	3089.97
利润总额(万元)	2175.58	8268.66	3046.65	4169.27

内蒙古鄂尔多斯羊绒制品股份有限公司

公司概况	公司名称	内蒙古鄂尔多斯羊绒制品股份有限公司			证券简称	鄂资 B 股
	法人代表	王林祥	董秘	曾广春	证券代码	900936
	公司网址	www.chinaerdos.com		电子信箱	zeng_gc@chinaerdos.com	
	电　话	0477-8543509 8543776		传　真	0477-8536699	
	办公地址	内蒙古自治区鄂尔多斯市东胜区达拉特南路 102 号				
	经营范围	生产无毛绒、羊绒纱、羊绒衫并销售公司自产产品				

主要财务指标	2013.06.30	2012.12.31	2012.06.30	2011.12.31
基本每股收益(元)	0.2400	0.6100	0.3000	0.8500
基本每股收益(扣除)(元)	0.2100	0.3600	0.1800	0.6100
每股净资产(元)	5.9788	5.8195	5.5300	5.2900
每股经营现金净流量(元)	–0.6939	3.6801	0.9065	2.5478
每股现金流量(元)	0.9479	–0.7452	–0.7616	–0.2153
每股资本公积金(元)	1.2578	1.2598	1.2579	1.2579
每股盈余公积金(元)	0.4336	0.4344	0.3950	0.3950
每股未分配利润(元)	3.1905	3.0484	2.7783	2.5807
净资产收益率(%)	4.0494	10.4332	5.3864	16.0504
加权净资产收益率(%)	4.0800	10.8500	5.4700	17.0500
净资产收益率(扣除)(%)	–	–	–	–
总资产(万元)	3734374.73	3334805.23	3104419.83	3054130.70
归属母公司股东权益(万元)	617011.31	600568.20	570214.42	545947.51
主营业务收入(万元)	650476.36	1319914.80	585448.47	1328382.09
营业收入(万元)	660589.22	1350842.61	597061.92	1363206.00
主营成本(万元)	476592.00	945987.50	425002.96	878975.52
营业成本(万元)	480014.69	964570.79	430322.31	910322.41
投资收益(万元)	10839.19	13101.59	3674.05	3397.13
净利润(万元)	42013.65	94406.86	52620.16	163031.10
利润总额(万元)	52491.31	118507.28	63796.78	185373.74

华电能源股份有限公司

公司概况	公司名称	华电能源股份有限公司			证券简称	华电 B 股
	法人代表	霍利	董秘	梅君超	证券代码	900937
	公司网址	www.hdenergy.com		电子信箱	hdenergy@hdenergy.com	
	电　话	0451-82525998 82525778		传　真	0451-82525878	
	办公地址	黑龙江省哈尔滨市南岗区大成街 209 号				
	经营范围	建设、经营、维修电厂、生产销售电力、电力行业的技术服务、技术咨询等				

主要财务指标	2013.06.30	2012.12.31	2012.06.30	2011.12.31
基本每股收益(元)	–0.0012	–0.2344	–0.1000	–0.0058
基本每股收益(扣除)(元)	–0.0153	–0.3300	–0.1100	–0.2200
每股净资产(元)	1.4851	1.4866	1.6300	1.7387
每股经营现金净流量(元)	0.6246	0.8497	0.2162	0.6515
每股现金流量(元)	–0.1716	0.4649	0.2741	–0.0703
每股资本公积金(元)	0.7520	0.7520	0.7431	0.7764
每股盈余公积金(元)	0.1419	0.1419	0.1419	0.1419
每股未分配利润(元)	–0.4154	–0.4142	–0.2561	–0.1798
净资产收益率(%)	–0.0776	–15.7702	–6.2234	–0.3344
加权净资产收益率(%)	–0.0800	–14.4600	–6.0300	–0.2900
净资产收益率(扣除)(%)	–	–	–	–
总资产(万元)	2263164.36	2310264.03	2319290.86	2224508.33
归属母公司股东权益(万元)	292075.72	292367.85	320387.75	341944.05
主营业务收入(万元)	499501.83	1061407.96	530874.93	962379.93
营业收入(万元)	505960.01	1073783.53	536387.12	1007050.77
主营成本(万元)	443867.95	990211.50	489893.29	899365.54
营业成本(万元)	445280.16	991226.38	490717.89	937349.37
投资收益(万元)	531.61	1996.64	631.88	27591.54
净利润(万元)	1330.22	–44888.52	–19661.50	1436.17
利润总额(万元)	4111.59	–41376.79	–16950.14	9079.47

天津市海运股份有限公司

公司概况	公司名称	天津市海运股份有限公司		证券简称	天 海 B
	法人代表	李小龙	董秘 张延波	证券代码	900938
	公司网址	www.newtmsc.com		电子信箱	tmsc900938@163.com
	电　话	022-58679088		传　真	022-58679130
	办公地址	天津市天津空港经济区中心大道华盈大厦八层			
	经营范围	国际船舶集装箱运输、仓储服务、陆海联运、集装箱租赁买卖、自有船舶等			

主要财务指标	指标＼报告期	2013.06.30	2012.12.31	2012.06.30	2011.12.31
	基本每股收益(元)	−0.0287	0.6531	−0.0145	−0.3183
	基本每股收益(扣除)(元)	−0.0308	−0.1892	−0.0648	−0.2583
	每股净资产(元)	0.1634	0.3480	−1.1341	−1.1196
	每股经营现金净流量(元)	0.1347	0.0569	0.5918	−0.0452
	每股现金流量(元)	0.1287	0.0524	0.0022	−0.0588
	每股资本公积金(元)	0.4104	1.5556	0.7437	0.7437
	每股盈余公积金(元)	0.1247	0.2259	0.2259	0.2259
	每股未分配利润(元)	−1.3732	−2.4361	−3.1037	−3.0892
	净资产收益率(%)	−17.5501	187.6605	−1.2786	−28.4282
	加权净资产收益率(%)	−17.1600	−0.8200	–	−0.3300
	净资产收益率(扣除)(%)	–	–	–	–
	总资产(万元)	60793.00	62593.17	44980.68	54320.55
	归属母公司股东权益(万元)	14585.53	17145.30	−55871.49	−55157.13
	主营业务收入(万元)	10835.10	12306.13	5722.68	17877.99
	营业收入(万元)	12864.16	12677.02	5885.22	18226.37
	主营成本(万元)	11422.62	12632.73	5649.05	19001.52
	营业成本(万元)	13428.70	12632.73	5649.05	19001.52
	投资收益(万元)	–	−2527.80	664.86	377.12
	净利润(万元)	−2561.67	32170.51	−717.34	−15693.50
	利润总额(万元)	−2561.67	32191.40	−717.34	−15687.76

上海汇丽建材股份有限公司

公司概况	公司名称	上海汇丽建材股份有限公司		证券简称	汇 丽 B
	法人代表	金永良	董秘 詹琳	证券代码	900939
	公司网址	www.huili.com		电子信箱	stock@huili.com
	电　话	021-58138717 58138712		传　真	021-58134499
	办公地址	上海市浦东新区康桥东路 299 号			
	经营范围	生产化学建筑材料、装饰材料及配套建筑五金等			

主要财务指标	指标＼报告期	2013.06.30	2012.12.31	2012.06.30	2011.12.31
	基本每股收益(元)	−0.0040	0.0200	−0.0120	0.0300
	基本每股收益(扣除)(元)	−0.0040	−0.0010	−0.0120	−0.0400
	每股净资产(元)	0.3129	0.3172	0.2700	0.2800
	每股经营现金净流量(元)	0.0034	0.0492	0.0128	0.0787
	每股现金流量(元)	0.0123	−0.0144	−0.0136	−0.0240
	每股资本公积金(元)	0.3708	0.3708	0.3577	0.3577
	每股盈余公积金(元)	0.0998	0.0998	0.0998	0.0998
	每股未分配利润(元)	−1.1577	−1.1533	−1.1871	−1.1746
	净资产收益率(%)	−1.4017	6.7115	−4.6146	11.1490
	加权净资产收益率(%)	−1.3900	7.1400	−4.5100	11.8100
	净资产收益率(扣除)(%)	–	–	–	–
	总资产(万元)	8370.92	8567.69	9387.10	10077.53
	归属母公司股东权益(万元	5678.39	5757.98	4907.43	5133.89
	主营业务收入(万元)	407.70	1555.99	386.26	812.15
	营业收入(万元)	407.70	1555.99	386.26	812.15
	主营成本(万元)	190.56	1127.36	197.71	390.76
	营业成本(万元)	190.56	1127.36	197.71	390.76
	投资收益(万元)	−23.51	373.49	−100.81	−208.08
	净利润(万元)	−80.89	385.89	−226.83	668.21
	利润总额(万元)	−80.89	385.43	−226.83	677.13

上海大名城企业股份有限公司

公司概况	公司名称	上海大名城企业股份有限公司		证券简称	大名城 B
	法人代表	俞培俤	董秘 张燕琦	证券代码	900940
	公司网址	www.greattown.cn		电子信箱	zhangyanqi@greattown.cn
	电　话	021-62470088 62478900		传　真	021-62479099
	办公地址	上海市闵行区红松东路 1116 号上海虹桥元一大厦 5 楼			
	经营范围	房地产综合开发、建造、销售商品房、物业管理、物业租赁等			

主要财务指标	指标＼报告期	2013.06.30	2012.12.31	2012.06.30	2011.12.31
	基本每股收益(元)	0.1378	0.1250	0.0450	0.4610
	基本每股收益(扣除)(元)	0.1243	0.1230	0.0440	0.3620
	每股净资产(元)	1.7064	1.5686	1.4890	1.4440
	每股经营现金净流量(元)	−0.4708	−0.7317	−0.4657	−0.3838
	每股现金流量(元)	0.4399	0.2584	0.1872	0.0494
	每股资本公积金(元)	0.2724	0.2724	0.2724	0.2724
	每股盈余公积金(元)	0.1501	0.1501	0.1501	0.1501
	每股未分配利润(元)	0.2838	0.1460	0.0661	0.0210
	净资产收益率(%)	8.0758	7.9695	3.0300	31.9210
	加权净资产收益率(%)	8.4200	8.3000	3.0700	37.8900
	净资产收益率(扣除)(%)	–	–	–	–
	总资产(万元)	1292809.60	1038549.14	867504.52	741529.62
	归属母公司股东权益(万元)	257927.53	237097.75	225010.09	218202.21
	主营业务收入(万元)	136711.62	162665.76	44646.40	327433.69
	营业收入(万元)	139688.68	167645.01	44646.40	330271.13
	主营成本(万元)	64036.06	86437.61	16362.83	123189.14
	营业成本(万元)	65562.86	88896.77	16362.83	125179.20
	投资收益(万元)	6480.45	300.46	161.04	413.01
	净利润(万元)	29476.18	25365.85	9871.26	99756.21
	利润总额(万元)	41367.83	33962.96	13865.79	133697.95

东方通信股份有限公司

公司概况	公司名称	东方通信股份有限公司		证券简称	东信 B 股
	法人代表	张泽熙	董秘 蔡祝平	证券代码	900941
	公司网址	www.eastcom.com		电子信箱	webmaster@eastcom.com
	电　话	0571-86676198		传　真	0571-86676197
	办公地址	浙江省杭州市滨江高新技术开发区东信大道 66 号			
	经营范围	移动通信、程控交换、光电传输、激光照排设备、电子自助服务设备等			

主要财务指标	指标＼报告期	2013.06.30	2012.12.31	2012.06.30	2011.12.31
	基本每股收益(元)	0.0645	0.1530	0.0540	0.1500
	基本每股收益(扣除)(元)	0.0390	0.0970	0.0230	0.0930
	每股净资产(元)	2.0904	2.1059	2.0068	2.0326
	每股经营现金净流量(元)	−0.2005	−0.0422	−0.1385	0.0039
	每股现金流量(元)	−0.0273	0.0376	−0.1983	0.0531
	每股资本公积金(元)	0.6936	0.6936	0.6936	0.6936
	每股盈余公积金(元)	0.0472	0.0472	0.0417	0.0417
	每股未分配利润(元)	0.3496	0.3651	0.2715	0.2973
	净资产收益率(%)	3.0844	7.2813	2.7019	7.3570
	加权净资产收益率(%)	3.0300	7.4580	2.6700	7.4850
	净资产收益率(扣除)(%)	–	–	–	–
	总资产(万元)	335618.31	341712.10	335520.56	332848.17
	归属母公司股东权益(万元)	262553.85	264503.64	252054.63	255292.41
	主营业务收入(万元)	176839.68	323977.95	120272.20	302633.21
	营业收入(万元)	179667.20	329829.16	122458.43	311652.43
	主营成本(万元)	158672.58	284089.42	106019.41	264033.66
	营业成本(万元)	160018.60	285996.02	106855.82	269283.19
	投资收益(万元)	2619.96	10167.93	5701.37	10511.34
	净利润(万元)	9341.73	19248.20	6910.29	19387.69
	利润总额(万元)	10764.13	20085.99	7276.49	19998.97

黄山旅游发展股份有限公司

公司概况	公司名称	黄山旅游发展股份有限公司			证券简称	黄山旅游
	法人代表	黄林沐	董秘	黄慧敏	证券代码	900942
	公司网址	www.huangshan.com.cn		电子信箱	hshhm666@126.com	
	电　话	0559-5580567 5580526		传　真	0559-5580505	
	办公地址	安徽省黄山市黄山风景区温泉				
	经营范围	旅游接待、服务、旅游商品开发、销售、旅游运输、饮食服务等				

主要财务指标	指标\报告期	2013.06.30	2012.12.31	2012.06.30	2011.12.31
	基本每股收益(元)	0.1538	0.5100	0.2960	0.5400
	基本每股收益(扣除)(元)	0.1520	0.5000	0.2956	0.5500
	每股净资产(元)	4.1870	4.0332	3.9600	3.6640
	每股经营现金净流量(元)	0.0518	0.7666	0.0718	0.5880
	每股现金流量(元)	-0.2398	0.1644	0.0803	-0.2086
	每股资本公积金(元)	0.2797	0.2797	0.2797	0.2797
	每股盈余公积金(元)	0.4968	0.4968	0.4504	0.4504
	每股未分配利润(元)	2.4105	2.2567	2.2300	1.9339
	净资产收益率(%)	3.6736	12.6250	7.4754	14.8310
	加权净资产收益率(%)	3.7400	13.2300	7.7700	15.9600
	净资产收益率(扣除)(%)	-	-	-	-
	总资产(万元)	332467.75	337967.68	324244.14	299381.63
	归属母公司股东权益(万元)	197354.96	190104.97	186656.40	172703.05
	主营业务收入(万元)	-	183779.23	79541.36	172420.50
	营业收入(万元)	69544.49	184140.77	74848.16	160122.74
	主营成本(万元)	-	110496.55	48115.07	103900.45
	营业成本(万元)	45372.66	110546.83	44386.41	91650.32
	投资收益(万元)	-99.27	762.90	804.83	998.51
	净利润(万元)	7885.08	26057.03	14844.87	27072.16
	利润总额(万元)	10933.74	35813.82	19219.02	37439.06

上海开开实业股份有限公司

公司概况	公司名称	上海开开实业股份有限公司			证券简称	开开 B 股
	法人代表	盛佩英	董秘	黄伟康	证券代码	900943
	公司网址	www.chinesekk.com		电子信箱	dm@chinesekk.com	
	电　话	021-62712138 62712135		传　真	021-62712138	
	办公地址	国际丽都(上海市新闸路 921 号二楼)				
	经营范围	生产衬衫、羊毛衫、针绵织品、服装、鞋帽、纺织面料等				

主要财务指标	指标\报告期	2013.06.30	2012.12.31	2012.06.30	2011.12.31
	基本每股收益(元)	0.0600	0.2500	0.2500	0.1600
	基本每股收益(扣除)(元)	0.0400	0.2600	0.2700	-0.0200
	每股净资产(元)	1.4344	1.4111	1.4360	1.4190
	每股经营现金净流量(元)	0.0497	0.0956	0.0778	-0.0662
	每股现金流量(元)	0.0292	0.2971	0.4067	0.0094
	每股资本公积金(元)	0.1220	0.1338	0.1628	0.3918
	每股盈余公积金(元)	0.1317	0.1317	0.1297	0.1297
	每股未分配利润(元)	0.1807	0.1455	0.1433	-0.1029
	净资产收益率(%)	3.8461	17.7425	17.1478	11.1910
	加权净资产收益率(%)	3.8300	16.2200	15.9700	11.6300
	净资产收益率(扣除)(%)	-	-	-	-
	总资产(万元)	98079.66	97508.79	99272.50	97676.15
	归属母公司股东权益(万元)	34854.96	34289.02	34892.25	34473.84
	主营业务收入(万元)	40233.04	78603.53	39407.36	77136.56
	营业收入(万元)	41977.99	81801.73	40930.30	79718.95
	主营成本(万元)	32059.94	63795.03	31850.90	60196.45
	营业成本(万元)	32494.52	64695.73	32179.53	61267.04
	投资收益(万元)	100.67	5930.34	5653.11	3045.01
	净利润(万元)	1347.30	6104.68	5991.17	3914.61
	利润总额(万元)	1763.57	6873.97	6242.46	4412.81

海南航空股份有限公司

公司概况	公司名称	海南航空股份有限公司			证券简称	海航 B 股
	法人代表	陈明	董秘	黄琪珺	证券代码	900945
	公司网址	www.hnair.com		电子信箱	qj_huang@hnair.com	
	电　话	0898-66739961		传　真	0898-66739960	
	办公地址	海南省海口市国兴大道 7 号新海航大厦				
	经营范围	国际、国内(含港澳)航空客货邮运输业务、与航空运输相关的服务业务等				

主要财务指标	指标\报告期	2013.06.30	2012.12.31	2012.06.30	2011.12.31
	基本每股收益(元)	0.0940	0.4000	0.1200	0.6400
	基本每股收益(扣除)(元)	0.0750	0.2300	0.0600	0.3900
	每股净资产(元)	1.9560	4.6600	3.5200	3.5100
	每股经营现金净流量(元)	0.2475	1.6739	0.4633	1.4516
	每股现金流量(元)	0.1031	0.6626	0.6032	0.4568
	每股资本公积金(元)	0.4633	1.9274	1.4221	1.4101
	每股盈余公积金(元)	0.0540	0.1079	0.1377	0.1377
	每股未分配利润(元)	0.4388	0.8717	0.9623	0.9613
	净资产收益率(%)	2.7075	8.1000	3.4344	18.1760
	加权净资产收益率(%)	2.7100	11.0000	3.4400	19.0000
	净资产收益率(扣除)(%)	-	-	-	-
	总资产(万元)	9836171.10	9271914.40	8215799.20	8129665.20
	归属母公司股东权益(万元)	2382848.60	2379757.30	1453044.20	1447667.20
	主营业务收入(万元)	1339031.50	2687027.50	1275209.90	2428051.00
	营业收入(万元)	1442322.70	2886758.50	1389139.40	2627324.60
	主营成本(万元)	1077411.20	2067130.50	1009098.90	1850826.10
	营业成本(万元)	1123576.70	2155764.10	1051907.20	1949798.70
	投资收益(万元)	14335.50	18824.10	8259.00	19788.40
	净利润(万元)	64738.80	194494.60	50486.70	283420.80
	利润总额(万元)	82622.80	265371.40	67142.60	369605.60

湖南天雁机械股份有限公司

公司概况	公司名称	湖南天雁机械股份有限公司			证券简称	ST 轻骑 B
	法人代表	连刚	董秘	袁天奇	证券代码	900946
	公司网址	www.tyen.com.cn		电子信箱	tyen5617@163.com	
	电　话	0734-8532012 8532012		传　真	0734-8532003	
	办公地址	湖南省衡阳市石鼓区合江套路 195 号				
	经营范围	摩托车及零配件的设计、开发、生产、销售等				

主要财务指标	指标\报告期	2013.06.30	2012.12.31	2012.06.30	2011.12.31
	基本每股收益(元)	0.0360	0.0657	0.0271	-0.0527
	基本每股收益(扣除)(元)	0.0326	0.0009	-0.0080	-0.0684
	每股净资产(元)	0.6790	0.6430	0.6040	0.5000
	每股经营现金净流量(元)	-0.0539	0.1852	0.1011	-0.1199
	每股现金流量(元)	-0.0756	0.1587	0.1252	0.0481
	每股资本公积金(元)	0.3850	0.3850	0.3850	0.3119
	每股盈余公积金(元)	0.0864	0.0864	0.0864	0.0864
	每股未分配利润(元)	-0.7925	-0.8285	-0.8670	-0.8942
	净资产收益率(%)	5.3072	10.2122	4.4900	-10.4515
	加权净资产收益率(%)	5.4500	10.7600	4.8900	-9.9500
	净资产收益率(扣除)(%)	-	-	-	-
	总资产(万元)	111947.68	100328.14	105365.62	176347.98
	归属母公司股东权益(万元)	65987.44	62485.33	58739.34	48999.55
	主营业务收入(万元)	41002.60	89272.02	56178.74	123894.45
	营业收入(万元)	42927.20	91811.09	58716.67	198354.95
	主营成本(万元)	29245.26	67421.31	43566.30	110812.78
	营业成本(万元)	31047.40	69575.96	45746.68	161043.92
	投资收益(万元)	-	-85.09	-85.09	-549.80
	净利润(万元)	3502.11	6524.03	2778.06	-5550.83
	利润总额(万元)	4163.66	7687.39	3207.79	-4789.96

上海振华重工(集团)股份有限公司

公司概况	公司名称	上海振华重工(集团)股份有限公司			证券简称	振华B股
	法人代表	宋海良	董秘	王珏	证券代码	900947
	公司网址	www.zpmc.com		电子信箱	zpmc@public.sta.net.cn	
	电话	021-50390727		传真	021-31193316	
	办公地址	上海市浦东南路3470号				
	经营范围	设计、建造、安装和承包大型港口装卸系统和设备、海上重型装备等				

	指标\报告期	2013.06.30	2012.12.31	2012.06.30	2011.12.31
主要财务指标	基本每股收益(元)	0.0100	-0.2400	-0.0500	0.0100
	基本每股收益(扣除)(元)	-0.0700	-0.2900	-0.0700	-0.0900
	每股净资产(元)	3.2624	3.2369	3.4300	3.4700
	每股经营现金净流量(元)	0.0615	0.6983	0.1350	0.3512
	每股现金流量(元)	-0.1876	0.0831	0.0637	0.1790
	每股资本公积金(元)	1.2987	1.2829	1.2883	1.2799
	每股盈余公积金(元)	-	0.3463	0.3463	0.3463
	每股未分配利润(元)	-	0.6078	0.7987	0.8455
	净资产收益率(%)	0.2982	-7.3441	-1.3637	0.1990
	加权净资产收益率(%)	0.3000	-7.0900	-1.3600	0.2000
	净资产收益率(扣除)(%)	-	-	-	-
	总资产(万元)	5365891.35	4677969.63	5248737.10	4405946.56
	归属母公司股东权益(万元)	1432291.37	1421095.26	1507299.78	1524137.86
	主营业务收入(万元)	1041160.28	1791102.00	962477.77	1884770.36
	营业收入(万元)	1048840.15	1825515.21	983120.97	1912925.10
	主营成本(万元)	966267.26	1705081.94	890446.26	1797926.07
	营业成本(万元)	970691.34	1736267.04	914066.74	1817129.43
	投资收益(万元)	2196.79	14109.30	608.62	1304.91
	净利润(万元)	3502.05	-109905.79	-21485.70	2965.50
	利润总额(万元)	4799.50	-117119.05	-24150.99	4776.47

内蒙古伊泰煤炭股份有限公司

公司概况	公司名称	内蒙古伊泰煤炭股份有限公司			证券简称	伊泰B股
	法人代表	张东海	董秘	廉涛	证券代码	900948
	公司网址	www.yitaicoal.com		电子信箱	ir@yitaicoal.com	
	电话	0477-8565642 8565735		传真	0477-8565415	
	办公地址	内蒙古自治区鄂尔多斯市东胜区天骄北路伊泰大厦				
	经营范围	原煤生产、运输、洗选、焦化、销售、矿山物资、农场种植、餐饮、客房等				

	指标\报告期	2013.06.30	2012.12.31	2012.06.30	2011.12.31
主要财务指标	基本每股收益(元)	0.6700	4.3000	1.4600	5.2700
	基本每股收益(扣除)(元)	0.6600	3.1000	1.0700	3.7300
	每股净资产(元)	12.2021	12.1078	12.2100	13.2523
	每股经营现金净流量(元)	1.3446	5.1268	2.1641	6.2467
	每股现金流量(元)	0.4651	1.1526	-0.9539	-0.2722
	每股资本公积金(元)	0.9287	0.9287	0.5204	1.4758
	每股盈余公积金(元)	0.6794	0.6794	1.5769	1.3817
	每股未分配利润(元)	9.5944	9.4998	9.1045	9.3921
	净资产收益率(%)	10.9653	33.6146	23.9985	39.7936
	加权净资产收益率(%)	11.0100	31.0800	20.2500	41.8400
	净资产收益率(扣除)(%)	-	-	-	-
	总资产(万元)	4403042.12	4136714.36	3317122.74	3344510.85
	归属母公司股东权益(万元)	1985293.58	1969940.92	1786939.94	1940132.09
	主营业务收入(万元)	1177187.32	3222894.20	1868699.25	1695965.23
	营业收入(万元)	1189507.08	3246332.47	1878591.26	2788424.20
	主营成本(万元)	719063.16	2005933.40	1154338.20	782192.95
	营业成本(万元)	730898.36	2023798.87	782638.53	1481723.29
	投资收益(万元)	-1043.68	23148.11	267.97	2397.97
	净利润(万元)	247931.41	731888.10	469152.61	826719.83
	利润总额(万元)	289126.59	871831.71	565043.21	989666.55

浙江东南发电股份有限公司

公司概况	公司名称	浙江东南发电股份有限公司			证券简称	东电B股
	法人代表	毛剑宏	董秘	朱玮明	证券代码	900949
	公司网址	www.zsepc.com		电子信箱	zwm@zsepc.com	
	电话	0571-85774566		传真	0571-85774321	
	办公地址	浙江省杭州市天目山路152号浙能大厦				
	经营范围	电力的投资、开发及经营				

	指标\报告期	2013.06.30	2012.12.31	2012.06.30	2011.12.31
主要财务指标	基本每股收益(元)	0.2679	0.3967	0.2001	0.1378
	基本每股收益(扣除)(元)	0.2257	0.3449	0.1677	0.1133
	每股净资产(元)	4.9671	4.9015	4.4991	4.3919
	每股经营现金净流量(元)	0.5449	0.6088	0.1659	0.5343
	每股现金流量(元)	0.1750	-0.0491	-0.0259	0.1185
	每股资本公积金(元)	1.6805	1.8829	1.6770	1.7099
	每股盈余公积金(元)	0.7381	0.7381	0.7008	0.7008
	每股未分配利润(元)	1.5485	1.2806	1.1213	0.9812
	净资产收益率(%)	5.3940	8.0925	4.4468	3.1370
	加权净资产收益率(%)	5.4298	8.5363	4.4702	3.1087
	净资产收益率(扣除)(%)	-	-	-	-
	总资产(万元)	1575408.83	1620880.62	1511389.21	1479147.23
	归属母公司股东权益(万元)	998380.33	985207.24	904319.09	882768.33
	主营业务收入(万元)	366474.17	811680.51	381331.51	846655.31
	营业收入(万元)	370384.48	821168.28	384057.44	861358.01
	主营成本(万元)	307676.40	695751.09	332434.85	777755.65
	营业成本(万元)	310298.88	702787.04	334255.00	783988.92
	投资收益(万元)	38427.40	50926.24	30429.11	23562.97
	净利润(万元)	55448.01	81114.57	40818.44	27819.40
	利润总额(万元)	62138.89	96110.07	47837.34	33024.29

江苏新城地产股份有限公司

公司概况	公司名称	江苏新城地产股份有限公司			证券简称	新城B股
	法人代表	王振华	董秘	唐云龙	证券代码	900950
	公司网址	www.900950.com		电子信箱	xcgf@900950.com	
	电话	021-32522907		传真	021-32522909	
	办公地址	上海中山北路3000号长城大厦22楼				
	经营范围	房地产开发与经营、物业管理、房产租赁、室内、外装饰工程、建筑材料、装璜材料销售等				

	指标\报告期	2013.06.30	2012.12.31	2012.06.30	2011.12.31
主要财务指标	基本每股收益(元)	0.2526	0.8259	0.2801	0.7066
	基本每股收益(扣除)(元)	0.2481	0.8187	0.2752	0.6638
	每股净资产(元)	3.3964	3.2388	2.6747	2.4446
	每股经营现金净流量(元)	-1.6244	1.2542	0.7911	0.0655
	每股现金流量(元)	-0.5053	-0.2777	-0.3865	0.4176
	每股资本公积金(元)	0.0361	0.0311	0.0127	0.0127
	每股盈余公积金(元)	0.1150	0.1150	0.1066	0.1066
	每股未分配利润(元)	2.2454	2.0928	1.5554	1.3253
	净资产收益率(%)	7.4375	25.4990	10.4718	28.9060
	加权净资产收益率(%)	7.5800	29.2400	10.9100	33.4700
	净资产收益率(扣除)(%)	-	-	-	-
	总资产(万元)	3283358.35	2928064.74	3063762.82	2902552.27
	归属母公司股东权益(万元)	541115.59	516008.08	426128.85	389471.49
	主营业务收入(万元)	339325.82	1417650.40	354401.44	914144.40
	营业收入(万元)	350388.62	1430044.73	361912.65	922224.47
	主营成本(万元)	227539.14	1030126.76	224290.47	568683.94
	营业成本(万元)	235169.68	1044851.47	232889.79	580151.45
	投资收益(万元)	397.66	-6.77	450.00	5375.00
	净利润(万元)	40854.74	134708.16	46201.84	116830.64
	利润总额(万元)	53742.77	181224.85	61676.91	157341.40

大化集团大连化工股份有限公司

公司概况	公司名称	大化集团大连化工股份有限公司			证券简称	大化 B 股
	法人代表	刘平芹	董秘	周魏	证券代码	900951
	公司网址	www.dahuagf.com		电子信箱	dhjtdlhuagong@sina.com	
	电　话	0411-86893436		传　真	0411-85187331	
	办公地址	辽宁省大连市普湾新区松木岛化工园区				
	经营范围	纯碱、氯化铵及副产品的生产及销售、技术开发、售后服务、境内外企业的合作与投资				

主要财务指标	指标\报告期	2013.06.30	2012.12.31	2012.06.30	2011.12.31
	基本每股收益(元)	-0.1900	-0.1300	0.0100	0.0400
	基本每股收益(扣除)(元)	-0.1900	-0.1400	0.0100	0.0300
	每股净资产(元)	0.4494	0.6293	0.7700	0.7600
	每股经营现金净流量(元)	-0.0710	0.4177	0.1134	0.3597
	每股现金流量(元)	0.0039	-0.0230	0.1198	-0.1254
	每股资本公积金(元)	0.8342	0.8342	0.8342	0.8342
	每股盈余公积金(元)	0.0560	0.0560	0.0560	0.0560
	每股未分配利润(元)	-1.4505	-1.2609	-1.1155	-1.1292
	净资产收益率(%)	-42.1763	-20.9338	1.7718	4.9547
	加权净资产收益率(%)	-35.1400	-18.9500	1.7900	5.0800
	净资产收益率(扣除)(%)	-	-	-	-
	总资产(万元)	102221.48	96984.74	101653.24	91963.77
	归属母公司股东权益(万元)	12357.59	17305.26	21305.40	20927.91
	主营业务收入(万元)	39993.89	94922.24	55711.24	84731.52
	营业收入(万元)	40560.33	96564.39	56037.07	85339.05
	主营成本(万元)	42619.40	93977.51	52907.01	79303.61
	营业成本(万元)	42972.58	94982.37	52909.06	79604.12
	投资收益(万元)	-	-	-	-
	净利润(万元)	-5211.98	-3622.65	377.49	1036.91
	利润总额(万元)	-5211.98	-3622.65	377.49	1036.91

锦州港股份有限公司

公司概况	公司名称	锦州港股份有限公司			证券简称	锦港 B 股
	法人代表	张宏伟	董秘	王健	证券代码	900952
	公司网址	www.jinzhouport.com		电子信箱	jzcjhga@mail.jzptt.ln.cn	
	电　话	0416-3586462 3586234		传　真	0416-3582431	
	办公地址	辽宁省锦州市经济技术开发区锦港大街一段 1 号				
	经营范围	港口装卸、仓储及船货代理服务				

主要财务指标	指标\报告期	2013.06.30	2012.12.31	2012.06.30	2011.12.31
	基本每股收益(元)	0.0510	0.0840	0.0540	0.1600
	基本每股收益(扣除)(元)	0.0350	0.0580	0.0510	0.1600
	每股净资产(元)	2.6418	2.6173	2.5870	2.5330
	每股经营现金净流量(元)	0.1628	0.3097	0.0578	0.3296
	每股现金流量(元)	-0.0090	-0.0112	0.1200	-0.0496
	每股资本公积金(元)	1.0707	1.0707	1.0707	1.0707
	每股盈余公积金(元)	0.1748	0.1748	0.1594	0.1594
	每股未分配利润(元)	0.3964	0.3718	0.3571	0.3031
	净资产收益率(%)	1.9134	3.2111	2.0850	6.3280
	加权净资产收益率(%)	1.9100	3.2600	2.1100	6.4700
	净资产收益率(扣除)(%)	-	-	-	-
	总资产(万元)	1018435.18	1025320.91	861530.88	784697.19
	归属母公司股东权益(万元)	412595.92	408761.87	404066.00	395641.15
	主营业务收入(万元)	51353.35	91247.82	50806.56	102529.09
	营业收入(万元)	75443.89	116869.27	62665.90	118808.41
	主营成本(万元)	31045.41	51943.63	26730.14	49639.69
	营业成本(万元)	50859.39	75400.44	37495.43	63215.17
	投资收益(万元)	1293.82	-410.21	-526.63	-51.03
	净利润(万元)	8477.66	13905.90	8621.65	25403.93
	利润总额(万元)	11316.83	19335.67	12028.39	34164.96

恒天凯马股份有限公司

公司概况	公司名称	恒天凯马股份有限公司			证券简称	凯　马 B
	法人代表	傅伟民	董秘	范弘斐	证券代码	900953
	公司网址	www.kama.com.cn		电子信箱	fhf@kama.com.cn	
	电　话	021-52046619 62036446		传　真	021-62030851	
	办公地址	上海市中山北路 1958 号华源世界广场 6 楼				
	经营范围	内燃机、农用运输车、拖拉机整机及其零部件的研究开发、生产、技术咨询、销售等				

主要财务指标	指标\报告期	2013.06.30	2012.12.31	2012.06.30	2011.12.31
	基本每股收益(元)	0.0121	0.0115	0.0035	0.0368
	基本每股收益(扣除)(元)	-0.0091	0.0059	0.0010	0.0360
	每股净资产(元)	1.5389	1.5260	1.5279	1.5211
	每股经营现金净流量(元)	0.2493	0.3694	0.1253	0.3803
	每股现金流量(元)	-0.0488	-0.0529	-0.1539	-0.0363
	每股资本公积金(元)	0.8572	0.8568	0.8674	0.8641
	每股盈余公积金(元)	-	-	-	-
	每股未分配利润(元)	-0.3194	-0.3315	-0.3395	-0.3430
	净资产收益率(%)	0.7860	0.7512	0.2271	2.4190
	加权净资产收益率(%)	0.7900	0.7500	0.2300	2.4500
	净资产收益率(扣除)(%)	-	-	-	-
	总资产(万元)	422243.85	401127.85	419424.48	411731.47
	归属母公司股东权益(万元)	98491.71	97662.51	97788.36	97352.31
	主营业务收入(万元)	289433.68	543732.23	285633.27	567817.77
	营业收入(万元)	295987.58	558187.14	296266.55	583898.34
	主营成本(万元)	268066.58	503014.45	266703.97	522607.89
	营业成本(万元)	273539.48	514471.00	274851.28	533955.54
	投资收益(万元)	-15.45	-	-	-481.24
	净利润(万元)	1794.64	2390.26	1512.85	6547.99
	利润总额(万元)	2457.92	4006.20	2312.41	9892.62

上海九龙山旅游股份有限公司

公司概况	公司名称	上海九龙山旅游股份有限公司			证券简称	*ST 九龙 B
	法人代表	陈文理	董秘	孙爱林	证券代码	900955
	公司网址	www.ninedragon.com.cn		电子信箱	ailin_sun@hnair.com	
	电　话	010-60195377 60195327		传　真	010-60195316	
	办公地址	上海市浦东新区世纪大道 1500 号东方大厦 4 楼				
	经营范围	旅游景点综合经营管理,酒店管理,游艇销售,展览等				

主要财务指标	指标\报告期	2013.06.30	2012.12.31	2012.06.30	2011.12.31
	基本每股收益(元)	-0.0200	-0.1400	0.0100	0.0600
	基本每股收益(扣除)(元)	-0.0200	-0.1300	0.0100	0.0300
	每股净资产(元)	1.2202	1.2375	1.3928	1.3797
	每股经营现金净流量(元)	-0.0306	-0.0572	-0.0526	-0.1274
	每股现金流量(元)	0.0073	-0.0472	-0.0355	-0.1202
	每股资本公积金(元)	0.3098	0.3098	0.3098	0.3098
	每股盈余公积金(元)	0.1039	0.1039	0.1039	0.1039
	每股未分配利润(元)	-0.1986	-0.1812	-0.0255	-0.0392
	净资产收益率(%)	-1.4203	-11.4813	0.9794	4.1520
	加权净资产收益率(%)	-1.4100	-10.8600	1.0000	4.1400
	净资产收益率(扣除)(%)	-	-	-	-
	总资产(万元)	288027.84	287630.21	286899.99	292191.76
	归属母公司股东权益(万元)	159057.20	161307.83	181549.16	179838.89
	主营业务收入(万元)	5292.64	12520.54	11422.90	38644.15
	营业收入(万元)	5585.51	13096.82	11517.08	38934.77
	主营成本(万元)	2228.54	5730.22	5260.22	20784.82
	营业成本(万元)	2645.87	6634.81	5260.22	20893.66
	投资收益(万元)	-112.31	826.10	940.79	4647.18
	净利润(万元)	-2272.23	-19131.38	1613.39	7203.19
	利润总额(万元)	-2271.87	-19114.77	1621.08	8293.04

黄石东贝电器股份有限公司

公司概况	公司名称	黄石东贝电器股份有限公司			证券简称	东贝 B 股
	法人代表	杨百昌	董秘	陆丽华	证券代码	900956
	公司网址	www.donper.com		电子信箱	stock@donper.com	
	电　话	0714-5415858		传　真	0714-5415858	
	办公地址	湖北省黄石市经济技术开发区金山大道东 6 号				
	经营范围	制冷压缩机、压缩机电机的生产和销售、高新技术产品开发、生产、咨询				

主要财务指标	指标\报告期	2013.06.30	2012.12.31	2012.06.30	2011.12.31
	基本每股收益(元)	0.1020	0.2580	0.0730	0.1910
	基本每股收益(扣除)(元)	0.0860	0.2480	0.0510	0.1600
	每股净资产(元)	3.5228	3.4204	3.1700	2.7700
	每股经营现金净流量(元)	–0.3664	1.3748	1.0602	0.1117
	每股现金流量(元)	0.3575	0.0227	0.1290	0.0820
	每股资本公积金(元)	0.8090	0.8090	0.7392	0.4133
	每股盈余公积金(元)	0.1532	0.1532	0.1434	0.1434
	每股未分配利润(元)	1.5606	1.4582	1.2880	1.2105
	净资产收益率(%)	2.9066	7.5287	2.2900	7.1431
	加权净资产收益率(%)	2.9500	8.8900	2.6100	6.9700
	净资产收益率(扣除)(%)	–	–	–	–
	总资产(万元)	422387.06	380798.59	367920.42	368898.38
	归属母公司股东权益(万元)	82786.35	80380.09	74509.40	65029.09
	主营业务收入(万元)	234089.94	405024.96	209797.14	392956.59
	营业收入(万元)	239045.69	411588.17	214027.53	400136.71
	主营成本(万元)	210025.91	354862.65	188695.11	356568.37
	营业成本(万元)	214376.25	360114.00	192576.43	358814.87
	投资收益(万元)	–18.98	–94.81	–126.19	–180.46
	净利润(万元)	2921.58	10340.30	2838.81	7663.40
	利润总额(万元)	4236.91	11532.96	3537.77	9343.31

上海凌云实业发展股份有限公司

公司概况	公司名称	上海凌云实业发展股份有限公司			证券简称	凌云 B 股
	法人代表	连爱勤	董秘	陈新华	证券代码	900957
	公司网址	www.elingyun.com		电子信箱	lingyun@elingyun.com	
	电　话	021-68400880		传　真	021-68401110	
	办公地址	上海市浦东新区源深路 1088 号葛洲坝大厦 12 楼 1201 室				
	经营范围	房地产开发销售、旅游景点设施的开发与经营、办学及教育产业投资等				

主要财务指标	指标\报告期	2013.06.30	2012.12.31	2012.06.30	2011.12.31
	基本每股收益(元)	0.0140	0.0200	0.0352	–0.1732
	基本每股收益(扣除)(元)	–0.0786	–0.0400	–0.0252	–0.1731
	每股净资产(元)	1.1045	1.0905	1.1051	1.0699
	每股经营现金净流量(元)	–0.0169	–0.0279	–0.0384	0.0289
	每股现金流量(元)	0.2610	0.0194	0.0272	–0.0155
	每股资本公积金(元)	0.5782	0.5782	0.5782	0.5782
	每股盈余公积金(元)	–	–	–	–
	每股未分配利润(元)	–0.4737	–0.4877	–0.4731	–0.5083
	净资产收益率(%)	1.2640	1.8937	3.1874	–16.1860
	加权净资产收益率(%)	1.2800	1.9100	3.2400	–14.9700
	净资产收益率(扣除)(%)	–	–	–	–
	总资产(万元)	39509.26	39143.45	42856.29	43084.14
	归属母公司股东权益(万元)	38545.40	38058.20	38566.79	37337.51
	主营业务收入(万元)	324.91	1059.99	–	–
	营业收入(万元)	324.91	1059.99	–	–
	主营成本(万元)	329.77	946.61	–	–
	营业成本(万元)	329.77	946.61	444.74	2701.46
	投资收益(万元)	2802.82	1364.24	1674.02	–3347.70
	净利润(万元)	481.64	729.19	1229.28	–6049.77
	利润总额(万元)	481.64	736.09	1229.28	–6049.77

公司概况	公司名称				证券简称	
	法人代表		董秘		证券代码	
	公司网址			电子信箱		
	电　话			传　真		
	办公地址					
	经营范围					

主要财务指标	指标\报告期	2013.06.30	2012.12.31	2012.06.30	2011.12.31
	基本每股收益(元)				
	基本每股收益(扣除)(元)				
	每股净资产(元)				
	每股经营现金净流量(元)				
	每股现金流量(元)				
	每股资本公积金(元)				
	每股盈余公积金(元)				
	每股未分配利润(元)				
	净资产收益率(%)				
	加权净资产收益率(%)				
	净资产收益率(扣除)(%)				
	总资产(万元)				
	归属母公司股东权益(万元)				
	主营业务收入(万元)				
	营业收入(万元)				
	主营成本(万元)				
	营业成本(万元)				
	投资收益(万元)				
	净利润(万元)				
	利润总额(万元)				

公司概况	公司名称				证券简称	
	法人代表		董秘		证券代码	
	公司网址			电子信箱		
	电　话			传　真		
	办公地址					
	经营范围					

主要财务指标	指标\报告期	2013.06.30	2012.12.31	2012.06.30	2011.12.31
	基本每股收益(元)				
	基本每股收益(扣除)(元)				
	每股净资产(元)				
	每股经营现金净流量(元)				
	每股现金流量(元)				
	每股资本公积金(元)				
	每股盈余公积金(元)				
	每股未分配利润(元)				
	净资产收益率(%)				
	加权净资产收益率(%)				
	净资产收益率(扣除)(%)				
	总资产(万元)				
	归属母公司股东权益(万元)				
	主营业务收入(万元)				
	营业收入(万元)				
	主营成本(万元)				
	营业成本(万元)				
	投资收益(万元)				
	净利润(万元)				
	利润总额(万元)				

平安银行股份有限公司

公司概况	公司名称	平安银行股份有限公司			证券简称	平安银行
	法人代表	孙建一	董秘	李南青	证券代码	000001
	公司网址	www.sdb.com.cn		电子信箱	pabdsh@pingan.com.cn	
	电　　话	0755-82080387		传　　真	0755-82080386	
	办公地址	广东省深圳市罗湖区深南东路 5047 号				
	经营范围	办理人民币存、贷、结算、汇兑业务、人民币票据承兑和贴现等				

主要财务指标	指标＼报告期	2013.06.30	2012.12.31	2012.06.30	2011.12.31
	基本每股收益(元)	0.9200	2.6200	0.8200	2.4700
	基本每股收益(扣除)(元)	0.9200	1.6300	0.8200	2.4400
	每股净资产(元)	11.1700	10.3500	15.5800	8.9400
	每股经营现金净流量(元)	3.5133	36.2728	28.1125	−2.8183
	每股现金流量(元)	−5.3536	20.3306	23.2559	−0.0471
	每股资本公积金(元)	4.9067	7.8338	8.0588	8.1075
	每股盈余公积金(元)	0.3452	0.5524	0.5525	0.5525
	每股未分配利润(元)	3.2525	4.5043	3.6659	3.0965
	净资产收益率(%)	8.2300	15.8100	8.4700	14.0206
	加权净资产收益率(%)	8.5200	16.7800	8.8200	20.3200
	净资产收益率(扣除)(%)	–	–	–	–
	总资产(万元)	182699800.00	160653700.00	149062285.10	125817694.40
	归属母公司股东权益(万元)	9154200.00	8479900.00	7982261.00	7331083.70
	主营业务收入(万元)	–	–	–	–
	营业收入(万元)	2342600.00	3974864.80	1962600.00	2964306.10
	主营成本(万元)	–	–	–	–
	营业成本(万元)	1093000.00	341198.60	–	1436178.60
	投资收益(万元)	51000.00	62319.30	45200.00	28475.30
	净利润(万元)	753100.00	1351078.00	687000.00	1039049.10
	利润总额(万元)	990600.00	1755092.10	887900.00	1325748.90

万科企业股份有限公司

公司概况	公司名称	万科企业股份有限公司			证券简称	万 科 A
	法人代表	王石	董秘	谭华杰	证券代码	000002
	公司网址	www.vanke.com		电子信箱	ir@vanke.com	
	电　　话	0755-25606666		传　　真	0755-25531696	
	办公地址	广东省深圳市盐田区大梅沙环梅路 33 号万科中心				
	经营范围	公司为专业化房地产公司、主要产品为商品住宅				

主要财务指标	指标＼报告期	2013.06.30	2012.12.31	2012.06.30	2011.12.31
	基本每股收益(元)	0.4100	1.1415	0.3400	0.8800
	基本每股收益(扣除)(元)	0.4100	1.1400	–	0.8700
	每股净资产(元)	6.0500	5.8000	5.0100	4.8200
	每股经营现金净流量(元)	−0.8906	0.3389	0.2564	0.3083
	每股现金流量(元)	−1.3526	1.5921	1.1010	−0.1349
	每股资本公积金(元)	0.8066	0.7898	0.7961	0.8043
	每股盈余公积金(元)	1.5476	1.5476	1.2413	1.2413
	每股未分配利润(元)	2.6613	2.4272	1.9309	1.7221
	净资产收益率(%)	6.8400	19.6600	6.7600	18.1700
	加权净资产收益率(%)	6.9100	21.4500	6.8300	19.8300
	净资产收益率(扣除)(%)	–	–	–	–
	总资产(万元)	43224196.02	37880161.51	33040118.40	29620844.00
	归属母公司股东权益(万元)	6664462.72	6382555.39	5509981.53	5296779.50
	主营业务收入(万元)	4121618.66	10243903.98	3056878.01	7121977.18
	营业收入(万元)	4139034.56	10311624.51	3072299.12	7178274.98
	主营成本(万元)	2741929.03	6529313.80	1923093.40	4307639.88
	营业成本(万元)	2748887.90	6542161.43	1927444.52	4322816.36
	投资收益(万元)	38754.35	92868.80	47295.00	69971.50
	净利润(万元)	533589.13	1566258.84	453547.76	1159960.62
	利润总额(万元)	713341.23	2107018.51	604867.20	1580588.24

深圳中国农大科技股份有限公司

公司概况	公司名称	深圳中国农大科技股份有限公司			证券简称	国农科技
	法人代表	江玉明	董秘	杨斌	证券代码	000004
	公司网址	www.sz000004.cn		电子信箱	gnkjsz@163.com	
	电　　话	0755-83521596		传　　真	0755-83521727	
	办公地址	广东省深圳市福田区商报路奥林匹克大厦 6 楼 D–E				
	经营范围	房地产开发和销售、生物制药的研发与销售				

主要财务指标	指标＼报告期	2013.06.30	2012.12.31	2012.06.30	2011.12.31
	基本每股收益(元)	0.0006	0.0239	−0.0094	0.0356
	基本每股收益(扣除)(元)	−0.0055	0.0288	−0.0114	0.0354
	每股净资产(元)	0.9230	0.9223	0.8877	0.8971
	每股经营现金净流量(元)	−0.1244	0.2091	−0.0477	0.2306
	每股现金流量(元)	0.0083	−0.0107	−0.1528	0.1434
	每股资本公积金(元)	0.0073	0.0073	0.0073	0.0073
	每股盈余公积金(元)	0.1318	0.1318	0.1318	0.1318
	每股未分配利润(元)	−0.2160	−0.2167	−0.2514	−0.2420
	净资产收益率(%)	0.0698	2.5890	−1.0500	3.9690
	加权净资产收益率(%)	0.0700	1.4384	−1.0500	2.2300
	净资产收益率(扣除)(%)	–	–	–	–
	总资产(万元)	19825.21	19291.36	20156.23	19630.72
	归属母公司股东权益(万元)	7751.15	7745.38	7454.59	7533.38
	主营业务收入(万元)	3496.16	9672.91	2869.66	7401.29
	营业收入(万元)	3527.57	9736.33	2898.78	7450.37
	主营成本(万元)	1783.78	5256.43	1516.27	3621.58
	营业成本(万元)	1803.10	5307.94	1545.13	3663.53
	投资收益(万元)	149.26	242.88	−19.34	−20.60
	净利润(万元)	415.57	781.42	138.20	919.31
	利润总额(万元)	598.97	1070.75	251.79	1238.97

深圳世纪星源股份有限公司

公司概况	公司名称	深圳世纪星源股份有限公司			证券简称	世纪星源
	法人代表	丁芃	董秘	罗晓春	证券代码	000005
	公司网址	www.fountain.com.cn		电子信箱	fountain@sfc.com.cn	
	电　　话	0755-82208888		传　　真	0755-82207055	
	办公地址	广东省深圳市人民南路发展中心大厦 13 楼				
	经营范围	房地产、酒店、物业管理、商务咨询、顾问、计算机软件开发、投资及其他第三产业				

主要财务指标	指标＼报告期	2013.06.30	2012.12.31	2012.06.30	2011.12.31
	基本每股收益(元)	−0.0246	0.0241	−0.0300	0.0125
	基本每股收益(扣除)(元)	−0.0246	−0.0843	−0.0300	−0.0727
	每股净资产(元)	0.7214	0.7460	0.6900	0.7220
	每股经营现金净流量(元)	−0.1290	0.1963	0.1657	0.0380
	每股现金流量(元)	−0.0034	0.0032	−0.0126	−0.0029
	每股资本公积金(元)	0.2943	0.2943	0.2943	0.2943
	每股盈余公积金(元)	–	0.1635	0.1635	0.1635
	每股未分配利润(元)	–	−0.5637	−0.6197	−0.5877
	净资产收益率(%)	−3.4044	3.2285	−4.6400	1.7300
	加权净资产收益率(%)	−3.3500	3.2800	−4.5300	1.6800
	净资产收益率(扣除)(%)	–	–	–	–
	总资产(万元)	117609.75	131970.24	123205.74	126058.62
	归属母公司股东权益(万元)	65964.25	68209.94	63067.84	65993.66
	主营业务收入(万元)	2208.47	5292.80	2971.57	6197.51
	营业收入(万元)	2208.47	9942.12	2971.57	6353.48
	主营成本(万元)	2125.73	5212.96	2747.33	6004.00
	营业成本(万元)	2125.73	6413.05	2747.33	6044.61
	投资收益(万元)	–	3417.22	–	233.28
	净利润(万元)	−2245.69	2202.16	−2925.82	1141.47
	利润总额(万元)	−2245.69	2649.39	−2925.82	1169.79

深圳市振业(集团)股份有限公司

公司概况	公司名称	深圳市振业(集团)股份有限公司			证券简称	深振业 A
	法人代表	李永明	董秘	彭庆伟	证券代码	000006
	公司网址	www.zhenye.com		电子信箱	szzygp@126.com	
	电　话	0755-25863061		传　真	0755-25863012	
	办公地址	广东省深圳市罗湖区宝安南路 2014 号振业大厦 B 座 11-17 层				
	经营范围	房地产开发、销售及租赁				

主要财务指标	指标\报告期	2013.06.30	2012.12.31	2012.06.30	2011.12.31
	基本每股收益(元)	0.2001	0.4800	0.1954	0.3375
	基本每股收益(扣除)(元)	–	0.4785	0.2048	0.3371
	每股净资产(元)	2.7186	2.6877	3.1600	2.8297
	每股经营现金净流量(元)	0.0851	1.6968	0.7232	1.2119
	每股现金流量(元)	0.7289	0.9013	0.1808	–1.0030
	每股资本公积金(元)	0.5541	0.5251	0.6660	0.6024
	每股盈余公积金(元)	0.5732	0.6019	0.6834	0.6834
	每股未分配利润(元)	0.5913	0.5607	0.8107	0.5440
	净资产收益率(%)	7.3610	17.8593	8.4400	15.5064
	加权净资产收益率(%)	7.4500	19.7100	8.9000	16.5100
	净资产收益率(扣除)(%)	–	–	–	–
	总资产(万元)	1041335.32	934343.03	837214.46	832197.41
	归属母公司股东权益(万元)	367013.27	345561.98	312536.36	279864.23
	主营业务收入(万元)	117052.25	307624.51	151370.72	258927.53
	营业收入(万元)	117052.25	307624.51	151370.72	258927.53
	主营成本(万元)	63864.29	171773.06	88377.82	123317.67
	营业成本(万元)	63864.29	171773.06	88377.82	123317.67
	投资收益(万元)	877.97	727.17	–	1019.33
	净利润(万元)	27132.48	62956.54	26982.91	43411.70
	利润总额(万元)	35475.00	84518.47	38557.12	56425.50

深圳市零七股份有限公司

公司概况	公司名称	深圳市零七股份有限公司			证券简称	零七股份
	法人代表	练卫飞	董秘	智德宇	证券代码	000007
	公司网址	www.sz000007.com		电子信箱	stock0007@126.com	
	电　话	0755-83280053 83280055		传　真	0755-83280089	
	办公地址	广东省深圳市福田区华强北路现代之窗大厦 A 座 25 楼				
	经营范围	投资兴办实业、房地产开发与销售等				

主要财务指标	指标\报告期	2013.06.30	2012.12.31	2012.06.30	2011.12.31
	基本每股收益(元)	0.0041	0.0378	0.0276	0.0269
	基本每股收益(扣除)(元)	–0.0483	0.0387	0.0255	0.0223
	每股净资产(元)	0.9184	1.2476	1.2374	1.2100
	每股经营现金净流量(元)	0.2884	–1.0799	–0.3077	–0.0735
	每股现金流量(元)	–0.0982	0.0440	–0.1041	0.4234
	每股资本公积金(元)	1.1748	1.5080	1.5080	1.5080
	每股盈余公积金(元)	0.0390	0.0390	0.0390	0.0390
	每股未分配利润(元)	–1.2953	–1.2994	–1.3096	–1.3372
	净资产收益率(%)	0.4470	3.0312	2.2342	2.0410
	加权净资产收益率(%)	0.3300	3.0800	2.2600	3.9400
	净资产收益率(扣除)(%)	–	–	–	–
	总资产(万元)	59192.29	78968.00	42776.53	36241.52
	归属母公司股东权益(万元)	21210.89	28610.25	28580.16	27941.63
	主营业务收入(万元)	6279.94	30609.44	10325.74	16167.97
	营业收入(万元)	6619.56	31266.49	10682.06	16533.95
	主营成本(万元)	1652.66	17328.77	4042.94	3461.98
	营业成本(万元)	1652.66	17328.78	4042.94	3462.05
	投资收益(万元)	–	–	–	–
	净利润(万元)	–269.97	652.61	405.51	831.05
	利润总额(万元)	–69.72	1104.69	673.25	1059.20

广东宝利来投资股份有限公司

公司概况	公司名称	广东宝利来投资股份有限公司			证券简称	宝利来
	法人代表	周瑞堂	董秘	邱大庆	证券代码	000008
	公司网址			电子信箱	sqdq@163.com	
	电　话	0755-26433212		传　真	0755-26433485	
	办公地址	广东省深圳市南山区东滨路 4285 号锦兴小区管理楼 2 楼				
	经营范围	开发生产加工基地、首期生产经营禽畜、仓储、国内商业、进出口业务等				

主要财务指标	指标\报告期	2013.06.30	2012.12.31	2012.06.30	2011.12.31
	基本每股收益(元)	0.0350	0.2600	0.1950	0.2200
	基本每股收益(扣除)(元)	–	0.0500	–0.0001	0.0500
	每股净资产(元)	1.8161	3.5627	1.0035	6.9621
	每股经营现金净流量(元)	0.0801	0.5709	0.4063	1.5127
	每股现金流量(元)	0.1434	0.3157	0.3308	–0.3558
	每股资本公积金(元)	0.9521	2.9042	0.9787	7.1971
	每股盈余公积金(元)	0.0148	0.0295	0.0608	0.0608
	每股未分配利润(元)	–0.1507	–0.3710	–1.0360	–1.2958
	净资产收益率(%)	1.9125	7.2400	19.4799	6.6285
	加权净资产收益率(%)	1.9100	7.3500	2.6600	6.6300
	净资产收益率(扣除)(%)	–	–	–	–
	总资产(万元)	61020.84	61382.96	7725.99	58728.29
	归属母公司股东权益(万元)	55137.16	54082.64	7391.40	51277.94
	主营业务收入(万元)	14833.95	32544.87	15467.77	30450.17
	营业收入(万元)	14837.88	33148.08	15489.04	31042.43
	主营成本(万元)	8193.34	16580.92	8115.12	16212.80
	营业成本(万元)	8205.94	16876.34	8145.90	16506.58
	投资收益(万元)	6.95	8.89	4.75	–8.86
	净利润(万元)	1054.52	3912.90	1439.84	3398.95
	利润总额(万元)	1315.32	4919.30	1874.15	3790.42

中国宝安集团股份有限公司

公司概况	公司名称	中国宝安集团股份有限公司			证券简称	中国宝安
	法人代表	陈政立	董秘	郭山清	证券代码	000009
	公司网址	www.chinabaoan.com		电子信箱	zgbajt@163.net	
	电　话	0755-25170336 25170382		传　真	0755-25170300 25170367	
	办公地址	广东省深圳市笋岗东路 1002 号宝安广场 A 座 28-29 层				
	经营范围	高新技术产业、生物医药业和房地产业				

主要财务指标	指标\报告期	2013.06.30	2012.12.31	2012.06.30	2011.12.31
	基本每股收益(元)	0.0250	0.1500	0.0420	0.2500
	基本每股收益(扣除)(元)	0.0620	–0.1800	0.0100	0.1300
	每股净资产(元)	2.7508	2.7404	2.5700	2.4300
	每股经营现金净流量(元	–0.0975	0.3215	0.1068	–0.7593
	每股现金流量(元)	–0.2351	0.6329	0.4158	–0.4144
	每股资本公积金(元)	0.5159	0.5036	0.4340	0.3389
	每股盈余公积金(元)	–	0.0983	0.0933	0.0983
	每股未分配利润(元)	–	1.1547	1.0554	1.0075
	净资产收益率(%)	1.0336	5.3681	1.8600	10.1890
	加权净资产收益率(%)	1.0400	5.8800	1.9100	10.2600
	净资产收益率(扣除)(%)	–	–	–	–
	总资产(万元)	1329649.46	1317133.00	1251809.85	1178562.95
	归属母公司股东权益(万元)	300041.07	298914.45	280737.11	264922.91
	主营业务收入(万元)	194473.51	396927.72	207361.08	402620.37
	营业收入(万元)	198555.20	402459.04	209599.67	406525.57
	主营成本(万元)	120541.37	257691.93	132888.14	256724.51
	营业成本(万元)	121668.47	259936.89	133703.67	257798.81
	投资收益(万元)	5467.11	29847.06	2382.56	30484.88
	净利润(万元)	13068.48	30730.11	15022.50	38043.54
	利润总额(万元)	18633.73	41204.29	21287.11	51985.26

北京深华新股份有限公司

公司概况	公司名称	北京深华新股份有限公司		证券简称	ST 华新
	法人代表	夏鹏	董秘　魏竞	证券代码	000010
	公司网址			电子信箱	shenhuaxin000010@163.com
	电　话	010-68784092		传　真	010-68784093
	办公地址	北京市西城区车公庄大街甲 4 号物华大厦 19 层 B1904			
	经营范围	投资与资产管理、房地产开发等			

主要财务指标	指标＼报告期	2013.06.30	2012.12.31	2012.06.30	2011.12.31
	基本每股收益(元)	0.0130	0.0073	-0.0200	0.0300
	基本每股收益(扣除)(元)	0.0057	0.0012	-0.0220	0.0040
	每股净资产(元)	4.2500	0.9901	0.3360	0.3550
	每股经营现金净流量(元)	-0.0229	-0.0150	-0.0361	0.0443
	每股现金流量(元)	3.0611	0.0269	0.0025	-0.0603
	每股资本公积金(元)	3.9809	0.1653	0.1441	0.1441
	每股盈余公积金(元)	0.0172	0.0172	0.0172	0.0172
	每股未分配利润(元)	-0.7612	-0.8129	-0.8360	-0.8202
	净资产收益率(%)	1.2176	1.9126	-4.5700	9.6175
	加权净资产收益率(%)	1.9800	2.0000	-4.5700	10.1800
	净资产收益率(扣除)(%)	-	-	-	-
	总资产(万元)	108143.39	53417.51	23560.22	23791.10
	归属母公司股东权益(万元)	62481.92	14556.25	4940.32	5214.29
	主营业务收入(万元)	13310.11	18816.83	4001.15	16497.76
	营业收入(万元)	13908.88	18816.83	4525.09	18405.84
	主营成本(万元)	8982.40	12365.59	2524.00	-
	营业成本(万元)	9352.34	12365.59	2732.19	11843.84
	投资收益(万元)	-	66.75	0.95	4.79
	净利润(万元)	416.09	359.34	-464.90	836.54
	利润总额(万元)	797.13	520.70	-416.30	1155.74

深圳市物业发展(集团)股份有限公司

公司概况	公司名称	深圳市物业发展(集团)股份有限公司		证券简称	深物业 A
	法人代表	陈玉刚	董秘　范维平	证券代码	000011
	公司网址	www.szwuye.com.cn		电子信箱	000011touzizhe@163.com
	电　话	0755-82211020		传　真	0755-82210610 82212043
	办公地址	广东省深圳市人民南路国贸大厦 39、42 层			
	经营范围	房地产开发及商品房销售、商品楼宇的建筑、管理、房屋租赁等			

主要财务指标	指标＼报告期	2013.06.30	2012.12.31	2012.06.30	2011.12.31
	基本每股收益(元)	0.5933	0.6299	0.1650	0.4320
	基本每股收益(扣除)(元)	-	0.5600	0.1525	0.4321
	每股净资产(元)	-	2.5217	2.0570	1.9153
	每股经营现金净流量(元)	0.2125	1.3519	0.5640	-0.6065
	每股现金流量(元)	0.1783	0.5510	0.3085	-0.1185
	每股资本公积金(元)	0.1070	0.1070	0.1070	0.1074
	每股盈余公积金(元)	0.1726	0.1726	0.1181	0.1181
	每股未分配利润(元)	1.8452	1.2519	0.8415	0.6765
	净资产收益率(%)	19.0543	24.9806	8.0200	22.7790
	加权净资产收益率(%)	21.0600	28.4300	8.3100	25.6700
	净资产收益率(扣除)(%)	-	-	-	-
	总资产(万元)	377578.70	400670.59	364586.69	352656.69
	归属母公司股东权益(万元)	185574.96	150285.29	122590.12	114146.13
	主营业务收入(万元)	133314.66	182726.31	57393.67	137758.17
	营业收入(万元)	134819.41	186129.88	62292.29	140856.53
	主营成本(万元)	54775.34	83389.18	37026.67	55579.08
	营业成本(万元)	55317.86	84193.23	39201.91	56318.42
	投资收益(万元)	439.01	314.58	150.15	30.88
	净利润(万元)	35360.10	37482.22	9832.23	25746.11
	利润总额(万元)	45968.69	48704.81	12606.41	33950.34

中国南玻集团股份有限公司

公司概况	公司名称	中国南玻集团股份有限公司		证券简称	南玻 A
	法人代表	曾南	董秘　周红	证券代码	000012
	公司网址	www.csgholding.com		电子信箱	csg@csgholding.com
	电　话	0755-26860666 26860660		传　真	0755-26692755
	办公地址	广东省深圳市蛇口工业区工业六路一号南玻大厦			
	经营范围	高级浮法玻璃原片、工程玻璃、精细玻璃、汽车玻璃、新型电子元器件等			

主要财务指标	指标＼报告期	2013.06.30	2012.12.31	2012.06.30	2011.12.31
	基本每股收益(元)	0.1700	0.1300	0.1200	0.5700
	基本每股收益(扣除)(元)	0.1600	0.0600	0.0600	0.5100
	每股净资产(元)	3.3003	3.2844	3.2700	3.3300
	每股经营现金净流量(元)	0.3408	0.8316	0.4086	0.8134
	每股现金流量(元)	-0.0359	-0.0900	-0.1281	-0.0124
	每股资本公积金(元)	0.6613	0.6654	0.6701	0.6653
	每股盈余公积金(元)	0.3268	0.3268	0.2891	0.2890
	每股未分配利润(元)	1.3049	1.2845	1.3084	1.3695
	净资产收益率(%)	5.1644	4.0308	3.6200	17.0480
	加权净资产收益率(%)	5.1000	4.0400	3.5600	17.9400
	净资产收益率(扣除)(%)	-	-	-	-
	总资产(万元)	1531412.80	1433580.97	1469203.31	1528139.11
	归属母公司股东权益(万元)	684919.57	681621.08	679489.56	691111.80
	主营业务收入(万元)	349781.97	693899.93	330787.20	821492.99
	营业收入(万元)	353696.58	699435.80	334525.05	827073.17
	主营成本(万元)	250381.65	531436.44	262244.65	563764.51
	营业成本(万元)	251467.81	535580.29	263812.75	566456.25
	投资收益(万元)	43.20	7166.64	6261.25	631.79
	净利润(万元)	41183.05	36980.68	29400.80	133751.63
	利润总额(万元)	52555.87	45857.29	34993.68	163798.02

沙河实业股份有限公司

公司概况	公司名称	沙河实业股份有限公司		证券简称	沙河股份
	法人代表	陈勇	董秘　王凡	证券代码	000014
	公司网址	www.shahe.cn		电子信箱	wangyanling88@126.com
	电　话	0755-86091298 86090823		传　真	0755-86090688 86090177
	办公地址	广东省深圳市南山区白石路 2222 号沙河世纪楼			
	经营范围	房地产开发与销售			

主要财务指标	指标＼报告期	2013.06.30	2012.12.31	2012.06.30	2011.12.31
	基本每股收益(元)	-0.0348	0.1386	-0.0533	0.2692
	基本每股收益(扣除)(元)	-0.0347	0.1294	-0.0553	0.2711
	每股净资产(元)	2.8376	2.8974	2.7100	2.7800
	每股经营现金净流量(元)	-0.0466	0.4582	-0.2753	-1.3007
	每股现金流量(元)	0.1115	0.2625	-0.3235	-0.3212
	每股资本公积金(元)	0.0491	0.0491	0.0491	0.0491
	每股盈余公积金(元)	0.8776	0.8451	0.8126	0.7210
	每股未分配利润(元)	0.9108	1.0032	0.8437	1.0086
	净资产收益率(%)	-1.2250	4.7847	-1.9700	9.6880
	加权净资产收益率(%)	-1.2100	4.8900	-1.9400	10.1100
	净资产收益率(扣除)(%)	-	-	-	-
	总资产(万元)	195651.23	202050.26	178608.34	180477.67
	归属母公司股东权益(万元)	57235.78	58441.16	54570.31	56048.54
	主营业务收入(万元)	24645.71	40685.74	7586.84	38668.54
	营业收入(万元)	24989.30	42130.95	8135.43	39983.77
	主营成本(万元)	16103.86	21750.10	2660.80	17055.24
	营业成本(万元)	16527.47	22971.46	3188.33	18243.18
	投资收益(万元)	-	170.00	-	-
	净利润(万元)	-351.98	3317.51	-859.87	6261.64
	利润总额(万元)	836.90	4241.02	-698.25	7469.14

康佳集团股份有限公司

公司概况	公司名称	康佳集团股份有限公司			证券简称	深康佳 A
	法人代表	侯松容	董秘	肖庆	证券代码	000016
	公司网址	www.konka.com		电子信箱	szkonka@konka.com	
	电　话	0755-26608866		传　真	0755-26601139 26600082	
	办公地址	广东省深圳市南山区华侨城				
	经营范围	研究开发、生产经营电视机、冰箱、洗衣机、日用小家电等家用电器产品等				

主要财务指标	指标\报告期	2013.06.30	2012.12.31	2012.06.30	2011.12.31
	基本每股收益(元)	0.0337	0.0381	0.0095	0.0207
	基本每股收益(扣除)(元)	0.0115	–0.0449	–0.0319	–0.0926
	每股净资产(元)	3.3846	3.3585	3.3248	3.3304
	每股经营现金净流量(元)	1.8868	–0.2984	0.9266	–1.1383
	每股现金流量(元)	0.7851	0.1475	0.5363	0.0639
	每股资本公积金(元)	1.0568	1.0569	1.0568	1.0596
	每股盈余公积金(元)	0.6871	0.6871	0.6722	0.6722
	每股未分配利润(元)	0.6263	0.6026	0.5890	0.5894
	净资产收益率(%)	0.9950	1.1334	0.2865	0.6228
	加权净资产收益率(%)	1.0000	1.1400	0.2900	0.6200
	净资产收益率(扣除)(%)	–	–	–	–
	总资产(万元)	1512773.84	1656291.72	1483101.34	1690645.33
	归属母公司股东权益(万元)	407497.96	404359.15	400298.58	400972.40
	主营业务收入(万元)	932922.94	1818975.94	697614.59	1607475.26
	营业收入(万元)	942139.93	1833786.17	703892.31	1621761.99
	主营成本(万元)	778307.11	1493229.92	567489.28	1341209.92
	营业成本(万元)	783577.75	1503809.05	572250.70	1355276.13
	投资收益(万元)	–817.66	742.11	907.42	3458.64
	净利润(万元)	3664.84	4543.86	1147.68	2417.94
	利润总额(万元)	5969.63	9182.61	4316.49	956.68

深圳中华自行车(集团)股份有限公司

公司概况	公司名称	深圳中华自行车(集团)股份有限公司			证券简称	*ST 中华 A
	法人代表	罗桂友	董秘	孙龙龙	证券代码	000017
	公司网址	www.cbc.com.cn		电子信箱	cbc@szcbc.com	
	电　话	0755-28181666		传　真	0755-28181009	
	办公地址	广东省深圳市龙华油松工业区中华工业园				
	经营范围	生产装配各种类型的自行车及自行车零件、部件、配件、机械产品、运动机械等				

主要财务指标	指标\报告期	2013.06.30	2012.12.31	2012.06.30	2011.12.31
	基本每股收益(元)	–0.0531	–0.0951	–0.0605	0.0720
	基本每股收益(扣除)(元)	0.0040	–0.1007	–0.0606	–0.0234
	每股净资产(元)	–3.1536	–3.1000	–3.0829	–3.0522
	每股经营现金净流量(元)	–0.0373	–0.0127	–0.0045	0.0006
	每股现金流量(元)	–0.0372	0.0505	–0.0046	0.0123
	每股资本公积金(元)	0.8825	0.8825	0.8655	0.8357
	每股盈余公积金(元)	0.0593	0.0593	0.0593	0.0593
	每股未分配利润(元)	–5.0954	–5.0423	–5.0077	–4.9472
	净资产收益率(%)	–1.6842	–3.0678	–1.9618	–2.3603
	加权净资产收益率(%)	–	3.0900	–	–
	净资产收益率(扣除)(%)	–	–	–	–
	总资产(万元)	15729.79	16264.91	14183.57	13574.66
	归属母公司股东权益(万元)	–173873.49	–170945.13	–169972.51	–168283.97
	主营业务收入(万元)	9244.70	26812.10	10152.65	29846.57
	营业收入(万元)	10490.35	29282.70	11318.61	32104.36
	主营成本(万元)	8782.61	25676.76	9777.22	28637.33
	营业成本(万元)	9213.92	26428.12	10121.02	29744.83
	投资收益(万元)	–	–	–	456.00
	净利润(万元)	–2928.10	–5212.66	–3329.31	3972.09
	利润总额(万元)	–2928.10	–5212.66	–3329.31	3972.09

深圳中冠纺织印染股份有限公司

公司概况	公司名称	深圳中冠纺织印染股份有限公司			证券简称	*ST 中冠 A
	法人代表	胡永峰	董秘	张金良	证券代码	000018
	公司网址	www.chinaszvo.com		电子信箱	szvo@chinaszvo.com	
	电　话	0755-83668425 83667895		传　真	0755-83668427	
	办公地址	广东省深圳市龙岗区葵涌镇白石岗葵鹏路 26 号				
	经营范围	各类纯棉、纯麻、涤棉、麻棉、混纺高档面料以及成衣产品的印染生产、加工和销售				

主要财务指标	指标\报告期	2013.06.30	2012.12.31	2012.06.30	2011.12.31
	基本每股收益(元)	–0.0200	–	–0.0200	–0.1000
	基本每股收益(扣除)(元)	–0.0100	0.0018	–0.0100	–0.1000
	每股净资产(元)	0.6747	0.7027	0.6700	0.7800
	每股经营现金净流量(元)	0.0115	–0.0023	0.0010	0.0248
	每股现金流量(元)	–0.0204	–0.0069	0.0016	0.0095
	每股资本公积金(元)	0.2345	0.2353	0.2345	0.2350
	每股盈余公积金(元)	0.1579	0.1579	0.1579	0.1579
	每股未分配利润(元)	–0.7118	–0.6874	–0.7107	–0.6860
	净资产收益率(%)	–3.6134	–0.2081	–3.6500	–14.5840
	加权净资产收益率(%)	–3.5300	–0.2100	–3.5800	–12.9300
	净资产收益率(扣除)(%)	–	–	–	–
	总资产(万元)	16487.96	17200.26	17102.76	17223.88
	归属母公司股东权益(万元)	11411.95	11885.24	11474.08	11904.71
	主营业务收入(万元)	499.06	1109.57	501.98	–
	营业收入(万元)	499.06	1109.57	501.98	985.05
	主营成本(万元)	207.33	541.34	219.98	–
	营业成本(万元)	207.33	541.34	219.98	426.91
	投资收益(万元)	–7.11	258.22	42.86	–1060.25
	净利润(万元)	–412.36	–24.73	–418.71	–1742.35
	利润总额(万元)	–412.36	–28.92	–418.71	–1746.64

深圳市深宝实业股份有限公司

公司概况	公司名称	深圳市深宝实业股份有限公司			证券简称	深深宝 A
	法人代表	郑煜曦	董秘	李亦研	证券代码	000019
	公司网址	www.sbsy.com.cn		电子信箱	shenbao@sbsy.com.cn	
	电　话	0755-82027522		传　真	0755-82027522	
	办公地址	广东省深圳市福田区竹子林四路紫竹七道 26 号教育科技大厦塔楼 20 层南半层				
	经营范围	生产食品罐头、饮料、土产品等				

主要财务指标	指标\报告期	2013.06.30	2012.12.31	2012.06.30	2011.12.31
	基本每股收益(元)	–0.0237	0.2970	0.3542	0.0323
	基本每股收益(扣除)(元)	–0.0429	–0.1346	–0.0743	–0.0616
	每股净资产(元)	3.6194	3.8430	3.9000	3.5500
	每股经营现金净流量(元)	–0.0472	–0.1930	0.0130	–0.0749
	每股现金流量(元)	–0.2523	–0.2548	0.3262	1.5795
	每股资本公积金(元)	2.2659	2.2659	2.2658	2.2666
	每股盈余公积金(元)	0.1597	0.1597	0.1294	0.1294
	每股未分配利润(元)	0.1938	0.4174	0.5049	0.1507
	净资产收益率(%)	–0.6536	7.7295	9.0300	0.7840
	加权净资产收益率(%)	–0.6200	8.0400	9.5100	1.1500
	净资产收益率(扣除)(%)	–	–	–	–
	总资产(万元)	133427.61	122299.46	116091.72	106196.42
	归属母公司股东权益(万元)	90810.17	96421.67	97853.36	88987.65
	主营业务收入(万元)	22950.34	31079.03	11384.01	31634.79
	营业收入(万元)	22974.34	31079.03	11402.67	31823.02
	主营成本(万元)	19498.58	25746.98	9213.97	25567.91
	营业成本(万元)	19508.30	25746.98	9259.33	25743.40
	投资收益(万元)	0.67	10564.13	10585.78	367.52
	净利润(万元)	–447.60	7406.39	8886.74	964.32
	利润总额(万元)	–142.39	7688.32	8991.06	1369.23

深圳中恒华发股份有限公司

公司概况	公司名称	深圳中恒华发股份有限公司			证券简称	深华发A
	法人代表	李中秋	董秘	翁小珏	证券代码	000020
	公司网址	www.hwafa.com		电子信箱	hwafainvestor@126.com	
	电　话	0755-83352206		传　真	0755-83323160	
	办公地址	广东省深圳市福田区华发北路411栋华发大厦东座六层				
	经营范围	生产经营各种彩色电视机、液晶显示器、液晶显示屏、收录机、音响设备、电子表等				

主要财务指标	指标\报告期	2013.06.30	2012.12.31	2012.06.30	2011.12.31
	基本每股收益(元)	0.0070	0.0115	0.0227	0.0366
	基本每股收益(扣除)(元)	0.0100	0.0147	0.0221	0.0385
	每股净资产(元)	0.9964	0.9895	1.0000	0.9800
	每股经营现金净流量(元)	–0.1009	0.0650	0.2644	0.1701
	每股现金流量(元)	0.0270	–0.0265	0.3967	0.1169
	每股资本公积金(元)	0.3867	0.3867	0.3867	0.3867
	每股盈余公积金(元)	0.2733	0.2733	0.2733	0.2733
	每股未分配利润(元)	–0.6636	–0.6705	–0.6593	–0.6820
	净资产收益率(%)	0.6975	1.1571	2.2700	3.7500
	加权净资产收益率(%)	0.7000	1.1600	2.2900	3.8200
	净资产收益率(扣除)(%)	–	–	–	–
	总资产(万元)	73171.77	68164.51	75808.85	66838.56
	归属母公司股东权益(万元)	28214.90	28018.11	28336.54	27693.92
	主营业务收入(万元)	28400.46	67480.39	36036.91	82762.64
	营业收入(万元)	30273.28	72389.15	38351.73	87577.83
	主营成本(万元)	26075.93	62616.39	33489.58	78456.10
	营业成本(万元)	26351.35	63712.75	33686.15	78906.31
	投资收益(万元)	–	–	–	–
	净利润(万元)	196.80	324.19	642.62	1037.45
	利润总额(万元)	233.77	463.21	876.07	1453.65

深圳长城开发科技股份有限公司

公司概况	公司名称	深圳长城开发科技股份有限公司			证券简称	长城开发
	法人代表	谭文鋕	董秘	葛伟强	证券代码	000021
	公司网址	www.kaifa.cn		电子信箱	stock@kaifa.cn	
	电　话	0755-83200095 83205285		传　真	0755-83275075	
	办公地址	广东省深圳市福田区彩田路7006号				
	经营范围	开发、生产、经营计算机软、硬件系统及其外部设备、通讯设备、电子仪器仪表及其零部件等				

主要财务指标	指标\报告期	2013.06.30	2012.12.31	2012.06.30	2011.12.31
	基本每股收益(元)	0.0663	0.0709	0.0501	0.1906
	基本每股收益(扣除)(元)	0.0081	–0.0043	0.0501	0.1896
	每股净资产(元)	3.0361	3.0158	2.9973	3.0759
	每股经营现金净流量(元)	0.2246	0.2182	0.0507	0.1289
	每股现金流量(元)	0.1470	–0.2883	–0.0088	0.6055
	每股资本公积金(元)	0.2773	0.2925	0.2924	0.3239
	每股盈余公积金(元)	0.7467	0.7467	0.7467	0.7467
	每股未分配利润(元)	1.0596	1.0133	0.9925	1.0423
	净资产收益率(%)	2.1844	2.3515	1.6700	6.1980
	加权净资产收益率(%)	2.1800	2.2800	1.6200	5.8400
	净资产收益率(扣除)(%)	–	–	–	–
	总资产(万元)	1176406.35	1018136.37	1011671.60	1033675.46
	归属母公司股东权益(万元)	400548.27	397872.98	395423.82	405796.26
	主营业务收入(万元)	740494.37	1623821.02	839573.01	1856084.10
	营业收入(万元)	742941.34	1639951.69	842309.21	1863038.06
	主营成本(万元)	728044.10	1588303.03	819632.45	1807610.11
	营业成本(万元)	730208.57	1598357.42	821794.51	1812120.83
	投资收益(万元)	1306.89	1900.84	1197.24	5479.45
	净利润(万元)	4756.78	845.21	3866.14	22014.26
	利润总额(万元)	7463.28	5844.92	5667.93	26256.18

深圳赤湾港航股份有限公司

公司概况	公司名称	深圳赤湾港航股份有限公司			证券简称	深赤湾A
	法人代表	郑少平	董秘	步丹	证券代码	000022
	公司网址	www.szcwh.com		电子信箱	cwh@cndi.com	
	电　话	0755-26694222		传　真	0755-26684117	
	办公地址	广东省深圳市赤湾石油大厦8楼				
	经营范围	港口装卸、堆存、运输、代理及其他业务				

主要财务指标	指标\报告期	2013.06.30	2012.12.31	2012.06.30	2011.12.31
	基本每股收益(元)	0.4580	0.7240	0.3440	0.7840
	基本每股收益(扣除)(元)	0.4570	0.7210	0.3410	0.7840
	每股净资产(元)	5.8030	5.7045	5.3230	5.3780
	每股经营现金净流量(元)	0.5550	1.0833	0.5413	1.1573
	每股现金流量(元)	0.4786	–0.2543	0.4829	–0.4698
	每股资本公积金(元)	0.2575	0.2573	0.2580	0.2578
	每股盈余公积金(元)	–	0.7207	0.7207	0.6540
	每股未分配利润(元)	–	3.7454	3.3653	3.4877
	净资产收益率(%)	7.9002	12.6998	6.4700	14.5810
	加权净资产收益率(%)	7.8000	13.1500	6.2400	15.1900
	净资产收益率(扣除)(%)	–	–	–	–
	总资产(万元)	741066.47	678113.05	698096.27	654022.84
	归属母公司股东权益(万元)	374159.09	367803.21	343206.15	346779.68
	主营业务收入(万元)	83406.72	171032.73	82212.89	164367.69
	营业收入(万元)	86523.58	178384.61	85410.42	170813.69
	主营成本(万元)	38529.01	83434.53	38052.98	75526.25
	营业成本(万元)	39022.23	84460.14	38449.42	76804.02
	投资收益(万元)	4602.23	8351.89	3969.56	11822.82
	净利润(万元)	37907.35	61576.95	29963.92	66777.57
	利润总额(万元)	43325.27	74089.46	36852.76	81633.73

深圳市天地(集团)股份有限公司

公司概况	公司名称	深圳市天地(集团)股份有限公司			证券简称	深天地A
	法人代表	杨国富	董秘	侯剑	证券代码	000023
	公司网址	www.sztiansi.com		电子信箱	std000023@vip.163.com	
	电　话	0755-86154212		传　真	0755-86154040	
	办公地址	广东省深圳市南山区高新技术产业园(北区)朗山路东物商业大楼10楼				
	经营范围	商品混凝土及其原材料的生产、销售				

主要财务指标	指标\报告期	2013.06.30	2012.12.31	2012.06.30	2011.12.31
	基本每股收益(元)	0.0686	0.0373	–0.0683	0.0668
	基本每股收益(扣除)(元)	0.0725	–0.0952	–0.0738	0.0456
	每股净资产(元)	2.4857	2.4471	2.2600	2.3600
	每股经营现金净流量(元)	0.1900	–0.5820	0.1093	0.2796
	每股现金流量(元)	–0.9019	0.4213	–0.1928	0.6165
	每股资本公积金(元)	0.7374	0.7374	0.6526	0.6526
	每股盈余公积金(元)	–	0.3088	0.2774	0.2774
	每股未分配利润(元)	–	0.4010	0.3267	0.4251
	净资产收益率(%)	2.7603	1.5230	–3.0300	2.8390
	加权净资产收益率(%)	2.7800	1.5600	–2.9600	2.8900
	净资产收益率(扣除)(%)	–	–	–	–
	总资产(万元)	116057.72	121904.49	108019.04	109357.14
	归属母公司股东权益(万元)	34491.16	33955.35	31313.77	32678.31
	主营业务收入(万元)	44765.80	86157.52	37024.38	78167.72
	营业收入(万元)	44867.72	87794.89	37397.64	80014.83
	主营成本(万元)	37812.62	77751.76	33274.98	66550.02
	营业成本(万元)	37830.32	78315.82	33506.77	67101.66
	投资收益(万元)	95.11	50.49	–	52.87
	净利润(万元)	578.20	513.11	–1039.25	910.02
	利润总额(万元)	1162.27	4061.15	–777.13	2174.06

招商局地产控股股份有限公司

公司概况					
公司名称	招商局地产控股股份有限公司			证券简称	招商地产
法人代表	林少斌	董秘	刘宁	证券代码	000024
公司网址	www.cmpd.cn			电子信箱	cmpdir@cmhk.com
电　　话	0755-26819600			传　　真	0755-26818666
办公地址	广东省深圳市南山区蛇口工业区兴华路六号南海意库三号楼				
经营范围	房地产开发经营、科研技术服务、兴办实业				

主要财务指标：指标\报告期	2013.06.30	2012.12.31	2012.06.30	2011.12.31
基本每股收益(元)	1.4853	1.9323	0.7100	1.5092
基本每股收益(扣除)(元)	1.2914	1.9493	–	1.4501
每股净资产(元)	14.9446	13.6200	12.4000	11.8900
每股经营现金净流量(元)	–0.7427	2.9691	1.4094	–1.2300
每股现金流量(元)	3.0066	2.6545	2.1111	2.7633
每股资本公积金(元)	5.0209	4.8838	4.8838	4.8839
每股盈余公积金(元)	0.5985	0.5985	0.5637	0.5637
每股未分配利润(元)	8.2738	7.0885	5.9018	5.3910
净资产收益率(%)	9.9384	14.1846	5.7312	12.6940
加权净资产收益率(%)	10.3800	15.1900	5.8200	13.3900
净资产收益率(扣除)(%)	–	–	–	–
总资产(万元)	11751579.95	10919724.27	8766176.88	7966649.44
归属母公司股东权益(万元)	2566439.35	2339351.55	2129611.11	2041821.48
主营业务收入(万元)	1613356.83	2529676.22	1008050.77	1511136.66
营业收入(万元)	1613356.83	2529676.22	1008050.77	1511136.66
主营成本(万元)	869251.13	1294503.76	504532.26	719443.83
营业成本(万元)	869251.13	1294503.76	504532.26	719443.83
投资收益(万元)	28217.98	557.25	2488.17	5334.42
净利润(万元)	325789.24	427751.91	170822.80	331295.45
利润总额(万元)	473447.93	619950.04	250062.72	449184.84

深圳市特力(集团)股份有限公司

公司概况					
公司名称	深圳市特力(集团)股份有限公司			证券简称	特力A
法人代表	张瑞理	董秘	郭东日	证券代码	000025
公司网址	www.tellus.cn			电子信箱	guodongri@yahoo.com.cn
电　　话	0755-83989328 83989339			传　　真	0755-83989399
办公地址	广东省深圳市福田区深南中路中核大厦十五楼				
经营范围	汽车销售、汽车检测维修及配件销售、物业租赁及服务等				

主要财务指标：指标\报告期	2013.06.30	2012.12.31	2012.06.30	2011.12.31
基本每股收益(元)	0.0170	0.0324	–0.0390	0.0098
基本每股收益(扣除)(元)	–0.0150	–0.0684	–0.0390	–0.0281
每股净资产(元)	0.8542	0.8384	0.7650	0.8050
每股经营现金净流量(元)	0.1648	–0.0352	–0.0229	–0.0669
每股现金流量(元)	0.1139	–0.0035	–0.0732	–0.0372
每股资本公积金(元)	0.0385	0.0396	0.0334	0.0389
每股盈余公积金(元)	0.0134	0.0134	0.0134	0.0134
每股未分配利润(元)	–0.1977	–0.2147	–0.2853	–0.2471
净资产收益率(%)	1.9910	3.8696	–5.1200	1.2170
加权净资产收益率(%)	2.0100	3.9500	–4.9900	1.2200
净资产收益率(扣除)(%)	–	–	–	–
总资产(万元)	68546.59	64491.13	56371.21	57069.33
归属母公司股东权益(万元)	18817.29	18467.54	16861.86	17736.59
主营业务收入(万元)	21130.24	39387.53	19333.71	39570.17
营业收入(万元)	22208.73	41964.27	19428.27	40328.21
主营成本(万元)	18124.53	33044.19	16154.06	33375.20
营业成本(万元)	18308.76	33641.96	16211.82	33526.42
投资收益(万元)	178.01	490.78	–499.72	808.10
净利润(万元)	266.72	97.19	–1012.05	125.02
利润总额(万元)	286.26	923.65	–982.91	660.46

飞亚达(集团)股份有限公司

公司概况					
公司名称	飞亚达(集团)股份有限公司			证券简称	飞亚达A
法人代表	赖伟宣	董秘	陈立彬	证券代码	000026
公司网址	www.fiytagroup.com			电子信箱	investor@fiyta.com.cn
电　　话	0755-86013669 86013992			传　　真	0755-83348369
办公地址	广东省深圳市南山区高新南一道飞亚达科技大厦20楼				
经营范围	生产经营各种指针式石英表及其机芯、零部件、各种计时仪器等				

主要财务指标：指标\报告期	2013.06.30	2012.12.31	2012.06.30	2011.12.31
基本每股收益(元)	0.1760	0.2950	0.1660	0.4060
基本每股收益(扣除)(元)	0.1730	0.2880	0.1680	0.3960
每股净资产(元)	3.8502	3.6833	3.5500	3.6300
每股经营现金净流量(元)	0.3412	0.1167	–0.2377	–1.0426
每股现金流量(元)	–0.1144	–0.1007	0.0772	–1.1300
每股资本公积金(元)	1.3380	1.3380	1.3380	1.3509
每股盈余公积金(元)	0.3783	0.3783	0.3344	0.3344
每股未分配利润(元)	1.1612	0.9853	0.9001	0.8339
净资产收益率(%)	4.5693	8.0186	4.6800	11.4635
加权净资产收益率(%)	4.6800	8.1800	4.6300	12.0500
净资产收益率(扣除)(%)	–	–	–	–
总资产(万元)	330345.72	332676.38	330641.27	306160.01
归属母公司股东权益(万元)	151222.64	144667.76	139428.67	142586.47
主营业务收入(万元)	149382.78	299186.48	147415.08	254057.76
营业收入(万元)	150835.38	302396.25	148375.58	256105.46
主营成本(万元)	96522.34	196889.36	98379.77	165237.05
营业成本(万元)	97086.97	198232.61	98703.49	165895.94
投资收益(万元)	10.84	151.87	19.14	–3.33
净利润(万元)	6921.27	11565.99	6515.93	15925.93
利润总额(万元)	8296.79	13648.68	8233.31	19157.90

深圳能源集团股份有限公司

公司概况					
公司名称	深圳能源集团股份有限公司			证券简称	深圳能源
法人代表	高自民	董秘	秦飞	证券代码	000027
公司网址	www.sec.com.cn			电子信箱	ir@sec.com.cn
电　　话	0755-83684138			传　　真	0755-83684128
办公地址	广东省深圳市福田区深南中路2068号华能大厦5、33、35-36、38-41层				
经营范围	各种常规能源和新能源的开发、生产、购销等				

主要财务指标：指标\报告期	2013.06.30	2012.12.31	2012.06.30	2011.12.31
基本每股收益(元)	0.2408	0.3651	0.2119	0.4255
基本每股收益(扣除)(元)	–	0.3400	0.2000	0.3900
每股净资产(元)	5.8564	5.7392	5.5800	5.4880
每股经营现金净流量(元)	0.3979	0.9983	0.5237	1.2020
每股现金流量(元)	–0.2859	0.2176	–0.0257	0.6016
每股资本公积金(元)	1.6872	1.6874	1.6331	1.6852
每股盈余公积金(元)	0.9507	0.9507	0.9237	0.9237
每股未分配利润(元)	2.2728	2.1471	2.0209	1.9245
净资产收益率(%)	4.1113	6.3608	3.7900	7.7540
加权净资产收益率(%)	4.1200	6.5000	3.7900	7.9700
净资产收益率(扣除)(%)	–	–	–	–
总资产(万元)	3187081.19	3235921.28	3165672.80	3150908.37
归属母公司股东权益(万元)	1547848.68	1516860.96	1475891.16	1450463.62
主营业务收入(万元)	522504.17	1233528.60	636239.34	1395774.68
营业收入(万元)	536974.26	1282848.23	644739.98	1438701.85
主营成本(万元)	432458.48	1039454.50	528154.27	1219190.66
营业成本(万元)	436323.26	1067788.04	534781.81	1242011.49
投资收益(万元)	9871.12	–3904.65	–915.81	5844.02
净利润(万元)	76299.70	113647.57	66645.59	118284.84
利润总额(万元)	97060.07	161369.53	89059.24	156284.59

国药集团一致药业股份有限公司

公司概况	公司名称	国药集团一致药业股份有限公司			证券简称	国药一致
	法人代表	闫志刚	董秘	陈常兵	证券代码	000028
	公司网址	www.szaccord.com.cn		电子信箱	0028@szaccord.com.cn	
	电　话	0755-25875195 25875222		传　真	0755-25875147	
	办公地址	广东省深圳市福田区八卦四路15号一致药业大厦				
	经营范围	中成药、化学原料药、化学药制剂、抗生素原料药、抗生素制剂等				

	指标\报告期	2013.06.30	2012.12.31	2012.06.30	2011.12.31
主要财务指标	基本每股收益(元)	0.9050	1.6500	0.8330	1.1500
	基本每股收益(扣除)(元)	0.9030	1.5556	0.8620	1.0800
	每股净资产(元)	6.8889	6.1633	5.3740	4.6850
	每股经营现金净流量(元)	0.8269	1.1243	0.4821	0.7889
	每股现金流量(元)	–0.1334	0.0446	–0.1365	0.7799
	每股资本公积金(元)	0.0198	0.0193	0.0193	0.0185
	每股盈余公积金(元)	0.3448	0.3448	0.2203	0.2203
	每股未分配利润(元)	5.5242	4.7992	4.1340	3.4348
	净资产收益率(%)	13.1381	26.7910	15.5000	24.4633
	加权净资产收益率(%)	13.8100	30.5100	16.3500	27.5200
	净资产收益率(扣除)(%)	–	–	–	–
	总资产(万元)	1012088.76	929583.99	866223.34	768057.63
	归属母公司股东权益(万元)	198502.51	177594.30	154839.98	135009.33
	主营业务收入(万元)	1007449.20	1787197.49	875275.95	1505964.51
	营业收入(万元)	1013171.27	1801175.92	880325.23	1513033.86
	主营成本(万元)	924942.71	1631698.66	793992.83	1376875.33
	营业成本(万元)	927945.53	1640871.99	796795.17	1379601.41
	投资收益(万元)	1857.70	3874.07	1601.62	2811.94
	净利润(万元)	26780.02	48368.18	24321.05	32781.52
	利润总额(万元)	32874.24	60331.68	30715.83	40928.15

深圳经济特区房地产(集团)股份有限公司

公司概况	公司名称	深圳经济特区房地产(集团)股份有限公司			证券简称	深深房A
	法人代表	周建国	董秘	陈继	证券代码	000029
	公司网址	www.sfjt.com.cn		电子信箱	spg@163.net	
	电　话	0755-82293000 4718 4715		传　真	0755-82294024	
	办公地址	广东省深圳市罗湖区人民南路深房广场47楼				
	经营范围	房地产开发及商品房销售、物业租赁及管理、建筑装饰安装、商品零售及贸易等				

	指标\报告期	2013.06.30	2012.12.31	2012.06.30	2011.12.31
主要财务指标	基本每股收益(元)	0.0129	0.1056	0.0396	0.1000
	基本每股收益(扣除)(元)	0.0095	0.1001	0.0396	0.0983
	每股净资产(元)	1.6306	1.6165	1.5510	1.5100
	每股经营现金净流量(元)	0.3454	0.0271	–0.1150	0.1138
	每股现金流量(元)	0.1280	0.1371	–0.1116	–0.0458
	每股资本公积金(元)	0.9670	0.9670	0.9670	0.9670
	每股盈余公积金(元)	0.0049	0.0049	0.0049	0.0049
	每股未分配利润(元)	–0.3520	–0.3649	–0.4309	–0.4705
	净资产收益率(%)	0.7911	6.5315	2.5600	6.6210
	加权净资产收益率(%)	0.7900	6.7500	2.5900	6.8400
	净资产收益率(扣除)(%)	–	–	–	–
	总资产(万元)	421515.24	371277.08	327263.19	323612.70
	归属母公司股东权益(万元)	164964.24	163537.61	156863.55	152859.65
	主营业务收入(万元)	32068.79	101197.65	44736.42	99394.29
	营业收入(万元)	32068.79	103014.87	44736.42	102639.61
	主营成本(万元)	24670.70	68908.86	31048.26	–
	营业成本(万元)	24670.70	70130.36	31048.26	68622.80
	投资收益(万元)	–	153.31	5.00	–1.44
	净利润(万元)	1306.82	10685.48	4010.79	10119.93
	利润总额(万元)	1908.79	13725.79	5329.03	13327.88

富奥汽车零部件股份有限公司

公司概况	公司名称	富奥汽车零部件股份有限公司			证券简称	富奥股份
	法人代表	滕铁骑	董秘	甘先国	证券代码	000030
	公司网址	www.fawer.com.cn		电子信箱	000030@fawer.com.cn	
	电　话	0431-85122797		传　真	0431-85122756	
	办公地址	吉林省长春汽车经济技术开发区东风南街777号				
	经营范围	汽车零部件及相关产品的研究,设计,制造;国内销售及售后服务				

	指标\报告期	2013.06.30	2012.12.31	2012.06.30	2011.12.31
主要财务指标	基本每股收益(元)	0.2500	–0.0128	0.2400	5.0484
	基本每股收益(扣除)(元)	0.2400	–0.0133	–0.0056	–0.0232
	每股净资产(元)	2.7257	–0.0057	0.0020	0.0071
	每股经营现金净流量(元)	–0.1114	–0.0103	0.4080	0.0040
	每股现金流量(元)	–0.1718	–0.0046	0.5271	0.0044
	每股资本公积金(元)	0.3893	3.5724	3.5724	3.5724
	每股盈余公积金(元)	0.1423	0.6405	0.4795	0.4795
	每股未分配利润(元)	1.1910	4.4005	–5.0499	–5.0449
	净资产收益率(%)	8.0286	–223.9300	42039.7329	71320.3600
	加权净资产收益率(%)	8.3600	–1871.8800	8.7600	105.8700
	净资产收益率(扣除)(%)	–	–	–	–
	总资产(万元)	674825.02	626992.18	6466.36	6616.93
	归属母公司股东权益(万元)	353985.57	325845.60	57.91	204.16
	主营业务收入(万元)	242946.73	–	232768.98	–
	营业收入(万元)	254292.70	–	249790.38	10.90
	主营成本(万元)	201146.83	–	193148.34	–
	营业成本(万元)	207890.65	–	204995.14	700.25
	投资收益(万元)	21879.17	14.00	20673.47	20.12
	净利润(万元)	30924.87	–368.90	28175.15	145606.42
	利润总额(万元)	32487.27	–368.90	29024.34	145606.42

中粮地产(集团)股份有限公司

公司概况	公司名称	中粮地产(集团)股份有限公司			证券简称	中粮地产
	法人代表	周政	董秘	崔捷	证券代码	000031
	公司网址	www.cofco-property.cn		电子信箱	cofco-property@cofco.com	
	电　话	0755-23999000 23999288		传　真	0755-23999299	
	办公地址	广东省深圳市福田区福华一路1号大中华国际交易广场35层				
	经营范围	商品房开发与销售、物业租赁、来料加工等				

	指标\报告期	2013.06.30	2012.12.31	2012.06.30	2011.12.31
主要财务指标	基本每股收益(元)	0.0600	0.2800	0.0300	0.2300
	基本每股收益(扣除)(元)	–0.0600	0.0700	–0.0700	0.1000
	每股净资产(元)	2.6186	2.6265	2.4200	2.4600
	每股经营现金净流量(元)	0.7723	1.4574	0.1534	–1.3306
	每股现金流量(元)	0.4715	1.1117	0.5771	0.5499
	每股资本公积金(元)	0.2642	0.3025	0.3505	0.3905
	每股盈余公积金(元)	0.2700	0.2700	0.2246	0.2246
	每股未分配利润(元)	1.0819	1.0521	0.8473	0.8437
	净资产收益率(%)	2.2806	10.8093	1.3837	9.4560
	加权净资产收益率(%)	2.2700	11.1900	1.3500	9.2200
	净资产收益率(扣除)(%)	–	–	–	–
	总资产(万元)	3542677.46	3483856.21	3438403.00	3260259.30
	归属母公司股东权益(万元)	474940.75	476380.55	439653.58	446284.78
	主营业务收入(万元)	274767.22	772916.58	121857.47	553191.85
	营业收入(万元)	292342.80	794488.96	122257.52	554107.35
	主营成本(万元)	203404.25	560216.85	75852.03	329075.53
	营业成本(万元)	203899.91	560252.06	75906.96	329136.04
	投资收益(万元)	16406.32	41265.42	28144.02	40870.41
	净利润(万元)	20001.98	68047.57	12136.88	73255.93
	利润总额(万元)	30578.98	100380.63	20802.51	107261.25

深圳市桑达实业股份有限公司

公司概况					
公司名称	深圳市桑达实业股份有限公司			证券简称	深桑达 A
法人代表	张永平	董秘	吴建华	证券代码	000032
公司网址	www.sedind.com		电子信箱	sed@sedind.com	
电　　话	0755-86316073		传　　真	0755-86316006	
办公地址	广东省深圳市南山区科技园科技路 1 号桑达科技大厦 15-17 层				
经营范围	电子设备、电子器件、电子消费通信产品及房地产开发等				

主要财务指标 指标\报告期	2013.06.30	2012.12.31	2012.06.30	2011.12.31
基本每股收益(元)	0.0900	0.7700	−0.0500	0.1200
基本每股收益(扣除)(元)	0.0800	−0.1000	−0.0600	0.1070
每股净资产(元)	3.9930	3.9100	3.0900	3.1400
每股经营现金净流量(元)	0.0187	0.1093	−0.1826	0.1511
每股现金流量(元)	−0.0078	0.3337	−0.1872	−0.0154
每股资本公积金(元)	0.8899	0.8899	0.8899	0.8899
每股盈余公积金(元)	0.8524	0.8524	0.7946	0.7946
每股未分配利润(元)	1.2377	1.1525	0.3926	0.4392
净资产收益率(%)	2.1335	19.7404	−1.5100	3.7280
加权净资产收益率(%)	2.1600	21.9000	−1.5000	3.5500
净资产收益率(扣除)(%)	–	–	–	–
总资产(万元)	157071.52	169200.96	154900.31	157421.81
归属母公司股东权益(万元)	92981.76	90971.99	71920.25	73014.08
主营业务收入(万元)	76627.09	150651.43	52413.65	171114.05
营业收入(万元)	77139.74	151687.46	52891.41	172203.29
主营成本(万元)	63468.07	131168.24	46295.45	141124.18
营业成本(万元)	63765.60	131765.08	46621.92	141813.98
投资收益(万元)	–	26218.28	–	76.94
净利润(万元)	2751.88	17898.20	−1554.37	4488.24
利润总额(万元)	4111.44	23275.52	−1364.28	6630.05

深圳新都酒店股份有限公司

公司概况					
公司名称	深圳新都酒店股份有限公司			证券简称	新都酒店
法人代表	李聚全	董秘	张静	证券代码	000033
公司网址	www.szcphotel.com		电子信箱	szcph@szcphhotel.com	
电　　话	0755-82320888 543		传　　真	0755-82344699	
办公地址	广东省深圳市春风路 1 号新都酒店 24 楼				
经营范围	经营酒店、商场、餐厅及酒店附设的车队、康乐设施等				

主要财务指标 指标\报告期	2013.06.30	2012.12.31	2012.06.30	2011.12.31
基本每股收益(元)	−0.0089	−0.0773	−0.0207	0.0085
基本每股收益(扣除)(元)	−0.0178	−0.1300	−0.0349	−0.0263
每股净资产(元)	0.8059	0.8148	0.8714	0.8921
每股经营现金净流量(元)	0.0081	0.0419	0.0185	0.0948
每股现金流量(元)	0.1755	−0.1926	−0.1740	−0.0395
每股资本公积金(元)	0.3045	0.3045	0.3045	0.3045
每股盈余公积金(元)	0.0298	0.0298	0.0298	0.0298
每股未分配利润(元)	−0.5284	−0.5196	−0.4629	−0.4422
净资产收益率(%)	−1.1016	−9.4915	−2.3709	0.9580
加权净资产收益率(%)	−1.1000	−14.9700	−2.3431	0.9600
净资产收益率(扣除)(%)	–	–	–	–
总资产(万元)	56671.77	46970.62	49688.21	51593.41
归属母公司股东权益(万元)	26546.45	26838.89	28705.73	29386.30
主营业务收入(万元)	3315.03	6675.97	3201.58	7223.00
营业收入(万元)	3315.03	6700.97	3201.58	7248.00
主营成本(万元)	1850.74	3898.54	1926.23	4062.59
营业成本(万元)	1850.74	3898.54	1926.23	4062.59
投资收益(万元)	415.00	51.25	660.38	1417.88
净利润(万元)	−292.44	−2547.41	−680.57	281.57
利润总额(万元)	−292.44	−2279.46	−680.57	264.54

深圳市深信泰丰(集团)股份有限公司

公司概况					
公司名称	深圳市深信泰丰(集团)股份有限公司			证券简称	深信泰丰
法人代表	晏群	董秘	孙德志	证券代码	000034
公司网址			电子信箱	ratius@163.com	
电　　话	0755-27596457 27596453		传　　真	0755-27596456	
办公地址	深圳市宝安区宝城 23 区大宝路风采轩 5 号楼社区服务中心三楼				
经营范围	购销饲料、农副产品、浓缩饲料添加剂、兴办种、养殖业等				

主要财务指标 指标\报告期	2013.06.30	2012.12.31	2012.06.30	2011.12.31
基本每股收益(元)	0.0140	0.0100	−0.0070	0.0500
基本每股收益(扣除)(元)	–	0.0030	0.0025	0.0080
每股净资产(元)	0.2636	0.2495	0.2310	0.2400
每股经营现金净流量(元)	0.0011	−0.0223	−0.0463	0.0249
每股现金流量(元)	−0.0195	−0.0572	−0.0749	−0.0376
每股资本公积金(元)	1.7952	1.7952	1.7952	1.7952
每股盈余公积金(元)	0.1836	0.1836	0.1836	0.1836
每股未分配利润(元)	−2.7153	−2.7294	−2.7476	−2.7406
净资产收益率(%)	5.3526	4.4948	−3.0500	19.4620
加权净资产收益率(%)	5.5000	4.6000	−3.0000	22.3300
净资产收益率(扣除)(%)	–	–	–	–
总资产(万元)	19240.33	19355.21	18645.85	20761.93
归属母公司股东权益(万元)	9437.13	8931.99	8278.19	8530.52
主营业务收入(万元)	22807.77	45492.75	21218.17	42751.36
营业收入(万元)	22971.42	45728.86	21218.17	43368.70
主营成本(万元)	19873.50	39526.05	18406.33	36543.95
营业成本(万元)	19959.90	39678.59	18406.33	36848.33
投资收益(万元)	–	–	–	–
净利润(万元)	505.13	401.48	−252.32	1660.22
利润总额(万元)	544.32	517.42	−198.53	2006.60

中国科健股份有限公司

公司概况					
公司名称	中国科健股份有限公司			证券简称	*ST 科健
法人代表	洪和良	董秘	洪和良	证券代码	000035
公司网址	www.chinakejian.net		电子信箱	cnfnp@chinakejian.net	
电　　话	0755-26688451 26671006		传　　真	0755-26888210	
办公地址	深圳市南山区蛇口南海大道 1063 号招商局发展中心 706 号				
经营范围	开发、生产、销售数字移动电话机等				

主要财务指标 指标\报告期	2013.06.30	2012.12.31	2012.06.30	2011.12.31
基本每股收益(元)	0.0360	−3.3700	−0.6300	−0.1200
基本每股收益(扣除)(元)	−0.0150	0.1200	0.0700	−0.1900
每股净资产(元)	−9.7974	−9.8330	−8.9500	−6.4700
每股经营现金净流量(元)	−0.4950	−2.0906	−2.1825	−0.0019
每股现金流量(元)	−0.0017	0.0029	0.0021	−0.0020
每股资本公积金(元)	0.2502	0.2502	0.5749	0.5749
每股盈余公积金(元)	0.0901	0.0901	0.1136	0.1136
每股未分配利润(元)	−11.1378	−11.1734	−10.6341	−9.8343
净资产收益率(%)	−0.3636	−34.2333	−8.9404	−1.7856
加权净资产收益率(%)	–	–	–	–
净资产收益率(扣除)(%)	–	–	–	–
总资产(万元)	9481.67	30790.29	42410.91	63649.39
归属母公司股东权益(万元)	−185125.93	−185799.04	−134191.06	−122193.81
主营业务收入(万元)	–	33.71	–	–
营业收入(万元)	4092.28	9589.47	6179.11	552.94
主营成本(万元)	–	30.64	–	–
营业成本(万元)	3634.92	2409.25	1259.99	234.78
投资收益(万元)	–	2444.26	1407.80	4645.20
净利润(万元)	673.12	−63605.24	−11997.25	−2181.83
利润总额(万元)	673.12	−63605.24	−11997.25	−2177.80

华联控股股份有限公司

公司概况	公司名称	华联控股股份有限公司			证券简称	华联控股
	法人代表	董炳根	董秘	孔庆富	证券代码	000036
	公司网址	www.udcgroup.com		电子信箱	hlkg000036@udcgroup.com	
	电　　话	0755-83667450 83667257		传　　真	0755-83667583	
	办公地址	广东省深圳市福田区深南中路 2008 号华联大厦 11 层				
	经营范围	投资兴办实业、生产经营各种布料、服装、化纤和纺织机械等				

主要财务指标	指标\报告期	2013.06.30	2012.12.31	2012.06.30	2011.12.31
	基本每股收益(元)	0.0020	0.0525	0.0363	0.0618
	基本每股收益(扣除)(元)	0.0021	0.0522	0.0362	0.0615
	每股净资产(元)	1.6009	1.6000	1.5800	1.5400
	每股经营现金净流量(元)	-0.1051	-0.1484	-0.0755	-0.3868
	每股现金流量(元)	-0.2235	0.1382	-0.0725	-0.5469
	每股资本公积金(元)	0.1441	0.1497	0.1417	0.1443
	每股盈余公积金(元)	0.0857	0.0857	0.0857	0.0857
	每股未分配利润(元)	0.3711	0.3691	0.3529	0.3166
	净资产收益率(%)	0.1229	3.2725	2.3000	3.9930
	加权净资产收益率(%)	0.1200	3.3300	2.3200	4.0700
	净资产收益率(扣除)(%)	-	-	-	-
	总资产(万元)	425741.77	426724.36	396863.81	386228.18
	归属母公司股东权益(万元)	179919.98	180326.39	177598.85	173813.14
	主营业务收入(万元)	8527.70	32842.15	22727.34	49102.84
	营业收入(万元)	9034.26	34811.97	23245.53	50672.86
	主营成本(万元)	4023.21	11541.40	7651.62	18293.45
	营业成本(万元)	4497.94	13077.15	8036.06	19717.93
	投资收益(万元)	1569.47	3747.72	1332.62	1417.19
	净利润(万元)	778.14	8633.52	6267.80	9817.39
	利润总额(万元)	1401.00	11692.77	8830.05	13454.58

深圳南山热电股份有限公司

公司概况	公司名称	深圳南山热电股份有限公司			证券简称	深南电 A
	法人代表	杨海贤	董秘	胡琴	证券代码	000037
	公司网址	www.nsrd.com.cn		电子信箱	public@nspower.com.cn	
	电　　话	0755-26948888		传　　真	0755-26003684	
	办公地址	广东省深圳市南山区华侨城汉唐大厦 16、17 楼				
	经营范围	供电、供热、提供相关技术咨询和技术服务等				

主要财务指标	指标\报告期	2013.06.30	2012.12.31	2012.06.30	2011.12.31
	基本每股收益(元)	-0.1700	-0.3400	-0.1800	0.0300
	基本每股收益(扣除)(元)	-0.1800	-0.5400	-0.2100	-0.4800
	每股净资产(元)	2.4013	2.5700	2.7300	2.9100
	每股经营现金净流量(元)	0.8385	0.1759	0.2020	0.4517
	每股现金流量(元)	0.1510	-0.1700	0.0176	0.0629
	每股资本公积金(元)	0.6033	0.6033	0.6033	0.6033
	每股盈余公积金(元)	0.5523	0.5523	0.5523	0.5523
	每股未分配利润(元)	0.2457	0.4141	0.5779	0.7533
	净资产收益率(%)	-7.0151	-13.1999	-6.4177	1.0000
	加权净资产收益率(%)	-6.7800	-12.3800	-6.2200	1.0000
	净资产收益率(扣除)(%)	-	-	-	-
	总资产(万元)	556704.63	553606.77	542078.82	545274.67
	归属母公司股东权益(万元)	144738.41	154891.94	164763.21	175337.16
	主营业务收入(万元)	56465.60	126405.78	70570.39	229408.50
	营业收入(万元)	56547.69	126544.58	70584.22	241581.77
	主营成本(万元)	91107.04	208357.07	114664.78	346816.75
	营业成本(万元)	91116.42	208726.48	114682.92	358970.44
	投资收益(万元)	-	-	-	2332.93
	净利润(万元)	-11373.81	-23500.41	-12319.09	903.16
	利润总额(万元)	-11373.81	-23214.50	-12255.23	2225.58

深圳大通实业股份有限公司

公司概况	公司名称	深圳大通实业股份有限公司			证券简称	深 大 通
	法人代表	许亚楠	董秘	王小连	证券代码	000038
	公司网址	www.chinadatong.com		电子信箱	datongstock@163.com	
	电　　话	0755-26921699		传　　真	0755-26910599	
	办公地址	深圳市福田区深南大道 6023 号耀华创建大厦 904-905				
	经营范围	房地产开发和经营				

主要财务指标	指标\报告期	2013.06.30	2012.12.31	2012.06.30	2011.12.31
	基本每股收益(元)	-0.0350	0.0216	-0.0510	0.0217
	基本每股收益(扣除)(元)	-	0.0262	-0.0480	0.0210
	每股净资产(元)	-	1.6273	1.5560	1.6060
	每股经营现金净流量(元)	0.3591	0.5503	-0.0387	-0.9312
	每股现金流量(元)	-0.0791	0.0729	-0.0389	-0.1460
	每股资本公积金(元)	0.2001	0.2261	0.2261	0.2261
	每股盈余公积金(元)	0.0612	0.0612	0.0612	0.0612
	每股未分配利润(元)	0.3050	0.3400	0.2685	0.3184
	净资产收益率(%)	-2.2306	1.3271	-2.8500	1.3534
	加权净资产收益率(%)	-2.1600	1.3400	-2.8500	1.3600
	净资产收益率(扣除)(%)	-	-	-	-
	总资产(万元)	61973.88	63880.84	65281.81	63046.47
	归属母公司股东权益(万元)	15072.50	15986.32	14971.54	15451.24
	主营业务收入(万元)	2894.44	20623.68	1734.96	9894.99
	营业收入(万元)	2894.44	20623.68	1734.96	9903.99
	主营成本(万元)	2479.13	15905.51	1512.05	6756.18
	营业成本(万元)	2479.13	15905.51	1512.05	6756.18
	投资收益(万元)	-	-	-	-
	净利润(万元)	-369.97	278.80	-560.06	261.68
	利润总额(万元)	-440.71	1092.97	-504.87	566.00

中国国际海运集装箱(集团)股份有限公司

公司概况	公司名称	中国国际海运集装箱(集团)股份有限公司			证券简称	中集集团
	法人代表	李建红	董秘	于玉群	证券代码	000039
	公司网址	www.cimc.com		电子信箱	shareholder@cimc.com	
	电　　话	0755-26691130 26802706		传　　真	0755-26826579 26813950	
	办公地址	广东省深圳市南山区蛇口港湾大道 2 号中集集团研发中心				
	经营范围	现代化交通运输装备、能源、食品、化工等装备的制造及服务业务				

主要财务指标	指标\报告期	2013.06.30	2012.12.31	2012.06.30	2011.12.31
	基本每股收益(元)	0.2073	0.7300	0.3507	1.3900
	基本每股收益(扣除)(元)	0.1928	0.6400	0.3405	1.3400
	每股净资产(元)	7.3600	7.3292	6.9169	6.9986
	每股经营现金净流量(元)	-1.1349	0.8424	-0.7914	0.8468
	每股现金流量(元)	-0.4373	-0.8135	-0.9987	1.0389
	每股资本公积金(元)	0.4312	0.3495	0.3208	0.3002
	每股盈余公积金(元)	-	1.1493	1.1092	1.1092
	每股未分配利润(元)	-	5.0304	4.6928	4.8021
	净资产收益率(%)	2.8157	9.9373	5.0700	19.8080
	加权净资产收益率(%)	2.7800	10.0000	4.9300	21.0000
	净资产收益率(扣除)(%)	-	-	-	-
	总资产(万元)	6877032.00	6299238.00	6523174.70	6436171.40
	归属母公司股东权益(万元)	1960302.40	1951317.60	1841549.60	1863315.40
	主营业务收入(万元)	2814.26	5294416.00	648735.40	6279940.20
	营业收入(万元)	2858515.80	5433405.70	2736444.60	6412505.30
	主营成本(万元)	2395.26	4412297.80	22394778.00	5170926.90
	营业成本(万元)	2416041.60	4460125.70	2301359.70	5222473.10
	投资收益(万元)	-4511.70	-9785.10	-352.20	10869.30
	净利润(万元)	71522.90	193043.00	100767.80	365893.80
	利润总额(万元)	116004.60	290738.00	149305.10	502270.60

宝安鸿基地产集团股份有限公司

公司概况	公司名称	宝安鸿基地产集团股份有限公司			证券简称	宝安地产
	法人代表	陈泰泉	董秘	沈蜀江	证券代码	000040
	公司网址	www.bahjdc.com.cn		电子信箱	szhkdb@yahoo.com.cn	
	电　话	0755-82367726		传　真	0755-82367753	
	办公地址	广东省深圳市罗湖区东门中路 1011 号鸿基大厦 25-27 楼				
	经营范围	房地产开发及物业管理				

主要财务指标	指标\报告期	2013.06.30	2012.12.31	2012.06.30	2011.12.31
	基本每股收益(元)	0.1500	0.4100	0.2700	0.3000
	基本每股收益(扣除)(元)	0.0010	0.3000	0.1600	0.1900
	每股净资产(元)	2.6078	2.5017	2.3700	2.1200
	每股经营现金净流量(元)	-0.5201	-0.6786	0.0601	-0.9048
	每股现金流量(元)	0.0503	-0.4037	-0.1481	-0.7192
	每股资本公积金(元)	0.6663	0.6683	0.6763	0.6702
	每股盈余公积金(元)	0.2319	0.2319	0.1836	0.1836
	每股未分配利润(元)	0.7095	0.6015	0.5084	0.2668
	净资产收益率(%)	5.6772	16.5078	11.4700	14.0670
	加权净资产收益率(%)	5.7500	17.8600	12.0400	14.8900
	净资产收益率(扣除)(%)	-	-	-	-
	总资产(万元)	334463.53	286835.03	264408.58	188814.16
	归属母公司股东权益(万元)	122461.07	117479.12	111213.34	99581.78
	主营业务收入(万元)	18466.07	79355.38	29564.53	75401.64
	营业收入(万元)	21334.99	86088.67	32672.94	81736.96
	主营成本(万元)	8069.86	33174.89	6028.97	-
	营业成本(万元)	10515.51	38192.13	8364.19	54127.52
	投资收益(万元)	5667.20	5257.50	5454.07	10610.99
	净利润(万元)	6927.52	19409.94	12734.42	14047.85
	利润总额(万元)	9664.28	27219.68	17999.35	22671.21

深圳市长城投资控股股份有限公司

公司概况	公司名称	深圳市长城投资控股股份有限公司			证券简称	深长城
	法人代表	宋炳新	董秘	尹善峰	证券代码	000042
	公司网址	www.cctzkg.com		电子信箱	cckg_dsh@cctzkg.com	
	电　话	0755-88393659 88393698		传　真	0755-88393600	
	办公地址	广东省深圳市福田区百花五路长源楼				
	经营范围	房地产开发及商品房销售、管理、承接建筑安装工程、自有物业租赁				

主要财务指标	指标\报告期	2013.06.30	2012.12.31	2012.06.30	2011.12.31
	基本每股收益(元)	0.8765	1.7200	0.9658	1.3325
	基本每股收益(扣除)(元)	0.3803	1.7183	0.9616	1.2522
	每股净资产(元)	11.9470	12.1147	11.2860	10.5550
	每股经营现金净流量(元)	0.7218	1.5174	-0.1124	-0.4945
	每股现金流量(元)	2.0217	0.3979	-1.1281	-1.6025
	每股资本公积金(元)	2.4030	2.9271	2.8527	2.6874
	每股盈余公积金(元)	1.7710	1.7710	1.7710	1.7710
	每股未分配利润(元)	6.7730	6.4165	-	5.0965
	净资产收益率(%)	7.3362	14.1978	8.5600	12.6248
	加权净资产收益率(%)	7.3100	14.2000	8.8700	13.0600
	净资产收益率(扣除)(%)	-	-	-	-
	总资产(万元)	805548.86	751671.22	704949.29	714762.64
	归属母公司股东权益(万元)	286086.70	290101.17	270258.24	252752.26
	主营业务收入(万元)	58986.69	269759.86	118253.71	190952.87
	营业收入(万元)	58991.01	269826.31	118303.71	191680.30
	主营成本(万元)	26797.19	136279.64	50260.01	91487.24
	营业成本(万元)	26797.19	136349.20	50272.41	92039.68
	投资收益(万元)	15962.80	1881.77	-496.43	2875.34
	净利润(万元)	20987.97	41188.03	23127.14	31909.39
	利润总额(万元)	28174.29	56724.37	31316.07	43579.37

中航地产股份有限公司

公司概况	公司名称	中航地产股份有限公司			证券简称	中航地产
	法人代表	肖临骏	董秘	杨祥	证券代码	000043
	公司网址	www.carec.com.cn		电子信箱	dongm@carec.com.cn	
	电　话	0755-83244582 83244503		传　真	0755-83688903	
	办公地址	广东省深圳市福田区振华路 163 号飞亚达大厦六楼				
	经营范围	工业实业、旅游服务业、房地产等				

主要财务指标	指标\报告期	2013.06.30	2012.12.31	2012.06.30	2011.12.31
	基本每股收益(元)	-0.0490	0.6214	0.0053	0.7757
	基本每股收益(扣除)(元)	-0.0934	0.2047	0.0027	0.4739
	每股净资产(元)	4.2040	4.3781	3.8183	7.7832
	每股经营现金净流量(元)	-1.9276	-1.0861	-0.8022	-1.9136
	每股现金流量(元)	0.3678	0.7517	0.9923	-0.7931
	每股资本公积金(元)	0.8948	0.9197	0.9777	2.9127
	每股盈余公积金(元)	0.2030	0.2030	0.1930	0.3861
	每股未分配利润(元)	2.1047	2.2537	1.6475	3.4844
	净资产收益率(%)	-1.1650	14.1900	0.1400	19.9315
	加权净资产收益率(%)	-1.1000	15.0500	0.1400	23.2200
	净资产收益率(扣除)(%)	-	-	-	-
	总资产(万元)	1734750.90	1442614.37	1311908.71	1108517.85
	归属母公司股东权益(万元)	280391.43	292004.65	254667.55	259556.17
	主营业务收入(万元)	119672.90	418532.44	100792.56	370592.49
	营业收入(万元)	119672.90	418532.44	100792.56	370592.49
	主营成本(万元)	84968.86	286360.93	62597.45	232087.61
	营业成本(万元)	84968.86	286360.93	62597.45	232087.61
	投资收益(万元)	-169.31	100.27	-2.90	2187.77
	净利润(万元)	-2764.52	43549.52	404.72	50079.86
	利润总额(万元)	159.65	67788.57	3279.02	72315.89

深圳市纺织(集团)股份有限公司

公司概况	公司名称	深圳市纺织(集团)股份有限公司			证券简称	深纺织 A
	法人代表	王滨	董秘	晁晋	证券代码	000045
	公司网址	www.chinasthc.com		电子信箱	jiangp@chinasthc.com	
	电　话	0755-83776043		传　真	0755-83776139	
	办公地址	广东省深圳市福田区华强北路 3 号深纺大厦 6 楼				
	经营范围	生产、加工纺织品、针织品、服装、装饰布、带、商标带、工艺品等				

主要财务指标	指标\报告期	2013.06.30	2012.12.31	2012.06.30	2011.12.31
	基本每股收益(元)	-0.0100	-0.2400	-0.0600	0.1500
	基本每股收益(扣除)(元)	-0.0600	-0.2700	-0.0700	0.0800
	每股净资产(元)	4.4610	3.8720	4.0400	4.0700
	每股经营现金净流量(元)	-0.1135	-0.4610	-0.0477	0.0825
	每股现金流量(元)	1.0110	-0.7032	-0.3384	0.1371
	每股资本公积金(元)	3.1966	2.4632	2.4480	2.4205
	每股盈余公积金(元)	0.0723	0.1088	0.1067	0.1067
	每股未分配利润(元)	0.1921	0.3000	0.4871	0.5428
	净资产收益率(%)	-0.1612	-6.2155	-1.3800	3.5710
	加权净资产收益率(%)	-0.2400	-6.0600	-1.3700	3.6000
	净资产收益率(扣除)(%)	-	-	-	-
	总资产(万元)	280845.78	188066.07	185463.79	180822.69
	归属母公司股东权益(万元)	225958.95	130301.20	136015.26	136962.86
	主营业务收入(万元)	57451.92	84016.50	37347.39	70827.48
	营业收入(万元)	57634.80	84511.45	37543.30	71289.36
	主营成本(万元)	52608.51	80412.40	33461.89	58665.61
	营业成本(万元)	52791.40	80907.09	33657.68	59122.51
	投资收益(万元)	2190.83	742.80	452.38	611.85
	净利润(万元)	-364.21	-8098.89	-1873.62	4891.56
	利润总额(万元)	-72.14	-9765.95	-1605.12	6106.69

泛海建设集团股份有限公司

公司概况					
公司名称	泛海建设集团股份有限公司			证券简称	泛海建设
法人代表	卢志强	董秘	陈家华	证券代码	000046
公司网址	www.fhjs.cn		电子信箱	cjh@fhjs.cn	
电　话	010-85259683 85259601 0755-82985859		传　真	010-85259797 0755-82985859	
办公地址	北京市东城区建国门内大街28号民生金融中心C座22层				
经营范围	房地产开发经营、国内外项目投资等				

主要财务指标：指标\报告期	2013.06.30	2012.12.31	2012.06.30	2011.12.31
基本每股收益(元)	0.0443	0.1716	0.0070	0.0566
基本每股收益(扣除)(元)	0.0442	0.1692	0.0060	0.0561
每股净资产(元)	1.8112	1.8671	1.7020	1.7560
每股经营现金净流量(元)	-0.4010	-0.3744	-0.0380	-0.2943
每股现金流量(元)	0.5130	0.5059	-0.0200	-0.2922
每股资本公积金(元)	0.5869	0.5871	0.5871	0.5871
每股盈余公积金(元)	0.0855	0.0855	0.0778	0.0778
每股未分配利润(元)	0.1389	0.1946	0.0372	0.0906
净资产收益率(%)	2.4446	9.1910	0.3900	3.2500
加权净资产收益率(%)	2.4100	9.4700	0.3800	3.2500
净资产收益率(扣除)(%)	-	-	-	-
总资产(万元)	3647844.36	3093476.07	2531750.33	2343713.08
归属母公司股东权益(万元)	825424.65	850912.67	775755.78	800086.56
主营业务收入(万元)	153675.95	444163.92	63004.36	199817.78
营业收入(万元)	154072.19	444540.10	63227.21	200269.18
主营成本(万元)	64661.28	191778.29	26417.97	97261.51
营业成本(万元)	64877.65	191941.20	26531.96	97513.57
投资收益(万元)	-	-161.76	-	-
净利润(万元)	20010.41	77804.82	2790.40	24547.46
利润总额(万元)	27937.16	96656.87	4943.52	34351.68

深圳市康达尔(集团)股份有限公司

公司概况					
公司名称	深圳市康达尔(集团)股份有限公司			证券简称	康达尔
法人代表	罗爱华	董秘	朱文学	证券代码	000048
公司网址	www.kondarl.com		电子信箱	a000048@126.com	
电　话	0755-25415280 25425020*330		传　真	0755-25420155	
办公地址	广东省深圳市罗湖区深南东路1086号集浩大厦二、三楼				
经营范围	养殖肉鸡、鸡苗、禽蛋、生产制造肉制品、饮料、鸡场设备、自酿鲜啤等				

主要财务指标：指标\报告期	2013.06.30	2012.12.31	2012.06.30	2011.12.31
基本每股收益(元)	0.0912	0.0709	0.0100	1.2361
基本每股收益(扣除)(元)	-0.0092	-0.0411	-0.0200	0.0312
每股净资产(元)	1.1447	1.0522	0.9905	0.9808
每股经营现金净流量(元)	-0.1782	-0.0644	-0.0091	0.0766
每股现金流量(元)	-0.2870	-0.5900	-0.1199	1.2741
每股资本公积金(元)	0.1139	0.1139	0.1135	0.1135
每股盈余公积金(元)	0.0024	0.0024	0.0024	0.0024
每股未分配利润(元)	0.0024	-0.0888	-0.1497	-0.1597
净资产收益率(%)	7.9716	6.7394	1.0074	126.0295
加权净资产收益率(%)	8.3000	6.9700	1.1200	126.0300
净资产收益率(扣除)(%)	-	-	-	-
总资产(万元)	133771.44	119002.57	123139.89	123946.19
归属母公司股东权益(万元)	44729.88	41115.08	38703.76	38328.17
主营业务收入(万元)	67943.36	144679.48	63583.84	132405.63
营业收入(万元)	68102.28	145335.30	63747.85	132978.88
主营成本(万元)	60496.07	129938.39	57668.91	116732.95
营业成本(万元)	60536.51	130013.67	57686.13	116787.47
投资收益(万元)	180.26	183.06	101.52	-76.64
净利润(万元)	3510.73	2996.37	299.59	49178.07
利润总额(万元)	5298.15	4910.07	531.47	62918.50

深圳市德赛电池科技股份有限公司

公司概况					
公司名称	深圳市德赛电池科技股份有限公司			证券简称	德赛电池
法人代表	刘其	董秘	游虹	证券代码	000049
公司网址	www.desaybattery.com		电子信箱	ir@desaybattery.com	
电　话	0755-86299888		传　真	0755-86299889	
办公地址	广东省深圳市南山区高新科技园南区高新南一道德赛科技大厦26楼				
经营范围	无汞碱锰电池、一次锂电池、锌空气电池、镍氢电池、锂聚合物电池等				

主要财务指标：指标\报告期	2013.06.30	2012.12.31	2012.06.30	2011.12.31
基本每股收益(元)	0.5211	1.0498	0.3506	0.8720
基本每股收益(扣除)(元)	0.5153	1.1805	0.3419	0.8327
每股净资产(元)	2.9513	2.6975	2.4000	2.3000
每股经营现金净流量(元)	2.4233	2.5005	2.3140	-0.0684
每股现金流量(元)	0.6995	0.6821	0.1205	-0.0886
每股资本公积金(元)	0.0874	0.0547	0.0548	0.0548
每股盈余公积金(元)	0.1989	0.1473	0.1874	0.0904
每股未分配利润(元)	1.6650	1.4955	1.1562	1.1526
净资产收益率(%)	17.6565	38.9158	14.6200	37.9500
加权净资产收益率(%)	18.2300	40.0900	14.6700	45.4100
净资产收益率(扣除)(%)	-	-	-	-
总资产(万元)	141000.73	186126.56	117681.38	141928.59
归属母公司股东权益(万元)	40382.63	36909.58	32820.26	31441.15
主营业务收入(万元)	-	318172.49	123041.18	223964.57
营业收入(万元)	142754.98	319523.09	123269.86	224632.02
主营成本(万元)	-	265417.05	101449.19	178172.75
营业成本(万元)	117693.43	266350.98	101476.82	178252.68
投资收益(万元)	-295.74	496.08	-	867.79
净利润(万元)	9563.13	17073.01	6235.40	15703.27
利润总额(万元)	11679.17	21473.26	7874.11	19251.29

天马微电子股份有限公司

公司概况					
公司名称	天马微电子股份有限公司			证券简称	深天马A
法人代表	由镭	董秘	刘长清	证券代码	000050
公司网址	www.tianma.cn		电子信箱	sztmzq@tianma.cn	
电　话	0755-86225886 26094882		传　真	0755-86225774 86225772	
办公地址	广东省深圳市南山区马家龙工业城64栋7层				
经营范围	制造销售各类液晶显示器及与之相关的材料、设备和产品等				

主要财务指标：指标\报告期	2013.06.30	2012.12.31	2012.06.30	2011.12.31
基本每股收益(元)	0.0370	0.0948	0.0190	0.1761
基本每股收益(扣除)(元)	0.0280	-0.0500	-0.0100	-0.0343
每股净资产(元)	2.3591	2.3910	2.3146	2.2969
每股经营现金净流量(元)	0.7216	1.4227	0.3445	0.9281
每股现金流量(元)	-0.0636	-0.2465	-0.2068	-0.2367
每股资本公积金(元)	0.9344	0.9390	0.9397	0.9400
每股盈余公积金(元)	0.1668	0.1668	0.1644	0.1644
每股未分配利润(元)	0.2709	0.2936	0.2201	0.2012
净资产收益率(%)	1.5805	3.9633	0.8200	7.6680
加权净资产收益率(%)	1.5700	4.0400	0.8200	7.9800
净资产收益率(扣除)(%)	-	-	-	-
总资产(万元)	759583.05	780318.84	802521.16	805216.45
归属母公司股东权益(万元)	135467.52	137301.16	132910.16	131895.36
主营业务收入(万元)	218321.50	423801.18	219402.17	452773.88
营业收入(万元)	225110.68	433354.44	223731.88	461496.72
主营成本(万元)	182987.56	366207.90	192543.28	399953.41
营业成本(万元)	187932.18	371096.53	195050.26	406726.68
投资收益(万元)	122.82	-911.48	-120.11	-1558.93
净利润(万元)	5532.41	13756.08	3812.15	25743.51
利润总额(万元)	5142.00	14972.30	3093.06	27850.96

方大集团股份有限公司

公司概况	公司名称	方大集团股份有限公司			证券简称	方大集团
	法人代表	熊建明	董秘	周志刚	证券代码	000055
	公司网址	www.fangda.com		电子信箱	zqb@fangda.com	
	电　　话	0755-26788571 6622		传　　真	0755-26788353	
	办公地址	广东省深圳市南山区西丽龙井方大城科技大楼				
	经营范围	建筑幕墙系统及材料、轨道交通设备等				

主要财务指标	指标\报告期	2013.06.30	2012.12.31	2012.06.30	2011.12.31
	基本每股收益(元)	0.0500	0.0300	0.0200	0.0900
	基本每股收益(扣除)(元)	0.0800	0.0100	0.0100	0.0700
	每股净资产(元)	1.4737	1.4514	1.4400	1.4200
	每股经营现金净流量(元)	0.0014	0.0783	–0.0899	–0.0754
	每股现金流量(元)	0.0099	–0.0793	–0.0190	–0.2229
	每股资本公积金(元)	0.1061	0.1061	0.1063	0.1063
	每股盈余公积金(元)	0.0403	0.0403	0.0326	0.0326
	每股未分配利润(元)	0.3273	0.3051	0.2965	0.2798
	净资产收益率(%)	3.5288	2.2709	1.1600	6.1000
	加权净资产收益率(%)	3.5400	2.3000	1.1700	6.2800
	净资产收益率(扣除)(%)	–	–	–	–
	总资产(万元)	248287.87	232780.29	229261.67	216332.56
	归属母公司股东权益(万元)	111543.33	109861.22	108648.41	107384.34
	主营业务收入(万元)	71646.61	134623.99	50747.12	129601.04
	营业收入(万元)	73682.80	139790.14	52928.96	134877.64
	主营成本(万元)	57876.49	112368.40	40976.16	106439.88
	营业成本(万元)	58449.38	114506.65	41808.60	108799.28
	投资收益(万元)	–	344.82	–	9.93
	净利润(万元)	3753.60	644.32	191.72	5938.01
	利润总额(万元)	4533.19	1954.69	982.47	7916.01

深圳市国际企业股份有限公司

公司概况	公司名称	深圳市国际企业股份有限公司			证券简称	*ST 国商
	法人代表	郑康豪	董秘	曹剑	证券代码	000056
	公司网址	www.china-ia.com		电子信箱	cj000056@21cn.com	
	电　　话	0755-82281388 82285565		传　　真	0755-82285573	
	办公地址	广东省深圳市福田区金田路 2028 号皇岗商务中心主楼 6 楼				
	经营范围	商品零售、经营房地产、代购、代销、种植、销售林木、进出口业务等				

主要财务指标	指标\报告期	2013.06.30	2012.12.31	2012.06.30	2011.12.31
	基本每股收益(元)	–0.1800	0.0820	0.3100	–0.5880
	基本每股收益(扣除)(元	–0.1600	–0.3130	–0.1050	–0.5400
	每股净资产(元)	–0.5587	–0.3798	–0.0809	–0.4400
	每股经营现金净流量(元)	–0.9120	–0.6628	–0.4162	–0.7059
	每股现金流量(元)	–0.0048	–0.0499	0.4738	–0.6233
	每股资本公积金(元)	0.3100	0.3100	0.2983	0.3274
	每股盈余公积金(元)	0.5701	0.5701	0.5701	0.5701
	每股未分配利润(元)	–2.4388	–2.2599	–1.9493	–2.3422
	净资产收益率(%)	–32.0330	–21.6792	–378.4500	–132.2185
	加权净资产收益率(%)	–	–20.4000	–	390.1300
	净资产收益率(扣除)(%)	–	–	–	–
	总资产(万元)	218414.38	200648.14	171177.74	154079.39
	归属母公司股东权益(万元)	–12342.47	–8388.81	–1787.90	–9824.71
	主营业务收入(万元)	1227.54	8049.53	3385.37	1786.89
	营业收入(万元)	1230.90	8062.25	3392.73	1946.38
	主营成本(万元)	970.47	6461.34	3381.82	1504.70
	营业成本(万元)	970.47	6461.34	3394.59	1732.37
	投资收益(万元)	–	10014.24	10308.16	–
	净利润(万元)	–6380.44	–1609.74	6263.50	–21302.88
	利润总额(万元)	–6379.70	–1557.70	6260.21	–21310.61

深圳赛格股份有限公司

公司概况	公司名称	深圳赛格股份有限公司			证券简称	深 赛 格
	法人代表	王立	董秘	郑丹	证券代码	000058
	公司网址	www.segcl.com.cn		电子信箱	segcl@segcl.com.cn	
	电　　话	0755-83747939		传　　真	0755-83975237	
	办公地址	广东省深圳市福田区华强北路群星广场 A 座 31 层				
	经营范围	投资电子电器产品、电子化工、计算机、兴办实业、电子信息系统等				

主要财务指标	指标\报告期	2013.06.30	2012.12.31	2012.06.30	2011.12.31
	基本每股收益(元)	0.0506	0.0581	0.0403	0.0879
	基本每股收益(扣除)(元)	–	0.0578	0.0392	0.0233
	每股净资产(元)	1.5739	1.5235	1.5091	1.4688
	每股经营现金净流量(元)	–0.0773	–0.0586	–0.0647	0.0886
	每股现金流量(元)	–0.0398	–0.2438	–0.0832	0.0913
	每股资本公积金(元)	0.5151	0.5153	0.5187	0.5186
	每股盈余公积金(元)	0.1311	0.1311	0.1311	0.1311
	每股未分配利润(元)	–0.0723	–0.1229	–0.1407	–0.1809
	净资产收益率(%)	3.2119	3.8127	2.6700	5.9860
	加权净资产收益率(%)	3.2600	3.8800	2.7100	6.1700
	净资产收益率(扣除)(%)	–	–	–	–
	总资产(万元)	178694.15	174069.73	168186.56	167358.48
	归属母公司股东权益(万元)	123523.28	119567.29	118436.44	115269.59
	主营业务收入(万元)	29294.20	44776.66	24198.86	42121.84
	营业收入(万元)	27984.81	46380.75	23504.58	43684.42
	主营成本(万元)	21267.19	35006.31	17504.26	33453.58
	营业成本(万元)	21267.19	35584.90	17504.26	34019.37
	投资收益(万元)	869.46	1584.97	785.42	7677.86
	净利润(万元)	4828.02	5526.26	3791.86	6879.67
	利润总额(万元)	6552.59	7349.53	5048.89	10052.72

辽宁华锦通达化工股份有限公司

公司概况	公司名称	辽宁华锦通达化工股份有限公司			证券简称	辽通化工
	法人代表	刘云文	董秘	王维良	证券代码	000059
	公司网址	www.huajinchem.com		电子信箱	xlj2000127@163.com	
	电　　话	0427-5855742 5856743		传　　真	0427-5855742	
	办公地址	辽宁省盘锦市双台子区红旗大街				
	经营范围	无机化工产品、石油及石油化工产品生产与销售等				

主要财务指标	指标\报告期	2013.06.30	2012.12.31	2012.06.30	2011.12.31
	基本每股收益(元)	–0.2720	0.0163	–0.0644	0.7014
	基本每股收益(扣除)(元	–0.2720	0.0086	–0.0671	0.6979
	每股净资产(元)	5.8268	6.1001	6.0700	6.2300
	每股经营现金净流量(元)	0.2345	–1.7522	0.4615	2.6629
	每股现金流量(元)	–0.5531	1.7352	0.8048	–0.3226
	每股资本公积金(元)	3.2007	3.2007	3.2007	3.2007
	每股盈余公积金(元)	0.1613	0.1613	0.1613	0.1613
	每股未分配利润(元)	1.4625	1.7336	1.6528	1.8172
	净资产收益率(%)	–4.6521	0.2680	–1.0600	11.2550
	加权净资产收益率(%)	–4.5400	0.2700	–1.0400	12.0300
	净资产收益率(扣除)(%	–	–	–	–
	总资产(万元)	3017453.76	3275327.84	2913657.42	2852636.08
	归属母公司股东权益(万元)	699509.53	732314.99	729108.85	748139.89
	主营业务收入(万元)	2090339.26	3547947.79	1842212.42	3718752.54
	营业收入(万元)	2134311.89	3600870.11	1872536.03	3755703.41
	主营成本(万元)	1897798.82	3115787.81	1636361.95	3191213.26
	营业成本(万元)	1936603.02	3167588.78	1659136.29	3217471.90
	投资收益(万元)	–	–	–	–
	净利润(万元)	–33264.09	1993.34	–7734.62	84200.21
	利润总额(万元)	–28002.74	21982.13	4313.87	103949.74

中国建设银行
China Construction Bank

中国建设银行将恪尽职守，勤勉尽责，牢固树立“以客户为中心”的经营理念，不断加强风险管理和内部控制，严格履行托管人的各项职责，切实维护资产持有人的合法权益，为资产委托人提供高质量的托管服务。

善建者不拔，善抱者不脱。——《道德经》

创造价值
增长财富

国元证券
GUOYUAN S

股份有限公司
CURITIES CO.,LTD.
[创新业务如万马奔腾]

齐鲁证券
QILU SECURITIES

齐鲁证券有限公司是全国大型综合类券商，员工 4800 余人，截至 2013 年 12 月 31 日，在全国 27 个省、市、自治区设有 25 家分公司、192 家证券营业部，控股鲁证期货股份公司、鲁证创业投资公司、齐鲁国际控股公司，参股万家基金管理公司、齐鲁股权交易中心，形成了集证券、基金、期货、直投为一体的综合性证券控股集团。近几年来，公司为全国 100 多家企业提供股权融资、债券融资服务，实现融资额 1000 多亿元；服务客户 400 万，管理客户资产近 5000 亿元。

公司按照“各种专业化证券业务协同发展”的战略目标 ，全力推进包括经纪、投行、固定收益、场外市场、资产管理、资本中介、金融创新等在内的全牌照业务体系建设。

经纪业务：从通道服务向财富管理转型。截至 2013 年底，服务客户近 400 万，管理客户资产 3000 亿元。

投资银行业务：拥有包括 50 名保荐代表人、36 名准保荐代表人在内的高素质业务团队，具有丰富的 IPO、再融资、债券发行、新三板、并购重组、财务顾问业务开展以及创新融资经验。2013 年，完成了“日照债”等 22 家债券主承销项目，募集资金近 200 亿元；完成了“北京利尔”等多家重大资产重组项目；新增新三板挂牌项目 9 家，累计挂牌项目 19 家，市场排名第 3 位。

资产管理业务：建立了涵盖现金管理类、货币类、债券类、权益类、量化类等多种类型的产品线。截至 2013 年底，管理 33 只集合产品和 218 只定向产品，资产管理规模 1650 亿元。

资本中介业务：公司具有融资融券、约定购回、股票质押回购等资本中介业务资格，2013 年，累计为 6 万名客户融资 800 亿元。

研究业务：公司在农林牧渔、钢铁、TMT 产业研究、电力设备与新能源以及大宗品研究等领域处于业内领先水平，农林牧渔行业研究荣获新财富排名第一名。

创新业务：公司具有利率互换、股票收益权互换等互换业务资格，提高了为客户融资的能力；参与了上交所个股期权全真模拟交易；国债期货业务，公司成为第一批取得套保套利额度的券商之一。

李玮董事长当选第十二届全国人大代表，是证券行业仅有的两名代表之一

齐鲁证券手拉手走进平阴西胡庄小学，向学校 30 位家庭贫困、成绩优秀的小学生捐赠了图书及学习文具

李玮董事长出席十二届全国人大二次会议，在山东代表团全体会议上发言

以客户为中心
各种专业化证券业务协同发展

华鑫证券

CHINA FORTUNE SECURITIES

地址：深圳市福田区金田路4018号安联大厦
28层A01、B01(b)单元(518026)
电话：0755-82083788　网址：www.cfsc.com.cn

法人代表、总裁 洪家新先生

华鑫证券有限责任公司是经中国证券监督管理委员会批准，于2001年3月在深圳市注册成立的全国性综合类证券经营机构，注册资本16亿元人民币。华鑫证券的前身是成立于1988年5月的西安证券，西安证券是我国西部地区最早成立的证券公司。

华鑫证券共有四家股东，均为实力雄厚、信誉卓著的大型国有企业集团或上市公司。其中控股股东是上海仪电控股（集团）公司，该公司是上海市国资委授权国有资产经营单位。

华鑫证券经营范围横跨证券、基金、期货三大领域，形成了较为完备的金融控股架构。公司是摩根士丹利华鑫基金管理有限公司第一大股东，是摩根士丹利华鑫证券有限责任公司、华鑫期货有限公司的控股股东。

华鑫证券的业务范围包括证券经纪、证券自营、资产管理、投资咨询及财务顾问业务。此外，公司还拥有开放式基金代销业务资格、上证50ETF一级交易商资格、股指期货IB业务资格、全国银行间拆借业务资格、沪，深证券交易所大宗交易、融资融券等业务资格、代销金融产品业务资格，可以为广大投资者提供优质的综合化金融服务。

华鑫证券在全国各地设有分支机构，其中公司下设3家分公司：上海分公司、自营分公司、西安分公司，并在北京、上海、西安、深圳、江苏等地拥有21家证券营业部。

华鑫证券成立以来，秉承“规范、专业、创新”的企业文化，倡导“以不断提升客户价值增长为导向，持续创造健康财富”的核心价值观。公司以人为本，求真务实，关爱员工，和谐发展，努力打造一个人才培育、成长、创新的良好平台，吸引了各方优秀人才的加入。

华鑫证券立足中高端市场，全力打造“鑫智汇”证券理财品牌，为投资者提供差异化、特色化的专业服务。公司构建了立体化投资咨询服务体系，借助金融资讯专用平台，为客户提供证券研究、投资评级、智能化数据分析　和选股决策等精准服务，引领价值投资，全方位满足客户多元化理财需求。

华鑫证券偕同摩根士丹利华鑫基金、摩根士丹利华鑫证券、华鑫期货，致力于为客户提供优质的金融服务，为中国资本市场发展做出卓越贡献，为股东带来持续回报，为员工创造发挥才能、实现价值的机会。公司将紧紧抓住中国资本市场改革开放带来的机遇，从容应对挑战，推动公司建设成为勇于创新、特色服务、品牌卓越的专业化金融机构。

公司各分支机构联系方式及地址

上海分公司	021-64339000	上海市徐汇区肇嘉浜路 750 号 4 幢
上海证券自营分公司	021-34638430	上海市闵行区浦江镇浦雪路 329 号 3 楼
西安分公司	029-68680333	西安市莲湖区南二环西段群贤路 6 号西安锦都花园 10202 号

公司各证券营业部联系方式及地址

上海淞滨路证券营业部	021-5667 2424	上海市淞滨路 600 号北翼商厦四楼
上海漕宝路证券营业部	021-6451 4647	上海市漕宝路 221 号
上海茅台路证券营业部	021-6290 3301	上海市茅台路 596 号
上海斜土路证券营业部	021-6422 8585	上海市斜土路 1939 号 D 幢裙房一、二楼
上海嘉定证券营业部	021-5991 5414	上海市梅园路 226 号二楼
上海金山证券营业部	021-5732 0739	上海市朱泾镇东风路 15 号
上海惠南镇人民东路证券营业部	021-5802 4374	上海市南汇区人民东路 2881 号
上海武宁路证券营业部	021-6254 6146	上海市武宁路 1067 号
上海凌河路证券营业部	021-6895 7328	上海市浦东凌河路 269 号（美华国际酒店二楼）
上海松江证券营业部	021-6775 2822	上海市松江区文诚路 228 号 2 楼
上海龙吴路证券营业部	021-6452 5078	上海市龙吴路 5555 号
上海莘庄证券营业部	021-6488 1288	上海市沪闵路 6018 号
上海浦雪路证券营业部	021-3430 3899	上海市浦雪路 329 号
西安西大街证券营业部	029-8762 9755	陕西省西安市西大街330号安定广场
西安科技路证券营业部	029-6891 2226	西安市高新区科技路1 8号新科大厦
西安解放路证券营业部	029-8741 5619	西安市解放路 236 号 6 层
西安群贤路证券营业部	029-8835 4131	西安市群贤路 6 号
西安阎良红安路证券营业部	029-8684 6199	西安市阎良区红安路 6 号
深圳深南东路证券营业部	0755-2588 9969	深圳市罗湖区深南东路 4003 号世界金融中心 A 座 23 层 ABCH 单元
北京车公庄大街证券营业部	010-8830 6678	北京市车公庄大街 12 号中核大厦二层
常州晋陵中路证券营业部	0519-8119 9808	江苏省常州市钟楼区晋陵中路 168 号三楼

长江证券
CHANGJIANG SECURITIES
汇聚财智
共享成长
公司总机：86-27-65799999 统一客户服务热线：4008-888-999 统一电话委托号码：95579 公司网址：www.cjsc.com 长网网址：www.95579.com

中国民族证券
CHINA MINZU SECURITIES

公司网址：http://www.e5618.com
公司客服电话：40088-95618

微信公众号：
中国民族证券

公司概况 >>

中国民族证券有限责任公司成立于2002年4月，是经中国证监会批准的综合类证券公司，注册地北京市。2013年，政泉控股、乐山国资公司、兵工财务等股东完成对公司增资后，注册资本45亿元人民币。总部位于北京市朝阳区盘古大观，在全国设立了51家分支机构。

秉承“诚信、和谐、进取、规范”的企业文化，公司一直坚持把履行社会责任融入到公司发展战略、内部管理及各业务条线的日常运营工作中。重视股东利益，致力于提升公司治理水平，尽力为各股东提供良好的回报，及时披露信息，让股东及时了解公司的经营情况。长期坚持以人为本的观念，关注员工个人发展、注意倾听员工诉求、与员工分享发展成果。维护良好的合作伙伴关系，分享共同利益，通过签订长期战略合作协议，增加互信与理解。

公司各项业务发展迅速，行业排名逐年上升，自2006年以来，公司连续八年盈利，净资产收益率居行业前列，已在行业内形成了具有民族证券特色的业务品牌。公司先后荣获首届国家理财规划师年会“中国理财行业突出贡献奖”、第九届“中国财经风云榜”—“最佳创新业务券商”、第六届中国证券市场年会“金钥匙奖”等殊荣，公司“民富齐实”系列产品获“2011年度最佳经纪业务服务品牌”等称号；投行业务多次实现行业首创，公司承做的“08钒钛债”项目成为国内证券市场首单无银行担保公司债券，“09亿城债”成为首单在深交所综合协议交易平台上市交易的公司债券，2013年完成了首单在交易所挂牌发行的证券公司次级债券等。

自公司成立以来，荣获省部级、全国级“五一劳动奖状、奖章”等先进集体、个人共130余个，在证券行业中屈指可数。

公司董事长赵大建获改革开放35周年企业文化竞争力十大典范人物奖

公司民族金港湾1号获“2013年度最佳私募产品——固定收益组”冠军

公司中层及业务骨干代表访问台湾证券交易所

中国民族证券举办优秀员工“金融创新与风险防范”高级培训班

2013
中國證券業年鑒
CHINA SECURITIES YEAR BOOK

下

总第二十一期

图书在版编目(CIP)数据

中国证券业年鉴. 2013/ 中国证券业年鉴编辑委员会 编.
上海:复旦大学出版社, 2014.4
ISBN 978-7-309-10458-5

Ⅰ.①中… Ⅱ.①中… Ⅲ.①资本市场—中国—2013—年鉴 Ⅳ.①F832.51-54

中国版本图书馆 CIP 数据核字(2014)第 054108 号

中国证券业年鉴(2013・总第二十一期)
中国证券业年鉴编辑委员会 编

责任编辑　岑品杰　张咏梅　鲍雯妍　宋朝阳　王雅楠
封面设计　上海众证文化传播有限公司
出版发行　复旦大学出版社有限公司出版发行
　　　　　上海市国权路 579 号　　邮编 200433
经　　销　新华书店
印　　刷　上海汉迪彩色印刷有限公司
开　　本　850mm×1168mm　1/16
印　　张　153
插　　页　230
字　　数　6650 千字
版　　次　2014 年 4 月第 1 版　2014 年 4 月第 1 次印刷

定　　价　人民币 1980 元　港币 2680 元　美元 400 元

编辑说明

《中国证券业年鉴》以客观、公正、全面、权威的历史使命，忠实记录了我国证券市场的发展轨迹，向海内外各界人士宣传、展现我国证券市场的发展成就，做出了应有的贡献；并给后人查阅、研究我国证券市场历史年度的动态，提供了权威资料。做好中国证券业历史的编辑整理工作，保证中国证券业历史记录的有序延续，是我们的历史使命。自 1993 年创刊以来，《中国证券业年鉴》已经逐渐成长为一个展示公司业绩、总结市场成就、记录中国证券业历史、向海内外各界人士展现和推介中国证券市场形象的权威窗口。《中国证券业年鉴》每年出版一次，分上、中、下三册向国内外公开发行。

《中国证券业年鉴》(2013 · 总第二十一期)主要反映本年度中国金融、证券、基金、期货、保险、债券市场及企业制度建设和发展方面的情况和最新动态，供海内外有关机关、社团、学校、研究部门、企事业单位及社会各界人士做进一步研究参考使用。为推动中国证券业的规范化和国际化、建设有中国特色的社会主义市场经济服务。

《中国证券业年鉴(2013)》内容设置专论、中国金融市场、中国证券市场、中国基金市场、中国期货市场、全国中小企业股份转让系统专辑、中国区域性股权交易市场专辑、中国证券业人物纪实与访谈、优秀企业选介等部分，另有彩色图片 1260 幅。

《中国证券业年鉴(2013)》的资料直接来源于公司的公告和报告、国务院有关部委及各省、市相关单位提供的材料，保证了《年鉴》的权威性和准确性。《中国证券业年鉴(2013)》基本保持上一期的内容和体例，同时新增了全国性场外交易市场的详细资料，进一步展现了我国构建多层次资本体系的阶段性成果。但由于中国证券业仍处于快速发展阶段，加上各地区的发展不平衡以及我们的水平有限，难免出现一些疏漏，敬请读者谅解和指正。

《中国证券业年鉴》(2013 · 总第二十一期)由上海、深圳证券交易所和中国证券业年鉴编辑委员会共同主办，总编辑由张育军、宋丽萍、杨晓嘉、刘兴强担任。在编辑出版过程中得到了国务院有关部门，中国证券监督管理委员会及各省、直辖市、自治区证监局，上海证券交易所，深圳证券交易所，香港交易所，中国证券报社，大连商品交易所，全国中小企业股份转让系统，齐鲁股权交易中心及证券界有关领导、专家的指导和支持，在此我们表示最诚挚的感谢。

中国证券业年鉴编辑部

中国证券业年鉴理事会

（以下排名不分先后）

何国纯	广西五洲交通股份有限公司	董事长
刘相学	鲁银投资集团股份有限公司	董事长
包士金	江苏吉鑫风能科技股份有限公司	董事长
石维国	中天城投集团股份有限公司	副董事长
张广慧	山西证券股份有限公司	党委书记、董事长
李晓安	华龙证券有限责任公司	董事长
杨光裕	长城基金管理有限公司	董事长
郭本恒	光明乳业股份有限公司	总裁
王文京	用友软件股份有限公司	董事长、总裁
任志强	华远地产股份有限公司	董事长
张近东	苏宁电器股份有限公司	董事长
顾伟国	中国银河证券股份有限公司	总裁
杨　剑	泰豪科技股份有限公司	总裁
洪家新	华鑫证券有限责任公司	总裁
王义芳	财达证券有限责任公司	董事长
赵学军	嘉实基金管理有限公司	总经理
刘平春	深圳华侨城股份有限公司	董事长
张相军	山东金岭矿业股份有限公司	董事长
陆　涛	金元证券股份有限公司	总裁
刘青山	泰达宏利基金管理有限公司	总经理
张　伟	鹏元资信评估有限公司	总裁助理
袁　泽	新疆新鑫矿业股份有限公司	董事局主席
焦　云	七台河宝泰隆煤化工股份有限公司	董事长
张永年	四川成渝高速公路股份有限公司	董事会秘书
李春宏	江苏连云港港口股份有限公司	董事长
杨建东	云南盐化股份有限公司	董事长
徐　华	致同会计师事务所(特殊普通合伙)	董事长
张洪起	天津鹏翎胶管股份有限公司	董事长
刘　光	东方网力科技股份有限公司	董事长、总经理
赵亚萍	渤海银行股份有限公司	托管业务部总经理
尹庆军	国金通用基金管理有限公司	总经理
张恺颙	陕西延长石油化建股份有限公司	董事长
刘世春	金融街控股股份有限公司	董事长
张增光	唐山冀东水泥股份有限公司	董事长
郑和平	山东得利斯食品股份有限公司	董事长
曾昭秦	山东天业恒基股份有限公司	董事长
邱　卫	湖南新五丰股份有限公司	董事长
王龙雏	福建省厦门象屿股份有限公司	董事长
谢长军	龙源电力股份有限公司	总经理

地 址： 上海浦东桃林路 18 号环球广场 B 座 2809 室
邮 编： 200135
电 话： 021－22819146
传 真： 021－22819145
邮 箱： shcwq@ vip. 163. com

目 录

第一编 专 论

第二编　中国金融市场

第三编　中国证券市场

第四编　中国基金市场

第五编　中国期货市场

■公司综合信息展示

■保荐机构

■律师事务所

插页目录

上　册

中　册

下　册

中国证券业年度人物

2013年5月14日，北京市委书记郭金龙调研全国股份转让系统

2014年3月13日，原证监会主席郭树清调研全国股份转让系统

2013年4月24日，中国证监会主席肖钢视察全国股份转让系统

2013年1月16日，中国证监会姚刚副主席在公司揭牌仪式上讲话

2013年1月16日，北京市常务副市长李士祥在公司揭牌仪式上讲话

2013年1月16日，中国证监会纪委书记黎晓宏主持公司揭牌仪式

全国中小企业股份转让系统新闻图片

2013年1月16日，杨晓嘉董事长在公司揭牌仪式上讲话

2013年1月16日，全国股份转让系统揭牌仪式在京举行，中国证监会副主席姚刚、北京常务副市长李士祥、公司董事长杨晓嘉、总经理谢庚为公司揭牌

2013年1月16日，揭牌仪式与会领导合影

NEWS PHOTOS 新闻图片

2013年4月26日，董事长杨晓嘉、副总经理陈永民、总经理助理隋强、市场发展部副总监刘鹏与西安高新区企业家代表进行座谈

2013年4月26日，董事长杨晓嘉、副总经理陈永民、总经理助理隋强一行赴西安高新区调研企业

2013年11月4日，全国股转系统与工信部中小企业发展促进中心签订战略合作协议

2013年11月4日，全国股转系统与工信部中小企业发展促进中心签订战略合作协议

全国中小企业股份转让系统新闻图片

2013年1月16日，杨晓嘉董事长在公司揭牌仪式上讲话

2013年1月16日，全国股份转让系统揭牌仪式在京举行，中国证监会副主席姚刚、
北京常务副市长李士祥、公司董事长杨晓嘉、总经理谢庚为公司揭牌

2013年1月16日，揭牌仪式与会领导合影

NEWS PHOTOS 新闻图片

2013年4月26日，董事长杨晓嘉、副总经理陈永民、
总经理助理隋强、市场发展部副总监刘鹏与
西安高新区企业家代表进行座谈

2013年4月26日，董事长杨晓嘉、副总经理陈永民、
总经理助理隋强一行赴西安高新区调研企业

2013年11月4日，全国股转系统与工信部中小企业
发展促进中心签订战略合作协议

2013年11月4日，全国股转系统与工信部中小企业
发展促进中心签订战略合作协议

全国中小企业股份转让系统新闻图片

2013年3月，谢庚总经理、
隋强总经理助理赴苏州参加企业调研

2013年3月25日，我司应上海浦东新区金融局邀请
参加浦东新区全国股转系统业务制度解读会。
图为谢庚总经理介绍我司业务制度特点

2013年3月25日，谢庚总经理、孟浩总监、胡益民总监受邀
参加浦东新区企业调研。我司领导与拟挂牌企业
上海爱申科技发展股份有限公司相关负责人进行座谈

2013年3月27日，我司受苏州市金融办邀请介绍
全国股转系统业务规则，主席台左一为苏州市人民政府
副秘书长周勤第，右一为全国股转系统总经理谢庚

2013年5月，我司受邀赴西安参加教育部
高校资产管理骨干干部培训会，陈永民副总经理、
孟浩总监、胡益民总监、吴疆总监对陕西省企业进行调研

2013年5月8日，我司受邀赴西安参加教育部
高校资产管理骨干干部培训会，
陈永民副总经理介绍全国股转系统的制度特点

2013年5月，我司应无锡新区管委会邀请介绍全国股转系统
业务规则和制度特点，陈永民副总经理和无锡新区管委会主任嵇克俭等领导参加座谈。图为座谈会现场

2013年3月13日，天津滨海新区培训会现场

2013年3月25日，我司应上海浦东新区金融局邀请参加
浦东新区全国股转系统业务制度解读会，
图为浦东新区金融局副局长董勤发致辞

全国中小企业股份转让系统新闻图片

2013年6月，厦门、漳州培训会，
隋强总经理助理介绍全国股转系统的业务规则和制度特点

2013年7月，应大连市金融办邀请，我司参加业务
规则和制度解读会，图为我司与大连市券商交流会现场

2013年10月10日，青岛“新三板·资本·证企对接”活动现场券商与企业签约

2013年10月23日，湖南株洲市政府金融办主办
中小企业“新三板”挂牌及债券融资服务推介会

2013年11月7日，福建省全国股转系统业务培训会

2014年1月24日，公司董事长杨晓嘉在首批全国企业集体挂牌仪式上致辞

2014年1月24日，公司总经理谢庚在首批全国企业集体挂牌仪式后进行业务宣讲

2014年1月24日，北京市金融工作局局长王红在首批全国企业集体挂牌仪式上讲话

全国中小企业股份转让系统新闻图片

出席全国股份转让系统首批全国企业集体挂牌仪式的证监会有关领导

2013年12月31日开始，全国股份转让系统开始面向全国受理企业挂牌申请

全国股份转让系统首批全国企业集体挂牌仪式嘉宾签到现场

2014年1月24日，全国股份转让系统首批全国企业集体挂牌仪式

全国股份转让系统首批全国企业集体挂牌仪式盛况

全国股份转让系统首批全国企业集体挂牌仪式企业代表入场

2014年1月24日，申银万国证券股份有限公司总裁储晓明在首批全国企业集体挂牌仪式上讲话

2014年1月24日，昆吾九鼎投资管理有限公司总裁黄晓捷在首批全国企业集体挂牌仪式上讲话

2014年1月24日，贵州威门药业股份有限公司董事长梁斌在首批全国企业集体挂牌仪式上讲话

全国股转系统挂牌企业LOGO展示

TIME
原子高科股份有限公司 HTA CO. LTD.
CCRF 诚永道铭 Expertise Trust Partnership
海鑫科金 Beijing Hisign Technology Co., Ltd.
金和软件 JinherSoftware
TIDE

Becoda
安控科技 ECHO TECHNOLOGIES
EPONE
TRIOLION 彩讯
TIPS鼎普

诺思兰德 NORTHLAND
博朗环境
SupAble 超毅
银都传媒 YinDu Media
中海纪元
永邦科技 WINDBELL TECHNOLOGY

CNTEC
金山顶尖 KINGTOP
纬纶环保 Biotechina
赛亿科技 suryee technology
YICHENG
北京首都在线科技股份有限公司 CAPITALONLINE DATA SERVICE CO.,LTD.
亿创科技

尚水信息 sinfotek SINFOTEK
威力恒
天一众合 Telezone
东方生态 Orient Irrigation
确安科技 Chip Advanced
UVCN

HARD LINK 固网
天大清源
USKY
北京全三维能源科技股份有限公司 Beijing Full Three Dimension Energy Technology Co.,Ltd
优网 UNIVISION
北京爱特泰克技术股份公司 BEIJING IT TECHNOLOGY CO.,LTD

Longsun 朗铭
百拓科技 baitour.com
北京航峰科伟装备技术股份有限公司 BEIJING HANG FENG KE WEI EQUIPMENT TECHNOLOGY CO. LTD.
弘祥隆
NYMPHAVN

华欣远达 HYPERSOFT
金润科技
中控智联 GENERAL EMBEDDED CONTROL
汉唐自远
都市鼎点
广厦网络

国林 guo lin
赛孚 cephal
万德智新
掌上通
久日化学 JIURI CHEMICAL
RXHT
智立医学 Sunny Medical

StrongUnion 思创银联
康辰亚奥 Asia Olympic Technology
KOMMAN
SUNTAR
SERVICE@CLOUDS
Gbao 光宝联合

全国股转系统挂牌企业LOGO展示

德鑫物联 GSIT | BAIHONG SOFTWARE | Uniflows 紫新报通 | 百林通信 BYNEAR TELESOFT | 北京百文宝科技股份有限公司 | BE 波尔通信

北京了望投资顾问股份有限公司 BEIJING LW MARKETING COMMUNICATIONS CO.,LTD. | 易维科技 | Carnation 北京石竹科技 | byit 博易智软 | Automic

CENTRAN Centran Technology co.,ltd 北京星创科技股份有限公司 | 有圈 YUUQUU | Infoearth | DataComo 中电达通 | SAPS | 风帆 FENGFAN

上海风格信息技术股份有限公司 Shanghai Figure IT Co.,Ltd. | FUWISH 北京福乐维生物科技股份有限公司 BEIJING FUWISH BIOTECH CO.,LTD. | FUJI 达能 | gongkong 自动化行业优化者、建设者 | 固安信通

HARD LINK 固网 | GCPMC | 武仪电气 AUTOMATION | 淘礼网 taoli.com.cn | CPC | 精耕天下

桦清股份 NEEQ: 430232 | GUOWEI 国威机床 | ASIT | ANVIZ | HOLYSTONE 服务·创造价值 | 佳星慧盟 JIAXINGHUIMENG | HeroopSys 和隆优化

恒业科技 Technology | HYSF 鸿仪四方 | WAYCOM 华高科技 | NEEQ: 430022 NEW SKY UNION | Huahuan | 扬 | HUAMIN | HUA SUO

dwsoft | 国基科技 BNC Technologies | 天津宝恒流体控制设备股份有限公司 | 泽天盛海 | HT | ENERGYSINE

A-ONESOFT | 捷安高科 J&T HI-TECH | JRC 金日创 | 京鹏畜牧 KINGPENG HUSBANDRY | RUNTIME | 金信润天 Information Technology

景弘环保 www.kinghome.com.cn | J.H.Bio-Tech | NSTC 九恒星 | TPB | 九尊能源 JIUZUN ENERGY | 聚利科技 JULITECH | GENDONE 君德同创 | 卡联科技 Cardunion Technology Co.,Ltd.

ConST® cngate 科瑞讯 Creation 可来博® Clamber 每日视界
LEFTBRAIN 绿岸网络 Mars www.marsbro.com Meiland美兰 OTC欧泰克
SDi Seven Dimension Information QINGCHANG AEbiz® SUNRISE RSF® SaiSors 创新科技 服务全球 SND 三意时代 EEE-TIMES
suryee赛亿 GHREPOWER 尚远环保 CloudCC.com Cloud Computing China SBR Information 北京圣博润高新技术股份有限公司 中搜 ZhongSou.com
石晶光电 SaFegreen 世富环保 SOJO
Soft Tech 思源維大 随视传媒 Ads it DRAGONTEC 騰龍電子 BJB Be Just Brilliant INS
铜牛信息 TOPNEW INFO PETROCHEMICAL TECHNOLOGY TERCH Wooboo哇棒 哇棒（北京）国际传媒股份有限公司 VCONTROL 威控科技® 威林科技 Winning Technology SOSANO
明德 MIND WELLTRANS VSIMTONE 北京维信通科技股份有限公司 WINSPIRIT 伟力盛世 ENERGY TECHNOLOGY 五岳科技 WD 亿童
新冠亿碳 NCOC XPT 新眼光 New Eyes Sinodyne ShinewayTech®
星昊医药 SUNHO SRI 煦联得 YiTian Technology 亿房 www.FDC.com.cn ceco

鹏元之道 以诚为本

鹏元资信评估有限公司原名为“深圳市资信评估公司”，成立于1993年，先后经中国人民银行、中国证监会、国家发改委认可，在全国范围内从事信用评级业务。作为中国最早成立的评级机构之一，鹏元始终坚持“独立、客观、公正”的评级理念，遵循“客户至上、保证质量、服务先行”的经营宗旨，将防范金融风险和维护社会信用作为经营使命。

目前，鹏元的业务品种包括上市公司债券评级、非上市公司（企业）债券评级、借款企业信用评级、上市公司治理评级、招投标企业评级、中小企业私募债券评级等十余种，公司整体评级技术一直处于国内领先水平。

鹏元与深圳证券信息有限公司共同开发的“上市公司治理评级体系”为深圳证券交易所投入使用，是国内首个付诸于实际应用的公司治理评级体系。目前，鹏元已初步建成包含深沪两地全部上市公司治理等级结果的“上市公司治理评级数据库”。同时，鹏元还积极参与中国证监会发起的“公司治理专项活动”，协助监管机构和证券交易所对上市公司进行公司治理知识培训。自2007年以来，鹏元连续作为特别支持机构为上市公司“百强”暨中小板“50强”评选活动提供专业的公司治理评级。

同时，鹏元拥有一支专业化、高素质的研究团队。2011年，中央财经大学与鹏元合作创建“中财-鹏元地方财政投融资研究所”，对地方财政投融资问题进行持续、深入的研究；2010年，公司作为唯一的非政府机构被邀请参与“十二五”期间报国务院审批的重点专项规划——社会信用体系建设规划的编制工作；2009年，鹏元参与研究的课题“国家开发银行商业化改制对债券市场的影响”荣获“国家开发银行创新成果特殊贡献奖”，负责研究的课题“全覆盖债券的国际经验及中国的现实选择”荣获“国家开发银行创新成果一等奖”。

【鹏元资质】

- 1993年3月，中国人民银行深圳特区分行批准，获得从事贷款企业评级业务资格；
- 1997年12月，中国人民银行批准，成为首批具有在全国范围内从事企业债券评级业务资格的9家评级机构之一；
- 2007年9月，中国证监会核准，成为首批获得证券市场资信评级业务资格的评级机构之一；
- 2008年9月，国家发改委批准，企业债券评级业务资格，成为全国第一家正式获得国家发改委书面批文的评级机构；
- 2009年11月，中国人民银行贵阳中心支行核定，获得贵州省信贷市场企业主体信用评级资格；
- 2010年3月，中国人民银行上海分行核定，获得上海市信贷市场企业主体信用评级从业资格。
- 2012年8月，证券及期货事务监察委员会核准，鹏元资信评估（香港）有限公司获得“第10类受规管活动：提供信贷评级服务”的牌照。

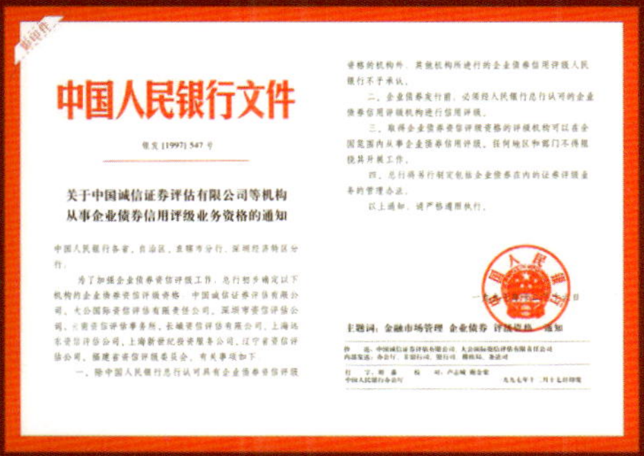

中国人民银行文件

关于中国诚信证券评估有限公司等机构从事企业债券信用评级业务资格的通知

中华人民共和国

证券市场资信评级业务许可证

中华人民共和国国家发展和改革委员会

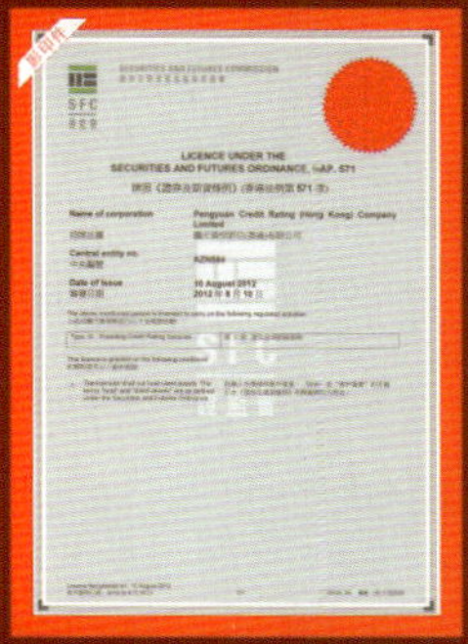

LICENCE UNDER THE SECURITIES AND FUTURES ORDINANCE, CAP. 571

國楓凱文律師事務所
GRANDWAY LAW OFFICES

国枫凯文

国枫凯文律师事务所是中国领先的综合性律师事务所，创立于 1994 年，经过二十年的稳健发展，现已成为中国最大的综合性律师事务所之一。国枫凯文总部位于北京，在上海、深圳、广州、重庆、成都和西安设有分所，目前拥有律师和专业人员近 500 人。

国枫凯文具有高度的专业特色，在证券发行与上市、兼并、收购与重组、银行与非银行金融、投融资、基础设施、工程与地产、环境、资源与能源、争议解决等诸多专业领域居于业内领先地位。

2013 年，国枫凯文继续受到国内外法律评级机构和媒体的高度评价：

- 中国资本市场—债券及股权领域领先律所（Chambers，2013）
- 亚洲 50 大律师事务所（亚洲法律杂志，2013）
- 中国 20 大律师事务所（亚洲法律杂志，2013）
- 中国十大发展最快的律师事务所（亚洲法律杂志，2013）
- IPO 优秀律师事务所，分别居创业板第一位、主板五强以及中小板十强（商法，2013）
- 年度卓越律所大奖——能源及基础设施领域（商法，2013）
- 年度基础设施杰出交易奖（商法，2013）
- 中国 IPO 律所 Top 50 前五强（方圆律政，2013）
- “最佳再融资项目奖”和“最佳公司债项目奖”（新财富，2013）
- 亚太律师事务所 100 强（英国律师杂志，2013）

证券及资本市场业务

国枫凯文作为全国最早获得从事证券法律业务资格的律师事务所之一，在中国资本市场法律服务领域居领先地位。国枫凯文已成功为数百家企业的境内外首次公开发行上市、再融资、收购兼并和重大资产重组等项目提供了优质法律服务，2011 年、2012 年连续荣登全国从事证券法律业务律师事务所 IPO 项目通过发审会审核数量之首。

国枫凯文数名合伙人曾经或正在担任中国证监会主板发行审核委员会委员、创业板发行审核委员会委员、并购重组审核委员会委员、上海证券交易所上市委员会委员和深圳证券交易所上市委员会委员。国枫凯文多次受中国证监会委托，参与若干涉及发行上市和上市公司监管的部门规章和规范性文件的起草和修订工作。

首次公开发行股票并上市

- 广东新宝电器股份有限公司（2014 年 1 月 21 日上市，002705，新宝股份）
- 广州天赐高新材料股份有限公司（2014 年 1 月 23 日上市，002709，天赐材料）
- 四川创意信息技术股份有限公司（2014 年 1 月 27 日上市，300366，创意信息）
- 北京金一文化发展股份有限公司（2014 年 1 月 27 日上市，002721，金一文化）
- 东方网力科技股份有限公司（2014 年 1 月 29 日上市，300367，东方网力）

上市公司再融资

- 国电电力发展股份有限公司非公开发行股票项目（2013 年 1 月 8 日通过中国证监会审核）
- 深圳市新纶科技股份有限公司非公开发行股票项目（2013 年 3 月 8 日通过中国证监会审核）
- 中文天地出版传媒股份有限公司非公开发行股票项目（2013 年 3 月 18 日通过中国证监会审核）
- 新疆天富热电股份有限公司非公开发行股票项目（2013 年 3 月 19 日通过中国证监会审核）
- 山东太阳纸业股份有限公司非公开发行股票项目（2013 年 4 月 11 日通过中国证监会审核，券商律师）

北京 ▪ 上海 ▪ 深圳 ▪ 广州 ▪ 重庆 ▪ 成都 ▪ 西安
▪ 总部：北京市西城区金融大街 1 号写字楼 A 座 5、12 层
▪ 电话：86 10 6609 0088,8800 4488
▪ 传真：86 10 6655 5566,6609 0016
▪ 网址：www.grandwaylaw.com

- 沈阳机床股份有限公司非公开发行股票项目(2013 年 4 月 25 日通过中国证监会审核)
- 浙江大华技术股份有限公司非公开发行股票项目(2013 年 5 月 21 日通过中国证监会审核)
- 贵州轮胎股份有限公司非公开发行股票项目(2013 年 6 月 13 日通过中国证监会审核)
- 深圳长城开发科技股份有限公司非公开发行股票项目(2013 年 7 月 30 日通过中国证监会审核)
- 中航动力控制股份有限公司非公开发行股票项目(2013 年 8 月 21 日通过中国证监会审核)
- 中源协和干细胞生物工程股份有限公司非公开发行股票项目(2013 年 10 月 18 日通过中国证监会审核)
- 新疆百花村股份有限公司公开发行公司债券项目(2013 年 10 月 30 日通过中国证监会审核)
- 博彦科技股份有限公司非公开发行股票项目(2013 年 11 月 11 日通过中国证监会审核)
- 新疆冠农果茸集团股份有限公司非公开发行股票项目(2013 年 12 月 23 日通过中国证监会审核)

上市公司兼并、收购与重组

- 中核华原钛白股份有限公司非公开发行股票购买资产重组项目(2013 年 2 月 19 日发行)
- 宁波建工股份有限公司发行股份及支付现金购买资产暨关联交易项目(2013 年 5 月 29 日发行)
- 新疆天宏纸业股份有限公司重大资产重组及发行股份购买资产暨关联交易项目(2013 年 8 月 30 日通过中国证监会审核)
- 重庆钢铁股份有限公司发行股份购买资产项目(2013 年 9 月 25 日通过中国证监会审核)
- 北京捷成世纪科技股份有限公司发行股份购买资产项目(2013 年 10 月 17 日通过中国证监会审核)
- 四环药业股份有限公司发行股份购买资产项目(2013 年 10 月 23 日通过中国证监会审核)
- 新疆天宏纸业股份有限公司发行股份购买资产项目(2013 年 10 月 28 日获得中国证监会具文核准)
- 浙江星星瑞金科技股份有限公司发行股份购买资产项目(2013 年 11 月 1 日通过中国证监会审核)
- 上海联华合纤股份有限公司发行股份购买资产项目(2013 年 11 月 6 日通过中国证监会审核，担任收购人山西省国新能源发展集团有限公司法律顾问)
- 深圳市宇顺电子股份有限公司发行股份购买资产项目(2013 年 11 月 15 日通过中国证监会审核)
- 湖北洪城通用机械股份有限公司发行股份购买资产项目(2013 年 11 月 20 日通过中国证监会审核)
- 广西北部湾港务集团有限公司简介收购南宁化工股份有限公司项目(2013 年 12 月 13 日通过中国证监会审核)
- 内蒙古和信园蒙草抗旱股份有限公司发行股份购买资产项目(2013 年 12 月 25 日通过中国证监会审核)
- 远东实业股份有限公司发行股份购买资产项目(2014 年 1 月 9 日通过中国证监会审核)
- 北京首钢股份有限公司重大资产重组及向首钢总公司发行股份购买资产项目(2014 年 1 月 29 日通过中国证监会审核)
- 贵州信邦制药股份有限公司发行股份购买资产项目(2014 年 2 月 19 日通过中国证监会审核)

新三板发行与上市

- 宁夏早康枸杞股份有限公司(430631，早康枸杞)
- 深圳市凯立德科技股份有限公司(430618，凯立德)
- 深圳市方迪科技股份有限公司(430464，方迪科技)
- 苏州方林科技股份有限公司(430432，方林科技)
- 北京朗威视讯科技股份有限公司(430337，朗威视讯)
- 天津重钢机械装备股份有限公司(430274，重钢机械)
- 天津桦清信息技术股份有限公司(430232，桦清股份)

DACHENG
LAW
OFFICES
大成律师事务所

德恒律师事务所
Deheng Law Offices

关于德恒>>>

北京德恒律师事务所原名中国律师事务中心，经中华人民共和国司法部批准，1993 年 1 月创建于北京，1995 年更名为德恒律师事务所。德恒在中国首倡全球合伙制度，总部设在北京，设有 23 家国内和 5 家海外分支机构，建成了在世界 100 多个主要城市设有分支与合作机构的全球服务网络。

德恒拥有一流的律师队伍，全球员工 1500 人，其中北京总部 500 余人。德恒专业人员 80% 以上具有硕士、博士学位，以中国律师为主体，部分律师持多国律师执照，能熟练运用多种语言从事法律服务，具有在国内外立法、司法、行政机关、跨国公司、大型国企、金融证券机构的工作经历和经验。

专业领域>>>

德恒律师信守“德行天下，恒信自然”的理念，遵从“勤勉尽责、竭诚服务、追求公正”的宗旨，致力于为中外客户提供优质高效的法律服务。德恒在公司证券、并购重组、金融保险、公平竞争、国际贸易、跨境投资、争议解决、建设地产、破产重组、知识产权、劳动保障、私募融资、税务服务等专业领域形成了核心竞争力，能够为客户提供全方位的法律服务。并经司法部、证监会、国家发改委等部门批准，首批获得证券法律服务、基本建设项目招投标法律服务、破产管理人、境内外知识产权代理等专项法律业务资质。

社会责任>>>

德恒与吉林大学于 1993 年在长春创办了中国第一所专门培养律师人才的全日制高等院校——德恒律师学院，为德恒和中国法治建设培养了大量博学务实的专业人才。

德恒热衷于公益事业，自建所以来，各项捐款共计 2519.1 万元。2008 年，德恒向法律援助基金会捐款 100 万元人民币。

自 1993 年起，德恒就为中国科学院和中国工程院所有院士提供义务法律服务，至今已有 20 年。

德恒曾成功举办“走有中国特色的律师之路”、“WTO 与法律服务全球化”、“中国企业走出去与政府关系研讨会”、“法律服务与社会责任”等颇具影响的大型国际研讨会。德恒与中国人民大学、北京大学、清华大学、中国政法大学、吉林大学、上海交通大学、中国青年政治学院合办了德恒民商法论坛、德恒刑事法论坛、德恒证据学论坛、德恒比较法论坛、德恒金融法论坛、德恒法学名家论坛、德恒司法改革与律师论坛、德恒行政法论坛、德恒程序法论坛、德恒法律实务讲堂等 10 余个论坛。

德恒部分合伙人合影

www.dehenglaw.com
地址：北京西城区金融大街 19 号富凯大厦 B 座 12 层　邮编：100033
电话：+86-10-52682888　传真：+86-10-52682999　邮箱：deheng@dehenglaw.com

祝贺北京德恒律师事务所
成立二十周年

德恒荣誉 >>>

- “2013 年度优秀内资反垄断律所”(2013)。
- 德恒获颁 21 世纪经济报道 2012 年度(PE/VC)最佳 IPO 律师事务所(2012)。
- 德恒党支部荣获“全国创先争优先进基层党组织”、“北京市律师行业创先争优先进集体”(2012)。
- “2009-2011 年度北京市优秀律师事务所”(2012)。
- 担任中国农业银行股份有限公司 A+H 股首发发行人律师,农业银行 IPO 获 ALB(《中国法律杂志》)评选的“年度最佳股票市场项目大奖”(2011)。
- 自 2007 年起,德恒一直位列 ALB 全国律所规模二十强中前三强(2010)。
- “中国法律援助志愿者行动贡献奖”(2009)。
- 担任中国铁建股份有限公司 A+H 股首发发行人律师,中铁建 IPO 获 ALB 中国法律大奖“年度最佳股权市场项巨大奖”(2009)。
- 据并购市场资讯公司(Mergermarket)统计, 德恒代理了总价值 190 亿美元的重大资产重组并购业务, 列亚太地区(日本除外)重组并购业务排行榜(按金额)的第二名(2009)。
- “北京市律师行业奥运工作先进集体”(2008)。
- 由德恒提供法律服务的证券投资基金上证 50ETF, 在香港获得亚洲资产管理杂志“最佳产品创新奖”、美国 Exchangetradedfunds. com 和英国国际基金投资杂志全球 ETF 大奖中的“亚太地区最佳产品创新奖”(2005)。
- 担任中国长江电力股份有限公司 A 股首发发行人律师,长江电力股票首发上市摘得 ALB 评选的 “最佳本地 IPO 项目奖”(2004)。

德恒系列论坛在各高校受到了热烈欢迎，图为讲座现场。

2011 年 6 月 10 日，由德恒担任发行人律师的华能新能源股份有限公司成功发行 H 股，在香港联合交易所上市。

2010 年 1 月 29 日，习近平同志在李源潮、沈跃跃和吴爱英同志陪同下到德恒律师事务所调研。

2008 年 3 月 10 日和 13 日，中国铁建 A+H 股分别登陆上海证券交易所和香港联合交易所。德恒凭借中铁建 A+H 股 IPO 获 ALB“年度最佳股权市场项目大奖。

自 1993 年起，德恒就是三峡的法律顾问。从中国长江三峡工程总公司初建、设立长江电力、发行股票及上市、三峡发电资产整体上市到全方位的法律服务，德恒已为三峡工程提供法律服务 20 年。

2002 年 10 月，德恒与中国工程院签署中国工程院院士法律服务协议，由德恒律师为 611 名中国工程院院士提供义务法律服务。2003 年 1 月 6 日，在北京友谊宾馆举行了中国工程院院士法律服务工程赠卡仪式。

About Us

锦天城律师事务所简介

锦天城律师事务所是一家提供全方位法律服务的、全国领先的中国律师事务所，目前是上海市规模最大、执业律师最多，年创收额最高的律师事务所，也是国内第一家总部在上海的全国性律师事务所，在北京、杭州、深圳、苏州、南京、成都、重庆、太原和香港设有分所。

锦天城是国内最早取得证券法律业务从业资格的律师事务所之一。近年来，锦天城提供服务的 IPO 项目、上市公司再融资及重组并购项目、公司债及可转换公司债券项目、新三板项目，均名列国内律所三强之列。
锦天城还提供公募基金设立及募集及私募股权投资、战略投资、资产管理及证券化、期货方面的法律服务，业已成为行业的翘楚。

我们的荣誉

锦天城多次被司法部、地方司法局、律师协会以及国际知名法律媒体和权威评级机构列为中国最顶尖的法律服务提供者之一，位居全国十大品牌律师事务所前列。

锦天城多次获得中华全国律师协会颁发的“全国优秀律师事务所”荣誉称号以及上海市司法行政系统先进集体、上海市文明单位等荣誉。

锦天城多位合伙人曾任或现任中国证监会主板及创业板发行审核委员会委员或候选人。

Asia Pacific Legal 500 曾在《中国商业律师事务所指南》中评价锦天城是一家在外商直接投资、公司和商业法律领域顶尖的上海律师事务所，是“其他律师事务所希望成为的公司和商业律师事务所”。

《亚洲法律杂志》(ALB) 在其每年举办的“中国法律年度大奖”中多次授予锦天城重大奖项和提名。近几年来，锦天城所获奖项和提名包括“中国律师事务所大奖”、“上海律师事务所大奖”、“年度最佳中国公司法务”等综合性奖项和各主要业务领域奖项。此外，我们曾获得“年度管理合伙人奖”提名和多次“中国律师事务所最佳雇主”称号。

钱伯斯法律评级机构(Chambers and Partners)近期授予锦天城连续三年“领先中国律师事务所”证书。

J|T & N
JINCHENG TONGDA & NEAL
金诚同达律师事务所

地址：北京市朝阳区建国门外大街 1 号国贸大厦 10 层
电话：010-57068585
网址：www.jtnfa.com

关于我们

金诚同达创立于 1992 年年底，其总部设在北京，并在上海、深圳、沈阳、西安、成都、乌鲁木齐设有分所和办公室。金诚同达现拥有 260 多位优秀的专业律师，已发展成为中国境内规模最大、最富活力的律师事务所之一。2000 年金诚同达被司法部命名为“部级文明律师事务所”，2005 年被中华全国律师协会评为“全国优秀律师事务所”，2006 年被《亚洲法律事务》杂志（ALB）评选为“亚洲地区蓬勃发展中的 30 家律所”。

专业团队

金诚同达集萃了众多跨领域的专家型法律人才，其中众多律师拥有美国、欧洲、日本等知名法学院的教育背景和美国、英国、德国、日本、香港的律师事务所工作经验。金诚同达秉承“守信金诚，励志同达”的理念和“同心合力，事业腾达”的目标，倡导“法理精神、一品服务”和“服务创造价值”。金诚同达致力于运用其资深专业技术和丰富实践经验竭诚为客户提供专业、全方位的法律服务。金诚同达律师能够切实地从客户的立场和观点出发并结合案件具体情况，在各个业务领域都提供高水准的优质法律服务。金诚同达以学者型的严谨态度、专家型的服务水平、团队型的合作模式和国际化的质量标准严格要求自己。金诚同达正在成为客户最为信任和依赖的重要伙伴。

公司与证券业务

金诚同达是最早拥有证券法律业务从业资格的律师事务所之一，自中国证券市场创立阶段即开始从事相关法律服务，多年来累积了丰富的专业知识和实务经验。金诚同达深谙公司及证券类法律、法规和监管规则，熟悉公司及证券类业务的运作与流程，同相关部门和中介机构建立了长期的、良好而稳定的沟通与合作关系。多年来，金诚同达承办的证券业务，包括为拟上市公司提供股份制改造、在境内外发行股票并上市（包括在国内外主板、中小企业板、创业板、三板以及其他类别的证券市场上市）的法律服务（IPO），为上市及非上市公司的私募、增发、配股、股权转让、重组（包括借壳上市等）、改制（包括国有企业改制等）、股权收购与反收购、重大资产收购、重大投资（包括独资、合资、合作、联营及其他类型的投资等），发行优先股、债券（包括可转债、分离交易可转债、企业债券、公司债券、金融债券、短期融资券等）、权证、股权或期权激励（奖励）等提供法律服务，以及为证券公司、期货公司、各类基金与投资公司提供相关法律服务等。此外，金诚同达还为各类公司提供常年法律顾问服务，及诉讼、仲裁、清算、破产等其他法律服务。

业 绩

金诚同达办理的具有里程碑意义的项目如下：

第一家境内跨交易所多家上市公司合并
第一家股权分置改革后全流通概念下上市公司
第一批中小企业板上市公司
第一家信托公司通过吸收合并方式借壳上市
第一家由律师组成清算工作组全面接管清算证券公司
第一家国有控股上市公司公开实行股权激励制度
第一家上市公司采用托管方式进行业务整合并解决同业竞争问题
第一批财务公司发行金融债券
第一家上市公司通过国家股全部回购进行股权重组并实现国有公司民营化
第一家持续赢利上市公司全额资产置换彻底改变主营业务
第一家上市公司国有大股东通过实施破产进行债务重组和股权重组
第一家突破既往规则通过定向转增进行股权分置改革

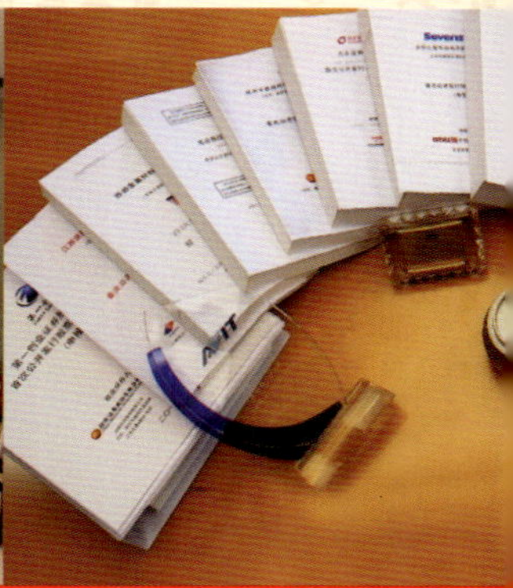

第八编
全国中小企业股份转让系统专辑

全国中小企业股份转让系统
NATIONAL EQUITIES EXCHANGE AND QUOTATIONS

自律　高效　包容　创新

协办单位

第一章　重要文献

在全国中小企业股份转让系统揭牌仪式上的讲话

中国证监会副主席　姚　刚

2013年1月16日

尊敬的李士祥副市长、各位来宾，上午好！

1月16日，是全国场外市场建设值得纪念的日子。7年前的今天，中国证监会召开新闻发布会，宣布中关村高新技术产业开发区非上市股份公司股份转让试点正式启动，开始了场外市场建设的实践探索。经过7年的试点，今天，全国中小企业股份转让系统正式揭牌，标志着我国多层次资本市场建设又迈出了重要的一步。在此，我谨代表中国证监会和郭树清主席，向关心和支持全国场外市场建设的各级政府、有关部门和社会各界朋友，向为市场建设的前期探索倾注心血和努力的挂牌公司、证券公司及其他市场中介组织，表示衷心的感谢和诚挚的敬意！

7年来，园区试点范围从北京中关村扩大到了上海张江、天津滨海、武汉东湖，挂牌公司在2012年底已经达到200家，场外市场股份转让试点产生了两个积极效应：一是在实践基础上不断完善制度，并于2009年7月进行了一次较为全面的制度调整，初步形成了以主办券商为基础的场外市场制度框架；二是试点在全国形成了积极的示范效应，各地国家级高新技术产业开发区为参与试点做了大量企业资源、监管服务和政策配套准备。这两方面的效应，为建立全国性场外交易市场创造了重要的基础条件。

全国中小企业股份转让系统的揭牌运营，是全国场外市场建设的标志性事件。自此，非上市公司股份转让的小范围、区域性试点将开始渐次走向面向全国的正式运行；市场运作平台将由证券公司代办股份转让系统，转为国务院批准设立的全国中小企业股份转让系统；市场挂牌公司的准入和持续监管将纳入中国证监会非上市公众公司管理范围；市场运行制度将由中国证券业协会发布的试点办法转为全国中小企业股份转让系统业务规则。全国中小企业股份转让系统是我国多层次资本市场建设的重要组成部分，随着市场稳步发展和功能的持续完善，对于改善中小企业发展的金融环境，推动企业自主创新和产业结构调整，增强资本市场对实体经济的服务能力，必将产生积极和深远的影响。

全国中小企业股份转让系统的揭牌运营，是在更高的起点上推进场外市场建设的开始。市场制度规则还处在试行阶段，需要在充分听取各方面意见和实践的基础上不断完善；市场自身的技术系统准备还没有完全到位，需要配合业务推进加快完善市场交易功能；市场运行还缺乏在更广范围内的实践基础，需要在实践中继续探索和规范发展。全国中小企业股份转让系统的管理机构要认真学习贯彻党的十八大报告提出的“加快发展多层次资本市场”的精神，增强使命感、责任感和紧迫感。要坚持求真务实的科学态度，深入了解实体经济的需求，及时总结实践经验，从市场发展的实际出发，以创新精神推进市场功能和规则体系的完善，探索适合场外市场特点的发展路径；要坚持开放、合作、互利、共赢的发展方针，兼顾市场各方主体利益，营造和谐发展的市场氛围，充分调动各方面的积极性，共同推进市场建设；要坚持规范发展、依法运作的宗旨，强化市场参与主体诚实守信、归位尽责的市场自律体系，要切实维护技术系统安全，有效防范市场风险；要坚持大局意识，建立和完善与各层次市场之间的有机联系，妥善把握交易所市场与场外市场稳定发展的平衡。

最后，预祝全国中小企业股份转让系统规范发展，真正办成自律、高效、包容、创新的市场平台，为我国多层次资本市场建设贡献力量！

谢谢大家！

在全国中小企业股份转让系统揭牌仪式上的讲话

北京市市委常委、常务副市长　李士祥

2013 年 1 月 16 日

尊敬的姚刚副主席、尊敬的黎晓宏书记、各位领导、各位同志：

上午好！

很高兴受邀见证这一重要时刻。在中国证监会的领导下，经过紧张筹备，全国中小企业股份转让系统有限责任公司于去年 9 月 20 日注册成立，并在今天正式揭牌！作为全国性场外交易市场的运营管理机构，全国中小企业股份转让系统有限责任公司的设立，不仅可以进一步完善中国多层次资本市场体系，拓宽广大中小企业融资渠道，更有利于充分发挥市场配置资源的基础性作用，不断完善中国特色市场经济体系。这将为全国特别是北京市中小企业发展搭建新的股权交易转让的平台、新的高效融资的平台和新的品牌宣传的平台，可以支持中小企业在公开市场上规范运营，健康成长。

北京将继续加强政策引导，完善挂牌企业培育体系，为全国中小企业股份转让系统输送大批优质挂牌企业。北京将全力做好属地服务，为全国各兄弟省市及来京挂牌的企业做好服务。

最后，祝愿全国中小企业股份转让系统有限责任公司健康快速发展。

谢谢大家！

在全国中小企业股份转让系统揭牌仪式上的讲话

全国股份转让系统董事长　杨晓嘉

2013 年 1 月 16 日

尊敬的李市长、姚主席、黎书记、各位领导、各位来宾：

上午好！

经过 7 年的非上市股份公司股份转让试点和场外市场筹备组 8 个月的积极准备，全国中小企业股份转让系统今天正式揭牌了，并将承担起全国场外市场建设、发展和运营管理的职责。在这具有历史性的重要时刻，我代表全国中小企业股份转让系统有限责任公司董事会、监事会、管理层、公司全体员工，向莅临仪式的各位领导、各位嘉宾表示最热烈的欢迎！向关心、支持全国中小企业股份转让系统的各相关部委，北京、天津、上海、湖北等地政府，中国证监会机关部门与系统单位、股东单位，北京市西城区委区政府表示最衷心的感谢！

全国股份转让系统筹备工作自 2012 年 5 月 16 日正式启动以来，坚持“开放、包容、精简、高效”的原则，经过 8 个月的努力拼搏，推进了五个方面的基本建设，目前各项准备工作基本就绪。一是构建制度。在广泛开展市场调研、系统梳理 7 年试点经验的基础上，制定了《全国中小企业股份转让系统业务规则》及配套的细则指引，初步构建了全国场外市场业务规则体系。二是强化市场管理。我们一手抓扩大试点，一手抓市场建设，不断完善市场准入、公司监管、交易监察等重点领域、关键环节的工作流程、工作机制，使扩大试点工作运行平稳、预期稳定，为形成公司的自律监管创造了条件。三是推进技术系统建设。在目前仍沿用深交所交易系统的条件下，我们同步启动了包括市场交易、监察、信息披露和业务办公在内的交易系统和技术平台开发工作，并将根据条件成熟程度适时进行新老系统切换。四是做好政策衔接准备。对与地方政府的监管合作安排，与场内市场有关工作的对接，以及涉及国资、外资、税费政策的协调等，均进行了积极衔接。五是加快机构自身建设。顺利完成了运管机构在国家工商总局的注册登记；并按照公司制要求建立健全公司治理结构，完成公司内部组织架构设计，明确部门岗位职责分工，制定各项内部管理制度；完成了人员招聘工作；金阳大厦办公场所各项软硬件设施基本就绪。公司正式运营的条件已经成熟。

各位领导，各位来宾，各位朋友！

设立全国中小企业股份转让系统，凝聚了各方智慧、心血与力量，来之不易，我们深感使命光荣，责任重大。我们将始终秉承服务、开放、包容的理念，贴近市场、贴近企业、贴近实际，切实增强服务中小企业的能力；我们将始终坚持改革、发展、创新的精神，解放思想，求真务实，不断完善市场制度规则体系；我们将始终坚持市场化导向，强化市场内在约束机制，培育和完善市场功能，提高市场运行效率；我们将始终坚持稳步发展理念，切实承担起一线监管职责，加强风险防范，强化主办券商自律监管，落实投资者适当性制度，严厉打击违法违规行为，促进市场规范发展。

我们坚信，有十八大精神的指引，有中国证监会的坚强领导，有各方面的关心、支持、帮助，我们一定能够不辱使命，把全国场外市场建设好、管理好、发展好！

谢谢大家！

新三板机遇

——杨晓嘉董事长在深圳“两岸三地 PE 年会”上的讲话

2013 年 12 月 28 日

近年来中国资本市场已发生八大变化：一是从为大中型企业服务为主到与中小微企业服务并重；二是从股权融资为主到与债券融资并重；三是从场内市场为主到与场外市场并重；四是从公募市场为主到与私募市场并重；五是从业内为主到与业外并重；六是从国内市场为主到与境外市场并重；七是从重融资为主到与重投资并重；八是从以监管部门监管市场为主到与中介机构归位尽责并重。变化也许还很多，但我认为主要是这八个方面。

这次三中全会决定对资本市场最大的鼓舞就是将资本市场摆到了一个很重要的位置，讲了八个方面内容：一是建全多层次资本市场体系；二是推进股票发行注册制改革；三是多渠道推进股权融资；四是发展并规范债券市场；五是提高直接融资比重；六是优化上市公司投资者回报机制，保护投资者尤其是中小投资者的合法权益；七是推动资本市场双向开放，有序提高跨境资本和金融交易可兑换程度；八是鼓励金融创新，丰富金融市场层次和产品。

此外《决定》中提到的其他领域的改革举措，也将对资本市场产生重大而深远的影响。比如：积极发展混合制经济；推动国有企业完善现代企业制度；建立职业经理人制度，更好发挥企业家作用；支持非公有制经济健康发展，鼓励非公有制经济参与国有企业改革，鼓励发展非公有资本控股的混合所有制企业；改善科技型中小企业融资条件，完善风险投资机制，创新商业模式，促进科技成果资本化、产业化等等。可以说资本市场迎来了历史上最好的发展机遇期。新三板也赶上了最好的发展机遇期。

2013 年 1 月 16 日新三板正式冠名为“全国中小企业股份转让系统”揭牌运营。这是经国务院批准继上海、深圳交易所外第三个全国性证券交易场所。也有人称之为中国的纳斯达克。这是中国资本市场具有划时代意义的一件事，也是中国多层次资本市场真正形成的重要标志。其发展虽然还没有迅速形成人们之想像之期待那样的规模和状态，但服务广大创新创业型中小企业的战略意图已经很明显。

截止到目前全国股转系统已有北京、天津、上海、武汉四个高新技术园区挂牌公司 346 家，主要分布在制造业和信息技术、生物医药等 12 个行业。股本最大的 2 亿，最小的 500 万，平均股本约 2800 万股。总市值约 400 亿，是真正的草根市场。根据 2012 年年报数据分析，挂牌公司总体运行情况良好，收入同比增长 16.97%，净利润同比增长 9.38%，资产规模同比增长 23.49%。保持了盈利面、净资产收益率两个基本稳定，实现了收入、资产规模、研发投入、经营现金流四个较快增长。在去年我国经济下行压力加大、增速放缓的严峻形势下，取得这样的业绩非常不容易。

2013 年 6 月 19 日，国务院常务会议决定将“全国中小企业股份转让系统试点扩大到全国”，预示着新三板将在更大的范围服务中小企业和实体经济。

最近在紧锣密鼓准备扩大试点工作，有几点感受与大家分享一下：

一是新三板后备企业资源储量非常大。全国已注册的中小企业达 1300 多万家。中关村是我们最早的试点区，目前已有 2 万多家中小科技型企业，每年还在以 4000 家的数量增长。新三板即将扩大试点到全国的消息传开后，各省市自治区都在积极备战新三板，从横向看，目前向我们申请报备的企业已涉及全国 29 个省市自治区，全国各地向我们预申报的企业源源不断地向我们涌来。从纵向看，申报企业已从省到县、区都有申报，尤以江、浙和广东地区为甚，既有新型产业，也有结构转型升级的产业，覆盖面非常广。

二是新三板市场集聚效应非常强。市场各方支持力度和参与度很高。我们推出了一个品牌活动叫“走进全国股转系统”，已与各省市金融办、证监局、主办券商、工信部全国中小企业发展中心、科技部火炬中心等部门单位展开合作，还将与五大国有商业银行、股份制银行签署合作备忘录，打通直接融资与间接融资渠道，为挂牌企业提供综合融资平台。

三是新三板承上启下，是多层次资本市场发展的重要推手，也是金融服务中小企业的抓手和着力点。新三板上承主板，下连广大中小企业和股权区域市场，有着非常独特的定位优势，可汇聚“天下英才”，可在更大的范围服务中小微企业，可在更深的领域恢复金融的本质和草根性，为经济结构调整、转型升级，为创新驱动发展战略提供强大的支持和服务。

为此新三板也在不断升级和改版。目前新三板已经是一个新制度体系、新参与主体、新管理模式、新市场机遇的全新升级版，其特征我将它概括为四句话：即国务院批准的全国性证券交易场所、允许全国范围内的股份公司来备案申请公开转让并发行、股东人数可超 200 人、纳入证监会核准和监管。它有四个鲜明特点：即制度包容、机制灵活、信息披露为本、严格的投资者适当性。

首先看制度包容：

截止到目前我们已向市场发布了 41 个业务规则与细则指引，基本覆盖了企业挂牌准入、融资发行、市场监管、市场交易、投资者准入、主办券商管理等方面内容。

最大的特点是增强了覆盖面和包容性。我在很多场合谈过一个观点，就是长期以来，金融服务中小企业最大的问题是覆盖面和包容性不够，直接融资比重不到 5%，全国工商注册企业 1300 万家，其中与银行发生过贷款业务往来的不足 200 万家，远远不能满足需求。所以新三板在挂牌准入上最大的突破就是挂牌条件不设财务指标，以信息披露为核心，由主办券商推荐并持续督导，尽可能实现准入市场化。实际上与注册制差不多。扩大到全国后不再分地区、行业、产业、所有制。

其次是机制灵活：

一是融资方式灵活。“小额、快跑、按需”，新三板今年已有 58 次发行，融资总额达 10 亿多，发行家数和次数均超过前 7 年总和，平均单次融资为 2000 万左右，完全按需融资，不会超募和浪费上市资源。下一步将对股东人数在 200 人以下的公司，其挂牌和后续融资等均可获得证监会的核准豁免，即企业只需向全国股份转让系统一个主体提出申请，不需要再取得证监会核准公开转让的批文。这将在现有基础上进一步减少审核环节，降低融资成本，提高市场运行效率。目前新三板发行融资速度在加快，最快的十天左右就可以完成一单融资。

二是交易方式灵活。三板新的交易系统将于明年上半年上线运行，引入了实行包括协议、做市、竞价在内的多元化交易方式。考虑到新三板未来挂牌公司数量会很多，规模不同、发展阶段不同，差别很大。因此我们的交易方式比交易所市场更丰富，更多元。挂牌公司可以根据自身情况与意愿选择其中一种交易方式。比如处于早期阶段的企业，家族企业居多，股权高度集中，没有很强烈的股份转让需求，就可以先采用协议方式；随着不断的融资、转让，股东人数增加了，企业规模扩大了，此时公司希望增强流动性，增强定价的准确性，就引入提供买卖双向报价的做市商，变成做市方式；公司再发展到一定规模，股东分散到一定程度，投资者之间就能顺畅地形成交易、不需要专门的做市维持流动性了，就选择竞价方式。前不久我们已向市场发布了交易细则。

第三个特点：信息披露为本。挂牌准入和退市以及挂牌公司质量都体现在信息披露的要求上。

第四个特点：严格的投资者适当性。

要求投资人必须具备较强的风险识别能力和风险承受能力，真正做到风险自担。很多人不太理解三板为什么设这么高的个人投资者门槛，其实这个问题很简单，就是为了更好更快地发展这个市场。这个特征最大的好处就是我们可以大着胆子去包容风险、支持创新，支持我们过去想干而又不敢干不能干的事情。比如说大家谈得最多的成长性问题，其实很多成长性好的企业在初创期并不大，财务指标也不好看，比如现在大家很看好的互联网公司、文化创意类企业，它就上不了主板，但它又想上市融资，那怎么办呢？最后只能舍近求远、客走他乡，全都去海外上市了。这不能不说是中国资本市场的一个很大遗憾。现在新三板开了，就可以包容这类企业了。所以包容是我们这个市场的魅力所在。当然包容也是有底线的，不是说什么企业都可以进来，有劣迹的、信誉不好的、造假的那当然不能进来，我们把这个选择权交给主办券商、交给中介机构、交给有风险识别能力和承受能力的合格投资人。

新三板的这些制度设计是认真总结了主板 20 年和中关村 7 年试点的经验教训，充分吸收境外成熟市场做法，深入园区调研和广泛听取市场各方主体意见的基础上一步一步形成的，应该说我们这些规则制度还是有一定市场基础的。下一步我们还将根据市场需求继续制定和出台相关规则和制度，马上要发的有定向发行、还有并购重组、债券发行、监管体系、处罚体系等等，进一步拓宽市场的服务功能。

第二个问题想谈一点关于 PE、VC 等机构参与新三板的看法。

目前很多 PE、VC 对于参与新三板还在观望、等待、犹豫，甚至很纠结，担心在投资价格上吃亏，认为在新三板挂牌的企业，股票市盈率达到 20 倍，相比投资于不挂牌的企业一般可将市盈率控制在 10 倍以内而言，投资成本提高了，预期收益降低了。对于这个问题，我认为不能只把眼光盯在买入的成本提高上，要算大账。对于投资机构而言，我认为新三板能从投资流程的各个阶段提供机会。

首先，从寻找项目阶段看，降低了早期企业的搜寻发现成本。传统模式下的 PE/VC 要通过各方渠道来收集企业信息，去一家一家企业谈，所以大家都说做 PE 很苦，“空中飞人”。或许尽职调查了 100 家企业，最终投的只有几个，人力成本、渠道维护费用等各方面很高，最后投资效率并不高。但通过新三板这个市场提供了一个有信息披露、有规范要求的投资平台，投资机构在这个平台选择投资，挂牌企业透明度和规范性有更好的保障。当然这里会涉及一个大家关心的问题，就是转板机制。我们的想法，将来在新三板的挂牌公司达到法律规定的挂牌条件的可以直接向交易所申请上市。具体怎么转需要制定规则。

其次，从投资定价权看，三板允许投资机构对挂牌企业拥有自主定价权。长期以来，我国创新创业型企业的股票定价是个难题，缺乏参照系，缺乏实践积累，创业板市场推出后，投资机构一个共同感受是投资定价比较困难，企业对投资价格的期望值比较高，投资机构和企业之间往往在价格上谈不拢。新三板市场发展起来后，由于我们有投资者适当性、以及做市商制度的作用，希望对定价能够形成一个比较理性的参照系，使挂牌前的投资定价回归理性。可以说投资机构在新三板这个市场进行股权投资和股权转让，不是价格的被动接受者，而是具有很大的话语权，符合股权投资机构的要求。

第三，从投资退出渠道看，新三板退出渠道更为通畅而且多元化。私募股权基金，本该是在任何经济周期下都能找到投资机会的行业。但是，对中国的私募股权投资而言，退出渠道非常单一，使得投资机构选择投资项目相当纠结，而且目前大家面临着很大的退出压力。有很多 LP（出资人）都在不断询问何时能够退出，投资回报率如何等等。这就说明私募股权的募资、投资和退出都遇到了困境。新三板在制度设计上充分考虑到了这个因素，能够为大家提供灵活的退出机制。如对挂牌企业的定向发行没有硬性的股份锁定要求，挂牌同时便可退出。

大家还要看到一点，由于新三板的包容性，未来挂牌企业并购标的会很丰富，其中很多都是细分行业的龙头，缊藏大量的并购和产业整合的机会，能够实现企业规模和技术实力的快速扩张，这将为多元化投资模式提供便利。未来的新三板市场，将是一个并购活动高度活跃的市场，投资机构可以直接参与并购重组，也可以为并购提供资金、中介服务，开发和并购相关的金融产品。

我知道大家也很关心新三板的流动性问题，目前确实存在一多两少一大的问题，即原始股东和增发进来的股东多、机构投资者少、通过二级市场进入的投资者少，单笔成交金额大，即平均每笔成交金额 84 万、成交数量 20 万股。交易主要集中在规模大的企业和股权比较分散的企业上。交易确实不够活跃。原因：一是家族企业多，股权高度集中，加之中小企业一般为控制成本不愿早改制，有占三分之一以上企业改制不到一年不符合交易条件。这就是目前的现状。但我认为新三板扩大试点到全国后情况会发生很大变化，一是我们从目前 26 个省市自治区已申报的企业情况看改制都很早，大部分都在一年以上，基本都符合交易条件；二是扩大到全国后企业进入面宽了，规模大的企业和好企业明显增多，股权高度集中的状况会有很大改变。另一方面好企业多了，参与的机构就多了，再加上做市商制度，流动性就慢慢增强了。但即使如此，也不能拿主板的交易量和高换手率来衡量全国股份转让系统。我认为，全国股份转让系统作为投融资对接平台和服务广大中小微企业创新发展的市场，更需要建立长期投资和价值投资的理念，不能以追求高换手率为目的。企业的价值体现更应该在一种理性的投资环境中生成，申请到全国股份转让系统挂牌的企业大多数是为了满足融资需求和资本服务需求，因此，我们将通过差异化的制度安排，保持适度合理的流动性，进一步完善市场定价和投融资对接的功能。

私募股权投资基金是创新创业企业价值的发现者和管理者，是科技创新企业早期投资的重要力量，也是企业进入资本市场的重要引领者。全国股转系统一直非常关注 PE 行业的发展，也非常重视和大家的合作与支持。我相信随着新三板扩大到全国，我们与大家的联系会更紧密，也希望在座的投资机构多给我们出谋划策，共同分享市场发展的成果。

谢庚总经理在金融街论坛上的讲话

（经北京市政府批准，由北京市金融工作局、中共北京市西城区委员会、北京市西城区人民政府共同主办的第二届金融街论坛于 2013 年 9 月 4 日—9 月 5 日在京举行。全国中小企业股份转让系统有限责任公司总经理谢庚发表讲话。）

尊敬的少峰区长、苏东副区长、各位来宾，大家晚上好！

感谢王娴主任刚才简洁而清晰的新三板介绍。我觉得今天主办方的题目做得非常好，新眼光、新视野、新发展，就围绕这“三新”谈一点观点。

第一：新眼光

我为什么说新眼光这个提法很好？因为现在围绕全国中小股份转让系统有很多的不理解，我去调研，别人就问我，你和主板是什么关系？你和原来中关村试点是什么关系？你和区域市场是什么关系？你相当于美国的纳斯达克还是 OTCBB？你是相当于英国的 AIM 市场还是台湾的兴柜市场？将来公司上市是不是一定得从你这儿过一下？种种一系列的问题都产生了。归纳起来，大家看我们的市场，更多的是两个视角，一个是用主板的视角看我们，因为大家对资本市场的认识是从主板市场 23 年的历史形成的，主要关注我们这个市场能不能非常高效地买卖股票赚取价差；另一个视角是用中关村试点期间的制度和市场运行状况来看我们。大家知道中关村试点全称叫中关村国家高新技术产业开发区内具备条件的高新技术企业进入证券公司代办股份转让系统进行股份报价转让试点，由于名字太长，大家就简化为中关村试点。这一简化不要紧，市场以为中关村试点是在中关村里有一个市场，而扩大试点就是除了中关村能够办市场，全国各地的高新区都能办市场。于是好多高新区问我，说我们需要做什么技术准备？看来作为新事物，还有不少认识误区。

我们和主板的区别与联系，刚才王娴主任已经讲得很清楚了。我们的共性都是国务院批准设立的全国性证券交易场所，都是公开市场。从市场定位上我们着重服务创新型、成长型中小企业。正是由于这样的市场定位，我们在公司准入上不设财务标准，只有非财务标准，刚才王娴主任已经在 PPT 上演示了五个方面的非财务标准。我们把这五个方面的非财务标准细化成了一整套没有自由裁量空间的标准体系，在征求市场意见的基础上已经在我们的网站上公布实施了，目的是明确挂牌公司的标准底线，让市场一体周知，共同遵守。

既然我们在公司准入上没有财务标准，所以就要实行投资者适当性管理，以提高投资者的风险承受能力。但是在交易制度选择和市场功能的安排上，本质上没有太多区别。融资方面，现在是叫定向发行，所谓定向发行是每次发行的新增股东不超过 35 人，它跟场内定向发行的概念不一样。在融资时点的选择上，既可以融资并挂牌，也可以不融资挂牌，在挂牌以后融资。在融资工具的选择上，既可以发行股份扩大股本规模，改善财务结构，也可以通过发行债券的方式融资，控制股本规模的扩张，并锁定融资成本。另外，目前我们正在和几大国有商业银行和股份制商业银行商谈签署战略合作协议，挂牌公司将得到商业银行的贷款授信。

我重点想说的是，股转系统不是原来的新三板。所谓“新三板”是相对于 2001 年建立的“老三板”而言的，“老三板”一是解决历史遗留问题的权益转让问题，二是解决退市公司的股份转让问题。自从 2006 年中关村园区的公司进入代办股份转让系统试点以后，市场的功能定位和制度安排发生了变化，所以叫“新三板”。基于当时的法律环境，中关村试点期间的市场是非公开市场，挂牌公司股东不能超过 200 人，不能采取公开的方式连续交易，所以只是协议交易。协议交易分两个阶段，第一阶段就是买卖双方谈，谈完后达成交易，系统做一个处理。第二个阶段增加了单向报价、点击成交的功能，但总体上中关村试点期间市场效率是很低的。现在股转系统的法律环境有了根本性的变化，刚才王主任已经介绍过了，现在是公开市场，交易方式的选择也没有限制，挂牌公司是纳入证监会统一监管的非上市公众公司，股东人数可以超过 200 人。这与原来的“新三板”变化很大。

正是基于法律环境的变化，我们做出了一系列相应的制度安排，市场效率将会比试点期间的新三板发生很大的变化。首先在融资上，原来中关村试点期间没有明确的融资制度，目前我们将要相继发布股权融资、债券融资的制度等；原来转让只有刚才介绍的两种协议转让方式，我们将发布的转让规则将包括竞价、做市商和一对一确定报价的转让和其他的一些协议转让方式。也就是说我们是针对公司差异性，做了多元化的制度安排。其他像并购重组、公司治理方面我们也都做出了很多规范。当然大家问我们相当于纳斯达克还是 OTCBB？我想说，我们就是我们，为中国现阶段中小微企业服务的市场。因为每个市场的服务群体、服务对象是不一样的，法律环境也是不一样的。如果大家去研究一下美国的纳斯达克、OTCBB，或者你研究一下交易所市场，那么它的公司规模，它的公司股权分散度跟我们市场完全不一样。我们现在很多企业,按照刚才王娴主任介绍的情况,还没有走出内源融资的范畴,还在家族或者熟人经济阶段,外源融资的需求还没有达到一个比较充分的程度。

所以我第一个问题就说"新眼光",就是要从我们这个市场已经发布的信息重新认识这个市场,不管它叫什么名字。大家可能觉得全国中小企业股份转让系统太长,习惯把它叫"新三板",这都没关系,但是要重新认识它的内涵和外延。

第二:新视野

什么视野呢?就是要从宏观背景上关注我们这个市场,国务院把它列入今年的经济体制改革重点工作,把它作为促进中小企业发展的一个综合措施提出来,说明国务院对这个市场平台建设的高度重视。为什么?昨天习近平总书记在境外访问的时候专门谈到,我们宁可主动降低一点速度,也要调结构,为长远发展打基础。调结构靠什么?就是要培养新的经济增长点,通过促进中小企业发展实现增长替代和机制创新。培养中小企业靠风险投资,靠民间投资。市场平台的搭建对于鼓励民间投资至关重要,我们要从宏观背景上来关注这个市场的定位。

是不是搭建一个市场平台就能发挥这些作用?我认为不是,关键看你的制度怎么设计。所以我们的理念是,从中国中小微企业群体的实际情况出发,从中国投资人群体的实际需要出发,来构建市场的服务体系和监管制度,使它更符合服务实体经济的要求。要在改革的背景下去认识这个市场,我们很多制度安排要按照市场化的理念构建,因为这个市场平台没有传统的路径,它是一个全新的市场。我们在很大程度上有条件构建更加市场化的市场架构。这里有一个核心问题就是监管。比如我们的准入条件是没有财务标准的,而是非财务标准以及从非财务标准延伸出来的标准体系。对于很多公司的不确定性我们是包容的,以什么方式包容呢?主要靠充分的信息披露,我们的挂牌文件审查中关注的所有问题,都以充分披露的方式解决,让投资人根据披露的信息自己去做出投资决策。在披露内容上,我们不是注重从监管的视角构建披露内容,而是从市场的视角,投资人希望看什么我们就怎么去构造信息披露的文件,多从市场的角度去看问题、想问题,构建我们的服务。要从多层次资本市场架构的构建上去看我们市场。中国资本市场20多年来只有一个单一层次的市场,中介组织也都是服务一个市场平台。随着多层次资本市场的发展,服务平台的增多,对所有的市场机构都会形成一个挑战,需要重新构建业务模式。

第三:新发展

我觉得首先要谋求中小微企业借助这个平台的新发展,这是我们一切工作的出发点和落脚点。当然,要形成这种格局,市场必须形成一个平衡的生态环境。也就是说,各市场主体在这里都能找到它的利益关注点。所以很多证券公司问我说,我们在这儿有什么好处?未来会怎么样?今后怎么样我觉得得靠时间,但是我觉得券商的业务肯定会面临整合。按照原来的基于单独板块,投行、经纪、自营、固定收益展开肯定是有问题的。即使在投行领域,也面临多元化的梯级上市资源的建设,要形成业务链。我觉得这个市场的发展将在很大程度上锻炼证券公司的销售能力,促进证券公司回归主业。

对于市场投资机构而言,我觉得中小微企业的发展也是它的发展机会,市场能够在很大程度上降低投资机构的信息收集成本。我们将构筑比较完善的投融资双方的信息平台。这个市场有了逐渐改善的流动性之后,对于投资人将增强他的风险管理能力,会强化他的投资意愿。我们市场很多律师事务所、会计师事务所和PE、VC机构,都将面临很多新的业务增长点。我最近已经了解到这个市场上很多机构有很多正面的行动,比如有些律师事务所已经构建了一个分析模型,把我们已经挂牌的公司的披露文件做分类梳理,来把握我们对标准把握的规律;比如有些资产管理机构已经开始和证券公司合作,做一些前期的企业挖掘和筛选工作,帮企业做一些前期的诊断、策划,把筛选出来的企业提交给证券公司直接进行作业,我觉得市场各方逐渐都会找到他的发展模式。

总之,全国股份转让系统的建立和发展,对资本市场是一件大事,对于经济转型、对于中小微企业的发展也是一件大事。在这个发展过程中,市场各方都会得到他应有的利益,谢谢大家!

邓映翎监事长在四川省培训大会上的讲话

资本市场为实体服务,资本市场支持中小企业的发展,这是资本市场的历史使命。我们国家的证券市场已经发展了20年,但是现在上交所、深交所的上市公司加起来不足3000家。据不完全统计,目前有上市需求的企业,尤其是中小企业数量约为12万家。这在一定程度上说明,我们的资本市场为企业服务的力度与广度远远不够。新一届政府在支持中小企业的战略前提下,推动成立了全国中小企业股份转让系统公司(以下简称"全国股转系统")。说到全国股转系统扩容,原先的扩容方案是,由北京中关村扩大至上海张江、天津滨海、武汉东湖四个高新区,再扩大至全国105家国家级高新区,一年后扩大至全国的园区,最终扩大至全国的中小企业。6月19日,国务院常务会议中,李克强总理明确提出将全国中小企业股转系统覆盖范围一步到位扩大至全国。这是全国中小企业的福音,为中小企业带来新的希望。

全国中小企业股份转让系统究竟是个什么样的市场?我想讲一下这个市场情况。全国股转系统的前身是中关村股份代办系统。当时,主要是为国家级高新区企业股份转让服务的。现在经国务院批准,全国股转系统是中国证监会统一领导下的全国性的证券市场。全国性资本市场有三个:一是上交所,二是深交所,三是全国股转系统。虽然这三个市场都是经国务院批准,在证监会的统一领导下,但它们还是有很大的区别。

全国股转系统服务的对象主要是中小微企业。为中小微企业服务,深交所有中小板和创业板。深交所上市的企业是上市公司。达到上市公司标准的企业基本上是中型企业。全国股转系统主要是为初创期、成长期的中小企业服务。这个时期的企业主要具有如下几个特点:一是企业有比较完整的产品;二是有比较清晰的盈利模式;三是企业由内源融资向外源融资转变,有向社会公众吸收资金的需求及股份转让的需求；四是企业处于扩大再生产的阶段，需要资金。符合这四个条件的企业都是我们服务的对象。而中小企业要上创业板，必须满足以下两个条件：一是最近两年盈利，且最近两年净利润累计不少于1000万元；二是最近一年盈利，净利润不少于500万元，营业收入不少于5000万元，最近两年的营业收入增长率均不低于30%。这两个条件，对于中小企业来说要求是比较高的，能达到这些条件的企业基本上属于成熟期的企业。全国股转系统与交易所市场最大的不同就是，我们能包容初创期企业经营不确定性、盈利不确定性的风险，我们不设财务指标，没有营收要求，没有利润要求，没有股东人数的要求，关注企业的成长空间。这就为我们在座的中小企业搭建了通向资本市场的桥梁。

在全国股转系统挂牌的公司，是可以公开转让股份的非上市公众公司。公众公司有两个特点，一是股东人数可以超过两百人，二是要经过证监会的核准。

除了公开转让股份外，在我们这里挂牌，企业还可以实现融资。全国股转系统是个全国性的平台，通过主办券商的推荐企业可以到这里挂牌。目前全国可以做IPO的券商有88家。其中在我们这里备案，有资格推荐企业挂牌的券商有79家。就是说做IPO券商和做新三板的券商基本一致。到主板上市和到新三板挂牌，券商承担的角色最大不同是，到主板上市券商只做推荐，证监会发审委决定这个企业能不能上市，所以整个的流程相对繁琐，时间比较长。而在我们这完全不一样，主办券商既推荐又决定企业能不能上市。券商的内核委员会相当于证监会的发审委。如果他们认为拟挂牌企业达到挂牌标准，愿意推荐企业到全国股转公司。全国股转公司对推荐挂牌公司信息进行检查，符合条件的就给予备案。备案时间，从我们接收申请材料到完成挂牌核准大概四十天。

目前我们市场的平均市盈率约为20倍。在区域市场PE给企业股价市盈率一般是4至5倍。企业通过全国股转系统，可以用相对较小的股权稀释代价获得较多的资金，实现跨越发展。因此，我们说全国股转系统是促进中小企业发展的加速器，孵化器。截止现在，我们挂牌的企业三百多家，我们也在积极地为扩大试点到全国做准备，包括建设我们自己的交易系统。因为，我们之前一直沿用深交所的交易系统，协议转让方式，每手3万股，不能进行撮合等，严重阻碍了交易的活跃。未来我们将建自己的交易系统，每手1000股，引进做市商，协议转让可以自动匹配等等。可以说，未来这个市场还是具有广阔的发展空间的。

我们说一万年太久，只争朝夕。希望在座的企业家，早日认识、了解、进入我们这个市场！谢谢大家。

陈永民副总经理在中国金融论坛上的讲话

（中国金融论坛于2013年5月21－23日在北京召开。论坛主题为“金融改革创新，服务实体经济”。全国中小企业股份转让系统有限责任公司副总经理陈永民发表讲话。）

大家上午好，很高兴参加今天的会议。

今天会议的主题是有关金融和实体经济的关系问题，这是一个讨论比较多的问题。

我今天借这个机会，向大家介绍一下全国中小企业股份转让系统的情况，希望通过这个介绍，有助于大家对今天会议主题的理解。

全国中小企业股份转让系统，是国务院于2012年批准设立的全国性证券公开交易场所。这个市场不叫交易所，叫股份转让系统，是一个全国性的市场，其投资者是全国性的，中介机构是全国性的，这个市场的挂牌企业，目前由于处在试点阶段，只限于4个园区的企业，今后会逐步扩大到全国，扩大到全国所有符合条件的股份公司。这个市场是一个公开转让市场、连续交易的市场，是纳入证监会统一监管的市场。

大家可能已经看到，今年5月初，国务院常务会议研究今年经济改革重点工作的时候，明确指出，要出台全国股份转让系统扩大试点范围的方案，所以扩大试点范围这个事情，预期应该是比较明确的，已经列为今年国家经济改革的一个重点工作。

全国股份转让系统的建设，一方面是为了完善资本市场多层次体系，满足中小企业、特别是创新、创业型企业融资、股份转让、并购重组的需要；另一方面，是为我国资本市场进一步改革作一些探索，是在总结我国资本市场多年发展经验的基础上，按照新的机制，新的理念来建设的市场。

这个市场的基本定位，是要服务中小企业，服务多元投资选择的需要，服务实体经济。建设这个市场，总的精神是要以改革创新的精神，实事求是的态度，在总结资本市场发展20年经验的基础上，争取做到提高市场的包容性，提高市场主体的自律性，提高中介的服务能力。我们致力于提高市场的透明度和公平性，完善市场的价格发现功能。我们争取做到以信息披露为核心，建立一个市场机制相对比较完善，市场约束能较好发挥作用的市场。

去年以来，中国证监会加快了这个市场的建设，国务院批准设立这个市场后，中国证监会先后出台了两个管理办法，一个是非上市公众公司管理办法，规定这个市场的挂牌公司，属于非上市公众公司，通过公开交易或发行融资，其股东可以突破200人，纳入到中国证监会关于非上市公众公司的监管范围。

还有一个办法叫全国中小企业股份转让系统有限责任公司管理办法，该办法是专门规范这个市场的定位、交易方式、市场监管等问题。

2013年1月，全国股份转让系统开始揭牌运营，2月份公布了一批业务规则和细则。3月下旬，我们开始按照新的业务制度受理企业的挂牌申请。

根据这个市场定位的有关原则，我们这些制度有这么几个特点：

第一，挂牌条件的包容性强，体现了这个市场以信息披露为核心的特点。

业务规则规定了企业申请挂牌的条件，从有关条件看，对申请挂牌的企业，没有硬性的财务指标方面的要求，没有行业限制，不仅仅限于高新技术企业，只要符合国家产业政策、经营合法合规，股权清晰、公司治理机制健全、具有持续经营能力的股份公司，设立满两年，有主办券商推荐，均可申请挂牌。

业务规则规定的挂牌条件，使我们市场具有很强的包容性，突出的一点是没有要求挂牌企业必须具有“持续盈利能力”，挂牌条件清晰明确好判断，使这个市场可以做到以信息披露为核心。

以信息披露为核心，信息披露很重要。这个市场是公开转让市场、连续交易市场，是纳入中国证监会监管的市场，这个市场的挂牌公司，是公众公司，纳入证监会关于公众公司的监管。所以，在这个市场，信息披露是法定义务，真实性是法定要求。欺诈、不实、误导，要承担法律责任。

挂牌企业的信息披露要真实、准确、完整、公平、及时。

中介机构的尽职调查要充分、规范。

给挂牌公司出具审计意见的会计师事务所必须具有证券从业资格，要遵守企业会计准则。做账要规范。

申请挂牌的企业，可以是亏损的，或者业绩有波动，但财务信息必须真实规范。财务信息的真实性、规范性要求，和主板创业板没有区别。

持续盈利能力不作为条件，不等于不关心企业的盈利能力。企业的盈利能力，影响盈利能力的因素，或者影响企业业务发展的因素，作为信息披露的重要内容，要披露清楚。

主板、创业板市场作为发行上市条件的许多方面的问题，在这个市场，是披露的重要内容，同业竞争、关联交易，高管变化、实际控制人变化、业务变化，财务状况等等。

挂牌审查工作的定位，不是替投资人选择企业，不是对企业的质量进行把关，不是对企业是否具有“持续盈利能力”进行判断，而是站在投资人的角度，看企业应该披露什么信息，以方便投资人做决策。

许多问题，披露了都不是问题，如果没有披露，后来暴露了，就是大问题。

第二，是交易方式的多样性。

根据证监会关于这个市场的管理办法，全国股转系统可以采取协议转让、做市商、竞价交易等交易方式，有关交易方式的细则正在制定之中，相关的技术系统也正在准备过程中。这个市场有多种交易方式可供选择，企业根据自身特点，可以选择不同的交易方式。

股份锁定要求方面，除发起人股东、控股股东、实际控制人、以及高管需要按法律、规则要求进行股份锁定外，没有其他股份锁定的硬性要求，尊重股东自身的约定和承诺。

第三，投资者适当性是这个市场的另一特点。

这个市场的投资者准入门槛较高。我们希望一开始这个市场能够做成一个投资市场，是一个透明、规范的对接投融资的平台。我们希望这个市场的投资者是理性的，挂牌企业是理性的，价格是理性的。

这个市场要对资本市场的改革进行一些探索，积累经验，需要成熟的投资者，能够理解有关改革，共同推动市场运行习惯的转变。

第四，是一个中介机构可以发挥更大作用的市场。

在这个市场，推荐什么企业，需要券商发挥更大的作用，不仅要考虑可批性，更要考虑可投性。这个市场的挂牌条件及我们的审查理念，对券商的推荐工作提出更高要求，券商要站在投资人的角度来考虑。投资人的选择是多元的，要了解多元的需求。现在已有各类投资群体在关注这个市场，券商推荐的企业是否有吸引力，很重要。

中介做尽职调查，发表意见，需要更专业。以信息披露为核心，许多问题不是简单说符合条件或不符合条件，而是要说，什么情况，有什么影响、什么风险，依据是什么？中介要有尽职调查、说明、分析，要有论证，有依据，披露出来，让市场选择。

要提高定价能力，挂牌企业多样化，新业态，新模式，怎么定价？做市商，怎么定价？创新创业型企业、新业态、新商业模式，其股票怎么定价？这个市场的特点，有利于券商提高其定价能力，根据制度安排，企业挂牌时没有强制一定要进行面向公众的大比例的公开发行；这个市场有较高的投资者适当性要求；这个市场有做市商制度，希望用做市商制度提高市场的定价能力。

企业财务安排、融资策划，需要投行服务。

寻找投资人，作投融资对接，需要投行服务。券商要提高销售能力，要培养客户。

所以说，在这个市场，券商的盈利模式，和主板创业板市场不同，是否盈利，不能光看推荐业务，要整体看。券商能否盈利，一方面看你所推荐的项目，是否具有成长性，二是你提供的服务，是否有助于企业价值的提升、价值的发现。

所以，在这个市场，券商业务要转型。投资银行业务，要提高定价能力、销售能力、项目分析能力，推荐什么样的企业，眼光不仅仅只盯着审核，更要盯着投资人。券商的盈利，要建立在对企业持续服务的基础上，建立在对企业的价值发现、价值提升的前提下。

关于这个市场的功能，这里先讲融资方面的功能，我们有关融资制度的设计，充分考虑了中小企业的情况，相关制度安排具有高效便捷的特点。按照非公办法，挂牌公司可进行定向发行融资，发行比例没有硬性要求，定价没有限制，锁定期没有硬性要求，一定情况下的融资，豁免审批，公司实施后备案；需审批的，可一次审批，分次发行，挂牌同时可以进行定向融资。

我们希望这个市场的这些特点，能够满足投资者的需要。

这个市场的特点，对投资机构而言，有以下作用：

一是投资退出的渠道更为通畅，投资项目选择容易了。没有新三板之前，投资退出渠道狭窄，投资机构选择投资项目，相当纠结。新三板市场的挂牌条件、审查理念等制度安排，使得企业申请挂牌进入资本市场、投资机构在企业挂牌后退出变得容易。

二是投资挂牌前企业的定价容易了。长期以来，我国创新创业型企业的股票定价是个难题，缺乏参照系，缺乏实践积累，特别是这几年，投资机构一个共同感受是投资定价比较困难，企业对投资价格的期望值比较高，投资机构和企业之间往往在价格上谈不拢。新三板市场发展起来后，由于我们市场的投资者适当性特点，以及做市商制度的作用，希望对定价能够形成一个比较理性的参照系，能够引导理性定价，使挂牌前的投资定价回归理性。

三是投资机构在新三板市场有投资机会。新三板市场的包容性，使得挂牌企业具备多样性（创业企业、成熟企业、新业态企业、在某一方面有特色可能成为并购对象的企业），能够满足投资机构的多元需求（风险投资，上市前投资、并购）；

新三板市场提供了一个有信息披露、有规范要求的投资平台，投资机构在这个平台选择投资，挂牌企业透明度和规范性有更好的保障。

挂牌企业定向发行，股票定价上没有硬性要求；股票转让的定价，也具有更大的灵活性，投资机构在这个市场进行投资、股权转让，不是价格的被动接受者，而是具有更大的定价话语权，符合股权投资机构的要求。

挂牌企业定向发行，没有硬性的股份锁定要求，使投资机构的投资具有更大的灵活性。

以上是我们这个市场制度设计的一些理念和考虑。建设这个市场说是一个新的事情，目前的制度是不是能够落地，是不是能够真正发挥作用，能够达到我们的目标，还需要不断地探索，不断的总结经验。

所以我们现在所有的规则，都是试行规定，需要在运行的过程中，听取各方的意见，不断的完善，争取能够按照我们设想的目标，实现制度一开始设计的初衷，能够使得这个市场真正服务中小企业，服务实体经济，形成一个新的运行模式，新的生态平衡的市场。

希望各界能够关注这个市场，在参与这个市场的同时，积极给我们提意见和建议。最后预祝研讨会圆满成功，谢谢大家。

第二章　统计数据

全国股转系统挂牌公司股本排名

序号	证券代码	证券简称	总股本(股)
1	430399	湘财证券	3197255878
2	430383	红豆杉	250000000
3	430558	均信担保	240290000
4	430002	中科软	212000000
5	430065	中海阳	180000000
6	430485	南京旭建	160000000
7	430021	海鑫科金	158382000
8	430228	天房科技	136000000
9	430570	蓝星科技	126300000
10	430010	现代农装	120000000
11	430493	新成新材	120000000
12	430510	丰光精密	117250000
13	430035	中兴通	110000000
14	430623	箭鹿股份	110000000
15	430225	伊禾农品	105000000
16	430532	北鼎晶辉	104000000
17	430037	联飞翔	102000000
18	430057	清畅电力	100470000
19	430143	武大科技	100000000
20	430445	仙宜岱	100000000
21	430551	林产科技	100000000
22	430625	联创种业	100000000
23	430530	云铜科技	92200000
24	430618	凯立德	91710000
25	430539	扬子地板	90500000
26	430422	永继电气	90000000
27	430004	绿创设备	86939900
28	430568	光莆电子	86850000
29	430049	双杰电气	86216000
30	430018	合纵科技	82180000
31	430210	舜能润滑	81700000
32	430357	行悦股份	80000000
33	430487	佳信捷	80000000
34	430395	奥盖克	78000000
35	430283	景弘环保	77300000
36	430017	星昊医药	77277200
37	430013	ST 羊业	77200000
38	430274	重钢机械	75600000
39	430462	树业环保	75192000
40	430142	锐新昌	75000000
41	430460	太湖股份	75000000
42	430628	易事达	75000000
43	430555	英派瑞	73500000
44	430263	蓝天环保	73314300
45	430011	指南针	73130000
46	430335	华韩整形	70204997
47	430295	捷虹股份	68000000
48	430324	上海致远	68000000
49	430370	谢裕大	68000000
50	430005	原子高科	66280000
51	430450	正佰电气	66000000
52	430459	华艺园林	66000000
53	430538	中大科技	66000000
54	430432	方林科技	63600000
55	430596	新达通	63260000
56	430483	森鹰窗业	63000000
57	430323	天阶生物	61680000
58	430043	世纪东方	61600000
59	430003	北京时代	60424822
60	430553	海红技术	60060000
61	430313	国创富盛	60000000
62	430366	金天地	60000000
63	430414	三光科技	60000000
64	430505	上陵牧业	60000000
65	430508	中视文化	60000000
66	430514	速升装备	60000000
67	430518	嘉达早教	60000000
68	430527	正武股份	60000000
69	430605	阿科力	60000000
70	430621	固安信通	60000000
71	430028	京鹏科技	59000000
72	430359	同济医药	57807600
73	430436	万洲电气	56780000
74	430025	石晶光电	56508000
75	430176	中教股份	56470588
76	430074	德鑫物联	56236440
77	430386	大禹电气	56000000
78	430141	久日化学	55300000
79	430606	金鹏源康	55000000
80	430051	九恒星	54855000
81	430447	广信科技	54792000
82	430556	雅达股份	53520000
83	430056	中航新材	53300000
84	430452	汇龙科技	53050000
85	430369	威门药业	53000000
86	430009	华环电子	52429485
87	430318	四维传媒	52000000
88	430382	元亨光电	51300000
89	430408	帝信通信	51190000
90	430253	兴竹信息	51150000
91	430084	星和众工	51000000
92	430332	安华智能	51000000
93	430377	海格物流	51000000
94	430573	山水节能	50500000
95	430014	恒业世纪	50146376
96	430036	鼎普科技	50056500
97	430034	大地股份	50000000
98	430064	金山顶尖	50000000
99	430137	润天股份	50000000
100	430159	创世生态	50000000
101	430223	亿童文教	50000000
102	430275	新冠亿碳	50000000
103	430387	旌旗电子	50000000
104	430431	枫盛阳	50000000

序号	证券代码	证券简称	总股本(股)
105	430466	新疆华油	50000000
106	430468	锦棉种业	50000000
107	430470	哲达科技	50000000
108	430599	艾艾精工	50000000
109	430620	益善生物	50000000
110	430622	顺达智能	50000000
111	430631	早康枸杞	50000000
112	430296	平安力合	49500000
113	430022	五岳鑫	49200000
114	430050	博朗环境	48830000
115	430089	天一众合	48000000
116	430162	聚利科技	48000000
117	430581	八亿时空	47331560
118	430149	江仪股份	45279209
119	430307	扬讯科技	45127300
120	430265	国威机床	45000000
121	430582	华菱西厨	45000000
122	430588	天松医疗	45000000
123	430608	奇维科技	45000000
124	430626	胜达科技	45000000
125	430598	众合医药	44280000
126	430587	福格森	44170000
127	430336	皇冠幕墙	44150000
128	430027	北科光大	44070965
129	430339	中搜网络	43950000
130	430097	赛德丽	43758000
131	430372	泰达新材	43500000
132	430047	诺思兰德	43289600
133	430152	思创银联	43219400
134	430260	布雷尔利	43000000
135	430566	虹越花卉	42962000
136	430076	国基科技	42925000
137	430026	金豪制药	42000000
138	430147	中矿龙科	42000000
139	430365	赫宸环境	42000000
140	430378	山本光电	42000000
141	430456	和氏股份	42000000
142	430463	汽牛股份	42000000
143	430482	河源富马	42000000
144	430015	盖特佳	40759227
145	430088	七维航测	40725000
146	430428	陕西瑞科	40200000
147	430213	乐升股份	40000000
148	430220	迈达科技	40000000
149	430240	随视传媒	40000000
150	430393	三景科技	40000000
151	430418	苏轴股份	40000000
152	430507	信达胶脂	40000000
153	430595	唐人通服	40000000
154	430032	凯英信业	39880000
155	430033	彩讯科技	38179200
156	430041	中机非晶	38000000
157	430330	捷世智通	38000000
158	430499	中科股份	38000000
159	430525	英诺尔	38000000
160	430609	中磁视讯	38000000
161	430513	中科三耐	37890000
162	430376	东亚装饰	37500000
163	430496	大正医疗	37000000
164	430208	优炫软件	36800000
165	430020	建工华创	36000000
166	430150	创和通讯	36000000

序号	证券代码	证券简称	总股本(股)
167	430465	东方科技	36000000
168	430545	星科智能	36000000
169	430206	尚远环保	35370000
170	430549	天弘激光	35200000
171	430068	纬纶环保	35000000
172	430180	东方瑞威	35000000
173	430232	桦清股份	35000000
174	430241	威林科技	35000000
175	430264	中舟环保	35000000
176	430299	天津宝恒	35000000
177	430029	金泰得	34300000
178	430429	星业科技	34000000
179	430048	建设数字	33800000
180	430417	良才股份	33605000
181	430105	合力思腾	33450000
182	430170	金易通	33341999
183	430075	中讯四方	33000000
184	430093	掌上通	33000000
185	430098	大津股份	33000000
186	430054	超毅网络	32630000
187	430602	腾旋科技	32576800
188	430212	六合伟业	32500000
189	430461	视威科技	32400000
190	430363	上海上电	32250000
191	430144	煦联得	32200000
192	430138	国电武仪	32000000
193	430161	光谷信息	32000000
194	430245	奥特美克	32000000
195	430271	瑞灵石油	32000000
196	430300	辰光医疗	32000000
197	430477	盛力科技	32000000
198	430526	丝普兰	32000000
199	430533	同立高科	32000000
200	430104	全三维	31760000
201	430226	奥凯立	31700000
202	430287	环宇畜牧	31690280
203	430082	博雅英杰	31320000
204	430058	意诚信通	31200000
205	430139	华岭股份	31000000
206	430175	科新生物	31000000
207	430209	康孚科技	31000000
208	430215	必可测	31000000
209	430616	鸿盛数码	31000000
210	430094	确安科技	30940000
211	430119	鸿仪四方	30853500
212	430059	中海纪元	30700000
213	430040	康斯特	30600000
214	430320	江扬环境	30600000
215	430592	凯德自控	30500000
216	430486	普金科技	30360000
217	430198	微创光电	30139280
218	430528	欧丽信大	30060000
219	430095	航星股份	30000000
220	430130	卡联科技	30000000
221	430151	亿鑫通	30000000
222	430154	中科通达	30000000
223	430156	科曼股份	30000000
224	430167	四利通	30000000
225	430183	天友设计	30000000
226	430195	欧泰克	30000000
227	430196	宣爱智能	30000000
228	430227	东软慧聚	30000000

序号	证券代码	证券简称	总股本(股)
229	430238	普华科技	30000000
230	430246	佳星慧盟	30000000
231	430252	联宇技术	30000000
232	430257	成科机电	30000000
233	430286	东岩股份	30000000
234	430289	华索科技	30000000
235	430297	金硕集团	30000000
236	430328	北京希电	30000000
237	430338	银音科技	30000000
238	430371	科传股份	30000000
239	430396	亿汇达	30000000
240	430397	金帆股份	30000000
241	430427	飞田通信	30000000
242	430433	中瑞电子	30000000
243	430440	松本绿色	30000000
244	430497	威硬工具	30000000
245	430500	亚奥科技	30000000
246	430583	国贸酝领	30000000
247	430590	晶宝股份	30000000
248	430593	华尔美特	30000000
249	430607	大树智能	30000000
250	430630	合胜科技	30000000
251	430073	兆信股份	29440000
252	430600	徽电科技	28805000
253	430536	万通新材	28480000
254	430044	东宝亿通	28000000
255	430542	利雅得	28000000
256	430561	齐普光电	28000000
257	430614	星通联华	28000000
258	430211	丰电科技	27278000
259	430564	天润科技	26200000
260	430133	赛孚制药	26160000
261	430230	银都传媒	26000000
262	430385	中一检测	26000000
263	430146	亚泰都会	25870000
264	430071	首都在线	25552940
265	430091	东方生态	25200000
266	430019	新松佳和	25000000
267	430258	易同科技	25000000
268	430484	求实智能	25000000
269	430504	众智科技	25000000
270	430214	建中医疗	24666000
271	430090	同辉佳视	24578215
272	430016	胜龙科技	24200000
273	430108	精耕天下	24200000
274	430319	欧萨咨询	24134975
275	430294	七环电气	24000000
276	430611	长信股份	23880000
277	430085	新锐英诚	23800000
278	430619	格纳斯	23344600
279	430174	沃捷传媒	23318161
280	430055	达通通信	23011200
281	430124	汉唐自远	23000000
282	430024	金和软件	22572000
283	430603	回水科技	22564444
284	430103	天大清源	22518648
285	430042	科瑞讯	22330000
286	430441	英极股份	22290916
287	430066	南北天地	22000000
288	430579	龙源科技	21190000
289	430522	超弦科技	21120000
290	430554	金正方	21000000
291	430575	迈科网络	20776500
292	430308	泽天盛海	20500000
293	430512	芯朋微	20500000
294	430062	中科国信	20430000
295	430083	中科联众	20400000
296	430072	亿创科技	20220000
297	430495	奥远电子	20100000
298	430031	林克曼	20000000
299	430070	赛亿科技	20000000
300	430116	中矿华沃	20000000
301	430131	伟利讯	20000000
302	430222	璟泓科技	20000000
303	430243	铜牛信息	20000000
304	430268	恒信启华	20000000
305	430284	科胜石油	20000000
306	430293	奉天电子	20000000
307	430334	科洋科技	20000000
308	430341	呈创科技	20000000
309	430391	万特电气	20000000
310	430420	易城股份	20000000
311	430423	宁变科技	20000000
312	430425	乐创技术	20000000
313	430454	百大能源	20000000
314	430458	陆海科技	20000000
315	430464	方迪科技	20000000
316	430490	旭龙物联	20000000
317	430492	老来寿	20000000
318	430524	量天科技	20000000
319	430610	瀚远科技	20000000
320	430038	信维科技	19660000
321	430069	天助畅运	19500000
322	430102	科若思	19300000
323	430562	安运科技	19300000
324	430077	道隆软件	19128700
325	430358	基美影业	19048750
326	430203	兴和鹏	19017000
327	430163	三众能源	19000000
328	430039	华高世纪	18800000
329	430247	金日创	18590000
330	430168	博维仕	18125000
331	430188	奥贝克	18000000
332	430254	中卉生态	18000000
333	430290	和隆优化	18000000
334	430548	大方软件	18000000
335	430109	中航讯	17618000
336	430388	苏大明世	17256000
337	430448	和航科技	17085000
338	430233	星原丰泰	17000000
339	430516	文达通	17000000
340	430061	富机达能	16500000
341	430221	风帆电镀	16500000
342	430426	长城软件	16500000
343	430166	一正启源	16390000
344	430115	阿姆斯	16260400
345	430476	海能仪器	16066900
346	430155	康辰亚奥	16000000
347	430374	英富森	16000000
348	430392	斯派克	16000000
349	430449	蓝泰源	16000000
350	430541	翼兴节能	16000000
351	430546	乐彩科技	16000000
352	430572	奥普节能	16000000

序号	证券代码	证券简称	总股本(股)
353	430329	百林通信	15990000
354	430398	励图科技	15984000
355	430177	点点客	15936000
356	430488	东创科技	15700000
357	430613	腾晖科技	15680000
358	430172	瑞达恩	15500000
359	430231	赛诺达	15500000
360	430078	君德同创	15468600
361	430390	中科网络	15300000
362	430305	维珍创意	15228400
363	430350	万德智新	15200000
364	430101	泰诚信	15000000
365	430127	塞尔瑟斯	15000000
366	430128	广厦网络	15000000
367	430135	三益能环	15000000
368	430157	腾龙电子	15000000
369	430314	新橡科技	15000000
370	430325	精英智通	15000000
371	430340	伟钊科技	15000000
372	430351	爱科凯能	15000000
373	430353	百傲科技	15000000
374	430360	竹邦能源	15000000
375	430430	普滤得	15000000
376	430481	吉瑞祥	15000000
377	430529	恒成工具	15000000
378	430576	泰信电子	15000000
379	430279	华安股份	14816000
380	430132	国铁科林	14300000
381	430250	智网科技	14300000
382	430469	必控科技	14218182
383	430192	东展科博	14166667
384	430111	北京航峰	14076350
385	430444	昆拓热控	14056000
386	430501	超宇环保	14000000
387	430560	西部泰力	14000000
388	430612	雅威特	14000000
389	430547	畅想高科	13800000
390	430053	国学时代	13691700
391	430164	思倍驰	13500000
392	430434	万泉河	13410000
393	430337	朗威视讯	13213000
394	430312	伟力盛世	13150000
395	430348	瑞斯福	13140000
396	430197	津伦股份	13100000
397	430126	马氏兄弟	13000000
398	430191	波尔通信	13000000
399	430379	昂盛智能	13000000
400	430442	华昊电器	13000000
401	430455	德联科技	13000000
402	430475	陆道设计	13000000
403	430478	禾益化学	13000000
404	430511	远大股份	13000000
405	430531	瑞翼信息	13000000
406	430534	天涌科技	13000000
407	430160	三泰晟驰	12800000
408	430494	华博胜讯	12800000
409	430140	新眼光	12750000
410	430523	泰谷生物	12580000
411	430437	绿洲生化	12500000
412	430251	光电高斯	12048193
413	430063	工控网	12015000
414	430052	斯福泰克	12000000

序号	证券代码	证券简称	总股本(股)
415	430207	威明德	12000000
416	430234	翼捷股份	12000000
417	430310	博易股份	12000000
418	430367	力码科	12000000
419	430373	捷安高科	12000000
420	430375	星立方	12000000
421	430409	天泉鑫膜	12000000
422	430411	中电方大	12000000
423	430438	星弧涂层	12000000
424	430503	昌盛股份	12000000
425	430519	博控科技	12000000
426	430520	世安科技	12000000
427	430552	亚成微	12000000
428	430585	中矿微星	12000000
429	430457	三网科技	11883832
430	430291	中试电力	11810000
431	430604	三炬生物	11800000
432	430145	智立医学	11600000
433	430267	盛世光明	11500000
434	430544	闽保股份	11476000
435	430515	麟龙股份	11250000
436	430346	哇棒传媒	11111100
437	430285	锐创信通	11025000
438	430237	大汉三通	11010000
439	430236	美兰股份	11000000
440	430244	颂大教育	11000000
441	430301	倚天股份	11000000
442	430326	希文科技	11000000
443	430406	奥美格	11000000
444	430413	法辉科技	11000000
445	430565	莱力柏	11000000
446	430080	尚水股份	10981800
447	430046	圣博润	10900000
448	430123	速原中天	10800000
449	430467	深圳行健	10800000
450	430491	蓝斯股份	10800000
451	430601	吉玛基因	10724000
452	430412	晓沃环保	10600000
453	430216	风格信息	10500000
454	430453	恒锐科技	10500000
455	430347	地大信息	10100000
456	430344	鼎晖科技	10010000
457	430081	莱富特佰	10000000
458	430086	爱迪科森	10000000
459	430092	易生创新	10000000
460	430099	理想固网	10000000
461	430100	九尊能源	10000000
462	430106	爱特泰克	10000000
463	430117	航天理想	10000000
464	430125	都市鼎点	10000000
465	430129	极品无限	10000000
466	430136	安普能	10000000
467	430165	光宝联合	10000000
468	430171	电信易通	10000000
469	430173	鼎讯互动	10000000
470	430186	国承瑞泰	10000000
471	430190	新瑞理想	10000000
472	430202	星河科技	10000000
473	430218	长虹立川	10000000
474	430229	绿岸股份	10000000
475	430248	奥尔斯	10000000
476	430256	卓繁信息	10000000

序号	证券代码	证券简称	总股本(股)
477	430259	华宿电气	10000000
478	430266	联动设计	10000000
479	430269	新网程	10000000
480	430273	永天科技	10000000
481	430278	连能环保	10000000
482	430281	能为科技	10000000
483	430298	淘礼网	10000000
484	430302	保华石化	10000000
485	430306	永铭医学	10000000
486	430309	易所试	10000000
487	430317	日升天信	10000000
488	430321	博德石油	10000000
489	430331	中环系统	10000000
490	430355	沃特能源	10000000
491	430356	雷腾软件	10000000
492	430364	屹通信息	10000000
493	430394	伯朗特	10000000
494	430401	声威电声	10000000
495	430403	英思科技	10000000
496	430407	长合信息	10000000
497	430419	三凯股份	10000000
498	430424	联合创业	10000000
499	430439	亚杜股份	10000000
500	430474	恒裕灯饰	10000000
501	430479	网阔信息	10000000
502	430509	银利智能	10000000
503	430535	柳爱科技	10000000
504	430559	新华通	10000000
505	430574	星奥股份	10000000
506	430577	力龙信息	10000000
507	430578	差旅天下	10000000
508	430589	银河激光	10000000
509	430617	欧迅体育	10000000
510	430627	页游科技	10000000
511	430276	晟矽微电	9294872
512	430204	石竹科技	9000000
513	430362	东电创新	9000000
514	430368	明波通信	9000000
515	430415	钟舟电气	9000000
516	430471	豪威尔	9000000
517	430067	维信通	8900000
518	430550	沃克斯	8300000
519	430354	华敏测控	8220000
520	430342	天润康隆	8200000
521	430261	易维科技	8150000
522	430184	北方跃龙	8080000
523	430122	中控智联	8000000
524	430134	可来博	8000000
525	430288	威达宇电	8000000
526	430416	地林伟业	8000000
527	430537	恒通股份	8000000
528	430540	五龙制动	8000000
529	430563	华宇股份	8000000
530	430517	新吉纳	7900000
531	430182	全网数商	7800000
532	430380	成明节能	7800000
533	430384	宜达胜	7500000
534	430473	网动股份	7500000
535	430194	锐风行	7413333
536	430148	科能腾达	7400000
537	430114	永瀚星港	7000000
538	430185	普瑞物联	7000000
539	430270	高曼重工	7000000
540	430311	达美盛	7000000
541	430421	华之邦	7000000
542	430498	嘉网股份	7000000
543	430580	云天软件	7000000
544	430235	典雅天地	6856997
545	430087	威力恒	6800000
546	430112	弘祥隆	6600000
547	430096	航天宏达	6500000
548	430219	拓川股份	6500000
549	430446	三灵科技	6500000
550	430624	中天金谷	6500000
551	430451	万人调查	6400000
552	430480	辰维科技	6356000
553	430239	信诺达	6315789
554	430118	华欣远达	6300000
555	430169	融智通	6300000
556	430199	北京了望	6300000
557	430121	英福美	6100000
558	430060	永邦科技	6000000
559	430107	朗铭科技	6000000
560	430249	慧峰仁和	6000000
561	430262	神州云动	6000000
562	430280	索享股份	6000000
563	430282	优睿传媒	6000000
564	430292	威控科技	6000000
565	430322	智合新天	6000000
566	430345	天呈医流	6000000
567	430349	安威士	6000000
568	430352	慧网通达	6000000
569	430381	阿兰德	6000000
570	430389	意普万	6000000
571	430402	吉事达	6000000
572	430410	微纳颗粒	6000000
573	430591	明德生物	6000000
574	430597	博安通	6000000
575	430179	宇昂科技	5900000
576	430594	盈光科技	5660000
577	430153	中全网信	5500000
578	430400	日望电子	5500000
579	430315	众联信息	5300000
580	430120	金润科技	5194000
581	430158	北方科诚	5100040
582	430557	希芳阁	5100000
583	430079	环拓科技	5000000
584	430110	百拓科技	5000000
585	430113	中交远洲	5000000
586	430178	白虹软件	5000000
587	430181	道从科技	5000000
588	430187	全有时代	5000000
589	430189	七彩亮点	5000000
590	430193	紫新科技	5000000
591	430200	时代地智	5000000
592	430201	腾实信	5000000
593	430205	亿房信息	5000000
594	430217	申石软件	5000000
595	430224	网动科技	5000000
596	430242	蓝贝望	5000000
597	430255	三意时代	5000000
598	430272	世富环保	5000000
599	430277	福乐维	5000000
600	430303	百文宝	5000000

序号	证券代码	证券简称	总股本(股)
601	430304	每日视界	5000000
602	430316	巨灵信息	5000000
603	430327	元工国际	5000000
604	430333	普康迪	5000000
605	430343	优网科技	5000000
606	430361	般固科技	5000000
607	430404	瑞腾科技	5000000
608	430405	星火环境	5000000
609	430435	数聚软件	5000000
610	430443	易丰股份	5000000
611	430472	安泰得	5000000
612	430502	万隆电气	5000000
613	430506	云飞扬	5000000
614	430521	康捷医疗	5000000
615	430543	锐源仪器	5000000
616	430567	无锡海航	5000000
617	430569	安尔发	5000000
618	430571	科硕科技	5000000
619	430584	弘陆股份	5000000
620	430586	兴港包装	5000000
621	430615	华工创新	5000000

全国股转系统挂牌公司融资额排名

序号	证券代码	证券简称	募集金额(万元)
1	430010	现代农装	32400.00
2	430358	基美影业	9000.00
3	430176	中教股份	7500.00
4	430065	中海阳	6360.00
5	430143	武大科技	6000.00
6	430103	天大清源	5000.00
7	430084	星和众工	4842.00
8	430318	四维传媒	4760.00
9	430075	中讯四方	4200.00
10	430174	沃捷传媒	3927.00
11	430283	景弘环保	3832.50
12	430147	中矿龙科	3600.00
13	430206	尚远环保	3015.70
14	430300	辰光医疗	3000.00
15	430213	乐升股份	2880.00
16	430050	博朗环境	2860.00
17	430210	舜能科技	2568.00
18	430144	煦联得	2070.00
19	430098	大津股份	2062.50
20	430152	思创银联	2003.98
21	430208	优炫软件	1680.00
22	430141	久日化学	1499.23
23	430085	新锐英诚	1400.00
24	430434	万泉河	1269.00
25	430212	六合伟业	1250.00
26	430254	中卉生态	1180.00
27	430037	联飞翔	1035.00
28	430263	蓝天环保	1024.00
29	430170	金易通	1008.00
30	430099	理想固网	980.00
31	430348	瑞斯福	945.00
32	430276	晟矽微电	924.28
33	430093	掌上通	900.00
34	430123	速原中天	864.00
35	430478	禾益化学	807.69
36	430192	东展科博	800.00
37	430555	英派瑞	750.00
38	430592	凯德自控	740.00
39	430363	东电创新	700.00
40	430132	国铁科林	650.10
41	430088	全三维	640.00
42	430112	弘祥隆	600.00
43	430194	锐风行	600.00
44	430169	融智通	580.00
45	430231	赛诺达	530.00
46	430100	九尊能源	500.26
47	430279	华安股份	500.00
48	430109	中航讯	460.00
49	430202	星河科技	400.00
50	430379	昂盛智能	400.00
51	430415	钟舟电气	400.00
52	430038	信维科技	384.15
53	430196	宣爱智能	380.34
54	430323	天阶生物	368.00
55	430367	力码科	365.40
56	430310	博易智软	350.00
57	430148	科能腾达	326.40
58	430461	视威科技	321.60
59	430585	中矿微星	300.00
60	430120	金润科技	278.24
61	430250	智网科技	253.50
62	430235	典雅天地	235.81
63	430182	全网数商	214.00
64	430184	北方跃龙	200.00
65	430080	尚水股份	178.81
66	430198	微创光电	128.80
67	430179	宇昂科技	60.00
68	430071	首都在线	59.33
69	430384	宜达胜	57.50
70	430307	扬讯科技	37.04

全国股转系统挂牌企业地区分布

序号	省份	挂牌公司家数
1	北京	262
2	天津	24
3	河北	3
4	山西	1
5	内蒙古	0
6	辽宁	14
7	吉林	1
8	黑龙江	5
9	上海	67
10	江苏	44
11	浙江	10
12	安徽	13
13	福建	8
14	江西	3
15	山东	19
16	河南	12
17	湖北	46
18	湖南	9
19	广东	42
20	广西	3

序号	省份	挂牌公司家数
21	海南	1
22	重庆	4
23	四川	11
24	贵州	2
25	云南	2
26	西藏	0
27	陕西	9
28	甘肃	1
29	青海	0
30	宁夏	2
31	新疆	3
合计		621

截至 2013 年末挂牌公司园区分布

园区分布	挂牌公司家数
北京中关村	248
上海张江	50
天津滨海	22
武汉东湖	36
合计	356

全国股转系统挂牌公司行业分布

序号	门类行业	挂牌公司家数
1	制造业	306
2	信息传输、软件和信息技术服务业	210
3	科学研究和技术服务业	20
4	农、林、牧、渔业	16
5	文化、体育和娱乐业	14
6	建筑业	13
7	采矿业	8
8	卫生和社会工作	8
9	租赁和商务服务业	8
10	水利、环境和公共设施管理业	7
11	交通运输、仓储和邮政业	4
12	电力、热力、燃气及水生产和供应业	3
13	综合	2
14	金融业	1
15	批发和零售业	1
	合计	621

全国股转系统挂牌主办券商排名

序号	主办券商	挂牌公司家数
1	申银万国证券股份有限公司	78
2	国信证券股份有限公司	35
3	广发证券股份有限公司	32
4	齐鲁证券有限公司	32
5	中信建投证券股份有限公司	31
6	长江证券股份有限公司	30
7	西部证券股份有限公司	24
8	东吴证券股份有限公司	22
9	南京证券股份有限公司	17
10	东北证券股份有限公司	17
11	光大证券股份有限公司	17
12	中原证券股份有限公司	16
13	国泰君安证券股份有限公司	14
14	金元证券股份有限公司	14
15	海通证券股份有限公司	13
16	上海证券有限责任公司	13
17	宏源证券股份有限公司	13
18	中国银河证券股份有限公司	12
19	安信证券股份有限公司	12
20	招商证券股份有限公司	10
21	长城证券有限责任公司	10
22	东方花旗证券有限公司	10
23	方正证券股份有限公司	9
24	山西证券股份有限公司	8
25	国元证券股份有限公司	7
26	中信证券股份有限公司	6
27	东方证券股份有限公司	6
28	兴业证券股份有限公司	6
29	大通证券股份有限公司	6
30	东海证券股份有限公司	5
31	国海证券股份有限公司	5
32	华泰证券股份有限公司	5
33	华西证券有限责任公司	5
34	国金证券股份有限公司	5
35	财富证券有限责任公司	4
36	首创证券有限责任公司	4
37	华林证券有限责任公司	4
38	东莞证券有限责任公司	4
39	西南证券股份有限公司	4
40	中国中投证券有限责任公司	3
41	信达证券股份有限公司	3
42	国都证券有限责任公司	3
43	财通证券股份有限公司	3
44	华龙证券有限责任公司	3
45	东兴证券股份有限公司	3
46	广州证券有限责任公司	3
47	浙商证券股份有限公司	3
48	华安证券股份有限公司	3
49	平安证券有限责任公司	2
50	渤海证券股份有限公司	2
51	中国民族证券有限责任公司	2
52	世纪证券有限责任公司	2
53	财达证券有限责任公司	2
54	万联证券有限责任公司	2
55	国盛证券有限责任公司	2
56	新时代证券有限责任公司	2
57	民生证券有限责任公司	1
58	中银国际证券有限责任公司	1
59	国联证券股份有限公司	1
60	恒泰证券股份有限公司	1
61	红塔证券股份有限公司	1
62	华鑫证券有限责任公司	1
63	日信证券有限责任公司	1
64	中山证券有限责任公司	1
65	湘财证券股份有限公司	1
66	天风证券股份有限公司	1
67	华融证券股份有限公司	1
68	华福证券有限责任公司	1
69	华创证券有限责任公司	1
		621

中科软科技股份有限公司

公司概况	公司名称	中科软科技股份有限公司			股份名称	中 科 软
	法人代表	李玉成	董秘	张玮	股份代码	430002
	公司网址	www.sinosoft.com.cn		主办券商	申银万国证券股份有限公司	
	电　　话	010-62570007		传　　真	010-82523227	
	注册地址	北京市海淀区中关村新科祥园甲六号				
	行业分类	信息传输、软件和信息技术服务业				

	指标\报告期	2013.06.30	2012.12.31	2011.12.31
主要财务指标	营业收入(元)	937,890,280.32	2,125,085,033.46	1,598,523,618.37
	营业利润(元)	52,310,297.31	107,724,838.12	75,416,588.88
	净利润(元)	47,930,526.96	111,238,251.64	78,841,918.71
	未分配利润(元)	145,737,764.06	155,631,950.55	129,532,513.62
	总资产(元)	1,702,266,797.46	1,945,194,757.28	954,842,702.46
	总负债(元)	1,292,910,824.28	1,530,636,730.98	645,183,569.54
	净资产(元)	409,355,973.18	414,558,026.30	309,659,132.92
	每股收益(元)	0.23	0.55	0.70
	每股净资产(元)	1.93	1.96	2.75
	净资产收益率(%)	11.71	26.83	25.46

北京时代科技股份有限公司

公司概况	公司名称	北京时代科技股份有限公司			股份名称	北京时代
	法人代表	彭伟民	董秘	戚濛青	股份代码	430003
	公司网址	www.timegroup.com.cn		主办券商	国泰君安证券股份有限公司	
	电　　话	010-62977528		传　　真	010-62967340	
	注册地址	北京市海淀区上地信息产业基地开拓路17号				
	行业分类	制造业				

	指标\报告期	2013.06.30	2012.12.31	2011.12.31
主要财务指标	营业收入(元)	139,080,461.65	383,222,286.20	383,222,286.20
	营业利润(元)	4,519,807.81	15,383,560.11	15,383,560.11
	净利润(元)	4,439,972.48	13,564,333.61	13,564,333.61
	未分配利润(元)	130,352,402.47	125,884,964.48	125,884,964.48
	总资产(元)	817,156,505.15	818,093,105.65	818,093,105.65
	总负债(元)	499,616,284.66	504,992,857.64	504,992,857.64
	净资产(元)	317,540,220.49	313,100,248.01	313,100,248.01
	每股收益(元)	0.07	0.22	0.22
	每股净资产(元)	5.25	5.18	5.18
	净资产收益率(%)	1.41	4.33	4.33

北京绿创环保设备股份有限公司

公司概况	公司名称	北京绿创环保设备股份有限公司			股份名称	绿创设备
	法人代表	姜鹏明	董秘	尹翔	股份代码	430004
	公司网址	www.greentec.com.cn		主办券商	广发证券股份有限公司	
	电　　话	010-80119702		传　　真	010-80119760	
	注册地址	北京市昌平区振兴路28号				
	行业分类	制造业				

	指标\报告期	2013.06.30	2012.12.31	2011.12.31
主要财务指标	营业收入(元)	25,668,539.22	85,417,811.56	105,595,374.05
	营业利润(元)	-4,709,637.91	-1,759,999.06	4,021,658.35
	净利润(元)	-4,663,579.09	-1,234,568.21	4,120,405.86
	未分配利润(元)	-3,807,790.58	855,788.51	3,593,355.35
	总资产(元)	159,419,805.28	160,260,103.92	175,295,981.10
	总负债(元)	60,501,026.23	56,677,745.78	68,809,056.27
	净资产(元)	98,918,779.05	103,582,358.14	106,486,924.83
	每股收益(元)	-0.05	-0.01	0.05
	每股净资产(元)	1.14	1.19	1.23
	净资产收益率(%)	-4.72	-1.19	3.87

原子高科股份有限公司

公司概况	公司名称	原子高科股份有限公司			股份名称	原子高科
	法人代表	王国光	董秘	吴陆员	股份代码	430005
	公司网址	www.atom-hitech.com		主办券商	广发证券股份有限公	
	电　　话	010-62638182		传　　真	010-69357195	
	注册地址	北京市海淀区西三环北路105号科原大厦10层B座1004-1008室				
	行业分类	制造业				

	指标\报告期	2013.06.30	2012.12.31	2011.12.31
主要财务指标	营业收入(元)	105,595,374.05	454,980,063.75	454,980,063.75
	营业利润(元)	4,021,658.35	79,712,415.74	79,712,415.74
	净利润(元)	4,120,405.86	67,900,498.21	67,900,498.21
	未分配利润(元)	3,593,355.35	187,282,787.38	187,282,787.38
	总资产(元)	175,295,981.10	591,720,270.62	591,720,270.62
	总负债(元)	68,809,056.27	237,156,982.35	237,156,982.35
	净资产(元)	106,486,924.83	354,563,288.27	354,563,288.27
	每股收益(元)	0.05	0.89	0.89
	每股净资产(元)	1.23	4.48	4.48
	净资产收益率(%)	3.87	19.92	19.92

北京华环电子股份有限公司

公司概况	公司名称	北京华环电子股份有限公司			股份名称	华环电子
	法人代表	周立业	董秘	杨兵	股份代码	430009
	公司网址	www.huahuan.com		主办券商	广发证券股份有限公司	
	电　话	010-62981998-103		传　真	010-82899801	
	注册地址	北京市海淀区上地六街26号				
	行业分类	制造业				

	指标\报告期	2013.06.30	2012.12.31	2011.12.31
主要财务指标	营业收入(元)	454,980,063.75	166,215,309.04	166,215,309.04
	营业利润(元)	79,712,415.74	11,660,582.15	11,660,582.15
	净利润(元)	67,900,498.21	13,720,966.31	13,720,966.31
	未分配利润(元)	187,282,787.38	36,249,250.27	36,249,250.27
	总资产(元)	591,720,270.62	177,834,481.55	177,834,481.55
	总负债(元)	237,156,982.35	69,574,676.33	69,574,676.33
	净资产(元)	354,563,288.27	108,259,805.22	108,259,805.22
	每股收益(元)	0.89	0.26	0.26
	每股净资产(元)	4.48	2.06	2.06
	净资产收益率(%)	19.92	12.67	12.67

现代农装科技股份有限公司

公司概况	公司名称	现代农装科技股份有限公司			股份名称	现代农装
	法人代表	李树君	董秘	王智宇	股份代码	430010
	公司网址	www.xdnz.com.cn		主办券商	申银万国证券股份有限公司	
	电　话	010-64882294		传　真	010-64878452	
	注册地址	北京市昌平区科技园区中兴路10号A208房间				
	行业分类	制造业				

	指标\报告期	2013.06.30	2012.12.31	2011.12.31
主要财务指标	营业收入(元)	918,871,505.03	2,032,522,699.70	1,478,066,236.45
	营业利润(元)	14,437,911.56	49,788,672.55	70,233,200.43
	净利润(元)	15,737,594.85	48,021,491.92	74,149,638.03
	未分配利润(元)	224,482,646.83	223,130,080.90	181,045,065.82
	总资产(元)	2,997,322,510.19	2,810,080,259.55	1,888,663,009.25
	总负债(元)	2,292,431,036.27	2,108,522,820.91	1,200,710,834.89
	净资产(元)	704,891,473.92	701,557,438.64	687,952,174.36
	每股收益(元)	0.14	0.52	0.96
	每股净资产(元)	6.08	6.07	6.08
	净资产收益率(%)	2.33	8.53	11.85

北京指南针科技发展股份有限公司

公司概况	公司名称	北京指南针科技发展股份有限公司			股份名称	指 南 针
	法人代表	陈宽余	董秘	孙鸣	股份代码	430011
	公司网址	www.compass.com.cn		主办券商	申银万国证券股份有限公司	
	电　话	010-82559889		传　真	010-82559999	
	注册地址	北京市朝阳区湖光北街9号				
	行业分类	信息传输、软件和信息技术服务业				

	指标\报告期	2013.06.30	2012.12.31	2011.12.31
主要财务指标	营业收入(元)	15,742,228.00	49,071,083.00	49,071,083.00
	营业利润(元)	-13,848,283.00	-30,765,846.00	-30,765,846.00
	净利润(元)	-8,705,500.00	-31,586,897.00	-31,586,897.00
	未分配利润(元)	-117,282,031.00	-108,576,531.00	-108,576,531.00
	总资产(元)	75,206,894.00	60,630,430.00	60,630,430.00
	总负债(元)	48,559,721.00	25,277,757.00	25,277,757.00
	净资产(元)	26,647,173.00	35,352,673.00	35,352,673.00
	每股收益(元)	-0.12	-0.43	-0.43
	每股净资产(元)	0.36	0.48	0.48
	净资产收益率(%)	-32.67	-89.26	-89.26

北京中农立民羊业科技股份有限公司

公司概况	公司名称	北京中农立民羊业科技股份有限公司			股份名称	ST 羊 业
	法人代表	张国华	董秘	张国华	股份代码	430013
	公司网址	www.znyy.com.cn		主办券商	广发证券股份有限公司	
	电　话	010-88552011		传　真	010-51905140	
	注册地址	北京市海淀区紫竹院路88号紫竹花园A座16楼02室				
	行业分类	农、林、牧、渔业				

	指标\报告期	2006.12.31	2005.12.31	2004.12.31
主要财务指标	营业收入(元)	17,519,249.99	17,519,249.99	17,519,249.99
	营业利润(元)	2,265,790.27	2,265,790.27	2,265,790.27
	净利润(元)	2,763,353.27	2,763,353.27	2,763,353.27
	未分配利润(元)	-1,013,882.65	-1,013,882.65	-1,013,882.65
	总资产(元)	107,328,991.15	107,328,991.15	107,328,991.15
	总负债(元)	30,540,052.65	30,540,052.65	30,540,052.65
	净资产(元)	76,788,938.50	76,788,938.50	76,788,938.50
	每股收益(元)	0.04	0.04	0.04
	每股净资产(元)	0.99	0.99	0.99
	净资产收益率(%)	3.60	3.60	3.60

北京恒业世纪科技股份有限公司

公司概况	公司名称	北京恒业世纪科技股份有限公司			股份名称	恒业世纪
	法人代表	刘燕生	董秘	曾巩	股份代码	430014
	公司网址	www.hy5000.com		主办券商	平安证券有限责任公司	
	电　话	010-67218877		传　真	010-67282879	
	注册地址	北京海淀区紫竹院路33号美林公寓1-6A				
	行业分类	制造业				

主要财务指标	指标\报告期	2013.06.30	2012.12.31	2011.12.31
	营业收入(元)	80,992,986.70	122,359,333.58	112,151,278.57
	营业利润(元)	3,807,626.31	9,806,233.07	8,422,710.75
	净利润(元)	3,724,472.56	9,856,792.49	8,636,720.97
	未分配利润(元)	26,194,558.46	25,980,332.20	20,308,623.07
	总资产(元)	164,994,730.75	136,502,416.10	117,890,620.59
	总负债(元)	83,682,385.45	55,404,297.06	43,389,779.60
	净资产(元)	81,312,345.30	81,098,119.04	74,500,840.99
	每股收益(元)	0.07	0.20	0.17
	每股净资产(元)	1.62	1.62	1.49
	净资产收益率(%)	4.58	12.15	11.59

北京盖特佳信息科技股份有限公司

公司概况	公司名称	北京盖特佳信息科技股份有限公司			股份名称	盖特佳
	法人代表	王挺	董秘	华晓刚	股份代码	430015
	公司网址	www.gateguard.com.cn		主办券商	申银万国证券股份有限公司	
	电　话	010-82657133-1004		传　真	010-82658789	
	注册地址	北京市海淀区万泉河路68号紫金庄园小区8号楼紫金大厦1705室				
	行业分类	信息传输、软件和信息技术服务业				

主要财务指标	指标\报告期	2013.06.30	2012.12.31	2011.12.31
	营业收入(元)	1,363,538.19	3,564,630.19	10,677,119.56
	营业利润(元)	-1,477,694.36	-8,075,321.95	-1,164,677.21
	净利润(元)	-1,477,694.36	-7,965,599.37	-946,706.51
	未分配利润(元)	-5,384,660.79	-4,406,966.43	3,558,632.94
	总资产(元)	45,752,931.54	46,662,373.22	54,708,523.84
	总负债(元)	2,830,384.41	2,262,131.73	2,342,682.98
	净资产(元)	42,922,547.13	44,400,241.49	52,365,840.86
	每股收益(元)	-0.04	-0.20	-0.02
	每股净资产(元)	1.05	1.09	1.28
	净资产收益率(%)	-3.44	-17.94	-1.81

北京胜龙科技股份有限公司

公司概况	公司名称	北京胜龙科技股份有限公司			股份名称	胜龙科技
	法人代表	安歆	董秘	王建伟	股份代码	430016
	公司网址	www.shenglong.com.cn		主办券商	申银万国证券股份有限公司	
	电　话	010-88018329		传　真	010-88019567	
	注册地址	北京市海淀区车公庄西路乙19号(华通大厦B座17层)				
	行业分类	信息传输、软件和信息技术服务业				

主要财务指标	指标\报告期	2013.06.30	2012.12.31	2011.12.31
	营业收入(元)	2,937,096.11	14,260,861.62	27,765,437.99
	营业利润(元)	-1,451,816.45	-5,327,251.55	1,628,273.47
	净利润(元)	-1,420,192.40	-4,904,621.02	1,393,827.84
	未分配利润(元)	-8,298,915.28	-6,522,813.81	-1,618,192.79
	总资产(元)	49,187,999.02	45,869,941.79	48,189,280.16
	总负债(元)	20,635,934.31	15,541,775.61	12,956,492.96
	净资产(元)	28,552,064.71	30,328,166.18	35,232,787.20
	每股收益(元)	-0.06	-0.20	0.06
	每股净资产(元)	1.18	1.25	1.46
	净资产收益率(%)	-4.97	-16.17	3.96

北京星昊医药股份有限公司

公司概况	公司名称	北京星昊医药股份有限公司			股份名称	星昊医药
	法人代表	殷岚	董秘	温茜	股份代码	430017
	公司网址	www.sunho.com.cn		主办券商	海通证券股份有限公司	
	电　话	010-67888388		传　真	010-67888288	
	注册地址	北京经济技术开发区中和街18号				
	行业分类	制造业				

主要财务指标	指标\报告期	2013.06.30	2012.12.31	2011.12.31
	营业收入(元)	106,391,768.51	202,284,370.08	170,572,635.86
	营业利润(元)	29,529,399.74	63,676,533.78	48,424,354.59
	净利润(元)	25,467,646.37	54,434,027.94	43,361,020.76
	未分配利润(元)	179,162,423.49	153,694,777.12	104,670,631.49
	总资产(元)	482,187,516.34	449,410,171.89	290,984,647.40
	总负债(元)	68,962,863.49	61,653,165.41	117,662,451.13
	净资产(元)	413,224,652.85	387,757,006.48	173,322,196.27
	每股收益(元)	0.33	0.92	0.75
	每股净资产(元)	5.35	6.54	2.95
	净资产收益率(%)	6.16	14.03	25.48

北京合纵科技股份有限公司

公司概况	公司名称	北京合纵科技股份有限公司			股份名称	合纵科技
	法人代表	刘泽刚	董秘	冯峥	股份代码	430018
	公司网址	www.chinahezong.com		主办券商	申银万国证券股份有限公司	
	电　话	010-62973188		传　真	010-62975911	
	注册地址	北京市海淀区上地三街9号嘉华大厦D1211				
	行业分类	制造业				

主要财务指标	指标\报告期	2013.06.30	2012.12.31	2011.12.31
	营业收入(元)	274,494,209.84	516,650,536.48	360,326,491.44
	营业利润(元)	29,800,796.71	80,688,894.87	64,017,198.75
	净利润(元)	25,216,449.44	69,498,475.86	55,475,949.65
	未分配利润(元)	189,624,303.44	163,963,511.15	112,065,179.83
	总资产(元)	681,577,980.18	624,840,584.73	449,634,563.82
	总负债(元)	370,738,871.74	339,217,925.73	221,183,380.68
	净资产(元)	310,839,108.44	285,622,659.00	228,451,183.14
	每股收益(元)	0.31	0.85	0.67
	每股净资产(元)	3.75	3.43	2.78
	净资产收益率(%)	8.34	24.65	24.13

北京新松佳和电子系统股份有限公司

公司概况	公司名称	北京新松佳和电子系统股份有限公司			股份名称	新松佳和
	法人代表	曲道奎	董秘	舒伟	股份代码	430019
	公司网址	www.bjsiasun.com		主办券商	申银万国证券股份有限公司	
	电　话	010-63324498		传　真	010-63361768	
	注册地址	北京市海淀区北小马厂6号华天大厦1018室				
	行业分类	信息传输、软件和信息技术服务业				

主要财务指标	指标\报告期	2013.06.30	2012.12.31	2011.12.31
	营业收入(元)	32,616,258.28	71,288,035.86	76,585,178.01
	营业利润(元)	4,264,041.54	8,420,888.31	13,596,060.49
	净利润(元)	3,637,457.31	7,177,354.31	12,771,791.90
	未分配利润(元)	40,456,672.11	37,819,214.80	33,859,595.92
	总资产(元)	95,370,893.99	89,724,568.50	86,186,972.63
	总负债(元)	24,312,916.57	21,304,048.39	22,443,806.83
	净资产(元)	71,057,977.42	68,420,520.11	63,743,165.80
	每股收益(元)	0.15	0.29	0.51
	每股净资产(元)	2.84	2.74	2.55
	净资产收益率(%)	5.12	10.49	20.04

北京建工华创科技发展股份有限公司

公司概况	公司名称	北京建工华创科技发展股份有限公司			股份名称	建工华创
	法人代表	周华林	董秘	望雪林	股份代码	430020
	公司网址	www.hctech.com.cn		主办券商	申银万国证券股份有限公司	
	电　话	010-69766676		传　真	010-69761176	
	注册地址	北京市昌平区科技园区中兴路10号A329-1				
	行业分类	制造业				

主要财务指标	指标\报告期	2013.06.30	2012.12.31	2011.12.31
	营业收入(元)	8,161,502.30	8,604,655.33	26,421,365.45
	营业利润(元)	-4,574,614.38	-17,396,083.81	-5,755,700.75
	净利润(元)	-4,589,336.45	-17,156,620.49	-5,018,888.18
	未分配利润(元)	-8,828,772.80	-4,467,686.81	12,187,692.24
	总资产(元)	107,591,271.73	114,006,177.49	140,767,073.96
	总负债(元)	26,606,370.22	28,431,939.53	36,517,098.80
	净资产(元)	80,984,901.51	85,574,237.96	104,249,975.16
	每股收益(元)	-0.12	-0.46	-0.13
	每股净资产(元)	1.79	1.91	2.37
	净资产收益率(%)	-6.77	-24.21	-5.58

北京海鑫科金高科技股份有限公司

公司概况	公司名称	北京海鑫科金高科技股份有限公司			股份名称	海鑫科金
	法人代表	刘晓春	董秘	刘桂敏	股份代码	430021
	公司网址	www.hisign.com.cn		主办券商	广发证券股份有限公司	
	电　话	010-63269992-6858		传　真	010-63323420	
	注册地址	北京市丰台区南四环西路186号四区4号楼6层				
	行业分类	信息传输、软件和信息技术服务业				

主要财务指标	指标\报告期	2013.06.30	2012.12.31	2011.12.31
	营业收入(元)	54,748,959.91	232,423,931.78	189,832,085.63
	营业利润(元)	-26,523,196.80	38,843,237.83	45,818,925.66
	净利润(元)	-18,776,157.95	49,149,990.28	46,778,020.15
	未分配利润(元)	64,218,547.29	126,852,203.50	139,735,089.27
	总资产(元)	305,775,000.80	360,947,182.14	273,212,470.31
	总负债(元)	56,690,817.84	68,564,238.23	48,122,786.67
	净资产(元)	249,084,182.96	292,382,943.91	225,089,683.64
	每股收益(元)	-0.11	0.54	0.85
	每股净资产(元)	1.57	3.23	4.05
	净资产收益率(%)	-6.89	16.62	20.96

北京五岳鑫信息技术股份有限公司

公司概况	公司名称	北京五岳鑫信息技术股份有限公司			股份名称	五岳鑫
	法人代表	庞志耕	董秘	唐全利	股份代码	430022
	公司网址	www.maystar.com.cn		主办券商	国信证券股份有限公司	
	电　话	010-62976668		传　真	010-62976668	
	注册地址	北京市海淀区上地信息路22号上地科技综合楼B座五层				
	行业分类	制造业				

	指标\报告期	2013.06.30	2012.12.31	2011.12.31
主要财务指标	营业收入(元)	14,427,786.94	40,685,589.05	44,805,919.28
	营业利润(元)	−24,588.44	8,537,649.21	14,570,821.96
	净利润(元)	230,098.44	10,190,937.75	12,057,394.31
	未分配利润(元)	6,606,116.74	10,938,311.27	23,907,947.71
	总资产(元)	71,603,542.44	76,200,696.25	88,255,667.84
	总负债(元)	6,428,900.42	6,693,859.70	6,799,769.04
	净资产(元)	65,174,642.02	69,506,836.55	81,455,898.80
	每股收益(元)	0.00	0.21	0.24
	每股净资产(元)	1.32	1.41	1.66
	净资产收益率(%)	0.35	14.66	14.80

北京金和软件股份有限公司

公司概况	公司名称	北京金和软件股份有限公司			股份名称	金和软件
	法人代表	栾润峰	董秘	房宏伟	股份代码	430024
	公司网址	www.jh0101.com		主办券商	中国中投证券有限责任公司	
	电　话	010-58858685		传　真	010-58945666	
	注册地址	北京市海淀区上地东路1号院盈创动力大厦A座401室				
	行业分类	信息传输、软件和信息技术服务业				

	指标\报告期	2013.06.30	2012.12.31	2011.12.31
主要财务指标	营业收入(元)	34,977,850.42	72,960,867.53	51,157,052.74
	营业利润(元)	−2,679,715.37	−5,091,615.18	−28,962,691.78
	净利润(元)	753,864.82	972,908.87	−15,813,602.17
	未分配利润(元)	1,763,403.79	1,009,538.97	134,842.49
	总资产(元)	72,302,511.63	68,840,704.23	62,039,467.16
	总负债(元)	42,310,517.01	39,602,574.43	33,774,246.23
	净资产(元)	29,991,994.62	29,238,129.80	28,265,220.93
	每股收益(元)	0.03	0.04	−0.70
	每股净资产(元)	1.33	1.30	1.25
	净资产收益率(%)	2.51	3.33	−55.95

北京石晶光电科技股份有限公司

公司概况	公司名称	北京石晶光电科技股份有限公司			股份名称	石晶光电
	法人代表	魏占志	董秘	院中杰	股份代码	430025
	公司网址	www.cnbjcp.com		主办券商	广发证券股份有限公司	
	电　话	0391-6930695		传　真	0391-6930836	
	注册地址	北京市海淀区知春路118号知春大厦A座605室				
	行业分类	制造业				

	指标\报告期	2013.06.30	2012.12.31	2011.12.31
主要财务指标	营业收入(元)	33,985,069.15	87,778,933.99	77,652,833.79
	营业利润(元)	1,574,733.67	6,015,164.83	8,968,095.82
	净利润(元)	1,786,283.66	5,777,835.58	9,561,945.16
	未分配利润(元)	33,532,019.65	32,828,575.92	30,188,950.12
	总资产(元)	147,820,115.08	149,074,615.40	143,621,583.23
	总负债(元)	22,748,158.31	23,618,604.05	20,716,052.53
	净资产(元)	125,071,956.77	125,456,011.35	122,905,530.70
	每股收益(元)	0.03	0.08	0.15
	每股净资产(元)	1.90	1.88	1.82
	净资产收益率(%)	1.40	4.39	8.00

北京金豪制药股份有限公司

公司概况	公司名称	北京金豪制药股份有限公司			股份名称	金豪制药
	法人代表	曹健荣	董秘	程超	股份代码	430026
	公司网址	www.kinghawk828.com		主办券商	申银万国证券股份有限公司	
	电　话	010-67878866-2056		传　真	010-67881632	
	注册地址	北京市北京经济技术开发区运城街7号1号楼				
	行业分类	制造业				

	指标\报告期	2013.06.30	2012.12.31	2011.12.31
主要财务指标	营业收入(元)	42,055,626.26	52,201,102.93	51,320,876.35
	营业利润(元)	−1,744,555.66	2,247,684.96	3,876,546.52
	净利润(元)	−1,813,735.37	4,322,545.27	7,444,618.26
	未分配利润(元)	32,674,409.75	34,213,982.30	30,270,353.88
	总资产(元)	116,129,857.78	125,061,141.59	93,846,452.03
	总负债(元)	30,182,817.95	37,169,216.39	13,999,872.10
	净资产(元)	85,947,039.83	87,891,925.20	79,846,579.93
	每股收益(元)	−0.04	0.10	0.18
	每股净资产(元)	1.97	2.01	1.90
	净资产收益率(%)	−1.86	5.19	9.32

北京北科光大信息技术股份有限公司

公司概况	公司名称	北京北科光大信息技术股份有限公司			股份名称	北科光大
	法人代表	侯鲁民	董秘	张爽	股份代码	430027
	公司网址	www.919.com.cn		主办券商	上海证券有限责任公司	
	电　　话	010-82652801		传　　真	010-82652808	
	注册地址	北京市海淀区玉泉山路23号1号楼				
	行业分类	信息传输、软件和信息技术服务业				

	指标＼报告期	2013.06.30	2012.12.31	2011.12.31
主要财务指标	营业收入（元）	5,914,933.82	18,891,027.02	16,349,627.44
	营业利润（元）	-548,505.02	-3,271,872.72	-1,882,531.78
	净利润（元）	-441,530.64	248,378.15	192,198.41
	未分配利润（元）	7,750,832.31	8,192,362.95	7,968,694.18
	总资产（元）	55,217,725.60	54,431,242.50	57,892,375.75
	总负债（元）	2,431,697.08	1,203,683.34	4,913,194.74
	净资产（元）	52,786,028.52	53,227,559.16	52,979,181.01
	每股收益（元）	-0.01	0.01	0.01
	每股净资产（元）	1.20	1.21	1.68
	净资产收益率（%）	-0.84	0.47	0.36

北京京鹏环球科技股份有限公司

公司概况	公司名称	北京京鹏环球科技股份有限公司			股份名称	京鹏科技
	法人代表	田真	董秘	刘文玺	股份代码	430028
	公司网址	www.kingpeng.cn		主办券商	申银万国证券股份有限公司	
	电　　话	010-58711535		传　　真	010-58711560	
	注册地址	北京市海淀区丰慧中路7号新材料创业大厦705号				
	行业分类	农、林、牧、渔业				

	指标＼报告期	2013.06.30	2012.12.31	2011.12.31
主要财务指标	营业收入（元）	148,178,303.14	272,501,001.10	202,084,835.65
	营业利润（元）	13,164,281.84	12,112,072.27	19,541,971.95
	净利润（元）	11,026,964.61	13,204,486.27	17,861,906.77
	未分配利润（元）	30,099,653.57	23,641,536.15	33,787,185.22
	总资产（元）	312,835,573.05	307,806,653.16	236,555,241.62
	总负债（元）	153,360,206.19	155,700,250.91	150,306,317.10
	净资产（元）	159,475,366.86	152,106,402.25	86,248,924.52
	每股收益（元）	0.17	0.27	0.48
	每股净资产（元）	2.61	2.50	2.11
	净资产收益率（%）	6.58	9.28	22.77

北京金泰得生物科技股份有限公司

公司概况	公司名称	北京金泰得生物科技股份有限公司			股份名称	金泰得
	法人代表	刘长根	董秘	徐丽秋	股份代码	430029
	公司网址	www.gold-tide.com.cn		主办券商	上海证券有限责任公司	
	电　　话	010-82352232		传　　真	010-82356103	
	注册地址	北京市海淀区知春路23号量子银座206室				
	行业分类	制造业				

	指标＼报告期	2013.06.30	2012.12.31	2011.12.31
主要财务指标	营业收入（元）	68,131,571.59	150,995,430.02	154,702,632.78
	营业利润（元）	-4,791,904.03	4,599,177.09	11,291,000.37
	净利润（元）	-4,833,444.65	2,892,830.38	9,366,865.40
	未分配利润（元）	8,219,013.81	13,574,855.80	14,586,744.54
	总资产（元）	80,621,962.89	83,861,969.65	63,854,978.19
	总负债（元）	31,351,071.62	29,071,633.73	8,527,472.65
	净资产（元）	49,270,891.27	54,790,335.92	55,327,505.54
	每股收益（元）	-0.14	0.08	0.27
	每股净资产（元）	1.44	1.58	1.61
	净资产收益率（%）	-9.59	5.36	16.87

北京安控科技股份有限公司

公司概况	公司名称	北京安控科技股份有限公司			股份名称	安控科技
	法人代表	俞凌	董秘	宋卫红	股份代码	430030
	公司网址	www.echocontrol.com		主办券商	上海证券有限责任公司	
	电　　话	010-62971668		传　　真	010-62979746	
	注册地址	北京市海淀区上地四街一号丙楼五层				
	行业分类	制造业				

	指标＼报告期	2013.06.30	2012.12.31	2011.12.31
主要财务指标	营业收入（元）	88,497,376.20	259,799,968.18	205,524,439.60
	营业利润（元）	3,100,169.30	48,710,455.44	43,601,132.31
	净利润（元）	3,513,228.65	46,156,280.37	41,397,599.57
	未分配利润（元）	137,640,991.05	134,326,235.38	94,156,700.44
	总资产（元）	453,907,881.76	450,362,499.45	318,940,173.61
	总负债（元）	251,994,175.64	251,962,021.98	166,695,976.51
	净资产（元）	201,913,706.12	198,400,477.47	152,244,197.10
	每股收益（元）	0.08	1.04	0.94
	每股净资产（元）	4.52	4.45	3.41
	净资产收益率（%）	1.68	23.30	27.47

北京林克曼数控技术股份有限公司

公司概况

公司名称	北京林克曼数控技术股份有限公司			股份名称	林克曼
法人代表	陆元元	董秘	刘旭超	股份代码	430031
公司网址	www.linkman.com.cn	主办券商	申银万国证券股份有限公司		
电话	010-69801390	传真	010-69801360		
注册地址	北京市海淀区小南庄怡秀园 4-5055				
行业分类	制造业				

主要财务指标

指标\报告期	2013.06.30	2012.12.31	2011.12.31
营业收入(元)	4,442,291.99	15,190,804.41	18,515,994.54
营业利润(元)	950,487.73	6,302,329.95	8,460,277.92
净利润(元)	1,722,914.71	7,290,743.00	7,718,719.51
未分配利润(元)	46,380,410.42	49,407,495.71	44,645,827.01
总资产(元)	75,955,593.26	77,233,219.79	72,248,117.88
总负债(元)	3,339,240.14	1,589,781.38	2,095,422.47
净资产(元)	72,616,353.12	75,643,438.41	70,152,695.41
每股收益(元)	0.09	0.36	0.39
每股净资产(元)	3.63	3.78	3.51
净资产收益率(%)	2.37	9.64	11.00

北京凯英信业科技股份有限公司

公司概况

公司名称	北京凯英信业科技股份有限公司			股份名称	凯英信业
法人代表	贾立东	董秘	张旭	股份代码	430032
公司网址	www.keytec.com.cn	主办券商	齐鲁证券有限公司		
电话	010-82601199	传真	010-82600469		
注册地址	北京市海淀区学院路 30 号科大天工大厦 B 座 18 层 01-15 室				
行业分类	计算机				

主要财务指标

指标\报告期	2013.06.30	2012.12.31	2011.12.31
营业收入(元)	53,981,223.14	122,675,796.43	121,307,695.65
营业利润(元)	307,971.74	2,716,833.74	3,595,860.91
净利润(元)	1,066,903.00	3,282,871.39	4,207,426.90
未分配利润(元)	14,310,130.13	13,243,227.13	10,282,114.86
总资产(元)	167,179,878.38	161,382,603.15	126,374,090.94
总负债(元)	103,448,843.68	98,718,471.45	66,992,830.63
净资产(元)	63,731,034.70	62,664,131.70	59,381,260.31
每股收益(元)	0.03	0.08	0.18
每股净资产(元)	1.60	1.57	1.49
净资产收益率(%)	1.67	5.24	7.09

北京彩讯科技股份有限公司

公司概况

公司名称	北京彩讯科技股份有限公司			股份名称	彩讯科技
法人代表	莫美明	董秘	戴万方	股份代码	430033
公司网址	www.triolion.com	主办券商	上海证券有限责任公司		
电话	010-82771801	传真	010-82784687		
注册地址	北京市海淀区东北旺西路 8 号中关村软件园 8 号楼 301 室				
行业分类	计算机				

主要财务指标

指标\报告期	2013.06.30	2012.12.31	2011.12.31
营业收入(元)	65,927,494.36	175,775,439.51	159,362,258.87
营业利润(元)	-9,174,616.12	11,941,519.69	16,371,191.85
净利润(元)	-7,957,743.47	12,288,193.47	14,750,573.44
未分配利润(元)	40,149,787.63	48,107,531.10	38,879,053.78
总资产(元)	173,269,991.78	190,971,438.61	165,866,313.25
总负债(元)	74,096,827.85	83,840,531.21	69,432,799.32
净资产(元)	99,173,163.93	107,130,907.40	96,433,513.93
每股收益(元)	-0.21	0.32	0.46
每股净资产(元)	2.60	2.81	3.03
净资产收益率(%)	-8.02	11.47	15.30

北京九州大地生物技术集团股份有限公司

公司概况

公司名称	北京九州大地生物技术集团股份有限公司			股份名称	大地股份
法人代表	马红刚	董秘		股份代码	430034
公司网址	www.jzdd.com.cn	主办券商	南京证券股份有限公司		
电话	010-63711800	传真	010-63712036		
注册地址	北京市海淀区上地信息路 1 号 2 号楼 1901 室				
行业分类	食品饮料				

主要财务指标

指标\报告期	2013.06.30	2012.12.31	2011.12.31
营业收入(元)	255,993,698.19	608,156,158.38	561,755,433.18
营业利润(元)	7,042,083.63	15,630,137.50	21,773,480.41
净利润(元)	6,105,087.64	19,753,631.65	20,137,726.16
未分配利润(元)	44,746,822.48	51,445,529.69	46,317,481.50
总资产(元)	252,340,400.51	239,352,098.38	245,562,118.81
总负债(元)	116,896,491.35	118,480,608.15	124,919,454.09
净资产(元)	135,443,909.16	120,871,490.23	120,642,664.72
每股收益(元)	0.09	0.35	0.35
每股净资产(元)	2.32	2.42	2.14
净资产收益率(%)	3.74	15.78	16.46

北京中兴通科技股份有限公司

公司概况	公司名称	北京中兴通科技股份有限公司			股份名称	中兴通
	法人代表	朱元涛	董秘	刘世芳(代)	股份代码	430035
	公司网址			主办券商	国信证券股份有限公司	
	电话	010-82781589		传真	010-6297985	
	注册地址	北京市海淀区上地三街9号C座1001室				
	行业分类	信息传输、软件和信息技术服务业				

	指标\报告期	2013.06.30	2012.12.31	2011.12.31
主要财务指标	营业收入(元)	7,209,167.82	105,497,246.50	123,928,567.75
	营业利润(元)	-9,339,715.43	13,516,295.60	31,962,306.15
	净利润(元)	-8,622,748.81	20,260,350.48	26,331,166.01
	未分配利润(元)	62,349,732.72	70,972,481.53	83,215,357.66
	总资产(元)	193,633,147.09	205,185,429.71	222,953,236.40
	总负债(元)	4,126,911.74	7,056,445.55	15,329,410.60
	净资产(元)	189,506,235.35	198,128,984.16	207,623,825.80
	每股收益(元)	-0.08	0.18	0.24
	每股净资产(元)	1.72	1.80	1.89
	净资产收益率(%)	-4.55	10.26	12.77

北京鼎普科技股份有限公司

公司概况	公司名称	北京鼎普科技股份有限公司			股份名称	鼎普科技
	法人代表	于晴	董秘	曲则明	股份代码	430036
	公司网址	www.tipfocus.com		主办券商	国泰君安证券股份有限公司	
	电话	010-51660818		传真	010-51660818-8811	
	注册地址	北京市海淀区农大南路1号硅谷亮城2C楼二、三层				
	行业分类	计算机				

	指标\报告期	2013.06.30	2012.12.31	2011.12.31
主要财务指标	营业收入(元)	42,943,178.79	83,217,538.37	57,222,396.01
	营业利润(元)	5,673,555.66	11,120,067.88	7,354,761.93
	净利润(元)	9,077,241.08	27,094,487.05	11,290,682.07
	未分配利润(元)	60,141,384.45	51,073,285.46	41,634,980.83
	总资产(元)	142,126,732.01	119,646,776.93	79,128,522.09
	总负债(元)	22,905,059.75	9,493,203.66	11,829,780.87
	净资产(元)	119,221,672.26	110,153,573.27	67,298,741.22
	每股收益(元)	0.18	0.57	0.56
	每股净资产(元)	2.38	2.20	3.36
	净资产收益率(%)	7.61	24.60	16.78

北京联飞翔科技股份有限公司

公司概况	公司名称	北京联飞翔科技股份有限公司			股份名称	联飞翔
	法人代表	郑淑芬	董秘	崔正朔	股份代码	430037
	公司网址	www.unifly.com.cn		主办券商	申银万国证券股份有限公司	
	电话	010-64097242		传真	010-64097234	
	注册地址	北京市东城区安定门东大街28号A710				
	行业分类	非金属类建材				

	指标\报告期	2013.06.30	2012.12.31	2011.12.31
主要财务指标	营业收入(元)	55,643,922.42	108,098,484.87	77,630,503.63
	营业利润(元)	11,481,655.87	17,980,822.36	8,491,399.92
	净利润(元)	11,170,492.49	19,518,600.30	10,981,947.77
	未分配利润(元)	52,482,274.24	42,052,789.47	24,842,333.84
	总资产(元)	281,393,329.47	257,468,818.95	199,018,774.89
	总负债(元)	86,087,513.85	80,310,255.47	41,773,920.00
	净资产(元)	195,305,815.62	177,158,563.48	157,244,854.89
	每股收益(元)	0.11	0.25	0.15
	每股净资产(元)	1.81	2.20	2.10
	净资产收益率(%)	6.15	11.22	7.45

北京信维科技股份有限公司

公司概况	公司名称	北京信维科技股份有限公司			股份名称	信维科技
	法人代表	刘云龙	董秘	魏钧	股份代码	430038
	公司网址	www.shinewaytech.com		主办券商	西部证券股份有限公司	
	电话	010-51551122		传真	010-62386994	
	注册地址	北京市海淀区花园北路14号66号楼5层				
	行业分类	制造业				

	指标\报告期	2013.06.30	2012.12.31	2011.12.31
主要财务指标	营业收入(元)	28,708,260.68	45,627,772.24	64,032,329.07
	营业利润(元)	-508,592.03	2,891,814.85	20,854,547.32
	净利润(元)	232,110.96	7,318,222.99	19,158,596.79
	未分配利润(元)	44,774,967.60	44,352,351.83	48,310,585.22
	总资产(元)	78,770,635.70	83,381,468.02	80,087,340.65
	总负债(元)	7,764,029.81	12,797,477.90	6,734,373.52
	净资产(元)	71,006,605.89	70,583,990.12	73,352,967.13
	每股收益(元)	0.01	0.39	1.03
	每股净资产(元)	3.80	3.78	3.93
	净资产收益率(%)	0.33	10.37	26.12

北京华高世纪科技股份有限公司

公司概况	公司名称	北京华高世纪科技股份有限公司		股份名称	华高世纪
	法人代表	高华智	董秘 张玲	股份代码	430039
	公司网址	www.waycom.cn		主办券商	招商证券股份有限公司
	电　话	010-84599728		传　真	010-84599723
	注册地址	北京市朝阳区酒仙桥路4号院内			
	行业分类	计算机			

主要财务指标	指标\报告期	2013.06.30	2012.12.31	2011.12.31
	营业收入(元)	24,661,024.76	61,007,835.50	69,447,768.27
	营业利润(元)	4,407,675.89	14,444,755.72	23,544,493.22
	净利润(元)	3,987,839.65	13,324,741.12	23,802,522.04
	未分配利润(元)	48,595,983.80	44,608,144.15	34,850,937.17
	总资产(元)	89,287,361.66	84,529,473.11	77,596,626.17
	总负债(元)	18,312,319.15	17,542,270.25	21,078,308.26
	净资产(元)	70,975,042.51	66,987,202.86	56,518,317.91
	每股收益(元)	0.21	0.71	1.27
	每股净资产(元)	3.78	3.56	3.01
	净资产收益率(%)	5.62	19.89	42.12

北京康斯特仪表科技股份有限公司

公司概况	公司名称	北京康斯特仪表科技股份有限公司		股份名称	康斯特
	法人代表	姜维利	董秘 何欣	股份代码	430040
	公司网址	www.constgroup.com		主办券商	西部证券股份有限公司
	电　话	010-82782288		传　真	010-82782256
	注册地址	北京市海淀区丰秀中路3号院5号楼			
	行业分类	制造业			

主要财务指标	指标\报告期	2013.06.30	2012.12.31	2011.12.31
	营业收入(元)	43,947,790.41	104,534,354.82	100,735,555.80
	营业利润(元)	7,913,304.45	22,694,765.75	26,211,435.25
	净利润(元)	8,436,024.83	24,526,738.71	22,814,018.72
	未分配利润(元)	82,520,422.74	79,169,781.20	57,053,598.80
	总资产(元)	179,222,843.19	171,101,414.69	143,468,749.35
	总负债(元)	55,598,966.21	50,749,014.95	48,098,700.69
	净资产(元)	123,623,876.98	120,352,399.74	95,370,048.66
	每股收益(元)	0.28	0.80	0.75
	每股净资产(元)	4.04	3.93	3.12
	净资产收益率(%)	6.82	20.38	23.92

北京中机联供非晶科技股份有限公司

公司概况	公司名称	北京中机联供非晶科技股份有限公司		股份名称	中机非晶
	法人代表	徐继斌	董秘 何力	股份代码	430041
	公司网址	www.zjamo.com		主办券商	国信证券股份有限公司
	电　话	010-83607128		传　真	010-63750576
	注册地址	北京市丰台区南四环西路188号12区30号楼607			
	行业分类	电力设备与新能源			

主要财务指标	指标\报告期	2013.06.30	2012.12.31	2011.12.31
	营业收入(元)	937,890,280.32	2,125,085,033.46	1,598,523,618.37
	营业利润(元)	52,310,297.31	107,724,838.12	75,416,588.88
	净利润(元)	47,930,526.96	111,238,251.64	78,841,918.71
	未分配利润(元)	145,737,764.06	155,631,950.55	129,532,513.62
	总资产(元)	1,702,266,797.46	1,945,194,757.28	954,842,702.46
	总负债(元)	1,292,910,824.28	1,530,636,730.98	645,183,569.54
	净资产(元)	409,355,973.18	414,558,026.30	309,659,132.92
	每股收益(元)	0.23	0.55	0.70
	每股净资产(元)	1.93	1.96	2.75
	净资产收益率(%)	11.71	26.83	25.46

北京市科瑞讯科技发展股份有限公司

公司概况	公司名称	北京市科瑞讯科技发展股份有限公司		股份名称	科瑞讯
	法人代表	郑岩松	董秘 李顺爱	股份代码	430042
	公司网址	www.creation-bj.com		主办券商	西部证券股份有限公司
	电　话	010-88468582		传　真	010-88468823
	注册地址	北京市西城区德外德胜里一区八号楼招待所01号			
	行业分类	计算机			

主要财务指标	指标\报告期	2013.06.30	2012.12.31	2011.12.31
	营业收入(元)	16,388,913.98	36,287,085.78	35,868,614.66
	营业利润(元)	-587,545.01	2,796,568.64	-215,148.04
	净利润(元)	807,225.13	5,087,208.03	267,942.73
	未分配利润(元)	8,689,084.70	7,522,808.31	2,983,400.49
	总资产(元)	105,435,580.51	95,677,414.18	82,881,810.88
	总负债(元)	51,324,356.11	53,079,361.69	45,370,966.42
	净资产(元)	54,111,224.40	42,598,052.49	37,510,844.46
	每股收益(元)	0.05	0.23	0.04
	每股净资产(元)	2.17	1.64	1.42
	净资产收益率(%)	2.15	13.72	2.75

北京世纪东方国铁科技股份有限公司

公司概况					
公司名称	北京世纪东方国铁科技股份有限公司			股份名称	世纪东方
法人代表	田秀华	董秘	高如阳	股份代码	430043
公司网址	www.bcecr.com		主办券商	国信证券股份有限公司	
电　话	010-63703588		传　真	010-63702765	
注册地址	北京市丰台区南四环西路 188 号十二区 31 楼(园区)				
行业分类	计算机				

主要财务指标			
指标\报告期	2013.06.30	2012.12.31	2011.12.31
营业收入(元)	123,199,969.12	250,923,322.40	238,856,078.75
营业利润(元)	18,482,428.48	33,880,981.83	45,586,852.78
净利润(元)	21,513,576.35	32,940,560.93	42,606,437.57
未分配利润(元)	118,850,821.55	99,333,872.57	73,709,211.95
总资产(元)	457,562,804.85	468,061,024.65	376,264,452.60
总负债(元)	211,292,567.04	243,304,363.19	182,315,727.07
净资产(元)	246,270,237.81	224,756,661.46	193,948,725.53
每股收益(元)	0.35	0.53	0.69
每股净资产(元)	4.00	3.65	3.15
净资产收益率(%)	8.74	14.66	21.97

北京东宝亿通科技股份有限公司

公司概况					
公司名称	北京东宝亿通科技股份有限公司			股份名称	东宝亿通
法人代表	高同江	董秘	张鑫	股份代码	430044
公司网址	www.dongbaoyitong.com		主办券商	申银万国证券股份有限公司	
电　话	010-58677670		传　真	010-58677670	
注册地址	北京市石景山区八大处高科技园区西井路 3 号 3 号楼 1356 房间				
行业分类	机械				

主要财务指标			
指标\报告期	2013.06.30	2012.12.31	2011.12.31
营业收入(元)	67,961.17	3,689,320.39	3,410,000.00
营业利润(元)	–1,466,649.41	101,156.86	107,616.68
净利润(元)	–1,466,649.41	72,068.04	82,406.86
未分配利润(元)	8,854,906.23	10,321,555.64	10,249,487.60
总资产(元)	43,708,906.07	44,872,495.30	44,824,729.77
总负债(元)	4,172,695.69	3,869,635.51	3,893,938.02
净资产(元)	39,536,210.38	41,002,859.79	40,930,791.75
每股收益(元)	–0.05	0.00	0.00
每股净资产(元)	1.41	1.46	1.46
净资产收益率(%)	–3.71	0.18	0.20

北京圣博润高新技术股份有限公司

公司概况					
公司名称	北京圣博润高新技术股份有限公司			股份名称	圣 博 润
法人代表	孟岗	董秘	张彬	股份代码	430046
公司网址	www.sbr-info.com		主办券商	西部证券股份有限公司	
电　话	010-82133805		传　真	010-82137982	
注册地址	北京市海淀区知春路 56 号西区 64 楼第七层 711 房间				
行业分类	计算机				

主要财务指标			
指标\报告期	2013.06.30	2012.12.31	2011.12.31
营业收入(元)	15,864,199.34	39,119,930.35	25,478,895.60
营业利润(元)	–4,454,879.97	2,387,966.06	2,145,687.13
净利润(元)	–1,383,383.20	4,101,598.12	3,933,385.23
未分配利润(元)	14,412,475.92	15,569,663.97	11,545,609.40
总资产(元)	54,138,203.66	52,063,153.77	39,999,995.94
总负债(元)	27,039,255.07	23,832,149.92	16,240,163.83
净资产(元)	27,098,948.59	28,231,003.85	23,759,832.11
每股收益(元)	–0.13	0.38	0.36
每股净资产(元)	2.49	2.59	2.18
净资产收益率(%)	–5.11	14.53	16.56

北京诺思兰德生物技术股份有限公司

公司概况					
公司名称	北京诺思兰德生物技术股份有限公司			股份名称	诺思兰德
法人代表	许松山	董秘	聂李亚	股份代码	430047
公司网址	www.northland-bio.com		主办券商	齐鲁证券有限公司	
电　话	010-82890893		传　真	010-82890892	
注册地址	北京市海淀区上地开拓路 5 号 A402 室				
行业分类	医药生物				

主要财务指标			
指标\报告期	2013.06.30	2012.12.31	2011.12.31
营业收入(元)	1,101,132.00	5,088,024.27	1,101,132.00
营业利润(元)	–10,631,875.01	–5,912,875.14	–7,285,108.38
净利润(元)	–6,521,771.03	488,511.60	–5,014,837.08
未分配利润(元)	–11,094,207.41	–4,583,825.40	–5,072,337.00
总资产(元)	73,552,982.69	73,343,398.61	65,104,843.37
总负债(元)	25,408,384.93	28,677,029.82	20,926,986.18
净资产(元)	48,144,597.76	44,666,368.79	44,177,857.19
每股收益(元)	–0.15	0.01	–0.46
每股净资产(元)	1.08	1.03	3.88
净资产收益率(%)	–13.93	1.09	–11.35

北京建设数字科技股份有限公司

公司概况	公司名称	北京建设数字科技股份有限公司		股份名称	建设数字
	法人代表	方刚	董秘	刘春艳	股份代码	430048
	公司网址	www.consmation.com	主办券商	东海证券有限责任公司	
	电　话	010-88018260	传　真	010-88018851	
	注册地址	北京市海淀区车公庄西路乙19号华通大厦B座北段15层北塔			
	行业分类	计算机			

主要财务指标	指标\报告期	2013.06.30	2012.12.31	2011.12.31
	营业收入(元)	14,138,117.33	43,395,128.53	41,818,432.92
	营业利润(元)	-976,795.41	6,909,263.52	10,820,641.47
	净利润(元)	326,293.50	8,304,190.71	10,680,563.97
	未分配利润(元)	32,043,837.68	31,717,544.18	24,243,772.54
	总资产(元)	79,366,401.20	84,406,292.25	74,901,566.38
	总负债(元)	1,683,304.00	7,049,488.55	5,848,953.39
	净资产(元)	77,683,097.20	77,356,803.70	69,052,612.99
	每股收益(元)	0.01	0.25	0.32
	每股净资产(元)	2.30	2.29	2.04
	净资产收益率(%)	0.42	10.74	15.47

北京双杰电气股份有限公司

公司概况	公司名称	北京双杰电气股份有限公司			股份名称	双杰电气
	法人代表	赵志宏	董秘	李涛	股份代码	430049
	公司网址	www.sojoline.com		主办券商	东北证券股份有限公司	
	电　话	010-62988465		传　真	010-62988454	
	注册地址	北京市海淀区上地三街9号D座1111				
	行业分类	电力设备与新能源				

主要财务指标	指标\报告期	2013.06.30	2012.12.31	2011.12.31
	营业收入(元)	150,245,962.46	369,016,119.69	308,277,035.84
	营业利润(元)	15,105,813.09	62,014,252.04	56,321,826.30
	净利润(元)	13,190,395.70	55,673,887.78	49,747,492.21
	未分配利润(元)	120,253,092.31	123,525,935.60	72,560,380.90
	总资产(元)	545,717,082.05	516,831,680.35	329,012,419.51
	总负债(元)	260,847,348.00	228,689,103.01	167,793,095.83
	净资产(元)	284,869,734.05	288,142,577.34	161,219,323.68
	每股收益(元)	0.15	0.65	0.64
	每股净资产(元)	3.30	3.34	2.06
	净资产收益率(%)	4.63	19.32	30.86

北京博朗环境工程技术股份有限公司

公司概况	公司名称	北京博朗环境工程技术股份有限公司			股份名称	博朗环境
	法人代表	周松涛	董秘	罗娜	股份代码	430050
	公司网址	www.bolang.com.cn		主办券商	国海证券股份有限公司	
	电　话	010-82883458		传　真	010-82885106	
	注册地址	北京市海淀区北四环中路229号海泰大厦620室				
	行业分类	建筑和工程				

主要财务指标	指标\报告期	2013.06.30	2012.12.31	2011.12.31
	营业收入(元)	20,000,000.00	59,830,188.68	41,635,500.00
	营业利润(元)	115,918.13	8,047,219.64	4,653,033.03
	净利润(元)	102,780.41	7,105,004.90	4,056,406.75
	未分配利润(元)	38,969,536.72	38,866,756.31	32,472,251.90
	总资产(元)	165,436,272.23	151,075,320.77	139,367,394.46
	总负债(元)	71,699,303.28	57,441,132.23	52,838,210.82
	净资产(元)	93,736,968.95	93,634,188.54	86,529,183.64
	每股收益(元)	0.00	0.18	0.10
	每股净资产(元)	2.34	2.34	2.16
	净资产收益率(%)	0.11	7.59	4.69

北京九恒星科技股份有限公司

公司概况	公司名称	北京九恒星科技股份有限公司			股份名称	九恒星
	法人代表	解洪波	董秘	郭超群	股份代码	430051
	公司网址	www.nstc.com.cn		主办券商	国信证券股份有限公司	
	电　话	010-82291220		传　真	010-68364331-168	
	注册地址	北京市海淀区中关村南一条2号5、6、7层				
	行业分类	计算机				

主要财务指标	指标\报告期	2013.06.30	2012.12.31	2011.12.31
	营业收入(元)	23,210,333.17	133,905,486.97	88,305,505.36
	营业利润(元)	-15,342,731.28	30,342,694.72	18,137,059.46
	净利润(元)	-14,239,327.29	30,610,983.78	19,105,428.56
	未分配利润(元)	45,889,645.43	60,128,972.72	32,549,264.83
	总资产(元)	191,264,054.92	180,022,337.83	144,432,015.59
	总负债(元)	79,720,016.05	54,238,971.67	49,259,633.21
	净资产(元)	111,544,038.87	125,783,366.16	95,172,382.38
	每股收益(元)	-0.26	0.56	0.59
	每股净资产(元)	2.03	2.29	2.60
	净资产收益率(%)	-12.77	24.34	20.08

北京斯福泰克科技股份有限公司

公司概况					
公司名称	北京斯福泰克科技股份有限公司			股份名称	斯福泰
法人代表	左世斌	董秘	孙跃	股份代码	430052
公司网址	www.softtechdev.com		主办券商	西部证券股份有限公司	
电　　话	010-64846569		传　　真	010-64846567	
注册地址	北京市朝阳区安翔北里甲11号院(创业大厦)B座601室				
行业分类	计算机				

主要财务指标 指标\报告期	2013.06.30	2012.12.31	2011.12.31
营业收入(元)	8,549,556.93	23,591,496.67	12,654,354.00
营业利润(元)	-5,368,399.16	-3,583,945.14	273,601.65
净利润(元)	-2,891,516.34	909,661.46	52,545.01
未分配利润(元)	-6,440,888.84	-4,157,039.59	1,708,540.21
总资产(元)	10,047,858.44	10,444,686.86	17,344,127.69
总负债(元)	2,996,182.16	501,494.24	1,755,442.53
净资产(元)	7,051,676.28	9,943,192.62	15,588,685.16
每股收益(元)	-0.19	0.08	0.02
每股净资产(元)	0.55	0.74	1.23
净资产收益率(%)	-34.69	8.33	1.59

北京国学时代文化传播股份有限公司

公司概况					
公司名称	北京国学时代文化传播股份有限公司			股份名称	国学时代
法人代表	尹小林	董秘	汪晓京	股份代码	430053
公司网址	www.guoxue.com		主办券商	西部证券股份有限公司	
电　　话	010-68980439		传　　真	010-68980439	
注册地址	北京市海淀区西三环北路105号首都师范大学教一楼215室				
行业分类	传播与文化				

主要财务指标 指标\报告期	2013.06.30	2012.12.31	2011.12.31
营业收入(元)	5,426,580.49	13,354,627.74	10,540,096.64
营业利润(元)	99,024.73	1,067,395.57	797,089.79
净利润(元)	88,293.41	890,793.91	751,212.51
未分配利润(元)	1,050,277.83	2,276,152.11	1,476,505.29
总资产(元)	21,903,008.06	25,058,944.44	7,587,995.63
总负债(元)	563,997.03	1,635,801.85	290,646.96
净资产(元)	21,339,011.03	23,423,142.59	7,297,348.67
每股收益(元)	0.01	0.13	0.14
每股净资产(元)	1.39	1.48	1.33
净资产收益率(%)	0.75	4.37	10.78

北京超毅世纪网络技术股份有限公司

公司概况					
公司名称	北京超毅世纪网络技术股份有限公司			股份名称	超毅网络
法人代表	王新华	董秘	刘名娜	股份代码	430054
公司网址	www.supable.com		主办券商	宏源证券股份有限公司	
电　　话	010-62538918		传　　真	010-62538936	
注册地址	北京市海淀区苏州街18号院-1楼2单元3A02				
行业分类	信息传输、软件和信息技术服务业				

主要财务指标 指标\报告期	2013.06.30	2012.12.31	2011.12.31
营业收入(元)	15,219,084.43	23,814,722.99	22,696,231.18
营业利润(元)	609,369.08	805,360.15	861,200.72
净利润(元)	483,530.04	691,266.75	727,582.05
未分配利润(元)	4,789,565.38	4,015,950.69	3,390,519.91
总资产(元)	66,396,560.41	63,087,507.95	65,251,468.46
总负债(元)	28,413,371.51	25,926,286.74	28,781,514.00
净资产(元)	37,983,188.90	37,161,221.21	36,469,954.46
每股收益(元)	0.13	0.02	0.02
每股净资产(元)	1.16	1.14	1.12
净资产收益率(%)	1.27	1.86	2.00

北京中电达通通信技术股份有限公司

公司概况					
公司名称	北京中电达通通信技术股份有限公司			股份名称	达通通信
法人代表	纪航军	董秘	程绪华	股份代码	430055
公司网址	www.datacomo.com		主办券商	东吴证券股份有限公司	
电　　话	010-82606668		传　　真	010-82621665	
注册地址	北京市海淀区杏石口路益园文化创意产业基地C区(西杉创意园四区)5号楼四层401				
行业分类	信息传输、软件和信息技术服务业				

主要财务指标 指标\报告期	2013.06.30	2012.12.31	2011.12.31
营业收入(元)	4,424,358.38	18,475,533.43	11,043,400.97
营业利润(元)	-291,438.51	5,123,055.01	4,228,877.03
净利润(元)	-331,913.31	5,891,786.58	3,857,698.22
未分配利润(元)	14,223,644.68	14,632,512.58	9,329,904.66
总资产(元)	49,515,045.47	53,806,321.45	47,850,362.67
总负债(元)	8,759,080.10	12,641,488.18	12,577,315.98
净资产(元)	40,755,965.37	41,164,833.27	35,273,046.69
每股收益(元)	-0.01	0.44	0.31
每股净资产(元)	-0.03	3.04	2.61
净资产收益率(%)	-0.81	14.31	10.94

中航百慕新材料技术工程股份有限公司

公司概况					
公司名称	中航百慕新材料技术工程股份有限公司			股份名称	中航新材
法人代表	黄玖梅	董秘	魏九桓	股份代码	430056
公司网址	www.biam.net.cn		主办券商	中信建投证券股份有限公司	
电　　话	010-62497081		传　　真	010-62497080	
注册地址	北京市海淀区温泉镇环山村六二一研究所厂区东区				
行业分类	建筑业				

主要财务指标 指标\报告期	2013.06.30	2012.12.31	2011.12.31
营业收入(元)	73,044,616.16	205,604,838.67	182,629,719.44
营业利润(元)	3,596,019.98	19,127,994.88	16,974,737.31
净利润(元)	3,236,763.70	19,790,392.99	16,305,997.55
未分配利润(元)	20,642,081.27	29,131,317.57	21,032,784.28
总资产(元)	249,573,961.63	225,245,459.65	115,802,987.08
总负债(元)	119,338,514.97	86,520,776.69	53,850,897.11
净资产(元)	130,235,446.66	138,724,682.96	61,952,089.97
每股收益(元)	0.06	0.49	0.45
每股净资产(元)	2.44	2.60	1.71
净资产收益率(%)	2.49	14.27	26.32

北京清畅电力技术股份有限公司

公司概况					
公司名称	北京清畅电力技术股份有限公司			股份名称	清畅电力
法人代表	樊京生	董秘	李刚	股份代码	430057
公司网址	www.qch365.com		主办券商	南京证券股份有限公司	
电　　话	010-51662433		传　　真	010-62982771	
注册地址	北京市海淀区二地三街9号金隅嘉华大厦C座1109号				
行业分类	制造业				

主要财务指标 指标\报告期	2013.06.30	2012.12.31	2011.12.31
营业收入(元)	41,622,516.89	125,484,268.14	116,784,781.92
营业利润(元)	-13,768,472.04	14,061,266.33	20,058,390.96
净利润(元)	-13,554,293.06	12,679,842.53	18,601,867.77
未分配利润(元)	14,902,447.61	28,311,147.70	16,899,289.42
总资产(元)	257,157,024.82	242,454,821.29	172,702,513.87
总负债(元)	135,189,448.44	107,078,544.82	49,753,805.94
净资产(元)	121,967,576.38	135,376,276.47	122,943,707.93
每股收益(元)	-0.13	0.21	0.39
每股净资产(元)	1.21	1.35	2.08
净资产收益率(%)	-11.11	9.37	15.13

北京意诚信通智能卡股份有限公司

公司概况					
公司名称	北京意诚信通智能卡股份有限公司			股份名称	意诚信通
法人代表	师文斌	董秘	孙仲颖	股份代码	430058
公司网址	www.bjyicheng.com.cn		主办券商	东吴证券股份有限公司	
电　　话	010-51664545		传　　真	010-51664545	
注册地址	北京市海淀区长春桥路5号4号楼706室				
行业分类	制造业				

主要财务指标 指标\报告期	2013.06.30	2012.12.31	2011.12.31
营业收入(元)	937,890,280.32	2,125,085,033.46	1,598,523,618.37
营业利润(元)	52,310,297.31	107,724,838.12	75,416,588.88
净利润(元)	47,930,526.96	111,238,251.64	78,841,918.71
未分配利润(元)	145,737,764.06	155,631,950.55	129,532,513.62
总资产(元)	1,702,266,797.46	1,945,194,757.28	954,842,702.46
总负债(元)	1,292,910,824.28	1,530,636,730.98	645,183,569.54
净资产(元)	409,355,973.18	414,558,026.30	309,659,132.92
每股收益(元)	0.23	0.55	0.70
每股净资产(元)	1.93	1.96	2.75
净资产收益率(%)	11.71	26.83	25.46

北京中海纪元数字技术发展股份有限公司

公司概况					
公司名称	北京中海纪元数字技术发展股份有限公司			股份名称	中海纪元
法人代表	柳进军	董秘	贺军	股份代码	430059
公司网址	www.zgcworld.com.cn		主办券商	国泰君安证券股份有限公司	
电　　话	010-68944225		传　　真	010-68944229	
注册地址	北京市海淀区中关村南大街3号海淀科技大厦811室				
行业分类	信息传输、软件和信息技术服务业				

主要财务指标 指标\报告期	2013.06.30	2012.12.31	2011.12.31
营业收入(元)	27,631,575.90	101,606,538.23	68,403,774.43
营业利润(元)	-663,024.30	5,965,137.13	7,265,162.21
净利润(元)	-130,324.79	7,282,285.40	7,027,323.30
未分配利润(元)	21,489,608.59	21,427,965.32	14,534,806.47
总资产(元)	116,896,918.67	128,827,432.44	77,285,381.54
总负债(元)	40,705,772.09	52,505,961.07	41,756,195.57
净资产(元)	76,191,146.58	76,321,471.37	35,529,185.97
每股收益(元)	-0.00	0.26	0.39
每股净资产(元)	2.45	2.57	1.97
净资产收益率(%)	0.08	10.05	20.28

北京北方永邦科技股份有限公司

公司概况	公司名称	北京北方永邦科技股份有限公司			股份名称	永邦科技
	法人代表	胡学栋	董秘	丛先雷	股份代码	430060
	公司网址	bj.windbelltek.com		主办券商	山西证券股份有限公司	
	电　话	010-82896718		传　真	010-82896719	
	注册地址	北京市海淀区上地信息路1号北京实创高科技发展总公司1-2号B栋839号				
	行业分类	制造业				

	指标\报告期	2013.06.30	2012.12.31	2011.12.31
主要财务指标	营业收入(元)	8,884,473.31	20,410,085.50	50,004,256.29
	营业利润(元)	201,591.41	-1,581,116.15	2,159,400.14
	净利润(元)	248,026.54	-1,368,312.43	1,863,358.79
	未分配利润(元)	5,643,514.03	5,395,487.49	7,483,799.92
	总资产(元)	15,123,815.64	20,253,004.11	26,851,290.78
	总负债(元)	847,478.86	6,224,693.87	10,734,668.11
	净资产(元)	14,276,336.78	14,028,310.24	16,116,622.67
	每股收益(元)	0.04	-0.23	0.31
	每股净资产(元)	2.38	2.34	2.69
	净资产收益率(%)	1.74	-9.75	11.56

北京富机达能电气产品股份有限公司

公司概况	公司名称	北京富机达能电气产品股份有限公司			股份名称	富机达能
	法人代表	李志安	董秘	李志军	股份代码	430061
	公司网址	www.youronworld.com		主办券商	西部证券股份有限公司	
	电　话	010-60726630		传　真	010-60726630	
	注册地址	北京市昌平区科技园区火炬街23号106室				
	行业分类	制造业				

	指标\报告期	2013.06.30	2012.12.31	2011.12.31
主要财务指标	营业收入(元)	3,258,815.05	12,081,556.87	20,047,177.59
	营业利润(元)	135,570.88	257,733.34	1,511,170.75
	净利润(元)	42,832.50	159,602.22	1,413,327.27
	未分配利润(元)	6,488,459.43	6,460,996.47	6,333,165.94
	总资产(元)	29,202,664.31	30,592,113.65	36,171,296.20
	总负债(元)	4,272,785.55	5,705,067.39	11,443,852.16
	净资产(元)	24,929,878.76	24,887,046.26	24,727,444.04
	每股收益(元)	0.00	0.01	0.09
	每股净资产(元)	1.51	1.51	1.65
	净资产收益率(%)	0.18	0.66	5.75

北京中科国信科技股份有限公司

公司概况	公司名称	北京中科国信科技股份有限公司			股份名称	中科国信
	法人代表	李涛	董秘	崔春	股份代码	430062
	公司网址	www.cntec.net.cn		主办券商	光大证券股份有限公司	
	电　话	010-62977435		传　真	010-62987623	
	注册地址	北京市海淀区上地信息产业基地三街1号楼四层A段北侧				
	行业分类	信息传输、软件和信息技术服务业				

	指标\报告期	2013.06.30	2012.12.31	2011.12.31
主要财务指标	营业收入(元)	937,890,280.32	2,125,085,033.46	1,598,523,618.37
	营业利润(元)	52,310,297.31	107,724,838.12	75,416,588.88
	净利润(元)	47,930,526.96	111,238,251.64	78,841,918.71
	未分配利润(元)	145,737,764.06	155,631,950.55	129,532,513.62
	总资产(元)	1,702,266,797.46	1,945,194,757.28	954,842,702.46
	总负债(元)	1,292,910,824.28	1,530,636,730.98	645,183,569.54
	净资产(元)	409,355,973.18	414,558,026.30	309,659,132.92
	每股收益(元)	0.23	0.55	0.70
	每股净资产(元)	1.93	1.96	2.75
	净资产收益率(%)	11.71	26.83	25.46

工控网(北京)信息技术股份有限公司

公司概况	公司名称	工控网(北京)信息技术股份有限公司			股份名称	工控网
	法人代表	孙慧昕	董秘	杜翠	股份代码	430063
	公司网址			主办券商	国信证券股份有限公司	
	电　话	010-58930088-802		传　真	010-58930018	
	注册地址	北京市海淀区紫竹院路116号嘉豪国际中心A座802				
	行业分类	信息传输、软件和信息技术服务业				

	指标\报告期	2013.06.30	2012.12.31	2011.12.31
主要财务指标	营业收入(元)	18,967,759.47	42,431,848.21	36,497,596.17
	营业利润(元)	434,007.23	7,610,958.39	7,872,215.96
	净利润(元)	974,112.23	6,563,924.74	6,542,505.49
	未分配利润(元)	7,484,809.23	11,442,509.20	8,555,165.20
	总资产(元)	41,945,713.62	41,202,165.08	24,194,277.66
	总负债(元)	10,826,653.27	5,810,916.96	2,905,874.28
	净资产(元)	31,119,060.35	35,391,248.12	21,288,403.38
	每股收益(元)	0.09	0.55	0.62
	每股净资产(元)	2.52	2.84	1.93
	净资产收益率(%)	3.60	19.15	32.05

北京金山顶尖科技股份有限公司

公司概况	公司名称	北京金山顶尖科技股份有限公司			股份名称	金山顶尖
	法人代表	于庆洲	董秘	张建明	股份代码	430064
	公司网址	www.kingtop.com.cn		主办券商	上海证券有限责任公司	
	电　话	010-82851594		传　真	010-82852768	
	注册地址	北京市海淀区学院路30号科大天工大厦A座18层01-10				
	行业分类	信息传输、软件和信息技术服务业				

	指标\报告期	2013.06.30	2012.12.31	2011.12.31
主要财务指标	营业收入(元)	937,890,280.32	2,125,085,033.46	1,598,523,618.37
	营业利润(元)	52,310,297.31	107,724,838.12	75,416,588.88
	净利润(元)	47,930,526.96	111,238,251.64	78,841,918.71
	未分配利润(元)	145,737,764.06	155,631,950.55	129,532,513.62
	总资产(元)	1,702,266,797.46	1,945,194,757.28	954,842,702.46
	总负债(元)	1,292,910,824.28	1,530,636,730.98	645,183,569.54
	净资产(元)	409,355,973.18	414,558,026.30	309,659,132.92
	每股收益(元)	0.23	0.55	0.70
	每股净资产(元)	1.93	1.96	2.75
	净资产收益率(%)	11.71	26.83	25.46

中海阳能源集团股份有限公司

公司概况	公司名称	中海阳能源集团股份有限公司			股份名称	中海阳
	法人代表	薛黎明	董秘	赵萌	股份代码	430065
	公司网址	www.rayspower.com		主办券商	申银万国证券股份有限公司	
	电　话	010-51294999-8878		传　真	010-51294999-8017	
	注册地址	北京市昌平区科技园区超前路17				
	行业分类	制造业				

	指标\报告期	2013.06.30	2012.12.31	2011.12.31
主要财务指标	营业收入(元)	407,027,726.58	810,992,604.89	844,929,733.23
	营业利润(元)	26,278,914.10	36,658,220.72	90,976,768.65
	净利润(元)	21,627,283.17	32,454,670.03	79,891,338.61
	未分配利润(元)	184,240,354.51	162,610,583.00	133,224,897.39
	总资产(元)	1,821,700,111.20	1,587,247,867.70	1,279,542,364.83
	总负债(元)	1,253,305,610.31	1,022,480,649.98	747,229,817.14
	净资产(元)	568,394,500.89	564,767,217.72	532,312,547.69
	每股收益(元)	0.13	0.23	0.58
	每股净资产(元)	3.38	3.96	3.73
	净资产收益率(%)	3.81	5.89	15.31

北京南北天地科技股份有限公司

公司概况	公司名称	北京南北天地科技股份有限公司			股份名称	南北天地
	法人代表	张海峰	董秘	崔彦军	股份代码	430066
	公司网址			主办券商	申银万国证券股份有限公司	
	电　话	010-62166288		传　真	010-62166388	
	注册地址	北京市海淀区学院路30号科大天工大厦A座11层01-08、12-15室				
	行业分类	信息传输、软件和信息技术服务业				

	指标\报告期	2013.06.30	2012.12.31	2011.12.31
主要财务指标	营业收入(元)	15,706,945.04	53,672,443.48	36,063,296.09
	营业利润(元)	-10,122,425.82	8,306,563.78	5,400,398.79
	净利润(元)	-9,660,749.02	9,945,886.09	8,393,622.61
	未分配利润(元)	-7,245,273.58	9,015,475.44	9,910,701.61
	总资产(元)	24,991,002.93	42,046,171.83	39,044,471.65
	总负债(元)	5,905,424.21	6,699,844.09	3,744,030.00
	净资产(元)	19,085,578.72	35,346,327.74	35,300,441.65
	每股收益(元)	-0.44	0.45	0.38
	每股净资产(元)	0.87	1.61	1.60
	净资产收益率(%)	-50.62	28.14	23.78

北京维信通科技股份有限公司

公司概况	公司名称	北京维信通科技股份有限公司			股份名称	维信通
	法人代表	曾茜	董秘	赵忠伟	股份代码	430067
	公司网址	www.v-simtone.com		主办券商	西部证券股份有限公司	
	电　话	010-88152958		传　真	010-88151960	
	注册地址	北京市海淀区中关村大街18号15层1703室				
	行业分类	信息传输、软件和信息技术服务业				

	指标\报告期	2013.06.30	2012.12.31	2011.12.31
主要财务指标	营业收入(元)	2,228,163.13	7,642,288.40	6,720,457.84
	营业利润(元)	-380,048.78	179,245.69	63,185.54
	净利润(元)	-377,048.78	83,240.74	33,483.81
	未分配利润(元)	1,193,138.28	1,570,187.06	1,495,270.39
	总资产(元)	10,678,928.18	11,352,458.81	11,075,565.86
	总负债(元)	369,364.20	665,846.05	472,193.84
	净资产(元)	10,309,563.98	10,686,612.76	10,603,372.02
	每股收益(元)	-0.04	0.01	0.00
	每股净资产(元)	1.16	1.20	1.19
	净资产收益率(%)	-3.66	0.78	0.32

北京纬纶华业环保科技股份有限公司

公司概况	公司名称	北京纬纶华业环保科技股份有限公司		股份名称	纬纶环保
	法人代表	李国文	董秘	郭卓一	股份代码	430068
	公司网址	www.biotechina.com		主办券商	中原证券股份有限公司
	电　　话	010-82600967-220		传　　真	010-82600069
	注册地址	北京市海淀区中关村东路18号财智国际大厦16层A座1910、1911室			
	行业分类	水利、环境和公共设施管理业			

主要财务指标	指标\报告期	2013.06.30	2012.12.31	2011.12.31
	营业收入(元)	8,765,200.40	36,976,232.40	25,017,832.05
	营业利润(元)	-6,170,376.85	33,307.15	6,164,730.00
	净利润(元)	-6,112,179.71	1,370,795.50	5,495,567.60
	未分配利润(元)	7,815,881.95	13,928,061.66	12,694,345.70
	总资产(元)	150,456,431.52	108,508,627.50	107,639,508.30
	总负债(元)	105,414,121.78	57,354,138.05	57,855,814.36
	净资产(元)	45,042,309.74	51,154,489.45	49,783,693.94
	每股收益(元)	-0.18	0.04	0.16
	每股净资产(元)	1.29	1.46	1.42
	净资产收益率(%)	-13.57	2.68	11.04

北京天助畅运医疗技术股份有限公司

公司概况	公司名称	北京天助畅运医疗技术股份有限公司			股份名称	天助畅运
	法人代表	刘建	董秘		股份代码	430069
	公司网址			主办券商	申银万国证券股份有限公司	
	电　　话	010-51265628		传　　真	010-51265629	
	注册地址	北京市朝阳区酒仙桥路2号工美楼305室				
	行业分类	制造业				

主要财务指标	指标\报告期	2013.06.30	2012.12.31	2011.12.31
	营业收入(元)	14,364,299.26	27,894,047.40	23,401,705.35
	营业利润(元)	5,109,262.90	8,268,582.80	9,184,503.29
	净利润(元)	4,219,272.74	7,057,514.58	8,204,253.93
	未分配利润(元)	16,299,044.87	15,979,772.13	9,628,009.01
	总资产(元)	46,337,984.54	47,338,487.31	36,669,975.34
	总负债(元)	5,156,126.28	6,475,901.79	3,601,104.40
	净资产(元)	41,181,858.26	40,862,585.52	33,068,870.94
	每股收益(元)	0.22	0.36	0.42
	每股净资产(元)	2.11	2.10	1.70
	净资产收益率(%)	10.25	17.27	24.81

北京赛亿科技股份有限公司

公司概况	公司名称	北京赛亿科技股份有限公司			股份名称	赛亿科技
	法人代表	胡为峰	董秘	尹丽亚	股份代码	430070
	公司网址	www.suryee.com		主办券商	金元证券股份有限公司	
	电　　话	010-62343188		传　　真	010-62345995	
	注册地址	北京市海淀区学院路30号1区方兴大厦701、702室				
	行业分类	制造业				

主要财务指标	指标\报告期	2013.06.30	2012.12.31	2011.12.31
	营业收入(元)	6,271,970.29	11,153,969.39	11,677,567.11
	营业利润(元)	-1,476,851.91	-2,386,770.73	1,065,135.53
	净利润(元)	-1,478,492.38	-1,891,732.59	1,110,857.66
	未分配利润(元)	26,696.88	2,272,524.55	4,114,056.37
	总资产(元)	45,830,565.86	37,745,764.27	20,728,986.26
	总负债(元)	21,251,393.85	11,352,880.18	7,444,369.57
	净资产(元)	24,579,172.01	26,392,884.09	13,284,616.69
	每股收益(元)	-0.07	-0.23	0.16
	每股净资产(元)	1.22	2.63	1.88
	净资产收益率(%)	-6.04	-7.00	8.74

北京首都在线科技股份有限公司

公司概况	公司名称	北京首都在线科技股份有限公司			股份名称	首都在线
	法人代表	曲宁	董秘	杨丽萍	股份代码	430071
	公司网址	www.capitalonline.net.cn		主办券商	中信证券股份有限公司	
	电　　话	010-51995978		传　　真	010-88862121	
	注册地址	北京市海淀区蓝靛厂东路2号院金源时代商务中心2号楼A座16C				
	行业分类	信息传输、软件和信息技术服务业				

主要财务指标	指标\报告期	2013.06.30	2012.12.31	2011.12.31
	营业收入(元)	71,624,322.81	112,584,261.45	68,229,276.82
	营业利润(元)	12,091,463.84	17,903,184.08	10,157,920.36
	净利润(元)	12,602,179.47	14,707,545.59	9,307,965.23
	未分配利润(元)	14,305,542.95	17,270,951.93	8,701,197.21
	总资产(元)	70,646,291.36	66,549,488.00	39,169,609.47
	总负债(元)	27,456,462.31	23,703,418.42	12,291,885.48
	净资产(元)	43,189,829.05	42,846,069.58	26,877,723.99
	每股收益(元)	0.51	0.97	1.70
	每股净资产(元)	1.69	2.50	4.03
	净资产收益率(%)	30.04	37.24	37.63

北京亿创网安科技股份有限公司

公司概况	公司名称	北京亿创网安科技股份有限公司			股份名称	亿创科技
	法人代表	马建民	董秘	周梅英	股份代码	430072
	公司网址	www.bjycwa.com		主办券商	宏源证券股份有限公司	
	电　话	010-82886035		传　真	010-82886035	
	注册地址	北京市海淀区北四环西路67号大地科技大厦1206B室				
	行业分类	信息传输、软件和信息技术服务业				

	指标\报告期	2013.06.30	2012.12.31	2011.12.31
主要财务指标	营业收入(元)	5,371,022.92	12,943,165.42	11,709,568.00
	营业利润(元)	1,060,972.88	4,385,857.15	4,351,304.30
	净利润(元)	997,314.51	4,662,628.56	4,986,195.65
	未分配利润(元)	5,651,733.57	6,676,700.13	4,502,334.43
	总资产(元)	29,007,917.15	30,663,174.78	26,568,829.12
	总负债(元)	1,818,609.40	2,448,900.47	995,183.37
	净资产(元)	27,189,307.75	28,214,274.31	25,573,645.75
	每股收益(元)	0.05	0.23	0.25
	每股净资产(元)	1.34	1.40	1.26
	净资产收益率(%)	3.67	16.53	19.50

北京兆信信息技术股份有限公司

公司概况	公司名称	北京兆信信息技术股份有限公司			股份名称	兆信股份
	法人代表	王育妙	董秘	周宏松	股份代码	430073
	公司网址	www.p-pass.com		主办券商	申银万国证券股份有限公司	
	电　话	010-6445147[illegible]		传　真	010-64451886	
	注册地址	北京市昌平区白浮泉路21号富泉花园78号楼				
	行业分类	信息传输、软件和信息技术服务业				

	指标\报告期	2013.06.30	2012.12.31	2011.12.31
主要财务指标	营业收入(元)	35,[illegible]62,336.07	76,409,688.30	61,959,933.29
	营业利润(元)	-501,067.86	11,759,856.84	12,507,341.68
	净利润(元)	-383,401.90	12,459,764.89	10,854,061.16
	未分配利润(元)	19,337,175.05	20,272,270.24	9,802,224.39
	总资产(元)	99,348,031.83	98,723,100.33	52,082,160.04
	总负债(元)	41,374,681.29	40,132,939.88	10,638,604.65
	净资产(元)	57,973,350.54	58,590,160.45	41,443,555.39
	每股收益(元)	-0.01	0.39	0.37
	每股净资产(元)	1.78	1.79	1.41
	净资产收益率(%)	-0.39	21.58	26.19

北京德鑫泉物联网科技股份有限公司

公司概况	公司名称	北京德鑫泉物联网科技股份有限公司			股份名称	德鑫物联
	法人代表	张晓冬	董秘	王邦海	股份代码	430074
	公司网址	www.dexinquan.com		主办券商	国信证券股份有限公司	
	电　话	010-59755357-77		传　真	010-59755377	
	注册地址	北京经济技术开发区科创十四街99号7幢1101室				
	行业分类	制造业				

	指标\报告期	2013.06.30	2012.12.31	2011.12.31
主要财务指标	营业收入(元)	20,989,049.94	85,998,896.48	58,959,557.40
	营业利润(元)	149,708.23	20,365,162.89	20,361,905.99
	净利润(元)	246,311.33	22,688,183.93	18,078,831.80
	未分配利润(元)	8,644,300.45	24,620,039.12	15,272,863.81
	总资产(元)	165,605,617.10	140,920,104.54	88,710,560.90
	总负债(元)	95,517,361.45	67,833,750.22	37,730,282.38
	净资产(元)	70,088,255.65	73,086,354.32	50,980,278.52
	每股收益(元)		0.52	0.54
	每股净资产(元)	1.25	1.69	1.53
	净资产收益率(%)	0.35	31.04	35.46

北京中讯四方科技股份有限公司

公司概况	公司名称	北京中讯四方科技股份有限公司			股份名称	中讯四方
	法人代表	董启明	董秘	南钰	股份代码	430075
	公司网址	www.bjzxsf.net		主办券商	申银万国证券股份有限公司	
	电　话	010-62968745转613		传　真	010-62973654	
	注册地址	北京市海淀区东北旺北京中关村软件园孵化器2号楼2245室				
	行业分类	制造业				

	指标\报告期	2013.06.30	2012.12.31	2011.12.31
主要财务指标	营业收入(元)	38,681,561.96	80,234,481.03	50,765,984.34
	营业利润(元)	4,081,506.05	10,072,745.92	8,140,344.71
	净利润(元)	3,896,184.68	9,241,045.36	7,950,805.29
	未分配利润(元)	24,893,727.29	20,997,542.61	12,765,048.50
	总资产(元)	132,712,606.68	113,238,849.26	93,328,546.32
	总负债(元)	49,030,517.47	33,452,944.73	23,121,802.45
	净资产(元)	83,682,089.21	79,785,904.53	70,206,743.87
	每股收益(元)	0.15	0.36	0.39
	每股净资产(元)	3.22	3.07	2.70
	净资产收益率(%)	4.66	11.58	11.33

北京国基科技股份有限公司

公司概况	公司名称	北京国基科技股份有限公司			股份名称	国基科技
	法人代表	陈正伟	董秘	陈星	股份代码	430076
	公司网址	www.bnc.com.cn		主办券商	华泰证券股份有限公司	
	电　　话	010-62965536		传　　真	010-82895211	
	注册地址	北京市海淀区上地七街 1 号 1 号楼 1-A3				
	行业分类	制造业				

	指标\报告期	2013.06.30	2012.12.31	2011.12.31
主要财务指标	营业收入(元)	23,877,376.58	107,240,936.57	105,327,917.25
	营业利润(元)	-2,466,052.85	-492,395.09	12,079,182.80
	净利润(元)	-1,563,224.25	684,663.92	10,893,077.19
	未分配利润(元)	31,888,803.24	34,089,729.31	35,223,620.79
	总资产(元)	113,233,210.49	112,589,048.68	124,229,882.44
	总负债(元)	30,375,213.31	27,409,458.19	27,591,719.54
	净资产(元)	82,857,997.18	85,179,590.49	96,638,162.90
	每股收益(元)	-0.04	0.01	0.26
	每股净资产(元)	1.93	1.98	2.00
	净资产收益率(%)	-1.86	0.57	12.85

北京道隆华尔软件股份有限公司

公司概况	公司名称	北京道隆华尔软件股份有限公司			股份名称	道隆软件
	法人代表	鲁巍	董秘	陈利景	股份代码	430077
	公司网址	www.dwsoft.com.cn		主办券商	华泰证券股份有限公司	
	电　　话	010-82291850		传　　真	010-51291436-8001	
	注册地址	北京市海淀区西直门北大街 60 号首钢国际大厦 0815 室				
	行业分类	信息传输、软件和信息技术服务业				

	指标\报告期	2013.06.30	2012.12.31	2011.12.31
主要财务指标	营业收入(元)	8,297,497.15	27,199,697.39	20,617,328.39
	营业利润(元)	-2,844,649.30	1,017,853.12	2,166,512.53
	净利润(元)	-2,357,500.97	801,689.56	3,467,710.49
	未分配利润(元)	3,122,047.51	5,453,897.53	4,732,376.93
	总资产(元)	32,171,144.93	35,341,027.60	31,397,287.64
	总负债(元)	2,373,924.09	3,211,956.74	7,213,906.34
	净资产(元)	29,797,220.84	32,129,070.86	24,183,381.30
	每股收益(元)	-0.12	0.04	0.20
	每股净资产(元)	1.56	1.68	1.37
	净资产收益率(%)	-7.91	2.50	14.34

北京君德同创农牧科技股份有限公司

公司概况	公司名称	北京君德同创农牧科技股份有限公司			股份名称	君德同创
	法人代表	杨立彬	董秘	尹超	股份代码	430078
	公司网址	www.gendone.com		主办券商	国信证券股份有限公司	
	电　　话	010-82895518		传　　真	010-82895197	
	注册地址	北京市海淀区上地三街 9 号 E 座 507 室				
	行业分类	制造业				

	指标\报告期	2013.06.30	2012.12.31	2011.12.31
主要财务指标	营业收入(元)	17,353,945.10	33,396,046.32	33,043,298.55
	营业利润(元)	573,572.41	1,095,211.71	2,127,818.16
	净利润(元)	655,717.81	853,517.41	2,367,266.87
	未分配利润(元)	5,918,962.75	5,263,244.94	4,535,017.42
	总资产(元)	36,347,505.75	32,425,102.15	25,535,732.60
	总负债(元)	13,363,072.53	10,096,386.74	11,536,534.60
	净资产(元)	22,984,433.22	22,328,715.41	13,999,198.00
	每股收益(元)	0.07	0.10	0.30
	每股净资产(元)	2.58	2.51	1.75
	净资产收益率(%)	2.85	3.82	16.91

北京环拓科技股份有限公司

公司概况	公司名称	北京环拓科技股份有限公司			股份名称	环拓科技
	法人代表	李富荣	董秘		股份代码	430079
	公司网址			主办券商	南京证券股份有限公司	
	电　　话	010-62480785		传　　真	010-62488997	
	注册地址	北京市海淀区紫竹院路 88 号紫竹花园 F 座 1906 室				
	行业分类	制造业				

	指标\报告期	2013.06.30	2012.12.31	2011.12.31
主要财务指标	营业收入(元)			3,976,726.49
	营业利润(元)	-714,586.78	-2,706,578.28	-530,124.90
	净利润(元)	-714,586.78	-2,460,755.48	43,673.76
	未分配利润(元)	-2,783,792.92	-2,069,206.14	391,549.34
	总资产(元)	8,650,831.35	9,371,384.67	12,214,123.87
	总负债(元)	617,435.96	623,402.50	1,005,386.22
	净资产(元)	8,033,395.39	8,747,982.17	11,208,737.65
	每股收益(元)	-0.14	-0.49	0.01
	每股净资产(元)	1.61	1.75	2.24
	净资产收益率(%)	-8.90	-28.13	0.39

北京尚水信息技术股份有限公司

公司概况	公司名称	北京尚水信息技术股份有限公司		股份名称	尚水股份
	法人代表	曲兆松	董秘 高雯	股份代码	430080
	公司网址	www.sinfotek.com	主办券商	齐鲁证券有限公司	
	电话	010-82864628/25	传真	010-82864628	
	注册地址	北京市海淀区上地五街7号昊海大厦303室			
	行业分类	信息传输、软件和信息技术服务业			

	指标\报告期	2013.06.30	2012.12.31	2011.12.31
主要财务指标	营业收入(元)	6,966,086.51	26,069,680.61	19,077,245.31
	营业利润(元)	-364,348.44	4,813,946.78	4,345,438.11
	净利润(元)	1,303,396.91	5,210,414.19	4,247,048.28
	未分配利润(元)	8,648,371.49	7,344,974.58	2,652,256.14
	总资产(元)	22,734,296.64	22,760,260.88	14,809,658.72
	总负债(元)	3,056,814.41	4,386,175.56	1,645,987.59
	净资产(元)	19,677,482.23	18,374,085.32	13,163,671.13
	每股收益(元)	0.13	0.52	0.42
	每股净资产(元)	1.97	1.84	1.32
	净资产收益率(%)	6.62	28.36	32.26

北京莱富特佰网络科技股份有限公司

公司概况	公司名称	北京莱富特佰网络科技股份有限公司		股份名称	莱富特佰
	法人代表	杨君岭	董秘 张丽丽	股份代码	430081
	公司网址		主办券商	民生证券有限责任公司	
	电话	010-82607878	传真	010-82699939	
	注册地址	北京市海淀区中关村大街1号海龙大厦12层1201-1204、1215-1219、1226室			
	行业分类	信息传输、软件和信息技术服务业			

	指标\报告期	2013.06.30	2012.12.31	2011.12.31
主要财务指标	营业收入(元)	46,146,733.77	52,481,826.44	25,690,905.28
	营业利润(元)	7,110,059.64	6,779,484.62	2,908,533.81
	净利润(元)	5,613,044.73	5,061,574.59	2,547,805.40
	未分配利润(元)	12,816,833.21	7,203,788.48	2,643,371.35
	总资产(元)	48,382,141.04	29,127,933.78	17,879,302.04
	总负债(元)	24,535,873.68	10,894,711.15	4,707,654.00
	净资产(元)	23,846,267.36	18,233,222.63	13,171,648.04
	每股收益(元)	0.56	0.51	0.25
	每股净资产(元)	2.38	1.82	1.32
	净资产收益率(%)	23.54	27.76	19.34

北京博雅英杰科技股份有限公司

公司概况	公司名称	北京博雅英杰科技股份有限公司		股份名称	博雅英杰
	法人代表	秦野	董秘 郑强	股份代码	430082
	公司网址	www.boya-ht.com.cn	主办券商	东海证券有限责任公司	
	电话	010-62976309	传真	010-51656801-8003	
	注册地址	北京市海淀区上地三街9号D座1102室			
	行业分类	信息传输、软件和信息技术服务业			

	指标\报告期	2013.06.30	2012.12.31	2011.12.31
主要财务指标	营业收入(元)	8,650,570.01	39,926,183.54	14,351,708.26
	营业利润(元)	110,396.51	6,174,709.95	2,357,267.83
	净利润(元)	572,432.54	6,555,795.27	3,611,351.70
	未分配利润(元)	8,505,666.55	9,228,515.91	3,316,651.62
	总资产(元)	54,541,990.62	47,663,488.89	42,049,927.66
	总负债(元)	12,860,861.48	5,249,792.29	8,201,057.08
	净资产(元)	41,681,129.14	42,413,696.60	33,848,870.58
	每股收益(元)	0.02	0.25	0.14
	每股净资产(元)	1.52	1.55	1.30
	净资产收益率(%)	1.47	16.23	10.67

北京中科联众科技股份有限公司

公司概况	公司名称	北京中科联众科技股份有限公司		股份名称	中科联众
	法人代表	陈滨	董秘 张雪芳	股份代码	430083
	公司网址	www.sinobel.com	主办券商	申银万国证券股份有限公司	
	电话	010-62557155	传真	010-62557155-8019	
	注册地址	北京市海淀区中关村南大街5号1区689号楼908室			
	行业分类	制造业			

	指标\报告期	2013.06.30	2012.12.31	2011.12.31
主要财务指标	营业收入(元)	24,017,962.94	37,069,028.71	28,153,666.70
	营业利润(元)	3,025,811.49	3,179,455.40	2,868,446.85
	净利润(元)	3,060,954.95	3,953,103.88	2,994,787.32
	未分配利润(元)	9,746,077.75	6,685,122.80	3,107,485.20
	总资产(元)	49,263,945.58	45,417,829.36	23,151,006.18
	总负债(元)	12,580,880.12	11,795,718.85	6,501,843.66
	净资产(元)	36,683,065.46	33,622,110.51	16,649,162.52
	每股收益(元)	0.18	0.30	0.25
	每股净资产(元)	2.17	1.98	1.39
	净资产收益率(%)	8.34	11.76	17.99

北京星和众工设备技术股份有限公司

公司概况	公司名称	北京星和众工设备技术股份有限公司		股份名称	星和众工
	法人代表	杨放光	董秘 康连柱	股份代码	430084
	公司网址	www.bjsri.cn		主办券商	西部证券股份有限公司
	电话	010-51570195		传真	010-51570195
	注册地址	北京市北京经济技术开发区西环南路 18 号 A 座 508 室			
	行业分类	制造业			

主要财务指标	指标\报告期	2013.06.30	2012.12.31	2011.12.31
	营业收入(元)	209,244,932.74	409,337,825.50	353,443,504.50
	营业利润(元)	18,033,609.00	33,476,206.24	19,209,753.85
	净利润(元)	15,693,316.76	28,473,741.18	20,287,146.82
	未分配利润(元)	70,934,268.21	57,014,708.88	33,163,521.31
	总资产(元)	354,537,071.79	425,535,625.42	416,303,894.71
	总负债(元)	228,354,273.15	313,134,881.16	336,888,241.67
	净资产(元)	126,182,798.64	112,400,744.26	79,415,653.04
	每股收益(元)	0.38	0.68	0.48
	每股净资产(元)	2.87	2.54	1.89
	净资产收益率(%)	13.20	26.90	25.55

新锐英诚(北京)科技股份有限公司

公司概况	公司名称	新锐英诚(北京)科技股份有限公司		股份名称	新锐英诚
	法人代表	李文超	董秘 康红	股份代码	430085
	公司网址	www.newelite.com.cn		主办券商	申银万国证券股份有限公司
	电话	010-62800826		传真	010-62800713
	注册地址	北京市海淀区北四环西路 9 号银谷大厦 1812 室			
	行业分类	信息传输、软件和信息技术服务业			

主要财务指标	指标\报告期	2013.06.30	2012.12.31	2011.12.31
	营业收入(元)	35,086,757.94	58,828,219.86	45,196,609.06
	营业利润(元)	3,685,911.49	4,086,491.25	2,215,730.42
	净利润(元)	3,083,994.50	3,867,345.77	2,614,672.02
	未分配利润(元)	9,009,068.83	5,925,074.33	2,450,057.29
	总资产(元)	49,170,014.18	47,405,620.10	20,397,644.49
	总负债(元)	14,840,790.52	30,160,390.94	7,019,761.10
	净资产(元)	34,329,223.66	17,245,229.16	13,377,883.39
	每股收益(元)	0.23	0.37	0.25
	每股净资产(元)	2.45	1.64	1.27
	净资产收益率(%)	8.98	22.43	19.55

北京爱迪科森教育科技股份有限公司

公司概况	公司名称	北京爱迪科森教育科技股份有限公司		股份名称	爱迪科森
	法人代表	刘尚武	董秘 田学文	股份代码	430086
	公司网址	www.bjadks.com		主办券商	南京证券股份有限公司
	电话	010-82677125 82677126		传真	010-82677125-802
	注册地址	北京市海淀区上地信息路 1 号(北京实创高科技发展总公司 1-1,1-2 号)1-1 幢 1 层 A 栋 1001 室			
	行业分类	信息传输、软件和信息技术服务业			

主要财务指标	指标\报告期	2013.06.30	2012.12.31	2011.12.31
	营业收入(元)	10,706,116.85	42,639,006.86	35,352,319.92
	营业利润(元)	-12,553,757.96	2,353,920.47	316,967.68
	净利润(元)	-10,170,450.23	3,659,533.27	5,415,216.22
	未分配利润(元)	2,750,853.46	12,921,303.69	9,627,723.75
	总资产(元)	22,102,451.99	32,523,041.83	31,056,381.31
	总负债(元)	5,203,144.20	5,453,283.81	7,646,156.56
	净资产(元)	16,899,307.79	27,069,758.02	23,410,224.75
	每股收益(元)	-1.02	0.37	0.54
	每股净资产(元)	1.69	2.71	2.34
	净资产收益率(%)	-60.18	13.52	23.13

北京威力恒科技股份有限公司

公司概况	公司名称	北京威力恒科技股份有限公司		股份名称	威力恒
	法人代表	田音	董秘 杨艳芳	股份代码	430087
	公司网址			主办券商	山西证券股份有限公司
	电话	010-62988119		传真	010-62988499
	注册地址	北京市海淀区永丰产业基地永捷北路 3 号标准厂房三层 315 室			
	行业分类	制造业			

主要财务指标	指标\报告期	2013.06.30	2012.12.31	2011.12.31
	营业收入(元)	3,554,244.35	10,119,796.25	9,790,348.96
	营业利润(元)	124,523.90	2,359,920.29	2,030,733.40
	净利润(元)	105,845.31	2,003,343.91	2,235,902.79
	未分配利润(元)	4,481,291.81	4,375,446.50	2,572,436.98
	总资产(元)	17,772,386.64	14,405,264.99	11,975,288.84
	总负债(元)	5,840,308.13	2,579,031.79	2,152,399.55
	净资产(元)	11,932,078.51	11,826,233.20	9,822,889.29
	每股收益(元)	0.02	0.29	0.33
	每股净资产(元)	1.75	1.74	1.44
	净资产收益率(%)	0.89	16.94	22.76

北京七维航测科技股份有限公司

公司概况	公司名称	北京七维航测科技股份有限公司		股份名称	七维航测
	法人代表	杨娜	董秘	吕洋	股份代码	430088
	公司网址	www.sdi-china.com	主办券商	东北证券股份有限公司	
	电　话	010-82486901	传　真	010-82486910	
	注册地址	北京市海淀区西北旺镇永捷南路2号院2号楼			
	行业分类	制造业			

主要财务指标	指标\报告期	2013.06.30	2012.12.31	2011.12.31
	营业收入(元)	45,702,922.09	82,651,245.53	53,247,659.56
	营业利润(元)	7,207,656.10	20,578,249.60	11,271,755.43
	净利润(元)	6,376,742.73	18,895,395.80	10,504,146.13
	未分配利润(元)	37,348,749.99	30,759,388.21	13,753,531.99
	总资产(元)	125,158,353.70	119,676,377.21	61,971,804.78
	总负债(元)	32,662,028.51	33,769,413.80	25,705,237.17
	净资产(元)	92,496,325.19	85,906,963.41	36,266,567.61
	每股收益(元)	0.16	0.87	0.53
	每股净资产(元)	2.27	3.16	1.81
	净资产收益率(%)	6.89	22.00	28.96

北京天一众合科技股份有限公司

公司概况	公司名称	北京天一众合科技股份有限公司			股份名称	天一众合
	法人代表	付屹东	董秘	洪雅玲	股份代码	430089
	公司网址	www.telezone.cn	主办券商	长城证券有限责任公司		
	电　话	010-51261933-180	传　真	010-62057911		
	注册地址	北京市海淀区花园路1号3号办公楼三层				
	行业分类	制造业				

主要财务指标	指标\报告期	2013.06.30	2012.12.31	2011.12.31
	营业收入(元)	33,172,459.62	61,074,494.75	86,078,896.51
	营业利润(元)	–3,850,560.68	–8,333,425.93	6,757,431.78
	净利润(元)	–1,857,497.88	–3,795,302.26	6,029,418.51
	未分配利润(元)	865,155.99	2,537,824.02	6,172,850.61
	总资产(元)	106,945,297.17	108,734,811.98	97,985,876.31
	总负债(元)	23,206,872.59	23,138,889.52	47,554,651.59
	净资产(元)	83,738,424.58	85,595,922.46	50,431,224.72
	每股收益(元)	–0.03	–0.09	0.17
	每股净资产(元)	1.71	1.75	1.40
	净资产收益率(%)	–2.04	–4.27	12.28

同辉佳视(北京)信息技术股份有限公司

公司概况	公司名称	同辉佳视(北京)信息技术股份有限公司			股份名称	同辉佳视
	法人代表	戴福昊	董秘	李刚	股份代码	430090
	公司网址	www.bjb.com.cn	主办券商	东方证券股份有限公司		
	电　话	010-82476677	传　真	010-82476677-601		
	注册地址	北京市海淀区北清路103号3号楼I座1区				
	行业分类	信息传输、软件和信息技术服务业				

主要财务指标	指标\报告期	2013.06.30	2012.12.31	2011.12.31
	营业收入(元)	23,324,572.90	73,133,811.80	64,912,638.77
	营业利润(元)	342,861.37	1,261,490.86	3,437,605.54
	净利润(元)	296,532.16	971,639.52	3,869,894.18
	未分配利润(元)	6,356,821.75	6,060,289.59	5,219,457.86
	总资产(元)	56,902,957.94	58,070,922.01	36,290,552.49
	总负债(元)	24,857,399.44	26,321,895.67	17,258,201.83
	净资产(元)	32,045,558.50	31,749,026.34	19,032,350.66
	每股收益(元)	0.02	0.07	0.29
	每股净资产(元)	1.96	1.94	1.44
	净资产收益率(%)	0.93	3.06	20.33

北京东方润泽生态科技股份有限公司

公司概况	公司名称	北京东方润泽生态科技股份有限公司			股份名称	东方生态
	法人代表	马泽远	董秘	程周海	股份代码	430091
	公司网址	www.irrichina.com	主办券商	信达证券股份有限公司		
	电　话	010-51657771	传　真	010-62982600		
	注册地址	北京市海淀区信息路33号附3号				
	行业分类	制造业				

主要财务指标	指标\报告期	2013.06.30	2012.12.31	2011.12.31
	营业收入(元)	31,318,834.44	56,096,474.49	37,140,178.94
	营业利润(元)	524,531.22	4,930,975.23	3,176,803.53
	净利润(元)	407,670.24	4,343,780.66	3,134,455.73
	未分配利润(元)	11,014,209.82	12,406,684.79	8,505,386.73
	总资产(元)	76,507,616.27	67,548,464.35	33,263,757.61
	总负债(元)	38,139,469.18	27,787,842.29	11,926,916.21
	净资产(元)	38,368,147.09	39,760,622.06	21,336,841.40
	每股收益(元)	0.02	0.31	0.31
	每股净资产(元)	1.52	2.21	2.13
	净资产收益率(%)	1.06	10.93	14.69

北京易生创新科技股份有限公司

公司概况	公司名称	北京易生创新科技股份有限公司		股份名称	易生创新	
	法人代表	刘文斌	董秘	袁素梅	股份代码	430092
	公司网址	www.easysafe.com.cn		主办券商	申银万国证券股份有限公司	
	电话	010-82335151		传真	010-82335151-2004	
	注册地址	北京市东城区安定门东大街 28 号雍和大厦 2 号楼 902				
	行业分类	信息传输、软件和信息技术服务业				

	指标\报告期	2013.06.30	2012.12.31	2011.12.31
主要财务指标	营业收入(元)	1,299,638.50	9,785,955.72	10,093,943.62
	营业利润(元)	-1,025,202.40	-864,631.69	466,076.16
	净利润(元)	-930,432.19	2,370,118.66	1,223,101.33
	未分配利润(元)	2,041,617.06	2,972,049.25	794,053.61
	总资产(元)	13,626,441.32	14,913,824.46	12,808,362.07
	总负债(元)	335,874.11	692,825.06	1,007,357.83
	净资产(元)	13,290,567.21	14,220,999.40	11,801,004.24
	每股收益(元)	-0.09	0.24	0.12
	每股净资产(元)	1.33	1.42	1.28
	净资产收益率(%)	-7.00	16.67	10.36

北京掌上通网络技术股份有限公司

公司概况	公司名称	北京掌上通网络技术股份有限公司		股份名称	掌上通	
	法人代表	肖庆平	董秘	李君华	股份代码	430093
	公司网址	www.zhangshangtong.com		主办券商	西部证券股份有限公司	
	电话	010-59862222		传真	010-59862233	
	注册地址	北京市海淀区学院路甲 5 号 2 幢平房 B 南 2081 号				
	行业分类	信息传输、软件和信息技术服务业				

	指标\报告期	2013.06.30	2012.12.31	2011.12.31
主要财务指标	营业收入(元)	59,414,334.31	110,102,288.58	101,658,529.03
	营业利润(元)	708,810.07	7,362,597.54	9,560,530.61
	净利润(元)	1,091,419.56	6,839,063.79	9,100,926.46
	未分配利润(元)	5,333,017.74	8,541,065.35	6,762,025.31
	总资产(元)	78,977,255.51	86,126,745.37	77,816,538.86
	总负债(元)	29,152,779.19	34,419,114.74	28,447,972.02
	净资产(元)	49,824,476.32	51,707,630.63	49,368,566.84
	每股收益(元)	0.04	0.23	0.29
	每股净资产(元)	1.53	1.64	1.55
	净资产收益率(%)	2.81	14.21	18.94

北京确安科技股份有限公司

公司概况	公司名称	北京确安科技股份有限公司		股份名称	确安科技	
	法人代表	刘晋平	董秘	晏云	股份代码	430094
	公司网址	www.chipadvanced.cn		主办券商	上海证券有限责任公司	
	电话	010-58717623		传真	010-58717581	
	注册地址	北京市海淀区永丰产业基地丰贤中路 7 号孵化楼 A 楼二层				
	行业分类	制造业				

	指标\报告期	2013.06.30	2012.12.31	2011.12.31
主要财务指标	营业收入(元)	20,276,258.24	39,360,371.15	20,921,516.97
	营业利润(元)	324,560.00	216,886.46	-1,078,006.25
	净利润(元)	1,343,627.49	13,372,565.02	7,409,851.33
	未分配利润(元)	11,829,070.89	15,126,443.40	7,851,134.88
	总资产(元)	97,485,023.38	108,050,751.08	77,226,571.52
	总负债(元)	47,521,215.08	54,789,570.27	32,577,955.73
	净资产(元)	49,963,808.30	53,261,180.81	44,648,615.79
	每股收益(元)	0.04	0.43	0.31
	每股净资产(元)	1.61	1.72	1.88
	净资产收益率(%)	2.69	25.11	16.60

北京航星网讯技术股份有限公司

公司概况	公司名称	北京航星网讯技术股份有限公司		股份名称	航星股份	
	法人代表	张扬	董秘	陶林	股份代码	430095
	公司网址	www.ehangxing.com		主办券商	申银万国证券股份有限公司	
	电话	010-82521759		传真	010-82521720	
	注册地址	北京市海淀区中关村南 2 街 7 号办公楼 101 室				
	行业分类	信息传输、软件和信息技术服务业				

	指标\报告期	2013.06.30	2012.12.31	2011.12.31
主要财务指标	营业收入(元)	38,152,327.77	73,150,238.60	85,876,077.59
	营业利润(元)	1,500,976.34	3,322,198.62	2,879,018.80
	净利润(元)	1,705,942.36	2,752,947.29	3,039,154.22
	未分配利润(元)	9,164,038.30	7,628,690.01	5,151,037.45
	总资产(元)	67,037,551.81	60,126,763.51	38,983,653.78
	总负债(元)	22,114,786.13	16,909,940.36	13,639,778.84
	净资产(元)	44,922,765.68	43,216,823.15	25,343,874.94
	每股收益(元)	0.06	0.14	0.16
	每股净资产(元)	1.50	1.44	1.35
	净资产收益率(%)	3.80	6.37	11.99

北京航天宏达光电技术股份有限公司

公司概况	公司名称	北京航天宏达光电技术股份有限公司			股份名称	航天宏达
	法人代表	张润松	董秘	张文茜	股份代码	430096
	公司网址			主办券商	山西证券股份有限公司	
	电　话	010-58894308		传　真	010-58894310	
	注册地址	北京市海淀区永定路88号长银大厦4C09				
	行业分类	制造业				

	指标\报告期	2013.06.30	2012.12.31	2011.12.31
主要财务指标	营业收入(元)	4,442,708.84	8,506,119.77	5,217,135.91
	营业利润(元)	115,086.86	253,744.73	-722,266.28
	净利润(元)	98,673.83	1,201,218.87	154,056.41
	未分配利润(元)	1,318,421.58	1,219,747.75	138,650.77
	总资产(元)	13,339,870.19	11,374,989.50	8,787,556.15
	总负债(元)	5,180,839.76	3,314,632.90	1,928,418.42
	净资产(元)	8,159,030.43	8,060,356.60	6,859,137.73
	每股收益(元)	0.02	0.18	0.02
	每股净资产(元)	1.26	1.24	1.06
	净资产收益率(%)	1.21	14.90	2.25

北京赛德丽科技股份有限公司

公司概况	公司名称	北京赛德丽科技股份有限公司			股份名称	赛德丽
	法人代表	刘俊才	董秘	谢元明	股份代码	430097
	公司网址	www.sdl.com.cn		主办券商	申银万国证券股份有限公司	
	电　话	010-57551399		传　真	010-57551272	
	注册地址	北京市石景山区实兴大街30号院8号楼7层701室				
	行业分类	制造业				

	指标\报告期	2013.06.30	2012.12.31	2011.12.31
主要财务指标	营业收入(元)	16,024,884.95	52,352,415.85	48,806,726.29
	营业利润(元)	3,522,766.08	11,204,604.54	8,628,982.10
	净利润(元)	3,032,174.63	10,176,767.97	7,788,340.30
	未分配利润(元)	3,429,759.44	13,029,494.79	7,835,877.05
	总资产(元)	69,973,529.40	70,539,156.26	68,581,253.79
	总负债(元)	17,606,584.02	18,670,475.53	22,923,867.60
	净资产(元)	52,366,945.38	51,868,680.73	45,657,386.19
	每股收益(元)	0.07	0.30	0.44
	每股净资产(元)	1.20	1.54	2.31
	净资产收益率(%)	5.79	19.62	17.06

北京大津硅藻新材料股份有限公司

公司概况	公司名称	北京大津硅藻新材料股份有限公司			股份名称	大津股份
	法人代表	陈爱平	董秘	陈韵	股份代码	430098
	公司网址	www.dajiny.com		主办券商	申银万国证券股份有限公司	
	电　话	010-59105223		传　真	010-59105840	
	注册地址	北京市海淀区海淀南路19号时代网络大厦8006室				
	行业分类	制造业				

	指标\报告期	2013.06.30	2012.12.31	2011.12.31
主要财务指标	营业收入(元)	9,260,427.97	18,005,123.84	19,758,504.58
	营业利润(元)	-2,205,609.61	-3,243,143.02	3,397,876.03
	净利润(元)	-1,726,414.56	-2,795,167.33	5,498,361.14
	未分配利润(元)	326,125.31	2,333,768.97	5,128,936.30
	总资产(元)	34,200,645.52	34,005,048.72	31,940,525.19
	总负债(元)	15,950,996.72	14,086,744.14	8,888,065.40
	净资产(元)	18,249,648.80	19,918,304.58	23,052,459.79
	每股收益(元)		-0.17	0.33
	每股净资产(元)	1.11	1.21	1.40
	净资产收益率(%)	-9.46	-14.03	23.85

北京理想固网科技股份有限公司

公司概况	公司名称	北京理想固网科技股份有限公司			股份名称	理想固网
	法人代表	濮立民	董秘	王云馨	股份代码	430099
	公司网址	www.hardlink.com.cn		主办券商	金元证券股份有限公司	
	电　话	010-82665815		传　真	010-82665795	
	注册地址	北京市海淀区知春路111号理想大厦1708室				
	行业分类	制造业				

	指标\报告期	2013.06.30	2012.12.31	2011.12.31
主要财务指标	营业收入(元)	6,355,057.79	14,297,323.95	11,662,659.21
	营业利润(元)	426,044.54	1,729,083.29	115,562.52
	净利润(元)	601,901.75	1,521,257.18	718,761.44
	未分配利润(元)	1,699,062.70	1,107,125.09	-320,966.25
	总资产(元)	12,590,821.18	14,179,453.32	8,207,702.45
	总负债(元)	3,570,094.66	5,760,628.55	1,310,134.86
	净资产(元)	9,020,726.52	8,418,824.77	6,897,567.59
	每股收益(元)	0.08	0.21	0.10
	每股净资产(元)	1.25	1.17	0.96
	净资产收益率(%)	6.67	18.07	10.42

北京九尊能源技术股份有限公司

公司概况						
公司名称	北京九尊能源技术股份有限公司			股份名称	九尊能源	
法人代表	李玉魁	董秘	向姝洁	股份代码	430100	
公司网址	www.jiuzun2008.com		主办券商	中国银河证券股份有限公司		
电　话	010-82607480		传　真	010-82607482		
注册地址	北京市海淀区丹棱街3号中国电子大厦B座1609B					
行业分类	采矿业					

主要财务指标	指标\报告期	2013.06.30	2012.12.31	2011.12.31
	营业收入(元)	42,417,975.68	90,440,641.93	20,255,068.00
	营业利润(元)	4,740,538.01	15,499,331.53	5,956,066.27
	净利润(元)	4,040,727.68	14,136,428.52	5,024,770.73
	未分配利润(元)	22,486,788.62	18,514,764.26	5,713,155.03
	总资产(元)	124,961,342.13	98,414,045.90	17,342,236.00
	总负债(元)	88,025,290.94	70,521,282.39	5,985,901.01
	净资产(元)	36,936,051.19	27,892,763.51	11,356,334.99
	每股收益(元)	0.79	2.85	1.00
	每股净资产(元)	6.68	5.12	2.27
	净资产收益率(%)	11.49	55.64	44.25

北京泰诚信测控技术股份有限公司

公司概况						
公司名称	北京泰诚信测控技术股份有限公司			股份名称	泰诚信	
法人代表	陶发荀	董秘	李敏	股份代码	430101	
公司网址	www.tcxmt.com		主办券商	安信证券股份有限公司		
电　话	010-80716188-8125		传　真	010-80716188-8026		
注册地址	北京市海淀区上地十街1号院3号楼1002室					
行业分类	制造业					

主要财务指标	指标\报告期	2013.06.30	2012.12.31	2011.12.31
	营业收入(元)	27,321,880.64	66,104,787.05	57,174,281.06
	营业利润(元)	2,912,536.39	15,876,258.98	11,099,550.50
	净利润(元)	4,323,564.21	16,691,689.69	10,124,709.62
	未分配利润(元)	27,020,589.00	23,605,714.16	8,583,193.44
	总资产(元)	100,536,564.96	80,030,985.36	77,644,932.25
	总负债(元)	48,443,693.39	31,352,988.63	45,658,625.21
	净资产(元)	52,092,871.57	48,677,996.73	31,986,307.04
	每股收益(元)	0.29	1.11	1.19
	每股净资产(元)	3.47	3.25	2.13
	净资产收益率(%)	8.30	34.29	31.65

北京科若思技术开发股份有限公司

公司概况						
公司名称	北京科若思技术开发股份有限公司			股份名称	科若思	
法人代表	张雪	董秘	王霞	股份代码	430102	
公司网址	www.microseismic.net		主办券商	长江证券股份有限公司		
电　话	010-62278226		传　真	010-62278226		
注册地址	北京市海淀区西直门北大街32号院1号楼1705A					
行业分类	采矿业					

主要财务指标	指标\报告期	2013.06.30	2012.12.31	2011.12.31
	营业收入(元)	317,715.47	7,343,414.32	11,667,217.99
	营业利润(元)	-3,101,279.35	-625,011.94	1,741,355.53
	净利润(元)	-2,588,314.34	127,933.14	1,544,663.65
	未分配利润(元)	-1,945,634.21	642,680.13	540,647.88
	总资产(元)	17,683,582.51	20,516,818.76	22,523,321.08
	总负债(元)	214,227.48	459,149.39	2,579,020.87
	净资产(元)	17,469,355.03	20,057,669.37	19,944,300.21
	每股收益(元)	-0.13	0.01	0.10
	每股净资产(元)	0.92	1.04	1.03
	净资产收益率(%)	-14.82	0.64	7.74

北京天大清源通信科技股份有限公司

公司概况						
公司名称	北京天大清源通信科技股份有限公司			股份名称	天大清源	
法人代表	陈敏	董秘	张君源	股份代码	430103	
公司网址	www.tiandaqingyuan.com		主办券商	山西证券股份有限公司		
电　话	010-62234988		传　真	010-62277030		
注册地址	北京市海淀区四道口路净土寺32号东区8幢楼6层					
行业分类	制造业					

主要财务指标	指标\报告期	2013.06.30	2012.12.31	2011.12.31
	营业收入(元)	31,909,817.02	103,323,974.64	65,998,849.37
	营业利润(元)	2,879,368.22	23,053,890.66	11,749,181.51
	净利润(元)	2,513,984.46	22,038,261.54	9,910,495.38
	未分配利润(元)	32,734,633.09	29,448,617.28	9,430,582.56
	总资产(元)	123,477,229.23	121,017,513.05	57,309,423.45
	总负债(元)	54,324,888.22	57,302,768.47	17,140,460.13
	净资产(元)	69,152,341.01	63,714,744.58	40,168,963.32
	每股收益(元)	0.17	1.16	0.41
	每股净资产(元)	3.40	3.18	2.03
	净资产收益率(%)	5.09	36.31	24.67

北京全三维能源科技股份有限公司

公司概况					
公司名称	北京全三维能源科技股份有限公司			股份名称	全三维
法人代表	章钢柱	董秘	陈东方	股份代码	430104
公司网址	www.bf3d.com.cn		主办券商	广发证券股份有限公司	
电　话	010-82525103		传　真	010-82525102	
注册地址	北京市海淀区北四环西路11号9层				
行业分类	制造业				

主要财务指标			
指标\报告期	2013.06.30	2012.12.31	2011.12.31
营业收入(元)	10,783,689.94	59,027,776.35	40,307,009.35
营业利润(元)	-1,562,096.71	10,811,320.20	6,847,752.86
净利润(元)	-1,082,205.82	9,739,671.54	6,246,018.42
未分配利润(元)	12,086,830.55	12,641,501.22	4,947,801.50
总资产(元)	142,835,888.59	128,866,474.74	108,702,442.16
总负债(元)	72,220,110.84	63,453,774.19	53,029,413.15
净资产(元)	70,615,777.75	65,412,700.55	55,673,029.01
每股收益(元)	-0.02	0.31	0.19
每股净资产(元)	2.01	2.03	1.72
净资产收益率(%)	-0.87	15.35	10.95

北京合力思腾科技股份有限公司

公司概况					
公司名称	北京合力思腾科技股份有限公司			股份名称	合力思腾
法人代表	刘水	董秘	蒋晓红	股份代码	430105
公司网址	www.holystone.com.cn		主办券商	国信证券股份有限公司	
电　话	010-82418366		传　真	010-82418388	
注册地址	北京市怀柔区雁栖经济开发区888号1层南1号				
行业分类	信息传输、软件和信息技术服务业				

主要财务指标			
指标\报告期	2013.06.30	2012.12.31	2011 12.31
营业收入(元)	38,805,003.44	41,428,762.34	54,968,055.74
营业利润(元)	3,443,706.32	6,450,727.40	8,055,145.05
净利润(元)	3,342,147.67	6,381,056.37	7,442,729.00
未分配利润(元)	14,649,662.09	11,307,514.42	5,564,563.69
总资产(元)	67,281,010.79	62,536,653.46	55,182,559.52
总负债(元)	17,177,874.62	15,775,664.96	14,802,627.39
净资产(元)	50,103,136.17	46,760,988.50	40,379,932.13
每股收益(元)	0.10	0.19	0.23
每股净资产(元)	1.50	1.40	1.21
净资产收益率(%)	6.67	13.65	18.43

北京爱特泰克技术股份公司

公司概况					
公司名称	北京爱特泰克技术股份公司			股份名称	爱特泰克
法人代表	顾锦伟	董秘		股份代码	430106
公司网址	www.it-tec.com.cn		主办券商	中原证券股份有限公司	
电　话	010-62122626		传　真	010-62161266	
注册地址	北京市丰台区南四环西路188号七区20号一层101室				
行业分类	信息传输、软件和信息技术服务业				

主要财务指标			
指标\报告期	2013.06.30	2012.12.31	2011.12.31
营业收入(元)	16,874,820.05	40,073,333.77	52,665,258.50
营业利润(元)	-1,146,964.79	-2,806,119.44	1,993,089.10
净利润(元)	-1,143,964.79	-1,371,336.73	1,821,213.96
未分配利润(元)	-1,000,153.10	143,811.69	1,515,148.42
总资产(元)	31,947,476.14	32,618,330.56	26,391,748.97
总负债(元)	22,338,053.85	21,864,943.48	14,267,025.16
净资产(元)	9,609,422.29	10,753,387.08	12,124,723.81
每股收益(元)	-0.11	-0.14	0.22
每股净资产(元)	0.96	1.08	1.21
净资产收益率(%)	-11.91	-12.75	15.02

北京朗铭海川科技股份有限公司

公司概况					
公司名称	北京朗铭海川科技股份有限公司			股份名称	朗铭科技
法人代表	刘海生	董秘	王琦	股份代码	430107
公司网址	www.longsuncard.com		主办券商	国泰君安证券股份有限公司	
电　话	010-88232100		传　真	010-51668106-812	
注册地址	北京市海淀区八里庄路62号院1号楼812室				
行业分类	信息传输、软件和信息技术服务业				

主要财务指标			
指标\报告期	2013.06.30	2012.12.31	2011.12.31
营业收入(元)	7,419,612.27	22,269,632.05	10,590,790.02
营业利润(元)	-627,864.42	1,902,333.77	1,109,620.34
净利润(元)	-560,764.49	2,321,480.76	912,930.22
未分配利润(元)	2,381,980.44	2,942,744.93	853,412.25
总资产(元)	23,200,136.75	23,939,505.44	12,315,182.68
总负债(元)	13,861,413.45	14,040,017.65	4,737,175.65
净资产(元)	9,338,723.30	9,899,487.79	7,578,007.03
每股收益(元)	-0.09	0.39	0.15
每股净资产(元)	1.56	1.65	1.26
净资产收益率(%)	-6.01	23.45	12.05

北京精耕天下农业科技股份有限公司

公司概况	公司名称	北京精耕天下农业科技股份有限公司			股份名称	精耕天下
	法人代表	姚世忠	董秘	刘励	股份代码	430108
	公司网址	www.jinggeng.net		主办券商	国都证券有限责任公司	
	电　话	010-80100671 80100672		传　真	010-84818288	
	注册地址	北京市昌平区科技园区华通路 11 号				
	行业分类	制造业				

主要财务指标	指标\报告期	2013.06.30	2012.12.31	2011.12.31
	营业收入(元)	13,465,488.14	41,881,074.25	18,903,228.92
	营业利润(元)	2,147,995.44	6,300,551.23	1,678,633.48
	净利润(元)	1,781,706.14	5,855,448.08	1,508,374.05
	未分配利润(元)	7,432,562.03	5,656,231.94	292,682.70
	总资产(元)	39,310,084.56	40,034,285.23	28,204,006.61
	总负债(元)	3,631,811.40	6,137,718.21	2,147,887.67
	净资产(元)	35,678,273.16	33,896,567.02	26,056,118.94
	每股收益(元)	0.07	0.24	0.07
	每股净资产(元)	1.38	1.31	1.06
	净资产收益率(%)	5.32	18.73	5.80

北京中航讯科技股份有限公司

公司概况	公司名称	北京中航讯科技股份有限公司			股份名称	中航讯
	法人代表	李英和	董秘	田芳	股份代码	430109
	公司网址	www.cictec.cn		主办券商	财通证券有限责任公司	
	电　话	010-80771455-6134		传　真	010-80771490	
	注册地址	北京市海淀区知春路 56 号西区 64 楼第 7 层 708 房间				
	行业分类	制造业				

主要财务指标	指标\报告期	2013.06.30	2012.12.31	2011.12.31
	营业收入(元)	7,918,712.83	25,384,618.53	10,504,073.11
	营业利润(元)	−2,963,185.45	3,920,286.68	1,363,098.09
	净利润(元)	−2,797,450.44	3,855,798.12	1,418,713.01
	未分配利润(元)	−2,798,341.39	3,789,604.65	347,040.62
	总资产(元)	21,543,103.40	32,800,143.66	12,688,107.49
	总负债(元)	6,065,916.30	18,355,010.52	2,071,118.19
	净资产(元)	15,477,187.10	14,445,133.14	10,616,989.30
	每股收益(元)	−0.18	0.39	0.14
	每股净资产(元)	1.01	1.44	1.06
	净资产收益率(%)	−18.08	26.69	13.36

百拓商旅(北京)网络科技股份有限公司

公司概况	公司名称	百拓商旅(北京)网络科技股份有限公司			股份名称	百拓科技
	法人代表	刘波	董秘	田晓明	股份代码	430110
	公司网址	www.baitour.com		主办券商	齐鲁证券有限公司	
	电　话	010-58595688		传　真	010-58595625	
	注册地址	北京市西城区黄寺大街甲 23 号 1 号楼 12 层 1203 室				
	行业分类	信息传输、软件和信息技术服务业				

主要财务指标	指标\报告期	2013.06.30	2012.12.31	2011.12.31
	营业收入(元)	7,955,262.69	18,081,529.17	16,125,252.46
	营业利润(元)	−1,661,354.59	−998,388.79	578,488.80
	净利润(元)	−1,651,597.45	−500,691.10	868,688.81
	未分配利润(元)	−1,723,218.92	−71,621.47	429,069.63
	总资产(元)	7,910,445.22	6,425,377.03	7,144,506.25
	总负债(元)	4,304,078.38	1,167,412.74	1,385,850.86
	净资产(元)	3,606,366.84	5,257,964.29	5,758,655.39
	每股收益(元)	−0.33	−0.10	0.24
	每股净资产(元)	0.72	1.05	1.15
	净资产收益率(%)	−45.80	−9.52	15.09

北京航峰科伟装备技术股份有限公司

公司概况	公司名称	北京航峰科伟装备技术股份有限公司			股份名称	北京航峰
	法人代表	邓可	董秘	熊松	股份代码	430111
	公司网址	www.hangf.com		主办券商	齐鲁证券有限公司	
	电　话	010-82864255		传　真	010-82864255-8080	
	注册地址	北京市海淀区中关村东路 18 号财智国际大厦 C 座 306				
	行业分类	制造业				

主要财务指标	指标\报告期	2013.06.30	2012.12.31	2011.12.31
	营业收入(元)	2,825,150.74	34,239,173.66	25,149,010.05
	营业利润(元)	−4,151,874.32	12,287,277.09	9,828,348.54
	净利润(元)	−3,637,864.42	12,893,055.34	7,850,769.20
	未分配利润(元)	13,175,058.84	16,672,868.56	4,853,103.96
	总资产(元)	33,044,267.50	42,698,154.96	25,440,436.23
	总负债(元)	4,212,286.48	10,128,309.52	5,863,646.13
	净资产(元)	28,831,981.02	32,569,845.44	19,576,790.10
	每股收益(元)	−0.26	0.91	0.84
	每股净资产(元)	2.05	2.30	1.67
	净资产收益率(%)	−12.62	39.45	40.10

北京弘祥隆生物技术股份有限公司

公司概况	公司名称	北京弘祥隆生物技术股份有限公司			股份名称	弘祥隆
	法人代表	江玉龙	董秘	董琴	股份代码	430112
	公司网址	www.hxlbd.com		主办券商	中原证券股份有限公司	
	电　　话	010-82899811		传　　真	010-82783560	
	注册地址	北京市海淀区上地三街9号金隅嘉华大厦B座6层608				
	行业分类	制造业				

	指标\报告期	2013.06.30	2012.12.31	2011.12.31
主要财务指标	营业收入(元)	1,711,650.42	5,127,898.59	4,703,675.20
	营业利润(元)	–307,063.88	144,015.53	1,997,504.93
	净利润(元)	–112,380.05	655,630.46	1,706,011.47
	未分配利润(元)	286,485.56	398,865.61	–256,764.85
	总资产(元)	21,018,071.64	12,796,167.95	6,221,055.77
	总负债(元)	9,203,064.03	6,890,788.79	971,307.07
	净资产(元)	11,792,999.11	5,905,379.16	5,249,748.70
	每股收益(元)	–0.02	0.13	0.51
	每股净资产(元)	1.79	1.16	1.03
	净资产收益率(%)	–0.95	11.10	32.50

中交远洲信息技术(北京)股份有限公司

公司概况	公司名称	中交远洲信息技术(北京)股份有限公司			股份名称	中交远洲
	法人代表	杨新洲	董秘	杨众伟	股份代码	430113
	公司网址	www.eroadsoft.com		主办券商	南京证券股份有限公	
	电　　话	010-84477777		传　　真	010-84477988	
	注册地址	北京市海淀区东北旺北京中关村软件园孵化器2号楼2240D23房				
	行业分类	信息传输、软件和信息技术服务业				

	指标\报告期	2013.06.30	2012.12.31	2011.12.31
主要财务指标	营业收入(元)	2,513,620.38	5,388,046.06	7,188,012.80
	营业利润(元)	321,291.95	–1,287,845.69	510,743.23
	净利润(元)	237,425.92	28,333.16	686,887.45
	未分配利润(元)	–37,806.51	–275,232.43	39,327.45
	总资产(元)	9,405,921.87	8,322,374.26	7,683,253.83
	总负债(元)	3,974,518.02	3,128,396.33	2,170,346.31
	净资产(元)	5,431,403.85	5,193,977.93	5,512,907.52
	每股收益(元)	0.05	0.01	0.14
	每股净资产(元)	1.09	1.04	1.10
	净资产收益率(%)	4.37	0.55	12.46

北京永瀚星港生物科技股份有限公司

公司概况	公司名称	北京永瀚星港生物科技股份有限公司			股份名称	永瀚星港
	法人代表	范飞舟	董秘	张小龙	股份代码	430114
	公司网址	www.nymphavn.com		主办券商	中原证券股份有限公司	
	电　　话	010-67871379		传　　真	010-67863914	
	注册地址	北京市北京经济技术开发区宏达北路12号B楼三区三层319室				
	行业分类	卫生和社会工作				

	指标\报告期	2013.06.30	2012.12.31	2011.12.31
主要财务指标	营业收入(元)	2,000,750.94	6,240,611.21	5,998,969.69
	营业利润(元)	–486,058.62	–16,888.33	1,728,397.86
	净利润(元)	–486,069.26	243,353.75	1,485,551.94
	未分配利润(元)	151,958.16	656,701.29	437,682.92
	总资产(元)	8,509,293.98	9,163,753.61	8,215,725.40
	总负债(元)	1,054,460.62	1,181,526.70	586,894.98
	净资产(元)	7,454,833.36	7,982,226.91	7,628,830.42
	每股收益(元)	–0.01	0.03	0.24
	每股净资产(元)	1.06	1.14	1.22
	净资产收益率(%)	–6.52	3.05	19.67

北京世纪阿姆斯生物技术股份有限公司

公司概况	公司名称	北京世纪阿姆斯生物技术股份有限公司			股份名称	阿姆斯
	法人代表	邓祖科	董秘	李铭	股份代码	430115
	公司网址	www.amms.com.cn		主办券商	齐鲁证券有限公司	
	电　　话	010-62895671		传　　真	010-62896602	
	注册地址	北京市海淀区天秀路10号北京建设大学办公行政楼3层3005室				
	行业分类	制造业				

	指标\报告期	2013.06.30	2012.12.31	2011.12.31
主要财务指标	营业收入(元)	30,962,579.05	49,290,655.26	28,142,877.82
	营业利润(元)	3,288,148.70	961,182.21	1,825,027.69
	净利润(元)	3,063,281.73	2,668,815.73	1,885,145.87
	未分配利润(元)	5,486,132.04	2,419,278.84	1,011,150.97
	总资产(元)	40,379,324.12	41,262,536.20	20,615,653.33
	总负债(元)	17,518,013.11	21,147,762.86	3,762,995.72
	净资产(元)	22,861,311.01	20,114,773.34	16,852,657.61
	每股收益(元)	0.19	0.18	0.14
	每股净资产(元)	1.37	1.18	1.20
	净资产收益率(%)	13.76	14.85	11.47

北京中矿华沃科技股份有限公司

公司概况	公司名称	北京中矿华沃科技股份有限公司			股份名称	中矿华沃
	法人代表	黄国鹏	董秘	苗润涛	股份代码	430116
	公司网址	www.zkhw.cn		主办券商	南京证券股份有限公司	
	电　话	010-51734782		传　真	010-51734782-810	
	注册地址	北京市海淀区清华东路16号3号楼(中关村能源与安全科技园)0406室				
	行业分类	制造业				

	指标\报告期	2013.06.30	2012.12.31	2011.12.31
主要财务指标	营业收入(元)	5,929,615.60	32,809,588.48	19,515,872.53
	营业利润(元)	-17,575.84	-1,503,836.44	4,384,870.54
	净利润(元)	267,742.61	2,224,977.06	4,524,744.48
	未分配利润(元)	3,040,971.23	3,243,839.93	1,194,299.45
	总资产(元)	29,503,820.11	31,193,514.70	28,489,328.11
	总负债(元)	4,696,196.24	6,183,022.13	7,125,112.60
	净资产(元)	24,807,623.87	25,010,492.57	21,364,215.51
	每股收益(元)	0.01	0.11	0.44
	每股净资产(元)	1.24	1.25	1.07
	净资产收益率(%)	1.08	8.90	21.18

北京航天理想科技股份有限公司

公司概况	公司名称	北京航天理想科技股份有限公司			股份名称	航天理想
	法人代表	张宇峰	董秘	张宇峰	股份代码	430117
	公司网址			主办券商	南京证券股份有限公司	
	电　话	010-82609092		传　真	010-82623609	
	注册地址	北京市海淀区苏州街18号长远天地大厦2号楼12B06室				
	行业分类	信息传输、软件和信息技术服务业				

	指标\报告期	2013.06.30	2012.12.31	2011.12.31
主要财务指标	营业收入(元)	4,294,894.88	19,924,500.34	17,313,662.63
	营业利润(元)	-3,087,428.85	1,401,822.95	5,573,706.92
	净利润(元)	-1,778,114.33	2,998,549.55	4,853,803.42
	未分配利润(元)	3,672,390.17	5,488,032.00	5,117,523.26
	总资产(元)	21,635,275.06	26,934,820.51	22,258,914.10
	总负债(元)	3,624,636.22	7,146,067.34	5,468,710.48
	净资产(元)	18,010,638.84	19,788,753.17	16,790,203.62
	每股收益(元)	-0.18	0.30	0.49
	每股净资产(元)	1.70	1.88	1.57
	净资产收益率(%)	-10.67	16.58	30.33

北京华欣远达软件股份有限公司

公司概况	公司名称	北京华欣远达软件股份有限公司			股份名称	华欣远达
	法人代表	向晓华	董秘	王海明	股份代码	430118
	公司网址	www.hxyd.cc		主办券商	齐鲁证券有限公司	
	电　话	010-82780307		传　真	010-82899647-816	
	注册地址	北京市海淀区上地三街9号F座203				
	行业分类	信息传输、软件和信息技术服务业				

	指标\报告期	2013.06.30	2012.12.31	2011.12.31
主要财务指标	营业收入(元)	1,105,673.33	3,312,651.47	2,525,119.97
	营业利润(元)	-1,234,025.87	-1,795,540.50	95,794.46
	净利润(元)	-758,728.44	-818,075.11	104,960.63
	未分配利润(元)	-1,905,784.22	-1,148,055.78	-329,980.67
	总资产(元)	5,055,284.64	6,022,031.62	6,560,480.35
	总负债(元)	208,292.78	417,311.32	137,684.94
	净资产(元)	4,846,991.86	5,604,720.30	6,422,795.41
	每股收益(元)	-0.12	-0.13	0.02
	每股净资产(元)	0.77	0.89	1.02
	净资产收益率(%)	-15.65	-14.60	1.63

北京鸿仪四方辐射技术股份有限公司

公司概况	公司名称	北京鸿仪四方辐射技术股份有限公司			股份名称	鸿仪四方
	法人代表	鲍矛	董秘	谷凤丹	股份代码	430119
	公司网址	www.hysf.com.cn		主办券商	中信建投证券股份有限公司	
	电　话	010-69573338		传　真	010-69573338	
	注册地址	北京市通州区工业开发区广利街18号				
	行业分类	科学研究和技术服务业				

	指标\报告期	2013.06.30	2012.12.31	2011.12.31
主要财务指标	营业收入(元)	17,556,847.12	35,660,990.82	35,794,091.51
	营业利润(元)	3,572,864.32	9,647,670.42	13,022,616.45
	净利润(元)	3,041,162.96	10,723,860.90	11,067,177.35
	未分配利润(元)	11,542,714.08	13,129,591.12	8,106,156.31
	总资产(元)	97,247,788.06	93,378,623.48	86,446,784.89
	总负债(元)	49,099,516.44	43,643,474.82	42,807,457.13
	净资产(元)	48,148,271.62	49,735,148.66	43,639,327.76
	每股收益(元)	0.10	0.35	0.36
	每股净资产(元)	1.56	1.61	1.41
	净资产收益率(%)	6.32	21.56	25.36

北京金润方舟科技股份有限公司

公司概况	公司名称	北京金润方舟科技股份有限公司		股份名称	金润科技
	法人代表	杨健	董秘 杨自峰	股份代码	430120
	公司网址	www.jinrunsoft.com		主办券商	宏源证券股份有限公司
	电　话	010-58815116		传　真	010-58815116-814
	注册地址	北京市海淀区长春桥路7号万柳亿城大厦C1-1107			
	行业分类	信息传输、软件和信息技术服务业			

主要财务指标	指标\报告期	2013.06.30	2012.12.31	2011.12.31
	营业收入(元)	12,619,146.38	20,966,286.24	13,682,120.64
	营业利润(元)	4,788,264.30	8,560,483.02	3,334,019.58
	净利润(元)	4,427,708.88	10,040,940.67	3,371,237.72
	未分配利润(元)	15,327,659.99	10,899,951.11	2,019,150.49
	总资产(元)	32,843,819.81	24,435,637.25	15,540,258.02
	总负债(元)	1,891,039.97	692,966.29	1,682,481.75
	净资产(元)	30,952,779.84	23,742,670.96	13,857,776.27
	每股收益(元)	0.87	1.97	0.67
	每股净资产(元)	0.61	4.66	2.72
	净资产收益率(%)	14.31	42.29	24.33

北京英福美信息科技股份有限公司

公司概况	公司名称	北京英福美信息科技股份有限公司		股份名称	英福美
	法人代表	王卫	董秘 刘晓春	股份代码	430121
	公司网址	www.ifmsoft.com.cn		主办券商	兴业证券股份有限公司
	电　话	010-87663120		传　真	010-87664699
	注册地址	北京市朝阳区大屯路科技园南里-风林绿洲I乙号楼2204号			
	行业分类	信息传输、软件和信息技术服务业			

主要财务指标	指标\报告期	2013.06.30	2012.12.31	2011.12.31
	营业收入(元)	3,458,345.05	13,113,491.57	15,677,922.37
	营业利润(元)	-2,323,433.25	-940,466.76	1,241,468.88
	净利润(元)	-2,350,112.01	398,443.10	1,028,075.77
	未分配利润(元)	-1,955,455.08	394,656.93	36,058.14
	总资产(元)	5,641,073.12	8,711,171.14	9,057,770.14
	总负债(元)	1,446,683.41	2,166,669.42	2,911,711.52
	净资产(元)	4,194,389.71	6,544,501.72	6,146,058.62
	每股收益(元)	-0.39	0.07	0.17
	每股净资产(元)	0.69	1.07	1.01
	净资产收益率(%)	-56.03	6.09	16.73

北京中控智联科技股份有限公司

公司概况	公司名称	北京中控智联科技股份有限公司		股份名称	中控智联
	法人代表	胥淏	董秘 闫晓华	股份代码	430122
	公司网址	www.gecpc.com		主办券商	中原证券股份有限公司
	电　话	010-51286200		传　真	010-51286200-805
	注册地址	北京市海淀区农大南路88号1号楼一层195室			
	行业分类	制造业			

主要财务指标	指标\报告期	2013.06.30	2012.12.31	2011.12.31
	营业收入(元)	3,909,914.29	6,346,640.53	9,250,042.83
	营业利润(元)	3,094.86	-2,059,991.76	93,707.60
	净利润(元)	139,394.86	-1,267,105.41	701,293.74
	未分配利润(元)	-1,114,269.14	-1,253,664.00	674,489.22
	总资产(元)	12,474,163.31	9,229,524.86	10,660,932.97
	总负债(元)	5,552,152.86	2,260,350.68	2,624,653.38
	净资产(元)	6,922,010.45	6,969,174.18	8,036,279.59
	每股收益(元)	0.02	-0.16	0.23
	每股净资产(元)	0.87	0.85	1.10
	净资产收益率(%)	2.01	-18.48	8.73

北京速原中天科技股份公司

公司概况	公司名称	北京速原中天科技股份公司		股份名称	速原中天
	法人代表	时庆	董秘 王素红	股份代码	430123
	公司网址	www.dongganji.com.cn		主办券商	东方证券股份有限公司
	电　话	010-69783211		传　真	010-60707108
	注册地址	北京市昌平区科技园区超前路9号B座269室			
	行业分类	制造业			

主要财务指标	指标\报告期	2013.06.30	2012.12.31	2011.12.31
	营业收入(元)	12,814,708.11	19,978,219.61	15,836,694.12
	营业利润(元)	878,125.94	1,206,531.80	536,125.98
	净利润(元)	782,291.73	1,259,186.79	657,923.91
	未分配利润(元)	2,007,378.76	1,258,258.45	109,425.90
	总资产(元)	40,950,413.87	26,154,564.51	24,007,576.29
	总负债(元)	23,658,031.07	18,260,902.02	17,388,665.03
	净资产(元)	17,292,382.80	7,893,662.49	6,618,911.26
	每股收益(元)	0.13	0.21	0.16
	每股净资产(元)	1.60	1.32	1.65
	净资产收益率(%)	4.52	15.95	9.94

北京汉唐自远技术股份有限公司

公司概况	公司名称	北京汉唐自远技术股份有限公司		股份名称	汉唐自远
	法人代表	曾向群	董秘 杜娟	股份代码	430124
	公司网址	www.hantangzy.com		主办券商	国海证券股份有限公司
	电话	010-62791228		传真	010-62780067
	注册地址	北京市海淀区清华科技园大厦C座7层701号			
	行业分类	信息传输、软件和信息技术服务业			

	指标\报告期	2013.06.30	2012.12.31	2011.12.31
主要财务指标	营业收入(元)	20,048,899.15	59,595,129.42	60,894,780.14
	营业利润(元)	553,899.99	3,529,601.85	3,199,169.11
	净利润(元)	943,498.54	3,450,524.57	2,779,794.23
	未分配利润(元)	6,726,959.49	5,783,460.95	2,677,988.84
	总资产(元)	55,030,988.26	48,133,800.78	33,748,391.38
	总负债(元)	24,607,191.15	18,653,502.21	7,718,617.38
	净资产(元)	30,423,797.11	29,480,298.57	26,029,774.00
	每股收益(元)	0.04	0.15	0.12
	每股净资产(元)	1.32	1.28	1.13
	净资产收益率(%)	3.10	11.71	10.68

北京都市鼎点科技股份有限公司

公司概况	公司名称	北京都市鼎点科技股份有限公司		股份名称	都市鼎点
	法人代表	万剑伟	董秘 李春虹	股份代码	430125
	公司网址	www.bjdsdd.com		主办券商	国泰君安证券股份有限公司
	电话	010-63786015		传真	010-63786015-812
	注册地址	北京市丰台区海鹰路5号701-702室			
	行业分类	制造业			

	指标\报告期	2013.06.30	2012.12.31	2011.12.31
主要财务指标	营业收入(元)	5,710,873.56	16,411,036.85	18,946,057.46
	营业利润(元)	262,524.46	2,319,215.40	2,333,594.46
	净利润(元)	223,145.79	2,429,671.63	2,043,078.36
	未分配利润(元)	2,967,397.86	2,744,251.07	557,546.60
	总资产(元)	24,494,755.42	26,896,527.11	20,835,881.16
	总负债(元)	6,678,782.90	9,309,613.74	5,818,379.42
	净资产(元)	17,815,972.52	17,586,913.37	15,017,501.74
	每股收益(元)	0.02	0.24	0.20
	每股净资产(元)	1.78	1.76	1.50
	净资产收益率(%)	1.25	13.82	13.61

马氏兄弟科技(北京)股份有限公司

公司概况	公司名称	马氏兄弟科技(北京)股份有限公司		股份名称	马氏兄弟
	法人代表	马军	董秘 唐梦蕾	股份代码	430126
	公司网址	www.marsbro.com		主办券商	南京证券股份有限公司
	电话	010-65980525		传真	010-65980528
	注册地址	北京市朝阳区望京东路8号院2号楼19层1901室			
	行业分类	居民服务、修理和其他服务业			

	指标\报告期	2013.06.30	2012.12.31	2011.12.31
主要财务指标	营业收入(元)	8,589,862.50	19,701,030.01	16,266,054.14
	营业利润(元)	-479,881.82	41,100.85	1,114,718.22
	净利润(元)	-492,904.26	83,561.47	859,071.83
	未分配利润(元)	430,318.45	902,861.26	827,747.05
	总资产(元)	18,775,062.43	19,143,103.95	19,088,473.76
	总负债(元)	2,117,619.92	2,072,757.18	2,101,688.46
	净资产(元)	16,657,442.51	17,070,346.77	16,986,785.30
	每股收益(元)	-0.04	0.01	0.09
	每股净资产(元)	1.44	1.30	1.30
	净资产收益率(%)	-2.87	0.49	5.28

北京塞尔瑟斯仪表科技股份有限公司

公司概况	公司名称	北京塞尔瑟斯仪表科技股份有限公司		股份名称	塞尔瑟斯
	法人代表	李岩峰	董秘 党林琳	股份代码	430127
	公司网址	www.sailsors.com.cn		主办券商	长江证券股份有限公司
	电话	010-82883086		传真	010-82883822
	注册地址	北京市海淀区志新村小区海泰大厦621室			
	行业分类	制造业			

	指标\报告期	2013.06.30	2012.12.31	2011.12.31
主要财务指标	营业收入(元)	16,512,521.15	30,223,033.93	30,616,104.87
	营业利润(元)	1,018,761.30	-484,941.73	1,569,013.63
	净利润(元)	1,212,179.39	979,968.04	1,480,031.74
	未分配利润(元)	4,732,226.22	3,520,046.83	2,630,405.58
	总资产(元)	32,698,118.03	30,420,973.86	29,576,907.88
	总负债(元)	11,916,670.45	10,851,705.67	10,987,607.73
	净资产(元)	20,781,447.58	19,569,268.19	18,589,300.15
	每股收益(元)	0.08	0.07	0.10
	每股净资产(元)	1.39	1.30	1.24
	净资产收益率(%)	5.83	5.01	7.96

北京广厦网络技术股份公司

公司概况	公司名称	北京广厦网络技术股份公司		股份名称	广厦网络
	法人代表	田野	董秘 李壮	股份代码	430128
	公司网址	www.gonn.com.cn		主办券商	兴业证券股份有限公司
	电　　话	010-82826361		传　　真	010-82826281
	注册地址	北京市海淀区东北旺西路8号中关村软件园10号楼301室			
	行业分类	信息传输、软件和信息技术服务业			

	指标\报告期	2013.06.30	2012.12.31	2011.12.31
主要财务指标	营业收入(元)	27,749,054.24	98,002,265.28	63,881,700.02
	营业利润(元)	24,107.77	12,917,256.65	9,965,508.52
	净利润(元)	417,600.01	11,070,882.53	8,401,543.32
	未分配利润(元)	8,080,225.35	7,662,625.34	10,819,628.44
	总资产(元)	83,066,128.15	78,809,934.66	56,008,759.03
	总负债(元)	46,478,649.73	42,640,056.25	30,909,763.15
	净资产(元)	36,587,478.42	36,169,878.41	25,098,995.88
	每股收益(元)	0.03	0.74	1.68
	每股净资产(元)	2.44	2.41	3.27
	净资产收益率(%)	1.14	30.61	33.47

北京极品无限科技发展股份有限公司

公司概况	公司名称	北京极品无限科技发展股份有限公司		股份名称	极品无限
	法人代表	方奇	董秘 李雪梅	股份代码	430129
	公司网址	www.a-onesoft.cn		主办券商	中信建投证券股份有限公司
	电　　话	010-82418558		传　　真	010-82418558-863
	注册地址	北京市西城区德胜门外大街36号楼3层2单元312			
	行业分类	居民服务、修理和其他服务业			

	指标\报告期	2013.06.30	2012.12.31	2011.12.31
主要财务指标	营业收入(元)	11,309,984.17	22,289,910.65	23,027,446.22
	营业利润(元)	2,500,492.51	1,672,196.57	3,330,066.85
	净利润(元)	2,881,879.55	2,230,080.43	2,893,096.35
	未分配利润(元)	4,239,424.04	1,868,098.25	-103,970.64
	总资产(元)	19,767,369.05	16,045,052.02	11,954,553.58
	总负债(元)	3,418,317.57	2,004,241.65	146,883.48
	净资产(元)	16,349,051.48	14,040,810.37	11,807,670.10
	每股收益(元)	0.29	0.22	0.29
	每股净资产(元)	1.63	1.40	1.18
	净资产收益率(%)	17.62	15.89	24.50

北京卡联科技股份有限公司

公司概况	公司名称	北京卡联科技股份有限公司		股份名称	卡联科技
	法人代表	李兵	董秘 徐晓阳	股份代码	430130
	公司网址	www.mye-stock.com		主办券商	海通证券股份有限公司
	电　　话	010-62572357		传　　真	010-62572357-8004
	注册地址	北京市海淀区中关村东路18号1号楼A-305			
	行业分类	信息传输、软件和信息技术服务业			

	指标\报告期	2013.06.30	2012.12.31	2011.12.31
主要财务指标	营业收入(元)	29,455,431.54	41,108,873.83	10,640,900.51
	营业利润(元)	9,370,827.25	17,863,328.77	4,455,146.03
	净利润(元)	8,019,040.97	15,530,945.22	4,189,930.03
	未分配利润(元)	23,218,231.10	16,149,012.87	2,171,162.17
	总资产(元)	80,312,162.92	63,629,182.79	25,402,284.38
	总负债(元)	19,127,231.63	10,315,373.83	2,619,420.64
	净资产(元)	61,184,931.29	53,313,808.96	22,782,863.74
	每股收益(元)	0.27	0.53	0.83
	每股净资产(元)	2.04	1.78	4.53
	净资产收益率(%)	13.11	29.13	18.39

北京伟利讯信息技术股份有限公司

公司概况	公司名称	北京伟利讯信息技术股份有限公司		股份名称	伟利讯
	法人代表	王鸿飞	董秘 李金儒	股份代码	430131
	公司网址	www.vsoon.net		主办券商	申银万国证券股份有限公司
	电　　话	010-59236161		传　　真	010-59236128
	注册地址	北京市朝阳区酒仙桥路乙21号国宾大厦F3-1室			
	行业分类	信息传输、软件和信息技术服务业			

	指标\报告期	2013.06.30	2012.12.31	2011.12.31
主要财务指标	营业收入(元)	12,949,804.54	19,264,702.21	24,016,548.01
	营业利润(元)	382,585.79	1,266,947.98	1,795,359.40
	净利润(元)	847,602.21	1,865,031.50	1,401,118.76
	未分配利润(元)	3,635,706.88	2,788,104.67	1,104,954.80
	总资产(元)	26,724,724.65	25,926,381.58	29,905,005.26
	总负债(元)	2,679,575.63	2,728,834.77	18,572,489.95
	净资产(元)	24,045,149.02	23,197,546.81	11,332,515.31
	每股收益(元)	0.04	0.11	0.14
	每股净资产(元)	1.18	1.16	1.13
	净资产收益率(%)	3.53	8.04	12.36

北京国铁科林科技股份有限公司

公司概况	公司名称	北京国铁科林科技股份有限公司		股份名称	国铁科林
	法人代表	李秀田	董秘 李晓峰	股份代码	430132
	公司网址	www.gtkl.net		主办券商	国泰君安证券股份有限公司
	电　话	010-60742243		传　真	010-60742243
	注册地址	北京市昌平区科技园区超前路9号B座2233室			
	行业分类	制造业			

主要财务指标	指标\报告期	2013.06.30	2012.12.31	2011.12.31
	营业收入(元)	3,505,925.61	8,014,421.99	9,824,825.41
	营业利润(元)	227,208.38	196,750.13	1,494,827.57
	净利润(元)	195,488.89	185,464.01	1,731,257.46
	未分配利润(元)	1,157,783.25	962,294.36	795,550.34
	总资产(元)	13,734,263.16	14,032,591.11	13,004,782.36
	总负债(元)	1,123,916.03	1,617,732.87	775,388.13
	净资产(元)	12,610,347.13	12,414,858.24	12,229,394.23
	每股收益(元)	0.02	0.02	0.16
	每股净资产(元)	1.15	1.13	1.11
	净资产收益率(%)	1.55	1.49	14.16

北京赛孚制药股份有限公司

公司概况	公司名称	北京赛孚制药股份有限公司		股份名称	赛孚制药
	法人代表	杜海月	董秘 赵大河	股份代码	430133
	公司网址			主办券商	山西证券股份有限公司
	电　话	010-61253036		传　真	010-61252203
	注册地址	北京市大兴区生物医药基地天贵大街9号			
	行业分类	制造业			

主要财务指标	指标\报告期	2013.06.30	2012.12.31	2011.12.31
	营业收入(元)	6,090,195.14	17,049,334.63	14,457,438.77
	营业利润(元)	221,389.51	230,577.54	75,166.69
	净利润(元)	166,042.13	426,918.37	66,584.03
	未分配利润(元)	-3,404,695.69	-3,570,737.82	-3,997,656.19
	总资产(元)	46,369,223.48	37,825,887.88	32,245,446.57
	总负债(元)	19,219,919.17	10,842,625.70	5,689,102.76
	净资产(元)	27,149,304.31	26,983,262.18	26,556,343.81
	每股收益(元)	0.01	0.02	0.00
	每股净资产(元)	1.04	1.03	1.02
	净资产收益率(%)	0.61	1.58	0.25

北京中科可来博电子科技股份有限公司

公司概况	公司名称	北京中科可来博电子科技股份有限公司		股份名称	可来博
	法人代表	冯松云	董秘 姜娜	股份代码	430134
	公司网址	www.clamber.com.cn		主办券商	东方证券股份有限公司
	电　话	010-62559890		传　真	010-62555787
	注册地址	北京市海淀区中关村东路89号恒兴大厦11A			
	行业分类	制造业			

主要财务指标	指标\报告期	2013.06.30	2012.12.31	2011.12.31
	营业收入(元)	6,211,203.19	13,351,681.57	15,416,574.40
	营业利润(元)	301,991.50	1,132,704.70	1,289,265.79
	净利润(元)	256,692.77	1,216,034.42	1,097,346.97
	未分配利润(元)	549,927.28	1,093,234.51	897,620.21
	总资产(元)	16,013,578.87	14,700,864.67	15,036,980.14
	总负债(元)	7,046,861.16	5,190,839.73	6,749,514.73
	净资产(元)	8,966,717.71	9,510,024.94	8,287,465.41
	每股收益(元)	0.03	0.13	0.24
	每股净资产(元)	1.22	1.19	1.84
	净资产收益率(%)	2.86	12.79	13.24

北京三益能源环保发展股份有限公司

公司概况	公司名称	北京三益能源环保发展股份有限公司		股份名称	三益能环
	法人代表	时军	董秘 许静宁	股份代码	430135
	公司网址	www.3eee.com.cn		主办券商	申银万国证券股份有限公司
	电　话	010-63721622		传　真	010-63721625
	注册地址	北京市丰台区科学城航丰路甲4号6层			
	行业分类	居民服务、修理和其他服务业			

主要财务指标	指标\报告期	2013.06.30	2012.12.31	2011.12.31
	营业收入(元)	11,444,987.94	26,460,814.88	29,925,182.99
	营业利润(元)	198,178.16	-2,448,493.13	2,374,176.01
	净利润(元)	68,658.97	-1,974,751.10	3,758,362.21
	未分配利润(元)	623,770.65	555,111.68	2,529,862.78
	总资产(元)	27,240,012.23	30,445,171.56	31,603,859.10
	总负债(元)	11,186,535.53	14,460,353.83	13,644,290.27
	净资产(元)	16,053,476.70	15,984,817.73	17,959,568.83
	每股收益(元)	0.01	-0.13	0.25
	每股净资产(元)	1.08	1.07	1.20
	净资产收益率(%)	0.43	-12.35	20.13

北京安普能环保工程技术股份有限公司

公司概况	公司名称	北京安普能环保工程技术股份有限公司		股份名称	安普能
	法人代表	樊东华	董秘	钮祝红	股份代码	430136
	公司网址	www.upcan.com.cn	主办券商	华龙证券有限责任公司	
	电　话	010-66008633	传　真	010-66008655	
	注册地址	北京市顺义区高丽营镇文化营村北(临空二路1号)			
	行业分类	制造业			

	指标\报告期	2013.06.30	2012.12.31	2011.12.31
主要财务指标	营业收入(元)	74,847,475.00	86,597,322.45	52,763,247.90
	营业利润(元)	8,017,543.91	4,439,786.53	3,386,513.49
	净利润(元)	6,821,784.21	3,264,010.76	2,368,653.81
	未分配利润(元)	9,077,215.47	2,937,609.68	1,068,488.44
	总资产(元)	121,862,614.64	50,231,158.63	74,501,704.24
	总负债(元)	100,589,610.29	35,779,938.49	63,314,494.86
	净资产(元)	21,273,004.35	14,451,220.14	11,187,209.38
	每股收益(元)	0.68	0.33	0.24
	每股净资产(元)	2.13	1.45	1.12
	净资产收益率(%)	32.07	22.59	21.17

北京金信润天信息技术股份有限公司

公司概况	公司名称	北京金信润天信息技术股份有限公司		股份名称	润天股份
	法人代表	林珂	董秘	金结	股份代码	430137
	公司网址	www.runtimebj.com	主办券商	东北证券股份有限公司	
	电　话	010-88498801	传　真	010-88494305	
	注册地址	北京市海淀区四季青乡四季青路8号6层605室			
	行业分类	信息传输、软件和信息技术服务业			

	指标\报告期	2013.06.30	2012.12.31	2011.12.31
主要财务指标	营业收入(元)	150,473,051.24	266,582,984.35	171,065,084.52
	营业利润(元)	4,097,614.91	13,099,248.53	8,791,981.25
	净利润(元)	3,389,256.71	11,031,927.74	7,488,992.21
	未分配利润(元)	9,552,923.38	6,163,666.67	15,603,795.27
	总资产(元)	148,398,520.00	185,972,437.68	114,871,573.54
	总负债(元)	82,364,387.93	122,054,629.81	61,485,693.41
	净资产(元)	66,034,132.07	63,917,807.87	53,385,880.13
	每股收益(元)	0.10	0.35	0.37
	每股净资产(元)	2.00	1.93	1.59
	净资产收益率(%)	5.13	17.92	14.94

武汉国电武仪电气股份有限公司

公司概况	公司名称	武汉国电武仪电气股份有限公司		股份名称	国电武仪
	法人代表	周海斌	董秘	王鹏飞	股份代码	430138
	公司网址	www.goodwyee.com	主办券商	长江证券股份有限公	
	电　话	027-87788700	传　真	027-87788705	
	注册地址	湖北省武汉市东湖开发区关山一路特1号华中曙光软件园D栋1层			
	行业分类	制造业			

	指标\报告期	2013.06.30	2012.12.31	2011.12.31
主要财务指标	营业收入(元)	16,878,272.28	37,601,089.20	35,799,121.18
	营业利润(元)	1,593,987.74	7,336,884.96	4,917,956.74
	净利润(元)	1,974,559.05	10,695,031.32	4,995,154.56
	未分配利润(元)	14,636,834.15	12,786,545.09	3,243,411.34
	总资产(元)	60,093,209.31	58,880,986.41	51,151,304.34
	总负债(元)	5,876,118.10	6,638,454.25	9,603,803.50
	净资产(元)	54,217,091.21	52,242,532.16	41,547,500.84
	每股收益(元)	0.06	0.33	0.15
	每股净资产(元)	1.69	1.63	1.30
	净资产收益率(%)	3.64	20.47	11.39

上海华岭集成电路技术股份有限公司

公司概况	公司名称	上海华岭集成电路技术股份有限公司		股份名称	华岭股份
	法人代表	施瑾	董秘	黄轶强	股份代码	430139
	公司网址	www.sinoictest.com	主办券商	上海证券有限责任公司	
	电　话	021-50278216	传　真	021-50278219	
	注册地址	上海市张江高科技园区郭守敬路351号2号楼1楼			
	行业分类	制造业			

	指标\报告期	2013.06.30	2012.12.31	2011.12.31
主要财务指标	营业收入(元)	32,445,630.54	65,677,155.48	53,306,881.36
	营业利润(元)	8,795,086.10	11,418,936.96	11,042,002.82
	净利润(元)	8,437,190.19	15,676,129.91	11,811,829.47
	未分配利润(元)	23,922,280.09	22,615,089.90	14,706,572.98
	总资产(元)	134,583,306.59	131,972,566.24	135,916,281.19
	总负债(元)	63,365,813.83	62,062,263.67	75,482,108.53
	净资产(元)	71,217,492.76	69,910,302.57	60,434,172.66
	每股收益(元)	0.27	0.51	0.38
	每股净资产(元)	2.30	2.26	1.95
	净资产收益率(%)	11.85	22.42	19.55

上海新眼光医疗器械股份有限公司

公司概况	公司名称	上海新眼光医疗器械股份有限公司			股份名称	新眼光
	法人代表	汤德林	董秘	陈淑娟	股份代码	430140
	公司网址	www.neweyes.com.cn		主办券商	中信建投证券股份有限公司	
	电　话	021-55090806		传　真	021-55090805	
	注册地址	上海市杨浦区赤峰路 65 号 614 室				
	行业分类	制造业				

	指标\报告期	2013.06.30	2012.12.31	2011.12.31
主要财务指标	营业收入(元)	17,849,670.92	20,968,920.34	10,300,823.17
	营业利润(元)	7,776,041.91	3,237,311.94	95,655.24
	净利润(元)	8,419,354.40	4,455,942.25	1,192,843.54
	未分配利润(元)	12,531,032.25	4,111,677.85	101,329.83
	总资产(元)	33,001,674.15	22,608,301.70	14,190,576.59
	总负债(元)	7,252,933.55	5,278,915.50	1,317,132.64
	净资产(元)	25,748,740.60	17,329,386.20	12,873,443.95
	每股收益(元)	0.66	0.59	0.50
	每股净资产(元)	2.02	2.31	1.72
	净资产收益率(%)	32.70	25.71	9.27

天津久日化学股份有限公司

公司概况	公司名称	天津久日化学股份有限公司			股份名称	久日化学
	法人代表	赵国锋	董秘	郝蕾	股份代码	430141
	公司网址	www.jiurichem.com		主办券商	渤海证券股份有限公司	
	电　话	022-58889200		传　真	022-58889248	
	注册地址	天津市北辰区双辰中路 22 号				
	行业分类	制造业				

	指标\报告期	2013.06.30	2012.12.31	2011.12.31
主要财务指标	营业收入(元)	134,574,019.67	235,275,103.95	167,056,616.22
	营业利润(元)	16,128,915.53	31,555,418.48	25,497,943.78
	净利润(元)	15,457,932.70	29,359,442.32	23,769,100.25
	未分配利润(元)	50,843,352.00	36,973,188.44	16,533,300.76
	总资产(元)	372,211,992.35	278,839,097.70	163,521,085.77
	总负债(元)	190,668,002.53	127,730,424.56	59,786,573.95
	净资产(元)	181,543,989.82	151,108,673.14	103,734,511.82
	每股收益(元)	0.28	0.57	0.48
	每股净资产(元)	3.28	2.84	2.07
	净资产收益率(%)	8.52	19.43	22.91

天津锐新昌轻合金股份有限公司

公司概况	公司名称	天津锐新昌轻合金股份有限公司			股份名称	锐新昌
	法人代表	国占昌	董秘	王哲	股份代码	430142
	公司网址	www.ruixin-eht.com		主办券商	渤海证券股份有限公司	
	电　话	022-58188590		传　真	022-58188545	
	注册地址	天津市华苑产业园区(环外)海泰北道 5 号				
	行业分类	制造业				

	指标\报告期	2013.06.30	2012.12.31	2011.12.31
主要财务指标	营业收入(元)	99,587,334.92	193,237,549.34	192,261,625.55
	营业利润(元)	16,289,485.83	32,238,996.46	35,554,709.70
	净利润(元)	14,974,286.27	28,290,303.09	32,830,392.86
	未分配利润(元)	123,722,340.95	116,230,474.35	95,859,348.14
	总资产(元)	240,507,370.01	220,460,966.86	238,923,478.08
	总负债(元)	21,791,820.03	10,719,703.15	52,401,523.47
	净资产(元)	218,715,549.98	209,741,263.71	186,521,954.61
	每股收益(元)	0.20	0.38	0.44
	每股净资产(元)	2.92	2.80	2.49
	净资产收益率(%)	6.85	13.49	17.60

湖北武大有机硅新材料股份有限公司

公司概况	公司名称	湖北武大有机硅新材料股份有限公司			股份名称	武大科技
	法人代表	彭晓东	董秘	康宇峰	股份代码	430143
	公司网址	www.wdsilicone.cn		主办券商	西部证券股份有限公司	
	电　话	027-87617508		传　真	027-87214371	
	注册地址	湖北省武汉市东湖开发区武汉大学科技园内创业大厦 5 楼				
	行业分类	制造业				

	指标\报告期	2013.06.30	2012.12.31	2011.12.31
主要财务指标	营业收入(元)	75,936,808.36	167,468,867.11	243,614,389.49
	营业利润(元)	-11,787,723.96	-928,681.91	24,257,411.28
	净利润(元)	-11,550,160.43	2,278,754.97	22,477,625.82
	未分配利润(元)	53,339,939.00	64,891,995.24	62,772,175.39
	总资产(元)	339,054,461.89	353,748,410.66	345,121,326.02
	总负债(元)	123,769,176.44	126,912,964.78	120,564,635.11
	净资产(元)	215,285,285.45	226,835,445.88	224,556,690.91
	每股收益(元)	-0.14	0.03	0.28
	每股净资产(元)	2.63	2.77	2.75
	净资产收益率(%)	-5.49	0.98	10.22

北京煦联得节能科技股份有限公司

公司概况	公司名称	北京煦联得节能科技股份有限公司		股份名称	煦联得
	法人代表	潘广魁	董秘	刘建永	股份代码	430144
	公司网址	www.ti-solar.com		主办券商	东吴证券股份有限公司
	电　话	010-62668401		传　真	010-62668401-866
	注册地址	北京市海淀区双清路6号院1号楼202室			
	行业分类	居民服务、修理和其他服务业			

主要财务指标	指标\报告期	2013.06.30	2012.12.31	2011.12.31
	营业收入(元)	2,289,145.49	3,903,744.74	1,355,499.75
	营业利润(元)	–1,329,417.01	–1,067,814.75	–2,987,016.99
	净利润(元)	–790,484.90	103,514.35	–1,701,145.34
	未分配利润(元)	–2,371,041.52	–1,580,556.62	–1,684,070.97
	总资产(元)	20,460,336.76	20,283,679.26	11,150,867.13
	总负债(元)	11,258,730.37	10,291,587.97	1,262,290.19
	净资产(元)	9,201,606.39	9,992,091.29	9,888,576.94
	每股收益(元)	–0.07	0.01	–0.15
	每股净资产(元)	0.80	0.87	0.86
	净资产收益率(%)	–8.59	1.04	–17.20

北京智立医学技术股份有限公司股份

公司概况	公司名称	北京智立医学技术股份有限公司股份			股份名称	智立医学
	法人代表	王洪利	董秘	张颖	股份代码	430145
	公司网址	www.sunnym[illegible].com		主办券商	齐鲁证券有限公司	
	电　话	010-82899338		传　真	010-6297[illegible]276	
	注册地址	北京市海淀区上地开拓路5号中关村生物医药园B108室				
	行业分类	制造业				

主要财务指标	指标\报告期	2013.06.30	2012.12.31	2011.12.31
	营业收入(元)	2,647,785.83	6,734,101.65	3,930,553.77
	营业利润(元)	1,068,235.54	783,884.71	512,614.07
	净利润(元)	1,102,947.07	894,733.00	646,960.54
	未分配利润(元)	2,427,643.40	1,324,696.33	519,436.63
	总资产(元)	16,109,774.88	15,348,563.04	14,431,076.88
	总负债(元)	1,715,278.40	2,057,013.63	2,034,260.47
	净资产(元)	14,394,496.48	13,291,549.41	12,396,816.41
	每股收益(元)	0.10	0.08	0.06
	每股净资产(元)	1.24	1.15	1.07
	净资产收益率(%)	7.66	6.73	5.22

亚泰都会(北京)城市规划建筑园林设计研究院股份有限公司

公司概况	公司名称	亚泰都会(北京)城市规划建筑园林设计研究院股份有限公司			股份名称	亚泰都会
	法人代表	赵玉民	董秘	任洪坤	股份代码	430146
	公司网址	www.yataiduhui.com		主办券商	国信证券股份有限公司	
	电　话	010-85755505		传　真	010-85754966	
	注册地址	北京市朝阳区酒仙桥路甲4号3号楼1101室、1104-A室				
	行业分类	科学研究和技术服务业				

主要财务指标	指标\报告期	2013.06.30	2012.12.31	2011.12.31
	营业收入(元)	12,703,747.96	41,436,523.49	44,326,722.00
	营业利润(元)	1,897,150.38	6,583,454.51	5,162,214.50
	净利润(元)	1,800,449.76	5,168,930.33	3,841,518.22
	未分配利润(元)	3,815,391.06	4,601,941.30	77,054.51
	总资产(元)	46,847,248.15	43,875,776.75	38,953,650.69
	总负债(元)	13,964,604.56	10,206,582.92	11,323,387.19
	净资产(元)	32,882,643.59	33,669,193.83	27,630,263.50
	每股收益(元)	0.07	0.20	0.15
	每股净资产(元)	1.27	1.30	1.11
	净资产收益率(%)	5.48	15.35	13.90

中矿龙科能源科技(北京)股份有限公司

公司概况	公司名称	中矿龙科能源科技(北京)股份有限公司			股份名称	中矿龙科
	法人代表	凌标灿	董秘	屈洪亮	股份代码	430147
	公司网址	www.bjzklk.com		主办券商	申银万国证券股份有限公司	
	电　话	010-82896992/6169		传　真	010-82895450-8041	
	注册地址	北京市海淀区上地信息路1号A栋602				
	行业分类	制造业				

主要财务指标	指标\报告期	2013.06.30	2012.12.31	2011.12.31
	营业收入(元)	9,861,228.01	10,691,246.58	11,241,396.76
	营业利润(元)	–1,614,979.60	–4,130,801.46	1,256,589.03
	净利润(元)	–1,740,153.73	–3,389,786.15	1,168,176.49
	未分配利润(元)	–5,356,330.85	–3,616,177.12	2,173,653.16
	总资产(元)	74,458,999.10	33,272,122.64	34,385,238.81
	总负债(元)	47,173,020.74	4,245,990.55	2,469,320.57
	净资产(元)	27,285,978.36	29,026,132.09	32,415,918.24
	每股收益(元)	–0.06	–0.11	0.04
	每股净资产(元)	0.91	0.97	1.08
	净资产收益率(%)	–6.38	–11.68	3.60

北京科能腾达信息技术股份有限公司

公司概况	公司名称	北京科能腾达信息技术股份有限公司		股份名称	科能腾达
	法人代表	刘庆	董秘 齐海澎	股份代码	430148
	公司网址	www.connected.com.cn		主办券商	东北证券股份有限公司
	电话	010-82685838		传真	010-82685968
	注册地址	北京市东城区后永康胡同17号593A室			
	行业分类	信息传输、软件和信息技术服务业			

主要财务指标	指标\报告期	2013.06.30	2012.12.31	2011.12.31
	营业收入(元)	13,496,831.12	17,720,399.83	17,394,467.74
	营业利润(元)	1,020,223.17	749,214.64	17,520.36
	净利润(元)	801,155.83	567,867.18	13,140.26
	未分配利润(元)	1,312,236.29	511,080.46	96,046.17
	总资产(元)	16,029,654.05	11,326,729.40	13,424,353.05
	总负债(元)	6,298,832.83	5,661,064.01	8,326,554.84
	净资产(元)	9,730,821.22	5,665,665.39	5,097,798.21
	每股收益(元)	0.15	0.11	0.00
	每股净资产(元)	1.31	1.13	1.02
	净资产收益率(%)	8.23	10.02	0.26

湖北江汉石油仪器仪表股份有限公司

公司概况	公司名称	湖北江汉石油仪器仪表股份有限公司		股份名称	江仪股份
	法人代表	张建安	董秘 刘建斌	股份代码	430149
	公司网址	www.hbjpirn.com		主办券商	大通证券股份有限公司
	电话	027-51012048		传真	027-51012086
	注册地址	湖北省武汉市东湖开发区东二产业园财富二路			
	行业分类	制造业			

主要财务指标	指标\报告期	2013.06.30	2012.12.31	2011.12.31
	营业收入(元)	56,071,673.75	105,459,881.53	96,288,145.53
	营业利润(元)	12,421,085.58	16,260,637.63	16,648,829.03
	净利润(元)	10,766,561.35	14,757,369.28	14,563,930.21
	未分配利润(元)	16,855,502.50	26,987,037.45	17,926,289.66
	总资产(元)	194,669,457.21	165,024,834.03	127,262,371.87
	总负债(元)	121,135,361.11	91,808,250.98	65,320,142.00
	净资产(元)	73,534,096.10	73,216,583.05	61,942,229.87
	每股收益(元)	0.24	0.42	0.42
	每股净资产(元)	1.62	2.10	1.78
	净资产收益率(%)	14.64	20.16	23.51

北京创和世纪通讯技术股份有限公司

公司概况	公司名称	北京创和世纪通讯技术股份有限公司		股份名称	创和通讯
	法人代表	王兵	董秘 陈江	股份代码	430150
	公司网址	www.chuanghe.net		主办券商	申银万国证券股份有限公司
	电话	010-88593131		传真	010-88593626
	注册地址	北京市海淀区玉渊潭南路11号			
	行业分类	信息传输、软件和信息技术服务业			

主要财务指标	指标\报告期	2013.06.30	2012.12.31	2011.12.31
	营业收入(元)	33,797,122.79	64,889,523.43	35,646,646.42
	营业利润(元)	2,455,555.26	4,045,657.15	2,911,033.15
	净利润(元)	2,034,959.47	3,134,080.27	4,161,399.24
	未分配利润(元)	6,307,279.23	4,272,319.76	8,096,642.90
	总资产(元)	57,379,321.21	56,200,158.19	41,314,745.56
	总负债(元)	13,223,007.08	14,078,803.53	8,627,471.17
	净资产(元)	44,156,314.13	42,121,354.66	32,687,274.39
	每股收益(元)	0.06	0.09	0.18
	每股净资产(元)	1.23	1.17	1.38
	净资产收益率(%)	4.61	7.44	12.73

天津亿鑫通科技股份有限公司

公司概况	公司名称	天津亿鑫通科技股份有限公司		股份名称	亿鑫通
	法人代表	刘士龙	董秘 张凤林	股份代码	430151
	公司网址	www.china-yxt.com		主办券商	申银万国证券股份有限公司
	电话	022-23782257		传真	022-23782259
	注册地址	天津市华苑产业区(环外)海泰华科一路11号			
	行业分类	制造业			

主要财务指标	指标\报告期	2013.06.30	2012.12.31	2011.12.31
	营业收入(元)	48,431,050.22	102,960,542.23	131,082,045.39
	营业利润(元)	812,146.07	5,518,318.04	3,675,712.23
	净利润(元)	1,716,551.41	5,111,868.71	5,284,153.48
	未分配利润(元)	22,302,359.14	20,757,462.87	16,151,753.68
	总资产(元)	136,172,893.42	123,962,116.06	154,072,472.83
	总负债(元)	80,233,804.90	69,739,578.95	104,961,804.43
	净资产(元)	55,939,088.52	54,222,537.11	49,110,668.40
	每股收益(元)	0.06	0.17	0.18
	每股净资产(元)	4.54	1.81	1.64
	净资产收益率(%)	3.07	9.43	10.76

北京思创银联科技股份有限公司

公司概况	公司名称	北京思创银联科技股份有限公司		股份名称	思创银联
	法人代表	于晓军	董秘　吴志芬	股份代码	430152
	公司网址	www.strongunion.com.cn		主办券商	中原证券股份有限公司
	电　话	010-59945629		传　真	010-59221421
	注册地址	北京市海淀区东北旺西路 8 号 4 号楼软件广场 C 座 2-03 室			
	行业分类	制造业			

主要财务指标	指标\报告期	2013.06.30	2012.12.31	2011.12.31
	营业收入(元)	7,763,402.43	72,941,480.25	50,633,796.56
	营业利润(元)	-8,516,795.48	-142,997.19	-1,189,829.55
	净利润(元)	-7,602,359.21	844,411.73	392,071.95
	未分配利润(元)	2,786,735.89	10,389,095.10	9,629,124.54
	总资产(元)	79,174,043.20	98,405,041.96	82,095,223.95
	总负债(元)	29,534,854.92	43,403,494.47	27,938,088.19
	净资产(元)	49,639,188.28	55,001,547.49	54,157,135.76
	每股收益(元)	-0.20	0.02	0.01
	每股净资产(元)	1.31	1.45	1.43
	净资产收益率(%)	-15.32	1.54	0.72

北京中金网信科技股份有限公司

公司概况	公司名称	北京中金网信科技股份有限公司		股份名称	中金网信
	法人代表	刘正智	董秘　张林	股份代码	430153
	公司网址	www.ferro-alloys.com		主办券商	方正证券股份有限公司
	电　话	010-85597955		传　真	010-85597958
	注册地址	北京市海淀区农大南路 1 号院 2 号楼 2 层办公 B-221			
	行业分类	信息传输、软件和信息技术服务业			

主要财务指标	指标\报告期	2013.06.30	2012.12.31	2011.12.31
	营业收入(元)	1,007,836.01		3,834,283.52
	营业利润(元)	-1,231,878.94		-8,719.49
	净利润(元)	-187,369.67		93,541.86
	未分配利润(元)	-717,973.46		-47,013.36
	总资产(元)	5,600,477.49		6,543,346.16
	总负债(元)	657,090.18	715,719.83	696,196.79
	净资产(元)	4,943,387.31	5,363,558.94	5,847,149.37
	每股收益(元)	-0.04	-0.09	0.02
	每股净资产(元)	0.90	0.98	1.06
	净资产收益率(%)	-3.79	-9.02	1.60

武汉中科通达高新技术股份有限公司

公司概况	公司名称	武汉中科通达高新技术股份有限公司		股份名称	中科通达
	法人代表	王开学	董秘　谢晓帆	股份代码	430154
	公司网址	www.citms.cn		主办券商	长江证券股份有限公司
	电　话	027-87788721		传　真	027-87788720
	注册地址	湖北省武汉市东湖新技术开发区关山大道 1 号软件产业三期 A3 栋 10 层			
	行业分类	信息传输、软件和信息技术服务业			

主要财务指标	指标\报告期	2013.06.30	2012.12.31	2011.12.31
	营业收入(元)		63,531,521.47	53,483,079.52
	营业利润(元)		5,939,885.26	1,687,321.37
	净利润(元)		5,356,897.04	1,925,527.10
	未分配利润(元)	4,403,283.69	3,865,382.12	883,751.19
	总资产(元)	107,200,997.30	94,968,860.91	69,000,419.21
	总负债(元)	69,324,252.92	57,630,018.10	37,018,473.44
	净资产(元)	37,876,744.38	37,338,842.81	31,981,945.77
	每股收益(元)	0.02	0.18	0.07
	每股净资产(元)	1.26	1.25	1.18
	净资产收益率(%)	1.42	14.35	6.02

北京康辰亚奥技术股份有限公司

公司概况	公司名称	北京康辰亚奥技术股份有限公司		股份名称	康辰亚奥
	法人代表	刘伟	董秘　姚烈	股份代码	430155
	公司网址	www.bjyaao.com.cn		主办券商	长城证券有限责任公司
	电　话	010-64911830-6003		传　真	010-64981397
	注册地址	北京市海淀区学院路 7 号六层 601 室			
	行业分类	制造业			

主要财务指标	指标\报告期	2013.06.30	2012.12.31	2011.12.31
	营业收入(元)	13,783,875.38	40,645,337.72	31,576,110.30
	营业利润(元)	-2,708,022.31	889,012.48	508,009.72
	净利润(元)	-2,500,605.07	1,022,588.89	658,016.89
	未分配利润(元)	-1,354,739.43	645,865.64	6,504,575.97
	总资产(元)	32,828,758.98	30,550,515.06	35,562,243.02
	总负债(元)	17,291,622.66	12,512,773.67	18,547,090.52
	净资产(元)	15,537,136.32	18,037,741.39	17,015,152.50
	每股收益(元)	-0.16	0.06	0.07
	每股净资产(元)	0.97	1.13	1.70
	净资产收益率(%)	-16.09	5.67	3.87

上海科曼车辆部件系统股份有限公司

公司概况	公司名称	上海科曼车辆部件系统股份有限公司			股份名称	科曼股份
	法人代表	李贤波	董秘	徐正远	股份代码	430156
	公司网址	www.komman.com		主办券商	光大证券股份有限公司	
	电　话	021-31169123		传　真	021-31169290	
	注册地址	上海市嘉定工业区福海路 1055 号				
	行业分类	制造业				

	指标\报告期	2013.06.30	2012.12.31	2011.12.31
主要财务指标	营业收入(元)	71,258,678.51	140,230,109.50	154,641,267.43
	营业利润(元)	3,976,633.68	11,505,431.51	9,019,214.85
	净利润(元)	4,724,684.65	11,082,470.01	9,397,644.63
	未分配利润(元)	19,088,846.41	16,464,161.76	6,489,938.75
	总资产(元)	133,814,068.51	120,571,059.69	132,646,228.26
	总负债(元)	65,037,698.86	54,419,374.69	77,577,013.27
	净资产(元)	68,776,369.65	66,151,685.00	55,069,214.99
	每股收益(元)	0.16	0.37	0.31
	每股净资产(元)	2.29	2.21	1.84
	净资产收益率(%)	6.87	16.75	17.07

腾龙电子技术(上海)股份有限公司

公司概况	公司名称	腾龙电子技术(上海)股份有限公司			股份名称	腾龙电子
	法人代表	虞立群	董秘	虞立民	股份代码	430157
	公司网址	www.dragontec.com.cn		主办券商	海通证券股份有限公司	
	电　话	021-64692460		传　真	021-64287226	
	注册地址	上海市嘉定工业区叶城路 1288 号 1 号楼 3 楼				
	行业分类	信息传输、软件和信息技术服务业				

	指标\报告期	2013.06.30	2012.12.31	2011.12.31
主要财务指标	营业收入(元)	13,899,408.49	31,848,781.13	25,140,131.30
	营业利润(元)	3,929,371.43	13,313,842.08	9,067,424.82
	净利润(元)	4,218,197.12	14,607,691.79	8,224,238.01
	未分配利润(元)	18,441,229.86	14,223,032.74	865,961.30
	总资产(元)	41,541,118.62	40,904,644.95	24,419,406.93
	总负债(元)	2,112,835.37	6,130,123.00	3,354,240.25
	净资产(元)	39,428,283.25	34,774,521.95	21,065,166.68
	每股收益(元)	0.28	0.97	0.55
	每股净资产(元)	2.62	2.32	1.40
	净资产收益率(%)	10.70	42.01	39.04

北京北方科诚科技股份有限公司

公司概况	公司名称	北京北方科诚科技股份有限公司			股份名称	北方科诚
	法人代表	苏喜红	董秘	杨赟	股份代码	430158
	公司网址	www.ebfkc.com		主办券商	金元证券股份有限公司	
	电　话	010-88860379		传　真	010-88860379-8013	
	注册地址	北京市海淀区大柳树富海中心 2 号楼 508 号				
	行业分类	信息传输、软件和信息技术服务业				

	指标\报告期	2013.06.30	2012.12.31	2011.12.31
主要财务指标	营业收入(元)	7,181,035.63	19,038,464.13	24,052,356.59
	营业利润(元)	-365,980.37	1,452,680.02	-373,793.47
	净利润(元)	293,672.41	1,406,045.09	-523,789.23
	未分配利润(元)	602,218.55	308,546.14	2,595,626.52
	总资产(元)	18,855,584.10	14,459,597.39	12,636,220.91
	总负债(元)	13,075,257.72	8,972,943.42	8,555,612.03
	净资产(元)	5,780,326.38	5,486,653.97	4,080,608.88
	每股收益(元)	0.06	0.28	-0.09
	每股净资产(元)	1.13	1.08	4.68
	净资产收益率(%)	5.08	25.63	-2.51

天津创世生态景观建设股份有限公司

公司概况	公司名称	天津创世生态景观建设股份有限公司			股份名称	创世生态
	法人代表	刘士全	董秘	安振	股份代码	430159
	公司网址	www.tjchuangshi.com.cn		主办券商	南京证券股份有限公司	
	电　话	022-86680581		传　真	022-86680581-8000	
	注册地址	天津市南开区红旗路与渭水道交口西北侧赢寰大厦 1-401				
	行业分类	建筑业				

	指标\报告期	2013.06.30	2012.12.31	2011.12.31
主要财务指标	营业收入(元)	203,780,328.34	260,461,938.76	217,088,698.79
	营业利润(元)	26,912,810.91	33,670,341.07	20,218,929.15
	净利润(元)	20,261,401.41	26,561,659.50	16,047,886.31
	未分配利润(元)	46,696,086.03	26,434,684.62	2,515,736.10
	总资产(元)	258,939,354.07	190,787,340.14	161,100,155.64
	总负债(元)	127,861,475.97	79,970,863.45	96,345,338.45
	净资产(元)	131,077,878.10	110,816,476.69	64,754,817.19
	每股收益(元)	0.41	0.55	0.53
	每股净资产(元)	2.62	2.22	2.12
	净资产收益率(%)	15.46	23.97	24.78

天津三泰晟驰科技股份有限公司

公司概况	公司名称	天津三泰晟驰科技股份有限公司			股份名称	三泰晟驰
	法人代表	李月国	董秘	杨德勇	股份代码	430160
	公司网址	www.sumtar.com		主办券商	齐鲁证券有限公司	
	电　话	022-83713559		传　真	022-83712225	
	注册地址	天津市华苑产业区海泰发展六道6号海泰绿色产业基地M7-101室				
	行业分类	信息传输、软件和信息技术服务业				

主要财务指标	指标\报告期	2013.06.30	2012.12.31	2011.12.31
	营业收入(元)	3,389,020.95	13,623,266.21	23,318,961.44
	营业利润(元)	-296,536.03	1,114,636.58	6,995,485.96
	净利润(元)	463,269.46	1,376,559.58	6,778,134.83
	未分配利润(元)	26,303,777.93	25,840,508.47	24,614,607.46
	总资产(元)	55,659,260.13	54,505,219.10	51,265,730.31
	总负债(元)	11,528,909.26	10,838,137.69	8,975,208.48
	净资产(元)	44,130,350.87	43,667,081.41	42,290,521.83
	每股收益(元)	0.04	0.11	0.53
	每股净资产(元)	3.45	3.41	3.30
	净资产收益率(%)	1.05	3.15	16.03

武汉光谷信息技术股份有限公司

公司概况	公司名称	武汉光谷信息技术股份有限公司			股份名称	光谷信息
	法人代表	姜益民	董秘	邓媛	股份代码	430161
	公司网址	www.51bsi.com		主办券商	广发证券股份有限公司	
	电　话	027-87416625		传　真	027-87416668	
	注册地址	湖北省武汉市东湖新技术开发区关山大道1号光谷软件园1.1期产业楼A2栋3楼				
	行业分类	信息传输、软件和信息技术服务业				

主要财务指标	指标\报告期	2013.06.30	2012.12.31	2011.12.31
	营业收入(元)	23,009,338.98	61,931,157.04	43,601,825.02
	营业利润(元)	1,736,052.39	5,876,078.64	2,706,950.21
	净利润(元)	1,855,998.78	7,700,770.28	4,002,388.64
	未分配利润(元)	2,975,072.85	8,619,074.07	3,688,380.82
	总资产(元)	57,549,649.35	63,513,389.88	41,617,999.99
	总负债(元)	20,683,587.84	25,503,327.15	9,308,707.54
	净资产(元)	36,866,061.51	38,010,062.73	32,309,292.45
	每股收益(元)	0.06	0.39	0.22
	每股净资产(元)	1.15	1.90	1.62
	净资产收益率(%)	5.03	20.26	12.39

北京聚利科技股份有限公司

公司概况	公司名称	北京聚利科技股份有限公司			股份名称	聚利科技
	法人代表	韩智	董秘	吴亚光	股份代码	430162
	公司网址	www.bjjuli.com		主办券商	东吴证券股份有限公司	
	电　话	010-51653658		传　真	010-80724808	
	注册地址	北京市海淀区北土城西路119号一层				
	行业分类	制造业				

主要财务指标	指标\报告期	2013.06.30	2012.12.31	2011.12.31
	营业收入(元)	57,019,529.22	114,579,839.61	80,552,445.61
	营业利润(元)	4,432,237.02	18,630,897.09	11,343,716.84
	净利润(元)	4,550,681.32	17,162,970.02	10,369,529.36
	未分配利润(元)	18,288,172.20	13,793,176.51	18,331,850.76
	总资产(元)	149,830,153.45	119,536,153.26	75,931,557.60
	总负债(元)	79,954,318.86	54,210,999.99	33,889,374.35
	净资产(元)	69,875,834.59	65,325,153.27	42,042,183.25
	每股收益(元)	0.09	0.38	0.52
	每股净资产(元)	1.46	1.45	2.10
	净资产收益率(%)	6.51	26.2	24.67

北京合创三众能源科技股份有限公司

公司概况	公司名称	北京合创三众能源科技股份有限公司			股份名称	三众能源
	法人代表	李红霞	董秘	李红霞	股份代码	430163
	公司网址	www.sanzenenergy.com		主办券商	申银万国证券股份有限公司	
	电　话	010-80213836		传　真	010-80214122	
	注册地址	北京市大兴区中关村科技园区大兴生物医药产业基地天河西路19号101室				
	行业分类	科学研究和技术服务业				

主要财务指标	指标\报告期	2013.06.30	2012.12.31	2011.12.31
	营业收入(元)	36,411,093.80	58,839,112.88	37,471,236.76
	营业利润(元)	2,871,281.01	4,543,915.86	2,178,393.28
	净利润(元)	2,410,891.75	4,054,036.21	1,768,891.71
	未分配利润(元)	5,673,003.96	3,262,112.21	4,582,604.55
	总资产(元)	51,645,339.07	44,469,862.62	20,035,703.61
	总负债(元)	24,945,240.78	20,180,656.08	12,006,605.28
	净资产(元)	26,700,098.29	24,289,206.54	8,029,098.33
	每股收益(元)	0.13	0.24	0.18
	每股净资产(元)	1.41	1.28	2.68
	净资产收益率(%)	9.03	16.69	22.03

北京思倍驰科技股份有限公司

公司概况	公司名称	北京思倍驰科技股份有限公司		股份名称	思倍驰
	法人代表	张颖	董秘	沈坤	股份代码	430164
	公司网址	www.cpc.com.cn	主办券商	国都证券有限责任公司	
	电　话	010-82609325	传　真	010-82609326	
	注册地址	北京市海淀区苏州街 18 号院长远天地大厦 4 号楼 1707 室			
	行业分类	信息传输、软件和信息技术服务业			

主要财务指标	指标\报告期	2013.06.30	2012.12.31	2011.12.31
	营业收入(元)	8,725,914.53	37,391,705.24	21,891,346.46
	营业利润(元)	-7,279.84	3,673,889.91	4,375,068.26
	净利润(元)	50,930.83	5,055,864.52	3,920,526.43
	未分配利润(元)	2,800,732.42	2,749,801.59	-719,368.98
	总资产(元)	37,285,845.44	38,306,522.99	47,190,627.54
	总负债(元)	20,586,954.21	21,658,562.59	30,577,155.13
	净资产(元)	16,698,891.23	16,647,960.40	16,613,472.41
	每股收益(元)	0.00	0.33	0.27
	每股净资产(元)	1.24	1.23	1.15
	净资产收益率(%)	0.31	30.37	23.60

光宝联合(北京)科技股份有限公司

公司概况	公司名称	光宝联合(北京)科技股份有限公司		股份名称	光宝联合
	法人代表	汪海滢	董秘	段媛媛	股份代码	430165
	公司网址	www.guangbao-uni.com	主办券商	兴业证券股份有限公司	
	电　话	010-84873735	传　真	010-51410759	
	注册地址	北京市海淀区学院路甲 5 号 1 幢三层 1# 厂房西区 1-016 室			
	行业分类	信息传输、软件和信息技术服务业			

主要财务指标	指标\报告期	2013.06.30	2012.12.31	2011.12.31
	营业收入(元)	7,464,835.47	13,134,946.13	6,378,664.25
	营业利润(元)	150,483.50	621,204.38	156,527.25
	净利润(元)	184,240.62	415,154.74	154,416.39
	未分配利润(元)	411,206.34	226,965.72	16,631.14
	总资产(元)	10,852,687.59	10,685,801.02	10,133,493.09
	总负债(元)	234,813.19	252,167.24	115,014.05
	净资产(元)	10,617,874.40	10,433,633.78	10,018,479.04
	每股收益(元)	0.02	0.04	0.02
	每股净资产(元)	1.06	1.04	1.00
	净资产收益率(%)	1.74	3.98	1.54

北京一正启源科技发展股份有限公司

公司概况	公司名称	北京一正启源科技发展股份有限公司		股份名称	一正启源
	法人代表	赵嘉	董秘	张铁文	股份代码	430166
	公司网址	www.egensource.cn	主办券商	东兴证券股份有限公司	
	电　话	010-62195855-666	传　真	010-62195855-661	
	注册地址	北京市海淀区大柳树路富海中心 3 号楼 706			
	行业分类	信息传输、软件和信息技术服务业			

主要财务指标	指标\报告期	2013.06.30	2012.12.31	2011.12.31
	营业收入(元)	8,697,777.65	11,237,418.57	7,918,241.07
	营业利润(元)	162,058.49	-1,872,084.20	-2,783,483.25
	净利润(元)	194,662.86	-1,927,032.19	-2,790,357.25
	未分配利润(元)	-2,903,376.21	-3,098,039.07	-1,878,907.61
	总资产(元)	19,676,673.85	19,369,666.70	21,266,964.45
	总负债(元)	5,000,544.39	5,095,882.86	5,210,385.10
	净资产(元)	14,676,129.46	14,273,783.84	16,056,579.35
	每股收益(元)	0.01	-0.14	-0.36
	每股净资产(元)	0.90	0.87	2.09
	净资产收益率(%)	1.33	-13.50	7,918,241.07

北京四利通控制技术股份有限公司

公司概况	公司名称	北京四利通控制技术股份有限公司		股份名称	四利通
	法人代表	缑柏弘	董秘	王许彬	股份代码	430167
	公司网址	www.sleton.com	主办券商	大通证券股份有限公司	
	电　话	010-56370521	传　真	010-56370520	
	注册地址	北京市朝阳区望京利泽中园 105 号楼 303			
	行业分类	制造业			

主要财务指标	指标\报告期	2013.06.30	2012.12.31	2011.12.31
	营业收入(元)	16,937,725.25	58,725,434.13	34,587,316.49
	营业利润(元)	84,844.81	9,068,961.97	4,954,633.01
	净利润(元)	758,003.47	7,488,421.09	4,855,482.92
	未分配利润(元)	7,082,418.73	6,390,877.13	-387,446.50
	总资产(元)	89,361,811.68	87,040,725.93	72,020,626.93
	总负债(元)	26,895,419.60	25,265,279.80	17,733,601.89
	净资产(元)	62,466,392.08	61,775,446.13	54,287,025.04
	每股收益(元)	0.03	0.25	0.16
	每股净资产(元)	2.08	2.06	1.81
	净资产收益率(%)	1.21	12.12	8.94

北京博维仕科技股份有限公司

公司概况	公司名称	北京博维仕科技股份有限公司		股份名称	博维仕
	法人代表	吴月安	董秘	吴华华	股份代码	430168
	公司网址	www.bovissgroup.com		主办券商	上海证券有限责任公司
	电　话	010-64450990		传　真	010-64459550
	注册地址	北京市海淀区恩济庄永安东里3号楼5层永吉鑫宾馆8203室			
	行业分类	信息传输、软件和信息技术服务业			

	指标\报告期	2013.06.30	2012.12.31	2011.12.31
主要财务指标	营业收入(元)	14,942,558.76	33,887,680.21	26,765,574.69
	营业利润(元)	224,019.55	872,714.95	–2,962,950.61
	净利润(元)	1,441,919.95	3,310,123.94	–2,624,594.56
	未分配利润(元)	2,342,857.07	900,937.12	–2,309,082.69
	总资产(元)	50,966,269.55	42,945,988.93	41,293,726.69
	总负债(元)	25,405,454.02	18,827,093.35	21,609,955.05
	净资产(元)	25,560,815.53	24,118,895.58	19,683,771.64
	每股收益(元)	0.08	0.19	–0.19
	每股净资产(元)	1.41	1.33	1.16
	净资产收益率(%)	5.64	13.72	–13.33

融智通科技(北京)股份有限公司

公司概况	公司名称	融智通科技(北京)股份有限公司			股份名称	融智通
	法人代表	管明尧	董秘	陶巍	股份代码	430169
	公司网址	www.rongzhitong.com		主办券商	信达证券股份有限公司	
	电　话	010-82890758/59		传　真	010-82890759-802	
	注册地址	北京市海淀区上地五街7号401室				
	行业分类	制造业				

	指标\报告期	2013.06.30	2012.12.31	2011.12.31
主要财务指标	营业收入(元)	7,252,341.87	17,113,813.42	15,463,314.28
	营业利润(元)	601,532.58	1,538,244.31	264,888.33
	净利润(元)	1,067,883.16	1,862,620.36	2,177,315.01
	未分配利润(元)	2,368,953.51	1,354,690.24	1,811,507.85
	总资产(元)	13,435,830.79	10,219,132.31	19,901,945.06
	总负债(元)	5,529,210.36	3,326,775.15	9,872,402.70
	净资产(元)	7,906,620.43	6,892,357.16	10,029,542.36
	每股收益(元)	0.21	0.27	0.79
	每股净资产(元)	1.58	1.38	1.25
	净资产收益率(%)	13.51	27.02	21.71

金易通科技(北京)股份有限公司

公司概况	公司名称	金易通科技(北京)股份有限公司			股份名称	金易通
	法人代表	常建勇	董秘	李林鹏	股份代码	430170
	公司网址	www.JYT-BJ.com		主办券商	长江证券股份有限公司	
	电　话	010-51734909		传　真	010-51734911	
	注册地址	北京市海淀区清华东路16号3号楼中关村能源与安全科技园0402室				
	行业分类	制造业				

	指标\报告期	2013.06.30	2012.12.31	2011.12.31
主要财务指标	营业收入(元)	4,390,578.21	25,884,287.20	18,535,094.04
	营业利润(元)	–249,177.52	3,462,138.62	1,411,459.44
	净利润(元)	387,683.76	5,177,692.86	1,182,281.16
	未分配利润(元)	1,536,775.73	4,701,591.97	1,233,565.62
	总资产(元)	59,341,850.40	40,724,233.86	34,953,632.42
	总负债(元)	30,055,096.42	10,960,249.95	10,367,834.58
	净资产(元)	29,286,753.98	29,763,983.91	24,585,797.84
	每股收益(元)	0.01	0.21	0.09
	每股净资产(元)	1.07	1.21	1.06
	净资产收益率(%)	1.32	17.40	4.75

北京电信易通信息技术股份有限公司

公司概况	公司名称	北京电信易通信息技术股份有限公司			股份名称	电信易通
	法人代表	文彬	董秘	洪艳霞	股份代码	430171
	公司网址	www.telecomyt.com.cn		主办券商	中信建投证券股份有限公司	
	电　话	010-63273333		传　真	010-63260336	
	注册地址	北京市海淀区北蜂窝2号中盛大厦1109室				
	行业分类	信息传输、软件和信息技术服务业				

	指标\报告期	2013.06.30	2012.12.31	2011.12.31
主要财务指标	营业收入(元)	49,245,858.39	48,701,442.12	47,577,015.40
	营业利润(元)	4,256,966.26	2,847,604.10	1,994,188.64
	净利润(元)	3,194,974.69	2,035,500.48	1,443,100.85
	未分配利润(元)	5,044,726.30	1,789,100.70	–42,598.63
	总资产(元)	70,960,200.84	42,869,345.66	38,214,654.03
	总负债(元)	55,711,673.39	30,876,443.81	28,257,252.66
	净资产(元)	15,248,527.45	11,992,901.85	9,957,401.37
	每股收益(元)	0.32	0.20	0.14
	每股净资产(元)	1.52	1.20	0.99
	净资产收益率(%)	20.95	16.97	14.49

北京瑞达恩科技股份有限公司

公司概况	公司名称	北京瑞达恩科技股份有限公司			股份名称	瑞达恩
	法人代表	霍万鹏	董秘	宋涛	股份代码	430172
	公司网址	www.ruidaen.com	主办券商	中原证券股份有限公司		
	电　话	010-82932114	传　真	010-82890280		
	注册地址	北京市海淀区上地三街9号A座A1112				
	行业分类	制造业				

主要财务指标	指标\报告期	2013.06.30	2012.12.31	2011.12.31
	营业收入(元)	382,830.00	13,808,484.00	10,352,265.33
	营业利润(元)	-4,745,367.52	2,411,434.03	1,386,010.70
	净利润(元)	-4,747,225.60	3,949,939.76	1,386,010.70
	未分配利润(元)	2,133,411.87	6,908,196.43	-16,111,777.92
	总资产(元)	25,987,883.71	30,266,429.69	10,537,224.32
	总负债(元)	7,924,506.43	7,428,267.85	11,649,002.24
	净资产(元)	18,063,377.28	22,838,161.84	-1,111,777.92
	每股收益(元)	-0.31	0.26	0.09
	每股净资产(元)	1.17	1.47	-0.07
	净资产收益率(%)	-26.28	17.30	

鼎讯互动(北京)科技股份有限公司

公司概况	公司名称	鼎讯互动(北京)科技股份有限公司			股份名称	鼎讯互动
	法人代表	曾飞	董秘	刘淑艳	股份代码	430173
	公司网址	www.enteractive.com.cn	主办券商	中信建投证券股份有限公司		
	电　话	010-51311605	传　真	010-51311600		
	注册地址	北京市朝阳区向军南里2巷甲5号雨霖大厦16层				
	行业分类	信息传输、软件和信息技术服务业				

主要财务指标	指标\报告期	2013.06.30	2012.12.31	2011.12.31
	营业收入(元)	2,530,802.61	8,182,304.06	11,943,160.39
	营业利润(元)	-2,680,075.70	-1,025,748.32	384,021.27
	净利润(元)	-1,930,075.70	2,428.62	416,780.95
	未分配利润(元)	-1,964,083.73	-34,008.03	-2,077,362.65
	总资产(元)	9,252,323.29	11,147,261.99	27,471,256.77
	总负债(元)	257,333.02	222,196.02	1,535,619.42
	净资产(元)	8,994,990.27	10,925,065.97	25,935,637.35
	每股收益(元)	-0.19	0.00	0.02
	每股净资产(元)	0.90	1.09	1.04
	净资产收益率(%)	-21.46	0.02	1.61

北京沃捷文化传媒股份有限公司

公司概况	公司名称	北京沃捷文化传媒股份有限公司			股份名称	沃捷传媒
	法人代表	王洋	董秘	梁上	股份代码	430174
	公司网址	www.voyagemedia.com.cn	主办券商	光大证券股份有限公司		
	电　话	010-65546685-803	传　真	010-65546687		
	注册地址	北京市石景山区八大处高科技园区西井路3号3号楼2224房				
	行业分类	租赁和商务服务业				

主要财务指标	指标\报告期	2013.06.30	2012.12.31	2011.12.31
	营业收入(元)	237,039,703.32	421,541,439.34	223,384,071.00
	营业利润(元)	17,971,329.38	32,949,041.92	14,489,206.81
	净利润(元)	15,580,538.41	25,346,938.34	10,936,495.29
	未分配利润(元)	32,186,904.89	16,653,107.35	8,492,274.76
	总资产(元)	210,300,138.49	192,240,561.71	119,429,683.18
	总负债(元)	144,070,133.90	141,591,095.53	105,993,822.34
	净资产(元)	66,230,004.59	50,649,466.18	13,435,860.84
	每股收益(元)	0.72	1.18	10.53
	每股净资产(元)	3.08	2.35	12.93
	净资产收益率(%)	23.53	50.04	81.40

上海科新生物技术股份有限公司

公司概况	公司名称	上海科新生物技术股份有限公司			股份名称	科新生物
	法人代表	包骏	董秘	潘梅	股份代码	430175
	公司网址	www.kexinbiotech.com	主办券商	国泰君安证券股份有限公司		
	电　话	021-51320126	传　真	021-51320107		
	注册地址	上海市张江高科技园区哈雷路1011号501室A区				
	行业分类	制造业				

主要财务指标	指标\报告期	2013.06.30	2012.12.31	2011.12.31
	营业收入(元)	16,524,531.84	30,255,927.53	23,925,018.64
	营业利润(元)	1,778,805.68	6,325,406.02	4,237,730.98
	净利润(元)	1,325,845.64	6,066,708.15	4,761,908.63
	未分配利润(元)	11,293,697.42	9,967,851.78	4,510,474.47
	总资产(元)	83,000,440.09	60,168,862.49	42,675,004.15
	总负债(元)	22,676,815.24	3,613,690.59	12,586,540.40
	净资产(元)	60,323,624.85	56,555,171.90	30,088,463.75
	每股收益(元)	0.04	0.21	0.19
	每股净资产(元)	1.87	1.82	1.20
	净资产收益率(%)	2.29	10.73	15.83

北京中教启星科技股份有限公司

公司概况					
公司名称	北京中教启星科技股份有限公司			股份名称	中教股份
法人代表	周建宇	董秘		股份代码	430176
公司网址	www.chinaedustar.com	主办券商	光大证券股份有限公司		
电话	010-80756447	传真	010-80756447		
注册地址	北京市海淀区上地十街1号院3号楼1107号				
行业分类	信息传输、软件和信息技术服务业				

主要财务指标 指标\报告期	2013.06.30	2012.12.31	2011.12.31
营业收入(元)	15,030,901.14	78,354,589.21	24,716,380.81
营业利润(元)	–8,375,606.96	18,562,893.33	1,992,968.34
净利润(元)	–8,023,592.54	21,176,251.68	1,143,159.75
未分配利润(元)	1,407,581.98	9,431,174.52	173,190.91
总资产(元)	67,955,094.08	72,721,062.06	27,225,931.96
总负债(元)	16,555,253.61	13,297,629.05	16,978,750.63
净资产(元)	51,399,840.47	59,423,433.01	10,247,181.33
每股收益(元)	–0.17	0.62	0.11
每股净资产(元)	1.07	1.24	1.02
净资产收益率(%)	–15.61	35.64	11.16

上海点客信息技术股份有限公司

公司概况					
公司名称	上海点客信息技术股份有限公司			股份名称	点点客
法人代表	黄梦	董秘	周维	股份代码	430177
公司网址	www.dodoca.com	主办券商	齐鲁证券有限公司		
电话	021-60390818	传真	021-60390800		
注册地址	上海市张江高科技园区郭守敬路498号2幢4202室				
行业分类	信息传输、软件和信息技术服务业				

主要财务指标 指标\报告期	2013.06.30	2012.12.31	2011.12.31
营业收入(元)	24,157,617.41	35,183,800.41	33,795,896.27
营业利润(元)	4,376,264.40	4,685,199.12	738,480.57
净利润(元)	3,492,946.20	4,436,012.16	1,380,032.09
未分配利润(元)	3,515,024.01	3,142,077.81	–29,366.76
总资产(元)	28,227,553.20	21,754,432.13	14,642,498.04
总负债(元)	8,327,961.60	5,347,786.73	4,671,864.80
净资产(元)	19,899,591.60	16,406,645.40	9,970,633.24
每股收益(元)	0.22	0.40	0.14
每股净资产(元)	1.25	1.37	1.00
净资产收益率(%)	17.55	27.04	13.84

上海白虹软件科技股份有限公司

公司概况					
公司名称	上海白虹软件科技股份有限公司			股份名称	白虹软件
法人代表	胡力和	董秘	曹进	股份代码	430178
公司网址	www.baihongsoft.com	主办券商	东吴证券股份有限公司		
电话	021-50271531	传真	021-50271532		
注册地址	上海市张江高科技园区张衡路180弄4号1层29室				
行业分类	信息传输、软件和信息技术服务业				

主要财务指标 指标\报告期	2013.06.30	2012.12.31	2011.12.31
营业收入(元)	1,779,650.09	17,781,253.89	16,897,489.16
营业利润(元)	–6,011,251.94	–274,457.50	1,502,725.42
净利润(元)	–5,114,766.86	1,292,855.92	2,566,923.00
未分配利润(元)	–2,466,347.90	2,670,075.26	6,945,472.30
总资产(元)	9,559,113.44	14,757,924.73	13,553,532.25
总负债(元)	3,685,489.24	3,747,877.37	3,836,340.81
净资产(元)	5,873,624.20	11,010,047.36	9,717,191.44
每股收益(元)	–1.02	0.25	1.47
每股净资产(元)	1.17	2.20	4.86
净资产收益率(%)	–87.08	11.74	26.42

上海宇昂水性新材料科技股份有限公司

公司概况					
公司名称	上海宇昂水性新材料科技股份有限公司			股份名称	宇昂科技
法人代表	王宇	董秘		股份代码	430179
公司网址	www.yukinggroup.com	主办券商	广发证券股份有限公司		
电话	021-68286208	传真	021-68286226		
注册地址	上海市浦东张江高科技园区盛夏路570号802C-1室				
行业分类	制造业				

主要财务指标 指标\报告期	2013.06.30	2012.12.31	2011.12.31
营业收入(元)	19,310,191.75	44,069,827.04	38,864,541.04
营业利润(元)	–1,355,382.94	–3,579,577.49	–148,707.25
净利润(元)	–591,956.95	–3,030,939.61	519,362.63
未分配利润(元)	–4,429,590.52	–3,837,633.57	184,582.12
总资产(元)	18,452,974.94	14,161,362.03	17,802,845.35
总负债(元)	15,584,651.20	10,701,081.34	10,692,898.27
净资产(元)	2,868,323.74	3,460,280.69	7,109,947.08
每股收益(元)	–0.11	–0.57	0.13
每股净资产(元)	0.51	0.62	1.42
净资产收益率(%)	–20.64	–87.59	7.34

北京东方瑞威科技发展股份有限公司

公司概况	公司名称	北京东方瑞威科技发展股份有限公司		股份名称	东方瑞威	
	法人代表	江英	董秘	谭晓慧	股份代码	430180
	公司网址	www.bjdfrw.com		主办券商	中原证券股份有限公司	
	电话	010-51843810		传真	010-63324477	
	注册地址	北京市海淀区北蜂窝2号中盛大厦2306室				
	行业分类	制造业				
主要财务指标	指标\报告期	2013.06.30	2012.12.31	2011.12.31		
	营业收入(元)	12,474,416.42	25,951,256.76	29,598,072.75		
	营业利润(元)	2,463,411.17	757,706.31	-820,473.04		
	净利润(元)	3,167,100.85	2,246,897.41	1,002,174.22		
	未分配利润(元)	4,521,999.35	1,354,898.51	21,114,721.70		
	总资产(元)	48,766,251.73	48,902,918.16	49,727,925.06		
	总负债(元)	9,077,022.12	12,380,789.39	20,452,693.70		
	净资产(元)	39,689,229.61	36,522,128.77	29,275,231.36		
	每股收益(元)	0.09	0.09	0.20		
	每股净资产(元)	1.14	1.04	5.86		
	净资产收益率(%)	7.98	6.15	3.42		

北京道从交通安全科技股份有限公司

公司概况	公司名称	北京道从交通安全科技股份有限公司		股份名称	道从科技	
	法人代表	白书锋	董秘	张颖	股份代码	430181
	公司网址	www.amrdtec.com		主办券商	东方证券股份有限公司	
	电话	010-88930611		传真	010-88930611	
	注册地址	北京市石景山区古城大街特钢公司十一区				
	行业分类	制造业				
主要财务指标	指标\报告期	2013.06.30	2012.12.31	2011.12.31		
	营业收入(元)	3,043,882.94	8,281,851.54	4,602,054.47		
	营业利润(元)	314,173.75	1,439,461.44	1,181,696.18		
	净利润(元)	289,540.68	1,224,695.24	985,610.39		
	未分配利润(元)	1,105,693.38	816,152.70	697,089.18		
	总资产(元)	9,483,061.41	10,097,042.14	3,063,800.38		
	总负债(元)	2,142,842.49	3,046,363.90	1,287,817.38		
	净资产(元)	7,340,218.92	7,050,678.24	1,775,983.00		
	每股收益(元)	0.06	0.37	1.24		
	每股净资产(元)	1.47	1.41	1.78		
	净资产收益率(%)	3.95	17.37	55.50		

北京全网数商科技股份有限公司

公司概况	公司名称	北京全网数商科技股份有限公司		股份名称	全网数商	
	法人代表	徐曦	董秘	陈成	股份代码	430182
	公司网址	www.aebiz.net		主办券商	中信建投证券股份有限公司	
	电话	010-62120078		传真	010-62120078	
	注册地址	北京市海淀区皂君庙14号院1号楼308室				
	行业分类	信息传输、软件和信息技术服务业				
主要财务指标	指标\报告期	2013.06.30	2012.12.31	2011.12.31		
	营业收入(元)	3,105,017.65	7,970,250.00	4,992,984.98		
	营业利润(元)	-1,073,236.72	2,204,743.11	1,310,021.72		
	净利润(元)	-1,028,396.97	1,916,580.32	984,303.93		
	未分配利润(元)	-852,652.42	175,744.55	1,772,670.50		
	总资产(元)	10,371,352.33	10,739,202.86	5,439,708.62		
	总负债(元)	5,191,807.96	4,531,261.52	2,448,347.60		
	净资产(元)	5,179,544.37	6,207,941.34	2,991,361.02		
	每股收益(元)	-0.18	0.33	0.91		
	每股净资产(元)	0.89	1.07	2.77		
	净资产收益率(%)	-19.86	30.87	32.91		

天津市天友建筑设计股份有限公司

公司概况	公司名称	天津市天友建筑设计股份有限公司		股份名称	天友设计	
	法人代表	杨力恒	董秘	王菲	股份代码	430183
	公司网址	www.tenio.com		主办券商	广发证券股份有限公司	
	电话	022-83718488		传真	022-83718200	
	注册地址	天津市新技术产业园区华苑产业区开华道3号华科创业中心1201室				
	行业分类	科学研究和技术服务业				
主要财务指标	指标\报告期	2013.06.30	2012.12.31	2011.12.31		
	营业收入(元)	52,161,815.77	114,381,772.74	93,202,903.74		
	营业利润(元)	156,995.70	20,129,723.23	12,077,029.70		
	净利润(元)	1,820,847.79	12,742,236.09	7,204,227.84		
	未分配利润(元)	5,530,790.53	6,879,113.01	18,292,089.34		
	总资产(元)	94,286,516.30	84,001,278.85	43,427,175.80		
	总负债(元)	52,700,965.99	41,236,576.33	11,404,709.37		
	净资产(元)	41,585,550.31	42,764,702.52	32,022,466.43		
	每股收益(元)	0.06	0.42	0.82		
	每股净资产(元)	1.39	1.43	3.20		
	净资产收益率(%)	3.99	29.41	25.41		

北方跃龙科技(北京)股份有限公司

公司概况	公司名称	北方跃龙科技(北京)股份有限公司			股份名称	北方跃龙
	法人代表	陈维忠	董秘	郭树芬	股份代码	430184
	公司网址	www.northloong.com		主办券商	中国民族证券有限责任公司	
	电话	010-62963796		传真	010-62930060	
	注册地址	北京市海淀区上地信息路1号1-1幢A栋2层201				
	行业分类	信息传输、软件和信息技术服务业				

	指标\报告期	2013.06.30	2012.12.31	2011.12.31
主要财务指标	营业收入(元)	5,686,036.48	10,660,477.53	5,487,719.18
	营业利润(元)	582,586.61	1,528,961.41	1,299,911.08
	净利润(元)	586,617.10	1,361,921.91	1,181,006.11
	未分配利润(元)	1,908,434.42	1,321,817.32	3,102,004.04
	总资产(元)	15,864,660.90	13,727,457.95	7,966,608.09
	总负债(元)	5,211,346.75	3,660,760.90	1,437,401.45
	净资产(元)	10,653,314.15	10,066,697.05	6,529,206.64
	每股收益(元)	0.08	0.21	0.39
	每股净资产(元)	1.52	1.44	2.18
	净资产收益率(%)	5.51	13.53	18.09

北京普瑞塞特物联科技股份有限公司

公司概况	公司名称	北京普瑞塞特物联科技股份有限公司			股份名称	普瑞物联
	法人代表	黄培	董秘	李洪安	股份代码	430185
	公司网址	www.canadapti.com		主办券商	申银万国证券股份有限公司	
	电话	010-62122771		传真	010-62120663	
	注册地址	北京市海淀区知春路56号西区七层				
	行业分类	信息传输、软件和信息技术服务业				

	指标\报告期	2013.06.30	2012.12.31	2011 12.31
主要财务指标	营业收入(元)	4,041,911.10	9,702,879.59	10,005,373.15
	营业利润(元)	-1,551,770.75	-1,039,897.03	525,130.69
	净利润(元)	-1,468,961.64	178,813.04	633,067.15
	未分配利润(元)	-1,128,983.80	298,928.05	6,232,890.58
	总资产(元)	10,284,678.76	10,126,409.21	11,012,218.21
	总负债(元)	3,406,040.56	1,830,885.28	2,895,507.32
	净资产(元)	6,378,638.20	8,295,523.93	8,116,710.89
	每股收益(元)	-0.21	0.05	0.53
	每股净资产(元)	0.98	1.19	6.76
	净资产收益率(%)	-21.26	2.16	7.80

北京国承瑞泰科技股份有限公司

公司概况	公司名称	北京国承瑞泰科技股份有限公司			股份名称	国承瑞泰
	法人代表	司徒泽湘	董秘	龚明	股份代码	430186
	公司网址	www.gcpmc.com.cn		主办券商	南京证券股份有限公司	
	电话	010-51238880		传真	010-51238687	
	注册地址	北京市朝阳区酒仙桥路甲12号1号楼312-1室				
	行业分类	科学研究和技术服务业				

	指标\报告期	2013.06.30	2012.12.31	2011.12.31
主要财务指标	营业收入(元)	15,461,745.29	21,950,248.56	25,996,535.71
	营业利润(元)	1,279,631.66	91,308.00	3,579,932.22
	净利润(元)	1,426,999.31	947,084.39	3,125,027.20
	未分配利润(元)	1,075,077.54	-351,921.77	-942,128.72
	总资产(元)	18,592,818.65	15,629,237.00	6,259,333.87
	总负债(元)	5,834,863.67	4,298,281.33	1,621,462.59
	净资产(元)	12,757,954.98	11,330,955.67	4,637,871.28
	每股收益(元)	0.14	0.10	0.56
	每股净资产(元)	1.28	1.13	0.83
	净资产收益率(%)	11.19	8.36	67.38

北京全有时代科技股份有限公司

公司概况	公司名称	北京全有时代科技股份有限公司			股份名称	全有时代
	法人代表	曹全有	董秘	张彦秋	股份代码	430187
	公司网址	www.cquanyou.com		主办券商	广州证券有限责任公司	
	电话	010-63737355		传真	010-83868870	
	注册地址	北京市丰台区丰台路口139、140号1幢219室(园区)				
	行业分类	制造业				

	指标\报告期	2013.06.30	2012.12.31	2011.12.31
主要财务指标	营业收入(元)	8,683,743.43	16,898,293.02	15,618,430.94
	营业利润(元)	287,582.57	622,663.62	-908,267.26
	净利润(元)	243,255.18	561,417.27	-130,908.46
	未分配利润(元)	-37,706.86	-349,834.20	354,743.86
	总资产(元)	43,390,658.90	35,898,792.13	36,934,316.37
	总负债(元)	37,083,691.67	29,903,952.24	31,500,393.75
	净资产(元)	6,306,967.23	5,994,839.89	5,433,422.62
	每股收益(元)	0.05	0.11	-0.03
	每股净资产(元)	1.26	1.20	1.09
	净资产收益率(%)	3.86	9.37	-2.41

北京奥贝克电子股份有限公司

公司概况	公司名称	北京奥贝克电子股份有限公司			股份名称	奥贝克
	法人代表	徐立	董秘	李航	股份代码	430188
	公司网址	www.opectek.com		主办券商	东方证券股份有限公司	
	电　　话	010-82658637		传　　真	010-82658663	
	注册地址	北京市海淀区北三中环 31 号泰思特大厦 606 室				
	行业分类	北京市海淀区北三中环 31 号泰思特大厦 606 室				

主要财务指标	指标\报告期	2013.06.30	2012.12.31	2011.12.31
	营业收入(元)	10,786,319.31	19,558,043.07	10,836,007.75
	营业利润(元)	–2,228,741.13	–2,087,470.18	776,442.41
	净利润(元)	–2,214,866.47	–1,719,789.53	659,438.26
	未分配利润(元)	–3,877,887.26	–1,662,119.95	1,460,061.21
	总资产(元)	23,791,276.53	25,882,793.29	22,859,961.50
	总负债(元)	6,882,920.26	6,758,669.71	2,073,717.97
	净资产(元)	16,908,356.27	19,124,123.58	20,786,243.53
	每股收益(元)	–0.12	–0.10	0.17
	每股净资产(元)	0.94	1.06	4.16
	净资产收益率(%)	–13.10	–8.99	3.17

北京七彩亮点环能技术股份有限公司

公司概况	公司名称	北京七彩亮点环能技术股份有限公司			股份名称	七彩亮点
	法人代表	祁艳	董秘	杨志红	股份代码	430189
	公司网址	www.bjqcld.com		主办券商	中原证券股份有限公司	
	电　　话	010-65488572		传　　真	010-65488576-810	
	注册地址	北京市朝阳区平房乡石各庄 482 号				
	行业分类	制造业				

主要财务指标	指标\报告期	2013.06.30	2012.12.31	2011.12.31
	营业收入(元)	2,928,893.60	9,332,741.12	2,181,632.12
	营业利润(元)	–1,037,785.09	583,160.82	–138,958.88
	净利润(元)	–1,022,593.75	668,374.64	253,248.55
	未分配利润(元)	–876,398.74	147,862.04	203,918.55
	总资产(元)	7,007,694.14	6,004,176.15	4,831,066.39
	总负债(元)	2,637,189.33	609,225.34	104,490.22
	净资产(元)	4,370,504.81	5,394,950.81	4,726,576.17
	每股收益(元)	–0.20	0.06	0.07
	每股净资产(元)	0.87	1.08	1.05
	净资产收益率(%)	–23.40	12.39	5.36

北京新瑞理想软件股份有限公司

公司概况	公司名称	北京新瑞理想软件股份有限公司			股份名称	新瑞理想
	法人代表	王维马	董秘	罗云	股份代码	430190
	公司网址	www.newcensoft.com.cn		主办券商	中信建投证券股份有限公司	
	电　　话	010-59790688		传　　真	010-62274899	
	注册地址	北京市海淀区西直门北大街甲 43 号 1 号楼 1628 室				
	行业分类	信息传输、软件和信息技术服务业				

主要财务指标	指标\报告期	2013.06.30	2012.12.31	2011.12.31
	营业收入(元)	6,523,080.72	15,154,387.60	11,662,738.00
	营业利润(元)	320,304.09	2,158,400.54	160,555.10
	净利润(元)	308,271.06	1,846,428.23	840,354.24
	未分配利润(元)	1,705,497.20	1,397,226.14	911,635.56
	总资产(元)	13,285,124.97	14,944,834.95	11,623,660.50
	总负债(元)	114,539.00	2,082,520.04	607,773.82
	净资产(元)	13,170,585.97	12,862,314.91	11,015,886.68
	每股收益(元)	0.03	0.19	0.08
	每股净资产(元)	1.32	1.29	1.10
	净资产收益率(%)	2.34	14.36	7.63

北京波尔通信技术股份有限公司

公司概况	公司名称	北京波尔通信技术股份有限公司			股份名称	波尔通信
	法人代表	高卫	董秘	易志鸿	股份代码	430191
	公司网址	www.bestitu.com		主办券商	中国银河证券股份有限公司	
	电　　话	010-82194271		传　　真	010-82194367	
	注册地址	北京市海淀区东北旺西路 8 号 9 号楼 3 区 204 号				
	行业分类	信息传输、软件和信息技术服务业				

主要财务指标	指标\报告期	2013.06.30	2012.12.31	2011.12.31
	营业收入(元)	291,905.66	43,547,633.29	30,627,230.82
	营业利润(元)	–11,901,636.15	13,095,070.46	13,148,280.71
	净利润(元)	–11,636,172.74	11,063,443.08	11,236,170.62
	未分配利润(元)	1,629,516.97	13,265,689.71	7,328,283.90
	总资产(元)	36,959,595.91	52,997,157.27	21,945,657.24
	总负债(元)	14,919,787.90	19,321,176.52	8,803,119.57
	净资产(元)	22,039,808.01	33,675,980.75	13,142,537.67
	每股收益(元)	–0.89	1.29	2.25
	每股净资产(元)	1.70	2.59	2.63
	净资产收益率(%)	–52.80	32.85	85.50

北京东展科博科技股份有限公司

公司概况	公司名称	北京东展科博科技股份有限公司		股份名称	东展科博
	法人代表	陈小郴	董秘	李剑	股份代码	430192
	公司网址	www.dzkb.com.cn	主办券商	金元证券股份有限公司	
	电　　话	010-88203207	传　　真	010-88203207-8088	
	注册地址	北京市海淀区苏家坨丝绸二厂院东平房			
	行业分类	制造业			

主要财务指标	指标\报告期	2013.06.30	2012.12.31	2011.12.31
	营业收入(元)	8,474,683.12	11,388,967.25	13,482,650.48
	营业利润(元)	-211,008.17	-6,629,600.51	-5,086,616.06
	净利润(元)	-143,861.23	-6,621,852.74	-5,047,470.68
	未分配利润(元)	-4,020,773.77	-3,876,912.54	-4,858,242.94
	总资产(元)	22,765,305.37	23,820,038.26	25,152,847.07
	总负债(元)	13,868,236.97	14,779,108.63	22,490,064.70
	净资产(元)	8,897,068.40	9,040,929.63	2,662,782.37
	每股收益(元)	-0.01	-0.58	-0.67
	每股净资产(元)	0.77	0.79	0.36
	净资产收益率(%)	-1.62	-73.24	-189.56

北京紫新报通科技股份有限公司

公司概况	公司名称	北京紫新报通科技股份有限公司			股份名称	紫新科技
	法人代表	郭求实	董秘		股份代码	430193
	公司网址	www.uniflows.com	主办券商	海通证券股份有限公司		
	电　　话	010-82601865	传　　真	010-82601365		
	注册地址	北京市海淀区农大南路1号院2号楼2层办公B-221				
	行业分类	信息传输、软件和信息技术服务业				

主要财务指标	指标\报告期	2013.06.30	2012.12.31	2011.12.31
	营业收入(元)	1,298,798.33	5,205,352.20	4,664,685.85
	营业利润(元)	-626,452.49	742,394.44	203,605.64
	净利润(元)	124,329.77	974,132.90	255,004.58
	未分配利润(元)	812,259.42	687,929.65	253,539.35
	总资产(元)	6,159,595.80	6,808,728.06	3,314,574.84
	总负债(元)	102,387.92	875,849.95	655,244.91
	净资产(元)	6,057,207.88	5,932,878.11	2,653,329.93
	每股收益(元)	0.02	0.21	0.13
	每股净资产(元)	1.21	1.19	1.33
	净资产收益率(%)	2.05	16.42	9.59

北京锐风行艺术交流股份有限公司

公司概况	公司名称	北京锐风行艺术交流股份有限公司			股份名称	锐风行
	法人代表	丁毅	董秘	徐立	股份代码	430194
	公司网址	www.chinareel.com	主办券商	金元证券股份有限公司		
	电　　话	010-68588580	传　　真	010-68588580		
	注册地址	北京市海淀区阜成路115号D座135室				
	行业分类	文化、体育和娱乐业				

主要财务指标	指标\报告期	2013.06.30	2012.12.31	2011.12.31
	营业收入(元)	7,018,386.79	10,076,805.94	7,418,860.44
	营业利润(元)	1,185,558.17	1,162,340.06	824,405.45
	净利润(元)	889,168.63	891,727.06	615,464.88
	未分配利润(元)	1,591,158.63	701,990.00	84,338.72
	总资产(元)	15,612,099.55	8,914,126.90	3,087,452.52
	总负债(元)	8,377,494.17	2,368,690.15	2,493,742.83
	净资产(元)	7,234,605.38	6,545,436.75	593,709.69
	每股收益(元)	0.16	0.29	0.11
	每股净资产(元)	1.30	1.18	0.11
	净资产收益率(%)	12.29	13.62	103.66

北京欧泰克能源环保工程技术股份有限公司

公司概况	公司名称	北京欧泰克能源环保工程技术股份有限公司			股份名称	欧泰克
	法人代表	张余凯	董秘	苑静	股份代码	430195
	公司网址	www.oil-tech.com.cn	主办券商	中信建投证券股份有限公司		
	电　　话	010-82193595	传　　真	010-82193597		
	注册地址	北京市海淀区中关村南路6号中电大厦1210室				
	行业分类	制造业				

主要财务指标	指标\报告期	2013.06.30	2012.12.31	2011.12.31
	营业收入(元)	2,612,537.29	36,960,854.88	55,871,303.13
	营业利润(元)	-6,801,228.01	2,427,857.47	20,202,621.31
	净利润(元)	-7,233,996.54	2,006,986.99	16,932,181.03
	未分配利润(元)	7,126,442.18	14,360,438.72	23,505,614.95
	总资产(元)	85,772,422.04	99,662,320.72	78,502,812.27
	总负债(元)	29,053,669.99	35,709,572.13	12,352,050.67
	净资产(元)	56,718,752.05	63,952,748.59	66,150,761.60
	每股收益(元)	-0.24	0.07	1.44
	每股净资产(元)	1.89	2.13	5.62
	净资产收益率(%)	-12.75	3.14	25.60

北京宣爱智能模拟技术股份有限公司

公司概况	公司名称	北京宣爱智能模拟技术股份有限公司			股份名称	宣爱智能
	法人代表	于晓辉	董秘	刘仕化	股份代码	430196
	公司网址	www.bjxa.com		主办券商	中信建投证券股份有限公司	
	电　话	010-51666656		传　真	010-62964413	
	注册地址	北京市海淀区上地三街9号嘉华大厦C座1110号				
	行业分类	信息传输、软件和信息技术服务业				

	指标\报告期	2013.06.30	2012.12.31	2011.12.31
主要财务指标	营业收入(元)	9,279,000.96	46,735,769.23	43,454,253.36
	营业利润(元)	-3,313,365.72	1,327,743.98	-1,605,226.03
	净利润(元)	-122,412.30	4,651,408.08	1,663,725.81
	未分配利润(元)	6,325,749.12	6,448,161.42	16,005,923.79
	总资产(元)	90,632,905.59	95,426,903.59	91,770,370.87
	总负债(元)	56,525,432.32	61,197,018.02	62,191,893.38
	净资产(元)	34,107,473.27	34,229,885.57	29,578,477.49
	每股收益(元)	-0.01	0.17	0.17
	每股净资产(元)	1.26	1.27	2.96
	净资产收益率(%)	-0.36	13.59	5.63

津伦(天津)精密机械股份有限公司

公司概况	公司名称	津伦(天津)精密机械股份有限公司			股份名称	津伦股份
	法人代表	陈钢毅	董秘	王传贵	股份代码	430197
	公司网址	www.keenland.cn		主办券商	国泰君安证券股份有限公司	
	电　话	022-83710016		传　真	022-23399199	
	注册地址	天津新技术产业园区华苑产业区				
	行业分类	制造业				

	指标\报告期	2013.06.30	2012.12.31	2011.12.31
主要财务指标	营业收入(元)	4,292,257.08	16,026,982.45	15,746,159.42
	营业利润(元)	-6,023,735.80	-10,567,061.35	-6,641,454.36
	净利润(元)	-4,248,380.18	-8,353,463.62	-5,769,786.64
	未分配利润(元)	-17,812,678.41	-13,564,298.23	-5,210,834.61
	总资产(元)	79,856,688.13	83,176,129.91	77,612,534.20
	总负债(元)	77,282,234.61	76,353,296.21	62,436,236.88
	净资产(元)	2,574,453.52	6,822,833.70	15,176,297.32
	每股收益(元)	-0.32	-0.64	-0.44
	每股净资产(元)	0.20	0.52	1.16
	净资产收益率(%)	-165.02	-122.43	-38.02

武汉微创光电股份有限公司

公司概况	公司名称	武汉微创光电股份有限公司			股份名称	微创光电
	法人代表	陈军	董秘	王昀	股份代码	430198
	公司网址	www.wtoe.cn		主办券商	东方证券股份有限公司	
	电　话	027-66012773		传　真	027-87462661	
	注册地址	湖北省武汉市高新二路41号关南工业园7号楼				
	行业分类	制造业				

	指标\报告期	2013.06.30	2012.12.31	2011.12.31
主要财务指标	营业收入(元)	27,312,655.28	60,108,152.86	55,528,992.42
	营业利润(元)	-534,302.96	9,233,614.91	7,944,437.57
	净利润(元)	3,685,687.66	8,651,087.17	7,208,648.24
	未分配利润(元)	12,698,839.91	14,516,389.41	6,730,410.96
	总资产(元)	65,755,340.12	75,862,561.78	56,975,270.36
	总负债(元)	19,542,145.34	29,119,817.50	20,947,376.92
	净资产(元)	46,213,194.78	46,742,744.28	36,027,893.44
	每股收益(元)	0.17	0.40	0.46
	每股净资产(元)	2.05	2.12	1.70
	净资产收益率(%)	7.98	18.51	20.01

北京了望投资顾问股份有限公司

公司概况	公司名称	北京了望投资顾问股份有限公司			股份名称	北京了望
	法人代表	王蕊	董秘	刘钰军	股份代码	430199
	公司网址	www.lw2002.com		主办券商	财通证券有限责任公司	
	电　话	010-85863090		传　真	010-85865316	
	注册地址	北京市北京经济技术开发区中和街14号C座210室				
	行业分类	居民服务、修理和其他服务业				

	指标\报告期	2013.06.30	2012.12.31	2011.12.31
主要财务指标	营业收入(元)	6,858,081.59	20,075,542.02	38,122,676.93
	营业利润(元)	-1,367,055.86	-1,350,037.67	1,258,849.19
	净利润(元)	-1,364,055.86	291,648.47	928,092.63
	未分配利润(元)	-1,565,720.73	-201,664.87	147,936.23
	总资产(元)	11,266,087.20	10,856,462.66	11,774,889.38
	总负债(元)	6,453,176.62	4,679,496.22	5,658,512.02
	净资产(元)	4,812,910.58	6,176,966.44	6,116,377.36
	每股收益(元)	-0.27	0.06	0.46
	每股净资产(元)	0.96	1.24	1.22
	净资产收益率(%)	-28.34	4.72	15.17

武汉时代地智科技股份有限公司

公司概况	公司名称	武汉时代地智科技股份有限公司			股份名称	时代地智
	法人代表	夏震	董秘	余亚	股份代码	430200
	公司网址			主办券商	国信证券股份有限公司	
	电　话	027-87170322		传　真	027-87170322	
	注册地址	湖北省武汉东湖新技术开发区光谷大道77号金融港后台服务中心一期A3栋7层				
	行业分类	信息传输、软件和信息技术服务业				

	指标\报告期	2013.06.30	2012.12.31	2011.12.31
主要财务指标	营业收入(元)	1,893,328.68	7,854,566.78	9,324,206.19
	营业利润(元)	–2,587,502.15	–464,109.32	349,934.81
	净利润(元)	–1,856,329.72	992,146.65	812,237.12
	未分配利润(元)	1,340,097.97	3,196,427.69	2,303,495.71
	总资产(元)	12,431,137.22	15,455,627.31	17,106,329.99
	总负债(元)	5,513,618.57	6,681,778.94	9,324,628.27
	净资产(元)	6,917,518.65	8,773,848.37	7,781,701.72
	每股收益(元)	–0.37	0.20	0.16
	每股净资产(元)	1.38	1.75	1.56
	净资产收益率(%)	–26.84	11.31	10.44

北京腾实信科技股份有限公司

公司概况	公司名称	北京腾实信科技股份有限公司			股份名称	腾实信
	法人代表	李军	董秘		股份代码	430201
	公司网址	www.techtheme.com.cn		主办券商	中原证券股份有限公司	
	电　话	010-62362870		传　真	010-82081618	
	注册地址	北京市海淀区高梁桥斜街44号一区89号楼(科教大楼)608室				
	行业分类	信息传输、软件和信息技术服务业				

	指标\报告期	2013.06.30	2012.12.31	2011 12.31
主要财务指标	营业收入(元)	4,934,136.42	2,388,256.74	6,733,990.64
	营业利润(元)	2,074,347.91	–1,619,705.29	1,415,255.78
	净利润(元)	1,818,089.47	–1,469,239.36	1,520,601.54
	未分配利润(元)	870,768.32	–947,321.15	2,477,692.06
	总资产(元)	7,728,053.19	5,785,969.61	6,983,805.24
	总负债(元)	1,526,211.90	1,502,217.79	1,230,814.06
	净资产(元)	6,101,841.29	4,283,751.82	5,752,991.18
	每股收益(元)	0.36	–0.29	0.51
	每股净资产(元)	1.22	0.86	1.91
	净资产收益率(%)	29.80	–34.30	26.43

北京星河康帝思科技开发股份有限公司

公司概况	公司名称	北京星河康帝思科技开发股份有限公司			股份名称	星河科技
	法人代表	江俭	董秘	王珏	股份代码	430202
	公司网址	www.bjsrc.com		主办券商	申银万国证券股份有限公司	
	电　话	010-58937591		传　真	010-58937593	
	注册地址	北京市海淀区丰慧中路7号新材料创业大厦5层501室				
	行业分类	制造业				

	指标\报告期	2013.06.30	2012.12.31	2011.12.31
主要财务指标	营业收入(元)	7,811,042.27	7,811,042.27	18,658,058.13
	营业利润(元)	–1,680,082.71	–1,680,082.71	–205,982.34
	净利润(元)	–1,256,786.57	–1,256,786.57	1,946,306.37
	未分配利润(元)	–1,068,245.36	–1,068,245.36	6,490,485.49
	总资产(元)	19,540,992.85	19,540,992.85	21,355,016.30
	总负债(元)	11,372,405.34	11,372,405.34	10,718,069.50
	净资产(元)	8,168,587.51	8,168,587.51	10,636,946.80
	每股收益(元)	–0.16	–0.16	0.65
	每股净资产(元)	1.02	1.02	3.55
	净资产收益率(%)	–15.39	–15.39	17.46

兴和鹏能源技术(北京)股份有限公司

公司概况	公司名称	兴和鹏能源技术(北京)股份有限公司			股份名称	兴和鹏
	法人代表	戴先根	董秘	杨文伟	股份代码	430203
	公司网址	www.harmony-et.com		主办券商	申银万国证券股份有限公司	
	电　话	010-62252665		传　真	010-62252665	
	注册地址	北京市海淀区西直门北大街32号院枫蓝国际中心2号楼1609B室				
	行业分类	采矿业				

	指标\报告期	2013.06.30	2012.12.31	2011.12.31
主要财务指标	营业收入(元)	10,073,766.50	65,702,877.04	24,995,588.81
	营业利润(元)	200,865.73	27,895,722.18	3,588,162.97
	净利润(元)	13,978.44	23,970,492.62	3,155,768.45
	未分配利润(元)	9,491,461.73	12,244,524.60	–2,666,280.01
	总资产(元)	51,049,770.21	61,229,074.83	37,407,980.46
	总负债(元)	10,891,231.36	18,317,203.19	19,902,029.44
	净资产(元)	40,158,538.85	42,911,871.64	17,505,951.02
	每股收益(元)		1.30	0.21
	每股净资产(元)	2.11	2.33	1.17
	净资产收益率(%)	0.04	55.86	18.03

北京石竹科技股份有限公司

公司概况	公司名称	北京石竹科技股份有限公司			股份名称	石竹科技
	法人代表	叶诗生	董秘	何凯	股份代码	430204
	公司网址	www.vme.cn		主办券商	长江证券股份有限公司	
	电　话	010-68587971		传　真	010-68587975	
	注册地址	北京市海淀区紫竹院路广源闸5号广源大厦256室				
	行业分类	信息传输、软件和信息技术服务业				

	指标\报告期	2013.06.30	2012.12.31	2011.12.31
主要财务指标	营业收入(元)	11,001,783.45	32,351,101.67	42,432,858.82
	营业利润(元)	-315,416.89	698,133.55	2,855,600.24
	净利润(元)	-267,004.67	483,376.96	1,965,989.00
	未分配利润(元)	-530,748.74	-74,723.25	5,997,081.50
	总资产(元)	22,939,966.58	21,675,677.85	22,536,936.27
	总负债(元)	13,954,667.31	12,234,353.09	13,704,337.40
	净资产(元)	8,985,299.27	9,441,324.76	8,832,598.87
	每股收益(元)	-0.03	0.05	0.98
	每股净资产(元)	1.00	1.05	4.42
	净资产收益率(%)	-2.97	5.12	22.26

武汉亿房信息股份有限公司

公司概况	公司名称	武汉亿房信息股份有限公司			股份名称	亿房信息
	法人代表	李大钢	董秘		股份代码	430205
	公司网址	www.fdc.com.cn		主办券商	海通证券股份有限公司	
	电　话	027-59208262		传　真	027-59208267	
	注册地址	湖北省武汉市东湖开发区关山大道339号关山春晓A栋一层806				
	行业分类	信息传输、软件和信息技术服务业				

	指标\报告期	2013.06.30	2012.12.31	2011.12.31
主要财务指标	营业收入(元)	10,336,501.86	32,883,007.98	31,730,069.10
	营业利润(元)	-1,392,252.37	9,984,011.14	10,450,512.09
	净利润(元)	-1,192,612.50	10,689,040.09	8,323,327.90
	未分配利润(元)	9,784,965.60	10,977,578.10	2,796,564.81
	总资产(元)	46,245,302.28	48,088,601.84	38,217,810.30
	总负债(元)	6,327,973.52	6,978,660.58	7,439,374.50
	净资产(元)	39,917,328.76	41,109,941.26	30,778,435.80
	每股收益(元)	-0.24	2.16	1.71
	每股净资产(元)	7.98	8.22	6.16
	净资产收益率(%)	-2.99	26.25	27.61

武汉尚远环保股份有限公司

公司概况	公司名称	武汉尚远环保股份有限公司			股份名称	尚远环保
	法人代表	翁欲晓	董秘	高星	股份代码	430206
	公司网址	www.whshangyuan.com		主办券商	长江证券股份有限公司	
	电　话	027-87227672		传　真	027-87227670	
	注册地址	武汉市东湖开发区珞瑜路456号				
	行业分类	居民服务、修理和其他服务业				

	指标\报告期	2013.06.30	2012.12.31	2011.12.31
主要财务指标	营业收入(元)	670,301.74	18,713,481.24	13,607,204.68
	营业利润(元)	-3,438,505.08	1,828,477.68	1,357,344.60
	净利润(元)	-3,440,530.08	2,136,463.11	1,228,142.93
	未分配利润(元)	-2,046,181.53	1,373,264.57	-536,049.50
	总资产(元)	20,194,592.14	27,626,314.47	11,764,593.63
	总负债(元)	5,427,970.10	9,558,912.62	3,300,643.13
	净资产(元)	14,766,622.04	18,067,401.85	8,463,950.50
	每股收益(元)	-0.22	0.20	0.14
	每股净资产(元)	0.93	1.14	0.94
	净资产收益率(%)	-23.30	11.83	14.51

武汉威明德科技股份有限公司

公司概况	公司名称	武汉威明德科技股份有限公司			股份名称	威明德
	法人代表	冯冰	董秘	冯晓	股份代码	430207
	公司网址	www.winmind.cn		主办券商	长江证券股份有限公司	
	电　话	027-87196339		传　真	027-87196187	
	注册地址	湖北省武汉市东湖开发区庙山小区武大科技园				
	行业分类	制造业				

	指标\报告期	2013.06.30	2012.12.31	2011.12.31
主要财务指标	营业收入(元)	4,651,641.08	14,558,445.33	13,980,043.11
	营业利润(元)	-360,818.23	-262,869.82	-143,935.94
	净利润(元)	-344,765.85	1,164,454.75	297,543.37
	未分配利润(元)	401,811.61	746,491.99	3,687,645.05
	总资产(元)	24,148,652.62	23,767,202.61	19,614,787.12
	总负债(元)	8,531,605.97	7,805,475.58	13,417,514.84
	净资产(元)	15,617,046.65	15,961,727.03	6,197,272.28
	每股收益(元)	-0.03	0.14	0.27
	每股净资产(元)	1.30	1.33	5.63
	净资产收益率(%)	-2.21	7.30	4.80

北京优炫软件股份有限公司

公司概况						
	公司名称	北京优炫软件股份有限公司			股份名称	优炫软件
	法人代表	梁继良	董秘	陈俏桦	股份代码	430208
	公司网址	www.uxsino.com		主办券商	南京证券股份有限公司	
	电　　话	010-82886998		传　　真	010-82886338	
	注册地址	北京市海淀区知春路6号锦秋国际大厦07层B02室				
	行业分类	信息传输、软件和信息技术服务业				

主要财务指标	指标\报告期	2013.06.30	2012.12.31	2011.12.31
	营业收入(元)	23,673,688.09	21,294,039.90	5,251,997.49
	营业利润(元)	4,659,464.89	9,260,921.06	-1,227,556.26
	净利润(元)	4,986,474.37	7,234,334.70	-889,691.48
	未分配利润(元)	8,709,721.74	3,723,247.37	-2,649,746.59
	总资产(元)	86,101,536.61	33,023,093.16	21,242,072.24
	总负债(元)	56,530,474.13	8,438,505.05	3,891,818.83
	净资产(元)	29,571,062.48	24,584,588.11	17,350,253.41
	每股收益(元)	0.25	0.36	-0.04
	每股净资产(元)	1.48	1.23	0.54
	净资产收益率(%)	16.86	29.43	-5.13

北京康孚科技股份有限公司

公司概况						
	公司名称	北京康孚科技股份有限公司			股份名称	康孚科技
	法人代表	敖顺荣	董秘	叶长彬	股份代码	430209
	公司网址	www.cn-comfort.com		主办券商	华龙证券有限责任公司	
	电　　话	010-82390088		传　　真	010-82390086	
	注册地址	北京市海淀区王庄路1号清华同方科技广场B座十层C号				
	行业分类	制造业				

主要财务指标	指标\报告期	2013.06.30	2012.12.31	2011.12.31
	营业收入(元)	14,758,312.38	87,991,303.50	115,701,734.07
	营业利润(元)	-230,257.61	7,588,855.76	10,631,330.57
	净利润(元)	-462,406.45	6,312,967.38	8,912,144.87
	未分配利润(元)	4,570,430.75	5,032,837.20	16,705,750.33
	总资产(元)	78,455,179.28	72,536,604.79	73,392,160.03
	总负债(元)	41,591,234.40	35,310,253.46	42,278,776.08
	净资产(元)	36,763,944.88	37,226,351.33	31,113,383.95
	每股收益(元)	-0.02	0.20	0.28
	每股净资产(元)	1.19	1.20	0.99
	净资产收益率(%)	-1.26	16.97	28.29

天津舜能润滑科技股份有限公司

公司概况						
	公司名称	天津舜能润滑科技股份有限公司			股份名称	舜能科技
	法人代表	李根长	董秘	陶桂萍	股份代码	430210
	公司网址	www.shunnengoil.com		主办券商	中信建投证券股份有限公司	
	电　　话	022-58626120		传　　真	022-58626136	
	注册地址	天津市新产业园区华苑产业区榕苑路15号1-B-201-6				
	行业分类	制造业				

主要财务指标	指标\报告期	2013.06.30	2012.12.31	2011.12.31
	营业收入(元)	33,864,670.12	78,541,099.75	66,423,278.51
	营业利润(元)	133,000.30	3,141,747.58	2,844,040.76
	净利润(元)	54,020.54	3,195,645.44	2,699,772.06
	未分配利润(元)	3,201,238.92	3,185,179.26	-26,328.99
	总资产(元)	132,389,621.40	98,985,783.68	86,328,228.90
	总负债(元)	38,195,938.91	4,808,153.50	13,373,241.17
	净资产(元)	94,193,682.49	94,177,630.18	72,954,987.73
	每股收益(元)		0.05	0.05
	每股净资产(元)	1.47	1.36	1.35
	净资产收益率(%)	0.06	3.41	3.77

北京丰电科技股份有限公司

公司概况						
	公司名称	北京丰电科技股份有限公司			股份名称	丰电科技
	法人代表	白俊钢	董秘	翟素环	股份代码	430211
	公司网址	www.fendytech.com		主办券商	财富证券有限责任公司	
	电　　话	010-67155888		传　　真	010-67155515	
	注册地址	北京市丰台区丰台科学城丰泽街8号D-205				
	行业分类	科学研究和技术服务业				

主要财务指标	指标\报告期	2013.06.30	2012.12.31	2011.12.31
	营业收入(元)	43,644,331.97	115,879,858.74	135,343,379.89
	营业利润(元)	1,322,366.50	2,353,264.18	1,424,365.28
	净利润(元)	891,417.43	1,222,835.87	1,217,815.53
	未分配利润(元)	1,082,530.81	6,726.50	5,681,187.48
	总资产(元)	86,655,463.76	70,843,844.36	67,266,789.40
	总负债(元)	48,572,814.78	38,552,612.81	50,365,893.72
	净资产(元)	38,082,648.98	32,291,231.55	16,900,895.68
	每股收益(元)	0.04	0.06	0.07
	每股净资产(元)	1.22	1.18	1.69
	净资产收益率(%)	3.22	3.79	7.21

北京六合伟业科技股份有限公司

公司概况	公司名称	北京六合伟业科技股份有限公司			股份名称	六合伟业
	法人代表	冯建宇	董秘		股份代码	430212
	公司网址			主办券商	华西证券有限责任公司	
	电　话	010-63753083		传　真	010-63796616	
	注册地址	北京市丰台区南四环西路188号12区39号楼				
	行业分类	制造业				

	指标\报告期	2013.06.30	2012.12.31	2011.12.31
主要财务指标	营业收入(元)	29,368,576.40	80,047,109.62	62,742,902.85
	营业利润(元)	3,244,944.78	21,379,513.93	16,587,743.89
	净利润(元)	3,283,862.11	21,650,350.88	14,663,505.49
	未分配利润(元)	19,319,947.31	18,732,985.14	14,891,501.25
	总资产(元)	99,213,894.24	91,228,391.76	66,488,992.04
	总负债(元)	22,706,125.76	22,741,694.95	23,652,646.11
	净资产(元)	76,507,768.48	68,486,696.81	42,836,345.93
	每股收益(元)	0.11	0.76	0.72
	每股净资产(元)	2.43	2.28	1.65
	净资产收益率(%)	4.29	31.61	34.23

北京乐升科技股份有限公司

公司概况	公司名称	北京乐升科技股份有限公司			股份名称	乐升股份
	法人代表	许金龙	董秘	蔡玉雪	股份代码	430213
	公司网址			主办券商	中原证券股份有限公司	
	电　话	010-82051873		传　真	010-82055990	
	注册地址	北京市西城区新街口外大28号院C-508				
	行业分类	信息传输、软件和信息技术服务业				

	指标\报告期	2013.06.30	2012.12.31	2011.12.31
主要财务指标	营业收入(元)	7,723,976.42		21,291,897.94
	营业利润(元)	-1,708,472.67		8,457,010.17
	净利润(元)	-1,708,192.71		8,102,413.70
	未分配利润(元)	742,384.03		7,137,609.67
	总资产(元)	29,314,258.77		34,048,672.35
	总负债(元)	11,472,536.51	10,239,403.40	15,870,974.80
	净资产(元)	17,841,722.26	18,614,658.54	18,177,697.55
	每股收益(元)	-0.11	0.89	1.58
	每股净资产(元)	1.12	1.16	3.54
	净资产收益率(%)	-9.57	33.17	44.57

上海建中医疗器械包装股份有限公司

公司概况	公司名称	上海建中医疗器械包装股份有限公司			股份名称	建中医疗
	法人代表	宋龙富	董秘	李清海	股份代码	430214
	公司网址			主办券商	上海证券有限责任公司	
	电　话			传　真		
	注册地址	上海市闵行区新骏环路189号一层C141室				
	行业分类	制造业				

	指标\报告期	2013.06.30	2012.12.31	2011.12.31
主要财务指标	营业收入(元)	52,444,660.67	100,173,390.24	85,097,797.58
	营业利润(元)	1,192,925.68	9,376,041.31	8,916,493.33
	净利润(元)	1,143,002.37	8,693,146.13	7,808,628.91
	未分配利润(元)	11,230,363.57	12,587,361.20	4,725,557.06
	总资产(元)	94,468,571.94	92,761,670.78	79,928,801.99
	总负债(元)	41,548,165.00	38,484,266.21	34,344,543.55
	净资产(元)	52,920,406.94	54,277,404.57	45,584,258.44
	每股收益(元)	0.05	0.35	0.38
	每股净资产(元)	2.15	2.20	1.85
	净资产收益率(%)	2.16	16.02	16.77

北京必可测科技股份有限公司

公司概况	公司名称	北京必可测科技股份有限公司			股份名称	必可测
	法人代表	何立荣	董秘	王晓诗	股份代码	430215
	公司网址	www.bicotest.com.cn		主办券商	齐鲁证券有限公司	
	电　话	010-62818088		传　真	010-62818787	
	注册地址	北京市海淀区上地三街9号嘉华大厦E座0505室				
	行业分类	科学研究和技术服务业				

	指标\报告期	2013.06.30	2012.12.31	2011.12.31
主要财务指标	营业收入(元)	5,263,817.78		24,950,767.47
	营业利润(元)	-2,513,911.42		2,499,473.86
	净利润(元)	-2,661,648.31		1,827,892.69
	未分配利润(元)	-1,043,377.35		-349,579.51
	总资产(元)	53,738,126.58		28,130,844.16
	总负债(元)	20,462,959.80	25,692,903.13	14,066,073.32
	净资产(元)	33,275,166.78	35,936,815.09	14,064,770.84
	每股收益(元)	-0.09	0.19	0.24
	每股净资产(元)	1.07	1.15	1.59
	净资产收益率(%)	-8.00	10.34	13.00

上海风格信息技术股份有限公司

公司概况	公司名称	上海风格信息技术股份有限公司		股份名称	风格信息
	法人代表	惠新标	董秘	孙维东	股份代码	430216
	公司网址	www.figure-it.com	主办券商	海通证券股份有限公司	
	电　话	021-50271655	传　真	021-50275866	
	注册地址	上海市张江高科技园区毕升路 289 弄 2 号 201 室			
	行业分类	制造业			

	指标\报告期	2013.06.30	2012.12.31	2011.12.31
主要财务指标	营业收入(元)	4,026,621.89		32,011,576.91
	营业利润(元)	-9,609,999.81		5,155,035.44
	净利润(元)	-7,091,675.98		7,534,923.15
	未分配利润(元)	8,772,469.97		17,195,920.04
	总资产(元)	48,153,282.48		35,516,098.73
	总负债(元)	25,536,748.90	19,599,229.00	7,822,822.32
	净资产(元)	22,616,533.58	29,708,209.56	27,693,276.41
	每股收益(元)	-0.68	0.19	0.74
	每股净资产(元)	2.15	2.83	2.74
	净资产收益率(%)	-31.36	6.78	27.21

上海申石软件科技股份有限公司

公司概况	公司名称	上海申石软件科技股份有限公司		股份名称	申石软件
	法人代表	许青	董秘	陈云窗	股份代码	430217
	公司网址	www.sensesw.com	主办券商	光大证券股份有限公司	
	电　话	021-61630550	传　真	021-20235603	
	注册地址	上海市浦东新区张衡路 500 弄浦东国际人才城 1 号楼 510 室			
	行业分类	信息传输、软件和信息技术服务业			

	指标\报告期	2013.06.30	2012.12.31	2011 12.31
主要财务指标	营业收入(元)	2,392,029.12		10,232,426.00
	营业利润(元)	-1,832,288.18		2,260,461.56
	净利润(元)	-1,644,165.03		2,507,972.46
	未分配利润(元)	2,644,813.54		1,144,656.05
	总资产(元)	12,332,222.57		7,250,553.79
	总负债(元)	4,158,528.54	4,229,100.67	3,378,713.73
	净资产(元)	8,173,694.03	9,817,859.06	3,871,840.06
	每股收益(元)	-0.33	0.84	0.96
	每股净资产(元)	1.63	1.96	1.49
	净资产收益率(%)	-20.12	36.12	64.78

长虹立川(天津)科技股份有限公司

公司概况	公司名称	长虹立川(天津)科技股份有限公司		股份名称	长虹立川
	法人代表	龙云	董秘	刘妍	股份代码	430218
	公司网址	www.crisen.com	主办券商	齐鲁证券有限公司	
	电　话	022-23298668	传　真	022-23298668	
	注册地址	天津市华苑产业区三经路与二纬路交口西北侧海泰绿色产业基地 K2-7-602			
	行业分类	信息传输、软件和信息技术服务业			

	指标\报告期	2013.06.30	2012.12.31	2011.12.31
主要财务指标	营业收入(元)	4,995,115.95		3,947,730.26
	营业利润(元)	-693,840.62		-1,487,664.64
	净利润(元)	-118,330.35		-457,628.56
	未分配利润(元)	187,093.47		923,409.12
	总资产(元)	14,789,770.07		12,132,345.86
	总负债(元)	3,354,121.86	3,549,925.21	3,299,983.20
	净资产(元)	11,435,648.21	11,553,978.56	8,832,362.66
	每股收益(元)	-0.01	0.18	-0.12
	每股净资产(元)	1.11	1.12	0.84
	净资产收益率(%)	-1.17	11.15	-6.38

北京拓川科研设备股份有限公司

公司概况	公司名称	北京拓川科研设备股份有限公司		股份名称	拓川股份
	法人代表	刘柏青	董秘	张晋红	股份代码	430219
	公司网址	www.torchnet.com	主办券商	西部证券股份有限公司	
	电　话	010-82379336	传　真	010-82379335	
	注册地址	北京市海淀区王庄路 1 号 B 座 B 号			
	行业分类	制造业			

	指标\报告期	2013.06.30	2012.12.31	2011.12.31
主要财务指标	营业收入(元)	18,532,461.66	37,992,402.09	56,221,886.33
	营业利润(元)	-1,122,705.88	1,828,872.44	3,897,769.36
	净利润(元)	-1,141,389.55	1,586,046.24	2,918,237.18
	未分配利润(元)	286,052.07	1,427,441.62	626,751.55
	总资产(元)	37,551,206.00	36,560,725.83	23,839,969.82
	总负债(元)	30,409,810.70	28,277,940.98	17,143,231.21
	净资产(元)	7,141,395.30	8,282,784.85	6,696,738.61
	每股收益(元)	-0.18	0.24	0.45
	每股净资产(元)	1.10	1.27	1.12
	净资产收益率(%)	-15.98	19.15	43.58

天津迈达医学科技股份有限公司

公司概况	公司名称	天津迈达医学科技股份有限公司		股份名称	迈达科技	
	法人代表	张洪年	董秘	宋学东	股份代码	430220
	公司网址	www.meda.com.cn		主办券商	长江证券股份有限公司	
	电　　话	022-83713881		传　　真	022-83713880	
	注册地址	天津市华苑产业区鑫茂科技园 C2 座-2 层-C 单元				
	行业分类	制造业				

	指标\报告期	2013.06.30	2012.12.31	2011.12.31
主要财务指标	营业收入(元)	24,613,781.71	39,797,010.60	26,691,257.91
	营业利润(元)	3,470,381.52	3,470,830.75	1,987,385.20
	净利润(元)	3,687,140.29	4,651,055.70	4,000,430.96
	未分配利润(元)	3,754,664.06	67,523.77	7,435,927.04
	总资产(元)	60,594,606.60	56,266,495.11	47,929,166.47
	总负债(元)	15,676,260.90	15,035,289.70	10,349,016.76
	净资产(元)	44,918,345.70	41,231,205.41	37,580,149.71
	每股收益(元)	0.09	0.12	0.27
	每股净资产(元)	1.12	1.03	2.51
	净资产收益率(%)	8.21	11.28	10.65

武汉风帆电镀技术股份有限公司

公司概况	公司名称	武汉风帆电镀技术股份有限公司		股份名称	风帆电镀	
	法人代表	杨江成	董秘	刘仁志	股份代码	430221
	公司网址			主办券商	长江证券股份有限公司	
	电　　话			传　　真		
	注册地址	湖北省武汉市东西湖区五环大道 31 号 1 号楼 501				
	行业分类	制造业				

	指标\报告期	2013.06.30	2012.12.31	2011.12.31
主要财务指标	营业收入(元)	25,783,213.18	63,491,579.11	73,323,261.07
	营业利润(元)	-347,428.73	1,672,025.11	2,277,327.53
	净利润(元)	-156,087.76	1,460,713.44	2,298,241.09
	未分配利润(元)	-205,042.26	-105,543.67	1,279,389.14
	总资产(元)	35,256,888.78	33,090,201.92	29,678,427.92
	总负债(元)	17,702,216.36	15,379,441.74	14,959,120.28
	净资产(元)	17,554,672.42	17,710,760.18	14,719,307.64
	每股收益(元)	-0.01	0.09	0.14
	每股净资产(元)	1.06	1.06	1.40
	净资产收益率(%)	-0.57	8.85	15.63

武汉璟泓万方堂医药科技股份有限公司

公司概况	公司名称	武汉璟泓万方堂医药科技股份有限公司		股份名称	璟泓科技	
	法人代表	王健斌	董秘	吴静	股份代码	430222
	公司网址			主办券商	长江证券股份有限公司	
	电　　话			传　　真		
	注册地址	湖北省武汉市东湖新技术开发区关东工业园 7-5 栋 6 楼				
	行业分类	制造业				

	指标\报告期	2013.06.30	2012.12.31	2011.12.31
主要财务指标	营业收入(元)	8,018,334.87	13,711,198.94	2,098,126.97
	营业利润(元)	616,219.12	2,986,106.75	-691,567.91
	净利润(元)	1,150,018.39	2,318,728.91	-1,593,342.88
	未分配利润(元)	743,474.90	-653,066.12	-1,569,493.89
	总资产(元)	102,993,873.63	78,530,319.33	28,149,933.70
	总负债(元)	76,193,645.34	53,284,154.12	22,222,497.40
	净资产(元)	26,396,183.60	25,246,165.21	5,927,436.30
	每股收益(元)	0.07	0.14	-0.36
	每股净资产(元)	1.10	1.03	0.48
	净资产收益率(%)	6.13	10.91	-76.54

武汉亿童文教股份有限公司

公司概况	公司名称	武汉亿童文教股份有限公司		股份名称	亿童文教	
	法人代表	陈先新	董秘	高华玮	股份代码	430223
	公司网址	www.allkids.com.cn		主办券商	长江证券股份有限公司	
	电　　话	027-87223172		传　　真	027-87223313	
	注册地址	武汉市洪山区青菱都市工业园青菱河路 18 号 1-108				
	行业分类	文化、体育和娱乐业				

	指标\报告期	2013.06.30	2012.12.31	2011.12.31
主要财务指标	营业收入(元)	111,203,743.14	181,702,851.63	156,558,379.08
	营业利润(元)	26,571,902.56	35,068,145.30	17,282,100.93
	净利润(元)	19,201,181.13	26,044,407.00	13,725,936.43
	未分配利润(元)	30,215,366.74	18,434,303.72	20,384,369.38
	总资产(元)	154,885,046.72	121,062,418.72	95,389,895.57
	总负债(元)	63,490,159.28	43,368,712.41	43,740,596.26
	净资产(元)	91,394,887.44	77,693,706.31	51,649,299.31
	每股收益(元)	0.38	0.85	0.50
	每股净资产(元)	3.10	1.55	1.78
	净资产收益率(%)	21.01	33.52	26.58

北京网动网络科技股份有限公司

公司概况	公司名称	北京网动网络科技股份有限公司		股份名称	网动科技
	法人代表	李明	董秘	李玲丽	股份代码	430224
	公司网址	www.iactive.com.cn		主办券商	广发证券股份有限公司
	电　话	010-62977749		传　真	010-62988043
	注册地址	北京市海淀区上地信息产业基地上地东路35号1号楼5层523单元			
	行业分类	信息传输、软件和信息技术服务业			

	指标\报告期	2013.06.30	2012.12.31	2011.12.31
主要财务指标	营业收入(元)	6,184,570.59	8,729,992.76	2,964,180.49
	营业利润(元)	-217,439.44	1,242,876.11	11,491.81
	净利润(元)	79,983.58	1,097,471.74	21,972.48
	未分配利润(元)	921,574.70	849,589.48	-527,463.86
	总资产(元)	9,599,195.05	9,486,235.42	6,463,232.30
	总负债(元)	3,224,411.82	3,191,435.77	3,490,696.16
	净资产(元)	6,374,783.23	6,294,799.65	2,972,536.14
	每股收益(元)	0.02	0.27	0.01
	每股净资产(元)	1.27	1.26	0.85
	净资产收益率(%)	1.26	17.44	0.74

上海伊禾农产品科技发展股份有限公司

公司概况	公司名称	上海伊禾农产品科技发展股份有限公司		股份名称	伊禾农品
	法人代表	蒋佳	董秘	张宁	股份代码	430225
	公司网址			主办券商	申银万国证券股份有限公司
	电　话			传　真	
	注册地址	海市长宁区仙霞路345号14D室			
	行业分类	农、林、牧、渔业			

	指标\报告期	2013.06.30	2012.12.31	2011.12.31
主要财务指标	营业收入(元)	161,909,369.96	343,352,163.49	221,296,490.04
	营业利润(元)	24,529,835.61	78,900,000.26	60,730,258.09
	净利润(元)	19,066,199.98	60,319,871.77	49,681,067.67
	未分配利润(元)	131,219,308.93	112,153,108.95	57,018,464.81
	总资产(元)	540,566,156.09	499,854,449.72	365,584,113.12
	总负债(元)	218,786,078.31	197,140,571.92	123,190,107.09
	净资产(元)	321,780,077.78	302,713,877.80	242,394,006.03
	每股收益(元)	0.18	0.57	0.53
	每股净资产(元)	3.06	2.88	2.31
	净资产收益率(%)	5.93	19.93	20.50

北京奥凯立科技发展股份有限公司

公司概况	公司名称	北京奥凯立科技发展股份有限公司		股份名称	奥凯立
	法人代表	卢甲举	董秘	卢彦丽	股份代码	430226
	公司网址	www.ocl.com.cn		主办券商	申银万国证券股份有限公司
	电　话	010-81784319		传　真	010-81780184
	注册地址	北京市昌平区科技园区振兴路9号			
	行业分类	采矿业			

	指标\报告期	2013.06.30	2012.12.31	2011.12.31
主要财务指标	营业收入(元)	66,077,086.05	126,000,875.13	121,718,628.93
	营业利润(元)	13,080,634.83	27,410,208.97	26,236,192.25
	净利润(元)	11,038,654.61	23,825,403.98	22,872,056.80
	未分配利润(元)	45,194,551.77	43,031,897.16	26,698,835.05
	总资产(元)	169,505,474.60	181,408,921.96	140,139,956.29
	总负债(元)	70,909,918.96	84,976,020.93	60,549,850.70
	净资产(元)	98,595,555.64	96,432,901.03	79,590,105.59
	每股收益(元)	0.35	0.75	1.32
	每股净资产(元)	3.11	3.04	2.58
	净资产收益率(%)	11.20	20.63	29.13

北京东软慧聚信息技术股份有限公司

公司概况	公司名称	北京东软慧聚信息技术股份有限公司		股份名称	东软慧聚
	法人代表	荣新节	董秘	孙岩	股份代码	430227
	公司网址	huiju.neusoft.com		主办券商	金元证券股份有限公司
	电　话	010-56517854		传　真	010-56517788-18339
	注册地址	北京市海淀区中关村软件园北京东软解决方案技术验证中心318、322室			
	行业分类	信息传输、软件和信息技术服务业			

	指标\报告期	2013.06.30	2012.12.31	2011.12.31
主要财务指标	营业收入(元)	58,169,019.03	115,348,798.86	62,967,463.95
	营业利润(元)	2,420,277.69	9,640,656.61	1,210,297.01
	净利润(元)	2,052,989.84	8,147,100.36	1,000,548.69
	未分配利润(元)	7,329,400.18	5,276,410.34	906,489.40
	总资产(元)	57,519,166.88	61,330,723.41	32,930,665.43
	总负债(元)	18,249,388.81	24,113,935.18	3,860,977.56
	净资产(元)	39,269,778.07	37,216,788.23	29,069,687.87
	每股收益(元)	0.07	0.30	0.04
	每股净资产(元)	1.31	1.24	1.09
	净资产收益率(%)	5.23	21.89	3.44

天津市天房科技发展股份有限公司

公司概况	公司名称	天津市天房科技发展股份有限公司			股份名称	天房科技
	法人代表	王天	董秘	张龙	股份代码	430228
	公司网址	www.tftech.cn		主办券商	中原证券股份有限公司	
	电　　话	022-2366-6688		传　　真	022-2366-6262	
	注册地址	天津市华苑产业园区华天道 6 号海泰大厦 B 座 704 室-8				
	行业分类	信息传输、软件和信息技术服务业				

主要财务指标	指标\报告期	2013.06.30	2012.12.31	2011.12.31
	营业收入(元)	90,211,022.46	419,974,232.79	218,297,508.44
	营业利润(元)	-49,681.18	42,977,425.86	27,009,201.42
	净利润(元)	33,938.79	38,100,624.01	25,480,791.27
	未分配利润(元)	5,309,203.87	5,275,265.08	3,623,931.47
	总资产(元)	643,634,245.68	631,139,113.21	345,845,649.63
	总负债(元)	497,939,391.68	485,478,198.00	238,285,358.43
	净资产(元)	145,694,854.00	145,660,915.21	107,560,291.20
	每股收益(元)	0.00	0.28	0.51
	每股净资产(元)	1.07	1.07	1.07
	净资产收益率(%)	0.02	26.16	23.69

上海绿岸网络科技股份有限公司

公司概况	公司名称	上海绿岸网络科技股份有限公司			股份名称	绿岸股份
	法人代表	许帆	董秘	金哲龙	股份代码	430229
	公司网址	www.iwgame.com		主办券商	国信证券股份有限公司	
	电　　话	021-66318500		传　　真	021-66312700	
	注册地址	上海市浦东新区康桥镇康士路 23 号 2010 室				
	行业分类	信息传输、软件和信息技术服务业				

主要财务指标	指标\报告期	2013.06.30	2012.12.31	2011.12.31
	营业收入(元)	151,319,620.15	419,931,320.29	293,285,860.76
	营业利润(元)	50,546,160.05	112,209,424.63	72,475,554.30
	净利润(元)	47,841,335.13	111,593,611.65	61,826,592.63
	未分配利润(元)	67,300,620.44	19,474,492.04	146,156,948.63
	总资产(元)	175,469,125.66	128,922,601.87	205,074,012.50
	总负债(元)	40,562,406.27	41,857,217.61	45,206,919.53
	净资产(元)	134,906,719.39	87,065,384.26	159,867,092.97
	每股收益(元)	4.78	11.53	6.42
	每股净资产(元)	13.49	7.96	16.11
	净资产收益率(%)	37.53	144.79	39.84

武汉银都文化传媒股份有限公司

公司概况	公司名称	武汉银都文化传媒股份有限公司			股份名称	银都传媒
	法人代表	关杭军	董秘	何铭敏	股份代码	430230
	公司网址			主办券商	东方花旗证券有限公司	
	电　　话			传　　真		
	注册地址	湖北省武汉市东湖开发区关山大道 20 号中国光谷创意产业基地二号楼第 704-709				
	行业分类	文化、体育和娱乐业				

主要财务指标	指标\报告期	2013.06.30	2012.12.31	2011.12.31
	营业收入(元)	12,016,444.23	20,082,814.65	17,125,204.70
	营业利润(元)	1,906,921.64	478,174.63	2,575,397.61
	净利润(元)	2,049,336.20	6,911,448.02	5,655,115.14
	未分配利润(元)	12,419,996.35	10,541,769.30	4,264,101.88
	总资产(元)	95,248,331.84	78,232,570.73	49,830,264.74
	总负债(元)	55,444,035.76	39,470,806.50	30,819,948.53
	净资产(元)	39,804,296.08	38,761,764.23	19,010,316.21
	每股收益(元)	0.08	0.29	0.58
	每股净资产(元)	1.53	1.45	1.36
	净资产收益率(%)	5.17	18.51	31.99

天津市赛诺达智能技术股份有限公司

公司概况	公司名称	天津市赛诺达智能技术股份有限公司			股份名称	赛诺达
	法人代表	刘嘉祥	董秘	刘春义	股份代码	430231
	公司网址	www.sainuoda.com		主办券商	方正证券股份有限公司	
	电　　话	022-26224789		传　　真	022-26224789	
	注册地址	天津市华苑产业区华天道 2 号(火炬大厦)4032 室				
	行业分类	信息传输、软件和信息技术服务业				

主要财务指标	指标\报告期	2013.06.30	2012.12.31	2011.12.31
	营业收入(元)	6,126,308.10	16,890,003.29	13,934,830.77
	营业利润(元)	1,108,624.89	68,060.06	157,330.41
	净利润(元)	830,682.80	47,366.18	147,282.31
	未分配利润(元)	654,468.63	-103,495.43	479,489.32
	总资产(元)	16,567,631.38	15,344,009.62	3,807,506.72
	总负债(元)	4,656,971.46	4,264,032.50	2,274,895.78
	净资产(元)	11,910,659.92	11,079,977.12	1,532,610.94
	每股收益(元)	0.08	0.00	0.15
	每股净资产(元)	1.13	1.06	1.53
	净资产收益率(%)	6.97	0.43	9.61

天津桦清信息技术股份有限公司

公司概况	公司名称	天津桦清信息技术股份有限公司			股份名称	桦清股份
	法人代表	潘子系	董秘	肖湘	股份代码	430232
	公司网址	www.huaqingtax.com		主办券商	国金证券股份有限公司	
	电　话	022-23858996		传　真	022-23859797	
	注册地址	天津市华苑产业区榕苑路15号7-A-601室				
	行业分类	租赁和商务服务业				

	指标\报告期	2013.06.30	2012.12.31	2011.12.31
主要财务指标	营业收入(元)	50,915,388.95	126,724,992.40	170,002,247.71
	营业利润(元)	1,039,758.83	9,728,009.42	31,685,524.83
	净利润(元)	350,960.40	6,159,353.79	26,754,229.53
	未分配利润(元)	42,120,796.10	41,747,988.60	37,976,931.08
	总资产(元)	125,127,789.80	128,964,186.31	129,927,231.28
	总负债(元)	45,387,157.46	49,574,514.37	56,187,862.76
	净资产(元)	79,740,632.34	79,389,671.94	73,739,368.52
	每股收益(元)	0.01	0.18	0.74
	每股净资产(元)	2.27	2.26	2.09
	净资产收益率(%)	0.47	7.81	35.37

北京星原丰泰电子技术股份有限公司

公司概况	公司名称	北京星原丰泰电子技术股份有限公司			股份名称	星原丰泰
	法人代表	赵力行	董秘	荆文华	股份代码	430233
	公司网址	www.saps.cn		主办券商	齐鲁证券有限公司	
	电　话	010-80733900		传　真	010-80733900-8001	
	注册地址	北京市昌平区科技园区中兴路10号B217室				
	行业分类	制造业				

	指标\报告期	2013.06.30	2012.12.31	2011.12.31
主要财务指标	营业收入(元)	12,180,203.44	39,617,618.68	39,190,702.30
	营业利润(元)	-2,911,531.77	701,391.59	1,275,213.60
	净利润(元)	-2,902,575.63	1,048,303.36	1,740,251.44
	未分配利润(元)	-939,480.87	1,963,094.76	6,180,529.44
	总资产(元)	42,765,550.84	44,324,755.12	36,462,226.36
	总负债(元)	25,528,496.40	24,185,125.05	20,070,899.65
	净资产(元)	17,237,054.44	20,139,630.07	16,391,326.71
	每股收益(元)	-0.17	0.07	0.22
	每股净资产(元)	1.01	1.18	2.05
	净资产收益率(%)	-16.84	5.21	10.62

上海翼捷工业安全设备股份有限公司

公司概况	公司名称	上海翼捷工业安全设备股份有限公司			股份名称	翼捷股份
	法人代表	张杰	董秘	邓涛	股份代码	430234
	公司网址	www.aegisafe.com		主办券商	光大证券股份有限公司	
	电　话	021-60509100		传　真	021-60899420	
	注册地址	上海市浦东新区祖冲之路887弄84号502、503室				
	行业分类	制造业				

	指标\报告期	2013.06.30	2012.12.31	2011.12.31
主要财务指标	营业收入(元)	20,147,625.66	44,865,822.33	27,662,318.12
	营业利润(元)	2,139,009.10	9,203,972.17	5,947,157.30
	净利润(元)	3,245,734.63	9,183,636.78	5,645,028.35
	未分配利润(元)	6,829,437.19	6,123,265.66	2,696,530.88
	总资产(元)	33,172,564.89	33,141,510.57	22,276,437.30
	总负债(元)	13,252,582.49	13,927,699.70	8,518,128.49
	净资产(元)	19,919,982.40	19,213,810.87	13,758,308.81
	每股收益(元)	0.27	0.77	0.56
	每股净资产(元)	1.66	1.60	1.35
	净资产收益率(%)	16.29	47.94	41.86

北京典雅天地文化传播股份有限公司

公司概况	公司名称	北京典雅天地文化传播股份有限公司			股份名称	典雅天地
	法人代表	李典	董秘	张文静	股份代码	430235
	公司网址			主办券商	浙商证券股份有限公司	
	电　话			传　真		
	注册地址	北京市东城区后永康胡同17号566A室				
	行业分类	文化、体育和娱乐业				

	指标\报告期	2013.06.30	2012.12.31	2011.12.31
主要财务指标	营业收入(元)	2,248,631.07	4,744,561.40	1,349,726.00
	营业利润(元)	31,066.70	809,463.94	131,211.50
	净利润(元)	19,606.99	619,649.49	437,408.63
	未分配利润(元)	918,702.09	817,100.08	305,038.57
	总资产(元)	7,536,085.31	7,311,285.64	4,402,935.37
	总负债(元)	1,275,902.06	1,152,704.40	1,064,003.62
	净资产(元)	6,260,183.25	6,158,581.24	3,338,931.75
	每股收益(元)	0.00	0.12	0.15
	每股净资产(元)	1.20	1.18	1.11
	净资产收益率(%)	0.31	10.06	13.10

美兰创新(北京)科技股份有限公司

公司概况	公司名称	美兰创新(北京)科技股份有限公司			股份名称	美兰股份
	法人代表	徐长才	董秘	潘志峰	股份代码	430236
	公司网址			主办券商	国元证券股份有限公司	
	电话	010-57251088		传真	010-57251088	
	注册地址	北京市昌平区中关村科技园区生命园路29号1幢B316-2室				
	行业分类	制造业				

	指标\报告期	2013.06.30	2012.12.31	2011.12.31
主要财务指标	营业收入(元)	27,741,806.30	34,806,208.60	21,330,340.97
	营业利润(元)	2,824,758.99	3,146,221.68	543,894.11
	净利润(元)	2,434,904.02	2,401,272.82	562,278.76
	未分配利润(元)	4,657,396.59	2,224,120.82	148,110.47
	总资产(元)	41,332,567.06	25,310,835.95	24,473,273.29
	总负债(元)	25,118,383.82	11,531,556.73	9,105,266.89
	净资产(元)	16,214,183.24	13,779,279.22	15,368,006.40
	每股收益(元)	0.22	0.22	0.05
	每股净资产(元)	1.47	1.25	3.07
	净资产收益率(%)	15.02	17.43	3.66

上海大汉三通通信股份有限公司

公司概况	公司名称	上海大汉三通通信股份有限公司			股份名称	大汉三通
	法人代表	高比布	董秘	高金容	股份代码	430237
	公司网址	www.dahantc.com		主办券商	广发证券股份有限公司	
	电话	021-38133333		传真	021- 50806277	
	注册地址	上海张江高科技园区郭守敬路498号浦东软件园9幢20504-20506室				
	行业分类	信息传输、软件和信息技术服务业				

	指标\报告期	2013.06.30	2012.12.31	2011.12.31
主要财务指标	营业收入(元)	31,937,452.06	49,033,610.86	29,226,924.55
	营业利润(元)	270,503.75	-1,282,744.39	-1,801,162.97
	净利润(元)	677,857.50	382,261.94	-340,641.15
	未分配利润(元)	479,442.03	-198,415.47	-784,510.45
	总资产(元)	38,304,142.59	28,587,880.36	19,255,961.53
	总负债(元)	15,763,868.59	15,725,463.86	9,826,306.97
	净资产(元)	22,540,274.00	12,862,416.50	9,429,654.56
	每股收益(元)	0.06	0.05	
	每股净资产(元)	2.05	1.17	0.99
	净资产收益率(%)	3.01	4.56	0.20

上海普华科技发展股份有限公司

公司概况	公司名称	上海普华科技发展股份有限公司			股份名称	普华科技
	法人代表	包晓春	董秘	石淑珍	股份代码	430238
	公司网址	www.powerpms.com		主办券商	广发证券股份有限公司	
	电话	021-68406841		传真	021-68406611	
	注册地址	上海市张江高科技园区郭守敬路498号1幢403/04-B室				
	行业分类	信息传输、软件和信息技术服务业				

	指标\报告期	2013.06.30	2012.12.31	2011.12.31
主要财务指标	营业收入(元)	20,564,165.65	72,105,815.21	55,742,586.46
	营业利润(元)	-10,813,876.88	16,928,089.18	9,218,768.42
	净利润(元)	-9,525,041.40	16,035,082.73	9,994,891.95
	未分配利润(元)	3,875,873.06	38,277,497.42	45,267,757.64
	总资产(元)	48,554,407.74	70,859,517.95	67,783,184.06
	总负债(元)	6,231,827.26	14,040,980.32	7,999,729.16
	净资产(元)	42,322,580.48	56,818,537.63	59,783,454.90
	每股收益(元)	-0.31	0.52	0.33
	每股净资产(元)	1.37	1.85	1.96
	净资产收益率(%)	-23.03	27.99	17.03

北京信诺达泰思特科技股份有限公司

公司概况	公司名称	北京信诺达泰思特科技股份有限公司			股份名称	信诺达
	法人代表	杨良春	董秘	姚兰	股份代码	430239
	公司网址	www.sinodynetest.com		主办券商	金元证券股份有限公司	
	电话	010-82005996		传真	010-82005906	
	注册地址	北京市东城区和平里东街11号122号楼一层东侧				
	行业分类	制造业				

	指标\报告期	2013.06.30	2012.12.31	2011.12.31
主要财务指标	营业收入(元)	8,843,486.22	13,742,126.70	1,109,866.41
	营业利润(元)	2,458,809.91	1,225,946.81	-4,329,968.17
	净利润(元)	2,525,476.87	1,266,970.13	-4,344,508.43
	未分配利润(元)	3,954,069.52	1,428,592.65	-8,330,181.04
	总资产(元)	22,566,926.43	14,318,173.34	1,562,063.83
	总负债(元)	12,104,660.47	6,381,384.25	4,892,244.87
	净资产(元)	10,462,265.96	7,936,789.09	-3,330,181.04
	每股收益(元)	0.40	0.23	-0.87
	每股净资产(元)	1.66	1.26	-0.67
	净资产收益率(%)	24.1	15.96	

北京随视传媒科技股份有限公司

公司概况	公司名称	北京随视传媒科技股份有限公司		股份名称	随视传媒
	法人代表	段嘉瑞	董秘	王宏泰	股份代码 430240
	公司网址	www.adsit.cn		主办券商	东方花旗证券有限公司
	电　话	010-58206068		传　真	010-58203839
	注册地址	北京市海淀区大钟寺13号院1号楼8B7			
	行业分类	租赁和商务服务业			

	指标\报告期	2013.06.30	2012.12.31	2011.12.31
主要财务指标	营业收入(元)	36,337,512.52	118,814,695.28	101,298,993.37
	营业利润(元)	-11,674,309.22	5,914,229.98	8,930,441.21
	净利润(元)	-11,891,164.14	5,754,435.24	9,698,065.71
	未分配利润(元)	-11,690,982.75	200,181.39	-7,929,459.12
	总资产(元)	143,511,933.61	145,215,846.59	94,335,357.63
	总负债(元)	24,368,045.94	14,684,068.18	24,458,269.91
	净资产(元)	119,143,887.67	130,531,778.41	69,877,087.72
	每股收益(元)	-0.30	0.14	0.24
	每股净资产(元)	2.98	3.26	8.60
	净资产收益率(%)	-9.98	4.41	13.88

武汉威林科技股份有限公司

公司概况	公司名称	武汉威林科技股份有限公司		股份名称	威林科技
	法人代表	王渝斌	董秘	宋波	股份代码 430241
	公司网址	www.luchen.cn		主办券商	长江证券股份有限公司
	电　话	027-86340372		传　真	027-86842106
	注册地址	湖北省武汉市新洲区阳逻经济开发区晶港路1号			
	行业分类	制造业			

	指标\报告期	2013.06.30	2012.12.31	2011.12.31
主要财务指标	营业收入(元)	28,260,092.27	76,959,552.26	76,943,701.60
	营业利润(元)	1,406,984.04	2,749,891.99	3,051,554.81
	净利润(元)	1,745,332.96	3,217,580.04	2,972,925.25
	未分配利润(元)	5,418,140.61	3,576,855.19	50,489,839.02
	总资产(元)	122,031,964.94	118,506,265.23	131,254,119.85
	总负债(元)	44,379,917.99	43,099,551.24	59,350,985.90
	净资产(元)	77,152,046.95	75,406,713.99	71,903,133.95
	每股收益(元)	0.05	0.33	0.40
	每股净资产(元)	2.17	2.12	9.46
	净资产收益率(%)	2.42	4.38	4.14

北京蓝贝望生物医药科技股份有限公司

公司概况	公司名称	北京蓝贝望生物医药科技股份有限公司		股份名称	蓝贝望
	法人代表	温光辉	董秘	李春红	股份代码 430242
	公司网址	www.labwan.com		主办券商	中原证券股份有限公司
	电　话	010-62229926		传　真	010-62229936
	注册地址	北京市海淀区交大东路36号楼1103室			
	行业分类	科学研究和技术服务业			

	指标\报告期	2013.06.30	2012.12.31	2011.12.31
主要财务指标	营业收入(元)	8,790,000.00	11,066,925.00	2,150,000.00
	营业利润(元)	5,347,145.70	6,530,797.98	325,732.75
	净利润(元)	4,008,127.10	4,890,411.37	301,698.02
	未分配利润(元)	4,008,127.10	4,550,837.15	149,466.92
	总资产(元)	12,168,046.49	8,063,143.49	2,391,072.25
	总负债(元)	2,147,333.66	2,050,557.76	2,068,897.89
	净资产(元)	10,020,712.83	6,012,585.73	322,174.36
	每股收益(元)	0.80	48.90	3.02
	每股净资产(元)	2.20	6.68	3.22
	净资产收益率(%)	40.00	81.34	93.64

北京铜牛信息科技股份有限公司

公司概况	公司名称	北京铜牛信息科技股份有限公司		股份名称	铜牛信息
	法人代表	张为民	董秘	刘毅	股份代码 430243
	公司网址	www.topnewinfo.cn		主办券商	中国银河证券股份有限公司
	电　话	010-52186999		传　真	010-52186911
	注册地址	北京市海淀区中关村大街49号9号楼A101号			
	行业分类	信息传输、软件和信息技术服务业			

	指标\报告期	2013.06.30	2012.12.31	2011.12.31
主要财务指标	营业收入(元)	23,812,851.62	44,767,802.14	24,349,835.07
	营业利润(元)	4,260,778.36	6,311,010.64	3,127,944.96
	净利润(元)	3,049,234.19	5,891,062.42	3,130,620.84
	未分配利润(元)	5,852,908.27	2,203,674.08	1,492,544.59
	总资产(元)	37,519,158.68	35,124,512.32	32,214,000.36
	总负债(元)	10,517,337.06	11,805,792.15	10,281,814.88
	净资产(元)	27,001,821.62	23,318,720.17	21,932,185.48
	每股收益(元)	0.18	0.29	0.19
	每股净资产(元)	1.35	1.17	1.10
	净资产收益率(%)	13.52	25.26	14.27

武汉颂大教育科技股份有限公司

公司概况	公司名称	武汉颂大教育科技股份有限公司			股份名称	颂大教育
	法人代表	徐春林	董秘	曾静	股份代码	430244
	公司网址			主办券商	长江证券股份有限公司	
	电　话			传　真		
	注册地址	湖北省武汉市东湖开发区武汉大学科技园内创业楼 2 楼 2088				
	行业分类	信息传输、软件和信息技术服务业				

	指标\报告期	2013.06.30	2012.12.31	2011.12.31
主要财务指标	营业收入(元)	5,169,240.75	10,758,309.39	3,695,940.32
	营业利润(元)	–1,115,683.43	2,926,149.35	–186,005.66
	净利润(元)	53,851.46	3,277,398.55	–31,380.25
	未分配利润(元)	64,501.57	2,738,219.92	–236,115.32
	总资产(元)	15,881,968.83	15,716,399.70	2,435,020.71
	总负债(元)	1,286,834.14	1,175,116.47	271,136.03
	净资产(元)	14,595,134.69	14,541,283.23	2,163,884.68
	每股收益(元)	0.00	0.30	–0.03
	每股净资产(元)	1.33	1.45	1.55
	净资产收益率(%)	0.37	22.54	–1.45

北京奥特美克科技股份有限公司

公司概况	公司名称	北京奥特美克科技股份有限公司			股份名称	奥特美克
	法人代表	吴玉晓	董秘	何健	股份代码	430245
	公司网址	www.automic.com.cn		主办券商	中信建投证券股份有限公司	
	电　话	010–82894254		传　真	010–82894252	
	注册地址	北京市海淀区上地信息路 2 号国际科技创业园 2 号楼 21E				
	行业分类	信息传输、软件和信息技术服务业				

	指标\报告期	2013.06.30	2012.12.31	2011.12.31
主要财务指标	营业收入(元)	53,483,789.46	115,802,378.06	54,821,220.83
	营业利润(元)	4,532,831.66	12,509,255.95	129,260.04
	净利润(元)	4,218,975.18	11,351,499.59	1,433,738.09
	未分配利润(元)	4,443,697.68	224,722.50	–20,561,290.61
	总资产(元)	126,297,240.27	109,477,073.52	57,003,888.09
	总负债(元)	79,843,681.11	67,242,489.54	48,755,178.70
	净资产(元)	46,453,559.16	42,234,583.98	8,248,709.39
	每股收益(元)	0.13	0.52	0.07
	每股净资产(元)	1.45	1.32	0.40
	净资产收益率(%)	9.08	26.88	17.38

北京佳星慧盟科技股份有限公司

公司概况	公司名称	北京佳星慧盟科技股份有限公司			股份名称	佳星慧盟
	法人代表	吴江林	董秘	刘益凯	股份代码	430246
	公司网址	www.jstarsoft.com.cn		主办券商	东吴证券股份有限公司	
	电　话	010–62621490		传　真	010–82627444	
	注册地址	北京海淀区苏州街 20 号银丰大厦 1 号楼 801				
	行业分类	信息传输、软件和信息技术服务业				

	指标\报告期	2013.06.30	2012.12.31	2011.12.31
主要财务指标	营业收入(元)	27,799,213.05	69,670,980.91	70,944,412.79
	营业利润(元)	–1,055,093.52	73,735.56	546,124.45
	净利润(元)	–941,112.37	494,671.74	656,231.16
	未分配利润(元)	–327,851.28	613,261.09	167,857.07
	总资产(元)	35,859,580.78	35,826,291.49	35,299,188.98
	总负债(元)	5,161,364.06	4,186,962.40	4,154,531.63
	净资产(元)	30,698,216.72	31,639,329.09	31,144,657.35
	每股收益(元)	–0.03	0.02	0.02
	每股净资产(元)	1.02	1.05	1.04
	净资产收益率(%)	–3.07	1.56	2.11

北京金日创科技股份有限公司

公司概况	公司名称	北京金日创科技股份有限公司			股份名称	金日创
	法人代表	付宏实	董秘	付宏璧	股份代码	430247
	公司网址			主办券商	中信建投证券股份有限公司	
	电　话			传　真		
	注册地址	北京市门头沟区石龙经济开发区永安路 20 号 3 幢 B1–1249 室				
	行业分类	信息传输、软件和信息技术服务业				

	指标\报告期	2013.06.30	2012.12.31	2011.12.31
主要财务指标	营业收入(元)	27,777,928.66	57,108,116.79	72,694,348.33
	营业利润(元)	1,044,517.41	–1,634,387.30	1,619,390.36
	净利润(元)	899,029.28	–1,890,989.89	1,088,592.53
	未分配利润(元)	–1,598,718.14	–2,497,747.42	4,881,630.40
	总资产(元)	46,904,141.87	53,403,711.02	35,647,506.54
	总负债(元)	22,402,102.59	29,800,701.02	26,628,506.65
	净资产(元)	24,502,039.28	23,603,010.00	9,018,999.89
	每股收益(元)	0.05	–0.14	0.30
	每股净资产(元)	1.33	1.27	2.25
	净资产收益率(%)	3.67	–8.01	12.07

北京奥尔斯科技股份有限公司

公司概况	公司名称	北京奥尔斯科技股份有限公司		股份名称	奥尔斯
	法人代表	李朱峰	董秘	刘建宇	股份代码	430248
	公司网址	www.ourselec.com		主办券商	中信建投证券股份有限公司
	电　话	010-88578056		传　真	010-88578056-608
	注册地址	北京市海淀区中关村南大街17号3号楼901室			
	行业分类	信息传输、软件和信息技术服务业			

主要财务指标	指标\报告期	2013.06.30	2012.12.31	2011.12.31
	营业收入（元）	3,576,299.03	16,005,342.24	7,790,963.03
	营业利润（元）	-1,964,228.97	-227,688.12	-1,663,235.13
	净利润（元）	-1,379,885.66	851,589.05	-1,428,297.55
	未分配利润（元）	-1,379,885.66	-1,787,418.97	-2,639,008.02
	总资产（元）	17,207,381.73	14,245,248.22	8,753,484.82
	总负债（元）	7,754,686.36	3,412,667.19	1,392,492.84
	净资产（元）	9,452,695.37	10,832,581.03	7,360,991.98
	每股收益（元）	-0.14	0.09	-0.42
	每股净资产（元）	0.95	1.10	0.74
	净资产收益率（%）	-14.60	7.86	-19.40

北京慧峰仁和科技股份有限公司

公司概况	公司名称	北京慧峰仁和科技股份有限公司			股份名称	慧峰仁和
	法人代表	郭立明	董秘	张樱	股份代码	430249
	公司网址			主办券商	中信建投证券股份有限公司	
	电　话			传　真		
	注册地址	北京市北京经济技术开发区西环南路18号A座408				
	行业分类	制造业				

主要财务指标	指标\报告期	2013.06.30	2012.12.31	2011.12.31
	营业收入（元）	2,929,239.15	15,426,401.10	13,159,527.65
	营业利润（元）	-1,245,174.32	867,234.26	1,707,355.95
	净利润（元）	-891,714.59	827,081.75	2,805,961.97
	未分配利润（元）	1,301,243.94	2,192,958.53	2,187,418.84
	总资产（元）	14,808,842.90	17,197,965.44	11,131,859.21
	总负债（元）	7,405,460.70	8,902,868.65	3,663,844.17
	净资产（元）	7,403,382.20	8,295,096.79	7,468,015.04
	每股收益（元）	-0.15	0.14	0.56
	每股净资产（元）	1.23	1.38	1.49
	净资产收益率（%）	-12.05	9.97	37.57

北京智网科技股份有限公司

公司概况	公司名称	北京智网科技股份有限公司			股份名称	智网科技
	法人代表	李富明	董秘	张传峰	股份代码	430250
	公司网址	www.zhiwang.com.cn		主办券商	安信证券股份有限公司	
	电　话	010-51668585-601		传　真	010-88864090	
	注册地址	北京市海淀区远大路39号1号楼400、415、417、418室				
	行业分类	信息传输、软件和信息技术服务业				

主要财务指标	指标\报告期	2013.06.30	2012.12.31	2011.12.31
	营业收入（元）	5,628,942.50	29,490,337.81	17,327,010.21
	营业利润（元）	-4,905,736.10	3,025,179.52	-3,229,172.22
	净利润（元）	-4,144,588.37	5,550,175.64	-2,070,267.53
	未分配利润（元）	-3,453,742.70	690,845.67	-3,709,157.89
	总资产（元）	17,406,613.76	21,703,948.23	23,437,230.51
	总负债（元）	6,598,655.35	6,751,401.45	14,034,859.37
	净资产（元）	10,807,958.41	14,952,546.78	9,402,371.14
	每股收益（元）	-0.32	0.43	-0.16
	每股净资产（元）	0.83	1.15	0.72
	净资产收益率（%）	-38.35	37.12	-22.02

天津光电高斯通信工程技术股份有限公司

公司概况	公司名称	天津光电高斯通信工程技术股份有限公司			股份名称	光电高斯
	法人代表	周宝生	董秘	刘文莉	股份代码	430251
	公司网址			主办券商	申银万国证券股份有限公司	
	电　话	022-83707890-8014		传　真	022-28307422	
	注册地址	天津市华苑产业区海泰西路18号西3-303				
	行业分类	制造业				

主要财务指标	指标\报告期	2013.06.30	2012.12.31	2011.12.31
	营业收入（元）	208,786.33	35,545,646.97	18,805,429.16
	营业利润（元）	-8,615,300.89	-641,418.33	-3,844,818.99
	净利润（元）	-7,813,923.03	902,749.71	-1,501,459.68
	未分配利润（元）	-7,905,050.48	-91,127.45	8,710,844.66
	总资产（元）	40,659,458.11	54,497,743.39	42,557,619.55
	总负债（元）	22,701,342.08	28,753,625.89	24,184,577.43
	净资产（元）	17,958,116.03	25,744,117.50	18,373,042.12
	每股收益（元）	-0.65	0.14	-0.30
	每股净资产（元）	1.49	2.14	3.67
	净资产收益率（%）	-43.51	3.51	-8.17

武汉联宇技术股份有限公司

公司概况	公司名称	武汉联宇技术股份有限公司			股份名称	联宇技术
	法人代表	桂子荣	董秘	李雪峰	股份代码	430252
	公司网址	www.unytech.com		主办券商	申银万国证券股份有限公司	
	电　话	027-87228940		传　真	027-87372140	
	注册地址	湖北省武汉市洪山区珞狮路 507 号				
	行业分类	信息传输、软件和信息技术服务业				

主要财务指标	指标\报告期	2013.06.30	2012.12.31	2011.12.31
	营业收入(元)	16,990,431.72	59,395,246.39	39,845,837.22
	营业利润(元)	-3,194,500.95	921,291.08	-1,763,054.77
	净利润(元)	-2,714,880.15	1,619,114.07	-1,558,153.71
	未分配利润(元)	240,308.05	2,955,188.20	-1,818,067.18
	总资产(元)	98,724,757.81	82,882,092.46	58,841,458.46
	总负债(元)	65,099,879.44	46,542,333.94	24,120,814.01
	净资产(元)	33,624,878.37	36,339,758.52	34,720,644.45
	每股收益(元)	-0.09	0.05	-0.06
	每股净资产(元)	1.12	1.21	1.45
	净资产收益率(%)	-8.07	4.46	-4.49

北京兴竹同智信息技术股份有限公司

公司概况	公司名称	北京兴竹同智信息技术股份有限公司			股份名称	兴竹信息
	法人代表	朱明华	董秘	赵翔玲	股份代码	430253
	公司网址	www.xz-soft.com		主办券商	申银万国证券股份有限公司	
	电　话			传　真		
	注册地址	北京市丰台区南四环西路 188 号三区 9 号楼 4 层				
	行业分类	信息传输、软件和信息技术服务业				

主要财务指标	指标\报告期	2013.06.30	2012.12.31	2011.12.31
	营业收入(元)	55,909,467.57	123,757,761.37	79,631,386.72
	营业利润(元)	221,408.18	20,423,853.91	13,460,151.44
	净利润(元)	332,433.99	19,653,446.90	12,855,051.93
	未分配利润(元)	32,319,737.82	32,020,547.23	14,332,445.02
	总资产(元)	126,270,573.37	137,898,246.68	105,607,923.05
	总负债(元)	42,101,034.75	54,061,142.05	44,424,265.32
	净资产(元)	84,169,538.62	83,837,104.63	61,183,657.73
	每股收益(元)	0.01	0.64	0.43
	每股净资产(元)	2.55	2.54	2.04
	净资产收益率(%)	0.40	23.44	21.01

上海中卉生态科技股份有限公司

公司概况	公司名称	上海中卉生态科技股份有限公司			股份名称	中卉生态
	法人代表	柯思征	董秘	杨莉	股份代码	430254
	公司网址	www.shzhst.com		主办券商	申银万国证券股份有限公司	
	电　话	021-35183710		传　真	021-55892856	
	注册地址	上海市杨浦区中山北二路 1121 号 2 楼 201C 室				
	行业分类	建筑业				

主要财务指标	指标\报告期	2013.06.30	2012.12.31	2011.12.31
	营业收入(元)	3,005,099.63	11,974,123.20	6,516,619.00
	营业利润(元)	-303,881.63	1,485,192.54	901.48
	净利润(元)	-332,315.17	1,337,070.01	45,628.64
	未分配利润(元)	-332,315.17	984,680.21	-242,980.89
	总资产(元)	12,434,236.99	11,883,746.74	7,316,459.12
	总负债(元)	3,672,463.04	2,789,657.62	2,559,440.01
	净资产(元)	8,761,773.95	9,094,089.12	4,757,019.11
	每股收益(元)	-0.04	0.17	0.01
	每股净资产(元)	1.10	1.14	0.95
	净资产收益率(%)	-3.79	14.70	0.96

北京三意时代科技股份有限公司

公司概况	公司名称	北京三意时代科技股份有限公司			股份名称	三意时代
	法人代表	吴斌	董秘	郝小欣	股份代码	430255
	公司网址	www.3etimes.com		主办券商	华西证券有限责任公司	
	电　话	010-82924307		传　真	010-82924307	
	注册地址	北京市海淀区建材城中路 1 号枫丹丽舍 5 号楼 2 单元 501 室				
	行业分类	信息传输、软件和信息技术服务业				

主要财务指标	指标\报告期	2013.06.30	2012.12.31	2011.12.31
	营业收入(元)	2,641,737.53	5,515,118.33	2,830,863.70
	营业利润(元)	1,168,452.14	1,307,287.19	-524,626.42
	净利润(元)	1,036,575.59	1,321,664.88	-456,087.99
	未分配利润(元)	1,751,872.93	592,257.94	3,432,098.86
	总资产(元)	7,676,534.80	7,532,832.86	6,216,085.84
	总负债(元)	380,427.85	1,396,340.90	1,401,258.76
	净资产(元)	7,296,106.95	6,136,491.96	4,814,827.08
	每股收益(元)	0.21	0.99	-0.46
	每股净资产(元)	1.46	1.23	4.81
	净资产收益率(%)	14.21	21.54	-9.47

上海卓繁信息技术股份有限公司

公司概况	公司名称	上海卓繁信息技术股份有限公司		股份名称	卓繁信息
	法人代表	左骏	董秘		股份代码	430256
	公司网址	www.zhuofansoft.com	主办券商	光大证券股份有限公司	
	电　话	021-60748199	传　真	021-60748199-3103	
	注册地址	上海市徐汇区番禺路1028弄202室			
	行业分类	信息传输、软件和信息技术服务业			

	指标\报告期	2013.06.30	2012.12.31	2011.12.31
主要财务指标	营业收入(元)	3,576,237.26	17,570,243.01	12,378,341.89
	营业利润(元)	–3,586,438.91	2,335,829.60	823,676.63
	净利润(元)	–3,461,608.72	2,695,573.17	1,026,810.42
	未分配利润(元)	–2,529,154.30	932,454.42	–1,659,512.70
	总资产(元)	15,485,033.60	16,995,914.28	12,411,755.29
	总负债(元)	7,910,581.85	5,959,853.81	4,071,267.99
	净资产(元)	7,574,451.75	11,036,060.47	8,340,487.30
	每股收益(元)	–0.35	0.27	0.10
	每股净资产(元)	0.76	1.10	0.83
	净资产收益率(%)	–45.70	24.43	12.31

天津成科传动机电技术股份有限公司

公司概况	公司名称	天津成科传动机电技术股份有限公司			股份名称	成科机电
	法人代表	张钢	董秘	张金蕾	股份代码	430257
	公司网址	www.ckcdjd.cn	主办券商	广发证券股份有限公司		
	电　话	022-83711198	传　真	022-83711200		
	注册地址	天津市新产业园区华苑产业区(环外)海泰发展一路6号				
	行业分类	制造业				

	指标\报告期	2013.06.30	2012.12.31	2011 12.31
主要财务指标	营业收入(元)	18,077,410.21	74,210,840.30	80,225,757.53
	营业利润(元)	–4,422,371.91	1,610,824.70	–772,915.67
	净利润(元)	–4,028,961.73	2,040,209.07	320,374.66
	未分配利润(元)	18,159,724.57	22,217,509.82	20,735,141.79
	总资产(元)	138,916,914.87	139,433,953.10	133,657,106.62
	总负债(元)	87,033,695.55	92,695,561.05	88,958,923.64
	净资产(元)	51,883,219.32	46,738,392.05	44,698,182.98
	每股收益(元)	–0.14	0.04	0.01
	每股净资产(元)	1.67	2.14	2.07
	净资产收益率(%)	–8.11	3.41	0.55

上海易同科技股份有限公司

公司概况	公司名称	上海易同科技股份有限公司			股份名称	易同科技
	法人代表	朱玉明	董秘	姜爱华	股份代码	430258
	公司网址	www.etsoft.cn	主办券商	申银万国证券股份有限公司		
	电　话	021-57100768	传　真	021-57100758		
	注册地址	上海市徐汇区桂平路680号33幢301-5室				
	行业分类	信息传输、软件和信息技术服务业				

	指标\报告期	2013.06.30	2012.12.31	2011.12.31
主要财务指标	营业收入(元)	6,356,420.60	14,044,043.67	7,733,338.76
	营业利润(元)	–516,963.31	373,318.72	–271,108.59
	净利润(元)	–398,346.86	224,477.20	–166,339.68
	未分配利润(元)	–3,741,128.41	–3,342,781.55	–3,577,770.08
	总资产(元)	24,913,560.26	28,692,923.33	19,980,687.05
	总负债(元)	1,978,660.12	5,359,676.33	1,582,428.58
	净资产(元)	22,934,900.14	23,333,247.00	18,398,258.47
	每股收益(元)	–0.02	0.01	–0.01
	每股净资产(元)	0.92	0.93	0.92
	净资产收益率(%)	–1.74	1.01	–0.92

上海华宿电气股份有限公司

公司概况	公司名称	上海华宿电气股份有限公司			股份名称	华宿电气
	法人代表	余龙山	董秘	余龙山	股份代码	430259
	公司网址	www.huasu.net	主办券商	申银万国证券股份有限公司		
	电　话	021-51330568	传　真	021-51330569		
	注册地址	上海市张江高科技园区达尔文路88号16幢203室				
	行业分类	制造业				

	指标\报告期	2013.06.30	2012.12.31	2011.12.31
主要财务指标	营业收入(元)	10,006,844.32	15,649,529.72	12,013,386.22
	营业利润(元)	249,359.57	3,999,349.52	1,745,898.77
	净利润(元)	206,938.74	3,563,779.11	1,655,981.62
	未分配利润(元)	1,026,016.30	819,077.56	3,478,844.09
	总资产(元)	19,188,791.34	19,543,717.39	13,874,003.19
	总负债(元)	4,695,965.43	5,257,830.22	5,014,136.13
	净资产(元)	14,492,825.91	14,285,887.17	8,859,867.06
	每股收益(元)	0.02	0.40	0.33
	每股净资产(元)	1.45	1.43	1.39
	净资产收益率(%)	1.43	24.95	18.69

布雷尔利(北京)金属家居用品股份有限公司

公司概况	公司名称	布雷尔利(北京)金属家居用品股份有限公司		股份名称	布雷尔利	
	法人代表	田大水	董秘	段晓剑	股份代码	430260
	公司网址	www.brearly.cc		主办券商	宏源证券股份有限公司	
	电　　话	010-6888328		传　　真	010-68883280-807	
	注册地址	北京石景山区古城大街首都钢铁公司特殊钢公司十一区13号128室				
	行业分类	制造业				

	指标\报告期	2013.06.30	2012.12.31	2011.12.31
主要财务指标	营业收入(元)	179,173,809.21	345,680,609.79	305,851,541.58
	营业利润(元)	14,939,094.43	36,286,083.65	29,080,495.01
	净利润(元)	11,134,768.62	27,139,734.13	25,415,466.12
	未分配利润(元)	42,545,841.33	31,411,072.71	4,688,407.39
	总资产(元)	504,429,136.56	436,891,591.76	406,176,819.65
	总负债(元)	368,246,249.98	311,843,473.80	304,739,035.82
	净资产(元)	136,182,886.58	125,048,117.96	101,437,783.83
	每股收益(元)	0.26	0.63	2.36
	每股净资产(元)	3.17	2.91	2.36
	净资产收益率(%)	8.18	21.70	23.48

武汉易维科技股份有限公司

公司概况	公司名称	武汉易维科技股份有限公司		股份名称	易维科技	
	法人代表	郑仕华	董秘	高玲	股份代码	430261
	公司网址	www.ewide.net		主办券商	长江证券股份有限公司	
	电　　话	027-87207776		传　　真	027-87207725	
	注册地址	湖北省武汉市东湖新技术开发区光谷大道58号关南福星医药园4栋5层05、06号				
	行业分类	信息传输、软件和信息技术服务业				

	指标\报告期	2013.06.30	2012.12.31	2011.12.31
主要财务指标	营业收入(元)	2,084,637.75	10,708,025.54	7,795,986.46
	营业利润(元)	-1,267,558.65	2,415,681.41	1,458,293.58
	净利润(元)	-307,888.90	2,596,610.65	928,132.27
	未分配利润(元)	-428,826.26	-45,369.55	-438,947.77
	总资产(元)	9,494,283.77	10,387,427.18	6,797,651.94
	总负债(元)	137,232.56	3,229,764.30	2,236,599.71
	净资产(元)	9,357,051.21	7,157,662.88	4,561,052.23
	每股收益(元)	-0.04	0.37	0.19
	每股净资产(元)	1.15	1.01	0.91
	净资产收益率(%)	-3.29	36.28	20.35

北京神州云动科技股份有限公司

公司概况	公司名称	北京神州云动科技股份有限公司		股份名称	神州云动	
	法人代表	孙满弟	董秘	肖静静	股份代码	430262
	公司网址	www.CloudCC.com		主办券商	世纪证券有限责任公司	
	电　　话	010-82345762		传　　真	010-82345762	
	注册地址	北京市海淀区上地三街9号F座503室				
	行业分类	信息传输、软件和信息技术服务业				

	指标\报告期	2013.06.30	2012.12.31	2011.12.31
主要财务指标	营业收入(元)	2,692,868.66	4,131,634.22	3,904,476.70
	营业利润(元)	-308,839.82	-80,332.53	111,905.85
	净利润(元)	-308,822.00	-65,210.79	324,729.43
	未分配利润(元)	-667,314.81	-407,607.85	307,270.24
	总资产(元)	7,446,015.19	6,450,539.60	1,872,051.74
	总负债(元)	979,657.11	113,672.99	469,974.34
	净资产(元)	6,466,358.08	6,336,866.61	1,402,077.40
	每股收益(元)	-0.04	-0.01	0.32
	每股净资产(元)	1.01	1.06	1.40
	净资产收益率(%)	-4.29	-1.03	23.16

北京蓝天瑞德环保技术股份有限公司

公司概况	公司名称	北京蓝天瑞德环保技术股份有限公司		股份名称	蓝天环保	
	法人代表	潘忠	董秘	由海涛	股份代码	430263
	公司网址			主办券商	宏源证券股份有限公司	
	电　　话	010-68662880		传　　真	010-88204950	
	注册地址	北京市海淀区美和园东区2-109				
	行业分类	电力、热力、燃气及水生产和供应业				

	指标\报告期	2013.06.30	2012.12.31	2011.12.31
主要财务指标	营业收入(元)	61,594,934.65	105,278,598.44	65,488,650.26
	营业利润(元)	3,033,816.38	14,197,946.54	5,223,687.41
	净利润(元)	6,903,406.35	13,363,487.04	5,460,890.48
	未分配利润(元)	8,165,138.22	1,933,815.93	5,082,976.26
	总资产(元)	141,273,362.53	117,997,348.36	54,964,680.66
	总负债(元)	65,085,349.25	48,986,109.92	39,316,929.26
	净资产(元)	76,188,013.28	69,011,238.44	15,647,751.40
	每股收益(元)	0.10	0.23	0.55
	每股净资产(元)	0.10	1.05	1.56
	净资产收益率(%)	9.22	19.36	34.90

武汉中舟环保设备股份有限公司

公司概况	公司名称	武汉中舟环保设备股份有限公司		股份名称	中舟环保
	法人代表	王军	董秘	胡杨	股份代码	430264
	公司网址	www.whzzhb.com	主办券商	方正证券股份有限公司	
	电话	027-65609239	传真	027-65609616	
	注册地址	湖北省武汉市东湖开发区高新四路29号			
	行业分类	制造业			

	指标\报告期	2013.06.30	2012.12.31	2011.12.31
主要财务指标	营业收入(元)	9,917,771.83	20,130,688.00	16,682,237.59
	营业利润(元)	440,988.46	996,216.44	1,645,815.00
	净利润(元)	312,496.97	757,920.13	1,223,316.78
	未分配利润(元)	312,496.97	1,860,034.39	1,177,906.27
	总资产(元)	48,675,263.25	47,513,566.25	23,605,720.80
	总负债(元)	8,296,061.40	7,446,861.37	7,296,936.05
	净资产(元)	40,379,201.85	40,066,704.88	16,308,784.75
	每股收益(元)	0.01	0.03	0.15
	每股净资产(元)	1.15	1.14	1.09
	净资产收益率(%)	0.77	1.89	7.50

武汉国威重型机床股份有限公司

公司概况	公司名称	武汉国威重型机床股份有限公司		股份名称	国威机床
	法人代表		董秘		股份代码	430265
	公司网址		主办券商	长江证券股份有限公司	
	电话		传真		
	注册地址	湖北省武汉市江夏区庙山开发区			
	行业分类	制造业			

	指标\报告期	2013.06.30	2012.12.31	2011.12.31
主要财务指标	营业收入(元)	4,131,434.17	20,482,562.35	9,095,916.05
	营业利润(元)	-2,183,760.51	3,264,258.17	-27,253.35
	净利润(元)	-1,569,098.62	2,828,205.24	851,074.49
	未分配利润(元)	-1,309,669.57	259,429.05	-2,539,950.74
	总资产(元)	68,808,606.58	64,561,127.91	70,301,960.47
	总负债(元)	25,089,450.70	19,272,873.41	27,841,911.21
	净资产(元)	43,719,155.88	45,288,254.50	42,460,049.26
	每股收益(元)	-0.04	0.06	0.08
	每股净资产(元)	0.97	1.01	0.94
	净资产收益率(%)	-3.59	6.25	2.00

武汉联动设计股份有限公司

公司概况	公司名称	武汉联动设计股份有限公司		股份名称	联动设计
	法人代表	黄万良	董秘	吴颖	股份代码	430266
	公司网址		主办券商	申银万国证券股份有限公司	
	电话	027-87617435	传真	027-87227455	
	注册地址	湖北省武汉东湖新技术开发区珞狮南路519号高农大厦B座22、23楼			
	行业分类	科学研究和技术服务业			

	指标\报告期	2013.06.30	2012.12.31	2011.12.31
主要财务指标	营业收入(元)	12,128,971.41	28,079,552.70	26,551,687.56
	营业利润(元)	1,045,746.26	5,504,373.67	-242,692.92
	净利润(元)	1,068,222.39	4,806,357.24	155,536.93
	未分配利润(元)	1,367,806.52	299,584.13	-393,820.20
	总资产(元)	25,874,702.72	26,150,351.62	24,328,550.19
	总负债(元)	10,378,389.60	11,722,260.89	14,651,482.70
	净资产(元)	15,496,313.12	14,428,090.73	9,677,067.49
	每股收益(元)	0.11	0.48	0.02
	每股净资产(元)	1.55	1.44	0.97
	净资产收益率(%)	6.89	33.31	1.61

北京盛世光明软件股份有限公司

公司概况	公司名称	北京盛世光明软件股份有限公司		股份名称	盛世光明
	法人代表	孙伟力	董秘	宋凤	股份代码	430267
	公司网址	www.ssgm.net	主办券商	东兴证券股份有限公司	
	电话	010-82825795-806	传真	010-82825795-802	
	注册地址	北京市海淀区上地三街9号D408、410			
	行业分类	信息传输、软件和信息技术服务业			

	指标\报告期	2013.06.30	2012.12.31	2011.12.31
主要财务指标	营业收入(元)	4,008,424.55	7,673,683.50	3,818,557.34
	营业利润(元)	-4,201,605.01	-723,044.01	636,097.31
	净利润(元)	-3,484,434.62	719,885.21	433,410.61
	未分配利润(元)	-3,208,820.05	275,614.57	-444,270.64
	总资产(元)	15,018,078.77	14,375,270.09	12,814,419.15
	总负债(元)	6,726,898.82	2,599,655.52	12,258,689.79
	净资产(元)	8,291,179.95	11,775,614.57	555,729.36
	每股收益(元)	-0.30	0.09	0.43
	每股净资产(元)	0.72	1.02	0.56
	净资产收益率(%)	-42.03	6.11	77.99

北京恒信启华信息技术股份有限公司

公司概况	公司名称	北京恒信启华信息技术股份有限公司		股份名称	恒信启华
	法人代表	王福民	董秘 王娟	股份代码	430268
	公司网址	www.bjhxqh.com	主办券商	首创证券有限责任公司	
	电话	010-82825309	传真	010-82826319	
	注册地址	北京市海淀区东北旺西路 8 号 9 号楼三区 306			
	行业分类	信息传输、软件和信息技术服务业			

主要财务指标	指标\报告期	2013.06.30	2012.12.31	2011.12.31
	营业收入(元)	14,212,621.03	26,258,248.53	24,577,164.92
	营业利润(元)	97,743.41	3,028,641.21	-1,322,155.02
	净利润(元)	-192,263.33	2,714,217.39	-1,174,007.06
	未分配利润(元)	1,647,463.74	6,934,493.48	4,491,697.83
	总资产(元)	27,730,564.59	24,358,633.72	17,122,601.46
	总负债(元)	2,269,179.86	4,192,485.66	9,580,370.79
	净资产(元)	25,461,384.73	20,166,148.06	7,542,230.67
	每股收益(元)	-0.01	0.14	-0.06
	每股净资产(元)	1.27	1.61	2.84
	净资产收益率(%)	-0.76	13.46	-15.57

上海新网程信息技术股份有限公司

公司概况	公司名称	上海新网程信息技术股份有限公司		股份名称	新网程
	法人代表	李云明	董秘 李勤	股份代码	430269
	公司网址	www.pronetway.com	主办券商	申银万国证券股份有限公司	
	电话	021-51556000	传真	021-51556030	
	注册地址	上海市浦东新区张江高科技园区郭守敬路 351 号 2 号楼 635-12 室			
	行业分类	信息传输、软件和信息技术服务业			

主要财务指标	指标\报告期	2013.06.30	2012.12.31	2011.12.31
	营业收入(元)	5,961,610.30	22,471,983.97	23,635,270.87
	营业利润(元)	-635,660.54	1,639,888.43	2,906,013.14
	净利润(元)	133,035.70	3,218,534.73	3,694,430.68
	未分配利润(元)	3,098,919.36	2,965,883.66	3,254,197.58
	总资产(元)	18,854,396.70	22,496,325.32	20,822,521.88
	总负债(元)	5,494,763.79	9,269,728.11	10,814,459.40
	净资产(元)	13,359,632.91	13,226,597.21	10,008,062.48
	每股收益(元)	0.01	0.31	0.64
	每股净资产(元)	1.89	1.32	1.77
	净资产收益率(%)	1.00	24.33	35.56

湖北高曼重工股份有限公司

公司概况	公司名称	湖北高曼重工股份有限公司		股份名称	高曼重工
	法人代表	夏曙光	董秘 张海燕	股份代码	430270
	公司网址		主办券商	申银万国证券股份有限公司	
	电话	027-83858380	传真	027-83858380	
	注册地址	湖北省武汉市硚口区解放大道 41 号汉正街都市工业区 B2-04			
	行业分类	制造业			

主要财务指标	指标\报告期	2013.06.30	2012.12.31	2011.12.31
	营业收入(元)	4,960,985.81	17,023,438.54	20,010,345.08
	营业利润(元)	827,626.31	1,432,944.01	1,495,167.41
	净利润(元)	817,409.24	1,269,708.71	1,216,158.83
	未分配利润(元)	1,102,639.52	285,230.28	1,290,290.94
	总资产(元)	20,790,770.68	21,881,849.80	16,453,498.25
	总负债(元)	12,269,996.13	14,178,484.49	11,519,841.65
	净资产(元)	8,520,774.55	7,703,365.31	4,933,656.60
	每股收益(元)	0.12	0.18	0.17
	每股净资产(元)	1.22	1.10	0.70
	净资产收益率(%)	9.59	16.48	24.65

天津瑞灵石油设备股份有限公司

公司概况	公司名称	天津瑞灵石油设备股份有限公司		股份名称	瑞灵石油
	法人代表	侯强	董秘 李娟	股份代码	430271
	公司网址		主办券商	中信建投证券股份有限公司	
	电话	022-84910015	传真	022-84910027	
	注册地址	天津市空港经济区航空路 268			
	行业分类	制造业			

主要财务指标	指标\报告期	2013.06.30	2012.12.31	2011.12.31
	营业收入(元)	28,164,763.79	43,778,587.83	18,467,010.98
	营业利润(元)	1,149,305.35	948,721.01	734,208.18
	净利润(元)	1,045,797.26	1,014,769.56	1,102,742.30
	未分配利润(元)	1,045,797.26	2,901,553.39	1,988,260.79
	总资产(元)	85,567,493.47	71,764,722.89	45,175,436.31
	总负债(元)	51,297,747.99	38,540,774.67	12,966,257.65
	净资产(元)	34,269,745.48	33,223,948.22	32,209,178.66
	每股收益(元)	0.03	0.03	0.04
	每股净资产(元)	1.07	1.11	1.07
	净资产收益率(%)	3.05	3.05	3.42

上海世富环保节能科技股份有限公司

公司概况	公司名称	上海世富环保节能科技股份有限公司		股份名称	世富环保
	法人代表	李晓天	董秘 张蝶	股份代码	430272
	公司网址	www.safegreen.com.cn		主办券商	中银国际证券有限责任公司
	电　话	021-35316096		传　真	021-35316097
	注册地址	上海市虹口区广纪路800号B幢113室			
	行业分类	建筑业			

	指标\报告期	2013.06.30	2012.12.31	2011.12.31
主要财务指标	营业收入(元)	16,294,266.25	36,103,984.06	23,271,485.17
	营业利润(元)	–2,639,322.54	–76,160.79	736,184.00
	净利润(元)	–2,511,932.18	128,307.71	728,289.57
	未分配利润(元)	–1,218,084.02	557,352.27	438,213.98
	总资产(元)	16,731,038.84	18,327,707.79	20,801,637.75
	总负债(元)	12,064,176.26	6,248,913.03	9,831,150.70
	净资产(元)	4,666,862.58	12,078,794.76	10,970,487.05
	每股收益(元)	–0.45	0.02	0.09
	每股净资产(元)	0.95	1.31	1.11
	净资产收益率(%)	–47.00	1.45	8.33

上海永天科技股份有限公司

公司概况	公司名称	上海永天科技股份有限公司		股份名称	永天科技
	法人代表	杨永华	董秘 陈辉(代)	股份代码	430273
	公司网址			主办券商	东方花旗证券有限公司
	电　话	021-65376655-8308		传　真	021-52954004
	注册地址	上海市浦东新区浦东新区郭守敬498号1幢403/07室			
	行业分类	信息传输、软件和信息技术服务业			

	指标\报告期	2013.06.30	2012.12.31	2011.12.31
主要财务指标	营业收入(元)	4,719,709.34	14,741,213.70	9,613,854.90
	营业利润(元)	–915,396.03	466,016.59	1,920,423.60
	净利润(元)	–922,280.03	372,895.60	1,836,734.27
	未分配利润(元)	–587,524.05	276,123.14	3,652,691.30
	总资产(元)	10,075,363.09	14,127,422.31	11,314,218.30
	总负债(元)	500,380.48	3,688,792.51	1,248,484.10
	净资产(元)	9,574,982.61	10,438,629.80	10,065,734.20
	每股收益(元)	–0.09	0.07	1.84
	每股净资产(元)	0.96	1.04	1.01
	净资产收益率(%)	–9.63	3.57	18.25

天津重钢机械装备股份有限公司

公司概况	公司名称	天津重钢机械装备股份有限公司		股份名称	重钢机械
	法人代表	李坤	董秘 俞春庚	股份代码	430274
	公司网址	www.tzme.net		主办券商	申银万国证券股份有限公司
	电　话	022-25214991		传　真	022-25211535
	注册地址	天津市滨海新区塘沽厦门路139号			
	行业分类	制造业			

	指标\报告期	2013.06.30	2012.12.31	2011.12.31
主要财务指标	营业收入(元)	86,576,436.15	263,999,117.01	301,322,731.49
	营业利润(元)	–46,650.20	1,147,583.96	11,479,708.21
	净利润(元)	780,028.01	2,777,976.81	18,896,644.06
	未分配利润(元)	62,362,674.19	61,559,497.79	63,420,828.98
	总资产(元)	358,642,275.06	338,074,795.02	366,067,175.48
	总负债(元)	205,714,165.42	185,926,713.39	212,917,070.66
	净资产(元)	152,928,109.64	152,148,081.63	153,150,104.82
	每股收益(元)	0.01	0.04	0.25
	每股净资产(元)	1.99	1.98	1.99
	净资产收益率(%)	0.53	1.94	12.49

武汉新冠亿碳环境资源开发股份有限公司

公司概况	公司名称	武汉新冠亿碳环境资源开发股份有限公司		股份名称	新冠亿碳
	法人代表	杨立德	董秘 顾蕾蕾	股份代码	430275
	公司网址	www.whncoc.com		主办券商	长江证券股份有限公司
	电　话	027-85487066		传　真	027-85847900
	注册地址	湖北省武汉市江汉区江兴路6号江汉经济开发区汉口创业中心三楼			
	行业分类	电力、热力、燃气及水生产和供应业			

	指标\报告期	2013.06.30	2012.12.31	2011.12.31
主要财务指标	营业收入(元)	11,342,011.59	32,531,948.34	24,502,150.26
	营业利润(元)	2,651,636.83	13,302,883.69	8,465,178.86
	净利润(元)	3,395,835.49	11,444,580.30	8,534,085.43
	未分配利润(元)	15,593,625.57	14,104,137.23	2,750,262.17
	总资产(元)	75,776,057.28	97,932,406.11	80,546,794.93
	总负债(元)	8,173,927.92	33,726,112.24	27,795,081.36
	净资产(元)	67,602,129.36	64,206,293.87	52,751,713.57
	每股收益(元)	0.07	0.23	0.17
	每股净资产(元)	1.35	1.28	1.28
	净资产收益率(%)	5.02	17.83	16.27

上海晟矽微电子股份有限公司

公司概况	公司名称	上海晟矽微电子股份有限公司			股份名称	晟矽微电
	法人代表	陆健	董秘	胡璨	股份代码	430276
	公司网址	www.sinomcu.com		主办券商	广发证券股份有限公司	
	电　话	021-38682906		传　真	021-38682905	
	注册地址	上海市浦东新区张江高科技园区松涛路 563 号 2 幢 601、602、603 室				
	行业分类	制造业				

	指标\报告期	2013.06.30	2012.12.31	2011.12.31
主要财务指标	营业收入(元)	27,030,232.42	46,143,416.00	24,869,382.75
	营业利润(元)	1,123,377.60	2,982,766.79	1,181,792.22
	净利润(元)	829,948.66	2,331,775.39	906,642.36
	未分配利润(元)	829,948.66	2,914,840.51	816,242.66
	总资产(元)	44,973,481.09	31,666,539.01	19,386,930.48
	总负债(元)	36,654,820.75	26,427,827.33	16,479,994.19
	净资产(元)	8,318,660.34	5,238,711.68	2,906,936.29
	每股收益(元)	0.11	1.17	0.45
	每股净资产(元)	1.15	2.62	1.45
	净资产收益率(%)	9.98	44.51	31.19

北京福乐维生物科技股份有限公司

公司概况	公司名称	北京福乐维生物科技股份有限公司			股份名称	福乐维
	法人代表	李卫东	董秘	薛华伟	股份代码	430277
	公司网址			主办券商	东吴证券股份有限公司	
	电　话			传　真		
	注册地址	北京市丰台区科学城星火路 10 号 B-806 号(园区)				
	行业分类	制造业				

	指标\报告期	2013.06.30	2012.12.31	2011.12.31
主要财务指标	营业收入(元)	23,994,245.18	93,702,453.98	81,829,035.65
	营业利润(元)	-1,990,970.73	-176,004.94	421,237.94
	净利润(元)	-1,964,479.29	-123,848.78	611,836.89
	未分配利润(元)	-3,049,368.89	-1,084,889.60	879,921.03
	总资产(元)	30,061,957.87	26,708,345.57	21,570,605.65
	总负债(元)	26,270,364.91	20,952,273.32	15,690,684.62
	净资产(元)	3,791,592.96	5,756,072.25	5,879,921.03
	每股收益(元)	-0.39	-0.02	0.12
	每股净资产(元)	0.76	1.15	1.18
	净资产收益率(%)	-51.81	-2.15	10.41

上海连能环保科技股份有限公司

公司概况	公司名称	上海连能环保科技股份有限公司			股份名称	连能环保
	法人代表	连鑫	董秘	贾彦云	股份代码	430278
	公司网址			主办券商	申银万国证券股份有限公司	
	电　话	021-54889085-8011		传　真	021-54889086	
	注册地址	上海市徐汇区桂平路 680 号 33 幢 301-15 室				
	行业分类	制造业				

	指标\报告期	2013.06.30	2012.12.31	2011.12.31
主要财务指标	营业收入(元)	19,611,899.02	41,210,894.76	30,030,661.15
	营业利润(元)	-1,124,682.20	1,153,847.00	2,789,834.71
	净利润(元)	-1,207,996.59	798,094.77	1,484,190.78
	未分配利润(元)	-1,520,231.09	-312,234.50	5,262,351.38
	总资产(元)	57,220,251.34	51,602,376.83	47,844,018.13
	总负债(元)	48,123,565.89	41,134,332.42	38,383,816.04
	净资产(元)	9,096,685.45	10,468,044.41	9,460,202.09
	每股收益(元)	-0.12	0.10	0.76
	每股净资产(元)	0.91	1.03	3.15
	净资产收益率(%)	-13.2	8.20	15.69

武汉华安科技股份有限公司

公司概况	公司名称	武汉华安科技股份有限公司			股份名称	华安股份
	法人代表	代松	董秘	林韬	股份代码	430279
	公司网址	www.huaankj.com		主办券商	广发证券股份有限公司	
	电　话	027-87111920		传　真	027-87111900	
	注册地址	湖北省武汉东湖开发区关东工业园东信路创业街 3 栋 401 室				
	行业分类	制造业				

	指标\报告期	2013.06.30	2012.12.31	2011.12.31
主要财务指标	营业收入(元)	13,798,949.02	28,374,007.56	16,220,631.11
	营业利润(元)	974,097.02	3,229,035.51	1,498,231.52
	净利润(元)	3,646,191.93	2,655,303.63	2,455,194.02
	未分配利润(元)	5,230,460.00	1,584,268.07	909,044.72
	总资产(元)	42,764,928.51	39,139,877.63	42,297,059.38
	总负债(元)	23,453,383.26	23,474,524.31	21,287,009.69
	净资产(元)	19,311,545.25	15,665,353.32	21,010,049.69
	每股收益(元)	0.26	0.19	0.12
	每股净资产(元)	1.39	1.13	1.05
	净资产收益率(%)	18.88	16.95	11.69

索享(北京)科技股份有限公司

公司概况	公司名称	索享(北京)科技股份有限公司		股份名称	索享股份
	法人代表	常达	董秘	常晓飞	股份代码	430280
	公司网址	www.sosano.com		主办券商	齐鲁证券有限公司
	电　话	010-82601678		传　真	010-82600490
	注册地址	北京市海淀区中关村东路18号财智国际大厦1号楼B-1502房间			
	行业分类	信息传输、软件和信息技术服务业			

主要财务指标	指标\报告期	2013.06.30	2012.12.31	2011.12.31
	营业收入(元)	1,720,574.50	3,398,907.32	1,707,669.65
	营业利润(元)	45,368.21	675,218.94	6,625.74
	净利润(元)	34,026.16	499,242.13	9,804.06
	未分配利润(元)	968,634.54	934,608.38	485,290.46
	总资产(元)	9,365,065.62	7,620,987.44	1,846,954.59
	总负债(元)	2,213,341.25	503,289.23	228,498.51
	净资产(元)	7,151,724.37	7,117,698.21	1,618,456.08
	每股收益(元)	0.01	0.50	0.01
	每股净资产(元)	1.19	1.19	1.62
	净资产收益率(%)	0.48	7.01	0.61

北京能为科技股份有限公司

公司概况	公司名称	北京能为科技股份有限公司		股份名称	能为科技
	法人代表	夏阳	董秘	柳茹花	股份代码	430281
	公司网址	www.nonvia.com		主办券商	长城证券有限责任公司
	电　话	010-63357752		传　真	010-63358979
	注册地址	北京市丰台区西四环南路19号1号楼412室			
	行业分类	信息传输、软件和信息技术服务业			

主要财务指标	指标\报告期	2013.06.30	2012.12.31	2011.12.31
	营业收入(元)	5,382,863.27	20,078,311.98	18,684,374.05
	营业利润(元)	-46,158.67	2,517,516.54	1,500,250.97
	净利润(元)	47,233.05	2,358,778.45	1,440,138.83
	未分配利润(元)	42,509.74	11,667,885.35	9,544,984.75
	总资产(元)	23 100,645.77	22,755,426.43	28,809,496.54
	总负债(元)	3,327,879.62	3,029,893.33	8,760,867.19
	净资产(元)	19,772,766.15	19,725,533.10	20,048,629.35
	每股收益(元)	0.01	0.24	0.15
	每股净资产(元)	1.98	3.03	2.00
	净资产收益率(%)	0.24	11.96	7.18

上海优睿文化传媒股份有限公司

公司概况	公司名称	上海优睿文化传媒股份有限公司		股份名称	优睿传媒
	法人代表	于文浩	董秘	郭燕华	股份代码	430282
	公司网址			主办券商	齐鲁证券有限公司
	电　话	021-32070296-801		传　真	021-32070298
	注册地址	上海市张江高科技园区张江路91号6幢3楼306、308室			
	行业分类	文化、体育和娱乐业			

主要财务指标	指标\报告期	2013.06.30	2012.12.31	2011.12.31
	营业收入(元)	4,756,941.46	4,729,600.52	1,948,155.34
	营业利润(元)	-40,007.92	1,271,380.41	-569,136.80
	净利润(元)	-46,420.53	899,022.68	-428,163.24
	未分配利润(元)	-46,420.53	161,514.09	-719,562.58
	总资产(元)	7,767,002.07	7,713,809.63	2,616,852.10
	总负债(元)	1,633,962.50	1,534,349.53	2,836,414.68
	净资产(元)	6,133,039.57	6,179,460.10	-219,562.58
	每股收益(元)	-0.01	1.79	-2.81
	每股净资产(元)	1.02	1.03	-0.44
	净资产收益率(%)	-0.76	14.55	

武汉景弘环保科技股份有限公司

公司概况	公司名称	武汉景弘环保科技股份有限公司		股份名称	景弘环保
	法人代表	周国熠	董秘	张立军	股份代码	430283
	公司网址	www.kinghome.com.cn		主办券商	长江证券股份有限公司
	电　话	027-86715263-846		传　真	027-88916962
	注册地址	湖北省武汉东湖开发区关东科技工业园七号地块7-3			
	行业分类	科学研究和技术服务业			

主要财务指标	指标\报告期	2013.06.30	2012.12.31	2011.12.31
	营业收入(元)	3,725,540.49	41,010,378.93	44,611,532.89
	营业利润(元)	-5,828,484.62	513,649.26	-3,100,616.18
	净利润(元)	-5,728,623.70	536,548.51	-3,248,231.50
	未分配利润(元)	-8,595,996.75	-2,868,357.45	-3,414,679.17
	总资产(元)	137,849,768.98	89,363,121.38	63,585,344.43
	总负债(元)	75,862,705.73	41,966,415.57	16,725,187.13
	净资产(元)	61,987,063.25	47,396,705.81	46,860,157.30
	每股收益(元)	-0.10	0.01	-0.07
	每股净资产(元)	0.89	0.94	0.93
	净资产收益率(%)	-9.26	1.16	-6.95

北京科胜伟达石油科技股份有限公司

公司概况	公司名称	北京科胜伟达石油科技股份有限公司		股份名称	科胜石油
	法人代表	冷传波	董秘 方正茂	股份代码	430284
	公司网址			主办券商	申银万国证券股份有限公司
	电话	010-58858989-820	传真	010-58858896	
	注册地址	北京市海淀区上地东路1号院1号楼902室			
	行业分类	采矿业			

主要财务指标	指标\报告期	2013.06.30	2012.12.31	2011.12.31
	营业收入(元)	3,353,617.88	11,608,189.18	1,430,000.00
	营业利润(元)	-2,418,926.77	3,032,000.34	-204,862.78
	净利润(元)	-2,145,174.68	2,902,155.10	-204,862.78
	未分配利润(元)	-876,727.98	2,078,485.29	-284,126.28
	总资产(元)	24,219,131.64	26,005,763.64	5,861,526.29
	总负债(元)	1,951,797.53	1,593,254.85	1,145,652.57
	净资产(元)	22,267,334.11	24,412,508.79	4,715,873.72
	每股收益(元)	-0.08	0.15	-0.01
	每股净资产(元)	-0.08	1.11	0.94
	净资产收益率(%)	-8.26	11.26	-4.34

北京锐创信通科技股份有限公司

公司概况	公司名称	北京锐创信通科技股份有限公司		股份名称	锐创信通
	法人代表	刘志春	董秘 李兵	股份代码	430285
	公司网址	www.innotele.com.cn		主办券商	申银万国证券股份有限公司
	电话	010-82622032	传真	010-82622032-8003	
	注册地址	北京市海淀区信息路28号1幢10层1001室			
	行业分类	制造业			

主要财务指标	指标\报告期	2013.06.30	2012.12.31	2011.12.31
	营业收入(元)	789,927.38	8,602,624.67	8,909,021.38
	营业利润(元)	-385,904.89	748,942.35	676,178.94
	净利润(元)	-358,383.53	1,111,960.92	1,316,856.54
	未分配利润(元)	906,536.85	611,239.59	4,938,206.08
	总资产(元)	26,357,706.70	22,240,588.60	17,940,844.29
	总负债(元)	7,415,105.13	3,591,732.04	2,453,948.65
	净资产(元)	18,942,601.57	18,648,856.56	15,486,895.64
	每股收益(元)	-0.03	0.11	0.18
	每股净资产(元)	1.72	1.69	1.55
	净资产收益率(%)	-1.89	5.96	8.50

上海东岩机械股份有限公司

公司概况	公司名称	上海东岩机械股份有限公司		股份名称	东岩股份
	法人代表	徐国平	董秘 周玲	股份代码	430286
	公司网址			主办券商	申银万国证券股份有限公司
	电话		传真		
	注册地址	上海市青浦区天一路465号			
	行业分类	制造业			

主要财务指标	指标\报告期	2013.06.30	2012.12.31	2011.12.31
	营业收入(元)	45,503,184.70	72,885,953.66	50,979,850.37
	营业利润(元)	1,985,775.32	4,982,426.98	1,596,428.20
	净利润(元)	1,784,041.89	4,042,155.73	1,395,811.21
	未分配利润(元)	13,204,770.21	11,420,728.32	7,782,788.16
	总资产(元)	80,434,269.70	73,795,904.76	45,642,346.29
	总负债(元)	35,434,215.28	30,579,892.23	26,994,802.49
	净资产(元)	45,000,054.42	43,216,012.53	18,647,543.80
	每股收益(元)	0.06	0.27	0.14
	每股净资产(元)	1.50	1.44	1.86
	净资产收益率(%)	3.97	9.35	7.49

北京京鹏环宇畜牧科技股份有限公司

公司概况	公司名称	北京京鹏环宇畜牧科技股份有限公司		股份名称	环宇畜牧
	法人代表	王浚峰	董秘 曹连胜	股份代码	430287
	公司网址	www.jpxm.com		主办券商	国信证券股份有限公司
	电话	010-58711562	传真	010-58711003	
	注册地址	北京市海淀区丰慧中路7号新材料创业大厦704号			
	行业分类	制造业			

主要财务指标	指标\报告期	2013.06.30	2012.12.31	2011.12.31
	营业收入(元)	66,016,963.75	125,622,131.94	82,287,549.69
	营业利润(元)	3,170,956.80	7,205,577.84	4,761,867.59
	净利润(元)	3,160,532.68	7,115,919.21	4,846,587.45
	未分配利润(元)	10,134,775.73	7,401,198.05	5,260,138.67
	总资产(元)	115,870,926.61	114,114,386.49	79,215,290.54
	总负债(元)	73,132,050.57	74,109,088.13	46,165,511.39
	净资产(元)	42,738,876.04	40,005,298.36	33,049,779.15
	每股收益(元)	0.10	0.23	0.18
	每股净资产(元)	1.35	1.26	1.22
	净资产收益率(%)	7.40	17.79	14.67

北京威达宇电软件股份有限公司

公司概况	公司名称	北京威达宇电软件股份有限公司			股份名称	威达宇电
	法人代表	孙彭	董秘	吴春花	股份代码	430288
	公司网址	www.wd-soft.com		主办券商	金元证券股份有限公司	
	电　话	010-82887788		传　真	010-82886235	
	注册地址	北京市海淀区北四环西路67号0813室				
	行业分类	信息传输、软件和信息技术服务业				

	指标\报告期	2013.06.30	2012.12.31	2011.12.31
主要财务指标	营业收入(元)	1,681,084.28	5,765,407.79	845,291.77
	营业利润(元)	-281,323.23	1,029,247.47	-792,236.13
	净利润(元)	-207,078.18	932,395.01	-459,381.52
	未分配利润(元)	-207,078.18	2,772,516.91	1,933,361.40
	总资产(元)	8,446,061.38	10,764,327.58	5,696,468.80
	总负债(元)	628,063.09	2,739,251.11	2,603,787.34
	净资产(元)	7,817,998.29	8,025,076.47	3,092,681.46
	每股收益(元)	-0.03	0.93	-0.46
	每股净资产(元)	0.98	1.61	3.09
	净资产收益率(%)	-2.65	11.62	-14.85

北京华索科技股份有限公司

公司概况	公司名称	北京华索科技股份有限公司			股份名称	华索科技
	法人代表	郭龙	董秘	闫海涛	股份代码	430289
	公司网址			主办券商	国信证券股份有限公司	
	电　话	010-58851199		传　真	010-58851820	
	注册地址	北京市海淀区上地东路1号盈创动力大厦5号楼403室				
	行业分类	制造业				

	指标\报告期	2013.06.30	2012.12.31	2011 12.31
主要财务指标	营业收入(元)	47,659,762.04	83,920,517.65	61,069,537.94
	营业利润(元)	8,529,132.28	11,467,768.20	9,078,664.73
	净利润(元)	7,542,718.72	9,448,084.36	7,674,363.84
	未分配利润(元)	22,978,856.25	15,390,936.74	18,632,950.59
	总资产(元)	96,010,773.69	95,856,171.99	94,648,909.44
	总负债(元)	38,261,891.37	45,695,209.18	68,936,030.99
	净资产(元)	57,748,882.32	50,160,962.81	25,712,878.45
	每股收益(元)	0.25	0.50	1.53
	每股净资产(元)	1.92	1.67	5.14
	净资产收益率(%)	13.23	18.84	29.85

北京和隆优化科技股份有限公司

公司概况	公司名称	北京和隆优化科技股份有限公司			股份名称	和隆优化
	法人代表	于现军	董秘	李群	股份代码	430290
	公司网址	www.yhkz.com		主办券商	东北证券股份有限公司	
	电　话	010-82926605		传　真	010-82924196	
	注册地址	北京市海淀区西三旗建材城西路31号D栋三层西区				
	行业分类	信息传输、软件和信息技术服务业				

	指标\报告期	2013.06.30	2012.12.31	2011.12.31
主要财务指标	营业收入(元)	3,753,419.68	9,852,822.10	10,031,756.44
	营业利润(元)	-1,668,750.80	-237,334.52	702,114.03
	净利润(元)	-1,457,119.34	601,874.67	1,791,910.71
	未分配利润(元)	-3,143,833.36	5,204,537.32	4,690,154.13
	总资产(元)	17,299,209.13	19,982,590.71	31,567,692.15
	总负债(元)	1,474,625.68	2,454,269.85	5,654,645.96
	净资产(元)	15,824,583.45	17,528,320.86	25,913,046.19
	每股收益(元)	-0.09	0.03	0.10
	每股净资产(元)	0.88	0.97	1.44
	净资产收益率(%)	-9.21	3.43	6.92

湖北中试电力科技股份有限公司

公司概况	公司名称	湖北中试电力科技股份有限公司			股份名称	中试电力
	法人代表	操立军	董秘	刘敏	股份代码	430291
	公司网址	www.electricity.com.cn		主办券商	齐鲁证券有限公司	
	电　话	027-87288881		传　真	027-87613903	
	注册地址	湖北省武汉市东湖开发区SBI创业街光谷时代广场A座14楼1408-1410室				
	行业分类	制造业				

	指标\报告期	2013.06.30	2012.12.31	2011.12.31
主要财务指标	营业收入(元)	12,678,328.12	43,160,930.86	49,537,691.08
	营业利润(元)	975,969.78	2,387,113.66	1,066,310.77
	净利润(元)	601,749.87	1,956,802.28	1,120,643.54
	未分配利润(元)	601,749.87	265,709.70	-1,661,569.28
	总资产(元)	44,905,971.95	36,960,726.06	20,765,800.28
	总负债(元)	32,198,989.08	24,855,493.06	10,617,369.56
	净资产(元)	12,706,982.87	12,105,233.00	10,148,430.72
	每股收益(元)	0.05	0.17	0.09
	每股净资产(元)	1.08	1.02	0.86
	净资产收益率(%)	4.74	16.17	11.04

北京威控科技股份有限公司

公司概况	公司名称	北京威控科技股份有限公司		股份名称	威控科技
	法人代表	王涛	董秘 胡字滢	股份代码	430292
	公司网址	www.vcontrol.com.cn		主办券商	国联证券股份有限公司
	电　话	010-62368735		传　真	010-62304846
	注册地址	北京市海淀区清河安宁庄路4号22号平房201室			
	行业分类	制造业			

	指标\报告期	2013.06.30	2012.12.31	2011.12.31
主要财务指标	营业收入(元)	4,102,545.71	13,318,328.58	7,995,372.38
	营业利润(元)	-812,440.75	938,566.27	561,078.49
	净利润(元)	-655,154.10	805,559.81	1,127,875.81
	未分配利润(元)	-496,194.96	158,959.14	1,174,721.05
	总资产(元)	11,333,018.44	12,641,047.34	13,580,965.51
	总负债(元)	5,635,517.01	6,288,391.81	8,263,869.79
	净资产(元)	5,697,501.43	6,352,655.53	5,317,095.72
	每股收益(元)	-0.11	0.13	0.38
	每股净资产(元)	0.95	1.06	1.77
	净资产收益率(%)	-11.50	12.68	21.21

上海奉天电子股份有限公司

公司概况	公司名称	上海奉天电子股份有限公司		股份名称	奉天电子
	法人代表	彭雄飞	董秘 郑大存	股份代码	430293
	公司网址	www.shfte.com		主办券商	光大证券股份有限公司
	电　话	021-52848741		传　真	021-52840673
	注册地址	上海市嘉定区恒永路518弄1号B区501-1			
	行业分类	制造业			

	指标\报告期	2013.06.30	2012.12.31	2011.12.31
主要财务指标	营业收入(元)	20,128,701.54	78,956,281.44	78,607,291.51
	营业利润(元)	-312,889.57	7,048,567.67	4,802,370.02
	净利润(元)	134,132.41	6,866,404.78	5,089,614.36
	未分配利润(元)	345,552.61	15,503,338.71	29,341,214.51
	总资产(元)	71,299,792.11	71,534,664.65	66,233,014.10
	总负债(元)	32,246,911.44	31,979,555.50	25,544,309.73
	净资产(元)	39,052,880.67	39,555,109.15	40,688,704.37
	每股收益(元)	0.01	0.34	0.81
	每股净资产(元)	1.95	1.98	5.09
	净资产收益率(%)	0.34	17.36	12.51

武汉七环电气股份有限公司

公司概况	公司名称	武汉七环电气股份有限公司		股份名称	七环电气
	法人代表	方堃	董秘 刘小兰	股份代码	430294
	公司网址	www.qihuan.com		主办券商	华泰证券股份有限公司
	电　话	027-87812626		传　真	027-87828280
	注册地址	湖北省武汉东湖新技术开发区光谷大道58号关南福星医药园8栋5层01-08号			
	行业分类	制造业			

	指标\报告期	2013.06.30	2012.12.31	2011.12.31
主要财务指标	营业收入(元)	6,773,967.92	27,069,011.55	28,907,237.44
	营业利润(元)	218,054.71	3,926,943.13	7,424,005.39
	净利润(元)	569,930.74	3,484,272.45	6,328,744.37
	未分配利润(元)	2,330,017.09	1,760,086.34	7,346,349.40
	总资产(元)	40,566,818.64	42,131,810.15	36,403,486.41
	总负债(元)	8,381,971.61	10,516,893.87	13,272,842.58
	净资产(元)	32,184,847.03	31,614,916.28	23,130,643.83
	每股收益(元)	0.02	0.16	0.63
	每股净资产(元)	1.34	1.32	1.54
	净资产收益率(%)	1.77	11.02	27.36

上海捷虹颜料化工集团股份有限公司

公司概况	公司名称	上海捷虹颜料化工集团股份有限公司		股份名称	捷虹股份
	法人代表	张合义	董秘 王永进	股份代码	430295
	公司网址	www.jecogroup.com		主办券商	国金证券股份有限公司
	电　话	021-68726669		传　真	021-68729028
	注册地址	上海市浦东新区张江高科技园区祖冲之路1077号2幢2131室			
	行业分类	制造业			

	指标\报告期	2013.06.30	2012.12.31	2011.12.31
主要财务指标	营业收入(元)	146,648,760.11	315,700,803.08	307,185,625.30
	营业利润(元)	8,453,795.84	22,056,557.94	17,926,112.12
	净利润(元)	6,974,944.74	20,314,155.40	16,128,433.80
	未分配利润(元)	18,301,103.32	11,326,158.58	4,839,592.73
	总资产(元)	415,957,682.58	386,613,221.53	335,779,001.00
	总负债(元)	259,030,022.37	236,660,506.06	179,805,841.96
	净资产(元)	156,927,660.21	149,952,715.47	155,973,159.04
	每股收益(元)	0.10	0.30	0.23
	每股净资产(元)	2.31	2.21	2.29
	净资产收益率(%)	4.45	13.55	11.30

北京平安力合科技发展股份有限公司

公司概况	公司名称	北京平安力合科技发展股份有限公司		股份名称	平安力合
	法人代表	佟金明	董秘	付强	股份代码	430296
	公司网址	www.p-an.com		主办券商	国泰君安证券股份有限公司
	电　话	010-64328500		传　真	010-87757420
	注册地址	北京市朝阳区将台路5号院30号楼一层102室			
	行业分类	制造业			

	指标\报告期	2013.06.30	2012.12.31	2011.12.31
主要财务指标	营业收入(元)	30,109,131.21	91,008,278.35	78,489,756.19
	营业利润(元)	-10,631,682.84	14,910,255.24	3,285,965.39
	净利润(元)	-10,605,074.71	12,521,703.92	2,718,111.00
	未分配利润(元)	-10,605,074.71	13,552,319.99	10,582,786.46
	总资产(元)	83,870,580.39	89,435,753.90	99,421,195.53
	总负债(元)	44,917,687.65	39,877,786.47	57,584,932.02
	净资产(元)	38,952,892.74	49,557,967.43	41,836,263.51
	每股收益(元)	-0.23	0.37	0.09
	每股净资产(元)	0.79	1.48	1.39
	净资产收益率(%)	-27.23	25.27	6.50

天津金硕信息科技集团股份有限公司

公司概况	公司名称	天津金硕信息科技集团股份有限公司		股份名称	金硕集团
	法人代表	张跃	董秘	闫革文	股份代码	430297
	公司网址	www.jinshuo.com.cn		主办券商	国泰君安证券股份有限公司
	电　话	022-23675858		传　真	022-23675858-811
	注册地址	天津市华苑产业区物华道2号A座3-074室			
	行业分类	信息传输、软件和信息技术服务业			

	指标\报告期	2013.06.30	2012.12.31	2011.12.31
主要财务指标	营业收入(元)	21,530,827.02	52,407,375.67	42,414,037.39
	营业利润(元)	281,302.06	4,649,856.21	683,473.79
	净利润(元)	84,440.42	6,919,117.99	906,939.71
	未分配利润(元)	5,637,594.46	5,710,863.03	13,135,051.55
	总资产(元)	63,206,895.03	65,486,582.41	64,146,226.12
	总负债(元)	24,605,181.14	26,811,599.95	25,560,361.65
	净资产(元)	38,601,713.89	38,674,982.46	38,585,864.47
	每股收益(元)	0.00	0.23	0.05
	每股净资产(元)	1.29	1.29	1.16
	净资产收益率(%)	0.22	17.89	4.12

北京淘礼网科技股份有限公司

公司概况	公司名称	北京淘礼网科技股份有限公司		股份名称	淘礼网
	法人代表	高翔	董秘	王篃	股份代码	430298
	公司网址	www..taoli.com.cn		主办券商	国都证券有限责任公司
	电　话	010-5979600		传　真	010-5203971
	注册地址	北京市朝阳区酒仙桥路甲12号1楼首层A04房间			
	行业分类	信息传输、软件和信息技术服务业			

	指标\报告期	2013.06.30	2012.12.31	2011.12.31
主要财务指标	营业收入(元)	20,028,340.45	40,091,403.70	42,445,464.80
	营业利润(元)	1,732,209.26	5,157,503.21	3,346,922.90
	净利润(元)	1,641,855.80	3,860,773.18	3,370,201.94
	未分配利润(元)	2,829,429.54	1,107,156.81	-2,630,598.95
	总资产(元)	29,124,288.72	25,208,643.57	23,757,055.69
	总负债(元)	16,171,841.76	13,978,469.34	16,387,654.64
	净资产(元)	12,952,446.96	11,230,174.23	7,369,401.05
	每股收益(元)	0.16	0.39	0.34
	每股净资产(元)	1.30	1.12	0.74
	净资产收益率(%)	12.68	34.38	45.73

天津宝恒流体控制设备股份有限公司

公司概况	公司名称	天津宝恒流体控制设备股份有限公司		股份名称	天津宝恒
	法人代表	林子晨	董秘	刘智敏	股份代码	430299
	公司网址	www.tj-baoheng.com		主办券商	华泰证券股份有限公司
	电　话	022-23785511		传　真	022-23783388
	注册地址	天津市华苑产业区(环外部分)海泰发展一路2号			
	行业分类	制造业			

	指标\报告期	2013.06.30	2012.12.31	2011.12.31
主要财务指标	营业收入(元)	18,572,584.60	52,286,663.67	51,814,222.74
	营业利润(元)	2,734,377.38	8,940,666.49	5,908,518.59
	净利润(元)	2,350,208.20	7,544,335.41	4,904,036.10
	未分配利润(元)	3,656,601.84	1,306,393.64	13,422,168.16
	总资产(元)	77,176,741.33	73,149,792.34	76,077,125.37
	总负债(元)	17,131,695.06	15,454,954.27	30,926,622.71
	净资产(元)	60,045,046.27	57,694,838.07	45,150,502.66
	每股收益(元)	0.07	0.25	0.20
	每股净资产(元)	1.72	1.65	1.51
	净资产收益率(%)	3.91	13.08	10.86

上海辰光医疗科技股份有限公司

公司概况	公司名称	上海辰光医疗科技股份有限公司			股份名称	辰光医疗
	法人代表	王杰	董秘	于玲	股份代码	430300
	公司网址			主办券商	海通证券股份有限公司	
	电　话			传　真		
	注册地址	上海市闵行区纪翟路1199弄8号楼				
	行业分类	制造业				

	指标\报告期	2013.06.30	2012.12.31	2011.12.31
主要财务指标	营业收入(元)	35,941,456.23	83,375,866.08	75,862,147.57
	营业利润(元)	8,046,059.66	26,174,725.93	24,073,854.51
	净利润(元)	10,675,389.52	25,508,023.44	20,718,957.77
	未分配利润(元)	51,612,175.74	40,936,786.22	17,776,374.66
	总资产(元)	164,497,254.78	105,935,481.94	73,397,891.64
	总负债(元)	47,956,047.13	28,711,942.12	21,682,375.26
	净资产(元)	116,541,207.65	77,223,539.82	51,715,516.38
	每股收益(元)	0.35	0.85	0.69
	每股净资产(元)	3.64	2.49	1.70
	净资产收益率(%)	9.16	33.03	40.06

北京倚天凌云科技股份有限公司

公司概况	公司名称	北京倚天凌云科技股份有限公司			股份名称	倚天股份
	法人代表	吴海峰	董秘	王雅敏	股份代码	430301
	公司网址	www.ncnc.cn		主办券商	金元证券股份有限公司	
	电　话	010-63785597		传　真	010-63711988	
	注册地址	北京市丰台区科技园富丰路4号工商联大厦B座2005室				
	行业分类	制造业				

	指标\报告期	2013.06.30	2012.12.31	2011.12.31
主要财务指标	营业收入(元)	9,788,934.24	30,191,895.79	15,801,635.16
	营业利润(元)	867,850.41	2,991,380.19	1,136,727.85
	净利润(元)	748,571.84	2,843,799.16	1,515,124.11
	未分配利润(元)	4,560,797.74	3,812,225.90	1,252,806.66
	总资产(元)	23,245,552.61	21,123,061.72	18,643,538.23
	总负债(元)	7,261,174.21	5,887,255.16	7,251,530.83
	净资产(元)	15,984,378.40	15,235,806.56	11,392,007.40
	每股收益(元)	0.06	0.27	0.20
	每股净资产(元)	1.45	1.39	1.14
	净资产收益率(%)	4.68	18.67	13.30

武汉保华石化新材料开发股份有限公司

公司概况	公司名称	武汉保华石化新材料开发股份有限公司			股份名称	保华石化
	法人代表	傅正美	董秘	陈雯	股份代码	430302
	公司网址	www.baohua-pec.com		主办券商	兴业证券股份有限公司	
	电　话	027-86513500		传　真	027-86515985	
	注册地址	湖北省武汉市青山区工人村丝茅墩				
	行业分类	制造业				

	指标\报告期	2013.06.30	2012.12.31	2011.12.31
主要财务指标	营业收入(元)	18,016,112.00	73,356,256.92	55,768,680.11
	营业利润(元)	-4,044,645.72	-8,034,678.49	-4,833,233.55
	净利润(元)	92,816.61	6,184,852.88	5,673,801.42
	未分配利润(元)	468,372.29	384,837.34	-5,757,255.83
	总资产(元)	57,276,552.73	72,816,627.99	50,578,213.59
	总负债(元)	46,756,139.07	62,389,030.94	46,335,469.42
	净资产(元)	10,520,413.66	10,427,597.05	4,242,744.17
	每股收益(元)	0.01	0.62	0.57
	每股净资产(元)	1.05	1.04	0.42
	净资产收益率(%)	0.88	59.31	133.73

北京百文宝科技股份有限公司

公司概况	公司名称	北京百文宝科技股份有限公司			股份名称	百文宝
	法人代表	马贤亮	董秘	柯文	股份代码	430303
	公司网址			主办券商	长江证券股份有限公司	
	电　话			传　真		
	注册地址	北京市朝阳区大屯路科学园南里—风林绿洲I乙号楼2204号				
	行业分类	信息传输、软件和信息技术服务业				

	指标\报告期	2013.06.30	2012.12.31	2011.12.31
主要财务指标	营业收入(元)	2,707,933.25	12,469,415.26	17,143,827.95
	营业利润(元)	-334,357.73	1,236,084.77	589,956.73
	净利润(元)	92,448.54	4,902,369.94	1,963,919.02
	未分配利润(元)	-191,102.43	11,174,458.52	6,762,325.57
	总资产(元)	18,340,164.64	17,729,357.17	13,998,778.28
	总负债(元)	833,375.85	313,292.16	1,485,083.21
	净资产(元)	17,506,788.79	17,416,065.01	12,513,695.07
	每股收益(元)	0.02	0.98	0.39
	每股净资产(元)	3.50	3.48	2.50
	净资产收益率(%)	0.53	28.15	15.69

北京每日视界影视动画股份有限公司

公司概况	公司名称	北京每日视界影视动画股份有限公司			股份名称	每日视界
	法人代表	孙立	董秘	葛菁	股份代码	430304
	公司网址	www.daysview.com		主办券商	东方花旗证券有限公司	
	电　话	010-82685650		传　真	010-82685065	
	注册地址	北京市海淀区紫竹院路116号嘉豪国际中心C座3层3503号				
	行业分类	文化、体育和娱乐业				

主要财务指标	指标\报告期	2013.06.30	2012.12.31	2011.12.31
	营业收入(元)	11,580,986.15	28,590,512.43	16,782,712.15
	营业利润(元)	165,568.07	3,253,524.13	311,054.53
	净利润(元)	1,165,112.12	2,720,709.31	372,537.38
	未分配利润(元)	1,100,362.82	2,998,815.04	530,808.48
	总资产(元)	11,091,130.48	14,747,502.03	6,964,708.04
	总负债(元)	1,559,730.75	6,359,451.77	5,297,367.09
	净资产(元)	9,531,399.73	8,388,050.26	1,667,340.95
	每股收益(元)	0.23	0.48	0.06
	每股净资产(元)	1.91	1.67	0.33
	净资产收益率(%)	12.26	32.49	26.67

北京维珍创意科技股份有限公司

公司概况	公司名称	北京维珍创意科技股份有限公司			股份名称	维珍创意
	法人代表	高利军	董秘	吴汇韬	股份代码	430305
	公司网址	www.atmvi.com		主办券商	东海证券股份有限公司	
	电　话	010-62607962		传　真	010-62607962	
	注册地址	北京市海淀区海淀大街3号1幢1623室				
	行业分类	制造业				

主要财务指标	指标\报告期	2013.06.30	2012.12.31	2011.12.31
	营业收入(元)	12,596,623.27	20,383,300.62	8,744,419.76
	营业利润(元)	3,349,122.31	5,588,152.29	1,956,649.83
	净利润(元)	3,403,080.57	6,081,011.15	1,955,649.83
	未分配利润(元)	8,875,990.60	5,472,910.03	1,760,984.85
	总资产(元)	28,611,796.37	28,087,435.97	14,360,698.96
	总负债(元)	3,061,156.42	5,939,876.59	2,404,049.13
	净资产(元)	25,550,639.95	22,147,559.38	11,956,649.83
	每股收益(元)	0.22	0.43	0.20
	每股净资产(元)	1.68	1.58	1.20
	净资产收益率(%)	13.32	27.46	16.37

永铭诚道(北京)医学科技股份有限公司

公司概况	公司名称	永铭诚道(北京)医学科技股份有限公司			股份名称	永铭医学
	法人代表	朱寅	董秘	王恩义	股份代码	430306
	公司网址	www.ccrfmed.com		主办券商	国信证券股份有限公司	
	电　话	010-84059198		传　真	010-84094958	
	注册地址	北京市东城区后永康胡同17号1-672A室				
	行业分类	科学研究和技术服务业				

主要财务指标	指标\报告期	2013.06.30	2012.12.31	2011.12.31
	营业收入(元)	21,874,478.83	51,470,208.72	39,534,147.36
	营业利润(元)	4,373,061.91	6,298,701.96	4,295,907.46
	净利润(元)	3,887,116.22	5,024,758.14	2,606,865.11
	未分配利润(元)	4,111,878.70	224,762.48	3,445,472.50
	总资产(元)	34,544,423.73	30,928,907.13	27,086,179.51
	总负债(元)	14,304,246.59	14,575,846.21	21,757,876.73
	净资产(元)	20,240,177.14	16,353,060.92	5,328,302.78
	每股收益(元)	0.39	2.28	1.74
	每股净资产(元)	2.02	1.64	3.55
	净资产收益率(%)	19.21	30.73	48.93

上海扬讯计算机科技股份有限公司

公司概况	公司名称	上海扬讯计算机科技股份有限公司			股份名称	扬讯科技
	法人代表	严靖	董秘	栾敏颉	股份代码	430307
	公司网址	www.me-tech.com.cn		主办券商	兴业证券股份有限公司	
	电　话	021-65975078		传　真	021-55120668	
	注册地址	上海市杨浦区黄兴路2005弄2号1508室				
	行业分类	信息传输、软件和信息技术服务业				

主要财务指标	指标\报告期	2013.06.30	2012.12.31	2011.12.31
	营业收入(元)	15,486,879.02	61,256,776.31	81,328,563.17
	营业利润(元)	5,824,822.41	16,467,102.09	32,192,347.64
	净利润(元)	5,283,582.15	19,380,271.08	33,192,892.68
	未分配利润(元)	52,699,120.40	47,421,237.54	29,958,203.87
	总资产(元)	122,483,734.00	116,686,685.25	98,635,382.02
	总负债(元)	4,039,883.12	3,526,416.52	4,855,384.37
	净资产(元)	118,443,850.88	113,160,268.73	93,779,997.65
	每股收益(元)	0.12	0.43	0.74
	每股净资产(元)	2.63	2.51	2.08
	净资产收益率(%)	4.46	17.17	35.61

北京泽天盛海油田技术服务股份有限公司

公司概况	公司名称	北京泽天盛海油田技术服务股份有限公司			股份名称	泽天盛海
	法人代表	林悦	董秘	冯国强	股份代码	430308
	公司网址	www.geoshine.com.cn	主办券商	中国银河证券股份有限公司		
	电话	010-51665809	传真	010-82151156		
	注册地址	北京市海淀区中关村东路1号院C座18层1802室				
	行业分类	冯国强				

	指标\报告期	2013.06.30	2012.12.31	2011.12.31
主要财务指标	营业收入(元)	21,728,316.30	39,352,582.00	14,372,209.00
	营业利润(元)	1,281,228.66	4,741,717.67	677,729.54
	净利润(元)	1,010,726.02	4,558,890.86	702,051.37
	未分配利润(元)	892,600.20	356,284.34	-4,163,019.38
	总资产(元)	120,718,657.09	34,660,209.08	14,315,228.85
	总负债(元)	98,812,059.59	13,764,337.60	8,478,248.23
	净资产(元)	21,906,597.50	20,895,871.48	5,836,980.62
	每股收益(元)	0.05	0.22	0.07
	每股净资产(元)	1.07	1.02	0.58
	净资产收益率(%)	4.61	21.82	12.03

上海易所试网络信息技术股份有限公司

公司概况	公司名称	上海易所试网络信息技术股份有限公司			股份名称	易所试
	法人代表	章源	董秘	张万翔	股份代码	430309
	公司网址	www.liketry.com	主办券商	齐鲁证券有限公司		
	电话	021-31106311	传真	021-31106276		
	注册地址	上海市虹口区纪念路500号1幢430室				
	行业分类	租赁和商务服务业				

	指标\报告期	2013.06.30	2012.12.31	2011.12.31
主要财务指标	营业收入(元)	20,142,424.30	32,212,303.32	25,694,263.85
	营业利润(元)	-611,311.05	2,281,687.86	1,780,421.81
	净利润(元)	-342,111.05	1,951,230.72	1,625,339.89
	未分配利润(元)	-142,581.34	199,529.71	-16,989.29
	总资产(元)	38,295,699.90	30,158,448.44	15,253,620.45
	总负债(元)	18,648,393.77	10,169,031.26	14,215,433.99
	净资产(元)	19,647,306.13	19,989,417.18	1,038,186.46
	每股收益(元)	-0.03	0.40	3.25
	每股净资产(元)	1.96	2.00	2.08
	净资产收益率(%)	-1.74	9.76	156.56

博易智软(北京)技术股份有限公司

公司概况	公司名称	博易智软(北京)技术股份有限公司			股份名称	博易股份
	法人代表	李凯	董秘	张忻	股份代码	430310
	公司网址	www.bi-soft.com	主办券商	方正证券股份有限公司		
	电话	010-68177808	传真	010-68177808		
	注册地址	北京市海淀区复兴路乙24号4层401室				
	行业分类	信息传输、软件和信息技术服务业				

	指标\报告期	2013.06.30	2012.12.31	2011.12.31
主要财务指标	营业收入(元)	8,584,732.18	9,660,966.69	2,609,231.37
	营业利润(元)	1,338,355.08	587,282.61	-415,882.62
	净利润(元)	1,074,311.19	126,961.18	-257,546.93
	未分配利润(元)	256,390.14	-2,314,237.04	-2,441,198.22
	总资产(元)	12,651,038.88	14,418,195.71	11,075,872.50
	总负债(元)	844,203.33	4,060,671.35	1,335,309.32
	净资产(元)	11,806,835.55	10,357,524.36	9,740,563.18
	每股收益(元)	0.10	0.01	-0.02
	每股净资产(元)	1.07	0.94	0.80
	净资产收益率(%)	9.10	1.23	-2.64

北京达美盛软件股份有限公司

公司概况	公司名称	北京达美盛软件股份有限公司			股份名称	达美盛
	法人代表	李艳松	董秘	兰斌	股份代码	430311
	公司网址	www.dms365.com	主办券商	恒泰证券股份有限公司		
	电话	010-58858105	传真	010-82784328		
	注册地址	北京市海淀区上地三街9号B座B1001室				
	行业分类	信息传输、软件和信息技术服务业				

	指标\报告期	2013.06.30	2012.12.31	2011.12.31
主要财务指标	营业收入(元)	14,043,239.87	29,495,312.15	12,664,611.96
	营业利润(元)	-1,881,867.27	4,198,568.68	2,522,308.59
	净利润(元)	-1,338,747.14	4,913,591.55	2,548,392.52
	未分配利润(元)	3,173,953.09	4,512,700.23	2,223,020.93
	总资产(元)	13,901,640.65	15,940,140.77	9,322,017.80
	总负债(元)	2,856,772.98	3,556,525.96	3,351,994.54
	净资产(元)	11,044,867.67	12,383,614.81	5,970,023.26
	每股收益(元)	-0.19	0.70	0.36
	每股净资产(元)	1.58	1.77	0.85
	净资产收益率(%)	-12.12	39.68	42.69

天津伟力盛世节能科技股份有限公司

公司概况	公司名称	天津伟力盛世节能科技股份有限公司		股份名称	伟力盛世
	法人代表	路海涛	董秘	孙也牧	股份代码	430312
	公司网址	www.vlspirit.com	主办券商	招商证券股份有限公司	
	电话	022-23707791	传真	022-58627335	
	注册地址	天津市滨海高新区华苑产业区榕苑路15号1-B-604			
	行业分类	科学研究和技术服务业			

主要财务指标	指标\报告期	2013.06.30	2012.12.31	2011.12.31
	营业收入(元)	12,125,185.03	7,875,019.38	961,861.86
	营业利润(元)	99,446.38	927,388.20	-568,884.55
	净利润(元)	13,119.48	896,794.73	-528,371.12
	未分配利润(元)	47,565.63	34,446.15	-723,470.74
	总资产(元)	45,026,405.96	33,529,072.42	9,307,050.24
	总负债(元)	31,697,174.85	20,212,960.79	5,030,520.98
	净资产(元)	13,329,231.11	13,316,111.63	4,276,529.26
	每股收益(元)	0.00	0.11	-0.11
	每股净资产(元)	1.01	1.01	0.86
	净资产收益率(%)	0.10	6.74	-12.36

北京国创富盛通信股份有限公司

公司概况	公司名称	北京国创富盛通信股份有限公司			股份名称	国创富盛
	法人代表	龙峻	董秘		股份代码	430313
	公司网址	www.sinoix.com	主办券商	东海证券股份有限公司		
	电话	010-84186659	传真	010-84186656		
	注册地址	北京市海淀区学院南路66号西侧20米6层东半部611室				
	行业分类	信息传输、软件和信息技术服务业				

主要财务指标	指标\报告期	2013.06.30	2012.12.31	2011.12.31
	营业收入(元)	75,358,444.69	154,448,270.67	130,362,348.44
	营业利润(元)	97,442.70	26,923,656.13	29,647,736.56
	净利润(元)	1,529,256.73	22,310,090.09	25,044,050.94
	未分配利润(元)	25,368,991.93	24,244,709.20	3,909,838.54
	总资产(元)	150,980,658.37	161,147,509.17	134,891,735.69
	总负债(元)	14,362,722.81	26,158,830.34	23,085,146.95
	净资产(元)	136,617,935.56	134,988,678.83	111,806,588.74
	每股收益(元)	0.03	0.37	0.42
	每股净资产(元)	2.26	2.24	1.86
	净资产收益率(%)	1.20	16.63	22.40

北京北化新橡特种材料科技股份有限公司

公司概况	公司名称	北京北化新橡特种材料科技股份有限公司			股份名称	新橡科技
	法人代表	张永丽	董秘	宋玮娜	股份代码	430314
	公司网址	www.bhxxpt.com	主办券商	招商证券股份有限公司		
	电话	010-64439746	传真	010-64439746-801		
	注册地址	北京市朝阳区酒仙桥路乙21号225号				
	行业分类	制造业				

主要财务指标	指标\报告期	2013.06.30	2012.12.31	2011.12.31
	营业收入(元)	27,273,084.65	56,072,728.94	55,766,154.98
	营业利润(元)	1,199,867.33	2,527,969.70	2,000,725.12
	净利润(元)	1,118,552.06	2,399,406.81	1,610,013.40
	未分配利润(元)	1,120,932.94	8,974,572.81	6,815,151.61
	总资产(元)	28,850,053.20	31,574,610.96	26,463,319.95
	总负债(元)	10,566,437.48	14,412,377.50	16,167,990.44
	净资产(元)	18,283,615.72	17,162,233.46	10,295,329.51
	每股收益(元)	0.07	0.45	0.54
	每股净资产(元)	1.22	2.45	3.43
	净资产收益率(%)	6.12	13.98	15.64

武汉众联信息技术股份有限公司

公司概况	公司名称	武汉众联信息技术股份有限公司			股份名称	众联信息
	法人代表	戴雪琼	董秘	唐元恺	股份代码	430315
	公司网址	www.freesoft.net.cn	主办券商	广发证券股份有限公司		
	电话	027-82666665	传真	027-82666665-9		
	注册地址	湖北省武汉市洪山区珞瑜路1037号				
	行业分类	信息传输、软件和信息技术服务业				

主要财务指标	指标\报告期	2013.06.30	2012.12.31	2011.12.31
	营业收入(元)	3,526,052.25	10,635,653.29	5,639,225.29
	营业利润(元)	-72,883.44	2,350,545.37	-18,328.05
	净利润(元)	141,075.33	2,152,284.07	-20,548.29
	未分配利润(元)	160,470.63	19,395.30	1,089,327.68
	总资产(元)	6,025,006.10	6,707,361.29	4,258,295.81
	总负债(元)	518,999.47	1,342,429.99	1,045,648.58
	净资产(元)	5,506,006.63	5,364,931.30	3,212,647.23
	每股收益(元)	0.03	0.41	-0.01
	每股净资产(元)	1.04	1.01	1.61
	净资产收益率(%)	2.56	40.12	-0.64

上海巨灵信息技术股份有限公司

公司概况	公司名称	上海巨灵信息技术股份有限公司		股份名称	巨灵信息	
	法人代表	王新桥	董秘	曹晔	股份代码	430316
	公司网址	www.julinginfo.com	主办券商	华林证券有限责任公司		
	电　话	021-56975844-8036	传　真	021-56975844-8002		
	注册地址	上海市徐汇区乐山路 33 号 510 室				
	行业分类	信息传输、软件和信息技术服务业				

	指标\报告期	2013.06.30	2012.12.31	2011.12.31
主要财务指标	营业收入(元)	2,170,763.56	–	–
	营业利润(元)	–268,241.81	–	–
	净利润(元)	166,068.52	–	–
	未分配利润(元)	240,855.72	–	–
	总资产(元)	7,574,452.55	–	–
	总负债(元)	412,387.11	820,555.13	–
	净资产(元)	7,162,065.44	6,921,209.72	–
	每股收益(元)	0.03	0.64	–
	每股净资产(元)	1.43	1.38	–
	净资产收益率(%)	2.32	46.25	–

北京日升天信科技股份有限公司

公司概况	公司名称	北京日升天信科技股份有限公司		股份名称	日升天信	
	法人代表	方伟	董秘	张学静	股份代码	430317
	公司网址	www.suninfo.com.cn	主办券商	国信证券股份有限公司		
	电　话	010-85885830	传　真	010-85885834		
	注册地址	北京市东城区后永康胡同 17 号 1-758A				
	行业分类	信息传输、软件和信息技术服务业				

	指标\报告期	2013.06.30	2012.12.31	2011.12.31
主要财务指标	营业收入(元)	50,831,388.82	77,093,024.06	54,496,077.99
	营业利润(元)	2,496,206.30	5,179,184.43	4,933,521.29
	净利润(元)	2,148,850.36	4,287,494.29	3,579,185.65
	未分配利润(元)	2,072,234.59	138,269.27	–2,986,789.68
	总资产(元)	46,280,431.71	37,530,075.05	31,191,862.48
	总负债(元)	32,830,876.74	26,229,370.44	24,178,652.16
	净资产(元)	13,449,554.97	11,300,704.61	7,013,210.32
	每股收益(元)	0.21	0.43	0.36
	每股净资产(元)	1.34	1.13	0.70
	净资产收益率(%)	15.98	37.94	51.04

上海四维文化传媒股份有限公司

公司概况	公司名称	上海四维文化传媒股份有限公司		股份名称	四维传媒	
	法人代表	罗险峰	董秘	唐洁	股份代码	430318
	公司网址	www.4space-china.com	主办券商	齐鲁证券有限公司		
	电　话	021-53850355	传　真	021-53850800		
	注册地址	上海市杨浦区黄兴路 2005 弄 2 号 410-1 室				
	行业分类	文化、体育和娱乐业				

	指标\报告期	2013.06.30	2012.12.31	2011.12.31
主要财务指标	营业收入(元)	–	222,127,743.66	190,937,127.45
	营业利润(元)	–	35,043,127.44	34,903,502.70
	净利润(元)	–	32,992,371.18	29,240,938.67
	未分配利润(元)	–	57,339,447.92	26,851,390.85
	总资产(元)	–	366,214,246.36	274,762,065.41
	总负债(元)	–	220,268,977.39	161,809,167.62
	净资产(元)	–	145,945,268.97	112,952,897.79
	每股收益(元)	–	0.73	0.65
	每股净资产(元)	–	3.24	2.51
	净资产收益率(%)	–	22.61	25.89

上海欧萨评价咨询股份有限公司

公司概况	公司名称	上海欧萨评价咨询股份有限公司		股份名称	欧萨咨询	
	法人代表	王小兵	董秘	陈洁	股份代码	430319
	公司网址	www.ohsa.com.cn	主办券商	光大证券股份有限公司		
	电　话	021-55217751	传　真	021-55210562		
	注册地址	上海市杨浦区赤峰路 63 号 24 幢 202 室				
	行业分类	科学研究和技术服务业				

	指标\报告期	2013.06.30	2012.12.31	2011.12.31
主要财务指标	营业收入(元)	19,049,288.91	38,621,981.85	25,339,875.81
	营业利润(元)	267,297.45	1,726,745.46	792,188.86
	净利润(元)	1,770,154.00	1,570,312.37	444,939.65
	未分配利润(元)	637,435.90	14,806,981.91	13,522,286.97
	总资产(元)	39,232,675.47	27,187,101.87	24,174,657.73
	总负债(元)	9,656,891.94	9,781,472.34	8,939,340.57
	净资产(元)	29,575,783.53	17,405,629.53	15,235,317.16
	每股收益(元)	0.10	1.24	0.63
	每股净资产(元)	1.56	13.14	12.56
	净资产收益率(%)	6.11	9.41	4.99

武汉江扬环境科技股份有限公司

公司概况	公司名称	武汉江扬环境科技股份有限公司		股份名称	江扬环境
	法人代表	朱跃军	董秘	周文	股份代码	430320
	公司网址	www.jiangyang-watertech.com		主办券商	长江证券股份有限公司
	电　话	027-87157775		传　真	027-87028376
	注册地址	武汉市江夏区郑店黄金工业园			
	行业分类	水利、环境和公共设施管理业			

主要财务指标	指标\报告期	2013.06.30	2012.12.31	2011.12.31
	营业收入(元)	–	144,917,405.70	140,374,000.35
	营业利润(元)	–	14,681,107.53	20,019,906.76
	净利润(元)	–	13,253,793.20	17,325,638.60
	未分配利润(元)	–	40,194,633.04	28,928,908.82
	总资产(元)	–	194,656,407.33	144,369,596.93
	总负债(元)	–	116,215,193.19	79,182,175.99
	净资产(元)	–	78,441,214.14	65,187,420.94
	每股收益(元)	–	0.43	0.57
	每股净资产(元)	–	2.56	2.13
	净资产收益率(%)	–	16.90	26.58

北京博德世达石油技术股份有限公司

公司概况	公司名称	北京博德世达石油技术股份有限公司		股份名称	博德石油
	法人代表	蔡万伟	董秘	王明皓	股份代码	430321
	公司网址	www.petrostaroil.com		主办券商	申银万国证券股份有限公司
	电　话	010-57325829		传　真	010-57325829-802
	注册地址	北京市昌平区科技园区超前路甲一号6号楼201室			
	行业分类	采矿业			

主要财务指标	指标\报告期	2013.06.30	2012.12.31	2011.12.31
	营业收入(元)	–	18,495,738.67	17,123,622.53
	营业利润(元)	–	1,565,108.83	802,645.83
	净利润(元)	–	1,337,526.18	542,778.57
	未分配利润(元)	–	982,770.14	–266,163.45
	总资产(元)	–	28,421,375.67	20,369,076.08
	总负债(元)	–	16,176,722.52	9,461,949.11
	净资产(元)	–	12,244,653.15	10,907,126.97
	每股收益(元)	–	0.14	0.06
	每股净资产(元)	–	1.11	0.97
	净资产收益率(%)	–	12.33	5.85

智合新天(北京)传媒广告股份有限公司

公司概况	公司名称	智合新天(北京)传媒广告股份有限公司		股份名称	智合新天
	法人代表	郭宁	董秘	陈秀梅	股份代码	430322
	公司网址	www.newskyunion.com		主办券商	长江证券股份有限公司
	电　话	010-64775227		传　真	010-64775227-8006
	注册地址	北京市东城区后永康胡同17号1-782A室			
	行业分类	租赁和商务服务业			

主要财务指标	指标\报告期	2013.06.30	2012.12.31	2011.12.31
	营业收入(元)	–	41,829,736.85	46,730,871.00
	营业利润(元)	–	3,448,799.52	–221,875.43
	净利润(元)	–	2,573,758.96	–196,368.13
	未分配利润(元)	–	1,110,419.49	–1,339,959.53
	总资产(元)	–	18,516,649.57	12,772,377.16
	总负债(元)	–	15,282,850.14	12,112,336.69
	净资产(元)	–	3,233,799.43	660,040.47
	每股收益(元)	–	1.29	–0.10
	每股净资产(元)	–	1.62	0.33
	净资产收益率(%)	–	79.59	–29.75

北京世贸天阶生物科技股份有限公司

公司概况	公司名称	北京世贸天阶生物科技股份有限公司		股份名称	天阶生物
	法人代表	雷文英	董秘	王虹冰	股份代码	430323
	公司网址	www.tjyyjt.com		主办券商	齐鲁证券有限公司
	电　话	010-65913161		传　真	010-65015567
	注册地址	北京市朝阳区望京利泽东二路1号			
	行业分类	制造业			

主要财务指标	指标\报告期	2013.06.30	2012.12.31	2011.12.31
	营业收入(元)	–	35,114,926.19	
	营业利润(元)	–	–3,516,745.15	–2,502,539.72
	净利润(元)	–	–3,527,246.11	–2,502,539.72
	未分配利润(元)	–	–10,967,123.51	–7,635,098.31
	总资产(元)	–	139,027,907.68	82,012,224.99
	总负债(元)	–	68,642,639.88	26,259,711.08
	净资产(元)	–	70,385,267.80	55,752,513.91
	每股收益(元)	–	–0.06	–0.06
	每股净资产(元)	–	1.13	0.97
	净资产收益率(%)	–	–4.80	–4.27

上海致远绿色能源股份有限公司

公司概况	公司名称	上海致远绿色能源股份有限公司		股份名称	上海致远	
	法人代表	李锋	董秘	俞卫	股份代码	430324
	公司网址	www.ghrepower.com	主办券商	海通证券股份有限公司		
	电　话	021-37832332-870	传　真	021-37832332-870		
	注册地址	上海市松江区车墩镇留业路202号				
	行业分类	制造业				

主要财务指标	指标\报告期	2013.06.30	2012.12.31	2011.12.31
	营业收入(元)	–	68,771,296.18	88,084,447.38
	营业利润(元)	–	3,024,351.27	6,149,747.45
	净利润(元)	–	3,071,105.69	6,390,149.56
	未分配利润(元)	–	–9,281,143.53	–12,732,323.20
	总资产(元)	–	179,661,895.25	172,900,270.46
	总负债(元)	–	130,081,514.49	126,859,990.02
	净资产(元)	–	49,580,380.76	46,040,280.44
	每股收益(元)	–	0.07	0.14
	每股净资产(元)	–	0.96	0.90
	净资产收益率(%)	–	7.20	15.17

北京精英智通科技股份有限公司

公司概况	公司名称	北京精英智通科技股份有限公司		股份名称	精英智通	
	法人代表	曾文	董秘	韩薇	股份代码	430325
	公司网址	www.jaya.cc	主办券商	广发证券股份有限公司		
	电　话	010-88864122	传　真	010-88864177		
	注册地址	北京市海淀区蓝靛厂金源时代购物中心B区2#B座905				
	行业分类	北京市海淀区蓝靛厂金源时代购物中心B区2#B座905				

主要财务指标	指标\报告期	2013.06.30	2012.12.31	2011.12.31
	营业收入(元)	–	90,808,330.83	70,242,550.58
	营业利润(元)	–	17,256,553.21	15,240,380.16
	净利润(元)	–	14,428,753.15	14,049,016.59
	未分配利润(元)	–	27,693,302.12	13,789,015.49
	总资产(元)	–	102,963,147.40	64,834,534.32
	总负债(元)	–	45,660,972.06	34,135,412.13
	净资产(元)	–	57,302,175.34	30,699,122.19
	每股收益(元)	–	1.14	1.42
	每股净资产(元)	–	4.20	2.67
	净资产收益率(%)	–	26.64	46.61

武汉希文科技股份有限公司

公司概况	公司名称	武汉希文科技股份有限公司		股份名称	希文科技	
	法人代表	张建军	董秘	鞠林涛	股份代码	430326
	公司网址	www.xw-china.com	主办券商	中信证券股份有限公司		
	电　话	027-87401885	传　真	027-87401885		
	注册地址	武汉市东湖开发区关东科技工业园七号地块7-4-505				
	行业分类	制造业				

主要财务指标	指标\报告期	2013.06.30	2012.12.31	2011.12.31
	营业收入(元)	–	10,033,969.36	8,188,922.74
	营业利润(元)	–	982,554.33	22,645.37
	净利润(元)	–	817,854.19	32,528.19
	未分配利润(元)	–	493,416.39	–269,613.76
	总资产(元)	–	11,328,682.38	9,999,928.55
	总负债(元)	–	780,441.95	269,542.31
	净资产(元)	–	10,548,240.43	9,730,386.24
	每股收益(元)	–	0.08	0.00
	每股净资产(元)	–	1.05	0.97
	净资产收益率(%)	–	7.75	0.33

北京元工国际科技股份有限公司

公司概况	公司名称	北京元工国际科技股份有限公司		股份名称	元工国际	
	法人代表	丁德宇	董秘	董孝虎	股份代码	430327
	公司网址	www.intmes.com	主办券商	申银万国证券股份有限公司		
	电　话	010-82345377	传　真	010-82345377		
	注册地址	北京市海淀区上地信息路12号D103				
	行业分类	信息传输、软件和信息技术服务业				

主要财务指标	指标\报告期	2013.06.30	2012.12.31	2011.12.31
	营业收入(元)	–	7,563,614.89	2,946,351.88
	营业利润(元)	–	1,215,549.73	–102,497.90
	净利润(元)	–	1,010,664.03	–129,123.85
	未分配利润(元)	–	628,583.36	–312,238.07
	总资产(元)	–	11,750,400.36	1,917,652.59
	总负债(元)	–	1,051,974.40	1,229,890.66
	净资产(元)	–	10,698,425.96	687,761.93
	每股收益(元)	–	0.18	–0.13
	每股净资产(元)	–	1.07	0.69
	净资产收益率(%)	–	9.45	–18.78

北京锦鸿希电信息技术股份有限公司

公司概况

公司名称	北京锦鸿希电信息技术股份有限公司			股份名称	北京希电
法人代表	曾春平	董秘	李欣	股份代码	430328
公司网址	www.chinaxidian.com	主办券商	申银万国证券股份有限公司		
电话		传真			
注册地址	北京市丰台区科学城中核路1号院01号楼4-5层				
行业分类	制造业				

主要财务指标

指标\报告期	2013.06.30	2012.12.31	2011.12.31
营业收入(元)	–	56,699,915.60	37,900,426.45
营业利润(元)	–	-4,552,717.07	-14,993,540.51
净利润(元)	–	776,937.11	-7,133,733.24
未分配利润(元)	–	-6,272,256.03	-7,049,193.14
总资产(元)	–	96,553,808.18	70,975,519.80
总负债(元)	–	61,236,457.67	36,435,106.40
净资产(元)	–	35,317,350.51	34,540,413.40
每股收益(元)	–	0.03	-0.24
每股净资产(元)	–	1.18	1.15
净资产收益率(%)	–	2.20	-20.65

上海百林通信网络科技服务股份有限公司

公司概况

公司名称	上海百林通信网络科技服务股份有限公司			股份名称	百林通信
法人代表	魏敏	董秘	王丹琳	股份代码	430329
公司网址	www.bynear.com	主办券商	广发证券股份有限公司		
电话	021-51314328	传真	021-51314328		
注册地址	上海市张江高科技园区郭守敬路498号14幢22501-22511、22502-22512室				
行业分类	信息传输、软件和信息技术服务业				

主要财务指标

指标\报告期	2013.06.30	2012.12.31	2011.12.31
营业收入(元)	–	24,744,505.27	21,837,951.14
营业利润(元)	–	545,103.68	309,796.01
净利润(元)	–	820,604.28	486,638.66
未分配利润(元)	–	-2,641,499.96	-3,462,104.24
总资产(元)	–	30,101,533.75	26,342,200.69
总负债(元)	–	12,964,333.71	10,025,604.93
净资产(元)	–	17,137,200.04	16,316,595.76
每股收益(元)	–	0.05	0.03
每股净资产(元)	–	1.07	1.02
净资产收益率(%)	–	4.79	2.98

北京捷世智通科技股份有限公司

公司概况

公司名称	北京捷世智通科技股份有限公司			股份名称	捷世智通
法人代表	胡波	董秘	庄毅	股份代码	430330
公司网址	www.icpc.cn	主办券商	长城证券有限责任公司		
电话	010-63753773	传真	010-63753952-166、187		
注册地址	北京市丰台区南四环西路188号十六区20号楼10层				
行业分类	信息传输、软件和信息技术服务业				

主要财务指标

指标\报告期	2013.06.30	2012.12.31	2011.12.31
营业收入(元)	–	75,177,672.85	62,773,942.79
营业利润(元)	–	5,502,962.38	4,107,879.91
净利润(元)	–	5,446,987.34	4,552,112.99
未分配利润(元)	–	26,509,169.27	21,340,168.19
总资产(元)	–	83,517,818.05	74,820,573.74
总负债(元)	–	11,679,977.70	8,443,250.48
净资产(元)	–	71,837,840.35	66,377,323.26
每股收益(元)	–	0.14	0.12
每股净资产(元)	–	1.89	1.75
净资产收益率(%)	–	7.58	6.86

天津开发区中环系统电子工程股份有限公司

公司概况

公司名称	天津开发区中环系统电子工程股份有限公司			股份名称	中环系统
法人代表	潘杰	董秘	王艳	股份代码	430331
公司网址	www.tjzh.com.cn	主办券商	申银万国证券股份有限公司		
电话	022-28132064	传真	022-28138200		
注册地址	天津开发区第六大街110号(天润科技园A-507)				
行业分类	信息传输、软件和信息技术服务业				

主要财务指标

指标\报告期	2013.06.30	2012.12.31	2011.12.31
营业收入(元)	–	25,821,646.11	23,717,698.87
营业利润(元)	–	634,053.73	958,222.85
净利润(元)	–	451,844.07	709,243.19
未分配利润(元)	–	3,094,097.73	2,687,438.07
总资产(元)	–	23,625,881.51	19,172,705.68
总负债(元)	–	10,415,675.05	6,414,343.29
净资产(元)	–	13,210,206.46	12,758,362.39
每股收益(元)	–	0.05	0.07
每股净资产(元)	–	1.32	1.28
净资产收益率(%)	–	3.42	5.56

湖北安华智能股份公司

公司概况	公司名称	湖北安华智能股份公司			股份名称	安华智能
	法人代表	杨剑波	董秘	邓阳光	股份代码	430332
	公司网址	www.wh-anhua.com		主办券商	长江证券股份有限公司	
	电　话	027-82860648		传　真	027-82863807	
	注册地址	湖北省武汉市江岸区后湖街石桥一路5号4栋3层				
	行业分类	信息传输、软件和信息技术服务业				

	指标\报告期	2013.06.30	2012.12.31	2011.12.31
主要财务指标	营业收入(元)	49,091,949.54	82,349,169.13	22,574,025.35
	营业利润(元)	2,986,336.54	4,094,663.38	306,408.81
	净利润(元)	2,213,739.39	3,206,894.73	24,233.48
	未分配利润(元)	2,704,832.88	4,486,623.44	1,612,311.02
	总资产(元)	74,156,759.31	77,623,209.24	83,528,210.98
	总负债(元)	17,944,981.11	37,435,170.43	46,547,066.90
	净资产(元)	56,211,778.20	40,188,038.81	36,981,144.08
	每股收益(元)	0.05	0.09	0.00
	每股净资产(元)	1.37	1.14	1.05
	净资产收益率(%)	3.95	7.98	0.07

普康迪(北京)数码科技股份有限公司

公司概况	公司名称	普康迪(北京)数码科技股份有限公司			股份名称	普康迪
	法人代表	郭云霞	董秘	朴剑平	股份代码	430333
	公司网址	www.chinapcd.com		主办券商	东兴证券股份有限公司	
	电　话	010-51626870		传　真	010-51626871	
	注册地址	北京市昌平区科技园区超前路37号6号楼4层1225				
	行业分类	信息传输、软件和信息技术服务业				

	指标\报告期	2013.06.30	2012.12.31	2011.12.31
主要财务指标	营业收入(元)	–	15,067,150.26	10,468,687.47
	营业利润(元)	–	2,217,267.85	–896,057.84
	净利润(元)	–	2,152,564.75	–923,905.80
	未分配利润(元)	–	2,434,301.65	1,471,185.27
	总资产(元)	–	12,010,307.80	8,994,946.11
	总负债(元)	–	3,131,609.00	1,968,812.06
	净资产(元)	–	8,878,698.80	7,026,134.05
	每股收益(元)	–	0.43	–0.18
	每股净资产(元)	–	1.78	1.41
	净资产收益率(%)	–	24.24	–13.15

北京天润康隆科技股份有限公司

公司概况	公司名称	北京天润康隆科技股份有限公司			股份名称	天润康隆
	法人代表	苗永康	董秘	谢惠丽	股份代码	430342
	公司网址	www.bj-trkl.com		主办券商	浙商证券股份有限公司	
	电　话	010-58937568		传　真	010-58937569	
	注册地址	北京市海淀区丰慧中路7号新材料创业大厦4层411				
	行业分类	制造业				

	指标\报告期	2013.06.30	2012.12.31	2011.12.31
主要财务指标	营业收入(元)	–	25,113,197.35	22,225,103.79
	营业利润(元)	–	1,370,664.99	1,712,793.35
	净利润(元)	–	1,804,138.71	1,931,926.49
	未分配利润(元)	–	3,802,667.46	3,895,223.52
	总资产(元)	–	42,637,928.55	36,893,814.73
	总负债(元)	–	30,148,403.52	20,208,428.41
	净资产(元)	–	12,489,525.03	16,685,386.32
	每股收益(元)	–	0.22	0.33
	每股净资产(元)	–	1.52	2.61
	净资产收益率(%)	–	14.45	11.58

优网科技(上海)股份有限公司

公司概况	公司名称	优网科技(上海)股份有限公司			股份名称	优网科技
	法人代表	马建功	董秘	勇永	股份代码	430343
	公司网址	www.uvision.com.cn		主办券商	中信建投证券股份有限公司	
	电　话	021-33680350		传　真	021-58355241	
	注册地址	上海市控江路1555号A座409室-7				
	行业分类	信息传输、软件和信息技术服务业				

	指标\报告期	2013.06.30	2012.12.31	2011.12.31
主要财务指标	营业收入(元)	–	38,072,579.79	22,714,852.93
	营业利润(元)	–	2,408,551.68	3,243,567.82
	净利润(元)	–	2,273,685.49	2,411,833.26
	未分配利润(元)	–	2,333,142.52	286,825.58
	总资产(元)	–	20,754,443.41	14,804,270.52
	总负债(元)	–	12,719,989.51	9,043,502.11
	净资产(元)	–	8,034,453.90	5,760,768.41
	每股收益(元)	–	0.45	0.48
	每股净资产(元)	–	1.61	1.15
	净资产收益率(%)	–	28.30	41.87

上海鼎晖科技股份有限公司

公司概况	公司名称	上海鼎晖科技股份有限公司		股份名称	鼎晖科技	
	法人代表	李建胜	董秘	王岑岑	股份代码	430344
	公司网址	www.ledtoplight.net		主办券商	申银万国证券股份有限公司	
	电　话	021-53084000		传　　真	021-53084333	
	注册地址	上海市青浦区华纺路 69 号 3 幢 3 层 D 区 356 室				
	行业分类	制造业				

	指标＼报告期	2013.06.30	2012.12.31	2011.12.31
主要财务指标	营业收入(元)	–	51,358,531.94	42,540,622.10
	营业利润(元)	–	1,824,451.08	1,484,971.91
	净利润(元)	–	2,705,348.00	3,476,260.35
	未分配利润(元)	–	18,638,822.72	16,170,132.61
	总资产(元)	–	41,592,186.12	37,597,436.78
	总负债(元)	–	15,431,685.57	14,406,386.51
	净资产(元)	–	26,160,500.55	23,191,050.27
	每股收益(元)	–	0.55	0.70
	每股净资产(元)	–	5.19	4.64
	净资产收益率(%)	–	10.59	14.99

上海天呈医流科技股份有限公司

公司概况	公司名称	上海天呈医流科技股份有限公司		股份名称	天呈医流	
	法人代表	邓志龙	董秘	王迪	股份代码	430345
	公司网址	www.e1617.com		主办券商	东方花旗证券有限公司	
	电　话	021-51083677		传　　真	021-51816400	
	注册地址	上海市杨浦区翔殷路 128 号 1 号楼 B 座 310 室				
	行业分类	信息传输、软件和信息技术服务业				

	指标＼报告期	2013.06.30	2012.12.31	2011.12.31
主要财务指标	营业收入(元)	–	21,527,134.30	21,864,354.90
	营业利润(元)	–	-990,258.29	-333,185.18
	净利润(元)	–	340,097.95	-278,310.80
	未分配利润(元)	–	86,042.21	-238,117.70
	总资产(元)	–	11,425,456.88	12,297,695.00
	总负债(元)	–	4,831,242.25	5,543,578.32
	净资产(元)	–	6,594,214.63	6,754,116.68
	每股收益(元)	–	0.06	-0.06
	每股净资产(元)	–	1.09	1.12
	净资产收益率(%)	–	5.26	-4.11

哇棒(北京)国际传媒股份有限公

公司概况	公司名称	哇棒(北京)国际传媒股份有限公		股份名称	哇棒传媒	
	法人代表	姬长伟	董秘	常小可	股份代码	430346
	公司网址	www.wooboo.com.cn		主办券商	东北证券股份有限公	
	电　话	010-64096688		传　　真	010-64096706	
	注册地址	北京市东城区后永康胡同 17 号 1-862A 室				
	行业分类	信息传输、软件和信息技术服务业				

	指标＼报告期	2013.06.30	2012.12.31	2011.12.31
主要财务指标	营业收入(元)	–	13,755,497.77	12,725,603.00
	营业利润(元)	–	4,592,556.35	-507,809.36
	净利润(元)	–	3,770,887.83	-566,307.43
	未分配利润(元)	–	-1,591,268.98	-5,362,156.81
	总资产(元)	–	10,722,666.79	4,134,973.29
	总负债(元)	–	2,313,935.77	4,497,130.10
	净资产(元)	–	8,408,731.02	-362,156.81
	每股收益(元)	–	0.55	-0.11
	每股净资产(元)	–	1.22	-0.07
	净资产收益率(%)	–	44.85	–

武汉地大信息工程股份有限公司

公司概况	公司名称	武汉地大信息工程股份有限公司		股份名称	地大信息	
	法人代表	马维峰	董秘	唐湘丹	股份代码	430347
	公司网址	www.infoearth.com		主办券商	西部证券股份有限公司	
	电　话	027-59808865-8010		传　　真	027-59808866	
	注册地址	湖北省武汉市东湖开发区光谷软件园一期以西、南湖南路以南光谷软件园六期 1 幢 3 层 103 号				
	行业分类	信息传输、软件和信息技术服务业				

	指标＼报告期	2013.06.30	2012.12.31	2011.12.31
主要财务指标	营业收入(元)	–	4,485,947.69	3,506,245.50
	营业利润(元)	–	296,237.34	256,394.74
	净利润(元)	–	371,853.17	312,337.79
	未分配利润(元)	–	551,932.47	217,264.62
	总资产(元)	–	16,176,481.12	13,059,773.13
	总负债(元)	–	5,413,222.82	2,668,368.00
	净资产(元)	–	10,763,258.30	10,391,405.13
	每股收益(元)	–	0.04	0.03
	每股净资产(元)	–	1.07	1.03
	净资产收益率(%)	–	3.46	3.01

北京瑞斯福高新科技股份有限公司

公司概况	公司名称	北京瑞斯福高新科技股份有限公司			股份名称	瑞斯福
	法人代表	邹怀森	董秘	帕提玛	股份代码	430348
	公司网址	www.bjrsftech.com		主办券商	国信证券股份有限公司	
	电　话	010-80726010-0		传　真	010-80726127	
	注册地址	北京市昌平区科技园区白浮泉路10号北控科技大厦1006B				
	行业分类	制造业				

	指标\报告期	2013.06.30	2012.12.31	2011.12.31
主要财务指标	营业收入(元)	-	149,620,041.63	162,877,061.27
	营业利润(元)	-	8,485,379.47	7,037,759.39
	净利润(元)	-	7,108,153.39	9,759,851.67
	未分配利润(元)	-	20,880,676.95	14,483,338.90
	总资产(元)	-	222,037,766.52	208,356,615.72
	总负债(元)	-	183,429,507.97	176,856,510.56
	净资产(元)	-	38,608,258.55	31,500,105.16
	每股收益(元)	-	0.59	0.81
	每股净资产(元)	-	3.22	2.63
	净资产收益率(%)	-	18.41	30.98

上海安威士科技股份有限公司

公司概况	公司名称	上海安威士科技股份有限公司			股份名称	安威士
	法人代表	仇成林	董秘	管文建	股份代码	430349
	公司网址	www.anviz.com		主办券商	国信证券股份有限公司	
	电　话	021-54833433		传　真	021-54831400	
	注册地址	上海市闵行区金都路4289号6201室				
	行业分类	制造业				

	指标\报告期	2013.06.30	2012.12.31	2011.12.31
主要财务指标	营业收入(元)	-	33,966,569.24	25,427,536.81
	营业利润(元)	-	1,214,958.74	457,681.60
	净利润(元)	-	1,545,328.27	704,034.98
	未分配利润(元)	-	2,218,254.14	859,401.62
	总资产(元)	-	21,812,553.91	19,544,052.22
	总负债(元)	-	11,827,673.89	11,104,500.47
	净资产(元)	-	9,984,880.02	8,439,551.75
	每股收益(元)	-	0.31	0.14
	每股净资产(元)	-	2.00	1.69
	净资产收益率(%)	-	15.48	8.34

武汉万德智新科技股份有限公司

公司概况	公司名称	武汉万德智新科技股份有限公司			股份名称	万德智新
	法人代表	屈又宝	董秘	夏莉萍	股份代码	430350
	公司网址	www.wondnet.com		主办券商	国泰君安证券股份有限公司	
	电　话	027-87888759		传　真	027-87886119	
	注册地址	湖北省武汉市洪山区青菱都市工业园青菱河路18号1-112号				
	行业分类	科学研究和技术服务业				

	指标\报告期	2013.06.30	2012.12.31	2011.12.31
主要财务指标	营业收入(元)	-	21,394,323.65	21,678,141.88
	营业利润(元)	-	907,780.93	250,516.22
	净利润(元)	-	675,384.73	230,801.75
	未分配利润(元)	-	467,836.56	-170,839.28
	总资产(元)	-	17,003,654.02	19,704,796.68
	总负债(元)	-	11,439,108.57	13,735,635.96
	净资产(元)	-	5,564,545.45	5,969,160.72
	每股收益(元)	-	0.13	0.05
	每股净资产(元)	-	1.10	1.18
	净资产收益率(%)	-	12.14	3.41

爱科凯能科技(北京)股份有限公司

公司概况	公司名称	爱科凯能科技(北京)股份有限公司			股份名称	爱科凯能
	法人代表	熊振宏	董秘	范家伟	股份代码	430351
	公司网址	www.accu-tech.com.cn		主办券商	东北证券股份有限公司	
	电　话	010-64392084		传　真	010- 64390200	
	注册地址	北京市朝阳区望京新兴产业区利泽中园106楼314A				
	行业分类	制造业				

	指标\报告期	2013.06.30	2012.12.31	2011.12.31
主要财务指标	营业收入(元)	-	28,008,889.13	23,352,370.30
	营业利润(元)	-	3,620,815.20	674,445.27
	净利润(元)	-	4,193,935.38	1,518,675.88
	未分配利润(元)	-	1,144,289.92	-515,014.07
	总资产(元)	-	27,001,339.39	20,289,440.58
	总负债(元)	-	9,592,318.08	20,289,674.65
	净资产(元)	-	17,409,021.31	-234.07
	每股收益(元)	-	0.29	2.98
	每股净资产(元)	-	1.16	-
	净资产收益率(%)	-	24.09	-

北京慧网通达科技股份有限公司

公司概况	公司名称	北京慧网通达科技股份有限公司		股份名称	慧网通达
	法人代表	齐凯	董秘	丁晨	股份代码 430352
	公司网址	www.heres.com.cn		主办券商	国海证券股份有限公司
	电　话	010-60409059		传　真	010-82121751
	注册地址	北京市海淀区东北旺北京中关村软件园孵化器2号楼三层2281-2			
	行业分类	信息传输、软件和信息技术服务业			

	指标\报告期	2013.06.30	2012.12.31	2011.12.31
主要财务指标	营业收入(元)	–	37,917,353.01	34,694,750.53
	营业利润(元)	–	885,608.21	23,248.73
	净利润(元)	–	623,143.91	12,413.25
	未分配利润(元)	–	154,446.99	135,373.57
	总资产(元)	–	18,913,365.88	23,825,644.86
	总负债(元)	–	12,139,806.88	21,675,229.77
	净资产(元)	–	6,773,559.00	2,150,415.09
	每股收益(元)	–	0.12	0.01
	每股净资产(元)	–	1.13	1.08
	净资产收益率(%)	–	9.20	0.5

上海百傲科技股份有限公司

公司概况	公司名称	上海百傲科技股份有限公司		股份名称	百傲科技
	法人代表	朱滨	董秘	张宇	股份代码 430353
	公司网址	www.baio.com.cn		主办券商	信达证券股份有限公司
	电　话	021-64851599		传　真	021-54487389
	注册地址	上海市徐汇区桂平路333号1号楼402室			
	行业分类	制造业			

	指标\报告期	2013.06.30	2012.12.31	2011.12.31
主要财务指标	营业收入(元)	–	8,897,816.72	6,084,513.78
	营业利润(元)	–	–425,360.88	–1,701,478.50
	净利润(元)	–	304,323.04	–1,016,732.04
	未分配利润(元)	–	–9,815,895.22	–10,123,118.87
	总资产(元)	–	31,723,033.17	29,838,319.69
	总负债(元)	–	12,888,433.72	11,708,043.28
	净资产(元)	–	18,834,599.45	18,130,276.41
	每股收益(元)	–	0.05	–0.18
	每股净资产(元)	–	3.17	3.12
	净资产收益率(%)	–	1.68	–5.63

武汉华敏测控技术股份有限公司

公司概况	公司名称	武汉华敏测控技术股份有限公司		股份名称	华敏测控
	法人代表	孙阳	董秘	杨娟	股份代码 430354
	公司网址	www.china-huamin.com		主办券商	中信建投证券股份有限公司
	电　话	027-87745361		传　真	027-87745367
	注册地址	湖北省武汉市东湖新技术开发区光谷大道特1号国际企业中心三期2栋1层01号			
	行业分类	制造业			

	指标\报告期	2013.06.30	2012.12.31	2011.12.31
主要财务指标	营业收入(元)	–	11,360,771.37	12,483,789.99
	营业利润(元)	–	64,769.01	97,219.10
	净利润(元)	–	106,600.09	674,487.46
	未分配利润(元)	–	678,888.84	582,948.82
	总资产(元)	–	13,981,144.93	12,988,279.64
	总负债(元)	–	8,381,628.35	7,495,363.15
	净资产(元)	–	5,599,516.58	5,492,916.49
	每股收益(元)	–	0.02	0.29
	每股净资产(元)	–	1.16	1.14
	净资产收益率(%)	–	1.90	12.28

上海沃特奇能源科技股份有限公司

公司概况	公司名称	上海沃特奇能源科技股份有限公司		股份名称	沃特能源
	法人代表	袁谊	董秘	朱宏杰	股份代码 430355
	公司网址	www.water7.cn		主办券商	东方花旗证券有限公司
	电　话	021-67760830		传　真	
	注册地址	上海市松江科技园区崇南路6号B区31号房			
	行业分类	建筑业			

	指标\报告期	2013.06.30	2012.12.31	2011.12.31
主要财务指标	营业收入(元)	–	24,618,028.61	26,699,324.46
	营业利润(元)	–	–289,112.94	26,983.71
	净利润(元)	–	79,535.11	1,308,891.03
	未分配利润(元)	–	2,181,809.60	2,119,548.49
	总资产(元)	–	29,149,890.75	24,350,659.63
	总负债(元)	–	16,781,627.98	16,461,931.97
	净资产(元)	–	12,368,262.77	7,888,727.66
	每股收益(元)	–	0.01	0.26
	每股净资产(元)	–	1.24	1.57
	净资产收益率(%)	–	0.79	16.66

上海雷腾软件股份有限公司

公司概况	公司名称	上海雷腾软件股份有限公司		股份名称	雷腾软件
	法人代表	王翔	董秘	陈琳	股份代码	430356
	公司网址	www.raxtone.com	主办券商	申银万国证券股份有限公司	
	电　话	021-51312160	传　真	021-51312190	
	注册地址	上海市浦东新区张江高科技园区达尔文路 88 号 2 号楼 6 楼			
	行业分类	信息传输、软件和信息技术服务业			

	指标\报告期	2013.06.30	2012.12.31	2011.12.31
主要财务指标	营业收入(元)	16,991,199.62	19,371,633.07	3,909,520.18
	营业利润(元)	1,064,380.81	1,702,606.43	-682,557.49
	净利润(元)	936,150.63	1,761,590.53	-1,092,272.50
	未分配利润(元)	86,407.18	119,747.95	-1,628,537.25
	总资产(元)	27,420,940.43	23,452,979.62	14,628,108.04
	总负债(元)	16,351,736.52	13,319,926.34	6,256,645.29
	净资产(元)	11,069,203.91	10,133,053.28	8,371,462.75
	每股收益(元)	0.09	0.18	-0.11
	每股净资产(元)	1.11	1.01	0.84
	净资产收益率(%)	8.46	17.39	-13.05

上海行悦信息科技股份有限公司

公司概况	公司名称	上海行悦信息科技股份有限公司		股份名称	行悦股份
	法人代表	徐恩麒	董秘	徐恩麒	股份代码	430357
	公司网址	www.yeah-media.com	主办券商	国金证券股份有限公司	
	电　话	021-64470088	传　真	021-24197968	
	注册地址	上海市桂平路 680 号 33 幢 301-1 室			
	行业分类	信息传输、软件和信息技术服务业			

	指标\报告期	2013.06.30	2012.12.31	2011.12.31
主要财务指标	营业收入(元)	25,621,479.43	50,928,521.73	5,295,936.41
	营业利润(元)	855,951.20	-179,166.14	-10,897,408.91
	净利润(元)	1,053,434.92	2,267,973.10	-11,055,113.23
	未分配利润(元)	612,696.42	-22,172,720.86	-24,440,693.96
	总资产(元)	152,387,188.90	146,029,513.10	84,250,651.45
	总负债(元)	66,052,639.73	60,748,398.85	45,157,510.30
	净资产(元)	86,334,549.17	85,281,114.25	39,093,141.15
	每股收益(元)	0.01	0.04	-0.26
	每股净资产(元)	1.08	1.16	0.73
	净资产收益率(%)	1.22	2.66	-28.28

上海基美影业股份有限公司

公司概况	公司名称	上海基美影业股份有限公司		股份名称	基美影业
	法人代表	高敬东	董秘	丁喆敏	股份代码	430358
	公司网址	www.fundamentalfilms.cn	主办券商	海通证券股份有限公司	
	电　话	021-62716777-209	传　真	021-61716068	
	注册地址	上海市张江高科技园区芳春路 400 号 1 幢 301-107 室			
	行业分类	文化、体育和娱乐业			

	指标\报告期	2013.06.30	2012.12.31	2011.12.31
主要财务指标	营业收入(元)	-	39,417,219.08	37,525,191.76
	营业利润(元)	-	16,217,989.01	14,671,909.44
	净利润(元)	-	11,657,000.70	9,319,749.98
	未分配利润(元)	-	16,259,089.15	5,824,500.59
	总资产(元)	-	60,318,928.83	44,633,571.95
	总负债(元)	-	29,565,211.75	28,161,855.57
	净资产(元)	-	30,753,717.08	16,471,716.38
	每股收益(元)	-	1.17	0.93
	每股净资产(元)	-	3.08	1.65
	净资产收益率(%)	-	37.90	56.58

武汉同济现代医药科技股份有限公司

公司概况	公司名称	武汉同济现代医药科技股份有限公司		股份名称	同济医药
	法人代表	李亦武	董秘	李凯	股份代码	430359
	公司网址	www.whtjxd.com	主办券商	国泰君安证券股份有限公司	
	电　话	027-84222253	传　真	027-84222477	
	注册地址	湖北省武汉市经济技术开发区高科技产业园 22 号			
	行业分类	制造业			

	指标\报告期	2013.06.30	2012.12.31	2011.12.31
主要财务指标	营业收入(元)	-	24,885,411.16	38,128,509.79
	营业利润(元)	-	-3,219,991.35	225,591.95
	净利润(元)	-	1,281,975.12	3,646,915.63
	未分配利润(元)	-	-20,414,550.04	-21,696,525.16
	总资产(元)	-	110,171,519.58	85,899,892.49
	总负债(元)	-	80,031,735.66	57,042,083.69
	净资产(元)	-	30,139,783.92	28,857,808.80
	每股收益(元)	-	0.02	0.06
	每股净资产(元)	-	0.52	0.50
	净资产收益率(%)	-	4.25	12.64

北京世纪竹邦能源技术股份有限公司

公司概况	公司名称	北京世纪竹邦能源技术股份有限公司			股份名称	竹邦能源
	法人代表	冯亚林	董秘	苗炜	股份代码	430360
	公司网址	www.zubom.com.cn		主办券商	上海证券有限责任公司	
	电　话	010-84475008		传　真	010-84475009	
	注册地址	北京市朝阳区酒仙桥中路18号第5层508室				
	行业分类	科学研究和技术服务业				

	指标\报告期	2013.06.30	2012.12.31	2011.12.31
主要财务指标	营业收入(元)	4,472,961.43	6,080,186.50	9,201,652.28
	营业利润(元)	1,657,167.59	205,532.11	113,769.93
	净利润(元)	1,581,885.93	353,237.44	372,533.88
	未分配利润(元)	9,638.58	-1,348,462.45	-1,701,699.90
	总资产(元)	18,970,535.45	41,232,316.07	41,934,023.16
	总负债(元)	3,737,111.97	12,580,778.52	13,635,723.06
	净资产(元)	15,233,423.48	28,651,537.55	28,298,300.10
	每股收益(元)	0.06	0.01	0.01
	每股净资产(元)	1.02	0.96	0.94
	净资产收益率(%)	10.38	1.23	1.32

般固(北京)科技股份有限公司

公司概况	公司名称	般固(北京)科技股份有限公司			股份名称	般固科技
	法人代表	高明	董秘	周承源	股份代码	430361
	公司网址	www.banggoo.cn		主办券商	中国银河证券股份有限公司	
	电　话	010-82345376		传　真	010-53058277	
	注册地址	北京市海淀区清河火车站东路9号院内1010室				
	行业分类	信息传输、软件和信息技术服务业				

	指标\报告期	2013.06.30	2012.12.31	2011.12.31
主要财务指标	营业收入(元)	3,588,044.92	6,793,094.09	3,899,585.48
	营业利润(元)	778,489.32	1,207,039.73	-254,270.08
	净利润(元)	930,493.20	1,748,061.74	234,566.66
	未分配利润(元)	330,920.54	1,359,847.58	-237,119.98
	总资产(元)	9,367,098.86	6,293,063.07	3,091,504.87
	总负债(元)	2,425,663.90	2,782,121.31	2,328,624.85
	净资产(元)	7,441,434.96	3,510,941.76	762,880.02
	每股收益(元)	0.31	1.17	0.23
	每股净资产(元)	1.49	1.76	0.76
	净资产收益率(%)	12.50	49.79	30.75

东电创新(北京)科技发展股份有限公司

公司概况	公司名称	东电创新(北京)科技发展股份有限公司			股份名称	东电创新
	法人代表	李洋	董秘	徐鸿伟	股份代码	430362
	公司网址	www.dongsys.com		主办券商	首创证券有限责任公司	
	电　话	010-51661855		传　真	010-51661855	
	注册地址	北京市海淀区昆明湖南路9号南区7号楼4层401-11				
	行业分类	信息传输、软件和信息技术服务业				

	指标\报告期	2013.06.30	2012.12.31	2011.12.31
主要财务指标	营业收入(元)	-	7,979,957.75	6,039,697.93
	营业利润(元)	-	168,485.20	-152,355.97
	净利润(元)	-	125,711.89	-157,463.18
	未分配利润(元)	-	-135,201.45	-260,913.34
	总资产(元)	-	6,609,797.18	6,337,365.93
	总负债(元)	-	1,744,998.63	1,598,279.27
	净资产(元)	-	4,864,798.55	4,739,086.66
	每股收益(元)	-	0.03	-0.03
	每股净资产(元)	-	0.97	0.95
	净资产收益率(%)	-	2.58	-3.32

上海上电电机股份有限公司

公司概况	公司名称	上海上电电机股份有限公司			股份名称	上海上电
	法人代表	祁新平	董秘	黄松梅	股份代码	430363
	公司网址	www.shsd-elec.com		主办券商	申银万国证券股份有限公司	
	电　话	021-64631777		传　真	021-64637180	
	注册地址	上海市嘉定区兴文路1200号				
	行业分类	制造业				

	指标\报告期	2013.06.30	2012.12.31	2011.12.31
主要财务指标	营业收入(元)	69,570,565.79	118,719,857.18	139,002,223.80
	营业利润(元)	6,899,934.24	11,618,205.96	9,751,094.43
	净利润(元)	6,515,120.71	10,384,879.98	8,580,093.84
	未分配利润(元)	5,897,690.41	43,313,239.16	62,549,577.84
	总资产(元)	159,901,323.26	155,025,507.01	127,724,260.16
	总负债(元)	44,903,148.59	46,542,453.05	49,126,086.18
	净资产(元)	114,998,174.67	108,483,053.96	78,598,173.98
	每股收益(元)	0.20	0.91	0.90
	每股净资产(元)	3.57	3.36	8.27
	净资产收益率(%)	5.67	9.57	10.92

上海屹通信息科技股份有限公司

公司概况	公司名称	上海屹通信息科技股份有限公司		股份名称	屹通信息	
	法人代表	陈益玲	董秘	陈丽媛	股份代码	430364
	公司网址	www.yitong.com.cn		主办券商	东方花旗证券有限公司	
	电　话	021-63093688		传　真	021-63093687	
	注册地址	上海市嘉定区安亭镇园区路 1218 号 2 幢 4175 室				
	行业分类	信息传输、软件和信息技术服务业				

主要财务指标	指标\报告期	2013.06.30	2012.12.31	2011.12.31
	营业收入(元)	16,655,485.85	28,121,126.57	12,132,840.27
	营业利润(元)	122,613.57	261,178.05	–1,954,219.87
	净利润(元)	2,165,341.30	1,972,821.56	–383,364.06
	未分配利润(元)	3,797,679.81	1,935,932.53	133,901.92
	总资产(元)	25,203,858.14	20,015,127.62	12,682,255.69
	总负债(元)	10,763,510.00	7,740,120.78	243,608.76
	净资产(元)	14,440,348.14	12,275,006.84	12,438,646.93
	每股收益(元)	0.22	0.20	–0.04
	每股净资产(元)	1.44	1.23	1.24
	净资产收益率(%)	15.00	16.29	–3.03

北京赫宸环境工程股份有限公司

公司概况	公司名称	北京赫宸环境工程股份有限公司		股份名称	赫宸环境	
	法人代表	赵健飞	董秘	宋彩霞	股份代码	430365
	公司网址	www.bjhcee.com		主办券商	中信建投证券股份有限公司	
	电　话	010-84873393		传　真	010-84873393-810	
	注册地址	北京市密云县经济开发区康宝路 21 号				
	行业分类	制造业				

主要财务指标	指标\报告期	2013.06.30	2012.12.31	2011.12.31
	营业收入(元)	20,830,940.90	40,321,189.78	21,946,581.19
	营业利润(元)	–317,602.78	–452,500.83	–2,815,224.62
	净利润(元)	366,878.72	6,362,911.31	–2,807,625.24
	未分配利润(元)	708,121.39	1,363,587.12	–4,846,660.67
	总资产(元)	71,139,153.45	85,908,626.34	20,977,462.02
	总负债(元)	26,056,024.09	53,192,375.70	22,824,122.69
	净资产(元)	45,083,129.36	32,716,250.64	–1,846,660.67
	每股收益(元)	0.01	0.43	–0.94
	每股净资产(元)	1.07	2.19	–0.62
	净资产收益率(%)	0.81	19.45	

北京金天地影视文化股份有限公司

公司概况	公司名称	北京金天地影视文化股份有限公司		股份名称	金天地	
	法人代表	王金荣	董秘	袁圣新	股份代码	430366
	公司网址	www.bjjtd.com.cn		主办券商	首创证券有限责任公司	
	电　话	010-88851903		传　真	010-88851965	
	注册地址	北京市海淀区闵庄路 3 号清华科技园玉泉慧谷 7 号楼一层 102 室				
	行业分类	文化、体育和娱乐业				

主要财务指标	指标\报告期	2013.06.30	2012.12.31	2011.12.31
	营业收入(元)	27,199,419.06	53,531,740.57	69,729,420.95
	营业利润(元)	6,246,397.60	23,892,109.28	22,606,608.79
	净利润(元)	6,424,454.95	24,712,733.20	22,644,920.65
	未分配利润(元)	50,540,342.35	44,121,098.26	20,283,227.81
	总资产(元)	105,436,110.98	99,955,119.81	92,221,621.82
	总负债(元)	39,877,695.02	40,821,158.80	56,938,394.01
	净资产(元)	65,558,415.96	59,133,961.01	35,283,227.81
	每股收益(元)	0.11	0.41	0.38
	每股净资产(元)	1.09	0.99	0.59
	净资产收益率(%)	9.80	41.79	64.18

北京力码科信息技术股份有限公司

公司概况	公司名称	北京力码科信息技术股份有限公司		股份名称	力码科	
	法人代表	徐峰	董秘	宁玮玮	股份代码	430367
	公司网址	www.lmark.net		主办券商	世纪证券有限责任公司	
	电　话	010-51661676		传　真	010-82612532	
	注册地址	北京市海淀区地锦路 7 号院 6 号楼 101 室				
	行业分类	制造业				

主要财务指标	指标\报告期	2013.06.30	2012.12.31	2011.12.31
	营业收入(元)	8,831,317.82	15,700,555.62	18,541,177.55
	营业利润(元)	–182,621.10	–438,469.03	325,799.89
	净利润(元)	1,703,315.87	–5,201.24	816,698.22
	未分配利润(元)	4,113,627.70	2,404,969.26	2,338,309.66
	总资产(元)	14,482,249.50	16,849,359.57	15,584,236.94
	总负债(元)	5,383,507.76	9,453,933.70	7,263,609.83
	净资产(元)	9,098,741.74	7,395,425.87	8,320,627.11
	每股收益(元)	0.20	–0.00	0.65
	每股净资产(元)	1.03	5.67	6.42
	净资产收益率(%)	19.43	–0.29	11.04

上海明波通信技术股份有限公司

公司概况	公司名称	上海明波通信技术股份有限公司			股份名称	明波通信
	法人代表	周长明	董秘	何达希	股份代码	430368
	公司网址	www.bwave.cc		主办券商	光大证券股份有限公司	
	电话	021-50803833-8006		传真	021-50803831	
	注册地址	上海市浦东新区张江高科技园区科苑路399号12幢5层				
	行业分类	信息传输、软件和信息技术服务业				

	指标\报告期	2013.06.30	2012.12.31	2011.12.31
主要财务指标	营业收入(元)	10,513,855.71	21,365,245.71	13,482,906.26
	营业利润(元)	1,155,983.87	2,228,380.05	-6,269,291.59
	净利润(元)	869,025.83	4,487,620.50	-2,698,667.22
	未分配利润(元)	18,653,604.91	17,577,026.83	13,552,253.63
	总资产(元)	35,222,361.58	36,979,013.12	43,805,136.63
	总负债(元)	7,802,360.53	10,220,715.68	19,107,681.65
	净资产(元)	27,420,001.05	26,758,297.44	24,697,454.98
	每股收益(元)	0.12	0.49	-0.29
	每股净资产(元)	2.84	2.87	2.69
	净资产收益率(%)	4.22	17.17	-10.76

贵州威门药业股份有限公司

公司概况	公司名称	贵州威门药业股份有限公司			股份名称	威门药业
	法人代表	梁斌	董秘	娄启慧	股份代码	430369
	公司网址	www.warmen.cn		主办券商	广发证券股份有限公司	
	电话	0851-6312651		传真	0851-6300777	
	注册地址	贵州省贵阳市乌当区高新路23号				
	行业分类	制造业				

	指标\报告期	2013.06.30	2012.12.31	2011.12.31
主要财务指标	营业收入(元)	-	190,689,729.76	172,338,210.84
	营业利润(元)	-	18,135,679.17	17,839,277.04
	净利润(元)	-	17,436,088.60	16,332,385.53
	未分配利润(元)	-	44,139,435.53	28,519,513.56
	总资产(元)	-	328,149,848.94	251,156,859.76
	总负债(元)	-	190,238,535.71	130,681,635.13
	净资产(元)	-	137,911,313.23	120,475,224.63
	每股收益(元)	-	0.36	0.37
	每股净资产(元)	-	2.81	2.46
	净资产收益率(%)	-	12.64	13.56

谢裕大茶叶股份有限公司

公司概况	公司名称	谢裕大茶叶股份有限公司			股份名称	谢裕大
	法人代表	谢一平	董秘	叶永蔚	股份代码	430370
	公司网址	www.xieyudatea.com		主办券商	国元证券股份有限公司	
	电话	0559-2136101		传真	0559-3584199	
	注册地址	安徽省黄山市徽州区城北工业园区(文峰西路1号)				
	行业分类	农、林、牧、渔业				

	指标\报告期	2013.06.30	2012.12.31	2011.12.31
主要财务指标	营业收入(元)	-	99,035,625.36	101,804,219.96
	营业利润(元)	-	6,441,017.25	17,410,001.31
	净利润(元)	-	5,950,529.09	15,269,806.99
	未分配利润(元)	-	18,968,618.15	13,724,676.15
	总资产(元)	-	182,078,211.92	142,684,393.13
	总负债(元)	-	47,524,619.97	14,081,330.27
	净资产(元)	-	134,553,591.95	128,603,062.86
	每股收益(元)	-	0.09	0.24
	每股净资产(元)	-	1.97	1.88
	净资产收益率(%)	-	4.43	11.79

广州市科传计算机科技股份有限公司

公司概况	公司名称	广州市科传计算机科技股份有限公司			股份名称	科传股份
	法人代表	骆永基	董秘	马晶春	股份代码	430371
	公司网址	www.tech-trans.com		主办券商	齐鲁证券有限公司	
	电话	020-87651988-181		传真	020-87675883	
	注册地址	广东省广州市越秀区农林下路81号新裕数码大厦10楼A、B、C、D、E、F房				
	行业分类	信息传输、软件和信息技术服务业				

	指标\报告期	2013.06.30	2012.12.31	2011.12.31
主要财务指标	营业收入(元)	-	66,218,175.89	51,436,213.42
	营业利润(元)	-	16,482,954.89	10,103,453.24
	净利润(元)	-	17,069,994.54	13,659,367.62
	未分配利润(元)	-	33,301,981.56	34,412,898.54
	总资产(元)	-	78,335,830.36	64,256,200.08
	总负债(元)	-	7,215,432.06	8,863,626.62
	净资产(元)	-	71,120,398.30	55,392,573.46
	每股收益(元)	-	0.98	0.91
	每股净资产(元)	-	2.37	3.69
	净资产收益率(%)	-	24.00	24.66

安徽泰达新材料股份有限公

公司概况					
公司名称	安徽泰达新材料股份有限公			股份名称	泰达新材
法人代表	柯伯成	董秘	张五星	股份代码	430372
公司网址			主办券商	华林证券有限责任公司	
电　话	0559-3510916		传　真	0559-3510916	
注册地址	安徽省黄山市徽州区徽州西路 55 号				
行业分类	制造业				

主要财务指标

指标\报告期	2013.06.30	2012.12.31	2011.12.31
营业收入(元)	51,876,114.33	129,699,552.25	181,535,191.51
营业利润(元)	-5,180,710.67	2,319,275.41	30,016,449.15
净利润(元)	-3,671,249.92	3,281,416.73	24,990,379.16
未分配利润(元)	25,184,719.01	28,855,968.93	33,876,110.78
总资产(元)	164,238,778.23	150,163,223.56	176,469,819.31
总负债(元)	49,772,101.99	32,025,297.40	51,613,309.88
净资产(元)	114,466,676.24	118,137,926.16	124,856,509.43
每股收益(元)	-0.08	0.08	0.58
每股净资产(元)	2.63	2.72	2.87
净资产收益率(%)	-3.21	2.78	20.02

郑州捷安高科股份有限公司

公司概况					
公司名称	郑州捷安高科股份有限公司			股份名称	捷安高科
法人代表	郑乐观	董秘	孙莹	股份代码	430373
公司网址	www.jantech.cn		主办券商	长江证券股份有限公司	
电　话	0371-55638669		传　真	0371-60937775	
注册地址	河南省郑州市高新开发区翠竹街 6				
行业分类	信息传输、软件和信息技术服务业				

主要财务指标

指标\报告期	2013.06.30	2012.12.31	2011.12.31
营业收入(元)	12,544,290.99	24,385,716.44	20,053,435.87
营业利润(元)	867,705.25	4,879,614.28	2,100,330.46
净利润(元)	582,182.26	4,419,343.21	2,536,766.60
未分配利润(元)	6,520,684.99	5,938,502.73	1,961,093.84
总资产(元)	37,615,987.61	29,401,222.93	23,099,206.42
总负债(元)	18,182,597.73	10,550,015.31	8,667,342.01
净资产(元)	19,433,389.88	18,851,207.62	14,431,864.41
每股收益(元)	0.05	0.37	0.25
每股净资产(元)	1.62	1.57	1.20
净资产收益率(%)	3.00	23.44	17.58

北京英富森软件股份有限公司

公司概况					
公司名称	北京英富森软件股份有限公司			股份名称	英富森
法人代表	尹科	董秘	张然	股份代码	430374
公司网址	www.infcn.com.cn		主办券商	华西证券有限责任公司	
电　话	010-62670085-897		传　真	010-62670085-853	
注册地址	北京市海淀区中关村东路 66 号 1 号楼(世纪科贸大厦 B 座)2509 室				
行业分类	信息传输、软件和信息技术服务业				

主要财务指标

指标\报告期	2013.06.30	2012.12.31	2011.12.31
营业收入(元)	-	8,636,958.30	4,901,840.68
营业利润(元)	-	882,548.65	-2,319,937.89
净利润(元)	-	902,594.91	-2,088,522.71
未分配利润(元)	-	-1,782,192.17	-2,684,787.08
总资产(元)	-	16,542,221.57	4,576,157.81
总负债(元)	-	2,324,413.74	2,260,944.89
净资产(元)	-	14,217,807.83	2,315,212.92
每股收益(元)	-	0.07	-0.42
每股净资产(元)	-	0.89	0.46
净资产收益率(%)	-	6.35	-90.21

北京星立方科技发展股份有限公司

公司概况					
公司名称	北京星立方科技发展股份有限公司			股份名称	星立方
法人代表	刘宇明	董秘	蒋苏	股份代码	430375
公司网址	www.starscube.com		主办券商	中国民族证券有限责任公司	
电　话	010-51551119		传　真	010-51551065	
注册地址	北京市海淀区花园北路 14 号 6 幢二层 202、205-210				
行业分类	信息传输、软件和信息技术服务业				

主要财务指标

指标\报告期	2013.06.30	2012.12.31	2011.12.31
营业收入(元)	6,394,631.32	11,687,634.47	4,861,576.14
营业利润(元)	992,965.67	1,178,347.22	-838,062.44
净利润(元)	868,844.95	1,158,165.26	-803,142.10
未分配利润(元)	995,991.33	127,146.37	-1,016,891.51
总资产(元)	13,724,333.02	11,912,206.59	12,473,525.43
总负债(元)	714,214.31	1,770,932.84	3,490,416.94
净资产(元)	13,010,118.71	10,141,273.75	8,983,108.49
每股收益(元)	0.08	0.12	-0.08
每股净资产(元)	1.26	1.01	0.90
净资产收益率(%)	6.68	11.42	-8.94

青岛东亚装饰股份有限公司

公司概况	公司名称	青岛东亚装饰股份有限公司			股份名称	东亚装饰
	法人代表	杨建强	董秘	王永华	股份代码	430376
	公司网址	www.qd-dy.com	主办券商	红塔证券股份有限公司		
	电　话	0532-80905208	传　真	0532-80921522		
	注册地址	山东省青岛市市北区辽宁路228号				
	行业分类	建筑业				

	指标\报告期	2013.06.30	2012.12.31	2011.12.31
主要财务指标	营业收入(元)	–	502,698,474.90	371,615,440.24
	营业利润(元)	–	6,457,153.52	7,138,487.05
	净利润(元)	–	5,455,446.74	5,283,550.23
	未分配利润(元)	–	7,437,306.39	3,427,404.32
	总资产(元)	–	258,338,034.58	153,172,748.28
	总负债(元)	–	211,994,136.66	136,284,297.10
	净资产(元)	–	46,343,897.92	16,888,451.18
	每股收益(元)	–	0.29	0.42
	每股净资产(元)	–	1.24	1.34
	净资产收益率(%)	–	11.77	31.29

深圳市海格物流股份有限公司

公司概况	公司名称	深圳市海格物流股份有限公司			股份名称	海格物流
	法人代表	梅春雷	董秘	赵积虎	股份代码	430377
	公司网址	www.hercules-logistics.com	主办券商	安信证券股份有限公司		
	电　话	0755-23807517	传　真	0755-23807500-2757		
	注册地址	广东省深圳市盐田区盐田港进港三路物流中心大楼608				
	行业分类	交通运输、仓储和邮政业				

	指标\报告期	2013.06.30	2012.12.31	2011.12.31
主要财务指标	营业收入(元)	–	869,815,925.53	849,488,678.11
	营业利润(元)	–	8,887,692.24	30,692,098.36
	净利润(元)	–	12,308,370.24	27,672,931.38
	未分配利润(元)	–	65,851,462.09	56,021,602.29
	总资产(元)	–	362,033,431.36	341,669,124.37
	总负债(元)	–	208,958,026.15	200,495,316.70
	净资产(元)	–	153,075,405.21	141,173,807.67
	每股收益(元)	–	0.24	0.54
	每股净资产(元)	–	2.68	2.45
	净资产收益率(%)	–	8.90	21.88

深圳市山本光电股份有限公司

公司概况	公司名称	深圳市山本光电股份有限公司			股份名称	山本光电
	法人代表	周晓斌	董秘	王志高	股份代码	430378
	公司网址	www.sanbum.com	主办券商	安信证券股份有限公司		
	电　话	0755-27885501	传　真	0755-27884816		
	注册地址	广东省深圳市南山区科伟路1号坚达大厦东座507房				
	行业分类	制造业				

	指标\报告期	2013.06.30	2012.12.31	2011.12.31
主要财务指标	营业收入(元)	–	121,552,596.87	91,134,451.99
	营业利润(元)	–	9,677,569.90	10,641,906.71
	净利润(元)	–	8,860,149.39	9,342,815.73
	未分配利润(元)	–	34,059,549.33	26,085,414.88
	总资产(元)	–	99,668,389.37	68,527,809.06
	总负债(元)	–	55,250,743.55	32,970,312.63
	净资产(元)	–	44,417,645.82	35,557,496.43
	每股收益(元)	–	0.21	0.22
	每股净资产(元)	–	1.06	0.85
	净资产收益率(%)	–	19.95	26.28

上海昂盛智能工程股份有限公司

公司概况	公司名称	上海昂盛智能工程股份有限公司			股份名称	昂盛智能
	法人代表	王麒烨	董秘	段智丰	股份代码	430379
	公司网址	www.blooming-grace.cn	主办券商	华鑫证券有限责任公司		
	电　话	021-62462699	传　真	021-62462696		
	注册地址	上海市崇明县陈家镇瀛东村53号3幢212室				
	行业分类	信息传输、软件和信息技术服务业				

	指标\报告期	2013.06.30	2012.12.31	2011.12.31
主要财务指标	营业收入(元)	–	15,866,624.93	16,376,007.30
	营业利润(元)	–	–3,059,114.38	–1,410,002.04
	净利润(元)	–	–2,770,882.26	–1,351,034.59
	未分配利润(元)	–	–2,648,108.16	122,774.10
	总资产(元)	–	28,261,500.59	11,312,050.66
	总负债(元)	–	18,909,608.75	6,189,276.56
	净资产(元)	–	9,351,891.84	5,122,774.10
	每股收益(元)	–	–0.24	–0.27
	每股净资产(元)	–	0.78	1.02
	净资产收益率(%)	–	–29.63	–26.37

陕西成明节能技术股份有限公司

公司概况	公司名称	陕西成明节能技术股份有限公司		股份名称	成明节能
	法人代表	李琦	董秘 许超	股份代码	430380
	公司网址		主办券商	长江证券股份有限公司	
	电　话	13259863283	传　真		
	注册地址	陕西省西安市雁塔区西高新高新路枫叶广场A座501			
	行业分类	科学研究和技术服务业			

主要财务指标	指标\报告期	2013.06.30	2012.12.31	2011.12.31
	营业收入(元)	3,972,030.00	6,728,262.94	2,158,508.84
	营业利润(元)	392,196.68	1,348,546.93	-333,837.64
	净利润(元)	298,759.41	1,187,781.90	-367,560.83
	未分配利润(元)	-263,702.05	758,275.56	-347,704.86
	总资产(元)	12,643,230.43	11,821,503.47	6,245,945.45
	总负债(元)	3,570,107.76	5,179,220.21	791,444.09
	净资产(元)	9,073,122.67	6,642,283.26	5,454,501.36
	每股收益(元)	0.04	0.20	-0.10
	每股净资产(元)	1.16	1.15	0.94
	净资产收益率(%)	3.29	17.88	-6.74

江西三星阿兰德电器股份有限公司

公司概况	公司名称	江西三星阿兰德电器股份有限公司		股份名称	阿兰德
	法人代表	张刚	董秘 张艳军	股份代码	430381
	公司网址	www.china-aland.com	主办券商	东北证券股份有限公司	
	电　话	0791-88169460	传　真	0791-88169637	
	注册地址	江西省南昌市高新区火炬大街75号			
	行业分类	制造业			

主要财务指标	指标\报告期	2013.06.30	2012.12.31	2011.12.31
	营业收入(元)	-	58,424,304.55	37,155,321.75
	营业利润(元)	-	2,585,181.72	1,531,213.97
	净利润(元)	-	2,374,819.20	1,347,818.30
	未分配利润(元)	-	2,438,192.69	1,271,396.90
	总资产(元)	-	24,436,758.54	17,137,046.36
	总负债(元)	-	14,649,276.12	9,724,383.14
	净资产(元)	-	9,787,482.42	7,412,663.22
	每股收益(元)	-	0.40	
	每股净资产(元)	-	1.63	1.24
	净资产收益率(%)	-	24.26	18.18

深圳市大族元亨光电股份有限公司

公司概况	公司名称	深圳市大族元亨光电股份有限公司		股份名称	元亨光电
	法人代表	张建群	董秘 夏又阳	股份代码	430382
	公司网址	www.yaham.com.cn	主办券商	安信证券股份有限公司	
	电　话	0755-29371706	传　真	0755-26755760	
	注册地址	广东省深圳市宝安区重庆路128号大族激光工业园4栋1、2、4楼			
	行业分类	制造业			

主要财务指标	指标\报告期	2013.06.30	2012.12.31	2011.12.31
	营业收入(元)	-	231,048,861.36	209,174,787.78
	营业利润(元)	-	10,870,202.25	10,603,200.11
	净利润(元)	-	13,009,508.18	10,356,212.68
	未分配利润(元)	-	31,179,202.39	19,470,645.03
	总资产(元)	-	166,396,905.33	189,819,529.57
	总负债(元)	-	80,749,066.99	117,181,199.41
	净资产(元)	-	85,647,838.34	72,638,330.16
	每股收益(元)	-	0.25	0.20
	每股净资产(元)	-	1.67	1.42
	净资产收益率(%)	-	15.19	14.26

江苏红豆杉生物科技股份有限公

公司概况	公司名称	江苏红豆杉生物科技股份有限公		股份名称	红豆杉
	法人代表	龚新度	董秘 邓婉秋	股份代码	430383
	公司网址	www.yew.cn	主办券商	中国银河证券股份有限公司	
	电　话	0510-66868298	传　真	0510-88358889	
	注册地址	江苏省无锡市锡山区东港镇港下(红豆工业城内)			
	行业分类	农、林、牧、渔业			

主要财务指标	指标\报告期	2013.06.30	2012.12.31	2011.12.31
	营业收入(元)	-	194,766,379.58	198,685,248.76
	营业利润(元)	-	69,681,022.31	34,814,727.74
	净利润(元)	-	72,249,857.85	43,726,431.29
	未分配利润(元)	-	41,039,527.00	56,491,839.71
	总资产(元)	-	595,025,239.08	576,681,723.63
	总负债(元)	-	235,209,367.15	289,115,709.55
	净资产(元)	-	359,815,871.93	287,566,014.08
	每股收益(元)	-	0.29	
	每股净资产(元)	-	1.44	1.25
	净资产收益率(%)	-	20.08	15.21

上海宜达胜科贸股份有限公司

公司概况					
公司名称	上海宜达胜科贸股份有限公司			股份名称	宜达胜
法人代表	陈卫权	董秘	许加青	股份代码	430384
公司网址	www.itrribbon.com		主办券商	齐鲁证券有限公司	
电　　话	021-64566773		传　　真	021-54101122	
注册地址	上海市徐汇区桂平路680号33幢301-20室				
行业分类	制造业				

主要财务指标 指标＼报告期	2013.06.30	2012.12.31	2011.12.31
营业收入(元)	14,504,351.23	27,344,162.38	24,880,264.81
营业利润(元)	716,131.15	967,198.75	-220,107.17
净利润(元)	633,617.20	843,633.12	-169,340.50
未分配利润(元)	1,041,489.90	407,872.70	-337,814.20
总资产(元)	20,706,168.62	16,672,397.54	15,137,286.58
总负债(元)	12,553,565.91	12,153,412.03	12,948,351.28
净资产(元)	8,152,602.71	4,518,985.51	2,188,935.30
每股收益(元)	0.18	0.42	-0.11
每股净资产(元)	1.16	2.26	1.09
净资产收益率(%)	7.77	18.67	-7.74

浙江中一检测研究院股份有限公司

公司概况					
公司名称	浙江中一检测研究院股份有限公司			股份名称	中一检测
法人代表	应赛霞	董秘	范友毅	股份代码	430385
公司网址	www.zynb.com.cn		主办券商	长江证券股份有限公司	
电　　话	0574-27969559		传　　真	0574-87915637	
注册地址	浙江省宁波市高新区院士路66号创业大厦1-02室				
行业分类	科学研究和技术服务业				

主要财务指标 指标＼报告期	2013.06.30	2012.12.31	2011.12.31
营业收入(元)	-	27,597,004.60	19,372,275.91
营业利润(元)	-	-5,009,716.64	-200,950.41
净利润(元)	-	-2,722,175.07	1,027,908.24
未分配利润(元)	-	-3,886,899.99	1,260,156.56
总资产(元)	-	37,770,460.21	35,795,787.54
总负债(元)	-	20,858,519.32	16,406,444.01
净资产(元)	-	16,911,940.89	19,389,343.53
每股收益(元)	-	-0.13	0.17
每股净资产(元)	-	0.99	1.12
净资产收益率(%)	-	-12.96	8.66

大禹电气科技股份有限公司

公司概况					
公司名称	大禹电气科技股份有限公司			股份名称	大禹电气
法人代表	王怡华	董秘	李复明	股份代码	430386
公司网址	www.dayudq.com		主办券商	长江证券股份有限公司	
电　　话	0712-2886388		传　　真	0712-2881252	
注册地址	湖北省孝感市经济开发区孝天工业园航天大道2号				
行业分类	制造业				

主要财务指标 指标＼报告期	2013.06.30	2012.12.31	2011.12.31
营业收入(元)	-	195,079,987.91	174,197,405.55
营业利润(元)	-	4,991,118.97	7,308,318.11
净利润(元)	-	9,531,040.17	16,418,029.11
未分配利润(元)	-	25,207,184.30	20,443,212.21
总资产(元)	-	359,828,610.98	293,858,237.05
总负债(元)	-	251,121,311.59	199,894,245.83
净资产(元)	-	108,707,299.39	93,963,991.22
每股收益(元)	-	0.18	0.33
每股净资产(元)	-	1.88	1.70
净资产收益率(%)	-	9.28	17.63

西安旌旗电子股份有限公司

公司概况					
公司名称	西安旌旗电子股份有限公司			股份名称	旌旗电子
法人代表	张化冰	董秘	朱建刚	股份代码	430387
公司网址	www.flagele.com		主办券商	长城证券有限责任公司	
电　　话	029-81831209		传　　真	029-81881113	
注册地址	陕西省西安市高新区新区丈八六路11号				
行业分类	制造业				

主要财务指标 指标＼报告期	2013.06.30	2012.12.31	2011.12.31
营业收入(元)	-	121,025,483.99	119,489,990.77
营业利润(元)	-	6,115,060.28	10,469,952.20
净利润(元)	-	8,093,410.75	8,647,265.74
未分配利润(元)	-	18,566,307.67	11,282,238.00
总资产(元)	-	125,690,561.12	120,427,091.62
总负债(元)	-	38,982,865.74	41,812,806.99
净资产(元)	-	86,707,695.38	78,614,284.63
每股收益(元)	-	0.16	0.17
每股净资产(元)	-	1.73	1.57
净资产收益率(%)	-	9.33	11.00

苏州苏大明世光学股份有限公司

公司概况	公司名称	苏州苏大明世光学股份有限公司			股份名称	苏大明世
	法人代表	余景池	董秘	李俊	股份代码	430388
	公司网址	www.mason-optics.com		主办券商	东吴证券股份有限公司	
	电　　话	0512-62831591-838		传　　真	0512-62831596	
	注册地址	江苏省苏州市工业园区钟南街506号				
	行业分类	制造业				
主要财务指标	指标\报告期	2013.06.30		2012.12.31	2011.12.31	
	营业收入(元)	6,274,697.00		12,508,042.19	12,443,514.56	
	营业利润(元)	2,072,070.20		4,791,590.85	4,995,450.28	
	净利润(元)	2,410,502.43		4,284,662.85	4,410,552.40	
	未分配利润(元)	3,206,266.19		2,295,763.76	2,122,620.28	
	总资产(元)	25,725,510.66		25,331,388.84	20,655,883.89	
	总负债(元)	1,968,717.22		2,485,097.83	1,694,255.73	
	净资产(元)	23,756,793.44		22,846,291.01	18,961,628.16	
	每股收益(元)	0.14		0.26	0.27	
	每股净资产(元)	1.38		1.32	1.30	
	净资产收益率(%)	10.15		18.75	23.26	

东莞市意普万尼龙科技股份有限公司

公司概况	公司名称	东莞市意普万尼龙科技股份有限公司			股份名称	意普万
	法人代表	梁效礼	董秘	牟素梅	股份代码	430389
	公司网址	www.epone.com.cn		主办券商	长江证券股份有限公司	
	电　　话	13415859306		传　　真	0769-22891356	
	注册地址	广东省东莞市松山湖科技产业园区北部工业城中小科技企业创业园第4栋厂房第一层				
	行业分类	制造业				
主要财务指标	指标\报告期	2013.06.30		2012.12.31	2011.12.31	
	营业收入(元)	16,317,491.46		25,502,377.72	15,815,428.75	
	营业利润(元)	795,981.84		375,346.88	26,529.96	
	净利润(元)	670,797.06		2,448,509.25	592,679.67	
	未分配利润(元)	2,939,418.47		2,333,140.71	375,342.50	
	总资产(元)	22,019,553.18		23,258,867.64	13,629,103.43	
	总负债(元)	11,551,679.93		13,461,791.45	6,480,536.49	
	净资产(元)	10,467,873.25		9,797,076.19	7,148,566.94	
	每股收益(元)	0.11		0.46	0.22	
	每股净资产(元)	1.58		1.60	1.10	
	净资产收益率(%)	7.11		28.88	20.17	

湖北中科网络科技股份有限公司

公司概况	公司名称	湖北中科网络科技股份有限公司			股份名称	中科网络
	法人代表	袁建华	董秘	丁岩	股份代码	430390
	公司网址	www.hbzknet.com		主办券商	申银万国证券股份有限公司	
	电　　话	13986037287		传　　真	027-87854062	
	注册地址	湖北省武汉市武珞路628号亚贸广场A2604				
	行业分类	科学研究和技术服务业				
主要财务指标	指标\报告期	2013.06.30		2012.12.31	2011.12.31	
	营业收入(元)	24,192,828.60		43,523,190.98	43,442,716.90	
	营业利润(元)	1,444,920.36		2,489,308.76	1,833,913.63	
	净利润(元)	1,098,745.33		2,048,376.74	1,344,001.69	
	未分配利润(元)	3,751,073.58		3,027,328.25	1,183,789.18	
	总资产(元)	32,085,470.27		36,969,098.19	30,229,275.93	
	总负债(元)	15,912,559.68		12,894,932.93	17,203,487.41	
	净资产(元)	16,172,910.59		24,074,165.26	13,025,788.52	
	每股收益(元)	0.10		0.10	0.12	
	每股净资产(元)	1.43		1.19	1.15	
	净资产收益率(%)	6.79		8.51	10.32	

郑州万特电气股份有限公司

公司概况	公司名称	郑州万特电气股份有限公司			股份名称	万特电气
	法人代表	董生怀	董秘	张莉	股份代码	430391
	公司网址	www.zzwonder.com		主办券商	安信证券股份有限公司	
	电　　话	13733870802		传　　真	0371-55130222	
	注册地址	河南省郑州市高新开发区银屏路15号				
	行业分类	制造业				
主要财务指标	指标\报告期	2013.06.30		2012.12.31	2011.12.31	
	营业收入(元)	20,923,135.02		80,634,844.92	66,449,026.85	
	营业利润(元)	888,748.04		19,151,026.84	16,748,440.92	
	净利润(元)	727,733.46		20,199,338.15	15,353,733.73	
	未分配利润(元)	37,433,763.85		37,706,030.39	20,338,495.70	
	总资产(元)	95,290,469.94		108,200,357.75	74,400,687.11	
	总负债(元)	33,924,203.37		46,561,824.64	39,461,492.15	
	净资产(元)	61,366,266.57		61,638,533.11	34,939,194.96	
	每股收益(元)	0.04		1.01	1.23	
	每股净资产(元)	3.07		3.08	2.80	
	净资产收益率(%)	1.19		32.77	43.94	

湖南斯派克科技股份有限公司

公司概况	公司名称	湖南斯派克科技股份有限公司			股份名称	斯派克
	法人代表	段湘生	董秘	王洪成	股份代码	430392
	公司网址	www.chemspark.com		主办券商	方正证券股份有限公司	
	电　话	0730-2153878		传　真	0730-2153838	
	注册地址	湖南省长沙市高新开发区麓泉路与麓松路交汇处延农综合大楼14楼14-A082房				
	行业分类	制造业				

主要财务指标	指标\报告期	2013.06.30	2012.12.31	2011.12.31
	营业收入(元)	21,935,266.55	36,412,841.66	30,199,941.18
	营业利润(元)	3,535,049.36	4,542,546.19	796,834.05
	净利润(元)	2,902,808.45	3,639,331.68	452,024.74
	未分配利润(元)	5,403,830.78	2,501,022.33	389,803.45
	总资产(元)	30,268,464.38	29,085,809.03	20,902,139.28
	总负债(元)	4,633,009.31	6,353,162.41	8,389,524.34
	净资产(元)	25,635,455.07	22,732,646.62	12,512,614.94
	每股收益(元)	0.18	0.23	0.05
	每股净资产(元)	1.60	1.42	1.25
	净资产收益率(%)	11.32	16.01	3.61

昆山三景科技股份有限公司

公司概况	公司名称	昆山三景科技股份有限公司			股份名称	三景科技
	法人代表	常唐银	董秘	张王万	股份代码	430393
	公司网址	www.kssjkj.com		主办券商	东吴证券股份有限公司	
	电　话	0512-57764007		传　真	0512-57769769	
	注册地址	江苏省昆山市玉山镇城北中环路南				
	行业分类	制造业				

主要财务指标	指标\报告期	2013.06.30	2012.12.31	2011.12.31
	营业收入(元)	–	61,910,734.52	47,962,895.56
	营业利润(元)	–	6,258,439.94	2,578,329.10
	净利润(元)	–	5,085,177.47	2,048,658.98
	未分配利润(元)	–	–269,499.50	408,221.97
	总资产(元)	–	56,485,159.95	35,892,516.76
	总负债(元)	–	33,682,385.93	26,491,787.71
	净资产(元)	–	22,802,774.02	9,400,729.05
	每股收益(元)	–	0.24	0.10
	每股净资产(元)	–	0.99	3.13
	净资产收益率(%)	–	23.21	21.79

广东伯朗特智能装备股份有限公司

公司概况	公司名称	广东伯朗特智能装备股份有限公司			股份名称	伯朗特
	法人代表	尹荣造	董秘	刘淑燕	股份代码	430394
	公司网址	www.brotherobot.cn		主办券商	东莞证券有限责任公司	
	电　话	0769-81066796		传　真	0769-81066785	
	注册地址	广东省东莞市大朗镇沙步村沙富路83号				
	行业分类	制造业				

主要财务指标	指标\报告期	2013.06.30	2012.12.31	2011.12.31
	营业收入(元)	–	29,401,407.22	20,813,127.53
	营业利润(元)	–	838,016.02	1,093,192.95
	净利润(元)	–	469,947.21	810,831.82
	未分配利润(元)	–	1,226,164.57	803,212.08
	总资产(元)	–	25,208,007.28	12,662,917.80
	总负债(元)	–	18,845,602.20	6,770,459.93
	净资产(元)	–	6,362,405.08	5,892,457.87
	每股收益(元)	–	0.09	0.81
	每股净资产(元)	–	1.27	1.18
	净资产收益率(%)	–	7.39	13.76

青岛奥盖克化工股份有限公司

公司概况	公司名称	青岛奥盖克化工股份有限公司			股份名称	奥盖克
	法人代表	王在军	董秘	刘武	股份代码	430395
	公司网址	www.agkhg.com		主办券商	安信证券股份有限公司	
	电　话	0532-68081889		传　真	0532-68081858	
	注册地址	山东省青岛市平度市新河生态化工科技产业基地丰水路5号				
	行业分类	制造业				

主要财务指标	指标\报告期	2013.06.30	2012.12.31	2011.12.31
	营业收入(元)	71,048,860.77	86,720,048.10	40,216,349.30
	营业利润(元)	–4,244.69	13,504.40	–3,820,447.22
	净利润(元)	358,422.24	4,008,343.17	–2,851,989.88
	未分配利润(元)	533,994.23	175,571.99	–3,101,321.75
	总资产(元)	153,203,526.96	113,749,483.85	77,266,035.64
	总负债(元)	82,560,309.30	69,613,748.43	50,132,629.39
	净资产(元)	70,643,217.66	44,135,735.42	27,133,406.25
	每股收益(元)	0.01	0.13	–0.27
	每股净资产(元)	1.32	1.15	0.90
	净资产收益率(%)	0.51	9.08	–10.51

哈尔滨亿汇达电气科技发展股份有限公司

公司概况	公司名称	哈尔滨亿汇达电气科技发展股份有限公司			股份名称	亿汇达
	法人代表	韩言广	董秘	邢友伟	股份代码	430396
	公司网址	www.yhddq.net		主办券商	财达证券有限责任公司	
	电　话	0451-84376529		传　真	0451-84376503	
	注册地址	黑龙江省哈尔滨市高开区迎宾路集中区鄱阳东路 5 号				
	行业分类	制造业				

主要财务指标	指标\报告期	2013.06.30	2012.12.31	2011.12.31
	营业收入(元)	133,331,606.92	177,494,244.47	114,849,401.86
	营业利润(元)	17,552,454.98	22,731,790.49	14,496,969.57
	净利润(元)	14,877,261.07	20,052,826.39	12,687,609.71
	未分配利润(元)	45,653,090.62	30,768,549.92	12,721,006.17
	总资产(元)	140,911,903.10	145,941,430.57	102,856,346.94
	总负债(元)	59,863,001.43	79,929,789.97	56,897,532.73
	净资产(元)	81,048,901.67	66,011,640.60	45,958,814.21
	每股收益(元)	0.50	0.67	0.45
	每股净资产(元)	2.70	2.20	1.53
	净资产收益率(%)	18.39	30.38	27.61

无锡金帆钻凿设备股份有限公司

公司概况	公司名称	无锡金帆钻凿设备股份有限公司			股份名称	金帆股份
	法人代表	罗强	董秘	江海洪	股份代码	430397
	公司网址	www.wuxishuangfan.com		主办券商	长城证券有限责任公司	
	电　话	0510-88552666		传　真	0510-88551771	
	注册地址	江苏省无锡市新区梅村新泰工业配套区				
	行业分类	制造业				

主要财务指标	指标\报告期	2013.06.30	2012.12.31	2011.12.31
	营业收入(元)	–	39,634,933.93	42,685,127.99
	营业利润(元)	–	5,737,539.86	6,214,582.96
	净利润(元)	–	5,665,870.32	5,676,273.49
	未分配利润(元)	–	1,978,224.94	648,801.44
	总资产(元)	–	64,162,979.01	56,598,740.96
	总负债(元)	–	23,311,665.30	17,645,076.78
	净资产(元)	–	40,851,313.71	38,953,664.18
	每股收益(元)	–	0.19	0.24
	每股净资产(元)	–	1.36	1.30
	净资产收益率(%)	–	13.87	14.57

安徽励图信息科技股份有限公司

公司概况	公司名称	安徽励图信息科技股份有限公司			股份名称	励图科技
	法人代表	朱祝华	董秘	袁小丽	股份代码	430398
	公司网址	www.ltech.com.cn		主办券商	东北证券股份有限公司	
	电　话	0551-65318661		传　真	0551-65320188	
	注册地址	安徽省合肥市高新区红枫路富邻广场科研 2 号楼 7 层				
	行业分类	制造业				

主要财务指标	指标\报告期	2013.06.30	2012.12.31	2011.12.31
	营业收入(元)	2,017,480.31	13,984,795.73	13,147,875.14
	营业利润(元)	-2,272,085.29	646,477.72	1,171,158.11
	净利润(元)	-1,755,054.81	1,290,477.22	1,681,822.47
	未分配利润(元)	-1,752,658.56	1,054,676.25	690,169.32
	总资产(元)	16,150,511.00	19,892,917.54	15,926,224.73
	总负债(元)	1,178,202.58	2,113,274.31	3,440,136.15
	净资产(元)	14,972,308.42	17,779,643.23	12,486,088.58
	每股收益(元)	-0.11	0.10	0.21
	每股净资产(元)	0.94	1.33	1.07
	净资产收益率(%)	-11.72	7.26	13.47

湘财证券股份有限公司

公司概况	公司名称	湘财证券股份有限公司			股份名称	湘财证券
	法人代表	林俊波	董秘	严颖	股份代码	430399
	公司网址	www.xcsc.com		主办券商	西南证券股份有限公司	
	电　话	0731-84457321		传　真	0731-84430252	
	注册地址	湖南省长沙市天心区湘府中路 198 号新南城商务中心 A 栋 11 楼				
	行业分类	金融业				

主要财务指标	指标\报告期	2013.06.30	2012.12.31	2011.12.31
	营业收入(元)	–	–	
	营业利润(元)	–	220,499,121.64	24,452,171.91
	净利润(元)	–	166,418,104.68	20,827,457.00
	未分配利润(元)	–	-122,866,279.13	-289,284,383.81
	总资产(元)	–	10,553,054,580.55	10,530,112,375.24
	总负债(元)	–	7,253,435,218.17	7,607,786,073.68
	净资产(元)	–	3,299,619,362.38	2,992,326,301.56
	每股收益(元)	–	0.06	0.01
	每股净资产(元)	–	1.03	0.98
	净资产收益率(%)	–	5.04	0.71

株洲日望电子科技股份有限公司

公司概况	公司名称	株洲日望电子科技股份有限公司			股份名称	日望电子
	法人代表	彭军	董秘	刘雄立	股份代码	430400
	公司网址	www.riwang.com.cn		主办券商	方正证券股份有限公司	
	电　话	0731-22395079		传　真	0731-22395076	
	注册地址	湖南省株洲市天元区天台科技园科瑞路8号				
	行业分类	制造业				

	指标\报告期	2013.06.30	2012.12.31	2011.12.31
主要财务指标	营业收入(元)	5,321,447.84	13,643,209.34	8,504,346.51
	营业利润(元)	488,690.55	1,301,234.73	485,261.22
	净利润(元)	476,929.89	2,163,735.94	2,602,431.57
	未分配利润(元)	2,250,136.65	1,773,206.76	2,120,858.22
	总资产(元)	21,717,212.36	21,094,974.41	16,127,950.79
	总负债(元)	11,220,037.40	11,074,729.34	9,771,441.66
	净资产(元)	10,497,174.96	10,020,245.07	6,356,509.13
	每股收益(元)	0.09	0.39	0.65
	每股净资产(元)	1.91	1.82	1.59
	净资产收益率(%)	4.54	21.59	40.94

苏州声威电声股份有限公司

公司概况	公司名称	苏州声威电声股份有限公司			股份名称	声威电声
	法人代表	沈玮	董秘	刘坚	股份代码	430401
	公司网址	www.saiway.com		主办券商	东吴证券股份有限公司	
	电　话	0512-69370477		传　真	0512-69370479	
	注册地址	江苏省苏州市高新区向阳路198号(狮山资产经营公司工业园8#厂房)				
	行业分类	制造业				

	指标\报告期	2013.06.30	2012.12.31	2011.12.31
主要财务指标	营业收入(元)	–	75,249,741.63	62 717,706.78
	营业利润(元)	–	2,974,924.12	2,785,710.76
	净利润(元)	–	2,340,091.65	2,083,593.29
	未分配利润(元)	–	11,594,280.48	9,639,267.49
	总资产(元)	–	61,225,401.63	48,782,649.80
	总负债(元)	–	41,625,870.69	31,523,210.51
	净资产(元)	–	19,599,530.94	17,259,439.29
	每股收益(元)	–	0.39	0.35
	每股净资产(元)	–	3.27	2.88
	净资产收益率(%)	–	11.94	12.07

武汉吉事达科技股份有限公司

公司概况	公司名称	武汉吉事达科技股份有限公司			股份名称	吉事达
	法人代表	陈刚	董秘	沈淳	股份代码	430402
	公司网址	www.gstarlaser.com		主办券商	长江证券股份有限公司	
	电　话	027-59716658-818		传　真	027-87531635	
	注册地址	湖北省武汉市东湖开发区关东科技工业园七号地块				
	行业分类	制造业				

	指标\报告期	2013.06.30	2012.12.31	2011.12.31
主要财务指标	营业收入(元)	–	21,152,086.50	6,591,440.71
	营业利润(元)	–	2,580,032.25	-151,109.94
	净利润(元)	–	2,230,321.25	-137,577.96
	未分配利润(元)	–	1,503,592.57	-559,662.84
	总资产(元)	–	40,592,002.35	8,629,695.86
	总负债(元)	–	32,921,343.94	3,189,358.70
	净资产(元)	–	7,670,658.41	5,440,337.16
	每股收益(元)	–	1.74	-0.11
	每股净资产(元)	–	5.98	4.24
	净资产收益率(%)	–	29.08	-2.53

武汉英思工程科技股份有限公司

公司概况	公司名称	武汉英思工程科技股份有限公司			股份名称	英思科技
	法人代表	彭华	董秘	周伟	股份代码	430403
	公司网址	www.wuhanins.com		主办券商	万联证券有限责任公司	
	电　话	027-87320576		传　真	027-87320476	
	注册地址	湖北省武汉市东湖开发区东信路数码港				
	行业分类	信息传输、软件和信息技术服务业				

	指标\报告期	2013.06.30	2012.12.31	2011.12.31
主要财务指标	营业收入(元)	–	10,120,901.70	8,245,050.56
	营业利润(元)	–	1,271,442.72	608,435.51
	净利润(元)	–	1,631,906.47	678,198.13
	未分配利润(元)	–	3,562,594.15	2,093,878.33
	总资产(元)	–	10,142,436.98	7,456,102.15
	总负债(元)	–	3,144,606.12	2,090,177.76
	净资产(元)	–	6,997,830.86	5,365,924.39
	每股收益(元)	–	0.54	0.23
	每股净资产(元)	–	2.33	1.78
	净资产收益率(%)	–	23.32	12.64

苏州瑞腾照明科技股份有限公司

公司概况	公司名称	苏州瑞腾照明科技股份有限公司		股份名称	瑞腾科技
	法人代表	顾晓成	董秘 黄丽花	股份代码	430404
	公司网址	www.cnradiant.com		主办券商	东吴证券股份有限公司
	电　话	0512-58423308		传　真	0512-58423309
	注册地址	江苏省张家港市凤凰镇金谷村			
	行业分类	制造业			

	指标\报告期	2013.06.30	2012.12.31	2011.12.31
主要财务指标	营业收入(元)	–	18,489,471.55	13,909,189.71
	营业利润(元)	–	521,313.75	371,121.35
	净利润(元)	–	584,120.70	289,487.03
	未分配利润(元)	–	1,752,255.34	1,168,134.64
	总资产(元)	–	9,309,722.16	10,569,483.62
	总负债(元)	–	6,377,466.82	8,221,348.98
	净资产(元)	–	2,932,255.34	2,348,134.64
	每股收益(元)	–	0.50	0.25
	每股净资产(元)	–	2.48	1.99
	净资产收益率(%)	–	19.92	12.33

苏州星火环境净化股份有限公司

公司概况	公司名称	苏州星火环境净化股份有限公司		股份名称	星火环境
	法人代表	侯招根	董秘 陈玲	股份代码	430405
	公司网址	www.hh88hh.com		主办券商	东吴证券股份有限公司
	电　话	0512-68780880		传　真	0512-68784266
	注册地址	江苏省苏州市高新区狮山路99号中银大厦9楼			
	行业分类	水利、环境和公共设施管理业			

	指标\报告期	2013.06.30	2012.12.31	2011.12.31
主要财务指标	营业收入(元)	–	17,780,439.04	17,601,923.98
	营业利润(元)	–	2,061,625.78	1,454,171.12
	净利润(元)	–	1,840,503.15	1,071,945.44
	未分配利润(元)	–	2,085,332.59	3,385,852.01
	总资产(元)	–	13,386,259.42	10,596,312.83
	总负债(元)	–	2,488,470.61	1,839,027.17
	净资产(元)	–	10,897,788.81	8,757,285.66
	每股收益(元)	–	0.37	0.21
	每股净资产(元)	–	2.18	1.75
	净资产收益率(%)	–	16.89	12.24

广东奥美格传导科技股份有限公司

公司概况	公司名称	广东奥美格传导科技股份有限公司		股份名称	奥美格
	法人代表	汪腊梅	董秘 韩艾芯	股份代码	430406
	公司网址	www.omigr.com		主办券商	东莞证券有限责任公司
	电　话	0769-83312686		传　真	0769-83314054
	注册地址	广东省东莞市松山湖高新技术产业开发区创新科技园8号楼3楼302、303、304室			
	行业分类	制造业			

	指标\报告期	2013.06.30	2012.12.31	2011.12.31
主要财务指标	营业收入(元)	34,075,289.25	72,719,874.21	60,859,654.88
	营业利润(元)	135,383.46	-5,750,353.95	527,077.22
	净利润(元)	99,353.94	-5,795,112.74	390,647.49
	未分配利润(元)	-4,970,988.71	-5,070,342.65	1,924,770.09
	总资产(元)	34,025,947.49	30,111,905.15	16,430,779.44
	总负债(元)	27,962,507.07	24,147,818.67	10,671,580.22
	净资产(元)	6,063,440.42	5,964,086.48	5,759,199.22
	每股收益(元)	0.01	-0.53	0.10
	每股净资产(元)	0.55	0.54	1.52
	净资产收益率(%)	1.64	-97.17	6.78

上海长合信息技术股份有限公司

公司概况	公司名称	上海长合信息技术股份有限公司		股份名称	长合信息
	法人代表	黄学军	董秘 李国华	股份代码	430407
	公司网址	www.charmhope.com		主办券商	申银万国证券股份有限公司
	电　话	021-60897003		传　真	021-60897099
	注册地址	上海市张江高科技园区蔡伦路1623号1栋104室			
	行业分类	信息传输、软件和信息技术服务业			

	指标\报告期	2013.06.30	2012.12.31	2011.12.31
主要财务指标	营业收入(元)	18,710,854.63	20,156,452.81	5,321,217.79
	营业利润(元)	2,388,646.38	3,281,439.92	-575,016.01
	净利润(元)	2,345,682.75	3,267,530.38	-167,709.96
	未分配利润(元)	4,601,517.80	3,505,835.05	565,057.71
	总资产(元)	35,991,469.66	21,975,154.21	9,186,715.74
	总负债(元)	24,981,780.19	13,061,147.49	3,540,239.40
	净资产(元)	11,009,689.47	8,914,006.72	5,646,476.34
	每股收益(元)	0.47	0.65	-0.03
	每股净资产(元)	1.83	1.78	1.13
	净资产收益率(%)	21.31	36.66	-2.97

沈阳帝信通信股份有限公司

公司概况	公司名称	沈阳帝信通信股份有限公司			股份名称	帝信通信
	法人代表	刘文祥	董秘	阎实	股份代码	430408
	公司网址	www.bendis.cc		主办券商	东北证券股份有限公司	
	电　　话	024-89794000		传　　真	024-89794108	
	注册地址	辽宁省沈阳市和平区三好街90-1号2-16-2室				
	行业分类	信息传输、软件和信息技术服务业				

	指标\报告期	2013.06.30	2012.12.31	2011.12.31
主要财务指标	营业收入(元)	51,165,086.41	171,026,525.33	107,423,993.45
	营业利润(元)	13,987,032.99	43,250,086.77	23,569,916.54
	净利润(元)	11,840,053.72	47,175,640.06	24,180,004.49
	未分配利润(元)	70,938,030.84	59,774,484.70	27,570,996.65
	总资产(元)	150,167,622.44	145,985,213.24	136,197,993.65
	总负债(元)	14,479,812.90	21,460,949.84	61,979,782.31
	净资产(元)	135,687,809.54	124,524,263.40	74,218,211.34
	每股收益(元)	0.23	0.94	0.57
	每股净资产(元)	2.65	2.43	1.85
	净资产收益率(%)	8.73	37.89	32.58

厦门市天泉鑫膜科技股份有限公司

公司概况	公司名称	厦门市天泉鑫膜科技股份有限公司			股份名称	天泉鑫膜
	法人代表	陈跃明	董秘	洪成木	股份代码	430409
	公司网址	www.tqxmo.cn		主办券商	东北证券股份有限公司	
	电　　话	13950015355		传　　真	0592-5763955	
	注册地址	福建省厦门市火炬高新区火炬园火炬路321号四层G单元				
	行业分类	制造业				

	指标\报告期	2013.06.30	2012.12.31	2011.12.31
主要财务指标	营业收入(元)	23,753,692.43	35,168,545.02	26,933,530.26
	营业利润(元)	4,124,405.64	7,117,195.91	6,359,748.76
	净利润(元)	3,548,628.50	6,379,577.84	6,780,332.42
	未分配利润(元)	9,317,587.59	5,768,295.56	6,126,675.50
	总资产(元)	33,091,383.17	33,469,377.13	20,976,760.84
	总负债(元)	8,283,707.74	14,331,330.20	7,318,291.75
	净资产(元)	24,807,675.43	19,138,046.93	13,658,469.09
	每股收益(元)	0.30	0.53	0.57
	每股净资产(元)	1.89	1.59	2.01
	净资产收益率(%)	15.64	33.34	49.64

济南微纳颗粒仪器股份有限公司

公司概况	公司名称	济南微纳颗粒仪器股份有限公司			股份名称	微纳颗粒
	法人代表	任中京	董秘	于文隆	股份代码	430410
	公司网址	www.jnwinner.com		主办券商	长城证券有限责任公司	
	电　　话	0531-88873979		传　　真	0531-88873392	
	注册地址	山东省济南市高新开发区新宇路750号大学科技园6号楼2单元				
	行业分类	制造业				

	指标\报告期	2013.06.30	2012.12.31	2011.12.31
主要财务指标	营业收入(元)	5,493,564.54	9,040,314.51	9,411,135.81
	营业利润(元)	896,813.37	715,421.01	-116,270.41
	净利润(元)	940,465.35	2,530,649.90	174,377.93
	未分配利润(元)	4,890,139.75	3,949,674.40	1,649,879.93
	总资产(元)	15,461,295.75	15,051,594.03	13,686,395.75
	总负债(元)	3,781,161.10	4,311,924.73	5,477,376.35
	净资产(元)	11,680,134.65	10,739,669.30	8,209,019.40
	每股收益(元)	0.16	0.42	0.03
	每股净资产(元)	1.95	1.79	1.37
	净资产收益率(%)	8.05	23.56	2.12

北京中电方大科技股份有限公司

公司概况	公司名称	北京中电方大科技股份有限公司			股份名称	中电方大
	法人代表	邓岳辉	董秘	刘红英	股份代码	430411
	公司网址	www.levcn.com.cn		主办券商	国盛证券有限责任公司	
	电　　话	010-62963926		传　　真	010-62971691-806	
	注册地址	北京市海淀区上地信息路12号中关村发展大厦A405				
	行业分类	信息传输、软件和信息技术服务业				

	指标\报告期	2013.06.30	2012.12.31	2011.12.31
主要财务指标	营业收入(元)	4,452,202.83	10,673,263.49	10,312,248.95
	营业利润(元)	123,769.41	-627,593.19	-592,034.64
	净利润(元)	99,163.65	89,964.35	-140,539.39
	未分配利润(元)	277,644.06	-104,769.55	-194,733.90
	总资产(元)	13,933,441.79	13,906,217.25	7,903,561.72
	总负债(元)	685,847.69	757,786.80	1,098,295.62
	净资产(元)	13,247,594.10	13,148,430.45	6,805,266.10
	每股收益(元)	0.01	0.01	-0.02
	每股净资产(元)	1.10	1.10	0.97
	净资产收益率(%)	0.75	0.68	-2.07

天津晓沃环保工程股份公司

公司概况	公司名称	天津晓沃环保工程股份公司			股份名称	晓沃环保
	法人代表	孙雷宇	董秘	许志敏	股份代码	430412
	公司网址	www.tjxwhb.com		主办券商	中信证券股份有限公司	
	电　话	022-27210773		传　真	022-27212771	
	注册地址	天津市南开区黄河道大通大厦十层B区(科技园)				
	行业分类	水利、环境和公共设施管理业				

	指标\报告期	2013.06.30	2012.12.31	2011.12.31
主要财务指标	营业收入(元)	6,143,236.85	12,261,856.20	12,644,154.43
	营业利润(元)	936,547.20	1,083,620.54	362,197.97
	净利润(元)	807,186.12	994,088.95	215,660.40
	未分配利润(元)	771,175.64	-36,010.48	-1,030,099.43
	总资产(元)	20,330,899.55	24,200,944.59	12,961,836.28
	总负债(元)	8,959,723.91	13,636,955.07	8,991,935.71
	净资产(元)	11,371,175.64	10,563,989.52	3,969,900.57
	每股收益(元)	0.08	0.12	0.04
	每股净资产(元)	1.07	1.00	0.79
	净资产收益率(%)	7.10	9.41	5.43

湖南沄辉科技股份有限公司

公司概况	公司名称	湖南沄辉科技股份有限公司			股份名称	沄辉科技
	法人代表	周自平	董秘	刘利岩	股份代码	430413
	公司网址	www.yunhui-tech.com		主办券商	方正证券股份有限公司	
	电　话	13875966084		传　真	0731-85452597	
	注册地址	湖南省长沙市高新开发区文轩路27号麓谷钰园A2栋5层502号房				
	行业分类	制造业				

	指标\报告期	2013.06.30	2012.12.31	2011.12.31
主要财务指标	营业收入(元)	7,058,919.76	21,374,288.07	18,149,686.12
	营业利润(元)	-2,236,375.66	882,869.91	1,745,927.35
	净利润(元)	-1,421,549.23	883,018.80	1,335,341.76
	未分配利润(元)	430,394.49	1,851,943.72	1,051,192.14
	总资产(元)	20,976,316.47	21,846,529.33	22,759,008.63
	总负债(元)	9,147,324.05	9,805,987.68	12,701,485.78
	净资产(元)	11,828,992.42	12,040,541.65	10,057,522.85
	每股收益(元)	-0.13	0.09	0.23
	每股净资产(元)	1.08	1.20	1.70
	净资产收益率(%)	-12.02	7.33	13.28

苏州三光科技股份有限公司

公司概况	公司名称	苏州三光科技股份有限公司			股份名称	三光科技
	法人代表	包文杰	董秘	蒋秋平	股份代码	430414
	公司网址	www.ssgedm.com		主办券商	东吴证券股份有限公司	
	电　话	0512-66900953		传　真	0512-66902228	
	注册地址	江苏省苏州市高新区嵩山路145号				
	行业分类	制造业				

	指标\报告期	2013.06.30	2012.12.31	2011.12.31
主要财务指标	营业收入(元)	48,360,405.23	131,023,168.35	151,949,310.66
	营业利润(元)	-1,772,649.28	6,464,698.54	10,044,984.89
	净利润(元)	-897,832.14	10,734,078.21	11,944,885.30
	未分配利润(元)	29,856,700.88	32,308,247.09	25,543,938.28
	总资产(元)	163,679,443.49	167,873,880.83	177,768,222.59
	总负债(元)	58,064,574.57	59,361,179.77	76,989,599.74
	净资产(元)	105,614,868.92	108,512,701.06	100,778,622.85
	每股收益(元)	-0.01	0.18	0.20
	每股净资产(元)	1.79	1.81	1.68
	净资产收益率(%)	-0.44	10.39	11.75

江阴钟舟电气股份有限公司

公司概况	公司名称	江阴钟舟电气股份有限公司			股份名称	钟舟电气
	法人代表	顾方钟	董秘	沈黄尖	股份代码	430415
	公司网址	www.jyzzdq.com		主办券商	东北证券股份有限公司	
	电　话	0510-86131158		传　真	0510-86139856	
	注册地址	江苏省无锡市江阴市城东街道山观东定路65号2号楼				
	行业分类	制造业				

	指标\报告期	2013.06.30	2012.12.31	2011.12.31
主要财务指标	营业收入(元)	-	4,592,842.86	1,620,528.66
	营业利润(元)	-	-65,563.19	-2,000,225.21
	净利润(元)	-	24,155.45	-1,953,424.86
	未分配利润(元)	-	27,594.43	-3,240,385.63
	总资产(元)	-	10,079,974.27	3,627,053.08
	总负债(元)	-	896,204.45	867,438.71
	净资产(元)	-	9,183,769.82	2,759,614.37
	每股收益(元)	-		-1.04
	每股净资产(元)	-	1.15	0.46
	净资产收益率(%)	-	0.26	-70.79

北京地林伟业科技股份有限公司

公司概况	公司名称	北京地林伟业科技股份有限公司		股份名称	地林伟业
	法人代表	刘永杰	董秘 李荣梅	股份代码	430416
	公司网址	www.forestar.com.cn	主办券商	宏源证券股份有限公司	
	电　话	010-51607410/11	传　真	010-51768490	
	注册地址	北京市海淀区复兴路83号东九楼522、527室			
	行业分类	信息传输、软件和信息技术服务业			

主要财务指标	指标\报告期	2013.06.30	2012.12.31	2011.12.31
	营业收入(元)	8,758,630.56	23,470,323.21	10,109,683.61
	营业利润(元)	512,861.41	4,267,796.31	-758,573.96
	净利润(元)	465,664.74	3,448,741.57	-586,549.60
	未分配利润(元)	3,413,974.91	2,948,310.17	417,192.00
	总资产(元)	10,915,240.13	14,536,010.49	4,995,401.77
	总负债(元)	1,112,345.08	6,966,780.18	2,830,288.59
	净资产(元)	9,802,895.05	7,569,230.31	2,165,113.18
	每股收益(元)	0.16	1.33	-0.59
	每股净资产(元)	1.75	2.52	2.17
	净资产收益率(%)	4.75	45.56	-27.09

苏州良才物流科技股份有限公司

公司概况	公司名称	苏州良才物流科技股份有限公司		股份名称	良才股份
	法人代表	王忠	董秘 李霞	股份代码	430417
	公司网址	www.liangc.com	主办券商	东北证券股份有限公司	
	电　话	0512-87656818	传　真	0512-62742296	
	注册地址	江苏省苏州市苏州工业园区唯亭镇瑞华路8号			
	行业分类	制造业			

主要财务指标	指标\报告期	2013.06.30	2012.12.31	2011.12.31
	营业收入(元)	-	109,377,668.81	95,665,539.19
	营业利润(元)	-	6,404,427.39	4,241,249.36
	净利润(元)	-	5,423,359.34	3,063,896.58
	未分配利润(元)	-	5,609,877.94	3,866,253.14
	总资产(元)	-	112,316,258.13	81,089,024.03
	总负债(元)	-	57,461,405.24	28,712,591.07
	净资产(元)	-	54,854,852.89	52,376,432.96
	每股收益(元)	-	0.15	0.10
	每股净资产(元)	-	1.44	1.51
	净资产收益率(%)	-	10.72	6.72

苏州轴承厂股份有限公司

公司概况	公司名称	苏州轴承厂股份有限公司		股份名称	苏轴股份
	法人代表	沈佑	董秘 张文华	股份代码	430418
	公司网址	www.sbfcn.com	主办券商	东吴证券股份有限公司	
	电　话	0512-66657251	传　真	0512-66657355	
	注册地址	江苏省苏州市高新区鹿山路35号			
	行业分类	制造业			

主要财务指标	指标\报告期	2013.06.30	2012.12.31	2011.12.31
	营业收入(元)	98,453,101.99	168,025,177.06	160,693,176.99
	营业利润(元)	12,010,552.85	18,130,479.29	15,602,503.70
	净利润(元)	10,305,104.88	17,108,531.44	14,485,977.62
	未分配利润(元)	39,434,103.55	35,159,509.16	24,761,830.86
	总资产(元)	156,977,135.68	144,083,153.03	117,627,959.00
	总负债(元)	90,540,489.56	82,956,201.79	68,637,602.15
	净资产(元)	66,436,646.12	61,126,951.24	48,990,356.85
	每股收益(元)	0.26	0.43	0.36
	每股净资产(元)	1.66	1.53	1.22
	净资产收益率(%)	15.51	27.99	29.57

广东三凯新材料股份有限公司

公司概况	公司名称	广东三凯新材料股份有限公司		股份名称	三凯股份
	法人代表	欧阳伟	董秘 李凯雄	股份代码	430419
	公司网址	www.zgsankai.com	主办券商	东莞证券有限责任公司	
	电　话	0769-22890985	传　真	0769-22890986	
	注册地址	广东省东莞市松山湖高新技术产业开发区图书馆B楼3楼301室			
	行业分类	制造业			

主要财务指标	指标\报告期	2013.06.30	2012.12.31	2011.12.31
	营业收入(元)	5,125,634.17	14,949,714.98	10,200,693.83
	营业利润(元)	251,076.06	70,486.01	409,769.81
	净利润(元)	181,277.77	1,171,986.69	543,043.55
	未分配利润(元)	1,236,065.79	1,054,788.02	20,575.55
	总资产(元)	12,640,642.49	12,333,491.15	11,756,645.07
	总负债(元)	1,238,802.48	1,112,928.91	1,708,069.52
	净资产(元)	11,401,840.01	11,220,562.24	10,048,575.55
	每股收益(元)	0.02	0.12	0.05
	每股净资产(元)	1.14	1.12	1.00
	净资产收益率(%)	1.59	10.45	5.40

上海易城工程顾问股份有限公司

公司概况						
	公司名称	上海易城工程顾问股份有限公司			股份名称	易城股份
	法人代表	毛蔚瀛	董秘	倪宁	股份代码	430420
	公司网址	www.ecspartner.com		主办券商	安信证券股份有限公司	
	电　话	021-63350566		传　真	021-63350566	
	注册地址	上海市杨浦区平凉路 988 号 1 号楼 6009 室				
	行业分类	科学研究和技术服务业				

主要财务指标	指标\报告期	2013.06.30	2012.12.31	2011.12.31
	营业收入(元)	–	42,153,677.44	41,709,624.70
	营业利润(元)	–	9,706,679.04	9,671,159.63
	净利润(元)	–	8,799,073.13	7,626,505.77
	未分配利润(元)	–	25,571,363.05	17,650,724.53
	总资产(元)	–	35,337,936.97	29,912,174.66
	总负债(元)	–	4,756,022.59	8,126,640.58
	净资产(元)	–	30,581,914.38	21,785,534.08
	每股收益(元)	–	0.44	0.38
	每股净资产(元)	–	1.53	1.09
	净资产收益率(%)	–	28.77	35.01

上海华之邦科技股份有限公司

公司概况						
	公司名称	上海华之邦科技股份有限公司			股份名称	华之邦
	法人代表	陈宝明	董秘	刘佳云	股份代码	430421
	公司网址	www.wisebond.net		主办券商	东方花旗证券有限公司	
	电　话	021-69022599		传　真	021-69022598	
	注册地址	上海市杨浦区翔殷路 28 号 11 号楼 A 座 202-10 室				
	行业分类	制造业				

主要财务指标	指标\报告期	2013.06.30	2012.12.31	2011.12.31
	营业收入(元)	–	5,531,612.87	4,871.79
	营业利润(元)	–	-105,870.27	-361,163.71
	净利润(元)	–	-131,589.74	-279,964.20
	未分配利润(元)	–	-419,925.04	-288,335.30
	总资产(元)	–	3,815,794.90	1,430,294.57
	总负债(元)	–	3,235,719.94	1,518,629.87
	净资产(元)	–	580,074.96	-88,335.30
	每股收益(元)	–	-0.49	-1.40
	每股净资产(元)	–	0.58	-0.44
	净资产收益率(%)	–	-22.69	–

上海永继电气股份有限公司

公司概况						
	公司名称	上海永继电气股份有限公司			股份名称	永继电气
	法人代表	张晓敏	董秘	吴强	股份代码	430422
	公司网址	www.rogy.cn		主办券商	长城证券有限责任公司	
	电　话	021-57294888-8901		传　真	021-57294580	
	注册地址	上海市金山区金山卫镇金石南路 2239 号				
	行业分类	制造业				

主要财务指标	指标\报告期	2013.06.30	2012.12.31	2011.12.31
	营业收入(元)	218,045,826.50	430,037,997.22	481,238,123.83
	营业利润(元)	15,966,556.38	18,315,118.99	30,368,005.13
	净利润(元)	12,558,956.96	17,469,994.80	23,892,339.33
	未分配利润(元)	77,303,716.48	64,744,759.52	47,274,764.72
	总资产(元)	366,287,801.70	357,817,121.19	377,377,149.98
	总负债(元)	170,122,696.64	174,210,973.09	211,240,996.68
	净资产(元)	196,165,105.06	183,606,148.10	166,136,153.30
	每股收益(元)	0.14	0.19	0.26
	每股净资产(元)	2.18	2.04	1.85
	净资产收益率(%)	6.40	9.52	13.96

宁波宁变电力科技股份有限公司

公司概况						
	公司名称	宁波宁变电力科技股份有限公司			股份名称	宁变科技
	法人代表	王辉	董秘	陈国兴	股份代码	430423
	公司网址	www.ningbian.com		主办券商	方正证券股份有限公司	
	电　话	0574-87567662		传　真	0574-87906446	
	注册地址	浙江省宁波市高新区菁华路 168 号				
	行业分类	制造业				

主要财务指标	指标\报告期	2013.06.30	2012.12.31	2011.12.31
	营业收入(元)	8,617,147.23	22,877,693.86	11,833,231.83
	营业利润(元)	274,517.33	4,040,950.41	861,393.36
	净利润(元)	944,310.58	3,293,994.88	961,199.16
	未分配利润(元)	944,310.58	4,818,207.67	1,853,612.28
	总资产(元)	47,632,230.83	45,526,971.59	11,277,038.38
	总负债(元)	7,571,350.66	6,410,402.00	6,491,463.67
	净资产(元)	40,060,880.17	39,116,569.59	4,785,574.71
	每股收益(元)	0.05	1.32	0.38
	每股净资产(元)	2.00	1.96	1.91
	净资产收益率(%)	2.36	8.42	20.09

北京联合创业环保工程股份有限公司

公司概况	公司名称	北京联合创业环保工程股份有限公司		股份名称	联合创业
	法人代表	徐冬利	董秘	赵洪叶	股份代码	430424
	公司网址	www.lhcy.com.cn		主办券商	中国银河证券股份有限公司
	电　话	13811861763		传　真	010-57530159
	注册地址	北京市东城区后永康胡同17号1-767A室			
	行业分类	水利、环境和公共设施管理业			

	指标\报告期	2013.06.30	2012.12.31	2011.12.31
主要财务指标	营业收入(元)	–	12,262,140.80	6,429,573.82
	营业利润(元)	–	1,296,050.87	446,772.66
	净利润(元)	–	1,182,736.37	413,751.84
	未分配利润(元)	–	2,373,113.25	1,308,650.52
	总资产(元)	–	6,381,358.65	6,869,791.70
	总负债(元)	–	742,675.20	2,413,844.62
	净资产(元)	–	5,638,683.45	4,455,947.08
	每股收益(元)	–	0.39	0.14
	每股净资产(元)	–	0.56	0.45
	净资产收益率(%)	–	20.98	9.29

成都乐创自动化技术股份有限公司

公司概况	公司名称	成都乐创自动化技术股份有限公司		股份名称	乐创技术
	法人代表	赵钧	董秘	安志琨	股份代码	430425
	公司网址	www.leetro.com		主办券商	光大证券股份有限公司
	电　话	028-85149948		传　真	028-85187774
	注册地址	四川省成都市高新区科园南二路一号大一孵化园8栋B座			
	行业分类	制造业			

	指标\报告期	2013.06.30	2012.12.31	2011.12.31
主要财务指标	营业收入(元)	25,291,875.33	55,749,470.83	52,383,460.65
	营业利润(元)	1,652,865.52	4,288,525.00	9,252,371.22
	净利润(元)	2,051,708.91	6,681,180.60	10,640,786.18
	未分配利润(元)	2,246,942.04	5,235,233.13	18,449,997.43
	总资产(元)	36,523,093.77	35,474,540.58	28,482,161.81
	总负债(元)	12,330,207.12	10,293,362.84	5,982,164.67
	净资产(元)	24,192,886.65	25,181,177.74	22,499,997.14
	每股收益(元)	0.11	0.37	
	每股净资产(元)	1.32	1.40	
	净资产收益率(%)	8.48	26.53	47.29

四川长城软件科技股份有限公司

公司概况	公司名称	四川长城软件科技股份有限公司		股份名称	长城软件
	法人代表	刘新	董秘	杨璐	股份代码	430426
	公司网址	www.gwsoft.com.cn		主办券商	光大证券股份有限公司
	电　话	010-63168010		传　真	010-67118763
	注册地址	四川省成都市高新区天府大道北段28号1栋1单元6层606号			
	行业分类	信息传输、软件和信息技术服务业			

	指标\报告期	2013.06.30	2012.12.31	2011.12.31
主要财务指标	营业收入(元)	28,192,803.75	49,904,352.96	46,852,797.46
	营业利润(元)	7,640,136.75	8,496,998.95	7,622,048.64
	净利润(元)	6,497,629.08	8,722,167.19	6,830,943.13
	未分配利润(元)	12,689,110.10	10,107,869.78	-5,472,279.43
	总资产(元)	36,939,355.10	34,272,776.03	25,577,432.95
	总负债(元)	4,378,227.02	4,292,888.27	4,319,712.38
	净资产(元)	32,561,128.08	29,979,887.76	21,257,720.57
	每股收益(元)	0.39	0.53	0.41
	每股净资产(元)	1.97	1.82	1.55
	净资产收益率(%)	19.96	29.09	32.13

上海飞田通信股份有限公司

公司概况	公司名称	上海飞田通信股份有限公司		股份名称	飞田通信
	法人代表	吴建俊	董秘	陆桂华	股份代码	430427
	公司网址	www.fleety.com		主办券商	申银万国证券股份有限公司
	电　话	021-50806651		传　真	021-50806683
	注册地址	上海市浦东新区张江高科技园区金科路2736号17幢18101、18102、18103、18104室			
	行业分类	制造业			

	指标\报告期	2013.06.30	2012.12.31	2011.12.31
主要财务指标	营业收入(元)	23,343,956.43	47,141,039.24	54,122,614.51
	营业利润(元)	1,615,210.27	2,754,602.08	9,026,935.90
	净利润(元)	1,546,535.52	4,017,188.16	9,110,714.85
	未分配利润(元)	372,684.79	3,485,603.09	17,563,410.96
	总资产(元)	70,960,366.49	75,329,124.39	73,977,595.72
	总负债(元)	20,900,646.96	27,499,344.15	14,319,857.34
	净资产(元)	50,059,719.53	47,829,780.24	59,657,738.38
	每股收益(元)	0.05	0.13	0.30
	每股净资产(元)	1.60	1.54	1.98
	净资产收益率(%)	3.45	10.03	15.15

陕西瑞科新材料股份有限公司

公司概况	公司名称	陕西瑞科新材料股份有限公司		股份名称	陕西瑞科
	法人代表	蔡林	董秘 鞠丛慧	股份代码	430428
	公司网址	www.bjrock.com	主办券商	国金证券股份有限公司	
	电　话	0917-3380777	传　真	0917-3380388	
	注册地址	陕西省宝鸡市高新区高新大道195号			
	行业分类	制造业			

	指标\报告期	2013.06.30	2012.12.31	2011.12.31
主要财务指标	营业收入(元)	937,890,280.32	2,125,085,033.46	1,598,523,618.37
	营业利润(元)	52,310,297.31	107,724,838.12	75,416,588.88
	净利润(元)	47,930,526.96	111,238,251.64	78,841,918.71
	未分配利润(元)	145,737,764.06	155,631,950.55	129,532,513.62
	总资产(元)	1,702,266,797.46	1,945,194,757.28	954,842,702.46
	总负债(元)	1,292,910,824.28	1,530,636,730.98	645,183,569.54
	净资产(元)	409,355,973.18	414,558,026.30	309,659,132.92
	每股收益(元)	0.23	0.55	0.70
	每股净资产(元)	1.93	1.96	2.75
	净资产收益率(%)	11.71	26.83	25.46

广州星业科技股份有限公司

公司概况	公司名称	广州星业科技股份有限公司		股份名称	星业科技
	法人代表	孟巨光	董秘 袁保合	股份代码	430429
	公司网址	www.startec.com.cn	主办券商	国金证券股份有限公司	
	电　话	020-66602008	传　真	020-66602005	
	注册地址	广东省广州市经济技术开发区永和经济区沧海二路7号自编一栋至八栋			
	行业分类	制造业			

	指标\报告期	2013.06.30	2012.12.31	2011.12.31
主要财务指标	营业收入(元)	76,242,791.92	148,371,849.70	142,984,340.18
	营业利润(元)	4,865,088.67	14,568,281.93	12,787,661.49
	净利润(元)	4,562,346.62	13,169,668.02	11,351,123.16
	未分配利润(元)	30,227,888.82	25,665,542.20	13,812,840.98
	总资产(元)	175,658,746.51	173,338,540.23	164,664,180.41
	总负债(元)	58,256,622.30	60,498,762.64	64,994,070.84
	净资产(元)	117,402,124.21	112,839,777.59	99,670,109.57
	每股收益(元)	0.13	0.39	0.35
	每股净资产(元)	3.45	3.32	2.93
	净资产收益率(%)	3.89	11.67	11.39

苏州普滤得净化股份有限公司

公司概况	公司名称	苏州普滤得净化股份有限公司		股份名称	普滤得
	法人代表	葛明明	董秘 邰坚伟	股份代码	430430
	公司网址	www.purified-group.com	主办券商	东吴证券股份有限公司	
	电　话	0512-87776266	传　真	0512-87776250	
	注册地址	江苏省苏州市高新区金山东路234号			
	行业分类	制造业			

	指标\报告期	2013.06.30	2012.12.31	2011.12.31
主要财务指标	营业收入(元)	–	36,698,679.95	26,868,957.92
	营业利润(元)	–	1,441,101.70	–554,468.07
	净利润(元)	–	1,578,198.26	–778,754.89
	未分配利润(元)	–	972,225.89	–587,716.68
	总资产(元)	–	42,752,708.52	40,958,690.20
	总负债(元)	–	26,754,452.34	26,538,632.28
	净资产(元)	–	15,998,256.18	14,420,057.92
	每股收益(元)	–	0.11	–0.05
	每股净资产(元)	–	1.07	0.96
	净资产收益率(%)	–	9.87	–5.40

天津枫盛阳医疗器械技术股份有限公司

公司概况	公司名称	天津枫盛阳医疗器械技术股份有限公司		股份名称	枫盛阳
	法人代表	刘金玲	董秘 王建建	股份代码	430431
	公司网址		主办券商	华龙证券有限责任公司	
	电　话	022-27512130	传　真	022-27511520	
	注册地址	天津市南开区临潼路112、114号(科技园)			
	行业分类	批发和零售业			

	指标\报告期	2013.06.30	2012.12.31	2011.12.31
主要财务指标	营业收入(元)	–	36,079,250.09	3,044,910.55
	营业利润(元)	–	6,522,635.15	4,424.80
	净利润(元)	–	6,071,723.49	–2,452.46
	未分配利润(元)	–	5,466,702.35	2,151.21
	总资产(元)	–	57,683,007.04	52,415,268.23
	总负债(元)	–	1,608,650.08	2,412,634.76
	净资产(元)	–	56,074,356.96	50,002,633.47
	每股收益(元)	–	0.12	–0.00
	每股净资产(元)	–	1.12	1.00
	净资产收益率(%)	–	10.83	–0.01

苏州方林科技股份有限公司

公司概况	公司名称	苏州方林科技股份有限公司			股份名称	方林科技
	法人代表	俞文伟	董秘	周燕燕	股份代码	430432
	公司网址	www.fanglin.cn		主办券商	东吴证券股份有限公司	
	电　话	0512-67222710-8622		传　真	0512-67222712	
	注册地址	江苏省苏州市高新区浒关分区新亭路9号				
	行业分类	制造业				

	指标\报告期	2013.06.30	2012.12.31	2011.12.31
主要财务指标	营业收入(元)	166,046,236.27	416,244,189.95	192,974,341.08
	营业利润(元)	20,701,571.40	54,229,432.08	29,291,751.77
	净利润(元)	16,518,400.61	44,512,689.48	25,301,307.01
	未分配利润(元)	23,429,224.53	16,910,823.92	25,996,537.18
	总资产(元)	244,277,668.53	277,294,788.22	158,367,768.40
	总负债(元)	75,989,890.56	115,313,551.55	60,232,444.75
	净资产(元)	168,287,777.97	161,981,236.67	98,135,323.65
	每股收益(元)	0.26	0.72	0.73
	每股净资产(元)	2.65	2.54	1.62
	净资产收益率(%)	9.82	27.51	26.04

山东中瑞电子股份有限公司

公司概况	公司名称	山东中瑞电子股份有限公司			股份名称	中瑞电子
	法人代表	高启龙	董秘	荣辉	股份代码	430433
	公司网址	www.sdzrm.com		主办券商	光大证券股份有限公司	
	电　话	0539-2776768		传　真	0539-2776707	
	注册地址	山东省临沂市高新区宝山路153号2号楼101室				
	行业分类	制造业				

	指标\报告期	2013.06.30	2012.12.31	2011.12.31
主要财务指标	营业收入(元)	–	65,254,646.54	43,925,277.89
	营业利润(元)	–	8,159,783.43	1,846,387.84
	净利润(元)	–	7,629,436.63	2,622,907.37
	未分配利润(元)	–	5,310,154.63	-1,729,264.82
	总资产(元)	–	74,771,660.07	52,914,988.05
	总负债(元)	–	51,371,488.26	37,144,252.87
	净资产(元)	–	23,400,171.81	15,770,735.18
	每股收益(元)	–	0.25	0.09
	每股净资产(元)	–	0.78	0.53
	净资产收益率(%)	–	32.60	16.63

深圳市万泉河科技股份有限公司

公司概况	公司名称	深圳市万泉河科技股份有限公司			股份名称	万泉河
	法人代表	王亮	董秘	王秋红	股份代码	430434
	公司网址	www.36.cn		主办券商	东吴证券股份有限公司	
	电　话	0755-33037777-636		传　真	0755-82046669	
	注册地址	广东省深圳市福田区滨河路以南沙嘴路以东中央西谷大厦22层01.02.03.04.05.06				
	行业分类	信息传输、软件和信息技术服务业				

	指标\报告期	2013.06.30	2012.12.31	2011.12.31
主要财务指标	营业收入(元)	21,697,092.46	50,461,533.83	43,251,895.52
	营业利润(元)	644,383.98	4,338,167.14	3,583,307.35
	净利润(元)	806,649.13	5,195,635.19	3,765,272.57
	未分配利润(元)	5,224,796.11	4,137,869.75	–135,488.75
	总资产(元)	31,255,925.75	30,683,483.26	31,611,054.46
	总负债(元)	11,389,917.62	11,624,124.27	17,747,330.65
	净资产(元)	19,866,008.13	19,059,358.99	13,863,723.81
	每股收益(元)	0.09	0.44	0.31
	每股净资产(元)	1.52	1.65	1.21
	净资产收益率(%)	5.97	26.74	25.84

上海数聚软件系统股份有限公司

公司概况	公司名称	上海数聚软件系统股份有限公司			股份名称	数聚软件
	法人代表	陈庆华	董秘	施玉洁	股份代码	430435
	公司网址	www.datacvg.com		主办券商	申银万国证券股份有限公司	
	电　话	021-51506298-8021		传　真	021-64870076	
	注册地址	上海市虹桥路333号1幢227室				
	行业分类	信息传输、软件和信息技术服务业				

	指标\报告期	2013.06.30	2012.12.31	2011.12.31
主要财务指标	营业收入(元)	11,476,385.31	9,273,550.22	780,000.00
	营业利润(元)	–250,839.09	577,712.81	–53,735.13
	净利润(元)	87,692.35	809,098.19	53,846.09
	未分配利润(元)	78,923.11	607,734.63	–133,837.49
	总资产(元)	10,024,430.19	5,836,639.74	4,853,351.85
	总负债(元)	4,261,477.14	161,379.04	–12,810.66
	净资产(元)	5,762,953.05	5,675,260.70	4,866,162.51
	每股收益(元)	0.02	0.16	0.01
	每股净资产(元)	1.15	1.14	0.97
	净资产收益率(%)	1.52	14.26	1.11

万洲电气股份有限公

公司概况	公司名称	万洲电气股份有限公		股份名称	万洲电气
	法人代表	赵世运	董秘 江松林	股份代码	430436
	公司网址	www.wanzhou.com.cn		主办券商	广发证券股份有限公司
	电　　话	0710-3400558-8666		传　　真	0710-3400019
	注册地址	湖北省襄阳市长征路58号			
	行业分类	制造业			

	指标\报告期	2013.06.30	2012.12.31	2011.12.31
主要财务指标	营业收入(元)	99,219,000.12	231,239,757.37	256,345,448.50
	营业利润(元)	777,404.95	6,855,894.57	31,062,199.41
	净利润(元)	1,694,250.21	10,711,933.64	27,449,921.80
	未分配利润(元)	23,400,584.37	21,706,334.16	12,142,639.38
	总资产(元)	418,407,789.22	429,940,482.24	381,094,903.72
	总负债(元)	248,193,488.66	261,420,431.89	223,286,787.01
	净资产(元)	170,214,300.56	168,520,050.35	157,808,116.71
	每股收益(元)	0.03	0.19	0.48
	每股净资产(元)	3.00	2.97	2.78
	净资产收益率(%)	1.00	6.36	17.26

广州绿洲生化科技股份有限公司

公司概况	公司名称	广州绿洲生化科技股份有限公司		股份名称	绿洲生化
	法人代表	卢新	董秘 赵莎	股份代码	430437
	公司网址	www.oasisbio.com.cn		主办券商	广发证券股份有限公司
	电　　话	020-32096888		传　　真	020-32096836
	注册地址	广东省广州市高新技术产业开发区科学大道科汇一街7号901室			
	行业分类	科学研究和技术服务业			

	指标\报告期	2013.06.30	2012.12.31	2011.12.31
主要财务指标	营业收入(元)	6,644,379.84	14,615,762.70	12,024,443.40
	营业利润(元)	1,127,414.19	3,488,987.39	3,050,929.21
	净利润(元)	1,502,945.54	3,310,170.48	3,334,487.46
	未分配利润(元)	1,456,648.76	2,603,997.77	1,124,844.34
	总资产(元)	21,813,550.09	22,701,037.87	17,308,855.10
	总负债(元)	1,013,458.21	903,891.53	2,321,879.24
	净资产(元)	20,800,091.88	21,797,146.34	14,986,975.86
	每股收益(元)	0.12	0.30	0.33
	每股净资产(元)	1.70	1.47	1.50
	净资产收益率(%)	7.23	15.19	22.25

星弧涂层新材料科技(苏州)股份有限公司

公司概况	公司名称	星弧涂层新材料科技(苏州)股份有限公司		股份名称	星弧涂层
	法人代表	王永辉	董秘 吴珺	股份代码	430438
	公司网址	www.stararc-coating.com		主办券商	东海证券股份有限公司
	电　　话	0512-62870905		传　　真	0512-62870907
	注册地址	江苏省苏州市工业园区唯新路81号			
	行业分类	制造业			

	指标\报告期	2013.06.30	2012.12.31	2011.12.31
主要财务指标	营业收入(元)	11,889,463.18	12,809,244.47	16,044,178.84
	营业利润(元)	4,111,909.22	2,746,096.71	3,075,750.82
	净利润(元)	3,467,106.84	2,821,928.43	1,744,427.77
	未分配利润(元)	2,965,707.96	4,345,311.80	1,805,576.21
	总资产(元)	34,518,663.72	28,661,300.73	21,370,064.63
	总负债(元)	20,019,948.45	13,129,692.30	8,660,384.63
	净资产(元)	14,498,715.27	15,531,608.43	12,709,680.00
	每股收益(元)	0.29	0.24	0.15
	每股净资产(元)	1.36	1.46	1.19
	净资产收益率(%)	23.91	18.17	13.73

上海亚杜润滑材料股份有限公司

公司概况	公司名称	上海亚杜润滑材料股份有限公司		股份名称	亚杜股份
	法人代表	孙瑾	董秘 丁敏亮	股份代码	430439
	公司网址	www.shyadu.cn		主办券商	申银万国证券股份有限公司
	电　　话	021-52968200		传　　真	021-62235183
	注册地址	上海市徐汇区桂平路680号33幢303-28室			
	行业分类	制造业			

	指标\报告期	2013.06.30	2012.12.31	2011.12.31
主要财务指标	营业收入(元)	11,485,573.88	15,576,357.91	17,365,419.66
	营业利润(元)	1,166,295.84	1,402,116.99	1,799,252.51
	净利润(元)	971,957.41	1,048,969.05	1,625,598.32
	未分配利润(元)	5,119,656.56	4,244,894.89	3,195,925.84
	总资产(元)	13,195,439.86	7,425,018.55	6,730,418.35
	总负债(元)	2,728,587.56	2,430,123.66	2,784,492.51
	净资产(元)	10,466,852.30	4,994,894.89	3,945,925.84
	每股收益(元)	0.10	0.10	0.16
	每股净资产(元)	1.05	0.50	0.39
	净资产收益率(%)	9.29	21.00	41.20

广东松本绿色新材股份有限公司

公司概况	公司名称	广东松本绿色新材股份有限公司			股份名称	松本绿色
	法人代表	林超群	董秘	苏钟南	股份代码	430440
	公司网址	www.sobenboard.com.cn		主办券商	广发证券股份有限公司	
	电　话	0750-2623277、13556982908		传　真	0750-2611668	
	注册地址	广东省开平市赤坎镇红溪路 108 号				
	行业分类	制造业				

主要财务指标	指标\报告期	2013.06.30	2012.12.31	2011.12.31
	营业收入(元)	66,565,059.41	136,281,646.11	149,456,620.23
	营业利润(元)	2,267,262.16	4,034,687.71	3,427,929.96
	净利润(元)	6,511,090.29	6,389,560.36	7,191,276.09
	未分配利润(元)	23,530,349.92	17,015,894.71	11,173,636.51
	总资产(元)	147,424,918.90	149,779,915.68	129,675,671.73
	总负债(元)	91,716,922.04	100,583,009.11	87,168,325.52
	净资产(元)	55,707,996.86	49,196,906.57	42,507,346.21
	每股收益(元)	0.22	0.21	0.24
	每股净资产(元)	1.75	1.53	1.31
	净资产收益率(%)	11.73	13.31	16.92

英极软件(大连)股份有限公司

公司概况	公司名称	英极软件(大连)股份有限公司			股份名称	英极股份
	法人代表	徐跃平	董秘	刘芝韧	股份代码	430441
	公司网址	www.edgesoft.cn		主办券商	海通证券股份有限公司	
	电　话	13387870503		传　真	0411-84753577	
	注册地址	辽宁省大连市高新技术产业园区火炬路 32 号 E 座 26-1 号				
	行业分类	信息传输、软件和信息技术服务业				

主要财务指标	指标\报告期	2013.06.30	2012.12.31	2011.12.31
	营业收入(元)	–	64,545,609.84	36,857,962.75
	营业利润(元)	–	31,491,121.37	16,635,651.05
	净利润(元)	–	58,072,205.29	14,733,172.70
	未分配利润(元)	–	58,089,529.53	2,044,941.91
	总资产(元)	–	187,322,909.38	102,544,265.47
	总负债(元)	–	42,319,851.41	6,151,451.15
	净资产(元)	–	145,003,057.97	96,392,814.32
	每股收益(元)	–	2.61	0.69
	每股净资产(元)	–	6.51	4.50
	净资产收益率(%)	–	40.05	15.29

无锡华昊电器股份有限公司

公司概况	公司名称	无锡华昊电器股份有限公司			股份名称	华昊电器
	法人代表	朱昊	董秘	金晔	股份代码	430442
	公司网址	www.wxhuahao.com		主办券商	广发证券股份有限公司	
	电　话	0510-88157798		传　真	0510-88157758	
	注册地址	江苏省无锡市南丰工业集中区 B 区 F03 号				
	行业分类	制造业				

主要财务指标	指标\报告期	2013.06.30	2012.12.31	2011.12.31
	营业收入(元)	35,618,855.64	63,923,264.75	81,087,362.46
	营业利润(元)	1,318,953.26	1,249,358.37	1,770,403.09
	净利润(元)	951,341.78	1,009,689.46	1,161,498.16
	未分配利润(元)	1,713,804.93	762,463.15	9,991,984.21
	总资产(元)	49,698,484.31	48,234,808.80	44,230,162.32
	总负债(元)	33,965,468.86	33,453,135.13	30,458,178.11
	净资产(元)	15,733,015.45	14,781,673.67	13,771,984.21
	每股收益(元)	0.07	0.08	0.46
	每股净资产(元)	1.21	1.14	5.47
	净资产收益率(%)	6.05	6.83	8.43

北京易丰印捷科技股份有限公司

公司概况	公司名称	北京易丰印捷科技股份有限公司			股份名称	易丰股份
	法人代表	罗非	董秘	褚朝晖	股份代码	430443
	公司网址	www.fengprint.com		主办券商	南京证券股份有限公司	
	电　话	010-65687199		传　真	010-65687099	
	注册地址	北京市朝阳区安翔北里 11 号 4 层 418 室				
	行业分类	制造业				

主要财务指标	指标\报告期	2013.06.30	2012.12.31	2011.12.31
	营业收入(元)	–	17,748,887.58	14,022,090.53
	营业利润(元)	–	155,203.76	119,548.20
	净利润(元)	–	183,676.36	59,299.07
	未分配利润(元)	–	1,790,226.47	1,624,917.75
	总资产(元)	–	11,516,275.56	12,491,701.40
	总负债(元)	–	7,527,135.03	8,686,237.23
	净资产(元)	–	3,989,140.53	3,805,464.17
	每股收益(元)	–	0.09	0.03
	每股净资产(元)	–	1.99	1.90
	净资产收益率(%)	–	4.60	1.56

苏州昆拓热控系统股份有限公司

公司概况	公司名称	苏州昆拓热控系统股份有限公司		股份名称	昆拓热控	
	法人代表	刘明国	董秘	张运辉	股份代码	430444
	公司网址	www.qutu.com.cn		主办券商	长城证券有限责任公司	
	电话	0512-62811728		传真	0512-62819800	
	注册地址	江苏省苏州市工业园区胜浦镇民胜路61号				
	行业分类	制造业				

	指标\报告期	2013.06.30	2012.12.31	2011.12.31
主要财务指标	营业收入(元)	–	98,283,253.62	71,040,975.57
	营业利润(元)	–	–429,932.56	4,288,775.36
	净利润(元)	–	1,074,242.33	5,154,853.97
	未分配利润(元)	–	5,152,871.30	5,579,133.20
	总资产(元)	–	97,285,153.78	69,435,680.61
	总负债(元)	–	54,331,856.72	50,633,545.88
	净资产(元)	–	42,953,297.06	18,802,134.73
	每股收益(元)	–	0.09	0.49
	每股净资产(元)	–	3.06	1.62
	净资产收益率(%)	–	2.50	27.42

仙宜岱股份有限公司

公司概况	公司名称	仙宜岱股份有限公司		股份名称	仙宜岱	
	法人代表	颜宏钟	董秘	杨勇辉	股份代码	430445
	公司网址	www.xzyd.cc		主办券商	广发证券股份有限公司	
	电话	13822906628		传真	0663-2355777	
	注册地址	广东省普宁市军埠镇山家工业区				
	行业分类	制造业				

	指标\报告期	2013.06.30	2012.12.31	2011.12.31
主要财务指标	营业收入(元)	–	242,960,730.46	215,920,142.15
	营业利润(元)	–	47,898,209.05	29,915,082.96
	净利润(元)	–	41,250,279.70	26,230,363.98
	未分配利润(元)	–	28,227,898.03	31,938,635.20
	总资产(元)	–	320,351,480.58	222,145,327.74
	总负债(元)	–	115,660,272.68	54,544,399.54
	净资产(元)	–	204,691,207.90	167,600,928.20
	每股收益(元)	–		
	每股净资产(元)	–		
	净资产收益率(%)	–	21.70	17.55

武汉三灵科技产业股份有限公司

公司概况	公司名称	武汉三灵科技产业股份有限公司		股份名称	三灵科技	
	法人代表	陈建明	董秘	刘琴(代)	股份代码	430446
	公司网址	www.sanlingst.com		主办券商	国盛证券有限责任公司	
	电话	027-67845116		传真	027-67845030-808	
	注册地址	湖北省武汉市东湖开发区关山二路特1号武汉国际企业中心				
	行业分类	制造业				

	指标\报告期	2013.06.30	2012.12.31	2011.12.31
主要财务指标	营业收入(元)	2,773,730.84	5,027,198.08	5,372,561.23
	营业利润(元)	10,877.42	483,812.25	832,197.65
	净利润(元)	4,436.80	350,083.66	540,981.91
	未分配利润(元)	1,213,078.94	1,209,085.82	894,010.53
	总资产(元)	10,183,250.27	8,399,757.77	7,055,737.85
	总负债(元)	3,655,384.78	6,056,329.08	5,362,392.82
	净资产(元)	6,527,865.49	2,343,428.69	1,693,345.03
	每股收益(元)	0.01	0.50	0.77
	每股净资产(元)	1.34	3.35	2.42
	净资产收益率(%)	0.07	14.94	31.95

湖南广信科技股份有限公司

公司概况	公司名称	湖南广信科技股份有限公司		股份名称	广信科技	
	法人代表	魏冬云	董秘	魏雅琴	股份代码	430447
	公司网址	www.gx-ei.com		主办券商	财富证券有限责任公司	
	电话	0739-3602248		传真	0739-3606866	
	注册地址	湖南省邵阳市新邵县酿溪镇东西路8号				
	行业分类	制造业				

	指标\报告期	2013.06.30	2012.12.31	2011.12.31
主要财务指标	营业收入(元)	54,585,884.71	99,648,836.53	124,893,124.98
	营业利润(元)	10,360,279.73	18,593,406.45	17,283,800.91
	净利润(元)	8,570,390.94	17,521,059.39	18,523,781.67
	未分配利润(元)	58,709,172.92	56,072,884.15	45,589,195.81
	总资产(元)	197,977,474.69	192,351,517.07	179,934,068.59
	总负债(元)	70,632,939.77	67,550,253.09	67,174,664.00
	净资产(元)	127,344,534.92	124,801,263.98	112,759,404.59
	每股收益(元)	0.16	0.32	0.34
	每股净资产(元)	2.31	2.26	2.03
	净资产收益率(%)	6.86	14.37	16.73

重庆和航科技股份有限公司

公司概况	公司名称	重庆和航科技股份有限公司			股份名称	和航科技
	法人代表	陈谊	董秘	李蓓	股份代码	430448
	公司网址	www.hehang.net		主办券商	大通证券股份有限公司	
	电　话	023-89120862		传　真	023-89120862-1111	
	注册地址	重庆市九龙坡区科园四街52号标准厂房K座3楼				
	行业分类	信息传输、软件和信息技术服务业				

	指标\报告期	2013.06.30	2012.12.31	2011.12.31
主要财务指标	营业收入(元)	7,753,076.16	20,826,656.49	20,191,324.46
	营业利润(元)	305,727.87	3,594,080.46	4,271,755.19
	净利润(元)	492,657.95	3,698,113.56	4,441,578.26
	未分配利润(元)	8,251,187.61	7,851,760.22	4,101,912.91
	总资产(元)	35,450,181.03	35,211,371.62	23,628,992.91
	总负债(元)	4,122,127.26	4,226,617.20	3,479,475.07
	净资产(元)	31,328,053.77	30,984,754.42	20,149,517.84
	每股收益(元)	0.03	0.26	0.41
	每股净资产(元)	1.70	1.68	1.31
	净资产收益率(%)	1.48	14.86	22.04

深圳市蓝泰源信息技术股份有限公司

公司概况	公司名称	深圳市蓝泰源信息技术股份有限公司			股份名称	蓝泰源
	法人代表	缑家瑞	董秘	时迎春	股份代码	430449
	公司网址	www.lantaiyuan.com		主办券商	大通证券股份有限公司	
	电　话	0755-25968718		传　真	0755-26968922	
	注册地址	广东省深圳市南山区高新园北区朗山二号路航天微电机大厦科研楼五楼西北侧504				
	行业分类	信息传输、软件和信息技术服务业				

	指标\报告期	2013.06.30	2012.12.31	2011.12.31
主要财务指标	营业收入(元)	13,468,347.27	42,098,399.51	15,021,634.33
	营业利润(元)	1,747,648.03	9,733,057.07	4,080,700.91
	净利润(元)	5,312,681.22	9,403,416.08	807,656.32
	未分配利润(元)	4,781,413.10	10,575,499.97	2,190,979.38
	总资产(元)	30,495,089.23	37,985,423.73	16,097,791.74
	总负债(元)	8,447,461.90	21,250,477.62	8,766,261.71
	净资产(元)	22,047,627.33	16,734,946.11	7,331,530.03
	每股收益(元)	0.33	0.59	0.05
	每股净资产(元)	1.38	1.05	0.46
	净资产收益率(%)	24.10	56.19	11.02

江苏正佰电气股份有限公司

公司概况	公司名称	江苏正佰电气股份有限公司			股份名称	正佰电气
	法人代表	蔡军强	董秘	张晨	股份代码	430450
	公司网址	www.jszbe.com		主办券商	广发证券股份有限公司	
	电　话	0512-55101013		传　真	0512-57178568	
	注册地址	江苏省苏州市昆山玉山镇城北兴友路33号2号厂房				
	行业分类	制造业				

	指标\报告期	2013.06.30	2012.12.31	2011.12.31
主要财务指标	营业收入(元)	29,321,432.71	60,072,231.94	60,655,901.51
	营业利润(元)	-329,206.35	2,162,462.27	2,100,569.79
	净利润(元)	-23,855.55	2,582,960.02	1,585,886.03
	未分配利润(元)	2,300,808.47	2,324,664.02	977,852.95
	总资产(元)	59,642,080.92	58,489,984.72	51,740,045.31
	总负债(元)	19,196,473.17	18,020,521.42	20,653,542.03
	净资产(元)	40,445,607.75	40,469,463.30	31,086,503.28
	每股收益(元)	-0.00	0.09	0.07
	每股净资产(元)	1.10	1.35	1.43
	净资产收益率(%)	-0.06	6.38	5.10

深圳市万人市场调查股份有限公司

公司概况	公司名称	深圳市万人市场调查股份有限公司			股份名称	万人调查
	法人代表	何明龙	董秘	何明龙	股份代码	430451
	公司网址	www.wanren.com		主办券商	广州证券有限责任公司	
	电　话	0755-25844582		传　真	0755-25844583	
	注册地址	广东省深圳市南山区粤兴二道6号武汉大学深圳产学研大楼B502-Ⅱ				
	行业分类	租赁和商务服务业				

	指标\报告期	2013.06.30	2012.12.31	2011.12.31
主要财务指标	营业收入(元)	4,817,265.72	9,904,051.91	9,118,092.00
	营业利润(元)	922,486.40	629,146.90	601,252.97
	净利润(元)	763,428.41	467,347.73	485,744.18
	未分配利润(元)	2,034,351.89	1,270,923.48	850,310.52
	总资产(元)	10,234,477.24	9,709,754.21	8,428,525.44
	总负债(元)	1,386,817.37	1,625,522.75	2,371,641.71
	净资产(元)	8,847,659.87	8,084,231.46	6,056,883.73
	每股收益(元)	0.12	0.08	0.10
	每股净资产(元)	1.39	1.26	1.19
	净资产收益率(%)	8.63	5.78	8.02

西安汇龙科技股份有限公司

公司概况	公司名称	西安汇龙科技股份有限公司		股份名称	汇龙科
	法人代表	刘英智	董秘 王剑武	股份代码	430452
	公司网址	www.xahuilong.com		主办券商	国海证券股份有限公司
	电　话	029-88850155-840		传　真	029-88605520
	注册地址	陕西省西安市高新区丈八一路1号汇鑫IBC1幢1单元21层12103号			
	行业分类	信息传输、软件和信息技术服务业			

	指标\报告期	2013.06.30	2012.12.31	2011.12.31
主要财务指标	营业收入(元)	65,704,092.53	130,457,219.65	145,852,790.38
	营业利润(元)	-8,655,327.69	2,921,461.85	13,896,196.29
	净利润(元)	-9,099,307.81	3,653,071.04	10,393,552.22
	未分配利润(元)	37,866,439.26	46,508,296.71	47,298,361.66
	总资产(元)	192,327,497.16	188,675,856.47	168,582,302.35
	总负债(元)	94,547,559.64	81,804,808.36	66,821,755.94
	净资产(元)	97,779,937.52	106,871,048.11	101,760,546.41
	每股收益(元)	-0.16	0.09	0.22
	每股净资产(元)	1.86	2.03	2.04
	净资产收益率(%)	-8.74	4.35	10.80

大连恒锐科技股份有限公司

公司概况	公司名称	大连恒锐科技股份有限公司		股份名称	恒锐科技
	法人代表	王发海	董秘 吴晓丹	股份代码	430453
	公司网址	www.everspry.com		主办券商	国信证券股份有限公司
	电　话	0411-84791632		传　真	0411-84790090
	注册地址	辽宁省大连市高新园区七贤岭希贤街31号			
	行业分类	信息传输、软件和信息技术服务业			

	指标\报告期	2013.06.30	2012.12.31	2011.12.31
主要财务指标	营业收入(元)	9,857,262.77	27,254,757.83	11,162,800.33
	营业利润(元)	4,029,029.10	9,224,021.01	3,134,238.95
	净利润(元)	3,410,408.51	9,863,104.06	4,575,790.22
	未分配利润(元)	13,113,502.29	10,036,562.29	3,643,110.07
	总资产(元)	28,111,996.55	29,219,919.16	15,229,006.43
	总负债(元)	1,547,900.67	6,066,231.79	3,438,423.12
	净资产(元)	26,564,095.88	23,153,687.37	11,790,583.31
	每股收益(元)	0.32	0.94	0.92
	每股净资产(元)	2.46	2.15	2.27
	净资产收益率(%)	12.84	42.60	38.81

东莞市百大新能源股份有限公司

公司概况	公司名称	东莞市百大新能源股份有限公司		股份名称	百大能源
	法人代表	刘淦昌	董秘 董燕萍	股份代码	430454
	公司网址	www.dgbaida.cn		主办券商	国信证券股份有限公司
	电　话	0769-23075438		传　真	0769-23075548
	注册地址	广东省东莞市松山湖科技产业园区创新科技园3号楼5楼509、510、511室			
	行业分类	制造业			

	指标\报告期	2013.06.30	2012.12.31	2011.12.31
主要财务指标	营业收入(元)	–	31,157,801.18	15,767,314.92
	营业利润(元)	–	1,600,095.14	-1,913,922.56
	净利润(元)	–	6,716,384.23	2,250,783.96
	未分配利润(元)	–	7,888,637.59	1,843,891.78
	总资产(元)	–	50,100,686.75	17,099,950.90
	总负债(元)	–	21,312,248.39	3,027,896.77
	净资产(元)	–	28,788,438.36	14,072,054.13
	每股收益(元)	–	0.37	0.28
	每股净资产(元)	–	1.45	1.18
	净资产收益率(%)	–	23.33	16.00

杭州德联科技股份有限公司

公司概况	公司名称	杭州德联科技股份有限公司		股份名称	德联科技
	法人代表	胡真	董秘 刘春华	股份代码	430455
	公司网址	www.hzdelian.com		主办券商	国信证券股份有限公司
	电　话	0571-89922366		传　真	0571-88971851
	注册地址	浙江省杭州市滨江区长河街道长河路475号1幢1层102室			
	行业分类	信息传输、软件和信息技术服务业			

	指标\报告期	2013.06.30	2012.12.31	2011.12.31
主要财务指标	营业收入(元)	11,330,861.20	31,415,241.61	20,989,214.64
	营业利润(元)	1,475,097.46	2,563,992.91	-194,056.71
	净利润(元)	1,949,391.14	4,762,443.71	549,724.94
	未分配利润(元)	2,028,626.37	11,629,184.36	7,342,985.02
	总资产(元)	30,909,562.50	44,289,478.83	31,748,682.06
	总负债(元)	17,599,689.12	21,379,047.46	13,600,694.40
	净资产(元)	13,309,873.38	22,910,431.37	18,147,987.66
	每股收益(元)	0.19	0.48	0.12
	每股净资产(元)	1.33	2.29	1.81
	净资产收益率(%)	14.65	20.79	3.03

苏州和氏设计营造股份有限公司

公司概况	公司名称	苏州和氏设计营造股份有限公司			股份名称	和氏股份
	法人代表	吴景贤	董秘	鲁红霞	股份代码	430456
	公司网址	www.hisdesign.cn		主办券商	国信证券股份有限公司	
	电　话	0512-67868508-805		传　真	0512-67868508	
	注册地址	江苏省苏州市工业园区宏业路 128 号				
	行业分类	文化、体育和娱乐业				

主要财务指标	指标\报告期	2013.06.30	2012.12.31	2011.12.31
	营业收入(元)	85,595,494.32	280,454,863.21	206,014,675.35
	营业利润(元)	9,341,315.74	15,293,405.90	27,555,774.10
	净利润(元)	7,938,209.31	13,812,581.52	23,414,870.96
	未分配利润(元)	39,225,280.95	31,287,071.64	18,855,748.27
	总资产(元)	185,525,636.68	173,769,467.19	118,858,644.65
	总负债(元)	100,377,496.26	96,559,536.08	55,461,295.06
	净资产(元)	85,148,140.42	77,209,931.11	63,397,349.59
	每股收益(元)	0.19	0.33	0.56
	每股净资产(元)	2.03	1.84	1.51
	净资产收益率(%)	9.32	17.89	36.93

浙江三网科技股份有限公司

公司概况	公司名称	浙江三网科技股份有限公司			股份名称	三网科技
	法人代表	陈亦刚	董秘	仇瑶	股份代码	430457
	公司网址	www.thirdnet.com.cn		主办券商	国信证券股份有限公司	
	电　话	0571-85116060-6009		传　真	0571-85807071	
	注册地址	浙江省杭州市滨江区江南大道 3880 号华荣时代大厦 1401-1406 室				
	行业分类	信息传输、软件和信息技术服务业				

主要财务指标	指标\报告期	2013.06.30	2012.12.31	2011.12.31
	营业收入(元)	6,365,988.44	17,381,830.34	8,532,164.22
	营业利润(元)	554,068.77	201,951.95	-1,927,795.60
	净利润(元)	957,703.39	761,764.85	549,339.64
	未分配利润(元)	254,185.52	-7,681,387.74	-8,443,152.59
	总资产(元)	21,557,735.02	21,548,774.13	10,552,491.93
	总负债(元)	9,334,033.37	16,282,775.87	8,048,258.52
	净资产(元)	12,223,701.65	5,265,998.26	2,504,233.41
	每股收益(元)	0.08	0.07	0.05
	每股净资产(元)	1.03	0.47	0.23
	净资产收益率(%)	7.84	14.47	21.94

大连陆海科技股份有限公司

公司概况	公司名称	大连陆海科技股份有限公司			股份名称	陆海科技
	法人代表	王更五	董秘	林敏	股份代码	430458
	公司网址	www.maritech.cn		主办券商	国信证券股份有限公司	
	电　话	0411-84754811-8819		传　真	0411-84754300	
	注册地址	辽宁省大连市高新园区七贤岭学子街 2-3 号 605 室				
	行业分类	信息传输、软件和信息技术服务业				

主要财务指标	指标\报告期	2013.06.30	2012.12.31	2011.12.31
	营业收入(元)	37,463,263.22	42,422,096.79	21,766,376.00
	营业利润(元)	6,244,414.26	6,648,481.58	3,825,686.55
	净利润(元)	5,305,008.80	6,618,508.59	4,766,641.62
	未分配利润(元)	15,615,776.90	10,310,768.10	4,030,397.87
	总资产(元)	65,021,788.79	50,644,870.94	28,533,887.89
	总负债(元)	28,094,358.62	18,960,543.21	3,442,043.60
	净资产(元)	36,927,430.17	31,684,327.73	25,091,844.29
	每股收益(元)	0.27	0.33	0.24
	每股净资产(元)	1.85	1.58	1.25
	净资产收益率(%)	14.37	20.89	19.00

华艺生态园林股份有限公司

公司概况	公司名称	华艺生态园林股份有限公司			股份名称	华艺园林
	法人代表	胡优华	董秘	肖文	股份代码	430459
	公司网址	www.hyyl.net		主办券商	国元证券股份有限公司	
	电　话	0551-65333939		传　真	0551-65322663	
	注册地址	安徽省合肥市高新区红枫路 7 号富邻广场 3 座 12 楼				
	行业分类	建筑业				

主要财务指标	指标\报告期	2013.06.30	2012.12.31	2011.12.31
	营业收入(元)	130,188,810.35	253,888,284.95	268,206,942.25
	营业利润(元)	15,919,828.57	25,808,555.05	43,558,107.73
	净利润(元)	14,162,777.22	21,995,636.36	31,005,626.64
	未分配利润(元)	7,390,116.94	57,582,852.44	37,983,119.18
	总资产(元)	275,762,190.08	241,723,612.64	152,198,760.99
	总负债(元)	150,282,394.17	130,406,593.95	87,441,378.66
	净资产(元)	125,479,795.91	111,317,018.69	64,757,382.33
	每股收益(元)	0.21		
	每股净资产(元)	1.90		
	净资产收益率(%)	11.29	19.76	48.05

苏州太湖电工新材料股份有限公司

公司概况	公司名称	苏州太湖电工新材料股份有限公司			股份名称	太湖股份
	法人代表	施泉荣	董秘	王庆国	股份代码	430460
	公司网址	www.wjzyjz.com		主办券商	宏源证券股份有限公司	
	电　话	0512-63240922		传　真	0512-63240922	
	注册地址	江苏省吴江市汾湖经济开发区北厍工业园				
	行业分类	制造业				

主要财务指标	指标\报告期	2013.06.30	2012.12.31	2011.12.31
	营业收入(元)	–	255,197,768.63	264,624,069.95
	营业利润(元)	–	34,678,792.55	27,816,196.95
	净利润(元)	–	32,059,526.87	30,621,366.50
	未分配利润(元)	–	–724,809.61	56,633,468.55
	总资产(元)	–	289,339,103.35	244,139,913.05
	总负债(元)	–	114,455,648.52	113,851,985.09
	净资产(元)	–	174,883,454.83	130,287,927.96
	每股收益(元)	–	0.43	
	每股净资产(元)	–	2.32	
	净资产收益率(%)	–	18.36	23.54

南京视威电子科技股份有限公司

公司概况	公司名称	南京视威电子科技股份有限公司			股份名称	视威科技
	法人代表	于江苏	董秘	陈璐	股份代码	430461
	公司网址	www.swit.cc		主办券商	宏源证券股份有限公司	
	电　话	025-84817295		传　真	025-85805296	
	注册地址	江苏省南京经济技术开发区恒通大道10号				
	行业分类	制造业				

主要财务指标	指标\报告期	2013.06.30	2012.12.31	2011.12.31
	营业收入(元)	–	53,547,300.31	44,394,978.99
	营业利润(元)	–	7,866,953.78	3,586,997.55
	净利润(元)	–	7,033,272.28	4,503,283.71
	未分配利润(元)	–	9,872,921.56	12,531,299.73
	总资产(元)	–	58,499,715.05	52,361,154.34
	总负债(元)	–	12,570,159.84	4,464,871.41
	净资产(元)	–	45,929,555.21	47,896,282.93
	每股收益(元)	–	0.23	0.15
	每股净资产(元)	–	1.53	1.60
	净资产收益率(%)	–	15.31	9.40

广东树业环保科技股份有限公司

公司概况	公司名称	广东树业环保科技股份有限公司			股份名称	树业环保
	法人代表	林树光	董秘	曾繁泉	股份代码	430462
	公司网址	www.shuye.com.cn		主办券商	广发证券股份有限公司	
	电　话	0754-85776899-8008		传　真	0754-85776699	
	注册地址	广东省汕头市澄海区盐鸿镇鸿二公路旁司马埔工业区				
	行业分类	制造业				

主要财务指标	指标\报告期	2013.06.30	2012.12.31	2011.12.31
	营业收入(元)	171,021,470.64	294,389,371.96	243,661,385.64
	营业利润(元)	12,826,244.02	34,820,444.09	36,407,682.92
	净利润(元)	23,576,193.00	35,457,675.35	32,196,505.87
	未分配利润(元)	131,680,591.64	108,104,398.64	76,192,490.83
	总资产(元)	421,947,044.40	414,138,444.59	301,311,699.50
	总负债(元)	143,865,953.66	159,633,546.85	82,264,477.11
	净资产(元)	278,081,090.74	254,504,897.74	219,047,222.39
	每股收益(元)	0.31	0.47	0.53
	每股净资产(元)	3.70	3.38	5.83
	净资产收益率(%)	8.48	13.93	14.70

广西汽牛农业机械股份有限公司

公司概况	公司名称	广西汽牛农业机械股份有限公司			股份名称	汽牛股份
	法人代表	全春茂	董秘	梁学旺	股份代码	430463
	公司网址	www.qiniu.cn		主办券商	国海证券股份有限公司	
	电　话	0775-3795107		传　真	0775-3792386	
	注册地址	广西壮族自治区玉林市兴业县大平山镇工业园区陈村温口玉石公路旁				
	行业分类	制造业				

主要财务指标	指标\报告期	2013.06.30	2012.12.31	2011.12.31
	营业收入(元)	–	134,982,849.83	140,746,761.26
	营业利润(元)	–	9,719,029.97	15,712,962.24
	净利润(元)	–	9,532,849.95	11,197,511.87
	未分配利润(元)	–	11,908,310.40	3,240,672.82
	总资产(元)	–	183,980,082.74	138,301,638.92
	总负债(元)	–	123,684,240.36	87,738,646.49
	净资产(元)	–	60,295,842.38	50,562,992.43
	每股收益(元)	–	0.23	0.30
	每股净资产(元)	–	1.36	1.13
	净资产收益率(%)	–	16.86	23.90

深圳市方迪科技股份有限公司

公司概况					
公司名称	深圳市方迪科技股份有限公司			股份名称	方迪科技
法人代表	谭建忠	董秘	韩妮	股份代码	430464
公司网址	www.fortunes.com.cn		主办券商	国信证券股份有限公司	
电　　话	0755-23981368		传　　真	0755-83436293	
注册地址	广东省深圳市福田区车公庙泰然九路海松大厦 B-2102				
行业分类	信息传输、软件和信息技术服务业				

主要财务指标			
指标\报告期	2013.06.30	2012.12.31	2011.12.31
营业收入(元)	34,585,516.83	132,832,746.59	100,268,233.94
营业利润(元)	-6,490,597.24	5,590,135.31	-113,024.26
净利润(元)	-5,199,593.31	5,441,280.63	166,189.56
未分配利润(元)	1,469,559.33	6,669,152.64	7,320,171.42
总资产(元)	86,061,919.86	99,715,545.11	103,744,640.07
总负债(元)	56,559,414.48	65,013,446.42	74,483,822.01
净资产(元)	29,502,505.38	34,702,098.69	29,260,818.06
每股收益(元)	-0.26	0.27	
每股净资产(元)	1.48	1.74	1.46
净资产收益率(%)	-17.62	15.68	0.57

贵州东方世纪科技股份有限公司

公司概况					
公司名称	贵州东方世纪科技股份有限公司			股份名称	东方科技
法人代表	李胜	董秘	李宏	股份代码	430465
公司网址	www.ssking.com		主办券商	海通证券股份有限公司	
电　　话	0851-5600224		传　　真	0851-5601201	
注册地址	贵州省贵阳市高新区金阳知识产业园创业大厦 5 楼				
行业分类	信息传输、软件和信息技术服务业				

主要财务指标			
指标\报告期	2013.06.30	2012.12.31	2011.12.31
营业收入(元)	31,644,940.03	101,855,511.78	83,896,476.61
营业利润(元)	7,029,453.86	8,362,264.50	5,746,815.49
净利润(元)	5,920,927.20	7,396,678.34	5,436,662.92
未分配利润(元)	12,282,763.20	6,361,836.00	-327,971.67
总资产(元)	74,626,645.99	105,007,072.68	80,379,501.18
总负债(元)	38,391,112.12	74,692,466.01	67,461,572.85
净资产(元)	36,235,533.87	30,314,606.67	12,917,928.33
每股收益(元)	0.52	0.65	0.54
每股净资产(元)	3.17	2.65	1.29
净资产收益率(%)	16.34	24.40	42.09

新疆华油技术服务股份有限公司

公司概况					
公司名称	新疆华油技术服务股份有限公司			股份名称	新疆华油
法人代表	李长根	董秘	胡峰	股份代码	430466
公司网址	www.xinjianghuayou.com		主办券商	国信证券股份有限公司	
电　　话	0991-3705291		传　　真	0991-3754312	
注册地址	新疆维吾尔自治区乌鲁木齐经济技术开发区厦门一街北一巷 21 号				
行业分类	采矿业				

主要财务指标			
指标\报告期	2013.06.30	2012.12.31	2011.12.31
营业收入(元)	62,327,493.46	150,600,812.60	131,402,097.58
营业利润(元)	7,161,769.06	30,738,426.69	29,936,650.15
净利润(元)	7,059,622.34	28,047,795.71	27,476,343.21
未分配利润(元)	53,825,385.14	47,471,725.03	24,728,708.89
总资产(元)	300,654,031.36	317,153,718.82	232,946,757.43
总负债(元)	152,045,494.09	175,842,350.30	117,536,161.97
净资产(元)	148,608,537.27	141,311,368.52	115,410,595.46
每股收益(元)	0.14	0.56	0.61
每股净资产(元)	2.97	2.83	2.31
净资产收益率(%)	4.75	19.85	23.81

深圳市行健自动化股份有限公司

公司概况					
公司名称	深圳市行健自动化股份有限公司			股份名称	深圳行健
法人代表	马国强	董秘	严洪滨	股份代码	430467
公司网址	www.wellreach.com		主办券商	国信证券股份有限公司	
电　　话	0755-86336499		传　　真	0755-86336495	
注册地址	广东省深圳市南山区科技中二路深圳软件园 10# 楼 602				
行业分类	信息传输、软件和信息技术服务业				

主要财务指标			
指标\报告期	2013.06.30	2012.12.31	2011.12.31
营业收入(元)	40,564,109.90	69,803,290.32	47,484,002.96
营业利润(元)	7,918,719.29	11,502,271.26	5,631,022.24
净利润(元)	7,052,542.30	10,258,510.56	5,069,622.27
未分配利润(元)	11,097,332.02	4,044,789.72	12,551,066.12
总资产(元)	54,040,176.45	48,748,477.66	50,122,007.73
总负债(元)	11,162,635.41	12,923,478.92	27,355,519.55
净资产(元)	42,877,541.04	35,824,998.74	22,766,488.18
每股收益(元)	0.65	0.95	0.63
每股净资产(元)	3.97	3.32	2.85
净资产收益率(%)	16.45	28.64	22.27

新疆锦棉种业科技股份有限公司

公司概况	公司名称	新疆锦棉种业科技股份有限公司			股份名称	锦棉种业
	法人代表	陈建军	董秘	毕玉昆	股份代码	430468
	公司网址	www.xjjmzy.com		主办券商	宏源证券股份有限公司	
	电　话	0992-6860770		传　真	0992-6882927	
	注册地址	新疆锦棉种业科技股份有限公司				
	行业分类	农、林、牧、渔业				

	指标\报告期	2013.06.30	2012.12.31	2011.12.31
主要财务指标	营业收入(元)	–	117,895,996.96	66,014,596.90
	营业利润(元)	–	8,847,715.65	–3,137,975.93
	净利润(元)	–	9,421,398.21	–1,253,535.14
	未分配利润(元)	–	–653,200.00	–1,292,630.64
	总资产(元)	–	118,164,639.11	106,081,839.26
	总负债(元)	–	64,453,688.11	90,841,967.51
	净资产(元)	–	53,710,951.00	15,239,871.75
	每股收益(元)	–	0.19	–0.15
	每股净资产(元)	–	1.07	1.80
	净资产收益率(%)	–	17.54	–8.23

成都必控科技股份有限公司

公司概况	公司名称	成都必控科技股份有限公司			股份名称	必控科技
	法人代表	盛杰	董秘	侯彦伶	股份代码	430469
	公司网址	www.cdbiktech.com		主办券商	广发证券股份有限公司	
	电　话	028-85980529		传　真	028-85980520	
	注册地址	四川省成都市高新区世纪城南路216号天府软件园D5号楼14层				
	行业分类	制造业				

	指标\报告期	2013.06.30	2012.12.31	2011.12.31
主要财务指标	营业收入(元)	–	20,528,286.54	16,255,635.72
	营业利润(元)	–	377,065.02	1,205,864.76
	净利润(元)	–	790,210.65	1,105,494.73
	未分配利润(元)	–	691,474.95	–98,735.70
	总资产(元)	–	33,316,266.88	22,388,864.76
	总负债(元)	–	14,444,083.44	6,306,891.97
	净资产(元)	–	18,872,183.44	16,081,972.79
	每股收益(元)	–	0.06	0.11
	每股净资产(元)	–	1.33	1.18
	净资产收益率(%)	–	4.19	6.40

杭州哲达科技股份有限公司

公司概况	公司名称	杭州哲达科技股份有限公司			股份名称	哲达科技
	法人代表	沈新荣	董秘	章宇舟	股份代码	430470
	公司网址	www.zetacn.com		主办券商	广发证券股份有限公司	
	电　话	0571-88908608		传　真	0571-88063806	
	注册地址	浙江省杭州市西湖区教工路88号立元大厦601室				
	行业分类	制造业				

	指标\报告期	2013.06.30	2012.12.31	2011.12.31
主要财务指标	营业收入(元)	95,198,964.98	273,427,641.18	337,342,850.76
	营业利润(元)	–2,161,212.70	14,666,162.82	15,072,701.37
	净利润(元)	620,055.48	16,000,877.34	15,621,277.21
	未分配利润(元)	59,611,654.20	61,991,598.72	50,171,411.96
	总资产(元)	238,021,366.33	229,721,469.68	235,070,858.63
	总负债(元)	85,969,702.55	75,289,861.38	93,640,127.67
	净资产(元)	152,051,663.78	154,431,608.30	141,430,730.96
	每股收益(元)	0.01	0.32	0.31
	每股净资产(元)	3.04	3.09	2.83
	净资产收益率(%)	0.41	10.36	11.05

郑州豪威尔电子科技股份有限公司

公司概况	公司名称	郑州豪威尔电子科技股份有限公司			股份名称	豪威尔
	法人代表	李启海	董秘	马文浩	股份代码	430471
	公司网址	www.zzhaoweier.cn		主办券商	国信证券股份有限公司	
	电　话	0371-67858908		传　真	0371-67858818	
	注册地址	河南省郑州市高新开发区腊梅路57号				
	行业分类	制造业				

	指标\报告期	2013.06.30	2012.12.31	2011.12.31
主要财务指标	营业收入(元)	28,549,926.31	27,025,218.21	31,433,041.75
	营业利润(元)	7,717,704.24	5,231,537.55	4,491,249.70
	净利润(元)	7,642,943.06	4,894,205.61	3,774,885.85
	未分配利润(元)	9,848,676.61	3,964,476.61	–489,231.60
	总资产(元)	42,078,528.68	30,200,048.25	22,301,693.91
	总负债(元)	21,439,010.00	16,204,472.63	13,200,323.90
	净资产(元)	20,639,518.68	13,995,575.62	9,101,370.01
	每股收益(元)	0.85	0.54	0.42
	每股净资产(元)	2.29	1.56	1.01
	净资产收益率(%)	37.03	34.97	41.48

昆明安泰得软件股份有限公司

公司概况	公司名称	昆明安泰得软件股份有限公司		股份名称	安泰得
	法人代表	张自震	董秘 陈玮	股份代码	430472
	公司网址	www.atidesoft.com		主办券商	国信证券股份有限公司
	电　话	0871-65090782-1315		传　真	0871-68214128
	注册地址	云南省昆明市高新区科园路 99 号鼎易商务中心 B 座 13 楼			
	行业分类	信息传输、软件和信息技术服务业			

主要财务指标	指标\报告期	2013.06.30	2012.12.31	2011.12.31
	营业收入(元)	–	15,175,691.00	12,707,496.00
	营业利润(元)	–	6,510,616.87	5,718,943.52
	净利润(元)	–	7,479,943.20	6,698,739.00
	未分配利润(元)	–	11,985,826.26	5,253,877.38
	总资产(元)	–	28,392,682.42	16,788,554.87
	总负债(元)	–	9,258,520.94	5,134,336.59
	净资产(元)	–	19,134,161.48	11,654,218.28
	每股收益(元)	–	1.50	1.34
	每股净资产(元)	–	3.83	2.33
	净资产收益率(%)	–	39.09	57.48

成都网动光电子技术股份有限公司

公司概况	公司名称	成都网动光电子技术股份有限公司		股份名称	网动股份
	法人代表	汪润泉	董秘 付莉华	股份代码	430473
	公司网址	www.neton.com.cn		主办券商	国信证券股份有限公司
	电　话	028-86080286-803		传　真	028-85192424
	注册地址	四川省成都市高新区高朋大路 11 号科技工业园 A 区 5 楼			
	行业分类	制造业			

主要财务指标	指标\报告期	2013.06.30	2012.12.31	2011.12.31
	营业收入(元)	8,471,173.68	20,490,050.43	21,409,162.75
	营业利润(元)	558,418.53	1,200,566.33	1,023,388.14
	净利润(元)	613,663.18	1,853,064.00	824,961.56
	未分配利润(元)	1,672,791.60	1,059,128.42	988,252.93
	总资产(元)	22,641,984.60	23,805,593.03	19,408,062.07
	总负债(元)	9,470,908.14	14,248,179.75	11,703,712.79
	净资产(元)	13,171,076.46	9,557,413.28	7,704,349.28
	每股收益(元)	0.10	0.31	0.25
	每股净资产(元)	1.76	1.59	1.28
	净资产收益率(%)	4.66	19.39	10.71

广东恒裕灯饰股份有限公司

公司概况	公司名称	广东恒裕灯饰股份有限公司		股份名称	恒裕灯饰
	法人代表	何忠勇	董秘 李翠云	股份代码	430474
	公司网址	www.hengyulighting.com		主办券商	东北证券股份有限公司
	电　话	0752-2060253		传　真	0752-2060900
	注册地址	广东省惠州市仲恺高新区惠风东二路 16 号 B501-1 号			
	行业分类	制造业			

主要财务指标	指标\报告期	2013.06.30	2012.12.31	2011.12.31
	营业收入(元)	16,421,172.67	36,877,932.16	30,503,807.96
	营业利润(元)	599,196.07	1,099,360.12	16,588.92
	净利润(元)	563,271.23	923,624.69	111,931.01
	未分配利润(元)	1,011,335.45	448,064.22	269,731.15
	总资产(元)	26,770,233.46	25,053,432.34	23,682,772.51
	总负债(元)	14,692,562.46	13,539,032.57	13,362,744.28
	净资产(元)	12,077,671.00	11,514,399.77	10,320,028.23
	每股收益(元)	0.06	0.09	0.01
	每股净资产(元)	1.21	1.15	1.03
	净资产收益率(%)	4.66	8.02	1.09

上海陆道工程设计管理股份有限公司

公司概况	公司名称	上海陆道工程设计管理股份有限公司		股份名称	陆道设计
	法人代表	刘笑盈	董秘 刘克玉	股份代码	430475
	公司网址	www.stoa.com.cn		主办券商	安信证券股份有限公司
	电　话	021-62111177		传　真	021-52388896
	注册地址	上海市徐汇区桂平路 680 号 33 幢 301-14 室			
	行业分类	科学研究和技术服务业			

主要财务指标	指标\报告期	2013.06.30	2012.12.31	2011.12.31
	营业收入(元)	–	63,343,025.25	60,692,233.95
	营业利润(元)	–	3,922,756.27	3,099,175.97
	净利润(元)	–	5,069,395.04	3,294,797.47
	未分配利润(元)	–	6,928,072.44	2,388,080.73
	总资产(元)	–	53,501,112.32	29,696,972.09
	总负债(元)	–	41,432,957.98	23,052,185.95
	净资产(元)	–	12,068,154.34	6,644,786.14
	每股收益(元)	–	0.39	0.23
	每股净资产(元)	–	0.84	0.45
	净资产收益率(%)	–	46.35	52.25

济南海能仪器股份有限公司

公司概况	公司名称	济南海能仪器股份有限公司			股份名称	海能仪器
	法人代表	王志刚	董秘	李瑞强	股份代码	430476
	公司网址	www.hanon.cc	主办券商	国信证券股份有限公司		
	电　话	0531-88874444-115	传　真	0531-88874445		
	注册地址	山东省济南市高新区天辰大街 677 号 3 号楼				
	行业分类	制造业				

	指标\报告期	2013.06.30	2012.12.31	2011.12.31
主要财务指标	营业收入(元)	25,977,357.23	35,299,708.63	19,620,243.46
	营业利润(元)	-359,710.78	4,612,858.77	-600,899.21
	净利润(元)	1,891,892.85	6,515,900.89	-648,679.11
	未分配利润(元)	3,349,061.29	4,130,556.83	-308,115.05
	总资产(元)	40,915,183.40	42,195,551.77	20,479,298.24
	总负债(元)	22,004,759.60	22,927,020.82	7,726,668.18
	净资产(元)	18,910,423.80	19,268,530.95	12,752,630.06
	每股收益(元)	0.14	0.59	-0.09
	每股净资产(元)	1.39	1.45	1.13
	净资产收益率(%)	10.04	35.15	-4.62

芜湖盛力科技股份有限公司

公司概况	公司名称	芜湖盛力科技股份有限公司			股份名称	盛力科技
	法人代表	张武江	董秘	丁树人	股份代码	430477
	公司网址	www.slzd.com	主办券商	国元证券股份有限公司		
	电　话	0553-3026108	传　真	0553-3026111		
	注册地址	安徽省芜湖市高新技术产业开发区西山路 17 号				
	行业分类	制造业				

	指标\报告期	2013.06.30	2012.12.31	2011.12.31
主要财务指标	营业收入(元)	87,965,683.03	133,570,212.74	207,479,765.82
	营业利润(元)	256,471.11	-2,869,923.73	6,349,076.16
	净利润(元)	2,420,375.81	1,972,059.14	9,082,992.20
	未分配利润(元)	6,101,407.70	3,681,031.89	34,363,614.69
	总资产(元)	254,321,970.05	250,978,355.52	265,364,008.14
	总负债(元)	209,450,070.60	208,526,831.88	223,924,543.64
	净资产(元)	44,871,899.45	42,451,523.64	41,439,464.50
	每股收益(元)	0.08	0.06	3.08
	每股净资产(元)	1.40	1.33	10.36
	净资产收益率(%)	5.39	4.65	21.92

安徽禾益化学股份有限公司

公司概况	公司名称	安徽禾益化学股份有限公司			股份名称	禾益化学
	法人代表	董来山	董秘	董来高	股份代码	430478
	公司网址	www.heryipharma.com	主办券商	国元证券股份有限公司		
	电　话	0550-7764800	传　真	0550-7764822		
	注册地址	安徽省天长市杨村工业区康达路 2 号				
	行业分类	制造业				

	指标\报告期	2013.06.30	2012.12.31	2011.12.31
主要财务指标	营业收入(元)	31,664,431.64	87,567,587.22	80,017,223.41
	营业利润(元)	4,771,686.63	18,686,892.18	19,654,085.54
	净利润(元)	4,458,794.40	15,305,922.75	15,252,339.66
	未分配利润(元)	4,458,794.40	27,386,103.66	13,610,773.18
	总资产(元)	77,714,087.29	78,239,134.02	51,478,554.62
	总负债(元)	29,426,288.83	34,410,129.96	34,355,473.31
	净资产(元)	48,287,798.46	43,829,004.06	17,123,081.31
	每股收益(元)	0.37	1.28	1.27
	每股净资产(元)	4.02	3.65	1.43
	净资产收益率(%)	9.23	34.92	89.08

成都网阔信息技术股份有限公司

公司概况	公司名称	成都网阔信息技术股份有限公司			股份名称	网阔信息
	法人代表	兰翔	董秘	施春燕	股份代码	430479
	公司网址	www.manzz.com	主办券商	华西证券有限责任公司		
	电　话	028-85217211-302	传　真	028-85212191		
	注册地址	四川省成都市高新区肖家河二环路南四段 16				
	行业分类	信息传输、软件和信息技术服务业				

	指标\报告期	2013.06.30	2012.12.31	2011.12.31
主要财务指标	营业收入(元)	44,000,070.29	58,939,315.32	47,068,370.18
	营业利润(元)	11,965,220.53	16,016,441.34	7,956,081.79
	净利润(元)	10,123,718.22	14,669,646.43	6,896,982.53
	未分配利润(元)	25,378,236.11	22,004,347.07	17,771,074.67
	总资产(元)	56,648,307.27	53,132,110.07	37,050,635.66
	总负债(元)	14,406,921.12	14,544,442.14	13,292,614.16
	净资产(元)	42,241,386.15	38,587,667.93	23,758,021.50
	每股收益(元)	0.98	1.48	
	每股净资产(元)	4.18	3.84	4.71
	净资产收益率(%)	23.57	38.49	29.18

郑州辰维科技股份有限公司

公司概况	公司名称	郑州辰维科技股份有限公司			股份名称	辰维科技
	法人代表	张勇	董秘	刘振宇	股份代码	430480
	公司网址	www.chenweikeji.com		主办券商	光大证券股份有限公司	
	电　话	0371-67996990-8101		传　真	0371-67997001	
	注册地址	河南省郑州市高新技术产业开发区云杉路9号5幢				
	行业分类	信息传输、软件和信息技术服务业				

	指标\报告期	2013.06.30	2012.12.31	2011.12.31
主要财务指标	营业收入(元)	5,201,686.74	13,001,161.98	12,731,687.48
	营业利润(元)	121,364.64	1,570,332.14	619,359.32
	净利润(元)	406,544.06	2,120,051.57	661,558.02
	未分配利润(元)	4,372,962.19	3,967,062.61	2,059,016.20
	总资产(元)	18,343,168.75	18,342,218.63	13,543,126.39
	总负债(元)	4,779,559.40	5,184,508.86	2,505,468.19
	净资产(元)	13,563,609.35	13,157,709.77	11,037,658.20
	每股收益(元)	0.06	0.33	0.10
	每股净资产(元)	2.13	2.07	1.74
	净资产收益率(%)	3.00	16.11	5.99

新疆吉瑞祥科技股份有限公司

公司概况	公司名称	新疆吉瑞祥科技股份有限公司			股份名称	吉瑞祥
	法人代表	吉祥	董秘	张亚红	股份代码	430481
	公司网址	www.jrx.com.cn		主办券商	东方花旗证券有限公司	
	电　话	0994-2355618		传　真	0994-2355618	
	注册地址	新疆昌吉市昌五路吉瑞祥工业园				
	行业分类	制造业				

	指标\报告期	2013.06.30	2012.12.31	2011.12.31
主要财务指标	营业收入(元)	–	45,359,214.70	62,063,986.86
	营业利润(元)	–	1,909,931.07	4,331,777.06
	净利润(元)	–	657,525.80	3,212,396.49
	未分配利润(元)	–	3,319,364.73	2,772,502.80
	总资产(元)	–	74,376,549.40	74,395,287.97
	总负债(元)	–	55,625,281.15	56,301,545.52
	净资产(元)	–	18,751,268.25	18,093,742.45
	每股收益(元)	–	0.04	0.21
	每股净资产(元)	–	1.25	1.21
	净资产收益率(%)	–	3.51	17.75

河源富马硬质合金股份有限公司

公司概况	公司名称	河源富马硬质合金股份有限公司			股份名称	河源富马
	法人代表	王忠平	董秘	黄伟	股份代码	430482
	公司网址	www.fuma-carbide.com		主办券商	广发证券股份有限公司	
	电　话	0762-8816078		传　真	0762-8813163	
	注册地址	广东省河源市仙塘经济技术开发区				
	行业分类	制造业				

	指标\报告期	2013.06.30	2012.12.31	2011.12.31
主要财务指标	营业收入(元)	70,582,766.40	147,411,062.96	147,960,236.87
	营业利润(元)	6,311,824.58	7,278,781.68	28,133,571.93
	净利润(元)	5,761,678.44	7,727,936.36	26,559,589.12
	未分配利润(元)	47,188,023.64	47,750,596.97	46,221,851.06
	总资产(元)	169,666,325.81	176,524,388.66	159,379,079.41
	总负债(元)	60,504,360.01	67,664,101.30	53,206,728.41
	净资产(元)	109,161,965.80	108,860,287.36	106,172,351.00
	每股收益(元)	0.14	0.18	0.66
	每股净资产(元)	2.60	2.59	2.53
	净资产收益率(%)	5.28	7.10	25.02

哈尔滨森鹰窗业股份有限公司

公司概况	公司名称	哈尔滨森鹰窗业股份有限公司			股份名称	森鹰窗业
	法人代表	边书平	董秘	张同新	股份代码	430483
	公司网址	www.sayyas.com		主办券商	广发证券股份有限公司	
	电　话	13946180714		传　真	0451-86708763	
	注册地址	黑龙江省哈尔滨市南岗区王岗镇新农路9				
	行业分类	制造业				

	指标\报告期	2013.06.30	2012.12.31	2011.12.31
主要财务指标	营业收入(元)	–	311,145,661.34	289 020,126.07
	营业利润(元)	–	28,716,003.56	25 304,954.27
	净利润(元)	–	29,145,195.29	22 603,706.33
	未分配利润(元)	–	45,229,948.57	18,892,305.96
	总资产(元)	–	373,348,630.66	301,773,568.81
	总负债(元)	–	169,392,479.67	246,962,613.11
	净资产(元)	–	203,956,150.99	54,810,955.70
	每股收益(元)	–	0.67	0.75
	每股净资产(元)	–	3.40	1.83
	净资产收益率(%)	–	14.29	41.24

福建求实智能股份有限公司

公司概况	公司名称	福建求实智能股份有限公司		股份名称	求实智能
	法人代表	张安东	董秘 谢新春	股份代码	430484
	公司网址	www.qsachina.com		主办券商	大通证券股份有限公司
	电　话	0592-2950158		传　真	0592-5365222
	注册地址	福建省厦门市火炬高新区(翔安)产业区翔岳路45号第二层			
	行业分类	制造业			

主要财务指标	指标\报告期	2013.06.30	2012.12.31	2011.12.31
	营业收入(元)	15,765,216.26	51,836,442.83	50,652,673.75
	营业利润(元)	-1,724,394.05	5,931,091.44	7,964,650.80
	净利润(元)	-1,129,159.88	6,419,834.55	7,525,653.17
	未分配利润(元)	11,323,929.00	12,453,088.88	6,375,863.05
	总资产(元)	72,631,426.02	78,251,082.90	54,817,489.17
	总负债(元)	32,863,138.19	37,353,635.19	20,339,876.01
	净资产(元)	39,768,287.83	40,897,447.71	34,477,613.16
	每股收益(元)	-0.05	0.26	0.30
	每股净资产(元)	1.59	1.64	1.38
	净资产收益率(%)	-2.84	15.70	21.83

南京旭建新型建材股份有限公司

公司概况	公司名称	南京旭建新型建材股份有限公司		股份名称	南京旭建
	法人代表	孙维理	董秘 仇海泓	股份代码	430485
	公司网址	www.najalc.com		主办券商	宏源证券股份有限公司
	电　话	025-68197508		传　真	025-68190009
	注册地址	江苏省南京市雨花台区建通路1号			
	行业分类	制造业			

主要财务指标	指标\报告期	2013.06.30	2012.12.31	2011.12.31
	营业收入(元)	-	211,596,264.71	142,848,473.42
	营业利润(元)	-	5,215,936.48	4,213,034.79
	净利润(元)	-	8,400,732.47	4,290,946.58
	未分配利润(元)	-	9,452,348.51	1,829,765.73
	总资产(元)	-	353,614,213.98	289,841,757.11
	总负债(元)	-	149,282,679.09	93,910,954.69
	净资产(元)	-	204,331,534.89	195,930,802.42
	每股收益(元)	-	0.05	0.03
	每股净资产(元)	-	1.28	1.22
	净资产收益率(%)	-	4.11	2.19

广州普金计算机科技股份有限公司

公司概况	公司名称	广州普金计算机科技股份有限公司		股份名称	普金科技
	法人代表	邱进	董秘 甘蔚	股份代码	430486
	公司网址	www.everygold.com		主办券商	广州证券有限责任公司
	电　话	020-38621696		传　真	020-38621074
	注册地址	广东省广州市天河区黄埔大道西平云路163号广电平云广场A塔5层整层			
	行业分类	信息传输、软件和信息技术服务业			

主要财务指标	指标\报告期	2013.06.30	2012.12.31	2011.12.31
	营业收入(元)	-	16,503,330.78	14,287,974.64
	营业利润(元)	-	-1,739,884.04	2,626,282.32
	净利润(元)	-	-915,666.93	2,495,493.65
	未分配利润(元)	-	1,749,093.39	2,517,934.71
	总资产(元)	-	51,370,287.97	41,594,418.98
	总负债(元)	-	14,098,884.52	5,407,348.60
	净资产(元)	-	37,271,403.45	36,187,070.38
	每股收益(元)	-	-0.03	0.09
	每股净资产(元)	-	1.14	1.17
	净资产收益率(%)	-	-2.22	7.08

深圳市佳信捷技术股份有限公司

公司概况	公司名称	深圳市佳信捷技术股份有限公司		股份名称	佳信捷
	法人代表	王鑫	董秘 李郁	股份代码	430487
	公司网址	www.szjxj.com		主办券商	国信证券股份有限公司
	电　话	0755-23032400		传　真	0755-27696961
	注册地址	广东省深圳市宝安区福永街道新和新兴工业园六区A2幢			
	行业分类	制造业			

主要财务指标	指标\报告期	2013.06.30	2012.12.31	2011.12.31
	营业收入(元)	70,271,322.37	168,058,956.93	136,165,557.67
	营业利润(元)	1,073,090.67	19,035,822.99	30,497,213.47
	净利润(元)	2,952,474.98	16,574,691.23	27,849,281.66
	未分配利润(元)	9,335,518.62	6,383,043.64	35,178,920.35
	总资产(元)	199,509,223.78	189,710,790.67	95,205,021.48
	总负债(元)	44,811,493.29	37,965,535.16	36,034,457.20
	净资产(元)	154,697,730.49	151,745,255.51	59,170,564.28
	每股收益(元)	0.04	0.21	
	每股净资产(元)	1.93	1.90	2.96
	净资产收益率(%)	1.91	10.92	47.07

杭州东创科技股份有限公司

公司概况	公司名称	杭州东创科技股份有限公司		股份名称	东创科技
	法人代表	曾善平	董秘 方枕吉	股份代码	430488
	公司网址	www.eastelsoft.com	主办券商	国信证券股份有限公司	
	电　话	0571-28993693	传　真	0571-88480228	
	注册地址	浙江省杭州市西湖区西斗门路3号天堂软件园E幢12层A座			
	行业分类	信息传输、软件和信息技术服务业			

主要财务指标	指标\报告期	2013.06.30	2012.12.31	2011.12.31
	营业收入(元)	16,554,056.87	36,951,326.80	31,486,188.22
	营业利润(元)	-6,258,296.25	3,226,655.16	5,540,326.25
	净利润(元)	-4,990,795.20	5,928,366.76	5,553,320.69
	未分配利润(元)	4,959,884.91	9,950,680.11	4,602,536.97
	总资产(元)	54,814,962.34	52,567,007.34	46,000,210.63
	总负债(元)	19,631,102.79	12,392,352.59	11,753,922.64
	净资产(元)	35,183,859.55	40,174,654.75	34,246,287.99
	每股收益(元)	-0.32	0.38	0.35
	每股净资产(元)	2.24	2.56	2.18
	净资产收益率(%)	-14.19	14.76	16.22

安徽佳先功能助剂股份有限公司

公司概况	公司名称	安徽佳先功能助剂股份有限公司		股份名称	佳先股份
	法人代表	李兑	董秘 汪静	股份代码	430489
	公司网址	www.bbj[illegible].com.cn	主办券商	国元证券股份有限公司	
	电　话	0552-4096953	传　真	0552-4096953	
	注册地址	安徽省蚌埠市吴湾路215号			
	行业分类	制造业			

主要财务指标	指标\报告期	2013.06.30	2012.12.31	2011.12.31
	营业收入(元)	–	95,408,853.64	76,851,598.68
	营业利润(元)	–	14,788,340.78	9,954,208.29
	净利润(元)	–	13,919,007.31	9,118,280.69
	未分配利润(元)	–	17,175,171.30	10,798,064.72
	总资产(元)	–	105,795,498.24	75,108,461.98
	总负债(元)	–	41,899,240.16	34,579,830.21
	净资产(元)	–	63,896,258.08	40,528,631.77
	每股收益(元)	–	0.69	0.60
	每股净资产(元)	–	3.12	2.67
	净资产收益率(%)	–	21.78	22.50

广东旭龙物联科技股份有限公司

公司概况	公司名称	广东旭龙物联科技股份有限公司		股份名称	旭龙物联
	法人代表	徐朝荣	董秘 徐龙平	股份代码	430490
	公司网址	www.xl-scan.cn	主办券商	广发证券股份有限公司	
	电　话	020-32068947	传　真	020-82115390	
	注册地址	广东省广州市萝岗区科学城科学大道科汇一街7号401房			
	行业分类	制造业			

主要财务指标	指标\报告期	2013.06.30	2012.12.31	2011.12.31
	营业收入(元)	–	16,054,113.91	15,946,163.94
	营业利润(元)	–	3,629,644.63	4,762,239.05
	净利润(元)	–	3,255,297.53	4,075,664.77
	未分配利润(元)	–	2,283,585.72	6,616,066.88
	总资产(元)	–	24,981,753.91	22,880,942.11
	总负债(元)	–	2,438,044.32	3,372,530.05
	净资产(元)	–	22,543,709.59	19,508,412.06
	每股收益(元)	–	0.16	0.38
	每股净资产(元)	–	1.13	1.82
	净资产收益率(%)	–	14.44	20.89

厦门蓝斯通信股份有限公司

公司概况	公司名称	厦门蓝斯通信股份有限公司		股份名称	蓝斯股份
	法人代表	林升元	董秘 曾宪洪	股份代码	430491
	公司网址	www.xmlenz.com	主办券商	国信证券股份有限公司	
	电　话	0592-6[illegible]07828	传　真	0592-5765080	
	注册地址	福建省厦门市软件园二期望海路19号101单元A区			
	行业分类	制造业			

主要财务指标	指标\报告期	2013.06.30	2012.12.31	2011.12.31
	营业收入(元)	13,721,270.44	30,709,074.70	30,664,755.68
	营业利润(元)	3,087,140.79	5,940,748.69	9,565,746.49
	净利润(元)	4,044,982.39	9,764,088.51	9,161,642.30
	未分配利润(元)	15,476,396.00	11,431,413.61	4,643,733.95
	总资产(元)	43,096,312.21	41,577,825.11	26,692,682.65
	总负债(元)	11,301,268.95	13,827,764.24	6,706,710.29
	净资产(元)	31,795,043.26	27,750,060.87	19,985,972.36
	每股收益(元)	0.37	0.90	0.85
	每股净资产(元)	2.94	2.57	1.85
	净资产收益率(%)	12.72	35.19	45.84

济南老来寿生物股份有限公司

公司概况	公司名称	济南老来寿生物股份有限公司			股份名称	老来寿
	法人代表	张金桦	董秘	张如柏	股份代码	430492
	公司网址	www.laolaishou.com	主办券商	齐鲁证券有限公司		
	电　　话	0531-86516177	传　　真	0531-86516226		
	注册地址	山东省济南市高新区舜华路 2000 号舜泰广场 9 号楼 0604 室				
	行业分类	制造业				

主要财务指标	指标\报告期	2013.06.30	2012.12.31	2011.12.31
	营业收入(元)	–	27,677,663.84	27,880,230.65
	营业利润(元)	–	15,414,687.66	13,554,195.20
	净利润(元)	–	13,198,615.43	11,628,273.76
	未分配利润(元)	–	26,688,299.13	14,809,545.24
	总资产(元)	–	57,094,450.17	43,491,423.50
	总负债(元)	–	3,336,739.37	2,932,328.13
	净资产(元)	–	53,757,710.80	40,559,095.37
	每股收益(元)	–	0.66	0.58
	每股净资产(元)	–	2.69	2.03
	净资产收益率(%)	–	24.55	28.67

大同新成新材料股份有限公司

公司概况	公司名称	大同新成新材料股份有限公司			股份名称	新成新材
	法人代表	张培林	董秘	张培模	股份代码	430493
	公司网址	www.xcg-carbon.com	主办券商	申银万国证券股份有限公司		
	电　　话	18235206013	传　　真	0352-3175263		
	注册地址	山西省大同市新荣区花园屯村				
	行业分类	制造业				

主要财务指标	指标\报告期	2013.06.30	2012.12.31	2011.12.31
	营业收入(元)	–	232,110,562.45	236,374,110.30
	营业利润(元)	–	36,553,252.44	47,596,037.75
	净利润(元)	–	33,439,969.57	41,058,735.22
	未分配利润(元)	–	31,568,315.49	1,935,472.06
	总资产(元)	–	476,611,450.65	411,094,070.68
	总负债(元)	–	177,124,558.64	145,047,148.24
	净资产(元)	–	299,486,892.01	266,046,922.44
	每股收益(元)	–	0.27	0.35
	每股净资产(元)	–	2.42	2.15
	净资产收益率(%)	–	11.32	16.51

安徽华博胜讯信息科技股份有限公司

公司概况	公司名称	安徽华博胜讯信息科技股份有限公司			股份名称	华博胜讯
	法人代表	王学杰	董秘	梅友华	股份代码	430494
	公司网址	www.hb-sx.net	主办券商	华安证券股份有限公司		
	电　　话	0551-65367428	传　　真	0551-65367448		
	注册地址	安徽省合肥市高新技术开发区天元路 1 号合肥留学人员创业园 1-210/212 室				
	行业分类	信息传输、软件和信息技术服务业				

主要财务指标	指标\报告期	2013.06.30	2012.12.31	2011.12.31
	营业收入(元)	13,387,508.90	28,974,624.39	31,945,458.66
	营业利润(元)	247,282.62	–209,874.73	–328,980.39
	净利润(元)	1,003,463.65	728,867.69	–205,407.16
	未分配利润(元)	1,622,033.55	718,916.27	62,935.35
	总资产(元)	23,688,154.38	23,682,428.78	14,545,236.96
	总负债(元)	9,064,458.16	10,062,196.21	7,453,872.08
	净资产(元)	14,623,696.22	13,620,232.57	7,091,364.88
	每股收益(元)	0.08	0.06	–0.03
	每股净资产(元)	1.14	1.06	1.01
	净资产收益率(%)	6.86	5.35	–2.90

大连奥远电子股份有限公司

公司概况	公司名称	大连奥远电子股份有限公司			股份名称	奥远电子
	法人代表	胡剑锋	董秘	于静芳	股份代码	430495
	公司网址	www.allrun.com.cn	主办券商	齐鲁证券有限公司		
	电　　话	0411-84593009	传　　真	0411-84593045		
	注册地址	辽宁省大连市高新技术产业园区火炬路 32 号 B 座 24 层 2401 号				
	行业分类	信息传输、软件和信息技术服务业				

主要财务指标	指标\报告期	2013.06.30	2012.12.31	2011.12.31
	营业收入(元)	–	105,479,553.44	174,536,745.86
	营业利润(元)	–	–1,509,836.92	–497,538.04
	净利润(元)	–	–336,344.84	461,691.12
	未分配利润(元)	–	1,497,079.87	4,491,572.90
	总资产(元)	–	49,642,141.21	63,662,418.84
	总负债(元)	–	26,905,612.42	40,942,964.58
	净资产(元)	–	22,736,528.79	22,719,454.26
	每股收益(元)	–	–0.01	0.05
	每股净资产(元)	–	1.13	1.51
	净资产收益率(%)	–	–0.72	3.82

山东大正医疗器械股份有限公司

公司概况	公司名称	山东大正医疗器械股份有限公司		股份名称	大正医疗
	法人代表	王伟民	董秘 杨一民	股份代码	430496
	公司网址	www.gredmedic.com	主办券商	齐鲁证券有限公司	
	电　话	0631-5627255	传　真	0631-5690613	
	注册地址	山东省威海市火炬高技术产业开发区大连路65号			
	行业分类	制造业			

	指标\报告期	2013.06.30	2012.12.31	2011.12.31
主要财务指标	营业收入(元)	–	60,974,080.81	49,349,766.41
	营业利润(元)	–	17,615,040.21	14,105,132.22
	净利润(元)	–	15,403,223.41	12,368,155.19
	未分配利润(元)	–	30,412,577.75	21,889,078.58
	总资产(元)	–	85,148,864.93	75,944,861.17
	总负债(元)	–	12,390,565.87	13,250,383.62
	净资产(元)	–	72,758,299.06	62,694,477.55
	每股收益(元)	–	0.42	0.34
	每股净资产(元)	–	1.97	1.69
	净资产收益率(%)	–	21.17	19.73

威海威硬工具股份有限公司

公司概况	公司名称	威海威硬工具股份有限公司		股份名称	威硬工具
	法人代表	于乔	董秘 赵乐	股份代码	430497
	公司网址	www.whweiying.com	主办券商	齐鲁证券有限公司	
	电　话	0631-5685601	传　真	0631-5683191	
	注册地址	山东省威海市高技术产业开发区初村昊山路			
	行业分类	制造业			

	指标\报告期	2013.06.30	2012.12.31	2011.12.31
主要财务指标	营业收入(元)	–	32,818,988.31	30,047,280.30
	营业利润(元)	–	10,471,137.50	11,148,699.10
	净利润(元)	–	9,305,645.39	9,718,560.18
	未分配利润(元)	–	4,826,530.76	18,942,214.28
	总资产(元)	–	57,257,585.41	45,202,148.26
	总负债(元)	–	19,104,036.20	11,854,244.44
	净资产(元)	–	38,153,549.21	33,347,903.82
	每股收益(元)	–	0.31	0.32
	每股净资产(元)	–	1.27	2.78
	净资产收益率(%)	–	24.39	29.14

青岛嘉华网络股份有限公司

公司概况	公司名称	青岛嘉华网络股份有限公司		股份名称	嘉网股份
	法人代表	张栋桂	董秘 张栋桂	股份代码	430498
	公司网址	www.qdjiahua.com	主办券商	齐鲁证券有限公司	
	电　话	0532-81118188	传　真	0532-81118188-205	
	注册地址	山东省青岛市市南区宁夏路288号4号楼一层东侧			
	行业分类	信息传输、软件和信息技术服务业			

	指标\报告期	2013.06.30	2012.12.31	2011.12.31
主要财务指标	营业收入(元)	–	17,211,970.03	21,836,817.38
	营业利润(元)	–	-1,671,514.18	1,647,359.12
	净利润(元)	–	-899,011.99	1,216,266.85
	未分配利润(元)	–	-735,774.90	163,237.09
	总资产(元)	–	8,869,763.06	9,326,096.53
	总负债(元)	–	2,186,601.36	1,743,922.84
	净资产(元)	–	6,683,161.70	7,582,173.69
	每股收益(元)	–	-0.13	0.27
	每股净资产(元)	–	0.95	1.08
	净资产收益率(%)	–	-13.45	16.04

安徽中科自动化股份有限公司

公司概况	公司名称	安徽中科自动化股份有限公司		股份名称	中科股份
	法人代表	潘劲松	董秘 程明	股份代码	430499
	公司网址	www.zke999.com	主办券商	华安证券股份有限公司	
	电　话	0556-6983099	传　真	0556-6982888	
	注册地址	安徽省桐城市新渡镇华东塑料城B区19号			
	行业分类	制造业			

	指标\报告期	2013.06.30	2012.12.31	2011.12.31
主要财务指标	营业收入(元)	–	183,598,752.68	151,960,662.52
	营业利润(元)	–	24,427,513.52	12,403,936.81
	净利润(元)	–	22,032,043.86	11,782,523.52
	未分配利润(元)	–	29,662,773.72	9,778,166.80
	总资产(元)	–	149,560,070.91	87,944,975.80
	总负债(元)	–	96,617,615.34	52,034,564.09
	净资产(元)	–	52,942,455.57	35,910,411.71
	每股收益(元)	–	–	–
	每股净资产(元)	–	–	–
	净资产收益率(%)	–	41.62	32.81

江苏亚奥科技股份有限公司

公司概况	公司名称	江苏亚奥科技股份有限公司		股份名称	亚奥科技	
	法人代表	张彤	董秘	唐卫	股份代码	430500
	公司网址	www.jsyaao.com.cn	主办券商	南京证券股份有限公司		
	电　话	025-84812955	传　真	025-84812955		
	注册地址	江苏省南京市玄武区玄武大道699-1号徐庄软件基地管委会行政服务中心5楼				
	行业分类	信息传输、软件和信息技术服务业				

	指标\报告期	2013.06.30	2012.12.31	2011.12.31
主要财务指标	营业收入(元)	937,890,280.32	2,125,085,033.46	1,598,523,618.37
	营业利润(元)	52,310,297.31	107,724,838.12	75,416,588.88
	净利润(元)	47,930,526.96	111,238,251.64	78,841,918.71
	未分配利润(元)	145,737,764.06	155,631,950.55	129,532,513.62
	总资产(元)	1,702,266,797.46	1,945,194,757.28	954,842,702.46
	总负债(元)	1,292,910,824.28	1,530,636,730.98	645,183,569.54
	净资产(元)	409,355,973.18	414,558,026.30	309,659,132.92
	每股收益(元)	0.23	0.55	0.70
	每股净资产(元)	1.93	1.96	2.75
	净资产收益率(%)	11.71	26.83	25.46

厦门超宇环保科技股份有限公司

公司概况	公司名称	厦门超宇环保科技股份有限公司		股份名称	超宇环保	
	法人代表	宿焕超	董秘	宿艺菲	股份代码	430501
	公司网址		主办券商	齐鲁证券有限公司		
	电　话	18759276999	传　真	0592-7022863		
	注册地址	福建省厦门市火炬高新区(翔安)产业区台湾科技企业育成中心C102D室				
	行业分类	制造业				

	指标\报告期	2013.06.30	2012.12.31	2011.12.31
主要财务指标	营业收入(元)	5,448,652.77	9,846,567.04	10,370,998.74
	营业利润(元)	859,423.23	461,497.11	-76,114.11
	净利润(元)	738,570.40	255,355.44	-62,390.37
	未分配利润(元)	458,838.26	-279,732.14	-525,162.56
	总资产(元)	18,175,430.53	34,570,519.86	18,823,065.49
	总负债(元)	3,706,667.25	20,840,326.98	5,348,228.05
	净资产(元)	14,468,763.28	13,730,192.88	13,474,837.44
	每股收益(元)	0.05	0.02	-0.01
	每股净资产(元)	1.03	0.98	0.96
	净资产收益率(%)	5.11	1.86	-0.46

潍坊万隆电气股份有限公司

公司概况	公司名称	潍坊万隆电气股份有限公司		股份名称	万隆电气	
	法人代表	刘林	董秘	刘强	股份代码	430502
	公司网址	www.wanlongdianqi.com	主办券商	齐鲁证券有限公司		
	电　话	0536-8865380	传　真	0536-8865381		
	注册地址	山东省潍坊市高新技术产业开发区银枫路9号				
	行业分类	制造业				

	指标\报告期	2013.06.30	2012.12.31	2011.12.31
主要财务指标	营业收入(元)	-	28,567,611.22	26,299,186.80
	营业利润(元)	-	98,198.64	818,365.59
	净利润(元)	-	3,001,305.06	925,554.28
	未分配利润(元)	-	2,893,787.78	192,613.23
	总资产(元)	-	34,305,758.35	15,585,195.18
	总负债(元)	-	25,391,833.40	9,672,575.29
	净资产(元)	-	8,913,924.95	5,912,619.89
	每股收益(元)	-	0.60	0.28
	每股净资产(元)	-	1.78	1.18
	净资产收益率(%)	-	33.67	15.65

安徽昌盛电子股份有限公司

公司概况	公司名称	安徽昌盛电子股份有限公司		股份名称	昌盛股份	
	法人代表	李福喜	董秘	佟卫东	股份代码	430503
	公司网址	www.ahcsdz.com	主办券商	华安证券股份有限公司		
	电　话	0552-3088882	传　真	0552-3061668		
	注册地址	安徽省蚌埠市长征南路88号				
	行业分类	华安证券股份有限公司				

	指标\报告期	2013.06.30	2012.12.31	2011.12.31
主要财务指标	营业收入(元)	-	35,999,590.11	29,804,057.05
	营业利润(元)	-	4,534,234.41	2,247,776.96
	净利润(元)	-	3,216,251.35	1,670,334.34
	未分配利润(元)	-	2,660,365.37	1,383,909.25
	总资产(元)	-	25,517,012.85	19,681,049.29
	总负债(元)	-	11,237,483.12	10,918,468.42
	净资产(元)	-	14,279,529.73	8,762,580.87
	每股收益(元)	-	0.27	0.14
	每股净资产(元)	-	3.14	1.93
	净资产收益率(%)	-	22.52	19.06

郑州众智科技股份有限公司

公司概况	公司名称	郑州众智科技股份有限公司		股份名称	众智科技
	法人代表	杨新征	董秘 郑艳峰	股份代码	430504
	公司网址	www.smartgen.com.cn		主办券商	南京证券股份有限公司
	电　话	0371-67988888		传　真	0371-67992952
	注册地址	河南省郑州市高新区金梭路28号			
	行业分类	制造业			

	指标\报告期	2013.06.30	2012.12.31	2011.12.31
主要财务指标	营业收入(元)	22,966,298.94	45,087,925.47	45,076,965.76
	营业利润(元)	1,628,888.47	2,324,356.24	2,489,594.29
	净利润(元)	1,440,060.20	2,560,957.14	2,753,308.22
	未分配利润(元)			
	总资产(元)	51,728,014.93	46,662,245.44	41,455,443.00
	总负债(元)	17,322,199.65	13,696,490.36	11,050,645.06
	净资产(元)	34,405,815.28	32,965,755.08	30,404,797.94
	每股收益(元)	0.06	0.10	0.11
	每股净资产(元)	1.38	1.32	1.22
	净资产收益率(%)	4.19	7.77	9.06

宁夏上陵牧业股份有限公司

公司概况	公司名称	宁夏上陵牧业股份有限公司		股份名称	上陵牧业
	法人代表	史俭	董秘 张包平	股份代码	430505
	公司网址	www.shanglingmuye.com		主办券商	南京证券股份有限公司
	电　话	0951-5134239		传　真	0951-6732325
	注册地址	宁夏回族自治区银川市贺兰县洪广镇金山村沿山公路西侧1幢			
	行业分类	农、林、牧、渔业			

	指标\报告期	2013.06.30	2012.12.31	2011.12.31
主要财务指标	营业收入(元)	–	55,538,726.51	38,684,065.75
	营业利润(元)	–	4,609,410.10	3,537,196.52
	净利润(元)	–	3,468,887.55	2,513,337.77
	未分配利润(元)	–	912,071.46	14,052,128.15
	总资产(元)	–	270,990,727.34	158,129,888.06
	总负债(元)	–	191,931,346.66	82,539,394.93
	净资产(元)	–	79,059,380.68	75,590,493.13
	每股收益(元)	–	0.06	0.50
	每股净资产(元)	–	1.32	1.26
	净资产收益率(%)	–	4.39	3.33

郑州云飞扬信息技术股份有限公司

公司概况	公司名称	郑州云飞扬信息技术股份有限公司		股份名称	云飞扬
	法人代表	范阳	董秘 张玉萍	股份代码	430506
	公司网址	www.yunfeiyang.com		主办券商	南京证券股份有限公司
	电　话	0371-67896670		传　真	0371-67897760
	注册地址	河南省郑州市高新开发区瑞达路96号			
	行业分类	信息传输、软件和信息技术服务业			

	指标\报告期	2013.06.30	2012.12.31	2011.12.31
主要财务指标	营业收入(元)	3,838,046.03	9,024,641.95	6,342,724.53
	营业利润(元)	–413,386.59	161,534.02	148,567.86
	净利润(元)	–406,801.74	808,249.44	943,784.41
	未分配利润(元)	1,775,653.82	2,182,455.56	1,455,031.06
	总资产(元)	10,406,426.35	9,789,105.38	8,746,115.34
	总负债(元)	2,975,072.77	1,950,950.06	1,716,209.46
	净资产(元)	7,431,353.58	7,838,155.32	7,029,905.88
	每股收益(元)	–0.08	0.16	0.19
	每股净资产(元)	1.49	1.57	1.41
	净资产收益率(%)	–5.47	10.31	13.43

无锡信达胶脂材料股份有限公司

公司概况	公司名称	无锡信达胶脂材料股份有限公司		股份名称	信达胶脂
	法人代表	党渭铭	董秘 党跃平	股份代码	430507
	公司网址	www.xindachem.com		主办券商	金元证券股份有限公司
	电　话	0510-80259000		传　真	0510-80259300
	注册地址	江苏省无锡市新区华友东路6号			
	行业分类	制造业			

	指标\报告期	2013.06.30	2012.12.31	2011.12.31
主要财务指标	营业收入(元)	–	55,573,407.80	80,586,296.32
	营业利润(元)	–	–2,767,054.11	2,449,296.30
	净利润(元)	–	–1,880,091.07	2,771,042.80
	未分配利润(元)	–	–1,603,089.10	2,005,732.38
	总资产(元)	–	56,514,601.39	65,895,697.31
	总负债(元)	–	17,227,662.39	24,442,262.62
	净资产(元)	–	39,286,939.00	41,453,434.69
	每股收益(元)	–	–0.05	0.09
	每股净资产(元)	–	0.98	1.14
	净资产收益率(%)	–	–4.79	6.69

海南中视文化传播股份有限公司

公司概况	公司名称	海南中视文化传播股份有限公司		股份名称	中视文化	
	法人代表	刘文军	董秘	徐建荣	股份代码	430508
	公司网址	www.hnzose.com		主办券商	金元证券股份有限公司	
	电　　话	0898-68555153		传　　真	0898-68555110	
	注册地址	海南省海口市滨海大道 123 号鸿联大厦 11 层				
	行业分类	文化、体育和娱乐业				

主要财务指标	指标\报告期	2013.06.30	2012.12.31	2011.12.31
	营业收入(元)	69,344,719.42	119,327,253.52	47,580,021.82
	营业利润(元)	3,444,279.73	1,704,890.75	3,113,008.55
	净利润(元)	3,992,009.36	1,117,149.25	2,054,679.95
	未分配利润(元)	9,903,560.48	5,911,551.12	4,794,401.87
	总资产(元)	135,383,721.20	103,717,970.77	88,582,190.58
	总负债(元)	65,350,316.01	37,676,574.94	23,657,944.00
	净资产(元)	70,033,405.19	66,041,395.83	64,924,246.58
	每股收益(元)	0.07	0.02	0.03
	每股净资产(元)	1.17	1.10	1.08
	净资产收益率(%)	5.70	1.69	3.17

中山银利智能科技股份有限公司

公司概况	公司名称	中山银利智能科技股份有限公司		股份名称	银利智能	
	法人代表	袁东培	董秘	汤毅暖	股份代码	430509
	公司网址	www.zsyinli.com.cn		主办券商	金元证券股份有限公司	
	电　　话	0760-23381881		传　　真	0760-23381015	
	注册地址	广东省中山火炬开发区中山港出口加工区 C 幢厂房 8 层之一				
	行业分类	制造业				

主要财务指标	指标\报告期	2013.06.30	2012.12.31	2011.12.31
	营业收入(元)	13,739,468.60	23,628,902.29	20,801,420.43
	营业利润(元)	222,080.98	137,993.70	-1,226,582.67
	净利润(元)	123,402.91	56,303.62	402,875.22
	未分配利润(元)	4,144,861.29	4,033,798.67	3,983,125.41
	总资产(元)	25,176,358.46	25,479,620.24	19,474,924.45
	总负债(元)	8,980,763.65	9,407,428.34	3,459,036.17
	净资产(元)	16,195,594.81	16,072,191.90	16,015,888.28
	每股收益(元)	0.01	0.01	0.04
	每股净资产(元)	1.63	1.61	1.60
	净资产收益率(%)	0.76	0.35	2.54

青岛丰光精密机械股份有限公司

公司概况	公司名称	青岛丰光精密机械股份有限公司		股份名称	丰光精密	
	法人代表	李军	董秘	吕冬梅	股份代码	430510
	公司网址	www.qdfg.cn		主办券商	日信证券有限责任公司	
	电　　话	0532-87273528		传　　真	0532-87273528	
	注册地址	山东省青岛市胶州市胶州湾工业园太湖路 2 号				
	行业分类	制造业				

主要财务指标	指标\报告期	2013.06.30	2012.12.31	2011.12.31
	营业收入(元)	-	93,764,266.48	107,444,413.57
	营业利润(元)	-	1,068,947.89	12,401,668.42
	净利润(元)	-	698,842.66	11,379,661.32
	未分配利润(元)	-	655,124.42	32,805,268.81
	总资产(元)	-	172,201,942.63	166,178,925.35
	总负债(元)	-	44,286,156.30	6,182,878.90
	净资产(元)	-	127,915,786.33	159,996,046.45
	每股收益(元)	-		
	每股净资产(元)	-	1.09	1.36
	净资产收益率(%)	-	0.55	7.11

山东省远大网络多媒体股份有限公司

公司概况	公司名称	山东省远大网络多媒体股份有限公司		股份名称	远大股份	
	法人代表	李鼎	董秘	王海宁	股份代码	430511
	公司网址	www.llongwill.com		主办券商	上海证券有限责任公司	
	电　　话	0531-88900288-821		传　　真	0531-88564899	
	注册地址	山东省济南市高新区齐鲁软件园大厦 1202 室				
	行业分类	教育				

主要财务指标	指标\报告期	2013.06.30	2012.12.31	2011.12.31
	营业收入(元)	22,917,174.26	45,470,452.47	30,330,692.33
	营业利润(元)	2,646,614.90	10,016,885.03	4,559,057.52
	净利润(元)	5,052,656.19	10,107,441.62	6,348,640.57
	未分配利润(元)	25,360,475.77	22,907,819.58	16,411,122.12
	总资产(元)	58,212,609.23	55,189,733.92	44,238,270.04
	总负债(元)	13,969,523.47	13,399,304.35	9,955,282.09
	净资产(元)	44,243,085.76	41,790,429.57	34,282,987.95
	每股收益(元)	0.39	0.78	0.49
	每股净资产(元)	3.40	3.21	2.64
	净资产收益率(%)	11.42	24.19	18.52

无锡芯朋微电子股份有限公司

公司概况	公司名称	无锡芯朋微电子股份有限公司		股份名称	芯朋微
	法人代表	张立新	董秘	陈健	股份代码	430512
	公司网址	www.chipown.com.cn		主办券商	上海证券有限责任公司
	电　话	0510-85217718-8105		传　真	0510-85217728
	注册地址	江苏省无锡市新区长江路21号F座4层			
	行业分类	制造业			

主要财务指标	指标\报告期	2013.06.30	2012.12.31	2011.12.31
	营业收入(元)	76,130,303.75	130,612,694.25	121,847,211.91
	营业利润(元)	10,323,837.19	6,221,045.76	6,035,550.89
	净利润(元)	11,115,192.21	16,163,074.26	12,144,389.03
	未分配利润(元)	34,939,684.81	27,924,492.60	16,453,664.36
	总资产(元)	113,152,607.03	102,229,760.27	85,935,033.71
	总负债(元)	35,290,550.51	31,382,895.96	30,851,243.66
	净资产(元)	77,862,056.52	70,846,864.31	55,083,790.05
	每股收益(元)	0.54	0.79	0.61
	每股净资产(元)	3.80	3.48	2.75
	净资产收益率(%)	14.28	22.81	22.05

沈阳中科三耐新材料股份有限公司

公司概况	公司名称	沈阳中科三耐新材料股份有限公司		股份名称	中科三耐
	法人代表	谭若兵	董秘	魏宇	股份代码	430513
	公司网址	www.zksn.com		主办券商	申银万国证券股份有限公司
	电　话	024-23748813		传　真	024-23748302
	注册地址	辽宁省沈阳市浑南新区世纪路8号8-3			
	行业分类	制造业			

主要财务指标	指标\报告期	2013.06.30	2012.12.31	2011.12.31
	营业收入(元)	23,757,793.54	44,660,857.47	52,006,981.54
	营业利润(元)	3,643,001.34	8,565,452.45	7,490,144.20
	净利润(元)	3,086,262.44	8,807,009.91	7,971,640.29
	未分配利润(元)	26,606,036.12	23,519,773.68	17,487,964.76
	总资产(元)	83,199,404.26	77,324,682.02	68,427,343.30
	总负债(元)	15,846,742.72	13,058,282.92	11,073,454.11
	净资产(元)	67,352,661.54	64,266,399.10	57,353,889.19
	每股收益(元)	0.08	0.23	0.21
	每股净资产(元)	1.78	1.70	1.51
	净资产收益率(%)	4.58	13.70	13.90

江苏速升自动化装备股份有限公司

公司概况	公司名称	江苏速升自动化装备股份有限公司		股份名称	速升装备
	法人代表	王树生	董秘	陈铎	股份代码	430514
	公司网址	www.s139.com		主办券商	万联证券有限责任公司
	电　话	0510-68898991		传　真	0510-88157777
	注册地址	江苏省无锡市梅村镇新华路121号			
	行业分类	制造业			

主要财务指标	指标\报告期	2013.06.30	2012.12.31	2011.12.31
	营业收入(元)	29,347,006.78	65,963,959.94	150,839,479.28
	营业利润(元)	–6,015,580.02	570,062.09	33,121,592.54
	净利润(元)	–4,981,298.48	4,673,336.51	31,379,849.65
	未分配利润(元)	29,472,969.78	34,454,268.26	30,146,766.07
	总资产(元)	203,015,860.71	214,429,216.97	262,552,491.24
	总负债(元)	75,531,426.45	81,963,484.23	134,760,095.01
	净资产(元)	127,484,434.26	132,465,732.74	127,792,396.23
	每股收益(元)	–0.08	0.08	0.52
	每股净资产(元)	2.12	2.21	2.13
	净资产收益率(%)	–3.91	3.53	24.56

沈阳麟龙科技股份有限公司

公司概况	公司名称	沈阳麟龙科技股份有限公司		股份名称	麟龙股份
	法人代表	朱荣晖	董秘	陈建	股份代码	430515
	公司网址	www.win-stock.com.cn		主办券商	申银万国证券股份有限公司
	电　话	024-23748813		传　真	024-23748302
	注册地址	辽宁省沈阳市和平区三好街72号			
	行业分类	信息传输、软件和信息技术服务业			

主要财务指标	指标\报告期	2013.06.30	2012.12.31	2011.12.31
	营业收入(元)	20,766,117.01	22,714,245.52	14,947,711.95
	营业利润(元)	8,385,998.96	5,044,096.92	4,852,957.34
	净利润(元)	7,324,605.80	9,519,303.93	5,347,531.40
	未分配利润(元)	17,628,783.57	10,304,177.77	1,771,773.19
	总资产(元)	46,119,271.51	36,025,184.01	18,307,492.62
	总负债(元)	11,669,351.46	9,393,869.76	1,195,482.30
	净资产(元)	34,449,920.05	26,631,314.25	17,112,010.32
	每股收益(元)	0.66	0.87	0.53
	每股净资产(元)	3.06	2.42	1.56
	净资产收益率(%)	21.26	35.75	31.25

青岛文达通科技股份有限公司

公司概况	公司名称	青岛文达通科技股份有限公司		股份名称	文达通
	法人代表	于瑞升	董秘 窦猛	股份代码	430516
	公司网址	www.windaka.com	主办券商	金元证券股份有限公司	
	电话	0532-86106788	传真	0532-86911999	
	注册地址	山东省青岛市经济技术开发区前湾港路299号401室			
	行业分类	制造业			

主要财务指标	指标\报告期	2013.06.30	2012.12.31	2011.12.31
	营业收入(元)	25,397,698.19	33,237,629.25	21,017,528.85
	营业利润(元)	903,050.29	-1,240,861.17	184,804.15
	净利润(元)	1,717,044.62	2,386,132.72	1,539,564.79
	未分配利润(元)	4,670,959.26	3,027,258.22	868,813.24
	总资产(元)	58,257,788.23	45,044,742.97	25,378,784.48
	总负债(元)	34,466,671.40	23,860,670.76	6,980,844.99
	净资产(元)	23,791,116.83	21,184,072.21	18,397,939.49
	每股收益(元)	0.11	0.14	0.12
	每股净资产(元)	1.34	1.22	1.08
	净资产收益率(%)	8.19	11.54	8.37

济南新吉纳远程测控股份有限公司

公司概况	公司名称	济南新吉纳远程测控股份有限公司		股份名称	新吉纳
	法人代表	卢祥明	董秘 吕晓宁	股份代码	430517
	公司网址	www.ngn.cn	主办券商	上海证券有限责任公司	
	电话	0531-81217578、13869101115	传真	0531-81217578、81217579	
	注册地址	山东省济南市高新区舜华路2000号舜泰广场8号楼1-805室			
	行业分类	制造业			

主要财务指标	指标\报告期	2013.06.30	2012.12.31	2011.12.31
	营业收入(元)	3,795,589.03	8,104,311.84	5,361,770.10
	营业利润(元)	248,060.56	-100,453.36	20,396.57
	净利润(元)	166,513.75	13,954.81	-2,056.28
	未分配利润(元)	73,191.09	-2,220,066.06	-2,234,020.87
	总资产(元)	9,588,516.11	9,274,323.90	6,325,067.18
	总负债(元)	1,588,310.42	6,494,389.96	3,559,088.05
	净资产(元)	8,000,205.69	2,779,933.94	2,765,979.13
	每股收益(元)	0.03	0.00	-0.00
	每股净资产(元)	1.01	0.56	0.55
	净资产收益率(%)	2.08	0.50	-0.07

广东嘉达早教科技股份有限公司

公司概况	公司名称	广东嘉达早教科技股份有限公司		股份名称	嘉达早教
	法人代表	陈树佳	董秘 黄成助	股份代码	430518
	公司网址	www.jiadatoys.com	主办券商	申银万国证券股份有限公司	
	电话	0754-88096698	传真	0754-88096698	
	注册地址	广东省汕头市澄海区凤新二路凤新工业开发区			
	行业分类	制造业			

主要财务指标	指标\报告期	2013.06.30	2012.12.31	2011.12.31
	营业收入(元)	-	254,800,819.76	164,908,689.35
	营业利润(元)	-	45,684,727.97	24,547,925.27
	净利润(元)	-	38,366,944.19	20,958,237.14
	未分配利润(元)	-	64,035,991.53	29,559,215.55
	总资产(元)	-	244,377,346.61	132,788,049.73
	总负债(元)	-	37,633,059.48	29,410,632.91
	净资产(元)	-	206,744,287.13	103,377,416.82
	每股收益(元)	-	0.67	0.50
	每股净资产(元)	-	3.44	2.06
	净资产收益率(%)	-	18.60	20.39

大连博控科技股份有限公司

公司概况	公司名称	大连博控科技股份有限公司		股份名称	博控科技
	法人代表	曾永春	董秘 周小颖	股份代码	430519
	公司网址	www.bocondalian.com	主办券商	上海证券有限责任公司	
	电话	0411-84793453	传真	0411-84821017	
	注册地址	辽宁省大连市高新技术产业园区黄浦路782号202-8、206室			
	行业分类	制造业			

主要财务指标	指标\报告期	2013.06.30	2012.12.31	2011.12.31
	营业收入(元)	4,833,522.90	15,925,539.58	20,285,025.30
	营业利润(元)	-665,843.65	540,183.88	1,645,460.96
	净利润(元)	-221,288.05	1,394,037.15	1,777,260.22
	未分配利润(元)	1,290,198.44	1,511,486.49	256,853.06
	总资产(元)	23,018,885.34	24,125,963.49	23,124,371.85
	总负债(元)	4,604,807.74	5,490,597.84	5,883,043.35
	净资产(元)	18,414,077.60	18,635,365.65	17,241,328.50
	每股收益(元)	-0.02	0.12	0.15
	每股净资产(元)	1.53	1.55	1.44
	净资产收益率(%)	-1.20	7.48	10.31

大连世安科技股份有限公司

公司概况

公司名称	大连世安科技股份有限公司			股份名称	世安科技
法人代表	宗延杰	董秘	姜绮	股份代码	430520
公司网址	www.dalianshian.com		主办券商	申银万国证券股份有限公司	
电　话	0411-39979615		传　真	0411-39737269	
注册地址	辽宁省大连市高新技术产业园区信达街30号4层				
行业分类	制造业				

主要财务指标

指标\报告期	2013.06.30	2012.12.31	2011.12.31
营业收入(元)	–	11,978,016.07	12,133,948.54
营业利润(元)	–	2,377,310.49	1,859,564.02
净利润(元)	–	3,009,409.40	2,407,780.72
未分配利润(元)	–	2,708,468.46	2,362,777.89
总资产(元)	–	24,047,773.46	18,754,804.56
总负债(元)	–	5,413,055.29	3,129,495.79
净资产(元)	–	18,634,718.17	15,625,308.77
每股收益(元)	–	0.25	0.39
每股净资产(元)	–	1.55	2.50
净资产收益率(%)	–	16.15	15.41

苏州康捷医疗股份有限公司

公司概况

公司名称	苏州康捷医疗股份有限公司			股份名称	康捷医疗
法人代表	缪纯芬	董秘	朱虹	股份代码	430521
公司网址	www.sz-kj.cn		主办券商	金元证券股份有限公司	
电　话	0512-62749663-18		传　真	0512-62749663-11	
注册地址	江苏省苏州工业园区唯亭镇唯新路129号				
行业分类	制造业				

主要财务指标

指标\报告期	2013.06.30	2012.12.31	2011.12.31
营业收入(元)	4,502,149.51	6,077,703.72	4,834,691.25
营业利润(元)	-164,784.22	195,667.94	56,134.34
净利润(元)	291,742.19	145,022.40	41,477.33
未分配利润(元)	574,974.81	283,232.62	152,712.46
总资产(元)	13,005,455.06	11,625,263.65	8,904,285.91
总负债(元)	6,393,520.12	5,496,306.90	3,302,823.56
净资产(元)	6,611,934.94	6,128,956.75	5,601,462.35
每股收益(元)	0.06	0.03	0.01
每股净资产(元)	1.32	1.23	1.16
净资产收益率(%)	4.41	2.37	0.74

湖南超弦科技股份有限公司

公司概况

公司名称	湖南超弦科技股份有限公司			股份名称	超弦科技
法人代表	谭向杰	董秘	葛军文	股份代码	430522
公司网址			主办券商	山西证券股份有限公司	
电　话	0731-84826459		传　真	0731-84535151	
注册地址	湖南省长沙市高新开发区麓谷大道627号湖南长海控股集团有限公司办公研发楼二楼				
行业分类	信息传输、软件和信息技术服务业				

主要财务指标

指标\报告期	2013.06.30	2012.12.31	2011.12.31
营业收入(元)	–	9,687,602.71	9,056,345.78
营业利润(元)	–	2,551,544.28	1,657,157.15
净利润(元)	–	4,543,181.48	2,118,555.22
未分配利润(元)	–	3,801,280.34	-245,680.46
总资产(元)	–	21,285,534.95	17,606,645.70
总负债(元)	–	-117,699.69	746,592.54
净资产(元)	–	21,403,234.64	16,860,053.16
每股收益(元)	–	0.30	0.14
每股净资产(元)	–	1.43	1.12
净资产收益率(%)	–	21.23	12.57

湖南泰谷生物科技股份有限公司

公司概况

公司名称	湖南泰谷生物科技股份有限公司			股份名称	泰谷生物
法人代表	曹典军	董秘	段传武	股份代码	430523
公司网址	www.taigubio.com		主办券商	山西证券股份有限公司	
电　话	0731-85504118		传　真	0731-85505108	
注册地址	湖南省长沙市高新开发区麓谷麓龙路199号标志麓谷商务中心A栋1402、1403				
行业分类	制造业				

主要财务指标

指标\报告期	2013.06.30	2012.12.31	2011.12.31
营业收入(元)	35,896,863.32	36,686,683.65	21,547,813.74
营业利润(元)	10,462,177.32	9,617,764.03	1,019,044.58
净利润(元)	9,552,125.65	8,516,569.80	2,756,048.02
未分配利润(元)	9,371,484.53	-180,641.12	363,306.84
总资产(元)	106,824,735.15	74,333,523.34	19,358,201.34
总负债(元)	78,272,340.40	55,333,254.24	13,044,329.90
净资产(元)	28,552,394.75	19,000,269.10	6,313,871.44
每股收益(元)	0.95	0.84	
每股净资产(元)	2.83	1.88	1.07
净资产收益率(%)	33.46	44.83	44.37

大连量天科技发展股份有限公司

公司概况	公司名称	大连量天科技发展股份有限公司		股份名称	量天科技	
	法人代表	纪洪帅	董秘	高坤	股份代码	430524
	公司网址	www.liangtian-tech.com	主办券商	申银万国证券股份有限公司		
	电　话	18641130611	传　真	0411-82594799		
	注册地址	辽宁省大连市高新技术产业园区七贤岭爱贤街10号7层709—3室				
	行业分类	信息传输、软件和信息技术服务业				

	指标\报告期	2013.06.30	2012.12.31	2011.12.31
主要财务指标	营业收入(元)	–	4,474,040.17	4,087,243.51
	营业利润(元)	–	1,557,627.12	–812,157.36
	净利润(元)	–	1,632,454.74	–639,220.91
	未分配利润(元)	–	914,539.11	–645,593.76
	总资产(元)	–	22,263,182.35	21,656,359.12
	总负债(元)	–	1,276,321.37	2,301,952.88
	净资产(元)	–	20,986,860.98	19,354,406.24
	每股收益(元)	–	0.08	–0.03
	每股净资产(元)	–	1.05	0.97
	净资产收益率(%)	–	7.78	–3.30

厦门英诺尔电子科技股份有限公司

公司概况	公司名称	厦门英诺尔电子科技股份有限公司		股份名称	英诺尔	
	法人代表	李金华	董秘	李金华	股份代码	430525
	公司网址	www.xminnov.com	主办券商	申银万国证券股份有限公司		
	电　话	0592-3166190	传　真	0592-3166189		
	注册地址	福建省厦门市火炬高新区(翔安)产业区翔虹路1号101单元				
	行业分类	制造业				

	指标\报告期	2013.06.30	2012.12.31	2011.12.31
主要财务指标	营业收入(元)	39,860,980.32	88,404,339.75	63,211,002.02
	营业利润(元)	4,791,397.24	9,683,727.66	4,103,679.68
	净利润(元)	4,734,913.14	9,887,451.49	3,101,095.43
	未分配利润(元)	11,017,196.94	6,051,046.81	–3,215,401.67
	总资产(元)	78,291,878.28	78,278,485.26	49,050,850.52
	总负债(元)	27,234,403.87	31,955,923.99	14,215,740.74
	净资产(元)	51,057,474.41	46,322,561.27	34,835,109.78
	每股收益(元)	0.13	0.26	0.15
	每股净资产(元)	1.34	1.22	0.92
	净资产收益率(%)	9.98	22.22	8.90

无锡精业丝普兰科技股份有限公司

公司概况	公司名称	无锡精业丝普兰科技股份有限公司		股份名称	丝普兰	
	法人代表	丁超英	董秘	边熔	股份代码	430526
	公司网址		主办券商	申银万国证券股份有限公司		
	电　话	0510-88550117-211	传　真	0510-88550307		
	注册地址	江苏省无锡市新区锡达路267号				
	行业分类	制造业				

	指标\报告期	2013.06.30	2012.12.31	2011.12.31
主要财务指标	营业收入(元)	–	50,547,201.15	57,573,064.45
	营业利润(元)	–	–2,766,877.54	1,334,528.42
	净利润(元)	–	–1,933,477.07	1,193,964.12
	未分配利润(元)	–	–4,768,230.15	–2,834,753.08
	总资产(元)	–	85,638,154.25	69,290,628.91
	总负债(元)	–	47,606,466.84	29,325,464.43
	净资产(元)	–	38,031,687.41	39,965,164.48
	每股收益(元)	–	–0.06	0.06
	每股净资产(元)	–	1.19	1.25
	净资产收益率(%)	–	–5.08	2.99

成都正武封头科技股份有限公司

公司概况	公司名称	成都正武封头科技股份有限公司		股份名称	正武股份	
	法人代表	黄正武	董秘	郭春友	股份代码	430527
	公司网址	www.cdzwft.com	主办券商	东北证券股份有限公司		
	电　话	028-85726854	传　真	028-85725176		
	注册地址	四川省成都市双流县双流西南航空港经济开发区工业集中发展区				
	行业分类	制造业				

	指标\报告期	2013.06.30	2012.12.31	2011.12.31
主要财务指标	营业收入(元)	32,141,005.87	62,897,021.59	70,286,541.13
	营业利润(元)	3,720,756.20	10,797,263.84	19,246,827.05
	净利润(元)	2,394,217.50	7,586,802.70	13,617,157.78
	未分配利润(元)	19,010,888.73	16,798,499.67	10,181,362.62
	总资产(元)	220,801,984.93	213,660,779.02	192,292,918.35
	总负债(元)	138,995,852.86	134,248,864.45	120,467,806.48
	净资产(元)	81,806,132.07	79,411,914.57	71,825,111.87
	每股收益(元)	0.04	0.13	0.26
	每股净资产(元)	1.36	1.32	1.20
	净资产收益率(%)	2.93	9.55	18.96

郑州欧丽信大电子信息股份有限公司

公司概况					
公司名称	郑州欧丽信大电子信息股份有限公司			股份名称	欧丽信大
法人代表	何丽君	董秘	蒋旭平	股份代码	430528
公司网址	www.olxd.com		主办券商	西部证券股份有限公司	
电　　话	0371-60170690-9930		传　　真	0371-68629606	
注册地址	河南省郑州市高新开发区翠竹街6号				
行业分类	制造业				

主要财务指标 指标\报告期	2013.06.30	2012.12.31	2011.12.31
营业收入(元)	22,693,074.71	67,191,313.13	68,690,273.69
营业利润(元)	2,387,364.44	14,480,079.62	18,236,754.58
净利润(元)	1,968,026.04	12,544,294.94	15,564,668.22
未分配利润(元)	38,533,225.48	46,585,199.44	35,295,333.99
总资产(元)	93,788,269.60	91,436,528.82	71,041,834.83
总负债(元)	20,271,266.21	19,887,551.47	12,037,152.42
净资产(元)	73,517,003.39	71,548,977.35	59,004,682.41
每股收益(元)	0.07	0.42	0.52
每股净资产(元)	2.45	3.57	2.94
净资产收益率(%)	2.68	17.53	26.38

成都恒成工具股份有限公司

公司概况					
公司名称	成都恒成工具股份有限公司			股份名称	恒成工具
法人代表	陈康夫	董秘	谢斌	股份代码	430529
公司网址	www.hengcheng-tools.com.cn		主办券商	西部证券股份有限公司	
电　　话	028-85137903		传　　真	028-85136004	
注册地址	四川省成都市高新区科园南二路6号附1号				
行业分类	制造业				

主要财务指标 指标\报告期	2013.06.30	2012.12.31	2011.12.31
营业收入(元)	13,068,315.92	30,961,197.22	30,109,154.89
营业利润(元)	-488,758.91	2,116,594.49	3,252,883.17
净利润(元)	472,581.82	3,900,910.49	3,172,086.20
未分配利润(元)	6,066,396.84	5,641,073.20	2,130,253.76
总资产(元)	53,311,244.14	49,660,192.92	40,850,325.82
总负债(元)	27,581,804.18	24,403,334.78	19,494,378.17
净资产(元)	25,729,439.96	25,256,858.14	21,355,947.65
每股收益(元)	0.03	0.26	0.21
每股净资产(元)	1.72	1.68	1.42
净资产收益率(%)	1.84	15.45	14.85

云南铜业科技发展股份有限公司

公司概况					
公司名称	云南铜业科技发展股份有限公司			股份名称	云铜科技
法人代表	沈南山	董秘	李志荣	股份代码	430530
公司网址	www.yncst.cn		主办券商	西部证券股份有限公司	
电　　话	0871-68320737		传　　真	0871-68320737	
注册地址	云南省昆明市高新开发区二环西路625号				
行业分类	制造业				

主要财务指标 指标\报告期	2013.06.30	2012.12.31	2011.12.31
营业收入(元)	47,062,784.45	156,815,001.06	157,625,568.75
营业利润(元)	-4,530,319.54	3,599,006.59	15,822,574.01
净利润(元)	-3,547,974.58	3,479,840.64	15,123,345.61
未分配利润(元)	28,370,375.03	32,360,183.85	33,056,716.40
总资产(元)	166,776,321.13	173,562,979.06	171,819,163.91
总负债(元)	20,476,085.17	23,487,070.98	22,452,723.37
净资产(元)	146,300,235.96	150,075,908.08	149,366,440.54
每股收益(元)	-0.04	0.03	0.15
每股净资产(元)	1.40	1.44	1.43
净资产收益率(%)	-2.65	1.89	10.62

苏州瑞翼信息技术股份有限公司

公司概况					
公司名称	苏州瑞翼信息技术股份有限公司			股份名称	瑞翼信息
法人代表	黄健	董秘	张咏梅	股份代码	430531
公司网址	www.raiyi.com		主办券商	西部证券股份有限公司	
电　　话	0512-67900988		传　　真	0512-67900588	
注册地址	江苏省苏州市工业园区星湖街328号创意产业园2-E602单元				
行业分类	信息传输、软件和信息技术服务业				

主要财务指标 指标\报告期	2013.06.30	2012.12.31	2011.12.31
营业收入(元)	10,171,421.08	15,276,038.45	2,190,630.35
营业利润(元)	1,367,358.83	3,449,752.95	151,886.02
净利润(元)	1,931,462.07	3,028,224.56	39,953.49
未分配利润(元)	1,931,462.07	2,892,682.72	157,280.62
总资产(元)	15,302,327.13	14,940,027.20	5,914,930.54
总负债(元)	955,523.14	1,524,685.28	729,063.18
净资产(元)	15,346,803.99	13,415,341.92	5,185,867.36
每股收益(元)	0.15	0.39	0.02
每股净资产(元)	1.18	1.32	1.04
净资产收益率(%)	12.59	22.57	1.74

深圳市北鼎晶辉科技股份有限公司

公司概况	公司名称	深圳市北鼎晶辉科技股份有限公司			股份名称	北鼎晶辉
	法人代表	GEORGE MOHAN ZHANG	董秘	牛文娇	股份代码	430532
	公司网址	www.crastal.com		主办券商	中山证券有限责任公司	
	电　话	13922833801		传　真	0755-86021289	
	注册地址	广东省深圳市南山区留仙大道同富裕工业城 2 号厂房 3 楼 B				
	行业分类	制造业				

	指标＼报告期	2013.06.30	2012.12.31	2011.12.31
主要财务指标	营业收入（元）	–	383,508,265.52	352,486,718.13
	营业利润（元）	–	12,742,594.23	12,176,913.76
	净利润（元）	–	11,884,850.86	10,343,476.03
	未分配利润（元）	–	68,921,380.95	58,183,681.44
	总资产（元）	–	231,277,943.44	209,879,926.72
	总负债（元）	–	125,455,373.61	115,942,207.75
	净资产（元）	–	105,822,569.83	93,937,718.97
	每股收益（元）	–	–	–
	每股净资产（元）	–	–	–
	净资产收益率（%）	–	11.23	11.01

烟台同立高科新材料股份有限公司

公司概况	公司名称	烟台同立高科新材料股份有限公司			股份名称	同立高科
	法人代表	郭大为	董秘	张建中	股份代码	430533
	公司网址	www.tomley.com		主办券商	齐鲁证券有限公司	
	电　话	0535-3482418		传　真	0535-3806979	
	注册地址	山东省烟台市福山区英特尔大街 17 号				
	行业分类	制造业				

	指标＼报告期	2013.06.30	2012.12.31	2011.12.31
主要财务指标	营业收入（元）	–	44,829,690.72	25,332,164.04
	营业利润（元）	–	15,721,966.90	12,020,347.18
	净利润（元）	–	11,834,326.85	9,084,373.12
	未分配利润（元）	–	5,090,939.02	7,867,975.45
	总资产（元）	–	61,801,635.41	29,795,686.32
	总负债（元）	–	23,225,113.62	16,053,491.38
	净资产（元）	–	38,576,521.79	13,742,194.94
	每股收益（元）	–	0.48	1.82
	每股净资产（元）	–	1.21	2.75
	净资产收益率（%）	–	30.68	66.11

广西天涌节能科技股份有限公司

公司概况	公司名称	广西天涌节能科技股份有限公司			股份名称	天涌科技
	法人代表	梁华易	董秘	李永军	股份代码	430534
	公司网址	www.tyjnkj.com		主办券商	招商证券股份有限公司	
	电　话	0772-2826088		传　真	0772-2826088	
	注册地址	广西壮族自治区柳州市柳东新区官塘创业园 A 区标准厂房 A3 栋 4 层东半层				
	行业分类	科学研究和技术服务业				

	指标＼报告期	2013.06.30	2012.12.31	2011.12.31
主要财务指标	营业收入（元）	–	3,426,589.17	1,857,018.38
	营业利润（元）	–	–812,173.59	–484,114.47
	净利润（元）	–	–471,038.78	4,126,460.05
	未分配利润（元）	–	–415,859.92	3,550,924.07
	总资产（元）	–	16,510,686.05	14,246,834.10
	总负债（元）	–	3,258,688.32	1,523,797.59
	净资产（元）	–	13,251,997.73	12,723,036.51
	每股收益（元）	–	–0.04	0.82
	每股净资产（元）	–	1.02	2.54
	净资产收益率（%）	–	–3.56	32.43

柳州爱格富食品科技股份有限公司

公司概况	公司名称	柳州爱格富食品科技股份有限公司			股份名称	柳爱科技
	法人代表	刘果	董秘	陈景珊	股份代码	430535
	公司网址	www.adanachina.com		主办券商	招商证券股份有限公司	
	电　话	0772-8852771		传　真	0772-8852850	
	注册地址	广西壮族自治区柳州市柳东新区官塘工业园				
	行业分类	制造业				

	指标＼报告期	2013.06.30	2012.12.31	2011.12.31
主要财务指标	营业收入（元）	–	19,976,252.16	24,216,771.88
	营业利润（元）	–	1,228,893.39	737,043.07
	净利润（元）	–	1,793,897.03	1,269,601.48
	未分配利润（元）	–	4,018,238.26	2,404,155.56
	总资产（元）	–	27,533,958.29	19,015,955.83
	总负债（元）	–	13,208,945.55	9,484,840.12
	净资产（元）	–	14,325,012.74	9,531,115.71
	每股收益（元）	–	0.21	0.18
	每股净资产（元）	–	1.43	1.36
	净资产收益率（%）	–	12.52	13.32

重庆渝万通新材料科技股份有限公司

公司概况	公司名称	重庆渝万通新材料科技股份有限公司		股份名称	万通新材
	法人代表	徐小波	董秘	汪愚	股份代码	430536
	公司网址	www.yuwantong.com	主办券商	西南证券股份有限公司	
	电　　话	023-63113659	传　　真	023-67686672	
	注册地址	重庆市九龙坡区含谷镇含兴路38号307号房			
	行业分类	制造业			

主要财务指标	指标\报告期	2013.06.30	2012.12.31	2011.12.31
	营业收入(元)	22,336,867.97	31,653,625.58	18,865,787.71
	营业利润(元)	3,283,718.12	5,959,988.43	2,581,086.71
	净利润(元)	2,798,691.46	5,307,674.88	2,614,634.18
	未分配利润(元)	5,001,763.62	7,428,072.16	2,651,290.43
	总资产(元)	62,274,709.08	56,763,571.09	41,175,760.20
	总负债(元)	29,763,737.49	26,006,290.96	16,226,154.95
	净资产(元)	32,510,971.59	30,757,280.13	24,949,605.25
	每股收益(元)	0.11	0.21	0.20
	每股净资产(元)	1.30	1.47	1.19
	净资产收益率(%)	8.61	17.26	10.48

哈尔滨恒通排水设备制造股份有限公司

公司概况	公司名称	哈尔滨恒通排水设备制造股份有限公司			股份名称	恒通股份
	法人代表	祝丹	董秘	贾东光	股份代码	430537
	公司网址	www.hontop.net.cn		主办券商	申银万国证券股份有限公司	
	电　　话	0451-82323452		传　　真	0451-82323452	
	注册地址	黑龙江省哈尔滨市开发区南岗集中区嵩山路5号高科技创业中心0号楼607室				
	行业分类	制造业				

主要财务指标	指标\报告期	2013.06.30	2012.12.31	2011.12.31
	营业收入(元)	6,336,563.24	11,716,743.54	13,336,701.28
	营业利润(元)	99,733.31	526,923.40	-262,421.18
	净利润(元)	98,489.49	470,749.48	1,052,017.79
	未分配利润(元)	1,459,131.08	1,370,490.54	946,816.01
	总资产(元)	24,885,066.94	23,235,081.55	19,624,062.67
	总负债(元)	14,928,011.86	13,376,515.96	10,236,246.56
	净资产(元)	9,957,055.08	9,858,565.59	9,387,816.11
	每股收益(元)	0.01	0.06	0.18
	每股净资产(元)	1.24	1.23	1.17
	净资产收益率(%)	0.99	4.78	11.21

哈尔滨中大型材科技股份有限公司

公司概况	公司名称	哈尔滨中大型材科技股份有限公司			股份名称	中大科技
	法人代表	胡森	董秘	安阔	股份代码	430538
	公司网址	www.harbinzhongda.com.cn		主办券商	申银万国证券股份有限公司	
	电　　话	0451-84348438		传　　真	027-87745367	
	注册地址	黑龙江省哈尔滨市开发区迎宾路集中区崂山路4号				
	行业分类	制造业				

主要财务指标	指标\报告期	2013.06.30	2012.12.31	2011.12.31
	营业收入(元)	48,317,574.68	229,371,337.07	248,753,607.76
	营业利润(元)	-7,133,031.04	22,002,404.74	19,556,081.87
	净利润(元)	-6,968,337.36	19,016,283.05	19,004,948.51
	未分配利润(元)	27,250,771.04	34,219,108.40	17,104,453.66
	总资产(元)	169,111,185.64	140,803,459.18	107,762,628.71
	总负债(元)	70,920,360.88	35,644,297.06	21,619,749.64
	净资产(元)	98,190,824.76	105,159,162.12	86,142,879.07
	每股收益(元)	-0.11	0.29	0.29
	每股净资产(元)	1.49	1.59	1.31
	净资产收益率(%)	-7.10	18.08	22.06

安徽扬子地板股份有限公司

公司概况	公司名称	安徽扬子地板股份有限公司			股份名称	扬子地板
	法人代表	雷响	董秘	王荣志	股份代码	430539
	公司网址	www.yzwooc.com		主办券商	申银万国证券股份有限公司	
	电　　话	0550-3518777		传　　真	0550-3510888	
	注册地址	安徽省滁州市花园西路98号				
	行业分类	制造业				

主要财务指标	指标\报告期	2013.06.30	2012.12.31	2011.12.31
	营业收入(元)	-	333,605,645.68	341,591,388.05
	营业利润(元)	-	56,930,446.46	50,720,947.04
	净利润(元)	-	53,506,683.30	45,570,228.38
	未分配利润(元)	-	50,721,539.51	9,371,779.66
	总资产(元)	-	245,466,690.01	218,886,082.75
	总负债(元)	-	48,149,907.01	67,275,983.05
	净资产(元)	-	197,316,783.00	151,610,099.70
	每股收益(元)	-	0.59	0.50
	每股净资产(元)	-	2.18	1.68
	净资产收益率(%)	-	27.12	30.06

石家庄五龙制动器股份有限公司

公司概况	公司名称	石家庄五龙制动器股份有限公司		股份名称	五龙制动
	法人代表	韩伍林	董秘	曹亚娟	股份代码	430540
	公司网址	www.cnwulon.com		主办券商	申银万国证券股份有限公司
	电　话	0311-83804609		传　真	0311-83826381
	注册地址	河北省石家庄市新石北路 368 号			
	行业分类	制造业			

主要财务指标	指标\报告期	2013.06.30	2012.12.31	2011.12.31
	营业收入(元)	–	29,063,295.36	30,430,480.00
	营业利润(元)	–	1,592,702.26	2,381,896.81
	净利润(元)	–	2,075,988.05	2,235,221.92
	未分配利润(元)	–	4,784,560.50	2,916,171.26
	总资产(元)	–	24,356,087.44	21,899,143.52
	总负债(元)	–	9,668,893.60	9,287,937.73
	净资产(元)	–	14,687,193.84	12,611,205.79
	每股收益(元)	–	0.26	0.28
	每股净资产(元)	–	1.84	1.58
	净资产收益率(%)	–	14.14	17.72

大连翼兴节能科技股份有限公司

公司概况	公司名称	大连翼兴节能科技股份有限公司		股份名称	翼兴节能
	法人代表	邓军	董秘	曹延光	股份代码	430541
	公司网址	www.dlyixing.com		主办券商	西南证券股份有限公司
	电　话	0411-83773799		传　真	0411-83774040
	注册地址	辽宁省大连市甘井子区黄浦路 512 号 9 层 2 号			
	行业分类	制造业			

主要财务指标	指标\报告期	2013.06.30	2012.12.31	2011.12.31
	营业收入(元)	13,678,738.93	44,571,662.39	50,340,909.98
	营业利润(元)	282,578.36	6,973,496.21	7,864,635.40
	净利润(元)	490,579.54	6,321,987.86	7,179,189.01
	未分配利润(元)	5,531,822.15	5,641,242.61	5,909,088.79
	总资产(元)	39,703,763.51	35,194,484.93	31,443,703.01
	总负债(元)	16,949,344.06	12,330,645.02	14,901,850.96
	净资产(元)	22,754,419.45	22,863,839.91	16,541,852.05
	每股收益(元)	0.03	0.49	1.78
	每股净资产(元)	1.42	1.43	1.65
	净资产收益率(%)	2.16	27.65	43.40

西安利雅得电气股份有限公司

公司概况	公司名称	西安利雅得电气股份有限公司		股份名称	利雅得
	法人代表	韩山奇	董秘	薛军虎	股份代码	430542
	公司网址	www.xalyd.com		主办券商	西部证券股份有限公司
	电　话	029-83151540		传　真	029-83151545
	注册地址	陕西省西安市高新区科技路海星城市广场办公楼 1 幢 1 单元 11011 室			
	行业分类	制造业			

主要财务指标	指标\报告期	2013.06.30	2012.12.31	2011.12.31
	营业收入(元)	23,795,978.80	49,155,351.51	68,577,272.66
	营业利润(元)	1,963,902.93	2,955,026.80	11,952,071.30
	净利润(元)	1,523,634.70	3,074,866.26	10,481,184.16
	未分配利润(元)	19,532,645.74	18,009,011.04	15,241,631.41
	总资产(元)	137,337,910.76	118,718,318.84	104,280,992.28
	总负债(元)	66,463,405.97	49,367,448.75	38,004,988.45
	净资产(元)	70,874,504.79	69,350,870.09	66,276,003.83
	每股收益(元)	0.05	0.11	0.37
	每股净资产(元)	2.53	2.48	2.37
	净资产收益率(%)	2.15	4.43	15.81

东莞市锐源仪器股份有限公司

公司概况	公司名称	东莞市锐源仪器股份有限公司		股份名称	锐源仪器
	法人代表	吴锦来	董秘	李霞	股份代码	430543
	公司网址	www.dectech.cn		主办券商	西部证券股份有限公司
	电　话	0769-22761001		传　真	0769-22761006
	注册地址	广东省东莞市松山湖高新技术产业开发区松科苑 9 号楼 216 室			
	行业分类	制造业			

主要财务指标	指标\报告期	2013.06.30	2012.12.31	2011.12.31
	营业收入(元)	10,406,400.03	24,368,465.44	11,767,528.45
	营业利润(元)	1,488,339.04	2,749,275.87	-10,339.33
	净利润(元)	1,168,162.31	3,195,038.85	-4,043.10
	未分配利润(元)	3,702,178.93	2,534,016.62	-379,464.83
	总资产(元)	19,770,238.39	19,657,241.87	6,959,322.65
	总负债(元)	10,273,005.24	11,328,171.03	1,825,290.66
	净资产(元)	9,497,233.15	8,329,070.84	5,134,031.99
	每股收益(元)	0.23	0.64	-0.00
	每股净资产(元)	1.90	1.67	1.03
	净资产收益率(%)	12.30	38.36	-0.08

福建省闽保信息技术股份有限公司

公司概况	公司名称	福建省闽保信息技术股份有限公司		股份名称	闽保股份
	法人代表	林章威	董秘	孙勇	股份代码 430544
	公司网址	www.fjminbao.cn		主办券商	兴业证券股份有限公司
	电　话	0591-83518508		传　真	0591-83518708-810
	注册地址	福建省福州市鼓楼区铜盘路软件大道89号福州软件园C区10号楼			
	行业分类	信息传输、软件和信息技术服务业			

主要财务指标	指标\报告期	2013.06.30	2012.12.31	2011.12.31
	营业收入(元)	2,377,440.29	17,503,309.48	9,975,516.22
	营业利润(元)	–3,893,884.65	1,411,632.05	4,966,059.43
	净利润(元)	–3,595,211.82	2,030,897.49	5,166,383.69
	未分配利润(元)	–301,119.18	3,294,092.64	1,466,284.90
	总资产(元)	26,520,252.89	24,996,386.65	16,317,354.21
	总负债(元)	5,887,802.87	10,768,724.81	4,120,589.86
	净资产(元)	20,632,450.02	14,227,661.84	12,196,764.35
	每股收益(元)	–0.35	0.20	0.38
	每股净资产(元)	1.80	1.39	1.20
	净资产收益率(%)	–17.43	14.27	42.36

山东星科智能科技股份有限公司

公司概况	公司名称	山东星科智能科技股份有限公司		股份名称	星科智能
	法人代表	王继	董秘	李学凤	股份代码 430545
	公司网址	www.xktech.com		主办券商	湘财证券股份有限公司
	电　话	18660105512		传　真	0531-88880828
	注册地址	山东省济南市高新区新泺大街786号四层			
	行业分类	制造业			

主要财务指标	指标\报告期	2013.06.30	2012.12.31	2011.12.31
	营业收入(元)	26,736,598.54	87,907,785.58	56,622,610.26
	营业利润(元)	–3,513,465.76	18,817,265.52	14,711,602.74
	净利润(元)	–878,592.66	19,191,639.40	12,970,932.62
	未分配利润(元)	1,068,112.21	24,956,728.27	7,685,888.72
	总资产(元)	103,434,096.47	105,814,913.16	81,043,940.52
	总负债(元)	20,521,620.36	28,023,844.39	38,444,511.15
	净资产(元)	82,912,476.11	77,791,068.77	42,599,429.37
	每股收益(元)	–0.02		
	每股净资产(元)	2.30	4.73	2.82
	净资产收益率(%)	–1.06	24.67	30.45

郑州乐彩科技股份有限公司

公司概况	公司名称	郑州乐彩科技股份有限公司		股份名称	乐彩科技
	法人代表	王纪伟	董秘	浮卫丽	股份代码 430546
	公司网址	www.locor.com.cn		主办券商	中原证券股份有限公司
	电　话	0371-86593930		传　真	0371-67897386
	注册地址	河南省郑州市高新开发区红松路西、文竹西路南			
	行业分类	制造业			

主要财务指标	指标\报告期	2013.06.30	2012.12.31	2011.12.31
	营业收入(元)	10,541,702.11	27,082,605.42	32,319,021.04
	营业利润(元)	–1,205,463.69	436,972.77	1,831,201.28
	净利润(元)	–1,081,462.69	269,412.84	1,381,479.54
	未分配利润(元)	608,933.64	1,690,396.33	1,447,924.77
	总资产(元)	53,676,313.68	48,600,144.77	37,287,085.29
	总负债(元)	33,077,715.48	27,028,083.88	16,200,437.24
	净资产(元)	20,598,598.20	21,572,060.89	21,086,648.05
	每股收益(元)	–0.07	0.02	0.09
	每股净资产(元)	1.29	1.35	1.32
	净资产收益率(%)	–5.25	1.25	6.55

郑州畅想高科股份有限公司

公司概况	公司名称	郑州畅想高科股份有限公司		股份名称	畅想高科
	法人代表	冯献华	董秘	王晓艳	股份代码 430547
	公司网址	www.thinkfreely.cn		主办券商	中原证券股份有限公司
	电　话	0371-67896922-805		传　真	0371-67896911
	注册地址	河南省郑州市高新区翠竹街1号61幢1单元3层03号			
	行业分类	制造业			

主要财务指标	指标\报告期	2013.06.30	2012.12.31	2011.12.31
	营业收入(元)	7,362,282.98	27,979,936.91	22,128,662.82
	营业利润(元)	–1,086,868.10	2,593,524.77	2,351,095.61
	净利润(元)	–858,325.38	2,388,862.41	2,075,314.97
	未分配利润(元)	3,683,513.58	4,541,838.96	2,395,901.88
	总资产(元)	25,235,413.34	28,838,612.17	21,941,435.44
	总负债(元)	11,016,465.98	13,761,339.43	9,253,025.11
	净资产(元)	14,218,947.36	15,077,272.74	12,688,410.33
	每股收益(元)	–0.09	0.24	0.34
	每股净资产(元)	1.42	1.51	1.27
	净资产收益率(%)	–6.04	15.84	16.36

郑州大方软件股份有限公司

公司概况	公司名称	郑州大方软件股份有限公司			股份名称	大方软件
	法人代表	曹建凯	董秘	杨钢领	股份代码	430548
	公司网址	www.dfsoft.com.cn		主办券商	西部证券股份有限公司	
	电　话	0371-63849038		传　真	0371-63849058	
	注册地址	河南省郑州市高新区翠竹街1号5栋				
	行业分类	信息传输、软件和信息技术服务业				

	指标\报告期	2013.06.30	2012.12.31	2011.12.31
主要财务指标	营业收入(元)	2,942,182.91	31,815,583.75	32,084,341.95
	营业利润(元)	-7,287,616.99	8,783,989.59	11,020,781.69
	净利润(元)	-2,921,429.92	9,280,643.21	10,557,079.64
	未分配利润(元)	26,750,517.10	29,671,947.02	21,259,285.99
	总资产(元)	49,943,929.29	56,614,836.81	47,259,866.19
	总负债(元)	1,022,070.89	4,771,548.49	4,697,221.08
	净资产(元)	48,921,858.40	51,843,288.32	42,562,645.11
	每股收益(元)	-0.16	0.52	0.59
	每股净资产(元)	2.72	2.88	2.40
	净资产收益率(%)	-5.97	17.90	24.80

苏州天弘激光股份有限公司

公司概况	公司名称	苏州天弘激光股份有限公司			股份名称	天弘激光
	法人代表	金朝龙	董秘	刘丽	股份代码	430549
	公司网址	www.tianhonglaser.com		主办券商	西部证券股份有限公司	
	电　话	0512-62991328		传　真	0512-62745989	
	注册地址	江苏省苏州市工业园区唯亭镇通和路66号				
	行业分类	制造业				

	指标\报告期	2013.06.30	2012.12.31	2011.12.31
主要财务指标	营业收入(元)	50,053,358.47	73,381,825.76	70,467,450.32
	营业利润(元)	1,110,274.55	3,206,633.09	4,182,818.99
	净利润(元)	10,716,769.46	8,597,439.97	7,337,114.59
	未分配利润(元)	26,772,602.85	19,575,833.39	11,838,137.42
	总资产(元)	158,134,554.81	179,024,648.96	119,473,404.32
	总负债(元)	56,404,439.08	84,491,302.69	33,537,498.02
	净资产(元)	101,730,115.73	94,533,346.27	85,935,906.30
	每股收益(元)	0.30	0.24	0.28
	每股净资产(元)	2.89	2.69	3.91
	净资产收益率(%)	10.54	9.10	8.54

重庆沃克斯科技股份有限公司

公司概况	公司名称	重庆沃克斯科技股份有限公司			股份名称	沃克斯
	法人代表	顾向涛	董秘	杨润	股份代码	430550
	公司网址	www.cqworks.cn		主办券商	新时代证券有限责任公司	
	电　话	023-68884176		传　真	023-68693257	
	注册地址	重庆市九龙坡区渝州路18号高创锦业大厦20-2号				
	行业分类	制造业				

	指标\报告期	2013.06.30	2012.12.31	2011.12.31
主要财务指标	营业收入(元)	17,183,565.93	34,120,498.16	33,548,794.34
	营业利润(元)	90,561.99	996,755.98	-136,442.75
	净利润(元)	57,131.33	879,579.61	499,949.92
	未分配利润(元)	881,898.82	824,767.49	651,209.13
	总资产(元)	57,727,874.58	55,263,201.03	45,416,947.22
	总负债(元)	47,767,597.94	45,360,055.72	36,393,381.52
	净资产(元)	9,960,276.64	9,903,145.31	9,023,565.70
	每股收益(元)	0.01	0.11	0.06
	每股净资产(元)	1.20	1.19	1.09
	净资产收益率(%)	0.57	8.88	5.54

陕西中兴林产科技股份有限公司

公司概况	公司名称	陕西中兴林产科技股份有限公司			股份名称	林产科技
	法人代表	刘忠新	董秘	孙立华	股份代码	430551
	公司网址			主办券商	中信建投证券股份有限公司	
	电　话	029-87071188		传　真	029-87071199	
	注册地址	陕西省杨凌示范区滨河东路				
	行业分类	制造业				

	指标\报告期	2013.06.30	2012.12.31	2011.12.31
主要财务指标	营业收入(元)	-	270,134,596.56	254,841,935.60
	营业利润(元)	-	6,301,179.67	6,052,549.76
	净利润(元)	-	27,339,324.15	15,191,335.44
	未分配利润(元)	-	70,495,659.27	45,890,267.53
	总资产(元)	-	378,097,920.08	382,224,947.14
	总负债(元)	-	199,815,013.81	231,281,365.02
	净资产(元)	-	178,282,906.27	150,943,582.12
	每股收益(元)	-	0.27	0.15
	每股净资产(元)	-	1.78	1.51
	净资产收益率(%)	-	15.34	10.06

陕西亚成微电子股份有限公司

公司概况					
公司名称	陕西亚成微电子股份有限公司			股份名称	亚成微
法人代表	余远强	董秘	陈彬	股份代码	430552
公司网址	www.reactor-micro.com		主办券商	招商证券股份有限公司	
电　话	029-82300562		传　真	029-82300507	
注册地址	陕西省西安市高新区高新三路9号信息港大厦105室				
行业分类	制造业				

主要财务指标			
指标\报告期	2013.06.30	2012.12.31	2011.12.31
营业收入(元)	11,093,177.05	20,200,903.22	35,929,444.31
营业利润(元)	1,084,043.89	1,625,029.82	8,237,343.78
净利润(元)	1,029,980.53	2,384,137.30	6,996,213.58
未分配利润(元)	8,963,309.70	7,933,329.17	5,787,605.60
总资产(元)	34,958,145.33	31,414,995.88	34,560,601.27
总负债(元)	13,019,594.46	10,506,425.54	16,036,168.23
净资产(元)	21,938,550.87	20,908,570.34	18,524,433.04
每股收益(元)	0.09	0.20	0.77
每股净资产(元)	1.83	1.74	1.54
净资产收益率(%)	4.70	11.40	37.77

兰州海红技术股份有限公司

公司概况					
公司名称	兰州海红技术股份有限公司			股份名称	海红技术
法人代表	曹振海	董秘	焦旭丽	股份代码	430553
公司网址	www.hhte.com.cn		主办券商	招商证券股份有限公司	
电　话	0931-8537997		传　真	0931-8537740	
注册地址	甘肃省兰州市城关区雁南路18号				
行业分类	制造业				

主要财务指标			
指标\报告期	2013.06.30	2012.12.31	2011.12.31
营业收入(元)	24,307,648.39	65,136,758.85	64,281,819.71
营业利润(元)	599,941.94	239,913.21	860,061.73
净利润(元)	977,302.91	432,654.05	302,637.16
未分配利润(元)	894,994.40	–82,308.51	–16,491.25
总资产(元)	124,494,780.38	115,459,622.69	102,801,844.88
总负债(元)	62,830,725.33	54,772,870.55	42,547,746.79
净资产(元)	61,664,055.05	60,686,752.14	60,254,098.09
每股收益(元)	0.02	0.01	0.01
每股净资产(元)	1.03	1.01	1.23
净资产收益率(%)	1.59	0.71	0.50

深圳市金正方科技股份有限公司

公司概况					
公司名称	深圳市金正方科技股份有限公司			股份名称	金正方
法人代表	朱奎	董秘	张昕	股份代码	430554
公司网址	www.gstsz.com		主办券商	中国银河证券股份有限公司	
电　话	13922861580		传　真	0755-89368415	
注册地址	广东省深圳市南山区高新南七道007号深圳市数字技术园A3栋5楼C区				
行业分类	制造业				

主要财务指标			
指标\报告期	2013.06.30	2012.12.31	2011.12.31
营业收入(元)	–	41,197,848.92	11,884,190.14
营业利润(元)	–	4,803,253.65	–294,944.99
净利润(元)	–	5,158,511.33	–218,323.81
未分配利润(元)	–	4,124,325.14	–582,921.56
总资产(元)	–	44,246,096.66	26,980,335.84
总负债(元)	–	17,670,506.89	6,563,257.40
净资产(元)	–	26,575,589.77	20,417,078.44
每股收益(元)	–	0.25	–0.01
每股净资产(元)	–	1.27	0.97
净资产收益率(%)	–	19.41	–1.07

长虹塑料集团英派瑞塑料股份有限公司

公司概况					
公司名称	长虹塑料集团英派瑞塑料股份有限公司			股份名称	英派瑞
法人代表	郑元和	董秘	朱继弘	股份代码	430555
公司网址	www.chs.com.cn		主办券商	中信证券股份有限公司	
电　话	0577-62793331		传　真	0577-62793006	
注册地址	安徽省芜湖市芜湖县湾沚镇安徽新芜经济开发区快速通道4999号				
行业分类	制造业				

主要财务指标			
指标\报告期	2013.06.30	2012.12.31	2011.12.31
营业收入(元)	–	259,106,280.01	232,145,682.03
营业利润(元)	–	8,546,611.87	–8,425,031.53
净利润(元)	–	13,128,060.67	–10,041,437.77
未分配利润(元)	–	10,552,655.83	–2,593,111.40
总资产(元)	–	352,551,419.52	403,736,875.14
总负债(元)	–	290,830,292.23	316,550,694.50
净资产(元)	–	61,721,127.29	87,186,180.64
每股收益(元)	–	0.26	–0.25
每股净资产(元)	–	1.23	1.74
净资产收益率(%)	–	21.29	–11.58

广东雅达电子股份有限公司

公司概况

公司名称	广东雅达电子股份有限公司			股份名称	雅达股份
法人代表	王煌英	董秘	陈运平	股份代码	430556
公司网址	www.yada.com.cn		主办券商	中信建投证券股份有限公司	
电　　话	0762-3493688		传　　真	0762-3493912	
注册地址	广东省河源市源城区高埔岗雅达工业园				
行业分类	制造业				

主要财务指标

指标\报告期	2013.06.30	2012.12.31	2011.12.31
营业收入(元)	71,562,278.67	163,811,106.64	151,959,011.20
营业利润(元)	18,470,943.31	41,854,023.33	40,940,004.65
净利润(元)	16,282,783.86	36,288,722.88	35,238,610.76
未分配利润(元)	52,042,306.24	57,167,522.38	35,227,811.95
总资产(元)	193,071,572.96	208,634,174.22	178,067,223.59
总负债(元)	39,908,308.30	50,345,693.42	45,363,465.67
净资产(元)	153,163,264.66	158,288,480.80	132,703,757.92
每股收益(元)	0.30	0.68	0.66
每股净资产(元)	2.86	2.96	2.48
净资产收益率(%)	10.63	22.93	26.55

河南希芳阁绿化工程股份有限公司

公司概况

公司名称	河南希芳阁绿化工程股份有限公司			股份名称	希芳阁
法人代表	王洋洋	董秘	楚少君	股份代码	430557
公司网址	www.xifange.com		主办券商	中国银河证券股份有限公司	
电　　话	0371-63629832		传　　真	0371-86068196	
注册地址	河南省郑州市高新区长椿路 11 号 Y6 幢 1 单元 1 号				
行业分类	建筑业				

主要财务指标

指标\报告期	2013.06.30	2012.12.31	2011.12.31
营业收入(元)	–	228,225.30	67,800.00
营业利润(元)	–	–359,697.15	–264,217.47
净利润(元)	–	–366,894.78	–266,293.48
未分配利润(元)	–	–779,964.28	–413,069.50
总资产(元)	–	1,552,268.13	695,789.01
总负债(元)	–	232,232.41	108,858.51
净资产(元)	–	1,320,035.72	586,930.50
每股收益(元)	–	–	–
每股净资产(元)	–	–	–
净资产收益率(%)	–	–27.79	–45.37

哈尔滨均信投资担保股份有限公司

公司概况

公司名称	哈尔滨均信投资担保股份有限公司			股份名称	均信担保
法人代表	李明中	董秘	张建华	股份代码	430558
公司网址	www.hrbjunxin.com		主办券商	中国银河证券股份有限公司	
电　　话	0451-88084906		传　　真	0451-88084905	
注册地址	黑龙江省哈尔滨市高新技术产业开发区科技创新城创新创业广场 4 号楼世泽路 689 号				
行业分类	租赁和商务服务业				

主要财务指标

指标\报告期	2013.06.30	2012.12.31	2011.12.31
营业收入(元)	–	–	–
营业利润(元)	–	33,518,744.24	27,365,507.79
净利润(元)	–	25,784,333.03	20,535,336.48
未分配利润(元)	–	8,991,095.15	12,640,964.69
总资产(元)	–	583,949,854.54	438,561,881.23
总负债(元)	–	285,077,239.96	194,052,330.41
净资产(元)	–	298,872,614.58	244,509,550.82
每股收益(元)	–	0.12	0.14
每股净资产(元)	–	1.24	1.22
净资产收益率(%)	–	8.63	8.40

珠海新华通软件股份有限公司

公司概况

公司名称	珠海新华通软件股份有限公司			股份名称	新华通
法人代表	南策云	董秘	南策云	股份代码	430559
公司网址	www.zhxht.com		主办券商	中国银河证券股份有限公司	
电　　话	0756-6291698		传　　真	0756-6291698	
注册地址	广东省珠海市香洲区香洲运通路 28 号紫荆花园 1 栋 2 层办公				
行业分类	信息传输、软件和信息技术服务业				

主要财务指标

指标\报告期	2013.06.30	2012.12.31	2011.12.31
营业收入(元)	–	16,442,080.11	9,503,589.72
营业利润(元)	–	7,732,031.98	3,468,803.99
净利润(元)	–	8,938,130.37	4,870,471.98
未分配利润(元)	–	14,638,298.27	6,593,980.94
总资产(元)	–	21,215,995.93	11,347,348.65
总负债(元)	–	1,951,220.07	1,020,703.16
净资产(元)	–	19,264,775.86	10,326,645.49
每股收益(元)	–	2.98	1.62
每股净资产(元)	–	6.42	3.44
净资产收益率(%)	–	46.40	47.16

成都西部泰力起重机股份有限公司

公司概况	公司名称	成都西部泰力起重机股份有限公司		股份名称	西部泰力
	法人代表	赵全起	董秘 赵芳	股份代码	430560
	公司网址	www.028qzj.com	主办券商	中信建投证券股份有限公司	
	电　　话	028-85754368	传　　真	028-85754378	
	注册地址	四川省成都市高新区高棚大道十号			
	行业分类	制造业			

	指标\报告期	2013.06.30	2012.12.31	2011.12.31
主要财务指标	营业收入(元)	12,144,981.42	33,965,497.39	50,721,942.74
	营业利润(元)	141,769.02	-315,790.17	5,644,458.04
	净利润(元)	990,913.62	1,047,622.41	5,086,854.01
	未分配利润(元)	5,871,795.16	4,880,881.54	3,938,021.37
	总资产(元)	46,347,340.86	44,553,392.76	52,921,529.70
	总负债(元)	31,869,725.53	24,066,691.05	33,482,450.40
	净资产(元)	14,477,615.33	20,486,701.71	19,439,079.30
	每股收益(元)	0.07	0.07	0.34
	每股净资产(元)	1.03	1.37	1.30
	净资产收益率(%)	6.85	5.11	26.17

深圳市齐普光电子股份有限公司

公司概况	公司名称	深圳市齐普光电子股份有限公司		股份名称	齐普光电
	法人代表	吴小刚	董秘 李岳敏	股份代码	430561
	公司网址	www.chipshow.cn	主办券商	中信建投证券股份有限公司	
	电　　话	0755-83419012	传　　真	0755-82975893	
	注册地址	广东省深圳市宝安区石岩街道塘头社区宝石路宝石科技园C栋			
	行业分类	制造业			

	指标\报告期	2013.06.30	2012.12.31	2011.12.31
主要财务指标	营业收入(元)	-	164,134,674.63	104,699,750.46
	营业利润(元)	-	1,902,012.34	700,896.08
	净利润(元)	-	2,375,033.77	1,024,286.95
	未分配利润(元)	-	3,547,919.81	1,410,389.42
	总资产(元)	-	95,023,159.20	81,607,514.54
	总负债(元)	-	71,081,026.07	60,040,415.18
	净资产(元)	-	23,942,133.13	21,567,099.36
	每股收益(元)	-	0.12	0.05
	每股净资产(元)	-	1.20	1.08
	净资产收益率(%)	-	9.92	4.75

重庆安运科技股份有限公司

公司概况	公司名称	重庆安运科技股份有限公司		股份名称	安运科技
	法人代表	孙钦	董秘 谢世红	股份代码	430562
	公司网址	www.safeluck.com	主办券商	中信建投证券股份有限公司	
	电　　话	023-65472717	传　　真	023-65472917	
	注册地址	重庆市九龙坡区金凤路108号			
	行业分类	信息传输、软件和信息技术服务业			

	指标\报告期	2013.06.30	2012.12.31	2011.12.31
主要财务指标	营业收入(元)	25,606,030.79	37,797,870.36	19,507,473.49
	营业利润(元)	6,720,347.95	4,292,406.02	1,162,942.07
	净利润(元)	6,229,444.73	4,069,916.16	1,143,173.13
	未分配利润(元)	9,613,057.67	3,981,452.79	2,184,712.22
	总资产(元)	50,230,426.66	50,243,500.13	15,469,873.26
	总负债(元)	18,150,823.54	24,393,341.74	2,977,976.53
	净资产(元)	32,079,603.12	25,850,158.39	12,491,896.73
	每股收益(元)	0.32	0.21	0.11
	每股净资产(元)	1.63	1.31	1.25
	净资产收益率(%)	19.86	17.69	9.15

江西华宇软件股份有限公司

公司概况	公司名称	江西华宇软件股份有限公司		股份名称	华宇股份
	法人代表	郑晖	董秘 宗裕华	股份代码	430563
	公司网址	www.jxgis.com	主办券商	中信建投证券股份有限公司	
	电　　话	0791-88116074	传　　真	0791-88117573	
	注册地址	江西省南昌市高新区高新一路建昌大厦			
	行业分类	信息传输、软件和信息技术服务业			

	指标\报告期	2013.06.30	2012.12.31	2011.12.31
主要财务指标	营业收入(元)	-	11,700,717.18	7,183,436.03
	营业利润(元)	-	282,754.21	264,839.54
	净利润(元)	-	1,156,124.78	1,116,975.26
	未分配利润(元)	-	1,567,751.06	527,238.76
	总资产(元)	-	15,926,888.98	10,999,013.27
	总负债(元)	-	5,677,528.05	1,905,777.12
	净资产(元)	-	10,249,360.93	9,093,236.15
	每股收益(元)	-	0.14	0.15
	每股净资产(元)	-	1.28	1.14
	净资产收益率(%)	-	11.28	12.28

陕西天润科技股份有限公司

公司概况	公司名称	陕西天润科技股份有限公司			股份名称	天润科技
	法人代表	陈利	董秘	弓龙社	股份代码	430564
	公司网址	www.trgis.com		主办券商	中信建投证券股份有限公司	
	电　话	029-85270406-811		传　真	029-85270528	
	注册地址	陕西省西安市高新区高新三路 8 号 1 幢 10705 室				
	行业分类	信息传输、软件和信息技术服务业				

主要财务指标	指标\报告期	2013.06.30	2012.12.31	2011.12.31
	营业收入(元)	23,722,531.41	60,877,302.03	39,592,087.59
	营业利润(元)	3,790,327.10	17,732,655.52	12,155,681.43
	净利润(元)	3,336,795.03	17,598,419.45	12,400,346.95
	未分配利润(元)	9,457,542.32	6,120,747.29	6,352,130.73
	总资产(元)	44,754,033.96	40,119,349.91	19,193,661.76
	总负债(元)	4,673,438.87	4,827,549.85	1,775,867.15
	净资产(元)	40,080,595.09	35,291,800.06	17,417,794.61
	每股收益(元)	0.13	0.70	1.24
	每股净资产(元)	1.53	1.41	1.74
	净资产收益率(%)	8.33	49.87	71.19

大连莱力柏信息技术股份有限公司

公司概况	公司名称	大连莱力柏信息技术股份有限公司			股份名称	莱力柏
	法人代表	马树伟	董秘	郑翠环	股份代码	430565
	公司网址	www.lailibai.com		主办券商	中原证券股份有限公司	
	电　话	0411-62933086		传　真	0411-84798633	
	注册地址	辽宁省大连市高新技术产业园区黄浦路 512 号 19 层 01、02、03 室				
	行业分类	制造业				

主要财务指标	指标\报告期	2013.06.30	2012.12.31	2011.12.31
	营业收入(元)	3,055,298.68	6,292,118.00	10,166,628.19
	营业利润(元)	-375,218.72	-431,437.35	1,628,451.31
	净利润(元)	-192,084.81	1,179,062.78	1,097,042.65
	未分配利润(元)	103,929.10	296,013.91	-862,385.12
	总资产(元)	11,793,617.29	11,947,905.82	13,276,968.34
	总负债(元)	631,726.98	593,930.70	2,716,952.32
	净资产(元)	11,161,890.31	11,353,975.12	10,560,016.02
	每股收益(元)	-0.02	0.11	0.09
	每股净资产(元)	1.01	1.03	0.92
	净资产收益率(%)	-1.72	10.69	9.47

浙江虹越花卉股份有限公司

公司概况	公司名称	浙江虹越花卉股份有限公司			股份名称	虹越花卉
	法人代表	江胜德	董秘	陈永辉	股份代码	430566
	公司网址	www.hongyue.com		主办券商	中信建投证券股份有限公司	
	电　话	0573-87491766		传　真	0573-87489680	
	注册地址	浙江省海宁市长安镇褚石村金筑园 1 号				
	行业分类	农、林、牧、渔业				

主要财务指标	指标\报告期	2013.06.30	2012.12.31	2011.12.31
	营业收入(元)	103,622,306.55	239,463,178.72	219,728,488.16
	营业利润(元)	2,722,722.52	4,947,628.84	7,645,280.40
	净利润(元)	5,777,753.91	10,664,777.46	8,239,942.15
	未分配利润(元)	14,402,983.33	17,864,310.43	16,125,793.20
	总资产(元)	223,350,077.04	188,758,569.00	140,626,768.81
	总负债(元)	128,268,601.59	99,014,847.46	54,245,842.52
	净资产(元)	95,081,475.45	89,743,721.54	86,380,926.29
	每股收益(元)	0.13		
	每股净资产(元)	2.12		
	净资产收益率(%)	6.07	11.93	9.64

无锡市海航电液伺服系统股份有限公司

公司概况	公司名称	无锡市海航电液伺服系统股份有限公司			股份名称	无锡海航
	法人代表	胡文茜	董秘	胡文茜	股份代码	430567
	公司网址			主办券商	中国中投证券有限责任公司	
	电　话	0510-82132100-806		传　真	0510-82132900	
	注册地址	江苏省无锡市南站经济发展园 A 区 11 号				
	行业分类	制造业				

主要财务指标	指标\报告期	2013.06.30	2012.12.31	2011.12.31
	营业收入(元)	-	34,037,642.76	30,101,800.72
	营业利润(元)	-	1,126,322.38	1,014,016.11
	净利润(元)	-	984,976.77	614,170.64
	未分配利润(元)	-	980,851.39	94,372.30
	总资产(元)	-	27,157,844.59	26,111,923.71
	总负债(元)	-	16,172,190.75	16,111,246.64
	净资产(元)	-	10,985,653.84	10,000,677.07
	每股收益(元)	-	0.20	0.12
	每股净资产(元)	-	2.20	2.00
	净资产收益率(%)	-	8.97	6.14

厦门光莆电子股份有限公司

公司概况						
公司名称	厦门光莆电子股份有限公司			股份名称	光莆电子
法人代表	林瑞梅	董秘	陈锡良	股份代码	430568
公司网址	www.goproled.cn		主办券商	中信建投证券股份有限公司	
电　　话	0592-5970925		传　　真	0592-5621415	
注册地址	福建省厦门市思明区岭兜西路608号				
行业分类	制造业				

主要财务指标 指标\报告期	2013.06.30	2012.12.31	2011.12.31
营业收入(元)	114,382,716.05	180,347,346.05	249,026,416.19
营业利润(元)	11,143,730.26	19,909,471.26	63,271,491.78
净利润(元)	10,331,635.32	21,726,581.57	53,375,762.04
未分配利润(元)	42,282,497.13	31,863,903.08	40,359,043.39
总资产(元)	279,533,003.44	275,132,475.94	302,772,791.57
总负债(元)	109,839,652.44	115,770,760.26	154,662,613.46
净资产(元)	169,693,351.00	159,361,715.68	148,110,178.11
每股收益(元)	0.12	0.25	
每股净资产(元)	1.95	1.83	10.35
净资产收益率(%)	6.09	13.91	32.48

东莞安尔发智能科技股份有限公司

公司概况					
公司名称	东莞安尔发智能科技股份有限公司			股份名称	安尔发
法人代表	邓新文	董秘	张弢	股份代码	430569
公司网址	www.c-way.com		主办券商	华西证券有限责任公司	
电　　话	0769-88922526-629		传　　真	0769-26628656	
注册地址	广东省东莞市松山湖工业南路巷6号3栋308室				
行业分类	制造业				

主要财务指标 指标\报告期	2013.06.30	2012.12.31	2011.12.31
营业收入(元)	1,981,447.06	4,875,439.30	4,349,379.97
营业利润(元)	95,048.65	339,853.11	590,147.03
净利润(元)	65,389.35	248,933.71	444,105.11
未分配利润(元)	150,601.78	76,520.26	772,464.68
总资产(元)	9,745,063.89	8,441,730.14	7,305,134.39
总负债(元)	3,078,039.09	1,840,094.69	4,952,432.65
净资产(元)	6,667,024.80	6,601,635.45	2,352,701.74
每股收益(元)	0.01	0.19	0.44
每股净资产(元)	1.24	1.22	1.86
净资产收益率(%)	1.20	4.21	23.82

武汉蓝星科技股份有限公司

公司概况					
公司名称	武汉蓝星科技股份有限公司			股份名称	蓝星科技
法人代表	陶振跃	董秘	朱丽	股份代码	430570
公司网址	www.hiinfo.cn		主办券商	西部证券股份有限公司	
电　　话	027-81616642		传　　真	027-81616635	
注册地址	湖北省武汉市东湖开发区东二产业园黄龙山西路武汉蓝星科技生产基地				
行业分类	制造业				

主要财务指标 指标\报告期	2013.06.30	2012.12.31	2011.12.31
营业收入(元)	28,051,695.48	40,220,609.83	34,735,917.23
营业利润(元)	3,363,642.04	-16,453,303.32	-3,963,683.99
净利润(元)	3,639,115.96	-16,354,892.67	-1,609,016.39
未分配利润(元)	-18,477,613.68	-22,808,716.57	-6,162,476.88
总资产(元)	229,207,424.42	244,938,030.61	219,552,813.41
总负债(元)	105,662,175.34	118,261,250.78	94,893,105.57
净资产(元)	123,545,249.08	126,676,779.83	124,659,707.84
每股收益(元)	0.03	-0.13	-0.04
每股净资产(元)	0.98	0.94	0.97
净资产收益率(%)	3.51	-13.96	-3.82

广东科硕机械科技股份有限公司

公司概况					
公司名称	广东科硕机械科技股份有限公司			股份名称	科硕科技
法人代表	叶美跃	董秘	周姗霖	股份代码	430571
公司网址	www.keso.sc		主办券商	东莞证券有限责任公司	
电　　话	0769-26622931		传　　真	0769-22232002	
注册地址	广东省东莞市松山湖高新技术产业开发区工业南路6号松湖华科产业孵化园[illegible]栋512室				
行业分类	制造业				

主要财务指标 指标\报告期	2013.06.30	2012.12.31	2011.12.31
营业收入(元)	9,[illegible]46,612.13	11,171,675.73	12,385,178.88
营业利润(元)	76,582.77	-672,632.76	44,204.18
净利润(元)	63,538.61	208,987.85	59,386.00
未分配利润(元)	129,941.29	66,402.68	-62,742.15
总资产(元)	12,190,525.83	13,163,752.32	9,132,044.62
总负债(元)	6,980,741.52	8,017,506.62	8,694,786.77
净资产(元)	5,209,784.31	5,146,245.70	437,257.85
每股收益(元)	0.01	0.04	0.12
每股净资产(元)	1.04	1.03	0.87
净资产收益率(%)	1.22	4.06	13.58

保定奥普节能科技股份有限公司

公司概况	公司名称	保定奥普节能科技股份有限公司			股份名称	奥普节能
	法人代表	孟书明	董秘	郝纳新	股份代码	430572
	公司网址	www.aopujieneng.com		主办券商	方正证券股份有限公司	
	电　话	0312-5956708		传　真	0312-5956707	
	注册地址	河北省保定市锦绣街677号火炬园内3号通用厂房1-103				
	行业分类	制造业				

	指标\报告期	2013.06.30	2012.12.31	2011.12.31
主要财务指标	营业收入(元)	2,704,573.94	7,899,440.88	1,303,990.59
	营业利润(元)	-120,512.66	365,323.96	38,796.01
	净利润(元)	-103,841.74	264,332.45	32,097.63
	未分配利润(元)	9,856.22	113,697.96	-130,284.26
	总资产(元)	16,909,610.72	16,741,568.26	4,501,959.36
	总负债(元)	879,404.27	607,520.07	3,632,243.62
	净资产(元)	16,030,206.45	16,134,048.19	869,715.74
	每股收益(元)	-0.01	0.02	0.00
	每股净资产(元)	1.00	1.01	0.05
	净资产收益率(%)	-0.65	1.64	3.69

湖南山水节能科技股份有限公司

公司概况	公司名称	湖南山水节能科技股份有限公司			股份名称	山水节能
	法人代表	瞿英杰	董秘	李建宁	股份代码	430573
	公司网址	www.hnssjn.com		主办券商	海通证券股份有限公司	
	电　话	18974861055		传　真	0731-88507288	
	注册地址	湖南省长沙市长沙高新开发区麓松路与麓泉路交汇处延农创业基地三楼				
	行业分类	制造业				

	指标\报告期	2013.06.30	2012.12.31	2011.12.31
主要财务指标	营业收入(元)	34,640,900.32	75,970,185.99	66,792,127.71
	营业利润(元)	948,893.19	-837,010.56	681,964.20
	净利润(元)	3,985,198.35	-357,410.82	830,438.55
	未分配利润(元)	2,480,380.22	-1,504,818.13	-8,137,937.03
	总资产(元)	103,805,614.23	99,495,767.24	93,544,965.24
	总负债(元)	50,459,548.98	50,134,900.34	50,817,902.27
	净资产(元)	53,346,065.25	49,360,866.90	42,727,062.97
	每股收益(元)	0.08	-0.01	0.02
	每股净资产(元)	1.06	0.98	0.85
	净资产收益率(%)	7.47	-0.72	2.18

北京星奥科技股份有限公司

公司概况	公司名称	北京星奥科技股份有限公司			股份名称	星奥股份
	法人代表	杨亚中	董秘	刘智慧	股份代码	430574
	公司网址	beta.elongtian.com		主办券商	财达证券有限责任公司	
	电　话	010-59361355		传　真	010-59361355	
	注册地址	北京市东城区柴棒胡同59号306室				
	行业分类	信息传输、软件和信息技术服务业				

	指标\报告期	2013.06.30	2012.12.31	2011.12.31
主要财务指标	营业收入(元)	-	24,585,761.86	24,585,761.86
	营业利润(元)	-	1,179,043.15	1,179,043.15
	净利润(元)	-	1,577,147.33	1,577,147.33
	未分配利润(元)	-	534,166.53	534,166.53
	总资产(元)	-	19,795,326.25	19,795,326.25
	总负债(元)	-	8,281,807.88	8,281,807.88
	净资产(元)	-	11,513,518.37	11,513,518.37
	每股收益(元)	-	0.16	0.16
	每股净资产(元)	-	1.15	1.15
	净资产收益率(%)	-	13.70	13.70

苏州迈科网络安全技术股份有限公司

公司概况	公司名称	苏州迈科网络安全技术股份有限公司			股份名称	迈科网络
	法人代表	陈立	董秘	尤慧兰	股份代码	430575
	公司网址	www.maxnetsys.com.cn		主办券商	长城证券有限责任公司	
	电　话	0512-68668668/78		传　真	0512-62515908	
	注册地址	江苏省苏州市工业园区金鸡湖大道1355号国际科技园三期8B-1单元				
	行业分类	信息传输、软件和信息技术服务业				

	指标\报告期	2013.06.30	2012.12.31	2011.12.31
主要财务指标	营业收入(元)	1,242,657.26	20,661,008.59	29,972,181.44
	营业利润(元)	-7,122,584.97	-458,012.13	2,124,290.32
	净利润(元)	-5,362,857.04	3,566,734.14	7,599,011.94
	未分配利润(元)	4,391,516.32	9,754,373.36	6,667,436.89
	总资产(元)	41,510,635.08	49,607,488.98	49,137,881.68
	总负债(元)	1,199,739.23	3,933,736.09	24,230,862.93
	净资产(元)	40,310,895.85	45,673,752.89	24,907,018.75
	每股收益(元)	-0.26	0.19	0.44
	每股净资产(元)	1.94	2.20	1.46
	净资产收益率(%)	-13.30	7.81	30.51

山东泰信电子股份有限公司

公司概况	公司名称	山东泰信电子股份有限公司			股份名称	泰信电子
	法人代表	陶圣华	董秘	顾斐	股份代码	430576
	公司网址	www.taixin.cn		主办券商	安信证券股份有限公司	
	电　话	0531-87175001-1015		传　真	0531-86023598	
	注册地址	山东省济南市高新区新泺大街2008号银荷大厦1-501-1				
	行业分类	制造业				

	指标\报告期	2013.06.30	2012.12.31	2011.12.31
主要财务指标	营业收入(元)	4,506,499.12	10,284,549.69	22,542,250.17
	营业利润(元)	-2,602,217.80	-128,515.27	11,945,756.86
	净利润(元)	-2,033,343.14	897,625.36	12,412,700.74
	未分配利润(元)	4,863,406.72	6,896,749.86	11,889,129.16
	总资产(元)	24,428,732.78	25,064,602.70	24,344,194.31
	总负债(元)	3,482,934.36	2,085,461.14	2,405,346.11
	净资产(元)	20,945,798.42	22,979,141.56	21,938,848.20
	每股收益(元)	-0.14	0.06	1.24
	每股净资产(元)	1.40	1.53	2.19
	净资产收益率(%)	-9.71	3.91	56.58

武汉力龙信息科技股份有限公司

公司概况	公司名称	武汉力龙信息科技股份有限公司			股份名称	力龙信息
	法人代表	吴余龙	董秘	吴苗	股份代码	430577
	公司网址	www.lilosoft.com.cn		主办券商	长江证券股份有限公司	
	电　话	13971650195		传　真	027-83560750-815	
	注册地址	湖北省武汉市江汉区江汉经济开发区江兴旺路6号火凤凰云计算基地3楼302室				
	行业分类	信息传输、软件和信息技术服务业				

	指标\报告期	2013.06.30	2012.12.31	2011.12.31
主要财务指标	营业收入(元)	-	17,512,974.09	16,850,804.99
	营业利润(元)	-	-968,088.50	290,071.71
	净利润(元)	-	-538,410.77	1,344,740.90
	未分配利润(元)	-	-1,743,430.12	-1,144,272.23
	总资产(元)	-	19,337,372.19	18,437,984.57
	总负债(元)	-	10,365,957.44	8,928,159.05
	净资产(元)	-	8,971,414.75	9,509,825.52
	每股收益(元)	-	-0.04	0.14
	每股净资产(元)	-	0.86	0.90
	净资产收益率(%)	-	-4.81	15.98

吉林省差旅天下网络技术股份有限公司

公司概况	公司名称	吉林省差旅天下网络技术股份有限公司			股份名称	差旅天下
	法人代表	张云松	董秘	谭荷花	股份代码	430578
	公司网址	www.tripg.cn		主办券商	东北证券股份有限公司	
	电　话	0431-88611866		传　真	0431-88666978	
	注册地址	吉林省长春市高新技术开发区博识路168号A座三楼B区				
	行业分类	租赁和商务服务业				

	指标\报告期	2013.06.30	2012.12.31	2011.12.31
主要财务指标	营业收入(元)	-	9,166,336.58	2,840,695.37
	营业利润(元)	-	2,455,415.38	146,881.60
	净利润(元)	-	2,486,811.10	227,359.04
	未分配利润(元)	-	2,461,340.03	163,698.80
	总资产(元)	-	16,321,838.44	10,971,329.36
	总负债(元)	-	3,671,328.54	807,630.56
	净资产(元)	-	12,650,509.90	10,163,698.80
	每股收益(元)	-	0.25	0.02
	每股净资产(元)	-	1.27	1.02
	净资产收益率(%)	-	19.66	2.24

苏州市龙源电力科技股份有限公司

公司概况	公司名称	苏州市龙源电力科技股份有限公司			股份名称	龙源科技
	法人代表	朱剑华	董秘	张诗深	股份代码	430579
	公司网址	www.longyuan-sz.com		主办券商	东吴证券股份有限公司	
	电　话	0512-66618328		传　真	0512-66618780	
	注册地址	江苏省苏州市高新区银珠路8号				
	行业分类	制造业				

	指标\报告期	2013.06.30	2012.12.31	2011.12.31
主要财务指标	营业收入(元)	30,227,570.63	66,666,830.65	63,662,568.71
	营业利润(元)	4,213,298.65	6,307,660.57	5,836,212.39
	净利润(元)	2,559,049.22	4,926,402.48	4,239,709.27
	未分配利润(元)	5,851,813.25	3,292,764.03	10,763,225.32
	总资产(元)	69,064,573.24	66,541,463.46	71,700,634.99
	总负债(元)	25,687,456.44	28,638,895.88	32,724,469.89
	净资产(元)	43,377,116.80	37,902,567.58	38,976,165.10
	每股收益(元)	0.12	0.25	0.40
	每股净资产(元)	2.05	1.90	3.71
	净资产收益率(%)	5.90	13.00	10.88

杭州云天软件股份有限公司

公司概况	公司名称	杭州云天软件股份有限公司		股份名称	云天软件	
	法人代表	邵俊	董秘	曹培培	股份代码	430580
	公司网址	www.yt-soft.com		主办券商	财通证券股份有限公司	
	电　话	0571-85871629		传　真	0571-85871621	
	注册地址	浙江省杭州市西湖区文三路 121 号武林综合楼 903 室				
	行业分类	信息传输、软件和信息技术服务业				

主要财务指标	指标\报告期	2013.06.30	2012.12.31	2011.12.31
	营业收入(元)	–	6,447,189.79	4,683,230.82
	营业利润(元)	–	1,371,039.17	327,962.93
	净利润(元)	–	1,508,333.69	533,771.62
	未分配利润(元)	–	1,849,194.77	491,694.45
	总资产(元)	–	6,182,976.97	3,102,765.04
	总负债(元)	–	2,582,447.08	1,010,568.84
	净资产(元)	–	3,600,529.89	2,092,196.20
	每股收益(元)	–	0.22	0.08
	每股净资产(元)	–	0.51	0.30
	净资产收益率(%)	–	41.89	25.51

北京八亿时空液晶科技股份有限公司

公司概况	公司名称	北京八亿时空液晶科技股份有限公司		股份名称	八亿时空	
	法人代表	赵雷	董秘	薛秀媛	股份代码	430581
	公司网址	www.81lcd.com		主办券商	国信证券股份有限公司	
	电　话	010-69765588-8000		传　真	010-69760560	
	注册地址	北京市房山区燕山岗南路东一巷 6 号 C 座 218 房间				
	行业分类	制造业				

主要财务指标	指标\报告期	2013.06.30	2012.12.31	2011.12.31
	营业收入(元)	26,354,806.87	49,030,154.57	41,223,181.59
	营业利润(元)	2,832,703.54	2,714,775.38	2,706,777.58
	净利润(元)	3,810,161.53	4,700,770.51	2,443,052.12
	未分配利润(元)	13,820,466.38	10,010,304.85	5,708,020.81
	总资产(元)	115,026,643.12	96,180,595.00	50,789,414.14
	总负债(元)	12,372,569.01	23,536,682.42	12,846,272.07
	净资产(元)	102,654,074.11	72,643,912.58	37,943,142.07
	每股收益(元)	0.11	0.19	0.12
	每股净资产(元)	2.32	2.02	1.82
	净资产收益率(%)	3.71	6.47	6.44

安徽华菱西厨装备股份有限公司

公司概况	公司名称	安徽华菱西厨装备股份有限公司		股份名称	华菱西厨	
	法人代表	许正华	董秘	刘培龙	股份代码	430582
	公司网址	www.fenglihua.com		主办券商	大通证券股份有限公司	
	电　话	0555-6769511		传　真	0555-6769511	
	注册地址	安徽省马鞍山市当涂县博望镇工业开发区				
	行业分类	制造业				

主要财务指标	指标\报告期	2013.06.30	2012.12.31	2011.12.31
	营业收入(元)	–	141,270,589.50	167,350,910.74
	营业利润(元)	–	5,039,402.06	27,682,877.92
	净利润(元)	–	6,708,793.14	27,337,992.32
	未分配利润(元)	–	55,119,221.08	55,825,765.33
	总资产(元)	–	205,113,510.62	210,410,218.92
	总负债(元)	–	86,034,612.75	91,290,114.19
	净资产(元)	–	119,078,897.87	119,120,104.73
	每股收益(元)	–	0.15	0.61
	每股净资产(元)	–	2.65	2.65
	净资产收益率(%)	–	5.63	22.95

江苏国贸酝领智能科技股份有限公司

公司概况	公司名称	江苏国贸酝领智能科技股份有限公司		股份名称	国贸酝领	
	法人代表	陈宏庆	董秘	李惠君	股份代码	430583
	公司网址	www.gm-sz.com		主办券商	东吴证券股份有限公司	
	电　话	0512-62990781		传　真	0512-62889406	
	注册地址	江苏省苏州市工业园区唯亭镇唯文路 5 号				
	行业分类	信息传输、软件和信息技术服务业				

主要财务指标	指标\报告期	2013.06.30	2012.12.31	2011.12.31
	营业收入(元)	–	97,831,718.15	53,239,333.35
	营业利润(元)	–	496,518.12	–4,148,054.44
	净利润(元)	–	423,300.49	–3,104,991.88
	未分配利润(元)	–	3,953,255.19	8,432,861.99
	总资产(元)	–	102,388,832.30	71,804,045.99
	总负债(元)	–	81,119,452.74	51,097,389.68
	净资产(元)	–	21,269,379.56	20,706,656.31
	每股收益(元)	–	0.04	–0.28
	每股净资产(元)	–	1.33	1.88
	净资产收益率(%)	–	1.99	–15.00

上海弘陆物流设备股份有限公司

公司概况	公司名称	上海弘陆物流设备股份有限公司			股份名称	弘陆股份
	法人代表	沈晓红	董秘	沈晓红	股份代码	430584
	公司网址	www.hldworld.cn		主办券商	安信证券股份有限公司	
	电　话	021-39170807-22		传　真	021-39170807-15	
	注册地址	上海市嘉定区马陆镇复华路33号1幢3层308室				
	行业分类	租赁和商务服务业				

	指标\报告期	2013.06.30	2012.12.31	2011.12.31
主要财务指标	营业收入（元）	3,005,973.64	6,498,321.11	6,971,470.84
	营业利润（元）	76,197.63	144,537.27	448,381.30
	净利润（元）	66,068.81	157,339.71	338,805.04
	未分配利润（元）	739,790.33	680,328.40	538,722.66
	总资产（元）	13,663,662.57	13,426,288.35	11,323,828.66
	总负债（元）	7,864,988.53	7,693,683.12	5,748,563.14
	净资产（元）	5,798,674.04	5,732,605.23	5,575,265.52
	每股收益（元）	0.01	0.03	0.11
	每股净资产（元）	1.16	1.15	1.12
	净资产收益率（%）	1.14	2.75	6.08

徐州中矿微星软件股份有限公司

公司概况	公司名称	徐州中矿微星软件股份有限公司			股份名称	中矿微星
	法人代表	王广军	董秘	于秀华	股份代码	430585
	公司网址	www.microstarsoft.com		主办券商	东吴证券股份有限公司	
	电　话	0516-83896360		传　真	0516-83896370	
	注册地址	江苏省徐州市解放南路中国矿业大学国家大学科技园内科技大厦916室				
	行业分类	信息传输、软件和信息技术服务业				

	指标\报告期	2013.06.30	2012.12.31	2011.12.31
主要财务指标	营业收入（元）	–	5,899,271.71	13,109,569.15
	营业利润（元）	–	–6,483,451.76	–188,409.95
	净利润（元）	–	–3,405,401.56	1,745,775.83
	未分配利润（元）	–	5,070,007.68	8,475,409.24
	总资产（元）	–	19,652,738.75	18,908,576.18
	总负债（元）	–	3,641,018.93	4,491,454.80
	净资产（元）	–	16,011,719.82	14,417,121.38
	每股收益（元）	–	–0.45	0.87
	每股净资产（元）	–	1.60	2.88
	净资产收益率（%）	–	–21.27	12.11

无锡市兴港包装股份有限公司

公司概况	公司名称	无锡市兴港包装股份有限公司			股份名称	兴港包装
	法人代表	曹敏丰	董秘	俞春霞	股份代码	430586
	公司网址	www.wxxinggang.com		主办券商	东吴证券股份有限公司	
	电　话	0510-88768988		传　真	0510-88761276	
	注册地址	江苏省无锡市锡山区东港镇港下兴港路93号				
	行业分类	制造业				

	指标\报告期	2013.06.30	2012.12.31	2011.12.31
主要财务指标	营业收入（元）	–	72,977,740.77	78,271,424.34
	营业利润（元）	–	2,033,680.73	2,817,599.36
	净利润（元）	–	2,097,152.36	3,278,261.89
	未分配利润（元）	–	10,842,731.94	10,542,313.32
	总资产（元）	–	41,034,464.14	44,786,667.44
	总负债（元）	–	21,706,547.24	25,968,884.40
	净资产（元）	–	19,327,916.90	18,817,783.04
	每股收益（元）	–	0.42	0.66
	每股净资产（元）	–	3.87	3.76
	净资产收益率（%）	–	10.85	17.42

福格森（武汉）生物科技股份有限公司

公司概况	公司名称	福格森(武汉)生物科技股份有限公司			股份名称	福格森
	法人代表	欧阳康乐	董秘	严黛	股份代码	430587
	公司网址	www.fugesen.com.cn		主办券商	东北证券股份有限公司	
	电　话	027-84222575		传　真	027-84222575	
	注册地址	湖北省武汉市经济技术开发区枫树三路9号				
	行业分类	制造业				

	指标\报告期	2013.06.30	2012.12.31	2011.12.31
主要财务指标	营业收入（元）	22,349,703.86	36,899,785.56	25,844,773.51
	营业利润（元）	–142,399.81	1,835,235.98	961,630.09
	净利润（元）	229,050.30	1,123,114.95	1,876,705.87
	未分配利润（元）	12,777,701.92	12,571,556.65	11,560,753.20
	总资产（元）	134,099,006.84	125,409,215.63	83,589,232.75
	总负债（元）	89,922,079.11	81,461,338.20	40,827,773.27
	净资产（元）	44,176,927.73	43,947,877.43	42,761,459.48
	每股收益（元）	0.01	0.04	0.06
	每股净资产（元）	1.48	1.47	1.43
	净资产收益率（%）	0.52	2.56	4.39

浙江天松医疗器械股份有限公司

公司概况					
公司名称	浙江天松医疗器械股份有限公司			股份名称	天松医疗
法人代表	徐天松	董秘	方烈	股份代码	430588
公司网址	www.zj-tiansong.com	主办券商	海通证券股份有限公司		
电　话	0571-64242798	传　真	0571-64241118		
注册地址	浙江省桐庐经济开发区尖端路168号				
行业分类	制造业				

主要财务指标 指标\报告期	2013.06.30	2012.12.31	2011.12.31
营业收入(元)	–	96,734,175.91	68,108,354.24
营业利润(元)	–	34,331,634.28	24,172,801.29
净利润(元)	–	31,009,007.87	22,476,661.39
未分配利润(元)	–	5,211,407.57	20,411,656.03
总资产(元)	–	124,078,469.14	128,297,378.78
总负债(元)	–	15,215,724.23	81,025,618.65
净资产(元)	–	108,862,744.91	47,271,760.13
每股收益(元)	–	0.72	0.53
每股净资产(元)	–	2.35	2.68
净资产收益率(%)	–	29.16	50.36

苏州银河激光科技股份有限公司

公司概况					
公司名称	苏州银河激光科技股份有限公司			股份名称	银河激光
法人代表	刘群	董秘	许顺华	股份代码	430589
公司网址	www.galaxylaser.cn	主办券商	东吴证券股份有限公司		
电　话	0512-68255317	传　真	0512-68096557		
注册地址	江苏省苏州市高新区黄埔街69号				
行业分类	制造业				

主要财务指标 指标\报告期	2013.06.30	2012.12.31	2011.12.31
营业收入(元)	18,918,668.28	40,035,700.56	38,738,489.44
营业利润(元)	2,102.43	1,321,564.08	2,390,019.64
净利润(元)	113,793.46	2,223,687.94	1,869,825.66
未分配利润(元)	1,352,215.47	1,238,422.01	1,940,382.43
总资产(元)	43,209,786.10	41,756,040.71	33,051,286.88
总负债(元)	25,839,210.95	24,499,259.02	23,013,415.23
净资产(元)	17,370,575.15	17,256,781.69	10,037,871.65
每股收益(元)	0.01	0.22	0.30
每股净资产(元)	1.74	1.73	1.60
净资产收益率(%)	0.66	12.89	18.63

成都晶宝时频技术股份有限公司

公司概况					
公司名称	成都晶宝时频技术股份有限公司			股份名称	晶宝股份
法人代表	何仁举	董秘	梁羽杉	股份代码	430590
公司网址	www.chinacrec.com	主办券商	东方花旗证券有限公司		
电　话	028-66118588	传　真	028-66118501		
注册地址	四川省成都市高新区西部园区百叶路8号				
行业分类	制造业				

主要财务指标 指标\报告期	2013.06.30	2012.12.31	2011.12.31
营业收入(元)	–	35,857,589.60	40,560,250.36
营业利润(元)	–	301,221.75	–943,558.24
净利润(元)	–	1,311,384.34	677,091.66
未分配利润(元)	–	1,789,628.40	609,382.49
总资产(元)	–	68,302,569.49	67,021,333.58
总负债(元)	–	33,868,075.25	33,898,223.68
净资产(元)	–	34,434,494.24	33,123,109.90
每股收益(元)	–	0.04	0.02
每股净资产(元)	–	1.15	1.10
净资产收益率(%)	–	3.81	2.04

武汉明德生物科技股份有限公司

公司概况					
公司名称	武汉明德生物科技股份有限公司			股份名称	明德生物
法人代表	陈莉莉	董秘	苏萍萍	股份代码	430591
公司网址	www.mdeasydiagnosis.com	主办券商	天风证券股份有限公司		
电　话	027-86645303	传　真	027-87808005		
注册地址	湖北省武汉市东湖开发区关东科技园东信路特1号留学生创业园E栋2楼				
行业分类	制造业				

主要财务指标 指标\报告期	2013.06.30	2012.12.31	2011.12.31
营业收入(元)	–	7,096,033.35	1,218,051.23
营业利润(元)	–	1,275,052.38	–244,519.58
净利润(元)	–	1,401,869.56	253,239.07
未分配利润(元)	–	245,987.33	–1,128,550.30
总资产(元)	–	4,656,975.58	1,957,472.96
总负债(元)	–	3,233,656.32	1,936,023.26
净资产(元)	–	1,423,319.26	21,449.70
每股收益(元)	–	1.22	0.23
每股净资产(元)	–	1.24	0.02
净资产收益率(%)	–	98.49	1,180.62

凯德自控技术长沙股份有限公司

公司概况	公司名称	凯德自控技术长沙股份有限公司			股份名称	凯德自控
	法人代表	华传健	董秘	欧阳斌	股份代码	430592
	公司网址	www.kingdom.cn		主办券商	财富证券有限责任公司	
	电　　话	0731-84896668		传　　真	0731-84896678	
	注册地址	湖南省长沙市高新开发区隆平高科技园湖南省科研成果转化中心2号栋3楼				
	行业分类	制造业				

	指标\报告期	2013.06.30	2012.12.31	2011.12.31
主要财务指标	营业收入(元)	100,297,164.28	160,381,505.98	225,825,063.44
	营业利润(元)	1,252,426.19	2,712,026.28	7,588,775.83
	净利润(元)	1,385,939.30	3,653,180.77	5,751,619.77
	未分配利润(元)	1,440,025.91	3,404,086.61	137,301.60
	总资产(元)	91,117,044.44	77,972,225.10	54,853,285.33
	总负债(元)	58,679,411.10	43,570,531.06	34,904,772.06
	净资产(元)	32,437,633.34	34,401,694.04	19,948,513.27
	每股收益(元)	0.05	0.14	0.31
	每股净资产(元)	1.21	1.28	1.02
	净资产收益率(%)	4.27	10.62	28.83

苏州华尔美特装饰材料股份有限公司

公司概况	公司名称	苏州华尔美特装饰材料股份有限公司			股份名称	华尔美特
	法人代表	桂军	董秘	王正中	股份代码	430593
	公司网址	www.wallmatechina.com		主办券商	宏源证券股份有限公司	
	电　　话	0512-82872588		传　　真	0512-63631651	
	注册地址	江苏省苏州市吴江区黎里镇黎民北路东侧				
	行业分类	建筑业				

	指标\报告期	2013.06.30	2012.12.31	2011.12.31
主要财务指标	营业收入(元)	41,215,750.69	79,552,517.35	84,628,535.70
	营业利润(元)	598,720.85	4,530,216.69	6,422,685.11
	净利润(元)	431,062.44	3,232,785.88	4,712,311.13
	未分配利润(元)	4,257,913.21	3,869,957.01	960,449.72
	总资产(元)	84,873,024.57	66,924,765.67	58,582,171.22
	总负债(元)	54,542,009.89	37,024,813.43	32,015,004.86
	净资产(元)	30,331,014.68	29,899,952.24	26,567,166.36
	每股收益(元)	0.02	0.13	0.18
	每股净资产(元)	1.18	1.17	1.04
	净资产收益率(%)	1.42	10.81	17.67

广州盈光科技股份有限公司

公司概况	公司名称	广州盈光科技股份有限公司			股份名称	盈光科技
	法人代表	徐雄	董秘	徐小芳	股份代码	430594
	公司网址			主办券商	齐鲁证券有限公司	
	电　　话	020-32053049		传　　真	020-32068202	
	注册地址	广东省广州市高新技术产业开发区科学城光谱西路69号一期厂房二楼				
	行业分类	制造业				

	指标\报告期	2013.06.30	2012.12.31	2011.12.31
主要财务指标	营业收入(元)	5,009,681.33	4,120,985.40	2,862,840.84
	营业利润(元)	348,507.14	10,070.60	-204,645.05
	净利润(元)	280,652.96	136,163.39	-106,124.14
	未分配利润(元)	303,679.52	23,026.56	-99,520.49
	总资产(元)	14,502,400.02	9,347,066.90	6,102,549.03
	总负债(元)	8,820,757.16	3,946,077.00	2,832,069.52
	净资产(元)	5,681,642.86	5,400,989.90	3,270,479.51
	每股收益(元)	0.05	0.04	-0.03
	每股净资产(元)	1.06	1.01	0.97
	净资产收益率(%)	4.94	2.52	-3.25

江西唐人通信技术服务股份有限公司

公司概况	公司名称	江西唐人通信技术服务股份有限公司			股份名称	唐人通服
	法人代表	方国栋	董秘	方国栋	股份代码	430595
	公司网址	www.trkj.com		主办券商	国泰君安证券股份有限公司	
	电　　话	1370709[illegible]809		传　　真		
	注册地址	江西省南昌市高新区高新七路918号综合办公楼10楼				
	行业分类	信息传输、软件和信息技术服务业				

	指标\报告期	2013.06.30	2012.12.31	2011.12.31
主要财务指标	营业收入(元)	67,320,616.68	106,786,653.53	73,491,095.70
	营业利润(元)	14,756,111.15	26,184,292.81	10,228,712.43
	净利润(元)	12,729,309.83	22,087,621.30	8,792,351.66
	未分配利润(元)	15,539,403.77	2,810,093.94	11,941,928.54
	总资产(元)	109,436,560.17	79,228,891.86	53,399,421.46
	总负债(元)	49,791,347.84	32,312,989.36	28,571,140.26
	净资产(元)	59,645,212.33	46,915,902.50	24,828,281.20
	每股收益(元)	0.32	0.55	0.24
	每股净资产(元)	1.49	1.17	0.67
	净资产收益率(%)	21.34	47.08	35.41

新达通科技股份有限公司

公司概况	公司名称	新达通科技股份有限公司		股份名称	新达通	
	法人代表	黄国忠	董秘	陈希	股份代码	430596
	公司网址	www.newdt.com.cn	主办券商	宏源证券股份有限公司		
	电　话	0755-25780955-8003	传　真	0755-25772113		
	注册地址	广东省深圳市南山区科技中二路深圳软件园 13# 楼 601				
	行业分类	制造业				

	指标\报告期	2013.06.30	2012.12.31	2011.12.31
主要财务指标	营业收入(元)	39,432,323.69	135,711,450.68	144,007,457.06
	营业利润(元)	-13,740,972.00	2,733,485.30	17,841,652.16
	净利润(元)	-11,047,014.14	6,364,068.99	17,701,062.95
	未分配利润(元)	14,462,435.63	28,940,249.77	23,415,850.85
	总资产(元)	210,338,561.06	218,018,807.43	220,439,835.40
	总负债(元)	124,874,801.55	118,077,233.78	130,128,330.74
	净资产(元)	85,463,759.51	99,941,573.65	90,311,504.66
	每股收益(元)	-0.19	0.11	0.32
	每股净资产(元)	1.49	1.75	1.65
	净资产收益率(%)	-12.93	6.37	19.60

深圳市博安通科技股份有限公司

公司概况	公司名称	深圳市博安通科技股份有限公司		股份名称	博安通	
	法人代表	付明钢	董秘	赵启国	股份代码	430597
	公司网址	www.tech-now.com	主办券商	光大证券股份有限公司		
	电　话	0755-29976700	传　真	0755-29976670		
	注册地址	广东省深圳市宝安区西乡街道恒丰工业城 C3 栋三层南				
	行业分类	制造业				

	指标\报告期	2013.06.30	2012.12.31	2011.12.31
主要财务指标	营业收入(元)	-	42,696,952.01	26,898,183.95
	营业利润(元)	-	3,386,007.22	2,160,931.52
	净利润(元)	-	3,002,654.96	1,861,014.80
	未分配利润(元)	-	7,066,184.03	4,363,794.57
	总资产(元)	-	37,028,931.27	25,543,544.02
	总负债(元)	-	23,029,701.66	14,546,969.37
	净资产(元)	-	13,999,229.61	10,996,574.65
	每股收益(元)	-	0.50	0.31
	每股净资产(元)	-	2.33	1.83
	净资产收益率(%)	-	21.45	16.92

上海众合医药科技股份有限公司

公司概况	公司名称	上海众合医药科技股份有限公司		股份名称	众合医药	
	法人代表	熊俊	董秘	周华	股份代码	430598
	公司网址	www.unionbiopharm.com	主办券商	华林证券有限责任公司		
	电　话	021-20248288	传　真	021-20242017		
	注册地址	上海市浦东新区张江高科技园区哈雷路 1043 号 602 号				
	行业分类	制造业				

	指标\报告期	2013.06.30	2012.12.31	2011.12.31
主要财务指标	营业收入(元)	-	-	37,834.93
	营业利润(元)	-	-12,837,656.05	-135,060.92
	净利润(元)	-	-12,157,656.05	-135,060.92
	未分配利润(元)	-	-12,412,104.08	-254,448.03
	总资产(元)	-	24,006,408.82	11,645,761.14
	总负债(元)	-	418,512.90	209.17
	净资产(元)	-	23,587,895.92	11,645,551.97
	每股收益(元)	-	-0.79	-0.09
	每股净资产(元)	-	0.66	0.98
	净资产收益率(%)	-	-51.54	-1.16

艾艾精密工业输送系统(上海)股份有限公司

公司概况	公司名称	艾艾精密工业输送系统(上海)股份有限公司		股份名称	艾艾精工	
	法人代表	涂木林	董秘	涂月玲	股份代码	430599
	公司网址	www.aabelt.com.cn	主办券商	长江证券股份有限公司		
	电　话	021-65305237	传　真	021-65346100		
	注册地址	上海市闸北区万荣路 700 号 43 幢 B 层				
	行业分类	制造业				

	指标\报告期	2013.06.30	2012.12.31	2011.12.31
主要财务指标	营业收入(元)	-	121,726,037.73	127,406,315.83
	营业利润(元)	-	25,917,846.98	28,921,769.28
	净利润(元)	-	20,640,815.05	21,308,576.84
	未分配利润(元)	-	22,465,238.12	19,626,005.26
	总资产(元)	-	171,077,735.48	186,417,219.79
	总负债(元)	-	66,140,483.79	111,506,794.38
	净资产(元)	-	104,937,251.69	74,910,425.41
	每股收益(元)	-	0.42	-
	每股净资产(元)	-	2.10	1.67
	净资产收益率(%)	-	19.67	28.45

安徽徽电科技股份有限公司

公司概况	公司名称	安徽徽电科技股份有限公司			股份名称	徽电科技
	法人代表	王川	董秘	张文仲	股份代码	430600
	公司网址	www.huidiantech.com	主办券商	国元证券股份有限公司		
	电　话	0551-65338300	传　真	0551-65338300		
	注册地址	安徽省合肥市高新技术产业开发区合欢路26号				
	行业分类	制造业				

主要财务指标	指标\报告期	2013.06.30	2012.12.31	2011.12.31
	营业收入(元)	32,445,037.15	89,222,426.89	85,747,522.21
	营业利润(元)	1,885,060.23	9,347,212.40	9,388,283.64
	净利润(元)	1,381,665.73	8,757,921.96	9,301,472.18
	未分配利润(元)	13,010,643.24	17,033,683.23	8,820,078.45
	总资产(元)	117,896,248.07	118,527,591.48	94,618,156.51
	总负债(元)	52,806,184.15	48,945,274.12	45,724,189.86
	净资产(元)	65,090,063.92	69,582,317.36	48,893,966.65
	每股收益(元)	0.05	0.33	0.37
	每股净资产(元)	2.26	2.41	1.67
	净资产收益率(%)	2.27	13.35	21.01

苏州吉玛基因股份有限公司

公司概况	公司名称	苏州吉玛基因股份有限公司			股份名称	吉玛基因
	法人代表	张佩琢	董秘	段春晓	股份代码	430601
	公司网址	www.genepharma.com	主办券商	光大证券股份有限公司		
	电　话	0512-86668828-8008	传　真	0512-86665900		
	注册地址	江苏省苏州市工业园区东平街199号				
	行业分类	科学研究和技术服务业				

主要财务指标	指标\报告期	2013.06.30	2012.12.31	2011.12.31
	营业收入(元)	–	23,281,023.09	17,760,416.63
	营业利润(元)	–	–9,421,902.31	–11,018,862.17
	净利润(元)	–	–5,485,002.64	–7,567,752.08
	未分配利润(元)	–	–16,607,877.95	–11,553,915.62
	总资产(元)	–	23,239,764.63	25,221,597.57
	总负债(元)	–	22,053,195.96	18,550,026.26
	净资产(元)	–	1,186,568.67	6,671,571.31
	每股收益(元)	–	–0.51	–0.75
	每股净资产(元)	–	–0.06	0.45
	净资产收益率(%)	–	–	–166.90

江苏腾旋科技股份有限公司

公司概况	公司名称	江苏腾旋科技股份有限公司			股份名称	腾旋科技
	法人代表	李继锁	董秘	虞锦秀	股份代码	430602
	公司网址	www.tengxuan.net	主办券商	山西证券股份有限公司		
	电　话	0510-68787000	传　真	0510-88159405		
	注册地址	江苏省无锡市新区梅村工业集中区新都路6号				
	行业分类	制造业				

主要财务指标	指标\报告期	2013.06.30	2012.12.31	2011.12.31
	营业收入(元)	14,637,676.68	35,582,880.80	33,022,082.98
	营业利润(元)	–1,270,849.24	324,999.70	–1,302,720.49
	净利润(元)	–1,185,426.91	807,264.88	–795,157.00
	未分配利润(元)	–733,464.84	451,962.07	–305,084.81
	总资产(元)	81,753,759.55	86,289,064.56	66,212,498.84
	总负债(元)	25,710,523.69	28,700,401.79	31,031,100.95
	净资产(元)	56,043,235.86	57,588,662.77	35,181,397.89
	每股收益(元)	–0.04	0.03	–0.03
	每股净资产(元)	1.72	1.77	1.32
	净资产收益率(%)	–2.12	1.40	–2.26

杭州回水科技股份有限公司

公司概况	公司名称	杭州回水科技股份有限公司			股份名称	回水科技
	法人代表	王万寿	董秘	何晓红	股份代码	430603
	公司网址	www.huishuitech.com	主办券商	国信证券股份有限公司		
	电　话	0571-88915597	传　真	0571-88915909		
	注册地址	浙江省杭州市滨江区滨安路1180号2号厂房106-110				
	行业分类	制造业				

主要财务指标	指标\报告期	2013.06.30	2012.12.31	2011.12.31
	营业收入(元)	5,039,468.14	48,964,388.58	24,410,140.24
	营业利润(元)	–4,927,438.96	4,122,398.76	3,460,445.51
	净利润(元)	–4,778,332.51	6,421,400.66	3,739,562.17
	未分配利润(元)	1,409,290.20	6,187,622.71	1,400,204.03
	总资产(元)	43,986,890.66	42,281,612.44	21,350,734.02
	总负债(元)	13,027,763.02	11,544,152.29	8,904,674.53
	净资产(元)	25,959,127.64	30,737,460.15	12,446,059.49
	每股收益(元)	–0.43	0.62	0.37
	每股净资产(元)	2.31	2.74	1.24
	净资产收益率(%)	–18.41	20.89	30.12

福建三炬生物科技股份有限公司

公司概况	公司名称	福建三炬生物科技股份有限公司		股份名称	三炬生物
	法人代表	尤越	董秘 林克明	股份代码	430604
	公司网址	www.chinasanju.com		主办券商	齐鲁证券有限公司
	电话	13806959989		传真	0596-7665599
	注册地址	福建省厦门市火炬高新区火炬园新丰三路16号(日华国际大厦)501室B1单元			
	行业分类	制造业			

主要财务指标	指标\报告期	2013.06.30	2012.12.31	2011.12.31
	营业收入(元)	9,782,021.13	16,723,000.69	13,956,000.00
	营业利润(元)	266,558.23	908,222.96	664,943.37
	净利润(元)	224,180.72	988,167.13	562,404.37
	未分配利润(元)	3,632,600.31	3,408,419.59	2,519,069.17
	总资产(元)	16,040,435.22	15,804,081.37	14,337,541.66
	总负债(元)	229,121.62	216,948.49	6,516,065.39
	净资产(元)	15,811,313.60	15,587,132.88	7,821,476.27
	每股收益(元)	0.02	0.09	0.11
	每股净资产(元)	1.34	1.32	1.56
	净资产收益率(%)	1.42	6.34	7.19

无锡阿科力科技股份有限公司

公司概况	公司名称	无锡阿科力科技股份有限公司		股份名称	阿科力
	法人代表	朱学军	董秘 常俊	股份代码	430605
	公司网址	www.chinaacryl.com		主办券商	平安证券有限责任公司
	电话	0510-88263255		传真	0510-88260752
	注册地址	江苏省无锡市锡山区东港镇新材料产业园			
	行业分类	制造业			

主要财务指标	指标\报告期	2013.06.30	2012.12.31	2011.12.31
	营业收入(元)	–	112,689,261.79	125,793,411.12
	营业利润(元)	–	6,031,872.66	6,479,997.87
	净利润(元)	–	4,998,897.03	6,037,705.09
	未分配利润(元)	–	21,874,295.02	17,375,287.69
	总资产(元)	–	169,412,690.27	137,577,539.84
	总负债(元)	–	81,188,102.41	54,249,035.06
	净资产(元)	–	88,224,587.86	83,328,504.78
	每股收益(元)	–	0.08	0.10
	每股净资产(元)	–	1.47	1.39
	净资产收益率(%)	–	5.67	7.25

广州金鹏源康精密电路股份有限公司

公司概况	公司名称	广州金鹏源康精密电路股份有限公司		股份名称	金鹏源康
	法人代表	王丹阳	董秘 胡兵梅	股份代码	430606
	公司网址	www.gzjpwh.com		主办券商	安信证券股份有限公司
	电话	020-66885031		传真	020-32223928
	注册地址	广东省广州高新技术产业开发区神舟路9号一楼首层北面			
	行业分类	制造业			

主要财务指标	指标\报告期	2013.06.30	2012.12.31	2011.12.31
	营业收入(元)	–	283,805,524.34	150,362,223.10
	营业利润(元)	–	9,828,479.45	4,567,886.41
	净利润(元)	–	8,704,292.42	3,879,724.17
	未分配利润(元)	–	13,941,340.22	6,107,477.04
	总资产(元)	–	118,605,645.00	107,780,812.64
	总负债(元)	–	56,670,968.24	54,550,735.06
	净资产(元)	–	61,934,676.76	53,230,077.58
	每股收益(元)	–	0.16	0.08
	每股净资产(元)	–	1.13	0.97
	净资产收益率(%)	–	14.05	7.29

南京大树智能科技股份有限公司

公司概况	公司名称	南京大树智能科技股份有限公司		股份名称	大树智能
	法人代表	王李苏	董秘 鲁束	股份代码	430607
	公司网址	www.dashu.com		主办券商	华泰证券股份有限公司
	电话	025-68716728		传真	025-68716769
	注册地址	江苏省南京市江宁经济技术开发区挹淮街8号			
	行业分类	制造业			

主要财务指标	指标\报告期	2013.06.30	2012.12.31	2011.12.31
	营业收入(元)	19,884,847.48	93,539,873.12	91,772,344.73
	营业利润(元)	-222,275.55	12,323,489.56	11,439,264.32
	净利润(元)	1,472,339.17	12,124,591.83	10,124,952.91
	未分配利润(元)	8,054,537.88	7,409,192.63	6,156,903.52
	总资产(元)	121,763,452.12	129,818,827.23	93,039,067.30
	总负债(元)	76,435,792.74	90,319,507.02	66,904,883.33
	净资产(元)	45,327,659.38	39,499,320.21	26,134,183.97
	每股收益(元)	0.05	0.45	
	每股净资产(元)	1.51	1.48	
	净资产收益率(%)	3.25	30.70	38.74

西安奇维科技股份有限公司

公司概况				
公司名称	西安奇维科技股份有限公司		股份名称	奇维科技
法人代表	刘升	董秘	刘晓东	股份代码	430608
公司网址	www.keyway.com.cn	主办券商	招商证券股份有限公司	
电　话	029-88346203-8005	传　真	029-88258264	
注册地址	陕西省西安市高新区锦业路69号创业研发园C区8			
行业分类	制造业			

主要财务指标：指标\报告期	2013.06.30	2012.12.31	2011.12.31
营业收入（元）	21,829,340.00	56,055,389.32	43,073,742.56
营业利润（元）	-644,165.94	5,401,480.50	5,704,176.10
净利润（元）	84,427.86	5,694,993.58	7,489,653.58
未分配利润（元）	11,056,205.98	11,871,778.12	7,744,529.55
总资产（元）	69,166,972.46	78,193,523.56	78,719,390.25
总负债（元）	8,768,849.53	16,979,828.49	22,300,688.76
净资产（元）	60,398,122.93	61,213,695.07	56,418,701.49
每股收益（元）	0.00	0.13	0.25
每股净资产（元）	1.34	1.36	1.61
净资产收益率（%）	0.14	9.31	13.54

山东中磁视讯股份有限公司

公司概况					
公司名称	山东中磁视讯股份有限公司			股份名称	中磁视讯
法人代表	贾伟光	董秘	单云霞	股份代码	430609
公司网址	www.sdcmmis.com	主办券商	齐鲁证券有限公司		
电　话	0531-88873822	传　真	0531-88885838		
注册地址	山东省济南市高新区舜华路2000号舜泰广场2号楼12层				
行业分类	信息传输、软件和信息技术服务业				

主要财务指标：指标\报告期	2013.06.30	2012.12.31	2011.12.31
营业收入（元）	25,410,886.09	38,990,240.45	22,922,395.58
营业利润（元）	7,646,881.14	8,864,821.52	3,758,462.86
净利润（元）	6,499,077.81	8,346,303.51	3,549,473.74
未分配利润（元）	16,775,039.82	10,275,962.01	2,761,889.95
总资产（元）	139,218,232.23	84,469,218.73	55,371,528.31
总负债（元）	37,575,900.16	38,079,964.47	33,928,577.56
净资产（元）	101,642,332.07	46,389,254.26	21,442,950.75
每股收益（元）	0.21	0.44	0.23
每股净资产（元）	2.67	1.91	1.34
净资产收益率（%）	6.39	17.99	17.02

江苏瀚远科技股份有限公司

公司概况					
公司名称	江苏瀚远科技股份有限公司			股份名称	瀚远科技
法人代表	肖峻涛	董秘	江燕	股份代码	430610
公司网址	www.hanwintech.com	主办券商	首创证券有限责任公司		
电　话	0512-62882155	传　真	0512-62882155		
注册地址	江苏省苏州市工业园区汀兰巷183号7栋B座				
行业分类	信息传输、软件和信息技术服务业				

主要财务指标：指标\报告期	2013.06.30	2012.12.31	2011.12.31
营业收入（元）	41,768,099.92	110,380,652.73	73,706,001.50
营业利润（元）	2,077,646.02	5,699,772.70	5,987,886.39
净利润（元）	2,693,982.39	6,618,032.45	6,999,101.76
未分配利润（元）	4,888,975.38	9,879,056.10	8,134,285.43
总资产（元）	91,241,108.65	88,402,212.49	54,419,975.38
总负债（元）	60,822,325.22	52,677,411.45	22,092,306.79
净资产（元）	30,418,783.43	35,724,801.04	32,327,668.59
每股收益（元）	0.15	0.26	0.27
每股净资产（元）	1.29	1.54	1.44
净资产收益率（%）	11.65	17.19	18.92

上海长信科技股份有限公司

公司概况					
公司名称	上海长信科技股份有限公司			股份名称	长信股份
法人代表	薛贝得	董秘	沈文磊	股份代码	430611
公司网址	www.cxgrp.com	主办券商	招商证券股份有限公司		
电　话	021-65609999	传　真	021-65606666		
注册地址	上海市嘉定区复华路33号1幢3层358室				
行业分类	信息传输、软件和信息技术服务业				

主要财务指标：指标\报告期	2013.06.30	2012.12.31	2011 12.31
营业收入（元）	12,295,408.92	15,596,883.48	9,855,417.30
营业利润（元）	757,375.56	-143,426.68	-476,895.31
净利润（元）	524,411.69	6,985.01	-164,728.35
未分配利润（元）	3,533,628.30	2,943,939.02	2,946,686.63
总资产（元）	31,396,863.23	44,537,213.59	32,044,603.63
总负债（元）	7,361,319.36	21,126,081.41	18,440,456.46
净资产（元）	24,035,543.87	23,411,132.18	13,604,147.17
每股收益（元）	0.03	0.00	
每股净资产（元）	1.21	1.18	1.36
净资产收益率（%）	2.60	0.03	-1.21

大连雅威特生物技术股份有限公司

公司概况	公司名称	大连雅威特生物技术股份有限公司			股份名称	雅威特
	法人代表	于传兴	董秘	张晓	股份代码	430612
	公司网址	www.dlyaweite.com	主办券商	申银万国证券股份有限公		
	电　话	0411-84667207	传　真	0411-84678994		
	注册地址	辽宁省大连市高新技术产业园区黄浦路537号13层16号				
	行业分类	制造业				

	指标\报告期	2013.06.30	2012.12.31	2011.12.31
主要财务指标	营业收入(元)	–	6,700,546.22	1,095,181.36
	营业利润(元)	–	750,812.07	–2,008,329.68
	净利润(元)	–	867,777.04	410,683.98
	未分配利润(元)	–	–279,889.15	–1,147,666.19
	总资产(元)	–	15,923,197.74	13,531,599.90
	总负债(元)	–	1,377,671.65	–146,149.15
	净资产(元)	–	14,545,526.09	13,677,749.05
	每股收益(元)	–	0.15	0.07
	每股净资产(元)	–	2.49	2.35
	净资产收益率(%)	–	5.97	3.00

广东腾晖信息科技开发股份有限公司

公司概况	公司名称	广东腾晖信息科技开发股份有限公司			股份名称	腾晖科技
	法人代表	葛晓东	董秘	张培德	股份代码	430613
	公司网址	www.thsoft.cc	主办券商	新时代证券有限责任公司		
	电　话	18902875059	传　真	0756-2686233		
	注册地址	广东省珠海市唐家湾镇哈工大路1号-1-C304室				
	行业分类	信息传输、软件和信息技术服务业				

	指标\报告期	2013.06.30	2012.12.31	2011.12.31
主要财务指标	营业收入(元)	–	10,455,697.43	8,625,107.25
	营业利润(元)	–	1,717,209.59	897,330.57
	净利润(元)	–	2,439,245.68	1,434,179.97
	未分配利润(元)	–	5,562,812.97	3,123,567.29
	总资产(元)	–	12,665,258.10	30,795,192.77
	总负债(元)	–	1,822,445.13	22,391,625.48
	净资产(元)	–	10,842,812.97	8,403,567.29
	每股收益(元)	–	0.46	0.27
	每股净资产(元)	–	2.05	1.59
	净资产收益率(%)	–	22.50	17.07

北京星通联华科技发展股份有限公司

公司概况	公司名称	北京星通联华科技发展股份有限公司			股份名称	星通联华
	法人代表	张全升	董秘	张佳楠	股份代码	430614
	公司网址	www.satcomiot.com	主办券商	西南证券股份有限公司		
	电　话	010-82731589	传　真	010-82737685		
	注册地址	北京市海淀区学清路8号科技财富中心B1102号				
	行业分类	信息传输、软件和信息技术服务业				

	指标\报告期	2013.06.30	2012.12.31	2011.12.31
主要财务指标	营业收入(元)	53,278,058.92	107,184,282.29	62,331,992.72
	营业利润(元)	7,241,961.83	21,038,208.88	3,352,742.68
	净利润(元)	6,431,781.24	19,425,394.64	4,413,458.07
	未分配利润(元)	30,894,441.30	24,399,525.85	8,166,033.26
	总资产(元)	131,974,461.72	135,840,574.40	73,713,602.79
	总负债(元)	40,071,749.19	74,512,329.11	48,109,186.14
	净资产(元)	91,902,712.53	61,328,245.29	25,604,416.65
	每股收益(元)	0.26	0.63	0.14
	每股净资产(元)	2.64	1.96	0.75
	净资产收益率(%)	9.73	32.02	18.88

大连华工创新科技股份有限公司

公司概况	公司名称	大连华工创新科技股份有限公司			股份名称	华工创新
	法人代表	韩毅军	董秘	姜晓丽	股份代码	430615
	公司网址	www.hgcx.cn	主办券商	申银万国证券股份有限公司		
	电　话	0411-39525022	传　真	0411-39525009		
	注册地址	辽宁省大连市甘井子区姚北路25-18号				
	行业分类	制造业				

	指标\报告期	2013.06.30	2012.12.31	2011.12.31
主要财务指标	营业收入(元)	–	26,902,245.23	19,132,357.35
	营业利润(元)	–	6,345,269.96	4,261,071.52
	净利润(元)	–	5,491,287.21	4,358,967.23
	未分配利润(元)	–	8,982,751.84	4,040,593.35
	总资产(元)	–	12,688,654.73	6,680,568.68
	总负债(元)	–	2,407,819.36	1,891,020.52
	净资产(元)	–	10,280,835.37	4,789,548.16
	每股收益(元)	–	18.30	14.53
	每股净资产(元)	–	34.27	15.97
	净资产收益率(%)	–	53.41	91.01

郑州鸿盛数码科技股份有限公司

公司概况	公司名称	郑州鸿盛数码科技股份有限公司		股份名称	鸿盛数码
	法人代表	秦国胜	董秘	张碧青	股份代码	430616
	公司网址	www.ink4you.com	主办券商	西部证券股份有限公司	
	电　话	0371-60301007	传　真	0371-60301001	
	注册地址	河南省郑州市高新区玉兰西街 10 号			
	行业分类	制造业			

	指标\报告期	2013.06.30	2012.12.31	2011.12.31
主要财务指标	营业收入(元)	15,339,206.65	29,948,941.36	29,543,472.04
	营业利润(元)	-1,156,209.07	-2,262,102.21	-1,177,651.47
	净利润(元)	-1,050,270.89	187,058.21	-648,928.81
	未分配利润(元)	525,373.50	1,575,644.39	1,439,456.72
	总资产(元)	56,825,521.72	60,084,757.20	57,478,985.85
	总负债(元)	23,108,378.82	25,317,343.41	22,898,630.27
	净资产(元)	33,717,142.90	34,767,413.79	34,580,355.58
	每股收益(元)	-0.03	0.01	-0.02
	每股净资产(元)	1.08	1.12	1.11
	净资产收益率(%)	-3.12	0.54	-1.88

北京欧迅体育文化股份有限公司

公司概况	公司名称	北京欧迅体育文化股份有限公司		股份名称	欧迅体育
	法人代表	朱晓东	董秘	张兰英	股份代码	430617
	公司网址	www.oceans-marketing.com	主办券商	中信建投证券股份有限公司	
	电　话	010-65989276	传　真	010-65989254	
	注册地址	北京市朝阳区工人体育场北路 55 幢 3100-3107 室			
	行业分类	文化、体育和娱乐业			

	指标\报告期	2013.06.30	2012.12.31	2011.12.31
主要财务指标	营业收入(元)	-	33,686,639.99	27,178,905.78
	营业利润(元)	-	666,689.67	2,399,336.92
	净利润(元)	-	402,894.31	1,954,008.34
	未分配利润(元)	-	-296,967.90	-757,324.43
	总资产(元)	-	13,742,558.36	13,476,024.55
	总负债(元)	-	12,777,943.18	13,064,303.68
	净资产(元)	-	964,615.18	411,720.87
	每股收益(元)	-	0.42	1.79
	每股净资产(元)	-	0.73	0.31
	净资产收益率(%)	-	57.33	573.42

深圳市凯立德科技股份有限公司

公司概况	公司名称	深圳市凯立德科技股份有限公司		股份名称	凯立德
	法人代表	张文星	董秘	陈琦胜	股份代码	430618
	公司网址	www.careland.com.cn	主办券商	华融证券股份有限公司	
	电　话	0755-83437621	传　真	0755-83432724	
	注册地址	广东省深圳市福田区深南大道以南、泰然九路以西耀华创建大厦 2701 号			
	行业分类	信息传输、软件和信息技术服务业			

	指标\报告期	2013.06.30	2012.12.31	2011.12.31
主要财务指标	营业收入(元)	-	140,779,296.10	168,299,733.77
	营业利润(元)	-	19,051,380.02	62,991,401.07
	净利润(元)	-	41,415,680.96	81,686,607.70
	未分配利润(元)	-	116,187,680.23	100,777,892.02
	总资产(元)	-	244,045,240.25	237,113,566.43
	总负债(元)	-	12,564,509.57	28,706,516.71
	净资产(元)	-	231,480,730.68	208,407,049.72
	每股收益(元)	-	0.45	0.89
	每股净资产(元)	-	2.52	2.27
	净资产收益率(%)	-	17.89	39.20

四川格纳斯光电科技股份有限公司

公司概况	公司名称	四川格纳斯光电科技股份有限公司		股份名称	格纳斯
	法人代表	王斌	董秘	徐宇虹	股份代码	430619
	公司网址	www.sc-glas.com	主办券商	西部证券股份有限公司	
	电　话	028-61550972	传　真	028-61550972	
	注册地址	四川省成都市高新区天泰路 145 号 1 栋 4 层 403 号			
	行业分类	制造业			

	指标\报告期	2013.06.30	2012.12.31	2011.12.31
主要财务指标	营业收入(元)	24,832,864.35	82,917,009.28	65,404,447.08
	营业利润(元)	1,151,994.33	12,669,880.53	8,370,498.36
	净利润(元)	1,348,353.01	11,029,320.08	8,024,210.60
	未分配利润(元)	18,966,652.83	20,454,897.62	13,596,526.35
	总资产(元)	88,051,936.38	81,209,250.19	67,791,234.57
	总负债(元)	41,467,148.40	33,175,771.59	26,931,448.59
	净资产(元)	46,584,787.98	48,033,478.60	40,859,785.98
	每股收益(元)	0.06	0.47	0.35
	每股净资产(元)	2.00	2.06	1.75
	净资产收益率(%)	2.89	22.96	19.64

益善生物技术股份有限公司

公司概况	公司名称	益善生物技术股份有限公司			股份名称	益善生物
	法人代表	许嘉森	董秘	吕力	股份代码	430620
	公司网址	www.surexam.com		主办券商	招商证券股份有限公司	
	电　话	13503088032		传　真	020-32057122	
	注册地址	广东省广州市高新技术产业开发区科学城揽月路80号广州科技创新基地B、C区第5层				
	行业分类	科学研究和技术服务业				

主要财务指标	指标\报告期	2013.06.30	2012.12.31	2011.12.31
	营业收入(元)	20,767,722.89	31,617,376.70	24,202,873.83
	营业利润(元)	-120,711.63	-3,541,196.92	-5,438,346.45
	净利润(元)	670,666.12	296,367.67	548,834.04
	未分配利润(元)	2,634,652.88	2,073,840.27	1,889,063.08
	总资产(元)	73,256,486.65	66,041,101.44	65,501,950.12
	总负债(元)	15,362,494.05	8,817,774.96	8,574,991.31
	净资产(元)	57,893,992.60	57,223,326.48	56,926,958.81
	每股收益(元)	0.01	0.01	0.01
	每股净资产(元)	1.16	1.14	1.14
	净资产收益率(%)	1.16	0.52	0.96

固安信通信号技术股份有限公司

公司概况	公司名称	固安信通信号技术股份有限公司			股份名称	固安信通
	法人代表	邸志军	董秘	冯子云	股份代码	430621
	公司网址	www.gaxt.cn		主办券商	中信建投证券股份有限公司	
	电　话	0316-6165221		传　真	0316-6195452	
	注册地址	河北省廊坊市固安县固安镇工业园区				
	行业分类	制造业				

主要财务指标	指标\报告期	2013.06.30	2012.12.31	2011.12.31
	营业收入(元)	-	73,776,674.16	55,703,216.31
	营业利润(元)	-	11,732,190.49	4,715,437.26
	净利润(元)	-	9,537,675.50	3,928,129.81
	未分配利润(元)	-	24,523,010.34	20,022,214.78
	总资产(元)	-	153,455,223.62	124,103,720.57
	总负债(元)	-	76,054,091.91	48,070,907.61
	净资产(元)	-	77,401,131.71	76,032,812.96
	每股收益(元)	-	0.31	0.13
	每股净资产(元)	-	2.54	2.47
	净资产收益率(%)	-	12.56	5.39

无锡顺达智能自动化工程股份有限公司

公司概况	公司名称	无锡顺达智能自动化工程股份有限公司			股份名称	顺达智能
	法人代表	高建飞	董秘	高逸	股份代码	430622
	公司网址	www.wxsd.com		主办券商	浙商证券股份有限公司	
	电　话	0510-83953230		传　真	0510-83951105	
	注册地址	江苏省无锡市惠山经济开发区阳山配套区陆中南路108-1号				
	行业分类	制造业				

主要财务指标	指标\报告期	2013.06.30	2012.12.31	2011.12.31
	营业收入(元)	-	92,134,311.80	43,971,814.48
	营业利润(元)	-	15,748,522.11	5,427,345.80
	净利润(元)	-	12,816,430.97	3,592,722.82
	未分配利润(元)	-	903,465.59	-10,482,936.70
	总资产(元)	-	141,726,164.16	115,154,203.85
	总负债(元)	-	88,373,133.13	74,149,674.04
	净资产(元)	-	53,353,031.03	41,004,529.81
	每股收益(元)	-	0.26	0.22
	每股净资产(元)	-	1.07	0.82
	净资产收益率(%)	-	24.02	8.76

江苏箭鹿毛纺股份有限公司

公司概况	公司名称	江苏箭鹿毛纺股份有限公司			股份名称	箭鹿股份
	法人代表	刘庆年	董秘	孙召云	股份代码	430623
	公司网址	www.chinajianlu.com.cn		主办券商	华福证券有限责任公司	
	电　话	13809095826		传　真	0527-82868007	
	注册地址	江苏省宿迁市科工路117号宿城经济开发区(西区)				
	行业分类	制造业				

主要财务指标	指标\报告期	2013.06.30	2012.12.31	2011.12.31
	营业收入(元)	215,391,567.95	370,249,673.10	468,013,206.35
	营业利润(元)	18,483,014.84	26,280,807.38	22,895,045.46
	净利润(元)	23,185,721.98	35,103,589.83	32,129,707.57
	未分配利润(元)	105,303,497.63	82,100,279.59	52,441,829.49
	总资产(元)	630,649,529.38	622,811,835.88	656,063,388.94
	总负债(元)	361,364,249.27	376,712,277.75	444,073,674.39
	净资产(元)	269,285,280.11	246,099,558.13	211,989,714.55
	每股收益(元)	0.21	0.31	0.29
	每股净资产(元)	2.40	2.19	1.87
	净资产收益率(%)	8.79	14.34	15.54

北京中天金谷科技股份有限公司

公司概况	公司名称	北京中天金谷科技股份有限公司		股份名称	中天金谷
	法人代表	李宁	董秘	易秋林	股份代码	430624
	公司网址	www.china-gg.com		主办券商	南京证券股份有限公司
	电　话	13701255468		传　真	010-89229068
	注册地址	北京市石景山区八大处高科技园区(海特饭店3944室)			
	行业分类	制造业			

	指标\报告期	2013.06.30	2012.12.31	2011.12.31
主要财务指标	营业收入(元)	8,293,986.32	12,985,021.39	7,922,485.77
	营业利润(元)	930,204.70	1,092,293.32	-143,746.49
	净利润(元)	727,724.13	770,078.38	-115,292.89
	未分配利润(元)	766,097.77	233,515.71	-501,334.22
	总资产(元)	21,834,447.39	20,940,469.59	9,801,298.66
	总负债(元)	14,339,212.71	14,169,074.54	8,781,081.99
	净资产(元)	7,495,234.68	6,771,395.05	1,020,216.67
	每股收益(元)	0.11	0.47	-0.23
	每股净资产(元)	1.15	1.04	2.04
	净资产收益率(%)	9.71	11.37	-11.30

北京联创种业股份有限公司

公司概况	公司名称	北京联创种业股份有限公司		股份名称	联创种业
	法人代表	王义波	董秘	张林	股份代码	430625
	公司网址	www.lantron.cn		主办券商	国元证券股份有限公司
	电　话	0371-67896329		传　真	0371-67896329
	注册地址	北京市海淀区中关村南大街乙12号院1号楼19层2211-2212室			
	行业分类	农、林、牧、渔业			

	指标\报告期	2013.06.30	2012.12.31	2011.12.31
主要财务指标	营业收入(元)	59,407,362.45	221,664,101.14	174,979,840.32
	营业利润(元)	8,799,472.90	49,220,598.39	26,785,876.79
	净利润(元)	9,213,127.94	49,522,814.52	27,059,301.56
	未分配利润(元)	18,949,441.54	9,736,313.60	85,869,320.15
	总资产(元)	249,868,642.37	248,610,755.58	255,631,201.37
	总负债(元)	53,802,835.87	61,758,077.02	127,301,337.33
	净资产(元)	196,065,806.50	186,852,678.56	128,329,864.04
	每股收益(元)	0.09	0.76	0.90
	每股净资产(元)	1.96	1.87	4.28
	净资产收益率(%)	4.70	26.50	21.09

潍坊胜达科技股份有限公司

公司概况	公司名称	潍坊胜达科技股份有限公司		股份名称	胜达科技
	法人代表	辛胜芝	董秘	窦中华	股份代码	430626
	公司网址	www.wfsdkj.com		主办券商	光大证券股份有限公司
	电　话	0536-7529995		传　真	0536-7613976
	注册地址	山东省潍坊高新开发区胜达街99号			
	行业分类	制造业			

	指标\报告期	2013.06.30	2012.12.31	2011.12.31
主要财务指标	营业收入(元)	55,828,546.82	103,714,994.45	99,233,267.98
	营业利润(元)	5,655,131.63	13,396,585.38	11,250,923.16
	净利润(元)	5,191,494.75	11,779,327.76	9,970,684.54
	未分配利润(元)	32,641,696.30	27,801,209.28	21,641,695.90
	总资产(元)	157,992,258.96	153,571,435.81	135,621,426.61
	总负债(元)	57,048,585.57	57,562,677.77	48,391,996.33
	净资产(元)	100,943,673.39	96,008,758.04	87,229,430.28
	每股收益(元)	0.11	0.25	0.22
	每股净资产(元)	2.20	2.09	1.94
	净资产收益率(%)	4.89	12.16	11.43

成都页游科技股份有限公司

公司概况	公司名称	成都页游科技股份有限公司		股份名称	页游科技
	法人代表	薛维洪	董秘	王颖	股份代码	430627
	公司网址	www.yegame.cn		主办券商	中国中投证券有限责任公司
	电　话	028-85131975		传　真	028-85136004
	注册地址	四川省成都高新区高朋东路18号			
	行业分类	信息传输、软件和信息技术服务业			

	指标\报告期	2013.06.30	2012.12.31	2011.12.31
主要财务指标	营业收入(元)	-	33,906,759.18	2,750,168.27
	营业利润(元)	-	5,157,761.39	-2,345,400.27
	净利润(元)	-	4,344,745.34	-2,007,403.66
	未分配利润(元)	-	1,407,617.17	-2,780,726.26
	总资产(元)	-	15,285,410.76	13,179,507.43
	总负债(元)	-	3,721,391.68	5,960,233.69
	净资产(元)	-	11,564,019.08	7,219,273.74
	每股收益(元)	-	0.43	-0.20
	每股净资产(元)	-	1.16	0.72
	净资产收益率(%)	-	37.57	-27.81

深圳市易事达电子股份有限公司

公司概况	公司名称	深圳市易事达电子股份有限公司		股份名称	易事达
	法人代表	段武杰	董秘 袁国	股份代码	430628
	公司网址	www.esdled.cn	主办券商	华创证券有限责任公司	
	电　话	0755-33592632	传　真	0755-29588959	
	注册地址	广东省深圳市宝安区观澜街道大和社区易事达宝益成科技园B栋			
	行业分类	制造业			
主要财务指标	指标\报告期	2013.06.30	2012.12.31	2011.12.31	
	营业收入(元)	–	281,698,782.06	205,518,230.56	
	营业利润(元)	–	37,960,458.24	30,115,522.58	
	净利润(元)	–	32,111,613.07	25,826,317.77	
	未分配利润(元)	–	6,385,037.76	23,243,685.99	
	总资产(元)	–	163,745,247.25	119,741,640.86	
	总负债(元)	–	69,491,830.06	67,599,836.74	
	净资产(元)	–	94,253,417.19	52,141,804.12	
	每股收益(元)	–	0.43	1.94	
	每股净资产(元)	–	1.26	3.92	
	净资产收益率(%)	–	34.07	49.53	

上海合胜计算机科技股份有限公司

公司概况	公司名称	上海合胜计算机科技股份有限公司		股份名称	合胜科技
	法人代表	仲志亮	董秘 王磊	股份代码	430630
	公司网址	www.mvs.com.cn	主办券商	财富证券有限责任公司	
	电　话	021-52178362	传　真	021-52175176	
	注册地址	上海市长宁区广顺路33号A(北)幢3层			
	行业分类	信息传输、软件和信息技术服务业			
主要财务指标	指标\报告期	2013.06.30	2012.12.31	2011.12.31	
	营业收入(元)	111,617,129.73	234,345,055.66	177,729,330.41	
	营业利润(元)	721,310.28	26,017,147.72	20,804,076.27	
	净利润(元)	2,905,380.80	25,293,728.54	19,413,095.00	
	未分配利润(元)	13,836,626.62	15,676,178.36	39,319,039.36	
	总资产(元)	134,369,956.12	138,810,580.49	104,240,544.65	
	总负债(元)	50,504,059.91	52,840,065.08	48,619,785.78	
	净资产(元)	83,865,896.21	85,970,515.41	55,620,758.87	
	每股收益(元)	0.11	0.85		
	每股净资产(元)	2.79	2.85	5.31	
	净资产收益率(%)	3.79	29.22	34.88	

宁夏早康枸杞股份有限公司

公司概况	公司名称	宁夏早康枸杞股份有限公司		股份名称	早康枸杞
	法人代表	朱彦华	董秘 何娅	股份代码	430631
	公司网址		主办券商	宏源证券股份有限公司	
	电　话	0955-5793346	传　真	0955-5793368	
	注册地址	中国宁夏回族自治区中卫市中宁县新堡镇宁新工业园区			
	行业分类	农、林、牧、渔业			
主要财务指标	指标\报告期	2013.06.30	2012.12.31	2011.12.31	
	营业收入(元)	–	46,128,045.79	30,445,664.05	
	营业利润(元)	–	-9,806,497.39	-3,789,834.65	
	净利润(元)	–	-7,502,516.66	-3,765,720.19	
	未分配利润(元)	–	-11,483,197.24	-3,790,471.19	
	总资产(元)	–	130,449,279.90	112,038,960.27	
	总负债(元)	–	91,741,516.75	65,828,680.46	
	净资产(元)	–	38,707,763.15	46,210,279.81	
	每股收益(元)	–	-0.15	-0.09	
	每股净资产(元)	–	0.77	0.92	
	净资产收益率(%)	–	-19.38	-8.15	

第四章　主办券商

申银万国证券股份有限公司

一、公司概况及简介

公司概况	公司名称	申银万国证券股份有限公司				
	成立日期	1996.9.16	法定代表人	储晓明	总经理	储晓明
	注册资本（万元）	671576.00	净资产*（万元）	1813514.22	净资本*（万元）	1310101.55
	注册地址	上海市徐汇区长乐路989号世纪商贸广场45层			营业部家数	154
	办公地址	上海市常熟路171号、239号			邮编	200031
	公司网址	www.sywg.com	电子邮箱	sywg@sywg.com.cn	经营证券业务许可证编号	Z22731000
	注：*经审计的2012年度净资产和净资本					
	证监会批准的相关业务资格			证券经纪；证券投资咨询；与证券交易、证券投资活动有关的财务顾问；证券自营；证券承销与保荐；证券资产管理；证券投资基金代销；为期货公司提供中间介绍业务；融资融券业务；代销金融产品业务；国家有关管理机关批准的其他业务。		
	在全国股份转让系统从事的业务种类			经纪业务、推荐业务		
公司简介	申银万国证券股份有限公司（以下简称“申银万国”或“公司”），由原上海申银证券公司和原上海万国证券公司于1996年7月16日合并组建而成，是国内最早的一家股份制证券公司。 申银万国注册资本67.1576亿元，系大型综合类证券公司。公司拥有控股子公司—上海申银万国证券研究所有限公司、申银万国期货有限公司、申银万国投资有限公司和申万菱信基金管理有限公司，并在香港特别行政区设有申银万国（香港）集团公司和控股的上市公司——申银万国（香港）有限公司。公司还参股富国基金管理有限公司。公司经营范围包括：证券经纪；证券投资咨询；与证券交易、证券投资活动有关的财务顾问；证券自营；证券承销与保荐；证券资产管理；证券投资基金代销；为期货公司提供中间介绍业务；融资融券业务；国家有关管理机关批准的其他业务。					

二、业务动态及统计

推荐挂牌情况

序号	股份代码	公司名称	项目小组成员		内核人员	持续督导人员	公司状态
1	430001	世纪瑞尔	项目负责人	冯宝赓	黄晓蔚、丁视平、李　杨、刘祥生、董　樑、程　胜、金阅璐	蔡　婕	已上市
			注册会计师	王光心			
			律师	叶　强			
			行业分析师	孙胜权			
2	430002	中科软	项目负责人	冯震宇	何晓勇、丁视平、章宇红、谈伟军、李　杨、金阅璐、黄　海	孙瑜鸿	挂牌
			注册会计师	王光心			
			律师	叶　强			
			行业分析师	孙胜权			

3	430007	久其软件	项目负责人	张云峰	何晓勇、丁视平、董 樑、余 斌、黄 海、李 杨、金阅璐	冯宝赓	已上市
			注册会计师	王光心			
			律师	颜 东			
			行业分析师	孙胜权			
4	430010	现代农装	项目负责人	张云峰	李 杨、丁视平、董 樑、余 斌、应跃庭、黄 海、金阅璐	符江艳	挂牌
			注册会计师	孙艳萍			
			律师	王素文			
			行业分析师	王智慧			
5	430011	指南针	项目负责人	赵克斌	何晓勇、刘祥生、余 斌、黄学圣、程 胜、章 炤、金阅璐	孙瑜鸿	挂牌
			注册会计师	张正冈			
			律师	俞 燕			
			行业分析师	龚 浩			
6	430015	盖特佳	项目负责人	张云峰	何晓勇、余 斌、应跃庭、黄学圣、章 炤、程 胜、金阅璐	符江艳	挂牌
			注册会计师	张正冈			
			律师	俞 燕			
			行业分析师	钱启敏			
7	430016	胜龙科技	项目负责人	张云峰	李 杨、刘祥生、章 炤、董 樑、余 斌、黄 海、金阅璐	孙瑜鸿	挂牌
			注册会计师	张正冈			
			律师	俞 燕			
			行业分析师	钱启敏			
8	430018	合纵科技	项目负责人	张云峰	何晓勇、刘祥生、董 樑、余 斌、程 胜、章 炤、金阅璐	符江艳	挂牌
			注册会计师	孙艳萍			
			律师	王素文			
			行业分析师	牟其峥			
9	430019	新松佳和	项目负责人	沈 蔚	李 杨、刘祥生、余 斌、黄 海、黄学圣、章 炤、金阅璐	孙瑜鸿	挂牌
			注册会计师	孙艳萍			
			律师	王素文			
			行业分析师	钱启敏			
10	430020	建工华创	项目负责人	张云峰	李 杨、冯震宇、余 斌、黄 海、黄学圣、章 炤、金阅璐	项凯	挂牌
			注册会计师	欧阳祖军			
			律师	徐业伟			
			行业分析师	林 珍			
11	430023	佳讯飞鸿	项目负责人	张云峰	何晓勇、应跃庭、董 樑、余 斌、程 胜、章 炤、金阅璐	蔡婕	已上市
			注册会计师	孙艳萍			
			律师	王素文			
			行业分析师	钱启敏			
12	430026	金豪制药	项目负责人	沈 蔚	何晓勇、李 杨、冯震宇、余 斌、黄学圣、黄 海、金阅璐	符江艳	挂牌
			注册会计师	孙艳萍			
			律师	王素文			
			行业分析师	钱启敏			

13	430028	京鹏科技	项目负责人	张云峰	何晓勇、董　樑、应跃庭、余　斌、黄　海、章　炤、金阅璐	孙瑜鸿	挂牌
			注册会计师	欧阳祖军			
			律师	徐业伟			
			行业分析师	赵金厚			
14	430031	林克曼	项目负责人	沈　蔚	李　杨、何晓勇、董　樑、余　斌、程　胜、章　炤、金阅璐	符江艳	挂牌
			注册会计师	孙艳萍			
			律师	王素文			
			行业分析师	胡丽梅			
15	430037	联飞翔	项目负责人	沈　蔚	李　杨、何晓勇、余　斌、程　胜、应跃庭、黄学圣、金阅璐	孙瑜鸿	挂牌
			注册会计师	孙艳萍			
			律师	臧晓飞			
			行业分析师	钱启敏			
16	430044	东宝亿通	项目负责人	林　栋	李　杨、章　炤、董　樑、奚庆福、郑治国、程　胜、金阅璐	符江艳	挂牌
			注册会计师	杨慧佳			
			律师	徐业伟			
			行业分析师	俞春梅			
17	430045	东土科技	项目负责人	林　栋	李　杨、章　炤、余　斌、朱安平、严晓蓉、黄　海、金阅璐	孙瑜鸿	已上市
			注册会计师	陈静静			
			律师	王菊娟			
			行业分析师	尹沿技			
18	430065	中海阳	项目负责人	沈　蔚	李　杨、何晓勇、黄　海、章　炤、金阅璐、郑治国、奚庆福	符江艳	挂牌
			注册会计师	周　琨			
			律师	孙茂宏			
			行业分析师	余　斌			
19	430066	南北天地	项目负责人	林栋、于国平	李　杨、董　樑、余　斌、黄　海、章　炤、金阅璐、严晓蓉	符江艳	挂牌
			注册会计师	陈静静			
			律师	王菊娟			
			行业分析师	尹沿技			
20	430069	天助畅运	项目负责人	孙艳萍	李　杨、何晓勇、严晓蓉、郑治国、黄　海、章　炤、金阅璐	符江艳	挂牌
			注册会计师	王昭凭			
			律师	杨　霏			
			行业分析师	罗　鹄			
21	430073	兆信股份	项目负责人	沈　蔚	李　杨、何晓勇、章　炤、金阅璐、程　胜、余　斌、严晓蓉	孙瑜鸿	挂牌
			注册会计师	王昭凭			
			律师	杨　霏			
			行业分析师	尹沿技			

22	430075	中讯四方	项目负责人	沈　蔚	李　杨、何晓勇、董　樑、奚庆福、黄　海、章　炤、金阅璐	孙瑜鸿	挂牌
			注册会计师	王昭凭			
			律师	陈妍妍			
			行业分析师	余　斌			
23	430083	中科联众	项目负责人	王昭凭	李　杨、何晓勇、董　樑、余　斌、黄　海、章　炤、金阅璐	孙瑜鸿	挂牌
			注册会计师	王昭凭			
			律师	许　娟			
			行业分析师	尹沿技			
24	430085	新锐英诚	项目负责人	缪　杰	李　杨、何晓勇、章　炤、金阅璐、余　斌、黄　海、奚庆福	符江艳	挂牌
			注册会计师	李洪冒			
			律师	臧晓飞			
			行业分析师	尹沿技			
25	430092	易生创新	项目负责人	沈　蔚	李　杨、章　炤、金阅璐、余　斌、黄　海、严晓蓉、应跃庭	孙瑜鸿	挂牌
			注册会计师	张　柯			
			律师	陈妍妍			
			行业分析师	尹沿技			
26	430095	航星股份	项目负责人	孙艳萍	李　杨、董　樑、严晓蓉、程　胜、章　炤、应跃庭、金阅璐	符江艳	挂牌
			注册会计师	张　柯			
			律师	周　毅			
			行业分析师	余　斌			
27	430097	赛德丽	项目负责人	沈　蔚	杨燕雯、奚庆福、应跃庭、程　胜、郑治国、章　炤、金阅璐	项　凯	挂牌
			注册会计师	杜玉鹏			
			律师	周　毅			
			行业分析师	黄　夔			
28	430098	大津股份	项目负责人	王昭凭	章　炤、金阅璐、杨燕雯、奚庆福、黄　海、周海晨、应跃庭	符江艳	挂牌
			注册会计师	袁　熠			
			律师	冯利强			
			行业分析师	王丝语			
29	430131	伟利讯	项目负责人	王昭凭	章　炤、应跃庭、余　斌、严晓蓉、黄　海、杨燕雯、金阅璐	项凯	挂牌
			注册会计师	袁　熠			
			律师	易达安			
			行业分析师	王　晶			
30	430135	三益能环	项目负责人	于进洋	章　炤、杨燕雯、金阅璐、董　樑、程　胜、严晓蓉、应跃庭	项凯	挂牌
			注册会计师	于进洋			
			律师	李　映			
			行业分析师	周小波			

31	430147	中矿龙科	项目负责人	徐业伟	章 炤、应跃庭、郑治国、严晓蓉、程 胜、杨燕雯、金阅璐	何雯雯	挂牌
			注册会计师	毛 雨			
			律师	刘云飞			
			行业分析师	黄 夔			
32	430150	创和通讯	项目负责人	王昭凭	章 炤、金阅璐、杨燕雯、奚庆福、程 胜、李晓光、应跃庭	项凯	挂牌
			注册会计师	易达安			
			律师	冯利强			
			行业分析师	王 晶			
33	430151	亿鑫通	项目负责人	蒋曙云	李 杨、杨燕雯、奚庆福、黄 海、周海晨、章 炤、金阅璐	项凯	挂牌
			注册会计师	毛 雨			
			律师	李新乐			
			行业分析师	王 晶			
34	430163	三众能源	项目负责人	徐业伟	杨燕雯、奚庆福、应跃庭、黄 海、周海晨、章 炤、金阅璐	符江艳	挂牌
			注册会计师	杜玉鹏			
			律师	李新乐			
			行业分析师	齐 琦			
35	430185	普瑞物联	项目负责人	王昭凭	章 炤、金阅璐、杨燕雯、李 杨、黄 海、李晓光、严晓蓉	符江艳	挂牌
			注册会计师	王昭凭			
			律师	黄文雄			
			行业分析师	万建军			
36	430202	星河科技	项目负责人	缪 杰	应跃庭、奚庆福、杨燕雯、黄 海、董 樑、章 炤、金阅璐	项凯	挂牌
			注册会计师	张海烽			
			律师	周 毅			
			行业分析师	余 斌			
37	430203	兴和鹏	项目负责人	冯宝赓	李 杨、金阅璐、应跃庭、杨燕雯、郑治国、黄 海、严晓蓉	何雯雯	挂牌
			注册会计师	刘奕均			
			律师	黄文雄			
			行业分析师	林开盛			
38	430225	伊禾农品	项目负责人	杨慧佳	李 杨、章 炤、金阅璐、奚庆福、黄 海、董 梁、应跃庭	何雯雯	挂牌
			注册会计师	杨慧佳			
			律师	杨 霏			
			行业分析师	赵金厚			
39	430226	奥凯立	项目负责人	缪 杰	章 炤、金阅璐、杨燕雯、奚庆福、黄 海、郑智国、应跃庭	何雯雯	挂牌
			注册会计师	李洪冒			
			律师	李 映			
			行业分析师	周小波			

40	430251	光电高斯	项目负责人	程　云	李　杨、严　晓、金阅璐、杨燕雯、奚庆福、黄　海、郑智国、应跃庭	项凯	挂牌
			注册会计师	刘奕均			
			律师	孟　婕			
			行业分析师	龚　浩			
41	430252	联宇技术	项目负责人	崔　勇	李　杨、章　炤、应跃庭、杨燕雯、奚庆福、黄　海、余　斌、金阅璐	孙瑜鸿	挂牌
			注册会计师	陆晓航			
			律师	胡晓明			
			行业分析师	龚　浩			
42	430253	兴竹信息	项目负责人	蒋曙云	李　杨、金阅璐、杨燕雯、王昭凭、杨　霏、郑治国、凌　菲、应跃庭	孙瑜鸿	挂牌
			注册会计师	毛　雨			
			律师	李新乐			
			行业分析师	龚　浩			
43	430254	中卉生态	项目负责人	冯宝赓	章　炤、应跃庭、杨燕雯、黄　海、金阅璐、周海晨、凌　菲、严晓蓉	何雯雯	挂牌
			注册会计师	李洪冒			
			律师	黄文雄			
			行业分析师	王　胜			
44	430258	易同科技	项目负责人	于进洋	章　炤、应跃庭、杨燕雯、严晓蓉、黄海海、余　斌、凌　菲、金阅璐	何雯雯	挂牌
			注册会计师	于进洋			
			律师	黄文雄			
			行业分析师	龚　浩			
45	430259	华宿电气	项目负责人	杨慧佳	李　杨、章　炤、金阅璐、杨燕雯、应跃庭、奚庆福、黄　海	符江艳	挂牌
			注册会计师	赵　榛			
			律师	郭　辉			
			行业分析师	龚　浩			
46	430266	联动设计	项目负责人	王昭凭	李　杨、严晓蓉、杨燕雯、黄　海、李晓光、章　炤、金阅璐、凌　菲	孙瑜鸿	挂牌
			注册会计师	袁　熠			
			律师	孙建华			
			行业分析师	周旭辉			
47	430269	新网程	项目负责人	杨慧佳	章　炤、应跃庭、杨燕雯、严晓蓉、黄　海、余　斌、金阅璐	符江艳	挂牌
			注册会计师	尤家佳			
			律师	周竞良			
			行业分析师	龚　浩			
48	430270	高曼重工	项目负责人	王昭凭	章　炤、金阅璐、杨燕雯、郑治国、黄　海、严晓蓉、李　杨	孙瑜鸿	挂牌
			注册会计师	沈鑫刚			
			律师	胡晓明			
			行业分析师	李晓光			

49	430274	重钢机械	项目负责人	程　云	李　杨、章　炤、杨燕雯、严晓蓉、黄　海、周海晨、应跃庭	项凯	挂牌
			注册会计师	商　倩			
			律师	黄秀聪			
			行业分析师	李晓光			
50	430278	连能环保	项目负责人	袁　熠	章　炤、金阅璐、杨燕雯、严晓蓉、黄　海、李晓光、应跃庭	符江艳	挂牌
			注册会计师	沈鑫刚			
			律师	孙建华			
			行业分析师	黄　夔			
51	430284	科胜石油	项目负责人	冯利强	章　炤、凌　菲、杨燕雯、奚庆福、杨　霏、郑治国、李　杨	项凯	挂牌
			注册会计师	王昭凭			
			律师	孙建华			
			行业分析师	林开盛			
52	430285	锐创信通	项目负责人	缪　杰	章　炤、金阅璐、杨燕雯、奚庆福、黄　海、董　樑、应跃庭	项凯	挂牌
			注册会计师	刘奕均			
			律师	孟　婕			
			行业分析师	王　晶			
53	430286	东岩股份	项目负责人	杨慧佳	李　杨、章　炤、应跃庭、奚庆福、黄　海、李晓光、凌　菲、金阅璐	符江艳	挂牌
			注册会计师	尤家佳			
			律师	林义明			
			行业分析师	叶培培			
54	430321	博德石油	项目负责人	杜玉鹏	章　炤、郑治国、黄　海、严晓蓉、杨燕雯、应跃庭金阅璐、凌　菲	孙瑜鸿	挂牌
			注册会计师	雷　婕			
			律师	刘云飞			
			行业分析师	黄　夔			
55	430327	元工国际	项目负责人	杜玉鹏	金阅璐、章　炤、杨燕雯、余　斌、奚庆福、凌　菲、黄海、应跃庭	孙瑜鸿	挂牌
			注册会计师	雷　婕			
			律师	刘云飞			
			行业分析师	龚　浩			
56	430328	北京希电	项目负责人	杜玉鹏	金阅璐、章　炤、杨燕雯、凌　菲、董　樑、奚庆福、黄　海、应跃庭	项　凯	挂牌
			注册会计师	毛　雨			
			律师	李新乐			
			行业分析师	龚　浩			
57	430331	中环系统	项目负责人	程　云	章　炤、应跃庭、杨燕雯、严晓蓉、金阅璐、凌　菲、余　斌	项　凯	挂牌
			注册会计师	商　倩			
			律师	黄秀聪			
			行业分析师	龚　浩			

58	430334	科洋科技	项目负责人	王昭凭	章　炤、严晓蓉、杨燕雯、黄　海、李晓光、应跃庭、金阅璐、凌　菲	符江艳	挂牌
			注册会计师	袁　熠			
			律师	孙建华			
			行业分析师	赵　诣			
59	430340	伟钊光学	项目负责人	王昭凭	章　炤、应跃庭、金阅璐、杨燕雯、凌　菲、董　樑、严晓蓉、黄　海	孙瑜鸿	挂牌
			注册会计师	沈鑫刚			
			律师	胡晓明			
			行业分析师	王　晶			
60	430344	鼎晖科技	项目负责人	黄文雄	李　杨、金阅璐、凌　菲、周海晨、奚庆福、杨　霏、黄　海	何雯雯	挂牌
			注册会计师	何雯雯			
			律师	黄文雄			
			行业分析师	余　斌			
目前已推荐挂牌公司家数					60		
已被终止挂牌公司家数					4		
撤回材料及申请被否公司家数					0		

推荐原代办股份转让系统的两网公司及退市公司挂牌情况

序号	股份代码	公司名称
1	400001	杭州大自然科技股份有限公司
2	400002	长白计算机股份有限公司
3	400005	海国投实业股份有限公司
4	400008	上海水仙电器股份有限公司
5	400012	广东金曼集团股份有限公司
6	400017	上海国嘉实业股份有限公司
7	400018	四川银山化工(集团)股份有限公司
8	400021	鞍山第一工程机械股份有限公司
9	400031	鞍山合成(集团)股份有限公司
10	400037	西安达尔曼实业股份有限公司
11	400043	大连长兴实业股份有限公司
12	400044	哈慈股份有限公司
13	400049	福建闽越花雕股份有限公司
14	400050	黑龙江龙涤股份有限公司
15	400051	陕西精密合金股份有限公司
16	400054	四川托普软件投资股份有限公司

三、部门设置及主要业务人员情况

推荐业务			
部门名称	场外市场总部(一级部门)		
分管高管	薛军	部门负责人	蒋曙云

部门人数		67	具有证券从业资格人数	67
具有注册会计师资格人数		23	具有律师资格人数	23
联络人一	姓名	蒋曙云	固定电话	021－33389858
	传真	021－54043534	电子邮箱	jiangshy@ sywg. com. cn
联络人二	姓名	徐业伟	固定电话	021－33389860
	传真	021－54043534	电子邮箱	xuyw@ sywg. com. cn
经纪业务				
部门名称		经纪总部(一级部门)		
分管高管		刘　郎	部门负责人	尚　恒
联络人一	姓名	唐广荣	固定电话	021－33389664
	传真	021－54030294	电子邮箱	tanggr@ sywg. com. cn
联络人二	姓名	孔志华	固定电话	021－33389653
	传真	021－54030294	电子邮箱	kongzhh@ sywg. com. cn

国泰君安证券股份有限公司

一、公司概况及简介

公司概况	公司名称	国泰君安证券股份有限公司				
	成立日期	1999. 8. 18	法定代表人	万建华	总经理	陈耿
	注册资本（万元）	610,000	净资产*（万元）	2,822,545	净资本*（万元）	1,756,000
	注册地址	上海市浦东新区商城路618号			营业部家数	193家
	办公地址	上海市银城中路168号			邮编	200120
	公司网址	www. gtja. com	电子邮箱	office@ gtjas. com	经营证券业务许可证编号	Z29131000
	注：*经审计的2011年度净资产和净资本					
	证监会批准的相关业务资格			证券经纪；证券承销与保荐；融资融券业务；证券自营；证券投资咨询；与证券交易、证券投资活动有关的财务顾问；为期货公司提供中间介绍业务；证券投资基金代销；代销金融产品业务；中国证监会批准的其他业务。		
	在全国股份转让系统从事的业务种类			挂牌业务和经纪业务		
公司简介	国泰君安证券股份有限公司是国内最大证券公司之一。1999年8月18日，原国泰证券有限公司和原君安证券有限责任公司，通过新设合并、增资扩股组建成立国泰君安证券，目前注册资本61亿元。 自成立之日起，国泰君安秉持以客户为中心的服务理念，扎根于国内资本市场，是国内规模最大、经营范围最广、机构分布最广、服务客户最多的证券公司之一，旗下设国泰君安金融控股有限公司（注册地香港）、国泰君安期货有限公司、上海国泰君安证券资产管理有限公司、国泰君安创新投资有限公司、国联安基金管理有限公司5家子公司，在全国30个省、市、自治区设有26家分公司、193个证券营业部。 国泰君安于2001年首批获得由中国证监会和中国证券业协会认定的代办股份转让业务资格，并于2013年3月首批取得全国中小企业股份转让系统有限公司授予的经纪业务和挂牌业务资格。 国泰君安已成功推荐北京时代（430003）、鼎普科技（430036）、中海纪元（430059）等十家企业挂牌股份报价转让系统，有着丰富的项目经验。国泰君安是代办股份转让系统上首家帮助企业成功完成定向增资的券商，也是唯一帮助企业完成三次增资的券商。					

二、业务动态及统计

推荐挂牌情况							
序号	股份代码	公司名称	项目小组成员		内核人员	持续督导人员	公司状态
1	430003	北京时代	项目负责人	樊建强	李忠华、王海琼、李质仙、刘启群、刘向东、李茂茎、秦　军	章　洪	挂牌
			注册会计师	高　胜			
			律师	郝兵卫			
			行业分析师	张　欣			
2	430036	北京鼎普科技股份有限公司	项目负责人	樊建强	李忠华、王海琼、李质仙、刘启群、刘向东、李茂茎、秦　军	章洪	挂牌
			注册会计师	许竞文			
			律师	郝兵卫			
			行业分析师	张　慧			
3	430059	北京中海纪元数字技术发展股份有限公司	项目负责人	樊建强	李忠华、王海琼、李质仙、刘启群、刘向东、李茂茎、秦　军	章　洪	挂牌
			注册会计师	许竞文			
			律师	郝兵卫			
			行业分析师	张　慧			
4	430107	北京朗铭海川科技股份有限公司	项目负责人	许竞文	樊建强、王大立、高　胜、秦　军、王海琼、刘启群、张　欣	章　洪	挂牌
			注册会计师	朱佳雯、章洪			
			律师	徐　振			
			行业分析师	王　枞			
5	430125	北京都市鼎点科技股份有限公司	项目负责人	许竞文	樊建强、王大立、高　胜、秦　军、王海琼、刘启群、张　欣	章　洪	挂牌
			注册会计师	章　洪			
			律师	王　枞			
			行业分析师	王　铁			
6	430132	北京国铁科林科技股份有限公司	项目负责人	吕　韬	樊建强、王大立、高　胜、秦　军、王海琼、刘启群、张　欣	章　洪	挂牌
			注册会计师	朱佳雯			
			律师	徐　振			
			行业分析师	吕　韬			
7	430175	上海科新生物技术股份有限公司	项目负责人	许竞文	樊建强、王大立、高　胜、秦　军、王海琼、刘启群、张　欣	章洪	挂牌
			注册会计师	章　洪			
			律师	徐　振			
			行业分析师	李增喜			
8	430197	津伦(天津)精密机械股份有限公司	项目负责人	王　铁	樊建强、王大立、高　胜、秦　军、王海琼、刘启群、张　欣	章　洪	挂牌
			注册会计师	朱佳雯			
			律师	王　枞、毕增敏			
			行业分析师	吴　巍			

9	430296	北京平安力合科技发展股份有限公司	项目负责人	王　枞	樊建强、王大立、高　胜、许竞文、王海琼、赵　振、张　欣	章洪	挂牌
			注册会计师	朱佳雯			
			律师	王　枞			
			行业分析师	李增喜、王铁			
10	430297	天津金硕信息科技集团股份有限公司	项目负责人	朱佳雯	樊建强、王大立、高　胜、许竞文、王海琼、赵　振、张　欣	章　洪	挂牌
			注册会计师	朱佳雯			
			律师	王　枞			
			行业分析师	李增喜、王铁			
目前已推荐挂牌公司家数					10		
已被终止挂牌公司家数					0		
撤回材料及申请被否公司家数					0		

推荐原代办股份转让系统的两网公司及退市公司挂牌情况		
序号	股份代码	公司名称
1	400007	海南华凯实业股份有限公司
2	400010	北京鹫峰科技开发股份有限公司
3	400013	山东港岳航电集团股份有限公司
4	400027	湖北江湖生态农业股份有限公司
5	400033	长春高斯达生物科技集团股份有限公司
6	400038	武汉华信高新技术股份有限公司股份
7	400042	浙江信联股份有限公司
8	400052	中油龙昌股份有限公司

三、部门设置及主要业务人员情况

推荐业务				
部门名称		场外市场部		
分管高管		阴秀生	部门负责人	陈扬
部门人数		25	具有证券从业资格人数	25
具有注册会计师资格人数		5	具有律师资格人数	5
联络人一	姓名	邵雪华	固定电话	021－38674900
	传真		电子邮箱	shaoxuehua1985@163.com
联络人二	姓名	徐　振	固定电话	021－38676709
	传真		电子邮箱	paulxz@foxmail.com
经纪业务				
部门名称		零售业务部		
分管高管		黄灵谋	部门负责人	王　政
联络人一	姓名	范承志	固定电话	021－38676156
	传真		电子邮箱	fanchengzhi@gtjas.com

国信证券股份有限公司

一、公司概况及简介

公司概况	公司名称	国信证券股份有限公司				
	成立日期	1994 年	法定代表人	何　如	总经理	胡继之
	注册资本（万元）	700000	净资产 *（万元）	1753572.12	净资本 *（万元）	1178223.43
	注册地址	深圳市罗湖区红岭中路 1012 号国信证券大厦			营业部家数	84
	办公地址	深圳市罗湖区红岭中路 1012 号国信证券大厦			邮编	518001
	公司网址	www.guosen.com.cn	电子邮箱	jjglmail@guosen.com.cn	经营证券业务许可证编号	Z27074000
	注：* 经审计的 2011 年度净资产和净资本					
	证监会批准的相关业务资格			证券经纪；证券投资咨询；与证券交易、证券投资活动有关的财务顾问；证券承销与保荐；证券自营；证券资产管理；融资融券；证券投资基金代销；为期货公司提供中间介绍业务；金融产品代销。		
	在全国股份转让系统从事的业务种类			经纪业务、推荐业务		
公司简介	国信证券股份有限公司（简称“国信证券”）源起于中国证券市场最早的三家营业部之一深圳国投证券业务部，1994 年成立公司，2000 年改制为国信证券有限责任公司，2008 年整体变更为股份有限公司。国信证券是全国性大型综合类证券公司，法定代表人为何如，注册资本 70 亿元，总部设在深圳，目前在全国 52 个城市设有 79 家营业网点，同时拥有三家全资子公司：国信期货有限责任公司、国信弘盛创业投资有限公司、国信证券（香港）金融控股有限公司。公司拥有齐全的证券业务牌照，经营范围涵盖：证券经纪、证券投资咨询；与证券交易、证券投资活动相关的财务顾问；证券承销与保荐；证券自营；证券资产管理；融资融券；证券投资基金代销；为期货公司提供中间业务；金融产品代销。					

二、业务动态及统计

推荐挂牌情况							
序号	股份代码	公司名称	项目小组成员		内核人员	持续督导人员	公司状态
1	430008	北京紫光华宇软件股份有限公司	项目负责人	陈克庆	胡济荣、胡华勇、王斐菲、龙　涌、郭永青、王鸿远、张贞卓	/	已上市
			注册会计师	温俊峰			
			律师	胡忠孝			
			行业分析师	杨立宏			
2	430012	北京博晖创新光电技术股份有限公司	项目负责人	鲁先德	胡济荣、胡华勇、王斐菲、龙　涌、郭永青、王鸿远、贺平鸽	/	已上市
			注册会计师	温俊峰			
			律师	胡忠孝			
			行业分析师	丁　丹			
3	430022	北京五岳鑫信息技术股份有限公司	项目负责人	胡　猛	胡济荣、胡华勇、王斐菲、曾　信、胡忠孝、王鸿远、肖利娟	车柳婷	挂牌
			注册会计师	温俊峰			
			律师	熊晓云			
			行业分析师	王俊峰			

4	430035	北京中兴通科技股份有限公司	项目负责人	鲁先德	胡济荣、龙　涌、王斐菲、肖利娟、曾　信、胡忠孝、郭永青	车柳婷	挂牌
			注册会计师	乐　露			
			律师	汤庆文			
			行业分析师	王俊峰			
5	430041	北京中机联供非晶科技股份有限公司	项目负责人	胡　猛	胡济荣、张小奇、王斐菲、彭继忠、曾　信、胡忠孝、郭永青	车柳婷	挂牌
			注册会计师	乐　露			
			律师	叶海芳			
			行业分析师	皮家银			
6	430043	北京世纪东方国铁科技股份有限公司	项目负责人	方海跃	胡济荣、张小奇、王斐菲、曾　信、郭永青、张贞卓、胡忠孝	车柳婷	挂牌
			注册会计师	乐　露			
			律师	叶海芳			
			行业分析师	严　平			
7	430051	北京九恒星科技股份有限公司	项目负责人	鲁先德	胡济荣、蒋序标、肖志英、胡忠孝、张贞卓、曾　信、张小奇	车柳婷	挂牌
			注册会计师	乐　露			
			律师	叶海芳			
			行业分析师	王俊峰			
8	430063	工控网(北京)信息技术股份有限公司	项目负责人	鲁先德	胡济荣、胡忠孝、肖志英、马维刚、符浩东、郭永清、张小奇	车柳婷	挂牌
			注册会计师	乐　露			
			律师	叶海芳			
			行业分析师	凌　晨			
9	430074	北京德鑫泉物联网科技股份有限公司	项目负责人	鲁先德	胡济荣、胡忠孝、肖志英、马维刚、符浩东、汤庆文、张小奇	车柳婷	挂牌
			注册会计师	乐　露			
			律师	叶海芳			
			行业分析师	段迎晟			
10	430078	北京君德同创农牧科技股份有限公司	项目负责人	鲁先德	胡济荣、符浩东、胡忠孝、马维刚、肖志英、曾　信、张小奇	车柳婷	挂牌
			注册会计师	乐　露			
			律师	叶海芳			
			行业分析师	张　如			
11	430105	北京合力思腾科技股份有限公司	项目负责人	胡　猛	胡济荣、曾　信、符浩东、郭永青、胡忠孝、马维刚、肖志英	车柳婷	挂牌
			注册会计师	乐　露			
			律师	尹　飞			
			行业分析师	段迎晟			
12	430146	亚泰都会(北京)城市规划建筑园林设计研究院股份有限公司	项目负责人	胡　猛	胡济荣、曾　信、符浩东、汤庆文、胡忠孝、马维刚、肖志英	车柳婷	挂牌
			注册会计师	乐　露			
			律师	尹　飞			
			行业分析师	邱　波			

13	430200	武汉时代地智科技股份有限公司	项目负责人	曾　伟	胡济荣、曾　信、符浩东、黄泽明、胡忠孝、马维刚、肖志英	车柳婷	挂牌
			注册会计师	饶　慧			
			律师	邱申长			
			行业分析师	段迎晟			
14	430229	上海绿岸网络科技股份有限公司	项目负责人	曾　伟	胡济荣、符浩东、胡忠孝、肖志英、马维刚、乐　露、梁润棠	车柳婷	挂牌
			注册会计师	陈　彦			
			律师	原立中			
			行业分析师	段迎晟			
15	430287	北京京鹏环宇畜牧科技股份有限公司	项目负责人	曾　伟	胡济荣、符浩东、胡忠孝、肖志英、马维刚、陈　彦、梁润棠	车柳婷	挂牌
			注册会计师	饶　慧			
			律师	陈　勇			
			行业分析师	杨　森			
16	430289	北京华索科技股份有限公司	项目负责人	尹　飞	胡济荣、郭永青、符浩东、胡忠孝、马维刚、乐　露、梁润棠	车柳婷	挂牌
			注册会计师	陈　彦			
			律师	陈　勇			
			行业分析师	高耀华			
17	430306	永铭诚道(北京)医学科技股份有限公司	项目负责人	曾　伟	胡济荣、郭永青、符浩东、肖志英、马维刚、乐　露、梁润棠	车柳婷	挂牌
			注册会计师	刘双全			
			律师	霍思乐			
			行业分析师	贺平鸽			

目前已推荐挂牌公司家数	17
已被终止挂牌公司家数	2(已上市)
撤回材料及申请被否公司家数	0

推荐原代办股份转让系统的两网公司及退市公司挂牌情况

序号	股份代码	公司名称
1	400006	北京理工中兴科技股份有限公司
2	400009	广东广建集团股份有限公司
3	400011 420011	深圳中浩(集团)股份有限公司
4	400016 420016	金田实业(集团)股份有限公司
5	400023	南洋航运集团股份有限公司
6	400029	广州汇集实业股份有限公司
7	400030	大连北大科技(集团)股份有限公司
8	400032 420032	深圳石化工业集团股份有限公司
9	400035	比特科技控股股份有限公司
10	400039	广东华圣科技股份有限公司
11	400040	中国四川国际合作股份有限公司

12	400045	猴王股份有限公司
13	400046	沈阳菲菲澳家现代农业股份有限公司
14	420047	深圳大洋海运股份有限公司
15	400055	湖南国光瓷业集团股份有限公司

三、部门设置及主要业务人员情况

推荐业务				
部门名称		场外市场部(一级部门)		
分管高管		陈革	部门负责人	鲁先德
部门人数		32	具有证券从业资格人数	32
具有注册会计师资格人数		6	具有律师资格人数	6
联络人一	姓名	乐露	固定电话	0755－82130634
	传真	0755－82133186	电子邮箱	10127@ guosen. com. cn
联络人二	姓名	车柳婷	固定电话	0755－82130634
	传真	0755－82133186	电子邮箱	10172@ guosen. com. cn
经纪业务				
部门名称		经纪事业部(一级部门)		
分管高管		陈　革	部门负责人	陈　革
联络人一	姓名	谢　青	固定电话	0755－82130595
	传真	0755－82133302	电子邮箱	10057@ guosen. com. cn

长江证券股份有限公司

一、公司概况及简介

公司概况						
	公司名称	长江证券股份有限公司				
	成立日期	1991. 3. 18	法定代表人	胡运钊	总经理	叶烨
	注册资本（万元）	237,123. 38	净资产＊（万元）	1,211,612. 29	净资本＊（万元）	982,522. 86
	注册地址	湖北省武汉市江汉区新华路特8号			营业部家数	110
	办公地址	湖北省武汉市江汉区新华路特8号			邮编	430015
	公司网址	www. cjsc. com	电子邮箱	inf@ cjsc. com. cn	经营证券业务许可证编号	Z24935000
	注：＊经审计的2012年度净资产和净资本					
	证监会批准的相关业务资格			证券经纪；证券投资咨询；证券承销；证券自营；证券资产管理；融资融券业务；证券投资基金代销；为期货公司提供中间介绍业务。		
	在全国股份转让系统从事的业务种类			推荐业务、经纪业务		

公司简介	
公司简介	长江证券股份有限公司是总部设在武汉的全国性综合类上市证券公司，股票代码为 000783。公司秉承以“追求卓越”为核心价值观的企业文化，致力于成为提供全面理财和融资服务的一流金融企业。公司资产质量优良，资产规模在业内的排名始终保持较前位置。 公司已经取得全国中小企业股份转让系统（以下简称“NEEQ”）主办券商业务资格。公司高度重视全国中小企业股份转让系统业务，设有专门从事该业务的一级部门——场外市场部。 公司场外市场部现有专业人员 30 多人，其中包括多年投行经验的执业律师、注册会计师、行业分析师等专业人员。业务范围覆盖全国，在北京、武汉两地分别设有业务部，专职开展全国中小企业股份转让系统业务，通过整合公司资源，为中小企业融资发展提供资本市场全方位优质服务。 公司场外市场部服务内容包括：企业股份制改造、企业挂牌 NEEQ 的承揽和承做、挂牌企业在 NEEQ 的再融资、挂牌企业在 NEEQ 的信息披露、NEEQ 挂牌企业上市到主板、中小板和创业板的前期辅导、全国中小企业股份转让系统未来开放的各项创新业务等。 公司作为主办券商已成功推荐科若思（430102）、塞尔瑟斯（430127）、国电武仪（430138）、中科通达（430154）、金易通（430170）、石竹科技（430204）、尚远环保（430206）、威明德（430207）、迈达科技（430220）、风帆电镀（430221）、璟泓科技（430222）、亿童文教（430223）、威林科技（430241）、颂大教育（430244）、易维科技（430261）、国威机床（430265）、新冠亿碳（430275）、景弘环保（430283）、百文宝（430303）、江扬环境（430320）、智合新天（430322）、安华智能（430332）等 22 家企业在全国中小企业股份转让系统挂牌。 公司场外市场部项目经验丰富，确立了“公司改制——推荐挂牌——定向增资——推进上市”业务链体系，能够为企业带来显著的增值服务。

二、业务动态及统计

推荐挂牌情况							
序号	股份代码	公司名称	项目小组成员		内核人员	持续督导人员	公司状态
1	430102	北京科若思技术开发股份有限公司	项目负责人	李绍成	郑　煜、张海菲、何文熹、陈国忠、刘　俊、程　敏、徐锦文	田秀印、刘　娜	挂牌
			注册会计师	严松涛			
			律师	刘　娜			
			行业分析师	张延山			
2	430127	北京塞尔瑟斯仪表科技有限公司	项目负责人	李绍成	张毕辉、郑　煜、刘　娜、陈国忠、沈　佳、刘　俊、程　敏	赵　红、刘淑娟	挂牌
			注册会计师	赵　红			
			律师	刘淑娟			
			行业分析师	张延山			
3	430138	武汉国电武仪电气股份有限公司	项目负责人	李一科	张毕辉、冯进康、何文熹、乔　端、陈国忠、刘　俊、程　敏	陈　甲 张海菲	挂牌
			注册会计师	郑　煜、陈　甲			
			律师	张海菲			
			行业分析师	王　聪			
4	430154	武汉中科通达高新技术股份有限公司	项目负责人	石　海	张毕辉、冯进康、郑　煜、乔　端、陈国忠、沈　佳、刘　俊	邢丹丹 黄洪俊	挂牌
			注册会计师	赵　红			
			律师	刘　娜			
			行业分析师	张延山			
5	430170	金易通科技（北京）股份有限公司	项目负责人	张延山	冯进康、郑　煜、赵　红、张海菲、沈　佳、刘　俊、程　敏	张毕辉 刘　娜	挂牌
			注册会计师	张毕辉			
			律师	刘　娜			
			行业分析师	张延山			

6	430204	北京石竹科技股份有限公司	项目负责人	张延山	张毕辉、冯进康、郑　煜、刘　娜、何文熹、葛　军、程敏	赵　红 刘淑娟	挂牌
			注册会计师	赵　红			
			律师	刘淑娟			
			行业分析师	王　沛			
7	430206	武汉尚远环保股份有限公司	项目负责人	石　海	张毕辉、冯进康、刘　娜、赵　红、何文熹、葛　军、程　敏	邢丹丹 黄洪俊	挂牌
			注册会计师	邢丹丹、郑　煜			
			律师	黄洪俊			
			行业分析师	周　辉			
8	430207	武汉威明德科技发展股份有限公司	项目负责人	李一科	郑　煜、刘　娜、乔　端、陈国忠、王　芳、刘　俊、程　敏	张毕辉 冯进康	挂牌
			注册会计师	张毕辉			
			律师	冯进康			
			行业分析师	韩雨佳			
9	430220	天津迈达医学科技股份有限公司	项目负责人	张延山	张毕辉、郑　煜、张海菲、何文熹、王　芳、刘　俊、程　敏	王　平 王　莉	挂牌
			注册会计师	王　平			
			律师	王　莉			
			行业分析师	姜　昊			
10	430221	武汉风帆电镀技术股份有限公司	项目负责人	李一科	张毕辉、赵　红、张海菲、何文熹、乔　端、陈国忠、沈　佳	郑　煜 冯进康	挂牌
			注册会计师	郑　煜			
			律师	冯进康			
			行业分析师	池　诚			
11	430222	武汉璟泓万方堂医药科技股份有限公司	项目负责人	李一科	冯进康、郑　煜、赵　红、何文熹、陈国忠、王　芳、刘　俊	陈　甲 张海菲	挂牌
			注册会计师	陈　甲			
			律师	张海菲			
			行业分析师	王　聪			
12	430223	武汉亿童文教股份有限公司	项目负责人	石　海	张毕辉、赵　红、张海菲、何文熹、乔　端、陈国忠、沈　佳	邢丹丹 刘淑娟	挂牌
			注册会计师	邢丹丹			
			律师	刘淑娟			
			行业分析师	周　辉			
13	430241	武汉威林科技股份有限公司	项目负责人	石　海	张毕辉、张海菲、何文熹、乔　端、陈国忠、刘　俊、程　敏	邢丹丹 李向群	挂牌
			注册会计师	邢丹丹			
			律师	黄洪俊			
			行业分析师	姜　俊			
14	430244	武汉颂大教育科技股份有限公司	项目负责人	韩雨佳	冯进康、赵　红、陈国忠、李绍成、刘　俊、马先文、周　纯	陈　甲 张海菲	挂牌
			注册会计师	陈　甲			
			律师	张海菲			
			行业分析师	韩雨佳			
15	430261	武汉易维科技股份有限公司	项目负责人	石　海	张毕辉、张海菲、乔　端、陈国忠、王　芳、刘　俊、周　纯	赵　红 李向群	挂牌
			注册会计师	赵　红			
			律师	李向群			
			行业分析师	周　辉			

16	430265	武汉国威重型机床股份有限公司	项目负责人	王　聪	邢丹丹、刘淑娟、陈国忠、沈　佳、王　芳、刘　俊、周纯	张毕辉 张海菲	挂牌
			注册会计师	张毕辉			
			律师	张海菲			
			行业分析师	王　聪			
17	430275	武汉新冠亿碳环境资源开发股份有限公司	项目负责人	郑　煜	张毕辉、张海菲、刘淑娟、邢丹丹、王　芳、沈　佳、刘　俊	王　平 王　莉	挂牌
			注册会计师	王　平			
			律师	王　莉			
			行业分析师	于　讯			
18	430283	武汉景弘环保科技股份有限公司	项目负责人	李一科	郑　煜、冯进康、赵　红、王　芳、乔　端、陈国忠、刘　俊	张加强 段文静	挂牌
			注册会计师	张加强			
			律师	段文静			
			行业分析师	肖　羽			
19	430303	北京百文宝科技股份有限公司	项目负责人	刘　娜	冯进康、张海菲、邢丹丹、何文熹、乔　端、马先文、周　纯	田秀印 刘　娜	挂牌
			注册会计师	田秀印			
			律师	刘　娜、王　莉			
			行业分析师	姜　昊、张延山			
20		武汉博览财经金融服务股份有限公司	项目负责人	李一科	张海菲、张毕辉、刘　娜、王　芳、乔　端、陈国忠、刘　俊		撤回材料
			注册会计师	张加强			
			律师	段文静			
			行业分析师	肖　羽			
21	430320	武汉江扬环境科技股份有限公司	项目负责人	石　海	邢丹丹、张毕辉、刘淑娟、何文熹、乔　端、陈国忠、葛　军	程　婷 李向群	挂牌
			注册会计师	程　婷			
			律师	李向群			
			行业分析师	姜　俊			
22	430322	智合新天(北京)传媒广告股份有限公司	项目负责人	赵　红	张毕辉、张海菲、邢丹丹、何文熹、陈国忠、周　纯、程　敏	赵　红 刘淑娟	挂牌
			注册会计师	赵　红			
			律师	刘淑娟			
			行业分析师	吕明明			
23	430332	湖北安华智能股份公司	项目负责人	李一科	石　海、赵　红、王　芳、陈国忠、周　纯、刘　俊、雷　泽	张加强 段文静	挂牌
			注册会计师	张加强			
			律师	段文静			
			行业分析师	肖　羽			
目前已推荐挂牌公司家数					22		
已被终止挂牌公司家数					无		
撤回材料及申请被否公司家数					1(企业申请撤回)		

推荐原代办股份转让系统的两网公司及退市公司挂牌情况

序号	股份代码	公司名称
1	400022	厦门海洋实业(集团)股份有限公司

三、部门设置及主要业务人员情况

推荐业务				
部门名称		场外市场部(公司一级部门)		
分管高管		叶 烨	部门负责人	宋望明
部门人数		37	具有证券从业资格人数	35
具有注册会计师资格人数		11	具有律师资格人数	9
联络人一	姓名	李一科	固定电话	027 - 65799819
	传真	027 - 65799576	电子邮箱	liyk@ cjsc. com. cn
联络人二	姓名	俞 佳	固定电话	010 - 66290614
	传真	010 - 66220637	电子邮箱	yujia@ cjsc. com. cn
经纪业务				
部门名称		营运管理总部和零售客户总部(均为公司一级部门)		
分管高管		胡曹元(营运管理总部)、田洪(零售客户总部)	部门负责人	曾琦琨(营运管理总部)、罗国华(零售客户总部)
联络人一(营运管理总部)	姓名	代华	固定电话	027 - 65799964
	传真	027 - 85481811	电子邮箱	daihua@ cjsc. com. cn
联络人二(营运管理总部)	姓名	詹翠平	固定电话	027 - 65799526
	传真	027 - 85481811	电子邮箱	zhancp@ cjsc. com. cn
联络人三(营运管理总部)	姓名	王珂	固定电话	027 - 65799697
	传真	027 - 85481811	电子邮箱	wangke@ cjsc. com. cn
联络人四(营运管理总部)	姓名	程昂	固定电话	027 - 65799835
	传真	027 - 85481811	电子邮箱	chengang1@ cjsc. com. cn

中国银河证券股份有限公司

一、公司概况及简介

公司概况	公司名称	中国银河证券股份有限公司				
	成立日期	2007. 1. 26	法定代表人	陈有安	总经理	顾伟国
	注册资本(万元)	753,700	净资产*(万元)	1,742,986	净资本*(万元)	1,350,830
	注册地址	北京市西城区金融大街35号2-6层			营业部家数	229
	办公地址	北京市西城区金融大街国际企业大厦C座			邮编	100033
	公司网址	www. chinastock. com. cn	电子邮箱	webmaster@ chinastock. com. cn	经营证券业务许可证编号	Z10111000
	注:*经审计的2012年度净资产和净资本					
	证监会批准的相关业务资格			证券经纪;证券投资咨询;与证券交易、证券投资活动有关的财务顾问;证券承销与保荐;证券自营;证券资产管理;融资融券;开放式证券投资基金代销;为银河期货经纪公司提供中间介绍业务;代销金融产品业务。		
	在全国股份转让系统从事的业务种类			推荐业务、经纪业务		

公司简介	中国银河证券股份有限公司(股票代码:06881.HK,以下简称“中国银河证券”或“公司”)是中国证券行业领先的综合性金融服务提供商,提供经纪、销售和交易、投资银行和投资管理等综合证券服务。 2007年1月26日,公司经中国证监会批准,由中国银河金融控股有限责任公司作为主发起人,联合4家国内机构投资者共同发起正式成立。中央汇金投资有限责任公司为公司实际控制人。公司本部设在北京,注册资本为人民币75.37亿元。截至2013年6月底,公司共有员工7200余人。 公司的经营宗旨是:根据国家法律法规、方针政策及国际惯例,致力开拓证券业务,秉承“忠诚、包容、创新、卓越”的企业精神和“客户至上、员工为本”的经营理念,坚持“创造价值、增长财富”的企业使命,倾力打造“一流服务、最佳投行”,实现股东长期利益和公司价值的最大化,促进、支持国民经济和证券市场的发展。 公司的经营范围为:证券经纪;证券投资咨询;与证券交易、证券投资活动有关的财务顾问;证券承销与保荐;证券自营;证券资产管理;融资融券;开放式证券投资基金代销;为银河期货经纪公司提供中间介绍业务;代销金融产品业务。 公司旗下拥有银河创新资本管理有限公司、中国银河国际金融控股有限公司和银河期货有限公司。 公司于2013年5月22日在香港联合交易所上市,控股股东为中国银河金融控股有限责任公司。

二、业务动态及统计

推荐挂牌情况							
序号	股份代码	公司名称	项目小组成员		内核人员	持续督导人员	公司状态
1	430100	北京九尊能源技术股份有限公司	项目负责人	王海明	张海燕、张继萍、王国平、李　伟、郑　炜、陈全荣、王红兵、	王海明、朱碧琦	挂牌
			注册会计师	曾启富			
			律师	李　妍			
			行业分析师	赵　柯			
2	430191	北京波尔通信技术股份有限公司	项目负责人	邹大伟	李　伟、张海燕、王国平、李雪斌、朱晓丹、王海明、赵　博	王建龙、朱碧琦、吴　津	挂牌
			注册会计师	杨　雪			
			律师	李　妍			
			行业分析师	王家炜			
3	430243	北京铜牛信息科技股份有限公司	项目负责人	王海明	张海燕、邹大伟、王国平、曾启富、秦　超、易广招、吴占宇	王海明、李　达	挂牌
			注册会计师	杨　雪			
			律师	朱晓丹			
			行业分析师	王家炜			
4	430308	北京泽天盛海油田技术服务股份有限公司	项目负责人	王海明	王红兵、张海燕、王国平、邹大伟、曾启富、秦　超、易广招	王海明、廖苏桓	挂牌
			注册会计师	杨　雪			
			律师	朱晓丹			
			行业分析师	裘孝锋			
目前已推荐挂牌公司家数					4		
已被终止挂牌公司家数					0		
撤回材料及申请被否公司家数					0		

三、部门设置及主要业务人员情况

推荐业务			
部门名称	投资银行总部(一级部门)下设场外业务部(二级部门)		
分管高管	汪六七	部门负责人	邹大伟
部门人数	19	具有证券从业资格人数	19
具有注册会计师资格人数	1	具有律师资格人数	2

联络人一	姓名	邹大伟	固定电话	010－66568973
	传真	010－66568857	电子邮箱	zoudawei@ chinastock. com. cn
联络人二	姓名	易广招	固定电话	010－66568086
	传真	010－66568857	电子邮箱	yiguangzhao@ chinastock. com. cn
经纪业务				
部门名称		经纪管理总部(一级部门)		
分管高管		朱永强	部门负责人	王泽兰
联络人一	姓名	陈利锋	固定电话	010－66568457
	传真	010－83574076	电子邮箱	chenlifeng@ chinastock. com. cn
联络人二	姓名	解蜜	固定电话	010－66568717
	传真	010－83574076	电子邮箱	xiemi@ chinastock. com. cn

渤海证券股份有限公司

一、公司概况及简介

公司概况	公司名称	渤海证券股份有限公司				
	成立日期	1988. 3. 1	法定代表人	杜庆平	总经理	王春峰
	注册资本（万元）	403719. 4486	净资产＊（万元）	437799. 4489	净资本＊（万元）	348219. 0075
	注册地址	天津经济技术开发区第二大街42号写字楼101室			营业部家数	48
	办公地址	天津市南开区宾水西道8号			邮编	300381
	公司网址	http://www. bhzq. com	电子邮箱	email@ bhzq. com	经营证券业务许可证编号	Z20412000
	注：＊经审计的2012年度净资产和净资本					
	证监会批准的相关业务资格			证券经纪；证券投资咨询；与证券交易、证券投资活动有关的财务顾问；证券承销与保荐；证券自营；证券资产管理；证券投资基金代销；为期货公司提供中间介绍业务；中国证监会批准的其他业务；融资融券业务；代销金融产品业务(以上范围内国家有专营专项规定的按规定办理)。		
	在全国股份转让系统从事的业务种类			经纪业务、推荐业务		
公司简介	渤海证券股份有限公司的前身渤海证券有限责任公司是在原天津证券有限责任公司与原天津市国际信托投资公司、天津信托投资公司、天津北方国际信托投资公司、天津滨海信托投资有限公司等4家信托机构证券营业部合并重组基础上，集合了国内多家有影响、有实力的国有企业、上市公司、民营企业共同出资组建。 2001年4月，证监会出具《关于同意渤海证券有限责任公司开业的批复》(证监机构字［2001］65号)，同意渤海证券有限责任公司开业，注册资本为23. 17亿元。2001年3月25日召开第一次股东会暨公司成立大会，5月16日完成工商登记，6月8日正式开业。 2006年9月，经中国证监会核准，渤海证券有限责任公司减资并增资扩股，先将注册资本由231，716. 63万元核减至92，686. 652万元，在此基础上再由现有股东和新增股东向公司增资13亿元，上述增资完成后渤海有限注册资本增至222，686. 652万元。 2008年5月，经中国证监会核准，渤海证券有限责任公司整体改制变更为股份有限公司，变更后公司名称为渤海证券股份有限公司，注册资本为人民币2，226，866，520元。公司于2008年7月23日完成工商变更登记。 2011年1月，经中国证监会核准，渤海证券股份有限公司变更注册资本，注册资本由2，226，866，520元变更为3，226，866，520元。 2012年12月，经中国证监会核准，渤海证券股份有限公司变更注册资本，注册资本由3，226，866，520元变更为4，037，194，486元。					

二、业务动态及统计

推荐挂牌情况							
序号	股份代码	公司名称	项目小组成员		内核人员	持续督导人员	公司状态
1	430141	天津久日化学股份有限公司	项目负责人	吴永强	艾献军、杨光煜、崔利国、张　萱、马静如、高　梅、陈士莉	李　悦、张玉峰、程　伟	挂牌
			注册会计师	张玉峰			
			律师	程　伟			
			行业分析师	张敬华			
2	430142	天津锐新昌轻合金股份有限公司	项目负责人	高　梅	艾献军、杨光煜、崔利国、马静如、郭宪明、陈士莉、张运发	宝　石、张玉峰、程　伟	挂牌
			注册会计师	陈雪斌、裴俊辉、吴玉祥			
			律师	陈雪斌			
			行业分析师	杜　朴			
目前已推荐挂牌公司家数					2		
已被终止挂牌公司家数					0		
撤回材料及申请被否公司家数					0		

推荐原代办股份转让系统的两网公司及退市公司挂牌情况		
序号	股份代码	公司名称
1	400048	黑龙江省科利华网络股份有限公司

三、部门设置及主要业务人员情况

推荐业务				
部门名称		投资银行总部		
分管高管		艾献军	部门负责人	杨光煜
部门人数		64	具有证券从业资格人数	64
具有注册会计师资格人数		11	具有律师资格人数	3
联络人一	姓名	高梅	固定电话	022－28451953
	传真	022－28451637	电子邮箱	gm1595@126.com
联络人二	姓名	陈士莉	固定电话	022－28451823
	传真	022－28451637	电子邮箱	bohai905@126.com

经纪业务				
部门名称		经纪业务总部		
分管高管		李唤工	部门负责人	齐朝晖
联络人一	姓名	王凯照	固定电话	022－28451664
	传真	022－28451958	电子邮箱	wangkaizhao@bhzq.com
联络人二	姓名	秦晨	固定电话	022－28451685
	传真	022－28451958	电子邮箱	qinchen@bhzq.com

海通证券股份有限公司

一、公司概况及简介

公司概况	公司名称	海通证券股份有限公司				
	成立日期	1988 年	法定代表人	王开国	总经理	李明山
	注册资本（万元）	958,472	净资产＊（万元）	5,867,968.32	净资本＊（万元）	3,900,773.11
	注册地址	上海市广东路 689 号			营业部家数	202
	办公地址	上海市广东路 689 号海通证券大厦			邮编	200001
	公司网址	www.htsec.com	电子邮箱	haitong@htsec.com	经营证券业务许可证编号	Z22531000
	注：＊经审计的 2012 年度净资产和净资本					
	证监会批准的相关业务资格			证券经纪；证券自营；证券承销与保荐；证券投资咨询；与证券交易；证券投资活动有关的财务顾问；直接投资业务；证券投资基金代销；为期货公司提供中间介绍业务；融资融券业务；中国证监会批准的其他业务；公司可以对外投资设立子公司从事金融产品等投资业务。		
	在全国股份转让系统从事的业务种类			推荐业务、经纪业务		
公司简介	海通证券是国内成立最早、综合实力最强的证券公司之一，拥有一体化的业务平台、庞大的营销网络以及雄厚的客户基础，经纪、投行和资产管理等传统业务位居行业前茅，融资融券、股指期货和 PE 投资等创新业务领先行业。海通证券成立于 1988 年，是国内二十世纪八十年代成立的证券公司中唯一一家至今仍在营运并且未更名、未接受政府注资的大型证券公司。海通证券 A 股于 2007 年在上海证券交易所挂牌上市并完成定向增发，H 股于 2012 年 4 月在香港联合交易所挂牌上市，公司总资产和净资产居国内证券行业第二位。公司拥有遍布境内外近 202 家营业部，拥有 400 万零售客户和超过 1 万个机构客户及高端客户，客户资产规模近万亿元。公司创新业务位居行业领先地位，融资融券市场排名始终保持第一位；公司股指期货业务位居行业第一；公司首批获得约定购回式证券交易资格、债券质押式报价回购资格、转融通业务资格；公司目前控股海富产业、海通开元、海通吉禾、海通创新资本和海通创意资本等五家 PE 投资子公司；公司 QFII 客户数和资产规模位于市场前列，QFII 交易金额位居行业前三；公司成功收购了香港本地老牌券商大福证券，更名为海通国际，其始终在香港人民币产品领域保持领先地位。					

二、业务动态及统计

推荐挂牌情况							
序号	股份代码	公司名称	项目小组成员		内核人员	持续督导人员	公司状态
1	430017	星昊医药	项目负责人	杨艳华	张卫东、高道德、罗　舟、赵一明、朱益宇、徐　艳、吕红兵	方　琴、王雷让	挂牌
			注册会计师	卢宇林			
			律师	武向阳			
			行业分析师	王友红			
2	430130	卡联科技	项目负责人	杨艳华	张卫东、高道德、罗晓雷、罗　舟、朱益宇、贾　晨、赵琼林	方　琴、王雷让	挂牌
			注册会计师	方　琴			
			律师	王雷让、李洁			
			行业分析师	陈美风			
3	430157	腾龙电子	项目负责人	杨艳华	张卫东、路　颖、罗　舟、潘晓文、朱益宇、贾　晨、赵琼林	李　洁、王　一	挂牌
			注册会计师	王　一			
			律师	李　洁			
			行业分析师	陈美风			

4	430193	紫新报通	项目负责人	杨艳华	张卫东、高道德、罗晓雷、潘晓文、朱益宇、贾　晨、赵琼琳	方　琴、王雷让	挂牌
			注册会计师	方　琴			
			律师	王雷让			
			行业分析师	陈美凤			
5	430205	武汉亿房	项目负责人	杨艳华	张卫东、赵琼琳、贾　晨、朱益宇、罗晓雷、路　颖、王四海	肖文斌、王　一	挂牌
			注册会计师	王　一			
			律师	肖文斌			
			行业分析师	陈美凤			
6	430216	风格信息	项目负责人	王四海	张卫东、罗晓雷、路　颖、朱益宇、潘晓文、贾　晨、赵琼琳	李　洁、王　一	挂牌
			注册会计师	王　一			
			律师	李　洁			
			行业分析师	陈美凤			
7	430300	辰光医疗	项目负责人	王四海	张卫东、路　宇、潘晓文、赵琼琳、谢汇文、缪膨冲	肖文斌、王　一	挂牌
			注册会计师	王　一			
			律师	肖文斌			
			行业分析师	刘　宇			
目前已推荐挂牌公司家数					7		
已被终止挂牌公司家数					0		
撤回材料及申请被否公司家数					0		

推荐原代办股份转让系统的两网公司及退市公司挂牌情况		
序号	股份代码	公司名称
1	400025	汕头宏业(集团)股份有限公司
2	400036	沈阳特种环保设备制造股份有限公司
3	400057	大庆联谊石化股份有限公司

三、部门设置及主要业务人员情况

推荐业务				
部门名称		三板业务部		
分管高管		任　澎	部门负责人	杨艳华
部门人数		10	具有证券从业资格人数	10
具有注册会计师资格人数		2	具有律师资格人数	4
联络人一	姓名	王四海	固定电话	021－23219596
	传真	021－63411061	电子邮箱	Wangsih@ htsec. com
联络人二	姓名	李　洁	固定电话	021－23219826
	传真	021－63411061	电子邮箱	Lj6821@ htsec. com
经纪业务				
部门名称		零售业务部		
分管高管		陈春钱	部门负责人	丁学清
联络人一	姓名	魏　威	固定电话	021－23219296
	传真	021－63410456	电子邮箱	weiwei@ htsec. com

联络人二	姓名	陈　晴	固定电话	021－23219283
	传真	021－63410456	电子邮箱	chenq@ htsec. com

广发证券股份有限公司

一、公司概况及简介

<table>
<tr><td rowspan="9">公司概况</td><td>公司名称</td><td colspan="5">广发证券股份有限公司</td></tr>
<tr><td>成立日期</td><td>1993. 5. 21</td><td>法定代表人</td><td>孙树明</td><td>总经理</td><td>林治海</td></tr>
<tr><td>注册资本（万元）</td><td>591,929. 1464</td><td>净资产＊（万元）</td><td>3,198,437. 5595</td><td>净资本＊（万元）</td><td>2,173,061. 1439</td></tr>
<tr><td>注册地址</td><td colspan="3">广东省广州市天河区天河北路 183－187 号大都会广场 43 楼（4301－4316 房）</td><td>营业部家数</td><td>204</td></tr>
<tr><td>办公地址</td><td colspan="3">广东省广州市天河区天河北路 183－187 号大都会广场 5、18、19、36、38、39、41－44 楼</td><td>邮编</td><td>510075</td></tr>
<tr><td>公司网址</td><td>www. gf. com. cn</td><td>电子邮箱</td><td>dshb@ gf. com. cn</td><td>经营证券业务许可证编号</td><td>Z25644000</td></tr>
<tr><td colspan="6">注：＊经审计的 2012 年度净资产和净资本</td></tr>
<tr><td colspan="3">证监会批准的相关业务资格</td><td colspan="3">证券经纪；证券投资咨询；与证券交易、证券投资活动有关的财务顾问；证券承销与保荐；证券自营；证券资产管理；证券投资基金代销；为期货公司提供中间介绍业务。</td></tr>
<tr><td colspan="3">在全国股份转让系统从事的业务种类</td><td colspan="3">经纪业务、推荐业务</td></tr>
<tr><td>公司简介</td><td colspan="6">广发证券股份有限公司前身是 1991 年成立的广东发展银行证券部，1993 年末成立公司，2010 年在深交所上市，股票代码：000776. sz。近三年连续被中国证监会评为 A 类 AA 级证券公司。
目前公司注册资本 59. 19 亿元，截至 2012 年 12 月 31 日，公司总资产达 899. 76 亿元，2012 年经审计的合并报表实现营业收入 69. 71 亿元，利润总额 26. 85 亿元，净利润 21. 90 亿元。资本实力及盈利能力在行业持续领先，总市值居国内上市证券公司前列。公司现有证券营业部数量位列全国前三。公司旗下拥有广发期货有限公司、广发控股（香港）有限公司、广发乾和投资有限公司、广发信德投资管理有限公司四家全资子公司，并持股广发基金管理有限公司和易方达基金管理有限公司，初步形成了以证券业务为核心的金融控股集团架构。</td></tr>
</table>

二、业务动态及统计

<table>
<tr><td colspan="8">推荐挂牌情况</td></tr>
<tr><td>序号</td><td>股份代码</td><td>公司名称</td><td colspan="2">项目小组成员</td><td>内核人员</td><td>持续督导人员</td><td>公司状态</td></tr>
<tr><td rowspan="4">1</td><td rowspan="4">430004</td><td rowspan="4">绿创设备</td><td>项目负责人</td><td>赵瑞梅</td><td rowspan="4">李建勇、欧阳西、罗斌华、蔡铁征、李凤华、李　淳、陈　青</td><td rowspan="4">樊明凯
时慧来</td><td rowspan="4">挂牌</td></tr>
<tr><td>注册会计师</td><td>廉　彦</td></tr>
<tr><td>律师</td><td>张晋阳</td></tr>
<tr><td>行业分析师</td><td>王晓彬</td></tr>
<tr><td rowspan="4">2</td><td rowspan="4">430005</td><td rowspan="4">原子高科</td><td>项目负责人</td><td>赵瑞梅</td><td rowspan="4">罗斌华、张少华、蔡铁征、李凤华、于韶光、李　淳、张锦坤</td><td rowspan="4">樊明凯
时慧来</td><td rowspan="4">挂牌</td></tr>
<tr><td>注册会计师</td><td>廉　彦</td></tr>
<tr><td>律师</td><td>张晋阳</td></tr>
<tr><td>行业分析师</td><td>王梓帆</td></tr>
</table>

3	430006	北陆药业	项目负责人	吴宝应	李建勇、罗斌华、蔡铁征、李风华、钟　辉、陈　青、李　淳	樊明凯 时慧来	挂牌
			注册会计师	廉　彦			
			律师	张晋阳			
			行业分析师	洪晓青			
4	430009	华环电子	项目负责人	吴宝应	李建勇、罗斌华、蔡铁征、李风华、钟　辉、陈　青、李　淳	樊明凯 时慧来	挂牌
			注册会计师	廉　彦			
			律师	张晋阳			
			行业分析师	张　欣			
5	430021	海鑫科金	项目负责人	吴宝应	赵桂萍、陈天喜、赵瑞梅、胡金泉、李太勇、龚铁球、毛晓岚	樊明凯 时慧来	挂牌
			注册会计师	廉　彦			
			律师	张晋阳			
			行业分析师	惠毓伦			
6	430025	石晶光电	项目负责人	王霄鹏	李建勇、赵桂萍、赵瑞梅、胡金泉、陆晓鸣、龚铁球、毛晓岚	樊明凯 时慧来	挂牌
			注册会计师	刘旭阳			
			律师	吴克卫			
			行业分析师	李晓芳			
7	430104	全三维	项目负责人	王霄鹏	张少华、何宽华、邹云龙、李风华、伍建筑、周郑屹、陈　青	樊明凯 时慧来	挂牌
			注册会计师	颜礼银			
			律师	刘　煜			
			行业分析师	李喆峰			
8	430161	光谷信息	项目负责人	邹云龙	张少华、何宽华、陈天喜、李风华、邵　丰、周郑屹、陈　青	王谦才 雷从明	挂牌
			注册会计师	胡寿茂			
			律师	陶红鉴			
			行业分析师	王谦才			
9	430179	宇昂科技	项目负责人	邹云龙	张少华、何宽华、李风华、陈天喜、邵　丰、周郑屹、陈　青	颜礼银 郁　颖	挂牌
			注册会计师	颜礼银			
			律师	易达安			
			行业分析师	张　飞			
10	430183	天友设计	项目负责人	王霄鹏	何宽华、邹云龙、李风华、陈天喜、邵　丰、周郑屹、陈　青	樊明凯 时慧来	挂牌
			注册会计师	张　柯			
			律师	易达安			
			行业分析师	余　锐			
11	430224	网动科技	项目负责人	王霄鹏	何宽华、李风华、邹云龙、樊　剑、姜绪荣、王　旭、朱　章	樊明凯 时慧来	挂牌
			注册会计师	时慧来			
			律师	苏　鹏			
			行业分析师	王春阳			
12	430237	大汉三通	项目负责人	张　柯	欧阳西、何宽华、李风华、毛晓岚、滕海燕、王　旭、吴宝应	易达安 姜慧芬	挂牌
			注册会计师	姜惠芬			
			律师	易达安			
			行业分析师	张　柯			

13	430238	普华科技	项目负责人	计　刚	欧阳西、何宽华、李凤华、邹云龙、王　旭、朱　章、吴宝应	王　磊 刘　菲	挂牌
			注册会计师	王　磊			
			律师	管汝平			
			行业分析师	丁　骥			
14	430257	成科机电	项目负责人	蒙柳燕	欧阳西、何宽华、谢　军、吴宝应、樊　剑、滕海燕、王　旭	樊　明 时慧来	挂牌
			注册会计师	胡寿茂			
			律师	陶红鉴			
			行业分析师	齐　喜			
15	430276	晟矽微电	项目负责人	张　柯	欧阳西、何宽华、邹云龙、东　明、陈天喜、谢　军、吴宝应、王　旭、朱　章	王　晶 杨亮亮	挂牌
			注册会计师	王　晶			
			律师	杨亮亮			
			行业分析师	姜慧芬			
16	430279	华安股份	项目负责人	邹云龙	欧阳西、何宽华、陈天喜、谢　军、吴宝应、王　旭、朱　章	王谦才 雷从明	挂牌
			注册会计师	胡寿茂			
			律师	雷从明			
			行业分析师	王谦才			
17	430315	众联信息	项目负责人	邹云龙	欧阳西、何宽华、陈天喜、谢　军、吴宝应、王　旭、朱　章	王谦才 雷从明	挂牌
			注册会计师	胡寿茂			
			律师	常建平			
			行业分析师	胡学文			
18	430325	精英智通	项目负责人	张立军	欧阳西、陈天喜、李凤华、吴宝应、王　旭、毛晓岚、朱　章	黄海声 尚　姝	挂牌
			注册会计师	黄海声			
			律师	韩文龙			
			行业分析师	郭任阳子			
19	430329	百林通信	项目负责人	颜礼银	何宽华、邹云龙、吴宝应、朱　章、王　旭、谢　军、东　明	颜礼银 郁　颖	挂牌
			注册会计师	颜礼银			
			律师	郁　颖			
			行业分析师	张　飞			
目前已推荐挂牌公司家数					19 家		
已被终止挂牌公司家数					1 家（已上市）		
撤回材料及申请被否公司家数					0 家		

推荐原代办股份转让系统的两网公司及退市公司挂牌情况		
序号	股份代码	公司名称
1	400028	珠海鑫光集团股份有限公司
2	400053	佳木斯金地造纸股份有限公司

三、部门设置及主要业务人员情况

推荐业务			
部门名称	私募融资部		
分管高管	欧阳西	部门负责人	邹云龙

部门人数		31 人	具有证券从业资格人数	31 人
具有注册会计师资格人数		10 人	具有律师资格人数	10 人
联络人一	姓名	向伟	固定电话	010 - 56571628
	传真	010 - 56571688	电子邮箱	gfxw@ 163. com
联络人二	姓名	陶红鉴	固定电话	020 - 87555888 转 8695
	传真	020 - 87555303	电子邮箱	thj@ gf. com. cn
经纪业务				
部门名称		经纪业务管理总部		
分管高管		杨　龙	部门负责人	王新栋
联络人一	姓名	卓　文	固定电话	020 - 87555232
	传真		电子邮箱	zw5@ gf. com. cn
联络人二	姓名	廖奕炯	固定电话	020 - 87555888 转 8239
	传真		电子邮箱	Lyj5@ gf. com. cn
联络人三	姓名	程　月	固定电话	020 - 87555888 转 8468
	传真		电子邮箱	chengyuezi@ 163. com

招商证券股份有限公司

一、公司概况及简介

公司概况	公司名称	招商证券股份有限公司				
	成立日期	1991. 8. 1	法定代表人	宫少林	总经理	王岩
	注册资本（万元）	466,109. 98	净资产 *（万元）	2,576,563. 97	净资本 *（万元）	1,562,171. 21
	注册地址	广东省深圳市福田区益田路江苏大厦 A 座 38 - 45 层			营业部家数	100
	办公地址	广东省深圳市福田区益田路江苏大厦 A 座 38 - 45 层			邮编	518026
	公司网址	www. newone. com. cn	电子邮箱	sbox@ cmschina. com. cn	经营证券业务许可证编号	Z27174000
	注：* 经审计的 2012 年度净资产和净资本					
	证监会批准的相关业务资格			证券经纪；证券投资咨询；与证券经纪、证券投资活动有关的财务顾问；证券承销与保荐；证券自营；证券资产管理；融资融券；证券投资基金代销；为期货公司提供中间介绍业务。		
	在全国股份转让系统从事的业务种类			推荐业务、经纪业务		
公司简介	招商证券股份有限公司（以下简称招商证券）是百年招商局旗下金融企业，经过二十年创业发展，已成为拥有证券市场业务全牌照的一流券商。2009 年 11 月，招商证券在上海证券交易所上市（代码 600999），截止目前，招商证券成为中证 100、上证 180、沪深 300、新华富时中国 A50 等多个指数的成分股。 招商证券具有稳定持续的盈利能力、科学合理的风险管理架构、全面专业的服务能力。拥有多层次客户服务渠道，在国内设有 100 家营业部，同时在香港设有分支机构；全资拥有招商证券国际有限公司、招商期货有限公司、招商资本投资有限公司，参股博时基金管理公司、招商基金管理公司，构建起国内国际业务一体化的综合证券服务平台。 招商证券致力于“全面提升核心竞争力，打造中国最佳投资银行”。我们将以卓越的金融服务实现客户价值增长，推动证券行业进步，立志打造产品丰富、服务一流、能力突出、品牌卓越的国际化金融机构，成为客户信赖、社会尊重、股东满意、员工自豪的优秀企业。					

二、业务动态及统计

推荐挂牌情况							
序号	股份代码	公司名称	项目小组成员		内核人员	持续督导人员	公司状态
1	430039	华高世纪	项目负责人	张景耀	沈卫华、徐浙鸿(已离职)、罗少波、李丽芳(已离职)、郑华峰(已离职)、王苏望、王　娣	郑立伟	挂牌
			注册会计师	刘胜民(已离职)			
			律师	吴喻慧			
			行业分析师	周　强(已离职)			
2	430312	伟力盛世	项目负责人	张景耀	王黎祥、秦　杰、陈　昕、陈　鋆、卢　平、刘　彤、柴伊琳	郑立伟	挂牌
			注册会计师	李　静			
			律师	黄　强			
			行业分析师	李玉萍			
3	430314	新橡科技	项目负责人	陈　佳	王黎祥、秦　杰陈　昕、陈　鋆、卢　平、刘　彤、柴伊琳	郑立伟	挂牌
			注册会计师	李　静			
			律师	黄　强			
			行业分析师	李玉萍			
目前已推荐挂牌公司家数					3		
已被终止挂牌公司家数					0		
撤回材料及申请被否公司家数					0		
推荐原代办股份转让系统的两网公司及退市公司挂牌情况							
无							

三、部门设置及主要业务人员情况

推荐业务				
部门名称		招商证券场外市场部		
分管高管		孙议政	部门负责人	刘　锐
部门人数		36人	具有证券从业资格人数	36人
具有注册会计师资格人数		11人	具有律师资格人数	8人
联络人一	姓名	李玉萍	固定电话	010－57601795
	传真	010－57601880	电子邮箱	liyuping@ cmschina. com. cn
联络人二	姓名	冯蓉	固定电话	0755－82960447
	传真	0755－82944633	电子邮箱	fengrong@ cmschina. com. cn
经纪业务				
部门名称		招商证券运行管理部		
分管高管		熊剑涛	部门负责人	尹虹艳
联络人一	姓名	吴　昊	固定电话	0755－82960904
	传真	0755－82943227	电子邮箱	wuh@ cmschina. com. cn
联络人二	姓名	张　洋	固定电话	0755－25310436
	传真	0755－82943227	电子邮箱	zhangy@ cmschina. com. cn

光大证券股份有限公司

一、公司概况及简介

公司概况	公司名称	光大证券股份有限公司				
	成立日期	1996.4.23	法定代表人	徐浩明	总经理	袁长清
	注册资本（万元）	341800	净资产*（万元）	2217248	净资本*（万元）	1311574
	注册地址	上海市静安区新闸路1508号			营业部家数	125
	办公地址	上海市静安区新闸路1508号			邮编	200040
	公司网址	www.ebscn.com	电子邮箱	ebs@ebscn.com	经营证券业务许可证编号	Z22831000
	注：*经审计的2012年度净资产和净资本					
	证监会批准的相关业务资格			证券经纪；证券投资咨询；与证券交易、证券投资活动有关的财务顾问；证券承销与保荐；证券自营；为期货公司提供中间介绍业务；证券投资基金代销；融资融券业务；代销金融产品业务；中国证监会批准的其他业务。		
	在全国股份转让系统从事的业务种类			推荐业务和经纪业务		
公司简介	光大证券股份有限公司创建于1996年，系由中国光大（集团）总公司投资控股的全国性综合类大型证券公司。公司于2009年8月18日在上海证券交易所成功挂牌上市交易（股票简称“光大证券”，股票代码“601788”）。公司是首批创新试点类券商之一，拥有齐备的证券业务牌照和资质，全资拥有光大富尊投资有限公司、光大资本投资有限公司、光大期货有限公司、上海光大证券资产管理有限公司、光大证券金融控股有限公司，控股光大保德信基金管理有限公司，参股大成基金管理有限公司。 公司成立以来，秉承“塑造公司品牌，提升客户价值，造就员工未来”的核心价值观和“诚信、专业、卓越、共享”的经营理念，积极投身于国内资本市场，各项业务迅速发展，在巩固证券承销、证券经纪、资产管理、证券投资、基金管理、财务顾问、投资咨询等传统业务优势的同时，全方位抢跑集合理财、权证、资产证券化、直接投资、融资融券、股指期货等创新业务，业务规模及主要营业指标居国内证券公司前列。公司强化内控管理，严防各类风险，以净资本为核心的各项风险监控和流动性指标继续保持业内良好水平。凭借主要业务稳中有升的市场排位和规范严谨的公司治理和内控管理，在2012年度券商分类监管评比中连续三年获评A类AA级。					

二、业务动态及统计

推荐挂牌情况							
序号	股份代码	公司名称	项目小组成员		内核人员	持续督导人员	公司状态
1	430062	北京中科国信科技股份有限公司	项目负责人	马建功	王金明、陆士敏、沙　金、王　磊、张卫进、郭国栋、程　刚、王　闯	刘　新	挂牌
			注册会计师	韩　芳			
			律师	周晓胜			
			行业分析师	符　健			
2	430176	北京中教启星科技股份有限公司	项目负责人	马建功	牟海霞、方瑞荣、王　鹏、陈雨涵、项　宁、周励谦、张　帆	刘　新	挂牌
			注册会计师	韩　芳			
			律师	周晓胜			
			行业分析师	符　健			
3	430174	北京沃捷文化传媒股份有限公司	项目负责人	马建功	牟海霞、方瑞荣、陈雨涵、吴燕杰、项　宁、周励谦、徐济东	孙振宇	挂牌
			注册会计师	韩　芳			
			律师	周晓胜			
			行业分析师	张良卫			

4	430156	上海科曼车辆部件系统股份有限公司	项目负责人	伍仁旋	牟海霞、马建功、方瑞荣、陈雨涵、吴燕杰、项　宁、周励谦	王延民	挂牌
			注册会计师	韩　芳			
			律师	周晓胜			
			行业分析师	奉　玮			
5	430293	上海奉天电子股份有限公司	项目负责人	马建功	牟海霞、方瑞荣、王　鹏、吴燕杰、张　帆、项　宁、朱青松、李　婕	王延民	挂牌
			注册会计师	王延民			
			律师	周晓胜			
			行业分析师	奉　玮			
6	430256	上海卓繁信息技术股份有限公司	项目负责人	马建功	牟海霞、方瑞荣、陈雨涵、吴燕杰、项　宁、周励谦、张　帆、李　婕	周晓胜	挂牌
			注册会计师	韩　芳			
			律师	周晓胜			
			行业分析师	浦俊懿			
7	430234	上海翼捷工业安全设备股份有限公司	项目负责人	黄永华	牟海霞、张　帆、王　鹏、周励谦、李　婕、徐济东、朱青松	方瑞荣	挂牌
			注册会计师	方瑞荣			
			律师	项　宁			
			行业分析师	蒯　剑			
8	430217	上海申石软件科技股份有限公司	项目负责人	黄永华	马建功、徐济东、张　帆、周励谦、王　鹏、吴燕杰、陈雨涵	方瑞荣	挂牌
			注册会计师	方瑞荣			
			律师	项　宁			
			行业分析师	浦俊懿			
目前已推荐挂牌公司家数					8		
已被终止挂牌公司家数					0		
撤回材料及申请被否公司家数					0		

推荐原代办股份转让系统的两网公司及退市公司挂牌情况

序号	股份代码	公司名称
1	400020	长春北方五环实业股份有限公司
2	420058	深圳本鲁克斯实业股份有限公司

三、部门设置及主要业务人员情况

推荐业务				
部门名称		场外市场部(一级部门)、创新融资部(一级部门)		
分管高管		熊国兵	部门负责人	梁勇、马建功
部门人数		37 人	具有证券从业资格人数	37 人
具有注册会计师资格人数		4 人	具有律师资格人数	7 人
联络人一	姓名	朱晓芬	固定电话	021 －22169295
	传真	021 －22169244	电子邮箱	zhuxiaofen@ebscn.com
联络人二	姓名	张帆	固定电话	021 －22169378
	传真	021 －22169344	电子邮箱	zhangfan1@ebscn.com

经纪业务				
部门名称		经纪业务总部(一级部门)		
分管高管		薛　峰	部门负责人	甘军强
联络人一	姓名	孙顺华	固定电话	021－22169273
	传真	021－22169884	电子邮箱	sunsh@ebscn.com
联络人二	姓名	王磊	固定电话	021－22167079
	传真	021－22169884	电子邮箱	wanglei@ebscn.com

华泰证券股份有限公司

一、公司概况及简介

公司概况	公司名称	华泰证券股份有限公司				
	成立日期	1991.4.9	法定代表人	吴万善	总经理	周　易
	注册资本（万元）	560,000	净资产*（万元）	3,067,221.54	净资本*（万元）	2,036,215.90
	注册地址	南京市中山东路90号			营业部家数	225
	办公地址	江苏省南京市中山东路90号华泰证券大厦			邮编	210002
	公司网址	http://www.htsc.com.cn	电子邮箱	bgs@mail.htsc.com.cn	经营证券业务许可证编号	Z23032000
	注:*经审计的2012年度净资产和净资本					
	证监会批准的相关业务资格			证券经纪业务;证券承销业务(限承销国债、非金融企业债务融资工具);证券自营;证券投资咨询;证券资产管理;为期货公司提供中间介绍业务;融资融券业务;代销金融产品业务。		
	在全国股份转让系统从事的业务种类			推荐业务、经纪业务		
公司简介	华泰证券股份有限公司前身是江苏证券公司,1991年5月26日在南京正式开业。1999年更名为华泰证券有限责任公司,2007年变更为股份有限公司。2010年2月经中国证监会批准发行上市。华泰证券是中国证监会首批批准的综合类券商,是全国最早获得创新试点资格的券商之一。在2012年证券公司分类监管评级中,公司被评为A类AA级。目前华泰证券注册资本为56亿元,净资本和净资产的规模均位居行业前列。 华泰证券旗下拥有南方基金、华泰柏瑞基金、华泰联合证券、华泰长城期货、华泰金融控股(香港)有限公司和华泰紫金投资有限责任公司,参股金浦产业投资基金管理有限公司,是江苏银行的第二大股东,已基本形成集证券、基金、期货、直接投资和海外业务等为一体的、国际化的证券控股集团架构。 华泰证券一贯秉承“高效、诚信、稳健、创新”的核心价值观,严格管理、审慎经营、规范运作,形成证券经纪业务、资产管理业务、投资银行服务、固定收益服务和直接投资服务为基本框架的完善的专业证券服务体系以及研究咨询、信息技术和风险管理等强有力的服务支持体系。华泰证券场外业务部致力于利用华泰证券全业务链的资源为非上市企业提供全方位的综合服务。主要负责根据相关监管部门的规则要求为非上市股份公司提供推荐挂牌、登记托管、做市交易、委托报价转让、信息披露等服务;并协调相关资源,为非上市股份公司提供定向增资、转板、并购重组、财务顾问业务等服务。场外业务部依托华泰证券遍布全国的200多家营业部,借助华泰证券直投、投行等相关专业子公司的专业能力,为全国中小企业提供全过程的综合专业服务。目前已组建了一支经验丰富、专业技术精湛的高素质团队,部门业务覆盖全国及相关高新技术科技园区。						

二、业务动态及统计

推荐挂牌情况						
序号	股份代码	公司名称	项目小组成员	内核人员	持续督导人员	公司状态

1	430076	北京国基科技股份有限公司	项目负责人	陈桂平	刘晓丹、龙　丽、倪晋武、王　伟、赵远军、王兴奎、钱晓宇	王　昱、何双一	挂牌
			注册会计师	吴坷			
			律师	谈敏佳			
			行业分析师	王小松			
2	430077	北京道隆华尔软件股份有限公司	项目负责人	陈桂平	马卫国、刘晓丹、黎海祥、王兴奎、倪晋武、王　伟、钱晓宇	王　昱、何双一	挂牌
			注册会计师	吴　坷			
			律师	谈敏佳			
			行业分析师	张　熙			
3	430294	武汉七环电气股份有限公司	项目负责人	虞　敏	吴晓东、倪晋武、刘惠萍、吴加荣、刘敏达、胡宏辉、张　怿	王　昱、何双一	挂牌
			注册会计师	奚东升			
			律师	叶青青			
			行业分析师	梁　凯			
4	430299	天津宝恒流体控制设备股份有限公司	项目负责人	虞　敏	吴晓东、倪晋武、刘湘宁、王兴奎、刘敏达、吴加荣、张　怿	王　昱、林少波	挂牌
			注册会计师	奚东升			
			律师	叶青青			
			行业分析师	郑丹丹			
目前已推荐挂牌公司家数					4		
已被终止挂牌公司家数					0		
撤回材料及申请被否公司家数					0		

三、部门设置及主要业务人员情况

推荐业务				
部门名称		场外业务部		
分管高管		孙含林	部门负责人	虞敏
部门人数		15	具有证券从业资格人数	15
具有注册会计师资格人数		5	具有律师资格人数	2
联络人一	姓名	王曙	固定电话	025－83290775
	传真	025－57038510	电子邮箱	wangshu0119@163.com
联络人二	姓名	张宁	固定电话	025－83290727
	传真	025－57038510	电子邮箱	zhangning@mail.htsc.com.cn
经纪业务				
部门名称		经纪业务总部		
分管高管		孙含林	部门负责人	胡　智
联络人一	姓名	姚亮	固定电话	025－83290859
	传真	025－84579879	电子邮箱	yaoliang@mail.htsc.com.cn
联络人二	姓名	臧民	固定电话	025－83290863
	传真	025－84579865	电子邮箱	zangmin@mail.htsc.com.cn

中信证券股份有限公司

一、公司概况及简介

<table>
<tr><td rowspan="10">公司概况</td><td>公司名称</td><td colspan="5">中信证券股份有限公司</td></tr>
<tr><td>成立日期</td><td>1995.10.25</td><td>法定代表人</td><td>王东明</td><td>总经理</td><td>程博明</td></tr>
<tr><td>注册资本（万元）</td><td>1,101,690.84</td><td>净资产*（万元）</td><td>7,259,288</td><td>净资本*（万元）</td><td>4,047,173</td></tr>
<tr><td>注册地址</td><td colspan="3">深圳市福田区中心三路8号卓越时代广场(二期)北座</td><td>营业部家数</td><td>59</td></tr>
<tr><td>办公地址</td><td colspan="3">北京市朝阳区亮马桥路48号中信证券大厦</td><td>邮编</td><td>100125</td></tr>
<tr><td>公司网址</td><td>www.cs.ecitic.com</td><td>电子邮箱</td><td>ir@citics.com</td><td>经营证券业务许可证编号</td><td>Z20374000</td></tr>
<tr><td colspan="6">注:*经审计的2012年度净资产和净资本</td></tr>
<tr><td colspan="3">证监会批准的相关业务资格</td><td colspan="3">证券经纪(限山东省、河南省、浙江省、福建省、江西省以外区域);证券投资咨询;与证券交易、证券投资活动有关的财务顾问;证券承销与保荐;证券自营;证券资产管理;融资融券;证券投资基金代销;为期货公司提供中间介绍业务;代销金融产品。</td></tr>
<tr><td colspan="3">在全国股份转让系统从事的业务种类</td><td colspan="3">推荐业务和经纪业务</td></tr>
<tr><td>公司简介</td><td colspan="6">中信证券股份有限公司于1995年10月25日在北京成立。2002年12月13日,经中国证监会核准,中信证券向社会公开发行4亿股普通A股股票,2003年1月6日在上海证券交易所挂牌上市交易,股票简称“中信证券”,股票代码“600030”。2011年10月6日在香港联合交易所上市交易,股票代码为“6030”。2012年6月6日,公司的注册资本正式变更为11,016,908,400.00元。
经中国证监会批准,中信证券开展的业务包括:证券经纪(限山东省、河南省、浙江省、福建省、江西省以外区域);证券投资咨询;与证券交易、证券投资活动有关的财务顾问;证券承销与保荐;证券自营;证券资产管理;融资融券;证券投资基金代销;为期货公司提供中间介绍业务;代销金融产品。
中信证券长期以来秉承“稳健经营、勇于创新”的原则,在若干业务领域保持或取得领先地位。2012年,经纪业务股票、基金交易总额为人民币3.68万亿元,市场排名第一;公司共完成股票主承销金额人民币506亿元,市场份额10.53%,排名市场第二;公司完成各类债券产品主承销金额人民币2,153.55亿元,市场份额为5.13%,排名同业第一;公司受托管理资产总规模达人民币2,508.39亿元。
2013年3月21日经全国中小企业股份转让系统有限公司核准,中信证券获得了从事全国中小企业股份转让系统推荐业务和经纪业务的资格。</td></tr>
</table>

二、业务动态及统计

<table>
<tr><td colspan="8">推荐挂牌情况</td></tr>
<tr><td>序号</td><td>股份代码</td><td>公司名称</td><td colspan="2">项目小组成员</td><td>内核人员</td><td>持续督导人员</td><td>公司状态</td></tr>
<tr><td rowspan="4">1</td><td rowspan="4">430071</td><td rowspan="4">北京首都在线科技股份有限公司</td><td>项目负责人</td><td>文富胜</td><td rowspan="4">贾文杰、祁家树、王洋(大)、孙春康、王勋非、袁胜华、张新峰</td><td rowspan="4">李鹏、马双驰、王洋(小)</td><td rowspan="4">挂牌</td></tr>
<tr><td>注册会计师</td><td>黄新炎</td></tr>
<tr><td>律师</td><td>孙琳琳</td></tr>
<tr><td>行业分析师</td><td>李　娟</td></tr>
<tr><td colspan="5">目前已推荐挂牌公司家数</td><td colspan="3">1</td></tr>
<tr><td colspan="5">已被终止挂牌公司家数</td><td colspan="3">0</td></tr>
<tr><td colspan="5">撤回材料及申请被否公司家数</td><td colspan="3">0</td></tr>
<tr><td colspan="8">推荐原代办股份转让系统的两网公司及退市公司挂牌情况</td></tr>
</table>

序号	股份代码	公司名称
1	400059	创智信息科技股份有限公司

三、部门设置及主要业务人员情况

推荐业务				
部门名称		企业金融服务部		
分管高管		孙长宇	部门负责人	孙长宇
部门人数		21	具有证券从业资格人数	21
具有注册会计师资格人数		8	具有律师资格人数	7
联络人一	姓名	孙长宇	固定电话	010－60838477
	传真	010－60833739	电子邮箱	scy@ citics. com
联络人二	姓名	李鹏	固定电话	010－60833751
	传真	010－60833739	电子邮箱	lip@ citics. com
经纪业务				
部门名称		经纪业务发展与管理委员会		
分管高管		徐　刚	部门负责人	徐　刚
联络人一	姓名	于新利	固定电话	010－60838423
	传真	010－84865560	电子邮箱	yxl@ citics. com
联络人二	姓名	刘维峰	固定电话	010－60833712
	传真	010－84865560	电子邮箱	liuwf@ citics. com

东海证券股份有限公司

一、公司概况及简介

公司概况	公司名称	东海证券股份有限公司				
	成立日期	1993. 1	法定代表人	刘化军	总经理	刘化军
	注册资本（万元）	167,000. 00	净资产＊（万元）	492100. 97	净资本＊（万元）	349757. 50
	注册地址	江苏省常州市延陵西路23号投资广场18层			营业部家数	53
	办公地址	江苏省常州市延陵西路23号投资广场18层			邮编	213003
	公司网址	www. longone. com. cn	电子邮箱	ml@ longone. com. cn	经营证券业务许可证编号	Z23432000
	注：＊经审计的2012年度净资产和净资本					
	证监会批准的相关业务资格			证券经纪；证券投资咨询；与证券交易、证券投资活动有关的财务顾问；证券承销与保荐；证券自营；证券资产管理；证券投资基金代销；为期货公司提供中间介绍业务；融资融券业务；代销金融产品业务。		
	在全国股份转让系统从事的业务种类			经纪业务、推荐业务		

<table>
<tr><td>公司简介</td><td>东海证券前身为1993年成立的常州证券。2003年5月，在行业大潮转折之际，常州证券改名为“东海证券”。目前公司注册资本为16.7亿元，48个股东分布全国各大中城市。9年来，东海证券在朱科敏董事长的带领下，经历了证券市场的变革和洗礼，一路稳健发展，营业网点从9个发展到53个，管理客户资产从无到有，截至2012年底管理规模59.88亿份，员工人数从170人发展到1800余人。
公司新设另类投资子公司——东海证券全资子公司东海证券创新产品投资有限公司，为公司未来业务模式的拓宽提供了平台和契机；公司积极开展融资融券、新三板、利率互换等创新业务；公司获得了中小企业私募债发行资格批复，拓宽了债券发行业务空间，增加公司盈利增长点。
9年来，东海证券已拥有证券经纪；证券投资咨询；与证券交易、证券投资活动有关的财务顾问；证券承销与保荐；证券自营；证券资产管理；证券投资基金代销；为期货公司提供中间介绍业务、融资融券、代销金融产品等证券公司业务经营的全部牌照、资格。</td></tr>
</table>

二、业务动态及统计

<table>
<tr><td colspan="8">推荐挂牌情况</td></tr>
<tr><td>序号</td><td>股份代码</td><td>公司名称</td><td colspan="2">项目小组成员</td><td>内核人员</td><td>持续督导人员</td><td>公司状态</td></tr>
<tr><td rowspan="4">1</td><td rowspan="4">430048</td><td rowspan="4">建设数字</td><td>项目负责人</td><td>胡延平</td><td rowspan="4">冯文敏、王　晖、丁丽琴、王育贵、张　静、季　晟、李华峰</td><td rowspan="4">郑颖怡
郑高兵</td><td rowspan="4">挂牌</td></tr>
<tr><td>注册会计师</td><td>黎滢</td></tr>
<tr><td>律师</td><td>罗光义</td></tr>
<tr><td>行业分析师</td><td>赵　科</td></tr>
<tr><td rowspan="4">2</td><td rowspan="4">430082</td><td rowspan="4">博雅英杰</td><td>项目负责人</td><td>胡延平</td><td rowspan="4">冯文敏、丁丽琴、王育贵、班　妮、李华峰、季　晟、郭　靖</td><td rowspan="4">郑颖怡
郑高兵</td><td rowspan="4">挂牌</td></tr>
<tr><td>注册会计师</td><td>郑颖怡</td></tr>
<tr><td>律师</td><td>梁锦钦</td></tr>
<tr><td>行业分析师</td><td>罗　圣</td></tr>
<tr><td rowspan="4">3</td><td rowspan="4">430313</td><td rowspan="4">国创富盛</td><td>项目负责人</td><td>张宜生</td><td rowspan="4">应晓明、王　领、刘　清、孙登成、孙兆院、李华峰、徐　缨</td><td rowspan="4">贾　超</td><td rowspan="4">挂牌</td></tr>
<tr><td>注册会计师</td><td>崔鸿发</td></tr>
<tr><td>律师</td><td>贾　超</td></tr>
<tr><td>行业分析师</td><td>肖　斌</td></tr>
<tr><td rowspan="4">4</td><td rowspan="4">430305</td><td rowspan="4">维珍创意</td><td>项目负责人</td><td>丰　驰</td><td rowspan="4">应晓明、王　领、刘　清、孙登成、孙兆院、李华峰、徐　缨</td><td rowspan="4">姜　宁</td><td rowspan="4">挂牌</td></tr>
<tr><td>注册会计师</td><td>姜　宁、周　培</td></tr>
<tr><td>律师</td><td>刘孝俊、管振志</td></tr>
<tr><td>行业分析师</td><td>肖　斌</td></tr>
<tr><td colspan="5">目前已推荐挂牌公司家数</td><td colspan="3">4</td></tr>
<tr><td colspan="5">已被终止挂牌公司家数</td><td colspan="3">无</td></tr>
<tr><td colspan="5">撤回材料及申请被否公司家数</td><td colspan="3">无</td></tr>
<tr><td colspan="8">推荐原代办股份转让系统的两网公司及退市公司挂牌情况</td></tr>
<tr><td>序号</td><td>股份代码</td><td colspan="6">公司名称</td></tr>
<tr><td>1</td><td>400056</td><td colspan="6">金荔1</td></tr>
</table>

三、部门设置及主要业务人员情况

<table>
<tr><td colspan="4">推荐业务</td></tr>
<tr><td>部门名称</td><td colspan="3">企业创新融资部</td></tr>
<tr><td>分管高管</td><td>杨茂智</td><td>部门负责人</td><td>丰　驰</td></tr>
<tr><td>部门人数</td><td>25</td><td>具有证券从业资格人数</td><td>25</td></tr>
</table>

具有注册会计师资格人数		4	具有律师资格人数	4
联络人一	姓名	冯　炜	固定电话	021－20333223
	传真	021－50585608	电子邮箱	dhzqxsb@ longone. com. cn
联络人二	姓名	刘　敏	固定电话	021－20333225
	传真	021－50585608	电子邮箱	dhzqxsb@ longone. com. cn
经纪业务				
部门名称		运营管理部		
分管高管		赵　俊	部门负责人	蒋浥凡
联络人一	姓名	曹雪冬	固定电话	021－20333877
	传真	021－58202343	电子邮箱	cxd@ longone. com. cn
联络人二	姓名	龚庆庆	固定电话	021－20333842
	传真	021－58202343	电子邮箱	gqq@ longone. com. cn

国元证券股份有限公司

一、公司概况及简介

公司概况	公司名称	国元证券股份有限公司				
	成立日期	1997.6.6	法定代表人	蔡咏	总经理	俞仕新
	注册资本（万元）	196,410	净资产＊（万元）	148,266.40	净资本＊（万元）	899,187.45
	注册地址	安徽省合肥市寿春路179号			营业部家数	76家
	办公地址	安徽省合肥市寿春路179号			邮编	230001
	公司网址	http://www. gyzq. com. cn	电子邮箱	dshbgs@ gyzq. com. cn	经营证券业务许可证编号	Z23834000
	注：＊经审计的2012年度净资产和净资本					
	证监会批准的相关业务资格			证券经纪；证券投资咨询；与证券交易、证券投资活动有关的财务顾问；证券承销与保荐；证券自营；证券资产管理；融资融券；证券投资基金代销；为期货公司提供中间介绍业务。		
	在全国股份转让系统从事的业务种类			经纪业务、推荐业务		
公司简介	国元证券股份有限公司是经中国证监会证监公司字〔2007〕165号文核准，由北京化二股份有限公司定向回购股份、重大资产出售暨以新增股份吸收合并国元证券有限责任公司，于2007年10月25日登记注册，2007年10月30日在深交所成功上市。 原国元证券有限责任公司是经中国证监会证监机构字〔2001〕194号文批准，由原安徽省国际信托投资公司和原安徽省信托投资公司作为主发起人，联合其他12家法人单位共同发起设立的综合类证券公司，于2001年10月15日登记注册，注册资本为203,000万元。 2007年3月30日，北京化二股份有限公司2007年第二次临时股东大会暨股权分置改革相关股东会议和2007年第三次临时股东大会审议通过了定向回购股份、重大资产出售、以新增股份吸收合并国元证券有限责任公司暨股权分置改革方案。该重大资产重组暨股权分置改革方案获得以下批准文件：1. 国务院国资委国资产权〔2007〕248号《关于北京化二股份有限公司国有股定向转让有关问题的批复》；2. 安徽省国资委皖国资产权函〔2007〕111号《关于北京化二股份有限公司吸收合并国元证券暨股权分置改革有关问题的批复》；3. 中国证监会证监公司字〔2007〕165号《关于核准北京化二股份有限公司定向回购股份、重大资产出售暨以新增股份吸收合并国元证券有限责任公司的通知》；4. 中国证监会证监公司字〔2007〕166号《关于核准安徽国元控股（集团）有限责任公司、安徽国元信托投资有限责任公司及安徽国元实业投资有限责任公司公告北京化二股份有限公司收购报告书并豁免其要约收购义务的批复》。 经公司第五届董事会第十五次会议审议通过，2008年度股东大会批准，并经中国证监会证监许可〔2009〕1099号文件核准，公司增发5亿股人民币普通股A股，并于2009年11月13日起上市交易。					

二、业务动态及统计

推荐挂牌情况							
1	430236	美兰创新（北京）科技股份有限公司	项目负责人	贾　梅	万士清、程凤琴、唐亚湖、张同波、周海鸥、马章松、范圣兵	姬福松 吴　杰	挂牌
			注册会计师	吴　杰			
			律师	徐祖飞			
			行业分析师	李朝松			
目前已推荐挂牌公司家数					1		
已被终止挂牌公司家数					0		
撤回材料及申请被否公司家数					0		
推荐原代办股份转让系统的两网公司及退市公司挂牌情况							
无							

三、部门设置及主要业务人员情况

推荐业务				
部门名称		投资银行总部		
分管高管		高新	部门负责人	陈肖汉
部门人数		117 人	具有证券从业资格人数	117 人
具有注册会计师资格人数		15 人	具有律师资格人数	4 人
联络人一	姓名	徐祖飞	固定电话	0551－62207882
	传真	0551－62207991	电子邮箱	xuzufei@ gyzq. com. cn
联络人二	姓名	吴杰	固定电话	0551－62207137
	传真	0551－62207991	电子邮箱	wujie@ gyzq. com. cn
经纪业务				
部门名称		营销经纪总部交易管理部		
分管高管		高　新	部门负责人	陆　蓓
联络人一	姓名	王　超	固定电话	0551－62246263
	传真	0551－62206280	电子邮箱	wangchao@ gyzq. com. cn
联络人二	姓名	谢卓华	固定电话	0551－62246282
	传真	0551－62206280	电子邮箱	xiezh@ gyzq. com. cn

东方证券股份有限公司

一、公司概况及简介

<table>
<tr><td rowspan="9">公司概况</td><td>公司名称</td><td colspan="5">东方证券股份有限公司</td></tr>
<tr><td>成立日期</td><td>1998.2.23</td><td>法定代表人</td><td>潘鑫军</td><td>总经理</td><td>金文忠</td></tr>
<tr><td>注册资本（万元）</td><td>428,174.2921</td><td>净资产*（万元）</td><td>1,499,819.67</td><td>净资本*（万元）</td><td>847,721.21</td></tr>
<tr><td>注册地址</td><td colspan="3">上海市中山南路318号2号楼22层、23层、25层-29层</td><td>营业部家数</td><td>68</td></tr>
<tr><td>办公地址</td><td colspan="3">上海市中山南路318号2号楼21层、22层、23层、25层-29层、32层、36层、39层、40层</td><td>邮编</td><td>200010</td></tr>
<tr><td>公司网址</td><td>www.dfzq.com.cn</td><td>电子邮箱</td><td>dfzq@orientsec.com.cn</td><td>经营证券业务许可证编号</td><td>Z22631000</td></tr>
<tr><td colspan="6">注：*经审计的2012年度净资产和净资本</td></tr>
<tr><td colspan="3">证监会批准的相关业务资格</td><td colspan="3">证券经纪业务；证券自营业务；证券投资咨询业务；与证券交易；证券投资活动有关的财务顾问业务；融资融券业务；证券投资基金代销业务；为期货公司提供中间介绍业务；代销金融产品业务。</td></tr>
<tr><td colspan="3">在全国股份转让系统从事的业务种类</td><td colspan="3">经纪业务</td></tr>
<tr><td>公司简介</td><td colspan="6">东方证券股份有限公司（以下简称公司）是一家经中国证券监督管理委员会批准的综合类证券公司，其前身是成立于1998年3月的东方证券有限责任公司。公司现有注册资本金为42.82亿元人民币，员工3100余人（含全资子公司）。公司资产质量优良，业务品种齐全，涵盖了证券承销、自营买卖、交易代理、投资咨询、财务顾问、企业并购、基金和资产管理等众多领域。
公司以上海为总部所在地，在上海、北京、天津、长春、沈阳、抚顺、成都、武汉、长沙、南京、苏州、杭州、广州、深圳、汕头、南宁、桂林、北海、济南、福州、合肥等22个城市设有68个分支机构，形成了依托上海、立足中心城市、辐射全国的大型证券公司的经营网络。
公司控股东证期货、东证资本、东证资产管理、东方（香港）、汇添富基金、东方花旗、东证创新七家子公司。</td></tr>
</table>

二、部门设置及主要业务人员情况

<table>
<tr><td colspan="6">经纪业务</td></tr>
<tr><td colspan="2">部门名称</td><td colspan="4">销售交易总部</td></tr>
<tr><td colspan="2">分管高管</td><td>金文忠</td><td>部门负责人</td><td colspan="2">徐海宁</td></tr>
<tr><td rowspan="2">联络人一</td><td>姓名</td><td>丛梦宇</td><td>固定电话</td><td colspan="2">021-63325888-7956</td></tr>
<tr><td>传真</td><td>021-63326283</td><td>电子邮箱</td><td colspan="2">congmengyu@orientsec.com.cn</td></tr>
<tr><td rowspan="2">联络人二</td><td>姓名</td><td>冯炜</td><td>固定电话</td><td colspan="2">021-63326170</td></tr>
<tr><td>传真</td><td>021-63326236</td><td>电子邮箱</td><td colspan="2">fengwei@orientsec.com.cn</td></tr>
</table>

三、被全国股份转让系统公司实施的监管措施及纪律处分情况

对象	处分类别	生效时间
无	无	无

平安证券有限责任公司

一、公司概况及简介

公司概况	公司名称	平安证券有限责任公司				
	成立日期	1996.7	法定代表人	杨宇翔	总经理	何善文
	注册资本（万元）	550000	净资产＊（万元）	852507(合并)	净资本＊（万元）	615403(母公司)
	注册地址	广东省深圳市福田区金田路大中华国际交易广场8楼			营业部家数	44
	办公地址	广东省深圳市福田区金田路大中华国际交易广场8楼			邮编	518048
	公司网址	www.stock.pingan.com	电子邮箱	pazq@pingan.com.cn	经营证券业务许可证编号	Z27574000
	注：＊经审计的2012年度净资产和净资本					
	证监会批准的相关业务资格			证券经纪；证券投资咨询；与证券交易、证券投资活动有关的财务顾问；证券承销与保荐；证券自营；证券资产管理；证券投资基金代销；为期货公司提供中间介绍业务；融资融券业务。		
	在全国股份转让系统从事的业务种类			经纪业务、推荐业务		
公司简介	平安证券有限责任公司是中国平安(601318.SH;2318.HK)综合金融服务集团旗下的重要成员，前身为1991年8月创立的平安保险证券业务部。2006年，经中国证券业协会评审，成为证券行业创新试点类券商，2008年成立全资子公司平安财智进行直接投资业务，2009年在香港设立子公司平安证券(香港)。 凭借中国平安集团雄厚的资金、品牌和客户优势，秉承"稳中思变，务实创新"的经营理念，公司建立了完善的合规和风险控制体系，各项业务均保持强劲的增长态势，成为全国综合性主流券商之一。 公司拥有齐全的证券业务牌照，经营范围涵盖：证券经纪；证券投资咨询；证券交易；证券投资活动有关的财务顾问；证券承销与保荐；证券自营；证券资产管理；融资融券；证券投资基金代销；为期货公司提供中间介绍业务。 保险、银行、投资是中国平安集团的三大支柱产业，平安证券是投资支柱产业的重要部分。公司客户除享受专业完善的证券服务外，还可以享有中国平安"VIP俱乐部"的尊贵礼遇，并通过平安集团网站PINGAN.COM等多种渠道获得保险、银行、信托、期货、资产管理、企业年金等综合金融产品的资讯及服务，真正体验一站式金融理财的便捷。 未来，平安证券将继续依托集团综合金融优势，秉承差异化、独特的增值服务理念，以满足多元金融需求为宗旨，致力成为国内最专业的证券服务商。					

二、业务动态及统计

推荐挂牌情况	
目前已推荐挂牌公司家数	0
已被终止挂牌公司家数	0
撤回材料及申请被否公司家数	0

推荐原代办股份转让系统的两网公司及退市公司挂牌情况		
序号	股份代码	公司名称
1	430014	北京恒业世纪科技股份有限公司

三、部门设置及主要业务人员情况

推荐业务			
部门名称	场外市场部(一级部门)		
分管高管	周　强	部门负责人	谢　运
部门人数	12	具有证券从业资格人数	10

具有注册会计师资格人数		4	具有律师资格人数	2
联络人一	姓名	杨家聪	固定电话	0755－22621321
	传真	0755－82434614	电子邮箱	yangjiacong001@ pingan. com. cn
联络人二	姓名	冯云龙	固定电话	010－59734911
	传真	010－59734978	电子邮箱	Fengyunlong021@ pingan. com. cn

序号	姓　名	专业资格
1	谢　运	可担任项目负责人
2	杨家聪	注册会计师
3	冯云龙	律师、可担任项目负责人
4	张志敏	注册会计师
5	常文强	注册会计师、律师
6	严福洋	注册会计师

经纪业务				
部门名称		经纪业务事业部(一级部门)		
分管高管		詹露阳	部门负责人	杨航昇
联络人一	姓名	李晓莉	固定电话	0755－22622147
	传真	0755－82400862	电子邮箱	lixl@ pingan. com
联络人二	姓名	向雪	固定电话	0755－22623471
	传真	0755－82400862	电子邮箱	xiangxue001@ pingan. com

中银国际证券有限责任公司

一、公司概况及简介

公司概况	公司名称	中银国际证券有限责任公司				
	成立日期	2002. 2. 28	法定代表人	许刚	总经理	钱　卫
	注册资本（万元）	150000	净资产＊（万元）	455003	净资本＊（万元）	478407
	注册地址	上海市浦东银城中路200号中银大厦39层			营业部家数	33
	办公地址	上海市浦东银城中路200号中银大厦39层			邮编	200120
	公司网址	www. bocichina. com	电子邮箱	webmaster@ bocichina. com	经营证券业务许可证编号	Z11031000
	注：＊经审计的2011年度净资产和净资本					
	证监会批准的相关业务资格			证券经纪；证券投资咨询；与证券交易、证券投资活动有关的财务顾问；证券承销与保荐；证券自营；证券资产管理；融资融券；证券投资基金代销。		
	在全国股份转让系统从事的业务种类			推荐业务、经纪业务		

公司简介	中银国际证券有限责任公司(以下简称"中银国际证券")经中国证监会批准于2002年2月28日在上海成立,注册资本15亿元人民币。中银国际证券由中银国际控股有限公司、中国石油天然气集团公司、北京联想科技投资有限公司、云南省投资控股集团有限公司、中国通中银国际证券的经营范围包括:证券经纪、证券投资咨询、与证券交易、证券投资活动有关的财务顾问、证券承销与保荐、证券自营、证券资产管理、证券投资基金代销、融资融券。中银国际证券还通过全资子公司中银国际期货有限责任公司和中银国际投资有限责任公司分别从事期货业务和直接投资业务。中银国际证券注册地在上海,并在北京、深圳、广州、成都、哈尔滨等28个主要城市设有1家分公司和33家证券营业部。自成立以来,中银国际证券积极发挥"深厚中行背景、跨境金融服务"业务优势,依托中国银行全方位的金融服务平台、借鉴中银国际控股丰富的境外资本市场运作经验,努力为客户提供高品质、专业化、个性化的投资银行和证券服务,迅速成长为具备较强市场竞争力的投资银行。公司在投资银行和固定收益业务领域保持了行业优势地位,经纪业务部均收入排名行业前列。

二、业务动态及统计

推荐挂牌情况							
序号	股份代码	公司名称	项目小组成员		内核人员	持续督导人员	公司状态
1	430272	世富环保	项目负责人	赵丽娜	徐 晨、俞 露、田 劲、莫 斌、和岩彬、陈 为、杨青松、郑 睿、杨志伟	周建新	挂牌
			注册会计师	彭 博			
			律师	杨 娇			
			行业分析师	狄 旻			
目前已推荐挂牌公司家数					1		
已被终止挂牌公司家数					0		
撤回材料及申请被否公司家数					0		
推荐原代办股份转让系统的两网公司及退市公司挂牌情况							
无							

三、部门设置及主要业务人员情况

推荐业务					
部门名称		企业融资部(一级)			
分管高管		金武	部门负责人	徐 晨	
部门人数		13	具有证券从业资格人数	12	
具有注册会计师资格人数		1	具有律师资格人数	2	
联络人一	姓名	杨 娇	固定电话	021-20328670	
	传真	021-50372721	电子邮箱	jiao. yang@ bocichina. com	
联络人二	姓名	赵丽娜	固定电话	010-66229230	
	传真	010-66578963	电子邮箱	lina. zhao@ bocichina. com	
序号	姓 名		专业资格		
1	赵丽娜		可担任项目负责人、律师		
2	彭 博		注册会计师		
3	杨 娇		律师		
经纪业务					
部门名称		零售经纪部(一级)			
分管高管		熊文龙	部门负责人	蒋力成、周 倜	

联络人一	姓名	金　坚	固定电话	021－20328302
	传真	021－50372474	电子邮箱	Jian. jin@ bocichina. com
联络人二	姓名	陆咏梅	固定电话	021－20328312
	传真	021－50372474	电子邮箱	yongmei. lu@ bocichina. com

上海证券有限责任公司

一、公司概况及简介

公司概况	公司名称	上海证券有限责任公司				
	成立日期	2001.5.8	法定代表人	龚德雄	总经理	龚德雄
	注册资本（万元）	261000.00	净资产*（万元）	418522.60	净资本*（万元）	307260.92
	注册地址	中国上海市西藏中路336号			营业部家数	56家
	办公地址	中国上海市西藏中路336号			邮编	200001
	公司网址	www. shzq. com	电子邮箱	Shzq@ shzq. com	经营证券业务许可证编号	Z22931000
	注：*经审计的2012年度净资产和净资本（母公司）					
	证监会批准的相关业务资格			1. 证券经纪； 2. 证券投资咨询； 3. 与证券交易、证券投资活动有关的财务顾问； 4. 证券（不含股票、上市公司发行的公司债券）承销； 5. 证券自营； 6. 证券资产管理； 7. 证券投资基金代销； 8. 为期货公司提供中间介绍业务； 9. 融资融券业务； 10. 代销金融产品业务； 11. 中国证监会批准的其他业务。 注：海际大和证券有限责任公司为上海证券有限责任公司下属从事证券承销与保荐业务的专业子公司。		
	在全国股份转让系统从事的业务种类			经纪业务、推荐业务		
公司简介	上海证券有限责任公司（以下简称“公司”）成立于2001年5月，注册资本金26.1亿元人民币，股东单位为上海国际集团有限公司和上海国际信托有限公司。公司是首批全国创新类证券公司之一，也是上海国际集团核心成员企业之一。 公司现拥有各类专业人员1000余人，营业网点56家，已形成以上海为中心，北京、深圳、重庆、温州、南京、杭州等发达城市为主体的经营网络。公司资产质量优良，业务资格齐备。公司下属现有海际大和证券有限责任公司和海证期货有限公司两家子公司。公司于2007年正式受让中富证券有限责任公司证券类资产，实现了公司业务在地域和规模上的快速扩张，进一步推动了公司的战略发展。 公司成立以来，秉承“诚信、专业”的核心价值观，以诚信经营为根本，以专业服务为中心；规范运作、稳健务实、开拓进取、和谐创新；立足上海，服务全国，在市场上树立了良好的企业形象。公司将致力于打造自身经营品牌，走现代金融企业的可持续发展道路，不断做强做大，努力成为国内一流的券商。					

二、业务动态及统计

推荐挂牌情况						
序号	股份代码	公司名称	项目小组成员	内核人员	持续督导人员	公司状态

1	430027	北京北科光大信息技术股份有限公司	项目负责人	王国春	张伏波、吴君年、郭　超、宋忠伟、周　侃、汤晓风、吴小亮(代表吕红兵)、戴晓波、张　健	张安妮	挂牌
			注册会计师	王国春			
			律师	王永杰			
			行业分析师	邓永康			
2	430029	北京金泰得生物科技股份有限公司	项目负责人	王国春	郭　超、吴君年、宋忠伟、周　侃、汤晓风、薛　峰、邓琳(代表吕红兵)、戴晓波、张　健	朱一秋	挂牌
			注册会计师	王国春			
			律师	王永杰			
			行业分析师	郭昌盛			
3	430030	北京安控科技股份有限公司	项目负责人	王国春	郭　超、吴君年、周　侃、汤晓风、吕红兵、戴晓波、张　健	张安妮	挂牌
			注册会计师	王国春			
			律师	王永杰			
			行业分析师	李　波			
4	430033	北京彩讯科技股份有限公司	项目负责人	王国春	张伏波、郭　超、吴君年、汤晓风、薛　峰、戴晓波、张　健	朱一秋	挂牌
			注册会计师	李　罡			
			律师	王永杰			
			行业分析师	邓永康			
5	430064	北京金山顶尖科技股份有限公司	项目负责人	李　罡	张伏波、郭　超、宋忠伟、汤晓风、戴晓波、张　健、吴小亮(代表吕红兵)	朱一秋	挂牌
			注册会计师	李　罡			
			律师	王永杰			
			行业分析师	陈启书			
6	430094	北京确安科技股份有限公司	项目负责人	王世宏	郭　超、汤晓风、畅会珏、刘昌进、戴晓波、刘　云、孙艳(代表吕红兵)	朱一秋	挂牌
			注册会计师	陈丽娅			
			律师	叶　玮			
			行业分析师	邓永康			
7	430139	上海华岭集成电路技术股份有限公司	项目负责人	王国春	郭　超、汤晓风、刘昌进、薛　峰、戴晓波、刘　云、吕红兵	朱一秋	挂牌
			注册会计师	蔡光胜			
			律师	刘　磊			
			行业分析师	邓永康			
8	430168	北京博维仕科技股份有限公司	项目负责人	王世宏	郭　超、汤晓风、畅会珏、薛　峰、戴晓波、张　健、吕红兵	朱一秋	挂牌
			注册会计师	马奕彤、王颖			
			律师	陆炜玮、刘磊			
			行业分析师	陈启书			
9	430214	上海建中医疗器械包装股份有限公司	项目负责人	王国春	郭　超、汤晓风、畅会珏、刘昌进、戴晓波、张　健、吕红兵	张安妮	挂牌
			注册会计师	马奕彤			
			律师	陆炜玮			
			行业分析师	赵　冰			
目前已推荐挂牌公司家数					9		

已被终止挂牌公司家数	0
撤回材料及申请被否公司家数	0

三、部门设置及主要业务人员情况

<table>
<tr><td colspan="5">推荐业务</td></tr>
<tr><td colspan="2">部门名称</td><td colspan="3">并购业务总部</td></tr>
<tr><td colspan="2">分管高管</td><td>郭　超</td><td>部门负责人</td><td>汤晓风</td></tr>
<tr><td colspan="2">部门人数</td><td>30</td><td>具有证券从业资格人数</td><td>30</td></tr>
<tr><td colspan="2">具有注册会计师资格人数</td><td>10</td><td>具有律师资格人数</td><td>6</td></tr>
<tr><td rowspan="2">联络人一</td><td>姓名</td><td>王国春</td><td>固定电话</td><td>(21)53519888＊8002</td></tr>
<tr><td>传真</td><td>(21)63609593</td><td>电子邮箱</td><td>wangguochun@ shzq. com</td></tr>
<tr><td rowspan="2">联络人二</td><td>姓名</td><td>王世宏</td><td>固定电话</td><td>(10)68254026</td></tr>
<tr><td>传真</td><td>(10)68254026</td><td>电子邮箱</td><td>Wangshihong777@ sina. com</td></tr>
<tr><td>序号</td><td colspan="2">姓　名</td><td colspan="2">专业资格</td></tr>
<tr><td>1</td><td colspan="2">王国春</td><td colspan="2">注册会计师，可担任项目负责人</td></tr>
<tr><td>2</td><td colspan="2">马奕彤</td><td colspan="2">注册会计师，可担任项目负责人</td></tr>
<tr><td>3</td><td colspan="2">蔡光胜</td><td colspan="2">注册会计师</td></tr>
<tr><td>4</td><td colspan="2">张红山</td><td colspan="2">注册会计师</td></tr>
<tr><td>5</td><td colspan="2">王　颖</td><td colspan="2">注册会计师</td></tr>
<tr><td>6</td><td colspan="2">陈　博</td><td colspan="2">注册会计师</td></tr>
<tr><td>7</td><td colspan="2">张安妮</td><td colspan="2">注册会计师</td></tr>
<tr><td>8</td><td colspan="2">赵　燕</td><td colspan="2">注册会计师</td></tr>
<tr><td>9</td><td colspan="2">徐婉琼</td><td colspan="2">注册会计师</td></tr>
<tr><td>10</td><td colspan="2">赵志航</td><td colspan="2">注册会计师</td></tr>
<tr><td>11</td><td colspan="2">刘　磊</td><td colspan="2">律师，可担任项目负责人</td></tr>
<tr><td>12</td><td colspan="2">朱一秋</td><td colspan="2">律师</td></tr>
<tr><td>13</td><td colspan="2">黄隆华</td><td colspan="2">律师</td></tr>
<tr><td>14</td><td colspan="2">吴瞳琦</td><td colspan="2">律师</td></tr>
<tr><td>15</td><td colspan="2">鲁　楠</td><td colspan="2">律师</td></tr>
<tr><td>16</td><td colspan="2">王雪松</td><td colspan="2">律师</td></tr>
<tr><td>17</td><td colspan="2">王世宏</td><td colspan="2">可担任项目负责人</td></tr>
<tr><td colspan="5">经纪业务</td></tr>
<tr><td colspan="2">部门名称</td><td colspan="3">经纪管理总部</td></tr>
<tr><td colspan="2">分管高管</td><td>黄　华</td><td>部门负责人</td><td>陈华良</td></tr>
<tr><td rowspan="2">联络人一</td><td>姓名</td><td>汪泙</td><td>固定电话</td><td>(21)53519888＊6088</td></tr>
<tr><td>传真</td><td>(21)33303378</td><td>电子邮箱</td><td>wangping@ shzq. com</td></tr>
<tr><td rowspan="2">联络人二</td><td>姓名</td><td>倪慧青</td><td>固定电话</td><td>(21)53519888＊6017</td></tr>
<tr><td>传真</td><td>(21)33303378</td><td>电子邮箱</td><td>nihuiqing@ shzq. com</td></tr>
</table>

西部证券股份有限公司

一、公司概况及简介

<table>
<tr><td rowspan="9">公司概况</td><td>公司名称</td><td colspan="5">西部证券股份有限公司</td></tr>
<tr><td>成立日期</td><td>2001.1.9</td><td>法定代表人</td><td>刘建武</td><td>总经理</td><td>祝　健</td></tr>
<tr><td>注册资本（万元）</td><td>120,000</td><td>净资产*（万元）</td><td>317,553</td><td>净资本*（万元）</td><td>267,320</td></tr>
<tr><td>注册地址</td><td colspan="3">西安市新城区东新街232号信托大厦</td><td>营业部家数</td><td>62</td></tr>
<tr><td>办公地址</td><td colspan="3">西安市新城区东新街232号信托大厦</td><td>邮编</td><td>710004</td></tr>
<tr><td>公司网址</td><td>www.westsecu.com</td><td>电子邮箱</td><td>wangbh@xbmail.com.cn</td><td>经营证券业务许可证编号</td><td>Z28461000</td></tr>
<tr><td colspan="6">注：*经审计的2011年度净资产和净资本</td></tr>
<tr><td colspan="3">证监会批准的相关业务资格</td><td colspan="3">证券经纪业务；证券承销与保荐业务；证券自营业务；证券投资咨询业务；与证券交易、证券投资活动有关的财务顾问业务；证券资产管理业务；融资融券业务；开放式证券投资基金代销业务；为期货公司提供中间介绍业务。</td></tr>
<tr><td colspan="3">在全国股份转让系统从事的业务种类</td><td colspan="3">推荐业务、经纪业务</td></tr>
<tr><td>公司简介</td><td colspan="6">部证券股份有限公司是经中国证券监督管理委员会批准设立，于2001年元月正式注册开业的证券经营机构。公司在陕西、北京、上海、深圳、山东、江苏、河南、河北、广西、甘肃、宁夏共设有60家证券营业部，在上海设有从事自营业务、客户资产管理业务的第一、二分公司和研究发展中心。西部期货有限公司作为公司控股子公司与公司主营业务协同运作，独立经营。公司与美国纽约梅隆（BNYMellon）合资设立的纽银梅隆西部基金管理有限公司将在公募和私募基金管理业务领域为客户提供一流服务。
在2001至2005年市场持续低迷的环境中，公司取得了连续5年盈利的经营业绩。在此期间，公司的投资业务形成了与价值投资、长线投资理念相匹配的管理体制、运营模式和操作手法。公司曾作为全国第一批规范类证券公司和第二批创新类证券公司。2006年以来，公司在扩大经纪业务规模、提升投资业务管理能力的同时，加大对投资银行业务的培植力度，在经营效率方面保持了良好的业绩，开始形成各项业务适应市场竞争环境要求的良性运行格局，使公司始终沿着最具盈利价值和最具增值潜力券商的轨道前行。2007年公司全面导入ISO9000质量管理体系。2012年5月公司在深圳证券交易所正式挂牌上市，成为我国第19家上市证券公司。</td></tr>
</table>

二、业务动态及统计

<table>
<tr><td colspan="8">推荐挂牌情况</td></tr>
<tr><td>序号</td><td>股份代码</td><td>公司名称</td><td colspan="2">项目小组成员</td><td>内核人员</td><td>持续督导人员</td><td>公司状态</td></tr>
<tr><td rowspan="4">1</td><td rowspan="4">430038</td><td rowspan="4">北京信维科技股份有限公司</td><td>项目负责人</td><td>程晓明</td><td rowspan="4">张　武、程贤权、康明超、曲　莉、王艳玲、张　敏、张　杰</td><td rowspan="4">郭晓君（法律）
韩建敏（财务）</td><td rowspan="4">挂牌</td></tr>
<tr><td>注册会计师</td><td>朱　青</td></tr>
<tr><td>律师</td><td>赵　波</td></tr>
<tr><td>行业分析师</td><td>王晨光、陈　翔</td></tr>
<tr><td rowspan="4">2</td><td rowspan="4">430040</td><td rowspan="4">北京康斯特仪表科技股份有限公司</td><td>项目负责人</td><td>程晓明</td><td rowspan="4">张　武、曲　莉、王晨光、康明超、王艳玲、程贤权、邱忠昌</td><td rowspan="4">郭丽春（法律）
韩建敏（财务）</td><td rowspan="4">挂牌</td></tr>
<tr><td>注册会计师</td><td>朱　青</td></tr>
<tr><td>律师</td><td>方　维</td></tr>
<tr><td>行业分析师</td><td>刘　东</td></tr>
</table>

3	430042	北京市科瑞讯科技发展股份有限公司	项目负责人	程晓明	张 武、荆学亮、康明超、曲 莉、马瑞东、王晨光、朱 青	郭晓君(法律)韩建敏(财务)	挂牌
			注册会计师	王艳玲			
			律师	赵 波			
			行业分析师	何 翔			
4	430046	北京圣博润高新技术股份有限公司	项目负责人	程晓明	张 武、曲 莉、王晨光、康明超、王艳玲、程贤权、张炜玲	何 宇(法律)宁 丁(财务)	挂牌
			注册会计师	朱 青			
			律师	方 维			
			行业分析师	刘 东			
5	430052	北京斯福泰克科技股份有限公司	项目负责人	程晓明	张 武、程贤权、康明超、曲 莉、王艳玲、朱 青、张炜玲	杨 明(法律)宁 丁(财务)	挂牌
			注册会计师	李 鹏			
			律师	赵 波			
			行业分析师	王晨光、何 翔			
6	430053	北京国学时代文化传播股份有限公司	项目负责人	程晓明	张 武、程贤权、康明超、曲 莉、张 敏、王晨光、张炜玲	杨 明(法律)宁 丁(财务)	挂牌
			注册会计师	朱 青			
			律师	方 维			
			行业分析师	陈 翔			
7	430061	北京富机达能电气产品股份有限公司	项目负责人	程晓明	张 武、朱 青、康明超、曲 莉、张 敏、王晨光、张炜玲	郭丽春(法律)宁 丁(财务)	挂牌
			注册会计师	李 鹏			
			律师	方 维			
			行业分析师	何 翔			
8	430067	北京维信通科技股份有限公司	项目负责人	何 翔	张 武、王晨光、荆学亮、康明超、曲 莉、朱 青、张炜玲	郭丽春(法律)宁 丁(财务)	挂牌
			注册会计师	王艳玲			
			律师	李白才			
			行业分析师	何 翔			
9	430084	北京星和众工设备技术股份有限公司	项目负责人	王晨光	张 武、司 维、张炜玲、曲 莉、张永军、荆学亮、康明超	何 宇(法律)宁 丁(财务)	挂牌
			注册会计师	朱 青			
			律师	徐毓秀			
			行业分析师	李桂林			
10	430093	北京掌上通网络技术股份有限公司	项目负责人	王晨光	程晓明、曲 莉、朱 青、张炜玲、徐毓秀、范小华、李晓静	郭晓君(法律)宁 丁(财务)	挂牌
			注册会计师	宁 丁			
			律师	何 宇			
			行业分析师	李晓玲			
11	430143	湖北武大有机硅新材料股份有限公司	项目负责人	王晨光	程晓明、宁 丁、戴淑芬、徐毓秀、李晓静、夏德宏、于广华	何 宇(法律)虞 雁(财务)	挂牌
			注册会计师	虞 雁			
			律师	望志刚			
			行业分析师	葛 爽			

12	430219	北京拓川科研设备股份有限公司	项目负责人	王晨光	程晓明、张永军、康明超、徐毓秀、戴淑芬、夏德宏、李晓静	何 宇(法律) 宁 丁(财务)	挂牌
			注册会计师	宁 丁			
			律师	何 宇			
			行业分析师	刘 斌			
目前已推荐挂牌公司家数					12		
已被终止挂牌公司家数					0		
撤回材料及申请被否公司家数					0		

推荐原代办股份转让系统的两网公司及退市公司挂牌情况		
序号	股份代码	公司名称
	无	无

三、部门设置及主要业务人员情况

推荐业务				
部门名称		北京第一分公司(筹)(一级部门)		
分管高管		程晓明	部门负责人	任青惠
部门人数		46	具有证券从业资格人数	36
具有注册会计师资格人数		5	具有律师资格人数	9
联络人一	姓名	程晓明	固定电话	010－68949276
	传真	010－68946615	电子邮箱	chengxiaoming@xbmail.com.cn
联络人二	姓名	王晨光	固定电话	010－68949276
	传真	010－68946615	电子邮箱	wangchenguang@xbmail.com.cn

序号	姓 名	专业资格
1	程晓明	可担任项目负责人
2	王晨光	可担任项目负责人
3	张永军	注册会计师
4	宁 丁	可担任项目负责人、注册会计师
5	虞 雁	注册会计师
6	韩建敏	注册会计师
7	穆维宝	注册会计师
8	望志刚	律师
9	郭晓军	律师
10	何 宇	可担任项目负责人、律师
11	郭丽春	律师
12	杨 明	律师
13	张方方	律师
14	徐 燕	律师
15	杨 辉	律师
16	叶 锦	律师

经纪业务				
部门名称		运营管理总部(一级部门)		
分管高管		陶　娟	部门负责人	李雅玲
联络人一	姓名	邵军辉	固定电话	029－87406126
	传真	029－87406387	电子邮箱	shaojh@ xbmail. com. cn
联络人二	姓名	李冰	固定电话	029－87406311
	传真	029－87406387	电子邮箱	libing@ xbmail. com. cn

中国中投证券有限责任公司

一、公司概况及简介

公司概况	公司名称	中国中投证券有限责任公司				
	成立日期	2005.9.28	法定代表人	龙增来	总经理	胡长生
	注册资本(万元)	500,000	净资产＊(万元)	777,749.98	净资本＊(万元)	618,732.31
	注册地址	深圳市福田区益田路与福中路交界处荣超商务中心A栋第18—21层及第04层01、02、03、05、11、12、13、15、16、18、19、20、21、22、23单元			营业部家数	110
	办公地址	深圳市福田区益田路与福中路交界处荣超商务中心A栋第18—21层及第04层01、02、03、05、11、12、13、15、16、18、19、20、21、22、23单元			邮编	518026
	公司网址	www. china－invs. cn	电子邮箱	cjis@ china－invs. cn	经营证券业务许可证编号	Z16874000
	注:＊经审计的2011年度净资产和净资本					
	证监会批准的相关业务资格			证券经纪;证券自营;证券承销与保荐;证券资产管理;证券投资咨询;与证券交易、证券投资活动有关的财务顾问;证券投资基金代销;为期货公司提供中间介绍业务;融资融券。		
	在全国股份转让系统从事的业务种类			推荐业务、经纪业务		
公司简介	中国中投证券有限责任公司(简称“中投证券”)于2005年9月28日在深圳注册成立,是一家全国性综合类的证券公司,由中央汇金投资有限责任公司全资控股,注册资本金50亿人民币。目前设有北京分公司、上海分公司,在全国拥有110家营业网点,控股天琪期货公司、瑞石投资公司、中投证券(香港)金融控股有限公司。 公司成立以来,经纪业务市场份额稳步上升,2009年托管资产总规模一举突破万亿元,到同业第四名。企业融资业务已累计完成债权主承销金额698.61亿元,完成股权主承销金额376.56亿元,被深圳交易所评为2009年度最佳保荐机构。资产管理业务已成功发行四只理财产品,净值排名稳居行业前茅。证券投资业务在证券业协会统计的2008年证券公司自营业务实现收益率排名中位于第二名。创新业务、结构融资业务、金融衍生品业务、期货IB业务等创新业务均取得可喜成绩。新一代集中交易系统、多银行存管系统、“一柜通”前台营业管理系统等多个金融创新项目获得行业协会和政府颁发的多重奖项。 秉承“以专业精神和卓越服务,提升客户价值”的理念,以“服务、人本、创新”为核心价值观,规范运作、稳健经营,公司致力于成为最具竞争力最具价值创造力的一流现代投资银行。					

二、业务动态及统计

推荐挂牌情况

序号	股份代码	公司名称	项目小组成员		内核人员	持续督导人员	公司状态
1	430024	北京金和软件股份有限公司	项目负责人	周　宁	陈　平、董　艺、张业丰、陈宇涛、张　镭、童登书、朱振武	乔军文 叶夏斌 朱亦斌	挂牌
			注册会计师	万久清			
			律师	王吉庆			
			行业分析师	罗延军			
目前已推荐挂牌公司家数					1		
已被终止挂牌公司家数					0		
撤回材料及申请被否公司家数					0		
推荐原代办股份转让系统的两网公司及退市公司挂牌情况							
无							

三、部门设置及主要业务人员情况

推荐业务				
部门名称		场外市场部(二级部门)		
分管高管		胡长生	部门负责人	朱亦斌
部门人数		5	具有证券从业资格人数	5
具有注册会计师资格人数		1	具有律师资格人数	1
联络人一	姓名	朱亦斌	固定电话	0755 - 82025931
	传真	0755 - 82026568	电子邮箱	zhuyibin@ china - invs. cn
联络人二	姓名	于　玫	固定电话	010 - 63222977
	传真	010 - 63222809	电子邮箱	Yumei@ china - invs. cn
序号	姓名		专业资格	
1	孙珊珊		可担任项目负责人	
2	乔军文		可担任项目负责人,注册会计师	
3	陈守莲		律师	
经纪业务				
部门名称		交易运行总部(一级部门)		
分管高管		胡长生	部门负责人	梁　爽
联络人一	姓名	叶夏斌	固定电话	0755 - 82026975
	传真	0755 - 82026889	电子邮箱	yexiabin@ china - invs. cn
联络人二	姓名	陈秀芳	固定电话	0755 - 82026753
	传真	0755 - 82026889	电子邮箱	chenxiufang@ china - invs. cn

宏源证券股份有限公司

一、公司概况及简介

公司概况	公司名称	宏源证券股份有限公司				
	成立日期	1993.5.25	法定代表人	冯　戎	总经理	胡　强
	注册资本（万元）	397,240.8332	净资产*（万元）	1,444,221.59	净资本*（亿元）	101.90
	注册地址	新疆维吾尔自治区乌鲁木齐市文艺路233号宏源大厦			营业部家数	89
	办公地址	北京市西城区太平桥大街19号			邮编	100033
	公司网址	www.hysec.com	电子邮箱	4008000562@hysec.com	经营证券业务许可证编号	Z10265000
	注：*经审计的2013年6月30日净资产和净资本					
	证监会批准的相关业务资格			证券经纪；证券投资咨询；与证券交易、证券投资活动有关的财务顾问；证券承销与保荐；证券自营；证券资产管理；融资融券；证券投资基金代销；为期货公司提供中间介绍业务。		
	全国股份转让系统从事的业务种类			推荐业务和经纪业务		
公司简介	宏源证券股份有限公司（证券代码:000562）是中国第一家上市证券公司，是经中国证监会批准的全国性、综合类、创新类券商，全国首批保荐机构之一。 公司拥有全面的证券类业务资格，主要经营范围包括：证券经纪，证券投资咨询，与证券交易、证券投资活动有关的财务顾问，证券承销与保荐，证券自营，证券资产管理，证券投资基金代销，为期货公司提供中间介绍业务，融资融券业务等。 公司在全国拥有89家证券营业部，下辖北京承销保荐分公司、北京资产管理分公司两家分公司，全资拥有宏源期货有限公司、宏源汇富创业投资有限公司和宏源汇智投资有限公司三家子公司。 公司始终履行"为客户创造价值、为员工提升价值、为股东实现价值、为社会奉献价值"的使命，坚持"客户至上、人才为本、诚信协作、进取卓越"的核心价值观，践行"专业、高效、创新、发展"的经营管理理念，努力成为持续创造价值的一流金融服务公司。					

二、业务动态及统计

推荐挂牌情况

序号	股份代码	公司名称	项目小组成员		内核人员	持续督导人员	公司状态
1	430054	北京超毅世纪网络技术股份有限公司	项目负责人	王　伟	胡　强、阳　利、温　泉、占小平、程文卫、申克非、吴　晶	于　刚 孙　玮	挂牌
			注册会计师	任善国			
			律师	朱俊峰			
			行业分析师	范晓宁			
2	072430	北京亿创网安科技股份有限公司	项目负责人	祁俊伟	温　泉、申克非、吴　晶、韩志谦、安　锐、占小平、程文卫	于　刚 孙　玮	挂牌
			注册会计师	任善国			
			律师	朱俊峰			
			行业分析师	范晓宁			
3	430120	北京金润方舟科技股份有限公司	项目负责人	尹百宽	徐　亮、申克非、陈海军、胡建军、朱俊峰、郭宣忠、谷　兵	于　刚 孙　玮	挂牌
			注册会计师	宁　申			
			律师	康铁牛			
			行业分析师	霍玉瑛			

4	430260	布雷尔利（北京）金属家居用品股份有限公司	项目负责人	尹百宽	王凤华、申克非、徐　亮、李　艳、朱俊峰、谷　兵、陈　辉	于　刚 孙　玮	挂牌
			注册会计师	赵晓华			
			律师	石嘉琛			
			行业分析师	盛家华			
5	430263	北京蓝天瑞德环保技术股份有限公司	项目负责人	尹百宽	徐　亮、申克非、王凤华、朱俊峰、谷　兵、陈　辉、李　艳	于　刚 孙　玮	挂牌
			注册会计师	霍玉瑛			
			律师	石嘉琛			
			行业分析师	史春阳			
目前已推荐挂牌公司家数					5		
已被终止挂牌公司家数					0		
撤回材料及申请被否公司家数					0		
推荐原代办股份转让系统的两网公司及退市公司挂牌情况							
无							

三、部门设置及主要业务人员情况

推荐业务				
部门名称		宏源证券中小企业金融服务部（二级部门）		
分管高管		赵玉华	部门负责人	尹百宽
部门人数		22	具有证券从业资格人数	22
具有注册会计师资格人数		7	具有律师资格人数	6
联络人一	姓名	尹百宽	固定电话	010－88013856
	传真	010－88085256	电子邮箱	yinbaikuan@ hysec. com
联络人二	姓名	盛家华	固定电话	010－88085912
	传真	010－88085256	电子邮箱	shengjiahua@ hysec. com
序号	姓　名		专业资格	
1	尹百宽		可担任项目负责人	
2	盛家华		可担任项目负责人	
3	张丰超		可担任项目负责人、注册会计师	
4	霍玉瑛		可担任项目负责人、注册会计师	
5	赵晓华		可担任项目负责人、注册会计师	
6	王玉辉		可担任项目负责人、注册会计师	
7	李　玲		可担任项目负责人、律师	
8	南　欣		可担任项目负责人、律师	
9	石嘉琛		律师	
10	孙　玮		律师	
11	林艺伟		律师	
12	唐　翔		可担任项目负责人、注册会计师	
13	李　晖		可担任项目负责人、律师	

经纪业务				
部门名称		宏源证券经纪业务总部(一级部门)		
分管高管		陈　亮	部门负责人	李　季
联络人一	姓名	李季	固定电话	010 - 88085115
	传真	010 - 88085159	电子邮箱	liji@ hysec. com
联络人二	姓名	刘一	固定电话	010 - 88085114
	传真	010 - 88085159	电子邮箱	liuyi@ hysec. com

南京证券股份有限公司

一、公司概况及简介

公司概况	公司名称	南京证券股份有限公司				
	成立日期	1990. 11. 23	法定代表人	步国旬	总经理	步国旬
	注册资本(亿元)	19	净资产＊(亿元)	39	净资本＊(亿元)	30
	注册地址	南京市玄武区大钟亭 8 号			营业部家数	75
	办公地址	南京市玄武区大钟亭 8 号			邮编	210008
	公司网址	http://www. njzq. com. cn	电子邮箱	office@ njzq. com. cn	经营证券业务许可证编号	Z23132000
	注:＊经审计的 2012 年度净资产和净资本					
	证监会批准的相关业务资格			证券经纪;证券投资咨询;与证券交易、证券投资活动有关的财务顾问;证券承销与保荐;证券自营;融资融券;证券资产管理;证券投资基金代销;代销金融产品;为期货公司提供中间介绍业务。		
	在全国股份转让系统从事的业务种类			推荐业务、经纪业务		
公司简介	南京证券股份有限公司前身为南京市证券公司,创建于 1990 年 10 月,与新中国资本市场“同龄”,是江苏第一家专业证券机构,是全国首批规范类证券公司和创新试点类证券公司。截至 2013 年 10 月末,公司注册资本 19 亿元,总资产 109 亿元,净资产 40.2 亿元,客户资产总值 634 亿元。现在北京、上海、重庆、江苏、宁夏、浙江、山东、江西、广东、广西等省(区、市)设有 75 家证券营业部和 13 家分公司,拥有南证期货、富安达基金和巨石投资 3 家子公司,形成了证券、期货、基金和创投等较为完整的证券金融产业链。 经中国证监会核准,公司业务范围涵盖证券经纪、证券投资咨询、与证券交易、证券投资活动有关的财务顾问、证券承销与保荐、证券自营、证券资产管理、融资融券、证券投资基金代销、为期货公司提供中间介绍业务、代销金融产品等诸多领域,具有经营外汇业务、网上证券委托业务、大宗交易系统合格投资者、全国银行间同业拆借市场成员、全国银行间市场信用风险缓释工具交易商、上交所固定收益证券综合电子平台交易商、保荐机构业务、IPO 询价对象、代办股份转让主办券商业务、报价转让业务、短期融资券承销业务、期货 IB 业务、定向资产管理业务、客户资金第三方存管下单客户多银行服务、中小企业私募债主承销商、自营业务参与股指期货交易、资产管理业务参与股指期货交易、直接投资业务、保险兼业代理人、约定购回式证券交易、股票质押回购交易、自营业务参与利率互换交易、全国中小企业股份转让系统主办券商等多个单项业务资格。 公司始终保持稳健经营的发展势头,创造了自成立以来持续盈利、从未亏损、高额回报的良好业绩。特别是近年来,公司坚持“创新转型、稳中求进”,在传统业务领域精耕细作,在新兴业务领域积极探索,努力开创事业发展新局面,强化特色竞争优势。公司先后完成了轴研科技、塔牌集团、超华科技、摩恩电气、惠博普、新开普、赛马实业等首发、再融资和并购重组项目,累计推荐“新三板”挂牌企业 11 家,位居行业前列,并帮助挂牌企业共实现定向融资 8280 万元。成功主承销一批大中型企业发行的企业债、公司债,在去年成为国内首批中小企业私募债承销券商后,已为江苏、浙江、内蒙古等地的企业发行了 9 只中小企业私募债。创新业务发展势头迅猛,截至 10 月底,公司融资融券业务规模从去年底的 1.2 亿元快速升至 12.5 亿元,资产管理业务规模从去年底的 15.3 亿元快速升至 134.5 亿元。						

公司简介	在积极参与市场竞争、服务经济社会发展的同时，公司着力加强党建工作和社会主义精神文明建设，努力提升发展的软实力。继 2011 年成为证券行业首家“全国文明单位”后，公司今年又被授予“全国五一劳动奖状”，成为业内首家获此殊荣的券商。公司还荣获“全国企业文化优秀奖”、“江苏省文明单位标兵”、“江苏省国有企业创建‘四好’领导班子先进集体”、“江苏省先进基层党组织”、“江苏省用户满意服务单位”等多项荣誉。公司分支机构有 4 家分别荣获国家、省、市级“巾帼标兵示范岗”，8 家分别荣获省、市级“工人先锋号”，33 家分别荣获国家、省、市级“青年文明号”，其中国家级“青年文明号”4 家。迎着中国资本市场改革开放、创新发展的春风，南京证券将顺天时、承地利，秉持“以人为本、以心为桥、以诚为基、以德兴业”的经营宗旨，发扬“稳健、规范、勤俭、和睦”的企业精神，自强不息，创新进取，向着“规模适度、平台高效、业绩显著、特色鲜明”的国内一流现代金融企业目标奋勇前进，为中国经济建设和资本市场发展作出新的贡献。

二、业务动态及统计

推荐挂牌情况

序号	股份代码	公司名称	项目小组成员		内核人员	持续督导人员	公司状态
1	430034	大地股份	项目负责人	关伟	孙晓爽、汤加全、邱 萍、陈卫中、高金余、秦 雁、景 忠	张玉林	挂牌
			注册会计师	张玉林			
			律师	尚文彦			
			行业分析师	袁庆禄			
2	430057	清畅电力	项目负责人	关 伟	范慧娟、孙晓爽、毛玮红、陈卫中、校 坚、秦 雁、景 忠	张玉林	挂牌
			注册会计师	张玉林			
			律师	尚文彦			
			行业分析师	袁庆禄			
3	430079	环拓科技	项目负责人	关 伟	范慧娟、校 坚、陈卫中、高金余、毛玮红、周建萍、张玉玺	杨春玲	挂牌
			注册会计师	马继光			
			律师	尚文彦			
			行业分析师	袁庆禄			
4	430086	爱迪科森	项目负责人	关 伟	校 坚、孙晓爽、景 忠、陈卫中、高金余、毛玮红、周建萍	杨春玲	挂牌
			注册会计师	詹胜军			
			律师	尚文彦			
			行业分析师	彭德海			
5	430113	中交远洲	项目负责人	付国民			
			注册会计师	刘文刚			
			律师	徐娇娇			
			行业分析师	孟令圣			
6	430116	中矿华沃	项目负责人	啜玉林	窦 智、校 坚、周 旭、李尔山、周建萍、贾双林、何品杰	肖 玲	挂牌
			注册会计师	张晶晶			
			律师	肖 玲			
			行业分析师	王敬之			
7	430117	航天理想	项目负责人	李尔山	窦 智、周 旭、高金余、校 坚、张玉林、周建萍、贾双林	刘文刚	挂牌
			注册会计师	闫培新、刘文刚			
			律师	李尔山			
			行业分析师	王华景、孟令圣			

8	430126	马氏兄弟	项目负责人	付国民	实　智、校　坚、贾双林、周建萍、李尔山、周　旭、何品杰	刘文刚	挂牌
			注册会计师	刘文刚			
			律师	谷永亮			
			行业分析师	孟令圣			
9	430159	创世生态	项目负责人	孟令圣	实　智、校　坚、周　旭、张玉玺、李尔山、贾双林、何品杰	刘文刚	挂牌
			注册会计师	闫培新			
			律师	裴中同			
			行业分析师	孟令圣			
10	430186	国承瑞泰	项目负责人	闫培新	实　智、周　旭、贾双林、张玉玺、啜玉林、张玉林、何品杰	刘文刚	挂牌
			注册会计师	闫培新			
			律师	谷永亮			
			行业分析师	赵　倩			
11	430208	优炫软件	项目负责人	刘文刚	吴雪明、李尔山、李　灿、周　旭、周建萍、方　亮、熊　辉	刘文刚	挂牌
			注册会计师	刘文刚			
			律师	徐娇娇			
			行业分析师	陈金飞			
目前已推荐挂牌公司家数					11		
已被终止挂牌公司家数					0		
撤回材料及申请被否公司家数					0		

三、部门设置及主要业务人员情况

推荐业务				
部门名称		场外市场管理总部		
分管高管		秦　雁	部门负责人	李东明
部门人数		25	具有证券从业资格人数	25
具有注册会计师资格人数		8	具有律师资格人数	9
联络人一	姓名	华孔佳	固定电话	(025)57710548
	传真	(025)57710546	电子邮箱	KJHua@ njzq. com. cn
联络人二	姓名	卢文斌	固定电话	(025)83367888－5203
	传真	(025)83369725	电子邮箱	WBLu@ njzq. com. cn
序号	姓　名		专业资格	
1	闫培新		可担任项目负责人、注册会计师	
2	刘文刚		可担任项目负责人、注册会计师	
3	裴中同		律师	
4	孙丽丽		注册会计师	
5	孙惠		律师	
6	熊辉		律师	
7	啜玉林		可担任项目负责人、注册会计师	
8	张玉林		可担任项目负责人、注册会计师	

9	肖　玲	律师
10	金　勇	律师
11	王澍波	律师
12	杨春玲	律师
13	张晶晶	注册会计师
14	金建科	律师
15	王　翕	注册会计师
16	陶　莎	律师
17	方　亮	注册会计师

经纪业务				
部门名称		经济业务管理总部		
分管高管		夏宏建	部门负责人	王　胜
联络人一	姓名	孙秀玉	固定电话	(025)83367888－4107
	传真	(025)83320066	电子邮箱	XYSun@ njzq. com. cn
联络人二	姓名	王灿江	固定电话	(025)83367888－4107
	传真	(025)83320066	电子邮箱	CJwang@ njzq. com. cn

齐鲁证券有限公司

一、公司概况及简介

公司概况	公司名称	齐鲁证券有限公司				
	成立日期	2001. 5. 15	法定代表人	李　玮	总经理	邓　晖
	注册资本（万元）	521224. 57	净资产＊（万元）	1111839. 57	净资本＊（万元）	772039. 48
	注册地址	山东省济南市经七路86号			营业部家数	175家
	办公地址	山东省济南市经七路86号			邮编	250001
	公司网址	www. qlzq. com. cn	电子邮箱	bgs@ qlzq. com. cn	经营证券业务许可证编号	z19037000
	注：＊经审计的2011年度净资产和净资本					
	证监会批准的相关业务资格			证券经纪；证券投资咨询；与证券交易、证券投资活动有关的财务顾问；证券承销与保荐；证券自营；证券资产管理；融资融券；证券投资基金代销；为期货公司提供中间介绍业务。		
	在全国股份转让系统从事的业务种类			推荐业务、经纪业务		
公司简介	齐鲁证券有限公司是全国大型综合类券商，注册资本52. 12亿元，员工6000余人，在全国27个省、市、自治区设有175家证券营业部、15家证券分公司，控股鲁证期货股份有限公司、万家基金管理有限公司、鲁证创业投资有限公司、齐鲁国际控股有限公司，形成了集证券、基金、期货、直投为一体的综合性证券控股集团。截至2012年12月底，公司总资产335亿元，净资产116亿元。 场外市场业务，公司组建并形成一支综合素质较高、专业能力较强、敬业程度较好、40余人的新三板业务团队。目前拥有2名准保荐代表人，15名注册会计师、6名律师、10名行业分析师和14名具有三年以上投行业务经验的人员，其中硕士、博士学历人员占80%以上，他们均具备良好的专业素质和丰富的股份制改制、资本运作、财务顾问经验，并充分依托公司170多家营业部为所在地中小微企业提供优质高效的资本市场融资、并购、股权投资、财务顾问等各类服务。目前，齐鲁证券在新三板市场成功推荐挂牌17家，业内排名第四位，在中关村园区推荐的挂牌公司诺思兰德成为业内经典案例。					

公司简介	齐鲁证券已与长沙高新园区、淄博高新园区、大连高新园区、潍坊高新园区、启迪创投、中关村创盟等近十家国家级高新园区、创投机构签订了战略合作协议，并与三十多家国家级高新园区建立起业务合作关系，齐鲁证券被多家园区授予"改制上市工作优秀中介机构"。

二、业务动态及统计

推荐挂牌情况

序号	股份代码	公司名称	项目小组成员		内核人员	持续督导人员	公司状态
1	430032	北京凯英信业科技股份有限公司	项目负责人	张爱萍	黄　俊、徐　敏、钱　伟、孙国东、李恒第、张　磊、李嘉惠	张爱萍	挂牌
			注册会计师	娄　金			
			律师	李建建			
			行业分析师	张爱萍			
2	430047	北京诺思兰德生物技术股份有限公司	项目负责人	张爱萍	黄　俊、钱　伟、孙国东、吕丽霞、张　磊、王恭勇、李嘉惠	张爱萍	挂牌
			注册会计师	舒　群			
			律师	李建建			
			行业分析师	张爱萍			
3	430080	北京尚水信息技术股份有限公司	项目负责人	张爱萍	黄　俊、曾丽萍、张蕾蕾、刘传新、孙国东、吕丽霞、李嘉惠	张爱萍	挂牌
			注册会计师	张元成			
			律师	匡　建			
			行业分析师	林　琳			
4	430110	百拓商旅（北京）网络科技股份有限公司	项目负责人	王　磊	魏　蔚、张元成、李宝存、钱　伟、张利国、尹　珩、孙国东	林　旭	挂牌
			注册会计师	史国梁			
			律师	冯云龙			
			行业分析师	何　毕			
5	430111	北京航峰科伟装备技术股份有限公司	项目负责人	张爱萍	王　磊、魏　蔚、李宝存、黄　俊、张利国、李恒第、孙国东	张爱萍	挂牌
			注册会计师	张元成			
			律师	匡　建			
			行业分析师	崔振国			
6	430115	北京世纪阿姆斯生物技术股份有限公司	项目负责人	王　磊	魏　蔚、张元成、李宝存、钱　伟、张利国、尹　珩、孙国东	林旭	挂牌
			注册会计师	王　旭			
			律师	冯云龙			
			行业分析师	何　毕			
7	430118	北京华欣远达软件股份有限公司	项目负责人	王　磊	魏　蔚、张元成、李宝存、钱　伟、张利国、尹　珩、孙国东	吴玉亮	挂牌
			注册会计师	王旭			
			律师	冯云龙			
			行业分析师	何　毕			
8	430145	北京智立医学技术股份有限公司	项目负责人	张爱萍	王　磊、黄　俊、王　旭、张元成、王丽敏、毕秀丽、孙国东	张爱萍	挂牌
			注册会计师	李宝存			
			律师	吕　超			
			行业分析师	申景龙			

9	430160	天津三泰晟驰科技股份有限公司	项目负责人	张元成	王　磊、毕秀丽、李　健、李恒第、魏　蔚、王　旭、张爱萍	曾　鑫	挂牌
			注册会计师	张元成			
			律师	匡　建			
			行业分析师	曾　鑫、崔振国			
10	430177	上海点客信息技术股份有限公司	项目负责人	王　磊	魏　蔚、毕秀丽、李　健、李恒第、王　旭、张爱萍、张元成	韩越	挂牌
			注册会计师	李宝存			
			律师	张继雷			
			行业分析师	韩　越			
11	430215	必可测	项目负责人	王　旭	王　磊、毕秀丽、李　健、李恒第、魏　蔚、张元成、李宝存	王　亮	挂牌
			注册会计师	史国梁			
			律师	王　亮			
			行业分析师	林　旭			
12	430218	长虹立川	项目负责人	张元成	王　磊、王　蕊、李恒第、孙国东、魏　蔚、王　旭、张爱萍	范明伟	挂牌
			注册会计师	范明伟			
			律师	匡　建			
			行业分析师	崔振国			
13	430233	星原丰泰	项目负责人	王　旭	王　磊、毕秀丽、李　健、李恒第、魏　蔚、张元成、李宝存	王亮	挂牌
			注册会计师	史国梁			
			律师	王　亮			
			行业分析师	林　旭			
14	430280	索亨股份	项目负责人	王　旭	王　磊、张利国、孙国东、孟现成、魏　蔚、张爱萍、张元成	周　元	挂牌
			注册会计师	史国梁			
			律师	王　亮			
			行业分析师	林　旭			
15	430282	优睿传媒	项目负责人	张元成	王　磊、王　旭、魏　蔚、孟现成、张爱萍、孙国东、张利国	程志强	挂牌
			注册会计师	程志强			
			律师	匡　建			
			行业分析师	崔振国			
16	430291	中试电力	项目负责人	王　旭	王　磊、张利国、孙国东、孟现成、魏　蔚、张爱萍、张元成	曾鑫	挂牌
			注册会计师	史国梁			
			律师	王　亮			
			行业分析师	林　旭			
17	430309	易所试	项目负责人	王　磊	张利国、李恒第、孙国东、魏　蔚、张爱萍、张元成、匡　建	吴玉亮	挂牌
			注册会计师	王　旭			
			律师	吴玉亮			
			行业分析师	韩越、张亮			

18		金匙环保	项目负责人	张元成	王　磊、许　彬、吕丽霞、魏　蔚、王　旭、张爱萍、匡　建		已撤回材料
			注册会计师	李红超			
			律师	张继雷			
			行业分析师	夏春秋			
目前已推荐挂牌公司家数					17		
已被终止挂牌公司家数					0		
撤回材料及申请被否公司家数					1		

三、部门设置及主要业务人员情况

推荐业务				
部门名称		齐鲁证券有限公司场外市场业务部		
分管高管		罗国举	部门负责人	王　磊
部门人数		37人	具有证券从业资格人数	37人
具有注册会计师资格人数		15人	具有律师资格人数	6人
联络人一	姓名	魏蔚	固定电话	0531－68889910
	传真	0531－68889883	电子邮箱	ww060623@sina.com
联络人二	姓名	沈剑欣	固定电话	010－59013888
	传真	010－59013777	电子邮箱	654410588@qq.com

序号	姓　名	专业资格
1	王　磊	可担任项目负责人
2	魏　蔚	可担任项目负责人
3	王　旭	可担任项目负责人,注册会计师
4	张爱萍	可担任项目负责人
5	张元成	可担任项目负责人,注册会计师
6	史国梁	可担任项目负责人,注册会计师
7	赵栩巍	注册会计师
8	曲付清	注册会计师
9	刘彦顺	注册会计师
10	张洪光	注册会计师
11	李红超	注册会计师
12	范明伟	可担任项目负责人,注册会计师
13	程志强	注册会计师
14	詹胜军	注册会计师
15	戴力鹏	注册会计师、律师
16	张　立	可担任项目负责人,注册会计师
17	何玉梅	注册会计师
18	胡　浩	注册会计师

19	张国海	律师
20	吴玉亮	律师
21	王　亮	可担任项目负责人、律师
22	张继雷	律师
23	吕　超	律师
24	林　旭	可担任项目负责人
25	崔振国	可担任项目负责人

经纪业务				
部门名称	齐鲁证券有限公司零售业务总部			
分管高管	钟金龙		部门负责人	韩亭德
联络人一	姓名	王海涛	固定电话	0531 - 68889169
	传真	0531 - 68889185	电子邮箱	Wht5582@163.com

山西证券股份有限公司

一、公司概况及简介

公司概况	公司名称	山西证券股份有限公司				
	成立日期	1988.7.28	法定代表人	侯　巍	总经理	侯　巍
	注册资本（万元）	239980	净资产*（万元）	596922.36	净资本*（万元）	426524.10
	注册地址	山西省太原市府西街69号山西国际贸易中心东塔楼			营业部家数	69
	办公地址	山西省太原市府西街69号山西国际贸易中心东塔楼			邮编	030002
	公司网址	www.sxzq.net	电子邮箱	sxzq@i618.com.cn	经营证券业务许可证编号	Z20614000
	注：*经审计的2011年度净资产和净资本					
	证监会批准的相关业务资格			证券经纪；证券自营；证券资产管理；证券投资咨询；与证券交易、证券投资活动有关的财务顾问；证券投资基金代销；为期货公司提供中间介绍业务；融资融券业务；证券承销与保荐（控股子公司中德证券）。		
	在全国股份转让系统从事的业务种类			经纪业务、推荐业务		
公司简介	山西证券股份有限公司最早成立于1988年，为全国首批证券公司之一。2010年11月15日正式在深圳证券交易所挂牌上市，股票代码002500。 公司注册资本23.998亿元。发起人股东包括：山西省国信投资（集团）公司、太原钢铁（集团）有限公司、山西国际电力集团有限公司、山西海鑫实业股份有限公司、中信国安集团公司、山西焦化集团有限公司等。公司股东资金实力雄厚，经营风格稳健，资产质量优良，盈利能力良好。 公司与德意志银行合资设立中德证券有限责任公司，其从事的主要业务为股票和债券的承销与保荐；公司全资控股大华期货有限公司，其从事的主要业务为商品期货经纪与金融期货经纪；公司设立直投业务子公司—龙华启富投资有限责任公司，其主要从事的业务为投资管理、项目投资、财务顾问等。 公司现有证券营业网点69家，期货营业网点30家，分别分布在山西各地市、主要县区及北京、上海、天津、深圳、重庆、西安、宁波、大连、济南等地。 山西证券多年来一直坚持“诚信、稳健、规范、创新、高效”的经营宗旨，秉承诚信为本、以义制利、专业服务的经营理念，坚持让投资更明白的服务理念，培育务实高效、恪尽职守的工作作风，营造和谐宽松、风清气正的公司氛围，打造公司与客户共同发展的平台。					

二、业务动态及统计计

<table>
<tr><th colspan="8">推荐挂牌情况</th></tr>
<tr><th>序号</th><th>股份代码</th><th>公司名称</th><th colspan="2">项目小组成员</th><th>内核人员</th><th>持续督导人员</th><th>公司状态</th></tr>
<tr><td rowspan="4">1</td><td rowspan="4">430060</td><td rowspan="4">永邦科技</td><td>项目负责人</td><td>安　薇</td><td rowspan="4">李　凡、崔胜朝、巴永军、崔学良、翟太煌、周　炜、毛传武</td><td rowspan="4">唐　播
李高鑫</td><td rowspan="4">挂牌</td></tr>
<tr><td>注册会计师</td><td>金伟宁</td></tr>
<tr><td>律师</td><td>赵慧琴</td></tr>
<tr><td>行业分析师</td><td>王　田</td></tr>
<tr><td rowspan="4">2</td><td rowspan="4">430087</td><td rowspan="4">威力恒</td><td>项目负责人</td><td>邓仲彤</td><td rowspan="4">洪小苏、齐　刚、刘　东、毛传武、赵利新、原建民、刘小勇</td><td rowspan="4">唐　播
李高鑫</td><td rowspan="4">挂牌</td></tr>
<tr><td>注册会计师</td><td>廖大鹏</td></tr>
<tr><td>律师</td><td>谭　敏</td></tr>
<tr><td>行业分析师</td><td>白　宇</td></tr>
<tr><td rowspan="4">3</td><td rowspan="4">430096</td><td rowspan="4">航天宏达</td><td>项目负责人</td><td>邓仲彤</td><td rowspan="4">洪小苏、齐　刚、刘　东、董　哲、赵利新、黄　曦、刘小勇</td><td rowspan="4">唐　播
李高鑫</td><td rowspan="4">挂牌</td></tr>
<tr><td>注册会计师</td><td>廖大鹏</td></tr>
<tr><td>律师</td><td>谭　敏</td></tr>
<tr><td>行业分析师</td><td>乔　丽</td></tr>
<tr><td rowspan="4">4</td><td rowspan="4">430103</td><td rowspan="4">天大清源</td><td>项目负责人</td><td>邓仲彤</td><td rowspan="4">洪小苏、董　哲、周　达、刘　东、刘小勇、金伟宁、黄　曦</td><td rowspan="4">唐　播
李高鑫</td><td rowspan="4">挂牌</td></tr>
<tr><td>注册会计师</td><td>廖大鹏</td></tr>
<tr><td>律师</td><td>谭　敏</td></tr>
<tr><td>行业分析师</td><td>乔　丽</td></tr>
<tr><td rowspan="4">5</td><td rowspan="4">430133</td><td rowspan="4">赛孚制药</td><td>项目负责人</td><td>刘　欣</td><td rowspan="4">洪小苏、董　哲、周　达、刘　东、刘小勇、金伟宁、黄　曦</td><td rowspan="4">唐　播
李高鑫</td><td rowspan="4">挂牌</td></tr>
<tr><td>注册会计师</td><td>唐　播</td></tr>
<tr><td>律师</td><td>赵　承</td></tr>
<tr><td>行业分析师</td><td>刘　欣</td></tr>
<tr><td colspan="5">目前已推荐挂牌公司家数</td><td colspan="3">5</td></tr>
<tr><td colspan="5">已被终止挂牌公司家数</td><td colspan="3">0</td></tr>
<tr><td colspan="5">撤回材料及申请被否公司家数</td><td colspan="3">0</td></tr>
<tr><td colspan="8">推荐原代办股份转让系统的两网公司及退市公司挂牌情况</td></tr>
<tr><td colspan="8">无</td></tr>
</table>

三、部门设置及主要业务人员情况

<table>
<tr><th colspan="5">推荐业务</th></tr>
<tr><td colspan="2">部门名称</td><td colspan="3">场外市场部(一级部门)</td></tr>
<tr><td colspan="2">分管高管</td><td>王怡里</td><td>部门负责人</td><td>刘　东</td></tr>
<tr><td colspan="2">部门人数</td><td>30</td><td>具有证券从业资格人数</td><td>30</td></tr>
<tr><td colspan="2">具有注册会计师资格人数</td><td>5</td><td>具有律师资格人数</td><td>7</td></tr>
<tr><td rowspan="2">联络人一</td><td>姓名</td><td>唐播</td><td>固定电话</td><td>010－82190319</td></tr>
<tr><td>传真</td><td>010－82190374</td><td>电子邮箱</td><td>tangfan@ sxzq. com</td></tr>
<tr><td rowspan="2">联络人二</td><td>姓名</td><td>李高鑫</td><td>固定电话</td><td>010－82190327</td></tr>
<tr><td>传真</td><td>010－82190374</td><td>电子邮箱</td><td>ligaoxin@ sxzq. com</td></tr>
</table>

序号	姓　名	专业资格
1	刘　东	可担任项目负责人
2	张治国	注册会计师
3	孙惠颖	注册会计师
4	乔　丽	可担任项目负责人
5	唐　璠	注册会计师
6	高翠红	注册会计师
7	文　皓	注册会计师
8	赵　承	律师
9	杨　菲	律师
10	李高鑫	律师
11	罗　杰	律师
12	李　莉	律师
13	肖丹丹	律师
14	崔洪伟	律师

经纪业务				
部门名称		经纪业务管理总部(一级部门)		
分管高管		王怡里	部门负责人	薛永红
联络人一	姓名	郭熠	固定电话	0351 - 8686659
	传真	0351 - 8686619	电子邮箱	guoyi@ sxzq. com
联络人二	姓名	李并	固定电话	0351 - 8686890
	传真	0351 - 8686725	电子邮箱	libing@ sxzq. com

东北证券股份有限公司

一、公司概况及简介

公司概况	公司名称	东北证券股份有限公司				
	成立日期	1992.7	法定代表人	矫正中	总经理	杨树财
	注册资本（万元）	97,858.30	净资产＊（万元）	716,498.47	净资本＊（万元）	493,686.18
	注册地址	长春市自由大路1138号			营业部家数	75
	办公地址	长春市自由大路1138号			邮编	130021
	公司网址	www. nesc. cn	电子邮箱	dbzq@ nesc. cn	经营证券业务许可证编号	Z21622000
	注：＊经审计的2012年度净资产和净资本					
	证监会批准的相关业务资格			证券经纪；证券投资咨询；与证券交易、证券投资活动有关的财务顾问；证券承销与保荐；证券自营；证券资产管理；融资融券；证券投资基金代销；为期货公司提供中间介绍业务。		
	在全国股份转让系统从事的业务种类			推荐业务、经纪业务		

<table>
<tr><td>公司简介</td><td>东北证券股份有限公司(以下简称“公司”)前身为吉林省证券有限责任公司。2000 年 6 月经中国证监会批准,经过增资扩股成立东北证券有限责任公司。2007 年 8 月,东北证券有限责任公司与上市公司锦州经济技术开发区六陆实业股份有限公司重组,并更名为“东北证券股份有限公司”。2007 年 8 月 27 日,公司在深圳证券交易所挂牌上市,股票简称为“东北证券”,股票代码为 000686。
公司开展全面证券业务,包括证券经纪业务、证券承销与保荐业务(含代办股份转让业务)、证券自营业务、证券资产管理业务,证券投资咨询(含财务顾问)、IB 业务资格、直投业务等业务。公司内设 16 个部门,4 个分公司,2 个代表处,现有员工 3000 多人。公司设立全资直投子公司东证融通投资管理有限公司,控股渤海期货有限公司,参股东方基金管理有限责任公司和银华基金管理有限公司。2011 年公司被中国证监会评为 A 类证券公司。
2007 年 11 月东北证券入选“深证 100 指数样本股”;2008 年 6 月,东北证券入选“沪深 300 指数样本股”、“沪深 300 行业指数样本股”、“沪深 300 成长指数样本股”。
公司肩负“关爱资本、富足社会”的使命,坚持“一切以客户收益为重,一切以股东权益为重,一切以员工利益为重,一切以社会效益为重”的理念,在竞争中成长、在创新中收获、在服务中共赢。公司致力于建立和谐的经营管理团队,通过充分调动全体员工的积极性,从根本上提高公司的创利能力,回报股东,回报社会。</td></tr>
</table>

二、业务动态及统计

<table>
<tr><td colspan="8">推荐挂牌情况</td></tr>
<tr><td>序号</td><td>股份代码</td><td>公司名称</td><td colspan="2">项目小组成员</td><td>内核人员</td><td>持续督导人员</td><td>公司状态</td></tr>
<tr><td rowspan="4">1</td><td rowspan="4">430049</td><td rowspan="4">双杰电气</td><td>项目负责人</td><td>张魁信</td><td rowspan="4">杨树财、矫正中、罗振邦、周 宁、袁绪亚、汪六七、田树春</td><td rowspan="4">李美荣</td><td rowspan="4">挂牌</td></tr>
<tr><td>注册会计师</td><td>肖如球</td></tr>
<tr><td>律师</td><td>李旭刚</td></tr>
<tr><td>行业分析师</td><td>陈 鹏</td></tr>
<tr><td rowspan="4">2</td><td rowspan="4">430088</td><td rowspan="4">七维航测</td><td>项目负责人</td><td>郭晴丽</td><td rowspan="4">张兴志、杨树财、矫正中、梁化军、田树春、黄 峥、刘立喜</td><td rowspan="4">李美荣</td><td rowspan="4">挂牌</td></tr>
<tr><td>注册会计师</td><td>王 旭、李 鹏、许彦霞</td></tr>
<tr><td>律师</td><td>陈俊敏</td></tr>
<tr><td>行业分析师</td><td>耿 云</td></tr>
<tr><td rowspan="4">3</td><td rowspan="4">430137</td><td rowspan="4">润天股份</td><td>项目负责人</td><td>郭晴丽</td><td rowspan="4">张兴志、梁化军、田树春、齐玉武、刘立喜、周思立、朱嗣化</td><td rowspan="4">李美荣</td><td rowspan="4">挂牌</td></tr>
<tr><td>注册会计师</td><td>陈夕鹏</td></tr>
<tr><td>律师</td><td>董 孙</td></tr>
<tr><td>行业分析师</td><td>明 铠</td></tr>
<tr><td rowspan="4">4</td><td rowspan="4">430148</td><td rowspan="4">科能腾达</td><td>项目负责人</td><td>郭晴丽</td><td rowspan="4">张兴志、梁化军、田树春、齐玉武、刘立喜、周思立、朱嗣化</td><td rowspan="4">李美荣</td><td rowspan="4">挂牌</td></tr>
<tr><td>注册会计师</td><td>张 立</td></tr>
<tr><td>律师</td><td>董 孙</td></tr>
<tr><td>行业分析师</td><td>明 铠</td></tr>
<tr><td rowspan="4">5</td><td rowspan="4">430290</td><td rowspan="4">和隆优化</td><td>项目负责人</td><td>郭晴丽</td><td rowspan="4">杨树财、梁化军、田树春、黄 峥、齐玉武、刘立喜、周思立、陈夕鹏</td><td rowspan="4">李美荣</td><td rowspan="4">挂牌</td></tr>
<tr><td>注册会计师</td><td>张 立</td></tr>
<tr><td>律师</td><td>吕 谦、胡乾坤</td></tr>
<tr><td>行业分析师</td><td>范冰冰</td></tr>
<tr><td colspan="5">目前已推荐挂牌公司家数</td><td colspan="3">5</td></tr>
<tr><td colspan="5">已被终止挂牌公司家数</td><td colspan="3">0</td></tr>
<tr><td colspan="5">撤回材料及申请被否公司家数</td><td colspan="3">0</td></tr>
<tr><td colspan="8">推荐原代办股份转让系统的两网公司及退市公司挂牌情况</td></tr>
</table>

无

三、部门设置及主要业务人员情况

推荐业务				
部门名称		场外交易业务部		
分管高管		张兴志	部门负责人	郭晴丽
部门人数		26	具有证券从业资格人数	26
具有注册会计师资格人数		7	具有律师资格人数	10
联络人一	姓名	朱嗣化	固定电话	010－63210670
	传真	010－63210701	电子邮箱	zhusihua@ sina. com
联络人二	姓名	许彦霞	固定电话	010－63210682
	传真	010－63210701	电子邮箱	13681543897@ 126. com
序号	姓　名		专业资格	
序号	姓名		专业资格	
1	郭晴丽		可担任项目负责人	
2	明　铠		可担任项目负责人	
3	孙　科		可担任项目负责人	
4	刘生瑶		注册会计师/可担任项目负责人	
5	许彦霞		注册会计师	
6	陈夕鹏		注册会计师	
7	贾颖超		注册会计师	
8	蔡　庆		注册会计师	
9	于慧艳		注册会计师	
10	胡乾坤		律师	
11	朱嗣化		律师	
12	李美荣		律师	
13	吕　谦		律师	
14	仇海霞		律师	
15	管振志		律师	
16	刘　宾		注册会计师、律师	
17	廖柏寒		律师	
18	赵柄竹		律师	
19	孙　洁		律师	

经纪业务				
部门名称		零售客户部		
分管高管		何俊岩	部门负责人	李雪飞
联络人一	姓名	季　莹	固定电话	0431－85096827
	传真	0431－85096534	电子邮箱	jiy@ nesc. cn

联络人二	姓名	隋　莹	固定电话	0431－8509729
	传真	0431－85096534	电子邮箱	suiy@ nesc. cn

国海证券股份有限公司

一、公司概况及简介

<table>
<tr><td rowspan="9">公司概况</td><td>公司名称</td><td colspan="5">国海证券股份有限公司</td></tr>
<tr><td>成立日期</td><td>1988.10</td><td>法定代表人</td><td>张雅锋</td><td>总经理</td><td>齐国旗</td></tr>
<tr><td>注册资本（万元）</td><td>179,195.1572</td><td>净资产＊（万元）</td><td>293,156.38</td><td>净资本＊（万元）</td><td>205,814.12（母公司）</td></tr>
<tr><td>注册地址</td><td colspan="3">广西桂林市辅星路13号</td><td>营业部家数</td><td>59家</td></tr>
<tr><td>办公地址</td><td colspan="3">广西南宁市滨湖路46号</td><td>邮编</td><td>530028</td></tr>
<tr><td>公司网址</td><td>www. ghzq. com. cn</td><td>电子邮箱</td><td>zcbgs@ ghzq. com. cn</td><td>经营证券业务许可证编号</td><td>Z27645000</td></tr>
<tr><td colspan="6">注：＊经审计的2012年度净资产和净资本</td></tr>
<tr><td colspan="3">证监会批准的相关业务资格</td><td colspan="3">证券经纪；证券投资咨询；与证券交易、证券投资活动有关的财务顾问；证券承销与保荐；证券自营；证券资产管理；证券投资基金代销；为期货公司提供中间介绍业务；融资融券。</td></tr>
<tr><td colspan="3">在全国股份转让系统从事的业务种类</td><td colspan="3">经纪业务、推荐业务</td></tr>
<tr><td>公司简介</td><td colspan="6">国海证券股份有限公司前身为广西证券公司，1988年经中国人民银行批准正式设立，是国内首批设立并在广西区内注册的唯一一家全国性证券公司。2001年，公司增资扩股并更名为国海证券有限责任公司。2011年8月，公司借壳桂林集琦药业股份有限公司在国内A股市场上市，更名为国海证券股份有限公司。
国海证券目前拥有5家分公司、59家营业部，营业网点覆盖全国14个省级区域，并控股国海富兰克林基金管理有限公司和国海良时期货有限公司，全资设立国海创新资本投资管理有限公司，成为融证券、基金、期货、直投等多元业务为一体的金融服务企业。截至2011年12月31日，公司总资产111.75亿元，净资产29.32亿元。
站在新的起点，国海证券获得了前所未有的发展机遇，同时也将承担着更大的责任。国海证券将紧紧抓住上市带来的发展机遇，乘势而上，把公司建设成为资本充足、特色鲜明、专业精湛、服务优良，持续盈利能力强的现代企业，努力创造优异的业绩回报投资者、回报社会。</td></tr>
</table>

二、部门设置及主要业务人员情况

<table>
<tr><td colspan="5">推荐业务</td></tr>
<tr><td colspan="2">部门名称</td><td colspan="3">投资银行部(一级部门)</td></tr>
<tr><td colspan="2">分管高管</td><td>燕文波</td><td>部门负责人</td><td>李金海</td></tr>
<tr><td colspan="2">部门人数</td><td>50</td><td>具有证券从业资格人数</td><td>50</td></tr>
<tr><td colspan="2">具有注册会计师资格人数</td><td>14</td><td>具有律师资格人数</td><td>7</td></tr>
<tr><td rowspan="2">联络人一</td><td>姓名</td><td>唐　新</td><td>固定电话</td><td>0755－83716979</td></tr>
<tr><td>传真</td><td>0755－83716971</td><td>电子邮箱</td><td>tangx01@ ghzq. com. cn</td></tr>
<tr><td rowspan="2">联络人二</td><td>姓名</td><td>孙艺萌</td><td>固定电话</td><td>0755－88608101</td></tr>
<tr><td>传真</td><td>0755－83716971</td><td>电子邮箱</td><td>sunym@ ghzq. com. cn</td></tr>
<tr><td>序号</td><td colspan="2">姓　名</td><td colspan="2">专业资格</td></tr>
<tr><td>1</td><td colspan="2">李金海</td><td colspan="2">可担任项目负责人</td></tr>
<tr><td>2</td><td colspan="2">吴环宇</td><td colspan="2">可担任项目负责人</td></tr>
</table>

3	覃　涛	可担任项目负责人
4	覃　辉	可担任项目负责人
5	周　琢	可担任项目负责人
6	胡　启	可担任项目负责人
7	马　涛	可担任项目负责人
8	唐　彬	可担任项目负责人
9	刘　皓	可担任项目负责人
10	关建宇	可担任项目负责人、注册会计师
11	焦　毛	可担任项目负责人
12	汪　艳	可担任项目负责人
13	方书品	可担任项目负责人
14	熊炎辉	可担任项目负责人
15	姚小平	可担任项目负责人
16	叶跃祥	可担任项目负责人
17	陈贤德	可担任项目负责人
18	罗凌文	可担任项目负责人
19	常　青	可担任项目负责人、注册会计师
20	武　飞	可担任项目负责人、注册会计师、律师
21	刘迎军	可担任项目负责人、注册会计师
22	彭　伟	可担任项目负责人
23	贾伟强	注册会计师
24	陈功	注册会计师
25	刘继超	注册会计师
26	林　举	注册会计师
27	李　霞	注册会计师
28	张　羽	注册会计师
29	沈红帆	注册会计师
30	滕　强	注册会计师
31	黄　李	注册会计师
32	袁春力	注册会计师
33	钟　朗	律师
34	马　伟	律师
35	沈红帆	律师
36	许　剑	律师
37	周晓英	律师
38	林文海	律师
经纪业务		

部门名称		经纪业务事业总部(一级部门)		
分管高管		胡德忠	部门负责人	李　煜
联络人一	姓名	韦点湛	固定电话	0771－5551619
	传真	0771－5539578	电子邮箱	weidz@ghzq.com.cn
联络人二	姓名	苏飚	固定电话	0771－5539091
	传真	0771－5539578	电子邮箱	sub@ghzq.com.cn

东吴证券股份有限公司

一、公司概况及简介

公司概况	公司名称	东吴证券股份有限公司				
	成立日期	1993.4	法定代表人	吴永敏	总经理	范　力
	注册资本（万元）	200,000.00	净资产*（万元）	754,229.69	净资本*（万元）	523,197.36
	注册地址	江苏省苏州市工业园区翠园路181号			营业部家数	53
	办公地址	江苏省苏州市工业园区翠园路181号			邮编	215028
	公司网址	www.dwzq.com.cn	电子邮箱	dwzqdb@gsjq.com.cn	经营证券业务许可证编号	Z23232000
	注:*经审计的2012年度净资产和净资本					
	证监会批准的相关业务资格			证券经纪;证券投资咨询;与证券交易、证券投资活动有关的财务顾问;证券承销与保荐;证券自营;证券资产管理;证券投资基金代销;为期货公司提供中间介绍业务;融资融券业务;代销金融产品业务。		
	在全国股份转让系统从事的业务种类			经纪业务、推荐业务		
公司简介	1993年东吴证券前身苏州证券成立,2002年公司更名东吴证券有限责任公司,2010年公司改制为东吴证券股份有限公司。2011年12月12日,东吴证券在上海证券交易所挂牌上市,股票简称“东吴证券”,股票代码“601555”。 公司总部及注册地在苏州,历经四次增资扩股,目前注册资本金20亿元。公司下属北京、上海、南京、苏州、昆山、常熟、张家港、吴江、太仓、无锡、常州、无锡、嘉兴、深圳、徐州、泰州16个分公司,拥有53家证券营业网点(另有24家营业部正在筹建中),并参股东吴基金管理有限公司,控股东吴期货有限公司,下设全资子公司东吴创业投资有限公司,东吴创新资本管理有限公司。 一直以来,东吴证券立足苏州根据地,走出了一条区域性券商的独特发展道路。随着苏州经济的强劲发展,东吴证券具备了较强的竞争力和良好的成长性,目前正在以较快的速度向江浙沪等地区辐射发展。					

二、业务动态及统计

推荐挂牌情况							
序号	股份代码	公司名称	项目小组成员		内核人员	持续督导人员	公司状态
1	430055	达通通信	项目负责人	杨庆林	张剑宏	官小舟 刘　婷	挂牌
			注册会计师	范　礼			
			律师	刘奇霖			
			行业分析师	张希斌			

2	430058	意诚信通	项目负责人	杨庆林	张剑宏	官小舟 刘 婷	挂牌
			注册会计师	范 礼			
			律师	张玉仁			
			行业分析师	张希斌			
3	4300144	煦联得	项目负责人	张希斌	冯玉泉	闫忠良 李金勇	挂牌
			注册会计师	闫忠良			
			律师	李金勇			
			行业分析师	张希斌			
4	430162	聚利科技	项目负责人	张希斌	冯玉泉	闫忠良 李金勇	挂牌
			注册会计师	闫忠良			
			律师	李金勇			
			行业分析师	张希斌			
5	430178	白虹软件	项目负责人	顾利峰	刘 辉	顾利峰 陆圣江	挂牌
			注册会计师	付亭松			
			律师	周 兢			
			行业分析师	陈梦婕			
6	430246	佳星慧盟	项目负责人	顾利峰	刘 辉	官小舟 刘 婷	挂牌
			注册会计师	官小舟			
			律师	刘 婷			
			行业分析师	周 翰			
7	430277	福乐维	项目负责人	闫忠良	冯 恂	闫忠良 李金勇	挂牌
			注册会计师	闫忠良			
			律师	李金勇			
			行业分析师	张希斌			
目前已推荐挂牌公司家数					7		
已被终止挂牌公司家数					0		
撤回材料及申请被否公司家数					0		
推荐原代办股份转让系统的两网公司及退市公司挂牌情况							
无							

三、部门设置及主要业务人员情况

推荐业务				
部门名称		场外市场总部		
分管高管		刘 辉	部门负责人	刘 辉
部门人数		18	具有证券从业资格人数	18
具有注册会计师资格人数		5	具有律师资格人数	4
联络人一	姓名	方苏	固定电话	0512－69566021
	传真	0512－69566021	电子邮箱	fang_s@ gsjq. com. cn

联络人二	姓名	周翰	固定电话	0512－62938562
	传真	0512－62938561	电子邮箱	zhouhan@gsjq.com.cn
序号	姓　名		专业资格	
1	方苏		项目负责人	
2	顾利峰		项目负责人	
3	戚伟文		注册会计师	
4	陆圣江		律师	
5	熊妍妍		注册会计师	
6	刘丹丹		律师	
7	周兢		律师	
8	陈玲		注册会计师	
9	官小舟		注册会计师	
10	刘婷		律师	
11	常伦春		注册会计师	
经纪业务				
部门名称		经纪业务事业部		
分管高管		范　力	部门负责人	朱卫国
联络人一	姓名	马军征	固定电话	0512－62938777
	传真	0512－62938777	电子邮箱	sxl_majzh@gsjq.com.cn
联络人二	姓名	陈建国	固定电话	0512－62938773
	传真	0512－62938773	电子邮箱	chenjg@gsjq.com.cn

中信建投证券股份有限公司

一、公司概况及简介

公司概况	公司名称	中信建投证券股份有限公司				
	成立日期	2005.11.2	法定代表人	王常青	总经理	齐　亮
	注册资本（万元）	610,000.00	净资产＊（万元）	1,193,500	净资本＊（万元）	950,900
	注册地址	北京市朝阳区安立路66号4号楼			营业部家数	140
	办公地址	北京市东城区朝内大街188号			邮编	100010
	公司网址	www.csc108.com	电子邮箱	csc@csc.com.cn	经营证券业务许可证编号	Z32911001
	注：＊经审计的2012年度净资产和净资本					
	证监会批准的相关业务资格			证券经纪；证券承销与保荐；与证券交易和证券投资活动有关的财务顾问；证券投资咨询；证券自营；证券资产管理；证券投资基金代销；融资融券；为期货公司提供中间介绍业务以及中国证监会批准的其它业务；还通过设立全资子公司，开展期货业务；直接投资业务以及境外投资银行；资产管理等业务。		
	在全国股份转让系统从事的业务种类			推荐业务、经纪业务		

公司简介	中信建投证券是经中国证监会批准设立的全国性大型综合证券公司。2011 年 9 月 28 日，公司变更为股份有限公司，公司注册地为北京，注册资本为 61 亿元，在全国 29 个省、市、自治区设有 145 家证券营业部，并设有中信建投资本管理有限公司、中信建投期货经纪有限公司、中信建投（国际）金融控股有限公司等全资子公司。公司拥有近 350 万客户，客户资产规模达 3000 多亿元。在为政府、企业、机构和个人投资者提供优质专业的金融服务过程中，公司建立了良好的声誉，成为目前行业最高级别的 A 类 AA 级证券公司。 中信建投证券拥有实力强大的股东背景，北京国有资本经营管理中心、中央汇金投资有限责任公司、世纪金源投资集团有限公司与中信证券股份有限公司分别持有公司 45%、40%、8% 和 7% 的股份，它们均为拥有雄厚资本实力、成熟资本运作经验与较高社会知名度的大型企业。 自成立以来，中信建投证券各项业务不断发展，在企业融资、固定收益、收购兼并、经纪业务、基金业务和资产管理业务等领域形成了自身特色和核心业务优势，并搭建了研究咨询、信息技术、运营管理、风险控制、合规管理等高效的业务支持体系。凭借高度的敬业精神与突出的专业能力，中信建投证券主要经营指标一直稳居行业前列。

二、业务动态及统计

推荐挂牌情况							
序号	股份代码	公司名称	项目小组成员		内核人员	持续督导人员	公司状态
1	430056	中航百慕新材料技术工程股份有限公司	项目负责人	李旭东	夏　蔚、詹朝军、张鸣溪、郭瑛英、彭砚苹、邱连强、吴冠雄	刘　洋 冯佳林	挂牌
			注册会计师	吴会军			
			律师	徐传发			
			行业分析师	赵献兵			
2	430119	北京鸿仪四方辐射技术股份有限公司	项目负责人	陈　翔	夏　蔚、蔡诗文、王作维、冯佳林、孙　磊、张庆升、周金涛	刘　洋 邬旭东	挂牌
			注册会计师	刘　洋			
			律师	徐传发			
			行业分析师	徐　超			
3	430129	北京极品无限科技发展股份有限公司	项目负责人	陈　翔	相　晖、刘志伟、徐传发、李　靖、李彦斌、周金涛、王作维	弓　力 冯佳林	挂牌
			注册会计师	弓　力			
			律师	冯佳林			
			行业分析师	戴春荣			
4	430140	上海新眼光医疗器械股份有限公司	项目负责人	刘志伟	相　晖、段　斌、徐传发、吴会军、李彦斌、王作维、周金涛	刘劭谦 邬旭东	挂牌
			注册会计师	弓　力			
			律师	邬旭东			
			行业分析师	温碧清			
5	430171	北京电信易通信息技术股份有限公司	项目负责人	陈　翔	相　晖、段　斌、徐传发、吴会军、李彦斌、王作维、周金涛	汪　婧 邬旭东	挂牌
			注册会计师	汪　婧			
			律师	冯佳林			
			行业分析师	戴春荣			
6	430173	鼎讯互动（北京）科技股份有限公司	项目负责人	陈　翔	相　晖、段　斌、徐传发、王作维、吴会军、李彦斌、周金涛	尹笑瑜 邬旭东	挂牌
			注册会计师	刘　洋			
			律师	冯佳林			
			行业分析师	戴春荣			
7	430182	北京全网数商科技股份有限公司	项目负责人	陈　翔	吴会军、段　斌、黄传照、王作维、陶　源、李彦斌、周金涛	李书春 邬旭东	挂牌
			注册会计师	李书春			
			律师	邬旭东			
			行业分析师	吕江峰			

8	430190	北京新瑞理想软件股份有限公司	项目负责人	李旭东	黄传照、段　斌、陶　源、吴会军、李彦斌、王作维、周金涛	汪　婧 冯佳林	挂牌
			注册会计师	汪　婧			
			律师	冯佳林			
			行业分析师	吕江峰			
9	430195	北京欧泰克能源环保工程技术股份有限公司	项目负责人	陈　翔	吴会军、段　斌、徐传发、王作维、黄传照、陶　源、周金涛	关　峰 冯佳林	挂牌
			注册会计师	李　靖			
			律师	冯佳林			
			行业分析师	梁　斌			
10	430196	北京宣爱智能模拟技术股份有限公司	项目负责人	陈　翔	段　斌、黄传照、王作维、吴会军、李彦斌、周金涛、陶　源	尹笑瑜 郐旭东	挂牌
			注册会计师	关　峰			
			律师	郐旭东			
			行业分析师	陈　政			
11	430210	天津舜能润滑科技股份有限公司	项目负责人	陈　翔	段　斌、黄传照、陶　源、吴会军、李彦斌、王作维、周金涛	王　璟 冯佳林	挂牌
			注册会计师	王　璟			
			律师	冯佳林			
			行业分析师	梁　斌			
12	430245	北京奥特美克科技股份有限公司	项目负责人	王作维	吴会军、吴书振、宋　慧、蔡诗文、汪　丽、张　静、周金涛	李　靖 冯佳林	挂牌
			注册会计师	李　靖			
			律师	冯佳林			
			行业分析师	吕江峰			
13	430247	北京金日创科技股份有限公司	项目负责人	王作维	吴会军、吴书振、宋　慧、蔡诗文、汪　丽、张　静、周金涛	关　峰 冯佳林	挂牌
			注册会计师	关　峰			
			律师	冯佳林			
			行业分析师	徐　超			
14	430248	北京奥尔斯科技股份有限公司	项目负责人	陈　翔	吴会军、吴书振、宋　慧、蔡诗文、汪　丽、张　静、周金涛	王　璟 郐旭东	挂牌
			注册会计师	王　璟			
			律师	郐旭东			
			行业分析师	吕江峰			
15	430249	北京慧峰仁和科技股份有限公司	项目负责人	陈　翔	吴会军、吴书振、宋　慧、蔡诗文、汪　丽、张　静、周金涛	尹笑瑜 郐旭东	挂牌
			注册会计师	孙　磊			
			律师	郐旭东			
			行业分析师	高晓春			
16	430271	天津瑞灵石油设备股份有限公司	项目负责人	李旭东	吴会军、吴书振、宋　慧、蔡诗文、汪　丽、张　静、周金涛	李书春 冯佳林	挂牌
			注册会计师	李书春			
			律师	冯佳林			
			行业分析师	高晓春			
目前已推荐挂牌公司家数					16		

已被终止挂牌公司家数	0
撤回材料及申请被否公司家数	0
推荐原代办股份转让系统的两网公司及退市公司挂牌情况	
无	

三、部门设置及主要业务人员情况

推荐业务				
部门名称		投资银行部下设的场外市场部(二级部门)		
分管高管		齐　亮	部门负责人	李旭东
部门人数		27	具有证券从业资格人数	27
具有注册会计师资格人数		13	具有律师资格人数	3
联络人一	姓名	黄华明	固定电话	010－85130613
	传真	010－85130295	电子邮箱	huanghuaming@ csc. com. cn
联络人二	姓名	陈　翔	固定电话	010－85156409
	传真	010－85130295	电子邮箱	chenxiangzgs@ csc. com. cn
序号	姓　名		专业资格	
1	李旭东		可担任项目负责人、注册会计师	
2	刘志伟		可担任项目负责人	
3	陈　翔		可担任项目负责人	
4	王作维		可担任项目负责人	
5	冯佳林		可担任项目负责人、律师	
6	李　靖		可担任项目负责人、注册会计师	
7	弓　力		可担任项目负责人、注册会计师	
8	关　峰		可担任项目负责人、注册会计师	
9	王　璟		可担任项目负责人、注册会计师	
10	郇旭东		可担任项目负责人、注册会计师、律师	
11	李书春		可担任项目负责人、注册会计师	
12	汪　婧		可担任项目负责人、注册会计师	
13	孙　磊		注册会计师	
14	尹笑瑜		注册会计师	
15	刘劭谦		注册会计师	
16	傅　强		注册会计师	
17	杨　进		注册会计师、律师	

经纪业务				
部门名称		经管委业务管理部		
分管高管		周志钢	部门负责人	张　杰
联络人一	姓名	白静	固定电话	010－85130583
	传真	010－85130514	电子邮箱	baijing@ csc. com. cn

中原证券股份有限公司

一、公司概况及简介

公司概况	公司名称	中原证券股份有限公司				
	成立日期	2002.11.8	法定代表人	菅明军	总经理	周小全
	注册资本（万元）	203,351.57	净资产＊（万元）	367,015.78（2011年）	净资本＊（万元）	275,947.70（2011年）
	注册地址	郑州市郑东新区商务外环路10号			营业部家数	54家
	办公地址	郑州市郑东新区商务外环路10号			邮编	450018
	公司网址	www.ccnew.com	电子邮箱	ccsc@ccnew.com	经营证券业务许可证编号	Z30574000
	注：＊经审计的2011年度净资产和净资本					
	证监会批准的相关业务资格			证券经纪；证券投资咨询；与证券交易、证券投资活动有关的财务顾问；证券承销与保荐；证券自营；证券资产管理；证券投资基金代销；为期货公司提供中间介绍业务；融资融券业务（以上范围凡需审批的，未获审批前不得经营）。		
	在全国股份转让系统从事的业务种类			从事推荐业务和经纪业务		
公司简介	中原证券股份有限公司是河南省内和中原经济区内注册的唯一法人证券公司，注册资本20.33亿元，总部位于郑州市郑东新区。公司内设11个业务职能部门和11个管理职能部门，在上海设有证券投资分公司和证券研究所，在北京设有分公司和办事处，公司控股中原期货公司和中原英石基金公司，全资拥有中原鼎盛直投公司。公司现有54家证券营业部，其中河南省内43家，分布在省内各地级市及部分发达的县级市，河南省外11家，分布在上海、北京、深圳、天津、杭州、青岛、西安、长沙、石家庄、济南等全国10余个大中城市，服务客户数量130多万户。公司拥有一支年轻化、专业化、综合素质高的员工团队，现有员工2100多人，其中包括上市保荐代表人、投资分析师、投资顾问和海外留学人员等在内的高端人才500余人。公司致力于打造全国一流证券公司，自成立以来，始终秉承"诚信、稳健、创新、高效"的经营理念，在省委省政府、证券监管部门和各有关方面的大力指导和支持下，快速发展壮大，架构体系逐步健全，制度体系逐步完善，业务范围不断拓宽，形成了包括经纪业务、投资银行、固定收益、资产管理、直接投资、融资融券、期货业务、证券投资、基金等在内的多元化、系统化业务发展格局。截至2012年底，公司的总资产规模达108亿、净资产达38.5亿、净资本达29亿元。公司管理资产达1500亿元，资本实力和抗风险能力极大增强，行业排名不断提升，核心竞争力持续增强。						

二、业务动态及统计

推荐挂牌情况							
序号	股份代码	公司名称	项目小组成员		内核人员	持续督导人员	公司状态
1	430068	纬纶环保	项目负责人	李梦江	周建中、赵丽峰、赖步连、贾广华、高　上、张　露、周　琪	单新生 颜红亮	挂牌
			注册会计师	李梦江			
			律师	鲁军			
			行业分析师	刘　骁			
2	430106	爱特泰克	项目负责人	关　伟	房建民、贾广华、张爱民、袁绪亚、卢志忠、张　露、黄丽华	李　琼 刘　国	挂牌
			注册会计师	贾留喜			
			律师	张永辉			
			行业分析师	王静雅			
3	430112	弘祥隆	项目负责人	关　伟	赵丽峰、贾广华、张爱民、袁绪亚、卢志忠、张　露、黄丽华	李　琼 刘　国	挂牌
			注册会计师	贾留喜			
			律师	张永辉			
			行业分析师	王静雅			

4	430114	永瀚星港	项目负责人	张永辉	赵丽峰、贾广华、张爱民、袁绪亚、卢志忠、张　露、黄丽华	张永辉 贾留喜	挂牌
			注册会计师	贾留喜			
			律师	张永辉			
			行业分析师	张超超			
5	430122	中控智联	项目负责人	关　伟	黄丽华、尚文彦、袁绪亚、张　露、张爱民、张永辉、赵丽峰	李　琼 刘　国	挂牌
			注册会计师	颜红亮			
			律师	单新生			
			行业分析师	门彦顺			
6	430152	思创银联	项目负责人	王海青	黄丽华、尚文彦、袁绪亚、张　露、张爱民、张永辉、赵丽峰	张　恒 颜红亮	挂牌
			注册会计师	颜红亮			
			律师	单新生			
			行业分析师	赵博群			
7	430172	瑞达恩	项目负责人	关　伟	赵丽峰、尚文彦、李梦江、卢志忠、袁绪亚、张　露、张国华	李　琼 刘　国	挂牌
			注册会计师	刘　国			
			律师	张永辉			
			行业分析师	王静雅			
8	430180	东方瑞威	项目负责人	单新生	关　伟、尚文彦、袁绪亚、张爱民、张国华、张永辉、赵丽峰	单新生 颜红亮	挂牌
			注册会计师	颜红亮			
			律师	单新生			
			行业分析师	李大伟			
9	430189	七彩亮点	项目负责人	卢志忠	关　伟、尚文彦、袁绪亚、张爱民、李梦江、张永辉、赵丽峰	张　恒 李君瑞	挂牌
			注册会计师	李君瑞			
			律师	张　恒			
			行业分析师	赵博群			
10	430201	腾实信	项目负责人	关　伟	尚文彦、李梦江、卢志忠、张　露、张爱民、袁绪亚、张国华	李　琼 刘　国	挂牌
			注册会计师	刘　国			
			律师	李　琼			
			行业分析师	王静雅			
11	430213	乐升股份	项目负责人	单新生	赵丽峰、尚文彦、袁绪亚、张爱民、李梦江、关伟和、张永辉	单新生 李大伟	挂牌
			注册会计师	李君瑞			
			律师	单新生			
			行业分析师	李大伟			
12	430228	天房科技	项目负责人	关　伟	赵丽峰、尚文彦、李梦江、卢志忠、张爱民、袁绪亚、张永辉	李　琼 刘　国	挂牌
			注册会计师	刘　国			
			律师	李　琼			
			行业分析师	王静雅			

13	430242	蓝贝望	项目负责人	张永辉	尚文彦、李梦江、卢志忠、张爱民、袁绪亚、张　露、关　伟	张永辉 庄　晶	挂牌
			注册会计师	贾留喜			
			律师	张永辉			
			行业分析师	张超超			
目前已推荐挂牌公司家数					13		
已被终止挂牌公司家数					0		
撤回材料及申请被否公司家数					0		

三、部门设置及主要业务人员情况

推荐业务				
部门名称		企业发展融资总部(一级部门)		
分管高管		赵丽峰	部门负责人	赖步连
部门人数		35	具有证券从业资格人数	35
具有注册会计师资格人数		7	具有律师资格人数	6
联络人一	姓名	关　伟	固定电话	010－83067390
	传真	010－63388723	电子邮箱	Gw800@ sina. com
联络人二	姓名	贾留喜	固定电话	010－83067320
	传真	010－63388723	电子邮箱	jialiuxi@ 126. com
序号	姓　名		专业资格	
1	关　伟		可担任项目负责人	
2	张永辉		可担任项目负责人、具有律师资格	
3	贾留喜		可担任项目负责人、具有注册会计师资格	
4	钱志明		具有注册会计师资格、具有律师资格	
5	李　琼		具有律师资格	
6	刘　国		可担任项目负责人、具有注册会计师资格	
7	颜红亮		可担任项目负责人、具有注册会计师资格	
8	单新生		可担任项目负责人、具有律师资格	
9	王静雅		可担任项目负责人	
10	李君瑞		具有注册会计师资格	
11	张　恒		可担任项目负责人、具有律师资格	

经纪业务				
部门名称		营销管理总部(一级部门)		
分管高管		朱建民	部门负责人	邓淑斌
联络人一	姓名	陈利民	固定电话	0371－65585287
	传真	0371－65585665	电子邮箱	chenlm@ ccnew. com
联络人二	姓名	张　翼	固定电话	0371－65585662
	传真	0371－65585665	电子邮箱	zhangyi@ ccnew. com

金元证券股份有限公司

一、公司概况及简介

公司概况	公司名称	金元证券股份有限公司				
	成立日期	2002.8.15	法定代表人	陆　涛	总经理	陆　涛
	注册资本（万元）	317434.07	净资产*（万元）	389060.76	净资本*（万元）	322875.93
	注册地址	海口市南宝路36号证券大厦4楼			营业部家数	29
	办公地址	深圳市福田区深南大道4001号时代金融中心17层			邮编	518048
	公司网址	http://www.jyzq.cn	电子邮箱	jyzq@jyzq.cn	经营证券业务许可证编号	230446000
	注：*经审计的最近一年度净资产和净资本					
	证监会批准的相关业务资格			证券经纪；证券投资咨询；与证券交易、证券投资活动有关的财务顾问；证券承销与保荐；证券自营；证券资产管理；证券投资基金代销；为期货公司提供中间介绍业务；融资融券业务。		
	在全国股份转让系统从事的业务种类			推荐业务、经纪业务		
公司简介	金元证券股份有限公司（以下简称“金元证券”、“公司”）成立于2002年8月，是经中国证监会批准，由首都机场集团公司作为核心股东联合其它股东共同出资设立的综合类证券公司。公司注册地址为海南省海口市南宝路36号证券大厦4楼，注册资本31.74亿元人民币。截止2012年底，公司经审计的净资产为389,060.76万元，总资产为971,670.22万元，净资本为322,875.93万元，净资本/净资产比率为82.99%。 目前金元证券已形成了经纪业务、自营业务、投资银行、固定收益、研究发展、资产管理等业务门类协调发展的业务体系，建立健全了较为完善的风险管理控制体系以及职责明确、高效运作的内部管理体系，是一家规模中上、资产质量优良的专业证券公司。					

二、业务动态及统计

推荐挂牌情况							
序号	股份代码	公司名称	项目小组成员		内核人员	持续督导人员	公司状态
1	430070	北京赛亿科技股份有限公司	项目负责人	高　亮	陆　涛、任开宇、冯　韡、吴宝利、沈　彤、石金华、洪毅恺	陈鑫鑫 高磊晨子	已挂牌
			注册会计师	汪军民			
			律师	罗文天			
			行业分析师	欧文沛			
2	430099	北京理想固网科技股份有限公司	项目负责人	孙维东	任开宇、李龙筠、沈　彤、高　亮、王　健、陈永飞、曹　艳	陈鑫鑫 高磊晨子	已挂牌
			注册会计师	郑　冲			
			律师	陈鑫鑫			
			行业分析师	黄　弋			
3	430158	北京北方科诚科技股份有限公司	项目负责人	陈鑫鑫	陆　涛、任开宇、沈　彤、吴宝利、肖晴筝、陈永飞、曹　艳	陈鑫鑫 高磊晨子	已挂牌
			注册会计师	罗良志			
			律师	陈鑫鑫			
			行业分析师	周　菁			

4	430192	北京东展科博科技股份有限公司	项目负责人	陈鑫鑫	陆　涛、李龙筠、吴宝利、肖晴筝、陈光明、陈永飞、曹　艳	陈鑫鑫 高磊晨子	已挂牌
			注册会计师	冯　强			
			律师	王　刚			
			行业分析师	周　菁			
5	430194	北京锐风行艺术交流股份有限公司	项目负责人	陈鑫鑫	陆　涛、李龙筠、吴宝利、肖晴筝、陈光明、陈永飞、曹艳	陈鑫鑫 高磊晨子	已挂牌
			注册会计师	罗良志			
			律师	陈鑫鑫			
			行业分析师	黄　弋			
6	430227	北京东软慧聚信息技术股份有限公司	项目负责人	周　菁	任开宇、李龙筠、吴宝利、肖晴筝、曹　艳、彭忠波、陈光明	陈鑫鑫 高磊晨子	已挂牌
			注册会计师	武玲玲			
			律师	陈永飞			
			行业分析师	周　菁			
7	430239	北京信诺达泰思特科技股份有限公司	项目负责人	黄　弋	任开宇、李龙筠、吴宝利、肖晴筝、曹　艳、彭忠波、陈光明	陈鑫鑫 高磊晨子	已挂牌
			注册会计师	冯　强			
			律师	陈永飞			
			行业分析师	黄　弋			
8	430288	北京威达宇电软件股份有限公司	项目负责人	周　菁	任开宇、李龙筠、吴宝利、肖晴筝、曹　艳、陈永飞、王　昕	陈鑫鑫 高磊晨子	已挂牌
			注册会计师	武玲玲			
			律师	刘超洋			
			行业分析师	周　菁			
9	430301	北京倚天凌云科技股份有限公司	项目负责人	黄　弋	任开宇、李龙筠、吴宝利、肖晴筝、曹　艳、陈永飞、王　昕	陈鑫鑫 高磊晨子	已挂牌
			注册会计师	冯　强			
			律师	刘超洋			
			行业分析师	黄　弋			
目前已推荐挂牌公司家数					9		
已被终止挂牌公司家数					0		
撤回材料及申请被否公司家数					0		
推荐原代办股份转让系统的两网公司及退市公司挂牌情况							
无							

三、部门设置及主要业务人员情况

推荐业务				
部门名称		场外市场部(一级部门)		
分管高管		任开宇	部门负责人	陈永飞
部门人数		22 人	具有证券从业资格人数	17 人
具有注册会计师资格人数		4 人	具有律师资格人数	6 人
联络人一	姓名	陈永飞	固定电话	010 - 83958889
	传真	010 - 83958890	电子邮箱	chenyf@ jyzq. cn 13901084706@ 163. com

联络人二	姓名	陈鑫鑫	固定电话	010 - 83958909
	传真	010 - 83958890	电子邮箱	chenxx@ jyzq. cn chenxinxin_0@ sina. com

序号	姓　名	专业资格
1	陈永飞	可担任项目负责人、律师
2	陈鑫鑫	可担任项目负责人、律师
3	周　菁	可担任项目负责人
4	黄　弋	可担任项目负责人
5	冯　强	注册会计师
6	颜燎原	注册会计师
7	李　娜	注册会计师
8	武玲玲	注册会计师、律师
9	马聪聪	律师
10	刘　捷	律师
11	刘超洋	律师

经纪业务				
部门名称		深圳分公司(一级部门)		
分管高管		张冠宇	部门负责人	史克新
联络人一	姓名	林华	固定电话	0755 - 83025676
	传真	0755 - 83025625	电子邮箱	shikx@ jyzq. cn
联络人二	姓名	程金芳	固定电话	0755 - 83024889
	传真	0755 - 83025625	电子邮箱	chengjf@ jyzq. cn

华西证券有限责任公司

一、公司概况及简介

公司概况	公司名称	华西证券有限责任公司				
	成立日期	2000. 7. 13	法定代表人	杨炯洋	总经理	杨炯洋
	注册资本（万元）	141,311.37	净资产 *（万元）	632,441.48	净资本 *（万元）	448,485.11
	注册地址	成都市青羊区陕西街 239 号			营业部家数	67 家
	办公地址	成都市青羊区陕西街 239 号			邮编	610041
	公司网址	http://www. hx168. com. cn	电子邮箱	zcb@ mail. hx168. com. cn	经营证券业务许可证编号	Z27951000
	注：* 经审计的 2012 年度净资产和净资本					
	证监会批准的相关业务资格			证券经纪；证券投资咨询；与证券交易、证券投资活动有关的财务顾问；证券承销与保荐；证券自营；证券资产管理；融资融券；证券投资基金代销；代销金融产品。		
	在全国股份转让系统从事的业务种类			推荐业务、经纪业务		

<table>
<tr><td>公司简介</td><td>华西证券有限责任公司于2000年6月26日经中国证券监督管理委员会证监机构字[2000]133号文批准，由原四川省证券股份有限公司与原四川证券交易中心合并重组、增资扩股成立，注册资本14.13亿元，注册地为四川省成都市。泸州老窖为第一大股东。
公司拥有证券营业部60余家，遍布四川、北京、上海、天津、重庆、南京、广州、深圳、大连和杭州等地。目前，公司有多家营业部在当地市场占有率排名靠前，其中，成都高升桥营业部市场占有率排名稳居四川省第一，北京营业部在北京地区市场占有率排名前五，深圳营业部在深圳的市场占有率中排名前十。公司场外市场部的主要办公地点设在北京，投资银行总部分别在成都、上海等地设立多个分部，自营投资分公司设立在深圳；公司还拥有三家全资子公司，专注期货业务的华西期货有限责任公司、开展直投业务的华西金智投资有限责任公司以及开展另类投资业务的华西银峰投资有限责任公司。
公司倡导“助你成功，共享成果”的核心价值观，秉承专业化、市场化的经营理念规范运作。多年来，无论市场变幻如何起伏跌宕，华西证券凭着其强大的市场适应能力，一直保持强劲盈利发展势头，是全国少有的连续10年持续盈利的证券公司，并已成为中国证券行业具有相当竞争力的生力军队伍。</td></tr>
</table>

二、业务动态及统计

<table>
<tr><td colspan="8">推荐挂牌情况</td></tr>
<tr><td>序号</td><td>股份代码</td><td>公司名称</td><td colspan="2">项目小组成员</td><td>内核人员</td><td>持续督导人员</td><td>公司状态</td></tr>
<tr><td rowspan="4">1</td><td rowspan="4">430212</td><td rowspan="4">北京六合伟业科技股份有限公司</td><td>项目负责人</td><td>袁　宗</td><td rowspan="4">杜国文、邵　兵、孙兆明、尹利才、程敏敏、黄　斌、王小晶</td><td rowspan="4">张宏婷
林　廷</td><td rowspan="4">挂牌</td></tr>
<tr><td>注册会计师</td><td>袁　宗</td></tr>
<tr><td>律师</td><td>方　维</td></tr>
<tr><td>行业分析师</td><td>刘　炜</td></tr>
<tr><td rowspan="4">2</td><td rowspan="4">430255</td><td rowspan="4">北京三意时代科技股份有限公司</td><td>项目负责人</td><td>罗　明</td><td rowspan="4">王小晶、方　维、陈　军、佘烯键、刘彦昭、陈　晖、陈志新</td><td rowspan="4">张宏婷
林　廷</td><td rowspan="4">挂牌</td></tr>
<tr><td>注册会计师</td><td>罗明、林廷</td></tr>
<tr><td>律师</td><td>张宏婷</td></tr>
<tr><td>行业分析师</td><td>黄　辉</td></tr>
<tr><td colspan="5">目前已推荐挂牌公司家数</td><td colspan="3">2</td></tr>
<tr><td colspan="5">已被终止挂牌公司家数</td><td colspan="3">0</td></tr>
<tr><td colspan="5">撤回材料及申请被否公司家数</td><td colspan="3">0</td></tr>
<tr><td colspan="8">推荐原代办股份转让系统的两网公司及退市公司挂牌情况</td></tr>
<tr><td colspan="8">无</td></tr>
</table>

三、部门设置及主要业务人员情况

<table>
<tr><td colspan="5">推荐业务</td></tr>
<tr><td colspan="2">部门名称</td><td colspan="3">场外市场部</td></tr>
<tr><td colspan="2">分管高管</td><td>祖　强</td><td>部门负责人</td><td>齐　云</td></tr>
<tr><td colspan="2">部门人数</td><td>9</td><td>具有证券从业资格人数</td><td>9</td></tr>
<tr><td colspan="2">具有注册会计师资格人数</td><td>3</td><td>具有律师资格人数</td><td>3</td></tr>
<tr><td rowspan="2">联络人一</td><td>姓名</td><td>罗　明</td><td>固定电话</td><td>010－51662928 转 237</td></tr>
<tr><td>传真</td><td>010－66226708</td><td>电子邮箱</td><td>luoming@hx168.com.cn</td></tr>
<tr><td rowspan="2">联络人二</td><td>姓名</td><td>黄　慧</td><td>固定电话</td><td>010－51662928 转 234</td></tr>
<tr><td>传真</td><td>010－66226708</td><td>电子邮箱</td><td>huanghui@hx168.com.cn</td></tr>
<tr><td>序号</td><td colspan="2">姓　名</td><td colspan="2">专业资格</td></tr>
<tr><td>1</td><td colspan="2">罗　明</td><td colspan="2">可担任项目负责人、注册会计师</td></tr>
<tr><td>2</td><td colspan="2">汪　洋</td><td colspan="2">注册会计师、律师</td></tr>
<tr><td>3</td><td colspan="2">林　廷</td><td colspan="2">注册会计师</td></tr>
</table>

4	张宏婷	律师
5	黄　辉	律师

经纪业务					
部门名称		经纪管理总部运行管理部			
分管高管		祖　强	部门负责人	吴金有	
联络人一	姓名	李　胜	固定电话	028－86153392	
	传真	028－86150615	电子邮箱	lisheng@ hx168. com. cn	
联络人二	姓名	陈　农	固定电话	028－81701825	
	传真	028－86150615	电子邮箱	chennong@ hx168. com. cn	

西南证券股份有限公司

一、公司概况及简介

公司概况	公司名称	西南证券股份有限公司				
	成立日期	1999.12.28	法定代表人	余维佳	总经理	余维佳
	注册资本（万元）	232255.46	净资产＊（万元）	1040477	净资本＊（万元）	740022
	注册地址	重庆市江北区桥北苑8号西南证券大厦			营业部家数	41
	办公地址	重庆市江北区桥北苑8号西南证券大厦			邮编	400023
	公司网址	www. swsc. com. cn	电子邮箱	dshb@ swsc. com. cn	经营证券业务许可证编号	Z28175000
	注：＊经审计的最近一年度净资产和净资本					
	证监会批准的相关业务资格			证券经纪；证券投资咨询；与证券交易、证券投资活动有关的财务顾问；证券承销与保荐；证券自营；证券资产管理，融资融券；证券投资基金代销。		
	在全国股份转让系统从事的业务种类			经纪业务、推荐业务		
公司简介	西南证券成立于1999年12月28日，是一家注册地在重庆的全国综合性证券公司，注册资本23.23亿元。2009年2月26日，西南证券在上海证券交易所挂牌上市，成为中国第九家上市证券公司，是重庆第一家A股上市金融机构。公司现有员工近3000名，并于2010年设立了从事直接投资业务的全资控股子公司——西证股权投资有限公司，注册资本6亿元。西南证券股份有限公司成立以来，恪守“专业、稳健、创新、求精”的经营方针，奉行“用心创造价值”的服务理念。投资银行业务，凭借其优良的业绩连续多年位居全国同业前十名之列，再融资、并购业务更多次跻身业内三甲，先后为200多家上市公司和非上市公司提供投资银行服务，屡次获得“最佳服务投行”、“最佳并购投行”等称号；经纪业务在重庆地区始终保持营业网点最多、交易量最大的龙头地位；研究业务在医药、汽车等行业研究及市场投资策略方面确立了领先优势，研究成果受到中国社保基金理事会、证券投资基金等客户群的高度认可；场外市场业务，受到西南证券的高度重视，设立一级部门—场外市场部，不断加大投入力度，业务发展迅速。					

二、业务动态及统计

推荐挂牌情况	
目前已推荐挂牌公司家数	0
已被终止挂牌公司家数	0
撤回材料及申请被否公司家数	0

三、部门设置及主要业务人员情况

推荐业务

部门名称		场外市场部 一级部门		
分管高管		余维佳	部门负责人	苗青
部门人数		13	具有证券从业资格人数	13
具有注册会计师资格人数		2	具有律师资格人数	3
联络人一	姓名	苗青	固定电话	023－63786178
	传真	023－67003783	电子邮箱	mq@ swsc. com. cn
联络人二	姓名	徐莉璇	固定电话	010－57631266
	传真	010－88092028	电子邮箱	xulixuan33@ 163. com

序号	姓 名	专业资格
1	孙 寓	可担任项目负责人、律师
2	孙 旭	可担任项目负责人、注册会计师
3	李姝炜	注册会计师
4	任 灿	律师
5	赵小波	律师
6	郝 好	可担任项目负责人

经纪业务				
部门名称		零售客户部 一级部门		
分管高管		余维佳	部门负责人	张 庆
联络人一	姓名	张庆	固定电话	023－63786239
	传真	023－63786311	电子邮箱	zqing@ swsc. com. cn
联络人二	姓名	张涛	固定电话	023－63786336
	传真	023－63786311	电子邮箱	zt@ swsc. com. cn

长城证券有限责任公司

一、公司概况及简介

公司概况	公司名称	长城证券有限责任公司				
	成立日期	1995.11	法定代表人	黄耀华	总经理	何 伟
	注册资本（万元）	206,700.00	净资产＊（万元）	633,300.19	净资本＊（万元）	402,130.61
	注册地址	深圳市福,区深南大道6008号特区报业大厦16－17层			营业部家数	50家
	办公地址	深圳市福田区深南大道6008号特区报业大厦16－17层			邮编	518034
	公司网址	http://www. cgws. com	电子邮箱	chyj@ cgws. com	经营证券业务许可证编号	Z27474000
	注：＊经审计的最近一年度净资产和净资本					
	证监会批准的相关业务资格			证券经纪；证券投资咨询；与证券交易、证券投资活动有关的财务顾问；证券承销与保荐；证券自营；证券资产管理；融资融券；证券投资基金代销；为期货公司提供中间介绍业务。		
	在全国股份转让系统从事的业务种类			推荐业务、经纪业务		

公司简介	长城证券有限责任公司(以下简称"长城证券")是1995年11月经中国人民银行总行批准、在原深圳长城证券部和海南汇通国际信托投资公司所属证券机构合并基础上,设立的一家全国性专业证券公司,是我国最早成立的证券公司之一。长城证券的战略定位是"专长于以资源为核心的基础产业领域的国内一流投资银行"。 长城证券凭借规范稳健的经营作风,已经成长为一家资质齐全、业务覆盖全国的综合类证券公司。目前长城证券已在经纪业务、投资银行、固定收益、证券投资、证券研究、融资融券、资产管理、销售交易、量化投资等业务方面,形成了多功能协调发展的金融业务体系,业务能力不断得到加强。 长城证券不断完善金融产业平台,目前控参股长城基金管理有限公司、景顺长城基金管理有限公司、宝城期货有限责任公司、长城长富投资管理有限公司,为客户提供全方位金融服务。近几年来,在各股东单位及社会各界的大力支持下,公司广大干部员工奋发努力,紧紧抓住市场机遇,实现了快速发展。 2005年至2012年,公司连续8年实现盈利,各项业务蒸蒸日上,企业面貌焕然一新。长城证券目前在北京、深圳、上海、武汉、广州、杭州、大连等全国主要城市共设有50家营业部,还有一批营业部正加紧筹建,公司拥有先进的证券交易系统,为客户提供综合性增值服务。 长城证券将继续秉承"资源整合、团队作战、为客户提供综合性增值服务"的经营理念,以证券为核心,通过完善的金融多功能协调发展的业务体系,以深厚的专业背景、勤奋的敬业精神、全面的专家解决方案、个性化的产品和综合性服务,为我们的客户创造价值。

二、业务动态及统计

推荐挂牌情况							
序号	股份代码	公司名称	项目小组成员		内核人员	持续督导人员	公司状态
1	430089	天一众合	项目负责人	陈忠华	陈轶瑾、杨文波、崔胜朝、向威达、施　斌、胡宾志、杨　威	崔永锋	已挂牌
			注册会计师	崔永锋			
			律师	刘　斌			
			行业分析师	但朝阳			
2	430155	康辰亚奥	项目负责人	陈忠华	陈轶瑾、杨文波、崔胜朝、向威达、施　斌、王晓莹、郑　侠	杜欣予 王　洋	已挂牌
			注册会计师	张赞松、崔永锋、李瑞波			
			律师	刘　斌、曹文韵			
			行业分析师	于国华			
3	430089	天一众合定向增资	项目负责人	陈忠华	陈轶瑾、施　斌、崔胜朝、杨文波、向威达、胡宾志、林长华	——	——
			注册会计师	张赞松、崔永锋			
			律师	刘　斌、曹文韵			
			行业分析师	于国华、付　斌			
4	430281	能为科技	项目负责人	张赞松	徐浙鸿、康米和、陈轶瑾、余　文、汪　旖、王　飞、胡蓉蓉	杜欣予 王　洋	已挂牌
			注册会计师	李瑞波			
			律师	王　洋			
			行业分析师	颜　刚			
5	430330	捷世智通	项目负责人	漆传金	徐浙鸿、康米和、何　东、汪　旖、胡宾志、余　文、王　飞	张　涛 黄奕瑞	已挂牌
			注册会计师	何伟政、张　涛			
			律师	黄奕瑞			
			行业分析师	吴　灏			
目前已推荐挂牌公司家数					4		
已被终止挂牌公司家数					0		
撤回材料及申请被否公司家数					0		

三、部门设置及主要业务人员情况

推荐业务				
部门名称		新三板业务部(一级部门)		
分管高管		王天广	部门负责人	张玉玺
部门人数		14人	具有证券从业资格人数	14人
具有注册会计师资格人数		2人	具有律师资格人数	5人
联络人一	姓名	陈轶瑾	固定电话	010-88366060-8819
	传真	010-88366650	电子邮箱	chyj@ cgws. com
联络人二	姓名	胡　婕	固定电话	010-88366060-8010
	传真	010-88366650	电子邮箱	hujie@ cgws. com
序号	姓　名		专业资格	
1	张玉玺		律师	
2	孟令圣		可担任项目负责人、准保荐代表人	
3	杨文波		可担任项目负责人	
4	谷永亮		可担任项目负责人、律师	
5	赵　倩		可担任项目负责人	
6	徐华平		注册会计师	
7	王金府		注册会计师	
8	王　洋		律师	
9	杨小栋		律师	
10	杨金光		律师	

经纪业务				
部门名称		零售与融资融券部(一级部门)		
分管高管		范小新	部门负责人	黄小谦
联络人一	姓名	刘　赟	固定电话	0755-83467449
	传真	0755-83516199	电子邮箱	l_y@ cgws. com
联络人二	姓名	杨　凡	固定电话	0755-33911089
	传真	0755-33911088	电子邮箱	yangfan@ cgws. com

浙商证券股份有限公司

一、公司概况及简介

公司概况	公司名称	浙商证券股份有限公司				
	成立日期	2002.5.9	法定代表人	吴承根	总经理	吴承根
	注册资本(万元)	300,000.00	净资产*(万元)	534,735.32	净资本*(万元)	364,693.53
	注册地址	杭州市杭大路1号			营业部家数	66
	办公地址	浙江省杭州市杭大路1号黄龙世纪广场A座			邮编	310007
	公司网址	www. stocke. com. cn	电子邮箱	webmaster@ stocke. com. cn	经营证券业务许可证编号	E39833000

公司概况	注：*经审计的2012年度净资产和净资本	
	证监会批准的相关业务资格	证券经纪；证券投资咨询；与证券交易、证券投资活动有关的财务顾问；证券承销与保荐；证券自营；证券资产管理；证券投资基金代销；为期货公司提供中间介绍业务。
	在全国股份转让系统从事的业务种类	推荐业务、经纪业务
公司简介	浙商证券股份有限公司(ZheshangSecuritiesCo.,Ltd.)是中国证监会批准成立的综合性证券公司，成立于2002年5月9日，2012年9月12日整体变更为股份公司。总部位于浙江省杭州市，注册资本30亿元人民币。现有股东15家，实际控制人为浙江省交通投资集团。公司已形成"证券+期货+基金+创投"的金融产业布局，全资控股浙商期货有限公司和浙商资本管理有限公司，主发起设立浙商基金管理有限公司，为广大客户提供综合性投融资服务。公司主要业务包括证券经纪、投资银行、资产管理、财务顾问、投资咨询、证券自营、期货IB、直接投资、融资融券等。截至2012年9月底，公司在全国范围内设有64家证券营业部，覆盖浙江所有地市，并拓展至北京、上海、天津、深圳、重庆、广州等沿海省市及内陆经济发达地区。近年来，公司综合实力显著提升，服务能力不断加强，赢得市场良好口碑，先后获得优秀证券中介机构、中国最具发展潜力证券公司、中国最佳资产管理证券公司、中国最具成长性投行、中国最具成长性经纪券商等荣誉。浙商证券以"同创同享同成长"为核心企业文化，努力打造最具浙商特色的财富增值服务商，致力于撮合投融资需求，管理居民财富，积极服务于实体经济发展。	

二、业务动态及统计

推荐挂牌情况								
序号	股份代码	公司名称	项目小组成员		内核人员	持续督导人员	公司状态
1	430235	北京典雅天地文化传播股份有限公司	项目负责人	初德雷	盛建龙、周 跃、赵冠弢、邓宏光、洪 涛、吕崇华、潘晓虹	初德雷	挂牌
			注册会计师	董 然、林延峰			
			律师	杨 纯			
			行业分析师	初德雷			
目前已推荐挂牌公司家数					1		
已被终止挂牌公司家数					0		
撤回材料及申请被否公司家数					0		
推荐原代办股份转让系统的两网公司及退市公司挂牌情况							
无							

三、部门设置及主要业务人员情况

推荐业务				
部门名称		场外市场业务部(一级部门)、投资银行业务总部(一级部门)		
分管高管		吴承根	部门负责人	赵冠弢、周旭东
部门人数		80	具有证券从业资格人数	80
具有注册会计师资格人数		22	具有律师资格人数	15
联络人一	姓名	丁吉晶	固定电话	0571－87902535
	传真	0571－87903109	电子邮箱	dingjijing@ stocke. com. cn
联络人二	姓名	李茜	固定电话	0571－87902733
	传真	0571－87901974	电子邮箱	liqian@ stocke. com. cn
经纪业务				
部门名称		场外市场业务部(一级部门)、投资银行业务总部(一级部门)		
分管高管		吴承根	部门负责人	赵冠弢、周旭东

联络人一	姓名	丁吉晶	固定电话	0571－87902535
	传真	0571－87903109	电子邮箱	dingjijing@ stocke. com. cn
联络人二	姓名	李　茜	固定电话	0571－87902733
	传真	0571－87901974	电子邮箱	liqian@ stocke. com. cn

大通证券股份有限公司

一、公司概况及简介

公司概况	公司名称	大通证券股份有限公司				
	成立日期	2001.7	法定代表人	张智河	总经理	张智河
	注册资本（万元）	220,000	净资产＊（万元）	322,657	净资本＊（万元）	232,353
	注册地址	大连市沙河口区会展路129号大连国际金融中心A座－大连期货大厦38、39层			营业部家数	37
	办公地址	大连市沙河口区会展路129号大连国际金融中心A座－大连期货大厦38、39层			邮编	116023
	公司网址	www. daton. com. cn	电子邮箱	admin@ daton. com. cn	经营证券业务许可证编号	Z11876000
	注：＊经审计的2012年度净资产和净资本					
	证监会批准的相关业务资格			证券经纪；证券投资咨询；与证券交易、证券投资活动有关的财务顾问；证券承销与保荐；证券自营；证券资产管理；为期货公司提供中间介绍业务；证券投资基金销售业务；融资融券业务。		
	在全国股份转让系统从事的业务种类			推荐业务和经纪业务		
公司简介	大通证券股份有限公司是总部设在大连的唯一一家证券公司，是辽宁省内唯一一家全牌照证券公司，注册资本22亿元，2007年8月，公司通过中国证券业协会组织的规范类证券公司评审，取得规范类证券公司资格。 公司业务体系较为齐备，设有投资银行业务、经纪业务、资产管理业务、交易及衍生品业务、固定收益业务、证券金融业务、财富管理等7大业务条线。另外，公司目前设有37家分支机构，分布于大连、上海、北京、天津、广州、深圳等全国22个城市，旗下拥有大连大通创新投资有限公司、大连良运期货有限公司两家子公司。 2012年年初，公司着眼于提升公司盈利能力和品牌影响力，紧紧围绕“转型驱动，创新发展”行业发展主线，确定了新的战略规划和商业模式。 发展目标： 公司牢牢抓住当前中国经济高速增长的黄金机遇期，按照本土化、专业化（差异化）、国际化的基本发展方向，集中资源，重点突破，致力于为客户提供优质高效的投融资服务，将公司建设成具有差异化竞争优势和经营特色的上市证券公司。 战略定位： 致力于客户财富管理的投资银行。 商业模式： 突出证券公司的中介本质，坚持以客户为中心，以财富管理为方向，整合资源，强化协同，实现客户、员工与公司的共同成长。					

二、业务动态及统计

推荐挂牌情况

序号	股份代码	公司名称	项目小组成员		内核人员	持续督导人员	公司状态
1	430149	湖北江汉石油仪器仪表股份有限公司	项目负责人	秦鲁照	赵　玺、朱玲玲、付佐民、郭一涛、张　宓、周雪飞、鲁　军	包红星 郭　定	挂牌
			注册会计师	郭　定			
			律师	包红星			
			行业分析师	程思琦			

2	430167	北京四利通控制技术股份有限公司	项目负责人	秦鲁照	赵　玺、朱玲玲、付佐民、郭士涛、张　宓、周雪飞、鲁　军	包红星 郭　定	挂牌
			注册会计师	郭　定			
			律师	包红星			
			行业分析师	程思琦			
目前已推荐挂牌公司家数					2		
已被终止挂牌公司家数					0		
撤回材料及申请被否公司家数					0		
推荐原代办股份转让系统的两网公司及退市公司挂牌情况							
无							

三、部门设置及主要业务人员情况

推荐业务				
部门名称		场外交易市场部(二级部门)		
分管高管		杨亮	部门负责人	周伟明
部门人数		14	具有证券从业资格人数	14
具有注册会计师资格人数		1	具有律师资格人数	4
联络人一	姓名	姜　凯	固定电话	010－57973832
	传真	010－57973840	电子邮箱	jiangkai@ daton. com. cn
联络人二	姓名	包红星	固定电话	010－57973843
	传真	010－57973840	电子邮箱	baohongxing@ daton. com. cn
联络人三	姓名	石冀苑	固定电话	010－57973843
	传真	010－57973840	电子邮箱	shijiyuan@ daton. com. cn
联络人四	姓名	张　慧	固定电话	021－61762610
	传真	021－61763699	电子邮箱	zhanghui@ daton. com. cn
序号	姓　名		专业资格	
1	包红星		可担任项目负责人、律师	
2	郭　定		可担任项目负责人、注册会计师	
3	朱小兵		可担任项目负责人	
4	石冀苑		可担任项目负责人	
5	张　慧		律师	
6	王亚宁		律师	
7	徐海铭		律师	
经纪业务				
部门名称		经纪业务总部(一级部门)		
分管高管		张松孝	部门负责人	邱　楠
联络人一	姓名	车　涛	固定电话	0411－39673320
	传真	0411－39673214	电子邮箱	chetao@ daton. com. cn

民生证券股份有限公司

一、公司概况及简介

<table>
<tr><td rowspan="10">公司概况</td><td>公司名称</td><td colspan="5">民生证券股份有限公司</td></tr>
<tr><td>成立日期</td><td>1986.11</td><td>法定代表人</td><td>余　政</td><td>总经理</td><td>罗　凌</td></tr>
<tr><td>注册资本（万元）</td><td>217,730.63</td><td>净资产*（万元）</td><td>314,053</td><td>净资本*（万元）</td><td>235,276</td></tr>
<tr><td>注册地址</td><td colspan="3">北京市东城区建国门内大街28号民生金融中心A座16－18层</td><td>营业部家数</td><td>44</td></tr>
<tr><td>办公地址</td><td colspan="3">北京市东城区建国门内大街28号民生金融中心A座16－20层</td><td>邮编</td><td>100005</td></tr>
<tr><td>公司网址</td><td>www.mszq.com</td><td>电子邮箱</td><td>mszq@mszq.com</td><td>经营证券业务许可证编号</td><td>z24641000</td></tr>
<tr><td colspan="6">注：*经审计的最近一年度净资产和净资本</td></tr>
<tr><td colspan="3">证监会批准的相关业务资格</td><td colspan="3">证券经纪；证券投资咨询；与证券交易和证券投资活动有关的财务顾问；证券承销与保荐；证券自营；证券资产管理；IB业务；融资融券业务；中小企业私募债券承销等。</td></tr>
<tr><td colspan="3">在全国股份转让系统从事的业务种类</td><td colspan="3">推荐业务、经纪业务</td></tr>
<tr><td>公司简介</td><td colspan="6">公司具备中国证监会批准的证券经纪、证券投资咨询、与证券交易和证券投资活动有关的财务顾问、证券承销与保荐、证券自营、证券资产管理、IB业务、融资融券业务、中小企业私募债券承销等各项业务资格，并由中国证监会推荐进入全国银行间同业拆借市场。公司在北京、上海、深圳、郑州、济南、成都、广州等地设立了44家证券营业部。
公司坚持“以诚信求生存、以创新谋发展”的经营理念，积极进取，全面开拓客户资产管理、证券自营、证券代理发行、证券经纪、债券承销、投资咨询、财务顾问和并购重组等各项业务，不断推进机制创新和业务模式创新，为各类企业和个人客户提供优质、规范、高效的投融资工具和专业化、个性化的投资理财服务。
公司具有完善的法人治理结构，并根据《公司法》、《证券公司治理准则》等法律法规的要求，科学构建公司法人治理组织体系。公司内控机制不断完善，建立了前中后台相结合、相互监督的内控架构，以及系统配套、促控有力的制度体系和较为完备的风险监控技术支持系统，确保各项业务健康发展。
公司坚持以人为本，建立以绩效为导向的薪酬激励机制和以促进员工发展、人力资本增值为核心的人力资源开发体系，倡导员工与企业同成长，使人力资本真正成为企业的核心竞争力。</td></tr>
</table>

二、业务动态及统计

<table>
<tr><td colspan="8">推荐挂牌情况</td></tr>
<tr><td>序号</td><td>股份代码</td><td>公司名称</td><td colspan="2">项目小组成员</td><td>内核人员</td><td>持续督导人员</td><td>公司状态</td></tr>
<tr><td rowspan="4">1</td><td rowspan="4">430081</td><td rowspan="4">北京莱富特佰网络科技股份有限公司</td><td>项目负责人</td><td>王　旭</td><td rowspan="4">杨卫东、方　尊、匙　芳、王学春、李　锋、王宗奇、李艳西</td><td rowspan="4">管仁昊
陆丹君
赵永强</td><td rowspan="4">挂牌</td></tr>
<tr><td>注册会计师</td><td>柳黎滨</td></tr>
<tr><td>律师</td><td>赵永强</td></tr>
<tr><td>行业分析师</td><td>张彤宇</td></tr>
<tr><td colspan="5">目前已推荐挂牌公司家数</td><td colspan="3">1</td></tr>
<tr><td colspan="5">已被终止挂牌公司家数</td><td colspan="3">0</td></tr>
<tr><td colspan="5">撤回材料及申请被否公司家数</td><td colspan="3">0</td></tr>
<tr><td colspan="8">推荐原代办股份转让系统的两网公司及退市公司挂牌情况</td></tr>
<tr><td colspan="8">无</td></tr>
</table>

三、部门设置及主要业务人员情况

推荐业务

部门名称		场外市场部		
分管高管		杨卫东	部门负责人	王　旭
部门人数		15	具有证券从业资格人数	15
具有注册会计师资格人数		2	具有律师资格人数	2
联络人一	姓名	王旭	固定电话	010－85127883
	传真	010－85127940	电子邮箱	wangxu@ mszq. com
联络人二	姓名	管仁昊	固定电话	010－85127883
	传真	010－85127940	电子邮箱	guanrenhao@ mszq. com
联络人三	姓名	俞景东	固定电话	010－85127870
	传真	010－85127940	电子邮箱	yu. jingdong@ mszq. com
序号	姓　名		专业资格	
1	王　旭		可担任项目负责人	
2	张志国		可担任项目负责人	
3	曹文轩		可担任项目负责人	
4	王启超		注册会计师	
5	陆丹君		注册会计师	
6	赵永强		律师	
7	杜慧敏		律师	

经纪业务				
部门名称		经纪业务管理部		
分管高管		张德江	部门负责人	辛胜利
联络人一	姓名	辛胜利	固定电话	010－85127605
	传真	010－85127917	电子邮箱	xinshengli@ mszq. com
联络人二	姓名	盖克苏	固定电话	010－85127922
	传真	010－85127917	电子邮箱	gaikesu@ mszq. com

国都证券股份有限公司

一、公司概况及简介

公司概况	公司名称	国都证券股份有限公司				
	成立日期	2001. 12. 28	法定代表人	常　喆	总经理	常　喆
	注册资本（万元）	262,298	净资产＊（万元）	614,008. 89	净资本＊（万元）	533,842. 94
	注册地址	北京市东城区东直门南大街3号国华投资大厦9层、10层			营业部家数	24家
	办公地址	北京市东城区东直门南大街3号国华投资大厦9层、10层			邮编	100007
	公司网址	www. guodu. com	电子邮箱	gdzq@ guodu. com	经营证券业务许可证编号	Z29874000
	注：＊经审计的2011年度净资产和净资本					

公司概况	证监会批准的相关业务资格	经营范围:证券经纪;证券投资咨询;与证券交易、证券投资活动有关的财务顾问;证券承销与保荐;证券自营;证券资产管理;证券投资基金代销;为期货公司提供中间介绍业务;融资融券业务;代销金融产品业务。 业务资格: 1. 创新试点证券公司资格 2. 保荐机构资格 3. 经营股票承销及主承销业务资格 4. 企业债主承销资格 5. 受托投资管理业务资格 6. 网上证券委托业务资格 7. 开放式证券投资基金代销业务资格 8. 权证交易和创设业务资格 9. 经营外资股业务资格 10. 证券投资咨询业务资格 11. 全国银行间同业拆借市场成员资格 12. 经营外汇业务资格 13. 中国证券登记结算公司甲类结算参与人资格 14. 股票发行询价对象资格 15. 非金融企业债务融资工具承销机构资格 16. 期货中间介绍业务资格 17. 上海证券交易所大宗交易系统合格投资者资格 18. 实施证券经纪人制度资格 19. 全国中小企业股份转让系统推荐业务及经纪业务资格 20. 融资融券业务资格 21. 中小企业私募债承销业务资格 22. 直接投资业务资格 23. 转融资试点资格 24. 另类投资业务资格 25. 代销金融产品业务资格
	在全国股份转让系统从事的业务种类	推荐业务和经纪业务
公司简介	国都证券有限责任公司是经中国证监会批准,于2001年12月28日在中诚信托有限责任公司和北京国际信托有限公司原有证券业务整合的基础上,吸收其他股东出资成立的综合性证券公司。公司注册地为北京。2005年,公司经中国证券业协会评审取得创新试点证券公司资格。2012年,公司在中国证监会组织的证券公司分类评级中再次取得A类A级的评级。截至2012年末,公司注册资本262,298万元。 国都证券成立以来,始终秉承"关注客户需求,与客户共成长"的服务理念,在坚持合规经营的基础上,努力为客户提供便捷、多样化、个性化的金融服务,深得客户认可与信赖,并在业内赢得了良好的声誉。为拓展业务发展空间,公司通过设立香港子公司、控股期货公司、参股基金公司,整合股东、银行等金融机构的资源,搭建起一个多元化的金融服务平台。公司发展至今,已形成了门类齐全、服务模式多样化的业务体系,可针对客户的个性化需求,提供一揽子金融解决方案。 在管理方面,公司构建了完善的法人治理结构、科学严密的内部控制机制和风险管理体系,形成了以人为本、和谐发展的企业文化,打造了一支独具特色、精诚团结、锐意进取的精英团队,为公司健康稳步的发展奠定了坚实的基础。	

二、业务动态及统计

推荐挂牌情况

序号	股份代码	公司名称	项目小组成员		内核人员	持续督导人员	公司状态
1	430108	北京精耕天下农业科技股份有限公司	项目负责人	李　文	曲　宏、朱鹏举、敖　磊、陈跃武、刘　中、王　蕾、闫雪晶	孙伟红 郑媛媛	挂牌
			注册会计师	何　方			
			律师	李志伟			
			行业分析师	王　双			

2	430164	北京思倍驰科技股份有限公司	项目负责人	李　文	曲　宏、朱鹏举、敖　磊、周红军、刘　中、廖晓东、闫雪晶	孙伟红 郑媛媛	挂牌
			注册会计师	孙伟红			
			律师	郑媛媛			
			行业分析师	王　双			
3		北京波智高远信息技术股份有限公司	项目负责人	李　文	刘　中、敖　磊、陈跃武、朱鹏举、廖晓东、闫雪晶、孙伟红		撤回材料
			注册会计师	何　方			
			律师	郑媛媛			
			行业分析师	邓文光			
4	430298	北京淘礼网科技股份有限公司	项目负责人	李　文	刘　中、敖　磊、陈跃武、朱鹏举、周红军、闫雪晶、杜军明	孙伟红 郑媛媛	挂牌
			注册会计师	孙伟红			
			律师	郑媛媛			
			行业分析师	邓文光			
目前已推荐挂牌公司家数					3		
已被终止挂牌公司家数					0		
撤回材料及申请被否公司家数					1		
推荐原代办股份转让系统的两网公司及退市公司挂牌情况							
无							

三、部门设置及主要业务人员情况

推荐业务				
部门名称		场外市场业务部(一级部门)		
分管高管		刘　中	部门负责人	崔　平
部门人数		11 人	具有证券从业资格人数	11 人
具有注册会计师资格人数		2 人	具有律师资格人数	1 人
联络人一	姓名	孙伟红	固定电话	84183318
	传真	84183265	电子邮箱	sunweihong@ guodu. com
联络人二	姓名	郑媛媛	固定电话	84183185
	传真	84183265	电子邮箱	zhengyuanyuan@ guodu. com
序号	姓　名		专业资格	
1	孙伟红		注册会计师	
2	杜军明		注册会计师	
3	郑媛媛		律师	
经纪业务				
部门名称		经纪业务总部(一级部门)		
分管高管		赵远峰	部门负责人	张　梅
联络人一	姓名	张　梅	固定电话	84183216
	传真	64482090	电子邮箱	zhangmei@ guodu. com
联络人二	姓名	幺　青	固定电话	84183327
	传真	64482090	电子邮箱	yaoqing@ guodu. com

信达证券股份有限公司

一、公司概况及简介

<table>
<tr><td rowspan="10">公司概况</td><td>公司名称</td><td colspan="5">信达证券股份有限公司</td></tr>
<tr><td>成立日期</td><td>2007.9.4</td><td>法定代表人</td><td>高冠江</td><td>总经理</td><td>张志刚</td></tr>
<tr><td>注册资本（万元）</td><td>256,870.00</td><td>净资产*（万元）</td><td>542,763.63</td><td>净资本*（万元）</td><td>426,864.49</td></tr>
<tr><td>注册地址</td><td colspan="3">北京市西城区闹市口大街9号院1号楼</td><td>营业部家数</td><td>68</td></tr>
<tr><td>办公地址</td><td colspan="3">北京市西城区闹市口大街9号院1号楼</td><td>邮编</td><td>100031</td></tr>
<tr><td>公司网址</td><td>http://www.cindasc.com</td><td>电子邮箱</td><td>zjb@cindasc.com</td><td>经营证券业务许可证编号</td><td>Z39711000</td></tr>
<tr><td colspan="6">注：*经审计的2011年度净资产和净资本</td></tr>
<tr><td colspan="3">证监会批准的相关业务资格</td><td colspan="3">证券经纪；证券投资咨询；与证券交易、证券投资活动有关的财务顾问；证券承销与保荐；证券自营；证券资产管理；融资融券。</td></tr>
<tr><td colspan="3">在全国股份转让系统从事的业务种类</td><td colspan="3">推荐业务、经纪业务</td></tr>
<tr><td rowspan="1">公司简介</td><td colspan="6">信达证券股份有限公司（以下简称“信达证券”）是经中国证监会批准，在收购原汉唐证券、辽宁证券的证券类资产基础上，由中国信达资产管理股份有限公司、中海信托股份有限公司、中国中材集团公司作为发起人，于2007年9月设立的证券公司。公司注册地在北京市，现注册资本为25.687亿元人民币，拥有68家营业部，全资控股信达期货有限公司。信达证券在2012年证券公司分类评价获评A类券商，并且荣获同行业多项荣誉。
信达证券具有雄厚的金融集团背景。公司的主要出资人及控股股东中国信达资产管理股份有限公司是经国务院和人民银行批准，由财政部出资于1999年4月设立的国有独资非银行金融机构，注册资本金251亿人民币。在完成不良资产处置的同时，信达资产管理股份有限公司依据国家相关政策积极探索商业化转型之路，陆续搭建了证券、基金、保险、信托等金融服务平台，综合服务金融集团的框架初步形成。信达证券拥有现代企业组织架构及日趋完善的网点布局。信达证券按照现代企业制度建设的要求，建立了完善的组织架构和精简高效、权责明晰的组织管理体系，在北京、上海、深圳、广州、沈阳、成都等30个城市设立了证券服务机构，有得天独厚的优势及雄厚的资源基础。</td></tr>
</table>

二、业务动态及统计

<table>
<tr><td colspan="8">推荐挂牌情况</td></tr>
<tr><td>序号</td><td>股份代码</td><td>公司名称</td><td colspan="2">项目小组成员</td><td>内核人员</td><td>持续督导人员</td><td>公司状态</td></tr>
<tr><td rowspan="4">1</td><td rowspan="4">430091</td><td rowspan="4">北京东方润泽生态科技股份有限公司</td><td>项目负责人</td><td>李锡亮</td><td rowspan="4">吴立光、陈贵平、吕立新、徐克非、关明阳、邢海芝、曾　楠</td><td rowspan="4">江　颖
霍彦红
潘庆明
卢丹琴</td><td rowspan="4">挂牌</td></tr>
<tr><td>注册会计师</td><td>寻　源</td></tr>
<tr><td>律师</td><td>谢　娟</td></tr>
<tr><td>行业分析师</td><td>康敬东</td></tr>
<tr><td rowspan="4">2</td><td rowspan="4">430169</td><td rowspan="4">融智通科技（北京）股份有限公司</td><td>项目负责人</td><td>赵　渊</td><td rowspan="4">吴立光、陈贵平、边铁城、邢海芝、李文涛、徐存新、曾　楠</td><td rowspan="4">江　颖
霍彦红
潘庆明
卢丹琴</td><td rowspan="4">挂牌</td></tr>
<tr><td>注册会计师</td><td>卢丹琴</td></tr>
<tr><td>律师</td><td>霍彦红</td></tr>
<tr><td>行业分析师</td><td>江　颖、潘庆明</td></tr>
<tr><td colspan="5">目前已推荐挂牌公司家数</td><td colspan="3">2</td></tr>
<tr><td colspan="5">已被终止挂牌公司家数</td><td colspan="3">0</td></tr>
<tr><td colspan="5">撤回材料及申请被否公司家数</td><td colspan="3">0</td></tr>
<tr><td colspan="8">推荐原代办股份转让系统的两网公司及退市公司挂牌情况</td></tr>
<tr><td colspan="8">无</td></tr>
</table>

三、部门设置及主要业务人员情况

推荐业务				
部门名称		企业融资部		
分管高管		金黎明	部门负责人	郑年丹
部门人数		12	具有证券从业资格人数	12
具有注册会计师资格人数		3	具有律师资格人数	3
联络人一	姓名	江　颖	固定电话	63081421
	传真	63081198	电子邮箱	jiangying@ cindasc. com
联络人二	姓名	潘庆明	固定电话	63081420
	传真	63081198	电子邮箱	panqingming@ cindasc. com

序号	姓　名	专业资格
1	江　颖	可担任项目负责人
2	潘庆明	可担任项目负责人
3	卢丹琴	可担任项目负责人、注册会计师、律师
4	霍彦红	可担任项目负责人、律师
5	冯　响	可担任项目负责人
6	张增强	可担任注册会计师
7	张　磊	可担任项目负责人、注册会计师、律师

经纪业务				
部门名称		经纪管理部		
分管高管		张辉	部门负责人	许庭保
联络人一	姓名	陈仕春	固定电话	63081019
	传真	63080978	电子邮箱	chenshichun@ cindasc. com
联络人二	姓名	李　敏	固定电话	63081003
	传真	63080978	电子邮箱	limin@ cindasc. com

国盛证券有限责任公司

一、公司概况及简介

公司概况	公司名称	国盛证券有限责任公司				
	成立日期	2002. 12. 26	法定代表人	曾小普	总经理	曾小普
	注册资本（万元）	59334. 07	净资产＊（万元）	143937. 96	净资本＊（万元）	121308. 81
	注册地址	江西省南昌市北京西路 88 号江信国际大厦			营业部家数	45 家
	办公地址	江西省南昌市北京西路 88 号江信国际大厦 15 层			邮编	330046
	公司网址	www. gsstock. com	电子邮箱	gkh@ gszq. com	经营证券业务许可证编号	z30936000
	注：＊经审计的 2011 年度净资产和净资本					
	证监会批准的相关业务资格			证券经纪业务；证券投资咨询；与证券投资活动有关的财务顾问；证券承销与保荐业务；证券自营业务；证券资产管理和融资融券业务。		
	在全国股份转让系统从事的业务种类			经纪业务和推荐业务		

公司简介	国盛证券有限责任公司是2002年12月经江西省人民政府和中国证监会批准设立的综合类证券公司。公司注册地为江西省南昌市，注册资本59334.07万元。 2007年2月2日，经中国证券业协会评审通过，公司成为规范发展类证券公司。公司设立了18个职能及业务部门，在北京设立一家分公司，45家营业网点分布于北京、上海、深圳、天津、杭州等国内中心城市及江西省各地市，拥有证券经纪，证券自营，证券主承销与保荐，证券资产管理，证券投资咨询，财务顾问，代办系统主办券商业务资格。是中国证监会注册的保荐机构，曾首批获准参与股权分置改革试点。是全国银行间和交易所间同业拆借及债券市场成员单位，中国证券业协会监事单位。 公司始终致力于建设昂扬向上的企业文化，以"共同利益观"（即国家、企业、客户、员工利益一体，互利共赢）为核心价值观，以"忠诚拼搏、艰苦创业"为企业精神，始终以优质高效的服务，不断满足投资者多方位需求，实现公司的可持续发展。

二、业务动态及统计

推荐挂牌情况						
序号	股份代码	公司名称	项目小组成员	内核人员	持续督导人员	公司状态
目前已推荐挂牌公司家数				0		
已被终止挂牌公司家数				0		
撤回材料及申请被否公司家数				0		
推荐原代办股份转让系统的两网公司及退市公司挂牌情况						
无						

三、部门设置及主要业务人员情况

推荐业务				
部门名称		场外市场总部		
分管高管		马跃进	部门负责人	罗　琴
部门人数		15	具有证券从业资格人数	15
具有注册会计师资格人数		4	具有律师资格人数	2
联络人一	姓名	龚侃宏	固定电话	0791－86281630
	传真	0791－86282210	电子邮箱	153635289@qq.com
联络人二	姓名	黄　群	固定电话	0791－86282210
	传真	0791－86282210	电子邮箱	huangqun@gszq.com
序号	姓　名		专业资格	
1	龚侃宏		可担任项目负责人	
2	王　敏		注册会计师	
3	李晓芸		注册会计师	
4	陈昱芳		注册会计师	
5	周　晴		律师	
6	杨凌翾		律师	
经纪业务				
部门名称		经纪业务服务总部		
分管高管		马跃进	部门负责人	王忠泉

联络人一	姓名	温荣山	固定电话	0791－86287965
	传真	0791－86288690	电子邮箱	wrs@ gszq. com
联络人二	姓名	过　海	固定电话	0791－86276269
	传真	0791－86288690	电子邮箱	guohai@ gszq. com

安信证券股份有限公司

一、公司概况及简介

公司概况	公司名称	安信证券股份有限公司				
	成立日期	2006. 8. 22	法定代表人	牛冠兴	总经理	王连志
	注册资本（万元）	319,999. 31	净资产＊（万元）	1000788. 55	净资本＊（万元）	686994. 18
	注册地址	深圳市福田区金田路 4018 号安联大厦 35 层、28 层 A02 单元			营业部家数	122 家
	办公地址	深圳市福田区金田路 4018 号安联大厦 35 层			邮编	518026
	公司网址	www. essence. com. cn	电子邮箱	axzq@ essence. com. cn	经营证券业务许可证编号	Z15874000
	注：＊经审计的最近一年度净资产和净资本					
	证监会批准的相关业务资格			证券承销与保荐业务、证券经纪业务		
	在全国股份转让系统从事的业务种类			推荐业务、经纪业务		
公司简介	安信证券股份有限公司（以下简称“安信证券”）成立于 2006 年 8 月 18 日。目前股东为中国证券投资者保护基金有限责任公司、深圳市远致投资有限公司等 13 家，注册资本 319,999 万元。 安信证券总部设于深圳，下辖 5 家分公司，在 25 个省级行政区设有 122 家证券营业部，并全资控股安信国际金融控股有限公司、安信期货有限公司、安信乾宏投资有限公司，参股安信基金管理公司，构建起综合金融理财服务平台。 安信证券可为广大投资者提供证券代理买卖、证券承销与保荐、证券资产管理、证券投资咨询、融资融券、基金代销、金融产品代销、股指期货中间介绍以及与证券交易、证券投资活动有关的财务顾问等服务。					

二、业务动态及统计

推荐挂牌情况							
序号	股份代码	公司名称	项目小组成员		内核人员	持续督导人员	公司状态
1	430101	泰诚信	项目负责人	孟庆亮	王时中、王永兴、严俊涛、朱　峰、赵　敏、连　伟、赵志成	黄　毅 罗　烨	挂牌
			注册会计师	马继光、李姝炜			
			律师	黄毅			
			行业分析师	罗　烨、孙　周 张仲杰			
2	430250	智网科技	项目负责人	孟庆亮	连　伟、赵　敏、赵志成、严俊涛、徐荣健、梁　烽、王时中	刘晓华 张兰杰	挂牌
			注册会计师	张兰杰			
			律师	刘晓华、黄　毅			
			行业分析师	王鑫磊、罗　烨			
目前已推荐挂牌公司家数					2		
已被终止挂牌公司家数							
撤回材料及申请被否公司家数							

推荐原代办股份转让系统的两网公司及退市公司挂牌情况
无

三、部门设置及主要业务人员情况

推荐业务				
部门名称		场外市场业务部		
分管高管		王连志、李勇	部门负责人	孟庆亮
部门人数		16	具有证券从业资格人数	16
具有注册会计师资格人数		5	具有律师资格人数	6
联络人一	姓名	孟庆亮	固定电话	010－66581780
	传真	010－66581525	电子邮箱	mengql@ essence. com. cn
联络人二	姓名	罗　烨	固定电话	010－66581561
	传真	010－66581525	电子邮箱	luoye@ essence. com. cn
序号	姓　名		专业资格	
1	孟庆亮		可担任项目负责人	
2	徐丁馨		律师	
3	黄　毅		律师	
4	刘晓华		律师	
5	张兰杰		注册会计师、律师	
6	刘辛鹏		注册会计师、律师	
7	刘　聪		注册会计师、律师	
8	刘守新		注册会计师	
9	涂志兵		注册会计师	
经纪业务				
部门名称		运营管理部		
分管高管		李　勇	部门负责人	焦　伟
联络人一	姓名	焦　伟	固定电话	0755－82558366
	传真	0755－82558355	电子邮箱	jiaowei@ essence. com. cn
联络人二	姓名	万荣梅	固定电话	0755－82558130
	传真	0755－82558355	电子邮箱	wanrm@ essence. com. cn

东兴证券股份有限公司

一、公司概况及简介

公司概况	公司名称	东兴证券股份有限公司				
	成立日期	2008.5.28	法定代表人	魏庆华	总经理	魏庆华
	注册资本（万元）	200400	净资产*（万元）	536,899.37	净资本*（万元）	401,633.85
	注册地址	北京市西城区金融大街5号新盛大厦B座12、15层			营业部家数	48家

<table>
<tr><td rowspan="5">公司概况</td><td>办公地址</td><td colspan="3">北京市西城区金融大街5号新盛大厦B座12、15层</td><td>邮编</td><td>100033</td></tr>
<tr><td>公司网址</td><td>http://www.dxzq.net/</td><td>电子邮箱</td><td>fanxt@dxzq.net.cn</td><td>经营证券业务许可证编号</td><td>Z39511000</td></tr>
<tr><td colspan="6">注：*经审计的2012年度净资产和净资本</td></tr>
<tr><td colspan="3">证监会批准的相关业务资格</td><td colspan="3">证券经纪；证券投资咨询；与证券交易、证券投资活动有关的财务顾问；证券承销与保荐；证券投资基金销售业务；证券自营和证券资产管理业务；为期货公司提供中间介绍业务、融资融券业务。</td></tr>
<tr><td colspan="3">在全国股份转让系统从事的业务种类</td><td colspan="3">推荐业务、经纪业务</td></tr>
<tr><td>公司简介</td><td colspan="6">东兴证券股份有限公司是经国务院和中国证监会批准，由中国东方资产管理公司、中国铝业股份有限公司和上海大盛资产有限公司发起设立的全国性综合类证券公司，注册地为北京市，注册资本20.04亿元。
作为股份制证券公司，东兴证券股东实力雄厚。大股东中国东方资产管理公司是经国务院批准成立的国有大型金融企业，注册资本100亿元人民币，在全国各地均设有分支机构；股东中国铝业股份有限公司是国有大型上市公司；股东上海大盛资产有限公司是上海市政府下属的国有独资综合性投资控股公司。
公司拥有证券营业部48家，营业网点遍布在北京、上海、天津、深圳、福州、武汉、杭州、成都、南京、南昌、南宁等中心城市。公司经营范围涵盖证券经纪业务，证券投资咨询，证券承销与保荐，证券自营，证券资产管理，证券投资基金代销以及中国证监会批准的其他业务等。</td></tr>
</table>

二、业务动态及统计

<table>
<tr><td colspan="9">推荐挂牌情况</td></tr>
<tr><td>序号</td><td>股份代码</td><td>公司名称</td><td colspan="2">项目小组成员</td><td>内核人员</td><td>持续督导人员</td><td>公司状态</td></tr>
<tr><td rowspan="4">1</td><td rowspan="4">430166</td><td rowspan="4">一正启源</td><td>项目负责人</td><td>马　乐</td><td rowspan="4">徐勇力、高　健、银国宏、李　民、杨　志、朵　莎、徐　奕</td><td rowspan="4">马　乐、王秀峰
周　飞、樊潇婷
曹宇飞</td><td rowspan="4">挂牌</td></tr>
<tr><td>注册会计师</td><td>周　飞</td></tr>
<tr><td>律师</td><td>王秀峰</td></tr>
<tr><td>行业分析师</td><td>王玉泉</td></tr>
<tr><td colspan="5">目前已推荐挂牌公司家数</td><td colspan="3">2</td></tr>
<tr><td colspan="5">已被终止挂牌公司家数</td><td colspan="3">0</td></tr>
<tr><td colspan="5">撤回材料及申请被否公司家数</td><td colspan="3">0</td></tr>
<tr><td colspan="8">推荐原代办股份转让系统的两网公司及退市公司挂牌情况</td></tr>
<tr><td colspan="8">无</td></tr>
</table>

三、部门设置及主要业务人员情况

<table>
<tr><td colspan="5">推荐业务</td></tr>
<tr><td colspan="2">部门名称</td><td colspan="3">中小企业部（为投资银行总部下设二级部门）</td></tr>
<tr><td colspan="2">分管高管</td><td>高健</td><td>部门负责人</td><td>马　乐</td></tr>
<tr><td colspan="2">部门人数</td><td>16</td><td>具有证券从业资格人数</td><td>16</td></tr>
<tr><td colspan="2">具有注册会计师资格人数</td><td>5</td><td>具有律师资格人数</td><td>3</td></tr>
<tr><td rowspan="2">联络人一</td><td>姓名</td><td>李　鹏</td><td>固定电话</td><td>010 - 63134267</td></tr>
<tr><td>传真</td><td>010 - 63134200</td><td>电子邮箱</td><td>lipeng@dxzq.net.cn</td></tr>
<tr><td rowspan="2">联络人二</td><td>姓名</td><td>樊潇婷</td><td>固定电话</td><td>010 - 63134213</td></tr>
<tr><td>传真</td><td>010 - 63134200</td><td>电子邮箱</td><td>fanxt@dxzq.net.cn</td></tr>
</table>

序号	姓　名	专业资格
1	马　乐	可担任项目负责人
2	杨　志	可担任项目负责人
3	张　岩	可担任项目负责人
4	李　民	可担任项目负责人
5	李　鹏	注册会计师
6	金国飚	注册会计师
7	李刚安	注册会计师
8	周　飞	注册会计师
9	张　斌	注册会计师
10	汤荣春	注册会计师
11	赵　坤	注册会计师
12	孙琼雅	注册会计师
13	王秀峰	律师
14	王　瀛	律师
15	胡振飞	律师

经纪业务				
部门名称		零售业务总部		
分管高管		银国宏	部门负责人	兰　文
联络人一	姓名	徐美蓉	固定电话	010－66555233
	传真	010－66555246	电子邮箱	xumr@ dxzq. net. cn
联络人二	姓名	宋群逸	固定电话	010－66555826
	传真	010－66555246	电子邮箱	songqy@ dxzq. net. cn

万联证券有限责任公司

一、公司概况及简介

公司概况	公司名称	万联证券有限责任公司				
	成立日期	2001. 8. 23	法定代表人	张建军	总经理	张建军
	注册资本（万元）	200,000.00	净资产＊（万元）	188350	净资本＊（万元）	166082
	注册地址	广州市天河区珠江东路11号18、19全层			营业部家数	26
	办公地址	广州市天河区珠江东路11号18、19全层			邮编	510623
	公司网址	www. wlzq. com. cn	电子邮箱	Wl－office@ wlzq. com. cn	经营证券业务许可证编号	Z18944000
	注：＊经审计的2012年度净资产和净资本					
	证监会批准的相关业务资格			证券经纪；证券投资咨询；与证券交易、证券投资活动有关的财务顾问；证券承销与保荐；证券自营；证券资产管理；证券投资基金代销；为期货公司提供中间介绍业务；融资融券。		
	在全国股份转让系统从事的业务种类			推荐业务和经纪业务		

公司简介	万联证券有限责任公司于2001年8月23日经中国证监会证监机构字[2001]148号文批准设立，是由实力雄厚的国有资产经营公司和投资公司出资组建的全资国有企业，是广东省首家规范类证券公司。 公司经营范围包括：证券经纪；证券投资咨询；与证券交易、证券投资活动有关的财务顾问；证券承销与保荐；证券自营；证券资产管理；证券投资基金代销；为期货公司提供中间介绍业务；融资融券。 公司总部设在广州市，在广州、北京、上海、湖南、湖北、四川、浙江等省市设立了近30家营业网点，形成了以华南为中心、辐射全国的营业网点布局。 自成立以来，公司秉承"诚信、务实、创新、高效"的经营理念，以人为本，稳健进取，深入研究客户需求，致力于将客户利益放在第一位，以高超的专业技能和至诚的服务精神赢得客户信任；深入推进业务的开拓创新，在产品设计、项目运作上追求高质量、低风险；奉行以严格的风险控制为前提、以合理的投资收益为目标的稳健投资策略，建立科学、严谨、高效的业务流程和风险管控体系，追求稳步增长的经营效益。公司坚持合规、守法经营，构建稳健的业务组合，促使自己长期健康、稳定持续地发展。现已逐步发展成为运作规范、资产优质、抗风险能力强的全国性综合类证券公司。

二、业务动态及统计

推荐挂牌情况						
序号	股份代码	公司名称	项目小组成员	内核人员	持续督导人员	公司状态
目前已推荐挂牌公司家数				0		
已被终止挂牌公司家数				0		
撤回材料及申请被否公司家数				0		
推荐原代办股份转让系统的两网公司及退市公司挂牌情况						
无						

三、部门设置及主要业务人员情况

推荐业务				
部门名称		场外市场部（二级部门）		
分管高管		白树锋	部门负责人	陶海华
部门人数		20	具有证券从业资格人数	20
具有注册会计师资格人数		3	具有律师资格人数	4
联络人一	姓名	刘　俊	固定电话	020－38286919
	传真	020－38286922	电子邮箱	liujun@ wlzq. com. cn
联络人二	姓名	谭　咏	固定电话	020－38286926
	传真	020－38286922	电子邮箱	tanyong@ wlzq. com. cn
序号	姓　名		专业资格	
1	陶海华		可担任项目负责人、注册会计师	
2	朱　慧		注册会计师	
3	吴金国		注册会计师	
4	缪鹏飞		律师	
5	牛　曦		律师	
6	刘　俊		律师	
7	石　峰		律师	
经纪业务				
部门名称		经纪业务管理总部（一级部门）		

分管高管		罗钦城	部门负责人	刘世验
联络人一	姓名	冯国文	固定电话	020－38286800
	传真	020－38286588	电子邮箱	fenggw@ wlzq. com. cn
联络人二	姓名	王　玉	固定电话	020－38286695
	传真	020－38286588	电子邮箱	wangyu@ wlzq. com. cn

国联证券股份有限公司

一、公司概况及简介

公司概况	公司名称	国联证券股份有限公司				
	成立日期	1992. 11. 19	法定代表人	姚志勇	总经理	雷建辉
	注册资本（万元）	150000	净资产＊（万元）	290868. 5	争资本＊（万元）	213028. 3
	注册地址	无锡市金融一街8号			营业部家数	38
	办公地址	江苏省无锡市太湖新城金融一街8号国联金融大厦7－9层			邮编	214000
	公司网址	www. glsc. com. cn	电子邮箱	service@ glsc. com. cn	经营证券业务许可证编号	Z23332000
	注：＊经审计的2012年度净资产和净资本					
	证监会批准的相关业务资格			证券经纪；证券投资咨询；与证券交易、证券投资活动有关的财务顾问；证券自营；证券资产管理；证券投资基金代销；融资融券业务；为期货公司提供中间介绍业务。		
	在全国股份转让系统从事的业务种类			经纪业务、推荐业务		
公司简介	国联证券股份有限公司创立于1992年9月，前身为无锡市证券公司，2008年5月通过改制更名为国联证券股份有限公司，注册资本15亿元人民币。作为一家国有控股的现代金融服务企业，公司多年来秉承“诚信、稳健、开放、创新”的经营理念，现控股国联期货有限责任公司和华英证券有限责任公司、参股中海基金管理有限公司，设立国联通宝资本投资有限责任公司，证券金融控股集团构架初具。 作为综合类、创新类券商，国联证券现已形成包括经纪业务、资产管理、证券投资、融资融券业务、代办股份转让和股份报价等在内较为完善的业务体系。在江苏、上海、北京、浙江、广东、广西、重庆、山东、江西和湖南等省市重要区域拥有证券营业部38家。在行业内较早推出全国呼叫中心95570，净资本收益率和成本管理能力等指标位表现突出。					

二、业务动态及统计

推荐挂牌情况							
序号	股份代码	公司名称	项目小组成员		内核人员	持续督导人员	公司状态
1	430292	北京威控科技股份有限公司	项目负责人	张　浩	雷建辉、郭　慧、张　鹏、侯红兵、宋　军、万梁浩、贾国平	陆文佳	挂牌
			注册会计师	龚　文			
			律师	范云蛟			
			行业分析师	卢文汉			
目前已推荐挂牌公司家数					1		
已被终止挂牌公司家数					0		
撤回材料及申请被否公司家数					0		
推荐原代办股份转让系统的两网公司及退市公司挂牌情况							
无							

三、部门设置及主要业务人员情况

推荐业务				
部门名称		场外市场部(一级部门)		
分管高管		雷建辉	部门负责人	张浩
部门人数		11	具有证券从业资格人数	11
具有注册会计师资格人数		1	具有律师资格人数	2
联络人一	姓名	张　亮	固定电话	0510－82790313
	传真	0510－82733627	电子邮箱	7798334@ qq. com
联络人二	姓名	舒婷婷	固定电话	0510－82790313
	传真	0510－82733627	电子邮箱	sttshutingting@ hotmail. com
序号	姓　名		专业资格	
1	张　浩		可担任项目负责人	
2	龚　文		注册会计师	
3	范云蛟		律师	
4	方红涛		律师	
经纪业务				
部门名称		运营管理部(二级部门)		
分管高管		江志强	部门负责人	刘激扬
联络人一	姓名	强系璧	固定电话	0510－82831589
	传真	0510－82830162	电子邮箱	qiangxb@ glsc. com. cn
联络人二	姓名	沈薇薇	固定电话	0510－82832010
	传真	0510－82830162	电子邮箱	shenww@ glsc. com. cn

广州证券有限责任公司

一、公司概况及简介

公司概况	公司名称	广州证券有限责任公司				
	成立日期	1988.3.26	法定代表	刘东	总经理	刘　东
	注册资本(万元)	197,776	净资产＊(万元)	380,373	净资本＊(万元)	266,209
	注册地址	广州市天河区珠江西路5号广州国际金融中心主塔19层、20层			营业部家数	21家
	办公地址	广州市天河区珠江西路5号广州国际金融中心主塔19层、20层			邮编	510623
	公司网址	www. gzs. com. cn	电子邮箱	zcb@ gzs. com. cn	经营证券业务许可证编号	Z25744000
	注:＊经审计的2012年度净资产和净资本					
	证监会批准的相关业务资格			证券经纪;证券投资咨询(仅限于证券投资顾问);与证券交易、证券投资活动有关的财务顾问;证券承销与保荐;证券自营;证券资产管理;融资融券;证券投资基金代销。		
	在全国股份转让系统从事的业务种类			推荐业务、经纪业务		

公司简介	广州证券有限责任公司前身为广州证券公司，1988 年经中国人民银行批准成立，是全国最早成立的证券公司之一。1997 年增资改制为广州证券有限责任公司，2001 年经中国证监会核准为全国性综合类券商。2012 年 8 月 3 日，获得广东局批复核准增资扩股 10 亿元，增资后注册资本金达 197,776 万元，现在由广州越秀金融投资集团有限公司控股，其为越秀集团的三大支柱产业之一，广州证券为金融集团的核心主体。 广州证券有限责任公司业务范围包含证券经纪、证券投资咨询（仅限于证券投资顾问业务）、与证券交易、证券投资活动有关的财务顾问、证券承销与保荐、证券自营、证券资产管理、融资融券业务、以及中国证监会批准的其他业务等所有综合性业务，拥有保荐机构资格、债券主承销资格、外资股经营资格、网上交易资格、投资咨询资格、资产管理业务资格、银行间同业拆借市场及债券市场准入资格、开放式证券投资基金代销业务资格、代办股份转让、融资融券资格。 广州证券旗下拥有全资子公司广州期货有限公司和直投子公司广州证券创新投资管理有限公司，控股金鹰基金管理有限公司和广州广证恒生证券投资咨询有限公司，其中广证恒生为 CEPA 框架协议下国内首家合资证券投资咨询公司。

二、业务动态及统计

<table>
<tr><td colspan="8">推荐挂牌情况</td></tr>
<tr><td>序号</td><td>股份代码</td><td>公司名称</td><td colspan="2">项目小组成员</td><td>内核人员</td><td>持续督导人员</td><td>公司状态</td></tr>
<tr><td rowspan="4">1</td><td rowspan="4">430187</td><td rowspan="4">北京全有时代科技股份有限公司</td><td>项目负责人</td><td>杨　忠</td><td rowspan="4">梁伟文、沈志龙、陈志宏、曹柏青、张　玲、莫飞英、肖　超</td><td rowspan="4">罗义飞
卢穗冈</td><td rowspan="4">挂牌</td></tr>
<tr><td>注册会计师</td><td>罗义飞</td></tr>
<tr><td>律师</td><td>卢穗冈</td></tr>
<tr><td>行业分析师</td><td>文　进</td></tr>
<tr><td colspan="5">目前已推荐挂牌公司家数</td><td colspan="3">1</td></tr>
<tr><td colspan="5">已被终止挂牌公司家数</td><td colspan="3">0</td></tr>
<tr><td colspan="5">撤回材料及申请被否公司家数</td><td colspan="3">0</td></tr>
<tr><td colspan="8">推荐原代办股份转让系统的两网公司及退市公司挂牌情况</td></tr>
<tr><td colspan="8">无</td></tr>
</table>

三、部门设置及主要业务人员情况

<table>
<tr><td colspan="5">推荐业务</td></tr>
<tr><td colspan="2">部门名称</td><td colspan="3">创新融资部</td></tr>
<tr><td colspan="2">分管高管</td><td>梁伟文</td><td>部门负责人</td><td>倪晓武</td></tr>
<tr><td colspan="2">部门人数</td><td>20</td><td>具有证券从业资格人数</td><td>18</td></tr>
<tr><td colspan="2">具有注册会计师资格人数</td><td>5</td><td>具有律师资格人数</td><td>4</td></tr>
<tr><td rowspan="2">联络人一</td><td>姓名</td><td>邱秉强</td><td>固定电话</td><td>020－88836999
13560137878</td></tr>
<tr><td>传真</td><td>020－87325041</td><td>电子邮箱</td><td>qiubq@ gzs. com. cn</td></tr>
<tr><td rowspan="2">联络人二</td><td>姓名</td><td>文进</td><td>固定电话</td><td>020－88836999－19207</td></tr>
<tr><td>传真</td><td>020－87325041</td><td>电子邮箱</td><td>wenj@ gzs. com. cn
13828490250</td></tr>
<tr><td>序号</td><td colspan="2">姓　名</td><td colspan="2">专业资格</td></tr>
<tr><td>1</td><td colspan="2">杨　忠</td><td colspan="2">项目负责人</td></tr>
<tr><td>2</td><td colspan="2">付国民</td><td colspan="2">项目负责人</td></tr>
<tr><td>3</td><td colspan="2">洪　璐</td><td colspan="2">注册会计师</td></tr>
<tr><td>4</td><td colspan="2">罗义飞</td><td colspan="2">注册会计师</td></tr>
<tr><td>5</td><td colspan="2">刘嘉欣</td><td colspan="2">注册会计师</td></tr>
</table>

6	钟建高	注册会计师
7	赖俊辉	注册会计师
8	刘京海	律师
9	卢穗冈	律师
10	王　硕	律师
11	张立宇	律师

经纪业务				
部门名称		经纪业务(零售)		
分管高管		苏细强	部门负责人	黄映建
联络人一	姓名	文建钟	固定电话	020 - 88836651 13570365087
	传真	020 - 88836654	电子邮箱	wenjz@ gzs. com. cn
联络人二	姓名	赖瑞林	固定电话	020 - 88836999 13570227672
	传真	020 - 88836654	电子邮箱	lairl@ gzs. com. cn

兴业证券股份有限公司

一、公司概况及简介

公司概况	公司名称	兴业证券股份有限公司				
	成立日期	2000. 5. 19	法定代表人	兰　荣	总裁	刘志辉
	注册资本（万元）	260,000	净资产 *（万元）	840618. 900532	净资本 *（万元）	613337. 399520
	注册地址	福建省福州市湖东路 268 号			营业部家数	63 家
	办公地址	福建省福州市湖东路 268 号			邮编	350003
	公司网址	www. xyzq. com. cn	电子邮箱	xyzqdmc@ xyzq. com. cn	经营证券业务许可证编号	Z24035000
	注：* 经审计的 2012 年度净资产和净资本					
	证监会批准的相关业务资格			证券经纪；证券投资咨询；与证券交易、证券投资活动有关的财务顾问；证券承销与保荐；证券自营；证券资产管理；融资融券；证券投资基金代销；为期货公司提供中间介绍业务；代销金融产品。		
	在全国股份转让系统从事的业务种类			经纪业务、推荐业务		
公司简介	兴业证券股份有限公司是中国证监会核准的全国创新类证券公司和 A 类 AA 级[1] 证券公司，注册地设在福建省福州市，注册资本 26 亿元，2010 年 10 月公司在上海证券交易所上市。目前公司设有 23 个部门、13 家分公司、63 家证券营业部、控股 4 家控股证券金融类子公司，形成了涵盖证券、基金、期货、直接投资和跨境业务等专业领域的证券金融控股集团，经营范围涵盖证券经纪；证券投资咨询；与证券交易、证券投资活动有关的财务顾问；证券承销与保荐；证券自营；证券资产管理；融资融券；证券投资基金代销；为期货公司提供中间介绍业务；代销金融产品等。 注：1 文中所有关于分类评级的表述仅限用于业界交流，非用于广告、宣传、营销等商业目的。					

二、业务动态及统计

推荐挂牌情况

序号	股份代码	公司名称	项目小组成员		内核人员	持续督导人员	公司状态
1	430121	北京英福美信息科技股份有限公司	项目负责人	毛英伟	石　军、潘光明、袁盛奇、兰　翔、裘　晗、廖清富、曾　旭	陈俊敏 陈斐然	挂牌
			注册会计师	陈斐然			
			律师	陈俊敏、何书奇			
			行业分析师	王　骏			
2	430128	北京广厦网络技术股份公司	项目负责人	毛英伟	石　军、潘光明、袁盛奇、兰　翔、裘　晗、廖清富、曾　旭	陈俊敏 陈斐然	挂牌
			注册会计师	陈斐然、陈英倩			
			律师	叶　玮			
			行业分析师	陈俊敏			
3	430165	光宝联合（北京）科技股份有限公司	项目负责人	陈俊敏	石　军、潘光明、袁盛奇、兰　翔、裘　晗、廖清富、曾　旭	陈俊敏 陈斐然	挂牌
			注册会计师	孙　璐、王　骏			
			律师	陈俊敏、郑　敏			
			行业分析师	陈斐然			
4	430302	武汉保华石化新材料开发股份有限公司	项目负责人	林　威	林纪武、杨生荣、兰　翔、吴小琛、郑方镳、陈俊敏、陈斐然	郑　敏 孙　璐	挂牌
			注册会计师	孙　璐			
			律师	郑　敏			
			行业分析师	余　磊			
5	430307	上海扬讯计算机科技股份有限公司	项目负责人	林　威	石　军、裘　晗、林纪武、兰　翔、杨生荣、曾　旭、陈俊敏	郑　敏 吴端阳	挂牌
			注册会计师	孙　璐			
			律师	郑　敏			
			行业分析师	陈斐然			
目前已推荐挂牌公司家数					5		
已被终止挂牌公司家数					0		
撤回材料及申请被否公司家数					0		

推荐原代办股份转让系统的两网公司及退市公司挂牌情况		
序号	股份代码	公司名称
1	400019	福建九州集团股份有限公司
2	400041	陕西煤航数码测绘（集团）股份有限公司

三、部门设置及主要业务人员情况

推荐业务				
部门名称		场外业务部（一级部门）		
分管高管		陈德富	部门负责人	黄　旭
部门人数		25	具有证券从业资格人数	25
具有注册会计师资格人数		6	具有律师资格人数	4
联络人一	姓名	林　威	固定电话	0591－38281729
	传真	0591－38507766	电子邮箱	linwth@ xyzq. com. cn

联络人二	姓名	方晓明	固定电话	0591－38281956
	传真	0519－38507766	电子邮箱	fangxm@ xyzq. com. cn

序号	姓　名	专业资格
1	林　威	可担任项目负责人
2	陈俊敏	可担任项目负责人、律师
3	陈斐然	可担任项目负责人、注册会计师
4	郑　敏	可担任项目负责人、律师
5	孙　璐	可担任项目负责人、注册会计师
6	赵　明	注册会计师
7	余　磊	注册会计师
8	何书奇	律师
9	陈英倩	注册会计师
10	王　冰	注册会计师
11	王开放	律师

经纪业务				
部门名称		私人财富管理总部(一级部门)		
分管高管		徐　刚	部门负责人	徐　刚
联络人一	姓名	王小东	固定电话	0591－38281973
	传真	0591－38507575	电子邮箱	wangxiaodong@ xyzq. com. cn
联络人二	姓名	周　辉	固定电话	021－38565778
	传真	021－38565783	电子邮箱	zhouh@ xyzq. com. cn

方正证券股份有限公司

一、公司概况及简介

公司概况	公司名称	方正证券股份有限公司				
	成立日期	1994. 10. 26	法定代表人	雷　杰	总经理	何其聪
	注册资本（万元）	610,000	净资产＊（万元）	1,423,977. 09	净资本＊（万元）	877,441. 29
	注册地址	湖南省长沙市天心区芙蓉中路二段 200 号华侨国际大厦 22－24 层			营业部家数	125
	办公地址	湖南省长沙市天心区芙蓉中路二段 200 号华侨国际大厦 22－24 层			邮编	410015
	公司网址	www. foundersc. com	电子邮箱	tanxinyu@ foundersc. com	经营证券业务许可证编号	Z23543000
	注：＊经审计的 2012 年度净资产和净资本					
	证监会批准的相关业务资格			证券经纪；证券投资咨询；与证券交易；证券投资活动有关的财务顾问；证券自营；证券资产管理；证券投资基金代销；融资融券业务；为方正期货有限公司提供中间介绍业务。		
	在全国股份转让系统从事的业务种类			推荐业务、经纪业务		

公司简介	方正证券股份有限公司系中国证监会核准的第一批综合类证券公司，为上海证券交易所、深圳证券交易所首批会员。公司成立于1988年，其前身为浙江省证券公司，2008年5月经中国证监会批准吸收合并泰阳证券，2011年8月10日公司在上海证券交易所成功实现A股主板上市，成为国内证券市场第7家IPO上市券商。公司目前注册地为湖南长沙市，总股本61亿股，现有员工5000余人，有效客户数超过200万户，管理的客户资产规模超过2000亿元。公司是我国中西部最大的证券公司，市值规模、综合财务指标和业务指标位居上市券商前列。 方正证券股份有限公司具有“全牌照”业务资格的证券公司，公司业务范围涵盖证券经纪、投资银行、证券自营、资产管理、研究咨询、期货经纪、直接投资、基金管理、融资融券、期货中间介绍、新三板主办券商、基金代销、QFII业务及证监会核准的其他业务资格。截至2013年10月31日，公司经批准设立的证券营业部125家；拥有控股子公司6家，即方正期货有限公司、瑞信方正证券有限责任公司、方正和生投资有限责任公司、方正富邦基金管理有限公司、北京方正富邦创融资产管理有限公司、湖南际丰投资管理有限责任公司。

二、业务动态及统计

推荐挂牌情况							
序号	股份代码	公司名称	项目小组成员		内核人员	持续督导人员	公司状态
1	430153	北京中金网信科技股份有限公司	项目负责人	谭新宇	施光耀、蔡一兵、孙　斌、雍　苹、袁　海、徐国华、孟文波	易　勇	挂牌
			注册会计师	肖大勇			
			律师	龚　勇			
			行业分析师	梁司南			
2	430231	天津市赛诺达智能技术股份有限公司	项目负责人	谭新宇	雍　苹、袁　海、孟文波、徐　辉、易　勇、赵德军、尹　红	易　勇	挂牌
			注册会计师	肖大勇			
			律师	庚艳斌			
			行业分析师	陈　鹏			
3	430264	武汉中舟环保设备股份有限公司	项目负责人	谭新宇	雍　苹、张　晖、黄海波、孟文波、易　勇、袁　海、宋　旻	易　勇	挂牌
			注册会计师	魏　国			
			律师	李琴琴			
			行业分析师	宋一宁			
4	430310	博易智软（北京）技术股份有限公司	项目负责人	谭新宇	王　辉、徐　辉、钟　科、朱志怡、徐伟箭、孟文波、黄　理	易　勇	挂牌
			注册会计师	黄海波			
			律师	李琴琴			
			行业分析师	傅　胜			
5		武汉卡特工业股份有限公司	项目负责人	谭新宇	黄　理、袁　海、王　辉、徐　辉、钟　科、张正华、朱志怡		撤回材料
			注册会计师	夏　玲			
			律师	龚　勇			
			行业分析师	王复启			
目前已推荐挂牌公司家数					4		
已被终止挂牌公司家数					0		
撤回材料及申请被否公司家数					1		
推荐原代办股份转让系统的两网公司及退市公司挂牌情况							
无							

三、部门设置及主要业务人员情况

推荐业务

部门名称		投资银行部	
分管高管	施光耀	部门负责人	谭新宇
部门人数	54	具有证券从业资格人数	53
具有注册会计师资格人数	15	具有律师资格人数	14
联络人一 姓名	易　勇	固定电话	0731－85832210
联络人一 传真	0731－85832441	电子邮箱	yiyong@ foundersc. com
联络人二 姓名	严　苹	固定电话	0731－85832462
联络人二 传真	0731－85832441	电子邮箱	yanping@ foundersc. com

序号	姓　名	专业资格
1	谭新宇	可担任项目负责人
2	杨　杨	可担任项目负责人
3	何　毕	可担任项目负责人
4	肖大勇	可担任项目负责人
5	陆炜玮	可担任项目负责人、律师
6	李琴琴	可担任项目负责人、律师
7	易　勇	律师
8	徐　辉	律师
9	庚艳斌	律师
10	龚　勇	律师
11	郭　霞	律师
12	杜东林	律师
13	刘　飞	律师
14	匡　建	律师
15	张　行	律师
16	沙　莎	律师
17	王应江	律师
18	刘　婷	律师
19	钟　科	注册会计师
20	魏　国	注册会计师
21	傅　胜	注册会计师
22	黄海波	注册会计师
23	吴　静	注册会计师
24	王　超	注册会计师
25	王　鑫	注册会计师
26	崔　琴	注册会计师
27	严玉娜	注册会计师

28	王倩倩	注册会计师
29	梅婷	注册会计师
30	孙　静	注册会计师
31	杨素含	注册会计师
32	燕云芳	注册会计师

经纪业务				
部门名称		网点运营部		
分管高管		何亚刚	部门负责人	姜志军
联络人一	姓名	陆　帆	固定电话	0731－85832337
	传真	0731－85832324	电子邮箱	lufan@ foundersc. com
联络人二	姓名	谢爱军	固定电话	0731－85832345
	传真	0731－85832324	电子邮箱	xieaijun@ foundersc. com

财富证券有限责任公司

一、公司概况及简介

公司概况	公司名称	财富证券有限责任公司				
	成立日期	2002. 8. 23	法定代表人	孙志勇	总经理	孙志勇
	注册资本（万元）	213,573 万元	净资产*（万元）	272,031 万元	净资本*（万元）	181,772 万元
	注册地址	长沙市芙蓉中路二段 80 号顺天国际财富中心 26 楼			营业部家数	33
	办公地址	长沙市芙蓉中路二段 80 号顺天国际财富中心 26、27、28 楼			邮编	410005
	公司网址	http://www. cfzq. com	电子邮箱	cfzq@ cfzq. com	经营证券业务许可证编号	Z30843000
	注：*经审计的 2012 年度净资产和净资本					
	证监会批准的相关业务资格			证券经纪（长江三角洲以外地区及温州地区）；证券投资咨询业务（限长江三角洲以外地区及温州地区的证券投资顾问业务）；与证券交易、证券投资活动有关的财务顾问；证券（除股票、上市公司发行的公司债券以外）承销；证券自营；证券资产管理；融资融券；证券投资基金代销（许可证有效期至 2015 年 10 月 31 日）。		
	在全国股份转让系统从事的业务种类			推荐业务、经纪业务		
公司简介	财富证券成立于 2002 年 8 月，是由原湖南省信托投资公司和湖南省国际信托投资公司整合其证券资产而来 公司成立时的注册资本为 5.36 亿元。2006 年 10 月，经中国证监会批准，公司增资扩股到 21.36 亿元。资本规模和资产质量大幅度提升至国内同业的前列水平。 目前，公司资产优良，经营稳健，拥有投资银行、经纪、资产管理、固定收益、证券投资、期货经纪等多项业务资格和业务平台，控股财富里昂证券、德盛期货，形成综合性的证券业务平台，全方位满足企业与投资者的金融服务需求。 作为湖南资本市场的中坚力量，财富证券坚持“自立、感恩、和谐”的企业精神和“风控优先、规范经营、专业专注、创新发展”的经营理念，近两年来先后担任了长沙商行、南岭民爆、汉钟精机、华天酒店、北方创业、中联重科、湖南有色、华菱集团等多家企业的债券、股票首次发行、再融资的主承销商和财务顾问，并担任长沙、株州、湘潭、常德、邵阳、永州、衡阳等地市政府的财务顾问，为湖南企业和广大投资者提供了优质专业的金融服务，积极推动着湖南资本市场的发展。 财富证券秉承“自立、感恩、和谐”之核心价值观，永远把客户利益放在第一位，创造员工、股东以及客户的和谐共荣，为中国资本市场发展贡献一份力量。					

二、业务动态及统计

推荐挂牌情况							
序号	股份代码	公司名称	项目小组成员		内核人员	持续督导人员	公司状态
1	430211	北京丰电科技股份有限公司	项目负责人	蒋晓雄	刘宛晨、陈炳华、李 俭、刘小军、邹建军、段世平、邓银珍	李苗苗 向 丽	挂牌
			注册会计师	向 阳			
			律师	刘兴康			
			行业分析师	王 群			
目前已推荐挂牌公司家数					1		
已被终止挂牌公司家数					0		
撤回材料及申请被否公司家数					0		

三、部门设置及主要业务人员情况

推荐业务					
部门名称		场外市场交易部(一级部门)			
分管高管		刘 健	部门负责人	吴晓佳	
部门人数		12	具有证券从业资格人数	12	
具有注册会计师资格人数		3	具有律师资格人数	3	
联络人一	姓名	李苗苗	固定电话	010－62613332	
	传真	010－62615550	电子邮箱	limm@ cfzq. com	
联络人二	姓名	向 丽	固定电话	0731－84403312	
	传真	0731－84779508	电子邮箱	xiangli@ cfzq. com	
序号	姓 名		专业资格		
1	蒋晓雄		可担任项目负责人		
2	向 阳		注册会计师		
3	刘兴康		律师		
4	罗钦平		注册会计师、律师		
5	晏亚平		注册会计师		
6	包 爽		律师		

经纪业务				
部门名称		经纪业务总部(一级部门)		
分管高管		彭立文	部门负责人	熊伯良
联络人一	姓名	刘明辉	固定电话	0731－84403427
	传真	0731－84403439	电子邮箱	liumh@ cfzq. com
联络人二	姓名	贺 红	固定电话	0731－84403497
	传真	0731－84403427	电子邮箱	hehong@ cfzq. com

东莞证券有限责任公司

一、公司概况及简介

<table>
<tr><td rowspan="9">公司概况</td><td>公司名称</td><td colspan="5">东莞证券有限责任公司</td></tr>
<tr><td>成立日期</td><td>1997.6</td><td>法定代表人</td><td>张运勇</td><td>总经理</td><td>陈照星</td></tr>
<tr><td>注册资本（万元）</td><td>150,000</td><td>净资产*（万元）</td><td>268,652.99</td><td>净资本*（万元）</td><td>210,138.98</td></tr>
<tr><td>注册地址</td><td colspan="3">广东省东莞市莞城区可园南路1号</td><td>营业部家数</td><td>49</td></tr>
<tr><td>办公地址</td><td colspan="3">广东省东莞市莞城区可园南路1号</td><td>邮编</td><td>523000</td></tr>
<tr><td>公司网址</td><td>www.dgzq.com.cn</td><td>电子邮箱</td><td>dgzqjgb@sina.cn</td><td>经营证券业务许可证编号</td><td>Z26144000</td></tr>
<tr><td colspan="6">注：*经审计的最近一年度净资产和净资本</td></tr>
<tr><td colspan="3">证监会批准的相关业务资格</td><td colspan="3">证券经纪；证券投资咨询；与证券交易、证券投资活动有关的财务顾问；证券承销与保荐；证券自营；证券资产管理；证券投资基金代销；为期货公司提供中间介绍业务；融资融券；代销金融产品（凭有效许可证经营）。</td></tr>
<tr><td colspan="3">在全国股份转让系统从事的业务种类</td><td colspan="3">经纪业务、推荐业务</td></tr>
<tr><td>公司简介</td><td colspan="6">东莞证券有限责任公司注册资本15亿元，是国有控股的全国性综合类证券公司，也是全国首批承销保荐机构之一。公司业务范围涵盖了经纪、投资咨询、财务顾问、承销与保荐、证券自营、资产管理、基金代销、期货IB、直接投资、融资融券等领域。
截至2013年6月30日，公司有分支机构52家（其中营业网点49家，上海分公司1家，深圳分公司1家，北京办事处1家），营业网点遍布珠三角、长三角及环渤海经济圈，"立足东莞、面向华南、走向全国"的格局基本形成。公司全资拥有东证锦信投资管理有限公司，并参股华联期货有限公司。</td></tr>
</table>

二、业务动态及统计

推荐挂牌情况	
目前已推荐挂牌公司家数	0
已被终止挂牌公司家数	0
撤回材料及申请被否公司家数	0

三、部门设置及主要业务人员情况

<table>
<tr><td colspan="5">推荐业务</td></tr>
<tr><td colspan="2">部门名称</td><td colspan="3">资本市场创新业务部（一级部门，场外业务主要业务载体）</td></tr>
<tr><td colspan="2">分管高管</td><td>骆　勇</td><td>部门负责人</td><td>罗贻芬</td></tr>
<tr><td colspan="2">部门人数</td><td>15</td><td>具有证券从业资格人数</td><td>15</td></tr>
<tr><td colspan="2">具有注册会计师资格人数</td><td>5</td><td>具有律师资格人数</td><td>4</td></tr>
<tr><td rowspan="2">联络人一</td><td>姓名</td><td>罗安琪</td><td>固定电话</td><td>0769 - 22116087</td></tr>
<tr><td>传真</td><td>0769 - 22118607</td><td>电子邮箱</td><td>luoanqi0129@foxmail.com</td></tr>
<tr><td rowspan="2">联络人二</td><td>姓名</td><td>简雪霖</td><td>固定电话</td><td>0769 - 22118641</td></tr>
<tr><td>传真</td><td>0769 - 22118607</td><td>电子邮箱</td><td>xuelinjian@163.com</td></tr>
<tr><td>序号</td><td colspan="2">姓　名</td><td colspan="2">专业资格</td></tr>
<tr><td>1</td><td colspan="2">袁　炜</td><td colspan="2">项目负责人</td></tr>
<tr><td>2</td><td colspan="2">罗贻芬</td><td colspan="2">注册会计师</td></tr>
</table>

3	何庆剑	注册会计师
4	刘　俊	注册会计师
5	王　辉	注册会计师
6	文　斌	注册会计师
7	廖伟导	律师
8	黄汉立	律师
9	章　畅	律师
10	余淑敏	律师

经纪业务					
部门名称		销售交易总部(一级部门)			
分管高管		李志方	部门负责人	张　剑	
联络人一	姓名	陈志新	固定电话	0769－22119456	
	传真	0769－22119426	电子邮箱	czx2@ dgzq. com. cn	
联络人二	姓名	何柱枢	固定电话	0769－22119351	
	传真	0769－22119426	电子邮箱	hzs@ dgzq. com. cn	

华安证券股份有限公司

一、公司概况及简介

公司概况	公司名称	华安证券股份有限公司				
	成立日期	2012. 12. 26	法定代表人	李工	总经理	张　军
	注册资本（万元）	282100. 00	净资产＊（万元）	408,344. 25	净资本＊（万元）	268,819. 90
	注册地址	安徽省合肥市政务文化新区天鹅湖路 198 号			营业部家数	83 家
	办公地址	安徽省合肥市政务文化新区天鹅湖路 198 号			邮编	230071
	公司网址	www. hazq. com	电子邮箱	bgs@ hazq. com	经营证券业务许可证编号	Z23734000
	注：＊经审计的最近一年度净资产和净资本					
	证监会批准的相关业务资格			证券经纪业务、证券承销与保荐		
	在全国股份转让系统从事的业务种类			推荐业务和经纪业务		
公司简介	华安证券股份有限公司（下称“公司”）于 2012 年 12 月 26 日注册成立，注册资本金为 28. 21 亿元。2001 年 1 月 8 日，公司前身华安证券有限责任公司（下称“有限公司”）设立，有限公司是在原安徽省证券公司、安徽证券交易中心基础上改制增资，引入省内外 11 家上市公司和国有大中型企业作为股东，并经中国证监会批准设立，设立时注册资本为 17. 05 亿元；2006 年至 2012 年，有限公司历经三次增资注册资本增至 28. 21 亿元；2012 年 12 月，经中国证监会批准，有限公司整体变更为“华安证券股份有限公司”。公司在安徽省内及北京、上海、深圳、广州等地设有 83 家营业网点以及投资银行、证券投资、资产管理、固定收益、信用交易等业务部门，各类业务以省内为基础，辐射全国主要地区。公司是华富基金公司的主发起人和第一大股东，控股华安期货公司、华安新兴咨询公司和华富嘉业投资管理公司。公司的经营范围包括证券经纪、证券投资咨询、财务顾问、证券承销与保荐、证券自营、融资融券、证券资产管理、证券投资基金代销、IB 业务、代销金融产品。					

二、业务动态及统计

推荐挂牌情况	
目前已推荐挂牌公司家数	0

已被终止挂牌公司家数	0
撤回材料及申请被否公司家数	0
推荐原代办股份转让系统的两网公司及退市公司挂牌情况	
无	

三、部门设置及主要业务人员情况

推荐业务				
部门名称		华安证券股份有限公司场外市场部(一级部门)		
分管高管		张　军	部门负责人	张文军
部门人数		24人	具有证券从业资格人数	24人
具有注册会计师资格人数		4人	具有律师资格人数	2人
联络人一	姓名	常　虹	固定电话	0551－65161650－8005
	传真	0551－65161659	电子邮箱	changhong@ hazq. com
联络人二	姓名	郁庆勇	固定电话	010－66002680
	传真	010－66002579	电子邮箱	yu－qingyong@ 163. com
序号	姓　名		专业资格	
1	张文军		可担任项目负责人	
2	张望亚		注册会计师	
3	许颖竹		注册会计师	
4	郑晓宁		注册会计师	
5	娇福昌		注册会计师	
6	洪运杰		律师	
7	王　锋		律师	
经纪业务				
部门名称		营销服务管理总部(一级部门)		
分管高管		杨爱民	部门负责人	杨爱民
联络人一	姓名	袁　军	固定电话	0551－65161871
	传真	0551－65161665	电子邮箱	yuanjun@ hazq. com
联络人二	姓名	陈蓓蕾	固定电话	0551－65161856
	传真	0551－65161665	电子邮箱	chenbl@ hazq. com

华龙证券有限责任公司

一、公司概况及简介

公司概况	公司名称	华龙证券有限责任公司				
	成立日期	2001. 4. 30	法定代表人	李晓安	总经理	韩　鹏
	注册资本（万元）	215,339	净资产＊（万元）	288,027	净资本＊（万元）	139,830
	注册地址	兰州市城关区东岗西路638号兰州财富中心21楼			营业部家数	36
	办公地址	兰州市城关区东岗西路638号兰州财富中心21楼			邮编	730000

公司概况	公司网址	www.hlzqgs.com	电子邮箱	hlzq@hlzqgs.com	经营证券业务许可证编号	Z10662000
	注：＊经审计的2012年度净资产和净资本					
	证监会批准的相关业务资格			证券经纪；证券投资咨询；与证券交易、证券投资活动有关的财务顾问；证券承销与保荐；证券自营；证券资产管理；融资融券。		
	在全国股份转让系统从事的业务种类			推荐业务、经纪业务		
公司简介	华龙证券有限责任公司是由甘肃省人民政府组织筹建于2001年4月30日成立的综合类证券经营机构。2011年，公司成功实施了新一轮增资扩股，注册资本达到215,339万元。主要股东有甘肃省人民政府国有资产监督管理委员会、兰州银行股份有限公司、江苏阳光集团、晶龙实业集团、江苏三房巷创业投资有限公司、江阴澄星实业集团有限公司等。 公司目前各项证券业务资质齐全。能够为客户提供证券经纪、保荐承销、投资咨询、债券发行、资产管理、股权投资、股转系统业务等与证券交易、证券投资活动有关的综合性一揽子金融服务。公司在北京、上海、深圳、重庆、杭州、无锡、乌鲁木齐、合肥、西安和兰州等主要城市设有近40家经营机构，在北京设立了投资银行专业分公司。公司还发起设立了华商基金管理公司，控股子公司甘肃陇达期货公司，全资子公司金城资本管理公司，公司已成长为专业财富资本管理机构、现代金融服务集团、国有大型投资机构。公司拥有广泛的客户资源和良好的社会形象，先后成功保荐一汽集团启明信息、北大荒、浙江龙盛、祁连山等十多家大型企业的上市与融资。经国家科技部、教育部批准，公司设有博士后流动工作站，拥有一大批高学历、高素质的专业人才。 公司坚持“借力西部，放眼全国”的发展战略，凭借专业化的优质服务，诚信、务实、高效、敬业的团队精神，在竞争激烈的中国证券服务业中稳步提升份额。2009年成功保荐首批创业板上市企业发行上市，成为首批保荐企业在创业板上市的全国17家证券公司之一。公司财务稳健，资产优良，各项财务风险监管指标持续符合中国证监会监管要求，营业收入和利润稳定增长，具有较强的竞争优势和良好的发展潜力。					

二、业务动态及统计

推荐挂牌情况							
序号	股份代码	公司名称	项目小组成员		内核人员	持续督导人员	公司状态
1	400136	北京安普能环保工程技术股份有限公司	项目负责人	李忠良	孙　凯、朱　彤、孙伟利、刘生瑶、李卫民、王　融、解士辉	王梅钰珊 吴震宇	挂牌
			注册会计师	吕彬峰			
			律师	徐毓秀 王梅钰珊			
			行业分析师	霍　金			
2	430209	北京康孚科技股份有限公司	项目负责人	李忠良	朱　彤、孙　凯、孙伟利、刘生瑶、徐毓秀、郑英华	王梅钰珊 吴震宇	挂牌
			注册会计师	吴震宇			
			律师	牟　君			
			行业分析师	元俊峰			
目前已推荐挂牌公司家数					2		
已被终止挂牌公司家数					0		
撤回材料及申请被否公司家数					0		

三、部门设置及主要业务人员情况

推荐业务				
部门名称		场外交易市场部		
分管高管		朱　彤	部门负责人	李忠良
部门人数		25	具有证券从业资格人数	25
具有注册会计师资格人数		5	具有律师资格人数	5
联络人一	姓名	李忠良	固定电话	010－88086250
	传真	010－88087880	电子邮箱	tadayaoshi@163.com

联络人二	姓名	徐毓秀	固定电话	010－88086668
	传真	010－88087880－201	电子邮箱	xu. yuxiu@139. com

序号	姓　名	专业资格
1	李忠良	可担任项目负责人
2	侯海涛	可担任项目负责人
3	徐毓秀	可担任项目负责人、律师
4	张彩杉	可担任律师
5	陈寅秋	可担任律师
6	苏钰人	可担任律师
7	王梅钰珊	可担任律师
8	王　珅	可担任注册会计师
9	吴震宇	可担任注册会计师
10	陈　杰	可担任注册会计师
11	郭　玲	可担任注册会计师
12	舒福刚	可担任注册会计师

经纪业务				
部门名称		运营管理中		
分管高管		王小刚	部门负责人	金　涛
联络人一	姓名	金　涛	固定电话	0931－8784505
	传真	0931－8793608	电子邮箱	Jint@hlzqgs. com
联络人二	姓名	武　芳	固定电话	0931－4890100
	传真	0931－4890118	电子邮箱	Hlzqwf@163. com

首创证券有限责任公司

一、公司概况及简介

公司概况	公司名称	首创证券有限责任公司				
	成立日期	2000. 2. 3	法定代表人	吴　涛	总经理	毕劲松
	注册资本（万元）	65,000	净资产＊（万元）	203,029. 77	净资本＊（万元）	121,6[illegible]3. 57
	注册地址	北京市西城区德胜门外大街115号德胜尚城E座			营业部家数	15家
	办公地址	北京市西城区德胜门外大街115号德胜尚城E座			邮编	100088
	公司网址	www. sczq. com. cn	电子邮箱	sczq@sczq. com. cn	经营证券业务许可证编号	Z29211000
	注：＊经审计的最近一年度净资产和净资本（净资产和净资本为2012年经审计母公司数据）					
	证监会批准的相关业务资格			许可经营项目：证券经纪；证券投资咨询；与证券交易、证券投资活动有关的财务顾问；证券承销与保荐；证券自营；证券投资基金销售；证券资产管理；融资融券。		
	在全国股份转让系统从事的业务种类			推荐业务、经纪业务		

公司简介	首创证券有限责任公司于2000年在北京成立，是北京市国资委所属首创集团控股的综合类证券公司。公司注册资本65,000万元人民币，现有股东包括北京首都创业集团有限公司、北京能源投资（集团）有限公司、中国石化财务有限责任公司等多家大型企业。经过十多年快速发展，首创证券由成立时仅一家营业部的证券经纪公司逐步发展成为业务种类基本齐全、下辖15家营业部的综合类证券公司，并先后参股中邮创业基金管理有限公司，控股京都期货有限公司。公司经营范围涵盖证券经纪、承销、自营、投资咨询、资产管理、融资融券等多项金融业务，可为客户提供多元化金融服务。 首创证券一直坚持“稳健经营、规范管理”的经营原则，高度重视健全内部管理体制和完善风险防范机制，逐步形成了一套具有自身特色、符合证券业规范运作要求的制度化管理体系。根据证券市场发展趋势，公司不断优化自身业务结构，逐渐形成了以证券经纪业务为基础，投资银行、固定收益业务等中高端中介业务为重点的业务架构。近年来，随着证券市场金融创新趋势日益加快，公司加大了创新业务研究力量与投入力度，为资产管理、融资融券、股份挂牌转让、中小企业私募债券等创新业务搭建起良好的发展平台。

二、业务动态及统计

<table>
<tr><th colspan="8">推荐挂牌情况</th></tr>
<tr><th>序号</th><th>股份代码</th><th>公司名称</th><th colspan="2">项目小组成员</th><th>内核人员</th><th>持续督导人员</th><th>公司状态</th></tr>
<tr><td rowspan="4">1</td><td rowspan="4">430268</td><td rowspan="4">北京恒信启华信息技术股份有限公司</td><td>项目负责人</td><td>马起华</td><td rowspan="4">毕劲松、娄爱东、赵　燕、刘侃巍、周桂岩、王剑辉、唐洪广</td><td rowspan="4">马起华
甘　霖</td><td rowspan="4">挂牌</td></tr>
<tr><td>注册会计师</td><td>马起华</td></tr>
<tr><td>律师</td><td>甘　霖</td></tr>
<tr><td>行业分析师</td><td>吴　江</td></tr>
<tr><td colspan="5">目前已推荐挂牌公司家数</td><td colspan="3">1</td></tr>
<tr><td colspan="5">已被终止挂牌公司家数</td><td colspan="3">0</td></tr>
<tr><td colspan="5">撤回材料及申请被否公司家数</td><td colspan="3">0</td></tr>
<tr><td colspan="8">推荐原代办股份转让系统的两网公司及退市公司挂牌情况</td></tr>
<tr><td colspan="8">无</td></tr>
</table>

三、部门设置及主要业务人员情况

<table>
<tr><th colspan="5">推荐业务</th></tr>
<tr><td colspan="2">部门名称</td><td colspan="3">投资银行事业部（一级部门）</td></tr>
<tr><td colspan="2">分管高管</td><td>刘侃巍</td><td>部门负责人</td><td>刘侃巍</td></tr>
<tr><td colspan="2">部门人数</td><td>43</td><td>具有证券从业资格人数</td><td>41</td></tr>
<tr><td colspan="2">具有注册会计师资格人数</td><td>8</td><td>具有律师资格人数</td><td>3</td></tr>
<tr><td rowspan="2">联络人一</td><td>姓名</td><td>唐洪广</td><td>固定电话</td><td>010－59366172</td></tr>
<tr><td>传真</td><td>010－59366280</td><td>电子邮箱</td><td>tanghongguang@ sczq. com. cn</td></tr>
<tr><td rowspan="2">联络人二</td><td>姓名</td><td>郝建玲</td><td>固定电话</td><td>010－59366155</td></tr>
<tr><td>传真</td><td>010－59366280</td><td>电子邮箱</td><td>Haojianling@ sina. com</td></tr>
<tr><td>序号</td><td colspan="2">姓　名</td><td colspan="2">专业资格</td></tr>
<tr><td>1</td><td colspan="2">刘侃巍</td><td colspan="2">可担任项目负责人</td></tr>
<tr><td>2</td><td colspan="2">马起华</td><td colspan="2">可担任项目负责人、注册会计师、律师</td></tr>
<tr><td>3</td><td colspan="2">杨　奇</td><td colspan="2">可担任项目负责人</td></tr>
<tr><td>4</td><td colspan="2">陈晓荃</td><td colspan="2">可担任项目负责人</td></tr>
<tr><td>5</td><td colspan="2">刘　宏</td><td colspan="2">可担任项目负责人</td></tr>
</table>

6	刘志勇	可担任项目负责人、注册会计师
7	周木红	可担任项目负责人、注册会计师
8	唐洪广	注册会计师
9	郝建玲	注册会计师
10	邱国江	注册会计师
11	冷　鹏	注册会计师
12	方　伟	注册会计师
13	甘　霖	律师
14	杨晓雨	律师

经纪业务				
部门名称		经纪业务总部(一级部门)		
分管高管		王洪亮	部门负责人	王洪亮
联络人一	姓名	刘　宇	固定电话	010－59366070
	传真	010－59366055	电子邮箱	liuyu@ sczq. com. cn
联络人二	姓名	黄　萌	固定电话	010－59366064
	传真	010－59366055	电子邮箱	huangmeng@ sczq. com. cn

爱建证券有限责任公司

一、公司概况及简介

公司概况						
	公司名称	爱建证券有限责任公司				
	成立日期	2002.9	法定代表人	郭　林	总经理	张建华(代行)
	注册资本（万元）	110,000.00	净资产*（万元）	119,568.26	净资本*（万元）	88,202.24
	注册地址	上海市世纪大道1600号32楼			营业部家数	16家
	办公地址	上海市世纪大道1600号32楼			邮编	200122
	公司网址	www. ajzq. com	电子邮箱	Ajzq@ ajzq. com	经营证券业务许可证编号	Z31831000
	注：*经审计的2012年度净资产和净资本					
	证监会批准的相关业务资格			证券的承销和上市推荐；证券自营；代理买卖证券业务，代理证券还本付息和红利的支付；证券投资咨询；资产管理；发起设立证券投资基金和基金管理公司；中国证监会批准的其他业务。		
	在全国股份转让系统从事的业务种类			推荐业务、经纪业务		
公司简介	爱建证券有限责任公司于2002年经中国证券监督管理委员会批准成立，公司总部所在地为上海市，设有15家证券营业部，员工总数500余人。公司形成了包括证券经纪、投资银行、证券投资、资产管理、固定收益等业务体系以及风险管理、研究咨询、信息技术等业务支持体系。2009年，上海陆家嘴金融发展有限公司入股公司，成为公司的控股股东。“诚信、稳健、开拓”是公司经营管理的核心理念。公司推行全面风险控制，倡导和推进合规文化建设，在实施严格管理、稳健经营和规范运作基础上，积极稳步开展各项业务的开拓与创新，不断做优做强，实现跨越式发展。公司已具备一支专业素质良好的员工队伍，力求以良好的专业技能和高度的敬业精神，为客户提供专业化、多元化、个性化的服务。公司倡导“以人为本、以德为先、人为为人”和“实事求是”为基础的企业文化管理，强调德为才帅、德才兼备的人才观，注重建设长期稳定的学习型组织。公司借助成功重组契机，以优秀的企业文化为导向，以薪新的企业机制为动力，以“服务客户、公益社会”为使命，致力于打造企业的核心竞争力，实现企业的持续健康发展，实现企业与社会的和谐发展。					

二、业务动态及统计

推荐挂牌情况						
序号	股份代码	公司名称	项目小组成员	内核人员	持续督导人员	公司状态
目前已推荐挂牌公司家数				0		
已被终止挂牌公司家数				0		
撤回材料及申请被否公司家数				0		
推荐原代办股份转让系统的两网公司及退市公司挂牌情况						
无						

三、部门设置及主要业务人员情况

推荐业务				
部门名称		股份代办部		
分管高管		王大勇	部门负责人	王大勇
部门人数		16	具有证券从业资格人数	16
具有注册会计师资格人数		4	具有律师资格人数	3
联络人一	姓名	吴克勤	固定电话	021－68728910
	传真	021－68728909	电子邮箱	wukeqin@ gmail. com
联络人二	姓名	俞　婷	固定电话	021－32229888＊32151
	传真	021－68728909	电子邮箱	Yuting@ ajzq. com
序号	姓　名		专业资格	
1	胡　欣		可担任项目负责人、注册会计师	
2	许　宁		注册会计师	
3	陈震虬		注册会计师	
4	周　佳		注册会计师	
5	吴克勤		律师	
6	刘　君		律师	
7	林　海		律师	

经纪业务				
部门名称		经纪业务总部		
分管高管		鲁志军	部门负责人	鲁志军
联络人一	姓名	戴莉丽	固定电话	021－32229888＊25122
	传真	021－68728703	电子邮箱	Dailili@ ajzq. com
联络人二	姓名	胡燕华	固定电话	021－32229888＊25112
	传真	021－68728703	电子邮箱	Huyanhua@ ajzq. com

中国民族证券有限责任公司

一、公司概况及简介

公司概况	公司名称	中国民族证券有限责任公司				
	成立日期	2002.4.29	法定代表人	赵大建	总经理	罗农平
	注册资本（万元）	448,655.31	净资产*（万元）	215,087.86	净资本*（万元）	124,828.56
	注册地址	北京市朝阳区北四环中路27号院5号楼			营业部家数	49
	办公地址	北京市朝阳区北四环中路27号盘古大观A座40－43层			邮编	100101
	公司网址	http://www.e5618.com	电子邮箱	tousu@chinans.com.cn	经营证券业务许可证编号	Z10011000
	注：*经审计的最近一年度净资产和净资本					
	证监会批准的相关业务资格			证券经纪；证券投资咨询；与证券交易、证券投资活动有关的财务顾问；证券承销与保荐；证券自营；证券资产管理；融资融券；证券投资基金代销；代销金融产品（有效期至2016年7月3日）。		
	在全国股份转让系统从事的业务种类			推荐、经纪		
公司简介	中国民族证券有限责任公司成立于2002年4月，是经中国证监会批准设立的综合类证券公司，注册地北京市，现注册资本44.86亿元人民币。总部位于北京市朝阳区北四环中路27号盘古大观A座40－43层，是上海证券交易所、深圳证券交易所的会员单位，拥有上交所席位30个、深交所席位19个。 公司始终坚持依法稳健的经营理念，内部管理严格，运作规范，业务资质齐全，目前已取得的业务资格有：证券经纪；证券投资咨询；与证券交易、证券投资活动有关的财务顾问；证券承销与保荐；证券自营；证券资产管理；融资融券；证券投资基金代销；网上证券委托业务；证券业务外汇经营许可证；保险兼业代理；银行间债券市场成员；交易所债券市场成员；企业债券主承销商资格；IPO询价对象资格；LOF基金申购赎回代理销售业务资格；二证基金通业务资格；全国股份转让系统主办券商业务资格；中小企业私募债券承销业务资格等。 公司坚持合规经营，近年来公司整体实力显著增强，各项业务排名逐年上升。 截至2012年末，公司资产总额87.38亿元，净资本12.48亿元，未分配利润5.31亿元。全年累计实现营业收入6.63亿元，营业支出5.96亿元，净利润0.91亿元，连续七年盈利。 公司坚持推进品牌建设，树立公司良好形象。随着公司法人治理结构的逐步完善，逐渐培育和形成了以“诚信、和谐、进取、规范”为核心的中国民族证券企业文化，各项业务发展呈现良好态势，在部分领域取得了新的突破，得到了监管部门和业内的好评，先后有22个单位和部门、42人次获得省部级以上“五一劳动奖状”、“工人先锋号”、“青年文明号”等荣誉称号73个，其中获得全国级先进集体有11个，先进个人6个。						

二、业务动态及统计

推荐挂牌情况							
序号	股份代码	公司名称	项目小组成员		内核人员	持续督导人员	公司状态
1	430184	北方跃龙	项目负责人	陈姝君	姜　勇、孔庆龙、赵大辉、赵　萌、张　华、李　贺、刘清江	卢盈军 李海楠	挂牌
			注册会计师	陈　赟			
			律师	李　玲			
			行业分析师	吴英文、张　磊			
目前已推荐挂牌公司家数					1		
已被终止挂牌公司家数					0		
撤回材料及申请被否公司家数					0		

推荐原代办股份转让系统的两网公司及退市公司挂牌情况
无

三、部门设置及主要业务人员情况

推荐业务				
部门名称		股份代办部		
分管高管		罗农平	部门负责人	吴英文
部门人数		22 人	具有证券从业资格人数	22 人
具有注册会计师资格人数		8	具有律师资格人数	4
联络人一	姓名	李海楠	固定电话	010 – 59355737
	传真	010 – 56437017	电子邮箱	lihn@ chinans. com. cn
联络人二	姓名	吴英文	固定电话	010 – 59355552
	传真	010 – 56437017	电子邮箱	wuyw@ chinans. com. cn
序号	姓　名		专业资格	
1	陈姝君		项目负责人、律师	
2	王宏斌		项目负责人、注册会计师	
3	郭振宇		项目负责人、注册会计师	
4	张杏超		项目负责人、注册会计师	
5	许　达		项目负责人	
6	李　超		项目负责人	
7	陈　赟		注册会计师	
8	卢盈军		注册会计师	
9	刘丽君		注册会计师	
10	唐林成		注册会计师	
11	李　贺		注册会计师	
12	江李星		律师	
13	李海楠		律师	
14	杨　璐		律师	

经纪业务				
部门名称		零售业务总部交易运行部		
分管高管		罗农平	部门负责人	乌力亚苏
联络人一	姓名	王　康	固定电话	010 – 59355487
	传真	010 – 56437012	电子邮箱	wangkang@ chinans. com. cn
联络人二	姓名	赵　亮	固定电话	010 – 59355951
	传真	010 – 56437012	电子邮箱	jgzhaol@ chinans. com. cn

国金证券股份有限公司

一、公司概况及简介

公司概况	公司名称	国金证券股份有限公司				
	成立日期	1996.12.20	法定代表人	冉　云	总经理	金　鹏
	注册资本（万元）	129,407.1702	净资产*（万元）	633,722.3080	净资本*（万元）	569,896.5961
	注册地址	成都市青羊区东城根上街95号			营业部家数	27
	办公地址	成都市青羊区东城根上街95号成证大厦16楼			邮编	610015
	公司网址	www.gjzq.com.cn	电子邮箱	bgs@gjzq.com.cn	经营证券业务许可证编号	Z28051000
	注：*经审计的2012年度净资产和净资本					
	证监会批准的相关业务资格			证券经纪；证券投资咨询；与证券交易、证券投资活动有关的财务顾问；证券承销与保荐；证券自营；融资融券；证券资产管理；证券投资基金代销；为期货公司提供中间介绍业务。		
	在全国股份转让系统从事的业务种类			推荐业务、经纪业务		

公司简介

国金证券股份有限公司（以下简称"国金证券"）是一家资产质量优良、专业团队精干、创新能力突出、服务特色鲜明的上市证券公司，是沪深300指数、上证180指数、上证180金融股指数和上证中型企业指数成份股。2010年5月29日，在中国证券报、上海证券报、证券时报、证券日报联合主办的"1990－2010：走向资本强国——中国证券市场20年回顾与展望暨第四届中国上市公司市值管理高峰论坛"活动中，国金证券荣获"中国20家最具影响力证券公司奖"。

国金证券尊崇"责任、共赢、和谐"的企业精神，秉承"规范管理、稳健经营、深化服务、科学创新"的经营理念及"专业创造价值，诚信铸就未来"的服务理念，打造了一只专业化、高素质的职业人才团队，连续保持20年年终税前盈利。

国金证券坚持"以研究咨询为驱动，以经纪业务为基础，以投资银行业务为重点突破，以自营投资业务和创新业务为重要补充"的业务模式，通过实施差异化增值服务商的竞争战略，不断提升核心竞争力。

国金证券将牢牢把握"合规经营、风险可控"的基础不动摇，坚持"差异化增值服务商"的战略发展定位，争取实现业务资格的"全牌照"，着力打造集证券、期货、基金管理为一体的综合业务平台，为中国资本市场的繁荣发展贡献自己的力量。

二、业务动态及统计

推荐挂牌情况

序号	股份代码	公司名称	项目小组成员		内核人员	持续督导人员	公司状态
1	430232	天津桦清信息技术股份有限公司	项目负责人	柴国恩	姜文国、廖卫平、罗洪峰、李　刚、王　蔚、刘　刚、曹　勤	叶　玮 梁崇霄	挂牌
			注册会计师	柴国恩			
			律师	孙　寓			
			行业分析师	陈　珅、毛峥嵘			
2	430295	上海捷虹颜料化工集团股份有限公司	项目负责人	叶　玮	姜文国、廖卫平、罗洪峰、李　刚、乐伟伟、刘　刚、曹　勤	叶　玮、杜　坚	挂牌
			注册会计师	陈丽娅			
			律师	叶　玮、孙　寓			
			行业分析师	陈　珅、刘　波			
目前已推荐挂牌公司家数					2		
已被终止挂牌公司家数					0		

撤回材料及申请被否公司家数	0
推荐原代办股份转让系统的两网公司及退市公司挂牌情况	
无	

三、部门设置及主要业务人员情况

推荐业务				
部门名称		场外市场部		
分管高管		姜文国	部门负责人	丁志卿
部门人数		28	具有证券从业资格人数	28
具有注册会计师资格人数		7	具有律师资格人数	6
联络人一	姓名	陈　珅	固定电话	18610606019
	传真	010－66574790	电子邮箱	chenshen@ gjzq. com. cn
联络人二	姓名	周晓燕	固定电话	010－66046987
	传真	010－66046938	电子邮箱	zhouxiaoyan@ gjzq. com. cn
序号	姓　名		专业资格	
1	陈丽娅		可担任项目负责人、注册会计师	
2	叶　玮		可担任项目负责人、律师	
4	柴国恩		可担任项目负责人、注册会计师	
5	邢耀华		可担任项目负责人、律师	
6	陶先胜		可担任项目负责人、注册会计师	
7	陈　珅		可担任项目负责人	
8	周晓燕		律师	
9	李升军		律师	
10	陈乃亮		律师	
11	付焱鑫		注册会计师、律师	
12	夏洪彬		注册会计师	
13	陈钟林		注册会计师	
15	毛峥嵘		注册会计师	

经纪业务				
部门名称		业务运营中心		
分管高管		纪　路	部门负责人	王　丹
联络人一	姓名	张梦华	固定电话	028－86690323
	传真	028－86690126	电子邮箱	zhangmh@ gjzq. com. cn
联络人二	姓名	孙　肖	固定电话	028－86690207
	传真	028－86690126	电子邮箱	sunx@ gjzq. com. cn

恒泰证券股份有限公司

一、公司概况及简介

公司概况	公司名称	恒泰证券股份有限公司				
	成立日期	1998.12.28	法定代表人	庞介民	总经理	吴谊刚
	注册资本（万元）	219470.7412 万元	净资产 *（万元）	431339.58	净资本 *（万元）	355015.07
	注册地址	呼和浩特新城区新华东街 111 号			营业部家数	42
	办公地址				邮编	010010
	公司网址	www.cnht.com.cn	电子邮箱	zcbgs@cnht.com.cn	经营证券业务许可证编号	Z20815000
	注：* 经审计的 2012 年度净资产和净资本					
	证监会批准的相关业务资格			证券经纪（辽宁、吉林、黑龙江除外）；证券投资咨询（辽宁、吉林、黑龙江三省的证券投资顾问业务除外）；与证券交易、证券投资活动有关的财务顾问；证券承销与保荐；证券自营；证券资产管理；融资融券；证券投资基金代销；IB 业务资格。		
	在全国股份转让系统从事的业务种类			推荐业务和经纪业务。		

公司简介

恒泰证券股份有限公司（以下简称“公司”）前身为内蒙古自治区证券公司，成立于 1992 年；1998 年 11 月经中国证券监督管理委员会批准，改制组建为有限责任公司。

2002 年 7 月，经中国证监会批准，公司进行了增资扩股，注册资本由 9400 万元增至 6.56 亿元。2002 年 9 月 25 日经国家工商局核准，公司名称变更为恒泰证券有限责任公司。

2008 年 9 月，经中国证监会批准，公司整体变更为股份有限公司；注册资本由变更为 20.06 亿元。

2009 年 3 月，经中国证监会批准，公司收购长财证券经纪有限公司；收购完成后公司注册资本增至 21.95 亿元，长财证券成为公司全资子公司。

2009 年 5 月，经中国证监会批准，公司收购上海永大期货公司，收购完成后永大期货成为公司全资子公司，2010 年 8 月，永大期货更名为恒泰期货经纪有限公司，2011 年 5 月，再次更名为恒泰期货有限公司。

公司注册地为呼和浩特市，在自治区及北京、上海、深圳等国内主要城市设有 42 家证券营业部，其中在自治区内设有 31 家证券营业部。2009 年，经中国证监会批准，公司在北京和深圳分别设立了投行和自营分公司。

公司自成立以来，始终秉承“稳健、诚信、务实、创新”的经营理念和“全心全意为客户服务”的经营宗旨，依法经营、规范运作、科学管理、锐意进取，各项事业都取得了长足发展，逐步形成了以证券经纪、投资银行、证券投资、固定收益、资产管理、融资融券等为主的架构完善的业务体系，研究咨询、信息技术、风险管理等强有力的支持体系，资产优良，内控严密，成为国内具有一定业务规模和竞争优势的综合性证券公司。

二、业务动态及统计

推荐挂牌情况

序号	股份代码	公司名称	项目小组成员		内核人员	持续督导人员	公司状态
1	430311	北京达美盛软件股份有限公司	项目负责人	吴国平	张伟、杨耘、张松、靳磊、林海燕、崔松鹤、陈杰	甘丹	（挂牌）
			注册会计师	甘丹			
			律师	周德虎			
			行业分析师	赵海英			
目前已推荐挂牌公司家数					1		
已被终止挂牌公司家数					0		
撤回材料及申请被否公司家数					0		

推荐原代办股份转让系统的两网公司及退市公司挂牌情况

无

三、部门设置及主要业务人员情况

推荐业务				
部门名称		场外交易市场业务部		
分管高管		张　伟	部门负责人	杨　耘
部门人数		34	具有证券从业资格人数	34
具有注册会计师资格人数		10	具有律师资格人数	4
联络人一	姓名	谢远东	固定电话	010－56673769
	传真	010－56673767	电子邮箱	xieyuandong@ cnht. com. cn
联络人二	姓名	秦国华	固定电话	010－56673760
	传真	010－56673767	电子邮箱	qinguohua@ cnht. com. cn
序号	姓　名		专业资格	
1	朱永华		可担任项目负责人	
2	卢景芳		可担任项目负责人	
3	李东茂		可担任项目负责人	
4	郭春洪		可担任项目负责人、注册会计师、律师	
5	邹卫峰		可担任项目负责人、注册会计师	
6	吴国平		可担任项目负责人、注册会计师	
7	陈孝坤		注册会计师	
8	吴　垚		注册会计师	
9	甘　丹		注册会计师	
10	赵海英		注册会计师	
11	管宣		注册会计师	
12	窦军祥		注册会计师	
13	孙中立		注册会计师	
14	周德虎		律师	
15	白江		律师	
16	杨天荣		律师	

经纪业务				
部门名称		经纪事业部		
分管高管		刘全胜	部门负责人	贾国梁
联络人一	姓名	李　霞	固定电话	0471－4961259
	传真	0471－4961259	电子邮箱	lixia@ cnht. com. cn

财通证券有限责任公司

一、公司概况及简介

公司概况	公司名称	财通证券有限责任公司				
	成立日期	2003.6.11	法定代表人	沈继宁	总经理	沈继宁
	注册资本（万元）	140,000	净资产＊（万元）	406,050.4832	净资本＊（万元）	315,211.9416
	注册地址	浙江省杭州市杭大路15号嘉华国际商务中心			营业部家数	52
	办公地址	浙江省杭州市杭大路15号嘉华国际商务中心			邮编	310007
	公司网址	www.ctsec.com	电子邮箱	96336@ctsec.com	经营证券业务许可证编号	J36633000
	注：＊经审计的2012年度净资产和净资本					
	证监会批准的相关业务资格			证券经纪；证券自营；证券承销与保荐；证券资产管理；证券投资咨询；融资融券；证券投资基金代销；为期货公司提供中间介绍业务以及中国证监会核准的其他业务。		
	在全国股份转让系统从事的业务种类			推荐业务、经纪业务		
公司简介	财通证券有限责任公司（以下简称"公司"）注册地在中国杭州，其前身是成立于1993年5月的浙江财政证券公司。2003年6月，根据国务院有关文件的精神，改制为财通证券经纪有限责任公司。2006年10月，公司吸收合并天和证券经纪有限公司。2007年6月29日，浙江省委、省政府明确公司为省直属国有企业，由省政府授权省国资委监管。2007年9月，公司控股永安期货股份有限公司。2009年3月，经中国证监会核准，公司更名为财通证券有限责任公司。2011年1月，公司由浙江省政府授权浙江省财政厅监管。 公司注册资本14亿元人民币，现有营业网点52家（分布在北京、上海、深圳、福州、青岛、大连、南京、无锡、重庆等城市及浙江省内各市县），员工2000余人。 公司经营范围为：证券经纪，证券自营，证券承销与保荐，证券资产管理，证券投资咨询，融资融券，证券投资基金代销，为期货公司提供中间介绍业务以及中国证监会核准的其他业务。 公司将忠实恪守"规范经营、稳健发展、务实创新、追求卓越"的经营理念，优化股权结构，提升服务质量，培养一流的员工和理性、成熟的投资者队伍，力争将公司打造成具有区域竞争优势、明显经营特色和富有社会责任感的现代证券企业。					

二、业务动态及统计

推荐挂牌情况							
序号	股份代码	公司名称	项目小组成员		内核人员	持续督导人员	公司状态
1	430109	北京中航讯科技股份有限公司	项目负责人	何翔	孙永祥、黄著文、方铁道、林浚清、郭　琦、徐金菊、施海寅	王　静	挂牌
			注册会计师	翟　月			
			律师	方　南			
			行业分析师	林致缘			
2	430199	北京了望投资顾问股份有限公司	项目负责人	任善国	孙永祥、黄著文、方铁道、林浚清、郭　琦、徐金菊、何　翔	胡晶晶	挂牌
			注册会计师	任善国			
			律师	方　南			
			行业分析师	李伟			
目前已推荐挂牌公司家数					2家		
已被终止挂牌公司家数					0家		
撤回材料及申请被否公司家数					0家		

推荐原代办股份转让系统的两网公司及退市公司挂牌情况
无

三、部门设置及主要业务人员情况

推荐业务				
部门名称		场外市场部		
分管高管		何斌辉	部门负责人	黄著文
部门人数		15	具有证券从业资格人数	15
具有注册会计师资格人数		5	具有律师资格人数	1
联络人一	姓名	潘　峰	固定电话	0571－87828163
	传真	0571－87828141	电子邮箱	Pf@ ctsec. com
联络人二	姓名	胡晶晶	固定电话	0571－87828120
	传真	0571－87828141	电子邮箱	Hujj@ ctsec. com
序号	姓　名		专业资格	
1	秦迅阳		可担任项目负责人、注册会计师	
2	陈思文		可担任项目负责人	
3	潘　峰		可担任项目负责人	
4	严　正		可担任项目负责人	
5	王　静		可担任项目负责人、注册会计师	
6	张小宁		可担任项目负责人	
7	陈　明		注册会计师	
8	张士利		律师	

经纪业务				
部门名称		机构运营部		
分管高管		裴根财	部门负责人	吴林惠
联络人一	姓名	喻旭明	固定电话	0571－87828111
	传真	0571－87828140	电子邮箱	Yuxm@ ctsec. com
联络人二	姓名	徐一楠	固定电话	0571－87821384
	传真	0571－87828140	电子邮箱	Xuyn@ ctsec. com

第一创业证券股份有限公司

一、公司概况及简介

公司概况	公司名称	第一创业证券股份有限公司				
	成立日期	1993. 4. 26	法定代表人	刘学民	总裁	钱龙海
	注册资本（万元）	197000	净资产＊（万元）	470，259. 45（2012 年审计）	净资本＊（万元）	319，169. 37（2012 年审计）
	注册地址	广东省深圳市罗湖区笋岗路 12 号中民时代广场 B 座 25、26 层			营业部家数	27
	办公地址	广东省深圳市罗湖区笋岗路 12 号中民时代广场 B 座 25、26 层			邮编	518028

公司概况	公司网址	www. firstcapital. com	电子邮箱	fc@ fcsc. cn	经营证券业务许可证编号	Z26274000
	注：＊经审计的最近一年度净资产和净资本					
	证监会批准的相关业务资格			证券经纪；证券投资咨询；与证券交易、证券投资活动有关的财务顾问；证券（不含股票、公司债券）承销；证券自营；证券资产管理；证券投资基金代销；为期货公司提供中间介绍业务；融资融券。		
	在全国股份转让系统从事的业务种类			经纪业务、推荐业务		
公司简介	第一创业证券股份有限公司前身佛山证券有限责任公司，是经中国人民银行银复［1992］608 号文批准，于 1993 年 4 月 26 日成立，原注册资本金 1000 万元。1997 年 12 月 9 日，在“银证脱钩”中，经中国人民银行非银证［1997］160 号文批准，同意公司增资扩股，并在原佛山证券公司基础上改制为佛山证券有限责任公司，公司注册资本金增至 8000 万元。2002 年 4 月 19 日中国证监会以证监机构字［2002］101 号文批准佛山证券有限责任公司增资扩股、更名、迁址方案。2002 年 7 月 26 日，公司依法完成了增资扩股的程序，注册资本金由 8000 万元增加至 7.47 亿元，注册地迁至广东省深圳市，更名为第一创业证券有限责任公司。 2008 年 8 月 28 日，中国证监会以证监机构字［2008］1072 号文批准第一创业证券有限责任公司增资扩股；2008 年 9 月 10 日，公司注册资本金由 7.47 亿元增加至 15.9 亿元。2011 年 8 月 3 日，中国证监会下发证监许可［2011］1230 号，核准第一创业证券有限责任公司变更注册资本，由 15.9 亿元变更为 19.7 亿元。经中国证监会核准，深圳市工商局同意，公司由“第一创业证券有限责任公司”改制并更名为“第一创业证券股份有限公司”，于 2012 年 3 月 22 日取得更名后的企业法人营业执照。					

二、业务动态及统计

推荐挂牌情况	
目前已推荐挂牌公司家数	0
已被终止挂牌公司家数	0
撤回材料及申请被否公司家数	0
推荐原代办股份转让系统的两网公司及退市公司挂牌情况	
无	

三、部门设置及主要业务人员情况

推荐业务					
部门名称		场外市场股权交易部（一级部门）			
分管高管		王卫	部门负责人	张兵	
部门人数		12	具有证券从业资格人数	12	
具有注册会计师资格人数		4	具有律师资格人数	3	
联络人一	姓名	徐子婷	固定电话	0755 - 82481522	
	传真	0755 - 82485006	电子邮箱	xuziting@ fcsc. com	
联络人二	姓名	王东方	固定电话	0755 - 25832560	
	传真	0755 - 25831718	电子邮箱	wangdongfang@ fcsc. com	
经纪业务					
部门名称		场外市场股权交易部（一级部门）			
分管高管		王　卫	部门负责人	张　兵	
联络人一	姓名	徐子婷	固定电话	0755 - 82481522	
	传真	0755 - 82485006	电子邮箱	xuziting@ fcsc. com	

联络人二	姓名	王东方	固定电话	0755－25832560
	传真	0755－25831718	电子邮箱	wangdongfang@ fcsc. cn

红塔证券股份有限公司

一、公司概况及简介

公司概况	公司名称	红塔证券股份有限公司				
	成立日期	2002.1.31	法定代表人	况雨林	总经理	况雨林
	注册资本（万元）	138,651.04	净资产＊（万元）	361,870.46	净资本＊（万元）	304,257.51
	注册地址	云南省昆明市北京路155号附1号			营业部家数	25家
	办公地址	云南省昆明市北京路155号附1号红塔大厦9楼			邮编	650011
	公司网址	www. hongtastock. com	电子邮箱	cwsc@ hongtastock. com	经营证券业务许可证编号	Z30153000
	注：＊经审计的2011年度净资产和净资本					
	证监会批准的相关业务资格			证券经纪、证券自营、证券承销与保荐；证券投资咨询；与证券交易、证券投资活动有关的财务顾问；证券资产管理；融资融券；证券投资基金代销；为期货公司提供中间介绍业务。		
	在全国股份转让系统从事的业务种类			经纪业务、推荐业务		
公司简介	红塔证券股份有限公司是在对云南省三家信托投资公司（云南省国际信托投资公司、云南金旅信托投资有限公司、昆明国际信托投资公司）以及两家证券经营机构（云南证券交易中心、云南证券登记有限责任公司）证券业务重组的基础上，由红塔集团等13家国内知名企业共同发起，并经中国证监会批准设立的比照综合类证券公司。注册资本为人民币138,651.04万元，注册地为云南省昆明市。2002年1月31日，公司在云南省工商行政管理局领取了《企业法人营业执照》。2002年3月23日，公司正式开业。 公司成立以来，秉承“稳健·创新·多元”的经营理念，在规范运作的基础上，不断开拓进取，成为西南地区第一家创新试点类证券公司，也是业内屈指可数的连续九年实现盈利的券商之一。经过十年的发展壮大，公司现有1家分公司和25家证券营业部，设有2家全资子公司和1家控股子公司，业务资格涵盖各业务门类23项，员工人数950余人，逐渐成为股东背景强大、治理结构完善、业务门类齐全、风险管理严密、资产质量优良、盈利能力较强的特色证券经营机构。					

二、业务动态及统计

推荐挂牌情况	
目前已推荐挂牌公司家数	0
已被终止挂牌公司家数	0
撤回材料及申请被否公司家数	0
推荐原代办股份转让系统的两网公司及退市公司挂牌情况	
无	

三、部门设置及主要业务人员情况

推荐业务			
部门名称	场外市场事业部		
分管高管	舒兆云	部门负责人	舒兆云
部门人数	24人	具有证券从业资格人数	24人
具有注册会计师资格人数	7人	具有律师资格人数	3人

联络人一	姓名	卢文浩	固定电话	010－66220682
	传真	010－66220148	电子邮箱	lwhdream@ sina. com
联络人二	姓名	田　伟	固定电话	010－66220009－6001
	传真	010－66220148	电子邮箱	terrance_bj@ 163. com
经纪业务				
部门名称		经纪业务总部		
分管高管		李素明	部门负责人	周捷飞
联络人一	姓名	李　军	固定电话	0871－63577078
	传真	0871－63578827	电子邮箱	lijun@ hongtastock. com
联络人二	姓名	王艳云	固定电话	0871－63577072
	传真	0871－63578827	电子邮箱	wangyy@ hongtastock. ccm

中国国际金融有限公司

一、公司概况及简介

公司概况	公司名称	中国国际金融有限公司				
	成立日期	1995.7.31	法定代表人	金立群	总经理	朱云来
	注册资本	2.25 亿美元	净资产＊（万元）	497,681.76	净资本＊（万元）	511,120.63
	注册地址	北京市建国门外大街 1 号国贸大厦 2 座 27 层及 28 层			营业部家数	16
	办公地址	北京市建国门外大街 1 号国贸大厦 2 座 27 层及 28 层			邮编	100004
	公司网址	www. cicc. com. cn	电子邮箱	info@ cicc. com. cn	经营证券业务许可证编号	Y00111000
	注：＊经审计的 2012 年度净资产和净资本					
	证监会批准的相关业务资格			人民币普通股票、人民币特种股票、境外发行股票、境内外政府债券、公司债券和企业债券的经纪业务；人民币普通股票、人民币特种股票、境外发行股票、境内外政府债券、公司债券和企业债券的自营业务；人民币普通股票、人民币特种股票、境外发行股票、境内外政府债券、公司债券和企业债券的承销业务；基金的发起和管理；企业重组、收购与合并顾问；项目融资顾问；投资顾问及其他顾问业务；外汇买卖；境外企业、境内外商投资企业的外汇资产管理；同业拆借；客户资产管理业务；网上证券委托业务；融资融券业务。		
	在全国股份转让系统从事的业务种类			推荐业务、经纪业务		
公司简介	作为中国第一家中外合资投资银行，中国国际金融有限公司（“中金公司”）致力于为国内外机构及个人客户提供高品质的投资银行服务，业务范围覆盖证券研究、股本与债务发行与承销、兼并收购财务顾问、证券销售交易、固定收益、资产管理、个人财富管理、直接投资等诸多领域。 中金公司成立于 1995 年 7 月，是由国内外著名金融机构和公司基于战略合作关系共同投资组建的中国第一家中外合资投资银行，注册资本 2.25 亿美元。 中金公司总部设在中国北京，在中国内地上海和深圳设有分公司，在北京、上海、深圳等 16 个城市设有证券营业部。随着业务范围的不断拓展，中金公司亦积极开拓海外市场，在香港、纽约、伦敦和新加坡设有子公司，初步建立了全球化的业务平台。					

二、业务动态及统计

推荐挂牌情况

目前已推荐挂牌公司家数	0
已被终止挂牌公司家数	0
撤回材料及申请被否公司家数	0
推荐原代办股份转让系统的两网公司及退市公司挂牌情况	
无	

三、部门设置及主要业务人员情况

推荐业务				
部门名称		企业融资咨询部		
分管高管		林寿康	部门负责人	陈　镔
部门人数		37	具有证券从业资格人数	32
具有注册会计师资格人数		3	具有律师资格人数	4
联络人一	姓名	邢赫尘	固定电话	010－65051166＊1575
	传真	010－65051156	电子邮箱	hechen. xing@ cicc. com. cn
联络人二	姓名	于国华	固定电话	010－65051166＊1864
	传真	010－65051156	电子邮箱	guohua. yu@ cicc. com. cn
序号	姓　名		专业资格	
1	刘　辉		律师	
2	任　蕾		律师	
3	许菲菲		注册会计师	
4	邢赫尘		律师	
5	姚惠超		律师、注册会计师	
6	周　赟		注册会计师	
7	于国华		可担任项目负责人	
8	董云飞		可担任项目负责人	
9	黄炎		可担任项目负责人	
10	周晶波		可担任项目负责人	
经纪业务				
部门名称		财富管理部、销售交易部		
分管高管		姚　磊	部门负责人	梁红、孙冬青
联络人一	姓名	康　晨	固定电话	010－65058130
	传真	010－65058065	电子邮箱	kangchen@ cicc. com. cn
联络人二	姓名	李　頲	固定电话	010－85679888＊1002
	传真	010－85679285	电子邮箱	lijun@ cicc. com. cn

世纪证券有限责任公司

一、公司概况及简介

公司概况	公司名称	世纪证券有限责任公司				
	成立日期	1990.12.28	法定代表人	卢长才	总经理	王海龙
	注册资本（万元）	70,000	净资产＊（万元）	82,876	净资本＊（万元）	62,117

公司概况	注册地址	深圳市福田区深南大道招商银行大厦40－42层			营业部家数	23
	办公地址	深圳市福田区深南大道招商银行大厦40－42层			邮编	518040
	公司网址	www. csco. com. cn	电子邮箱	sjsc@ csco. com. cn	经营证券业务许可证编号	Z24274000
	注：* 经审计的最近一年度净资产和净资本					
	证监会批准的相关业务资格			证券经纪业务；证券承销与保荐业务；证券自营业务。		
	在全国股份转让系统从事的业务种类			经纪业务、推荐业务		
公司简介	世纪证券是由北京首都旅游集团有限责任公司控股的全国性专业证券公司。目前注册资本为70,000万元，股东为北京首都旅游集团有限责任公司、广州天伦万怡大酒店有限公司、中资银信担保有限公司等14家单位。 历经多年发展，世纪证券稳健经营、持续盈利，业务规模快速增长，公司现已全面开展证券经纪、证券承销与保荐、证券投资咨询、与证券交易、证券投资活动有关的财务顾问、证券自营等多项证券市场业务。					

二、业务动态及统计

推荐挂牌情况							
序号	股份代码	公司名称	项目小组成员		内核人员	持续督导人员	公司状态
1	430262	北京神州云动科技股份有限公司	项目负责人	宁京涛	卢长才、熊政平、谢　宁、陈绛梅、王　珂、陆　勤、王彩章	陆倩茹 宋皓宇	挂牌
			注册会计师	王晨光			
			律师	陆倩茹			
			行业分析师	宋皓宇			
目前已推荐挂牌公司家数					1		
已被终止挂牌公司家数					0		
撤回材料及申请被否公司家数					0		
推荐原代办股份转让系统的两网公司及退市公司挂牌情况							
无							

三、部门设置及主要业务人员情况

推荐业务				
部门名称		场外市场部（一级部门）		
分管高管		王海龙	部门负责人	王晨光
部门人数		16	具有证券从业资格人数	16
具有注册会计师资格人数		5	具有律师资格人数	3
联络人一	姓名	陆倩茹	固定电话	010－84085558转3202
	传真	010－65019198	电子邮箱	luqr@ csco. com. cn
联络人二	姓名	李鹏	固定电话	010－60833751
	传真	010－60833739	电子邮箱	lip@ citics. com
序号	姓　名		专业资格	
1	王晨光		注册会计师	
2	李　捷		注册会计师	
3	沈丽萍		注册会计师	

4	倪　华	注册会计师
5	李林芳	注册会计师
6	陆倩茹	律师
7	柴　锐	律师
8	宋皓宇	律师

经纪业务				
部门名称		经纪业务总部(一级部门)		
分管高管		庆歌乐	部门负责人	庆歌乐
联络人一	姓名	张　雷	固定电话	0791－86800101
	传真	0755－83199545	电子邮箱	zhanglei1@ csco. com. cn
联络人二	姓名	彭艳秋	固定电话	0755－83199524
	传真	0755－83199545	电子邮箱	pengyq@ csco. com. cn

湘财证券有限责任公司

一、公司概况及简介

公司概况	公司名称	湘财证券有限责任公司				
	成立日期	1996. 8	法定代表人	林俊波	总经理	徐　燕
	注册资本（万元）	319725. 5878	净资产＊（万元）	329961. 94	净资本＊（万元）	260206. 75
	注册地址	湖南省长沙市天心区湘府中路198号新南城商务中心A栋11楼			营业部家数	52
	办公地址	湖南省长沙市天心区湘府中路198号新南城商务中心A栋11楼			邮编	410004
	公司网址	www. xcsc. com	电子邮箱	kfzx@ xcsc. com	经营证券业务许可证编号	Z25443000
	注：＊经审计的2012年度净资产和净资本					
	证监会批准的相关业务资格			证券经纪；证券投资咨询；与证券交易、证券投资活动有关的财务顾问；证券承销与保荐；证券自营；证券资产管理；证券投资基金代销；融资融券业务及中国证监会批准的其他证券业务。		
	在全国股份转让系统从事的业务种类			经纪业务、推荐业务		
公司简介	湘财证券成立于1996年，1999年成为我国首家综合类证券公司。目前，公司注册资本31. 97亿元人民币，设有北京、华中、华东、华南、西南、西北等六个客户中心架构下的地区总部，在全国32个大中城市设有52家证券营业部。 自2008年新湖控股有限公司成为控股股东以来，湘财证券积极完善治理结构，稳健扩展经营业务，持续丰富发展历程中专业化、规模化、品牌化、集团化和国际化的内涵，努力把公司建设成为有特色、有品牌、有竞争力的一流券商，目前已经形成成熟完善的治理结构和布局合理的分支机构。 在继承和发扬湘财文化的同时，公司始终坚持以人为本的管理思想，着力打造职业化团队，提升职业化水准，持续创新从简单到极致的客户服务能力，积极适应客户的多种需求和市场形势的变化，全面发展经纪、自营、承销与保荐、资产管理、收购兼并、投资咨询、基金代销等多类证券业务，已形成了较完善的业务运作流程和管理模式。 公司目前的股权结构和治理结构为未来的可持续发展奠定了扎实稳固的根基，湘财证券全体同仁将以使命感、事业心和专业精神为客户提供优质、高效的全方位服务，并努力为繁荣发展中国证券市场和推动中国资本市场建设进程贡献力量！					

二、业务动态及统计

推荐挂牌情况

序号	股份代码	公司名称	项目小组成员	内核人员	持续督导人员	公司状态
目前已推荐挂牌公司家数				0		
已被终止挂牌公司家数				0		
撤回材料及申请被否公司家数				0		

三、部门设置及主要业务人员情况

推荐业务				
部门名称		场外市场部(一级部门)		
分管高管		王　新	部门负责人	王寓涛
部门人数		19	具有证券从业资格人数	19
具有注册会计师资格人数		4	具有律师资格人数	4
联络人一	姓名	龙　泷	固定电话	010－56510921
	传真	010－56510790	电子邮箱	longlong@ xcsc. com
联络人二	姓名	李季秀	固定电话	010－56510930
	传真	010－56510790	电子邮箱	lijx@ xcsc. com
序号	姓　名		专业资格	
1	胡文晟		可担任项目负责人、注册会计师、律师	
2	李季秀		可担任项目负责人	
3	宋洪军		注册会计师	
4	于　海		注册会计师	
5	姚召五		注册会计师	
6	刘　茜		律师	
7	石路朋		律师	
8	刘　俊		律师	

经纪业务				
部门名称		经纪总部(一级部门)		
分管高管		王小平	部门负责人	樊　平
联络人一	姓名	罗　坤	固定电话	021－68634518－8103
	传真	021－68865680	电子邮箱	lk1681@ xcsc. com
联络人二	姓名	王照湘	固定电话	021－68634518－8225
	传真	021－68865680	电子邮箱	wzx2542@ xcsc. com

新时代证券有限责任公司

一、公司概况及简介

公司概况	公司名称	新时代证券有限责任公司				
	成立日期	2003. 6	法定代表人	刘汝军	总经理	田德军
	注册资本(万元)	169,305. 14	净资产*(万元)	268,683. 25	净资本*(万元)	163,279. 35
	注册地址	北京市海淀区北三环西路99号院1号楼15层1501			营业部家数	45

公司概况	办公地址	北京市海淀区北三环西路99号院1号楼15层1501		邮编	10008
	公司网址	www. xsdzq. cn	电子邮箱	Office@ xsdzq. cn	经营证券业务许可证编号	Z31311000
	注:*经审计的2012年度净资产和净资本				
	证监会批准的相关业务资格		证券经纪;证券投资咨询;与证券交易、债权投资活动有关的财务顾问;证券承销与保荐;证券自营;证券投资基金代销;证券资产管理业务;融资融券业务;互联网信息服务。		
	在全国股份转让系统从事的业务种类		推荐业务、经纪业务		
公司简介	新时代证券有限责任公司是一家专业化、全国性的综合类证券公司。公司由资产质量优良、资金实力雄厚的股东出资而成。注册地为北京市,注册资本金为人民币16.9亿元。公司营业部遍及北京、上海、天津、重庆、内蒙古、河南、河北、山东、江苏、浙江、湖南、湖北、福建、四川、广东等全国15个省、自治区和直辖市,形成辐射全国、布局合理的客户服务和经营网络。经过多年运作,公司秉承稳健与创新相结合、个人绩效与团队精神相统一的宗旨,以先进的组织结构、完备的治理模式、一流的人才队伍、丰富的业务经验,构建了薪新的组织体系、业务运行模式和内控机制,促使各项业务不断取得经营佳绩。				

二、业务动态及统计

推荐挂牌情况	
目前已推荐挂牌公司家数	无
已被终止挂牌公司家数	无
撤回材料及申请被否公司家数	无
推荐原代办股份转让系统的两网公司及退市公司挂牌情况	
无	

三、部门设置及主要业务人员情况

推荐业务				
部门名称		投资银行管理总部融资四部(二级部门)		
分管高管		田德军	部门负责人	陈宏波
部门人数		14	具有证券从业资格人数	14
具有注册会计师资格人数		2	具有律师资格人数	1
联络人一	姓名	牛鹏程	固定电话	010 - 83561175
	传真	010 - 83561001	电子邮箱	niupengcheng@ xsdzq. cn
序号	姓　名		专业资格	
1	秦　健		可担任项目负责人	
2	陈　洁		注册会计师	
3	肖　涛		注册会计师	
4	张晓丽		律师,可担任项目负责人	
5	徐运真		可担任项目负责人	
6	过　震		可担任项目负责人	
7	段俊炜		可担任项目负责人	
经纪业务				
部门名称		经纪业务管理总部(一级部门)		

分管高管		张　帆	部门负责人	陈淑芳
联络人一	姓名	于新利	固定电话	010－60838423
	传真	010－84865560	电子邮箱	yxl@ citics. com
联络人二	姓名	何家鑫	固定电话	010－83561170
	传真	010－83561164	电子邮箱	hejiaxin@ xsdzq. cn

江海证券有限公司

一、公司概况及简介

公司概况	公司名称	江海证券有限公司				
	成立日期	2003. 12. 15	法定代表人	孙名扬	总经理	董力臣
	注册资本（万元）	136,320. 85	净资产 *（万元）	220,779. 57	净资本 *（万元）	133,230. 00
	注册地址	黑龙江省哈尔滨市香坊区赣水路 56 号			营业部家数	42
	办公地址	黑龙江省哈尔滨市香坊区赣水路 56 号			邮编	150036
	公司网址	www. jhzq. com. cn	电子邮箱	无	经营证券业务许可证编号	J21923000
	注：* 经审计的 2012 年度净资产和净资本					
	证监会批准的相关业务资格			证券经纪业务；证券自营业务；证券投资基金代销业务；证券投资咨询业务；证券承销与保荐业务；证券资产管理业务；融资融券业务；为汇鑫期货经纪有限公司提供中间介绍业务。		
	在全国股份转让系统从事的业务种类			推荐业务、经纪业务		
公司简介	江海证券有限公司是黑龙江省辖区内唯一一家国有控股券商。公司目前注册资本 13. 63 亿元，股东 10 家，主要股东均为国有资产背景的大型企业集团，前三家股东哈尔滨投资集团有限责任公司、黑龙江省大正投资集团有限责任公司及中国华融资产管理公司，出资比例合计 97%。 公司建立了涵盖证券经纪、证券投资咨询、证券自营、证券承销与保荐、证券资产管理、证券投资基金代销、为期货公司提供中间介绍等业务在内的综合业务体系；设有营业网点 42 家，遍布北京、上海、深圳、厦门、济南、大连、沈阳及黑龙江省内各主要城市，形成了“覆盖龙江、辐射沿海、布局全国”的网络格局；出资控股江海汇鑫期货有限公司，确立了证券－期货协同发展的经纪业务架构。 公司积极为地方经济建设及社会发展服务，被黑龙江省政府评为“金融机构促进经济社会发展先进单位”，被共青团中央授予“青年就业创业见习基地”。目前，江海证券集聚了一批年轻化、专业化的优秀人才，拥有一支具备博士、硕士学历和丰富实践经验的管理团队。凭借专业的人才技术优势，江海证券成为哈尔滨市政府的金融顾问，精心打造的江海系列产品，更赢得了广大投资者的认可与信赖，在业内树立了良好的信誉和品牌。					

二、业务动态及统计

推荐挂牌情况						
序号	股份代码	公司名称	项目小组成员	内核人员	持续督导人员	公司状态
目前已推荐挂牌公司家数				0		
已被终止挂牌公司家数				0		
撤回材料及申请被否公司家数				0		
推荐原代办股份转让系统的两网公司及退市公司挂牌情况						
无						

三、部门设置及主要业务人员情况

推荐业务				
部门名称		场外市场部(一级部门)		
分管高管		何　翔	部门负责人	何　翔
部门人数		7	具有证券从业资格人数	7
具有注册会计师资格人数		1	具有律师资格人数	3
联络人一	姓名	宋宗徽	固定电话	010－56187937
	传真	010－82997071	电子邮箱	applellison@163.com
联络人二	姓名	吕兢喆	固定电话	010－56187938
	传真	010－82997071	电子邮箱	jingzhe83@hotmail.com
序号	姓　名		专业资格	
1	何　翔		可担任项目负责人	
2	李巧霞		注册会计师、律师	
3	申鹏程		律师	
4	张玉峰		律师	

经纪业务				
部门名称		运营管理部(二级部门)		
分管高管		蒋宝林	部门负责人	张月娥
联络人一	姓名	郭　峰	固定电话	0451－85863724
	传真	0451－82337279	电子邮箱	gf0451@163.com
联络人二	姓名	吕　薇	固定电话	0451－85863722
	传真	0451－82337279	电子邮箱	75634419@qq.com

中航证券有限公司

一、公司概况及简介

公司概况						
	公司名称	中航证券有限公司				
	成立日期	2002.10.18	法定代表人	杜　航	总经理	郝力平
	注册资本（万元）	132587.58	净资产（万元）	136069.76	净资本（万元）	147273.00
	注册地址	江西省南昌市红谷滩新区红谷中大道1619号南昌国际A栋41层			营业部家数	32
	办公地址	江西省南昌市红谷滩新区红谷中大道1619号南昌国际A栋41层			邮编	330008
	公司网址	http://www.scstock.com	电子邮箱	office@avicsec.com	经营证券业务许可证编号	Z31936000
	注：* 经审计的2011年度净资产和净资本					
	证监会批准的相关业务资格			证券经纪；证券投资咨询；与证券交易证券投资活动有关的财务顾问；证券承销与保荐；证券自营；证券资产管理；证券投资基金代销；融资融券业务；代办股份转让；约定购回式证券交易；中小企业私募债；代销金融产品。		
	在全国股份转让系统从事的业务种类			推荐业务、经纪业务		

公司简介	中航证券有限公司(以下简称“中航证券”)是经中国证券监督管理委员会批准设立的全国性综合类证券公司,前身是江南证券有限责任公司,于2002年10月18日在江西南昌成立。2010年5月6日,公司正式更名为中航证券有限公司。中航投资控股有限公司为中航证券第一大股东,实际控制人为中国航空工业集团公司,注册资本132587.58万元人民币。 中航证券主营业务范围为证券经纪;证券投资咨询;与证券交易、证券投资活动有关的财务顾问;证券承销与保荐;证券自营;证券资产管理;证券投资基金代销。公司在京、津、沪、渝、粤、闽、浙、桂、苏、甘、辽、赣、陕、豫、鲁、鄂、滇等全国主要省市设有32家证券营业部,在深圳、北京分别设立了证券承销与保荐分公司及资产管理分公司。 中航证券依托中国航空工业集团,与中航财务、中航租赁、中航信托、中航期货、中航江南期货、中国航空产业投资基金、中航安盟财险等公司,构成中航投资控股股份有限公司投资经营的中航工业非银行金融板块,为国内外机构及个人客户提供综合性金融服务。 作为中国航空工业金融产业发展平台的重要组成部分,在中国航空工业集团公司“两融、三新、五化、万亿”的发展战略指引下,中航证券秉承“航空报国、强军富民”的宗旨,践行“敬业诚信、创新超越”的理念,创建一流公司、建设一流团队、创造一流业绩、实现一流管理、争做一流员工。

二、业务动态及统计

推荐挂牌情况”	
目前已推荐挂牌公司家数	0
已被终止挂牌公司家数	0
撤回材料及申请被否公司家数	0
推荐原代办股份转让系统的两网公司及退市公司挂牌情况	
无	

三、部门设置及主要业务人员情况

推荐业务				
部门名称		代办股份转让业务部		
分管高管		石玉晨	部门负责人	谷家忠
部门人数		15	具有证券从业资格人数	15
具有注册会计师资格人数		4	具有律师资格人数	2
联络人一	姓名	吴　迪	固定电话	010－64818407
	传真	010－64818501	电子邮箱	wd_wudi@163.com
联络人二	姓名	郭冬青	固定电话	010－64818486
	传真	010－64818501	电子邮箱	dqguo@263.net
序号	姓　名		专业资格	
1	谷家忠		项目负责人、律师	
2	郭冬青		项目负责人	
3	马　辉		注册会计师	
4	和　园		律师	
5	杨　森		注册会计师	
经纪业务				
部门名称		经济业务管理总部		
分管高管		乔新峰	部门负责人	汤　喆
联络人一	姓名	鞠自华	固定电话	0791－86770593
	传真		电子邮箱	

联络人二	姓名	郭世晖	固定电话	0791－86702146
	传真		电子邮箱	

华融证券股份有限公司

一、公司概况及简介

公司概况	公司名称	华融证券股份有限公司				
	成立日期	2007.9.7	法定代表人	祝献忠	总经理	宋德清
	注册资本（万元）	317,753.65	净资产*（万元）	450,570.66	净资本*（万元）	338,905.45
	注册地址	北京市西城区金融大街8号			营业部家数	31
	办公地址	北京市西城区金融大街8号			邮编	100033
	公司网址	http://www.hrsec.com.cn	电子邮箱	zhglb@hrsec.com.cn	经营证券业务许可证编号	Z39611000
	注：*经审计的2012年度净资产和净资本					
	证监会批准的相关业务资格			证券经纪；证券投资咨询；与证券交易、证券投资活动有关的财务顾问；证券承销与保荐；证券自营；证券资产管理；融资融券；代销金融产品业务。		
	在全国股份转让系统从事的业务种类			推荐业务、经纪业务		
公司简介	华融证券股份有限公司（以下简称“公司”）是经中国证监会批准，由中国华融资产管理公司（以下简称“中国华融”）作为主发起人，联合中国葛洲坝集团公司共同发起设立的全国性证券公司。2007年9月，公司在北京正式挂牌成立。目前，公司注册资本31.78亿元，其中：中国华融出资25.31亿元，中国葛洲坝集团股份有限公司等11家股东共出资6.47亿元。公司的注册地址：北京市西城区金融大街8号。 公司下设31家营业部，控股两家子公司：华融期货有限责任公司和华融天泽投资有限公司。公司可为客户提供证券经纪、融资融券、证券承销与保荐、与证券交易及证券投资活动有关的财务顾问、证券投资咨询、证券自营、证券资产管理、投资顾问、在全国中小企业股份转让系统从事推荐业务及经纪业务等多种服务。公司紧紧依托中国华融在资产管理、银行、信托和金融租赁等方面的综合优势，努力为客户提供全方位的证券投资和增值服务。					

二、业务动态及统计

推荐挂牌情况	
目前已推荐挂牌公司家数	0
已被终止挂牌公司家数	0
撤回材料及申请被否公司家数	0
推荐原代办股份转让系统的两网公司及退市公司挂牌情况	
无	

三、部门设置及主要业务人员情况

推荐业务			
部门名称	代办股份转让部		
分管高管	付　巍	部门负责人	周灌青
部门人数	32	具有证券从业资格人数	32
具有注册会计师资格人数	7	具有律师资格人数	3

联络人一	姓名	元　勋	固定电话	010－58315242
	传真	010－58568140	电子邮箱	yuanxun@ hrsec. com. cn
联络人二	姓名	王　硕	固定电话	010－58315243
	传真	010－58568140	电子邮箱	wangshuo@ hrsec. com. cn
联络人三	姓名	赵　维	固定电话	010－58568092
	传真	010－58568140	电子邮箱	zhaowei@ hrsec. com. cn
联络人四	姓名	林先登	固定电话	010－58568089
	传真	010－58568140	电子邮箱	linxiandeng@ hrsec. com. cn

序号	姓　名	专业资格
1	周灌青	可担任项目负责人、注册会计师
2	梁燕华	可担任项目负责人
3	奈学雷	可担任项目负责人
4	乔绪德	可担任项目负责人、注册会计师
5	张广中	可担任项目负责人
6	蹇敏生	可担任项目负责人
7	张　见	可担任项目负责人、注册会计师
8	黄立凡	可担任项目负责人、注册会计师
9	曹　丽	律师
10	郭　雯	注册会计师
11	胡占军	注册会计师
12	张　韬	注册会计师
13	刘吉锋	律师
14	梁立群	可担任项目负责人
15	刘奇霖	律师

经纪业务				
部门名称		经纪业务部		
分管高管		郭芝海	部门负责人	黄　芳
联络人一	姓名	王立平	固定电话	010－58568135
	传真	010－58568062	电子邮箱	wangliping@ hrsec. com. cn

太平洋证券股份有限公司

一、公司概况及简介

公司概况	公司名称	太平洋证券股份有限公司				
	成立日期	2004. 1. 6	法定代表人	李长伟	总经理	李长伟
	注册资本（万元）	165,364. 4684	净资产＊（万元）	213,498. 18	净资本＊（万元）	172,543. 13
	注册地址	云南省昆明市青年路389号志远大厦18层			营业部家数	29
	办公地址	云南省昆明市青年路389号志远大厦18层			邮编	650021
	公司网址	http://www. tpyzq. com	电子邮箱	tpy@ tpyzq. com. cn	经营证券业务许可证编号	Z32253000

<table>
<tr><td rowspan="3">公司概况</td><td colspan="2">注：* 经审计的 2012 年度净资产和净资本</td></tr>
<tr><td>证监会批准的相关业务资格</td><td>证券经纪；证券投资咨询；与证券交易、证券投资活动有关的财务顾问；证券自营；证券承销与保荐；证券资产管理；证券投资基金销售；中国证监会批准的其他业务。</td></tr>
<tr><td>在全国股份转让系统从事的业务种类</td><td>推荐业务、经纪业务</td></tr>
<tr><td>公司简介</td><td colspan="2">太平洋证券股份有限公司是一家全国性综合类证券公司，2004 年在云南昆明注册成立。2007 年，公司整体变更为股份有限公司，增资扩股至 15.03 亿元，并获得规范类券商资格。同年，太平洋证券 A 股（601099）在上海证券交易所成功上市，成为证券行业第七家上市的证券公司。
公司以“守正、出奇”为行为准则，追求“宁静、致远”的精神境界，以客户需求为导向，追求股东和社会价值的最大化；以经济效益为中心，追求公司与员工的共同成长。
站在新的历史起点，面对证券行业的创新发展，公司正迎来转型发展的历史机遇。公司在保持传统业务稳定增长的基础上，将以组织创新、机制创新和业务创新为基础，优化公司盈利模式、进一步培育核心竞争力，力争成为资产质量良好、收入结构合理，在某些细分市场具有自身特色的证券公司。</td></tr>
</table>

二、业务动态及统计

<table>
<tr><td colspan="2">推荐挂牌情况</td></tr>
<tr><td>目前已推荐挂牌公司家数</td><td>0</td></tr>
<tr><td>已被终止挂牌公司家数</td><td>0</td></tr>
<tr><td>撤回材料及申请被否公司家数</td><td>0</td></tr>
<tr><td colspan="2">推荐原代办股份转让系统的两网公司及退市公司挂牌情况</td></tr>
<tr><td colspan="2">无</td></tr>
</table>

三、部门设置及主要业务人员情况

<table>
<tr><td colspan="5">推荐业务</td></tr>
<tr><td colspan="2">部门名称</td><td colspan="3">股份转让业务部</td></tr>
<tr><td colspan="2">分管高管</td><td>周　岚</td><td>部门负责人</td><td>张育庆</td></tr>
<tr><td colspan="2">部门人数</td><td>15</td><td>具有证券从业资格人数</td><td>15</td></tr>
<tr><td colspan="2">具有注册会计师资格人数</td><td>5</td><td>具有律师资格人数</td><td>3</td></tr>
<tr><td rowspan="2">联络人一</td><td>姓名</td><td>孙　冉</td><td>固定电话</td><td>010 - 88321676</td></tr>
<tr><td>传真</td><td>010 - 88321567</td><td>电子邮箱</td><td>sunran@ tpyzq. com. cn</td></tr>
<tr><td rowspan="2">联络人二</td><td>姓名</td><td>许　爽</td><td>固定电话</td><td>010 - 88321558</td></tr>
<tr><td>传真</td><td>010 - 88321567</td><td>电子邮箱</td><td>xushuang@ tpyzq. com. cn</td></tr>
<tr><td>序号</td><td colspan="2">姓　名</td><td colspan="2">专业资格</td></tr>
<tr><td>1</td><td colspan="2">张育庆</td><td colspan="2">可担任项目负责人</td></tr>
<tr><td>2</td><td colspan="2">曹　奕</td><td colspan="2">注册会计师</td></tr>
<tr><td>3</td><td colspan="2">唐利华</td><td colspan="2">注册会计师</td></tr>
<tr><td>4</td><td colspan="2">石永沾</td><td colspan="2">注册会计师</td></tr>
<tr><td>5</td><td colspan="2">王　凯</td><td colspan="2">注册会计师</td></tr>
<tr><td>6</td><td colspan="2">许　爽</td><td colspan="2">注册会计师</td></tr>
<tr><td>7</td><td colspan="2">徐　凯</td><td colspan="2">律师</td></tr>
<tr><td>8</td><td colspan="2">陈　燕</td><td colspan="2">律师</td></tr>
</table>

9		解 丹	律师	

经纪业务				
部门名称		经纪业务部		
分管高管		周 岚	部门负责人	张东海
联络人一	姓名	陈 征	固定电话	010－88321882
	传真	010－88321763	电子邮箱	chenzheng@ tpyzq. com. cn
联络人二	姓名	路一丁	固定电话	010－88321645
	传真	010－88321763	电子邮箱	luyd@ tpyzq. com. cn

中山证券有限责任公司

一、公司概况及简介

公司概况	公司名称	中山证券有限责任公司				
	成立日期	1993.4.20	法定代表人	吴永良	总裁	黄扬录
	注册资本（万元）	135,500.00	净资产*（万元）	238,539.91	净资本*（万元）	145,819.42
	注册地址	广东省深圳市福田区益田路6009号新世界中心29层			营业部家数	14
	办公地址	广东省深圳市福田区益田路6009号新世界中心29层			邮编	518026
	公司网址	http://www. zszq. com. cn	电子邮箱	office@ zszq. com	经营证券业务许可证编号	Z25974000
	注：*经审计的2011年度净资产和净资本					
	证监会批准的相关业务资格			证券经纪；证券投资咨询；与证券交易、证券投资活动有关的财务顾问；证券承销与保荐；证券自营；证券资产管理；融资融券；证券投资基金代销；为期货公司提供中间介绍业务。		
	在全国股份转让系统从事的业务种类			推荐业务、经纪业务		
公司简介	中山证券有限责任公司（以下简称：中山证券）是经中国人民银行批准成立的我国早期的证券公司之一。 受益于中国经济的崛起，中山证券与中国证券市场共同发展，现已成为一家具有一定影响力的证券公司。公司现有员工约900人，注册资本由最初的3000万元人民币增至13.55亿元人民币。 在二十年的发展历程中，中山证券一贯秉承“诚信、稳健、创新、和谐”的经营理念，坚持为客户提供完善、有效、优质的服务。 中山证券经营范围包括：证券经纪；证券投资咨询；与证券交易、证券投资活动有关的财务顾问；证券承销与保荐；证券自营；证券资产管理；融资融券；证券投资基金代销；为期货公司提供中间介绍业务。 中山证券总部设在深圳，毗邻香港，位居经济活跃、资讯荟萃的金融核心区。公司现有证券营业部14家，分布在从东北到华南的东部沿海经济发达地区，充分发挥中央振兴东北的政策优势，依托环渤海经济圈、长江三角洲与珠江三角洲等经济发达地区，拥有广泛的、具有雄厚经济基础的客户群体。					

二、业务动态及统计

推荐挂牌情况	
目前已推荐挂牌公司家数	0
已被终止挂牌公司家数	0
撤回材料及申请被否公司家数	0
推荐原代办股份转让系统的两网公司及退市公司挂牌情况	
无	

三、部门设置及主要业务人员情况

推荐业务				
部门名称		场外市场部		
分管高管		林炳城	部门负责人	陈　岗
部门人数		8	具有证券从业资格人数	8
具有注册会计师资格人数		4	具有律师资格人数	3
联络人一	姓名	胡映璐	固定电话	0755－82783767
	传真	0755－23982961	电子邮箱	huyl@ zszq. com
联络人二	姓名	徐雅光	固定电话	0755－23980514
	传真	0755－23982961	电子邮箱	xuyg@ zszq. com
序号	姓　名		专业资格	
1	陈　岗		可担任项目负责人;注册会计师	
2	徐　麟		律师	
3	任良青		可担任项目负责人;注册会计师;律师	
4	侯保军		注册会计师	
5	张　萍		注册会计师	
6	陈宇琴		律师	

经纪业务				
部门名称		经纪业务管理总部运营管理部		
分管高管		陈　辉	部门负责人	李海燕
联络人一	姓名	卜永旺	固定电话	0755－82570583
	传真	0755－82960582	电子邮箱	buyw@ zszq. com
联络人二	姓名	朱妙红	固定电话	0755－25310158
	传真	0755－82960582	电子邮箱	zhumh@ zszq. com

华鑫证券有限责任公司

一、公司概况及简介

公司概况						
	公司名称	华鑫证券有限责任公司				
	成立日期	2001.3.6	法定代表人	洪家新	总经理	洪家新
	注册资本（万元）	160000	净资产＊（万元）	245,048.04	净资本＊（万元）	171,223.10
	注册地址	深圳市福田区金田路4015号安联大厦28层A01、B01(b)单元			营业部家数	21
	办公地址	深圳市福田区金田路4015号安联大厦28层A01、B01(b)单元			邮编	518026
	公司网址	www. cfsc. com. cn	电子邮箱	Huaxin_zhengquan@ vip. 163. com	经营证券业务许可证编号	Z28574000
	注:＊经审计的2011年度净资产及净资本					
	证监会批准的相关业务资格			证券经纪;证券投资咨询;与证券交易、证券投资活动有关的财务顾问;证券自营(不含债券自营);证券资产管理;证券投资基金代销;融资融券;为期货公司提供中间介绍业务。		
	在全国股份转让系统从事的业务种类			全国股份转让系统的经纪业务和推荐业务		

公司简介	华鑫证券有限责任公司(以下简称"华鑫证券"或"公司")是经中国证券监督管理委员会批准的全国性综合类证券经营机构。公司前身是原西安证券有限责任公司和中国农业银行上海市信托投资公司。华鑫证券于2001年3月在深圳经济特区注册成立,公司目前注册资本人民币16亿元。 华鑫证券下设3家分公司,分别为上海分公司、自营分公司、西安分公司,并在北京、上海、西安、深圳、常州等地拥有21家证券营业部。华鑫证券经过十余年发展,已经成为横跨证券、基金、期货三大领域的金融控股集团公司。公司是华鑫期货有限公司的全资控股股东、摩根士丹利华鑫证券有限责任公司(以下简称"大摩华鑫证券")的控股股东,是摩根士丹利华鑫基金管理有限公司的第一大股东。 华鑫证券经营范围涵盖证券经纪、证券投资咨询、证券资产管理、融资融券、约定购回式证券交易、与证券交易、证券投资活动有关的财务顾问、股指期货中间介绍业务、证券投资基金代销、证券自营业务(不含债券自营)等综合性业务领域。公司同时拥有沪深证券交易所大宗交易业务资格、上证50ETF一级交易商业务资格、华泰柏瑞沪深300ETF一级交易商业务资格等重要业务资格,并致力于为广大投资者提供优质的一揽子金融服务。

二、业务动态及统计

推荐挂牌情况	
目前已推荐挂牌公司家数	0
已被终止挂牌公司家数	0
撤回材料及申请被否公司家数	0
推荐原代办股份转让系统的两网公司及退市公司挂牌情况	
无	

三、部门设置及主要业务人员情况

推荐业务				
部门名称		场外业务管理总部		
分管高管		洪家新	部门负责人	张耀华
部门人数		16人	具有证券从业资格人数	16人
具有注册会计师资格人数		4人	具有律师资格人数	2人
联络人一	姓名	杜玉强	固定电话	0755－82083788 转021－51793730
	传真	0755－82083408 021－51793720	电子邮箱	duyuqiang86@163.com
联络人二	姓名	王立军	固定电话	0755－82083788转
	传真	0755－82083408	电子邮箱	tolerantwin@gmail.com
序号	姓　名		专业资格	
1	杜玉强		可担任项目负责人	
2	王立军		注册会计师	
3	秦发亮		注册会计师	
4	黄旭成		注册会计师	
5	张溯枫		注册会计师	
6	阮德忠		律师	
7	范雨晨		律师	

经纪业务				
部门名称		经纪业务总部		
分管高管		俞　洋	部门负责人	郭　兴
联络人一	姓名	徐素萍	固定电话	0755－82083788转
	传真	0755－82083408	电子邮箱	xusp@cfsc.com.cn

联络人二	姓名	陆　慧	固定电话	0755－82083788 转
	传真	0755－82083408	电子邮箱	luhui@ cfsc. com. cn

华林证券有限责任公司

一、公司概况及简介

公司概况	公司名称	华林证券有限责任公司				
	成立日期	1988.415	法定代表人	宋志江	总经理	陈永健
	注册资本（万元）	80700	净资产 *（万元）	110061.16	净资本 *（万元）	92716.69
	注册地址	深圳市福田区民田路 178 号华融大厦五、六楼			营业部家数	13
	办公地址	深圳市福田区民田路 178 号华融大厦五、六楼			邮编	518048
	公司网址	www. chinalions. com	电子邮箱	bgswy@ chinalions. cn	经营证券业务许可证编号	Z26344000
	注：* 经审计的 2012 年度净资产和净资本					
	证监会批准的相关业务资格			证券经纪；证券投资咨询；与证券交易、证券投资活动有关的财务顾问；证券承销与保荐；证券自营；证券资产管理；证券投资基金代销。		
	在全国股份转让系统从事的业务种类			推荐业务和经纪业务。		
公司简介	华林证券成立于 1988 年，是国内首批综合类证券公司之一，总部设于深圳，现在京沪穗等地设有分支机构，业务辐射全国。经营范围涵盖证券经纪，证券投资咨询，与证券交易、证券投资活动有关的财务顾问，证券承销与保荐，证券自营，证券投资基金代销，证券资产管理等，拥有全国股份转让系统推荐和经纪业务资格。 公司拥有 300 多人的投行专业团队，项目经验丰富，融资品种齐全，创新能力卓越，团队在 07－11 年曾缔造 150 余个 IPO 和再融资项目、市场份额逾 10% 的辉煌业绩，项目成功率处于行业领先水平。 公司承销企业债数目和规模均居前列。固收团队以其高效、专业的服务，在 09－11 年连续被评为“中国区债券最佳投行”，11 年更是勇夺企业债承销家数的桂冠。 公司为经纪业务客户提供安全高效的交易平台，并依靠理论扎实、实战见长的财富管理团队，为高净值客户和机构投资者提供包括市值管理在内的全面的资本市场解决方案。公司始终坚持以客户为中心，以客户需求为导向，以“协作、创造、服务中国成长” 为使命，坚持“进取、信义、专业、责任”的核心价值观，持续专注服务于中国资本市场、实体经济、具有成长性的企业和个人投资者，为客户提供优质的综合金融服务，致力于打造成中国最具特色的一流证券公司。					

二、业务动态及统计

推荐挂牌情况							
序号	股份代码	公司名称	项目小组成员		内核人员	持续督导人员	公司状态
1	430316	上海巨灵信息技术股份有限公司	项目负责人	吴光琳	陈新军、杜纯静、彭松林、钱　程、岳雄伟、张丽丽、张兴旺	张　君 赵　楠	已挂牌
			注册会计师	吴光琳			
			律师	刘天宝			
			行业分析师	徐晓晨			
2	430335	华韩整形美容医院投资股份有限公司	项目负责人	吴光琳	罗滕子、平其能、钱　程、王会然、张华辉、张丽丽、张兴旺	李　菁 赵　楠	已挂牌
			注册会计师	吴光琳			
			律师	陈赛德			
			行业分析师	李　菁			

目前已推荐挂牌公司家数	2
已被终止挂牌公司家数	0
撤回材料及申请被否公司家数	0

三、部门设置及主要业务人员情况

推荐业务				
部门名称		场外市场部		
分管高管		龚寒汀	部门负责人	章志福
部门人数		47	具有证券从业资格人数	47
具有注册会计师资格人数		15	具有律师资格人数	7
联络人一	姓名	赵　楠	固定电话	010－88091398
	传真	010－88091796	电子邮箱	Zhaonan5942@163.com
联络人二	姓名	李　菁	固定电话	010－88091615
	传真	010－88091796	电子邮箱	18611060692@126.com
序号	姓　名		专业资格	
1	章志福		可担任项目负责人	
2	吴光琳		可担任项目负责人;注册会计师;律师	
3	郑　周		可担任项目负责人;律师	
4	刘天宝		可担任项目负责人;律师	
5	金　亮		可担任项目负责人	
6	乐　毅		注册会计师	
7	王保军		注册会计师	
8	刘华长		注册会计师	
9	吴　成		注册会计师	
10	陈赛德		律师	
11	荆　飞		注册会计师	
12	王传玉		注册会计师	
13	袁　皓		注册会计师	
14	李　丽		律师	
15	李晓铭		注册会计师	
16	李　冬		注册会计师	
17	林静颖		律师	
18	唐圣添		注册会计师	
19	张华辉		注册会计师	
20	邱树伟		注册会计师	
21	张　磊		注册会计师	
22	张春芳		注册会计师	
23	温小宝		律师	

经纪业务	
部门名称	经纪业务事业部

分管高管		陈永健	部门负责人	陈永健
联络人一	姓名	陈永健	固定电话	0755－82707801
	传真	0755－82707801	电子邮箱	cyj@ chinalions. cn
联络人二	姓名	葛　汉	固定电话	0755－82707861
	传真	0755－82707850	电子邮箱	gehan@ chinalions. cn

东方花旗证券有限公司

一、公司概况及简介

公司概况	公司名称	东方花旗证券有限公司				
	成立日期	2012.6.4	法定代表人	潘鑫军	总经理	马　骥
	注册资本（万元）	80,000.00	净资产＊（万元）	74,403.66	净资本＊（万元）	100,133.26
	注册地址	上海市黄浦区中山南路318号24层			营业部家数	－
	办公地址	上海市黄浦区中山南路318号24层			邮编	200010
	公司网址	www. citiorient. com	电子邮箱	dong. lin@ citiorient. com	经营证券业务许可证编号	Z40631000
	注：＊经审计的2012年度净资产和净资本					
	证监会批准的相关业务资格			证券承销与保荐业务		
	在全国股份转让系统从事的业务种类			推荐业务		
公司简介	东方花旗证券有限公司（以下简称“东方花旗”或“公司”）是一家由东方证券与花旗环球金融（亚洲）有限公司基于战略投资合作关系共同投资组建的中外合资证券公司。公司成立于2012年6月，东方花旗证券总部位于上海，并于北京、深圳、新疆等地设立办公机构。东方花旗注册资本为8亿人民币，员工人数约200名。公司业务范围为证券承销与保荐，具体包括首次公开发行并上市、上市公司公开/非公开发行、配股、可转债、可分离交易可转债的发行等股权融资业务，公司债、企业债发行等债券融资业务，以及企业重组、兼并收购等财务顾问业务。					

二、业务动态及统计

推荐挂牌情况							
序号	股份代码	公司名称	项目小组成员		内核人员	持续督导人员	公司状态
1	430090	同辉佳视（北京）信息技术股份有限公司	项目负责人	林　栋	尹　璐、周　军、肖　兵、王力斌、张　勇、王　炜、叶　瑛	陈则奚	挂牌
			注册会计师	任大卫			
			律师	王菊娟			
			行业分析师	赖燕斌			
2	430123	北京速原中天科技股份公司	项目负责人	王菊娟	尹　璐、苏跃星、张　勇、周　军、罗勇坚、王　炜、叶　瑛	陈则奚	挂牌
			注册会计师	杨慧佳			
			律师	王菊娟			
			行业分析师	陈则奚			
3	430134	北京中科可来博电子科技股份有限公司	项目负责人	王菊娟	尹　璐、苏跃星、李　爽、张　勇、周　军、罗勇坚、任大卫	陈则奚	挂牌
			注册会计师	杨慧佳			
			律师	臧晓飞			
			行业分析师	漆　敏			

4	430181	北京道从交通安全科技股份有限公司	项目负责人	臧晓飞	尹　璐、苏跃星、李　爽、周　军、罗勇坚、王　炜、叶　瑛	陈则奚	挂牌
			注册会计师	刘　恒			
			律师	臧晓飞			
			行业分析师	漆　敏			
5	430188	北京奥贝克电子股份有限公司	项目负责人	王菊娟	尹　璐、苏跃星、李　爽、周　军、罗勇坚、张　勇、任大卫	陈则奚	挂牌
			注册会计师	刘　恒			
			律师	王菊娟			
			行业分析师	陈则奚			
6	430198	武汉微创光电股份有限公司	项目负责人	臧晓飞	尹　璐、罗勇坚、李　爽、周　军、叶　瑛、张　勇、任大卫	陈则奚	挂牌
			注册会计师	刘　恒			
			律师	臧晓飞			
			行业分析师	漆　敏			
7	430230	武汉银都文化传媒股份有限公司	项目负责人	王菊娟	尹　璐、周　军、苏跃星、李　爽、任大卫、张　勇、叶　瑛	陈则奚	挂牌
			注册会计师	王俊虎			
			律师	王菊娟			
			行业分析师	漆　敏			
8	430240	北京随视传媒科技股份有限公司	项目负责人	詹朝军	尹　璐、苏跃星、李　爽、周　军、叶　瑛、张　勇、任大卫	陈则奚	挂牌
			注册会计师	蔡军强			
			律师	王紫雾			
			行业分析师	刘京卫			
9	430273	上海永天科技股份有限公司	项目负责人	王菊娟	尹　璐、苏跃星、王　晶、任大卫、叶　瑛、臧晓飞、李　爽	陈则奚	挂牌
			注册会计师	唐一欣			
			律师	王菊娟			
			行业分析师	陈则奚			
10	430304	北京每日视界影视动画股份有限公司	项目负责人	詹朝军	戴建国、尹　璐、张　勇、周　军、苏跃星、叶　瑛、任大卫、罗勇坚、臧晓飞	陈则奚	挂牌
			注册会计师	蔡军强			
			律师	王紫雾			
			行业分析师	刘京卫			
目前已推荐挂牌公司家数					10		
已被终止挂牌公司家数					0		
撤回材料及申请被否公司家数					0		
推荐原代办股份转让系统的两网公司及退市公司挂牌情况							
无							

三、部门设置及主要业务人员情况

推荐业务			
部门名称	新三板部		
分管高管	马　骥	部门负责人	林　栋

<table>
<tr><td colspan="2">部门人数</td><td>10</td><td>具有证券从业资格人数</td><td>10</td></tr>
<tr><td colspan="2">具有注册会计师资格人数</td><td>4</td><td>具有律师资格人数</td><td>4</td></tr>
<tr><td rowspan="2">联络人一</td><td>姓名</td><td>林　栋</td><td>固定电话</td><td>021－23153888－3768</td></tr>
<tr><td>传真</td><td>021－23153512</td><td>电子邮箱</td><td>dong. lin@ citiorient. com</td></tr>
<tr><td rowspan="2">联络人二</td><td>姓名</td><td>陈则奚</td><td>固定电话</td><td>021－23153888－3775</td></tr>
<tr><td>传真</td><td>021－23153512</td><td>电子邮箱</td><td>zexi. chen@ citiorient. com</td></tr>
<tr><td>序号</td><td colspan="2">姓　名</td><td colspan="2">专业资格</td></tr>
<tr><td>1</td><td colspan="2">林　栋</td><td colspan="2">可担任项目负责人</td></tr>
<tr><td>2</td><td colspan="2">王菊娟</td><td colspan="2">可担任项目负责人/律师</td></tr>
<tr><td>3</td><td colspan="2">臧晓飞</td><td colspan="2">可担任项目负责人/律师</td></tr>
<tr><td>4</td><td colspan="2">刘　恒</td><td colspan="2">可担任项目负责人/注册会计师</td></tr>
<tr><td>5</td><td colspan="2">陈则奚</td><td colspan="2">可担任项目负责人</td></tr>
<tr><td>6</td><td colspan="2">漆　敏</td><td colspan="2">可担任项目负责人/律师</td></tr>
<tr><td>7</td><td colspan="2">王俊虎</td><td colspan="2">注册会计师</td></tr>
<tr><td>8</td><td colspan="2">唐一欣</td><td colspan="2">注册会计师</td></tr>
<tr><td>9</td><td colspan="2">米　凯</td><td colspan="2">注册会计师</td></tr>
<tr><td>10</td><td colspan="2">许洪语</td><td colspan="2">律师</td></tr>
</table>

天风证券股份有限公司

一、公司概况及简介

<table>
<tr><td rowspan="9">公司概况</td><td>公司名称</td><td colspan="5">天风证券股份有限公司</td></tr>
<tr><td>成立日期</td><td>2000. 3. 29</td><td>法定代表人</td><td>余　磊</td><td>总经理</td><td>张　军</td></tr>
<tr><td>注册资本（万元）</td><td>174,113</td><td>净资产＊（万元）</td><td>176,700. 11</td><td>净资本＊（万元）</td><td>102,408. 34</td></tr>
<tr><td>注册地址</td><td colspan="3">湖北省武汉市东湖新技术开发区关东园路 2 号高科大厦四楼</td><td>营业部家数</td><td>17</td></tr>
<tr><td>办公地址</td><td colspan="3">湖北省武汉市江汉区唐家墩路 32 号国资大厦 B 座</td><td>邮编</td><td>430024</td></tr>
<tr><td>公司网址</td><td>www. tfzq. com</td><td>电子邮箱</td><td>zxqyjrb@ tfzq. com</td><td>经营证券业务许可证编号</td><td>Z19935000</td></tr>
<tr><td colspan="6">注：＊经审计的最近一年度净资产和净资本</td></tr>
<tr><td colspan="3">证监会批准的相关业务资格</td><td colspan="3">证券经纪业务；证券承销保荐业务；证券自营业务；证券投资咨询业务；与证券交易；证券投资活动有关的财务顾问业务；证券投资基金代销业务；证券资产管理业务；融资融券业务；代销金融产品；为期货公司提供中间介绍业务。</td></tr>
<tr><td colspan="3">在全国股份转让系统从事的业务种类</td><td colspan="3">经纪业务、推荐业务</td></tr>
<tr><td>公司简介</td><td colspan="6">天风证券成立于 2000 年 3 月 19 日，公司注册资本人民币 17.4113 亿元，注册地址为湖北省武汉市东湖新技术开发区关东园路 2 号高科大厦四楼，是注册地在武汉东湖新技术开发区的唯一一家券商。天风证券现有经营范围为：证券经纪；证券投资咨询；与证券交易、证券投资活动有关的财务顾问；证券投资基金代销；证券承销与保荐；证券自营；证券资产管理；融资融券；代销金融产品；为期货公司提供中间介绍业务。天风证券是上海证券交易所、深圳证券交易所、中国登记结算公司和中国证券业协会的会员单位，始终坚持“依法经营、稳健发展”的经营方针和“诚信、稳健、创新、效率”的理念，为客户提供优质、全方位的服务。公司经营稳健，财务状况良好，不存在重大风险隐患，各项业务严格遵守国家有关金融证券法律、法规，无任何违法、违纪、违规行为，信息系统安全稳定，自成立以来未发生过重大技术故障。</td></tr>
</table>

二、业务动态及统计

推荐挂牌情况	
目前已推荐挂牌公司家数	0
已被终止挂牌公司家数	0
撤回材料及申请被否公司家数	0

三、部门设置及主要业务人员情况

推荐业务				
部门名称		中小企业金融部(一级部门)		
分管高管		冯文敏	部门负责人	韩雨佳
部门人数		6	具有证券从业资格人数	6
具有注册会计师资格人数		1	具有律师资格人数	1
联络人一	姓名	韩雨佳	固定电话	027－87618889
	传真	027－87618863	电子邮箱	hanyujia@ tfzq. com
联络人二	姓名	明　星	固定电话	027－87618889
	传真	027－87618863	电子邮箱	mingxing@ tfzq. com
序号	姓　名		专业资格	
1	韩雨佳		可担任项目负责人	
2	明　星		行业分析师	
3	夏　斌		注册会计师	
4	陈安阔		律师	
5	郭蔚姝		行业分析师	
6	金　兵		行业分析师	

经纪业务				
部门名称		运营管理部(一级部门)		
分管高管		易仁涛	部门负责人	谢红伟
联络人一	姓名	李世奎	固定电话	028－86712334
	传真	028－86711382	电子邮箱	lishikui@ tfzq. com
联络人二	姓名	庄　桦	固定电话	028－86712334
	传真	028－86711382	电子邮箱	zhuanghua@ tfzq. com

华创证券有限责任公司

一、公司概况及简介

公司概况	公司名称	华创证券有限责任公司				
	成立日期	2002. 1. 22	法定代表人	陶永泽	总经理	邱　健
	注册资本（万元）	75,000. 44	净资产＊（万元）	232,522. 94	净资本＊（万元）	197,164. 92
	注册地址	贵州省贵阳市中华北路216号华创大厦			营业部家数	39
	办公地址	贵州省贵阳市中华北路216号华创大厦			邮编	550001

公司概况	公司网址	www. hczq. com	电子邮箱	hcbgs@ hczq. com	经营证券业务许可证编号	J18552000
	注：* 经审计的 2012 年度净资产和净资本					
	证监会批准的相关业务资格			证券经纪；证券投资咨询；证券投资基金销售；证券自营；与证券交易、证券投资活动有关的财务顾问；证券资产管理；证券承销与保荐；为期货公司提供中间介绍业务；融资融券；全国中小企业股份转让系统推荐业务与经纪业务。		
	在全国股份转让系统从事的业务种类			推荐业务、经纪业务		
公司简介	华创证券有限责任公司于 2002 年 1 月经中国证监会证监机构字〔2002〕6 号文批准成立，注册资本 7.5 亿元，经营范围为证券经纪；证券投资咨询；证券投资基金销售；证券自营；与证券交易、证券投资活动有关的财务顾问；证券资产管理；证券承销与保荐；为期货公司提供中间介绍业务；融资融券；全国中小企业股份转让系统推荐业务与经纪业务。 华创证券成立以来，抓住机遇低成本扩张，业务规模和机构数量快速增长，形成了立足贵州，网点分布北京、上海、深圳、四川、江苏等地的业务发展格局。公司不断强化基础管理，严格规范经营，资产质量和财务状况良好。继往开来，华创证券将以客户需求为导向，通过提升技术支持和研究开发能力，以更高的服务质量、更好的服务设施、更新的服务理念、更丰富的服务品种为广大客户提供更及时、高效、专业的服务。					

二、业务动态及统计

推荐挂牌情况	
目前已推荐挂牌公司家数	0
已被终止挂牌公司家数	0
撤回材料及申请被否公司家数	0
推荐原代办股份转让系统的两网公司及退市公司挂牌情况	
无	

三、部门设置及主要业务人员情况

推荐业务				
部门名称		场外市场部		
分管高管		邱　健	部门负责人	陶　然
部门人数		24	具有证券从业资格人数	24
具有注册会计师资格人数		4	具有律师资格人数	4
联络人一	姓名	张婧婧	固定电话	0851 - 8652525
	传真	0851 - 6856537	电子邮箱	28754206@ qq. com
联络人二	姓名	刘　浩	固定电话	0851 - 8652634
	传真	0851 - 6856537	电子邮箱	fengxian110@ 126. com
序号	姓　名		专业资格	
1	陈海佳		项目负责人	
2	王　霖		项目负责人	
3	蔡　立		项目负责人	
4	鲁泽宇		项目负责人	
5	张　磊		注册会计师	
6	张　捷		注册会计师	
7	罗瑰卉		注册会计师	
8	许　凡		注册会计师	

9	宫晓波	律师
10	李小银	律师
11	刘　鸣	律师
12	韩剑龙	律师

经纪业务				
部门名称		经纪业务管理部		
分管高管		吴亚秋	部门负责人	董卫东
联络人一	姓名	汤晓柯	固定电话	0851－8596263
	传真	0851－6828271	电子邮箱	tangxiaoke@ hczq. com
联络人二	姓名	苑　晖	固定电话	0851－8596267
	传真	0851－6828271	电子邮箱	39689104@ qq. com

国开证券有限责任公司

一、公司概况及简介

公司概况	公司名称	国开证券有限责任公司				
	成立日期	2003. 12. 29	法定代表人	黎维彬	总经理	黎维彬
	注册资本（万元）	737,000	净资产＊（万元）	797,218	净资本＊（万元）	708,696
	注册地址	北京市朝阳区安华里外馆斜街甲1号泰利明苑A座二区4层			营业部家数	8
	办公地址	北京市东城区东直门南大街1号来福士中心办公楼21,23,25层			邮编	100007
	公司网址	www. gkzq. com. cn	电子邮箱	—	经营证券业务许可证编号	Z32111000
	注：＊经审计的2012年度净资产和净资本					
	证监会批准的相关业务资格			证券经纪；证券投资咨询；与证券交易、证券投资活动有关的财务顾问；证券承销与保荐；证券自营；证券资产管理；经证监会批准的其他业务。		
	在全国股份转让系统从事的业务种类			推荐业务、经纪业务		
公司简介	中信证券股份有限公司于1995年10月25日在北京成立。2002年12月13日，经中国证监会核准，中信证券向社会公开发行4亿股普通A股股票，2003年1月6日在上海证券交易所挂牌上市交易，股票简称“中信证券”，股票代码“600030”。2011年10月6日在香港联合交易所上市交易，股票代码为“6030”。2012年6月6日，公司的注册资本正式变更为11,016,908,400.00元。 国开证券是国家开发银行的全资子公司。国开证券的前身为航空证券有限责任公司（以下简称“航空证券”），成立于2003年12月29日。2009年11月航空证券原股东与国家开发银行签订股权转让协议，将其持有的航空证券100%股权转让给国家开发银行，2010年2月10日获中国证监会批准，2010年6月17日完成工商变更登记，正式更名为国开证券有限责任公司。自国家开发银行入主国开证券后，公司综合实力得到极大提升，注册资本由5.2亿元增至73.7亿元，业务范围和服务质量也得到巨大提升。2012年，国开证券实现营业收入9.91亿元，同比增长155%，实现净利润4.86亿元，同比增长342%。截至2012年末，国开证券总资产150.92亿元，净资产79.72亿元。2012年，国开证券的分类评级升至BBB级，并被《金融时报》评选为“2012年年度最佳企业债承销证券公司”。 公司的经营范围包括：证券经纪；证券投资咨询；与证券交易、证券投资活动有关的财务顾问；证券承销与保荐；证券自营；证券资产管理；证券投资基金代销和中国证监会批准的其他业务。国开证券在北京、上海、深圳和保定等地设有八家证券营业部。					

二、业务动态及统计

推荐挂牌情况

目前已推荐挂牌公司家数	0
已被终止挂牌公司家数	0
撤回材料及申请被否公司家数	0
推荐原代办股份转让系统的两网公司及退市公司挂牌情况	
无	

三、部门设置及主要业务人员情况

推荐业务				
部门名称		投资银行(上海)总部		
分管高管		黎维彬	部门负责人	郭　伟
部门人数		10	具有证券从业资格人数	10
具有注册会计师资格人数		3	具有律师资格人数	1
联络人一	姓名	郭　伟	固定电话	021－68598022
	传真	021－68598098	电子邮箱	guowei@ gkzq. com. cn
联络人二	姓名	李　鑫	固定电话	010－51789074
	传真	010－51789063	电子邮箱	lixin@ gkzq. com. cn
序号	姓　名		专业资格	
1	郭　伟		可担任项目负责人	
2	郑维雄		可担任项目负责人、注册会计师	
3	王力斌		可担任项目负责人、注册会计师	
4	张延冬		注册会计师	
5	沈小力		律师	
经纪业务				
部门名称		经纪业务总部		
分管高管		高兴国	部门负责人	周　松
联络人一	姓名	曹　亮	固定电话	010－52825392
	传真	010－52825701	电子邮箱	caoliang@ gkzq. com. cn
联络人二	姓名	孔　静	固定电话	010－52825388
	传真	010－52825701	电子邮箱	kongjing@ gkzq. com. cn

华福证券有限责任公司

一、公司概况及简介

公司概况	公司名称	华福证券有限责任公司				
	成立日期	1988.6	法定代表人	黄金琳	总经理	黄金琳
	注册资本（万元）	55,000	净资产＊（万元）	231,904.24	净资本＊（万元）	277,760.69
	注册地址	福州市鼓楼区温泉街道五四路157号7－8层			营业部家数	56
	办公地址	福州市鼓楼区温泉街道五四路157号7－8层			邮编	350003

<table>
<tr><td rowspan="4">公司概况</td><td>公司网址</td><td>www. hfzq. com. cn</td><td>电子邮箱</td><td>hfzq@ hfzq. com. cn</td><td>经营证券业务许可证编号</td><td>Z23935000</td></tr>
<tr><td colspan="6">注：* 经审计的最近一年度净资产和净资本</td></tr>
<tr><td colspan="4">证监会批准的相关业务资格</td><td colspan="2">证券经纪；证券投资咨询；与证券交易、证券投资活动有关的财务顾问；证券承销与保荐；证券自营；证券资产管理；融资融券；证券投资基金代销；为期货公司提供中间介绍服务；代销金融产品。</td></tr>
<tr><td colspan="4">在全国股份转让系统从事的业务种类</td><td colspan="2">推荐业务、经纪业务</td></tr>
<tr><td>公司简介</td><td colspan="6">华福证券有限责任公司(以下简称“公司”、“华福证券”)前身为福建省华福证券公司，成立于1988年6月，是我国首批成立的证券公司之一。2003年4月，引进广发证券为控股股东，经中国证监会批准，增资改制并更名为广发华福证券有限责任公司。2010年12月，广发证券将其所持公司股权，依法转让给福建省能源集团有限责任公司、福建省交通运输集团有限责任公司和联华国际信托有限公司(现更名为兴业国际信托有限公司)。2011年8月，经批准更名为华福证券有限责任公司，为省属全资国有金融机构。现公司注册资本5.5亿元人民币，总部设在福建省福州市。
公司自成立以来，始终秉承“诚信专业，创造价值”的经营宗旨，坚持“规范经营，稳健发展”的经营理念，盈利能力逐步增强，经营业绩持续提升。公司下辖华福资本投资有限公司为全资子公司，在福建省及上海等地设有56家证券营业部。2012年至今，公司顺利获批融资融券、资产管理、直投业务、证券承销与保荐、债券三承销等资格。公司充分利用行业创新的难得机会谋划实现全国业务布局，致力于打造全牌照全国性优秀券商。</td></tr>
</table>

二、业务动态及统计

推荐挂牌情况	
目前已推荐挂牌公司家数	0
已被终止挂牌公司家数	0
撤回材料及申请被否公司家数	0

三、部门设置及主要业务人员情况

<table>
<tr><td colspan="5">推荐业务</td></tr>
<tr><td colspan="2">部门名称</td><td colspan="3">企业金融部(二级部门)</td></tr>
<tr><td colspan="2">分管高管</td><td>吴　杰</td><td>部门负责人</td><td>张　立</td></tr>
<tr><td colspan="2">部门人数</td><td>11</td><td>具有证券从业资格人数</td><td>11</td></tr>
<tr><td colspan="2">具有注册会计师资格人数</td><td>2</td><td>具有律师资格人数</td><td>3</td></tr>
<tr><td rowspan="2">联络人一</td><td>姓名</td><td>曹　珍</td><td>固定电话</td><td>13910842556</td></tr>
<tr><td>传真</td><td>021－51917012</td><td>电子邮箱</td><td>cao_zhen@ sina. com</td></tr>
<tr><td rowspan="2">联络人二</td><td>姓名</td><td>王晓微</td><td>固定电话</td><td>021－51917013</td></tr>
<tr><td>传真</td><td>021－51917012</td><td>电子邮箱</td><td>wxwzz@ hotmail. com</td></tr>
<tr><td>序号</td><td colspan="2">姓　名</td><td colspan="2">专业资格</td></tr>
<tr><td>1</td><td colspan="2">陈　伟</td><td colspan="2">可担任项目负责人、律师</td></tr>
<tr><td>2</td><td colspan="2">兰永生</td><td colspan="2">可担任项目负责人、律师</td></tr>
<tr><td>3</td><td colspan="2">李科伟</td><td colspan="2">可担任项目负责人、注册会计师</td></tr>
<tr><td>4</td><td colspan="2">李　刚</td><td colspan="2">可担任项目负责人</td></tr>
<tr><td>5</td><td colspan="2">梁维全</td><td colspan="2">可担任项目负责人</td></tr>
<tr><td>6</td><td colspan="2">何金卫</td><td colspan="2">注册会计师</td></tr>
<tr><td>7</td><td colspan="2">张　彦</td><td colspan="2">律师</td></tr>
</table>

经纪业务				
部门名称		经纪业务总部(一级部门)		
分管高管		徐　刚	部门负责人	徐　刚
联络人一	姓名	岳洪涛	固定电话	0591 - 87383620
	传真	0591 - 87383610	电子邮箱	yht@ hfzq. com. cn
联络人二	姓名	林　丽	固定电话	0591 - 87383607
	传真	0591 - 87383610	电子邮箱	ll@ hfzq. com. cn
联络人三	姓名	罗曼	固定电话	0591 - 87540067
	传真	0591 - 87383610	电子邮箱	luom@ hfzq. com. cn

日信证券有限责任公司

一、公司概况及简介

公司概况	公司名称	日信证券有限责任公司				
	成立日期	2002. 4. 24	法定代表人	孔佑杰	总经理	张智河
	注册资本（万元）	90,000	净资产 *（万元）	91,405. 94	净资本 *（万元）	55137. 81
	注册地址	内蒙古自治区呼和浩特市锡林南路 18 号			营业部家数	16
	办公地址	北京市西城区闹市口大街 1 号长安兴融中心西楼 11 层			邮编	100031
	公司网址	www. rxzq. com. cn	电子邮箱	zhengyuan@ rxzq. com. cn	经营证券业务许可证编号	Z36815000
	注:* 经审计的 2012 年度净资产和净资本					
	证监会批准的相关业务资格			证券经纪;证券投资咨询;与证券交易、证券投资活动有关的财务顾问;证券承销与保荐;证券自营;证券投资基金代销;外币有价证券经纪业务;证券资产管理;融资融券以及经中国证监会批准的其他业务。		
	在全国股份转让系统从事的业务种类			推荐业务		
公司简介	日信证券有限责任公司(简称“日信证券”)是经中国证监会核准并在国家工商行政部门注册登记的综合性证券公司。公司成立于 2002 年 4 月,注册资本为 9 亿元人民币。公司的股东包括“北京长安投资集团有限公司”、“北京华联集团投资控股有限公司”、“内蒙古日信担保投资(集团)有限公司”等国内知名大中型企业。 公司秉承“合规经营、稳健发展”的经营理念,自成立以来,资产质量一直保持优良,经营业绩稳步提高,公司的经营管理能力得到了监管部门的肯定,在广大证券投资者中拥有较高的美誉度。公司经营业务主要包括:证券经纪;证券投资咨询;与证券交易、证券投资活动有关的财务顾问;证券承销与保荐;证券自营;证券资产管理;融资融券;证券投资基金代销;代销金融产品等综合业务。 公司下设北京分公司,在全国已拥有十六家证券营业部,控股了首创期货公司有限责任公司,在深圳前海全资设立了日信资本投资有限公司。					

二、业务动态及统计

推荐挂牌情况	
目前已推荐挂牌公司家数	0
已被终止挂牌公司家数	0
撤回材料及申请被否公司家数	0

三、部门设置及主要业务人员情况

推荐业务				
部门名称		融资并购部		
分管高管		张智河	部门负责人	徐海啸
部门人数		21	具有证券从业资格人数	21
具有注册会计师资格人数		4	具有律师资格人数	6
联络人一	姓名	郑　媛	固定电话	010－83991895
	传真	010－88086637	电子邮箱	zhengyuan@ rxzq. com. cn
联络人二	姓名	徐海啸	固定电话	010－83991797
	传真	010－88086637	电子邮箱	xuhx@ rxzq. com. cn

序号	姓　名	专业资格
1	徐海啸	可担任项目负责人
2	刘彦辰	注册会计师
3	张　喆	注册会计师
4	李美金	律师
5	霍　涛	律师
6	吴晓松	律师
7	陈舒娟	律师
8	隋立勇	注册会计师
9	陈　霞	律师
10	包立平	律师
11	杨伟朝	注册会计师

德邦证券有限责任公司

一、公司概况及简介

公司概况	公司名称	德邦证券有限责任公司				
	成立日期	2003.5.18	法定代表人	姚文平	总经理	武晓春
	注册资本（万元）	130,000	净资产＊（万元）	191,907	净资本＊（万元）	157,851
	注册地址	上海市普陀区曹杨路510号南半幢9楼			营业部家数	12
	办公地址	上海市福山路500号城建国际中心26楼			邮编	200122
	公司网址	www. tebon. com. cn	电子邮箱	webmaster@ tebon. com. cn	经营证券业务许可证编号	Z31221000
	注：＊经审计的2012年度净资产和净资本					
	证监会批准的相关业务资格			证券经纪；证券投资咨询；与证券交易，证券投资活动有关的财务顾问；证券承销与保荐；证券自营；证券资产管理；融资融券。		
	在全国股份转让系统从事的业务种类			推荐业务和经纪业务		

公司简介	德邦证券有限责任公司成立于2003年5月，是经中国证监会批准设立的具有承销保荐、经纪业务等资格的全国性综合类证券公司。公司旗下拥有德邦基金管理有限公司及中州期货有限公司，注册地为上海，已连续10年实现盈利。 公司拥有投资银行、固定收益、资产管理、量化投资、证券经纪与财富管理为基本架构的专业证券服务体系，以及研究咨询、信息技术和风险管理等强有力的服务支持体系，秉承“心连心、手拉手”的服务理念，为广大客户提供全面的投资、融资等全面、专业的金融服务。凭借专业化服务理念和差异化竞争策略，德邦证券在业内异军突起，被业内誉为最具活力、最具成长性的证券公司之一。 借力大股东复星集团强大的市场资源实力，德邦证券与多家公募基金、私募基金紧密合作，投行业务发展迅速，成绩斐然，2008年5月起先后获得了“2008年中国区最具潜力投行”、“2010年度中国最佳创新证券公司奖”、“2011中国区优秀投行——最具创新奖”等多项荣誉；公司在大力发展传统经纪业务的同时，创立了“财富玖功管理中心”，倡导客户风险承受能力、专业化水平与自身预期收益相匹配的理性投资理念，秉承“策略先行、重点投资、持续跟踪”的核心服务策略，采取量身定制的方式，为每位客户提供最适合的投资咨询服务。“财富玖功”获得投资者的广泛好评，曾获得“21世纪中国券商奖之最具创意奖”和“中国杰出营销奖——金融类优秀奖”。

二、业务动态及统计

推荐挂牌情况	
目前已推荐挂牌公司家数	0
已被终止挂牌公司家数	0
撤回材料及申请被否公司家数	0
推荐原代办股份转让系统的两网公司及退市公司挂牌情况	
无	

三、部门设置及主要业务人员情况

推荐业务				
部门名称		场外交易市场业务部(二级部门)		
分管高管		武晓春	部门负责人	张　翼
部门人数		12	具有证券从业资格人数	12
具有注册会计师资格人数		2	具有律师资格人数	2
联络人一	姓名	张　翼	固定电话	021－20830998
	传真	021－68767971	电子邮箱	zhangy@ tebon. com. cn
联络人二	姓名	张　婕	固定电话	021－20830925
	传真	021－68767971	电子邮箱	zhangjie@ tebon. com. cn
序号	姓　名		专业资格	
1	张　婕		可担任项目负责人、律师	
2	吕　文		可担任项目负责人	
3	刘涛涛		可担任项目负责人	
4	曾　毅		注册会计师	
5	赵　晶		注册会计师	
6	陈　骎		律师	
经纪业务				
部门名称		经纪业务总部(一级部门)		
分管高管		成磊	部门负责人	刘秦宇
联络人一	姓名	陈杰	固定电话	021－68761616－8100
	传真	021－68767981	电子邮箱	chenjie@ tebon. com. cn

财达证券有限责任公司

一、公司概况及简介

<table>
<tr><td rowspan="9">公司概况</td><td>公司名称</td><td colspan="5">财达证券有限责任公司</td></tr>
<tr><td>成立日期</td><td>2002.4.25</td><td>法定代表人</td><td>翟建强</td><td>总经理</td><td>翟建强</td></tr>
<tr><td>注册资本（万元）</td><td>141,690</td><td>净资产*（万元）</td><td>311,572</td><td>净资本*（万元）</td><td>235,688</td></tr>
<tr><td>注册地址</td><td colspan="3">石家庄市自强路35号</td><td>营业部家数</td><td>106</td></tr>
<tr><td>办公地址</td><td colspan="3">石家庄市自强路35号</td><td>邮编</td><td>050000</td></tr>
<tr><td>公司网址</td><td>www.s10000.com</td><td>电子邮箱</td><td>wangzhibei@cdzq.com</td><td>经营证券业务许可证编号</td><td>J32813000</td></tr>
<tr><td colspan="6">注：*经审计的2012年度净资产和净资本</td></tr>
<tr><td colspan="3">证监会批准的相关业务资格</td><td colspan="3">证券经纪；证券投资咨询；与证券交易、证券投资活动有关的财务顾问；证券承销与保荐；证券自营；证券资产管理；融资融券；证券投资基金代销；代销金融产品。</td></tr>
<tr><td colspan="3">在全国股份转让系统从事的业务种类</td><td colspan="3">推荐业务和经纪业务</td></tr>
<tr><td>公司简介</td><td colspan="6">财达证券有限责任公司（以下简称“财达证券”）成立于2002年4月，目前控股股东为唐山钢铁集团有限责任公司，实际控制人为河北省国资委。财达证券拥有齐全的证券业务牌照，经营范围涵盖：证券经纪；证券投资咨询；证券承销与保荐；证券自营；证券资产管理；融资融券；证券投资基金代销；与证券交易、证券投资活动有关的财务顾问和代销金融产品。
财达证券始终恪守“诚实守信、规范发展”的经营理念，强化内控管理，严防各类风险，积极投身于国内资本市场，各项业务保持了稳步发展的态势，在激烈的市场竞争中树立了守法、合规和信誉至上的良好形象。财达证券凭借规范严谨的公司治理和内控管理，在2010年、2011年、2012年连续三年获评A类券商，2013年获评BBB类券商。</td></tr>
</table>

二、业务动态及统计

<table>
<tr><td colspan="2">推荐挂牌情况</td></tr>
<tr><td>目前已推荐挂牌公司家数</td><td>0</td></tr>
<tr><td>已被终止挂牌公司家数</td><td>0</td></tr>
<tr><td>撤回材料及申请被否公司家数</td><td>0</td></tr>
<tr><td colspan="2">推荐原代办股份转让系统的两网公司及退市公司挂牌情况</td></tr>
<tr><td colspan="2">无</td></tr>
</table>

三、部门设置及主要业务人员情况

<table>
<tr><td colspan="5">推荐业务</td></tr>
<tr><td colspan="2">部门名称</td><td colspan="3">场外市场部（二级部门，归属于投资银行部）</td></tr>
<tr><td colspan="2">分管高管</td><td>翟建强</td><td>部门负责人</td><td>李桂林</td></tr>
<tr><td colspan="2">部门人数</td><td>21</td><td>具有证券从业资格人数</td><td>21</td></tr>
<tr><td colspan="2">具有注册会计师资格人数</td><td>4</td><td>具有律师资格人数</td><td>6</td></tr>
<tr><td rowspan="2">联络人一</td><td>姓名</td><td>朱　青</td><td>固定电话</td><td>010－88354642</td></tr>
<tr><td>传真</td><td>010－88354724</td><td>电子邮箱</td><td>zhuqing@cdzq.com</td></tr>
<tr><td rowspan="2">联络人二</td><td>姓名</td><td>魏　林</td><td>固定电话</td><td>0311－66008557</td></tr>
<tr><td>传真</td><td>0311－66006204</td><td>电子邮箱</td><td>weilin@cdzq.com</td></tr>
</table>

序号	姓　名	专业资格
1	朱　青	可担任项目负责人、注册会计师
2	张代伟	可担任项目负责人、律师
3	杨秀琰	注册会计师
4	吴扬林	注册会计师
5	李彦栋	注册会计师
6	李旭刚	律师
7	王伟伟	律师
8	李　冰	律师
9	任晓宁	律师
10	魏　林	律师

经纪业务					
部门名称		场外市场部(二级部门,归属于投资银行部)			
分管高管		翟建强	部门负责人	李桂林	
联络人一	姓名	许　钊	固定电话	010－88354642	
	传真	010－88354724	电子邮箱	xuzhao@ cdzq. com	
联络人二	姓名	张文海	固定电话	0311－66006351	
	传真	0311－66006204	电子邮箱	zwh@ cdzq. com	

厦门证券有限公司

一、公司概况及简介

公司概况	公司名称	厦门证券有限公司				
	成立日期	1988.7.16	法定代表人	傅毅辉	总经理	傅毅辉
	注册资本（万元）	5000	净资产*（万元）	29455	净资本*（万元）	19136
	注册地址	厦门市前西路2号莲富大厦17楼			营业部家数	18
	办公地址	厦门市前西路2号莲富大厦17楼			邮编	361009
	公司网址	www. xmzq. cn	电子邮箱	xmzqzb@ xmzq. com. cn	经营证券业务许可证编号	Z24172000
	注：*经审计的最近一年度净资产和净资本					
	证监会批准的相关业务资格			证券经纪业务		
	在全国股份转让系统从事的业务种类			经纪业务		
公司简介	厦门证券成立于一九八八年,经中国人民银行福建省分行批准成立,是国内最早设立的证券公司之一。从成立伊始,公司秉承“立信于心,永续发展”的经营理念,坚持“全心全意为客户创造价值”的核心价值观,依靠完善的法人治理结构和严密的内控体系,在专业高效的经营团队带领下,公司积极参与国内资本市场的发展,大力拓展各项业务,深入研究客户需求,以至诚的服务精神为客户提供专业的金融服务,树立了良好的市场品牌和社会形象。 展望未来,作为一家总部设于海西经济区的证券公司,公司将抓住中央关于支持福建省加快海峡西岸经济区建设的历史性机遇,充分发挥总部优势和证券专业优势,坚持稳健经营、合规发展,严格风险控制,积极开拓创新,努力打造一家海峡西岸业绩优良、品牌卓越的一流券商。					

二、业务动态及统计

推荐挂牌情况	
目前已推荐挂牌公司家数	0
已被终止挂牌公司家数	0
撤回材料及申请被否公司家数	0

三、部门设置及主要业务人员情况

经纪业务				
部门名称		经纪业务管理部		
分管高管		胡来旺	部门负责人	曾　薇
联络人一	姓名	田彦辉	固定电话	0592－5161578
	传真	0592－5161140	电子邮箱	tianyanhui@ xmzq. com. cn
联络人二	姓名	陈月月	固定电话	0592－5161517
	传真	0592－5161140	电子邮箱	chenyueyue@ xmzq. com. cn

四、营业部情况

序号	营业部名称	负责人	联系电话
1	福州五一北路证券营业部	卢春霖	0591－87663535
2	厦门南山路证券营业部	洪建厦	0592－2617839
3	厦门环城西路证券营业部	郑海鹏	0592－3122666
4	厦门沧虹路证券营业部	陈东伟	0592－2066689
5	厦门观日路证券营业部	陈　艳	0592－2936116
6	厦门莲前东路证券营业部	杨向阳	0592－5904300
7	成都蜀汉路证券营业部	马可达	028－68509999
8	厦门营前西路证券营业部	聂志凌	0592－5163585
9	厦门湖滨西路证券营业部	李伟志	0592－2398858
10	厦门后江埭路证券营业部	张清庸	0592－2276257
11	厦门仙岳路证券营业部	黄育文	0592－2560808
12	杭州新塘路证券营业部	戴　伟	0571－86768088
13	晋江泉安路证券营业部	王金叶	0595－82020188
14	上海陆家滨路证券营业部	付江平	021－33050164
15	广州广华路证券营业部	崔海东	020－38333833
16	北京远大路证券营业部	张建民	010－88509988
17	成都星辉中路证券营业部	苗　武	028－3399902
18	福建龙岩龙川西路证券营业部	陈海山	0597－2602263

银泰证券有限责任公司

一、公司概况及简介

公司概况	公司名称	银泰证券有限责任公司				
	成立日期	2006.9.5	法定代表人	黄冰	总经理	黄　冰
	注册资本（万元）	100,000	净资产＊（万元）	138,671	净资本＊（万元）	125,927
	注册地址	深圳市福田区竹子林四路紫竹七道18号光大银行18楼			营业部家数	11
	办公地址	深圳市福田区竹子林四路紫竹七道18号光大银行18楼			邮编	518040
	公司网址	http://www.ytzq.com	电子邮箱	ytzq@ytzq.net	经营证券业务许可证编号	J16974000
	注：＊经审计的2012年度净资产和净资本					
	证监会批准的相关业务资格			证券经纪；证券投资咨询；与证券交易、证券投资活动有关的财务顾问；证券投资基金代销；证券承销；证券自营；证券资产管理；融资融券；代销金融产品。		
	在全国股份转让系统从事的业务种类			经纪业务		
公司简介	银泰证券有限责任公司于2006年7月经中国证监会批准成立，是证券行业综合治理期间首家批准设立的证券公司。公司注册地为深圳市，注册资本10亿元，主要股东为北京嘉鑫世纪投资有限公司、国银金融租赁有限公司和武汉致远投资有限公司。公司经营范围涵盖证券经纪；证券投资咨询；与证券交易、证券投资活动有关的财务顾问；证券投资基金代销；证券承销；证券自营；证券资产管理；融资融券；代销金融产品。公司目前现有11家证券营业部，分布于北京、上海、深圳等环渤海、长三角、珠三角地区，另有16家证券营业部正在筹备之中，将陆续开业。 公司成立时注册资本1.2亿元，为拓展经营规模，扩大业务范围，2008年7月，经中国证监会核准，公司完成了第一次增资扩股，注册资本金增加至5亿元；2009年3月，经中国证监会核准，公司名称由"银泰证券经纪有限责任公司"变更为"银泰证券有限责任公司"；2010年6月，经中国证监会核准，公司完成了第二次增资扩股，注册资本金增加至10亿元。					

二、部门设置及主要业务人员情况

经纪业务					
部门名称		经纪业务管理总部（一级部门）			
分管高管		张久龙	部门负责人		董同林
联络人一	姓名	吴锦波	固定电话		0755－83538245
	传真	0755－83704195	电子邮箱		wujb@ytzq.net
联络人二	姓名	李雁波	固定电话		0755－83701479
	传真	0755－83704195	电子邮箱		liyb@ytzq.net

四、营业部情况

序号	营业部名称	负责人	联系电话
1	深圳福华三路证券营业部	罗晓晋	0755－83702479
2	上海嘉善路证券营业部	薛　炜	021－24099800
3	无锡兴源北路证券营业部	王正洋	0510－82615272
4	苏州干将东路证券营业部	刘国平	0512－65731800
5	苏州葑门西街证券营业部	许玮	65267361
6	济南大纬二路证券营业部	赵　鹏	0531－82056958

7	青岛燕儿岛路证券营业部	单艳	0532－85716103
8	北京王府井大街证券营业部	刘跃	010－65287558
9	沈阳十一纬路证券营业部	楼双杰	024－22860300
10	大连五五路证券营业部	赵红星	0411－82589369
11	唐山北新西道证券营业部	魏成功	0315－2236167

英大证券有限责任公司

一、公司概况及简介

公司概况	公司名称	英大证券有限责任公司				
	成立日期	1996.4.15	法定代表人	吴　骏	总经理	冯政先
	注册资本（万元）	220000	净资产*（万元）	114,787.91	净资本*（万元）	117,337.69
	注册地址	深圳市福田区深南中路华能大厦三十、三十一层			营业部家数	16
	办公地址	深圳市福田区深南中路华能大厦十一、三十、三十一层、超力通大厦三层			邮编	518031
	公司网址	www.ydsc.com.cn	电子邮箱	ydzq@ydzq.sgcc.com.cn	经营证券业务许可证编号	Z27374000
	注：*经审计的2012年度净资产和净资本					
	证监会批准的相关业务资格			证券经纪；证券投资咨询；与证券交易、证券投资活动有关的财务顾问；证券自营；证券承销与保荐；证券资产管理；融资融券；证券投资基金代销。		
	在全国股份转让系统从事的业务种类			推荐业务、经纪业务		
公司简介	英大证券有限责任公司（简称“英大证券”）是一家全国性的证券经营机构，成立于1996年，注册资本22亿元，注册地在深圳。公司拥有一批金融、经济、法律、财务和计算机等专业的高素质人才，业务范围涵盖证券经纪、证券投资咨询、证券自营、证券承销与保荐、证券资产管理、证券投资基金代销、财务顾问、融资融券、期货IB等领域。 英大证券股东实力雄厚，控股股东国网英大国际控股集团有限公司是在原国网资产管理有限公司基础上组建，是涵盖7家控股金融单位、19家参股金融机构的金融控股集团。英大证券实际控制人为国家电网公司。 英大证券坚持向国内外投资者提供一流专业服务、努力推动中国资本市场繁荣发展为己任，秉承“客户至上、回报股东、奉献社会”的企业宗旨，发扬“努力超越、追求卓越”的企业精神，信守“以人为本、诚信立业、合规经营、创新发展”的经营理念，将建设成为富有英大经营特色、"一强三优"、国际化经营的现代上市金融企业。					

二、业务动态及统计

推荐挂牌情况	
目前已推荐挂牌公司家数	0
已被终止挂牌公司家数	0
撤回材料及申请被否公司家数	0

三、部门设置及主要业务人员情况

推荐业务			
部门名称	场外市场部（投资银行业务部下属二级部门）		
分管高管	杨　祺	部门负责人	李瑞华
部门人数	11	具有证券从业资格人数	11

具有注册会计师资格人数		2	具有律师资格人数	1
联络人一	姓名	范志承	固定电话	0755－83007325
	传真	0755－83007150	电子邮箱	fanzic@163.com
联络人二	姓名	周耿明	固定电话	0755－83007380
	传真	0755－83007150	电子邮箱	s_gmzhou@126.com
序号	姓　名		专业资格	
1	李瑞华		可担任项目负责人	
2	贺耀辉		可担任项目负责人	
3	周兴国		可担任项目负责人、注册会计师	
4	周耿明		注册会计师、律师	

经纪业务				
部门名称		经纪业务部(下设场外市场交易业务组)		
分管高管		冯政先	部门负责人	黄树明
联络人一	姓名	章海鸣	固定电话	0755－83007331
	传真	0755－83007034	电子邮箱	zhanghm@ydzq.sgcc.com.cn
联络人二	姓名	黄　昆	固定电话	0755－83007328
	传真	0755－83007034	电子邮箱	huangkun@ydzq.sgcc.com.cn

第五章　法律法规

第一节　部门规章

全国中小企业股份转让系统有限责任公司管理暂行办法

第一章　总则

第一条　为加强对全国中小企业股份转让系统有限责任公司(以下简称全国股份转让系统公司)的管理,明确其职权与责任,维护股票挂牌转让及相关活动的正常秩序,根据《公司法》、《证券法》等法律、行政法规,制定本办法。

第二条　全国中小企业股份转让系统(以下简称全国股份转让系统)是经国务院批准设立的全国性证券交易场所。

第三条　股票在全国股份转让系统挂牌的公司(以下简称挂牌公司)为非上市公众公司,股东人数可以超过 200 人,接受中国证券监督管理委员会(以下简称中国证监会)的统一监督管理。

第四条　全国股份转让系统公司负责组织和监督挂牌公司的股票转让及相关活动,实行自律管理。

第五条　全国股份转让系统公司应当坚持公益优先的原则,维护公开、公平、公正的市场环境,保证全国股份转让系统的正常运行,为全国股份转让系统各参与人提供优质、高效、低成本的金融服务。

第六条　全国股份转让系统的股票挂牌转让及相关活动,必须遵守法律、行政法规和各项规章规定,禁止欺诈、内幕交易、操纵市场等违法违规行为。

第七条　中国证监会依法对全国股份转让系统公司、全国股份转让系统的各项业务活动及各参与人实行统一监督管理,维护全国股份转让系统运行秩序,依法查处违法违规行为。

第二章　全国股份转让系统公司的职能

第八条　全国股份转让系统公司的职能包括:

(一)建立、维护和完善股票转让相关技术系统和设施;

(二)制定和修改全国股份转让系统业务规则;

(三)接受并审查股票挂牌及其他相关业务申请,安排符合条件的公司股票挂牌;

(四)组织、监督股票转让及相关活动;

(五)对主办券商等全国股份转让系统参与人进行监管;

(六)对挂牌公司及其他信息披露义务人进行监管;

(七)管理和公布全国股份转让系统相关信息;

(八)中国证监会批准的其他职能。

第九条　全国股份转让系统公司应当就股票挂牌、股票转让、主办券商管理、挂牌公司管理、投资者适当性管理等依法制定基本业务规则。

全国股份转让系统公司制定与修改基本业务规则,应当经中国证监会批准。制定与修改其他业务规则,应当报中国证监会备案。

第十条　全国股份转让系统挂牌新的证券品种或采用新的转让方式,应当报中国证监会批准。

第十一条　全国股份转让系统公司应当为组织公平的股票转让提供保障,公布股票转让即时行情。未经全国股份转让系统公司许可,任何单位和个人不得发布、使用或传播股票转让即时行情。

第十二条　全国股份转让系统公司收取的资金和费用应当符合有关主管部门的规定,并优先用于维护和完善相关技术系统和设施。

全国股份转让系统公司应当制定专项财务管理规则,并报中国证监会备案。

第十三条　全国股份转让系统公司应当从其收取的费用中提取一定比例的金额设立风险基金。风险基金提取和使用的具体办法,由中国证监会另行制定。

第十四条　全国股份转让系统的登记结算业务由中国证券登记结算有限责任公司负责。全国股份转让系统公司应当与其签订业务协议,并报中国证监会备案。

第三章　全国股份转让系统公司的组织结构

第十五条　全国股份转让系统公司应当按照《公司法》等法律、行政法规和中国证监会的规定,制定公司章程,明确股东会、董事会、监事会和经理层之间的职责划分,建立健全内部组织机构,完善公司治理。

全国股份转让系统公司章程的制定和修改,应当经中国证监会批准。

第十六条　全国股份转让系统公司的股东应当具备法律、行政法规和中国证监会规定的资格条件,股东持股比例应当符合中国证监会的有关规定。

全国股份转让系统公司新增股东或原股东转让所持股份的,应当报中国证监会批准。

第十七条　全国股份转让系统公司董事会、监事会的组成及议事规则应当符合有关法律、行政法规和中国证监会的规定,并报中国证监会备案。

第十八条　全国股份转让系统公司董事长、副董事长、监事会主席及高级管理人员由中国证监会提名,任免程序和任期遵守《公司法》和全国股份转让系统公司章程的有关规定。

前款所述高级管理人员的范围,由全国股份转让系统公司章程规定。

第十九条　全国股份转让系统公司应当根据需要设立专门委员会。各专门委员会的组成及议事规则报中国证监会备案。

第四章　全国股份转让系统公司的自律监管

第二十条　全国股份转让系统实行主办券商制度。在全国股份转让系统从事主办券商业务的证券公司称为主办券商。

主办券商业务包括推荐股份公司股票挂牌，对挂牌公司进行持续督导，代理投资者买卖挂牌公司股票，为股票转让提供做市服务及其他全国股份转让系统公司规定的业务。

第二十一条　全国股份转让系统公司依法对股份公司股票挂牌、定向发行等申请及主办券商推荐文件进行审查，出具审查意见。

全国股份转让系统公司应当与符合条件的股份公司签署挂牌协议，确定双方的权利义务关系。

第二十二条　全国股份转让系统公司应当督促申请股票挂牌的股份公司、挂牌公司及其他信息披露义务人，依法履行信息披露义务，真实、准确、完整、及时地披露信息，不得有虚假记载、误导性陈述或者重大遗漏。

第二十三条　挂牌公司应当符合全国股份转让系统持续挂牌条件，不符合持续挂牌条件的，全国股份转让系统公司应当及时作出股票暂停或终止挂牌的决定，及时公告，并报中国证监会备案。

第二十四条　挂牌股票转让可以采取做市方式、协议方式、竞价方式或证监会批准的其他转让方式。

第二十五条　全国股份转让系统实行投资者适当性管理制度。参与股票转让的投资者应当具备一定的证券投资经验和相应的风险识别和承担能力，了解熟悉相关业务规则。

第二十六条　因突发性事件而影响股票转让的正常进行时，全国股份转让系统公司可以采取技术性停牌措施；因不可抗力的突发性事件或者为维护股票转让的正常秩序，可以决定临时停市。

全国股份转让系统公司采取技术性停牌或者决定临时停市，应当及时报告中国证监会。

第二十七条　全国股份转让系统公司应当建立市场监控制度及相应技术系统，配备专门市场监察人员，依法对股票转让实行监控，及时发现、及时制止内幕交易、市场操纵等异常转让行为。

对违反法律法规及业务规则的，全国股份转让系统公司应当及时采取自律监管措施，并视情节轻重或根据监管要求，及时向中国证监会报告。

第二十八条　全国股份转让系统公司应当督促主办券商、律师事务所、会计师事务所等为挂牌转让等相关业务提供服务的证券服务机构和人员，诚实守信、勤勉尽责，严格履行法定职责，遵守法律法规和行业规范，并对出具文件的真实性、准确性、完整性负责。

第二十九条　全国股份转让系统公司发现相关当事人违反法律法规及业务规则的，可以依法采取自律监管措施，并报中国证监会备案。依法应当由中国证监会进行查处的，全国股份转让系统公司应当向中国证监会提出查处建议。

第五章　监督管理

第三十条　全国股份转让系统公司应当向中国证监会报告股东会、董事会、监事会、总经理办公会议和其他重要会议的会议纪要，全国股份转让系统运行情况，全国股份转让系统公司自律监管职责履行情况、日常工作动态以及中国证监会要求报告的其他信息。

全国股份转让系统公司的其他报告义务，比照执行证券交易所管理有关规定。

第三十一条　中国证监会有权要求全国股份转让系统公司对其章程和业务规则进行修改。

第三十二条　中国证监会依法对全国股份转让系统公司进行监管，开展定期、不定期的现场检查，并对其履职和运营情况进行评估和考核。

全国股份转让系统公司及相关人员违反本办法规定，在监管工作中不履行职责，或者不履行本办法规定的有关义务，中国证监会比照证券交易所管理有关规定进行查处。

第六章　附则

第三十三条　全国股份转让系统公司为其他证券品种提供挂牌转让服务的，比照本办法执行。

第三十四条　在证券公司代办股份转让系统的原STAQ、NET系统挂牌公司和退市公司及其股份转让相关活动，由全国股份转让系统公司负责监督管理。

第三十五条　本办法公布之日起施行。

关于修改《非上市公众公司监督管理办法》的决定

一、第二条修改为："本办法所称非上市公众公司（以下简称公众公司）是指有下列情形之一且其股票未在证券交易所上市交易的股份有限公司：

"（一）股票向特定对象发行或者转让导致股东累计超过200人；

"（二）股票公开转让。"

二、第四条修改为："公众公司公开转让股票应当在全国中小企业股份转让系统进行，公开转让的公众公司股票应当在中国证券登记结算公司集中登记存管。"

三、增加一条，作为第五条："公众公司可以依法进行股权融资、债权融资、资产重组等。

"公众公司发行优先股等证券品种，应当遵守法律、行政法规和中国证券监督管理委员会（以下简称中国证监会）的相关规定。"

四、第二十一条改为第二十二条，修改为："股票公开转让与定向发行的公众公司应当披露半年度报告、年度报告。年度报告中的财务会计报告应当经具有证券期货相关业务资格的会计师事务所审计。

"股票向特定对象转让导致股东累计超过200人的公众公司，应当披露年度报告。年度报告中的财务会计报告应当经会计师事务所审计。"

五、第三十三条改为第三十四条，修改为："股东人数超过200人的公司申请其股票公开转让，应当按照中国证监会有关规定制作公开转让的申请文件，申请文件应当包括但不限于：公开转让说明书、律师事务所出具的法律意见书、具有证券期货相关业务资格的会计师事务所出具的审计报告、证券公司出具的推荐文件。公司持申请文件向中国证监会申请核准。

"公开转让说明书应当在公开转让前披露。"

六、第三十四条改为第三十五条，修改为："中国证监会受理申请文件后，依法对公司治理和信息披露进行审核，在20个工作日内作出核准、中止审核、终止审核、不予核准的决定。”

七、增加一条，作为第三十六条：“股东人数未超过200人的公司申请其股票公开转让，中国证监会豁免核准，由全国中小企业股份转让系统进行审查。”

八、增加一条，作为第三十八条：“本办法施行前股东人数超过200人的股份有限公司，符合条件的，可以申请在全国中小企业股份转让系统挂牌公开转让股票、首次公开发行并在证券交易所上市。”

九、第四十条改为第四十三条，修改为：“中国证监会受理申请文件后，依法对公司治理和信息披露以及发行对象情况进行审核，在20个工作日内作出核准、中止审核、终止审核、不予核准的决定。”

十、第四十二条改为第四十五条，修改为：“在全国中小企业股份转让系统挂牌公开转让股票的公众公司向特定对象发行股票后股东累计不超过200人的，中国证监会豁免核准，由全国中小企业股份转让系统自律管理，但发行对象应当符合本办法第三十九条的规定。”

十一、增加一条，作为第五十一条：“全国中小企业股份转让系统应当发挥自律管理作用，对在全国中小企业股份转让系统公开转让股票的公众公司及相关信息披露义务人披露信息进行监督，督促其依法及时、准确地披露信息。发现公开转让股票的公众公司及相关信息披露义务人有违反法律、行政法规和中国证监会相关规定的行为，应当向中国证监会报告，并采取自律管理措施。”

十二、第六十一条改为第六十五条，修改为：“本办法施行前股东人数超过200人的股份有限公司，不在全国中小企业股份转让系统挂牌公开转让股票或证券交易所上市的，应当按相关要求规范后申请纳入非上市公众公司监管。”

十三、将修改后的第三十二条、第三十三条、第三十四条、第三十六条中“股票向社会公众公开转让”的表述修改为“股票公开转让”。

本决定自公布之日起施行。

《非上市公众公司监督管理办法》根据本决定作相应的修改并对条文顺序作相应调整，重新公布。

非上市公众公司监督管理办法

（2012年9月28日中国证券监督管理委员会第17次主席办公会议审议通过，根据2013年12月26日中国证券监督管理委员会《关于修改<非上市公众公司监督管理办法>的决定》修订）

第一章　总则

第一条　为了规范非上市公众公司股票转让和发行行为，保护投资者合法权益，维护社会公共利益，根据《证券法》、《公司法》及相关法律法规的规定，制定本办法。

第二条　本办法所称非上市公众公司（以下简称公众公司）是指有下列情形之一且其股票未在证券交易所上市交易的股份有限公司：

（一）股票向特定对象发行或者转让导致股东累计超过200人；

（二）股票公开转让。

第三条　公众公司应当按照法律、行政法规、本办法和公司章程的规定，做到股权明晰，合法规范经营，公司治理机制健全，履行信息披露义务。

第四条　公众公司公开转让股票应当在全国中小企业股份转让系统进行，公开转让的公众公司股票应当在中国证券登记结算公司集中登记存管。

第五条　公众公司可以依法进行股权融资、债权融资、资产重组等。

公众公司发行优先股等证券品种，应当遵守法律、行政法规和中国证券监督管理委员会（以下简称中国证监会）的相关规定。

第六条　为公司出具专项文件的证券公司、律师事务所、会计师事务所及其他证券服务机构，应当勤勉尽责、诚实守信，认真履行审慎核查义务，按照依法制定的业务规则、行业执业规范和职业道德准则发表专业意见，保证所出具文件的真实性、准确性和完整性，并接受中国证监会的监管。

第二章　公司治理

第七条　公众公司应当依法制定公司章程。

中国证监会依法对公众公司章程必备条款作出具体规定，规范公司章程的制定和修改。

第八条　公众公司应当建立兼顾公司特点和公司治理机制基本要求的股东大会、董事会、监事会制度，明晰职责和议事规则。

第九条　公众公司的治理结构应当确保所有股东，特别是中小股东充分行使法律、行政法规和公司章程规定的合法权利。

股东对法律、行政法规和公司章程规定的公司重大事项，享有知情权和参与权。

公众公司应当建立健全投资者关系管理，保护投资者的合法权益。

第十条　公众公司股东大会、董事会、监事会的召集、提案审议、通知时间、召开程序、授权委托、表决和决议等应当符合法律、行政法规和公司章程的规定；会议记录应当完整并安全保存。

股东大会的提案审议应当符合程序，保障股东的知情权、参与权、质询权和表决权；董事会应当在职权范围和股东大会授权范围内对审议事项作出决议，不得代替股东大会对超出董事会职权范围和授权范围的事项进行决议。

第十一条　公众公司董事会应当对公司的治理机制是否给所有的股东提供合适的保护和平等权利等情况进行充分讨论、评估。

第十二条　公众公司应当强化内部管理，按照相关规定建立会计核算体系、财务管理和风险控制等制度，确保公司财务报告真实可靠及行为合法合规。

第十三条　公众公司进行关联交易应当遵循平等、自愿、等价、有偿的原则，保证交易公平、公允，维护公司的合法权益，根据法律、行政法规、中国证监会的规定和公司章程，履行相应的审议程序。

第十四条　公众公司应当采取有效措施防止股东及其关联方以各种形式占用或者转移公司的资金、资产及其他资源。

第十五条　公众公司实施并购重组行为，应当按照法律、行政法规、中国证监会的规定和公司章程，履行相应的决策程序并聘请证券公司和相关证券服务机构出具专业意见。

任何单位和个人不得利用并购重组损害公众公司及其股东的合法权益。

第十六条　进行公众公司收购，收购人或者其实际控制人应当具有健全的公司治理机制和良好的诚信记录。收购人不得以任何形式从被收购公司获得财务资助，不得利用收购活动损害被收购公司及其股东的合法权益。

在公众公司收购中，收购人持有的被收购公司的股份，在收购完成后 12 个月内不得转让。

第十七条　公众公司实施重大资产重组，重组的相关资产应当权属清晰、定价公允，重组后的公众公司治理机制健全，不得损害公众公司和股东的合法权益。

第十八条　公众公司应当按照法律的规定，同时结合公司的实际情况在章程中约定建立表决权回避制度。

第十九条　公众公司应当在章程中约定纠纷解决机制。股东有权按照法律、行政法规和公司章程的规定，通过仲裁、民事诉讼或者其他法律手段保护其合法权益。

第三章　信息披露

第二十条　公司及其他信息披露义务人应当按照法律、行政法规和中国证监会的规定，真实、准确、完整、及时地披露信息，不得有虚假记载、误导性陈述或者重大遗漏。公司及其他信息披露义务人应当向所有投资者同时公开披露信息。

公司的董事、监事、高级管理人员应当忠实、勤勉地履行职责，保证公司披露信息的真实、准确、完整、及时。

第二十一条　信息披露文件主要包括公开转让说明书、定向转让说明书、定向发行说明书、发行情况报告书、定期报告和临时报告等。具体的内容与格式、编制规则及披露要求，由中国证监会另行制定。

第二十二条　股票公开转让与定向发行的公众公司应当披露半年度报告、年度报告。年度报告中的财务会计报告应当经具有证券期货相关业务资格的会计师事务所审计。

股票向特定对象转让导致股东累计超过 200 人的公众公司，应当披露年度报告。年度报告中的财务会计报告应当经会计师事务所审计。

第二十三条　公众公司董事、高级管理人员应当对定期报告签署书面确认意见；对报告内容有异议的，应当单独陈述理由，并与定期报告同时披露。公众公司不得以董事、高级管理人员对定期报告内容有异议为由不按时披露定期报告。

公众公司监事会应当对董事会编制的定期报告进行审核并提出书面审核意见，说明董事会对定期报告的编制和审核程序是否符合法律、行政法规、中国证监会的规定和公司章程，报告的内容是否能够真实、准确、完整地反映公司实际情况。

第二十四条　证券公司、律师事务所、会计师事务所及其他证券服务机构出具的文件和其他有关的重要文件应当作为备查文件，予以披露。

第二十五条　发生可能对股票价格产生较大影响的重大事件，投资者尚未得知时，公众公司应当立即将有关该重大事件的情况报送临时报告，并予以公告，说明事件的起因、目前的状态和可能产生的后果。

第二十六条　公众公司实施并购重组的，相关信息披露义务人应当依法严格履行公告义务，并及时准确地向公众公司通报有关信息，配合公众公司及时、准确、完整地进行披露。

参与并购重组的相关单位和人员，在并购重组的信息依法披露前负有保密义务，禁止利用该信息进行内幕交易。

第二十七条　公众公司应当制定信息披露事务管理制度并指定具有相关专业知识的人员负责信息披露事务。

第二十八条　除监事会公告外，公众公司披露的信息应当以董事会公告的形式发布。董事、监事、高级管理人员非经董事会书面授权，不得对外发布未披露的信息。

第二十九条　公司及其他信息披露义务人依法披露的信息，应当在中国证监会指定的信息披露平台公布。公司及其他信息披露义务人可在公司网站或者其他公众媒体上刊登依本办法必须披露的信息，但披露的内容应当完全一致，且不得早于在中国证监会指定的信息披露平台披露的时间。

股票向特定对象转让导致股东累计超过 200 人的公众公司可以在公司章程中约定其他信息披露方式；在中国证监会指定的信息披露平台披露相关信息的，应当符合本条第一款的要求。

第三十条　公司及其他信息披露义务人应当将信息披露公告文稿和相关备查文件置备于公司住所供社会公众查阅。

第三十一条　公司应当配合为其提供服务的证券公司及律师事务所、会计师事务所等证券服务机构的工作，按要求提供所需资料，不得要求证券公司、证券服务机构出具与客观事实不符的文件或者阻碍其工作。

第四章　股票转让

第三十二条　股票向特定对象转让导致股东累计超过 200 人的股份有限公司，应当自上述行为发生之日起 3 个月内，按照中国证监会有关规定制作申请文件，申请文件应当包括但不限于：定向转让说明书、律师事务所出具的法律意见书、会计师事务所出具的审计报告。股份有限公司持申请文件向中国证监会申请核准。在提交申请文件前，股份有限公司应当将相关情况通知所有股东。

在 3 个月内股东人数降至 200 人以内的，可以不提出申请。

股票向特定对象转让应当以非公开方式协议转让。申请股票公开转让的，按照本办法第三十三条、第三十四条的规定办理。

第三十三条　公司申请其股票公开转让的，董事会应当依法就股票公开转让的具体方案作出决议，并提请股东大会批准，股东大会决议必须经出席会议的股东所持表决权的 2/3 以上通过。

董事会和股东大会决议中还应当包括以下内容：

（一）按照中国证监会的相关规定修改公司章程；

（二）按照法律、行政法规和公司章程的规定建立健全公司治理机制；

（三）履行信息披露义务，按照相关规定披露公开转让说明书、年度报告、半年度报告及其他信息披露内容。

第三十四条　股东人数超过 200 人的公司申请其股票公开转让，应当按照中国证监会有关规定制作公开转让的申请文件，申请文件应当包括但不限于：公开转让说明书、律师事务所出具的法律意见书、具有证券期货相关业务资格的会计师事务所出具的审计报告、证券公司出具的推荐文件。公司持申请文件向中国证监会申请核准。

公开转让说明书应当在公开转让前披露。

第三十五条　中国证监会受理申请文件后，依法对公司治理和信息披露进行审核，在 20 个工作日内作出核准、中止审核、终止审核、不予核准的决定。

第三十六条　股东人数未超过 200 人的公司申请其股票公开转让，中国证监会豁免核准，由全国中小企业股份转让系统进行审查。

第三十七条　公司及其董事、监事、高级管理人员，应当对公开转让说明书、定向转让说明书签署书面确认意见，保证所披露的信息真实、准确、完整。

第三十八条　本办法施行前股东人数超过200人的股份有限公司，符合条件的，可以申请在全国中小企业股份转让系统挂牌公开转让股票、首次公开发行并在证券交易所上市。

第五章　定向发行

第三十九条　本办法所称定向发行包括向特定对象发行股票导致股东累计超过200人，以及股东人数超过200人的公众公司向特定对象发行股票两种情形。

前款所称特定对象的范围包括下列机构或者自然人：

（一）公司股东；

（二）公司的董事、监事、高级管理人员、核心员工；

（三）符合投资者适当性管理规定的自然人投资者、法人投资者及其他经济组织。

公司确定发行对象时，符合本条第二款第（二）项、第（三）项规定的投资者合计不得超过35名。

核心员工的认定，应当由公司董事会提名，并向全体员工公示和征求意见，由监事会发表明确意见后，经股东大会审议批准。

投资者适当性管理规定由中国证监会另行制定。

第四十条　公司应当对发行对象的身份进行确认，有充分理由确信发行对象符合本办法和公司的相关规定。

公司应当与发行对象签订包含风险揭示条款的认购协议。

第四十一条　公司董事会应当依法就本次股票发行的具体方案作出决议，并提请股东大会批准，股东大会决议必须经出席会议的股东所持表决权的2/3以上通过。

申请向特定对象发行股票导致股东累计超过200人的股份有限公司，董事会和股东大会决议中还应当包括以下内容：

（一）按照中国证监会的相关规定修改公司章程；

（二）按照法律、行政法规和公司章程的规定建立健全公司治理机制；

（三）履行信息披露义务，按照相关规定披露定向发行说明书、发行情况报告书、年度报告、半年度报告及其他信息披露内容。

第四十二条　公司应当按照中国证监会有关规定制作定向发行的申请文件，申请文件应当包括但不限于：定向发行说明书、律师事务所出具的法律意见书、具有证券期货相关业务资格的会计师事务所出具的审计报告、证券公司出具的推荐文件。公司持申请文件向中国证监会申请核准。

第四十三条　中国证监会受理申请文件后，依法对公司治理和信息披露以及发行对象情况进行审核，在20个工作日内作出核准、中止审核、终止审核、不予核准的决定。

第四十四条　公司申请定向发行股票，可申请一次核准，分期发行。自中国证监会予以核准之日起，公司应当在3个月内首期发行，剩余数量应当在12个月内发行完毕。超过核准文件限定的有效期未发行的，须重新经中国证监会核准后方可发行。首期发行数量应当不少于总发行数量的50%，剩余各期发行的数量由公司自行确定，每期发行后5个工作日内将发行情况报中国证监会备案。

第四十五条　在全国中小企业股份转让系统挂牌公开转让股票的公众公司向特定对象发行股票后股东累计不超过200人的，中国证监会豁免核准，由全国中小企业股份转让系统自律管理，但发行对象应当符合本办法第三十九条的规定。

第四十六条　股票发行结束后，公众公司应当按照中国证监会的有关要求编制并披露发行情况报告书。申请分期发行的公众公司应在每期发行后按照中国证监会的有关要求进行披露，并在全部发行结束或者超过核准文件有效期后按照中国证监会的有关要求编制并披露发行情况报告书。

豁免向中国证监会申请核准定向发行的公众公司，应当在发行结束后按照中国证监会的有关要求编制并披露发行情况报告书。

第四十七条　公司及其董事、监事、高级管理人员，应当对定向发行说明书、发行情况报告书签署书面确认意见，保证所披露的信息真实、准确、完整。

第四十八条　公众公司定向发行股份购买资产的，按照本章有关规定办理。

第六章　监督管理

第四十九条　中国证监会会同国务院有关部门、地方人民政府，依照法律法规和国务院有关规定，各司其职，分工协作，对公众公司进行持续监管，防范风险，维护证券市场秩序。

第五十条　中国证监会依法履行对公司股票转让、定向发行、信息披露的监管职责，有权对公司、证券公司、证券服务机构采取《证券法》第一百八十条规定的措施。

第五十一条　全国中小企业股份转让系统应当发挥自律管理作用，对在全国中小企业股份转让系统公开转让股票的公众公司及相关信息披露义务人披露信息进行监督，督促其依法及时、准确地披露信息。发现公开转让股票的公众公司及相关信息披露义务人有违反法律、行政法规和中国证监会相关规定的行为，应当向中国证监会报告，并采取自律管理措施。

第五十二条　中国证券业协会应当发挥自律管理作用，对从事公司股票转让和定向发行业务的证券公司进行监督，督促其勤勉尽责地履行尽职调查和督导职责。发现证券公司有违反法律、行政法规和中国证监会相关规定的行为，应当向中国证监会报告，并采取自律管理措施。

第五十三条　中国证监会可以要求公司及其他信息披露义务人或者其董事、监事、高级管理人员对有关信息披露问题作出解释、说明或者提供相关资料，并要求公司提供证券公司或者证券服务机构的专业意见。

中国证监会对证券公司和证券服务机构出具文件的真实性、准确性、完整性有疑义的，可以要求相关机构作出解释、补充，并调阅其工作底稿。

第五十四条　证券公司在从事股票转让、定向发行等业务活动中，应当按照中国证监会的有关规定勤勉尽责地进行尽职调查，规范履行内核程序，认真编制相关文件，并持续督导所推荐公司及时履行信息披露义务、完善公司治理。

第五十五条　证券服务机构为公司的股票转让、定向发行等活动出具审计报告、资产评估报告或者法律意见书等文件的，应当严格履行法定职责，遵循勤勉尽责和诚实信用原则，对公司的主体资格、股本情况、规范运作、财务状况、公司治理、信息披露等内容的真实性、准确性、完整性进行充分的核查和验证，并保证其出具的文件不存在虚假记载、误导性陈述或者重大遗漏。

第五十六条　中国证监会依法对公司进行监督检查或者调查，公司有义务提供相关文件资料。对于发现问题的公司，中国证监会可以采取责令改正、监管谈话、责令公开说明、出具警示函等监管措施，并记入诚信档案；涉嫌违法、犯罪的，应当立案调查或者移送司法机关。

第七章 法律责任

第五十七条 公司以欺骗手段骗取核准的，公司报送的报告有虚假记载、误导性陈述或者重大遗漏的，除依照《证券法》有关规定进行处罚外，中国证监会可以采取终止审核并自确认之日起在36个月内不受理公司的股票转让和定向发行申请的监管措施。

第五十八条 公司未按照本办法第三十二条、第三十四条、第四十二条规定，擅自转让或者发行股票的，按照《证券法》第一百八十八条的规定进行处罚。

第五十九条 证券公司、证券服务机构出具的文件有虚假记载、误导性陈述或者重大遗漏的，除依照《证券法》及相关法律法规的规定处罚外，中国证监会可视情节轻重，自确认之日起采取3个月至12个月内不接受该机构出具的相关专项文件，36个月内不接受相关签字人员出具的专项文件的监管措施。

第六十条 公司及其他信息披露义务人未按照规定披露信息，或者所披露的信息有虚假记载、误导性陈述或者重大遗漏的，依照《证券法》第一百九十三条的规定进行处罚。

第六十一条 公司向不符合本办法规定条件的投资者发行股票的，中国证监会可以责令改正，并可以自确认之日起在36个月内不受理其申请。

第六十二条 信息披露义务人及其董事、监事、高级管理人员，公司控股股东、实际控制人，为信息披露义务人出具专项文件的证券公司、证券服务机构及其工作人员，违反《证券法》、行政法规和中国证监会相关规定的，中国证监会可以采取责令改正、监管谈话、出具警示函、认定为不适当人选等监管措施，并记入诚信档案；情节严重的，中国证监会可以对有关责任人员采取证券市场禁入的措施。

第六十三条 公众公司内幕信息知情人或非法获取内幕信息的人，在对公众公司股票价格有重大影响的信息公开前，泄露该信息、买卖或者建议他人买卖该股票的，依照《证券法》第二百零二条的规定进行处罚。

第八章 附则

第六十四条 公众公司向不特定对象公开发行股票的，应当遵守《证券法》和中国证监会的相关规定。

公众公司申请在证券交易所上市的，应当遵守中国证监会和证券交易所的相关规定。

第六十五条 本办法施行前股东人数超过200人的股份有限公司，不在全国中小企业股份转让系统挂牌公开转让股票或证券交易所上市的，应当按相关要求规范后申请纳入非上市公众公司监管。

第六十六条 本办法所称股份有限公司是指首次申请股票转让或定向发行的股份有限公司；所称公司包括非上市公众公司和首次申请股票转让或定向发行的股份有限公司。

第六十七条 本办法自2013年1月1日起施行。

非上市公众公司监管指引第1号——信息披露

为了规范非上市公众公司信息披露行为，根据《公司法》、《证券法》和《非上市公众公司监督管理办法》的有关规定，现明确监管要求如下：

一、信息披露的内容。股票公开转让、股票向特定对象发行或者转让导致股东累计超过200人的公司，应当在公开转让说明书、定向发行说明书或者定向转让说明书中披露以下内容：

（一）公司基本信息、股本和股东情况、公司治理情况；

（二）公司主要业务、产品或者服务及公司所属行业；

（三）报告期内的财务报表、审计报告。

定向发行说明书还应当披露发行对象或者范围、发行价格或者区间、发行数量。

非上市公众公司也可以根据自身实际情况以及投资者的需求，更加详细地披露公司的其他情况。

二、信息披露的基本要求。非上市公众公司及其董事、监事、高级管理人员应当保证披露的信息真实、准确、完整，不存在虚假记载、误导性陈述或者重大遗漏，并对其真实性、准确性、完整性承担相应的法律责任。

非上市公众公司应当建立与股东沟通的有效渠道，对股东或者市场质疑的事项应当及时、客观地进行澄清或者说明。

三、信息披露平台。非上市公众公司应当本着股东能及时、便捷获得公司信息的原则，并结合自身实际情况，自主选择一种或者多种信息披露平台，如非上市公众公司信息披露网站（nlpc. csrc. gov. cn）、公共媒体或者公司网站，也可以选择公司章程约定的方式或者股东认可的其他方式。无论采取何种信息披露方式，均应当经股东大会审议通过。

股票在依法设立的证券交易场所公开转让的非上市公众公司，应当通过证券交易场所要求的平台披露信息。

四、依法设立的证券交易场所可以在本指引的基础上，对股票公开转让的非上市公众公司制定更详尽、更严格的信息披露标准；公司应当按照从高从严的标准遵守证券交易场所的相关规定。

五、非上市公众公司年度报告、半年度报告按照本指引进行披露。

非上市公众公司监管指引第2号——申请文件

为了规范非上市公众公司股票公开转让、定向转让及定向发行申请文件的内容与格式，根据《证券法》和《非上市公众公司监督管理办法》的有关规定，现明确监管要求如下：

一、股票公开转让、股票向特定对象发行或者转让导致股东累计超过200人的公司，在向中国证监会申请核准时，应当按本指引的要求制作和报送下列申请文件：

（一）申请报告；

（二）公开转让说明书/定向转让说明书/定向发行说明书；

（三）公司章程（草案）；

（四）企业法人营业执照；

（五）股东大会及董事会相关决议；

（六）财务报表及审计报告；

（七）法律意见书；

（八）证券公司关于公开转让/定向发行的推荐工作报告；

（九）中国证监会规定的其他文件。

二、公司应当保证申请文件内容真实、准确、完整，不存在虚假记载、误导性陈述或者重大遗漏。证券公司、证券服务机构及人员应当做到勤勉尽责、诚实守信，并对其出具的相关文件及申请文件中引用内容的真实性、准确性、完整性承担相应的法律责任。

三、公司编制申请文件时，应当尽量使用事实描述性语言；

申请文件所有需要签名处，均应为签名人亲笔签名，不得以名章、签名章等代替；公司初次报送申请文件，应当提交原件1份、复印件2份；每次报送书面申请文件的同时，还应当报送1份相应的标准电子文件（标准 .doc 或者. rtf 格式文件）。申请文件一经受理，未经中国证监会同意，不得增加、撤回或者更换。

四、依法设立的证券交易场所可以要求股票公开转让的非上市公众公司报送除上述文件之外的其他文件；公司应当遵守证券交易场所的相关规定。

非上市公众公司监管指引第3号——章程必备条款

第一条　公司章程应当符合本指引的相关规定。

第二条　章程总则应当载明章程的法律效力，规定章程自生效之日起，即成为规范公司的组织和行为、公司与股东、股东与股东之间权利义务关系的具有约束力的法律文件，对公司、股东、董事、监事、高级管理人员具有法律约束力。

第三条　章程应当载明公司股票采用记名方式，并明确公司股票的登记存管机构以及股东名册的管理规定。

第四条　章程应当载明保障股东享有知情权、参与权、质询权和表决权的具体安排。

第五条　章程应当载明公司为防止股东及其关联方占用或者转移公司资金、资产及其他资源的具体安排。

第六条　章程应当载明公司控股股东和实际控制人的诚信义务。明确规定控股股东及实际控制人不得利用各种方式损害公司和其他股东的合法权益；控股股东及实际控制人违反相关法律、法规及章程规定，给公司及其他股东造成损失的，应承担赔偿责任。

第七条　章程应当载明须提交股东大会审议的重大事项的范围。

章程应当载明须经股东大会特别决议通过的重大事项的范围。

公司还应当在章程中载明重大担保事项的范围。

第八条　章程应当载明董事会须对公司治理机制是否给所有的股东提供合适的保护和平等权利，以及公司治理结构是否合理、有效等情况，进行讨论、评估。

第九条　章程应当载明公司依法披露定期报告和临时报告。

第十条　章程应当载明公司信息披露负责机构及负责人。如公司设置董事会秘书的，则应当由董事会秘书负责信息披露事务。

第十一条　章程应当载明公司的利润分配制度。章程可以就现金分红的具体条件和比例、未分配利润的使用原则等政策作出具体规定。

第十二条　章程应当载明公司关于投资者关系管理工作的内容和方式。

第十三条　股票不在依法设立的证券交易场所公开转让的公司应当在章程中规定，公司股东应当以非公开方式协议转让股份，不得采取公开方式向社会公众转让股份，并明确股东协议转让股份后，应当及时告知公司，同时在登记存管机构办理登记过户。

第十四条　公司章程应当载明公司、股东、董事、监事、高级管理人员之间涉及章程规定的纠纷，应当先行通过协商解决。协商不成的，通过仲裁或诉讼等方式解决。如选择仲裁方式的，应当指定明确具体的仲裁机构进行仲裁。

第十五条　公司股东大会选举董事、监事，如实行累积投票制的，应当在章程中对相关具体安排作出明确规定。

公司如建立独立董事制度的，应当在章程中明确独立董事的权利义务、职责及履职程序。

公司如实施关联股东、董事回避制度，应当在章程中列明需要回避的事项。

非上市公众公司监管指引第4号——股东人数超过200人的未上市股份有限公司申请行政许可有关问题的审核指引

《证券法》第十条明确规定“向特定对象发行证券累计超过二百人的”属于公开发行，需依法报经中国证监会核准。对于股东人数已经超过200人的未上市股份有限公司（以下简称200人公司），符合本指引规定的，可申请公开发行并在证券交易所上市、在全国中小企业股份转让系统（以下简称全国股份转让系统）挂牌公开转让等行政许可。对200人公司合规性的审核纳入行政许可过程中一并审核，不再单独审核。现将200人公司的审核标准、申请文件、股份代持及间接持股处理等事项的监管要求明确如下：

一、审核标准

200人公司申请行政许可的合规性应当符合本指引规定的下列要求：

（一）公司依法设立且合法存续

200人公司的设立、增资等行为不违反当时法律明确的禁止性规定，目前处于合法存续状态。城市商业银行、农村商业银行等银行业股份公司应当符合《关于规范金融企业内部职工持股的通知》（财金〔2010〕97号）。

200人公司的设立、历次增资依法需要批准的，应当经过有权部门的批准。存在不规范情形的，应当经过规范整改，并经当地省级人民政府确认。

200人公司在股份形成及转让过程中不存在虚假陈述、出资不实、股权管理混乱等情形，不存在重大诉讼、纠纷以及重大风险隐患。

（二）股权清晰

200人公司的股权清晰，是指股权形成真实、有效，权属清晰及股权结构清晰。具体要求包括：

1. 股权权属明确。200人公司应当设置股东名册并进行有序管理，股东、公司及相关方对股份归属、股份数量及持股比例无异议。股权结构中存在工会或职工持股会代持、委托持股、信托持股、以及通过“持股平台”间接持股等情形的，应当按照本指引的相关规定进行规范。

本指引所称“持股平台”是指单纯以持股为目的的合伙企业、公司等持股主体。

2. 股东与公司之间、股东之间、股东与第三方之间不存在重大股份权属争议、纠纷或潜在纠纷。

3. 股东出资行为真实，不存在重大法律瑕疵，或者相关行为已经得到有效规范，不存在风险隐患。

申请行政许可的200人公司应当对股份进行确权，通过公证、律师见证等方式明确股份的权属。申请公开发行并在证券交易所上市的，经过确权的股份数量应当达到股份总数的90%以上（含90%）；申请在全国股份转让系统挂牌公开转让的，经过确权的股份数量应当达到股份总数的80%以上（含80%）。未确权的部分应当设立股份托管账户，专户管理，并明确披露有关责任的承担主体。

（三）经营规范

200人公司持续规范经营，不存在资不抵债或者明显缺乏清偿能力等破产风险的情形。

（四）公司治理与信息披露制度健全

200人公司按照中国证监会的相关规定，已经建立健全了公司治理机制和履行信息披露义务的各项制度。

二、申请文件

（一）200人公司申请行政许可，应当提交下列文件：

1. 企业法人营业执照

2. 公司关于股权形成过程的专项说明；

3. 设立、历次增资的批准文件；

4. 证券公司出具的专项核查报告；

5. 律师事务所出具的专项法律意见书，或者在提交行政许可的法律意见书中出具专项法律意见。

以上各项文件如已在申请公开发行并在证券交易所上市或者在全国股份转让系统挂牌公开转让的申请文件中提交，可不重复提交。

（二）存在下列情形之一的，应当报送省级人民政府出具的确认函：

1. 1994年7月1日《公司法》实施前，经过体改部门批准设立，但存在内部职工股超范围或超比例发行、法人股向社会个人发行等不规范情形的定向募集公司。

2. 1994年7月1日《公司法》实施前，依法批准向社会公开发行股票的公司。

3. 按照《国务院办公厅转发证监会关于清理整顿场外非法股票交易方案的通知》（国办发〔1998〕10号），清理整顿证券交易场所后“下柜”形成的股东超过200人的公司。

4. 中国证监会认为需要省级人民政府出具确认函的其他情形。

省级人民政府出具的确认函应当说明公司股份形成、规范的过程以及存在的问题，并明确承担相应责任。

（三）股份已经委托股份托管机构进行集中托管的，应当由股份托管机构出具股份托管情况的证明。股份未进行集中托管的，应当按照前款规定提供省级人民政府的确认函。

（四）属于200人公司的城市商业银行、农村商业银行等银行业股份公司应当提供中国银行业监督管理机构出具的监管意见。

三、关于股份代持及间接持股的处理

（一）一般规定

股份公司股权结构中存在工会代持、职工持股会代持、委托持股或信托持股等股份代持关系，或者存在通过“持股平台”间接持股的安排以致实际股东超过200人的，在依据本指引申请行政许可时，应当已经将代持股份还原至实际股东、将间接持股转为直接持股，并依法履行了相应的法律程序。

（二）特别规定

以私募股权基金、资产管理计划以及其他金融计划进行持股的，如果该金融计划是依据相关法律法规设立并规范运作，且已经接受证券监督管理机构监管的，可不进行股份还原或转为直接持股。

四、相关各方的责任

（一）公司及其相关人员的责任

在申请文件制作及申报过程中，公司及其控股股东、实际控制人、董事、监事及高级管理人员应当在申请文件中签名保证内容真实、准确、完整。

公司控股股东、实际控制人、董事、监事及高级管理人员应当积极配合相关证券公司、律师事务所、会计师事务所开展尽职调查。

（二）中介机构的职责

证券公司、律师事务所应当勤勉尽责，对公司股份形成、经营情况、公司治理及信息披露等方面进行充分核查验证，确保所出具的文件无虚假记载、误导性陈述或者重大遗漏。

五、附则

（一）申请行政许可的200人公司的控股股东、实际控制人或者重要控股子公司也属于200人公司的，应当依照本指引的要求进行规范。

（二）2006年1月1日《证券法》修订实施后，未上市股份有限公司股东人数超过200人的，应当符合《证券法》和《非上市公众公司监督管理办法》的有关规定。国家另有规定的，从其规定。

（三）本指引自公布之日起施行。

非上市公众公司信息披露内容与格式准则第1号——公开转让说明书

第一章　总则

第一条　为规范公开转让股票的非上市股份有限公司的信息披露行为，保护投资者合法权益，根据《公司法》、《证券法》和《非上市公众公司监督管理办法》（证监会令第85号）的规定，制定本准则。

第二条　股东人数超过200人的股份有限公司（以下简称申请人）申请股票在全国中小企业股份转让系统（以下简称全国股份转让系统）公开转让，应按本准则编制公开转让说明书，作为向中国证券监督管理委员会（以下简称中国证监会）申请公开转让股票的必备法律文件，并按本准则的规定进行披露。

第三条　本准则的规定是对公开转让说明书信息披露的最低要求。不论本准则是否有明确规定，凡对投资者投资决策有重大影响的信息，均应披露。

申请人根据自身及所属行业或业态特征，可在本准则基础上增加有利于投资者判断和信息披露完整性的相关内容。本准则某些具体要求对申请人不适用的，申请人可根据实际情况，在不影响内容完整性的前提下作适当调整，但应在申报时作书面说明。

第四条　申请人在公开转让说明书中披露的所有信息应真实、准确、完整，不得有虚假记载、误导性陈述或重大遗漏。

第五条　申请人应在中国证监会指定网站披露公开转让说明书及其附件，并作公开转让股票提示性公告：“本公司公开转让股票申请已经中国证监会核准，本公司的股票将在全国中小企业股份转让系统公开转让，公开转让说明书及附件披露于中国证监会指定网站（nlpc. csrc. gov. cn）和全国股份转让系统公司指定信息披露平台（www. neeq. com. cn 或 www.

neeq. cc)，供投资者查阅”。

第六条　公开转让说明书扉页应载有如下声明：

“本公司及全体董事、监事、高级管理人员承诺公开转让说明书不存在虚假记载、误导性陈述或重大遗漏，并对其真实性、准确性、完整性承担个别和连带的法律责任。”

“本公司负责人和主管会计工作的负责人、会计机构负责人保证公开转让说明书中财务会计资料真实、完整。”

“中国证监会对本公司股票公开转让所作的任何决定或意见，均不表明其对本公司股票的价值或投资者的收益作出实质性判断或者保证。任何与之相反的声明均属虚假不实陈述。”

“根据《证券法》的规定，本公司经营与收益的变化，由本公司自行负责，由此变化引致的投资风险，由投资者自行承担。”

第二章　公开转让说明书

第一节　基本情况

第七条　申请人应简要披露下列情况：公司名称、法定代表人、设立日期、注册资本、住所、邮编、信息披露事务负责人、所属行业、经营范围、组织机构代码等。

第八条　申请人应披露公司股票种类，股票总量，每股面值，股东所持股份的限售安排及股东对所持股份自愿锁定的承诺。

第九条　申请人应披露公司股权结构图，并详细披露控股股东、实际控制人、前十名股东及其他持有5%以上股份的股东的名称、持股数量及比例、股东性质、股东之间的关联关系。

控股股东和实际控制人直接或间接持股存在质押或其他争议的，应披露具体情况。

第十条　申请人应简述公司历史沿革，主要包括：设立方式、发起人及其关联关系、设立以来股本形成及其变化情况、设立以来重大资产重组情况以及最近2年内实际控制人变化情况。

第十一条　申请人应披露董事、监事、高级管理人员的简要情况，主要包括：姓名、国籍及境外居留权、性别、年龄、学历、职称、现任职务及任期、职业经历。

第十二条　申请人应简要披露其控股子公司的情况，主要包括注册资本、主营业务、股东构成及持股比例、最近1年及1期末的总资产、净资产、最近1年及1期的净利润，并标明有关财务数据是否经过审计及审计机构名称。

第十三条　申请人应披露下列机构的名称、法定代表人、住所、联系电话、传真，同时应披露有关经办人员的姓名：

（一）主办券商；

（二）律师事务所；

（三）会计师事务所；

（四）资产评估机构；

（五）股票登记机构；

（六）其他与公开转让有关的机构。

第二节　公司业务

第十四条　申请人应披露主要业务、主要产品或服务及其用途。

第十五条　申请人应简要披露其业务模式，说明如何使用产品或服务及关键资源要素获取收入、利润及现金流。

第十六条　申请人应披露其所处行业。申请人能够获取所处行业相关信息的，可以结合自身实际介绍行业的基本情况。

第十七条　申请人应披露与主要业务相关的情况，主要包括：

（一）报告期内各期主要产品或服务的规模、销售收入，报告期内各期向前五名客户的销售额合计占当期销售总额的百分比；

（二）报告期内主要产品或服务的原材料、能源，报告期内各期向前五名供应商的采购额合计占当期采购总额的百分比；

（三）报告期内对持续经营有重大影响的业务合同及履行情况。

第十八条　申请人应遵循重要性原则披露与其业务相关的资源要素，主要包括：

（一）产品或服务所使用的主要技术；

（二）主要生产设备、房屋建筑物的取得和使用情况、成新率或尚可使用年限等；

（三）主要无形资产的取得方式和时间、使用情况、使用期限或保护期、最近1期期末账面价值；

（四）申请人所从事的业务需要取得许可资格或资质的，应当披露当前许可资格或资质的情况；

（五）特许经营权的取得、期限、费用标准；

（六）申请人员工的简要情况，其中核心业务和技术人员应披露姓名、年龄、主要业务经历及职务、现任职务及任期以及持有申请人股份情况；

（七）其他体现所属行业或业态特征的资源要素。

第十九条　申请人可以遵循重要性原则，有针对性和差异化、个性化地披露特殊风险以及生产经营中的不确定因素。

第三节　公司治理

第二十条　申请人应披露最近2年内股东大会、董事会、监事会的建立健全及运行情况，说明上述机构和人员履行职责的情况。

第二十一条　申请人应披露最近2年内是否存在违法违规及受处罚的情况。

第二十二条　申请人应披露是否存在与控股股东、实际控制人及其控制的其他企业从事相同、相似业务的情况。对存在相同、相似业务的，申请人应对是否存在同业竞争作出合理解释。

申请人应披露控股股东、实际控制人为避免同业竞争采取的措施及作出的承诺。

第二十三条　申请人应披露最近2年内是否存在资金被控股股东、实际控制人及其控制的其他企业占用，或者为控股股东、实际控制人及其控制的其他企业提供担保。

申请人应说明为防止发生资金占用行为所采取的措施和相应的制度安排。

第二十四条　申请人应披露会计核算、财务管理、风险控制、重大事项决策等内部管理制度的建立健全情况。

第二十五条　申请人应披露公司董事、监事及高级管理人员的薪酬和激励政策，包括但不限于基本年薪、绩效奖金、福利待遇、长期激励（包括股权激励）、是否从申请人关联企业领取报酬及其他情况。

申请人董事、监事、高级管理人员存在下列情形的，应披露具体情况：

（一）本人及其近亲属以任何方式直接或间接持有申请人股份的；

（二）相互之间存在亲属关系的；

（三）与申请人签定重要协议或作出重要承诺的；

（四）在其他单位兼职的；

（五）对外投资与申请人存在利益冲突的；

（六）在最近 2 年内发生变动的。

第二十六条　申请人应披露投资者关系管理的相关制度安排，说明公司是否具有完善的投资者信息沟通渠道，及时解决投资者投诉问题，以及为保证公司及其股东、董事、监事、高级管理人员通过仲裁、诉讼等方式解决相互之间的矛盾纠纷所采取的措施。

第二十七条　除上述事项外，申请人可以披露便利股东尤其是中小股东参与公司治理的其他内部制度。

第四节　公司财务

第二十八条　申请人应按照《企业会计准则》的规定编制并披露最近 2 年及 1 期的财务报表。申请人编制合并财务报表的，应同时披露合并财务报表和母公司财务报表。

申请人应披露财务报表的编制基础、合并财务报表范围及变化情况。

财务报表在其最近 1 期截止日后 6 个月内有效。

第二十九条　申请人应披露会计师事务所的审计意见类型。财务报表被出具非标准无保留审计意见的，应全文披露审计报告正文以及董事会、监事会和注册会计师对相关事项的详细说明。

第三十条　申请人应列表披露最近 2 年及 1 期的主要财务数据指标，并对其进行逐年比较。主要包括毛利率、净资产收益率、基本每股收益、稀释每股收益、归属于申请人股东的每股净资产、每股经营活动产生的现金流量净额、资产负债率、应收账款周转率和存货周转率。除特别指出外，上述财务指标应以合并财务报表的数据为基础进行计算。相关指标的计算应执行中国证监会的有关规定。

第三十一条　申请人应根据《公司法》和《企业会计准则》的相关规定披露关联方、关联关系、关联交易，并说明相应的决策权限、决策程序、定价机制等。

申请人应根据交易的性质和频率，按照经常性和偶发性分类披露关联交易及关联交易对其财务状况和经营成果的影响。

第三十二条　申请人应简要披露财务报表附注中的资产负债表日后事项、或有事项及其他重要事项。

申请人应简要披露对财务状况、经营成果、声誉、业务活动、未来前景等可能产生较大影响的诉讼或仲裁事项。

申请人存在对外担保的，应披露对外担保的情况；不存在对外担保的，应予说明。

第三十三条　申请人在报告期内进行对财务报表有影响的资产评估的，应扼要披露资产评估的主要情况。

第三十四条　申请人应披露最近 2 年股利分配政策、实际股利分配情况以及公开转让后的股利分配政策。

第五节　有关声明

第三十五条　申请人全体董事、监事、高级管理人员应在公开转让说明书正文的尾页声明：

“本公司全体董事、监事、高级管理人员承诺本公开转让说明书不存在虚假记载、误导性陈述或重大遗漏，并对其真实性、准确性、完整性承担个别和连带的法律责任。”

声明应由全体董事、监事、高级管理人员签名，并由申请人加盖公章。

第三十六条　主办券商应对公开转让说明书的真实性、准确性、完整性进行核查，并在公开转让说明书正文后声明：

“本公司已对公开转让说明书进行了核查，确认不存在虚假记载、误导性陈述或重大遗漏，并对其真实性、准确性和完整性承担相应的法律责任。”

声明应由主办券商法定代表人、项目负责人签名，并加盖主办券商公章。

第三十七条　为申请人股票公开转让提供服务的证券服务机构应在公开转让说明书正文后声明：

“本机构及经办人员（经办律师、签字注册会计师、签字注册资产评估师）已阅读公开转让说明书，确认公开转让说明书与本机构出具的专业报告（法律意见书、审计报告、资产评估报告）无矛盾之处。本机构及经办人员对申请人在公开转让说明书中引用的专业报告的内容无异议，确认公开转让说明书不致因上述内容而出现虚假记载、误导性陈述或重大遗漏，并对其真实性、准确性和完整性承担相应的法律责任。”

声明应由经办人员及所在机构负责人签名，并加盖机构公章。

第六节　附件

第三十八条　公开转让说明书结尾应列明附件，并在中国证监会指定网站披露。附件应包括下列文件：

（一）主办券商推荐报告；

（二）财务报表及审计报告；

（三）法律意见书；

（四）评估报告；

（五）公司章程；

（六）中国证监会核准公开转让的文件；

（七）其他与公开转让有关的重要文件。

第三章　附则

第三十九条　本准则自公布之日起施行。

非上市公众公司信息披露内容与格式准则第 2 号——公开转让股票申请文件

第一条　为规范股份有限公司公开转让股票申请文件的内容和格式，根据《证券法》和《非上市公众公司监督管理办法》（证监会令第 85 号）的规定，制定本准则。

第二条　股东人数超过 200 人的股份有限公司（以下简称申请人）申请股票在全国中小企业股份转让系统公开转让，应按本准则的要求制作和报送申请文件。

第三条　本准则附录规定的申请文件目录是对公开转让申请文件的最低要求。根据审核需要，中国证券监督管理委员会（以下简称中国证监会）可以要求申请人和相关证券服务机构补充文件。如果某些文件对申请人不适用，可不提供，但应向中国证监会作出书面说明。

第四条　申请文件一经受理，未经中国证监会同意，不得增加、撤回或更换。

第五条　申请人报送申请文件，初次报送应提交原件一份、复印件二份。

申请人不能提供有关文件的原件的，应由申请人律师提供鉴证意见，或由出文单位盖章，以保证与原件一致。如原出文单位不再存续，由承继其职权的单位或作出撤销决定的单位出文证明文件的真实性。

第六条　申请文件所有需要签名处，均应由签名人亲笔签名，不得以名章、签名章等代替。

申请文件中需要由申请人律师鉴证的文件，申请人律师应在该文件首页注明“以下第 XX 页至第 XX 页与原件一致”，并签名和签署鉴证日期，律师事务所应在该文件首页加盖公章，并在第 XX 页至第 XX 页侧面以公章加盖骑缝章。

第七条　申请人应根据中国证监会对申请文件的反馈意见提供补充材料。相关证券服务机构应对反馈意见相关问题进行核查或补充出具专业意见。

第八条　申请文件的封面和侧面应标明“XX 公司公开转让股票申请文件”字样。

第九条　申请文件的扉页应标明申请人信息披露事务负责人和相关证券服务机构项目负责人的姓名、电话、传真及其他方便的联系方式。

第十条　申请文件章与章之间、节与节之间应有明显的分隔标识。

第十一条　申请人在每次报送书面申请文件的同时，应报送一份相应的标准电子文件（标准.doc 或.rtf 格式文件）。

第十二条　未按本准则的要求制作和报送申请文件的，中国证监会按照有关规定不予受理。

第十三条　本准则自公布之日起施行。

第二节　业务规则

综合类

全国中小企业股份转让系统业务规则(试行)

(2013 年 2 月 8 日发布,2013 年 12 月 30 日修改修改)

第一章　总则

1.1　为规范全国中小企业股份转让系统(以下简称"全国股份转让系统")运行,维护市场正常秩序,保护投资者合法权益,根据《中华人民共和国公司法》(以下简称《公司法》)、《中华人民共和国证券法》、《国务院关于全国中小企业股份转让系统有关问题的决定》以及《非上市公众公司监督管理办法》(以下简称《管理办法》)、《全国中小企业股份转让系统有限责任公司管理暂行办法》等法律、行政法规、部门规章,制定本业务规则。

1.2　在全国股份转让系统挂牌的股票、可转换公司债券及其他证券品种,适用本业务规则。本业务规则未作规定的,适用全国中小企业股份转让系统有限责任公司(以下简称"全国股份转让系统公司")的其他有关规定。

1.3　全国股份转让系统的证券公开转让及相关活动,实行公开、公平、公正的原则,禁止证券欺诈、内幕交易、操纵市场等违法违规行为。

市场参与人应当遵循自愿、有偿、诚实信用的原则。

1.4　申请挂牌公司、挂牌公司及其董事、监事、高级管理人员、股东、实际控制人,主办券商、会计师事务所、律师事务所、其他证券服务机构及其相关人员,投资者应当遵守法律、行政法规、部门规章、本业务规则及全国股份转让系统公司其他业务规定。

1.5　申请挂牌公司、挂牌公司及其他信息披露义务人、主办券商应当真实、准确、完整、及时地披露信息,不得有虚假记载、误导性陈述或者重大遗漏。

申请挂牌公司、挂牌公司的董事、监事、高级管理人员应当忠实、勤勉地履行职责,保证公司披露信息的真实、准确、完整、及时、公平。

申请挂牌公司、挂牌公司及其他信息披露义务人、主办券商依法披露的信息,应当第一时间在全国股份转让系统指定信息披露平台(www.neeq.com.cn 或 www.neeq.cc)公布。

1.6　全国股份转让系统实行主办券商制度。主办券商应当对所推荐的挂牌公司履行持续督导义务。

1.7　主办券商、会计师事务所、律师事务所、其他证券服务机构及其相关人员在全国股份转让系统从事相关业务,应严格履行法定职责,遵守行业规范,勤勉尽责,诚实守信,并对出具文件的真实性、准确性、完整性负责。

1.8　全国股份转让系统实行投资者适当性管理制度。投资者应当具备一定的证券投资经验和相应的风险识别和承担能力,知悉相关业务规则,自行承担投资风险。

1.9　挂牌公司、主办券商、投资者等市场参与人,应当按照规定交纳相关税费。

1.10　挂牌公司是纳入中国证监会监管的非上市公众公司,股东人数可以超过二百人。

股东人数未超过二百人的股份有限公司,直接向全国股份转让系统公司申请挂牌。

股东人数超过二百人的股份有限公司,公开转让申请经中国证监会核准后,可以按照本业务规则的规定向全国股份转让系统公司申请挂牌。

1.11　全国股份转让系统公司依法对申请挂牌公司、挂牌公司及其他信息披露义务人、主办券商等市场参与人进行自律监管。

第二章　股票挂牌

2.1　股份有限公司申请股票在全国股份转让系统挂牌,不受股东所有制性质的限制,不限于高新技术企业,应当符合下列条件:

(一)依法设立且存续满两年。有限责任公司按原账面净资产值折股整体变更为股份有限公司的,存续时间可以从有限责任公司成立之日起计算;

(二)业务明确,具有持续经营能力;

(三)公司治理机制健全,合法规范经营;

(四)股权明晰,股票发行和转让行为合法合规;

(五)主办券商推荐并持续督导;

(六)全国股份转让系统公司要求的其他条件。

2.2　申请挂牌公司应当与主办券商签订推荐挂牌并持续督导协议,按照全国股份转让系统公司的有关规定编制申请文件,并向全国股份转让系统公司申报。

2.3　全国股份转让系统公司对挂牌申请文件审查后,出具是否同意挂牌的审查意见。

2.4　申请挂牌公司取得全国股份转让系统公司同意挂牌的审查意见后,按照全国股份转让系统公司规定的有关程序办理挂牌手续。

申请挂牌公司应当在其股票挂牌前与全国股份转让系统公司签署挂牌协议,明确双方的权利、义务和有关事项。

2.5　申请挂牌公司应当在其股票挂牌前依照全国股份转让系统公司的规定披露公开转让说明书等文件。

2.6　申请挂牌公司在其股票挂牌前实施限制性股票或股票期权等股权激励计划且尚未行权完毕的,应当在公开转让说明书中披露股权激励计划等情况。

2.7　申请挂牌公司在其股票挂牌前,应当与中国证券登记结算有限责任公司(以下简称"中国结算")签订证券登记及服务协议,办理全部股票的集中登记。

2.8　挂牌公司控股股东及实际控制人在挂牌前直接或间接持有的股票分三批解除转让限制,每批解除转让限制的数量均为其挂牌前所持股票的三分之一,解除转让限制的时间分别为挂牌之日、挂牌期满一年和两年。

挂牌前十二个月以内控股股东及实际控制人直接或间接持有的股票进行过转让的,该股票的管理按照前款规定执行,主办券商为开展做市业务取得的做市初始库存股票除外。

因司法裁决、继承等原因导致有限售期的股票持有人发生变更的，后续持有人应继续执行股票限售规定。

2.9　股票解除转让限制，应由挂牌公司向主办券商提出，由主办券商报全国股份转让系统公司备案。全国股份转让系统公司备案确认后，通知中国结算办理解除限售登记。

第三章　股票转让

第一节　一般规定

3.1.1　股票转让采用无纸化的公开转让形式，或经中国证监会批准的其他转让形式。

3.1.2　股票转让可以采取协议方式、做市方式、竞价方式或其他中国证监会批准的转让方式。经全国股份转让系统公司同意，挂牌股票可以转换转让方式。

3.1.3　挂牌股票采取协议转让方式的，全国股份转让系统公司同时提供集合竞价转让安排。

3.1.4　挂牌股票采取做市转让方式的，须有2家以上从事做市业务的主办券商（以下简称“做市商”）为其提供做市报价服务。

做市商应当在全国股份转让系统持续发布买卖双向报价，并在报价价位和数量范围内履行与投资者的成交义务。做市转让方式下，投资者之间不能成交。全国股份转让系统公司另有规定的除外。

3.1.5　全国股份转让系统为证券转让提供相关设施，包括交易主机、交易单元、报盘系统及相关通信系统等。

3.1.6　主办券商进入全国股份转让系统进行证券转让，应当先向全国股份转让系统公司申请取得转让权限，成为转让参与人。

3.1.7　股票转让时间为每周一至周五上午9:15至11:30，下午13:00至15:00。转让时间内因故停市，转让时间不作顺延。

遇法定节假日和全国股份转让系统公司公告的休市日，全国股份转让系统休市。

3.1.8　全国股份转让系统对股票转让不设涨跌幅限制。全国股份转让系统公司另有规定的除外。

3.1.9　投资者买卖挂牌公司股票，应当开立证券账户和资金账户，并与主办券商签订证券买卖委托代理协议。

投资者开立证券账户，应当按照中国结算的相关规定办理。

3.1.10　主办券商接受投资者的买卖委托后，应当确认投资者具备相应股票或资金，并按照投资者委托的时间先后顺序向全国股份转让系统申报。

3.1.11　买卖挂牌公司股票，申报数量应当为1000股或其整数倍。

卖出挂牌公司股票时，余额不足1000股部分，应当一次性申报卖出。

3.1.12　股票转让的计价单位为“每股价格”。股票转让的申报价格最小变动单位为0.01元人民币。

3.1.13　全国股份转让系统公司可以根据市场需要，调整股票单笔买卖申报数量和申报价格的最小变动单位。

3.1.14　申报当日有效。投资者可以撤销委托申报的未成交部分。

3.1.15　买卖申报经交易主机成交确认后，转让即告成立，买卖双方必须承认转让结果，履行清算交收义务，本规则另有规定的除外。

3.1.16　中国结算作为共同对手方，为股票转让提供清算和多边净额担保交收服务；或不作为共同对手方，提供其他清算、交收等服务。

3.1.17　投资者卖出股票，须委托代理其买入该股票的主办券商办理。如需委托另一家主办券商卖出该股票，须办理股票转托管手续。

3.1.18　投资者因司法裁决、继承等特殊原因需要办理股票过户的，依照中国结算的规定办理。

第二节　转让信息

3.2.1　全国股份转让系统公司每个转让日发布股票转让即时行情、股票转让公开信息等转让信息，及时编制反映市场转让情况的各类报表，并通过全国股份转让系统指定信息披露平台或其他媒体予以公布。

3.2.2　全国股份转让系统公司负责全国股份转让系统信息的统一管理和发布。未经全国股份转让系统公司许可，任何机构和个人不得发布、使用和传播转让信息。经全国股份转让系统公司许可使用转让信息的机构和个人，未经同意不得将转让信息提供给其他机构和个人使用或予以传播。

3.2.3　全国股份转让系统公司可以根据市场发展需要，编制综合指数、成份指数、分类指数等证券指数，随即时行情发布。

证券指数的设置和编制方法，由全国股份转让系统公司另行规定。

第三节　监控与异常情况处理

3.3.1　全国股份转让系统公司对股票转让中出现的异常转让行为进行重点监控，并可以视情况采取盘中临时停止股票转让等措施。

3.3.2　发生下列转让异常情况之一，导致部分或全部转让不能正常进行的，全国股份转让系统公司可以决定单独或同时采取暂缓进入清算交收程序、技术性停牌或临时停市等措施：

（一）不可抗力；

（二）意外事件；

（三）技术故障；

（四）全国股份转让系统公司认定的其他异常情况。

3.3.3　全国股份转让系统公司对暂缓进入清算交收程序、技术性停牌或临时停市决定予以公告。技术性停牌或临时停市原因消除后，全国股份转让系统公司可以决定恢复转让，并予以公告。

因转让异常情况及全国股份转让系统公司采取的相应措施造成损失的，全国股份转让系统公司不承担赔偿责任。

3.3.4　转让异常情况处理的具体规定，由全国股份转让系统公司另行制定并报中国证监会批准。

第四章　挂牌公司

第一节　公司治理

4.1.1　挂牌公司应当按照法律、行政法规、部门规章、全国股份转让系统公司相关业务规定完善公司治理，确保所有股东，特别是中小股东享有平等地位，充分行使合法权利。

4.1.2　挂牌公司应当依据《公司法》及有关非上市公众公司章程必备条款的规定制定公司章程并披露。

挂牌公司应当依照公司章程的规定，规范重大事项的内部决策程序。

4.1.3　挂牌公司与控股股东、实际控制人及其控制的其他企业应实行人员、资产、财务分开，各自独立核算、独立承担责任和风险。

4.1.4 控股股东、实际控制人及其控制的其他企业应切实保证挂牌公司的独立性，不得利用其股东权利或者实际控制能力，通过关联交易、垫付费用、提供担保及其他方式直接或者间接侵占挂牌公司资金、资产，损害挂牌公司及其他股东的利益。

4.1.5 挂牌公司董事会做出的对公司治理机制的讨论评估应当在年度报告中披露。

4.1.6 挂牌公司可以实施股权激励，具体办法另行规定。

第二节 信息披露

4.2.1 挂牌公司应当按照全国股份转让系统公司相关规定编制并披露定期报告和临时报告；上述文件披露前，挂牌公司应当依据公司章程履行内部程序。

挂牌公司应当按照《企业会计准则》的要求编制财务报告，全国股份转让系统公司另有规定的除外。

挂牌公司发生的或者与之有关的事件没有达到全国股份转让系统公司规定的披露标准，或者全国股份转让系统公司没有具体规定，但公司董事会认为该事件对公司股票转让价格可能产生较大影响的，公司应当及时披露。

4.2.2 若挂牌公司有充分依据证明其拟披露的信息属于国家机密、商业秘密，可能导致其违反国家有关保密法律、行政法规规定或者严重损害挂牌公司利益的，可以向全国股份转让系统公司申请豁免披露或履行相关义务。

4.2.3 挂牌公司应当制定并执行信息披露事务管理制度。

挂牌公司设有董事会秘书的，由董事会秘书负责信息披露管理事务，未设董事会秘书的，挂牌公司应指定一名具有相关专业知识的人员负责信息披露管理事务，并向全国股份转让系统公司报备。负责信息披露管理事务的人员应列席公司的董事会和股东大会。

4.2.4 挂牌公司及其他信息披露义务人应当对其披露信息内容的真实性、准确性、完整性承担责任。

4.2.5 挂牌公司、相关信息披露义务人和其他知情人不得泄露内幕信息。

4.2.6 主办券商应对挂牌公司拟披露的信息披露文件进行审查，履行持续督导职责。

4.2.7 全国股份转让系统公司对挂牌公司及其他信息披露义务人已披露的信息进行审查。

4.2.8 挂牌公司出现下列情形之一的，全国股份转让系统公司对股票转让实行风险警示，在公司股票简称前加注标识并公告：

（一）最近一个会计年度的财务会计报告被出具否定意见或者无法表示意见的审计报告；

（二）最近一个会计年度经审计的期末净资产为负值；

（三）全国股份转让系统公司规定的其他情形。

第三节 股票发行

4.3.1 本业务规则规定的股票发行，是指申请挂牌公司、挂牌公司向符合全国股份转让系统投资者适当性管理要求的对象发行股票的行为。

股票发行可以采取路演、询价等方式选定投资者。

4.3.2 申请挂牌公司、挂牌公司股票发行应当符合全国股份转让系统公司有关投资者适当性管理、信息披露等规定。

4.3.3 按照《管理办法》应申请核准的股票发行，挂牌公司在取得中国证监会核准文件后，按照全国股份转让系统公司的规定办理股票发行新增股份的挂牌手续。

4.3.4 按照《管理办法》豁免申请核准的股票发行，主办券商应履行持续督导职责并发表意见，挂牌公司在发行验资完毕后填报备案登记表，办理新增股份的登记及挂牌手续。

4.3.5 申请挂牌公司申请股票在全国股份转让系统挂牌的同时股票发行的，应在公开转让说明书中披露。

第四节 暂停与恢复转让

4.4.1 挂牌公司发生下列事项，应当向全国股份转让系统公司申请暂停转让，直至按规定披露或相关情形消除后恢复转让：

（一）预计应披露的重大信息在披露前已难以保密或已经泄露，或公共媒体出现与公司有关传闻，可能或已经对股票转让价格产生较大影响的；

（二）涉及需要向有关部门进行政策咨询、方案论证的无先例或存在重大不确定性的重大事项，或挂牌公司有合理理由需要申请暂停股票转让的其他事项；

（三）向中国证监会申请公开发行股票并在证券交易所上市，或向证券交易所申请股票上市；

（四）向全国股份转让系统公司主动申请终止挂牌；

（五）未在规定期限内披露年度报告或者半年度报告；

（六）主办券商与挂牌公司解除持续督导协议；

（七）出现依《公司法》第一百八十一条规定解散的情形，或法院依法受理公司重整、和解或者破产清算申请。

挂牌公司未按规定向全国股份转让系统公司申请暂停股票转让的，主办券商应当及时向全国股份转让系统公司报告并提出处理建议。

4.4.2 全国股份转让系统公司可以根据中国证监会的要求或者基于维护市场秩序的需要，决定挂牌公司股票的暂停与恢复转让事宜。

第五节 终止与重新挂牌

4.5.1 挂牌公司出现下列情形之一的，全国股份转让系统公司终止其股票挂牌：

（一）中国证监会核准其公开发行股票并在证券交易所上市，或证券交易所同意其股票上市；

（二）终止挂牌申请获得全国股份转让系统公司同意；

（三）未在规定期限内披露年度报告或者半年度报告的，自期满之日起两个月内仍未披露年度报告或半年度报告；

（四）主办券商与挂牌公司解除持续督导协议，挂牌公司未能在股票暂停转让之日起三个月内与其他主办券商签署持续督导协议的；

（五）挂牌公司经清算组或管理人清算并注销公司登记的；

（六）全国股份转让系统公司规定的其他情形。

4.5.2 全国股份转让系统公司在作出股票终止挂牌决定后发布公告，并报中国证监会备案。

挂牌公司应当在收到全国股份转让系统公司的股票终止挂牌决定后及时披露股票终止挂牌公告。

4.5.3 对因本业务规则 4.5.1 条第（三）、（四）项情形终止挂牌的公司，全国股份转让系统公司可以为其提供股票非公开转让服务。

4.5.4 导致公司终止挂牌的情形消除后，经公司申请、主办券商推荐及全国股份转让系统公司同意，公司股票可以重新挂牌。

第五章　主办券商

5.1　主办券商是指在全国股份转让系统从事下列部分或全部业务的证券公司：

（一）推荐业务：推荐申请挂牌公司股票挂牌，持续督导挂牌公司，为挂牌公司股票发行、并购重组等提供相关服务；

（二）经纪业务：代理开立证券账户、代理买卖股票等业务；

（三）做市业务；

（四）全国股份转让系统公司规定的其他业务。

从事前款第一项业务的，应当具有证券承销与保荐业务资格；从事前款第二项业务的，应当具有证券经纪业务资格；从事前款第三项业务的，应当具有证券自营业务资格。

5.2　证券公司在全国股份转让系统开展相关业务前，应向全国股份转让系统公司申请备案。

全国股份转让系统公司同意备案的，与其签订协议，出具备案函并公告。

5.3　主办券商应在取得全国股份转让系统公司备案函后五个转让日内，在全国股份转让系统指定信息披露平台披露公司基本情况、主要业务人员情况及全国股份转让系统公司要求披露的其他信息。

主办券商在全国股份转让系统开展业务期间，应按全国股份转让系统公司要求报送并披露相关执业情况等信息。

主办券商所披露信息内容发生变更的，应按规定及时报告全国股份转让系统公司并进行更新。

5.4　主办券商在全国股份转让系统开展业务，应当建立健全各项业务管理制度和业务操作流程，建立健全风险管理制度和合规管理制度，保障业务依法合规进行，严格防范和控制业务风险。

5.5　主办券商应当实现推荐业务、经纪业务、做市业务以及其他业务之间的有效隔离，防范内幕交易，避免利益冲突。

5.6　主办券商开展推荐业务，应勤勉尽责地进行尽职调查和内核，并承担相应责任。

5.7　主办券商应持续督导所推荐挂牌公司诚实守信、规范履行信息披露义务、完善公司治理机制。

主办券商与挂牌公司解除持续督导协议前，应当报告全国股份转让系统公司并说明理由。

5.8　主办券商应当建立健全投资者适当性管理工作制度和业务流程，严格执行全国股份转让系统投资者适当性管理各项要求。

5.9　主办券商发现投资者存在异常交易行为，应提醒投资者；对可能严重影响正常交易秩序的异常交易行为，应及时报告全国股份转让系统公司。

5.10　主办券商开展做市业务不得利用信息优势和资金优势，通过单独或者合谋，以串通报价或相互买卖操纵股票转让价格，损害投资者利益。

5.11　全国股份转让系统公司对主办券商及其从业人员的执业行为进行持续管理，开展现场检查和非现场检查，记录其执业情况、违规行为等信息。

第六章　监管措施与违规处分

6.1　全国股份转让系统公司可以对本业务规则 1.4 条规定的监管对象采取下列自律监管措施：

（一）要求申请挂牌公司、挂牌公司及其他信息披露义务人或者其董事（会）、监事（会）和高级管理人员、主办券商、证券服务机构及其相关人员对有关问题作出解释、说明和披露；

（二）要求申请挂牌公司、挂牌公司聘请中介机构对公司存在的问题进行核查并发表意见；

（三）约见谈话；

（四）要求提交书面承诺；

（五）出具警示函；

（六）责令改正；

（七）暂不受理相关主办券商、证券服务机构或其相关人员出具的文件；

（八）暂停解除挂牌公司控股股东、实际控制人的股票限售；

（九）限制证券账户交易；

（十）向中国证监会报告有关违法违规行为；

（十一）其他自律监管措施。

监管对象应当积极配合全国股份转让系统公司的日常监管，在规定期限内回答问询，按照全国股份转让系统公司的要求提交说明，或者披露相应的更正或补充公告。

6.2　申请挂牌公司、挂牌公司、相关信息披露义务人违反本业务规则、全国股份转让系统公司其他相关业务规定的，全国股份转让系统公司视情节轻重给予以下处分，并记入证券期货市场诚信档案数据库（以下简称“诚信档案”）：

（一）通报批评；

（二）公开谴责。

6.3　申请挂牌公司、挂牌公司的董事、监事、高级管理人员违反本业务规则、全国股份转让系统公司其他相关业务规定的，全国股份转让系统公司视情节轻重给予以下处分，并记入诚信档案：

（一）通报批评；

（二）公开谴责；

（三）认定其不适合担任公司董事、监事、高级管理人员。

6.4　主办券商违反本业务规则、全国股份转让系统公司其他相关业务规定的，全国股份转让系统公司视情节轻重给予以下处分，并记入诚信档案：

（一）通报批评；

（二）公开谴责；

（三）限制、暂停直至终止其从事相关业务。

6.5　主办券商的相关业务人员违反本业务规则、全国股份转让系统公司其他相关业务规定的，全国股份转让系统公司视情节轻重给予以下处分，并记入诚信档案：

（一）通报批评；

（二）公开谴责。

6.6　会计师事务所、律师事务所、其他证券服务机构及其工作人员违反本业务规则、全国股份转让系统公司其他相关业务规定的，全国股份转让系统公司视情节轻重给予以下处分，记入诚信档案并向相关行业自律组织通报：

（一）通报批评；

（二）公开谴责。

6.7　全国股份转让系统公司设立纪律处分委员会对本业务规则规定的纪律处分事项进行审核，作出独立的专业判断并形成审核意见。全国股份转让系统公司根据纪律处分委员会的审核意见，作出是否给予纪律处分的决定。

监管对象不服全国股份转让系统公司作出的纪律处分决定的，可自收到处分通知之日起 15 个工作日内向全国股份转让系统公司申请复核，复核期间该处分决定不停止执行。

第七章　附则

7.1　原证券公司代办股份转让系统挂牌的 STAQ、NET 系统公司和退市公司的股票转让、信息披露等事项另行规定。

7.2　本业务规则所称“以上”、“以内”含本数，“超过”不含本数。

7.3　本业务规则由全国股份转让系统公司负责解释。

7.4　本业务规则经中国证监会批准后生效，自发布之日起实施。

关于境内企业挂牌全国中小企业股份转让系统有关事项的公告

股转系统公告[2013]54 号

为贯彻落实《国务院关于全国中小企业股份转让系统有关问题的决定》(国发〔2013〕49 号)和《非上市公众公司监督管理办法》，做好全国中小企业股份转让系统(以下简称全国股份转让系统)市场覆盖范围扩大至全国的工作，现就有关事项公告如下：

一、自本公告发布之日起，境内符合条件的各种所有制、各种行业的企业均可申请股票在全国股份转让系统挂牌。

申请时股东人数未超过 200 人(含 200 人)的股份公司，直接向全国中小企业股份转让系统有限责任公司(以下简称"全国股份转让系统公司")申请挂牌；申请时股东人数超过 200 人的股份公司，取得中国证监会核准文件后，向全国股份转让系统公司申请办理挂牌手续。

二、自本公告发布之日起，市场参与人应遵循修订后的《全国中小企业股份转让系统投资者适当性管理细则(试行)》(以下简称《适当性管理细则》)。不符合投资者适当性管理要求的投资者，可通过证券公司、基金公司等金融机构设计推出的定向投资产品，间接参与全国股份转让系统挂牌证券的投资。

本公告发布前，满足 300 万元人民币以上(含 300 万元)资产要求且已参与全国股份转让系统的自然人投资者，合格投资人资格继续有效，可以买卖所有挂牌公司的股票。

本公告发布前，股票发行方案已经挂牌公司董事会决议通过的，发行对象可按原投资者适当性管理制度的要求执行；股票发行方案尚未经挂牌公司董事会决议通过的，发行对象应当满足修订后的《适当性管理细则》的要求。挂牌公司的股东、董事、监事、高级管理人员及核心员工参与本公司的股票发行，如不符合参与挂牌公司股票公开转让条件的，只能买卖本公司的股票。

三、在全国股份转让系统交易结算相关技术系统正式上线前，挂牌股票交易结算相关事项仍按《全国中小企业股份转让系统过渡期股票转让暂行办法》和《全国中小企业股份转让系统过渡期登记结算暂行办法》等规定执行。

全国股份转让系统公司和中国证券登记结算有限责任公司将抓紧推进交易结算相关技术系统的开发和测试工作，计划明年二季度起分步上线。

四、各市场参与主体应当严格守法、归位尽责。主办券商等中介机构应按照法律、法规、部门规章，以及全国股份转让系统业务规则等要求，勤勉尽责、诚实守信，依法合规地开展各项业务，推动全国股份转让系统稳定、健康发展。

五、全国股份转让系统公司设服务窗口接收申请挂牌材料，地址为北京市西城区金融大街丁 26 号金阳大厦；并设热线电话，接受市场咨询和监督。

具体咨询电话如下：

接收服务：010－63889512

市场发展：010－63889551

挂牌业务：010－63889583

公司业务：010－63889549

机构业务：010－63889557

交易监察：010－63889700

信息服务：010－63889548

监督电话：010－63889775

特此公告。

全国中小企业股份转让系统有限责任公司

2013 年 12 月 30 日

全国中小企业股份转让系统挂牌公司股票转让服务收费明细表

收费对象	收费项目	收费标准
投资者	转让经手费	按股票成交金额的 0.5‰双边取。
挂牌公司	挂牌初费	总股本 2000 万(含)以下,3 万元； 总股本 2000－5000 万股(含),5 万元； 总股本 5000 万－1 亿股(含),8 万元； 总股本 1 亿股以上,10 万元。
	挂牌年费	总股本 2000 万股(含)以下,2 万元/年； 总股本 2000－5000 万股(含),3 万元/年； 总股本 5000 万－1 亿股(含),4 万元/年； 总股本 1 亿股以上,5 万元/年。

全国中小企业股份转让系统两网公司及退市公司股票转让服务收费(及代收税项)明细表

收费对象	收费项目	收费标准	备注
投资者	转让经手费	A 股转让按成交金额的 0.6‰双边收取； B 股转让按成交金额的 0.8‰双边收取。	
	证券交易印花税	对 A 股、B 股出让方均按成交金额的 1‰征收，对受让方不征税。	代国家税务机关扣缴
挂牌公司	挂牌初费	总股本 2000 万股(含)以下,3 万元； 总股本 2000－5000 万股(含),5 万元； 总股本 5000 万－1 亿股(含),8 万元； 总股本 1 亿股以上,10 万元。	暂免片收
	挂牌年费	总股本 2000 万股(含)以下,2 万元/年； 总股本 2000－5000 万股(含),3 万元/年； 总股本 5000 万－1 亿股(含),4 万元/年 总股本 1 亿股以上,5 万元/年。	暂免片收

注：两网公司指在原证券公司代办股份转让系统挂牌的 STAQ、NET 公司

挂牌业务类

全国中小企业股份转让系统主办券商推荐业务规定

（试行）

第一章　总则

第一条　为规范主办券商推荐业务，明确主办券商职责，根据《全国中小企业股份转让系统业务规则（试行）》（以下简称《业务规则》），制定本规定。

第二条　主办券商推荐股份公司股票进入全国中小企业股份转让系统（以下简称“全国股份转让系统”）挂牌，应与申请挂牌公司签订推荐挂牌并持续督导协议。

第三条　主办券商应对申请挂牌公司进行尽职调查和内核。同意推荐的，主办券商向全国中小企业股份转让系统有限责任公司（以下简称“全国股份转让系统公司”）提交推荐报告及其他有关文件（以下简称“推荐文件”）。

第四条　全国股份转让系统公司对主办券商推荐业务进行自律管理，审查推荐文件，履行审查程序。

第五条　主办券商及相关人员应勤勉尽责、诚实守信地开展推荐业务，履行保密义务，不得利用在推荐业务中获取的尚未公开信息谋取利益。

第二章　机构与人员

第一节　项目小组与人员

第六条　主办券商应针对每家申请挂牌公司设立专门项目小组，负责尽职调查，起草尽职调查报告，制作推荐文件等。

第七条　项目小组应由主办券商内部人员组成，其成员须取得证券执业资格，其中注册会计师、律师和行业分析师至少各一名。

行业分析师应具有申请挂牌公司所属行业的相关专业知识，并在最近一年内发表过有关该行业的研究报告。

第八条　主办券商应在项目小组中指定一名负责人，对项目负全面责任，项目小组负责人应具备下列条件之一：

（一）参与两个以上推荐挂牌项目，且负责财务会计事项、法律事项或相关行业事项的尽职调查工作；

（二）具有三年以上投资银行从业经历，且具有主持境内外首次公开发行股票或者上市公司发行新股、可转换公司债券的主承销项目经历。

第九条　存在以下情形之一的人员，不得成为项目小组成员：

（一）最近三年内受到中国证监会行政处罚或证券行业自律组织纪律处分；

（二）本人及其配偶直接或间接持有申请挂牌公司股份；

（三）在申请挂牌公司或其控股股东、实际控制人处任职；

（四）未按要求参加全国股份转让系统公司组织的业务培训；

（五）全国股份转让系统公司认定的其他情形。

第二节　内核机构与人员

第十条　主办券商应设立内核机构，负责推荐文件和挂牌申请文件的审核，并对下述事项发表审核意见：

（一）项目小组是否已按照尽职调查工作的要求对申请挂牌公司进行了尽职调查；

（二）申请挂牌公司拟披露的信息是否符合全国股份转让系统公司有关信息披露的规定；

（三）申请挂牌公司是否符合挂牌条件；

（四）是否同意推荐申请挂牌公司股票挂牌。

第十一条　主办券商应制订内核机构工作制度，对内核机构的职责、人员构成、审核程序、表决办法、自律要求和回避制度等事项作出规定。

第十二条　内核机构应独立、客观、公正履行职责，内核机构成员中由推荐业务部门人员兼任的，不得超过内核机构总人数的三分之一。

第十三条　内核机构应由十名以上成员组成，可以外聘。最近三年内受到中国证监会行政处罚或证券行业自律组织纪律处分的人员，不得聘请为内核机构成员。

内核机构成员应具备下列条件之一：

（一）具有注册会计师或律师资格并在其专业领域或投资银行领域有三年以上从业经历；

（二）具有五年以上投资银行领域从业经历；

（三）具有相关行业高级职称的专家或从事行业研究五年以上的分析人员。

第十四条　主办券商应将内核机构工作制度、成员名单及简历在全国股份转让系统指定信息披露平台上披露。内核机构工作制度或内核成员发生变动的，主办券商应及时报全国股份转让系统公司备案，并在五个工作日内更新披露。

第三章　尽职调查

第十五条　项目小组进行尽职调查前，主办券商应与申请挂牌公司签署保密协议。

第十六条　项目小组应遵循勤勉尽责、诚实守信的原则，通过实地考察、查阅、访谈等方法，对申请挂牌公司进行尽职调查，以有充分理由确信申请挂牌公司符合挂牌条件以及在挂牌申请文件中披露的信息真实、准确、完整。

第十七条　项目小组尽职调查应以形成有助于投资者做出投资决策的信息披露文件为目的，调查范围至少应包括公开转让说明书和推荐报告中所涉及的事项。

第十八条　项目小组中应指定注册会计师、律师、行业分析师各一名分别负责对申请挂牌公司的财务会计事项、法律事项、相关行业事项进行尽职调查，并承担相应责任。

第十九条　项目小组的尽职调查可以在注册会计师、律师等外部专业人士意见的基础上进行。

项目小组应判断专业人士发表意见所基于的工作是否充分，对专业人士意见有疑义、或认为专业人士发表的意见所基于的工作不够充分的，项目小组应进行独立调查。

第二十条　对推荐文件、挂牌申请文件中无证券服务机构及其签字人员专业意见支持的内容，项目小组应当获得充分的尽职调查证据，在对各种证据进行综合分析的基础上对申请挂牌公司提供的资料和披露的内容进行独立判断，并有充分理由确信所作的判断与挂牌申请文件、推荐文件的内容不存在实质性差异。

第二十一条　项目小组完成尽职调查工作后，应出具尽职调查报告，各成员应在尽职调查报告上签名，承诺已参加尽职调查工作并对其负责。

第二十二条　主办券商应当建立健全尽职调查工作底稿制度，要求项目小组真实、准确、完整地记录整个尽职调查过程。

第四章 内核

第二十三条 主办券商内核机构根据项目小组的申请召开内核会议。每次会议须七名以上内核机构成员出席，其中律师、注册会计师和行业专家至少各一名。

第二十四条 主办券商内核机构应针对每个项目在内核会议成员中指定一名内核专员。内核专员除承担与其他内核会议成员相同的审核工作外，还应承担以下职责：

（一）整理内核意见；

（二）跟踪审核项目小组对内核意见的落实情况；

（三）审核推荐文件和挂牌申请文件的补充或修改意见；

（四）就该项目内核工作的有关事宜接受全国股份转让系统公司质询。

第二十五条 内核机构成员存在以下情形之一的，不得参与该项目的内核：

（一）担任该项目小组成员的；

（二）本人及其配偶直接或间接持有申请挂牌公司股份；

（三）在申请挂牌公司或其控股股东、实际控制人处任职的；

（四）其他可能影响公正履行职责的情形。

第二十六条 内核会议成员应独立、客观、公正地对推荐文件和挂牌申请文件进行审核，制作审核工作底稿并签名。

审核工作底稿应包括审核工作的起止日期、发现的问题、建议补充调查核实的事项以及对推荐挂牌的意见等内容。

第二十七条 内核会议应在成员中指定注册会计师、律师及行业专家各一名分别对项目小组中的财务会计事项调查人员、法律事项调查人员及行业分析师出具的调查意见进行审核，分别在其工作底稿中发表独立的审核意见，提交内核会议。

第二十八条 项目小组成员可以列席内核会议，向内核会议汇报尽职调查情况和需提请关注的事项，回答质询。

第二十九条 内核会议可采取现场会议、电话会议或视频会议的形式召开。内核机构成员应以个人身份出席内核会议，发表独立审核意见并行使表决权。因故不能出席的内核会议成员应委托他人出席并提交授权委托书及独立制作的审核工作底稿。每次会议委托他人出席的内核会议成员，不得超过应出席成员的三分之一。

第三十条 内核会议应对是否同意推荐申请挂牌公司股票挂牌进行表决。表决应采取记名投票方式，每人一票，三分之二以上赞成且指定注册会计师、律师和行业专家均为赞成票为通过。

第三十一条 主办券商应对内核会议过程形成记录，在内核会议表决的基础上形成内核意见。内核意见应包括以下内容：审核意见、表决结果、出席会议的内核机构成员名单和投票记录。内核会议成员均应在内核意见上签名。

第三十二条 主办券商应根据内核意见，决定是否向全国股份转让系统公司推荐申请挂牌公司股票挂牌。决定推荐的，应出具推荐报告。

第五章 推荐挂牌规程

第三十三条 存在下列情形之一的，主办券商不得推荐申请挂牌公司股票挂牌：

（一）主办券商直接或间接合计持有申请挂牌公司百分之七以上的股份，或者是其前五名股东之一；

（二）申请挂牌公司直接或间接合计持有主办券商百分之七以上的股份，或者是其前五名股东之一；

（三）主办券商前十名股东中任何一名股东为申请挂牌公司前三名股东之一；

（四）主办券商与申请挂牌公司之间存在其他重大影响的关联关系。

主办券商以做市目的持有的申请挂牌公司股份，不受本条第一款限制。

第三十四条 主办券商应对申请挂牌公司进行风险评估，审慎推荐该公司股票挂牌。

第三十五条 主办券商推荐申请挂牌公司股票挂牌，应当向全国股份转让系统公司提交推荐报告及全国股份转让系统公司要求的其他文件，推荐报告应包括下列内容：

（一）尽职调查情况；

（二）逐项说明申请挂牌公司是否符合《业务规则》规定的挂牌条件；

（三）内核程序及内核意见；

（四）推荐意见；

（五）提醒投资者注意事项；

（六）全国股份转让系统公司要求的其他内容。

第三十六条 主办券商可以根据申请挂牌公司的委托，组织编制挂牌申请文件，并协调证券服务机构及其签字人员参与该公司股票挂牌的相关工作。

第三十七条 主办券商向全国股份转让系统公司报送推荐文件后，应当配合全国股份转让系统公司的审查，并承担下列工作：

（一）组织申请挂牌公司及证券服务机构对全国股份转让系统公司的意见进行答复；

（二）按照全国股份转让系统公司的要求对涉及本次挂牌的特定事项进行尽职调查或核查；

（三）指定项目小组成员与全国股份转让系统公司进行专业沟通；

（四）全国股份转让系统公司规定的其他工作。

第三十八条 主办券商应将尽职调查工作底稿、内核会议成员审核工作底稿、内核会议记录、内核意见等妥善保存，保存期限不少于十年。

第六章 持续督导

第三十九条 主办券商应与所推荐挂牌公司签订持续督导协议，持续督导挂牌公司诚实守信、规范履行信息披露义务、完善公司治理机制。

第四十条 主办券商应建立持续督导工作制度，明确持续督导工作职责、工作流程和内部控制机制。

第四十一条 主办券商应至少配备两名具有财务或法律专业知识的专职督导人员，履行督导职责。

主办券商在任免专职督导人员时，应将相关人员名单及简历及时报送全国股份转让系统公司备案。

第四十二条 主办券商与挂牌公司因特殊原因确需解除持续督导协议的，应当事前报告全国股份转让系统公司并说明合理理由。

解除持续督导协议后，挂牌公司应与承接督导事项的主办券商另行签订持续督导协议，报全国股份转让系统公司备案并公告。

第四十三条 承接督导事项的主办券商应当自持续督导协议签订之日起开展督导工作并承担相应的责任。原主办券商在履行督导职责期间未勤勉尽责的，其责任不因主办券商的更换而免除。

第七章　监管措施和违规处理

第四十四条　全国股份转让系统公司可以对主办券商及其相关人员从事推荐业务的情况进行现场和非现场检查，主办券商及其相关人员应当积极配合检查，如实提供有关资料，不得以任何理由拒绝或者拖延提供有关资料，不得提供虚假、误导性或者不完整的资料。

第四十五条　全国股份转让系统公司对主办券商及其从业人员从事推荐业务进行持续管理，记录其执业情况、违法违规行为、其他不良行为以及对其采取的监管措施等。

第四十六条　主办券商及其从业人员违反本规定，全国股份转让系统公司依据《业务规则》、《全国中小企业股份转让系统主办券商管理细则（试行）》对其采取监管措施或进行自律处分。

第八章　附则

第四十七条　本规定所称"至少"、"以上"含本数。

第四十八条　本规定由全国股份转让系统公司负责解释。

第四十九条　本规定自发布之日起施行。

全国中小企业股份转让系统股票挂牌条件适用基本标准指引

（试行）

全国中小企业股份转让系统有限责任公司按照"可把控、可举证、可识别"的原则，对《全国中小企业股份转让系统业务规则（试行）》规定的六项挂牌条件进行细化，形成基本标准如下：

一、依法设立且存续满两年

（一）依法设立，是指公司依据《公司法》等法律、法规及规章的规定向公司登记机关申请登记，并已取得《企业法人营业执照》。

1. 公司设立的主体、程序合法、合规。

（1）国有企业需提供相应的国有资产监督管理机构或国务院、地方政府授权的其他部门、机构关于国有股权设置的批复文件。

（2）外商投资企业须提供商务主管部门出具的设立批复文件。

（3）《公司法》修改（2006 年 1 月 1 日）前设立的股份公司，须取得国务院授权部门或者省级人民政府的批准文件。

2. 公司股东的出资合法、合规，出资方式及比例应符合《公司法》相关规定。

（1）以实物、知识产权、土地使用权等非货币财产出资的，应当评估作价，核实财产，明确权属，财产权转移手续办理完毕。

（2）以国有资产出资的，应遵守有关国有资产评估的规定。

（3）公司注册资本缴足，不存在出资不实情形。

（二）存续两年是指存续两个完整的会计年度。

（三）有限责任公司按原账面净资产值折股整体变更为股份有限公司的，存续时间可以从有限责任公司成立之日起计算。整体变更不应改变历史成本计价原则，不应根据资产评估结果进行账务调整，应以改制基准日经审计的净资产额为依据折合为股份有限公司股本。申报财务报表最近一期截止日不得早于改制基准日。

二、业务明确，具有持续经营能力

（一）业务明确，是指公司能够明确、具体地阐述其经营的业务、产品或服务、用途及其商业模式等信息。

（二）公司可同时经营一种或多种业务，每种业务应具有相应的关键资源要素，该要素组成应具有投入、处理和产出能力，能够与商业合同、收入或成本费用等相匹配。

1. 公司业务如需主管部门审批，应取得相应的资质、许可或特许经营权等。

2. 公司业务须遵守法律、行政法规和规章的规定，符合国家产业政策以及环保、质量、安全等要求。

（三）持续经营能力，是指公司基于报告期内的生产经营状况，在可预见的将来，有能力按照既定目标持续经营下去。

1. 公司业务在报告期内应有持续的营运记录，不应仅存在偶发性交易或事项。营运记录包括现金流量、营业收入、交易客户、研发费用支出等。

2. 公司应按照《企业会计准则》的规定编制并披露报告期内的财务报表，公司不存在《中国注册会计师审计准则第 1324 号——持续经营》中列举的影响其持续经营能力的相关事项，并由具有证券期货相关业务资格的会计师事务所出具标准无保留意见的审计报告。

财务报表被出具带强调事项段的无保留审计意见的，应全文披露审计报告正文以及董事会、监事会和注册会计师对强调事项的详细说明，并披露董事会和监事会对审计报告涉及事项的处理情况，说明该事项对公司的影响是否重大、影响是否已经消除、违反公允性的事项是否已予纠正。

3. 公司不存在依据《公司法》第一百八十一条规定解散的情形，或法院依法受理重整、和解或者破产申请。

三、公司治理机制健全，合法规范经营

（一）公司治理机制健全，是指公司按规定建立股东大会、董事会、监事会和高级管理层（以下简称"三会一层"）组成的公司治理架构，制定相应的公司治理制度，并能证明有效运行，保护股东权益。

1. 公司依法建立"三会一层"，并按照《公司法》、《非上市公众公司监督管理办法》及《非上市公众公司监管指引第 3 号—章程必备条款》等规定建立公司治理制度。

2. 公司"三会一层"应按照公司治理制度进行规范运作。在报告期内的有限公司阶段应遵守《公司法》的相关规定。

3. 公司董事会应对报告期内公司治理机制执行情况进行讨论、评估。

（二）合法合规经营，是指公司及其控股股东、实际控制人、董事、监事、高级管理人员须依法开展经营活动，经营行为合法、合规，不存在重大违法违规行为。

1. 公司的重大违法违规行为是指公司最近 24 个月内因违犯国家法律、行政法规、规章的行为，受到刑事处罚或适用重大违法违规情形的行政处罚。

（1）行政处罚是指经济管理部门对涉及公司经营活动的违法违规行为给予的行政处罚。

（2）重大违法违规情形是指，凡被行政处罚的实施机关给予没收违法所得、没收非法财物以上行政处罚的行为，属于重大违法违规情形，但处罚机关依法认定不属于的除外；被行政处罚的实施机关给予罚款的行为，除主办券商和律师能依法合理说明或处罚机关认定该行为不属于重大违法违规行为的外，都视为重大违法违规情形。

（3）公司最近 24 个月内不存在涉嫌犯罪被司法机关立案侦查，尚未有明确结论意见的情形。

2. 控股股东、实际控制人合法合规，最近 24 个月内不存在涉及以下情形的重大违法违规行为：

（1）控股股东、实际控制人受刑事处罚；

（2）受到与公司规范经营相关的行政处罚，且情节严重；情节严重的界定参照前述规定；

（3）涉嫌犯罪被司法机关立案侦查，尚未有明确结论意见。

3. 现任董事、监事和高级管理人员应具备和遵守《公司法》规定的任职资格和义务，不应存在最近 24 个月内受到中国证监会行政处罚或者被采取证券市场禁入措施的情形。

（三）公司报告期内不应存在股东包括控股股东、实际控制人及其关联方占用公司资金、资产或其他资源的情形。如有，应在申请挂牌前予以归还或规范。

（四）公司应设有独立财务部门进行独立的财务会计核算，相关会计政策能如实反映企业财务状况、经营成果和现金流量。

四、股权明晰，股票发行和转让行为合法合规

（一）股权明晰，是指公司的股权结构清晰，权属分明，真实确定，合法合规，股东特别是控股股东、实际控制人及其关联股东或实际支配的股东持有公司的股份不存在权属争议或潜在纠纷。

1. 公司的股东不存在国家法律、法规、规章及规范性文件规定不适宜担任股东的情形。

2. 申请挂牌前存在国有股权转让的情形，应遵守国资管理规定。

3. 申请挂牌前外商投资企业的股权转让应遵守商务部门的规定。

（二）股票发行和转让合法合规，是指公司的股票发行和转让依法履行必要内部决议、外部审批（如有）程序，股票转让须符合限售的规定。

1. 公司股票发行和转让行为合法合规，不存在下列情形：

（1）最近 36 个月内未经法定机关核准，擅自公开或者变相公开发行过证券；

（2）违法行为虽然发生在 36 个月前，目前仍处于持续状态，但《非上市公众公司监督管理办法》实施前形成的股东超 200 人的股份有限公司经中国证监会确认的除外。

2. 公司股票限售安排应符合《公司法》和《全国中小企业股份转让系统业务规则（试行）》的有关规定。

（三）在区域股权市场及其他交易市场进行权益转让的公司，申请股票在全国股份转让系统挂牌前的发行和转让等行为应合法合规。

（四）公司的控股子公司或纳入合并报表的其他企业的发行和转让行为需符合本指引的规定。

五、主办券商推荐并持续督导

（一）公司须经主办券商推荐，双方签署了《推荐挂牌并持续督导协议》。

（二）主办券商应完成尽职调查和内核程序，对公司是否符合挂牌条件发表独立意见，并出具推荐报告。

六、全国股份转让系统公司要求的其他条件

无

全国中小企业股份转让系统
公开转让说明书内容与格式指引（试行）

（2013 年 2 月 8 日发布，2013 年 12 月 30 日修改）

第一章　总则

第一条　为规范公开转让股票的信息披露行为，保护投资者合法权益，根据《非上市公众公司监督管理办法》（证监会令第 85 号）、《非上市公众公司监管指引第 1 号》（证监会公告[2013]1 号）、《全国中小企业股份转让系统业务规则（试行）》等规定，制定本指引。

第二条　股东人数未超过 200 人的股份公司（以下简称申请挂牌公司）申请股票在全国中小企业股份转让系统（以下简称全国股份转让系统）挂牌，应按本指引编制公开转让说明书并披露。

第三条　本指引的规定是对公开转让说明书信息披露的最低要求。不论本指引是否有明确规定，凡对投资者投资决策有重大影响的信息，均应披露。

申请挂牌公司可根据自身及所属行业或业态特征，在本指引基础上增加有利于投资者判断和决策的相关内容。

本指引部分条款具体要求不适用的，申请挂牌公司可根据实际情况，在不影响内容完整性的前提下作适当调整，但应在申报时作书面说明；由于涉及特殊原因申请豁免披露的，应有充分依据，主办券商及律师应出具意见。

第四条　申请挂牌公司在公开转让说明书中披露的所有信息应真实、准确、完整，不得有虚假记载、误导性陈述或重大遗漏。

第五条　公开转让说明书的编制和披露应便于投资者理解和判断，符合下列一般要求：

（一）通俗易懂、言简意赅。要切合公司具体情况，用词要符合社会公众的认知习惯，对有特定含义的专业术语应作出释义。为避免重复，可采用相互引证的方法，对相关部分进行合理的技术处理。

（二）表述客观、逻辑清晰。不得有夸大性、广告性、诋毁性的词句。可采用图形、表格、图片等较为直观的方式进行披露。

（三）业务、产品（服务）、行业等方面的统计口径应前后一致。

（四）引用的数字采用阿拉伯数字，货币金额除特别说明外，指人民币金额，并以元、万元、亿元为单位。

第六条　申请挂牌公司编制公开转让说明书应准确引用有关中介机构的专业意见、报告和财务会计资料，并有充分的依据。

所引用的财务报表应由具有证券期货相关业务资格的会计师事务所审计，财务报表在其最近一期截止日后 6 个月内有效。特殊情况下申请挂牌公司可申请延长，但延长期至多不超过 1 个月。

第七条　申请挂牌公司应在全国股份转让系统指定信息披露平台披露公开转让说明书及其附件，并作提示性公告："本公司股票挂牌公开转让股票申请已经全国中小企业股份转让系统有限责任公司（以下简称全国股份转让系统公司）审查同意，中国证监会豁免核准，本公司的股票将在全国股份转让系统挂牌公开转让，公开转让说明书及附件披露于全国股份转让系统指定信息披露平台 www. neeq. com. cn 或 www.

neeq. cc,供投资者查阅

第八条　公开转让说明书封面应标有“XXX 公司公开转让说明书”字样,扉页应载有如下声明:

“本公司及全体董事、监事、高级管理人员承诺公开转让说明书不存在虚假记载、误导性陈述或重大遗漏,并对其真实性、准确性、完整性承担个别和连带的法律责任。”

“本公司负责人和主管会计工作的负责人、会计机构负责人保证公开转让说明书中财务会计资料真实、完整。”

“全国股份转让系统公司对本公司股票公开转让所作的任何决定或意见,均不表明其对本公司股票的价值或投资者的收益作出实质性判断或者保证。任何与之相反的声明均属虚假不实陈述。”

“根据《证券法》的规定,本公司经营与收益的变化,由本公司自行负责,由此变化引致的投资风险,由投资者自行承担。”

申请挂牌公司应针对实际情况在公开转让说明书首页作“重大事项提示”,提醒投资者给予特别关注。

第二章　公开转让说明书

第一节　基本情况

第九条　申请挂牌公司应简要披露下列情况:公司名称、法定代表人、设立日期、注册资本、住所、邮编、董事会秘书或信息披露事务负责人、所属行业、主要业务、组织机构代码等。

第十条　申请挂牌公司应披露股票代码、股票简称、股票种类、每股面值、股票总量、挂牌日期,股东所持股份的限售安排及股东对所持股份自愿锁定的承诺。

第十一条　申请挂牌公司应披露公司股权结构图,并披露控股股东、实际控制人、前十名股东及持有5%以上股份股东的名称、持股数量及比例、股东性质、直接或间接持有的股份是否存在质押或其他争议事项的具体情况及股东之间关联关系。

申请挂牌公司应披露控股股东和实际控制人基本情况以及实际控制人最近两年内是否发生变化。

申请挂牌公司应简要披露设立以来股本的形成及其变化和重大资产重组情况。如果股权变化情况较复杂,可采用流程图、表格或其他形式梳理归并,并作为附件披露。

第十二条　申请挂牌公司应扼要披露董事、监事、高级管理人员的情况,主要包括:姓名、国籍及境外居留权、性别、年龄、学历、职称、现任职务及任期、职业经历。

第十三条　最近两年及一期的主要会计数据和财务指标简表,主要包括:营业收入、净利润、归属于申请挂牌公司股东的净利润、扣除非经常性损益后的净利润、归属于申请挂牌公司股东的扣除非经常性损益后的净利润、毛利率、净资产收益率、扣除非经常性损益后净资产收益率、应收账款周转率、存货周转率、基本每股收益、稀释每股收益、经营活动产生的现金流量净额、每股经营活动产生的现金流量净额、总资产、股东权益合计、归属于申请挂牌公司股东权益合计、每股净资产、归属于申请挂牌公司股东的每股净资产、资产负债率(以母公司报表为基础)、流动比率、速动比率。

除特别指出外,上述财务指标应以合并财务报表的数据为基础进行计算。相关指标的计算应执行中国证监会的有关规定。

第十四条　申请挂牌公司挂牌同时进行股票发行的,应披露拟发行股数、发行对象或范围、发行价格或区间、预计募集资金金额。同时,按照全国股份转让系统公司有关股票发行信息披露要求,在公开转让说明书”公司财务“后增加”股票发行“章节,披露相关信息。

第十五条　申请挂牌公司应披露下列机构的名称、法定代表人、住所、联系电话、传真,同时应披露有关经办人员(包括项目小组负责人、项目小组成员)的姓名:

(一)主办券商

(二)律师事务所

(三)会计师事务所

(四)资产评估机构

(五)证券登记结算机构

(六)做市商(如有)

(七)其他与公开转让有关的机构

第二节　公司业务

第十六条　申请挂牌公司应披露主要业务、主要产品或服务及其用途。

第十七条　申请挂牌公司应结合内部组织结构(包括部门、生产车间、子公司、分公司等),披露主要生产或服务流程及方式(包括服务外包、外协生产等)。

第十八条　申请挂牌公司应遵循重要性原则披露与其业务相关的关键资源要素,包括:

(一)产品或服务所使用的主要技术。

(二)主要无形资产的取得方式和时间、实际使用情况、使用期限或保护期、最近一期末账面价值。

(三)取得的业务许可资格或资质情况。

(四)特许经营权(如有)的取得、期限、费用标准。

(五)主要生产设备等重要固定资产使用情况、成新率或尚可使用年限。

(六)员工情况,包括人数、结构等。其中核心技术(业务)人员应披露姓名、年龄、主要业务经历及职务、现任职务与任期及持有申请挂牌公司的股份情况。核心技术(业务)团队在近两年内发生重大变动的,应披露变动情况和原因。

(七)其他体现所属行业或业态特征的资源要素。

第十九条　申请挂牌公司应扼要披露与业务相关的情况,包括:

(一)报告期业务收入的主要构成及各期主要产品或服务的规模、销售收入。

(二)产品或服务的主要消费群体,报告期内各期向前五名客户的销售额及占当期销售总额的百分比。

(三)报告期内主要产品或服务的原材料、能源及供应情况,占成本的比重,报告期内各期向前五名供应商的采购额及占当期采购总额的百分比。

(四)报告期内对持续经营有重大影响的业务合同及履行情况。

第二十条　申请挂牌公司应归纳总结其商业模式,说明如何使用产品或服务、关键资源要素获取收入、利润及现金流。

第二十一条　申请挂牌公司应扼要披露其所处行业概况、市场规模及基本风险特征(如行业风险、市场风险、政策风险),并可分析公司在行业中的竞争地位。

第三节　公司治理

第二十二条　申请挂牌公司应披露最近两年内股东大会、董事会、监事会的建立健全及运行情况,说明上述机构和人员履行职责的情况。

申请挂牌公司可结合股东结构、董事会及监事会构成等方面,说明投资者(如专业投资机构)参与公司治理以及职工代表监事履行责任的实际情况。

第二十三条　申请挂牌公司董事会应充分讨论现有公司治理机制能否给所有股东提供合适的保护以及能否保证股东充分行使知情权、参与权、质询权和表决权等权利，说明投资者关系管理、纠纷解决机制、累积投票制（如有）、独立董事制度（如有）、关联股东和董事回避制度（如有）以及与财务管理、风险控制相关的内部管理制度建设情况，并披露董事会对公司治理机制执行情况的评估结果。

第二十四条　申请挂牌公司应披露公司及其控股股东、实际控制人最近两年内是否存在违法违规及受处罚的情况。

第二十五条　申请挂牌公司应披露与控股股东、实际控制人及其控制的其他企业在业务、资产、人员、财务、机构方面的分开情况。

第二十六条　申请挂牌公司应披露是否存在与控股股东、实际控制人及其控制的其他企业从事相同、相似业务的情况。对存在相同、相似业务的，应对是否存在同业竞争做出合理解释。

申请挂牌公司应披露控股股东、实际控制人为避免同业竞争采取的措施及做出的承诺。

第二十七条　申请挂牌公司应披露最近两年内是否存在资金被控股股东、实际控制人及其控制的其他企业占用，或者为控股股东、实际控制人及其控制的其他企业提供担保，以及为防止股东及其关联方占用或者转移公司资金、资产及其他资源的行为发生所采取的具体安排。

第二十八条　申请挂牌公司董事、监事、高级管理人员存在下列情形的，应披露具体情况：

（一）本人及其直系亲属以任何方式直接或间接持有申请挂牌公司股份的。

（二）相互之间存在亲属关系的。

（三）与申请挂牌公司签订重要协议或做出重要承诺的。

（四）在其他单位兼职的。

（五）对外投资与申请挂牌公司存在利益冲突的。

（六）最近两年受到中国证监会行政处罚或者被采取证券市场禁入措施、受到全国股份转让系统公司公开谴责的。

（七）其它对申请挂牌公司持续经营有不利影响的情形。

第二十九条　申请挂牌公司董事、监事、高级管理人员在近两年内发生变动的，应披露变动情况和原因。

第四节　公司财务

第三十条　申请挂牌公司应按照《企业会计准则》的规定编制并披露最近两年及一期的财务报表，在所有重大方面公允反映公司财务状况、经营成果和现金流量，并由注册会计师出具无保留意见的审计报告。编制合并财务报表的，应同时披露合并财务报表和母公司财务报表。

申请挂牌公司应披露财务报表的编制基础、合并财务报表范围及变化情况。

第三十一条　申请挂牌公司应披露会计师事务所的审计意见类型。财务报表被出具带强调事项段的无保留审计意见的，应全文披露审计报告正文以及董事会、监事会和注册会计师对强调事项的详细说明。

第三十二条　申请挂牌公司应结合业务特点充分披露报告期内采用的主要会计政策、会计估计及其变更情况和对公司利润的影响。

申请挂牌公司的重大会计政策或会计估计与可比公司（如有）存在较大差异，或者按规定将要进行变更的，应分析重大会计政策或会计估计的差异或变更对公司利润产生的影响。

第三十三条　申请挂牌公司应对最近两年及一期的主要会计数据和财务指标进行比较，发生重大变化的应说明原因。

（一）根据业务特点披露各类收入的具体确认方法，以表格形式披露报告期内各期营业收入、利润、毛利率的主要构成及比例，按照产品（服务）类别及业务、地区分部列示，报告期内发生重大变化的应予以说明。

（二）披露报告期内各期主要费用（含研发）、占营业收入的比重和变化情况。

（三）披露报告期内各期重大投资收益情况、非经常性损益情况、适用的各项税收政策及缴纳的主要税种。

（四）披露报告期内各期末主要资产情况及重大变动分析，包括但不限于：

主要应收款项的账面余额、坏账准备、账面价值、账龄、各期末前五名情况；主要存货类别、账面余额、跌价准备、账面价值；主要固定资产类别、折旧年限、原价、累计折旧、净值；主要对外投资的投资期限、初始投资额、期末投资额及会计核算方法；主要无形资产的取得方式、初始金额、摊销方法、摊销年限、最近一期末的摊余价值及剩余摊销年限；主要资产减值准备的计提依据及计提情况。

（五）披露报告期内各期末主要负债情况。有逾期未偿还债项的，应说明其金额、未按期偿还的原因、预计还款期等。

（六）披露报告期内各期末股东权益情况，主要包括股本、资本公积、盈余公积、未分配利润及少数股东权益的情况。

如果在挂牌前实施限制性股票或股票期权等股权激励计划且尚未行权完毕的，应披露股权激励计划内容及实施情况、对资本公积和各期利润的影响。

第三十四条　申请挂牌公司应根据《公司法》和《企业会计准则》的相关规定披露关联方、关联关系、关联交易，并说明相应的决策权限、决策程序、定价机制、交易的合规性和公允性、减少和规范关联交易的具体安排等。

申请挂牌公司应根据交易的性质和频率，按照经常性和偶发性分类披露关联交易及其对财务状况和经营成果的影响。

如果董事、监事、高级管理人员、核心技术（业务）人员、主要关联方或持有公司5%以上股份股东在主要客户或供应商中占有权益的，应予以说明。

第三十五条　申请挂牌公司应扼要披露会计报表附注中的资产负债表日后事项、或有事项及其他重要事项，包括对持续经营可能产生较大影响的诉讼或仲裁、担保等事项。

第三十六条　申请挂牌公司在报告期内进行资产评估的，应简要披露资产评估情况。

第三十七条　申请挂牌公司应披露最近两年股利分配政策、实际股利分配情况以及公开转让后的股利分配政策。

第三十八条　申请挂牌公司应简要披露其控股子公司或纳入合并报表的其他企业的情况，主要包括注册资本、主要业务、股东构成及持股比例、最近一年及一期末的总资产、净资产、最近一年及一期的营业收入、净利润。

第三十九条　申请挂牌公司应遵循重要性原则，结合自身及所处行业实际情况，对可能影响公司持续经营的风险因素进行自我评估，重点披露特有风险，其中对持续经营有严重不利影响的风险应作“重大事项提示”。

鼓励申请挂牌公司建立以风险为导向的内部管理机制，提高识别和承受风险的能力，形成符合自身及所处行业特征的风险评估和管理体系。

第四十条　申请挂牌公司可披露公司经营目标和计划。如披露，应遵循诚信原则，并说明合理依据。

对可能导致经营目标和计划不能实现的重大不确定性因素，申请挂牌公司应做出有针对性和实质性的“重大事项提示”，提醒投资者审慎判断和决策。

第五节　有关声明

第四十一条　申请挂牌公司全体董事、监事、高级管理人员应在公开转让说明书正文的尾页签名，并由申请挂牌公司加盖公章。

第四十二条　主办券商应对公开转让说明书的真实性、准确性、完整性进行核查，并在公开转让说明书正文后声明：

“本公司已对公开转让说明书进行了核查，确认不存在虚假记载、误导性陈述或重大遗漏，并对其真实性、准确性和完整性承担相应的法律责任。”

声明应由法定代表人、项目负责人及项目小组成员签名，并由主办券商加盖公章。

第四十三条　为申请挂牌公司股票公开转让提供服务的机构应在公开转让说明书正文后声明：

“本机构及经办人员（经办律师、签字注册会计师、签字注册资产评估师）已阅读公开转让说明书，确认公开转让说明书与本机构出具的专业报告（法律意见书、审计报告、资产评估报告）无矛盾之处。本机构及经办人员对申请挂牌公司在公开转让说明书中引用的专业报告的内容无异议，确认公开转让说明书不致因上述内容而出现虚假记载、误导性陈述或重大遗漏，并对其真实性、准确性和完整性承担相应的法律责任。”

声明应由经办人员及所在机构负责人签名，并由机构加盖公章。

第六节　附件

第四十四条　公开转让说明书结尾应列明附件，并在全国股份转让系统指定信息披露平台披露。附件应包括下列文件：

（一）主办券商推荐报告；

（二）财务报表及审计报告；

（三）法律意见书；

（四）公司章程；

（五）全国股份转让系统公司同意挂牌的审查意见；

（六）其他与公开转让有关的重要文件。

第三章　附则

第四十五条　本指引由全国股份转让系统公司负责解释。

第四十六条　本指引自公布之日起施行。

全国中小企业股份转让系统挂牌申请文件内容与格式指引（试行）

（2013 年 2 月 8 日发布，2013 年 12 月 30 日修改）

第一条　为规范挂牌申请文件内容与格式，根据《非上市公众公司监督管理办法》（证监会令第 85 号）、《非上市公众公司监管指引第 2 号》（证监会公告［2013］2 号）、《全国中小企业股份转让系统业务规则（试行）》等规定，制定本指引。

第二条　股份公司（以下简称“申请挂牌公司”）申请股票在全国中小企业股份转让系统（以下简称“全国股份转让系统”）挂牌，应按照本指引的要求制作和报送申请文件。

第三条　本指引规定的申请文件目录是对挂牌申请文件的最低要求。根据审查需要，全国中小企业股份转让系统有限责任公司（以下简称“全国股份转让系统公司”）可以要求申请挂牌公司和相关中介机构补充文件。如部分文件对申请挂牌公司不适用，可不提供，但应书面说明。

申请挂牌同时股票发行的，应按照全国股份转让系统公司规定在挂牌申请文件中增加有关内容。

第四条　申请文件一经接收，非经全国股份转让系统公司同意，不得增加、撤回或更换。

第五条　申请时股东人数未超过 200 人的股份公司报送申请文件应提交原件一份，复印件两份；申请时股东人数超过 200 人的股份公司报送申请文件应提交原件一份（单行本）。每次报送书面文件的同时，应报送一份与书面文件一致的电子文件（WORD、EXCEL、PDF 及全国股份转让系统公司要求的其他文件格式）。

申请挂牌公司不能提供有关文件原件的，应由申请挂牌公司律师提供鉴证意见，或由出文单位盖章，以保证与原件一致。

第六条　申请文件所有需要签名处，均应为签名人亲笔签名，不得以名章、签名章等代替。

申请文件中需要由申请挂牌公司律师鉴证的文件，申请挂牌公司律师应在该文件首页注明“以下第 XX 页至第 XX 页与原件一致”，并签名和签署鉴证日期，律师事务所应在该文件首页加盖公章，并在第 XX 页至第 XX 页侧面以公章加盖骑缝章。

第七条　申请挂牌公司应根据全国股份转让系统公司对申请文件的反馈意见提供补充材料。相关中介机构应对反馈意见相关问题进行尽职调查或补充出具专业意见。对公开转让说明书修改或补充的，应进行标示。

第八条　申请文件的封面和侧面应标有“××公司股票挂牌申请文件”字样，扉页应标明申请挂牌公司法定代表人、信息披露事务负责人，主办券商主管领导、项目负责人，以及相关中介机构项目负责人姓名、电话、传真等联系方式。

第九条　申请文件章与章之间、章与节之间应有明显的分隔标识，文件中的页码应与目录中的页码相符。

第十条　申请文件应采用标准 A4 纸张双面印刷（需提供原件的历史文件除外）。

第十一条　未按本指引要求制作和报送申请文件的，全国股份转让系统公司不予接收。

第十二条　本指引由全国股份转让系统公司负责解释。

第十三条　本指引自发布之日起施行。

全国中小企业股份转让系统主办券商尽职调查工作指引（试行）

第一章　总则

第一条　为指导主办券商做好对申请股票在全国中小企业股份转让系统（以下简称“全国股份转让系统”）公开转让的股份有限公司（以下简称“公司”）的尽职调查工作，制定本指引。

第二条　尽职调查是指主办券商遵循勤勉尽责、诚实守信原则，以形成有利于投资者做出投资决策的信息披露文件为目的，对公司进行调查，以有充分理由确信：

（一）公司符合《全国中小企业股份转让系统业务规则（试行）》规定的挂牌条件；

（二）公开转让说明书中所披露的信息真实、准确和完整。

第三条　本指引是对主办券商尽职调查工作的一般要求。主办券商应按照本指引要求，认真履行尽职调查义务。

除对本指引已列示的一般性内容进行调查外，主办券商还应根据公司的具体情况，对其在公开转让说明书中应披露的、足以影响投资者决策的其他事项进行调查。

除本指引已列示的调查方法外，主办券商可针对具体调查事项，采用其他适当的调查方法进行调查。

第四条　项目小组的尽职调查可以在注册会计师、律师等外部专业人士意见的基础上进行，如果认为专业人士发表意见所基于的工作不够充分，或对专业人士的意见有疑义，项目小组应进行独立调查。

项目小组在引用专业人士意见时，应对所引用的意见负责。

第五条　项目小组应在尽职调查工作完成后，出具尽职调查报告，各成员应在尽职调查报告上签名并声明对其负责。

第六条　主办券商应建立健全尽职调查工作底稿制度，真实、准确、完整地反映其所实施的尽职调查工作。尽职调查工作底稿应成为主办券商出具尽职调查报告、推荐报告和编制挂牌申请文件的基础。

第二章　尽职调查主要内容和方法

第一节　业务调查

第七条　业务调查主要包括分析公司所处细分行业的情况和风险，调查公司商业模式、经营目标和计划。

公司的商业模式是指公司如何使用其拥有的关键资源，通过有效的业务流程，形成一个完整的运行系统，并通过这一运行系统向客户提供产品或服务，满足客户需求并向客户提供了价值，从而获得收入、利润和现金流。

第八条　通过搜集与公司所处行业有关的行业研究或报道，与公司管理层交谈，比较市场公开数据，搜集行业主管部门制定的发展规划、行业管理方面的法律法规及规范性文件，以及主办券商内部行业分析师的分析研究等方法，审慎、客观分析公司所处细分行业的基本情况和特有风险（如行业风险、市场风险、政策风险等）。包括但不限于：

（一）行业所处的生命周期和行业规模；

（二）行业与行业上下游的关系（即行业价值链的构成）；

（三）行业的竞争程度及行业壁垒；

（四）国家对该行业的监管体制和政策扶持或限制，以及产业政策对该行业的影响；

（五）影响该行业发展的有利和不利因素。

第九条　通过与公司经营管理层交谈，实地考察公司产品或服务，访谈公司客户等方法，调查公司产品或服务及其用途，了解产品种类、功能或服务种类及其满足的客户需求。包括但不限于：

（一）产品或服务的种类；

（二）调查每种产品的功能和用途以及特定消费群体，或服务所满足的客户需求及特定消费群体；

（三）每种产品的技术含量（所应用的关键技术及所达到的技术指标）或服务的质量；

（四）每种产品或服务是否向消费者提供保障（售后服务等）；

（五）报告期内各期每种产品或服务的规模，需求状况及其对价格的影响；

（六）各类产品或服务在公司业务中的重要性，包括在销售收入及利润中的比重，在行业中所占的市场份额和变动趋势；

（七）公司对提高现有产品或服务质量、增强竞争力等方面将采取的措施以及公司新产品或服务种类的开发计划。

第十条　通过实地考察、与管理层交谈、查阅公司主要知识产权文件等方法，结合公司行业特点，调查公司业务所依赖的关键资源，包括但不限于：

（一）公司独特的、可持续的技术优势（包括分析主要产品或服务的核心技术、可替代性以及核心技术的保护措施等）；

（二）研发能力和技术储备（包括分析公司的研发机构和研发人员情况、研发费用投入占公司业务收入的比重、自主技术占核心技术的比重等）；

（三）商标、专利、非专利技术等无形资产的数量、取得情况、实际使用情况、使用期限或保护期、最近一期末账面价值、存在纠纷情况等；

（四）取得的业务许可资格或资质情况；

（五）特许经营权（如有）的取得、期限、费用标准；

（六）提供产品或服务时所使用主要设备和固定资产的情况；

（七）公司高级管理人员与核心技术（业务）人员的简要情况，主要包括：姓名、国籍等基本信息、职业经历（参加工作以来的职业及职务情况）、曾经担任的重要职务及任期、现任职务及任期，根据其业务经历、行业或专业背景，评价高级管理人员的经验和能力，整体评价整个管理团队是否有互补性；

（八）调查公司管理层及核心技术（业务）人员的薪酬，持股情况和激励政策（包括股权激励）。最近两年上述人员的主要变动情况、原因和对公司经营的影响，了解公司为稳定上述人员已采取或拟采取的措施，并评价管理层及核心技术（业务）人员的稳定性；

（九）公司的员工情况，主要包括：员工人数、年龄和工龄结构、任职分布、学历学位结构、地域分布等；

（十）其他体现所处行业或业态特征的资源要素；

（十一）在公司所处细分行业中，从公司的技术优势、产品的技术指标或服务的标准要求、研发投入能力和技术储备、专利数量等方面，分析公司与竞争对手及潜在竞争对手之间的优劣势。如果竞争对手的信息不存在，可分析公司与行业平均水平相比的优劣势。

第十一条　通过查阅公司业务制度、实地考察企业经营过程涉及的业务环节　、对主要供应商和客户访谈等方法，结合公司行业特点，了解公司关键业务流程。包括但不限于：

（一）供应链及其管理，公司对供应商的依赖程度及存在的经营风险；

（二）主要产品的生产流程或服务流程、生产工艺、质量控制、安全生产等；

（三）营销体系，包括销售方式、是否有排他性销售协议等壁垒、市场推广计划、客户管理，公司对客户的依赖程度及存在的风险；

（四）核心产品或服务的研发流程、周期以及更新换代计划；

（五）根据产业链分工情况，调查公司是否将营运环节交给利益相关者，如有，阐明其合作关系或商业联盟关系以及风险利益分配机制；

（六）重要资本投资项目（如规模化生产、重要设备投资等）的投资流程，包括投资决策机制、可行性和投资回报分析等；

（七）其他体现所处行业或业态特征的业务环节。

第十二条　通过查阅商业合同，走访客户和供应商等方法，结合对公司产品或服务、关键资源和关键业务流程的调查，了解公司如何获得收益。包括但不限于：

（一）收入构成情况，包括产品或服务的规模、订价方式和依据；收入变化情况和影响其变化的原因；

（二）成本结构及其变动情况和变动原因；

（三）分析每种产品或服务的毛利率及其变动趋势和变动原因；

（四）公司的现金流情况，尤其是与经营活动有关的现金流量，即经营的现金收入是否能抵补有关支出；

（五）在公司所处的细分行业中，分析比较公司与竞争对手之间在产品或服务分布、成本结构、营销模式和产品或服务毛利率等方面的优劣势，并预估公司在细分行业的发展趋势（主要地区或市场的占有率及其变化）。如果竞争对手的信息不存在，可分析公司与行业平均水平相比的优劣势。

第十三条　通过与公司管理层交谈，查阅董事会会议记录、重大业务合同等方法，结合公司所处行业的发展趋势及公司目前所处的发展阶段，了解公司整体发展规划和各个业务板块的中长期发展目标，分析公司经营目标和计划是否与现有商业模式一致，揭示公司业务发展过程中的主要风险（区别一般风险和特殊风险）及风险管理机制。

第二节　公司治理调查

第十四条　通过查阅公司章程，了解公司组织结构，查阅股东大会、董事会、监事会（以下简称“三会”）有关文件，调查公司三会的建立健全及运行情况，说明上述机构和人员履行职责的情况，关注公司章程和三会议事规则是否合法合规，是否建立健全投资者关系管理制度，是否在公司章程中约定纠纷解决机制。

第十五条　公司董事会对公司治理机制进行讨论评估，内容包括现有公司治理机制在给股东提供合适的保护以及保证股东充分行使知情权、参与权、质询权和表决权等权利方面所发挥的作用、所存在的不足及解决方法等。

第十六条　调查公司治理机制的执行情况并出具核查意见，调查内容包括但不限于：

（一）是否依据有关法律法规和公司章程发布通知并按期召开三会；会议文件是否完整，会议记录中时间、地点、出席人数等要件是否齐备，会议文件是否归档保存；会议记录是否正常签署；

（二）董事会和监事会是否按照有关法律法规和公司章程及时进行换届选举；

（三）董事会是否参与了公司战略目标的制订，检查其执行情况；董事会对管理层业绩进行评估的机制和执行情况；

（四）涉及关联董事、关联股东或其他利益相关者应当回避的，公司是否建立了表决权回避制度，检查其执行情况；

（五）监事会是否正常发挥作用，是否具备切实的监督手段，包括职工代表监事履行职责的情况；

（六）三会决议的实际执行情况，未能执行的会议决议，相关执行者是否向决议机构汇报并说明原因。

第十七条　调查公司股东的情况，核实公司股东股权的合法性和真实性，包括但不限于：

（一）通过查阅公司股权结构图、股东名册、公司重要会议记录、决议以及公司历次股权变动的相关文件，调查公司的股权结构，股东持股比例（包括直接和间接持股比例），以及直接或间接持股是否存在质押或其他有争议的情况，判断公司控股股东及实际控制人。

（二）通过查阅具有资格的中介机构出具的验资报告，咨询公司律师或法律顾问，询问管理层和会计人员，到工商行政管理部门查询公司注册登记资料，调查公司股东的出资是否及时到位，出资方式是否符合有关法律、法规的规定。

通过查阅资产评估报告，询问资产评估机构等方法，对以实物、工业产权、非专利技术、土地使用权等非现金资产出资的，调查所使用的评估方法与评估值的合理性。

（三）调查公司股东之间是否存在关联情况，股东中是否有专业投资机构以及其参与公司治理的情况。

（四）调查公司管理层及核心技术人员的持股情况和所持股份的锁定情况。

第十八条　调查公司董事、监事的简要情况，主要包括：姓名、国籍及境外居留权、性别、年龄、学历、职称；职业经历（参加工作以来的职业及职务情况）；曾经担任的重要职务及任期；现任职务及任期；本人及其近亲属持有公司股份的情况；是否存在对外投资与公司存在利益冲突的情况。

第十九条　调查公司与控股股东、实际控制人及其控制的其他企业在业务、资产、人员、财务和机构方面的分开情况，判断其独立性，包括但不限于：

（一）通过查阅公司组织结构文件，结合公司的生产、采购和销售记录考察公司的产、供、销系统，分析公司是否具有完整的业务流程、独立的生产经营场所以及供应、销售部门和渠道，通过计算公司的关联采购额和关联销售额分别占公司当期采购总额和销售总额的比例，分析是否存在影响公司独立性的重大或频繁的关联方交易，判断公司业务独立性。

（二）通过查阅相关会议记录、资产产权转移合同、资产交接手续和购货合同及发票，确定公司固定资产权属情况；通过查阅房产证、土地使用权证等权属证明文件，了解公司的房产、土地使用权、专利与非专利技术及其他无形资产的权属情况；关注金额较大、期限较长的其他应收款、其他应付款、预收及预付账款产生的原因及交易记录、资金流向等；判断公司资产独立性。

调查公司最近两年内是否存在资产被控股股东、实际控制人及其控制的其它企业占用，或者为控股股东、实际控制人及其控制的其它企业提供担保的情形；调查公司为防止股东及关联方资金占用或者转移公司资金、资产及其他资源的行为所采取的措施和相应的制度安排；对不存在以上情形的，应取得公司的说明，并根据调查结果判断公司资产独立性。

（三）通过查阅股东单位员工名册及劳务合同、公司工资明细表、公司福利费缴纳凭证、与管理层及员工交谈，取得高级管理人员的书面声明等方法，调查公司高级管理人员从公司关联企业领取报酬及其他情况，调查公司员工的劳动、人事、工资报酬以及相应的社会保障是否完全独立管理，判断其人员独立性。

（四）通过与管理层和相关业务人员交谈，查阅公司财务会计制度、银行开户资料、纳税资料等方法，调查公司会计核算体系，财务管理和风险控制等内部管理制度的建立健全情况，并判断公司财务独立性。

（五）通过实地调查、查阅股东大会和董事会决议关于设立相关机构的记录、查阅各机构内部规章制度，了解公司的机构是否与控股股东完全分开且独立运作，是否存在混合经营、合署办公的情形，是否完全拥有机构设置自主权等，判断其机构独立性。

第二十条　调查公司与控股股东、实际控制人及其控制的其他企业是否存在同业竞争。

通过询问公司控股股东、实际控制人，查阅营业执照，实地走访生产或销售部门等方式，调查公司控股股东、实际控制人及其控制的其他企业的业务范围，从业务性质、客户对象、可替代性、市场差别等方面判断是否与公司从事相同、相似业务，从而构成同业竞争。

对存在同业竞争的，要求公司就其合理性作出解释，并调查公司为避免同业竞争采取的措施以及作出的承诺。

第二十一条　调查公司对外担保、重大投资、委托理财、关联方交易等重要事项的政策及制度安排，调查决策权限及程序等规定，并核查最近两年的执行情况，包括对上述事项的决策是否符合股东大会、董事会的职责分工，对该事项的表决是否履行了公司法和公司章程中规定的程序，以及决策是否得到有效执行。

取得管理层就公司对外担保、重大投资、委托理财、关联方交易等事项的情况、是否符合法律法规和公司章程的规定，及其对公司影响的书面声明。

第二十二条　调查公司管理层的诚信情况，取得经公司管理层签字的关于诚信状况的书面声明，书面声明至少包括以下内容：

（一）最近二年内是否因违反国家法律、行政法规、部门规章、自律规则等受到刑事、民事、行政处罚或纪律处分；

（二）是否存在因涉嫌违法违规行为处于调查之中尚无定论的情形；

（三）最近二年内是否对所任职（包括现任职和曾任职）公司因重大违法违规行为而被处罚负有责任；

（四）是否存在个人负有数额较大债务到期未清偿的情形；

（五）是否有欺诈或其他不诚实行为等情况。

通过查询中国人民银行征信系统、工商行政管理部门的企业信用信息系统等公共诚信系统，咨询税务部门、公司贷款银行等部门或机构，咨询公司律师或法律顾问，查阅相关记录以及其他合理方式，核实公司管理层是否存在不诚信行为的记录，评价公司管理层的诚信状况。

第三节　公司财务调查

第二十三条　通过考察控制环境、风险识别与评估、控制活动与措施、信息沟通与反馈、监督与评价等基本要素，评价公司内部控制制度是否充分、合理、有效。

第二十四条　通过与公司管理层及员工交谈，查阅公司规章制度等方法，调查公司是否建立会计核算体系、财务管理和风险控制等制度，确保公司财务报告真实可靠及行为合法合规。

第二十五条　通过与公司管理层及员工交谈，查阅董事会、总经理办公会等会议记录，查阅公司规章制度等方法，评价公司是否有积极的控制环境：包括考察董事会是否负责批准并定期审查公司的经营战略和重大决策、确定经营风险的可接受水平；考察高级管理人员是否执行董事会批准的战略和政策，以及高级管理人员和董事会间的责任、授权和报告关系是否明确；考察管理层是否促使公司员工了解公司内部控制制度并在其中发挥作用等。

第二十六条　通过与公司管理层交谈、查阅公司相关规章制度和风险评估报告等，考察管理层为识别和评估对公司实现整体目标有负面影响的风险因素所建立的制度或采取的措施，评价公司风险识别与评估体系的有效性。

第二十七条　通过与公司管理层及主要业务流程所涉及部门的负责人交谈，查阅业务流程相关文件，了解业务流程和其中的控制措施，包括授权与审批、复核与查证、业务规程与操作程序、岗位权限与职责分工、相互独立与制衡、应急与预防等措施。

项目小组应选择一定数量的控制活动样本，采取验证、观察、询问、重新操作等测试方法，评价公司的内部控制措施是否有效实施。

第二十八条　通过与公司管理层和员工交谈，查阅公司相关规章制度等，评价信息沟通与反馈是否有效，包括公司是否建立了能够涵盖其全部重要活动，并对内部和外部信息进行搜集和整理的有效信息系统，以及公司是否建立了有效的信息沟通和反馈渠道，确保员工能充分理解和执行公司政策和程序，并保证相关信息能够传达到应被传达到的人员。

第二十九条　通过与公司管理层及内部审计部门交谈，采用询问、验证、查阅内部审计报告和监事会报告等方法，考察公司内部控制监督和评价制度的有效性。

第三十条　调查公司在报告期内的主要会计政策和会计估计是否有针对性地结合了公司的业务特点，是否起到有效防范公司特有财务风险的作用。

第三十一条　在上述调查基础上，听取注册会计师意见，评价公司现有内部控制制度在合理保证公司遵守现行法律法规、提高经营效率、保证财务报告的可靠性等方面的效果，关注内部控制制度的缺陷及其可能导致的财务和经营风险。

第三十二条　通过调查公司的财务风险，综合评价公司财务风险和经营风险，判断公司财务状况是否良好。可通过以下方法调查公司的财务风险：

根据经审计的财务报告，分析公司最近两年及一期的主要财务指标，并对其进行逐年比较。主要包括毛利率、净资产收益率（包括扣除非经常性损益后净资产收益率）、基本每股收益、稀释每股收益、每股净资产、每股经营活动产生的现金流量净额、资产负债率（以母公司报表为基础）、流动比率、速动比率、应收账款周转率和存货周转率等。除特别指出外，上述财务指标应以合并财务报表的数据为基础进行计算。相关指标的计算应执行中国证监会的有关规定。

在此基础上，分析公司的盈利能力、长短期偿债能力、营运能力及获取现金能力，综合评价公司财务风险和经营风险，判断公司财务状况是否良好。各项财务指标与同行业公司平均水平相比有较大偏离的，或各项财务指标及相关会计项目有较大变动或异常的，应分析原因并进行重点调查。

根据经审计的财务报告，对公司收入、成本、费用的配比性进行分析性复核。通过分析公司收入、成本、费用的变动趋势、比例关系等，比较同行业其他公司的情况，评价公司收入与成本、费用，成本、费用与相关资产摊销等财务数据之间的配比或勾稽关系是否合理。对明显缺乏合理的配比或勾稽关系的事项，应要求公司管理层作出说明。

第三十三条　调查公司应收款项的真实性、准确性、完整性和合理性。

查阅公司应收账款明细资料，结合公司行业特点和业务收入状况等因素，评价应收账款余额及其变动是否合理。抽查大额应收账款，调查其真实性、收回可能性及潜在的风险。

取得公司其他应收款明细资料，了解大额其他应收款余额的形成原因，分析其合理性、真实性、收回可能性及潜在的风险。

核查大额预付账款产生的原因、时间和相关采购业务的执行情况。调查应收票据取得、背书、抵押和贴现等情况，关注由此产生的风险。

分析公司应收款项账龄，评价账龄的合理性，了解账龄较长款项的形成原因及公司采取的措施，查核公司是否按规定提取坏账准备、提取是否充分。

第三十四条　调查公司存货的真实性、准确性、完整性和合理性。

通过查阅公司存货明细资料，结合生产循环特点，分析原材料、在产品、产成品余额之间的比例及其变动是否合理。通过实地查看存货，评估其真实性和完整性。

分析比较公司存货账龄，评价账龄是否合理，了解是否有账龄较长的存货，查核公司是否按规定提取存货跌价准备、提取是否充分。

第三十五条　调查公司投资的真实性、准确性、完整性和合理性。

通过与公司管理层及相关负责人交谈，了解公司投资的决策程序、管理层对投资风险及其控制所采取的措施，重点关注风险较大的投资项目。

采用与公司管理层交谈，查阅股东大会、董事会、总经理办公会等会议记录，查阅投资合同，查阅账簿、股权或债权投资凭证等方法，调查公司长短期投资的计价及收益确认方法是否符合会计准则的相关规定。

关注公司对纳入合并财务报表范围子公司的投资核算方法是否恰当。听取注册会计师的意见，关注影响子公司财务状况的重要方面，评价其财务报表信息的真实性。

第三十六条　调查公司固定资产和折旧的真实性、准确性、完整性和合理性。

通过查阅公司经审计的财务报告，询问会计人员，了解公司固定资产的计价政策、固定资产折旧方法、固定资产使用年限和残值率的估计，评价相关会计政策和估计是否符合会计准则的相关规定。通过查阅账簿、实地查看等方法，考察公司固定资产的构成及状况。

根据公司固定资产折旧政策，对固定资产折旧进行重新计算。分析累计折旧占固定资产原值的比重，判断固定资产是否面临淘汰、更新、大修、技术升级等情况，并评价其对公司财务状况和持续经营能力的影响程度。

关注公司购建、处置固定资产等是否履行了必要的审批程序，手续是否齐全。

第三十七条　调查公司无形资产的真实性、准确性、完整性和合理性。

通过查阅公司经审计的财务报告、询问会计人员，了解公司无形资产的计价政策、摊销方法、摊销年限，评价相关会计政策和估计是否符合会计准则的相关规定，判断其合理性。

通过查阅投资合同、资产评估报告、资产权属证明、账簿等方法，对股东投入的无形资产，评价无形资产的入账价值是否有充分的依据，关注投资方取得无形资产的方式是否合法；对公司购买的无形资产，关注出售方与公司是否存在关联方关系，无形资产定价是否合理；对公司自行开发的无形资产，关注其确认时间和价值是否符合会计准则的相关规定。

关注处置无形资产是否履行了必要的审批程序，手续是否齐全。当预计某项无形资产已经不能带来未来经济效益时，关注公司是否已将该项无形资产的账面价值予以转销。

第三十八条　调查公司资产减值准备的真实性、准确性、完整性和合理性。

通过查阅公司经审计的财务报告、询问会计人员等方法，了解公司各项资产减值准备的计提方法是否符合会计准则的相关规定，依据是否充分，比例是否合理。

采用重新计算、分析等方法，考察公司资产减值准备的计提情况是否与资产质量状况相符。

关注公司资产减值准备的计提、冲销和转回等是否履行了必要的审批程序，计提方法和比例是否随意变更，金额是否异常，分析是否存在利用资产减值准备调节　利润的情形。

第三十九条　调查公司历次资产评估情况。

通过查阅公司董事会决议，相关的资产评估报告，与公司相关业务人员交谈，咨询专业资产评估机构，调查公司自成立之日起的历次资产评估情况，包括资产评估的原因及相关用途；资产评估机构的名称及主要评估方法，资产评估前的账面值，评估值及增减情况，增减变化幅度较大的，应说明原因。

第四十条　调查公司应付款项的真实性、准确性、完整性和合理性。

查阅公司应付账款明细资料，结合公司行业特点和业务状况等因素，评价应付账款余额及其变动是否合理。抽查大额应付账款，调查其真实性、产生的原因、时间和相关采购业务的执行情况。核查应付票据的产生以及票据的利息核算，关注由此产生的风险。

分析公司应付账款和其他应付款账龄的合理性，了解账龄较长款项的形成原因及公司采取的措施。

第四十一条　调查公司收入的真实性、准确性、完整性和合理性。

通过询问会计人员，查阅银行存款、应收账款、收入等相关账簿，查阅公司销售商品或提供劳务的合同、定单、发出商品或提供劳务的凭证、收款凭证、发票、增值税、关税等完税凭证、销售退回凭证等，了解公司的收入确认会计政策是否符合会计准则的相关规定，核查公司是否虚计收入、是否存在提前或延迟确认收入的情况；了解公司收入构成，分析公司产品的价格、销量等影响因素的变动情况，判断收入是否存在异常变动或重大变动，并调查原因。关注公司销售模式对其收入确认的影响及是否存在异常。

第四十二条　调查公司成本的真实性、准确性、完整性和合理性。

通过查阅公司的生产流程管理文件和财务文件，与公司业务人员、会计人员访谈等方法，了解公司生产经营各环节的成本核算方法和步骤，确认公司的成本核算方法是否与业务情况相符，报告期内是否发生变化；取得公司主要产品或服务的成本明细表，分析产品或服务的单位成本构成情况，并结合公司生产经营情况、市场和同行业企业情况（如原材料市场价格、燃料和动力的耗用量、员工工资水平等），判断公司成本的合理性；关注公司是否存在未及时结转成本的情况。

第四十三条　调查公司广告费、研发费用、利息费等费用项目的真实性、准确性、完整性和合理性。

通过查阅重要广告合同、付款凭证等，分析广告费的确认时间和金额是否符合会计准则的相关规定，关注公司是否存在提前或延迟确认广告费的情况。

查阅账簿、凭证，询问相关业务人员等，调查公司是否存在将研究费用资本化的不合理情况。

通过查阅资本支出凭证、利息支出凭证、开工证明等资料，现场查看固定资产购建情况，重新计算利息费用等方法，调查公司利息费用资本化的情况是否符合会计准则的相关规定。对计入当期损益的利息费用，通过查阅借款合同、资金使用合同、利息支出凭证，重新计算等方法，调查公司利息费用是否真实、完整，关注逾期借款利息、支付给关联方的资金使用费等，评价公司是否存在财务费用负担较重的风险以及有关利息费用支付合同的有效性和公允性。

第四十四条　调查公司非经常性损益的真实性、准确性、完整性和合理性。

取得公司非经常性损益明细表，计算非经常损益及其占利润总额的比例，对非经常性损益占利润总额比例较高的，应通过查阅相关事项法律文件、审批记录、账簿、凭证、合同等方法，分析相关损益同公司正常经营业务的关联程度以及可持续性，判断其对公司财务状况和经营成果的影响。

第四十五条　调查公司最近两年的股利分配政策、实际股利分配情况以及公司股票公开转让后的股利分配政策。

第四十六条　调查公司合并财务报表。

通过查阅公司及其子公司经审计的财务报告，结合对公司投资事项的调查，了解公司与其子公司的股权关系，调查公司合并范围的确定及变动是否合理、公司与其子公司会计期间和会计政策是否一致及不一致时的处理是否符合相关规定、尽职调查所涵盖期间内合并范围是否发生变动，评价公司合并财务报表合并抵销的内容和结果是否准确。

对于纳入合并范围的子公司，应对其财务状况按照本指引的要求一并进行调查。

第四十七条　调查公司的关联方、关联方关系及关联方交易，说明相应的决策权限、决策程序、定价机制等情况，并根据交易的性质和频率，分别评价经常性和偶发性关联交易对公司财务状况和经营成果的影响。

通过与公司管理层交谈、查阅公司股权结构图和组织结构图、查阅公司重要会议记录和重要合同等方法，确认公司的关联方及关联方关系。

通过与公司管理层、会计机构和主要业务部门负责人交谈、查阅账簿和相关合同、听取律师及注册会计师意见等方法，调查公司关联方交易的以下内容：

（一）决策是否按照公司章程或其他规定履行了必要的审批程序；尤其是定价是否公允，与市场独立第三方价格是否有较大差异。如有，管理层应说明原因；

（二）来自关联方的收入占公司主营业务收入的比例、向关联方采购额占公司采购总额的比例；

（三）关联方的应收、应付款项余额分别占公司应收、应付款项余额的比例是否较高，关注关联方交易的真实性和关联方应收款项的可收回性；

（四）关联方交易产生的利润占公司利润总额的比例是否较高；

（五）关联方交易有无大额销售退回情况。如有，关注其对公司财务状况的影响；

（六）是否存在关联方关系非关联化的情形，例如，与非正常业务关系单位或个人发生的偶发性或重大交易，缺乏明显商业理由的交易，实质与形式明显不符的交易，交易价格、条件、形式等明显异常或显失公允的交易，应当考虑是否为虚构的交易、是否实质上是关联方交易、该交易背后是否还有其他安排；

（七）关联方交易存在的必要性和持续性，以及减少和规范关联交易的具体安排。

第四十八条　核查注册会计师对公司财务报告的审计意见。

通过查阅审计报告，核实注册会计师对公司财务报告出具的审计意见类型。如审计意见为带强调事项段的无保留意见，应要求公司董事会和监事会对审计报告涉及事项的处理情况作出说明，并关注该事项对公司的影响是否重大、影响是否已经消除、违反公允性的事项是否已予纠正。

第四十九条　公司最近二年更换会计师事务所的，项目小组应通过咨询会计人员、查阅会议记录、取得公司管理层说明等方法，调查公司更换会计师事务所的原因，履行审批程序情况，以及前后任会计师事务所的专业意见情况等。

第四节　公司合法合规调查

第五十条　调查公司设立及存续情况。

（一）通过查阅公司的设立批准文件、营业执照、公司章程、工商变更登记资料、工商年检等文件，判断公司设立、存续的合法性，核实公司设立、存续是否满二年。

（二）调查公司历次股权变动的情况，包括转让协议，转让价格、资产评估报告（如有），新股东所取得的各种特殊权利（如优先清算权、优先购买权、随售权等），此次转让后变更的公司章程以及董事会的变化情况。

（三）主办券商应对有限责任公司整体变更为股份有限公司（以下简称“改制”）进行重点调查，调查内容包括：查阅公司改制的批准文件、营业执照、公司章程、工商登记资料等文件，判断公司改制的合法合规性；查阅审计报告、验资报告等，调查公司改制时是否以变更基准日经审计的原账面净资产额为依据，折合股本总额是否不高于公司净资产；通过咨询公司律师或法律顾问，查阅董事会和股东会决议等文件，调查公司最近二年内主营业务和董事、高级管理人员是否发生重大变化，实际控制人是否发生变更，如发生变化或变更，判断对公司持续经营的影响。

第五十一条　调查公司最近二年股权变动的合法合规性以及股本总额和股权结构是否发生变化。

第五十二条　调查公司最近二年是否存在重大违法违规行为。

通过咨询公司律师或法律顾问，查阅已生效的判决书、行政处罚决定书以及其他能证明公司存在违法违规行为的证据性文件，判断公司是否存在重大违法违规行为。

通过询问公司管理层，查阅公司档案，向税务部门等查询，了解公司是否有违法违规记录。

第五十三条　通过与公司股东或股东的法定代表人交谈，查阅工商变更登记资料等，调查公司股份是否存在转让限制的情形，并取得公司股东或股东的法定代表人的股份是否存在质押等转让限制情形、是否存在股权纠纷或潜在纠纷的书面声明。

第五十四条　调查公司主要财产的合法性，是否存在法律纠纷或潜在纠纷以及其他争议。

通过查阅公司房产，土地使用权，商标、专利、版权、特许经营权等无形资产，以及主要生产经营设备等主要财产的权属凭证、相关合同等资料，咨询公司律师或法律顾问的意见，必要时进行实地查看，重点关注公司是否具备完整、合法的财产权属凭证，商标权、专利权、版权、特许经营权等的权利期限情况，判断是否存在法律纠纷或潜在纠纷。

第五十五条　调查公司的重大债务，重点关注将要履行、正在履行以及虽已履行完毕但可能存在潜在纠纷的重大合同的合法性、有效性；是否有因环境保护、知识产权、产品质量、劳动安全、人身权等原因产生的债务；以及公司金额较大的其他应付款是否因正常的生产经营活动发生，是否合法。

第五十六条　调查了解公司的纳税情况是否符合法律、法规和规范性文件的要求。

通过询问公司税务负责人，查阅公司税务登记证，了解公司及其控股子公司执行的税种、税率，查阅公司的纳税申报表、税收缴款书、税务处理决定书或税务稽查报告等资料，关注公司纳税情况是否符合法律、法规和规范性文件的要求，公司是否存在拖欠税款的情形，是否受过税务部门的处罚。

通过查阅公司有关税收优惠、财政补贴的依据性文件，判断公司享受优惠政策、财政补贴是否合法、合规、真实、有效。

第五十七条　调查公司环境保护和产品质量、技术标准是否符合相关要求。

通过询问公司管理层及相关部门负责人，咨询公司律师或法律顾问，取得公司有关书面声明等，关注公司生产经营活动是否符合环境保护的要求，是否受过环境保护部门的处罚；公司产品是否符合有关产品质量及技术标准，是否受过产品质量及技术监督部门的处罚。

第五十八条　通过对公司控股股东、实际控制人、董监高、核心技术（业务）人员访谈，询问公司律师或法律顾问，核查公司是否存在违约金或诉讼、仲裁费用的支出，走访公司住所地的法院和仲裁机构等方法，调查公司是否存在重大诉讼、仲裁和其他重大或有事项，分析该等已决和未决诉讼、仲裁与其他重大或有事项对公司的重大影响，并取得管理层对公司重大诉讼、仲裁和其他重大或有事项情况及其影响的书面声明。

第三章　尽职调查报告

第五十九条　在尽职调查报告扉页，财务会计调查人员、法律事项调查人员、行业分析师应分别声明：其已按照本指引的要求，对公司的财务会计相关事项、对公司的法律相关事项、对公司的行业和业务相关事项进行了尽职调查，有充分理由确信尽职调查报告内容不致因上述内容出现虚假记载、误导性陈述及重大遗漏，并对报告的真实性、准确性和完整性承担相应责任。

此外，项目小组负责人应声明：其已按照本指引的要求，对公司进行了尽职调查，有充分理由确信尽职调查报告无虚假记载、误导性陈述及重大遗漏，并对报告真实性、准确性和完整性承担相应责任。

第六十条　项目小组应在尽职调查报告中说明尽职调查涵盖的期间、调查范围、调查事项、调查程序和方法、发现的问题及存在的风险、评价或判断的依据等。项目小组应在尽职调查报告中说明公司对不规范事项的整改情况。

第六十一条　项目小组应在尽职调查报告中对公司的下列事项发表独立意见：

（一）公司控股股东、实际控制人情况及持股数量；

（二）公司的独立性；

（三）公司治理情况；

（四）公司规范经营风险；

（五）公司的法律风险；

（六）公司的财务风险；

（七）公司的持续经营能力；

（八）公司是否符合挂牌条件。

第六十二条　项目小组各成员应在尽职调查报告上签字，并加盖主办券商公章和注明报告日期。

第六十三条　除诸如有关公司基本情况等介绍性内容外，尽职调查报告应避免与挂牌申请文件中其他材料的有关内容重复。

第四章　尽职调查工作底稿

第六十四条　尽职调查工作底稿（以下简称“工作底稿”），是指项目小组在尽职调查过程中获取和制作的、与推荐挂牌业务相关的各种工作记录和重要资料的总称。

第六十五条　工作底稿应真实、准确、完整地反映所实施的尽职调查工作，并应成为出具尽职调查报告、推荐报告的基础。工作底稿是评价项目小组是否诚实守信、勤勉尽责地开展尽职调查工作的重要依据。

第六十六条　主办券商及相关人员对工作底稿中的未公开披露的信息负有保密责任。

第六十七条　本章的规定仅是对工作底稿的一般要求。无论本章是否有明确规定，凡对项目小组履行尽职调查职责有重大影响的文件资料及信息，均应作为工作底稿予以留存。

公司子公司对公司业务经营或财务状况有重大影响的，主办券商应参照本章根据重要性和合理性原则对该子公司单独编制工作底稿。

第六十八条　工作底稿包括工作记录和附件，其中工作记录用于记录调查过程、调查内容、方法和结论等；附件是项目小组取得或制作的、能够证明所实施的调查工作、支持调查结论的相关资料，是进一步说明工作记录的支撑性文件；附件应直接附于工作记录之后。

第六十九条　工作底稿应内容完整、格式规范、记录清晰、结论明确。工作记录内容至少包括：公司名称、调查事项的时间或期间、调查人员、调查日期、调查地点、调查过程、调查内容、方法和结论、其他应说明的事项等。工作底稿应有调查人员及与调查相关人员的签字。

对于从公司或第三方取得并经确认的相关资料，除注明资料来源外，调查人员还应实施必要的调查程序，形成相应的调查记录和必要的签字。

第七十条　对于取得的附件，如为公司出具的，应要求公司加盖公章；如为第三方出具的，应由第三方加盖公章；如第三方无法加盖公章，应由公司加盖公章，以确认与原件一致。对于访谈笔录，应由访谈人和被访谈人签字确认。项目小组成员自行制作的附件，项目小组成员应签字确认。

第七十一条　工作底稿可以纸质文档、电子文档或者其他介质形式的文档留存，其中重要的工作底稿应采用纸质文档的形式。以纸质以外的其它介质形式存在的工作底稿，应以可独立保存的形式留存。

第七十二条　主办券商应对工作底稿建立统一目录以便于查阅与核对。

工作底稿中的工作记录和附件均应标有索引编号。索引编号应统一规范、清晰有序。工作底稿各章节　之间应有明显的分隔标识。相关工作底稿之间，应保持清晰的勾稽关系。相互引用时，相关工作底稿上应交叉注明索引编号。

第七十三条　主办券商应建立工作底稿管理制度，明确工作底稿收集整理的责任人员、归档保管流程、借阅程序与检查办法等。

工作底稿的纸制与电子文档保存期不少于十年。

第五章　附则

第七十四条　本指引由全国股份转让系统公司负责解释。

第七十五条　本指引自发布之日起施行。

公司业务类

全国中小企业股份转让系统股票发行业务细则（试行）

第一章　总则

第一条　为了规范挂牌公司的股票发行行为，保护投资者合法权益，根据《非上市公众公司监督管理办法》（以下简称《管理办法》）、《全国中小企业股份转让系统有限责任公司管理暂行办法》、《全国中小企业股份转让系统业务规则（试行）》（以下简称《业务规则》）等有关规定，制定本细则。

第二条　本细则规定的股票发行，是指挂牌公司向符合规定的投资者发行股票，发行后股东人数累计不超过200人的行为。

实施本细则规定的股票发行，应当按照规定向全国中小企业股份转让系统有限责任公司（以下简称“全国股份转让系统公司”）履行备案程序。

第三条　挂牌公司股票发行，必须真实、准确、完整、及时、公平地披露信息，不得有虚假记载、误导性陈述或者重大遗漏。

挂牌公司的控股股东、实际控制人、股票发行对象及其他信息披露义务人，应当按照有关规定及时向公司提供信息，配合公司履行信息披露义务。

第四条　挂牌公司的董事、监事、高级管理人员、控股股东及实际控制人，主办券商、会计师事务所、律师事务所等证券服务机构及其相关人员，应当遵守有关法律法规、规章、规范性文件及业务规定，勤勉尽责，不得利用挂牌公司股票发行谋取不正当利益，禁止泄露内幕信息和利用内幕信息进行股票转让或者操纵股票转让价格。

第五条　挂牌公司、主办券商选择发行对象、确定发行价格或者发行价格区间，应当遵循公平、公正原则，维护公司及其股东的合法权益。

第六条　发行股票导致挂牌公司的控股股东或者实际控制人发生变化的，相关规定另行制定。

发行股票购买资产导致重大资产重组，且发行后股东人数累计不超过200人的，相关规定另行制定。

第二章　发行要求与认购规定

第七条　挂牌公司股票发行应当满足《管理办法》规定的公司治理、信息披露及发行对象的要求。

第八条　挂牌公司股票发行以现金认购的，公司现有股东在同等条　件下对发行的股票有权优先认购。每一股东可优先认购的股份数量上限为股权登记日其在公司的持股比例与本次发行股份数量上限的乘积。

公司章程对优先认购另有规定的，从其规定。

第九条　发行对象承诺对其认购股票进行转让限制的，应当遵守其承诺，并予以披露。

第十条　发行对象可用现金或者非现金资产认购发行股票。

第三章　董事会与股东大会决议

第十一条　挂牌公司董事会应当就股票发行有关事项作出决议。

第十二条　挂牌公司董事会作出股票发行决议，应当符合下列规定：

（一）董事会决议确定具体发行对象的，董事会决议应当明确具体发行对象（是否为关联方）及其认购价格、认购数量或数量上限、现有股东优先认购办法等事项。认购办法中应当明确现有股东放弃优先认购股票份额的认购安排。

已确定的发行对象（现有股东除外）与公司签署的附生效条　件的股票认购合同应当经董事会批准。

（二）董事会决议未确定具体发行对象的，董事会决议应当明确发行对象的范围、发行价格区间、发行价格确定办法、发行数量上限、现有股东优先认购办法等事项。

（三）发行对象用非现金资产认购发行股票的，董事会决议应当明确交易对手（应当说明是否为关联方）、标的资产、作价原则及审计、评估等事项。

（四）董事会应当说明本次发行募集资金的用途。

第十三条　董事会决议确定具体发行对象的，挂牌公司应当与相关发行对象签订附生效条　件的股票认购合同。

前款所述认购合同应当载明该发行对象拟认购股票的数量或数量区间、认购价格、限售期，同时约定本次发行经公司董事会、股东大会批准后，该合同即生效。

第十四条　挂牌公司股东大会应当就股票发行等事项作出决议。

第十五条　挂牌公司股东大会审议通过股票发行方案后，董事会决议作出重大调整的，公司应当重新召开股东大会并按照第十四条　的规定进行审议。

第四章　发行与备案

第十六条　董事会决议确定具体发行对象的，挂牌公司应当按照本细则及有关要求，依据股票认购合同的约定发行股票；有优先认购安排的，应当办理现有股东优先认购手续。

第十七条　董事会决议未确定具体发行对象的，挂牌公司及主办券商可以向包括挂牌公司股东、主办券商经纪业务客户、机构投资者、集合信托计划、证券投资基金、证券公司资产管理计划以及其他个人投资者在内的询价对象进行询价，询价对象应当符合投资者适当性的规定。

第十八条　挂牌公司及主办券商应当在确定的询价对象范围内接收询价对象的申购报价；主办券商应根据询价对象的申购报价情况，按照价格优先的原则，并考虑认购数量或其他因素，与挂牌公司协商确定发行对象、发行价格和发行股数。

现有股东优先认购的，在相同认购价格下应优先满足现有股东的认购需求。

第十九条　依据第十八条规定确定发行价格后，挂牌公司应当与发行对象签订正式认购合同，发行对象应当按照合同约定缴款。

第二十条　挂牌公司应当在股票发行认购结束后及时办理验资手续，验资报告应当由具有证券、期货相关业务资格的会计师事务所出具。

第二十一条　主办券商和律师事务所应当在尽职调查基础上，分别对本次股票发行出具书面意见。

第二十二条　挂牌公司在验资完成后十个转让日内，按照规定向全国股份转让系统公司报送材料，履行备案程序。

第二十三条　全国股份转让系统公司对材料进行审查，并根据审查结果出具股份登记函，送达挂牌公司并送交中国证券登记结算有限责任公司（以下简称“中国结算”）和主办券商。

以非现金资产认购股票的情形，尚未完成相关资产权属过户或相关资产存在重大法律瑕疵的，全国股份转让系统公司不予出具股份登记函。

第二十四条　挂牌公司按照中国结算相关规定，向中国结算申请办理股份登记，并取得股份登记证明文件。

主办券商应当协助挂牌公司持股份登记函向中国结算办理股份登记手续。

挂牌公司完成股份登记的办理后，新增股票按照挂牌转让公告中安排的时间在全国中小企业股份转让系统挂牌转让。

第五章　信息披露

第二十五条　挂牌公司应当分别在董事会和股东大会通过股票发行决议之日起两个转让日内披露董事会、股东大会决议公告。

第二十六条　以非现金资产认购股票涉及资产审计、评估的，资产审计结果、评估结果应当最晚和召开股东大会的通知同时公告。

第二十七条　挂牌公司应当在披露董事会决议的同时，披露经董事会批准的股票发行方案。

第二十八条　挂牌公司应当在缴款期前披露股票发行认购公告，其中应当披露缴款的股权登记日、投资者参与询价、定价情况，股票配售的原则和方式及现有股东优先认购安排（如有），并明确现有股东及新增投资者的缴款安排。

第二十九条　挂牌公司应当按照要求披露股票发行情况报告书、股票发行法律意见书、主办券商关于股票发行合法合规性意见和股票挂牌转让公告。

第六章　监管措施和违规处分

第三十条　挂牌公司及其董事、监事、高级管理人员、股东、实际控制人及其他相关信息披露义务人，主办券商、会计师事务所、律师事务所及其他证券服务机构，违反本细则及有关规定的，全国股份转让系统公司依据《业务规则》等有关规定采取相应监管措施及纪律处分。

第七章　附则

第三十一条　申请挂牌同时股票发行，应当在《公开转让说明书》中披露董事会、股东大会决议等内容，并遵守全国股份转让系统公司相关业务规则。

第三十二条　经中国证监会核准的股票发行，公司应当在取得中国证监会的核准文件后，按照全国股份转让系统公司的规定办理股票挂牌手续。

第三十三条　挂牌公司发行优先股的具体业务规则由全国股份转让系统公司另行制定。

第三十四条　本细则由全国股份转让系统公司负责解释。

第三十五条　本细则自发布之日起施行。

全国中小企业股份转让系统股票发行业务指引第1号——备案文件的内容与格式

（试行）

第一条　为了规范股票发行备案文件的内容与格式，根据《全国中小企业股份转让系统业务规则（试行）》、《全国中小企业股份转让系统股票发行业务细则（试行）》等有关规定，制定本指引。

第二条　向全国股份转让系统公司履行股票发行备案程序的挂牌公司，应按照本指引要求制作和报送备案文件。

第三条　公司报送备案文件应提交原件一份，复印件二份。每次报送书面备案文件的同时，应报送一份与书面文件一致的电子文件（WORD、EXCEL、PDF 及全国股份转让系统公司要求的其他文件格式）。

第四条　涉及非现金资产认购的，非现金资产若为股权资产，应当提供具有证券、期货相关业务资格的会计师事务所出具的标的资产最近一年及一期（如有）的审计报告，审计截止日距审议该交易事项的股东大会召开日不得超过 6 个月；非现金资产若为股权以外的其他非现金资产，应当提供资产评估事务所出具的评估报告，评估基准日距审议该交易事项的股东大会召开日不得超过 1 年。

第五条　本指引附录规定的备案文件目录是对股票发行备案文件的最低要求。根据备案审查需要，全国股份转让系统公司可以要求公司、主办券商、律师事务所及其他证券服务机构补充材料。

第六条　备案文件所有需要签名处，均应为签名人亲笔签名，不得以名章、签名章等代替。

第七条　备案文件的封面和侧面应标明“XX 公司股票发行备案文件”字样，扉页应标明挂牌公司法定代表人、董事会秘书或信息披露事务负责人，主办券商主管领导、项目负责人，以及相关中介机构项目负责人姓名、电话、传真等联系方式。

第八条　备案文件章与章之间、节与节之间应有明显的分隔标识，文件中的页码应与目录中的页码相符。

第九条　备案文件应采用标准 A4 纸张双面印刷（需提供原件的历史文件除外）。

第十条　本指引由全国股份转让系统公司负责解释。

第十一条　本指引自发布之日起施行。

全国中小企业股份转让系统股票发行业务指引第2号——股票发行方案及发行情况报告书的内容与格式

（试行）

第一章　总则

第一条　为了规范挂牌公司股票发行的信息披露行为，根据《全国中小企业股份转让系统业务规则（试行）》、《全国中小企业股份转让系统股票发行业务细则（试行）》等有关规定，制定本指引。

第二条　向全国股份转让系统公司履行股票发行备案程

序的挂牌公司，编制并披露的股票发行方案和发行情况报告书应当符合本指引的要求。

第三条　在不影响信息披露完整性并保证阅读方便的前提下，对定期报告、临时公告或者其他信息披露文件中曾经披露过的信息，如未发生变化，公司可以采取索引的方法进行披露。

第四条　本指引有关要求对本次发行不适用或者需要豁免适用的，公司应当向全国股份转让系统公司提出申请，经同意后，公司可根据实际情况进行调整，并在提交发行申请文件时作出书面说明。

第二章　股票发行方案

第五条　股票发行方案文本封面应标有“XXX 公司股票发行方案”字样，并载明公司、主办券商的名称和住所。

第六条　股票发行方案扉页应载有如下声明：

“本公司全体董事、监事、高级管理人员承诺股票发行方案不存在虚假记载、误导性陈述或重大遗漏，并对其真实性、准确性和完整性承担个别和连带的法律责任。”

“根据《证券法》的规定，本公司经营与收益的变化，由本公司自行负责，由此变化引致的投资风险，由投资者自行负责。”

第七条　公司应在股票发行方案的目录标明各章、节的标题及相应的页码，内容编排也应符合通行惯例。对可能造成投资者理解障碍及有特定含义的术语，公司应作出释义，并在目录次页排印。

第八条　股票发行方案应当至少包括以下内容：

（一）公司基本信息；

（二）发行计划；

（三）非现金资产的基本信息，包括资产名称、权属关系，及其审计或资产评估情况等；

（四）董事会关于资产定价合理性的讨论与分析（如有）；

（五）董事会关于本次发行对公司影响的讨论与分析；

（六）其他需要披露的重大事项；

（七）有关声明。

第九条　公司应当披露以下基本信息：

（一）公司名称、证券简称、证券代码；

（二）公司的注册地址、联系方式；

（三）公司的法定代表人、董事会秘书或信息披露负责人。

第十条　公司应在发行计划中披露以下内容：

（一）发行目的；

（二）发行对象或发行对象的范围，以及现有股东的优先认购安排；

（三）发行价格或价格区间，以及定价方法；

（四）发行股份数量或数量上限，预计募集资金总额；

（五）在董事会决议日至股份认购股权登记日期间预计将发生除权、除息的，应说明发行数量和发行价格是否相应调整；此外，还应说明公司挂牌以来的分红派息、转增股本及其对公司价格的影响；

（六）本次发行股票的限售安排或发行对象自愿锁定的承诺，如无限售安排或自愿锁定承诺，也应予以说明；

（七）募集资金用途；

（八）本次发行前滚存未分配利润的处置方案；

（九）本次发行拟提交股东大会批准和授权的相关事项；

（十）本次发行涉及主管部门审批、核准或备案事项情况。

第十一条　发行对象以非现金资产认购发行股票的，还应按照第十二条　、第十三条　、第十四条　的有关规定以及第十七条　中关于“资产转让合同的内容摘要”的规定披露相关内容。

第十二条　以非股权资产认购发行股票的，应披露相关资产的下列基本情况：

（一）相关资产的名称、类别以及所有者和经营管理者的基本情况；

（二）资产权属是否清晰，是否存在权利受限、权属争议或者妨碍权属转移的其他情况；

相关资产涉及许可他人使用，或者作为被许可方使用他人资产的，应当简要披露许可合同的主要内容；资产交易涉及债权债务转移的，应当披露相关债权债务的基本情况、债权人同意转移的证明及与此相关的解决方案；所从事业务需要取得许可资格或资质的，还应当披露当前许可资格或资质的状况；涉及需呈报有关主管部门批准的，应说明是否已获得有效批准；

（三）相关资产独立运营和核算的，披露最近一年及一期（如有）经具有证券、期货相关业务资格的会计师事务所审计的财务报表及审计意见，被出具非标准审计意见的应当披露涉及事项及其影响；

（四）资产的交易价格、定价依据，资产评估方法及资产评估价值。

第十三条　以股权资产认购发行股票的，应披露相关股权的下列基本情况：

（一）股权所在公司的名称、企业性质、注册地、主要办公地点、法定代表人、注册资本、实收资本；股权及控制关系，包括公司的主要股东及其持股比例、最近两年控股股东或实际控制人的变化情况、股东出资协议及公司章程中可能对本次交易产生影响的主要内容、原高管人员的安排；

（二）股权权属是否清晰、是否存在权利受限、权属争议或者妨碍权属转移的其他情况；

股权资产为有限责任公司股权的，股权转让是否已取得其他股东同意，或有证据表明其他股东已放弃优先购买权；股权对应公司所从事业务需要取得许可资格或资质的，还应当披露当前许可资格或资质的状况；涉及需呈报有关主管部门批准的，应说明是否已获得有效批准；

（三）股权对应公司主要资产的权属状况及对外担保和主要负债情况；

（四）披露最近一年及一期（如有）经具有证券、期货相关业务资格的会计师事务所审计的财务报表及审计意见，被出具非标准审计意见的应当披露涉及事项及其影响；

（五）股权的交易价格、定价依据，资产评估方法及资产评估价值（如有）.

第十四条　资产交易价格以经审计的账面值为依据的，公司董事会应当对定价合理性予以说明。

资产交易根据资产评估结果定价的，在评估机构出具资产评估报告后，公司董事会应当对评估机构的独立性、评估假设前提和评估结论的合理性、评估方法的适用性、主要参数的合理性、未来收益预测的谨慎性等问题发表意见，并说明定价的合理性，资产定价是否存在损害公司和股东合法权益的情形。

第十五条　董事会应当就股票发行对公司的影响，披露以下内容：

（一）公司与控股股东及其关联人之间的业务关系、管理关系、关联交易及同业竞争等变化情况；

（二）发行对象以非现金资产认购发行股票的，说明相关资产占公司最近一年期末总资产、净资产的比重；相关资产注入是否导致公司债务或者或有负债的增加，是否导致新增关联交易或同业竞争；

（三）本次发行对其他股东权益或其他类别股东权益的影响；

（四）与本次发行相关特有风险的说明。

第十六条　为增加公司信息披露透明度，公司还应披露以下重大事项：

（一）是否存在公司的权益被股东及其关联方严重损害且尚未消除的情形；

（二）是否存在公司及其附属公司违规对外提供担保且尚未解除的情形；

（三）是否存在现任董事、监事、高级管理人员最近二十四个月内受到过中国证监会行政处罚（指被处以罚款以上行政处罚的行为；被处以罚款的行为，除主办券商和律师能依法合理说明或处罚机关认定该行为不属于重大违法违规行为的外，都应当披露）或者最近十二个月内受到过全国股份转让系统公司公开谴责的情形；

（四）是否存在其他严重损害股东合法权益或者社会公共利益的情形；

（五）附生效条件的股票认购合同的内容摘要（如有）。

第十七条　董事会决议确定具体发行对象的，应当披露股票认购合同的内容摘要，至少应包括以下内容：

（一）合同主体、签订时间；

（二）认购方式、支付方式；

（三）合同的生效条件和生效时间；

（四）合同附带的任何保留条款、前置条件；

（五）自愿限售安排；

（六）估值调整条款（例如以达到约定业绩为条件的股权质押、股权回购或现金支付等）；

（七）违约责任条款。

资产转让合同的内容摘要除满足前款规定外，至少还应包括：

（一）目标资产及其价格或定价依据；

（二）资产交付或过户时间安排；

（三）资产自评估截止日至资产交付日或过户日所产生收益的归属；

（四）与资产相关的负债及人员安排。

第十八条　公司应披露下列机构的名称、法定代表人、住所、联系电话、传真，同时应披露有关经办人员的姓名：

（一）主办券商；

（二）律师事务所；

（三）会计师事务所；

（四）资产评估机构（如有）；

（五）其他与股票发行有关的机构。

第十九条　公司全体董事、监事、高级管理人员应在股票发行方案的尾页签名，并加盖公司公章。

第三章　股票发行情况报告书

第二十条　股票发行情况报告书应至少包括以下内容：

（一）本次发行的基本情况；

（二）发行前后相关情况对比；

（三）新增股份限售安排（如有）；

（四）主办券商关于本次股票发行合法合规性的结论性意见；

（五）律师事务所关于本次股票发行的结论性意见；

（六）公司全体董事、监事、高级管理人员的公开声明；

（七）备查文件。

第二十一条　发行基本情况应包括本次发行股票的数量、发行价格、现有股东优先认购的情况、其他发行对象情况及认购股份数量等。

第二十二条　发行前后相关情况对比应至少包括以下内容：

（一）本次发行前后前10名股东持股数量、持股比例及股票限售等比较情况；

（二）本次发行前后股本结构、股东人数、资产结构、业务结构、公司控制权以及董事、监事、高级管理人员及核心员工持股的变动情况；

（三）发行后主要财务指标变化。最近两年主要财务指标、按股票发行完成后总股本计算的每股收益等指标的变化情况。

第二十三条　本次股票发行股份如有限售安排的，应当予以说明；如无限售安排的，也应说明。

第二十四条　发行情况报告书应披露主办券商关于本次发行合法合规性的结论性意见，至少包括以下内容：

（一）关于本次股票发行是否符合豁免申请核准条件的意见；

（二）关于公司治理规范性的意见；

（三）关于公司是否规范履行了信息披露义务的意见；

（四）关于本次股票发行对象是否符合投资者适当性要求的意见；

（五）关于发行过程及结果是否合法合规的意见；

（六）关于发行定价方式、定价过程是否公正、公平，定价结果是否合法有效的意见；

（七）关于公司本次股票发行现有股东优先认购安排规范性的意见；

（八）主办券商认为应当发表的其他意见。

第二十五条　发行情况报告书应披露律师事务所关于本次股票发行法律意见书的结论性意见，至少包括以下内容：

（一）公司是否符合豁免向中国证监会申请核准股票发行的条件；

（二）发行对象是否符合中国证监会及全国股份转让系统公司关于投资者适当性制度的有关规定；

（三）发行过程及结果合法合规性的说明，包括但不限于：董事会、股东大会议事程序是否合规，是否执行了公司章程规定的表决权回避制度，发行结果是否合法有效等；

（四）与本次股票发行相关的合同等法律文件是否合法合规；

（五）安排现有股东优先认购的，应当对优先认购的相关程序及认购结果进行说明；依据公司章程排除适用的，也应当对相关情况进行说明；

（六）以非现金资产认购发行股份的，应当说明资产评估程序是否合法合规，是否存在资产权属不清或者其他妨碍权属转移的法律风险；标的资产尚未取得完备权属证书的，应说明取得权属证书是否存在法律障碍；

以非现金资产认购发行股份涉及需呈报有关主管部门批准的，应说明是否已获得有效批准；资产相关业务需要取得许可资格或资质的，应说明是否具备相关许可资格或资质；

（七）律师认为需要说明的其他问题。

律师已勤勉尽责仍不能发表肯定性意见的，应发表保留意见，并说明相应的理由及其对本次股票发行的影响。

第二十六条　股票发行方案首次披露后，公司就本次发行的有关事项作出调整的，董事会应在发行情况报告书中做出专门说明，说明调整的内容及履行的审议程序。

第二十七条　公司全体董事、监事、高级管理人员应在发行情况报告书正文后声明：

“公司全体董事、监事、高级管理人员承诺本发行情况报告书不存在虚假记载、误导性陈述或重大遗漏，并对其真实性、准确性和完整性承担个别和连带的法律责任”。

公司全体董事、监事、高级管理人员应在股票发行方案的尾页签名，并加盖公司公章。

第四章　附则

第二十八条　本指引由全国股份转让系统公司负责解释。

第二十九条　本指引自发布之日起施行。

全国中小企业股份转让系统股票发行业务指引第3号——主办券商关于股票发行合法合规性意见的内容与格式

（试行）

第一章　总则

第一条　为了规范挂牌公司股票发行的信息披露行为，根据《全国中小企业股份转让系统业务规则（试行）》、《全国中小企业股份转让系统股票发行业务细则（试行）》等有关规定，制定本指引。

第二条　主办券商为根据《非上市公众公司监督管理办法》（以下简称《管理办法》）向全国股份转让系统公司履行股票发行备案程序的挂牌公司出具股票发行合法合规性意见，应当按照本指引第二章的要求编制，并与股票发行情况报告书一同披露。

第三条　主办券商出具股票发行合法合规性意见，应建立在充分了解公司经营状况、风险等现存问题的基础之上，切实对公司股票发行履行尽职调查职责，保证报告相关内容的真实、准确、完整及报告结论的客观性。

第四条　主办券商应在合法合规性意见中对照本指引及有关规定逐项发表明确的结论性意见，并载明得出每项结论的查证过程及事实依据。

第二章　股票发行合法合规性意见必备内容

第五条　股票发行主办券商合法合规性意见应当包括以下内容：

（一）关于本次股票发行是否符合豁免申请核准条　件的意见；

（二）关于公司治理规范性的意见；

（三）关于公司是否规范履行了信息披露义务的意见；

（四）关于本次股票发行对象是否符合投资者适当性要求的意见；

（五）关于发行过程及结果是否合法合规的意见；

（六）关于发行定价方式、定价过程是否公正、公平，定价结果是否合法有效的意见；

（七）关于公司本次股票发行现有股东优先认购安排规范性的意见；

（八）主办券商认为应当发表的其他意见。

第六条　主办券商应对公司符合《管理办法》中豁免申请核准股票发行的情形进行说明。

第七条　主办券商应当对公司治理是否存在违反《管理办法》第二章规定的情形发表明确意见；如不存在违规情形，也应当进行说明。

第八条　主办券商应对公司是否已按照相关规定，真实、准确、完整、及时、公平地披露了本次股票发行应当披露的信息发表明确意见。

主办券商还应对公司在申请挂牌及挂牌期间是否规范履行了信息披露义务，是否曾因信息披露违规或违法，被全国股份转让系统公司依法采取监管措施或纪律处分、被中国证监会采取监管措施或给予行政处罚进行说明。

对于曾被给予行政处罚、采取监管措施或纪律处分的挂牌公司，主办券商应在合法合规性意见中就被惩处事项对公司的影响、是否已督促挂牌公司及时改正、相关责任人处理情况及相关信息披露事项的整改情况进行说明。

第九条　主办券商应当对本次股票发行新增股东是否符合投资者适当性要求发表明确意见，并列明做出判断的主要依据。

第十条　主办券商应对本次股票发行过程的规范性及结果的有效性发表明确意见，包括但不限于：董事会、股东大会议事程序是否合规，是否执行了公司章程规定的表决权回避制度，发行结果是否合法有效等。

第十一条　主办券商应对本次股票发行定价程序的规范性及结果的有效性发表意见。

发行对象使用非现金资产认购发行股票的，主办券商应在合法合规性意见中对交易对手是否为关联方、标的资产权属是否清晰、审计或资产评估是否规范等事项发表明确意见。

涉及需呈报有关主管部门批准的，主办券商需对是否已获得有效批准发表明确意见；资产相关业务需要取得许可资格或资质的，主办券商需对是否具备相关许可资格或资质发表明确意见。

第十二条　安排现有股东优先认购的，应当对优先认购的相关程序及认购结果进行说明；依据公司章程排除适用的，也应当对相关情况进行说明。

第十三条　若主办券商认为公司尚有未披露或未充分披露且对本次股票发行有影响的重大信息或事项，可以进行补充披露，并提示该信息或事项对本次股票发行可能造成的影响。

第十四条　主办券商法定代表人或法定代表人授权的代表、项目负责人应在合法合规性意见上签字，并加盖主办券商公章，注明报告日期。

主办券商法定代表人授权他人代为签字的，需同时提供授权委托书原件。

第三章　附则

第十五条　本指引由全国股份转让系统公司负责解释。

第十六条　本指引自发布之日起实施。

全国中小企业股份转让系统股票发行业务指引第4号——法律意见书的内容与格式

（试行）

第一章　总则

第一条　为了规范挂牌公司股票发行的信息披露行为，根据《全国中小企业股份转让系统业务规则（试行）》、《全国中小企业股份转让系统股票发行业务细则（试行）》等有关规定，制定本指引。

第二条　律师事务所为根据《非上市公众公司监督管理办法》向全国股份转让系统公司履行股票发行备案程序的挂牌公司出具股票发行法律意见书，应当按照本指引第二章的要求编制，并与股票发行情况报告书一同披露。

第三条　公司聘请的律师事务所及其委派的律师（以下“律师”均指签名律师及其所任职的律师事务所），应在尽职调查基础上，按本指引的要求出具法律意见书，对照本指引及有关规定逐项发表明确意见或结论。

本指引仅是股票发行法律意见书内容的最低要求，本指引未明确要求，但律师认为对公司股票发行有重大影响的法律问题，律师应当发表意见。

第四条　律师应在法律意见书中详尽、完整地阐述所发表意见或结论的依据、进行有关核查验证的过程、所涉及的必要资料或文件。

第五条　对不符合有关法律、法规和中国证监会、全国股份转让系统公司有关规定的事项，或已勤勉尽责仍不能对其法律性质或其合法性作出准确判断的事项，律师应发表保留意见，并说明相应的理由。

第六条　法律意见书应由2名以上（含2名）经办律师和其所在律师事务所的负责人签名，并经该律师事务所加盖公章、签署日期。

第二章　法律意见书的必备内容

第七条　律师应在充分核查验证的基础上，对本次股票发行

的下列（包括但不限于）事项明确发表结论性意见。所发表的结论性意见应包括是否合法合规、是否真实有效、是否存在纠纷或潜在风险；不存在下列事项的，也应明确说明：

（一）公司是否符合豁免向中国证监会申请核准股票发行的条件；

（二）发行对象是否符合中国证监会及全国股份转让系统公司关于投资者适当性制度的有关规定；

（三）发行过程及结果合法合规性的说明，包括但不限于董事会、股东大会议事程序是否合规，是否执行了公司章程规定的表决权回避制度，发行结果是否合法有效等；

（四）与本次股票发行相关的合同等法律文件是否合法合规；

（五）安排现有股东优先认购的，应当对优先认购的相关程序及认购结果进行说明；依据公司章程排除适用的，也应当对相关情况进行说明；

（六）以非现金资产认购发行股份的，应当说明资产评估程序是否合法合规，是否存在资产权属不清或者其他妨碍权属转移的法律风险；标的资产尚未取得完备权属证书的，应说明取得权属证书是否存在法律障碍；

以非现金资产认购发行股份涉及需呈报有关主管部门批准的，应说明是否已获得有效批准；资产相关业务需要取得许可资格或资质的，应说明是否具备相关许可资格或资质；

（七）律师认为需要说明的其他问题。

第八条　有下列情形之一的，律师应当发表保留意见并予以说明，充分揭示其对本次股票发行的影响程度及存在的风险：

（一）公司股票发行的全部或者部分事项不符合中国证监会和全国股份转让系统公司相关规定；

（二）股票发行的事实不清楚，材料不充分，不能全面反映客观情况；

（三）核查和验证范围受到客观条件的限制，律师无法取得应有证据；

（四）律师已要求公司纠正、补充，而公司未予以纠正、补充；

（五）律师已依法履行勤勉尽责义务，仍不能对全部或者部分事项作出准确判断；

（六）律师认为应当予以说明的其他情形。

律师出具保留意见的，全国股份转让系统公司可以要求公司予以说明或改正。

第三章　附则

第九条　本规则由全国股份转让系统公司负责解释。

第十条　本规则自公布之日起施行。

全国中小企业股份转让系统挂牌公司信息披露细则

（试行）

第一章　总则

第一条　为规范挂牌公司及相关信息披露义务人的信息披露行为，保护投资者合法权益，根据《非上市公众公司监督管理办法》（证监会令第85号）、《非上市公众公司监管指引第1号》（证监会公告［2013］1号）、《全国中小企业股份转让系统业务规则（试行）》（以下简称“《业务规则》”）等规定，制定本细则。

第二条　在全国股份转让系统挂牌的股票、可转换公司债券及其他证券品种适用本细则。

全国中小企业股份转让系统有限责任公司（以下简称“全国股份转让系统公司”）对上述证券品种的信息披露、暂停及恢复转让、终止及重新挂牌以及挂牌公司并购重组等事宜另有规定的，从其规定。

第三条　挂牌公司信息披露包括挂牌前的信息披露及挂牌后持续信息披露，其中挂牌后持续信息披露包括定期报告和临时报告。

第四条　挂牌公司及相关信息披露义务人应当及时、公平地披露所有对公司股票及其他证券品种转让价格可能产生较大影响的信息（以下简称“重大信息”），并保证信息披露内容的真实、准确、完整，不存在虚假记载、误导性陈述或重大遗漏。

第五条　挂牌公司应当制定信息披露事务管理制度，经董事会审议后及时向全国股份转让系统公司报备并披露。

公司应当将董事会秘书或信息披露事务负责人的任职及职业经历向全国股份转让系统公司报备并披露，发生变更时亦同。上述人员离职无人接替或因故不能履行职责时，公司董事会应当及时指定一名高级管理人员负责信息披露事务并披露。

第六条　挂牌公司应当在挂牌时向全国股份转让系统公司报备董事、监事及高级管理人员的任职、职业经历及持有挂牌公司股票情况。

有新任董事、监事及高级管理人员或上述报备事项发生变化的，挂牌公司应当在两个转让日内将最新资料向全国股份转让系统公司报备。

第七条　董事、监事及高级管理人员应当在公司挂牌时签署遵守全国股份转让系统公司业务规则及监管要求的《董事（监事、高级管理人员）声明及承诺书》（以下简称“承诺书”），并向全国股份转让系统公司报备。

新任董事、监事应当在股东大会或者职工代表大会通过其任命后五个转让日内，新任高级管理人员应当在董事会通过其任命后五个转让日内签署上述承诺书并报备。

第八条　挂牌公司披露重大信息之前，应当经主办券商审查，公司不得披露未经主办券商审查的重大信息。

挂牌公司在其他媒体披露信息的时间不得早于指定披露平台的披露时间。

第九条　挂牌公司发生的或者与之有关的事件没有达到本细则规定的披露标准，或者本细则没有具体规定，但公司董事会认为该事件对股票价格可能产生较大影响的，公司应当及时披露。

第十条　主办券商应当指导和督促所推荐挂牌公司规范履行信息披露义务，对其信息披露文件进行事前审查。

发现拟披露的信息或已披露信息存在任何错误、遗漏或者误导的，或者发现存在应当披露而未披露事项的，主办券商应当要求挂牌公司进行更正或补充。挂牌公司拒不更正或补充的，主办券商应当在两个转让日内发布风险揭示公告并向全国股份转让系统公司报告。

第二章　定期报告

第十一条　挂牌公司应当披露的定期报告包括年度报告、半年度报告，可以披露季度报告。挂牌公司应当在本细则规定的期限内，按照全国股份转让系统公司有关规定编制并披露定期报告。

挂牌公司应当在每个会计年度结束之日起四个月内编制并披露年度报告，在每个会计年度的上半年结束之日起两个月内披露半年度报告；披露季度报告的，公司应当在每个会计年度前三个月、九个月结束后的一个月内披露季度报告。

披露季度报告的，第一季度报告的披露时间不得早于上一年的年度报告。

第十二条　挂牌公司应当与全国股份转让系统公司约定定期报告的披露时间，全国股份转让系统公司根据均衡原则统筹安排各挂牌公司定期报告披露顺序。

公司应当按照全国股份转让系统公司安排的时间披露定期报告，因故需要变更披露时间的，应当告知主办券商并向全国股份转让系统公司申请，全国股份转让系统公司视情况决定是否调整。

第十三条　挂牌公司年度报告中的财务报告必须经具有证券、期货相关业务资格的会计师事务所审计。

挂牌公司不得随意变更会计师事务所，如确需变更的，应当由董事会审议后提交股东大会审议。

第十四条　挂牌公司董事会应当确保公司定期报告按时披露。董事会因故无法对定期报告形成决议的，应当以董事会公告的方式披露，说明具体原因和存在的风险。公司不得以董事、高级管理人员对定期报告内容有异议为由不按时披露。

公司不得披露未经董事会审议通过的定期报告。

第十五条　挂牌公司应当在定期报告披露前及时向主办券商送达下列文件：

（一）定期报告全文、摘要（如有）；

（二）审计报告（如适用）；

（三）董事会、监事会决议及其公告文稿；

（四）公司董事、高级管理人员的书面确认意见及监事会的书面审核意见；

（五）按照全国股份转让系统公司要求制作的定期报告和财务数据的电子文件；

（六）主办券商及全国股份转让系统公司要求的其他文件。

第十六条　年度报告出现下列情形的，主办券商应当最迟在披露前一个转让日向全国股份转让系统公司报告：

（一）财务报告被出具否定意见或者无法表示意见的审计报告；

（二）经审计的期末净资产为负值。

第十七条　挂牌公司财务报告被注册会计师出具非标准审计意见的，公司在向主办券商送达定期报告的同时应当提交下列文件：

（一）董事会针对该审计意见涉及事项所做的专项说明，审议此专项说明的董事会决议以及决议所依据的材料；

（二）监事会对董事会有关说明的意见和相关决议；

（三）负责审计的会计师事务所及注册会计师出具的专项说明；

（四）主办券商及全国股份转让系统公司要求的其他文件。

第十八条　负责审计的会计师事务所和注册会计师按本细则第十七条出具的专项说明应当至少包括以下内容：

（一）出具非标准审计意见的依据和理由；

（二）非标准审计意见涉及事项对报告期公司财务状况和经营成果的影响；

（三）非标准审计意见涉及事项是否违反企业会计准则及其相关信息披露规范性规定。

第十九条　本细则第十七条所述非标准审计意见涉及事项属于违反会计准则及其相关信息披露规范性规定的，主办券商应当督促挂牌公司对有关事项进行纠正。

第二十条　挂牌公司和主办券商应当对全国股份转让系统公司关于定期报告的事后审查意见及时回复，并按要求对定期报告有关内容作出解释和说明。

主办券商应当在公司对全国股份转让系统公司回复前对相关文件进行审查。如需更正、补充公告或修改定期报告并披露的，公司应当履行相应内部审议程序。

第三章　临时报告

第一节　临时报告的一般规定

第二十一条　临时报告是指挂牌公司按照法律法规和全国股份转让系统公司有关规定发布的除定期报告以外的公告。

临时报告应当加盖董事会公章并由公司董事会发布。

第二十二条　挂牌公司应当在临时报告所涉及的重大事件最先触及下列任一时点后及时履行首次披露义务：

（一）董事会或者监事会作出决议时；

（二）签署意向书或者协议（无论是否附加条件或者期限）时；

（三）公司（含任一董事、监事或者高级管理人员）知悉或者理应知悉重大事件发生时。

第二十三条　对挂牌公司股票转让价格可能产生较大影响的重大事件正处于筹划阶段，虽然尚未触及本细则第二十二条规定的时点，但出现下列情形之一的，公司亦应履行首次披露义务：

（一）该事件难以保密；

（二）该事件已经泄漏或者市场出现有关该事件的传闻；

（三）公司股票及其衍生品种交易已发生异常波动。

第二十四条　挂牌公司履行首次披露义务时，应当按照本细则规定的披露要求和全国股份转让系统公司制定的临时公告格式指引予以披露。

在编制公告时若相关事实尚未发生的，公司应当客观公告既有事实，待相关事实发生后，应当按照相关格式指引的要求披露事项进展或变化情况。

第二十五条　挂牌公司控股子公司发生的对挂牌公司股票转让价格可能产生较大影响的信息，视同挂牌公司的重大信息，挂牌公司应当披露。

第二节　董事会、监事会和股东大会决议

第二十六条　挂牌公司召开董事会会议，应当在会议结束后及时将经与会董事签字确认的决议（包括所有提案均被否决的董事会决议）向主办券商报备。

董事会决议涉及本细则规定的应当披露的重大信息，公司应当以临时公告的形式及时披露；决议涉及根据公司章程规定应当提交经股东大会审议的收购与出售资产、对外投资（含委托理财、委托贷款、对子公司投资等）的，公司应当在决议后及时以临时公告的形式披露。

第二十七条　挂牌公司召开监事会会议，应当在会议结束后及时将经与会监事签字的决议向主办券商报备。

涉及本细则规定的应当披露的重大信息，公司应当以临时公告的形式及时披露。

第二十八条　挂牌公司应当在年度股东大会召开二十日前或者临时股东大会召开十五日前，以临时公告方式向股东发出股东大会通知。

挂牌公司在股东大会上不得披露、泄漏未公开重大信息。

第二十九条　挂牌公司召开股东大会，应当在会议结束后两个转让日内将相关决议公告披露。年度股东大会公告中应当包括律师见证意见。

第三十条　主办券商及全国股份转让系统公司要求提供董事会、监事会及股东大会会议记录的，挂牌公司应当按要求提供。

第三节　关联交易

第三十一条　挂牌公司的关联交易，是指挂牌公司与关联方之间发生的转移资源或者义务的事项。

第三十二条　挂牌公司的关联方及关联关系包括《企业会计准则第36号－关联方披露》规定的情形，以及挂牌公司、主办券商或全国股份转让系统公司根据实质重于形式原则认定的情形。

第三十三条　挂牌公司董事会、股东大会审议关联交易事项时，应当执行公司章程规定的表决权回避制度。

第三十四条　对于每年发生的日常性关联交易，挂牌公司应当在披露上一年度报告之前，对本年度将发生的关联交易总金额进行合理预计，提交股东大会审议并披露。对于预计范围内的关联交易，公司应当在年度报告和半年度报告中予以分类，列表披露执行情况。

如果在实际执行中预计关联交易金额超过本年度关联交易预计总金额的，公司应当就超出金额所涉及事项依据公司章程提交董事会或者股东大会审议并披露。

第三十五条　除日常性关联交易之外的其他关联交易，挂牌公司应当经过股东大会审议并以临时公告的形式披露。

第三十六条　挂牌公司与关联方进行下列交易，可以免予按照关联交易的方式进行审议和披露：

（一）一方以现金认购另一方发行的股票、公司债券或企业债券、可转换公司债券或者其他证券品种；

（二）一方作为承销团成员承销另一方公开发行的股票、公司债券或企业债券、可转换公司债券或者其他证券品种；

（三）一方依据另一方股东大会决议领取股息、红利或者报酬。

（四）挂牌公司与其合并报表范围内的控股子公司发生的或者上述控股子公司之间发生的关联交易。

第四节　其他重大事件

第三十七条　挂牌公司对涉案金额占公司最近一期经审计净资产绝对值10%以上的重大诉讼、仲裁事项应当及时披露。

未达到前款标准或者没有具体涉案金额的诉讼、仲裁事项，董事会认为可能对公司股票及其他证券品种转让价格产生较大影响的，或者主办券商、全国股份转让系统公司认为有必要的，以及涉及股东大会、董事会决议被申请撤销或者宣告无效的诉讼，公司也应当及时披露。

第三十八条　挂牌公司应当在董事会审议通过利润分配或资本公积转增股本方案后，及时披露方案具体内容，并于实施方案的股权登记日前披露方案实施公告。

第三十九条　股票转让被全国股份转让系统公司认定为异常波动的，挂牌公司应当于次一股份转让日披露异常波动公告。如果次一转让日无法披露，公司应当向全国股份转让系统公司申请股票暂停转让直至披露后恢复转让。

第四十条　公共媒体传播的消息（以下简称“传闻”）可能或者已经对公司股票转让价格产生较大影响的，挂牌公司应当及时向主办券商提供有助于甄别传闻的相关资料，并决定是否发布澄清公告。

第四十一条　实行股权激励计划的挂牌公司，应当严格遵守全国股份转让系统公司的相关规定，并履行披露义务。

第四十二条　限售股份在解除转让限制前，挂牌公司应当按照全国股份转让系统公司有关规定披露相关公告或履行相关手续。

第四十三条　在挂牌公司中拥有权益的股份达到该公司总股本5%的股东及其实际控制人，其拥有权益的股份变动达到全国股份转让系统公司规定的标准的，应当按照要求及时通知挂牌公司并披露权益变动公告。

第四十四条　挂牌公司和相关信息披露义务人披露承诺事项的，应当严格遵守其披露的承诺事项。

公司未履行承诺的，应当及时披露原因及相关当事人可能承担的法律责任；相关信息披露义务人未履行承诺的，公司应当主动询问，并及时披露原因，以及董事会拟采取的措施。

第四十五条　全国股份转让系统公司对挂牌公司实行风

险警示或作出股票终止挂牌决定后，公司应当及时披露。

第四十六条　挂牌公司出现以下情形之一的，应当自事实发生之日起两个转让日内披露：

（一）控股股东或实际控制人发生变更；

（二）控股股东、实际控制人或者其关联方占用资金；

（三）法院裁定禁止有控制权的大股东转让其所持公司股份；

（四）任一股东所持公司5%以上股份被质押、冻结、司法拍卖、托管、设定信托或者被依法限制表决权；

（五）公司董事、监事、高级管理人员发生变动；董事长或者总经理无法履行职责；

（六）公司减资、合并、分立、解散及申请破产的决定；或者依法进入破产程序、被责令关闭；

（七）董事会就并购重组、股利分派、回购股份、定向发行股票或者其他证券融资方案、股权激励方案形成决议；

（八）变更会计师事务所、会计政策、会计估计；

（九）对外提供担保（挂牌公司对控股子公司担保除外）；

（十）公司及其董事、监事、高级管理人员、公司控股股东、实际控制人在报告期内存在受有权机关调查、司法纪检部门采取强制措施、被移送司法机关或追究刑事责任、中国证监会稽查、中国证监会行政处罚、证券市场禁入、认定为不适当人选，或收到对公司生产经营有重大影响的其他行政管理部门处罚；

（十一）因前期已披露的信息存在差错、未按规定披露或者虚假记载，被有关机构责令改正或者经董事会决定进行更正；

（十二）主办券商或全国股份转让系统公司认定的其他情形。

发生违规对外担保、控股股东或者其关联方占用资金的公司应当至少每月发布一次提示性公告，披露违规对外担保或资金占用的解决进展情况。

第四章　监管措施和违规处分

第四十七条　挂牌公司及其董事、监事、高级管理人员、股东、实际控制人、收购人及其他相关信息披露义务人、律师、主办券商和其他证券服务机构违反本细则的，全国股份转让系统公司依据《业务规则》采取相应监管措施及纪律处分。

第五章　释义

第四十八条　本细则下列用语具有如下含义：

（一）披露：指挂牌公司或者相关信息披露义务人按法律、行政法规、部门规章、规范性文件、本细则和全国股份转让系统公司其他有关规定在全国股份转让系统公司网站上公告信息。

（二）重大事件：指对挂牌公司股票转让价格可能产生较大影响的事项。

（三）及时：指自起算日起或者触及本细则规定的披露时点的两个转让日内，另有规定的除外。

（四）高级管理人员：指公司经理、副经理、董事会秘书（如有）、财务负责人及公司章程规定的其他人员。

（五）控股股东：指其持有的股份占公司股本总额50%以上的股东；或者持有股份的比例虽然不足50%，但依其持有的股份所享有的表决权已足以对股东大会的决议产生重大影响的股东。

（六）实际控制人：指通过投资关系、协议或者其他安排，能够支配、实际支配公司行为的自然人、法人或者其他组织。

（七）控制：指有权决定一个公司的财务和经营政策，并能据以从该公司的经营活动中获取利益。有下列情形之一的，为拥有挂牌公司控制权：

1. 为挂牌公司持股50%以上的控股股东；

2. 可以实际支配挂牌公司股份表决权超过30%；

3. 通过实际支配挂牌公司股份表决权能够决定公司董事会半数以上成员选任；

4. 依其可实际支配的挂牌公司股份表决权足以对公司股东大会的决议产生重大影响；

5. 中国证监会或全国股份转让系统公司认定的其他情形。

（八）挂牌公司控股子公司：指挂牌公司持有其50%以上股份，或者能够决定其董事会半数以上成员组成，或者通过协议或其他安排能够实际控制的公司。

（九）承诺：指挂牌公司及相关信息披露义务人就重要事项向公众或者监管部门所作的保证和相关解决措施。

（十）违规对外担保：是指挂牌公司及其控股子公司未经其内部审议程序而实施的担保事项。

（十一）净资产：指挂牌公司资产负债表列报的所有者权益；挂牌公司编制合并财务报表的为合并资产负债表列报的归属于母公司所有者权益，不包括少数股东权益。

（十二）日常性关联交易及偶发性关联交易：日常性关联交易指挂牌公司和关联方之间发生的购买原材料、燃料、动力，销售产品、商品，提供或者接受劳务，委托或者受托销售，投资（含共同投资、委托理财、委托贷款），财务资助（挂牌公司接受的）等的交易行为；公司章程中约定适用于本公司的日常关联交易类型。

除了日常性关联交易之外的为偶发性关联交易。

（十三）控股股东、实际控制人或其关联方占用资金：

指挂牌公司为控股股东、实际控制人及其附属企业垫付的工资、福利、保险、广告等费用和其他支出；代控股股东、实际控制人及其附属企业偿还债务而支付的资金；有偿或者无偿、直接或者间接拆借给控股股东、实际控制人及其附属企业的资金；为控股股东、实际控制人及其附属企业承担担保责任而形成的债权；其他在没有商品和劳务对价情况下提供给控股股东、实际控制人及其附属企业使用的资金或者全国股份转让系统公司认定的其他形式的占用资金情形。

（十四）以上：本规则中“以上”均含本数，“超过”不含本数。

第六章　附则

第四十九条　本细则由全国股份转让系统公司负责解释。

第五十条　本细则自发布之日起施行。

全国中小企业股份转让系统挂牌公司年度报告内容与格式指引（试行）

第一章　总则

第一条　为规范挂牌公司年度报告的编制及披露行为，保护投资者合法权益，根据相关法律法规、《全国中小企业股份转让系统业务规则(试行)》(以下简称“《业务规则》”)及有关规定,制定本指引。

第二条　挂牌公司应当按照本指引的要求编制和披露年度报告。

第三条　本指引的规定是对挂牌公司年度报告信息披露的最低要求;凡公司认为对投资者决策有重大影响的信息,不论本指引是否有明确规定,公司均应当披露。

第四条　挂牌公司年度报告的全文应当遵循本指引第二章的要求进行编制和披露,年度报告摘要的内容应摘自年度报告正文,并按照附件的格式进行编制。

第五条　挂牌公司年度报告中的财务报告应经具有证券、期货相关业务资格的会计师事务所审计,审计报告须由该所至少两名注册会计师签字。

第六条　挂牌公司在编制年度报告时应遵循以下一般要求:

(一)年度报告中引用的数字应当采用阿拉伯数字,有关货币金额除特别说明外,通常指人民币金额,并以元、万元或亿元为单位。

(二)年度报告正文前可刊载宣传本公司的照片、图表或致投资者信,但不得刊登任何祝贺性、推荐性的词句、题字或照片,不得含有夸大、欺诈、误导或内容不准确、不客观的词句。

(三)年度报告中若涉及行业分类,可参照中国证监会有关上市公司行业分类的规定,亦可增加披露使用其它行业分类标准的数据、资料。

(四)年度报告披露内容应侧重说明本指引要求披露事项与公开转让说明书或上一年度披露内容上的重大变化之处,如无变化,亦应说明。

第七条　全国股份转让系统公司对特殊行业公司信息披露另有规定的,公司应当遵循其规定。

行业主管部门对公司另有规定的,公司在编制和披露年度报告时应当遵循其规定。

第八条　由于国家机密、商业秘密等特殊原因导致本指引规定的某些信息不便披露的,挂牌公司可向全国股份转让系统公司申请豁免,经全国股份转让系统公司同意后,可以不予披露。公司应当在年度报告相关章节说明未按本准则要求进行披露的原因。

第二章　年度报告正文

第一节　重要提示、目录和释义

第九条　挂牌公司应在年度报告文本扉页刊登如下重要提示:公司董事会及其董事、监事会及其监事、公司高级管理人员保证本报告所载资料不存在任何虚假记载、误导性陈述或者重大遗漏,并对其内容的真实性、准确性和完整性承担个别及连带责任。

公司负责人、主管会计工作负责人及会计机构负责人(会计主管人员)应当声明并保证年度报告中财务报告的真实、完整。

如有董事、监事、高级管理人员对年度报告内容存在异议或无法保证其真实、准确、完整的,应当声明×××无法保证本报告内容的真实、准确、完整,并说明理由,请投资者特别关注。同时,单独列示未出席董事会审议年度报告的董事姓名及原因。

如执行审计的会计师事务所对公司出具了非标准审计报告,重要提示中应当声明×××会计师事务所为本公司出具了带强调事项段或其他事项段的无保留意见、保留意见、否定意见或无法表示意见的审计报告,本公司董事会、监事会对相关事项已有详细说明,请投资者注意阅读。

第十条　挂牌公司应当对可能造成投资者理解障碍以及具有特定含义的术语作出通俗易懂的解释,年度报告的释义应当在目录次页排印。

年度报告目录应当标明各章、节的标题及其对应的页码。

第十一条　挂牌公司应当在年度报告目录后单独刊登重大风险提示。公司对风险因素的描述应当围绕自身经营状况展开,遵循关联性原则和重要性原则,客观披露公司重大特有风险。公司应当重点说明与上一年度所提示重大风险的变化之处。

第二节　公司简介

第十二条　挂牌公司应当披露如下内容:

(一)公司的中文名称及简称,外文名称及缩写(如有)。

(二)公司的法定代表人。

(三)公司董事会秘书或信息披露事务负责人的姓名、联系地址、电话、传真、电子信箱。

(四)公司注册地址,公司办公地址及其邮政编码,公司网址、电子信箱。

(五)公司登载年度报告的指定信息披露平台的网址,公司年度报告备置地。

(六)公司股票公开转让场所,股票简称、股票代码及挂牌时间。

(七)公司年度内的注册变更情况,包括企业法人营业执照、税务登记、组织机构代码注册信息变更情况。

上述注册信息未发生变化的,可以简要索引说明。

(八)其他有关资料:公司聘请的年度内履行持续督导职责的主办券商的名称、办公地址;公司聘请的会计师事务所名称、办公地址及签字会计师姓名。

第三节　会计数据和财务指标摘要

第十三条　挂牌公司应采用数据列表方式,提供截至本年度末公司近2年的主要会计数据和财务指标,包括但不限于:总资产、归属于挂牌公司股东的净资产、营业收入、归属于挂牌公司股东的净利润、归属于挂牌公司股东的扣除非经常性损益后的净利润、经营活动产生的现金流量净额、净资产收益率、每股收益、归属于挂牌公司股东的每股净资产。

公司在披露“归属于挂牌公司股东的扣除非经常性损益后的净利润”时,应当同时说明本年度内非经常性损益的项目及金额。

第十四条　挂牌公司主要会计数据和财务指标的计算和披露应当遵循如下要求:

(一)因会计政策变更及会计差错更正等追溯调整或重述以前年度会计数据的,应当同时披露调整前后的数据。

(二)编制合并财务报表的公司应当以合并财务报表数据填列或计算以上数据和指标。

(三)财务数据按照时间顺序自左至右排列,左起为本年度的数据,向右依次列示前一期的数据。

(四)对非经常性损益、净资产收益率和每股收益的确定和计算,中国证监会另有规定的,应当遵照执行。

第四节　管理层讨论与分析

第十五条　挂牌公司应结合挂牌公司财务报告进一步解释和分析公司本年度财务报表及附注中的重要历史信息,对本年度公司经营情况进行回顾。公司应对持续经营能力进行评价与说明。

公司可对下一年度的经营计划或目标进行说明。

第十六条　披露内容应具有充分的可靠性。分析中如引用第三方资料及数据，应注明来源及发布者，并判断第三方资料、数据是否拥有足够的权威性；公司自行整理编制的资料及数据，应说明，并注明编制依据。

披露内容应突出重要性，避免过多披露不重要的信息而掩盖重要信息。

第十七条　挂牌公司应回顾分析本年度内的主要经营情况，尤其应着重分析导致公司财务状况、经营成果、现金流量发生重大变化的事项或原因。分析内容包括但不限于：

（一）本年度内业务、产品或服务有关经营计划的实现情况；业务、产品或服务的重大变化及对公司经营情况的影响。

（二）本年度内行业发展、周期波动等情况；应说明行业发展因素、行业法律法规等的变动及对公司经营情况的影响。

（三）结合产品或服务、收入模式、成本结构、采购、生产或业务组织过程、销售、知识产权、研发、竞争、市场规模等因素及公司所掌握的内外部资源，说明公司的商业模式是否较公开转让说明书或上年度披露内容发生重大变化，并说明上述变化及对公司经营情况的影响。

（四）对财务报表中主要财务数据进行讨论、分析，可以采用逐年比较、数据列表或其他方式。对与上一年度相比变动达到或超过30%的重要财务数据或指标，公司应充分解释导致变动的原因，以便于投资者充分了解其财务状况、经营成果及未来变化情况。

如本条规定披露的部分内容与财务报表附注相同的，公司可以建立相关查询索引，避免重复。内容包括但不限于：

1. 公司资产、负债构成（应收款项、存货、投资性房地产、长期股权投资、固定资产、在建工程、短期借款、长期借款等占总资产的比重）同比发生重大变动的，应当说明产生变化的主要影响因素。

2. 若公司的收入构成、利润构成和利润来源发生重大变动，应当详细说明具体变动情况及原因。

3. 结合公司现金流量表相关数据，说明公司经营活动、投资活动和筹资活动产生的现金流量的构成情况，若相关数据同比发生重大变动，公司应当分析主要影响因素。若本年度公司经营活动产生的现金流量与本年度净利润存在重大差异的，公司应当详细解释原因。

4. 主要控股子公司、参股公司经营情况及业绩分析。其中对于参股公司应当重点披露其与公司从事业务的关联性，并说明持有目的。

公司存在其控制的特殊目的主体时，应介绍公司对其控制权方式和内容，并说明从中可以获取的利益及承担的风险。

5. 本年度内及以前年度定向发行募集资金的使用情况。

6. 公司本年度财务报告被会计师事务所出具非标准意见审计报告的，董事会应当就所涉及事项作出说明。说明中应当明确说明非标准审计意见涉及事项是否违反企业会计准则及其相关信息披露规范性规定。

7. 公司作出会计政策、会计估计变更或重大会计差错更正的，应当披露变更、更正的原因及影响；涉及追溯调整或重述的，应当披露对以往各年度经营成果和财务状况的影响金额。

（五）公司在公开转让说明书中披露的经营计划或目标延续到本年度的，公司应对计划或目标的实施进度进行分析，实施进度与计划不符的，应说明原因。

上一年度披露年度经营计划的公司，应对经营计划的实现情况进行分析，与经营计划不符的，应说明原因。

第十八条　挂牌公司应当对持续经营能力进行评价。公司应分析并说明可能对公司持续经营能力有重大影响的事项。

第十九条　挂牌公司可对下一年度经营计划或目标进行说明。说明应当结合行业发展趋势、公司发展战略及其他可能影响经营计划或目标实现的不确定性因素展开。说明包括但不限于：

（一）行业发展趋势。公司可介绍与公司业务关联的宏观经济层面或行业环境层面的发展趋势、公司的行业地位或区域市场地位的变动趋势，并说明上述发展趋势对公司未来经营业绩和盈利能力的影响。

（二）公司发展战略。公司应披露公司发展战略或规划，以及拟开展的新业务、拟开发的新产品、拟投资的新项目等。若公司存在多种业务的，还应当说明各项业务的发展战略或规划。

（三）经营计划或目标。披露经营计划或目标的，公司应同时简要披露公司经营计划涉及的投资资金的来源、成本及使用情况。

披露计划或目标时应说明该经营计划并不构成对投资者的业绩承诺，提示投资者对此保持足够的风险意识，并且应当理解经营计划与业绩承诺之间的差异。

（四）不确定性因素。公司应遵循关联性原则和重要性原则披露对未来发展战略或经营计划有重大影响的不确定性因素并进行说明与分析。

第二十条　挂牌公司应当对公开转让说明书中披露的存续到本年度的风险因素、本年度较上一年度新增的风险因素进行逐一分析，说明其持续或产生的原因、对公司的影响及已经采取或拟采取的措施及风险管理效果。在分析影响程度时公司应当尽可能定量分析。

第五节　重要事项

第二十一条　挂牌公司应当披露本年度内发生的所有诉讼、仲裁事项涉及的累计金额，如果上述金额不超过本年度末净资产（经审计）绝对值10%的，可以免于披露。

已在上一年发生的以临时公告形式披露的，但尚未结案的重大诉讼、仲裁事项，公司应当披露案件进展情况、涉及金额、是否形成预计负债，以及对公司未来的影响；对已经结案的重大诉讼、仲裁事项，公司应当披露案件执行情况。

如本年度内无按照《全国中小企业股份转让系统挂牌公司信息披露细则》规定应当披露的重大诉讼、仲裁事项，应当明确说明“本年度公司无重大诉讼、仲裁事项”。

第二十二条　挂牌公司应当披露本年度内履行的及尚未履行完毕的对外担保合同（不包括对控股子公司担保），包括担保金额、担保期限、担保对象、担保类型（一般担保或连带责任担保）、担保的决策程序等；对于未到期担保合同，如有明显迹象表明有可能承担连带清偿责任，应明确说明。

应当披露公司及其控股子公司为股东、实际控制人及其关联方提供担保的金额，公司直接或间接为资产负债率超过70%（不含本数）的被担保对象提供的债务担保金额，以及公司担保总额超过净资产50%（不含本数）部分的金额。

公司应当说明本年度是否存在违规担保的情形。

第二十三条　本年度内发生股东及其关联方以各种形式占用或者转移公司的资金、资产及其他资源的，挂牌公司应当说明发生原因及整改情况，其中发生控股股东、实际控制人及其关联方占用资金情形的，应当充分披露相关的决策程序，以及占用资金的期初金额、发生额、期末余额、占用资金原因、预计归还方式及时间。

如果不存在上述情形，公司应当予以明确说明。

第二十四条　挂牌公司应当披露本年度内日常性关联交易的预计及执行情况。

公司应当说明本年度内发生的偶发性关联交易的金额，与关联方的交易结算及资金回笼情况，并说明偶发性关联交易的必要性和持续性及对公司生产经营的影响。

第二十五条　挂牌公司应当披露本年度内经过股东大会审议过的收购及出售资产、对外投资，以及本年度内发生的企业合并事项的简要情况及进展，分析上述事项对公司业务连续性、管理层稳定性及其他方面的影响。

第二十六条　挂牌公司应披露股权激励计划的变动，及已披露股权激励计划在本年度的具体实施情况。

第二十七条　挂牌公司及其董事、监事、高级管理人员或股东、实际控制人及其他信息披露义务人如存在本年度或持续到本年度已披露的承诺，应当披露承诺的履行情况。

如果没有已披露承诺事项，公司亦应予以说明。

第二十八条　挂牌公司应披露本年度末资产（经审计）中被查封、扣押、冻结或者被抵押、质押的资产类别、发生原因、账面价值和累计值及其占总资产的比例，并说明对公司的影响。

第二十九条　公司及其董事、监事、高级管理人员、公司控股股东、实际控制人在报告期内存在受有权机关调查、司法纪检部门采取强制措施、被移送司法机关或追究刑事责任、中国证监会稽查、中国证监会行政处罚、证券市场禁入、认定为不适当人选，或收到对公司生产经营有重大影响的其他行政管理部门处罚及全国股份转让系统公司公开谴责的情形，应当说明原因及结论。

第三十条　若上述事项已在临时报告披露且后续实施无变化的，仅需披露该事项概述，并提供所披露的临时报告的相关查询索引。

第六节　股本变动及股东情况

第三十一条　挂牌公司应当披露本年度期初、期末的股本结构，并对股本变动及本年度内股份限售解除情况进行说明。

第三十二条　挂牌公司应当披露前十名股东、持股数量及占总股本比例、本年度内持股变动情况、本年度末持有的无限售股份数量，并对前十名股东相互间关系及持股变动情况进行说明。如所持股份中包括无限售条件股份、有限售条件股份，应当分别披露其数量。

第三十三条　挂牌公司如存在控股股东，应对控股股东进行介绍，内容包括但不限于：若控股股东为法人的，应当披露名称、单位负责人或法定代表人、成立日期、组织机构代码、注册资本；若控股股东为自然人的，应当披露其姓名、国籍、是否取得其他国家或地区居留权、职业经历。首次披露后控股股东上述信息没有变动时，可以索引披露。

第三十四条　挂牌公司应当比照第三十三条披露公司实际控制人的情况，并以方框图及文字的形式披露公司与实际控制人之间的产权和控制关系。实际控制人应当披露到自然人、国有资产管理部门，包括股东之间达成某种协议或安排的其他机构或自然人，以及以信托方式形成实际控制的情况。首次披露后实际控制人上述信息没有变动时，可以索引披露。

第七节　董事、监事、高级管理人员及核心员工情况

第三十五条　挂牌公司应当披露本年度内董事、监事、高级管理人员的变动情况。公司应当披露发生变更的董事、监事和高级管理人员的情况，内容包括但不限于：现任董事、监事、高级管理人员的姓名、性别、年龄、任期起止日期、职业经历、年初和年末持有本公司股份、本年度内股份增减变动量、持股比例、与股东之间的关系。

第三十六条　挂牌公司应披露包括核心技术团队或关键技术人员（非董事、监事、高级管理人员）在内的核心员工以及其他对公司有重大影响的人员变动情况，并说明变动对公司经营的影响及公司采取的应对措施。

第三十七条　挂牌公司应当披露母公司和主要子公司的员工情况，包括在职员工的数量、人员构成（如管理人员、生产人员、销售人员、技术人员、财务人员、行政人员等）、教育程度、员工薪酬政策、培训计划以及需公司承担费用的离退休职工人数。其中，人员构成和教育程度须以柱状图或饼状图等统计图表列示。

第八节　公司治理及内部控制

第三十八条　挂牌公司应当披露公司治理的基本状况，列示公司本年度内建立的各项公司治理制度，董事会应当对公司治理机制是否给所有股东提供合适的保护和平等权利等情况进行评估。

第三十九条　挂牌公司应当披露对公司治理的改进情况，包括来自控股股东及实际控制人以外的股东或其代表参与公司经营管理的情况，以及公司管理层是否引入职业经理人等情况。

第四十条　挂牌公司应当披露董事会下设专门委员会在本年度内履行职责时所提出的重要意见和建议（如有）。

第四十一条　监事会在本年度内的监督活动中发现挂牌公司存在风险的，公司应当披露监事会就有关风险的简要意见；否则，公司应当披露监事会对本年度内的监督事项无异议。

第四十二条　监事会应当对定期报告进行审核并提出书面审核意见，说明董事会对定期报告的编制和审核程序是否符合法律、行政法规、中国证监会及全国股份转让系统公司的规定和公司章程，报告的内容是否能够真实、准确、完整地反映公司实际情况。

第四十三条　挂牌公司应当就与控股股东或实际控制人在业务、人员、资产、机构、财务等方面存在的不能保证独立性、不能保持自主经营能力的情况进行说明。

第四十四条　挂牌公司应当对会计核算体系、财务管理和风险控制等重大内部管理制度进行评价，披露本年度内发现上述管理制度重大缺陷的具体情况，包括对缺陷的具体描述、缺陷对财务报告的潜在影响，已实施或拟实施的整改措施、时间、责任人及效果。

第四十五条　挂牌公司应当披露年度报告重大差错责任追究制度的建立与执行情况，披露董事会对有关责任人采取的问责措施及处理结果。

第九节　财务报告

第四十六条　挂牌公司的财务报告包括财务报表和其他应当在财务报告中披露的相关信息和资料。

第四十七条　财务报表包括挂牌公司年度末及其前一个年度末的比较式资产负债表、现金流量表、所有者权益（股东权益）变动表、比较式利润表及其附注。编制合并财务报表的公司，除提供合并财务报表外，还应提供母公司财务报表。

第四十八条　财务报表附注参照《公开发行证券的公司信息披露编报规则第 15 号——财务报告的一般规定》（2010

年修订）的相关规定编制，由于国家机密、商业秘密等特殊原因导致上述规定的某些信息不便披露的，挂牌公司可依据第八条规定向全国股份转让系统公司申请豁免披露。

第十节　备查文件目录

第四十九条　挂牌公司应当披露备查文件的目录，包括：

（一）载有公司负责人、主管会计工作负责人、会计机构负责人（会计主管人员）签名并盖章的财务报表。

（二）载有会计师事务所盖章、注册会计师签名并盖章的审计报告原件。

（三）年度内在指定信息披露平台上公开披露过的所有公司文件的正本及公告的原稿。

公司应当在办公场所置备上述文件的原件。全国股份转让系统公司要求提供时，或股东依据法律、法规或公司章程要求查阅时，公司应当及时提供。

第三章　监管措施和违规处分

第五十条　挂牌公司及其董事、监事、高级管理人员、股东、实际控制人及其他相关信息披露义务人、律师、主办券商和其他证券服务机构违反本指引的，全国股份转让系统公司依据《业务规则》采取相应的监管措施或纪律处分。

第四章　附则

第五十一条　本指引由全国股份转让系统公司负责解释。

第五十二条　本指引自发布之日起施行。

全国中小企业股份转让系统挂牌公司半年度报告内容与格式指引（试行）

第一章　总则

第一条　为规范挂牌公司半年度报告的编制及披露行为，保护投资者合法权益，根据相关法律法规、《全国中小企业股份转让系统业务规则（试行）》（以下简称《业务规则》）及有关规定，制定本指引。

第二条　挂牌公司应当按照本指引的要求编制和披露半年度报告。挂牌公司半年度报告的编制应当按照附件《全国中小企业股份转让系统挂牌公司半年度报告内容与格式模板》的格式进行。

第三条　半年度报告的报告期是指年初至半年度期末。半年度报告中的财务报告可以不经审计，但中国证券监督管理委员会（以下简称“中国证监会”）和全国中小企业股份转让系统有限责任公司（以下简称“全国股份转让系统公司”）另有规定的除外。如需审计的，应当经过具有证券、期货相关业务资格的会计师事务所审计，有关审计报告由上述会计师事务所盖章及由两名或两名以上注册会计师签字盖章。

第四条　本指引是对挂牌公司半年度报告信息披露的最低要求；凡公司认为对投资者决策有重大影响的信息，不论本指引是否有明确规定，公司均应披露。

第五条　由于国家机密、商业秘密等特殊原因导致本指引规定的某些信息不便披露的，挂牌公司应当在登记预披露时间的同时向全国股份转让系统公司申请豁免披露，经全国股份转让系统公司同意后，可以不予披露。

第六条　挂牌公司在编制半年度报告时应遵循以下一般要求：

（一）半年度报告中引用的数字应当采用阿拉伯数字，有关货币金额除特别说明外，通常指人民币金额，并以元、万元或亿元为单位。

（二）半年度报告中若涉及行业分类，可以参照中国证监会有关上市公司行业分类的规定；公司也可以增加披露适用其他行业分类标准的数据、资料。

第二章　格式与内容

第一节　格式要求

第七条　半年度报告应当包括封面、公司半年大事记、声明与提示、目录、正文及备查文件目录等内容。正文包括基本信息、财务信息和非财务信息。

第八条　半年度报告封面应当载明公司的名称、“半年度报告”的字样、报告期年份和证券代码，也可以载有公司标识、公司照片等。鼓励公司本着简洁、创新、展现个性的目的设计半年度报告封面。

第九条　半年度报告扉页应当载有以“公司半年大事记”为主题的信息。“公司半年大事记”可以报道公司报告期内的重要新闻、对公司有重大影响的事件、承担社会责任的实践活动、所处行业的重要资讯等信息，公司可以自行选择披露事件的数量和类型。如果所披露事件已经对外公布的，应注明源引何处。公司可以自选标题、刊载图片或者设计版式。

第十条　在声明与提示部分，挂牌公司应当刊载如下声明：公司董事会及其董事、监事会及其监事、公司高级管理人员保证本报告所载材料不存在任何虚假记载、误导性陈述或者重大遗漏，并对内容的真实性、准确性和完整性承担个别及连带责任。

如有董事、监事、高级管理人员对半年度报告中内容存在异议或无法保证其真实、准确、完整的，应当声明无法保证本报告内容的真实、准确、完整，并说明理由，请投资者特别关注。

公司负责人、主管会计工作负责人及会计机构负责人（会计主管人员）应当声明并保证半年度报告中财务信息的真实、完整。

第二节　基本信息

第十一条　基本信息包括公司概览、主要会计数据与关键指标、管理层讨论与分析三个部分。

第十二条　公司概览包括公司信息、联系人、运营概况和自愿披露四个部分。

（一）公司信息包括法定代表人、注册地址、办公地址、主办券商、会计师事务所（如有）。

（二）联系人包括董事会秘书或信息披露事务负责人的姓名、电话、传真、电子邮箱、联系地址。

（三）运营概况包括公司股份公司成立时间、挂牌时间、行业分类、主要产品与服务项目、总股本、无限售条件的股份数量、控股股东、实际控制人及持股比例、截至报告期末的股东人数、截至报告期末的员工人数（包含子公司）、是否拥有高新技术企业资格、公司拥有的重要经营资质。

（四）在自愿披露部分，公司可以根据实际情况选择与企业经营关联性强、体现企业核心竞争力的信息进行披露，如企业拥有的各项专利技术、重要的合作伙伴、已完成的业务案例等。

第十三条　主要会计数据与关键指标包括盈利能力、偿债能力、营运情况、成长情况和自愿披露指标五个部分。挂牌公司应采用数据列表方式，提供截止报告期末和上年期末（或报告期和上年同期）的数据和指标。编制合并财务报表的公司应当以合并财务报表数据填列或计算以上数据和指标。

（一）盈利能力包括营业收入、毛利率、归属于挂牌公司股东的净利润、加权平均净资产收益率和基本每股收益。

（二）偿债能力包括总资产、归属于挂牌公司股东的每股净资产、资产负债率、流动比率和利息保障倍数。

（三）营运情况包括经营活动产生的现金流量净额、应收账款周转率和存货周转率。

（四）成长情况包括总资产增长率、营业收入增长率和净利润增长率。

（五）在自愿披露部分，公司可以选择与经营关联性强、体现企业核心竞争力的关键指标进行披露，例如市场份额、客户保持率、研发投入与当期营业收入比、新产品投资回报率等。自愿披露指标应有助于投资者判断企业经营状况，列示指标时应当说明计算的方法及所用数据的来源。

第十四条　挂牌公司应当结合财务报告及附注中的重要历史信息，对报告期内的经营情况进行回顾，尤其应着重分析导致公司财务状况、经营成果、现金流量发生重大变化的原因。分析中如引用第三方资料及数据，应注明来源。

（一）结合行业、产品与服务、客户、关键资源、销售渠道、收入模式等要素，简要说明公司的商业模式及是否较上年度发生重大变化。

（二）报告期内的财务状况、经营成果（如营业收入、营业利润、净利润）的实现、现金流量情况，相对于同期或上年度末的增长（下降）情况，年度经营计划（如有）在报告期内的执行情况，并结合行业波动、商业模式、企业季节性、周期性特征，详细分析变动的原因。

尤其应说明行业的发展情况、市场竞争、产品或服务重大变化与调整、重要研发项目的进展、核心团队与关键技术的变化、供应商和客户的变化、销售渠道变动、成本结构、收入模式变动、季节性、周期性特征等对于经营的影响情况。

（三）对公开转让说明书或年度报告中披露的存续到报告期的风险因素进行分析，回顾企业在报告期内经营管理上遇到的困难，例如政策变动、财务风险、客户投诉、成本提高、人才流失及研发失败等。分析报告期内企业通过何种措施来应对这些困难、改善企业经营，例如定向发行、并购重组、人才引进、研究开发以及公司治理改进等，分析其对于提升企业价值的影响。

第三节　财务信息

第十五条　财务信息包括财务报表和财务报表附注两个部分。财务报表及其附注未经会计师事务所审计的，挂牌公司应当注明“未经审计”字样。经会计师事务所审计的，若注册会计师出具标准审计报告，挂牌公司应当明确说明注册会计师出具标准审计报告；若注册会计师出具非标准审计报告，挂牌公司应当披露审计报告正文，并且董事会应当对涉及事项作出说明。

第十六条　财务报表包括比较式资产负债表、利润表和现金流量表。编制合并报表的公司，除提供合并财务报表外，还应提供母公司财务报表。

公司提供的财务报表中会计数据的填列应自左至右，最左侧为最近一期数据，表内各主要报表项目应标有注释编号，并与财务报表注释编号一致。

第十七条　半年度报告财务报表附注包括详情以及项目注释，应当以年初至报告期末为基础披露，详情应当至少包括以下信息：

（一）半年度报告所采用的会计政策与上年度财务报表是否一致。会计政策发生变更的，应当说明会计政策变更的性质、内容、原因及其影响数；无法追溯调整的，应当说明原因。

（二）半年度报告所采用的会计估计与上年度财务报表是否一致。会计估计发生变更的，应当说明会计估计变更的内容、原因及其影响数；影响数不能确定的，应当说明原因。

（三）是否存在前期差错更正。若存在前期差错更正，应当说明前期差错的性质及其更正金额；无法追溯调整的，应当说明原因。

（四）企业经营是否存在季节性或者周期性特征。若存在，应当说明季节性或者周期性特征的内容及其影响。

（五）合并财务报表的合并范围是否发生变化。若发生变化，应当说明变化的原因。

（六）是否存在需要根据《企业会计准则第 35 号——分部报告》规定披露分部报告的信息。若存在，应当披露主要报告形式的分部收入和分部利润（亏损）。

（七）是否存在半年度资产负债表日至半年度财务报告批准报出日之间的非调整事项。若存在，说明具体情况。

（八）上年度资产负债表日以后所发生的或有负债和或有资产是否发生变化。若变化，应当说明具体情况。

（九）重大的长期资产是否转让或者出售。若存在，说明具体情况。

（十）重大的固定资产和无形资产是否发生变化。若变化，说明具体情况。

（十一）是否存在重大的研究和开发支出。若存在，说明具体情况。

（十二）是否存在重大的资产减值损失。若存在，说明具体情况。

第十八条　具体的报表项目注释参照《公开发行证券的公司信息披露编报规则第 15 号——财务报告的一般规定》（2010 年修订）的规定编制。

第四节　非财务信息

第十九条　非财务信息包括重要事项、股东变动及股东情况、董事、监事、高级管理人员及核心员工情况三个部分。重要事项包括但不限于利润分配或公积金转增股本、定向发行、重大诉讼与仲裁、对外担保、资金占用、关联交易、收购、出售资产、对外投资、企业合并、资产权利受限情况、股权激励、承诺履行等。

第二十条　挂牌公司应披露报告期内实施的利润分配方案或公积金转增股本方案的执行情况，并说明是否存在已经批准但尚未实施的利润分配方案或公积金转增股本方案的情况。

第二十一条　挂牌公司应当披露报告期内进行的定向发行的基本情况，内容包括但不限于发行次数、发行股份总量、募集资金数量等。

第二十二条　挂牌公司应当披露报告期内发生的所有诉讼、仲裁事项的概况及涉及的累计金额，如果上述金额不超过报告期末净资产绝对值 10% 的，可以免于披露。以前年度发生并以临时公告形式披露，但尚未结案的重大诉讼、仲裁事项在报告期内存在重大进展的，公司应当披露案件进展情况；已经审结的重大诉讼、仲裁事项，公司应当披露报告期内案件的执行情况。

第二十三条　挂牌公司应当披露报告期内履行的及尚未履行完毕的对外担保合同（不包括对控股子公司担保），包括担保金额、担保期限、担保类型（一般担保或连带责任担保）等。

挂牌公司应当披露公司及其控股子公司为股东、实际控制人及其关联方提供担保的金额，公司直接或间接为资产负债率超过 70%（不含本数）的被担保对象提供的债务担保金额，以及公司担保总额超过净资产 50%（不含本数）部分的金额。公司还应当说明报告期内是否存在违规担保的情形。

第二十四条　挂牌公司应当披露报告期内发生并持续到报告期的股东及其关联方以各种形式占用或者转移公司资金、资产及其他资源的情形，应当说明发生的原因及整改情况，其中发生控股股东、实际控制人及其关联方占用资金情形的，应当充分披露相关的决策程序，预计归还方式及时间。

第二十五条　挂牌公司应当披露报告期内日常性关联交易的执行情况。同时说明报告期内发生的偶发性关联交易的金额、履行的程序，并说明偶发性关联交易的必要性和持续性及对公司生产经营的影响。

第二十六条　挂牌公司应当披露报告期内经股东大会审议通过的收购及出售资产、对外投资情况，以及报告期内发生的企业合并事项的简要情况及进展，并分析上述事项对公司业务持续性、管理层稳定性及其他方面的影响。

第二十七条　挂牌公司应披露报告期末资产中被查封、扣押、冻结或者被抵押、质押的资产类别、账面价值和累计值及其占总资产的比例。

第二十八条　挂牌公司应披露报告期内通过的股权激励计划、以前年度通过的股权激励计划是否存在变动情况，并说明已披露的股权激励计划在报告期内的实施情况。

第二十九条　挂牌公司及其董事、监事、高级管理人员或股东、实际控制人及其他信息披露义务人如存在报告期内或持续到报告期已披露的承诺，应当披露承诺的履行情况。

第三十条　挂牌公司应当披露报告期期初、期末的股本结构；报告期期末前十名股东持股情况，并对前十名股东相互间关系及持股变动情况进行说明。

挂牌公司应当披露控股股东和实际控制人情况，并对控股股东和实际控制人的变动情况进行说明。

第三十一条　挂牌公司应当披露报告期内董事、监事、高级管理人员的职务、性别、任期及持股情况。

挂牌公司应当披露报告期内董事、监事、高级管理人员及核心员工的变动情况，说明变动对公司经营的影响。

第五节　备查文件目录

第三十二条　挂牌公司应当披露备查文件的目录，内容包括：

（一）载有公司负责人、主管会计工作负责人、会计机构负责人（会计主管人员）签名并盖章的财务报表。

（二）载有会计师事务所盖章、注册会计师签名并盖章的审计报告原件（如有）。

（三）报告期内在指定网站上公开披露过的所有公司文件的正本及公告的原稿。

公司应当在办公场所备置上述文件的原件。全国股份转让系统公司要求提供时，或股东依据法律、法规或公司章程要求查阅时，公司应当及时提供。

第三章　监管措施和违规处分

第三十三条　挂牌公司及其董事、监事、高级管理人员、股东、实际控制人及其他相关信息披露义务人、律师、主办券商和其他证券服务机构违反本指引的，全国股份转让系统公司依据《业务规则》采取相应的监管措施或纪律处分。

第四章　附则

第三十四条　本指引包括附件《全国中小企业股份转让系统挂牌公司半年度报告内容与格式模板》。

第三十五条　本指引由全国股份转让系统公司负责解释。

第三十六条　本指引自发布之日起施行。

交易监察类

全国中小企业股份转让系统过渡期股票转让暂行办法

第一条　全国中小企业股份转让系统（以下简称“全国股份转让系统”）挂牌公司股票的转让适用本暂行办法。

第二条　挂牌公司股票应当通过全国股份转让系统转让，法律法规另有规定的除外。

第三条　挂牌公司股票转让时间为每周一至周五上午 9:30 至 11:30，下午 13:00 至 15:00。

遇法定节假日和其他特殊情况，暂停转让。

第四条　深圳证券交易所为全国股份转让系统提供交易主机等设施。中国证券登记结算有限责任公司（以下简称“中国结算”）为全国股份转让系统提供登记结算服务。

第五条　投资者买卖挂牌公司股票，应持有中国结算深圳市场人民币普通股票账户（含原非上市股份有限公司股份转让账户，以下简称“证券账户”）。

第六条　投资者买卖挂牌公司股票，应与主办券商签订证券买卖委托代理协议，委托主办券商办理。

投资者卖出股票，须委托代理其买入该股票的主办券商办理。如需委托另一家主办券商卖出该股票，须办理股票转托管手续。

第七条　投资者委托分为意向委托、定价委托和成交确认委托。委托当日有效。

意向委托是指投资者委托主办券商按其指定价格和数量买卖股票的意向指令，意向委托不具有成交功能。

定价委托是指投资者委托主办券商按其指定的价格买卖不超过其指定数量股票的指令。

成交确认委托是指投资者买卖双方达成成交协议，或投资者拟与定价委托成交，委托主办券商以指定价格和数量与指定对手方确认成交的指令。

第八条　意向委托、定价委托和成交确认委托均可撤销，但已经全国股份转让系统确认成交的委托不得撤销或变更。

第九条　意向委托和定价委托应注明股票名称、股票代码、证券账户、买卖方向、买卖价格、买卖数量、联系方式等内容。

成交确认委托应注明股票名称、股票代码、证券账户、买卖方向、成交价格、成交数量、拟成交对手的主办券商、约定号等内容。

第十条　委托的股票数量以“股”为单位，每笔委托股票数量应为3万股以上。

投资者证券账户某一股票余额不足3万股的，只能一次性委托卖出。

第十一条　股票转让的计价单位为“每股价格”。股票转让的申报价格最小变动单位为0.01元。

第十二条　主办券商应通过专用通道，按接受投资者委托的时间先后顺序向全国股份转让系统申报。

第十三条　主办券商收到投资者卖出股票的意向委托后，应验证其证券账户，如股票余额不足，不得向全国股份转让系统申报。

主办券商收到投资者定价委托和成交确认委托后，应验证卖方证券账户和买方资金账户，如果卖方股票余额不足或买方资金余额不足，不得向全国股份转让系统申报。

第十四条　主办券商应按有关规定保管委托、申报记录和凭证。

第十五条　投资者达成转让意向后，可各自委托主办券商进行成交确认申报。

投资者拟与定价委托成交的，可委托主办券商进行成交确认申报。

第十六条　全国股份转让系统收到主办券商的定价申报和成交确认申报后，验证卖方证券账户。如果卖方股票余额不足，全国股份转让系统不接受该笔申报，并发送至主办券商。

第十七条　全国股份转让系统收到拟与定价申报成交的成交确认申报后，如系统中无对应的定价申报，该成交确认申报以撤单处理。

第十八条　全国股份转让系统对通过验证的成交确认申报和定价申报信息进行匹配核对。核对无误的，全国股份转让系统予以确认成交，并向中国结算发送成交确认结果。

第十九条　多笔成交确认申报与一笔定价申报匹配的，按时间优先的原则匹配成交。

第二十条　成交确认申报与定价申报可以部分成交。

成交确认申报股票数量小于定价申报的，以成交确认申报的股票数量为成交股票数量。定价申报未成交股票数量不小于3万股的，该定价申报继续有效；小于3万股的，以撤单处理。

成交确认申报股票数量大于定价申报的，以定价申报的股票数量为成交股票数量。成交确认申报未成交部分以撤单处理。

第二十一条　主办券商在全国股份转让系统从事代理买卖挂牌公司股票业务，应取得中国结算的结算参与人资格。

第二十二条　股票和资金的结算实行分级结算原则。中国结算根据成交确认结果办理结算参与人之间股票和资金的清算交收；结算参与人负责办理其与客户之间的清算交收。

结算参与人与客户之间的股票划付，应当委托中国结算代为办理。

第二十三条　中国结算按照货银对付的原则，为挂牌公司股票转让提供逐笔全额非担保交收服务。

第二十四条　投资者因司法裁决、继承等特殊原因需要办理股票过户的，依照中国结算的规定办理。

第二十五条　全国中小企业股份转让系统有限责任公司（以下简称“全国股份转让系统公司”）每个转让日发布委托和成交等转让信息，并通过全国股份转让系统指定信息披露平台或其他媒体公布。

主办券商应在营业网点揭示委托和成交信息。

第二十六条　全国股份转让系统公司发布的委托信息包括：委托类别、股票名称、股票代码、主办券商、买卖方向、拟买卖价格、股票数量、联系方式等。

全国股份转让系统公司发布的成交信息包括：股票名称、股票代码、成交价格、成交数量、买方代理主办券商和卖方代理主办券商等。

第二十七条　当日加权平均成交价为挂牌公司股票的收盘价；当日无成交的，以上一转让日的收盘价为收盘价。

第二十八条　挂牌公司股票发生权益分派、公积金转增股本情况，全国股份转让系统公司在权益登记日（R日）对该股票作除权除息处理。

第二十九条　除权（息）参考价计算公式为：

除权（息）参考价＝〔前一转让日（R－1日）收盘价－现金红利〕÷（1＋股份变动比例）

除权（息）日股票买卖，按除权（息）参考价作为计算涨跌幅度的基准，全国股份转让系统公司另有规定的除外。

第三十条　挂牌公司股票发生其他涉及除权除息处理情况的有关规定，由全国股份转让系统公司另行制定。

第三十一条　投资者买卖挂牌公司股票，应按照规定交纳相关税费。

第三十二条　投资者以异常价格进行定价委托或意向委托的，主办券商应对投资者及时进行提醒，要求其撤销该笔委托。异常价格包括但不限于以下情形：

（一）同时低于挂牌公司上年度经审计的每股净资产值与每股面值1元；

（二）涨幅高于挂牌公司股票前收盘价的100%（若前日成交中存在以异常价格成交情形的，则以最近一个未发生异常成交的转让日收盘价为计价标准）；

（三）全国股份转让系统公司或主办券商认定的其他情形。

第三十三条　主办券商应对存在异常委托行为的投资者建立记录，进行持续动态管理：对首次发生异常委托行为的投资者进行提醒；对再次发生异常委托行为的投资者予以警示；对三次以上发生异常委托行为的投资者，可在六个月内暂停接受其委托或终止证券买卖委托代理协议。

第三十四条　买卖双方投资者欲通过成交确认委托方式以异常价格（异常价格认定标准参照第三十二条）进行转让的，应事先通过挂牌公司发布股票转让提示性公告，公告次一转让日再进行相关委托转让。公告内容应当包括：转让双方基本情况，拟转让价格，拟转让数量，转让原因，预计转让日期，转让双方之间、转让双方与挂牌公司之间是否存在关联关系。

买卖双方投资者事先未公告即实施转让行为的，代理其买卖挂牌公司股票的主办券商应督促投资者在该转让行为发生后的两个转让日内，通过挂牌公司发布股票转让公告。公告内容应当包括：转让双方基本情况，转让价格，转让数量，转让原因，转让日期，转让双方之间、转让双方与挂牌公司之间是否存在关联关系。

投资者不配合主办券商调查或拒绝提供相关情况导致无法进行公告的，代理其买卖挂牌公司股票的主办券商可在转让发生后的两个转让日内公示投资者的基本情况，并在六个月内拒绝接受其委托。

第三十五条　全国股份转让系统公司对股票转让过程中

出现的下列事项，予以重点监控：

（一）可能影响股票转让价格或者股票交易量的异常转让行为；

（二）股票转让价格或者股票交易量明显异常的情形；

（三）涉嫌内幕交易、操纵市场等违法违规行为；

（四）投资者买卖股票的品种、时间、数量等受到法律法规、全国股份转让系统公司规定限制的行为；

（五）全国股份转让系统公司认为需要重点监控的其他事项。

第三十六条　全国股份转让系统公司可以单独或联合有关单位，对异常转让行为等情形进行调查。相关主办券商和投资者应当配合。

第三十七条　全国股份转让系统公司在现场或非现场调查中，可以根据需要要求主办券商和投资者提供下列文件和资料：

（一）投资者的开户资料、授权委托书、资金账户情况和相关证券账户的转让情况等；

（二）相关证券账户或资金账户的实际控制人和操作人情况、资金来源以及相关账户间是否存在关联的说明等；

（三）对股票转让中重点监控事项的解释；

（四）其他与全国股份转让系统公司重点监控事项有关的资料。

第三十八条　全国股份转让系统公司可以视情形对挂牌公司股票转让中出现的异常转让行为采取以下监管措施：

（一）口头或书面警示；

（二）约见谈话；

（三）要求提交书面承诺；

（四）限制相关证券账户转让；

（五）盘中临时停止股票转让；

（六）上报证监会。

第三十九条　原代办股份转让系统挂牌的 STAQ、NET 系统公司和退市公司股票转让相关事项另行规定。

第四十条　本暂行办法由全国股份转让系统公司负责解释。

全国中小企业股份转让系统过渡期登记结算暂行办法

第一条　全国中小企业股份转让系统（以下简称“全国股份转让系统”）挂牌公司股票的登记结算适用本暂行办法。

第二条　投资者应持有中国证券登记结算有限责任公司（以下简称“中国结算”）深圳市场人民币普通股票账户（含原非上市股份有限公司股份转让账户，以下简称“证券账户”）参与挂牌公司股票的转让。

证券账户的开立、挂失补办、资料查询、资料变更和账户注销等业务，按照中国结算证券账户管理相关业务规则办理。

第三条　申请挂牌公司应在获得全国中小企业股份转让系统有限责任公司（以下简称“全国股份转让系统公司”）同意挂牌的审查意见和中国证监会核准文件、证券简称和证券代码后，与中国结算签订股份登记及服务协议，申请办理全部股份的集中登记。股份登记采取申报制，中国结算对申请挂牌公司提交的申请材料进行形式审核。申请挂牌公司应对申请材料的真实、准确与完整负责。

第四条　申请挂牌公司申请办理股份初始登记时，应当提供以下材料：

（一）股份登记申请；

（二）全国股份转让系统公司同意挂牌的审查意见和中国证监会核准文件；

（三）股份公司设立的相关文件；

（四）申请挂牌公司已签字盖章的《股份登记及服务协议》；

（五）涉及司法冻结或质押登记的，还需提供司法协助执行、质押登记相关申请材料；

（六）申请挂牌公司法人有效营业执照复印件、法人代表证明书、法定代表人授权委托书；

（七）中国结算要求提供的其他材料。

第五条　中国结算对上述材料审核无误后，办理股份预登记，向申请挂牌公司出具《网下登记持有人名册清单》。

申请挂牌公司核对确认《网下登记持有人名册清单》无误后，中国结算完成股份登记，并出具《股份登记确认书》。

第六条　挂牌公司申请定向发行股份登记，参照初始登记业务流程办理。

第七条　中国结算依据全国股份转让系统股票转让的交收结果，办理挂牌公司股份的变更登记。

挂牌公司股票涉及司法裁决、继承、赠与、依法进行的财产分割、法人资格丧失等特殊原因需要办理非交易过户的，参照中国结算相关业务规则办理。

第八条　投资者应当委托主办券商托管其持有的挂牌公司股份，主办券商应当将其托管的挂牌公司股份交由中国结算存管，但法律、行政法规和中国证监会另有规定的除外。

第九条　投资者需要变更托管主办券商的，应当通过转出的主办券商办理转托管。

第十条　挂牌公司进行送股、转增或派息等权益分派，应当向中国结算提出申请，并与中国结算商定股权登记日（R日）。

送股、转增或派息等权益于 R+1 日到账。

第十一条　挂牌公司委托中国结算派息，必须在 R-1 日前将派息款及相关税费足额划至中国结算指定账户。中国结算于 R+1 日将派息款划至主办券商在中国结算的结算备付金账户，再由主办券商划入投资者资金账户。

挂牌公司不能在规定期限内划入相关款项的，应及时通知中国结算，并刊登延期实施公告。

第十二条　中国结算根据挂牌公司的申报，并依据全国股份转让系统公司的确认办理挂牌公司股份的限售或解除限售的登记。

第十三条　挂牌公司董事、监事及高级管理人员持有的股份按规定需进行限售或解除限售的，挂牌公司应向全国股份转让系统公司报备并取得确认。

中国结算依据全国股份转让系统公司的确认办理挂牌公司董事、监事及高级管理人员持股的限售或解除限售的登记。

第十四条　挂牌公司因召开股东大会、自行派息或中国结算认可的其他原因，可以向中国结算申请领取持有人名册。

第十五条　挂牌公司可通过名册系统或书面的方式申领持有人名册，可通过名册系统、当面或邮寄等方式接收持有人名册。

第十六条　挂牌公司股票终止挂牌后，需要办理退出登记手续的，应当及时到中国结算办理。

第十七条　挂牌公司未按规定办理股份退出登记手续的，中国结算可将其证券登记数据和资料送达该挂牌公司或其代办机构，并由公证机关进行公证，视同该挂牌公司退出登记手续办理完毕。

第十八条　挂牌公司退出登记办理完毕后，中国结算通过全国股份转让系统指定信息披露平台和其他媒体发布关于终止为挂牌公司提供登记服务的公告。

第十九条　主办券商及其他机构参与挂牌公司股票转让结算业务，应取得中国结算的结算参与人资格，遵守《中国证券登记结算有限责任公司结算参与人管理规则》的有关规定。

第二十条　中国结算按照货银对付的原则，为挂牌公司的股票转让提供逐笔全额非担保交收服务。

第二十一条　股票和资金的结算实行分级结算原则。中国结算负责办理结算参与人之间的清算交收；结算参与人负责办理其与客户之间的清算交收。

结算参与人与客户之间的股票划拨，应当委托中国结算代为办理。

第二十二条　主办券商应当与其客户签订协议，至少明确以下事项：

（一）主办券商依据客户的委托，负责办理与客户的股票和资金的清算交收。客户只与主办券商发生结算关系，不与中国结算发生结算关系。

（二）客户同意在清算交收过程中，由主办券商委托中国结算办理其证券账户与主办券商证券交收账户之间的股票划拨。

第二十三条　中国结算使用结算参与人在中国结算已开设的结算备付金账户完成全国股份转让系统股票转让的资金交收，使用结算参与人的证券交收账户完成股票交收。

中国结算在完成担保交收证券品种的交收后，再按照非担保交收原则办理挂牌公司股票的股份和资金交收。

第二十四条　全国股份转让系统股票转让的交收日为T+1日（T日为股票转让日），最终交收时点为16:00。

第二十五条　中国结算根据全国股份转让系统成交确认结果，于T日日终进行股票和资金的逐笔清算，并将清算结果发送各结算参与人。

第二十六条　T+1日最终交收时点，中国结算根据全国股份转让系统成交顺序，逐笔检查卖出方结算参与人负责结算的相关投资者证券账户中可用股票和买入方结算参与人结算备付金账户中可用资金是否足额。股票和资金均足额的，中国结算办理相关股票和资金的交收；任何一方股票或资金不足额的，视为交收失败，中国结算不办理相关股票和资金的交收，不承担相关法律责任。

T+1日日终中国结算将交收结果发送各结算参与人。

第二十七条　对交收失败的违约方结算参与人，中国结算将其交收违约纪录记入相关诚信档案。

第二十八条　中国结算根据规定的收费标准，在提供服务时收取相关费用。

第二十九条　原代办股份转让系统挂牌的STAQ、NET系统公司和退市公司股票的登记结算事项另行规定。

第三十条　本暂行办法由中国结算负责解释。

第三十一条　本暂行办法自发布之日起施行，《中国证券登记结算有限责任公司证券公司代办股份转让系统中关村科技园区非上市股份有限公司股份报价转让登记结算业务实施细则》同时废止。

全国中小企业股份转让系统股票转让细则
（试行）

第一章　总则

第一条　为规范全国中小企业股份转让系统（以下简称全国股份转让系统）股票转让行为，维护证券市场运行秩序，保护投资者合法权益，根据《中华人民共和国证券法》、《全国中小企业股份转让系统有限责任公司管理暂行办法》等法律、行政法规、部门规章、其他规范性文件及《全国中小企业股份转让系统业务规则（试行）》（以下简称《业务规则》）等相关规定，制定本细则。

第二条　在全国股份转让系统挂牌股票的转让，适用本细则。本细则未作规定的，适用全国股份转让系统其他有关规定。

第三条　股票转让及相关活动实行公开、公平、公正的原则，禁止证券欺诈、内幕交易、操纵市场等违法违规行为。

第四条　主办券商、投资者等市场参与人应当遵守法律、行政法规、部门规章、其他规范性文件及全国股份转让系统有关业务规则，遵循自愿、有偿、诚实信用原则。

第五条　全国中小企业股份转让系统有限责任公司（以下简称全国股份转让系统公司）为股票转让活动提供服务，并依法对相关股票转让活动进行自律管理。

第六条　股票转让采用无纸化的公开转让形式，或经中国证券监督管理委员会（以下简称中国证监会）批准的其他转让形式。

第二章　转让市场

第一节　转让设施与转让参与人

第七条　全国股份转让系统为股票转让提供相关设施，包括交易主机、交易单元、报盘系统及相关通信系统等。

第八条　主办券商进入全国股份转让系统进行股票转让，应当向全国股份转让系统公司申请取得转让权限，成为转让参与人。

第九条　转让参与人应当通过在全国股份转让系统申请开设的交易单元进行股票转让。

第十条　交易单元是转让参与人向全国股份转让系统公司申请设立的、参与全国股份转让系统证券转让，并接受全国股份转让系统公司服务及监管的基本业务单位。

第十一条　主办券商在全国股份转让系统开展证券经纪、证券自营和做市业务，应当分别开立交易单元。

第十二条　交易单元和转让权限的具体规定，由全国股份转让系统公司另行制定。

第二节　转让方式

第十三条　股票可以采取做市转让方式、协议转让方式、竞价转让方式之一进行转让。

第十四条　股票采取做市转让方式的，应当有2家以上做市商为其提供做市报价服务。

申请挂牌公司股票拟采取做市转让方式的，其中一家做市商应为推荐其股票挂牌的主办券商或该主办券商的母（子）公司。

第十五条　股票采取竞价转让方式的，应当符合全国股份转让系统公司规定的条件。具体条件由全国股份转让系统公司另行制定。

第十六条　挂牌公司提出申请并经全国股份转让系统公司同意,可以变更股票转让方式。

第十七条　采取做市转让方式的股票,拟变更为协议或竞价转让方式的,挂牌公司应事前征得该股票所有做市商同意。

第十八条　采取做市转让方式的股票,为其做市的做市商不足2家,且未在30个转让日内恢复为2家以上做市商的,如挂牌公司未按规定提出股票转让方式变更申请,其转让方式将强制变更为协议转让方式。

第三节　转让时间

第十九条　股票转让时间为每周一至周五9:15至11:30,13:00至15:00。转让时间内因故停市,转让时间不作顺延。

遇法定节假日和全国股份转让系统公司公告的休市日,全国股份转让系统休市。

第二十条　经中国证监会批准,全国股份转让系统公司可以调整转让时间。

第三章　股票转让一般规定

第二十一条　投资者买卖股票,应当以实名方式开立证券账户和资金账户,与主办券商签订证券买卖委托代理协议,并签署相关风险揭示书。

投资者开立证券账户,应当按照中国证券登记结算有限责任公司(以下简称中国结算)的规定办理。

第二十二条　投资者可以通过书面委托方式或电话、自助终端、互联网等自助委托方式委托主办券商买卖股票。

投资者进行自助委托的,应按相关规定操作,主办券商应当记录投资者委托的电话号码、网卡地址、IP地址等信息。

第二十三条　主办券商接受投资者的买卖委托后,应当确认投资者具备相应股票或资金,并按照委托的内容向全国股份转让系统申报,承担相应的交易、交收责任。

主办券商接受投资者买卖委托达成交易的,投资者应当向主办券商交付其委托主办券商卖出的股票或其委托主办券商买入股票的款项,主办券商应当向投资者交付卖出股票所得款项或买入的股票。

第二十四条　投资者可以撤销委托的未成交部分。

被撤销或失效的委托,主办券商应当在确认后及时向投资者返还相应的资金或股票。

第二十五条　主办券商应按照接受投资者委托的时间先后顺序及时向全国股份转让系统申报。

第二十六条　申报指令应当按全国股份转让系统公司规定的格式传送。全国股份转让系统公司可以根据市场需要,调整申报的内容及方式。

第二十七条　主办券商应当按有关规定妥善保管委托和申报记录。

第二十八条　买卖股票的申报数量应当为1000股或其整数倍。卖出股票时,余额不足1000股部分,应当一次性申报卖出。

第二十九条　股票转让的计价单位为“每股价格”。股票转让的申报价格最小变动单位为0.01元人民币。

按成交原则达成的价格不在最小价格变动单位范围内的,按照四舍五入原则取至相应的最小价格变动单位。

第三十条　股票转让单笔申报最大数量不得超过100万股。

第三十一条　全国股份转让系统公司可以根据市场需要,调整股票单笔申报数量、申报价格的最小变动单位和单笔申报最大数量。

第三十二条　申报当日有效。

买卖申报和撤销申报经全国股份转让系统交易主机确认后方为有效。

第三十三条　主办券商通过报盘系统向全国股份转让系统交易主机发送买卖申报指令。买卖申报经交易主机撮合成交后,转让即告成立。按本细则各项规定达成的交易于成立时生效,交易记录由全国股份转让系统公司发送至主办券商。

因不可抗力、意外事件、交易系统被非法侵入等原因造成严重后果的转让,全国股份转让系统公司可以采取适当措施或认定无效。

对显失公平的转让,经全国股份转让系统公司认定,可以采取适当措施。

第三十四条　违反本细则,严重破坏证券市场正常运行的转让,全国股份转让系统公司有权宣布取消转让。由此造成的损失由违规转让者承担。

第三十五条　依照本细则达成的交易,其成交结果以交易主机记录的成交数据为准。

第三十六条　全国股份转让系统对股票转让不设涨跌幅限制。全国股份转让系统公司另有规定的除外。

第三十七条　投资者买入的股票,买入当日不得卖出;做市商买入的股票,买入当日可以卖出。全国股份转让系统公司另有规定的除外。

第三十八条　按照本细则达成的交易,买卖双方必须承认交易结果,履行清算交收义务。

股票买卖的清算交收业务,应当按照中国结算的规定办理。

第三十九条　全国股份转让系统公司每个转让日发布股票转让即时行情、股票转让公开信息等转让信息,及时编制反映市场转让情况的各类报表,并通过全国股份转让系统指定信息披露平台或其他媒体予以公布。

第四十条　全国股份转让系统对采取做市、协议和竞价转让方式的股票即时行情实行分类揭示。

第四十一条　全国股份转让系统公司负责全国股份转让系统信息的统一管理和发布。未经全国股份转让系统公司许可,任何机构和个人不得发布、使用和传播转让信息。经全国股份转让系统公司许可使用转让信息的机构和个人,未经同意不得将转让信息提供给其他机构和个人使用或予以传播。

第四十二条　全国股份转让系统公司可以根据市场需要,调整即时行情和股票转让公开信息发布的内容和方式。

第四十三条　全国股份转让系统公司可以根据市场发展需要,编制综合指数、成份指数、分类指数等股票指数,随即时行情发布。

股票指数的设置和编制方法,由全国股份转让系统公司另行规定。

第四章　做市转让方式

第一节　委托与申报

第四十四条　做市商应在全国股份转让系统持续发布买卖双向报价,并在其报价数量范围内按其报价履行与投资者的成交义务。做市转让方式下,投资者之间不能成交。全国股份转让系统公司另有规定的除外。

第四十五条　投资者可以采用限价委托方式委托主办券商买卖股票。

限价委托是指投资者委托主办券商按其限定的价格买卖股票的指令，主办券商必须按限定的价格或低于限定的价格申报买入股票；按限定的价格或高于限定的价格申报卖出股票。

限价委托应包括证券账户号码、证券代码、买卖方向、委托数量、委托价格等内容。

第四十六条　全国股份转让系统接受主办券商的限价申报、做市商的做市申报。全国股份转让系统公司另有规定的除外。

限价申报应包括证券账户号码、证券代码、交易单元代码、证券营业部识别码、买卖方向、申报数量、申报价格等内容。

做市申报是指做市商为履行做市义务，向全国股份转让系统发送的，按其指定价格买卖不超过其指定数量股票的指令。做市申报应包括证券账户号码、证券代码、交易单元代码、买卖申报数量和价格等内容。

第四十七条　全国股份转让系统接受限价申报、做市申报的时间为每个转让日的9:15至11:30、13:00至15:00。全国股份转让系统公司可以调整接受申报的时间。

第四十八条　做市商应最迟于每个转让日的9:30开始发布买卖双向报价，履行做市报价义务。

第四十九条　做市商每次提交做市申报应当同时包含买入价格与卖出价格，且相对买卖价差不得超过5%。相对买卖价差计算公式为：

相对买卖价差=（卖出价格－买入价格）÷卖出价格×100%

卖出价格与买入价格之差等于最小价格变动单位的，不受前款限制。

第五十条　做市商提交新的做市申报后，前次做市申报的未成交部分自动撤销。

第五十一条　做市商前次做市申报撤销或其申报数量经成交后不足1000股的，做市商应于5分钟内重新报价。

第五十二条　做市商持有库存股票不足1000股时，可以免于履行卖出报价义务。

出现前款所述情形，做市商应及时向全国股份转让系统公司报告并调节库存股票数量，并最迟于该情形发生后第3个转让日恢复正常双向报价。

第五十三条　单个做市商持有库存股票达到挂牌公司总股本20%时，可以免于履行买入报价义务。

出现前款所述情形，做市商应及时向全国股份转让系统公司报告，并最迟于该情形发生后第3个转让日恢复正常双向报价。

第二节　成交

第五十四条　每个转让日的9:30至11:30、13:00至15:00为做市转让撮合时间。

做市商每个转让日提供双向报价的时间应不少于做市转让撮合时间的75%。

第五十五条　全国股份转让系统对到价的限价申报即时与做市申报进行成交；如有2笔以上做市申报到价的，按照价格优先、时间优先原则成交。成交价以做市申报价格为准。

做市商更改报价使限价申报到价的，全国股份转让系统按照价格优先、时间优先原则将到价限价申报依次与该做市申报进行成交。成交价以做市申报价格为准。

到价是指限价申报买入价格等于或高于做市申报卖出价格，或限价申报卖出价格等于或低于做市申报买入价格。

限价申报之间、做市申报之间不能成交。

第三节　做市商管理

第五十六条　证券公司在全国股份转让系统开展做市业务前，应向全国股份转让系统公司申请备案。

第五十七条　做市商开展做市业务，应通过专用证券账户进行。做市专用证券账户应向中国结算和全国股份转让系统公司报备。

做市商不再为挂牌公司股票提供做市报价服务的，应将库存股票转出做市专用证券账户。

第五十八条　做市商证券自营账户不得持有其做市股票或参与做市股票的买卖。

第五十九条　挂牌时采取做市转让方式的股票，初始做市商应当取得合计不低于挂牌公司总股本5%或100万股（以孰低为准），且每家做市商不低于10万股的做市库存股票。

除前款所述情形外，做市商在做市前应当取得不低于10万股的做市库存股票。

第六十条　做市商的做市库存股票可通过以下方式取得：

（一）股东在挂牌前转让；

（二）股票发行；

（三）在全国股份转让系统买入；

（四）其他合法方式。

第六十一条　挂牌时采取做市转让方式的股票，后续加入的做市商须在该股票挂牌满3个月后方可为其提供做市报价服务。

采取做市转让方式的股票，后续加入的做市商应当向全国股份转让系统公司提出申请。

第六十二条　挂牌时采取做市转让方式的股票和由其他转让方式变更为做市转让方式的股票，其初始做市商为股票做市不满6个月的，不得退出为该股票做市。后续加入的做市商为股票做市不满3个月的，不得退出为该股票做市。

做市商退出做市的，应当事前提出申请并经全国股份转让系统公司同意。做市商退出做市后，1个月内不得申请再次为该股票做市。

第六十三条　出现下列情形时，做市商自动终止为相关股票做市：

（一）该股票摘牌；

（二）该股票因其他做市商退出导致做市商不足2家而变更转让方式；

（三）做市商被暂停、终止从事做市业务或被禁止为该股票做市；

（四）全国股份转让系统公司认定的其他情形。

第四节　做市商间转让

第六十四条　做市商间为调节库存股等进行股票转让的，可以通过互报成交确认申报方式进行。

第六十五条　做市商的成交确认申报是指做市商之间按指定价格和数量与指定对手方确认成交的指令。

做市商的成交确认申报应包括证券账户号码、证券代码、交易单元代码、买卖方向、申报数量、申报价格、对手方交易单元、对手方证券账户号码以及成交约定号等内容。

第六十六条　全国股份转让系统接受做市商成交确认申报和对做市商成交确认申报进行成交确认的时间为每个转让

日的 15:00 至 15:30。

第六十七条　全国股份转让系统对证券代码、申报价格和申报数量相同，买卖方向相反，指定对手方交易单元、证券账户号码相符及成交约定号一致的做市商成交确认申报进行确认成交。

做市商间转让股票，其成交价格应在该股票当日最高、最低成交价之间；当日无成交的，其成交价格不得高于前收盘价的 110% 且不低于前收盘价的 90% 。

第六十八条　做市商当日从其他做市商处买入的股票，买入当日不得卖出。

第六十九条　做市商间转让不纳入即时行情和指数的计算，成交量在每个转让日做市商间转让结束后计入该股票成交总量。

第七十条　每个转让日做市商间转让结束后，全国股份转让系统公司逐笔公布做市商间转让信息，包括证券名称、成交量、成交价以及买卖双方做市商名称等。

第五节　其他规定

第七十一条　采取做市转让方式的股票，开盘价为该股票当日第一笔成交价。

第七十二条　采取做市转让方式的股票，收盘价为该股票当日最后一笔成交价。

当日无成交的，以前收盘价为当日收盘价。

第七十三条　全国股份转让系统为做市商提供其做市股票实时最高 10 个价位的买入限价申报价格和数量、最低 10 个价位的卖出限价申报价格和数量等信息，以及为该股票提供做市报价服务做市商的实时最优 10 笔买入和卖出做市申报价格和数量等信息。

第七十四条　采取做市转让方式的股票，全国股份转让系统每个转让日 9:30 开始发布即时行情，其内容主要包括证券代码、证券简称、前收盘价、最近成交价、当日最高价、当日最低价、当日累计成交数量、当日累计成交金额、做市商实时最高 3 个价位买入申报价格和数量、做市商实时最低 3 个价位卖出申报价格和数量等。

第五章　协议转让方式

第一节　委托与申报

第七十五条　投资者委托分为意向委托、定价委托和成交确认委托。

意向委托是指投资者委托主办券商按其确定价格和数量买卖股票的意向指令，意向委托不具有成交功能。意向委托应包括证券账户号码、证券代码、买卖方向、委托数量、委托价格、联系人、联系方式等内容。

定价委托是指投资者委托主办券商按其指定的价格买卖不超过其指定数量股票的指令。定价委托应包括证券账户号码、证券代码、买卖方向、委托数量、委托价格等内容。

成交确认委托是指投资者买卖双方达成成交协议，或投资者拟与定价委托成交，委托主办券商以指定价格和数量与指定对手方确认成交的指令。成交确认委托应包括：证券账户号码、证券代码、买卖方向、委托数量、委托价格、成交约定号等内容；拟与对手方通过互报成交确认委托方式成交的，还应注明对手方交易单元代码和对手方证券账户号码。

第七十六条　全国股份转让系统接受主办券商的意向申报、定价申报和成交确认申报。

意向申报应包括证券账户号码、证券代码、交易单元代码、证券营业部识别码、买卖方向、申报数量、申报价格、联系人、联系方式等内容。

定价申报应包括证券账户号码、证券代码、交易单元代码、证券营业部识别码、买卖方向、申报数量、申报价格等内容。

成交确认申报应包括：证券账户号码、证券代码、交易单元代码、证券营业部识别码、买卖方向、申报数量、申报价格、成交约定号等内容；若投资者成交确认委托中包括对手方交易单元代码和对手方证券账户号码，其对应成交确认申报指令也应包括相关内容。

第七十七条　交易主机接受申报的时间为每个转让日的 9:15 至 11:30、13:00 至 15:00。

全国股份转让系统公司可以调整接受申报的时间。

第七十八条　全国股份转让系统收到拟与定价申报成交的成交确认申报后，如系统中无对应的定价申报，该成交确认申报以撤单处理。

第二节　成交

第七十九条　每个转让日的 9:30 至 11:30、13:00 至 15:00 为协议转让的成交确认时间。

第八十条　全国股份转让系统按照时间优先原则，将成交确认申报和与该成交确认申报证券代码、申报价格相同，买卖方向相反及成交约定号一致的定价申报进行确认成交。

成交确认申报与定价申报可以部分成交。成交确认申报股票数量小于定价申报的，以成交确认申报的股票数量为成交股票数量；成交确认申报股票数量大于定价申报的，以定价申报的股票数量为成交股票数量。成交确认申报未成交部分以撤单处理。

第八十一条　全国股份转让系统对证券代码、申报价格和申报数量相同，买卖方向相反，指定对手方交易单元、证券账户号码相符及成交约定号一致的成交确认申报进行确认成交。

第八十二条　每个转让日 15:00，全国股份转让系统按照时间优先原则，将证券代码和申报价格相同、买卖方向相反的未成交定价申报进行匹配成交。

第三节其他规定

第八十三条　采取协议转让方式的股票，开盘价为当日该股票的第一笔成交价。

第八十四条　采取协议转让方式的股票，以当日最后 30 分钟转让时间的成交量加权平均价为当日收盘价。最后 30 分钟转让时间无成交的，以当日成交量加权平均价为当日收盘价。当日无成交的，以前收盘价为当日收盘价。

第八十五条　采取协议转让方式的股票，每个转让日的即时行情内容主要包括前收盘价、最近成交价、当日最高成交价、当日最低成交价、当日累计成交数量以及定价申报的价格、数量、成交约定号等。

第八十六条　采取协议转让方式的股票，全国股份转让系统公司公布当日每笔成交信息，内容包括证券代码、证券简称、成交价格、成交数量、买卖双方主办券商证券营业部或交易单元的名称等。

股票转让公开信息涉及机构专用交易单元的，公布名称为“机构专用”。

第六章　竞价转让方式

第一节　委托与申报

第八十七条　股票竞价转让采用集合竞价和连续竞价两种方式。集合竞价，是指对一段时间内接受的买卖申报一次性集中撮合的竞价方式。连续竞价，是指对买卖申报逐笔连续撮合的竞价方式。

第八十八条　股票采取竞价转让方式的，每个转让日的9:15至9:25为开盘集合竞价时间，9:30至11:30、13:00至14:55为连续竞价时间，14:55至15:00为收盘集合竞价时间。

第八十九条　投资者可以采用限价委托方式委托主办券商买卖股票。

限价委托是指投资者委托主办券商按其限定的价格买卖股票的指令，主办券商必须按限定的价格或低于限定的价格申报买入股票；按限定的价格或高于限定的价格申报卖出股票。

限价委托应包括证券账户号码、证券代码、买卖方向、委托数量、委托价格等内容。

第九十条　全国股份转让系统接受主办券商的限价申报。

限价申报应包括证券账户号码、证券代码、交易单元代码、证券营业部识别码、买卖方向、申报数量、申报价格等内容。

第九十一条　全国股份转让系统接受主办券商限价申报的时间为每个转让日9:15至11:30、13:00至15:00。

每个转让日9:20至9:25、14:55至15:00，交易主机不接受撤销申报；在其他接受申报的时间内，未成交申报可以撤销。

每个转让日9:25至9:30，交易主机只接受申报，但不对买卖申报或撤销申报作处理。

全国股份转让系统公司可以调整接受申报的时间。

第九十二条　全国股份转让系统对申报设置有效价格区间。开盘集合竞价的申报有效价格区间为前收盘价的上下20%以内。连续竞价、收盘集合竞价的申报有效价格区间为最近成交价的上下20%以内；当日无成交的，申报有效价格区间为前收盘价的上下20%以内。

不在有效价格区间范围内的申报不参与竞价，暂存于交易主机；当成交价波动使其进入有效价格区间时，交易主机自动取出申报，参加竞价。

挂牌后无成交的股票，对申报不设置有效价格区间。

第二节　成交

第九十三条　股票竞价转让按价格优先、时间优先的原则撮合成交。

第九十四条　集合竞价时，成交价的确定原则为：

（一）可实现最大成交量；

（二）高于该价格的买入申报与低于该价格的卖出申报全部成交；

（三）与该价格相同的买方或卖方至少有一方全部成交。

两个以上价格符合上述条件的，取在该价格以上的买入申报累计数量与在该价格以下的卖出申报累计数量之差最小的价格为成交价；若买卖申报累计数量之差仍存在相等情况的，按如下方式确定成交价：

（一）开盘集合竞价时取最接近前收盘价的价格为成交价；无前收盘价的，取其平均价为成交价；

（二）收盘集合竞价时取最接近最近成交价的价格为成交价；当日无成交的，收盘集合竞价时取最接近前收盘价的价格为成交价；无前收盘价的，取其平均价为成交价。

集合竞价的所有转让以同一价格成交。

第九十五条　连续竞价时，成交价的确定原则为：

（一）最高买入申报与最低卖出申报价格相同，以该价格为成交价；

（二）买入申报价格高于集中申报簿当时最低卖出申报价格时，以集中申报簿当时的最低卖出申报价格为成交价；

（三）卖出申报价格低于集中申报簿当时最高买入申报价格时，以集中申报簿当时的最高买入申报价格为成交价。

第三节其他规定

第九十六条　采取竞价转让方式的股票，开盘价为当日该股票的第一笔成交价。

开盘价通过集合竞价方式产生，不能通过集合竞价产生的，以连续竞价方式产生。

第九十七条　采取竞价转让方式的股票，收盘价通过集合竞价的方式产生。收盘集合竞价不能产生收盘价或未进行收盘集合竞价的，以该转让日最后一笔成交价为收盘价。当日无成交的，以前收盘价为当日收盘价。

第九十八条　集合竞价期间，即时行情内容包括证券代码、证券简称、前收盘价、集合竞价参考价、匹配量和未匹配量等。

连续竞价期间，即时行情内容包括证券代码、证券简称、前收盘价、最近成交价、当日最高成交价、当日最低成交价、当日累计成交数量、当日累计成交金额、实时最高5个价位买入申报价格和数量、实时最低5个价位卖出申报价格和数量等。

第九十九条　采取竞价转让方式的股票出现下列情形之一的，全国股份转让系统公司分别公布相关股票当日买入、卖出金额最大5家主办券商证券营业部或交易单元的名称及其各自的买入、卖出金额：

（一）当日价格振幅达到30%的前5只股票；

价格振幅的计算公式为：价格振幅 =（当日最高价 − 当日最低价）/当日最低价 ×100%

（二）当日换手率达到10%的前5只股票；

换手率的计算公式为 换手率 = 成交股数/无限售条件股份总数 ×100%

价格振幅或换手率相同的，依次按成交金额和成交量选取。

股票转让公开信息涉及机构专用交易单元的，公布名称为“机构专用”。

第七章　其他转让事项

第一节　转托管

第一百条　投资者可以以同一证券账户在单个或多个主办券商的不同证券营业部买入股票。

第一百零一条　投资者买入的股票可以通过原买入股票的交易单元委托卖出，也可以向原买入股票的交易单元发出转托管指令，转托管完成后 在转入的交易单元委托卖出。

转托管的具体规定，由中国结算制定。

第二节　挂牌、摘牌、暂停与恢复转让

第一百零二条　全国股份转让系统对股票实行挂牌转让。

第一百零三条　股票依法不再具备挂牌条件的，全国股份转让系统公司终止其挂牌转让，予以摘牌。

第一百零四条　全国股份转让系统公司可以对出现异常转让情况的股票采取盘中临时停止转让措施并予以公告。

具体暂停与恢复转让时间，以相关公告为准。

第一百零五条　挂牌公司股票暂停转让时，全国股份转让系统公司发布的行情中包括该股票的信息；股票摘牌后，行情中无该股票的信息。

第一百零六条　股票的挂牌、摘牌、暂停与恢复转让，由全国股份转让系统公司予以公告。相关信息披露义务人应当按照全国股份转让系统公司的要求及时公告。

第一百零七条　股票挂牌、摘牌、暂停与恢复转让的其他规定，按照全国股份转让系统公司其他有关规定执行。

第三节除权与除息

第一百零八条　股票发生权益分派、公积金转增股本等情况，全国股份转让系统在权益登记日的次一转让日对该股票作除权除息处理。全国股份转让系统公司另有规定的除外。

第一百零九条　除权（息）参考价计算公式为：

除权（息）参考价 =（前收盘价 - 现金红利）÷（1%2B 股份变动比例）

挂牌公司认为有必要调整上述计算公式时，可以向全国股份转让系统公司提出调整申请并说明理由。经全国股份转让系统公司同意的，挂牌公司应当向市场公布该次除权（息）适用的除权（息）参考价计算公式。

第一百一十条　除权（息）日股票买卖，按除权（息）参考价作为计算涨跌幅度和有效申报价格区间的基准，全国股份转让系统公司另有规定的除外。

第一百一十一条　在除权（息）日，挂牌公司应变更股票简称，在简称前冠以“XR”、“XD”、“DR”等字样。

“XR”代表除权；“XD”代表除息；“DR”代表除权并除息。

第八章　转让行为自律监管

第一百一十二条　全国股份转让系统公司对股票转让过程中出现的下列事项，予以重点监控：

（一）涉嫌内幕交易、操纵市场等违法违规行为；

（二）可能影响股票转让价格或者股票成交量的异常转让行为；

（三）股票转让价格或者股票成交量明显异常的情形；

（四）买卖股票的范围、时间、数量、方式等受到法律、行政法规、部门规章、其他规范性文件、《业务规则》及全国股份转让系统其他规定限制的行为；

（五）全国股份转让系统公司认为需要重点监控的其他事项。

第一百一十三条　可能影响股票转让价格或者股票成交量的异常转让行为包括：

（一）可能对股票转让价格产生重大影响的信息披露前，大量或持续买入或卖出相关股票；

（二）单个证券账户，或两个以上固定的或涉嫌关联的证券账户之间，大量或频繁进行反向交易；

（三）单个证券账户，或两个以上固定的或涉嫌关联的证券账户，大笔申报、连续申报、密集申报或申报价格明显偏离该证券行情揭示的最近成交价；

（四）频繁申报或撤销申报，或大额申报后撤销申报，以影响股票转让价格或误导其他投资者；

（五）集合竞价期间以明显高于前收盘价的价格申报买入后又撤销申报，随后申报卖出该证券，或以明显低于前收盘价的价格申报卖出后又撤销申报，随后申报买入该证券；

（六）对单一股票在一段时期内进行大量且连续交易；

（七）大量或者频繁进行高买低卖交易；

（八）单独或者合谋，在公开发布投资分析、预测或建议前买入或卖出相关股票，或进行与自身公开发布的投资分析、预测或建议相背离的股票转让；

（九）申报或成交行为造成市场价格异常或秩序混乱；

（十）涉嫌编造并传播交易虚假信息，诱骗其他投资者买卖股票；

（十一）全国股份转让系统公司认为需要重点监控的其他异常转让。

主办券商发现客户存在上述异常转让行为，应提醒客户；对可能严重影响交易秩序的异常转让行为，应及时报告全国股份转让系统公司。

第一百一十四条　股票转让价格或者股票成交量明显异常的情形包括：

（一）同一证券营业部或同一地区的证券营业部集中买入或卖出同一股票且数量较大；

（二）股票转让价格连续大幅上涨或下跌，且挂牌公司无重大事项公告；

（三）全国股份转让系统公司认为需要重点监控的其他异常转让情形。

第一百一十五条　全国股份转让系统公司对做市商的以下行为进行重点监控：

（一）不履行或不规范履行报价义务；

（二）频繁触发豁免报价条件；

（三）涉嫌以不正当方式影响其他做市商做市；

（四）库存股数量异常变动；

（五）报价异常变动，或通过频繁更改报价涉嫌扰乱市场秩序；

（六）做市商之间涉嫌串通报价或私下交换交易策略、做市库存股票数量等信息以谋取不正当利益；

（七）做市商与特定投资者在一段时间内对特定股票进行大量且连续交易；

（八）其他涉嫌违法违规行为。

第一百一十六条　全国股份转让系统公司可根据监管需要，对主办券商相关业务活动中的风险管理、技术系统运行、做市义务履行等情况进行监督检查。

第一百一十七条　全国股份转让系统公司可以单独或联合其他有关单位，对异常转让行为等情形进行现场或非现场调查。相关主办券商和投资者应当予以配合。

第一百一十八条　全国股份转让系统公司在现场或非现场调查中，可以根据需要要求主办券商及其证券营业部、投资者及时、准确、完整地提供下列文件和资料：

（一）投资者的开户资料、授权委托书、资金账户情况和相关账户的转让情况等；

（二）相关证券账户或资金账户的实际控制人、操作人和受益人情况、资金来源以及相关账户间是否存在关联的说明等；

（三）对股票转让中重点监控事项的解释；

（四）其他与全国股份转让系统公司重点监控事项有关的资料。

第一百一十九条　对第一百一十二条、第一百一十三条、第一百一十四条、第一百一十五条所述重点监控事项中情节严重的行为，全国股份转让系统公司可以视情况采取以下措施：

（一）约见谈话；

（二）要求提交书面承诺；

（三）出具警示函；

（四）限制证券账户转让；

（五）向中国证监会报告有关违法违规行为；

（六）其他自律监管措施。

第一百二十条　转让参与人及相关业务人员违反本细则的，全国股份转让系统公司可根据《业务规则》及全国股份转让系统其他相关业务规定，对其进行纪律处分，并记入诚信档案。

第九章　转让异常情况处理

第一百二十一条　发生下列转让异常情况之一，导致部分或全部转让不能正常进行的，全国股份转让系统公司可以决定单独或同时采取暂缓进入清算交收程序、技术性停牌或临时停市等措施：

（一）不可抗力；

（二）意外事件；

（三）技术故障；

（四）全国股份转让系统公司认定的其他异常情况。

第一百二十二条　出现无法申报或行情传输中断情况的，主办券商应及时向全国股份转让系统公司报告。无法申报或行情传输中断的证券营业部数量超过全部主办券商所属证券营业部总数10%以上的，属于转让异常情况，全国股份转让系统公司可以实行临时停市。

第一百二十三条　全国股份转让系统公司认为可能发生第一百二十一条、第一百二十二条规定的转让异常情况，并严重影响转让正常进行的，可以决定技术性停牌或临时停市。

第一百二十四条　全国股份转让系统公司对暂缓进入清算交收程序、技术性停牌或临时停市决定予以公告。技术性停牌或临时停市原因消除后，全国股份转让系统公司可以决定恢复转让，并予以公告。

因转让异常情况及全国股份转让系统公司采取的必要措施造成损失的，全国股份转让系统公司不承担责任。

第一百二十五条　转让异常情况处理的具体规定，由全国股份转让系统公司另行制定，并报中国证监会批准。

第十章　转让纠纷

第一百二十六条　主办券商之间、主办券商和客户之间发生转让纠纷，相关主办券商应当记录有关情况，以备全国股份转让系统公司查阅。转让纠纷影响正常转让的，主办券商应当及时向全国股份转让系统公司报告。

第一百二十七条　主办券商之间、主办券商和客户之间发生转让纠纷，全国股份转让系统公司可以按有关规定，提供必要的交易数据。

第一百二十八条　客户对转让有疑义的，主办券商有义务协调处理。

第十一章　转让费用

第一百二十九条　投资者买卖股票成交的，应当按规定向代理股票买卖的主办券商交纳佣金。

第一百三十条　主办券商应当按规定向全国股份转让系统交纳转让经手费及其他费用。

第一百三十一条　股票转让的收费项目、收费标准和收费方式等按有关规定执行。

第十二章　附则

第一百三十二条　原STAQ、NET系统公司和退市公司挂牌股票转让相关事项另行规定。

第一百三十三条　本细则所述时间，以全国股份转让系统交易主机的时间为准。

第一百三十四条　本细则下列用语具有如下含义：

（一）“做市商”是指经全国股份转让系统公司同意，在全国股份转让系统持续发布买卖双向报价，并在其报价数量范围内按其报价履行与投资者成交义务的证券公司。

（二）“委托”是指投资者向主办券商进行具体授权买卖股票的行为。

（三）“申报”是指转让参与人向全国股份转让系统交易主机发送股票买卖指令的行为。

（四）“集中申报簿”是指交易主机某一时点按买卖方向以及价格优先、时间优先顺序排列的所有未成交申报队列。

（五）“集合竞价参考价”是指截至揭示时集中申报簿中所有申报按照集合竞价规则形成的虚拟集合竞价成交价。

（六）“匹配量”是指截至揭示时集中申报簿中所有申报按照集合竞价规则形成的虚拟成交数量。

（七）“未匹配量”是指截至揭示时集中申报簿中在集合竞价参考价位上的不能按照集合竞价参考价虚拟成交的买方或卖方申报剩余量。

第一百三十五条　本细则所述价格优先的原则是指较高价格买入申报优先于较低价格买入申报，较低价格卖出申报优先于较高价格卖出申报；时间优先的原则是指买卖方向、价格相同的，先申报者优先于后申报者，先后顺序按交易主机接受申报的时间确定。

第一百三十六条　本细则所称“超过”、“低于”、“高于”、“不足”、“大于”不含本数，“以内”、“达到”、“以上”、“以下”含本数。

第一百三十七条　本细则由全国股份转让系统公司负责解释。

全国中小企业股份转让系统证券代码、证券简称编制管理暂行办法

第一章　总则

第一条　为加强全国中小企业股份转让系统（以下简称全国股份转让系统）证券代码、证券简称的管理，确保证券代码、证券简称编制工作安全、稳定、有序地开展，降低系统运行风险，有效利用证券代码资源，制定本办法。

第二条　本办法适用于在全国股份转让系统挂牌证券品种的证券代码、证券简称编制和使用工作。

第二章　管理职责

第三条　全国中小企业股份转让系统有限责任公司（以下简称全国股份转让系统公司）设立证券编码工作委员会负责全国股份转让系统证券代码、证券简称的编制管理工作，统筹规划证券代码体系，制定证券代码和证券简称编制原则，监督证券代码资源的使用情况。

第四条　证券编码工作委员会由全国股份转让系统公司综合事务部、财务管理部、法律事务部、挂牌业务部、公司业务部、交易监察部、机构业务部、信息服务部、技术服务部等相关部门人员组成。

第五条　证券编码工作委员会以会议形式履行职责。证

券编码小组会议由交易监察部召集，并可视情形邀请中国证券登记结算有限责任公司有关人员列席。

第六条 证券代码、证券简称日常编制工作由挂牌业务部、公司业务部、机构业务部、信息服务部发起，交易监察部进行确认。

挂牌业务部负责编制和分配与首次挂牌相关的股票、债券、期权及关联衍生品种的证券代码，受理其证券简称申请并核定其证券简称。

公司业务部负责编制和分配非首次挂牌股票、债券、期权及关联衍生品种的证券代码，受理其证券简称申请并核定其证券简称。

机构业务部负责编制和分配基金、专项资产管理计划和其他证券公司创新产品的证券代码，受理其相关简称申请并核定其简称。

信息服务部负责编制和分配指数的证券代码，受理其指数的简称申请并核定其简称。

第七条 证券发行人可以向全国股份转让系统公司提出ISIN代码申请，由全国股份转让系统公司统一向全国金融标准化技术委员会证券分技术委员会申请对应的ISIN代码。ISIN代码的有关编制方法参见国际号码代理人协会的ISO6166条 例。

第三章 编制原则

第八条 全国股份转让系统证券代码采用六位数的数字型编制方法。

第九条 证券代码的编制原则上应当在所属证券品种区间内，可采用连续编制或其他经全国股份转让系统公司批准的方式进行编制。

第十条 按本办法编制的证券代码原则上不得与全国股份转让系统已挂牌证券代码重复。网络投票等必须重复使用证券代码的业务除外。

按本办法编制的证券代码应尽量避免与境内交易所已挂牌或上市证券代码重复。

第十一条 增加或者减少证券代码号段，应当经过证券编码工作委员会批准。

第十二条 证券简称应参考发行人名称、所属证券品种编制，不得超过八个字符（单字节字符），且应尽量避免与全国股份转让系统和境内交易所已挂牌或上市证券的证券简称重复。

第四章 股票及其衍生品种

第一节 挂牌公司股票

第十三条 挂牌公司普通股票证券代码首两位代码为83、87、88。

第十四条 挂牌公司优先股票证券代码首两位代码为82。

第十五条 挂牌公司股票证券简称原则上从公司名称中选取。

挂牌公司股票转让被实行特别处理风险警示，其证券简称首两位字符应改为“ST”，其他字符原则上从公司名称中选取。

第二节 两网公司及退市公司股票

第十六条 两网公司及退市公司A股股票证券代码首三位代码为400.

第十七条 退市公司B股股票证券代码首三位代码为420.

第十八条 退市公司既有A股股票，又有B股股票，其后三位代码应相同。

第十九条 退市公司纯B股公司内资股的证券代码首三位代码为400，后三位代码与该公司B股股票代码后三位代码相同；其证券简称前六位字符取自该公司B股股票简称，后两位字符为“内”。

第二十条 除纯B股公司内资股外，两网公司及退市公司A股股票证券简称的末位字符应为标识其每周转让天数的阿拉伯数字，其他字符原则上从公司名称中选取；B股股票证券简称的后两位字符应为“B”加上其每周转让天数的阿拉伯数字，其他字符原则上从公司名称中选取。

第三节 股权激励期权

第二十一条 股权激励期权证券代码首三位代码为850.

第二十二条 股权激励期权证券简称首四位字符从公司股票证券简称中选取，后四位字符按照期数依次为“JLC1”、“JLC2”等。

第四节 要约收购

第二十三条 要约收购证券代码首三位代码为840.

第二十四条 要约收购证券简称首四位字符从公司股票证券简称中选取，后四位字符为“收购”。

第五章 附则

第二十五条 本办法由全国股份转让系统公司负责解释。

机构业务类

全国中小企业股份转让系统主办券商管理细则（试行）

第一章 总则

第一条 为规范证券公司在全国中小企业股份转让系统（以下简称“全国股份转让系统”）从事相关业务，维护市场正常秩序，保护投资者合法权益，根据《全国中小企业股份转让系统业务规则（试行）》（以下简称“业务规则”）等相关规定，制定本细则。

第二条 证券公司在全国股份转让系统开展相关业务前，应当向全国中小企业股份转让系统有限责任公司（以下简称“全国股份转让系统公司”）申请备案，成为主办券商。

未经备案的证券公司不得在全国股份转让系统开展相关业务。

第三条 主办券商及其董事、监事、高级管理人员和相关业务人员，应当遵守法律法规和全国股份转让系统相关规定，勤勉尽责、诚实守信，接受全国股份转让系统公司的自律管理。

第二章 业务申请

第四条 主办券商可在全国股份转让系统从事以下部分或全部业务：推荐业务、经纪业务、做市业务，以及全国股份转让系统公司规定的其他业务。

第五条　证券公司申请在全国股份转让系统从事推荐业务应具备下列条件：

（一）具备证券承销与保荐业务资格；

（二）设立推荐业务专门部门，配备合格专业人员；

（三）建立尽职调查制度、工作底稿制度、内核工作制度、持续督导制度及其他推荐业务管理制度；

（四）全国股份转让系统公司规定的其他条件。

证券公司的子公司具备证券承销与保荐业务资格的，证券公司可以申请从事推荐业务，但不得与子公司同时在全国股份转让系统从事推荐业务。

第六条　证券公司申请在全国股份转让系统从事经纪业务应具备下列条件：

（一）具备证券经纪业务资格；

（二）配备开展经纪业务必要人员；

（三）建立投资者适当性管理工作制度、交易结算管理制度及其他经纪业务管理制度；

（四）具备符合全国股份转让系统公司要求的交易技术系统；

（五）全国股份转让系统公司规定的其他条件。

第七条　证券公司申请在全国股份转让系统从事做市业务应具备下列条件：

（一）具备证券自营业务资格；

（二）设立做市业务专门部门，配备开展做市业务必要人员；

（三）建立做市股票报价管理制度、库存股管理制度、做市风险监控制度及其他做市业务管理制度；

（四）具备符合全国股份转让系统公司要求的做市交易技术系统；

（五）全国股份转让系统公司规定的其他条件。

第八条　证券公司在全国股份转让系统开展业务前，应向全国股份转让系统公司申请备案，提交下列文件：

（一）申请书；

（二）公司设立的批准文件；

（三）公司基本情况申报表；

（四）《经营证券业务许可证》（副本）复印件；

（五）《企业法人营业执照》（副本）复印件；

（六）申请从事的业务及业务实施方案，包括：部门设置、人员配备与分工情况说明，内部控制体系的说明，主要业务管理制度，技术系统说明等；

（七）最近年度经审计财务报表和净资本计算表；

（八）公司章程；

（九）全国股份转让系统公司要求提交的其他文件。

证券公司应当按照全国股份转让系统公司规定的方式和要求，提交上述文件。

第九条　证券公司申请文件齐备的，全国股份转让系统公司予以受理。全国股份转让系统公司同意备案的，自受理之日起十个转让日内与证券公司签订《证券公司参与全国中小企业股份转让系统业务协议书》（以下简称《协议书》），向其出具主办券商业务备案函（以下简称“业务备案函”），并予以公告。公告后，主办券商可在公告业务范围内开展业务。

第十条　主办券商应在取得业务备案函后五个转让日内，在全国股份转让系统指定信息披露平台（www.neeq.com.cn 或 www.neeq.cc）披露公司基本情况、主要业务人员情况及全国股份转让系统公司要求披露的其他信息。

主办券商所披露信息内容发生变更的，应自变更之日起五个转让日内报告全国股份转让系统公司并进行更新。

第十一条　主办券商名称发生变更的，应当办理名称变更备案，向全国股份转让系统公司提交下列文件：

（一）申请书；

（二）机构名称变更的批准文件；

（三）变更后的《经营证券业务许可证》（副本）复印件和《企业法人营业执照》（副本）复印件；

（四）变更后的公司章程；

（五）原业务备案函

（六）全国股份转让系统公司要求提交的其他文件。

第十二条　主办券商名称变更备案文件齐备的，全国股份转让系统公司自收到变更备案申请之日起五个转让日内与主办券商重新签订《协议书》，换发业务备案函，并予以公告。

第十三条　主办券商申请新增业务的，应当向全国股份转让系统公司提交第八条所列（一）、（四）、（六）项文件及全国股份转让系统公司要求的其他文件。

第十四条　全国股份转让系统公司同意主办券商新增业务备案的，自受理申请文件之日起十个转让日内与申请主办券商签订补充协议，出具业务备案函，并予以公告。

第十五条　主办券商申请终止从事全国股份转让系统相关业务或不再具备相关业务备案条件的，全国股份转让系统公司终止其从事全国股份转让系统相关业务，书面通知该主办券商并公告。

主办券商终止从事全国股份转让系统相关业务的，应制定业务处置方案，做好业务终止后续处置工作，并将处置方案、处置情况及时报告全国股份转让系统公司。

第十六条　主办券商被中国证监会依法指定托管、接管的，托管方或者其他相关机构对所托管的主办券商业务行使经营管理权时，应当确保其遵守全国股份转让系统规定，承担相关义务。

第三章　业务管理

第一节　一般规定

第十七条　主办券商开展全国股份转让系统相关业务，应当建立健全合规管理、内部风险控制与管理机制，严格防范和控制风险。

第十八条　主办券商及其业务人员应当对开展全国股份转让系统业务中获取的非公开信息履行保密义务，不得利用该信息谋取不正当利益。

第十九条　主办券商应当加强业务人员的职业道德和诚信教育，强化业务人员的勤勉尽责意识、合规操作意识、风险控制意识和保密意识。

第二十条　主办券商应按全国股份转让系统公司要求在全国股份转让系统指定信息披露平台披露其执业情况、接受全国股份转让系统公司处分等信息。

第二十一条　主办券商应当根据全国股份转让系统公司要求，调查或协助调查指定事项，并将调查结果及时报告全国股份转让系统公司。

第二十二条　主办券商应按要求组织相关人员参加全国股份转让系统公司举办的业务和技术培训。未按规定参加培训的，全国股份转让系统公司可暂不受理主办券商及其相关人员出具的文件。

主办券商首次推荐公司挂牌前，应接受全国股份转让系统公司的业务培训。

第二十三条 主办券商应当按照全国股份转让系统公司要求建立开展相关业务所需的技术系统，包括交易系统、做市报价系统、行情系统和通信系统及其备份系统等，并制定相应的安全运行管理制度。

第二十四条 主办券商应遵守全国股份转让系统公司有关转让信息管理的规定，按要求使用全国股份转让系统转让信息。

未经全国股份转让系统公司许可，主办券商不得将转让信息提供给客户从事自身股票转让以外的其他活动，不得将转让信息提供给客户以外的其他机构和个人，不得在营业场所外使用转让信息。

第二节 推荐业务

第二十五条 主办券商推荐股份公司股票挂牌，应与申请挂牌公司签订推荐挂牌并持续督导协议，约定双方权利和义务，并对申请挂牌公司董事、监事、高级管理人员及其他信息披露义务人进行培训，使其了解相关法律、法规、规则、协议所规定的权利和义务。

第二十六条 主办券商应对申请挂牌公司进行尽职调查，并在全面、真实、客观、准确调查的基础上出具尽职调查报告。

第二十七条 主办券商应设立内核机构，负责审核股份公司股票挂牌申请，并在审核基础上出具内核意见。

第二十八条 主办券商应根据内核意见决定是否推荐股份公司股票挂牌。同意推荐的，出具推荐报告。

主办券商可以根据申请挂牌公司委托，组织编制申请文件。

第二十九条 主办券商应持续督导所推荐挂牌公司诚实守信、规范履行信息披露义务、完善公司治理机制。

主办券商应配备合格专业人员，建立健全持续督导工作制度，勤勉履行审查挂牌公司拟披露的信息披露文件、对挂牌公司进行现场检查、发布风险警示公告等督导职责。

第三节 经纪业务

第三十条 主办券商代理投资者买卖挂牌公司股票，应当与投资者签订证券买卖委托代理协议，并按照全国股份转让系统的股票转让制度要求接受投资者的买卖委托。

第三十一条 主办券商应当按照全国股份转让系统公司要求，建立健全投资者适当性管理制度。主办券商代理投资者买卖挂牌公司股票前，应当充分了解投资者的身份、财务状况、证券投资经验等情况，评估投资者的风险承受能力和风险识别能力。

主办券商不得为不符合投资者适当性要求的投资者提供代理买卖服务，全国股份转让系统公司另有规定的除外。

第三十二条 主办券商在与投资者签订证券买卖委托代理协议前，应着重向投资者说明投资风险自担的原则，详细讲解风险揭示书的内容，要求投资者认真阅读并签署风险揭示书。

第三十三条 主办券商应利用各种方式告知投资者全国股份转让系统业务规则及相关信息，持续揭示投资风险。

第三十四条 主办券商不得欺骗和误导投资者，不得利用自身的技术、设备及人员等业务优势侵害投资者合法权益。

第三十五条 主办券商接受客户股票买卖委托时，应当查验客户股票和资金是否足额，法律、行政法规、部门规章另有规定的除外。

第三十六条 主办券商应设立交易监控系统，对自身及客户转让行为进行有效监督，防范违规转让行为。

第三十七条 主办券商对客户的资金、股票以及委托、成交数据应当有完整、准确、详实的记录或者凭证，按户分账管理，并向客户提供对账与查询服务。

主办券商应当采取有效措施，妥善保存上述文件资料，保存期限不得少于二十年。

第三十八条 主办券商应当加强证券账户管理，不得为他人违法违规使用证券账户进行股票转让提供便利。

第三十九条 主办券商应当在营业场所及时准确地公布转让信息，供从事股票转让的客户使用。

主办券商应当告知客户不得将转让信息用于自身股票转让以外的其他活动，并对客户使用转让信息的行为进行有效管理。

第四节 做市业务

第四十条 主办券商开展做市业务，应通过专用证券账户、专用交易单元进行。做市业务专用证券账户应向中国证券登记结算有限责任公司和全国股份转让系统公司报备。

第四十一条 主办券商应建立做市资金的管理制度，明确做市资金的审批、调拨、使用流程，确保做市资金安全。

第四十二条 主办券商应建立做市股票的管理制度，明确做市股票获取、处置的决策程序、以及库存股票头寸管理制度。

第四十三条 主办券商应当建立以净资本为核心的做市业务规模监控和调整机制，根据自身财务状况和中国证监会关于证券公司风险监控指标规定等要求，合理确定做市业务规模。

第四十四条 主办券商应建立做市业务内部报告制度，明确业务运作、风险监控、业务稽核及其他有关信息的报告路径和反馈机制。

第四十五条 主办券商应当建立健全做市业务动态风险监控机制，监控做市业务风险的动态变化，提高动态监控效率。

第四十六条 主办券商开展做市业务，不得利用信息优势和资金优势，单独或者通过合谋，以串通报价或相互买卖等方式制造异常价格波动，损害投资者利益。

第四十七条 主办券商开展做市业务，不得干预挂牌公司日常经营，其业务人员不得在挂牌公司兼职。

第四十八条 主办券商开展做市业务，对报价和成交数据等应有完整、准确、详实的记录或者凭证，并采取有效措施妥善保存，保存期限不得少于二十年。

第四十九条 主办券商应按全国股份转让系统公司要求报告其做市股票库存、做市业务盈亏及相关风险监控指标等信息。

第四章 日常管理

第一节 业务联络

第五十条 主办券商应指定一名公司高级管理人员（以下简称“指定高管）负责组织、协调主办券商与全国股份转让系统公司的各项业务往来，并指定业务联络人协助履行相应职责。

指定高管及业务联络人的任职、变更应及时报告全国股份转让系统公司。

第五十一条 指定高管和业务联络人应履行下列职责：

（一）负责报送全国股份转让系统公司要求的文件；

（二）组织相关业务人员按时参加全国股份转让系统公司举办的培训；

（三）协调主办券商与全国股份转让系统公司相关技术

系统的改造、测试等；

（四）及时接收全国股份转让系统公司发送的业务文件，并予以协调落实；

（五）及时更新全国股份转让系统指定信息披露平台上主办券商相关信息；

（六）督促主办券商及时履行报告与公告义务；

（七）督促主办券商及时缴纳各项费用；

（八）全国股份转让系统公司要求履行的其他职责。

第五十二条　指定高管与业务联络人出现下列情形之一的，主办券商应当自该情形发生之日起五个转让日内予以更换并报告全国股份转让系统公司：

（一）指定高管不再分管全国股份转让系统相关业务或不再担任高级管理人员职务；

（二）连续三个月不能履行职责；

（三）在履行职责时出现重大错误，产生严重后果的；

（四）全国股份转让系统公司认为不适宜继续担任指定高管或业务联络人的其他情形。

第五十三条　指定高管空缺期间，主办券商法定代表人应当履行指定高管的职责，直至主办券商向全国股份转让系统公司报备新的指定高管。

第二节　报告与公告

第五十四条　主办券商向全国股份转让系统公司报送的信息和资料应当真实、准确、完整。

第五十五条　主办券商应向全国股份转让系统公司履行下列定期报告义务：

（一）每年四月三十日前报送上年度经审计财务报表和从事全国股份转让系统相关业务情况报告；

（二）全国股份转让系统公司规定的其他定期报告义务。

全国股份转让系统公司可根据需要调整上述报告的报送时间及内容要求。

第五十六条　有下列情形之一的，主办券商应当自该情形发生之日起五个转让日内向全国股份转让系统公司报告：

（一）根据本规则第八条提交的相关文件所涉事项发生变更的；

（二）公司总部、分支机构发生证券法第一百二十九条规定情形的；

（三）净资本等风险控制指标不符合中国证监会规定标准的；

（四）全国股份转让系统公司规定的其他事项。

第五十七条　主办券商发生下列情形的，应当立即向全国股份转让系统公司报告，并持续报告进展情况：

（一）重大业务风险；

（二）进入风险处置；

（三）重大技术故障；

（四）不可抗力或者意外事件可能影响客户正常转让的；

（五）其他影响公司正常经营的重大事件。

主办券商发生前款第（三）、（四）项异常情况的，应当立即在其营业场所予以公告。

第五十八条　主办券商出现证券法第一百五十条至第一百五十四条规定情形的，应当向全国股份转让系统公司报告事件产生的原因、中国证监会采取的措施、主办券商整改结果等情况。

第五十九条　全国股份转让系统公司可以根据审慎监管原则，要求主办券商对从事全国股份转让系统相关业务情况进行自查，并提交专项自查报告。

第六十条　主办券商被依法托管或接管的，托管方或接管方应当自中国证监会批准托管或接管方案之日起二个转让日内将托管或接管方案等文件报送全国股份转让系统公司。

第三节　收费

第六十一条　主办券商应按照规定的收费项目、收费标准与收费方式，按时交纳相关费用。

第六十二条　主办券商欠缴全国股份转让系统公司相关费用的，全国股份转让系统公司可视情况暂停受理或者办理其相关业务。

第六十三条　主办券商被中国证监会依法指定托管、接管的，主办券商应当按照全国股份转让系统公司要求交纳相关费用，如不能按时交纳的，全国股份转让系统公司可视情况采取相应措施。

第四节　纠纷解决

第六十四条　主办券商应当指定部门受理客户投诉，并按要求将相关业务投诉及处理情况向全国股份转让系统公司报告。

第六十五条　主办券商之间、主办券商与挂牌公司之间、主办券商与客户之间发生的业务纠纷可能影响市场正常秩序的，相关主办券商应当自该情形出现之日起二个转让日内向全国股份转让系统公司报告。

第五章　自律监管

第六十六条　全国股份转让系统公司可根据监管需要，对主办券商业务活动中的风险管理、技术系统运行、做市义务履行、推荐挂牌及持续督导等情况进行监督检查。

第六十七条　主办券商应当积极配合全国股份转让系统公司监管，按照全国股份转让系统公司要求及时说明情况，提供相关文件、资料，不得拒绝或者拖延提供有关资料，不得提供虚假、误导性或者不完整的资料。

第六十八条　全国股份转让系统公司对主办券商及从业人员执业情况进行持续记录，并可将记录信息予以公开。

第六十九条　主办券商及相关业务人员违反本细则的，全国股份转让系统公司可依据《业务规则》采取相应的监管措施或纪律处分。

主办券商因违反本细则被终止从事相关业务的，全国股份转让系统公司将在终止其从事相关业务之日起 12 个月内不再受理其申请。

第六章　附则

第七十条　本细则由全国股份转让系统公司负责解释。

第七十一条　本细则自发布之日起施行。

投资者服务类

全国中小企业股份转让系统
投资者适当性管理细则（试行）

（2013 年 2 月 8 日发布，2013 年 12 月 30 日修改）

第一条　为促进全国中小企业股份转让系统（以下简称全国股份转让系统）平稳、有序发展，提示市场风险，引导投资者理性参与挂牌公司股票公开转让等相关业务，保护投资者合法权益，根据中国证券监督管理委员会（以下简称中国证监会)有关规定及《全国中小企业股份转让系统业务规则(试行)》(以下简称《业务规则》),制定本细则。

第二条　投资者参与挂牌公司股票公开转让等相关业务,应当熟悉全国股份转让系统相关规定,了解挂牌公司股票风险特征,结合自身风险偏好确定投资目标,客观评估自身的心理和生理承受能力、风险识别能力及风险控制能力,审慎决定是否参与挂牌公司股票公开转让等业务。

第三条　下列机构投资者可以申请参与挂牌公司股票公开转让:

(一)注册资本500万元人民币以上的法人机构;

(二)实缴出资总额500万元人民币以上的合伙企业。

第四条　集合信托计划、证券投资基金、银行理财产品、证券公司资产管理计划,以及由金融机构或者相关监管部门认可的其他机构管理的金融产品或资产,可以申请参与挂牌公司股票公开转让。

第五条　同时符合下列条件的自然人投资者可以申请参与挂牌公司股票公开转让:

(一)投资者本人名下前一交易日日终证券类资产市值500万元人民币以上。证券类资产包括客户交易结算资金、在沪深交易所和全国股份转让系统挂牌的股票、基金、债券、券商集合理财产品等,信用证券账户资产除外。

(二)具有两年以上证券投资经验,或具有会计、金融、投资、财经等相关专业背景或培训经历。

投资经验的起算时间点为投资者本人名下账户在全国股份转让系统、上海证券交易所或深圳证券交易所发生首笔股票交易之日。

第六条　下列投资者可以参与挂牌公司股票定向发行:

(一)《非上市公众公司监督管理办法》第三十九条规定的投资者;

(二)符合参与挂牌公司股票公开转让条件的投资者。

第七条　公司挂牌前的股东、通过定向发行持有公司股份的股东等,如不符合参与挂牌公司股票公开转让条件,只能买卖其持有或曾持有的挂牌公司股票。

已经参与挂牌公司股票买卖的投资者保持原有交易权限不变。

第八条　主办券商应当根据中国证监会有关规定及本细则要求,制定投资者适当性管理实施方案,建立健全工作制度,完善内部分工和业务流程,并报全国中小企业股份转让系统有限责任公司(以下简称全国股份转让系统公司)备案。

第九条　主办券商应当切实履行投资者适当性管理职责,了解投资者的身份、财务状况、证券投资经验等相关信息,评估投资者的风险承受能力和风险识别能力,有针对性地开展风险揭示、投资者知识普及、投资者服务等工作,引导投资者审慎参与挂牌公司股票公开转让等相关业务。

第十条　主办券商应当认真审核投资者提交的相关材料,并与投资者书面签署《买卖挂牌公司股票委托代理协议》和《挂牌公司股票公开转让特别风险揭示书》。

投资者应抄录《挂牌公司股票公开转让特别风险揭示书》中的特别声明。

第十一条　投资者应当配合主办券商投资者适当性管理工作,如实提供申报材料。投资者不予配合或提供虚假信息的,主办券商可以拒绝为其办理挂牌公司股票公开转让相关业务。

第十二条　主办券商应当妥善保管投资者的档案资料,除依法配合调查和检查外,应当为投资者保密。

第十三条　主办券商应当结合所了解的投资者信息和投资者参与挂牌公司股票转让的情况,定期开展对投资者风险承受能力的持续评估工作,并留存评估结果备查。

第十四条　主办券商应当针对不同类别的投资者制订服务方案和管理流程,根据客户的不同特点,讲解全国股份转让系统业务规则和风险特点,提示参与挂牌公司股票公开转让可能面临的风险。

第十五条　主办券商应当妥善保存业务办理、投资者服务过程中风险揭示的语音或影像留痕。

第十六条　主办券商发现客户存在异常交易行为或者违法违规行为时,应当根据全国股份转让系统公司相关规定及时提醒客户,并向全国股份转让系统公司报告。

第十七条　全国股份转让系统公司对存在异常交易行为的投资者采取口头或书面警示等监管措施的,主办券商应当及时与投资者取得联系,告知其有关监管要求和采取的监管措施。

对出现异常交易行为的投资者,全国股份转让系统公司可以限制其交易,主办券商应当予以配合。

第十八条　主办券商应当为投资者提供合理的投诉渠道,指定专门部门受理投诉,妥善处理与投资者的矛盾和纠纷,并认真做好记录工作。

第十九条　主办券商应当配合全国股份转让系统公司对其投资者适当性管理执行情况进行检查,如实提供投资者开户资料、资金账户情况等信息,不得隐瞒、阻碍和拒绝。

第二十条　主办券商及其相关业务人员违反本细则规定,全国股份转让系统公司可依据《业务规则》等有关规定采取相应的监管措施或纪律处分。

第二十一条　本细则所称“以上”含本数。

第二十二条　本细则由全国股份转让系统公司负责解释。

第二十三条　本细则自发布之日起施行。

两网及退市公司类

全国中小企业股份转让系统
两网公司及退市公司股票转让暂行办法

第一条　为规范原证券公司代办股份转让系统挂牌的STAQ、NET系统公司(以下简称“两网公司”)、退市公司(包括本暂行办法发布后新挂牌的退市公司)股票在全国中小企业股份转让系统(以下简称“全国股份转让系统”)转让及相关活动,根据有关法律法规,制定本暂行办法。

第二条　两网公司和退市公司(以下简称“公司”)股票可以在全国股份转让系统进行转让。

本暂行办法发布后依法完成退市手续的公司,按照有关规定确定推荐公司股票挂牌的主办券商,公司股东办理股票确权登记后,其股票可以在全国股份转让系统进行挂牌转让。

第三条　公司股东必须按照有关规定重新履行股份确权、登记和托管手续后方可进行转让。

推荐公司股票挂牌的主办券商负责到中国结算办理有关退出证券交易所市场股份登记及进入全国股份转让系统登记结算事宜。

主办券商相互委托股份确权的相关事项由全国股份转让

系统公司另行规定。

第四条　中国证券登记结算有限责任公司(以下简称“中国结算”)为公司股票转让提供登记、存管、结算等服务。

第五条　公司及推荐公司股票挂牌的主办券商应当至少在一种中国证监会指定的信息披露媒体及全国股份转让系统指定信息披露平台(www.neeq.com.cn或www.neeq.cc)上发布股份确权公告,股份确权公告中应说明公司股票终止上市的情况,通知投资者办理股份确权登记手续、时间安排以及股票开始转让的时间。

第六条　持有公司流通股的股东可到任一主办券商办理股份重新确权、登记和托管手续;持有公司非流通股或限售股的股东须到推荐公司股票挂牌的主办券商办理重新确权、登记和托管手续。

公司股东办理重新确权、登记和托管手续应向相关主办券商提交下列材料:

(一)个人投资者

1. 本人身份证;

2. 原挂牌交易场所的股票账户卡(如有);

3. 证券账户卡;

4.《非上市公司股票转让股票登记托管申请表》。

委托他人代办的,还须提供代办人身份证。

(二)机构投资者

1. 法人营业执照或注册登记证书(副本);

2. 原挂牌交易场所的股票账户卡(如有);

3. 证券账户卡;

4. 法定代表人身份证明书、法定代表人授权委托书;

5. 法定代表人和经办人身份证;

6.《非上市公司股票转让股票登记托管申请表》。

第七条　有下列情形之一的,还须提交以下相关材料或办理相关手续:

(一)机构投资者因企业已注销、被吊销营业执照或歇业,而无法提供企业法人营业执照的,需出具以下材料:

1. 发证机关出具的关于法人已破产或注销的证明;

2. 原持有人的股东与现持有人签署的转让协议;

3. 法院裁决书、清算组或管理人、上级主管单位文件、证明。

(二)机构投资者原法人已变更名称、合并、分立、兼并、重组的,须提供发证机关出具的名称变更相关证明,和变更名称后的法人或相关承接法人承诺承担原法人债权债务的证明文件。

(三)实际出资的投资者无法提供股票持有人的身份证明原件、原挂牌交易场所股票账户卡原件等,需提供以下证明材料之一方可办理确权、登记和托管手续:

1. 原挂牌交易场所的托管券商出具出资证明,证明其为实际出资人,并承诺承担由此而引起的任何法律责任;

2. 股票持有人与实际出资人之间签订的股权转让协议,股票持有人需声明该股份属实际出资人,并承诺承担因转让引起的任何法律责任。该协议书需经公证处公证;

3. 法院裁决书;

4. 公司要求提供的其它材料。

第八条　在股东重新履行股份确权手续后,主办券商应向股票持有人出具股票确认书。

第九条　公司已确认的可进行转让的股票应当登记在中国结算。

第十条　推荐公司股票挂牌的主办券商办理公司股票登记应当向中国结算提交下列材料:

(一)全国股份转让系统公司关于委托股份登记托管的函;

(二)主办券商与退市公司、副主办券商签订的《推荐恢复上市、委托股票转让协议书》,或证券交易所指定主办券商为退市公司提供股票转让服务的文件;

(三)中国结算要求的其他材料。

第十一条　经确权、登记和托管的股票可以由主办券商向中国结算办理股票存管后开始转让。未经确权的股票,由推荐公司股票挂牌的主办券商按照前述规定及中国结算的有关规定,继续进行确权、登记和托管工作。经确权、登记、托管的股票可以由主办券商向中国结算办理股票存管后开始转让。

第十二条　公司退市前已签订《推荐恢复上市、股票转让协议书》的,由推荐公司股票挂牌的主办券商办理退市公司股票在全国股份转让系统挂牌手续;截至交易所作出终止上市决定时仍未签订《推荐恢复上市、股票转让协议书》、由证券交易所指定主办券商的,由指定推荐公司股票挂牌的主办券商办理退市公司股票在全国股份转让系统挂牌手续。

推荐公司股票挂牌的主办券商办理挂牌手续应严格按照下列程序和时间要求:

(一)在证券交易所公告股票终止上市决定、退市整理期届满或接到交易所指定通知后的5个转让日内,向中国结算取得相关资料,刊登“股份确权公告”;

(二)在20个转让日内开始为投资者办理股份确权手续;

(三)在40个转让日内到中国结算办理公司股票重新登记手续,并在全国股份转让系统指定信息披露平台刊登“股票转让公告”;

(四)第45个转让日公司股票开始在全国股份转让系统转让。

推荐公司股票挂牌的主办券商在办理退市公司股票挂牌过程中,如果退市公司对证券交易所退市决定提起行政复

议或诉讼,在中国证监会受理其行政复议申请或法院受理其行政诉讼申请后,主办券商应暂停其股票进入全国股份转让系统挂牌工作,并根据行政复议和诉讼结果决定是否恢复其股票的挂牌工作;如果退市公司提出终止办理股票挂牌,在获得其所在地省级人民政府批准后,主办券商应停止办理其股票挂牌。

第十三条　退市公司股票开始在全国股份转让系统转让后,全国股份转让系统公司将向退市公司所在地省级人民政府通报相关情况。

第十四条　投资者参与公司股票转让,应当委托主办券商办理,并到主办券商或其所属营业部阅读《风险揭示书》,主办券商应向投资者充分揭示公司股票转让的各类风险,投资者应在充分了解投资风险的基础上签署《风险揭示书》,并签订委托协议。委托协议应列明投资者接受并遵守本暂行办法。

主办券商对投资者在公司股票转让时出现的违规行为,应当依据委托协议,及时提出警示,并按双方约定采取必要措施。

第十五条　公司流通股份以集合竞价方式成交,非流通股份(或限售股)可以办理协议转让。协议转让或投资者因司法裁决、继承等特殊原因需办理股票过户的,需依照全国股份转让系统公司和中国结算相关规定办理。

第十六条　主办券商接受投资者委托办理公司股票转让业务，投资者申报指令以集合竞价方式撮合成交。

主办券商不得自营所推荐公司的股票。

第十七条　公司股票转让的转让日为每周一至周五，转让委托申报时间为上午9:30至11:30，下午1:00至3:00；全国股份转让系统分别于转让日的10:30、11:30、14:00揭示一次可能的成交价格，最后一个小时即14:00后每十分钟揭示一次可能的成交价格，最后十分钟即14:50后每分钟揭示一次可能的成交价格。在转让日下午15:00进行集中撮合成交。

转让期间遇法定节假日或其它特殊情况，暂停转让服务业务。

第十八条　全国股份转让系统公司根据公司不同情况，实行区别对待，分类转让：

（一）规范履行信息披露义务、股东权益为正值或净利润为正值、最近年度财务报告未被注册会计师出具否定意见或无法表示意见的公司，其股票每周转让五次（每星期一、二、三、四、五各转让一次），其股票简称最后一个字符为阿拉伯数字"5"。

（二）股东权益和净利润均为负值，或最近年度财务报告被注册会计师出具否定意见或无法表示意见的公司，其股票每周转让三次（每星期一、三、五各转让一次），其股票

简称最后一个字符为阿拉伯数字"3"。

（三）未与推荐公司股票挂牌的主办券商签订《推荐恢复上市、股票转让协议书》，或不履行基本信息披露义务的，其股票每周转让一次（每星期五转让一次），其股票简称最后一个字符为阿拉伯数字"1"。

上述股东权益为正值是指最近会计年度经审计的股东权益扣除注册会计师不予确认的部分后为正值；净利润为正值是指最近会计年度经审计的扣除非经常性损益后的净利润为正值。

第十九条　股票转让以"手"为单位，一手为100股。申报买入股票，数量应当为一手的整数倍。不足一手的股票，只能一次性申报卖出。

第二十条　转让股票"每股价格"的最小变动单位：A股为人民币0.01元，B股为0.001美元。

第二十一条　股票转让价格实行涨跌幅限制，涨跌幅比例限制为前一转让日转让价格的5%。

第二十二条　投资者委托主办券商进行公司股票转让可采用柜台委托、电话委托、互联网委托等委托方式。

第二十三条　投资者应根据上一转让日的股票价格，在涨跌幅限制范围内进行委托。

第二十四条　主办券商在公司股票转让业务中可以接受投资者的限价委托，但不得接受全权委托。

限价委托是指投资者限定价格，要求主办券商营业部以限价或低于限价买入股票、以限价或高于限价卖出股票的委托。

投资者委托当日有效。

第二十五条　投资者委托卖出的股票必须是其证券账户上实有的股票，不得进行融券。

第二十六条　投资者委托买入股票必须以其资金账户上实有的资金支付，不得进行融资。

第二十七条　主办券商应妥善保管投资者的委托记录和凭证，保存期不少于20年。

第二十八条　转让日申报时间内接受的所有转让申报采用一次性集中竞价方式撮合成交。

第二十九条　集合竞价确定转让价格的原则依次是：

（一）可实现最大成交量；

（二）高于该价格的买入申报与低于该价格的卖出申报全部成交；

（三）与该价格相同的买方或卖方至少有一方全部成交。

两个以上价格符合上述条件的，取在该价格以上的买入申报累计数量与在该价格以下的卖出申报累计数量之差最小的价格为成交价；买卖申报累计数量之差仍存在相等情况的，开盘集合竞价时取最接近即时行情显示的前收盘价为成交价，盘中、收盘集合竞价时取最接近最近成交价的价格为成交价。

集合竞价的所有申报以同一价格成交。

第三十条　经集中撮合后，转让即告成立。

第三十一条　集合竞价结束后，通过通信系统将转让数据即时发送至主办券商，内容包括：主办券商专用交易单元号、合同序号、投资者证券账户卡号、股票代码、转让数量、转让价格等。

第三十二条　公司股票转让的价格信息通过通信系统传送至主办券商所属营业部，主办券商必须在营业场所单独发布。

公司股票转让不设指数。

第三十三条　转让日当天的价格信息发布内容为：股票代码和名称，上一转让日转让价格和数量，当日转让价格和数量。

第三十四条　中国结算根据全国股份转让系统发送的转让成交数据完成与主办券商之间的股份与资金的清算交收，并将清算交收结果数据发送主办券商，主办券商再据此完成与投资者之间的股份与资金的清算交收。

第三十五条　公司派发红利的，可自行派发或委托中国结算办理；派发红股或公积金转增股本的，应委托中国结算办理。

委托中国结算办理上述业务时，应提交股东大会决议、分配方案公告及其他所需资料。

第三十六条　投资者委托股票转让和非转让过户（挂失除外），应当按规定交纳相关税费。

第三十七条　公司或推荐公司股票挂牌的主办券商应当按照《两网公司及退市公司信息披露暂行办法》的规定，在全国股份转让系统指定信息披露平台进行信息披露。

第三十八条　公司出现以下情形之一的，全国股份转让系统公司或推荐公司股票挂牌的主办券商报经全国股份转让系统公司同意后可以对其股票暂停转让，直至导致暂停转让的原因消除后恢复转让：

（一）公司违反《推荐恢复上市、股票转让协议书》；

（二）公司发生影响股票转让的其他重大事件。

第三十九条　出现下列情形之一的，公司或推荐公司股票挂牌的主办券商应当公告并终止股票转让，按照中国结算的规定办理退出登记：

（一）公司获准上市、重新上市或被收购；

（二）公司解散、依法被撤销、破产；

（三）全国股份转让系统公司规定的其他情形。

第四十条　股票转让参与人违反本暂行办法规定的，全国股份转让系统公司可以依据《全国中小企业股份转让系统业务规则》采取相应的自律监管措施和纪律处分。

第四十一条　本暂行办法由全国股份转让系统公司负责解释。

全国中小企业股份转让系统两网公司及退市公司信息披露暂行办法

第一条　为规范原证券公司代办股份转让系统挂牌的STAQ、NET系统公司(以下简称"两网公司")、退市公司(包括本暂行办法发布后新挂牌的退市公司)在全国股份转让系统的信息披露行为,根据有关法律法规,制定本暂行办法。

第二条　两网公司和退市公司(以下简称"公司")应当履行下列信息披露的基本义务:

(一)及时披露所有可能对公司股票转让价格产生重大影响的信息;

(二)及时澄清与公司有关的、非正式披露的信息;

(三)保证信息披露内容真实、准确、完整,没有虚假记载、误导性陈述或者重大遗漏,并就其保证承担法律责任。

公司不能确定有关事件是否需及时披露,或对履行以上基本义务有任何疑问的,应当及时向主办券商咨询。

第三条　公司及其董事、监事、高级管理人员不得泄露内幕信息,不得进行内幕交易或配合他人操纵股票转让价格。

第四条　公司应当公开披露的信息包括定期报告和临时报告。年度报告、半年度报告和季度报告为定期报告,其他报告为临时报告。

第五条　公司公开披露的信息应当第一时间在全国股份转让系统指定信息披露平台公布。

第六条　公司公开披露的信息必须按照规定格式编制,公告文稿应为打印件并经董事会全体成员签字或加盖董事会公章,并同时采用书面和电子文件的形式报送主办券商。

公开披露的信息应当用中文表述。转让境内流通外资股股份的公司公开披露信息,如有必要,还可以用英文表述,并在境外英文报纸予以发布;中英文本不一致的,以中文文本为准。

第七条　公司在其他公共传媒披露的信息不得先于在全国股份转让系统指定信息披露平台的正式公告。公司不得以新闻发布或答记者问等形式代替公司的正式公告。

第八条　公司董事会全体成员及其他知情人员在公司的信息公开披露前,应当将该信息的知情人控制在最小范围内。

第九条　公司的信息披露不够及时、充分、完整或可能误导投资者的,存在任何虚假记载、误导性陈述或者重大遗漏及其他技术性错误的,公司应当主动或应主办券商的要求及时予以公开更正、说明或补充;公司未按主办券商要求做出修改或补充的,主办券商应对投资者以公告的方式做出风险提示。

第十条　公司应当将信息披露文件和备查文件在公告的同时备置于公司住所及其他指定场所,供公众查阅。

第十一条　公司根据国家有关法律、法规向有关部门报送涉及未披露信息的文件时,应当以书面形式向其申明该文件涉及未公开的信息并提请对方注意保密。除此以外,公司不得对外提供任何涉及未披露信息的文件。

第十二条　公司有充分理由认为披露某一信息会损害公司的利益,且该信息对其转让价格不会产生重大影响,经主办券商报全国股份转让系统公司同意,可以免予披露。

第十三条　公司认为应披露的信息可能导致其违反国家有关法规的,应当向主办券商提出并陈述不宜披露的理由;确有法律依据的,经主办券商报全国股份转让系统公司同意,可以免予披露。

第十四条　公司应当配备信息披露所必要的通讯工具和计算机等办公设备,保证计算机可以连接国际互联网和对外咨询电话的畅通。

第十五条　董事和监事应当在股票开始转让后两个月内,新任董事、监事应当在股东大会通过其任命后两个月内,签署《董事(监事)声明及承诺书》并送达主办券商备案。董事、监事签署该文件时必须由律师见证,向董事、监事解释《董事(监事)声明及承诺书》的内容,董事、监事在充分理解后签字。

第十六条　董事应当履行以下职责并在《董事声明及承诺书》中作出承诺:

(一)遵守法律法规,履行诚信勤勉义务;

(二)遵守公司章程;

(三)遵守全国股份转让系统相关规则,接受主办券商的督促与指导;

(四)对主办券商认为应当承诺的其他事项作出承诺。

第十七条　监事除同样应当履行上条所述职责并在《监事声明及承诺书》中作出承诺外,还应当承诺促使公司董事遵守其承诺。

第十八条　董事、监事应当在《董事(监事)声明及承诺书》中声明:

(一)本人持有所在公司股票的情况;

(二)有无违反法律法规受查处情况;

(三)参加证券业务培训情况;

(四)其他任职情况;

(五)拥有其他国家或地区的国籍、长期居留权的情况;

(六)主办券商认为应当由其说明的其他情况。

第十九条　《董事(监事)声明及承诺书》中声明的事项发生变化时,董事、监事应当在该等情况发生变化之日起

五个工作日内向主办券商提交有关最新资料披露并备案,并保证该资料的真实与完整。

第二十条　公司必须设立一名董事会秘书。董事会秘书为公司与主办券商之间的指定联络人。

第二十一条　董事会秘书应当遵守公司章程和有关法律法规,对公司负有诚信和勤勉义务,不得利用职权为自己或他人谋取利益。

第二十二条　董事会秘书应当履行下列与信息披露相关的职责:

(一)负责准备和提交主办券商及全国股份转让系统公司要求的有关信息披露的文件;

(二)准备和提交董事会和股东大会的报告和文件;

(三)按照法定程序筹备董事会会议和股东大会会议,列席董事会会议并作记录,保证记录的准确性,并在会议记录上签字;

(四)协调和组织公司信息披露事项,包括建立信息披露的制度,接待来访,回答咨询,联系股东,向投资者提供公司公开披露的资料,促使公司及时、合法、真实和完整地进行信息披露;

(五)负责信息的保密工作,制订保密措施。在发生内幕信息泄露时,及时采取补救措施,报告主办券商并公告;

(六)负责保管公司股东名册、董事名册、股东及董事持股资料,公司董事会和股东大会的会议文件和记录;

(七)帮助公司董事、监事、高级管理人员了解法律法规、公司章程等对其信息披露责任的规定;

(八)协助董事会依法行使职权,在董事会作出违反法律法规、公司章程及主办券商有关规定的决议时,及时提醒董事

会,如果董事会坚持作出上述决议时,应当予以记录,并将会议纪要立即提交公司全体董事和监事。

第二十三条　公司应当向董事会秘书提供信息披露所需要的资料和信息。公司做出重大决定之前,应当从信息披露角度征询董事会秘书的意见。

第二十四条　公司应当在原董事会秘书离职后三个月内聘任董事会秘书。在此之前,公司应当临时指定人选代行董事会秘书的职责。

第二十五条　董事会秘书的任职资格应当具备以下条件:

(一)具有大学专科以上学历,从事秘书、管理、股权事务等工作三年以上;

(二)有一定财务、税收、法律、金融、企业管理、计算机应用等方面知识,具有良好的个人品质和职业道德,严格遵守有关法律、法规和规章,能够忠诚地履行职责;

(三)公司董事可以兼任董事会秘书,但监事不得兼任;

(四)公司聘任的会计师事务所的会计师和律师事务所的律师不得兼任董事会秘书;

(五)有《中华人民共和国公司法》第 147 条规定情形之一的人士不得担任董事会秘书;

(六)全国股份转让系统公司规定的其他条件。

第二十六条　公司聘任董事会秘书,应当向主办券商提交以下文件并报全国股份转让系统公司备案:

(一)董事会出具的聘任书;

(二)董事会秘书的个人简历、学历证明;

(三)董事会秘书的联系方式;

(四)公司法定代表人的联系方式。

第二十七条　公司董事会解聘董事会秘书应当具有充分理由,解聘董事会秘书或董事会秘书辞职时,公司董事会应当向主办券商报告、说明原因并公告。

第二十八条　董事会秘书离任前,公司应当要求董事会秘书承诺在离任后持续履行保密义务,直至有关信息公开披露为止,并在监事会的监督下移交有关档案和文件。

第二十九条　公司董事会在聘任董事会秘书的同时,可以聘任一名董事会证券事务代表,以保证在董事会秘书不能履行职责时代行董事会秘书的职责。

第三十条　主办券商仅接受董事会秘书或证券事务代表办理公司的信息披露事务。

第三十一条　公司董事会通过委托主办券商办理股份转让决议后,应将决议内容及召开股东大会的通知至少在一种中国证监会指定的信息披露媒体及全国股份转让系统指定信息披露平台上予以公告。

第三十二条　公司股东大会通过委托主办券商办理股票转让决议后,应至少在一种中国证监会指定的信息披露媒体及全国股份转让系统指定信息披露平台上予以公告。

第三十三条　公司与主办券商签订委托办理股票转让协议后,应于 30 个工作日内,就证券帐户开立、股份确权、登记、托管等事项,至少在一种中国证监会指定的信息披露媒体及全国股份转让系统指定信息披露平台上予以公告。受托办理股票转让的主办券商,也应同时公告办理股票转让公告,明确股票托管操作等事项。

第三十四条　公司应当在股票首次转让前编制并披露股票转让公告书。

股票转让公告书至少应包括如下内容:公司基本信息、股本和股东情况、原股票发行及交易情况、公司治理情况、经具有证券期货相关业务资格的会计师事务所审计的财务报告、主要业务、产品或者服务及公司所属行业、业务发展目标、同业竞争与关联交易、公司重大事项、董事会承诺以

及董事、监事、高级管理人员及核心技术人员情况、主办券商等情况。

原股票发行及交易情况包括(但不限于):发行价格,发行日期,发行数量,流通(上市)日期,原股票上市交易所,转让公告日前股东总数,转让公告日前总股本,转让公告日前流通股数量、非流通股数量、已确权股份数量等。

董事会承诺包括(但不限于):已任董事和新任董事将分别在本暂行办法第十五条规定时间内签署《董事声明及承诺书》,其他内容可参照本暂行办法第十六条。

主办券商情况包括(但不限于):公司名称、法定代表人、住所、联系电话、传真等。

第三十五条　公司应当在每个会计年度结束之日起四个月内编制完成并披露年度报告。年度报告内容参照中国证监会《公开发行证券的公司信息披露内容与格式准则第 2 号 - 年度报告的内容与格式》正文部分相关内容进行编制。

第三十六条　公司应当在每个会计年度的前六个月结束之日起两个月内编制完成并披露半年度报告。半年度报告内容参照中国证监会《公开发行证券的公司信息披露内容与格式准则第 3 号 - 半年度报告的内容与格式》正文部分相关内容进行编制。

第三十七条　公司应当在每个会计年度的前三个月、九个月结束后的一个月内编制完成并披露季度报告。季度报告内容参照中国证监会《公开发行证券的公司信息披露编报规则第 13 号 - 季度报告内容与格式特别规定》正文部分相关内容进行编制。

第三十八条　公司年度的财务报告必须经具有证券期货相关业务资格的会计师事务所审计;半年度财务报告可以不经会计师事务所审计,但拟在下半年进行利润分配或公积金转增的须经会计师事务所审计;季度报告的财务报告无需审计,但全国股份转让系统公司或主办券商另有规定的除外。

第三十九条　公司应当在董事会审议通过定期报告之日起两个工作日内向主办券商报送下列文件并公告:

(一)定期报告全文;

(二)定期报告摘要;

(三)审计报告及财务报告;

(四)董事会决议及其公告文稿;

(五)按主办券商要求载有上述文件的电子文件;

(六)主办券商要求的其他文件。

第四十条　公司召开董事会会议,应当在会议结束后两个工作日内将董事会决议报送主办券商备案。

第四十一条　公司董事会决议涉及需要经股东大会表决的事项和本暂行办法第四十七条至第八十七条的事项的,必须公告;其他事项,主办券商认为有必要的,也应当公告。

第四十二条　公司召开监事会会议,应当在会议结束后两个工作日内将监事会决议报送主办券商并公告。

第四十三条　公司应当在股东大会结束后两个工作日内将股东大会决议公告文稿报送主办券商并公告。

第四十四条　股东大会因故延期或取消,应当在原定股东大会召开日的五个工作日之前发布通知,通知中应当说明延期或取消的具体原因。如属延期,应当公布延期后的召开日期。

第四十五条　股东大会对董事会预案做出修改,或对董

事会预案以外的事项做出决议，或会议期间因突发事件致使会议不能正常召开的，公司应当向主办券商说明原因并公告。

第四十六条　股东大会决议公告应当包括下列内容：

（一）出席会议的股东人数、所持股份及占公司有表决权总股本的比例；

（二）每项议案的表决方式及表决统计结果，包括赞成、反对和弃权的股份，占出席会议有表决权股份的比例；

（三）关联交易股东回避表决的情况；

（四）对股东提案做出决议的，应当列明提案股东的名称或姓名、持股比例和提案内容；

（五）发行B股的公司还应当在公告中说明股东会议通知情况、公司A股股东和B股股东出席会议及表决情况；

（六）公司聘请的律师关于股东大会及决议是否合法有效的法律意见。

第四十七条　公司拟收购、出售资产达到以下标准之一时，经董事会批准后两个工作日内，向主办券商报告并公告：

（一）按照最近一期经审计的财务报告、评估报告或验资报告，收购、出售资产的资产总额占公司最近一期经审计的总资产值的10%以上；

（二）被收购资产相关的净利润或亏损的绝对值（按上一年度经审计的财务报告）占公司经审计的上一年度净利润或亏损绝对值的10%以上，且绝对金额在50万元以上；被收购资产的净利润或亏损值无法计算的，不适用本款；收购企业所有者权益的，被收购企业的净利润或亏损值以与这部分产权相关的净利润或亏损值计算；

（三）被出售资产相关的净利润或亏损绝对值或该转让行为所产生的利润或亏损绝对值占公司经审计的上一年度净利润或亏损绝对值的10%以上，且绝对金额在50万元以上；被出售资产的净利润或亏损值无法计算的，不适用本款；出售企业所有者权益的，被出售企业的净利润或亏损值以与这部分资产相关的净利润或亏损值计算；

（四）收购、出售资产的转让金额（承担债务、费用等，应当一并加总计算）占公司最近一期经审计的净资产总额10%以上。

本暂行办法所称收购、出售资产是指公司收购、出售企业所有者权益、实物资产或其他财产权利的行为。

第四十八条　公司在十二个月内连续对同一或相关资产分次进行收购、出售的，以其在此期间转让的累计金额确定是否公告。

第四十九条　公司直接或间接持股比例超过50%的子公司收购、出售资产，视同公司行为。公司的参股公司（持股50%以下）收购、出售资产，转让标的有关金额指标乘以参股比例计算。

第五十条　公司必须在收购、出售资产协议生效之日起三个月内向主办券商报告其转让实施情况（包括所有必需的产权变更或登记过户手续完成情况）、相关证明文件并公告。

第五十一条　公司披露上述收购、出售资产事项，应当向主办券商提交以下文件备案：

（一）转让公告文稿；

（二）收购、出售资产的协议书；

（三）董事会决议及公告（如有）；

（四）被收购、出售资产涉及的政府批文（如有）；

（五）被收购、出售资产的财务报告；

（六）主办券商要求提供的其他文件。

第五十二条　公司收购、出售资产的公告应当包括以下内容：

（一）转让概述及协议生效时间；

（二）协议有关各方的基本情况，包括企业名称、工商登记类型、注册地点、法定代表人、主营业务等；

（三）被收购、出售资产的基本情况，包括该资产名称、中介机构名称、资产的帐面值及评估值、资产运营情况、资产质押、抵押以及在该资产上设立的其他财产权利的情况、涉及该财产的重大争议的情况。

被收购、出售的资产系企业所有者权益，还应当介绍公司（或企业）的基本情况和最近一期经审计的财务报告中的财务数据，包括资产总额、负债总额、所有者权益、主营收入、净利润等，并附收购、出售基准日资产负债表和损益表（如果基准日不是年底，还需披露上一年度损益表）；

（四）公司预计从该项转让中获得的利益及该转让对公司未来经营的影响；

（五）转让金额（包括定价基准）及支付方式（现金、股权、资产置换等，还包括有关分期付款安排的条款）；

（六）该转让所涉及的人员安置、土地租赁、债务重组等情况；

（七）出售资产的，应当说明出售所得款项的用途；

（八）需要经股东大会或有权部门批准的事项，应当说明需履行的合法程序和进展情况；

（九）如果收购资产后，可能产生关联交易，应当披露有关情况；

（十）如果收购资产后，可能产生关联人同业竞争，应当披露规避的方法或其他安排（包括有关协议或承诺等）；

（十一）收购资产后，公司与控股股东在人员、资产、财务上分开的安排计划。

第五十三条　公司的关联交易是指公司或者其控股子公司与公司关联人之间发生的转移资源或义务的事项。包括但不限于下列事项：

（一）购买或者出售资产；

（二）对外投资（含委托理财、委托贷款、对子公司投资等）；

（三）提供财务资助；

（四）提供担保；

（五）租入或者租出资产；

（六）签订管理方面的合同（含委托经营、受托经营等）；

（七）赠与或者受赠资产；

（八）债权或者债务重组；

（九）研究与开发项目的转移；

（十）签订许可协议；

（十一）购买原材料、燃料、动力；

（十二）销售产品、商品；

（十三）提供或者接受劳务；

（十四）委托或者受托销售；

（十五）关联双方共同投资；

（十六）其他通过约定可能造成资源或者义务转移的事项。

公司关联人包括关联法人和关联自然人。

第五十四条　具有以下情形之一的法人，为公司的关联法人：

（一）直接或者间接控制公司的法人或其他组织；

（二）由上述第（一）项直接或者间接控制的除公司及其控股子公司以外的法人或其他组织；

（三）由本暂行办法第五十五条所列的关联自然人直接或者间接控制的，或者由关联自然人担任董事、高级管理人员的除公司及其控股子公司以外的法人或其他组织；

（四）持有公司5%以上股份的法人或其他组织；

（五）中国证监会、全国股份转让系统公司或者公司根据实质重于形式原则认定的其他与公司有特殊关系，可能导致公司利益对其倾斜的法人或其他组织。

第五十五条　公司的关联自然人是指：

（一）直接或间接持有公司5%以上股份的自然人；

（二）公司的董事、监事及高级管理人员；

（三）本暂行办法第五十四条所列法人的董事、监事及高级管理人员；

（四）本条第（一）、（二）项所述人士的关系密切的家庭成员，包括配偶、父母及配偶的父母、兄弟姐妹及其配偶、年满18周岁的子女及其配偶、配偶的兄弟姐妹和子女配偶的父母；

（五）中国证监会、全国股份转让系统公司或者公司根据实质重于形式原则认定的其他与公司有特殊关系，可能导致公司利益对其倾斜的自然人。

第五十六条　具有以下情形之一的法人或其他组织或者自然人，视同公司的关联人：

（一）根据与公司或者其关联人签署的协议或者作出的安排，在协议或者安排生效后，或在未来十二个月内，将具有第五十三条或者第五十四条规定的情形之一；

（二）过去十二个月内，曾经具有第五十四条或者第五十五条规定的情形之一。

第五十七条　公司的第一大债权人、债务人之间发生的关联交易和重大事项，按公司关联交易进行披露。披露时除了第五十三条规定的"提供担保"和"债权或者债务重组"外，还应包括债权人变更，债务人变更等。

第五十八条　公司关联交易应当遵循以下基本原则：

（一）符合诚实信用的原则；

（二）关联方如享有公司股东大会表决权，除特殊情况外，应当回避行使表决；

（三）与关联方有任何利害关系的董事，在董事会对该事项进行表决时，应当予以回避；

（四）公司董事会应当根据客观标准判断该关联交易是否对公司有利。

第五十九条　公司关联人与公司签署涉及关联交易的协议，应当采取必要的回避措施：

（一）任何个人只能代表一方签署协议；

（二）关联人不得以任何方式干预公司的决定；

（三）公司董事会就关联交易表决时，有利害关系的当事人属以下情形的，不得参与表决：

1. 董事个人与公司的关联交易；

2. 董事个人在关联企业任职或拥有关联企业的控股权，该关联企业与公司的关联交易；

3. 按法律、法规和公司章程规定应当回避的。

（四）公司股东大会就关联交易进行表决时，关联股东不得参加表决。关联股东因特殊情况无法回避时，应由董事会委托律师，与有关各方充分协商，作出决定。如决定关联股东可以参加表决，公司应当在股东大会决议中做出详细说明，同时对非关联方的股东投票情况进行专门统计，并在决议公告中予以披露。

第六十条　公司与其关联人达成的关联交易总额在100万元以下或低于公司最近经审计净资产值的0.5%的，可以不适用本暂行办法。

第六十一条　公司与其关联人达成的关联交易总额在100万元至1000万元之间或占公司最近经审计净资产值的0.5%至5%之间的，公司应当在签订协议后两个工作日内按照第六十三条的规定进行公告，并在下次定期报告中披露有关交易的详细资料。

第六十二条　公司披露关联交易，应当比照第五十条规定向主办券商提交文件备案。

第六十三条　公司就关联交易发布的临时报告应当包括以下内容：

（一）转让日期、转让地点；

（二）有关各方的关联关系；

（三）转让及其目的的简要说明；

（四）转让的标的、价格及定价政策；

（五）关联人在交易中所占权益的性质及比重；

（六）关联交易涉及收购或出售某一公司权益的，应当说明该公司的实际持有人的详细情况，包括实际持有人的名称及其业务状况；

（七）董事会关于本次关联交易对公司影响的意见；

（八）独立董事（如有）、监事会关于关联交易表决程序及公平性的意见；

（九）若涉及对方或他方向公司支付款项的，必须说明付款方近三年或自成立之日起至协议签署期间的财务状况，董事会应当对该等款项收回或成为坏账的可能作出判断和说明；

（十）独立财务顾问意见。

第六十四条　公司拟与其关联人达成的关联交易总额高于1000万元或高于公司最近经审计净资产值的5%的，应当提交股东大会批准并予以披露。任何与该关联交易有利害关系的关联人应当在股东大会上放弃对该议案的投票权。公司应当在有关关联交易的公告中特别载明："此项交易需经股东大会批准，与该关联交易有利害关系的关联人放弃在股东大会上对该议案的投票权"。

第六十五条　公司与其关联人就同一标的或者公司与同一关联人在连续12个月内达成的关联交易累计金额达到第六十一条所述标准的，公司应当按该条的规定予以披露。

第六十六条　公司与其关联人就同一标的或者公司与同一关联人在连续12个月内达成的关联交易累计金额达到第六十四条所述标准的，公司应当按该条的规定予以披露。

第六十七条　公司与其关联人达成的以下关联交易，可以免予按照关联交易的方式表决和披露：

（一）关联人依据股东大会决议领取股息或者红利；

（二）关联人购买公司发行的企业债券；

（三）公司与其控股子公司之间发生的关联交易。

第六十八条　公司必须在重大关联交易实施完毕之日起两个工作日内向主办券商报告并公告。

第六十九条　公司会计年度结束时，预计出现亏损的，应当在会计年度结束后的30个工作日内发布首次风险提示公告。

第七十条　公司尚未披露的诉讼或仲裁事项涉及的金额或12个月内累计金额占公司最近经审计的净资产值10%以上的，公司应当在知悉该事件后及时报告主办券商并披露下列内容：

（一）诉讼或仲裁受理日期，诉讼或仲裁各方当事人、代理人及其所在单位的姓名或名称；

（二）受理法院或仲裁机构的名称及所在地，诉讼或仲裁的原因和依据；

（三）诉讼或仲裁的请求；

（四）判决或裁决的结果和日期；

（五）各方当事人对结果的意见或拟采取的进一步的法律行动等。

第七十一条　公司发生重大担保事项应当提交董事会或者股东大会进行审议，及时向主办券商报告并公告：

下述担保事项应当在董事会审议通过后提交股东大会审议：

（一）单笔担保额超过公司最近一期经审计净资产 10% 的担保；

（二）公司及其控股子公司的对外担保总额，超过公司最近一期经审计净资产 50% 以后提供的任何担保；

（三）为资产负债率超过 70% 的担保对象提供的担保；

（四）按照担保金额连续十二个月内累计计算原则，超过公司最近一期经审计总资产 30% 的担保；

（五）按照担保金额连续十二个月内累计计算原则，超过公司最近一期经审计净资产的 50%，且绝对金额超过 5000 万元以上；

（六）全国股份转让系统公司或者公司章程规定的其他担保。

对于董事会权限范围内的担保事项，除应当经全体董事的过半数通过外，还应当经出席董事会会议的三分之二以上董事同意；前款第（四）项担保，应当经出席会议的股东所持表决权的三分之二以上通过。

第七十二条　对担保事项的披露，应当说明担保协议签署及生效日期，债权人名称，担保的方式、期限、金额，担保协议中的其他重要条款，被担保人的基本情况等；

被担保人为法人的，应当包括企业名称、注册地点、法定代表人、经营范围、与公司的关联关系或其他关系；

被担保人为个人的，应当包括姓名、与公司的关联关系或其他关系。

第七十三条　公司出现以下情况所涉及的数额达到最近一期经审计的总资产或净资产或净利润的 10% 以上的，应当及时向主办券商报告并公告。

（一）重要合同（借贷、委托经营、受托经营、委托理财、赠与、承包、租赁等）的订立、变更、解除和终止；

（二）大额银行退票；

（三）重大经营性或非经营性亏损；

（四）遭受重大损失；

（五）重大投资行为；

（六）可能依法承担的赔偿责任；

（七）重大行政处罚。

第七十四条　公司出现以下情况，应当自事实发生之日起两个工作日内向主办券商报告并公告：

（一）公司章程、注册资本、注册地址、名称的变更，其中公司章程发生变更的，还应当将新的公司章程在指定网站上刊登；

（二）经营方针和经营范围的重大变化；

（三）涉及金额占公司最近经审计净资产 10% 以上的重大债务或未清偿到期重大债务；

（四）公司超过净资产 10% 以上的债权、债务在第三方之间发生移转；

（五）公司的第一大股东发生变更；

（六）公司的董事长、三分之一以上董事或经理发生变动；

（七）生产经营环境发生重大变化，包括全部或主要业务停顿、生产资料采购、产品销售发生重大变化；

（八）减资、合并、分立；

（九）直接或间接持有另一挂牌公司发行在外的普通股 5% 以上；

（十）持有公司总股份百分之五以上股份的股东，其持有股份增减变化为总股份的百分之五以上；

（十一）新的法律法规、规章、政策可能对公司的经营产生显著影响；

（十二）更换为公司审计的会计师事务所；

（十三）法院裁定禁止公司有控制权的大股东转让其所持公司股份；

（十四）持有公司百分之五以上股份的股东所持股份被质押；

（十五）公司进入破产清算状态；

（十六）公司预计出现资不抵债；

（十七）获悉主要债务人出现资不抵债或进入破产程序，公司对相应债权未提取足额坏账准备；

（十八）因涉嫌违反法律、法规被有关部门调查或受到行政处罚的；

（十九）主办券商和全国股份转让系统公司认为需要披露的其他事项。

第七十五条　公司在申请上市、重新上市过程中，发生以下情况时须即时向主办券商及全国股份转让系统公司报告并公告：

（一）公司董事会通过拟申请上市或重新上市的决议；

（二）公司股东大会通过拟申请上市或重新上市的议案；

（三）有关单位受理或接受公司上市或重新上市的申请；

（四）公司上市或重新上市的申请因故撤回或被有关单位退回；

（五）有关单位审议公司上市或重新上市申请；

（六）有关单位同意公司股票上市或重新上市的申请；

（七）主办券商和全国股份转让系统公司认定的其他情况。

第七十六条　公司出现财务状况或其他状况异常，投资者难以判定公司前景，权益可能受到损害，公司应当即时向主办券商和全国股份转让系统公司报告，并在全国股份转让系统指定信息披露平台和证券营业网点作出特别风险提示的公告。

第七十七条　公司出现以下情况之一的，为财务状况异常：

（一）预计出现资不抵债的情形；

（二）最近两个会计年度审计结果显示的净利润均为负值；

（三）最近一个会计年度审计结果显示其股东权益低于注册资本，即每股净资产低于股票面值；

（四）注册会计师对最近一个会计年度的财务报告出具无法表示意见或否定意见的审计报告；

（五）最近一个会计年度经审计的股东权益扣除注册会计师不予确认的部分，低于注册资本；

（六）最近一份经审计的财务报告对上年度利润进行调整，导致连续两个会计年度亏损；

（七）主办券商或全国股份转让系统公司认定的其他情形。

第七十八条　公司出现以下情况之一的，为其他状况异常：

（一）因自然灾害、重大事故等原因导致公司主要经营设施遭受损失，公司生产经营活动基本中止，在三个月以内不能恢复的；

（二）公司涉及负有赔偿责任的诉讼或仲裁案件，依照法院或仲裁机构的判决或裁决的赔偿金额累计超过公司最近经审计的净资产的20%的；

（三）公司主要银行帐号被冻结，影响公司正常经营活动的；

（四）人民法院受理公司破产案件，可能依法宣告公司破产的；

（五）公司董事会无法正常召开会议并形成董事会决议的；

（六）公司的主要债务人被法院宣告进入破产程序，而公司相应债权未能计提足额坏帐准备致使公司将面临重大财务风险的；

（七）公司出现其他异常情况，董事会或监事会认为有必要作出特别风险提示公告的；

（八）主办券商或全国股份转让系统公司认定的其他情形。

第七十九条　自法院受理公司破产案件的公告发布之日起，主办券商对该公司股票暂停转让。

公司应当在收到法院有关法律文书的当日，立即向主办券商报告，经主办券商审核后公告。公告日后第一个交易日公司股票恢复转让。

第八十条　公司进入破产程序后，公司或其他有信息披露义务的主体应当于第一时间向主办券商和全国股份转让系统公司报告债权申报情况、债权人会议情况、和解和整顿等重大情况并公告。公司刊登上述公告当日，其股票暂停转让一天。

第八十一条　上述第七十七条、第七十八条所列情形已经消除的，公司应当就该情形消除的事实向主办券商和全国股份转让系统公司报告并公告。

第八十二条　公司应当关注本公司股票的转让以及新闻媒介、网站关于本公司的报道。

第八十三条　出现以下情况之一的，公司应当及时向主办券商报告，经全国股份转让系统公司同意后可以要求公司比照第八十六条的规定发布公告：

（一）股票转让发生异常波动；

（二）新闻媒介或网站传播的消息可能对公司的股票转让产生影响；

（三）全国股份转让系统公司认为其他属于异常波动的情况。

主办券商报经全国股份转让系统公司同意，可以对出现上述情形的公司股票实施暂停转让，直至公司对该消息做出澄清公告后的第一个转让日恢复转让。

第八十四条　股票转让出现以下情况之一的，主办券商根据市场情况，认定是否属股票转让异常波动：

（一）某股票的转让价格连续三个转让日达到涨幅或跌幅限制；

（二）某股票的日均成交金额连续五个转让日逐日增加50%；

（三）某股票转让日的成交量与上月日均成交量相比连续五个转让日放大十倍；

（四）全国股份转让系统公司认为属于异常波动的其他情况。

出现本条所列情形被认定为异常波动的股票，其异常波动的计算从公告之日起重新开始。

第八十五条　公司针对有关传闻发布公告，应当向主办券商和全国股份转让系统公司报送公告文稿以及传闻在新闻媒介传播的证明。

第八十六条　公司针对有关传闻的公告应当包括以下内容：

（一）传闻内容及其来源；

（二）公司的真实情况；

（三）经主办券商同意的其他内容。

第八十七条　公司认为股票转让的异常波动与公司或公司内外部环境的变化无关，应当在公告中做出说明；认为与公司有关，应当披露可能影响其股票价格的信息。

第八十八条　公司的合并、分立应符合现行法律法规的规定。

第八十九条　涉及公司股份变动的合并、分立方案应当报全国股份转让系统公司同意并报告主办券商。

第九十条　涉及公司股份变动的合并、分立方案未经全国股份转让系统公司同意的，主办券商对有关公告文稿不予审查，并报告全国股份转让系统公司。

第九十一条　公司及其他信息披露义务人违反本暂行办法规定的，全国股份转让系统公司可以依据《全国中小企业股份转让系统业务规则》采取相应的自律监管措施和纪律处分。

第九十二条　本暂行办法由全国股份转让系统公司负责解释。

第三节　服务指南

综合类

全国中小企业股份转让系统申请材料接收须知

各申请人：

为方便各申请人办理业务申请事项，我司在公司南门一层设立接收服务窗口，设专职人员负责材料接收工作。请各位申请人按照以下须知要求到接收服务大厅办理业务：

一、提出申请前，请及时了解、熟悉《非上市公众公司监督管理办法》、《全国中小企业股份转让有限责任公司管理暂行办法》等中国证监会部门规章及我司公布的各项业务规则中关于业务申请项目的有关规定，具体情况可登陆我司网站进行查阅。

二、如对我司公示内容有疑问，可向相关业务部门或接收服务窗口进行咨询。

三、接收服务大厅是我司对外接收材料的窗口，统一负责材料接收、法定文件发送等工作。目前我司仅接收现场报送材料，不接收以邮寄、传真等非现场方式提交的材料。

四、报送申请材料和领取公文时，请出具单位介绍信、身份证（附身份证复印件）等身份证明文件。如受他人委托报送申请材料和领取公文时，应提交相关授权委托书及受托人身份证明文件。

五、报送申请材料时，首先应对照各项业务申请材料目录核查材料的齐备性。

六、申请材料接收后，我司接收服务窗口将为申请人开具《申请材料接收确认单》，并于当日将所接收申请材料移交相关部门。

七、根据要求应当提供申报材料原件而不能提供的，应提供复印件，并由申请人律师提供鉴证意见，或由出文单位盖章，以保证与原件一致。申请人在每次报送书面原件的同时，应按我司要求报送相应份数的复印件和标准电子文件。电子文件应以光盘形式提交。

八、申请材料应统一编制目录，按目录标明页码，并以A4纸打印、硬壳文件夹装订。申请文件章节之间应有明显的分隔标识。报送材料首页应列明公司经办人员和有关中介机构的姓名（或名称）和联系电话。文件夹立面应注明公司名称和所办事项。

九、申请书应当以公司红头文件印制，由公司法定代表人签发。

十、中介机构出具的专项报告，应附有签字律师、会计师、评估师及其所在机构的证券从业资格证书复印件，该复印件须由该机构盖章确认并说明用途。法律意见书应由律师事务所负责人和两名经办律师签字。

十一、我司接收服务窗口工作时间为每个交易日的上午8:30－11:30，下午1:30－5:00。

十二、接收服务窗口咨询电话：010－63889512。

接收服务窗口地址：北京市西城区金融大街丁26号金阳大厦南门一层

关于做好申请材料接收工作有关注意事项的通知

各申请人：

为进一步明确各申请人到我司接收服务窗口（以下简称“窗口”）办理业务的相关要求，现将有关事项通知如下：

一、有关申请文件的制作

（一）申请人应严格按照《全国中小企业股份转让系统业务规则（试行）》和相关实施细则、工作指引、工作指南，以及《全国中小企业股份转让系统申请材料接收须知》的要求制作和报送申请文件。

（二）申请文件的编排应严格按照相关业务规则要求的文件目录顺序编排。

电子文档包含“书面文件扫描版”和“书面文件WORD版”，其中“书面文件扫描版”包括通过扫描所有书面文件形成的电子文档，通常为PDF格式（即＊.pdf格式）。

二、关于签名和盖章

（一）申请材料的主申请报告原则上应当以红头文件印制，标明文号，且必须由法定代表人签发并加盖公章。

具体签发形式，可以在红头中印制签发人，也可以在申请报告落款处加盖法定代表人印章或由本人签字。

（二）申请材料包含多份文件的，应当以隔页纸区分，每份文件应由出文单位加盖骑缝章，并在落款处加盖公章。

公司章程、制度等无落款的文件，应当在章程或制度首页标题上加盖公章。

（三）申请文件中的签名均应为签名人亲笔签名，不得以名章、签名章等代替。

董监高的声明和承诺文件，还应当附见证律师的从业资格证明文件。

三、关于身份证明文件

办事人员代表申请主体到窗口办理业务应当提交身份证明文件。

如申请主体在授权书或介绍信中明确指明＊＊自然人代表办理相应业务的，身份证明文件包括该授权书或介绍信，以及办事人员的身份证复印件。

如申请主体在授权书中指明＊＊单位代表办理业务，被指明的单位应当出具介绍信明确具体办事人员，身份证明文件包括授权书、被授权的单位出具的介绍信和办事人员的身份证复印件。

四、关于书面反馈回复

（一）书面反馈回复必须加盖出文单位公章。

（二）书面反馈回复应当按照书面反馈要求提交相应份数的书面材料和电子版材料。如书面材料较多可以装订成硬壳夹。

（三）提交书面反馈回复，应当同时附《审查反馈意见通知书》复印件，便于窗口工作人员对照检查。

（四）书面反馈回复应当以问答形式对书面反馈要求逐一作出回应。根据书面反馈要求不同，回复意见应当区别说明：

1. 回复意见属于补充、完善、说明类型，应当具体说明补充、完善的内容；

2. 回复意见属于修改类型，应当对比说明原内容和修改后的内容，如回复修改内容比较复杂，可以直接说明修改内容；

3. 回复意见属于删除类型，可以在回复中直接说明“此内容已删除，在＊＊＊（文件）中体现”；

4. 回复意见属于格式修改，如编号、页码、文件位置等格式问题，可以在回复中说明“已修改，在＊＊＊（文件）中体现”。

（五）关于申请挂牌业务的其他要求

在窗口办理挂牌业务的申请人，除需符合以上工作要求以外，还应当注意以下事项：

1. 对需要申请挂牌公司补充披露的，公司应在反馈回复中说明补充披露的内容、中介机构结论性意见（如有），并说明需披露的内容在公开转让说明书中相应章节的修改情况，同时在公开转让说明书中以楷体加粗的格式进行修改。

2. 对需要中介机构补充提供、调查或发表意见的，中介机构应在各自需提交反馈文件的相应部分补充提供尽职调查过程中的基础性资料、进一步尽职调查的内容以及结论性意见。

3. 反馈回复材料应当在主办券商盖章页同时附内核专员、项目负责人、项目小组成员的签字。

4. 整套申请材料目录前，应单独制作《挂牌公司基本信息和联系方式表》（含电子版，具体格式详见附件）。其中联系方式的座机栏，应当填写直拨座机号码（如是分机，需提供分机号码）。

本通知自下发之日起实施。如有问题，请与我司相关工作人员联系。

接收服务电话：010－63889512

全国中小企业股份转让系统有限责任公司
2013 年 06 月 13 日

关于收取挂牌公司挂牌年费的通知

各挂牌公司：

依据《关于全国中小企业股份转让系统有限责任公司有关收费事宜的通知》（股转系统公告［2013］7 号，以下简称《收费通知》）的规定及《全国中小企业股份转让系统挂牌协议》的约定，挂牌公司应当向我司缴纳挂牌年费。现将挂牌公司缴纳 2013 年挂牌年费的相关事宜通知如下：

一、缴费对象

挂牌公司。2013 年挂牌的公司，挂牌年费已与挂牌初费一并缴纳的除外。

二、缴费期限

2013 年 7 月 15 日之前一次性缴纳。

缴费日期以银行收款回单载明的日期为准。

三、缴费标准

2013 年度的挂牌年费按照挂牌公司 2012 年末的总股本，自我司《收费通知》发布之日的次月（即：2013 年 3 月）起计算收取，共计 10 个月费用，挂牌公司 2012 年末的总股本以 2012 年年报披露的数据为准。根据我司《收费通知》公布的收费标准进行按月折算，2013 年度挂牌公司须缴纳挂牌年费的具体金额如下：

总股本 2000 万股（含）以下：16，666. 67 元；

总股本 2000－5000 万股（含）：25，000. 00 元；

总股本 5000 万股－1 亿股（含）：33，333. 33 元；

总股本 1 亿股以上：41，666. 67 元。

四、缴费方式

银行汇款方式缴至下列账户：

账户名称：全国中小企业股份转让系统有限责任公司

开户行：中国建设银行复兴支行

账号：11001046500053013355

挂牌公司汇款完成，我司取得银行收款回单后，将出具发票，并邮寄至挂牌公司。

请各挂牌公司按本通知的要求，按期足额缴纳挂牌年费。逾期缴纳的，我司将按照《全国中小企业股份转让系统挂牌协议》的约定，每日按应缴纳金额的 3‰收取滞纳金。经催告后，在 10 个工作日内仍未缴纳的，我司有权采取相应的监管措施，并保留追究违约责任的权利。

全国中小企业股份转让系统有限责任公司
2013 年 6 月 14 日

挂牌业务类

全国中小企业股份转让系统股票挂牌业务操作指南（试行）

为规范申请挂牌公司、主办券商在全国中小企业股份转让系统（以下简称“全国股份转让系统”）办理股票挂牌业务，根据相关法律法规、《全国中小企业股份转让系统业务规则（试行）》等有关规定，制定本指南。

一、申请证券简称及代码并办理解除首批股份限售

（一）申请

1. 证券简称和代码

申请挂牌公司及主办券商在接到公司挂牌相关文件的领取通知当日，向全国中小企业股份转让系统有限责任公司（以下简称“全国股份转让系统公司”）挂牌业务部提交《证券简称及证券代码申请书》。为便捷高效，可先以传真或电子邮件方式发送，在领取相关文件时提交原件。

2. 解除限售（如有）

公司股票挂牌时，如存在解除首批股份限售的情形，申请挂牌公司应向主办券商提交首批解除限售申请材料，主办券商审核后出具《挂牌公司股东所持股份解除转让限制明细表》，并提交至全国股份转让系统公司公司业务部，可先以传真或电子邮件方式发送，在领取相关文件时提交原件。

（二）缴费

根据全国股份转让系统公司挂牌业务部传真的《缴费通知单》，申请挂牌公司缴纳挂牌初费和当年年费。

领文

申请挂牌公司及主办券商在完成上述工作后前往全国股份转让系统公司领取挂牌相关文件，同时一并提交有关申请文件。

1. 在服务窗口领取全国股份转让系统公司出具的同意挂牌的函、中国证监会核准文件（豁免核准情形除外）、缴费通知单原件。

2. 在财务管理部领取缴费发票。

3. 在挂牌业务部领取《关于证券简称及证券代码的通知》，同时提交证券简称及证券代码申请书（加盖公章）、信息披露业务流转表（加盖公章）、挂牌工作进度计划（可以电子邮件方式提交）。

4. 股票挂牌时，存在首批解除限售情形的，还需到公司业务部领取《股份解除限售登记的函》，同时提交主办券商出具的《挂牌公司股东所持股份解除转让限制明细表》原件（加盖主办券商公章）。

二、办理信息披露及股份初始登记

（一）首次信息披露

取得证券简称和代码的当日，申请挂牌公司及主办券商向深圳证券信息公司传送首次信息披露文件；次一个工作日，深圳证券信息公司为申请挂牌公司在全国股份转让系统指定信息披露平台（www. neeq. com. cn 或 www. neeq. cc）披露相关文件。

首次信息披露文件包括：

1. 公开转让说明书；

2. 财务报表及审计报告；

3. 补充审计期间的财务报表及审计报告（如有）；

4. 法律意见书；

5. 补充法律意见书（如有）；

6. 公司章程；

7. 主办券商推荐报告；

8. 定向发行情况报告书（如有）；

9. 全国股份转让系统公司同意挂牌的函；

10. 中国证监会核准文件；

11. 其他公告文件。

文件披露后，不得随意更改、替换或撤销。如有特殊原因确需修改，申请挂牌公司和主办券商应当及时向全国股份转让系统公司挂牌业务部提出申请；经挂牌业务部确认后，发布更正公告。

（二）股份初始登记

取得证券简称和代码的第二日，申请挂牌公司及主办券商应前往中国证券登记结算有限责任公司深圳分公司（以下简称“中国结算深圳分公司”）办理股份初始登记和解除首批股份限售手续（如有）：

1. 主办券商应协助申请挂牌公司股东在证券公司开立深市证券账户；

2. 申请挂牌公司与中国结算深圳分公司签署《股份登记及服务协议》（适用于全国中小企业股份转让系统）；

3. 申请挂牌公司向中国结算深圳分公司提交《股份初始登记申请书》；

4. 中国结算深圳分公司登记存管部为申请挂牌公司办理股份初始登记，出具《股份登记确认书》；

5. 挂牌时如存在解除首批股份限售情形的，须持全国股份转让系统公司出具的《股份解除限售登记的函》（原件）办理解除限售手续。

（三）挂牌前的第二次信息披露

申请挂牌公司及主办券商取得中国结算深圳分公司出具的《股份登记确认书》的当日，向全国股份转让系统公司挂牌业务部传真《股份登记确认书》、《股票公开转让记录表》、《信息披露业务流转表》，确定公司挂牌日期（挂牌日最早为取得《股份登记确认书》后的第三个工作日，最迟为取得《股份登记确认书》后的第五个工作日），办理挂牌前的第二次信息披露事宜。

1. 披露时间

T－2 日或之前（T 日为挂牌日，下同），申请挂牌公司及主办券商向深圳证券信息公司传送第二次信息披露文件。

T－1 日，深圳证券信息公司为申请挂牌公司在全国股份转让系统指定信息披露平台（www. neeq. com. cn 或 www. neeq. cc）披露相关文件。

2. 披露文件

（1）关于公司股票将在全国股份转让系统挂牌公开转让的提示性公告；

（2）关于公司定向发行股票将在全国股份转让系统挂牌公开转让的公告（如有）；

（3）其他公告文件。

三、申请挂牌同时定向发行的股票挂牌流程

（一）披露定向发行意向

申请挂牌同时定向发行的，可在报送申请挂牌材料后向全国股份转让系统公司挂牌业务部提出在 www. neeq. com. cn 或 www. neeq. cc 披露定向发行意向，以便提升投融资对接效率。

（二）披露公开转让说明书等文件

取得证券简称和代码后，申请挂牌公司参照“二（一）首次信息披露”流程办理《公开转让说明书》等文件的信息披露事宜。存在股份限售情形的，申请挂牌公司应提前与全国股份转让系统公司挂牌业务部和公司业务部沟通。

（三）报送定向发行备案材料

在完成定向发行认购、验资后，根据中国证监会和全国股份转让系统公司的有关规定，申请挂牌公司向全国股份转让系统公司挂牌业务部报送相关材料；取得全国股份转让系统公司出具的《挂牌并定向发行股份登记的函》。

（四）披露定向发行情况报告书等文件

于报送备案材料的当日，申请挂牌公司联系全国股份转让系统公司挂牌业务部沟通定向发行完成后的网上信息披露事宜，递交《信息披露业务流转表》、向深圳证券信息公司传送《定向发行情况报告书》、《关于公司定向发行股票将在全国股份转让系统挂牌公开转让的公告》等信息披露文件。在取得《挂牌并定向发行股份登记的函》后的第二个工作日，披露相关文件。

（五）办理股份登记

《定向发行情况报告书》等文件披露后，申请挂牌公司、主办券商持《挂牌并定向发行股份登记的函》及其他材料前往中国结算深圳分公司办理股份初始登记或新增股份登记。

（六）披露工商变更登记公告

申请挂牌公司完成工商变更登记后，发布《关于完成工商变更登记的公告》。

其他环节参照无定向发行情形的股票挂牌流程办理。

（七）注意事项

1. 在股份初始登记前完成定向发行的

申请挂牌公司股票在股份初始登记前取得《挂牌并定向发行股份登记的函》的，初始登记的股份为定向发行后的全部股份。

2. 在挂牌日前完成定向发行的

申请挂牌公司股票在股份初始登记后、挂牌日前取得《挂牌并定向发行股份登记的函》的，持股份登记的函及其他材料前往中国结算深圳分公司办理新增股份登记。

3. 挂牌日后完成定向发行的

申请挂牌公司股票拟于挂牌日后完成定向发行的，其定向发行程序按照已挂牌公司定向发行的规定办理。

四、挂牌仪式

申请挂牌公司于向全国股份转让系统公司挂牌业务部报送挂牌进度计划时说明是否参加集体挂牌仪式及关于挂牌仪式的其他需求；于仪式举办前与全国股份转让系统公司综合事务部沟通确定具体的股票挂牌仪式事宜。

全国中小企业股份转让系统挂牌协议

甲方：全国中小企业股份转让系统有限责任公司

法定代表人：

住所：

联系电话：

乙方：____________________股份有限公司

法定代表人：

住所：

联系电话：

第一条 甲方是全国中小企业股份转让系统（以下简称“全国股份转让系统”）的运营管理机构，负责组织和监督挂牌公司的股票转让及相关活动，实行自律管理。乙方是经中国证监会核准的非上市公众公司，申请其股票在全国股份转让系统挂牌。乙方已向甲方提交了挂牌申请及相关文件，并取得了甲方同意挂牌的审查意见及中国证监会核准。

第二条 为规范乙方股票在全国股份转让系统挂牌行为，明确双方权利与义务，甲乙双方根据《合同法》、《公司法》、《证券法》、《非上市公众公司监督管理办法》、《全国中小企业股份转让系统有限责任公司管理暂行办法》、《全国中小企业股份转让系统业务规则（试行）》等规定，签订本协议。

第三条 甲方的权利：

（一）甲方有权在有关法律、行政法规、中国证监会相关规定授权范围内对乙方实施日常监管；甲方有权依据全国股份转让系统业务规则、细则、指引、通知等规定（以下简称“甲方业务规则”）对乙方的股票挂牌、公开转让、终止挂牌等行为进行管理。

（二）甲方有权依据经中国证监会批准的收费标准收取挂牌费。

第四条 甲方的义务：

（一）甲方应当依据有关法律、行政法规及中国证监会相关规定制定甲方业务规则并及时公布，为乙方及其他市场主体参与市场活动提供制度保障。

（二）甲方负责运营、管理全国股份转让系统、发布市场信息，为乙方及其他市场参与主体提供正常的信息环境。

（三）甲方负责提供股票转让平台及相关设施，安排乙方股票挂牌，组织乙方股票转让活动。

（四）甲方负责提供信息披露服务平台，安排乙方首次挂牌信息披露及日常信息披露。

（五）甲方应当接受乙方的咨询，对其股票挂牌操作提供必要的指导。

第五条 乙方的权利：

（一）乙方有权向甲方咨询股票挂牌操作事宜，并获得甲方的指导。

（二）乙方有权获得甲方提供的股票转让、信息披露平台及相关设施服务。

第六条 乙方的义务：

（一）乙方同意接受甲方的日常监管及管理。

（二）乙方承诺遵守法律、法规、规章等规范性法律文件。乙方进一步承诺遵守甲方业务规则，履行包括但不限于规范公司治理、信息披露等义务。乙方应保证并责成其包括董事、监事、高级管理人员在内的全体员工理解并遵守本协议内容。

（三）乙方及其董事、监事和高级管理人员在挂牌时和挂牌后作出的承诺文件为本协议不可分割的一部分，是本协议的附件。乙方应保证其董事、监事和高级管理人员签署该等承诺文件。

（四）乙方应按本协议约定向甲方缴纳挂牌费。

（五）乙方应按要求参加甲方组织的业务培训。

（六）乙方应当以书面形式及时通知甲方任何导致乙方不再符合挂牌要求的公司行为或其他事件。

第七条 挂牌费：

（一）挂牌费包括挂牌初费和挂牌年费，由甲方依据经中国证监会批准的收费标准收取。

（二）乙方应当在挂牌日前缴纳按照挂牌首日总股本计算的挂牌初费，并在每年 7 月 15 日以前一次性缴纳按照公司上一年度末总股本计算的本年度挂牌年费。

（三）挂牌当年的挂牌年费按照挂牌首日的总股本和实际挂牌月份（自挂牌日的次月起计算）予以折算，与挂牌初费一并缴纳。

（四）乙方逾期缴纳挂牌费，甲方有权每日按应缴纳金额的 3‰收取滞纳金。

（五）经甲方催告后，乙方于 10 个工作日内仍未缴纳的，甲方有权对乙方采取监管措施，并保留向乙方主张其违约造成之全部损失的权利。

（六）乙方股票终止挂牌后，已经交纳的挂牌费不予返还。

第八条 本协议的执行与解释适用中华人民共和国法律。

第九条 本协议未尽事宜，双方应依照有关法律、法规、规章及甲方业务规则执行。

第十条 与本协议的解释或执行有关的争议及纠纷，应首先由甲乙双方通过友好协商解决。若自争议或者纠纷发生之日起的 30 天内未能通过协商解决，任何一方均可将该项争议提交中国国际经济贸易仲裁委员会按照当时适用的仲裁规则进行仲裁，仲裁地点为北京。仲裁裁决为最终裁决，对双方均具有法律约束力。

第十一条 双方一致同意，本协议生效后，如因适用的法律、法规、规章等规范性法律文件及甲方业务规则发生变化，导致本协议相关条款内容与修订或新颁布的上述法律、法规、规章、甲方业务规则等内容相抵触，本协议该部分条款将自动变更并以修订或新颁布的相关法律、法规、规章、甲方业务规则内容为准。

尽管有前款内容，本协议其他不与有关法律、法规、规章、甲方业务规则内容相抵触的条款持续有效。

第十二条　乙方申请终止或被甲方终止在全国股份转让系统挂牌的，本协议自终止挂牌之日自动解除。本协议解除不影响甲方依法向乙方主张本协议项下未结费用、滞纳金支付的权利。

第十三条　本协议自双方签字盖章之日起生效。双方可以以书面方式对本协议作出补充，经双方签字盖章的有关本协议的补充协议是本协议的组成部分，与本协议具有同等法律效力。

第十四条　本协议一式肆份，双方各执贰份。

甲方（公章）：__________　　乙方（公章）：__________

法定代表人　　　　　　　　法定代表人
或授权代表（签字）：______　或授权代表（签字）：______

_______年____月____日　　_______年____月____日

推荐挂牌并持续督导协议书

本协议由以下各方于______年____月____日在________ _________（签约地点）签订：

甲方：____________________股份有限公司
法定代表人：
住　　所：

乙方：____________________（主办券商）
法定代表人：
住　　所：

甲方委托乙方负责推荐甲方股票在全国中小企业股份转让系统（以下简称"全国股份转让系统"）挂牌，组织编制挂牌申请文件，并指导和督促甲方诚实守信、规范履行信息披露义务、完善公司治理机制；乙方同意接受委托。

根据《中华人民共和国合同法》、《中华人民共和国公司法》（以下简称"《公司法》"）、《中华人民共和国证券法》（以下简称"《证券法》"）、《非上市公众公司监督管理办法》（以下简称"《管理办法》"）、《全国中小企业股份转让系统业务规则（试行）》（以下简称"《业务规则》"）、《全国中小企业股份转让系统主办券商管理细则（试行）》（以下简称"《主办券商管理细则》"）、《全国中小企业股份转让系统主办券商推荐业务规定（试行）》（以下简称"《推荐规定》"）、《全国中小企业股份转让系统挂牌公司信息披露细则（试行）》（以下简称"《信息披露细则》"）等相关规定，甲、乙双方本着平等互利原则，经充分协商，达成如下协议：

第一章　甲方的承诺及权利、义务

第一条　甲方基本情况：

（一）股份公司设立时间。

（二）股本总额。

（三）股东人数。

（四）股权结构。

（五）董事、监事、高级管理人员及其持股明细。

第二条　甲方就委托乙方担任推荐其公司股票在全国股份转让系统挂牌并持续督导的主办券商事宜，向乙方作出如下承诺：

（一）保证遵守《管理办法》、《业务规则》、《信息披露细则》等相关规定。

（二）接受乙方依据《公司法》、《证券法》、《管理办法》、《业务规则》、《推荐规定》、《信息披露细则》及中国证监会、全国中小企业股份转让系统有限责任公司（以下简称"全国股份转让系统公司"）发布的其他规定对甲方作出的督促指导，并配合乙方采取的相关措施。

（三）按照相关规定和要求修改公司章程，完善公司治理机制，确保所有股东，特别是中小股东充分行使法律、行政法规和公司章程规定的合法权利。

（四）在同等条件下，优先选择乙方为其定向发行、并购重组等提供服务。

第三条　甲方就委托乙方担任推荐其公司股票在全国股份转让系统挂牌并持续督导的主办券商事宜，享有以下权利：

（一）甲方董事、监事、高级管理人员及相关人员有权就相关业务规则获得乙方指导。

（二）甲方有权就公司治理、财务及会计制度、挂牌申请文件制作、信息披露等方面获得乙方业务指导。

第四条　甲方就委托乙方担任推荐其公司股票在全国股份转让系统挂牌并持续督导的主办券商事宜，应履行以下义务：

（一）甲方应积极配合乙方的推荐挂牌工作，向乙方提交挂牌所需文件，并保证所提交文件均真实、准确、完整、及时、有效，不存在任何虚假记载、误导性陈述或重大遗漏。

（二）甲方应于正式挂牌前完成以下工作：

1. 通知并协助股东办理股份登记、存管。

2. 核对并向乙方提交股东持股明细以及董事、监事、高级管理人员名单及持股数量。

3. 与证券登记结算机构签订证券登记服务协议，将公司全部股票进行初始登记。

（三）甲方应保证所提供的股东名册真实、准确、完整、有效，如因工作失误造成股东股权争议或纠纷的，由甲方承担全部责任。

（四）甲方应严格按照有关规定，履行信息披露义务。

（五）甲方拟披露信息须经乙方审查后在全国股份转让系统指定的信息披露平台进行披露。

（六）甲方及董事会全体成员应保证信息披露内容的真实、准确、完整，不存在任何虚假记载、误导性陈述或重大遗漏，并承担个别及连带责任。

（七）甲方披露信息，应经董事长或其授权董事签字确认；若有虚假陈述，董事长应承担相应责任。

（八）甲方及其董事、监事、高级管理人员不得利用公司内幕信息直接或间接为本人或他人谋取利益。

（九）甲方董事会秘书负责股权管理与信息披露事务；未设董事会秘书的，应指定一名信息披露事务负责人负责股权管理与信息披露事务。

董事会秘书或信息披露事务负责人为甲方与乙方之间的联络人。

（十）甲方应将董事会秘书或信息披露事务负责人的联络方式（办公电话、住宅电话、移动电话、电子信箱、传真、通信地址等）和其变更情况及时告知乙方。

（十一）董事会秘书被解聘或辞职、信息披露事务负责人被更换或辞职的，甲方应及时告知乙方。

（十二）甲方应配备信息披露必需的通讯工具和计算机等办公设备，保证计算机可以连接互联网，对外咨询电话保持畅通。

（十三）甲方拟披露信息应以纸质文档（包括传真）和电子文档形式及时报送乙方，并保证电子文档与纸质文档内容一致。

（十四）甲方应于每一会计年度结束之日起四个月内编制完成并披露年度报告。

公司年度财务报告须经有证券期货相关业务资格的会计师事务所审计。

（十五）甲方应于每一会计年度的上半年结束之日起两个月内编制完成并披露半年度报告。

（十六）甲方应按《信息披露细则》的规定，编制年度报告、半年度报告，并在披露前经乙方审查。

（十七）甲方应按《信息披露细则》的规定，在发生相关事项时及时编制并披露临时报告，临时报告披露前应经乙方审查。

（十八）董事长不能正常履行职责超过三个月的，甲方应及时将该事实告知乙方。

（十九）甲方发起人、控股股东、实际控制人及董事、监事、高级管理人员持有的公司股票，按相关规定在限售期间不得转让；甲方应将新任及离职董事、监事、高级管理人员名单及其持股数量在2个转让日内告知乙方，并按有关规定向乙方提出限售或解除限售申请。

（二十）甲方股东所持股票解除限售，甲方应提前（ ）个转让日向乙方提出申请。

（二十一）甲方应积极配合乙方的问询、调查或核查，不得阻挠或人为制造障碍，并按乙方要求办理公告事宜。

（二十二）甲方应积极配合乙方的现场调查：

1. 提供必要的办公条件。

2. 保证相关人员及时提供现场调查所必需的资料，认真接受乙方调查访谈，不进行阻挠或人为制造障碍。

3. 乙方现场调查发现甲方已披露的公告存在错误、不充分或不完整情况的，甲方应及时进行更正及补充披露。

4. 积极配合乙方的整改要求，整理规范相关事项。

第二章　乙方的承诺及权利、义务

第五条　乙方就担任推荐甲方股票在全国股份转让系统挂牌并持续督导的主办券商事宜，向甲方作出如下承诺：

（一）经全国股份转让系统公司备案可以从事推荐业务。

（二）具有符合《主办券商管理细则》、《推荐规定》规定的从事推荐业务的机构设置和人员配备。

（三）勤勉尽责、诚实守信地履行主办券商推荐职责。

第六条　乙方就担任推荐甲方股票在全国股份转让系统挂牌并持续督导的主办券商事宜，享有以下权利：

（一）乙方有权对甲方提出的公司股东所持股票限售或解除限售的申请进行审查，并向全国股份转让系统公司报备。

（二）乙方有权依据《业务规则》、《信息披露细则》等规定，指导和督促甲方诚实守信、规范履行信息披露义务、完善公司治理机制。

（三）乙方有权对甲方拟披露的信息披露文件进行审查，可对甲方拟披露或已披露信息的真实性提出合理怀疑，并对相关事项进行专项调查。

（四）乙方有权根据相关规定及全国股份转让系统公司要求对甲方进行现场调查，必要时可聘请相关中介机构协助调查。

（五）甲方未规范履行信息披露等相关义务的，乙方有权要求其限期改正；拒不改正的，乙方可以发布风险揭示公告，并向全国股份转让系统公司报告。

第七条　乙方就担任推荐甲方公司股票在全国股份转让系统挂牌并持续督导的主办券商事宜，应履行以下义务：

（一）乙方应依据《业务规则》、《推荐规定》、《信息披露细则》等规定，勤勉尽责、诚实守信地履行推荐挂牌并持续督导职责，不得损害甲方的合法权益。

（二）乙方应配备符合规定的专门督导人员，负责具体履行持续督导职责。督导人员为乙方与甲方的联络人，须与甲方保持密切联系。

（三）乙方应依据《推荐规定》的规定，推荐甲方股票在全国股份转让系统挂牌。

（四）对甲方董事、监事、高级管理人员及相关信息披露义务人采取培训等相关措施，促使其熟悉和理解全国股份转让系统相关业务规则。

（五）乙方应督促和协助甲方及时按照《公司法》、《业务规则》及其他有关规定办理股份登记、信息披露、限售登记及解除限售登记等事宜。

（六）乙方及其推荐挂牌业务人员、内核业务人员、专门持续督导人员不得泄露尚未披露的信息，不得利用所知悉的尚未披露信息直接或间接为本人或他人谋取利益。

第三章　费用

第八条　经甲方与乙方协商一致，甲方应向乙方支付下列费用：

（一）推荐挂牌费（　　）元。

（二）持续督导费（　　）元/年。

（三）其他费用（　　）元/年。

费用的支付方式和时间为（　　）。

第九条　甲方终止股票挂牌的，已经支付的费用不予返还。

第四章　协议的变更与解除

第十条　本协议依据《管理办法》、《业务规则》、《信息披露细则》等规定签订，如因相关规定修订或颁布实施新的规定而导致本协议相关条款内容与修订或新颁布的规定内容不一致的，本协议与之相抵触的有关条款自动变更，并以修订或新颁布后的规定为准，其他条款继续有效；任何一方不得以此为由解除本协议。

第十一条　出现下列情况之一，甲乙双方可以解除本协议：

（一）甲方股票挂牌申请未获全国股份转让系统公司同意。

（二）乙方不再从事推荐业务。

（三）甲方股票终止挂牌。

第十二条　除第十一条规定的情形外，甲乙双方不得随意解除本协议；确需解除协议的，应在解除前向全国股份转让系统公司报告并说明合理理由，且应有其他主办券商承接持续督导服务。

第五章　免责条款

第十三条　因不可抗力因素导致任一方损失，另一方不承担赔偿责任。

第十四条　发生不可抗力时，双方均应及时采取措施防止损失进一步扩大。

第六章　争议解决

第十五条　本协议项下产生的任何争议，各方首先应协商解决；协商解决不成的，可选择以下方式解决：

（一）仲裁。

（二）向有管辖权的人民法院提起诉讼。

第七章　其他事项

第十六条　本协议规定的事项发生重大变化或存在未尽之事宜，甲、乙双方应当重新签订协议或签订补充协议。补充协议与本协议不一致的，以补充协议为准。补充协议为本协议有效组成部份，报全国股份转让系统公司备案。

第十七条　本协议自甲、乙双方签字盖章后生效。

第十八条　本协议一式（　　）份，甲、乙双方各执（　　）份，报全国股份转让系统公司（　　）份，每份均具有同等法律效力。

甲方（盖章）：

法定代表人或授权代表（签字）：

乙方（盖章）：

法定代表人或授权代表（签字）：

持续督导协议书

本协议由以下各方于______年____月____日在__________________（签约地点）签订：

甲方：____________________股份有限公司

法定代表人：

住　　所：

乙方：____________________（主办券商）

法定代表人：

住　　所：

甲方委托乙方担任为甲方提供持续督导服务的主办券商，负责指导和督促甲方诚实守信、规范履行信息披露义务、完善公司治理机制；乙方同意接受委托。

根据《中华人民共和国合同法》、《中华人民共和国公司法》（以下简称"《公司法》"）、《中华人民共和国证券法》（以下简称"《证券法》"）、《非上市公众公司监督管理办法》（以下简称"《管理办法》"）、《全国中小企业股份转让系统业务规则（试行）》（以下简称"《业务规则》"）、《全国中小企业股份转让系统主办券商管理细则（试行）》（以下简称"《主办券商管理细则》"）、《全国中小企业股份转让系统主办券商推荐业务规定（试行）》（以下简称"《推荐规定》"）、《全国中小企业股份转让系统挂牌公司信息披露细则（试行）》（以下简称"《信息披露细则》"）等相关规定，甲、乙双方本着平等互利原则，经充分协商，达成如下协议：

第一章　甲方的承诺及权利、义务

第一条　甲方基本情况：

（一）挂牌时间。

（二）股票简称。

（三）股票代码。

（四）股本总额。

（五）股东人数。

（六）股权结构。

（七）董事、监事、高级管理人员及其持股明细。

第二条　甲方就委托乙方担任为甲方提供持续督寻服务的主办券商事宜，向乙方作出如下承诺：

（一）已与原负责持续督导的主办券商终止持续督导协议。

（二）保证遵守《管理办法》、《业务规则》、《信息披露细则》等相关规定。

（三）接受乙方依据《公司法》、《证券法》、《管理办法》、《业务规则》、《推荐规定》、《信息披露细则》及中国证监会、全国中小企业股份转让系统有限责任公司（以下简称"全国股份转让系统公司"）发布的其他规定对甲方作出的督促指导，并配合乙方采取的相关措施。

（四）在同等条件下，优先选择乙方为其定向发行、并购重组等提供服务。

第三条　甲方就委托乙方担任为甲方提供持续督导服务的主办券商事宜，享有以下权利：

（一）甲方董事、监事、高级管理人员及相关人员有权就相关业务规则获得乙方指导。

（二）甲方有权就公司治理、财务及会计制度、信息披露等方面获得乙方业务指导。

第四条　甲方就委托乙方担任为甲方提供持续督导服务的主办券商事宜，应履行以下义务：

（一）甲方应积极配合乙方的持续督导工作，向乙方提交所需文件，并保证所提交文件均真实、准确、完整、及时、有效，不存在任何虚假记载、误导性陈述或重大遗漏。

（二）甲方应于本合同正式生效前（ ）个转让日内，核对并向乙方提交股东持股明细以及董事、监事、高级管理人员名单及持股数量。

（三）甲方应保证所提供的股东名册真实、准确、完整、有效，如因工作失误造成股东股权争议或纠纷的，由甲方承担全部责任。

（四）甲方应严格按照有关规定，履行信息披露义务。

（五）甲方拟披露信息须经乙方审查后在全国股份转让系统指定的信息披露平台进行披露。

（六）甲方及董事会全体成员应保证信息披露内容的真实、准确、完整，不存在任何虚假记载、误导性陈述或重大遗漏，并承担个别及连带责任。

（七）甲方披露信息，应经董事长或其授权董事签字确认；若有虚假陈述，董事长应承担相应责任。

（八）甲方及其董事、监事、高级管理人员不得利用公司内幕信息直接或间接为本人或他人谋取利益。

（九）甲方董事会秘书负责股权管理与信息披露事务；未设董事会秘书的，应指定一名信息披露事务负责人负责股权管理与信息披露事务。

董事会秘书或信息披露事务负责人为甲方与乙方之间的联络人。

（十）甲方应将董事会秘书或信息披露事务负责人的联络方式（办公电话、住宅电话、移动电话、电子信箱、传真、通信地址等）和其变更情况及时告知乙方。

（十一）董事会秘书被解聘或辞职、信息披露事务负责人被更换或辞职的，甲方应及时告知乙方。

（十二）甲方应配备信息披露必需的通讯工具和计算机等办公设备，保证计算机可以连接互联网，对外咨询电话保持畅通。

（十三）甲方拟披露信息应以纸质文档（包括传真）和电子文档形式及时报送乙方，并保证电子文档与纸质文档内容一致。

（十四）甲方应于每一会计年度结束之日起四个月内编制完成并披露年度报告。

公司年度财务报告须经有证券期货相关业务资格的会计师事务所审计。

（十五）甲方应于每一会计年度的上半年结束之日起两个月内编制完成并披露半年度报告。

（十六）甲方应按《信息披露细则》的规定，编制年度报告、半年度报告，并在披露前经乙方审查。

（十七）甲方应按《信息披露细则》的规定，在发生相关事项时及时编制并披露临时报告，临时报告披露前应经乙方审查。

（十八）董事长不能正常履行职责超过三个月的，甲方应及时将该事实告知乙方。

（十九）甲方发起人、控股股东、实际控制人和董事、监事、高级管理人员持有的公司股票，按规定在限售期间不得转让；甲方应将新任及离职董事、监事、高级管理人员名单及其持股数量在 2 个转让日内告知乙方，并按有关规定向乙方提出限售或解除限售申请。

（二十）甲方股东所持股票解除限售，甲方应提前（ ）个转让日向乙方提出申请。

（二十一）甲方应积极配合乙方的问询、调查或核查，不得阻挠或人为制造障碍，并按乙方要求办理公告事宜。

（二十二）甲方应积极配合乙方的现场调查：

1. 提供必要的办公条件。

2. 保证相关人员及时提供现场调查所必需的资料，认真接受乙方调查访谈，不进行阻挠或人为制造障碍。

3. 乙方现场调查发现甲方已披露的公告存在错误、不充分或不完整情况的，甲方应及时进行更正及补充披露。

4. 积极配合乙方的整改要求，整理规范相关事项。

第二章　乙方的承诺及权利、义务

第五条　乙方就担任为甲方提供持续督导服务的主办券商事宜，向甲方作出如下承诺：

（一）经全国股份转让系统公司备案可以从事推荐业务。

（二）具有符合《主办券商管理细则》、《推荐规定》规定的从事推荐业务的机构设置和人员配备。

（三）勤勉尽责、诚实守信地履行主办券商持续督导职责。

第六条　乙方就担任为甲方提供持续督导服务的主办券商事宜，享有以下权利：

（一）乙方有权对甲方提出的公司股东所持股票限售或解除限售的申请进行审查，并报全国股份转让系统公司。

（二）乙方有权依据《业务规则》、《信息披露细则》等规定，指导和督促甲方诚实守信、规范履行信息披露义务、完善公司治理机制。

（三）乙方有权对甲方拟披露的信息披露文件进行审查，对甲方拟披露或已披露信息的真实性提出合理怀疑，并对相关事项进行专项核查。

（四）乙方有权根据相关规定及全国股份转让系统公司要求对甲方进行现场调查，必要时可聘请相关中介机构协助调查。

（五）甲方未规范履行信息披露等相关义务的，乙方有权要求其限期改正；拒不改正的，乙方可以发布风险揭示公告，并向全国股份转让系统公司报告。

第七条　乙方就担任为甲方提供持续督导服务的主办券商事宜，应履行以下义务：

（一）乙方应依据《业务规则》、《推荐规定》、《信息披露细则》等规定，勤勉尽责、诚实守信地履行主办券商持续督导职责，不得损害甲方的合法权益。

（二）乙方应配备符合规定的专门督导人员，负责具体履行持续督导职责。督导人员为乙方与甲方的联络人，须与甲方保持密切联系。

（三）乙方应对甲方董事、监事、高级管理人员及相关信息披露人员采取培训等相应措施，促使其熟悉和理解全国股份转让系统相关业务规则。

（四）乙方应督促和协助甲方及时按照《公司法》、《业务规则》及其他有关规定办理信息披露、限售登记及解除限售登记等事宜。

（五）乙方及其专门持续督导人员不得泄露在持续督导过程中获知的尚未披露的信息，不得利用所知悉的尚未披露信息直接或间接为本人或他人谋取利益。

第三章　费用

第八条　经甲方与乙方协商一致，甲方应向乙方支付下列费用：

（一）持续督导费（　　）元/年；

（二）其他费用（　　）元/年；

费用的支付方式和时间为（　　）。

第九条　甲方终止股票挂牌的，已经支付的费用不予返还。

第四章　协议的变更与解除

第十条　本协议依据《管理办法》、《业务规则》、《信息披露细则》等规定签订，如因相关规定进行修订或颁布实施新的规定而导致本协议相关条款内容与修订或新颁布的规定内容不一致，本协议与之相抵触的有关条款自动变更，并以修订或新颁布后的规定为准，其他条款继续有效；任何一方不得以此为由解除本协议。

第十一条　出现下列情况之一，甲乙双方可以解除本协议：

（一）乙方不再从事推荐业务。

（二）甲方股票终止挂牌。

第十二条　除第十一条规定的情形外，甲乙双方不得随意解除持续督导协议；确需解除协议的，应在解除前向全国股份转让系统公司报告并说明合理理由，且应有其他主办券商承接持续督导服务。

第五章　免责条款

第十三条　因不可抗力因素导致任一方损失，另一方不承担赔偿责任。

第十四条　发生不可抗力时，双方均应及时采取措施防止损失进一步扩大。

第六章　争议解决

第十五条　本协议项下产生的任何争议，各方首先应协商解决；协商解决不成的，可选择以下方式解决：

（一）仲裁。

（二）向有管辖权的人民法院提起诉讼。

第七章　其他事项

第十六条　本协议规定的事项发生重大变化或存在未尽之事宜，甲、乙双方应当重新签订协议或签订补充协议。补充协议与本协议不一致的，以补充协议为准。补充协议为本协议有效组成部份，报全国股份转让系统公司备案。

第十七条　本协议自甲、乙双方签字盖章后生效。

第十八条　本协议一式（　　）份，甲、乙双方各执（　　）份，报全国股份转让系统公司（　　）份，每份均具有同等法律效力。

甲方（盖章）：

法定代表人或授权代表（签字）：

乙方（盖章）：

法定代表人或授权代表（签字）：

公司业务类

全国中小企业股份转让系统股票发行业务指南

（2013年4月25日发布，2013年12月30日修改）

为规范挂牌公司、主办券商等相关主体在全国中小企业股份转让系统（以下简称“全国股份转让系统”）办理股票发行业务，根据《全国中小企业股份转让系统股票发行业务细则（试行）》（以下简称《业务细则》）等有关规定，制定本指南。

一、原则性规定

（一）适用范围

挂牌公司向符合规定的投资者发行股票，发行后股东人数累计不超过200人的，向全国中小企业股份转让系统有限责任公司（以下简称“全国股份转让系统公司”）履行事后备案程序，以及按规定股票发行经中国证监会核准的公司，申请办理股票挂牌手续，适用本指南的规定。

前款所称的“发行后股东人数累计不超过200人”，是指股票发行方案确定或预计的新增股东人数（或新增股东人数上限）与审议本次股票发行的股东大会规定的股权登记日（以下简称“股权登记日”）在册股东人数之和不超过200人。

（二）现有股东的认定标准

本次股票发行安排现有股东优先认购，或者本次股票发行方案的发行对象或发行对象范围包括现有股东的，现有股东是指股权登记日的在册股东。

（三）路演与询价

采用询价发行的，挂牌公司和主办券商可以进行路演，并按照股票发行方案确定的发行对象范围，向符合投资者适当性规定的特定投资者发送认购邀请书。

挂牌公司及主办券商应当在认购邀请书约定的时间内接收询价对象的申购报价。

在申购报价结束后，挂牌公司与主办券商按照《业务细则》的规定，协商确定发行对象、发行价格和发行股数。

（四）募集资金使用

挂牌公司在取得股份登记函之前，不得使用本次股票发行募集的资金。

二、业务流程

（一）决议

1. 董事会与股东大会决议

挂牌公司董事会、股东大会应当对股票发行等事项作出决议。董事会、股东大会表决应当执行公司章程规定的表决权回避制度。

2. 股票发行方案重大调整的认定标准

《业务细则》规定的对股票发行方案作出重大调整，是指以下两种情形：

（1）发行对象名称（现有股东除外）、认购价格、认购数量或数量上限、现有股东优先认购办法的调整；

（2）发行对象范围、发行价格区间、发行价格确定办法、发行数量或数量上限的调整。

（二）发行与认购3

1. 发行方式

董事会决议确定具体发行对象的，挂牌公司应当按照股票发行方案和认购合同的约定发行股票。

董事会决议未确定具体发行对象的，可以通过询价确定发行对象、发行价格和发行股数。

2. 披露认购公告

挂牌公司最迟应当在缴款起始日前的两个转让日披露股票发行认购公告。

本次股票发行如有优先认购安排的，认购公告中还应披露现有股东的优先认购安排。公司章程已约定不安排优先认购或全体现有股东在发行前放弃优先认购的，也应予以专门说明。

优先认购安排包括但不限于以下内容：

（1）现有股东在本次发行前放弃优先认购的情况（如有）；

（2）现有股东优先认购的缴款期限和缴款方式；

（3）现有股东放弃优先认购股份的处理方式。

3. 认购与缴款

发行对象可用现金、非现金资产，以及同时以非现金资产和现金认购发行股票。

参与认购的投资者和现有股东应按照认购公告和认购合同的约定，在缴款期内进行缴款认购。

（三）验资

认购完成后，挂牌公司应当按照相关规定，办理验资手续。

（四）提交文件

挂牌公司应当在股票发行验资完成后的10个转让日内，向全国股份转让系统公司接收申请材料的服务窗口（北京市西城区金融大街丁26号金阳大厦南门）报送以下文件。

办理豁免申请核准的股票发行备案，公司应当提交附件1规定的文件。

股票发行经中国证监会核准的,公司申请办理股票挂牌手续,应当提交附件 2 规定的文件。

经接收服务窗口人员核对,确认提交的文件齐备后,向公司出具《材料接收确认单》。文件一经接收,未经全国股份转让系统公司同意,不得变更或撤回。

(五)材料审查

全国股份转让系统公司对提交的文件进行审查。如发现问题将通过电子邮件(feedback@ neeq. org. cn)向主办券商发送问题清单。

主办券商应协助公司落实问题清单中的问题,并在收到问题清单后的 10 个转让日内将对问题清单的回复发送至 feedback@ neeq. org. cn。

全国股份转让系统公司在备案审查过程中,发现公司、主办券商、律师事务所及其他证券服务机构有需要补充披露或说明的情形,可以要求其提供补充材料或进行补充披露。

(六)出具股份登记函

全国股份转让系统公司对文件审查后出具股份登记函,送达公司并送交中国证券登记结算有限责任公司(以下简称"中国结算")和主办券商。

(七)披露相关公告并办理股份登记

公司按照中国结算发布的《全国中小企业股份转让系统股份登记结算业务指南》的要求向中国结算申请办理股份登记。

公司办理股份登记前,应与中国结算协商确定股票发行情况报告书和本次登记股份的挂牌转让公告的披露日;豁免申请核准的挂牌公司还应当同时披露股票发行法律意见书和主办券商关于股票发行合法合规性意见。挂牌转让公告应当明确本次登记股份的转让日,并符合中国结算的有关规定。

挂牌转让公告披露后,中国结算进行股份登记并出具股份登记证明文件。

(八)公开转让

完成股份登记后,本次股票发行中无限售条件和无锁定承诺的股份按照挂牌转让公告中安排的时间在全国股份转让系统公开转让。

三、以非现金资产认购股份的特别规定

(一)以非现金资产认购股票,董事会应当在发行方案中对资产定价合理性进行讨论与分析。

(二)以股权资产认购的,股权资产应当经过具有证券、期货等相关业务资格的会计师事务所审计;以非股权资产认购的,非股权资产应当经过具有证券、期货等相关业务资格的资产评估机构评估。

(三)以资产评估结果作为定价依据的,应当由具有证券、期货等相关业务资格的资产评估机构出具评估报告。

(四)以非现金资产认购股票涉及资产审计、评估或者盈利预测的,资产审计结果、评估结果和经具有证券、期货相关业务资格的会计师事务所审核的盈利预测报告应当最晚和召开股东大会的通知同时公告。

全国中小企业股份转让系统挂牌公司持续信息披露业务指南

(试行)

为规范挂牌公司、主办券商及其他信息披露义务人的信息披露业务办理,根据相关法律法规、《全国中小企业股份转让系统业务规则(试行)》(以下简称"《业务规则》")及《全国中小企业股份转让系统挂牌公司信息披露细则(试行)》(以下简称"《信息披露细则》")等有关规定,制定本指南。

一、挂牌公司准备披露文件并报主办券商审查

(一)挂牌公司董事会秘书或者信息披露事务负责人应按照《业务规则》、《信息披露细则》、定期报告格式指引和临时公告格式模板等规定编写公告文稿,并准备备查文件。

临时公告格式模板里没有明确给出格式的公告类型,由挂牌公司自行编制。

(二)挂牌公司准备好披露文件后,应将加盖董事会章的公告的纸质文件及相应电子文档送达主办券商。

(三)挂牌公司在遇到可能涉及暂停与恢复转让的事宜时,应提前告知主办券商,主办券商在办理信息披露业务的同时应当协助挂牌公司办理暂停与恢复转让。办理暂停与恢复转让业务按照《全国中小企业股份转让系统挂牌公司暂停与恢复转让业务指南》执行。

(四)进行定期报告披露的,挂牌公司应与主办券商商定披露日期,主办券商应于商定日期前将挂牌公司书面预约申请报送全国中小企业股份转让系统有限责任公司(以下简称"全国股份转让系统公司")进行披露预约。特殊原因需变更披露预约时间的,应于原预约披露日 5 个转让日前向全国股份转让系统公司申请,经全国股份转让系统公司同意后方可变更。在 5 个转让日内需要变更预约披露时间的,经全国股份转让系统公司同意,主办券商协助挂牌公司发布《关于变更 XX 年度(半年度)报告披露日期的提示性公告》后方可变更。

全国股份转让系统公司根据均衡披露原则统筹安排披露时间,并由深圳证券信息有限公司(以下简称"信息公司")在全国中小企业股份转让系统(以下简称"全国股份转让系统")信息披露平台公布预计披露日期、变更情况及最终披露日期。

(五)挂牌公司申请豁免披露涉及国家机密或商业秘密的信息,应通过主办券商向全国股份转让系统公司申请并提出豁免披露的充分依据。豁免定期报告相关信息披露的,应于申报预约披露日期的同时申请;豁免临时公告披露的,应及时向全国股份转让系统公司提出申请。

(六)进行临时报告披露的,应按照《信息披露细则》规定的披露时点之后的 2 个转让日内发布临时公告。

二、主办券商事前审查并提交信息公司

(一)主办券商对拟信息披露文件进行事前审查,发现拟披露文件与全国股份转让系统公司相关规定不相符合的,主办券商应与挂牌公司沟通,了解相关情况,督导挂牌公司进行更正或补充,直至符合全国股份转让系统公司有关规定的要求。拟信息披露文件存在虚假记载、误导性陈述、重大遗漏、不正当披露信息的,主办券商应要求挂牌公司及时改正,挂牌公司拒不改正的,主办券商应向全国股份转让系统公司报告并在 2 个转让日内发布风险揭示公告。

(二)主办券商事前审查无异议后,应最迟于 T 日(T 日为公告披露日,且需为转让日)20 点前将加盖主办券商公章的《信息披露业务流转表》(以下简称"流转表",见附件 1)传真至信息公司,将披露材料的电子文档(Word 格式或 PDF 格式,如非特别要求,公告不用影印形式)上传至信息公司业务平台或发送至信息披露专用邮箱(ssi@ cninfo. com. cn),并与信息公司电话确认收悉。如 T+1 为非转让日,则 T 日下午收市后披露 T+1 公告。若流转表无法传真送达信息公司,可以将已盖章流转表的影印电子版随公告电子文档上传至业务平台或发送至邮箱。

三、信息公司公告处理及披露

信息公司对披露资料采编整理完成后，于T日非股票转让时段上载至全国股份转让系统信息披露平台（www. neeq. com. cn或www. neeq. cc）公布。

披露完成后，信息公司回传流转表给主办券商作为回执。

四、公告披露后的事后处理

（一）更正或补充公告的处理

公告在全国股份转让系统公司网站披露后，挂牌公司或主办券商如发现有重大错误或遗漏需要更正或补充的，挂牌公司需发布更正或补充公告，并重新披露相关公告。原已披露的公告不做撤销。

全国股份转让系统公司监管人员在信息披露平台审阅挂牌公司公告，若发现公告不符合全国股份转让系统公司信息披露有关规定，或公告存在重大错误或遗漏的，通知主办券商督促挂牌公司进行更正或补充处理。

（二）撤销或替换公告的处理

一经披露的公告不得随意被撤销或替换。

挂牌公司或主办券商确有理由认为已披露的信息需要被撤销或者全文替换的，应向全国股份转让系统公司递交盖有挂牌公司及主办券商公章的书面申请，经全国股份转让系统公司同意的，可联系信息公司进行撤销或替换。

（三）补发公告的处理

挂牌公司不能按照规定的时间披露公告，或发现存在应当披露但尚未披露的公告的，挂牌公司应发布补发公告并补发披露文件。

全国股份转让系统公司若发现挂牌公司存在应披露但未披露公告的，通知主办券商督促挂牌公司补发公告处理。

全国中小企业股份转让系统
挂牌公司暂停与恢复转让业务指南
（试行）

为规范挂牌公司股票暂停与恢复转让业务办理，根据《全国中小企业股份转让系统业务规则（试行）》（以下简称《业务规则》）及有关规定，制定本指南。

一、挂牌公司填写《暂停（恢复）转让申请表》并提供相关证明材料送主办券商审查。

二、主办券商审查无误后，应于T－3日（T日为暂停或恢复转让生效日）下午3点前将加盖主办券商公章的《暂停（恢复）转让申请表》和其他证明材料一同传真（传真号：010－63889674）至全国中小企业股份转让系统有限责任公司（以下简称“全国股份转让系统公司”），并将所有材料的电子扫描件发送至全国股份转让系统公司（电邮地址：ywbl@ neeq. org. cn），同时电话确认收悉（电话：010－63889549）。

如挂牌公司或主办券商在发送申请表当日下午4点前发现申请表内容有误，应当立即修改并重新向全国股份转让系统公司发送新的申请材料，同时注明“以此件为准”字样。

如果在T－2日后（含T－2日）发现有误的，主办券商应当及时与全国股份转让系统公司联系，全国股份转让系统公司将视情况确定处理办法。

三、因情况特殊，需要立即暂停股票转让的，挂牌公司须及时通知主办券商，填写《暂停（恢复）转让申请表》并提供相关证明材料送主办券商审查；主办券商审查无误后，向全国股份转让系统公司说明情况，并提交相关传真及电子扫描材料，申请尽快暂停股票转让。

四、挂牌公司或主办券商发布股票暂停（恢复）转让公告的，最迟应于T－1日联系信息公司，进行信息披露。

五、挂牌公司暂停（恢复）转让生效。

全国中小企业股份转让系统
挂牌公司证券简称或公司全称变更业务指南
（试行）

为规范挂牌公司证券简称或公司全称变更工作，根据《全国中小企业股份转让系统业务规则（试行）》（以下简称《业务规则》）及有关规定，制定本指南。

一、挂牌公司向主办券商提交证券简称或公司全称变更申请材料，包括申请书及相关证明材料。

相关证明材料至少包括变更公司全称后的《企业法人营业执照》复印件（加盖新公司印章）或工商行政管理部门关于公司变更全称的证明复印件（加盖新公司印章）。

二、主办券商审核确定证券简称或公司全称变更申请材料后，填写《挂牌公司证券简称或公司全称变更业务通知表》并加盖主办券商公章。

三、主办券商须于T－3日（T日为证券简称或公司全称变更生效日）下午3点前将上述通知表和其他所需证明材料一同传真至全国中小企业股份转让系统有限责任公司（以下简称“全国股份转让系统公司”），并将所有材料的电子扫描件发送至全国股份转让系统公司，同时电话确认收悉。

如主办券商在发送通知表当日下午4点前发现所填写的证券简称或公司全称变更业务有误，应当立即修改并重新向全国股份转让系统公司发送新的申请材料，同时注明“以此件为准”字样。

如果在T－2日后（含T－2日）发现有误的，或者在T日发生须采取临时暂停转让措施等异常情形，主办券商应当及时与全国股份转让系统公司联系，全国股份转让系统公司将视情况确定处理办法。

四、全国股份转让系统公司对通知表及证明材料进行形式审查，并核查新证券简称的可行性，核查无误后将启动变更程序。

五、挂牌公司或主办券商发布相关公告的，最迟应于T－1日联系信息公司，进行信息披露。

六、挂牌公司证券简称或公司全称变更生效。

机构业务类

全国中小企业股份转让系统主办券商
相关业务备案申请文件内容与格式指南

为规范主办券商业务备案等申请文件的内容与格式，根据《全国中小企业股份转让系统业务规则（试行）》、《全国中小企业股份转让系统主办券商管理细则（试行）》，制定本指南。

一、申请在全国中小企业股份转让系统（以下简称“全国股份转让系统”）从事主办券商相关业务的证券公司以及已经开展相关业务的主办券商（以下简称“申请人”）应当按照本指南制作和报送申请文件。

二、本指南规定的申请文件目录是对主办券商相关业务备案申请文件的最低要求。根据审查需要，全国中小企业股份转让系统有限责任公司（以下简称“全国股份转让系统公司”）可要求申请人补充文件。

三、申请文件接收后，经全国股份转让系统公司同意，可以增加、撤回或者更换。

四、申请文件应提交书面文件以及与书面文件一致的电子文件（PDF 格式）各一套，其中《证券公司基本情况申报表》和《业务实施方案》还须另附一套 word 格式的电子文件。电子文件以光盘形式提交，并须在盘面上标明申请人名称。

五、书面文件应为原件，如不能提供原件的，可提供复印件，由申请人律师提供鉴证意见或由申请人盖章，保证与原件一致。申请文件应加盖骑缝章，其中《证券公司基本情况申报表》、《业务实施方案》、《公司章程》还应在首页加盖公章。

六、申请书为申请人正式发文，须标明文号、签发人。

七、《证券公司基本情况申报表》、《证券公司参与全国股份转让系统业务协议书》及其附件自律承诺书，应采用全国股份转让系统公司提供的标准格式文本（可到全国股份转让系统公司网站（www. neeq. com. cn）下载）。

八、申请文件所有需要签名处，均应为签名人亲笔签名，不要以名章、签名章等替代。

九、申请文件应包括封面、目录和内容。

申请文件的封面和侧面应标有“XX 公司主办券商 XX 业务备案申请文件”字样，扉页应标明申请证券公司法定代表人、指定高管、联系人姓名、电话、传真等联系方式。

十、每份申请文件之间应有明显的分隔标识，文件中的页码应与目录中的页码相符。

十一、申请文件应采用标准 A4 纸张印刷（须提供原件的历史文件除外）。

申请人签署的业务协议书及其附件（一式四份），无需打孔，应单独装订。

证券公司参与全国中小企业股份转让系统业务协议书

甲方：全国中小企业股份转让系统有限责任公司

乙方：

根据《中华人民共和国合同法》以及《全国中小企业股份转让系统业务规则（试行）》（以下简称《业务规则》）、《全国中小企业股份转让系统主办券商管理细则（试行）》等相关规定，甲、乙双方达成如下协议：

第一条　经甲方同意，乙方在全国中小企业股份转让系统（以下简称“全国股份转让系统”）可从事以下业务：

____

（注：根据申请从事的业务种类如推荐业务、经纪业务等进行填写）

第二条　乙方充分理解并同意遵守全国股份转让系统业务规则、细则、指引通知等相关规定（以下统称为“全国股份转让系统业务规定”），勤勉尽责、诚实守信、规范运作，接受甲方的自律管理。

第三条　甲方的权利：

（一）对乙方在全国股份转让系统开展本协议第一条中的业务进行自律管理。

（二）对乙方违反全国股份转让系统业务规定的行为，依据《业务规则》及相关细则的规定，采取相应监管措施或者纪律处分。

（三）按规定收取乙方相关费用。乙方欠缴相关费用的，甲方可视情况限制、暂停直至终止乙方在全国股份转让系统从事相关业务。乙方主动申请终止并经甲方同意或者因违规等原因被甲方终止从事全国股份转让系统相关业务的，乙方已缴纳的费用不予返还。

第四条　甲方的义务：

（一）为乙方提供股份转让平台及相关设施。

（二）为乙方在全国股份转让系统开展本协议第一条中的业务提供指导和培训。

第五条　乙方的权利：

（一）可在全国股份转让系统开展本协议第一条中的业务并使用甲方提供的服务和设施。

（二）在全国股份转让系统开展本协议第一条中的业务时，获得甲方指导和培训。

第六条　乙方的义务：

（一）恪守乙方为从事本协议第一条中的业务作出的各项自律承诺。

（二）建立健全内部控制体系及各项内部管理制度并严格执行，诚实守信、勤勉尽责地开展业务，有效防范业务风险，维护全国股份转让系统稳定运行。

（三）按规定配备合格业务人员，对业务人员在全国股份转让系统从事相关业务活动进行严格管理。业务人员不能胜任相关职责的，乙方应及时更换；业务人员违反全国股份转让系统业务规定时，乙方应视情节轻重对其进行处分。

（四）配合甲方的监督检查，按照甲方要求及时说明情况，提供相关的业务报表、账册、原始凭证及其他文件、资料，不以任何理由拒绝或者拖延提供有关资料，不提供虚假、误导性或者不完整的资料。

（五）按照规定的收费项目、收费标准与收费方式，按时向甲方交纳相关费用。

第七条　协议的变更与解除

（一）因修订或者颁布实施新的法律、法规、监管部门的规定或者全国股份转让系统业务规定，导致本协议相关条款内容与修订或者新颁布的相关规定内容相抵触的，本协议与之相抵触的有关条款自动变更，以修订或者新颁布的相关规定内容为准，其他条款继续有效；任何一方不得以此为由解除本协议。

（二）乙方主动申请终止或者因违规等原因被甲方终止在全国股份转让系统从事本协议第一条所指部分业务的，本协议中关于所终止业务的专门规定自动失效。

（三）乙方主动申请终止或者因违规等原因被甲方终止在全国股份转让系统从事本协议第一条所指全部业务的，本协议自动解除。

第八条　违约责任、免责以及争议解决

（一）乙方因违反全国股份转让系统业务规定被甲方实施暂停、限制或者终止业务等纪律处分，导致与投资者或者其他利益相关者产生纠纷的，由乙方自行处理，并承担相应的法律责任。

（二）乙方违反全国股份转让系统业务规定而遭受的损

失，包括但不限于受到暂停、限制或者终止相关业务等处分而造成的损失，均由乙方自行承担。

（三）除上述第（一）、（二）款外，因乙方违反法律法规、部门规章、全国股份转让系统业务规定，或者因乙方其他经营活动而造成甲方损失的，甲方保留全部依法向乙方主张赔偿的权利。

（四）因不可抗力因素导致本协议部分条款不能履行或不能按约定条件履行时，遇有上述情形的一方不承担违约责任，但应在知晓上述情况后立即将情况通知对方，并采取措施防止损失的扩大。

（五）本协议项下产生的任何争议，甲、乙双方应首先通过友好协商解决。若争议或纠纷未能通过协商解决，任何一方均可将该项争议提交中国国际经济贸易仲裁委员会按照当时适用的仲裁规则进行仲裁。仲裁裁决为最终裁决，对双方均具有法律约束力。

第九条　协议附件

（一）本协议附件包括证券公司从事相关业务自律承诺书。

（二）本协议的各项附件为本协议所必不可缺的组成部分，同时亦为履行本协议所必不可少的条件，与本协议具有同等约束力。

第十条　本协议规定的事项发生重大变化或存在未尽事宜，甲、乙双方应当重新签订协议或签订补充协议。补充协议与本协议不一致的，以补充协议为准。

第十一条　本协议自甲、乙双方签字盖章后生效。

本协议一式肆份，甲、乙双方各执贰份，均具有同等法律效力。

甲方（盖章）：全国中小企业股份转让系统有限责任公司
法定代表人或授权代表（签字）：

签署日期：

乙方（盖章）：
法定代表人或授权代表（签字）：

签署日期：

证券公司从事推荐业务自律承诺书

全国中小企业股份转让系统有限责任公司：

______________________________（以下简称“公司”）就在全国中小企业股份转让系统（以下简称“全国股份转让系统）开展推荐业务承诺如下：

一、理解并遵守全国股份转让系统业务规则、细则、指引、通知等规定（以下统称“全国股份转让系统业务规定”），接受全国中小企业股份转让系统有限责任公司（以下简称“全国股份转让系统公司”）的自律管理。

二、按照全国股份转让系统业务规定要求，设置专门的推荐业务部门，配备合格业务人员。业务人员具有证券从业资格并取得执业证书，具备财务、法律或行业分析等方面的专业知识或工作经验，熟悉全国股份转让系统业务规定。

三、建立健全推荐业务各项业务制度和业务操作流程，建立健全风险管理制度和合规管理制度，保障推荐业务依法合规进行，严格防范和控制业务风险。

四、在全国股份转让系统指定信息披露平台披露公司基本情况、主要业务人员情况、执业情况等信息，并按全国股份转让系统公司要求及时更新。

五、按全国股份转让系统公司要求及时报送相关文件，履行报告、公告义务。

六、按照《全国中小企业股份转让系统业务规则（试行）》（以下简称《业务规则》）和《全国中小企业股份转让系统主办券商推荐业务规定（试行）》（以下简称《推荐业务规定》）的要求，严格执行推荐标准，认真履行推荐程序，推荐符合规定条件的股份公司股票在全国股份转让系统挂牌，并对此承担相应责任。

七、按照《推荐业务规定》的要求，为每家申请挂牌公司设立项目小组，根据《主办券商尽职调查工作指引（试行）》对申请挂牌公司进行尽职调查，并在全面、真实、客观调查的基础上出具尽职调查报告。

八、按照《推荐业务规定》的要求，设立推荐挂牌内核机构，制定内核机构工作制度。内核机构按照《推荐业务规定》的相关要求召开内核会议，对申请挂牌公司进行内部审核并出具内核意见；内核会议成员独立、客观、公正地进行审核、出具审核意见及行使表决权。

九、认真编制推荐文件，并根据申请挂牌公司委托认真组织编制挂牌申请文件，保证相关文件均真实、准确、完整，不存在虚假记载、误导性陈述和重大遗漏。

十、依据《业务规则》、《推荐业务规定》、《全国中小企业股份转让系统挂牌公司信息披露细则（试行）》等规定，为每家所推荐挂牌公司配备符合要求的专职督导人员，认真履行持续督导职责，指导和督促所推荐挂牌公司诚实守信、规范履行信息披露义务、完善公司治理机制。

十一、按照全国股份转让系统公司相关规定，为挂牌公司定向发行、并购重组等提供相关服务。

十二、积极配合全国股份转让系统公司对本公司及其从业人员的检查、核查，不进行阻挠或人为制造障碍，认真执行全国股份转让系统公司的整改要求。

十三、根据全国股份转让系统公司的要求，调查或协助调查指定事项，并将调查结果及时报告全国股份转让系统公司。

十四、在开展推荐业务过程中遇到现行规则未作规定的重大事项时，及时报告全国股份转让系统公司，并根据全国股份转让系统公司要求进行处理。

本公司保证遵守以上承诺，严格自律，诚实守信，勤勉尽责地开展推荐业务，维护挂牌公司和投资者合法权益，接受全国股份转让系统公司的监督管理，并对此承担责任。

承诺人（签章）：____________________

法定代表人（签字）：____________________

证券公司从事经纪业务自律承诺书

全国中小企业股份转让系统有限责任公司：

______________________________（以下简称

"公司")就在全国中小企业股份转让系统(以下简称"全国股份转让系统")开展经纪业务承诺如下:

一、理解并遵守全国股份转让系统业务规则、细则、指引、通知等规定(以下统称为"全国股份转让系统业务规定"),接受全国中小企业股份转让系统有限责任公司(以下简称"全国股份转让系统公司")的自律管理。

二、按照全国股份转让系统业务规定要求,配备合格业务人员。业务人员具有证券从业资格并取得执业证书,具备开展经纪业务所需专业知识,熟悉全国股份转让系统业务规定。

三、建立健全投资者适当性管理制度、交易结算管理制度等各项业务管理制度及业务操作流程,建立健全风险管理制度和合规管理制度,保障依法合规开展业务,严格防范和控制业务风险。

四、在全国股份转让系统指定信息披露平台披露公司基本情况、主要业务人员情况、执业情况等信息,并按全国股份转让系统公司要求及时更新。

五、按全国股份转让系统公司要求及时报送相关文件,履行报告、公告义务。

六、做好投资者适当性管理工作,严格按照《全国中小企业股份转让系统投资者适当性管理细则(试行)》规定的准入标准为投资者提供代理买卖服务,不为不满足投资者适当性标准的投资者提供服务。

七、与投资者签署证券买卖委托代理协议前,充分了解投资者的财务状况、投资经验、专业知识水平,评估投资者的风险承受能力和风险识别能力,向投资者详细讲解全国股份转让系统相关业务规则,提醒其对投资风险予以特别关注,要求投资者认真阅读并签署风险揭示书。

八、发现投资者存在异常交易行为,及时告知、提醒投资者,对可能严重影响正常交易秩序的异常交易行为,采取拒绝接受委托等必要措施,并及时报告全国股份转让系统公司。

九、建立投资者持续性教育与风险揭示工作机制,利用各种形式持续向投资者充分揭示市场特征和投资风险。

十、完善客户纠纷处理机制,及时化解代理买卖股票业务中与客户产生的矛盾,按要求将投资者投诉及处理情况向全国股份转让系统公司报告。

十一、按要求建立开展经纪业务所需的交易系统、行情系统和通信系统及其备份系统(以下统称"转让技术系统"),并制定相应的安全运行管理制度。

十二、按照全国股份转让系统公司或全国股份转让系统公司授权机构(以下统称"全国股份转让系统公司")的技术规范和业务要求,对转让技术系统的软件和硬件进行改造、测试,并及时向全国股份转让系统公司报告相关情况。在对技术系统进行改造、测试时,不影响转让活动的正常进行。

十三、定期检查转让技术系统的安全性、稳定性,制定应急预案,按要求进行定期或者临时应急演练。

十四、技术系统出现重大故障或者其他因素影响市场交易时,立即采取有效措施,尽快恢复系统正常运行,并及时向全国股份转让系统公司报告。

十五、在转让技术系统与其他技术系统之间、转让通信网络与其他应用网络之间,采取技术隔离措施。

十六、保障与全国股份转让系统公司技术系统连接的安全,不在转让时间内通过全国股份转让系统公司技术系统从事与证券业务无关的活动。

十七、对证券转让中产生的业务数据、系统数据等实行严格的安全保密管理,并作备份和异地保存。

十八、遵守全国股份转让系统公司有关转让信息管理的规定,通过全国股份转让系统许可的通信系统传输转让信息,按要求使用全国股份转让系统转让信息。

十九、告知客户不得将转让信息用于自身股票转让以外的其他活动,并对客户使用转让信息的行为进行有效管理。发现客户使用转让信息存在损害全国股份转让系统公司利益的行为,及时采取有效措施予以制止,并向全国股份转让系统公司报告。

二十、积极配合全国股份转让系统公司对本公司及其从业人员的检查、核查,不进行阻挠或人为制造障碍,认真执行全国股份转让系统公司的整改要求。

二十一、根据全国股份转让系统公司的要求,调查或协助调查指定事项,并将调查结果及时报告全国股份转让系统公司。

二十二、在开展经纪业务过程中遇到现行规则未作规定的重大事项时,及时报告全国股份转让系统公司,并根据全国股份转让系统公司要求进行处理。

本公司保证遵守以上承诺,严格自律,诚实守信,勤勉尽责地开展经纪业务,维护挂牌公司和投资者合法权益,接受全国股份转让系统公司的监督管理,并对此承担责任。

承诺人(签章):____________________

法定代表人(签字):____________________

投资者服务类

买卖挂牌公司股票委托代理协议

甲方(投资者):____________________

证券账户卡号:____________________

身份证号(或营业执照号):______________(盖章)

通讯地址:______________________________

乙方:______________公司______________营业部

依照《中华人民共和国合同法》、《全国中小企业股份转让系统业务规则(试行)》(以下简称"《业务规则》")和其他有关法律、法规、规章制度,甲乙双方就甲方委托乙方代理股票公开转让及其他相关业务,达成如下协议,供双方共同遵守。

第一章　双方声明及承诺

第一条　甲方向乙方作如下声明和承诺:

1. 甲方具有合法的证券投资资格,不存在法律、法规和规章制度限制从事证券投资的情形;

甲方属于符合《全国股份转让系统投资者适当性管理细则(试行)》规定的投资者。

2. 甲方保证在其与乙方委托代理关系存续期内向乙方提供的所有证件、资料均真实、准确、完整、合法、有效;

3. 甲方保证其资金来源合法,不存在任何第三方或共有人对此主张权利的情形;

4. 甲方已认真阅读并充分理解乙方向其提供的《股票公

开转让特别风险揭示书》，充分认识并愿意承担股票公开转让的投资风险；甲方已详细阅读本协议书所有条款，并准确理解其含义，特别是其中有关乙方的免责条款；

5. 甲方已认真阅读并承诺遵守《业务规则》和其他股票公开转让业务相关规定；

6. 甲方承诺遵守自愿、有偿、诚实信用的原则，不进行内幕交易；不操纵市场价格；不以虚假报价或其他违规行为扰乱正常的股票公开转让秩序，误导他人的投资决策；

7. 甲方接受并配合乙方对涉嫌违规行为的调查和处理；

8. 甲方承诺遵守本协议，并承诺遵守乙方的相关管理制度。

第二条　乙方向甲方作如下声明和承诺：

1. 乙方是依法设立的证券经营机构，符合从事代理投资者买卖挂牌公司股票业务的条件，且已实施客户交易结算资金第三方存管；

2. 乙方具备开展股票公开转让业务的必要条件，能够为甲方的股票公开转让提供相应的服务；

3. 乙方确认其向甲方提供的委托方式以双方约定方式为准；

4. 乙方对甲方的开户资料、委托记录等资料负有保密义务，非经法定有权机关或甲方指示，不得向第三方透露。乙方承担因其擅自泄露甲方资料给甲方造成的损失；

5. 乙方保证严格按照有关法律、法规和规章制度的规定从事股票公开转让业务；

6. 乙方承诺遵守本协议，按本协议为甲方提供股票公开转让委托代理服务。

第二章　业务开通

第三条　甲方初次参与股票公开转让，应具有人民币普通股票账户（以下简称“证券账户”）和资金账户。

第四条　甲方申请开通股票公开转让业务权限时，应按照要求如实填写申报资料。由于甲方提供不实资料引起的法律责任，由甲方承担。

第五条　甲方应严格按照法律、法规、规章、证券登记结算机构业务规则及其他规则开立银行结算账户、办理客户交易结算资金存入或转出及有关银行业务事项。因甲方违反相关规则所造成的损失，由甲方自行承担。

第三章　委托

第六条　甲方委托乙方代理股票公开转让前，必须设置交易密码。甲方必须牢记交易密码，并对交易密码负有保密责任。

甲方可持有效证件到乙方柜台或通过自助委托系统修改交易密码。

第七条　乙方接受甲方委托，为甲方办理下列事项：

1. 接受并执行甲方下达的合法有效委托；

2. 应甲方要求提供其委托、成交及账户股份变动情况的清单；

3. 代理甲方进行资金、证券的清算、交收；

4. 代理甲方领取红利股息及其他利息分配；

5. 代理保管甲方买入或存入的有价证券；

6. 双方依法约定的其他事项；

7. 中国证监会规定提供的其他服务。

第八条　甲方采取的委托方式由双方书面约定。委托方式包括柜台委托及自助委托等，自助委托包括电话委托、网上委托以及乙方认可的其他合法委托方式。

甲方应充分了解各种委托系统的操作方法，乙方对此有解答咨询的义务。

第九条　乙方在代理股票公开转让业务中可以接受甲方的限价委托、成交确认委托等方式。

乙方认为甲方存在虚假委托或操纵价格的行为时，有权拒绝接受。

第十条　乙方接受甲方委托前，应充分了解甲方的财务状况和投资需求，可以要求甲方提供相关证明性资料。

第十一条　如甲方为不符合股票公开转让准入标准的投资者，其只能委托乙方买卖其持有或曾持有的公司股票。

第十二条　甲方卖出的股份，不得超过其托管在乙方的股份余额。甲方在发出买入股份的限价委托、成交确认委托时，应保证其资金账户中有足额的资金。

第十三条　乙方发现甲方存在违规行为的，将予以警示，必要时可以拒绝甲方的委托或终止本协议。

第十四条　甲方通过自助委托系统下达的委托指令，以乙方电脑数据为准；柜台委托以甲方签字确认的委托凭证为准；甲方以电话语音、传真、信函下达的委托指令，如乙方无法确认，将不作为对乙方的有效指令；甲方对其委托行为所产生的一切经济和法律后果承担全部责任。

第十五条　甲方需查询委托结果或打印回单的，应在委托后三个交易日内办理；如有疑问，须在查询结果或打印回单当日向乙方书面质询。

第四章　信息服务

第十六条　乙方应在其营业场所披露最新的价格、成交等信息。

第十七条　乙方应及时揭示最新的股票公开转让业务规则、制度及相关信息。

第五章　变更和撤销

第十八条　甲方重要资料发生变更的，应及时通知乙方，并按乙方要求办理变更手续。

前款所述甲方重要资料包括但不限于甲方的姓名、联系方式、居住地址、有效证件号码、授权代理人及授权事项、委托交易方式等。

第十九条　有下列情形之一的，乙方可要求甲方限期纠正，甲方不能按期纠正或拒不纠正的，乙方可视情形依法撤销其与甲方的委托代理关系或暂停甲方对其账户的使用（包括但不限于限制存取款、限制交易等）：

1. 甲方提供虚假资料、证件；

2. 甲方的资金来源不合法；

3. 甲方有严重损害乙方合法权益，影响其正常经营秩序的行为；

4. 甲方违反全国中小企业股份转让系统业务规则，通过乙方进行违法违规交易的；

5. 法律、法规规定的其他情形。

第二十条　乙方若不符合从事代理投资者买卖挂牌公司股票业务的条件，股票公开转让委托协议自行终止。

第二十一条　乙方撤销其与甲方的委托代理关系，需及时通知甲方，并说明理由。

第二十二条　甲方在收到乙方撤销委托代理关系通知后，应及时到乙方办理相关手续。在此期间，乙方不接受除卖出甲方持有证券外的所有委托买卖指令。

第六章　甲方授权代理人委托

第二十三条　甲方可以授权他人作为办理股票公开转让委托及相关事项的代理人。甲方代理人办理上述事项时，应当出示授权委托书，并提交代理人的有效证件。相关材料应交乙方存档。

第二十四条　授权委托书至少应载明下列内容：代理人姓名及身份证件号码、授权权限、代理期限及乙方要求明示的其他事项。

第二十五条　甲方在授权委托有效期内变更授权事项或撤销授权时，应当及时书面通知乙方，并办理有关手续。乙方在收到甲方书面通知前，原授权委托书仍然有效。

因未及时通知乙方所造成的损失由甲方自行承担。

第七章　免责条款

第二十六条　乙方郑重提醒甲方注意密码的保密。任何使用甲方密码进行的委托均视为有效的甲方委托。甲方自行承担由于其密码失密造成的损失。

第二十七条　甲方如果遗失证券账户卡、身份证明等证件，应立即向乙方及其他相关机构挂失。由于甲方未及时挂失而导致其遭受损失的，由甲方自行承担，乙方不承担任何责任。

第二十八条　甲方通过私下协商达成的转让意向因对方不申报成交确认委托或申报不匹配的成交确认委托，无法成交的，乙方对此不承担责任。

第二十九条　因地震、台风、水灾、火灾、战争及其他不可抗力因素导致的甲方损失，乙方不承担任何赔偿责任。

第三十条　因乙方不可预测或无法控制的系统故障、设备故障、通讯故障、停电等突发事故，给甲方造成的损失，乙方不承担任何赔偿责任。

第三十一条　当发生不可抗力、意外事故时，乙方应当及时采取措施防止甲方损失的进一步扩大。

第八章　附则

第三十二条　乙方按照有关法律、法规及业务规则的规定收取佣金及其他服务费用、代扣代缴有关税费。佣金标准如发生变动，甲方同意乙方按新的规定执行。

乙方依法提供其他有偿服务的，可按双方约定标准向甲方收取合理服务费用。

第三十三条　本协议书与有关法律、法规及业务规则有抵触的，协议书与之不相适应的内容及条款自行失效，相关内容及条款按新修订的法律、法规、规章制度及行业规章办理。但本协议其他内容和条款继续有效。

第三十四条　若相关的法律、法规和业务规则发生变更，需要修改或增补本协议，由乙方在其营业场所以公告形式通知甲方。若甲方在七个工作日内不提出异议，则公告内容即成为本协议组成部分。

第三十五条　当双方出现争议时，可选择如下方式解决：

1. 协商；

2. 向乙方所在地有管辖权的法院起诉；

3. 其他合法方式。

第三十六条　本协议自双方签署之日起生效。股票公开转让特别风险揭示书及甲方填写的申报文件均视为本协议附件，同时生效。

第三十七条　本协议一式两份，甲乙双方各执一份，具有同等的法律效力。

甲方（个人）：__________　　乙方：__________证券公司

甲方（机构）：________（签章）　　（盖章）

_____年_____月_____日　　_____年_____月_____日

《全国中小企业股份转让系统挂牌公司股票公开转让特别风险揭示书》必备条款

尊敬的投资者：

为了使您更好地了解全国中小企业股份转让系统（以下简称“全国股份转让系统”）挂牌公司股票公开转让的投资风险，根据《全国中小企业股份转让系统投资者适当性管理细则（试行）》的规定，本公司特向您提供《挂牌公司股票公开转让特别风险揭示书》，揭示参与股票公开转让存在的风险，请您认真阅读并签署。

一、重要提示

1. 全国股份转让系统制度规则与上海、深圳证券交易所的制度规则存在较大差别。在参与挂牌公司股票公开转让之前，请您务必认真阅读《全国中小企业股份转让系统业务规则（试行）》等有关业务规则、细则、指引和通知。

2. 全国股份转让系统是经国务院批准设立的全国性证券交易场所，为挂牌公司提供股票公开转让服务，作为全新的市场，相关制度规则还需要不断修订和完善，请您务必密切关注相关制度调整。

3. 全国股份转让系统的挂牌公司是根据《非上市公众公司监督管理办法》、《全国中小企业股份转让系统业务规则（试行）》的规定，经全国中小企业股份转让系统有限责任公司（以下简称“全国股份转让系统公司”）审查同意，中国证券监督管理委员会（以下简称“中国证监会”）核准后，股票在全国股份转让系统挂牌并公开转让的非上市公众公司，公司股东人数可以超过200人。

中国证监会和全国股份转让系统公司不对挂牌公司的投资价值及投资者的收益作出实质性判断或者保证。

4. 全国股份转让系统挂牌公司的信息披露要求与上市公司不同。主办券商负责指导和督促挂牌公司的信息披露，但对披露内容不进行实质性审核。

5. 挂牌公司股票价格可能因多种原因发生波动，投资者应充分关注投资风险。本公司仅为投资者提供代理股票公开转让服务，对投资损失不承担任何责任。

6. 除全国股份转让系统公司规定的情形外，不符合股票公开转让准入标准的投资者只能买卖其持有或曾持有的挂牌公司股票，不得委托买卖其他挂牌公司的股票。

二、风险揭示

参与挂牌公司股票公开转让，除股票投资的共有风险外，还应特别关注以下风险：

1. 公司风险：部分挂牌公司具有规模较小，对单一技术依赖度较高，受技术更新换代影响较大；对核心技术人员依赖度较高；客户集中度高，议价能力不强等特点。部分公司抗市场风险和行业风险的能力较弱，业务收入可能波动较大。

2. 流动性风险：与上市公司相比，挂牌公司股权相对集中，市场整体流动性低于沪深证券交易所。

3. 信息风险：挂牌公司信息披露要求和标准低于上市公司，除挂牌公司所披露的信息外，投资者还需认真获取和研判其他信息，审慎做出投资决策。

本风险揭示书的揭示事项仅为列举性质，未能详尽列示股票公开转让的全部投资风险和可能导致投资损失的所有因素。您在参与此项业务前，请务必对此有清醒的认识。我们诚挚地建议您，从风险承受能力、风险认知能力、投资目标、心理和生理承受能力等自身实际情况出发，审慎参与股票公开转让，合理配置金融资产。

特别声明：

以下内容由投资者本人抄写：

本人确认已阅读并理解相关规则和上述风险揭示内容，具备相应的风险承受能力，自愿参与挂牌公司股票公开转让，并愿意承担相关投资风险和损失。

____

____

____

以下内容由机构投资者开户代理人抄写：

本机构确认已阅读并理解相关规则和上述风险揭示内容，具备相应的风险承受能力，自愿参与挂牌公司股票公开转让，并愿意承担相关投资风险和损失。

____

____

____

说明：

1. 本风险揭示书内容的字号应当不小于小三号。

2. 本风险揭示书列示的条款为必备条款，主办券商可根据具体情况在本公司制定的风险揭示书中增加有关内容。

3.《全国中小企业股份转让系统挂牌公司股票公开转让特别风险揭示书》一式两份，双方各执一份。

两网及退市公司类

全国中小企业股份转让系统两网公司及退市公司股票分类转让变更业务指南

（试行）

为规范两网公司（原证券公司代办股份转让系统挂牌的STAQ、NET系统公司）、退市公司（包括新挂牌的退市公司）股票转让方式变更工作，根据《全国中小企业股份转让系统业务规则（试行）》及《全国中小企业股份转让系统两网公司及退市公司股票转让暂行办法》（以下简称"《暂行办法》"）有关规定，制定本指南。

一、主办券商填写《分类转让变更业务通知表》并加盖公章。

二、主办券商须于T－3日（T日为分类转让变更生效日）下午3点前将上述通知表和其他所需证明文件一同传真（传真号：010－63889674）至全国中小企业股份转让系统有限责任公司（以下简称"全国股份转让系统公司"），并将所有材料的电子扫描件发送至全国股份转让系统公司（电邮地址：ywbl@neeq.org.cn），同时电话确认收悉（电话：010－63889549）。

如主办券商在发送通知表当日下午4点前发现所填写的分类转让变更业务有误，应当立即修改并重新向全国股份转让系统公司发送新的申请材料，同时注明"以此件为准"字样。

如果在T－2日后（含T－2日）发现有误的，或者在T日发生须采取临时暂停转让措施等异常情形，主办券商应当及时与全国股份转让系统公司联系，全国股份转让系统公司将视情况确定处理办法。

三、公司分类转让变更生效。

《两网公司及退市公司股票转让委托协议书》参考文本

甲方（投资者）：________________

乙方：______________公司____________营业部

依照《中华人民共和国证券法》、《中华人民共和国合同法》、《全国中小企业股份转让系统业务规则（试行）》（以下简称"业务规则"）、《全国中小企业股份转让系统两网公司及退市公司股票转让暂行办法》（以下简称"暂行办法"）和其他有关法律、法规、规章等规范性文件，甲乙双方经友好协商，就甲方委托乙方代理两网公司及退市公司股票转让及其他相关业务，共同达成如下协议：

第一章　双方声明

第一条　甲方向乙方作如下声明：

1. 甲方依法具有证券投资资格，不存在法律、法规和规章制度限制其证券投资资格之情形。

2. 甲方保证在其与乙方委托代理关系存续期内向乙方提供的所有证件、资料均真实、有效、合法。

3. 甲方保证其资金来源合法，甲方保证被确认的股份为其真实所有，不存在权属纠纷。

4. 在签订本协议前，甲方已认真阅读《两网公司及退市公司股票转让风险揭示书》，充分认识到两网公司及退市公司股票转让存在的投资风险，并愿意承担由此产生的一切后果。

5. 甲方已详细阅读并承诺遵守《业务规则》、《暂行办法》和其它两网公司及退市公司股票转让业务相关规则。

6. 甲方承诺不从事内幕交易和操纵股价等行为，违反者承担相应责任。

7. 甲方在签订本协议前，已经详细阅读了本协议所有条款，并准确理解其含义，特别是其中有关乙方免责条款，并愿意受所有条款之约束。

甲方保证上述声明的准确性，并承诺承担因违背上述声明给自己及他人造成的损失。

第二条　乙方向甲方作如下声明：

1. 乙方是依法设立的证券经营机构，并通过全国股份转让系统从事经纪业务备案。

2. 乙方具有相应的人员、经营场所和设备，能够为甲方进行两网公司及退市公司股票转让提供必要的条件。

3. 乙方确认其向甲方提供的委托方式以双方约定方式为准。

4. 乙方确保甲方的资金不被挪用。

5. 应甲方要求，乙方向甲方提供账户资金和股份数量变动情况的清单，供甲方核查。

6. 乙方遵守有关法律、法规和规章制度，并愿意受本协议所有条款的约束。

乙方保证上述声明的准确性，并承诺承担因违背上述声明给自己及他人造成的损失。

第二章　开户

第三条　甲方进行两网公司及退市公司股票转让，应按照《中国证券登记结算有限责任公司证券账户管理规则》及有关补充通知的规定，开立证券账户。

乙方审核甲方开户申请资料合格后，为甲方开立证券账户。

第四条　甲方委托乙方进行两网公司及退市公司股票转让，应按照乙方要求填写开户资料，由乙方为其开设保证金账户；甲方确保其提供的资料真实、准确、完整、有效。由于甲方提供的相关资料引起的法律后果和法律责任由甲方承担。

第五条　若甲方为境内机构投资者，开设保证金账户时需要提交：

1. 法人营业执照或注册登记证书（副本）及复印件，或加盖发证机关确认章的复印件、法定代表人证明书、法定代表人身份证明原件及复印件、法定代表人签署的授权委托书、授权代理人身份证明原件及复印件、股份转让账户原件及复印件；

2. 法人预留印鉴。

第六条　若甲方为境外机构投资者，开设保证金账户时需提交：

境外注册商业登记书及复印件，董事证明文件（须为律师或会计师事务所出具的有效证明文件）及复印件，机构授权委托书（须盖章签名）及复印件，授权委托人（董事）的身份证明及复印件，经办人身份证明及复印件，股份转让账户。

第七条　甲方股份转让的结算资金必须存入其相应保证金账户。

第八条　甲方办理开户手续时，必须设置交易密码和资金密码，交易密码和资金密码是甲方在乙方预留的重要印鉴，甲方对此负有保密责任。甲方认为必要时可在乙方营业时间内持有效证件到乙方柜台或通过其他有效方式（如电话自助委托、自助终端委托）修改交易密码。

第三章　委托代理

第九条　甲方在乙方办理开户手续后，乙方应为甲方管理其账户并从事下列委托事项：

1. 接受并执行甲方的有效委托；

2. 代理保管甲方买入或存入的股份，代理领取甲方应有的分红派息；

3. 代理甲方进行每次转让成交后的资金和股份的清算交割，并根据有关规定向甲方收取手续费，并代收税款和其他费用；

4. 双方依法约定的其他事项。

第十条　乙方提供柜台委托、电话委托、互联网委托等委托方式。

甲方可选择委托方式，委托乙方代理买卖两网公司及退市公司股票，委托当日有效。

第十一条　乙方在代理买卖两网公司及退市公司股票业务中可以接受甲方的限价委托，但不得接受全权委托。

第十二条　委托交易采取全额保证金交易方式。甲方委托买入股份时，其账户须有足额保证金；甲方委托卖出股份时，其账户须有足额股份余额，否则乙方将拒绝该委托。

第十三条　甲方委托乙方代理买卖两网公司及退市公司股票，应遵守乙方业务规章，并提交规定的证件。

第十四条　甲方通过自助委托系统下达的委托指令，以乙方电脑数据为准；柜台委托以甲方签章确认的委托凭证为准；甲方以电话语音、传真、信函下达的委托指令，如乙方无法确认，将不作为对乙方的有效指令；甲方承当对其委托行为所产生的一切经济和法律后果。

第十五条　甲方在办理每一笔委托后须在三个交易日内查询交易结果或打印交割清单；如有疑问，须在查询交易结果或打印交割清单当日向乙方书面质询，否则视为已被甲方确认。

第四章　资金划拨

第十六条　甲方依法享有资金存取自由，甲方可选择三方存管银证转账方式存取资金；美元资金存取仅限于普通银证转账方式。

第十七条　乙方按照有关规定为甲方办理取款手续。但当甲方资金账户出现大额异常变动时，乙方有义务予以关注并及时向证券监督管理机关报告。

第十八条　甲方保证金余额按银行活期存款利率计息，每季支付一次或在甲方销户时支付，乙方按照国家税法的规定对甲方利息所得代扣代缴利息所得税。

第五章　信息披露

第十九条　乙方应将最新的两网公司及退市公司股票转让业务规则、制度及相关信息准确、及时地在乙方网站和营业场所进行披露。

第二十条　乙方有义务对每个转让日的股票转让价格、转让数量等信息在乙方公司网站及营业网点予以及时披露。

第六章　变更和解除

第二十一条　当甲方重要资料变更时，应及时书面通知乙方，并按乙方要求签署相关文件。

第二十二条　除非甲方有未履行交易交收义务等违约情形，甲方有权随时注销其在乙方的资金账户。

第二十三条　有下列情形之一的，乙方可要求甲方限期纠正，甲方不能按期纠正或拒不纠正的，乙方有权解除其与甲方签订的委托代理协议：

1. 甲方向其提供的资料、证件严重失实；

2. 甲方的资金来源不合法；

3. 甲方有严重损害乙方合法权益，影响其正常经营秩序的行为。

第二十四条　乙方若不具备在全国股份转让系统从事经纪业务的条件，其与甲方签订的委托代理协议将自动终止。

第二十五条　乙方解除其与甲方签订的委托代理协议或委托代理协议自动终止时，需及时通知甲方，并说明理由。

第二十六条　甲方在收到乙方解除委托代理协议通知后，应到乙方办理销户手续。在此期间，乙方不接受甲方的买入委托指令。

第七章　授权代理人委托

第二十七条　甲方可以授权代理人代为办理两网公司及退市公司股票委托及相关事项。

第二十八条　甲方授权他人代为办理前条所述事项时，应当签署有关授权委托书，并向乙方提交代理人的有效证件。

第二十九条　授权委托书至少应载明下列内容：代理人姓名及身份证明号码、授权权限、授权期限及乙方要求明示的其他事项。

第三十条　甲方或其代理人通过乙方的自助委托系统办理的一切业务，均视同甲方本人委托，甲方对委托结果承担全部责任。

第三十一条　代理人超越代理权限或授权期限过期，乙方有权拒绝甲方代理人的委托，由此产生的一切后果由甲方承担。

第三十二条　甲方授权委托书的签署地应在乙方柜台，且当事人均应到场，但经国家公证机关公证或我国驻外使领馆认证的授权委托书除外。

甲方签署的授权委托书应当交乙方备案。

第三十三条　甲方在授权委托有效期内变更授权事项或终止授权，应当及时书面通知乙方，并到乙方柜台办理有关手续。乙方在收到甲方书面通知前，原授权委托书仍然有效。

第八章　免责条款

第三十四条　乙方郑重提醒甲方注意密码的保密。任何使用甲方密码进行的委托均视为有效的甲方委托。甲方自行承担由于其密码失密给其造成的损失。

第三十五条　甲方如果遗失证券账户卡、身份证明、存折等证件，应立即向乙方及其他相关机构挂失。由于甲方未及时挂失而导致其遭受损失的，由甲方自行承担，乙方不承担任何责任。

第三十六条　乙方对甲方的开户资料、委托事项、交易记录等资料负有保密义务，非经法定有权机关或甲方指示，不得向第三人透露。

乙方承担因其擅自泄露甲方资料给甲方造成的损失。

第三十七条　因地震、台风、水灾、火灾、战争及其他不可抗力因素导致的甲方损失，乙方不承担任何赔偿责任。

第三十八条　因乙方不可预测或无法控制的系统故障、设备故障、通讯故障、停电等突发事故，给甲方造成的损失，乙方不承担任何赔偿责任。

第三十九条　当发生本协议第三十七条、第三十八条规定情形时，乙方应当立即采取措施防止甲方的损失进一步扩大。

第四十条　乙方向甲方提供的各种信息及资料，仅作为投资参考，甲方应自行承担据此进行投资所产生的风险。

第九章　附则

第四十一条　乙方按照有关法律、法规及业务规则的规定收取佣金、代扣代缴甲方有关税费。有关费用标准如发生变动，甲方同意乙方按新的规定执行。

乙方依法提供其他有偿服务的，可按双方约定标准向甲方收取合理服务费用。

第四十二条　本协议书签署后，若有关法律、法规、规章制度及行业规章修订，本协议书与之不相适应的内容及条款自行失效，相关内容及条款按新修订的法律、法规、规章等规范性文件办理。但本协议其他内容和条款继续有效。

第四十三条　若相关的法律、法规和中国证券登记结算公司的规定发生变更，需要修改或增补本协议，由乙方在其营业场所以公告形式通知甲方。若甲方在七个工作日内不提出异议，则公告内容即成为本协议组成部分。

第四十四条　当双方出现争议时，可选择如下方式解决：

1. 协商；

2. 向乙方所在地有管辖权的法院起诉；

3. 其它合法方式。

第四十五条　《两网公司及退市公司股票转让风险揭示书》及甲方填写的开户文件均视为本协议附件，共同生效。

第四十六条　本协议自双方签署之日起生效。

第四十七条　本协议一式两份，甲乙双方各执一份，双方签署后生效。

甲方：　　　　　　　　　　乙方：________________公司

证券营业部（盖章）

证券账户卡号：

身份证明号（或营业执照号）：

代理人姓名：

通讯地址：　　　　　　　　　　经办人：

年　　月　　日　　　　　　　　年　　月　　日

《两网公司及退市公司股票转让风险揭示书》参考文本

尊敬的投资者：

鉴于在全国中小企业股份转让系统（以下简称“全国股份转让系统”）挂牌的两网公司及退市公司投资风险较大，为了帮助您更好地了解两网公司及退市公司股票转让的投资风险，根据《全国中小企业股份转让系统业务规则（试行）》（以下简称“业务规则”）、《全国中小企业股份转让系统两网公司及退市公司股票转让暂行办法》（以下简称“暂行办法”）有关规定，本公司特为您提供此份《两网公司及退市公司股票转让风险揭示书》，请认真仔细阅读。

一、重要提示

1. 两网公司及退市公司并非是在上海、深圳证券交易所挂牌交易的上市公司，而是根据《全国中小企业股份转让系统两网公司及退市公司股票转让暂行办法》的规定，委托在全国股份转让系统从事经纪业务的主办券商进行股票转让的非上市股份有限公司。

2. 两网公司及退市公司的业务规则与深圳、上海证券交易所的业务规则存在较大差别，投资者在参与两网公司及退市公司股票转让业务之前，请认真阅读《业务规则》、《暂行办法》、《全国中小企业股份转让系统两网公司及退市公司信息披露暂行办法》等有关制度规则。

3. 根据规定，主办券商对两网公司及退市公司信息披露行为进行监督，指导、督促其依法、及时、准确地披露信息，但主办券商对其披露的信息内容不进行实质性审核，对其公开披露信息的真实性、准确性、完整性和及时性不承担责任。

4. 本公司仅为投资者提供股票转让服务，并不对两网公司及退市公司的经营业绩、财务状况、重大事项决策等进行实质性审核。股票转让价格可能因两网公司及退市公司亏损等原因造成巨大波动，两网公司及退市公司也可能因解散、依法被撤销、破产而导致股份被终止转让，对此投资风险，投资者应予以特别关注。

二、风险揭示

1. 宏观风险：由于我国宏观经济形势的变化以及周边国家、地区宏观经济环境和周边证券市场的变化，可能会引起股票转让价格的波动。

2. 政策风险：全国股份转让系统相关规章、政策的调整可能会引起股票转让价格的波动。

3. 经营风险：由于两网公司及退市公司所处行业整体经营形势的变化，或其经营管理等方面的因素，如经营决策重大失误、高级管理人员变更、重大诉讼等都可能引起该公司股票转让价格的波动；由于公司经营不善或违反有关法律、法规，导致公司股票被暂停转让或终止转让。

4. 技术风险：由于成交撮合及行情揭示是通过计算机和通讯系统来实现的，系统可能被网络黑客和计算机病毒攻击，由此造成委托、交易系统的故障。若您选择银证转账方式存取资金，则有可能因为通讯及电脑系统等原因使您的划款指令不能及时被执行；若您选择互联网交易方式，可能会由于网络条件所限制，委托指令、揭示价格及其他转让信息出现中断、停顿、延迟、数据错误等情况。

5. 不可抗力因素风险：诸如地震、火灾、水灾、战争等不可抗力因素可能导致全国股份转让系统瘫痪；证券营业部无法控制和不可预测的系统故障、设备故障、通讯故障、电力故障等也可能导致系统非正常运行甚至瘫痪。

6. 退市公司风险：退市公司资产质量一般较差，连续亏损三年以上，且严重资不抵债，基本丧失了持续经营能力，投资风险大。

本风险揭示书并不保证揭示两网公司及退市公司股票转让的全部投资风险。在您参与投资前，请务必对此有清醒的认识。

本人已认真阅读本《两网公司及退市公司股票转让风险揭示书》，理解所揭示的风险，并愿意承担投资风险给本人造成的损失。

投资者（签名）：

年　　月　　日

第六章 大事记

2013年大事记

1月16日，全国中小企业股份转让系统有限责任公司（以下简称全国中小企业股份转让系统公司、全国股份转让系统公司）在京举行揭牌仪式。

1月16日，全国中小企业股份转让系统公司2013年董事会、股东会、监事会第一次会议依次召开。

1月16日，全国中小企业股份转让系统公司官网www.neeq.com.cn和www.neeq.cc开通。

2月2日，中国证监会发布《全国中小企业股份转让系统有限责任公司管理暂行办法》。

2月8日，全国中小企业股份转让系统公司发布《全国中小企业股份转让系统业务规则（试行）》、细则、暂行办法和指引。

2月27日，全国中小企业股份转让系统公司发布《证券公司基本情况申报表》、《证券公司参与全国中小企业股份转让系统业务协议书》、《全国中小企业股份转让系统挂牌公司股票公开转让特别风险揭示书》。

3月21日，全国中小企业股份转让系统公司发布《关于同意申银万国证券等72家证券公司作为全国股份转让系统主办券商从事相关业务的公告》。

3月18日，符合《全国中小企业股份转让系统业务规则（试行）》规定的挂牌条件的企业，开始递交申请挂牌的材料。

3月20日，《股份公司申请在全国中小企业股份转让系统公开转让、定向发行股票的审查工作流程》发布实施。

4月2日，全国中小企业股份转让系统公司发布《关于做好主办券商相关信息在指定平台披露工作的通知》。

4月8日，全国股份转让系统场外市场博览中心与挂牌企业展示中心正式运行。

4月17日，全国中小企业股份转让系统公司2012年度股东会、董事会会议在西安召开。

4月24日，中国证监会主席肖钢视察全国股份转让系统并与公司领导进行座谈。

4月26日，乐升股份等首批7家企业在全国股份转让系统挂牌。

4月28日，全国股份转让系统首批7家企业挂牌仪式在京举行。

5月14日，中央政治局委员、北京市委书记郭金龙同志在中国证监会主席肖钢同志陪同下调研全国股份转让系统建设情况。北京市委常委、常务副市长李士祥，北京市委常委、市委秘书长赵凤桐，中国证监会办公厅主任赵争平，北京证监局局长王建平，全国股份转让系统公司董事长杨晓嘉、总经理谢庚及北京市有关部门、西城区负责人陪同调研。

6月14日，全国中小企业股份转让系统公司发布《全国中小企业股份转让系统主办券商相关业务备案申请文件内容与格式指南》。

6月20日，《全国中小企业股份转让系统股票挂牌条件适用基本标准指引（试行）》公布施行。

7月4日，中国证监会副主席姚刚到全国中小企业股份转让系统公司视察指导扩大试点工作并与公司领导班子成员座谈。

7月5日，国务院办公厅发布《关于金融支持经济结构调整和转型升级的指导意见》提出10条指导意见，其中第7条为"加快发展多层次资本市场"，提出"适当放宽创业板对创新型、成长型企业的财务准入标准，将中小企业股份转让系统试点扩大至全国，规范非上市公众公司管理"等措施。

7月24日，全国中小企业股份转让系统公司发布《两网公司及退市公司股票转让委托协议书》参考文本和《两网公司及退市公司股票转让风险揭示书》参考文本。

8月8日，全国中小企业股份转让系统公司面向各地证监局举办第一期"走进全国股转系统"系列活动，中国证监会副主席姚刚出席活动并讲话。

8月22日，《全国中小企业股份转让系统股票挂牌业务操作指南（试行）》公布施行。

9月24日，全国中小企业股份转让系统公司面向地方金融办举办第二期"走进全国股转系统"系列活动，中国证监会副主席姚刚出席活动并讲话。

9月 全国股份转让系统主要业务指标正式纳入《证券期货统计指标标准指引（修订版）》和《2013中国证券期货统计年鉴》。

11月4日，全国中小企业股份转让系统公司与工信部中小企业发展促进中心签署战略合作协议。

11月14日，全国中小企业股份转让系统公司面向主办券商举办第三期"走进全国股转系统"系列活动。

12月14日，国务院发布《关于全国中小企业股份转让系统有关问题的决定》（国发〔2013〕49号）。

12月18日，全国中小企业股份转让系统公司召开2013年第二次董事会。

12月20日，全国中小企业股份转让系统公司与工商银行、农业银行、中国银行、建设银行、交通银行、光大银行、兴业银行签署战略合作协议。

12月26日，中国证监会副主席庄心一及最高人民法院副院长奚晓明、副部级专职委员杜万华等领导到全国股份转让系统公司视察调研。

12月30日，全国中小企业股份转让系统公司发布《全国中小企业股份转让系统股票发行业务细则（试行）》、《全国中小企业股份转让系统股票转让细则（试行）》、《全国中小企业股份转让系统证券代码、证券简称编制管理暂行办法》、《全国中小企业股份转让系统股票发行业务指引第1号——备案文件的内容与格式（试行）》、全国中小企业股份转让系统股票发行业务指引第2号——股票发行方案及发行情况报告书的内容与格式（试行）》、《全国中小企业股份转让系统股票发行业务指引第3号——主办券商关于股票发行合法合规性意见的内容与格式（试行）》、《全国中小企业股份转让系统股票发行业务指引第4号——法律意见书的内容与格式（试行)》。

12 月 31 日起,全国中小企业股份转让系统公司开始面向全国受理企业挂牌申请。

截至 12 月 31 日,在全国股份转让系统挂牌企业总计 356 家,同比增长 78%(2012 年 12 月 31 日挂牌企业 200 家)。

市场培训推广大事记

2013 年 3 月,我司先后在天津滨海新区、北京、北京石景山、上海浦东新区、江苏苏州等地举办了 5 场全国股转系统培训会。

2013 年 4 月,我司在北京中关村、丰台、西城、湖北武汉东湖、江苏南通高新区、江西、陕西西安、咸阳高新区、杨凌农业示范区、长沙高新区、四川绵阳等地举办了 11 场全国股转系统培训会。

2013 年 5 月,我司在北京民生银行、北京经发区、上海长宁、杨浦、闵行、江苏无锡高新区、陕西西安、浙江杭州、山东潍坊、文登、吉林长春、广东珠海等地举办了 13 场全国股转系统培训会。

2013 年 5 月,我司在北京参加了中国金融论坛、第二届北交会等专场活动。

2013 年 6 月,我司在北京海淀、重庆、浙江、福建厦门、漳州、四川成都、广东、安徽合肥等地举办了 9 场全国股转系统培训会。

2013 年 7 月,我司在北京参加了由中国股权投资基金协会、海淀信息服务业协会、北京民协、中关村等组织举办的 5 场交流座谈会。

2013 年 7 月,我司在江苏徐州高新区、江西、陕西西安高新区、浙江温州、山东济南、青岛、德州、广东顺德、宁夏银川、辽宁沈阳、大连、黑龙江哈尔滨、河北秦皇岛等地举办了 13 场全国股转系统培训会。

2013 年 7 月,我司接待宁夏证监局、银川市金融办、山东宁阳县金融办、上海张江园区管委会、上海杨浦区金融办及各地拟挂牌企业来访。

2013 年 8 月,我司在北京参加了中关村信促会、创新研修学院举办的培训会以及 2013 首都金融文化服务季(影视专场)等 3 场活动。

2013 年 8 月,我司先后在上海、武汉东湖、江苏南京、苏州吴江、泰州、湖南郴州、浙江宁波、杭州、台州、山东日照、济宁、聊城、诸城、吉林长春、四川德阳、绵阳、乐山、自贡、成都、广东东莞、河北石家庄、山西晋城、广西桂林、新疆生产建设兵团、乌鲁木齐高新区、河南焦作、海南等地举办 27 场全国股转系统培训会。

2013 年 8 月,我司接待青岛城阳区政府和区金融办、江苏苏州工业园区管委会、辽宁鞍山市金融办、上海长宁区政府、上海虹口区商委和科委、天津市政府和市金融办、河南郑州高新区管委会、河北省政府和各地金融办、石家庄高新区科技局、北京市金融局、云南省科技厅及各地拟挂牌企业来访。

2013 年 8 月,我司举办了第一期“走进全国股转系统”系列活动,并接待各地证监局来访。

2013 年 9 月,我司在天津、天津武清区、北京留学生创业园、湖北、江苏宿迁、江阴、南通、苏州汾湖、无锡、苏州、江西、浙江嘉兴、杭州萧山、绍兴、宁波镇海、余姚、湖州、山东、山东乐陵、寿光、冠县、东阿、临邑、吉林长春高新区、梅河口、广东、广东广州高新区、安徽六安、辽宁营口、黑龙江大庆、河北唐山、承德、广西南宁、新疆、云南、青海等地举办 37 场全国股转系统培训会。

2013 年 9 月,我司在北京参加了金融街论坛、中关村创新研修院举办的 2 场活动以及 2013 首都金融文化服务季(游戏动漫、设计服务、文化传媒专场)。

2013 年 9 月,我司接待山东济宁市金融办、临沂高新区管委会、临清市政府、青岛证监局和金融办、江苏镇江发改委、淮安金融办、云南省金融办、广东深圳南山区股权投资基金服务中心、陕西西安金融办、湖北省发改委和上市办、吉林高新区投资促进一局、青海省金融办、安徽铜陵金融办及各地拟挂牌企业来访。

2013 年 9 月,我司举办了第二期“走进全国股转系统”系列活动,并接待各省、直辖市、计划单列市金融办来访。

2013 年 10 月,我司在湖南参加了湖南省金融办、湖南广电等举办的达晨企业家俱乐部年会。

2013 年 10 月,我司在山东参加了由中国投资协会股权和创业投资专业委员会举办 2013 中国创业投资走进黄河三角洲暨新兴产业投融资峰会年会。

2013 年 10 月,我司在天津北辰、北京西城、海淀、石景山、上海张江、静安、江苏淮安、江西赣州、陕西宝鸡、湖南株洲、永州、岳阳、福建厦门高新区、泉州、厦门、山东青岛、烟台、安徽芜湖、蚌埠、铜陵、黑龙江牡丹江、河北衡水、山西晋城、广西柳州、河南等地举办 25 场全国股转系统培训会。

2013 年 10 月,我司接待山东省金融办和齐鲁股交中心、滨州市金融办、青岛即墨市金融办、江苏徐州市政府和金融办、苏州工业园区经贸发展局、无锡高新区金融办、河北承德市金融办、广州开发区、吉林梅河口市政府、安徽芜湖弋江高新区、浙江金华市金融办、湖州德清县、新疆生产建设兵团金融办及各地拟挂牌企业来访。

2013 年 10 月,全国中小企业股份转让系统有限责任公司与上海虹口区政府签订合作备忘录。

2013 年 11 月,我司在天津滨海新区、北京朝阳区、上海、江苏南京、江苏昆山、江西南昌、陕西汉中、福建福州、泉州、湖南湘潭、浙江杭州滨江高新区、浙江嘉兴市秀州区、宁夏银川、河南洛阳、商丘等地举办 21 场全国股转系统业务专场培训会。

2013 年 11 月,我司举办了第三期“走进全国股转系统”系列活动,并接待全国主办券商高管来访。

2013 年 11 月,我司接待北京经信委、广东省中山火炬高技术产业开发区、广州市金融办、湖北省襄阳市金融办、安徽省金融办、芜湖市金融办、铜陵市金融办、海南省金融办、南宁市金融办、福建省发改委、晋江市金融办及及各地拟挂牌企业来访。

2013 年 11 月,全国中小企业股份转让系统有限责任公司与工信部中小企业发展促进中心签订战略合作协议。

2013中国证券业年度人物

（排名不分先后）

刘兴强	杜传志	杨晓嘉	梁海山	张有喜	何国纯	崔殿国
高宝玉	汪海涛	张相军	李　雪	多吉罗布	郭本恒	陈　平
李　玮	洪家新	薛季民	杨华辉	胡运钊	翟建强	吴　焰
张近东	刘相学	赵大建	薛道成	郑和平	郭现生	刘百宽
赵　欢	熊　伟	刘青山	王耀方	王　军	刘平春	曹世如
赵亚萍	张洪起	刘肇怀	黄泽兰	王　丽	李跃先	尹庆军
徐　华	周红卫	刘年新	刘　光	张利国	冯全宏	袁　明
杨　振	万卫方	于国权	程上楠	杨国文	明国珍	步　丹
任　峻	刘伟宏	刘　佶	游　虹	谭华杰	黄树忠	徐家俊
邹　洵	刘　芳	凌　云	成迪龙	彭晓华		

刘兴强 先生

大连商品交易所 理事长、党委书记

刘兴强，中山大学管理学博士，现任大连商品交易所理事长、党委书记，大连市委市政府咨询委员，大连市金融促进会会长。刘兴强博士从九十年代初开始涉足资本市场，曾公派到日本学习证券业务，此后历任广东省体改委副主任，广东省证券委副主任，广东省证监会主任，中国证监会广州监管办主任，中国证监会广东证监局局长、中国证监会广东稽查局局长，大连商品交易所党委书记、总经理等职。系广东省第六届、第八届政协委员，广东省第十届人大代表，第十一届全国人大代表，辽宁省第十二届人大代表。现任中国证券业年鉴总编辑。

杜传志 先生

日照港股份有限公司 董事长

杜传志，男，1961 年 12 月生，1982 年毕业于西安公路学院公路系工民建专业，大学本科学历，工学学士，应用研究员、教授级高级政工师。日照港集团有限公司、日照港股份有限公司董事长、法定代表人。

杜传志自担任董事长以来，以企业家的卓越胆识和果敢魄力，积极应对经济形势复杂多变、市场竞争日趋激烈等挑战，以超前的战略思维、多维的能力支撑、系统的管理理念和先进的“阳光文化”，实现了港口的全面协调可持续发展。日照港股份有限公司自 2006 年首发上市以来，通过发行分离交易可转债、定向增发、资产注入、发行公司债券等多种方式，新建了矿石码头等一批港口生产必须的基础工程项目，大幅提高了港口的吞吐能力；收购了集团公司除原油、液体化工、集装箱等业务以外的其他所有港口主业资产，有效改善了公司的资本结构，极大的推动了日照港的快速发展。截止 2013 年 12 月，日照港完成港口货物吞吐量 亿吨，位居全国沿海港口第九位，世界港口第十二位。日照港外贸进口铁矿石吞吐量居全国第一位；镍矿、木片、大豆吞吐量也居全国沿海港口首位。

杜传志董事长团结带领班子成员和广大员工，全面贯彻落实科学发展观，着力建设“创新学习型、质量效益型、诚信责任型、阳光和谐型”的现代化港口；坚持锐意改革，建立起一系列符合现代企业制度要求的用工、用人和分配等管理制度和机制，通过公开竞聘调整选拔管理人员，优化人才和员工队伍结构，充分激发了内部活力；坚持以人为本，关心员工，经常深入一线调查研究，搭建起员工多渠道发展的事业平台，实现港口和员工的共同成长；加强企业文化建设，总结提炼了富有日照港特色的“阳光文化”体系，塑造了“阳光港口、传载真诚”的日照港品牌，有效引领了企业的快速成长。其本人 2006 年先后获得山东省“富民兴鲁”劳动奖章、全省“四五”普法依法治理先进个人、山东省自主创新模范企业家称号、2008 年先后获得最受关注企业家、山东省劳动模范、山东省“爱国拥军”一等功，2010 年被授予全国劳动模范，2012 年荣获全国优秀企业家，其本人还是十七大党代表，十八大全国人大代表。

杨晓嘉 女士

全国中小企业股份转让系统有限责任公司 董事长、党委书记

杨晓嘉，管理学博士，第十、十一届全国人大代表，现任全国中小企业股份转让系统有限责任公司董事长，党委书记，曾长期担任中国证监会派出机构主要负责人，现任中国证券业年鉴总编辑。

杨晓嘉是我国资本市场最早的参与者和建设者，有着较为丰富的资本市场理论和实践经验。在担任两届全国人大代表期间，撰写了大量的议案和建议，为资本市场发展鼓与呼，先后为《公司法》、《证券法》的修订，国九条的出台以及创业板的推出等资本市场重大事件做出了积极的贡献。在二十年的资本市场工作期间，先后主持编著出版了《上市公司监事会运行机制研究》、《上市公司独立董事制度研究》、《并购绩效评价与优化》等著作。

梁海山 先生

青岛海尔股份有限公司 董事长

梁海山，生于1966年10月。高级工程师。历任青岛海尔电冰箱总厂企管办主任、青岛海尔电冰箱股份有限公司质量部部长、海尔集团公司认证中心干部处处长、青岛海尔空调器有限总公司总经理、党委书记、海尔物流推进本部本部长、党委书记，海尔集团高级副总裁、海尔集团执行副总裁。现任青岛海尔股份有限公司董事长、总经理。2011 年荣获“十一五”山东省轻工业卓越贡献带头人、青岛市资深专家、青岛市优秀共产党员、山东省优秀共产党员等称号；2012年荣获全国五一劳动奖章、全国轻工业企业信息化优秀领导奖、十大中国战略性新兴产业领军人物奖等称号。

张有喜 先生

大同煤业股份有限公司 董事长

张有喜先生：1958 年 12 月出生，党员，研究生学历，成绩优异的高级工程师。曾任挖金湾矿采煤三队团支部书记，采煤四区技术员、副区长兼技术主管，普采区副区长、技术主管，采煤一区代区长兼技术主管，矿副总工程师、副矿长；雁崖矿党委书记；四老沟矿矿长；大同煤业股份公司副董事长、总经理；集团公司董事、副总经理，轩岗煤电公司副董事长、总经理、董事长；集团公司常务副总经理、副董事长、总经理，现任大同煤矿集团公司董事长、党委书记。

何国纯 先生

广西五洲交通股份有限公司 董事长

何国纯先生，广西五洲交通股份有限公司董事长。1958 年 8 月生，在职研究生学历，高级会计师，中共党员。1978 年 10 月至 1980 年 11 月在广西交通学校财会专业读书；1980 年 11 月至 1985 年 9 月在广西百色公路段工作；1985 年 9 月至 1987 年 7 月在西安公路学院公路运输财会专业大专班学习；1987 年 7 月至 1989 年 1 月在广西百色公路段工作；1989 年 1 月至 1990 年 2 月在广西航运学校任教师；1990 年 2 月至 2008 年 7 月在广西区交通厅财务处工作，先后任副主任科员、主任科员、副处长、处长职务（其间 :1996 年 9 月 -1999 年 7 月在广西大学社会科学与管理学院政治经济专业研究生班学习）；2008 年 7 月至今任本公司第六、七届董事会董事长，2008 年 7 月至 2012 年 1 月任本公司党总支书记，2012 年 1 月至今任本公司党委书记。目前兼任广西五洲交通股份有限公司下属企业职务：2008 年 10 月 9 日至 2012 年 7 月 31 日任广西万通国际物流有限公司、广西凭祥万通国际物流有限公司第一、二届董事会董事长；广西五洲房地产有限公司董事长、法定代表人(2009 年 11 月至今)；2010 年 12 月至今任广西坛百高速公路有限公司第二届董事会董事长、法定代表人。兼任中国交通会计学会常务理事、广西交通会计学会会长。

崔殿国 先生

中国北车股份有限公司　董事长

崔殿国，男，1954年2月出生，先后毕业于西安交通大学气体动力工程专业、东北财经大学工商管理专业，获工学学士和工商管理硕士学位，中共党员，教授级高级工程师，享受国务院政府特殊津贴。现任中国北方机车车辆工业集团公司总经理、党委副书记，中国北车股份有限公司董事长、党委书记。

崔殿国先生运用科学先进的经营管理理念，推动了中国北车快速发展。领导构建了集团母子公司管理体系，主持制定了中国北车中长期发展规划纲要，主持建立了效绩目标管理和考核体系。中国北车总资产规模由2000年的172亿元增长到2011年的972.6亿元。

崔殿国先生组织并主持了铁路机车、货车、动车组和城市轨道车辆的升级换代和自主创新。产品占有我国轨道交通装备50%以上的市场份额，覆盖国内全部铁路市场和90%以上已开通城轨交通的城市，出口60多个国家和地区。CRH380BL新一代高速动车组创造了时速487.3公里的最新速度纪录，是京沪高铁主力车型。

2008年规划成立了中国北车股份有限公司，2009年在上海证券交易所成功上市，致力打造优秀上市公司典范。2010年，中国北车获选成为上证180、上证50、中证100、两岸三地500指数样本股，2011年入选上证公司治理指数、上证公司基本面指数，获得资本市场高度认可。

崔殿国先生是中国内燃机协会常务理事、中国铁道学会常务理事，中国企业联合会、中国企业家协会理事会副会长。

高宝玉 先生

营口港务股份有限公司　董事长

高宝玉，男，汉族，工学硕士学位，高级工程师，1954年10月出生于辽宁省台安县，1974年8月加入中国共产党，1977年10月参加工作，营口市第十三届、十四届人大代表，全国十届、十一届人大代表。现任营口港务集团有限公司(以下简称“港务集团”总裁、党委副书记，营口港务股份有限公司(以下简称“营口港”)董事长。

1999年底起，高宝玉同志担任港务集团主要负责人以来，认真贯彻落实“三个代表”重要思想和科学发展观，在省委省政府、市委市政府的正确领导和大力支持下，始终坚持把科学发展作为港口管理的第一要务，不断提高战略决策和经营管理能力。港口吞吐量持续稳定增长，规模迅速壮大，社会影响力及经济牵引力不断提升，在营口市乃至辽宁省对外开放工作中发挥着越来越重要的窗口作用。

在经营管理上，高宝玉同志坚持和完善内部经营指标考核体系，大力实施资本运营，积极稳健地进行企业内部机构、人事、工资等项改革，通过了IS09001质量体系认证，获得辽宁省质量领域的最高奖项—辽宁省省长质量奖，港口经营管理在现代化轨迹上扎实推进。

在高宝玉同志的领导下，整个港口年吞吐量1999年1945万吨，2011年完成货物吞吐量2.61亿吨，集装箱403.3万标准箱；货物吞吐量位列全国沿海港口第9名。

从担任营口港董事长以来，积极促进营口港的上市事宜，经过不断的努力，营口港于2002年1月31日正式在上海证券交易所上市。经过10年的不断发展，股本由IPO时的2.5亿股增加至近11亿股，总资产由3.36亿元增加至11.33亿元，净资产由2.51亿元增加近50亿元。10年来，高宝玉同志领导的营口港充分利用资本市场，为营口港生产规模的不断扩大，吞吐能力的不断增强，经营效益的不断增长而努力奋斗。

汪海涛 先生

西部矿业股份有限公司 董事长

汪海涛，男，1968年8月出生，中共党员，高级经济师；武汉大学法学硕士、经济学博士，美国芝加哥大学商学院MBA。中国青年企业家协会副会长，中国国际商会副会长，中国矿业联合会主席团主席，北京市青海企业商会会长。汪先生自2011年3月至今任本公司第四届董事会董事、董事长；现兼任西部矿业集团有限公司董事长、西部矿业集团(香港)有限公司董事、西宁特钢集团有限责任公司董事；2009年9月至2011年2月任本公司第三届董事会董事长；2006年2月至2009年9月任西部矿业集团有限公司总裁。汪先生还曾先后在国泰证券有限责任公司、大连商品交易所、光大证券有限责任公司等单位工作。

张相军 先生

山东金岭矿业股份有限公司 董事长

张相军：男，生于1962年，高级工程师，采矿工程专业大学本科毕业。1985年7月起在山东金岭铁矿工作，历任召口分矿见习技术员、技术组组长、召口分矿副矿长。1993年2月起担任山东金岭铁矿副矿长。1997年1月至2009年3月担任山东金岭铁矿矿长。2006年10月起担任山东金岭矿业股份有限公司董事、董事长。2009年2月起任山东钢铁集团有限公司总经理助理、山东钢铁集团矿业有限公司董事、总经理。现任山东金岭矿业股份有限公司董事长、总经理，山东钢铁集团有限公司总经理助理、组织部部长、山东钢铁集团矿业有限公司董事。

李雪 女士

齐鲁股权托管交易中心 主任

李雪，齐鲁股权托管交易中心主任，淄博市金融办党组副书记、副主任。

从事地方政府推动企业上市融资和上市公司重大资产重组工作十余年。到目前，淄博市共有27家公司的29只股票分别在境内外上市交易，累计融资近400亿元，启动上市程序企业30余家。牵头完成了华光陶瓷、万杰高科重大资产重组和新华医疗国有股权转让等工作。牵头创造了证券市场重组经典的“华陶模式”。推出了债务和解、安置及置出资产拍卖等系列化清偿债务重组方案，将万杰高科近35亿元的债务部分偿还后，对近20亿元的剩余债务全部予以核销，开创了上市公司置出债务实现零负担的先河。

牵头组建了全省性股权交易市场——齐鲁股权托管交易中心。带领团队建立了一整套市场规则制度，制订了挂牌条件和标准，完善了审核程序和流程，强化了信息披露制度，建立了市场监管体系。与深圳金证科技股份公司联合研发具有自主知识产权的“齐鲁股权非上市公司网上转让系统”。齐鲁股权托管交易中心市场制度建设、规范运作水平、市场功能和服务能力等方面都走在全国同类市场前列，被业内称赞为不可复制的“齐鲁模式”，得到了国家及省有关部门的充分肯定。

多吉罗布 先生

西藏天路股份有限公司 董事长

多吉罗布，男，藏族，党员，1973年5月出生，1997年8月参加工作，硕士研究生，工程师；曾任西藏自治区交通厅科研所技术员；西藏天路交通股份有限公司副总工程师；西藏天路交通股份有限公司党委委员、董事会秘书兼董事会办公室主任；西藏天路股份有限公司副董事长、党委副书记、总经理，西藏自治区青年企业协会第三届副会长，西藏自治区第七届青联常委，现任西藏天路建筑工业集团有限公司董事长、党委副书记，西藏天路股份有限公司董事长、党委书记，中国青年企业家协会常务理事，区直机关青年联合会第一届委员会副主席，西藏青年企业家协会副会长。

郭本恒 先生

光明乳业股份有限公司 总裁

郭本恒，男，食品学博士，教授级高工，博士生导师，现任光明乳业股份有限公司总裁，乳业生物技术国家重点实验室主任。自2007年出任起，即进行了大刀阔斧的改革，将公司的战确定为“聚焦乳业、发展新鲜、突破常温”，通过战略改变、架构重组、产品聚焦、供应链整合、企业文化打造等一系列革新措施，提升品牌内涵，打造明星产品，使公司销售屡创新高。2007-2010年，郭本恒确定了“复苏——成长——腾飞”的光明发展三步曲，并带领全体光明人艰苦作战，三年累计增长47.55%，并成功实施了对新西兰Synlait Milk乳品公司的收购，成为国内第一家实现海外并购的乳品公司。

他着力推动科技创新，作为乳业科技的领军人物，兼任上海奶业行业协会会长、上海市食品学会副理事长、中国畜产品加工学会副理事长、中国食品技术学会理事，被评选为中国乳品加工业“十大杰出科技人物”、全国青年星火带头人标兵、全国五一劳动奖章、上海市领军人才、上海市科技创业领军人物、上海市优秀学科带头人获得者等。在乳品基础理论和科研成果应用研究领域，他已著书11部，拥有发明专利14项，获得国家、省部级科技奖励20项。主持承担国家“十五”科技攻关、“十一五”科技支撑计划、发改和技术中心科研平台建设等重大项目4项，国家“973”项目、“862”项目、国家自然科学基金项目、国家科技支撑计划(攻关)项目课题和子课题10余项，上海市经委、农委、科委科研项目9项，负责完成的科研成果获得10余项奖项，达到国内领先、国际先进水平。

陈平 先生

马应龙药业集团股份有限公司 董事长

陈平，男，1962年11月生，博士、高级经济师。现任中国宝安集团股份有限公司执行董事、营运总裁，马应龙药业集团股份有限公司董事长。曾任安信投资有限公司董事长、香港恒丰国际投资有限公司总裁、中国宝安集团股份有限公司总经济师、副总经理、常务副总裁等职务。

组织参与了多起企业收购兼并及资源整合案例，其主持收购并整合的马应龙药业集团股份有限公司由一家单一的生产型企业改造成为涉足于药品生产、批发、零售和研发，连锁医院等多功能、专业化的医药上市公司，各项经济指标均有大幅度提高，成为社会各界所公认的国有企业改革成功之典范。

荣获中国医药行业十大杰出经理人、中国医药行业十大创新人物、全国优秀企业家、全国企业文化优秀成果主要创造者、湖北省五一劳动奖章、湖北省十大经济风云人物、湖北荆楚功勋企业六十年60人、武汉地区十大杰出青年企业家、武汉地区十大杰出创业家、最受尊敬和喜爱的创业家等称号。

李玮 先生

齐鲁证券有限公司 董事长

李玮先生，1962年4月出生，山东莱芜人，中共党员，经济学博士，高级会计师。现任齐鲁证券有限公司董事长、党委书记，第十二届全国人大代表，中国证券业协会理事、创新发展战略委员会副主任委员，山东省证券业协会会长，山东省金融学会副会长，山东大学校董等职务。曾任莱芜钢铁集团有限公司财务处处长、总会计师、副总经理、董事，鲁银投资集团股份有限公司董事长、总裁等职务。

工作业绩：

齐鲁证券成立初期存在着资产质量差、挪用保证金、违规担保等问题，2003年上半年被中国证监会列为待稽查的高风险券商。2003年7月，莱钢集团控股齐鲁证券，李玮先生带领公司新一届领导班子在化解风险、增资扩股的同时，着力推行了机构、人事和分配三项制度改革，使举步维艰的齐鲁证券重新焕发了生机和活力，先后取得了综合类券商、规范类券商、创新试点类券商业务资格。2007年初，公司收购了天同证券资产，李玮先生积极推动实施发展战略、基础管理、业务体系、人才队伍、合规风控、企业文化等六大建设工程，使重组后的齐鲁证券逐步发展成为一家全国大型综合类券商。近几年来，面对经济转型和行业创新发展，李玮先生带领公司大力推进“四项转移”：从以场内业务为主向场内场外并重转移，从以公募为主向以公募私募并重转移，从以中介业务为主向中介业务、资本中介业务和资本投资业务并重转移，从以提供通道服务向提供产品服务和财富管理服务转移，进一步提升公司的核心竞争力和综合金融服务能力，努力打造齐鲁证券升级版。李玮先生近几年先后荣获“山东省劳动模范”、“企业文化建设贡献人物”、“企业文化建设领军人物”、“山东十大财经风云人物”等荣誉称号。

洪家新 先生

华鑫证券有限责任公司 法人代表、总裁

洪家新先生，1955年生，1996年7月，在中国人民解放军空军政治学院本科毕业（在职攻读），现任华鑫证券有限责任公司法人代表、总裁。

华鑫证券有限责任公司是2001年3月，由上海仪电控股（集团）公司及飞乐股份等4家上市公司在原西安证券有限责任公司增资扩股、控股成立的证券公司。

公司成立以后，2005年7月洪家新先生担任华鑫证券公司副总裁，根据董事会扭亏为盈的总体要求，并制定了走特色、差异化发展道路。洪家新先生分析了公司现状，华鑫证券公司属于中小券商，资源有限，因此，不能按部就班走大多数证券公司“小而全”的发展道路，而应跳出常规，借船出海，实现突破。由此，制定了“以合资合作为突破、以金融控股为架构、以组织创新促发展、以高端业务树品牌”的特色、差异化发展战略。为此，洪家新先生对公司组织机构转型，成立合资工作小组；组建优秀团队，特别是招聘组建了50名投行业务人才；激励措施到位，建立了市场化为导向的薪酬激励机制；集中力量重点做大经纪、自营、资产管理、期货四大板块。经过5年艰苦奋斗，公司净资产增长4.83倍，公司从单一证券经纪业务为主转型为综合性业务的金融控股集团。

薛季民 先生

陕西省国际信托股份有限公司 董事长

薛季民，北京大学工商管理硕士，高级审计师、高级会计师。历任陕西省审计厅副处长、处长，陕西省高速公路建设集团公司党委委员、副总经理兼总会计师。2006年至今任陕国投党委书记、董事长。现为陕西省政协委员，中国上市公司协会监事，陕西证券学会副会长，陕西省审计学会特邀理事，陕西省注册会计师协会常务理事，陕西省国有资产管理学会常务理事。曾担任陕西上市公司协会会长。

作为国内首家上市非银行金融机构——陕国投的带头人，薛季民先生带领公司全体员工励精图治，开拓进取，稳健经营，从而使公司发生了巨变。

2006年上任伊始，即按照中国银监会和中国证监会要求创造性地开展工作，在完成股权分置改革的同时清理了危及公司生存的历史负债，并强化当期经营一举扭亏为盈。

"十一五"以来，薛季民先生着眼陕国投长远发展，积极抢抓资本市场和信托市场机遇，一手抓战略，经过多年不懈努力，2012年4月完成了公司上市以后真正意义上的大规模增资扩股，为公司长远发展奠定了坚实基础；另一手抓经营管理，使得公司脱胎换骨，企业运营机制实现市场化，内控体系不断完善，金融产品创新不断，公司核心竞争力不断增强，公司经营业绩屡创历史新高，发展基础不断夯实，步入了快车道。从2006年到2013年上半年，公司信托资产规模由17.5亿元增加到1000多亿元；利润总额累计14.38亿元，上缴国家税费累计4.74亿元，股东分红累计1.3亿元；公司市值由15亿元达到最高时的120多亿元；公司净资产从3亿元增加到34.27亿元，增幅达1042%。

薛季民先生多年致力于推动资本市场发展，取得了良好绩效。其带领的陕国投曾荣获国家、省市各级表彰奖励20余项，在资本市场影响力持续扩大。

杨华辉 先生

兴业国际信托有限公司 董事长

杨华辉先生，男，中共党员、高级经济师、经济学博士。现任兴业国际信托有限公司董事长、代理总裁。曾任兴业银行总行上海证券部总经理，兴业证券公司上海业务部总经理，兴业银行上海分行副行长，兴业银行杭州分行行长等职；兼任福建省金融学会副会长等社会职务。

杨华辉先生十分重视实践与理论的结合，目前已在《经济管理》、《当代经济科学》、《浙江金融》等权威刊物上发表了《上市公司效绩及风险度量》、《健全信贷管理与防范消费信贷风险》、《股份制商业银行收购城市信用社的实践与意义》等文章十余篇，出版了个人专著——《我国股份制商业银行内部控制理论与设计》一书，并负责主编并出版了《世界经济新编》、《商业银行分支行管理与领导艺术论析》、《发展管理与诚信》等多本专业书籍。

胡运钊 先生

长江证券股份有限公司　董事长

胡运钊先生，1948年出生，中共党员，硕士研究生学历，高级经济师。现任长江证券股份有限公司董事长，兼任长江证券控股（香港）有限公司董事局主席、长江成长资本投资有限公司董事长、长信基金管理有限责任公司董事。曾任湖北省经委工业处副处长，处长；黄石市人民政府副市长；中共黄石市委常委，常务副市长；湖北省人民政府副秘书长；湖北省人民政府副秘书长兼办公厅主任、办公厅党组副书记；长江证券有限责任公司党委书记、董事长。

翟建强 先生

财达证券有限责任公司　总经理

翟建强 男，1964年7月出生，河北省蠡县人，硕士研究生，正高级会计师，中共党员。1982年9月至1986年7月就读于河北大学政治经济学专业；1996年9月至1998年7月就读于河北大学世界经济学专业，获得硕士学位；2003年5月至2005年5月，就读新加坡南洋理工大学，获得工商管理硕士学位。1986年7月至1992年3月，河北省财政厅工作；1992年4月至1994年12月，河北省财政厅国债服务中心副主任科员；1995年1月至1999年2月，河北财达证券公司总经理助理；1999年2月至2002年4月，河北财达证券公司副总经理；2002年4月至2005年11月 河北财达证券经纪有限责任公司副总经理；2005年11月至今财达证券有限责任公司总经理。

翟建强同志曾获"河北优秀经营管理者"、"河北省创业企业家"、"有突出贡献的经营管理人才"称号。主持撰写的课题《关于设立河北省创业风险投资引导基金的思考》，获"河北省科学技术成果"奖，经专家论证达到国内先进水平；2010年，组织编写了《现代企业上市融资指南》，对普及上市知识，推动河北企业上市发挥了重要作用，曾以第三名的优异成绩当选"2010年度河北十大经济风云人物"。

在翟建强同志带领下，公司实现了从小到大、从区域走向全国、从经纪类到综合类券商的三大跨越，使财达证券从一个名不见经传的地方性小券商成长为一家规模较大、盈利能力较强，知名度较高的A类证券公司。2007、2009年、2010、2011公司四度荣获"河北省金融贡献奖"；2010年河北纳税百强企业；2009、2010年分获"2009年中国券商势力榜第18位、2010中国最具发展潜力证券公司"殊荣。

吴焰 先生

中国人民保险集团股份有限公司党委书记、董事长

吴焰，经济学博士，现任中国人民保险集团股份有限公司董事长、党委书记，中共十八大代表、十二届全国政协委员。历任共青团新疆自治区委副书记，中共博乐市委书记，中共博尔塔拉蒙古族自治州党委常委，共青团新疆自治区委党组书记，共青团中央组织部副部长，中央金融团工委书记兼中央金融工委统战群工部副部长、全国金融青联主席，中国人寿保险（集团）公司副总经理、党委副书记，中国人寿资产管理有限公司总裁，中国人寿保险股份有限公司总裁、党委书记。

2007年1月，吴焰履新中国人民保险，成为这家与共和国同生共长的国有骨干保险企业的领航人。凭借超凡的战略洞察能力、务实的品质和丰富的经验，吴焰很快适应了角色转换，迅速打开了工作局面，开创了中国人民保险历史上发展最好的时期，呈现出崭新的发展面貌和发展格局。

——坚定地实施新的发展战略，实现了发展格局深刻转变。2007年初，面对当时业务结构单一、发展乏力的困境，吴焰提出了“重塑人保形象，再创人保辉煌”的目标，确定了新的发展战略。在新的发展战略引领下，系统上下强化立业之本，打造出亚洲最大、全球单一市场主体第二的非寿险公司；力推振兴之策，构建起国内第五大寿险公司和最大的专业健康险公司；践行跨越之道，搭建起资产管理、不动产、债权股权、信托等多个投资平台，实现了业务收入、资产规模的历史性跨越。2012年，中国人民保险规模保费2827亿元，是2006年的3.9倍；总资产6886.5亿元，是2006年的6倍以上；管理总资产1.32万亿元，是2006年的10.9倍。2013年中国人民保险集团世界500强排名跃升至第256位，较四年前首次上榜时上升115位。

——坚定地推进改革重组整合创新，推动了体制机制深刻变革。围绕新的发展战略与目标，吴焰旗帜鲜明地提出了“改革重组整合创新”的工作方针，对制约集团发展的体制机制进行大刀阔斧的改革。将人保寿险由外资公司改制为中资公司，消除了外资身份给人保寿险带来的发展限制；实现华控广联股权成功挂牌转让，确保了整体改制上市不留尾巴；推进战略协同、资源共享与业务协作，形成了协同互动的新格局；率先在国有保险金融集团中完成股份制改造，构建起符合上市要求的现代企业制度；在没有财政资金注入、没有存续资产剥离的情况下实现了整体改制上市的成功创举，在构建国有保险金融集团资本自我补充机制上做出了开创性贡献。2012年12月7日，中国人民保险集团在香港圆满完成整体上市，开创了中管保险集团海外整体上市的先河，募集资金达276亿港元，是金融危机以来香港市场表现最好的大型公开发行，创下了2012年亚洲规模最大IPO纪录。

——坚持正确的业绩观，实现从单一盈利模式向多元盈利模式的根本性转变。吴焰始终坚持正确的业绩观，不图虚名，谋划长远，在发展的规模与效益、速度与质量以及实现当期盈利与夯实未来发展基础的目标平衡上作出主动选择，2008年和2009年主动制定相对偏低的利润预算，既实现当期财务盈利，满足三年盈利的上市要求，又全力支持核心业务和新兴业务发展，为构建多元盈利格局奠定坚实基础；坚持不懈地完善经营管理模式，持续推进集中化、标准化和规范化建设，强化对业务关键环节的管控，财产险业务形成行业领先的成本优势，寿险业务及管理费率仅为市场平均水平的一半。2009年中国人民保险首次实现财险、寿险、健康险和投资板块各业务单元全面盈利的历史性突破，彻底地改变了财产险单一盈利格局。2012年，集团合并净利润突破百亿元，股本回报率保持较高水平。在财政部2012年和2013年组织的金融企业绩效评价中，中国人民保险集团连续获得保险业内唯一“优（A类AAA级）”的最高评级。

——坚定不移地把公司发展融入经济社会发展全局，在履行社会责任中提升了公司的独特价值。吴焰始终强调，“人民保险，服务人民”是中国人民保险与生俱来的使命和责任。在他的领导下，中国人民保险扎实开展三农保险，在落实保险强农惠农政策、实现财政投入的放大效应上发挥着主力军作用，形成了常德、龙岩、泊头等成功经验，成为政策性种养两业保险、农房保险、森林保险的行业领先者。2012年承担农业风险责任4724.7亿元，承担农房风险责任6319亿元，承保森林5.2亿亩。农险市场份额始终在50%以上。深度参与社会保障体系建设，在广东湛江、江苏太仓等地成功探索出了服务医改和新农保、新农合的行业范本，得到了中央领导的充分肯定。积极服务国家重点工程和大型项目，为奥运会、世博会、亚运会、航空航天等提供保险保障。积极服务社会管理模式创新，大力开展安全生产、环境污染、食品安全责任保险等，积极参与社会治安综合治理，有效促进了和谐社会建设。

张近东 先生

苏宁云商集团股份有限公司 董事长

张近东先生，1963年出生，毕业于南京师范大学中文专业，担任中国人民政治协商会议第十二届全国委员、中国民间商会副会长、中国上市公司协会副会长等社会职务。

1990年，张近东创立苏宁，经过20多年的发展，苏宁在其带领下逐步发展为中国最大的商业零售企业。

在苏宁的发展过程中，张近东坚持服务创新和后台优先发展战略，带领企业先后开创了“自营服务”、“3C+模式”、“后台战略”、“智慧苏宁”、“云商模式”等一系列经营管理创新模式。2008年，结合互联网、物联网新技术的迅猛发展，他号召中国零售业必须要转型，随后提出了“科技转型，智慧服务”的苏宁新十年发展战略，之后带领苏宁全面转型互联网零售。2013年，苏宁深化互联网零售改革，系统地提出了“一体两翼”的互联网线图，所谓“一体”，就是以互联网零售为主体，“两翼”就是打造O2O的全渠道经营模式和线上线下的开放平台。先后实施线上线下同价、发布开放平台、推出1.0版本互联网店门店、战略投资PPTV、设立硅谷研究等系列举措，，深化了O2O整合战略，积极打造中国互联网零售的新模式。

在企业快速发展和积极转型的同时，张近东亦十分重视社会责任的履行，除积极承担产业发展、吸纳就业、依法纳税等责任外，还带领苏宁积极投身社会公益事业，张近东本人在2008年“四川—汶川”大地震中个人捐赠5000万元。在自己积极参与慈善事业的同时，他还注重对员工参与公益慈善事业的肯定、鼓励与引导。在他的鼓舞下，2006年，员工自发发起“1+1阳光行—苏宁社工志愿者行动”，号召全体员工每人每年损出1天工资用于慈善事业，每人每年奉献1天时间参加社工服务，将社会公益长期化、制度化、品牌化推进。截止目前，苏宁已累计向公益事业捐赠9亿元。

由于在企业经营和承担社会责任方面的突出表现，张近东被中华青年联合会授予“中国青年五四奖章”、被中华慈善总会授予“中国十大公益楷模”

被中国扶贫基金会授予“中国消除贫困奖”、被国家民政总部授予“中华慈善奖”、2013年被中华全国工商业联合会授予“全国关爱员工优秀民营企业家”称号，被《财富》（中文版）评为2010年度中国商人、《福布斯》（中文版）评为2012中国年度商业人物。

刘相学 先生

鲁银投资集团股份有限公司 董事长、总经理

刘相学先生任职鲁银集团董事长、总经理以来，针对公司产业分散、主业定位不明确、盈利能力低的现状，以振兴发展鲁银为己任，率先垂范，以身作则，团结带领领导班子和广大员工，紧紧围绕董事会和股东大会确定的各项任务目标，开拓进取、扎实工作，通过完善制度体系、加强基础管理、化解潜在风险、调整产业结构等手段，公司经济效益发生了历史性变化，使鲁银驶入发展的快车道，生产经营各项工作保持积极、快速、健康的发展态势。

在建立健全、严格施行三会一层法人治理结构基本制度和一系列管理规章制度的基础上，以内控制度建设为契机，健全完善各项管理制度，实现了由粗放型管理向精细化管理的转变，管理的效率和效果显著提升。推进管理规范化，制定严格的经济责任制和项目节点流程管理，进一步规范招标管理制度，开展品种效益测算，建立人员薪酬动态审批制度，做好上市公司信息披露工作，加强董事监事人员培训。近年来建立健全规章制度 60 余项，促进了公司规范化运作水平进一步提升。

改善机关作风，积极组织各项调研活动。形成了日常调研、定期调研、管理层基层蹲点调研和专题调研相结合的调研体系。创立公司内部刊物《鲁银信息》和远程视频会议系统，为上下沟通和实时管理搭建了平台；集团公司机关服务意识、大局观念和监督指导作用大大增强。

强化计划管理、健全激励导向机制。改变单一计划指标，形成计划、奋斗和冲刺三档计划指标的经营计划体系，充分发挥经营计划对生产经营工作的引导和激励作用。建立起了以“净资产收益率”为核心的经济责任考核体系，形成了科学的业绩评价体系，实现了经济责任与经济利益的紧密结合。打破分配平均主义，进行分配体制改革，有效强化了员工钻研岗位技能、专业技术的积极性。

积极推进新产业培育，产业结构调整优化取得新成效。与青岛豪杰矿业签订股权转让与矿产资源开发合作协议，成功进入铁矿采选业，培育了公司发展新的利润增长点。使公司产业链条更趋完善。立足当前，着眼长远，积极推进公司发展战略研究，完成了“十二五”产业整合规划编制工作，进一步明确“十二五”期间公司发展方向及产业定位，为公司持续健康发展奠定了基础。

着力解决历史遗留问题。克服各种阻力圆满完成对巨额亏损、已严重资不抵债的烟台药业的股权转让工作，彻底摆脱了这一长期困扰集团发展的历史包袱，有效地改善了公司资产质量。

创新管理，促进集团跨越式发展。2010 年初，在通盘考虑公司发展现状及市场形势的基础上，审时度势提出了“产品产量全面达产达效，利润指标向过亿元冲刺，实现生产经营两大跨越”的经营目标，团结带领广大干部职工，开拓创新、扎实工作、努力拼搏、抢抓机遇，圆满完成了生产经营两大跨越的任务目标，经济效益实现跨越式攀升，利润总额实现 1.136 亿元，净利润达到 1.067 亿元，实现了突破亿元大关的目标。2010 年末，实现年销售收入 42.94 亿元，比上年增长 20.21%；年利税总额 1.9 亿元，比上年增长 71.67%，谱写出鲁银发展的崭新篇章。

强化企业文化建设。紧紧围绕企业中心任务积极推进形势任务教育和各种形式的主题系列活动，建立劳动竞赛的长效机制，推进合理化建议活动和“争先创优”活动深入开展，推行学习型组织创建工作，将学习型组织创建与企业文化创建有机结合，以先进的企业文化凝聚员工，营造积极向上的企业文化氛围，形成推动鲁银各项事业再上新台阶的强大合力。

鲁银投资集团股份有限公司董事长、总经理、刘相学先生主要荣誉：

莱钢集团劳动模范；在实现 1000 万吨钢奋斗目标中做出突出贡献，获个人一等功一次、二等功一次；创造的“实施钢铁成本系统优化大纲，促进成本持续降低”荣获 2006 年度管理创新与进步项目一等奖、2007 年度山东省企业管理现代化创新成果一等奖、第二十一届山东省企业管理现代化创新及优秀应用成果一等奖；创造的“面向企业价值最大化的管理效益纵深行”荣获第二十届省级一等企业管理现代化创新及优秀应用成果。

赵大建 先生

中国民族证券有限责任公司　董事长

赵大建，男，中共党员，经济学硕士，现任中国民族证券有限责任公司董事长、党委副书记。

赵大建同志长期从事金融证券工作，有十分丰富的金融证券理论基础、业务经验和较强的领导组织能力，他先后担任中国人民银行团委书记、组织部代部长、宣传部长、机关党委副书记，国泰证券有限公司执行董事、副总经理，国泰君安证券股份有限公司筹备委员会委员，华夏证券有限公司总裁，现任中国民族证券有限公司董事长、党委副书记；此外，还兼任PECC委员、北京证券业协会监事长、中国证券业协会理事、深圳证券交易所理事、中国金融学会常务理事。

在长期的金融证券战线工作中，赵大建同志积累了深厚的理论功底，在人民银行总行工作期间，他亲身经历了中国金融改革从起步到全面展开的历史过程，体验了这项艰巨工程的困难和复杂，对中国金融体制的不断创新有了十分全面的理解和把握。

1993年，在中国证券市场刚刚起步之时，赵大建同志投身于证券市场。在国泰证券担任领导职务期间，他亲自组织领导了几十家大型企业的股份制改造、股票发行上市、资产重组、收购兼并及债券发行工作，并主编了《金融企业资产负债管理与企业不良债务处理全书》，他主管的投资银行业务从1996年至1999年连续四年在国内全行业名列第一。在华夏证券担任总裁期间，带领华夏证券的各项工作逐步走上良性发展的轨道，各项业务经营指标不断上升，投行业务、经纪业务位于同行业第五名的位置，公司资产规模迅速增长，赢利能力也有较大幅度提高，并创造出公司历史上的最高盈利记录。

2005年，赵大建同志被中国证监会选派到中国民族证券公司担任党委书记、董事长。面对多项业务资格缺失，多年连年亏损，并随时有可能被关闭的企业，他始终坚持用发展的眼光看待证券市场和民族证券自身的发展，积极推行"诚信、和谐、进取、规范"的企业文化，调整战略，提出要以公司稳定为前提，以规范管理为手段，以开拓业务为突破，全面提升公司的管理水平和经营水平，坚定不移走"做大做强民族证券"的发展道路，仅仅一年多的时间，不仅带领公司扭亏为盈，而且还实现了公司多项历史性突破，公司跨过了"生死关"，公司首度实现全面盈利，净资产收益率达到创新类证券公司平均水平，投行业务、经纪业务、研发等各项业务走上了迅速发展的道路，在证券行业初步树立了民族证券的品牌，同时，带领公司克服全球金融危机，成功取得了连续八年盈利的优异业绩，为实现做大做强民族证券的战略目标打下了坚实基础。

薛道成 先生

山西西山煤电股份有限公司 董事长

薛道成，出生于1962年，山西孝义人。大学学历，成绩优异的采煤高级工程师，中共党员。现任山西焦煤集团有限责任公司董事、党委常委，西山煤电（集团）有限责任公司董事长、党委书记和山西西山煤电股份有限公司董事长。

山西西山煤电股份有限公司于1999年煤炭市场低迷时，由西山煤电集团公司以优质资产注入并发起设立。公司股票于2000年7月26日以“中国焦煤资源第一股”在深交所挂牌交易，成为山西省属煤炭系统内率先实行现代企业制度并成功发行上市的企业。西山煤电股票的成功上市，为这个具有近五十年发展历史的老企业注入了生机和活力，从此驶入资本市场快车道演绎了一条资源型企业可持续推进、跨越式发展的精彩轨迹！

公司上市后始终秉承诚信经营、规范运作、创新发展、回报社会的理念，坚持以循环经济发展模式为依托，紧紧把握以主业为重心，以构建“煤－电－材”、“煤－焦－化”两条煤基产业链为重点，把资本重点投向主业以及关联产业，真正把企业的竞争优势建立在已有的资源要素和延伸产业链条的基础上。陆续建成全国最大的燃用洗中煤坑口发电厂，成为全国循环经济项目的典范；利用煤矸石综合利用发电取代了七十二台锅炉，净化和美化了矿区环境；京唐西山焦化项目的建成投产打造了公司又一支柱产业，建立了积极参与环渤海经济圈建设的桥头堡；开发建设的兴县矿区千万吨级矿井及洗煤厂更是极大地提升了公司的规模实力和盈利水平。

薛道成董事长坚持引领公司走可持续健康发展之路，牢牢把握“安全和发展”两大主题，围绕“做大做强煤炭主业、积极发展相关产业、控股参股上下游企业”的发展思路，积极调整产业结构。通过自主建设和联合开发建设两种方式不断加快发展延伸产业链，实现了公司由粗放型向集约型，单一型到多元化的转型发展，极大提高了公司的核心竞争能力、可持续发展能力和抵御市场风险能力。资源整合工作圆满收官，极大地增强了公司发展后劲；成功并购2×60万千瓦武乡电厂，不仅使公司在电煤市场的博弈中有了回旋之地，更为延伸煤电气材化循环经济项目提供了广阔的发展空间。上市至今，公司煤炭产能由成立之初的600万吨增加至目前近3000万吨，电力装机容量由零跃升到目前3200MW，焦炭产能由零提升到540万吨，公司可持续健康发展的基础更加巩固。

企业发展的同时不忘惠及民生。薛道成董事长提出的全面建设安全、富足、宜居、幸福的新西山建设的宏伟目标，极大激发了干部职工参与新西山建设的热情和活力，旧区改造、保障性住房建设、棚户区治理三大民生工程正在有序推进，力争打造全国最美矿区。

薛道成董事长非常重视公司的投资者关系管理工作。公司上市以来，一贯坚持做好信息披露工作，按照规范要求，做到信息披露的真实、准确和完整。薛道成董事长强调一定要把公司最真实的一面展现给投资者，让投资者充分地了解公司。公司致力于认真做好投资者来电来访，深入与投资者沟通交流，了解并掌握投资者需求，细致诚恳地向投资者讲解公司的价值、文化和理念，公司的价值观始终与广大投资者保持趋同和一致。通过沟通、交流，展示了公司现代、规范、高效的工作作风和务实、坦诚的企业精神风貌，赢得了广大投资者的高度信赖和称誉。

公司上市以来，西山煤电股票长期被作为深证成指、深证100、巨潮100、沪深300指数样本股，在资本市场上表现良好。公司以稳健的经营、高额的利润大幅回报了广大投资者，确立了在煤炭板块的龙头地位，彰显了大盘蓝筹绩优股风范，其价值被广大机构和个人投资者充分认同。公司连续多年跻身“中国上市公司百强”，多次荣获“最具持续投资价值上市公司”、“最佳诚信经营上市公司”、“中国主板上市公司最佳董事会”、“最佳股东回报上市公司”等称号，薛道成董事长荣获“2012年中国上市公司最受尊敬企业家”称号。

作为公司的领头人，面对当前严峻的经济形势，如何在深化改革开放、倡导转型跨越的大环境里走出独具特色的不断发展壮大之路，深感任重而道远。今后，公司将继续保持和发扬煤炭企业的优良传统，充分利用好山西综改试验区诸多先行先试政策，紧紧抓住当前资本市场的新变化与新机遇，坚持“以煤为基、多元发展”，继续围绕煤炭主业做文章，凝智聚力，共谋发展，通过资源扩张、项目并购和技术改造，率先走出一条资源型地区转型跨越发展的新路径，将西山煤电打造成主营业务突出、核心竞争力强、品牌影响巨大的上市公司。

郑和平 先生

山东得利斯食品股份有限公司 董事长

郑和平先生，中国籍，中共党员，1951年出生，专科学历，山东得利斯食品股份有限公司（以下简称“得利斯”）董事长，高级经济师，中国乡镇企业家委员会副会长，中国肉类协会副会长，中国乡镇企业协会乡镇企业家委员会常务理事，农业部乡镇企业研究院首席研究员，潍坊市慈善总会荣誉会长，第九届全国人大代表，第八届、第十一届山东省人大代表。曾荣获“富民兴鲁劳动奖章”、“山东省优秀科技拔尖人才”、“首批山东省农村科技大王”、“山东省双十大科技兴企新闻人物”、“全国一级星星火炬奖章”、“首届肉类产业十大杰出科技人物”，“全国食品工业十大新闻人物”、“全国农村十大致富带头人”、“全国乡镇企业家”、‘农业龙头企业建设特别贡献奖”、“齐鲁光彩奖章”、“全国乡镇企业科技进步先进工作者”、“中国农产品加工十大新闻人物”和“中国农村十大致富带头人物”等荣誉称号。

郑和平先生作为得利斯董事长，不断推进贸工农一体化、农业产业化进程，大力发展民营经济，取得了显著的成绩。由他创办的得利斯集团，现已发展成为国家大型一档企业、首批农业产业化经营国家重点龙头企业、中国肉类行业10强及中国食品行业100强企业，得利斯商标及产品先后荣获中国驰名商标、中国名牌产品和中国最具市场竞争力品牌等多项荣誉称号。党和国家领导人温家宝、曾庆红、回良玉等先后视察公司并给予高度评价。

郑和平先生以“改善大众饮食营养，攀登肉食科学高峰”为己任，用优质产品和科学理念引导消费潮流，被誉为“中国低温肉品第一人”。他紧紧围绕创建中国农业产业化典范企业目标，全力打造从粮油加工、良种繁育、标准饲养、畜牧饲料、生猪屠宰、肉品加工、生物工程到物流销售一体化的绿色食品产业体系，不断完善从源头到终端全程控制的肉食品产业链条，拉起了农业、畜牧、食品和生物四大科技平台框架。他始终坚持贸工农一体化、农业产业化的经营方向，根植农村，心系农民，全面加快500万头生猪产业体系建设步伐，不断增强龙头企业的带动能力。

郭现生 先生

林州重机集团股份有限公司 董事长兼总经理

郭现生，男，1962 年出生，河南林州人，在职研究生学历，高级经济师。现任第十二届全国人大代表。林州重机集团股份有限公司董事长，林州重机集团控股有限公司执行董事，林州重机林钢钢铁有限公司执行董事，七台河重机金柱机械制造有限责任公司执行董事，鸡西金顶重机制造有限公司执行董事，鄂尔多斯重机能源有限公司执行董事，北京中科虹霸科技有限公司副董事长、总经理。

1987 年 12 月，郭现生在当时的河南林县建立了林县重型煤机设备厂，注册资本 70 万元，经营煤矿机械配件和机件加工。1994 年 3 月，郭现生以林县重型煤机厂为核心，组建了林州重机（集团）公司并担任董事长兼总经理，带领公司全体员工艰苦奋斗，短短几年时间，使公司迅速成长为当地具备一定规模的煤矿设备经销商。为完善公司治理谋求更大的发展，2002 年 5 月，郭现生等 24 名自然人共同发起设立了林州重机（集团）有限公司，注册资本 5000 万元。2008 年 2 月，为借助资本市场发展壮大，适应上市要求，公司由有限公司整体变更为股份有限公司，注册资本增加到 13660 万元；2009 年 12 月，注册资本增加到 15360 万元。2011 年 1 月，公司在深圳证券交易所成功上市，注册资本达到 20480 万元。经过近几年的快速发展，2013 年公司注册资本达到了 53657.4636 万元。目前，公司已发展成为国内唯一的集铸造生铁、煤炭综采成套设备、矿井建设与运营、金融租赁服务、安全技术装备于一体的综合服务商。

公司通过了 ISO9000/ISO14000/OHSAS18000 相关体系认证，林州重机品牌荣获中国驰名商标、河南省著名商标、安阳市首届市长质量奖、林州市首届市长质量奖。连续多年被评为重合同守信用企业、全面质量管理达标企业，系全国煤矿“十佳”支护产品、综机配件、机电配件定点生产企业，全国第一批国家级征信企业和中国质量守信企业、中国高新技术企业、河南省百户规模优势企业、百强企业、重点装备制造业三十强企业。

公司始终把新产品研发作为工作的重中之重，特别注意收集国际国内机械装备行业的科技信息，努力培育企业的核心竞争力。公司专家委员会定期召开会议评估公司现有技术水平及技术发展方向，公司战略投资委员会定期召开会议研究公司未来战略投资方向。公司建立了河南省认定的企业技术中心，与北京研究所、郑州研究所共同开展公司技术研发工作。截止 2013 年底，公司开发具有自主知识产权的专利技术共计 62 项。

公司十分重视生产经营过程给环境、能耗、安全、卫生等带来的社会影响，努力实施和创建优质、安全、低耗、高效节能环保型企业。严格按照国家行业控制的标准持续进行综合治理，相继制定了《危险废物环境管理制度》、《环境宣传教育和培训制度》、《环保设备运转巡查管理制度》、《环境保护管理及环保核查制度》、《特殊环境及特种作业管理规定》、《消防管理规定》、《安全检查管理规定》等，明确责任单位和责任人，确保清洁、高效生产。

在安全生产方面，公司持续开展“安全生产月”、“百日安全无事故”、“消防演练”等活动，增强员工安全意识。在节能减排方面，公司以节能技术、节能工艺研制出高压辊磨等节能产品，并投资上千万元用于更新添置高清洁工艺设备，在工件的热处理和消应力过程中，由原来的煤炭加热到目前所用的电加热，每年节约标准煤 2 万吨，减排烟尘、粉尘及 SO2 等 400 余吨，实现源头治理和过程消减。通过了 GB/T24001 环境管理体系认证和 GB/T28001 职业健康安全管理体系认证及矿用产品安全标志认证、特种设备制造许可认证等。

在文化建设方面，公司倡导学习型、创新性团队理念，大力开展安全生产、技术创新、模范班组、QC 小组、6S 管理小组等活动，鼓励开展丰富多彩的职工艺术文化活动；这些活动既融洽了员工关系，也激发了企业发展活力。

郭现生先生牢记“用户满意就是我们的成功”的理念；不断创新企业经营管理模式。在企业发展壮大过程中，情系员工，为公司全体员工办理了“五险一金”。积极回报社会。多年来，他及林州重机向汶川地震灾区捐赠款物，通过“林州慈善总会”捐款 200 余万元，帮助数百名贫困家庭孩子们圆了大学梦。

个人荣誉：

2003 年 10 月，被河南省煤炭学会质量技术监督专业委员会聘任为“河南省煤炭学会第一届质量技术监督专业委员会委员”；2004 年 4 月，被中国煤炭物资流通协会聘请为“中国煤炭物资流通协会支护分会副会长”；2004 年 12 月，被安阳市人民政府表彰为“安阳市希望工程功勋奖”；2006 年 1 月，被中共林州市委、林州市人民政府评选为“优秀中国特色社会主义事业建设者”；2007 年 7 月，被林州市中小企业服务局、林州市工商行政管理局、林州市质量技术监督局、林州市国税局、林州市地税局、林州市工商业联合会、林州市新闻中心等单位评选为“林州市十大经济新闻人物”；2008 年 2 月，被中共安阳市委、安阳市人民政府评为“2007 年度优秀民营企业家”；2009 年 3 月，被安阳市人民政府评为“2008 年度重点项目建设先进个人”；2010 年 1 月，被中共安阳市委、安阳市人民政府评为“第三届‘十佳农民标兵’扶贫济困标兵”；2011 年 1 月，被评为“感动安阳杰出战略投资者”；2013 年 2 月，当选“感动安阳 ·2012 年度杰出创业功臣”；2013 年 3 月，被安阳市人民政府、中共安阳市委评为“2012 年度红旗渠精神奖”先进个人；2013 年 4 月，被河南省总工会授予“五一劳动奖章”；2013 年 6 月，被安阳市委、安阳市人民政府授予“安阳市优秀民营企业家”。

郭现生先生以睿智和果断、诚信和责任，赢得了客户、赢得了信任，树立起了新时期优秀企业家、模范共产党员、优秀人大代表的光辉形象，用自己的实际行动诠释了“自力更生、艰苦创业、团结协作、无私奉献”的红旗渠精神，为实现伟大的中国梦做出了应有的贡献。

刘百宽 先生

濮阳濮耐高温材料（集团）股份有限公司董事长

刘百宽，男，中共党员，1961 年 7 月出生，中国国籍，无境外永久居留权，大学本科学历，教授级高级工程师。曾就职于洛阳耐火材料研究院工艺研究室，1990 年 3 月公派到美国 RSR 研究所从事合作研究工作。1993 年就职于濮阳县耐火材料厂，历任技术厂长、总工程师、高新技术研究所所长、厂长等职务，自 2002 年 1 月至今担任公司董事长。历任的主要社会职务有中国耐火材料行业协会会长（轮值），河南省耐火材料行业协会会长，武汉科技大学、西安建筑科技大学、北京科技大学兼职教授，河南省第十届、第十一届、第十二届人大代表，河南省第八次、第九次党代会代表，濮阳市第五届、第六届人大常委会委员。

多年来，刘百宽同志一直坚持学习邓小平理论和“三个代表”重要思想，认真贯彻执行党的路线、方针、政策，积极响应党的号召，模范遵守国家法律法规，在企业创业、发展和壮大各个阶段都做到了爱国、敬业、诚信、守法。1987 年大学毕业后，被分配到洛阳耐火材料研究院工作；1990 年 2 月至 1993 年 3 月，他被原国家经委、冶金部联合公派到美国 RSR 耐材公司研究所从事耐火材料的合作研究工作；1993 年，他怀着产业报国的远大抱负，毅然放弃了美国公司主动出面为他即将办好的绿卡、数万美元年薪、住房、专车等优厚待遇，回到了祖国，把一个年产值两三百万元的作坊式作业（濮阳县耐火材料厂）发展为一个销售收入逾亿元的现代企业（濮阳濮耐高温材料有限公司），在他的带领下，该公司自 2007 年经过股份制改造后，于 2008 年 4 月 25 日在深圳证券交易所隆重上市，成为濮阳市首家上市公司。公司上市后，刘百宽充分利用资本平台，成功进行了多次并购重组，在原料资源方面进行及早布置进入，目前，濮耐股份已拥有 7 个全资子公司、5 个控股子公司、4 个参股公司、1 个孙公司的集团股份公司。多年来，刘百宽先生一直致力于耐火材料的研究及企业管理及创新发展的工作，为中国的耐材事业作出了应有贡献。

刘百宽同志干一行、爱一行、专一行，是敬业、诚信的典范，他不仅做好了一个 5000 余人企业的管理工作，使濮耐成为本地区乃至全国同行业的典范，而且他还带领濮耐科技人员刻苦攻关，科研工作硕果累累，研制出多项荣获国家科技进步奖和河南省科技进步奖的高新技术产品，先后承担了国家科技型中小企业技术创新基金项目、国家火炬计划项目、国家火炬计划重点项目、国家重点新产品计划项目，同时，使濮耐形成了 20 多个系列、200 多个品种的产品规模，一些产品填补了国内空白，替代了进口，为国家节约了大量外汇；部分产品还打入了国际市场，并争取到大量的国际定单，成为国际市场上的热销产品。

刘百宽坚持以人为本，科技兴企，并确立了“以人为本，科技兴企”的发展战略，制定了一系列吸引人才的优惠政策，吸引了许多优秀人才来濮耐建功立业。自 1994 年开始，他相继招聘了一批有多年实践经验的工程师，一批有志之士也相继放弃舒适的工作和生活条件，和他一起艰苦创业。强烈的事业心造就了一个团结、奋进的领导团队。刘百宽还成立了北京研发中心和博士后工作站，吸引了更多的高素质人才加盟企业，他们将研究出一批原创性的技术和成果，为濮耐的长期发展提供技术保障。另外，濮耐还招聘了一大批优秀高校毕业生加盟，从而组建起了一支学术造诣好、专业水平高、创新能力强的人才队伍，从此，濮耐的科技实力日益提升，企业发展一日千里！

在企业发展过程中刘百宽始终遵循科学发展观的宗旨，按照国家产业政策进行产品结构的设置。在产品设置中，功能型耐火材料占 50%，节能型耐火材料占到了 70%，都是国家倡导的新型耐火材料，产品结构的科学设置，保证了企业的发展方向的正确性。

节能减排一直是濮耐发展的主题。2002 年企业曾上过一条新产品生产线，用传统烧成工艺，每吨产品消耗 2530kg 煤，经过几年的艰苦攻关，研究出了具有自主知识产权的核心技术，吨产品耗煤仅需 63kg，降低了 97.5%；另一产品由传统窑炉改为节能型窑炉烧成，节能效果达 40% 以上；刘百宽还带领研究人员研究为客户节能的新产品，其中一种新产品投入使用后，大大缩短了烘炉周期，由原来的 7～ 4 天减至现在的 1～3 天，还有一些产品，可以免烘烤，不但节约了大量的烘炉能源，而且还节省了宝贵的时间，创造了显著的经济效益。濮耐还注重用后的耐火材料的再利用，从而使上万吨废品变成了“可再生资源”！濮耐产品用于国内所有的大中型钢铁企业，只要有钢厂的地方，就会有濮耐的产品。在国际市场开拓方面，刘百宽在境外设立办事处或控股子公司，直接面向海外客户销售，开创了海外销售模式的先河。目前，濮耐在全球范围内设有 50 多个办事处，形成了完备的营销和服务网络。濮耐，已经成为响当当的国际品牌！

成绩只属于过去，刘百宽同志并不满足已有的成绩而固步自封，而是抓住当前国际耐材行业发展迅速、月时急剧扩张的有利时机，依靠目前我国工业结构调整的优惠政策，及时研究制定出濮耐中、长期发展规划，为濮耐绘制了辉煌的前景图：到 2015 年，建成一个跨地区、跨国界的高科技耐火材料企业集团，进入世界耐材行业前十名；到 2020 年，建成一个以高科技为基础、以耐火材料为主业的跨国集团，进入世界耐材行业的前三名。刘百宽同志有决心、有信心，并且有能力带领全体员工充分发挥我国耐火材料资源优势及企业自身优势，积极进行技术创新，不断开发研制高新技术产品，把濮耐建成现代化的高科技跨国企业集团。

有奋斗就有收获，刘百宽已发表论文 20 余篇，合著专著 2 部，申请 17 项专利，其中发明专利 4 项，13 项专利已获授权；研究开发的 14 个项目通过河南省科技厅技术鉴定，技术成果均获得省市科技进步奖，产品达到国内、国际先进水平。先后获得全国劳动模范、第四届全国乡镇企业家、河南省优秀企业厂长（经理）、河南省工业新产品新技术开发项目优秀带头人、河南省五四青年新长征突击手标兵、“河南省十大杰出青年”、河南省优秀社会主义建设者、首届河南省留学青年回国创业之星、河南工业创新特等奖、濮阳市科学技术特别贡献奖等多项荣誉称号。

赵欢 先生

中国光大银行　行长

赵欢先生，自2014年1月起加入公司，任公司党委副书记、执行董事、行长。现任中国光大（集团）总公司党委委员、执行董事，2001年3月至2011年3月，历任中国建设银行公司业务部副总经理、厦门市分行副行长、公司业务部总经理及上海市分行行长。2011年3月至2014年1月任中国建设银行副行长、党委委员（2010年12月起）。1986年毕业于西安交通大学管理工程专业。高级经济师。

熊伟 先生

武汉金融超市投资管理有限公司　董事长

熊伟，1970年3月出生，硕士研究生学历，高级会计师、高级信用管理师，无党派人士。现任武汉金融超市投资管理有限公司董事长、武汉信用投资集团股份有限公司董事长兼总经理、武汉信用风险管理公司董事长兼总经理、武汉经济发展投资集团董事；汉口银行、武汉农村商业银行监事；武汉市第十三届人民代表大会代表、政协武汉市第十一届、十二届委员会委员、武汉市青联副主席。

熊伟同志自1998年创建武汉信用风险管理公司，进入信用管理行业以来，带领所在公司由一个注册资本25万元的小企业成长为武汉市国资系统年创利税近10亿元，业务涵盖征信评级、融资担保、小额贷款、股权投资、资产管理等领域在内的金融投资和金融服务集团，一跃成为武汉市国资系统金融服务的核心企业。由于其在金融创新和对中小微企业金融服务方面的突出贡献，熊伟同志先后荣获了全国信用建设突出贡献个人、湖北省五一劳动奖章、武汉市劳动模范、武汉市五一劳动奖章、湖北省优秀企业家、武汉优秀青年、武汉市缓解中小企业融资难先进个人等多项荣誉称号。

刘青山 先生

泰达宏利基金管理有限公司 总经理

刘青山先生，泰达宏利基金管理有限公司总经理。毕业于中国人民大学，史学学士和管理学硕士。1997年就职于华夏证券基金部，参与筹建华夏基金管理公司，从事投资研究工作。2001年起参与筹建湘财合丰基金管理有限公司（泰达宏利基金管理有限公司前身）并工作至今，期间历任研究部负责人、基金经理、投资副总监、投资总监兼总经理助理。2013年3月起任泰达宏利基金管理有限公司总经理。

2009年时任泰达宏利投资总监、泰达宏利精选基金基金经理刘青山入选福布斯中国十佳基金经理，刘青山总经理管理泰达宏利精选基金长达9年的时间，该基金分别荣膺2006年度开放式股票型金牛基金、《中国证券报》2010年度五年期股票型金牛基金以及晨星2010年度股票型基金奖。

王耀方 先生

常州千红生化制药股份有限公司 董事长

王耀方，1970-1975 常州生化厂从事药品生产；1975-1984 常州生化厂 课题组负责人、科研室主任；1984-1987 常州生化厂副厂长；1987-1992 中日合资常州千红生化制药有限公司副总经理；1992-1996年11月 常州生物化学公司总经理；1996年12月-2003年4月 常州生化千红公司董事长兼总经理；2003年4月-2008年3月 常州千红生化制药有限公司董事长兼总经理；2008年3月至今 常州千红生化制药股份有限公司董事长；2010年12月至今 湖北润红生物科技有限公司董事长。

1999年起至今 常州市第10、11、12、13、14、15届人民代表大会代表。中国生化制药工业协会，副会长；江苏省制药行业协会，副会长；江苏省要学会，常务理事；常州制药行业协会，副会长。

论文：胰激肽释放酶对糖尿病人微循环的研究，《微循环杂志》，VOL2，NO5，P40-43，1997；胰激肽释放酶对脑缺血沙土鼠软脑膜微血管血流量的影响，(使用糖尿病杂志)，VOL.1，NO.7，P23-43，1997；弹性酶与糖尿病肾病的防治，《中国糖尿病杂志》，VOL.4，NO.5，P250-251，1997

1980年获常州市重大科技成果一等奖 1982年获省重大科技成果三等奖；1982年获商业部重大科技成果二等奖；1985年获国家级科技进步三等奖；1989年获江苏省科技进步三等奖；1990年获商业部科技进步二等奖；1991年获江苏省有突出贡献优秀中青年专家称号；1992年获国家科技进步三等奖；1992年享受国务院特殊津贴；1999年获国内贸易局科技进步奖；2003年"胰腺两酶联产技术"获江苏省科技进步二等奖，项目第一负责人；2004年"L-门冬酰胺酶"生产技术与重组前脂质体研究获江苏省科技进步二等奖，项目第一负责人；2004年常州市第六届杰出科技人员。

王军 先生

包头东宝生物技术股份有限公司 董事长

包头东宝生物技术股份有限公司成立于1997年，是一家专业的生物制品国家级高新技术企业。

东宝生物董事长王军先生，1951年出生，1984年开始创业。高级经济师，北京大学高层经理工商管理高级研修班结业。内蒙古自治区九届、十届、十一届人民代表大会代表，被评选为"全国乡镇企业家"，"内蒙古自治区优秀中国特色社会主义建设者"，连续多年获得"包头稀土高新区优秀企业家"荣誉。王军先生现任本公司董事长，兼任中国日用化工协会副理事长、中国日用化工协会明胶分会副理事长、包头东宝实业（集团）有限公司执行董事、东宝圆素（北京）科贸有限责任公司董事长。

多年来，王军董事长带领东宝生物团队取得了一个又一个丰硕成果，体现出其卓越的领导才能。2010年，他领导的东宝生物公司被评为全国明胶行业先进企业。2011年，东宝生物成为内蒙古第一家创业板上市民营企业。他主持的胶原蛋白项目组与中科院理化所专家共同成功开发出"圆素"牌骨胶原蛋白，获得中国发明专利，并获得自治区乌兰夫基金企业科技创新奖。"圆素"牌胶原蛋白肽产品经SGS国际权威机构检测，平均分子量约在1300道尔顿，产品质量指标达到国际同类产品先进水平，属高品质胶原蛋白产品。其系列粉剂、果汁饮品、面膜、眼膜、眼霜等深受消费者欢迎。2013年4月，"圆素"牌胶原蛋白被包头市人民政府评为2012年度"包头市名牌产品"。2014年1月，公司用于骨制明胶的"金鹿"商标被认定为内蒙古自治区著名商标，用于胶原蛋白的"圆素"商标被包头市政府认定为知名商标。

王军董事长重视企业产学研创新和科学发展工作，东宝生物依托行业内首家产学研合作研发机构——"中科院理化所——东宝生物胶原与明胶工程应用研发中心"，开展多项前沿生物技术研发，成效明显。2013年东宝生物获得两项中国发明专利。2013年6月，被内蒙古自治区党委、政府授予"全区科学发展先进企业"荣誉称号。

2013年12月王军董事长代表东宝生物与美国Lipond International在中国·包头签订了《原材料采购合约》，与美国Pureorg公司签订了《服务合作协议书》，通过pureorg同UCLA（加州大学洛杉矶分校）进行胶原蛋白及胶原蛋白衍生品对抑制肿瘤的研究，并研发相应复合型配方胶原蛋白产品，不但使公司胶原蛋白应用研发走在了行业前列，更开启了"圆素"牌胶原蛋白大步走向国际市场的新局面。

王军董事长领导下的东宝生物上市募投项目已全部顺利建成，主营业务发展良好，业绩保持稳步增长。2014年是"十二五"发展关键之年，我们相信在王军董事长的正确领导下，借力资本市场、不断创新的东宝生物必将取得新的、更大的成绩。

刘平春 先生

深圳华侨城股份有限公司 董事长

刘平春，男，1955 年出生，本科学历，高级政工师。曾任华侨城经济发展总公司总经理助理兼策划部总经理，本公司董事兼总裁、党委书记、董事长，华侨城集团副总裁，深圳欢乐谷董事长，北京华侨城副董事长、总经理(兼)，上海华侨城董事长，锦绣中华董事长、深圳世界之窗副董事长，华侨城酒店集团董事长、党委书记，云南华侨城董事长。现任华侨城集团党委常委，暨南大学深圳旅游学院院长，公司党委副书记、总裁、董事。同时兼任中国旅游协会副会长、中国旅游景区协会会长、中国上市公司协会副会长、深圳上市公司协会副会长。

管理经验及成就业绩

刘平春同志长期从事旅游产业战略规划、大型旅游项目投资开发与经营管理，以及上市公司运营等工作，拥有 20 多年的管理工作经验。参与了所属锦绣中华、世界之窗主题公园董事会工作，指导其坚持高品位与特色经营，不断更新改造，使两景区一直保持旺盛的活力与生命力；参与领导了中国新一代主题公园"欢乐谷"的规划建设及经营管理，成功实现了华侨城主题公园产品的换代与升级，并实现"欢乐谷"的全国连锁。

多年来，刘平春同志积极探索创新主题公园产业的发展模式，实现了华侨城主题公园全国布点布局和连锁发展；在探索主题公园科学管理模式，加强"软实力"培养等战略问题上也进行了长期的研究和实践，领导了中国第一套主题公园企业管理标准的编制，推动中国主题公园运营管理与国际先进水平的接轨。在长期的实践中刘平春同志对中国旅游业发展特别是主题旅游产业的发展形成了深入的认识和独到的见解，曾多次应邀参加中国旅游投资洽谈会、中国旅游发展论坛、中国文化产业新年论坛、IT 经理世界年会等各类学术交流并发表主题演讲，其发言被收录在《2005 中国旅游景区发展报告》、《2006 中国旅游投资报告》等出版物中公开发行。

1997 年，刘平春同志参与华侨城集团旅游资产上市的筹组工作，并先后担任上市公司"深圳华侨城控股股份有限公司"董事总裁、董事长，运用资本市场支持旅游企业投资发展，实现了华侨城旅游产业的快速扩张。2009 年 11 月，华侨城集团依托股份公司平台实现主营业务整体上市，刘平春担任"深圳华侨城股份有限公司"董事总裁，为股份公司进一步整合资源、统筹运作、加速发展奠定了基础。

十五年来华侨城股份公司一直保持良好的发展状态，公司资产总值由 8.02 亿元增长到 730 亿元，净资产从上市初的 5.79 亿元上升到 200 亿元。2012 年，受国内外经济形势的影响，公司在我国旅游业增长下行压力渐显的不利局面下，下大气力抓经营、抓市场、抓服务，公司旅游综合业务继续保持稳步增长，多家企业创出经营新高。全年实现旅游综合业务收入 104.6 亿元，共接待游客 2619 万人次，再创历史新高。2007 年至 2012 年，华侨城连续入选年入园千万人次以上的世界旅游景区集团八强。

社会荣誉

2011 年 5 月，华侨城 A 荣获中国房地产研究会、中国房地产协会和中国房地产测评中心授予的"2011 中国房地产上市公司综合实力二十强"；10 月，"2011 中国最佳雇主榜单"在北京会议中心隆重揭晓，华侨城 A 荣获"中国最具投资潜力的品牌雇主"殊荣，该活动由国际人力资源管理协会、首都经济贸易大学、中国雇主品牌论坛理事会、中企联合(北京)人力资源管理中心等单位联合主办，《企业管理》杂志、《职业》杂志、《中国品牌》杂志、English Glasgow University CRMP 和搜狐财经协办；12 月，在《每日经济新闻》报社举办的 2011 中国上市公司领袖高峰论坛暨上市公司口碑榜活动中，华侨城 A 荣获"2011 中国上市公司口碑榜 · 最佳大股东"称号；同月，经世界经理人集团、世界企业家杂志和世界金融实验室共同评选，华侨城 A 被世界金融实验室、世界企业家杂志授予"2011 中国最受尊敬 50 家上市公司"称号。2012 年 5 月，由中共中央宣传部和国家科技部组织召开的"文化与科技融合座谈会"上，光明日报社和经济日报社发布了第四届"文化企业 30 强"名单，华侨城 A 继 2011 年第三届"文化企业 30 强"再次入选；7 月，由中国证券报主办的第 14 届中国上市公司高端对话暨金牛奖颁奖典礼在天津举行，华侨城 A 荣登"2011 年度金牛上市公司百强"榜单，并荣获"2011 年度金牛上市公司百强"、"2011 年度金牛基业常青公司"两大奖项。

2011 年 12 月，在由深圳市企业联合会、深圳市企业家协会、深圳报业集团、深圳广电集团、《时代商家》杂志社联手深圳近 80 家行业协会举办的首届深圳百名行业领军人物评选活动中，刘平春总裁荣获"深圳百名行业领军人物"称号；在 2011 年度中国旅游投资"ITIA(艾蒂亚)"评选活动中，刘平春总裁荣获国际旅游投资协会颁发的"中国旅游投资领袖人物"奖。

在这些业绩与荣誉背后，在刘平春同志的领导下，华侨城打造了中国旅游第一品牌，创造了独特的商业模式，培育了成片综合开发的核心竞争力，锻炼了一支具有国际竞争力的人才队伍，推动了中国现代旅游产业的崛起，践行了中国企业公民的社会责任。

曹世如 女士

成都红旗连锁股份有限公司　董事长

曹世如女士，成都红旗连锁股份有限公司党委书记、董事长、总经理，全国第九、十次妇代会代表，四川省第九次党代会代表、四川省第十、十一届人大代表、四川省妇联常委，成都市第十、十一、十二次党代会代表、成都市第九、十届人大代表。现任成都零售商协会会长。

红旗连锁在她的带领下现已发展成为中国西部最具规模的以连锁经营、物流配送、电子商务为一体的商业连锁企业。目前在四川省内已开设 1300 余家连锁超市，就业员工 13000 余人，仅 2011 年及 2012 年 1-9 月上缴税收及社会保险达 4.8 亿元以上；拥有三座现代化的物流配送中心；与上千家供货商建立了良好的互利双赢的商业合作关系。公司经营业绩跨入中国服务业企业 500 强、全国商业企业百强、中国零售百强企业、中国连锁百强企业、中国零售业区域明星企业、四川企业 100 强、四川商业企业最大规模 10 强；荣获中国“最具成长性企业”、中国优秀诚信企业、中国消费者协会全国商业服务业“诚信单位”、全国商务系统先进集体、全国和谐商业企业；四川省现代流通先进企业、四川省优势商业零售企业、成都市首批大企业大集团培育企业、成都市再就业工作先进集体、成都市纳税先进企业等荣誉。

赵亚萍 女士

渤海银行股份有限公司托管业务部　总经理

赵亚萍女士，渤海银行股份有限公司托管业务部总经理。1986 年 7 月 -2003 年 12 月任中国农业银行托管业务部处长；2003 年 12 月 -2007 年 3 月任天弘基金管理有限公司副总经理；2007 年 3 月 13 日至今任渤海银行股份有限公司托管业务部总经理。

张洪起 先生

天津鹏翎胶管股份有限公司 董事长

张洪起，天津鹏翎胶管股份有限公司董事长，中共党员，1956年出生于天津市中塘镇普通农民家庭，硕士研究生学历。先后荣获全国星火先进工作者、中国经济百名杰出人物、中国橡胶工业企业科学发展带头人、天津市优秀中国特色社会主义事业建设者、天津市中小企业风云榜“创新领军人物”等。

自公司1988年创建以来，张洪起同志始终秉承“持之以恒奋斗，实现自我价值”的信念，坚持技术创新战略，加大人才引进力度，实行扁平化管理，经过25年的艰苦创业，在张洪起同志的领导下，公司从一个不起眼的小厂发展到如今“四地五厂”的战略布局，2013年销售额突破10亿元，2014年1月27日，鹏翎股份在深交所创业板成功上市。

刘肇怀 先生

深圳英飞拓科技股份有限公司 董事长

刘肇怀，男，美籍华人，1995年取得美国国籍，中山大学物理系无线电专业本科，美国犹他大学物理学硕士，美国犹他大学物理学硕博士

经历：

美国普林斯顿大学电机工程系博士后研究员
美国NEC普林斯顿研究院研究员
曾在国外发表科研论文44篇
1993年成立美国洛泰克，担任总裁
2000年成立INFINOVA，LLC，担任总裁
深圳英飞拓科技股份有限公司前身英飞拓有限董事长
深圳英飞拓科技股份有限公司董事长(现任)
英飞拓国际董事长兼总裁(现任)
美国英飞拓董事长兼总裁(现任)
香港英飞拓董事长兼总裁(现任)
JHL INFINITE LLC总裁(现任)

获奖荣誉：

2008年12月被《中国公共安全》杂志社评为“改革开放30年影响中国安防30人”
2009年4月被《中国交通信息产业》杂志社评为“中国交通信息产业10周年优秀企业家”

黄泽兰 先生

崇义章源钨业股份有限公司 董事长

黄泽兰，男，1955年7月出生，汉族，江西省崇义县人，1982年2月参加工作，高中文化，现任崇义章源钨业股份有限公司董事长，系江西省政协常委、赣州市人大代表、中国钨业协会主席团主席、中国有色金属工业协会理事、江西省企业家协会理事、赣州市工商联副会长、2005年度全国劳动模范，具有20年以上资深钨行业从业资历，具备丰富的企业管理和营运经验。其任职的崇义章源钨业股份有限公司位于江西省赣州市崇义县，始创于2000年，是集钨的采选、冶炼、制粉、钨材与硬质合金生产和深加工、贸易为一体的大型钨行业上市民营企业（股票简称：章源钨业，股票代码：002378）。

主要简历

1982年从事个体运输业；
1984年从事个体采矿业；
1994年购买崇义县淘锡坑钨矿，任矿长；
1995年购买新安子钨锡矿，任矿长；
1998年购买大余县石雷钨矿，任矿长；
1999年购买崇义县冶金化工厂，任厂长；
2000年组建崇义章源钨制品有限公司，任董事长兼总经理；
2007年将崇义章源钨制品有限公司改组为崇义章源钨业股份有限公司，任董事长、总经理。
2012年因公司经营规模扩大和未来发展的需要，辞去兼任的总经理一职，仍担任董事长职务。

王丽 女士

北京德恒律师事务所 主任

王丽，吉林大学法学博士，北京德恒律师事务所主任，首席全球合伙人。1993年参与创办中国律师事务中心，同年获律师从业资格和证券业务资格，具备上市公司独立董事任职资格。全国工商联执委，中国民营经济国际合作商会副会长，全联女企业家商会副会长，中国国际经济贸易仲裁委员会仲裁员，全国社会保障基金理事会与人力资源与社会保障部企业年金专家，广东省商业联合会副会长，北京市人民政府上市工作委员会委员、立法工作法律专家委员会委员。吉林大学德恒律师学院院长，中国社会科学院法学所兼职教授，北京大学、清华大学硕士导师。中国妇女第十一次全国代表大会代表。中共北京市第十一次代表大会代表，中国人民政治协商会议北京市第十二届委员会委员。

擅长公司证券业务，曾任中国证监会重组委员会第一届、第二届委员。担任三峡总公司法律顾问，主办发行九期345亿人民币三峡债券，长江电力A股上市及总公司发电资产整体上市，中国重汽香港、航天科技通信等数十家大型国企改制境内外股票、债券发行上市，牵头主办史上最大融资额1507亿人民币的中国农业银行A+H股IPO等法律服务。担任部分中央和地方政府部门及金融机构法律顾问，综合协调处理大量刑事、经济、行政与知识产权等重大法律事务。为企业走出去、风险防范与重大突发事件处置提供法律支持。

李跃先 先生
太阳鸟游艇股份有限公司 董事长

李跃先，汉族，1963年3月出生，本科文化，中共党员，高级工程师，中国造船工程学会复合材料委员会理事，中国船艇协会副理事长，中国交通企业管理协会客运游艇工作委员会副理事长，中国标技委复材船艇委员会委员，中国小艇标准化技术委员会委员。1991年7月至2008年12月担任控股股东控股公司及其前身董事长、总经理；2003年6月至2008年12月担任公司前身太阳鸟有限董事长、总经理；现任太阳鸟游艇股份有限公司董事长、总裁。

李跃先先生曾获国家经贸部科技成果二等奖、湖南省"星火带头人"称号；获湖南省人民政府"优秀科技工作者"称号；获益阳市政府"十大优秀青年企业家"称号；2000年被湖南省政府授予"优秀民营企业家"称号；2002年太阳鸟公司进入湖南民营500强；2009年获益阳市十大"企业明星"称号、荣获益阳市建国60年、改革开放30年企业先进个人称号；2011年太阳鸟被认定为中国驰名商标，荣获益阳市人民政府授予"创业之星"称号、2011年中国质量评价协会科技创新卓越领导者奖；2012年获湖南省人民政府科学技术进步奖、2012年度全国交通运输企业节能减排优秀推进个人，2013年评选为湖南省人大代表。

尹庆军 先生
国金通用基金管理公司 总经理

尹庆军先生，1966年5月出生。1984年9月至1991年7月在北京大学学习国际政治，先后获学士和硕士学位。1991年7月至1997年7月在中央编译局世界所任助理研究员、办公厅科研外事秘书；1997年7月至1999年1月在中央编译出版社任出版部主任；1999年1月至2008年3月在博时基金管理有限公司工作，任人力资源部总经理、董事会秘书、监事；2008年3月10日起参与筹备国金通用基金管理有限公司，拟任督察长。2011年11月至2012年7月任国金通用基金管理有限公司督察长。2012年7月至今任国金通用基金管理有限公司总经理。

徐华 先生

致同会计师事务所（特殊普通合伙）董事长

徐华，男，硕士研究生。现任致同会计师事务所（特殊普通合伙）首席合伙人、主任会计师。1983.9-1993.10 在北京市财政局任主任科员，1993.11-1998.5 北京注册会计师协会任常务副秘书长，1998.6- 至今任致同会计师事务所（特殊普通合伙）首席合伙人、主任会计师。担任的社会职务有：财政部会计信息化委员会委员、中注协信息化委员会委员、《中国注册会计师》编辑委员会委员、中注协理事、北京注协行业党委委员、中注协内部治理委员会专家咨询委员、北京会计学会理事、北京国际税收研究会副会长。

徐华现任致同会计师事务所（原京都天华会计师事务所）首席合伙人。致同会计师事务所是 Grant Thornton International Ltd（致同国际）在中国唯一的成员所，成立于 1981 年。公司的服务范围包括审计、税务、咨询、评估和工程造价，客户涵盖 160 余家上市公司、2000 家国有企业、民营企业以及外资公司。总部设于北京，至今在中国设有 17 个分支机构（包括香港特别行政区）。致同拥有逾 120 位合伙人，近 2,700 名员工，其中有 700 名注册会计师。

周红卫 先生

江苏润和软件股份有限公司　董事长

周红卫先生，1967 年出生，本科学历，中国国籍，曾担任日本恒星（南京）电脑系统有限公司项目经理及部门总经理、宏图东方信息系统有限公司副总经理等。2006 年 6 月任江苏润和软件股份有限公司董事长兼总裁。

周红卫先生长期在美国、日本等地从事国际软件外包工作，积累了丰富经验。怀着对软件外包事业的热爱以及要为祖国信息产业做出贡献的巨大决心，他毅然放弃国外优厚的条件，回到南京，于 2006 年创办了江苏润和软件股份有限公司，走上用科技知识自主创业的道路。短短几年时间，润和软件已从仅有 200 个技术人员的小公司发展成近 2000 人规模的高科技企业，从行业的跟随者成长为行业的领军者，走出一条自主研发、不断创新、与国际接轨的发展道路。2012 年 7 月，润和软件在深圳创业板成功上市，成为中国（南京）软件谷首家上市的本土企业。

润和软件自成立以来，一直坚持“国际化、高端化、专业化”的发展战略，以南京为总部及研发基地，在日本东京、美国波士顿、硅谷、新加坡设立了海外控股子公司，在北京、上海、西安、深圳设立了国内控股子公司，形成了一点多面的企业布局模式。同时，润和软件围绕软件外包企业三个核心要素即接包能力、实用人才、流程管理进行运作，全面提高企业竞争力。公司多年来一直持续高速的发展，通过结合离岸成本优势，累积行业技术经验以及灵活调度企业内外部资源，已在“供应链管理软件”、“智能终端嵌入式软件及产品”和“智能电网信息化软件”等领域打造了具有一定市场影响力的高端软件外包服务品牌，业务内容以行业解决方案为基础，涵盖咨询、设计、开发、测试、维护等软件全生命周期作业，处于产业价值链高端。

作为江苏软件外包产业联盟的秘书长单位，润和软件充分发挥领域内的经验和优势，做大做强江苏软件外包产业。2006 年底，启动了润和软件外包园项目，力图打造一个涵盖市场、人才、资金，具有核心竞争力的软件外包产业集群。

刘年新 先生

深圳市洪涛装饰股份有限公司　董事长

刘年新先生 1956 年 9 月出生，中国人民大学研究生、获硕士学位，政治面貌：党员。

工作经历：

1976 年——1982 年，广东兴宁瓷厂设计师、团支书记；

1982 年——1985 年，深圳市霓虹灯工艺厂厂长；

1985 年——1987 年，深圳市洪涛装饰工程有限公司副总经理；

1993 年——2003 年，深圳市洪涛装饰工程有限公司总经理；

2003 年——至今，深圳市洪涛装饰股份有限公司董事长、总经理、党委书记。

社会兼职：

高级工艺美术师、高级环境艺术设计师、全国有成就的资深室内建筑师、英国皇家特许建造师

2002 年获亚太室内设计金奖

中国建筑学会设计分会常务理事、IDA 香港室内设计协会中国深圳代表处委员会主任、广东省环境艺术设计行业协会副会长、中国装饰协会常务理事、中国楹联学会常务理事深圳装饰协会副会长、罗湖区工商联副会长、深圳市企业联合会副会长、中国书法家协会会员、深圳书画家协会副主席、深圳楹联学会会长、哈尔滨工业大学客座教授。

刘光 先生

东方网力科技股份有限公司　董事长、总经理

刘光，工商管理硕士。1993 年毕业于南京河海大学计算机系，获计算机应用专业学士学位；2005 年毕业于北京大学国家发展研究院（原北京大学中国经济研究中心）北大国际 MBA，获工商管理硕士学位。现任东方网力科技股份有限公司董事长、总经理，兼子公司重庆网力执行董事。

张利国 先生

北京国枫凯文律师事务所 首席合伙人

张利国律师,1989年毕业于北京大学法律系,获国际经济法硕士学位。在校期间加入中国共产党。研究生毕业后,曾就职于北京市医药总公司、中国汽车进出口总公司等企业。1994年创办了北京市国方律师事务所,2005年国方律师事务所重组设立了北京市国枫律师事务所,张利国律师任国枫所主任。2012年北京市国枫律师事务所与北京市凯文律师事务所合并,成立了北京国枫凯文律师事务所,张利国律师为事务所首席合伙人。

张利国律师从1993年就开始从事专职律师工作,当年即获得了由司法部、中国证券监督管理委员会授予的证券法律业务的从业资格。从这一年起,他就一直从事证券法律业务,先后为包括美克国际家具股份有限公司、北京首钢股份有限公司、北京中科三环高技术股份有限公司、江苏连云港港口股份有限公司、安瑞科能源装备控股有限公司在内的数百家企业的股票发行、企业兼并、资产重组、增发、配股项目提供了法律服务,业务种类涉及H股、A股、B股、红筹股、证券投资基金设立等。近几年中,张利国律师参与完成了几十家企业的IPO、再融资业务,为企业融资规模达近千亿元,为我国证券市场的发展壮大做出了突出贡献。

张利国律师注重法学理论与实务的深入思考和研究,参与撰写了主要著作有《实用经济法》(经济出版社出版)、《律师从事证券法律业务规范(试行)释义》(中国民主法制出版社出版),并在有关专业杂志上发表了数篇论文。

冯全宏 先生

浙江省围海建设集团股份有限公司 董事长

冯全宏先生,中国国籍,无境外永久居留权,1952年11月出生,中共党员,研究生学历,高级工程师,高级政工师,一级建造师。2003年11月－至今任本公司董事长、党委书记;2007年1月－至今任浙江围海控股集团有限公司董事长、党委书记,总裁。曾获"全国优秀施工企业家"、"全国优秀水利企业家"、"浙江省劳动模范"、"浙江省优秀共产党员"、"建国60周年60位为宁波建设作出突出贡献的先进模范人物"、"十大风云甬商奖"等多项荣誉。

袁明 先生

深圳市同洲电子股份有限公司 董事长兼总经理

袁明先生，1984 年毕业于太原科技大学，北京大学工商管理硕士，于 1994 年 2 月创建深圳市同洲电子股份有限公司，担任董事长至今，是湖北省政协委员、深圳市政协委员、广电总局广播电视专家委员会委员、深圳市数字电视协会副会长、深圳市三网融合专家组专家、广东省工业合作协会副会长、深圳市总商会理事，曾获中国优秀科技民营企业家、广电行业十大风云人物等荣誉，著有学术专著《数字有线机顶盒》。全球首创“电视映像触控技术—摸摸看”，“摸摸看”攻克了近百年来传统电视屏输入难的世界性难题，被誉为将彻底改变用户体验的“三大发明之一”；摸摸看的发明，引领三网融合进入四屏合一时代。

杨振 先生

加加食品集团股份有限公司 董事长

杨振先生，1962 年出生，中国国籍，无境外永久居留权，湖南宁乡人，大学文化，高级经济师，现任加加食品集团股份有限公司（下称加加食品）董事长、总经理。个人先后荣获“全国优秀乡镇企业家”、“全国青年致富带头人”、“中国调味品行业十大风云人物”、“全国农村青年创业致富带头人”、“长沙市劳动模范”等称号，担任中国调味品协会常务理事，湖南省人大代表。

杨振领导的加加食品成立于 1996 年，现已拥有“加加”、“盘中餐”、“九陈香”、“汤宜”、“伊能”几大品牌；公司先后荣获“中国名牌”、“中国驰名商标”、“国家级农业产业化重点龙头企业”、“国家食品工业重点企业”、“全国酿造酱油示范企业”、“食品安全示范单位”等荣誉称号。

2011 年，加加食品实现销售收入 16.8 亿元，利税 2.9 亿元，综合实力位居中国调味品行业第三位，并于 2012 年 1 月 6 日成功登陆 A 股市场，被誉为“中国酱油第一股”。公司募投项目建设于国家级宁乡经济技术开发区内的“加加食品科技工业园”，将建成“年产 20 万吨优质酱油项目”、“年产 1 万吨优质茶籽油项目”以及“中国酱油博物馆”、“中国茶油博物馆”。这是实施公司产业发展战略、实现产品结构升级、不断提升盈利能力的重要举措。

加加食品将以食品工业园为产业发展新起点，继续创新战略和战术，创新工艺和技术，创新产品和营销，创新管理和商业模式，力争 5 年内实现销售收入 50 亿元，并积极引领行业进步，实现再造一个中国酱油市场的宏伟目标。

万卫方 先生

江苏吴通通讯股份有限公司 董事长

万卫方，男，1965年11月出生，汉族，高级经济师，江苏吴通通讯股份有限公司法人代表、董事长。公司主要从事移动通信基站天馈系统产品的研发、生产和销售。2011年公司实现销售额2亿余元，上缴税收2500多万元，利润近3000万元。

自公司成立以来，万卫方带领吴通公司积极投身自主创新、科学发展的时代潮流，投身建设环保型、节约型、和谐型社会的伟大事业，闯出了一条当今民营企业与时俱进、科学发展的成功之路。在经济实力不断增强的同时，公司先后支持教育事业、慈善事业和新农村建设等各项公益事业，累计出资和捐资百余万元，表达了亲民、爱民、助民的手足之情。正因为这样，吴通公司和万卫方连续赢得了一项项殊荣。公司先后被授予"江苏省创新型企业"、"高新技术企业"、"中国通信市场最有影响力的行业品牌"、"中国电子元件百强企业"等荣誉称号。万卫方多次被选为相城区政协委员、优秀党员、人大代表、社会主义事业建设者，积极参政议政为一方百姓谋取更大的福利。

万卫方尊重人才，敢于授权，敢于创新，采用现代化管理模式，创建学习型企业，重视人才培训及人才晋升，每年企业用于各类培训的费用就达20多万元，使职工有了前进的动力。公司获得多项发明专利和实用新型专利，先后和南邮、北邮和东南大学达成了实习教育协议，为毕业生提供实习基地。截止2010年，公司射频同轴连接器产品挤身国内同行业前三名："吴通"商标已被认定为苏州市知名商标和江苏省著名商标。

2012年2月29日，通过不懈努力，吴通通讯成功上市，开启了企业发展史上新的篇章。未来，万卫方将带领吴通公司借助资本市场的力量，将公司打造成为国内一流的专业化通信互连产品和互连解决方案供应商。

于国权 先生

江苏长青农化股份有限公司 董事长

于国权，男，中国国籍，1960年12月生，本科学历，高级经济师，全国优秀乡镇企业家。1978年进入江都农药厂工作，1985年至1999年历任江都农药厂财务科长、副厂长、厂长，1999年至2001年任江苏长青集团有限公司董事长、总经理。2001年1月起任本公司董事长、总经理。

程上楠 先生

常州光洋轴承股份有限公司 董事长、总经理

程上楠先生系常州光洋轴承有限公司创始人。现任常州光洋轴承股份有限公司董事长、法人代表，常州光洋控股份集团有限公司董事长、法人代表，高级经济师，中国轴承工业协会理事会理事，中国轴承工业协会规划发展咨询工作委员会第二届专家委员会专家，江苏省轴承工业协会副理事长，常州市人大代表，江苏省优秀民营企业家。1992-2002 年多次被常州市委、市政府评为立功人员，2003 年荣获首届全国轴承行业优秀企业家称号，2006-2008 年荣获常州市优秀企业家称号，2009 年荣获第三届商标节中国商标战略创新领军人物称号，2010-2012 年荣获常州市明星企业家称号，2011-2012 年荣获江苏省履行社会责任优秀企业家称号，2012 年荣获江苏省第五届创业之星称号。

程上楠先生特别注重个人和企业信用建设，公司已连续多年被中国建设银行江苏省分行评定为 AAA 级信用等级。2011 年实施信用贯标工作，并获得江苏省社会信用体系建设领导小组颁发的“江苏省信用贯标证书”，有效的增强了企业信用管理意识和风险防御能力，促进企业转型升级、提升了企业形象。

程上楠先生积极参与和发动全公司员工，开展社会公益活动、参与社会慈善事业，履行社会责任、建设文明企业、构筑和谐社会。公司设立爱心基金，用于资助家庭特别困难的员工，帮助他们渡过难关。2008 年、2010 年四川汶川、青海玉树发生特大地震，他号召全体员工为灾区人民祈福、并向灾区捐款。同时每年还组织公司高层领导开展“慰问社区老人、送温暖”活动，定期组织员工参加义务献血活动。

杨国文 先生

江苏长海复合材料股份有限公司 董事长

杨国文先生，中国国籍，无境外居留权，1957 年出生，大专学历，高级经济师，中共党员。历任遥观镇建筑工程队队长、常州市台钻厂副厂长、常州市武进长江淀粉化工有限公司总经理，常州市长海玻纤制品有限公司（以下简称“长海玻纤”）董事长。现任公司董事长。通过多年发展与自主创新，公司在强手如林的市场竞争中脱颖而出，成为玻纤行业中的佼佼者，目前公司玻纤制品生产销售规模位居江苏第一。在国内，从东部到西部、从海南到吉林，长海玻纤制品以其优异的品质，得到了国内 300 多家企业的一致认可；在国外，北美、南美、欧洲、中东、东南亚、大洋洲、非洲……30 多个国家和地区打上了长海的标记。长海，将以大海一样的辽阔胸襟和深远发展眼光，从容面对未来市场变化带来的机遇和挑战，始终不渝的坚持自己的目标——“成为国内第一、国际领先的新型复合材料行业领军人物！

明国珍 女士

青岛海尔股份有限公司 副总经理、董事会秘书

明国珍，女，生于1964年。经济学硕士，高级经济师。曾任中国金融学院投资系讲师、投资经济教研室副主任；中国光大国际信托投资公司资金部业务员、总经理办公室副主任、主任、经营管理部总经理兼人事部总经理、公司总经理助理，光大国际投资咨询公司常务副总；中国证券业协会分析师专业委员会办公室主任，协会资格管理部副主任，协会执业标准委员会副主任。现任青岛海尔股份有限公司副总经理、董事会秘书。

所获荣誉

2011年度最佳投资者公共关系上市公司及金牌董秘

2011金治理 · 资本创新公司董秘奖

2011年第八届新财富金牌董秘

2012年第八届上市公司董事会"金圆桌奖"

2012年度中国上市公司最佳创富董秘榜

2011年度主板上市公司百佳董秘

十大金牌上市公司董秘（和讯财经风云榜）

步丹 女士

深圳赤湾港航股份有限公司 董事会秘书

步丹，女，深圳赤湾港航股份有限公司董事会秘书，获辽宁工程技术大学会计学学士学位及企业管理硕士学位。2003年9月至2008年8月任深赤湾证券事务代表。2008年9月至2011年10月，任德勤华永会计师事务所企业风险管理经理。2012年1月至今担任深赤湾董事会秘书。

投资者关系领域管理经验、成就业绩、所获荣誉、担任社会职务等：

2012年度，步丹董事会秘书在提高上市公司的治理规范意识和水平、投资者关系管理和投资者权益保护、完善分红决策机制及内幕交易防控等方面表现优秀，获得深圳证监局表彰并被评为"优秀董秘"。步丹董事会秘书已获得第九届新财富金牌董秘。

在加强投资者关系管理方面，步丹女士认为董事会秘书是公司与投资者实现沟通的窗口，是两者沟通的桥梁，只有通过不断的努力才能维持两者之间良好的沟通与互动。董事会秘书处在她的要求下建立了投资者数据库并安排专人定期维护更新。公司公告在指定网站披露后，公司董事会秘书处会将公告Email给公司投资者数据库的投资者以便其及时了解公司公告。一直严格按照法律法规和公司相关制度公开、公平、公正的面对全体投资者。公司自愿性披露每月业务量数据方便投资者每月及时了解公司经营情况，有助于投资者做出理性的投资判断。

任峻 先生

苏宁云商集团股份有限公司 董事、副总裁、董事会秘书

任峻先生，37岁，本科学历，现任苏宁云商集团股份有限公司董事、副总裁、董事会秘书。

投资者关系领域管理经验、成就业绩、所获荣誉等：

2013年，公司董事会秘书任峻严格遵照《公司法》、《证券法》、《上市公司信息披露管理办法》等法律法规以及公司《课程》、《信息披露管理制度》的规定，本着向公司负责的态度，恪尽职守，勤勉尽责，维护公司股东利益，做好信息披露及市场沟通工作，充分发挥了董事会秘书在公司中应有的作用。

公司治理方面，2013年董事会秘书办公室共组织召开3次股东大会，审议通过议案16项，召开12次董事会，审议通过方案50项；编制、披露4次定期报告，66项公告，一直高标准、严要求，保证信息披露质量，在深交所历年的信息披露考核工作中均获得最高等级（优秀/A）。同时在公司日常运营中，重视内控管理，不断完善治理结构，健全内控体系。

投资者关系管理方面，董秘任峻严格按照法规制度要求，亲自或者安排专人做好投资者来访工作，2013年共接待投资者调研770人次，举办年度投资者大型现场交流会，主动参加8次机构策略会，同时安排专人通过深交所互动平台、邮箱、电话等形式解答中小投资者关心的问题，积极利用各种渠道，就公司经营业绩、发展现状、未来规划与各类投资者进行坦诚、充分的交流，实现与投资者的有效沟通，树立良好的资本市场形象。

由于在工作上的突出表现，任峻年年获得"新财富金牌董秘"称号，进入"金牌董秘名人堂"，并获得"中国董秘勋章"、"中国中小板上市公司优秀董秘"、"中国上市公司金牛百强最佳董秘"、"金治理上市公司优秀董秘"等荣誉。

刘伟宏 先生

广东省宜华木业股份有限公司 董事会秘书

刘伟宏先生，1968年出生，中共党员，硕士研究生，工程师。先后供职于汕头市公路局、汕头国际信托投资公司、广东证券股份有限公司、深圳市水晶实业有限公司，2009年6月进入广东省宜华木业股份有限公司工作，现任广东省宜华木业股份有限公司董事会秘书。

投资者关系领域管理经验、成就业绩、所获荣誉等：

通过多种渠道回复投资者咨询。通过电话、传真、电子邮件、接待来访的形式回答投资者问题，耐心解答投资者提问。对投资者的个人信息和了解事项进行登记和整理，进一步了解投资者对公司相关信息的关注度，进一步规范回答口径，提高所回答问题的准确性。在相关法律法规允许的情况下，通过自愿性信息披露，包括公司战略目标、发展方向、环境保护、社会责任、公司治理效果等，进一步推动投资者关系管理工作。

主动拜访投资者。定期拜访机构投资者，力争保持良好的沟通，提高市场对公司的关注度，加深投资者对公司的了解和认同。

同时与监管部门保持联系，在同行之间开展交流与合作，总结分析本公司的投资者关系管理工作。

获得第九届新财富"金牌董秘"广东辖区"优秀董秘"称号。

刘佶 女士

崇义章源钨业股份有限公司 副总经理、董事会秘书

刘佶，女，汉族，清华大学硕士学位，2008 年加入公司至今，任公司副总经理、董事会秘书。曾担任清华紫光股份有限公司数码影像事业部市场总监、产品总监；清华紫光集团信业投资公司政府项目事业部市场总监；2006-2007 年任清华大学继续教育学院金融中心企业金融部部长；2008 年加入公司至今，任公司副总经理、董事会秘书。

投资者关系领域管理经验、成就业绩、所获荣誉、担任社会职务等：

刘佶女士在 6 年的董事会秘书工作中，越来越深刻地认识到董秘是公司完善治理非常关键的一个环节。董秘不仅是公司治理的参与者，是信息披露的直接责任人，是投资者关系管理的负责人，也是与监管部门沟通、协调的联络人，其工作的主要价值就是保证公司运作的效率与安全，在公司与外部的联接中起到桥梁和纽带的作用。

投资者关系管理工作是董秘工作中一项很重要的工作。良好的投资者关系管理工作不仅能使公司获得投资者的广泛认同，有助于进行资本市场运作，最终实现股东价值最大化，同时也能带来公司利益相关者的价值最大化，更好地保护投资者利益。

游虹 女士

深圳市德赛电池科技股份有限公司 董事会秘书

游虹女士，汉族，1959 年出生，籍贯广东，广东华南师范大学中文系本科毕业，文学学士，企业法律顾问和中级经济师职称。曾任广州市第 17 中学任高中语文教师；深圳市南方交通发展公司进出口部部长；1989 年 1 月至 2002 年 9 月历任深圳市万山实业股份有限公司进出口部部长、企业管理部部长、建材保税公司经理、办公室副主任等职。2002 年 10 月至今任本公司董事会秘书。第八届、第九届新财富金牌董秘。

投资者关系领域管理经验、成就业绩等：

在公司治理方面，本着强烈的社会责任感和多方共赢理念，强化风险管理；协助董事会为公司建立了较为完善的法人治理结构，建立健全了内部控制制度和体系；切实贯彻“真实、准确、完整、及时、公平”的披露原则，持续细致规范做好信息披露工作，进一步提高了公司的透明度；保证独立董事对公司事务全面享有知情权，为独立董事作出独立判断、规范履职提供了保障。

在保护投资者合法权益方面，保持与投资者的密切交流互动，积极利用网上平台、现场调研等多种方式，耐心回答投资者提出的各种问题，保护中小投资者合法权益，平等对待公司所有股东，保障股东能够充分行使自己的权力。实现企业与社会的和谐发展。

在对外沟通交流方面，积极做好公司与证券监管机构的沟通联络工作，积极参加证券监管机构举办的学习交流活动，主动学习了解最新法律法规，查收督办业务通知公告，积极发挥公司与证券监管机构之间的桥梁纽带作用。加强与媒体的沟通交流，重视媒体关系管理，积极维护公司良好公众形象。

谭华杰 先生

万科企业股份有限公司　董事会秘书

谭华杰，男，1973年出生。1993年毕业于华中理工大学机械工程一系。2001年加入万科，2003年任客户关系中心经理，2004年任公司首席研究员、董事会办公室副主任。2008年任公司董事会办公室主任，2009年起任公司董事会秘书至今。

自谭华杰担任公司董事会秘书以来，公司与投资者保持良好的沟通，以2012年为例，公司接待投资者来访、组织电话会议620次，相当于每个工作日与投资者的沟通在2次以上，并通过网上推介、业绩见面会、机构走访等方式主动加强和投资者的互动，公司积极勤勉的态度赢得外界广泛好评。

在信息披露方面，公司始终坚持阳光透明的披露原则，除法定披露内容外，公司还主动定期披露月度销售、近期新增项目情况等内容，有助于投资者及时了解公司最新的经营状况以做出符合自己投资偏好的决策。公司的信息披露工作连续多年被主管机构评为优秀。

尽管担任董秘已经四年，谭华杰名片上仍然保持着过去的头衔——万科首席研究员，对他个人而言，更珍视的或许还是这个身份。也正是因为谭华杰的研究出身和功底，公司宏观研究组也划归其领导，宏观研究组在房地产调控长效机制等课题上大量深入的研究成果为投资者关系工作提供了强有力的内容支撑，为公司的战略规划提供了理论支持，一些重大研究课题的成果还成为政府相关部门的决策参考，为公司在业界和政府相关部门获得了声誉。

黄树忠 先生

黑牛食品股份有限公司　董事会秘书

黄树忠，男，1970年2月出生，大专学历，会计师、审计师。1993年至2007年4月先后任职于揭东县审计局、揭东县审计师事务所、揭阳方圆会计师事务所，2007年5月加入本公司，任公司第一届、第二届董事会董事、董事会秘书。曾获2011年度“金牛奖”最佳董秘、2012年度“新财富”优秀董秘。

徐家俊 先生

金地(集团)股份有限公司 高级副总裁、董秘

徐家俊，男，1978 年 6 月生，上海财经大学管理学硕士。曾任 AMT一企业资源管理研究中心合伙人、专家顾问、业务线总监等职务。历任金地(集团)股份有限公司行政管理部副总经理、第四届监事会职工代表监事、人力资源部总经理、第五届监事会职工代表监事。现任金地(集团)第六届董事会董事、高级副总裁、董事会秘书，兼任金地商置行政总裁。

投资者关系领域管理经验、成就业绩、所获荣誉、担任社会职务等：

徐家俊先生担任金地(集团)董事会秘书以来，持续推动公司在信息披露、治理结构、投资者关系管理等方面的建设并取得卓越成绩，多次获得“百佳董秘”“金牌董秘”等称号，2012 年更是受到上海证券交易所 2011-2012 年度董事会秘书考核成绩位列前十的通报表彰，同年亦获得深圳证监局对 2012 年度积极推动公司规范自律的深圳优秀上市公司董事会秘书的表彰。徐家俊先生先后负责金地集团资本管理、房地产基金及商业地产业务，在资本运作、房地产金融、物业发展、公司管理及战略规划等方面均拥有丰富经验。

邹洵 先生

桂林三金药业股份有限公司 副董事长、常务副总裁、董秘

邹洵先生：汉族，1976 年出生，中国公民，澳大利亚永久居留权。金融学硕士学历。1999 年毕业于南京理工大学，并取得会计学学士学位，同年加入桂林三金药业股份有限公司，1999 年 -2001 年任公司财务部管理人员。2002 年 3 月 -2003 年 10 月就读新英格兰大学并取得国际商务硕士学位；2003 年 -2004 年 7 月就读澳大利亚格里菲斯大学，并取得会计与金融专业硕士学位。2007 年 10 月始历任公司董事会办公室管理员、证券事务代表、总裁助理、桂林金可保健品有限公司执行董事等职，现任本公司董事、副董事长、常务副总裁、董事会秘书。邹洵先生 2012 年荣获“2011 中国中小板上市公司百佳董秘”称号，2013 年荣获“第九届新财富金牌董秘”称号。

寄语：

董事会秘书作为连接公司与投资者之间的桥梁，肩负着公司与广大投资者、证监局、交易所及其他监管机构沟通的职责。我们坚持以公平、公开、公正的原则进行信息披露，努力为投资者提供优良服务，及时向投资者展示公司最真实、最完整的一面，让投资者得以深入了解公司的内在价值。我们将竭尽所能推动公司的规范运作，建立起公司发展的长效机制，为投资者创造最大价值。

刘芳 先生

包头东宝生物技术股份有限公司 副董事长、董事会秘书

刘芳先生，1964年出生，大学学历，内蒙古大学在读EMBA，高级经济师。刘芳先生曾任公司综合部经理、企管部经理、董事长助理等职务，现任公司董事、副董事长兼董事会秘书、东宝圆素（北京）科贸有限责任公司董事。

投资者关系领域管理经验、成就业绩、所获荣誉、担任社会职务等：

2011年，东宝生物成为内蒙古第一家创业板上市民营企业和包头市第一家国内A股上市的民营企业。公司上市后，他又与决策层对东宝生物资本运作方向进行了系统疏理和规划，2012年8月，公司成功发行1.1亿元公司债券，再次为企业的持续发展提供了资金保障。

2012年10月，东宝生物荣获第一财经中国资本力年会“年度最佳融资范例奖”、“年度最佳创业板IPO上市公司”。

2013年12月，在《21世纪经济报道》报社主办的“第二届中国上市企业TOP10”活动中，东宝生物获得“中国上市企业创新精神TOP10”荣誉。

2014年1月，刘芳先生在上海证券报社主办的2013年度“金治理 · 上市公司优秀董秘”评选活动中，荣获“金治理 · 投资者关系公司董秘奖”荣誉，并同时获得由《信息早报》主办的“2013年上市公司最佳投资者关系管理奖”荣誉。

我们相信，在他和公司管理层及全体员工的共同努力下，公司将在良好的资本市场环境下得以稳健发展，公司资本运作工作也将取得更大的成绩！

凌云 先生

上海嘉麟杰纺织品股份有限公司 副总经理、董事会秘书

凌云先生，男，1974年出生，中国国籍，获英国国立肯特郡大学理学硕士。现任上海嘉麟杰纺织品股份有限公司董事会秘书、副总经理，上海市金山区区政府上市推进办专家顾问团顾问。1995年9月至2000年2月就职于上海贝尔阿尔卡特股份有限公司，历任人事部公关助理、市场部媒体主管、总裁办传媒经理；2001年9月至2007年6月就职于上海华盛企业集团有限公司，曾任子公司上海高压特种气瓶股份有限公司常务副总经理。2007年7月至今任职于上海嘉麟杰纺织品股份有限公司。

所获社会荣誉：

“金治理 · 上市公司优秀董秘”
（2010-11年，评选机构：上海证券报 · 中国证券网。）

“中国上市公司价值评选中小板百佳董秘”
（2011-12年第六届，评选机构：证券时报 · 新财富杂志。）

“新财富上市公司金牌董秘”
（2012-13年第九届，当选金牌董秘，评选机构：新财富杂志。）

“上市公司金牛最佳董秘奖”
（2012年度，年度最佳投资者关系。评选机构：中国证券报。）

“上市公司高管微博影响力排行榜”
（2011年度上市公司董秘影响力榜第2名，
2012年度上市公司董秘影响力榜第7名，
统计机构：中国上市公司舆情中心 · 新浪微博 · 腾讯微博）

成迪龙　先生

浙江省围海建设集团股份有限公司　董事会秘书

成迪龙，1971年10月出生，浙江宁波人，工商管理博士，高级经济师、高级政工师。曾获石油化工学士学位、国际金融硕士和工商管理博士学位。1995年加盟国内第一批香港上市公司——中国石化镇海炼油化工股份有限公司（1128.HK），先后从事航空煤油生产技术管理、企业管理、资本运作、投资者关系管理等工作，在香港发行H股募集资金15亿港元、在伦敦发行可转换债募集2亿美元，引入BP为战略投资者，开创国内石化企业与国际石化巨头合作的先河。先后在美国纽约华尔街、英国金融城、新加坡等学习国际资本运营和资产管理，具有创新型的国际资本运作实践经验，与美国"五大行"、全球最大资产管理公司富达资产管理、道富环球投资管理等开展良好合作。多次在香港、新加坡、美国、澳大利亚、新西兰等国进行业绩推介，具有丰富的全球路演经验。2005年主持中国石化——镇海炼化私有化项目，创新股权回购方式，为香港市场有史以来第一家国企H股私有化的经典案例。2006年起任浙江省围海建设集团股份有限公司总经理助理、总经济师、董事会秘书。2010年探索以公开募集资金通过BT方式建设海堤，开创了海堤建设行业新的投资建设新模式。2011年成就围海股份（002586）为中国资本市场"海堤建设第一股"。上市以来连续三次直接融资（IPO、公司债、非公开发行）达到14亿元，为同期上市公司之最。主持制定"蓝色经济、百年围海"发展战略，为公司长远发展描绘了宏伟蓝图。曾荣获英国《Investment relationship》最佳投资者关系奖，《证券时报》2012年、2013年中小板百佳董秘，《新财富》金牌董秘，全国十佳金牌董秘。

彭晓华　女士

深圳市通产丽星股份有限公司　副总经理、董事会秘书

彭晓华女士，深圳市通产丽星股份有限公司副总经理、董事会秘书，获北京化工学院高分子材料专业学士学位；美国北弗吉尼亚大学工商管理专业硕士学位。历任深圳市通产丽星股份有限公司市场部部长、总经理助理、董事会秘书等职。2010年5月至今任本公司副总经理兼董事会秘书。

投资者关系领域管理经验、成就业绩、所获荣誉、担任社会职务等：

公司非常重视投资者关系管理，本着"两个服务"即服务于公司经营发展需要、服务于投资者沟通需要的原则，把投资者关系管理作为一项长期、持续的工作来开展，不断学习与创新，通过多种方式和途径使广大投资者能够更多地接触、了解公司的生产经营及未来发展方向，使投资者的知情权得到了充分保障，树立了良好的市场形象。公司在信息披露方面践行"公开透明"的理念，通过多种方式与投资者及时、深入和广泛地沟通，与投资者建立了良好的互动关系。

公司2010年度、2011年度、2012年度连续三年被评为"信息披露优秀单位"；

2011年成为首批信息披露"直通车"试点单位，2012年公司继续为信息披露"直通车"单位。彭晓华女士，2008年度、2011年度、2012年度被深圳证监局评选为"积极推动上市公司治理规范工作的董事会秘书"；连获第八届、第九届"新财富金牌董秘"称号；2009年、2010年、2011年、2012年在权威财经媒体《证券时报》主办的中国上市公司价值评选活动中，获"中国中小板上市公司优秀董秘"称号。彭晓华女士还担任坂田街道商会（工商联）副会长；深圳包装协会副会长等职务。

凸现名家风采　彰显精英文化

驰骋大市场
运营大资本 成就大事业

企业精神
勇于奉献，争创一流

企业作风
不干则已，干就干好

企业发展理念
发展慢了就是退步

企业经营理念
人人精打细算，个个当家理财。
不花该省的钱，不省该花的钱。

企业管理理念
从宏观处着眼，从细微处着手。

企业目标
做强同煤，造福员工；建设新型能源集团，
跻身世界煤炭“十强”，实现“五个同煤”目标

企业发展战略
走现代化、集团化、洁净化、多元化、国际化道路，建设商品煤基地、出口煤基地、煤炭深加工基地和市场投资主体，成为具有核心竞争力的特大型煤电化能源集团。

WWW.DTMY.COM.CN

深圳证券交易所
SHENZHEN STOCK EXCHANGE

深圳证券交易所(以下简称"深交所")成立于1990年12月1日,是为证券集中交易提供场所和设施,组织和监督证券交易,履行国家有关法律、法规、规章、政策规定的职责,实行自律管理的法人,由中国证券监督管理委员会(以下简称"中国证监会")监督管理。深交所的主要职能包括:提供证券交易的场所和设施;制定业务规则;接受上市申请、安排证券上市;组织、监督证券交易;对会员进行监管;对上市公司进行监管;管理和公布市场信息;中国证监会许可的其他职能。

深交所以建设中国多层次资本市场体系为使命,全力支持中国中小企业发展,推进自主创新国家战略实施。2004年5月,中小企业板正式推出;2006年1月,中关村科技园区非上市公司股份报价转让开始试点;2009年10月,创业板正式启动,多层次资本市场体系架构基本确立。深交所坚持从严监管根本理念,贯彻"监管、创新、培育、服务"八字方针,努力营造公开、公平、公正的市场环境。

截至2013年底,深圳证券市场股票、基金、债券累计成交29.67万亿元,年末上市公司1536家,市值87912亿元,上市基金291只,挂牌债券(不含私募债)460只,中小企业私募债累计通过备案260家,165只完成发行,募集资金180.95亿元,挂牌资产证券化产品6只。多层次资本市场规模稳步增长,质量逐步提高,合理配置资源、服务经济转型的功能进一步发挥。

【社会责任】

坚持开展国情教育和生态建设活动

2003年开始,深交所连续9年开展阿拉善生态和国情教育基地建设活动。截至目前,全所共有12批次近500名员工参加了该项活动。我所历年累计为阿拉善生态基地建设捐助1,836,850元,我所员工累计捐助2,669,900元;2011年2月,我所出资500万元,发起设立了阿拉善生态基金会。

回馈社会,支持教育、救灾公益事业

1993年以来,我所先后援建9所希望小学;2008年,在甘肃省康县、文县、舟曲县和武都区捐建4所灾后重建学校。截至2011年6月,经履行相关批准程序,我所历年累计为2008年雪灾灾区、2008年汶川地震灾区、2010年青海玉树地震灾区、2010年甘肃舟曲泥石流灾区、2011年为云南盈江地震灾区等捐款45,762,971元,员工累计捐助6,158,863元。

http://www.szse.cn

地址:深圳市深南东路5045号 邮编:518010 电话:0755-82083333 电邮:cis@szse.cn

监管　创新　培育　服务

公开　公平　公正

齐鲁股权托管交易中心

齐鲁股权托管交易中心（简称“齐鲁股交中心”）是按照山东省委、省政府（鲁发[2010]10号）“完善发展全省性股权交易市场”的战略部署和积极开展全省性股权交易市场建设的战略定位，于2010年12月成立的山东省非上市公司股权交易平台。主要为中小企业提供融资服务、股权转让和上市培育等服务。2012年11月28日，山东省政府正式下发《山东省人民政府关于公布保留的权益类交易场所名单的通知》（鲁政字〔2012〕262号），明确齐鲁股交中心为全省唯一股权类交易场所，2013年2月，正式通过国务院清理整顿各类交易场所部际联席会议备案验收。

山东省省长郭树清视察齐鲁股交中心

中央候补委员、深交所总经理宋丽萍视察齐鲁股交中心

全国股份转让系统董事长杨晓嘉视察中心

苏宁云商集团股份有限公司 股票代码：002024

转型互联网零售 引领行业创新发展

苏宁云商1990年创立于中国南京，是国家商务部重点培育的“全国15家大型商业企业集团”之一、中国民营企业500强第一、中国最大的商业零售企业。

2004年7月，苏宁云商（002024）在深交所上市，成为国内首家IPO上市的家电连锁企业，连锁网络覆盖海内外600多个城市，中国香港和日本东京、大阪地区，拥有1600多家店面，海内外销售规模2300亿元，员工总数18万人，品牌价值956.86亿元。

2013年，苏宁的互联网转型进入快车道，系统地推进“一体两翼”的“互联网路线图”。“一体”，就是以互联网零售为主体，“两翼”就是打造O2O的全渠道经营模式和线上线下的开放平台。先后实施线上线下同价、发布开放平台、推出1.0版本互联网门店、战略投资PPTV、设立硅谷研究院等系列举措，深化了O2O融合战略，积极打造中国互联网零售的新模式。

互联网零售

作为联系生产与消费的纽带，现代零售业伴随着中国经济的发展先后经历了以连锁店为代表的实体零售阶段，以电商为代表的虚拟零售阶段，和正在加速到来的以O2O零售为代表的虚实融合阶段。

实体零售阶段，连锁经营用工业化的方式重组物流、信息流和资金流，促进了零售业的第一次变革。通过标准化、流程化实现规模化复制，以规模经济带来价格优势，以价格优势拉动消费，形成更大的规模，从而降低成本，提高效率。

虚拟零售阶段，借助互联网技术，电子商务引领了中国零售业的第二次变革。互联网使零售业突破了时空局限，消费者和商家在同一个平台上直接互动。商家掌握消费者行为的能力越来越强，精准营销、大数据营销等个性化、长尾经营的模式不断出现，零售业创新有了新的工具和平台。

当下，零售业正在步入虚实融合的O2O时代，O2O模式借助移动互联网技术，将原先线上或线下的单一购物体验全面升级、融合。借助大数据、云计算和智能搜索等技术，让融合线上便利性和线下体验的全方位需求有了实现的可能。O2O模式唤醒了消费者潜藏内心的深层次、全方位的购物需求，必将引领中国零售业的第三次变革，苏宁正以自己的实践探索和引领这一趋势。

O2O全渠道经营模式

建立O2O融合的、多终端互动的全渠道经营模式，满足消费者的全局体验需求。苏宁的O2O不是指传统的从线上给线下引流，而是随时在不同的平台间切换。不管在门店里、PC上、手机上、Pad上，还是电视上，苏宁通过多终端互动的全渠道布局，为消费者打破时空界限，赋予消费者随时、随地购物的新体验。

建立全资源的核心能力体系，满足消费者在售前、售中和售后自由顺畅的全域体验需求。消费者对商品有视觉、听觉、触觉等多元感知需求，在付款时希望能有现金、刷卡、手机支付等多种付款方式，以及送货上门、门店自提、自提柜取货等多形态的物流体验。在O2O时代，苏宁将用互联网的技术，重组店面、物流、信息流、供应链和服务团队在内的全资源能力体系。破除传统电商形态下，销售前台和服务后台割裂，各种资源分散导致无法给消费者提供综合性的、多元性购物体验的弊端。

建立大数据分析系统，精准定位，满足消费者轻松快速获取所需商品信息的全需体验需求。单纯的线上数据并不能反映消费者的完整行为习惯，未来的大数据一定是要能够全面捕捉消费者线上线下多平台的购物习惯，才能更准确的分析、了解消费者。苏宁致力于开发融合线上线下的大数据、云计算和智能搜索技术，将消费者需要的商品信息通过移动客户端和社交媒介等多种方式，适时个性化地推送过去，让消费者的购物体验更贴心，做到比消费者更懂消费者。

线上线下融合的开放平台

在互联网化浪潮下，苏宁以开放经营为着力点，既为消费者提供涵盖PC端、手机端、Pad端、电视端以及苏宁超级店、苏宁旗舰店、苏宁广场等多终端互动的前端购物平台，也为合作伙伴提供优质的品牌塑造、市场推广的服务，满足合作伙伴全方位展现商品的体验度、服务的满意度、品牌的信任度的需求。面对零售核心能力的后端，苏宁以开放和共享的理念，将自身积累了20多年的上亿客户资源、遍布全国的1600家门店资源、通达全国2800多个区县的物流资源、丰富的零售运营经验和供应链管理经验，向合作伙伴全面开放。物流方面，苏宁正积极推进“物流云”项目建设，截止目前已获得150个国家牌照及地区快递业务经营许可证；金融方面，目前已成立了小贷、商业保理公司，并已获得基金销售支付结算牌照。此外，苏宁还将通过大数据、高性能计算等技术共享，与合作伙伴共同打造精准营销、定制生产和个性服务的新型价值链。

打造互联网人才团队 助推企业转型

企业的转型是个系统复杂的工程，不仅包括业务领域创新、商业模式优化，还包括组织架构调整、企业文化创新与管理方式的转变等多个方面改革。为此，苏宁正在逐步打造一支开放、创新的互联网团队，并推动内部管理的互联网化转型。

2013年二季度开始，苏宁内部成立了企业文化创新小组，重点强调和倡导员工的自主创新能力、自主管理能力，对苏宁的企业愿景、价值观、经营理念、苏宁人标准进行重新梳理和修订。

2013年的“1200校园招聘工程”，苏宁加强引进具有技术能力和创新精神的互联网技术人才，同时扩大社会招聘范围，以成熟人才带动新业务、新领域的发展。2013年，苏宁先后启动了“1200店长工程”和“管理培训生”项目，为1.0版本互联网门店和苏宁互联网零售发展招贤纳士、储备人才。11月19日成立的美国硅谷研究院的一项重要任务，也是招揽世界一流的互联网技术人才，为苏宁的互联网零售助力。

积极承担社会责任 争做优秀企业公民

23年来，苏宁的社会责任理念不断深入、扩展。苏宁的公益活动形式多样、频次高、受益人群广泛，涵盖了抗击灾害、捐赠教育、扶贫救弱、环境保护等多领域，累计捐赠善款近9亿元人民币。

2013年，苏宁继续实施“溪桥工程”、“筑巢工程”、等多个大型公益活动，以及“体育课堂”、“艾滋病防治”、“帮扶创业”等公益项目,并在23周年司庆当天，延续公益庆生传统，共捐赠3695万元。其中，向中国宋庆龄基金会捐赠1095万元，用于“未来工程”大学生奖助学项目；向中国扶贫基金会再度捐赠1000万元；向中国青年创业就业基金会捐赠1000万元，用来扶持中国青年创业和就业项目。此外，还向爱德基金会和上海真爱梦想基金会各捐资300万元。

包头东宝生物技术股份有限公司

BAOTOU DONGBAO BIO-TECH CO.,LTD.

股票代码：300239

股票简称：东宝生物

关于东宝生物 >>

包头东宝生物技术股份有限公司成立于1997年，是一家专业的生物制品国家级高新技术企业。主营“金鹿”牌明胶、“圆素”牌胶原蛋白及“白云”牌磷酸氢钙产品。公司注册资本近2亿元，拥有总资产约5亿元。

公司2011年7月6日在深圳证券交易所成功上市，股票简称“东宝生物”，股票代码“300239”，是内蒙古自治区第一家在创业板上市的民营企业，也是包头市第一家登陆国内A股的民营企业。

2010年，东宝生物与中科院理化所历时两年多时间共同开发出千位级道尔顿“圆素”牌小分子量骨胶原蛋白肽，生产技术获中国发明专利，并获得自治区乌兰夫基金企业科技创新奖。2013年4月，“圆素”牌胶原蛋白被包头市人民政府评为2012年度“包头市名牌产品”。

“圆素”牌胶原蛋白肽产品经SGS国际权威机构检测，平均分子量约在1300道尔顿，产品质量指标达到国际同类产品先进水平，属高品质胶原蛋白产品。系列粉剂、果汁饮品、面膜、眼膜、眼霜等产品上市以来，以其过硬的产品质量赢得了国际、国内消费者和下游客户的广泛认可和赞誉。公司目前生产的胶原蛋白产品及在研的后续产品符合国家最新发布的《关于促进健康服务业发展的若干意见》和《中国食物与营养发展纲要（2014—2020年）》支持方向，具有良好的发展前景。

公司拥有行业内首家产学研合作研发机构——“中科院理化所—东宝生物胶原与明胶生物工程应用研发中心”，技术力量雄厚。已经开始的《不同分子量胶原蛋白肽促骨生长活性研究》、《基于静电纺丝技术明胶纳米纤维无纺布的制备及用途研究》、《600吨/年骨素酶法明胶生产中试线的工艺研究项目》等项目进展顺利，将对拓展企业主营业务、提升核心竞争力产生良好的提升和推进作用。

2012年10月，我公司荣获第一财经中国资本力年会“年度最佳融资范例奖”、“年度最佳创业板IPO上市公司”殊荣。

为表彰公司在质量工作方面所作出的突出成绩，2012年12月，公司获内蒙质监局、内蒙出入境检验检疫局、内蒙药监局等16家单位联合颁发的内蒙古“2012年全国质量月”产品质量用户满意度调查“用户满意单位”荣誉。并获得包头市人民政府颁发的“2011—2012年度全市质量工作先进单位”荣誉。

2013年内蒙古自治区第五届全民健身大会东宝生物体操表演

东宝生物与美国Lipond International、Pureorg签约仪式

台湾财金文化金融家考察团到东宝生物调研

地址：内蒙古包头市稀土高新技术产业开发区黄河大街46号　　邮编：014030
明胶销售电话：0472-5319855　　传真：0472-5319866
胶原蛋白销售热线：400 663 6699　　电话：0472-5319555　　传真：0472-5319936
网址：www.dongbaoshengwu.com　　东宝生物圆素天猫旗舰店网址：http://www.yuansu.tmall.com

近年来坚持科学发展，积极开展与中科院理化所等科研单位创新合作，持续推进自主创新和产学研结合双模式高效运行，加快转变发展方式，获得了良好的经济和社会效益，2013年6月，被内蒙古自治区党委、政府授予“全区科学发展先进企业”荣誉称号。

同月，由台湾财金文化事业董事长谢金河先生带领的台湾财金文化金融家考察团到东宝生物考察。此次活动使台湾各界企业家、投资人了解了东宝生物，扩大了东宝生物在台湾的知名度。

2013年7月，在内蒙古自治区“欢乐草原”第五届全民健身大会上公司广播体操队获突出贡献奖。

2013年9月，公司又一项生产技术“明胶生产浸酸工艺的控制方法”获中国发明专利。

2013年10月，公司在内蒙古自治区政府统一安排部署下，在美国洛杉矶“中美省州经贸合作研讨会”上与美国的Lipond International和Pureorg公司签订了战略合作框架合约。在此基础上，2013年12月东宝生物与Lipond International在中国·包头签订了《原材料采购合约》，与Pureorg公司签订了《服务合作协议书》，通过pureorg同UCLA（加州大学洛杉矶分校）进行胶原蛋白及胶原蛋白衍生品对抑制肿瘤的研究，并研发相应复合型配方胶原蛋白产品，开启了“圆素”牌胶原蛋白大步走向国际市场的新局面。

同月，在《21世纪经济报道》报社主办的“第二届中国上市企业TOP10”活动中，公司获得“中国上市企业创新精神TOP10”荣誉。

2014年1月，公司用于骨制明胶的“金鹿”商标被认定为内蒙古自治区著名商标，用于胶原蛋白的“圆素”商标被包头市政府认定为知名商标。

同月，公司董秘刘芳在上海证券报社主办的2013年度“金治理·上市公司优秀董秘”评选活动中，荣获“金治理·投资者关系公司董秘奖”荣誉，并同时获得由《信息早报》主办的“2013年上市公司最佳投资者关系管理奖”这一殊荣。

立足高档生物制品专业化生产的东宝生物，将借助技术创新和资本市场的强劲动力，打造稳健发展、持续增长的一流生物制品企业，为我国生物产业做出新的努力，为人类对健康和美的追求作出最大的贡献。

内蒙古全区科学发展先进企业

“圆素”胶原蛋白包头市名牌产品

中国上市企业创新精神奖

可溶性胶原蛋白的制备方法发明专利

明胶生产浸酸工艺的控制方法发明专利

2013年度金治理投资者关系公司董秘奖

金融街控股股份有限公司
FINANCIAL STREET HOLDING CO., LTD.

办公地址：北京西城区金融大街丙17号北京银行大厦11层　邮政编码：100033
电话：86-10-66573955/66573088　传真：86-10-66573956
电子邮箱：investors@jrjkg.com　网址：http://www.jrjkg.com

财富中枢
中国的金融管理中心

金融街控股股份有限公司是一家在深圳证券交易所上市的房地产企业，业务区域涉及北京、天津、重庆、惠州等地，主要从事商务地产的开发、持有和经营，致力于成为中国商务地产领先企业。

公司始终坚持稳健经营，健康发展，2012 年公司实现房产销售签约额约 205 亿元，营业收入 161.62 亿元，净利润 22.7 亿元，完成总开复工面积 452 万平方米，截至 2012 年底，公司总资产为 700.3 亿元，净资产为 197.9 亿元，拥有可开发项目的总建筑面积约为 776 万平米，自持物业总建筑面积达到约 70 万平米；2013 年前三季度公司实现房产销售签约额约 193 亿元，营业收入 101.6 亿元，净利润 13.4 亿元，截至 2013 年 9 月底，公司总资产已达到 782.04 亿元，净资产为 207.32 亿元，总股本为 30.27 亿股，拥有 21 家二级子公司、8 家三级子公司，分别进入北京、重庆、天津、惠州等地投资并开发房地产项目。

北京金融街

1993 年国务院批复的《北京城市总体规划》，提出在西二环阜成门至复兴门一带建设国家级金融管理中心，集中安排国家级银行总行和非银行机构总部，北京金融街应运而生。

作为首都第一个大规模整体定向开发的金融功能区，经过二十年的发展，金融街已经成为对中国金融业最具影响力的金融中心区。

汇聚金融资本，引领社会财富

北京金融街地处北京市中轴对称中心地带。南起复兴门大街，北至阜城门大街，西抵西二环路，东临太平桥大街，南北长约 1700 米，东西宽约 600 米，规划总占地面积 103 公顷。

目前，金融街区域已汇聚“一行三会”等国家最高金融业监管机构及工商银行、建设银行、中国银行、北京银行等银行总部。中国人寿、泰康人寿、中国再保险、银河证券、华夏基金等非银行总部。中国电信、中国移动、中国联通等 3 大电信运营商总部及长江电力、大唐电力、国电投资等电力总部，形成了强大的总部聚集效应。

金融街还吸引了 JP 摩根、加拿大皇家银行、高盛公司、瑞士银行、亚洲开发银行、EXCEL 基金等多家国际知名金融巨头，使金融街从中国金融管理中心逐步发展成为国际化金融商务区。

精细化区域设计，国际化的建设理念

在区域规划设计上，金融街均按照国际标准，并引入了国际化、生态化、人性化和充满活力的建设理念。

在金融街中心区的规划中，通过增加绿化面积，适当改变建筑物的外观形象，形成鳞次栉比的城市景观。使得区域内建筑组群、道路交通、连片绿地形成“点、线、面”浑然一体的景观效果，绿化率近 37%。

在道路交通上，建设以“一纵两横”（金融大街、广宁伯街、武定侯街）为架构的交通路网，并率先引入高效的地下分层式立体交通系统，将整个区域便捷地连接起来，提高了区域内人员出行和交往的效率。

在通讯服务上，规划设计了 5A 级综合通信系统，建成并投入使用的“双向光缆环”保证了区域内通信的高效畅通，满足了金融机构对信息系统的特殊需求。

在安全保障上，区域内的保安监控系统与公安指挥中心联网，提供二十四小时的保安服务，确保了金融机构的运营安全。

在配套服务上，区域内建造了国际一流水准的商务写字楼，规划建设了五星级酒店、金融家公寓、金融家俱乐部等完善的区域配套设施。并相继成立了金融街综合服务中心，金融街商会和北京国际金融人才服务中心。使得金融街成为北京功能丰富、配套齐全、布局合理、交通快捷、环境优美的金融生态花园，并成为北京乃至全国最具活力的金融中心。

★ 1992 年 6 月，北京西城区政府正式组成金融街建设指挥部，领导和指挥金融街的开发建设；
同年，北京市计委批准西城区计、建委“关于恢复西二环东侧金融一条街建设立项的请示”，北京市金融街建设开发公司成立。
★ 1998 年，北京市金融街建设开发公司改制为北京金融街建设开发有限责任公司。
★ 2000 年 5 月，北京金融街建设集团收购重庆华亚，吸纳华西包装集团公司所持 4869.15 万股公司国有法人股，实现了公司在资本市场的出航。
★ 2001 年 4 月，公司将注册地由重庆迁至北京。
★ 2002 年，公司实施了上市后第一次 A 股增发方案，向社会公众发行人民币普通股 2,145 万股，募集资金约 4 亿元；
同年，金融街重庆置业有限公司成立，公司开始实施“立足北京、面向全国”的战略布局。
★ 2004 年，公司实施了第二次 A 股增发。向社会公众增发人民币普通股 7,600 万股，募集资金约 7 亿元。
★ 2005 年，金融街惠州置业公司成立，全面启动 200 多万平米金海湾国际滨海旅游区建设；
同年，公司进军天津，成立金融街津门（天津）置业有限公司、金融街津塔（天津）置业有限公司，启动 336.9 米天津地标性建筑—天津环球金融中心的建设。
★ 2006 年 12 月，公司定向发行股份 11,428.57 万股，募集资金约 12 亿元；
同年，金融街（北京）置业有限公司成立，公司第一座自持酒店—北京金融街丽思卡尔顿正式营业。
★ 2007 年，金融街购物中心正式开业。
★ 2008 年 1 月，公司公开增发人民币普通股 30,000 万股，募集资金约 83 亿元。
★ 2009 年 9 月，公司发行 2009 年第一期公司债券，募集资金约 56 亿元；
同年，公司收购北京金融街奕兴置业有限公司、北京奕环天和置业有限公司。
★ 2011 年，天津环球金融中心津塔写字楼竣工，成为天津城市形象地标建筑。
★ 2012 年，公司获得北京市西城区月坛南街地块二、地块三国有建设用地使用权，在积极参与金融街西拓方面迈出坚实一步；同年，公司在天津还获得了津和大（挂）2012-041 号地块国有建设用地使用权，继续扩大公司在天津的品牌影响力。
★ 2013 年，公司获得了北京市石景山区五里坨南宫住宅小区（A、B 地块）、京西商务中心（西区）地块国有建设用地使用权，继续巩固公司在北京的品牌影响力。

公司始终坚持以客户为中心，为国内外金融机构、企业集团和城市中高端客户提供高品质的产品和服务，着力打造公司绿色、健康、科技、智能、文化的商务地产领军品牌。

公司始终尊重股东，高度重视对股东的回报，自 2000 年以来每个会计年度均通过现金分红或资本公积转增股本方式进行利润分配，2000—2012 年累积现金分红达到同期累积净利润的 26.45%。

公司在发展过程中屡获殊荣，2004-2013 年公司连续 10 年获得中国房地产上市公司综合实力 TOP10，2005-2013 年连续 9 年获得“中国蓝筹地产企业”，2006-2013 年连续 8 年获得中国房地产品牌价值 TOP10，2013 年沪深上市房地产公司投资价值 TOP10，2013 年沪深上市房地产公司财务稳健性 TOP10，2008-2011 年，连续 4 年获得中国房地产上市公司盈利能力十强；同时，2009-2012 年，公司作为上市公司连续四年被深交所评为“信息披露优秀企业”。

公司正在以崭新的面貌迎接新的历史机遇。公司将继续以科学发展观为统领，以创新、发展为主题，锐意进取，努力实现公司的持续、稳定、健康的发展。

城市建设的新名片，金融产业的龙头

随着金融街中心区的建成，聚集于金融街地区的金融产业正在释放出巨大的能量。金融街独有的政策、监管、决策信息、资金调度、支付结算等突出优势，增强了首都的金融聚集效应，吸引了国内外知名金融机构入驻，金融机构在金融街聚集发展的态势更加明显。截至 2013 年底，北京金融街已汇聚各类金融机构近 1400 家，其中 2013 年新入驻金融机构 83 家。

2013 年前三季度，金融街地区共实现三级税收 2697.3 亿元，同比增长 14.9%，占西城区三级税收的 79.6%。

天津环球金融中心

公司通过集办公、住宅、商业、休闲、购物等业态为一体的大型城市综合体项目——天津环球金融中心的建设和开发，为天津海河区域整体环境和未来产业集聚贡献了力量。

天津环球金融中心总建筑面积约 58 万平方米，集写字楼、超五星级酒店、豪华公寓、服务式公寓和顶级商业配套于一身。天津环球金融中心分为津塔和津门两大板块，津塔板块总建筑面积约 34 万平方米，由高度达 336.9 米的津塔写字楼和服务式公寓构成。津塔写字楼高 336.9 米，位列华北地区之首，定位智能型国际甲级写字楼，办公楼层采用大开敞无中柱设计，拥有齐全的国际水准配套设施。津塔公寓紧邻环球金融中心写字楼，门廊型建筑贴合天津新城市精神。津门板块总建筑面积约 24 万平方米，由圣 · 瑞吉斯酒店、津门公寓、商业及景观园林构成。

重庆金融中心

公司通过金融街□重庆金融中心项目的建设为长江上游地区经济中心的建设贡献了力量，切实推进了重天江北嘴成为长江上游金融中心的进展。

重庆金融中心位于重庆江北嘴 CBD，开发体量 23 万平方米，是江北嘴 CBD 核心区首个启动的纯商务项目。项目由 4 栋写字楼组成，已有多家大型金融机构入驻，包括华夏银行入驻 A 栋，中国平安、深发展银行入驻 B 栋，国家开发银行入驻 C 栋，人保寿险、上海银行入驻 D 栋。

西山煤电
XISHAN COAL & ELECTRICITY

证券代码：000983
证券简称：西山煤电

董事长：薛道成先生

副董事长、总经理：温百根先生

山西西山煤电股份有限公司作为中国焦煤资源第一股，由西山煤电（集团）有限责任公司等五家股东共同发起，于1999年4月26日注册成立。2000年7月26日，西山煤电股票（证券代码：000983）在深圳交易所挂牌交易。

西山煤电股份公司总部位于山西省太原市西矿街318号西山大厦，地理位置优越，交通便利，距太原市中心11.5公里。煤炭资源品种齐全，煤质优良，其中焦煤、肥煤具有粘结性强、结焦性高等多种优点，被誉为世界瑰宝，是全国最大的炼焦煤生产基地。主要煤炭产品有焦精煤、肥精煤、瘦精煤、电精煤、焦炭等，是冶金、电力、化工行业的首选原料，畅销全国，并出口欧亚。

公司发展从太原、古交延伸到吕梁、临汾、唐山等多个地市，初步形成煤-电-材、煤-焦-化两条循环经济产业链。拥有全国最大的燃用洗中煤坑口电厂，是全国首批循环经济试点单位。截至2012年底，旗下控参股公司17个，从业人员28969人，企业资产总额451.26亿元。

2012中国上市公司诚信企业100强

2012中国上市公司最受尊敬企业家

2013中国上市公司综合实力100强

2013年“中国资本市场最具竞争力十大领军企业”

多年连续获得全国煤炭工业优秀企业

全国最大的燃用洗中煤坑口电厂——古交电厂

上市以来，西山煤电股票价值逐步为广大机构和个人投资者认同，被纳入深证成指、深证100、巨潮100、沪深300指数样本股，在资本市场表现良好，确立了煤炭板块的龙头地位，确立了大盘蓝筹绩优股的形象。公司相继荣获“中国煤炭工业优秀企业”、“全国AAA级质量信誉等级企业”、“山西省五一劳动奖状”等称号，荣获由《大众证券报》、《中国证券报》、《证券时报》等媒体评选的“大众证券杯金奖”、“中国上市公司百强金牛奖”、“中国上市公司价值百强”、“A股市值百强”、“股东回报百强”、“综合百强”、“主营百强”和“十佳最重回报上市公司”等荣誉，公司的无形资产不断攀升。

斜沟煤矿井下综采工作面

武乡西山发电公司全景

斜沟煤矿选煤厂主厂房

京唐西山焦化全景

地址：山西省太原市西矿街318号 邮编：030053 网址：www.xsmd.com.cn
电话：0351-6137052 传真：0351-6135915 电邮：xsstock@public.ty.sx.cn

得利斯 DELICIOUS

得利斯 Delicious

—品质高于一切—

得利斯，作为注册商标，是英文“DELICIOUS”的音译，意指味道鲜美、无与伦比。此译名既与“得利斯”读音相吻合，又恰切地表现出得利斯美味营养美食的特点，是音译商标的典型案例，在传播字面意义和产品品质的同时，表达了丰富的内涵。

得利斯，顾名思义：得利于斯，在这里得到利益和好处。其文化内涵在于，企业发展得利于党的农村改革和富民政策；得利于坚持农副产品深加工、贸工农一体化、农业产业化的发展方向；得利于社会各界的支持；得利于引领潮流的高品质产品和广大消费者的厚爱；得利于全体员工的拼搏进取、忠诚奉献。

企业坚持“得利于斯、回报于斯”的创业初衷，为消费者创造最安全营养的肉类食品，为参与者提供最恒久宽广的发展平台。

但愿人长久，相伴得利斯！

董事长：郑和平

董事长致辞

夫天地莽莽，历万万年来，洪流跌宕，百事云烟；惟有人类始，天地渐次改观，万物从此留名。人类茹毛饮血至以火熟食，其途漫漫；食生肉者健，食熟肉者智，肉食技艺更替之于进化厥功至伟。

得利斯凡二十余年，致力肉食改造，未敢稍有懈怠。改革初，开贸工农之先河，自面粉始，复而入屠宰；从兹以还，历三余年而创低温肉制品，独立倡导，始终如一；又历十余年创冷却肉，出于自然，尽领风骚；再历六年而创生猪物种，改一时风气而立新，并建农业、畜牧、食品、生物四大科技平台，筑全程管控追溯产业体系；复历六年创引帕珞斯，是为比肩奶酪、红酒之肉食顶巅。

昔东坡知密州，勤政怜民，留名句但愿人长久，复为得利斯相承，使有源以来活水。自勤奋进取始，见贤而思齐，以仁义礼智立，莫敢欺苍天，诚信自制，制欲感恩。此概由往昔五千年文明之精要，亦兹后得利斯千百年之根本。

得利斯从无到有，由小而大，尽皆得利于党委政府之富民政策及正确领导，得利于社会支持及消费者之厚爱，得利于员工奉献及有巨大潜力之农业农民！是以惟改善大众饮食营养、攀登肉食科学高峰为己任，方为创造竞争力乃至生存之所在。

大道之行，仰畏天，俯敬人。得利斯以拳拳心，存百年品牌之夙愿，凭先进科学之肉品，增强国人体魄，提高民族素质，竭诚奉献于中华民族之崛起！

得利于斯，回报于斯

责任成就品质，品质创造价值。二十五年来得利斯始终怀抱一颗高度责任心，倾心打造独具特色的绿色食品产业链，为消费者创造出最美味、安全、营养的肉类食品。企业先后荣获“首批农业产业化国家重点龙头企业”、“中国肉类10强企业”、“中国食品行业100强”、“中国最具市场竞争力品牌”、“中国驰名商标”、“中国名牌产品”、“国家安全食品示范单位”、“山东省省长质量奖”等荣誉称号。党和国家领导人温家宝、曾庆红、吴官正、吴仪、回良玉、乔石、田纪云、姜春云、何鲁丽、宋平、陈慕华等先后视察公司并给予高度评价。

公司始终坚持“得利于斯，回报于斯”的创业初衷，在自身发展的同时，推进周边社区建设和带动广大区域农民致富、农业发展；同时公司也为南方水灾、汶川地震、玉树地震、吉林水灾、孤寡老人、失学儿童、困难职工提供无私捐助。“制欲感恩”的企业理念是镌刻在得利斯发展道路上的铭言，更是实践中不断延伸引领发展的信念。

二十六载得利斯，笃守“品质高于一切”的信言！得利斯，以竭诚奉献于中华民族的崛起为终极目标，向着更具担当、更负责任的而立之年阔步迈进，向着建设中国农业产业化典范企业、中国肉类典范企业、百亿企业、百年品牌的目标，抵定青山、振臂前行！

山东得利斯食品股份有限公司

SHAN DONG DELISI FOOD CO., LTD.

公司地址：山东省诸城市得利斯工业园

加盟热线：0536-6339156　传真：0536-6339080　投诉热线：0536-6339082　证券部：0536-6339137

COSHIP 同洲 **股票代码：002052　股票简称：同洲电子**

公司简介

深圳市同洲电子股份有限公司（下文简称“同洲”、“公司”）成立于1994年，是专注于为运营商提供全业务互联互通整体解决方案与运营服务的高新技术企业，并致力于为全球用户提供精彩互联的客厅智能终端和服务。2006年，公司成功上市（股票代码：002052），是我国专业从事数字视讯行业的首家上市公司。

公司高度重视科技研发和自主创新，拥有数字视讯行业最大的研发队伍，是国家级创新型试点企业、国家规划布局内重点软件企业、中国电子工业百强、中国驰名商标、中国民营进出口百强。历经多年高速发展，公司成功构建了跨越广电网、通讯网及互联网的3C产业体系，产品涵盖关键前端系统、网络、核心软件、中间件、运营支持系统、内容服务、增值业务、数字电视机顶盒、数字电视一体机、智能手机、IPTV机顶盒、卫星通讯、安防电子等产业，在同行业打造了完善的全业务数字视讯产业链。在广播电视产业，同洲是唯一可提供成熟的数字电视全业务、互联互通整体解决方案和服务的提供商，全面助力广电成为全业务运营商，并推动全球数字视讯产业的发展。

公司拥有年产2000万台的数字视讯产业化基地，具有丰富的产业化经验。公司自主开发的支持三网融合的“全业务高清互动数字电视平台”已覆盖全国大部分省市；公司系列化产品在国际市场上，出口到欧洲、中东、澳大利亚、东南亚、北美、南美、北非等地区，成为国际知名品牌。

2006年6月27日同洲电子成功登陆深圳证券交易所

2010年，时任中共中央政治局委员、中央书记处书记、中宣部部长刘云山视察同洲电子

2013年9月23日正式发布1+1系列产品，开启电视互联网时代

地址：深圳市南山区高新科技园北区彩虹科技大厦A6楼　邮编：518057　网址：www.coship.com
电话：0755-26990000　传真：0755-26722666　电邮：coship@coship.com

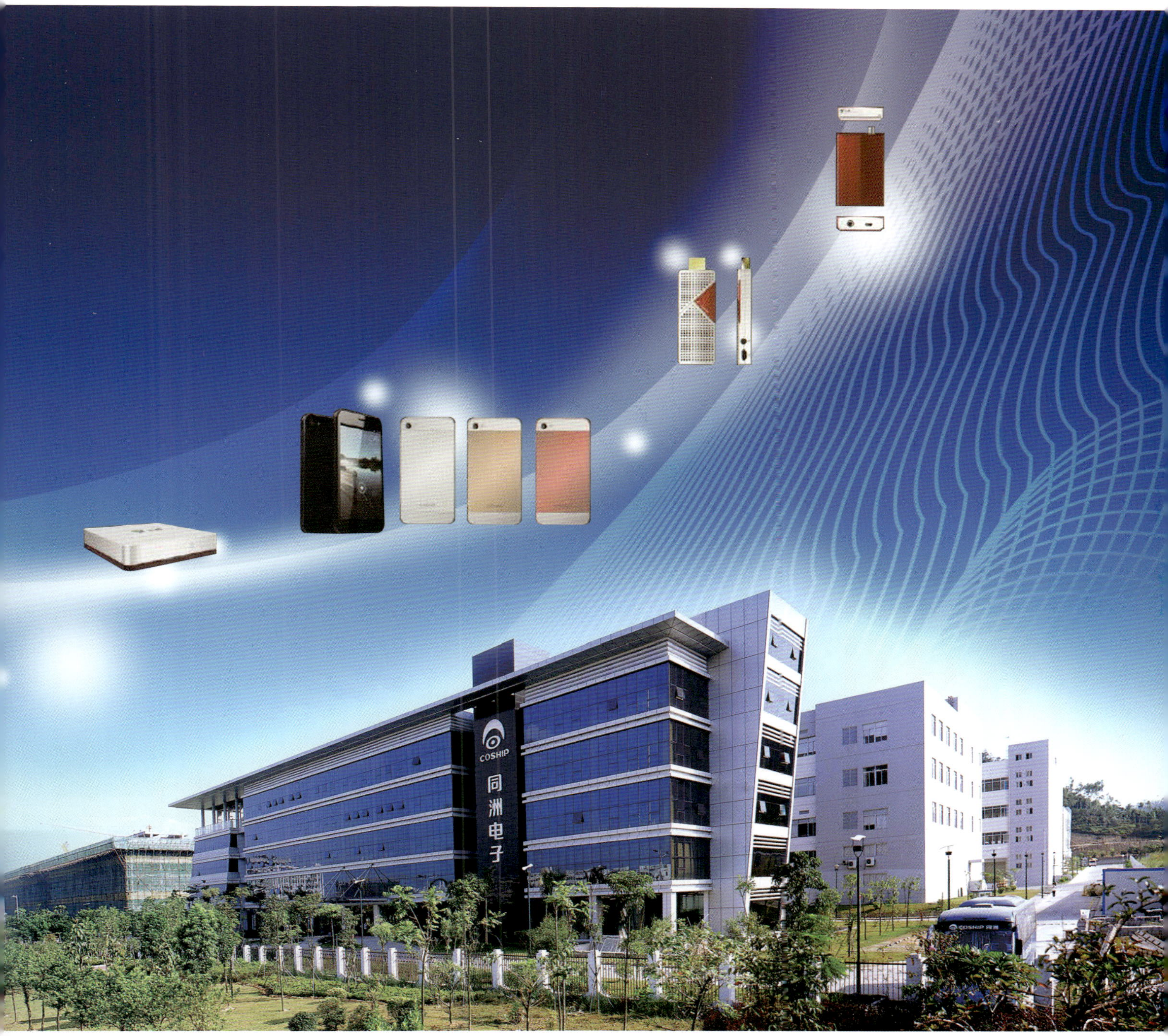

2013年全国各地爱摸客同城粉丝会陆续举办，与同洲忠实用户近距离面对面的交流

2014年3月18日发布“超清怪兽”广电最快的4K机顶盒飞看2

2014年3月25日对外发布自主安全系统960和搭载960、安卓的双系统手机960E

ZW 章源钨业 股票代码：002378

董事长：黄泽兰先生

始创于 2000 年，2010 年 3 月 31 日在深交所上市，是迄今为止全国唯一一家钨行业上市民营企业（股票简称：章源钨业，股票代码：002378），集钨的采选、冶炼、制粉、硬质合金与钨材生产和深加工、贸易为一体，是全球少数拥有完整钨产业链的厂商。现有员工 3400 多人，拥有 6 个探矿权矿区、4 座采矿权矿山、5 个钨冶炼及精深加工厂、1 座水电站、1 家全资子公司及 2 家参股公司。产品覆盖仲钨酸铵、氧化钨、钨粉、碳化钨粉和硬质合金系列，“章源”商标系江西著名商标，“章源”牌钨粉、碳化钨粉、硬质合金系江西名牌产品。截止 2012 年底，公司总资产 27.93 亿元，销售额 17.44 亿元，利润总额为 1.60 亿元，上缴税金 2.39 亿元，出口创汇 8723 万美元。

公司是国家级高新技术企业、第三批创新型企业、国家技术创新示范企业，是商务部批准的“钨品国营贸易出口资格企业”和“钨品出口供货资格企业”，先后通过了 ISO9001：2008 质量管理体系、ISO14001：2004 环境管理体系、OHSAS18001：2007 职业健康安全管理体系和 ISO9001:2008 党建质量管理体系的认证，拥有多项专利、科技成果和高新技术产品，中国地质科学院、中南大学、江西理工大学、赣南科学院分别在公司设立了博士工作站、博士后研究基地、研究生教育创新基地和钨业研究所。开发专利专有技术 135 项，承担、参与起草国家标准 5 个，冶炼与制粉生产工艺国际领先，硬质合金生产工艺国内先进，首创白钨铵盐不变体系闭路冶炼新工艺，率先实现黑白钨矿高效绿色冶炼。

公司致力于向下游精深加工产业链延伸，通过引进世界一流装备、技术与工艺，在全资子公司赣州澳克泰工具技术有限公司斥资 8.3 亿元，新上了高性能高精度硬质合金涂层刀片等生产线，旨在改变我国高端硬质合金长期依赖进口的局面，满足国内数控加工业快速发展的需要。生产线已于 2013 年上半年开始量产，目前市场开拓前景良好，有望成为公司盈利新增长点。

章源钨业董事长在公司上市仪式上发言

中南大学章源钨业教育基金捐赠协议书签约仪式

章源钨业 2012 年总结表彰大会

>> 安全、和谐、高效、创新

Security、harmony、efficiency、innovation

未来几年，公司将以持续建设“纵向专业一体化”产业链为目标，不断延伸钨产业链，促进产业转型升级：一是“做优”上游探采选，加强资源勘探力度，推进矿山兼并重组，持续建设绿色矿山，进一步提升矿产资源综合回收利用水平。二是“做特”中游冶炼制粉，差异化开发生产特色粉末产品，推广绿色冶炼、实现零排放。三是“做精”下游精深加工，继续引进消化吸收再创新世界前沿钨精深加工的工艺技术与装备。加快刀具、刀杆、刀盘等硬质合金工具的集成创新和产业化步伐，尽早建成硬质合金高端切削工具的研发、设计、生产及售后服务体系，缩短国内高端硬质合金工具与国外的差距。

武漢金融超市

WUHAN FINANCIAL SUPERMARKET

效率融资平台

“一站式”服务中小微企业，融资、融智效果显著

武汉金融超市是在省市领导的正确指导下，在东湖高新区管委会、省市金融管理部门、在武汉各金融机构等方方面面的大力支持下设立的“一站式”效率融资服务平台。是金融支持东湖国家自主创新示范区的重要举措，是服务中小微企业尤其是科技型中小微企业的重要载体，是缓解我市中小微企业融资难的新的探索。自 2010 年 10 月 28 日运营以来，我们通过与 120 余家各类机构开展合作，提供全方位金融服务，目前共收到融资项目申请 2970 个，申请融资总金额 233 亿元，合作机构已受理 2165 个，成功融资 1704 个，成功融资金额达 46.6 亿元，其中约 80% 为中小微企业、个体工商户。融资方式涵盖银行贷款、小额贷款、典当贷款、企业债、私募债、股权融资等各类间接融资和直接融资方式。

我们不仅为企业提供效率融资服务，更关注企业融资意识、融资理念和融资技能等方面的培养，帮助企业“融智”，力求从根本上提升企业融资的实力。通过“融智讲坛”、“园区巡诊会”、“融资赶集会”、“资本直通车”、“融资能力提升计划”等形式多样的投融资对接及企业培育活动。两年多来，为 3000 多家中小微企业进行了“经济形势分析”、“融资策略”、“上市辅导”、“金融产品普及”等公益主题培训；联合各大高新园区、企业孵化器做好“新三板”、“信用贷款”等贴近企业需求的专题宣讲，为中小微企业提供贴身的融资服务。

形成服务特色，“武汉模式”的品牌效应显现

一直以来我们坚持“政府推动，市场运作，办出特色”的指导思想，通过三年多来不断摸索实践已成功将公益性服务与市场化运作相结合、实体平台服务与虚拟网络服务相结合、场内咨询服务与场外跟踪服务相结合、面向社会的普惠制服务与面向会员的个性定制服务相结合、企业融资需求服务与企业品质提升服务相结合。构建了顾问协同服务、虚拟对接服务、宣传展示服务、汇资融智服务、和增信培育服务等五大服务体系。为了更好的服务机构，我们还引入了人民银行贷款卡年审及征信系统为金融机构和企业提供有关政务服务。

武汉金融超市作为东湖国家自主创新示范区金融创新的一项重要内容，原全国人大副委员长华建敏、王国生省长、苏州市委书记蒋宏坤等国家、省、市领导都曾分别莅临指导工作；科技部条财司、沈阳、济南、郑州、洛阳等部委、兄弟城市的有关领导也来考察调研；还有贵阳市高新区、苏州工业园区的负责同志也就中小微企业融资服务的问题进行了交流。武汉金融超市作为中小微企业公益性效率融资服务平台在全国范围内品牌效应已初步显现，金融超市的“武汉模式”已开始形成了一定的示范效应。

发挥金融资源集聚作用，助力“资本特区”建设

集聚金融资源是我们的一个重要工作。市场规律决定了哪里有客户，哪里就有机构，通过我们受理的 233 亿元融资需求及提供的便利服务，使武汉金融超市周围集聚了一大批与融资有关的机构。据不完全统计，目前我们所在的光谷国际广场有联想投资、湖北高和创业投资等 12 家 VC/PE 股权投资机构；有香港上市公司新鸿基旗下亚联财等 5 家小额贷款公司；有武汉中小、武汉东创等 9 家担保机构；还有平安财产保险及一些投资咨询服务机构，面积近 2 万平米，一座“民间融资大厦”初具雏形，进一步加大了东湖高新“资本特区”金融要素集聚力度。

武汉金融超市成立以来，先后荣获“现代化服务业试点国家支持项目”、“湖北省企业管理现代化创新成果二等奖”、“支持武汉市经济社会发展突出贡献奖”、“东湖高新区中小企业服务平台建设奖”及“东湖高新区两型社会奖”等各类表彰和奖励。下阶段我们将积极配合省政府制定的武汉金融改革创新总体方案、市政府建设武汉区域金融中心的战略目标，在继续完善综合效率融资服务功能的基础上，充分利用各类金融资源，深化科技金融创新。同时在企业直接融资、利率市场化等金融创新方面进行研究，适时推出相关产品，以“提升中小微企业融资能力，构建中小微企业融资渠道”为目标，为中小企业，尤其是小微企业建立高效、畅通的融资通道而不懈努力。

融资、融智 “一站式” 服务中小微企业

友利 UOLI 四川友利投资控股股份有限公司

Sichuan UOLI Investment Cmi Holdings Ltd

证券代码：000584　证券简称：友利控股

公司氨纶工厂外景

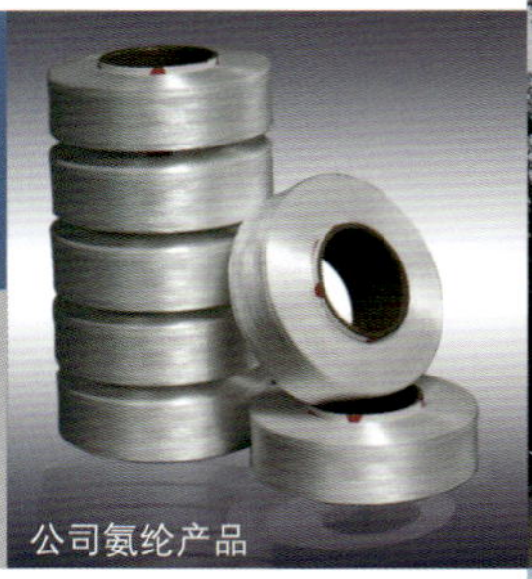
公司氨纶产品

“蜀都中心”D7（一期）项目

董事长：李峰林先生

副董事长、总经理：程高潮先生

公司概况 >>

四川友利投资控股股份有限公司（以下简称“公司”）是一家民营控股的大型综合性上市公司，其前身为成立于1980年的成都市工业展销信托股份公司，是中国改革开放后设立最早的规范的股份制企业。同年，经政府部门批准，公司对外发行了中国改革开放以来第一张股票。1990年公司更名为成都蜀都大厦股份有限公司（证券简称：蜀都A），1995年公司股票在深圳证券交易所主板市场挂牌交易。2004年公司更名为四川舒卡特种纤维股份有限公司（证券简称：舒卡股份），2009年公司更名为四川友利投资控股股份有限公司（证券简称：友利控股）。截止2013年9月末，公司拥有总资产33.78亿元，归属于母公司所有者权益合计20.06亿元（未经审计），总股本408,882,893股。

桂林“金色嘉苑”项目

2000年至2002年，公司成功实施发展战略调整，在稳定原有经营基础上，妥善处理了若干历史遗留问题，化解了公司财务和经营风险，改善和提高了公司的资产质量，公司内部管理、组织结构和经营结构调整成效明显。

2003年12月，江苏双良科技有限公司通过受让公司国有股方式，成为公司控股股东之后，逐步将江苏双良特种纤维有限公司70%的股权、江阴恒创科技有限公司持有的江阴舒卡纤维60%股权置换入公司，并通过资产转让的方式将四川恒创特种纤维有限公司75%的股权以及江阴友利特种纤维有限公司75%的股权注入公司，公司完成了以氨纶为主营的经营结构调整和发展战略转型。经中国证监会核准，2007年、2008年公司先后完成两次非公开发行股票，公司严格按照发行时的承诺，将募集资金全部投资建设“年产10,000吨高技术功能性差别化氨纶项目”和“差别化氨纶（功能化细旦丝）技改项目”，并使用自有资金并通过引进先进核心技术设备以及改进原有技术等措施，在“年产10,000吨功能性差别化氨纶项目”基础上新增了年产2,000吨经编氨纶系列产品产能等。2011年，公司又自筹资金对氨纶生产线进行了技术改造，使上述项目更加节能、高效。目前，公司形成了年产氨纶纤维3.2万吨的生产规模，拥有较为齐全的生产线，能生产市场所需的、不同规格的优质氨纶纤维产品，这对于进一步扩大公司氨纶产品的市场占有率，确保公司在国内氨纶生产行业中保持前列地位，具有重要作用。与此同时，公司拥有亚洲规模最大、设备最先进的氨纶包覆纱生产企业，在该行业中具有龙头优势。

公司认真执行股东大会关于“坚持控制风险，适度加大项目开发力度，把房地产业务发展成为公司经营业绩新的利润增长点”的决议，加大房地产开发业务力度。公司抓住房地产发展市场机遇，先后倾力打造了桂林“金色嘉苑”住宅小区、成都“帕丽湾”、成都天府新城CBD“蜀都中心”城市综合体等知名开发项目。目前，“蜀都房产”已跻身于成都地区实力房产企业的行列。

公司充分尊重和认真维护股东、员工、投资者、供应商、客户等相关利益者的合法权益，协调平衡各方利益。公司重视履行企业公民的社会责任，并以在经营管理中厉行节能降耗、注意保护环境，努力保障员工合法权益、构建和谐企业，积极参与社会服务、推进社区建设等实际行动，促进社会和公司共同持续、健康发展。

公司的奋斗目标是：“坚持以新材料新技术产业为主导产业，做大做强氨纶主营业务；坚持在控制风险的前提下，加大房地产项目的开发力度，把房地产业务发展成为公司经营业绩新的利润增长点；坚持规范治理、强化内控，狠抓经营、开拓市场，增强公司核心竞争力，逐步把公司建设成为成长型绩优上市公司。”

电话：028-86757539　传真：028-86741677　邮箱：YL000584@sina.com

地址：四川省成都市蜀都大道署袜北三街20号　邮编：610016　网址：www.uoli.com.cn

Jetsen **捷成世纪** 股票代码：300182
股票简称：捷成股份

融合领先科技 铸就卓越品牌

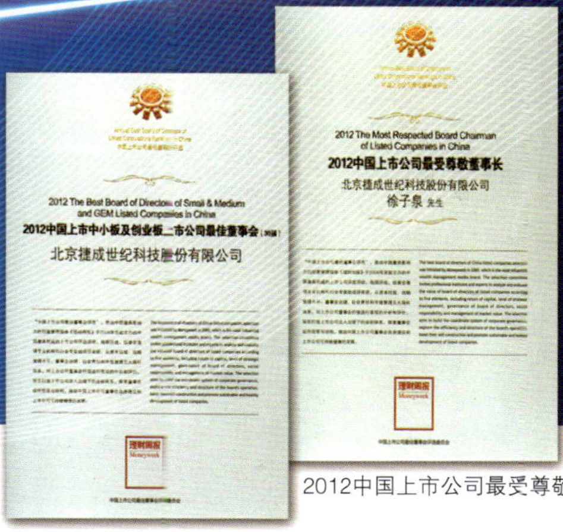

2012中国上市公司最受尊敬董事长

2012中国上市中小板及创业板上市公司最佳董事会

董事长：徐子泉先生

公司概况 >>

北京捷成世纪科技股份有限公司（以下简称本公司）成立于2006年8月23日，于2011年2月22日在深圳证券交易所成功上市（证券简称：捷成股份，证券代码：300182），现有注册资本2.32亿元人民币，是广电行业音视频技术领域的龙头企业，致力于音视频领域的信息技术创新和数字内容增值服务，目标市场涵盖广电领域、国防领域、科研院校、政府机关、事业单位及其他音视频领域，公司的多个产品和实施项目先后荣获了国家广电总局、中国广播电视设备工业协会、中国电子学会等多个奖项，是业内“广播电视十大民族品牌奖”、“科技创新优秀企业奖”等多项大奖的获得者。公司还积极参与多个国标和行业标准的起草和制定，是国家广电总局标准化工作委员会成员单位，中国广播影视数字版权管理论坛执行委员单位，国家新闻出版总署标准化技术委员会成员单位。

在过去的五年，捷成的主营收入从0.7亿增长到7.3亿，取得十倍以上的增长。经过多年的发展与积累以及上市以来持续收并购战略的成功实施，本公司已发展成为拥有子公司13家、业务范围广阔的企业集团。

上市以来本公司紧紧抓住广播电视行业及音视频技术应用相关领域的发展契机，积极布局音视频整体解决方案的服务内容，通过外延式和内生式扩张，延伸产业链，已然构建起一个覆盖广电工艺设计、音视频数码科技和影视传媒版权交易的多功能高科技文化产业集团，具备为广播电视机构提供全流程全价值链的一体化服务能力。此外，公司除了覆盖大广电行业的各类音视频业务，正在进一步拓宽到智慧城市、数字家庭等领域，充分发挥多功能高科技文化企业集团的产业引领和促进作用。

公司前台

公司办公场所

公司展示大厅

地址：北京市海淀区知春路1号学院国际大厦709室 邮编：100191 网址：www.jetsen.com.cn
电话：010-82330868 传真：010-82330880 电邮：jetsen@jetsen.cn

2013
中國證券業年鑒
CHINA SECURITIES YEAR BOOK

中

总第二十一期

图书在版编目(CIP)数据

中国证券业年鉴. 2013/ 中国证券业年鉴编辑委员会 编.
上海:复旦大学出版社, 2014.4
ISBN 978-7-309-10458-5

Ⅰ.①中… Ⅱ.①中… Ⅲ.①资本市场—中国—2013—年鉴 Ⅳ.①F832.51-54

中国版本图书馆 CIP 数据核字(2014)第 054108 号

中国证券业年鉴(2013 · 总第二十一期)
中国证券业年鉴编辑委员会 编

责任编辑 岑品杰 张咏梅 鲍雯妍 宋朝阳 王雅楠
封面设计 上海众证文化传播有限公司
出版发行 复旦大学出版社有限公司出版发行
上海市国权路 579 号 邮编 200433
经 销 新华书店
印 刷 上海汉迪彩色印刷有限公司
开 本 850mm×1168mm 1/16
印 张 153
插 页 230
字 数 6650 千字
版 次 2014 年 4 月第 1 版 2014 年 4 月第 1 次印刷

定 价 人民币 1980 元 港币 2680 元 美元 400 元

编辑说明

《中国证券业年鉴》以客观、公正、全面、权威的历史使命，忠实记录了我国证券市场的发展轨迹，向海内外各界人士宣传、展现我国证券市场的发展成就，做出了应有的贡献；并给后人查阅、研究我国证券市场历史年度的动态，提供了权威资料。做好中国证券业历史的编辑整理工作，保证中国证券业历史记录的有序延续，是我们的历史使命。自1993年创刊以来，《中国证券业年鉴》已经逐渐成长为一个展示公司业绩、总结市场成就、记录中国证券业历史、向海内外各界人士展现和推介中国证券市场形象的权威窗口。《中国证券业年鉴》每年出版一次，分上、中、下三册向国内外公开发行。

《中国证券业年鉴》（2013·总第二十一期）主要反映本年度中国金融、证券、基金、期货、保险、债券市场及企业制度建设和发展方面的情况和最新动态，供海内外有关机关、社团、学校、研究部门、企事业单位及社会各界人士做进一步研究参考使用。为推动中国证券业的规范化和国际化、建设有中国特色的社会主义市场经济服务。

《中国证券业年鉴（2013）》内容设置专论、中国金融市场、中国证券市场、中国基金市场、中国期货市场、全国中小企业股份转让系统专辑、中国区域性股权交易市场专辑、中国证券业人物纪实与访谈、优秀企业选介等部分，另有彩色图片1260幅。

《中国证券业年鉴（2013）》的资料直接来源于公司的公告和报告、国务院有关部委及各省、市相关单位提供的材料，保证了《年鉴》的权威性和准确性。《中国证券业年鉴（2013）》基本保持上一期的内容和体例，同时新增了全国性场外交易市场的详细资料，进一步展现了我国构建多层次资本体系的阶段性成果。但由于中国证券业仍处于快速发展阶段，加上各地区的发展不平衡以及我们的水平有限，难免出现一些疏漏，敬请读者谅解和指正。

《中国证券业年鉴》（2013·总第二十一期）由上海、深圳证券交易所和中国证券业年鉴编辑委员会共同主办，总编辑由张育军、宋丽萍、杨晓嘉、刘兴强担任。在编辑出版过程中得到了国务院有关部门，中国证券监督管理委员会及各省、直辖市、自治区证监局，上海证券交易所，深圳证券交易所，香港交易所，中国证券报社，大连商品交易所，全国中小企业股份转让系统，齐鲁股权交易中心及证券界有关领导、专家的指导和支持，在此我们表示最诚挚的感谢。

中国证券业年鉴编辑部

中国证券业年鉴理事会

（以下排名不分先后）

何国纯	广西五洲交通股份有限公司	董事长
刘相学	鲁银投资集团股份有限公司	董事长
包士金	江苏吉鑫风能科技股份有限公司	董事长
石维国	中天城投集团股份有限公司	副董事长
张广慧	山西证券股份有限公司	党委书记、董事长
李晓安	华龙证券有限责任公司	董事长
杨光裕	长城基金管理有限公司	董事长
郭本恒	光明乳业股份有限公司	总裁
王文京	用友软件股份有限公司	董事长、总裁
任志强	华远地产股份有限公司	董事长
张近东	苏宁电器股份有限公司	董事长
顾伟国	中国银河证券股份有限公司	总裁
杨　剑	泰豪科技股份有限公司	总裁
洪家新	华鑫证券有限责任公司	总裁
王义芳	财达证券有限责任公司	董事长
赵学军	嘉实基金管理有限公司	总经理
刘平春	深圳华侨城股份有限公司	董事长
张相军	山东金岭矿业股份有限公司	董事长
陆　涛	金元证券股份有限公司	总裁
刘青山	泰达宏利基金管理有限公司	总经理
张　伟	鹏元资信评估有限公司	总裁助理
袁　泽	新疆新鑫矿业股份有限公司	董事局主席
焦　云	七台河宝泰隆煤化工股份有限公司	董事长
张永年	四川成渝高速公路股份有限公司	董事会秘书
李春宏	江苏连云港港口股份有限公司	董事长
杨建东	云南盐化股份有限公司	董事长
徐　华	致同会计师事务所(特殊普通合伙)	董事长
张洪起	天津鹏翎胶管股份有限公司	董事长
刘　光	东方网力科技股份有限公司	董事长、总经理
赵亚萍	渤海银行股份有限公司	托管业务部总经理
尹庆军	国金通用基金管理有限公司	总经理
张恺颙	陕西延长石油化建股份有限公司	董事长
刘世春	金融街控股股份有限公司	董事长
张增光	唐山冀东水泥股份有限公司	董事长
郑和平	山东得利斯食品股份有限公司	董事长
曾昭秦	山东天业恒基股份有限公司	董事长
邱　卫	湖南新五丰股份有限公司	董事长
王龙雏	福建省厦门象屿股份有限公司	董事长
谢长军	龙源电力股份有限公司	总经理

中国证券业年鉴编辑委员会

地　　址： 上海浦东桃林路 18 号环球广场 B 座 2809 室
邮　　编： 200135
电　　话： 021－22819146
传　　真： 021－22819145
邮　　箱： shcwq@ vip. 163. com

目　录

第一编　专　论

第二编　中国金融市场

第三编　中国证券市场

第四编 中国基金市场

第五编 中国期货市场

第六编　中国区域性股权交易市场专辑

第七编 中国证券业人物纪实与访谈

第八编 全国中小企业股份转让系统专辑

插页目录

上 册

中　册

下　册

中国证券业年度人物

2013中国证券市场新闻图片展

证券简称：鸿达兴业　证券代码：002002

鸿达兴业--海化大楼

鸿达兴业--金材科技厂景

证券简称：启明信息　证券代码：002232

2013年6月公司参与长春微软创新中心揭牌仪式

启明软件园俯瞰效果图

证券简称：保龄宝　证券代码：002286

国务院总理与全国人大代表、保龄宝公司董事长刘宗利先生亲切握手

3月26日公司承办“OLIGO+健康快线”项目启动仪式

NEWS PHOTOS 新闻图片

证券简称：云南锗业　证券代码：002428

2010年6月8日公司股票在深圳证券交易所上市交易

公司大寨锗矿地面监测系统实时保障矿山安全生产

证券简称：林州重机　证券代码：002535

2013年3月郭现生董事长到京参加第十二届全国人民代表大会

2013年10月22日林州重机参展第15届中国国际煤机设备展

证券简称：司尔特　证券代码：002538

全国测土配方施肥技术专家组组长、中国农业大学资源环境与粮食安全研究中心主任张福锁教授（中）授予司尔特公司为安徽省定远县“配方肥农企对接示范点”

司尔特全景图

证券简称：福建金森　证券代码：002679

福建金森林业股份有限公司动员大会

福建金森办公楼-金森大厦

证券简称：奋达科技　证券代码：002681

2012年6月5日奋达科技在深交所成功上市

奋达科技园二期研发大厦

证券简称：东宝生物　证券代码：300239

2013年12月7日东宝生物与美国LIPOND公司签订合作协议

2013年6月18日台湾财金文化金融家考察团到东宝生物调研

NEWS PHOTOS 新闻图片

证券简称: 润和软件　证券代码: 300339

江苏润和软件股份有限公司员工大会

润和软件园规划效果图

证券简称: 麦迪电气　证券代码: 300341

2012年7月26日麦迪电气在深圳证券交易所创业板上市

麦迪电气高管在上市仪式上

证券简称: 东方网力　证券代码: 300367

东方网力科技股份有限公司上市仪式

东方网力科技股份有限公司网上路演-合影

2013中国证券市场新闻图片展

证券简称：鹏翎股份　证券代码：300375 ▼

天津鹏翎胶管股份有限公司上市仪式

天津鹏翎胶管股份有限公司网上路演

证券简称：新湖中宝　证券代码：600208 ▼

香格里拉实景—新湖中宝

法式庭院—新湖中宝

证券简称：五洲交通　证券代码：600368 ▼

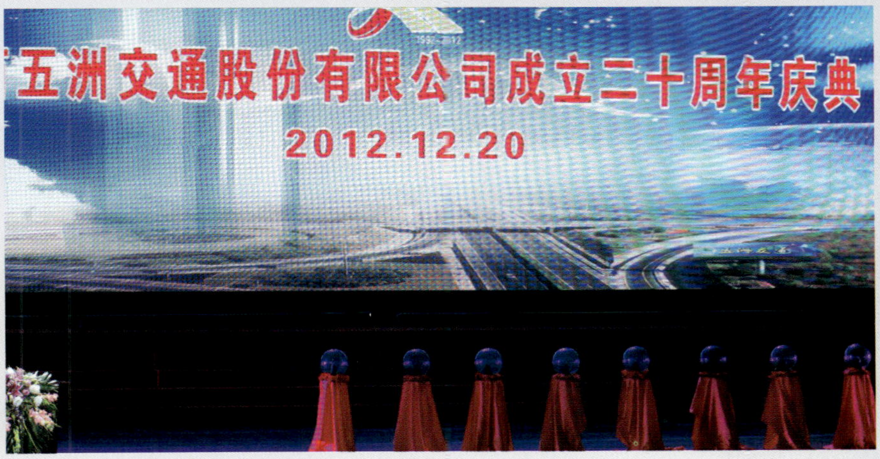

2012年12月20日广西五洲交通股份有限公司成立二十周年庆典

NEWS PHOTOS
新闻图片

中国银河证券

中国银河证券（06881.HK）于2013年5月22日在香港联合交易所挂牌上市

银河证券总部大楼

中国民族证券

董事长赵大建先生向全体员工发出“知恩于心，感恩于行，勇于承担社会责任”的号召

中国民族证券举办优秀员工“金融创新与风险防范”高级培训班

华泰联合证券

华泰联合证券2013年投行业务全员培训

华泰联合证券第三届上市公司企业家年会

2013中国证券市场新闻图片展

西南证券

重庆市政府、华夏银行与西南证券子公司重庆股份转让中心
正式签署《中小企业金融服务战略合作协议》

西南证券股份有限公司参展第五届重庆金融博览会

东方花旗证券

东方花旗证券开业典礼-屠光绍（上海市副市长）
和路易斯.卡登Lewis Kaden（花旗集团副主席）为公司揭幕

东方花旗证券-资产证券化及境外融资研讨会

华林证券

华林证券开展投资者教育宣传活动

优质服务 满意一百-华林证券开展金秋客户服务月活动

诚信经营　便民利民

2012年9月5日红旗连锁在深圳证券交易所成功挂牌上市，成为中国A股市场首家便利连锁超市上市企业（股票代码002697）

红旗连锁总部业务大厅

红旗连锁创建于2000年6月22日，2010年6月9日，整体变更为成都红旗连锁股份有限公司。公司已发展成为中国西部最具规模的以连锁经营、物流配送、电子商务为一体的商业连锁企业，是中国A股市场首家便利连锁超市上市企业（股票代码002697）。目前在四川省内已开设1400余家连锁超市，就业员工14000人，仅2011年、2012年上缴税收及社会保险达5亿元以上；拥有三座物流配送中心；与上千家供货商建立了良好的互利双赢的商业合作关系。2002年“红旗”商标经国家工商总局商标局核准注册，并先后被认定为成都市著名商标、四川省著名商标、中国驰名商标。

公司经营业绩跨入全国商业企业百强、中国零售百强企业、中国连锁百强企业、四川企业100强、四川商业企业最大规模10强；荣获中国“最具成长性企业”、中国优秀诚信企业、中国消费者协会全国商业服务业“诚信单位”、全国商务系统先进集体、全国和谐商业企业；四川省现代流通先进企业、四川省优势商业零售企业、成都市首批大企业大集团培育企业、成都市再就业工作先进集体、成都市纳税先进企业等荣誉。红旗连锁的健康发展，为推动现代服务业腾飞及地方经济社会发展做出了积极贡献。

红旗连锁金堂大超市

红旗快捷

红旗连锁顺江大超市

林州重机集团股份有限公司

LINZHOU HEAVY MACHINERY GROUP CO., LTD

证券代码：002535

证券简称：林州重机

采煤机

刮板机

掘进机

液压支架

董事长：郭现生先生

公司简介 >>

林州重机集团股份有限公司始建于1987年12月，位于举世闻名的红旗渠畔，现已发展成为国内唯一的集铸造生铁、煤炭综采成套设备、矿井建设与运营、金融租赁服务、安全技术装备于一体的综合服务商。为国内A股上市公司（股票简称：林州重机；股票代码：002535）。公司占地面积约55万平方米，现有职工1400余名。注册资本人民币536,574,636元，公司法定代表人郭现生，现任第十二届全国人大代表。

公司主要产品为煤矿液压支架、刮板输送机、带式输送机、采煤机、掘进机、救生舱、偶合器、单体液压支柱、金属顶梁、防爆电器等煤炭综采机械设备，产品销售覆盖全国20多个主要产煤区及大型煤炭基地。

公司是一家跨地区的集团公司，现有：七台河重机金柱机械制造有限责任公司、林州重机林钢钢铁有限公司和林州重机矿业有限公司三家全资子公司；北京中科林重科技有限公司、鄂尔多斯市琅赛科技有限公司、徐州中矿科光机电新技术有限公司、徐州科博机电有限公司和林州重机矿建工程有限公司五家控股子公司；鸡西金顶重机制造有限公司、辽宁通用煤机装备制造股份有限公司、西安重装澄合煤矿机械有限公司、平煤神马机械装备集团河南重机有限公司、中煤国际租赁有限公司和鄂尔多斯市西北电缆有限公司六家参股子公司；林州生元提升科技有限公司一家孙公司。

2002年，公司被农业部授予“全国乡镇企业创名牌重点企业”；2003年，公司通过了ISO9001质量管理体系认证；2004年，公司被中国煤炭物资流通协会、中国煤炭物产集团公司评为“2003-2004年度中国煤炭工业支护产品十佳定点企业”；2005年，公司被评为河南省质量管理先进企业；2006年，公司被评为河南省诚信民营企业、河南省银行业信用优良客户；2007年，公司被河南省发展和改革委员会授予2007“河南之星”最佳企业；2008年，公司被河南省人民政府确定为“河南省100户重点工业企业”；2009年，公司被河南省委、省政府评为“河南省高成长型民营企业”；2010年，公司荣获安阳市首届市长质量奖；2011年，公司荣获林州市首届市长质量奖和“高新技术企业”；2012年，公司被河南省人民政府授予“河南省2012年度百强企业”，公司的图形商标也被国家工商总局商标局授予“中国驰名商标”。2013年，公司被河南省工商行政管理局授予“河南省著名商标”。

公司秉承“用户满意就是我们的成功”的企业理念；以“研制一流煤矿生产安全智能化成套设备、实现煤矿生产安全、高效、零死亡”为企业使命；以“成为国内一流煤矿成套设备供应商”为企业愿景；以“诚信、高效、奋进、创新”为企业核心价值观；以“开拓经营市场，诚信至诚服务”为公司的发展主题；以“恪守信誉、优质服务、交货及时”为公司的经营宗旨；本着“用户的计划就是公司的计划，用户的成本就是公司的成本，用户的效益就是公司的效益”这一与用户结为一体的经营思想，打造煤矿机械精品，以一流服务满足用户，与用户共同创造辉煌，实现共赢。

电话：0372-6024321

传真：0372-6031023

地址：河南省林州市河顺镇申村

邮编：456561

电邮：lzzj@lzzj.com

网址：www.lzzj.com

证券代码：002225
证券简称：濮耐股份

PRCO
濮耐股份

濮耐

为全球高温工业提供卓越的产品和系统解决方案

2008年4月25日濮耐股份在深交所成功上市

原河南省省长李成玉视察濮耐股份

北京研发中心

公司简介 >>

濮阳濮耐高温材料(集团)股份有限公司（Puyang Refractories Group Co.,Ltd.）是中国最大的耐火材料制品和高温工业用耐火材料系统解决方案提供商，是集耐火材料的研发、生产、销售为一体且拥有原料基地的国内耐材龙头企业，是拥有21家分子公司的跨国集团。

濮耐股份始创于1988年，2008年4月25日于深交所上市。公司注册资本79278.7035万元，下辖9个全资子公司（濮阳市濮耐功能材料有限公司、濮阳市濮耐炉窑工程有限公司、营口濮耐镁质材料有限公司、濮耐美国股份有限公司、上海宝明耐火材料有限公司、海城市琳丽矿业有限公司、青海濮耐高新材料有限公司、郑州华威耐火材料有限公司、苏州宝明高温陶瓷有限公司），4个控股子公司（濮阳乌克兰有限责任公司、云南濮耐昆钢高温材料有限公司、海城市华银高新材料制造有限公司、西藏濮耐高纯镁质材料有限公司）、4个参股公司（通化濮耐高温材料有限公司、焦作银龙高铝材料有限公司、北京华泰焦化工程技术有限公司、北京五环安泰冶金工程技术有限公司），4个分公司（濮耐北京科技研发中心、濮耐(集团)韩国分公司、濮耐(集团)俄罗斯分公司、濮耐(集团)印度分公司。

濮耐股份一直致力于耐火材料新技术、新产品的开发和推广应用，是国家认定的高新技术企业、国家创新型企业、河南省五十户高成长型高新技术企业、中国科技名牌500强企业、中国证券市场20年最具活力新锐上市公司、河南省知识产权优势企业、河南省科技创新十佳单位。

濮耐股份的未来发展目标是：2015年，建成一个跨地区、跨国界的高科技耐火材料企业集团，进入世界耐材行业前十名。2020年，建成一个以高科技为基础、以耐火材料为主业的跨国集团，进入世界耐材行业的前三名。公司将通过与国内外优质耐火材料公司的合作，加快兼并重组，进一步增加濮耐股份的综合实力，建立集团公司的高铝、镁质材料原料基地，成为全国耐材行业产品配套齐全、覆盖钢铁、建材、有色、石化等主要高温领域的龙头企业。

子公司–濮阳市濮耐功能材料有限公司

子公司–营口濮耐镁质材料有限公司

电话：0393-8776666　传真：0393-3214218　邮编：457100　地址：河南省濮阳县西环路中段　网址：http://www.punai.com.cn

常州千红生化制药股份有限公司

Changzhou Qianhong Biopharma Co.,ltd.

地址：江苏省常州市新北区长江中路90号
电话：0519-88898908
传真：0519-88898908
邮编：213022

董事长：王耀方先生

证券代码：002550　证券简称：千红制药

千红文化：诚信、务实、和谐；

千红价值观：共同发展、共创繁荣；

千红精神：团结、奋进、创新；

千红使命：用心制好药，造福全人类；

千红愿景：成为国内外有竞争力的大型生物医药企业；

千红经营理念：更安全、更有效、更经济

常州千红生化制药股份有限公司（股票代码：002550）位于常州国家高新技术开发区，公司是致力于多糖类和酶类生物制药的国家级高新技术企业，主要生产冻干粉针剂（含抗肿瘤药）、小容量注射剂、片剂、胶囊剂、原料药。代表产品有肝素钠系列、胰激肽原酶系列、胰弹性蛋白酶、门冬酰胺酶等。2008 年 3 月，千红制药改制为股份有限公司，2011 年 2 月 18 日，成功登陆 A 股中小企业板市场。

公司拥有完整的质量管理体系，严格按照 GMP 标准规范实施，在通过国家 GMP 认证的同时，肝素钠原料药已先后通过欧盟 COS 认证，德国、澳大利亚、巴西、韩国 GMP 认证及美国 FDA 认证，获得欧美等世界上著名医药企业的高度认同；“达肝素钠”原料药已获得日本厚生省的进口许可；公司胰激肽原酶原料药及制剂的产品质量内控标准被国家药典委员会提升为国家药品标准并被发改委确定为单独定价品种。

公司拥有较为健全的营销网络体系。目前公司的营销网络已经遍布全国各大主要省市及德国、意大利、美国、日本、韩国、印度、巴西等国家。公司的肝素钠原料药及制剂为江苏名牌产品，已获奥地利山德士公司、意大利奥伯克瑞公司和德国汉姆公司等欧洲著名医药企业的高度认同，并经受住了 2008 年“百特肝素事件”的冲击，在国内外建立了良好的质量信誉和品牌形象。同时公司也是国内胰激肽原酶制剂产品的龙头企业，市场占有率超过 70%。

展望未来，公司将努力拓展生物医药产业和医学健康产业两大领域。在生物医药产业方面，公司将秉持“用心做好药、造福全人类”的崇高使命和“更安全、更有效、更经济”的经营理念，建立科学、完善的质量预防、控制体系和自主创新的研发体系，增强核心竞争力；不断引进高素质适用型人才，加大研发队伍和药品营销队伍的建设；积极参与国内外医药市场的竞争与合作，努力成为国内外大型生物医药中具有竞争力的企业之一。在医学健康产业方面，公司将积极探索适合公司发展战略的道路，探寻合适资源，力争投资项目的成功率，同时通过这种平台为地区和国家社会事业作出民营资本的有益贡献。

2012 年经营体制改革会议

2012 年年度股东大会

新厂区开工奠基仪式

www.qhsh.com.cn

福建金森林业股份有限公司

FUJIAN JINSEN FORESTRY CO., LTD.

证券代码：002679

证券简称：福建金森

福建金森紫薇基地

金森大厦

动员大会

公司概况 >>

公司于2007年11月改制设立，2012年6月5日在深圳证券交易所正式上市，公司注册股本13868万元。是中国生态环境建设十大贡献企业和农业产业化省级重点龙头企业，也是我国首家纯森林资源培育型林业上市企业。公司拥有5家全资子公司和1家村民企合资公司，现拥有森林资源面积72万亩，森林蓄积量583万立方米。公司于2009年获得“FSC—FM/COC”国际森林可持续经营认证，是我国南方经国际森林认证蓄积量最大的森林资源培育企业。

展望未来，公司将继续秉承“林以载道、成人达已”的核心价值观，继续发挥资源和技术优势，进一步提升企业核心竞争力，丰富产业链，大力推进林业碳汇项目，发展紫薇、林下经济等新兴产业。力争3-5年内发展成为森林产品丰富、生态文明发达、研发创新能力较强的中国林业产业化龙头企业，成为森林可持续经营的引领者，绿色增长的倡导者，美丽中国的建设者。

地址：福建省三明市将乐县水南镇三华南路48号金森大厦　邮编：353300

电话：0598-2336158　传真：0598-2327339　电邮：jsly@jinsenforestry.com　网址：www.jinsenforestry.com

福建金森万亩林

证券代码：300339
证券简称：润和软件

HOPERUN Information Technology
潤和軟件

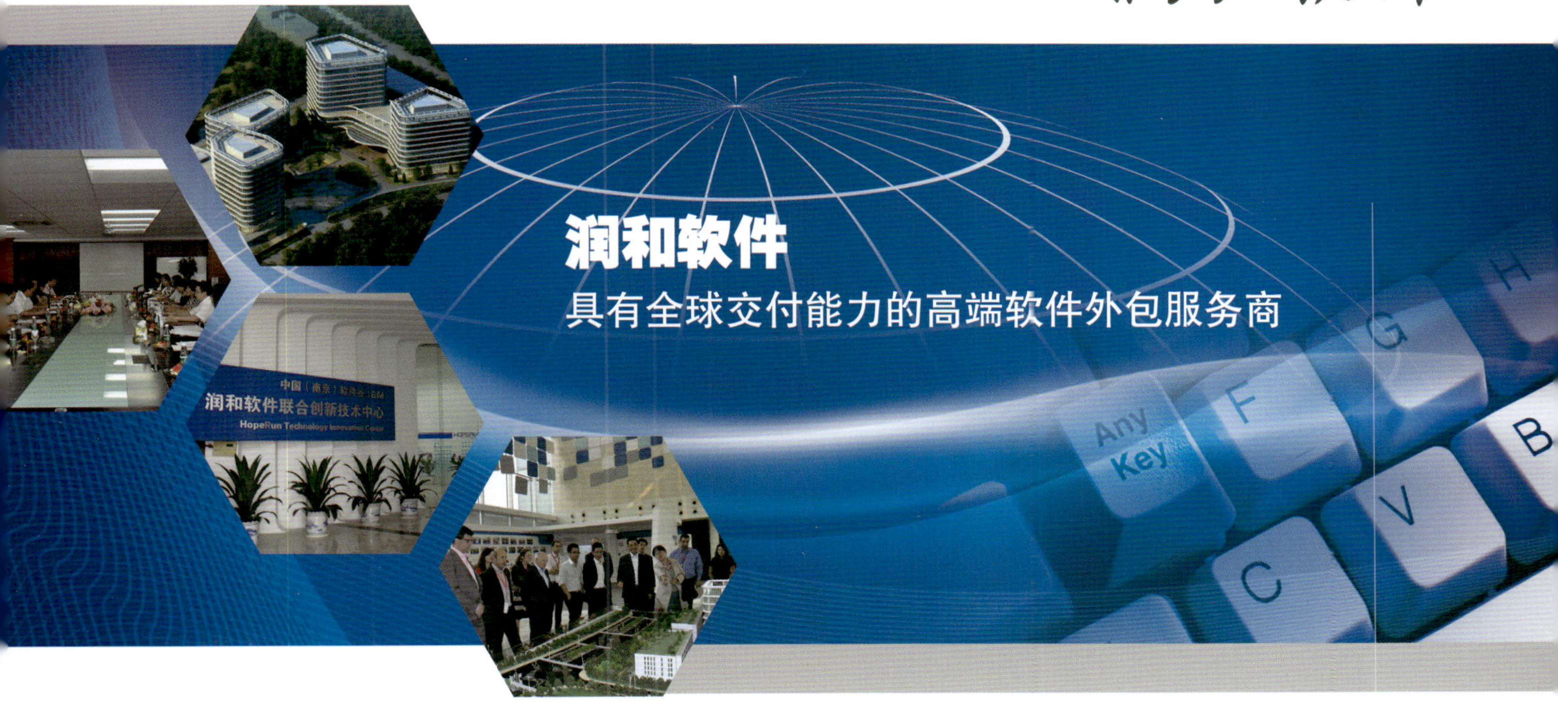

公司简介 >>

江苏润和软件股份有限公司成立于2006年，是深圳证券交易所创业板上市公司（股票简称：润和软件，股票代码：300339），江苏省软件外包龙头企业。公司主营业务是为国际、国内客户提供专业领域的软件外包服务，聚焦于“供应链管理软件”、“智能终端嵌入式软件及产品”、“智能电网信息化软件”等三大专业领域，服务内容以行业解决方案为基础，涵盖咨询、设计、开发、测试、维护等软件全生命周期作业，处于产业价值链高端。

公司以南京为总部及研发基地，在北京、西安、上海、深圳等地设立了国内控股子公司；在日本东京、新加坡、美国波士顿、硅谷设立了海外控股子公司，拥有全球软件服务交付能力，能够为客户提供全面、即时、高效的信息技术服务。

公司自成立以来，一直坚持“国际化、专业化、高端化”的发展战略，通过结合离岸成本优势，累积行业技术经验以及灵活调度企业内外部资源，已在“供应链管理软件”、“智能终端嵌入式软件及产品”和“智能电网信息化软件”等领域打造了具有一定市场影响力的高端软件服务品牌。

凭借深厚的行业知识、丰富的实践经验以及优秀的服务团队，润和软件业已取得诸多行业标杆企业认可，与众多高端客户展开成功合作，其中包括多家世界500强企业。

润和软件是信息技术服务国家标准（ITSS）工作组的全权成员单位 同时也是外包专业组副组长单位；先后通过了ISO9001：2008、ISO27001、CMMI3、系统集成三级等多项资质认证；公司还获得了国家规划布局内重点软件企业、江苏省高新技术企业、江苏省服务外包重点企业、江苏省首批技术先进型服务企业和中国服务外包成长型企业等多项荣誉。

面向未来，润和软件将立足于计算机软件开发与咨询业，加速发展高端软件外包业务，推动国际市场与国内市场同步、互动发展，深耕专业领域与细分市场，不断增加核心竞争力，持续提升行业地位，致力于成为中国领先的国际化高端软件服务商。

地址：江苏省南京市雨花台区铁心桥工业园
邮编：210012
电话：025-52668518
传真：025-52668895
网址：www.hoperun.com
电邮：company@hoperun.com

润和软件总部

KAISER

Company introduction

公司简介

凯撒（中国）股份有限公司成立于1994年，一贯坚持采用传统细腻的裁剪以及高品质的制造工艺、将流行风尚与中国元素完美地融入到品牌风格当中。通过清晰产品定位，凯撒股份在国内成功树立了〞凯撒〞高端服装品牌形象，是近20年来坚持立足于高端市场且一直保持旺盛品牌生命力的国内少数服装企业之一。2010年6月8日，凯撒股份在深交所A股中小板成功挂牌上市隆重上市公开募集资金，迎来了新的历史发展机遇。目前，凯撒股份已经形成集科、工、贸于一体的国际服装服饰集团，主要从事服装的设计研发、生产与销售，其庞大的销售网络覆盖全国，在各大中城市开设有300多家专卖店柜。凯撒股份的主要产品包括女装、男装、皮装、皮鞋、皮具等，深受追求高品质生活的商政界成功人士的推崇。

凯撒股份是唯一一家连续七届被中国皮革协会评为〞中国真皮衣王〞并同时拥有〞中国名牌〞、〞中国驰名商标〞、〞产品质量国家免检〞荣誉的企业。2003年凯撒品牌被服装时报社、中国百货商业协会评为〞最受消费者欢迎的服装品牌〞。2010年6月凯撒品牌被世界品牌室授予〞中国500强最具价值品牌〞的荣誉称号。上市短短一年，凯撒股份就在2011年就一举获得〞2010年广东上市公司发展潜力10强、2010年广东上市公司最具有盈利能力10强〞两项大奖。

长海股份 CHANGHAI

以质量求生存 以创新求发展

江苏长海复合材料股份有限公司系由常州市长海玻纤制品有限公司整体变更设立，是一家专业生产玻璃纤维制品的科技型企业。公司于2000年5月成立，2011年3月29日在深交所创业板上市。经过多年的高速发展，长海股份从一个年产值200万元的小型企业壮大为具有10万吨玻纤制品产能、年销售近10亿的企业。目前公司拥有一家全资子公司、一家控股子公司及两家参股公司。截止到2013年三季度，公司销售总收入67,218.86万元，营业利润8,295.77万元，利润总额8,558.84万元，归属于母公司的净利润为7,243.45万元。

一直以来，长海将“以质量求生存，以品种求发展”的经营理念渗透到生产过程中的每一个环节。公司现有国内较为齐全的短切毡、湿法薄毡、复合隔板生产线，能满足国内外用户所需的各种规格的玻纤产品。目前，公司已形成以玻璃纤维短切毡、玻璃纤维湿法薄毡、玻璃纤维涂层毡等玻纤制品以及蓄电池复合隔板、装饰板材等玻纤复合产品；同时，公司还拥有年产10万吨无碱玻纤池窑生产线。公司产品的终端用户覆盖汽车制造、建材装饰、道路交通、石油管道等各大工业领域。

Shenglu 广东盛路通信科技股份有限公司
GUANGDONG SHENGLU TELECOMMUNICATION TECH. CO., LTD.

股票代码：002446

公司简介 / Company introduction

广东盛路通信科技股份有限公司是国内领先的天线、射频设备及器件的生产基地，成立于1998年，公司总部占地110亩，厂房67000平方米，拥有员工近千人。

2010年7月13日盛路通信正式在深圳证券交易所中小企业板上市（股票代码：002446）。

公司专业研发生产天线、射频有源设备、射频无源器件等2000多个品种。被评定为国家级高新技术企业和广东省省级企业技术中心的盛路，拥有博士后科研工作站、以及雄厚的研发生产能力和先进的仪器设备，包括大型微波暗室、天线远场测试系统和环境实验室，现已通过了ISO9001、ISO14001、OHSMS18001以及RoHS等国际认证。

盛路营销及服务网络遍及全国，并在海外设立了服务机构，为客户提供快速、优质的服务，盛路凭借其强大的自主创新力量，秉承"成就客户、兴旺企业、富裕员工、造福社会"的经营宗旨，为世界通信行业的发展竭诚贡献。

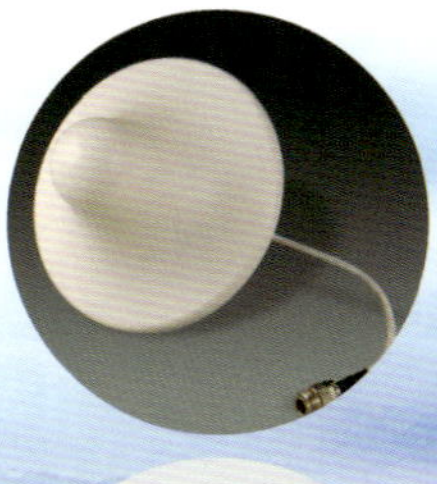

Grant Thornton 致同

www.grantthornton.cn
地址：中国北京朝阳区建国门外大街22号赛特广场10层 100004
电话：（总机）+86（10）8566 5588
传真 ：+86（10）8566 5050

Grant Thornton（致同）是一个国际性组织，由全球各地独立提供审计、税务及咨询服务的成员所组成，国际地位斐然。各成员所为充满活力的企业提供具前瞻性的有效建议，助其释放增长潜能。各成员所的合伙人非常注重与客户的紧密的联系。由他们带领的团队，凭卓见、经验及直觉，积极主动地为私营企业、上市公司和公共事业客户提供解决方案。遍及全球超过100个国家的逾35,000名致同员工致力于为客户、同行及社会的发展而不断努力，改变现状，并成就未来。

作为Grant Thornton International Ltd（致同国际）在中国唯一的成员所，致同会计师事务所（特殊普通合伙）总部设于北京，服务范围包括审计、税务、咨询、资产评估及工程造价服务。

致同的客户群十分广泛，包括140余家上市公司、2,000多家大型国有、外资及民营企业。致同是首批获得从事证券期货相关业务资格、首批获准从事特大型国有企业审计业务资格及首批取得金融审计资格的会计师事务所之一；已经在美国PCAOB注册，是首批获得H股企业审计资格的内地事务所之一。

深圳市中金岭南有色金属股份有限公司

公司概况					
公司名称	深圳市中金岭南有色金属股份有限公司			证券简称	中金岭南
法人代表	朱伟	董秘	彭玲	证券代码	000060
公司网址	www.nonfemet.com		电子信箱	dsh@nonfemet.com.cn	
电　　话	0755-82839363		传　　真	0755-83474889	
办公地址	广东省深圳市福田区深南大道6013号中国有色大厦24-26楼				
经营范围	采选、冶炼、制造、加工有色金属矿产品、冶炼产品、深加工产品及综合利用产品等				

主要财务指标

指标\报告期	2013.06.30	2012.12.31	2012.06.30	2011.12.31
基本每股收益(元)	0.0600	0.2100	0.1000	0.4600
基本每股收益(扣除)(元)	0.0600	0.2300	0.1300	0.5600
每股净资产(元)	2.6714	2.7219	2.6600	2.5700
每股经营现金净流量(元)	0.0268	0.7208	0.0878	0.5197
每股现金流量(元)	–0.0377	0.0206	–0.0697	–0.1490
每股资本公积金(元)	0.0138	0.0312	0.0306	0.0297
每股盈余公积金(元)	0.3123	0.3123	0.2971	0.2971
每股未分配利润(元)	1.3844	1.3262	1.3047	1.2036
净资产收益率(%)	2.1788	7.7075	3.8000	17.9450
加权净资产收益率(%)	2.1200	7.9400	3.8600	18.8800
净资产收益率(扣除)(%)	–	–	–	–
总资产(万元)	1411152.98	1407318.09	1402525.17	1404240.02
归属母公司股东权益(万元)	551092.24	561514.23	549090.96	529808.70
主营业务收入(万元)	399078.84	1829493.37	806335.95	1847296.08
营业收入(万元)	403081.98	1839954.74	809657.40	1863403.23
主营成本(万元)	326313.79	1618343.40	710589.02	1540666.33
营业成本(万元)	329345.78	1624794.22	713273.56	1552497.52
投资收益(万元)	–8.31	3109.97	5897.06	–170.98
净利润(万元)	9586.56	53399.24	24269.73	109359.75
利润总额(万元)	9918.78	68848.42	31356.98	137856.12

深圳市农产品股份有限公司

公司概况					
公司名称	深圳市农产品股份有限公司			证券简称	农 产 品
法人代表	陈少群	董秘	刘雄佳	证券代码	000061
公司网址	www.szap.com		电子信箱	ir@szap.com	
电　　话	0755-8258902[illegible] 82589000		传　　真	0755-82589099 82589021	
办公地址	广东省深圳市福田区深南大道7028号时代科技大夏13楼				
经营范围	开发、建设、经营、管理农产品批发市场等				

主要财务指标

指标\报告期	2013.06.30	2012.12.31	2012.06.30	2011.12.31
基本每股收益(元)	0.0224	0.0346	0.0659	0.1495
基本每股收益(扣除)(元)	0.0219	–0.0561	0.0203	0.1250
每股净资产(元)	2.8358	2.3058	2.3396	2.3200
每股经营现金净流量(元)	0.0194	0.2057	0.0447	–0.3551
每股现金流量(元)	0.0543	–0.2043	–0.0689	–1.7989
每股资本公积金(元)	1.4988	0.8578	0.8602	2.1404
每股盈余公积金(元)	–	0.1251	0.1234	0.1824
每股未分配利润(元)	–	0.3232	0.3562	0.8623
净资产收益率(%)	0.7670	1.4994	2.8200	6.4310
加权净资产收益率(%)	0.8000	1.5000	2.8300	6.5300
净资产收益率(扣除)(%)	–	–	–	–
总资产(万元)	1128225.88	1061663.88	1023710.01	948720.39
归属母公司股东权益(万元)	481224.02	318971.26	323636.90	321590.36
主营业务收入(万元)	111559.74	167570.39	85151.25	179104.46
营业收入(万元)	111786.42	168197.69	86036.76	179568.09
主营成本(万元)	64541.24	108436.42	52285.87	115274.51
营业成本(万元)	64715.56	108642.73	52424.81	115526.35
投资收益(万元)	961.94	11563.57	6138.84	13713.09
净利润(万元)	9504.64	10497.36	15322.12	26143.93
利润总额(万元)	13568.35	14802.27	18181.71	34340.54

深圳华强实业股份有限公司

公司概况					
公司名称	深圳华强实业股份有限公司			证券简称	深圳华强
法人代表	胡新安	董秘	王瑛	证券代码	000062
公司网址	www.szhq0062.com		电子信箱	szhqsygf@szhq.com	
电　　话	0755-83216296 83030136		传　　真	0755-83365392 83217367	
办公地址	广东省深圳市福田区华强北路华强广场A座5楼				
经营范围	投资兴办各类实业(具体项目需另行申报)、经营国内商业等				

主要财务指标

指标\报告期	2013.06.30	2012.12.31	2012.06.30	2011.12.31
基本每股收益(元)	0.1120	0.4220	0.0450	0.0740
基本每股收益(扣除)(元)	0.1080	0.4160	0.0430	0.0520
每股净资产(元)	2.2928	2.3420	2.6400	2.5800
每股经营现金净流量(元)	0.5404	0.1977	–0.4574	–0.4401
每股现金流量(元)	–0.2335	0.5521	0.4333	–0.3058
每股资本公积金(元)	–0.1219	–0.1107	0.0300	0.0120
每股盈余公积金(元)	0.2931	0.2931	0.2681	0.2681
每股未分配利润(元)	1.1217	1.1597	1.3441	1.2993
净资产收益率(%)	4.8897	18.0036	1.6900	2.8720
加权净资产收益率(%)	4.8400	17.1400	1.7100	2.8400
净资产收益率(扣除)(%)	–	–	–	–
总资产(万元)	490646.82	499794.94	582106.28	466379.57
归属母公司股东权益(万元)	152918.23	156202.01	176217.43	172032.81
主营业务收入(万元)	56701.24	154552.48	45756.58	67574.16
营业收入(万元)	57302.72	155896.53	46379.28	68333.72
主营成本(万元)	28857.88	73086.57	20510.43	25071.14
营业成本(万元)	29108.34	73871.35	20843.14	25705.99
投资收益(万元)	3120.33	4088.90	–621.75	–4208.93
净利润(万元)	7261.31	28289.47	3252.39	4955.31
利润总额(万元)	9034.35	39621.90	5674.77	8858.53

中兴通讯股份有限公司

公司概况					
公司名称	中兴通讯股份有限公司			证券简称	中兴通讯
法人代表	侯为贵	董秘	冯健雄	证券代码	000063
公司网址	www.zte.com.cn		电子信箱	fengjianxiong@zte.com.cn	
电　　话	0755-26770282		传　　真	0755-26770286	
办公地址	广东省深圳市南山区高新技术产业园科技南路中兴通讯大厦				
经营范围	生产程控交换系统、多媒体通讯系统、通讯传输系统、研制等				

主要财务指标

指标\报告期	2013.06.30	2012.12.31	2012.06.30	2011.12.31
基本每股收益(元)	0.0900	–0.8300	0.0700	0.6100
基本每股收益(扣除)(元)	0.2200	–1.2200	–0.0200	0.3100
每股净资产(元)	6.3200	6.2600	7.1400	7.0600
每股经营现金净流量(元)	–1.2619	0.4506	–1.0580	–0.5268
每股现金流量(元)	–1.9604	0.5807	–0.0345	1.6735
每股资本公积金(元)	2.7389	2.7187	2.7536	2.4824
每股盈余公积金(元)	0.4615	0.4615	0.4615	0.4616
每股未分配利润(元)	2.3299	2.2398	3.1368	3.2651
净资产收益率(%)	1.4278	–13.2123	1.0000	8.5020
加权净资产收益率(%)	1.4300	–12.4300	1.0000	8.7400
净资产收益率(扣除)(%)	–	–	–	–
总资产(万元)	10257880.20	10744630.60	10704502.50	10536811.40
归属母公司股东权益(万元)	2171235.30	2150247.40	2450358.50	2423171.70
主营业务收入(万元)	2734892.90	8397136.30	4253810.60	8586652.50
营业收入(万元)	2757621.20	8421935.80	4264189.80	8625445.60
主营成本(万元)	2716343.10	6389423.90	3120303.00	5984824.40
营业成本(万元)	2723417.40	6409154.60	3127799.00	6015735.40
投资收益(万元)	80913.10	125888.60	9087.80	106454.90
净利润(万元)	32924.40	–260462.10	39200.80	224309.30
利润总额(万元)	74178.10	–198320.00	65563.20	263513.60

北方国际合作股份有限公司

公司概况	公司名称	北方国际合作股份有限公司			证券简称	北方国际
	法人代表	胡发荣	董秘	杜晓东	证券代码	000065
	公司网址	www.norinco-intl.com		电子信箱	bfgj@norinco-intl.com	
	电　话	010-83916913 68137579		传　真	010-83528922	
	办公地址	北京市石景山区政达路6号院北方国际大厦				
	经营范围	各类型工业、能源、交通、民用工程建设项目的施工总承包等				

主要财务指标	指标\报告期	2013.06.30	2012.12.31	2012.06.30	2011.12.31
	基本每股收益(元)	0.1300	0.7400	0.1400	0.4500
	基本每股收益(扣除)(元)	0.1300	0.7400	0.1800	0.4400
	每股净资产(元)	3.1825	4.0253	3.4700	3.3500
	每股经营现金净流量(元)	0.8451	-0.0379	-2.4359	0.7016
	每股现金流量(元)	1.2031	-0.2110	-1.8949	0.9760
	每股资本公积金(元)	0.6823	0.8870	0.8870	0.8870
	每股盈余公积金(元)	0.2169	0.2820	0.2765	0.2765
	每股未分配利润(元)	1.2832	1.8562	1.3079	1.1847
	净资产收益率(%)	4.1571	18.3092	5.2800	13.4840
	加权净资产收益率(%)	4.1900	19.9900	5.3200	14.3200
	净资产收益率(扣除)(%)	-	-	-	-
	总资产(万元)	350826.74	318957.80	242919.54	233013.56
	归属母公司股东权益(万元)	67204.27	65385.16	56388.91	54388.29
	主营业务收入(万元)	79780.13	165956.93	15343.28	263205.43
	营业收入(万元)	79805.86	166035.70	15356.63	263235.67
	主营成本(万元)	77070.31	155804.25	14205.30	234198.24
	营业成本(万元)	77076.12	155833.56	14208.28	234208.59
	投资收益(万元)	276.98	17599.53	8351.50	-201.82
	净利润(万元)	2575.80	14316.42	4705.52	8529.56
	利润总额(万元)	2748.57	13119.28	4019.53	9582.47

中国长城计算机深圳股份有限公司

公司概况	公司名称	中国长城计算机深圳股份有限公司			证券简称	长城电脑
	法人代表	杨军	董秘	郭镇	证券代码	000066
	公司网址	www.greatwall.cn		电子信箱	stock@greatwall.com.cn	
	电　话	0755-26634759		传　真	0755-26631106	
	办公地址	广东省深圳市南山区科技工业园长城计算机大厦				
	经营范围	电子计算机硬件、软件系统及网络系统、电子产品、液晶电视等				

主要财务指标	指标\报告期	2013.06.30	2012.12.31	2012.06.30	2011.12.31
	基本每股收益(元)	0.0030	-0.1810	0.0020	0.0760
	基本每股收益(扣除)(元)	-0.1220	-0.2400	-0.0990	-0.0370
	每股净资产(元)	2.0770	2.1320	2.3500	2.3800
	每股经营现金净流量(元)	-1.6005	3.4473	2.0182	0.4813
	每股现金流量(元)	-1.0408	0.8074	1.1003	0.5456
	每股资本公积金(元)	0.6143	0.6159	0.6192	0.6173
	每股盈余公积金(元)	0.2553	0.2553	0.2553	0.2553
	每股未分配利润(元)	0.4677	0.4646	0.6480	0.6685
	净资产收益率(%)	0.1519	-8.4881	0.1000	3.2152
	加权净资产收益率(%)	0.1500	-8.0200	0.1000	3.0400
	净资产收益率(扣除)(%)	-	-	-	-
	总资产(万元)	3846377.20	3918362.04	3841693.89	3280029.56
	归属母公司股东权益(万元)	274908.11	282190.83	310569.60	314911.96
	主营业务收入(万元)	3598490.73	7893126.00	3401976.82	7586198.90
	营业收入(万元)	3632536.63	7975162.46	3436255.63	7646796.54
	主营成本(万元)	3284855.15	7271373.70	3148250.87	7104743.88
	营业成本(万元)	3308955.27	7324987.49	3171373.61	7145763.94
	投资收益(万元)	-1893.95	43353.33	19098.60	17699.19
	净利润(万元)	-22515.29	9545.17	10724.55	47442.93
	利润总额(万元)	-18190.12	29490.49	18164.49	66203.31

深圳华控赛格股份有限公司

公司概况	公司名称	深圳华控赛格股份有限公司			证券简称	华控赛格
	法人代表	黄俞	董秘	叶恒	证券代码	000068
	公司网址	www.ssg.com.cn		电子信箱	szsgsx@163.net	
	电　话	0755-89938888-8057 28339059		传　真	0755-89938787	
	办公地址	广东省深圳市大工业区兰竹东路23号				
	经营范围	生产经营彩管玻壳及其材料、玻璃器材、平面显示器件玻璃及其材料等				

主要财务指标	指标\报告期	2013.06.30	2012.12.31	2012.06.30	2011.12.31
	基本每股收益(元)	-0.0198	0.0035	-0.0024	-0.0456
	基本每股收益(扣除)(元)	-0.0180	-0.0491	-0.0224	-0.0646
	每股净资产(元)	0.2401	0.2599	0.2506	0.2530
	每股经营现金净流量(元)	-0.1918	-0.1188	-0.0292	-0.0395
	每股现金流量(元)	0.1318	-0.0130	-0.0378	0.0151
	每股资本公积金(元)	0.8749	0.8749	0.8715	0.8715
	每股盈余公积金(元)	0.1759	0.1759	0.1759	0.1759
	每股未分配利润(元)	-1.8107	-1.7909	-1.7968	-1.7944
	净资产收益率(%)	-8.2328	1.3588	-0.9400	-18.0140
	加权净资产收益率(%)	-7.9100	1.3900	-0.9400	-16.5300
	净资产收益率(扣除)(%)	-	-	-	-
	总资产(万元)	84741.98	42625.79	33476.31	39277.82
	归属母公司股东权益(万元)	21528.32	23300.69	22472.77	22684.54
	主营业务收入(万元)	42186.01	9690.94	-	-
	营业收入(万元)	42531.41	10495.43	320.08	481.38
	主营成本(万元)	41523.23	-	-	-
	营业成本(万元)	41693.16	9917.67	156.84	253.50
	投资收益(万元)	-	-	-	-
	净利润(万元)	-1772.38	316.61	-211.76	-4086.43
	利润总额(万元)	-1772.38	316.61	-211.76	-4086.43

深圳华侨城股份有限公司

公司概况	公司名称	深圳华侨城股份有限公司			证券简称	华侨城A
	法人代表	刘平春	董秘	陈跃华	证券代码	000069
	公司网址	www.octholding.com		电子信箱	000069ir@chinaoct.com	
	电　话	0755-26909069 26600248		传　真	0755-26600936 26934538	
	办公地址	广东省深圳市南山区华侨城集团办公大楼				
	经营范围	旅游综合、房地产和纸包装业务				

主要财务指标	指标\报告期	2013.06.30	2012.12.31	2012.06.30	2011.12.31
	基本每股收益(元)	0.2501	0.5294	0.1437	0.4369
	基本每股收益(扣除)(元)	-	0.5265	0.1434	0.4365
	每股净资产(元)	2.9202	2.7394	2.3390	2.9120
	每股经营现金净流量(元)	0.1195	0.9830	-0.0856	-0.3113
	每股现金流量(元)	-0.0420	0.4091	-0.0021	0.1217
	每股资本公积金(元)	0.0859	0.0850	0.0706	0.0900
	每股盈余公积金(元)	0.2374	0.2374	0.2210	0.2873
	每股未分配利润(元)	1.6028	1.4227	1.0534	1.5427
	净资产收益率(%)	8.5646	19.3267	6.1434	19.5040
	加权净资产收益率(%)	8.7300	21.3500	6.2300	21.5800
	净资产收益率(扣除)(%)	-	-	-	-
	总资产(万元)	8469775.60	7299822.54	6714024.27	6276181.95
	归属母公司股东权益(万元)	2123405.92	1991936.91	1700573.80	1628962.29
	主营业务收入(万元)	1058273.34	2219235.37	663841.57	1726082.94
	营业收入(万元)	1061850.86	2228442.62	668042.71	1732417.40
	主营成本(万元)	464974.82	1067453.08	303126.61	806278.93
	营业成本(万元)	466562.45	1069993.19	304113.14	808464.08
	投资收益(万元)	45064.94	43976.63	12390.86	34384.21
	净利润(万元)	198556.27	405669.23	113214.02	328628.08
	利润总额(万元)	279952.10	534041.03	149161.28	432330.28

深圳市特发信息股份有限公司

公司概况	公司名称	深圳市特发信息股份有限公司			证券简称	特发信息
	法人代表	王宝	董秘	张大军	证券代码	000070
	公司网址	www.sdgi.com.cn			电子信箱	zhangdj@sdgi.com.cn
	电　话	0755-26506648 26506649			传　真	0755-26506800
	办公地址	广东省深圳市南山区高新区中区科丰路 2 号特发信息港大厦 B 栋 18 楼				
	经营范围	光纤、光缆、铝电解电容器的研发、生产、销售以及通信系统集成及技术服务等				

主要财务指标	指标＼报告期	2013.06.30	2012.12.31	2012.06.30	2011.12.31
	基本每股收益(元)	0.1561	0.1900	0.0954	0.1471
	基本每股收益(扣除)(元)	0.0936	0.1800	0.0890	0.1100
	每股净资产(元)	3.6961	3.3868	3.2917	3.1963
	每股经营现金净流量(元)	–0.0411	0.3259	–0.3031	–0.1934
	每股现金流量(元)	0.3389	–0.2579	–0.5307	–0.1792
	每股资本公积金(元)	2.2192	1.9989	1.9969	1.9969
	每股盈余公积金(元)	0.1021	0.1107	0.0959	0.0959
	每股未分配利润(元)	0.3748	0.2772	0.1989	0.1035
	净资产收益率(%)	4.1690	5.5643	2.9000	4.6010
	加权净资产收益率(%)	4.3000	5.7300	2.9400	4.7000
	净资产收益率(扣除)(%)	–	–	–	–
	总资产(万元)	214910.70	199167.11	188512.72	182033.85
	归属母公司股东权益(万元)	100163.20	84669.56	82292.43	79907.40
	主营业务收入(万元)	62249.94	152421.10	69985.36	119822.49
	营业收入(万元)	67107.47	161008.75	74072.52	124686.30
	主营成本(万元)	50782.65	126308.75	59566.27	99711.69
	营业成本(万元)	54076.97	132905.92	–	103861.24
	投资收益(万元)	1413.44	17.85	9.31	–140.74
	净利润(万元)	4291.75	5462.41	2553.14	4192.05
	利润总额(万元)	4485.94	6167.29	2666.63	4491.11

深圳市海王生物工程股份有限公司

公司概况	公司名称	深圳市海王生物工程股份有限公司			证券简称	海王生物
	法人代表	张思民	董秘	张全礼	证券代码	000078
	公司网址	www.neptunus.com			电子信箱	sz000078@vip.sina.com
	电　话	0755-26968666 26980336			传　真	0755-26980892 26968995
	办公地址	广东省深圳市南山区郎山二路北海王技术中心科研大楼 1 栋				
	经营范围	生产经营生物化学原料、制品、试剂及其它相关制品等				

主要财务指标	指标＼报告期	2013.06.30	2012.12.31	2012.06.30	2011.12.31
	基本每股收益(元)	0.0742	0.0905	0.0779	0.0805
	基本每股收益(扣除)(元)	0.0625	0.0572	0.0577	0.0701
	每股净资产(元)	2.0028	1.2925	1.2939	1.2134
	每股经营现金净流量(元)	–0.4490	–0.1252	–0.1723	–0.2917
	每股现金流量(元)	–0.0809	0.2965	0.1790	0.1680
	每股资本公积金(元)	2.1210	1.6251	1.6391	1.6365
	每股盈余公积金(元)	0.0313	0.0351	0.0351	0.0351
	每股未分配利润(元)	–1.1494	–1.3676	–1.3803	–1.4582
	净资产收益率(%)	3.5041	7.0037	6.2200	6.6350
	加权净资产收益率(%)	4.4500	7.2200	6.2200	6.8400
	净资产收益率(扣除)(%)	–	–	–	–
	总资产(万元)	641918.27	586351.65	535849.71	483532.17
	归属母公司股东权益(万元)	146550.99	84336.43	84428.57	79174.11
	主营业务收入(万元)	375674.54	640025.16	311442.80	529054.41
	营业收入(万元)	376515.90	641802.17	312287.45	530502.89
	主营成本(万元)	319618.06	543677.73	262527.52	441557.10
	营业成本(万元)	320123.72	544796.49	262930.36	442418.76
	投资收益(万元)	–0.18	18.78	18.78	–2886.59
	净利润(万元)	8493.23	10108.18	7494.56	6189.21
	利润总额(万元)	11742.88	10818.45	9532.71	9999.30

深圳市盐田港股份有限公司

公司概况	公司名称	深圳市盐田港股份有限公司			证券简称	盐 田 港
	法人代表	李冰	董秘	冯强	证券代码	000088
	公司网址	www.yantian-port.com			电子信箱	ytg000088@sina.cn
	电　话	0755-25290180			传　真	0755-25290932
	办公地址	广东省深圳市盐田区盐田港海港大厦十八层-十九层				
	经营范围	码头的开发与经营、货物装卸与运输、港口配套交通设施建设与经营等				

主要财务指标	指标＼报告期	2013.06.30	2012.12.31	2012.06.30	2011.12.31
	基本每股收益(元)	0.0937	0.2111	0.0926	0.2195
	基本每股收益(扣除)(元)	0.0937	0.2114	0.0926	0.1928
	每股净资产(元)	2.3480	2.3543	2.2337	3.1335
	每股经营现金净流量(元)	0.0346	0.0509	0.0371	0.0866
	每股现金流量(元)	–0.0132	0.0461	–0.0045	–0.0434
	每股资本公积金(元)	0.2753	0.2753	0.2733	0.6553
	每股盈余公积金(元)	0.3978	0.3978	0.3779	0.4913
	每股未分配利润(元)	0.6749	0.6812	0.5825	0.9869
	净资产收益率(%)	3.9908	8.9671	4.1400	9.1070
	加权净资产收益率(%)	3.9600	9.0300	3.9100	9.5500
	净资产收益率(扣除)(%)	–	–	–	–
	总资产(万元)	530922.85	529263.61	505627.58	541418.35
	归属母公司股东权益(万元)	456036.95	457259.40	433838.05	468148.56
	主营业务收入(万元)	14267.68	31646.51	16030.02	36075.75
	营业收入(万元)	14267.68	31646.51	16030.02	36075.75
	主营成本(万元)	5900.58	12983.78	6218.83	13818.23
	营业成本(万元)	5900.58	12983.78	6218.83	13818.23
	投资收益(万元)	15531.68	35505.52	15168.63	35737.55
	净利润(万元)	19809.64	44408.36	19855.94	46915.86
	利润总额(万元)	21353.32	47565.59	21778.20	54374.07

深圳市机场股份有限公司

公司概况	公司名称	深圳市机场股份有限公司			证券简称	深圳机场
	法人代表	汪洋	董秘	孙郑岭	证券代码	000089
	公司网址	www.szairport.com			电子信箱	szjc@szairport.cn
	电　话	0755-23456331			传　真	0755-23456327
	办公地址	广东省深圳市宝安国际机场信息大楼				
	经营范围	航空客货地面运输及过港保障与服务等				

主要财务指标	指标＼报告期	2013.06.30	2012.12.31	2012.06.30	2011.12.31
	基本每股收益(元)	0.1908	0.3428	0.1663	0.3900
	基本每股收益(扣除)(元)	–	0.3416	0.1661	0.3860
	每股净资产(元)	4.5001	4.3394	4.1630	4.0450
	每股经营现金净流量(元)	0.2105	0.4944	0.2149	0.4438
	每股现金流量(元)	–0.1221	–0.2020	–0.0820	0.3808
	每股资本公积金(元)	0.7751	0.7754	0.7757	0.7760
	每股盈余公积金(元)	0.3824	0.3824	0.3394	0.3394
	每股未分配利润(元)	2.3426	2.1816	2.0482	1.9296
	净资产收益率(%)	4.2406	7.8994	3.9900	9.6140
	加权净资产收益率(%)	4.3000	8.1800	4.0400	10.2300
	净资产收益率(扣除)(%)	–	–	–	–
	总资产(万元)	1059492.59	1040252.70	962403.85	916406.01
	归属母公司股东权益(万元)	760629.03	733466.34	703693.28	683693.96
	主营业务收入(万元)	119035.34	234744.53	119379.95	229158.33
	营业收入(万元)	121215.69	247330.06	121638.93	233334.22
	主营成本(万元)	70427.15	143570.33	67516.45	136354.18
	营业成本(万元)	70988.06	145796.80	68022.06	137406.89
	投资收益(万元)	–670.26	3220.81	2236.85	5396.51
	净利润(万元)	32641.78	58652.14	28471.13	66730.50
	利润总额(万元)	43616.57	76961.29	39241.29	85582.78

深圳市天健(集团)股份有限公司

公司概况	公司名称	深圳市天健(集团)股份有限公司			证券简称	深 天 健
	法人代表	辛杰	董秘	高建柏	证券代码	000090
	公司网址	www.tagen.cn		电子信箱	luweihong@tagen.cn	
	电　话	0755-83928130 82992565		传　真	0755-83990006	
	办公地址	广东省深圳市福田区滨河大道5020号证券大厦20、21、23、24层				
	经营范围	提供商品住宅的开发及销售、工程施工劳务、物业租赁服务				

主要财务指标	指标\报告期	2013.06.30	2012.12.31	2012.06.30	2011.12.31
	基本每股收益(元)	0.1830	0.4980	0.2669	0.4046
	基本每股收益(扣除)(元)	0.1837	0.3876	0.1759	0.4271
	每股净资产(元)	5.9718	6.4131	6.7487	6.7227
	每股经营现金净流量(元)	-0.5349	1.2955	0.1534	0.3167
	每股现金流量(元)	-0.7631	1.0984	1.6720	-0.6972
	每股资本公积金(元)	2.9101	3.1966	3.7365	3.6972
	每股盈余公积金(元)	0.7832	0.8616	0.8424	0.9267
	每股未分配利润(元)	1.2674	1.3428	1.1575	1.0853
	净资产收益率(%)	3.0650	7.7653	4.3500	6.6199
	加权净资产收益率(%)	2.8400	7.8800	4.6900	5.2400
	净资产收益率(扣除)(%)	-	-	-	-
	总资产(万元)	865253.24	857827.95	874456.62	751643.01
	归属母公司股东权益(万元)	329959.06	322129.50	338988.49	306982.23
	主营业务收入(万元)	-	308057.85	133716.89	354692.06
	营业收入(万元)	192545.77	308057.85	133716.89	354721.30
	主营成本(万元)	-	239301.86	101682.16	278884.07
	营业成本(万元)	154122.16	239301.86	101682.16	278910.68
	投资收益(万元)	1139.51	4598.54	4077.82	1572.55
	净利润(万元)	10113.16	25014.40	14745.64	20321.95
	利润总额(万元)	13666.83	30336.33	19155.73	28102.57

深圳市广聚能源股份有限公司

公司概况	公司名称	深圳市广聚能源股份有限公司			证券简称	广聚能源
	法人代表	张桂泉	董秘	嵇元弘	证券代码	000096
	公司网址	www.gj000096.com		电子信箱	gjnygf@126.com	
	电　话	0755-86000096		传　真	0755-86331111	
	办公地址	广东省深圳市南山区海德三道天利中央商务广场22楼				
	经营范围	油品、液化石油气销售及电力投资等				

主要财务指标	指标\报告期	2013.06.30	2012.12.31	2012.06.30	2011.12.31
	基本每股收益(元)	0.0510	0.0400	0.0605	0.1800
	基本每股收益(扣除)(元)	0.0480	0.0300	0.0550	0.0500
	每股净资产(元)	3.4347	3.4098	3.4250	3.4260
	每股经营现金净流量(元)	-0.0046	0.0454	0.0644	-0.0798
	每股现金流量(元)	-0.0210	0.1151	0.0640	-0.1094
	每股资本公积金(元)	0.7122	0.7177	0.7101	0.7124
	每股盈余公积金(元)	0.5873	0.5873	0.5720	0.5720
	每股未分配利润(元)	1.1471	1.1162	1.1537	1.1532
	净资产收益率(%)	1.4841	1.1211	1.7669	5.1695
	加权净资产收益率(%)	1.4860	1.1200	1.7600	5.3000
	净资产收益率(扣除)(%)	-	-	-	-
	总资产(万元)	199131.44	199009.70	202222.14	199293.51
	归属母公司股东权益(万元)	181351.36	180035.81	180835.91	180903.40
	主营业务收入(万元)	41516.94	96418.62	51156.23	145743.48
	营业收入(万元)	41563.98	96516.92	51205.72	146158.76
	主营成本(万元)	38909.91	89889.33	47652.16	136412.37
	营业成本(万元)	38925.79	89915.32	47664.23	136568.25
	投资收益(万元)	2479.36	1755.99	2744.26	16070.24
	净利润(万元)	2741.29	2101.81	3231.88	9416.64
	利润总额(万元)	3114.67	2742.08	3595.51	10300.97

中信海洋直升机股份有限公司

公司概况	公司名称	中信海洋直升机股份有限公司			证券简称	中信海直
	法人代表	毕为	董秘	徐树田	证券代码	000099
	公司网址	www.china-cohc.com		电子信箱	susx@china-cohc.com	
	电　话	0755-26723697 26971630		传　真	0755-26723697	
	办公地址	广东省深圳市南山区南海大道21号深圳直升机场				
	经营范围	陆上石油服务、海上石油服务、人工降水、医疗救护、航空探矿等				

主要财务指标	指标\报告期	2013.06.30	2012.12.31	2012.06.30	2011.12.31
	基本每股收益(元)	0.1579	0.2781	0.1327	0.2705
	基本每股收益(扣除)(元)	0.1332	0.2700	0.1281	0.2688
	每股净资产(元)	3.9298	3.8219	3.3974	3.3147
	每股经营现金净流量(元)	0.1436	0.3987	0.1341	0.3872
	每股现金流量(元)	-0.7747	1.2032	-0.0749	0.0118
	每股资本公积金(元)	1.1786	1.1786	0.8987	0.8987
	每股盈余公积金(元)	0.3335	0.3335	0.3067	0.3067
	每股未分配利润(元)	1.4177	1.3098	1.1921	1.1093
	净资产收益率(%)	4.0177	7.2770	3.9100	8.1610
	加权净资产收益率(%)	4.0600	8.1200	3.9400	8.4500
	净资产收益率(扣除)(%)	-	-	-	-
	总资产(万元)	365621.53	353102.64	266612.26	271093.41
	归属母公司股东权益(万元)	201834.15	196291.50	174492.01	170243.40
	主营业务收入(万元)	52129.26	109140.01	50714.85	98665.41
	营业收入(万元)	52129.26	109140.01	50714.85	98665.41
	主营成本(万元)	37880.50	76272.81	35861.74	-
	营业成本(万元)	37880.50	76272.81	35861.74	70214.89
	投资收益(万元)	-	-	-	-
	净利润(万元)	8206.80	14507.33	6888.27	14166.69
	利润总额(万元)	11293.84	19434.84	9195.73	18782.50

TCL集团股份有限公司

公司概况	公司名称	TCL集团股份有限公司			证券简称	TCL集团
	法人代表	李东生	董秘	屠树毅	证券代码	000100
	公司网址	www.tcl.com		电子信箱	ir@tcl.com	
	电　话	0755-33968898 33313811		传　真	0755-33313819	
	办公地址	广东省惠州市仲恺高新区惠风三路17号TCL科技大厦				
	经营范围	研究、开发、生产、销售电子产品及通讯设备、新型光电、液晶显示器件等				

主要财务指标	指标\报告期	2013.06.30	2012.12.31	2012.06.30	2011.12.31
	基本每股收益(元)	0.0740	0.0939	0.0334	0.1195
	基本每股收益(扣除)(元)	0.0427	0.0309	-0.0102	0.0468
	每股净资产(元)	1.4701	1.3858	1.3186	1.3338
	每股经营现金净流量(元)	0.4450	0.4619	0.1773	0.1966
	每股现金流量(元)	-0.0251	-0.2926	-0.4449	-0.4249
	每股资本公积金(元)	0.2285	0.1831	0.1791	0.1749
	每股盈余公积金(元)	0.0774	0.0774	0.0731	0.0731
	每股未分配利润(元)	0.1604	0.1244	0.0682	0.0848
	净资产收益率(%)	5.0206	6.7773	2.5293	8.9620
	加权净资产收益率(%)	5.0700	6.6400	2.4500	9.3900
	净资产收益率(扣除)(%)	-	-	-	-
	总资产(万元)	8256125.44	7974479.50	7023600.61	7401431.51
	归属母公司股东权益(万元)	1249602.52	1174629.56	1117672.94	1130550.36
	主营业务收入(万元)	3812347.10	6858882.80	2933306.00	5944761.80
	营业收入(万元)	3906205.99	6944835.13	2971264.95	6075154.99
	主营成本(万元)	3152127.60	5944761.80	2479450.30	5026726.20
	营业成本(万元)	3222080.10	5810800.94	2496460.07	5111926.41
	投资收益(万元)	23767.08	29432.33	6262.06	31575.35
	净利润(万元)	106607.40	127271.06	47978.06	167105.08
	利润总额(万元)	136021.00	164014.17	62326.22	204275.69

宜华地产股份有限公司

公司概况	公司名称	宜华地产股份有限公司			证券简称	宜华地产
	法人代表	刘绍生	董秘	谢文贤	证券代码	000150
	公司网址	www.yihuarealestate.com		电子信箱	securities.yre@yihua.com	
	电　　话	0754-85899788		传　　真	0754-85890788	
	办公地址	广东省汕头市澄海区文冠路口右侧宜都花园				
	经营范围	房地产开发与销售等				

	指标\报告期	2013.06.30	2012.12.31	2012.06.30	2011.12.31
主要财务指标	基本每股收益(元)	0.0333	0.0100	0.0087	0.0200
	基本每股收益(扣除)(元)	0.0334	0.0100	0.0087	0.0304
	每股净资产(元)	2.2081	2.1748	2.1763	2.1676
	每股经营现金净流量(元)	–0.7402	–0.0016	0.0817	0.2678
	每股现金流量(元)	0.6441	0.0322	0.0160	0.0011
	每股资本公积金(元)	0.9337	0.9337	0.9337	0.9337
	每股盈余公积金(元)	0.0541	0.0541	0.0541	0.0541
	每股未分配利润(元)	0.2203	0.1869	0.1885	0.1797
	净资产收益率(%)	1.5102	0.3308	0.4000	1.1220
	加权净资产收益率(%)	1.5200	0.3300	0.4000	0.9900
	净资产收益率(扣除)(%)	–	–	–	–
	总资产(万元)	231040.73	165546.71	151387.80	149003.68
	归属母公司股东权益(万元)	71543.17	70462.73	70512.24	70229.65
	主营业务收入(万元)	2229.55	8490.45	4432.49	10500.96
	营业收入(万元)	2229.55	8490.45	4432.49	10511.50
	主营成本(万元)	1535.66	5082.74	2145.96	6333.76
	营业成本(万元)	1535.66	5082.74	2145.96	6337.79
	投资收益(万元)	1302.82	–97.05	–41.08	–
	净利润(万元)	1080.44	233.08	282.59	787.98
	利润总额(万元)	1197.30	726.34	699.30	1334.95

中成进出口股份有限公司

公司概况	公司名称	中成进出口股份有限公司			证券简称	中成股份
	法人代表	刘学义	董秘	何剑波	证券代码	000151
	公司网址	www.complant-ltd.com.cn		电子信箱	complant@complant-ltd.com	
	电　　话	010-83676100		传　　真	010-83676151	
	办公地址	北京市丰台区南四环西路188号二区8号楼				
	经营范围	成套设备及技术进出口业务和境外投资经营业务				

	指标\报告期	2013.06.30	2012.12.31	2012.06.30	2011.12.31
主要财务指标	基本每股收益(元)	0.1261	0.1480	0.0261	–0.0370
	基本每股收益(扣除)(元)	–	0.1480	0.0259	–0.0390
	每股净资产(元)	–	3.0384	2.9130	2.8850
	每股经营现金净流量(元)	–0.0143	1.8320	0.4747	0.5257
	每股现金流量(元)	–0.1118	1.8233	0.4719	0.4843
	每股资本公积金(元)	1.4934	1.4934	1.4933	1.4899
	每股盈余公积金(元)	0.3113	0.3113	0.2957	0.2957
	每股未分配利润(元)	0.2853	0.2291	0.1231	0.0970
	净资产收益率(%)	4.0775	4.8639	0.9000	–1.2890
	加权净资产收益率(%)	4.1100	4.9900	0.9000	–1.2700
	净资产收益率(扣除)(%)	–	–	–	–
	总资产(万元)	164598.65	166585.50	145767.05	118518.36
	归属母公司股东权益(万元)	91545.43	89931.24	86228.91	85394.20
	主营业务收入(万元)	56909.50	167414.41	57645.45	103821.30
	营业收入(万元)	56914.30	167426.49	57653.53	103839.32
	主营成本(万元)	47522.11	150132.63	52800.93	94459.49
	营业成本(万元)	47522.11	150132.63	52800.93	94459.49
	投资收益(万元)	22.86	26.09	–	283.44
	净利润(万元)	3678.06	4410.13	768.72	–1085.68
	利润总额(万元)	5385.67	6429.75	1200.12	–1458.69

安徽丰原药业股份有限公司

公司概况	公司名称	安徽丰原药业股份有限公司			证券简称	丰原药业
	法人代表	徐桦木	董秘	张军	证券代码	000153
	公司网址	www.bbcayy.com		电子信箱	xlyyzj@sohu.com	
	电　　话	0551-4846153 4846018		传　　真	0551-4846000	
	办公地址	安徽省合肥市包河工业区纬四路16号				
	经营范围	生物药、中药、化学合成药及其制剂等方面的研究、开发、生产和销售				

	指标\报告期	2013.06.30	2012.12.31	2012.06.30	2011.12.31
主要财务指标	基本每股收益(元)	0.0415	0.0731	0.0412	0.0423
	基本每股收益(扣除)(元)	0.0281	0.0400	0.0295	0.0192
	每股净资产(元)	3.1977	2.8236	2.7900	2.7780
	每股经营现金净流量(元)	0.0453	0.1756	0.0711	0.2081
	每股现金流量(元)	0.9099	0.0293	0.1066	–0.1493
	每股资本公积金(元)	1.5949	1.0255	1.0255	1.0531
	每股盈余公积金(元)	0.0866	0.1040	0.1040	0.1040
	每股未分配利润(元)	0.5162	0.6941	0.6637	0.6209
	净资产收益率(%)	1.1893	2.5906	1.4000	1.5220
	加权净资产收益率(%)	1.3500	2.6200	1.4800	1.5200
	净资产收益率(扣除)(%)	–	–	–	–
	总资产(万元)	182262.49	145048.72	143410.77	132430.34
	归属母公司股东权益(万元)	99812.84	73415.86	72626.97	72230.83
	主营业务收入(万元)	69743.65	162494.25	91316.88	145111.10
	营业收入(万元)	71170.88	165776.45	93053.08	152107.87
	主营成本(万元)	51198.25	125198.39	73377.75	115939.32
	营业成本(万元)	53342.67	127683.50	76442.07	121557.60
	投资收益(万元)	367.69	366.98	366.98	366.98
	净利润(万元)	1157.28	1809.17	1050.31	1100.48
	利润总额(万元)	1885.34	2528.40	1325.76	1487.54

川化股份有限公司

公司概况	公司名称	川化股份有限公司			证券简称	川化股份
	法人代表	陈晓军	董秘	刘勇	证券代码	000155
	公司网址	www.scwltc.com		电子信箱	liuyong@scwltd.com	
	电　　话	028-89301891 89300888		传　　真	028-89301890	
	办公地址	四川省成都市青白江区大弯镇团结路311号				
	经营范围	肥料制造、基础化学原料的制造销售等				

	指标\报告期	2013.06.30	2012.12.31	2012.06.30	2011.12.31
主要财务指标	基本每股收益(元)	–0.3400	0.0200	–0.3000	–0.4600
	基本每股收益(扣除)(元)	–0.3500	–0.1700	–0.3500	–0.4600
	每股净资产(元)	2.5642	2.9000	2.6100	2.8900
	每股经营现金净流量(元)	–0.3453	0.7990	0.0078	0.3423
	每股现金流量(元)	–0.4489	0.3667	–0.1215	–0.0397
	每股资本公积金(元)	1.7240	1.7240	1.7240	1.7240
	每股盈余公积金(元)	0.4200	0.4200	0.4200	0.4200
	每股未分配利润(元)	–0.6550	–0.3178	–0.6312	–0.3419
	净资产收益率(%)	–13.1518	0.8408	–11.6700	–15.8072
	加权净资产收益率(%)	–12.3500	0.8400	–11.0500	–14.6800
	净资产收益率(扣除)(%)	–	–	–	–
	总资产(万元)	308947.63	315487.51	300177.89	311000.96
	归属母公司股东权益(万元)	120515.11	136133.83	122685.87	135760.00
	主营业务收入(万元)	72422.39	206166.88	69919.92	193513.82
	营业收入(万元)	74322.06	211982.08	71437.37	198701.84
	主营成本(万元)	67752.18	168130.08	63750.92	171723.75
	营业成本(万元)	69334.77	172492.67	65508.17	176895.59
	投资收益(万元)	–	471.49	–	498.69
	净利润(万元)	–16146.39	155.42	–14709.07	–22276.55
	利润总额(万元)	–18950.66	212.44	–16756.05	–26758.30

华数传媒控股股份有限公司

公司概况	公司名称	华数传媒控股股份有限公司			证券简称	华数传媒
	法人代表	励怡青	董秘	查勇	证券代码	000156
	公司网址	www.wasu.com			电子信箱	zhayong@wasu.com.cn
	电　　话	0571-28327789			传　　真	0571-28327791
	办公地址	浙江省杭州市西湖区莲花街莲花商务中心 A 座 8 楼				
	经营范围	杭州地区有线电视网络及全国范围内新媒体业务				

	指标\报告期	2013.06.30	2012.12.31	2012.06.30	2011.12.31
主要财务指标	基本每股收益(元)	0.1100	0.1700	0.1000	0.1500
	基本每股收益(扣除)(元)	0.1100	0.1600	0.0124	0.1600
	每股净资产(元)	0.8825	0.7678	-1.1900	5.8030
	每股经营现金净流量(元)	0.3321	0.6211	1.4621	4.2611
	每股现金流量(元)	0.0317	-0.0203	-0.9690	0.9640
	每股资本公积金(元)	0.3642	0.3642	2.9193	1.7252
	每股盈余公积金(元)	0.0128	0.0128	0.1120	0.0522
	每股未分配利润(元)	0.3887	0.2741	-5.2182	1.1265
	净资产收益率(%)	12.9891	20.7229	-57.3737	17.2754
	加权净资产收益率(%)	13.8900	22.6700	11.0800	22.6500
	净资产收益率(扣除)(%)	-	-	-	-
	总资产(万元)	372528.78	338357.10	30208.83	308570.81
	归属母公司股东权益(万元)	96808.81	84234.21	-14115.52	69018.80
	主营业务收入(万元)	83670.34	145414.33	66945.03	123830.03
	营业收入(万元)	85553.65	150860.58	68917.01	129377.49
	主营成本(万元)	47509.76	84508.75	38785.23	72188.29
	营业成本(万元)	47509.76	86412.73	45405.27	72188.29
	投资收益(万元)	-160.39	-218.79	-41.07	146.99
	净利润(万元)	12582.06	17378.61	8046.19	11909.30
	利润总额(万元)	12695.10	17883.23	8659.03	13106.85

中联重科股份有限公司

公司概况	公司名称	中联重科股份有限公司			证券简称	中联重科
	法人代表	詹纯新	董秘	申柯	证券代码	000157
	公司网址	www.zoomlion.com			电子信箱	157@zoomlion.com
	电　　话	0731-88923908			传　　真	0731-88923904
	办公地址	湖南省长沙市银盆南路 361 号				
	经营范围	开发、生产、销售工程机械、环卫机械、汽车起重机及其专用底盘等				

	指标\报告期	2013.06.30	2012.12.31	2012.06.30	2011.12.31
主要财务指标	基本每股收益(元)	0.3800	0.9500	0.7300	1.0500
	基本每股收益(扣除)(元)	0.3700	0.9300	0.7400	1.0400
	每股净资产(元)	5.4654	5.2949	5.0700	4.6000
	每股经营现金净流量(元)	0.1501	0.3842	0.0760	0.2716
	每股现金流量(元)	-0.2826	0.5297	0.3685	-0.3577
	每股资本公积金(元)	1.8946	1.8953	1.8954	1.9043
	每股盈余公积金(元)	0.3391	0.3391	0.2547	0.2547
	每股未分配利润(元)	2.2454	2.0683	1.9310	1.4515
	净资产收益率(%)	6.8998	17.9649	14.7100	22.7540
	加权净资产收益率(%)	6.8800	19.0700	14.7100	25.1600
	净资产收益率(扣除)(%)	-	-	-	-
	总资产(万元)	8890394.04	8897446.46	8763347.26	7158177.17
	归属母公司股东权益(万元)	4211617.62	4080214.17	3905790.71	3544645.01
	主营业务收入(万元)	1991247.32	4755584.00	2886703.74	4591248.59
	营业收入(万元)	2016475.72	4807117.00	2911950.39	4632258.07
	主营成本(万元)	1346993.44	3206902.00	1896817.65	3097187.68
	营业成本(万元)	1369076.62	3254561.00	1920824.13	3131602.63
	投资收益(万元)	2791.13	3587.00	779.21	3588.63
	净利润(万元)	298897.67	752896.00	574886.74	817334.18
	利润总额(万元)	358871.39	885814.00	669846.22	960247.39

石家庄常山纺织股份有限公司

公司概况	公司名称	石家庄常山纺织股份有限公司			证券简称	常山股份
	法人代表	汤彰明	董秘	池俊平	证券代码	000158
	公司网址	www.changshantex.com			电子信箱	chijunp52@sohu.com
	电　　话	0311-86673856			传　　真	0311-86673929
	办公地址	河北省石家庄市和平东路 183 号				
	经营范围	天然纤维和人造纤维的纺织产品、针织品、服装加工等				

	指标\报告期	2013.06.30	2012.12.31	2012.06.30	2011.12.31
主要财务指标	基本每股收益(元)	-0.0480	0.0200	-0.0550	0.0800
	基本每股收益(扣除)(元)	-0.1060	-0.1200	-0.0650	-0.0400
	每股净资产(元)	3.3252	3.3762	3.3000	3.3600
	每股经营现金净流量(元)	-0.2107	-0.1686	-0.2078	-0.2500
	每股现金流量(元)	-0.2141	0.2544	0.0572	-0.4629
	每股资本公积金(元)	1.5539	1.5568	1.5555	1.5553
	每股盈余公积金(元)	0.2542	0.2542	0.2523	0.2523
	每股未分配利润(元)	0.5171	0.5652	0.4956	0.5508
	净资产收益率(%)	-1.4477	0.4847	-1.6700	2.3730
	加权净资产收益率(%)	-1.4400	0.4900	-1.6600	2.3900
	净资产收益率(扣除)(%)	-	-	-	-
	总资产(万元)	567306.95	571686.69	558828.62	529111.36
	归属母公司股东权益(万元)	239034.97	242704.09	237463.34	241417.44
	主营业务收入(万元)	304087.85	497835.91	199532.17	465977.49
	营业收入(万元)	306575.12	502251.42	201630.42	470488.36
	主营成本(万元)	295584.94	474158.68	188664.17	442336.38
	营业成本(万元)	297246.34	476639.94	189776.22	444926.82
	投资收益(万元)	13.93	510.89	31.98	343.27
	净利润(万元)	-3461.64	1170.03	-3974.18	5718.99
	利润总额(万元)	-3276.85	1590.56	-3876.23	6199.58

新疆国际实业股份有限公司

公司概况	公司名称	新疆国际实业股份有限公司			证券简称	国际实业
	法人代表	丁治平	董秘	李润起	证券代码	000159
	公司网址	www.xjgjsy.com			电子信箱	zqb@xjgjsy.com
	电　　话	0991-5854232			传　　真	0991-2861579
	办公地址	新疆乌鲁木齐市北京南路 358 号大成国际大厦 9 楼				
	经营范围	焦炭、煤炭及深加工产品的生产与销售等				

	指标\报告期	2013.06.30	2012.12.31	2012.06.30	2011.12.31
主要财务指标	基本每股收益(元)	0.0686	0.2079	0.0927	0.6800
	基本每股收益(扣除)(元)	0.1715	0.1000	0.0764	0.4200
	每股净资产(元)	4.2809	4.3016	4.3000	4.2000
	每股经营现金净流量(元)	-0.2353	0.1689	-0.0850	0.0824
	每股现金流量(元)	0.3235	-0.2205	-0.2125	-0.2341
	每股资本公积金(元)	0.7451	0.7850	0.7953	0.7483
	每股盈余公积金(元)	0.2384	0.2329	0.2329	0.2329
	每股未分配利润(元)	2.3032	2.2851	2.2699	2.2172
	净资产收益率(%)	1.6030	4.8340	2.1600	16.2450
	加权净资产收益率(%)	1.5900	4.8700	2.1800	17.5900
	净资产收益率(扣除)(%)	-	-	-	-
	总资产(万元)	296261.97	298700.49	313779.94	317704.43
	归属母公司股东权益(万元)	205969.12	206968.12	206760.33	201961.41
	主营业务收入(万元)	49883.83	135384.90	71851.73	117350.74
	营业收入(万元)	53841.45	140030.91	74702.39	123779.46
	主营成本(万元)	38516.09	118377.44	64083.36	78456.38
	营业成本(万元)	40561.07	120471.50	65453.95	81933.73
	投资收益(万元)	7332.21	2563.16	2544.46	14208.71
	净利润(万元)	3267.03	10125.13	4495.48	33288.17
	利润总额(万元)	3315.01	12202.94	4881.92	39681.27

江苏吴江中国东方丝绸市场股份有限公司

公司概况	公司名称	江苏吴江中国东方丝绸市场股份有限公司			证券简称	东方市场
	法人代表	计高雄	董秘	汪钟颖	证券代码	000301
	公司网址	www.cesm.com.cn		电子信箱	wangzy.2006@yahoo.com.cn	
	电　话	0512-63573480 63527635		传　真	0512-63552272	
	办公地址	江苏省吴江市盛泽镇市场路丝绸股份大厦				
	经营范围	房地产开发、营业房出租、热电、石油、天然气等				

	指标\报告期	2013.06.30	2012.12.31	2012.06.30	2011.12.31
主要财务指标	基本每股收益(元)	0.1032	0.1300	0.0688	0.0900
	基本每股收益(扣除)(元)	0.0863	0.1100	0.0520	0.0700
	每股净资产(元)	2.3118	2.2086	2.1670	2.0980
	每股经营现金净流量(元)	0.0684	0.4004	0.2393	0.2429
	每股现金流量(元)	−0.0401	0.0410	0.0672	−0.0007
	每股资本公积金(元)	0.5225	0.5225	0.5225	0.5225
	每股盈余公积金(元)	0.1382	0.1382	0.1255	0.1255
	每股未分配利润(元)	0.6511	0.5479	0.5186	0.4499
	净资产收益率(%)	4.4632	5.9210	3.1700	4.4380
	加权净资产收益率(%)	4.5700	6.0500	3.2300	4.4500
	净资产收益率(扣除)(%)	–	–	–	–
	总资产(万元)	363894.28	358278.18	348901.42	348256.77
	归属母公司股东权益(万元)	281635.23	269065.16	263948.36	255570.29
	主营业务收入(万元)	58573.89	86017.74	41465.72	96144.58
	营业收入(万元)	58573.89	87532.47	42337.03	107262.17
	主营成本(万元)	38371.32	57523.77	28881.95	69523.76
	营业成本(万元)	38371.32	58645.17	29599.30	75789.02
	投资收益(万元)	495.62	882.99	668.32	315.44
	净利润(万元)	12530.60	15959.24	8382.47	10779.23
	利润总额(万元)	16612.76	21057.79	11072.14	15010.32

潍柴动力股份有限公司

公司概况	公司名称	潍柴动力股份有限公司			证券简称	潍柴动力
	法人代表	谭旭光	董秘	戴立新	证券代码	000338
	公司网址	www.weichai.com		电子信箱	weichai@weichai.com	
	电　话	0536-2297068 8197069		传　真	0536-8197073	
	办公地址	山东省潍坊市高新技术产业开发区福寿东街197号年				
	经营范围	柴油机及配套产品的设计、开发、生产、销售、维修、进出口等				

	指标\报告期	2013.06.30	2012.12.31	2012.06.30	2011.12.31
主要财务指标	基本每股收益(元)	1.0400	1.5000	0.9500	2.8000
	基本每股收益(扣除)(元)	0.9800	1.3200	1.0800	2.6900
	每股净资产(元)	13.2185	12.4390	14.7600	13.7500
	每股经营现金净流量(元)	0.3675	1.3786	−0.6630	3.5728
	每股现金流量(元)	−0.6373	0.3910	−1.8181	2.5297
	每股资本公积金(元)	0.4037	0.4213	0.8865	0.9128
	每股盈余公积金(元)	1.1505	1.1505	1.1619	1.1619
	每股未分配利润(元)	10.6851	9.8722	11.7306	10.6919
	净资产收益率(%)	7.8893	12.0268	7.7200	24.4370
	加权净资产收益率(%)	8.0600	12.6200	7.9600	27.1000
	净资产收益率(扣除)(%)	–	–	–	–
	总资产(万元)	7788112.22	6632036.29	6090850.25	6154454.74
	归属母公司股东权益(万元)	2642787.96	2486935.12	2458429.01	2290344.33
	主营业务收入(万元)	2981336.39	4588402.37	2572694.53	5661380.55
	营业收入(万元)	3092161.90	4816539.48	2705967.56	6001926.51
	主营成本(万元)	2362209.18	3666502.66	2063805.38	4375178.98
	营业成本(万元)	2463998.71	3877504.41	2187017.82	4680660.66
	投资收益(万元)	1182.00	25150.83	7508.66	15777.06
	净利润(万元)	228946.15	323426.65	208884.27	631999.57
	利润总额(万元)	275350.80	395981.38	250809.91	741850.63

许继电气股份有限公司

公司概况	公司名称	许继电气股份有限公司			证券简称	许继电气
	法人代表	李富生	董秘	姚武	证券代码	000400
	公司网址	www.xjec.com		电子信箱	webmaster@xjec.com	
	电　话	0374-3212348 3212069		传　真	0374-3363549	
	办公地址	河南省许昌市许继大道1298号				
	经营范围	生产经营电网自动化、继电保护及控制装置等				

	指标\报告期	2013.06.30	2012.12.31	2012.06.30	2011.12.31
主要财务指标	基本每股收益(元)	0.3692	0.8777	0.2196	0.4137
	基本每股收益(扣除)(元)	0.3661	0.8546	0.2855	0.3998
	每股净资产(元)	5.9933	7.4113	6.8586	6.6734
	每股经营现金净流量(元)	1.0316	1.3156	−0.5470	1.2493
	每股现金流量(元)	0.3033	−1.6708	−1.5304	0.4471
	每股资本公积金(元)	1.2112	1.5746	1.5692	1.5694
	每股盈余公积金(元)	0.5202	0.6762	0.6762	0.6762
	每股未分配利润(元)	3.2619	4.1605	3.6132	3.4277
	净资产收益率(%)	6.1609	11.8431	4.1600	6.1997
	加权净资产收益率(%)	6.2900	12.4200	4.1900	6.3400
	净资产收益率(扣除)(%)	–	–	–	–
	总资产(万元)	731516.78	692557.02	694315.16	707161.19
	归属母公司股东权益(万元)	294721.69	280346.84	259442.96	252436.08
	主营业务收入(万元)	241845.53	644070.28	247369.29	419686.28
	营业收入(万元)	254534.67	661180.63	254214.80	436230.51
	主营成本(万元)	174037.79	472112.85	174339.94	282636.58
	营业成本(万元)	184937.27	484236.51	179508.18	293504.30
	投资收益(万元)	−17.00	1002.49	245.48	986.43
	净利润(万元)	28275.10	56953.58	18394.87	30418.26
	利润总额(万元)	32483.79	67231.41	24363.01	36376.81

唐山冀东水泥股份有限公司

公司概况	公司名称	唐山冀东水泥股份有限公司			证券简称	冀东水泥
	法人代表	张增光	董秘	韩保平	证券代码	000401
	公司网址	www.jdsn.com.cn		电子信箱	zqb@jdsn.com.cn	
	电　话	0315-3244005		传　真	0315-3244005	
	办公地址	河北省唐山市丰润区林荫路				
	经营范围	生产和销售水泥、熟料以及石灰石开采和销售				

	指标\报告期	2013.06.30	2012.12.31	2012.06.30	2011.12.31
主要财务指标	基本每股收益(元)	−0.1240	0.1340	0.0830	1.2350
	基本每股收益(扣除)(元)	−0.1320	0.0930	0.0760	1.2400
	每股净资产(元)	8.4480	8.6405	8.5900	8.5100
	每股经营现金净流量(元)	0.4275	0.7095	0.0425	1.0496
	每股现金流量(元)	0.0189	0.0584	0.3400	0.1169
	每股资本公积金(元)	3.8021	3.7711	3.7718	3.7718
	每股盈余公积金(元)	0.5716	0.5716	0.4902	0.4902
	每股未分配利润(元)	3.0743	3.2978	3.3286	3.2456
	净资产收益率(%)	−1.4621	1.5476	0.9700	13.3060
	加权净资产收益率(%)	−1.4400	1.5600	0.9700	16.6600
	净资产收益率(扣除)(%)	–	–	–	–
	总资产(万元)	4358224.14	4150403.13	4081185.76	3807521.29
	归属母公司股东权益(万元)	1138390.78	1164330.18	1157592.93	1146400.69
	主营业务收入(万元)	651737.38	1455881.32	635364.77	1566324.40
	营业收入(万元)	655101.06	1461333.96	638009.71	1572816.55
	主营成本(万元)	512017.17	1112529.09	479652.18	1085534.70
	营业成本(万元)	513449.36	1115633.90	481459.12	1089803.29
	投资收益(万元)	6602.51	23855.35	8967.29	12764.14
	净利润(万元)	−24172.29	13798.20	8669.71	158164.29
	利润总额(万元)	−26665.02	22731.99	11643.60	211610.45

金融街控股股份有限公司

公司概况	公司名称	金融街控股股份有限公司			证券简称	金 融 街
	法人代表	刘世春	董秘	张晓鹏	证券代码	000402
	公司网址	www.jrjkg.com		电子信箱	investors@jrjkg.com	
	电　话	010-66573088 66573955		传　真	010-66573956	
	办公地址	北京市西城区金融大街丙17号北京银行大厦11-12层				
	经营范围	房地产开发、销售商品房、物业管理、新技术及产品项目投资等				

主要财务指标	指标\报告期	2013.06.30	2012.12.31	2012.06.30	2011.12.31
	基本每股收益(元)	0.2500	0.7500	0.3600	0.6700
	基本每股收益(扣除)(元)	–	0.4300	0.1700	0.3800
	每股净资产(元)	6.6551	6.5390	6.1500	5.9800
	每股经营现金净流量(元)	0.3946	–0.6362	–0.2851	–0.7352
	每股现金流量(元)	–0.4754	0.7090	1.0636	–1.5437
	每股资本公积金(元)	2.4310	2.4152	2.4155	2.5094
	每股盈余公积金(元)	0.2332	0.2332	0.2276	0.2276
	每股未分配利润(元)	2.9909	2.8906	2.5107	2.2466
	净资产收益率(%)	3.7605	11.4640	5.9000	11.1390
	加权净资产收益率(%)	3.7500	11.9700	5.9000	11.5200
	净资产收益率(扣除)(%)	–	–	–	–
	总资产(万元)	6900579.57	7003032.77	6490204.11	5972210.19
	归属母公司股东权益(万元)	2014544.81	1979405.31	1862794.49	1811285.37
	主营业务收入(万元)	647691.86	1723026.69	513737.06	963671.20
	营业收入(万元)	647735.31	1723386.81	513882.53	963728.25
	主营成本(万元)	437830.90	1181024.32	321500.75	540967.84
	营业成本(万元)	437833.53	1181112.82	321597.37	540968.30
	投资收益(万元)	9987.68	359.91	381.26	5920.90
	净利润(万元)	91838.12	269654.29	122166.43	205765.21
	利润总额(万元)	126360.04	366348.84	164997.80	287698.61

振兴生化股份有限公司

公司概况	公司名称	振兴生化股份有限公司			证券简称	*ST 生化
	法人代表	史跃武	董秘	岳云生	证券代码	000403
	公司网址			电子信箱	zxzqb000403@163.com	
	电　话	0351-7038633 7038636		传　真	0351-7038776	
	办公地址	山西省太原市长治路227号高新国际大厦16层				
	经营范围	生物医药和工程机械产品的研究、开发、生产和销售				

主要财务指标	指标\报告期	2013.06.30	2012.12.31	2012.06.30	2011.12.31
	基本每股收益(元)	0.1972	0.1500	0.1277	0.1900
	基本每股收益(扣除)(元)	0.1966	0.2500	0.1800	0.3000
	每股净资产(元)	1.0412	1.0868	1.1000	0.9300
	每股经营现金净流量(元)	0.0556	0.5822	0.1668	0.6148
	每股现金流量(元)	0.0257	–0.0691	–0.0953	0.1774
	每股资本公积金(元)	0.4179	0.8257	0.8257	0.8257
	每股盈余公积金(元)	0.2228	0.2869	0.2869	0.2869
	每股未分配利润(元)	–0.5994	–1.0257	–1.0152	–1.1796
	净资产收益率(%)	18.9355	14.1585	11.6000	20.6119
	加权净资产收益率(%)	20.9200	15.2400	11.6000	26.2100
	净资产收益率(扣除)(%)	–	–	–	–
	总资产(万元)	116632.85	106794.63	96208.15	96080.50
	归属母公司股东权益(万元)	28380.28	23006.33	23230.11	19748.98
	主营业务收入(万元)	24045.05	46709.81	23787.39	45873.57
	营业收入(万元)	24272.14	46982.42	23877.28	46106.84
	主营成本(万元)	9259.45	17875.27	8320.59	15206.15
	营业成本(万元)	9471.69	17875.27	8321.00	15206.15
	投资收益(万元)	–	4.10	–	11.40
	净利润(万元)	5062.45	253.52	2249.40	394.83
	利润总额(万元)	6389.52	2736.03	3780.54	3302.72

华意压缩机股份有限公司

公司概况	公司名称	华意压缩机股份有限公司			证券简称	华意压缩
	法人代表	刘体斌	董秘	王华清	证券代码	000404
	公司网址	www.hua-yi.cn		电子信箱	hyzq@hua-yi.cn	
	电　话	0798-8470237 8470228		传　真	0798-8470221	
	办公地址	江西省景德镇市高新区长虹大道1号				
	经营范围	无氟压缩机、电冰箱及其配件的生产和销售等				

主要财务指标	指标\报告期	2013.06.30	2012.12.31	2012.06.30	2011.12.31
	基本每股收益(元)	0.1937	0.3172	0.1402	0.0943
	基本每股收益(扣除)(元)	–	0.3062	0.1385	–0.0631
	每股净资产(元)	–	2.1042	1.9238	1.7836
	每股经营现金净流量(元)	–0.6975	0.8611	0.1063	0.4864
	每股现金流量(元)	0.5774	0.1934	–0.0557	0.6865
	每股资本公积金(元)	1.9617	0.7954	0.7954	0.7954
	每股盈余公积金(元)	0.0012	0.1346	0.1346	0.1346
	每股未分配利润(元)	0.3560	0.1708	–0.0062	–0.1464
	净资产收益率(%)	5.4298	15.0748	7.2900	5.2865
	加权净资产收益率(%)	6.1900	16.3200	7.5700	5.4300
	净资产收益率(扣除)(%)	–	–	–	–
	总资产(万元)	648908.43	472912.30	460067.88	421661.02
	归属母公司股东权益(万元)	185643.19	68299.69	62442.35	57890.69
	主营业务收入(万元)	390125.38	511991.60	277113.06	473594.14
	营业收入(万元)	415550.39	560143.25	302799.26	536795.27
	主营成本(万元)	337508.43	438357.81	239954.63	426830.46
	营业成本(万元)	359882.21	481786.32	262356.95	485704.15
	投资收益(万元)	292.67	314.22	151.33	–109.25
	净利润(万元)	15676.38	17318.61	7913.02	7200.34
	利润总额(万元)	17781.71	19298.15	9181.76	8421.19

山东胜利股份有限公司

公司概况	公司名称	山东胜利股份有限公司			证券简称	胜利股份
	法人代表	王鹏	董秘	杜以宏	证券代码	000407
	公司网址	www.vicome.com		电子信箱	sd000407@yahoo.com.cn	
	电　话	0531-86920495 88725686		传　真	0531-86018518	
	办公地址	山东省济南市高新区天辰大街2238号胜利生物工程园				
	经营范围	生物产业、塑胶产业、农化产业和贸易产业				

主要财务指标	指标\报告期	2013.06.30	2012.12.31	2012.06.30	2011.12.31
	基本每股收益(元)	0.0055	–0.2200	0.0030	0.0100
	基本每股收益(扣除)(元)	–	–0.2200	0.0004	–0.0500
	每股净资产(元)	1.6916	1.6848	1.9000	1.9000
	每股经营现金净流量(元)	–0.1955	0.0703	0.1000	0.1859
	每股现金流量(元)	–0.2243	0.1027	0.1945	0.2153
	每股资本公积金(元)	0.0217	0.0218	0.0171	0.0171
	每股盈余公积金(元)	0.1580	0.1580	0.1580	0.1580
	每股未分配利润(元)	0.5094	0.5039	0.7230	0.7197
	净资产收益率(%)	0.3269	–12.8087	0.1800	0.5908
	加权净资产收益率(%)	0.3300	–12.0500	0.1800	0.5900
	净资产收益率(扣除)(%)	–	–	–	–
	总资产(万元)	344475.48	317520.14	368061.30	313395.49
	归属母公司股东权益(万元)	109826.69	109381.78	123350.87	123108.83
	主营业务收入(万元)	109100.52	217570.14	124230.56	227414.86
	营业收入(万元)	109883.54	218665.97	124517.64	228873.33
	主营成本(万元)	97361.05	199042.11	112293.31	207342.88
	营业成本(万元)	98038.01	199434.84	112382.72	208360.13
	投资收益(万元)	–197.76	297.11	513.01	1551.52
	净利润(万元)	308.56	–13935.70	287.66	622.61
	利润总额(万元)	62.57	–16320.19	292.38	262.07

金谷源控股股份有限公司

公司概况	公司名称	金谷源控股股份有限公司			证券简称	金谷源
	法人代表	路联	董秘	张春生	证券代码	000408
	公司网址			电子信箱	dsh000408@126.com	
	电　话	010-62021686		传　真	010-62016515	
	办公地址	河北省邯郸市峰峰矿区彭城镇彭东街9号				
	经营范围	矿业投资及管理、投资与投资管理、资产管理、矿业技术开发等				

	指标\报告期	2013.06.30	2012.12.31	2012.06.30	2011.12.31
主要财务指标	基本每股收益(元)	0.0190	0.0183	0.0311	0.0342
	基本每股收益(扣除)(元)	0.0190	0.0329	0.0311	0.0307
	每股净资产(元)	0.7049	0.6859	0.6936	0.6676
	每股经营现金净流量(元)	0.0077	0.0464	0.0257	0.0668
	每股现金流量(元)	0.0077	0.0168	–0.0021	–0.0011
	每股资本公积金(元)	0.5695	0.5695	0.5695	0.5695
	每股盈余公积金(元)	0.0775	0.0775	0.0775	0.0775
	每股未分配利润(元)	–0.9421	–0.9611	–0.9534	–0.9794
	净资产收益率(%)	2.7017	2.6653	4.4811	5.1226
	加权净资产收益率(%)	2.7400	2.7000	4.5800	4.3800
	净资产收益率(扣除)(%)	–	–	–	–
	总资产(万元)	42419.11	45103.54	42737.68	42787.61
	归属母公司股东权益(万元)	17784.85	17304.35	17499.35	16843.14
	主营业务收入(万元)	13390.81	2775.33	2133.62	20728.61
	营业收入(万元)	13665.81	3325.33	2408.62	21893.20
	主营成本(万元)	12883.94	1006.65	997.05	20752.50
	营业成本(万元)	13084.24	1415.49	1199.22	21182.62
	投资收益(万元)	–40.73	319.89	–10.72	947.94
	净利润(万元)	470.31	483.99	875.50	709.79
	利润总额(万元)	473.44	578.65	878.63	713.29

泰复实业股份有限公司

公司概况	公司名称	泰复实业股份有限公司			证券简称	泰复实业
	法人代表	胡向东	董秘	李永刚	证券代码	000409
	公司网址			电子信箱	stock000409@163.com	
	电　话	0531-88550409 88195618		传　真	0531-88195618	
	办公地址	山东省济南市燕子山东路1号山东行政学院3号公寓				
	经营范围	矿石的开采,加工及矿产品销售				

	指标\报告期	2013.06.30	2012.12.31	2012.06.30	2011.12.31
主要财务指标	基本每股收益(元)	0.1100	0.2700	0.1500	0.3500
	基本每股收益(扣除)(元)	–	0.2500	–0.0041	–0.0129
	每股净资产(元)	2.0961	5.4966	0.2400	4.8832
	每股经营现金净流量(元)	–0.0811	0.4225	0.1364	0.7249
	每股现金流量(元)	–0.1118	–0.8904	–0.3549	1.9655
	每股资本公积金(元)	0.9927	0.9927	0.0258	4.8832
	每股盈余公积金(元)	–	–	0.0169	0.0169
	每股未分配利润(元)	0.1091	–	–0.7987	–0.7993
	净资产收益率(%)	5.2035	8.5500	109.6650	12.7136
	加权净资产收益率(%)	5.3300	8.5500	5.4600	12.7100
	净资产收益率(扣除)(%)	–	–	–	–
	总资产(万元)	121855.36	119842.34	4509.75	121203.30
	归属母公司股东权益(万元)	99085.54	94197.56	4181.04	83686.08
	主营业务收入(万元)	15911.25	28643.39	13372.45	27984.21
	营业收入(万元)	16694.62	29904.96	13788.53	28869.08
	主营成本(万元)	5872.60	10850.38	4789.65	9149.97
	营业成本(万元)	6065.96	10851.95	4789.65	9302.97
	投资收益(万元)	–84.93	–	–16.73	1807.45
	净利润(万元)	5155.89	8058.42	4585.14	10639.54
	利润总额(万元)	7025.44	11060.96	6107.78	14229.51

沈阳机床股份有限公司

公司概况	公司名称	沈阳机床股份有限公司			证券简称	沈阳机床
	法人代表	关锡友	董秘	张景龙	证券代码	000410
	公司网址	www.smtcl.com		电子信箱	smtcl@smtcl.com	
	电　话	024-25190865		传　真	024-25190877	
	办公地址	辽宁省沈阳市经济技术开发区开发大路17甲1号				
	经营范围	机械设备制造、机床制造、机械加工、进出口贸易等				

	指标\报告期	2013.06.30	2012.12.31	2012.06.30	2011.12.31
主要财务指标	基本每股收益(元)	0.0100	0.0400	0.1000	0.1900
	基本每股收益(扣除)(元)	0.0100	–0.0300	0.0600	0.0960
	每股净资产(元)	3.5994	2.8466	2.8900	2.8500
	每股经营现金净流量(元)	–0.8921	–2.3375	–0.8349	0.3334
	每股现金流量(元)	1.2293	–1.1428	–0.4289	1.1675
	每股资本公积金(元)	1.7394	0.6683	0.6683	0.6683
	每股盈余公积金(元)	0.1480	0.2077	0.2077	0.2077
	每股未分配利润(元)	0.6932	0.9540	1.0015	0.9713
	净资产收益率(%)	0.3721	1.5002	3.3800	6.7330
	加权净资产收益率(%)	0.4800	1.5000	3.4000	6.9400
	净资产收益率(扣除)(%)	–	–	–	–
	总资产(万元)	1543296.85	1312244.57	1343426.52	1235530.41
	归属母公司股东权益(万元)	275524.54	155275.75	157678.98	155620.61
	主营业务收入(万元)	361008.85	681141.00	371225.15	863358.65
	营业收入(万元)	372854.76	778688.12	420266.15	961084.29
	主营成本(万元)	276919.68	514707.87	281182.49	674264.16
	营业成本(万元)	276919.68	580592.81	319144.28	751657.47
	投资收益(万元)	–111.65	150.80	72.54	91.60
	净利润(万元)	2523.76	3383.85	6030.85	11008.21
	利润总额(万元)	4264.19	6428.27	7289.40	14112.60

浙江英特集团股份有限公司

公司概况	公司名称	浙江英特集团股份有限公司			证券简称	英特集团
	法人代表	王引平	董秘	包志虎	证券代码	000411
	公司网址	www.intmedic.com		电子信箱	bao_zhihu@sina.com	
	电　话	0571-85068752 85067873		传　真	0571-85068752	
	办公地址	浙江省杭州市滨江区江南大道96号·中化大厦				
	经营范围	实业投资、投资管理、市场营销策划、医药信息咨询等				

	指标\报告期	2013.06.30	2012.12.31	2012.06.30	2011.12.31
主要财务指标	基本每股收益(元)	0.2371	0.3300	0.1521	0.9000
	基本每股收益(扣除)(元)	0.1633	0.3000	0.1377	0.1800
	每股净资产(元)	2.4857	2.2568	2.0907	1.9477
	每股经营现金净流量(元)	–0.7303	0.3347	–0.5219	–0.3888
	每股现金流量(元)	0.6263	–0.8483	0.2536	2.0953
	每股资本公积金(元)	0.2296	0.2378	0.2459	0.2550
	每股盈余公积金(元)	0.0707	0.0707	0.0707	0.0707
	每股未分配利润(元)	1.1854	0.9483	0.7741	0.6221
	净资产收益率(%)	9.5377	14.4563	7.2700	46.3492
	加权净资产收益率(%)	10.0000	15.5200	7.5300	60.0100
	净资产收益率(扣除)(%)	–	–	–	–
	总资产(万元)	513774.51	411020.51	429123.19	367904.82
	归属母公司股东权益(万元)	51565.30	46817.42	43372.23	40404.67
	主营业务收入(万元)	587749.62	1056978.82	513938.70	851846.52
	营业收入(万元)	589400.82	1058995.45	514699.98	852635.36
	主营成本(万元)	551528.75	991689.86	484805.58	802019.85
	营业成本(万元)	552128.98	992218.29	484993.60	802208.40
	投资收益(万元)	4000.27	558.35	588.16	39965.63
	净利润(万元)	10423.89	14369.76	6688.16	38384.52
	利润总额(万元)	14806.86	19940.99	9012.48	52333.70

石家庄宝石电子玻璃股份有限公司

公司概况				
公司名称	石家庄宝石电子玻璃股份有限公司		证券简称	宝 石 A
法人代表	李兆廷	董秘 付殷芳	证券代码	000413
公司网址	www.bseg.com.cn		电子信箱	bs@bseg.cn
电　话	0311-86917771 86917775		传　真	0311-86917775
办公地址	河北省石家庄市高新技术产业开发区黄河大道 9 号			
经营范围	平板显示玻璃基板产业投资、建设与运营及相关的技术开发等			

主要财务指标　指标＼报告期	2013.06.30	2012.12.31	2012.06.30	2011.12.31
基本每股收益(元)	0.2000	0.3700	0.1100	0.0310
基本每股收益(扣除)(元)	0.0700	0.3100	-0.0300	0.1100
每股净资产(元)	6.0545	1.0233	0.0310	-0.0300
每股经营现金净流量(元)	-1.0156	-1.2193	0.7100	0.6100
每股现金流量(元)	4.1960	0.2478	0.5500	-0.1251
每股资本公积金(元)	5.3660	1.0553	-0.0048	-0.0243
每股盈余公积金(元)	0.0304	0.0717	0.0911	0.0147
每股未分配利润(元)	-0.3419	-1.1036	-0.0244	1.0114
净资产收益率(%)	2.0846	36.4006	1.0114	1.0114
加权净资产收益率(%)	5.4200	46.3200	0.0954	0.0717
净资产收益率(扣除)(%)	-	-	0.0717	-1.3923
总资产(万元)	838176.86	206170.77	-1.4761	-1.5328
归属母公司股东权益(万元)	546720.98	39192.88	15.0500	5.0970
主营业务收入(万元)	21380.34	70347.05	-4.6700	16.2700
营业收入(万元)	25504.24	77893.52	5.2300	-4.2200
主营成本(万元)	7720.47	30091.98	-	-
营业成本(万元)	10859.21	37977.32	-	82461.08
投资收益(万元)	-	-	37411.21	36727.18
净利润(万元)	14025.39	24102.81	27365.44	23247.88
利润总额(万元)	19578.60	32661.24	21077.76	30257.70

渤海租赁股份有限公司

公司概况				
公司名称	渤海租赁股份有限公司		证券简称	渤海租赁
法人代表	王浩	董秘 马伟华	证券代码	000415
公司网址	www.bohaileasing.com		电子信箱	bohaileasing@gmail.com
电　话	0991-2327723 2327727		传　真	0991-2327709
办公地址	新疆维吾尔自治区乌鲁木齐市新华北路 165 号广汇中天广场 41 楼			
经营范围	市政基础设施租赁、电力设施和设备租赁、交通运输基础设施和设备租赁以及新能源等			

主要财务指标　指标＼报告期	2013.06.30	2012.12.31	2012.06.30	2011.12.31
基本每股收益(元)	0.2259	0.3876	0.1945	0.4563
基本每股收益(扣除)(元)	0.1786	0.2676	0.1260	0.3042
每股净资产(元)	5.8519	5.5763	5.7264	9.1495
每股经营现金净流量(元)	0.7289	0.9325	0.6570	1.7120
每股现金流量(元)	0.3609	-3.2650	-1.7352	1.7368
每股资本公积金(元)	4.1863	4.1073	3.9731	7.6591
每股盈余公积金(元)	0.0183	0.0183	0.0602	0.0783
每股未分配利润(元)	0.7507	0.5248	0.6934	0.5389
净资产收益率(%)	3.8605	6.9507	2.7000	5.6521
加权净资产收益率(%)	3.9500	5.6900	2.7200	5.6700
净资产收益率(扣除)(%)	-	-	-	-
总资产(万元)	3310158.19	3000263.53	1984557.08	2722182.62
归属母公司股东权益(万元)	742749.00	707770.34	726822.09	893307.46
主营业务收入(万元)	142566.84	249183.88	118490.37	206278.61
营业收入(万元)	142566.84	249183.88	118490.37	206278.61
主营成本(万元)	64906.06	110431.81	53966.32	87456.88
营业成本(万元)	64906.06	110431.81	53966.32	87456.88
投资收益(万元)	92.04	166.70	93.55	241.90
净利润(万元)	40933.26	63082.05	31288.87	51315.69
利润总额(万元)	51734.72	83271.61	40444.37	66090.63

民生投资管理股份有限公司

公司概况				
公司名称	民生投资管理股份有限公司		证券简称	民生投资
法人代表	徐建兵	董秘 陈怀东	证券代码	000416
公司网址			电子信箱	mstz000416@126.com
电　话	010-85259007 85259036		传　真	010-85259595
办公地址	北京市东城区建国门内大街 28 号民生金融中心 C 座 20 层			
经营范围	股权投资、资产管理、资本经营及相关咨询与服务			

主要财务指标　指标＼报告期	2013.06.30	2012.12.31	2012.06.30	2011.12.31
基本每股收益(元)	-0.0098	0.1104	-0.0093	0.0600
基本每股收益(扣除)(元)	0.0062	0.0138	0.0055	0.0269
每股净资产(元)	1.4624	1.5222	1.4000	1.4100
每股经营现金净流量(元)	0.0079	0.0605	0.0232	0.1092
每股现金流量(元)	-0.1038	-0.2249	-0.0066	-0.0712
每股资本公积金(元)	0.0198	0.0198	0.0198	0.0198
每股盈余公积金(元)	0.0515	0.0515	0.0405	0.0405
每股未分配利润(元)	0.3911	0.4509	0.3422	0.3515
净资产收益率(%)	-0.6715	7.2500	-0.6600	4.2480
加权净资产收益率(%)	-0.6600	7.5200	-0.6600	4.3400
净资产收益率(扣除)(%)	-	-	-	-
总资产(万元)	93670.99	96164.82	86827.19	89745.68
归属母公司股东权益(万元)	77781.22	80962.90	74598.77	75092.19
主营业务收入(万元)	23343.05	46231.19	23752.90	66005.66
营业收入(万元)	24336.39	48574.13	24827.07	68630.67
主营成本(万元)	20081.96	39715.83	20316.15	57017.65
营业成本(万元)	20137.16	39824.45	20374.64	57162.56
投资收益(万元)	1056.75	465.99	469.30	1513.20
净利润(万元)	318.70	7554.54	-125.89	5248.93
利润总额(万元)	208.98	10305.30	-285.74	7359.92

合肥百货大楼集团股份有限公司

公司概况				
公司名称	合肥百货大楼集团股份有限公司		证券简称	合肥百货
法人代表	郑晓燕	董秘 戴登安	证券代码	000417
公司网址	www.hfbh.com.cn		电子信箱	daidengan@163.com
电　话	0551-5771008 5771035		传　真	0551-5771005
办公地址	安徽省合肥市长江西路 689 号			
经营范围	综合百货、进出口等			

主要财务指标　指标＼报告期	2013.06.30	2012.12.31	2012.06.30	2011.12.31
基本每股收益(元)	0.3112	0.5243	0.3104	0.6686
基本每股收益(扣除)(元)	-	0.4813	0.4437	0.4665
每股净资产(元)	-	3.4122	4.9200	4.4500
每股经营现金净流量(元)	0.4221	0.8534	-0.1920	1.5874
每股现金流量(元)	-0.3556	0.0516	-0.4915	2.8341
每股资本公积金(元)	0.3960	0.3960	1.0940	1.0940
每股盈余公积金(元)	0.5311	0.5311	0.6879	0.6879
每股未分配利润(元)	1.6963	1.4851	2.1355	1.6699
净资产收益率(%)	8.5897	15.3659	9.4700	21.8030
加权净资产收益率(%)	8.7200	16.4000	9.9400	27.5700
净资产收益率(扣除)(%)	-	-	-	-
总资产(万元)	680736.60	666444.34	593271.31	617160.74
归属母公司股东权益(万元)	282583.52	266109.36	255665.76	231458.25
主营业务收入(万元)	524449.05	881174.26	466694.44	829335.39
营业收入(万元)	540675.95	910549.96	483467.41	855147.61
主营成本(万元)	444116.78	745800.89	389953.59	708930.82
营业成本(万元)	444117.64	745900.02	390050.50	709321.89
投资收益(万元)	85.53	122.25	-	19998.13
净利润(万元)	26457.12	45918.25	26641.31	58444.60
利润总额(万元)	35326.23	63683.45	35732.92	78146.59

无锡小天鹅股份有限公司

公司概况					
公司名称	无锡小天鹅股份有限公司			证券简称	小天鹅 A
法人代表	方洪波	董秘	周斯秀	证券代码	000418
公司网址	www.littleswan.com		电子信箱	tianlin@littleswan.com.cn	
电　话	0510-81082320 81082280		传　真	0510-83720879	
办公地址	江苏省无锡市国家高新技术开发区长江南路 18 号				
经营范围	家用电器及零配件等的生产、销售和技术服务等				

主要财务指标

指标\报告期	2013.06.30	2012.12.31	2012.06.30	2011.12.31
基本每股收益(元)	0.3500	0.5400	0.3400	0.7200
基本每股收益(扣除)(元)	0.3000	0.5400	0.3200	0.5800
每股净资产(元)	5.8766	5.8281	5.5800	5.4400
每股经营现金净流量(元)	1.4722	0.5451	1.4379	0.3835
每股现金流量(元)	0.2346	-1.5598	1.1193	0.2540
每股资本公积金(元)	1.7856	1.7857	1.7330	1.7331
每股盈余公积金(元)	0.4279	0.4279	0.3944	0.3944
每股未分配利润(元)	2.6681	2.6187	2.4591	2.3172
净资产收益率(%)	5.9448	9.1798	6.1200	13.1740
加权净资产收益率(%)	5.8200	9.5900	6.0900	13.9900
净资产收益率(扣除)(%)	-	-	-	-
总资产(万元)	813196.49	840370.54	782615.37	914518.55
归属母公司股东权益(万元)	371685.59	368621.05	353094.72	344114.49
主营业务收入(万元)	-	616326.66	280511.61	-
营业收入(万元)	399822.43	689986.39	310132.87	1097562.17
主营成本(万元)	-	471719.20	221379.12	-
营业成本(万元)	300581.09	533991.46	245388.06	915313.36
投资收益(万元)	3858.17	5562.27	506.28	7737.16
净利润(万元)	23592.05	37883.62	23414.22	53856.48
利润总额(万元)	27891.28	44557.16	26817.13	67037.31

长沙通程控股股份有限公司

公司概况					
公司名称	长沙通程控股股份有限公司			证券简称	通程控股
法人代表	周兆达	董秘	杨格艺	证券代码	000419
公司网址	www.e-tongcheng.com		电子信箱	gege1608@126.com	
电　话	0731-85534994		传　真	0731-85535588	
办公地址	湖南省长沙市劳动西路 589 号				
经营范围	综合零售、食品、饮料及烟草制品专门零售、文化、体育用品及器材专门零售等				

主要财务指标

指标\报告期	2013.06.30	2012.12.31	2012.06.30	2011.12.31
基本每股收益(元)	0.1627	0.2858	0.1752	0.4302
基本每股收益(扣除)(元)	0.1233	0.2761	0.1648	0.2762
每股净资产(元)	3.2459	3.0832	3.7300	3.5600
每股经营现金净流量(元)	-0.0007	0.7198	-0.0397	0.8405
每股现金流量(元)	-0.1198	0.0380	-0.2669	0.9035
每股资本公积金(元)	0.8898	0.8898	1.2677	1.2677
每股盈余公积金(元)	0.1581	0.1581	0.1575	0.1575
每股未分配利润(元)	1.1980	1.0353	1.3069	1.1317
净资产收益率(%)	5.0116	9.2687	4.8100	13.4243
加权净资产收益率(%)	5.1400	9.3700	4.8100	16.4200
净资产收益率(扣除)(%)	-	-	-	-
总资产(万元)	354592.08	370739.02	322106.05	356947.48
归属母公司股东权益(万元)	176440.63	167598.18	169060.96	161123.79
主营业务收入(万元)	209385.64	376779.21	186213.56	363713.51
营业收入(万元)	214460.81	387019.48	192228.23	372786.78
主营成本(万元)	172333.83	299352.72	148402.19	290178.61
营业成本(万元)	172616.12	299770.25	148625.71	290593.27
投资收益(万元)	3318.00	1050.45	-	13382.55
净利润(万元)	8572.52	15536.91	7856.18	21580.98
利润总额(万元)	11766.42	21458.31	10980.31	29629.14

吉林化纤股份有限公司

公司概况					
公司名称	吉林化纤股份有限公司			证券简称	吉林化纤
法人代表	王进军	董秘	徐建国	证券代码	000420
公司网址	www.jlhxjt.com		电子信箱	xjg6806@163.com	
电　话	0432-63502452 63502331		传　真	0432-63502329	
办公地址	吉林省吉林市昌邑区九站街 516-1 号				
经营范围	生产和销售粘胶长丝和粘胶短纤维等				

主要财务指标

指标\报告期	2013.06.30	2012.12.31	2012.06.30	2011.12.31
基本每股收益(元)	-0.2965	0.0262	-0.0856	-0.7772
基本每股收益(扣除)(元)	-0.3144	-0.4400	-0.1382	-0.8046
每股净资产(元)	1.0656	1.3621	1.2500	1.3600
每股经营现金净流量(元)	0.1952	0.1597	0.5797	0.0139
每股现金流量(元)	0.1642	0.1361	0.2620	0.0131
每股资本公积金(元)	1.2293	1.2293	1.2293	1.2493
每股盈余公积金(元)	0.5036	0.5036	0.5036	0.5036
每股未分配利润(元)	-1.6673	-1.3708	-1.4826	-1.3971
净资产收益率(%)	-27.8234	1.9259	-6.8400	-57.3220
加权净资产收益率(%)	-24.4300	1.9163	-6.5156	-44.4700
净资产收益率(扣除)(%)	-	-	-	-
总资产(万元)	373587.39	345054.02	328009.20	303593.96
归属母公司股东权益(万元)	40306.82	51521.55	47293.17	51285.00
主营业务收入(万元)	67901.18	144563.58	72350.45	223077.37
营业收入(万元)	69766.86	154958.82	76778.89	231713.92
主营成本(万元)	67046.73	136505.36	65686.11	218653.86
营业成本(万元)	68624.11	143369.53	68679.34	224907.65
投资收益(万元)	-	1066.45	1066.45	57.64
净利润(万元)	-12883.91	851.47	-4192.80	-30976.99
利润总额(万元)	-13755.10	111.93	-3820.52	-36320.77

南京中北(集团)股份有限公司

公司概况					
公司名称	南京中北(集团)股份有限公司			证券简称	南京中北
法人代表	周仪	董秘	陈刚	证券代码	000421
公司网址	www.zhong-bei.com		电子信箱	securities@zhong-bei.com	
电　话	025-86383698 86383611		传　真	025-86383600	
办公地址	江苏省南京市建邺区应天大街 927 号				
经营范围	汽车出租、跨省市公路客运、客车租赁、汽车维修、汽车票代办等				

主要财务指标

指标\报告期	2013.06.30	2012.12.31	2012.06.30	2011.12.31
基本每股收益(元)	0.0903	0.2661	0.2159	0.2520
基本每股收益(扣除)(元)	0.0865	0.1058	0.1790	0.1909
每股净资产(元)	2.5718	2.4972	2.4800	2.3200
每股经营现金净流量(元)	0.8367	1.0529	0.1955	0.4495
每股现金流量(元)	-0.2690	-0.0819	-0.1455	0.0843
每股资本公积金(元)	0.2323	0.2280	0.2658	0.2694
每股盈余公积金(元)	0.1713	0.1713	0.1575	0.1575
每股未分配利润(元)	1.1686	1.0983	1.0619	0.8960
净资产收益率(%)	3.5106	10.6574	8.6900	10.8530
加权净资产收益率(%)	3.5500	11.0400	9.0600	10.9800
净资产收益率(扣除)(%)	-	-	-	-
总资产(万元)	249672.28	259057.93	278529.37	292353.54
归属母公司股东权益(万元)	90446.96	87824.26	87386.49	81676.89
主营业务收入(万元)	59167.52	170163.10	94667.42	147522.95
营业收入(万元)	59956.20	175932.72	95990.14	153523.41
主营成本(万元)	62077.35	162169.12	86836.03	150160.89
营业成本(万元)	62114.98	165704.08	87268.20	153551.09
投资收益(万元)	618.22	5723.49	2504.57	976.02
净利润(万元)	4388.19	11018.44	7790.78	9846.61
利润总额(万元)	5304.89	14474.38	15601.22	12108.98

湖北宜化化工股份有限公司

公司概况					
公司名称	湖北宜化化工股份有限公司			证券简称	湖北宜化
法人代表	蒋远华	董秘	强炜	证券代码	000422
公司网址	www.hbyh.cn		电子信箱	zyj@hbyh.cn	
电　话	010-63704082 6442268		传　真	010-63704177	
办公地址	北京市丰台区南四环西四路 188 号总部基地 15 区 3 号楼				
经营范围	化肥、化工产品的生产与销售等				

主要财务指标 指标\报告期	2013.06.30	2012.12.31	2012.06.30	2011.12.31
基本每股收益(元)	0.2290	0.9650	0.5280	1.0050
基本每股收益(扣除)(元)	0.1820	0.8800	0.4920	1.4430
每股净资产(元)	6.9769	6.8435	6.3700	9.6500
每股经营现金净流量(元)	0.8294	4.4852	1.3693	3.6444
每股现金流量(元)	-0.0403	-2.1593	-1.7826	3.3596
每股资本公积金(元)	1.9972	1.9972	1.9436	3.8239
每股盈余公积金(元)	0.3549	0.3549	0.2518	0.4168
每股未分配利润(元)	3.5222	3.3931	3.0599	4.2406
净资产收益率(%)	3.2840	14.0969	8.3000	15.6200
加权净资产收益率(%)	3.2900	15.3200	8.6800	25.2400
净资产收益率(扣除)(%)	-	-	-	-
总资产(万元)	3062016.39	2946801.81	2647391.13	2677937.13
归属母公司股东权益(万元)	626431.51	614452.26	571660.85	523541.42
主营业务收入(万元)	816302.09	1931760.74	921464.45	1776485.52
营业收入(万元)	832384.24	1931760.74	938273.66	1776485.52
主营成本(万元)	683333.83	1550627.66	741846.33	1440863.20
营业成本(万元)	683333.83	1550627.66	741846.33	1440863.20
投资收益(万元)	1014.97	7.78	-37.87	-158.66
净利润(万元)	34575.25	147356.79	80551.53	126622.68
利润总额(万元)	44068.00	160402.18	90535.97	149422.22

山东东阿阿胶股份有限公司

公司概况					
公司名称	山东东阿阿胶股份有限公司			证券简称	东阿阿胶
法人代表	秦玉峰	董秘	吴怀锋	证券代码	000423
公司网址	www.dongeejiao.com		电子信箱	wuhf@dongeejiao.com	
电　话	0635-3264069		传　真	0635-3260786	
办公地址	山东省聊城市东阿县阿胶街 78 号				
经营范围	中成药、生物制药、保健食品、药用辅料、医疗器械、包装印刷等生产经营				

主要财务指标 指标\报告期	2013.06.30	2012.12.31	2012.06.30	2011.12.31
基本每股收益(元)	0.8289	1.5905	0.7125	1.3091
基本每股收益(扣除)(元)	-	1.4345	0.6527	1.2379
每股净资产(元)	7.3219	6.4930	5.9236	5.2350
每股经营现金净流量(元)	-0.3535	1.3120	-0.0611	1.0852
每股现金流量(元)	-0.2406	1.8119	-1.0223	0.5649
每股资本公积金(元)	1.0528	1.0528	1.0614	1.0852
每股盈余公积金(元)	0.7128	0.7128	0.5513	0.5513
每股未分配利润(元)	4.5568	3.7279	3.3113	2.5989
净资产收益率(%)	11.3211	24.4955	12.7700	25.0060
加权净资产收益率(%)	12.0000	26.8200	12.7700	27.4700
净资产收益率(扣除)(%)	-	-	-	-
总资产(万元)	564327.56	532565.59	450882.40	422634.93
归属母公司股东权益(万元)	478869.43	424656.18	387417.51	342380.52
主营业务收入(万元)	175034.77	304787.23	114514.72	270392.07
营业收入(万元)	175300.04	305607.43	114873.49	275884.83
主营成本(万元)	66139.60	78064.54	31655.51	90109.14
营业成本(万元)	67681.85	80529.50	32383.52	93343.15
投资收益(万元)	2066.74	11603.04	4989.27	5739.75
净利润(万元)	55017.85	105356.17	47274.92	87026.00
利润总额(万元)	65366.30	124459.56	56346.81	103629.70

徐工集团工程机械股份有限公司

公司概况					
公司名称	徐工集团工程机械股份有限公司			证券简称	徐工机械
法人代表	王民	董秘	费广胜	证券代码	000425
公司网址	www.xcmg.com		电子信箱	fgs@xcmg.com	
电　话	0516-87565610 87739667		传　真	0516-87565610	
办公地址	江苏省徐州经济技术开发区驮蓝山路 26 号				
经营范围	从事工程机械及成套设备、专用汽车、建筑工程机械、矿山机械、环卫机械等				

主要财务指标 指标\报告期	2013.06.30	2012.12.31	2012.06.30	2011.12.31
基本每股收益(元)	0.4100	1.2000	0.7700	1.6400
基本每股收益(扣除)(元)	0.3700	1.0600	0.7600	1.6100
每股净资产(元)	8.8893	8.4513	7.8600	7.3400
每股经营现金净流量(元)	0.0700	-1.6839	-1.6177	-0.9840
每股现金流量(元)	-0.0804	-0.6715	-0.6192	-0.3864
每股资本公积金(元)	3.4405	3.2850	3.1200	3.1200
每股盈余公积金(元)	0.2894	0.2894	0.2563	0.2563
每股未分配利润(元)	4.1594	3.8769	3.4851	2.9643
净资产收益率(%)	4.6400	14.1474	9.7900	22.3130
加权净资产收益率(%)	4.7600	15.3000	9.9800	24.4500
净资产收益率(扣除)(%)	-	-	-	-
总资产(万元)	4857894.95	4535893.50	4092770.14	3471351.68
归属母公司股东权益(万元)	1833643.86	1743293.18	1621633.49	1514204.64
主营业务收入(万元)	1318705.27	3035687.98	1708090.15	3125690.98
营业收入(万元)	1370422.26	3213244.65	1796139.92	3297106.98
主营成本(万元)	1028112.98	2361319.25	1346183.78	2466036.83
营业成本(万元)	1069096.56	2514346.29	1421645.50	2615184.30
投资收益(万元)	561.06	325.74	-23.64	99.92
净利润(万元)	88666.03	246577.86	158987.13	337859.53
利润总额(万元)	104319.05	281940.21	184798.12	394814.72

内蒙古兴业矿业股份有限公司

公司概况					
公司名称	内蒙古兴业矿业股份有限公司			证券简称	兴业矿业
法人代表	吉兴业	董秘	孙凯	证券代码	000426
公司网址	www.nmxyky.com		电子信箱	nmxyky@vip.sina.com	
电　话	0476-8833387		传　真	0476-8833383	
办公地址	内蒙古自治区赤峰市新城区玉龙大街兴业大厦				
经营范围	有色金属采选、冶炼、加工、销售等				

主要财务指标 指标\报告期	2013.06.30	2012.12.31	2012.06.30	2011.12.31
基本每股收益(元)	0.1170	0.2960	0.1967	0.4458
基本每股收益(扣除)(元)	0.1172	0.2994	0.2100	-0.1600
每股净资产(元)	3.9733	3.8509	3.7700	3.9400
每股经营现金净流量(元)	-0.0685	0.3436	0.1339	0.2644
每股现金流量(元)	0.0281	-0.5364	-0.3119	0.3947
每股资本公积金(元)	1.5308	1.5308	1.5308	1.7611
每股盈余公积金(元)	0.2241	0.2241	0.2004	0.2306
每股未分配利润(元)	1.1426	1.0490	0.9930	1.0608
净资产收益率(%)	3.2383	7.6874	5.7400	11.9400
加权净资产收益率(%)	3.2700	7.9800	5.8700	15.1900
净资产收益率(扣除)(%)	-	-	-	-
总资产(万元)	326671.07	332555.70	316063.42	314084.42
归属母公司股东权益(万元)	174008.26	168646.46	165034.91	156949.77
主营业务收入(万元)	44831.46	88400.13	47740.51	35709.36
营业收入(万元)	44859.52	88450.31	47766.98	38195.72
主营成本(万元)	24129.64	45719.45	23308.46	34661.45
营业成本(万元)	24154.28	45762.18	23330.44	36626.67
投资收益(万元)	1574.92	600.00	600.00	1991.26
净利润(万元)	4505.99	10585.00	8409.40	18582.93
利润总额(万元)	7614.52	15949.23	12418.69	18839.63

华天酒店集团股份有限公司

公司概况	公司名称	华天酒店集团股份有限公司			证券简称	华天酒店
	法人代表	陈纪明	董秘	吴莉萍	证券代码	000428
	公司网址	www.huatian-hotel.com		电子信箱	huatianzqb@163.com	
	电　　话	0731-84442888 80928		传　　真	0731-84449370 84442270	
	办公地址	长沙市芙蓉区解放东路300号华天大酒店贵宾楼五楼				
	经营范围	提供住宿、餐饮、洗衣、物业清洗服务、房地产开发、销售等				

	指标\报告期	2013.06.30	2012.12.31	2012.06.30	2011.12.31
主要财务指标	基本每股收益(元)	0.0870	0.1400	0.0540	0.1700
	基本每股收益(扣除)(元)	0.0873	0.0700	0.0524	0.1100
	每股净资产(元)	2.2220	2.1649	2.1560	2.2498
	每股经营现金净流量(元)	0.7070	0.5596	0.1556	0.6655
	每股现金流量(元)	-0.0637	-0.1826	-0.2961	0.1547
	每股资本公积金(元)	0.1623	0.1623	0.2734	0.3892
	每股盈余公积金(元)	0.0478	0.0478	0.0475	0.0475
	每股未分配利润(元)	1.0119	0.9548	0.8351	0.8131
	净资产收益率(%)	3.9188	6.5600	2.5100	7.5963
	加权净资产收益率(%)	3.9700	6.1200	2.4600	8.1200
	净资产收益率(扣除)(%)	-	-	-	-
	总资产(万元)	754838.32	671199.29	587023.68	559668.97
	归属母公司股东权益(万元)	159746.71	155643.29	154998.81	161743.57
	主营业务收入(万元)	90139.51	163947.75	77271.56	162778.16
	营业收入(万元)	90445.45	164512.69	77271.56	163480.31
	主营成本(万元)	36197.66	66292.65	32513.75	73676.97
	营业成本(万元)	36197.66	66292.65	32513.75	73690.67
	投资收益(万元)	40.22	37.00	54.04	5205.97
	净利润(万元)	6399.25	11642.43	4918.18	13849.74
	利润总额(万元)	9136.24	17456.81	6059.80	17663.62

广东省高速公路发展股份有限公司

公司概况	公司名称	广东省高速公路发展股份有限公司			证券简称	粤高速A
	法人代表	李希元	董秘	左江	证券代码	000429
	公司网址	www.gpedcl.com		电子信箱	fengxw2007@163.com	
	电　　话	020-29004609 29004522		传　　真	020-38787002	
	办公地址	广东省广州市天河区珠江新城珠江东路32号利通广场45,46层				
	经营范围	主营高速公路、等级公路、桥梁的建设施工、公路、桥梁的收费和养护管理等				

	指标\报告期	2013.06.30	2012.12.31	2012.06.30	2011.12.31
主要财务指标	基本每股收益(元)	0.0500	0.1400	0.1300	0.1700
	基本每股收益(扣除)(元)	0.0500	0.1500	0.1300	0.2300
	每股净资产(元)	3.3610	3.3958	3.3400	3.2700
	每股经营现金净流量(元	0.2638	0.4941	0.2579	0.4934
	每股现金流量(元)	0.1643	-0.1754	0.1928	0.6047
	每股资本公积金(元)	1.3526	1.3831	1.3430	1.3507
	每股盈余公积金(元)	0.1628	0.1628	0.1523	0.1523
	每股未分配利润(元)	0.8456	0.8498	0.8457	0.7705
	净资产收益率(%)	1.3635	4.1180	3.7500	5.2680
	加权净资产收益率(%)	1.3500	4.2000	3.7700	5.1800
	净资产收益率(扣除)(%)	-	-	-	-
	总资产(万元)	1314641.85	1315456.55	1252819.66	1180242.72
	归属母公司股东权益(万元)	422521.60	426886.00	420015.38	411512.61
	主营业务收入(万元)	61935.09	108612.20	53906.94	106879.51
	营业收入(万元)	62997.56	110571.68	54424.92	107804.27
	主营成本(万元)	39946.45	64254.07	27337.13	62614.06
	营业成本(万元)	40343.56	64911.38	27607.24	62938.16
	投资收益(万元)	17103.69	33897.27	19597.99	34614.92
	净利润(万元)	6399.85	20118.74	18221.39	22387.32
	利润总额(万元)	7959.29	23338.38	21480.44	24630.45

张家界旅游集团股份有限公司

公司概况	公司名称	张家界旅游集团股份有限公司			证券简称	张家界
	法人代表	袁祖荣	董秘	朱洪武	证券代码	000430
	公司网址	www.zjjgf.com.cn		电子信箱	000430wuyan@sina.cn	
	电　　话	0744-8288630 8288117		传　　真	0744-8353597	
	办公地址	湖南省张家界市南庄路3号张家界海关大楼四楼				
	经营范围	旅游资源开发、旅游基础设施建设、旅游配套服务、与旅游有关的高科技开发等				

	指标\报告期	2013.06.30	2012.12.31	2012.06.30	2011.12.31
主要财务指标	基本每股收益(元)	0.0331	0.3154	0.1010	0.2794
	基本每股收益(扣除)(元)	0.0319	0.3080	0.0946	0.2976
	每股净资产(元)	1.2191	1.1940	0.9779	0.8700
	每股经营现金净流量(元)	0.0259	0.3878	0.0994	0.4197
	每股现金流量(元)	0.0217	-0.0376	-0.1114	0.0046
	每股资本公积金(元)	0.3015	0.3015	0.3015	0.3015
	每股盈余公积金(元)	0.0780	0.0780	0.0780	0.0780
	每股未分配利润(元)	-0.1609	-0.1940	-0.4084	-0.5094
	净资产收益率(%)	2.7168	26.4171	10.3300	31.9695
	加权净资产收益率(%)	2.7500	30.5000	10.9100	38.0600
	净资产收益率(扣除)(%)	-	-	-	-
	总资产(万元)	57093.70	51300.68	47714.02	44796.82
	归属母公司股东权益(万元)	39114.09	38307.66	31375.52	28041.71
	主营业务收入(万元)	20295.48	68232.05	23659.90	55439.26
	营业收入(万元)	20538.58	68249.97	23666.00	55704.98
	主营成本(万元)	14524.14	45475.06	15207.95	33690.09
	营业成本(万元)	14524.14	45475.06	15208.99	33691.84
	投资收益(万元)	-	-	-	19.75
	净利润(万元)	1062.91	10130.11	3228.89	8956.53
	利润总额(万元)	1769.03	13669.51	4576.22	12229.54

山东晨鸣纸业集团股份有限公司

公司概况	公司名称	山东晨鸣纸业集团股份有限公司			证券简称	晨鸣纸业
	法人代表	陈洪国	董秘	王春方	证券代码	000488
	公司网址	www.chenmingpaper.com		电子信箱	chenmmingpaper@163.com	
	电　　话	0536-2158008 2158168		传　　真	0536-2158977	
	办公地址	山东省寿光市农圣东街2199号				
	经营范围	机制纸及板纸和造纸原料、造纸机械、电力、热力的生产与销售等				

	指标\报告期	2013.06.30	2012.12.31	2012.06.30	2011.12.31
主要财务指标	基本每股收益(元)	0.1600	0.1100	0.0500	0.2900
	基本每股收益(扣除)(元)	0.0700	-0.0800	-0.0500	0.1400
	每股净资产(元)	6.9300	6.6727	6.4600	6.5600
	每股经营现金净流量(元)	0.4398	0.9490	0.3206	-0.2121
	每股现金流量(元)	-0.3612	0.0129	0.1320	0.2240
	每股资本公积金(元)	3.0957	3.1109	2.9574	2.9574
	每股盈余公积金(元)	0.5490	0.5490	0.5490	0.5490
	每股未分配利润(元)	2.1165	2.0123	1.9508	2.0551
	净资产收益率(%)	2.4362	1.6064	0.7100	4.4960
	加权净资产收益率(%)	2.4000	1.6300	0.7000	4.5000
	净资产收益率(扣除)(%)	-	-	-	-
	总资产(万元)	4751126.21	4772542.19	4685634.58	4563082.90
	归属母公司股东权益(万元)	1368570.13	1375949.62	1331340.80	1352862.23
	主营业务收入(万元)	982907.50	1941838.54	986270.94	1753545.23
	营业收入(万元)	1002790.14	1976167.92	996445.15	1774748.99
	主营成本(万元)	812953.71	1642279.28	844457.69	1485134.25
	营业成本(万元)	825134.98	1669376.83	850051.29	1493115.32
	投资收益(万元)	518.32	-3552.50	-271.65	787.14
	净利润(万元)	31121.04	4668.63	2538.57	58872.68
	利润总额(万元)	39408.16	-1614.00	1251.88	69898.99

山东高速路桥集团股份有限公司

公司概况	公司名称	山东高速路桥集团股份有限公司			证券简称	山东路桥
	法人代表	于少明	董秘	张虹	证券代码	000498
	公司网址	www.sdluqiao.com		电子信箱	sdlq000498@163.com	
	电　话	0531-87069908		传　真	0531-87069902	
	办公地址	山东省济南市经五路330号				
	经营范围	公路,桥梁工程,隧道工程,市政工程,建筑工程,交通工程,港口与航道工程等				

主要财务指标	指标\报告期	2013.06.30	2012.12.31	2012.06.30	2011.12.31
	基本每股收益(元)	0.0980	0.3234	0.0627	0.2398
	基本每股收益(扣除)(元)	–	0.2012	–0.0131	–0.0051
	每股净资产(元)	1.9096	1.8043	0.0040	1.6813
	每股经营现金净流量(元)	–0.1739	–0.6833	–1.2398	–2.2989
	每股现金流量(元)	–0.2729	–0.1950	0.9395	–0.0135
	每股资本公积金(元)	–0.3350	–0.3350	1.3729	0.1809
	每股盈余公积金(元)	0.0635	0.0635	0.0829	0.1280
	每股未分配利润(元)	0.7651	0.6671	–2.4456	1.2035
	净资产收益率(%)	5.1308	11.4598	1556.0231	9.3347
	加权净资产收益率(%)	5.2900	12.4400	3.9200	12.6800
	净资产收益率(扣除)(%)	–	–	–	–
	总资产(万元)	851401.43	884469.19	452.63	816313.94
	归属母公司股东权益(万元)	213896.33	202103.32	451.29	174559.21
	主营业务收入(万元)	222398.92	–	243087.19	–
	营业收入(万元)	231958.50	655441.35	249763.97	733208.02
	主营成本(万元)	191483.78	–	214691.91	–
	营业成本(万元)	199550.08	564523.19	–	649356.00
	投资收益(万元)	–	–	–	–
	净利润(万元)	10974.81	23221.47	7026.18	16270.08
	利润总额(万元)	14454.65	32116.68	9744.84	22036.10

武汉武商集团股份有限公司

公司概况	公司名称	武汉武商集团股份有限公司			证券简称	鄂武商A
	法人代表	刘江超	董秘	李轩	证券代码	000501
	公司网址	www.wushang.com.cn		电子信箱	xuanl528@163.com	
	电　话	027-85714295		传　真	027-85714011	
	办公地址	湖北省武汉市江汉区解放大道690号				
	经营范围	百货、五金、交电、家具、其他食品、针纺织品、日用杂品、酒等				

主要财务指标	指标\报告期	2013.06.30	2012.12.31	2012.06.30	2011.12.31
	基本每股收益(元)	0.5300	0.7900	0.4800	0.6500
	基本每股收益(扣除)(元)	0.5300	0.7900	0.4600	0.6500
	每股净资产(元)	5.3218	4.7917	4.4700	4.0200
	每股经营现金净流量(元)	1.1247	4.2683	1.1702	3.6333
	每股现金流量(元)	–1.0217	–0.2043	–0.3106	0.5787
	每股资本公积金(元)	1.0534	1.0535	1.0534	1.0771
	每股盈余公积金(元)	–	0.5879	0.4777	0.4777
	每股未分配利润(元)	–	2.1502	1.9425	1.4671
	净资产收益率(%)	9.9640	16.5563	10.6300	16.2390
	加权净资产收益率(%)	10.4900	18.0000	11.1900	17.6700
	净资产收益率(扣除)(%)	–	–	–	–
	总资产(万元)	1062456.05	1103855.50	969709.70	969500.30
	归属母公司股东权益(万元)	269947.10	243057.29	226922.23	204009.29
	主营业务收入(万元)	826948.20	1422641.17	704641.29	1218203.61
	营业收入(万元)	853119.38	1490150.63	736498.56	1273384.99
	主营成本(万元)	678704.48	1181892.90	582673.04	–
	营业成本(万元)	683299.60	1186463.88	584790.92	1016005.07
	投资收益(万元)	921.77	92.74	14.68	–165.47
	净利润(万元)	34515.29	52058.15	30981.42	44537.77
	利润总额(万元)	46484.49	73079.36	41413.79	60359.18

绿景控股股份有限公司

公司概况	公司名称	绿景控股股份有限公司			证券简称	绿景控股
	法人代表	余斌	董秘	王斌	证券代码	000502
	公司网址	www.000502.cn		电子信箱	yaoyao920628@yahoo.com.cn	
	电　话	020-22082999 22082969		传　真	020-22082922	
	办公地址	广东省广州市天河区林和中路8号海航大厦35楼				
	经营范围	房地产开发经营、室内外装饰装修工程、花木园林工程设计等				

主要财务指标	指标\报告期	2013.06.30	2012.12.31	2012.06.30	2011.12.31
	基本每股收益(元)	–0.0242	–0.0600	–0.0246	0.1400
	基本每股收益(扣除)(元)	–0.0335	–0.0800	–0.0352	0.1400
	每股净资产(元)	1.0233	1.0475	1.0800	1.1100
	每股经营现金净流量(元)	–0.0086	–0.7047	–0.2878	0.1596
	每股现金流量(元)	–0.0088	–0.7200	–0.2477	–0.2192
	每股资本公积金(元)	0.1233	0.1233	0.1233	0.1233
	每股盈余公积金(元)	0.0373	0.0373	0.0373	0.0373
	每股未分配利润(元)	–0.1373	–0.1131	–0.0758	–0.0513
	净资产收益率(%)	–2.3637	–5.9000	–2.2649	12.4680
	加权净资产收益率(%)	–2.3400	–5.7300	–2.2400	13.3000
	净资产收益率(扣除)(%)	–	–	–	–
	总资产(万元)	29772.11	30013.92	39182.70	45194.20
	归属母公司股东权益(万元)	18912.80	19359.85	20048.69	20502.78
	主营业务收入(万元)	851.95	3324.98	1522.45	62503.08
	营业收入(万元)	851.95	3338.93	1522.45	62515.71
	主营成本(万元)	556.10	1988.57	534.23	45765.88
	营业成本(万元)	556.10	1988.58	534.23	45765.88
	投资收益(万元)	169.99	342.80	170.93	146.51
	净利润(万元)	–402.25	–1137.56	–395.67	3674.48
	利润总额(万元)	–328.22	–945.61	–313.49	6058.35

海虹企业(控股)股份有限公司

公司概况	公司名称	海虹企业(控股)股份有限公司			证券简称	海虹控股
	法人代表	康健	董秘	肖琴	证券代码	000503
	公司网址	www.searainbow.com		电子信箱	ir@searainbow.com	
	电　话	0898-68510496 010-64424355		传　真	0898-68510469 68510669	
	办公地址	海南省海口市文华路18号文华大酒店七层				
	经营范围	主要集中在医药、以联众游戏为代表的数字娱乐、高科技化纤等业务				

主要财务指标	指标\报告期	2013.06.30	2012.12.31	2012.06.30	2011.12.31
	基本每股收益(元)	0.0080	0.0268	0.0115	0.0200
	基本每股收益(扣除)(元)	–0.0106	–0.0138	–0.0053	–0.0933
	每股净资产(元)	1.4070	1.4183	1.3614	1.3717
	每股经营现金净流量(元)	–0.0349	0.0733	–0.0038	0.0805
	每股现金流量(元)	–0.0644	0.1852	–0.0060	0.0104
	每股资本公积金(元)	–0.0130	0.0074	–0.0362	–0.0122
	每股盈余公积金(元)	0.0038	0.0038	0.0038	0.0038
	每股未分配利润(元)	0.5746	0.5666	0.5512	0.5398
	净资产收益率(%)	0.5694	1.8900	0.8429	1.4600
	加权净资产收益率(%)	0.5600	1.9400	0.8331	1.4000
	净资产收益率(扣除)(%)	–	–	–	–
	总资产(万元)	141358.83	147846.50	138266.44	141966.21
	归属母公司股东权益(万元)	126463.65	127481.92	122365.83	123290.98
	主营业务收入(万元)	11274.30	19287.68	8006.39	16279.04
	营业收入(万元)	11274.30	19293.68	8006.39	16285.04
	主营成本(万元)	3139.65	7012.88	2853.01	8768.37
	营业成本(万元)	3139.65	7019.42	2853.01	8774.91
	投资收益(万元)	947.48	1946.95	1232.23	8594.75
	净利润(万元)	595.11	2240.01	602.80	1900.83
	利润总额(万元)	919.19	3511.64	734.06	2026.95

北京赛迪传媒投资股份有限公司

公司概况	公司名称	北京赛迪传媒投资股份有限公司			证券简称	ST 传 媒
	法人代表	周江军	董秘	瞿佳	证券代码	000504
	公司网址	www.ccidmedia.com			电子信箱	zq000504@ccidmedia.com
	电　话	010-88558399 88558355			传　真	010-88558366
	办公地址	北京市海淀区紫竹院路 66 号赛迪大厦 17 层				
	经营范围	对高新技术企业资讯、媒体、文化传播项目投资管理、技术开发、技术咨询等				

	指标\报告期	2013.06.30	2012.12.31	2012.06.30	2011.12.31
主要财务指标	基本每股收益(元)	–0.0423	0.0040	–0.0027	–0.1000
	基本每股收益(扣除)(元)	–0.0427	–0.0400	–0.0090	–0.1000
	每股净资产(元)	0.3673	0.4096	0.4000	0.4100
	每股经营现金净流量(元)	–0.0123	–0.0137	–0.0107	–0.0100
	每股现金流量(元)	–0.0055	–0.0622	–0.0592	0.0373
	每股资本公积金(元)	0.1448	0.1448	0.1448	0.1448
	每股盈余公积金(元)	0.1109	0.1109	0.1109	0.1109
	每股未分配利润(元)	–0.8883	–0.8460	–0.8530	–0.8504
	净资产收益率(%)	–11.5207	1.0667	–0.6600	–23.6830
	加权净资产收益率(%)	–10.5500	1.0700	–0.6600	–21.1800
	净资产收益率(扣除)(%)	–	–	–	–
	总资产(万元)	21468.81	22839.21	26220.51	27647.26
	归属母公司股东权益(万元)	11444.27	12762.73	12543.33	12626.60
	主营业务收入(万元)	911.09	7472.77	3512.05	8878.01
	营业收入(万元)	1011.55	7681.66	3604.07	9089.30
	主营成本(万元)	1355.27	4684.04	2272.08	7034.75
	营业成本(万元)	1411.92	4787.69	2323.55	7170.67
	投资收益(万元)	–397.19	–	–	–195.92
	净利润(万元)	–1354.10	114.93	–78.53	–3075.45
	利润总额(万元)	–1354.10	113.70	–78.53	–3028.70

海南珠江控股股份有限公司

公司概况	公司名称	海南珠江控股股份有限公司			证券简称	*ST 珠 江
	法人代表	郑清	董秘	俞翠红	证券代码	000505
	公司网址				电子信箱	hnpearlriver@21cn.net
	电　话	0898-68581388 68581199			传　真	0898-68581026
	办公地址	海南省海口市滨海大道珠江广场帝豪大厦 29 楼				
	经营范围	工业投资、热带种植业、海产养殖、房地产开发经营、酒店投资与管理等				

	指标\报告期	2013.06.30	2012.12.31	2012.06.30	2011.12.31
主要财务指标	基本每股收益(元)	–0.1500	–0.3000	–0.0884	–0.1200
	基本每股收益(扣除)(元)	–0.1700	–0.3700	–0.1400	–0.1900
	每股净资产(元)	0.3379	0.5568	0.9076	0.8741
	每股经营现金净流量(元)	–0.1028	–0.1414	–0.0834	–0.1784
	每股现金流量(元)	–0.0233	0.0311	0.0271	–0.1965
	每股资本公积金(元)	1.1552	1.2231	1.3049	1.2430
	每股盈余公积金(元)	–	0.2566	0.2566	0.2566
	每股未分配利润(元)	–	–1.9228	–1.7139	–1.6255
	净资产收益率(%)	–44.6935	–53.3922	–9.7430	–13.2648
	加权净资产收益率(%)	–33.7600	–41.5500	–9.9300	–11.3700
	净资产收益率(扣除)(%)	–	–	–	–
	总资产(万元)	139881.61	142476.43	141911.07	131194.97
	归属母公司股东权益(万元)	14421.57	23762.56	38730.19	37300.47
	主营业务收入(万元)	10526.04	20036.02	10673.82	23078.66
	营业收入(万元)	10722.30	20401.51	10834.20	23314.56
	主营成本(万元)	7705.07	14695.25	7409.14	14616.71
	营业成本(万元)	7783.99	14846.66	7496.92	14735.65
	投资收益(万元)	255.65	2377.85	1811.33	–98.98
	净利润(万元)	–6578.05	–12697.18	–3708.20	–4921.84
	利润总额(万元)	–6560.50	–12520.92	–3530.50	–4198.38

中润资源投资股份有限公司

公司概况	公司名称	中润资源投资股份有限公司			证券简称	中润资源
	法人代表	李明吉	董秘	贺明	证券代码	000506
	公司网址	www.sdzr.com			电子信箱	zhongruntouzi@126.com
	电　话	0531-81665777			传　真	0531-81665888
	办公地址	山东省济南市经十路 13777 号中润世纪广场 17 栋				
	经营范围	矿产资源勘探与开发投资、矿产品加工与销售、公司股权投资				

	指标\报告期	2013.06.30	2012.12.31	2012.06.30	2011.12.31
主要财务指标	基本每股收益(元)	0.2382	0.4111	0.0664	0.2883
	基本每股收益(扣除)(元)	0.2383	0.4159	0.0798	0.2949
	每股净资产(元)	1.8291	1.9588	1.6336	1.5498
	每股经营现金净流量(元)	0.0715	0.2725	0.1609	–0.9190
	每股现金流量(元)	0.2803	–0.1256	–0.1221	–1.2939
	每股资本公积金(元)	0.0324	0.0389	0.0397	0.0397
	每股盈余公积金(元)	0.0619	0.0743	0.0446	0.0446
	每股未分配利润(元)	0.7356	0.8469	0.5500	0.4655
	净资产收益率(%)	13.0227	20.9868	4.8800	18.6030
	加权净资产收益率(%)	13.6500	23.4300	5.0100	20.5100
	净资产收益率(扣除)(%)	–	–	–	–
	总资产(万元)	313692.81	514784.07	539631.58	599589.88
	归属母公司股东权益(万元)	169922.17	151649.82	126473.73	119986.27
	主营业务收入(万元)	66852.10	106421.68	57654.47	129839.15
	营业收入(万元)	67168.51	107061.49	59277.12	132707.55
	主营成本(万元)	60159.78	71322.76	39621.67	68143.16
	营业成本(万元)	60328.41	71660.02	40285.18	69470.19
	投资收益(万元)	32585.45	26830.44	–	–
	净利润(万元)	21792.61	30822.06	5930.92	22280.03
	利润总额(万元)	25095.56	34877.64	8822.20	30837.69

珠海港股份有限公司

公司概况	公司名称	珠海港股份有限公司			证券简称	珠 海 港
	法人代表	欧辉生	董秘	薛楠	证券代码	000507
	公司网址	www.0507.com.cn			电子信箱	zhg916@yahoo.com.cn
	电　话	0756-3292216 3292215			传　真	0756-3321889
	办公地址	广东省珠海市情侣南路 278 号				
	经营范围	港口及其配套设施的项目投资、电力项目投资等				

	指标\报告期	2013.06.30	2012.12.31	2012.06.30	2011.12.31
主要财务指标	基本每股收益(元)	0.0187	0.2500	0.2499	0.4702
	基本每股收益(扣除)(元)	0.0101	0.2300	0.2622	0.7982
	每股净资产(元)	2.9978	3.0563	2.9856	4.9800
	每股经营现金净流量(元)	0.1152	0.0015	0.0656	0.7028
	每股现金流量(元)	0.5884	–0.5981	–0.3717	0.7120
	每股资本公积金(元)	0.9662	0.7025	0.6098	1.8977
	每股盈余公积金(元)	0.1704	0.2167	0.0975	0.1754
	每股未分配利润(元)	0.8612	1.1372	1.2783	1.9115
	净资产收益率(%)	0.5586	8.1798	9.1100	16.9795
	加权净资产收益率(%)	0.6500	8.7200	8.7200	17.3200
	净资产收益率(扣除)(%)	–	–	–	–
	总资产(万元)	389766.21	353829.46	349289.60	341578.10
	归属母公司股东权益(万元)	236687.64	189797.58	185403.03	171969.10
	主营业务收入(万元)	54606.25	64159.51	23345.62	44643.71
	营业收入(万元)	55131.84	65437.55	23735.37	45410.59
	主营成本(万元)	47679.64	52353.52	17459.54	37054.75
	营业成本(万元)	47832.49	52620.94	17562.97	37277.14
	投资收益(万元)	2301.93	21333.58	18603.31	33872.00
	净利润(万元)	1141.69	15186.63	16633.72	29469.62
	利润总额(万元)	1572.12	16083.52	16976.25	29803.67

华塑控股股份有限公司

公司概况

公司名称	华塑控股股份有限公司			证券简称	S*ST 华塑
法人代表	刘永华	董秘	郭宏杰	证券代码	000509
公司网址	www.000509.com			电子信箱	dm000509@163.com
电　话	028-85365657 13388198065			传　真	028-85365657
办公地址	四川省成都市武科东三路 9 号				
经营范围	计算机软件开发、生产、开发、生产、销售电子产品及元器件等				

主要财务指标

指标\报告期	2013.06.30	2012.12.31	2012.06.30	2011.12.31
基本每股收益(元)	-0.0980	-0.3438	0.0285	-0.4515
基本每股收益(扣除)(元)	-0.0980	-0.4532	-0.0830	-0.3733
每股净资产(元)	-0.8996	-0.8011	-0.4297	-0.4579
每股经营现金净流量(元)	-0.0911	0.1065	0.0186	-0.0232
每股现金流量(元)	0.0383	0.0158	-0.0111	-0.1813
每股资本公积金(元)	1.8709	1.8714	1.8705	1.8708
每股盈余公积金(元)	0.1156	0.1156	0.1156	0.1156
每股未分配利润(元)	-3.8861	-3.7881	-3.4157	-3.4443
净资产收益率(%)	-10.8969	-42.9157	-6.6440	-98.5990
加权净资产收益率(%)	–	–	–	–
净资产收益率(扣除)(%)	–	–	–	–
总资产(万元)	46451.91	45110.56	52589.07	50946.01
归属母公司股东权益(万元)	-22492.04	-20028.97	-10742.89	-11447.43
主营业务收入(万元)	11620.60	29512.03	15325.98	36075.65
营业收入(万元)	12127.38	30405.89	15669.09	36748.02
主营成本(万元)	11262.89	29510.14	14333.71	34130.94
营业成本(万元)	11529.74	30352.55	14482.26	34411.89
投资收益(万元)	–	21.43	–	-34.93
净利润(万元)	-2604.49	-9298.82	642.18	-12010.91
利润总额(万元)	-2604.49	-8988.39	646.75	-12037.58

四川金路集团股份有限公司

公司概况

公司名称	四川金路集团股份有限公司			证券简称	金路集团
法人代表	张昌德	董秘	刘邦洪	证券代码	000510
公司网址	www.jinlugroup.cn			电子信箱	lbh808@163.com
电　话	0838-2207936			传　真	0838-2207936
办公地址	四川省德阳市岷江西路二段 57 号金路大厦				
经营范围	生产销售 PVC 树脂、烧碱系列化工原料及其加工产品等				

主要财务指标

指标\报告期	2013.06.30	2012.12.31	2012.06.30	2011.12.31
基本每股收益(元)	-0.1293	0.0263	-0.1415	-0.1902
基本每股收益(扣除)(元)	-0.1399	-0.2934	-0.1466	-0.2182
每股净资产(元)	1.6064	1.7358	1.5587	1.7002
每股经营现金净流量(元)	-0.1305	0.1490	0.1499	-0.0097
每股现金流量(元)	-0.2443	-0.0367	0.0088	-0.5459
每股资本公积金(元)	0.0731	0.0731	0.0731	0.0731
每股盈余公积金(元)	0.1717	0.1717	0.1633	0.1633
每股未分配利润(元)	0.3509	0.4802	0.3208	0.4624
净资产收益率(%)	-8.0496	1.5126	-9.0800	-11.1878
加权净资产收益率(%)	-7.7400	1.5300	-8.6900	-10.6000
净资产收益率(扣除)(%)	–	–	–	–
总资产(万元)	207001.79	230127.27	228666.67	235407.95
归属母公司股东权益(万元)	97859.38	105739.65	94955.05	103575.79
主营业务收入(万元)	92703.99	214796.93	106473.06	256392.74
营业收入(万元)	93536.68	217266.51	107753.54	258714.81
主营成本(万元)	93437.94	211472.84	107726.26	248409.59
营业成本(万元)	94258.83	213309.47	108605.90	250549.59
投资收益(万元)	27.20	9038.05	2.64	559.26
净利润(万元)	-8528.34	432.29	-8837.76	-11587.42
利润总额(万元)	-8476.99	469.11	-8807.19	-11253.12

沈阳银基发展股份有限公司

公司概况

公司名称	沈阳银基发展股份有限公司			证券简称	银基发展
法人代表	刘成文	董秘	孙家庆	证券代码	000511
公司网址	www.iigdl.com			电子信箱	yjzq@ingin.com.cn
电　话	024-22903598			传　真	024-22921377
办公地址	辽宁省沈阳市沈河区青年大街 109 号				
经营范围	土地整理、房地产开发、物业管理、酒店投资经营等				

主要财务指标

指标\报告期	2013.06.30	2012.12.31	2012.06.30	2011.12.31
基本每股收益(元)	0.0100	0.0400	0.0100	0.0300
基本每股收益(扣除)(元)	0.0100	0.0300	0.0100	0.0200
每股净资产(元)	1.4115	1.4036	1.3800	1.3700
每股经营现金净流量(元)	-0.0687	0.2031	0.1814	-0.0527
每股现金流量(元)	-0.1435	0.1176	0.0833	-0.1982
每股资本公积金(元)	0.0281	0.0281	0.0281	0.0281
每股盈余公积金(元)	–	0.1079	0.1079	0.1079
每股未分配利润(元)	–	0.2676	0.2448	0.2308
净资产收益率(%)	0.5651	2.6195	1.0100	2.0880
加权净资产收益率(%)	0.5400	2.6500	1.0200	2.1100
净资产收益率(扣除)(%)	–	–	–	–
总资产(万元)	313744.05	384789.08	360396.45	350138.40
归属母公司股东权益(万元)	163008.07	162086.98	159456.27	157841.15
主营业务收入(万元)	28830.53	66065.30	18377.72	46417.73
营业收入(万元)	28830.53	66665.90	18377.72	47017.73
主营成本(万元)	23959.63	51770.77	13277.03	30862.81
营业成本(万元)	23959.63	52078.20	13277.03	31170.25
投资收益(万元)	587.81	382.80	604.40	608.71
净利润(万元)	888.08	4232.35	1613.37	3296.20
利润总额(万元)	1051.77	4240.24	2282.80	5120.09

丽珠医药集团股份有限公司

公司概况

公司名称	丽珠医药集团股份有限公司			证券简称	丽珠集团
法人代表	朱保国	董秘	李如才	证券代码	000513
公司网址	www.livzon.com.cn			电子信箱	lirucai2008@livzon.com.cn
电　话	0756-8135888			传　真	0756-8886002
办公地址	广东省珠海市拱北桂花北路 132 号丽珠大厦				
经营范围	医药产品的研发、生产及销售				

主要财务指标

指标\报告期	2013.06.30	2012.12.31	2012.06.30	2011.12.31
基本每股收益(元)	0.8800	1.4900	0.7700	1.2200
基本每股收益(扣除)(元)	0.8400	1.3400	0.7400	1.1600
每股净资产(元)	10.5417	10.1718	9.8900	9.6100
每股经营现金净流量(元)	0.6284	2.0085	1.1342	2.3948
每股现金流量(元)	0.7912	-0.8574	-1.8487	1.9873
每股资本公积金(元)	0.7387	0.7409	1.1783	1.1771
每股盈余公积金(元)	1.6580	1.6580	1.6205	1.6205
每股未分配利润(元)	7.2189	6.8421	6.1595	5.8861
净资产收益率(%)	8.3181	14.6832	7.8200	12.6400
加权净资产收益率(%)	8.2700	15.1700	7.8600	13.4100
净资产收益率(扣除)(%)	–	–	–	–
总资产(万元)	664398.05	563375.40	465933.31	460290.90
归属母公司股东权益(万元)	311742.03	300801.58	292477.83	284316.97
主营业务收入(万元)	215326.87	392349.68	187505.55	313634.01
营业收入(万元)	216226.18	394352.53	188499.72	316291.53
主营成本(万元)	80016.53	154990.39	74010.16	137739.44
营业成本(万元)	80883.91	156968.81	74875.24	139793.72
投资收益(万元)	308.70	413.66	173.15	-148.55
净利润(万元)	26967.56	47522.31	24673.19	38779.84
利润总额(万元)	32209.96	56031.27	29440.39	46315.12

重庆渝开发股份有限公司

公司概况	公司名称	重庆渝开发股份有限公司		证券简称	渝开发
	法人代表	徐平	董秘 谢勇彬	证券代码	000514
	公司网址	www.cqukf.com		电子信箱	xybfisher@sohu.com
	电话	023-63858883 63826995		传真	023-63826995
	办公地址	重庆市南岸区铜元局刘家花园96号			
	经营范围	房地产开发(壹级)、房屋销售及租赁、房地产信息咨询、城市基础设施等			

	指标\报告期	2013.06.30	2012.12.31	2012.06.30	2011.12.31
主要财务指标	基本每股收益(元)	0.0663	0.0770	0.0561	0.2088
	基本每股收益(扣除)(元)	0.0388	0.0200	0.0492	0.0742
	每股净资产(元)	3.0708	3.3250	3.3040	3.5800
	每股经营现金净流量(元)	0.5697	-0.6845	-0.1354	-1.0043
	每股现金流量(元)	0.1791	0.2344	0.2557	-0.8375
	每股资本公积金(元)	1.4058	1.6464	1.6464	1.7962
	每股盈余公积金(元)	0.0907	0.0997	0.0900	0.0990
	每股未分配利润(元)	0.5744	0.5789	0.5677	0.6827
	净资产收益率(%)	2.1588	2.3158	1.7000	6.4195
	加权净资产收益率(%)	2.1700	2.3400	1.7100	6.2700
	净资产收益率(扣除)(%)	-	-	-	-
	总资产(万元)	704882.66	676637.33	592474.30	525358.51
	归属母公司股东权益(万元)	259105.72	255046.22	253444.45	249501.21
	主营业务收入(万元)	29076.17	60825.30	18396.72	88596.22
	营业收入(万元)	29255.22	60825.30	18619.83	90045.18
	主营成本(万元)	19558.07	60501.59	8197.35	48603.00
	营业成本(万元)	19803.48	33915.19	8389.18	49232.26
	投资收益(万元)	2459.18	-56.96	405.72	11747.33
	净利润(万元)	5780.09	2956.97	2927.86	22457.03
	利润总额(万元)	6198.40	2598.16	2689.50	28205.09

西安开元投资集团股份有限公司

公司概况	公司名称	西安开元投资集团股份有限公司		证券简称	开元投资
	法人代表	王爱萍	董秘 管港	证券代码	000516
	公司网址	www.ky000516.com		电子信箱	kyig@ky000516.com
	电话	029-87217854		传真	029-87217705
	办公地址	陕西省西安市解放市场6号			
	经营范围	百货零售业与医疗服务等			

	指标\报告期	2013.06.30	2012.12.31	2012.06.30	2011.12.31
主要财务指标	基本每股收益(元)	0.1280	0.1600	0.1310	0.1800
	基本每股收益(扣除)(元)	-	0.1400	0.1070	0.1800
	每股净资产(元)	1.7514	1.6730	1.6500	1.5700
	每股经营现金净流量(元	0.0909	0.6800	0.1333	0.6563
	每股现金流量(元)	-0.0434	0.7565	0.0146	-0.3539
	每股资本公积金(元)	0.0733	0.0733	0.0733	0.0733
	每股盈余公积金(元)	0.1356	0.1356	0.1149	0.1149
	每股未分配利润(元)	0.5425	0.4641	0.4597	0.3792
	净资产收益率(%)	7.3309	9.3037	7.9200	11.3800
	加权净资产收益率(%)	7.3900	9.6300	8.0400	11.2400
	净资产收益率(扣除)(%)	-	-	-	-
	总资产(万元)	355980.84	363354.73	314902.90	314511.90
	归属母公司股东权益(万元)	124949.77	119356.96	117566.41	111819.49
	主营业务收入(万元)	183773.62	332755.73	176484.50	330748.48
	营业收入(万元)	187868.92	340264.32	180113.26	337812.96
	主营成本(万元)	152170.17	275208.29	146937.30	277404.52
	营业成本(万元)	152175.50	275222.10	146944.64	277418.81
	投资收益(万元)	440.88	1972.72	1875.57	505.18
	净利润(万元)	9159.68	11085.64	9314.01	12725.33
	利润总额(万元)	11433.43	15975.79	12113.87	18414.78

荣安地产股份有限公司

公司概况	公司名称	荣安地产股份有限公司		证券简称	荣安地产
	法人代表	王久芳	董秘 胡约翰	证券代码	000517
	公司网址	www.rongan.com.cn		电子信箱	stock@000517.com
	电话	0574-87312566		传真	0574-87310668
	办公地址	浙江省宁波市海曙区灵桥路513号天封大厦11楼、15楼、16楼			
	经营范围	房地产开发和经营等			

	指标\报告期	2013.06.30	2012.12.31	2012.06.30	2011.12.31
主要财务指标	基本每股收益(元)	0.1837	0.3998	0.0773	0.3814
	基本每股收益(扣除)(元)	0.1349	0.3456	0.0784	0.2756
	每股净资产(元)	2.8235	2.6398	2.2543	2.1769
	每股经营现金净流量(元)	0.8195	2.7132	1.2398	-0.4999
	每股现金流量(元)	-0.1362	-0.0738	0.3573	0.2669
	每股资本公积金(元)	0.0631	0.0631	-	-
	每股盈余公积金(元)	-	-	-	-
	每股未分配利润(元)	1.7604	1.5767	1.2543	1.1769
	净资产收益率(%)	6.5058	15.1439	3.4300	17.5190
	加权净资产收益率(%)	6.7200	16.7800	3.4900	19.2000
	净资产收益率(扣除)(%)	-	-	-	-
	总资产(万元)	903884.74	1072878.55	1102892.13	1032582.93
	归属母公司股东权益(万元)	299655.49	280160.41	239246.15	231037.38
	主营业务收入(万元)	248344.22	205570.24	50366.88	162616.96
	营业收入(万元)	248356.58	205605.45	50366.88	162740.71
	主营成本(万元)	195758.05	114769.46	23930.26	92305.04
	营业成本(万元)	195758.05	114769.68	23930.26	92377.94
	投资收益(万元)	59.26	10576.54	-18.51	-25.83
	净利润(万元)	19456.40	42427.15	8208.77	40475.05
	利润总额(万元)	24810.58	50321.32	10402.98	51986.65

江苏四环生物股份有限公司

公司概况	公司名称	江苏四环生物股份有限公司		证券简称	四环生物
	法人代表	孙国建	董秘 周扬	证券代码	000518
	公司网址	www.shsw000518.com		电子信箱	0518shsw@163.com
	电话	0510-86408558		传真	0510-86408558
	办公地址	江苏省无锡市江阴市滨江开发区定山路10号			
	经营范围	原料药、片剂、酒剂、注射剂及生物制品的制造、销售等			

	指标\报告期	2013.06.30	2012.12.31	2012.06.30	2011.12.31
主要财务指标	基本每股收益(元)	-0.0011	0.0098	0.0015	-0.0058
	基本每股收益(扣除)(元)	0.0020	-	0.0012	-0.0110
	每股净资产(元)	0.7233	0.7244	0.6915	0.6900
	每股经营现金净流量(元)	0.0251	0.0530	-0.0065	0.0195
	每股现金流量(元)	-0.0488	-0.0046	-0.0079	0.0643
	每股资本公积金(元)	0.0254	0.0254	0.0009	0.0009
	每股盈余公积金(元)	0.0368	0.0368	0.0368	0.0368
	每股未分配利润(元)	-0.3389	-0.3378	-0.3461	-0.3476
	净资产收益率(%)	-0.1587	1.3497	0.2100	-0.8393
	加权净资产收益率(%)	-0.1600	1.3900	0.2100	-0.8400
	净资产收益率(扣除)(%)	-	-	-	-
	总资产(万元)	92886.99	91285.33	98335.54	96993.62
	归属母公司股东权益(万元)	74464.24	74582.38	71195.09	71043.82
	主营业务收入(万元)	10675.26	25483.48	11300.43	23391.23
	营业收入(万元)	10757.20	26246.70	11509.54	24414.20
	主营成本(万元)	5235.12	13351.29	6017.22	12216.20
	营业成本(万元)	5263.15	13417.98	6023.43	12661.28
	投资收益(万元)	-	300.00	-	-544.13
	净利润(万元)	-394.76	1448.03	675.41	245.17
	利润总额(万元)	-126.91	2110.34	767.38	469.21

湖南江南红箭股份有限公司

公司概况	公司名称	湖南江南红箭股份有限公司			证券简称	江南红箭
	法人代表	齐振伟	董秘	熊尚荣	证券代码	000519
	公司网址	www.yhdle.com		电子信箱	jnhj0519@163.com	
	电　话	028-83068899 83068819		传　真	028-83068800	
	办公地址	四川省成都市新都区龙桥镇				
	经营范围	制造、销售拖内配件、汽车配件、摩托车配件、工矿机械配件等				

	指标\报告期	2013.06.30	2012.12.31	2012.06.30	2011.12.31
主要财务指标	基本每股收益(元)	–0.0300	0.0298	0.0180	–0.0579
	基本每股收益(扣除)(元)	–0.0300	–0.0406	–0.0190	–0.0492
	每股净资产(元)	1.7755	1.8058	1.7937	1.7760
	每股经营现金净流量(元)	–0.0882	0.0270	0.0670	–0.0984
	每股现金流量(元)	–0.0056	0.0284	0.0610	–0.0107
	每股资本公积金(元)	0.3369	0.3369	0.3369	0.3369
	每股盈余公积金(元)	0.2621	0.2621	0.2601	0.2601
	每股未分配利润(元)	0.1765	0.2067	0.1967	0.1790
	净资产收益率(%)	–1.7058	1.6512	0.9900	–3.2590
	加权净资产收益率(%)	–1.6900	1.6600	0.9800	–3.2100
	净资产收益率(扣除)(%)	–	–	–	–
	总资产(万元)	49280.88	47420.45	47711.38	47207.64
	归属母公司股东权益(万元)	33939.45	34518.38	34286.96	33948.42
	主营业务收入(万元)	14951.52	30040.31	15374.80	33876.85
	营业收入(万元)	15020.55	30204.66	15428.96	34809.56
	主营成本(万元)	12967.39	25367.55	13053.23	28269.08
	营业成本(万元)	12989.31	25450.25	13080.03	28997.02
	投资收益(万元)	–	787.70	787.70	–304.13
	净利润(万元)	–676.89	349.62	253.59	–1128.13
	利润总额(万元)	–685.46	519.60	258.81	–1270.63

长航凤凰股份有限公司

公司概况	公司名称	长航凤凰股份有限公司			证券简称	*ST 凤凰
	法人代表	朱宁	董秘	李嘉华	证券代码	000520
	公司网址	www.csc-hy.com.cn		电子信箱	csc-hy@tom.com	
	电　话	027-82763977 82763901		传　真	027-82763929	
	办公地址	湖北省武汉市汉口民权路 39 号汇江大厦 10 楼				
	经营范围	国际船舶普通货物运输、国内沿海、内河普通货船及集装箱班轮内支线运输等				

	指标\报告期	2013.06.30	2012.12.31	2012.06.30	2011.12.31
主要财务指标	基本每股收益(元)	–0.5092	–2.7859	–0.6617	–1.3085
	基本每股收益(扣除)(元)	–0.5318	–1.5041	–0.7592	–1.4951
	每股净资产(元)	–1.4877	–0.9719	–0.4655	0.1936
	每股经营现金净流量(元)	–0.0247	0.0554	–0.1736	0.0840
	每股现金流量(元)	–0.0517	–0.7751	–0.3879	0.0817
	每股资本公积金(元)	2.0685	2.0686	0.4469	0.4469
	每股盈余公积金(元)	–	0.2933	0.2933	0.2933
	每股未分配利润(元)	–	–4.2760	–2.1518	–1.4901
	净资产收益率(%)	–34.2304	–286.6377	–142.1645	–676.0060
	加权净资产收益率(%)	–	–	–	–148.4600
	净资产收益率(扣除)(%)	–	–	–	–
	总资产(万元)	493873.55	524594.04	897489.39	882349.82
	归属母公司股东权益(万元)	–100375.45	–65577.06	–31405.39	13059.79
	主营业务收入(万元)	70756.43	208187.83	109929.60	255294.69
	营业收入(万元)	75488.35	210809.04	110535.66	256028.68
	主营成本(万元)	87202.95	260881.26	132502.59	274030.96
	营业成本(万元)	91302.96	262276.75	132881.46	274591.25
	投资收益(万元)	192.64	3248.58	31.76	175.36
	净利润(万元)	–34356.40	–189538.25	–45413.63	–88272.51
	利润总额(万元)	–34289.73	–189492.24	–45403.73	–88138.58

合肥美菱股份有限公司

公司概况	公司名称	合肥美菱股份有限公司			证券简称	美菱电器
	法人代表	刘体斌	董秘	李霞	证券代码	000521
	公司网址	www.meiling.com		电子信箱	lixia@meiling.com	
	电　话	0551-2219021		传　真	0551-2219021	
	办公地址	安徽省合肥市经济技术开发区莲花路 2163 号				
	经营范围	制冷电器、空调器、洗衣机、电脑数控注塑机、电脑热水器、塑料制品等				

	指标\报告期	2013.06.30	2012.12.31	2012.06.30	2011.12.31
主要财务指标	基本每股收益(元)	0.1777	0.2517	0.1742	0.1396
	基本每股收益(扣除)(元)	–	0.2213	0.1754	0.1221
	每股净资产(元)	4.0473	3.8702	4.5700	4.3900
	每股经营现金净流量(元)	–0.1876	0.5494	–0.4094	–0.6523
	每股现金流量(元)	0.3341	0.3923	–0.3690	–0.9188
	每股资本公积金(元)	1.9409	1.9412	2.5297	2.5297
	每股盈余公积金(元)	0.4255	0.4255	0.4708	0.4708
	每股未分配利润(元)	0.6827	0.5051	0.5682	0.3940
	净资产收益率(%)	4.3898	6.5024	3.8100	3.8130
	加权净资产收益率(%)	4.4900	6.6700	3.8900	3.8500
	净资产收益率(扣除)(%)	–	–	–	–
	总资产(万元)	950851.63	788614.04	839516.20	760256.36
	归属母公司股东权益(万元)	309106.92	295578.77	290675.43	279631.74
	主营业务收入(万元)	570256.71	894498.79	513787.57	847857.79
	营业收入(万元)	595144.46	930687.82	531261.05	900400.27
	主营成本(万元)	429670.69	677216.90	388651.77	661835.49
	营业成本(万元)	452635.41	709409.33	404397.72	708722.88
	投资收益(万元)	75.13	–24.87	26.10	254.97
	净利润(万元)	13182.81	16117.74	11150.74	8903.69
	利润总额(万元)	16791.94	23225.54	12537.34	11234.13

广州市浪奇实业股份有限公司

公司概况	公司名称	广州市浪奇实业股份有限公司			证券简称	广州浪奇
	法人代表	胡守斌	董秘	陈建斌	证券代码	000523
	公司网址	www.lonkey.com.cn		电子信箱	dm@lonkey.com.cn	
	电　话	020-82162933 82161128		传　真	020-82162986	
	办公地址	广东省广州市天河区黄埔大道东 128 号				
	经营范围	“浪奇”、“高富力”和“维可倚”等品牌的洗涤用品和磺酸、精甘油、AES 等化工原料的开发、生产和销售				

	指标\报告期	2013.06.30	2012.12.31	2012.06.30	2011.12.31
主要财务指标	基本每股收益(元)	0.0250	0.0520	0.0250	0.0560
	基本每股收益(扣除)(元)	0.0240	0.0400	0.0210	0.0460
	每股净资产(元)	2.2985	2.2917	2.2600	2.2400
	每股经营现金净流量(元)	–0.0767	–0.0629	–0.0046	–0.1980
	每股现金流量(元)	–0.1877	–0.4964	–0.2458	0.7178
	每股资本公积金(元)	0.9960	0.9942	0.9927	0.9927
	每股盈余公积金(元)	0.0956	0.0956	0.0893	0.0893
	每股未分配利润(元)	0.2069	0.2019	0.1803	0.1556
	净资产收益率(%)	1.0885	2.2938	1.1000	2.2800
	加权净资产收益率(%)	1.1000	2.3200	1.1000	2.5200
	净资产收益率(扣除)(%)	–	–	–	–
	总资产(万元)	187505.29	184055.59	171865.02	151806.18
	归属母公司股东权益(万元)	102319.91	102017.50	100711.09	99611.60
	主营业务收入(万元)	175708.34	321734.82	149109.00	204074.23
	营业收入(万元)	176029.65	322250.16	149354.70	204585.55
	主营成本(万元)	165373.30	302472.22	141794.09	184416.86
	营业成本(万元)	165591.24	302981.77	142032.14	184672.14
	投资收益(万元)	–290.59	–632.39	–181.10	–85.07
	净利润(万元)	1118.72	2022.28	1020.99	1826.27
	利润总额(万元)	1354.37	2710.11	1370.79	2560.91

广州市东方宾馆股份有限公司

公司概况	公司名称	广州市东方宾馆股份有限公司		证券简称	东方宾馆
	法人代表	冯劲	董秘 郑定全	证券代码	000524
	公司网址	www.hoteldongfang.com		电子信箱	gzdongfanghotel@126.com
	电　话	020-86662791		传　真	020-86662791
	办公地址	广东省广州市流花路120号			
	经营范围	旅馆业、餐饮业、旅游业和场地出租等			

	指标\报告期	2013.06.30	2012.12.31	2012.06.30	2011.12.31
主要财务指标	基本每股收益(元)	0.0600	0.1100	0.0600	0.0800
	基本每股收益(扣除)(元)	0.0600	0.1100	0.0600	2.6600
	每股净资产(元)	2.2653	2.2589	2.2500	2.1900
	每股经营现金净流量(元)	0.0545	0.3320	0.1180	0.3022
	每股现金流量(元)	−0.4397	0.3011	0.1043	0.2375
	每股资本公积金(元)	1.0652	1.0870	1.1305	1.1373
	每股盈余公积金(元)	0.1018	0.1018	0.0951	0.0951
	每股未分配利润(元)	0.0984	0.0701	0.0253	−0.0380
	净资产收益率(%)	2.8352	5.0844	2.8100	3.4600
	加权净资产收益率(%)	2.8200	5.1600	2.8500	3.4300
	净资产收益率(扣除)(%)	–	–	–	–
	总资产(万元)	72383.89	74091.40	72232.75	71639.57
	归属母公司股东权益(万元)	61090.45	60915.46	60698.94	59175.90
	主营业务收入(万元)	15123.64	32878.58	15700.51	–
	营业收入(万元)	15123.64	32878.58	15700.51	31046.84
	主营成本(万元)	6754.25	15471.95	6979.67	–
	营业成本(万元)	6754.25	15471.95	6979.67	14242.20
	投资收益(万元)	352.95	298.67	192.51	93.35
	净利润(万元)	1732.02	3097.20	1706.51	2047.63
	利润总额(万元)	2275.04	4136.22	2253.57	2753.75

南京红太阳股份有限公司

公司概况	公司名称	南京红太阳股份有限公司		证券简称	红太阳
	法人代表	杨寿海	董秘 夏曙	证券代码	000525
	公司网址			电子信箱	redsunir@163.com
	电　话	025-84785833 84785866		传　真	025-84785828 87132166
	办公地址	江苏省南京市江宁区竹山南路589号			
	经营范围	农药、三药中间体及精细化工产品的生产、销售、技术咨询和服务等			

	指标\报告期	2013.06.30	2012.12.31	2012.06.30	2011.12.31
主要财务指标	基本每股收益(元)	0.3230	0.5720	0.2781	0.2040
	基本每股收益(扣除)(元	–	0.5600	0.2680	0.1720
	每股净资产(元)	6.2808	5.9572	5.6875	5.4219
	每股经营现金净流量(元)	0.6039	0.5742	0.1465	0.2166
	每股现金流量(元)	−0.0529	0.1840	0.3428	0.3475
	每股资本公积金(元)	3.9311	3.9311	3.9311	3.9311
	每股盈余公积金(元)	0.1756	0.1756	0.1624	0.1624
	每股未分配利润(元)	1.1412	0.8184	0.5374	0.2793
	净资产收益率(%)	5.1395	9.6075	4.8900	2.4980
	加权净资产收益率(%)	5.2800	10.0300	5.0100	5.5500
	净资产收益率(扣除)(%)	–	–	–	–
	总资产(万元)	926876.42	911559.01	833396.58	765343.39
	归属母公司股东权益(万元)	318589.32	302177.04	288494.32	275024.08
	主营业务收入(万元)	324447.13	708099.90	318714.30	575076.71
	营业收入(万元)	328822.97	717536.60	323588.53	578935.60
	主营成本(万元)	283073.97	633311.59	284618.40	538826.91
	营业成本(万元)	286121.64	641560.75	288163.75	542007.07
	投资收益(万元)	−110.06	202.35	172.44	154.54
	净利润(万元)	16430.38	29843.63	14630.22	7344.78
	利润总额(万元)	20843.02	36941.75	18158.16	9817.29

厦门银润投资股份有限公司

公司概况	公司名称	厦门银润投资股份有限公司		证券简称	银润投资
	法人代表	张浩	董秘 王寅	证券代码	000526
	公司网址			电子信箱	wangy@insightsh.com
	电　话	0592-5744065 021-62351655		传　真	0592-5652638 021-64019890
	办公地址	福建省厦门市湖里区寨上长乐路3号15层 上海市吴中路686弄3号楼D栋9楼			
	经营范围	对工业、商业、房地产业、文化行业的投资、房地产开发、经营等			

	指标\报告期	2013.06.30	2012.12.31	2012.06.30	2011.12.31
主要财务指标	基本每股收益(元)	−0.0041	0.0382	−0.0019	0.0463
	基本每股收益(扣除)(元)	–	−0.0261	−0.0019	0.0038
	每股净资产(元)	1.6717	1.6758	1.6360	1.6370
	每股经营现金净流量(元)	0.0027	−0.0604	−0.0445	−0.0004
	每股现金流量(元)	0.3909	−0.1596	−0.0473	0.1777
	每股资本公积金(元)	0.6036	0.6036	0.6036	0.6036
	每股盈余公积金(元)	0.0477	0.0477	0.0477	0.0477
	每股未分配利润(元)	0.0203	0.0245	−0.0158	−0.0139
	净资产收益率(%)	−0.2481	2.2881	−0.1200	2.8260
	加权净资产收益率(%)	−0.2500	2.3100	−0.1200	2.8000
	净资产收益率(扣除)(%)	–	–	–	–
	总资产(万元)	20297.42	20313.82	19824.20	19818.56
	归属母公司股东权益(万元)	16080.89	16120.79	15733.26	15751.92
	主营业务收入(万元)	509.03	820.64	488.94	898.05
	营业收入(万元)	509.03	6520.64	488.94	898.05
	主营成本(万元)	92.09	316.83	201.95	238.40
	营业成本(万元)	92.09	5190.44	201.95	238.40
	投资收益(万元)	–	−2.45	0.78	530.24
	净利润(万元)	−37.80	367.41	−18.66	445.13
	利润总额(万元)	7.67	515.97	−11.68	552.64

广东美的电器股份有限公司

公司概况	公司名称	广东美的电器股份有限公司		证券简称	美的电器
	法人代表	方洪波	董秘 江鹏	证券代码	000527
	公司网址	www.midea.com		电子信箱	ir@midea.com
	电　话	0757-26334559 26338779		传　真	0757-26651991
	办公地址	广东省佛山市顺德区美的大道6号美的总部大楼			
	经营范围	家用电器、电机、通信设备及其零配件的生产、制造和销售等			

	指标\报告期	2013.06.30	2012.12.31	2012.06.30	2011.12.31
主要财务指标	基本每股收益(元)	0.7700	1.0300	0.6200	1.1100
	基本每股收益(扣除)(元)	0.6600	1.0100	0.6000	0.9400
	每股净资产(元)	6.6685	–	6.0400	5.9100
	每股经营现金净流量(元)	1.3779	1.2725	0.1593	0.8743
	每股现金流量(元)	1.5406	0.4046	0.3665	1.4077
	每股资本公积金(元)	1.8635	1.8765	1.8015	1.8075
	每股盈余公积金(元)	0.3777	0.3092	0.3092	0.2487
	每股未分配利润(元)	3.4659	3.3649	2.9515	2.8448
	净资产收益率(%)	11.5395	15.7592	10.2200	18.4960
	加权净资产收益率(%)	11.6700	16.7300	10.3300	21.0800
	净资产收益率(扣除)(%)	–	–	–	–
	总资产(万元)	6648340.13	6089959.88	6523542.44	5955015.90
	归属母公司股东权益(万元	2256858.52	2206539.77	2042918.61	1999812.97
	主营业务收入(万元)	4310.12	6362898.38	3665796.37	8495658.37
	营业收入(万元)	4628724.93	6807120.06	3899002.23	9310805.83
	主营成本(万元)	3309.45	4865919.79	2873088.49	6794915.48
	营业成本(万元)	3588581.91	5254131.20	3072882.4[illegible]	7561877.92
	投资收益(万元)	21239.00	34809.57	18989.89	72231.23
	净利润(万元)	306865.82	412884.52	240242.84	454095.99
	利润总额(万元)	367778.00	507634.65	293299.03	556051.88

广西柳工机械股份有限公司

公司概况						
	公司名称	广西柳工机械股份有限公司			证券简称	柳　工
	法人代表	王晓华	董秘	王祖光	证券代码	000528
	公司网址	www.liugong.com		电子信箱	stock@liugong.com	
	电　　话	0772-3887266 3886510		传　　真	0772-3691147 3887266	
	办公地址	广西壮族自治区柳州市柳太路 1 号				
	经营范围	装载机、挖掘机、压路机、叉车、起重机、摊铺机、平地机、滑移装载机等				

主要财务指标	指标\报告期	2013.06.30	2012.12.31	2012.06.30	2011.12.31
	基本每股收益(元)	0.2300	0.2500	0.2800	1.1700
	基本每股收益(扣除)(元)	0.2100	0.1400	0.2400	1.1200
	每股净资产(元)	8.2069	8.2607	8.2500	8.2800
	每股经营现金净流量(元)	-0.4800	0.5132	1.1784	-1.7950
	每股现金流量(元)	-0.6640	0.3962	0.7698	-1.5625
	每股资本公积金(元)	3.1288	3.1288	3.1324	3.1324
	每股盈余公积金(元)	0.6275	0.6275	0.6275	0.6275
	每股未分配利润(元)	3.4851	3.5030	3.5311	3.5556
	净资产收益率(%)	2.8278	2.9946	3.3400	14.1850
	加权净资产收益率(%)	2.7800	3.0100	3.2900	14.9300
	净资产收益率(扣除)(%)	-	-	-	-
	总资产(万元)	2215143.34	2258392.48	2496293.03	2309455.45
	归属母公司股东权益(万元)	923479.32	929526.95	928543.23	931572.14
	主营业务收入(万元)	663250.16	1261392.65	736995.45	1784781.80
	营业收入(万元)	663658.25	1262966.66	739319.75	1787828.01
	主营成本(万元)	527684.51	1051968.46	615648.29	1445930.74
	营业成本(万元)	527958.53	1053138.54	617313.88	1447881.47
	投资收益(万元)	407.00	1697.63	2405.26	-1104.25
	净利润(万元)	26158.30	27880.86	31028.43	132603.30
	利润总额(万元)	34393.72	33807.55	38530.00	157949.76

广东广弘控股股份有限公司

公司概况						
	公司名称	广东广弘控股股份有限公司			证券简称	广弘控股
	法人代表	聂周荣	董秘	苏东明	证券代码	000529
	公司网址	www.ghkg000529.com		电子信箱	sdm@ghkg000529.com	
	电　　话	020-83603985 83603995		传　　真	020-83603989	
	办公地址	广东省广州市东风中路 437 号越秀城市广场南塔 19 楼				
	经营范围	食品冷藏设备的经营与管理、实业投资、资本运营管理、货物进出口等				

主要财务指标	指标\报告期	2013.06.30	2012.12.31	2012.06.30	2011.12.31
	基本每股收益(元)	0.0700	0.1100	0.0600	0.1200
	基本每股收益(扣除)(元)	0.0600	0.0800	0.0520	0.1000
	每股净资产(元)	1.4884	1.4209	1.3800	1.3160
	每股经营现金净流量(元)	-0.1472	0.0952	-0.0435	0.2037
	每股现金流量(元)	-0.2496	-0.1016	-0.0451	0.1366
	每股资本公积金(元)	0.9845	0.9845	0.9845	0.9845
	每股盈余公积金(元)	0.0648	0.0648	0.0648	0.0648
	每股未分配利润(元)	-0.5609	-0.6284	-0.6690	-0.7335
	净资产收益率(%)	4.5353	7.3929	4.7900	8.7948
	加权净资产收益率(%)	4.6400	7.6800	4.7900	9.1900
	净资产收益率(扣除)(%)	-	-	-	-
	总资产(万元)	117199.80	120548.99	114715.88	110727.49
	归属母公司股东权益(万元)	86893.02	82952.15	80585.72	76819.55
	主营业务收入(万元)	82932.80	155429.55	69751.29	136906.78
	营业收入(万元)	83686.44	156932.60	70462.26	138775.19
	主营成本(万元)	69611.36	135651.78	58552.24	117293.45
	营业成本(万元)	70214.01	136905.75	59152.79	118753.96
	投资收益(万元)	324.83	602.28	296.87	753.61
	净利润(万元)	4003.36	6171.93	3853.85	7011.28
	利润总额(万元)	5628.50	8993.92	5364.25	9379.75

大连冷冻机股份有限公司

公司概况						
	公司名称	大连冷冻机股份有限公司			证券简称	大冷股份
	法人代表	肖永勤	董秘	宋文宝	证券代码	000530
	公司网址	www.daleng.cn		电子信箱	000530@bingshan.com	
	电　　话	0411-86538130 86654530		传　　真	0411-86641470 86654530	
	办公地址	辽宁省大连市沙河口区西南路 888 号				
	经营范围	制冷设备及配套辅机、阀门、配件以及制冷工程所需配套产品的加工、制造				

主要财务指标	指标\报告期	2013.06.30	2012.12.31	2012.06.30	2011.12.31
	基本每股收益(元)	0.1900	0.3300	0.1900	0.2300
	基本每股收益(扣除)(元)	0.1800	0.3500	0.1800	0.0400
	每股净资产(元)	5.1979	5.1678	5.0300	5.0000
	每股经营现金净流量(元)	0.0107	-0.1910	-0.3647	0.4810
	每股现金流量(元)	-0.1274	-0.4436	-0.6836	0.5408
	每股资本公积金(元)	1.6710	1.6709	1.6766	1.6766
	每股盈余公积金(元)	1.4028	1.3418	1.3114	1.2728
	每股未分配利润(元)	1.1242	1.1550	1.0411	1.0470
	净资产收益率(%)	3.5794	6.4762	3.7700	4.6670
	加权净资产收益率(%)	3.6100	6.6300	3.8100	4.7100
	净资产收益率(扣除)(%)	-	-	-	-
	总资产(万元)	293835.40	293719.07	287413.72	305366.09
	归属母公司股东权益(万元)	181935.18	180880.07	176023.81	174882.21
	主营业务收入(万元)	78194.58	150036.99	83730.23	183469.63
	营业收入(万元)	79212.42	152197.93	85121.83	186325.35
	主营成本(万元)	61257.01	112558.24	66341.69	145161.69
	营业成本(万元)	62088.65	114814.57	67648.51	148088.81
	投资收益(万元)	4407.06	6848.77	4497.02	5280.75
	净利润(万元)	6708.50	12604.45	6882.41	9346.06
	利润总额(万元)	7159.71	13328.50	7245.65	13028.40

广州恒运企业集团股份有限公司

公司概况						
	公司名称	广州恒运企业集团股份有限公司			证券简称	穗恒运 A
	法人代表	郭晓光	董秘	张晖	证券代码	000531
	公司网址	www.hengyun.com.cn		电子信箱	zhanghui@hengyun.com.cn	
	电　　话	020-82068252		传　　真	020-82068252	
	办公地址	广东省广州开发区开发大道 235 号恒运大厦 6~6M 层				
	经营范围	电力、热力的生产和销售等				

主要财务指标	指标\报告期	2013.06.30	2012.12.31	2012.06.30	2011.12.31
	基本每股收益(元)	0.4476	0.8568	0.4526	0.2225
	基本每股收益(扣除)(元)	0.4558	0.8593	0.4504	0.2132
	每股净资产(元)	7.0087	6.6986	6.3000	5.7800
	每股经营现金净流量(元)	2.1032	4.9260	2.4607	2.1574
	每股现金流量(元)	0.9063	1.9209	2.3787	0.3876
	每股资本公积金(元)	3.6743	3.6317	3.6331	3.5669
	每股盈余公积金(元)	0.6268	0.6268	0.5883	0.5883
	每股未分配利润(元)	1.7077	1.4401	1.0744	0.6218
	净资产收益率(%)	6.3864	12.7910	7.1900	3.5670
	加权净资产收益率(%)	6.4400	13.7200	7.5200	3.9700
	净资产收益率(扣除)(%)	-	-	-	-
	总资产(万元)	833230.18	789624.89	749768.95	649381.14
	归属母公司股东权益(万元)	240078.30	229454.37	215654.11	197885.51
	主营业务收入(万元)	133342.85	309325.92	163615.50	328073.05
	营业收入(万元)	136606.56	314395.54	166040.98	333467.23
	主营成本(万元)	96668.45	238761.99	128557.31	278887.84
	营业成本(万元)	98489.99	241405.62	129557.24	280660.11
	投资收益(万元)	1398.76	7485.23	3993.49	-1452.48
	净利润(万元)	15355.42	29464.06	15874.77	10544.95
	利润总额(万元)	21602.41	39711.36	21142.79	17449.67

力合股份有限公司

公司概况	公司名称	力合股份有限公司		证券简称	力合股份
	法人代表	李东义	董秘 曹海霞	证券代码	000532
	公司网址	www.chinalihe.com		电子信箱	cs@chinalihe.com
	电　话	0756-3612833 3612810		传　真	0756-3612812
	办公地址	广东省珠海市香洲区唐家湾镇唐家大学路101号清华科技园创业大楼第六层东楼			
	经营范围	微电子、电力电子、环境保护产品的开发、生产及销售等			

主要财务指标	指标＼报告期	2013.06.30	2012.12.31	2012.06.30	2011.12.31
	基本每股收益(元)	0.0720	0.1233	0.0340	0.0763
	基本每股收益(扣除)(元)	0.0160	0.0221	0.0100	0.0247
	每股净资产(元)	1.8868	1.8744	1.8000	1.8500
	每股经营现金净流量(元)	0.0564	0.0916	0.0058	0.0168
	每股现金流量(元)	-0.0816	-0.2957	-0.1867	0.0963
	每股资本公积金(元)	0.2068	0.2268	0.2415	0.2650
	每股盈余公积金(元)	0.1161	0.1161	0.1007	0.1007
	每股未分配利润(元)	0.5640	0.5315	0.4575	0.4836
	净资产收益率(%)	3.8402	6.5799	1.8900	4.3160
	加权净资产收益率(%)	3.7900	6.6200	1.8200	3.7800
	净资产收益率(扣除)(%)	-	-	-	-
	总资产(万元)	99878.56	96694.71	97149.88	101728.01
	归属母公司股东权益(万元)	65041.03	64611.15	62038.67	63745.03
	主营业务收入(万元)	9476.57	19660.61	10164.00	21005.69
	营业收入(万元)	9591.45	20295.24	10446.89	21394.41
	主营成本(万元)	5876.98	13389.53	7065.60	14175.75
	营业成本(万元)	5887.95	13419.03	7030.29	14236.36
	投资收益(万元)	3698.53	5444.03	1411.87	3959.33
	净利润(万元)	3581.91	6087.32	1713.43	3993.65
	利润总额(万元)	4861.35	7411.80	2192.08	5223.20

广东万家乐股份有限公司

公司概况	公司名称	广东万家乐股份有限公司		证券简称	万家乐
	法人代表	李智	董秘 刘永霖	证券代码	000533
	公司网址	www.macro.com.cn		电子信箱	macro@macro.com.cn
	电　话	0757-22321218 22321232		传　真	0757-22321200 22321237
	办公地址	广东省佛山市顺德区大良街道顺峰山工业区			
	经营范围	燃气用具、家用电器、机电产品、塑料机械设备、纸类包装印刷品等			

主要财务指标	指标＼报告期	2013.06.30	2012.12.31	2012.06.30	2011.12.31
	基本每股收益(元)	0.0900	0.1071	0.0600	0.1017
	基本每股收益(扣除)(元)	0.0510	0.0800	0.0460	-0.0102
	每股净资产(元)	1.6083	1.5201	1.5200	1.4600
	每股经营现金净流量(元)	-0.0201	0.0313	-0.1056	-0.0822
	每股现金流量(元)	-0.0997	0.0821	-0.0377	-0.1836
	每股资本公积金(元)	0.0844	0.0844	0.0844	0.0844
	每股盈余公积金(元)	0.1145	0.1145	0.1145	0.0894
	每股未分配利润(元)	0.4095	0.3213	0.3194	0.2893
	净资产收益率(%)	5.4842	7.0448	3.6300	6.9510
	加权净资产收益率(%)	5.6400	7.2100	3.7000	7.1000
	净资产收益率(扣除)(%	-	-	-	-
	总资产(万元)	226988.28	241706.22	224066.19	221092.51
	归属母公司股东权益(万元)	111105.43	105012.20	104879.66	101068.41
	主营业务收入(万元)	111954.94	193709.33	94221.48	183346.04
	营业收入(万元)	113050.09	197395.78	95314.90	202252.23
	主营成本(万元)	79690.39	143205.12	70788.20	146556.72
	营业成本(万元)	80548.32	146444.60	72064.73	153364.13
	投资收益(万元)	3083.44	6199.80	2694.63	844.14
	净利润(万元)	5934.51	7561.75	3817.35	7038.09
	利润总额(万元)	7175.42	9412.42	4653.21	5582.29

广东万泽实业股份有限公司

公司概况	公司名称	广东万泽实业股份有限公司		证券简称	万泽股份
	法人代表	林伟光	董秘 黄曼华	证券代码	000534
	公司网址			电子信箱	wzgf0534@163.com
	电　话	0754-88857191 88857179		传　真	0754-88857199 88857179
	办公地址	广东省汕头市珠池路23号光明大厦B幢9楼			
	经营范围	电力供应、蒸汽热供应、投资建设电厂、电站等、机械部件零售等			

主要财务指标	指标＼报告期	2013.06.30	2012.12.31	2012.06.30	2011.12.31
	基本每股收益(元)	0.0454	0.2700	0.0666	0.0500
	基本每股收益(扣除)(元)	0.0373	0.2500	0.0564	-0.0100
	每股净资产(元)	2.3292	2.3169	2.1000	2.2100
	每股经营现金净流量(元)	0.0480	0.4733	-0.2784	-0.0054
	每股现金流量(元)	0.2341	0.0819	0.1148	-0.5059
	每股资本公积金(元)	0.7307	0.7137	0.7344	0.5398
	每股盈余公积金(元)	0.1543	0.1543	0.1551	0.2953
	每股未分配利润(元)	0.4442	0.4488	0.2084	0.3752
	净资产收益率(%)	1.9475	11.4194	2.9200	2.1610
	加权净资产收益率(%)	1.9400	12.4200	3.1200	2.1200
	净资产收益率(扣除)(%)	-	-	-	-
	总资产(万元)	339159.41	297632.67	272328.79	133203.00
	归属母公司股东权益(万元)	115657.14	115044.89	101892.73	56387.15
	主营业务收入(万元)	25215.28	63115.58	21560.35	19369.96
	营业收入(万元)	25418.28	63659.05	21875.57	19920.91
	主营成本(万元)	11434.57	31225.15	10805.40	13548.65
	营业成本(万元)	11515.63	31386.13	10894.31	13772.33
	投资收益(万元)	-905.59	-581.48	-328.49	-570.44
	净利润(万元)	2252.45	13148.53	2976.87	1465.12
	利润总额(万元)	4258.22	19101.63	4513.35	2571.42

华映科技(集团)股份有限公司

公司概况	公司名称	华映科技(集团)股份有限公司		证券简称	华映科技
	法人代表	唐远生	董秘 陈伟	证券代码	000536
	公司网址	www.cpttg.com		电子信箱	gw@cptf.com.cn
	电　话	0591-88022590		传　真	0591-88022061
	办公地址	福建省福州市马尾区儒江西路6号1#楼三、四层			
	经营范围	电机制造、机电产品的贸易、金属材料的经营等			

主要财务指标	指标＼报告期	2013.06.30	2012.12.31	2012.06.30	2011.12.31
	基本每股收益(元)	0.2670	0.3941	0.1934	0.4950
	基本每股收益(扣除)(元)	0.2617	0.3044	0.1802	0.4658
	每股净资产(元)	3.5289	3.6386	3.4378	3.7644
	每股经营现金净流量(元)	0.2754	0.7102	0.2887	1.1527
	每股现金流量(元)	-0.2759	0.4029	-0.4088	-0.7754
	每股资本公积金(元)	0.9764	0.9730	0.9730	0.9730
	每股盈余公积金(元)	0.3471	0.3471	0.3097	0.3097
	每股未分配利润(元)	1.2054	1.3184	1.1551	1.4817
	净资产收益率(%)	7.5659	10.8311	5.6300	13.1490
	加权净资产收益率(%)	7.3200	11.0300	5.3700	13.5900
	净资产收益率(扣除)(%	-	-	-	-
	总资产(万元)	669886.75	578990.99	452467.43	455208.96
	归属母公司股东权益(万元)	247196.32	254878.80	240817.40	263693.21
	主营业务收入(万元)	134094.95	180686.36	67394.32	217017.68
	营业收入(万元)	134804.99	182238.99	68143.80	218253.79
	主营成本(万元)	86047.84	116689.68	34576.84	139825.82
	营业成本(万元)	86095.84	117204.50	34780.09	140197.37
	投资收益(万元)	3439.94	3543.19	1408.41	1718.13
	净利润(万元)	25560.58	36158.58	18375.43	46108.11
	利润总额(万元)	32886.91	43941.14	22502.81	56727.90

天津广宇发展股份有限公司

公司概况	公司名称	天津广宇发展股份有限公司			证券简称	广宇发展
	法人代表	王志华	董秘	韩玉卫	证券代码	000537
	公司网址	www.tjgy.sdln.sgcc.com.cn		电子信箱	tjgyfz@163.com	
	电　话	022-58921183　58921176		传　真	022-58921188	
	办公地址	天津市南开区霞光道 1 号宁泰广场 15 层 03-04 单元				
	经营范围	房地产开发及商品房销售、对住宿酒店及餐饮酒店投资等				

	指标\报告期	2013.06.30	2012.12.31	2012.06.30	2011.12.31
主要财务指标	基本每股收益(元)	0.3400	0.5500	0.3400	0.5500
	基本每股收益(扣除)(元)	0.3300	0.5500	0.3400	0.5300
	每股净资产(元)	2.6191	2.2790	2.0800	1.7300
	每股经营现金净流量(元)	0.7183	1.5024	0.7434	0.7127
	每股现金流量(元)	0.5382	1.0042	0.5451	0.1553
	每股资本公积金(元)	0.1690	0.1690	0.1690	0.1690
	每股盈余公积金(元)	0.1236	0.1236	0.1782	0.1782
	每股未分配利润(元)	1.3265	0.9863	0.7279	0.3853
	净资产收益率(%)	12.9874	23.9764	16.5100	31.5670
	加权净资产收益率(%)	13.8900	27.2400	18.0000	37.4100
	净资产收益率(扣除)(%)	-	-	-	-
	总资产(万元)	340066.87	328401.07	312645.04	297483.46
	归属母公司股东权益(万元)	134286.39	116846.13	106396.53	88830.58
	主营业务收入(万元)	89654.69	177930.28	92978.50	148440.52
	营业收入(万元)	93991.77	178054.51	92991.94	148562.26
	主营成本(万元)	46301.52	80660.90	36934.00	62328.96
	营业成本(万元)	47272.61	80845.38	37023.09	62480.24
	投资收益(万元)	6020.85	4004.53	2874.54	2784.85
	净利润(万元)	27051.32	43321.69	26807.18	42474.82
	利润总额(万元)	34064.58	57786.87	35323.51	57869.51

云南白药集团股份有限公司

公司概况	公司名称	云南白药集团股份有限公司			证券简称	云南白药
	法人代表	王明辉	董秘	吴伟	证券代码	000538
	公司网址	www.yunnanbaiyao.com.cn		电子信箱	wuwei@yunnanbaiyao.com.cn	
	电　话	0871-6324159　6226106		传　真	0871-6324159	
	办公地址	云南省昆明市呈贡区云南白药街 3686 号				
	经营范围	化学原料药、化学药制剂、中成药、中药材、生物制品、保健食品等				

	指标\报告期	2013.06.30	2012.12.31	2012.06.30	2011.12.31
主要财务指标	基本每股收益(元)	1.3500	2.2800	1.0400	1.7400
	基本每股收益(扣除)(元)	1.3100	2.2400	1.0300	1.7000
	每股净资产(元)	11.0136	10.1219	8.8900	8.0000
	每股经营现金净流量(元)	0.5457	1.1450	0.6648	-0.6450
	每股现金流量(元)	1.1115	0.8435	0.6011	-1.2276
	每股资本公积金(元)	1.7851	1.8075	1.8013	1.8013
	每股盈余公积金(元)	0.6120	0.6120	0.5267	0.5267
	每股未分配利润(元)	7.6148	6.7158	5.5573	4.6737
	净资产收益率(%)	12.2484	22.5196	11.7500	21.7970
	加权净资产收益率(%)	12.3400	25.1600	12.2400	24.2900
	净资产收益率(扣除)(%)	-	-	-	-
	总资产(万元)	1251699.44	1080724.71	997304.29	909091.84
	归属母公司股东权益(万元)	764639.18	712127.17	616885.27	555528.19
	主营业务收入(万元)	729725.02	1363934.79	606036.73	1124765.69
	营业收入(万元)	731144.12	1368682.45	607537.72	1131232.24
	主营成本(万元)	509492.89	953802.94	433229.93	786509.09
	营业成本(万元)	510312.45	957798.86	434058.83	792180.82
	投资收益(万元)	1113.65	67.00	104.64	1682.57
	净利润(万元)	93656.24	158251.58	72453.37	121090.78
	利润总额(万元)	108344.87	182984.62	84995.63	140696.77

广东电力发展股份有限公司

公司概况	公司名称	广东电力发展股份有限公司			证券简称	粤电力 A
	法人代表	潘力	董秘	刘维	证券代码	000539
	公司网址	www.ged.com.cn		电子信箱	ged@ged.com.cn	
	电　话	020-87570276　87570251		传　真	020-85138084	
	办公地址	广东省广州市天河东路 2 号粤电广场南塔 23-26 楼				
	经营范围	电力项目的投资、建设和经营管理、电力的生产和销售、电力行业技术咨询和服务				

	指标\报告期	2013.06.30	2012.12.31	2012.06.30	2011.12.31
主要财务指标	基本每股收益(元)	0.3100	0.4300	0.1500	0.2600
	基本每股收益(扣除)(元)	0.3080	0.3700	0.0900	0.1300
	每股净资产(元)	3.9483	3.7153	3.6900	4.7863
	每股经营现金净流量(元)	1.2167	1.7946	1.4084	1.9458
	每股现金流量(元)	0.6372	-0.2804	0.0233	0.5317
	每股资本公积金(元)	1.1413	1.1486	0.6618	1.6512
	每股盈余公积金(元)	0.9608	0.9041	1.4140	1.3496
	每股未分配利润(元)	0.8462	0.6626	0.6181	0.7856
	净资产收益率(%)	7.8582	10.4503	5.5880	7.5850
	加权净资产收益率(%)	8.0200	11.9800	4.2400	7.3700
	净资产收益率(扣除)(%)	-	-	-	-
	总资产(万元)	6787504.90	6570865.95	4049608.54	6484922.96
	归属母公司股东权益(万元)	1727473.25	1625532.23	1033348.23	1338951.11
	主营业务收入(万元)	1445944.74	2921967.34	1439620.29	1447073.08
	营业收入(万元)	1454702.75	2948927.36	1449782.36	2673410.56
	主营成本(万元)	1099142.98	2326581.08	1216183.54	-1313933.38
	营业成本(万元)	1102586.83	2333541.12	1218252.88	2252146.00
	投资收益(万元)	37935.54	32011.12	16295.74	28053.90
	净利润(万元)	192336.83	269359.90	87885.04	144652.88
	利润总额(万元)	241727.88	357957.79	114277.72	184321.11

中天城投集团股份有限公司

公司概况	公司名称	中天城投集团股份有限公司			证券简称	中天城投
	法人代表	罗玉平	董秘	谭忠游	证券代码	000540
	公司网址	www.ztcn.cn		电子信箱	tan.zhongyou@gmail.com	
	电　话	0851-5860976　5865112		传　真	0851-5865112	
	办公地址	贵州省贵阳市中华中路 1 号峰会国际大厦				
	经营范围	壹级房地产开发、城市基础设施及配套项目开发、拆迁安置及服务等				

	指标\报告期	2013.06.30	2012.12.31	2012.06.30	2011.12.31
主要财务指标	基本每股收益(元)	0.3948	0.3429	0.2505	0.4106
	基本每股收益(扣除)(元)	0.3624	0.1019	0.0946	0.2557
	每股净资产(元)	2.1466	1.8507	1.8400	1.6800
	每股经营现金净流量(元)	-0.8998	-1.2140	-0.5666	-1.2846
	每股现金流量(元)	-0.4617	0.7409	0.2435	-0.6489
	每股资本公积金(元)	0.0329	0.0318	0.0300	0.0300
	每股盈余公积金(元)	0.1207	0.1207	0.1785	0.1785
	每股未分配利润(元)	0.9930	0.6981	0.6271	0.4764
	净资产收益率(%)	18.3940	18.5271	13.6500	24.3700
	加权净资产收益率(%)	19.4300	18.5300	14.0300	26.8900
	净资产收益率(扣除)(%)	-	-	-	-
	总资产(万元)	2924007.13	2589850.88	1982711.95	1801076.07
	归属母公司股东权益(万元)	274507.55	236664.31	234734.35	215465.81
	主营业务收入(万元)	257104.37	327468.27	127685.01	315375.11
	营业收入(万元)	273685.82	355425.16	139119.95	333044.45
	主营成本(万元)	143792.08	208553.07	82644.31	192879.42
	营业成本(万元)	158176.75	234510.68	95109.44	208635.38
	投资收益(万元)	642.86	2.03	2.36	324.19
	净利润(万元)	50474.88	43833.98	31953.86	52968.10
	利润总额(万元)	68483.23	60102.32	45211.66	73257.39

佛山电器照明股份有限公司

公司概况	公司名称	佛山电器照明股份有限公司		证券简称	佛山照明
	法人代表	潘杰	董秘 林奕辉	证券代码	000541
	公司网址	www.chinafsl.com	电子信箱	fsldsh@126.com	
	电　话	0757-82966062 82810239	传　真	0757-82816276	
	办公地址	广东省佛山市禅城区汾江北路 64 号			
	经营范围	研究、开发、生产电光源产品、电光源设备、电光源配套器件等			

主要财务指标	指标\报告期	2013.06.30	2012.12.31	2012.06.30	2011.12.31
	基本每股收益(元)	0.1600	0.4100	0.1400	0.3000
	基本每股收益(扣除)(元)	0.1500	0.2500	0.1400	0.3100
	每股净资产(元)	2.8572	3.0147	2.9900	2.8500
	每股经营现金净流量(元)	0.0120	0.4470	0.2396	0.2758
	每股现金流量(元)	-0.2545	0.3012	0.2407	-0.0216
	每股资本公积金(元)	0.6354	0.6393	0.6350	0.6358
	每股盈余公积金(元)	0.6361	0.6361	0.5963	0.5963
	每股未分配利润(元)	0.5857	0.7393	0.7573	0.6199
	净资产收益率(%)	5.4738	13.5747	4.7100	10.4510
	加权净资产收益率(%)	5.6300	14.0600	4.7100	10.5300
	净资产收益率(扣除)(%)	-	-	-	-
	总资产(万元)	351695.51	344827.43	340231.28	315555.44
	归属母公司股东权益(万元)	279599.67	295010.70	292460.10	279087.87
	主营业务收入(万元)	118231.76	217650.34	105324.12	223199.12
	营业收入(万元)	120826.04	220191.07	106433.71	226092.99
	主营成本(万元)	92567.52	161040.63	78868.23	160670.35
	营业成本(万元)	92567.52	163042.95	79297.85	162086.26
	投资收益(万元)	-94.51	20768.96	1648.43	-549.11
	净利润(万元)	15298.45	40022.99	13374.98	29727.39
	利润总额(万元)	19259.88	47206.30	15936.64	35514.67

安徽省皖能股份有限公司

公司概况	公司名称	安徽省皖能股份有限公司		证券简称	皖能电力
	法人代表	张飞飞	董秘 李春英	证券代码	000543
	公司网址	www.wenergy.cn	电子信箱	wn000543@wenergy.cn	
	电　话	0551-2225811	传　真	0551-2225800	
	办公地址	安徽省合肥市马鞍山路 76 号能源大厦 5、8-10 层			
	经营范围	公司主营电力、节能及相关项目投资、经营			

主要财务指标	指标\报告期	2013.06.30	2012.12.31	2012.06.30	2011.12.31
	基本每股收益(元)	0.4500	0.3670	0.1800	0.0250
	基本每股收益(扣除)(元	0.4100	0.3600	0.1300	-0.0100
	每股净资产(元)	5.5657	5.2524	4.9800	4.6500
	每股经营现金净流量(元)	1.6491	1.9148	0.7424	0.2447
	每股现金流量(元)	0.3105	0.2210	0.6736	0.1529
	每股资本公积金(元)	2.8903	2.6282	2.5955	2.3812
	每股盈余公积金(元)	0.7248	0.9875	0.9245	0.9245
	每股未分配利润(元)	0.9507	0.8197	0.4642	0.3422
	净资产收益率(%)	6.9903	6.9968	2.6400	0.5283
	加权净资产收益率(%)	7.8300	7.4200	3.2500	0.5100
	净资产收益率(扣除)(%)	-	-	-	-
	总资产(万元)	2017332.93	1975675.62	1710801.70	1478133.31
	归属母公司股东权益(万元)	586167.29	459830.89	385279.86	359286.90
	主营业务收入(万元)	521224.09	751108.05	471763.18	507100.40
	营业收入(万元)	530066.99	764494.88	477314.77	515029.07
	主营成本(万元)	433541.65	685586.80	436441.21	511047.73
	营业成本(万元)	434035.40	687091.91	436766.47	512878.51
	投资收益(万元)	13250.03	19770.87	9926.10	14509.47
	净利润(万元)	70250.04	37623.09	17760.34	-9110.63
	利润总额(万元)	79179.58	39251.67	21774.71	-7676.81

中原环保股份有限公司

公司概况	公司名称	中原环保股份有限公司		证券简称	中原环保
	法人代表	李建平	董秘 丁青海	证券代码	000544
	公司网址	www.zhongyuanep.com	电子信箱	zyhb@zhongyuanep.com	
	电　话	0371-65376788 65376779	传　真	0371-65629981	
	办公地址	州市郑东新区商务外环路 3 号中华大厦 15A			
	经营范围	污水、污泥处理、养殖、种植.中水利用、供热及管网维修等			

主要财务指标	指标\报告期	2013.06.30	2012.12.31	2012.06.30	2011.12.31
	基本每股收益(元)	0.1300	0.3800	0.3000	0.3000
	基本每股收益(扣除)(元)	0.1200	0.1500	0.3000	0.3016
	每股净资产(元)	2.9940	2.8613	2.7900	2.4900
	每股经营现金净流量(元)	-0.0825	0.2916	-0.1975	0.1480
	每股现金流量(元)	-0.0998	-0.7103	-0.6684	0.5060
	每股资本公积金(元)	1.7525	1.7525	1.7525	1.7525
	每股盈余公积金(元)	0.0826	0.0826	0.0826	0.0826
	每股未分配利润(元)	0.1589	0.0262	-0.0473	-0.3495
	净资产收益率(%)	4.4319	13.1316	10.8400	12.1980
	加权净资产收益率(%)	4.5300	14.0500	11.4600	12.9900
	净资产收益率(扣除)(%)	-	-	-	-
	总资产(万元)	160472.86	143021.33	128689.49	137161.95
	归属母公司股东权益(万元)	80676.31	77100.86	75120.23	66976.31
	主营业务收入(万元)	23508.28	41775.26	21093.72	39258.55
	营业收入(万元)	23508.28	42014.85	21152.72	39288.67
	主营成本(万元)	14922.78	28726.87	14042.04	23849.53
	营业成本(万元)	14922.78	28726.87	14042.04	23849.53
	投资收益(万元)	-	-	-	-
	净利润(万元)	3571.21	10123.12	8139.62	8165.54
	利润总额(万元)	4451.24	5974.34	4036.01	9524.40

吉林金浦钛业股份有限公司

公司概况	公司名称	吉林金浦钛业股份有限公司		证券简称	金浦钛业
	法人代表	赵友永	董秘 汤巍	证券代码	000545
	公司网址	www.jlzygf.com	电子信箱	nj000545@sina.cn	
	电　话	025-83799778	传　真	025-58366500	
	办公地址	江苏省南京市六合区南京化工园大玮东路 229 号			
	经营范围	生产经营原料药、医药中间体、中西药制剂、化工产品、保健品等			

主要财务指标	指标\报告期	2013.06.30	2012.12.31	2012.06.30	2011.12.31
	基本每股收益(元)	0.2000	0.0200	0.3900	-0.0351
	基本每股收益(扣除)(元)	0.1400	0.0300	0.0300	-0.0342
	每股净资产(元)	2.2813	-0.2726	-0.2500	-0.2926
	每股经营现金净流量(元)	0.1348	0.0496	0.0681	0.0768
	每股现金流量(元)	-0.5331	0.0004	-0.2033	-0.0058
	每股资本公积金(元)	-0.7399	0.2098	0.2098	0.2098
	每股盈余公积金(元)	0.3913	0.3913	0.0051	0.0051
	每股未分配利润(元)	3.5257	3.2695	-1.4676	-1.5075
	净资产收益率(%)	5.7939	-7.3432	-144.8169	12.0095
	加权净资产收益率(%)	5.9700	-7.0800	9.2500	12.7800
	净资产收益率(扣除)(%)	-	-	-	-
	总资产(万元)	109028.28	116889.74	19461.67	19552.80
	归属母公司股东权益(万元)	69960.00	65906.61	-3999.57	-4629.95
	主营业务收入(万元)	44267.95	9308.90	53879.34	8721.18
	营业收入(万元)	44275.73	9865.64	53881.90	9472.36
	主营成本(万元)	35565.36	3827.00	44273.42	4241.40
	营业成本(万元)	35565.41	4385.46	44273.58	4877.81
	投资收益(万元)	-	-	-	-
	净利润(万元)	4053.39	316.73	5792.05	-556.03
	利润总额(万元)	4805.89	316.73	6747.53	-556.03

吉林光华控股集团股份有限公司

公司概况					
公司名称	吉林光华控股集团股份有限公司			证券简称	光华控股
法人代表	赵辉	董秘	王函颖	证券代码	000546
公司网址			电子信箱	ghkg000546@126.com	
电　　话	0431-88920227 0512-67325680		传　　真	0431-88927337 0512-6726788	
办公地址	吉林省长春市西安大路727号中银大厦A座1701室				
经营范围	房地产开发和销售				

主要财务指标：指标\报告期	2013.06.30	2012.12.31	2012.06.30	2011.12.31
基本每股收益(元)	-0.0338	0.0295	0.0773	0.1159
基本每股收益(扣除)(元)	-0.0337	0.0311	0.0806	0.0275
每股净资产(元)	0.8687	0.8770	0.9300	0.8500
每股经营现金净流量(元)	-0.0972	0.3733	0.1537	0.1721
每股现金流量(元)	-0.1725	0.2508	-0.0976	-0.2194
每股资本公积金(元)	0.6807	0.6553	0.6578	0.6616
每股盈余公积金(元)	0.0190	0.0190	0.0190	0.0190
每股未分配利润(元)	-0.8310	-0.7972	-0.7494	-0.8267
净资产收益率(%)	-3.8869	3.3598	8.3300	13.5760
加权净资产收益率(%)	-3.8700	3.4000	8.6800	14.4400
净资产收益率(扣除)(%)	-	-	-	-
总资产(万元)	44926.80	42292.07	32602.62	42417.32
归属母公司股东权益(万元)	14724.97	14865.68	15718.65	14473.85
主营业务收入(万元)	2494.51	11805.39	11110.17	17494.95
营业收入(万元)	2789.81	11878.10	11152.96	17564.97
主营成本(万元)	2076.54	8217.38	7704.87	12628.94
营业成本(万元)	2088.48	8218.71	7704.87	12628.94
投资收益(万元)	-	-	-	-
净利润(万元)	-581.15	540.83	1351.43	2221.94
利润总额(万元)	-452.76	1187.29	1957.18	2718.21

神州学人集团股份有限公司

公司概况					
公司名称	神州学人集团股份有限公司			证券简称	闽福发A
法人代表	王勇	董秘	吴小兰	证券代码	000547
公司网址	www.szxrjt.com		电子信箱	fufa@szxrjt.com	
电　　话	0591-83283128		传　　真	0591-83296358	
办公地址	福建省福州市台江区五一南路17号工行五一支行13层				
经营范围	电子、电子计算机、通讯、网络信息、环境保护等				

主要财务指标：指标\报告期	2013.06.30	2012.12.31	2012.06.30	2011.12.31
基本每股收益(元)	0.0900	0.1400	0.1400	0.1400
基本每股收益(扣除)(元)	-0.0200	0.0400	0.0020	0.0500
每股净资产(元)	1.8984	1.9452	2.5900	2.4700
每股经营现金净流量(元)	-0.0154	0.0085	0.0105	0.0946
每股现金流量(元)	-0.1134	-0.1749	0.0138	0.9524
每股资本公积金(元)	0.3835	0.5179	0.9556	0.9714
每股盈余公积金(元)	0.0602	0.0512	0.0654	0.0529
每股未分配利润(元)	0.4547	0.3760	0.5658	0.4413
净资产收益率(%)	4.6168	7.4119	5.3000	7.0260
加权净资产收益率(%)	4.5600	7.6400	5.4200	7.2900
净资产收益率(扣除)(%)	-	-	-	-
总资产(万元)	278094.84	258501.87	226119.16	218026.36
归属母公司股东权益(万元)	158490.31	162401.03	159970.99	152476.82
主营业务收入(万元)	12459.46	41803.79	14431.52	40404.79
营业收入(万元)	12665.10	42355.70	14688.54	40875.36
主营成本(万元)	8297.74	24808.16	8710.01	23168.71
营业成本(万元)	8465.41	25167.47	8885.75	23668.39
投资收益(万元)	7908.41	8887.93	8000.88	9112.90
净利润(万元)	7457.60	14665.64	9070.96	13412.92
利润总额(万元)	7789.06	16028.30	9469.85	14449.09

湖南投资集团股份有限公司

公司概况					
公司名称	湖南投资集团股份有限公司			证券简称	湖南投资
法人代表	谭应球	董秘	马宁	证券代码	000548
公司网址	www.hntz.com.cn		电子信箱	hntz0548@126.com	
电　　话	0731-82327666		传　　真	0731-82327566	
办公地址	湖南省长沙市芙蓉中路508号之三君逸康年大酒店十二楼				
经营范围	投资建设并收费经营公路、桥梁及各类城市基础设施等				

主要财务指标：指标\报告期	2013.06.30	2012.12.31	2012.06.30	2011.12.31
基本每股收益(元)	0.0200	0.0600	0.0520	0.1100
基本每股收益(扣除)(元)	-	0.0400	0.0290	0.0900
每股净资产(元)	2.9959	2.9767	2.9700	2.9200
每股经营现金净流量(元)	0.0633	0.1413	-0.1495	0.2306
每股现金流量(元)	-0.3044	0.1754	0.2287	-0.1963
每股资本公积金(元)	0.9597	0.9603	0.9609	0.9601
每股盈余公积金(元)	0.1956	0.1956	0.1921	0.1921
每股未分配利润(元)	0.8405	0.8207	0.8150	0.7632
净资产收益率(%)	0.6610	2.0561	1.7800	3.6050
加权净资产收益率(%)	0.6700	2.0800	1.7800	3.6400
净资产收益率(扣除)(%)	-	-	-	-
总资产(万元)	199665.36	215975.22	218905.64	207390.75
归属母公司股东权益(万元)	149557.62	148601.30	148171.44	145541.63
主营业务收入(万元)	12553.58	23162.20	12435.84	27005.73
营业收入(万元)	12553.58	23162.20	12435.84	27005.73
主营成本(万元)	4759.28	7168.44	3730.16	7897.06
营业成本(万元)	4759.28	7168.44	3730.16	7897.06
投资收益(万元)	177.43	450.54	339.09	521.73
净利润(万元)	1498.78	4054.30	3329.99	6755.77
利润总额(万元)	2000.97	5723.01	0.0520	0.1100

江铃汽车股份有限公司

公司概况					
公司名称	江铃汽车股份有限公司			证券简称	江铃汽车
法人代表	王锡高	董秘	宛虹	证券代码	000550
公司网址	www.jmc.com.cn		电子信箱	relations@jmc.com.cn	
电　　话	0791-85235675 85266503		传　　真	0791-85232839	
办公地址	江西省南昌市迎宾北大道509号				
经营范围	生产和销售轻型汽车以及相关的零部件				

主要财务指标：指标\报告期	2013.06.30	2012.12.31	2012.06.30	2011.12.31
基本每股收益(元)	1.0900	1.7600	0.9700	2.1700
基本每股收益(扣除)(元)	1.0600	1.7600	0.9400	2.1700
每股净资产(元)	9.7480	9.3600	8.5900	8.4700
每股经营现金净流量(元)	1.7301	2.6250	1.1268	1.3293
每股现金流量(元)	0.5225	0.2024	0.3564	-0.4960
每股资本公积金(元)	0.9707	0.9725	0.9725	0.9725
每股盈余公积金(元)	-	0.5000	0.5000	0.5000
每股未分配利润(元)	-	6.8912	6.1126	5.9979
净资产收益率(%)	11.1414	18.7669	11.3500	25.5880
加权净资产收益率(%)	10.9600	19.5500	10.8800	27.6000
净资产收益率(扣除)(%)	-	-	-	-
总资产(万元)	1493121.30	1311135.44	1265568.18	1186525.75
归属母公司股东权益(万元)	841458.50	808287.20	741073.25	731176.85
主营业务收入(万元)	958055.85	1731179.39	864163.96	1726321.02
营业收入(万元)	967075.71	1747470.71	872152.88	1745699.89
主营成本(万元)	707052.38	1298860.54	655572.33	1304541.25
营业成本(万元)	715492.71	1310762.69	659101.91	1314386.13
投资收益(万元)	615.82	180.14	-323.84	473.27
净利润(万元)	95676.33	153981.15	85752.70	190083.08
利润总额(万元)	110083.61	189524.40	107802.34	212725.09

创元科技股份有限公司

公司概况	公司名称	创元科技股份有限公司		证券简称	创元科技
	法人代表	董柏	董秘 周成明	证券代码	000551
	公司网址	www.000551.cn		电子信箱	dmc@000551.cn
	电　　话	0512-68241551		传　　真	0512-68245551
	办公地址	江苏省苏州市南门东二路4号			
	经营范围	空气净化设备、洁净产品、停车设备、仪器仪表、磨具磨料、高压绝缘子等			

	指标\报告期	2013.06.30	2012.12.31	2012.06.30	2011.12.31
主要财务指标	基本每股收益(元)	0.0500	0.0100	0.0400	0.0900
	基本每股收益(扣除)(元)	0.0300	–0.0400	0.0100	0.0300
	每股净资产(元)	3.1709	3.1217	3.1500	4.6865
	每股经营现金净流量(元)	0.1207	0.2838	–0.0372	0.2874
	每股现金流量(元)	–0.0629	–0.2942	–0.0411	0.2800
	每股资本公积金(元)	0.7532	0.7532	0.7565	1.5486
	每股盈余公积金(元)	0.3504	0.3504	0.3477	0.5215
	每股未分配利润(元)	1.0672	1.0181	1.0465	1.6164
	净资产收益率(%)	1.6446	0.3988	1.1300	2.9810
	加权净资产收益率(%)	1.6600	0.4000	1.1400	3.0300
	净资产收益率(扣除)(%)	–	–	–	–
	总资产(万元)	329727.01	323220.56	317814.01	316371.22
	归属母公司股东权益(万元)	126860.03	124892.39	126051.19	124998.90
	主营业务收入(万元)	107162.11	197954.58	103881.21	243680.75
	营业收入(万元)	108630.21	201565.97	105899.27	248679.86
	主营成本(万元)	82834.13	154062.04	82853.34	194638.49
	营业成本(万元)	83333.54	155855.10	83917.48	197209.44
	投资收益(万元)	–149.01	875.46	344.72	1494.08
	净利润(万元)	4459.61	3932.21	2925.43	8472.35
	利润总额(万元)	5339.38	4821.67	3713.60	9984.89

甘肃靖远煤电股份有限公司

公司概况	公司名称	甘肃靖远煤电股份有限公司		证券简称	靖远煤电
	法人代表	梁习明	董秘 王文建	证券代码	000552
	公司网址			电子信箱	jingymd@163.com
	电　　话	0931-8512882		传　　真	0931-8508220
	办公地址	甘肃省白银市平川区大桥路1号			
	经营范围	煤炭开采、洗选、销售、洁净能源的再加工利用、燃煤和瓦斯发电等			

	指标\报告期	2013.06.30	2012.12.31	2012.06.30	2011.12.31
主要财务指标	基本每股收益(元)	0.2848	1.2446	0.2998	1.2365
	基本每股收益(扣除)(元)	0.2845	0.8260	0.2300	0.3509
	每股净资产(元)	3.3282	11.9422	3.1900	9.7087
	每股经营现金净流量(元)	0.3744	0.5952	0.4705	3.4219
	每股现金流量(元)	0.2002	3.4553	–0.1406	–4.4695
	每股资本公积金(元)	–0.2157	2.1701	0.4905	3.0905
	每股盈余公积金(元)	0.1542	0.6231	0.1580	0.3713
	每股未分配利润(元)	1.5153	5.2562	1.3373	3.0230
	净资产收益率(%)	8.5564	21.0601	38.0170	25.7379
	加权净资产收益率(%)	9.2300	22.9700	11.7500	29.0000
	净资产收益率(扣除)(%)	–	–	–	–
	总资产(万元)	548661.98	508311.62	101544.88	383781.43
	归属母公司股东权益(万元)	239261.27	212416.04	56690.00	172689.32
	主营业务收入(万元)	167275.20	388077.94	183450.58	422499.71
	营业收入(万元)	173989.57	405561.96	191547.26	437582.15
	主营成本(万元)	115926.74	266455.40	124738.55	273857.38
	营业成本(万元)	123098.38	282375.39	33557.39	284185.64
	投资收益(万元)	–	–	–	–
	净利润(万元)	20472.06	44735.07	21551.86	44446.64
	利润总额(万元)	24080.04	56177.12	25123.26	59945.36

湖北沙隆达股份有限公司

公司概况	公司名称	湖北沙隆达股份有限公司		证券简称	沙隆达A
	法人代表	李作荣	董秘 李忠禧	证券代码	000553
	公司网址	www.sanonda.cn		电子信箱	li_zhongxi@263.net
	电　　话	0716-8208632 8208232		传　　真	0716-8321099
	办公地址	湖北省荆州市北京东路93号			
	经营范围	农药与化工产品的生产和销售等			

	指标\报告期	2013.06.30	2012.12.31	2012.06.30	2011.12.31
主要财务指标	基本每股收益(元)	0.2146	0.1747	0.0404	0.0890
	基本每股收益(扣除)(元)	0.2166	0.1788	0.0404	0.0851
	每股净资产(元)	2.2741	2.1140	1.9900	1.9500
	每股经营现金净流量(元)	0.7108	0.3933	0.2226	0.2954
	每股现金流量(元)	0.6306	–0.0748	0.2896	0.0196
	每股资本公积金(元)	0.4431	0.4480	0.4474	0.4490
	每股盈余公积金(元)	0.1560	0.1560	0.1353	0.1353
	每股未分配利润(元)	0.6516	0.4866	0.3730	0.3326
	净资产收益率(%)	9.4379	8.2649	2.0300	4.5720
	加权净资产收益率(%)	9.6600	8.6200	2.0500	4.6700
	净资产收益率(扣除)(%)	–	–	–	–
	总资产(万元)	285756.69	240549.44	262140.20	229265.02
	归属母公司股东权益(万元)	135062.68	125553.68	118437.11	115634.77
	主营业务收入(万元)	150629.65	230492.67	108316.49	185779.89
	营业收入(万元)	151968.83	234514.65	111675.53	190107.58
	主营成本(万元)	120417.52	191965.46	92816.19	155817.95
	营业成本(万元)	121087.18	195240.67	95656.12	159706.46
	投资收益(万元)	225.42	–	–	–44.00
	净利润(万元)	12667.70	10442.70	2446.59	5380.65
	利润总额(万元)	17064.80	14265.87	3613.75	7676.97

中国石化山东泰山石油股份有限公司

公司概况	公司名称	中国石化山东泰山石油股份有限公司		证券简称	泰山石油
	法人代表	冯东青	董秘 冯光明	证券代码	000554
	公司网址			电子信箱	tssyfgm@163.com
	电　　话	0538-6269600 6269630		传　　真	0538-8265450
	办公地址	山东省泰安市东岳大街104号			
	经营范围	汽油、柴油、煤油的批发和零售、许可证范围内的天然气经营等			

	指标\报告期	2013.06.30	2012.12.31	2012.06.30	2011.12.31
主要财务指标	基本每股收益(元)	0.0124	0.0492	0.0227	0.0192
	基本每股收益(扣除)(元)	0.0154	0.0600	0.0237	0.0392
	每股净资产(元)	1.8746	1.8622	1.8400	1.8330
	每股经营现金净流量(元)	0.0356	0.2723	0.0917	0.1043
	每股现金流量(元)	–0.0480	–0.0937	–0.1118	–0.0483
	每股资本公积金(元)	0.3945	0.3945	0.3945	0.3945
	每股盈余公积金(元)	–	0.2229	0.2057	0.2057
	每股未分配利润(元)	–	0.2448	0.2354	0.2327
	净资产收益率(%)	0.6630	2.6439	1.2400	1.0450
	加权净资产收益率(%)	0.6700	2.6500	1.2300	1.0500
	净资产收益率(扣除)(%)	–	–	–	–
	总资产(万元)	99860.59	99724.72	91707.18	93311.43
	归属母公司股东权益(万元)	90130.39	89532.82	88257.76	88127.20
	主营业务收入(万元)	179896.65	379388.11	193522.72	384304.55
	营业收入(万元)	182597.30	383821.38	195756.67	387042.90
	主营成本(万元)	170947.97	358363.36	183948.85	362267.26
	营业成本(万元)	173353.97	362474.37	185984.07	364657.30
	投资收益(万元)	–4.49	–31.62	–	–
	净利润(万元)	607.23	2370.08	1092.15	920.73
	利润总额(万元)	1043.84	3289.49	1421.64	955.53

深圳市太光电信股份有限公司

公司概况	公司名称	深圳市太光电信股份有限公司			证券简称	*ST 太光
	法人代表	宋波	董秘	舒晓玲	证券代码	000555
	公司网址	www.tg000555.com		电子信箱	sznivs@163.com	
	电　话	0755-82910290		传　真	0755-82910304	
	办公地址	广东省深圳市福田区滨河路北与彩田路东联合广场 A 座 3608 室				
	经营范围	销售 TEC5200 综合业务接入网等通信设备、经营进出口业务等				

主要财务指标	指标\报告期	2013.06.30	2012.12.31	2012.06.30	2011.12.31
	基本每股收益(元)	-0.0494	-0.0920	-0.0460	0.0070
	基本每股收益(扣除)(元)	-0.0494	-0.0880	-0.0460	-0.0540
	每股净资产(元)	-1.5669	-1.5176	-1.4700	-1.4300
	每股经营现金净流量(元)	-0.1328	-0.0381	-0.1041	0.0867
	每股现金流量(元)	-0.1329	-0.0381	-0.1041	-0.3561
	每股资本公积金(元)	0.5983	0.5983	0.5983	0.5983
	每股盈余公积金(元)	0.0247	0.0247	0.0247	0.0247
	每股未分配利润(元)	-3.1899	-3.1405	-3.0950	-3.0490
	净资产收益率(%)	-3.1512	-6.0321	-3.1226	-0.4785
	加权净资产收益率(%)	-	-	-	-
	净资产收益率(扣除)(%)	-	-	-	-
	总资产(万元)	698.72	1895.33	1338.15	2273.51
	归属母公司股东权益(万元)	-14200.81	-13753.30	-13340.26	-12923.69
	主营业务收入(万元)	845.44	4573.75	2923.85	9986.71
	营业收入(万元)	845.44	4573.75	2923.85	9986.71
	主营成本(万元)	823.77	4431.97	2857.97	9707.37
	营业成本(万元)	823.77	4431.97	2857.97	9707.37
	投资收益(万元)	-	-30.00	-	-
	净利润(万元)	-447.50	-829.61	-416.57	61.84
	利润总额(万元)	-447.50	-829.61	-416.57	61.84

广夏(银川)实业股份有限公司

公司概况	公司名称	广夏(银川)实业股份有限公司			证券简称	*ST 广夏
	法人代表	孟虎	董秘	王清杰	证券代码	000557
	公司网址			电子信箱		
	电　话	0951-3975696		传　真	0951-3975696	
	办公地址	宁夏回族自治区银川市金凤区北京中路 168 号 C 座办公楼一楼				
	经营范围	生态农业产业化、天然物产的种植、加工和销售等				

主要财务指标	指标\报告期	2013.06.30	2012.12.31	2012.06.30	2011.12.31
	基本每股收益(元)	-0.0010	0.5330	0.0420	-0.3360
	基本每股收益(扣除)(元)	0.0010	-0.0020	-0.0004	-0.0350
	每股净资产(元)	0.1969	0.1979	-0.4000	-0.7400
	每股经营现金净流量(元)	-0.0012	-0.0788	-0.0264	0.0058
	每股现金流量(元)	-0.0012	0.3760	0.4252	0.0058
	每股资本公积金(元)	1.4827	1.4827	1.3839	1.0827
	每股盈余公积金(元)	0.0025	0.0025	0.0025	0.0025
	每股未分配利润(元)	-2.2883	-2.2873	-2.7868	-2.8287
	净资产收益率(%)	-0.5192	269.0570	-	-45.2134
	加权净资产收益率(%)	-0.5200	269.0600	-	-
	净资产收益率(扣除)(%)	-	-	-	-
	总资产(万元)	28429.69	28753.85	31781.20	10698.21
	归属母公司股东权益(万元)	13510.76	13580.90	-27472.25	-51010.63
	主营业务收入(万元)	179.61	376.49	-	-
	营业收入(万元)	179.61	376.49	-	-
	主营成本(万元)	84.09	202.83	-	-
	营业成本(万元)	84.09	202.83	-	-
	投资收益(万元)	-	709.50	-	-
	净利润(万元)	-70.26	36543.02	2872.42	-23119.73
	利润总额(万元)	-70.26	36543.02	2872.42	-23119.73

莱茵达置业股份有限公司

公司概况	公司名称	莱茵达置业股份有限公司			证券简称	莱茵置业
	法人代表	高继胜	董秘	徐超	证券代码	000558
	公司网址	www.lander.com.cn		电子信箱	lyzy000558@126.com	
	电　话	0571-87851738		传　真	0571-87851739	
	办公地址	浙江省杭州市文三路 535 号莱茵达大厦 20 楼				
	经营范围	房地产开发及经营、实业投资、房产租赁经营等				

主要财务指标	指标\报告期	2013.06.30	2012.12.31	2012.06.30	2011.12.31
	基本每股收益(元)	0.0521	0.0998	0.0547	0.0978
	基本每股收益(扣除)(元)	0.0483	0.0900	0.0470	0.0900
	每股净资产(元)	1.3658	1.3797	1.3346	1.2624
	每股经营现金净流量(元)	0.5266	0.4879	0.4173	-0.6979
	每股现金流量(元)	-0.0499	0.3068	0.0950	-0.4965
	每股资本公积金(元)	-	0.0652	0.0652	0.0477
	每股盈余公积金(元)	0.0994	0.1002	0.0631	0.0631
	每股未分配利润(元)	0.2664	0.2143	0.2064	0.1516
	净资产收益率(%)	3.8162	7.2330	4.1000	7.7450
	加权净资产收益率(%)	3.7100	7.6000	4.2300	7.9600
	净资产收益率(扣除)(%)	-	-	-	-
	总资产(万元)	576943.33	587788.08	495667.77	462223.34
	归属母公司股东权益(万元)	86079.87	86956.66	84116.59	79567.10
	主营业务收入(万元)	119563.06	117511.02	50021.65	99164.71
	营业收入(万元)	119687.14	117566.02	50021.65	99331.21
	主营成本(万元)	100060.91	91984.27	38985.56	72469.12
	营业成本(万元)	100060.91	92042.03	38985.56	72514.12
	投资收益(万元)	2313.28	3880.23	16.01	245.89
	净利润(万元)	2920.61	4983.46	2708.96	5188.98
	利润总额(万元)	4179.54	6055.41	3991.84	7138.98

万向钱潮股份有限公司

公司概况	公司名称	万向钱潮股份有限公司			证券简称	万向钱潮
	法人代表	鲁冠球	董秘	许小建	证券代码	000559
	公司网址	www.wxqc.com.cn		电子信箱	wxqc@wanxiang.com.cn	
	电　话	0571-82832999		传　真	0571-82602132	
	办公地址	浙江省杭州市萧山经济技术开发区万向路				
	经营范围	汽车零部件及相关机电产品的开发、制造和销售等				

主要财务指标	指标\报告期	2013.06.30	2012.12.31	2012.06.30	2011.12.31
	基本每股收益(元)	0.1260	0.2110	0.1080	0.3010
	基本每股收益(扣除)(元)	0.1060	0.1600	0.0930	0.2480
	每股净资产(元)	2.1803	2.2920	2.2300	2.5100
	每股经营现金净流量(元)	0.2356	0.3859	0.0776	0.2603
	每股现金流量(元)	0.6926	-0.4614	0.2767	0.0007
	每股资本公积金(元)	0.7720	0.7692	0.7915	0.8702
	每股盈余公积金(元)	0.0857	0.0857	0.0624	0.0624
	每股未分配利润(元)	0.3226	0.4371	0.3751	0.5810
	净资产收益率(%)	5.7576	9.0885	4.8659	11.9931
	加权净资产收益率(%)	5.5200	8.6200	4.2200	12.2300
	净资产收益率(扣除)(%)	-	-	-	-
	总资产(万元)	1023125.26	856332.95	956916.28	930813.93
	归属母公司股东权益(万元)	347373.46	365176.27	355142.50	400484.45
	主营业务收入(万元)	421045.59	788989.93	387346.69	777516.64
	营业收入(万元)	447413.98	833980.53	409427.97	831800.50
	主营成本(万元)	343556.09	656693.00	321479.77	638468.22
	营业成本(万元)	365641.75	693518.15	340197.11	683677.52
	投资收益(万元)	17.62	4013.06	2542.74	3517.20
	净利润(万元)	22602.51	38174.11	19142.87	53168.50
	利润总额(万元)	26272.65	43501.22	22261.58	60848.12

昆明百货大楼(集团)股份有限公司

公司概况	公司名称	昆明百货大楼(集团)股份有限公司			证券简称	昆百大A
	法人代表	何道峰	董秘	文彬	证券代码	000560
	公司网址			电子信箱	wbin0823@vip.sina.com	
	电　话	0871-3623414		传　真	0871-3623414	
	办公地址	云南省昆明市东风西路1号				
	经营范围	商业、房地产业和旅游服务等				

主要财务指标	指标\报告期	2013.06.30	2012.12.31	2012.06.30	2011.12.31
	基本每股收益(元)	0.0696	0.6285	0.1677	0.5041
	基本每股收益(扣除)(元)	0.0391	0.3014	0.0222	0.1616
	每股净资产(元)	6.0483	6.0382	6.0065	5.9560
	每股经营现金净流量(元)	–0.8050	–1.3223	–0.8725	–0.0154
	每股现金流量(元)	3.2304	–0.7428	–0.3830	–1.0399
	每股资本公积金(元)	1.0774	0.9696	1.3928	1.5160
	每股盈余公积金(元)	0.3999	0.4167	0.4048	0.4048
	每股未分配利润(元)	3.5710	3.6518	3.2030	3.0353
	净资产收益率(%)	1.1039	10.4092	2.7900	8.4635
	加权净资产收益率(%)	1.1500	10.1800	2.7800	8.8400
	净资产收益率(扣除)(%)	–	–	–	–
	总资产(万元)	465423.18	395164.19	459858.42	417227.48
	归属母公司股东权益(万元)	103702.63	99345.82	98725.95	97993.85
	主营业务收入(万元)	85568.95	268505.64	74434.32	152144.15
	营业收入(万元)	87533.39	276873.74	76996.30	155603.02
	主营成本(万元)	56338.48	195992.93	50233.10	107595.92
	营业成本(万元)	56888.03	197735.69	50702.06	107787.84
	投资收益(万元)	–70.10	259.26	1840.95	5022.37
	净利润(万元)	1724.83	15872.62	2729.19	9401.31
	利润总额(万元)	3450.33	21382.75	3850.30	12726.61

陕西烽火电子股份有限公司

公司概况	公司名称	陕西烽火电子股份有限公司			证券简称	烽火电子
	法人代表	唐大楷	董秘	吴亚兵	证券代码	000561
	公司网址	www.fenghuo.cn		电子信箱	sxfh769@163.com	
	电　话	0917-3626561		传　真	0917—3625666 3626602	
	办公地址	陕西省宝鸡市清姜路72号				
	经营范围	军民用通信装备及电声器材科研生产等				

主要财务指标	指标\报告期	2013.06.30	2012.12.31	2012.06.30	2011.12.31
	基本每股收益(元)	–0.0400	0.0600	0.0300	0.0300
	基本每股收益(扣除)(元)	–	0.0500	0.0250	0.0250
	每股净资产(元)	1.3722	1.4157	1.3790	1.3790
	每股经营现金净流量(元)	–0.0724	–0.0823	–0.3277	–0.3277
	每股现金流量(元)	–0.1559	–0.0571	–0.2660	–0.2660
	每股资本公积金(元)	0.0281	0.0281	0.0281	0.0281
	每股盈余公积金(元)	–	–	–	–
	每股未分配利润(元)	0.3373	0.3807	0.3506	0.3506
	净资产收益率(%)	–3.1665	3.9303	1.8700	1.8700
	加权净资产收益率(%)	–3.1200	4.0300	1.8700	1.8700
	净资产收益率(扣除)(%)	–	–	–	–
	总资产(万元)	148800.46	162319.54	142590.17	142590.17
	归属母公司股东权益(万元)	81763.18	84352.23	82150.78	82150.78
	主营业务收入(万元)	25848.46	90084.77	29730.84	29730.84
	营业收入(万元)	26153.34	90506.49	30053.93	30053.93
	主营成本(万元)	16699.94	57541.84	14483.53	14483.53
	营业成本(万元)	16828.19	57868.83	14514.89	14514.89
	投资收益(万元)	5.05	0.01	2.30	2.30
	净利润(万元)	–2516.28	3218.07	2332.83	2332.83
	利润总额(万元)	–2262.73	3522.03	3053.07	3053.07

宏源证券股份有限公司

公司概况	公司名称	宏源证券股份有限公司			证券简称	宏源证券
	法人代表	冯戎	董秘	阳昌云	证券代码	000562
	公司网址	www.hysec.com		电子信箱	yangl @hysec.com	
	电　话	0991-2301870		传　真	0991-2301779	
	办公地址	新疆维吾尔自治区乌鲁木齐市文艺路233号宏源大厦				
	经营范围	证券经纪、证券投资咨询、与证券交易、证券投资活动有关的财务顾问等				

主要财务指标	指标\报告期	2013.06.30	2012.12.31	2012.06.30	2011.12.31
	基本每股收益(元)	0.2100	0.5000	0.2200	0.4400
	基本每股收益(扣除)(元)	–	0.5000	0.4397	0.4400
	每股净资产(元)	3.6356	7.4490	7.3491	4.8734
	每股经营现金净流量(元)	–0.0127	–3.3483	0.0983	–3.3608
	每股现金流量(元)	–0.3299	–0.1049	–0.5101	–3.7824
	每股资本公积金(元)	1.5117	4.0216	3.9343	1.0317
	每股盈余公积金(元)	0.1749	0.3498	0.3093	0.4204
	每股未分配利润(元)	0.6149	1.1359	1.5182	1.6229
	净资产收益率(%)	5.7823	5.8645	4.4121	9.0660
	加权净资产收益率(%)	5.5600	7.8800	8.6200	9.0300
	净资产收益率(扣除)(%)	–	–	–	–
	总资产(万元)	3082274.17	2827109.61	2897842.67	2128701.89
	归属母公司股东权益(万元)	1444221.59	1425168.32	1459682.58	712106.37
	主营业务收入(万元)	–	–	–	–
	营业收入(万元)	242861.70	329586.89	183471.93	235370.36
	主营成本(万元)	–	–	–	–
	营业成本(万元)	–	–	–	147440.26
	投资收益(万元)	77691.15	91349.42	63655.71	36572.18
	净利润(万元)	83509.70	86768.00	64402.52	64559.11
	利润总额(万元)	111589.08	118526.61	86253.01	87891.66

陕西省国际信托股份有限公司

公司概况	公司名称	陕西省国际信托股份有限公司			证券简称	陕国投A
	法人代表	薛季民	董秘	姚卫东	证券代码	000563
	公司网址	www.siti.com.cn		电子信箱	office@siti.com.cn	
	电　话	029-81870262 81870266		传　真	029-88851989	
	办公地址	陕西省西安市高新区科技路50号金桥国际广场C座				
	经营范围	受托经营资金信托业务、受托经营动产、不动产及其他财产的信托业务等				

主要财务指标	指标\报告期	2013.06.30	2012.12.31	2012.06.30	2011.12.31
	基本每股收益(元)	0.1529	0.5160	0.1136	0.4307
	基本每股收益(扣除)(元)	0.1482	0.5108	0.2336	0.2870
	每股净资产(元)	5.9253	2.6900	5.3900	2.3700
	每股经营现金净流量(元	–0.6550	–1.0044	–1.1019	–0.0521
	每股现金流量(元)	–0.2640	0.7264	1.9410	0.3489
	每股资本公积金(元)	3.6868	3.6887	3.7107	0.4639
	每股盈余公积金(元)	0.1465	0.1465	0.1014	0.1637
	每股未分配利润(元)	0.9609	0.6747	0.5330	0.6776
	净资产收益率(%)	5.4202	7.9879	3.3000	18.1687
	加权净资产收益率(%)	5.5500	10.8300	6.2400	19.3900
	净资产收益率(扣除)(%)	–	–	–	–
	总资产(万元)	372174.58	356088.66	329833.83	121208.86
	归属母公司股东权益(万元)	342726.63	326282.59	311791.91	84956.00
	主营业务收入(万元)	–	–	–	–
	营业收入(万元)	35851.44	57630.88	20545.27	30442.20
	主营成本(万元)	–	–	–	–
	营业成本(万元)	11758.28	–	6692.58	10942.51
	投资收益(万元)	4327.59	4090.45	587.99	9631.83
	净利润(万元)	18576.39	26063.00	10299.91	15435.43
	利润总额(万元)	24856.91	34805.18	13852.15	20287.96

西安民生集团股份有限公司

公司概况

公司名称	西安民生集团股份有限公司			证券简称	西安民生
法人代表	马永庆	董秘	杜璟	证券代码	000564
公司网址	www.cnminsheng.com		电子信箱	dujin@minsheng.cn	
电　话	029-87481871		传　真	029-87481871	
办公地址	陕西省西安市解放路103号				
经营范围	国内商业、物资供销业、仓储服务、计算机软件开发、销售等				

主要财务指标

指标\报告期	2013.06.30	2012.12.31	2012.06.30	2011.12.31
基本每股收益(元)	0.0793	0.1942	0.1246	0.2019
基本每股收益(扣除)(元)	0.0766	0.1816	0.1181	0.1607
每股净资产(元)	3.4525	3.9063	2.9164	2.7917
每股经营现金净流量(元)	0.2953	1.0980	0.3162	0.8320
每股现金流量(元)	0.9023	2.6374	0.6109	1.5331
每股资本公积金(元)	1.6874	2.1912	0.8685	0.8685
每股盈余公积金(元)	0.1827	0.1827	0.2670	0.2670
每股未分配利润(元)	0.5824	0.5531	0.7809	0.6563
净资产收益率(%)	2.2958	3.6216	4.2700	7.2330
加权净资产收益率(%)	2.0100	6.0200	5.0000	7.4500
净资产收益率(扣除)(%)	–	–	–	–
总资产(万元)	658497.84	624184.97	374172.85	364077.56
归属母公司股东权益(万元)	163413.12	184890.99	88748.97	84956.12
主营业务收入(万元)	182144.14	305785.51	155099.14	259707.19
营业收入(万元)	196500.31	336510.97	167487.13	284951.34
主营成本(万元)	155656.73	255202.93	131564.80	216830.22
营业成本(万元)	156849.86	257023.86	132453.06	218849.15
投资收益(万元)	–54.69	247.56	251.56	457.76
净利润(万元)	3903.55	6731.65	3792.85	6144.96
利润总额(万元)	4468.66	7800.11	4341.23	7976.61

重庆三峡油漆股份有限公司

公司概况

公司名称	重庆三峡油漆股份有限公司			证券简称	渝三峡A
法人代表	苏中俊	董秘	楼晓波	证券代码	000565
公司网址	www.sanxia.com		电子信箱	sxyq000565@163.com	
电　话	023-61525006 61525005		传　真	023-61525007	
办公地址	重庆市九龙坡区石坪桥横街2号附5号隆鑫国际写字楼17楼				
经营范围	各类涂料、合成树脂及印铁包装桶的生产、开发、销售等				

主要财务指标

指标\报告期	2013.06.30	2012.12.31	2012.06.30	2011.12.31
基本每股收益(元)	0.1170	0.3500	0.0810	–0.9200
基本每股收益(扣除)(元)	0.1000	–0.0300	0.0100	–1.1400
每股净资产(元)	3.3513	3.2840	2.5400	2.9500
每股经营现金净流量(元)	0.0224	0.3707	0.0083	–0.4937
每股现金流量(元)	–0.7841	0.7901	0.1242	–1.7181
每股资本公积金(元)	1.0866	1.0866	0.6113	1.0972
每股盈余公积金(元)	0.4156	0.4156	0.4156	0.4156
每股未分配利润(元)	0.8490	0.7817	0.5149	0.4338
净资产收益率(%)	3.5000	10.5954	3.1900	–31.0680
加权净资产收益率(%)	3.5100	11.1500	3.2200	–26.6200
净资产收益率(扣除)(%)	–	–	–	–
总资产(万元)	94807.61	104917.70	111020.37	98852.85
归属母公司股东权益(万元)	58123.38	56956.22	44085.08	51105.50
主营业务收入(万元)	24089.39	50367.13	23653.07	48726.96
营业收入(万元)	25367.37	52131.21	24459.08	50120.26
主营成本(万元)	18515.98	39865.96	18721.73	39671.75
营业成本(万元)	19168.51	40485.28	19334.38	39964.28
投资收益(万元)	1000.99	5646.56	912.57	2002.15
净利润(万元)	2033.53	5773.26	1144.59	–21129.07
利润总额(万元)	2041.95	5113.93	1388.90	–20442.70

海南海药股份有限公司

公司概况

公司名称	海南海药股份有限公司			证券简称	海南海药
法人代表	刘悉承	董秘	张晖	证券代码	000566
公司网址	www.haiyao.com.cn		电子信箱	hnhy000566@21cn.com	
电　话	0898-68653568		传　真	0898-68656780	
办公地址	海南省海口市秀英区南海大道西66号				
经营范围	精细化工产品、化学原料药、中药材、土特产品、中药成药、西药成药等				

主要财务指标

指标\报告期	2013.06.30	2012.12.31	2012.06.30	2011.12.31
基本每股收益(元)	0.1200	0.1600	0.2400	0.2300
基本每股收益(扣除)(元)	0.0900	0.1100	0.2209	0.2000
每股净资产(元)	2.9386	2.8183	5.5529	5.3087
每股经营现金净流量(元)	–0.0968	0.0048	0.0184	0.2334
每股现金流量(元)	–0.3670	–0.5225	1.0807	2.5567
每股资本公积金(元)	1.3722	1.3725	3.6322	3.6292
每股盈余公积金(元)	0.0482	0.0482	0.0914	0.0914
每股未分配利润(元)	0.5183	0.3975	0.8293	0.5880
净资产收益率(%)	4.1114	5.5356	4.3400	7.9942
加权净资产收益率(%)	4.2000	5.7600	4.4400	14.2300
净资产收益率(扣除)(%)	–	–	–	–
总资产(万元)	332463.35	276151.18	266457.14	201975.63
归属母公司股东权益(万元)	145515.95	139557.02	137486.69	131440.16
主营业务收入(万元)	56020.90	94904.38	42679.17	72156.28
营业收入(万元)	56037.97	94988.77	42718.92	72184.75
主营成本(万元)	35767.98	55319.61	25787.76	45949.23
营业成本(万元)	35767.98	55319.61	25787.76	45965.78
投资收益(万元)	1356.71	–20.42	–238.94	4489.24
净利润(万元)	6297.34	7913.00	6043.57	10913.34
利润总额(万元)	7454.31	8844.31	7549.99	12138.81

海南海德实业股份有限公司

公司概况

公司名称	海南海德实业股份有限公司			证券简称	海德股份
法人代表	纪道林	董秘	陈金弟	证券代码	000567
公司网址	www.000567.com		电子信箱	haide@hainan.net	
电　话	0898-66978322 021-60318885		传　真	0898-66978319 021-60318880	
办公地址	海南省海口市龙昆南路72号耀江商厦三层				
经营范围	信息产业、高新技术产业、房地产开发经营、房地产销售代理服务等				

主要财务指标

指标\报告期	2013.06.30	2012.12.31	2012.06.30	2011.12.31
基本每股收益(元)	0.0078	–0.0907	–0.0066	0.0088
基本每股收益(扣除)(元)	0.0078	0.0503	–0.0066	0.0100
每股净资产(元)	1.2394	1.2316	1.3200	1.3200
每股经营现金净流量(元)	–0.0369	–0.0849	–0.0431	–0.5922
每股现金流量(元)	0.1947	–0.1291	–0.0889	–0.7480
每股资本公积金(元)	0.7720	0.7720	0.7720	0.7720
每股盈余公积金(元)	0.0040	0.0040	0.0040	0.0040
每股未分配利润(元)	–0.5366	–0.5444	–0.4603	–0.4537
净资产收益率(%)	0.6285	–7.3624	–0.0050	0.6652
加权净资产收益率(%)	0.7800	–7.1000	–0.6700	0.6700
净资产收益率(扣除)(%)	–	–	–	–
总资产(万元)	21441.44	21568.63	21715.82	22365.44
归属母公司股东权益(万元)	18739.40	18621.62	19892.34	19992.63
主营业务收入(万元)	–	967.94	263.11	1255.66
营业收入(万元)	35.28	1128.41	300.67	1331.13
主营成本(万元)	–	492.87	132.82	547.13
营业成本(万元)	9.41	557.41	145.79	558.63
投资收益(万元)	447.00	747.56	15.79	162.77
净利润(万元)	117.78	–1371.01	–100.29	132.99
利润总额(万元)	118.19	–1364.74	–91.32	153.88

泸州老窖股份有限公司

公司概况	公司名称	泸州老窖股份有限公司			证券简称	泸州老窖
	法人代表	谢明	董秘	曾颖	证券代码	000568
	公司网址	www.lzlj.com.cn		电子信箱	lzlj@lzlj.com.cn	
	电　话	0830-2398826		传　真	0830-2398864	
	办公地址	四川省泸州市南光路泸州老窖营销网络指挥中心				
	经营范围	泸州老窖系列酒的生产、销售等				

	指标\报告期	2013.06.30	2012.12.31	2012.06.30	2011.12.31
主要财务指标	基本每股收益(元)	1.2950	3.1443	1.4370	2.0800
	基本每股收益(扣除)(元)	1.2930	2.9529	1.4290	2.0800
	每股净资产(元)	6.4635	6.9395	5.2300	5.1400
	每股经营现金净流量(元)	0.4899	3.4190	1.6294	2.8493
	每股现金流量(元)	0.4453	2.7127	0.8145	1.4845
	每股资本公积金(元)	0.5450	0.5018	0.4931	0.4332
	每股盈余公积金(元)	0.9973	1.0000	0.8684	0.8684
	每股未分配利润(元)	3.9212	4.4377	2.8769	2.8402
	净资产收益率(%)	20.0415	45.2448	27.4900	40.5225
	加权净资产收益率(%)	22.4600	46.8800	32.3200	41.6800
	净资产收益率(扣除)(%)	–	–	–	–
	总资产(万元)	1505928.03	1557297.64	1253313.09	1247723.15
	归属母公司股东权益(万元)	906189.43	970334.99	730760.44	716891.59
	主营业务收入(万元)	513208.03	1128315.38	510821.93	823244.23
	营业收入(万元)	525576.12	1155635.39	519258.42	842791.00
	主营成本(万元)	215242.05	396277.05	172971.21	283607.67
	营业成本(万元)	213158.30	396953.39	173138.97	284600.93
	投资收益(万元)	4294.05	37835.49	6995.06	3788.98
	净利润(万元)	188765.73	454252.13	211973.29	305559.95
	利润总额(万元)	248813.60	615206.95	279429.53	404473.21

常柴股份有限公司

公司概况	公司名称	常柴股份有限公司			证券简称	苏常柴 A
	法人代表	薛国俊	董秘	石建春	证券代码	000570
	公司网址	www.changchai.com.cn		电子信箱	ccsjc@changchai.com	
	电　话	0519-68683155 86610041		传　真	0519-86630954	
	办公地址	江苏省常州市怀德中路 123 号				
	经营范围	农用柴油机、农用运输车、联合收割机等产品的制造与销售等				

	指标\报告期	2013.06.30	2012.12.31	2012.06.30	2011.12.31
主要财务指标	基本每股收益(元)	0.0700	0.1000	0.0500	0.0900
	基本每股收益(扣除)(元)	–	0.0700	0.0500	0.0700
	每股净资产(元)	3.1546	3.2869	3.3000	3.1000
	每股经营现金净流量(元)	0.1544	0.5439	0.3703	–0.3548
	每股现金流量(元)	0.0626	0.2970	0.1581	–0.5216
	每股资本公积金(元)	0.7996	0.9779	1.0280	0.8814
	每股盈余公积金(元)	0.5030	0.5030	0.4937	0.4937
	每股未分配利润(元)	0.8447	0.7987	0.7823	0.7292
	净资产收益率(%)	2.2511	3.0042	1.6100	3.0330
	加权净资产收益率(%)	2.2000	3.0500	1.6600	2.7300
	净资产收益率(扣除)(%	–	–	–	–
	总资产(万元)	315934.45	311648.91	308392.04	287008.84
	归属母公司股东权益(万元)	177088.39	184519.32	185482.09	174270.17
	主营业务收入(万元)	158516.87	289971.78	156771.44	308285.81
	营业收入(万元)	159770.27	295553.61	159943.02	313750.41
	主营成本(万元)	142637.59	261163.62	144355.29	282442.69
	营业成本(万元)	143296.09	264992.97	147295.14	285012.37
	投资收益(万元)	1235.28	1210.95	895.40	1342.57
	净利润(万元)	3986.88	5551.66	3002.15	5427.45
	利润总额(万元)	4722.24	6680.77	3552.85	6214.83

新大洲控股股份有限公司

公司概况	公司名称	新大洲控股股份有限公司			证券简称	新大洲 A
	法人代表	赵序宏	董秘	任春雨	证券代码	000571
	公司网址	www.sundiro.com		电子信箱	renchunyu@sundiro.com	
	电　话	0898-68590005 68591366		传　真	0898-68590005	
	办公地址	海南省海口市世贸北路 1 号海岸壹号之佳景国际 10B02 室				
	经营范围	煤炭、电石、电动车的生产经营、物流运输和物业管理等				

	指标\报告期	2013.06.30	2012.12.31	2012.06.30	2011.12.31
主要财务指标	基本每股收益(元)	0.0598	0.1168	0.1052	0.2028
	基本每股收益(扣除)(元)	0.0602	0.1200	0.1040	0.2080
	每股净资产(元)	2.4222	2.4205	1.8001	1.7402
	每股经营现金净流量(元)	–0.0909	0.1760	0.1051	0.2374
	每股现金流量(元)	–0.1410	0.0940	0.0565	0.2475
	每股资本公积金(元)	0.6047	0.6047	0.0089	0.0089
	每股盈余公积金(元)	0.0555	0.0555	0.0259	0.0259
	每股未分配利润(元)	0.7601	0.7603	0.7506	0.7054
	净资产收益率(%)	2.4700	4.8246	5.9400	11.6549
	加权净资产收益率(%)	2.4612	6.3200	5.9400	11.1600
	净资产收益率(扣除)(%)	–	–	–	–
	总资产(万元)	283163.22	282126.58	259924.10	255921.43
	归属母公司股东权益(万元)	178291.30	178166.54	132496.52	128088.13
	主营业务收入(万元)	41034.61	103188.18	51642.61	106664.89
	营业收入(万元)	42759.68	105684.61	52628.17	108516.36
	主营成本(万元)	26967.99	61610.18	29418.85	55804.77
	营业成本(万元)	27517.41	62058.06	29584.72	56100.68
	投资收益(万元)	3112.87	7553.05	5123.01	5670.87
	净利润(万元)	5992.21	10488.10	8852.87	19819.15
	利润总额(万元)	7883.51	16890.46	11825.37	26358.10

海马汽车集团股份有限公司

公司概况	公司名称	海马汽车集团股份有限公司			证券简称	海马汽车
	法人代表	秦全权	董秘	肖丹	证券代码	000572
	公司网址	www.000572.com		电子信箱	000572@haima.com	
	电　话	0898-66822672		传　真	0898-66820329	
	办公地址	海南省海口市金盘工业区金牛路 2 号				
	经营范围	汽车产业投资、实业投资、房地产投资、汽车租赁、仓储运输等				

	指标\报告期	2013.06.30	2012.12.31	2012 06.30	2011.12.31
主要财务指标	基本每股收益(元)	0.0738	0.1000	0.0358	0.2039
	基本每股收益(扣除)(元)	0.0535	0.0698	0.0190	0.0792
	每股净资产(元)	4.1416	4.0620	3.9900	3.9500
	每股经营现金净流量(元)	0.2752	–0.0728	–0.2055	–0.5271
	每股现金流量(元)	–0.0025	–0.7893	–0.4513	–1.0531
	每股资本公积金(元	2.3048	2.2989	2.2943	2.2895
	每股盈余公积金(元	0.0498	0.0498	0.0488	0.0488
	每股未分配利润(元)	0.7871	0.7132	0.6500	0.6142
	净资产收益率(%)	1.7827	2.4621	0.9000	5.1580
	加权净资产收益率(%)	1.8013	2.5000	0.9000	5.2800
	净资产收益率(扣除)(%)	–	–	–	–
	总资产(万元)	1317113.22	1269010.65	1231415.83	1309980.79
	归属母公司股东权益(万元)	681150.84	668045.11	656716.62	650052.06
	主营业务收入(万元)	458493.73	787012.35	395689.61	1033499.98
	营业收入(万元)	491596.59	846130.24	426639.49	1121429.79
	主营成本(万元)	382563.41	609318.16	304458.01	848557.70
	营业成本(万元)	413872.61	712887.64	362029.91	975377.19
	投资收益(万元)	289.62	–1835.50	–373.82	1667.67
	净利润(万元)	25961.58	41021.05	17257.11	55049.81
	利润总额(万元)	28650.04	39520.42	18051.06	59328.78

东莞宏远工业区股份有限公司

公司概况	公司名称	东莞宏远工业区股份有限公司			证券简称	粤宏远 A
	法人代表	周明轩	董秘	鄢国根	证券代码	000573
	公司网址	www.winnerway.com.cn			电子信箱	0573@21cn.com
	电　话	0769-22412655			传　真	0769-22412655
	办公地址	广东省东莞市宏远工业区宏远大厦 16 楼				
	经营范围	开发经营工业区、房地产开发等				

主要财务指标	指标\报告期	2013.06.30	2012.12.31	2012.06.30	2011.12.31
	基本每股收益(元)	0.1432	0.1020	0.0464	0.0915
	基本每股收益(扣除)(元)	0.0255	0.1032	0.0463	0.0982
	每股净资产(元)	2.4948	2.3500	2.2950	2.2880
	每股经营现金净流量(元)	-0.0483	0.0201	0.1129	0.4971
	每股现金流量(元)	0.1413	0.0565	-0.0298	-0.0078
	每股资本公积金(元)	0.8887	0.8887	0.8906	0.8906
	每股盈余公积金(元)	0.3300	0.3300	0.3233	0.3233
	每股未分配利润(元)	0.2713	0.1281	0.0792	0.0729
	净资产收益率(%)	5.7399	4.3396	2.0200	3.9980
	加权净资产收益率(%)	5.9100	4.3600	2.0100	4.0800
	净资产收益率(扣除)(%)	-	-	-	-
	总资产(万元)	287600.87	260023.17	250063.26	251121.98
	归属母公司股东权益(万元)	155367.65	146347.51	142931.16	142460.14
	主营业务收入(万元)	35684.82	79001.03	29712.43	-
	营业收入(万元)	55685.67	79746.15	29712.43	82764.01
	主营成本(万元)	21912.69	50599.19	17989.22	-
	营业成本(万元)	32724.31	50599.19	17989.22	51116.96
	投资收益(万元)	-260.50	2070.68	1491.72	-410.93
	净利润(万元)	8551.36	6275.38	2940.00	6086.59
	利润总额(万元)	10657.16	9759.08	3352.04	8493.41

江门甘蔗化工厂(集团)股份有限公司

公司概况	公司名称	江门甘蔗化工厂(集团)股份有限公司			证券简称	广东甘化
	法人代表	麦庆华	董秘	沙伟	证券代码	000576
	公司网址	www.gdganhua.com			电子信箱	gdgh@gdganhua.com
	电　话	0750-3277650 3277651			传　真	0750-3277666
	办公地址	广东省江门市甘化路 62 号				
	经营范围	经营本企业和本企业成员企业自产产品及相关技术的出口业务等				

主要财务指标	指标\报告期	2013.06.30	2012.12.31	2012.06.30	2011.12.31
	基本每股收益(元)	0.0200	0.1500	0.2000	-0.6100
	基本每股收益(扣除)(元)	-0.0200	-0.0800	0.0100	-0.3200
	每股净资产(元)	2.2120	0.5405	0.6000	0.3900
	每股经营现金净流量(元)	-0.3469	-0.2918	-0.4394	-0.1122
	每股现金流量(元)	0.2596	0.0621	0.0393	0.1653
	每股资本公积金(元)	1.9137	0.5224	0.5224	0.5224
	每股盈余公积金(元)	0.0435	0.0597	0.0597	0.0597
	每股未分配利润(元)	-0.7485	-1.0460	-0.9899	-1.1921
	净资产收益率(%)	0.6379	27.0167	33.8800	-153.6370
	加权净资产收益率(%)	1.4100	31.2500	33.8800	-87.3500
	净资产收益率(扣除)(%)	-	-	-	-
	总资产(万元)	119971.68	91991.41	88780.02	91189.09
	归属母公司股东权益(万元)	97959.38	17451.72	19263.71	12736.98
	主营业务收入(万元)	20701.55	45626.73	19658.99	37436.44
	营业收入(万元)	21386.43	46904.60	20252.45	38738.27
	主营成本(万元)	18966.05	41706.93	17711.61	38953.12
	营业成本(万元)	19600.04	42845.44	18283.12	40145.78
	投资收益(万元)	-	-0.74	-0.11	-0.53
	净利润(万元)	623.43	4711.89	6525.76	-19581.31
	利润总额(万元)	623.43	4769.75	6563.17	-24585.87

无锡威孚高科技集团股份有限公司

公司概况	公司名称	无锡威孚高科技集团股份有限公司			证券简称	威孚高科
	法人代表	陈学军	董秘	周卫星	证券代码	000581
	公司网址	www.weifu.com.cn			电子信箱	wfjt@public1.wx.js.cn
	电　话	0510-82719579			传　真	0510-82751025
	办公地址	江苏省无锡市人民西路 107 号				
	经营范围	柴油燃油喷射系统产品和汽车后处理系统产品的生产和销售等				

主要财务指标	指标\报告期	2013.06.30	2012.12.31	2012.06.30	2011.12.31
	基本每股收益(元)	0.7800	1.3400	0.6900	2.1200
	基本每股收益(扣除)(元)	0.7500	1.2900	0.6900	2.0600
	每股净资产(元)	13.3057	12.7269	12.1100	8.9300
	每股经营现金净流量(元)	0.4684	1.7140	0.6435	0.5752
	每股现金流量(元)	-0.3880	2.4804	3.2312	0.4946
	每股资本公积金(元)	5.5217	5.4250	5.4554	1.5793
	每股盈余公积金(元)	0.5000	0.5000	0.4170	0.5000
	每股未分配利润(元)	6.2841	5.8019	5.2335	5.8476
	净资产收益率(%)	5.8781	10.2741	5.4200	23.7880
	加权净资产收益率(%)	5.9400	11.3600	6.1800	26.2700
	净资产收益率(扣除)(%)	-	-	-	-
	总资产(万元)	1267052.85	1105597.39	1078128.14	792921.74
	归属母公司股东权益(万元)	904968.40	865598.08	823366.68	506406.04
	主营业务收入(万元)	265356.49	465138.74	243788.48	534706.74
	营业收入(万元)	287896.50	501528.34	262274.11	589811.31
	主营成本(万元)	201710.99	344120.08	176819.49	380331.04
	营业成本(万元)	222140.61	377347.76	193572.98	431462.80
	投资收益(万元)	29898.97	39621.93	15998.65	49794.19
	净利润(万元)	55403.57	93423.73	47294.43	125551.09
	利润总额(万元)	60607.40	103801.69	53334.04	139680.58

北海港股份有限公司

公司概况	公司名称	北海港股份有限公司			证券简称	北海港
	法人代表	黄葆源	董秘	何典治	证券代码	000582
	公司网址	www.bhport.cn			电子信箱	000582abc@163.com
	电　话	0779-3922254 3922206			传　真	0779-3906387
	办公地址	广西壮族自治区北海市海角路 145 号				
	经营范围	投资兴建港口、码头、装卸管理及服务、交通运输等				

主要财务指标	指标\报告期	2013.06.30	2012.12.31	2012.06.30	2011.12.31
	基本每股收益(元)	0.0990	0.2912	0.1320	0.2760
	基本每股收益(扣除)(元)	0.0980	0.2841	0.1240	0.2650
	每股净资产(元)	3.0238	2.9168	2.7570	2.6250
	每股经营现金净流量(元)	0.6642	0.9353	0.3559	0.8767
	每股现金流量(元)	0.0591	0.2852	-0.0132	-0.1244
	每股资本公积金(元)	1.1861	1.1861	1.1861	1.1861
	每股盈余公积金(元)	0.2249	0.2172	0.1938	0.1938
	每股未分配利润(元)	0.6042	0.5131	0.3776	0.2454
	净资产收益率(%)	3.2666	9.9800	4.8000	10.5200
	加权净资产收益率(%)	3.3300	10.5100	4.9100	11.1000
	净资产收益率(扣除)(%)	-	-	-	-
	总资产(万元)	146986.90	149674.28	114420.06	93600.97
	归属母公司股东权益(万元)	42974.65	41454.09	39189.98	37310.34
	主营业务收入(万元)	68808.54	208779.58	84225.04	101149.86
	营业收入(万元)	69202.76	209621.98	84800.84	101947.14
	主营成本(万元)	62856.29	194159.20	77128.82	89531.78
	营业成本(万元)	62902.72	194247.41	77311.89	89863.99
	投资收益(万元)	3.55	42.58	-	0.95
	净利润(万元)	1410.95	4151.82	1883.51	3932.17
	利润总额(万元)	1720.10	4963.60	2060.88	5018.61

四川友利投资控股股份有限公司

公司概况	公司名称	四川友利投资控股股份有限公司		证券简称	友利控股
	法人代表	李峰林	董秘	田丽	证券代码	000584
	公司网址	www.uoli.com.cn		电子信箱	yl000584@sina.com
	电　话	028-86518664 86757539		传　真	028-86741677
	办公地址	四川省成都市蜀都大道暑袜北三街 20 号			
	经营范围	销售新型纺织及包装材料、自有房屋租赁、物业管理等			

主要财务指标	指标＼报告期	2013.06.30	2012.12.31	2012.06.30	2011.12.31
	基本每股收益(元)	0.6516	0.1088	–0.0819	0.0257
	基本每股收益(扣除)(元)	0.6524	0.1047	–0.0843	0.0062
	每股净资产(元)	4.7059	4.0589	3.9600	4.0400
	每股经营现金净流量(元)	0.0684	–0.1751	0.1059	0.8806
	每股现金流量(元)	0.0191	–0.4265	0.3802	0.0135
	每股资本公积金(元)	2.1616	2.1677	2.1644	2.1601
	每股盈余公积金(元)	0.0644	0.0644	0.0466	0.0466
	每股未分配利润(元)	1.4799	0.8268	0.7539	0.8357
	净资产收益率(%)	13.8783	2.6807	–2.0650	0.6400
	加权净资产收益率(%)	14.9100	2.6900	–2.0400	0.6400
	净资产收益率(扣除)(%)	–	–	–	–
	总资产(万元)	329461.03	372319.42	399623.03	369238.92
	归属母公司股东权益(万元)	192416.09	165960.14	162117.28	165290.07
	主营业务收入(万元)	170160.31	154970.43	48285.89	115004.38
	营业收入(万元)	175636.18	155349.54	52474.80	115309.44
	主营成本(万元)	109515.18	134418.96	48549.13	105847.34
	营业成本(万元)	114891.09	134418.96	52630.91	105847.34
	投资收益(万元)	–	–	–	1202.68
	净利润(万元)	27254.06	3251.87	–3995.36	1174.56
	利润总额(万元)	36366.62	6009.12	–4992.04	1450.11

东北电气发展股份有限公司

公司概况	公司名称	东北电气发展股份有限公司			证券简称	东北电气
	法人代表	苏伟国	董秘	苏伟国(代)	证券代码	000585
	公司网址	www.nee.com.cn		电子信箱	nee@nee.com.cn	
	电　话	0417-6897567 6897566		传　真	0417-6897565	
	办公地址	辽宁省营口市鲅鱼圈区新泰路 1 号				
	经营范围	生产制造输变电设备及附件、销售自产产品并提供相关售后服务等				

主要财务指标	指标＼报告期	2013.06.30	2012.12.31	2012.06.30	2011.12.31
	基本每股收益(元)	–0.0005	0.0100	–0.0206	–0.0400
	基本每股收益(扣除)(元)	–0.0005	0.0010	–0.0207	–0.0500
	每股净资产(元)	0.3098	0.3112	0.2300	0.3000
	每股经营现金净流量(元)	–0.0037	–0.0038	–0.0157	–0.0387
	每股现金流量(元)	–0.0105	0.0313	–0.0168	–0.0135
	每股资本公积金(元)	1.0115	1.0115	1.0115	1.0115
	每股盈余公积金(元)	0.1243	0.1243	0.1243	0.1243
	每股未分配利润(元)	–1.7851	–1.7846	–1.8179	–1.7973
	净资产收益率(%)	–0.1654	4.0992	–7.1500	–12.3520
	加权净资产收益率(%)	–0.1700	4.1800	–7.1500	–11.3900
	净资产收益率(扣除)(%)	–	–	–	–
	总资产(万元)	48448.43	49820.55	49260.74	55705.42
	归属母公司股东权益(万元)	27057.47	27178.25	24314.75	26066.36
	主营业务收入(万元)	7501.97	21707.28	5752.78	24845.95
	营业收入(万元)	7506.35	21722.08	552.78	24867.98
	主营成本(万元)	4861.43	15617.72	5473.79	19070.00
	营业成本(万元)	4864.80	15625.76	5473.79	19092.92
	投资收益(万元)	–0.93	–0.62	–1.31	–159.57
	净利润(万元)	–48.06	1103.61	–1805.25	–3265.22
	利润总额(万元)	76.02	1289.58	–1804.14	–2805.52

四川汇源光通信股份有限公司

公司概况	公司名称	四川汇源光通信股份有限公司			证券简称	汇源通信
	法人代表	徐小文	董秘	代红波	证券代码	000586
	公司网址	www.schy.com.cn		电子信箱	hyzhouyi@126.com	
	电　话	028-85516608		传　真	028-85516606	
	办公地址	四川省成都市人民南路三段 2 号汇日央扩国际广场 28 楼				
	经营范围	制造电线、电缆、光缆、电工器材、通信设备、信息传输等				

主要财务指标	指标＼报告期	2013.06.30	2012.12.31	2012.06.30	2011.12.31
	基本每股收益(元)	0.0740	0.0300	–0.0040	0.1000
	基本每股收益(扣除)(元)	–0.0080	–0.0100	–0.0010	0.0600
	每股净资产(元)	1.0657	0.9859	0.9500	0.9600
	每股经营现金净流量(元)	–0.0977	0.1359	–0.1773	0.1138
	每股现金流量(元)	–0.0177	0.0866	–0.1679	–0.0177
	每股资本公积金(元)	0.3088	0.3032	0.3017	0.3017
	每股盈余公积金(元)	–	0.0922	0.0922	0.0922
	每股未分配利润(元)	–	–0.4094	–0.4399	–0.4359
	净资产收益率(%)	6.9591	2.6838	–0.4200	10.0300
	加权净资产收益率(%)	7.2500	2.7200	–0.4200	10.6500
	净资产收益率(扣除)(%)	–	–	–	–
	总资产(万元)	47428.22	51415.51	47662.49	51882.13
	归属母公司股东权益(万元)	20614.22	19071.96	18452.28	18530.34
	主营业务收入(万元)	16491.58	42435.57	16493.67	47033.83
	营业收入(万元)	17121.49	43874.87	17057.80	48069.79
	主营成本(万元)	13025.95	33027.22	12954.24	34822.93
	营业成本(万元)	13649.62	34167.36	13412.09	35628.75
	投资收益(万元)	939.10	746.31	291.74	718.04
	净利润(万元)	1464.68	856.48	–221.98	2259.17
	利润总额(万元)	1547.01	950.36	–201.03	2885.43

金叶珠宝股份有限公司

公司概况	公司名称	金叶珠宝股份有限公司			证券简称	金叶珠宝
	法人代表	朱要文	董秘	赵国文	证券代码	000587
	公司网址	www.goldzb.com.cn		电子信箱	jinye[illegible]00587@163.com	
	电　话	010-64100338		传　真	010-64106991	
	办公地址	北京市朝阳区东三环北路 2 号南银大厦 19 层				
	经营范围	加工、销售贵金属首饰、珠宝玉器、工艺美术品、金银回收等				

主要财务指标	指标＼报告期	2013.06.30	2012.12.31	2012.06.30	2011.12.31
	基本每股收益(元)	0.1000	0.3200	0.1300	0.9800
	基本每股收益(扣除)(元)	0.1000	0.3100	0.1300	0.2800
	每股净资产(元)	1.9817	1.8767	1.6900	0.2100
	每股经营现金净流量(元)	0.7787	–0.4657	–0.1179	–0.3960
	每股现金流量(元)	0.0192	–0.1942	0.1452	0.0284
	每股资本公积金(元)	0.7060	0.7060	0.7060	0.7060
	每股盈余公积金(元)	0.0324	0.0324	0.0324	0.0324
	每股未分配利润(元)	0.2434	0.1384	–0.0510	–0.1801
	净资产收益率(%)	5.2971	16.9683	7.7500	62.9390
	加权净资产收益率(%)	5.4400	18.5400	8.0600	209.1200
	净资产收益率(扣除)(%)	–	–	–	–
	总资产(万元)	220125.18	194818.97	157[illegible]74.28	138367.12
	归属母公司股东权益(万元)	110407.81	104559.37	94[illegible]07.22	86817.45
	主营业务收入(万元)	355533.76	642226.25	245326.14	251747.68
	营业收入(万元)	355762.02	642682.22	245461.78	251854.81
	主营成本(万元)	335488.42	600207.63	227168.30	223912.86
	营业成本(万元)	335493.15	600270.25	227168.30	223951.81
	投资收益(万元)	–	–	–	–
	净利润(万元)	5902.98	17972.19	7293.99	54641.82
	利润总额(万元)	8347.98	24226.12	9887.11	59626.18

贵州轮胎股份有限公司

公司概况	公司名称	贵州轮胎股份有限公司			证券简称	黔轮胎A
	法人代表	马世春	董秘	李尚武	证券代码	000589
	公司网址	www.gztyre.com		电子信箱	jiang_dk@sina.com	
	电　话	0851-4763651 4767826		传　真	0851-4767826	
	办公地址	贵州省贵阳市百花大道41号				
	经营范围	轮胎生产与销售等				

	指标\报告期	2013.06.30	2012.12.31	2012.06.30	2011.12.31
主要财务指标	基本每股收益(元)	0.1900	0.2600	0.0900	0.2000
	基本每股收益(扣除)(元)	0.1600	0.1700	0.0900	0.1300
	每股净资产(元)	4.7101	4.5764	4.4700	4.3700
	每股经营现金净流量(元)	0.8470	2.2042	0.7097	-0.8330
	每股现金流量(元)	0.3822	0.2068	0.0737	0.2173
	每股资本公积金(元)	1.7851	1.7851	1.7851	1.7851
	每股盈余公积金(元)	0.2752	0.2752	0.2576	0.2576
	每股未分配利润(元)	1.6513	1.5169	1.4257	1.3323
	净资产收益率(%)	4.1267	5.7300	2.0800	4.4600
	加权净资产收益率(%)	4.1400	5.8500	2.1100	4.6300
	净资产收益率(扣除)(%)	-	-	-	-
	总资产(万元)	715680.49	673526.89	717273.41	706261.23
	归属母公司股东权益(万元)	230278.04	223741.56	218427.01	213861.05
	主营业务收入(万元)	-	655474.03	345234.37	749499.78
	营业收入(万元)	326814.57	659659.94	347292.06	753622.44
	主营成本(万元)	-	549807.19	292845.06	655007.90
	营业成本(万元)	267040.76	550991.42	293386.23	656500.76
	投资收益(万元)	1234.88	1175.07	470.04	45.53
	净利润(万元)	9536.22	12845.46	4565.41	9597.46
	利润总额(万元)	11567.04	16616.48	6546.61	13304.56

紫光古汉集团股份有限公司

公司概况	公司名称	紫光古汉集团股份有限公司			证券简称	紫光古汉
	法人代表	乔志城	董秘	曹定兴	证券代码	000590
	公司网址	www.guhan.com		电子信箱	stocks@guhan.com	
	电　话	0734-8239335		传　真	0734-8239335	
	办公地址	湖南省衡阳市蒸湘区蔡伦路33号				
	经营范围	研制、开发、生产口服液、大输液、片剂、原料药、丸剂、冲剂、酒剂等				

	指标\报告期	2013.06.30	2012.12.31	2012.06.30	2011.12.31
主要财务指标	基本每股收益(元)	0.0764	0.6162	0.2242	0.3230
	基本每股收益(扣除)(元)	0.0765	0.1493	0.1868	0.3379
	每股净资产(元)	2.0895	2.1429	1.9700	1.7795
	每股经营现金净流量(元)	0.0788	0.0884	0.1322	0.1520
	每股现金流量(元)	-0.0734	0.5874	0.4509	0.0927
	每股资本公积金(元)	0.6838	0.6838	0.5651	0.7523
	每股盈余公积金(元)	0.2055	0.2055	0.1506	0.1106
	每股未分配利润(元)	0.2001	0.2536	0.2590	-0.0834
	净资产收益率(%)	3.6552	28.7530	12.4900	19.9657
	加权净资产收益率(%)	3.5000	32.3800	13.3200	22.1700
	净资产收益率(扣除)(%)	-	-	-	-
	总资产(万元)	65730.15	70401.76	69238.81	60245.37
	归属母公司股东权益(万元)	46664.00	47858.14	40092.62	36129.14
	主营业务收入(万元)	17487.15	36341.97	19789.81	34348.69
	营业收入(万元)	17489.58	36342.04	19789.84	34350.85
	主营成本(万元)	8188.35	17795.11	10484.96	15024.53
	营业成本(万元)	8188.38	17795.18	10484.99	15024.63
	投资收益(万元)	-	12454.05	-38.75	2035.20
	净利润(万元)	1705.66	13760.63	5006.75	7213.44
	利润总额(万元)	2193.95	18423.56	5562.99	8792.88

重庆桐君阁股份有限公司

公司概况	公司名称	重庆桐君阁股份有限公司			证券简称	桐君阁
	法人代表	袁永红	董秘	刘燕	证券代码	000591
	公司网址	www.tjgcq.com		电子信箱	tjg000591@163.com	
	电　话	023-89885200 89885243		传　真	023-89885201 89885239	
	办公地址	重庆市渝中区解放西路1号				
	经营范围	中西成药生产及销售等				

	指标\报告期	2013.06.30	2012.12.31	2012.06.30	2011.12.31
主要财务指标	基本每股收益(元)	0.0684	0.1107	0.0670	0.0382
	基本每股收益(扣除)(元)	-	0.0380	0.0620	0.0197
	每股净资产(元)	1.5732	1.5070	1.4600	1.3900
	每股经营现金净流量(元)	0.3315	0.6915	-0.0638	0.3435
	每股现金流量(元)	0.1093	-0.0963	-0.2973	0.0814
	每股资本公积金(元)	0.0703	0.0724	0.0715	0.0713
	每股盈余公积金(元)	0.2230	0.2230	0.2121	0.2121
	每股未分配利润(元)	0.2799	0.2115	0.1786	0.1116
	净资产收益率(%)	4.3489	7.3489	4.5801	2.7350
	加权净资产收益率(%)	4.4500	7.6300	4.6900	2.7100
	净资产收益率(扣除)(%)	-	-	-	-
	总资产(万元)	300189.03	292446.00	257771.10	269779.70
	归属母公司股东权益(万元)	43205.33	41385.53	40156.13	38312.85
	主营业务收入(万元)	235968.58	468050.08	255302.89	475252.84
	营业收入(万元)	239460.28	470828.48	258970.46	478250.20
	主营成本(万元)	202836.74	403618.53	224173.73	418054.35
	营业成本(万元)	203835.56	404643.15	225233.77	419105.18
	投资收益(万元)	44.11	8.00	-	1.62
	净利润(万元)	1190.08	1903.55	1025.74	317.55
	利润总额(万元)	1590.24	3148.82	1412.28	1233.51

福建中福实业股份有限公司

公司概况	公司名称	福建中福实业股份有限公司			证券简称	中福实业
	法人代表	刘平山	董秘	杨佳熠	证券代码	000592
	公司网址	www.000592.com		电子信箱	zfsy000592@126.com	
	电　话	0591-87871990-102		传　真	0591-87383288	
	办公地址	福建省福州市鼓楼区五四路159号世界金龙大厦23层				
	经营范围	造林、营林、林产品加工与销售等				

	指标\报告期	2013.06.30	2012.12.31	2012.06.30	2011.12.31
主要财务指标	基本每股收益(元)	0.0151	0.0142	-0.0215	0.0119
	基本每股收益(扣除)(元)	0.0126	0.0069	-0.0240	-0.0274
	每股净资产(元)	1.2224	1.2072	1.1693	1.5500
	每股经营现金净流量(元)	-0.1089	0.0930	0.0905	-0.0702
	每股现金流量(元)	-0.2739	-0.0130	0.0433	-0.3352
	每股资本公积金(元)	0.6435	0.6434	0.6411	1.1335
	每股盈余公积金(元)	0.0390	0.0390	0.0390	0.0507
	每股未分配利润(元)	-0.4601	-0.4752	-0.5108	-0.6362
	净资产收益率(%)	1.2337	1.1740	-1.8400	1.0003
	加权净资产收益率(%)	1.2400	1.1800	-1.8200	1.0100
	净资产收益率(扣除)(%)	-	-	-	-
	总资产(万元)	180799.53	182524.12	180097.65	182260.26
	归属母公司股东权益(万元)	103584.33	102300.34	99085.23	100904.76
	主营业务收入(万元)	37552.43	70788.77	32703.79	61946.44
	营业收入(万元)	38634.42	72728.51	33452.69	68860.96
	主营成本(万元)	31934.55	61766.92	29682.56	54088.70
	营业成本(万元)	32244.26	62345.04	29865.85	56628.00
	投资收益(万元)	46.81	376.89	-	626.45
	净利润(万元)	1419.74	1657.49	-2042.44	851.25
	利润总额(万元)	1549.12	1916.42	-1945.33	995.65

四川大通燃气开发股份有限公司

公司概况	公司名称	四川大通燃气开发股份有限公司			证券简称	大通燃气
	法人代表	李占通	董秘	郑蜀闽	证券代码	000593
	公司网址	www.dtrq.com		电子信箱	dtrq_db@163.com	
	电　话	028-68539558		传　真	028-68539800	
	办公地址	四川省成都市建设路 55 号				
	经营范围	城市管道燃气、零售商业等				

主要财务指标	指标\报告期	2013.06.30	2012.12.31	2012.06.30	2011.12.31
	基本每股收益(元)	0.0110	0.0700	0.0170	0.2300
	基本每股收益(扣除)(元)	0.0110	0.0530	0.0140	0.2250
	每股净资产(元)	1.5147	1.5037	1.5090	1.4900
	每股经营现金净流量(元)	-0.0226	0.0573	-0.1114	0.4119
	每股现金流量(元)	-0.1809	-0.1699	-0.2431	-0.1010
	每股资本公积金(元)	0.1537	0.1537	0.1548	0.1548
	每股盈余公积金(元)	0.0107	0.0107	0.0109	0.0095
	每股未分配利润(元)	0.3503	0.3393	0.3433	0.3273
	净资产收益率(%)	0.7301	4.8637	1.1500	15.3760
	加权净资产收益率(%)	0.7300	4.7900	1.1500	16.6600
	净资产收益率(扣除)(%)	-	-	-	-
	总资产(万元)	58672.96	62732.18	58881.46	65335.44
	归属母公司股东权益(万元)	33829.83	33582.83	33699.58	33313.52
	主营业务收入(万元)	-	42579.16	19509.50	53430.97
	营业收入(万元)	22104.92	45042.66	20498.64	55682.31
	主营成本(万元)	-	31678.22	14860.59	36320.57
	营业成本(万元)	16140.53	31917.90	14982.54	36731.10
	投资收益(万元)	-3.25	237.91	157.02	47.23
	净利润(万元)	247.01	1624.85	377.52	5130.43
	利润总额(万元)	422.44	2063.87	614.76	7074.02

天津国恒铁路控股股份有限公司

公司概况	公司名称	天津国恒铁路控股股份有限公司			证券简称	*ST 国恒
	法人代表	蔡文杰	董秘	廖小庆	证券代码	000594
	公司网址	www.guotiekonggu.com		电子信箱	gtkg000594@126.com	
	电　话	022-23686400		传　真	022-23686220	
	办公地址	天津市和平区新兴路万科都市花园 5 号楼 25 层				
	经营范围	对铁路、房地产开发项目进行投资及投资咨询服务等				

主要财务指标	指标\报告期	2013.06.30	2012.12.31	2012.06.30	2011.12.31
	基本每股收益(元)	0.0008	-0.0300	0.0041	-0.0120
	基本每股收益(扣除)(元)	-0.0049	-0.0440	-0.0171	-0.0100
	每股净资产(元)	2.0358	2.0349	2.0600	2.0600
	每股经营现金净流量(元	0.0269	0.3325	-0.0176	-0.2088
	每股现金流量(元)	0.0062	0.4745	0.0333	-0.5066
	每股资本公积金(元)	0.8598	0.8598	0.8543	0.8543
	每股盈余公积金(元)	0.0579	0.0579	0.0579	0.0579
	每股未分配利润(元)	0.1180	0.1172	0.1510	0.1469
	净资产收益率(%)	0.0410	-1.4500	0.2000	-0.6042
	加权净资产收益率(%)	0.0400	-1.4600	0.2000	-0.3000
	净资产收益率(扣除)(%)	-	-	-	-
	总资产(万元)	416941.36	415953.84	425064.46	442527.25
	归属母公司股东权益(万元)	304099.04	303974.45	308209.15	307602.65
	主营业务收入(万元)	25435.63	87119.48	48408.32	148211.20
	营业收入(万元)	25585.63	87140.95	48422.33	148482.69
	主营成本(万元)	25234.52	86672.51	48130.49	145145.76
	营业成本(万元)	25234.52	86682.00	51379.32	145314.51
	投资收益(万元)	-	350.93	4242.61	4.87
	净利润(万元)	56.91	-4803.12	506.77	-2215.38
	利润总额(万元)	73.16	-5127.56	1262.61	-1672.70

西北轴承股份有限公司

公司概况	公司名称	西北轴承股份有限公司			证券简称	西北轴承
	法人代表	张立忠	董秘	高筱刚	证券代码	000595
	公司网址	www.nxz.com.cn		电子信箱	gxg3503@163.com	
	电　话	0951-2036188 2024242		传　真	0951-2024242	
	办公地址	宁夏回族自治区银川市西夏区北京西路 630 号				
	经营范围	各类滚动轴承的生产和销售等				

主要财务指标	指标\报告期	2013.06.30	2012.12.31	2012.06.30	2011.12.31
	基本每股收益(元)	-0.1460	0.0400	0.1290	0.0300
	基本每股收益(扣除)(元)	-0.1510	-0.3700	-0.1910	-0.1300
	每股净资产(元)	1.4689	1.0329	1.1200	1.0000
	每股经营现金净流量(元)	-0.0680	0.1735	0.0532	-0.1332
	每股现金流量(元)	0.5433	0.0448	0.0069	-0.0151
	每股资本公积金(元)	1.3865	0.9348	0.9348	0.9348
	每股盈余公积金(元)	0.0433	0.0433	0.0433	0.0433
	每股未分配利润(元)	-1.0916	-0.9452	-0.8533	-0.9826
	净资产收益率(%)	-8.7226	3.6220	11.5000	3.3200
	加权净资产收益率(%)	-15.2500	3.6900	12.2000	3.4000
	净资产收益率(扣除)(%)	-	-	-	-
	总资产(万元)	99394.12	84241.45	86343.88	87917.09
	归属母公司股东权益(万元)	36383.97	22395.84	24383.34	21584.66
	主营业务收入(万元)	18041.03	34144.97	17659.74	41888.11
	营业收入(万元)	19251.51	37367.75	18915.39	47622.26
	主营成本(万元)	17320.28	30118.59	15242.77	31908.18
	营业成本(万元)	18334.68	32599.78	16329.47	36919.20
	投资收益(万元)	25.50	-	-	-234.47
	净利润(万元)	-3173.64	811.17	2803.67	716.64
	利润总额(万元)	-3173.19	811.20	2803.67	718.22

安徽古井贡酒股份有限公司

公司概况	公司名称	安徽古井贡酒股份有限公司			证券简称	古井贡酒
	法人代表	余林	董秘	叶长青	证券代码	000596
	公司网址	www.gujing.com		电子信箱	ycq@gujing.com.cn	
	电　话	0558-5712231 5710057		传　真	0558-5317706	
	办公地址	安徽省亳州市古井镇				
	经营范围	古井、古井贡、老八大和野太阳品牌及其系列酒的主产和销售				

主要财务指标	指标\报告期	2013.06.30	2012.12.31	2012.06.30	2011.12.31
	基本每股收益(元)	0.7500	1.4400	0.8200	1.1700
	基本每股收益(扣除)(元)	0.7300	1.4100	0.8100	1.1400
	每股净资产(元)	6.9391	6.7027	6.0800	10.9700
	每股经营现金净流量(元)	0.2834	2.1582	0.2938	2.4857
	每股现金流量(元)	-2.2288	0.6506	-0.5109	5.7141
	每股资本公积金(元)	2.5658	2.5755	2.5714	6.1427
	每股盈余公积金(元)	0.4343	0.4343	0.2920	0.5841
	每股未分配利润(元)	2.9390	2.6928	2.2159	3.2387
	净资产收益率(%)	10.7526	21.4958	14.9800	20.5130
	加权净资产收益率(%)	10.9400	23.8000	14.2100	31.6500
	净资产收益率(扣除)(%)	-	-	-	-
	总资产(万元)	515978.79	530812.75	426192.89	424181.96
	归属母公司股东权益(万元)	349454.15	337548.81	306152.94	276111.53
	主营业务收入(万元)	229427.81	414869.70	219866.96	327753.36
	营业收入(万元)	230695.47	419705.73	222780.92	330797.92
	主营成本(万元)	71479.56	119372.79	55975.03	83304.76
	营业成本(万元)	72652.15	122083.11	57319.94	86101.28
	投资收益(万元)	58.15	-	-	165.66
	净利润(万元)	37575.28	72558.93	41372.41	56639.03
	利润总额(万元)	50972.97	97242.71	55579.87	85007.49

东北制药集团股份有限公司

公司概况	公司名称	东北制药集团股份有限公司			证券简称	东北制药
	法人代表	魏海军	董秘	魏海军(代)	证券代码	000597
	公司网址	www.negpf.com.cn			电子信箱	dystock@negpf.com.cn
	电　话	024-25806963 25806100			传　真	024-25806300
	办公地址	辽宁省沈阳市经济技术开发区昆明湖街 8 号				
	经营范围	生产和销售化学原料药品及制剂药品、经营医药产品批发及零售等				

主要财务指标	指标＼报告期	2013.06.30	2012.12.31	2012.06.30	2011.12.31
	基本每股收益(元)	-0.0980	0.0400	-0.3620	-1.1800
	基本每股收益(扣除)(元)	-0.1260	-1.0600	-0.3760	-1.4000
	每股净资产(元)	4.9046	5.0068	4.6200	4.9622
	每股经营现金净流量(元)	-0.4409	0.2579	0.0446	-0.6992
	每股现金流量(元)	0.0379	-0.0075	0.3041	-0.6980
	每股资本公积金(元)	2.5045	2.4901	2.4871	2.4901
	每股盈余公积金(元)	0.2996	0.2996	0.3016	0.2996
	每股未分配利润(元)	1.1042	1.2022	0.8358	1.1758
	净资产收益率(%)	-1.9975	0.8905	-7.8500	-23.8029
	加权净资产收益率(%)	-1.9800	0.8900	-7.5800	-21.5500
	净资产收益率(扣除)(%)	-	-	-	-
	总资产(万元)	641633.18	599327.55	605820.21	587246.45
	归属母公司股东权益(万元)	163721.77	166521.66	154260.73	165644.85
	主营业务收入(万元)	198516.58	372901.96	192881.64	367892.14
	营业收入(万元)	203041.47	386491.31	200237.33	388277.96
	主营成本(万元)	139183.45	278754.32	144923.44	291840.15
	营业成本(万元)	142845.06	290844.61	150950.65	309016.62
	投资收益(万元)	-	-50.45	-	3.71
	净利润(万元)	-3338.27	1220.75	-12339.46	-38579.27
	利润总额(万元)	-2997.70	4982.76	-11162.95	-38555.12

成都市兴蓉投资股份有限公司

公司概况	公司名称	成都市兴蓉投资股份有限公司			证券简称	兴蓉投资
	法人代表	刘华(代)	董秘	张颖	证券代码	000598
	公司网址	www.xrtz.cn			电子信箱	xrtz000598@xrtz.cn
	电　话	028-85913967			传　真	028-85007805
	办公地址	四川省成都市航空路 1 号国航世纪中心 B 栋 2 层				
	经营范围	自来水、污水处理、污泥处理、环保项目的投资、设计、建设等				

主要财务指标	指标＼报告期	2013.06.30	2012.12.31	2012.06.30	2011.12.31
	基本每股收益(元)	0.1500	0.6300	0.1400	0.5200
	基本每股收益(扣除)(元)	-	0.6100	0.3100	0.4000
	每股净资产(元)	2.1545	3.7536	3.4400	3.3400
	每股经营现金净流量(元)	0.1734	0.8482	0.4009	0.8247
	每股现金流量(元)	0.4211	-0.2731	-0.4018	0.6095
	每股资本公积金(元)	0.5992	1.6051	1.6051	1.7122
	每股盈余公积金(元)	0.0223	0.0576	0.0407	0.0398
	每股未分配利润(元)	0.5331	1.0909	0.7960	0.5841
	净资产收益率(%)	6.3436	16.7634	9.2200	15.5656
	加权净资产收益率(%)	7.5700	17.9200	9.2600	15.1200
	净资产收益率(扣除)(%)	-	-	-	-
	总资产(万元)	1034183.15	834600.09	746334.13	721704.73
	归属母公司股东权益(万元)	643382.68	433003.25	397029.39	384833.01
	主营业务收入(万元)	114398.07	211836.83	98749.46	192682.36
	营业收入(万元)	115640.60	215184.58	100102.96	196167.13
	主营成本(万元)	55726.18	101618.66	44515.99	96421.68
	营业成本(万元)	56480.14	103901.84	45571.70	99045.16
	投资收益(万元)	-	25.29	-	-
	净利润(万元)	40950.62	72628.14	36610.86	59907.38
	利润总额(万元)	48218.49	84706.17	42680.99	70863.57

青岛双星股份有限公司

公司概况	公司名称	青岛双星股份有限公司			证券简称	青岛双星
	法人代表	柴永森	董秘	王幸友	证券代码	000599
	公司网址	www.doublestar.com.cn			电子信箱	gqb@doublestar.com.cn
	电　话	0532-82657986			传　真	0532-82657986
	办公地址	山东省青岛市瞿塘峡路 45 号海富楼三楼				
	经营范围	橡胶轮胎、机械、绣品的制造、销售、国内外贸易等				

主要财务指标	指标＼报告期	2013.06.30	2012.12.31	2012.06.30	2011.12.31
	基本每股收益(元)	0.0200	0.0400	0.0180	0.0700
	基本每股收益(扣除)(元)	-	0.0040	0.0030	0.0400
	每股净资产(元)	2.9287	2.9188	2.9000	2.8800
	每股经营现金净流量(元)	0.1446	0.5214	0.1461	0.3691
	每股现金流量(元)	-0.0836	-0.0207	0.1658	0.0951
	每股资本公积金(元)	0.8841	0.8841	0.8841	0.8841
	每股盈余公积金(元)	0.0762	0.0762	0.0762	0.0762
	每股未分配利润(元)	0.9683	0.9585	0.9363	0.9185
	净资产收益率(%)	0.6768	1.3716	0.6100	2.3898
	加权净资产收益率(%)	0.6800	1.3800	0.6200	2.4200
	净资产收益率(扣除)(%)	-	-	-	-
	总资产(万元)	481421.97	481420.18	516564.56	491576.68
	归属母公司股东权益(万元)	153704.78	153189.33	152022.01	151088.12
	主营业务收入(万元)	257737.13	-	302799.14	626371.74
	营业收入(万元)	263199.42	590851.07	305475.88	631549.45
	主营成本(万元)	234035.70	-	-	580209.13
	营业成本(万元)	237697.12	537616.49	280640.82	581606.05
	投资收益(万元)	-	15.00	-	-
	净利润(万元)	1039.62	2099.79	933.11	3607.53
	利润总额(万元)	1649.49	3764.91	1333.89	4001.12

河北建投能源投资股份有限公司

公司概况	公司名称	河北建投能源投资股份有限公司			证券简称	建投能源
	法人代表	米大斌	董秘	姚勖	证券代码	000600
	公司网址				电子信箱	jei@jei.com.cn
	电　话	0311-85518633			传　真	0311-85518601
	办公地址	河北省石家庄市裕华西路 9 号裕园广场 A 座 17 层				
	经营范围	投资建设、经营管理以电力生产为主的能源项目				

主要财务指标	指标＼报告期	2013.06.30	2012.12.31	2012.06.30	2011.12.31
	基本每股收益(元)	0.2710	0.1090	0.0630	0.0160
	基本每股收益(扣除)(元)	0.2680	0.0990	0.0610	-0.0580
	每股净资产(元)	3.4513	3.2307	3.1800	3.1400
	每股经营现金净流量(元)	1.3440	1.6496	0.3833	0.1801
	每股现金流量(元)	-0.0631	0.0427	-0.3426	0.4748
	每股资本公积金(元)	1.8124	1.8129	1.8127	1.8124
	每股盈余公积金(元)	0.1233	0.1233	0.1103	0.1103
	每股未分配利润(元)	0.5156	0.2945	0.2615	0.2185
	净资产收益率(%)	7.8554	3.3747	1.9800	0.5020
	加权净资产收益率(%)	8.0540	3.4200	1.9900	0.5000
	净资产收益率(扣除)(%)	-	-	-	-
	总资产(万元)	1742695.98	1700952.89	1584946.66	1560041.96
	归属母公司股东权益(万元)	315332.11	295177.46	290953.97	286996.02
	主营业务收入(万元)	-	642009.66	316897.97	602031.33
	营业收入(万元)	376708.07	642009.66	317711.92	603215.63
	主营成本(万元)	-	536881.48	268581.32	530466.80
	营业成本(万元)	295905.29	536881.48	268686.47	530606.98
	投资收益(万元)	11340.92	12385.86	6408.24	6984.40
	净利润(万元)	39018.59	17038.60	9124.27	1627.68
	利润总额(万元)	48131.88	24461.89	12115.75	4639.94

广东韶能集团股份有限公司

公司概况	公司名称	广东韶能集团股份有限公司		证券简称	韶能股份
	法人代表	陈来泉	董秘	胡启金	证券代码	000601
	公司网址	www.shaoneng.com.cn		电子信箱	sncwzx@163.com
	电　话	0751-8153162		传　真	0751-8535226
	办公地址	广东省韶关市武江区沿江路 16 号			
	经营范围	公司主营业务范围包括电力、水泥、机械加工等			

	指标＼报告期	2013.06.30	2012.12.31	2012.06.30	2011.12.31
主要财务指标	基本每股收益(元)	0.1740	0.1500	0.1352	0.0900
	基本每股收益(扣除)(元)	0.1684	0.1000	0.1177	0.0300
	每股净资产(元)	3.5342	3.3800	3.3600	3.2500
	每股经营现金净流量(元)	0.3913	0.6963	0.3974	0.5738
	每股现金流量(元)	0.5647	–0.1260	0.4970	0.0308
	每股资本公积金(元)	1.6995	1.5609	1.5609	1.5637
	每股盈余公积金(元)	–	0.4115	0.3991	0.3874
	每股未分配利润(元)	–	0.4036	0.4032	0.2997
	净资产收益率(%)	4.5711	4.3840	4.0200	2.8570
	加权净资产收益率(%)	5.0100	4.4700	4.0800	2.8900
	净资产收益率(扣除)(%)	–	–	–	–
	总资产(万元)	925492.18	848717.84	899213.14	817048.03
	归属母公司股东权益(万元)	381889.31	312463.76	311280.76	300881.79
	主营业务收入(万元)	118479.45	208185.71	106792.31	201472.85
	营业收入(万元)	124324.56	214890.74	111292.89	210960.67
	主营成本(万元)	69396.92	145198.39	68202.51	155705.15
	营业成本(万元)	72636.37	149428.50	70942.63	161015.40
	投资收益(万元)	17.84	13.00	13.00	8267.30
	净利润(万元)	20833.65	14771.37	13376.06	8714.15
	利润总额(万元)	28000.69	20247.40	17257.44	13253.00

广东金马旅游集团股份有限公司

公司概况	公司名称	广东金马旅游集团股份有限公司		证券简称	金马集团
	法人代表	肖创英	董秘	潘广洲	证券代码	000602
	公司网址			电子信箱	lnkk@luneng.com
	电　话	0768-2268959　2262628		传　真	0768-2297613　2262628
	办公地址	广东省潮州市潮枫路旅游大厦四层			
	经营范围	煤炭开采、发电业务、信息网络及通信服务业等			

	指标＼报告期	2013.06.30	2012.12.31	2012.06.30	2011.12.31
主要财务指标	基本每股收益(元)	0.1830	0.4892	0.3990	0.4526
	基本每股收益(扣除)(元)	–	–	0.1569	0.0559
	每股净资产(元)	3.5977	3.2900	7.3900	6.6100
	每股经营现金净流量(元)	0.4955	0.4468	0.9244	2.5973
	每股现金流量(元)	0.1518	–0.5399	0.0489	1.0407
	每股资本公积金(元)	0.8154	0.8154	2.6303	2.6586
	每股盈余公积金(元)	0.1249	0.0347	0.0695	0.0179
	每股未分配利润(元)	1.5867	1.3470	3.5127	2.7441
	净资产收益率(%)	5.0790	14.8486	10.7820	13.6950
	加权净资产收益率(%)	5.0300	13.6600	11.4200	15.5400
	净资产收益率(扣除)(%)	–	–	–	–
	总资产(万元)	1271850.89	1394641.64	1388085.82	1405280.14
	归属母公司股东权益(万元)	363064.29	332456.06	372992.66	333475.96
	主营业务收入(万元)	–	–	–	–
	营业收入(万元)	113541.81	356249.14	123831.35	403299.85
	主营成本(万元)	–	–	–	–
	营业成本(万元)	71780.83	258064.90	93208.16	311898.77
	投资收益(万元)	1499.72	6287.82	2809.45	8012.59
	净利润(万元)	24944.35	72736.00	56181.94	64380.40
	利润总额(万元)	33500.11	100223.21	75634.98	89089.34

盛达矿业股份有限公司

公司概况	公司名称	盛达矿业股份有限公司		证券简称	盛达矿业
	法人代表	朱胜利	董秘	代继陈	证券代码	000603
	公司网址	www.sdjt.com		电子信箱	shengdadjc020909@163.com
	电　话	010-56933771		传　真	010-56933779
	办公地址	北京市丰台区南方庄 158 号盛达大厦 2 层			
	经营范围	对有色金属矿采选业进行投资、矿山工程技术咨询服务、销售矿产品等			

	指标＼报告期	2013.06.30	2012.12.31	2012.06.30	2011.12.31
主要财务指标	基本每股收益(元)	0.3000	0.6800	0.3000	0.8800
	基本每股收益(扣除)(元)	0.3000	0.6700	0.2960	0.8600
	每股净资产(元)	1.6536	1.3483	0.9700	1.1510
	每股经营现金净流量(元)	0.4690	0.8664	0.6038	1.1114
	每股现金流量(元)	0.3513	–0.1176	–0.0591	0.6454
	每股资本公积金(元)	–	–	–	–
	每股盈余公积金(元)	–	–	–	–
	每股未分配利润(元)	1.4532	1.1555	0.7694	0.9538
	净资产收益率(%)	18.0039	50.5573	24.2600	60.4250
	加权净资产收益率(%)	19.8900	56.2500	24.2600	79.1000
	净资产收益率(扣除)(%)	–	–	–	–
	总资产(万元)	121356.54	105072.10	101708.17	105075.94
	归属母公司股东权益(万元)	83504.95	68087.80	49154.43	58124.64
	主营业务收入(万元)	42057.76	92234.65	40396.78	94182.95
	营业收入(万元)	42057.76	92284.65	40396.78	94182.95
	主营成本(万元)	6289.18	11786.74	5409.00	11771.14
	营业成本(万元)	6289.18	11786.74	5409.00	11771.14
	投资收益(万元)	–	–	–	–
	净利润(万元)	23859.61	54277.76	23767.59	55924.39
	利润总额(万元)	31802.15	72156.30	31678.18	74795.90

四环药业股份有限公司

公司概况	公司名称	四环药业股份有限公司		证券简称	四环药业
	法人代表	张秉军	董秘	吕林祥	证券代码	000605
	公司网址	www.sihuanyaoye.com		电子信箱	info_shyy@sohu.net
	电　话	010-68003377　68001660		传　真	010-68001816
	办公地址	北京市西城区阜外大街 3 号东润时代大厦 8 层			
	经营范围	生物医药、中西药的研究开发等			

	指标＼报告期	2013.06.30	2012.12.31	2012.06.30	2011.12.31
主要财务指标	基本每股收益(元)	–0.0222	0.0560	0.0105	–0.0197
	基本每股收益(扣除)(元)	–0.0219	0.0556	0.0100	–0.0234
	每股净资产(元)	0.5894	0.6116	0.5660	0.5600
	每股经营现金净流量(元)	–0.0164	0.0339	–0.0001	–0.0114
	每股现金流量(元)	–0.0177	0.0765	0.0521	0.0031
	每股资本公积金(元)	1.9882	1.9882	1.9882	1.9882
	每股盈余公积金(元)	0.1022	0.1022	0.1022	0.1022
	每股未分配利润(元)	–2.5010	–2.4788	–2.5243	–2.5348
	净资产收益率(%)	–3.7596	9.1544	1.8500	–3.5400
	加权净资产收益率(%)	–3.6900	9.5900	1.8700	–3.4800
	净资产收益率(扣除)(%)	–	–	–	–
	总资产(万元)	17376.86	13787.49	13852.38	13250.79
	归属母公司股东权益(万元)	5494.72	5701.29	5277.15	5179.37
	主营业务收入(万元)	3377.17	5823.98	2555.04	3864.83
	营业收入(万元)	3377.17	5823.98	2555.04	3864.83
	主营成本(万元)	2300.12	3693.88	1706.47	2970.99
	营业成本(万元)	2300.12	3693.88	1706.47	2970.99
	投资收益(万元)	–	35.00	–	–
	净利润(万元)	–208.67	532.42	100.52	–183.64
	利润总额(万元)	–208.67	561.11	100.52	–183.64

青海明胶股份有限公司

公司概况						
公司概况	公司名称	青海明胶股份有限公司			证券简称	青海明胶
	法人代表	赵华	董秘	华彧民	证券代码	000606
	公司网址	www.my0606.com.cn			电子信箱	zongcb@my0606.com.cn
	电　　话	022-59852166 0971-8013495			传　　真	022-59852168 0971-5226338
	办公地址	青海省西宁市城北区纬一路18号				
	经营范围	明胶系列产品、硬胶囊系列产品生产与销售等				

主要财务指标	指标\报告期	2013.06.30	2012.12.31	2012.06.30	2011.12.31
	基本每股收益(元)	-0.0096	0.0076	-0.0202	-0.0375
	基本每股收益(扣除)(元)	-0.0223	-0.0148	-0.0221	-0.1016
	每股净资产(元)	1.9743	2.0738	1.4400	1.4600
	每股经营现金净流量(元)	-0.0239	0.0818	0.0370	-0.0076
	每股现金流量(元)	-0.2283	0.5992	0.0572	-0.1892
	每股资本公积金(元)	0.9179	1.0078	0.3890	0.3896
	每股盈余公积金(元)	0.0593	0.0593	0.0690	0.0690
	每股未分配利润(元)	-0.0029	0.0067	-0.0200	0.0003
	净资产收益率(%)	-0.4877	0.3145	-1.4100	-2.5710
	加权净资产收益率(%)	-0.4654	0.4700	-1.4000	-2.5100
	净资产收益率(扣除)(%)	-	-	-	-
	总资产(万元)	148822.74	150786.31	113273.39	114506.44
	归属母公司股东权益(万元)	93209.79	97909.24	58377.80	59224.43
	主营业务收入(万元)	17409.52	31357.59	14536.57	58226.19
	营业收入(万元)	17872.94	31506.85	14609.55	58557.03
	主营成本(万元)	13672.61	23222.64	11173.51	34775.27
	营业成本(万元)	14112.29	23363.82	11225.38	34916.39
	投资收益(万元)	1120.60	1683.04	383.34	2562.44
	净利润(万元)	-484.70	204.99	-943.20	-1788.70
	利润总额(万元)	-58.27	1049.39	-796.79	-1379.28

浙江华智控股股份有限公司

公司概况						
公司概况	公司名称	浙江华智控股股份有限公司			证券简称	华智控股
	法人代表	金美星	董秘	熊波	证券代码	000607
	公司网址	www.000607.cn			电子信箱	000607@holley.cn
	电　　话	0571-89300130 89300698			传　　真	0571-89300130
	办公地址	浙江省杭州市余杭区五常大道181号华立科技园				
	经营范围	电工仪表的生产和销售等				

主要财务指标	指标\报告期	2013.06.30	2012.12.31	2012.06.30	2011.12.31
	基本每股收益(元)	0.0180	0.0500	0.0150	0.0700
	基本每股收益(扣除)(元)	0.0150	0.0300	-0.0410	0.0100
	每股净资产(元)	0.7599	0.7400	0.7118	0.7711
	每股经营现金净流量(元)	-0.2368	0.1009	-0.5447	0.2936
	每股现金流量(元)	-0.4363	0.0570	-0.4784	0.0975
	每股资本公积金(元)	0.0188	0.0188	0.0188	0.0767
	每股盈余公积金(元)	0.0834	0.0834	0.0834	0.0834
	每股未分配利润(元)	-0.3419	-0.3598	-0.3882	-0.3856
	净资产收益率(%)	2.3552	6.4888	2.0900	8.5867
	加权净资产收益率(%)	2.3900	6.0700	2.1100	7.4900
	净资产收益率(扣除)(%)	-	-	-	-
	总资产(万元)	191115.76	201523.76	163031.01	182669.57
	归属母公司股东权益(万元)	37062.36	36093.70	34716.43	37606.99
	主营业务收入(万元)	94758.33	159678.93	49815.15	162207.92
	营业收入(万元)	100670.07	176788.86	54245.64	175704.50
	主营成本(万元)	70233.73	114671.66	36587.25	123467.38
	营业成本(万元)	75357.81	129917.40	40091.17	135308.05
	投资收益(万元)	-182.19	-3208.37	22.04	2165.49
	净利润(万元)	2106.84	4922.52	1260.11	4900.72
	利润总额(万元)	2851.50	5181.52	1458.16	5976.39

阳光新业地产股份有限公司

公司概况						
公司概况	公司名称	阳光新业地产股份有限公司			证券简称	阳光股份
	法人代表	唐军	董秘	李峻	证券代码	000608
	公司网址	www.yangguangxinye.com			电子信箱	yangguangxinye@yangguangxinye.com
	电　　话	010-68361088			传　　真	010-88365280
	办公地址	北京市西城区西直门外大街112号阳光大厦11层				
	经营范围	房地产开发经营、装饰装修工程、自有商品房的租赁等				

主要财务指标	指标\报告期	2013.06.30	2012.12.31	2012.06.30	2011.12.31
	基本每股收益(元)	0.0400	0.3500	0.0700	0.2300
	基本每股收益(扣除)(元)	0.0400	0.3100	0.0700	0.2200
	每股净资产(元)	3.7381	3.7342	3.4500	3.3800
	每股经营现金净流量(元)	-0.2430	-0.7978	0.1570	-0.1072
	每股现金流量(元)	0.2252	-0.5561	-0.1758	-0.0555
	每股资本公积金(元)	0.7173	0.7173	0.7173	0.7173
	每股盈余公积金(元)	0.1242	0.1242	0.1091	0.1091
	每股未分配利润(元)	1.8965	1.8925	1.6241	1.5536
	净资产收益率(%)	1.1769	9.4804	2.0400	6.8270
	加权净资产收益率(%)	1.1800	9.9500	2.0700	7.0700
	净资产收益率(扣除)(%)	-	-	-	-
	总资产(万元)	774351.40	682980.10	705998.20	625664.60
	归属母公司股东权益(万元)	280322.30	280030.70	258759.70	253473.60
	主营业务收入(万元)	27262.70	44124.50	23385.60	74693.60
	营业收入(万元)	31191.00	54597.80	25325.10	80649.20
	主营成本(万元)	7269.30	9024.40	4411.20	34621.00
	营业成本(万元)	9512.10	14170.50	6142.70	39314.70
	投资收益(万元)	-1368.00	28474.50	4815.90	-678.40
	净利润(万元)	3089.40	27007.30	5904.90	18731.30
	利润总额(万元)	5401.30	32368.50	7355.60	20365.20

北京绵世投资集团股份有限公司

公司概况						
公司概况	公司名称	北京绵世投资集团股份有限公司			证券简称	绵世股份
	法人代表	郑宽	董秘	祖国	证券代码	000609
	公司网址	www.mainstreets.cn			电子信箱	zc@mainstreets.cn
	电　　话	010-65275609			传　　真	010-65279466
	办公地址	北京市东城区建国门内大街19号中纺大厦3层				
	经营范围	资产经营、投资开发经营房地产业及物业管理等				

主要财务指标	指标\报告期	2013.06.30	2012.12.31	2012.06.30	2011.12.31
	基本每股收益(元)	-0.0592	0.2837	0.0795	0.5275
	基本每股收益(扣除)(元)	-0.0336	0.1566	-0.0355	-0.2595
	每股净资产(元)	3.5109	3.5701	3.3700	3.3500
	每股经营现金净流量(元)	0.3031	0.5953	0.3314	1.2943
	每股现金流量(元)	-1.1049	-0.0654	-0.7114	1.3885
	每股资本公积金(元)	0.0665	0.0665	0.0665	0.0935
	每股盈余公积金(元)	0.1718	0.1718	0.1317	0.1718
	每股未分配利润(元)	2.2727	2.3318	2.1677	2.0882
	净资产收益率(%)	-1.6850	7.9464	2.3600	15.7306
	加权净资产收益率(%)	-1.6700	8.0500	2.3500	17.3900
	净资产收益率(扣除)(%)	-	-	-	-
	总资产(万元)	177624.16	158130.34	155478.79	146269.71
	归属母公司股东权益(万元)	104659.22	106422.70	100336.14	99965.92
	主营业务收入(万元)	654.54	16695.75	858.66	1702.11
	营业收入(万元)	714.47	16695.75	877.06	1702.11
	主营成本(万元)	271.00	11130.14	353.97	905.42
	营业成本(万元)	290.06	11130.14	396.37	933.13
	投资收益(万元)	1164.57	3686.18	2856.67	27.73
	净利润(万元)	-1900.75	8251.27	2306.94	15736.32
	利润总额(万元)	-2383.02	4202.38	2546.94	17439.69

西安旅游股份有限公司

公司概况	公司名称	西安旅游股份有限公司		证券简称	西安旅游
	法人代表	谢平伟	董秘　梦蕾	证券代码	000610
	公司网址	www.xatourism.com		电子信箱	xatour@000610.com
	电　话	029-82065555 82065529		传　真	029-82065500
	办公地址	陕西省西安市碑林区南二环西段27号旅游大厦7层			
	经营范围	旅游饭店、餐饮、服务经营和石油开发、开采及旅游景区、景点的开发经营等			

	指标\报告期	2013.06.30	2012.12.31	2012.06.30	2011.12.31
主要财务指标	基本每股收益(元)	–0.0318	0.0800	0.1281	0.1400
	基本每股收益(扣除)(元)	–0.0663	0.1049	0.1258	0.2041
	每股净资产(元)	2.2464	2.2982	2.3500	2.2200
	每股经营现金净流量(元)	–0.1156	0.3718	0.4227	0.4142
	每股现金流量(元)	–0.0830	0.0170	0.1569	–0.0514
	每股资本公积金(元)	0.4792	0.4792	0.4779	0.4779
	每股盈余公积金(元)	0.1728	0.1728	0.1624	0.1624
	每股未分配利润(元)	0.5943	0.6462	0.7060	0.5780
	净资产收益率(%)	–1.4178	3.4790	5.4500	6.3090
	加权净资产收益率(%)	–1.3900	3.5400	5.6100	6.4700
	净资产收益率(扣除)(%)	–	–	–	–
	总资产(万元)	62690.07	62658.35	66165.90	66574.73
	归属母公司股东权益(万元)	44197.25	45217.36	46164.10	43644.25
	主营业务收入(万元)	26195.50	85123.00	41424.35	77473.19
	营业收入(万元)	26195.50	85123.00	41424.35	77473.19
	主营成本(万元)	20975.02	65122.32	28724.77	53716.42
	营业成本(万元)	20975.02	65122.32	28724.77	53716.42
	投资收益(万元)	22.71	185.54	181.93	–10.72
	净利润(万元)	–654.49	1575.80	2434.72	2753.58
	利润总额(万元)	–622.72	2517.51	3467.95	3348.67

内蒙古四海科技股份有限公司

公司概况	公司名称	内蒙古四海科技股份有限公司		证券简称	四海股份
	法人代表	马雅	董秘　王雯娟	证券代码	000611
	公司网址			电子信箱	sd000611@163.com
	电　话	010-87923689 87923669		传　真	010-87923689
	办公地址	北京市东城区永定门西滨河路8号院中海地产广场东塔11层			
	经营范围	生产、开发、销售工业、民用产品、国内贸易、金银制品、餐饮等			

	指标\报告期	2013.06.30	2012.12.31	2012.06.30	2011.12.31
主要财务指标	基本每股收益(元)	0.0040	–0.1400	0.0020	0.0200
	基本每股收益(扣除)(元)	–0.0410	–0.0200	0.0020	0.0100
	每股净资产(元)	1.8197	1.8153	1.9600	1.9600
	每股经营现金净流量(元)	–0.0862	–0.4900	–0.0661	–0.1165
	每股现金流量(元)	–0.0873	–0.0862	0.3373	–0.1220
	每股资本公积金(元)	0.4305	0.4305	0.4305	0.4305
	每股盈余公积金(元)	–	–	–	–
	每股未分配利润(元)	0.3892	0.3848	0.5298	0.5281
	净资产收益率(%)	0.2409	–7.8949	0.0900	0.9279
	加权净资产收益率(%)	0.2400	–7.6000	0.0900	0.9200
	净资产收益率(扣除)(%)	–	–	–	–
	总资产(万元)	65589.77	71756.32	77546.14	64107.93
	归属母公司股东权益(万元)	58562.32	58420.58	63088.48	63032.81
	主营业务收入(万元)	60446.76	18300.06	7896.31	16321.94
	营业收入(万元)	60446.76	18310.13	7901.41	16330.97
	主营成本(万元)	59490.16	16702.48	7043.43	13421.68
	营业成本(万元)	59490.16	16702.48	7043.43	13421.68
	投资收益(万元)	1338.27	–4055.64	–247.30	243.78
	净利润(万元)	141.07	–4612.23	55.67	609.95
	利润总额(万元)	–123.82	–4459.40	217.22	916.81

焦作万方铝业股份有限公司

公司概况	公司名称	焦作万方铝业股份有限公司		证券简称	焦作万方
	法人代表	蒋英刚	董秘　贾东焰	证券代码	000612
	公司网址	www.jzwfly.com.cn		电子信箱	mdy668@126.com
	电　话	0391-3261118		传　真	0391-3261297
	办公地址	河南省焦作市马村区待王镇东			
	经营范围	铝冶炼及加工、铝制品、金属材料销售、普通货物运输等			

	指标\报告期	2013.06.30	2012.12.31	2012.06.30	2011.12.31
主要财务指标	基本每股收益(元)	0.2320	–0.0320	0.0910	0.7940
	基本每股收益(扣除)(元)	–	–0.1400	–0.0080	0.7850
	每股净资产(元)	–	5.0982	5.2270	5.1040
	每股经营现金净流量(元)	–0.3126	0.6772	0.1418	0.5641
	每股现金流量(元)	–0.0347	–0.7017	–0.6375	0.6100
	每股资本公积金(元)	2.7595	0.4492	0.4492	0.4492
	每股盈余公积金(元)	0.3975	0.5377	0.5377	0.5377
	每股未分配利润(元)	2.4316	3.0295	3.1524	3.0615
	净资产收益率(%)	2.8639	–0.6274	1.7400	15.5580
	加权净资产收益率(%)	4.0200	–0.6300	1.7700	17.0800
	净资产收益率(扣除)(%)	–	–	–	–
	总资产(万元)	668925.32	615116.17	498363.24	492208.72
	归属母公司股东权益(万元)	434532.48	244804.65	251006.62	245074.84
	主营业务收入(万元)	274576.78	604782.54	302894.44	589100.74
	营业收入(万元)	278829.01	612380.27	307578.48	596951.31
	主营成本(万元)	271393.26	617690.52	307258.72	569123.35
	营业成本(万元)	274125.13	623282.32	310426.17	575042.42
	投资收益(万元)	15452.29	23869.79	13662.34	40136.97
	净利润(万元)	12444.67	–1535.86	4365.27	38128.38
	利润总额(万元)	11584.56	–9295.43	1868.61	38240.93

海南大东海旅游中心股份有限公司

公司概况	公司名称	海南大东海旅游中心股份有限公司		证券简称	大东海A
	法人代表	黎愿斌	董秘　汪宏娟	证券代码	000613
	公司网址			电子信箱	hnddh@21cn.com
	电　话	0898-88219921 88219888*8264		传　真	0898-88212298
	办公地址	海南省三亚市大东海			
	经营范围	房地产开发经营、住宿及饮食业、旅游服务业等			

	指标\报告期	2013.06.30	2012.12.31	2012.06.30	2011.12.31
主要财务指标	基本每股收益(元)	–0.0013	0.0058	0.0016	–0.0145
	基本每股收益(扣除)(元)	–0.0015	–0.0002	0.0012	–0.0203
	每股净资产(元)	0.2297	0.2310	0.2300	0.2300
	每股经营现金净流量(元)	0.0081	0.0038	–0.0008	0.0262
	每股现金流量(元)	0.0065	0.0077	–0.0270	0.0255
	每股资本公积金(元)	0.1487	0.1487	0.1487	0.1487
	每股盈余公积金(元)	–	–	–	–
	每股未分配利润(元)	–0.9190	–0.9177	–0.9219	–0.9235
	净资产收益率(%)	–0.5763	2.5277	0.7100	–6.4420
	加权净资产收益率(%)	–0.5700	2.5600	0.7200	–6.2400
	净资产收益率(扣除)(%)	–	–	–	–
	总资产(万元)	11776.08	11578.60	11429.17	11803.68
	归属母公司股东权益(万元)	8362.92	8411.12	8257.45	8198.51
	主营业务收入(万元)	1477.88	3218.47	2042.56	3299.07
	营业收入(万元)	1477.88	3218.47	2042.56	3299.07
	主营成本(万元)	0.51	302.65	302.21	699.95
	营业成本(万元)	0.51	302.65	302.21	699.95
	投资收益(万元)	–	96.18	0.39	–
	净利润(万元)	–48.20	212.60	58.94	–528.12
	利润总额(万元)	–48.20	212.60	78.59	–528.12

湖北金环股份有限公司

公司概况	公司名称	湖北金环股份有限公司			证券简称	湖北金环
	法人代表	朱俊峰	董秘	李红	证券代码	000615
	公司网址	www.000615.com.cn		电子信箱	lihong8878@sohu.com	
	电　话	0710-2105321 2108234		传　真	0710-2108233	
	办公地址	湖北省襄阳市樊城区陈家湖				
	经营范围	粘胶纤维、玻璃纸(含食品包装用)制造、销售等				

主要财务指标	指标\报告期	2013.06.30	2012.12.31	2012.06.30	2011.12.31
	基本每股收益(元)	-0.0400	0.0200	0.0300	-0.3500
	基本每股收益(扣除)(元)	-	0.0500	0.0300	-0.2800
	每股净资产(元)	2.9247	3.0093	3.0300	2.9400
	每股经营现金净流量(元)	0.0735	0.5126	-0.0557	-0.0880
	每股现金流量(元)	-0.1284	0.3263	0.1265	0.0617
	每股资本公积金(元)	0.5841	0.6319	0.6223	0.5596
	每股盈余公积金(元)	0.6007	0.6007	0.6007	0.6007
	每股未分配利润(元)	0.7400	0.7767	0.8116	0.7844
	净资产收益率(%)	-1.2574	0.6800	0.9000	-11.7220
	加权净资产收益率(%)	-1.2400	0.6900	0.9100	-12.7800
	净资产收益率(扣除)(%)	-	-	-	-
	总资产(万元)	147822.49	146594.77	124084.35	117539.74
	归属母公司股东权益(万元)	61908.92	63700.91	64234.83	62331.96
	主营业务收入(万元)	31514.12	72651.78	41328.51	75939.37
	营业收入(万元)	31643.70	73014.86	41328.51	76366.01
	主营成本(万元)	28200.27	63615.92	35709.31	73146.94
	营业成本(万元)	28232.92	63615.92	35775.82	73473.69
	投资收益(万元)	203.72	-2202.81	-2144.34	829.44
	净利润(万元)	-780.52	423.04	581.75	-7308.15
	利润总额(万元)	-819.43	883.58	1365.51	-9228.22

亿城集团股份有限公司

公司概况	公司名称	亿城集团股份有限公司			证券简称	亿城股份
	法人代表	张丽萍	董秘	吴建国	证券代码	000616
	公司网址	www.yeland.com.cn		电子信箱	ir@yeland.com.cn	
	电　话	010-58816885		传　真	010-58816666	
	办公地址	北京市海淀区长春桥路 11 号万柳亿城中心 A 座 16-17 层				
	经营范围	房地产项目开发、销售商品房、自有房屋物业管理、智能教育开发、基础教育等				

主要财务指标	指标\报告期	2013.06.30	2012.12.31	2012.06.30	2011.12.31
	基本每股收益(元)	0.1300	0.2700	0.1500	0.3000
	基本每股收益(扣除)(元)	0.0800	0.2100	0.1500	0.2000
	每股净资产(元)	2.8202	3.2657	3.1800	3.0200
	每股经营现金净流量(元)	-0.1726	1.0192	0.7964	-1.0690
	每股现金流量(元)	0.1620	0.6495	0.2066	-0.8522
	每股资本公积金(元)	0.1408	0.3699	0.3732	0.3887
	每股盈余公积金(元)	0.1240	0.1499	0.0867	0.0867
	每股未分配利润(元)	1.5554	1.7458	1.7153	1.5490
	净资产收益率(%)	4.7147	8.2701	5.5500	10.0540
	加权净资产收益率(%)	4.7800	8.5600	5.6700	10.4600
	净资产收益率(扣除)(%)	-	-	-	-
	总资产(万元)	1103358.64	1164040.07	1002266.12	987155.27
	归属母公司股东权益(万元)	403358.52	389221.14	378438.62	360465.86
	主营业务收入(万元)	159015.59	255596.33	143447.67	215626.99
	营业收入(万元)	159015.59	255596.33	143447.67	215626.99
	主营成本(万元)	112323.10	138176.85	69332.31	116262.12
	营业成本(万元)	112323.10	138176.85	69332.31	116262.12
	投资收益(万元)	5912.34	1270.11	1576.62	8598.68
	净利润(万元)	18573.39	31239.51	20702.85	35902.39
	利润总额(万元)	23483.28	47481.39	30045.12	51463.41

济南柴油机股份有限公司

公司概况	公司名称	济南柴油机股份有限公司			证券简称	*ST 济柴
	法人代表	杨元建	董秘	刘明怀	证券代码	000617
	公司网址	www.jichai.com		电子信箱	liuminghuai@cnpc.com.cn	
	电　话	0531-87422326 87423353		传　真	0531-87423177 87422578	
	办公地址	山东省济南市经十西路 11966 号				
	经营范围	柴油机、气体发动机、柴油及气体发电机组的制造、销售、租赁、修理等				

主要财务指标	指标\报告期	2013.06.30	2012.12.31	2012.06.30	2011.12.31
	基本每股收益(元)	0.0500	-0.1000	-0.0800	-0.3400
	基本每股收益(扣除)(元)	0.0200	-0.3500	-0.1100	-0.3900
	每股净资产(元)	2.4712	2.4183	2.5000	2.5800
	每股经营现金净流量(元)	-0.1183	0.1280	-0.7381	0.4254
	每股现金流量(元)	-0.4783	-0.1263	-0.4626	0.2589
	每股资本公积金(元)	0.1018	0.1018	0.1669	0.1669
	每股盈余公积金(元)	0.3045	0.3045	0.3045	0.3045
	每股未分配利润(元)	1.0648	1.0116	1.0329	1.1102
	净资产收益率(%)	2.1501	-4.0760	-3.0400	-13.0090
	加权净资产收益率(%)	2.1700	-3.8900	-3.0400	-12.1500
	净资产收益率(扣除)(%)	-	-	-	-
	总资产(万元)	252490.55	280926.51	309612.77	323306.30
	归属母公司股东权益(万元)	71057.74	69534.89	72006.07	74229.03
	主营业务收入(万元)	91636.67	151583.75	83097.52	165147.09
	营业收入(万元)	91636.67	155063.54	83097.52	168634.55
	主营成本(万元)	82152.70	131530.06	74764.05	150185.18
	营业成本(万元)	82152.70	133703.28	74764.05	152421.23
	投资收益(万元)	-	6424.62	-305.86	-23.01
	净利润(万元)	1527.80	-2834.27	-2222.96	-9656.49
	利润总额(万元)	2030.29	-1612.37	-1939.19	-10062.24

芜湖海螺型材科技股份有限公司

公司概况	公司名称	芜湖海螺型材科技股份有限公司			证券简称	海螺型材
	法人代表	任勇	董秘	周小川	证券代码	000619
	公司网址	profile.conch.cn		电子信箱	hlxc@conch.cn	
	电　话	0553-8396868 8396856		传　真	0553-8396808	
	办公地址	安徽省芜湖市镜湖区文化路 39 号芜湖海螺国际大酒店 17-19 层				
	经营范围	塑料型材、板材、门窗、五金制品、钢龙骨制造、销售、安装等				

主要财务指标	指标\报告期	2013.06.30	2012.12.31	2012.06.30	2011.12.31
	基本每股收益(元)	0.1801	0.5602	0.2518	0.2481
	基本每股收益(扣除)(元)	0.1758	0.4649	0.2090	0.1549
	每股净资产(元)	6.1613	6.0812	5.8228	5.5710
	每股经营现金净流量(元)	0.7473	0.9785	0.1179	-0.6569
	每股现金流量(元)	0.3540	0.9939	-0.3360	0.1444
	每股资本公积金(元)	1.2113	1.2113	1.2113	1.2113
	每股盈余公积金(元)	0.6254	0.6254	0.5905	0.5905
	每股未分配利润(元)	3.3247	3.2446	3.0210	2.7693
	净资产收益率(%)	2.9224	9.2116	4.3200	4.4540
	加权净资产收益率(%)	2.9400	9.6100	4.4200	4.1600
	净资产收益率(扣除)(%)	-	-	-	-
	总资产(万元)	449891.31	448768.68	391275.19	405813.45
	归属母公司股东权益(万元)	221806.33	218924.23	209622.27	200557.71
	主营业务收入(万元)	186492.41	417886.60	196202.33	406485.28
	营业收入(万元)	188096.21	419643.91	197360.15	407304.46
	主营成本(万元)	160829.38	359262.48	168689.55	370514.86
	营业成本(万元)	161992.43	360747.08	169652.27	370690.41
	投资收益(万元)	-	-	-	-
	净利润(万元)	7532.57	23117.71	10164.66	11558.32
	利润总额(万元)	9502.09	28931.45	12799.20	15818.34

新华联不动产股份有限公司

公司概况	公司名称	新华联不动产股份有限公司		证券简称	新华联
	法人代表	傅军	董秘	杭冠宇	证券代码	000620
	公司网址			电子信箱	xin000620@126.com
	电　话	010-65857900		传　真	010-65088900
	办公地址	北京市朝阳区东四环中路道家园 18 号新华联大厦 16 层			
	经营范围	房地产开发、销售自行开发后的商品房等			

主要财务指标	指标\报告期	2013.06.30	2012.12.31	2012.06.30	2011.12.31
	基本每股收益(元)	0.1900	0.3200	0.0900	0.4200
	基本每股收益(扣除)(元)	0.1400	0.2900	0.0600	0.4000
	每股净资产(元)	1.7577	1.6653	1.5000	1.7097
	每股经营现金净流量(元)	–0.1790	–0.1256	–0.3103	–0.8931
	每股现金流量(元)	0.3565	0.3756	0.1129	–0.5437
	每股资本公积金(元)	0.4101	0.4101	0.1542	0.2856
	每股盈余公积金(元)	0.1544	0.1544	0.1315	0.1397
	每股未分配利润(元)	1.2042	1.1121	0.9345	1.0018
	净资产收益率(%)	10.9302	18.9633	0.0400	22.3859
	加权净资产收益率(%)	10.9100	20.2800	4.9100	25.2100
	净资产收益率(扣除)(%)	–	–	–	–
	总资产(万元)	1206871.35	1011504.66	786378.84	732145.29
	归属母公司股东权益(万元)	280878.92	266111.16	240138.29	273197.88
	主营业务收入(万元)	114226.41	238235.11	56657.23	226112.02
	营业收入(万元)	118270.77	246256.29	60674.15	246217.57
	主营成本(万元)	61379.00	123178.01	25754.50	86060.44
	营业成本(万元)	63076.26	126962.44	24955.44	98892.55
	投资收益(万元)	15701.55	9084.75	4015.45	–69.86
	净利润(万元)	30645.98	51674.46	13671.16	60919.14
	利润总额(万元)	39909.36	68136.44	18925.23	83227.16

岳阳恒立冷气设备股份有限公司

公司概况	公司名称	岳阳恒立冷气设备股份有限公司		证券简称	岳阳恒立
	法人代表	苏文	董秘	李滔	证券代码	000622
	公司网址	www.yyhengli.com		电子信箱	yyhl@public.yy.hn.cn
	电　话	0730-8245138 8245282		传　真	0730-8221311 8245129
	办公地址	湖南省岳阳市青年中路			
	经营范围	生产、销售制冷空调设备,制造、销售一、二类压力容器等			

主要财务指标	指标\报告期	2013.06.30	2012.12.31	2012.06.30	2011.12.31
	基本每股收益(元)	–0.0120	0.0400	–0.0370	–0.2400
	基本每股收益(扣除)(元)	–0.0110	–0.0700	–0.0380	–0.2300
	每股净资产(元)	0.5216	1.6002	–1.3170	–1.2800
	每股经营现金净流量(元)	–0.0233	0.1437	0.0395	–0.0798
	每股现金流量(元)	–0.0247	1.6325	0.0034	–0.1643
	每股资本公积金(元)	0.4302	0.4302	0.4466	0.4466
	每股盈余公积金(元)	0.0030	0.0090	0.0090	0.0090
	每股未分配利润(元)	–0.9116	–2.6993	–2.7728	–2.7357
	净资产收益率(%)	–2.2673	5.5800	–2.8148	–18.9315
	加权净资产收益率(%)	–2.2400	–	–	–
	净资产收益率(扣除)(%)	–	–	–	–
	总资产(万元)	42065.94	43138.59	21170.16	21220.08
	归属母公司股东权益(万元)	22178.33	22681.17	–18670.23	–18144.70
	主营业务收入(万元)	4271.59	12635.58	6031.44	11381.81
	营业收入(万元)	4335.11	12885.82	6131.11	12076.83
	主营成本(万元)	3476.13	10142.35	4897.92	9372.24
	营业成本(万元)	3514.33	10177.20	4909.87	9860.80
	投资收益(万元)	–	–	–	–
	净利润(万元)	–453.00	794.05	–406.96	–3372.74
	利润总额(万元)	–431.00	805.40	–439.97	–3274.34

吉林敖东药业集团股份有限公司

公司概况	公司名称	吉林敖东药业集团股份有限公司		证券简称	吉林敖东
	法人代表	李秀林	董秘	陈永丰	证券代码	000623
	公司网址	www.jlaod.com		电子信箱	000623@jlaod.com
	电　话	0433-6238973		传　真	0433-5238973
	办公地址	吉林省敦化市敖东大街 2158 号			
	经营范围	种植养殖、商业(国家专项控制、专营除外)、机械修理、仓储等			

主要财务指标	指标\报告期	2013.06.30	2012.12.31	2012.06.30	2011.12.31
	基本每股收益(元)	0.4700	0.7200	0.4800	2.2200
	基本每股收益(扣除)(元)	0.4600	0.6300	0.4500	0.8100
	每股净资产(元)	11.1755	10.8138	10.5181	13.1034
	每股经营现金净流量(元)	0.0064	0.3046	0.1061	0.1574
	每股现金流量(元)	–0.1732	0.3161	–0.2731	–0.1178
	每股资本公积金(元)	0.4009	0.4135	0.3597	0.3225
	每股盈余公积金(元)	0.7923	0.7923	0.7923	1.0300
	每股未分配利润(元)	8.9823	8.6080	8.3661	10.7509
	净资产收益率(%)	4.2439	6.6832	4.5700	21.9849
	加权净资产收益率(%)	4.3000	6.9200	4.6300	24.4700
	净资产收益率(扣除)(%)	–	–	–	–
	总资产(万元)	1143442.84	1096146.96	1054802.15	1008072.59
	归属母公司股东权益(万元)	999582.09	967230.02	940783.56	901550.32
	主营业务收入(万元)	86071.48	143686.22	66240.42	114258.75
	营业收入(万元)	86460.58	144546.32	66560.21	114523.07
	主营成本(万元)	27443.32	49229.98	22862.68	41229.14
	营业成本(万元)	27666.78	49902.63	22994.49	41272.32
	投资收益(万元)	30430.96	48275.30	32985.70	230571.13
	净利润(万元)	42754.39	64987.06	43114.46	198294.91
	利润总额(万元)	44529.32	68257.86	44576.79	246188.76

重庆长安汽车股份有限公司

公司概况	公司名称	重庆长安汽车股份有限公司		证券简称	长安汽车
	法人代表	徐留平	董秘	黎军　崔云江	证券代码	000625
	公司网址	www.changan.com.cn		电子信箱	cazqc@changan.com.cn
	电　话	023-67594009 67594008		传　真	023-67866055
	办公地址	重庆市江北区建新东路 260 号			
	经营范围	乘用车和商用车的开发、制造和销售等			

主要财务指标	指标\报告期	2013.06.30	2012.12.31	2012.06.30	2011.12.31
	基本每股收益(元)	0.2900	0.3100	0.1200	0.2000
	基本每股收益(扣除)(元)	0.2800	0.2300	0.0900	0.1700
	每股净资产(元)	3.5585	3.3269	3.1900	3.0500
	每股经营现金净流量(元)	0.7837	0.1098	0.1449	0.0429
	每股现金流量(元)	0.5788	–0.1401	–0.1356	0.0051
	每股资本公积金(元)	0.6584	0.6625	0.6691	0.7046
	每股盈余公积金(元)	0.3091	0.3091	0.2744	0.2646
	每股未分配利润(元)	1.5951	1.3588	1.2456	1.0835
	净资产收益率(%)	8.0214	9.3239	3.8300	6.5670
	加权净资产收益率(%)	8.2300	9.6600	2.6000	6.8600
	净资产收益率(扣除)(%)	–	–	–	–
	总资产(万元)	5018192.22	4611760.48	3951042.90	3653211.81
	归属母公司股东权益(万元)	1659279.59	1551293.53	1487053.02	1473923.15
	主营业务收入(万元)	1921982.32	–	1357343.47	2571264.28
	营业收入(万元)	1975095.47	2946258.88	1404423.06	2655184.65
	主营成本(万元)	1606186.38	–	–	2179905.24
	营业成本(万元)	1649207.65	2404008.71	1182325.03	2262604.06
	投资收益(万元)	180477.16	186854.12	73274.15	170223.03
	净利润(万元)	131797.88	141500.77	55076.71	92564.93
	利润总额(万元)	134704.84	132743.39	50790.61	94863.16

连云港如意集团股份有限公司

公司概况						
公司名称	连云港如意集团股份有限公司			证券简称	如意集团
法人代表	秦兆平	董秘	谭卫	证券代码	000626
公司网址	www.ideal-group.com.cn		电子信箱	ruiyidongmi@ideal-group.com.cn	
电　话	0518-85153595		传　真	0518-85150105	
办公地址	江苏省连云港市新浦北郊路6号				
经营范围	自营和代理各类商品和技术的进出口业务、国内贸易				

主要财务指标：指标\报告期	2013.06.30	2012.12.31	2012.06.30	2011.12.31
基本每股收益(元)	0.1475	0.0779	0.0774	0.1499
基本每股收益(扣除)(元)	-0.5791	-0.1730	-0.2216	-0.1533
每股净资产(元)	2.1105	1.9646	1.9600	1.8900
每股经营现金净流量(元)	-1.8404	0.0212	-1.7515	1.4696
每股现金流量(元)	2.6442	-1.4360	0.8229	1.8823
每股资本公积金(元)	0.1740	0.1740	0.1740	0.1740
每股盈余公积金(元)	-	-	-	-
每股未分配利润(元)	0.9497	0.8022	0.8017	0.7243
净资产收益率(%)	6.9867	3.9647	3.9400	7.9400
加权净资产收益率(%)	7.2400	4.3700	4.0200	8.2600
净资产收益率(扣除)(%)	-	-	-	-
总资产(万元)	774774.61	505118.02	734246.43	496372.32
归属母公司股东权益(万元)	42737.37	39783.09	39783.57	38220.05
主营业务收入(万元)	2038233.04	3629923.35	1617259.02	3130404.16
营业收入(万元)	2038741.38	3630769.97	1617662.16	3131807.75
主营成本(万元)	2026815.65	3564381.11	1590122.32	3060087.70
营业成本(万元)	2026870.06	3564480.14	1590179.30	3060186.74
投资收益(万元)	27938.87	18307.54	12299.45	11010.00
净利润(万元)	8420.19	5042.53	5070.52	5919.96
利润总额(万元)	11486.52	7376.39	8236.14	8723.12

天茂实业集团股份有限公司

公司概况						
公司名称	天茂实业集团股份有限公司			证券简称	天茂集团
法人代表	肖云华	董秘	龙飞	证券代码	000627
公司网址	www.biocause.com		电子信箱	tmjt@biocause.net	
电　话	0724-2223218		传　真	0724-2217652	
办公地址	湖北省荆门市杨湾路132号				
经营范围	化工产品(不含危险化学品、需经审批的项目持有效许可证经营)的生产、销售等				

主要财务指标：指标\报告期	2013.06.30	2012.12.31	2012.06.30	2011.12.31
基本每股收益(元)	-0.0130	0.0090	-0.0560	-0.0750
基本每股收益(扣除)(元)	-0.0130	-0.0690	-0.0560	-0.0730
每股净资产(元)	1.0905	1.1063	1.0500	1.0200
每股经营现金净流量(元)	0.0440	0.0693	0.0173	0.0495
每股现金流量(元)	-0.0451	0.0581	0.0448	0.0009
每股资本公积金(元)	0.0836	0.0861	0.0907	0.0066
每股盈余公积金(元)	0.0589	0.0589	0.0589	0.0589
每股未分配利润(元)	-0.0654	-0.0523	-0.1172	-0.0611
净资产收益率(%)	-1.1943	0.7897	-5.3600	-7.3885
加权净资产收益率(%)	-1.1800	0.7900	-5.6800	-7.1100
净资产收益率(扣除)(%)	-	-	-	-
总资产(万元)	212049.30	206472.77	203271.96	188361.45
归属母公司股东权益(万元)	147607.82	149747.67	141696.84	137623.79
主营业务收入(万元)	41704.23	77973.62	44580.01	113376.34
营业收入(万元)	41704.23	77973.62	44580.01	113376.34
主营成本(万元)	41219.61	75322.24	43263.47	111177.75
营业成本(万元)	41219.61	75322.24	43263.47	111177.75
投资收益(万元)	1506.09	10208.21	-4378.89	-2418.59
净利润(万元)	-1645.00	1380.58	-7532.47	-10717.93
利润总额(万元)	-2608.32	1499.68	-7584.02	-11667.84

成都高新发展股份有限公司

公司概况						
公司名称	成都高新发展股份有限公司			证券简称	高新发展
法人代表	平兴	董秘	杨砚琪	证券代码	000628
公司网址	www.cdgxfz.com		电子信箱	yhd0128@sohu.com	
电　话	028-85137070 85130316		传　真	028-85184099	
办公地址	四川省成都市高新技术产业开发区九兴大道8号				
经营范围	高新技术产品的开发、生产、经营、高新技术的交流转让等				

主要财务指标：指标\报告期	2013.06.30	2012.12.31	2012.06.30	2011.12.31
基本每股收益(元)	-0.0230	0.0370	-0.0210	0.0270
基本每股收益(扣除)(元)	-	0.0390	-0.0070	-0.0370
每股净资产(元)	0.8730	0.8900	0.7700	0.7900
每股经营现金净流量(元)	0.7315	0.6008	-0.1410	0.6305
每股现金流量(元)	1.0815	0.4888	-0.6366	0.2400
每股资本公积金(元)	1.5297	1.5282	1.4659	1.4659
每股盈余公积金(元)	0.0443	0.0443	0.0443	0.0443
每股未分配利润(元)	-1.7009	-1.6783	-1.7372	-1.7157
净资产收益率(%)	-2.5842	4.1867	-2.7700	3.4570
加权净资产收益率(%)	-2.5500	4.6000	-2.7400	3.5200
净资产收益率(扣除)(%)	-	-	-	-
总资产(万元)	283060.25	285855.42	265099.07	308966.34
归属母公司股东权益(万元)	19161.60	19625.29	16964.54	17435.08
主营业务收入(万元)	69213.02	140003.25	56632.72	143842.44
营业收入(万元)	69497.51	140671.03	57009.76	144536.89
主营成本(万元)	57795.32	111553.93	44211.02	115865.94
营业成本(万元)	57941.70	111976.56	44462.95	116315.27
投资收益(万元)	16.50	965.82	540.06	461.46
净利润(万元)	-291.40	45.08	-972.15	-341.23
利润总额(万元)	482.74	1373.14	-593.89	1297.71

攀钢集团钒钛资源股份有限公司

公司概况						
公司名称	攀钢集团钒钛资源股份有限公司			证券简称	攀钢钒钛
法人代表	张大德	董秘	张景凡	证券代码	000629
公司网址	www.pzhsteel.com.cn/pgvt		电子信箱	psv@pzhsteel.com.cn	
电　话	0812-3393695 3399958		传　真	0812-3393992	
办公地址	四川省攀枝花市东区向阳村攀枝花新钢钒股份有限公司办公大楼				
经营范围	钢铁(包括型材、热轧板材、冷轧板材等)及钒产品的制造、销售业务等				

主要财务指标：指标\报告期	2013.06.30	2012.12.31	2012.06.30	2011.12.31
基本每股收益(元)	0.0400	0.0690	0.0800	0.0002
基本每股收益(扣除)(元)	0.0400	0.0663	0.0800	-0.2500
每股净资产(元)	1.7506	1.7556	2.6700	2.5419
每股经营现金净流量(元)	-0.3751	0.1817	0.0139	1.0255
每股现金流量(元)	-0.0156	-0.4006	-0.0578	0.3388
每股资本公积金(元)	0.6421	0.6338	1.4711	1.4703
每股盈余公积金(元)	0.1633	0.1633	0.2450	0.2450
每股未分配利润(元)	-0.0283	-0.0684	-0.0788	-0.2061
净资产收益率(%)	2.2915	3.9289	4.7600	0.0116
加权净资产收益率(%)	2.2900	4.0000	4.8800	0.0100
净资产收益率(扣除)(%)	-	-	-	-
总资产(万元)	3583636.47	3106087.92	3413966.44	3133262.91
归属母公司股东权益(万元)	1503729.22	1508054.11	1531745.23	1455601.43
主营业务收入(万元)	771286.89	1526330.91	816879.35	5067373.14
营业收入(万元)	785666.00	1560259.97	830497.35	5254088.77
主营成本(万元)	573384.50	1118424.16	589521.39	4271123.76
营业成本(万元)	584898.32	1142739.77	601638.90	4472582.75
投资收益(万元)	2085.32	-28550.23	-4501.17	18914.36
净利润(万元)	34065.01	59851.24	73532.18	1262.92
利润总额(万元)	51885.46	91769.96	94709.52	49971.15

铜陵有色金属集团股份有限公司

公司概况	公司名称	铜陵有色金属集团股份有限公司			证券简称	铜陵有色
	法人代表	韦江宏	董秘	吴和平	证券代码	000630
	公司网址	www.tlys.cn		电子信箱	whp@tlys.cn	
	电　话	0562-2825029 5860159		传　真	0562-2825082	
	办公地址	安徽省铜陵市长江西路有色大院西楼				
	经营范围	铜、金、银、稀有金属及相关产品、硫酸、铝型材生产、加工等				

主要财务指标	指标＼报告期	2013.06.30	2012.12.31	2012.06.30	2011.12.31
	基本每股收益(元)	0.2100	0.6500	0.3500	1.0200
	基本每股收益(扣除)(元)	0.1800	0.5300	0.3200	0.8900
	每股净资产(元)	7.6961	7.5837	7.2900	7.0200
	每股经营现金净流量(元)	–0.3500	–0.5043	–0.2514	3.0353
	每股现金流量(元)	0.5161	0.0789	0.2322	0.6311
	每股资本公积金(元)	2.4299	2.4457	2.4372	2.4314
	每股盈余公积金(元)	0.5739	0.5828	0.4897	0.4897
	每股未分配利润(元)	3.6526	3.5315	3.3248	3.0747
	净资产收益率(%)	2.7584	8.5694	4.8000	14.3430
	加权净资产收益率(%)	2.7700	8.9000	4.8600	15.9400
	净资产收益率(扣除)(%)	–	–	–	–
	总资产(万元)	4100638.84	3989282.02	3665696.18	3226663.60
	归属母公司股东权益(万元)	1094077.65	1078103.95	1036599.60	998479.44
	主营业务收入(万元)	3401624.93	7695506.64	3322966.81	7050010.09
	营业收入(万元)	3416774.06	7725877.05	3372274.90	7074064.12
	主营成本(万元)	3297366.26	7426077.52	3203737.89	6665496.42
	营业成本(万元)	3310216.04	7440068.72	3249482.33	6682641.79
	投资收益(万元)	–2993.53	4167.81	1368.90	3742.43
	净利润(万元)	24933.15	78043.21	41708.93	153432.87
	利润总额(万元)	31302.22	108056.29	57654.45	186626.16

顺发恒业股份公司

公司概况	公司名称	顺发恒业股份公司			证券简称	顺发恒业
	法人代表	管大源	董秘	程捷	证券代码	000631
	公司网址	www.sfhy.cn		电子信箱	chengjie@sfhy.com	
	电　话	0431-85180631		传　真	0431-81150631	
	办公地址	吉林省长春市朝阳区延安大路1号盛世国际写字间3026室				
	经营范围	房地产经营开发、物业管理、装修装饰、房屋和土木工程建设业等				

主要财务指标	指标＼报告期	2013.06.30	2012.12.31	2012.06.30	2011.12.31
	基本每股收益(元)	0.0400	0.5600	0.2700	0.5000
	基本每股收益(扣除)(元)	–	0.5600	0.2700	0.5000
	每股净资产(元)	2.3322	2.6906	2.4000	2.1700
	每股经营现金净流量(元)	–0.2594	0.9520	0.6982	0.4075
	每股现金流量(元)	–0.3004	0.3128	0.2868	0.0663
	每股资本公积金(元)	0.2053	0.2045	0.2043	0.2034
	每股盈余公积金(元)	0.1489	0.1489	0.0857	0.0857
	每股未分配利润(元)	0.9780	1.3372	1.1107	0.8816
	净资产收益率(%)	1.7510	20.7670	11.6400	23.0180
	加权净资产收益率(%)	1.5100	22.8000	11.6400	25.9900
	净资产收益率(扣除)(%)	–	–	–	–
	总资产(万元)	1193933.33	1107757.73	1108790.74	1065430.32
	归属母公司股东权益(万元)	243829.51	281302.39	250991.15	226946.42
	主营业务收入(万元)	34070.76	276236.31	117417.63	204530.31
	营业收入(万元)	34301.22	276612.00	117601.18	215683.81
	主营成本(万元)	20619.02	155959.71	59380.88	109291.74
	营业成本(万元)	20841.67	156236.07	59501.50	111378.04
	投资收益(万元)	–	–500.00	–	–
	净利润(万元)	4269.54	58417.97	28132.72	52237.32
	利润总额(万元)	5403.71	80771.24	37659.93	69114.79

福建三木集团股份有限公司

公司概况	公司名称	福建三木集团股份有限公司			证券简称	三木集团
	法人代表	兰隽	董秘	彭东明	证券代码	000632
	公司网址	www.san-mu.com		电子信箱	sanmugroup@126.com	
	电　话	0591-83355146		传　真	0591-83341504	
	办公地址	福建省福州市群众东路93号三木大厦				
	经营范围	房地产综合开发(一级资质)及国际贸易等				

主要财务指标	指标＼报告期	2013.06.30	2012.12.31	2012.06.30	2011.12.31
	基本每股收益(元)	0.0123	0.0298	0.0094	0.0222
	基本每股收益(扣除)(元)	–	–0.1593	0.0007	–0.0635
	每股净资产(元)	2.6531	2.6408	1.2165	1.2286
	每股经营现金净流量(元)	–0.3469	0.2918	–0.1635	–0.5486
	每股现金流量(元)	0.1528	0.2174	0.0679	–0.2512
	每股资本公积金(元)	1.3840	1.3841	0.0017	0.0017
	每股盈余公积金(元)	0.0164	0.0164	0.0164	0.0164
	每股未分配利润(元)	0.2527	0.2403	0.1985	0.2105
	净资产收益率(%)	0.4641	1.1283	0.7719	1.8100
	加权净资产收益率(%)	0.4700	1.8800	0.7600	1.8300
	净资产收益率(扣除)(%)	–	–	–	–
	总资产(万元)	549330.19	492914.11	412907.51	379161.17
	归属母公司股东权益(万元)	123504.81	122933.25	56632.56	57195.03
	主营业务收入(万元)	218569.72	463178.48	219902.59	443844.46
	营业收入(万元)	219418.98	467189.93	221679.17	445357.86
	主营成本(万元)	205414.09	438496.84	205749.49	414399.00
	营业成本(万元)	205524.09	439680.46	206078.77	414623.42
	投资收益(万元)	7.96	8764.93	–24.98	3786.12
	净利润(万元)	736.73	1532.12	621.62	1476.63
	利润总额(万元)	3262.97	3439.09	1734.01	3471.95

沈阳合金投资股份有限公司

公司概况	公司名称	沈阳合金投资股份有限公司			证券简称	合金投资
	法人代表	吴岩	董秘	王端	证券代码	000633
	公司网址	www.hjinv.com		电子信箱	cl@hjinv.com	
	电　话	024-62336767		传　真	024-62336799	
	办公地址	辽宁省沈阳市浑南新区世纪路55号				
	经营范围	投资入股、国内贸易等				

主要财务指标	指标＼报告期	2013.06.30	2012.12.31	2012.06.30	2011.12.31
	基本每股收益(元)	0.0053	0.0062	–0.0220	0.0178
	基本每股收益(扣除)(元)	0.0053	–0.0300	–0.0252	–0.0574
	每股净资产(元)	0.5792	0.5739	0.5457	0.5677
	每股经营现金净流量(元)	–0.0861	–0.0235	–0.0690	–0.2107
	每股现金流量(元)	–0.0393	0.0680	–0.0558	–0.2922
	每股资本公积金(元)	0.1275	0.1275	0.1275	0.1275
	每股盈余公积金(元)	0.1690	0.1690	0.1690	0.1690
	每股未分配利润(元)	–0.7173	–0.7226	–0.7508	–0.7288
	净资产收益率(%)	0.9236	1.0769	–4.0300	3.1430
	加权净资产收益率(%)	0.9300	1.0800	–3.9500	2.8800
	净资产收益率(扣除)(%)	–	–	–	–
	总资产(万元)	31307.11	31683.47	30211.12	31520.31
	归属母公司股东权益(万元)	22306.70	22100.68	21016.07	21862.68
	主营业务收入(万元)	7685.70	16096.26	9131.94	–
	营业收入(万元)	7687.57	16149.61	9183.36	13946.03
	主营成本(万元)	7242.32	15637.60	8851.12	–
	营业成本(万元)	7242.44	15678.26	8891.67	13064.55
	投资收益(万元)	38.46	221.35	79.08	3412.37
	净利润(万元)	197.52	236.29	–847.42	628.26
	利润总额(万元)	197.52	250.64	–840.17	662.53

宁夏英力特化工股份有限公司

公司概况	公司名称	宁夏英力特化工股份有限公司			证券简称	英力特
	法人代表	秦江玉	董秘	李学军	证券代码	000635
	公司网址	www.yinglitechem.com		电子信箱	ylt_zqb@yinglitechem.com	
	电　话	0952-3689323 3689298		传　真	0952-3689589	
	办公地址	宁夏回族自治区石嘴山市惠农区钢电路				
	经营范围	电石及其系列延伸产品的生产和销售等				

	指标\报告期	2013.06.30	2012.12.31	2012.06.30	2011.12.31
主要财务指标	基本每股收益(元)	0.1680	0.1120	-0.1600	0.7760
	基本每股收益(扣除)(元)	-	0.0250	-0.2060	0.3770
	每股净资产(元)	8.9613	8.8431	8.6200	6.1000
	每股经营现金净流量(元)	0.2651	0.6877	0.2014	0.9462
	每股现金流量(元)	-0.0399	-0.3708	-0.4218	0.2794
	每股资本公积金(元)	6.1981	6.1981	6.1981	2.4382
	每股盈余公积金(元)	0.2200	0.2200	0.2156	0.3691
	每股未分配利润(元)	1.5432	1.4250	1.2021	2.2753
	净资产收益率(%)	1.8767	1.1329	-1.4800	12.7200
	加权净资产收益率(%)	1.8900	1.3200	-2.0100	13.6900
	净资产收益率(扣除)(%)	-	-	-	-
	总资产(万元)	370339.70	362596.92	370088.20	400424.63
	归属母公司股东权益(万元)	271606.04	268024.29	261135.34	108003.07
	主营业务收入(万元)	137619.08	264114.27	122166.17	279048.32
	营业收入(万元)	138673.94	272068.49	124490.61	287890.17
	主营成本(万元)	118850.26	231229.53	109136.61	228128.64
	营业成本(万元)	119879.00	238916.60	111362.50	236431.75
	投资收益(万元)	328.27	543.69	336.58	1681.79
	净利润(万元)	5097.19	3036.56	-3852.40	13737.96
	利润总额(万元)	6784.34	3962.39	-3677.61	14443.08

广东风华高新科技股份有限公司

公司概况	公司名称	广东风华高新科技股份有限公司			证券简称	风华高科
	法人代表	李泽中	董秘	陈绪运	证券代码	000636
	公司网址	www.fenghua-advanced.com		电子信箱	000636@china-fenghua.com	
	电　话	0758-2844724		传　真	0758-2849045 2865223	
	办公地址	广东省肇庆市风华路18号风华电子工业城				
	经营范围	研究、开发、生产、销售各类型高科技新型电子元器件等				

	指标\报告期	2013.06.30	2012.12.31	2012.06.30	2011.12.31
主要财务指标	基本每股收益(元)	0.0600	0.1000	0.0800	0.2500
	基本每股收益(扣除)(元)	0.0500	0.0100	0.0100	0.1300
	每股净资产(元)	3.2498	3.2000	3.3000	3.3600
	每股经营现金净流量(元)	0.0405	0.1744	0.0327	0.3763
	每股现金流量(元)	-0.2141	0.0256	0.1069	-0.0903
	每股资本公积金(元)	1.3457	1.3548	1.4048	1.5438
	每股盈余公积金(元)	0.3778	0.3778	0.3600	0.3600
	每股未分配利润(元)	0.5269	0.4695	0.5390	0.4581
	净资产收益率(%)	1.7686	3.4119	2.4500	7.2980
	加权净资产收益率(%)	1.7800	3.1700	2.4300	7.0900
	净资产收益率(扣除)(%)	-	-	-	-
	总资产(万元)	325333.49	327886.66	339624.39	330953.37
	归属母公司股东权益(万元)	218051.27	214633.16	221625.24	225493.35
	主营业务收入(万元)	102441.96	205992.05	94000.41	206147.36
	营业收入(万元)	103018.73	208456.80	95165.76	208189.37
	主营成本(万元)	86805.35	174852.18	80799.67	163843.64
	营业成本(万元)	86920.29	176139.77	81575.73	165078.80
	投资收益(万元)	1017.76	6082.25	4835.51	7014.79
	净利润(万元)	3821.58	7027.82	5295.29	16506.32
	利润总额(万元)	4270.16	8066.27	5538.19	19069.02

茂名石化实华股份有限公司

公司概况	公司名称	茂名石化实华股份有限公司			证券简称	茂化实华
	法人代表	刘华	董秘	梁杰	证券代码	000637
	公司网址	www.mhsh0637.com.cn		电子信箱	mhsh000637@163.net	
	电　话	0668-2276176 2231342		传　真	0668-2281965	
	办公地址	广东省茂名市官渡路162号				
	经营范围	生产销售聚丙烯及其制品、石油化工产品、水泥、电器机械制造等				

	指标\报告期	2013.06.30	2012.12.31	2012.06.30	2011.12.31
主要财务指标	基本每股收益(元)	0.0480	0.0700	0.0070	0.0100
	基本每股收益(扣除)(元)	0.0430	0.0600	0.0090	0.0300
	每股净资产(元)	1.4673	1.4595	1.4000	1.3900
	每股经营现金净流量(元)	0.1254	0.0629	-0.0816	-0.1943
	每股现金流量(元)	-0.1027	-0.0035	0.2015	-0.2768
	每股资本公积金(元)	0.0118	0.0115	0.0115	0.0107
	每股盈余公积金(元)	0.3289	0.3289	0.3204	0.3204
	每股未分配利润(元)	0.1262	0.1182	0.0674	0.0605
	净资产收益率(%)	3.2707	4.5300	0.4600	1.0217
	加权净资产收益率(%)	2.9900	4.6500	0.5000	0.9700
	净资产收益率(扣除)(%)	-	-	-	-
	总资产(万元)	104803.47	94127.77	87048.36	72862.37
	归属母公司股东权益(万元)	76280.90	75876.84	72755.37	72346.52
	主营业务收入(万元)	172136.13	353152.78	158800.27	413176.23
	营业收入(万元)	172490.83	353816.24	159153.13	413928.70
	主营成本(万元)	161904.69	338516.91	153692.69	402264.71
	营业成本(万元)	162007.06	338629.99	153758.88	402390.93
	投资收益(万元)	569.82	-115.63	-601.25	-3700.51
	净利润(万元)	3362.18	3950.19	443.53	739.13
	利润总额(万元)	4579.76	4904.20	713.02	1702.07

万方城镇投资发展股份有限公司

公司概况	公司名称	万方城镇投资发展股份有限公司			证券简称	万方发展
	法人代表	张晖	董秘	刘玉	证券代码	000638
	公司网址	www.vanfund.cn		电子信箱	vanfund@vanfund.cn	
	电　话	010-64656161		传　真	010-64656767	
	办公地址	北京市朝阳区曙光西里甲一号第三置业大厦A座30层				
	经营范围	房地产开发及开发的商品房销售等				

	指标\报告期	2013.06.30	2012.12.31	2012.06.30	2011.12.31
主要财务指标	基本每股收益(元)	-0.0057	0.0300	-0.0598	0.0300
	基本每股收益(扣除)(元)	-	-0.0600	-0.0597	0.0300
	每股净资产(元)	-	1.3934	1.2700	1.3300
	每股经营现金净流量(元)	0.2184	-0.1352	0.2420	-0.2448
	每股现金流量(元)	0.5624	4.2243	0.2415	-0.2403
	每股资本公积金(元)	0.1762	1.3524	1.3201	1.3201
	每股盈余公积金(元)	0.0157	0.0314	0.0314	0.0314
	每股未分配利润(元)	-0.5009	-0.9904	-1.0825	-1.0227
	净资产收益率(%)	-0.8200	2.3204	-4.7100	2.2961
	加权净资产收益率(%)	-0.8200	2.3800	-4.6000	2.3200
	净资产收益率(扣除)(%)	-	-	-	-
	总资产(万元)	132001.99	102049.71	86434.35	81730.87
	归属母公司股东权益(万元)	21380.78	21556.10	19631.45	20555.91
	主营业务收入(万元)	8948.50	4751.66	-	39339.42
	营业收入(万元)	8948.50	4855.66	-	39443.42
	主营成本(万元)	8387.90	4200.33	-	31526.66
	营业成本(万元)	8387.90	4200.33	-	31526.66
	投资收益(万元)	-	1910.77	-	-
	净利润(万元)	-252.89	501.34	-1151.73	1185.85
	利润总额(万元)	-133.80	1033.36	-1151.73	2117.65

西王食品股份有限公司

公司概况	公司名称	西王食品股份有限公司			证券简称	西王食品
	法人代表	王棣	董秘	孙新虎	证券代码	000639
	公司网址	www.xwsp.cc		电子信箱	newtiger_sun@xiwang.com.cn	
	电　话	0543-4866888 4868888		传　真	0543-4868888	
	办公地址	山东省滨州市邹平县西王工业园				
	经营范围	生产销售食用油、结晶葡萄糖、果葡糖、果糖、玉米淀粉、糊精等				

	指标\报告期	2013.06.30	2012.12.31	2012.06.30	2011.12.31
主要财务指标	基本每股收益(元)	0.3040	0.7600	0.2100	0.6100
	基本每股收益(扣除)(元)	0.3010	0.7400	0.2055	0.9200
	每股净资产(元)	5.4939	5.4400	4.8900	7.3200
	每股经营现金净流量(元)	-1.5462	2.0141	0.2218	-0.6741
	每股现金流量(元)	-0.9282	0.2065	0.6439	0.5308
	每股资本公积金(元)	2.2836	2.2836	2.2836	3.9253
	每股盈余公积金(元)	0.2583	0.2583	0.1893	0.2840
	每股未分配利润(元)	1.9521	1.8977	1.4147	2.1105
	净资产收益率(%)	5.5399	13.9659	4.2490	12.4120
	加权净资产收益率(%)	5.4400	14.1300	4.1700	13.2500
	净资产收益率(扣除)(%)	-	-	-	-
	总资产(万元)	158646.21	143084.55	166531.46	140962.54
	归属母公司股东权益(万元)	103463.48	102439.77	92069.75	91926.28
	主营业务收入(万元)	98902.96	241869.54	94491.50	179941.72
	营业收入(万元)	101027.87	248045.97	97468.14	184054.91
	主营成本(万元)	76155.41	189174.87	74973.50	142401.28
	营业成本(万元)	78239.06	191874.28	75043.33	142630.72
	投资收益(万元)	-	23.28	-	-
	净利润(万元)	5731.78	14306.63	3912.02	11409.64
	利润总额(万元)	6437.32	15662.52	4386.02	12989.83

仁和药业股份有限公司

公司概况	公司名称	仁和药业股份有限公司			证券简称	仁和药业
	法人代表	梅强	董秘	姜锋	证券代码	000650
	公司网址	www.renheyaoye.com		电子信箱	rh000650@126.com	
	电　话	0791-86496271 83896755		传　真	0791-83896755 6496271	
	办公地址	江西省南昌市红谷滩新区红谷中大道998号绿地中央广场B区元创国际18层				
	经营范围	中药材种植、药材种苗培植、纸箱生产、销售、计算机软件开发、设计等				

	指标\报告期	2013.06.30	2012.12.31	2012.06.30	2011.12.31
主要财务指标	基本每股收益(元)	0.1514	0.2600	0.1648	0.3400
	基本每股收益(扣除)(元)	0.1452	0.2300	0.1602	0.2800
	每股净资产(元)	1.7875	1.6360	1.2200	1.8541
	每股经营现金净流量(元)	0.0738	0.1857	0.1936	0.2618
	每股现金流量(元)	0.0205	0.2077	0.3560	-0.0208
	每股资本公积金(元)	0.2961	0.2961	0.0023	0.1695
	每股盈余公积金(元)	0.1071	0.1071	0.0714	0.1071
	每股未分配利润(元)	0.3843	0.2328	0.1456	0.5774
	净资产收益率(%)	8.4728	15.7619	14.1700	27.7256
	加权净资产收益率(%)	8.8500	18.3600	13.7700	31.5900
	净资产收益率(扣除)(%)	-	-	-	-
	总资产(万元)	225021.47	209486.60	240708.13	180005.35
	归属母公司股东权益(万元)	177078.84	162075.28	115271.06	116851.30
	主营业务收入(万元)	86147.80	207120.67	115703.88	233648.29
	营业收入(万元)	86195.68	208751.92	115737.65	234126.07
	主营成本(万元)	46363.16	126431.71	72404.23	141580.20
	营业成本(万元)	46363.16	126524.61	72404.23	142003.58
	投资收益(万元)	277.63	275.16	46.19	51.99
	净利润(万元)	15899.31	27613.97	17505.48	36112.76
	利润总额(万元)	20146.71	34505.61	21906.23	44890.99

珠海格力电器股份有限公司

公司概况	公司名称	珠海格力电器股份有限公司			证券简称	格力电器
	法人代表	董明珠	董秘	望靖东	证券代码	000651
	公司网址	www.gree.com.cn		电子信箱	gree0651@gree.com.cn	
	电　话	0756-8669232		传　真	0756-8622581 8614998	
	办公地址	广东省珠海市前山金鸡西路				
	经营范围	生产销售空调器、自营空调器出口业务及其相关零配件的进出口业务等				

	指标\报告期	2013.06.30	2012.12.31	2012.06.30	2011.12.31
主要财务指标	基本每股收益(元)	1.3300	2.4700	0.9600	1.8600
	基本每股收益(扣除)(元)	1.0800	2.3400	0.9300	1.8100
	每股净资产(元)	9.1992	8.8900	7.3800	6.2500
	每股经营现金净流量(元)	5.2369	6.1202	5.2068	1.1910
	每股现金流量(元)	4.3357	4.9975	5.0834	-0.1319
	每股资本公积金(元)	1.0351	1.0596	1.0450	0.0391
	每股盈余公积金(元)	0.9835	0.9835	0.8315	0.8876
	每股未分配利润(元)	6.1771	5.8421	4.4958	4.3137
	净资产收益率(%)	14.5116	27.5946	12.9300	29.7440
	加权净资产收益率(%)	14.2500	31.3800	13.2100	34.0000
	净资产收益率(扣除)(%)	-	-	-	-
	总资产(万元)	11040830.05	10756689.99	8620850.24	8521159.42
	归属母公司股东权益(万元)	2766994.67	2674313.44	2219802.26	1760686.58
	主营业务收入(万元)	4800174.09	9124825.49	4404402.08	7675474.61
	营业收入(万元)	5289568.25	9931619.63	4792343.84	8315547.45
	主营成本(万元)	3400918.00	6637025.74	3358424.10	6266225.57
	营业成本(万元)	3829376.29	7320307.74	3696710.44	6813211.53
	投资收益(万元)	19453.15	-2049.44	-3295.47	9109.41
	净利润(万元)	404514.30	744592.80	290209.67	529734.05
	利润总额(万元)	498230.17	876270.93	341250.50	632856.04

天津泰达股份有限公司

公司概况	公司名称	天津泰达股份有限公司			证券简称	泰达股份
	法人代表	张秉军	董秘	谢剑琳	证券代码	000652
	公司网址	www.tedastock.com		电子信箱	dm@tedastock.com	
	电　话	022-23201272		传　真	022-23201277	
	办公地址	天津市河西区解放南路256号泰达大厦20层				
	经营范围	交通、能源、高科技工业投资、空气液体净化过滤材料、化纤等				

	指标\报告期	2013.06.30	2012.12.31	2012.06.30	2011.12.31
主要财务指标	基本每股收益(元)	-0.0348	-0.1324	-0.1013	0.0006
	基本每股收益(扣除)(元)	-0.0389	-0.1400	-0.1043	-0.1046
	每股净资产(元)	1.3206	1.3544	1.3817	1.4824
	每股经营现金净流量(元)	0.1479	0.3048	0.3227	-0.1520
	每股现金流量(元)	1.0003	-0.0992	0.0980	-0.2477
	每股资本公积金(元)	0.0499	0.0489	0.0451	0.0442
	每股盈余公积金(元)	0.1819	0.1819	0.1818	0.1819
	每股未分配利润(元)	0.0888	0.1236	0.1548	0.2563
	净资产收益率(%)	-2.6370	-9.7955	-7.3300	0.0409
	加权净资产收益率(%)	-2.6000	-9.3600	-7.1100	0.0400
	净资产收益率(扣除)(%)	-	-	-	-
	总资产(万元)	1902733.92	1647739.01	1535242.63	1375971.86
	归属母公司股东权益(万元)	194866.13	199856.79	203875.52	218734.79
	主营业务收入(万元)	308822.92	593568.77	247085.80	511760.51
	营业收入(万元)	309332.40	595253.71	247606.77	512967.64
	主营成本(万元)	271385.99	511261.45	207607.14	450935.23
	营业成本(万元)	271574.73	511774.95	207685.60	451359.24
	投资收益(万元)	3786.77	7148.46	4464.20	20612.01
	净利润(万元)	-361.19	3551.67	-6269.28	4884.16
	利润总额(万元)	4962.87	22867.44	980.82	9427.57

山东金岭矿业股份有限公司

公司概况

公司名称	山东金岭矿业股份有限公司			证券简称	金岭矿业
法人代表	张相军	董秘	王新	证券代码	000655
公司网址	www.sdjlky.com		电子信箱	sz000655@163.com	
电　　话	0533-3088888		传　　真	0533-3089666	
办公地址	山东省淄博市张店区中埠镇				
经营范围	铁矿开采、铁精粉、铜精粉、钴精粉的生产、销售等				

主要财务指标

指标\报告期	2013.06.30	2012.12.31	2012.06.30	2011.12.31
基本每股收益(元)	0.1490	0.3550	0.2200	0.8360
基本每股收益(扣除)(元)	0.1490	0.3580	0.2200	0.8340
每股净资产(元)	4.8625	4.7118	4.5800	4.3500
每股经营现金净流量(元)	0.3572	0.7294	0.3370	0.7752
每股现金流量(元)	0.1562	-0.9851	-0.2415	0.5445
每股资本公积金(元)	0.8197	0.8197	0.8197	0.8197
每股盈余公积金(元)	0.4091	0.4091	0.3730	0.3730
每股未分配利润(元)	2.6270	2.4781	2.3794	2.1590
净资产收益率(%)	3.0628	7.5399	4.8200	19.2070
加权净资产收益率(%)	3.1100	7.8400	4.9400	20.9900
净资产收益率(扣除)(%)	-	-	-	-
总资产(万元)	341870.84	333600.88	366745.00	293362.42
归属母公司股东权益(万元)	289483.12	280510.71	272545.99	259174.53
主营业务收入(万元)	66606.72	130249.46	64803.81	172228.95
营业收入(万元)	67228.34	131751.75	66247.58	178401.37
主营成本(万元)	41905.56	81551.30	38405.84	81712.49
营业成本(万元)	42469.19	82877.05	39488.81	88021.17
投资收益(万元)	529.12	2036.89	1084.06	242.00
净利润(万元)	8829.60	21114.47	13103.15	49748.20
利润总额(万元)	12260.28	27768.99	15625.74	67276.75

金科地产集团股份有限公司

公司概况

公司名称	金科地产集团股份有限公司			证券简称	金科股份
法人代表	黄红云	董秘	刘忠海	证券代码	000656
公司网址	www.jinke.com		电子信箱	ir@jinke.com	
电　　话	023-63023656 67033765		传　　真	023-63023656	
办公地址	重庆市北部新区春兰三路1号地矿大厦10楼				
经营范围	房地产开发、物业管理;制造、加工、销售钢材、锰铁、机械加工等				

主要财务指标

指标\报告期	2013.06.30	2012.12.31	2012.06.30	2011.12.31
基本每股收益(元)	0.6800	1.1000	0.5600	0.9200
基本每股收益(扣除)(元)	0.6700	1.0200	0.5414	0.8880
每股净资产(元)	6.5775	5.9955	5.4977	4.4848
每股经营现金净流量(元)	-1.0465	-0.2698	-0.8010	-2.8959
每股现金流量(元)	-0.3691	2.4022	1.0855	-1.2396
每股资本公积金(元)	0.6016	0.6016	0.5494	0.0953
每股盈余公积金(元)	0.1858	0.1858	0.1709	0.1709
每股未分配利润(元)	4.7901	4.2080	3.7773	3.2186
净资产收益率(%)	10.3690	18.4188	11.5600	20.5760
加权净资产收益率(%)	10.7900	21.1100	11.5600	22.9600
净资产收益率(扣除)(%)	-	-	-	-
总资产(万元)	5870305.25	5201520.94	4394198.12	3735287.96
归属母公司股东权益(万元)	762031.32	694601.43	636928.90	519587.31
主营业务收入(万元)	759799.17	1020237.63	370551.00	979060.15
营业收入(万元)	764328.35	1034865.57	375038.13	986578.93
主营成本(万元)	533737.83	660026.23	219120.24	677242.56
营业成本(万元)	534318.00	663640.66	219487.79	678359.33
投资收益(万元)	-455.89	351.43	161.25	1043.30
净利润(万元)	77094.15	124799.02	64351.16	106248.25
利润总额(万元)	102238.79	165934.63	82878.15	137949.00

中钨高新材料股份有限公司

公司概况

公司名称	中钨高新材料股份有限公司			证券简称	*ST 中钨
法人代表	焦健	董秘	李俊利	证券代码	000657
公司网址			电子信箱	zwgx000657@126.com	
电　　话	0731-22165522 22165587		传　　真	0731-22165500	
办公地址	湖南省株洲市天元区黄河北路100号日盛华尔兹大厦21楼				
经营范围	硬质合金和钨、钼、钽、铌等有色金属及其深加工产品和装备的研制、开发、生产、销售等				

主要财务指标

指标\报告期	2013.06.30	2012.12.31	2012.06.30	2011.12.31
基本每股收益(元)	0.0140	-0.2298	-0.0351	0.0208
基本每股收益(扣除)(元)	-	-0.2488	-0.0544	0.0197
每股净资产(元)	1.2800	1.2664	1.4600	1.4958
每股经营现金净流量(元)	0.0800	0.0340	0.1312	-0.2356
每股现金流量(元)	0.0688	0.0395	0.1098	-0.2537
每股资本公积金(元)	0.9768	0.9768	0.9768	0.9768
每股盈余公积金(元)	0.2154	0.2154	0.2154	0.2154
每股未分配利润(元)	-0.9121	-0.9261	-0.7315	-0.6963
净资产收益率(%)	1.0945	-18.1446	-2.3800	1.3880
加权净资产收益率(%)	1.1000	-16.6400	-2.3800	1.4000
净资产收益率(扣除)(%)	-	-	-	-
总资产(万元)	39700.55	37016.73	46569.67	39342.35
归属母公司股东权益(万元)	28490.10	28187.24	32511.23	33292.73
主营业务收入(万元)	77094.78	153509.49	67867.92	141613.12
营业收入(万元)	78439.31	159563.03	72559.51	144880.23
主营成本(万元)	74123.09	150832.78	65807.65	134595.21
营业成本(万元)	75402.86	156704.42	70170.64	137851.97
投资收益(万元)	-	-	-	-
净利润(万元)	311.82	-5114.45	-781.51	462.22
利润总额(万元)	444.34	-5102.71	-999.72	512.55

珠海中富实业股份有限公司

公司概况

公司名称	珠海中富实业股份有限公司			证券简称	珠海中富
法人代表	陈志俊	董秘	陈立上	证券代码	000659
公司网址	www.zhongfu.com.cn		电子信箱	zfzjb@zhongfu.com.cn	
电　　话	0756-8931096 8931098		传　　真	0756-8812870	
办公地址	广东省珠海市保税区联锋路				
经营范围	生产和销售自产的饮料容器、瓶胚、PET高级饮料瓶、纸杯、防冒瓶盖等				

主要财务指标

指标\报告期	2013.06.30	2012.12.31	2012.06.30	2011.12.31
基本每股收益(元)	-0.0500	-0.1400	0.0010	0.0400
基本每股收益(扣除)(元)	-0.0500	-0.1400	-	0.0300
每股净资产(元)	1.5691	1.6481	1.7900	1.8000
每股经营现金净流量(元)	-0.0440	0.4848	0.0006	0.3327
每股现金流量(元)	-0.3162	0.3577	0.0910	-0.0859
每股资本公积金(元)	0.1350	0.1602	0.1615	0.1615
每股盈余公积金(元)	0.2845	0.2845	0.2845	0.2845
每股未分配利润(元)	0.1606	0.2132	0.3553	0.3652
净资产收益率(%)	-3.3328	-8.5618	0.0600	1.9592
加权净资产收益率(%)	-3.2500	-8.1800	0.0600	1.9500
净资产收益率(扣除)(%)	-	-	-	-
总资产(万元)	599155.47	594310.13	631514.46	596386.83
归属母公司股东权益(万元)	201738.10	211902.38	230295.47	231748.98
主营业务收入(万元)	134726.06	287923.54	149182.08	340154.01
营业收入(万元)	138478.04	311358.90	160342.99	361111.37
主营成本(万元)	116314.81	244959.52	122155.19	272990.72
营业成本(万元)	119529.24	267142.88	132844.02	292616.81
投资收益(万元)	822.53	-19.53	-35.16	-193.48
净利润(万元)	-7753.28	-20358.42	1249.59	7313.61
利润总额(万元)	-6186.40	-15627.80	3025.56	12622.76

长春高新技术产业(集团)股份有限公司

公司概况	公司名称	长春高新技术产业(集团)股份有限公司		证券简称	长春高新
	法人代表	杨占民	董秘	周伟群	证券代码	000661
	公司网址	www.cchn.com.cn	电子信箱	cchn@public.cc.jl.cn	
	电　　话	0431-85666367	传　　真	0431-85675390	
	办公地址	吉林省长春市同志街2400号火炬大厦5层			
	经营范围	高新技术产品的开发、生产、销售及服务、基础设施的开发建设、物业管理等			

主要财务指标	指标＼报告期	2013.06.30	2012.12.31	2012.06.30	2011.12.31
	基本每股收益(元)	1.1300	2.2800	0.7100	0.8300
	基本每股收益(扣除)(元)	0.9500	2.2600	0.7000	0.7400
	每股净资产(元)	8.0069	7.0759	5.5100	4.7931
	每股经营现金净流量(元)	1.4137	3.1063	1.0207	1.2883
	每股现金流量(元)	0.0398	1.3402	–0.1349	–0.1536
	每股资本公积金(元)	1.9521	1.9521	1.9521	1.9521
	每股盈余公积金(元)	0.4748	0.4748	0.3252	0.3252
	每股未分配利润(元)	4.5800	3.6491	2.2299	1.5158
	净资产收益率(%)	14.1000	32.2620	12.9700	17.4040
	加权净资产收益率(%)	14.8000	38.4700	12.9700	18.9900
	净资产收益率(扣除)(%)	–	–	–	–
	总资产(万元)	244781.26	231437.79	211919.21	205852.94
	归属母公司股东权益(万元)	105151.63	92925.90	72324.14	62946.17
	主营业务收入(万元)	96433.01	176118.72	82549.29	129458.93
	营业收入(万元)	96433.01	176118.72	82549.29	129458.93
	主营成本(万元)	18307.37	31790.01	15910.37	22349.37
	营业成本(万元)	18307.37	31790.01	15910.37	22349.37
	投资收益(万元)	0.76	7.07	–	–43.72
	净利润(万元)	20206.98	40162.84	13924.24	16485.19
	利润总额(万元)	24069.30	47571.45	17260.25	21527.03

索芙特股份有限公司

公司概况	公司名称	索芙特股份有限公司		证券简称	索芙特
	法人代表	梁国坚	董秘	李博	证券代码	000662
	公司网址	www.softto.com.cn	电子信箱	redsunsec@163.com	
	电　　话	0774-3863880　3863686	传　　真	0774-3863582　3863686	
	办公地址	广西壮族自治区梧州市新兴二路137号			
	经营范围	精细化工产业、化妆品制造业、化学药品原药制药业、化学药品制造业等			

主要财务指标	指标＼报告期	2013.06.30	2012.12.31	2012.06.30	2011.12.31
	基本每股收益(元)	–0.0641	0.0514	–0.1982	–0.6708
	基本每股收益(扣除)(元)	–0.0659	–0.5495	–0.2002	–0.5604
	每股净资产(元)	2.1088	2.1729	2.7250	2.3357
	每股经营现金净流量(元)	–0.3779	0.7372	0.0190	–0.2120
	每股现金流量(元)	–0.7930	1.4237	–0.0265	–0.3726
	每股资本公积金(元)	0.9301	0.9301	1.7319	1.1445
	每股盈余公积金(元)	0.2080	0.2080	0.1612	0.1612
	每股未分配利润(元)	–0.0281	0.0360	–0.1668	0.0314
	净资产收益率(%)	–3.0395	2.3670	–7.2700	–28.7193
	加权净资产收益率(%)	–2.9900	2.2800	–7.8300	–26.1200
	净资产收益率(扣除)(%)	–	–	–	–
	总资产(万元)	91787.79	111558.26	133850.21	114147.90
	归属母公司股东权益(万元)	60730.65	62576.59	78478.36	67266.69
	主营业务收入(万元)	23451.90	57145.76	27457.63	50871.94
	营业收入(万元)	23451.90	57681.51	27457.63	51469.43
	主营成本(万元)	19489.12	49978.27	23924.28	41023.47
	营业成本(万元)	19489.12	50330.09	23924.28	41433.64
	投资收益(万元)	–6.16	17697.59	213.21	320.61
	净利润(万元)	–1785.74	1289.08	–5620.97	–20300.90
	利润总额(万元)	–1819.09	2673.14	–4851.70	–23879.22

福建省永安林业(集团)股份有限公司

公司概况	公司名称	福建省永安林业(集团)股份有限公司		证券简称	永安林业
	法人代表	吴景贤	董秘	谢红	证券代码	000663
	公司网址	www.yonglin.com	电子信箱	info@yonglin.com	
	电　　话	0598-3614875　3600083	传　　真	0598-3633415	
	办公地址	福建省永安市燕江东路819号			
	经营范围	(竹)材采运、加工、林化产品制造等			

主要财务指标	指标＼报告期	2013.06.30	2012.12.31	2012.06.30	2011.12.31
	基本每股收益(元)	–0.0500	0.0500	–0.0643	–0.2300
	基本每股收益(扣除)(元)	–0.1400	–0.2100	–0.0840	–0.2400
	每股净资产(元)	1.6026	1.7343	1.6700	1.7200
	每股经营现金净流量(元)	–0.0475	0.6029	0.1841	0.0043
	每股现金流量(元)	–0.2833	0.2133	0.0447	–0.0496
	每股资本公积金(元)	0.6962	0.7758	0.8309	0.8161
	每股盈余公积金(元)	0.0838	0.0838	0.0838	0.0838
	每股未分配利润(元)	–0.1775	–0.1253	–0.2428	–0.1786
	净资产收益率(%)	–2.4900	3.0728	–3.1900	–13.5160
	加权净资产收益率(%)	–3.0600	3.0800	–3.1500	–10.9600
	净资产收益率(扣除)(%)	–	–	–	–
	总资产(万元)	136275.48	145991.21	148965.89	151158.52
	归属母公司股东权益(万元)	32493.40	35165.39	33898.36	34901.46
	主营业务收入(万元)	19112.90	44232.27	18187.27	36354.93
	营业收入(万元)	19545.39	45689.83	19313.25	38274.41
	主营成本(万元)	17006.13	37331.90	15326.17	31259.49
	营业成本(万元)	17311.48	38048.52	15550.83	31931.77
	投资收益(万元)	1310.71	4440.13	694.72	287.50
	净利润(万元)	–913.96	1376.50	–1172.70	–4413.03
	利润总额(万元)	–913.96	1382.65	–1171.86	–4408.34

湖北省广播电视信息网络股份有限公司

公司概况	公司名称	湖北省广播电视信息网络股份有限公司		证券简称	湖北广电
	法人代表	吕直友	董秘	吕值友(代)	证券代码	000665
	公司网址	www.hrtn.net	电子信箱	hbsgdwl@163.com	
	电　　话	027-86653990	传　　真	027-86653873	
	办公地址	湖北省武汉市中北路101号(楚商大厦)			
	经营范围	有线电视网络运营			

主要财务指标	指标＼报告期	2013.06.30	2012.12.31	2012.06.30	2011.12.31
	基本每股收益(元)	0.2400	0.6600	0.3700	0.6600
	基本每股收益(扣除)(元)	0.2300	0.6200	0.0830	0.0830
	每股净资产(元)	5.7329	5.4969	1.0500	11.2916
	每股经营现金净流量(元)	0.5425	1.3880	0.9492	2.5868
	每股现金流量(元)	–0.1381	0.2310	0.0721	–0.3108
	每股资本公积金(元)	3.1942	3.1942	0.6736	8.0348
	每股盈余公积金(元)	0.0713	0.0713	0.0489	0.1017
	每股未分配利润(元)	1.4674	1.2313	–0.6726	1.7376
	净资产收益率(%)	4.1172	8.4217	9.0580	8.3044
	加权净资产收益率(%)	4.2000	8.6300	4.5200	8.6600
	净资产收益率(扣除)(%)	–	–	–	–
	总资产(万元)	321076.28	324130.06	109297.55	297741.35
	归属母公司股东权益(万元)	222872.98	213696.78	18635.12	200413.80
	主营业务收入(万元)	57294.30	104520.33	49689.81	93414.75
	营业收入(万元)	57439.36	106134.61	49907.15	93951.77
	主营成本(万元)	29858.98	55941.04	26080.31	50446.73
	营业成本(万元)	29915.35	57369.73	26178.47	50457.42
	投资收益(万元)	83.46	121.61	106.22	184.46
	净利润(万元)	9176.20	17996.94	9265.34	16643.06
	利润总额(万元)	9152.99	17973.52	9182.06	16588.47

经纬纺织机械股份有限公司

公司概况	公司名称	经纬纺织机械股份有限公司		证券简称	经纬纺机
	法人代表	叶茂新	董秘 叶雪华	证券代码	000666
	公司网址	www.jwgf.com		电子信箱	yxh@jwgf.com
	电　话	010-84534078-8188 8501		传　真	010-84534135
	办公地址	北京市朝阳区亮马桥路39号第一上海中心七层			
	经营范围	开发、生产、销售纺织机械及其配套件等			

主要财务指标	指标\报告期	2013.06.30	2012.12.31	2012.06.30	2011.12.31
	基本每股收益(元)	0.4300	0.7000	0.4600	0.8100
	基本每股收益(扣除)(元)	0.4200	0.4800	0.2700	0.8000
	每股净资产(元)	6.8517	6.6780	6.0500	5.6300
	每股经营现金净流量(元)	1.5861	2.5445	1.1445	2.7353
	每股现金流量(元)	2.3922	3.7619	1.5115	2.4135
	每股资本公积金(元)	2.6757	2.8363	1.9930	1.9759
	每股盈余公积金(元)	–	1.0416	1.1118	1.1118
	每股未分配利润(元)	–	1.7167	1.9032	1.5023
	净资产收益率(%)	6.3075	9.1499	7.6200	14.4420
	加权净资产收益率(%)	3.7400	11.7100	7.8600	15.0900
	净资产收益率(扣除)(%)	–	–	–	–
	总资产(万元)	1766753.04	1555348.73	1375105.81	1296982.87
	归属母公司股东权益(万元)	482446.06	470215.48	365095.14	339838.83
	主营业务收入(万元)	507273.03	441539.05	395575.48	654903.79
	营业收入(万元)	271294.03	506193.04	262105.13	727236.98
	主营成本(万元)	212641.76	377329.05	199080.00	557054.93
	营业成本(万元)	232868.20	419821.03	219375.59	611570.43
	投资收益(万元)	–1480.75	7312.81	7486.67	2169.09
	净利润(万元)	95775.53	138212.77	69616.00	116396.76
	利润总额(万元)	132355.59	189549.88	92505.42	154180.65

名流置业集团股份有限公司

公司概况	公司名称	名流置业集团股份有限公司		证券简称	名流置业
	法人代表	刘道明	董秘 冯娴	证券代码	000667
	公司网址	www.000667.com		电子信箱	ir@000667.com
	电　话	027-87838669 0871-3610134		传　真	027-87836606 0871-3625615
	办公地址	湖北省武汉市武昌区东湖路10号水果湖广场5楼			
	经营范围	房地产开发销售及投资等			

主要财务指标	指标\报告期	2013.06.30	2012.12.31	2012.06.30	2011.12.31
	基本每股收益(元)	0.0300	0.0600	0.0300	0.0700
	基本每股收益(扣除)(元)	0.0300	0.0300	0.0100	0.0700
	每股净资产(元)	2.0981	2.0943	2.0700	2.0400
	每股经营现金净流量(元)	–0.2440	–0.7305	–0.4973	–0.1765
	每股现金流量(元)	0.0452	–0.2817	–0.2520	0.0732
	每股资本公积金(元)	0.6013	0.5978	0.6000	0.6000
	每股盈余公积金(元)	0.0840	0.0840	0.0706	0.0706
	每股未分配利润(元)	0.4128	0.4126	0.3911	0.3654
	净资产收益率(%)	1.2032	3.0530	1.2500	3.1889
	加权净资产收益率(%)	1.2000	3.1100	1.2500	3.2400
	净资产收益率(扣除)(%)	–	–	–	–
	总资产(万元)	1449437.62	1304326.97	1168779.34	1088957.14
	归属母公司股东权益(万元)	541279.03	540315.36	528591.67	522028.28
	主营业务收入(万元)	94492.16	174988.40	69714.75	178899.16
	营业收入(万元)	96260.53	177237.17	70755.74	181327.69
	主营成本(万元)	62339.00	120720.70	48390.66	118583.80
	营业成本(万元)	64322.89	122881.54	49337.08	120639.27
	投资收益(万元)	711.24	14383.71	4064.33	1789.86
	净利润(万元)	6073.95	16358.69	6269.65	16568.89
	利润总额(万元)	10433.21	24726.88	9653.42	24267.31

荣丰控股集团股份有限公司

公司概况	公司名称	荣丰控股集团股份有限公司		证券简称	荣丰控股
	法人代表	王征	董秘 步秀霞	证券代码	000668
	公司网址	www.rfholding.cn		电子信箱	ir@rfholding.cn
	电　话	021-51078987 51757691		传　真	021-20247965 010-51757611
	办公地址	上海市浦东新区福山路388号宏嘉大厦22楼2207室			
	经营范围	房地产开发经营、商品房销售、租赁、物业管理、建筑装修、园林绿化等			

主要财务指标	指标\报告期	2013.06.30	2012.12.31	2012.06.30	2011.12.31
	基本每股收益(元)	0.0100	0.0100	0.0100	0.0200
	基本每股收益(扣除)(元)	0.0100	–0.0200	–0.0300	0.0400
	每股净资产(元)	4.5613	4.5621	4.5700	4.5600
	每股经营现金净流量(元)	0.6526	–0.6708	–0.9264	0.1955
	每股现金流量(元)	0.2354	0.1863	0.0058	–0.0114
	每股资本公积金(元)	0.5480	0.5480	0.5480	0.5480
	每股盈余公积金(元)	0.7597	0.7597	0.7597	0.7597
	每股未分配利润(元)	2.2536	2.2544	2.2673	2.2523
	净资产收益率(%)	0.2009	0.2642	0.3300	0.4999
	加权净资产收益率(%)	0.2000	0.2800	0.3300	0.5000
	净资产收益率(扣除)(%)	–	–	–	–
	总资产(万元)	111142.41	111537.91	109095.38	94134.66
	归属母公司股东权益(万元)	66978.55	66990.80	67179.98	66960.68
	主营业务收入(万元)	3359.18	5946.97	2882.28	8727.95
	营业收入(万元)	3866.95	7010.18	3415.72	9602.76
	主营成本(万元)	843.28	1151.28	571.53	2349.53
	营业成本(万元)	1072.07	1601.64	796.67	2869.72
	投资收益(万元)	618.95	562.68	–	562.68
	净利润(万元)	279.27	463.00	354.42	410.60
	利润总额(万元)	887.71	1240.55	866.37	560.27

中油金鸿能源投资股份有限公司

公司概况	公司名称	中油金鸿能源投资股份有限公司		证券简称	金鸿能源
	法人代表	陈义和	董秘 焦玉文	证券代码	000669
	公司网址	www.spjhe.com		电子信箱	jyw000669@163.com
	电　话	010-82809145-188		传　真	010-82809491
	办公地址	北京市东城区鼓楼外大街26号荣宝大厦			
	经营范围	以医药、医疗器械、保护膜的生产经营、保健品经营等			

主要财务指标	指标\报告期	2013.06.30	2012.12.31	2012.06.30	2011.12.31
	基本每股收益(元)	0.5569	1.4784	0.4506	1.1533
	基本每股收益(扣除)(元)	–	1.4610	–0.0223	1.1397
	每股净资产(元)	7.1172	6.5603	1.5600	16.2717
	每股经营现金净流量(元)	0.3724	0.6405	0.3821	4.1834
	每股现金流量(元)	–0.5223	0.4219	0.3539	–1.0461
	每股资本公积金(元)	2.5033	2.5033	0.5867	8.4173
	每股盈余公积金(元)	0.1307	0.1307	0.1397	0.3789
	每股未分配利润(元)	3.4832	2.9263	–0.1694	5.5673
	净资产收益率(%)	7.8241	15.4327	84.1557	13.5253
	加权净资产收益率(%)	8.1400	16.6000	7.7400	14.5100
	净资产收益率(扣除)(%)	–	–	–	–
	总资产(万元)	525386.64	488702.11	18190.61	348909.82
	归属母公司股东权益(万元)	191472.22	176491.17	14403.25	150521.40
	主营业务收入(万元)	75292.32	131125.15	61167.38	103272.24
	营业收入(万元)	75374.77	131357.22	715.34	103415.93
	主营成本(万元)	44393.27	74643.00	37197.38	60672.75
	营业成本(万元)	44427.01	74745.58	671.05	60800.60
	投资收益(万元)	155.15	–174.24	–	–247.43
	净利润(万元)	16384.74	29255.12	–423.64	21820.69
	利润总额(万元)	21890.97	38992.16	–423.42	29635.19

舜元实业发展股份有限公司

公司概况	公司名称	舜元实业发展股份有限公司		证券简称	S舜元
	法人代表	史浩樑	董秘	张韵	证券代码	000670
	公司网址	www.sunyoungchina.com		电子信箱	jzc1976@hotmail.com
	电　话	021-32506689		传　真	021-62263030
	办公地址	上海市长宁区江苏路398号舜元企业发展大厦17楼三单元			
	经营范围	工业,商业,房地产行业的投资经营及相关资询与服务			

主要财务指标 指标\报告期	2013.06.30	2012.12.31	2012.06.30	2011.12.31
基本每股收益(元)	0.0206	0.0090	0.0048	0.0079
基本每股收益(扣除)(元)	0.0205	0.0082	0.0040	0.0088
每股净资产(元)	0.7919	0.7713	0.7671	0.7624
每股经营现金净流量(元)	−0.2131	−0.1200	0.0505	−0.0449
每股现金流量(元)	−0.1256	−0.0318	0.0505	−0.1619
每股资本公积金(元)	1.9742	1.9742	1.9742	1.9742
每股盈余公积金(元)	0.2039	0.2039	0.2039	0.2039
每股未分配利润(元)	−2.3861	−2.4067	−2.4109	−2.4157
净资产收益率(%)	2.5982	1.1656	0.6200	1.0350
加权净资产收益率(%)	2.6300	1.1700	0.6200	1.0400
净资产收益率(扣除)(%)	–	–	–	–
总资产(万元)	40783.09	29956.63	29829.23	29549.21
归属母公司股东权益(万元)	21556.92	20996.82	20882.07	20752.09
主营业务收入(万元)	7431.15	11777.81	3098.61	5533.30
营业收入(万元)	7431.15	11777.81	3098.61	5568.30
主营成本(万元)	2954.73	8392.56	1141.78	3034.05
营业成本(万元)	2954.73	8392.56	1141.78	3051.45
投资收益(万元)	–	–	–	–
净利润(万元)	560.10	244.73	129.99	214.80
利润总额(万元)	996.49	749.45	416.09	484.10

阳光城集团股份有限公司

公司概况	公司名称	阳光城集团股份有限公司		证券简称	阳 光 城
	法人代表	林腾蛟	董秘	廖剑锋	证券代码	000671
	公司网址	www.yango.com.cn		电子信箱	000671@yango.com.cn
	电　话	0591-83353145 88089227		传　真	0591-88089227
	办公地址	福建省福州市鼓楼区乌山西路68号			
	经营范围	房地产业务为主、以贸易业务为补充等			

主要财务指标 指标\报告期	2013.06.30	2012.12.31	2012.06.30	2011.12.31
基本每股收益(元)	0.1400	1.0400	0.0900	0.5800
基本每股收益(扣除)(元)	0.1200	0.8200	0.1700	0.5800
每股净资产(元)	2.1653	4.0961	3.2300	3.7500
每股经营现金净流量(元)	−0.5759	0.2059	1.7212	−4.3994
每股现金流量(元)	2.0454	0.4882	0.7255	−0.1913
每股资本公积金(元)	0.0440	0.3424	0.3189	0.9831
每股盈余公积金(元)	0.0324	0.1972	0.1359	0.1619
每股未分配利润(元)	1.0888	2.5565	1.7792	1.6006
净资产收益率(%)	6.3751	25.4428	5.5200	15.5565
加权净资产收益率(%)	6.3200	27.3000	4.8400	17.1300
净资产收益率(扣除)(%)	–	–	–	–
总资产(万元)	2230605.05	1644534.42	1340816.15	1318870.09
归属母公司股东权益(万元)	220513.97	219554.24	173346.11	200768.10
主营业务收入(万元)	283192.23	544644.18	141211.92	322144.65
营业收入(万元)	283192.23	545234.63	141508.53	322859.20
主营成本(万元)	207927.68	405816.57	–	232987.89
营业成本(万元)	207927.68	405950.49	108935.72	233212.74
投资收益(万元)	1477.06	−969.76	−31.82	−223.94
净利润(万元)	10404.23	53463.69	8569.30	28691.21
利润总额(万元)	21952.33	73177.43	12910.90	42292.67

甘肃上峰水泥股份有限公司

公司概况	公司名称	甘肃上峰水泥股份有限公司		证券简称	上峰水泥
	法人代表	俞锋	董秘	瞿辉	证券代码	000672
	公司网址	www.sfsn.cn		电子信箱	sfsn123@sina.com
	电　话	0562-8758037		传　真	0562-8758117
	办公地址	甘肃省白银市白银区五一街8号铜城商厦四楼			
	经营范围	商业经营和酒店服务业务			

主要财务指标 指标\报告期	2013.06.30	2012.12.31	2012.06.30	2011.12.31
基本每股收益(元)	0.0544	0.0042	0.0627	0.0145
基本每股收益(扣除)(元)	0.0263	0.0033	−0.0145	−0.0266
每股净资产(元)	1.5017	0.1219	0.1042	0.1177
每股经营现金净流量(元)	0.2463	0.0639	1.1714	0.0223
每股现金流量(元)	−0.0736	0.0130	0.3913	0.0026
每股资本公积金(元)	−0.5895	0.2969	0.2969	0.2969
每股盈余公积金(元)	0.0921	0.3476	0.0539	0.0539
每股未分配利润(元)	0.9077	3.2582	−1.2465	−1.2330
净资产收益率(%)	2.9839	3.4772	167.0257	12.3080
加权净资产收益率(%)	3.0500	3.5400	3.3000	13.1100
净资产收益率(扣除)(%)	–	–	–	–
总资产(万元)	359251.87	357911.93	9557.51	9637.85
归属母公司股东权益(万元)	122179.91	116510.93	2245.73	2535.91
主营业务收入(万元)	100113.31	6427.71	93063.85	1653.29
营业收入(万元)	101072.14	7401.11	93262.63	2027.81
主营成本(万元)	85357.51	6134.02	79510.23	1708.43
营业成本(万元)	86087.20	6202.81	894.19	1776.53
投资收益(万元)	−341.24	–	0.85	–
净利润(万元)	3628.55	91.36	3750.95	312.12
利润总额(万元)	5123.78	91.36	5385.35	312.12

当代东方投资股份有限公司

公司概况	公司名称	当代东方投资股份有限公司		证券简称	当代东方
	法人代表	李荣福	董秘	陈雁峰	证券代码	000673
	公司网址			电子信箱	sxddtz@126.com
	电　话	0352-5115996 5115991		传　真	0352-5115998
	办公地址	山西省大同市魏都大道730号益丰商务大厦A座18层A1A2			
	经营范围	硅酸盐水泥及熟料的生产及销售			

主要财务指标 指标\报告期	2013.06.30	2012.12.31	2012.06.30	2011.12.31
基本每股收益(元)	0.0070	0.0151	−0.0080	−0.1200
基本每股收益(扣除)(元)	–	−0.0100	−0.0070	−0.1200
每股净资产(元)	0.0501	0.0434	0.0210	0.0280
每股经营现金净流量(元)	0.0204	0.0202	0.0480	−0.1812
每股现金流量(元)	0.0201	0.0202	0.0480	−0.1905
每股资本公积金(元)	0.1598	0.1598	0.1598	0.1598
每股盈余公积金(元)	0.1187	0.1187	0.1187	0.1187
每股未分配利润(元)	−1.2284	−1.2351	−1.2579	−1.2502
净资产收益率(%)	13.3349	34.9091	−37.4600	−407.9447
加权净资产收益率(%)	14.2900	42.2900	−31.5500	−1098.9700
净资产收益率(扣除)(%)	–	–	–	–
总资产(万元)	8514.01	7870.63	8697.29	11687.90
归属母公司股东权益(万元)	1041.61	902.71	427.45	587.58
主营业务收入(万元)	638.09	911.43	200.00	128.00
营业收入(万元)	663.42	1617.10	541.05	295.94
主营成本(万元)	278.71	611.35	116.74	103.00
营业成本(万元)	281.39	690.15	176.47	286.45
投资收益(万元)	–	–	–	–
净利润(万元	138.90	315.13	−160.13	−2397.01
利润总额(万元)	138.90	315.13	−160.13	−2397.01

河南思达高科技股份有限公司

公司概况	公司名称	河南思达高科技股份有限公司		证券简称	*ST 思达
	法人代表	刘双河	董秘 尤笑冰	证券代码	000676
	公司网址	www.hnstar.com		电子信箱	hn9708@126.com
	电　话	0371-65793081 65793200		传　真	0371-65793200
	办公地址	河南省郑州市郑东新区 CBD 商务外环路 27 号景峰国际 24 层			
	经营范围	仪器、仪表、工业自动化设备、电子计算机软硬件及网络设备的开发等			

主要财务指标	指标＼报告期	2013.06.30	2012.12.31	2012.06.30	2011.12.31
	基本每股收益(元)	-0.0270	-0.4373	-0.0707	-0.2524
	基本每股收益(扣除)(元)	-0.0301	-0.4493	-0.0773	-0.2789
	每股净资产(元)	0.5217	0.5500	0.9100	0.9800
	每股经营现金净流量(元)	0.0139	0.0189	0.2068	0.0274
	每股现金流量(元)	0.0136	-0.1014	0.0589	0.0108
	每股资本公积金(元)	0.1589	0.1589	0.1561	0.1561
	每股盈余公积金(元)	0.1010	0.1010	0.1010	0.1010
	每股未分配利润(元)	-0.7382	-0.7112	-0.3446	-0.2739
	净资产收益率(%)	-5.1701	-79.7093	-7.3100	-25.6750
	加权净资产收益率(%)	-5.0400	-49.0600	-7.3100	-22.7500
	净资产收益率(扣除)(%)	-	-	-	-
	总资产(万元)	80862.60	81515.85	92255.68	92655.10
	归属母公司股东权益(万元)	16411.35	17259.84	28705.77	30930.41
	主营业务收入(万元)	18800.79	47428.86	25179.88	69427.97
	营业收入(万元)	21513.36	48281.61	25712.05	72036.60
	主营成本(万元)	13281.44	35927.11	18798.56	54477.40
	营业成本(万元)	15544.01	36620.12	18952.28	56205.26
	投资收益(万元)	-528.47	-	-	349.96
	净利润(万元)	-1362.14	-15353.34	-2538.96	-8330.96
	利润总额(万元)	-1235.89	-15297.91	-2243.91	-8277.19

山东海龙股份有限公司

公司概况	公司名称	山东海龙股份有限公司		证券简称	山东海龙
	法人代表	丁明国	董秘 高垒	证券代码	000677
	公司网址	www.helon.cn		电子信箱	sdhlzqb@163.com
	电　话	0536-2275007		传　真	0536-7252140
	办公地址	山东省潍坊市寒亭区海龙路 555 号			
	经营范围	粘胶纤维、棉浆粕、帘帆布的生产与销售等			

主要财务指标	指标＼报告期	2013.06.30	2012.12.31	2012.06.30	2011.12.31
	基本每股收益(元)	0.1058	1.2843	-0.3879	-1.1720
	基本每股收益(扣除)(元)	-	-0.8176	-0.3729	-1.1836
	每股净资产(元)	0.7592	0.9057	-1.3800	-0.9900
	每股经营现金净流量(元)	0.0051	-0.4522	-0.1009	-0.6019
	每股现金流量(元)	0.1486	-0.2021	-0.2369	-0.8447
	每股资本公积金(元)	0.6742	0.6694	0.0588	0.0588
	每股盈余公积金(元)	0.2461	0.2461	0.1481	0.1481
	每股未分配利润(元)	-1.1611	-1.0097	-2.5840	-2.1961
	净资产收益率(%)	13.9312	141.7990	-28.1654	-118.4722
	加权净资产收益率(%)	11.6800	-	-	-
	净资产收益率(扣除)(%)	-	-	-	-
	总资产(万元)	417771.37	364206.84	473069.42	589552.85
	归属母公司股东权益(万元)	65591.28	78254.57	-118978.86	-85468.01
	主营业务收入(万元)	104414.60	83307.87	62208.84	360916.51
	营业收入(万元)	107631.34	106005.90	75170.77	381348.95
	主营成本(万元)	104707.06	99661.06	67802.05	372461.05
	营业成本(万元)	107539.04	121112.70	80140.46	395587.86
	投资收益(万元)	-	66208.72	4822.07	-7363.53
	净利润(万元)	6884.89	101314.68	-37451.33	-113894.30
	利润总额(万元)	6992.44	110042.68	-37362.00	-113128.95

襄阳汽车轴承股份有限公司

公司概况	公司名称	襄阳汽车轴承股份有限公司		证券简称	襄阳轴承
	法人代表	高少兵	董秘 廖永高	证券代码	000678
	公司网址	www.zxy.com.cn		电子信箱	xf_lyg@163.com
	电　话	0710-3577209 3577678		传　真	0710-3564019
	办公地址	湖北省襄阳市襄城区轴承路一号			
	经营范围	轴承及其零部件的生产、科研、销售及相关业务等			

主要财务指标	指标＼报告期	2013.06.30	2012.12.31	2012.06.30	2011.12.31
	基本每股收益(元)	0.0038	0.0200	-0.0240	0.0900
	基本每股收益(扣除)(元)	-0.0230	-0.0600	-0.0320	0.0690
	每股净资产(元)	2.4699	1.7523	1.7100	1.7400
	每股经营现金净流量(元)	-0.1622	-0.1944	-0.1704	0.0494
	每股现金流量(元)	0.4098	0.0337	0.0032	0.0696
	每股资本公积金(元)	1.3187	0.5419	0.5419	0.5419
	每股盈余公积金(元)	0.1689	0.2407	0.2407	0.2407
	每股未分配利润(元)	-0.0177	-0.0304	-0.0706	-0.0465
	净资产收益率(%)	0.1473	0.9211	-1.4000	4.9030
	加权净资产收益率(%)	0.1500	0.9200	-1.4000	5.0000
	净资产收益率(扣除)(%)	-	-	-	-
	总资产(万元)	162195.42	131905.03	120319.06	104615.55
	归属母公司股东权益(万元)	105977.86	52756.84	51546.50	52270.94
	主营业务收入(万元)	37706.20	69400.35	39908.18	80993.96
	营业收入(万元)	40677.21	76135.59	42933.88	87314.92
	主营成本(万元)	34276.69	59762.55	35326.07	67880.74
	营业成本(万元)	36865.37	65452.39	37999.35	73702.05
	投资收益(万元)	6.88	-544.69	-258.97	213.51
	净利润(万元)	103.58	557.24	-766.35	2584.21
	利润总额(万元)	112.03	747.68	-767.00	2694.11

大连友谊(集团)股份有限公司

公司概况	公司名称	大连友谊(集团)股份有限公司		证券简称	大连友谊
	法人代表	田益群	董秘 孙锡娟	证券代码	000679
	公司网址	www.dlyy.com.cn		电子信箱	sunxj@dlyy.com.cn
	电　话	0411-82802712 82691470		传　真	0411-82650892
	办公地址	辽宁省大连市中山区七一街 1 号			
	经营范围	商品零售、酒店、对船供应、旅游、进出口贸易、仓储、免税商品等			

主要财务指标	指标＼报告期	2013.06.30	2012.12.31	2012.06.30	2011.12.31
	基本每股收益(元)	0.1790	0.4260	0.1650	0.4920
	基本每股收益(扣除)(元)	-	0.4300	0.1640	0.4900
	每股净资产(元)	3.9135	3.9446	3.7600	3.5940
	每股经营现金净流量(元)	-1.1938	0.3076	-0.3117	-2.6299
	每股现金流量(元)	-1.8148	-0.8861	0.1460	-0.6328
	每股资本公积金(元)	0.2310	0.2407	0.2362	0.2356
	每股盈余公积金(元)	0.4229	0.4229	0.4161	0.4161
	每股未分配利润(元)	2.2596	2.2810	2.1072	1.9427
	净资产收益率(%)	4.5758	10.8013	4.3770	13.7014
	加权净资产收益率(%)	4.4400	11.2800	4.4750	14.6190
	净资产收益率(扣除)(%)	-	-	-	-
	总资产(万元)	945203.12	961761.15	987942.91	936523.14
	归属母公司股东权益(万元)	139477.56	140585.65	133989.21	128101.12
	主营业务收入(万元)	169601.84	334022.26	150798.71	315679.53
	营业收入(万元)	172046.38	337732.74	152791.84	319422.18
	主营成本(万元)	121818.67	228609.18	106953.42	-
	营业成本(万元)	121818.67	228616.94	106953.42	222635.69
	投资收益(万元)	5.52	-79.63	-61.24	-50.61
	净利润(万元)	8548.47	21172.73	8510.11	24535.52
	利润总额(万元)	13052.84	31934.65	12753.06	34160.23

山推工程机械股份有限公司

公司概况	公司名称	山推工程机械股份有限公司			证券简称	山推股份
	法人代表	张秀文	董秘	王强	证券代码	000680
	公司网址	www.shantui.com		电子信箱	wangq@shantui.com	
	电　话	0537-2909532 2907336		传　真	0537-2315986 2340411	
	办公地址	山东省济宁市高新区327国道58号				
	经营范围	建筑工程机械、矿山机械、农田基本建设机械、收获机械及配件的研究、开发等				

主要财务指标	指标\报告期	2013.06.30	2012.12.31	2012.06.30	2011.12.31
	基本每股收益(元)	0.0293	0.0300	0.0548	0.4200
	基本每股收益(扣除)(元)	0.0199	-0.0500	0.0300	0.5800
	每股净资产(元)	3.7169	3.6863	3.7100	5.6936
	每股经营现金净流量(元)	0.0688	0.5083	0.3430	-2.3425
	每股现金流量(元)	-0.2077	-0.3368	-0.1727	0.9306
	每股资本公积金(元)	0.7928	0.7932	0.7949	1.1924
	每股盈余公积金(元)	0.3230	0.3230	0.3131	0.4697
	每股未分配利润(元)	1.5997	1.5704	1.6082	3.0301
	净资产收益率(%)	0.7870	0.7294	1.4800	11.0898
	加权净资产收益率(%)	0.7900	0.7200	1.4400	11.5200
	净资产收益率(扣除)(%)	-	-	-	-
	总资产(万元)	1373830.82	1330569.92	1390023.79	1380917.16
	归属母公司股东权益(万元)	423260.82	419779.92	422864.57	432236.03
	主营业务收入(万元)	464788.05	878097.05	480224.39	1197735.76
	营业收入(万元)	577739.49	1048474.70	579727.19	1470204.89
	主营成本(万元)	396106.93	738038.25	406484.65	1009326.13
	营业成本(万元)	503352.60	902293.19	502062.88	1262648.68
	投资收益(万元)	5389.44	545.08	-168.92	3450.60
	净利润(万元)	2277.35	2304.18	6104.32	55199.06
	利润总额(万元)	3882.74	5417.46	9458.47	68674.86

远东实业股份有限公司

公司概况	公司名称	远东实业股份有限公司			证券简称	远东股份
	法人代表	姜放	董秘	邹亮	证券代码	000681
	公司网址	www.chinafareast.com		电子信箱	ss000681@163.com	
	电　话	0519-85130681		传　真	0519-85132666	
	办公地址	江苏省常州市钟楼区西新桥二村99幢3号				
	经营范围	开发,生产,销售计算机软硬件和网络安全产品以及自营出品服装等				

主要财务指标	指标\报告期	2013.06.30	2012.12.31	2012.06.30	2011.12.31
	基本每股收益(元)	0.0400	0.0300	0.0100	0.0300
	基本每股收益(扣除)(元)	-	0.0300	0.0100	-0.0700
	每股净资产(元	0.7682	0.7292	0.7100	0.6965
	每股经营现金净流量(元)	0.0378	0.1026	0.0502	-0.0751
	每股现金流量(元)	0.0302	-0.3153	0.1257	0.0794
	每股资本公积金(元)	0.4599	0.4599	0.4599	0.4599
	每股盈余公积金(元)	0.1449	0.1449	0.1449	0.1449
	每股未分配利润(元)	-0.8365	-0.8756	-0.8936	-0.9082
	净资产收益率(%)	5.0839	4.4777	2.0600	4.0660
	加权净资产收益率(%)	5.2200	4.5800	2.0900	4.2100
	净资产收益率(扣除)(%)	-	-	-	-
	总资产(万元)	21807.13	19474.87	14434.61	14152.52
	归属母公司股东权益(万元)	15268.56	14492.33	14135.30	13843.41
	主营业务收入(万元)	8495.69	2007.44	-	-
	营业收入(万元)	8499.34	3608.38	1481.65	1884.95
	主营成本(万元)	5789.18	252.45	-	-
	营业成本(万元)	5789.18	903.98	651.52	1514.09
	投资收益(万元)	205.30	83.93	-	-386.78
	净利润(万元)	1737.71	1251.17	291.89	581.79
	利润总额(万元)	1735.11	1251.17	291.89	581.79

东方电子股份有限公司

公司概况	公司名称	东方电子股份有限公司			证券简称	东方电子
	法人代表	丁振华	董秘	王清刚	证券代码	000682
	公司网址	www.dongfangelec.com		电子信箱	zhengquan@dongfang-china.com	
	电　话	0535-5520066		传　真	0535-5520069	
	办公地址	山东省烟台市芝罘区机场路2号				
	经营范围	电力自动化及工业自动化控制系统、电子产品及通信设备、电气机械及器材等				

主要财务指标	指标\报告期	2013.06.30	2012.12.31	2012.06.30	2011.12.31
	基本每股收益(元)	0.0126	0.0251	0.0086	0.0222
	基本每股收益(扣除)(元)	0.0055	0.0153	0.0032	0.0184
	每股净资产(元)	1.4400	1.4276	1.4100	1.4000
	每股经营现金净流量(元)	-0.0195	-0.0107	-0.1162	-0.1143
	每股现金流量(元)	-0.0318	-0.0034	-0.1264	-0.2324
	每股资本公积金(元)	0.3494	0.3494	0.3502	0.3494
	每股盈余公积金(元)	0.0065	0.0065	0.0055	0.0055
	每股未分配利润(元)	0.0846	0.0720	0.0566	0.0480
	净资产收益率(%)	0.8725	1.7581	0.6100	1.5860
	加权净资产收益率(%)	0.8800	1.7735	0.6100	1.6000
	净资产收益率(扣除)(%)	-	-	-	-
	总资产(万元)	243883.39	240067.75	198436.94	194755.52
	归属母公司股东权益(万元)	140852.36	139641.62	138108.60	137215.44
	主营业务收入(万元)	68844.59	139987.25	52328.47	115585.10
	营业收入(万元)	70202.36	143772.64	54388.30	118255.65
	主营成本(万元)	45226.08	92232.56	34497.06	77561.94
	营业成本(万元)	45978.16	93652.83	35746.48	78623.96
	投资收益(万元)	628.10	471.94	506.57	168.65
	净利润(万元)	3824.21	5968.31	1893.90	4151.05
	利润总额(万元)	4279.29	6995.91	2293.78	4890.92

内蒙古远兴能源股份有限公司

公司概况	公司名称	内蒙古远兴能源股份有限公司			证券简称	远兴能源
	法人代表	贺占海	董秘	纪玉虎	证券代码	000683
	公司网址	www.yuanxing.com		电子信箱	yxny@berun.cc	
	电　话	0477-8139874 8139873		传　真	0477-8139833	
	办公地址	内蒙古自治区鄂尔多斯市东胜区鄂托克西街博源大厦十二层				
	经营范围	化工产品及其原材料的生产、销售等				

主要财务指标	指标\报告期	2013.06.30	2012.12.31	2012.06.30	2011.12.31
	基本每股收益(元)	-0.1500	0.1300	0.0600	0.2200
	基本每股收益(扣除)(元)	-0.1500	0.0600	0.0600	0.2100
	每股净资产(元)	2.9427	3.0977	2.9800	3.0873
	每股经营现金净流量(元)	0.2464	0.8654	0.2936	0.3747
	每股现金流量(元)	0.2280	0.1344	0.2826	-0.4154
	每股资本公积金(元)	0.1959	0.1959	0.1861	0.2472
	每股盈余公积金(元)	0.2521	0.2521	0.2521	0.2521
	每股未分配利润(元)	1.4253	1.5919	1.4981	1.5576
	净资产收益率(%)	-4.9803	4.3365	1.8700	7.2389
	加权净资产收益率(%)	-4.8500	4.3400	1.7800	7.4700
	净资产收益率(扣除)(%)	-	-	-	-
	总资产(万元)	1050744.44	996605.84	854871.57	702891.45
	归属母公司股东权益(万元)	225946.05	237843.17	228911.11	237048.68
	主营业务收入(万元)	147000.78	365181.81	164542.48	311390.62
	营业收入(万元)	150460.74	366230.26	169392.35	313515.17
	主营成本(万元)	107225.98	224903.98	94579.47	192385.75
	营业成本(万元)	110500.91	225733.81	99429.04	194501.05
	投资收益(万元)	-1057.21	1063.30	62.16	-5099.00
	净利润(万元)	-10682.21	29693.16	15339.86	38019.47
	利润总额(万元)	-7030.82	37267.56	23389.35	52690.16

中山公用事业集团股份有限公司

公司概况

公司名称	中山公用事业集团股份有限公司			证券简称	中山公用
法人代表	陈爱学	董秘	黄焕明	证券代码	000685
公司网址	www.zpug.net		电子信箱	zpug@zpug.net	
电　话	0760-88380018 89886813		传　真	0760-88380000 88380022	
办公地址	广东省中山市兴中道 18 号财兴大厦北座				
经营范围	公用事业的投资及管理、市场的经营及管理、投资及投资策划、咨询和管理等业务				

主要财务指标

指标＼报告期	2013.06.30	2012.12.31	2012.06.30	2011.12.31
基本每股收益(元)	0.2900	0.4700	0.2700	1.4100
基本每股收益(扣除)(元)	0.2800	0.4500	0.2600	0.4300
每股净资产(元)	7.9491	7.7660	7.5300	9.4456
每股经营现金净流量(元)	0.1243	0.3491	0.1535	0.3248
每股现金流量(元)	0.0220	–0.6539	–1.1191	1.0368
每股资本公积金(元)	0.7681	0.7766	0.9594	0.8717
每股盈余公积金(元)	0.4956	0.4956	0.5912	0.5912
每股未分配利润(元)	5.6855	5.4939	7.2347	6.9826
净资产收益率(%)	3.6692	6.0662	3.6600	19.3387
加权净资产收益率(%)	3.7100	6.2700	3.6600	21.0400
净资产收益率(扣除)(%)	–	–	–	–
总资产(万元)	786200.14	764245.99	755431.16	799028.80
归属母公司股东权益(万元)	618985.70	604726.16	586129.17	565776.37
主营业务收入(万元)	37832.59	78153.65	36445.96	76115.96
营业收入(万元)	40108.51	81770.64	37709.56	79475.53
主营成本(万元)	25635.56	53449.96	25532.85	53729.15
营业成本(万元)	26913.73	55814.37	26398.15	56123.46
投资收益(万元)	20048.31	34341.74	20589.23	133798.02
净利润(万元)	22751.64	36801.26	21141.09	109356.08
利润总额(万元)	23787.73	37658.78	21465.43	134050.89

东北证券股份有限公司

公司概况

公司名称	东北证券股份有限公司			证券简称	东北证券
法人代表	矫正中	董秘	徐冰	证券代码	000686
公司网址	www.nesc.cn		电子信箱	dbzq@nesc.cn	
电　话	0431-85096806		传　真	0431-85096816	
办公地址	吉林省长春市自由大路 1138 号东北证券大厦				
经营范围	证券经纪业务、投资银行业务、证券投资业务等				

主要财务指标

指标＼报告期	2013.06.30	2012.12.31	2012.06.30	2011.12.31
基本每股收益(元)	0.3100	0.2000	0.1900	–0.2400
基本每股收益(扣除)(元)	0.3100	0.1800	0.1800	–0.2500
每股净资产(元)	7.4259	7.3600	5.0400	4.8300
每股经营现金净流量(元)	–0.8986	–3.3211	–0.7317	–3.6908
每股现金流量(元)	–1.2458	–1.7399	–0.8928	–3.7245
每股资本公积金(元)	3.6854	3.7374	0.0608	0.0435
每股盈余公积金(元)	0.3150	0.3150	0.4610	0.4610
每股未分配利润(元)	1.7956	1.6812	2.5936	2.4010
净资产收益率(%)	4.2341	2.0899	3.8231	–4.9100
加权净资产收益率(%)	4.2000	3.3600	3.9000	–4.6400
净资产收益率(扣除)(%)	–	–	–	–
总资产(万元)	1864741.69	1647797.31	1271935.54	1253396.66
归属母公司股东权益(万元)	726687.30	720571.30	322051.82	308637.31
主营业务收入(万元)	–	–	–	–
营业收入(万元)	94291.06	120027.27	60980.91	37458.93
主营成本(万元)	–	–	–	–
营业成本(万元)	–	–	–	–
投资收益(万元)	37868.68	15031.94	1758.32	5573.09
净利润(万元)	30877.33	15123.04	12346.93	10526.74
利润总额(万元)	36844.28	17964.96	14208.91	13620.41

恒天天鹅股份有限公司

公司概况

公司名称	恒天天鹅股份有限公司			证券简称	恒天天鹅
法人代表	王东兴	董秘	李斌	证券代码	000687
公司网址	www.bd-swan.com		电子信箱	bdswan@bd-swan.cn	
电　话	0312-3322326 3322262		传　真	0312-3322055	
办公地址	河北省保定市新市区盛兴西路 1369 号				
经营范围	粘胶纤维制造、销售、粘胶纤维的原辅材料的加工、销售等				

主要财务指标

指标＼报告期	2013.06.30	2012.12.31	2012.06.30	2011.12.31
基本每股收益(元)	–0.0610	0.0110	0.0060	0.1150
基本每股收益(扣除)(元)	–0.0630	–0.1070	–0.0300	0.0170
每股净资产(元)	2.0089	2.0792	2.1440	1.6119
每股经营现金净流量(元)	–0.1336	–0.0977	0.0047	–0.1321
每股现金流量(元)	–0.5316	0.8434	0.6966	–0.0992
每股资本公积金(元)	1.0442	1.0538	1.1233	0.5941
每股盈余公积金(元)	0.0237	0.0237	0.0215	0.0254
每股未分配利润(元)	–0.0589	0.0017	–0.0009	–0.0076
净资产收益率(%)	–3.0189	0.4958	0.3400	7.1199
加权净资产收益率(%)	–2.9700	0.5600	0.3400	6.9400
净资产收益率(扣除)(%)	–	–	–	–
总资产(万元)	276196.22	289042.72	253346.35	184936.24
归属母公司股东权益(万元)	152150.26	157469.73	162374.26	103419.15
主营业务收入(万元)	37199.00	84393.87	43648.70	95304.77
营业收入(万元)	37814.52	86658.90	45024.67	96629.80
主营成本(万元)	35848.57	78560.69	40080.91	83950.24
营业成本(万元)	36409.40	80729.36	41349.18	85236.74
投资收益(万元)	45.85	11246.80	3241.38	7646.78
净利润(万元)	–4607.04	1003.95	237.22	6988.68
利润总额(万元)	–4575.34	1542.88	383.72	8078.35

建新矿业股份有限责任公司

公司概况

公司名称	建新矿业股份有限责任公司			证券简称	建新矿业
法人代表	刘建民	董秘	熊为民	证券代码	000688
公司网址	www.zarvagroup.com		电子信箱	weimingxiong1999@hotmail.com	
电　话	023-63067268 63067269		传　真	023-63067269 63067268	
办公地址	重庆市北部新区新南路 164 号水晶国际 808 室				
经营范围	电子计算机及网络服务器,微晶玻璃板材,节能灯及电子镇流器的制造等				

主要财务指标

指标＼报告期	2013.06.30	2012.12.31	2012.06.30	2011.12.31
基本每股收益(元)	0.1129	–0.0470	0.0923	0.0047
基本每股收益(扣除)(元)	–	–0.0470	–0.0062	–0.0154
每股净资产(元)	0.7300	–0.2257	–0.1849	–0.1787
每股经营现金净流量(元)	0.0486	–0.0037	–0.2564	–0.0216
每股现金流量(元)	–0.0254	–0.0097	–1.7672	0.0258
每股资本公积金(元)	0.2368	1.6041	1.6041	1.6041
每股盈余公积金(元)	0.1355	0.3834	0.1003	0.1003
每股未分配利润(元)	–0.6693	–2.2134	–2.8893	–2.8830
净资产收益率(%)	15.4612	–20.8280	–141.2504	–2.6259
加权净资产收益率(%)	16.7900	–	7.2600	–
净资产收益率(扣除)(%)	–	–	–	–
总资产(万元)	113791.37	107954.07	1334.12	2593.89
归属母公司股东权益(万元)	83019.23	69860.91	–7431.76	–7180.60
主营业务收入(万元)	30056.82	1790.86	28696.37	1405.78
营业收入(万元)	30940.71	1790.86	29055.46	1405.78
主营成本(万元)	11599.37	1734.69	13664.80	1367.52
营业成本(万元)	12457.46	1734.69	13932.52	1367.52
投资收益(万元)	–	–	116.87	–
净利润(万元)	12835.75	–1889.02	10497.39	188.56
利润总额(万元)	15342.91	–1889.02	12473.16	188.56

广东宝丽华新能源股份有限公司

公司概况	公司名称	广东宝丽华新能源股份有限公司		证券简称	宝新能源
	法人代表	宁远喜	董秘 刘沣	证券代码	000690
	公司网址	www.baolihua.com.cn		电子信箱	bxnygd@yahoo.com.cn
	电　　话	0753-2511298 020-38773338		传　　真	0753-2511398 020-38770958
	办公地址	广东省梅县华侨城香港大道宝丽华综合大楼　广州市天河北路中信广场61楼01-03号			
	经营范围	洁净煤燃烧技术发电和可再生能源发电、新能源电力生产、销售、开发等			

主要财务指标	指标\报告期	2013.06.30	2012.12.31	2012.06.30	2011.12.31
	基本每股收益(元)	0.3100	0.2600	0.0900	0.1000
	基本每股收益(扣除)(元)	0.3100	0.2500	0.0700	0.1200
	每股净资产(元)	–	2.2191	1.9500	1.9200
	每股经营现金净流量(元)	0.5852	0.7753	0.3865	–0.0168
	每股现金流量(元)	0.0854	0.1061	0.1821	–0.4337
	每股资本公积金(元)	0.2071	0.2880	0.1906	0.1906
	每股盈余公积金(元)	0.2834	0.2900	0.2492	0.2492
	每股未分配利润(元)	0.8015	0.6411	0.5113	0.4755
	净资产收益率(%)	13.5431	11.7792	4.6501	5.1410
	加权净资产收益率(%)	13.5000	13.0100	4.6700	5.2400
	净资产收益率(扣除)(%)	–	–	–	–
	总资产(万元)	919395.19	953298.27	866171.62	811921.24
	归属母公司股东权益(万元)	395720.97	383149.30	336863.44	330695.26
	主营业务收入(万元)	257384.52	394787.52	179887.15	351397.84
	营业收入(万元)	257512.52	395075.97	179956.15	351515.80
	主营成本(万元)	165245.36	296401.68	147485.77	288022.85
	营业成本(万元)	165281.24	296473.44	147521.64	288094.60
	投资收益(万元)	1029.89	1733.52	3960.48	1731.44
	净利润(万元)	53593.00	45131.98	15664.55	17002.25
	利润总额(万元)	68076.97	62209.72	20642.33	23432.20

海南亚太实业发展股份有限公司

公司概况	公司名称	海南亚太实业发展股份有限公司		证券简称	亚太实业
	法人代表	龚成辉	董秘 马世虎	证券代码	000691
	公司网址			电子信箱	hnyt000691@163.com
	电　　话	0898-68528293		传　　真	0898-68528695
	办公地址	海南省海口市国贸大道56号北京大厦26楼G座			
	经营范围	旅游业开发、高科技开发、商业贸易、建材、旅游工艺品、普通机械的批发、零售等			

主要财务指标	指标\报告期	2013.06.30	2012.12.31	2012.06.30	2011.12.31
	基本每股收益(元)	0.0008	0.0035	0.0014	0.0129
	基本每股收益(扣除)(元)	–	0.0051	0.0014	0.0138
	每股净资产(元)	–	0.4536	0.4515	0.4501
	每股经营现金净流量(元)	0.0111	–0.0022	0.0039	0.0044
	每股现金流量(元)	0.0111	–0.0022	0.0039	0.0044
	每股资本公积金(元)	0.3698	0.3698	0.3698	0.3698
	每股盈余公积金(元)	0.0471	0.0471	0.0471	0.0471
	每股未分配利润(元)	–0.9624	–0.9632	–0.9653	–0.9667
	净资产收益率(%)	0.1658	0.7706	0.3100	2.8630
	加权净资产收益率(%)	0.1700	0.7700	0.3100	2.9000
	净资产收益率(扣除)(%)	–	–	–	–
	总资产(万元)	25493.19	24761.48	25085.88	24838.72
	归属母公司股东权益(万元)	14688.76	14664.40	14596.51	14551.40
	主营业务收入(万元)	1435.87	4848.93	1575.44	4122.70
	营业收入(万元)	1435.87	4848.93	1575.44	4122.70
	主营成本(万元)	726.16	2751.47	704.92	2445.30
	营业成本(万元)	726.16	2751.47	704.92	2445.30
	投资收益(万元)	–195.90	–604.74	–505.07	–83.82
	净利润(万元)	85.86	297.03	162.39	557.12
	利润总额(万元)	215.25	685.13	162.39	851.88

沈阳惠天热电股份有限公司

公司概况	公司名称	沈阳惠天热电股份有限公司		证券简称	惠天热电
	法人代表	李久旭	董秘 马晓荣	证券代码	000692
	公司网址	www.htrd.cn		电子信箱	htrdcor@mail.sy.ln.cn
	电　　话	024-22905836 22928062		传　　真	024-22939480
	办公地址	辽宁省沈阳市沈河区热闹路47号			
	经营范围	供暖、设备安装、工业管道、土建工程施工、非标准结构件制造、安装等			

主要财务指标	指标\报告期	2013.06.30	2012.12.31	2012.06.30	2011.12.31
	基本每股收益(元)	0.0567	0.1070	0.0557	0.1660
	基本每股收益(扣除)(元)	0.0204	–0.0622	0.0284	0.0088
	每股净资产(元)	4.7357	4.6769	4.6200	4.5600
	每股经营现金净流量(元)	–1.8844	0.6337	–1.3109	–0.4129
	每股现金流量(元)	–1.1596	–0.3767	–1.3696	0.7595
	每股资本公积金(元)	2.4281	2.4281	2.4294	2.4294
	每股盈余公积金(元)	0.4255	0.4255	0.4235	0.4235
	每股未分配利润(元)	0.7931	0.7364	0.6871	0.6314
	净资产收益率(%)	1.1974	2.2872	1.6700	3.6358
	加权净资产收益率(%)	1.2000	2.3200	1.6700	3.7100
	净资产收益率(扣除)(%)	–	–	–	–
	总资产(万元)	299278.42	330983.64	292294.13	352043.73
	归属母公司股东权益(万元)	126167.50	124600.35	123120.45	121521.97
	主营业务收入(万元)	85405.39	150579.62	79904.74	134405.81
	营业收入(万元)	85694.64	150752.82	79995.52	134594.52
	主营成本(万元)	77626.90	135649.82	70293.41	115089.31
	营业成本(万元)	77669.74	135673.37	70305.42	115112.14
	投资收益(万元)	–1.83	3110.01	–31.62	3023.94
	净利润(万元)	1280.26	2940.84	1389.38	4300.03
	利润总额(万元)	1900.85	4188.81	2110.34	5688.21

天津滨海能源发展股份有限公司

公司概况	公司名称	天津滨海能源发展股份有限公司		证券简称	滨海能源
	法人代表	卢兴泉	董秘 郭锐	证券代码	000695
	公司网址	www.binhaienergy.com		电子信箱	bhe_ir@126.com
	电　　话	022-66202230		传　　真	022-66202232
	办公地址	天津市开发区第十一大街27号			
	经营范围	生产、销售热力、电力、发电、燃汽、自来水及上述系统设备及零配件等			

主要财务指标	指标\报告期	2013.06.30	2012.12.31	2012.06.30	2011.12.31
	基本每股收益(元)	–0.0230	0.0100	–0.0560	0.0200
	基本每股收益(扣除)(元)	–0.0230	0.0100	–0.0550	0.0200
	每股净资产(元)	1.3797	1.3900	1.3200	1.3800
	每股经营现金净流量(元)	0.1229	0.8727	0.0619	0.0334
	每股现金流量(元)	–0.1023	0.0438	–0.2197	0.0316
	每股资本公积金(元)	0.3714	0.3638	0.3620	0.3602
	每股盈余公积金(元)	0.0549	0.0549	0.0549	0.0549
	每股未分配利润(元)	–0.0466	–0.0238	–0.0937	–0.0377
	净资产收益率(%)	–1.6529	0.9911	–3.8000	1.6030
	加权净资产收益率(%)	–1.6500	1.0000	–4.2400	1.6200
	净资产收益率(扣除)(%)	–	–	–	–
	总资产(万元)	117375.73	118994.82	119024.72	126717.12
	归属母公司股东权益(万元)	30648.72	30984.83	29393.36	30598.61
	主营业务收入(万元)	40408.38	77811.98	40651.29	72948.56
	营业收入(万元)	40741.09	78287.77	40949.70	73396.43
	主营成本(万元)	38238.85	74739.20	40547.20	70789.03
	营业成本(万元)	38376.10	74930.72	40547.20	70979.18
	投资收益(万元)	10.62	17.79	–5.44	–18.25
	净利润(万元)	–471.09	524.72	–1213.27	655.28
	利润总额(万元)	–368.58	774.50	–1191.39	821.60

陕西炼石有色资源股份有限公司

公司概况	公司名称	陕西炼石有色资源股份有限公司			证券简称	炼石有色
	法人代表	张政	董秘	赵卫军	证券代码	000697
	公司网址	www.pianzhuan.com.cn		电子信箱	wjzhao@pianzhuan.com.cn	
	电　话	029-33675902 33675903		传　真	029-33675902	
	办公地址	陕西省咸阳市西咸新区世纪大道55号启迪科技会展中心1602室				
	经营范围	钼、铼及其他有色金属矿产的开发、贸易、新材料、冶炼新技术的研发、投资等				

主要财务指标	指标＼报告期	2013.06.30	2012.12.31	2012.06.30	2011.12.31
	基本每股收益(元)	0.0558	0.0925	0.0440	0.2130
	基本每股收益(扣除)(元)	0.0555	0.0920	0.0440	–0.2570
	每股净资产(元)	1.0853	1.0296	0.9800	1.8800
	每股经营现金净流量(元)	0.1266	0.0452	–0.0488	0.4591
	每股现金流量(元)	0.1277	0.0265	0.1859	0.0078
	每股资本公积金(元)	–0.2985	–0.2985	–0.2985	0.2727
	每股盈余公积金(元)	0.0325	0.0325	0.0226	0.0568
	每股未分配利润(元)	0.3513	0.2956	0.2525	0.5505
	净资产收益率(%)	5.1368	8.9799	4.0500	11.3285
	加权净资产收益率(%)	5.2700	9.4000	4.6300	11.9900
	净资产收益率(扣除)(%)	–	–	–	–
	总资产(万元)	65988.04	59958.44	57065.78	43461.09
	归属母公司股东权益(万元)	52214.59	49532.45	46985.59	35084.50
	主营业务收入(万元)	9782.63	21203.24	9752.77	72679.85
	营业收入(万元)	9782.63	21203.24	9752.77	13663.40
	主营成本(万元)	4579.84	9986.50	4723.75	70421.36
	营业成本(万元)	4579.84	9986.50	4723.75	6884.22
	投资收益(万元)	–	–	–	12.82
	净利润(万元)	2724.11	4514.89	1870.88	3998.20
	利润总额(万元)	3315.73	5768.00	2397.51	5186.58

沈阳化工股份有限公司

公司概况	公司名称	沈阳化工股份有限公司			证券简称	沈阳化工
	法人代表	王大壮	董秘	杨志国	证券代码	000698
	公司网址	www.sychem.com		电子信箱	000698@126.com	
	电　话	024-25553506		传　真	024-25553060	
	办公地址	辽宁省沈阳市铁西区卫工北街46号				
	经营范围	化工产品、化工设备、压力容器、防腐设备等				

主要财务指标	指标＼报告期	2013.06.30	2012.12.31	2012.06.30	2011.12.31
	基本每股收益(元)	–0.1850	–0.2400	–0.1380	0.3200
	基本每股收益(扣除)(元)	–0.2260	–0.3500	–0.1840	0.1750
	每股净资产(元)	4.4560	4.6313	4.7450	4.8750
	每股经营现金净流量(元)	0.0451	–0.0055	–0.4623	0.2880
	每股现金流量(元)	0.1466	0.0414	0.1358	–0.3276
	每股资本公积金(元)	2.0460	2.0460	2.0460	2.0460
	每股盈余公积金(元)	0.3886	0.3886	0.3886	0.3886
	每股未分配利润(元)	1.0113	1.1967	1.3026	1.4404
	净资产收益率(%)	–4.1628	–5.2606	–2.9000	6.5070
	加权净资产收益率(%)	–4.0800	–5.1300	–2.8700	6.7300
	净资产收益率(扣除)(%)	–	–	–	–
	总资产(万元)	706998.87	701723.47	713863.90	683669.72
	归属母公司股东权益(万元)	294507.25	306098.31	313580.77	322200.82
	主营业务收入(万元)	394938.29	922079.44	416872.20	996878.65
	营业收入(万元)	454494.39	1026065.19	503544.13	1009219.36
	主营成本(万元)	374909.45	877471.19	395793.48	895857.50
	营业成本(万元)	434240.42	980908.80	480222.77	907071.88
	投资收益(万元)	–	–	–	1300.52
	净利润(万元)	–12504.80	–16355.06	–9101.04	21081.33
	利润总额(万元)	–12504.80	–17890.52	–9101.04	25146.75

江南模塑科技股份有限公司

公司概况	公司名称	江南模塑科技股份有限公司			证券简称	模塑科技
	法人代表	曹克波	董秘	单陈燕	证券代码	000700
	公司网址	www.jnmpt.com		电子信箱	shanchenyan@000700.com	
	电　话	0510-86242802 86222318		传　真	0510-86242818	
	办公地址	江苏省江阴市周庄镇长青路8号				
	经营范围	汽车零部件、塑料制品、模具、塑钢门窗、模塑高科技产品的开发、研制等				

主要财务指标	指标＼报告期	2013.06.30	2012.12.31	2012.06.30	2011.12.31
	基本每股收益(元)	0.4423	0.5914	0.0806	0.2455
	基本每股收益(扣除)(元)	0.4318	0.2620	0.0684	0.2320
	每股净资产(元)	4.1838	3.8676	3.4400	3.3400
	每股经营现金净流量(元)	0.7912	1.0061	0.4230	1.0213
	每股现金流量(元)	–0.0437	–0.0815	–0.2595	0.0546
	每股资本公积金(元)	0.9481	0.9442	1.0298	1.0095
	每股盈余公积金(元)	0.4683	0.4683	0.4471	0.4471
	每股未分配利润(元)	1.7674	1.4550	0.9654	0.8848
	净资产收益率(%)	10.5720	15.2900	2.3800	7.3500
	加权净资产收益率(%)	10.9900	16.3300	2.0200	7.3500
	净资产收益率(扣除)(%)	–	–	–	–
	总资产(万元)	405090.16	403135.56	395998.72	392063.12
	归属母公司股东权益(万元)	129296.66	119525.16	106382.81	103266.90
	主营业务收入(万元)	132797.34	207882.94	93564.80	176231.78
	营业收入(万元)	138672.54	246438.78	97257.95	196425.28
	主营成本(万元)	99318.26	154896.97	70464.25	133031.66
	营业成本(万元)	104588.13	181430.08	73806.63	146788.52
	投资收益(万元)	3838.48	781.11	606.59	447.46
	净利润(万元)	13751.72	18363.31	2815.51	10034.88
	利润总额(万元)	15697.12	20771.25	4176.10	10921.07

厦门信达股份有限公司

公司概况	公司名称	厦门信达股份有限公司			证券简称	厦门信达
	法人代表	周昆山	董秘	范丹	证券代码	000701
	公司网址	www.xindeco.com		电子信箱	board@xindeco.com.cn	
	电　话	0592-5608098		传　真	0592-6021391	
	办公地址	福建省厦门市湖里区兴隆路27号信息大厦第七层				
	经营范围	网络信息服务及信息产品的开发与生产、商业批发零售、贸易和房地产开发等				

主要财务指标	指标＼报告期	2013.06.30	2012.12.31	2012.06.30	2011.12.31
	基本每股收益(元)	0.2527	0.3200	0.2115	0.2900
	基本每股收益(扣除)(元)	0.1617	–0.2100	0.1200	0.2473
	每股净资产(元)	3.5658	3.3860	3.3546	3.2100
	每股经营现金净流量(元)	–6.9129	–4.4224	–3.5182	0.4412
	每股现金流量(元)	0.3156	–0.2992	–1.3745	0.6130
	每股资本公积金(元)	0.8588	0.8588	0.9396	0.9396
	每股盈余公积金(元)	0.2219	0.2219	0.1907	0.1907
	每股未分配利润(元)	1.4862	1.3034	1.2217	1.0702
	净资产收益率(%)	7.0870	9.5834	6.3000	9.1700
	加权净资产收益率(%)	7.1900	9.6400	6.3900	9.4400
	净资产收益率(扣除)(%)	–	–	–	–
	总资产(万元)	911382.25	541483.85	581198.45	466252.70
	归属母公司股东权益(万元)	85668.84	81348.56	80593.61	77010.01
	主营业务收入(万元)	1061766.60	1746640.31	836188.33	1472629.67
	营业收入(万元)	1064827.74	1752463.55	838154.43	1477310.16
	主营成本(万元)	1029418.69	1681971.40	802878.39	1406376.96
	营业成本(万元)	1029729.27	1683161.15	803547.01	1407205.12
	投资收益(万元)	550.86	13704.93	3798.69	1999.30
	净利润(万元)	8380.72	14263.03	7151.82	13173.58
	利润总额(万元)	11009.12	20154.61	10844.04	18930.65

湖南正虹科技发展股份有限公司

公司概况	公司名称	湖南正虹科技发展股份有限公司			证券简称	正虹科技
	法人代表	夏壮华	董秘	刘浩	证券代码	000702
	公司网址	www.chinazhjt.com.cn			电子信箱	dms@chinazhjt.com.cn
	电　　话	0730-5715016			传　　真	0730-5715017
	办公地址	湖南省岳阳市屈原管理区营田镇正虹科技大楼				
	经营范围	各类饲料的研制、生产、销售、饲料原料销售等				

主要财务指标	指标\报告期	2013.06.30	2012.12.31	2012.06.30	2011.12.31
	基本每股收益(元)	0.0277	0.0142	0.0172	0.0200
	基本每股收益(扣除)(元)	-0.0064	-0.0086	0.0040	0.0020
	每股净资产(元)	1.7518	1.7042	1.7300	1.6700
	每股经营现金净流量(元)	0.1144	0.3796	0.4291	-0.0491
	每股现金流量(元)	-0.1304	0.1090	0.2761	-0.3042
	每股资本公积金(元)	0.8398	0.8198	0.8422	0.8027
	每股盈余公积金(元)	0.0970	0.0970	0.0958	0.0958
	每股未分配利润(元)	-0.1849	-0.2125	-0.2085	-0.2256
	净资产收益率(%)	1.5787	0.8359	0.9900	1.1270
	加权净资产收益率(%)	1.6000	0.8400	1.0100	1.1800
	净资产收益率(扣除)(%)	-	-	-	-
	总资产(万元)	82041.43	91203.10	98355.42	83194.90
	归属母公司股东权益(万元)	46709.64	45440.87	46114.77	44603.89
	主营业务收入(万元)	89186.19	195511.33	95590.61	190176.66
	营业收入(万元)	91748.17	196603.26	95822.22	191192.69
	主营成本(万元)	83940.81	180544.64	88152.58	174862.74
	营业成本(万元)	85110.98	181158.93	88218.93	175297.01
	投资收益(万元)	513.40	25.14	79.91	-158.55
	净利润(万元)	773.21	466.74	457.72	652.45
	利润总额(万元)	1046.22	827.14	606.40	1237.04

恒逸石化股份有限公司

公司概况	公司名称	恒逸石化股份有限公司			证券简称	恒逸石化
	法人代表	邱建林	董秘	郭丹	证券代码	000703
	公司网址	www.hengyishihua.com			电子信箱	hysh@hengyi.com
	电　　话	0571-83871991			传　　真	0571-83871992
	办公地址	浙江省杭州市萧山区市心北路260号恒逸·南岸明珠3栋24楼				
	经营范围	实业投资、生产和销售化学纤维、化工原料及产品等				

主要财务指标	指标\报告期	2013.06.30	2012.12.31	2012.06.30	2011.12.31
	基本每股收益(元)	0.0900	0.2700	0.2700	1.8600
	基本每股收益(扣除)(元)	0.0600	0.1600	0.2400	1.7300
	每股净资产(元)	4.4675	4.4755	4.4700	9.4200
	每股经营现金净流量(元)	0.5205	0.1337	0.4183	4.9011
	每股现金流量(元)	0.1528	-1.7463	-0.0332	3.1071
	每股资本公积金(元)	0.0360	0.0360	0.0360	0.7719
	每股盈余公积金(元)	0.2139	0.2139	0.2022	0.4044
	每股未分配利润(元)	3.1914	3.2026	3.2131	7.1847
	净资产收益率(%)	1.9880	6.0764	6.0500	35.3160
	加权净资产收益率(%)	1.9600	6.0800	5.5900	43.9200
	净资产收益率(扣除)(%)	-	-	-	-
	总资产(万元)	2256519.38	2124052.60	2313563.68	2242001.98
	归属母公司股东权益(万元)	515364.52	516286.29	516075.31	543544.67
	主营业务收入(万元)	1199450.45	2919085.81	1497356.12	2839500.70
	营业收入(万元)	1443974.13	3267162.85	1675433.26	3151300.32
	主营成本(万元)	1177130.59	2792834.56	1419156.41	2536836.54
	营业成本(万元)	1419748.37	3126499.43	1581573.28	2823368.70
	投资收益(万元)	10160.57	11453.71	11437.89	39187.33
	净利润(万元)	12683.04	45356.26	44789.25	251192.63
	利润总额(万元)	13466.34	49527.35	49668.10	292078.03

浙江震元股份有限公司

公司概况	公司名称	浙江震元股份有限公司			证券简称	浙江震元
	法人代表	宋逸婷	董秘	周黔莉	证券代码	000705
	公司网址	www.zjzy.com			电子信箱	000705@zjzy.com
	电　　话	0575-85144161			传　　真	0575-85148805
	办公地址	浙江省绍兴市解放北路289号				
	经营范围	从事药品、中药饮片的生产经营和销售等				

主要财务指标	指标\报告期	2013.06.30	2012.12.31	2012.06.30	2011.12.31
	基本每股收益(元)	0.1920	0.3604	0.1910	0.2500
	基本每股收益(扣除)(元)	0.1906	0.3235	0.1910	0.2400
	每股净资产(元)	6.7666	6.6037	4.5200	4.3100
	每股经营现金净流量(元)	-0.4312	0.7571	0.3258	-0.0327
	每股现金流量(元)	-0.7505	2.4145	0.1775	0.0817
	每股资本公积金(元)	4.3472	4.3263	2.0041	1.9870
	每股盈余公积金(元)	0.1962	0.1962	0.2480	0.2480
	每股未分配利润(元)	1.2232	1.0812	1.2656	1.0743
	净资产收益率(%)	2.8375	4.3212	4.2340	5.8390
	加权净资产收益率(%)	2.8685	7.3200	4.3340	5.9100
	净资产收益率(扣除)(%)	-	-	-	-
	总资产(万元)	167746.08	165225.25	118793.95	122066.08
	归属母公司股东权益(万元)	113044.29	110322.71	56620.68	54009.85
	主营业务收入(万元)	99303.40	179649.63	91968.13	170408.88
	营业收入(万元)	100204.23	181221.11	92888.74	171949.72
	主营成本(万元)	85403.39	155050.81	80041.25	149694.96
	营业成本(万元)	85550.45	155351.96	80209.00	150001.16
	投资收益(万元)	287.40	285.77	285.77	244.85
	净利润(万元)	3285.25	4732.31	2459.48	3352.76
	利润总额(万元)	3748.07	5938.38	2973.33	4116.32

湖北双环科技股份有限公司

公司概况	公司名称	湖北双环科技股份有限公司			证券简称	双环科技
	法人代表	张道红	董秘	张拥军	证券代码	000707
	公司网址	www.hbshkj.cn			电子信箱	sh0707@163.com
	电　　话	0712-3591099			传　　真	0712-3591099
	办公地址	湖北省应城市东马坊团结大道26号				
	经营范围	生产销售纯碱、氯化铵和氯化聚乙烯				

主要财务指标	指标\报告期	2013.06.30	2012.12.31	2012.06.30	2011.12.31
	基本每股收益(元)	-0.1982	0.0200	0.1400	0.7620
	基本每股收益(扣除)(元)	-0.2255	-0.2030	0.0822	0.7340
	每股净资产(元)	4.3032	4.5118	4.4900	4.4500
	每股经营现金净流量(元)	0.2733	1.2927	1.4629	1.4892
	每股现金流量(元)	-0.3958	0.1113	0.0731	0.2197
	每股资本公积金(元)	1.5871	1.5927	1.4462	1.4463
	每股盈余公积金(元)	0.4526	0.4526	0.4519	0.4519
	每股未分配利润(元)	1.2629	1.4611	1.5820	1.5421
	净资产收益率(%)	-4.6056	0.4357	3.1200	17.1385
	加权净资产收益率(%)	-4.5600	0.4400	3.0900	17.0200
	净资产收益率(扣除)(%)	-	-	-	-
	总资产(万元)	869272.44	843973.49	783945.95	802670.34
	归属母公司股东权益(万元)	199730.21	209411.66	208279.82	206466.56
	主营业务收入(万元)	238601.03	451595.34	223577.31	515982.77
	营业收入(万元)	249908.85	459725.00	230514.87	523186.81
	主营成本(万元)	214635.93	384268.29	185043.40	395470.63
	营业成本(万元)	223398.66	389756.08	187102.98	398018.44
	投资收益(万元)	-54.48	5303.28	58.32	-869.71
	净利润(万元)	-9390.15	860.96	6489.49	35324.82
	利润总额(万元)	-8561.76	1569.67	7426.34	44552.05

大冶特殊钢股份有限公司

公司概况	公司名称	大冶特殊钢股份有限公司			证券简称	大冶特钢
	法人代表	俞亚鹏	董秘	郭培锋	证券代码	000708
	公司网址	www.dayesteel.com.cn			电子信箱	dytg0708@163.com
	电　　话	0714-6297373			传　　真	0714-6297280
	办公地址	湖北省黄石市黄石大道 316 号				
	经营范围	钢铁冶炼、钢材轧制、金属改制、压延加工、钢铁材料检测				

	指标＼报告期	2013.06.30	2012.12.31	2012.06.30	2011.12.31
主要财务指标	基本每股收益(元)	0.2470	0.4860	0.4200	1.3020
	基本每股收益(扣除)(元)	0.2380	0.3690	0.3800	1.0810
	每股净资产(元)	6.7835	6.5367	6.4710	6.4510
	每股经营现金净流量(元)	0.0861	0.1622	−0.1667	1.2517
	每股现金流量(元)	0.1031	−0.5941	−0.5842	0.4301
	每股资本公积金(元)	1.0807	1.0807	1.0807	1.0807
	每股盈余公积金(元)	0.5031	0.5031	0.5031	0.5031
	每股未分配利润(元)	4.1997	3.9529	3.8874	3.8674
	净资产收益率(%)	3.6381	7.4284	6.4900	20.1760
	加权净资产收益率(%)	3.7100	7.5500	6.4300	21.8100
	净资产收益率(扣除)(%)	–	–	–	–
	总资产(万元)	422582.04	425417.76	431022.98	470139.13
	归属母公司股东权益(万元)	304857.43	293766.48	290819.50	289920.73
	主营业务收入(万元)	352153.55	755332.79	460921.94	857639.92
	营业收入(万元)	375718.56	812273.45	483706.98	926182.82
	主营成本(万元)	318011.66	688503.16	430104.70	784653.54
	营业成本(万元)	341328.87	744554.27	451958.28	848281.04
	投资收益(万元)	–	–	–	–
	净利润(万元)	11090.95	21822.09	18875.11	58493.14
	利润总额(万元)	13048.18	26182.86	22206.12	65423.88

河北钢铁股份有限公司

公司概况	公司名称	河北钢铁股份有限公司			证券简称	河北钢铁
	法人代表	王义芳	董秘	李卜海	证券代码	000709
	公司网址	www.hebgtgf.com			电子信箱	hbgtgf@hebgtjt.com
	电　　话	0311-66770709			传　　真	0311-66778711
	办公地址	河北省石家庄市桥西区裕华西路 40 号				
	经营范围	钢铁冶炼、钢材轧制及销售等				

	指标＼报告期	2013.06.30	2012.12.31	2012.06.30	2011.12.31
主要财务指标	基本每股收益(元)	0.0070	0.0100	0.0370	0.1300
	基本每股收益(扣除)(元)	0.0040	0.0100	0.0400	0.1500
	每股净资产(元)	4.0082	4.0100	4.0300	4.0200
	每股经营现金净流量(元)	−0.2338	0.5094	0.0437	1.7034
	每股现金流量(元)	−0.1291	−0.1380	−0.0095	0.3550
	每股资本公积金(元)	2.1854	2.1854	2.1851	2.1851
	每股盈余公积金(元)	0.1731	0.1731	0.1682	0.1682
	每股未分配利润(元)	0.6377	0.6305	0.6621	0.6550
	净资产收益率(%)	0.1800	0.2572	0.9200	3.2371
	加权净资产收益率(%)	0.1800	0.2600	0.9200	3.2700
	净资产收益率(扣除)(%)	–	–	–	–
	总资产(万元)	15275136.26	15478404.76	14325006.62	14104069.18
	归属母公司股东权益(万元)	4256176.15	4254160.44	4279203.12	4272333.98
	主营业务收入(万元)	5137176.10	10529119.16	5711395.22	12568795.89
	营业收入(万元)	5480952.19	11162979.57	5968756.23	13334372.71
	主营成本(万元)	4731721.71	9655622.32	5317947.93	11557336.99
	营业成本(万元)	5071431.67	10240620.18	5549301.32	12254467.52
	投资收益(万元)	13082.09	22226.31	16686.82	33787.83
	净利润(万元)	7099.27	13890.89	40012.92	145265.32
	利润总额(万元)	13372.69	23110.52	53604.88	177743.85

成都天兴仪表股份有限公司

公司概况	公司名称	成都天兴仪表股份有限公司			证券简称	天兴仪表
	法人代表	文武	董秘	叶秀松	证券代码	000710
	公司网址	www.txyb.com.cn			电子信箱	china0710@163.com
	电　　话	028-84613721			传　　真	028-84600581
	办公地址	四川省成都市外东十陵镇公司办公楼				
	经营范围	摩托车与汽车部品的设计、生产、加工和销售				

	指标＼报告期	2013.06.30	2012.12.31	2012.06.30	2011.12.31
主要财务指标	基本每股收益(元)	−0.0178	0.0026	0.0013	0.0033
	基本每股收益(扣除)(元)	−0.0179	–	0.0005	−0.0017
	每股净资产(元)	0.7630	0.7807	0.7731	0.7718
	每股经营现金净流量(元)	−0.0936	0.3192	0.1836	−0.1419
	每股现金流量(元)	−0.1642	0.1759	0.1241	−0.1858
	每股资本公积金(元)	0.2396	0.2396	0.2376	0.2376
	每股盈余公积金(元)	0.0729	0.0729	0.0729	0.0729
	每股未分配利润(元)	−0.5539	−0.5361	−0.5374	−0.5387
	净资产收益率(%)	−2.3318	0.3329	0.1700	0.4290
	加权净资产收益率(%)	−2.2800	0.3360	0.1700	0.4300
	净资产收益率(扣除)(%)	–	–	–	–
	总资产(万元)	41564.28	34101.80	39229.75	35522.61
	归属母公司股东权益(万元)	11535.92	11804.91	11689.63	11669.71
	主营业务收入(万元)	13717.73	25360.15	13260.88	28102.55
	营业收入(万元)	14829.23	33107.76	15234.11	40966.17
	主营成本(万元)	12113.13	21741.02	11307.12	24444.58
	营业成本(万元)	13179.29	28934.94	13174.77	36870.47
	投资收益(万元)	81.78	–	–	–
	净利润(万元)	−274.67	22.18	13.54	27.65
	利润总额(万元)	−269.10	91.28	37.00	91.42

黑龙江天伦置业股份有限公司

公司概况	公司名称	黑龙江天伦置业股份有限公司			证券简称	天伦置业
	法人代表	许环曜	董秘	赵润涛	证券代码	000711
	公司网址	www.tlzy.com.cn			电子信箱	hljtlzy@126.com
	电　　话	020-38303068 38303219			传　　真	020-38303000
	办公地址	广东省广州市天河路 45 号天伦大厦 25 楼				
	经营范围	房地产开发与经营(三级)、网络与电子信息技术开发应用、软件开发等				

	指标＼报告期	2013.06.30	2012.12.31	2012.06.30	2011.12.31
主要财务指标	基本每股收益(元)	−0.0500	0.0100	0.0200	0.1200
	基本每股收益(扣除)(元)	−0.0500	0.0100	0.0100	0.0100
	每股净资产(元)	2.2235	2.2718	2.2700	3.3871
	每股经营现金净流量(元)	−0.0026	0.1515	−0.1346	0.7680
	每股现金流量(元)	0.1892	−1.3538	−0.8911	1.6822
	每股资本公积金(元)	0.1735	0.1735	0.1735	0.7603
	每股盈余公积金(元)	0.1886	0.1886	0.1886	0.2830
	每股未分配利润(元)	0.8613	0.9096	0.9116	1.3439
	净资产收益率(%)	−2.1713	0.6015	0.6900	5.1280
	加权净资产收益率(%)	−2.1500	0.6000	0.6900	5.2500
	净资产收益率(扣除)(%)	–	–	–	–
	总资产(万元)	95930.47	77814.92	78343.26	81037.51
	归属母公司股东权益(万元)	35775.45	36552.23	36584.86	36332.36
	主营业务收入(万元)	2897.68	6091.11	3067.08	5890.68
	营业收入(万元)	2979.60	6126.46	3088.81	5926.36
	主营成本(万元)	786.10	1654.79	801.54	1533.00
	营业成本(万元)	786.10	1654.79	801.54	1533.00
	投资收益(万元)	6.43	292.79	168.30	2214.74
	净利润(万元)	−837.28	9.27	161.45	1647.89
	利润总额(万元)	−655.43	333.73	348.39	2501.11

广东锦龙发展股份有限公司

公司概况	公司名称	广东锦龙发展股份有限公司			证券简称	锦龙股份
	法人代表	杨志茂	董秘	张丹丹	证券代码	000712
	公司网址	www.jlgf.com		电子信箱	jlgf000712@163.com	
	电　话	0763-3369393		传　真	0763-3362693	
	办公地址	广东省清远市方正二街1号锦龙大厦				
	经营范围	自来水的生产和供应业等				

	指标\报告期	2013.06.30	2012.12.31	2012.06.30	2011.12.31
主要财务指标	基本每股收益(元)	0.1060	0.0670	0.1370	0.0700
	基本每股收益(扣除)(元)	0.1030	0.0700	0.1360	0.0800
	每股净资产(元)	4.9628	4.9569	2.9800	2.8500
	每股经营现金净流量(元)	0.0256	0.0730	0.0283	0.1264
	每股现金流量(元)	-2.4732	2.9660	0.0107	0.1540
	每股资本公积金(元)	2.6383	2.6384	-0.0136	-0.0123
	每股盈余公积金(元)	0.2054	0.2016	0.2965	0.2916
	每股未分配利润(元)	1.1191	1.1169	1.7018	1.5700
	净资产收益率(%)	2.1369	1.0624	4.5800	2.5150
	加权净资产收益率(%)	2.1400	1.7800	4.6800	2.5200
	净资产收益率(扣除)(%)	-	-	-	-
	总资产(万元)	290225.46	271291.79	139073.03	134112.01
	归属母公司股东权益(万元)	222334.99	222070.14	90920.47	86796.55
	主营业务收入(万元)	4139.52	8532.89	3965.93	8449.42
	营业收入(万元)	4692.90	9479.45	4393.49	9559.58
	主营成本(万元)	2161.99	4736.62	2199.26	5106.59
	营业成本(万元)	2247.82	4977.11	2298.43	5360.20
	投资收益(万元)	6294.29	4756.03	5499.94	4255.38
	净利润(万元)	4976.75	2821.24	4364.86	2564.07
	利润总额(万元)	5356.54	3657.24	4688.31	3100.37

合肥丰乐种业股份有限公司

公司概况	公司名称	合肥丰乐种业股份有限公司			证券简称	丰乐种业
	法人代表	陈茂新	董秘	顾晓新	证券代码	000713
	公司网址	www.fengle.com.cn		电子信箱	flzq@fengle.com.cn	
	电　话	0551-2239888 2239955		传　真	0551-2239957	
	办公地址	安徽省合肥市长江西路501号丰乐大厦				
	经营范围	农作物种子、农药、专用肥、植物生长素、农化产品、薄荷油及其衍生产品等				

	指标\报告期	2013.06.30	2012.12.31	2012.06.30	2011.12.31
主要财务指标	基本每股收益(元)	0.0449	0.2289	0.0878	0.1832
	基本每股收益(扣除)(元)	0.0448	0.1843	0.0647	0.1321
	每股净资产(元)	4.0295	4.0287	3.8800	3.8200
	每股经营现金净流量(元)	0.2308	0.1785	-0.0641	-0.3549
	每股现金流量(元)	-0.2799	-0.1413	-0.4765	-0.6567
	每股资本公积金(元)	1.6894	1.6894	1.6894	1.6894
	每股盈余公积金(元)	0.2350	0.2350	0.2096	0.2096
	每股未分配利润(元)	1.0499	1.0549	0.9394	0.8815
	净资产收益率(%)	1.1150	5.6809	2.2600	4.7950
	加权净资产收益率(%)	1.1100	5.6800	2.2600	4.8900
	净资产收益率(扣除)(%)	-	-	-	-
	总资产(万元)	181233.53	184362.12	172369.75	184024.48
	归属母公司股东权益(万元)	120431.13	120409.59	116012.39	114202.25
	主营业务收入(万元)	65133.77	184320.30	80597.16	161974.51
	营业收入(万元)	65133.77	184320.30	80597.16	161974.51
	主营成本(万元)	52875.63	148080.53	66509.38	128796.49
	营业成本(万元)	52875.63	148080.53	66509.38	128796.49
	投资收益(万元)	568.02	320.40	-	214.75
	净利润(万元)	1342.86	6833.05	2762.90	5464.66
	利润总额(万元)	1430.39	7378.39	3056.87	5990.55

中兴-沈阳商业大厦(集团)股份有限公司

公司概况	公司名称	中兴-沈阳商业大厦(集团)股份有限公司			证券简称	中兴商业
	法人代表	刘芝旭	董秘	姜莉	证券代码	000715
	公司网址	www.zxbusiness.com		电子信箱	zxstock@vip.sina.com	
	电　话	024-23838888-3715 3703		传　真	024-23408889	
	办公地址	辽宁省沈阳市和平区太原北街86号				
	经营范围	国内一般商业贸易、汽车修理、汽车配件、仓储搬运等				

	指标\报告期	2013.06.30	2012.12.31	2012.06.30	2011.12.31
主要财务指标	基本每股收益(元)	0.1810	0.3595	0.1640	0.4452
	基本每股收益(扣除)(元)	-	0.3521	0.1640	0.4376
	每股净资产(元)	4.4288	4.2483	4.1200	3.9600
	每股经营现金净流量(元)	0.3174	0.9986	0.2233	1.3838
	每股现金流量(元)	0.2424	0.7290	0.0856	0.7945
	每股资本公积金(元)	1.1352	1.1352	1.1352	1.1352
	每股盈余公积金(元)	0.4185	0.4185	0.3989	0.3830
	每股未分配利润(元)	1.8752	1.6946	1.5892	1.4406
	净资产收益率(%)	4.0770	8.4627	3.9900	11.2470
	加权净资产收益率(%)	4.1600	8.7600	4.0700	11.7600
	净资产收益率(扣除)(%)	-	-	-	-
	总资产(万元)	220007.82	217181.21	201793.38	200413.46
	归属母公司股东权益(万元)	123567.29	118529.48	115041.16	110451.68
	主营业务收入(万元)	185024.56	329671.84	174353.12	343881.52
	营业收入(万元)	188171.53	336476.10	177958.89	352427.80
	主营成本(万元)	155458.29	274752.83	144762.34	287960.37
	营业成本(万元)	155458.29	274752.83	144762.34	287960.37
	投资收益(万元)	-	-	-	-
	净利润(万元)	5037.80	10030.85	4589.48	12422.03
	利润总额(万元)	6697.72	13765.67	6040.33	17251.44

南方黑芝麻集团股份有限公司

公司概况	公司名称	南方黑芝麻集团股份有限公司			证券简称	南方食品
	法人代表	韦清文	董秘	龙耐坚	证券代码	000716
	公司网址	www.nfsp.com.cn		电子信箱	gsdm@public.nn.gx.cn	
	电　话	0771-5308096 5308080		传　真	0771-5308351 5308639	
	办公地址	广西壮族自治区南宁市双拥路36号				
	经营范围	对食品、管道燃气、物流、房地产、物业管理、航空服务项目的投资等				

	指标\报告期	2013.06.30	2012.12.31	2012.06.30	2011.12.31
主要财务指标	基本每股收益(元)	0.1230	0.1040	0.0850	0.0710
	基本每股收益(扣除)(元)	0.0740	0.0390	0.0570	0.1290
	每股净资产(元)	3.3273	1.9327	1.7700	2.0722
	每股经营现金净流量(元)	-0.4325	0.2295	-0.3314	0.1913
	每股现金流量(元)	0.7838	-0.0493	-0.0255	-0.0597
	每股资本公积金(元)	2.2239	1.0063	1.0063	1.3429
	每股盈余公积金(元)	0.0367	0.0845	0.0507	0.0507
	每股未分配利润(元)	0.0667	0.1802	-0.2908	-0.3214
	净资产收益率(%)	2.8577	5.3925	3.8600	3.4055
	加权净资产收益率(%)	4.7000	5.8300	2.8400	4.1100
	净资产收益率(扣除)(%)	-	-	-	-
	总资产(万元)	139225.77	120271.46	110412.93	109276.18
	归属母公司股东权益(万元)	81852.49	49483.03	31485.10	36938.82
	主营业务收入(万元)	52109.61	63101.86	39227.45	62668.00
	营业收入(万元)	52224.60	64146.59	39672.33	63694.33
	主营成本(万元)	39027.97	36945.79	27952.73	37209.80
	营业成本(万元)	39118.37	37557.23	28279.94	37979.66
	投资收益(万元)	971.53	-26.56	40.25	2.95
	净利润(万元)	2345.30	1751.64	1456.99	833.98
	利润总额(万元)	2376.27	2124.10	1504.54	958.11

广东韶钢松山股份有限公司

公司概况	公司名称	广东韶钢松山股份有限公司		证券简称	*ST 韶钢
	法人代表	余子权	董秘 刘二	证券代码	000717
	公司网址	www.sgss.com.cn	电子信箱	sgss@sgis.com.cn	
	电　话	0751-8787265	传　真	0751-8787676	
	办公地址	广东省韶关市曲江区			
	经营范围	制造、加工、销售钢铁冶金产品、金属制品、焦炭、煤化工产品等			

主要财务指标 指标\报告期	2013.06.30	2012.12.31	2012.06.30	2011.12.31
基本每股收益(元)	0.0066	-1.1700	-0.4690	-0.6800
基本每股收益(扣除)(元)	-0.0237	-1.1500	-0.4701	-0.6600
每股净资产(元)	2.5298	1.6355	2.3335	2.8025
每股经营现金净流量(元)	0.8038	1.2526	0.7384	2.3811
每股现金流量(元)	0.1955	-0.0395	0.0052	0.1562
每股资本公积金(元)	2.3746	1.4874	1.4874	1.4874
每股盈余公积金(元)	0.3828	0.3828	0.3828	0.3828
每股未分配利润(元)	-1.2215	-1.2281	-0.5282	-0.0592
净资产收益率(%)	0.2599	-71.4758	-20.1000	-24.3270
加权净资产收益率(%)	0.3200	-52.7000	-18.2600	-21.6900
净资产收益率(扣除)(%)	-	-	-	-
总资产(万元)	2104961.57	2048798.62	2300529.34	2436119.81
归属母公司股东权益(万元)	422348.26	273042.74	389576.31	467889.62
主营业务收入(万元)	889364.57	1910079.92	947573.22	2268925.70
营业收入(万元)	900965.96	1925984.46	955673.64	2287432.94
主营成本(万元)	862515.22	1974844.89	980749.30	2242558.43
营业成本(万元)	873651.44	1992158.09	988885.02	2261109.10
投资收益(万元)	-	-	-	302.47
净利润(万元)	1097.53	-195159.46	-78307.51	-113821.56
利润总额(万元)	2678.22	-181590.99	-87831.99	-103911.00

苏宁环球股份有限公司

公司概况	公司名称	苏宁环球股份有限公司		证券简称	苏宁环球
	法人代表	张桂平	董秘 刘登华	证券代码	000718
	公司网址	www.suning-universal.com	电子信箱	suning@suning.com.cn	
	电　话	025-83247946	传　真	025-83247136	
	办公地址	江苏省南京市鼓楼区广州路 188 号 17 楼			
	经营范围	房地产开发经营与混凝土生产销售等			

主要财务指标 指标\报告期	2013.06.30	2012.12.31	2012.06.30	2011.12.31
基本每股收益(元)	0.3350	0.4200	0.2020	0.3900
基本每股收益(扣除)(元)	0.3347	0.4200	0.2016	0.3800
每股净资产(元)	2.6854	2.4500	2.2300	2.0300
每股经营现金净流量(元)	0.1833	1.0078	0.5688	-0.4303
每股现金流量(元)	0.0414	0.0231	0.1573	-0.0442
每股资本公积金(元)	0.0636	0.0636	0.0636	0.0636
每股盈余公积金(元)	0.1508	0.1508	0.0878	0.0878
每股未分配利润(元)	1.4709	1.2355	1.0781	0.8760
净资产收益率(%)	12.4908	17.2424	8.7000	18.9977
加权净资产收益率(%)	12.9400	18.8700	9.1600	20.5300
净资产收益率(扣除)(%)	-	-	-	-
总资产(万元)	2085955.40	1913843.82	1916279.58	1735042.78
归属母公司股东权益(万元)	548674.30	500572.16	455539.38	414261.74
主营业务收入(万元)	336087.06	438799.40	193876.65	364992.75
营业收入(万元)	336315.23	440613.40	195069.86	366452.47
主营成本(万元)	178553.28	255332.53	105198.92	199261.86
营业成本(万元)	178553.28	256396.51	105198.92	200230.94
投资收益(万元)	-752.72	-1505.45	-752.72	-1505.45
净利润(万元)	84876.97	85865.58	40969.49	81456.87
利润总额(万元)	114062.18	117963.04	55707.80	110169.15

中原大地传媒股份有限公司

公司概况	公司名称	中原大地传媒股份有限公司		证券简称	大地传媒
	法人代表	王爱	董秘 毋晓冬	证券代码	000719
	公司网址	www.zyddcm.com	电子信箱	ddcm000719@126.com	
	电　话	0371-87528527 3680667	传　真	0371-87528528 87528528	
	办公地址	河南省郑州市金水东路 39 号中国(河南)出版产业园 A 座			
	经营范围	对新闻、出版、教育、文化、广播、电影、电视节目等进行互联网信息服务等			

主要财务指标 指标\报告期	2013.06.30	2012.12.31	2012.06.30	2011.12.31
基本每股收益(元)	0.2700	0.4500	0.1700	0.3300
基本每股收益(扣除)(元)	0.2700	0.4400	0.1700	0.2600
每股净资产(元)	4.1958	3.9239	3.6500	3.4800
每股经营现金净流量(元)	-0.0803	0.7197	0.2340	0.5611
每股现金流量(元)	-1.0264	0.3675	0.0493	-0.0702
每股资本公积金(元)	1.7678	1.7678	1.7678	1.7678
每股盈余公积金(元)	0.0986	0.0986	0.0986	0.0986
每股未分配利润(元)	1.3294	1.0576	0.7804	0.6091
净资产收益率(%)	6.4784	11.4281	4.8100	9.3970
加权净资产收益率(%)	6.7000	12.1200	4.8100	9.8400
净资产收益率(扣除)(%)	-	-	-	-
总资产(万元)	267734.41	259631.69	240238.06	225329.46
归属母公司股东权益(万元)	184494.63	172542.40	160355.04	152824.10
主营业务收入(万元)	116406.23	221540.26	92417.21	174457.30
营业收入(万元)	119081.10	227151.84	95785.27	179184.48
主营成本(万元)	91093.88	175799.01	74494.97	134939.79
营业成本(万元)	91602.39	177442.86	75485.14	136202.94
投资收益(万元)	98.92	238.04	66.76	5.30
净利润(万元)	11384.03	18843.58	7261.51	14238.81
利润总额(万元)	11686.10	19187.28	7726.34	14959.30

山东新能泰山发电股份有限公司

公司概况	公司名称	山东新能泰山发电股份有限公司		证券简称	新能泰山
	法人代表	王文宗	董秘 初军	证券代码	000720
	公司网址	www.sz000720.com	电子信箱	xnts@sz000720.com	
	电　话	0538-8232022	传　真	0538-8232000	
	办公地址	山东省泰安市普照寺路 5 号			
	经营范围	电力生产、销售、电线电缆、电子产品、电器机械及器材、输变电设备等			

主要财务指标 指标\报告期	2013.06.30	2012.12.31	2012.06.30	2011.12.31
基本每股收益(元)	0.0407	0.0396	-0.0881	-0.2049
基本每股收益(扣除)(元)	0.0306	-0.0122	-0.1009	-0.2667
每股净资产(元)	0.9057	0.8643	0.7386	0.8257
每股经营现金净流量(元)	0.5727	0.4892	0.2727	0.3200
每股现金流量(元)	0.0486	-0.0188	0.0973	0.0085
每股资本公积金(元)	0.3428	0.3428	0.3437	0.3437
每股盈余公积金(元)	0.1655	0.1655	0.1655	0.1655
每股未分配利润(元)	-0.6033	-0.6440	-0.7717	-0.6836
净资产收益率(%)	4.4982	4.5829	-11.9300	-24.8164
加权净资产收益率(%)	4.6000	4.6900	-11.2600	-22.0800
净资产收益率(扣除)(%)	-	-	-	-
总资产(万元)	550231.63	564489.47	569039.20	573422.82
归属母公司股东权益(万元)	78200.16	74630.48	63772.39	71297.47
主营业务收入(万元)	135954.39	284547.51	140076.21	272204.10
营业收入(万元)	143989.96	304557.28	144250.39	281512.20
主营成本(万元)	116140.57	257579.78	130948.79	266565.63
营业成本(万元)	121200.72	267352.78	134931.06	272716.38
投资收益(万元)	23.39	72.17	18.79	68.48
净利润(万元)	5383.86	5489.38	-8782.33	-20905.93
利润总额(万元)	5510.33	6381.21	-8483.67	-19262.25

西安饮食股份有限公司

公司概况	公司名称	西安饮食股份有限公司		证券简称	西安饮食
	法人代表	胡昌民	董秘 李虎成	证券代码	000721
	公司网址	www.xcsg.com		电子信箱	xcsg@xcsg.com
	电 话	029-82065865		传 真	029-82065899
	办公地址	陕西省西安市碑林区南二环西段27号西安旅游大厦6层			
	经营范围	国内商业、物资供销业、物业管理、投资项目信息咨询及中介服务等			

主要财务指标	指标\报告期	2013.06.30	2012.12.31	2012.06.30	2011.12.31
	基本每股收益(元)	0.0419	0.0699	0.0413	0.1792
	基本每股收益(扣除)(元)	0.0389	0.0381	0.0381	0.0400
	每股净资产(元)	3.5420	2.2943	2.3000	2.2500
	每股经营现金净流量(元)	0.0390	0.1679	–0.0332	0.3216
	每股现金流量(元)	1.0665	–0.1351	0.0031	0.1947
	每股资本公积金(元)	1.3989	0.1802	0.1802	0.1802
	每股盈余公积金(元)	0.2076	0.2076	0.1940	0.1940
	每股未分配利润(元)	0.9354	0.9065	0.9215	0.8802
	净资产收益率(%)	1.1828	3.0468	1.8000	7.9500
	加权净资产收益率(%)	1.8100	3.0700	1.8200	8.2800
	净资产收益率(扣除)(%)	–	–	–	–
	总资产(万元)	98323.70	73970.37	72761.34	73124.45
	归属母公司股东权益(万元)	70672.71	45778.51	45806.94	44982.30
	主营业务收入(万元)	27540.06	63667.14	29101.23	65170.97
	营业收入(万元)	28734.48	65859.74	30155.08	67197.50
	主营成本(万元)	11431.71	26791.85	12529.84	27519.02
	营业成本(万元)	11544.34	26967.87	12529.84	27653.41
	投资收益(万元)	–	–	–	2958.87
	净利润(万元)	953.19	1625.66	940.69	3812.13
	利润总额(万元)	1452.44	2539.73	1441.44	5178.55

湖南发展集团股份有限公司

公司概况	公司名称	湖南发展集团股份有限公司		证券简称	湖南发展
	法人代表	杨国平	董秘 苏千里	证券代码	000722
	公司网址	www.hnfzgf.com		电子信箱	hnfz@hnfzgf.com
	电 话	0731-88789296		传 真	0731-88789256
	办公地址	湖南省长沙市芙蓉中路二段106号中国石油大厦九楼			
	经营范围	水力发电项目综合经营、房地产项目投资、土地资源、矿产资源的储备及综合经营等			

主要财务指标	指标\报告期	2013.06.30	2012.12.31	2012.06.30	2011.12.31
	基本每股收益(元)	0.2200	0.3400	0.1700	0.1786
	基本每股收益(扣除)(元)	–	0.3100	0.1670	0.1785
	每股净资产(元)	4.7407	–	4.3560	4.1810
	每股经营现金净流量(元)	0.1932	0.4300	0.2153	0.2804
	每股现金流量(元)	–0.0641	0.1817	–0.1012	0.2132
	每股资本公积金(元)	4.6056	4.6056	4.6056	4.6056
	每股盈余公积金(元)	0.0205	0.0205	0.0205	0.0205
	每股未分配利润(元)	–0.8854	–1.1079	–1.2702	–1.4449
	净资产收益率(%)	4.6930	7.4572	4.0100	4.2710
	加权净资产收益率(%)	4.8100	7.7500	4.0900	4.3645
	净资产收益率(扣除)(%)	–	–	–	–
	总资产(万元)	224429.76	213218.56	206875.91	196602.58
	归属母公司股东权益(万元)	220044.66	209717.96	202186.62	194078.84
	主营业务收入(万元)	14419.01	25758.96	13937.10	18807.93
	营业收入(万元)	14421.40	25760.46	13937.10	18810.46
	主营成本(万元)	5285.67	9483.17	5691.02	8801.19
	营业成本(万元)	5285.67	9483.17	5691.02	8801.34
	投资收益(万元)	2058.44	3084.35	1296.61	936.86
	净利润(万元)	10326.70	15639.12	8107.78	8289.58
	利润总额(万元)	10326.70	15639.12	8107.78	8289.58

山西美锦能源股份有限公司

公司概况	公司名称	山西美锦能源股份有限公司		证券简称	美锦能源
	法人代表	姚锦龙	董秘 朱庆华	证券代码	000723
	公司网址	www.mjenergy.com		电子信箱	meijinenergy@126.com
	电 话	0351-4236095		传 真	0351-4236092
	办公地址	山西省太原市迎泽区劲松北路31号哈伯中心12层			
	经营范围	焦化厂、煤矿、煤层气的开发、投资、批发零售焦炭、金属材料、建材等			

主要财务指标	指标\报告期	2013.06.30	2012.12.31	2012.06.30	2011.12.31
	基本每股收益(元)	0.0700	–0.2200	–0.0400	0.1400
	基本每股收益(扣除)(元)	0.0700	–0.2100	–0.0900	0.1400
	每股净资产(元)	1.5587	3.1697	3.3000	3.3800
	每股经营现金净流量(元)	0.2255	–0.4653	–0.3496	0.2483
	每股现金流量(元)	–0.0651	–0.4934	–0.3672	0.2251
	每股资本公积金(元)	0.1625	0.3250	0.3250	0.3250
	每股盈余公积金(元)	0.0756	0.1512	0.1512	0.1512
	每股未分配利润(元)	0.2934	1.6462	1.7755	1.8627
	净资产收益率(%)	4.5119	–6.8309	–2.6500	4.0250
	加权净资产收益率(%)	4.3400	–6.6200	–2.6200	4.1400
	净资产收益率(扣除)(%)	–	–	–	–
	总资产(万元)	65540.53	78355.26	81047.69	92959.67
	归属母公司股东权益(万元)	43517.41	44248.34	46026.01	47139.32
	主营业务收入(万元)	63500.21	119316.26	60967.86	153115.18
	营业收入(万元)	63500.21	119316.26	60967.86	153115.18
	主营成本(万元)	55908.49	111654.77	57557.59	140110.82
	营业成本(万元)	55908.49	111654.77	57557.59	140110.82
	投资收益(万元)	–	3.01	3.01	4.73
	净利润(万元)	2175.73	–3333.04	–1353.59	2112.72
	利润总额(万元)	2948.49	–4357.28	–1844.64	2900.76

京东方科技集团股份有限公司

公司概况	公司名称	京东方科技集团股份有限公司		证券简称	京东方A
	法人代表	王东升	董秘 冯莉琼	证券代码	000725
	公司网址	www.boe.com.cn		电子信箱	fengliqiong@boe.com.cn
	电 话	010-64318888		传 真	010-64366264
	办公地址	北京市朝阳区酒仙桥路10号			
	经营范围	电子产品、通信设备、电子计算机软硬件的制造及购销等			

主要财务指标	指标\报告期	2013.06.30	2012.12.31	2012.06.30	2011.12.31
	基本每股收益(元)	0.0640	0.0190	–0.0580	0.0410
	基本每股收益(扣除)(元)	–	–0.0400	–0.0670	–0.2860
	每股净资产(元)	1.9788	1.9145	1.8400	1.8922
	每股经营现金净流量(元)	0.2757	0.2284	0.0090	–0.0576
	每股现金流量(元)	0.6548	0.0441	–0.1346	–0.4540
	每股资本公积金(元)	1.1356	1.1348	1.1327	1.1317
	每股盈余公积金(元)	0.0369	0.0369	0.0369	0.0369
	每股未分配利润(元)	–0.1935	–0.2571	–0.3344	–0.2762
	净资产收益率(%)	3.2116	0.9972	–3.1700	2.1921
	加权净资产收益率(%)	3.2600	1.0000	–3.1200	2.2200
	净资产收益率(扣除)(%)	–	–	–	–
	总资产(万元)	8837457.75	6710536.09	6731624.71	6876941.56
	归属母公司股东权益(万元)	2675576.88	2588695.97	2481308.43	2558589.23
	主营业务收入(万元)	1544579.91	2491805.54	932854.05	1223577.65
	营业收入(万元)	1625432.61	2577158.34	960888.20	1274141.36
	主营成本(万元)	1184786.00	2213425.66	916436.59	1306887.17
	营业成本(万元)	1246133.46	2279033.25	950239.67	1344122.89
	投资收益(万元)	162.50	–547.53	–375.28	460447.51
	净利润(万元)	116528.08	18438.31	–107710.67	69367.73
	利润总额(万元)	118857.16	18605.20	–106885.32	84608.73

鲁泰纺织股份有限公司

公司概况					
公司名称	鲁泰纺织股份有限公司			证券简称	鲁 泰 A
法人代表	刘石祯	董秘	秦桂玲	证券代码	000726
公司网址	www.lttc.com.cn		电子信箱	qinguiling@lttc.com.cn	
电 话	0533-5285166		传 真	0533-5418805	
办公地址	山东省淄博市淄川区松龄东路 81 号				
经营范围	生产销售棉纱、色织布、衬衣、服装饰品、保健内衣等纺织品及配套系列产品等				

主要财务指标				
指标＼报告期	2013.06.30	2012.12.31	2012.06.30	2011.12.31
基本每股收益(元)	0.4300	0.7100	0.3000	0.8500
基本每股收益(扣除)(元)	–	0.6700	0.3000	0.7800
每股净资产(元)	5.3761	5.2223	5.0900	5.0400
每股经营现金净流量(元)	0.4885	1.1601	0.4133	0.9907
每股现金流量(元)	–0.3676	0.0882	–0.3682	0.2856
每股资本公积金(元)	1.2134	1.2193	1.2205	1.1895
每股盈余公积金(元)	0.5766	0.5742	0.5113	0.5113
每股未分配利润(元)	2.8644	2.7051	2.3650	2.3462
净资产收益率(%)	7.7054	13.4351	5.7900	16.6830
加权净资产收益率(%)	7.6000	13.5700	5.7900	18.1300
净资产收益率(扣除)(%)	–	–	–	–
总资产(万元)	795262.71	815327.91	756420.47	775188.53
归属母公司股东权益(万元)	540106.54	526870.13	513664.94	508610.05
主营业务收入(万元)	297671.10	567486.17	272445.26	578246.51
营业收入(万元)	306049.53	590104.99	280802.56	607865.94
主营成本(万元)	213112.17	417566.01	200389.39	398883.41
营业成本(万元)	218457.49	431615.03	205510.67	418545.01
投资收益(万元)	1764.97	2005.41	1905.26	7321.45
净利润(万元)	42956.00	71585.04	30834.96	89207.12
利润总额(万元)	51325.29	79879.73	35811.58	107432.46

南京华东电子信息科技股份有限公司

公司概况					
公司名称	南京华东电子信息科技股份有限公司			证券简称	华东科技
法人代表	梁生元	董秘	胡进文	证券代码	000727
公司网址	www.huadongtech.com		电子信箱	hjw@huadongtech.com	
电 话	025-68192836 68192835		传 真	025-68192828	
办公地址	江苏省南京市经济技术开发区恒通大道 19-1 号				
经营范围	电子产品、平板显示器件及模块、石英晶体产品、电子线路产品等				

主要财务指标				
指标＼报告期	2013.06.30	2012.12.31	2012.06.30	2011.12.31
基本每股收益(元)	–0.1365	–0.1342	–0.1014	–0.0067
基本每股收益(扣除)(元)	–0.1396	–0.2533	–0.1162	–0.1602
每股净资产(元)	1.1471	1.2836	1.3150	1.6023
每股经营现金净流量(元)	–0.0670	0.3890	0.3195	0.1955
每股现金流量(元)	–0.1557	0.2331	0.0044	–0.0177
每股资本公积金(元)	1.3501	1.3501	1.2831	1.5345
每股盈余公积金(元)	0.2760	0.2760	0.2760	0.2760
每股未分配利润(元)	–1.4790	–1.3425	–1.2441	–1.2082
净资产收益率(%)	–11.9005	–10.4582	–7.7100	–0.4170
加权净资产收益率(%)	–11.2300	–9.4000	–7.2700	–0.4200
净资产收益率(扣除)(%)	–	–	–	–
总资产(万元)	114870.06	119011.61	125288.63	125770.58
归属母公司股东权益(万元)	41199.21	46102.11	47229.29	57549.41
主营业务收入(万元)	34386.55	77445.68	36336.44	69354.95
营业收入(万元)	37937.46	80865.44	37776.25	72970.15
主营成本(万元)	32339.90	70486.35	33630.01	62318.42
营业成本(万元)	36066.90	73879.48	35034.26	66932.75
投资收益(万元)	–66.96	3160.85	–294.56	6.23
净利润(万元)	–6674.01	–7246.35	–4681.89	–2793.75
利润总额(万元)	–6670.49	–6998.12	–4525.08	–2412.27

国元证券股份有限公司

公司概况					
公司名称	国元证券股份有限公司			证券简称	国元证券
法人代表	蔡咏	董秘	万士清	证券代码	000728
公司网址	www.gyzq.com.cn		电子信箱	wansq@gyzq.com.cn	
电 话	0551-2207323 2207968		传 真	0551-2207322	
办公地址	安徽省合肥市庐阳区寿春路 179 号				
经营范围	证券经纪、证券投资咨询、与证券交易、证券投资活动有关的财务顾问等				

主要财务指标				
指标＼报告期	2013.06.30	2012.12.31	2012.06.30	2011.12.31
基本每股收益(元)	0.1500	0.2100	0.1500	0.2900
基本每股收益(扣除)(元)	0.1500	0.2100	0.1500	0.2800
每股净资产(元)	7.6962	7.6100	7.5900	7.5300
每股经营现金净流量(元)	–1.3956	–1.4134	–0.7561	–0.9373
每股现金流量(元)	–1.4952	–1.5786	–0.8738	–1.4099
每股资本公积金(元)	4.9597	4.9179	4.9538	4.9508
每股盈余公积金(元)	0.3081	0.3081	0.2906	0.2906
每股未分配利润(元)	0.8733	0.8228	0.8190	0.7679
净资产收益率(%)	1.9567	2.7214	1.9900	3.8020
加权净资产收益率(%)	1.9600	2.7400	1.9900	3.8000
净资产收益率(扣除)(%)	–	–	–	–
总资产(万元)	2486623.81	2288595.75	2216983.83	2259707.19
归属母公司股东权益(万元)	1511602.77	1494490.16	1490859.48	1479919.01
主营业务收入(万元)			–	–
营业收入(万元)	85062.80	153116.47	84375.55	177511.98
主营成本(万元)			–	–
营业成本(万元)	–	–	–	–
投资收益(万元)	26560.11	27429.15	18259.57	16117.69
净利润(万元)	29577.34	40670.70	29669.96	56271.38
利润总额(万元)	36519.55	51162.55	35980.00	70357.34

北京燕京啤酒股份有限公司

公司概况					
公司名称	北京燕京啤酒股份有限公司			证券简称	燕京啤酒
法人代表	李福成	董秘	刘翔宇	证券代码	000729
公司网址	www.yanjing.com.cn		电子信箱	securities@yanjing.com.cn	
电 话	010-89490729		传 真	010-89495569	
办公地址	北京市顺义区双河路 9 号				
经营范围	啤酒、矿泉水、啤酒原料、饲料、酵母、塑料箱的制造和销售等				

主要财务指标				
指标＼报告期	2013.06.30	2012.12.31	2012.06.30	2011.12.31
基本每股收益(元)	0.2090	0.2460	0.1800	0.3380
基本每股收益(扣除)(元)	0.1730	0.1790	0.1727	0.2580
每股净资产(元)	4.1210	3.8661	3.8000	7.2300
每股经营现金净流量(元)	0.6123	0.5285	0.4774	0.6809
每股现金流量(元)	0.3297	–0.0236	0.4039	–0.0454
每股资本公积金(元)	1.6091	1.2825	1.2804	3.2216
每股盈余公积金(元)	0.4243	0.4722	0.4085	0.8515
每股未分配利润(元)	1.0876	1.1114	1.1096	2.1590
净资产收益率(%)	4.5561	6.3184	4.7100	9.3367
加权净资产收益率(%)	5.2700	6.5500	4.8600	9.6300
净资产收益率(扣除)(%)	–	–	–	–
总资产(万元)	1944327.13	1822370.96	1876105.33	1686369.87
归属母公司股东权益(万元)	1156903.12	975248.74	958219.52	875274.66
主营业务收入(万元)	717580.16	1260293.16	660933.54	1175031.71
营业收入(万元)	736695.95	1303334.65	676551.11	1213683.66
主营成本(万元)	416426.62	765720.96	384253.91	690079.66
营业成本(万元)	426229.25	802486.73	396683.48	717637.27
投资收益(万元)	8018.43	4960.52	159.52	674.93
净利润(万元)	59189.55	65371.99	50741.79	91734.43
利润总额(万元)	73792.43	85551.61	64805.62	118799.62

四川美丰化工股份有限公司

公司概况	公司名称	四川美丰化工股份有限公司			证券简称	四川美丰
	法人代表	张晓彬	董秘	杨达高	证券代码	000731
	公司网址	www.scmeif.com		电子信箱	dagaoyang@163.com	
	电　　话	0838-2304235		传　　真	0838-2304228	
	办公地址	四川省德阳市天山南路三段55号				
	经营范围	公司属化肥生产行业，主要经营化学肥料、尿素、碳酸氢胺、合成氨等				

主要财务指标	指标\报告期	2013.06.30	2012.12.31	2012.06.30	2011.12.31
	基本每股收益(元)	0.1165	0.6006	0.2372	0.5663
	基本每股收益(扣除)(元)	0.1109	0.6528	0.2361	0.5288
	每股净资产(元)	4.8095	4.6065	4.2682	4.2058
	每股经营现金净流量(元)	–0.0236	0.6679	0.5071	0.6434
	每股现金流量(元)	0.1419	0.0163	0.2384	–0.3802
	每股资本公积金(元)	1.1014	0.3137	0.3137	0.3137
	每股盈余公积金(元)	0.6528	0.7687	0.7295	0.7295
	每股未分配利润(元)	2.0516	2.5241	2.2000	2.1627
	净资产收益率(%)	2.2503	13.0386	5.5600	13.4490
	加权净资产收益率(%)	2.4800	13.6800	5.5700	14.2500
	净资产收益率(扣除)(%)	–	–	–	–
	总资产(万元)	469828.78	445368.56	409682.13	385032.00
	归属母公司股东权益(万元)	284471.58	231399.46	214404.57	211264.99
	主营业务收入(万元)	323013.86	648280.93	383414.00	520395.80
	营业收入(万元)	323013.86	650658.57	383414.00	524666.16
	主营成本(万元)	305433.06	589759.93	355989.21	466447.37
	营业成本(万元)	305433.06	592002.83	355989.21	470611.40
	投资收益(万元)	1056.54	2904.09	1950.85	2125.15
	净利润(万元)	6370.22	26726.70	11939.89	26763.97
	利润总额(万元)	7445.28	31741.22	14874.90	32794.68

泰禾集团股份有限公司

公司概况	公司名称	泰禾集团股份有限公司			证券简称	泰禾集团
	法人代表	黄其森	董秘	王传序	证券代码	000732
	公司网址	www.thaihot.com.cn		电子信箱	dongmi@thaihot.com.cn	
	电　　话	0591-87731557 87730503		传　　真	0591-87731800 87810369	
	办公地址	福建省福州市湖东路43号奥林匹克大厦6楼				
	经营范围	房地产、农药双主业经营				

主要财务指标	指标\报告期	2013.06.30	2012.12.31	2012.06.30	2011.12.31
	基本每股收益(元)	0.4050	0.3385	0.0414	0.3607
	基本每股收益(扣除)(元)	0.4008	0.2516	0.0292	0.3151
	每股净资产(元)	2.8517	2.2095	2.0324	1.9980
	每股经营现金净流量(元)	–8.0314	–0.7655	0.0321	–1.5664
	每股现金流量(元)	–0.9430	2.0269	0.2448	–0.4269
	每股资本公积金(元)	0.6920	0.4548	0.5660	0.5729
	每股盈余公积金(元)	0.0715	0.0715	0.0715	0.0715
	每股未分配利润(元)	1.0883	0.6833	0.3950	0.3536
	净资产收益率(%)	14.2022	15.3200	2.0400	18.0540
	加权净资产收益率(%)	16.0000	16.0900	2.0500	19.8700
	净资产收益率(扣除)(%)	–	–	–	–
	总资产(万元)	2367114.90	1364035.69	968831.73	822847.17
	归属母公司股东权益(万元)	290070.91	224746.59	206729.82	203227.42
	主营业务收入(万元)	215308.74	259590.19	44488.62	263078.70
	营业收入(万元)	215772.10	260281.29	44869.34	264133.86
	主营成本(万元)	116351.36	167344.83	22769.55	176482.34
	营业成本(万元)	116542.96	167775.04	22980.13	176998.46
	投资收益(万元)	100.03	3551.82	50.22	1942.99
	净利润(万元)	40595.21	31555.10	3909.33	36883.72
	利润总额(万元)	54658.13	39922.40	5266.43	48157.48

中国振华(集团)科技股份有限公司

公司概况	公司名称	中国振华(集团)科技股份有限公司			证券简称	振华科技
	法人代表	陈中	董秘	齐靖	证券代码	000733
	公司网址	www.czst.com.cn		电子信箱	qijing@czelec.com.cn	
	电　　话	0851-6301078 6301022		传　　真	0851-6302674	
	办公地址	贵州省贵阳市乌当区新添大道北段268号				
	经营范围	自产自销电子产品、机械产品、贸易、建筑、经济信息咨询、技术咨询、开发等				

主要财务指标	指标\报告期	2013.06.30	2012.12.31	2012.06.30	2011.12.31
	基本每股收益(元)	0.1300	0.2400	0.0900	0.1200
	基本每股收益(扣除)(元)	0.1200	0.0600	0.0900	0.0500
	每股净资产(元)	6.0741	5.9881	5.8700	5.8100
	每股经营现金净流量(元)	–0.1791	0.0625	–0.1139	–0.0092
	每股现金流量(元)	–0.4971	–0.0942	–0.2714	–0.0652
	每股资本公积金(元)	3.9623	3.9665	3.9954	3.9877
	每股盈余公积金(元)	0.2662	0.2662	0.2220	0.2220
	每股未分配利润(元)	0.8456	0.7554	0.6512	0.6022
	净资产收益率(%)	2.1428	3.9650	1.5200	2.0300
	加权净资产收益率(%)	2.1500	4.0200	1.5200	2.0600
	净资产收益率(扣除)(%)	–	–	–	–
	总资产(万元)	388310.91	370459.07	379328.01	367041.80
	归属母公司股东权益(万元)	217525.06	214445.45	210238.37	208132.62
	主营业务收入(万元)	136429.71	286826.33	153399.10	325994.27
	营业收入(万元)	143653.14	297389.38	156636.93	333939.73
	主营成本(万元)	103302.55	229079.76	122659.95	274609.44
	营业成本(万元)	109842.23	238345.14	125079.84	280967.93
	投资收益(万元)	812.12	2981.14	565.74	1206.45
	净利润(万元)	4623.70	9260.81	3541.21	4907.92
	利润总额(万元)	6022.02	11339.39	4647.20	7056.65

罗牛山股份有限公司

公司概况	公司名称	罗牛山股份有限公司			证券简称	罗牛山
	法人代表	徐自力	董秘	宋岚	证券代码	000735
	公司网址	www.luoniushan.com		电子信箱	songlan@luoniushan.com	
	电　　话	0898-68581213 68585243		传　　真	0898-68581830	
	办公地址	海南省海口市珠江广场帝豪大厦9楼				
	经营范围	种养殖业、兴办工业、房地产开发经营、建筑装璜工程、农副畜水产品及饲料销售等				

主要财务指标	指标\报告期	2013.06.30	2012.12.31	2012.06.30	2011.12.31
	基本每股收益(元)	–0.0218	0.0170	0.0086	0.0680
	基本每股收益(扣除)(元)	–0.0603	–0.0880	–0.0051	0.0550
	每股净资产(元)	1.8707	1.9188	1.9550	1.9450
	每股经营现金净流量(元)	0.1711	–0.0823	0.0052	0.1301
	每股现金流量(元	0.0825	0.3062	0.2283	0.0044
	每股资本公积金(元)	0.2824	0.3086	0.3532	0.3516
	每股盈余公积金(元)	0.1247	0.1247	0.1247	0.1247
	每股未分配利润(元)	0.4637	0.4855	0.4776	0.4690
	净资产收益率(%)	–1.1662	0.8617	0.4400	3.5019
	加权净资产收益率(%)	–1.1400	0.8500	0.4400	3.4600
	净资产收益率(扣除)(%)	–	–	–	–
	总资产(万元)	463527.47	435273.00	402942.79	362735.50
	归属母公司股东权益(万元)	164648.94	168881.44	172106.87	171207.01
	主营业务收入(万元)	47588.93	82471.12	38973.53	108074.70
	营业收入(万元)	48742.41	85129.58	40195.90	110410.47
	主营成本(万元)	46660.09	69826.66	29849.72	86468.25
	营业成本(万元)	46886.06	70236.34	30176.56	87624.38
	投资收益(万元)	1571.39	3126.13	1027.47	1042.03
	净利润(万元)	–1840.53	2495.76	1587.75	6711.87
	利润总额(万元)	–1740.68	3258.45	1598.38	6912.28

中房重实地产股份有限公司

公司概况	公司名称	中房重实地产股份有限公司			证券简称	中房地产
	法人代表	沈东进	董秘	田玉利	证券代码	000736
	公司网址	www.china-propertyholding.com		电子信箱	zqb@000736.net	
	电　话	023-67530016		传　真	023-67530016	
	办公地址	重庆市渝北区洪湖东路9号财富大厦B座9楼				
	经营范围	房地产开发、住宅建设及产业化、土地开发与土地整理等				

	指标＼报告期	2013.06.30	2012.12.31	2012.06.30	2011.12.31
主要财务指标	基本每股收益(元)	0.2700	0.4200	0.3200	0.2400
	基本每股收益(扣除)(元)	0.2700	0.1300	0.0300	0.2400
	每股净资产(元)	5.5081	5.2344	5.1300	4.8200
	每股经营现金净流量(元)	–0.5449	1.0019	0.0344	–0.3845
	每股现金流量(元)	0.4932	1.0321	0.1867	0.5319
	每股资本公积金(元)	1.7095	1.7095	1.7116	1.7191
	每股盈余公积金(元)	0.1221	0.1221	0.1092	0.1092
	每股未分配利润(元)	2.6765	2.4028	2.3117	1.9950
	净资产收益率(%)	4.9684	8.0300	6.1700	5.0430
	加权净资产收益率(%)	5.1000	8.3400	6.1700	5.1700
	净资产收益率(扣除)(%)	–	–	–	–
	总资产(万元)	312830.77	283492.18	253801.72	252453.83
	归属母公司股东权益(万元)	163697.43	155564.24	152534.11	143346.22
	主营业务收入(万元)	61463.91	63525.23	20909.92	50080.24
	营业收入(万元)	61698.47	64029.67	21065.57	50515.04
	主营成本(万元)	43290.71	45011.87	14175.68	35316.29
	营业成本(万元)	43297.83	45062.06	13908.28	35385.18
	投资收益(万元)	567.30	8608.20	8761.06	4987.88
	净利润(万元)	7956.21	12189.49	9313.24	7141.47
	利润总额(万元)	10662.88	14237.40	9990.33	8989.33

南风化工集团股份有限公司

公司概况	公司名称	南风化工集团股份有限公司			证券简称	南风化工
	法人代表	胡文强	董秘	朱奇立	证券代码	000737
	公司网址	www.nafine.com		电子信箱	nafine@nafine.com	
	电　话	0359-8967016 8967017		传　真	0359-8967035	
	办公地址	山西省运城市解放路294号				
	经营范围	主要生产销售无机盐系列产品、日用化工及其他精细化工产品、化学肥料系列产品等				

	指标＼报告期	2013.06.30	2012.12.31	2012.06.30	2011.12.31
主要财务指标	基本每股收益(元)	–0.0820	0.2553	0.0134	0.0974
	基本每股收益(扣除)(元)	–0.0916	–0.6359	0.0128	0.0087
	每股净资产(元)	0.7887	0.8707	0.6300	0.6200
	每股经营现金净流量(元)	–0.6002	0.0557	0.1886	0.4432
	每股现金流量(元)	–0.1296	0.3091	–0.0426	–0.0172
	每股资本公积金(元)	1.1534	1.1534	1.1537	1.1537
	每股盈余公积金(元)	0.1620	0.1620	0.1620	0.1620
	每股未分配利润(元)	–1.5267	–1.4446	–1.6869	–1.7003
	净资产收益率(%)	–10.4035	29.3262	2.1349	15.8211
	加权净资产收益率(%)	–9.8900	34.3700	2.1579	17.1800
	净资产收益率(扣除)(%)	–	–	–	–
	总资产(万元)	333019.28	334896.01	411706.25	369012.38
	归属母公司股东权益(万元)	43278.33	47780.76	34505.15	33768.50
	主营业务收入(万元)	136612.92	247578.36	138706.36	290642.64
	营业收入(万元)	143469.28	257218.94	147114.81	297886.69
	主营成本(万元)	107912.09	201380.30	107978.24	219934.29
	营业成本(万元)	111769.53	209688.65	112754.87	225386.04
	投资收益(万元)	–723.68	45480.35	–50.43	236.64
	净利润(万元)	–3895.12	14389.68	3007.60	12348.44
	利润总额(万元)	–3602.67	15825.26	4380.10	16948.06

中航动力控制股份有限公司

公司概况	公司名称	中航动力控制股份有限公司			证券简称	中航动控
	法人代表	张登馨	董秘	杨刚强	证券代码	000738
	公司网址	www.aaec.com.cn		电子信箱	zhdk@aaec.com.cn	
	电　话	0510-85706075 85707738		传　真	0510-85500738	
	办公地址	江苏省无锡市梁溪路792号				
	经营范围	航空、航天发动机控制系统产品的研制、生产、销售、修理等				

	指标＼报告期	2013.06.30	2012.12.31	2012.06.30	2011.12.31
主要财务指标	基本每股收益(元)	0.0946	0.2100	0.0864	0.1900
	基本每股收益(扣除)(元)	0.0898	0.1900	0.0800	0.1700
	每股净资产(元)	2.8730	2.8360	2.7100	2.6342
	每股经营现金净流量(元)	–0.0182	0.2111	0.0617	0.0367
	每股现金流量(元)	–0.2248	–0.1020	–0.1578	0.0914
	每股资本公积金(元)	1.3663	1.3663	1.3663	1.3719
	每股盈余公积金(元)	0.0312	0.0231	0.0188	0.0188
	每股未分配利润(元)	0.4696	0.4452	0.3285	0.2435
	净资产收益率(%)	3.2912	7.3567	3.1829	7.3829
	加权净资产收益率(%)	3.3100	7.6300	3.2300	7.6400
	净资产收益率(扣除)(%)	–	–	–	–
	总资产(万元)	481885.35	473578.56	466427.76	467804.11
	归属母公司股东权益(万元)	270876.72	267393.24	255849.35	248366.64
	主营业务收入(万元)	115159.64	220139.98	97993.21	194201.36
	营业收入(万元)	116146.44	222138.53	98783.08	195870.25
	主营成本(万元)	89213.06	164576.07	74522.84	142157.33
	营业成本(万元)	90053.25	166173.39	73927.30	143590.48
	投资收益(万元)	–33.21	–18.36	–64.43	45.60
	净利润(万元)	9093.92	20131.74	8288.18	18990.79
	利润总额(万元)	10726.53	24030.66	9922.34	22737.93

普洛药业股份有限公司

公司概况	公司名称	普洛药业股份有限公司			证券简称	普洛药业
	法人代表	徐文财	董秘	葛向全	证券代码	000739
	公司网址	www.apeloa.com		电子信箱	louyunna@163.com	
	电　话	0579-86557527 86559672		传　真	0532-83890739 86558122	
	办公地址	浙江省东阳市横店江南路333号				
	经营范围	医药化工产品的研制、生产和销售等				

	指标＼报告期	2013.06.30	2012.12.31	2012.06.30	2011.12.31
主要财务指标	基本每股收益(元)	0.1034	0.3662	0.0810	0.2020
	基本每股收益(扣除)(元)	0.0994	0.0200	0.0100	–0.0141
	每股净资产(元)	2.0934	3.6082	3.1200	4.7286
	每股经营现金净流量(元)	0.0954	1.3084	0.9646	1.5760
	每股现金流量(元)	–0.1440	0.2139	1.3028	0.0298
	每股资本公积金(元)	0.4197	1.3570	1.3128	2.4379
	每股盈余公积金(元)	0.0731	0.2323	0.1372	0.2114
	每股未分配利润(元)	0.6006	1.5925	0.6701	1.0793
	净资产收益率(%)	4.7381	10.1494	7.5749	6.2299
	加权净资产收益率(%)	5.2900	10.6900	4.8800	6.3800
	净资产收益率(扣除)(%)	–	–	–	–
	总资产(万元)	432898.67	410722.07	212567.09	362670.11
	归属母公司股东权益(万元)	170709.54	135114.21	80107.34	121400.89
	主营业务收入(万元)	194298.84	345876.29	171105.23	280092.90
	营业收入(万元)	195823.31	348008.82	171755.78	281360.88
	主营成本(万元)	154560.99	265810.93	133576.98	224137.68
	营业成本(万元)	155819.00	267273.09	68694.73	225348.70
	投资收益(万元)	–	14.72	3.40	–
	净利润(万元)	8020.72	13455.05	5874.26	7097.45
	利润总额(万元)	10020.02	16827.95	7895.39	9281.20

长城信息产业股份有限公司

公司概况	公司名称	长城信息产业股份有限公司			证券简称	长城信息
	法人代表	何明	董秘	王习发	证券代码	000748
	公司网址	www.gwi.com.cn		电子信箱	gwizqb@gwi.com.cn	
	电　话	0731-84932861		传　真	0731-84932862	
	办公地址	湖南省长沙市经济技术开发区东三路5号				
	经营范围	计算机终端及外部设备、金融机具、税控机具及商用电子设备、计量仪表等				

	指标\报告期	2013.06.30	2012.12.31	2012.06.30	2011.12.31
主要财务指标	基本每股收益(元)	0.0342	0.1800	0.0561	0.1200
	基本每股收益(扣除)(元)	-0.0002	0.1200	0.0330	0.1000
	每股净资产(元)	3.2456	3.2614	3.1380	3.1400
	每股经营现金净流量(元)	-0.8003	0.1043	-0.7287	0.3998
	每股现金流量(元)	-1.0133	0.0306	-0.9180	-0.1097
	每股资本公积金(元)	1.1657	1.1657	1.1657	1.1746
	每股盈余公积金(元)	0.2384	0.2384	0.2383	0.2383
	每股未分配利润(元)	0.8415	0.8573	0.7345	0.7284
	净资产收益率(%)	1.0527	5.4900	1.7800	3.6730
	加权净资产收益率(%)	1.0400	5.5900	1.7800	3.7100
	净资产收益率(扣除)(%)	-	-	-	-
	总资产(万元)	238631.70	235882.41	211771.79	213043.72
	归属母公司股东权益(万元)	121892.93	122487.60	117868.47	117975.84
	主营业务收入(万元)	58056.80	142841.27	54481.83	112160.57
	营业收入(万元)	60276.84	150239.85	57476.26	117725.04
	主营成本(万元)	46976.53	116580.67	43632.31	90000.51
	营业成本(万元)	48533.98	122972.12	46105.59	94862.50
	投资收益(万元)	1722.14	947.87	944.56	869.64
	净利润(万元)	806.06	8142.42	2071.72	4185.76
	利润总额(万元)	1363.79	9030.13	2194.28	5349.76

国海证券股份有限公司

公司概况	公司名称	国海证券股份有限公司			证券简称	国海证券
	法人代表	张雅锋	董秘	刘健	证券代码	000750
	公司网址	www.ghzq.com.cn		电子信箱	dshbgs@ghzq.com.cn	
	电　话	0771-5569592 5539038		传　真	0771-5530903	
	办公地址	广西壮族自治区南宁市滨湖路46号国海大厦				
	经营范围	证券经纪、证券投资咨询、与证券交易、证券投资活动有关的财务顾问等				

	指标\报告期	2013.06.30	2012.12.31	2012.06.30	2011.12.31
主要财务指标	基本每股收益(元)	0.1000	0.0700	0.0800	0.1200
	基本每股收益(扣除)(元)	-	0.0600	-	0.1100
	每股净资产(元)	1.6003	1.5288	1.5300	3.7400
	每股经营现金净流量(元)	-0.1502	0.2923	0.2171	-4.4269
	每股现金流量(元)	0.0189	0.1689	0.1386	-4.5139
	每股资本公积金(元)	0.0388	0.0386	0.0332	0.2519
	每股盈余公积金(元)	0.1186	0.1186	0.1126	0.2816
	每股未分配利润(元)	0.2057	0.1344	0.1611	1.6446
	净资产收益率(%)	6.3270	4.8679	5.4300	2.8160
	加权净资产收益率(%)	6.4200	4.9400	5.4000	2.8800
	净资产收益率(扣除)(%)	-	-	-	-
	总资产(万元)	1208516.08	1138384.44	1099490.29	1117523.88
	归属母公司股东权益(万元)	286766.16	273952.73	274571.26	268173.49
	主营业务收入(万元)			-	-
	营业收入(万元)	89775.98	78843.53	78843.53	127054.44
	主营成本(万元)			-	-
	营业成本(万元)	63061.96	125420.23	56847.33	-
	投资收益(万元)	12026.62	9623.33	9623.33	6328.60
	净利润(万元)	20112.25	16549.94	16549.94	11434.15
	利润总额(万元)	26979.50	22063.59	22063.59	16667.36

西藏银河科技发展股份有限公司

公司概况	公司名称	西藏银河科技发展股份有限公司			证券简称	西藏发展
	法人代表	闫清江	董秘	杨岚岚	证券代码	000752
	公司网址			电子信箱	xzfz752@163.com	
	电　话	0891-6389377 028-65317117		传　真	0891-6389377 028-65317117	
	办公地址	西藏自治区拉萨市色拉路36号				
	经营范围	生产、销售啤酒、饮料、饲料、养殖业、藏红花系列产品的开发等				

	指标\报告期	2013.06.30	2012.12.31	2012.06.30	2011.12.31
主要财务指标	基本每股收益(元)	0.5249	0.0848	0.0360	0.1417
	基本每股收益(扣除)(元)	0.0508	0.0645	0.0360	0.1107
	每股净资产(元)	2.9370	2.4120	2.3830	2.3470
	每股经营现金净流量(元)	0.0888	0.8188	0.5096	1.0123
	每股现金流量(元)	1.5891	0.4899	0.4307	-0.2021
	每股资本公积金(元)	0.0909	0.0909	0.0909	0.0909
	每股盈余公积金(元)	0.1461	0.1461	0.1438	0.1438
	每股未分配利润(元)	1.7000	1.1752	1.1485	1.1127
	净资产收益率(%)	17.8717	3.5141	1.5000	6.0370
	加权净资产收益率(%)	19.6300	3.5500	1.5000	6.0400
	净资产收益率(扣除)(%)	-	-	-	-
	总资产(万元)	132220.17	114900.87	114416.20	111692.41
	归属母公司股东权益(万元)	77466.84	63622.22	62859.67	61914.02
	主营业务收入(万元)	21755.44	47477.96	23082.22	43569.91
	营业收入(万元)	21755.44	47519.36	23082.22	44100.49
	主营成本(万元)	14667.86	33747.31	16413.58	31016.34
	营业成本(万元)	14667.86	33747.31	16413.58	31509.58
	投资收益(万元)	12499.20	-1101.29	-506.47	-239.47
	净利润(万元)	15950.38	6815.75	3039.40	8153.18
	利润总额(万元)	16699.10	8426.57	3782.21	9736.56

福建漳州发展股份有限公司

公司概况	公司名称	福建漳州发展股份有限公司			证券简称	漳州发展
	法人代表	庄文海	董秘	李勤	证券代码	000753
	公司网址	www.zzdc.com.cn		电子信箱	zzdc000753@yahoo.com.cn	
	电　话	0596-2671753		传　真	0596-2671876	
	办公地址	福建省漳州市胜利东路漳州发展广场21楼				
	经营范围	城市基础设施开发与建设、市政工程的投资与管理等				

	指标\报告期	2013.06.30	2012.12.31	2012.06.30	2011.12.31
主要财务指标	基本每股收益(元)	0.0500	0.2650	0.0700	0.2400
	基本每股收益(扣除)(元)	0.0530	0.1960	0.0850	0.0600
	每股净资产(元)	1.7814	2.2658	2.1000	2.0000
	每股经营现金净流量(元)	0.5493	-1.0489	-0.0466	0.1174
	每股现金流量(元)	0.5602	0.0663	-0.1965	0.5936
	每股资本公积金(元)	0.2986	0.6882	0.6882	0.6882
	每股盈余公积金(元)	0.0426	0.0554	0.0381	0.0381
	每股未分配利润(元)	0.4402	0.5223	0.3699	0.2749
	净资产收益率(%)	3.0207	11.6787	4.5300	12.1320
	加权净资产收益率(%)	3.0500	12.4000	4.6400	12.7500
	净资产收益率(扣除)(%)	-	-	-	-
	总资产(万元)	313558.48	289204.95	274973.18	221203.30
	归属母公司股东权益(万元)	73249.44	71669.43	66304.78	63299.40
	主营业务收入(万元)	123213.25	264729.23	131317.74	213375.04
	营业收入(万元)	125531.70	272448.19	133812.19	220915.74
	主营成本(万元)	109952.33	235626.51	120002.18	194927.61
	营业成本(万元)	110286.46	236987.14	120666.20	196033.25
	投资收益(万元)	673.59	1313.45	804.04	1579.24
	净利润(万元)	2038.54	8015.03	2973.44	7849.64
	利润总额(万元)	2869.17	10725.12	3505.56	8764.05

山西三维集团股份有限公司

公司概况

公司名称	山西三维集团股份有限公司			证券简称	山西三维
法人代表	王玉柱	董秘	梁国胜	证券代码	000755
公司网址	www.sxsanwei.com		电子信箱	sxswdsh@163.com	
电　话	0357-6663175 6663123		传　真	0357-6663566	
办公地址	山西省临汾市洪洞县赵城镇				
经营范围	化工产品、化纤产品及焦炭的生产、销售及出口贸易等				

主要财务指标

指标\报告期	2013.06.30	2012.12.31	2012.06.30	2011.12.31
基本每股收益(元)	-0.2600	-0.6180	0.0190	0.0680
基本每股收益(扣除)(元)	-0.2800	-0.6100	0.0260	0.0500
每股净资产(元)	3.8935	4.1437	4.7424	4.7227
每股经营现金净流量(元)	0.0660	0.0471	0.3023	-0.1547
每股现金流量(元)	-0.0603	0.1737	0.1119	-0.1872
每股资本公积金(元)	2.1960	2.1988	2.1646	2.1646
每股盈余公积金(元)	0.2811	0.2811	0.2811	0.2811
每股未分配利润(元)	0.3991	0.6590	1.2960	1.2770
净资产收益率(%)	-6.6739	-14.9145	0.4003	1.4490
加权净资产收益率(%)	-6.4700	-13.8900	0.0040	1.4600
净资产收益率(扣除)(%)	-	-	-	-
总资产(万元)	707872.76	718279.25	760133.08	720606.90
归属母公司股东权益(万元)	182706.29	194449.26	222543.14	221619.57
主营业务收入(万元)	183420.75	703822.17	354388.67	532703.43
营业收入(万元)	191580.55	716061.13	362064.54	543924.55
主营成本(万元)	175411.20	686911.12	333012.07	490882.28
营业成本(万元)	179328.23	694803.19	338281.05	495564.86
投资收益(万元)	55.02	126.17	35.55	89.74
净利润(万元)	-15930.59	-40713.54	-185.56	373.27
利润总额(万元)	-15650.39	-40321.40	348.63	2630.92

山东新华制药股份有限公司

公司概况

公司名称	山东新华制药股份有限公司			证券简称	新华制药
法人代表	张代铭	董秘	曹长求 郭磊	证券代码	000756
公司网址	www.xhzy.com		电子信箱	cqcao@xhzy.com	
电　话	0533-2196024 2196026		传　真	0533-2287508	
办公地址	山东省淄博市高新区鲁泰大道1号				
经营范围	开发、制造及销售化学原料药、制剂、化工及其他产品				

主要财务指标

指标\报告期	2013.06.30	2012.12.31	2012.06.30	2011.12.31
基本每股收益(元)	0.0100	0.0500	0.0700	0.1700
基本每股收益(扣除)(元)	0.0400	-0.0400	0.0400	0.1200
每股净资产(元)	3.7200	3.8000	3.8100	3.7400
每股经营现金净流量(元)	0.0118	0.0827	-0.0922	0.2123
每股现金流量(元)	-0.4854	0.2352	0.2211	-0.2189
每股资本公积金(元)	1.4054	1.4797	1.4722	1.4421
每股盈余公积金(元)	0.4303	0.4303	0.4180	0.4180
每股未分配利润(元)	0.8912	0.8903	0.9190	0.8807
净资产收益率(%)	0.2900	1.3621	1.7900	4.4460
加权净资产收益率(%)	0.2900	1.3800	1.8100	4.4600
净资产收益率(扣除)(%)	-	-	-	-
总资产(万元)	362585.68	362827.04	339846.41	300419.02
归属母公司股东权益(万元)	170339.19	173728.79	174088.72	170993.23
主营业务收入(万元)	160000.20	293211.60	151674.10	290341.90
营业收入(万元)	161713.43	297151.96	153793.00	293752.81
主营成本(万元)	134406.50	240432.40	123957.20	235109.80
营业成本(万元)	136373.37	244720.11	126417.56	239158.10
投资收益(万元)	160.68	579.15	420.13	901.74
净利润(万元)	611.07	2626.22	3303.48	7961.89
利润总额(万元)	928.07	3498.11	4000.25	9321.15

四川浩物机电股份有限公司

公司概况

公司名称	四川浩物机电股份有限公司			证券简称	浩物股份
法人代表	姜阳	董秘	徐琳	证券代码	000757
公司网址	hwgf757.com		电子信箱	xl0757@163.com	
电　话	0832-2202757		传　真	0832-2202720	
办公地址	四川省内江市市中区甜城大道经济技术开发区				
经营范围	机械制造业和电子产品制造业				

主要财务指标

指标\报告期	2013.06.30	2012.12.31	2012.06.30	2011.12.31
基本每股收益(元)	0.1100	0.1000	0.0500	1.2800
基本每股收益(扣除)(元)	-	0.1000	0.0400	0.1700
每股净资产(元)	0.2860	0.1568	0.0700	0.0200
每股经营现金净流量(元)	0.0464	0.2375	0.0346	0.0770
每股现金流量(元)	-0.3570	0.4270	0.0064	0.0447
每股资本公积金(元)	1.4334	1.4173	1.3829	1.3829
每股盈余公积金(元)	0.1855	0.1855	0.1855	0.1855
每股未分配利润(元)	-2.3329	-2.4460	-2.4963	-2.5467
净资产收益率(%)	39.5592	64.2121	69.9500	5157.5130
加权净资产收益率(%)	53.0200	139.8500	107.5900	-76.8600
净资产收益率(扣除)(%)	-	-	-	-
总资产(万元)	49595.73	59289.75	47600.01	47229.79
归属母公司股东权益(万元)	10477.15	5744.25	2639.98	793.19
主营业务收入(万元)	21721.38	46352.16	25750.66	61750.74
营业收入(万元)	22620.60	47958.91	26610.22	64532.43
主营成本(万元)	15219.24	33293.97	18650.33	46923.76
营业成本(万元)	15820.37	34292.76	19212.43	48986.87
投资收益(万元)	-	-	-	30779.02
净利润(万元)	4144.68	3688.50	1846.79	40812.43
利润总额(万元)	4694.22	4911.53	2829.75	40322.82

中国有色金属建设股份有限公司

公司概况

公司名称	中国有色金属建设股份有限公司			证券简称	中色股份
法人代表	罗涛	董秘	杜斌	证券代码	000758
公司网址	www.nfc.com.cn		电子信箱	dubin@nfc-china.com	
电　话	010-84427227		传　真	010-84427222	
办公地址	北京市朝阳区安定路10号中国有色大厦				
经营范围	从事国际工程承包、开发国内外有色金属资源、装备制造、国际技术承包等				

主要财务指标

指标\报告期	2013.06.30	2012.12.31	2012.06.30	2011.12.31
基本每股收益(元)	0.0280	0.2640	0.0800	0.5130
基本每股收益(扣除)(元)	0.0170	0.0320	0.0800	0.1890
每股净资产(元)	4.2706	3.2791	3.1000	3.1000
每股经营现金净流量(元)	-0.6627	-1.4844	-1.0395	-0.4096
每股现金流量(元)	0.1098	0.5189	-0.2506	0.4302
每股资本公积金(元)	1.9436	0.4791	0.4767	0.4825
每股盈余公积金(元)	0.2239	0.2875	0.2707	0.2707
每股未分配利润(元)	1.1550	1.5822	1.4130	1.4349
净资产收益率(%)	0.5418	8.0586	2.9300	16.5346
加权净资产收益率(%)	0.6700	8.3100	2.9800	17.9900
净资产收益率(扣除)(%)	-	-	-	-
总资产(万元)	1654889.39	1559713.31	1447535.90	1254867.80
归属母公司股东权益(万元)	420517.99	251397.42	237327.82	237857.92
主营业务收入(万元)	874098.03	1435076.59	524983.70	988642.66
营业收入(万元)	879636.51	1450599.97	530031.22	1001675.72
主营成本(万元)	811316.48	1313512.42	455637.98	844280.55
营业成本(万元)	814393.58	1324978.13	458150.47	852862.99
投资收益(万元)	2683.54	23548.12	-2873.04	37228.18
净利润(万元)	6284.35	22552.21	9302.98	50675.13
利润总额(万元)	7999.65	29644.51	12215.93	70018.46

中百控股集团股份有限公司

公司概况	公司名称	中百控股集团股份有限公司			证券简称	中百集团
	法人代表	汪爱群	董秘	杨晓红	证券代码	000759
	公司网址	www.whzb.com		电子信箱	whzbyxh@sina.com	
	电　话	027-82814019 82832006		传　真	027-82823568 82777083	
	办公地址	湖北省武汉市硚口区古田二路南泥湾大道65-71号汇丰企业总部8号楼B座				
	经营范围	商业零售及商品的网上销售、农产品加工等				

主要财务指标	指标\报告期	2013.06.30	2012.12.31	2012.06.30	2011.12.31
	基本每股收益(元)	0.1700	0.3000	0.2100	0.3900
	基本每股收益(扣除)(元)	0.1600	0.2800	0.2000	0.3500
	每股净资产(元)	4.3998	4.2339	4.1400	3.9300
	每股经营现金净流量(元)	0.8639	1.4933	0.8413	1.2230
	每股现金流量(元)	–0.3356	–0.2022	0.0746	0.4488
	每股资本公积金(元)	1.5795	1.5795	1.5793	1.5793
	每股盈余公积金(元)	0.3531	0.3531	0.3116	0.3116
	每股未分配利润(元)	1.4673	1.3013	1.2516	1.0416
	净资产收益率(%)	3.7711	7.1136	5.0700	9.9610
	加权净资产收益率(%)	3.8400	7.3800	5.2000	10.2900
	净资产收益率(扣除)(%)	–	–	–	–
	总资产(万元)	762769.42	790831.95	771108.58	783849.43
	归属母公司股东权益(万元)	299638.64	288338.87	282112.11	267815.15
	主营业务收入(万元)	818782.17	1489591.79	763608.62	1306118.41
	营业收入(万元)	848368.28	1570411.48	797926.25	1386436.76
	主营成本(万元)	–	–	–	1117151.85
	营业成本(万元)	691745.18	1258212.43	645872.72	1117151.85
	投资收益(万元)	912.27	1150.83	300.00	303.55
	净利润(万元)	11221.79	20133.47	14090.66	26571.28
	利润总额(万元)	17010.55	31983.83	20957.65	39588.66

湖北博盈投资股份有限公司

公司概况	公司名称	湖北博盈投资股份有限公司			证券简称	博盈投资
	法人代表	杨富年	董秘	孙琛	证券代码	000760
	公司网址	www.hbbothwin.com		电子信箱	lbytz000760@126.com	
	电　话	010-84535388 808 809		传　真	010-64666028 0716-5231009	
	办公地址	北京市朝阳区亮马桥路39号第一上海中心C座412室				
	经营范围	汽车配件制造及销售等				

主要财务指标	指标\报告期	2013.06.30	2012.12.31	2012.06.30	2011.12.31
	基本每股收益(元)	–	0.0200	–0.0100	0.0200
	基本每股收益(扣除)(元)	–	0.0100	–0.0100	0.0200
	每股净资产(元)	0.7921	0.7873	0.7600	0.7700
	每股经营现金净流量(元)	–0.0154	–0.2825	–0.1553	–0.1992
	每股现金流量(元)	0.0644	0.0896	0.0034	–0.0569
	每股资本公积金(元)	–	–	–	–
	每股盈余公积金(元)	0.0774	0.0774	0.0774	0.0774
	每股未分配利润(元)	–0.2853	–0.2901	–0.3159	–0.3096
	净资产收益率(%)	0.6054	2.4762	–0.8300	2.0330
	加权净资产收益率(%)	0.6100	2.5100	–0.8200	2.0200
	净资产收益率(扣除)(%)	–	–	–	–
	总资产(万元)	86002.38	82450.89	75754.44	68668.38
	归属母公司股东权益(万元)	18760.98	18647.40	18036.62	18185.64
	主营业务收入(万元)	34811.77	60303.93	31123.60	42970.59
	营业收入(万元)	35930.65	61701.56	31904.55	44709.28
	主营成本(万元)	31228.40	53160.71	27771.96	38445.04
	营业成本(万元)	31713.88	53881.46	28236.51	39596.61
	投资收益(万元)	–	182.59	–	355.67
	净利润(万元)	113.58	461.76	–149.02	618.36
	利润总额(万元)	134.98	933.90	–136.64	255.68

本钢板材股份有限公司

公司概况	公司名称	本钢板材股份有限公司			证券简称	本钢板材
	法人代表	张晓芳	董秘	张吉臣	证券代码	000761
	公司网址			电子信箱	bgbczjc761@126.com	
	电　话	0414-7828360 7828734		传　真	0414-7824158 7827004	
	办公地址	辽宁省本溪市平山区人民路16号				
	经营范围	钢铁冶炼及压延加工等				

主要财务指标	指标\报告期	2013.06.30	2012.12.31	2012.06.30	2011.12.31
	基本每股收益(元)	0.0500	0.0220	0.0500	0.2540
	基本每股收益(扣除)(元)	0.0500	–0.0750	0.0400	0.2040
	每股净资产(元)	4.9086	4.8727	4.9000	4.9500
	每股经营现金净流量(元)	0.1620	0.2820	0.0604	0.4252
	每股现金流量(元)	–0.4057	0.2617	–0.1964	0.4655
	每股资本公积金(元)	2.8134	2.8134	2.8134	2.8134
	每股盈余公积金(元)	0.2978	0.2978	0.2938	0.2938
	每股未分配利润(元)	0.7948	0.7614	0.7896	0.8433
	净资产收益率(%)	1.0880	0.4540	0.9500	5.1260
	加权净资产收益率(%)	1.0900	0.4500	0.9400	5.2100
	净资产收益率(扣除)(%)	–	–	–	–
	总资产(万元)	3751539.62	3832637.37	4138005.63	4105939.13
	归属母公司股东权益(万元)	1539345.92	1528080.55	1535895.24	1552471.45
	主营业务收入(万元)	2087877.08	4080419.38	2103737.35	4314060.07
	营业收入(万元)	2251390.04	4459173.13	2284156.98	5043185.01
	主营成本(万元)	1970888.71	3829657.10	1949090.92	3913648.83
	营业成本(万元)	2115396.27	4188976.52	2119436.39	4612771.16
	投资收益(万元)	–	12.38	–	63.31
	净利润(万元)	16613.54	6945.55	14489.53	79555.05
	利润总额(万元)	19639.94	25520.41	18863.31	86719.34

西藏矿业发展股份有限公司

公司概况	公司名称	西藏矿业发展股份有限公司			证券简称	西藏矿业
	法人代表	曾泰	董秘	王迎春	证券代码	000762
	公司网址			电子信箱	xzkydsh@sina.com	
	电　话	0891-6872095 028-85355661		传　真	0891-6873132 028-85351955	
	办公地址	西藏自治区拉萨市中和国际城金珠二路8号				
	经营范围	铬铁矿开采和销售、铬铁合金加工与销售、铜、锂、硼等矿的开采等				

主要财务指标	指标\报告期	2013.06.30	2012.12.31	2012.06.30	2011.12.31
	基本每股收益(元)	0.0447	–0.2678	0.0305	0.0743
	基本每股收益(扣除)(元)	0.0433	–0.3068	0.0331	0.0916
	每股净资产(元)	3.6289	3.5826	3.9120	5.9200
	每股经营现金净流量(元)	–0.1803	0.1001	0.0405	–0.4860
	每股现金流量(元)	–0.2682	–0.2235	–0.0184	3.9025
	每股资本公积金(元)	2.4787	2.4787	2.4899	4.2352
	每股盈余公积金(元)	0.1102	0.1102	0.1102	0.1653
	每股未分配利润(元)	0.0341	–0.0107	0.2876	0.4857
	净资产收益率(%	1.2319	–7.4744	0.7788	1.8290
	加权净资产收益率(%)	1.2400	–7.1400	0.7600	2.3100
	净资产收益率(扣除)(%)	–	–	–	–
	总资产(万元)	262730.47	251651.47	261593.83	264097.94
	归属母公司股东权益(万元)	172728.41	170521.22	186191.53	187717.19
	主营业务收入(万元)	21234.22	50784.89	25089.37	55146.68
	营业收入(万元)	21384.17	51050.99	25186.36	55664.85
	主营成本(万元)	14260.42	37106.70	16918.38	40326.00
	营业成本(万元)	14298.13	37267.06	16968.88	40483.95
	投资收益(万元)	231.30	2046.82	–114.65	–32.43
	净利润(万元)	1777.58	–16005.60	1401.58	2706.31
	利润总额(万元)	2553.22	–18359.68	2164.31	3439.27

通化金马药业集团股份有限公司

公司概况					
公司名称	通化金马药业集团股份有限公司			证券简称	通化金马
法人代表	刘立成	董秘	贾伟林	证券代码	000766
公司网址	www.thjm.cn		电子信箱	thjmjt@163.com	
电　　话	0435-3910232　3907298		传　　真	0435-3907298　3910232	
办公地址	吉林省通化市江南路 100-1 号				
经营范围	生产中西成药、生化制剂、营养及保健制品等				

主要财务指标：指标\报告期	2013.06.30	2012.12.31	2012.06.30	2011.12.31
基本每股收益(元)	0.0109	0.0100	0.0201	0.0300
基本每股收益(扣除)(元)	–	0.0100	0.0200	0.0200
每股净资产(元)	1.3886	1.3799	1.3700	1.3500
每股经营现金净流量(元)	0.0036	–0.0145	–0.0537	–0.0177
每股现金流量(元)	0.0335	–0.0177	–0.0207	–0.0078
每股资本公积金(元)	1.9687	1.9709	1.9517	1.9517
每股盈余公积金(元)	0.2420	0.2420	0.2420	0.2420
每股未分配利润(元)	–1.8220	–1.8329	–1.8214	–1.8415
净资产收益率(%)	0.7844	0.6224	1.4600	1.8520
加权净资产收益率(%)	0.7800	0.6300	1.4600	1.8700
净资产收益率(扣除)(%)	–	–	–	–
总资产(万元)	94021.39	89489.06	88473.69	87982.17
归属母公司股东权益(万元)	62351.79	61960.48	61614.31	60713.22
主营业务收入(万元)	6529.51	12732.02	6918.41	18057.97
营业收入(万元)	6529.51	12764.76	6918.41	18147.11
主营成本(万元)	3275.19	5648.90	2984.94	7553.99
营业成本(万元)	3275.19	5730.20	2984.94	7635.10
投资收益(万元)	1894.69	1933.91	1775.56	1270.30
净利润(万元)	489.09	385.66	901.09	1124.14
利润总额(万元)	371.99	507.74	1150.10	1640.77

山西漳泽电力股份有限公司

公司概况					
公司名称	山西漳泽电力股份有限公司			证券简称	漳泽电力
法人代表	文生元	董秘	王一峰	证券代码	000767
公司网址	www.zhangzepower.com		电子信箱	info@zhangzepower.com	
电　　话	0351-4268601　4268602		传　　真	0351-4265168	
办公地址	山西省太原市五一路 197 号				
经营范围	电力商品生产和销售、热力商品生产与销售、燃料、材料、电力高新技术等				

主要财务指标：指标\报告期	2013.06.30	2012.12.31	2012.06.30	2011.12.31
基本每股收益(元)	0.0400	0.0500	0.1100	–0.5900
基本每股收益(扣除)(元)	–	–0.3100	–0.2700	–0.6200
每股净资产(元)	2.0321	0.5966	0.2700	0.5500
每股经营现金净流量(元)	0.5487	0.2891	0.5744	–0.0486
每股现金流量(元)	0.8272	0.2061	–0.4016	0.1080
每股资本公积金(元)	1.0213	0.7358	0.7358	0.7358
每股盈余公积金(元)	0.0161	0.0274	0.2637	0.2637
每股未分配利润(元)	–0.0053	–0.0654	–1.7300	–1.4495
净资产收益率(%)	1.6323	7.8097	40.9919	–107.2520
加权净资产收益率(%)	1.8700	8.1300	7.5300	–69.8100
净资产收益率(扣除)(%)	–	–	–	–
总资产(万元)	2933698.43	1473925.11	1233401.64	1212766.80
归属母公司股东权益(万元)	457992.60	194339.00	35678.46	72807.68
主营业务收入(万元)	390009.24	491700.25	289820.54	406296.18
营业收入(万元)	436060.02	493777.40	290653.81	410313.49
主营成本(万元)	322671.17	478011.69	233564.96	455530.19
营业成本(万元)	367572.60	478641.44	233989.24	456795.16
投资收益(万元)	1512.19	11154.53	–351.68	14139.33
净利润(万元)	13865.18	4057.02	20169.44	–78879.56
利润总额(万元)	20658.57	684.57	25667.05	–80529.77

中航飞机股份有限公司

公司概况					
公司名称	中航飞机股份有限公司			证券简称	中航飞机
法人代表	方玉峰	董秘	雷阎正	证券代码	000768
公司网址			电子信箱	xaic@xac.com.cn	
电　　话	029-86833097　86833107		传　　真	029-86846031　81668080	
办公地址	陕西省西安市阎良区西飞大道一号				
经营范围	飞机、飞行器零部件的设计、试验、生产、维修、改装、销售、服务及相关业务等				

主要财务指标：指标\报告期	2013.06.30	2012.12.31	2012.06.30	2011.12.31
基本每股收益(元)	0.0286	0.0949	–0.0099	0.1457
基本每股收益(扣除)(元)	0.0216	0.1555	0.0205	0.0300
每股净资产(元)	4.2589	4.3200	3.8200	4.7075
每股经营现金净流量(元)	–1.2210	–0.2744	–1.1709	0.5142
每股现金流量(元)	–0.5935	–0.4300	–1.0392	0.3377
每股资本公积金(元)	2.7150	2.7150	2.3328	2.9532
每股盈余公积金(元)	0.3142	0.3143	0.3204	0.3204
每股未分配利润(元)	0.2107	0.2832	0.1649	0.4339
净资产收益率(%)	0.6713	2.1953	–0.2768	3.3149
加权净资产收益率(%)	0.6600	2.1800	–0.2200	3.3700
净资产收益率(扣除)(%)	–	–	–	–
总资产(万元)	3164097.87	2935515.99	2152283.33	2849717.28
归属母公司股东权益(万元)	1130229.80	1147097.74	945969.51	1166334.07
主营业务收入(万元)	781834.70	1539828.69	549041.81	1300918.86
营业收入(万元)	788340.96	1558778.88	555773.58	1314743.64
主营成本(万元)	710707.25	1375430.40	490580.92	1129889.28
营业成本(万元)	714742.09	1389314.48	495587.81	1139298.39
投资收益(万元)	1611.06	2316.81	2452.44	2617.14
净利润(万元)	5395.66	26289.62	–3051.12	41749.50
利润总额(万元)	6773.08	29858.98	–3677.72	49894.22

广发证券股份有限公司

公司概况					
公司名称	广发证券股份有限公司			证券简称	广发证券
法人代表	孙树明	董秘	罗斌华	证券代码	000776
公司网址	www.gf.com.cn		电子信箱	dshb@gf.com.cn	
电　　话	020-87550265　87550565		传　　真	020-87553600　87554163	
办公地址	广东省广州市天河区天河北路 183-187 号大都会广场 5 楼、18 楼、19 楼、36 楼、38 楼、39 楼、41-44 楼				
经营范围	证券代理买卖、自营买卖、证券承销和上市推荐等业务等				

主要财务指标：指标\报告期	2013.06.30	2012.12.31	2012.06.30	2011.12.31
基本每股收益(元)	0.2300	0.3700	0.2500	0.3900
基本每股收益(扣除)(元)	–	0.3800	0.2500	0.3800
每股净资产(元)	5.6529	5.5800	5.4200	5.3400
每股经营现金净流量(元)	–1.5877	–1.1767	–0.6345	–11.0474
每股现金流量(元)	0.3498	–0.2552	–0.3324	–9.1432
每股资本公积金(元)	1.6298	1.6370	4.1893	4.0371
每股盈余公积金(元)	0.3955	0.3955	0.7229	0.7229
每股未分配利润(元)	1.8106	1.7306	3.4215	3.4249
净资产收益率(%)	4.0697	6.6310	4.5800	6.5234
加权净资产收益率(%)	4.0600	6.8000	4.5400	8.8500
净资产收益率(扣除)(%)	–	–	—	—
总资产(万元)	10294502.45	8997632.42	8055469.71	7681075.09
归属母公司股东权益(万元)	3346089.50	3304868.01	3207414.62	3163509.65
主营业务收入(万元)	–	–	–	–
营业收入(万元)	383306.88	697138.03	398285.77	594567.06
主营成本(万元)	–	–	–	–
营业成本(万元)	–	–	208998.37	344157.91
投资收益(万元)	149312.08	196775.63	97815.81	89489.26
净利润(万元)	136073.03	219033.92	147802.29	205848.72
利润总额(万元)	173416.80	268521.94	190090.80	255454.55

中核苏阀科技实业股份有限公司

公司概况	公司名称	中核苏阀科技实业股份有限公司			证券简称	中核科技
	法人代表	张宗列	董秘	袁德钢	证券代码	000777
	公司网址	www.chinasufa.com		电子信箱	sales2@chinasufa.com	
	电 话	0512-66672245 66672006		传 真	0512-67526983 66673006	
	办公地址	江苏省苏州市国家高新技术产业开发区珠江路501号				
	经营范围	各类工业用阀门的设计、制造和销售等				

主要财务指标	指标\报告期	2013.06.30	2012.12.31	2012.06.30	2011.12.31
	基本每股收益(元)	0.1467	0.2840	0.1378	0.2714
	基本每股收益(扣除)(元)	0.1353	0.2300	0.1167	0.1995
	每股净资产(元)	4.6441	4.6174	4.4712	4.4534
	每股经营现金净流量(元)	0.0515	-0.0096	-0.0547	-0.2081
	每股现金流量(元)	-0.1779	-0.4562	0.0776	-0.4121
	每股资本公积金(元)	1.6712	1.6712	1.6712	1.6712
	每股盈余公积金(元)	0.3892	0.3892	0.3595	0.3595
	每股未分配利润(元)	1.5836	1.5569	1.4404	1.4226
	净资产收益率(%)	3.1590	6.1499	3.0800	6.0950
	加权净资产收益率(%)	3.1400	6.1800	3.0600	6.1200
	净资产收益率(扣除)(%)	-	-	-	-
	总资产(万元)	182023.45	173396.79	170990.48	155857.09
	归属母公司股东权益(万元)	98923.35	98354.51	95241.09	94861.90
	主营业务收入(万元)	48572.53	80637.86	38853.26	70580.52
	营业收入(万元)	48728.99	81213.04	39412.91	72790.96
	主营成本(万元)	35846.93	58015.03	28144.23	53017.23
	营业成本(万元)	35923.16	58202.32	28490.91	54838.89
	投资收益(万元)	1509.58	2553.76	1520.69	2381.21
	净利润(万元)	3091.81	5547.39	2612.80	5369.74
	利润总额(万元)	3415.78	6226.52	2887.64	5731.64

新兴铸管股份有限公司

公司概况	公司名称	新兴铸管股份有限公司			证券简称	新兴铸管
	法人代表	张同波	董秘	曾耀赣	证券代码	000778
	公司网址	www.xinxing-pipes.com		电子信箱	xxzg0778@163.com	
	电 话	0310-5792011 5793247		传 真	0310-5796999	
	办公地址	河北省武安市上洛阳村北(2572厂区)				
	经营范围	离心球墨铸铁管及配套管件、钢铁冶炼及压延加工、铸造制品等				

主要财务指标	指标\报告期	2013.06.30	2012.12.31	2012.06.30	2011.12.31
	基本每股收益(元)	0.2138	0.6604	0.3560	0.7642
	基本每股收益(扣除)(元)	0.1778	0.4600	0.2897	0.6767
	每股净资产(元)	6.3312	6.2470	5.9354	6.0822
	每股经营现金净流量(元)	-0.0573	1.2395	-0.1626	0.4649
	每股现金流量(元)	0.0569	-0.3167	-0.1376	0.3326
	每股资本公积金(元)	2.4274	2.4536	2.4565	2.4592
	每股盈余公积金(元)	0.4268	0.4188	0.4145	0.3869
	每股未分配利润(元)	2.4704	2.3645	2.0644	2.2361
	净资产收益率(%)	3.3773	10.5700	6.0000	12.5650
	加权净资产收益率(%)	3.3700	10.7200	5.6900	13.1500
	净资产收益率(扣除)(%)	-	-	-	-
	总资产(万元)	4464585.37	4020421.55	3970588.00	3271657.88
	归属母公司股东权益(万元)	1213601.62	1197476.61	1137746.99	1165872.31
	主营业务收入(万元)	3296384.98	5841285.71	3067564.62	5222850.23
	营业收入(万元)	3315476.28	5881632.49	3085003.17	5252766.32
	主营成本(万元)	3126337.51	5487190.58	2881175.96	4807145.43
	营业成本(万元)	3144688.97	5525321.64	2897799.94	4834585.67
	投资收益(万元)	4197.22	16507.45	16744.49	2992.19
	净利润(万元)	49356.96	151603.99	85591.71	175454.49
	利润总额(万元)	59111.89	179404.68	106147.54	220238.34

兰州三毛实业股份有限公司

公司概况	公司名称	兰州三毛实业股份有限公司			证券简称	三毛派神
	法人代表	阮英	董秘	单小东	证券代码	000779
	公司网址	www.chinapaishen.com		电子信箱	sxd@chinapaishen.com	
	电 话	0931-7515516 7551627		传 真	0931-7555200	
	办公地址	甘肃省兰州市西固区玉门街486号				
	经营范围	精纺呢绒系列产品的生产和销售等				

主要财务指标	指标\报告期	2013.06.30	2012.12.31	2012.06.30	2011.12.31
	基本每股收益(元)	-0.0720	-0.0690	-0.0150	0.0402
	基本每股收益(扣除)(元)	-0.0820	-0.0700	-0.0155	-0.1680
	每股净资产(元)	1.5794	1.6517	1.7100	1.7200
	每股经营现金净流量(元)	-0.0815	0.0153	0.0227	0.0084
	每股现金流量(元)	0.1768	-0.0134	0.0103	0.0033
	每股资本公积金(元)	1.7260	1.7260	1.7260	1.7260
	每股盈余公积金(元)	0.1869	0.1869	0.1869	0.1869
	每股未分配利润(元)	-1.3335	-1.2612	-1.2074	-1.1922
	净资产收益率(%)	-4.5767	-4.1759	-0.8900	2.3370
	加权净资产收益率(%)	-4.4700	-4.0900	-0.8900	2.3600
	净资产收益率(扣除)(%)	-	-	-	-
	总资产(万元)	40004.38	40837.40	42572.01	42845.15
	归属母公司股东权益(万元)	29445.89	30793.55	31796.64	32079.44
	主营业务收入(万元)	8891.40	25646.53	13436.17	25409.92
	营业收入(万元)	9063.98	26264.67	13548.75	25805.78
	主营成本(万元)	8130.03	22341.24	11562.22	22124.43
	营业成本(万元)	8238.80	22761.27	11619.96	22350.64
	投资收益(万元)	-	-	-	-
	净利润(万元)	-1347.66	-1285.89	-282.81	749.78
	利润总额(万元)	-1347.66	-1285.89	-282.81	749.78

内蒙古平庄能源股份有限公司

公司概况	公司名称	内蒙古平庄能源股份有限公司			证券简称	平庄能源
	法人代表	张志	董秘	张建忠	证券代码	000780
	公司网址	www.nmgpzny.com		电子信箱	pznyzjz@163.com	
	电 话	0476-3324281 3328400		传 真	0476-3328220	
	办公地址	内蒙古自治区赤峰市元宝山区平庄镇哈河街平庄能源公司				
	经营范围	煤炭生产、洗选加工、销售(仅限分公司经营)				

主要财务指标	指标\报告期	2013.06.30	2012.12.31	2012.06.30	2011.12.31
	基本每股收益(元)	0.0400	0.4000	0.4000	0.8700
	基本每股收益(扣除)(元)	0.0400	0.4100	0.4100	0.8800
	每股净资产(元)	4.6383	4.5969	4.7900	4.4400
	每股经营现金净流量(元)	-0.5800	0.0160	-0.1473	0.8343
	每股现金流量(元)	-0.6906	-0.5613	-0.3640	0.1126
	每股资本公积金(元)	1.4291	1.4291	1.4291	1.4655
	每股盈余公积金(元)	0.2196	0.2196	0.1735	0.1735
	每股未分配利润(元)	1.5940	1.6030	1.6472	1.3442
	净资产收益率(%	0.8843	8.8067	8.6000	19.6749
	加权净资产收益率(%)	0.8800	9.0000	8.6000	21.7600
	净资产收益率(扣除)(%)	-	-	-	-
	总资产(万元)	537162.80	557190.88	585572.54	545779.71
	归属母公司股东权益(万元)	470470.51	466264.13	485688.34	450581.93
	主营业务收入(万元)	111952.33	287006.97	164374.59	331461.24
	营业收入(万元)	130824.80	359031.23	194620.76	400648.79
	主营成本(万元)	83596.33	190027.73	94032.23	183738.51
	营业成本(万元)	95342.24	246663.82	116449.78	237468.12
	投资收益(万元)	-	-	-	-
	净利润(万元)	4160.59	41062.39	40870.16	88651.52
	利润总额(万元)	5498.45	49184.07	48356.76	104143.54

广东新会美达锦纶股份有限公司

公司概况	公司名称	广东新会美达锦纶股份有限公司			证券简称	美达股份
	法人代表	梁伟东	董秘	朱明辉	证券代码	000782
	公司网址	www.meidanylon.com		电子信箱	meida@meidanylon.com	
	电　话	0750-6107981 6103091		传　真	0750-6107975 6103091	
	办公地址	广东省江门市新会区江会路上浅口				
	经营范围	锦纶 6 切片、纺丝、印染的生产与销售等				

主要财务指标	指标\报告期	2013.06.30	2012.12.31	2012.06.30	2011.12.31
	基本每股收益(元)	0.0200	0.0900	0.0490	0.3200
	基本每股收益(扣除)(元)	0.0200	0.0400	0.0430	0.2800
	每股净资产(元)	2.5611	2.5669	2.5300	2.5200
	每股经营现金净流量(元)	-0.7061	0.6150	0.0203	0.5190
	每股现金流量(元)	0.0200	-0.1160	-0.2304	-0.2628
	每股资本公积金(元)	0.8155	0.8212	0.8186	0.8182
	每股盈余公积金(元)	0.1363	0.1363	0.1257	0.1257
	每股未分配利润(元)	0.6216	0.6231	0.5949	0.5859
	净资产收益率(%)	0.7234	3.4154	1.9400	12.7790
	加权净资产收益率(%)	0.7200	3.4500	1.9400	13.5100
	净资产收益率(扣除)(%)	-	-	-	-
	总资产(万元)	240535.18	210387.71	190839.07	236369.21
	归属母公司股东权益(万元)	103598.49	103835.66	102225.08	101817.96
	主营业务收入(万元)	180734.53	379065.79	197271.65	456243.80
	营业收入(万元)	182765.22	381129.05	198164.26	458561.18
	主营成本(万元)	169303.83	351977.85	183358.72	417376.17
	营业成本(万元)	171214.80	353860.21	184069.94	419075.73
	投资收益(万元)	478.50	457.55	457.55	183.72
	净利润(万元)	347.20	3367.62	2072.66	13848.99
	利润总额(万元)	717.82	4577.48	2398.32	15104.36

长江证券股份有限公司

公司概况	公司名称	长江证券股份有限公司			证券简称	长江证券
	法人代表	胡运钊	董秘	徐锦文	证券代码	000783
	公司网址	www.cjsc.com		电子信箱	inf@cjsc.com.cn	
	电　话	027-65799866		传　真	027-85481726	
	办公地址	湖北省武汉市江汉区新华路特 8 号				
	经营范围	证券代理买卖、代理证券的还本付息、分红派息等				

主要财务指标	指标\报告期	2013.06.30	2012.12.31	2012.06.30	2011.12.31
	基本每股收益(元)	0.2100	0.2900	0.1700	0.1900
	基本每股收益(扣除)(元)	0.2000	0.2700	0.1600	0.1500
	每股净资产(元)	5.1200	5.1100	5.0000	4.8500
	每股经营现金净流量(元)	-0.2967	-0.7569	-0.4868	-4.7163
	每股现金流量(元)	-0.3155	-0.9339	-0.5040	-4.1039
	每股资本公积金(元)	2.2447	2.2373	2.2443	2.1667
	每股盈余公积金(元)	0.3031	0.3031	0.2720	0.2720
	每股未分配利润(元)	0.9877	0.9605	0.9586	0.8877
	净资产收益率(%)	4.0068	5.6372	3.4200	3.7815
	加权净资产收益率(%)	3.9200	5.7900	3.4600	3.9200
	净资产收益率(扣除)(%)	-	-	-	-
	总资产(万元)	2945474.11	2728978.29	2785245.99	2866205.57
	归属母公司股东权益(万元)	1214347.23	1207434.55	1185780.92	1150279.03
	主营业务收入(万元)	-	-	-	-
	营业收入(万元)	135683.30	228608.15	122773.52	186351.88
	主营成本(万元)	-	-	-	-
	营业成本(万元)	-	-	-	-
	投资收益(万元)	43149.88	44129.94	31536.69	15363.35
	净利润(万元)	48686.05	68301.41	40528.40	43498.28
	利润总额(万元)	62438.33	84621.55	54810.85	58611.03

武汉中商集团股份有限公司

公司概况	公司名称	武汉中商集团股份有限公司			证券简称	武汉中商
	法人代表	郝健	董秘	易国华	证券代码	000785
	公司网址	www.zhongshang.com.cn		电子信箱	whliur@163.com	
	电　话	027-87362507		传　真	027-87307723	
	办公地址	湖北省武汉市武昌区中南路 9 号				
	经营范围	百货、日用杂品销售、超级市场零售、物流配送、仓储服务等				

主要财务指标	指标\报告期	2013.06.30	2012.12.31	2012.06.30	2011.12.31
	基本每股收益(元)	0.1500	0.2300	0.2100	0.3200
	基本每股收益(扣除)(元)	0.1300	0.2000	0.2000	0.3100
	每股净资产(元)	3.2567	3.1287	3.1100	2.9000
	每股经营现金净流量(元)	0.5796	1.1924	0.1809	1.1045
	每股现金流量(元)	0.0260	0.6700	-0.3105	0.1899
	每股资本公积金(元)	0.3020	0.3272	0.3275	0.3275
	每股盈余公积金(元)	0.8273	0.8273	0.7987	0.7987
	每股未分配利润(元)	1.1274	0.9741	0.9821	0.7737
	净资产收益率(%)	4.7058	7.3214	6.7000	11.1820
	加权净资产收益率(%)	4.8000	7.6000	6.9400	11.8400
	净资产收益率(扣除)(%)	-	-	-	-
	总资产(万元)	287795.96	289985.37	262710.44	272614.00
	归属母公司股东权益(万元)	81815.24	78598.94	78086.65	72852.49
	主营业务收入(万元)	205810.53	391581.23	211226.80	385348.18
	营业收入(万元)	218100.66	419966.79	223850.49	410366.15
	主营成本(万元)	174168.38	332673.22	178832.52	326226.31
	营业成本(万元)	175321.22	335019.90	179895.06	328309.52
	投资收益(万元)	1025.80	383.52	116.50	997.73
	净利润(万元)	5074.29	7618.47	6095.16	9477.78
	利润总额(万元)	6301.98	10236.06	8028.85	12526.30

北新集团建材股份有限公司

公司概况	公司名称	北新集团建材股份有限公司			证券简称	北新建材
	法人代表	王兵	董秘	史可平	证券代码	000786
	公司网址	www.bnbm.com.cn		电子信箱	chenyu@bnbm.com.cn	
	电　话	010-82945588*1786		传　真	010-82915566	
	办公地址	北京市朝阳区北辰东路 8 号北辰时代大厦 29 层				
	经营范围	新型建材材料、新型墙体材料、化工产品、装饰材料、能源技术及产品等				

主要财务指标	指标\报告期	2013.06.30	2012.12.31	2012.06.30	2011.12.31
	基本每股收益(元)	0.5400	1.1770	0.4050	0.9090
	基本每股收益(扣除)(元)	-	1.1050	0.3830	0.8010
	每股净资产(元)	6.3550	6.1331	5.3580	5.2430
	每股经营现金净流量(元)	0.7202	1.9715	0.3025	1.9346
	每股现金流量(元)	0.5804	-0.2302	-0.3121	-0.0470
	每股资本公积金(元)	0.8870	0.8870	0.8840	0.8840
	每股盈余公积金(元)	0.6662	0.6662	0.6662	0.6662
	每股未分配利润(元)	3.8018	3.5799	2.8078	2.6932
	净资产收益率(%)	8.4910	19.1858	7.5500	17.3310
	加权净资产收益率(%)	8.4300	20.6900	7.4300	18.6400
	净资产收益率(扣除)(%)	-	-	-	-
	总资产(万元)	1051675.29	941831.38	902962.10	851476.06
	归属母公司股东权益(万元)	365508.59	352745.61	308169.83	301578.16
	主营业务收入(万元)	324668.14	664316.69	298010.11	591179.93
	营业收入(万元)	327291.39	668515.80	300423.87	596912.41
	主营成本(万元)	231691.10	488161.80	227993.43	456856.83
	营业成本(万元)	233437.61	491003.33	229785.32	461077.41
	投资收益(万元)	54.53	597.70	136.26	440.66
	净利润(万元)	44086.01	93506.26	32351.08	75187.25
	利润总额(万元)	52227.82	104876.13	36273.59	83580.71

北大国际医院集团西南合成制药股份有限公司

公司概况	公司名称	北大国际医院集团西南合成制药股份有限公司		证券简称	北大医药
	法人代表	李国军	董秘 杨骁	证券代码	000788
	公司网址	www.fsspc.com		电子信箱	sspc@fsspc.com
	电　话	023-67525366		传　真	023-67525300
	办公地址	重庆市渝北区洪湖东路9号财富大厦B座19楼			
	经营范围	研制开发、生产销售医药原料药及制剂产品等			

主要财务指标	指标\报告期	2013.06.30	2012.12.31	2012.06.30	2011.12.31
	基本每股收益(元)	0.0900	0.1300	0.0900	0.1900
	基本每股收益(扣除)(元)	0.0900	0.1100	0.0800	0.1500
	每股净资产(元)	1.8737	1.7842	1.7500	1.6800
	每股经营现金净流量(元)	0.0155	0.1614	0.0133	0.1327
	每股现金流量(元)	0.4460	0.3067	0.2132	−0.5818
	每股资本公积金(元)	0.3193	0.3200	0.3211	0.3194
	每股盈余公积金(元)	0.0636	0.0636	0.0561	0.0561
	每股未分配利润(元)	0.4909	0.4007	0.3700	0.3054
	净资产收益率(%)	5.0585	7.1635	5.0300	11.4990
	加权净资产收益率(%)	5.1800	7.3900	5.0300	12.0500
	净资产收益率(扣除)(%)	–	–	–	–
	总资产(万元)	429330.06	364065.26	305477.62	274585.81
	归属母公司股东权益(万元)	111668.55	106334.19	104129.18	100179.10
	主营业务收入(万元)	109662.82	193315.76	91448.71	193847.71
	营业收入(万元)	110683.86	194794.12	91827.97	195568.93
	主营成本(万元)	88238.03	157555.87	73179.86	153867.55
	营业成本(万元)	89250.92	158729.15	73583.22	155363.61
	投资收益(万元)	3.48	106.15	106.15	100.25
	净利润(万元)	5624.71	7500.18	5406.64	11494.25
	利润总额(万元)	7027.08	9692.65	6530.45	13837.30

江西万年青水泥股份有限公司

公司概况	公司名称	江西万年青水泥股份有限公司		证券简称	江西水泥
	法人代表	刘明寿	董秘 方真	证券代码	000789
	公司网址	www.wnq.com.cn		电子信箱	wnqzqb@sohu.com
	电　话	0791-88120789		传　真	0791-88160230
	办公地址	江西省南昌市高新技术开发区京东大道399号			
	经营范围	硅酸盐水泥熟料及硅酸盐水泥的生产和销售			

主要财务指标	指标\报告期	2013.06.30	2012.12.31	2012.06.30	2011.12.31
	基本每股收益(元)	0.3241	0.4785	0.1460	1.2769
	基本每股收益(扣除)(元)	0.2985	0.4417	0.0930	1.2180
	每股净资产(元)	4.3885	4.1651	3.7400	3.8600
	每股经营现金净流量(元)	0.8565	1.4165	0.3305	2.8732
	每股现金流量(元)	−0.2996	0.2258	−1.1929	0.6592
	每股资本公积金(元)	1.2220	1.2228	1.0672	1.0672
	每股盈余公积金(元)	0.1464	0.1464	0.1162	0.1162
	每股未分配利润(元)	2.0201	1.7959	1.5588	1.6726
	净资产收益率(%)	7.3870	11.1843	3.9000	33.1170
	加权净资产收益率(%)	7.4900	12.1000	3.7600	34.6100
	净资产收益率(扣除)(%)	–	–	–	–
	总资产(万元)	731980.75	719083.93	670032.54	702783.00
	归属母公司股东权益(万元)	179451.09	170316.05	148154.12	152659.75
	主营业务收入(万元)	252889.74	464675.60	199819.98	563546.19
	营业收入(万元)	253149.90	465843.26	200704.45	564863.29
	主营成本(万元)	198400.92	373823.27	166581.69	402764.12
	营业成本(万元)	198374.98	374423.97	167090.66	404300.08
	投资收益(万元)	1192.74	3218.02	3071.37	8083.97
	净利润(万元)	21392.47	28100.70	7728.44	78306.48
	利润总额(万元)	28912.84	39310.17	11502.34	107767.48

成都华神集团股份有限公司

公司概况	公司名称	成都华神集团股份有限公司		证券简称	华神集团
	法人代表	周蕴瑾	董秘 曾云莎	证券代码	000790
	公司网址	www.huasungrp.com		电子信箱	hsjt@huasungrp.com
	电　话	028-66616656 66616680		传　真	028-66616656
	办公地址	四川省成都市十二桥路37号新1号华神大厦A座6楼			
	经营范围	高新技术产品开发生产、经营、中西制剂、原料药的生产等			

主要财务指标	指标\报告期	2013.06.30	2012.12.31	2012.06.30	2011.12.31
	基本每股收益(元)	0.0498	0.0962	0.0296	0.0595
	基本每股收益(扣除)(元)	0.0402	0.0758	0.0317	0.0495
	每股净资产(元)	1.4409	1.5600	1.4822	1.4068
	每股经营现金净流量(元)	−0.0151	−0.1327	−0.2209	0.1714
	每股现金流量(元)	−0.0492	−0.2440	−0.3546	0.2760
	每股资本公积金(元)	0.0993	0.2093	0.1979	0.1521
	每股盈余公积金(元)	0.1669	0.1826	0.1784	0.1777
	每股未分配利润(元)	0.1748	0.1685	0.1059	0.0771
	净资产收益率(%)	3.4535	6.1700	1.9900	4.2340
	加权净资产收益率(%)	3.4500	6.6100	2.0800	4.4800
	净资产收益率(扣除)(%)	–	–	–	–
	总资产(万元)	94655.27	91183.98	80037.55	86232.34
	归属母公司股东权益(万元)	55453.46	54587.94	51864.55	49226.96
	主营业务收入(万元)	28562.25	57499.68	24050.84	54687.19
	营业收入(万元)	28955.90	58053.09	24370.40	55151.17
	主营成本(万元)	18248.99	35889.20	15073.50	37295.75
	营业成本(万元)	18353.45	36168.15	15195.00	37611.98
	投资收益(万元)	−164.20	963.84	401.87	705.18
	净利润(万元)	1915.09	3276.23	1008.05	2012.87
	利润总额(万元)	2196.97	3911.43	1281.49	2471.42

甘肃电投能源发展股份有限公司

公司概况	公司名称	甘肃电投能源发展股份有限公司		证券简称	甘肃电投
	法人代表	李宁平	董秘 寇世民	证券代码	000791
	公司网址			电子信箱	zhangli7605@126.com
	电　话	0931-8153928 8182934		传　真	0931-8153928
	办公地址	甘肃省兰州市城关区酒泉路16号电力投资大厦8楼			
	经营范围	涂料、颜料、管材生产经营及房地产及物业管理等			

主要财务指标	指标\报告期	2013.06.30	2012.12.31	2012.06.30	2011.12.31
	基本每股收益(元)	0.0933	0.4549	0.0651	0.2293
	基本每股收益(扣除)(元)	0.0932	0.4560	−0.0234	0.2253
	每股净资产(元)	4.5097	4.5074	1.7190	4.0525
	每股经营现金净流量(元)	0.6116	1.5940	1.4798	4.5986
	每股现金流量(元)	−0.2508	0.1789	0.2790	0.6750
	每股资本公积金(元)	2.8660	2.8660	0.8620	10.9507
	每股盈余公积金(元)	0.0131	0.0131	0.0181	0.0181
	每股未分配利润(元)	0.6306	0.6283	−0.1610	0.7127
	净资产收益率(%)	2.0694	10.0900	14.4649	5.6592
	加权净资产收益率(%)	2.0700	10.6300	1.5900	6.4500
	净资产收益率(扣除)(%)	–	–	–	–
	总资产(万元)	1304389.04	1312952.55	74790.74	1253463.38
	归属母公司股东权益(万元)	325672.45	325504.65	32489.38	292654.49
	主营业务收入(万元)	54372.46	143917.49	52558.77	113550.15
	营业收入(万元)	65011.99	156524.95	56673.81	122891.04
	主营成本(万元)	34184.27	73657.14	30532.33	67187.81
	营业成本(万元)	34842.29	74487.70	30755.10	68422.40
	投资收益(万元)	3433.59	7188.58	3539.72	8104.68
	净利润(万元)	7281.83	34315.04	4847.28	17180.26
	利润总额(万元)	8024.35	36479.26	5040.72	18647.90

青海盐湖工业股份有限公司

公司概况					
公司名称	青海盐湖工业股份有限公司			证券简称	盐湖股份
法人代表	安平绥	董秘	吴文好	证券代码	000792
公司网址	www.qhyhgf.com		电子信箱	yhjf0792@sina.com	
电　话	0979-8448121 8448123		传　真	0979-8434445	
办公地址	青海省格尔木市黄河路28号				
经营范围	氯化钾产品的开发、生产、销售				

主要财务指标：指标\报告期	2013.06.30	2012.12.31	2012.06.30	2011.12.31
基本每股收益(元)	0.5168	1.5871	0.8245	1.7917
基本每股收益(扣除)(元)	0.5092	1.4393	0.8122	1.7644
每股净资产(元)	10.1318	10.0158	9.2897	8.5986
每股经营现金净流量(元)	0.5169	0.9350	0.5726	0.7476
每股现金流量(元)	0.9619	0.1379	0.7458	-0.5859
每股资本公积金(元)	3.7193	3.7521	3.7341	3.7201
每股盈余公积金(元)	0.8068	0.8068	0.6382	0.6382
每股未分配利润(元)	4.5063	4.3204	3.7265	3.0619
净资产收益率(%)	5.1008	15.8457	8.8800	18.1420
加权净资产收益率(%)	5.0500	17.0700	9.2000	19.9300
净资产收益率(扣除)(%)	-	-	-	-
总资产(万元)	4735238.30	4244004.61	3505072.47	2937121.23
归属母公司股东权益(万元)	1611473.73	1593027.89	1477527.56	1367615.88
主营业务收入(万元)	410871.03	820277.96	390360.04	672170.20
营业收入(万元)	412891.48	827080.73	391701.19	677756.31
主营成本(万元)	185890.01	362997.41	146516.59	231844.20
营业成本(万元)	187166.19	365554.30	151068.71	235184.86
投资收益(万元)	1200.00	1078.38	1000.00	81.72
净利润(万元)	89313.41	275192.69	146023.74	281761.17
利润总额(万元)	105627.51	321977.48	173311.63	335386.37

华闻传媒投资集团股份有限公司

公司概况					
公司名称	华闻传媒投资集团股份有限公司			证券简称	华闻传媒
法人代表	温子健	董秘	金日	证券代码	000793
公司网址	www.000793.com		电子信箱	hwm@000793.com	
电　话	0898-66254650 66196060		传　真	0898-66254650 66255636	
办公地址	海南省海口市海甸四东路民生大厦				
经营范围	传播与文化产业的投资、开发、管理及咨询服务、信息集成等				

主要财务指标：指标\报告期	2013.06.30	2012.12.31	2012.06.30	2011.12.31
基本每股收益(元)	0.1793	0.1981	0.1016	0.1881
基本每股收益(扣除)(元)	0.0931	0.1806	0.0864	0.1682
每股净资产(元)	1.9106	2.2453	2.0508	1.9600
每股经营现金净流量(元)	0.2998	0.1367	-0.1977	0.4659
每股现金流量(元)	-0.0761	-0.1750	-0.1639	-0.0211
每股资本公积金(元)	0.0793	0.1073	0.0316	0.0331
每股盈余公积金(元)	0.1711	0.2176	0.2006	0.2006
每股未分配利润(元)	0.6571	0.8979	0.8179	0.7243
净资产收益率(%)	9.3831	8.8231	4.9536	9.6040
加权净资产收益率(%)	8.9600	9.5400	5.0300	10.0400
净资产收益率(扣除)(%)	-	-	-	-
总资产(万元)	614216.25	623351.58	561246.59	522000.35
归属母公司股东权益(万元)	259864.01	305388.95	278933.48	266310.13
主营业务收入(万元)	177811.23	187007.79	187007.79	375989.39
营业收入(万元)	179378.02	409542.00	187007.79	379389.17
主营成本(万元)	110655.99	254304.67	115856.15	232399.00
营业成本(万元)	111259.21	255702.21	116480.55	233502.20
投资收益(万元)	14497.61	6016.44	1757.46	4319.57
净利润(万元)	38557.60	53363.44	25720.97	50770.02
利润总额(万元)	43406.75	65990.19	33029.67	61367.49

太原双塔刚玉股份有限公司

公司概况					
公司名称	太原双塔刚玉股份有限公司			证券简称	太原刚玉
法人代表	杜建奎	董秘	周玉旺	证券代码	000795
公司网址	www.twin-tower.com		电子信箱	tygydmc@twin-tower.com	
电　话	0351-4935313		传　真	0351-4935097	
办公地址	山西省太原市郝庄正街62号				
经营范围	稀土永磁材料与制品、棕刚玉系列产品、物流设备与控制和信息系统等				

主要财务指标：指标\报告期	2013.06.30	2012.12.31	2012.06.30	2011.12.31
基本每股收益(元)	-0.1000	0.0500	0.0700	0.4100
基本每股收益(扣除)(元)	-0.1100	0.0040	0.0600	0.4200
每股净资产(元)	1.2420	1.3454	1.3600	1.2900
每股经营现金净流量(元)	-0.3532	0.2220	-0.0551	0.1040
每股现金流量(元)	-0.0260	0.1340	0.2768	-0.0970
每股资本公积金(元)	1.4462	1.4462	1.4462	1.4462
每股盈余公积金(元)	0.1114	0.1114	0.1114	0.1114
每股未分配利润(元)	-1.3157	-1.2122	-1.1927	-1.2649
净资产收益率(%)	-8.3306	3.9165	5.2900	31.4680
加权净资产收益率(%)	-8.0000	3.8900	5.4400	37.3400
净资产收益率(扣除)(%)	-	-	-	-
总资产(万元)	179272.75	177283.36	184551.83	156775.18
归属母公司股东权益(万元)	34377.27	37241.11	37783.17	35782.56
主营业务收入(万元)	42656.20	130857.54	66083.30	133689.41
营业收入(万元)	44960.94	140960.71	68974.97	137021.79
主营成本(万元)	37643.44	108883.03	51033.88	99518.38
营业成本(万元)	38932.77	118821.45	53497.84	101732.84
投资收益(万元)	-	-	-	-
净利润(万元)	-2917.90	1405.08	1946.19	11175.02
利润总额(万元)	-2919.62	2095.30	3073.98	13839.33

易食集团股份有限公司

公司概况					
公司名称	易食集团股份有限公司			证券简称	易食股份
法人代表	田力维	董秘	祝郁文	证券代码	000796
公司网址	www.yijituan.com		电子信箱	yuw_zhu@hnair.com	
电　话	010-85072644		传　真	010-85072491	
办公地址	北京市朝阳区建国路108号海航实业大厦17楼				
经营范围	百货、纺织品、摩托车、普通机械、电器设备、塑料制品、化工产品及原料等				

主要财务指标：指标\报告期	2013.06.30	2012.12.31	2012.06.30	2011.12.31
基本每股收益(元)	0.0430	0.0512	0.0310	0.0700
基本每股收益(扣除)(元)	0.0420	0.0545	0.0301	0.4940
每股净资产(元)	1.9335	1.8905	1.8900	1.8500
每股经营现金净流量(元)	-0.0912	0.2808	0.1177	0.1720
每股现金流量(元)	0.8011	-0.8912	-0.6168	1.1370
每股资本公积金(元)	1.3568	1.3568	1.3568	1.3568
每股盈余公积金(元)	0.2064	0.2064	0.2064	0.2064
每股未分配利润(元)	-0.6297	-0.6727	-0.6726	-0.7143
净资产收益率(%)	2.2266	2.7066	1.6600	3.5830
加权净资产收益率(%)	2.2500	2.7300	1.3700	3.6300
净资产收益率(扣除)(%)	-	-	-	-
总资产(万元)	125694.85	99224.91	110840.65	117368.27
归属母公司股东权益(万元)	47669.06	46607.68	46612.20	45583.73
主营业务收入(万元)	26063.04	48670.47	23892.07	45114.97
营业收入(万元)	28671.27	54805.12	26401.06	51652.65
主营成本(万元)	14452.18	29419.81	14054.18	27985.32
营业成本(万元)	14620.63	29825.84	14231.30	28868.20
投资收益(万元)	51.16	236.65	40.66	215.86
净利润(万元)	2158.95	2892.69	1628.09	3040.04
利润总额(万元)	3380.24	4953.85	2602.33	5150.30

中国武夷实业股份有限公司

公司概况	公司名称	中国武夷实业股份有限公司			证券简称	中国武夷
	法人代表	黄建民	董秘	林金铸	证券代码	000797
	公司网址	www.chinawuyi.com.cn		电子信箱	gzb@chinawuyi.com.cn	
	电　　话	0591-83170122 83170123		传　　真	0591-83170222	
	办公地址	福建省福州市五四路 89 号置地广场 33 层				
	经营范围	投资开发、国际工程承包及外经外贸等				

	指标＼报告期	2013.06.30	2012.12.31	2012.06.30	2011.12.31
主要财务指标	基本每股收益(元)	0.1200	0.2500	0.1000	0.2000
	基本每股收益(扣除)(元)	0.0400	0.2400	0.1000	0.1300
	每股净资产(元)	3.2967	3.2069	3.0800	3.0200
	每股经营现金净流量(元)	–1.4797	1.8837	0.3311	0.7898
	每股现金流量(元)	–1.1899	2.1165	2.4038	–0.1824
	每股资本公积金(元)	1.3354	1.3645	1.4000	1.3807
	每股盈余公积金(元)	0.0159	0.0159	0.0159	0.0159
	每股未分配利润(元)	0.9201	0.8012	0.6474	0.6093
	净资产收益率(%)	3.6069	7.8569	3.1800	6.5870
	加权净资产收益率(%)	3.6600	8.0900	3.2100	6.6000
	净资产收益率(扣除)(%)	–	–	–	–
	总资产(万元)	694230.61	670850.93	684820.89	562459.69
	归属母公司股东权益(万元)	128388.96	124892.36	120075.79	117800.01
	主营业务收入(万元)	92245.06	233914.01	72556.34	139950.33
	营业收入(万元)	93282.28	236086.55	73607.64	142439.78
	主营成本(万元)	64728.87	172104.78	48985.40	102574.61
	营业成本(万元)	65200.16	173110.77	49442.70	104204.47
	投资收益(万元)	–25.04	–137.40	–155.36	977.44
	净利润(万元)	6032.01	13417.80	4891.17	8649.30
	利润总额(万元)	10989.35	22266.69	8272.03	13094.64

中水集团远洋股份有限公司

公司概况	公司名称	中水集团远洋股份有限公司			证券简称	中水渔业
	法人代表	吴湘峰	董秘	陈明	证券代码	000798
	公司网址	www.cofc.com.cn		电子信箱	chenming@cofc.com.cn	
	电　　话	010-88067461		传　　真	010-88067463	
	办公地址	北京市西城区西单民丰胡同 31 号				
	经营范围	远洋水产品的捕捞、储运、加工、销售和进出口等				

	指标＼报告期	2013.06.30	2012.12.31	2012.06.30	2011.12.31
主要财务指标	基本每股收益(元)	–0.0434	0.1800	0.0584	0.1900
	基本每股收益(扣除)(元)	–	–0.1100	–0.0845	–0.0100
	每股净资产(元)	2.2720	2.3838	2.2700	2.2500
	每股经营现金净流量(元)	–0.3307	0.0445	–0.0338	0.1027
	每股现金流量(元)	–0.3360	–0.1346	–0.1241	0.0525
	每股资本公积金(元)	1.0409	1.0409	1.0413	1.0396
	每股盈余公积金(元)	0.1713	0.1713	0.1590	0.1590
	每股未分配利润(元)	0.1615	0.2649	0.1532	0.1448
	净资产收益率(%)	–1.9119	7.6531	2.5800	8.5830
	加权净资产收益率(%)	–1.8700	7.8600	2.5800	8.7900
	净资产收益率(扣除)(%)	–	–	–	–
	总资产(万元)	85441.94	89149.53	96717.81	92425.96
	归属母公司股东权益(万元)	72530.43	76150.70	72401.39	71996.54
	主营业务收入(万元)	11643.59	50163.27	14207.53	34774.47
	营业收入(万元)	11853.85	50383.65	14293.43	35155.87
	主营成本(万元)	13770.79	42822.56	14186.63	26371.42
	营业成本(万元)	13843.81	42975.02	14254.67	26849.82
	投资收益(万元)	300.94	–94.80	253.21	–921.41
	净利润(万元)	–1381.95	6351.38	1832.11	6031.09
	利润总额(万元)	–1333.01	7315.16	1827.71	6009.51

酒鬼酒股份有限公司

公司概况	公司名称	酒鬼酒股份有限公司			证券简称	酒 鬼 酒
	法人代表	赵公微	董秘	张儒平	证券代码	000799
	公司网址	www.china000799.com		电子信箱	jgj000799@jg000799.com	
	电　　话	0731-88186030		传　　真	0731-88186005	
	办公地址	湖南省吉首市振武营酒鬼工业园				
	经营范围	生产、销售酒鬼酒系列白酒和湘泉系列白酒等				

	指标＼报告期	2013.06.30	2012.12.31	2012.06.30	2011.12.31
主要财务指标	基本每股收益(元)	0.0945	1.5248	0.8039	0.6280
	基本每股收益(扣除)(元)	0.0686	1.4109	0.7843	0.5620
	每股净资产(元)	5.6413	5.7468	5.0259	4.2220
	每股经营现金净流量(元)	–1.0636	0.6707	0.9289	1.8688
	每股现金流量(元)	–1.5076	–0.2544	–0.8667	2.2591
	每股资本公积金(元)	3.5739	3.5739	3.5739	3.5739
	每股盈余公积金(元)	0.6019	0.6019	0.6019	0.6019
	每股未分配利润(元)	0.4655	0.5710	–0.1499	–0.9538
	净资产收益率(%)	1.6758	26.5329	16.0000	14.0410
	加权净资产收益率(%)	1.6300	30.5900	17.3900	20.9000
	净资产收益率(扣除)(%)	–	–	–	–
	总资产(万元)	217439.51	254290.52	271179.32	214879.81
	归属母公司股东权益(万元)	183303.19	186729.92	163306.42	137184.97
	主营业务收入(万元)	37924.73	164753.73	92828.05	95948.90
	营业收入(万元)	37954.86	165213.10	92909.41	96183.00
	主营成本(万元)	9500.88	35501.41	20691.13	24352.61
	营业成本(万元)	9574.65	35752.49	20706.88	24502.34
	投资收益(万元)	426.30	3817.47	550.25	1120.93
	净利润(万元)	3023.10	49466.42	26158.05	19261.87
	利润总额(万元)	4022.87	65305.29	35227.03	20304.21

一汽轿车股份有限公司

公司概况	公司名称	一汽轿车股份有限公司			证券简称	一汽轿车
	法人代表	许宪平	董秘	徐晓剑(代)	证券代码	000800
	公司网址	www.fawcar.com.cn		电子信箱	fawcar0800@faw.com.cn	
	电　　话	0431-85781108 85781107		传　　真	0431-85781100	
	办公地址	吉林省长春市高新技术产业开发区蔚山路 4888 号				
	经营范围	轿车整车及配件的生产与销售等				

	指标＼报告期	2013.06.30	2012.12.31	2012.06.30	2011.12.31
主要财务指标	基本每股收益(元)	0.3900	–0.4648	–0.0377	0.1332
	基本每股收益(扣除)(元)	0.3816	–0.4800	–0.0428	0.1489
	每股净资产(元)	5.0597	4.6740	5.1000	5.1400
	每股经营现金净流量(元)	0.2825	0.9276	0.9870	–0.3439
	每股现金流量(元)	–0.1581	–0.2657	–0.1969	–0.9297
	每股资本公积金(元)	1.5303	1.5298	1.5321	1.5299
	每股盈余公积金(元)	0.6127	0.6127	0.6127	0.6127
	每股未分配利润(元)	1.9166	1.5314	1.9585	1.9962
	净资产收益率(%)	7.6135	–9.9445	–0.7400	2.5926
	加权净资产收益率(%)	7.9200	–9.4700	–0.7400	2.5500
	净资产收益率(扣除)(%)	–	–	–	–
	总资产(万元)	1906074.70	1633056.29	1558580.44	1628929.44
	归属母公司股东权益(万元)	823458.31	760692.09	830565.95	836347.23
	主营业务收入(万元)	1218750.23	2093926.04	1112224.90	3028837.84
	营业收入(万元)	1344011.03	2338490.47	1240117.62	3265267.33
	主营成本(万元)	917443.16	1814057.64	932202.04	2532062.79
	营业成本(万元)	996428.14	1970677.95	1018616.09	2726825.19
	投资收益(万元)	9584.80	17189.03	8696.98	14142.87
	净利润(万元)	55882.33	–75250.89	–17960.52	19165.57
	利润总额(万元)	65115.77	–95876.38	–17588.67	19518.31

四川九洲电器股份有限公司

公司概况	公司名称	四川九洲电器股份有限公司			证券简称	四川九洲
	法人代表	霞晖	董秘	程晓伟	证券代码	000801
	公司网址	www.jiuzhoutech.com		电子信箱	dsb@jiuzhoutech.com	
	电话	0816-2312421 2336252		传真	0816-2336335	
	办公地址	四川省绵阳市科创园区九洲大道 259 号				
	经营范围	电子音响设备、卫星电视接收系统、整机装饰件的制造、加工销售和安装等				

主要财务指标	指标\报告期	2013.06.30	2012.12.31	2012.06.30	2011.12.31
	基本每股收益(元)	0.0740	0.1665	0.0881	0.1429
	基本每股收益(扣除)(元)	0.0499	0.1300	0.0756	0.1081
	每股净资产(元)	2.9816	2.9075	2.1748	2.0865
	每股经营现金净流量(元)	-0.0964	-0.3546	-0.7287	-0.3419
	每股现金流量(元)	-0.4848	0.8168	0.6105	-0.3545
	每股资本公积金(元)	1.1117	1.1117	0.3044	0.3044
	每股盈余公积金(元)	0.0687	0.0687	0.0832	0.0832
	每股未分配利润(元)	0.8015	0.7275	0.7875	0.6994
	净资产收益率(%)	2.4829	5.1453	4.0500	6.8490
	加权净资产收益率(%)	2.5100	6.7100	4.1400	7.1000
	净资产收益率(扣除)(%)	-	-	-	-
	总资产(万元)	283251.87	283673.66	269329.41	211010.27
	归属母公司股东权益(万元)	137118.63	133713.15	82639.00	79285.78
	主营业务收入(万元)	101525.43	274987.78	111771.27	221117.93
	营业收入(万元)	101795.09	275673.32	112003.06	223473.01
	主营成本(万元)	83007.09	229473.39	90366.72	186609.61
	营业成本(万元)	83121.28	231265.11	90579.03	188644.56
	投资收益(万元)	42.20	5.76	30.50	229.99
	净利润(万元)	3573.12	6826.53	3601.31	6004.78
	利润总额(万元)	4310.28	8049.48	3970.99	6745.30

北京京西风光旅游开发股份有限公司

公司概况	公司名称	北京京西风光旅游开发股份有限公司			证券简称	北京旅游
	法人代表	熊震宇	董秘	陈晨	证券代码	000802
	公司网址	www.bj-tour.com.cn		电子信箱	000802@ibjtour.com	
	电话	010-60869807		传真	010-60869910	
	办公地址	北京市门头沟区石龙工业区泰安路 5 号 1 号楼				
	经营范围	旅游项目投资及管理、旅游开发服务、生产销售旅游产品、酒店客房等				

主要财务指标	指标\报告期	2013.06.30	2012.12.31	2012.06.30	2011.12.31
	基本每股收益(元)	0.0305	0.1442	0.0500	0.0511
	基本每股收益(扣除)(元)	0.0100	0.0664	0.0500	0.0362
	每股净资产(元)	2.2100	4.3890	4.2900	4.2600
	每股经营现金净流量(元)	0.0484	0.2215	0.0349	0.0594
	每股现金流量(元)	0.5979	-0.6754	-0.2865	0.9080
	每股资本公积金(元)	1.1666	3.3332	3.3332	3.3332
	每股盈余公积金(元)	0.0216	0.0433	0.0318	0.0318
	每股未分配利润(元)	0.0218	0.0126	-0.0704	-0.1002
	净资产收益率(%)	1.3789	3.2862	1.1600	1.0920
	加权净资产收益率(%)	1.3800	3.3300	1.1600	1.4100
	净资产收益率(扣除)(%)	-	-	-	-
	总资产(万元)	111342.99	95375.37	93652.40	94762.84
	归属母公司股东权益(万元)	82869.92	82289.69	80518.00	79960.47
	主营业务收入(万元)	8475.74	16455.47	8397.74	17134.36
	营业收入(万元)	8669.48	16611.32	8579.64	17630.90
	主营成本(万元)	3975.59	7507.29	3445.13	7314.85
	营业成本(万元)	3975.59	7507.29	3445.13	7314.85
	投资收益(万元)	1159.94	3.32	0.22	21.24
	净利润(万元)	1265.98	2735.15	1021.04	926.98
	利润总额(万元)	1456.92	3497.89	1209.02	1139.40

四川金宇汽车城(集团)股份有限公司

公司概况	公司名称	四川金宇汽车城(集团)股份有限公司			证券简称	金宇车城
	法人代表	胡先林	董秘	罗雄飞	证券代码	000803
	公司网址	www.000803.cn		电子信箱	scjymy@vip.sina.com	
	电话	0817-6170888 8128111		传真	0817-6170777	
	办公地址	四川省南充市嘉陵区春江路二段 9 号				
	经营范围	汽车贸易、二手车交易、摩托车交易、汽车(摩托车)配件研发制造、维修等				

主要财务指标	指标\报告期	2013.06.30	2012.12.31	2012.06.30	2011.12.31
	基本每股收益(元)	-0.1100	0.0645	-0.0700	0.0263
	基本每股收益(扣除)(元)	-0.1100	0.0569	-0.0700	-0.1096
	每股净资产(元)	0.9148	1.0217	0.8600	0.9300
	每股经营现金净流量(元)	0.0980	-0.0874	-0.0934	-0.1090
	每股现金流量(元)	0.0686	-0.0678	-0.2111	0.1808
	每股资本公积金(元)	0.0593	0.0593	0.0360	0.0360
	每股盈余公积金(元)	0.1887	0.1887	0.1887	0.1887
	每股未分配利润(元)	-0.3332	-0.2263	-0.3607	-0.2908
	净资产收益率(%)	-11.6831	6.3157	-8.0900	2.8110
	加权净资产收益率(%)	-9.9400	6.6000	-7.7400	2.8800
	净资产收益率(扣除)(%)	-	-	-	-
	总资产(万元)	37553.53	28626.57	26385.65	27429.42
	归属母公司股东权益(万元)	11684.82	13049.97	11034.95	11928.16
	主营业务收入(万元)	6702.30	14922.37	4860.09	8464.06
	营业收入(万元)	6902.64	15108.22	5020.42	8896.09
	主营成本(万元)	6761.38	12455.79	4852.95	8387.07
	营业成本(万元)	6761.38	12554.73	4969.23	8572.27
	投资收益(万元)	-	4.99	3.58	-27.02
	净利润(万元)	-1369.54	823.80	-905.71	326.71
	利润总额(万元)	-1362.66	1030.01	-903.37	321.94

北海银河产业投资股份有限公司

公司概况	公司名称	北海银河产业投资股份有限公司			证券简称	银河投资
	法人代表	唐新林	董秘	卢安军	证券代码	000806
	公司网址	www.yinhetech.com		电子信箱	yhtech@yinhetech.com	
	电话	0779-3202636		传真	0779-3926916	
	办公地址	广西壮族自治区北海市银河软件科技园综合办公楼				
	经营范围	输配电、控制设备制造及电子信息业等				

主要财务指标	指标\报告期	2013.06.30	2012.12.31	2012.06.30	2011.12.31
	基本每股收益(元)	-0.0235	0.0345	0.0100	-0.2551
	基本每股收益(扣除)(元)	-0.0395	-0.0085	0.0042	-0.3129
	每股净资产(元)	1.1521	1.2009	1.2100	1.1600
	每股经营现金净流量(元)	0.0141	0.4337	0.3287	0.3674
	每股现金流量(元)	-0.0527	-0.1249	-0.2095	-0.0246
	每股资本公积金(元)	0.5662	0.5914	0.6285	0.5812
	每股盈余公积金(元)	0.1329	0.1329	0.1329	0.1329
	每股未分配利润(元)	-0.5469	-0.5234	-0.5479	-0.5579
	净资产收益率(%)	-2.0436	2.8694	0.8200	-22.0640
	加权净资产收益率(%)	-2.0200	2.9200	0.8400	-19.5800
	净资产收益率(扣除)(%)	-	-	-	-
	总资产(万元)	207923.10	211041.25	215676.65	253956.04
	归属母公司股东权益(万元)	80556.45	83967.22	84846.76	80846.23
	主营业务收入(万元)	36676.36	91753.40	50765.82	90946.85
	营业收入(万元)	37674.73	95730.57	51727.94	95757.61
	主营成本(万元)	26996.78	70741.31	39311.66	80240.64
	营业成本(万元)	27565.91	73652.99	39723.50	81792.43
	投资收益(万元)	1012.68	2329.35	40.71	4465.29
	净利润(万元)	-1600.25	2587.34	781.11	-18755.08
	利润总额(万元)	-1531.99	3454.29	1425.84	-19110.23

云南铝业股份有限公司

公司概况					
公司名称	云南铝业股份有限公司			证券简称	云铝股份
法人代表	田永	董秘	张文伟	证券代码	000807
公司网址	www.ylgf.com		电子信箱	stock@ylgf.com	
电话	0871-67455268		传真	0871-67455605 67455399	
办公地址	云南省昆明市呈贡区七甸街道				
经营范围	铝冶炼和铝加工产品的生产和销售等				

主要财务指标 指标\报告期	2013.06.30	2012.12.31	2012.06.30	2011.12.31
基本每股收益(元)	-0.0840	0.0090	-0.0170	0.0650
基本每股收益(扣除)(元)	-	-0.0800	-0.0600	0.0420
每股净资产(元)	2.4367	2.5500	2.5600	2.6900
每股经营现金净流量(元)	0.0011	0.6212	0.5119	0.5602
每股现金流量(元)	0.0684	-0.5917	-0.4939	0.0309
每股资本公积金(元)	1.1857	1.1870	1.2300	1.3090
每股盈余公积金(元)	0.2061	0.2061	0.2061	0.2061
每股未分配利润(元)	0.0365	0.1501	0.1202	0.1713
净资产收益率(%)	-3.4311	0.3450	-0.6831	2.4214
加权净资产收益率(%)	-3.3300	0.3400	-0.6300	2.4400
净资产收益率(扣除)(%)	-	-	-	-
总资产(万元)	2088628.78	1881928.07	1671456.45	1525556.55
归属母公司股东权益(万元)	375051.24	392360.65	393944.05	413483.78
主营业务收入(万元)	571429.95	1059952.08	399120.94	797219.06
营业收入(万元)	575743.94	1069272.77	399981.77	803901.38
主营成本(万元)	546162.24	998861.19	371395.42	713533.94
营业成本(万元)	550418.28	1007544.02	372229.89	720036.21
投资收益(万元)	-93.13	1354.86	-326.70	404.39
净利润(万元)	-13105.64	2890.09	-2337.39	12385.69
利润总额(万元)	-15021.38	4799.94	-928.96	15244.70

铁岭新城投资控股股份有限公司

公司概况					
公司名称	铁岭新城投资控股股份有限公司			证券简称	铁岭新城
法人代表	韩广林	董秘	迟峰	证券代码	000809
公司网址	http://kf.tielingnewcity.com		电子信箱	tlxc809@163.com	
电话	024-74997822		传真	024-74997890	
办公地址	辽宁省铁岭市凡河新区金沙江路11号				
经营范围	区域土地征用、市政基础设施建设、土地开发、项目开发、投资、管理咨询				

主要财务指标 指标\报告期	2013.06.30	2012.12.31	2012.06.30	2011.12.31
基本每股收益(元)	0.1800	1.1500	0.0009	1.5500
基本每股收益(扣除)(元)	0.1800	1.1500	-0.0009	1.5500
每股净资产(元)	5.1667	4.9839	3.8300	5.7500
每股经营现金净流量(元)	-0.1372	-0.1642	-0.5353	2.0232
每股现金流量(元)	-0.2384	0.0006	-0.2350	0.9192
每股资本公积金(元)	0.0582	0.0582	0.0582	1.8790
每股盈余公积金(元)	0.3579	0.3579	0.2339	1.1226
每股未分配利润(元)	3.7506	3.5678	2.5419	2.1963
净资产收益率(%)	3.5384	23.0853	0.0159	28.7999
加权净资产收益率(%)	3.6000	26.1100	0.0200	36.4000
净资产收益率(扣除)(%)	-	-	-	-
总资产(万元)	453029.90	438465.73	363205.06	350959.31
归属母公司股东权益(万元)	281099.24	274044.54	210814.23	210780.62
主营业务收入(万元)	35477.54	138425.99	9864.55	139054.31
营业收入(万元)	35620.86	139647.76	10178.15	140274.52
主营成本(万元)	15527.23	39070.74	4635.01	45828.40
营业成本(万元)	15633.13	39451.06	5286.66	47081.34
投资收益(万元)	-	-	-	-
净利润(万元)	10052.66	63263.92	33.61	60704.70
利润总额(万元)	14349.23	86040.89	778.86	82476.01

华润锦华股份有限公司

公司概况					
公司名称	华润锦华股份有限公司			证券简称	华润锦华
法人代表	向明	董秘	蔡惠鹏	证券代码	000810
公司网址	www.hrjh.com.cn		电子信箱	hrjh@hrjh.com.cn	
电话	0825-2287329 2282974		传真	0825-2283399	
办公地址	四川省遂宁市城区遂州中路309号				
经营范围	纺纱、织布、纺织品制造、销售等				

主要财务指标 指标\报告期	2013.06.30	2012.12.31	2012.06.30	2011.12.31
基本每股收益(元)	0.0588	0.0272	-0.0222	0.4306
基本每股收益(扣除)(元)	0.0575	-0.0176	-0.0224	0.3996
每股净资产(元)	3.8418	3.8129	3.7600	3.9400
每股经营现金净流量(元)	0.2079	0.9985	0.4248	0.6378
每股现金流量(元)	0.0001	-0.1896	-0.0968	0.1614
每股资本公积金(元)	0.7605	0.7605	0.7605	0.7605
每股盈余公积金(元)	0.2114	0.2114	0.2114	0.2114
每股未分配利润(元)	1.8699	1.8411	1.7918	1.9639
净资产收益率(%)	1.5307	0.7132	-0.5900	10.9410
加权净资产收益率(%)	1.5400	0.7000	-0.5800	11.2700
净资产收益率(扣除)(%)	-	-	-	-
总资产(万元)	113300.32	113020.31	126761.72	130218.11
归属母公司股东权益(万元)	49814.37	49440.87	48800.83	51033.22
主营业务收入(万元)	54022.95	110996.48	56156.42	122517.78
营业收入(万元)	55168.64	113102.21	57038.39	124399.63
主营成本(万元)	46157.59	96908.44	49108.61	100351.64
营业成本(万元)	47389.91	99257.12	50102.46	102319.88
投资收益(万元)	-	1168.77	0.81	469.67
净利润(万元)	1353.69	1793.75	661.07	7520.34
利润总额(万元)	2037.94	2214.63	947.70	7761.05

烟台冰轮股份有限公司

公司概况					
公司名称	烟台冰轮股份有限公司			证券简称	烟台冰轮
法人代表	于元波	董秘	孙秀欣	证券代码	000811
公司网址	www.yantaimoon.cn		电子信箱	zqb@yantaimoon.cn	
电话	0535-6697075 6243558		传真	0535-6243558	
办公地址	山东省烟台市芝罘区冰轮路1号				
经营范围	制冷空调设备、机械设备零配件、塑料制品(不含农膜)、装饰材料等				

主要财务指标 指标\报告期	2013.06.30	2012.12.31	2012.06.30	2011.12.31
基本每股收益(元)	0.2800	0.3600	0.2400	0.4000
基本每股收益(扣除)(元)	-	0.3600	0.2400	0.4000
每股净资产(元)	3.3063	3.1364	2.8900	2.7100
每股经营现金净流量(元)	0.0073	0.3802	0.1567	0.1798
每股现金流量(元)	-0.1277	0.0971	-0.0383	0.0168
每股资本公积金(元)	0.9617	0.9717	0.8430	0.8118
每股盈余公积金(元)	0.3644	0.3644	0.3300	0.3300
每股未分配利润(元)	1.0049	0.8257	0.7421	0.6008
净资产收益率(%)	8.4439	11.4595	8.3600	14.7570
加权净资产收益率(%)	8.5200	12.3000	8.5300	17.7800
净资产收益率(扣除)(%)	-	-	-	-
总资产(万元)	228816.29	224027.65	221749.82	228569.86
归属母公司股东权益(万元)	130465.87	123762.90	113926.90	106839.41
主营业务收入(万元)	33954.76	149839.33	75718.55	167309.05
营业收入(万元)	35120.93	152286.18	78085.59	170251.24
主营成本(万元)	51563.79	113875.03	58382.39	126752.45
营业成本(万元)	52556.46	114870.35	60009.66	128500.68
投资收益(万元)	8139.71	11336.08	7051.62	8043.09
净利润(万元)	10998.90	14261.10	9630.61	15744.16
利润总额(万元)	11878.78	15030.33	10175.23	17239.29

陕西金叶科教集团股份有限公司

公司概况	公司名称	陕西金叶科教集团股份有限公司			证券简称	陕西金叶
	法人代表	袁汉源	董秘	闫凯	证券代码	000812
	公司网址	www.jinyegroup.cn		电子信箱	zhaotj_812@126.com	
	电　话	029-81778556 81778561		传　真	029-81778533	
	办公地址	陕西省西安市高新区锦业路1号都市之门B座19层				
	经营范围	烟标及卷烟过滤材料生产销售、教育产业等				

主要财务指标	指标\报告期	2013.06.30	2012.12.31	2012.06.30	2011.12.31
	基本每股收益(元)	0.0714	0.1852	0.0509	0.1620
	基本每股收益(扣除)(元)	0.0715	0.1160	0.0500	0.1350
	每股净资产(元)	1.7155	1.6441	1.5300	1.5140
	每股经营现金净流量(元)	0.0293	0.0303	–0.2348	0.1812
	每股现金流量(元)	0.0187	–0.1967	–0.2647	0.1840
	每股资本公积金(元)	0.0341	0.0341	0.0341	0.0341
	每股盈余公积金(元)	0.1648	0.1648	0.1577	0.1577
	每股未分配利润(元)	0.5165	0.4452	0.3380	0.3220
	净资产收益率(%)	4.1607	11.2667	3.3293	9.9600
	加权净资产收益率(%)	4.2500	11.5300	3.3087	10.4500
	净资产收益率(扣除)(%)	–	–	–	–
	总资产(万元)	141873.84	137314.68	127153.21	131762.11
	归属母公司股东权益(万元)	76745.56	73552.42	68439.94	67726.86
	主营业务收入(万元)	34286.14	56546.58	24874.45	53219.58
	营业收入(万元)	34641.27	57285.35	25254.44	54104.61
	主营成本(万元)	22942.15	37063.51	16491.88	34244.86
	营业成本(万元)	23012.84	37318.74	16491.88	34402.10
	投资收益(万元)	–	3177.55	96.08	280.01
	净利润(万元)	4548.20	10852.65	3645.89	8600.48
	利润总额(万元)	5159.08	12256.09	3935.47	9692.97

新疆天山毛纺织股份有限公司

公司概况	公司名称	新疆天山毛纺织股份有限公司			证券简称	天山纺织
	法人代表	武宪章	董秘	魏哲明	证券代码	000813
	公司网址	www.chinatianshan.com		电子信箱	stock@chinatianshan.com	
	电　话	0991-4336068 4336069		传　真	0991-4310456	
	办公地址	新疆维吾尔自治区乌鲁木齐市银川路235号				
	经营范围	羊绒纱、羊绒衫、羊毛衫及混纺衫的生产销售等				

主要财务指标	指标\报告期	2013.06.30	2012.12.31	2012.06.30	2011.12.31
	基本每股收益(元)	–0.0482	–0.0373	–0.0438	0.0100
	基本每股收益(扣除)(元)	–0.0566	–0.0938	–0.0454	–0.0586
	每股净资产(元)	1.0571	1.1052	1.1000	1.1400
	每股经营现金净流量(元)	–0.0805	0.0454	–0.0311	–0.0482
	每股现金流量(元)	–0.0578	–0.2799	–0.2071	–0.1207
	每股资本公积金(元)	1.4394	1.4394	1.4394	1.4394
	每股盈余公积金(元)	0.1275	0.1275	0.1275	0.1275
	每股未分配利润(元)	–1.5039	–1.4557	–1.4623	–1.4185
	净资产收益率(%)	–4.5575	–3.3738	–4.0000	0.8360
	加权净资产收益率(%)	–4.3100	–3.3200	–3.9200	0.8400
	净资产收益率(扣除)(%)	–	–	–	–
	总资产(万元)	59936.75	59473.46	58850.82	66882.36
	归属母公司股东权益(万元)	38420.48	40170.41	39879.37	41520.96
	主营业务收入(万元)	8857.84	24957.87	12867.20	29633.99
	营业收入(万元)	9220.15	25730.50	13132.92	30075.71
	主营成本(万元)	8335.16	22339.50	11563.47	23725.62
	营业成本(万元)	8474.22	22527.13	11661.64	23934.54
	投资收益(万元)	–	–	–	318.41
	净利润(万元)	–1802.51	–1377.88	–1600.01	389.60
	利润总额(万元)	–1748.66	–1324.95	–1560.62	489.47

中冶美利纸业股份有限公司

公司概况	公司名称	中冶美利纸业股份有限公司			证券简称	*ST美利
	法人代表	严肃	董秘	邵进华	证券代码	000815
	公司网址	www.china-meili.com		电子信箱	yky1662@126.com	
	电　话	0955-7679334 7078069		传　真	0955-7679216 7679339	
	办公地址	宁夏回族自治区中卫市沙坡头区柔远镇				
	经营范围	机制纸、板纸、加工纸等中、高档文化用纸及生活用纸的生产、经营等				

主要财务指标	指标\报告期	2013.06.30	2012.12.31	2012.06.30	2011.12.31
	基本每股收益(元)	–0.2600	0.0800	–0.2500	–0.6000
	基本每股收益(扣除)(元)	–	–0.1600	–0.2500	–0.6200
	每股净资产(元)	1.9130	2.1010	1.7700	2.0200
	每股经营现金净流量(元)	–0.5737	–0.1627	–0.3196	0.2528
	每股现金流量(元)	–0.1556	–0.0395	–0.1944	0.0187
	每股资本公积金(元)	1.0261	0.9584	0.9584	0.9584
	每股盈余公积金(元)	0.2179	0.2179	0.2179	0.2179
	每股未分配利润(元)	–0.3310	–0.0753	–0.4030	–0.1535
	净资产收益率(%)	–13.3659	3.7236	–13.1400	–29.6107
	加权净资产收益率(%)	–12.7400	3.7900	–13.1400	–25.7900
	净资产收益率(扣除)(%)	–	–	–	–
	总资产(万元)	301584.46	313460.56	385785.73	390532.91
	归属母公司股东权益(万元)	60603.61	66558.11	56177.76	64079.74
	主营业务收入(万元)	23583.34	116464.98	46851.07	112263.22
	营业收入(万元)	26046.95	136275.13	47604.35	114146.61
	主营成本(万元)	24770.07	106942.54	43453.46	106021.48
	营业成本(万元)	25618.75	119093.80	43963.23	107614.45
	投资收益(万元)	–31.83	–475.42	–1.78	–74.15
	净利润(万元)	–8234.92	2516.61	–7980.34	–19046.78
	利润总额(万元)	–8200.43	3411.80	–8010.14	–18976.93

江苏江淮动力股份有限公司

公司概况	公司名称	江苏江淮动力股份有限公司			证券简称	江淮动力
	法人代表	胡尔广	董秘	王乃强	证券代码	000816
	公司网址	www.jdchina.com		电子信箱	jhdl000816@sina.com	
	电　话	0515-88881908		传　真	0515-88881816	
	办公地址	江苏省盐城市环城西路213号				
	经营范围	内燃机、发电机、电动机、水泵、榨油机、农业机械制造等				

主要财务指标	指标\报告期	2013.06.30	2012.12.31	2012.06.30	2011.12.31
	基本每股收益(元)	0.0700	0.0900	0.0686	0.0900
	基本每股收益(扣除)(元)	0.0500	0.0500	0.0700	0.0466
	每股净资产(元)	1.5560	1.4977	1.9400	2.3293
	每股经营现金净流量(元)	0.0185	0.3410	0.0432	–0.0449
	每股现金流量(元)	–0.0382	–0.4469	–0.2658	0.8104
	每股资本公积金(元)	0.0011	0.0005	0.3845	0.7401
	每股盈余公积金(元)	0.0694	0.0694	0.0668	0.0742
	每股未分配利润(元)	0.4914	0.4324	0.4975	0.5227
	净资产收益率(%)	4.4402	6.0527	2.3200	3.7103
	加权净资产收益率(%)	4.5400	4.7400	3.5400	3.9400
	净资产收益率(扣除)(%)	–	–	–	–
	总资产(万元)	549891.99	527288.49	440839.81	535165.03
	归属母公司股东权益(万元)	169415.52	163068.16	211408.80	253618.69
	主营业务收入(万元)	155770.73	281056.90	141241.95	260370.15
	营业收入(万元)	159836.66	288596.22	145415.27	266936.99
	主营成本(万元)	128805.89	232278.05	119288.29	217151.93
	营业成本(万元)	132506.96	239199.62	120045.08	222990.99
	投资收益(万元)	1422.09	750.24	304.59	1025.18
	净利润(万元)	6850.15	9520.63	7087.23	10141.09
	利润总额(万元)	8422.15	12395.27	9004.22	12012.07

方大锦化化工科技股份有限公司

公司概况	公司名称	方大锦化化工科技股份有限公司		证券简称	方大化工
	法人代表	易风林	董秘 张晓东	证券代码	000818
	公司网址			电子信箱	fdhgzqb@126.com
	电　话	0429-2709065 2709000		传　真	0429-2901152
	办公地址	辽宁省葫芦岛市连山区化工街			
	经营范围	烧碱、氯、氯化苯、盐酸、环氧丙烷、聚醚、丙二醇、聚氯乙烯等化工产品的生产与销售等			

主要财务指标	指标\报告期	2013.06.30	2012.12.31	2012.06.30	2011.12.31
	基本每股收益(元)	−0.0695	0.0264	0.0253	0.1743
	基本每股收益(扣除)(元)	–	−0.0943	−0.0179	0.0850
	每股净资产(元)	2.8417	2.9111	2.9100	2.8800
	每股经营现金净流量(元)	0.0133	0.0494	−0.0848	0.2977
	每股现金流量(元)	0.0795	−0.1049	−0.1130	−0.2740
	每股资本公积金(元)	1.8279	1.8279	1.8268	1.8268
	每股盈余公积金(元)	0.0544	0.0544	0.0540	0.0540
	每股未分配利润(元)	−0.0406	0.0288	0.0281	0.0029
	净资产收益率(%)	−2.4450	0.9100	0.8700	6.0450
	加权净资产收益率(%)	−2.4200	0.9100	0.8700	7.3300
	净资产收益率(扣除)(%)	–	–	–	–
	总资产(万元)	274391.91	271497.25	260864.42	264870.51
	归属母公司股东权益(万元)	193232.51	197957.02	197809.92	196089.20
	主营业务收入(万元)	120358.45	259192.45	129142.96	290449.77
	营业收入(万元)	124370.46	268351.52	132010.46	297069.27
	主营成本(万元)	116786.45	244662.78	121181.28	263853.04
	营业成本(万元)	121065.30	252531.83	123317.53	269904.09
	投资收益(万元)	291.16	−1103.11	–	−1983.69
	净利润(万元)	−4868.51	2456.84	1982.03	12166.12
	利润总额(万元)	−4866.89	2517.70	1843.58	11654.85

岳阳兴长石化股份有限公司

公司概况	公司名称	岳阳兴长石化股份有限公司		证券简称	岳阳兴长
	法人代表	侯勇	董秘 谭人杰	证券代码	000819
	公司网址	www.yyxc0819.com		电子信箱	yyxczqbu@163.com
	电　话	0730-8844890 8452599		传　真	0730-8844930
	办公地址	湖南省岳阳市云溪区			
	经营范围	开发、生产、销售石油化工产品(不含成品油)、塑料及其制品等			

主要财务指标	指标\报告期	2013.06.30	2012.12.31	2012.06.30	2011.12.31
	基本每股收益(元)	0.1310	0.2900	0.1260	0.1800
	基本每股收益(扣除)(元)	0.1300	0.2900	0.1250	0.1780
	每股净资产(元)	2.6933	2.7126	2.5500	2.5230
	每股经营现金净流量(元)	0.0873	0.3753	0.0146	0.3361
	每股现金流量(元)	−0.1146	0.2514	−0.0859	0.1839
	每股资本公积金(元)	0.3882	0.3882	0.3882	0.3882
	每股盈余公积金(元)	0.6202	0.6202	0.5897	0.5897
	每股未分配利润(元)	0.6850	0.7043	0.5711	0.5447
	净资产收益率(%)	4.8524	10.6900	4.9600	7.1200
	加权净资产收益率(%)	4.7100	11.1200	4.9200	7.5000
	净资产收益率(扣除)(%)	–	–	–	–
	总资产(万元)	67572.76	67222.39	60748.38	59783.35
	归属母公司股东权益(万元)	57390.22	57801.67	54314.12	53751.63
	主营业务收入(万元)	89266.01	201386.55	103165.28	155359.80
	营业收入(万元)	89278.37	202569.64	104319.74	155406.82
	主营成本(万元)	82147.40	185252.80	96386.01	143343.49
	营业成本(万元)	82156.69	186412.15	97531.21	143369.97
	投资收益(万元)	−157.61	3.63	−126.07	−234.81
	净利润(万元)	2733.42	6157.93	2693.32	3956.49
	利润总额(万元)	3753.29	8591.59	3685.25	5559.67

金城造纸股份有限公司

公司概况	公司名称	金城造纸股份有限公司		证券简称	金城股份
	法人代表	陆剑斌	董秘 吕立	证券代码	000820
	公司网址	http://pjzbk.cn.gongchang.com/		电子信箱	lvli0416@sina.com
	电　话	0416-8350006 8350777		传　真	0416-8350004
	办公地址	辽宁省锦州市凌海市金城街金城造纸股份有限公司办公楼			
	经营范围	主营机制纸及纸板，粘合剂的制造，销售，兼营造纸技术的咨询，服务等			

主要财务指标	指标\报告期	2013.06.30	2012.12.31	2012.06.30	2011.12.31
	基本每股收益(元)	0.0136	2.1012	0.0900	0.1100
	基本每股收益(扣除)(元)	0.0109	0.0278	−0.0200	−0.4700
	每股净资产(元)	0.7203	0.5330	−2.2700	−2.4153
	每股经营现金净流量(元)	−0.1777	−1.2850	0.0135	0.0076
	每股现金流量(元)	−0.0858	0.1504	0.0001	−0.0029
	每股资本公积金(元)	1.5449	1.3712	0.5241	0.5241
	每股盈余公积金(元)	0.3122	0.3122	0.3122	0.3122
	每股未分配利润(元)	−2.1368	−2.1504	−4.1023	−4.2516
	净资产收益率(%)	1.8862	394.1900	−3.8500	−4.6754
	加权净资产收益率(%)	2.1400	–	–	−4.6800
	净资产收益率(扣除)(%)	–	–	–	–
	总资产(万元)	71532.84	65757.70	69624.22	115033.97
	归属母公司股东权益(万元)	20733.92	15342.84	−65224.56	−69520.23
	主营业务收入(万元)	10222.29	17592.46	9426.13	21740.41
	营业收入(万元)	10665.04	18847.83	10430.26	22447.67
	主营成本(万元)	8206.47	12910.05	7603.60	19563.11
	营业成本(万元)	8549.02	14060.46	8298.64	20110.56
	投资收益(万元)	–	220.00	–	–
	净利润(万元)	391.08	60480.55	2512.86	3250.34
	利润总额(万元)	536.29	59527.99	2512.86	3674.44

湖北京山轻工机械股份有限公司

公司概况	公司名称	湖北京山轻工机械股份有限公司		证券简称	京山轻机
	法人代表	孙友元	董秘 谢杏平	证券代码	000821
	公司网址	www.jspackmach.com		电子信箱	jsqj000821@jspackmach.com
	电　话	0724-7210972		传　真	0724-7210972
	办公地址	湖北省荆门市京山县经济技术开发区轻机工业园			
	经营范围	纸制品包装机械、印刷机械的生产、销售			

主要财务指标	指标\报告期	2013.06.30	2012.12.31	2012.06.30	2011.12.31
	基本每股收益(元)	−0.0500	−0.2400	−0.0750	0.0100
	基本每股收益(扣除)(元)	−0.0800	−0.2900	−0.1030	0.0275
	每股净资产(元)	3.0294	3.0859	3.2500	3.3300
	每股经营现金净流量(元)	−0.1771	0.3399	0.1569	−0.2827
	每股现金流量(元)	−0.0684	−0.1607	−0.1137	0.0334
	每股资本公积金(元)	1.3571	1.3571	1.3571	1.3571
	每股盈余公积金(元)	0.4514	0.4514	0.4510	0.4510
	每股未分配利润(元)	0.2294	0.2796	0.4457	0.5211
	净资产收益率(%)	−1.6567	−7.8158	−2.2900	0.2730
	加权净资产收益率(%)	−1.6400	−7.5600	−2.2900	0.2700
	净资产收益率(扣除)(%)	–	–	–	–
	总资产(万元)	142395.90	146106.01	144778.39	160444.21
	归属母公司股东权益(万元)	104587.28	106535.65	112336.15	114939.12
	主营业务收入(万元)	28957.07	49546.55	23629.97	63584.01
	营业收入(万元)	30172.24	52055.92	24991.48	67296.06
	主营成本(万元)	25212.44	46673.51	21617.65	50993.16
	营业成本(万元)	25571.61	47385.37	22106.75	52303.46
	投资收益(万元)	447.94	496.88	476.76	−13.29
	净利润(万元)	−1732.95	−8334.53	−2603.13	430.18
	利润总额(万元)	−1503.31	−8233.99	−2605.87	937.19

山东海化股份有限公司

公司概况	公司名称	山东海化股份有限公司			证券简称	山东海化
	法人代表	李云贵	董秘	吴炳顺	证券代码	000822
	公司网址	www.chinahaihua.com		电子信箱	hhgf@wfhaihua.sina.net	
	电　　话	0536-5329931 5329379		传　　真	0536-5329879	
	办公地址	山东省潍坊市滨海经济开发区				
	经营范围	纯碱、工业溴及溴素、醋酸乙酯、苯胺、二氯甲烷、三氯甲烷、盐酸等				

主要财务指标	指标\报告期	2013.06.30	2012.12.31	2012.06.30	2011.12.31
	基本每股收益(元)	-0.2800	-0.5800	-0.1800	0.4300
	基本每股收益(扣除)(元)	-0.2900	-0.6200	-0.1900	0.4200
	每股净资产(元)	3.2198	3.4995	3.9100	4.1900
	每股经营现金净流量(元)	-0.0482	0.3804	0.3522	0.5693
	每股现金流量(元)	-0.0490	-0.0028	-0.0141	-0.0385
	每股资本公积金(元)	1.6748	1.6746	1.6785	1.6826
	每股盈余公积金(元)	0.3716	0.3716	0.3716	0.3716
	每股未分配利润(元)	0.1679	0.4513	0.8578	1.1324
	净资产收益率(%)	-8.8032	-16.6047	-4.5800	10.3780
	加权净资产收益率(%)	-8.4400	-15.1400	-4.3900	11.0000
	净资产收益率(扣除)(%)	-	-	-	-
	总资产(万元)	592617.24	599592.43	615991.29	679648.78
	归属母公司股东权益(万元)	288200.79	313234.64	350035.06	374755.12
	主营业务收入(万元)	200639.08	490319.71	254516.53	746870.32
	营业收入(万元)	202217.76	494309.08	256827.01	753410.77
	主营成本(万元)	197831.98	484138.13	240673.63	621187.35
	营业成本(万元)	199064.47	487186.80	244212.88	625815.35
	投资收益(万元)	-32.26	3073.26	2372.16	628.01
	净利润(万元)	-27282.81	-54240.13	-17068.80	37244.57
	利润总额(万元)	-34356.72	-74693.39	-21078.14	50639.92

广东汕头超声电子股份有限公司

公司概况	公司名称	广东汕头超声电子股份有限公司			证券简称	超声电子
	法人代表	李大淳	董秘	陈东屏	证券代码	000823
	公司网址	www.gd-goworld.com		电子信箱	csdz@gd-goworld.com	
	电　　话	0754-88192281*3012 3033		传　　真	0754-83931233	
	办公地址	广东省汕头市龙湖区龙江路 12 号				
	经营范围	制造、加工、销售超声电子仪器、仪器仪表、电子元器件、电子材料等				

主要财务指标	指标\报告期	2013.06.30	2012.12.31	2012.06.30	2011.12.31
	基本每股收益(元)	0.1020	0.4251	0.2850	0.4131
	基本每股收益(扣除)(元)	0.0970	0.4193	0.2840	0.4119
	每股净资产(元)	4.2658	4.3102	4.3240	4.0380
	每股经营现金净流量(元)	0.4763	0.6911	0.2079	0.4746
	每股现金流量(元)	0.0867	-0.0263	0.0576	-0.4730
	每股资本公积金(元)	1.8159	1.8426	1.8304	1.8286
	每股盈余公积金(元)	0.2629	0.2629	0.2334	0.2334
	每股未分配利润(元)	1.1870	1.2047	1.2604	0.9758
	净资产收益率(%)	2.3984	9.8616	6.5800	10.2306
	加权净资产收益率(%)	2.3500	10.1200	6.8000	10.5400
	净资产收益率(扣除)(%)	-	-	-	-
	总资产(万元)	362398.56	356321.26	358079.24	337251.23
	归属母公司股东权益(万元)	187881.29	189835.24	190458.70	177839.86
	主营业务收入(万元)	166860.61	362319.32	183742.43	327266.59
	营业收入(万元)	167634.40	364084.13	184485.91	329311.30
	主营成本(万元)	135061.57	288044.78	142735.84	262684.82
	营业成本(万元)	135500.51	288993.36	143080.69	263897.34
	投资收益(万元)	-	157.38	157.38	28.61
	净利润(万元)	6051.90	23524.75	16108.62	22484.00
	利润总额(万元)	7473.36	27915.40	18943.95	26727.29

山西太钢不锈钢股份有限公司

公司概况	公司名称	山西太钢不锈钢股份有限公司			证券简称	太钢不锈
	法人代表	李晓波	董秘	杨贵龙	证券代码	000825
	公司网址	www.tisco.com.cn		电子信箱	tgbx@tisco.com.cn	
	电　　话	0351-3017728 3017729		传　　真	0351-3017729	
	办公地址	山西省太原市尖草坪街 2 号				
	经营范围	不锈钢及其他黑色钢材、钢坯、钢锭、金属制品的生产、销售等				

主要财务指标	指标\报告期	2013.06.30	2012.12.31	2012.06.30	2011.12.31
	基本每股收益(元)	0.0590	0.1940	0.0642	0.3170
	基本每股收益(扣除)(元)	0.0550	0.1840	0.0573	0.3100
	每股净资产(元)	4.2662	4.2583	4.1050	4.0910
	每股经营现金净流量(元)	0.1649	1.2135	0.6199	1.0330
	每股现金流量(元)	-0.0649	0.0574	-0.0158	-0.1212
	每股资本公积金(元)	1.1725	1.1725	1.1511	1.1511
	每股盈余公积金(元)	0.3151	0.3151	0.2934	0.2934
	每股未分配利润(元)	1.7777	1.7691	1.6609	1.6467
	净资产收益率(%)	1.3716	4.5585	1.5600	7.7458
	加权净资产收益率(%)	1.3700	4.6600	1.5600	8.0500
	净资产收益率(扣除)(%)	-	-	-	-
	总资产(万元)	7028403.29	6946669.58	6672364.20	6581241.66
	归属母公司股东权益(万元)	2430151.26	2425616.29	2338495.24	2330416.35
	主营业务收入(万元)	5418081.17	10277146.05	4960635.94	9614802.96
	营业收入(万元)	5437866.54	10351528.44	5014202.00	9622025.96
	主营成本(万元)	5050663.73	9510634.44	4596070.25	8792142.08
	营业成本(万元)	5068986.63	9582907.85	4648359.78	8797587.40
	投资收益(万元)	355.14	-49.20	-78.59	-1305.76
	净利润(万元)	24145.91	99863.80	32239.40	178941.45
	利润总额(万元)	24810.89	100186.28	32793.33	181213.03

桑德环境资源股份有限公司

公司概况	公司名称	桑德环境资源股份有限公司			证券简称	桑德环境
	法人代表	文一波	董秘	马勒思	证券代码	000826
	公司网址	www.soundenvironmental.cn		电子信箱	ss000826@126.com	
	电　　话	0717-6442936		传　　真	0717-6442830	
	办公地址	湖北省宜昌市西陵区绿萝路 77 号				
	经营范围	固体废弃物处置系统工程设计、承建及固体废弃物处置设备系统集成业务等				

主要财务指标	指标\报告期	2013.06.30	2012.12.31	2012.06.30	2011.12.31
	基本每股收益(元)	0.3470	0.8600	0.3090	0.6100
	基本每股收益(扣除)(元)	0.3410	0.8400	0.3390	0.7200
	每股净资产(元)	6.1990	7.7051	3.5200	3.8100
	每股经营现金净流量(元)	0.5162	-0.2233	0.1968	0.4197
	每股现金流量(元)	-1.6052	3.4921	0.0492	0.5051
	每股资本公积金(元)	3.2253	4.4742	0.8113	1.0619
	每股盈余公积金(元)	0.2061	0.2664	0.1919	0.2313
	每股未分配利润(元)	1.7676	1.9645	1.5189	1.5173
	净资产收益率(%)	5.6040	11.2021	9.7400	19.1040
	加权净资产收益率(%)	5.6600	23.8800	10.1000	21.4700
	净资产收益率(扣除)(%)	-	-	-	-
	总资产(万元)	593418.42	632962.15	429112.64	378361.09
	归属母公司股东权益(万元)	399039.29	383804.77	175444.62	157511.99
	主营业务收入(万元)	103494.49	210091.06	81309.25	159954.65
	营业收入(万元)	103608.00	211213.78	81816.13	160843.96
	主营成本(万元)	63777.35	129864.41	49463.22	101587.48
	营业成本(万元)	63783.86	129979.79	49518.48	101700.38
	投资收益(万元)	-2.27	-	-	-
	净利润(万元)	22684.95	43646.65	17357.14	30721.21
	利润总额(万元)	26680.46	51065.71	19696.46	36693.78

东莞发展控股股份有限公司

公司概况	公司名称	东莞发展控股股份有限公司			证券简称	东莞控股
	法人代表	尹锦容	董秘	黄勇	证券代码	000828
	公司网址	www.dgholdings.cn		电子信箱	dgkg@dghoildings.cn	
	电　话	0769-22083320 22083321		传　真	0769-22083320	
	办公地址	广东省东莞市东城区莞樟大道55号				
	经营范围	东莞高速公路的投资、建设、经营				

	指标\报告期	2013.06.30	2012.12.31	2012.06.30	2011.12.31
主要财务指标	基本每股收益(元)	0.1977	0.3417	0.1866	0.3414
	基本每股收益(扣除)(元)	0.1810	0.3251	0.1791	0.3371
	每股净资产(元)	3.2907	3.2530	3.0929	3.0566
	每股经营现金净流量(元)	0.2349	0.5185	0.2589	0.5272
	每股现金流量(元)	–0.1169	0.1022	0.0088	0.7218
	每股资本公积金(元)	1.1003	1.1004	1.0954	1.0956
	每股盈余公积金(元)	0.3536	0.3536	0.3194	0.3194
	每股未分配利润(元)	0.8368	0.7991	0.6782	0.6416
	净资产收益率(%)	6.0077	10.5028	6.0300	11.1700
	加权净资产收益率(%)	5.9000	10.8400	5.9200	11.4500
	净资产收益率(扣除)(%)	–	–	–	–
	总资产(万元)	520177.77	502932.83	501878.94	498851.86
	归属母公司股东权益(万元)	342070.66	338155.47	321516.21	317734.45
	主营业务收入(万元)	34454.99	71608.64	36044.91	70955.19
	营业收入(万元)	35561.88	73762.54	36676.53	71913.86
	主营成本(万元)	11369.57	24924.16	12035.59	26431.81
	营业成本(万元)	11369.57	24924.16	12035.59	26431.81
	投资收益(万元)	6998.60	8518.32	5659.53	9655.73
	净利润(万元)	20550.57	35515.86	19393.48	35489.87
	利润总额(万元)	25766.04	45146.67	24241.36	43986.78

天音通信控股股份有限公司

公司概况	公司名称	天音通信控股股份有限公司			证券简称	天音控股
	法人代表	黄绍文	董秘	邢龙	证券代码	000829
	公司网址	www.chinatelling.com		电子信箱	xinglong@chinatelling.com	
	电　话	010-58300807		传　真	010-58300807	
	办公地址	北京市西城区德外大街117号德胜尚城D座				
	经营范围	移动电话销售及白酒、水果的生产与销售等				

	指标\报告期	2013.06.30	2012.12.31	2012.06.30	2011.12.31
主要财务指标	基本每股收益(元)	–0.0530	–0.0200	0.0500	0.0500
	基本每股收益(扣除)(元)	–0.0530	–0.0300	0.0500	0.0700
	每股净资产(元)	2.2323	2.2853	2.3600	2.3100
	每股经营现金净流量(元)	–1.0832	–0.2613	–0.9077	–0.0709
	每股现金流量(元)	–1.3391	–0.1344	–0.6295	1.3472
	每股资本公积金(元)	0.2598	0.2598	0.2598	0.2598
	每股盈余公积金(元)	0.1057	0.1057	0.1057	0.1057
	每股未分配利润(元)	0.8668	0.9198	0.9934	0.9437
	净资产收益率(%)	–2.3755	–1.0450	2.1100	2.3200
	加权净资产收益率(%)	–2.3500	–1.0400	2.1300	2.3400
	净资产收益率(扣除)(%)	–	–	–	–
	总资产(万元)	86[illegible]982.42	928686.41	994739.70	1032898.96
	归属母公司股东权益(万元)	21[illegible]373.00	216394.26	223359.29	218655.48
	主营业务收入(万元)	130[illegible]993.72	3226563.97	1717288.49	2386661.28
	营业收入(万元)	131[illegible]808.33	3259037.97	1730663.53	2416189.84
	主营成本(万元)	122[illegible]564.97	3036736.93	1595240.33	2177289.27
	营业成本(万元)	122[illegible]960.05	3054451.73	1602183.43	2191194.50
	投资收益(万元)	148.05	468.29	508.38	–51.68
	净利润(万元)	–[illegible]945.47	–9183.53	4441.14	6550.61
	利润总额(万元)	–[illegible]227.09	–6347.60	8256.92	11680.84

鲁西化工集团股份有限公司

公司概况	公司名称	鲁西化工集团股份有限公司			证券简称	鲁西化工
	法人代表	张金成	董秘	蔡英强	证券代码	000830
	公司网址	www.luxichemical.com		电子信箱	lclxhg@public.lcptt.sd.cn	
	电　话	0635-3481198		传　真	0635-3481044	
	办公地址	山东聊城高新技术产业开发区化工新材料产业园				
	经营范围	化学肥料及安全生产许可证范围内化工原料的生产销售				

	指标\报告期	2013.06.30	2012.12.31	2012.06.30	2011.12.31
主要财务指标	基本每股收益(元)	0.1610	0.2310	0.1310	0.3030
	基本每股收益(扣除)(元)	0.1560	0.1980	0.1250	0.2770
	每股净资产(元)	3.7885	3.6206	3.5200	3.4800
	每股经营现金净流量(元)	0.4155	1.0425	0.5609	0.5278
	每股现金流量(元)	–0.2416	–0.0051	0.0871	0.1772
	每股资本公积金(元)	1.4914	1.4914	1.4915	1.4915
	每股盈余公积金(元)	0.1473	0.1473	0.1361	0.1361
	每股未分配利润(元)	1.1387	0.9776	0.8884	0.8576
	净资产收益率(%)	4.2523	6.3836	3.7200	8.2950
	加权净资产收益率(%)	4.3500	6.4200	3.6800	9.3100
	净资产收益率(扣除)(%)	–	–	–	–
	总资产(万元)	1609882.74	1592411.40	1473089.35	1317365.88
	归属母公司股东权益(万元)	554963.77	530361.31	515255.12	510454.13
	主营业务收入(万元)	555657.34	1014769.79	597459.10	908562.62
	营业收入(万元)	559175.60	1024081.59	600749.01	931644.81
	主营成本(万元)	477216.21	895659.61	532944.81	776192.68
	营业成本(万元)	479821.86	898492.58	533723.89	796456.18
	投资收益(万元)	468.25	293.64	82.42	–175.67
	净利润(万元)	23598.94	33852.92	19152.16	42342.77
	利润总额(万元)	33432.44	43456.11	25518.98	58424.96

五矿稀土股份有限公司

公司概况	公司名称	五矿稀土股份有限公司			证券简称	五矿稀土
	法人代表	焦健	董秘	王宇	证券代码	000831
	公司网址	www.cmreltd.com		电子信箱	cmre@cmreltd.com	
	电　话	0797-8398390		传　真	0797-8398385	
	办公地址	江西省赣州市长征大道2号天际华庭8楼				
	经营范围	稀土冶炼分离及稀土技术研发及服务				

	指标\报告期	2013.06.30	2012.12.31	2012.06.30	2011.12.31
主要财务指标	基本每股收益(元)	0.0110	0.2920	0.2070	0.9330
	基本每股收益(扣除)(元)	0.0110	–0.5910	–0.2800	0.0020
	每股净资产(元)	2.2895	2.2745	–0.2300	2.9362
	每股经营现金净流量(元)	–0.2889	0.0458	0.2160	0.9962
	每股现金流量(元)	–0.5383	0.1922	0.7258	0.7711
	每股资本公积金(元)	0.7493	0.7493	0.3180	1.6088
	每股盈余公积金(元)	0.1413	0.1413	0.1881	0.1916
	每股未分配利润(元)	0.3823	0.3718	–1.7379	0.1358
	净资产收益率(%)	0.4598	12.8308	–131.9341	47.0204
	加权净资产收益率(%)	0.4600	13.6600	9.2000	61.4900
	净资产收益率(扣除)(%)	–	–	–	–
	总资产(万元)	22[illegible]202.88	278017.94	186369.67	460272.20
	归属母公司股东权益(万元)	22[illegible]318.48	219867.61	–15149.54	191850.16
	主营业务收入(万元)	2[illegible]825.53	397909.40	237220.15	425083.44
	营业收入(万元)	2[illegible]559.70	401839.26	238983.22	763626.32
	主营成本(万元)	1[illegible]781.40	321404.15	184598.34	399281.76
	营业成本(万元)	2[illegible]373.06	324929.22	186127.15	590994.12
	投资收益(万元)	52.12	419.52	5250.03	1625.97
	净利润(万元)	[illegible]017.55	26631.90	18380.15	102550.45
	利润总额(万元)	[illegible]596.40	49611.72	35105.17	136122.56

广西贵糖(集团)股份有限公司

公司概况				
公司名称	广西贵糖(集团)股份有限公司		证券简称	贵糖股份
法人代表	但昭学	董秘 杨正	证券代码	000833
公司网址	www.guitang.com		电子信箱	gtgfgs@ppp.nn.gx.cn
电话	0775-4201833 4201380		传真	0775-4260833
办公地址	广西壮族自治区贵港市广西贵糖(集团)股份有限公司办公大楼			
经营范围	食糖、纸、酒精及轻质碳酸钙的制造、销售等			

主要财务指标：指标\报告期	2013.06.30	2012.12.31	2012.06.30	2011.12.31
基本每股收益(元)	-0.1600	0.0500	0.0400	0.3600
基本每股收益(扣除)(元)	-0.1500	0.0700	0.0300	0.2400
每股净资产(元)	2.9664	3.1300	2.9900	3.0500
每股经营现金净流量(元)	-0.4886	0.2195	-0.7310	0.2540
每股现金流量(元)	-0.4499	0.1202	-0.3816	-0.0375
每股资本公积金(元)	0.7548	0.7548	0.7548	0.7548
每股盈余公积金(元)	0.2895	0.2895	0.2758	0.2708
每股未分配利润(元)	0.9221	1.0857	0.9599	1.0227
净资产收益率(%)	-5.5145	1.5128	1.5700	11.7700
加权净资产收益率(%)	-5.3700	1.3100	1.5700	12.0800
净资产收益率(扣除)(%)	-	-	-	-
总资产(万元)	115406.43	130765.12	135212.65	134723.04
归属母公司股东权益(万元)	87826.46	92669.67	88539.15	90250.54
主营业务收入(万元)	59944.30	107322.93	50464.66	128847.33
营业收入(万元)	61465.48	109518.12	51895.57	132302.46
主营成本(万元)	56899.68	94209.36	43388.50	102636.44
营业成本(万元)	58450.36	96275.33	44887.86	106083.26
投资收益(万元)	1.83	6.29	6.29	5.00
净利润(万元)	-4843.21	1401.89	1249.29	10622.02
利润总额(万元)	-4935.81	969.04	1900.33	14279.26

四川圣达实业股份有限公司

公司概况				
公司名称	四川圣达实业股份有限公司		证券简称	四川圣达
法人代表	常锋	董秘 赵璐	证券代码	000835
公司网址	www.000835.com		电子信箱	zhaol@sdsycorp.com
电话	028-85322086		传真	028-85322166
办公地址	四川省成都市天府大道南段2028号石化大厦17楼			
经营范围	炼焦、合成材料制造、矿产品、建材及化工产品批发等			

主要财务指标：指标\报告期	2013.06.30	2012.12.31	2012.06.30	2011.12.31
基本每股收益(元)	0.0125	-0.1138	-0.0201	0.0112
基本每股收益(扣除)(元)	-	-0.1116	-0.0192	0.0165
每股净资产(元)	1.4040	1.3905	1.4700	1.4800
每股经营现金净流量(元)	-0.2414	0.1966	0.1731	-0.1258
每股现金流量(元)	-0.2782	0.1567	0.1065	-0.1785
每股资本公积金(元)	0.0345	0.0376	0.0376	0.0376
每股盈余公积金(元)	0.1369	0.1369	0.1369	0.1369
每股未分配利润(元)	0.1034	0.0909	0.1846	0.2047
净资产收益率(%)	0.8894	-8.1826	-1.3600	0.7590
加权净资产收益率(%)	0.8900	-8.0100	-1.3700	0.7800
净资产收益率(扣除)(%)	-	-	-	-
总资产(万元)	59414.82	65023.95	68758.88	67300.09
归属母公司股东权益(万元)	42875.22	42463.04	44994.81	45117.03
主营业务收入(万元)	54690.63	110610.79	60040.11	134287.19
营业收入(万元)	54790.63	112814.38	60140.11	136403.14
主营成本(万元)	48191.69	100475.68	53343.44	120533.96
营业成本(万元)	48362.85	102398.36	53514.60	122828.61
投资收益(万元)	-	-	-	-
净利润(万元)	384.67	-3478.72	-612.97	344.44
利润总额(万元)	629.10	-2569.35	-219.41	1686.78

天津鑫茂科技股份有限公司

公司概况				
公司名称	天津鑫茂科技股份有限公司		证券简称	鑫茂科技
法人代表	杜克荣	董秘 韩伟	证券代码	000836
公司网址	www.xinmaokeji.com.cn		电子信箱	whan@xinmaokeji.com.cn
电话	022-83710888 23080182		传真	022-83710199
办公地址	天津市新产业园区华苑产业区华天道3号			
经营范围	计算机软件、硬件、信息系统集成、信息处理与服务、光机电一体化等			

主要财务指标：指标\报告期	2013.06.30	2012.12.31	2012.06.30	2011.12.31
基本每股收益(元)	0.1717	0.0634	-0.1050	-0.2222
基本每股收益(扣除)(元)	-0.2012	-0.0872	-0.1116	-0.2348
每股净资产(元)	2.7200	2.5783	2.4100	2.5200
每股经营现金净流量(元)	-0.1127	0.2220	0.2519	-0.5327
每股现金流量(元)	-0.0816	-0.1220	-0.1345	-0.1814
每股资本公积金(元)	0.8122	0.8122	0.8132	0.8132
每股盈余公积金(元)	0.1397	0.1397	0.1349	0.1349
每股未分配利润(元)	0.7683	0.6265	0.4629	0.5679
净资产收益率(%)	6.3141	2.4600	-4.3500	-8.8340
加权净资产收益率(%)	6.4500	2.4900	-4.2600	-6.6400
净资产收益率(扣除)(%)	-	-	-	-
总资产(万元)	247908.75	235286.08	215856.96	209831.86
归属母公司股东权益(万元)	79559.67	75413.70	70514.70	73585.37
主营业务收入(万元)	42602.34	129429.14	59836.13	120137.35
营业收入(万元)	42706.50	129863.37	60042.52	120862.10
主营成本(万元)	37886.10	107587.02	50949.04	103702.80
营业成本(万元)	38063.75	108063.37	51102.24	104268.16
投资收益(万元)	-	3747.99	29.41	829.33
净利润(万元)	4633.22	5959.55	-1743.47	-5854.13
利润总额(万元)	4633.96	7095.05	-1099.95	-4247.77

陕西秦川机械发展股份有限公司

公司概况				
公司名称	陕西秦川机械发展股份有限公司		证券简称	秦川发展
法人代表	龙兴元	董秘 谭明	证券代码	000837
公司网址	www.qinchuan.com		电子信箱	tanming@qinchuan.com
电话	0917-3670748 3670654		传真	0917-3390957 3390960
办公地址	陕西省宝鸡市姜谭路22号			
经营范围	金属切削机床、塑料加工机械、液压系统、液压件、汽车零部件、功能部件等			

主要财务指标：指标\报告期	2013.06.30	2012.12.31	2012.06.30	2011.12.31
基本每股收益(元)	-0.0104	0.0311	0.0239	0.3796
基本每股收益(扣除)(元)	-	-0.0434	0.0021	0.3712
每股净资产(元)	-	3.1627	3.1400	3.2200
每股经营现金净流量(元)	-0.1991	-0.4474	-0.3129	-0.1503
每股现金流量(元)	0.0853	-0.1889	-0.0697	-0.3923
每股资本公积金(元)	0.3075	0.3030	0.2935	0.2940
每股盈余公积金(元)	0.2682	0.2682	0.2636	0.2663
每股未分配利润(元)	1.6155	1.6260	1.6035	1.6908
净资产收益率(%)	-0.3290	0.9786	0.7500	11.7291
加权净资产收益率(%)	-0.3288	0.9772	0.7426	12.5600
净资产收益率(扣除)(%)	-	-	-	-
总资产(万元)	225311.38	210551.35	208431.06	206795.37
归属母公司股东权益(万元)	110713.58	110972.91	109606.80	112862.70
主营业务收入(万元)	57028.04	113135.19	63515.80	154514.47
营业收入(万元)	62112.10	119114.01	66919.70	160628.04
主营成本(万元)	47604.54	94857.14	53847.66	116592.35
营业成本(万元)	51829.58	100399.30	57051.95	122655.75
投资收益(万元)	14.06	-12.60	90.94	-141.02
净利润(万元)	-325.75	1328.86	977.25	13642.93
利润总额(万元)	-218.94	1659.23	1229.54	16022.25

国兴融达地产股份有限公司

公司概况					
公司名称	国兴融达地产股份有限公司			证券简称	国兴地产
法人代表	朱凤先	董秘	刘晓林	证券代码	000838
公司网址	www.gxland.com.cn		电子信箱	companymail@gxland.com.cn	
电　话	010-59696377		传　真	010-59696397	
办公地址	北京市朝阳区建国路 79 号华贸中心 2 号写字楼 1005-1006				
经营范围	房地产开发、销售自行开发的商品房				

主要财务指标：指标\报告期	2013.06.30	2012.12.31	2012.06.30	2011.12.31
基本每股收益(元)	-0.0501	0.1726	-0.0911	-0.1523
基本每股收益(扣除)(元)	-0.0501	0.1716	-0.0916	-0.1528
每股净资产(元)	1.7385	1.8374	1.5700	1.6648
每股经营现金净流量(元)	0.4907	-0.1256	-0.3467	-1.4458
每股现金流量(元)	-0.0641	0.3906	0.1756	0.1309
每股资本公积金(元)	0.6674	0.6674	0.6674	0.6674
每股盈余公积金(元)	0.0204	0.0204	0.0204	0.0204
每股未分配利润(元)	0.0507	0.1497	-0.1141	-0.0230
净资产收益率(%)	-2.8798	9.3947	-5.7900	-9.1480
加权净资产收益率(%)	-1.7500	9.8600	-5.6300	-8.7500
净资产收益率(扣除)(%)	-	-	-	-
总资产(万元)	169260.55	159016.48	143089.68	116527.52
归属母公司股东权益(万元)	31466.74	33257.01	28483.17	30132.60
主营业务收入(万元)	568.87	27876.22	-	42.85
营业收入(万元)	568.87	27906.07	12.00	75.72
主营成本(万元)	317.48	16577.94	-	39.67
营业成本(万元)	317.48	16596.22	-	39.67
投资收益(万元)	-	-	-	-
净利润(万元)	-906.19	3124.41	-1649.43	-2756.45
利润总额(万元)	-906.19	4377.49	-1649.43	-3355.44

中信国安信息产业股份有限公司

公司概况					
公司名称	中信国安信息产业股份有限公司			证券简称	中信国安
法人代表	孙亚雷	董秘	廖小同	证券代码	000839
公司网址	www.citicguoaninfo.com		电子信箱	liaoxt@citicguoaninfo.com	
电　话	010-65068509 65008037		传　真	010-65061482	
办公地址	北京市朝阳区关东店北街 1 号国安大厦五层				
经营范围	信息产业、广告行业项目的投资、卫星通讯工程、计算机信息传输网络工程等				

主要财务指标：指标\报告期	2013.06.30	2012.12.31	2012.06.30	2011.12.31
基本每股收益(元)	0.0476	0.1084	0.0509	0.0933
基本每股收益(扣除)(元)	0.0324	0.0210	0.0496	0.0144
每股净资产(元)	3.6590	3.6925	3.6600	3.7000
每股经营现金净流量(元)	-0.0748	-0.1764	-0.2014	0.1705
每股现金流量(元)	-0.4136	0.1251	0.3866	0.1194
每股资本公积金(元)	1.2340	1.2151	1.2372	1.2320
每股盈余公积金(元)	0.2281	0.2281	0.2137	0.2137
每股未分配利润(元)	1.1970	1.2493	1.2062	1.2553
净资产收益率(%)	1.3020	2.9358	1.3929	2.5200
加权净资产收益率(%)	1.3000	2.9300	1.3700	2.5100
净资产收益率(扣除)(%)	-	-	-	-
总资产(万元)	1136708.79	1174606.67	1206069.41	1096346.06
归属母公司股东权益(万元)	573707.09	578961.37	573417.96	580282.64
主营业务收入(万元)	90800.91	198559.68	86684.64	174426.43
营业收入(万元)	91799.42	200922.69	87723.16	177170.96
主营成本(万元)	-	-	-	137151.89
营业成本(万元)	71611.44	158369.03	67681.49	137151.89
投资收益(万元)	16422.07	44103.63	15120.14	33418.54
净利润(万元)	7751.61	17646.11	8171.00	16249.73
利润总额(万元)	7581.89	16212.70	7611.97	17142.69

河北承德露露股份有限公司

公司概况					
公司名称	河北承德露露股份有限公司			证券简称	承德露露
法人代表	管大源	董秘	管大源(代)	证券代码	000848
公司网址	www.lolo.com.cn		电子信箱	lws@lolo.com.cn	
电　话	0314-2059888		传　真	0314-2059100	
办公地址	河北省承德市高新技术产业开发区(西区 8 号)				
经营范围	饮料、罐头食品的开发、生产与销售、马口铁包装罐的生产和销售等				

主要财务指标：指标\报告期	2013.06.30	2012.12.31	2012.06.30	2011.12.31
基本每股收益(元)	0.5200	0.5500	0.3200	0.4800
基本每股收益(扣除)(元)	0.5000	0.5500	0.3150	0.4700
每股净资产(元)	2.5018	1.9861	1.9200	2.0800
每股经营现金净流量(元)	-0.2018	0.8151	-0.3977	0.9108
每股现金流量(元)	-0.2282	-0.0271	-0.5709	0.2461
每股资本公积金(元)	0.0431	0.0431	0.1474	0.1474
每股盈余公积金(元)	0.3981	0.3981	0.3825	0.3825
每股未分配利润(元)	1.0606	0.5448	0.3920	0.5453
净资产收益率(%)	20.6151	27.8968	18.0400	25.5370
加权净资产收益率(%)	22.9800	28.0600	15.4200	26.2500
净资产收益率(扣除)(%)	-	-	-	-
总资产(万元)	135053.10	154735.32	116277.53	149754.66
归属母公司股东权益(万元)	100438.04	79732.60	70143.09	75738.02
主营业务收入(万元)	147341.29	213512.19	115018.76	192563.59
营业收入(万元)	147404.25	213782.51	115150.62	193730.93
主营成本(万元)	90240.31	131809.08	72583.74	127881.44
营业成本(万元)	90296.91	132069.73	72672.30	128605.28
投资收益(万元)	-32.09	-277.38	-41.11	-346.84
净利润(万元)	21166.76	22765.23	12885.86	19453.69
利润总额(万元)	28466.96	31093.77	18236.74	25805.99

安徽华茂纺织股份有限公司

公司概况					
公司名称	安徽华茂纺织股份有限公司			证券简称	华茂股份
法人代表	詹灵芝	董秘	左志鹏	证券代码	000850
公司网址	www.chinahuamao.net		电子信箱	zzp9818@126.com	
电　话	0556-5919818 5919891		传　真	0556-5919819 5919900	
办公地址	安徽省安庆市纺织南路 80 号				
经营范围	棉、毛、麻、丝和人造纤维的纯、混纺纱线及其织物、针织品、服装、印染加工等				

主要财务指标：指标\报告期	2013.06.30	2012.12.31	2012.06.30	2011.12.31
基本每股收益(元)	0.1860	0.3700	0.3170	0.3230
基本每股收益(扣除)(元)	0.0140	-0.1900	-0.1340	0.0127
每股净资产(元)	2.8797	3.4054	3.2500	2.5100
每股经营现金净流量(元)	0.0268	0.6290	0.1923	0.0069
每股现金流量(元)	-0.0024	-0.0873	-0.0970	-0.0128
每股资本公积金(元)	0.4104	1.0723	0.9232	0.5003
每股盈余公积金(元)	0.2379	0.2379	0.1983	0.1983
每股未分配利润(元)	1.2314	1.0952	1.1299	0.8130
净资产收益率(%)	6.4663	10.9167	9.7500	12.8598
加权净资产收益率(%)	6.0700	12.5700	11.1400	9.6200
净资产收益率(扣除)(%)	-	-	-	-
总资产(万元)	579283.72	668335.28	635634.07	534688.75
归属母公司股东权益(万元)	271743.64	321356.32	306832.70	237016.28
主营业务收入(万元)	93557.28	194714.29	90613.45	232450.31
营业收入(万元)	98159.87	205928.74	96011.69	243349.16
主营成本(万元)	90211.68	195234.44	94926.34	211548.32
营业成本(万元)	93330.89	204995.39	99164.47	220855.85
投资收益(万元)	24289.60	58816.01	49340.98	44149.30
净利润(万元)	16974.26	33232.24	28971.90	29697.42
利润总额(万元)	19853.33	40056.73	38230.63	39587.97

大唐高鸿数据网络技术股份有限公司

公司概况	公司名称	大唐高鸿数据网络技术股份有限公司			证券简称	高鸿股份
	法人代表	付景林	董秘	王芊	证券代码	000851
	公司网址	www.gohigh.com.cn		电子信箱	wangqian@gohigh.com.cn	
	电　话	010-62301907		传　真	010-62301900	
	办公地址	北京市海淀区学院路 40 号大唐电信集团主楼 11 层				
	经营范围	多业务宽带电信网络产品、通信器材、通信终端设备、仪器仪表等				

主要财务指标	指标\报告期	2013.06.30	2012.12.31	2012.06.30	2011.12.31
	基本每股收益(元)	0.0518	0.0718	0.0230	0.0705
	基本每股收益(扣除)(元)	0.0450	0.0580	0.0204	0.0530
	每股净资产(元)	4.0940	4.1028	3.0800	3.0600
	每股经营现金净流量(元)	–0.6327	–0.0709	–0.4014	–1.0801
	每股现金流量(元)	–1.6389	1.6961	–0.2481	–0.6641
	每股资本公积金(元)	2.8868	2.8874	1.8027	1.8027
	每股盈余公积金(元)	0.0226	0.0226	0.0350	0.0350
	每股未分配利润(元)	0.1846	0.1929	0.2468	0.2238
	净资产收益率(%)	1.2644	1.1813	0.7400	2.3030
	加权净资产收益率(%)	1.2500	2.2300	0.7500	2.3300
	净资产收益率(扣除)(%)	–	–	–	–
	总资产(万元)	405427.39	359048.39	267793.39	238902.01
	归属母公司股东权益(万元)	211224.60	211682.03	102680.32	101915.76
	主营业务收入(万元)	230221.07	461065.61	222544.77	406031.81
	营业收入(万元)	230627.26	461685.97	223211.56	408232.31
	主营成本(万元)	216121.67	432613.68	209254.21	381188.67
	营业成本(万元)	216331.38	433185.44	209510.08	381579.85
	投资收益(万元)	33.82	281.63	–0.80	28.85
	净利润(万元)	3005.62	2249.90	1048.91	2715.77
	利润总额(万元)	4000.85	4045.72	1790.03	3476.01

江汉石油钻头股份有限公司

公司概况	公司名称	江汉石油钻头股份有限公司			证券简称	江钻股份
	法人代表	张召平	董秘	王一兵	证券代码	000852
	公司网址	www.kingdream.com.cn		电子信箱	security@kingdream.com	
	电　话	027-87925236		传　真	027-87925067	
	办公地址	湖北省武汉市东湖新技术开发区庙山小区华工园一路 5 号				
	经营范围	制造、销售石油钻采设备等				

主要财务指标	指标\报告期	2013.06.30	2012.12.31	2012.06.30	2011.12.31
	基本每股收益(元)	0.1300	0.3300	0.1500	0.2600
	基本每股收益(扣除)(元)	0.1300	0.3000	0.1300	0.2400
	每股净资产(元)	2.7091	2.7770	2.6000	2.6500
	每股经营现金净流量(元)	–0.2427	0.4131	–0.0271	0.4641
	每股现金流量(元)	–0.1046	0.0388	0.0059	0.0366
	每股资本公积金(元)	0.2570	0.2570	0.2570	0.2570
	每股盈余公积金(元)	0.4230	0.4230	0.3901	0.3901
	每股未分配利润(元)	1.0291	1.0971	0.9495	1.0038
	净资产收益率(%)	4.8759	11.7431	5.6100	9.8380
	加权净资产收益率(%)	4.6500	12.0900	5.4100	10.0800
	净资产收益率(扣除)(%)	–	–	–	–
	总资产(万元)	233737.06	217408.02	211563.46	189890.73
	归属母公司股东权益(万元)	108473.70	111192.67	103966.43	106143.19
	主营业务收入(万元)	81994.29	177984.12	74016.72	152588.84
	营业收入(万元)	84649.88	184053.60	76387.00	158460.21
	主营成本(万元)	61119.10	132303.77	53625.38	111079.01
	营业成本(万元)	63487.76	137205.98	55553.18	115059.30
	投资收益(万元)	–	–	–	–
	净利润(万元)	4800.76	12921.62	5778.44	11132.95
	利润总额(万元)	6022.89	15037.99	7000.40	13764.52

唐山冀东装备工程股份有限公司

公司概况	公司名称	唐山冀东装备工程股份有限公司			证券简称	冀东装备
	法人代表	张增光	董秘	朱凤春	证券代码	000856
	公司网址	www.jdzbgc.com		电子信箱	tstc856@sohu.com	
	电　话	0315-8216998 3083357		传　真	0315-8216997 3241351	
	办公地址	河北省唐山市外环路长宁道立交桥北 200 米经洪大厦一层				
	经营范围	资本运营、运营管理、水泥机械设备及配件、普通机械设备及配件制造等				

主要财务指标	指标\报告期	2013.06.30	2012.12.31	2012.06.30	2011.12.31
	基本每股收益(元)	–0.1000	0.1900	0.0100	0.3100
	基本每股收益(扣除)(元)	–0.1100	0.1800	0.0100	0.2900
	每股净资产(元)	2.0254	2.1119	1.9300	1.9200
	每股经营现金净流量(元)	0.0018	0.0396	0.1715	–0.4973
	每股现金流量(元)	–0.0842	0.2065	0.3294	–0.0568
	每股资本公积金(元)	1.4207	1.3976	1.3976	1.3976
	每股盈余公积金(元)	0.1583	0.1583	0.1583	0.1583
	每股未分配利润(元)	–0.5536	–0.4486	–0.6262	–0.6367
	净资产收益率(%)	–5.1801	8.9053	0.5400	16.0080
	加权净资产收益率(%)	–5.0700	9.3300	0.5400	17.3500
	净资产收益率(扣除)(%)	–	–	–	–
	总资产(万元)	177524.66	184917.00	174771.38	171628.95
	归属母公司股东权益(万元)	45975.86	47939.05	43801.59	43564.37
	主营业务收入(万元)	58609.81	159439.46	74036.47	220778.80
	营业收入(万元)	58749.55	159824.20	74268.20	221106.03
	主营成本(万元)	53188.10	135213.15	64953.13	192672.24
	营业成本(万元)	53398.93	135614.65	65227.69	193024.92
	投资收益(万元)	–15.50	–	–	–
	净利润(万元)	–2459.58	5158.20	445.15	7857.38
	利润总额(万元)	–3299.12	5330.36	164.55	10689.11

宜宾五粮液股份有限公司

公司概况	公司名称	宜宾五粮液股份有限公司			证券简称	五粮液
	法人代表	刘中国	董秘	肖祥发(代)	证券代码	000858
	公司网址	www.wuliangye.com.cn		电子信箱	000858-wly@sohu.com	
	电　话	0831-3566858 3567000		传　真	0831-3555958	
	办公地址	四川省宜宾市翠屏区岷江西路 150 号				
	经营范围	酒类产品及相关辅助产品(瓶盖、商标、标识及包装制品)的生产经营				

主要财务指标	指标\报告期	2013.06.30	2012.12.31	2012.06.30	2011.12.31
	基本每股收益(元)	1.5260	2.6170	1.3290	1.6220
	基本每股收益(扣除)(元)	–	2.6150	1.3280	1.6280
	每股净资产(元)	8.9334	8.2078	6.9090	6.0910
	每股经营现金净流量(元)	0.3946	2.3050	1.0399	2.5114
	每股现金流量(元)	–0.5504	1.6582	0.4321	1.9538
	每股资本公积金(元)	0.2511	0.2511	0.2511	0.2511
	每股盈余公积金(元)	1.1485	1.1478	1.0081	0.8875
	每股未分配利润(元)	6.5338	5.8089	4.6500	3.9520
	净资产收益率(%)	17.0772	31.8869	19.2400	26.6330
	加权净资产收益率(%)	17.0100	36.8200	19.6800	30.0100
	净资产收益率(扣除)(%)	–	–	–	–
	总资产(万元)	4505406.27	4524763.61	3966645.94	3690584.08
	归属母公司股东权益(万元)	3391085.93	3115659.82	2622711.19	2311970.87
	主营业务收入(万元)	1547722.32	2703874.87	1501732.37	2016380.40
	营业收入(万元)	1551987.76	2720104.60	1504970.94	2035059.45
	主营成本(万元)	434203.27	786566.47	522237.25	672684.17
	营业成本(万元)	437669.72	801572.44	525228.54	689541.13
	投资收益(万元)	–246.54	300.72	–98.49	240.01
	净利润(万元)	603998.47	1033573.37	524136.41	639437.72
	利润总额(万元)	801884.05	1373866.61	695375.02	849995.37

安徽国风塑业股份有限公司

公司概况

公司名称	安徽国风塑业股份有限公司			证券简称	国风塑业
法人代表	黄琼宜	董秘	胡静	证券代码	000859
公司网址	www.guofeng.com		电子信箱	ir@guofeng.com	
电　　话	0551-2753527		传　　真	0551-2753500	
办公地址	安徽省合肥市高新技术产业开发区天智路36号				
经营范围	塑胶建材及附件、塑料薄膜、其他塑料制品、非金属新型材料及金属制品的制造等				

主要财务指标

指标\报告期	2013.06.30	2012.12.31	2012.06.30	2011.12.31
基本每股收益(元)	-0.0564	0.0113	0.0297	0.0533
基本每股收益(扣除)(元)	-0.0689	-0.0511	0.0192	0.0362
每股净资产(元)	2.1544	2.2108	2.2291	2.1995
每股经营现金净流量(元)	0.0063	0.0282	0.0742	0.1890
每股现金流量(元)	0.0079	-0.0842	0.1144	-0.0629
每股资本公积金(元)	0.9898	0.9898	0.9898	0.9898
每股盈余公积金(元)	0.1324	0.1324	0.1303	0.1303
每股未分配利润(元)	0.0322	0.0886	0.1091	0.0794
净资产收益率(%)	-2.6174	0.5100	1.3400	2.4220
加权净资产收益率(%)	-2.5800	0.5100	1.3400	2.4300
净资产收益率(扣除)(%)	-	-	-	-
总资产(万元)	143248.29	132521.31	141331.22	147640.42
归属母公司股东权益(万元)	90587.03	92958.04	93731.13	92483.99
主营业务收入(万元)	62956.54	138418.21	69109.84	170751.76
营业收入(万元)	65061.27	142915.18	71299.90	176544.54
主营成本(万元)	58524.90	125543.69	61216.48	148888.39
营业成本(万元)	60301.68	129513.77	63250.61	153856.12
投资收益(万元)	3.46	115.27	-2379.28	110.53
净利润(万元)	-2371.00	474.05	1247.14	2239.96
利润总额(万元)	-2365.71	196.06	965.53	3189.95

北京顺鑫农业股份有限公司

公司概况

公司名称	北京顺鑫农业股份有限公司			证券简称	顺鑫农业
法人代表	王泽	董秘	安元芝	证券代码	000860
公司网址	www.000860.com		电子信箱	ayz001@sina.com	
电　　话	010-69427100　69423900		传　　真	010-69443137	
办公地址	北京市顺义区站前街1号院1号楼顺鑫国际商务中心12层				
经营范围	从事白酒生产与销售、肉食品加工与销售、良种繁育、农业科技服务等				

主要财务指标

指标\报告期	2013.06.30	2012.12.31	2012.06.30	2011.12.31
基本每股收益(元)	0.3310	0.2869	0.2494	0.6997
基本每股收益(扣除)(元)	-	0.2816	0.2480	0.3732
每股净资产(元)	6.8859	6.5800	6.5600	6.5100
每股经营现金净流量(元)	1.1652	-0.6442	-0.6277	0.0618
每股现金流量(元)	-0.2332	1.6947	-0.1193	0.8171
每股资本公积金(元)	2.8256	2.8256	2.8414	2.8414
每股盈余公积金(元)	0.5787	0.5787	0.5350	0.5350
每股未分配利润(元)	2.4816	2.1756	2.1816	2.1322
净资产收益率(%)	4.8064	4.3604	3.8000	10.7500
加权净资产收益率(%)	4.7000	4.4000	3.7800	11.1700
净资产收益率(扣除)(%)	-	-	-	-
总资产(万元)	1304737.42	1247959.75	1089080.70	1033286.71
归属母公司股东权益(万元)	301975.28	288557.42	287594.66	285428.99
主营业务收入(万元)	4[illegible]7991.70	832417.63	453116.93	756259.55
营业收入(万元)	4[illegible]8804.02	834195.47	454107.39	758020.65
主营成本(万元)	3[illegible]2574.92	609533.69	333240.70	560932.96
营业成本(万元)	3[illegible]3104.05	610425.58	333638.36	561846.44
投资收益(万元)	153.51	501.65	98.53	15502.64
净利润(万元)	[illegible]4962.20	13060.10	11392.79	32161.41
利润总额(万元)	20288.92	20506.18	16712.19	37467.04

广东海印集团股份有限公司

公司概况

公司名称	广东海印集团股份有限公司			证券简称	海印股份
法人代表	邵建明	董秘	潘尉	证券代码	000861
公司网址	www.000861.com		电子信箱	ir000861@163.com	
电　　话	020-28828222		传　　真	020-28828899*8222	
办公地址	广州市越秀区东华南路98号21-32层				
经营范围	销售日用百货、市场商品信息咨询服务、出租柜台、物业管理等				

主要财务指标

指标\报告期	2013.06.30	2012.12.31	2012.06.30	2011.12.31
基本每股收益(元)	0.3100	0.8750	0.3900	0.7900
基本每股收益(扣除)(元)	0.2000	0.8630	0.3900	0.7900
每股净资产(元)	3.2642	3.3973	2.9100	2.6200
每股经营现金净流量(元)	0.0740	0.4838	0.1525	1.3284
每股现金流量(元)	0.5788	-0.6538	-0.1462	0.7949
每股资本公积金(元)	-	1.0000	-	-
每股盈余公积金(元)	0.0277	0.2228	0.1499	0.1499
每股未分配利润(元)	2.2365	2.0389	1.7642	1.4725
净资产收益率(%)	9.5017	25.7553	13.4400	29.9970
加权净资产收益率(%)	9.0800	29.1500	13.9800	35.0200
净资产收益率(扣除)(%)	-	-	-	-
总资产(万元)	442592.34	404943.69	357294.07	337167.98
归属母公司股东权益(万元)	160660.61	160537.43	143427.35	129068.95
主营业务收入(万元)	100140.90	208485.92	95887.20	182744.51
营业收入(万元)	100932.29	209279.60	96145.83	183437.26
主营成本(万元)	65650.15	116095.41	51683.64	98464.09
营业成本(万元)	65925.46	116528.17	51961.18	99233.46
投资收益(万元)	291.56	-103.61	-49.69	-125.39
净利润(万元)	15517.41	43553.70	19531.24	39041.96
利润总额(万元)	19938.68	56170.24	26215.66	52455.93

宁夏银星能源股份有限公司

公司概况

公司名称	宁夏银星能源股份有限公司			证券简称	银星能源
法人代表	王顺祥	董秘	刘伟盛	证券代码	000862
公司网址	www.nxyxny.com.cn		电子信箱	wylws0862@sina.com	
电　　话	0951-2051879　2051906		传　　真	0951-2051906	
办公地址	宁夏回族自治区银川市西夏区六盘山西路166号				
经营范围	风力发电、风电设备制造、太阳能发电设备等				

主要财务指标

指标\报告期	2013.06.30	2012.12.31	2012.06.30	2011.12.31
基本每股收益(元)	-0.1719	0.0198	0.0788	0.1732
基本每股收益(扣除)(元)	-0.2274	-0.2883	-0.0204	0.0496
每股净资产(元)	0.9951	1.1670	1.2300	1.3766
每股经营现金净流量(元)	0.4271	0.7742	0.4113	1.6043
每股现金流量(元)	-0.5732	0.4159	0.0136	-0.1727
每股资本公积金(元)	1.4235	1.4235	1.4235	1.9082
每股盈余公积金(元)	0.0865	0.0865	0.0865	0.1039
每股未分配利润(元)	-1.5150	-1.3430	-1.2840	-1.6354
净资产收益率(%)	-17.2768	1.6990	6.4300	15.1030
加权净资产收益率(%)	-15.9000	1.7100	6.6400	16.3400
净资产收益率(扣除)(%)	-	-	-	-
总资产(万元)	497871.63	510710.76	498048.72	520813.96
归属母公司股东权益(万元)	28166.72	33033.03	34703.51	32471.79
主营业务收入(万元)	39538.58	93583.56	33458.86	154264.93
营业收入(万元)	39685.47	94225.19	35335.69	158393.53
主营成本(万元)	26420.17	76740.80	27052.17	122207.36
营业成本(万元)	27005.37	77329.44	28720.83	124104.39
投资收益(万元)	-2946.03	90.43	-324.92	421.48
净利润(万元)	-4134.28	-1848.06	1490.25	7385.65
利润总额(万元)	-4210.23	-1280.42	2062.19	7085.21

三湘股份有限公司

公司概况	公司名称	三湘股份有限公司		证券简称	三湘股份
	法人代表	黄辉	董秘	徐玉	证券代码
					000863
	公司网址	www.sxgf.com		电子信箱	sxgf000863@sxgf.com
	电　　话	021-65364018		传　　真	021-65363840
	办公地址	上海市杨浦区逸仙路 333 号 501 室			
	经营范围	投资兴办实业(具体项目另行申报)、国内贸易等			

主要财务指标	指标\报告期	2013.06.30	2012.12.31	2012.06.30	2011.12.31
	基本每股收益(元)	0.0900	0.5900	0.1500	0.4200
	基本每股收益(扣除)(元)	–	0.5800	0.1400	0.4000
	每股净资产(元)	1.9335	1.8400	1.4100	1.2600
	每股经营现金净流量(元)	–0.6619	0.8026	–0.1744	–0.3257
	每股现金流量(元)	–0.7677	0.5870	–0.2040	0.2134
	每股资本公积金(元)	0.0007	0.0004	0.0103	0.0098
	每股盈余公积金(元)	0.0853	0.0853	0.0685	0.0685
	每股未分配利润(元)	1.5288	1.4354	1.0148	0.8668
	净资产收益率(%)	4.8308	31.8640	10.5300	25.2660
	加权净资产收益率(%)	4.9500	37.9000	11.1200	28.7400
	净资产收益率(扣除)(%)	–	–	–	–
	总资产(万元)	623244.47	521716.07	488618.61	476912.09
	归属母公司股东权益(万元)	142823.38	135918.47	103835.34	92888.88
	主营业务收入(万元)	25186.18	188606.98	9185.69	90931.06
	营业收入(万元)	25193.32	188650.95	9232.88	91111.79
	主营成本(万元)	12640.99	121137.21	6253.08	47044.97
	营业成本(万元)	12640.99	121137.21	6253.08	47044.97
	投资收益(万元)	10836.99	12343.76	12051.28	8027.23
	净利润(万元)	5723.52	41114.05	9947.00	23164.30
	利润总额(万元)	7764.91	47253.01	9574.09	29531.25

安徽安凯汽车股份有限公司

公司概况	公司名称	安徽安凯汽车股份有限公司			证券简称	安凯客车
	法人代表	戴茂方	董秘	李永祥(代)	证券代码	000868
	公司网址	www.ankai.com		电子信箱	zqb@ankai.com	
	电　　话	0551-2297712		传　　真	0551-2297710	
	办公地址	安徽省合肥市包河区葛淝路 1 号				
	经营范围	大中型客车、底盘生产销售、汽车配件销售、汽车设计、维修、咨询、实验等				

主要财务指标	指标\报告期	2013.06.30	2012.12.31	2012.06.30	2011.12.31
	基本每股收益(元)	0.0360	0.1400	0.0220	0.1500
	基本每股收益(扣除)(元)	0.0200	0.0600	0.0300	0.2500
	每股净资产(元)	1.8615	1.8808	3.6396	3.5954
	每股经营现金净流量(元)	–0.1955	0.6011	–0.7288	0.8747
	每股现金流量(元)	–0.2089	0.4498	–0.5972	1.9544
	每股资本公积金(元)	0.5861	0.5861	2.1722	2.1722
	每股盈余公积金(元)	0.0546	0.0540	0.0787	0.0787
	每股未分配利润(元)	0.2817	0.2430	0.3887	0.3445
	净资产收益率(%)	1.9085	7.1923	1.2100	7.7540
	加权净资产收益率(%)	1.9200	7.3400	1.2200	10.6100
	净资产收益率(扣除)(%)	–	–	–	–
	总资产(万元)	455145.48	414970.35	374761.76	358587.56
	归属母公司股东权益(万元)	131056.81	132301.22	128116.03	126560.53
	主营业务收入(万元)	205228.99	382605.03	145912.98	370790.08
	营业收入(万元)	205646.65	384136.35	146358.01	373627.04
	主营成本(万元)	184494.21	331470.61	128843.88	324937.53
	营业成本(万元)	184562.30	331963.91	128911.79	326716.87
	投资收益(万元)	619.00	470.07	130.52	1848.98
	净利润(万元)	2201.47	9901.13	1530.00	10613.38
	利润总额(万元)	2546.85	11615.23	1752.76	11886.22

烟台张裕葡萄酿酒股份有限公司

公司概况	公司名称	烟台张裕葡萄酿酒股份有限公司			证券简称	张　裕 A
	法人代表	孙利强	董秘	曲为民	证券代码	000869
	公司网址	www.changyu.com.cn		电子信箱	quwm@changyu.com.cn	
	电　　话	0535-6633658 6633656		传　　真	0535-6633639	
	办公地址	山东省烟台市大马路 56 号				
	经营范围	葡萄酒、白兰地、香槟酒和保健酒的酿制、生产与销售等				

主要财务指标	指标\报告期	2013.06.30	2012.12.31	2012.06.30	2011.12.31
	基本每股收益(元)	1.0800	2.4800	1.3400	2.7800
	基本每股收益(扣除)(元)	1.0700	2.4400	1.3400	2.6800
	每股净资产(元)	9.7068	8.6264	7.4900	9.5100
	每股经营现金净流量(元)	0.5969	1.8995	0.8527	2.8556
	每股现金流量(元)	–0.1361	0.4461	–0.2428	0.4885
	每股资本公积金(元)	0.8201	0.8201	0.8201	1.0661
	每股盈余公积金(元)	0.5000	0.5000	0.4317	0.5613
	每股未分配利润(元)	7.3867	6.3063	5.2370	6.8811
	净资产收益率(%)	11.1303	28.7654	17.9400	38.0404
	加权净资产收益率(%)	11.7900	31.1300	16.8300	43.1800
	净资产收益率(扣除)(%)	–	–	–	–
	总资产(万元)	824971.63	812313.46	699439.63	729594.42
	归属母公司股东权益(万元)	665367.84	591310.42	513331.95	501364.17
	主营业务收入(万元)	253439.84	555644.25	300145.57	593987.56
	营业收入(万元)	253937.82	564353.06	301258.41	602754.92
	主营成本(万元)	75791.71	135987.36	72187.78	–
	营业成本(万元)	75969.21	140108.90	72783.35	143941.71
	投资收益(万元)	–	–	–	5.21
	净利润(万元)	74057.42	170092.81	92114.35	190720.87
	利润总额(万元)	98504.97	227017.58	122728.90	253965.32

吉林电力股份有限公司

公司概况	公司名称	吉林电力股份有限公司			证券简称	吉电股份
	法人代表	陶新建	董秘	宋新阳	证券代码	000875
	公司网址	www.cpijl.com		电子信箱	jdgf875@cpijl.com	
	电　　话	0431-81150933 81150932		传　　真	0431-81150997	
	办公地址	吉林省长春市人民大街 9699 号				
	经营范围	火电、水电、供热、工业供气、新能源的开发、投资、建设、生产与销售等				

主要财务指标	指标\报告期	2013.06.30	2012.12.31	2012.06.30	2011.12.31
	基本每股收益(元)	0.0578	–0.5344	–0.2882	0.0161
	基本每股收益(扣除)(元)	0.0310	–0.5622	–0.3137	–0.0547
	每股净资产(元)	2.4337	2.3271	2.5681	2.8563
	每股经营现金净流量(元)	0.5462	1.9828	0.3984	0.1196
	每股现金流量(元)	–0.1251	–0.8665	–0.5896	1.1213
	每股资本公积金(元)	2.0041	1.9553	1.9553	1.9553
	每股盈余公积金(元)	0.1173	0.1173	0.1173	0.1173
	每股未分配利润(元)	–0.6877	–0.7455	–0.5045	–0.2163
	净资产收益率(%)	2.3769	–22.9631	–11.2200	0.5650
	加权净资产收益率(%)	2.4300	–20.6000	–10.6300	0.5700
	净资产收益率(扣除)(%)	–	–	–	–
	总资产(万元)	1617578.52	1597128.51	1621795.18	1710823.70
	归属母公司股东权益(万元)	204210.72	195268.81	215493.14	239674.54
	主营业务收入(万元)	195210.46	401656.39	202390.20	411779.63
	营业收入(万元)	212481.25	438371.94	221836.92	455735.58
	主营成本(万元)	154442.57	372347.85	190875.37	362275.22
	营业成本(万元)	170493.46	407759.85	208497.74	395956.44
	投资收益(万元)	159.74	2772.54	–63.92	–795.39
	净利润(万元)	4799.00	–46997.57	–25130.35	3611.28
	利润总额(万元)	5233.30	–45999.77	–25130.35	4027.22

新希望六和股份有限公司

公司概况	公司名称	新希望六和股份有限公司			证券简称	新希望
	法人代表	刘永好	董秘	向川	证券代码	000876
	公司网址	www.newhopeagri.com		电子信箱	gfdsb@newhopegroup.com	
	电　话	028-82000876 85950011		传　真	028-85950022	
	办公地址	四川省成都市锦江工业园区金石路376号				
	经营范围	配合饲料、浓缩饲料、精料补充料的生产、加工、销售等				

主要财务指标	指标\报告期	2013.06.30	2012.12.31	2012.06.30	2011.12.31
	基本每股收益(元)	0.4900	0.9800	0.5700	1.5200
	基本每股收益(扣除)(元)	0.5000	0.9700	0.5800	1.3700
	每股净资产(元)	6.8946	6.4702	6.2600	5.5200
	每股经营现金净流量(元)	-0.0754	1.1809	0.2931	1.2212
	每股现金流量(元)	-0.4216	0.4825	0.3973	0.2725
	每股资本公积金(元)	0.9814	0.9030	0.9249	0.7621
	每股盈余公积金(元)	0.4307	0.4426	0.3869	0.3869
	每股未分配利润(元)	4.5468	4.1785	3.9952	3.4217
	净资产收益率(%)	7.0824	15.1853	9.1700	27.5720
	加权净资产收益率(%)	7.2400	16.5500	9.7400	30.9400
	净资产收益率(扣除)(%)	-	-	-	-
	总资产(万元)	2807220.72	2469880.08	2394663.67	2168951.28
	归属母公司股东权益(万元)	1198051.58	1124305.32	1087268.58	958508.86
	主营业务收入(万元)	3082687.70	7306173.54	3568445.15	7123908.14
	营业收入(万元)	3090983.92	7323832.64	3586667.88	7164004.72
	主营成本(万元)	2912086.81	6922147.27	3377581.24	6623478.02
	营业成本(万元)	2915383.29	6931636.34	3392284.27	6654960.94
	投资收益(万元)	113343.81	181121.93	91353.59	170328.19
	净利润(万元)	111661.68	219398.88	125246.56	334439.21
	利润总额(万元)	122032.63	247497.51	139184.65	362183.91

新疆天山水泥股份有限公司

公司概况	公司名称	新疆天山水泥股份有限公司			证券简称	天山股份
	法人代表	张丽荣	董秘	刘洪涛	证券代码	000877
	公司网址	www.sinoma-tianshan.cn		电子信箱	zhoulinying@sinoma-tianshan.cn	
	电　话	0991-6686791 668[illegible]790		传　真	0991-6686782	
	办公地址	新疆维吾尔自治区乌鲁木齐市河北东路1256号天合大厦				
	经营范围	水泥及其相关产品的生产、经营及销售等				

主要财务指标	指标\报告期	2013.06.30	2012.12.31	2012.06.30	2011.12.31
	基本每股收益(元)	0.0937	0.3700	0.1426	1.4500
	基本每股收益(扣除)(元)	-	0.3100	0.1329	2.8448
	每股净资产(元)	7.3201	7.3454	7.1000	11.6300
	每股经营现金净流量(元)	-0.1354	0.3733	-0.1887	2.9220
	每股现金流量(元)	0.9987	-0.7914	0.3416	1.3309
	每股资本公积金(元)	4.0290	4.0445	4.0396	5.4166
	每股盈余公积金(元)	0.1833	0.1833	0.1502	0.3399
	每股未分配利润(元)	2.0545	2.0709	1.8818	4.8214
	净资产收益率(%)	1.2795	4.9300	1.9700	24.9790
	加权净资产收益率(%)	1.2700	5.1100	1.9800	27.5900
	净资产收益率(扣除)(%)	-	-	-	-
	总资产(万元)	22[illegible]8804.03	1915653.07	1843829.22	1553954.94
	归属母公司股东权益(万元)	644243.00	646473.61	624913.77	452467.71
	主营业务收入(万元)	341470.32	757188.88	334266.25	820087.57
	营业收入(万元)	346381.85	769918.01	338380.44	827778.81
	主营成本(万元)	2[illegible]9196.49	602804.51	257847.74	551343.01
	营业成本(万元)	2[illegible]4093.92	613540.60	260682.34	555973.96
	投资收益(万元)	-446.30	1161.40	661.06	6404.75
	净利润(万元)	9357.44	48193.85	16385.73	140402.58
	利润总额(万元)	11141.79	49750.95	17954.00	165337.43

云南铜业股份有限公司

公司概况	公司名称	云南铜业股份有限公司			证券简称	云南铜业
	法人代表	武建强	董秘	彭捍东	证券代码	000878
	公司网址	www.yunnan-copper.com		电子信箱	ytdm@yunnancopper.com	
	电　话	0871-3106732 3106792		传　真	0871-3106735	
	办公地址	云南省昆明市人民东路111号				
	经营范围	生产和销售电解铜、异型铜线杆为主,工业硫酸、黄金、白银等附加产品为辅				

主要财务指标	指标\报告期	2013.06.30	2012.12.31	2012.06.30	2011.12.31
	基本每股收益(元)	-0.5770	0.0200	0.1890	0.4400
	基本每股收益(扣除)(元)	-0.5880	-0.1400	0.1120	0.3600
	每股净资产(元)	4.2645	4.8829	5.0800	4.8700
	每股经营现金净流量(元)	2.0241	1.7043	1.9950	1.4656
	每股现金流量(元)	-0.4091	0.3231	0.6771	-0.2641
	每股资本公积金(元)	3.0401	3.1066	3.1037	3.1195
	每股盈余公积金(元)	0.3141	0.3141	0.3141	0.3141
	每股未分配利润(元)	-0.1455	0.4320	0.6004	0.4114
	净资产收益率(%)	-13.5426	0.3598	3.7200	9.0130
	加权净资产收益率(%)	-12.6300	0.3600	3.8000	10.3300
	净资产收益率(扣除)(%)	-	-	-	-
	总资产(万元)	2807493.66	3176878.56	3200090.02	3056194.14
	归属母公司股东权益(万元)	604019.87	691614.63	719379.85	690013.22
	主营业务收入(万元)	1522842.58	4040285.22	1827921.55	3483866.32
	营业收入(万元)	1541965.89	4082585.95	1847298.33	3524329.86
	主营成本(万元)	1516046.79	3763846.38	1696375.48	3093909.87
	营业成本(万元)	1531588.52	3795175.93	1711254.91	3120829.06
	投资收益(万元)	1350.36	14349.52	11190.95	5785.48
	净利润(万元)	-80205.45	13113.52	29891.49	83674.51
	利润总额(万元)	-77093.56	27474.44	32132.09	112562.00

潍柴重机股份有限公司

公司概况	公司名称	潍柴重机股份有限公司			证券简称	潍柴重机
	法人代表	谭旭光	董秘	华观发	证券代码	000880
	公司网址	www.weichaihm.com		电子信箱	huagf@weichaihm.com	
	电　话	0536-2297972 2297071		传　真	0536-2297969	
	办公地址	山东省潍坊市民生东街26号				
	经营范围	内燃机及配件生产、销售、发电机及发电机组的生产、销售等				

主要财务指标	指标\报告期	2013.06.30	2012.12.31	2012.06.30	2011.12.31
	基本每股收益(元)	0.1200	0.2700	0.2000	0.7200
	基本每股收益(扣除)(元)	0.1100	0.2500	0.1900	0.7100
	每股净资产(元)	4.3425	4.2738	4.1400	4.0465
	每股经营现金净流量(元)	0.0667	0.3355	0.2040	0.9129
	每股现金流量(元)	-0.1536	-1.3195	-1.0568	-0.5454
	每股资本公积金(元)	2.1336	2.1336	2.1336	2.1336
	每股盈余公积金(元)	0.2279	0.2184	0.2061	0.1915
	每股未分配利润(元)	0.9687	0.9119	0.8028	0.7214
	净资产收益率(%)	2.6788	6.2557	4.8785	17.8175
	加权净资产收益率(%)	2.8500	6.4300	4.9600	19.6000
	净资产收益率(扣除)(%)	-	-	-	-
	总资产(万元)	284668.90	278035.72	301649.82	279168.29
	归属母公司股东权益(万元)	119895.40	118001.11	114374.55	111723.31
	主营业务收入(万元)	105623.24	199515.64	104858.85	224426.51
	营业收入(万元)	111412.90	210501.41	110770.04	238193.18
	主营成本(万元)	93988.75	175935.07	92194.65	192281.92
	营业成本(万元)	99153.82	186277.97	97248.40	204204.80
	投资收益(万元)	960.81	1171.64	426.89	926.84
	净利润(万元)	3211.76	7381.79	5579.78	19906.32
	利润总额(万元)	3713.29	8346.61	6524.18	20357.66

中国大连国际合作(集团)股份有限公司

公司概况	公司名称	中国大连国际合作(集团)股份有限公司			证券简称	大连国际
	法人代表	朱明义	董秘	崔巧会	证券代码	000881
	公司网址	www.cdigstock.com			电子信箱	jiangjianguo@china-cdig.com
	电　话	0411-83780412 83780066			传　真	0411-83780186
	办公地址	辽宁省大连市西岗区黄河路 219 号外经贸大厦				
	经营范围	对外承包工程、承担国家经援项目、国际劳务技术合作等				

主要财务指标	指标\报告期	2013.06.30	2012.12.31	2012.06.30	2011.12.31
	基本每股收益(元)	0.2100	0.6500	0.3900	0.7400
	基本每股收益(扣除)(元)	0.1700	0.4800	0.1920	0.5000
	每股净资产(元)	5.0848	5.0145	4.7600	4.4700
	每股经营现金净流量(元)	-0.2021	2.6692	0.3607	0.1597
	每股现金流量(元)	-1.3880	0.4951	-0.6695	0.2877
	每股资本公积金(元)	0.8213	0.8213	0.8213	0.8252
	每股盈余公积金(元)	0.4301	0.4301	0.4138	0.4138
	每股未分配利润(元)	3.0431	2.9293	2.6821	2.3952
	净资产收益率(%)	4.2054	12.9700	8.1300	16.6480
	加权净资产收益率(%)	4.2100	13.7400	8.3100	17.2700
	净资产收益率(扣除)(%)	-	-	-	-
	总资产(万元)	556959.23	613558.84	600150.40	635049.15
	归属母公司股东权益(万元)	157078.80	154906.65	147122.98	138170.42
	主营业务收入(万元)	67751.07	262639.12	108278.61	171657.54
	营业收入(万元)	67872.49	266502.74	108455.63	172217.54
	主营成本(万元)	49304.31	200710.81	84950.29	123521.07
	营业成本(万元)	49341.11	204443.34	85014.34	123703.66
	投资收益(万元)	1151.49	11485.94	10177.69	10916.28
	净利润(万元)	6603.60	25625.20	15405.98	28642.90
	利润总额(万元)	9086.79	32864.43	19193.64	33140.11

北京华联商厦股份有限公司

公司概况	公司名称	北京华联商厦股份有限公司			证券简称	华联股份
	法人代表	赵国清	董秘	池伟	证券代码	000882
	公司网址	www.beijing-hualian.com			电子信箱	hlgf000882@sina.com
	电　话	010-57391951			传　真	010-57391951
	办公地址	北京市大兴区青云店镇祥云路北四条 208 号创新中心 2 号楼三层办公区				
	经营范围	销售百货和商业地产开发与购物中心运营管理等				

主要财务指标	指标\报告期	2013.06.30	2012.12.31	2012.06.30	2011.12.31
	基本每股收益(元)	0.0296	0.0490	0.0316	0.0610
	基本每股收益(扣除)(元)	0.0293	0.0360	0.0309	0.0040
	每股净资产(元)	2.6902	2.7083	3.2200	3.2600
	每股经营现金净流量(元)	0.1659	-0.0301	0.2058	0.2284
	每股现金流量(元)	0.2036	-0.7846	-0.2032	-0.6409
	每股资本公积金(元)	1.5094	1.5122	2.0164	2.0160
	每股盈余公积金(元)	0.0545	0.0545	0.0600	0.0600
	每股未分配利润(元)	0.1262	0.1416	0.1477	0.1861
	净资产收益率(%)	1.1008	1.8230	0.9800	2.2470
	加权净资产收益率(%)	1.0900	1.8200	0.9600	2.1800
	净资产收益率(扣除)(%)	-	-	-	-
	总资产(万元)	785979.86	738492.58	586665.46	597601.14
	归属母公司股东权益(万元)	288375.21	290317.42	288005.33	291405.95
	主营业务收入(万元)	45278.03	73530.33	33802.60	60161.95
	营业收入(万元)	51707.36	84842.11	38818.73	62280.94
	主营成本(万元)	22055.65	32469.35	17629.60	35009.24
	营业成本(万元)	25064.18	38732.10	17629.60	35009.24
	投资收益(万元)	1672.27	3570.10	1818.22	10186.63
	净利润(万元)	3457.45	5349.56	3190.10	6676.29
	利润总额(万元)	4298.53	6527.59	3539.38	7311.44

湖北能源集团股份有限公司

公司概况	公司名称	湖北能源集团股份有限公司			证券简称	湖北能源
	法人代表	肖宏江	董秘	周江	证券代码	000883
	公司网址	www.hbny.com.cn			电子信箱	zq@hbny.com.cn
	电　话	027-86621100			传　真	027-86621109
	办公地址	湖北省武汉市武昌区徐东大街 96 号				
	经营范围	能源投资、开发与管理、国家政策允许范围内的其他经营业务等				

主要财务指标	指标\报告期	2013.06.30	2012.12.31	2012.06.30	2011.12.31
	基本每股收益(元)	0.2200	0.3000	0.1700	0.2900
	基本每股收益(扣除)(元)	0.2200	0.3100	0.1600	0.2000
	每股净资产(元)	4.9889	4.8100	4.5600	4.4200
	每股经营现金净流量(元)	0.2932	1.2148	0.7027	0.9180
	每股现金流量(元)	-0.3664	0.0697	-0.2992	0.8971
	每股资本公积金(元)	2.8714	2.8696	2.4952	2.4855
	每股盈余公积金(元)	0.0979	0.0979	0.1197	0.1197
	每股未分配利润(元)	1.0196	0.8412	0.9441	0.8110
	净资产收益率(%)	4.3777	5.2059	3.8000	6.5683
	加权净资产收益率(%)	4.4400	6.5500	3.8400	6.9500
	净资产收益率(扣除)(%)	-	-	-	-
	总资产(万元)	3205633.36	3210405.18	3102496.56	3131505.38
	归属母公司股东权益(万元)	1334212.25	1286014.02	942697.64	913192.69
	主营业务收入(万元)	353040.29	1027114.20	514539.33	957880.99
	营业收入(万元)	357704.32	1029636.73	516274.97	960754.53
	主营成本(万元)	259907.86	824237.92	407953.14	797317.32
	营业成本(万元)	260732.32	824939.19	408102.31	798661.60
	投资收益(万元)	16071.53	11720.21	4392.95	20781.29
	净利润(万元)	65827.78	70924.95	35739.64	56867.08
	利润总额(万元)	70748.47	84231.75	48645.93	72485.25

河南同力水泥股份有限公司

公司概况	公司名称	河南同力水泥股份有限公司			证券简称	同力水泥
	法人代表	郭海泉	董秘	侯绍民	证券代码	000885
	公司网址	www.tlcement.com			电子信箱	tlsn000885@163.com
	电　话	0371-69158113 69158315			传　真	0371-69158112
	办公地址	河南省郑州市农业路 41 号投资大厦 A 座 8、9 层				
	经营范围	水泥制造业				

主要财务指标	指标\报告期	2013.06.30	2012.12.31	2012.06.30	2011.12.31
	基本每股收益(元)	0.0639	0.5002	0.2273	0.7333
	基本每股收益(扣除)(元)	0.0507	0.4700	0.2918	0.9591
	每股净资产(元)	3.9383	5.0315	4.7700	5.8100
	每股经营现金净流量(元)	0.2097	2.1813	1.2512	3.1283
	每股现金流量(元)	0.2069	-0.3400	0.2473	0.2555
	每股资本公积金(元)	2.2360	3.2056	3.2011	4.4593
	每股盈余公积金(元)	0.0818	0.1063	0.1063	0.1382
	每股未分配利润(元)	0.5463	0.6272	0.4225	0.1651
	净资产收益率(%)	1.6218	9.9413	6.1900	16.3980
	加权净资产收益率(%)	1.6400	10.5900	6.4000	17.9800
	净资产收益率(扣除)(%)	-	-	-	-
	总资产(万元)	529226.03	521766.26	556102.48	481679.98
	归属母公司股东权益(万元)	168085.09	165187.41	156711.50	146809.52
	主营业务收入(万元)	182889.56	410451.25	196992.15	400322.02
	营业收入(万元)	184239.49	412030.78	197302.77	402443.77
	主营成本(万元)	151386.21	317521.72	149446.30	300702.74
	营业成本(万元)	152397.00	318454.12	149586.03	301122.65
	投资收益(万元)	-	-	-	-
	净利润(万元)	5740.39	25186.69	14054.09	33260.49
	利润总额(万元)	9415.19	37970.35	19970.71	45017.22

海南高速公路股份有限公司

公司概况	公司名称	海南高速公路股份有限公司		证券简称	海南高速
	法人代表	温国明	董秘　陈求仲	证券代码	000886
	公司网址	www.hi-expressway.com		电子信箱	hainangaosu@126.com
	电　　话	0898-66768394		传　　真	0898-66790647
	办公地址	海南省海口市蓝天路 16 号高速公路大楼			
	经营范围	高等级公路勘测、设计、养护、管理服务、房地产开发经营等			

主要财务指标	指标\报告期	2013.06.30	2012.12.31	2012.06.30	2011.12.31
	基本每股收益(元)	0.0770	0.0930	0.0750	0.1580
	基本每股收益(扣除)(元)	0.0670	0.0860	0.0650	0.1340
	每股净资产(元)	2.7085	2.6279	2.6090	2.5320
	每股经营现金净流量(元)	−0.0363	0.3294	0.3393	0.1768
	每股现金流量(元)	−0.3433	0.4101	0.3541	0.0498
	每股资本公积金(元)	0.9582	0.9565	0.9558	0.9560
	每股盈余公积金(元)	0.3368	0.3368	0.3292	0.3292
	每股未分配利润(元)	0.4068	0.3294	0.3188	0.2439
	净资产收益率(%)	2.8600	3.5400	2.8700	6.2520
	加权净资产收益率(%)	2.9000	3.6100	2.9130	6.3500
	净资产收益率(扣除)(%)	–	–	–	–
	总资产(万元)	301903.21	298381.91	295129.80	298227.59
	归属母公司股东权益(万元)	267821.36	259856.83	257978.43	250403.78
	主营业务收入(万元)	19619.32	34168.64	20043.52	52874.74
	营业收入(万元)	19644.66	34312.25	20066.46	53008.49
	主营成本(万元)	7481.89	13839.02	7159.31	–
	营业成本(万元)	7482.77	13839.02	7159.31	18454.16
	投资收益(万元)	2546.27	5034.69	2587.17	3391.27
	净利润(万元)	7632.47	9184.25	7398.95	15636.15
	利润总额(万元)	8997.20	11077.32	8873.34	19149.90

安徽中鼎密封件股份有限公司

公司概况	公司名称	安徽中鼎密封件股份有限公司		证券简称	中鼎股份
	法人代表	夏鼎湖	董秘　饶建民	证券代码	000887
	公司网址	www.zhongdinggroup.com		电子信箱	bsx@zhongdinggroup.com
	电　　话	0563-4181887　18956[illegible]93887		传　　真	0563-4181880　6071
	办公地址	安徽省宁国市经济技术开发区			
	经营范围	液压气动密封件、汽车非轮胎橡胶制品(制动、减震除外)生产和销售等			

主要财务指标	指标\报告期	2013.06.30	2012.12.31	2012.06.30	2011.12.31
	基本每股收益(元)	0.2500	0.8700	0.1900	0.5000
	基本每股收益(扣除)(元)	0.1900	0.5100	0.3400	0.4400
	每股净资产(元)	1.9259	3.1973	2.6700	2.3200
	每股经营现金净流量(元)	0.0528	0.7032	0.1117	0.1877
	每股现金流量(元)	−0.1496	0.5093	0.0060	0.1885
	每股资本公积金(元)	0.1268	0.2275	0.2244	0.2184
	每股盈余公积金(元)	0.1515	0.2728	0.2043	0.2043
	每股未分配利润(元)	0.6581	1.7007	1.2486	0.9018
	净资产收益率(%)	12.8038	27.1273	12.9700	21.4010
	加权净资产收益率(%)	13.0100	31.4300	13.8800	23.8600
	净资产收益率(扣除)(%)	–	–	–	–
	总资产(万元)	428956.09	390692.72	321920.87	304534.83
	归属母公司股东权益(万元)	206534.27	190487.80	159311.37	138287.42
	主营业务收入(万元)	187387.56	318542.58	157772.75	294329.82
	营业收入(万元)	196146.61	336902.07	164068.18	305311.80
	主营成本(万元)	130659.59	224869.06	110341.02	211821.23
	营业成本(万元)	136290.04	238441.73	113284.32	219947.96
	投资收益(万元)	4452.63	23564.15	–	–
	净利润(万元)	26814.89	54869.74	22642.36	33351.02
	利润总额(万元)	31983.15	64569.54	25797.19	39549.01

峨眉山旅游股份有限公司

公司概况	公司名称	峨眉山旅游股份有限公司		证券简称	峨眉山 A
	法人代表	马元祝	董秘　张华仙	证券代码	000888
	公司网址	www.ems517.com		电子信箱	000888@ems517.com
	电　　话	0833-5544568　5528075		传　　真	0833-5526666
	办公地址	四川省峨眉山市名山南路 41 号			
	经营范围	提供旅游、索道运输、旅店、中餐、西餐、酒水、茶座、游艺室、音乐厅等			

主要财务指标	指标\报告期	2013.06.30	2012.12.31	2012.06.30	2011.12.31
	基本每股收益(元)	0.1254	0.8029	0.2187	0.6170
	基本每股收益(扣除)(元)	–	0.8142	0.2198	0.6258
	每股净资产(元)	4.4344	4.4890	3.9000	3.8400
	每股经营现金净流量(元)	0.4019	1.0451	0.2503	1.1865
	每股现金流量(元)	−0.2559	−0.1609	−0.3641	0.2300
	每股资本公积金(元)	1.0687	1.0687	1.0687	1.0687
	每股盈余公积金(元)	0.4252	0.4252	0.3449	0.3449
	每股未分配利润(元)	1.9405	1.9952	1.4912	1.4224
	净资产收益率(%)	2.8272	17.8863	5.6000	16.0830
	加权净资产收益率(%)	2.7900	19.2900	5.6500	17.1900
	净资产收益率(扣除)(%)	–	–	–	–
	总资产(万元)	131432.75	130163.32	115581.00	121546.77
	归属母公司股东权益(万元)	104291.38	105576.26	91836.86	90220.36
	主营业务收入(万元)	36438.81	94158.13	42016.02	89749.09
	营业收入(万元)	36615.33	95110.70	42838.28	90765.48
	主营成本(万元)	21673.16	50129.25	23628.18	50452.84
	营业成本(万元)	21787.93	50598.88	24050.52	50699.37
	投资收益(万元)	6.56	−44.79	8.32	3.22
	净利润(万元)	2896.08	18875.25	5123.49	14475.55
	利润总额(万元)	3418.11	22285.16	6037.23	17106.28

茂业物流股份有限公司

公司概况	公司名称	茂业物流股份有限公司		证券简称	茂业物流
	法人代表	王福琴	董秘　焦海青	证券代码	000889
	公司网址	www.hlsc.com.cn		电子信箱	hqjiao@sohu.com
	电　　话	0335-3733868　328[illegible]602		传　　真	0335-3023349
	办公地址	河北省秦皇岛市海港区河北大街 146 号金原国际商务大厦			
	经营范围	针纺织品、日用百货、土产日杂、服装鞋帽、五金交电、化工产品等			

主要财务指标	指标\报告期	2013.06.30	2012.12.31	2012.06.30	2011.12.31
	基本每股收益(元)	0.1304	0.2475	0.1442	0.1861
	基本每股收益(扣除)(元)	–	0.1931	0.1432	0.1738
	每股净资产(元)	2.5329	2.4275	2.2790	2.9161
	每股经营现金净流量(元)	0.1483	0.3967	0.0965	0.2399
	每股现金流量(元)	−0.2617	−0.0165	−0.1249	0.1023
	每股资本公积金(元)	0.9370	0.9370	0.8512	1.5745
	每股盈余公积金(元)	0.0655	0.0655	0.0491	0.0536
	每股未分配利润(元)	0.5304	0.4250	0.3783	0.2880
	净资产收益率(%)	5.1479	10.1959	7.9900	8.3933
	加权净资产收益率(%)	5.2400	10.6200	6.0800	9.9100
	净资产收益率(扣除)(%)	–	–	–	–
	总资产(万元)	172848.73	182952.35	148166.91	139618.33
	归属母公司股东权益(万元)	112845.13	108149.81	77177.15	98770.16
	主营业务收入(万元)	107655.22	183489.63	98929.88	133256.04
	营业收入(万元)	111489.44	192649.15	103749.64	192368.24
	主营成本(万元)	–	–	–	135444.30
	营业成本(万元)	92083.67	151577.44	82496.52	152853.12
	投资收益(万元)	–	50.00	–	–
	净利润(万元)	5802.13	11024.22	6171.95	8279.75
	利润总额(万元)	8095.47	15572.81	8377.92	11348.93

江苏法尔胜股份有限公司

公司概况	公司名称	江苏法尔胜股份有限公司			证券简称	法 尔 胜
	法人代表	蒋纬球	董秘	张文栋	证券代码	000890
	公司网址	www.fasten.com.cn		电子信箱	zhang_wendong@chinafasten.com	
	电　话	0510-86119890		传　真	0510-86102007	
	办公地址	江苏省江阴市澄江中路165号				
	经营范围	钢丝、钢丝绳、缆索、光缆等产品的生产及销售、钢材的销售等				

主要财务指标	指标\报告期	2013.06.30	2012.12.31	2012.06.30	2011.12.31
	基本每股收益(元)	0.0136	0.0274	0.0113	0.0354
	基本每股收益(扣除)(元)	–	–0.0653	0.0101	–0.1037
	每股净资产(元)	2.7576	2.7440	2.7479	2.7400
	每股经营现金净流量(元)	–0.1181	1.0372	0.4296	–0.9548
	每股现金流量(元)	0.1669	–0.3810	–0.1443	–0.6434
	每股资本公积金(元)	1.2372	1.2372	1.2372	1.2372
	每股盈余公积金(元)	0.1914	0.1914	0.1914	0.1914
	每股未分配利润(元)	0.3291	0.3154	0.3194	0.3080
	净资产收益率(%)	0.4937	1.0002	0.4100	1.2930
	加权净资产收益率(%)	0.4900	1.0000	0.4100	1.2900
	净资产收益率(扣除)(%)	–	–	–	–
	总资产(万元)	317093.98	292737.18	324723.15	330074.72
	归属母公司股东权益(万元)	104691.27	104174.44	104323.09	103893.43
	主营业务收入(万元)	76308.73	170474.12	85312.98	172317.68
	营业收入(万元)	78509.97	175841.42	87901.22	181052.95
	主营成本(万元)	63110.17	146605.05	73236.31	153459.91
	营业成本(万元)	64941.28	149863.12	75123.90	158691.13
	投资收益(万元)	1215.41	4892.31	1549.42	5216.79
	净利润(万元)	1189.79	1727.05	955.48	1321.60
	利润总额(万元)	1885.03	2179.12	1465.68	2213.24

星美联合股份有限公司

公司概况	公司名称	星美联合股份有限公司			证券简称	星美联合
	法人代表	何家盛	董秘	徐虹	证券代码	000892
	公司网址			电子信箱	stellarmegaunion@yahoo.cn	
	电　话	023-88639066		传　真	023-88639061	
	办公地址	重庆市江北区北城天街15号富力海洋广场2幢1402室				
	经营范围	通信产业投资、通信设备制造、通信工程及技术咨询等				

主要财务指标	指标\报告期	2013.06.30	2012.12.31	2012.06.30	2011.12.31
	基本每股收益(元)	0.0009	0.0033	0.0022	0.0015
	基本每股收益(扣除)(元)	0.0008	0.0024	0.0017	0.0013
	每股净资产(元)	0.0154	0.0145	0.0134	0.0112
	每股经营现金净流量(元)	0.0010	0.0004	–0.0008	0.0137
	每股现金流量(元)	0.0010	0.0004	–0.0008	0.0137
	每股资本公积金(元)	0.2144	0.2144	0.2144	0.2144
	每股盈余公积金(元)	–	–	–	–
	每股未分配利润(元)	–1.1990	–1.1999	–1.2010	–1.2032
	净资产收益率(%)	5.9416	22.7600	16.4216	13.6510
	加权净资产收益率(%)	6.1200	25.6900	17.8900	–
	净资产收益率(扣除)(%)	–	–	–	–
	总资产(万元)	718.51	677.96	629.12	668.35
	归属母公司股东权益(万元)	636.11	598.32	552.91	462.12
	主营业务收入(万元)	715.84	1165.54	319.99	448.79
	营业收入(万元)	715.84	1165.54	319.99	1788.23
	主营成本(万元)	477.59	690.82	6.73	11.77
	营业成本(万元)	477.59	690.82	6.73	1351.21
	投资收益(万元)	–	–	–	–
	净利润(万元)	37.80	136.20	90.80	63.08
	利润总额(万元)	83.31	210.35	138.72	127.25

广州东凌粮油股份有限公司

公司概况	公司名称	广州东凌粮油股份有限公司			证券简称	东凌粮油
	法人代表	侯勋田	董秘	侯勋田(代)	证券代码	000893
	公司网址	www.dongling.cn		电子信箱	stock@dongling.cn	
	电　话	020-85506292 85506280		传　真	020-85506216 85506263	
	办公地址	广东省广州市珠江新城珠江东路32号利通广场29楼				
	经营范围	植物油加工业等				

主要财务指标	指标\报告期	2013.06.30	2012.12.31	2012.06.30	2011.12.31
	基本每股收益(元)	0.1200	0.1600	0.0100	–0.8500
	基本每股收益(扣除)(元)	0.1200	–0.3200	0.0300	–0.8700
	每股净资产(元)	3.3828	1.5512	1.4000	1.3900
	每股经营现金净流量(元)	1.2071	–2.7883	4.0820	4.5288
	每股现金流量(元)	0.7052	3.0295	1.2735	–0.1931
	每股资本公积金(元)	1.9985	0.0437	0.0438	0.0438
	每股盈余公积金(元)	0.0820	0.0986	0.0941	0.0941
	每股未分配利润(元)	0.3088	0.4173	0.2723	0.2575
	净资产收益率(%)	3.3549	10.5970	1.0600	–61.1170
	加权净资产收益率(%)	4.7000	11.1900	1.0700	–46.7500
	净资产收益率(扣除)(%)	–	–	–	–
	总资产(万元)	692412.69	681118.91	594947.10	382240.23
	归属母公司股东权益(万元)	90245.31	34435.74	31085.64	30768.67
	主营业务收入(万元)	489497.45	831672.33	375019.87	672341.76
	营业收入(万元)	489497.45	831682.05	375019.87	672341.76
	主营成本(万元)	480800.44	817821.85	362587.50	678102.84
	营业成本(万元)	480800.44	817821.85	362587.50	678102.84
	投资收益(万元)	–4711.39	6545.64	–4391.75	–597.56
	净利润(万元)	3300.38	3908.67	252.09	–19086.48
	利润总额(万元)	3736.21	6525.73	475.98	–18892.03

河南双汇投资发展股份有限公司

公司概况	公司名称	河南双汇投资发展股份有限公司			证券简称	双汇发展
	法人代表	万隆	董秘	祁勇耀	证券代码	000895
	公司网址	www.shuanghui.net		电子信箱	0895@shuanghui.net	
	电　话	0395-2676158 2676530		传　真	0395-2693259	
	办公地址	河南省漯河市双汇路1号双汇大厦				
	经营范围	畜禽屠宰、加工销售肉类食品、肉类罐头、速冻肉制品等				

主要财务指标	指标\报告期	2013.06.30	2012.12.31	2012.06.30	2011.12.31
	基本每股收益(元)	0.7680	2.6200	0.4656	1.2100
	基本每股收益(扣除)(元)	0.7430	2.2700	0.6547	0.8016
	每股净资产(元)	5.4814	10.6670	6.1900	15.0349
	每股经营现金净流量(元)	0.5138	4.1419	2.1981	3.8728
	每股现金流量(元)	–0.6640	1.5379	–2.1767	–0.7279
	每股资本公积金(元)	1.0217	2.9336	0.6309	6.0203
	每股盈余公积金(元)	0.3127	0.6254	0.9462	0.9462
	每股未分配利润(元)	3.1470	6.1079	3.6163	7.0682
	净资产收益率(%)	14.0115	24.5829	27.2994	14.6437
	加权净资产收益率(%)	13.9800	27.9300	10.7700	14.7600
	净资产收益率(扣除)(%)	–	–	–	–
	总资产(万元)	1670622.42	1669508.40	644988.10	1658555.62
	归属母公司股东权益(万元)	1206218.67	1173676.48	375321.45	911110.16
	主营业务收入(万元)	2019621.73	3940632.15	1817233.09	3536428.87
	营业收入(万元)	2030654.16	3970454.82	1832362.51	3583182.46
	主营成本(万元)	1616518.15	3240757.68	1507637.10	3068238.27
	营业成本(万元)	1621730.00	3256362.60	1517224.58	3102829.26
	投资收益(万元)	3166.05	5293.31	1964.21	2255.00
	净利润(万元)	178684.30	306895.97	111861.30	146480.15
	利润总额(万元)	226006.35	391088.99	144335.92	185983.17

天津津滨发展股份有限公司

公司概况	公司名称	天津津滨发展股份有限公司		证券简称	津滨发展
	法人代表	华志忠	董秘 于志丹	证券代码	000897
	公司网址	www.jbdc.com.cn		电子信箱	jbdsh@starinfo.net.cn
	电　话	022-66223226		传　真	022-66223273
	办公地址	天津市经济技术开发区黄海路98号津滨杰座2区B座			
	经营范围	基础设施开发、建设、经营、各类物资、商品的批发、零售等			

主要财务指标	指标\报告期	2013.06.30	2012.12.31	2012.06.30	2011.12.31
	基本每股收益(元)	-0.0745	0.0427	-0.0293	-0.1843
	基本每股收益(扣除)(元)	-0.0749	-0.0766	-0.0295	-0.1794
	每股净资产(元)	1.0619	1.1364	1.0650	1.0943
	每股经营现金净流量(元)	0.1330	0.8825	0.1619	-0.3224
	每股现金流量(元)	-0.0626	0.6184	-0.3917	0.1886
	每股资本公积金(元)	0.1160	0.1160	0.1166	0.1166
	每股盈余公积金(元)	0.0402	0.0402	0.0402	0.0402
	每股未分配利润(元)	-0.0942	-0.0197	-0.0918	-0.0624
	净资产收益率(%)	-7.0147	3.7600	-2.7500	-16.8380
	加权净资产收益率(%)	-6.7800	3.8300	-2.7200	-15.1300
	净资产收益率(扣除)(%)	-	-	-	-
	总资产(万元)	1033873.37	1058815.76	886430.23	884893.66
	归属母公司股东权益(万元)	171744.54	183791.95	172232.26	176975.93
	主营业务收入(万元)	85527.92	234246.65	101239.66	147422.60
	营业收入(万元)	85527.92	250264.16	101239.66	147422.60
	主营成本(万元)	75410.33	197840.03	82814.59	-
	营业成本(万元)	75410.33	208851.13	82814.59	125257.73
	投资收益(万元)	-	20544.54	45.00	1766.23
	净利润(万元)	-11425.12	6194.17	-5139.19	-30110.87
	利润总额(万元)	-13772.58	9596.47	-5761.80	-34987.04

鞍钢股份有限公司

公司概况	公司名称	鞍钢股份有限公司		证券简称	*ST鞍钢
	法人代表	张晓刚	董秘 马连勇	证券代码	000898
	公司网址	www.ansteel.com.cn		电子信箱	ansteel@ansteel.com.cn
	电　话	0412-6734878 8416578		传　真	0412-6722093 6727772
	办公地址	辽宁省鞍山市铁西区鞍钢厂区			
	经营范围	黑色金属冶炼及钢压延加工等			

主要财务指标	指标\报告期	2013.06.30	2012.12.31	2012.06.30	2011.12.31
	基本每股收益(元)	0.0970	-0.5750	-0.2730	-0.2970
	基本每股收益(扣除)(元)	0.0880	-0.5810	-0.2770	-0.3140
	每股净资产(元)	6.4971	6.4400	6.7400	7.0100
	每股经营现金净流量(元)	1.4738	0.2008	0.2377	0.6445
	每股现金流量(元)	-0.0216	-0.0404	0.0352	-0.1811
	每股资本公积金(元)	4.3041	4.3490	4.3486	4.3481
	每股盈余公积金(元)	0.4948	0.4934	0.4934	0.4934
	每股未分配利润(元)	0.6889	0.5921	0.8936	1.1667
	净资产收益率(%)	1.4935	-8.9210	-4.0500	-4.2290
	加权净资产收益率(%)	1.5000	-8.5400	-3.9700	-4.0900
	净资产收益率(扣除)(%)	-	-	-	-
	总资产(万元)	8811600.00	10123700.00	10670900.00	10298800.00
	归属母公司股东权益(万元)	4700500.00	4659800.00	4879600.00	5075100.00
	主营业务收入(万元)	3688700.00	8619200.00	3926300.00	9020700.00
	营业收入(万元)	3692200.00	7774800.00	3937800.00	9042300.00
	主营成本(万元)	3239500.00	7537500.00	3819100.00	8619200.00
	营业成本(万元)	3242300.00	7563000.00	3832500.00	8640600.00
	投资收益(万元)	28400.00	41200.00	20100.00	40200.00
	净利润(万元)	68800.00	-438000.00	-208000.00	-233200.00
	利润总额(万元)	63200.00	-549600.00	-277900.00	-328100.00

江西赣能股份有限公司

公司概况	公司名称	江西赣能股份有限公司		证券简称	赣能股份
	法人代表	张惠良	董秘 李声意	证券代码	000899
	公司网址	www.000899.com		电子信箱	ganneng@000899.com
	电　话	0791-88109899 88109103		传　真	0791-88106119
	办公地址	江西省南昌市高新技术开发区火炬大街199号			
	经营范围	火力、水力发电、节能项目开发等			

主要财务指标	指标\报告期	2013.06.30	2012.12.31	2012.06.30	2011.12.31
	基本每股收益(元)	0.2903	0.2550	0.1153	-0.4199
	基本每股收益(扣除)(元)	0.2888	0.1600	0.0170	-0.4174
	每股净资产(元)	2.3201	2.0351	1.9100	1.8100
	每股经营现金净流量(元)	0.5779	1.4274	0.5270	0.0913
	每股现金流量(元)	0.0639	-0.2972	0.0494	0.3279
	每股资本公积金(元)	0.9157	0.9210	0.9341	0.9517
	每股盈余公积金(元)	0.2388	0.2388	0.2388	0.2388
	每股未分配利润(元)	0.1656	-0.1248	-0.2645	-0.3798
	净资产收益率(%)	12.5127	12.5309	6.0400	-23.1900
	加权净资产收益率(%)	13.3300	13.2600	6.1700	-20.7800
	净资产收益率(扣除)(%)	-	-	-	-
	总资产(万元)	612360.13	618211.12	674293.43	668420.25
	归属母公司股东权益(万元)	150038.52	131606.58	123416.62	117095.11
	主营业务收入(万元)	119972.55	255433.98	129782.50	257657.52
	营业收入(万元)	120551.16	257005.85	130466.08	258960.55
	主营成本(万元)	86811.23	212860.55	111952.19	256378.92
	营业成本(万元)	87055.56	213173.92	112185.44	256655.63
	投资收益(万元)	2466.61	12440.83	9358.09	7990.91
	净利润(万元)	18773.94	16491.47	7455.51	-27153.97
	利润总额(万元)	18773.94	16491.47	7455.51	-27153.97

现代投资股份有限公司

公司概况	公司名称	现代投资股份有限公司		证券简称	现代投资
	法人代表	宋伟杰	董秘 马玉国	证券代码	000900
	公司网址	www.xdtz.net		电子信箱	dongban@xdtz.net
	电　话	0731-85558888 6719 6716		传　真	0731-85163009
	办公地址	湖南省长沙市芙蓉中路二段279号金源大酒店北18楼19层			
	经营范围	投资经营公路、桥梁、隧道和渡口、投资高新技术产业、广告业等			

主要财务指标	指标\报告期	2013.06.30	2012.12.31	2012.06.30	2011.12.31
	基本每股收益(元)	0.4400	1.0800	0.5100	1.3700
	基本每股收益(扣除)(元)	0.4400	1.0400	0.7500	1.9300
	每股净资产(元)	9.8402	9.3771	13.6500	15.5171
	每股经营现金净流量(元)	1.2367	1.7293	1.4429	2.3756
	每股现金流量(元)	1.2943	-4.2652	-3.5685	3.7512
	每股资本公积金(元)	2.4047	2.3860	4.0701	6.7043
	每股盈余公积金(元)	1.0397	1.0397	1.3924	1.3924
	每股未分配利润(元)	5.3932	4.9489	7.1876	6.4183
	净资产收益率(%)	4.5159	11.5453	5.6400	13.2724
	加权净资产收益率(%)	4.6200	9.9900	4.8500	14.1700
	净资产收益率(扣除)(%)	-	-	-	-
	总资产(万元)	1321696.91	1174213.68	737699.84	1133902.71
	归属母公司股东权益(万元)	539183.42	561455.02	545000.25	619390.17
	主营业务收入(万元)	79189.84	149007.43	78512.93	183852.67
	营业收入(万元)	88439.57	168960.99	84035.60	194903.81
	主营成本(万元)	33349.96	47526.55	29290.17	65544.71
	营业成本(万元)	37496.54	60117.75	30142.27	68286.34
	投资收益(万元)	109.99	1412.29	819.32	2416.68
	净利润(万元)	26559.42	64125.60	30799.36	31220.27
	利润总额(万元)	35769.04	86472.73	40815.72	109338.88

航天科技控股集团股份有限公司

公司概况	公司名称	航天科技控股集团股份有限公司		证券简称	航天科技
	法人代表	郭友智	董秘 王玉伟	证券代码	000901
	公司网址	www.as-hitecn.com	电子信箱	simoe@sina.com	
	电　话	010-83636110 83636291	传　真	010-83636060	
	办公地址	北京市丰台区科学城海鹰路1号海鹰科技大厦15,16层			
	经营范围	汽车电子、环保监测、航天产品的研发、生产和销售的高新技术企业等			

主要财务指标	指标\报告期	2013.06.30	2012.12.31	2012.06.30	2011.12.31
	基本每股收益(元)	0.0678	0.1600	0.0752	0.2800
	基本每股收益(扣除)(元)	–	0.0800	0.0549	0.2100
	每股净资产(元)	3.1923	3.1400	3.2900	3.4200
	每股经营现金净流量(元)	–0.2347	–0.2648	–0.4970	0.0527
	每股现金流量(元)	–0.2319	–0.4082	–0.6303	0.0646
	每股资本公积金(元)	0.9361	0.9361	1.2455	1.3236
	每股盈余公积金(元)	0.2028	0.2028	0.1883	0.1989
	每股未分配利润(元)	1.0527	1.0049	0.8518	0.9018
	净资产收益率(%)	2.1248	4.9947	2.2897	8.1617
	加权净资产收益率(%)	2.1400	4.5200	2.1800	8.4100
	净资产收益率(扣除)(%)	–	–	–	–
	总资产(万元)	143142.28	135437.58	117264.03	125784.12
	归属母公司股东权益(万元)	79922.50	78711.96	82257.57	85729.85
	主营业务收入(万元)	54366.72	130298.76	46534.60	136574.17
	营业收入(万元)	54512.14	130788.11	46710.78	137684.91
	主营成本(万元)	44353.87	108425.27	36601.38	110565.65
	营业成本(万元)	44477.72	108708.21	36689.88	111458.81
	投资收益(万元)	839.10	693.40	693.40	711.73
	净利润(万元)	1800.41	4388.41	2059.05	7473.69
	利润总额(万元)	2143.20	5134.05	2377.77	8766.16

中国服装股份有限公司

公司概况	公司名称	中国服装股份有限公司		证券简称	中国服装
	法人代表	战英杰	董秘 胡革伟	证券代码	000902
	公司网址	www.chinagarments.net.cn	电子信箱	hugewei@126.com	
	电　话	010-65817498	传　真	010-64428240	
	办公地址	北京市朝阳区安贞西里三区26号浙江大厦17层			
	经营范围	纺织服装类产品的设计、生产和销售业务等			

主要财务指标	指标\报告期	2013.06.30	2012.12.31	2012.06.30	2011.12.31
	基本每股收益(元)	–0.1300	–0.1700	–0.1300	–0.1700
	基本每股收益(扣除)(元)	–0.1300	–0.1800	–0.1300	–0.1800
	每股净资产(元)	0.6627	0.8280	0.6627	0.8280
	每股经营现金净流量(元)	0.3332	–0.1922	0.3332	–0.1922
	每股现金流量(元)	0.2419	–0.4338	0.2419	–0.4338
	每股资本公积金(元)	0.1420	0.1795	0.1420	0.1795
	每股盈余公积金(元)	0.0523	0.0523	0.0523	0.0523
	每股未分配利润(元)	–0.5315	–0.4037	–0.5315	–0.4037
	净资产收益率(%)	–19.2828	–20.6790	–19.2828	–20.6790
	加权净资产收益率(%)	–17.2900	–18.7400	–17.2900	–18.7400
	净资产收益率(扣除)(%)	–	–	–	–
	总资产(万元)	118957.13	114776.87	118957.13	114776.87
	归属母公司股东权益(万元)	17097.52	21362.14	17097.52	21362.14
	主营业务收入(万元)	62138.40	155755.90	62138.40	155755.90
	营业收入(万元)	62851.82	156528.40	62851.82	156528.40
	主营成本(万元)	59515.11	148546.64	59515.11	148546.64
	营业成本(万元)	59882.16	148790.97	59882.16	148790.97
	投资收益(万元)	–18.64	101.31	–18.64	101.31
	净利润(万元)	–4252.08	–4696.23	–4252.08	–4696.23
	利润总额(万元)	–4267.46	–4620.67	–4267.46	–4620.67

昆明云内动力股份有限公司

公司概况	公司名称	昆明云内动力股份有限公司		证券简称	云内动力
	法人代表	杨波	董秘 蔡建明	证券代码	000903
	公司网址	www.yunneidongli.com	电子信箱	assets@yunneidongli.com	
	电　话	0871-5625802	传　真	0871-5633176	
	办公地址	云南省昆明经济技术开发区经景路66号			
	经营范围	多缸小缸径多缸柴油机及轻型载货车的开发、生产和销售等			

主要财务指标	指标\报告期	2013.06.30	2012.12.31	2012.06.30	2011.12.31
	基本每股收益(元)	0.1180	0.1000	0.0620	0.0590
	基本每股收益(扣除)(元)	0.0680	0.0700	0.0600	0.0160
	每股净资产(元)	3.8960	3.8283	3.7900	3.7900
	每股经营现金净流量(元)	0.2956	0.3776	0.0007	0.1734
	每股现金流量(元)	–0.5985	0.2247	–0.3333	–0.1983
	每股资本公积金(元)	1.8579	1.8579	1.8579	1.8579
	每股盈余公积金(元)	0.2983	0.2983	0.2909	0.2909
	每股未分配利润(元)	0.7399	0.6722	0.6424	0.6300
	净资产收益率(%)	3.0193	2.5993	1.6400	1.5520
	加权净资产收益率(%)	3.0300	2.6200	1.6400	1.5400
	净资产收益率(扣除)(%)	–	–	–	–
	总资产(万元)	577440.70	549751.12	430665.09	444483.88
	归属母公司股东权益(万元)	265226.63	260617.98	258086.68	257247.44
	主营业务收入(万元)	115507.73	222238.00	114502.37	216462.45
	营业收入(万元)	130983.06	238171.04	116080.43	219992.05
	主营成本(万元)	96478.30	184875.72	95401.73	184409.81
	营业成本(万元)	103327.06	195843.99	96086.96	185485.58
	投资收益(万元)	600.00	–1915.51	–	–
	净利润(万元)	7496.77	4302.02	3117.70	122.00
	利润总额(万元)	9134.92	5031.25	4295.48	1738.15

厦门港务发展股份有限公司

公司概况	公司名称	厦门港务发展股份有限公司		证券简称	厦门港务
	法人代表	柯东	董秘 刘翔	证券代码	000905
	公司网址	www.xmgw.com.cn	电子信箱	liux@xmgw.com.cn	
	电　话	0592-5829955	传　真	0592-5829990	
	办公地址	福建省厦门市湖里区长岸路海天港区联检大楼13楼			
	经营范围	码头及港口设施、货物装卸、仓储、综合物流、转运、多式联运等			

主要财务指标	指标\报告期	2013.06.30	2012.12.31	2012.06.30	2011.12.31
	基本每股收益(元)	0.1700	0.4500	0.1600	0.2700
	基本每股收益(扣除)(元)	0.1400	0.2100	0.1400	0.2100
	每股净资产(元)	3.8577	3.7379	3.4400	3.3000
	每股经营现金净流量(元)	0.0107	0.4054	0.1744	0.0910
	每股现金流量(元)	–0.2115	0.2505	–0.1791	–0.1245
	每股资本公积金(元)	0.4909	0.4909	0.4909	0.4909
	每股盈余公积金(元)	0.3250	0.3250	0.2950	0.2950
	每股未分配利润(元)	2.0299	1.9119	1.6469	1.5106
	净资产收益率(%)	4.3546	12.0719	4.5400	8.2890
	加权净资产收益率(%)	4.4000	12.8400	4.6200	8.6300
	净资产收益率(扣除)(%)	–	–	–	–
	总资产(万元)	378905.37	362533.44	307709.62	315743.52
	归属母公司股东权益(万元)	204846.07	198483.22	182737.46	175367.11
	主营业务收入(万元)	154309.17	294103.19	115130.21	242015.09
	营业收入(万元)	157497.96	299543.36	118049.81	242015.09
	主营成本(万元)	137857.12	258252.87	97075.05	204577.54
	营业成本(万元)	139602.31	260226.42	98387.13	205938.36
	投资收益(万元)	213.81	249.10	60.06	597.00
	净利润(万元)	10682.33	27336.90	10009.55	17777.37
	利润总额(万元)	13632.27	36002.59	12622.99	22363.66

物产中拓股份有限公司

公司概况	公司名称	物产中拓股份有限公司			证券简称	物产中拓
	法人代表	袁仁军	董秘	潘洁	证券代码	000906
	公司网址	www.zmd.com.cn			电子信箱	zmd000906@zmd.com.cn
	电　　话	0731-84588390　84588392			传　　真	0731-84588490　84588458
	办公地址	湖南省长沙市五一大道235号湘域中央1栋3-4楼				
	经营范围	金属材料、钢铁炉料、铁合金、焦炭、矿产品经营等				

	指标\报告期	2013.06.30	2012.12.31	2012.06.30	2011.12.31
主要财务指标	基本每股收益(元)	0.1100	0.0600	0.0800	0.2200
	基本每股收益(扣除)(元)	–	0.0300	0.0300	0.0800
	每股净资产(元)	3.0391	3.0235	3.0500	2.9600
	每股经营现金净流量(元)	0.2264	1.2779	–0.3799	0.0456
	每股现金流量(元)	0.7969	–0.2332	0.0940	0.0244
	每股资本公积金(元)	1.4652	1.5069	1.5070	1.5073
	每股盈余公积金(元)	0.0812	0.0812	0.0764	0.0744
	每股未分配利润(元)	0.4928	0.4354	0.4629	0.3827
	净资产收益率(%)	3.5327	1.9909	2.7000	7.5710
	加权净资产收益率(%)	3.5400	2.0100	2.7400	7.8700
	净资产收益率(扣除)(%)	–	–	–	–
	总资产(万元)	574955.51	387816.81	533865.22	430451.48
	归属母公司股东权益(万元)	100475.82	99958.50	100713.39	98002.66
	主营业务收入(万元)	1112296.27	2480776.73	1098817.88	2385305.63
	营业收入(万元)	1112735.47	2481367.11	1099092.99	2386149.13
	主营成本(万元)	1093014.88	2445252.74	1078543.01	2345245.95
	营业成本(万元)	1093107.59	2445492.51	1078623.20	2345402.62
	投资收益(万元)	–409.57	2495.81	–83.78	2868.23
	净利润(万元)	4399.74	2057.19	3083.13	8489.88
	利润总额(万元)	6085.02	3108.79	3866.27	10666.45

湖南天一科技股份有限公司

公司概况	公司名称	湖南天一科技股份有限公司			证券简称	*ST天一
	法人代表	王海	董秘	唐治	证券代码	000908
	公司网址	www.hntane.com			电子信箱	tzhi8282@163.com
	电　　话	0731-88913276　88913156			传　　真	0731-88913156
	办公地址	湖南省长沙市韶山北路338号华盛花园3栋7层				
	经营范围	稠油泵、油气混输泵、工业潜污泵、系列潜水电泵等				

	指标\报告期	2013.06.30	2012.12.31	2012.06.30	2011.12.31
主要财务指标	基本每股收益(元)	–0.0422	–0.2171	–0.0620	–0.2035
	基本每股收益(扣除)(元)	–0.0544	–0.2240	–0.0620	–0.2064
	每股净资产(元)	–0.2582	–0.2160	–0.0610	0.0010
	每股经营现金净流量(元)	–0.0201	0.0013	–0.0163	–0.0245
	每股现金流量(元)	0.0240	–0.0020	0.0001	–0.0408
	每股资本公积金(元)	0.4028	0.4028	0.4028	0.4028
	每股盈余公积金(元)	0.0803	0.0803	0.0803	0.0803
	每股未分配利润(元)	–1.7413	–1.6990	–1.5437	–1.4819
	净资产收益率(%)	–16.3592	–100.5341	–104.7900	–17638.3032
	加权净资产收益率(%)	–	–202.1500	–220.0100	–197.7600
	净资产收益率(扣除)(%)	–	–	–	–
	总资产(万元)	36691.30	37013.29	39782.30	42144.76
	归属母公司股东权益(万元)	–7230.06	–6047.28	–1697.68	32.30
	主营业务收入(万元)	6844.12	14364.77	6418.08	13762.77
	营业收入(万元)	6917.38	14526.71	6480.71	13903.08
	主营成本(万元)	5770.85	12135.80	5072.48	11788.20
	营业成本(万元)	5824.88	12197.57	5099.06	11874.03
	投资收益(万元)	–4.39	–3.31	–	–
	净利润(万元)	–1183.97	–6094.58	–1730.80	–5705.45
	利润总额(万元)	–1190.68	–6107.65	–1730.80	–5637.88

数源科技股份有限公司

公司概况	公司名称	数源科技股份有限公司			证券简称	数源科技
	法人代表	章国经	董秘	丁毅	证券代码	000909
	公司网址	www.soyea.com.cn			电子信箱	stock@soyea.com.cn
	电　　话	0571-88271018			传　　真	0571-88271038
	办公地址	浙江省杭州市西湖区教工路一号				
	经营范围	数字(模拟)彩色电视机、数字视音频产品、数字电子计算机及外部设备等				

	指标\报告期	2013.06.30	2012.12.31	2012.06.30	2011.12.31
主要财务指标	基本每股收益(元)	0.0700	0.2200	0.0700	0.2400
	基本每股收益(扣除)(元)	0.0500	0.1700	0.0800	0.3200
	每股净资产(元)	2.2574	3.2818	3.1700	3.1600
	每股经营现金净流量(元)	–0.6060	0.1299	–0.2786	–0.7696
	每股现金流量(元)	–0.2844	–0.6067	0.3463	1.3226
	每股资本公积金(元)	0.7586	1.6379	1.6382	1.6379
	每股盈余公积金(元)	0.0299	0.0448	0.0425	0.0425
	每股未分配利润(元)	0.4690	0.5991	0.4885	0.4845
	净资产收益率(%)	3.0820	6.6087	3.2800	7.6890
	加权净资产收益率(%)	3.1300	6.7500	3.2800	7.6900
	净资产收益率(扣除)(%)	–	–	–	–
	总资产(万元)	370364.01	357825.12	356145.22	320919.65
	归属母公司股东权益(万元)	66367.97	64322.51	62115.07	62031.62
	主营业务收入(万元)	54048.19	123667.92	51854.18	131867.76
	营业收入(万元)	55051.13	126149.71	53471.76	133524.89
	主营成本(万元)	45091.44	107277.49	44086.27	107324.52
	营业成本(万元)	45633.98	108930.36	45187.29	108243.82
	投资收益(万元)	120.19	1086.43	–1016.56	127.45
	净利润(万元)	1947.69	4167.92	1924.03	4286.28
	利润总额(万元)	3042.50	5719.11	2631.55	6801.47

大亚科技股份有限公司

公司概况	公司名称	大亚科技股份有限公司			证券简称	大亚科技
	法人代表	陈兴康	董秘	宋立柱	证券代码	000910
	公司网址	www.daretechnology.com			电子信箱	slzdy@cndare.com
	电　　话	0511-86981046			传　　真	0511-86885000
	办公地址	江苏省丹阳市经济技术开发区金陵西路95号				
	经营范围	涉及森工业、包装业及汽配业等				

	指标\报告期	2013.06.30	2012.12.31	2012.06.30	2011.12.31
主要财务指标	基本每股收益(元)	0.0600	0.2300	0.0800	0.2700
	基本每股收益(扣除)(元)	0.0600	0.2300	0.0700	0.1900
	每股净资产(元)	4.5207	4.4808	4.3500	4.2700
	每股经营现金净流量(元)	0.2412	2.0323	0.7511	0.3843
	每股现金流量(元)	0.2504	0.4711	0.4705	–0.5248
	每股资本公积金(元)	0.6353	0.6353	0.6353	0.6353
	每股盈余公积金(元)	0.3412	0.3412	0.2930	0.2930
	每股未分配利润(元)	2.5621	2.5181	2.4307	2.3514
	净资产收益率(%)	1.4160	5.2421	1.8200	6.2280
	加权净资产收益率(%)	1.4200	5.3600	1.8400	6.3400
	净资产收益率(扣除)(%)	–	–	–	–
	总资产(万元)	897947.64	879026.73	963181.05	938155.46
	归属母公司股东权益(万元)	238468.36	236363.96	229207.99	225032.28
	主营业务收入(万元)	349379.19	823068.73	362198.34	722231.16
	营业收入(万元)	351654.69	831251.80	365389.11	731265.62
	主营成本(万元)	263498.43	626502.55	281214.91	544889.61
	营业成本(万元)	264867.71	631716.56	282389.18	550232.05
	投资收益(万元)	–1956.28	–2662.47	–966.87	–1934.87
	净利润(万元)	7417.03	24323.19	7311.62	21592.53
	利润总额(万元)	8700.98	30067.53	9261.24	25043.45

南宁糖业股份有限公司

公司概况	公司名称	南宁糖业股份有限公司			证券简称	南宁糖业
	法人代表	肖凌	董秘	王国庆	证券代码	000911
	公司网址	www.nnsugar.com		电子信箱	nnty@nnsugar.com	
	电　话	0771-4914317		传　真	0771-4910755 4914317	
	办公地址	广西壮族自治区南宁市亭洪路48号				
	经营范围	机制糖、机制纸、蔗渣浆、酒精的生产、加工、销售和提供售后服务等				

主要财务指标	指标\报告期	2013.06.30	2012.12.31	2012.06.30	2011.12.31
	基本每股收益(元)	-0.4200	-1.0800	-0.1100	0.3000
	基本每股收益(扣除)(元)	-0.4200	-1.0900	-0.1100	0.2000
	每股净资产(元)	3.3371	3.7546	4.7200	4.9400
	每股经营现金净流量(元)	-3.2328	-0.3196	-0.8915	1.1787
	每股现金流量(元)	-4.4829	3.1582	-1.2690	2.1376
	每股资本公积金(元)	2.7911	2.7911	2.7911	2.7911
	每股盈余公积金(元)	0.5270	0.5270	0.5270	0.5270
	每股未分配利润(元)	-0.9810	-0.5635	0.4059	0.6191
	净资产收益率(%)	-12.5118	-28.8332	-2.4000	6.0826
	加权净资产收益率(%)	-11.7800	-24.9100	-2.3700	6.0500
	净资产收益率(扣除)(%)	-	-	-	-
	总资产(万元)	543481.15	586739.44	462469.81	471153.48
	归属母公司股东权益(万元)	95655.06	107623.18	135408.28	141520.75
	主营业务收入(万元)	171968.03	328820.92	181453.34	419724.13
	营业收入(万元)	173086.08	331170.91	182500.85	422364.95
	主营成本(万元)	152619.19	288213.09	154667.02	349591.03
	营业成本(万元)	153277.91	289546.99	155457.45	351174.98
	投资收益(万元)	-99.42	-61.02	-23.98	-479.67
	净利润(万元)	-12842.11	-33030.77	-4414.72	4543.73
	利润总额(万元)	-12759.77	-37789.67	-4184.05	9604.34

四川泸天化股份有限公司

公司概况	公司名称	四川泸天化股份有限公司			证券简称	泸天化
	法人代表	邹仲平	董秘	索隆敏	证券代码	000912
	公司网址	www.sclth.com		电子信箱	lth@lthcn.com	
	电　话	0830-4125103 4122370		传　真	0830-4122156	
	办公地址	四川省泸州市纳溪区				
	经营范围	化肥、化工原材料的生产与销售等				

主要财务指标	指标\报告期	2013.06.30	2012.12.31	2012.06.30	2011.12.31
	基本每股收益(元)	0.0120	0.0271	0.1370	0.0350
	基本每股收益(扣除)(元)	0.0110	-0.0200	0.1400	0.0240
	每股净资产(元)	3.8569	3.8669	3.9646	3.9064
	每股经营现金净流量(元)	0.2749	-0.9512	2.4026	1.2142
	每股现金流量(元)	0.1886	-0.1322	2.7556	0.7269
	每股资本公积金(元)	1.0948	1.0948	1.0778	1.1484
	每股盈余公积金(元)	0.7246	0.7246	0.7231	0.7231
	每股未分配利润(元)	0.9977	0.9859	1.0955	0.9603
	净资产收益率(%)	0.3055	0.7007	3.4628	0.8974
	加权净资产收益率(%)	0.3000	0.6900	3.4500	0.8900
	净资产收益率(扣除)(%)	-	-	-	-
	总资产(万元)	1283413.82	1274991.96	1178180.30	920444.56
	归属母公司股东权益(万元)	225630.01	226211.80	231928.11	228445.14
	主营业务收入(万元)	232408.77	398603.94	212344.26	361995.73
	营业收入(万元)	245581.59	416793.00	221138.65	385966.07
	主营成本(万元)	196020.32	324677.26	170522.89	293648.24
	营业成本(万元)	209532.12	343214.05	179855.53	316142.53
	投资收益(万元)	-2052.61	2947.23	4029.55	-5479.45
	净利润(万元)	1119.05	7947.63	12891.65	2818.77
	利润总额(万元)	1730.45	10067.62	14506.51	4487.80

浙江钱江摩托股份有限公司

公司概况	公司名称	浙江钱江摩托股份有限公司			证券简称	钱江摩托
	法人代表	林华中	董秘	王海斌	证券代码	000913
	公司网址	www.qjmotor.com		电子信箱	qjmt@qjmotor.com	
	电　话	0576-86192111		传　真	0576-86139081	
	办公地址	浙江省温岭市经济开发区				
	经营范围	生产、研究、设计和开发摩托车及配件、销售自产产品并提供产品售后服务				

主要财务指标	指标\报告期	2013.06.30	2012.12.31	2012.06.30	2011.12.31
	基本每股收益(元)	0.0300	0.0200	0.0400	-0.0400
	基本每股收益(扣除)(元)	-0.0100	-0.0200	0.0600	-0.0500
	每股净资产(元)	4.9293	5.0529	3.1400	3.1100
	每股经营现金净流量(元)	0.0671	0.3733	-0.2790	-0.5122
	每股现金流量(元)	0.1574	0.0362	-0.1079	-1.3220
	每股资本公积金(元)	2.9482	2.9923	1.0663	1.0663
	每股盈余公积金(元)	0.2670	0.2670	0.2658	0.2658
	每股未分配利润(元)	0.7182	0.7918	0.8108	0.7728
	净资产收益率(%)	0.5357	0.3980	1.2100	-1.2485
	加权净资产收益率(%)	0.5200	0.5600	1.2100	-1.2400
	净资产收益率(扣除)(%)	-	-	-	-
	总资产(万元)	412962.64	396575.83	410881.65	384389.88
	归属母公司股东权益(万元)	223561.39	229167.45	142459.88	140907.81
	主营业务收入(万元)	163403.46	363146.77	194340.73	358714.38
	营业收入(万元)	165037.07	367286.02	196539.72	367253.27
	主营成本(万元)	134829.16	309115.38	165537.15	310800.25
	营业成本(万元)	135929.32	312917.64	167430.86	317084.92
	投资收益(万元)	503.37	180.82	-266.06	-1617.19
	净利润(万元)	599.49	-490.15	933.11	-2980.58
	利润总额(万元)	1950.24	1848.42	1883.06	-1323.53

山东山大华特科技股份有限公司

公司概况	公司名称	山东山大华特科技股份有限公司			证券简称	山大华特
	法人代表	张兆亮	董秘	范智胜	证券代码	000915
	公司网址	www.sd-wit.com		电子信箱	wit@sd-wit.com	
	电　话	0531-85198600 85198606		传　真	0531-82666189	
	办公地址	山东省济南市经十路17703号华特广场				
	经营范围	环保、医药和电子信息产品的生产销售等				

主要财务指标	指标\报告期	2013.06.30	2012.12.31	2012.06.30	2011.12.31
	基本每股收益(元)	0.4400	0.6700	0.3000	0.5200
	基本每股收益(扣除)(元)	0.4400	0.6700	0.2900	0.4500
	每股净资产(元)	3.8542	3.5131	3.1400	2.8400
	每股经营现金净流量(元)	0.4839	0.9070	0.3957	0.7716
	每股现金流量(元)	-0.0680	0.6798	0.2853	-0.3766
	每股资本公积金(元)	0.1919	0.1932	0.1932	0.1932
	每股盈余公积金(元)	0.1568	0.1568	0.1281	0.1281
	每股未分配利润(元)	2.5056	2.1631	1.8143	1.5173
	净资产收益率(%)	11.4805	19.2000	9.4700	18.3230
	加权净资产收益率(%)	11.7400	21.2400	9.9400	20.1700
	净资产收益率(扣除)(%)	-	-	-	-
	总资产(万元)	145950.91	134187.68	122155.06	115956.19
	归属母公司股东权益(万元)	69474.27	63325.55	56520.20	51166.48
	主营业务收入(万元)	49483.80	82761.98	36836.64	71526.94
	营业收入(万元)	49509.14	83025.00	36836.64	71698.59
	主营成本(万元)	15977.96	25486.57	11191.48	25238.48
	营业成本(万元)	15977.96	25496.57	11191.48	25302.09
	投资收益(万元)	20.96	81.04	41.32	28.49
	净利润(万元)	14414.36	22294.33	9986.67	16349.23
	利润总额(万元)	16693.67	25903.73	11666.42	18842.91

华北高速公路股份有限公司

公司概况	公司名称	华北高速公路股份有限公司			证券简称	华北高速
	法人代表	郑海军	董秘	郝继业	证券代码	000916
	公司网址	www.hbgsgl.com.cn		电子信箱	hbgsgl2005@126.com	
	电话	010-58021999 58021227		传真	010-58021229	
	办公地址	北京市经济技术开发区东环北路 9 号				
	经营范围	投资开发、建设和经营收费公路、车辆及机械设备租赁、咨询服务等				

主要财务指标	指标\报告期	2013.06.30	2012.12.31	2012.06.30	2011.12.31
	基本每股收益(元)	0.1100	0.1900	0.1300	0.2300
	基本每股收益(扣除)(元)	0.1100	0.1700	0.1250	0.2300
	每股净资产(元)	3.5882	3.5890	3.6100	3.5200
	每股经营现金净流量(元)	0.0303	0.2956	0.1691	0.3012
	每股现金流量(元)	-0.2373	-0.1670	0.0369	0.0001
	每股资本公积金(元)	1.3087	1.3415	1.3561	1.3229
	每股盈余公积金(元)	0.4466	0.4466	0.4265	0.4265
	每股未分配利润(元)	0.8329	0.8010	0.8187	0.7733
	净资产收益率(%)	3.1186	5.1788	3.4300	6.4595
	加权净资产收益率(%)	3.1200	5.1900	3.5200	6.4400
	净资产收益率(扣除)(%)	-	-	-	-
	总资产(万元)	421386.44	425160.82	422625.75	408424.92
	归属母公司股东权益(万元)	391111.88	391204.85	392546.95	383972.11
	主营业务收入(万元)	30245.84	62861.94	32687.70	71031.55
	营业收入(万元)	30411.68	63193.29	32755.71	71445.84
	主营成本(万元)	13291.47	35454.06	13599.84	34260.86
	营业成本(万元)	13320.36	35560.68	13644.67	34810.71
	投资收益(万元)	1513.86	3574.94	1129.46	1230.29
	净利润(万元)	12017.13	18895.53	13639.19	24624.16
	利润总额(万元)	15975.81	25817.06	17846.54	32362.44

湖南电广传媒股份有限公司

公司概况	公司名称	湖南电广传媒股份有限公司			证券简称	电广传媒
	法人代表	龙秋云	董秘	廖朝晖	证券代码	000917
	公司网址	www.tik.com.cn		电子信箱	directorate@tik.com.cn	
	电话	0731-84252080		传真	0731-84252096	
	办公地址	湖南省长沙市浏阳河大桥东湖南金鹰影视文化城				
	经营范围	影视节目的制作、发行和销售、有线电视网络及信息传播服务等				

主要财务指标	指标\报告期	2013.06.30	2012.12.31	2012.06.30	2011.12.31
	基本每股收益(元)	0.2700	0.6300	0.2800	0.5700
	基本每股收益(扣除)(元)	0.2700	0.3600	0.2770	1.3300
	每股净资产(元)	4.1622	3.9763	3.3600	6.7600
	每股经营现金净流量(元)	0.2930	0.5321	0.5626	-2.7925
	每股现金流量(元)	-0.4286	0.2136	-0.0520	-4.0275
	每股资本公积金(元)	1.4864	1.5702	3.5622	3.5515
	每股盈余公积金(元)	0.1985	0.1985	0.4887	0.4887
	每股未分配利润(元)	1.4794	1.2095	2.3441	1.7262
	净资产收益率(%)	6.4829	14.5279	8.3600	13.5030
	加权净资产收益率(%)	6.6300	18.0000	8.7400	13.0300
	净资产收益率(扣除)(%)	-	-	-	-
	总资产(万元)	1361806.57	1335759.42	1236719.22	1122788.81
	归属母公司股东权益(万元)	422859.06	403975.60	300349.19	274795.30
	主营业务收入(万元)	240667.09	404749.33	202752.01	283515.27
	营业收入(万元)	242016.78	406367.52	203633.44	284547.60
	主营成本(万元)	144743.18	240240.82	107624.67	161536.47
	营业成本(万元)	145840.06	240240.82	107748.94	161664.26
	投资收益(万元)	13987.05	37185.48	2301.46	67714.62
	净利润(万元)	31080.15	64923.33	30396.04	63680.09
	利润总额(万元)	32625.78	69412.26	32870.89	75860.39

嘉凯城集团股份有限公司

公司概况	公司名称	嘉凯城集团股份有限公司			证券简称	嘉凯城
	法人代表	边华才	董秘	李怀彬	证券代码	000918
	公司网址	www.calxon-group.com		电子信箱	xuexiaoqiao@calxon-group.com	
	电话	0571-87376666 87376620		传真	0571-87922209	
	办公地址	浙江省杭州市教工路 18 号欧美中心 AB 座 19-20 楼				
	经营范围	房地产开发和经营等				

主要财务指标	指标\报告期	2013.06.30	2012.12.31	2012.06.30	2011.12.31
	基本每股收益(元)	0.0100	0.0600	-0.1800	0.1100
	基本每股收益(扣除)(元)	-0.0400	0.0400	-0.1800	0.0400
	每股净资产(元)	2.3823	2.3449	2.1000	2.2800
	每股经营现金净流量(元)	-0.2503	0.9055	-0.0977	-1.9055
	每股现金流量(元)	-0.4082	0.5497	-0.1346	-0.3075
	每股资本公积金(元)	-0.4836	-0.5097	-0.5097	-0.5097
	每股盈余公积金(元)	0.1029	0.1029	0.0842	0.0842
	每股未分配利润(元)	1.7631	1.7517	1.5267	1.7086
	净资产收益率(%)	0.4780	2.6367	-8.6500	5.0030
	加权净资产收益率(%)	0.4800	2.6700	-8.3000	5.0800
	净资产收益率(扣除)(%)	-	-	-	-
	总资产(万元)	3009259.07	2831842.55	2617245.58	2530148.58
	归属母公司股东权益(万元)	429818.41	423062.09	379097.50	411907.38
	主营业务收入(万元)	238832.09	771424.65	149317.58	632726.38
	营业收入(万元)	245080.97	775448.90	151877.77	648453.08
	主营成本(万元)	197349.10	562561.22	133576.21	483528.71
	营业成本(万元)	199677.64	565575.38	135877.69	491903.60
	投资收益(万元)	-231.14	-234.02	238.63	14064.57
	净利润(万元)	-1171.57	3010.94	-37076.14	18678.52
	利润总额(万元)	2806.20	28495.70	-37349.16	31085.56

金陵药业股份有限公司

公司概况	公司名称	金陵药业股份有限公司			证券简称	金陵药业
	法人代表	沈志龙	董秘	徐俊扬	证券代码	000919
	公司网址	www.jlyy000919.com		电子信箱	jlyy@jlpharm.com	
	电话	025-83118511		传真	025-83112486	
	办公地址	江苏省南京市中央路 238 号金陵药业大厦				
	经营范围	中西药原料和制剂、生化制品、医药包装制品、医疗器械、保健食品等				

主要财务指标	指标\报告期	2013.06.30	2012.12.31	2012.06.30	2011.12.31
	基本每股收益(元)	0.1628	0.2848	0.2848	0.2545
	基本每股收益(扣除)(元)	0.1746	0.2545	4.2110	0.4605
	每股净资产(元)	4.3732	4.2110	0.0716	0.9372
	每股经营现金净流量(元)	0.2211	0.4605	0.5587	1.7150
	每股现金流量(元)	-0.0214	0.0716	6.7641	6.8500
	每股资本公积金(元)	0.9366	0.9372	-	319888.42
	每股盈余公积金(元)	0.5587	0.5587	212233.03	229993.47
	每股未分配利润(元)	1.8778	1.7150	230493.42	175248.99
	净资产收益率(%)	3.7232	6.7641	175317.97	-1008.77
	加权净资产收益率(%)	3.7900	6.8500	17925.94	22384.75
	净资产收益率(扣除)(%)	-	-	0.2848	0.2545
	总资产(万元)	33[illegible]467.76	319888.42	4.2110	0.4605
	归属母公司股东权益(万元)	220408.37	212233.03	0.0716	0.9372
	主营业务收入(万元)	12[illegible]506.54	229993.47	0.5587	1.7150
	营业收入(万元)	12[illegible]905.53	230493.42	6.7641	6.8500
	主营成本(万元)	9[illegible]970.18	175248.99	-	319888.42
	营业成本(万元)	9[illegible]017.88	175317.97	212233.03	229993.47
	投资收益(万元)	[illegible]016.31	-1008.77	230493.42	175248.99
	净利润(万元)	[illegible]723.77	17925.94	175317.97	-1008.77
	利润总额(万元)	1[illegible]294.39	22384.75	17925.94	22384.75

南方汇通股份有限公司

公司概况	公司名称	南方汇通股份有限公司		证券简称	南方汇通
	法人代表	黄纪湘	董秘 周海泉	证券代码	000920
	公司网址	www.southhuiton.com		电子信箱	dshbgs@nfht.com.cn
	电　话	0851-4470866		传　真	0851-4470866
	办公地址	贵州省贵阳市都拉营			
	经营范围	铁路运输设备开发、制造、销售、修理、弹簧及锻铸件制品的生产、销售等			

主要财务指标	指标\报告期	2013.06.30	2012.12.31	2012.06.30	2011.12.31
	基本每股收益(元)	0.0520	0.1400	0.0930	0.1380
	基本每股收益(扣除)(元)	0.0417	0.1200	0.0910	0.1118
	每股净资产(元)	2.3908	2.3697	2.3000	2.1300
	每股经营现金净流量(元)	-0.1499	0.2963	-0.2201	0.6788
	每股现金流量(元)	-0.1859	-0.1748	-0.3873	0.4180
	每股资本公积金(元)	1.1997	1.2302	1.2060	1.1262
	每股盈余公积金(元)	0.1391	0.1391	0.1391	0.1391
	每股未分配利润(元)	0.0519	0.0004	-0.0473	-0.1402
	净资产收益率(%)	2.1547	5.9168	4.0400	6.4740
	加权净资产收益率(%)	2.1500	6.3900	4.2800	6.4300
	净资产收益率(扣除)(%)	-	-	-	-
	总资产(万元)	198048.35	199508.30	188411.57	186857.03
	归属母公司股东权益(万元)	100889.68	100002.75	96968.36	89681.90
	主营业务收入(万元)	71397.28	200018.34	106644.67	169098.84
	营业收入(万元)	91140.59	221066.82	117998.20	176824.74
	主营成本(万元)	53487.90	157528.26	84371.92	132547.56
	营业成本(万元)	72644.89	176902.95	94594.65	139473.30
	投资收益(万元)	-	491.84	1.00	817.97
	净利润(万元)	4573.34	11263.89	6425.23	9687.59
	利润总额(万元)	5497.97	13150.02	8063.14	11596.95

海信科龙电器股份有限公司

公司概况	公司名称	海信科龙电器股份有限公司		证券简称	海信科龙
	法人代表	汤业国	董秘 夏峰	证券代码	000921
	公司网址	www.kelon.com		电子信箱	kelonsec@hisense.com
	电　话	0757-28362570		传　真	0757-28361055
	办公地址	广东省佛山市顺德区容桂街道容港路8号			
	经营范围	开发、制造电冰箱等家用电器、产品内、外销售和提供售后服务、运输自营产品等			

主要财务指标	指标\报告期	2013.06.30	2012.12.31	2012.06.30	2011.12.31
	基本每股收益(元)	0.5220	0.5301	0.2805	0.1677
	基本每股收益(扣除)(元)	0.4998	0.4410	0.2767	0.1450
	每股净资产(元)	1.6369	1.1167	0.8768	0.5946
	每股经营现金净流量(元)	0.0585	0.8110	0.0233	0.2705
	每股现金流量(元)	-0.0251	0.0863	0.0467	-0.0171
	每股资本公积金(元)	1.5503	1.5521	1.5503	1.5486
	每股盈余公积金(元)	0.1072	0.1072	0.1072	0.1072
	每股未分配利润(元)	-1.0285	-1.5504	-1.8000	-2.0805
	净资产收益率(%)	31.8901	47.4699	32.0000	28.1960
	加权净资产收益率(%)	37.9200	61.9500	38.1300	33.7200
	净资产收益率(扣除)(%)	-	-	-	-
	总资产(万元)	1249404.02	920033.46	978885.76	763543.96
	归属母公司股东权益(万元)	221640.04	151204.22	118721.36	80512.36
	主营业务收入(万元)	1179001.56	1735377.67	904669.70	1674844.93
	营业收入(万元)	1299287.00	1895891.53	996772.68	1848866.32
	主营成本(万元)	913871.41	1356275.25	714884.37	1356136.48
	营业成本(万元)	1025022.49	1503403.35	798212.65	1520289.41
	投资收益(万元)	15405.60	33525.44	10010.70	13856.06
	净利润(万元)	74512.69	73230.56	40184.20	22544.92
	利润总额(万元)	76502.22	74285.40	40746.32	24669.96

哈尔滨电气集团佳木斯电机股份有限公司

公司概况	公司名称	哈尔滨电气集团佳木斯电机股份有限公司		证券简称	佳电股份
	法人代表	赵明	董秘 王红霞	证券代码	000922
	公司网址	www.jemlc.com		电子信箱	hdjtjdgf000922@163.com
	电　话	0454-8848800		传　真	0454-8467700
	办公地址	黑龙江省佳木斯市前进区光复路766号			
	经营范围	开发、制造、销售继电器及继电保护装置和系统、自动化成套设备及系统等			

主要财务指标	指标\报告期	2013.06.30	2012.12.31	2012.06.30	2011.12.31
	基本每股收益(元)	0.1400	0.3600	0.2100	0.3500
	基本每股收益(扣除)(元)	0.1400	0.1000	-0.0200	-0.1700
	每股净资产(元)	2.7658	2.6438	2.5700	4.3900
	每股经营现金净流量(元)	0.1017	0.0634	0.0615	0.0597
	每股现金流量(元)	0.0280	0.0205	-0.0236	-0.1099
	每股资本公积金(元)	0.7221	0.7221	0.9177	2.4077
	每股盈余公积金(元)	0.2259	0.2259	0.2239	0.3932
	每股未分配利润(元)	0.8177	0.6958	0.4240	0.5846
	净资产收益率(%)	5.0597	13.8052	8.0200	14.1812
	加权净资产收益率(%)	5.1500	14.2000	8.0200	15.2600
	净资产收益率(扣除)(%)	-	-	-	-
	总资产(万元)	288171.70	283255.92	272009.69	290889.77
	归属母公司股东权益(万元)	144963.52	138572.23	134471.78	130875.34
	主营业务收入(万元)	116430.49	284604.29	131115.48	265483.13
	营业收入(万元)	120576.61	295047.39	136753.07	278072.63
	主营成本(万元)	91193.22	215332.83	97286.79	195063.03
	营业成本(万元)	94834.72	225637.39	102856.83	207567.60
	投资收益(万元)	-	-	-	-
	净利润(万元)	7328.33	19126.17	10800.55	18559.74
	利润总额(万元)	8725.14	22387.38	12500.83	22315.93

河北宣化工程机械股份有限公司

公司概况	公司名称	河北宣化工程机械股份有限公司		证券简称	河北宣工
	法人代表	冯喜京	董秘 庞廷阖	证券代码	000923
	公司网址	www.hbxg.com		电子信箱	webmaster@hbxg.com
	电　话	0313-3186075 3186222		传　真	0313-3186026
	办公地址	河北省张家口市宣化区东升路21号			
	经营范围	推土机、装载机、挖掘机及其配件的生产和销售等			

主要财务指标	指标\报告期	2013.06.30	2012.12.31	2012.06.30	2011.12.31
	基本每股收益(元)	0.0137	0.0273	0.0125	0.0521
	基本每股收益(扣除)(元)	0.0139	-0.1612	0.0111	-0.1376
	每股净资产(元)	2.9916	3.0159	3.1000	2.9300
	每股经营现金净流量(元)	-0.7414	0.0261	-0.1398	0.0415
	每股现金流量(元)	-0.2785	0.2722	-0.1431	0.1114
	每股资本公积金(元)	1.5025	1.5405	1.6440	1.4850
	每股盈余公积金(元)	0.0836	0.0836	0.0809	0.0809
	每股未分配利润(元)	0.4055	0.3918	0.3798	0.3673
	净资产收益率(%)	0.4579	0.9041	0.4100	1.7750
	加权净资产收益率(%)	0.4600	0.9000	0.4100	1.7000
	净资产收益率(扣除)(%)	-	-	-	-
	总资产(万元)	157122.38	144496.87	140655.94	128108.60
	归属母公司股东权益(万元)	59234.26	59714.67	61473.09	58077.09
	主营业务收入(万元)	19952.09	39559.25	17659.45	51637.10
	营业收入(万元)	20411.46	42598.99	19746.31	57396.41
	主营成本(万元)	15781.27	34819.57	14123.79	45401.59
	营业成本(万元)	16125.05	37281.84	15678.31	51134.11
	投资收益(万元)	376.51	5356.20	314.02	5301.79
	净利润(万元)	271.25	539.88	247.90	1031.09
	利润总额(万元)	421.81	1105.09	472.29	1365.11

浙江众合机电股份有限公司

公司概况	公司名称	浙江众合机电股份有限公司			证券简称	众合机电
	法人代表	潘丽春	董秘	李军	证券代码	000925
	公司网址	www.unitedmne.com		电子信箱	000925@000925.net	
	电　　话	0571-87959025 87959026		传　　真	0571-87959015 8795902	
	办公地址	浙江省杭州市滨江区江汉路 1785 号双城国际 4 号楼 17 层				
	经营范围	单晶硅及其制品、半导体元器件和新型节能材料的开发、制造等				

	指标\报告期	2013.06.30	2012.12.31	2012.06.30	2011.12.31
主要财务指标	基本每股收益(元)	0.0080	0.1200	0.0800	0.1000
	基本每股收益(扣除)(元)	–0.0140	0.0300	0.0100	0.0600
	每股净资产(元)	3.5533	3.5201	3.4800	3.4000
	每股经营现金净流量(元)	0.2773	0.2642	–0.1694	–0.3699
	每股现金流量(元)	–0.1549	0.2142	0.2802	0.0702
	每股资本公积金(元)	2.4173	2.3810	2.3796	2.3796
	每股盈余公积金(元)	0.0510	0.0527	0.0527	0.0527
	每股未分配利润(元)	0.1630	0.1601	0.1249	0.0450
	净资产收益率(%)	0.2287	3.2685	2.2900	2.9040
	加权净资产收益率(%)	0.2400	3.3200	2.3200	3.1500
	净资产收益率(扣除)(%)	–	–	–	–
	总资产(万元)	300070.23	307609.07	305667.59	285381.47
	归属母公司股东权益(万元)	110628.26	106073.13	105004.19	102546.21
	主营业务收入(万元)	46294.15	126519.43	48291.75	136430.91
	营业收入(万元)	47588.67	127718.60	48926.92	137381.81
	主营成本(万元)	38398.33	106008.62	39568.48	110487.83
	营业成本(万元)	39372.10	106322.81	39956.56	110640.52
	投资收益(万元)	272.86	19.72	–	–11.23
	净利润(万元)	252.98	3467.00	2408.70	3002.61
	利润总额(万元)	552.11	4313.85	2818.40	3761.91

湖北福星科技股份有限公司

公司概况	公司名称	湖北福星科技股份有限公司			证券简称	福星股份
	法人代表	谭功炎	董秘	冯东兴	证券代码	000926
	公司网址	www.chinafxkj.com		电子信箱	fxkj0926@chinafxkj.com	
	电　　话	0712-8740018 8744411		传　　真	0712-8740018	
	办公地址	湖北省汉川市沉湖镇福星街 1 号				
	经营范围	金属丝、绳及其制品的制造、销售、出口业务、商品房销售等				

	指标\报告期	2013.06.30	2012.12.31	2012.06.30	2011.12.31
主要财务指标	基本每股收益(元)	0.3900	0.8600	0.3400	0.7400
	基本每股收益(扣除)(元)	0.2900	0.8600	0.3400	0.7700
	每股净资产(元)	8.5980	8.0910	8.1600	7.9200
	每股经营现金净流量(元)	1.3767	1.0800	0.8247	–2.4500
	每股现金流量(元)	0.9914	–0.1643	–0.1877	–0.5911
	每股资本公积金(元)	2.8858	2.6199	3.2066	3.2066
	每股盈余公积金(元)	0.4954	0.4954	0.4826	0.4826
	每股未分配利润(元)	4.2168	3.9757	3.4727	3.2305
	净资产收益率(%)	4.5489	10.6039	4.1900	9.3654
	加权净资产收益率(%)	4.6800	10.4300	4.2300	10.6200
	净资产收益率(扣除)(%)	–	–	–	–
	总资产(万元)	2536759.41	2549746.40	2284307.74	2191817.52
	归属母公司股东权益(万元)	612480.61	576364.14	581422.82	564168.22
	主营业务收入(万元)	305353.59	617696.24	275459.24	474275.16
	营业收入(万元)	315043.18	624451.09	276709.86	476058.39
	主营成本(万元)	235294.16	443150.39	200089.49	324242.65
	营业成本(万元)	235688.04	449062.53	200852.03	325066.66
	投资收益(万元)	1322.68	–	–	–
	净利润(万元)	27819.85	61284.71	24271.82	52084.90
	利润总额(万元)	37747.44	81018.26	34211.60	70947.11

天津一汽夏利汽车股份有限公司

公司概况	公司名称	天津一汽夏利汽车股份有限公司			证券简称	一汽夏利
	法人代表	许宪平	董秘	孟君奎	证券代码	000927
	公司网址	www.tjfaw.com.cn		电子信箱	xiali@mail.zlnet.com.cn	
	电　　话	022-87915000 3074		传　　真	022-87915111	
	办公地址	天津市西青区京福公路 578 号				
	经营范围	轿车、汽车发动机、汽车零部件、内燃机配件的制造及其售后服务等				

	指标\报告期	2013.06.30	2012.12.31	2012.06.30	2011.12.31
主要财务指标	基本每股收益(元)	0.0029	0.0214	0.0566	0.0686
	基本每股收益(扣除)(元)	–0.0144	–0.0176	0.0378	0.0298
	每股净资产(元)	2.2949	2.3004	2.3400	2.3000
	每股经营现金净流量(元)	–0.2994	–0.6422	–0.4164	–0.5062
	每股现金流量(元)	0.3951	–0.0448	0.2224	0.0803
	每股资本公积金(元)	0.8399	0.8399	0.8399	0.8399
	每股盈余公积金(元)	0.3030	0.3030	0.2934	0.2934
	每股未分配利润(元)	0.1500	0.1571	0.2018	0.1653
	净资产收益率(%)	0.1251	0.9319	2.4200	2.9830
	加权净资产收益率(%)	0.1200	0.9300	2.4300	3.0100
	净资产收益率(扣除)(%)	–	–	–	–
	总资产(万元)	900350.18	899352.75	960479.27	919414.42
	归属母公司股东权益(万元)	366084.17	366950.48	372499.10	366664.86
	主营业务收入(万元)	301149.61	736961.52	399177.54	981640.12
	营业收入(万元)	306536.11	750195.35	404632.39	995374.05
	主营成本(万元)	300180.66	710536.73	389833.29	939270.29
	营业成本(万元)	304902.49	720533.95	394476.57	950409.87
	投资收益(万元)	55186.00	129337.79	80662.70	123202.89
	净利润(万元)	701.14	3807.73	9285.66	11270.83
	利润总额(万元)	979.19	5110.59	9812.39	12538.57

中钢集团吉林炭素股份有限公司

公司概况	公司名称	中钢集团吉林炭素股份有限公司			证券简称	中钢吉炭
	法人代表	杨光	董秘	王晓影	证券代码	000928
	公司网址	www.jlts.cn		电子信箱	zgjt000928@126.com	
	电　　话	0432-62749800		传　　真	0432-62749375 62749800	
	办公地址	吉林省吉林市昌邑区和平街九号				
	经营范围	炭素及石墨制品的研究、开发、生产、加工、技术服务等				

	指标\报告期	2013.06.30	2012.12.31	2012.06.30	2011.12.31
主要财务指标	基本每股收益(元)	–0.6250	–0.6362	–0.1600	0.0057
	基本每股收益(扣除)(元)	–0.7629	–0.7014	–0.1639	–0.0083
	每股净资产(元)	2.1366	2.8319	3.2030	3.3132
	每股经营现金净流量(元)	–0.3235	0.2055	0.0033	–0.4905
	每股现金流量(元)	–0.0179	0.0675	0.6081	–0.2477
	每股资本公积金(元)	3.1432	3.2167	3.1002	3.0631
	每股盈余公积金(元)	0.3311	0.3311	0.3311	0.3311
	每股未分配利润(元)	–2.3422	–1.7171	–1.2407	–1.0810
	净资产收益率(%)	–29.2537	–22.4645	–4.9900	0.1720
	加权净资产收益率(%)	–25.1600	–20.7000	–4.9100	0.1700
	净资产收益率(扣除)(%)	–	–	–	–
	总资产(万元)	232208.87	244937.51	266497.70	247614.28
	归属母公司股东权益(万元)	60443.84	80113.15	90622.11	93730.73
	主营业务收入(万元)	70787.85	146906.54	77908.04	160544.80
	营业收入(万元)	72355.47	150097.53	79831.03	165498.27
	主营成本(万元)	74809.28	136189.50	67527.17	131483.58
	营业成本(万元)	75648.80	138034.40	68830.63	135317.28
	投资收益(万元)	2857.16	–649.73	–47.10	–6.57
	净利润(万元)	–17682.09	–17997.05	–4518.84	160.94
	利润总额(万元)	–17631.54	–17954.04	–4447.05	98.61

兰州黄河企业股份有限公司

公司概况					
公司名称	兰州黄河企业股份有限公司			证券简称	兰州黄河
法人代表	杨世江	董秘	魏福新	证券代码	000929
公司网址	www.yellowriver.net.cn		电子信箱	wfx0523@sina.com	
电　话	0931-8449054 8449039		传　真	0931-8449005	
办公地址	甘肃省兰州市城关区庆阳路219号金运大厦22层				
经营范围	啤酒、麦芽、饲料的生产、批发零售,建筑材料普通机械、农业技术开发及推广等				

主要财务指标：指标\报告期	2013.06.30	2012.12.31	2012.06.30	2011.12.31
基本每股收益(元)	0.0628	0.1170	0.0610	-0.0786
基本每股收益(扣除)(元)	0.0531	0.0630	0.0414	-0.0052
每股净资产(元)	3.2295	3.1667	3.0100	2.9400
每股经营现金净流量(元)	0.7772	0.2728	0.6492	0.8452
每股现金流量(元)	0.3114	0.2078	0.3305	-0.4556
每股资本公积金(元)	1.0371	1.0371	0.8838	0.8787
每股盈余公积金(元)	0.1153	0.1153	0.1153	0.1153
每股未分配利润(元)	1.0771	1.0143	1.0082	0.9472
净资产收益率(%)	1.9449	3.6951	2.0281	-2.6710
加权净资产收益率(%)	1.9600	3.8700	2.0500	-2.6500
净资产收益率(扣除)(%)	-	-	-	-
总资产(万元)	142422.66	139204.39	131157.59	125752.38
归属母公司股东权益(万元)	59992.37	58825.61	55865.17	54636.69
主营业务收入(万元)	47564.64	77404.97	41943.22	69842.72
营业收入(万元)	50142.51	81644.00	44267.91	76937.50
主营成本(万元)	28123.05	44651.28	24170.28	40839.90
营业成本(万元)	32613.77	50260.29	27518.15	48445.78
投资收益(万元)	1999.16	-195.86	-69.22	967.51
净利润(万元)	2425.82	4486.07	2573.39	-720.12
利润总额(万元)	2947.82	6265.02	3368.66	-888.73

中粮生物化学(安徽)股份有限公司

公司概况					
公司名称	中粮生物化学(安徽)股份有限公司			证券简称	中粮生化
法人代表	岳国君	董秘	王海(代)	证券代码	000930
公司网址	www.zlahsh.com		电子信箱	zlahshstock@163.com	
电　话	0552-4926909		传　真	0552-4926758	
办公地址	安徽省蚌埠市中粮大道1号				
经营范围	生物工程的科研开发、有机酸及其饲料级赖氨酸盐酸盐等产品的生产、销售、储存等				

主要财务指标：指标\报告期	2013.06.30	2012.12.31	2012.06.30	2011.12.31
基本每股收益(元)	0.0440	0.1900	0.0860	0.3680
基本每股收益(扣除)(元)	-	0.1570	0.0650	0.3657
每股净资产(元)	2.9719	3.0043	2.9100	2.8800
每股经营现金净流量(元)	0.1013	0.2786	-0.0683	0.7195
每股现金流量(元)	-0.0848	-0.0542	-0.0446	-0.1031
每股资本公积金(元)	0.9571	0.9571	0.9571	0.9571
每股盈余公积金(元)	0.1546	0.1546	0.1376	0.1376
每股未分配利润(元)	0.8425	0.8181	0.7910	0.7551
净资产收益率(%)	1.4954	6.4439	2.9500	12.8030
加权净资产收益率(%)	1.5000	6.4800	2.9500	13.6200
净资产收益率(扣除)(%)	-	-	--	--
总资产(万元)	686779.05	685912.92	691675.03	647736.44
归属母公司股东权益(万元)	286608.88	283968.14	280635.87	277335.97
主营业务收入(万元)	371344.90	739187.10	358695.37	728864.68
营业收入(万元)	375821.38	773037.18	387763.07	740129.26
主营成本(万元)	339885.91	664164.39	324933.23	660300.37
营业成本(万元)	343662.22	695551.65	352821.03	669507.81
投资收益(万元)	366.45	366.45	366.45	366.45
净利润(万元)	4773.49	20146.28	8800.11	36134.37
利润总额(万元)	6176.93	26504.12	10253.66	49823.63

北京中关村科技发展(控股)股份有限公司

公司概况					
公司名称	北京中关村科技发展(控股)股份有限公司			证券简称	中关村
法人代表	周宁	董秘	王晶	证券代码	000931
公司网址	www.centek.com.cn		电子信箱	investor@centek.com.cn	
电　话	010-57768018		传　真	010-57768100	
办公地址	北京市海淀区中关村南大街31号神舟大厦8层				
经营范围	高新技术和产品的开发、销售、科技项目、建设项目投资				

主要财务指标：指标\报告期	2013.06.30	2012.12.31	2012.06.30	2011.12.31
基本每股收益(元)	-0.0389	0.0443	0.0827	0.0617
基本每股收益(扣除)(元)	-0.0406	-0.0479	0.0022	-0.0532
每股净资产(元)	1.0870	1.1279	1.1702	1.0856
每股经营现金净流量(元)	-0.0093	-0.0440	0.0532	0.3609
每股现金流量(元)	-0.0314	0.0417	0.0160	-0.0837
每股资本公积金(元)	1.3494	1.3514	1.3554	1.3534
每股盈余公积金(元)	0.1230	0.1230	0.1230	0.1230
每股未分配利润(元)	-1.3855	-1.3466	-1.3082	-1.3908
净资产收益率(%)	-3.5788	3.9268	7.0700	5.6830
加权净资产收益率(%)	-3.5100	4.0000	7.3300	5.7800
净资产收益率(扣除)(%)	-	-	--	--
总资产(万元)	389854.12	419613.84	401405.94	433261.95
归属母公司股东权益(万元)	73352.49	76113.15	78971.14	73261.66
主营业务收入(万元)	137595.47	323879.33	134413.48	327425.05
营业收入(万元)	138513.91	327053.70	135320.92	331047.69
主营成本(万元)	113273.12	269573.53	106198.74	273144.07
营业成本(万元)	113426.00	270659.72	106407.17	273746.25
投资收益(万元)	100.83	6250.39	5707.69	40.35
净利润(万元)	-2808.80	3143.08	5794.81	5593.19
利润总额(万元)	-1579.57	6712.30	7684.89	8374.63

湖南华菱钢铁股份有限公司

公司概况					
公司名称	湖南华菱钢铁股份有限公司			证券简称	华菱钢铁
法人代表	曹慧泉	董秘	阳向宏	证券代码	000932
公司网址	www.valin.cn		电子信箱	valinsteel@163.com	
电　话	0731-89952818 89952808		传　真	0731-82245196 89952877	
办公地址	湖南省长沙市天心区湘府西路222号华菱园主楼				
经营范围	主要从事钢坯、无缝钢管、线材、螺纹钢、热轧超薄带钢卷、冷轧板卷、镀锌板等				

主要财务指标：指标\报告期	2013.06.30	2012.12.31	2012.06.30	2011.12.31
基本每股收益(元)	-0.1272	-1.0792	-0.4326	0.0237
基本每股收益(扣除)(元)	-0.1343	-1.0869	-0.4346	-0.4168
每股净资产(元)	3.1812	3.3125	3.9600	4.4000
每股经营现金净流量(元)	0.1986	1.9189	1.0581	1.4237
每股现金流量(元)	-0.0871	-1.5397	-1.3330	1.2993
每股资本公积金(元)	2.3121	2.3152	2.3198	2.3235
每股盈余公积金(元)	0.2779	0.2779	0.2773	0.2773
每股未分配利润(元)	-0.4051	-0.2779	0.3693	0.8019
净资产收益率(%)	-3.9972	-32.5793	-10.9100	0.5290
加权净资产收益率(%)	-3.9200	-27.9800	-10.3400	0.5300
净资产收益率(扣除)(%)	-	-	--	--
总资产(万元)	6627546.06	6563815.45	7197949.78	8596915.70
归属母公司股东权益(万元)	959347.19	998937.96	1195422.06	1326931.18
主营业务收入(万元)	2620011.94	5655781.40	3093594.70	7067024.83
营业收入(万元)	2829387.80	5925613.41	3226232.89	7378868.88
主营成本(万元)	2471354.56	5571672.98	3032908.15	6826587.53
营业成本(万元)	2677894.60	5829064.27	3161260.22	7124931.73
投资收益(万元)	2916.09	5031.64	3490.35	66596.34
净利润(万元)	-38854.83	-346322.42	-141644.26	7312.84
利润总额(万元)	-36186.89	-335695.83	-138400.29	8355.73

河南神火煤电股份有限公司

公司概况	公司名称	河南神火煤电股份有限公司			证券简称	神火股份
	法人代表	张光建	董秘	李宏伟	证券代码	000933
	公司网址	www.shenhuo.com		电子信箱	shenhuogufen@163.com	
	电　话	0370-5982722 5982466		传　真	0370-5180086 5125596	
	办公地址	河南省永城市东城区光明路17号				
	经营范围	煤炭、发电(自发自用)、氧化铝、铝产品的生产、销售				

	指标\报告期	2013.06.30	2012.12.31	2012.06.30	2011.12.31
主要财务指标	基本每股收益(元)	0.1160	0.1140	0.2760	0.6490
	基本每股收益(扣除)(元)	0.0880	0.1070	0.3050	0.6470
	每股净资产(元)	3.9549	3.8853	3.5280	3.2510
	每股经营现金净流量(元)	0.3666	0.8775	0.5934	1.9319
	每股现金流量(元)	0.3929	0.5626	0.6745	–0.3484
	每股资本公积金(元)	1.0215	1.0215	0.2171	0.2171
	每股盈余公积金(元)	0.3054	0.3054	0.3302	0.3302
	每股未分配利润(元)	1.5122	1.4259	1.8208	1.5883
	净资产收益率(%)	2.9412	2.7293	8.8600	21.0677
	加权净资产收益率(%)	2.9600	3.2200	9.2200	23.4700
	净资产收益率(扣除)(%)	–	–	–	–
	总资产(万元)	4124403.94	3970601.12	3712162.80	3007716.28
	归属母公司股东权益(万元)	751620.54	738399.10	592647.33	546137.69
	主营业务收入(万元)	1349601.70	2775432.48	1467804.52	3039932.67
	营业收入(万元)	1360773.07	2798499.87	1481226.56	3069907.33
	主营成本(万元)	1240790.95	2558305.75	1302150.19	2713444.97
	营业成本(万元)	1246687.07	2571773.07	1313571.64	2734581.22
	投资收益(万元)	7583.41	10974.27	10320.91	–4078.08
	净利润(万元)	18563.45	11934.70	50980.23	111101.09
	利润总额(万元)	27625.60	36700.99	74974.42	141862.67

四川双马水泥股份有限公司

公司概况	公司名称	四川双马水泥股份有限公司			证券简称	四川双马
	法人代表	高希文	董秘	黄灿文(代)	证券代码	000935
	公司网址	www.cement.com.cn		电子信箱	public.sm@cn.lafarge.com	
	电　话	028-65195245 65195289		传　真	028-65195291	
	办公地址	四川省成都市高新区盛和一路88号康普雷斯大厦1栋1单元25层				
	经营范围	水泥的生产和销售				

	指标\报告期	2013.06.30	2012.12.31	2012.06.30	2011.12.31
主要财务指标	基本每股收益(元)	0.0100	0.0100	–0.0200	0.2600
	基本每股收益(扣除)(元)	–0.0100	–0.0400	–0.0200	0.1800
	每股净资产(元)	3.1628	3.1553	3.1200	3.1400
	每股经营现金净流量(元)	0.2755	0.4407	0.1459	0.3193
	每股现金流量(元)	0.0014	–0.2281	–0.1350	–0.3281
	每股资本公积金(元)	0.7715	0.7715	0.7714	0.7718
	每股盈余公积金(元)	0.0505	0.0505	0.0505	0.0505
	每股未分配利润(元)	1.3408	1.3333	1.3006	1.3195
	净资产收益率(%)	0.2370	0.4377	–0.6100	8.4060
	加权净资产收益率(%)	0.2400	0.4400	–0.6000	8.9700
	净资产收益率(扣除)(%)	–	–	–	–
	总资产(万元)	472374.57	489481.49	486657.96	494291.94
	归属母公司股东权益(万元)	194786.84	194325.26	192306.31	193494.97
	主营业务收入(万元)	96453.02	186022.02	88339.79	202810.94
	营业收入(万元)	96673.80	186490.40	88581.51	203381.03
	主营成本(万元)	81583.95	169544.79	84720.53	160284.43
	营业成本(万元)	81639.44	169667.40	84788.81	160494.11
	投资收益(万元)	43.38	2457.07	328.97	291.30
	净利润(万元)	5670.40	7223.84	648.05	23076.51
	利润总额(万元)	7259.30	3972.97	–3843.21	44945.82

江苏华西村股份有限公司

公司概况	公司名称	江苏华西村股份有限公司			证券简称	华西股份
	法人代表	孙云丰	董秘	卞武彪	证券代码	000936
	公司网址	www.jshuaxicun.com		电子信箱	chinahuaxi@263.net	
	电　话	0510-86217188 86217149		传　真	0510-86217177	
	办公地址	江苏省江阴市华士镇华西村塔群2号4005室				
	经营范围	化工原料、化学纤维品的制造、危险化学品的销售				

	指标\报告期	2013.06.30	2012.12.31	2012.06.30	2011.12.31
主要财务指标	基本每股收益(元)	0.0200	0.1900	0.1100	0.2000
	基本每股收益(扣除)(元)	–0.0030	0.0700	0.0300	0.1400
	每股净资产(元)	2.3704	2.4741	2.4600	2.3600
	每股经营现金净流量(元)	–0.0250	0.0186	–0.2754	0.0389
	每股现金流量(元)	–0.1200	0.1230	–0.0762	–0.2400
	每股资本公积金(元)	0.2942	0.3682	0.4300	0.3941
	每股盈余公积金(元)	0.1511	0.1511	0.1398	0.1398
	每股未分配利润(元)	0.9251	0.9548	0.8942	0.8309
	净资产收益率(%)	0.8580	7.4824	4.5958	8.5940
	加权净资产收益率(%)	0.8300	7.6200	4.7300	7.9400
	净资产收益率(扣除)(%)	–	–	–	–
	总资产(万元)	300938.12	297405.49	337472.90	301854.93
	归属母公司股东权益(万元)	177308.66	185068.57	184308.57	176894.42
	主营业务收入(万元)	102048.41	254344.53	137777.26	308104.14
	营业收入(万元)	110259.12	265085.14	142971.18	351582.68
	主营成本(万元)	97762.69	239645.62	129131.16	283712.60
	营业成本(万元)	105844.27	250352.59	134483.23	328009.95
	投资收益(万元)	3012.12	13801.44	8946.34	6126.56
	净利润(万元)	2324.70	15646.39	9491.47	17320.00
	利润总额(万元)	2406.30	18621.19	11574.81	20345.11

冀中能源股份有限公司

公司概况	公司名称	冀中能源股份有限公司			证券简称	冀中能源
	法人代表	王社平	董秘	陈立军	证券代码	000937
	公司网址	www.jznygf.com		电子信箱	000937@vip.163.com	
	电　话	0319-2068242 2098828		传　真	0319-2068666	
	办公地址	河北省邢台市中兴西大街191号				
	经营范围	煤炭、建材和电力				

	指标\报告期	2013.06.30	2012.12.31	2012.06.30	2011.12.31
主要财务指标	基本每股收益(元)	0.3421	0.9731	0.6218	1.3184
	基本每股收益(扣除)(元)	0.3168	0.9113	0.6090	1.2594
	每股净资产(元)	6.6693	6.4719	6.6260	6.1713
	每股经营现金净流量(元)	0.6348	1.0643	0.2829	1.3176
	每股现金流量(元)	–0.0417	–0.5467	–0.2145	1.2864
	每股资本公积金(元)	0.9261	0.9469	1.3469	1.3469
	每股盈余公积金(元)	0.6240	0.6240	0.5273	0.5273
	每股未分配利润(元)	3.7784	3.6864	3.4318	3.0600
	净资产收益率(%)	5.1290	15.0349	9.8500	21.3640
	加权净资产收益率(%)	5.1400	15.2700	9.8500	22.9600
	净资产收益率(扣除)(%)	–	–	–	–
	总资产(万元)	4352783.07	4010751.98	3950135.40	3805318.74
	归属母公司股东权益(万元)	1512538.15	1496886.12	1532507.18	1427342.81
	主营业务收入(万元)	1434572.99	2979202.84	1642801.63	3726443.32
	营业收入(万元)	1454502.25	3007239.51	1659330.66	3756908.07
	主营成本(万元)	1099979.06	2151005.17	1159393.85	–
	营业成本(万元)	1117666.52	2164455.41	1167729.05	2820707.50
	投资收益(万元)	4703.45	5310.77	3123.53	7904.27
	净利润(万元)	178796.73	231476.89	152941.98	304721.33
	利润总额(万元)	124586.20	318014.47	211858.03	417580.19

紫光股份有限公司

公司概况	公司名称	紫光股份有限公司			证券简称	紫光股份
	法人代表	王济武	董秘	张蔚	证券代码	000938
	公司网址	www.unis.cn		电子信箱	zw@unis.cn	
	电　话	010-62770008		传　真	010-62770880	
	办公地址	北京市海淀区清华大学紫光大楼				
	经营范围	技术开发、技术推广、技术转让、技术咨询、技术服务等				

主要财务指标	指标\报告期	2013.06.30	2012.12.31	2012.06.30	2011.12.31
	基本每股收益(元)	0.1260	0.3510	0.0880	0.2090
	基本每股收益(扣除)(元)	–	0.2810	0.0830	0.1600
	每股净资产(元)	4.5804	4.5845	4.3300	3.8900
	每股经营现金净流量(元)	–1.3016	–0.6303	–1.5114	0.7461
	每股现金流量(元)	–0.8092	0.1762	–1.0657	0.7745
	每股资本公积金(元)	2.4594	2.5390	2.5501	2.1318
	每股盈余公积金(元)	0.3051	0.3051	0.2700	0.2700
	每股未分配利润(元)	0.8158	0.7404	0.5123	0.4846
	净资产收益率(%)	2.7408	7.6542	2.0200	5.3730
	加权净资产收益率(%)	2.7300	8.2100	2.2000	5.3800
	净资产收益率(扣除)(%)	–	–	–	–
	总资产(万元)	264085.79	269173.06	205206.64	213109.78
	归属母公司股东权益(万元)	94392.51	94478.39	89283.85	80091.65
	主营业务收入(万元)	344649.40	651571.78	267588.85	529420.72
	营业收入(万元)	345837.81	653382.34	268727.64	531508.46
	主营成本(万元)	329817.22	624081.58	257646.41	–
	营业成本(万元)	330137.47	624607.26	257646.41	509234.96
	投资收益(万元)	817.71	3995.85	1013.48	3301.48
	净利润(万元)	2816.07	8909.73	1805.73	4438.15
	利润总额(万元)	3684.80	11598.90	2448.00	5571.22

武汉凯迪电力股份有限公司

公司概况	公司名称	武汉凯迪电力股份有限公司			证券简称	凯迪电力
	法人代表	李林芝	董秘	张鸿健(代)	证券代码	000939
	公司网址	www.china-kaidi.com		电子信箱	kaidi@public.wh.hb.cn	
	电　话	027-67869018 67869270		传　真	027-67869018	
	办公地址	湖北省武汉市东湖新技术开发区江夏大道特1号				
	经营范围	电力、新能源、化工、环保、水处理、仪器仪表、热工、机电一体化、计算机的开发等				

主要财务指标	指标\报告期	2013.06.30	2012.12.31	2012.06.30	2011.12.31
	基本每股收益(元)	0.0500	0.0400	0.0400	0.8200
	基本每股收益(扣除)(元)	0.0400	0.0400	0.0600	0.2800
	每股净资产(元)	2.7601	2.5553	2.6000	2.6935
	每股经营现金净流量(元)	0.3499	–0.3980	–0.3065	0.8179
	每股现金流量(元)	–0.0475	0.0848	0.9065	–0.2967
	每股资本公积金(元)	0.0736	–0.0596	–0.0351	0.0128
	每股盈余公积金(元)	0.2415	0.2415	0.2092	0.2092
	每股未分配利润(元)	1.4158	1.3667	1.3842	1.4625
	净资产收益率(%)	1.7803	1.4289	1.6600	30.4941
	加权净资产收益率(%)	1.9000	1.3500	1.6100	32.2800
	净资产收益率(扣除)(%)	–	–	–	–
	总资产(万元)	1160194.66	1163499.69	1116164.60	946028.34
	归属母公司股东权益(万元)	260358.33	241039.58	245344.53	254083.49
	主营业务收入(万元)	100568.73	262085.57	122560.58	266946.62
	营业收入(万元)	101963.91	263919.71	123008.35	268672.85
	主营成本(万元)	72787.86	196741.97	89501.23	177673.93
	营业成本(万元)	72787.86	197594.38	89993.76	178140.98
	投资收益(万元)	1282.97	167.94	–2009.48	59893.46
	净利润(万元)	5402.72	7575.52	6934.25	84558.57
	利润总额(万元)	6616.59	11753.82	9547.07	102976.39

云南南天电子信息产业股份有限公司

公司概况	公司名称	云南南天电子信息产业股份有限公司			证券简称	南天信息
	法人代表	雷坚	董秘	姜东	证券代码	000948
	公司网址	www.nantian.com.cn		电子信箱	000948@nantian.com.cn	
	电　话	0871-3366327		传　真	0871-3317398	
	办公地址	云南省昆明市环城东路455号				
	经营范围	软件开发、系统集成、金融专用设备以及医药产品的研究开发及生产经营				

主要财务指标	指标\报告期	2013.06.30	2012.12.31	2012.06.30	2011.12.31
	基本每股收益(元)	–0.2100	0.0276	0.0200	0.4072
	基本每股收益(扣除)(元)	–0.2300	–0.0403	–0.0238	0.2190
	每股净资产(元)	5.3536	5.5805	5.5612	6.1627
	每股经营现金净流量(元)	–1.2502	–0.0905	–1.2413	0.6373
	每股现金流量(元)	–1.2060	–0.3982	–1.3112	0.2492
	每股资本公积金(元)	3.0397	3.0348	3.0251	3.4128
	每股盈余公积金(元)	0.2789	0.2789	0.2613	0.2875
	每股未分配利润(元)	1.0350	1.2668	1.2748	1.4624
	净资产收益率(%)	–3.9558	0.4943	0.3240	7.2680
	加权净资产收益率(%)	–3.8700	0.4900	0.3200	7.5200
	净资产收益率(扣除)(%)	–	–	–	–
	总资产(万元)	234267.07	219171.91	214584.00	218665.61
	归属母公司股东权益(万元)	123992.26	129246.77	128800.57	129755.47
	主营业务收入(万元)	67850.76	180810.41	71325.15	263418.98
	营业收入(万元)	68771.86	182656.66	72570.16	265684.93
	主营成本(万元)	54203.20	140064.01	54769.72	217248.23
	营业成本(万元)	54593.54	141651.96	55125.00	218320.38
	投资收益(万元)	1256.68	2211.01	1103.92	7660.18
	净利润(万元)	–5209.30	609.21	434.68	11251.19
	利润总额(万元)	–5088.05	710.03	383.58	13019.06

新乡化纤股份有限公司

公司概况	公司名称	新乡化纤股份有限公司			证券简称	新乡化纤
	法人代表	邵长金	董秘	王文新	证券代码	000949
	公司网址	www.bailu.com		电子信箱	xxbailu@263.net	
	电　话	0373-3978861 3978813		传　真	0373-3911359	
	办公地址	河南省新乡市凤泉区锦园路1号				
	经营范围	粘胶长丝、粘胶短纤、氨纶				

主要财务指标	指标\报告期	2013.06.30	2012.12.31	2012.06.30	2011.12.31
	基本每股收益(元)	0.0018	–0.1685	–0.1174	0.0075
	基本每股收益(扣除)(元)	–	–0.1704	–0.1185	0.0040
	每股净资产(元)	2.0543	2.0525	2.1000	2.2200
	每股经营现金净流量(元)	–0.1600	0.8385	0.3662	–0.2048
	每股现金流量(元)	–0.0417	–0.0770	–0.0799	–0.0989
	每股资本公积金(元)	0.6848	0.6848	0.6848	0.6848
	每股盈余公积金(元)	0.2147	0.2147	0.2147	0.2147
	每股未分配利润(元)	0.1549	0.1531	0.2042	0.3216
	净资产收益率(%)	0.0891	–8.2118	–5.5800	0.3360
	加权净资产收益率(%)	0.0900	–7.8900	–5.4300	0.3300
	净资产收益率(扣除)(%)	–	–	–	–
	总资产(万元)	449012.35	442103.50	463516.49	475672.23
	归属母公司股东权益(万元)	170348.80	170197.05	174434.89	184173.26
	主营业务收入(万元)	159170.13	333404.09	153059.59	387121.79
	营业收入(万元)	162329.85	341065.98	156524.96	396855.25
	主营成本(万元)	143757.11	320117.16	150450.36	349451.82
	营业成本(万元)	145629.69	324329.52	152461.21	354341.64
	投资收益(万元)	–89.84	–21.78	–32.40	193.98
	净利润(万元)	151.75	–13976.21	–9738.37	618.14
	利润总额(万元)	178.32	–16315.18	–11494.57	585.08

重庆建峰化工股份有限公司

公司概况	公司名称	重庆建峰化工股份有限公司			证券简称	建峰化工
	法人代表	曾中全	董秘	高峰	证券代码	000950
	公司网址	www.jfhggf.com		电子信箱	816gaofeng@gmail.com	
	电　话	023-72596038　72597882		传　真	023-72591275	
	办公地址	重庆市涪陵区白涛街道				
	经营范围	化肥及相关产品的生产、销售				

	指标\报告期	2013.06.30	2012.12.31	2012.06.30	2011.12.31
主要财务指标	基本每股收益(元)	0.0404	0.2000	0.0893	0.1500
	基本每股收益(扣除)(元)	0.0359	0.1800	0.0895	0.1400
	每股净资产(元)	4.0897	4.0482	4.1000	4.0000
	每股经营现金净流量(元)	0.1878	0.5833	0.3287	0.2670
	每股现金流量(元)	0.0938	–0.2296	–0.3326	–0.4708
	每股资本公积金(元)	1.7871	1.7871	1.7896	1.7897
	每股盈余公积金(元)	0.1685	0.1685	0.1573	0.1573
	每股未分配利润(元)	1.1329	1.0925	1.1492	1.0511
	净资产收益率(%)	0.9888	5.0069	2.2000	3.7950
	加权净资产收益率(%)	0.9900	4.9600	2.2000	3.8400
	净资产收益率(扣除)(%)	–	–	–	–
	总资产(万元)	559255.75	518328.94	428633.11	432522.69
	归属母公司股东权益(万元)	244893.46	242408.07	245771.89	239536.80
	主营业务收入(万元)	181551.08	330687.79	164680.05	256477.48
	营业收入(万元)	182495.84	332265.65	165910.70	258855.12
	主营成本(万元)	160283.02	280920.53	144649.92	217101.09
	营业成本(万元)	160991.16	281931.36	145624.77	218361.38
	投资收益(万元)	318.59	745.22	–11.81	28.17
	净利润(万元)	2458.06	12001.55	5261.41	8860.85
	利润总额(万元)	2874.22	13867.01	6983.58	10682.82

中国重汽集团济南卡车股份有限公司

公司概况	公司名称	中国重汽集团济南卡车股份有限公司			证券简称	中国重汽
	法人代表	于有德	董秘	张峰	证券代码	000951
	公司网址	www.jntruck.com		电子信箱	cnhtc000951@163.com	
	电　话	0531-85587586　85587588		传　真	0531-85587003	
	办公地址	山东省济南市市中区党家庄镇南首				
	经营范围	载重汽车、专用汽车、重型专用车底盘、客车底盘、汽车配件制造等				

	指标\报告期	2013.06.30	2012.12.31	2012.06.30	2011.12.31
主要财务指标	基本每股收益(元)	0.4400	0.1100	0.0900	0.8600
	基本每股收益(扣除)(元)	0.4200	–0.0200	0.0300	0.7300
	每股净资产(元)	9.2781	8.8672	8.8500	8.9300
	每股经营现金净流量(元)	1.3429	2.6120	1.0793	0.8057
	每股现金流量(元)	–0.3699	–6.0424	–5.7755	0.6981
	每股资本公积金(元)	1.6310	1.6310	1.6310	1.6310
	每股盈余公积金(元)	1.1161	1.1161	1.1161	1.1161
	每股未分配利润(元)	5.5310	5.1201	5.1030	5.1793
	净资产收益率(%)	4.7517	1.2496	1.0600	9.6780
	加权净资产收益率(%)	4.8700	1.2500	1.0600	9.8800
	净资产收益率(扣除)(%)	–	–	–	–
	总资产(万元)	1643290.51	1374646.16	1668344.97	1874003.15
	归属母公司股东权益(万元)	389145.87	371913.06	371195.78	374395.96
	主营业务收入(万元)	1011931.79	1904686.79	1042911.66	2566760.89
	营业收入(万元)	1027211.57	1936953.81	1059244.58	2605855.72
	主营成本(万元)	909485.05	1764172.56	965433.61	2354693.77
	营业成本(万元)	921558.71	1791886.90	–	2388955.55
	投资收益(万元)	–	–	–	–
	净利润(万元)	25611.69	11634.60	6950.05	56280.68
	利润总额(万元)	31983.67	17362.91	10470.34	70368.54

湖北广济药业股份有限公司

公司概况	公司名称	湖北广济药业股份有限公司			证券简称	广济药业
	法人代表	何谧	董秘	汪宏勇	证券代码	000952
	公司网址	www.guangjipharm.com		电子信箱	stock@guangjipharm.com	
	电　话	0713-6216068		传　真	0713-6212108	
	办公地址	湖北省武穴市江堤路1号				
	经营范围	生产经营医药原料药、医药制剂、食品添加剂、饲料添加剂等				

	指标\报告期	2013.06.30	2012.12.31	2012.06.30	2011.12.31
主要财务指标	基本每股收益(元)	0.0030	–0.3800	–0.0930	0.0190
	基本每股收益(扣除)(元)	–0.1080	–0.4340	–0.1400	–0.0020
	每股净资产(元)	2.8417	2.8563	3.1500	3.2400
	每股经营现金净流量(元)	0.0600	0.4292	0.0149	0.3253
	每股现金流量(元)	–0.0722	–0.1084	–0.1828	–0.2362
	每股资本公积金(元)	0.2696	0.2867	0.2928	0.2928
	每股盈余公积金(元)	0.3012	0.3012	0.3012	0.3012
	每股未分配利润(元)	1.2709	1.2684	1.5547	1.6480
	净资产收益率(%)	0.0904	–13.2922	–2.9600	0.5938
	加权净资产收益率(%)	0.0900	–12.4400	–2.9200	0.6000
	净资产收益率(扣除)(%)	–	–	–	–
	总资产(万元)	156242.69	155597.20	149333.93	150666.11
	归属母公司股东权益(万元)	71527.45	71895.00	79255.07	81604.11
	主营业务收入(万元)	22341.23	39033.48	21535.39	45195.53
	营业收入(万元)	22756.21	39415.63	21535.23	45331.67
	主营成本(万元)	20402.74	37948.01	19732.29	35874.76
	营业成本(万元)	20403.27	38056.24	19732.29	35942.60
	投资收益(万元)	–14.42	67.26	15.79	296.56
	净利润(万元)	–435.08	–10354.95	–2637.28	79.84
	利润总额(万元)	–520.00	–10195.78	–2401.82	420.17

广西河池化工股份有限公司

公司概况	公司名称	广西河池化工股份有限公司			证券简称	*ST河化
	法人代表	李春敢	董秘	覃丽芳	证券代码	000953
	公司网址	www.hechihuagong.com.cn		电子信箱	qlifang75@163.com	
	电　话	0778-2266832　2266867		传　真	0778-2266867	
	办公地址	广西河池市六甲镇				
	经营范围	从事化肥等产品的生产与销售等				

	指标\报告期	2013.06.30	2012.12.31	2012.06.30	2011.12.31
主要财务指标	基本每股收益(元)	–0.0537	–0.0537	0.0499	–0.0663
	基本每股收益(扣除)(元)	–0.0765	–0.1708	0.0302	–0.0500
	每股净资产(元)	1.9839	2.3269	2.4904	1.0867
	每股经营现金净流量(元)	0.0533	0.0499	–0.3258	0.6267
	每股现金流量(元)	–0.0371	–0.2491	–0.2406	0.2549
	每股资本公积金(元)	1.8044	2.0884	2.1547	0.8080
	每股盈余公积金(元)	0.1193	0.1193	0.1193	0.1193
	每股未分配利润(元)	–0.9501	–0.8964	–0.7928	–0.8427
	净资产收益率(%)	–2.7089	–2.3073	2.0100	–6.1010
	加权净资产收益率(%)	–2.9100	–2.9200	2.7900	–9.7200
	净资产收益率(扣除)(%)	–	–	–	–
	总资产(万元)	204831.71	207243.58	210519.74	164232.64
	归属母公司股东权益(万元)	58338.04	68423.49	73232.59	31955.32
	主营业务收入(万元)	43604.96	86593.67	50841.67	71524.70
	营业收入(万元)	44732.18	91491.61	53103.16	76036.27
	主营成本(万元)	42701.99	85160.25	48792.86	67748.53
	营业成本(万元)	43558.18	88174.11	49944.86	70113.91
	投资收益(万元)	200.01	420.43	400.03	–
	净利润(万元)	–1580.32	–1578.76	1468.38	–1949.52
	利润总额(万元)	–1580.32	–1578.76	1468.38	–1949.52

欣龙控股(集团)股份有限公司

公司概况					
公司名称	欣龙控股(集团)股份有限公司			证券简称	欣龙控股
法人代表	郭开铸	董秘	魏毅	证券代码	000955
公司网址	www.xinlong-holding.com		电子信箱	xlkg@xinlong-holding.com	
电　话	0898-68581055 68585274		传　真	0898-68582799	
办公地址	海南省海口市龙昆北路2号珠江广场帝豪大厦17层				
经营范围	水刺、热轧、浆点等无纺布卷材、深加工产品的生产和销售等				

主要财务指标 指标\报告期	2013.06.30	2012.12.31	2012.06.30	2011.12.31
基本每股收益(元)	-0.0200	0.0100	-0.0100	-0.1000
基本每股收益(扣除)(元)	-0.0200	-0.0500	-0.0357	-0.1096
每股净资产(元)	1.3309	1.7534	1.7400	0.6944
每股经营现金净流量(元)	0.0018	0.0153	0.0157	0.1382
每股现金流量(元)	0.0565	0.6305	0.7311	0.3672
每股资本公积金(元)	0.8361	1.3865	1.3763	0.5829
每股盈余公积金(元)	-	-	-	-
每股未分配利润(元)	-0.5052	-0.6331	-0.6394	-0.8966
净资产收益率(%)	-1.3674	0.0908	-0.6000	-14.5766
加权净资产收益率(%)	3.6700	0.7800	-0.9400	-14.1800
净资产收益率(扣除)(%)	-	-	-	-
总资产(万元)	109632.61	105967.98	103270.78	72728.89
归属母公司股东权益(万元)	71653.64	72616.82	71935.12	20117.06
主营业务收入(万元)	9670.26	22471.77	9962.96	20258.15
营业收入(万元)	9871.74	22764.05	10109.37	20501.19
主营成本(万元)	8363.03	18751.54	8394.13	18253.29
营业成本(万元)	8381.98	18960.25	8503.96	18446.41
投资收益(万元)	280.00	-	-	-
净利润(万元)	-979.80	59.09	-416.85	-3085.91
利润总额(万元)	-962.83	60.23	-418.08	-3067.85

中通客车控股股份有限公司

公司概况					
公司名称	中通客车控股股份有限公司			证券简称	中通客车
法人代表	李海平	董秘	王兴富	证券代码	000957
公司网址	www.zhongtong.com		电子信箱	lckwxf@sohu.com	
电　话	0635-8322765		传　真	0635-8328905	
办公地址	山东省聊城市建设东路10号				
经营范围	客车、挂车、汽车底盘及专用配件的开发、制造、销售等				

主要财务指标 指标\报告期	2013.06.30	2012.12.31	2012.06.30	2011.12.31
基本每股收益(元)	0.1900	0.2400	0.1100	0.2100
基本每股收益(扣除)(元)	0.1800	0.1900	0.1000	0.1800
每股净资产(元)	3.0809	2.8817	2.7300	2.6200
每股经营现金净流量(元)	-0.3976	0.5830	-0.4085	0.9750
每股现金流量(元)	-0.5328	0.3698	-0.5145	0.3173
每股资本公积金(元)	0.5785	0.5785	0.5785	0.5785
每股盈余公积金(元)	0.2328	0.2328	0.2053	0.2053
每股未分配利润(元)	1.2356	1.0465	0.9418	0.8316
净资产收益率(%)	6.1363	8.4130	4.1300	8.1210
加权净资产收益率(%)	6.3500	8.8600	4.1300	8.3000
净资产收益率(扣除)(%)	-	-	-	-
总资产(万元)	316656.85	271030.93	235079.42	226854.62
归属母公司股东权益(万元)	73481.06	68729.48	65005.87	62377.67
主营业务收入(万元)	152675.20	280490.28	125237.08	251991.98
营业收入(万元)	156009.35	286838.07	128496.16	260350.96
主营成本(万元)	126911.20	239812.19	107856.30	214790.33
营业成本(万元)	129551.92	244303.57	110456.18	221628.79
投资收益(万元)	47.83	77.59	22.76	224.51
净利润(万元)	4457.55	5735.99	2612.46	5016.02
利润总额(万元)	5459.91	6799.99	3153.75	6395.44

石家庄东方热电股份有限公司

公司概况					
公司名称	石家庄东方热电股份有限公司			证券简称	*ST东热
法人代表	安建国	董秘	王世荣	证券代码	000958
公司网址	www.dfrdjt.com		电子信箱	dfrd0958@sina.com	
电　话	0311-85087068 85053913		传　真	0311-85087068 85053924	
办公地址	河北省石家庄市建华南大街161号				
经营范围	热力、电力的生产与销售等				

主要财务指标 指标\报告期	2013.06.30	2012.12.31	2012.06.30	2011.12.31
基本每股收益(元)	0.2000	-0.2200	-0.1800	-0.9200
基本每股收益(扣除)(元)	0.0700	-0.4000	-0.1800	-0.9000
每股净资产(元)	-2.3152	-2.5125	-2.4700	-2.2900
每股经营现金净流量(元)	0.2861	0.1891	0.1563	0.1168
每股现金流量(元)	0.1771	-0.0520	0.0650	-0.0246
每股资本公积金(元)	1.9395	1.9395	1.9395	1.9395
每股盈余公积金(元)	0.2472	0.2472	0.2472	0.2472
每股未分配利润(元)	-5.5019	-5.6992	-5.6552	-5.4788
净资产收益率(%)	-8.5227	-8.7715	-7.1460	-40.3380
加权净资产收益率(%)	-	9.4600	-	-
净资产收益率(扣除)(%)	-	-	-	-
总资产(万元)	128570.15	137902.85	126322.44	141726.85
归属母公司股东权益(万元)	-69335.46	-75244.72	-73927.41	-68644.64
主营业务收入(万元)	44007.18	71237.88	41818.74	87050.16
营业收入(万元)	44708.69	85741.26	42439.12	97000.10
主营成本(万元)	40481.56	74879.11	41536.65	97127.90
营业成本(万元)	41774.21	87932.54	42426.87	106083.78
投资收益(万元)	5082.67	6557.54	2737.56	-4482.73
净利润(万元)	5937.51	-6879.34	-5624.76	-28278.07
利润总额(万元)	5937.51	-6879.34	-5624.76	-28278.07

北京首钢股份有限公司

公司概况					
公司名称	北京首钢股份有限公司			证券简称	首钢股份
法人代表	王青海	董秘	章雁	证券代码	000959
公司网址	www.sggf.com.cn		电子信箱	office@sggf.com.cn	
电　话	010-88293727		传　真	010-68873028	
办公地址	北京市石景山路99号				
经营范围	钢铁冶炼、钢压延加工、冶金技术开发、咨询、转让、服务等				

主要财务指标 指标\报告期	2013.06.30	2012.12.31	2012.06.30	2011.12.31
基本每股收益(元)	-0.0907	-0.1204	-0.1178	0.0040
基本每股收益(扣除)(元)	-0.0912	-0.1237	-0.1193	-0.0249
每股净资产(元)	2.3852	2.4756	2.4400	2.5600
每股经营现金净流量(元)	0.0630	0.1110	-0.0607	-0.2460
每股现金流量(元)	-0.0752	-0.2307	-0.2061	-0.5137
每股资本公积金(元)	1.1597	1.1595	1.1244	1.1208
每股盈余公积金(元)	0.3984	0.3984	0.3966	0.3966
每股未分配利润(元)	-0.1738	-0.0831	-0.0787	0.0391
净资产收益率(%)	-3.8009	-4.8624	-4.8200	0.1550
加权净资产收益率(%)	-3.7300	-4.7800	-4.7100	0.1500
净资产收益率(扣除)(%)	-	-	-	-
总资产(万元)	1559876.25	1611836.44	1589539.22	1649150.73
归属母公司股东权益(万元)	707589.80	734400.56	724776.03	758651.45
主营业务收入(万元)	501971.45	992418.36	548467.61	1202101.40
营业收入(万元)	509798.31	1010338.22	560485.21	1251648.62
主营成本(万元)	500036.85	1007610.03	557634.88	1215110.77
营业成本(万元)	508033.36	1022641.67	566880.38	1254882.35
投资收益(万元)	-2951.90	29145.52	599.36	48201.88
净利润(万元)	-32800.88	-53464.68	-46611.73	-19494.96
利润总额(万元)	-32868.46	-53490.47	-46683.00	-16684.14

云南锡业股份有限公司

公司概况	公司名称	云南锡业股份有限公司			证券简称	锡业股份
	法人代表	雷毅	董秘	潘文皓	证券代码	000960
	公司网址	www.ytl.com.cn		电子信箱	xygf000960@ytc.cn	
	电　话	0873-3118606 3118622		传　真	0873-3118308 3118622	
	办公地址	云南省个旧市金湖东路121号云南锡业股份有限公司证券部				
	经营范围	有色金属锡及其深加工产品的生产和销售业务等				

	指标\报告期	2013.06.30	2012.12.31	2012.06.30	2011.12.31
主要财务指标	基本每股收益(元)	-1.0191	0.0381	0.0431	0.7693
	基本每股收益(扣除)(元)	-1.0400	0.0336	0.0821	0.8016
	每股净资产(元)	6.4789	5.6554	5.7300	5.7429
	每股经营现金净流量(元)	-0.2040	0.3051	0.1068	0.2078
	每股现金流量(元)	2.0127	0.0358	-0.3555	0.6732
	每股资本公积金(元)	4.5328	2.4137	2.4098	2.4098
	每股盈余公积金(元)	0.3835	0.4871	0.4869	0.4819
	每股未分配利润(元)	0.5753	1.7956	1.8500	1.8666
	净资产收益率(%)	-12.9431	0.6732	1.5300	13.3959
	加权净资产收益率(%)	-20.9300	0.6700	1.4700	14.1400
	净资产收益率(扣除)(%)	-	-	-	-
	总资产(万元)	2600958.62	2395902.45	1906405.40	1654526.70
	归属母公司股东权益(万元)	745859.73	443108.65	519613.87	520607.28
	主营业务收入(万元)	1014010.87	1604239.01	543097.51	1262107.53
	营业收入(万元)	1046676.85	1626843.21	562315.54	1284160.50
	主营成本(万元)	975543.72	1453582.73	466143.44	1055640.02
	营业成本(万元)	1007382.42	1474646.52	484589.21	1077389.36
	投资收益(万元)	1045.55	-2460.21	-312.69	710.52
	净利润(万元)	-96420.26	4018.98	7986.45	69777.27
	利润总额(万元)	-112811.02	4212.51	10066.64	79845.21

江苏中南建设集团股份有限公司

公司概况	公司名称	江苏中南建设集团股份有限公司			证券简称	中南建设
	法人代表	陈锦石	董秘	智刚	证券代码	000961
	公司网址	www.zhongnanconstruction.cn		电子信箱	zhongnan@zhongnangroup.cn	
	电　话	0513-82738286 82738796		传　真	0513-82738796	
	办公地址	江苏省海门市常乐镇中南大厦				
	经营范围	土木工程建筑和房地产开发				

	指标\报告期	2013.06.30	2012.12.31	2012.06.30	2011.12.31
主要财务指标	基本每股收益(元)	0.4200	0.8800	0.4000	0.8000
	基本每股收益(扣除)(元)	0.4100	0.8700	0.4000	0.8000
	每股净资产(元)	5.8586	5.5432	5.0500	4.6500
	每股经营现金净流量(元)	0.0611	-0.2379	0.2180	-2.3214
	每股现金流量(元)	1.4701	1.1797	0.6373	0.1100
	每股资本公积金(元)	0.5369	0.5369	0.5297	0.5297
	每股盈余公积金(元)	0.1823	0.1823	0.1685	0.1685
	每股未分配利润(元)	4.1394	3.8240	3.3552	2.9545
	净资产收益率(%)	7.0907	15.9442	7.9300	17.1580
	加权净资产收益率(%)	7.2200	17.3500	8.2600	15.3300
	净资产收益率(扣除)(%)	-	-	-	-
	总资产(万元)	5428692.37	4783818.27	3868407.66	3356794.77
	归属母公司股东权益(万元)	684190.66	647355.45	590155.94	543363.61
	主营业务收入(万元)	730054.73	-	510634.15	1226051.56
	营业收入(万元)	731479.19	1303456.42	513303.86	1230283.96
	主营成本(万元)	504656.62	878891.18	344119.81	899760.33
	营业成本(万元)	505498.69	878891.18	344649.38	901752.76
	投资收益(万元)	-0.70	54.52	-10.38	322.49
	净利润(万元)	53551.68	107187.98	46085.11	99330.40
	利润总额(万元)	78959.55	159794.44	66188.67	140587.94

宁夏东方钽业股份有限公司

公司概况	公司名称	宁夏东方钽业股份有限公司			证券简称	东方钽业
	法人代表	张创奇	董秘	叶照贯	证券代码	000962
	公司网址	www.otic.com.cn		电子信箱	zhqb@otic.public.yc.nx.cn	
	电　话	0952-2098563		传　真	0952-2098562	
	办公地址	宁夏回族自治区石嘴山市大武口区冶金路				
	经营范围	钽、铌、铍、钛、镁等有色金属材料的生产、加工、开发、科研与销售等				

	指标\报告期	2013.06.30	2012.12.31	2012.06.30	2011.12.31
主要财务指标	基本每股收益(元)	0.0742	0.2364	0.1173	0.6499
	基本每股收益(扣除)(元)	0.0397	-0.0200	0.0515	0.3570
	每股净资产(元)	5.5858	5.5502	5.4270	5.3697
	每股经营现金净流量(元)	-0.0178	0.1288	-0.1597	-0.4342
	每股现金流量(元)	-0.3695	-0.8393	-0.1085	0.7798
	每股资本公积金(元)	2.7177	2.7155	2.7161	2.7161
	每股盈余公积金(元)	0.5381	0.5381	0.4757	0.4757
	每股未分配利润(元)	1.3261	1.2920	1.2353	1.1780
	净资产收益率(%)	1.3281	4.2595	2.1600	9.9790
	加权净资产收益率(%)	1.3300	4.3300	2.1700	16.3500
	净资产收益率(扣除)(%)	-	-	-	-
	总资产(万元)	483605.15	462963.04	477211.63	456853.00
	归属母公司股东权益(万元)	246239.06	244671.08	239241.30	236713.46
	主营业务收入(万元)	135032.29	220437.02	114745.21	231563.95
	营业收入(万元)	140885.28	224849.03	116572.60	232386.08
	主营成本(万元)	124003.37	193394.99	101434.34	181295.12
	营业成本(万元)	127967.82	197416.20	102841.40	181641.34
	投资收益(万元)	272.29	474.61	279.02	8127.70
	净利润(万元)	3268.51	10275.28	5000.71	23377.35
	利润总额(万元)	4011.06	12036.29	7001.47	26459.41

华东医药股份有限公司

公司概况	公司名称	华东医药股份有限公司			证券简称	华东医药
	法人代表	李邦良	董秘	陈波	证券代码	000963
	公司网址	www.eastchinapharm.com		电子信箱	hz000963@126.com	
	电　话	0571-89903300		传　真	0571-89903300	
	办公地址	浙江省杭州市莫干山路866号				
	经营范围	医药原料药、制剂生产、医药产品经营				

	指标\报告期	2013.06.30	2012.12.31	2012.06.30	2011.12.31
主要财务指标	基本每股收益(元)	0.7669	1.0800	0.5846	0.8800
	基本每股收益(扣除)(元)	-	1.0700	0.5916	0.8600
	每股净资产(元)	5.3716	4.6048	4.1058	3.5222
	每股经营现金净流量(元	0.7450	1.4807	1.1576	0.0371
	每股现金流量(元)	1.3451	0.0008	0.7629	0.9577
	每股资本公积金(元)	0.0182	0.0182	0.0182	0.0182
	每股盈余公积金(元)	0.3326	0.3326	0.2538	0.2538
	每股未分配利润(元)	4.0208	3.2539	2.8348	2.2502
	净资产收益率(%)	14.2766	23.5111	14.2300	24.9530
	加权净资产收益率(%)	15.3700	26.6400	15.3200	28.4900
	净资产收益率(扣除)(%)	-	-	-	-
	总资产(万元)	769517.80	653873.23	655647.27	584372.80
	归属母公司股东权益(万元)	233161.78	199874.25	178258.00	152884.61
	主营业务收入(万元)	809511.58	1453413.95	702483.78	1109571.55
	营业收入(万元)	810524.15	1457923.04	704607.10	1113137.24
	主营成本(万元)	643352.63	1172262.37	562394.06	894193.55
	营业成本(万元)	643587.83	1172985.22	563450.39	894660.75
	投资收益(万元)	307.82	791.12	371.68	863.14
	净利润(万元)	42676.54	62055.67	32926.63	48605.54
	利润总额(万元)	53057.31	78752.08	40899.36	61286.24

天津天保基建股份有限公司

公司概况					
公司名称	天津天保基建股份有限公司			证券简称	天保基建
法人代表	沈钢	董秘	秦峰	证券代码	000965
公司网址	www.tbjijian.com		电子信箱	dongmi@tbjijian.com	
电　　话	022-84866617		传　　真	022-84866667	
办公地址	天津市天津空港经济区西五道35号汇津广场1号楼				
经营范围	水泥产品的制造、销售及房地产开发等				

主要财务指标：指标\报告期	2013.06.30	2012.12.31	2012.06.30	2011.12.31
基本每股收益(元)	0.1200	0.2300	0.1100	0.5500
基本每股收益(扣除)(元)	0.1200	0.1800	0.1100	0.4500
每股净资产(元)	3.6392	3.5420	3.4200	5.0500
每股经营现金净流量(元)	-0.0022	0.0739	-0.0231	-0.2769
每股现金流量(元)	0.2646	-0.3991	-0.1578	-0.5621
每股资本公积金(元)	1.1749	1.1749	1.1749	2.3388
每股盈余公积金(元)	0.0699	0.0699	0.0642	0.0963
每股未分配利润(元)	1.3944	1.2972	1.1793	1.6100
净资产收益率(%)	3.2478	6.4810	3.1000	10.8190
加权净资产收益率(%)	3.2800	6.6000	3.1000	11.4300
净资产收益率(扣除)(%)	-	-	-	-
总资产(万元)	474506.41	461773.37	448061.83	470614.23
归属母公司股东权益(万元)	251957.09	245228.02	236673.60	232862.94
主营业务收入(万元)	54340.17	90299.01	52038.01	123156.99
营业收入(万元)	54340.17	110588.19	52038.01	123172.71
主营成本(万元)	35862.85	62512.57	36904.91	76277.89
营业成本(万元)	35862.85	77641.43	36904.91	76277.89
投资收益(万元)	-	318.16	96.68	24.55
净利润(万元)	8182.98	15466.80	6912.38	24866.57
利润总额(万元)	11230.69	21567.99	9639.51	32664.87

国电长源电力股份有限公司

公司概况					
公司名称	国电长源电力股份有限公司			证券简称	长源电力
法人代表	张玉新	董秘	赵虎	证券代码	000966
公司网址	www.cydl.com.cn		电子信箱	zhaoh@cydl.com.cn	
电　　话	027-88717131 88717136		传　　真	027-88717134 88717013	
办公地址	湖北省武汉市洪山区徐东大街113号国电大厦24-29楼				
经营范围	电力、热力生产、煤炭的生产和销售等				

主要财务指标：指标\报告期	2013.06.30	2012.12.31	2012.06.30	2011.12.31
基本每股收益(元)	0.4152	0.1527	-0.1924	0.1777
基本每股收益(扣除)(元)	0.3994	0.0514	-0.2372	-1.0464
每股净资产(元)	2.8963	2.4811	2.1400	2.3324
每股经营现金净流量(元)	2.7206	4.5306	2.6933	1.0374
每股现金流量(元)	-0.0061	-0.6968	0.5144	0.7052
每股资本公积金(元)	2.9023	2.9023	2.9063	2.9063
每股盈余公积金(元)	0.0781	0.0781	0.0781	0.0781
每股未分配利润(元)	-1.0879	-1.5031	-1.8482	-1.6557
净资产收益率(%)	14.3348	6.1542	-8.9900	7.6170
加权净资产收益率(%)	15.4400	6.3400	-8.6100	7.9200
净资产收益率(扣除)(%)	-	-	-	-
总资产(万元)	1156310.04	1236100.34	1349268.78	1446457.75
归属母公司股东权益(万元)	160496.53	137489.75	118586.26	129249.98
主营业务收入(万元)	340899.83	688634.50	338248.14	782360.53
营业收入(万元)	347752.93	717788.44	344598.72	790760.31
主营成本(万元)	277932.97	615846.35	314300.95	776280.25
营业成本(万元)	280613.67	634735.27	317990.26	777683.05
投资收益(万元)	-511.83	3584.96	1984.59	62028.35
净利润(万元)	27997.30	12867.17	-11445.44	5908.54
利润总额(万元)	32532.80	16015.51	-9987.38	7696.79

浙江上风实业股份有限公司

公司概况					
公司名称	浙江上风实业股份有限公司			证券简称	上风高科
法人代表	温峻	董秘	刘开明	证券代码	000967
公司网址	www.sfgk.com.cn		电子信箱	sfgkzq@infore.com	
电　　话	0575-82360805 26335291		传　　真	0575-82366328 82360805	
办公地址	浙江省上虞市上浦镇上浦经济开发区				
经营范围	研制、开发、生产通风机、风冷、水冷、空调设备、环保设备等				

主要财务指标：指标\报告期	2013.06.30	2012.12.31	2012.06.30	2011.12.31
基本每股收益(元)	0.0960	0.2300	0.1430	0.4400
基本每股收益(扣除)(元)	0.0060	-	0.0120	0.0500
每股净资产(元)	3.1703	3.6660	3.3100	2.9100
每股经营现金净流量(元)	-0.2076	0.5739	0.7919	-1.3275
每股现金流量(元)	-0.0422	-0.1086	-0.0180	-0.0062
每股资本公积金(元)	1.6315	2.1146	1.8447	1.5871
每股盈余公积金(元)	0.1545	0.1854	0.1749	0.1749
每股未分配利润(元)	0.3843	0.3661	0.2882	0.1454
净资产收益率(%)	3.0252	6.3057	4.6200	15.1120
加权净资产收益率(%)	2.9700	7.0200	4.6200	16.7000
净资产收益率(扣除)(%)	-	-	-	-
总资产(万元)	186625.06	185339.08	176614.12	204961.28
归属母公司股东权益(万元)	78056.57	75219.13	67869.93	59653.05
主营业务收入(万元)	133980.99	255234.87	134552.37	211464.28
营业收入(万元)	135142.98	257642.47	134627.82	212210.01
主营成本(万元)	124263.98	233153.54	122686.43	189503.60
营业成本(万元)	125346.48	235173.40	122694.64	189944.52
投资收益(万元)	2942.34	6682.55	3276.23	6977.95
净利润(万元)	2480.16	4901.01	3107.68	9555.61
利润总额(万元)	2946.14	7128.13	3905.87	11290.17

太原煤气化股份有限公司

公司概况					
公司名称	太原煤气化股份有限公司			证券简称	煤 气 化
法人代表	王锁奎	董秘	冀涛	证券代码	000968
公司网址	www.tymqh.com		电子信箱	mqh000968@126.com	
电　　话	0351-6019365		传　　真	0351-6019034	
办公地址	山西省太原市和平南路83号				
经营范围	生产和销售煤炭、精中煤、焦炭、煤气、煤化工等产品				

主要财务指标：指标\报告期	2013.06.30	2012.12.31	2012.06.30	2011.12.31
基本每股收益(元)	-0.3456	-0.6852	-0.0972	0.4022
基本每股收益(扣除)(元)	-0.3389	-0.7551	-0.0899	0.3641
每股净资产(元)	4.9765	5.2755	6.0320	6.1513
每股经营现金净流量(元)	-0.5431	0.7795	0.2963	0.1520
每股现金流量(元)	0.0362	0.2200	0.0754	-1.4129
每股资本公积金(元)	1.1366	1.1366	1.1533	1.1533
每股盈余公积金(元)	0.4779	0.4779	0.4779	0.4779
每股未分配利润(元)	2.0096	2.3552	2.9432	3.1404
净资产收益率(%)	-6.9441	-12.9900	-1.6100	6.5390
加权净资产收益率(%)	-6.7400	-11.9900	-1.5900	6.8100
净资产收益率(扣除)(%)	-	-	-	-
总资产(万元)	1045129.46	945435.66	854620.61	761961.93
归属母公司股东权益(万元)	255664.37	271029.36	309891.38	316020.94
主营业务收入(万元)	105751.22	325406.49	186740.17	374247.16
营业收入(万元)	106708.35	331231.27	188575.98	377919.88
主营成本(万元)	77011.32	264198.05	150533.03	270155.94
营业成本(万元)	79913.74	274808.79	152885.51	275805.76
投资收益(万元)	-	-	-	21.03
净利润(万元)	-16933.34	-31156.57	-1973.83	30462.97
利润总额(万元)	-14461.65	-21515.63	3402.90	45564.65

安泰科技股份有限公司

公司概况	公司名称	安泰科技股份有限公司			证券简称	安泰科技
	法人代表	才让	董秘	张晋华	证券代码	000969
	公司网址	www.atmcn.com		电子信箱	securities@atmcn.com	
	电　话	010-62188403		传　真	010-62182695	
	办公地址	北京市海淀区学院南路 76 号				
	经营范围	先进金属材料及制品的研发和生产销售				

主要财务指标	指标\报告期	2013.06.30	2012.12.31	2012.06.30	2011.12.31
	基本每股收益(元)	0.0373	0.0876	0.1068	0.3671
	基本每股收益(扣除)(元)	–	0.0961	0.1018	0.3433
	每股净资产(元)	3.7632	3.8459	3.8600	3.8400
	每股经营现金净流量(元)	0.1380	0.6775	–0.1845	0.1601
	每股现金流量(元)	–0.2922	0.5634	–0.3515	0.1117
	每股资本公积金(元)	1.7739	1.7739	1.7708	1.7312
	每股盈余公积金(元)	0.4003	0.4003	0.3474	0.3490
	每股未分配利润(元)	0.5890	0.6717	0.7436	0.7606
	净资产收益率(%)	0.9915	2.2751	2.7580	9.5350
	加权净资产收益率(%)	0.9700	2.2800	2.7606	9.9700
	净资产收益率(扣除)(%)	–	–	–	–
	总资产(万元)	767503.79	761226.59	708494.06	692225.31
	归属母公司股东权益(万元)	324690.00	331824.10	333194.26	329877.50
	主营业务收入(万元)	188144.51	373938.25	198576.28	440533.06
	营业收入(万元)	190268.99	381870.50	201396.82	453069.85
	主营成本(万元)	160669.40	314147.26	165522.70	361464.44
	营业成本(万元)	162204.13	320491.55	167658.54	372651.71
	投资收益(万元)	–406.37	–646.08	–45.57	–38.12
	净利润(万元)	2812.02	9521.79	10907.44	37424.40
	利润总额(万元)	3902.53	13079.84	12246.09	43896.92

北京中科三环高技术股份有限公司

公司概况	公司名称	北京中科三环高技术股份有限公司			证券简称	中科三环
	法人代表	王震西	董秘	赵寅鹏	证券代码	000970
	公司网址	www.san-huan.com.cn		电子信箱	security@san-huan.com.cn	
	电　话	010-62[illegible]56017		传　真	010-62670793	
	办公地址	北京市海淀区中关村东路 66 号甲 1 号楼 27 层				
	经营范围	稀土永磁和新型磁性材料及其应用产品的研究开发、生产和销售				

主要财务指标	指标\报告期	2013.06.30	2012.12.31	2012.06.30	2011.12.31
	基本每股收益(元)	0.1700	1.2400	0.4500	1.5100
	基本每股收益(扣除)(元)	0.1500	1.1900	0.9300	1.5100
	每股净资产(元)	3.1563	6.1747	6.0200	4.2600
	每股经营现金净流量(元)	0.1498	3.4850	2.1539	0.0534
	每股现金流量(元)	–0.1914	2.1352	1.9595	1.6782
	每股资本公积金(元)	0.4029	1.3059	1.3059	0.2704
	每股盈余公积金(元)	0.1524	0.3048	0.2529	0.2654
	每股未分配利润(元)	1.6011	3.5639	3.4638	2.7264
	净资产收益率(%)	5.3573	19.7171	14.3694	35.4666
	加权净资产收益率(%)	5.3600	23.0700	18.5000	42.6800
	净资产收益率(扣除)(%)	–	–	–	–
	总资产(万元)	505199.86	517985.10	547518.68	509122.73
	归属母公司股东权益(万元)	336213.64	328862.02	320763.77	216346.37
	主营业务收入(万元)	172288.59	492231.28	283939.86	567826.24
	营业收入(万元)	173006.27	493384.51	284543.57	569584.20
	主营成本(万元)	119492.22	329667.86	184549.96	400813.10
	营业成本(万元)	119879.97	330226.03	185068.37	401705.18
	投资收益(万元)	–2167.54	–409.46	1970.89	1037.34
	净利润(万元)	21064.11	79221.04	55574.75	92493.73
	利润总额(万元)	26408.67	96707.84	67515.60	110841.09

湖北蓝鼎控股股份有限公司

公司概况	公司名称	湖北蓝鼎控股股份有限公司			证券简称	蓝鼎控股
	法人代表	唐常军	董秘	张继红	证券代码	000971
	公司网址	www.mai-ya.com		电子信箱	ir@mai-ya.com	
	电　话	0728-3336188*5828 3275828		传　真	0728-3275829	
	办公地址	湖北省仙桃市仙桃大道西端 19 号万钜国际大厦				
	经营范围	棉、化纤纺织及印染精加工、毛纺织和染整精加工、纺织品等				

主要财务指标	指标\报告期	2013.06.30	2012.12.31	2012.06.30	2011.12.31
	基本每股收益(元)	–0.0540	0.0300	–0.0850	–0.3000
	基本每股收益(扣除)(元)	–0.0950	–0.3000	–0.1160	–0.3100
	每股净资产(元)	0.0198	0.1388	0.0090	0.0120
	每股经营现金净流量(元)	–0.0434	–0.2422	–0.3329	–0.2686
	每股现金流量(元)	–0.1879	0.2018	0.0185	–0.0105
	每股资本公积金(元)	0.6361	0.7011	0.6892	0.6076
	每股盈余公积金(元)	0.1966	0.1966	0.1966	0.1966
	每股未分配利润(元)	–1.8128	–1.7589	–1.8770	–1.7919
	净资产收益率(%)	–271.9239	23.7356	–967.0500	–2471.6010
	加权净资产收益率(%)	–67.9700	43.6000	–806.1300	–120.9400
	净资产收益率(扣除)(%)	–	–	–	–
	总资产(万元)	40687.65	51289.66	84847.69	71210.03
	归属母公司股东权益(万元)	481.97	3374.37	214.08	299.55
	主营业务收入(万元)	5192.94	19688.78	8041.97	22627.62
	营业收入(万元)	5243.20	20401.94	8293.56	23262.91
	主营成本(万元)	5482.84	19454.84	7829.23	21977.96
	营业成本(万元)	5498.63	20063.07	7992.49	22458.48
	投资收益(万元)	1184.67	442.28	442.28	422.37
	净利润(万元)	–1310.59	800.93	–2070.24	–7403.62
	利润总额(万元)	–1310.59	800.93	–2070.24	–7403.62

新疆中基实业股份有限公司

公司概况	公司名称	新疆中基实业股份有限公司			证券简称	*ST 中基
	法人代表	曾超	董秘	顾永新	证券代码	000972
	公司网址	www.chalkistomato.com		电子信箱	guyongxin@chalkistomato.com	
	电　话	0991-8852972 8852110		传　真	0991-8816688 8818888	
	办公地址	新疆维吾尔自治区乌鲁木齐市青年路北一巷 3 号				
	经营范围	大包装浓缩番茄酱、去皮番茄和番茄丁、小罐番茄制品等				

主要财务指标	指标\报告期	2013.06.30	2012.12.31	2012.06.30	2011.12.31
	基本每股收益(元)	–0.1276	0.0830	–0.3935	–2.3890
	基本每股收益(扣除)(元)	–0.1298	–0.6611	–0.3969	–2.4600
	每股净资产(元)	0.4074	0.5367	0.0200	0.4342
	每股经营现金净流量(元)	0.4095	–0.0587	–0.2061	–1.8790
	每股现金流量(元)	0.0764	0.2235	–0.4190	–0.6241
	每股资本公积金(元)	1.0800	1.0806	2.0342	2.0342
	每股盈余公积金(元)	0.1808	0.2893	0.2893	0.2893
	每股未分配利润(元)	–1.8552	–2.7642	–3.2906	–2.8970
	净资产收益率(%)	–31.3190	15.4647	–1857.2300	–550.1829
	加权净资产收益率(%)	–26.9800	26.5300	–165.7600	–146.8700
	净资产收益率(扣除)(%)	–	–	–	–
	总资产(万元)	351022.09	372616.29	427520.47	445016.69
	归属母公司股东权益(万元	31422.72	41398.49	1021.55	20932.07
	主营业务收入(万元)	59550.82	121122.82	63289.92	136852.17
	营业收入(万元)	60172.18	124596.21	63491.22	142478.55
	主营成本(万元)	52782.94	99740.54	58483.12	136256.51
	营业成本(万元)	53373.19	102008.24	58487.31	139681.93
	投资收益(万元)	–20.03	–791.60	–320.55	–57.08
	净利润(万元)	–10936.84	591.74	–20977.49	–131720.71
	利润总额(万元)	–10936.70	7443.63	–20942.28	–125238.13

佛山佛塑科技集团股份有限公司

公司概况					
公司名称	佛山佛塑科技集团股份有限公司			证券简称	佛塑科技
法人代表	李曼莉	董秘	何水秀	证券代码	000973
公司网址	www.fspg.com.cn		电子信箱	dmb@fspg.com.cn	
电　　话	0757-83988189		传　　真	0757-83988186	
办公地址	广东省佛山市禅城区汾江中路 85 号				
经营范围	各类塑料制品、粘胶制品、各类包装及印刷复合制品和塑料加工设备等				

主要财务指标 指标＼报告期	2013.06.30	2012.12.31	2012.06.30	2011.12.31
基本每股收益(元)	0.0200	0.1300	0.0200	0.5500
基本每股收益(扣除)(元)	0.0200	0.0800	0.0180	0.0540
每股净资产(元)	2.0939	2.1100	1.9800	2.9836
每股经营现金净流量(元)	-0.0993	0.4974	0.2167	-0.1588
每股现金流量(元)	-0.1627	0.0297	-0.1606	0.1817
每股资本公积金(元)	0.3640	0.3509	0.3344	1.0130
每股盈余公积金(元)	0.1799	0.1799	0.1734	0.2602
每股未分配利润(元)	0.5499	0.5779	0.4754	0.7104
净资产收益率(%)	1.0509	6.2016	1.0336	27.5280
加权净资产收益率(%)	1.0500	6.4100	1.0900	32.0200
净资产收益率(扣除)(%)	-	-	-	-
总资产(万元)	462068.62	468866.52	461835.17	513295.95
归属母公司股东权益(万元)	192392.65	193760.73	182231.97	182764.13
主营业务收入(万元)	122378.52	339859.16	155114.55	359968.60
营业收入(万元)	132202.58	377188.04	187101.41	386916.15
主营成本(万元)	108028.75	294765.08	140765.85	314756.62
营业成本(万元)	113254.34	324656.28	168350.73	338819.35
投资收益(万元)	3596.02	7963.20	3114.47	58954.48
净利润(万元)	2772.15	12326.93	2657.85	56446.74
利润总额(万元)	3425.07	16394.01	3050.76	59053.31

银泰资源股份有限公司

公司概况					
公司名称	银泰资源股份有限公司			证券简称	银泰资源
法人代表	杨海飞	董秘	刘黎明	证券代码	000975
公司网址			电子信箱	975@scd.cn	
电　　话	010-85171856		传　　真	010-65668256	
办公地址	北京市朝阳区建国门外大街 2 号银泰中心 C 座 2103				
经营范围	高新技术产业项目、城市基础设施建设项目、环保建设等				

主要财务指标 指标＼报告期	2013.06.30	2012.12.31	2012.06.30	2011.12.31
基本每股收益(元)	0.0200	0.5500	0.0137	0.0481
基本每股收益(扣除)(元)	0.0180	0.0540	0.0217	0.0497
每股净资产(元)	1.9800	2.9836	1.5000	1.5100
每股经营现金净流量(元)	0.2167	-0.1588	0.0097	0.1420
每股现金流量(元)	-0.1606	0.1817	-0.0076	0.2158
每股资本公积金(元)	0.3344	1.0130	0.1684	0.1684
每股盈余公积金(元)	0.1734	0.2602	0.1118	0.1118
每股未分配利润(元)	0.4754	0.7104	0.2243	0.2257
净资产收益率(%)	1.0336	27.5280	0.9100	3.1950
加权净资产收益率(%)	1.0900	32.0200	0.9000	3.2442
净资产收益率(扣除)(%)	-	-	-	-
总资产(万元)	461835.17	513295.95	121321.21	122718.14
归属母公司股东权益(万元)	182231.97	182764.13	93718.63	93801.95
主营业务收入(万元)	155114.55	359968.60	13307.94	24327.44
营业收入(万元)	187101.41	386916.15	13307.94	24327.44
主营成本(万元)	140765.85	314756.62	7268.89	14666.36
营业成本(万元)	168350.73	338819.35	7268.89	14666.36
投资收益(万元)	3114.47	58954.48	-	185.59
净利润(万元)	2657.85	56446.74	870.83	2993.95
利润总额(万元)	3050.76	59053.31	1238.58	2896.30

广东开平春晖股份有限公司

公司概况					
公司名称	广东开平春晖股份有限公司			证券简称	春晖股份
法人代表	方振颖	董秘	陈伟奇	证券代码	000976
公司网址	www.my0976.com		电子信箱	my0976@my0976.com	
电　　话	0750-2276949 2228111*286		传　　真	0750-2276959	
办公地址	广东省开平市长沙港口路 10 号				
经营范围	涤纶长丝、锦纶长丝、高粘切片、瓶级切片及化纤产品的生产和销售等				

主要财务指标 指标＼报告期	2013.06.30	2012.12.31	2012.06.30	2011.12.31
基本每股收益(元)	-0.0793	0.0200	-0.0951	-0.3000
基本每股收益(扣除)(元)	-0.0795	-0.1200	-0.0959	-0.3200
每股净资产(元)	0.8282	0.9076	0.7900	0.8900
每股经营现金净流量(元)	-0.1915	-0.0547	-0.1647	0.0410
每股现金流量(元)	-0.1451	-0.0638	-0.1750	-0.1187
每股资本公积金(元)	0.6114	0.6114	0.6114	0.6114
每股盈余公积金(元)	0.1347	0.1347	0.1347	0.1347
每股未分配利润(元)	-0.9179	-0.8385	-0.9556	-0.8605
净资产收益率(%)	-9.5791	2.4186	-12.0300	-34.3900
加权净资产收益率(%)	-9.1400	2.4200	-11.3500	-29.3400
净资产收益率(扣除)(%)	-	-	-	-
总资产(万元)	99724.15	107069.16	106842.47	115207.05
归属母公司股东权益(万元)	48588.57	53242.92	46374.78	51955.18
主营业务收入(万元)	55889.51	130101.42	62707.82	186408.07
营业收入(万元)	56822.89	131994.42	63642.65	198404.62
主营成本(万元)	57835.41	131682.07	65712.75	183266.49
营业成本(万元)	58463.63	132565.87	66042.63	193115.02
投资收益(万元)	-	9.50	9.50	561.26
净利润(万元)	-4654.35	1287.74	-5580.40	-17867.43
利润总额(万元)	-4654.35	1287.74	-5580.40	-17867.43

浪潮电子信息产业股份有限公司

公司概况					
公司名称	浪潮电子信息产业股份有限公司			证券简称	浪潮信息
法人代表	张磊	董秘	李丰	证券代码	000977
公司网址	www.inspur.com		电子信箱	lclifeng@inspur.com	
电　　话	0531-85106229		传　　真	0531-85106222	
办公地址	山东省济南市浪潮路 1036 号				
经营范围	计算机及软件、电子产品及其他通讯设备、商业机具、电子工业用控制设备等				

主要财务指标 指标＼报告期	2013.06.30	2012.12.31	2012.06.30	2011.12.31
基本每股收益(元)	0.2587	0.3246	0.2403	0.3514
基本每股收益(扣除)(元)	0.0269	0.1427	0.0872	0.0760
每股净资产(元)	4.5529	5.4005	5.1900	5.1800
每股经营现金净流量(元)	-2.0137	-1.0872	-1.1122	1.1793
每股现金流量(元)	-0.2585	-0.1003	-1.3269	0.4208
每股资本公积金(元)	1.6145	2.7036	2.7032	2.7067
每股盈余公积金(元)	0.3228	0.3228	0.2828	0.2828
每股未分配利润(元)	1.6156	1.6149	1.2001	1.1896
净资产收益率(%)	5.6828	6.0112	2.1300	6.7860
加权净资产收益率(%)	5.0700	6.1400	4.5400	7.0200
净资产收益率(扣除)(%)	-	-	-	-
总资产(万元)	284006.56	235316.50	181497.51	173080.67
归属母公司股东权益(万元)	97886.35	121418.70	111498.84	111350.01
主营业务收入(万元)	193488.21	209213.66	121904.47	117065.17
营业收入(万元)	199872.76	219104.55	123996.39	123280.17
主营成本(万元)	165782.52	165368.92	98961.37	92880.48
营业成本(万元)	168625.79	172119.77	99480.08	95107.33
投资收益(万元)	723.73	1504.63	947.51	2897.83
净利润(万元)	5562.64	6874.56	5060.43	7680.35
利润总额(万元)	6741.42	7309.71	5823.29	7932.64

桂林旅游股份有限公司

公司概况	公司名称	桂林旅游股份有限公司		证券简称	桂林旅游
	法人代表	章熙骏	董秘 黄锡军	证券代码	000978
	公司网址	www.guilintravel.com		电子信箱	gtcl000978@163.com
	电　　话	0773-3558976 3558955		传　　真	0773-3558955
	办公地址	广西壮族自治区桂林市翠竹路 27-2 号			
	经营范围	公路旅行客运、游船客运、旅游工艺品制造、销售等			

	指标\报告期	2013.06.30	2012.12.31	2012.06.30	2011.12.31
主要财务指标	基本每股收益(元)	-0.0550	0.1700	0.0300	0.1900
	基本每股收益(扣除)(元)	-0.0770	0.1300	0.0290	0.1640
	每股净资产(元)	4.0286	4.1293	3.9900	4.0570
	每股经营现金净流量(元)	-0.0460	0.3242	-0.0300	0.3238
	每股现金流量(元)	-0.3091	-0.5822	-0.5563	0.5990
	每股资本公积金(元)	2.7020	2.6980	2.6954	2.6954
	每股盈余公积金(元)	0.1928	0.1914	0.1845	0.1759
	每股未分配利润(元)	0.1338	0.2399	0.1069	0.1855
	净资产收益率(%)	-1.3577	4.1100	0.7500	4.6750
	加权净资产收益率(%)	-1.3400	4.1600	0.7400	4.7400
	净资产收益率(扣除)(%)	-	-	-	-
	总资产(万元)	239988.20	226579.01	228415.44	245156.73
	归属母公司股东权益(万元)	145069.84	148697.19	143564.89	146085.85
	主营业务收入(万元)	18539.74	48689.24	20828.14	49586.53
	营业收入(万元)	19213.95	50217.60	21589.09	51260.66
	主营成本(万元)	11920.26	26230.93	11848.60	27585.00
	营业成本(万元)	12066.77	26517.87	11983.82	27837.71
	投资收益(万元)	616.66	3008.30	929.69	3055.17
	净利润(万元)	-2495.91	5870.65	889.45	6481.50
	利润总额(万元)	-2247.09	7394.19	1292.10	7998.81

中弘控股股份有限公司

公司概况	公司名称	中弘控股股份有限公司		证券简称	中弘股份
	法人代表	王永红	董秘 金洁	证券代码	000979
	公司网址	www.zhonghongholdings.com		电子信箱	jinjie139@126.com
	电　　话	010-59279999 9979		传　　真	010-59279979
	办公地址	北京市朝阳区朝阳北路五里桥一街非中心 1 号院 25 号楼			
	经营范围	房地产开发、实业投资、管理、经营及咨询、基础建设投资、商品房销售等			

	指标\报告期	2013.06.30	2012.12.31	2012.06.30	2011.12.31
主要财务指标	基本每股收益(元)	0.2400	1.0600	0.4300	0.6200
	基本每股收益(扣除)(元)	0.1500	0.9900	0.3500	0.4100
	每股净资产(元)	2.5932	2.7800	2.3200	2.6900
	每股经营现金净流量(元)	0.3420	0.3685	1.0641	-0.3229
	每股现金流量(元)	-0.1579	0.0314	0.1265	-0.6316
	每股资本公积金(元)	-	0.0296	-	0.4909
	每股盈余公积金(元)	-	0.0485	0.0751	0.0751
	每股未分配利润(元)	1.5932	1.6980	1.2459	1.1245
	净资产收益率(%)	9.1117	38.1330	18.5916	23.0168
	加权净资产收益率(%)	8.4000	36.2100	15.1900	26.0200
	净资产收益率(扣除)(%)	-	-	-	-
	总资产(万元)	896546.39	898822.94	771211.90	767279.39
	归属母公司股东权益(万元)	262452.20	280973.89	234914.83	272308.72
	主营业务收入(万元)	82293.55	374506.23	175355.96	184782.88
	营业收入(万元)	84894.95	375574.61	177781.40	185405.31
	主营成本(万元)	29251.93	148563.01	72471.95	83988.77
	营业成本(万元)	32452.71	148829.72	74159.63	84186.63
	投资收益(万元)	3026.70	8666.09	6747.70	21789.49
	净利润(万元)	23501.62	101811.66	39469.73	64734.56
	利润总额(万元)	32542.79	136911.82	56573.53	84230.77

黄山金马股份有限公司

公司概况	公司名称	黄山金马股份有限公司		证券简称	金马股份
	法人代表	燕根水	董秘 杨海峰	证券代码	000980
	公司网址	www.hsjinma.com		电子信箱	hsh_wangfei@126.com
	电　　话	0559-6537831		传　　真	0559-6537888
	办公地址	安徽省黄山市歙县经济技术开发区			
	经营范围	车用仪表及车用零部件、防盗门的生产和销售等			

	指标\报告期	2013.06.30	2012.12.31	2012.06.30	2011.12.31
主要财务指标	基本每股收益(元)	0.1000	0.0900	0.0600	0.1100
	基本每股收益(扣除)(元)	0.1000	0.0500	0.0620	0.0800
	每股净资产(元)	3.8968	3.8552	3.8300	3.7700
	每股经营现金净流量(元)	0.0592	0.6218	0.9057	0.2682
	每股现金流量(元)	-0.1634	-0.1313	0.5928	-0.2317
	每股资本公积金(元)	2.3223	2.3223	2.3223	2.3223
	每股盈余公积金(元)	0.0532	0.0532	0.0384	0.0384
	每股未分配利润(元)	0.5213	0.4797	0.4710	0.4076
	净资产收益率(%)	2.6077	2.2540	1.6600	3.0430
	加权净资产收益率(%)	2.6000	2.2800	1.6700	3.0900
	净资产收益率(扣除)(%)	-	-	-	-
	总资产(万元)	198685.67	185964.24	179969.55	186814.40
	归属母公司股东权益(万元)	123528.92	122209.68	121465.84	119455.06
	主营业务收入(万元)	47246.39	80971.95	38170.10	82711.63
	营业收入(万元)	49912.63	84370.32	41260.83	87055.46
	主营成本(万元)	37982.07	69136.97	32594.68	68621.14
	营业成本(万元)	40042.85	70378.02	34667.29	71761.35
	投资收益(万元)	-	-	-	-
	净利润(万元)	3243.40	2819.94	2019.28	3619.92
	利润总额(万元)	3942.23	3684.58	2424.71	4413.47

银亿房地产股份有限公司

公司概况	公司名称	银亿房地产股份有限公司		证券简称	银亿股份
	法人代表	熊续强	董秘 李笛鸣	证券代码	000981
	公司网址	www.chinayinyi.cn		电子信箱	ck204600@yahoo.com.cn
	电　　话	0755-83220636 0574-87653687		传　　真	0755-83321624 0574-87653689
	办公地址	浙江省宁波市江北区人民路 132 号银亿外滩大厦 26 楼 广东省深圳市福田区振华路 56 号兰光大厦 18 楼			
	经营范围	房地产开发、经营、商品房销售、物业管理、装饰装修、房屋租赁等			

	指标\报告期	2013.06.30	2012.12.31	2012.06.30	2011.12.31
主要财务指标	基本每股收益(元)	0.2300	0.8400	0.2100	0.7900
	基本每股收益(扣除)(元)	0.2300	0.8200	0.1800	0.7800
	每股净资产(元)	4.5743	4.3442	3.7200	3.1300
	每股经营现金净流量(元)	-0.4261	-0.5548	-0.3662	-2.8863
	每股现金流量(元)	-0.3912	0.4278	-0.2066	0.1118
	每股资本公积金(元)	1.2387	1.2387	1.2387	1.2387
	每股盈余公积金(元)	0.2308	0.2308	0.1593	0.1593
	每股未分配利润(元)	3.1076	2.8776	2.3203	2.1184
	净资产收益率(%)	5.0426	19.2387	5.5700	20.8490
	加权净资产收益率(%)	5.1700	21.2800	5.7200	25.8100
	净资产收益率(扣除)(%)	-	-	-	-
	总资产(万元)	1989101.76	1877067.48	1669415.39	1625495.64
	归属母公司股东权益(万元)	392934.36	373173.15	319163.53	301819.87
	主营业务收入(万元)	156852.74	351798.95	71858.99	480983.44
	营业收入(万元)	160440.57	354905.99	72343.10	486197.21
	主营成本(万元)	110499.30	204032.90	32308.16	299774.81
	营业成本(万元)	113686.52	205351.38	32412.80	302122.36
	投资收益(万元)	9840.04	12194.15	6897.98	20138.67
	净利润(万元)	20973.29	72368.28	17133.54	64466.35
	利润总额(万元)	27910.77	88000.88	22197.85	98456.58

宁夏中银绒业股份有限公司

公司概况

公司名称	宁夏中银绒业股份有限公司			证券简称	中银绒业
法人代表	马生国	董秘	陈晓非	证券代码	000982
公司网址	www.zhongyincashmere.com		电子信箱	chenxiaofei@zhongyincashmere.com	
电　　话	0951-4038950 8934 8935		传　　真	0951-4519290	
办公地址	宁夏回族自治区灵武市羊绒工业园区中银大道南侧				
经营范围	无毛绒、绒条、羊绒纱、羊绒衫等的内销与出口等				

主要财务指标

指标\报告期	2013.06.30	2012.12.31	2012.06.30	2011.12.31
基本每股收益(元)	0.2500	0.4700	0.2400	0.3100
基本每股收益(扣除)(元)	0.2400	0.4200	0.2300	0.2400
每股净资产(元)	2.5926	2.3688	1.6800	1.4800
每股经营现金净流量(元)	–0.1450	–0.5616	–0.3867	–1.1042
每股现金流量(元)	0.7545	0.0487	0.2327	0.2113
每股资本公积金(元)	0.7522	0.7563	0.1732	0.1732
每股盈余公积金(元)	0.0368	0.0368	0.0173	0.0173
每股未分配利润(元)	0.8436	0.5919	0.5352	0.3240
净资产收益率(%)	9.7085	16.4767	15.2700	20.3490
加权净资产收益率(%)	10.0900	25.5000	15.2700	23.6600
净资产收益率(扣除)(%)	–	–	–	–
总资产(万元)	669696.60	505258.11	482012.04	363973.81
归属母公司股东权益(万元)	186369.49	170283.97	93623.53	82118.25
主营业务收入(万元)	141264.93	242518.88	120928.37	180676.08
营业收入(万元)	141499.14	242606.04	120966.81	180946.79
主营成本(万元)	108018.11	181952.50	93353.27	142691.20
营业成本(万元)	108159.36	181996.29	93353.27	142821.04
投资收益(万元)	4.10	9.84	–	11.22
净利润(万元)	18131.99	27936.48	13619.61	16632.58
利润总额(万元)	20056.20	32289.73	15498.28	18306.19

山西西山煤电股份有限公司

公司概况

公司名称	山西西山煤电股份有限公司			证券简称	西山煤电
法人代表	薛道成	董秘	支亚毅	证券代码	000983
公司网址	www.xsmd.com.cn/web/shangShiGongSi		电子信箱	zqb000983@163.com	
电　　话	0351-6217295 6137052		传　　真	0351-6127434	
办公地址	山西省太原市西矿街 318 号				
经营范围	煤炭生产、洗选加工、电力生产及销售、矿山开发及设计施工、矿用电力器材生产、经营等				

主要财务指标

指标\报告期	2013.06.30	2012.12.31	2012.06.30	2011.12.31
基本每股收益(元)	0.2838	0.5745	0.5256	0.8934
基本每股收益(扣除)(元)	0.2807	0.5700	0.5253	0.8934
每股净资产(元)	5.2913	4.7687	4.9700	4.4300
每股经营现金净流量(元)	0.4966	0.8629	0.4462	1.2319
每股现金流量(元)	–0.1002	–0.5384	0.3673	0.0103
每股资本公积金(元)	0.2578	0.2578	0.3001	0.3001
每股盈余公积金(元)	0.5322	0.5322	0.4923	0.4923
每股未分配利润(元)	2.8340	2.5862	2.5772	2.2516
净资产收益率(%)	5.3634	12.0470	10.5800	20.1890
加权净资产收益率(%)	5.6400	12.5000	11.1900	21.1800
净资产收益率(扣除)(%)	–	–	–	–
总资产(万元)	4599595.67	4512586.25	4075027.99	3864311.93
归属母公司股东权益(万元)	1667402.62	1502713.41	1565293.67	1394521.65
主营业务收入(万元)	1503495.11	3066297.90	1556257.34	2984764.24
营业收入(万元)	1527519.52	3122877.73	1568462.51	3037241.57
主营成本(万元)	1065768.63	2204587.74	1065494.89	2082269.28
营业成本(万元)	1077396.42	2237664.09	1071018.89	2118014.35
投资收益(万元)	1219.66	4607.43	126.67	2962.55
净利润(万元)	104613.41	199515.88	179779.01	300511.04
利润总额(万元)	138994.16	280861.54	246070.47	412651.98

大庆华科股份有限公司

公司概况

公司名称	大庆华科股份有限公司			证券简称	大庆华科
法人代表	徐永宁	董秘	孟凡礼	证券代码	000985
公司网址	www.huake.com		电子信箱	huake@huake.com	
电　　话	0459-6280287		传　　真	0459-6282351	
办公地址	黑龙江省大庆市高新技术产业开发区建设路 239 号				
经营范围	生产销售石油化工产品、生产销售药品、保健食品等、进出口业务等				

主要财务指标

指标\报告期	2013.06.30	2012.12.31	2012.06.30	2011.12.31
基本每股收益(元)	0.0020	–0.0124	–0.0950	0.1900
基本每股收益(扣除)(元)	0.0020	0.0020	–	0.2200
每股净资产(元)	3.6477	3.6442	3.5800	3.7700
每股经营现金净流量(元)	0.1845	0.5444	0.0298	0.5534
每股现金流量(元)	0.1557	–0.2642	–0.3730	0.1822
每股资本公积金(元)	1.9180	1.9180	1.9180	1.9180
每股盈余公积金(元)	0.3139	0.3139	0.3139	0.3139
每股未分配利润(元)	0.3494	0.3477	0.2627	0.4553
净资产收益率(%)	0.0484	–0.3403	–2.5500	5.1226
加权净资产收益率(%)	0.0500	–0.3300	–2.5900	5.2000
净资产收益率(扣除)(%)	–	–	–	–
总资产(万元)	64665.37	60019.68	57189.94	58164.00
归属母公司股东权益(万元)	47288.19	47243.61	46437.24	48874.70
主营业务收入(万元)	49904.38	114799.15	52395.20	107092.71
营业收入(万元)	51583.85	119379.37	53044.20	115364.33
主营成本(万元)	45367.34	104905.58	47807.05	94769.51
营业成本(万元)	46987.36	109308.03	48432.59	102859.47
投资收益(万元)	10.63	10.63	10.63	6.38
净利润(万元)	22.87	–160.78	–1231.06	2503.63
利润总额(万元)	22.87	–256.03	–1231.06	2879.63

广州友谊集团股份有限公司

公司概况

公司名称	广州友谊集团股份有限公司			证券简称	广州友谊
法人代表	房向前	董秘	江国源	证券代码	000987
公司网址	www.cgzfs.com		电子信箱	gzfs@cgzfs.com	
电　　话	020-83483236 83575401		传　　真	020-83572228	
办公地址	广东省广州市越秀区环市东路 369 号				
经营范围	百货零售等				

主要财务指标

指标\报告期	2013.06.30	2012.12.31	2012.06.30	2011.12.31
基本每股收益(元)	0.4700	1.0600	0.5300	1.0200
基本每股收益(扣除)(元)	0.4500	0.9700	0.5200	1.0000
每股净资产(元)	5.4294	5.4634	4.9300	4.9000
每股经营现金净流量(元)	–0.2850	1.1657	–0.5615	2.0261
每股现金流量(元)	–1.9102	1.1337	–2.2000	0.7054
每股资本公积金(元)	0.1676	0.1676	0.1676	0.1676
每股盈余公积金(元)	1.0060	1.0060	0.9046	0.9046
每股未分配利润(元)	3.2558	3.2898	2.8617	2.8280
净资产收益率(%)	8.5831	19.4594	10.8200	20.8700
加权净资产收益率(%)	8.4300	20.8500	10.6700	22.2900
净资产收益率(扣除)(%)	–	–	–	–
总资产(万元)	331661.80	356008.58	304350.97	340029.13
归属母公司股东权益(万元)	194891.52	196111.69	177105.89	175897.34
主营业务收入(万元)	199762.69	417531.32	199137.27	423331.10
营业收入(万元)	213078.80	446053.92	214086.66	445847.42
主营成本(万元)	164849.58	341783.49	161473.94	344560.24
营业成本(万元)	166716.36	345551.97	163398.64	349556.64
投资收益(万元)	966.87	4320.56	711.97	486.92
净利润(万元)	16722.23	38153.18	19148.65	36708.31
利润总额(万元)	22841.73	51717.16	25683.09	49001.41

华工科技产业股份有限公司

公司概况	公司名称	华工科技产业股份有限公司		证券简称	华工科技
	法人代表	熊新华	董秘	杨兴国	证券代码	000988
	公司网址	www.hgtech.com.cn		电子信箱	bds@hgtech.com.cn
	电　　话	027-87180126		传　　真	027-87180167
	办公地址	湖北省武汉市东湖高新技术开发区华中科技大学科技园6路1号			
	经营范围	激光器、激光加工设备及成套设备、激光全息综合防伪标识等			

	指标\报告期	2013.06.30	2012.12.31	2012.06.30	2011.12.31
主要财务指标	基本每股收益(元)	0.0300	0.1700	0.1400	0.2500
	基本每股收益(扣除)(元)	0.0100	0.0600	0.0500	0.1800
	每股净资产(元)	2.9494	2.9362	5.8200	5.6800
	每股经营现金净流量(元)	–0.0796	–0.0549	–0.1391	–0.1309
	每股现金流量(元)	–0.1352	–0.0490	0.0891	0.5565
	每股资本公积金(元)	0.9880	0.9880	2.9789	2.9733
	每股盈余公积金(元)	0.0733	0.0733	0.1310	0.1310
	每股未分配利润(元)	0.8703	0.8549	1.6758	1.5384
	净资产收益率(%)	0.8595	5.7409	4.9400	8.3349
	加权净资产收益率(%)	0.8600	5.8500	4.9500	9.8700
	净资产收益率(扣除)(%)	–	–	–	–
	总资产(万元)	407076.74	396904.92	394329.84	366470.61
	归属母公司股东权益(万元)	262826.49	261647.79	259482.57	253104.47
	主营业务收入(万元)	83064.30	170878.07	90034.29	211957.06
	营业收入(万元)	85287.27	175433.89	90471.57	220178.39
	主营成本(万元)	62463.88	128931.38	68271.08	–
	营业成本(万元)	64039.13	132156.24	68565.11	163490.81
	投资收益(万元)	–70.97	7456.62	6449.54	5720.33
	净利润(万元)	2457.84	15082.33	12758.77	22988.53
	利润总额(万元)	3935.28	17550.37	14354.27	28636.17

九芝堂股份有限公司

公司概况	公司名称	九芝堂股份有限公司		证券简称	九 芝 堂
	法人代表	魏锋	董秘	徐向平	证券代码	000989
	公司网址	www.hnjzt.com		电子信箱	xxp@hnjzt.com
	电　　话	0731-84499762 84499912		传　　真	0731-84499759
	办公地址	湖南省长沙市芙蓉中路一段129号			
	经营范围	生产、销售(限自产)片剂、颗粒剂、茶剂、丸剂等			

	指标\报告期	2013.06.30	2012.12.31	2012.06.30	2011.12.31
主要财务指标	基本每股收益(元)	0.2200	0.3700	0.1800	0.6800
	基本每股收益(扣除)(元)	–	0.3000	0.1400	0.6300
	每股净资产(元)	4.9268	4.9255	4.6700	4.8700
	每股经营现金净流量(元)	0.2130	0.2949	0.1547	0.4695
	每股现金流量(元)	–1.7494	–0.4623	–1.5694	–0.2618
	每股资本公积金(元)	2.2602	2.2776	2.2174	2.1965
	每股盈余公积金(元)	0.4462	0.4462	0.4220	0.4220
	每股未分配利润(元)	1.2205	1.2018	1.0350	1.2511
	净资产收益率(%)	4.4388	7.6107	3.9300	13.9234
	加权净资产收益率(%)	4.3500	7.7100	3.7000	14.2700
	净资产收益率(扣除)(%)	–	–	–	–
	总资产(万元)	187556.92	184066.48	170828.73	179834.93
	归属母公司股东权益(万元)	146624.44	146586.43	139113.82	144920.85
	主营业务收入(万元)	60706.27	103588.18	47906.50	114252.99
	营业收入(万元)	61072.53	104241.50	48286.88	114980.56
	主营成本(万元)	27020.27	47247.27	22419.22	53036.29
	营业成本(万元)	27054.89	47396.40	22458.80	53358.56
	投资收益(万元)	1642.90	1964.60	1094.99	969.26
	净利润(万元)	6516.91	11173.61	5482.85	20188.85
	利润总额(万元)	8046.84	13420.19	6599.53	24281.00

诚志股份有限公司

公司概况	公司名称	诚志股份有限公司		证券简称	诚志股份
	法人代表	龙大伟	董秘	邹勇华	证券代码	000990
	公司网址	www.chengzhi.com.cn		电子信箱	chengzhi@chengzhi.com.cn
	电　　话	0791-83826898		传　　真	0791-83826899
	办公地址	江西省南昌市经济技术开发区玉屏东大街299号清华科技园(江西)华江大厦			
	经营范围	液晶材料、医药中间体、中西药、生命科学及生物工程、精细及日用化工产品等			

	指标\报告期	2013.06.30	2012.12.31	2012.06.30	2011.12.31
主要财务指标	基本每股收益(元)	0.0550	0.0920	0.0370	0.1070
	基本每股收益(扣除)(元)	–	0.0300	0.0050	–0.1120
	每股净资产(元)	–	5.4141	5.3700	5.3700
	每股经营现金净流量(元)	–0.4302	0.3755	0.2006	1.3043
	每股现金流量(元)	–0.0159	–1.3507	–0.8858	–0.0699
	每股资本公积金(元)	3.2471	3.2471	3.2471	3.2471
	每股盈余公积金(元)	0.1328	0.1328	0.1328	0.1328
	每股未分配利润(元)	1.0768	1.0419	0.9878	0.9962
	净资产收益率(%)	1.0098	1.6937	0.7000	1.9840
	加权净资产收益率(%)	1.0000	1.7000	0.7000	2.0000
	净资产收益率(扣除)(%)	–	–	–	–
	总资产(万元)	341833.39	303354.00	325086.23	335060.14
	归属母公司股东权益(万元)	161650.49	160815.67	159361.40	159588.15
	主营业务收入(万元)	218440.65	338210.28	170397.40	298557.32
	营业收入(万元)	218494.55	338321.15	170438.77	298684.28
	主营成本(万元)	204232.38	310995.92	158199.18	275974.73
	营业成本(万元)	204283.02	311087.30	158229.99	276051.87
	投资收益(万元)	2637.72	2416.01	1898.39	–270.13
	净利润(万元)	1528.76	2547.35	922.86	3041.55
	利润总额(万元)	2143.44	4269.44	2072.69	3669.30

福建闽东电力股份有限公司

公司概况	公司名称	福建闽东电力股份有限公司		证券简称	闽东电力
	法人代表	罗红专	董秘	陈凌旭	证券代码	000993
	公司网址	www.mdep.com.cn		电子信箱	mdep@mdep.com.cn
	电　　话	0593-2768888 2768811		传　　真	0593-2098993
	办公地址	福建省宁德市蕉城区环城路143号华隆大厦8-10楼			
	经营范围	电力生产和电力开发等			

	指标\报告期	2013.06.30	2012.12.31	2012.06.30	2011.12.31
主要财务指标	基本每股收益(元)	0.1500	0.1500	0.1000	0.0500
	基本每股收益(扣除)(元)	0.1300	0.1500	0.1000	0.0100
	每股净资产(元)	4.3368	4.1895	4.1400	4.0600
	每股经营现金净流量(元)	–0.2180	0.4991	–0.1029	0.2701
	每股现金流量(元)	0.0377	0.7546	0.4263	0.1094
	每股资本公积金(元)	2.7859	2.7859	2.7841	2.7841
	每股盈余公积金(元)	0.0857	0.0857	0.0857	0.0857
	每股未分配利润(元)	0.4652	0.3179	0.2701	0.1942
	净资产收益率(%)	3.3970	3.5953	2.4800	1.2240
	加权净资产收益率(%)	3.4600	3.6500	2.5000	1.2100
	净资产收益率(扣除)(%)	–	–	–	–
	总资产(万元)	432663.48	359312.89	318371.69	280087.28
	归属母公司股东权益(万元)	161762.70	156267.64	154417.02	151588.36
	主营业务收入(万元)	74433.24	122460.88	46431.61	37184.37
	营业收入(万元)	76096.10	123690.82	47014.99	38493.01
	主营成本(万元)	54682.04	93305.97	33650.00	25014.95
	营业成本(万元)	54960.41	93888.05	33913.05	25562.70
	投资收益(万元)	2043.94	2479.87	1998.94	7499.85
	净利润(万元)	5730.61	5479.02	3698.57	1466.98
	利润总额(万元)	8374.74	7387.12	5007.15	1552.55

甘肃皇台酒业股份有限公司

公司概况	公司名称	甘肃皇台酒业股份有限公司			证券简称	皇台酒业
	法人代表	卢鸿毅	董秘	刘峰	证券代码	000995
	公司网址	www.huangtaijiuye.com		电子信箱	htjy000995@126.com	
	电　话	0935-6139865		传　真	0935-6139888	
	办公地址	甘肃省武威市凉州区西关街新建路 55 号				
	经营范围	白酒、葡萄酒生产、批发零售、自产副产品的批发零售等				

	指标\报告期	2013.06.30	2012.12.31	2012.06.30	2011.12.31
主要财务指标	基本每股收益(元)	-0.0030	0.0600	0.0400	0.0300
	基本每股收益(扣除)(元)	-0.0030	0.0700	0.0400	-0.1500
	每股净资产(元)	1.0463	1.0496	1.0300	0.9900
	每股经营现金净流量(元)	0.0238	0.1248	0.0140	-0.1106
	每股现金流量(元)	0.0956	0.2379	0.0369	0.0135
	每股资本公积金(元)	1.4284	1.4284	1.4284	1.4284
	每股盈余公积金(元)	0.0330	0.0330	0.0330	0.0330
	每股未分配利润(元)	-1.4152	-1.4119	-1.4303	-1.4690
	净资产收益率(%)	-0.3165	5.4430	3.7600	2.7451
	加权净资产收益率(%)	-0.3200	5.6000	3.8300	2.7700
	净资产收益率(扣除)(%)	-	-	-	-
	总资产(万元)	48373.84	44786.95	43017.67	43375.46
	归属母公司股东权益(万元)	18561.56	18620.31	18294.48	17606.82
	主营业务收入(万元)	3596.25	12381.92	5204.70	10447.94
	营业收入(万元)	4054.53	13392.63	5588.20	10477.12
	主营成本(万元)	1067.76	4804.79	1805.09	5177.63
	营业成本(万元)	1250.31	5203.81	2013.21	5177.63
	投资收益(万元)	-0.36	163.51	162.91	-
	净利润(万元)	-58.75	1005.55	679.72	438.96
	利润总额(万元)	149.98	1789.58	1050.44	873.02

中国中期投资股份有限公司

公司概况	公司名称	中国中期投资股份有限公司			证券简称	中国中期
	法人代表	姜新	董秘	徐朝武	证券代码	000996
	公司网址	www.cifco996.com		电子信箱	000996@cifco.net.cn	
	电　话	010-82335682		传　真	010-82335506	
	办公地址	北京市朝阳区光华路 14 号中国中期大厦 A 座 6 层				
	经营范围	期货经纪业、汽车服务业、物流服务业等				

	指标\报告期	2013.06.30	2012.12.31	2012.06.30	2011.12.31
主要财务指标	基本每股收益(元)	0.0299	0.2979	0.0582	0.2879
	基本每股收益(扣除)(元)	0.0343	0.0480	0.0576	0.0933
	每股净资产(元)	2.3943	2.3944	2.2000	2.0966
	每股经营现金净流量(元)	-0.0132	-0.0122	-0.0360	-0.2159
	每股现金流量(元)	-0.3463	0.1234	-0.0292	0.3244
	每股资本公积金(元)	0.6508	0.6508	0.8508	0.6508
	每股盈余公积金(元)	0.1710	0.1710	0.1171	0.1321
	每股未分配利润(元)	0.5725	0.5726	0.2369	0.3137
	净资产收益率(%)	1.2472	12.4400	2.6400	13.7328
	加权净资产收益率(%)	1.2500	13.2600	2.6800	13.7300
	净资产收益率(扣除)(%)	-	-	-	-
	总资产(万元)	63539.03	62873.58	54349.11	52917.82
	归属母公司股东权益(万元)	55068.91	55072.08	50710.22	48221.35
	主营业务收入(万元)	4262.70	8485.98	2804.41	8007.96
	营业收入(万元)	4262.70	8485.98	2804.41	8007.96
	主营成本(万元)	3618.56	7450.80	2340.66	6768.53
	营业成本(万元)	3618.56	7450.80	2340.66	6768.53
	投资收益(万元)	1137.29	11553.20	1802.60	7900.77
	净利润(万元)	686.80	6847.90	1338.88	6620.72
	利润总额(万元)	688.67	9078.29	1340.22	7785.62

福建新大陆电脑股份有限公司

公司概况	公司名称	福建新大陆电脑股份有限公司			证券简称	新 大 陆
	法人代表	胡钢	董秘	侯浩峰	证券代码	000997
	公司网址	www.newlandcomputer.com		电子信箱	newlandzq@newlandcomputer.com	
	电　话	0591-83979997		传　真	0591-83979997 83977666	
	办公地址	福建省福州市马尾区儒江西路 1 号新大陆科技园				
	经营范围	电子计算机及其外部设备、税控收款机的制造、销售、租赁等				

	指标\报告期	2013.06.30	2012.12.31	2012.06.30	2011.12.31
主要财务指标	基本每股收益(元)	0.1100	0.1600	0.0900	0.1500
	基本每股收益(扣除)(元)	0.1300	0.1200	0.0800	0.1200
	每股净资产(元)	2.8678	2.8341	2.7700	2.6800
	每股经营现金净流量(元)	0.3170	0.3245	-0.2957	-0.3811
	每股现金流量(元)	0.0064	0.4814	-0.0110	0.0869
	每股资本公积金(元)	0.9529	0.9519	0.9571	0.9535
	每股盈余公积金(元)	0.1879	0.1879	0.1793	0.1793
	每股未分配利润(元)	0.7243	0.6923	0.6343	0.5437
	净资产收益率(%)	3.9052	5.5480	3.2700	5.6170
	加权净资产收益率(%)	3.8700	5.7000	3.3300	5.7900
	净资产收益率(扣除)(%)	-	-	-	-
	总资产(万元)	339950.05	298339.56	266728.51	244974.71
	归属母公司股东权益(万元)	146331.76	144613.93	141516.81	136690.10
	主营业务收入(万元)	61671.18	134049.35	51603.23	96857.05
	营业收入(万元)	61982.55	134564.85	51977.75	97481.36
	主营成本(万元)	39148.58	88716.86	5229.16	57333.83
	营业成本(万元)	39198.07	88880.00	31297.98	57618.72
	投资收益(万元)	-1563.57	847.64	83.50	699.92
	净利润(万元)	6421.67	9020.37	5229.16	8761.02
	利润总额(万元)	6948.85	9963.10	5642.07	10267.27

袁隆平农业高科技股份有限公司

公司概况	公司名称	袁隆平农业高科技股份有限公司			证券简称	隆平高科
	法人代表	伍跃时	董秘	陈志新	证券代码	000998
	公司网址	www.lpht.com.cn		电子信箱	lpht@lpht.com.cn	
	电　话	0731-82181658 82183880		传　真	0731-82183859 82183880	
	办公地址	湖南省长沙市车站北路 459 号证券大厦 9 楼				
	经营范围	以杂交水稻、蔬菜为主的高科技农作物种子、种苗的培育、繁殖、推广和销售等				

	指标\报告期	2013.06.30	2012.12.31	2012.06.30	2011.12.31
主要财务指标	基本每股收益(元)	0.2530	0.4100	0.1880	0.3200
	基本每股收益(扣除)(元)	0.2270	0.1800	0.1770	0.5070
	每股净资产(元)	3.0393	2.9367	2.7130	3.8720
	每股经营现金净流量(元)	0.3159	0.5035	0.4001	0.7028
	每股现金流量(元)	-0.4132	-0.1506	-0.1085	-0.1429
	每股资本公积金(元)	0.8441	0.8441	0.8429	1.7489
	每股盈余公积金(元)	0.1561	0.1561	0.1341	0.2011
	每股未分配利润(元)	1.0460	0.9430	0.7413	0.9304
	净资产收益率(%)	8.3243	14.0090	7.0200	12.4259
	加权净资产收益率(%)	8.2600	14.9400	7.0200	13.0000
	净资产收益率(扣除)(%)	-	-	-	-
	总资产(万元)	333320.82	359165.45	276348.53	297861.17
	归属母公司股东权益(万元)	126373.34	122107.22	112789.50	107340.79
	主营业务收入(万元)	84348.12	169347.61	83251.17	154657.21
	营业收入(万元)	84562.55	170530.98	83291.71	155226.92
	主营成本(万元)	57138.23	113903.04	55904.70	99750.48
	营业成本(万元)	57222.78	114270.11	55904.70	100254.74
	投资收益(万元)	2005.31	11679.00	1646.46	2557.34
	净利润(万元)	16444.32	28218.98	14360.24	22763.43
	利润总额(万元)	16420.91	28737.20	14388.40	22863.38

华润三九医药股份有限公司

公司概况	公司名称	华润三九医药股份有限公司		证券简称	华润三九
	法人代表	宋清	董秘 周辉	证券代码	000999
	公司网址	www.999.com.cn		电子信箱	000999@999.com.cn
	电 话	0755-83360999-393692		传 真	0755-83360999*396006
	办公地址	广东省深圳市龙华新区观澜高新园区观清路1号			
	经营范围	药品的开发、生产、销售、相关技术开发、转让、服务等			

主要财务指标 指标\报告期	2013.06.30	2012.12.31	2012.06.30	2011.12.31
基本每股收益(元)	0.6100	1.0400	0.5300	0.7800
基本每股收益(扣除)(元)	0.6000	1.0200	0.5200	0.7500
每股净资产(元)	5.7327	5.4242	4.9300	4.6400
每股经营现金净流量(元)	0.7116	1.2380	0.3862	0.9755
每股现金流量(元)	0.3844	-0.6662	-0.8787	0.2283
每股资本公积金(元)	1.1782	1.2192	1.2331	1.2331
每股盈余公积金(元)	0.3776	0.3776	0.3101	0.3101
每股未分配利润(元)	3.1862	2.8363	2.3945	2.1078
净资产收益率(%)	10.6393	19.0983	10.6900	16.7320
加权净资产收益率(%)	10.7700	23.0600	10.7000	17.3600
净资产收益率(扣除)(%)	-	-	-	-
总资产(万元)	943237.23	861241.32	770997.37	759903.63
归属母公司股东权益(万元)	561172.52	530976.64	482512.95	454498.98
主营业务收入(万元)	378885.46	686887.86	329518.88	550646.62
营业收入(万元)	380049.60	689110.26	330494.69	552522.29
主营成本(万元)	143683.62	266751.88	133690.32	225936.51
营业成本(万元)	144368.10	267821.46	134163.88	226738.94
投资收益(万元)	50.23	92.93	92.13	223.89
净利润(万元)	62134.92	108108.99	54423.48	81512.57
利润总额(万元)	74149.55	128278.29	65184.90	94811.19

重庆宗申动力机械股份有限公司

公司概况	公司名称	重庆宗申动力机械股份有限公司		证券简称	宗申动力
	法人代表	左宗申	董秘 李建平	证券代码	001696
	公司网址	www.zsengine.com		电子信箱	cqzsdl@gmail.com
	电 话	023-66372632		传 真	023-66372648
	办公地址	重庆市巴南区宗申工业园			
	经营范围	开发、生产和销售各类摩托车发动机、通用动力机械及零配件等			

主要财务指标 指标\报告期	2013.06.30	2012.12.31	2012.06.30	2011.12.31
基本每股收益(元)	0.1327	0.2900	0.1401	0.3400
基本每股收益(扣除)(元)	0.1318	0.2900	0.1385	0.3320
每股净资产(元)	2.4745	2.4518	2.3100	1.9100
每股经营现金净流量(元)	0.2394	0.2995	0.1501	0.0330
每股现金流量(元)	0.2901	-0.0813	-0.2759	0.6662
每股资本公积金(元)	0.5934	0.5934	0.6082	0.0122
每股盈余公积金(元)	0.1638	0.1639	0.1592	0.1850
每股未分配利润(元)	0.7893	0.7066	0.5574	0.7287
净资产收益率(%)	5.3608	11.5970	5.6400	17.5280
加权净资产收益率(%)	5.2700	12.7900	6.4800	17.8000
净资产收益率(扣除)(%)	-	-	-	-
总资产(万元)	482491.58	457940.67	425557.67	389153.95
归属母公司股东权益(万元)	293602.92	290908.83	274412.23	195162.05
主营业务收入(万元)	222551.28	424857.72	218393.34	459622.38
营业收入(万元)	224483.85	426265.03	219071.37	460980.59
主营成本(万元)	184552.78	354082.23	183255.31	386714.39
营业成本(万元)	186434.82	355066.96	183759.19	387583.49
投资收益(万元)	2204.47	4908.57	2503.06	910.19
净利润(万元)	16465.43	34294.98	16280.40	36157.59
利润总额(万元)	19065.06	39656.78	19037.25	41920.39

河南豫能控股股份有限公司

公司概况	公司名称	河南豫能控股股份有限公司		证券简称	豫能控股
	法人代表	张文杰	董秘 王璞	证券代码	001896
	公司网址	www.yuneng.com.cn		电子信箱	wangpu@yuneng.com.cn
	电 话	0371-69515111		传 真	0371-69515114
	办公地址	河南省郑州市农业路东41号投资大厦B座8-12层			
	经营范围	电力开发、生产和销售(国家专项规定的除外)、高新技术开发、推广及服务等			

主要财务指标 指标\报告期	2013.06.30	2012.12.31	2012.06.30	2011.12.31
基本每股收益(元)	0.1745	0.0700	-0.1420	0.0300
基本每股收益(扣除)(元)	0.1745	0.0700	-0.1400	0.0353
每股净资产(元)	1.1721	0.9977	0.7900	0.9300
每股经营现金净流量(元)	1.0407	1.5516	0.8837	0.8863
每股现金流量(元)	0.0420	0.0197	0.3468	0.0907
每股资本公积金(元)	2.0316	2.0316	2.0316	2.0316
每股盈余公积金(元)	0.2294	0.2294	0.2294	0.2294
每股未分配利润(元)	-2.0888	-2.2633	-2.4745	-2.3325
净资产收益率(%)	14.8852	6.9337	-18.0600	2.8255
加权净资产收益率(%)	16.0800	7.1800	-16.5700	2.6800
净资产收益率(扣除)(%)	-	-	-	-
总资产(万元)	480110.33	507897.44	560500.42	606580.36
归属母公司股东权益(万元)	73065.31	62189.41	49023.28	57877.35
主营业务收入(万元)	162507.07	372893.11	181526.06	435581.01
营业收入(万元)	166947.32	380202.54	184071.80	441145.21
主营成本(万元)	135579.88	330780.08	173944.81	394085.42
营业成本(万元)	138895.89	338802.67	176757.41	401073.14
投资收益(万元)	-	200.10	-	-4631.84
净利润(万元)	12824.02	5055.97	-11179.11	2487.63
利润总额(万元)	13364.73	5084.48	-11163.50	2489.41

浙江新和成股份有限公司

公司概况	公司名称	浙江新和成股份有限公司		证券简称	新和成
	法人代表	胡柏藩	董秘 石观群	证券代码	002001
	公司网址	www.cnhu.com		电子信箱	investor@cnhu.com
	电 话	0575-86125377 0571-87178965		传 真	0571-87178963
	办公地址	浙江省绍兴市新昌县羽林街道江北路4号			
	经营范围	有机化工产品及饲料添加剂的生产、销售等			

主要财务指标 指标\报告期	2013.06.30	2012.12.31	2012.06.30	2011.12.31
基本每股收益(元)	0.5700	1.1700	0.7300	1.6000
基本每股收益(扣除)(元)	0.5800	1.2300	0.7800	1.5600
每股净资产(元)	8.4025	8.3372	7.8900	7.7600
每股经营现金净流量(元)	0.5905	1.3580	0.4677	1.7495
每股现金流量(元)	-0.6107	-0.8086	-0.7710	0.7651
每股资本公积金(元)	1.4892	1.4891	1.4855	1.4855
每股盈余公积金(元)	0.5000	0.5000	0.4086	0.4086
每股未分配利润(元)	5.4191	5.3527	5.0023	4.8730
净资产收益率(%)	6.7403	14.0470	9.2400	20.6630
加权净资产收益率(%)	6.7000	14.7300	9.2000	22.5000
净资产收益率(扣除)(%)	-	-	-	-
总资产(万元)	799194.66	783507.59	742219.01	715141.40
归属母公司股东权益(万元)	609979.28	605232.94	572921.14	563521.01
主营业务收入(万元)	201334.43	362117.54	187075.61	379218.79
营业收入(万元)	201844.01	363141.75	187514.09	380399.17
主营成本(万元)	126558.49	203530.45	99307.36	200372.58
营业成本(万元)	126984.55	204504.47	99746.91	201210.79
投资收益(万元)	441.42	-1316.51	790.66	3583.20
净利润(万元)	41114.13	85017.28	52938.07	116494.14
利润总额(万元)	49285.97	101920.32	63540.87	135240.80

鸿达兴业股份有限公司

公司概况						
	公司名称	鸿达兴业股份有限公司			证券简称	鸿达兴业
	法人代表	周奕丰	董秘	李高	证券代码	002002
	公司网址	www.002002.cn		电子信箱	lgdj_1979@126.com	
	电　　话	020-22012885 0514-87270833		传　　真	020-22012898 0514-87270939	
	办公地址	广州市荔湾区东沙荷景路33号鸿达大厦				
	经营范围	PVC片材、板材、PE薄膜、复合包装材料及其他新型包装材料、塑料等				

主要财务指标	指标\报告期	2013.06.30	2012.12.31	2012.06.30	2011.12.31
	基本每股收益(元)	0.2172	0.0134	0.0181	0.0195
	基本每股收益(扣除)(元)	0.1187	-0.0778	-0.0620	-0.2568
	每股净资产(元)	2.9520	2.7800	0.5096	0.5719
	每股经营现金净流量(元)	-0.0632	-0.0696	-0.3436	0.0989
	每股现金流量(元)	-0.0488	0.0666	0.7945	-0.0009
	每股资本公积金(元)	1.3937	0.5882	0.5882	0.5882
	每股盈余公积金(元)	0.1052	0.3135	0.1204	0.1204
	每股未分配利润(元)	0.4530	0.7025	-1.1990	-1.1367
	净资产收益率(%)	7.3587	2.2800	10.5588	3.4059
	加权净资产收益率(%)	7.5500	2.3100	0.8600	3.5700
	净资产收益率(扣除)(%)	-	-	-	-
	总资产(万元)	512340.70	387001.36	30083.07	25874.34
	归属母公司股东权益(万元)	146771.86	138454.66	8505.32	9545.15
	主营业务收入(万元)	113488.64	15556.11	76432.61	16607.34
	营业收入(万元)	115924.43	20825.05	78087.58	18089.97
	主营成本(万元)	90239.32	14239.32	65254.04	16445.33
	营业成本(万元)	91231.38	19455.16	8488.87	17961.82
	投资收益(万元)	-35.28	0.19	-0.03	0.21
	净利润(万元)	10800.49	222.82	898.06	290.66
	利润总额(万元)	12934.04	222.82	1400.70	290.66

浙江伟星实业发展股份有限公司

公司概况						
	公司名称	浙江伟星实业发展股份有限公司			证券简称	伟星股份
	法人代表	章卡鹏	董秘	谢瑾琨	证券代码	002003
	公司网址	www.weixing.cn		电子信箱	002003@weixing.cn	
	电　　话	0576-85125002		传　　真	0576-85126598	
	办公地址	浙江省临海市花园工业区				
	经营范围	钮扣、拉链、人造水晶钻及其他服饰辅料等				

主要财务指标	指标\报告期	2013.06.30	2012.12.31	2012.06.30	2011.12.31
	基本每股收益(元)	0.3500	0.6500	0.3200	0.7800
	基本每股收益(扣除)(元)	-	0.6500	0.3200	0.7800
	每股净资产(元)	6.2210	6.3684	6.0400	6.4200
	每股经营现金净流量(元)	0.2170	1.5589	0.3111	0.8674
	每股现金流量(元)	-1.3927	0.3056	-0.0804	1.1482
	每股资本公积金(元)	2.9400	2.9400	2.9462	2.9462
	每股盈余公积金(元)	0.4860	0.4860	0.4235	0.4235
	每股未分配利润(元)	1.7952	1.9425	1.6719	2.0524
	净资产收益率(%)	5.6684	10.2483	5.2900	11.7946
	加权净资产收益率(%)	5.4600	10.2100	4.8600	12.7700
	净资产收益率(扣除)(%)	-	-	-	-
	总资产(万元)	222447.78	239180.93	250385.81	230776.70
	归属母公司股东权益(万元)	161116.41	164934.44	156469.29	166321.86
	主营业务收入(万元)	83479.05	181768.50	84699.48	189053.98
	营业收入(万元)	85072.07	185573.49	86281.23	193370.76
	主营成本(万元)	52175.62	117010.82	55210.74	125095.67
	营业成本(万元)	52819.59	118984.94	55893.68	126947.19
	投资收益(万元)	142.27	0.10	0.10	-
	净利润(万元)	9232.31	17239.84	8448.50	20048.85
	利润总额(万元)	12494.56	21560.56	11046.50	25938.18

华邦颖泰股份有限公司

公司概况						
	公司名称	华邦颖泰股份有限公司			证券简称	华邦颖泰
	法人代表	张松山	董秘	彭云辉	证券代码	002004
	公司网址	www.huapont.com.cn		电子信箱	huapont@163.com	
	电　　话	023-67886900 67886985		传　　真	023-67886986	
	办公地址	重庆市渝北区人和星光大道69号				
	经营范围	药品研究、生物化学、试剂产品、精细化工产品开发及自销等				

主要财务指标	指标\报告期	2013.06.30	2012.12.31	2012.06.30	2011.12.31
	基本每股收益(元)	0.2900	0.6600	0.6900	0.7700
	基本每股收益(扣除)(元)	-	0.4700	0.4600	0.9200
	每股净资产(元)	6.2554	5.3389	7.5900	14.2900
	每股经营现金净流量(元)	0.0053	0.5130	0.0255	0.8074
	每股现金流量(元)	0.9391	-0.1782	-0.5805	2.2372
	每股资本公积金(元)	3.0547	1.8307	3.1296	7.2473
	每股盈余公积金(元)	0.1892	0.2138	0.2804	0.5291
	每股未分配利润(元)	2.0115	2.2944	3.1754	5.5112
	净资产收益率(%)	4.5075	12.3900	9.0400	12.7569
	加权净资产收益率(%)	4.8100	13.2400	9.2100	27.0600
	净资产收益率(扣除)(%)	-	-	-	-
	总资产(万元)	682402.21	592224.96	494668.11	418939.17
	归属母公司股东权益(万元)	355337.73	268268.62	254101.58	239305.26
	主营业务收入(万元)	213294.05	384464.27	179873.21	62466.20
	营业收入(万元)	216658.49	387739.28	181108.41	63809.77
	主营成本(万元)	158319.40	287686.28	135633.29	20644.47
	营业成本(万元)	160252.08	289284.88	136300.31	21172.35
	投资收益(万元)	2126.74	3394.13	1185.13	20681.63
	净利润(万元)	16179.09	37080.83	25280.97	30843.44
	利润总额(万元)	19749.98	44606.28	30324.31	32584.21

广东德豪润达电气股份有限公司

公司概况						
	公司名称	广东德豪润达电气股份有限公司			证券简称	德豪润达
	法人代表	王冬雷	董秘	邓飞	证券代码	002005
	公司网址	www.electech.com.cn		电子信箱	002005dongmi@electech.com.cn	
	电　　话	0756-3390188		传　　真	0756-3390238	
	办公地址	广东省珠海市香洲区唐家湾镇金凤路1号				
	经营范围	开发、生产家用电器、电机、电子、轻工产品、电动器具、自动按摩设备等				

主要财务指标	指标\报告期	2013.06.30	2012.12.31	2012.06.30	2011.12.31
	基本每股收益(元)	0.0400	0.1451	0.1100	0.4059
	基本每股收益(扣除)(元)	0.0034	-0.0233	-0.0060	0.2700
	每股净资产(元)	3.6643	3.6035	3.6700	5.5800
	每股经营现金净流量(元)	-0.0319	0.0282	-0.0904	-0.0577
	每股现金流量(元)	-0.1387	0.1564	0.5000	-1.6279
	每股资本公积金(元)	1.8887	1.8714	1.9745	3.0297
	每股盈余公积金(元)	0.0496	0.0496	0.0496	0.1198
	每股未分配利润(元)	0.7095	0.6662	0.6340	1.3937
	净资产收益率(%)	1.1816	3.8536	2.9000	14.5537
	加权净资产收益率(%)	1.1900	4.1700	3.1900	15.2700
	净资产收益率(扣除)(%)	-	-	-	-
	总资产(万元)	1049231.91	920299.37	803681.34	677098.25
	归属母公司股东权益(万元)	427400.08	420313.24	428131.65	269557.52
	主营业务收入(万元)	134507.20	273240.56	121212.41	303448.73
	营业收入(万元)	135331.27	275763.78	122447.09	306548.07
	主营成本(万元)	99419.25	207432.43	90628.67	234540.29
	营业成本(万元)	100035.89	209386.40	91167.42	235125.91
	投资收益(万元)	1398.14	-63.48	-36.22	-71.46
	净利润(万元)	4974.01	15907.86	12182.91	38491.38
	利润总额(万元)	6755.81	20011.00	14920.10	45189.02

浙江精功科技股份有限公司

公司概况	公司名称	浙江精功科技股份有限公司			证券简称	精功科技
	法人代表	孙建江	董秘	黄伟明	证券代码	002006
	公司网址	www.jgtec.com.cn		电子信箱	zjjgkj@jgtec.com.cn	
	电　话	0575-84138692		传　真	0575-84886600	
	办公地址	浙江省绍兴市绍兴柯桥经济开发区柯西工业区鉴湖路 1809 号				
	经营范围	机电一体化的建筑、建材专用设备及轻纺专用设备等				

	指标\报告期	2013.06.30	2012.12.31	2012.06.30	2011.12.31
主要财务指标	基本每股收益(元)	-0.1200	-0.4300	-0.0200	1.0400
	基本每股收益(扣除)(元)	-	-0.4500	-0.0300	1.3600
	每股净资产(元)	2.1362	2.2517	2.6600	4.1145
	每股经营现金净流量(元)	0.0204	-0.7146	-0.2713	0.0082
	每股现金流量(元)	-0.1027	-0.4052	-0.0883	0.7271
	每股资本公积金(元)	0.5768	0.5768	0.5768	1.3652
	每股盈余公积金(元)	0.1584	0.1584	0.1584	0.2376
	每股未分配利润(元)	0.3966	0.5135	0.9249	1.5118
	净资产收益率(%)	-5.4693	-18.9951	-0.6100	32.1730
	加权净资产收益率(%)	-5.3300	-16.9100	-0.6100	32.1700
	净资产收益率(扣除)(%)	-	-	-	-
	总资产(万元)	209024.86	221018.87	249292.99	269562.08
	归属母公司股东权益(万元)	97230.61	102490.24	121077.26	124851.81
	主营业务收入(万元)	35773.13	72845.71	45913.37	234017.83
	营业收入(万元)	36248.85	73548.85	46208.18	235136.13
	主营成本(万元)	29447.32	57876.56	37193.90	158388.69
	营业成本(万元)	29865.55	58248.35	37468.30	159420.83
	投资收益(万元)	-336.53	-248.91	-201.51	-26.33
	净利润(万元)	-5516.29	-20282.28	-1073.76	39383.96
	利润总额(万元)	-5484.87	-21812.77	-592.73	47040.71

华兰生物工程股份有限公司

公司概况	公司名称	华兰生物工程股份有限公司			证券简称	华兰生物
	法人代表	安康	董秘	谢军民	证券代码	002007
	公司网址	www.hualanbio.com		电子信箱	hualan@hualanbio.com	
	电　话	0373-3559989		传　真	0373-3559991	
	办公地址	河南省新乡市华兰大道甲 1 号				
	经营范围	生产、销售自产的生物制品、血液制品				

	指标\报告期	2013.06.30	2012.12.31	2012.06.30	2011.12.31
主要财务指标	基本每股收益(元)	0.4009	0.5203	0.3031	0.6434
	基本每股收益(扣除)(元)	-	0.4485	0.2875	0.6239
	每股净资产(元)	4.8092	4.5100	4.4100	4.1100
	每股经营现金净流量(元)	0.3836	0.8585	0.2554	0.5830
	每股现金流量(元)	0.2072	-0.2408	-0.5470	-0.3428
	每股资本公积金(元)	0.5056	0.5056	0.5056	0.5056
	每股盈余公积金(元)	0.3694	0.3694	0.3219	0.3219
	每股未分配利润(元)	2.9342	2.6333	2.5836	2.2806
	净资产收益率(%)	8.3359	11.5405	6.8700	15.6615
	加权净资产收益率(%)	8.5100	12.0500	7.1100	16.3400
	净资产收益率(扣除)(%)	-	-	-	-
	总资产(万元)	330751.55	296267.75	304151.59	273493.64
	归属母公司股东权益(万元)	277108.54	259770.97	254169.02	236706.64
	主营业务收入(万元)	50335.31	97178.73	43729.90	96109.61
	营业收入(万元)	50548.14	97246.02	43810.16	96139.59
	主营成本(万元)	18066.93	38985.66	13193.29	28622.62
	营业成本(万元)	18069.61	39013.45	13322.86	28625.48
	投资收益(万元)	1513.77	2308.53	1171.94	726.07
	净利润(万元)	22782.00	31403.26	19342.05	38552.88
	利润总额(万元)	27488.52	37299.42	24779.29	46000.13

深圳市大族激光科技股份有限公司

公司概况	公司名称	深圳市大族激光科技股份有限公司			证券简称	大族激光
	法人代表	高云峰	董秘	杜永刚	证券代码	002008
	公司网址	www.hanslaser.com		电子信箱	bsd@hanslaser.com	
	电　话	0755-86161340		传　真	0755-86161327	
	办公地址	广东省深圳市南山区深南大道 9988 号				
	经营范围	激光加工、PCB、光伏、LED 封装等专用设备的研发、生产及销售等				

	指标\报告期	2013.06.30	2012.12.31	2012.06.30	2011.12.31
主要财务指标	基本每股收益(元)	0.1800	0.5900	0.1600	0.5500
	基本每股收益(扣除)(元)	0.1700	0.4500	0.1484	0.3221
	每股净资产(元)	3.2104	3.2367	2.6900	2.6900
	每股经营现金净流量(元)	0.0949	0.3981	-0.0590	0.1068
	每股现金流量(元)	-0.0844	-0.3123	0.2860	0.1456
	每股资本公积金(元)	0.8295	0.8405	0.7231	0.6881
	每股盈余公积金(元)	0.1862	0.1862	0.1297	0.1297
	每股未分配利润(元)	1.1928	1.2160	0.8398	0.8803
	净资产收益率(%)	5.5086	18.2983	5.9400	20.6110
	加权净资产收益率(%)	5.3700	20.0200	5.7900	22.2300
	净资产收益率(扣除)(%)	-	-	-	-
	总资产(万元)	673527.00	653342.91	686921.95	606722.88
	归属母公司股东权益(万元)	335295.21	338038.55	280713.64	280688.04
	主营业务收入(万元)	193833.39	413644.38	163293.62	344542.19
	营业收入(万元)	206517.25	433301.45	174233.63	362796.54
	主营成本(万元)	123421.88	235368.20	96908.17	213893.48
	营业成本(万元)	128529.45	241612.17	101000.93	220403.33
	投资收益(万元)	-268.26	13001.51	-149.00	27886.34
	净利润(万元)	20351.59	63576.21	16948.04	62490.75
	利润总额(万元)	24079.06	74614.41	19167.29	71659.54

天奇自动化工程股份有限公司

公司概况	公司名称	天奇自动化工程股份有限公司			证券简称	天奇股份
	法人代表	白开军	董秘	费新毅	证券代码	002009
	公司网址	www.chinaconveyor.com		电子信箱	zhangjn0906@163.com	
	电　话	0510-82720289		传　真	0510-82720289	
	办公地址	江苏省无锡市惠山区洛社镇洛藕路 288 号				
	经营范围	物流机械设备、风电产业及房地产业等				

	指标\报告期	2013.06.30	2012.12.31	2012.06.30	2011.12.31
主要财务指标	基本每股收益(元)	0.1600	0.2200	0.1500	0.1700
	基本每股收益(扣除)(元)	0.1400	0.1200	0.1300	0.0200
	每股净资产(元)	4.1538	2.6022	2.5500	2.4100
	每股经营现金净流量(元)	-0.5511	0.0743	-0.5310	0.0377
	每股现金流量(元)	0.5795	-0.4219	-0.2444	0.1808
	每股资本公积金(元)	1.9614	0.0257	0.0257	0.0257
	每股盈余公积金(元)	0.1389	0.2017	0.1679	0.1679
	每股未分配利润(元)	1.0411	1.3706	1.3610	1.2152
	净资产收益率(%)	2.9264	8.4930	5.8800	6.9670
	加权净资产收益率(%)	6.4100	8.8200	5.8800	7.2000
	净资产收益率(扣除)(%)	-	-	-	-
	总资产(万元)	379934.78	322740.74	311023.87	301163.22
	归属母公司股东权益(万元)	133340.06	57511.32	56460.17	53237.54
	主营业务收入(万元)	72895.51	162460.08	75096.81	151727.78
	营业收入(万元)	75370.70	171886.76	76515.77	154436.82
	主营成本(万元)	55666.26	127471.82	57404.34	117761.76
	营业成本(万元)	57636.91	135413.91	58490.32	118986.72
	投资收益(万元)	-150.36	459.04	284.89	1649.81
	净利润(万元)	3787.37	3540.80	2948.86	4102.45
	利润总额(万元)	4843.83	6187.15	3985.25	6181.04

浙江传化股份有限公司

公司概况						
公司概况	公司名称	浙江传化股份有限公司			证券简称	传化股份
	法人代表	徐冠巨	董秘	朱江英	证券代码	002010
	公司网址	www.transfarchem.com		电子信箱	zqb@etransfar.com	
	电　　话	0571-82872991		传　　真	0571-82871858 83782070	
	办公地址	浙江省杭州市萧山经济技术开发区				
	经营范围	有机硅及有机氟精细化学品(不含危险品)、表面活性剂等				

主要财务指标	指标\报告期	2013.06.30	2012.12.31	2012.06.30	2011.12.31
	基本每股收益(元)	0.1300	0.3200	0.1500	0.3100
	基本每股收益(扣除)(元)	0.1200	0.3000	0.1500	0.2900
	每股净资产(元)	3.3842	3.3500	3.1600	3.0000
	每股经营现金净流量(元)	-0.2725	0.2423	0.1421	-0.3266
	每股现金流量(元)	0.0563	0.2875	0.2383	-0.1694
	每股资本公积金(元)	0.5499	0.5499	0.5169	0.4642
	每股盈余公积金(元)	0.1754	0.1754	0.1569	0.1569
	每股未分配利润(元)	1.6590	1.6282	1.4819	1.3802
	净资产收益率(%)	3.8651	9.4367	4.8100	10.2870
	加权净资产收益率(%)	3.8300	9.9600	4.9400	10.8300
	净资产收益率(扣除)(%)	-	-	-	-
	总资产(万元)	346317.78	299213.74	256564.03	237867.09
	归属母公司股东权益(万元)	165140.16	163635.55	153982.25	146450.05
	主营业务收入(万元)	177540.54	330291.53	153236.73	286459.14
	营业收入(万元)	181813.53	335352.75	155430.31	289437.89
	主营成本(万元)	137270.94	261081.49	119878.70	230536.04
	营业成本(万元)	141463.42	265636.66	121708.15	232883.57
	投资收益(万元)	301.91	172.21	-64.11	-165.11
	净利润(万元)	7827.43	16871.47	8036.75	15914.30
	利润总额(万元)	10343.93	20536.84	9745.40	18591.30

浙江盾安人工环境股份有限公司

公司概况						
公司概况	公司名称	浙江盾安人工环境股份有限公司			证券简称	盾安环境
	法人代表	姚新义	董秘	何晓梅	证券代码	002011
	公司网址	www.dunan.net		电子信箱	dazq@dunan.net	
	电　　话	0571-87113798 87113776		传　　真	0571-87113775	
	办公地址	浙江省杭州市滨江区西兴工业园区聚园路 8 号				
	经营范围	制冷通用设备、家用电力器具部件、金属材料的制造、销售和服务等				

主要财务指标	指标\报告期	2013.06.30	2012.12.31	2012.06.30	2011.12.31
	基本每股收益(元)	0.3209	0.3551	0.2399	0.3857
	基本每股收益(扣除)(元)	0.0258	0.2993	0.2031	0.3322
	每股净资产(元)	4.0565	3.8361	3.6200	3.5300
	每股经营现金净流量(元)	-0.1564	0.3231	0.1955	0.5281
	每股现金流量(元)	1.1053	-0.7336	-0.4991	0.2075
	每股资本公积金(元)	1.6590	1.7540	1.6580	1.6064
	每股盈余公积金(元)	0.1397	0.1288	0.1156	0.1156
	每股未分配利润(元)	1.2652	0.9553	0.8534	0.8135
	净资产收益率(%)	7.9103	9.2559	6.6300	9.9040
	加权净资产收益率(%)	8.1300	9.6400	6.5300	14.2100
	净资产收益率(扣除)(%)	-	-	-	-
	总资产(万元)	1058318.49	1010994.19	845190.50	752252.40
	归属母公司股东权益(万元)	339905.62	321437.89	303091.21	295834.44
	主营业务收入(万元)	264220.80	634302.72	300833.95	476797.09
	营业收入(万元)	286598.16	757930.95	315373.95	503746.24
	主营成本(万元)	208808.29	497492.28	234550.63	372199.78
	营业成本(万元)	232630.62	623428.30	249884.73	397163.80
	投资收益(万元)	27767.22	296.14	169.77	449.06
	净利润(万元)	26032.46	35409.33	21683.57	29308.78
	利润总额(万元)	31082.22	44485.80	26211.49	31227.19

浙江凯恩特种材料股份有限公司

公司概况						
公司概况	公司名称	浙江凯恩特种材料股份有限公司			证券简称	凯恩股份
	法人代表	计皓	董秘	顾飞鹰	证券代码	002012
	公司网址	www.zjkan.com		电子信箱	kantzq@263.net	
	电　　话	0578-8128682		传　　真	0578-8123717	
	办公地址	浙江省丽水市遂昌县妙高镇凯恩路 1008 号				
	经营范围	电子材料、纸及纸制品的制造、加工、销售、造纸原料、化工产品等				

主要财务指标	指标\报告期	2013.06.30	2012.12.31	2012.06.30	2011.12.31
	基本每股收益(元)	0.0700	0.1800	0.1000	0.4600
	基本每股收益(扣除)(元)	0.0700	0.1700	0.1800	0.5800
	每股净资产(元)	2.4341	2.3900	4.6200	4.5677
	每股经营现金净流量(元)	0.0452	0.3083	0.0639	0.5821
	每股现金流量(元)	-0.3978	-0.3106	-0.5101	1.7123
	每股资本公积金(元)	0.5810	0.5810	2.1620	2.1105
	每股盈余公积金(元)	0.1305	0.1305	0.2325	0.2325
	每股未分配利润(元)	0.7226	0.6820	1.2224	1.2247
	净资产收益率(%)	2.9014	7.6821	4.2800	11.0617
	加权净资产收益率(%)	2.9200	7.9000	4.2800	20.6100
	净资产收益率(扣除)(%)	-	-	-	-
	总资产(万元)	164523.12	161139.42	165019.67	165753.04
	归属母公司股东权益(万元)	113824.60	111924.98	107948.19	106799.16
	主营业务收入(万元)	45129.63	85009.11	39850.56	94962.61
	营业收入(万元)	46184.22	86391.87	39997.68	96175.10
	主营成本(万元)	32090.17	57518.06	26100.37	61660.48
	营业成本(万元)	33021.91	58724.56	26186.91	62634.46
	投资收益(万元)	-140.94	-116.82	1.64	490.97
	净利润(万元)	3460.22	9813.11	5142.38	13198.03
	利润总额(万元)	4039.45	11196.07	5808.79	15194.86

湖北中航精机科技股份有限公司

公司概况						
公司概况	公司名称	湖北中航精机科技股份有限公司			证券简称	中航精机
	法人代表	王坚	董秘	毛尊平	证券代码	002013
	公司网址	www.hapm.cn		电子信箱	auto@hapm.cn	
	电　　话	010-58354906 58354876		传　　真	010-58354848	
	办公地址	北京市朝阳区三元桥曙光西里甲 5 号院				
	经营范围	汽车座椅调角器及各类精冲制品、精冲模具的研究、设计、开发、制造和销售等				

主要财务指标	指标\报告期	2013.06.30	2012.12.31	2012.06.30	2011.12.31
	基本每股收益(元)	0.2800	0.5200	0.2600	0.4300
	基本每股收益(扣除)(元)	0.2600	0.1200	0.0650	0.1400
	每股净资产(元)	5.7343	5.4886	1.8600	16.2580
	每股经营现金净流量(元)	-0.8472	0.5367	-1.7033	0.9810
	每股现金流量(元)	-1.0967	0.2598	-2.0726	-2.3683
	每股资本公积金(元)	2.7376	2.7407	0.2936	11.2649
	每股盈余公积金(元)	0.6318	0.6318	0.0856	1.9455
	每股未分配利润(元)	1.3242	1.0915	0.4766	2.0476
	净资产收益率(%)	4.9162	9.4482	35.6046	8.6815
	加权净资产收益率(%)	5.0100	9.9600	5.1500	8.9300
	净资产收益率(扣除)(%)	-	-	-	-
	总资产(万元)	1342834.11	1319800.67	84018.02	1187609.22
	归属母公司股东权益(万元)	410740.59	393138.67	52397.40	353122.74
	主营业务收入(万元)	299711.83	653869.42	335777.89	59315.47
	营业收入(万元)	304999.83	667382.54	340730.69	631451.98
	主营成本(万元)	221265.41	510298.61	264393.73	48994.33
	营业成本(万元)	225274.23	521593.43	267753.73	498501.46
	投资收益(万元)	-79.44	-71.59	-435.93	987.34
	净利润(万元)	20152.72	38951.17	19128.65	32776.94
	利润总额(万元)	23546.72	49016.52	23698.07	39270.98

黄山永新股份有限公司

公司概况	公司名称	黄山永新股份有限公司			证券简称	永新股份
	法人代表	江继忠	董秘	方洲	证券代码	002014
	公司网址	www.novel.com.cn		电子信箱	novel@novel.com.cn	
	电　　话	0559-3517878 3514242		传　　真	0559-3516357	
	办公地址	安徽省黄山市徽州区徽州东路188号				
	经营范围	生产经营真空镀膜、塑胶彩印复合软包装材料、生产和销售等				

	指标\报告期	2013.06.30	2012.12.31	2012.06.30	2011.12.31
主要财务指标	基本每股收益(元)	0.2400	0.6000	0.2900	0.5400
	基本每股收益(扣除)(元)	0.2100	0.5400	0.3900	0.4900
	每股净资产(元)	4.2368	4.2677	4.7200	4.6100
	每股经营现金净流量(元)	0.2408	0.5699	0.1068	1.0785
	每股现金流量(元)	−0.3876	1.2308	−0.3972	0.2034
	每股资本公积金(元)	1.8202	1.7874	1.6540	1.6506
	每股盈余公积金(元)	0.2896	0.2896	0.4169	0.4232
	每股未分配利润(元)	1.1271	1.1908	1.6534	1.5350
	净资产收益率(%)	5.5768	12.8589	9.2400	17.5280
	加权净资产收益率(%)	5.6200	16.7700	9.6200	18.9900
	净资产收益率(扣除)(%)	–	–	–	–
	总资产(万元)	177945.29	183158.25	127653.23	131373.97
	归属母公司股东权益(万元)	138018.57	139025.15	87760.36	84347.91
	主营业务收入(万元)	70209.77	148623.91	68328.01	148367.04
	营业收入(万元)	73612.70	152101.32	70065.66	151308.61
	主营成本(万元)	56842.11	117373.70	53753.12	120170.34
	营业成本(万元)	57973.37	118394.14	54143.65	121064.53
	投资收益(万元)	76.67	–	–	136.64
	净利润(万元)	7671.42	18026.06	8004.34	14779.25
	利润总额(万元)	9022.68	21222.09	9518.32	17387.60

江苏霞客环保色纺股份有限公司

公司概况	公司名称	江苏霞客环保色纺股份有限公司			证券简称	霞客环保
	法人代表	孙银龙	董秘	邓鹤庭	证券代码	002015
	公司网址	www.seeker-cn.com		电子信箱	mazhendht2020@163.com	
	电　　话	0510-86526712 86520126		传　　真	0510-86520112	
	办公地址	江苏省江阴市徐霞客镇马镇东街7号				
	经营范围	废弃聚酯的综合处理、有色聚酯纤维及色纺纱线的生产和销售等				

	指标\报告期	2013.06.30	2012.12.31	2012.06.30	2011.12.31
主要财务指标	基本每股收益(元)	−0.1100	0.0290	0.0800	0.1000
	基本每股收益(扣除)(元)	−0.1200	0.0070	0.0700	0.0600
	每股净资产(元)	2.9860	3.1000	3.1500	3.0700
	每股经营现金净流量(元)	1.6130	0.6247	0.0479	0.2742
	每股现金流量(元)	−0.0519	−0.1287	0.0590	−0.2990
	每股资本公积金(元)	1.2654	1.2654	1.2654	1.2654
	每股盈余公积金(元)	0.0748	0.0748	0.0729	0.0729
	每股未分配利润(元)	0.6458	0.7576	0.8087	0.7309
	净资产收益率(%)	−3.7455	0.9255	2.4700	3.1491
	加权净资产收益率(%)	−3.6800	0.9300	2.5000	3.4100
	净资产收益率(扣除)(%)	–	–	–	–
	总资产(万元)	287680.67	281220.72	257225.99	233709.32
	归属母公司股东权益(万元)	71647.54	74331.10	75509.97	73643.20
	主营业务收入(万元)	89638.33	159464.15	82837.68	174225.61
	营业收入(万元)	93296.50	172269.95	88053.96	185644.49
	主营成本(万元)	86414.42	147773.88	75389.18	159572.33
	营业成本(万元)	89783.69	159877.63	80421.32	170117.39
	投资收益(万元)	–	–	–	–
	净利润(万元)	−2647.18	1257.60	2270.17	3103.86
	利润总额(万元)	−2760.25	1596.57	2761.70	4130.66

广东世荣兆业股份有限公司

公司概况	公司名称	广东世荣兆业股份有限公司			证券简称	世荣兆业
	法人代表	梁家荣	董秘	郑泽涛	证券代码	002016
	公司网址	www.gdsrzy.com		电子信箱	shirongzhaoye@sohu.com	
	电　　话	0756-5888899		传　　真	0756-5888882	
	办公地址	广东省珠海市斗门区珠峰大道288号1区17号楼				
	经营范围	房地产开发经营、房产租赁、建筑材料销售、日用品、电器、机械产品等				

	指标\报告期	2013.06.30	2012.12.31	2012.06.30	2011.12.31
主要财务指标	基本每股收益(元)	0.6400	0.3700	0.0300	0.1800
	基本每股收益(扣除)(元)	0.0300	0.1600	0.0400	0.1800
	每股净资产(元)	2.2523	2.4094	2.0800	2.0400
	每股经营现金净流量(元)	0.0197	−0.1689	−0.2615	−1.0595
	每股现金流量(元)	1.2696	0.3543	0.0431	0.0177
	每股资本公积金(元)	0.0952	0.1332	0.1332	0.1332
	每股盈余公积金(元)	0.0608	0.0204	0.0204	0.0204
	每股未分配利润(元)	1.0963	1.2558	0.9292	0.8872
	净资产收益率(%)	28.3447	15.2993	2.0200	9.0120
	加权净资产收益率(%)	31.2900	16.5700	2.0400	9.4400
	净资产收益率(扣除)(%)	–	–	–	–
	总资产(万元)	313981.35	261052.94	251839.33	245379.54
	归属母公司股东权益(万元)	145517.30	111193.26	96119.82	94181.45
	主营业务收入(万元)	33569.63	57074.93	12158.06	50662.56
	营业收入(万元)	34426.61	61758.14	14869.74	54956.39
	主营成本(万元)	20477.87	32443.70	5653.11	25123.46
	营业成本(万元)	21261.96	36946.54	7708.79	28724.27
	投资收益(万元)	69467.64	21009.31	2863.27	3161.18
	净利润(万元)	54627.63	23701.99	3075.76	11808.45
	利润总额(万元)	73783.66	31460.07	3469.91	14982.79

东信和平科技股份有限公司

公司概况	公司名称	东信和平科技股份有限公司			证券简称	东信和平
	法人代表	周忠国	董秘	陈宗潮	证券代码	002017
	公司网址	www.eastcompeace.com		电子信箱	eastcompeace@eastcompeace.com	
	电　　话	0756-8682893		传　　真	0756-8682166	
	办公地址	广东省珠海市南屏科技工业园屏工中路8号				
	经营范围	生产和销售移动通信用智能卡、非接触式智能卡及配套应用系统等				

	指标\报告期	2013.06.30	2012.12.31	2012.06.30	2011.12.31
主要财务指标	基本每股收益(元)	0.0623	0.1769	0.0823	0.1625
	基本每股收益(扣除)(元)	0.0477	0.1600	0.0502	0.1448
	每股净资产(元)	3.1351	3.1155	3.0300	2.9300
	每股经营现金净流量(元)	−0.2710	0.5477	−0.0651	0.4933
	每股现金流量(元)	−0.5137	0.3339	−0.3023	0.2477
	每股资本公积金(元)	1.3763	1.3763	1.3763	1.3763
	每股盈余公积金(元)	0.2527	0.2527	0.2328	0.2328
	每股未分配利润(元)	0.5337	0.5215	0.4467	0.3645
	净资产收益率(%)	1.9861	5.6786	2.7193	5.5420
	加权净资产收益率(%)	1.9800	5.8600	2.7700	5.4300
	净资产收益率(扣除)(%)	–	–	–	–
	总资产(万元)	130191.24	132000.12	120006.15	118335.48
	归属母公司股东权益(万元)	68476.18	68048.66	66093.64	64065.19
	主营业务收入(万元)	53103.51	103272.85	50110.34	93186.57
	营业收入(万元)	53230.75	103390.24	50174.97	93386.51
	主营成本(万元)	40769.84	76681.06	36617.96	67384.98
	营业成本(万元)	40808.83	76690.32	36623.90	67422.03
	投资收益(万元)	–	−41.86	–	–
	净利润(万元)	1066.60	3538.79	1500.01	3304.45
	利润总额(万元)	1520.97	4251.36	1817.82	4488.19

安徽华星化工股份有限公司

公司概况						
公司概况	公司名称	安徽华星化工股份有限公司			证券简称	华星化工
	法人代表	孙晔	董秘	邹建华	证券代码	002018
	公司网址	www.huaxingchem.com		电子信箱	lh@huaxingchem.com	
	电　话	0555-5962878 0551-5848155		传　真	0555-5962838 0551-5848151	
	办公地址	安徽省马鞍山市和县乌江镇				
	经营范围	农药(凭许可证经营)、化工产品(不含危险品)生产、销售等				

主要财务指标	指标\报告期	2013.06.30	2012.12.31	2012.06.30	2011.12.31
	基本每股收益(元)	0.0200	0.3800	-0.0100	0.0100
	基本每股收益(扣除)(元)	0.0200	0.0100	-0.0200	-0.3000
	每股净资产(元)	2.1468	2.3256	2.0700	2.0700
	每股经营现金净流量(元)	-0.1634	0.3025	0.2271	0.6807
	每股现金流量(元)	1.1130	0.1153	0.0550	0.1617
	每股资本公积金(元)	0.9960	0.1936	0.3418	0.3418
	每股盈余公积金(元)	0.0451	0.1842	0.1685	0.1685
	每股未分配利润(元)	0.0700	0.8102	0.4159	0.4343
	净资产收益率(%)	0.5168	16.3758	-0.8900	0.6360
	加权净资产收益率(%)	1.3300	16.8800	-0.9000	0.6500
	净资产收益率(扣除)(%)	-	-	-	-
	总资产(万元)	299437.64	150570.86	166750.42	161138.62
	归属母公司股东权益(万元)	257366.44	68338.17	60764.52	60719.17
	主营业务收入(万元)	70861.83	93207.27	51047.07	89969.87
	营业收入(万元)	71258.19	94265.60	51606.18	90825.10
	主营成本(万元)	60358.54	80068.11	44707.83	84690.74
	营业成本(万元)	60502.72	80382.29	44914.24	85045.28
	投资收益(万元)	-67.09	10223.45	-101.41	-386.13
	净利润(万元)	1315.06	11141.59	-549.96	254.21
	利润总额(万元)	1871.57	11886.83	-549.95	254.33

浙江杭州鑫富药业股份有限公司

公司概况						
公司概况	公司名称	浙江杭州鑫富药业股份有限公司			证券简称	鑫富药业
	法人代表	过鑫富	董秘	吴卡娜	证券代码	002019
	公司网址	www.xinfupharm.com		电子信箱	dsh@xinfupharm.com	
	电　话	0571-63807806 63759205		传　真	0571-63759225	
	办公地址	浙江省临安市锦城街道琴山 50 号				
	经营范围	食品添加剂、饲料添加剂的开发、生产、销售、药品生产等				

主要财务指标	指标\报告期	2013.06.30	2012.12.31	2012.06.30	2011.12.31
	基本每股收益(元)	0.0400	0.0650	0.1300	-1.0400
	基本每股收益(扣除)(元)	0.0400	-0.2322	-0.0300	-1.0200
	每股净资产(元)	2.2309	2.1814	2.2600	2.1200
	每股经营现金净流量(元)	0.0665	0.1356	0.0376	-0.2396
	每股现金流量(元)	-0.1299	-0.2698	-0.2030	-0.0828
	每股资本公积金(元)	1.5272	1.5272	1.5272	1.5272
	每股盈余公积金(元)	0.2321	0.2321	0.2321	0.2321
	每股未分配利润(元)	-0.5499	-0.5925	-0.5295	-0.6575
	净资产收益率(%)	1.9092	2.9780	5.8500	-49.3640
	加权净资产收益率(%)	1.9300	3.0200	5.8500	-39.6300
	净资产收益率(扣除)(%)	-	-	-	-
	总资产(万元)	104558.75	106153.91	105982.29	116625.10
	归属母公司股东权益(万元)	49174.37	48081.32	49811.22	46652.07
	主营业务收入(万元)	33585.21	59824.44	27824.46	48834.40
	营业收入(万元)	33669.47	64419.11	32163.85	49573.48
	主营成本(万元)	24683.38	45795.78	21376.78	37879.43
	营业成本(万元)	24738.65	49740.78	25128.32	38673.25
	投资收益(万元)	-	4548.09	1224.69	-286.31
	净利润(万元)	938.86	1131.90	2810.18	-23683.41
	利润总额(万元)	991.95	1183.66	2861.93	-23617.39

浙江京新药业股份有限公司

公司概况						
公司概况	公司名称	浙江京新药业股份有限公司			证券简称	京新药业
	法人代表	吕钢	董秘	徐小明	证券代码	002020
	公司网址	www.jingxinpharm.com		电子信箱	stock@jingxinpharm.com	
	电　话	0575-86176531		传　真	0575-86096898	
	办公地址	浙江省绍兴市新昌县羽林街道新昌大道东路 800 号				
	经营范围	片剂(含头孢菌素类)、硬胶囊剂(含头孢菌素类)、颗粒剂等				

主要财务指标	指标\报告期	2013.06.30	2012.12.31	2012.06.30	2011.12.31
	基本每股收益(元)	0.1345	0.2510	0.1365	0.2760
	基本每股收益(扣除)(元)	0.1225	0.2300	0.1214	0.2040
	每股净资产(元)	3.1172	6.1155	6.2012	6.0647
	每股经营现金净流量(元)	0.1312	0.4771	0.1935	0.5495
	每股现金流量(元)	0.0718	-1.1338	-0.4992	2.0716
	每股资本公积金(元)	1.5868	4.1735	4.1735	4.1735
	每股盈余公积金(元)	0.0830	0.1661	0.1527	0.1527
	每股未分配利润(元)	0.4474	0.7759	0.8750	0.7385
	净资产收益率(%)	4.3135	4.1004	2.2009	3.8010
	加权净资产收益率(%)	4.3200	4.1400	2.2253	7.2700
	净资产收益率(扣除)(%)	-	-	-	-
	总资产(万元)	144321.19	130097.77	125484.42	119255.85
	归属母公司股东权益(万元)	78760.33	77257.95	78340.85	76616.68
	主营业务收入(万元)	44461.12	82450.08	39977.73	67181.20
	营业收入(万元)	45706.77	85758.23	42019.62	70973.08
	主营成本(万元)	26433.65	54072.26	27890.81	49685.11
	营业成本(万元)	26730.95	55959.92	29255.48	52242.77
	投资收益(万元)	-0.29	-3.22	4.85	143.13
	净利润(万元)	3397.35	3167.90	1724.17	2911.95
	利润总额(万元)	4030.35	3988.40	2279.99	3669.82

中捷缝纫机股份有限公司

公司概况						
公司概况	公司名称	中捷缝纫机股份有限公司			证券简称	中捷股份
	法人代表	李瑞元	董秘	姚米娜	证券代码	002021
	公司网址	www.zoje.com		电子信箱	yaomina@zoje.com	
	电　话	0576-87338207 87378885		传　真	0576-87335536	
	办公地址	浙江省台州市玉环县大麦屿街道兴港东路 198 号				
	经营范围	工业缝纫机及其配件、铸件的生产、销售等				

主要财务指标	指标\报告期	2013.06.30	2012.12.31	2012.06.30	2011.12.31
	基本每股收益(元)	0.0400	0.0400	0.0200	0.1200
	基本每股收益(扣除)(元)	0.0300	0.0200	0.0100	0.1200
	每股净资产(元)	1.7035	1.6900	1.6600	1.6700
	每股经营现金净流量(元)	0.1447	0.0294	0.0225	-0.1753
	每股现金流量(元)	0.1153	-0.0306	0.0028	-0.5837
	每股资本公积金(元)	0.3077	0.3012	0.3012	0.6915
	每股盈余公积金(元)	0.0710	0.0710	0.0705	0.0917
	每股未分配利润(元)	0.3295	0.3133	0.3074	0.4019
	净资产收益率(%)	2.1261	2.1014	1.2900	7.4502
	加权净资产收益率(%)	2.1200	2.2500	1.2700	7.6900
	净资产收益率(扣除)(%)	-	-	-	-
	总资产(万元)	316675.91	292266.42	273092.50	263860.17
	归属母公司股东权益(万元)	96725.78	95775.85	94446.71	94875.50
	主营业务收入(万元)	61266.34	97591.62	48104.42	115636.32
	营业收入(万元)	61296.59	97645.62	48140.92	115651.72
	主营成本(万元)	48824.31	79539.09	39532.94	89958.00
	营业成本(万元)	48824.31	79539.09	39532.94	89958.00
	投资收益(万元)	1142.94	1363.58	1110.47	801.89
	净利润(万元)	2127.38	2285.34	1303.55	7756.66
	利润总额(万元)	2010.46	3100.78	1504.11	8518.64

上海科华生物工程股份有限公司

公司概况	公司名称	上海科华生物工程股份有限公司		证券简称	科华生物
	法人代表	唐伟国	董秘 单莹	证券代码	002022
	公司网址	www.skhb.com		电子信箱	shkh@sh163.net
	电　　话	021-64850088		传　　真	021-64851044
	办公地址	上海市钦州北路 1189 号			
	经营范围	生化试剂、临床诊断试剂、医疗器械、兽用针剂、生化试剂检验用具等			

主要财务指标	指标\报告期	2013.06.30	2012.12.31	2012.06.30	2011.12.31
	基本每股收益(元)	0.3012	0.4872	0.2366	0.4606
	基本每股收益(扣除)(元)	–	0.4600	0.2278	0.4338
	每股净资产(元)	2.0154	2.0742	1.8247	1.9881
	每股经营现金净流量(元)	0.2008	0.4342	0.1833	0.4465
	每股现金流量(元)	–0.2367	–0.1126	–0.3757	0.0325
	每股资本公积金(元)	0.0377	0.0377	0.0388	0.0388
	每股盈余公积金(元)	0.2825	0.2825	0.2459	0.2459
	每股未分配利润(元)	0.6952	0.7540	0.5400	0.7034
	净资产收益率(%)	14.9444	23.4878	12.9700	23.1690
	加权净资产收益率(%)	14.3100	24.7900	11.9900	24.4600
	净资产收益率(扣除)(%)	–	–	–	–
	总资产(万元)	122907.45	128545.90	108876.40	120175.32
	归属母公司股东权益(万元)	99213.03	102108.26	89825.17	97869.16
	主营业务收入(万元)	52926.33	100963.99	46146.29	87027.03
	营业收入(万元)	53108.79	101368.13	46320.12	87389.04
	主营成本(万元)	27044.89	51356.99	22926.94	42359.58
	营业成本(万元)	27166.44	51526.13	23003.70	42517.95
	投资收益(万元)	235.13	754.25	282.71	634.19
	净利润(万元)	15452.00	25325.78	12138.84	23607.48
	利润总额(万元)	17739.11	29800.72	14197.16	28439.88

四川海特高新技术股份有限公司

公司概况	公司名称	四川海特高新技术股份有限公司		证券简称	海特高新
	法人代表	李飚	董秘 居平	证券代码	002023
	公司网址	www.schtgx.com		电子信箱	htgx@schtgx.com
	电　　话	028-8592[illegible]029		传　　真	028-85921038
	办公地址	四川省成都市高新区科园南路 1 号			
	经营范围	航空小型发动机维修、飞机机载无线电、仪表、电气设备的研制和维修等			

主要财务指标	指标\报告期	2013.06.30	2012.12.31	2012.06.30	2011.12.31
	基本每股收益(元)	0.1600	0.2700	0.1100	0.2100
	基本每股收益(扣除)(元)	0.1600	0.2500	0.1100	0.1900
	每股净资产(元)	4.3576	3.5600	3.4000	3.4400
	每股经营现金净流量(元)	0.0148	0.4518	0.0999	0.2650
	每股现金流量(元)	0.8109	–0.1441	–0.4192	0.1063
	每股资本公积金(元)	2.1635	1.2565	1.2565	1.2565
	每股盈余公积金(元)	0.1768	0.2018	0.1744	0.1744
	每股未分配利润(元)	1.0186	1.1056	0.9696	1.0084
	净资产收益率(%)	3.4448	7.7104	3.2700	6.0170
	加权净资产收益率(%)	4.6000	7.8500	3.1800	6.2000
	净资产收益率(扣除)(%)	–	–	–	–
	总资产(万元)	220186.52	170478.94	135986.56	140726.42
	归属母公司股东权益(万元)	146845.65	105172.50	100373.45	101517.19
	主营业务收入(万元)	19079.43	28875.84	12836.34	22509.34
	营业收入(万元)	19471.48	29588.42	13186.50	23235.92
	主营成本(万元)	7586.31	12666.72	5573.28	10323.55
	营业成本(万元)	7649.87	12792.67	5639.51	10446.44
	投资收益(万元)	533.66	666.68	463.64	726.06
	净利润(万元)	4782.75	7588.12	2979.99	5317.41
	利润总额(万元)	6095.50	8929.16	3618.69	6401.67

苏宁云商集团股份有限公司

公司概况	公司名称	苏宁云商集团股份有限公司		证券简称	苏宁云商
	法人代表	张近东	董秘 任峻	证券代码	002024
	公司网址	www.cnsuning.com		电子信箱	stock@cnsuning.com
	电　　话	025-84418888-888122 888480		传　　真	025-84418888 888480
	办公地址	江苏省南京市玄武区苏宁大道 1 号			
	经营范围	家用电器及消费类电子产品的销售和服务等			

主要财务指标	指标\报告期	2013.06.30	2012.12.31	2012.06.30	2011.12.31
	基本每股收益(元)	0.1000	0.3722	0.2500	0.6890
	基本每股收益(扣除)(元)	0.1000	0.3498	0.2500	0.6609
	每股净资产(元)	3.8987	3.8500	3.2900	3.1900
	每股经营现金净流量(元)	0.3690	0.7178	–0.2648	0.9417
	每股现金流量(元)	–0.5790	0.9880	–0.7044	0.1819
	每股资本公积金(元)	0.6341	0.6338	0.0720	0.0739
	每股盈余公积金(元)	0.1564	0.1564	0.1440	0.1440
	每股未分配利润(元)	2.1179	2.0685	2.0722	1.9715
	净资产收益率(%)	2.5492	9.4000	7.6200	21.5896
	加权净资产收益率(%)	2.5500	10.6100	7.6800	23.6800
	净资产收益率(扣除)(%)	–	–	–	–
	总资产(万元)	7656987.20	7616150.10	5647874.40	5978647.30
	归属母公司股东权益(万元)	2878416.60	2845913.00	2300612.30	2232833.40
	主营业务收入(万元)	5487270.40	9700679.10	4650719.60	9246537.70
	营业收入(万元)	5553126.90	9835716.10	4719106.70	9388858.00
	主营成本(万元)	4691730.50	8058138.70	3822753.90	7585560.90
	营业成本(万元)	4706551.40	8088464.60	3836577.90	7610465.60
	投资收益(万元)	507.60	1250.80	53.00	15219.20
	净利润(万元)	64981.30	250546.20	167937.30	488600.60
	利润总额(万元)	86506.50	324159.80	220356.40	647322.60

贵州航天电器股份有限公司

公司概况	公司名称	贵州航天电器股份有限公司		证券简称	航天电器
	法人代表	李权忠	董秘 张旺	证券代码	002025
	公司网址	www.gzhtdq.com.cn		电子信箱	zw@gzhtdq.com.cn
	电　　话	0851-8697168 8697026		传　　真	0851-8697000
	办公地址	贵州省贵阳市小河区红河路 7 号			
	经营范围	电器、电机、电源、仪器仪表、遥测遥控设备、伺服控制系统等的研制、生产和销售等			

主要财务指标	指标\报告期	2013.06.30	2012.12.31	2012.06.30	2011.12.31
	基本每股收益(元)	0.2500	0.6890	0.2400	0.4100
	基本每股收益(扣除)(元)	0.2500	0.6609	0.2300	0.3400
	每股净资产(元)	3.2900	3.1900	4.3400	4.2000
	每股经营现金净流量(元)	–0.2648	0.9417	–	–0.0580
	每股现金流量(元)	–0.7044	0.1819	–	–0.5336
	每股资本公积金(元)	0.0720	0.0739	1.2793	1.2793
	每股盈余公积金(元)	0.1440	0.1440	0.5035	0.5035
	每股未分配利润(元)	2.0722	1.9715	1.5616	1.4171
	净资产收益率(%)	7.6200	21.5896	5.6300	9.8300
	加权净资产收益率(%)	7.6800	23.6800	5.6600	10.2100
	净资产收益率(扣除)(%)	–	–	–	–
	总资产(万元)	5647874.40	5978647.30	211980.69	194552.42
	归属母公司股东权益(万元)	2300612.30	2232833.40	143364.23	138596.92
	主营业务收入(万元)	4650719.60	9246537.70	54678.10	82450.52
	营业收入(万元)	4719106.70	9388858.00	56364.60	86019.49
	主营成本(万元)	3822753.90	7585560.90	31050.57	46037.16
	营业成本(万元)	3836577.90	7610465.60	32476.30	49013.39
	投资收益(万元)	53.00	15219.20	–	–
	净利润(万元)	167937.30	488600.60	8906.75	15188.82
	利润总额(万元)	220356.40	647322.60	10276.57	17642.27

山东威达机械股份有限公司

公司概况	公司名称	山东威达机械股份有限公司		证券简称	山东威达
	法人代表	杨明燕	董秘 宋战友	证券代码	002026
	公司网址	www.weidapeacock.com		电子信箱	weida@weidapeacock.com
	电　话	0631-8549156 8548288		传　真	0631-8545388 8545018
	办公地址	山东省文登市苘山镇中韩路2号			
	经营范围	钻夹头及配件的生产与销售			

主要财务指标	指标\报告期	2013.06.30	2012.12.31	2012.06.30	2011.12.31
	基本每股收益(元)	0.1200	0.3700	0.1700	0.3700
	基本每股收益(扣除)(元)	0.1200	0.3700	0.1737	0.3600
	每股净资产(元)	3.0206	3.8152	3.6100	3.4900
	每股经营现金净流量(元)	-0.0475	0.2984	0.0615	0.0350
	每股现金流量(元)	0.0597	-0.0699	0.0115	-0.1042
	每股资本公积金(元)	0.6528	1.1486	1.1486	1.1486
	每股盈余公积金(元)	0.2209	0.2872	0.2612	0.2612
	每股未分配利润(元)	1.1468	1.3794	1.2010	1.0819
	净资产收益率(%)	4.1133	9.7892	4.6800	10.4610
	加权净资产收益率(%)	4.1400	10.2500	4.7400	10.9500
	净资产收益率(扣除)(%)	-	-	-	-
	总资产(万元)	107999.40	88063.14	86518.95	79991.26
	归属母公司股东权益(万元)	68914.43	66957.28	63369.77	61280.22
	主营业务收入(万元)	31041.65	60087.73	27646.18	58413.45
	营业收入(万元)	20412.03	64460.20	30602.40	63989.44
	主营成本(万元)	24195.15	46575.56	21413.41	45691.84
	营业成本(万元)	25667.43	49839.46	23723.20	49751.18
	投资收益(万元)	409.99	774.70	291.57	643.45
	净利润(万元)	2834.65	6554.56	2967.05	6410.69
	利润总额(万元)	3227.28	7379.20	3384.72	7289.26

七喜控股股份有限公司

公司概况	公司名称	七喜控股股份有限公司		证券简称	七喜控股
	法人代表	易贤忠	董秘 颜新元	证券代码	002027
	公司网址	www.hedy.com.cn		电子信箱	hedy@hedy.com.cn
	电　话	020-82253358 82253777		传　真	020-82058236
	办公地址	广东省广州市黄埔区云埔工业区埔南路63号			
	经营范围	研制、开发、生产、加工:计算机及配件、电子产品、通讯设备等			

主要财务指标	指标\报告期	2013.06.30	2012.12.31	2012.06.30	2011.12.31
	基本每股收益(元)	-0.0717	0.0300	-0.0301	-0.1800
	基本每股收益(扣除)(元)	-0.0847	0.0100	-0.0422	-0.1600
	每股净资产(元)	1.9631	2.0261	1.9690	1.9990
	每股经营现金净流量(元)	0.0495	-0.0150	-0.1682	-0.0387
	每股现金流量(元)	-0.1477	0.1586	-0.2019	-0.2477
	每股资本公积金(元)	0.2186	0.2186	0.2186	0.2186
	每股盈余公积金(元)	0.1609	0.1609	0.1609	0.1609
	每股未分配利润(元)	0.5750	0.6466	0.5894	0.6195
	净资产收益率(%)	-3.6505	1.3380	-1.5300	-9.0620
	加权净资产收益率(%)	-3.5900	1.3500	-1.3900	-8.6700
	净资产收益率(扣除)(%)	-	-	-	-
	总资产(万元)	91139.23	89957.83	82906.33	91978.47
	归属母公司股东权益(万元)	59351.07	61257.41	59526.86	60436.76
	主营业务收入(万元)	81067.27	132914.56	52561.76	126357.39
	营业收入(万元)	81387.47	133733.69	52838.97	127241.95
	主营成本(万元)	77848.20	122851.44	49228.44	118039.44
	营业成本(万元)	77854.62	123133.53	49228.44	118177.75
	投资收益(万元)	111.29	815.37	631.73	-307.46
	净利润(万元)	-2178.33	678.54	-954.60	-5476.19
	利润总额(万元)	-2565.57	1160.86	-1027.68	-7046.49

思源电气股份有限公司

公司概况	公司名称	思源电气股份有限公司		证券简称	思源电气
	法人代表	董增平	董秘 林凌	证券代码	002028
	公司网址	www.sieyuan.com		电子信箱	ir@sieyuan.com
	电　话	021-61610958		传　真	021-61610959
	办公地址	上海市闵行区华宁路3399号			
	经营范围	电力自动化保护设备、高压开关、高压互感器、电力电容器及电抗器等			

主要财务指标	指标\报告期	2013.06.30	2012.12.31	2012.06.30	2011.12.31
	基本每股收益(元)	0.2400	0.5600	0.1700	0.3500
	基本每股收益(扣除)(元)	-	0.4300	0.1300	0.2500
	每股净资产(元)	6.7330	6.5100	6.0900	6.0600
	每股经营现金净流量(元)	-0.6055	0.3119	-0.9622	-0.2189
	每股现金流量(元)	-0.6392	-0.0996	-1.4019	-1.1173
	每股资本公积金(元)	0.7293	0.6527	0.6262	0.6593
	每股盈余公积金(元)	0.4429	0.4429	0.4008	0.4008
	每股未分配利润(元)	4.5612	4.4185	4.0627	3.9959
	净资产收益率(%)	3.6041	8.6694	2.7400	5.7770
	加权净资产收益率(%)	3.6500	9.0200	2.7600	5.6400
	净资产收益率(扣除)(%)	-	-	-	-
	总资产(万元)	430028.65	434266.79	374456.81	379192.55
	归属母公司股东权益(万元)	296037.98	286406.42	267751.29	266266.61
	主营业务收入(万元)	126194.68	287995.53	98097.89	195133.66
	营业收入(万元)	126832.01	289173.46	98676.97	196985.46
	主营成本(万元)	75228.33	173280.88	58559.11	123333.53
	营业成本(万元)	75910.68	173976.71	59076.69	124756.09
	投资收益(万元)	819.05	2084.21	896.95	2786.67
	净利润(万元)	12379.56	28877.85	8235.17	16930.02
	利润总额(万元)	13979.87	34144.34	9630.97	19282.71

福建七匹狼实业股份有限公司

公司概况	公司名称	福建七匹狼实业股份有限公司		证券简称	七匹狼
	法人代表	周少雄	董秘 吴兴群	证券代码	002029
	公司网址	www.septwolves.com		电子信箱	zqb@septwolves.com
	电　话	0595-85337739		传　真	0595-85337766
	办公地址	福建省晋江市金井镇南工业区			
	经营范围	服装、服饰产品的设计、制造及销售等			

主要财务指标	指标\报告期	2013.06.30	2012.12.31	2012.06.30	2011.12.31
	基本每股收益(元)	0.3400	1.2100	0.3900	0.9700
	基本每股收益(扣除)(元)	0.3300	1.1900	0.5500	0.9200
	每股净资产(元)	5.9175	8.4673	7.8100	6.9700
	每股经营现金净流量(元)	0.3774	0.8698	0.2674	0.8917
	每股现金流量(元)	-0.6431	3.8438	3.4970	0.4181
	每股资本公积金(元)	2.5042	4.2564	4.2234	2.0404
	每股盈余公积金(元)	0.3170	0.4755	0.3283	0.5833
	每股未分配利润(元)	2.0963	2.7354	2.2632	3.3511
	净资产收益率(%)	5.7348	13.1543	6.2600	20.8960
	加权净资产收益率(%)	5.8600	18.0600	11.8400	23.1600
	净资产收益率(扣除)(%)	-	-	-	-
	总资产(万元)	667855.44	553888.41	476271.06	319291.95
	归属母公司股东权益(万元)	447168.70	426563.69	392741.51	197318.00
	主营业务收入(万元)	134929.17	331205.03	137097.13	265182.71
	营业收入(万元)	142269.60	347699.11	148620.18	292058.45
	主营成本(万元)	70623.56	176948.94	76046.32	151186.75
	营业成本(万元)	75506.86	189582.46	84049.47	171750.88
	投资收益(万元)	708.24	1175.80	1333.83	601.48
	净利润(万元)	25428.39	56581.92	24566.07	41465.12
	利润总额(万元)	32547.61	75302.99	32812.26	48821.33

中山大学达安基因股份有限公司

公司概况						
公司概况	公司名称	中山大学达安基因股份有限公司			证券简称	达安基因
	法人代表	何蕴韶	董秘	张斌	证券代码	002030
	公司网址	www.daangene.com		电子信箱	zhangbin@daangene.com	
	电　话	020-32290420		传　真	020-32290231	
	办公地址	广东省广州市高新技术开发区科学城香山路19号				
	经营范围	研究体外诊断试剂及生物制品、食品药品、医疗设备研究、开发、生产等				

主要财务指标	指标\报告期	2013.06.30	2012.12.31	2012.06.30	2011.12.31
	基本每股收益(元)	0.3900	0.9700	0.0800	0.1600
	基本每股收益(扣除)(元)	0.5500	0.9200	0.0400	0.1300
	每股净资产(元)	7.8100	6.9700	1.3000	1.4200
	每股经营现金净流量(元)	0.2674	0.8917	-0.0449	0.1861
	每股现金流量(元)	3.4970	0.4181	-0.0835	-0.0496
	每股资本公积金(元)	4.2234	2.0404	0.1061	0.0695
	每股盈余公积金(元)	0.3283	0.5833	0.1087	0.1304
	每股未分配利润(元)	2.2632	3.3511	0.0835	0.2162
	净资产收益率(%)	6.2600	20.8960	7.0500	13.8540
	加权净资产收益率(%)	11.8400	23.1600	7.4700	15.0000
	净资产收益率(扣除)(%)	-	-	-	-
	总资产(万元)	476271.06	319291.95	79436.89	78529.15
	归属母公司股东权益(万元)	392741.51	197318.00	54009.32	49091.59
	主营业务收入(万元)	137097.13	265182.71	26155.98	45671.93
	营业收入(万元)	148620.18	292058.45	26155.98	45756.04
	主营成本(万元)	76046.32	151186.75	10482.69	20433.65
	营业成本(万元)	84049.47	171750.88	10482.69	20433.65
	投资收益(万元)	1333.83	601.48	1753.50	530.91
	净利润(万元)	24566.07	41465.12	3974.83	6725.23
	利润总额(万元)	32812.26	48821.33	4663.21	7885.52

巨轮股份有限公司

公司概况						
公司概况	公司名称	巨轮股份有限公司			证券简称	巨轮股份
	法人代表	吴潮忠	董秘	杨传楷	证券代码	002031
	公司网址	www.greatoo.com		电子信箱	greatoo@greatoo.com	
	电　话	0663-3271838		传　真	0663-3269266	
	办公地址	广东省揭阳市揭东经济开发区5号路中段				
	经营范围	汽车子午线轮胎模具、汽车子午线轮胎设备的制造等				

主要财务指标	指标\报告期	2013.06.30	2012.12.31	2012.06.30	2011.12.31
	基本每股收益(元)	0.1616	0.2711	0.0900	0.2000
	基本每股收益(扣除)(元)	-	0.2438	0.0400	0.1300
	每股净资产(元)	3.5532	3.3100	1.3000	1.4200
	每股经营现金净流量(元)	0.2581	0.4563	-0.0449	0.1861
	每股现金流量(元)	-0.2119	0.0109	-0.0835	-0.0496
	每股资本公积金(元)	1.0644	0.6934	0.1061	0.0695
	每股盈余公积金(元)	0.2092	0.2415	0.1087	0.1304
	每股未分配利润(元)	1.3088	1.4017	0.0835	0.2162
	净资产收益率(%)	4.0607	8.1210	7.0500	13.8540
	加权净资产收益率(%)	4.7200	8.5100	7.4700	15.0000
	净资产收益率(扣除)(%)	-	-	-	-
	总资产(万元)	278353.18	269571.25	79436.89	78529.15
	归属母公司股东权益(万元)	169200.44	137377.01	54009.32	49091.59
	主营业务收入(万元)	38619.71	71928.29	26155.98	45671.93
	营业收入(万元)	40365.61	77652.65	26155.98	45756.04
	主营成本(万元)	25120.45	45503.91	10482.69	20433.65
	营业成本(万元)	25403.18	49074.53	10482.69	20433.65
	投资收益(万元)	-2.11	-25.33	1753.50	530.91
	净利润(万元)	6885.56	11188.42	3974.83	6725.23
	利润总额(万元)	7872.68	12492.30	4663.21	7885.52

浙江苏泊尔股份有限公司

公司概况						
公司概况	公司名称	浙江苏泊尔股份有限公司			证券简称	苏泊尔
	法人代表	苏显泽	董秘	叶继德	证券代码	002032
	公司网址	www.supor.com.cn		电子信箱	yjd@supor.com	
	电　话	0571-86858778		传　真	0571-86858678	
	办公地址	浙江省杭州市高新技术产业区江晖路1772号苏泊尔大厦19层				
	经营范围	厨房炊具和厨卫小家电、大家电、健康家电的研发、制造和销售等				

主要财务指标	指标\报告期	2013.06.30	2012.12.31	2012.06.30	2011.12.31
	基本每股收益(元)	0.4330	0.7390	0.3470	0.7490
	基本每股收益(扣除)(元)	0.4400	0.7090	0.3400	0.7500
	每股净资产(元)	4.8828	4.7761	4.4300	4.8000
	每股经营现金净流量(元)	0.5564	1.3502	0.5544	0.3798
	每股现金流量(元)	1.0090	-0.3678	0.1232	-0.2709
	每股资本公积金(元)	0.9879	0.9742	1.0213	1.2239
	每股盈余公积金(元)	0.1580	0.1580	0.1380	0.1518
	每股未分配利润(元)	2.7791	2.6764	2.3041	2.4533
	净资产收益率(%)	8.8633	15.4691	7.8300	17.1796
	加权净资产收益率(%)	8.7700	16.2400	7.8000	18.3800
	净资产收益率(扣除)(%)	-	-	-	-
	总资产(万元)	489341.44	496025.50	408939.22	439227.63
	归属母公司股东权益(万元)	310044.22	303274.40	281136.24	276863.56
	主营业务收入(万元)	408624.77	680415.60	330282.60	700118.60
	营业收入(万元)	413728.17	688946.04	333799.14	712565.30
	主营成本(万元)	291777.93	479630.82	233837.61	504915.15
	营业成本(万元)	297255.17	488381.69	237321.00	517758.74
	投资收益(万元)	279.67	176.55	-10.76	2029.48
	净利润(万元)	30273.46	51486.02	24176.02	52495.82
	利润总额(万元)	36674.09	59286.73	29226.56	62014.24

丽江玉龙旅游股份有限公司

公司概况						
公司概况	公司名称	丽江玉龙旅游股份有限公司			证券简称	丽江旅游
	法人代表	和献中	董秘	杨宁	证券代码	002033
	公司网址	www.yulongtour.com		电子信箱	ljyn@vip.sina.com	
	电　话	0888-5105981 5306320		传　真	0888-5306333	
	办公地址	云南省丽江市古城区香格里大道760号丽江玉龙旅游大楼				
	经营范围	旅游索道及其他相关配套设施、对旅游、房地产等行业投资、建设等				

主要财务指标	指标\报告期	2013.06.30	2012.12.31	2012.06.30	2011.12.31
	基本每股收益(元)	0.3470	0.7490	0.4000	0.7140
	基本每股收益(扣除)(元)	0.3400	0.7500	0.4000	0.4510
	每股净资产(元)	4.4300	4.8000	4.9200	4.6700
	每股经营现金净流量(元)	0.5544	0.3798	0.5428	1.6393
	每股现金流量(元)	0.1232	-0.2709	-0.3714	0.8264
	每股资本公积金(元)	1.0213	1.2239	1.6715	1.8108
	每股盈余公积金(元)	0.1380	0.1518	0.3305	0.3581
	每股未分配利润(元)	2.3041	2.4533	1.9131	1.8032
	净资产收益率(%)	7.8300	17.1796	8.1100	15.3070
	加权净资产收益率(%)	7.8000	18.3800	8.2300	16.2800
	净资产收益率(扣除)(%)	-	-	-	-
	总资产(万元)	408939.22	439227.63	124671.38	126740.52
	归属母公司股东权益(万元)	281136.24	276863.56	80516.15	76446.85
	主营业务收入(万元)	330282.60	700118.60	25467.01	53289.34
	营业收入(万元)	333799.14	712565.30	26717.01	55528.61
	主营成本(万元)	233837.61	504915.15	5731.65	12068.33
	营业成本(万元)	237321.00	517758.74	6312.77	13178.63
	投资收益(万元)	-10.76	2029.48	215.81	400.44
	净利润(万元)	24176.02	52495.82	9638.53	17570.59
	利润总额(万元)	29226.56	62014.24	11526.05	21013.94

浙江美欣达印染集团股份有限公司

公司概况	公司名称	浙江美欣达印染集团股份有限公司			证券简称	美欣达
	法人代表	芮勇	董秘	刘昭和	证券代码	002034
	公司网址	www.mizuda.com		电子信箱	mxd@mizuda.net	
	电　话	0572-2619935 2619936		传　真	0572-2619937	
	办公地址	浙江省湖州市美欣达路588号				
	经营范围	全棉灯芯绒、纱卡的印染及后整理等				

主要财务指标	指标\报告期	2013.06.30	2012.12.31	2012.06.30	2011.12.31
	基本每股收益(元)	0.0600	0.2500	0.0300	0.9900
	基本每股收益(扣除)(元)	0.0400	0.2000	0.0200	0.1800
	每股净资产(元)	5.8201	6.0700	5.8500	6.1200
	每股经营现金净流量(元)	0.0446	1.9943	0.5800	0.9325
	每股现金流量(元)	-0.5814	0.0534	-0.2312	1.0085
	每股资本公积金(元)	2.9135	2.8315	2.8315	2.8315
	每股盈余公积金(元)	0.3349	0.3514	0.3312	0.3312
	每股未分配利润(元)	1.5717	1.8921	1.6855	1.9592
	净资产收益率(%)	0.9355	4.1700	0.4500	16.0925
	加权净资产收益率(%)	0.7000	4.1500	0.3200	16.0900
	净资产收益率(扣除)(%)	-	-	-	-
	总资产(万元)	152659.68	154830.04	149976.77	144694.46
	归属母公司股东权益(万元)	49540.29	49280.23	47440.46	49660.94
	主营业务收入(万元)	62188.54	115701.24	55557.60	118634.94
	营业收入(万元)	64964.97	132157.02	58470.02	133315.25
	主营成本(万元)	54021.22	99388.28	49206.48	101052.73
	营业成本(万元)	56309.00	114630.34	51427.62	114787.06
	投资收益(万元)	-	-	-	4.28
	净利润(万元)	538.35	1801.34	462.05	14137.74
	利润总额(万元)	778.73	2711.51	473.65	18309.78

中山华帝燃具股份有限公司

公司概况	公司名称	中山华帝燃具股份有限公司			证券简称	华帝股份
	法人代表	黄文枝	董秘	吴刚	证券代码	002035
	公司网址	www.vatti.com.cn		电子信箱	wug@vatti.com.cn	
	电　话	0760-22139888*8611		传　真	0760-22139888*8613	
	办公地址	广东省中山市小榄镇工业大道南华园路1号				
	经营范围	生产销售燃气具系列产品、太阳能及类似能源器具、家庭厨房用品等				

主要财务指标	指标\报告期	2013.06.30	2012.12.31	2012.06.30	2011.12.31
	基本每股收益(元)	0.3200	0.6500	0.2600	0.5700
	基本每股收益(扣除)(元)	0.3100	0.6100	0.2340	0.5700
	每股净资产(元)	3.5659	3.4350	2.2800	2.4300
	每股经营现金净流量(元)	0.3824	0.6860	0.7685	0.4512
	每股现金流量(元)	-0.0783	0.4382	0.4739	-0.2746
	每股资本公积金(元)	1.2343	1.2343	0.2673	0.2940
	每股盈余公积金(元)	0.2812	0.2812	0.2577	0.2835
	每股未分配利润(元)	1.0504	0.9194	0.7563	0.8501
	净资产收益率(%)	9.0804	16.1100	11.2300	25.6096
	加权净资产收益率(%)	9.1700	26.8900	11.2600	28.0500
	净资产收益率(扣除)(%)	-	-	-	-
	总资产(万元)	214351.97	196254.94	139772.00	123327.69
	归属母公司股东权益(万元)	102568.24	98801.24	56037.47	54210.37
	主营业务收入(万元)	173848.16	239741.41	114017.88	193055.79
	营业收入(万元)	181512.78	248810.21	117645.16	203868.40
	主营成本(万元)	113194.20	159434.12	74311.89	126029.73
	营业成本(万元)	119704.98	166169.94	77146.56	135561.25
	投资收益(万元)	3.96	-74.85	10.92	3.66
	净利润(万元)	9552.25	16482.56	6561.67	14285.38
	利润总额(万元)	11810.19	19299.86	7908.27	16766.66

宁波宜科科技实业股份有限公司

公司概况	公司名称	宁波宜科科技实业股份有限公司			证券简称	宜科科技
	法人代表	张国君	董秘	穆泓	证券代码	002036
	公司网址	www.yakgroup.com		电子信箱	hrm@yakgroup.com	
	电　话	0574-88251123 8219 8266		传　真	0574-88253567	
	办公地址	浙江省宁波市鄞州大道西段888号				
	经营范围	服装辅料、服饰的研究、开发、制造、加工、服饰、服装辅料技术咨询等				

主要财务指标	指标\报告期	2013.06.30	2012.12.31	2012.06.30	2011.12.31
	基本每股收益(元)	0.0400	0.0700	0.0400	0.0900
	基本每股收益(扣除)(元)	0.0300	0.0500	0.0200	0.0700
	每股净资产(元)	1.6699	1.6354	1.6600	1.6200
	每股经营现金净流量(元)	0.0810	0.1735	0.0389	0.2701
	每股现金流量(元)	-0.1036	0.0579	-0.0346	0.0949
	每股资本公积金(元)	0.0938	0.0938	0.0938	0.0938
	每股盈余公积金(元)	0.1359	0.1359	0.1285	0.1285
	每股未分配利润(元)	0.4402	0.4057	0.4332	0.3983
	净资产收益率(%)	2.4412	4.3254	2.4300	5.3420
	加权净资产收益率(%)	2.4600	4.2700	2.4500	5.4100
	净资产收益率(扣除)(%)	-	-	-	-
	总资产(万元)	71907.29	73514.67	72086.70	73708.15
	归属母公司股东权益(万元)	33773.87	33076.57	33481.87	32776.18
	主营业务收入(万元)	19218.05	38437.69	17710.17	41523.85
	营业收入(万元)	20066.61	39513.53	17971.71	42646.69
	主营成本(万元)	15468.51	31347.70	14573.63	33176.07
	营业成本(万元)	16200.73	32202.68	14775.35	34033.96
	投资收益(万元)	-30.95	-82.67	4.41	70.91
	净利润(万元)	968.78	1601.56	847.54	2793.61
	利润总额(万元)	1302.76	2101.54	1021.28	3439.37

贵州久联民爆器材发展股份有限公司

公司概况	公司名称	贵州久联民爆器材发展股份有限公司			证券简称	久联发展
	法人代表	占必文	董秘	张曦	证券代码	002037
	公司网址	www.jiulianfazhan.com		电子信箱	jiulianfz@163.com	
	电　话	0851-6790686 6751504		传　真	0851-6748121 6790686	
	办公地址	贵州省贵阳市宝山北路213号				
	经营范围	民用爆破器材的研发、生产、销售、爆破工程施工及技术服务等				

主要财务指标	指标\报告期	2013.06.30	2012.12.31	2012.06.30	2011.12.31
	基本每股收益(元)	0.2700	1.0600	0.2700	1.1600
	基本每股收益(扣除)(元)	0.2700	1.0300	0.4500	1.1900
	每股净资产(元)	5.0328	7.8000	7.1900	4.7500
	每股经营现金净流量(元)	-0.7305	-1.2967	-0.6388	0.4721
	每股现金流量(元)	0.0316	0.6005	2.3324	0.4256
	每股资本公积金(元)	1.9000	3.6428	4.3077	0.9958
	每股盈余公积金(元)	0.2879	0.4606	0.4129	0.4129
	每股未分配利润(元)	1.7354	2.5494	2.4532	2.1851
	净资产收益率(%)	5.3061	12.5859	5.5000	24.4040
	加权净资产收益率(%)	5.3300	16.6900	9.4600	27.6400
	净资产收益率(扣除)(%)	-	-	-	-
	总资产(万元)	526685.07	462727.49	367461.59	281408.03
	归属母公司股东权益(万元)	164758.09	159659.63	147171.71	82141.12
	主营业务收入(万元)	141251.28	309194.78	136374.49	241690.28
	营业收入(万元)	141354.35	309864.84	136513.81	242332.96
	主营成本(万元)	100199.39	233395.71	106329.58	173631.63
	营业成本(万元)	100228.94	233613.52	106362.36	174035.40
	投资收益(万元)	62.34	552.15	103.33	238.62
	净利润(万元)	11115.45	25425.99	10139.22	24916.08
	利润总额(万元)	14080.08	32832.47	13487.27	32783.93

北京双鹭药业股份有限公司

公司概况	公司名称	北京双鹭药业股份有限公司			证券简称	双鹭药业
	法人代表	徐明波	董秘	梁淑洁	证券代码	002038
	公司网址	www.slpharm.com.cn		电子信箱	lsj268@vip.sina.com	
	电　　话	010-88627635		传　　真	010-88795883	
	办公地址	北京市海淀区阜石路69号碧桐园1号楼				
	经营范围	生产片剂、硬胶囊剂、颗粒剂、软胶囊剂、滴丸剂、冻干粉针剂等				

主要财务指标	指标\报告期	2013.06.30	2012.12.31	2012.06.30	2011.12.31
	基本每股收益(元)	0.6385	1.2635	0.4881	1.3765
	基本每股收益(扣除)(元)	–	1.2276	0.5682	0.8694
	每股净资产(元)	4.9005	5.3589	4.8800	4.2658
	每股经营现金净流量(元)	0.2511	1.0470	0.4941	0.6005
	每股现金流量(元)	–0.2240	0.2314	–0.1263	0.3333
	每股资本公积金(元)	–0.0179	–0.0213	–0.0241	–0.0514
	每股盈余公积金(元)	0.4136	0.4963	0.3790	0.3790
	每股未分配利润(元)	3.5005	3.8844	3.5238	2.9381
	净资产收益率(%)	13.0302	23.5776	12.0000	32.2260
	加权净资产收益率(%)	13.4400	26.1600	12.8500	37.4600
	净资产收益率(扣除)(%)	–	–	–	–
	总资产(万元)	234553.01	221670.17	199857.63	173614.10
	归属母公司股东权益(万元)	223872.42	204011.84	185732.92	162397.88
	主营业务收入(万元)	54107.37	98085.14	38910.44	59989.15
	营业收入(万元)	54435.70	100701.78	40086.85	62277.22
	主营成本(万元)	–	–	–	14957.21
	营业成本(万元)	17566.13	33030.64	11384.38	15311.45
	投资收益(万元)	1805.75	2643.16	1350.47	22330.18
	净利润(万元)	28892.43	47997.86	22457.04	52439.09
	利润总额(万元)	33662.39	56033.94	26033.51	60445.20

贵州黔源电力股份有限公司

公司概况	公司名称	贵州黔源电力股份有限公司			证券简称	黔源电力
	法人代表	王文琦	董秘	刘明达	证券代码	002039
	公司网址	www.gzqydl.cn		电子信箱	qydl@gzqydl.cn	
	电　　话	0851-5218803　5218942		传　　真	0851-5218925　5218903	
	办公地址	贵州省贵阳市都司高架桥路46号黔源大厦				
	经营范围	开发、经营水、火电站及其他电力工程等				

主要财务指标	指标\报告期	2013.06.30	2012.12.31	2012.06.30	2011.12.31
	基本每股收益(元)	0.4881	1.3765	–0.1252	–0.4142
	基本每股收益(扣除)(元)	0.5682	0.8694	–0.1252	–0.5223
	每股净资产(元)	4.8800	4.2658	7.6437	7.7690
	每股经营现金净流量(元)	0.4941	0.6005	1.2547	4.6480
	每股现金流量(元)	–0.1263	0.3333	–0.4590	–4.1951
	每股资本公积金(元)	–0.0241	–0.0514	6.0167	6.0167
	每股盈余公积金(元)	0.3790	0.3790	0.3587	0.3587
	每股未分配利润(元)	3.5238	2.9381	0.2684	0.3936
	净资产收益率(%)	12.0000	32.2260	–1.6400	–5.3320
	加权净资产收益率(%)	12.8500	37.4600	–1.6300	–5.1600
	净资产收益率(扣除)(%)	–	–	–	–
	总资产(万元)	199857.63	173614.10	1599240.01	1550826.46
	归属母公司股东权益(万元)	185732.92	162397.88	155625.84	158175.66
	主营业务收入(万元)	38910.44	59989.15	61349.95	95874.49
	营业收入(万元)	40086.85	62277.22	62122.96	97687.30
	主营成本(万元)	–	14957.21	27578.80	47469.54
	营业成本(万元)	11384.38	15311.45	27779.28	47806.08
	投资收益(万元)	1350.47	22330.18	–	78.00
	净利润(万元)	22457.04	52439.09	–3603.81	–12052.76
	利润总额(万元)	26033.51	60445.20	–3818.29	–11965.94

南京港股份有限公司

公司概况	公司名称	南京港股份有限公司			证券简称	南京港
	法人代表	章俊	董秘	杨灯富	证券代码	002040
	公司网址	www.nj-port.com		电子信箱	gfgs@nj-port.com	
	电　　话	025-58582085　58582089		传　　真	025-58812758	
	办公地址	江苏省南京市下关区江边路19号				
	经营范围	原油、成品油、液体化工产品的装卸、仓储服务、场地租赁、货物装卸等				

主要财务指标	指标\报告期	2013.06.30	2012.12.31	2012.06.30	2011.12.31
	基本每股收益(元)	0.0651	0.1173	0.0902	0.1501
	基本每股收益(扣除)(元)	–	0.1090	0.0854	0.1504
	每股净资产(元)	2.5145	2.4414	2.4100	2.3500
	每股经营现金净流量(元)	0.0327	0.2035	0.1225	0.0953
	每股现金流量(元)	0.0268	0.0490	–0.0548	0.0887
	每股资本公积金(元)	0.7813	0.7433	0.7433	0.7433
	每股盈余公积金(元)	0.2005	0.1957	0.1937	0.1865
	每股未分配利润(元)	0.5327	0.5025	0.4773	0.4243
	净资产收益率(%)	2.5883	4.8061	3.7300	6.3760
	加权净资产收益率(%)	2.6500	4.8936	3.7600	6.5500
	净资产收益率(扣除)(%)	–	–	–	–
	总资产(万元)	108371.97	104959.47	97608.53	95973.77
	归属母公司股东权益(万元)	61825.41	60028.09	59359.73	57880.70
	主营业务收入(万元)	8536.12	16910.77	8646.05	16135.82
	营业收入(万元)	8609.64	17039.91	8735.72	16306.85
	主营成本(万元)	4399.10	9296.41	4508.45	8715.18
	营业成本(万元)	4399.10	9296.41	4508.45	8715.18
	投资收益(万元)	616.29	1619.74	1303.81	2382.10
	净利润(万元)	1914.70	3316.64	2514.94	4098.35
	利润总额(万元)	2216.67	3688.28	2776.61	4331.32

山东登海种业股份有限公司

公司概况	公司名称	山东登海种业股份有限公司			证券简称	登海种业
	法人代表	毛丽华	董秘	原绍刚	证券代码	002041
	公司网址	www.denghai.com		电子信箱	denghai@denghai.com	
	电　　话	0535-2788889　2788926		传　　真	0535-2788875	
	办公地址	山东省莱州市城山路农科院南邻				
	经营范围	农作物新品种的选育、生产、分装、销售等				

主要财务指标	指标\报告期	2013.06.30	2012.12.31	2012.06.30	2011.12.31
	基本每股收益(元)	0.4356	0.7323	0.1963	0.6597
	基本每股收益(扣除)(元)	0.4250	0.7500	0.1934	0.6656
	每股净资产(元)	4.1791	3.8400	3.3100	3.2100
	每股经营现金净流量(元)	0.3068	1.4889	0.2229	0.3416
	每股现金流量(元)	0.0937	0.9725	–0.1010	0.0161
	每股资本公积金(元)	0.1833	0.1833	0.1833	0.1833
	每股盈余公积金(元)	0.1909	0.1909	0.1648	0.1648
	每股未分配利润(元)	2.8049	2.4693	1.9594	1.8631
	净资产收益率(%)	10.4233	19.0529	5.9400	20.5440
	加权净资产收益率(%)	10.7700	20.8100	5.9600	22.5700
	净资产收益率(扣除)(%)	–	–	–	–
	总资产(万元)	294797.73	294187.05	233782.33	228762.21
	归属母公司股东权益(万元)	147103.29	135290.24	116424.82	113033.51
	主营业务收入(万元)	60927.15	116452.74	31985.03	114505.17
	营业收入(万元)	61063.92	117080.67	32062.39	115298.88
	主营成本(万元)	26514.39	47028.02	14088.29	47438.79
	营业成本(万元)	26670.70	47603.52	14157.71	48259.24
	投资收益(万元)	–	–	–	–
	净利润(万元)	22594.99	42376.37	8953.98	41275.48
	利润总额(万元)	23131.74	43305.38	9459.16	41808.84

华孚色纺股份有限公司

公司概况	公司名称	华孚色纺股份有限公司			证券简称	华孚色纺
	法人代表	孙伟挺	董秘	宋晨凌	证券代码	002042
	公司网址	www.e-huafu.com		电子信箱	hfscl@e-huafu.com	
	电　　话	0755-83735542 83735593		传　　真	0755-83735585	
	办公地址	广东省深圳市福田区滨河大道 5022 号联合广场 B 座 14 楼				
	经营范围	纤维、纱线、面料等纺织品、印染品的制造、进出口贸易等				

主要财务指标	指标\报告期	2013.06.30	2012.12.31	2012.06.30	2011.12.31
	基本每股收益(元)	0.1400	0.1100	0.1400	0.1100
	基本每股收益(扣除)(元)	0.1200	-0.0900	0.1200	-0.0900
	每股净资产(元)	3.7635	3.6323	3.7635	3.6323
	每股经营现金净流量(元)	0.0687	0.5670	0.0687	0.5670
	每股现金流量(元)	-0.2743	-0.5166	-0.2743	-0.5166
	每股资本公积金(元)	1.2031	1.2031	1.2031	1.2031
	每股盈余公积金(元)	0.0935	0.0855	0.0935	0.0855
	每股未分配利润(元)	1.4128	1.3022	1.4128	1.3022
	净资产收益率(%)	3.6815	2.9989	3.6815	2.9989
	加权净资产收益率(%)	3.7500	3.0200	3.7500	3.0200
	净资产收益率(扣除)(%)	-	-	-	-
	总资产(万元)	785481.74	800884.19	785481.74	800884.19
	归属母公司股东权益(万元)	313493.06	302565.57	313493.06	302565.57
	主营业务收入(万元)	324917.14	555428.60	324917.14	555428.60
	营业收入(万元)	331365.42	573242.93	331365.42	573242.93
	主营成本(万元)	284179.57	502998.04	284179.57	502998.04
	营业成本(万元)	286362.98	511511.12	286362.98	511511.12
	投资收益(万元)	1397.64	-1731.49	1397.64	-1731.49
	净利润(万元)	10555.74	9164.74	10555.74	9164.74
	利润总额(万元)	13249.86	15372.45	13249.86	15372.45

德华兔宝宝装饰新材股份有限公司

公司概况	公司名称	德华兔宝宝装饰新材股份有限公司			证券简称	兔 宝 宝
	法人代表	丁鸿敏	董秘	徐俊	证券代码	002043
	公司网址	www.dhwooden.com		电子信箱	dehua_ss@dhwooden.com	
	电　　话	0572-8405322 840563		传　　真	0572-8822225 8405322	
	办公地址	浙江省湖州市德清县武康镇临溪街 588 号				
	经营范围	人造板、装饰贴面板、木质地板、其他木制品及化工产品等				

主要财务指标	指标\报告期	2013.06.30	2012.12.31	2012.06.30	2011.12.31
	基本每股收益(元)	0.0100	0.0700	0.0200	0.0600
	基本每股收益(扣除)(元)	0.0100	0.0500	0.0200	0.0900
	每股净资产(元)	1.5951	1.6115	1.5700	3.2100
	每股经营现金净流量(元)	0.0217	0.2282	0.1038	0.4571
	每股现金流量(元)	-0.0046	0.0250	-0.0359	0.2839
	每股资本公积金(元)	0.1630	0.1630	0.1630	1.3767
	每股盈余公积金(元)	0.0739	0.0739	0.0650	0.1300
	每股未分配利润(元)	0.3601	0.3760	0.3398	0.7107
	净资产收益率(%)	0.8896	4.3145	1.5600	3.2677
	加权净资产收益率(%)	0.8800	4.3600	1.5400	4.0400
	净资产收益率(扣除)(%)	-	-	-	-
	总资产(万元)	94683.68	94671.50	93358.15	98493.76
	归属母公司股东权益(万元)	74973.22	75741.53	73632.55	75550.98
	主营业务收入(万元)	50419.28	106925.12	47199.74	113646.08
	营业收入(万元)	53084.58	112017.88	49335.16	116821.77
	主营成本(万元)	43850.80	91309.13	39909.73	96575.92
	营业成本(万元)	44879.91	93345.09	40379.10	98612.63
	投资收益(万元)	-104.31	-208.62	-104.31	-208.62
	净利润(万元)	658.43	3382.34	1144.42	2831.95
	利润总额(万元)	1130.07	4177.99	1461.67	3149.48

江苏三友集团股份有限公司

公司概况	公司名称	江苏三友集团股份有限公司			证券简称	江苏三友
	法人代表	陆尔穗	董秘	陈坚	证券代码	002044
	公司网址	www.sanyougroup.com		电子信箱	chenjian@sanyougroup.com	
	电　　话	0513-85238163		传　　真	0513-85238129	
	办公地址	江苏省南通市人民东路 218 号				
	经营范围	设计、生产、销售各式服装、服饰及原辅材料、纺织服装类产品的科技开发等				

主要财务指标	指标\报告期	2013.06.30	2012.12.31	2012.06.30	2011.12.31
	基本每股收益(元)	0.0410	0.2700	0.0430	0.2600
	基本每股收益(扣除)(元)	0.0410	0.2700	0.0430	0.2500
	每股净资产(元)	1.6981	1.8600	1.6300	1.6900
	每股经营现金净流量(元)	-0.1920	0.2974	-0.1953	0.2828
	每股现金流量(元)	-0.4934	0.3456	-0.2109	0.0408
	每股资本公积金(元)	0.0028	0.0028	0.0032	0.0032
	每股盈余公积金(元)	0.3615	0.3615	0.2887	0.2887
	每股未分配利润(元)	0.3338	0.4930	0.3396	0.3968
	净资产收益率(%)	2.4006	14.6417	2.6200	15.5590
	加权净资产收益率(%)	2.2100	15.4700	2.5000	16.7100
	净资产收益率(扣除)(%)	-	-	-	-
	总资产(万元)	66159.59	71186.74	57335.77	56644.19
	归属母公司股东权益(万元)	38079.63	41650.49	36586.12	37869.98
	主营业务收入(万元)	24142.61	68694.85	24509.87	76447.37
	营业收入(万元)	24404.54	69121.47	24705.76	77635.91
	主营成本(万元)	20431.30	55167.47	20917.89	63584.19
	营业成本(万元)	20474.81	55243.09	20948.12	64341.94
	投资收益(万元)	-1.40	1.26	2.21	2.88
	净利润(万元)	848.06	5887.77	834.38	5832.48
	利润总额(万元)	1288.96	8108.48	1326.55	7902.03

国光电器股份有限公司

公司概况	公司名称	国光电器股份有限公司			证券简称	国光电器
	法人代表	周海昌	董秘	凌勤	证券代码	002045
	公司网址	www.ggec.com.cn		电子信箱	linda@ggec.com.cn	
	电　　话	020-28609688		传　　真	020-28609396	
	办公地址	广东省广州市花都区新华街镜湖大道 8 号				
	经营范围	研发、生产、销售电子元件、电声器件和音响设备、音箱、电脑配件等				

主要财务指标	指标\报告期	2013.06.30	2012.12.31	2012.06.30	2011.12.31
	基本每股收益(元)	0.0800	-0.4400	-0.3300	0.2100
	基本每股收益(扣除)(元)	0.0600	-0.4200	-0.3200	0.1700
	每股净资产(元)	2.8568	2.8565	2.9700	3.3700
	每股经营现金净流量(元)	0.2426	0.3226	0.0982	0.3952
	每股现金流量(元)	0.1619	-0.1342	0.1423	-0.0068
	每股资本公积金(元)	0.9873	0.9873	0.9871	0.9871
	每股盈余公积金(元)	0.2432	0.2330	0.2330	0.2281
	每股未分配利润(元)	0.6226	0.6302	0.7392	1.1509
	净资产收益率(%)	2.8914	-15.2550	-11.0200	6.2560
	加权净资产收益率(%)	2.9000	-13.9900	-10.1900	6.3900
	净资产收益率(扣除)(%)	-	-	-	-
	总资产(万元)	243499.94	242541.65	254475.45	278872.16
	归属母公司股东权益(万元)	119101.98	119086.87	123613.84	140565.18
	主营业务收入(万元)	79144.93	176697.03	77696.59	210581.30
	营业收入(万元)	81599.73	181732.92	80238.79	215438.64
	主营成本(万元)	63275.79	142513.62	62626.44	170914.82
	营业成本(万元)	64526.46	147825.97	64052.88	175638.23
	投资收益(万元)	72.97	-1227.70	-949.19	1113.43
	净利润(万元)	3259.98	-18708.54	-13875.16	8518.58
	利润总额(万元)	3917.14	-22838.61	-17071.86	9857.30

洛阳轴研科技股份有限公司

公司概况	公司名称	洛阳轴研科技股份有限公司			证券简称	轴研科技
	法人代表	吴宗彦	董秘	俞玮	证券代码	002046
	公司网址	www.zys.com.cn		电子信箱	stock@zys.com.cn	
	电 话	0379-64881139		传 真	0379-64881518	
	办公地址	河南省洛阳市吉林路1号				
	经营范围	研制、生产和销售轴承与轴承单元、光机电一体化产品、机械装备等				

	指标\报告期	2013.06.30	2012.12.31	2012.06.30	2011.12.31
主要财务指标	基本每股收益(元)	0.0800	0.2400	0.1200	0.2700
	基本每股收益(扣除)(元)	0.0200	0.1300	0.0900	0.2100
	每股净资产(元)	3.6558	3.6250	3.5000	5.4900
	每股经营现金净流量(元)	–0.3174	0.0886	–0.0906	0.5092
	每股现金流量(元)	–0.4338	0.6593	0.7956	0.1224
	每股资本公积金(元)	1.4558	1.4558	1.4558	1.9498
	每股盈余公积金(元)	0.1443	0.1443	0.1280	0.3298
	每股未分配利润(元)	1.0542	1.0243	0.9170	2.2120
	净资产收益率(%)	2.1859	6.4141	3.1100	10.7046
	加权净资产收益率(%)	2.1800	7.2500	3.8300	11.3100
	净资产收益率(扣除)(%)	–	–	–	–
	总资产(万元)	199439.19	188844.19	158264.64	118603.26
	归属母公司股东权益(万元)	101853.38	100993.05	97532.75	59359.05
	主营业务收入(万元)	30717.80	65386.70	30725.88	61341.11
	营业收入(万元)	31732.73	66086.39	30877.84	61615.55
	主营成本(万元)	23977.52	49114.32	23080.09	47134.56
	营业成本(万元)	24320.48	50421.40	23137.73	47176.56
	投资收益(万元)	–1.30	98.44	7.06	103.21
	净利润(万元)	2228.02	6557.96	3049.11	6432.75
	利润总额(万元)	2645.29	8008.89	3323.47	7608.44

宁波华翔电子股份有限公司

公司概况	公司名称	宁波华翔电子股份有限公司			证券简称	宁波华翔
	法人代表	周晓峰	董秘	杜坤勇	证券代码	002048
	公司网址	www.nbhx.com.cn		电子信箱	stock-dp@nbhx.com.cn	
	电 话	021-68948127 68949998		传 真	021-68942260 68942221	
	办公地址	上海市浦东新区花木白杨路1160号				
	经营范围	汽车和摩托车零配件、电子产品、模具、仪表仪器的制造、加工等				

	指标\报告期	2013.06.30	2012.12.31	2012.06.30	2011.12.31
主要财务指标	基本每股收益(元)	0.3200	0.4600	0.2400	0.5000
	基本每股收益(扣除)(元)	0.3100	0.3900	0.1700	0.4800
	每股净资产(元)	6.1764	5.0295	4.8900	4.8600
	每股经营现金净流量(元)	0.5194	0.3069	–0.1717	0.5607
	每股现金流量(元)	–0.0677	–0.2937	–0.5504	–0.3122
	每股资本公积金(元)	2.1490	1.2501	1.4853	1.5804
	每股盈余公积金(元)	0.2473	0.2473	0.2129	0.2129
	每股未分配利润(元)	2.8031	2.5370	2.2339	2.0778
	净资产收益率(%)	5.1239	9.4027	4.8300	10.5650
	加权净资产收益率(%)	5.2800	9.2600	4.7500	10.4800
	净资产收益率(扣除)(%)	–	–	–	–
	总资产(万元)	662027.00	523243.32	480900.82	437233.56
	归属母公司股东权益(万元)	327377.97	266589.27	270579.23	268973.26
	主营业务收入(万元)	306461.97	531241.00	229343.92	343569.68
	营业收入(万元)	323360.57	559970.01	243209.43	368243.14
	主营成本(万元)	245507.03	426902.81	183653.61	270775.01
	营业成本(万元)	257341.16	453670.44	194446.63	289575.41
	投资收益(万元)	5478.45	11210.65	5453.65	13143.75
	净利润(万元)	22731.22	31259.99	16042.12	37901.07
	利润总额(万元)	26510.51	36651.08	18649.54	43091.39

深圳成霖洁具股份有限公司

公司概况	公司名称	深圳成霖洁具股份有限公司			证券简称	*ST 成霖
	法人代表	颜国基	董秘	颜国基(代)	证券代码	002047
	公司网址	www.szcl.com.cn		电子信箱	investors@globeunion.com.cn	
	电 话	0755-86022812		传 真	0755-86022813	
	办公地址	广东省深圳市南山区科技园科技南十路航天科技创新研究院A座七楼				
	经营范围	生产经营水龙头、卫浴洁具、厨柜及其配件及生产经营精冲模等				

	指标\报告期	2013.06.30	2012.12.31	2012.06.30	2011.12.31
主要财务指标	基本每股收益(元)	–0.0040	–0.0800	–0.0300	–0.2400
	基本每股收益(扣除)(元)	–0.0040	–0.0900	–0.0300	–0.2400
	每股净资产(元)	1.4416	1.4460	1.5000	1.5300
	每股经营现金净流量(元)	0.0689	–0.0617	–0.0496	–0.0858
	每股现金流量(元)	0.1010	–0.1851	–0.1540	0.0940
	每股资本公积金(元)	0.2309	0.2309	0.2309	0.2309
	每股盈余公积金(元)	0.1548	0.1548	0.1548	0.1548
	每股未分配利润(元)	0.0559	0.0603	0.1169	0.1452
	净资产收益率(%)	–0.3081	–5.8715	–1.8800	–15.4570
	加权净资产收益率(%)	–0.3100	–5.7000	–1.8700	–14.3500
	净资产收益率(扣除)(%)	–	–	–	–
	总资产(万元)	106534.67	106617.44	121826.74	116578.32
	归属母公司股东权益(万元)	65400.07	65601.59	68169.86	69453.42
	主营业务收入(万元)	65232.77	141502.23	67052.72	133895.40
	营业收入(万元)	65459.74	142139.92	67391.07	134490.09
	主营成本(万元)	54190.82	120732.11	58004.31	118528.21
	营业成本(万元)	54326.10	121235.49	58183.53	118940.76
	投资收益(万元)	–36.47	231.26	120.21	–133.06
	净利润(万元)	–1371.69	–7795.50	–2616.10	–13065.91
	利润总额(万元)	–1359.87	–7740.55	–2853.95	–14320.57

同方国芯电子股份有限公司

公司概况	公司名称	同方国芯电子股份有限公司			证券简称	同方国芯
	法人代表	陆致成	董秘	杜林虎	证券代码	002049
	公司网址	www.jingyuan.com		电子信箱	dulinhu@thtf.com.cn	
	电 话	0315-6198161 6198181		传 真	0315-6198179	
	办公地址	河北省唐山市玉田县无终西街3129号				
	经营范围	压电石英晶体元器件的开发、生产和销售等				

	指标\报告期	2013.06.30	2012.12.31	2012.06.30	2011.12.31
主要财务指标	基本每股收益(元)	0.3676	0.5844	0.2025	0.4278
	基本每股收益(扣除)(元)	0.2544	0.5306	0.2640	0.2159
	每股净资产(元)	7.2180	6.6810	4.4146	7.7100
	每股经营现金净流量(元	–0.0927	0.4199	0.0965	1.4947
	每股现金流量(元)	–0.3631	0.7302	–0.2275	0.9520
	每股资本公积金(元)	3.0544	2.7214	0.3343	1.4561
	每股盈余公积金(元)	0.1160	0.1186	0.1158	0.2074
	每股未分配利润(元)	3.0475	2.8409	2.9644	5.0460
	净资产收益率(%)	5.0565	7.1213	4.5900	9.9373
	加权净资产收益率(%)	5.2400	12.8900	4.6300	10.3900
	净资产收益率(扣除)(%)	–	–	–	–
	总资产(万元)	281981.57	272515.30	142239.83	132964.11
	归属母公司股东权益(万元)	218999.34	198385.17	106723.50	104077.92
	主营业务收入(万元)	38621.89	58153.35	27326.34	62686.37
	营业收入(万元)	38797.38	58456.28	27454.29	62998.12
	主营成本(万元)	25071.90	41848.35	19969.29	44718.85
	营业成本(万元)	25115.93	41873.17	19975.96	44842.27
	投资收益(万元)	–25.04	–21.14	–7.29	9.44
	净利润(万元)	11182.69	14217.19	4933.87	10448.95
	利润总额(万元)	13090.33	15869.21	5808.66	12253.25

浙江三花股份有限公司

公司概况	公司名称	浙江三花股份有限公司			证券简称	三花股份
	法人代表	张亚波	董秘	刘斐	证券代码	002050
	公司网址	www.zjshc.com		电子信箱	shc@zjshc.com	
	电　　话	0571-28020008 0575-86255360		传　　真	0571-28876605 0575-86255786	
	办公地址	浙江省绍兴市新昌县七星街道下礼泉				
	经营范围	截止阀、电子膨胀阀、排水泵、电磁阀、单向阀、压缩机、压力管道元件等				

主要财务指标	指标\报告期	2013.06.30	2012.12.31	2012.06.30	2011.12.31
	基本每股收益(元)	0.3200	0.4600	0.3100	0.6200
	基本每股收益(扣除)(元)	0.3300	0.3800	0.3000	1.1700
	每股净资产(元)	5.0682	4.8664	4.6800	9.1584
	每股经营现金净流量(元)	0.0357	0.5255	0.0528	1.6263
	每股现金流量(元)	-0.1561	-1.2064	-0.7184	0.1725
	每股资本公积金(元)	1.8801	1.8803	1.8269	4.5736
	每股盈余公积金(元)	0.2268	0.2268	0.2135	0.4271
	每股未分配利润(元)	2.0051	1.7869	1.6586	3.1880
	净资产收益率(%)	6.2784	9.3737	6.7200	13.4350
	加权净资产收益率(%)	6.3600	9.7400	6.7300	14.0500
	净资产收益率(扣除)(%)	-	-	-	-
	总资产(万元)	635913.70	493496.14	485706.07	483715.77
	归属母公司股东权益(万元)	301423.63	289420.75	278390.14	272343.14
	主营业务收入(万元)	251229.38	334586.48	181085.99	377557.56
	营业收入(万元)	269615.19	382634.62	211600.47	418689.42
	主营成本(万元)	182892.11	241155.74	132674.67	278948.95
	营业成本(万元)	201766.06	288701.29	160837.70	320027.02
	投资收益(万元)	-579.44	1942.88	1209.04	-2571.84
	净利润(万元)	18941.37	28454.46	20137.82	43541.21
	利润总额(万元)	23300.65	35527.45	24983.48	53422.73

中工国际工程股份有限公司

公司概况	公司名称	中工国际工程股份有限公司			证券简称	中工国际
	法人代表	罗艳	董秘	张春燕	证券代码	002051
	公司网址	www.camce.com.cn		电子信箱	002051@camce.cn	
	电　　话	010-82688606 82688653		传　　真	010-82688507 82688655	
	办公地址	北京市海淀区丹棱街3号				
	经营范围	国际工程承包、核心内容为成套设备及技术出口等				

主要财务指标	指标\报告期	2013.06.30	2012.12.31	2012.06.30	2011.12.31
	基本每股收益(元)	0.5400	1.1100	0.4700	0.8100
	基本每股收益(扣除)(元)	0.5400	1.1000	0.4700	0.8100
	每股净资产(元)	6.7839	6.6500	4.5400	5.7100
	每股经营现金净流量(元)	1.5584	1.4334	1.0427	11.6332
	每股现金流量(元)	0.9720	0.6821	0.1064	12.3797
	每股资本公积金(元)	2.7539	2.7717	0.9974	1.2967
	每股盈余公积金(元)	0.5251	0.5251	0.4744	0.6168
	每股未分配利润(元)	2.6366	2.3947	2.1334	2.8142
	净资产收益率(%)	7.9877	14.9783	10.3200	18.3930
	加权净资产收益率(%)	7.8300	23.0200	10.2100	19.9900
	净资产收益率(扣除)(%)	-	-	-	-
	总资产(万元)	1668031.33	1719867.61	1405449.11	1192171.58
	归属母公司股东权益(万元)	432269.26	423923.94	260092.95	251800.39
	主营业务收入(万元)	384423.54	1014859.55	436786.67	716379.57
	营业收入(万元)	384715.03	1015442.94	437213.17	717515.57
	主营成本(万元)	323386.35	869624.40	385444.96	625629.23
	营业成本(万元)	323386.35	869703.85	385447.94	625751.10
	投资收益(万元)	1185.50	2724.09	398.13	6319.83
	净利润(万元)	35244.26	67631.20	27898.28	46945.60
	利润总额(万元)	37147.35	85347.02	33670.19	57696.80

深圳市同洲电子股份有限公司

公司概况	公司名称	深圳市同洲电子股份有限公司			证券简称	同洲电子
	法人代表	袁明	董秘	叶欣	证券代码	002052
	公司网址	www.coship.com		电子信箱	coship@coship.com	
	电　　话	0755-26525099 26999270		传　　真	0755-26722666	
	办公地址	广东省深圳市南山区高新区北区第五工业区彩虹科技大楼A6楼				
	经营范围	电子产品、计算机软、硬件及其应用网络产品、自动化控制设备等				

主要财务指标	指标\报告期	2013.06.30	2012.12.31	2012.06.30	2011.12.31
	基本每股收益(元)	0.0500	0.5700	0.0200	0.0700
	基本每股收益(扣除)(元)	0.0200	0.4700	0.0400	-0.0800
	每股净资产(元)	1.9370	3.8707	3.3300	3.2997
	每股经营现金净流量(元)	-0.2005	0.6545	0.3358	-0.1178
	每股现金流量(元)	-0.0775	-0.7021	-0.3610	-0.5723
	每股资本公积金(元)	0.4881	1.4763	1.4711	1.4711
	每股盈余公积金(元)	0.1043	0.2086	0.1079	0.1079
	每股未分配利润(元)	0.3446	1.1859	0.7540	0.7207
	净资产收益率(%)	2.6667	14.6193	1.3800	1.9914
	加权净资产收益率(%)	2.6300	15.7900	1.3800	2.0200
	净资产收益率(扣除)(%)	-	-	-	-
	总资产(万元)	325891.95	318766.74	293900.79	298639.37
	归属母公司股东权益(万元)	132290.63	132177.63	113818.38	112679.22
	主营业务收入(万元)	88463.42	205189.20	70173.24	193015.25
	营业收入(万元)	90640.64	210643.75	71858.17	201438.71
	主营成本(万元)	66541.58	148960.41	50229.78	149873.36
	营业成本(万元)	68460.75	152462.49	50921.72	154773.17
	投资收益(万元)	-	1110.43	-133.46	1515.24
	净利润(万元)	3526.55	19323.41	1559.30	2243.84
	利润总额(万元)	3526.55	15199.21	1849.05	2734.64

云南盐化股份有限公司

公司概况	公司名称	云南盐化股份有限公司			证券简称	云南盐化
	法人代表	吕庆胜	董秘	李政良	证券代码	002053
	公司网址	www.ynyh.com		电子信箱	ynyh@email.ynyh.com	
	电　　话	0871-3127429 3126346		传　　真	0871-3126346	
	办公地址	云南省昆明市官渡区春城路276号				
	经营范围	盐及其系列产品的开发、加工和销售、氯碱化工及其系列产品等				

主要财务指标	指标\报告期	2013.06.30	2012.12.31	2012.06.30	2011.12.31
	基本每股收益(元)	-0.1240	-0.8901	-0.4390	0.1180
	基本每股收益(扣除)(元)	-0.1380	-0.8692	-0.4400	0.1220
	每股净资产(元)	4.2772	4.3945	4.8250	5.3170
	每股经营现金净流量(元)	0.3385	0.8571	0.4246	1.2398
	每股现金流量(元)	0.0101	-0.3507	-0.5147	0.5517
	每股资本公积金(元)	2.8889	2.8889	2.8771	2.8771
	每股盈余公积金(元)	0.3735	0.3735	0.3735	0.3735
	每股未分配利润(元)	-0.0076	0.1164	0.5678	1.0565
	净资产收益率(%)	-2.8970	-20.2556	-9.0900	2.2280
	加权净资产收益率(%)	-2.8600	-18.3500	-8.6000	2.2500
	净资产收益率(扣除)(%)	-	-	-	-
	总资产(万元)	343658.27	327898.74	303325.19	277767.26
	归属母公司股东权益(万元)	79492.84	81673.05	89669.75	98819.56
	主营业务收入(万元)	69818.76	142437.37	63317.90	158332.94
	营业收入(万元)	80163.84	147204.05	65314.00	163164.79
	主营成本(万元)	52107.06	116724.93	50983.33	119557.28
	营业成本(万元)	61809.60	119908.56	52552.56	123318.85
	投资收益(万元)	-59.87	-53.63	79.47	-65.96
	净利润(万元)	-4267.71	-18705.23	-8951.01	307.91
	利润总额(万元)	-4239.64	-21024.11	-8951.13	1240.08

广东德美精细化工股份有限公司

公司概况	公司名称	广东德美精细化工股份有限公司		证券简称	德美化工
	法人代表	黄冠雄	董秘 朱闽翀	证券代码	002054
	公司网址	www.dymatic.com		电子信箱	zhumc@dymatic.com
	电话	0757-28399088 28397912		传真	0757-28803001
	办公地址	广东省佛山市顺德区容桂广珠公路海尾路段			
	经营范围	开发、生产、销售:纺织、印染、造纸助剂、印刷助剂、涂料等			

主要财务指标	指标\报告期	2013.06.30	2012.12.31	2012.06.30	2011.12.31
	基本每股收益(元)	0.1800	0.3400	0.1200	0.4600
	基本每股收益(扣除)(元)	0.1800	0.3300	0.1100	0.2100
	每股净资产(元)	4.5717	4.4970	4.2700	4.0700
	每股经营现金净流量(元)	0.2276	0.6005	0.3270	-0.0514
	每股现金流量(元)	0.0957	0.1542	0.1326	0.0548
	每股资本公积金(元)	0.4247	0.4247	0.4228	0.1943
	每股盈余公积金(元)	0.3150	0.3150	0.2935	0.2984
	每股未分配利润(元)	2.8320	2.7573	2.5548	2.5915
	净资产收益率(%)	4.0408	7.4820	2.6300	11.0840
	加权净资产收益率(%)	4.0300	7.9000	2.7600	11.3800
	净资产收益率(扣除)(%)	-	-	-	-
	总资产(万元)	217956.76	211393.54	204922.22	200855.30
	归属母公司股东权益(万元)	147634.63	145221.30	137925.86	129161.89
	主营业务收入(万元)	57517.60	110009.05	52609.21	103317.44
	营业收入(万元)	57616.77	110621.34	52829.41	103921.07
	主营成本(万元)	35634.04	69698.97	33705.73	69788.19
	营业成本(万元)	35636.90	69990.27	33719.56	70048.06
	投资收益(万元)	1490.67	1997.93	-394.49	11065.53
	净利润(万元)	7919.06	14551.62	5414.01	17415.25
	利润总额(万元)	9707.32	17559.92	6794.52	21471.49

深圳市得润电子股份有限公司

公司概况	公司名称	深圳市得润电子股份有限公司		证券简称	得润电子
	法人代表	邱建民	董秘 王少华	证券代码	002055
	公司网址	www.deren.com.cn		电子信箱	002055@deren.com.cn
	电话	0755-89492166		传真	0755-89492167
	办公地址	广东省深圳市光明新区光明街道三十三路9号得润电子工业园			
	经营范围	生产经营电子连接器、光连接器、汽车连接器及线束、电子元器件等			

主要财务指标	指标\报告期	2013.06.30	2012.12.31	2012.06.30	2011.12.31
	基本每股收益(元)	0.1267	0.2487	0.1055	0.2838
	基本每股收益(扣除)(元)	0.1048	0.2060	0.1028	0.2739
	每股净资产(元)	2.9222	2.9498	2.6901	5.2664
	每股经营现金净流量(元)	-0.0120	0.2691	0.1483	-0.1893
	每股现金流量(元)	-0.0937	-0.1230	-0.2635	0.9570
	每股资本公积金(元)	0.9602	0.9493	0.9311	2.8590
	每股盈余公积金(元)	0.0590	0.0590	0.0490	0.0981
	每股未分配利润(元)	0.9085	0.8318	0.7084	1.3037
	净资产收益率(%)	4.3346	8.6869	3.9603	10.7780
	加权净资产收益率(%)	4.2400	9.0100	3.9700	12.7200
	净资产收益率(扣除)(%)	-	-	-	-
	总资产(万元)	250430.53	236553.62	200020.57	207439.19
	归属母公司股东权益(万元)	121130.76	117512.76	110412.73	108076.71
	主营业务收入(万元)	85556.02	154416.70	66246.71	148070.43
	营业收入(万元)	86216.72	155393.47	66850.57	150984.61
	主营成本(万元)	69648.13	126421.84	54367.84	121735.59
	营业成本(万元)	69735.59	126851.80	54700.89	122031.51
	投资收益(万元)	-	-	-	-
	净利润(万元)	5293.93	10549.77	4460.24	12059.54
	利润总额(万元)	6091.97	12272.44	4681.64	14428.40

横店集团东磁股份有限公司

公司概况	公司名称	横店集团东磁股份有限公司		证券简称	横店东磁
	法人代表	何时金	董秘 吴雪萍	证券代码	002056
	公司网址	www.chinadmegc.com		电子信箱	gfgs@dmegc.com.cn
	电话	0579-86551999		传真	0579-86555328
	办公地址	浙江省东阳市横店工业区			
	经营范围	磁性器材、电池、电子产品的生产、销售等			

主要财务指标	指标\报告期	2013.06.30	2012.12.31	2012.06.30	2011.12.31
	基本每股收益(元)	0.2800	-0.5300	0.1600	0.1800
	基本每股收益(扣除)(元)	0.2500	-0.5800	0.1400	0.1600
	每股净资产(元)	6.7722	6.4956	7.2000	7.1200
	每股经营现金净流量(元)	0.6728	0.8098	0.4607	0.5746
	每股现金流量(元)	-0.0081	-0.2212	0.5919	-0.5887
	每股资本公积金(元)	3.3725	3.3725	3.3725	3.5302
	每股盈余公积金(元)	0.4335	0.4335	0.4335	0.4182
	每股未分配利润(元)	1.9685	1.6908	2.3886	2.1682
	净资产收益率(%)	4.1001	-8.2592	2.2400	2.4700
	加权净资产收益率(%)	4.1900	-7.8300	2.2100	2.5500
	净资产收益率(扣除)(%)	-	-	-	-
	总资产(万元)	428346.06	423323.24	449428.32	412816.16
	归属母公司股东权益(万元)	278269.38	266903.03	295647.42	303109.83
	主营业务收入(万元)	140216.65	283244.98	152832.34	346005.46
	营业收入(万元)	144923.50	291028.97	160746.50	352184.96
	主营成本(万元)	97736.20	215641.94	120322.35	269145.38
	营业成本(万元)	100874.70	220710.61	127193.13	272955.70
	投资收益(万元)	313.98	1096.57	-	-0.81
	净利润(万元)	11321.74	-21801.03	6782.65	9052.36
	利润总额(万元)	13380.96	-20175.73	8506.97	13518.23

中钢集团安徽天源科技股份有限公司

公司概况	公司名称	中钢集团安徽天源科技股份有限公司		证券简称	中钢天源
	法人代表	洪石笙	董秘 章超	证券代码	002057
	公司网址	www.ty-magnet.com		电子信箱	zhangchao214@126.com
	电话	0555-5200209		传真	0555-5200222
	办公地址	安徽省马鞍山市经济技术开发区红旗南路51号			
	经营范围	磁性材料、磁器件、磁分离设备、过滤脱水设备、环保设备等			

主要财务指标	指标\报告期	2013.06.30	2012.12.31	2012.06.30	2011.12.31
	基本每股收益(元)	0.0600	-0.3654	0.0100	0.1300
	基本每股收益(扣除)(元)	0.0200	-0.4431	-0.0600	0.0800
	每股净资产(元)	4.6521	4.5900	4.9500	3.0500
	每股经营现金净流量(元)	-0.1486	0.0404	-0.1436	0.2494
	每股现金流量(元)	-0.3824	1.6325	1.7614	-0.0740
	每股资本公积金(元)	3.2523	3.2523	3.2523	1.2306
	每股盈余公积金(元)	0.1275	0.1275	0.1275	0.1513
	每股未分配利润(元)	0.2723	0.2137	0.5708	0.6646
	净资产收益率(%)	1.2589	-7.5372	0.2200	4.1560
	加权净资产收益率(%)	1.2700	-8.7100	0.3200	4.2400
	净资产收益率(扣除)(%)	-	-	-	-
	总资产(万元)	61256.18	63831.82	68328.86	49234.43
	归属母公司股东权益(万元)	46377.25	45793.41	49352.89	25590.90
	主营业务收入(万元)	15517.38	35317.16	21030.21	60941.47
	营业收入(万元)	15541.07	36797.30	21219.66	61421.08
	主营成本(万元)	13068.30	32111.86	18944.49	54018.61
	营业成本(万元)	13148.30	33447.37	19198.09	54550.13
	投资收益(万元)	-	175.30	-	-
	净利润(万元)	581.92	-3470.80	101.37	1060.81
	利润总额(万元)	706.31	-3553.57	25.06	1289.29

上海威尔泰工业自动化股份有限公司

公司概况	公司名称	上海威尔泰工业自动化股份有限公司			证券简称	威尔泰
	法人代表	李彧	董秘	殷骏	证券代码	002058
	公司网址	www.welltech.com.cn		电子信箱	dm@welltech.com.cn	
	电　话	021-64656465		传　真	021-64659671	
	办公地址	上海市闵行区虹中路 263 号 1 幢				
	经营范围	仪表仪器、传感器的制造、自动化控制系统集成、设备成套、电气成套等				

主要财务指标	指标\报告期	2013.06.30	2012.12.31	2012.06.30	2011.12.31
	基本每股收益(元)	-0.0040	0.0400	-0.0060	0.1100
	基本每股收益(扣除)(元)	-0.0080	0.0200	-0.0060	0.1100
	每股净资产(元)	1.3025	1.5428	1.4900	1.5500
	每股经营现金净流量(元)	0.0099	-0.0187	-0.0627	0.0607
	每股现金流量(元)	-0.0096	-0.2159	-0.1426	-0.0142
	每股资本公积金(元)	0.0027	0.1531	0.1531	0.1531
	每股盈余公积金(元)	0.1022	0.1176	0.1142	0.1142
	每股未分配利润(元)	0.1976	0.2721	0.2268	0.2842
	净资产收益率(%)	-0.3258	2.6744	-0.5000	6.8682
	加权净资产收益率(%)	-0.3200	2.6700	-0.4800	7.0700
	净资产收益率(扣除)(%)	-	-	-	-
	总资产(万元)	23659.86	24047.52	24499.07	25495.70
	归属母公司股东权益(万元)	18684.30	19244.12	18636.40	19353.14
	主营业务收入(万元)	5314.03	12509.57	5361.73	13054.04
	营业收入(万元)	5396.99	12509.57	5456.63	13264.42
	主营成本(万元)	3391.56	7525.29	3302.25	7279.01
	营业成本(万元)	3417.71	7525.29	3362.19	7427.55
	投资收益(万元)	-	-	-	-
	净利润(万元)	-89.40	496.26	-78.14	1373.73
	利润总额(万元)	-20.26	699.63	20.72	1605.42

云南旅游股份有限公司

公司概况	公司名称	云南旅游股份有限公司			证券简称	云南旅游
	法人代表	王冲	董秘	毛新礼	证券代码	002059
	公司网址	www.expo99km.com		电子信箱	mxl.expo99@163.com	
	电　话	0871-5012059 5012363		传　真	0871-5012227	
	办公地址	云南省昆明市世博路 10 号云南旅游股份有限公司办公楼				
	经营范围	景点投资、经营及管理、园林园艺产品展示、旅游房地产投资等				

主要财务指标	指标\报告期	2013.06.30	2012.12.31	2012.06.30	2011.12.31
	基本每股收益(元)	0.0414	0.1133	0.0161	0.0790
	基本每股收益(扣除)(元)	0.0401	0.1132	0.0153	0.0817
	每股净资产(元)	2.7221	2.7301	2.6278	2.6700
	每股经营现金净流量(元)	-0.1406	0.4449	0.1870	-0.0633
	每股现金流量(元)	-0.8221	0.5509	0.0440	-0.3283
	每股资本公积金(元)	0.9660	0.9654	0.9594	0.9668
	每股盈余公积金(元)	0.3464	0.3464	0.3424	0.3424
	每股未分配利润(元)	0.4097	0.4183	0.3260	0.3601
	净资产收益率(%)	1.5208	4.1508	0.6133	2.9610
	加权净资产收益率(%)	1.5000	4.2000	0.6100	3.0000
	净资产收益率(扣除)(%)	-	-	-	-
	总资产(万元)	119627.38	116617.44	112416.59	107764.02
	归属母公司股东权益(万元)	58525.04	58696.72	56497.87	57390.68
	主营业务收入(万元)	14774.12	44841.17	20400.00	32948.93
	营业收入(万元)	16151.16	46166.31	20893.91	34106.78
	主营成本(万元)	9855.52	31409.30	17402.95	21730.48
	营业成本(万元)	10260.11	32250.84	4660.03	22328.63
	投资收益(万元)	-	19.60	-	16.64
	净利润(万元)	733.19	3697.11	207.56	3229.23
	利润总额(万元)	1108.99	4680.46	195.06	3922.05

广东水电二局股份有限公司

公司概况	公司名称	广东水电二局股份有限公司			证券简称	粤水电
	法人代表	张远方	董秘	林广喜	证券代码	002060
	公司网址	www.gdsdej.com		电子信箱	liu6204@vip.163.com	
	电　话	020-61776666 61773123		传　真	020-82607092 82607169	
	办公地址	广东省增城市新塘镇港口大道 312 号				
	经营范围	水利水电工程、公路工程、市政工程、房屋建筑工程、机电安装工程等				

主要财务指标	指标\报告期	2013.06.30	2012.12.31	2012.06.30	2011.12.31
	基本每股收益(元)	0.0644	0.1138	0.0700	0.1622
	基本每股收益(扣除)(元)	0.0600	0.1143	0.0700	0.1580
	每股净资产(元)	3.9885	4.7386	4.6900	5.5700
	每股经营现金净流量(元)	-0.1463	-0.2101	-0.8415	0.2628
	每股现金流量(元)	-0.4818	-0.0914	-0.6656	0.2834
	每股资本公积金(元)	2.0778	2.6933	2.6813	3.4175
	每股盈余公积金(元)	0.1313	0.1575	0.1536	0.1844
	每股未分配利润(元)	0.7869	0.8870	0.8477	0.9626
	净资产收益率(%)	1.6139	2.4009	1.5000	3.0440
	加权净资产收益率(%)	1.6200	2.4200	1.5100	4.1800
	净资产收益率(扣除)(%)	-	-	-	-
	总资产(万元)	1016516.84	985293.29	863772.88	820748.63
	归属母公司股东权益(万元)	240298.76	237907.65	235435.93	233154.99
	主营业务收入(万元)	247196.66	449934.38	216290.63	401576.80
	营业收入(万元)	247407.65	451206.39	216418.42	402393.65
	主营成本(万元)	219548.32	404812.96	195194.50	363232.00
	营业成本(万元)	219586.44	404880.39	195241.81	363300.93
	投资收益(万元)	10.23	765.05	388.15	841.45
	净利润(万元)	3915.91	5750.90	3526.61	7072.12
	利润总额(万元)	4477.44	7225.97	4749.97	7714.54

浙江江山化工股份有限公司

公司概况	公司名称	浙江江山化工股份有限公司			证券简称	江山化工
	法人代表	帅长斌	董秘	雷逢辰	证券代码	002061
	公司网址	www.jiangshanchem.com		电子信箱	zjjshgstock@sina.com	
	电　话	0570-4057919		传　真	0570-4057346	
	办公地址	浙江省衢州市江山市景星东路 38 号				
	经营范围	从事化工的开发、生产和销售等				

主要财务指标	指标\报告期	2013.06.30	2012.12.31	2012.06.30	2011.12.31
	基本每股收益(元)	0.0680	0.5100	0.1800	0.0500
	基本每股收益(扣除)(元)	0.0600	0.0900	-0.0140	0.1900
	每股净资产(元)	3.5355	4.3049	4.1200	3.8000
	每股经营现金净流量(元)	0.1926	0.2291	0.2330	1.7825
	每股现金流量(元)	-0.0148	0.7380	1.1470	0.4227
	每股资本公积金(元)	1.8730	1.6496	1.6496	1.6496
	每股盈余公积金(元)	0.3385	0.8432	0.8275	0.8275
	每股未分配利润(元)	0.3240	0.8104	0.6432	0.3144
	净资产收益率(%)	1.8459	11.8874	7.9800	1.4350
	加权净资产收益率(%)	2.1500	12.6300	8.3000	1.4500
	净资产收益率(扣除)(%)	-	-	-	-
	总资产(万元)	249169.30	214172.70	162727.26	192534.28
	归属母公司股东权益(万元)	123269.84	60260.64	57675.91	53172.08
	主营业务收入(万元)	69346.24	162475.57	80169.38	178135.40
	营业收入(万元)	69814.14	176552.21	80657.05	179327.32
	主营成本(万元)	59614.14	143364.29	72355.43	156356.17
	营业成本(万元)	59832.76	156891.38	72588.21	156655.11
	投资收益(万元)	-	4692.70	4688.71	26.56
	净利润(万元)	2259.40	5971.32	3445.39	-4965.20
	利润总额(万元)	2849.67	6080.81	3487.29	-3678.48

宏润建设集团股份有限公司

公司概况					
公司名称	宏润建设集团股份有限公司			证券简称	宏润建设
法人代表	郑宏舫	董秘	赵余夫	证券代码	002062
公司网址	www.chinahongrun.com		电子信箱	hrir@chinahongrun.com	
电　话	021-54976006 54976007		传　真	021-54976008	
办公地址	上海市徐汇区龙漕路200弄28号宏润大厦				
经营范围	市政公用工程、房屋建筑工程、城市轨道交通工程施工和房地产开发等				

主要财务指标：指标\报告期	2013.06.30	2012.12.31	2012.06.30	2011.12.31
基本每股收益(元)	0.1400	0.2300	0.1100	0.2500
基本每股收益(扣除)(元)	0.1400	0.2200	0.1000	0.2400
每股净资产(元)	3.4816	3.4400	3.3200	4.1300
每股经营现金净流量(元)	-0.1967	-0.5782	-1.1166	1.0236
每股现金流量(元)	0.5191	0.5053	0.5043	0.6041
每股资本公积金(元)	0.0768	0.0749	0.0759	0.3468
每股盈余公积金(元)	0.3763	0.3763	0.3666	0.4583
每股未分配利润(元)	1.9692	1.9329	1.8287	2.2459
净资产收益率(%)	3.9173	6.8012	3.3700	7.6271
加权净资产收益率(%)	3.9000	6.8000	3.4300	7.7100
净资产收益率(扣除)(%)	-	-	-	-
总资产(万元)	1164571.03	1134072.17	1031767.25	928622.37
归属母公司股东权益(万元)	195841.47	193726.47	186957.89	185693.99
主营业务收入(万元)	319886.47	682480.08	271700.16	611209.74
营业收入(万元)	319886.47	682480.08	271700.16	611209.74
主营成本(万元)	280710.65	682480.08	241359.67	547044.71
营业成本(万元)	280710.65	613978.41	241359.67	547044.71
投资收益(万元)	42.00	42.00	42.00	1794.98
净利润(万元)	7400.37	10373.92	4647.51	12686.63
利润总额(万元)	9819.82	13627.44	7598.73	19450.10

远光软件股份有限公司

公司概况					
公司名称	远光软件股份有限公司			证券简称	远光软件
法人代表	陈利浩	董秘	朱安	证券代码	002063
公司网址	www.ygsoft.com		电子信箱	ygstock@ygsoft.com	
电　话	0756-6298628 3399888		传　真	0756-6298628 3399666	
办公地址	广东省珠海市港湾大道科技一路3号				
经营范围	计算机软件的开发和销售、计算机软硬件系统集成、计算机技术咨询服务				

主要财务指标：指标\报告期	2013.06.30	2012.12.31	2012.06.30	2011.12.31
基本每股收益(元)	0.3008	0.6516	0.2552	0.4832
基本每股收益(扣除)(元)	-	0.6111	0.2380	0.4621
每股净资产(元)	3.2761	2.7950	2.3400	2.8700
每股经营现金净流量(元)	-0.3606	0.6488	-0.2443	0.3348
每股现金流量(元)	-0.2476	0.5938	-0.4579	0.0371
每股资本公积金(元)	0.5992	0.3599	0.2991	0.3282
每股盈余公积金(元)	0.2454	0.2557	0.1913	0.2506
每股未分配利润(元)	1.4315	1.1793	0.8514	1.3048
净资产收益率(%)	9.1446	23.2510	10.9000	21.7110
加权净资产收益率(%)	9.7400	26.3500	11.0800	25.0100
净资产收益率(扣除)(%)	-	-	-	-
总资产(万元)	161237.20	137998.94	112756.86	110413.66
归属母公司股东权益(万元)	151274.99	123867.57	103481.20	97536.58
主营业务收入(万元)	42539.17	77978.05	35961.57	64241.06
营业收入(万元)	42539.17	77978.05	35961.57	64241.06
主营成本(万元)	10014.49	17924.09	9225.52	14710.63
营业成本(万元)	10014.49	17924.09	9225.52	14710.63
投资收益(万元)	1642.68	4094.89	1501.92	1609.28
净利润(万元)	13833.52	28800.44	11279.04	21156.00
利润总额(万元)	15393.67	31580.44	13350.02	23360.68

浙江华峰氨纶股份有限公司

公司概况					
公司名称	浙江华峰氨纶股份有限公司			证券简称	华峰氨纶
法人代表	杨从登	董秘	陈章良	证券代码	002064
公司网址	www.spandex.com.cn		电子信箱	huafeng@spandex.com.cn	
电　话	0577-65178053		传　真	0577-65537858	
办公地址	浙江省瑞安经济开发区开发区大道1788号				
经营范围	氨纶纤维的加工制造、销售及技术研发				

主要财务指标：指标\报告期	2013.06.30	2012.12.31	2012.06.30	2011.12.31
基本每股收益(元)	0.1100	0.0200	-0.0400	0.0700
基本每股收益(扣除)(元)	0.1000	-0.0300	-0.0500	0.0600
每股净资产(元)	2.2526	2.2500	2.1800	2.2200
每股经营现金净流量(元)	0.2626	0.1284	0.0676	0.3603
每股现金流量(元)	-0.0280	0.0427	0.0305	-0.0013
每股资本公积金(元)	0.0106	0.0106	0.0106	0.0106
每股盈余公积金(元)	0.2355	0.2355	0.2355	0.2355
每股未分配利润(元)	1.0066	0.9980	0.9315	0.9731
净资产收益率(%)	4.8224	1.1106	-1.9100	3.0990
加权净资产收益率(%)	4.7300	1.1200	-1.8900	3.0700
净资产收益率(扣除)(%)	-	-	-	-
总资产(万元)	242865.07	242557.22	221848.54	214271.94
归属母公司股东权益(万元)	166335.50	165698.08	160785.55	163857.79
主营业务收入(万元)	113535.96	172346.38	76249.76	141002.99
营业收入(万元)	113838.44	172731.38	76418.83	141412.54
主营成本(万元)	94441.42	155407.69	70879.91	119961.55
营业成本(万元)	94515.23	155471.16	70900.59	120093.80
投资收益(万元)	-	-	-	-
净利润(万元)	8021.41	1840.29	-3072.24	5078.62
利润总额(万元)	9051.20	2649.76	-3099.65	5641.89

东华软件股份公司

公司概况					
公司名称	东华软件股份公司			证券简称	东华软件
法人代表	薛向东	董秘	杨健	证券代码	002065
公司网址	www.dhcc.com.cn		电子信箱	strongyang@dhcc.com.cn	
电　话	010-62662188		传　真	010-62662299	
办公地址	北京市海淀区紫金数码园3号楼16层				
经营范围	技术研发、技术咨询、技术服务、技术推广、技术转让等				

主要财务指标：指标\报告期	2013.06.30	2012.12.31	2012.06.30	2011.12.31
基本每股收益(元)	0.4441	0.8249	0.3270	0.6132
基本每股收益(扣除)(元)	0.4424	0.8199	0.4248	0.7784
每股净资产(元)	4.2528	4.0088	4.6972	4.2700
每股经营现金净流量(元)	-0.3572	0.2408	-0.3516	0.1426
每股现金流量(元)	-0.3671	0.0422	-0.4199	0.0266
每股资本公积金(元)	0.9035	0.9035	1.1077	1.1077
每股盈余公积金(元)	0.2299	0.2299	0.2261	0.2261
每股未分配利润(元)	2.1195	1.8754	2.3635	1.9383
净资产收益率(%)	10.4420	20.5782	9.0500	18.5660
加权净资产收益率(%)	10.5000	22.7000	9.4800	20.7400
净资产收益率(扣除)(%)	-	-	-	-
总资产(万元)	424882.33	401046.21	345227.83	335570.20
归属母公司股东权益(万元)	293431.81	276590.91	249302.69	226740.11
主营业务收入(万元)	170976.99	340154.42	133625.45	257357.80
营业收入(万元)	173945.42	349137.81	138351.15	258638.68
主营成本(万元)	112047.26	232523.13	92285.05	177219.39
营业成本(万元)	114805.69	239731.35	95844.46	178338.57
投资收益(万元)	-	191.48	191.48	4.95
净利润(万元)	30636.63	56913.12	22559.72	42090.54
利润总额(万元)	33567.94	61607.18	24105.09	46081.26

瑞泰科技股份有限公司

公司概况	公司名称	瑞泰科技股份有限公司			证券简称	瑞泰科技
	法人代表	曾大凡	董秘	朱爱华	证券代码	002066
	公司网址	www.bjruitai.com		电子信箱	zhah@bjruitai.com	
	电　话	010-51167282		传　真	010-65749477	
	办公地址	北京市朝阳区管庄东里中国建材院主楼4层				
	经营范围	制造、销售耐火材料、无机非金属材料的研发、销售以及技术咨询等				

主要财务指标	指标\报告期	2013.06.30	2012.12.31	2012.06.30	2011.12.31
	基本每股收益(元)	-0.0795	0.0150	0.0274	0.2480
	基本每股收益(扣除)(元)	-0.0920	-0.0600	0.0105	0.4227
	每股净资产(元)	2.4369	2.5664	2.5800	5.2500
	每股经营现金净流量(元)	-0.2151	-0.7111	-1.0428	-0.2026
	每股现金流量(元)	-0.3006	-0.0229	-0.1330	-0.0817
	每股资本公积金(元)	0.7254	0.7254	0.7258	2.4517
	每股盈余公积金(元)	0.0966	0.0966	0.0966	0.1932
	每股未分配利润(元)	0.6149	0.7444	0.7568	1.6087
	净资产收益率(%)	-3.2615	0.5860	1.0600	9.4363
	加权净资产收益率(%)	-3.1800	0.5800	1.0500	9.7500
	净资产收益率(扣除)(%)	-	-	-	-
	总资产(万元)	318196.43	294631.71	243091.63	220368.68
	归属母公司股东权益(万元)	56292.54	59283.54	59579.25	60678.81
	主营业务收入(万元)	86086.50	145240.39	68268.08	138851.86
	营业收入(万元)	88593.36	148624.91	68998.46	139671.09
	主营成本(万元)	67751.12	111401.87	52764.46	102370.20
	营业成本(万元)	69632.47	113682.87	53266.50	102938.62
	投资收益(万元)	-	-	-	-
	净利润(万元)	-504.61	1704.05	1483.32	8341.48
	利润总额(万元)	25.24	3093.32	1997.99	9918.41

浙江景兴纸业股份有限公司

公司概况	公司名称	浙江景兴纸业股份有限公司			证券简称	景兴纸业
	法人代表	朱在龙	董秘	姚洁青	证券代码	002067
	公司网址	www.jxpaper.com.cn		电子信箱	yaojq0518@126.com	
	电　话	0573-85969328		传　真	0573-85963320	
	办公地址	浙江省平湖市曹桥镇				
	经营范围	绿色环保再生纸、特种纸及其他纸品及纸制品、造纸原料的制造和销售等				

主要财务指标	指标\报告期	2013.06.30	2012.12.31	2012.06.30	2011.12.31
	基本每股收益(元)	0.0100	0.0100	0.0300	0.1300
	基本每股收益(扣除)(元)	0.0100	0.0200	0.0300	0.2500
	每股净资产(元)	2.6336	2.6200	5.2800	5.2200
	每股经营现金净流量(元)	0.1051	0.0834	-0.2092	0.2105
	每股现金流量(元)	-0.0650	-0.3474	-0.8267	1.4869
	每股资本公积金(元)	1.3991	1.3991	3.7982	3.7982
	每股盈余公积金(元)	0.0450	0.0450	0.0860	0.0860
	每股未分配利润(元)	0.1894	0.1792	0.3990	0.3351
	净资产收益率(%)	0.3870	0.5230	1.2100	4.3880
	加权净资产收益率(%)	0.3900	0.5200	1.2200	5.3500
	净资产收益率(扣除)(%)	-	-	-	-
	总资产(万元)	519542.51	520883.03	531425.84	546221.18
	归属母公司股东权益(万元)	288100.32	286985.45	288975.59	285484.64
	主营业务收入(万元)	135131.49	308879.67	144571.53	341910.99
	营业收入(万元)	136106.28	310404.18	145137.51	345139.39
	主营成本(万元)	117365.76	268358.71	123783.32	-
	营业成本(万元)	136106.28	269904.48	124249.98	296884.54
	投资收益(万元)	1150.31	1685.37	928.10	1678.05
	净利润(万元)	1010.10	1179.77	3631.99	13897.86
	利润总额(万元)	1082.64	1283.53	3873.46	14273.53

江西黑猫炭黑股份有限公司

公司概况	公司名称	江西黑猫炭黑股份有限公司			证券简称	黑猫股份
	法人代表	蔡景章	董秘	曹和平	证券代码	002068
	公司网址	www.jx-blackcat.com		电子信箱	heimaoth@126.com	
	电　话	0798-8399126		传　真	0798-8399126	
	办公地址	江西省景德镇市历尧				
	经营范围	炭黑及其尾气的生产与销售等				

主要财务指标	指标\报告期	2013.06.30	2012.12.31	2012.06.30	2011.12.31
	基本每股收益(元)	0.0022	0.2150	0.1619	0.2700
	基本每股收益(扣除)(元)	-0.0062	0.2180	0.1300	0.2600
	每股净资产(元)	2.7405	2.7355	2.6900	2.5300
	每股经营现金净流量(元)	-0.6625	0.3939	0.4186	0.1263
	每股现金流量(元)	0.2604	-0.0647	0.6523	0.2863
	每股资本公积金(元)	0.8680	0.8652	0.8713	0.8713
	每股盈余公积金(元)	0.1012	0.1012	0.0967	0.0967
	每股未分配利润(元)	0.7713	0.7691	0.7203	0.5585
	净资产收益率(%)	0.0794	7.8642	6.0200	10.6420
	加权净资产收益率(%)	0.0800	8.1700	5.8400	11.6000
	净资产收益率(扣除)(%)	-	-	-	-
	总资产(万元)	610487.77	513898.07	495469.74	422206.30
	归属母公司股东权益(万元)	131460.98	131222.20	128961.45	121197.07
	主营业务收入(万元)	274061.34	453387.92	206572.14	387642.95
	营业收入(万元)	281246.71	465493.23	211761.76	394546.74
	主营成本(万元)	242274.29	385819.25	172889.58	325580.92
	营业成本(万元)	245581.35	390913.34	175140.18	328113.64
	投资收益(万元)	-133.61	-277.88	-156.37	-23.32
	净利润(万元)	-82.90	9770.76	7456.77	12952.30
	利润总额(万元)	740.03	12608.68	8802.29	16937.42

獐子岛集团股份有限公司

公司概况	公司名称	獐子岛集团股份有限公司			证券简称	獐子岛
	法人代表	吴厚刚	董秘	孙福君	证券代码	002069
	公司网址	www.zhangzidao.com		电子信箱	touzizhe@zhangzidao.com	
	电　话	0411-39016969 39016968		传　真	0411-39989999	
	办公地址	辽宁省大连市中山区港兴路6号大连万达中心写字楼28层				
	经营范围	水产品养殖、捕捞、加工、销售、进出口业务、承办中外合资经营等				

主要财务指标	指标\报告期	2013.06.30	2012.12.31	2012.06.30	2011.12.31
	基本每股收益(元)	0.0700	0.1500	0.2200	0.7100
	基本每股收益(扣除)(元)	0.0700	0.1800	0.2200	0.7900
	每股净资产(元)	3.3438	3.5734	3.6400	3.8200
	每股经营现金净流量(元)	-0.2214	0.5322	-0.5803	0.1155
	每股现金流量(元)	0.0341	-0.0670	-0.1758	0.1388
	每股资本公积金(元)	1.2193	1.2143	1.2094	1.2077
	每股盈余公积金(元)	0.3207	0.3207	0.2957	0.2957
	每股未分配利润(元)	0.8187	1.0446	1.1405	1.3210
	净资产收益率(%)	2.2166	4.1588	6.0300	18.3450
	加权净资产收益率(%)	2.0800	4.0900	5.7800	21.1800
	净资产收益率(扣除)(%)	-	-	-	-
	总资产(万元)	517495.03	492181.92	492136.14	441996.44
	归属母公司股东权益(万元)	237781.66	254112.07	258614.42	271456.07
	主营业务收入(万元)	112002.36	259961.00	104400.35	292837.10
	营业收入(万元)	112992.14	260828.41	104717.59	293741.07
	主营成本(万元)	84791.74	196182.73	66261.49	193289.48
	营业成本(万元)	85304.65	196612.92	66383.19	193601.39
	投资收益(万元)	124.79	281.15	167.83	328.81
	净利润(万元)	5325.12	10358.58	15553.23	49723.12
	利润总额(万元)	5700.67	12571.71	17663.04	56004.91

福建众和股份有限公司

公司概况					
公司名称	福建众和股份有限公司			证券简称	众和股份
法人代表	许建成	董秘	詹金明	证券代码	002070
公司网址	www.zhonghe.com		电子信箱	security@zhonghe.com	
电话	0594-5895039 5888969		传真	0594-5895238	
办公地址	福建省莆田市秀屿区西许工业区 5-8 号				
经营范围	面料、服装及其他纺织品的开发、生产、销售等				

主要财务指标 指标\报告期	2013.06.30	2012.12.31	2012.06.30	2011.12.31
基本每股收益(元)	0.0762	0.0849	0.0682	0.1406
基本每股收益(扣除)(元)	0.0690	0.0700	0.0675	0.1838
每股净资产(元)	2.4838	2.4100	2.3900	3.0300
每股经营现金净流量(元)	-0.1187	0.1144	0.0155	0.2022
每股现金流量(元)	-0.2589	0.1995	0.4093	-0.1393
每股资本公积金(元)	0.4755	0.4755	0.4755	0.9181
每股盈余公积金(元)	0.0861	0.0861	0.0823	0.1070
每股未分配利润(元)	0.9176	0.8415	0.8286	1.0086
净资产收益率(%)	3.0662	3.5262	2.8600	6.0260
加权净资产收益率(%)	2.8900	3.5900	2.8800	6.2100
净资产收益率(扣除)(%)	-	-	-	-
总资产(万元)	327981.48	333940.81	232092.54	200261.75
归属母公司股东权益(万元)	121375.04	117599.30	116613.02	114030.94
主营业务收入(万元)	78905.67	121727.46	61047.15	125107.46
营业收入(万元)	79056.25	121995.87	61163.13	125366.92
主营成本(万元)	63006.80	96023.01	48672.24	98518.51
营业成本(万元)	63169.71	96110.56	48692.38	98551.39
投资收益(万元)	221.40	121.14	106.44	-
净利润(万元)	3714.85	4120.17	3328.51	6869.12
利润总额(万元)	4330.97	5186.16	3821.62	8823.99

江苏宏宝五金股份有限公司

公司概况					
公司名称	江苏宏宝五金股份有限公司			证券简称	江苏宏宝
法人代表	朱剑峰	董秘	顾桂新	证券代码	002071
公司网址	www.hongbao.com		电子信箱	stock@hongbao.com	
电话	0512-58713681 58715059		传真	0512-58761055	
办公地址	江苏省张家港市大新镇人民路 128 号				
经营范围	公司主要从事锻造类工具五金和配件五金制品的生产和销售等				

主要财务指标 指标\报告期	2013.06.30	2012.12.31	2012.06.30	2011.12.31
基本每股收益(元)	0.0032	-0.2982	0.0185	0.0800
基本每股收益(扣除)(元)	0.0056	-0.3018	0.0180	0.0800
每股净资产(元)	1.6426	1.6300	1.9400	1.9600
每股经营现金净流量(元)	-0.0036	0.3171	0.0798	0.1058
每股现金流量(元)	0.0534	-0.1044	-0.0343	-0.7438
每股资本公积金(元)	0.4089	0.4054	0.4091	0.4173
每股盈余公积金(元)	0.0939	0.0939	0.0939	0.0939
每股未分配利润(元)	0.1270	0.1238	0.4405	0.4520
净资产收益率(%)	0.1924	-18.2883	0.9600	4.3330
加权净资产收益率(%)	0.1900	-16.6300	0.9500	4.2900
净资产收益率(扣除)(%)	-	-	-	-
总资产(万元)	99256.50	100452.65	102310.58	99424.44
归属母公司股东权益(万元)	30227.07	30004.20	35708.35	36069.40
主营业务收入(万元)	19567.35	38421.47	19216.31	41969.43
营业收入(万元)	20660.84	41451.73	20838.33	45762.44
主营成本(万元)	15131.20	31316.26	15638.57	34604.74
营业成本(万元)	16145.76	34266.46	17240.81	38447.87
投资收益(万元)	-31.81	75.15	75.15	82.14
净利润(万元)	-280.19	-10767.93	32.87	1204.34
利润总额(万元)	-107.44	-10592.93	244.05	1756.44

山东德棉股份有限公司

公司概况					
公司名称	山东德棉股份有限公司			证券简称	德棉股份
法人代表	吴联模	董秘	张彬	证券代码	002072
公司网址	www.textiledm.com		电子信箱	demianzj@163.com	
电话	0534-2436506		传真	0534-2436506	
办公地址	山东省德州市德城区顺河西路 18 号				
经营范围	纺纱、织布、纺织原料、纺织品、服装、纺织设备及器材、配件等				

主要财务指标 指标\报告期	2013.06.30	2012.12.31	2012.06.30	2011.12.31
基本每股收益(元)	0.0050	0.0290	-0.0630	-0.5510
基本每股收益(扣除)(元)	0.0050	-0.4110	-0.0640	-0.8210
每股净资产(元)	1.3084	1.3031	1.1500	1.2040
每股经营现金净流量(元)	0.2458	0.6536	-0.0534	0.4959
每股现金流量(元)	0.0848	-0.2795	-0.3380	0.3264
每股资本公积金(元)	1.0102	1.0102	0.9400	0.9400
每股盈余公积金(元)	0.2174	0.2174	0.2174	0.2174
每股未分配利润(元)	-0.9192	-0.9245	-1.0046	-0.9533
净资产收益率(%)	0.4061	2.2155	-5.4800	-45.7947
加权净资产收益率(%)	0.4100	2.3000	-5.3400	-37.2600
净资产收益率(扣除)(%)	-	-	-	-
总资产(万元)	116649.67	112606.46	123238.55	107527.50
归属母公司股东权益(万元)	23028.19	22934.67	20288.26	21191.10
主营业务收入(万元)	31375.84	100406.99	48033.41	66957.23
营业收入(万元)	39520.81	109417.21	54765.72	71083.13
主营成本(万元)	28259.55	98934.87	45732.19	68049.37
营业成本(万元)	36490.45	107660.78	52207.98	71844.32
投资收益(万元)	-	-	-	-
净利润(万元)	93.52	508.12	-1112.80	-9704.40
利润总额(万元)	95.63	604.85	-1076.39	-9704.40

软控股份有限公司

公司概况					
公司名称	软控股份有限公司			证券简称	软控股份
法人代表	袁仲雪	董秘	鲁丽娜	证券代码	002073
公司网址	www.mesnac.com		电子信箱	zhangy@mesnac.com	
电话	0532-84012387 84012379		传真	0532-84011517	
办公地址	山东省青岛市郑州路 43 号软控研发中心				
经营范围	机械设备、模具、计算机软硬件、大规模集成电路、自动化系统等				

主要财务指标 指标\报告期	2013.06.30	2012.12.31	2012.06.30	2011.12.31
基本每股收益(元)	0.1300	0.2800	0.1300	0.6100
基本每股收益(扣除)(元)	0.1200	0.1100	0.1000	0.6000
每股净资产(元)	4.3390	4.1775	4.0700	3.9300
每股经营现金净流量(元)	0.1279	0.0702	0.2065	-0.8749
每股现金流量(元)	-0.2369	-0.2517	0.1967	-0.1883
每股资本公积金(元)	0.7639	0.7034	0.7446	0.7142
每股盈余公积金(元)	0.2908	0.2908	0.2483	0.2483
每股未分配利润(元)	2.2888	2.1858	2.0779	1.9691
净资产收益率(%)	3.0646	6.6819	3.1700	15.6140
加权净资产收益率(%)	3.0600	6.8800	3.2300	17.4800
净资产收益率(扣除)(%)	-	-	-	-
总资产(万元)	631619.57	635427.21	591090.84	537660.78
归属母公司股东权益(万元)	322114.97	310121.09	302007.79	291677.01
主营业务收入(万元)	115583.71	151317.65	81647.98	209773.91
营业收入(万元)	119047.00	161860.19	87646.52	221478.40
主营成本(万元)	84358.01	95794.38	53873.01	128477.39
营业成本(万元)	86580.51	103734.30	57812.88	134340.79
投资收益(万元)	-220.82	12023.99	138.23	-86.07
净利润(万元)	9795.30	21094.60	9405.51	45973.68
利润总额(万元)	8708.57	20695.27	10267.42	56243.32

江苏东源电器集团股份有限公司

公司概况	公司名称	江苏东源电器集团股份有限公司			证券简称	东源电器
	法人代表	孙益源	董秘	陈林芳	证券代码	002074
	公司网址	www.jsdydq.com		电子信箱	chenlf511@126.com	
	电　话	0513-86268788		传　真	0513-86268222	
	办公地址	江苏省南通市通州区十总镇东源大道 1 号				
	经营范围	高、低压开关及成套设备、电器自动化、配网自动化设备及元器件的制造和销售等				

主要财务指标	指标＼报告期	2013.06.30	2012.12.31	2012.06.30	2011.12.31
	基本每股收益(元)	0.1300	0.1500	0.1600	0.1400
	基本每股收益(扣除)(元)	0.1100	0.0900	0.1300	0.1000
	每股净资产(元)	1.8540	1.7500	1.7600	1.7000
	每股经营现金净流量(元)	0.0205	–0.0769	0.0106	0.1483
	每股现金流量(元)	–0.0812	–0.1376	–0.0330	–0.0468
	每股资本公积金(元)	0.0576	0.0576	0.0601	0.0601
	每股盈余公积金(元)	0.1271	0.1271	0.1123	0.1123
	每股未分配利润(元)	0.6693	0.5628	0.5888	0.5318
	净资产收益率(%)	6.8224	8.3425	8.9100	8.4470
	加权净资产收益率(%)	6.8200	8.4400	8.8100	8.7000
	净资产收益率(扣除)(%)	–	–	–	–
	总资产(万元)	111607.31	107880.48	103659.67	93334.16
	归属母公司股东权益(万元)	46973.75	44275.75	44624.06	43179.88
	主营业务收入(万元)	34612.48	58697.87	39202.02	60393.62
	营业收入(万元)	34844.39	59337.55	39685.52	61028.57
	主营成本(万元)	23602.71	40331.97	28418.33	44861.72
	营业成本(万元)	23762.86	40487.23	28777.04	45046.43
	投资收益(万元)	–	–	0.36	–
	净利润(万元)	3709.56	4509.51	4465.69	4742.56
	利润总额(万元)	4352.64	5832.81	5688.47	5543.75

江苏沙钢股份有限公司

公司概况	公司名称	江苏沙钢股份有限公司			证券简称	沙钢股份
	法人代表	陆锦祥	董秘	魏笔	证券代码	002075
	公司网址	www.shaganggf.com		电子信箱	shaganggufen@gmail.com	
	电　话	0512-58987088		传　真	0512-58682018	
	办公地址	江苏省张家港市锦丰镇沙钢大厦				
	经营范围	优特钢、中厚板钢铁产品及铜制品的生产与销售等				

主要财务指标	指标＼报告期	2013.06.30	2012.12.31	2012.06.30	2011.12.31
	基本每股收益(元)	0.0056	0.0140	0.0217	0.1800
	基本每股收益(扣除)(元)	0.0046	–0.0080	0.0200	0.1600
	每股净资产(元)	1.4779	1.4711	1.4800	1.4500
	每股经营现金净流量(元)	0.1953	0.7428	0.2862	0.0695
	每股现金流量(元)	–0.0528	–0.2096	–0.1722	–0.4045
	每股资本公积金(元)	0.0158	0.0158	0.0127	0.0127
	每股盈余公积金(元)	0.0065	0.0065	0.0055	0.0055
	每股未分配利润(元)	0.4531	0.4475	0.4566	0.4349
	净资产收益率(%)	0.3780	0.9791	1.4700	12.1230
	加权净资产收益率(%)	0.3800	0.9900	1.4800	12.9400
	净资产收益率(扣除)(%)	–	–	–	–
	总资产(万元)	823690.13	815308.87	958713.73	1014409.91
	归属母公司股东权益(万元)	232954.20	231886.60	232557.92	229043.27
	主营业务收入(万元)	498850.33	1140173.50	618933.73	1442638.12
	营业收入(万元)	515998.56	1214799.91	637645.83	1500058.74
	主营成本(万元)	473344.37	1085250.70	581422.88	1314400.88
	营业成本(万元)	489093.87	1156940.48	597978.76	1365356.50
	投资收益(万元)	226.80	–123.17	70.97	–477.13
	净利润(万元)	1247.41	1449.95	5324.00	53947.43
	利润总额(万元)	911.86	2890.92	7258.31	68084.87

广东雪莱特光电科技股份有限公司

公司概况	公司名称	广东雪莱特光电科技股份有限公司			证券简称	雪 莱 特
	法人代表	柴国生	董秘	冼树忠	证券代码	002076
	公司网址	www.cnlight.com		电子信箱	info@cnlight.com	
	电　话	0757-86695590		传　真	0757-86695225	
	办公地址	广东省佛山市南海区狮山工业科技工业园 A 区				
	经营范围	设计、加工、制造:照明电器、电真空器件、科教器材、电光源器材及配件等				

主要财务指标	指标＼报告期	2013.06.30	2012.12.31	2012.06.30	2011.12.31
	基本每股收益(元)	0.0452	0.0823	0.0286	0.1480
	基本每股收益(扣除)(元)	0.0199	0.0577	0.0175	0.1273
	每股净资产(元)	2.1688	2.2736	2.1100	2.2913
	每股经营现金净流量(元)	–0.3135	0.1210	0.0641	–0.1027
	每股现金流量(元)	0.1969	–0.2387	–0.1207	–0.0734
	每股资本公积金(元)	0.3011	0.3011	0.3011	0.3011
	每股盈余公积金(元)	0.1386	0.1386	0.1204	0.1314
	每股未分配利润(元)	0.7291	0.8339	0.6881	0.8587
	净资产收益率(%)	2.0840	3.6200	1.3600	6.4579
	加权净资产收益率(%)	1.9700	3.6300	1.3000	6.9200
	净资产收益率(扣除)(%)	–	–	–	–
	总资产(万元)	68692.86	56227.49	54189.45	57138.72
	归属母公司股东权益(万元)	39964.21	41895.41	38875.10	42221.51
	主营业务收入(万元)	19234.54	40922.26	17690.36	–
	营业收入(万元)	19974.97	42242.64	18012.96	47473.81
	主营成本(万元)	13877.15	28509.23	12951.15	–
	营业成本(万元)	14416.37	29652.95	13152.98	34430.91
	投资收益(万元)	245.71	175.61	0.62	–5.55
	净利润(万元)	813.42	1453.81	500.39	2713.70
	利润总额(万元)	1182.86	1781.73	616.39	3186.66

江苏大港股份有限公司

公司概况	公司名称	江苏大港股份有限公司			证券简称	大港股份
	法人代表	林子文	董秘	吴晓坚	证券代码	002077
	公司网址	www.dggf.cn		电子信箱	dggfwu@hotmail.com	
	电　话	0511-88901009		传　真	0511-88901188	
	办公地址	江苏省镇江市镇江新区通港路 1 号				
	经营范围	工业园区开发、基础设施建设、工业厂房建设与经营、房地产开发等				

主要财务指标	指标＼报告期	2013.06.30	2012.12.31	2012.06.30	2011.12.31
	基本每股收益(元)	0.0900	0.2600	0.1200	0.2600
	基本每股收益(扣除)(元)	–0.1300	–0.1300	–0.0400	–0.0400
	每股净资产(元)	3.5305	3.4914	3.2600	3.1300
	每股经营现金净流量(元)	–2.0679	–1.7910	–1.3407	–2.6552
	每股现金流量(元)	–1.0111	0.1086	–0.5245	0.7344
	每股资本公积金(元)	1.0583	1.0583	0.9313	0.9313
	每股盈余公积金(元)	0.3567	0.3567	0.2971	0.2971
	每股未分配利润(元)	1.1155	1.0764	1.0275	0.9046
	净资产收益率(%)	2.5248	7.4868	3.7800	8.2230
	加权净资产收益率(%)	2.5300	8.0100	3.8500	8.5800
	净资产收益率(扣除)(%)	–	–	–	–
	总资产(万元)	540144.29	496281.28	519249.10	448209.44
	归属母公司股东权益(万元)	88969.33	87982.90	82049.21	78951.31
	主营业务收入(万元)	95998.04	214137.01	130562.54	251955.97
	营业收入(万元)	101405.69	224028.88	134265.61	257834.62
	主营成本(万元)	77942.46	175638.21	109290.18	214569.60
	营业成本(万元)	77942.46	175638.21	109290.18	214597.91
	投资收益(万元)	–2.82	36.10	36.54	–46.57
	净利润(万元)	1953.36	6617.79	3105.29	6548.30
	利润总额(万元)	3834.52	11116.97	4489.70	9243.56

山东太阳纸业股份有限公司

公司概况

公司名称	山东太阳纸业股份有限公司			证券简称	太阳纸业
法人代表	李洪信	董秘	陈昭军	证券代码	002078
公司网址	www.sunpapergroup.com		电子信箱	sunpaper@sunpaper.cn	
电　话	0537-7928715 7928762		传　真	0537-7928762	
办公地址	山东省兖州市友谊路 1 号				
经营范围	机制纸、纸板制造、纸制品制造、加工、造纸用农产品的收购等				

主要财务指标

指标\报告期	2013.06.30	2012.12.31	2012.06.30	2011.12.31
基本每股收益(元)	0.1300	0.1800	0.1100	0.5000
基本每股收益(扣除)(元)	0.1200	0.0800	0.0500	0.2600
每股净资产(元)	4.4083	3.9285	3.9700	3.8600
每股经营现金净流量(元)	0.3794	1.3808	0.2767	1.0568
每股现金流量(元)	0.2090	-0.2604	-0.0967	0.1849
每股资本公积金(元)	1.4153	0.7784	0.7755	0.7755
每股盈余公积金(元)	0.3462	0.3962	0.3505	0.3505
每股未分配利润(元)	1.6730	1.7748	1.8501	1.7450
净资产收益率(%)	2.7747	4.4674	2.6500	12.8590
加权净资产收益率(%)	3.2400	4.5000	2.6800	13.3900
净资产收益率(扣除)(%)	-	-	-	-
总资产(万元)	1553503.96	1517269.93	1497498.27	1518776.26
归属母公司股东权益(万元)	506949.25	394740.70	398936.97	388308.90
主营业务收入(万元)	555358.62	1022725.76	524260.95	865964.54
营业收入(万元)	560635.47	1040864.08	530622.54	876234.30
主营成本(万元)	471093.38	894977.48	459302.91	729215.36
营业成本(万元)	473274.98	899877.58	461311.69	732528.53
投资收益(万元)	1036.22	5562.62	3251.07	10813.22
净利润(万元)	16226.50	21930.16	11253.94	56278.46
利润总额(万元)	23153.02	24167.88	12721.24	61792.31

苏州固锝电子股份有限公司

公司概况

公司名称	苏州固锝电子股份有限公司			证券简称	苏州固锝
法人代表	吴念博	董秘	滕有西	证券代码	002079
公司网址	www.goodark.com		电子信箱	y.x.teng@goodark.com	
电　话	0512-68188888-2079 2063		传　真	0512-68189999	
办公地址	江苏省苏州市高新区狮山路 199 号新地中心 19F				
经营范围	设计、制造和销售各类半导体芯片、各类集成电路、二极管、三极管等				

主要财务指标

指标\报告期	2013.06.30	2012.12.31	2012.06.30	2011.12.31
基本每股收益(元)	0.0210	0.0280	0.0380	0.0960
基本每股收益(扣除)(元)	0.0190	0.0270	0.0360	0.1690
每股净资产(元)	1.6716	1.6600	1.6600	2.9800
每股经营现金净流量(元)	-0.0196	0.0472	-0.0094	0.2093
每股现金流量(元)	-0.2773	-0.0831	-0.0403	1.3480
每股资本公积金(元)	0.3148	0.3078	0.2997	1.3160
每股盈余公积金(元)	0.0740	0.0743	0.0674	0.1214
每股未分配利润(元)	0.2813	0.2765	0.2937	0.5397
净资产收益率(%)	1.2552	1.6909	2.2700	5.7750
加权净资产收益率(%)	1.2600	1.7000	2.3000	10.4300
净资产收益率(扣除)(%)	-	-	-	-
总资产(万元)	152134.12	147548.90	148713.10	151283.66
归属母公司股东权益(万元)	121404.05	120025.02	120046.43	119574.81
主营业务收入(万元)	41238.30	80889.31	40414.41	83550.59
营业收入(万元)	41238.34	80889.97	40414.41	83550.59
主营成本(万元)	34792.17	71459.87	35990.72	70742.95
营业成本(万元)	34792.17	71460.32	35990.72	70742.95
投资收益(万元)	-285.67	2658.20	2643.03	3974.40
净利润(万元)	1443.84	1759.05	2636.69	6906.73
利润总额(万元)	1738.04	1688.79	2735.70	8010.23

中材科技股份有限公司

公司概况

公司名称	中材科技股份有限公司			证券简称	中材科技
法人代表	薛忠民	董秘	宋伯庐	证券代码	002080
公司网址	www.sinomatech.com		电子信箱	sinoma@sinomatech.com	
电　话	010-88437909 88433966		传　真	010-88437712	
办公地址	北京市海淀区板井路 69 号商务中心写字楼 12Fa				
经营范围	特种纤维复合材料及其制品的制造与销售等				

主要财务指标

指标\报告期	2013.06.30	2012.12.31	2012.06.30	2011.12.31
基本每股收益(元)	0.1300	0.3198	0.1530	0.3037
基本每股收益(扣除)(元)	0.0937	0.1889	0.1264	0.1979
每股净资产(元)	5.9658	5.9900	5.7200	5.6700
每股经营现金净流量(元)	-0.7104	0.3395	-0.0791	0.2193
每股现金流量(元)	-0.1570	-0.4504	-0.2156	-1.5946
每股资本公积金(元)	3.4978	3.4395	3.3632	3.3632
每股盈余公积金(元)	0.1328	0.1328	0.1176	0.1176
每股未分配利润(元)	1.3350	1.3682	1.2387	1.1857
净资产收益率(%)	2.1793	5.3387	2.6700	5.3590
加权净资产收益率(%)	2.1600	5.5100	2.6600	5.4900
净资产收益率(扣除)(%)	-	-	-	-
总资产(万元)	647364.79	594140.27	528943.11	463877.51
归属母公司股东权益(万元)	238633.21	239633.65	228778.05	226658.37
主营业务收入(万元)	133010.98	278490.11	130677.71	251292.30
营业收入(万元)	134205.59	280324.72	131551.36	253144.58
主营成本(万元)	104387.11	221389.65	103336.96	201486.27
营业成本(万元)	105249.31	222268.21	103889.64	202579.34
投资收益(万元)	-42.40	332.20	-179.31	-0.96
净利润(万元)	6080.39	14397.42	6839.54	13486.86
利润总额(万元)	8130.12	17257.30	8235.12	15320.12

苏州金螳螂建筑装饰股份有限公司

公司概况

公司名称	苏州金螳螂建筑装饰股份有限公司			证券简称	金螳螂
法人代表	倪林	董秘	罗承云	证券代码	002081
公司网址	www.goldmantis.com		电子信箱	tzglb@goldmantis.com	
电　话	0512-68660622		传　真	0512-68660622	
办公地址	江苏省苏州市西环路 888 号				
经营范围	承接各类建筑室内、室外装修装饰工程的设计及施工等				

主要财务指标

指标\报告期	2013.06.30	2012.12.31	2012.06.30	2011.12.31
基本每股收益(元)	0.5093	1.4300	0.3559	1.0100
基本每股收益(扣除)(元)	0.5000	1.4300	0.5349	1.0100
每股净资产(元)	3.9000	5.3030	4.4000	6.0000
每股经营现金净流量(元)	-0.1680	0.9911	-0.2662	1.0692
每股现金流量(元)	-1.1925	1.4479	-0.4312	3.0633
每股资本公积金(元)	0.6333	1.4571	1.4382	2.6581
每股盈余公积金(元)	0.2209	0.3317	0.2138	0.3206
每股未分配利润(元)	2.0493	2.5138	1.7509	2.0255
净资产收益率(%)	13.0512	26.8192	12.1300	23.5490
加权净资产收益率(%)	13.5200	30.8000	12.5700	45.3000
净资产收益率(扣除)(%)	-	-	-	-
总资产(万元)	1327115.12	1335009.74	814875.54	770536.98
归属母公司股东权益(万元)	457866.77	414415.77	342272.08	311170.95
主营业务收入(万元)	674793.51	1393934.90	517259.12	1014168.39
营业收入(万元)	675680.70	1394161.69	517425.28	1014522.28
主营成本(万元)	556978.92	1154991.16	430184.61	841342.80
营业成本(万元)	557029.72	1155072.44	430238.49	841532.76
投资收益(万元)	551.92	214.83	223.56	122.20
净利润(万元)	60750.45	111562.81	41584.98	73979.34
利润总额(万元)	72760.64	132298.93	49677.99	90214.55

浙江栋梁新材股份有限公司

公司概况					
公司名称	浙江栋梁新材股份有限公司			证券简称	栋梁新材
法人代表	陆志宝	董秘	袁嘉懿	证券代码	002082
公司网址	www.dongliang.com.cn		电子信箱	info@dongliang.com.cn	
电　话	0572-3158810 2699791		传　真	0572-2699765	
办公地址	浙江省湖州市织里镇栋梁路				
经营范围	铝合金型材、铝棒、五金制品及模具、镁合金制品的制造加工、销售等				

主要财务指标

指标\报告期	2013.06.30	2012.12.31	2012.06.30	2011.12.31
基本每股收益(元)	0.2100	0.3600	0.1800	0.6700
基本每股收益(扣除)(元)	0.2000	0.3500	0.1800	0.6500
每股净资产(元)	4.6958	4.5617	4.3800	4.4000
每股经营现金净流量(元)	0.4652	0.8518	0.5274	-0.0060
每股现金流量(元)	0.0420	0.5147	0.4175	-0.4348
每股资本公积金(元)	1.0160	1.0160	1.0160	1.0160
每股盈余公积金(元)	0.2730	0.2730	0.2389	0.2389
每股未分配利润(元)	2.4068	2.2727	2.1276	2.1437
净资产收益率(%)	4.5586	7.9589	4.2000	15.1540
加权净资产收益率(%)	4.6000	8.1300	4.1300	16.1500
净资产收益率(扣除)(%)	-	-	-	-
总资产(万元)	159496.30	156650.38	158623.89	144629.14
归属母公司股东权益(万元)	111759.82	108569.12	104304.39	104688.19
主营业务收入(万元)	568129.04	1096462.70	549998.02	1085793.02
营业收入(万元)	568694.14	1097292.24	550414.15	1087386.61
主营成本(万元)	555922.50	1072676.85	537877.36	1053561.87
营业成本(万元)	556210.11	1073261.86	538775.34	1054619.59
投资收益(万元)	-	-	-	-
净利润(万元)	5338.94	9094.30	4592.23	16246.06
利润总额(万元)	6455.93	11170.59	6045.62	20000.45

孚日集团股份有限公司

公司概况					
公司名称	孚日集团股份有限公司			证券简称	孚日股份
法人代表	孙日贵	董秘	吴明凤	证券代码	002083
公司网址	www.sunvim.com		电子信箱	furigufen@126.com	
电　话	0536-2308043		传　真	0536-2315895	
办公地址	山东省潍坊市高密市孚日街1号				
经营范围	生产和销售巾被系列产品和装饰布系列产品				

主要财务指标

指标\报告期	2013.06.30	2012.12.31	2012.06.30	2011.12.31
基本每股收益(元)	0.1300	0.0100	0.0900	0.1400
基本每股收益(扣除)(元)	0.1300	-0.0900	0.0500	0.1000
每股净资产(元)	3.0353	2.9900	3.1300	3.0400
每股经营现金净流量(元)	0.6639	0.8301	0.3459	0.4954
每股现金流量(元)	-0.1375	0.0135	-0.0147	0.1388
每股资本公积金(元)	1.4377	1.4377	1.4271	1.4271
每股盈余公积金(元)	0.1313	0.1313	0.1251	0.1251
每股未分配利润(元)	0.5633	0.4306	0.5745	0.4849
净资产收益率(%)	4.3718	0.4000	2.8700	4.7334
加权净资产收益率(%)	4.4000	0.4000	2.9100	4.8500
净资产收益率(扣除)(%)	-	-	-	-
总资产(万元)	667182.24	692614.00	739024.88	739544.47
归属母公司股东权益(万元)	284861.01	280680.58	293385.63	284982.41
主营业务收入(万元)	217983.44	439143.84	225245.45	448191.57
营业收入(万元)	221511.64	447002.19	229588.75	461120.96
主营成本(万元)	169565.31	368153.94	190894.09	369643.83
营业成本(万元)	172644.10	375594.14	195119.14	381531.94
投资收益(万元)	-380.03	3925.77	277.24	795.50
净利润(万元)	12641.34	1599.83	8807.70	13820.16
利润总额(万元)	16747.79	3960.20	11605.85	18362.72

广州海鸥卫浴用品股份有限公司

公司概况					
公司名称	广州海鸥卫浴用品股份有限公司			证券简称	海鸥卫浴
法人代表	唐台英	董秘	崔鼎昌	证券代码	002084
公司网址	www.seagullgroup.cn		电子信箱	seagull@seagullgroup.cn	
电　话	020-84896096 8809 34808178		传　真	020-34808171	
办公地址	广东省广州市番禺区沙头街禺山西路363号联邦工业城内				
经营范围	水龙头零组件等卫浴五金产品的设计、开发、制造和销售				

主要财务指标

指标\报告期	2013.06.30	2012.12.31	2012.06.30	2011.12.31
基本每股收益(元)	0.0300	0.1000	0.0300	0.0200
基本每股收益(扣除)(元)	0.0200	0.0600	0.0205	0.0140
每股净资产(元)	1.8436	2.0815	2.0231	2.2800
每股经营现金净流量(元)	0.0898	0.2109	0.1841	0.3123
每股现金流量(元)	0.0486	-0.1695	-0.2159	0.0449
每股资本公积金(元)	0.0670	0.1737	0.1737	0.2911
每股盈余公积金(元)	0.1415	0.1557	0.1547	0.1702
每股未分配利润(元)	0.6332	0.7520	0.6953	0.8229
净资产收益率(%)	1.7021	4.6021	1.8800	1.1180
加权净资产收益率(%)	1.6400	4.6400	1.8200	1.0900
净资产收益率(扣除)(%)	-	-	-	-
总资产(万元)	169398.23	167039.55	159705.80	160522.35
归属母公司股东权益(万元)	74860.37	76836.04	74681.12	76625.15
主营业务收入(万元)	79268.77	161522.73	78488.92	144317.26
营业收入(万元)	81576.57	165143.06	80305.54	148798.84
主营成本(万元)	62423.98	126136.43	61910.89	114327.18
营业成本(万元)	63948.40	128487.88	62924.50	116097.58
投资收益(万元)	230.10	28.76	-247.74	-468.13
净利润(万元)	1251.92	3584.69	1459.15	427.88
利润总额(万元)	1872.85	3884.63	1651.01	629.66

浙江万丰奥威汽轮股份有限公司

公司概况					
公司名称	浙江万丰奥威汽轮股份有限公司			证券简称	万丰奥威
法人代表	陈爱莲	董秘	徐晓芳	证券代码	002085
公司网址	www.wfaw.com.cn		电子信箱	xuxf@wfjt.com	
电　话	0575-86298339		传　真	0575-86298339	
办公地址	浙江省绍兴市新昌县工业区				
经营范围	汽车、摩托车铝合金车轮的生产与销售				

主要财务指标

指标\报告期	2013.06.30	2012.12.31	2012.06.30	2011.12.31
基本每股收益(元)	0.3577	0.6400	0.2822	0.5800
基本每股收益(扣除)(元)	0.3300	0.6000	0.2800	0.4500
每股净资产(元)	4.3027	3.9452	4.0600	3.8486
每股经营现金净流量(元)	0.3498	1.5787	0.5822	0.7545
每股现金流量(元)	0.0504	0.4628	1.0187	-0.2423
每股资本公积金(元)	1.2169	1.2146	1.2418	1.3036
每股盈余公积金(元)	0.2875	0.2875	0.2390	0.2390
每股未分配利润(元)	1.8006	1.4429	1.5801	1.3084
净资产收益率(%)	8.3134	16.1338	6.9537	15.1534
加权净资产收益率(%)	8.6800	15.8900	7.0700	15.2500
净资产收益率(扣除)(%)	-	-	-	-
总资产(万元)	330623.13	303079.00	295720.80	274963.82
归属母公司股东权益(万元)	167847.74	153902.32	158329.84	150134.01
主营业务收入(万元)	213397.84	404491.93	201192.23	400274.36
营业收入(万元)	215946.39	409075.19	202902.55	404732.03
主营成本(万元)	169528.85	325581.43	163482.08	334033.39
营业成本(万元)	171816.22	329276.17	164729.32	337369.17
投资收益(万元)	859.49	1231.70	957.24	1306.92
净利润(万元)	18250.81	32626.45	14519.09	29636.62
利润总额(万元)	21471.70	37641.67	18049.81	34000.34

山东东方海洋科技股份有限公司

公司概况					
公司名称	山东东方海洋科技股份有限公司			证券简称	东方海洋
法人代表	车轼	董秘	于德海	证券代码	002086
公司网址	www.dfhy.cc			电子信箱	mpydh@126.com
电　　话	0535-6729111 6929011			传　　真	0535-6729055
办公地址	山东省烟台市莱山区澳柯玛大街18号				
经营范围	水产品加工出口和海水养殖				

主要财务指标 指标\报告期	2013.06.30	2012.12.31	2012.06.30	2011.12.31
基本每股收益(元)	0.1554	0.4067	0.1541	0.3916
基本每股收益(扣除)(元)	0.1498	0.3705	0.1495	0.3474
每股净资产(元)	5.5089	5.3536	5.1010	5.1469
每股经营现金净流量(元)	0.0069	0.4768	0.2269	0.1745
每股现金流量(元)	-0.1812	0.2222	0.1020	-0.2738
每股资本公积金(元)	2.8023	2.8023	2.8023	2.8023
每股盈余公积金(元)	0.2078	0.2078	0.1733	0.1733
每股未分配利润(元)	1.4984	1.3431	1.1249	1.1708
净资产收益率(%)	2.8203	7.5969	3.0209	7.6090
加权净资产收益率(%)	2.8600	7.7500	2.9498	7.9100
净资产收益率(扣除)(%)	-	-	-	-
总资产(万元)	242658.31	234167.58	220726.01	212531.45
归属母公司股东权益(万元)	134333.64	130547.41	124388.32	125507.18
主营业务收入(万元)	31719.39	66151.51	31355.64	74019.58
营业收入(万元)	32399.12	67637.77	32113.23	75247.23
主营成本(万元)	23316.89	46639.96	23242.03	55733.54
营业成本(万元)	23801.56	47554.34	23689.47	56627.61
投资收益(万元)	-	-	-	-
净利润(万元)	3868.58	10175.26	3762.73	9764.65
利润总额(万元)	3881.79	10233.22	3750.21	9827.06

河南新野纺织股份有限公司

公司概况					
公司名称	河南新野纺织股份有限公司			证券简称	新野纺织
法人代表	魏学柱	董秘	许勤芝	证券代码	002087
公司网址	www.xinye-tex.com			电子信箱	002087xyfz@sina.cn
电　　话	0377-66215788 66221824			传　　真	0377-66265092
办公地址	河南省南阳市新野县城关镇书院路15号				
经营范围	中高档棉纺织品的加工与销售等				

主要财务指标 指标\报告期	2013.06.30	2012.12.31	2012.06.30	2011.12.31
基本每股收益(元)	0.0907	0.1535	0.0794	0.1973
基本每股收益(扣除)(元)	-	0.1180	0.0796	0.1719
每股净资产(元)	3.5315	3.4394	3.3800	3.3400
每股经营现金净流量(元)	0.2214	0.4645	0.2999	0.9953
每股现金流量(元)	0.1276	-0.1927	-0.1781	0.0170
每股资本公积金(元)	1.1902	1.1889	1.2008	1.2010
每股盈余公积金(元)	0.1832	0.1832	0.1660	0.1660
每股未分配利润(元)	1.1581	1.0674	1.0105	0.9711
净资产收益率(%)	2.5682	4.4620	2.3500	5.9110
加权净资产收益率(%)	2.6000	4.5200	2.3500	5.9100
净资产收益率(扣除)(%)	-	-	-	-
总资产(万元)	465988.80	464047.48	430746.91	433275.18
归属母公司股东权益(万元)	183551.97	178767.23	175538.56	173501.90
主营业务收入(万元)	157556.80	314517.55	151901.28	295377.28
营业收入(万元)	158101.03	315771.14	152470.43	297160.66
主营成本(万元)	139139.28	278071.63	136924.34	264515.78
营业成本(万元)	139139.28	278071.63	136924.34	264515.78
投资收益(万元)	-8.96	-	-	-
净利润(万元)	4713.94	8015.14	4088.47	10227.67
利润总额(万元)	6277.25	11117.08	5453.59	12163.12

山东鲁阳股份有限公司

公司概况					
公司名称	山东鲁阳股份有限公司			证券简称	鲁阳股份
法人代表	鹿成滨	董秘	鹿超	证券代码	002088
公司网址	www.luyangwool.com			电子信箱	luyang@luyangwool.com
电　　话	0533-3280969 3283708			传　　真	0533-3282059
办公地址	山东省淄博市沂源县沂河路11号				
经营范围	硅酸铝耐火纤维材料、珍珠岩保温材料、玻璃钢产品、高温粘结剂等				

主要财务指标 指标\报告期	2013.06.30	2012.12.31	2012.06.30	2011.12.31
基本每股收益(元)	0.1300	0.3600	0.1400	0.4600
基本每股收益(扣除)(元)	0.1200	0.3600	0.1400	0.4600
每股净资产(元)	6.2296	6.1982	5.9800	5.9400
每股经营现金净流量(元)	0.2704	0.5453	0.2196	0.2277
每股现金流量(元)	-0.1283	0.3029	0.1844	-0.6503
每股资本公积金(元)	2.2992	2.2992	2.2992	2.2992
每股盈余公积金(元)	0.4616	0.4616	0.4336	0.4336
每股未分配利润(元)	2.4689	2.4375	2.2436	2.2037
净资产收益率(%)	2.1094	5.8359	2.3400	7.7880
加权净资产收益率(%)	2.1000	5.9800	2.3400	8.0700
净资产收益率(扣除)(%)	-	-	-	-
总资产(万元)	184554.11	185013.31	178743.99	170800.41
归属母公司股东权益(万元)	145759.99	145025.17	139836.61	138902.36
主营业务收入(万元)	44801.88	100017.28	44421.31	97520.77
营业收入(万元)	44977.13	100334.11	44559.87	97980.45
主营成本(万元)	31620.74	70925.61	32299.91	66652.42
营业成本(万元)	31657.72	71017.74	32374.26	66865.88
投资收益(万元)	1.04	0.97	-	-
净利润(万元)	3074.61	8463.56	3274.04	10816.98
利润总额(万元)	3638.36	9548.25	3710.28	12811.29

苏州新海宜通信科技股份有限公司

公司概况					
公司名称	苏州新海宜通信科技股份有限公司			证券简称	新 海 宜
法人代表	张亦斌	董秘	徐磊	证券代码	002089
公司网址	www.nsu.com.cn			电子信箱	nsu@nsu.com.cn
电　　话	0512-67606666*8638			传　　真	0512-67260021
办公地址	江苏省苏州市工业园区泾茂路168号新海宜科技园				
经营范围	通信网络设备及配套软件、相关电子产品、安装线缆、电器机械及器材等				

主要财务指标 指标\报告期	2013.06.30	2012.12.31	2012.06.30	2011.12.31
基本每股收益(元)	0.0921	0.2600	0.1513	0.4300
基本每股收益(扣除)(元)	-	0.1900	0.1317	0.3200
每股净资产(元)	2.6174	2.5122	2.4000	2.8000
每股经营现金净流量(元)	0.0471	0.2309	-0.0671	-0.1255
每股现金流量(元)	-0.0546	-0.1521	0.1549	-0.6676
每股资本公积金(元)	0.3648	0.2466	0.2465	0.4958
每股盈余公积金(元)	0.1502	0.1570	0.1363	0.1635
每股未分配利润(元)	1.1024	1.1086	1.0210	1.1430
净资产收益率(%)	3.4193	10.3562	6.3200	18.2943
加权净资产收益率(%)	3.5600	10.7700	6.3000	19.1300
净资产收益率(扣除)(%)	-	-	-	-
总资产(万元)	210337.35	189364.20	183659.57	160667.29
归属母公司股东权益(万元)	115836.13	106381.58	101790.41	98891.08
主营业务收入(万元)	39760.81	81359.49	43928.06	78307.96
营业收入(万元)	39959.84	81701.85	44049.59	78507.24
主营成本(万元)	27395.62	52856.10	28620.04	50641.04
营业成本(万元)	27503.66	53045.87	28661.97	50775.67
投资收益(万元)	387.08	1092.94	948.83	6456.73
净利润(万元)	3995.40	11963.37	6794.82	18695.09
利润总额(万元)	4873.59	13592.40	7938.27	21166.70

江苏金智科技股份有限公司

公司概况	公司名称	江苏金智科技股份有限公司			证券简称	金智科技
	法人代表	徐兵	董秘	华美芳	证券代码	002090
	公司网址	www.wiscom.com.cn		电子信箱	tzb@wiscom.com.cn	
	电　话	025-52762230 52762205		传　真	025-52762929	
	办公地址	江苏省南京市江宁开发区将军大道 100 号				
	经营范围	电力自动化业务、IT 服务及建筑智能化业务和新能源业务等				

主要财务指标	指标＼报告期	2013.06.30	2012.12.31	2012.06.30	2011.12.31
	基本每股收益(元)	0.1216	0.2051	0.0991	0.1977
	基本每股收益(扣除)(元)	0.1272	0.1752	0.0928	0.1641
	每股净资产(元)	2.7242	2.7026	2.5884	2.5422
	每股经营现金净流量(元)	-0.0927	0.0623	-0.1361	0.0567
	每股现金流量(元)	-0.1531	-0.1014	-0.1941	0.0095
	每股资本公积金(元)	0.4224	0.4200	0.4179	0.4179
	每股盈余公积金(元)	0.2045	0.2045	0.1871	0.1871
	每股未分配利润(元)	1.1108	1.0892	1.0007	0.9515
	净资产收益率(%)	4.4645	7.5885	3.8300	7.7760
	加权净资产收益率(%)	4.4000	7.8200	3.8300	8.0000
	净资产收益率(扣除)(%)	-	-	-	-
	总资产(万元)	126977.44	119925.47	110399.14	102209.54
	归属母公司股东权益(万元)	55573.13	55132.12	52802.58	51861.75
	主营业务收入(万元)	46057.46	82120.15	38525.04	76522.52
	营业收入(万元)	46057.46	82120.15	38525.04	76522.52
	主营成本(万元)	32703.11	58487.84	28568.55	57292.98
	营业成本(万元)	32703.11	58487.84	28568.55	57292.98
	投资收益(万元)	0.15	211.23	10.76	388.18
	净利润(万元)	2468.24	4656.68	2020.19	4382.07
	利润总额(万元)	2743.75	4785.15	2231.76	4573.96

江苏国泰国际集团国贸股份有限公司

公司概况	公司名称	江苏国泰国际集团国贸股份有限公司			证券简称	江苏国泰
	法人代表	谭秋斌	董秘	郭盛虎	证券代码	002091
	公司网址	www.gtiggm.com		电子信箱	gsh@gtiggm.com	
	电　话	0512-58696087 58988273		传　真	0512-58673937	
	办公地址	江苏省张家港市国泰时代广场 11-24 楼				
	经营范围	纺织品、轻工品、机电和化工产品的进出口业务和外派劳务业务等				

主要财务指标	指标＼报告期	2013.06.30	2012.12.31	2012.06.30	2011.12.31
	基本每股收益(元)	0.2600	0.5300	0.2500	0.5500
	基本每股收益(扣除)(元)	0.2500	0.4800	0.2300	0.4700
	每股净资产(元)	3.5207	3.3802	3.1000	3.0000
	每股经营现金净流量(元)	0.3472	0.7193	0.4156	0.4837
	每股现金流量(元)	0.1424	0.4455	0.2580	0.4052
	每股资本公积金(元)	0.0015	0.0015	0.0055	0.0055
	每股盈余公积金(元)	0.3869	0.3869	0.3463	0.3463
	每股未分配利润(元)	2.1341	1.9925	1.7503	1.6515
	净资产收益率(%)	7.4308	15.7271	8.0300	18.1930
	加权净资产收益率(%)	7.5200	16.7800	8.0300	19.7600
	净资产收益率(扣除)(%)	-	-	-	-
	总资产(万元)	209766.29	200424.68	195588.19	184877.36
	归属母公司股东权益(万元)	126745.64	121685.71	111594.88	108021.76
	主营业务收入(万元)	275364.80	481894.07	192087.28	450053.50
	营业收入(万元)	275693.50	482923.18	192370.64	451066.27
	主营成本(万元)	244683.25	423083.69	166269.32	395722.21
	营业成本(万元)	244683.25	423351.63	166269.32	395790.61
	投资收益(万元)	181.48	1112.51	1177.75	4718.99
	净利润(万元)	10517.35	20774.11	9708.23	21043.56
	利润总额(万元)	13264.64	26526.75	12493.11	26904.40

新疆中泰化学股份有限公司

公司概况	公司名称	新疆中泰化学股份有限公司			证券简称	中泰化学
	法人代表	王洪欣	董秘	范雪峰	证券代码	002092
	公司网址	www.zthx.com		电子信箱	zthx@zthx.com	
	电　话	0991-8751690		传　真	0991-8751690	
	办公地址	新疆维吾尔自治区乌鲁木齐市西山路 78 号				
	经营范围	聚氯乙烯树脂、离子膜烧碱的生产和销售等				

主要财务指标	指标＼报告期	2013.06.30	2012.12.31	2012.06.30	2011.12.31
	基本每股收益(元)	0.0260	0.2350	0.0750	0.4240
	基本每股收益(扣除)(元)	0.0020	0.1650	0.0540	0.3960
	每股净资产(元)	5.9202	6.2018	6.1800	6.2000
	每股经营现金净流量(元)	0.4637	0.5118	-0.0506	1.4171
	每股现金流量(元)	-0.0696	-0.6014	1.2805	0.6784
	每股资本公积金(元)	3.7757	3.8832	4.0170	4.0170
	每股盈余公积金(元)	0.2029	0.2029	0.1617	0.1617
	每股未分配利润(元)	0.9400	1.1136	0.9951	1.0203
	净资产收益率(%)	0.4457	3.7813	1.2100	6.8470
	加权净资产收益率(%)	0.4300	3.7700	1.2000	7.1400
	净资产收益率(扣除)(%)	-	-	-	-
	总资产(万元)	2305876.00	2192536.28	2086148.27	1527723.43
	归属母公司股东权益(万元)	683391.92	715896.08	713552.95	715583.32
	主营业务收入(万元)	570270.15	670172.75	319936.16	666387.07
	营业收入(万元)	575017.46	711288.80	350022.16	712242.00
	主营成本(万元)	450803.83	534547.42	257391.23	514096.34
	营业成本(万元)	452967.14	568246.07	284786.66	553268.56
	投资收益(万元)	93.71	473.89	2149.95	7808.55
	净利润(万元)	3150.19	27898.10	9292.13	52338.64
	利润总额(万元)	4770.87	32138.50	10905.49	61087.59

国脉科技股份有限公司

公司概况	公司名称	国脉科技股份有限公司			证券简称	国脉科技
	法人代表	陈榕华	董秘	冯静	证券代码	002093
	公司网址	www.guomaitech.com		电子信箱	zq@guomaitech.com	
	电　话	0591-87307399		传　真	0591-87307308	
	办公地址	福建省福州市马尾区江滨东大道 116 号				
	经营范围	电信外包服务、其中主要服务内容是电信网络技术服务和电信网络集成				

主要财务指标	指标＼报告期	2013.06.30	2012.12.31	2012.06.30	2011.12.31
	基本每股收益(元)	0.0823	0.0822	0.0679	0.1334
	基本每股收益(扣除)(元)	0.0369	0.0640	0.0556	0.1221
	每股净资产(元)	1.4081	1.3329	1.3189	1.2508
	每股经营现金净流量(元)	-0.1341	-0.1217	-0.0331	0.0975
	每股现金流量(元)	-0.6054	-0.1505	0.0308	0.3127
	每股资本公积金(元)	0.0240	0.0240	0.0240	0.0240
	每股盈余公积金(元)	0.0232	0.0232	0.0161	0.0161
	每股未分配利润(元)	0.3615	0.2892	0.2820	0.2140
	净资产收益率(%)	5.8467	6.1683	5.1500	10.6670
	加权净资产收益率(%)	5.9900	6.3600	5.2900	11.2800
	净资产收益率(扣除)(%)	-	-	-	-
	总资产(万元)	193972.78	210262.88	202734.84	186293.90
	归属母公司股东权益(万元)	121797.12	115297.50	114083.73	108194.51
	主营业务收入(万元)	17806.24	73544.43	32070.64	85617.00
	营业收入(万元)	18234.98	74290.85	32416.01	86202.52
	主营成本(万元)	3755.79	39754.13	15892.86	48937.09
	营业成本(万元)	3755.79	39754.13	15892.86	48937.09
	投资收益(万元)	3680.04	-100.39	-36.22	-76.14
	净利润(万元)	7121.10	6721.40	5673.54	11729.76
	利润总额(万元)	7699.03	8044.65	6504.61	13976.11

青岛金王应用化学股份有限公司

公司概况	公司名称	青岛金王应用化学股份有限公司			证券简称	青岛金王
	法人代表	陈索斌	董秘	杜心强	证券代码	002094
	公司网址	www.chinakingking.com		电子信箱	stock@chinakingking.com	
	电　话	0532-85779728		传　真	0532-85718686	
	办公地址	山东省青岛市香港中路18号福泰广场B座24楼-25楼				
	经营范围	新型聚合物基质复合体烛光材料及其制品的开发、生产、销售等				

	指标\报告期	2013.06.30	2012.12.31	2012.06.30	2011.12.31
主要财务指标	基本每股收益(元)	0.0570	0.1620	0.0640	0.1560
	基本每股收益(扣除)(元)	0.0560	0.1580	0.0640	0.1500
	每股净资产(元)	1.7637	1.7100	1.6300	1.5600
	每股经营现金净流量(元)	-0.1225	0.4101	-0.1306	0.1519
	每股现金流量(元)	0.1906	0.3367	-0.0176	-0.0038
	每股资本公积金(元)	0.0492	0.0492	0.0492	0.0492
	每股盈余公积金(元)	0.1284	0.1284	0.1127	0.1127
	每股未分配利润(元)	0.6889	0.6320	0.5493	0.4851
	净资产收益率(%)	3.2247	9.5103	4.0400	10.0430
	加权净资产收益率(%)	3.2700	9.9300	4.0400	10.3400
	净资产收益率(扣除)(%)	-	-	-	-
	总资产(万元)	120509.42	111799.67	121589.56	100124.48
	归属母公司股东权益(万元)	56777.37	55057.48	52313.91	50091.25
	主营业务收入(万元)	62001.09	142507.43	55900.61	109355.23
	营业收入(万元)	62001.09	142507.43	55900.61	109355.23
	主营成本(万元)	53794.60	120750.66	47298.72	92587.82
	营业成本(万元)	53794.60	120750.66	47298.72	92587.82
	投资收益(万元)	-	40.97	40.97	-0.10
	净利润(万元)	1827.16	5235.46	2065.08	5030.44
	利润总额(万元)	2293.02	6172.73	2420.97	5606.72

浙江网盛生意宝股份有限公司

公司概况	公司名称	浙江网盛生意宝股份有限公司			证券简称	生意宝
	法人代表	孙德良	董秘	范悦龙	证券代码	002095
	公司网址	http://corp.netsun.com		电子信箱	zqb@netsun.com	
	电　话	0571-88228198　88228222		传　真	0571-88228198	
	办公地址	浙江省杭州市莫干山路187号易盛大厦12F				
	经营范围	计算机软件、网络技术开发、技术服务、成果转让、计算机网络工程的设计等				

	指标\报告期	2013.06.30	2012.12.31	2012.06.30	2011.12.31
主要财务指标	基本每股收益(元)	0.1200	0.2200	0.1300	0.2000
	基本每股收益(扣除)(元)	0.1200	0.2100	0.1300	0.1800
	每股净资产(元)	2.9199	2.9001	2.8000	2.7100
	每股经营现金净流量(元)	0.0895	0.3889	0.1400	0.2300
	每股现金流量(元)	-0.0321	0.2098	0.0296	0.1326
	每股资本公积金(元)	0.5025	0.5025	0.5025	0.5025
	每股盈余公积金(元)	0.1950	0.1950	0.1771	0.1771
	每股未分配利润(元)	1.2324	1.2106	1.1367	1.1049
	净资产收益率(%)	4.1727	7.7075	4.7000	7.1940
	加权净资产收益率(%)	4.0800	7.8800	4.6400	7.3600
	净资产收益率(扣除)(%)	-	-	-	-
	总资产(万元)	56289.39	56574.69	53135.82	52546.13
	归属母公司股东权益(万元)	47302.60	46981.86	45438.23	44954.62
	主营业务收入(万元)	12118.82	15954.53	8050.30	14353.19
	营业收入(万元)	12149.98	16030.22	8073.87	14409.99
	主营成本(万元)	5137.37	2994.00	1223.93	1881.50
	营业成本(万元)	5201.36	3076.17	1241.81	1948.43
	投资收益(万元)	-50.06	27.88	7.54	33.31
	净利润(万元)	1982.37	3713.66	2161.27	3269.61
	利润总额(万元)	2432.51	4449.94	2621.82	3814.04

湖南南岭民用爆破器材股份有限公司

公司概况	公司名称	湖南南岭民用爆破器材股份有限公司			证券简称	南岭民爆
	法人代表	李建华	董秘	孟建新	证券代码	002096
	公司网址	www.hnnlmb.com		电子信箱	mjx9232@163.com	
	电　话	0731-88936007　88936156		传　真	0731-88936158	
	办公地址	湖南省永州市双牌县泷泊镇双北路6号				
	经营范围	工业炸药、工业导火索的生产和销售等				

	指标\报告期	2013.06.30	2012.12.31	2012.06.30	2011.12.31
主要财务指标	基本每股收益(元)	0.2600	0.4800	0.3100	0.5900
	基本每股收益(扣除)(元)	0.2500	0.1800	0.1200	0.6800
	每股净资产(元)	4.7611	4.5510	2.1400	11.9123
	每股经营现金净流量(元)	0.1259	0.5450	0.1467	1.6734
	每股现金流量(元)	-0.3576	-0.2023	-0.3213	2.0050
	每股资本公积金(元)	1.7485	1.7488	0.1925	6.0181
	每股盈余公积金(元)	0.2292	0.2292	0.1800	0.5031
	每股未分配利润(元)	1.6456	1.4423	0.7607	3.9990
	净资产收益率(%)	5.5297	10.5025	20.1920	13.9989
	加权净资产收益率(%)	5.6300	10.5200	7.0200	13.7400
	净资产收益率(扣除)(%)	-	-	-	-
	总资产(万元)	254622.75	254138.23	96728.81	240770.05
	归属母公司股东权益(万元)	176771.84	168972.05	56631.42	157480.29
	主营业务收入(万元)	73325.11	156834.29	76264.45	64926.90
	营业收入(万元)	83015.12	158767.67	77499.96	161060.28
	主营成本(万元)	42656.59	96910.68	45600.63	40357.37
	营业成本(万元)	52928.70	99865.78	17173.56	97494.23
	投资收益(万元)	379.24	-330.81	33.85	213.69
	净利润(万元)	10451.83	17993.70	11343.68	22370.37
	利润总额(万元)	12440.53	22305.14	13786.78	27140.88

山河智能装备股份有限公司

公司概况	公司名称	山河智能装备股份有限公司			证券简称	山河智能
	法人代表	何清华	董秘	蔡光云	证券代码	002097
	公司网址	www.sunward.com.cn		电子信箱	caigy@sunward.com.cn	
	电　话	0731-83572660　83572658		传　真	0731-83572606	
	办公地址	湖南省长沙市经济技术开发区漓湘中路16号				
	经营范围	研究、设计、生产销售建设机械、工程机械、农业机械、林业机械等				

	指标\报告期	2013.06.30	2012.12.31	2012.06.30	2011.12.31
主要财务指标	基本每股收益(元)	0.1257	0.0218	0.0798	0.4821
	基本每股收益(扣除)(元)	0.1065	-0.0894	0.0457	0.3527
	每股净资产(元)	4.1429	4.0458	4.1000	4.1302
	每股经营现金净流量(元)	0.8187	0.1327	-0.4570	0.2895
	每股现金流量(元)	0.1179	-0.3598	-0.4066	-0.0321
	每股资本公积金(元)	1.4005	1.4005	1.4005	1.5054
	每股盈余公积金(元)	0.2462	0.2462	0.2335	0.2280
	每股未分配利润(元)	1.4918	1.3961	1.4694	1.3960
	净资产收益率(%)	3.0353	0.5455	1.9400	11.6740
	加权净资产收益率(%)	3.0600	0.5300	1.8700	12.3400
	净资产收益率(扣除)(%)	-	-	-	-
	总资产(万元)	573990.06	530861.72	499510.77	481185.88
	归属母公司股东权益(万元)	170457.70	166463.08	168863.27	174068.27
	主营业务收入(万元)	120418.09	192844.24	117456.30	308227.41
	营业收入(万元)	120946.58	193734.48	117953.43	308967.15
	主营成本(万元)	89652.38	139352.88	85446.73	229895.78
	营业成本(万元)	90033.64	140010.73	85774.45	230521.52
	投资收益(万元)	-90.06	14.95	42.70	74.89
	净利润(万元)	5152.94	544.82	3084.81	20175.19
	利润总额(万元)	6443.36	1362.46	4174.24	22242.52

福建浔兴拉链科技股份有限公司

公司概况	公司名称	福建浔兴拉链科技股份有限公司			证券简称	浔兴股份
	法人代表	施能坑	董秘	林晓辉	证券代码	002098
	公司网址	www.sbszipper.com.cn		电子信箱	stock@sbszipper.com	
	电　话	0595-88290099 88285588		传　真	0595-88290008 88282502	
	办公地址	福建省晋江市深沪乌漏沟东工业区				
	经营范围	生产拉链、模具、金属及塑料冲压铸件、拉链配件等				

	指标\报告期	2013.06.30	2012.12.31	2012.06.30	2011.12.31
主要财务指标	基本每股收益(元)	0.2420	0.2300	0.1300	0.4200
	基本每股收益(扣除)(元)	0.2230	0.2100	0.1220	0.3300
	每股净资产(元)	3.9937	3.8517	3.8200	3.9900
	每股经营现金净流量(元)	0.2821	1.1145	0.0533	0.3645
	每股现金流量(元)	-0.1867	0.0265	-0.1909	-0.0329
	每股资本公积金(元)	1.3661	1.3661	1.4310	1.4310
	每股盈余公积金(元)	0.2761	0.2761	0.2625	0.2625
	每股未分配利润(元)	1.3501	1.2080	1.1242	1.2939
	净资产收益率(%)	6.0622	6.0682	3.4100	10.4730
	加权净资产收益率(%)	6.1500	5.9500	3.3400	10.7600
	净资产收益率(扣除)(%)	-	-	-	-
	总资产(万元)	137293.62	132416.48	142055.34	134857.46
	归属母公司股东权益(万元)	61902.64	59701.48	59167.02	61796.86
	主营业务收入(万元)	48006.63	91121.98	45515.09	101002.29
	营业收入(万元)	49096.56	93350.84	46482.19	103759.78
	主营成本(万元)	33045.30	66036.19	33019.92	74784.64
	营业成本(万元)	33928.96	68126.32	33924.39	77494.95
	投资收益(万元)	98.82	116.00	81.00	-
	净利润(万元)	3752.67	3622.81	2249.87	6766.09
	利润总额(万元)	4652.71	4641.65	2801.71	8063.13

浙江海翔药业股份有限公司

公司概况	公司名称	浙江海翔药业股份有限公司			证券简称	海翔药业
	法人代表	李维金	董秘	许华青	证券代码	002099
	公司网址	www.hisoar.com		电子信箱	stock@hisoar.com	
	电　话	0576-88828065		传　真	0576-88820221	
	办公地址	浙江省台州市椒江区外沙支路100号				
	经营范围	原料药及医药中间体的制造与销售等				

	指标\报告期	2013.06.30	2012.12.31	2012.06.30	2011.12.31
主要财务指标	基本每股收益(元)	0.0100	0.0700	0.2100	0.8200
	基本每股收益(扣除)(元)	-	0.0200	0.2100	0.6200
	每股净资产(元)	2.1964	2.1934	2.3300	4.5100
	每股经营现金净流量(元)	0.1164	0.5570	0.2547	0.5736
	每股现金流量(元)	0.0959	-0.0278	-0.0496	0.1527
	每股资本公积金(元)	0.3022	0.3068	0.2987	1.5733
	每股盈余公积金(元)	0.1132	0.1132	0.1065	0.2129
	每股未分配利润(元)	0.7809	0.7733	0.9272	1.7276
	净资产收益率(%)	0.3471	3.2007	9.1500	14.4160
	加权净资产收益率(%)	0.3500	3.1900	9.0000	15.5700
	净资产收益率(扣除)(%)	-	-	-	-
	总资产(万元)	210077.51	191801.86	158470.36	143513.51
	归属母公司股东权益(万元)	71270.39	71172.19	75317.30	72882.91
	主营业务收入(万元)	54983.56	108855.23	61965.05	125203.60
	营业收入(万元)	59453.46	114537.44	64410.05	129843.78
	主营成本(万元)	44575.18	86428.68	45579.28	94053.75
	营业成本(万元)	49171.36	92087.74	48051.52	98660.12
	投资收益(万元)	18.13	-150.44	-104.07	-49.80
	净利润(万元)	-91.56	2022.40	6798.92	10404.46
	利润总额(万元)	-20.95	2459.68	7917.77	12688.90

新疆天康畜牧生物技术股份有限公司

公司概况	公司名称	新疆天康畜牧生物技术股份有限公司			证券简称	天康生物
	法人代表	杨焰	董秘	郭运江	证券代码	002100
	公司网址	www.tcsw.com.cn		电子信箱	xj_gyj@163.com	
	电　话	0991-6626101 6679232		传　真	0991-6679242	
	办公地址	新疆维吾尔自治区乌鲁木齐市高新区长春南路528号天康企业大厦				
	经营范围	种畜胚胎移植生产(具体范围以许可证为准)、兽药的生产、销售等				

	指标\报告期	2013.06.30	2012.12.31	2012.06.30	2011.12.31
主要财务指标	基本每股收益(元)	0.1800	0.3700	0.1600	0.2600
	基本每股收益(扣除)(元)	0.1700	0.3200	0.1900	0.2300
	每股净资产(元)	3.2976	4.0977	3.9300	3.8300
	每股经营现金净流量(元)	0.3780	0.9594	0.5438	1.1827
	每股现金流量(元)	-0.5089	0.0549	-0.5508	0.7550
	每股资本公积金(元)	1.3110	1.7043	1.7043	1.7043
	每股盈余公积金(元)	0.1844	0.2398	0.1885	0.1885
	每股未分配利润(元)	0.8022	1.1536	1.0422	0.9385
	净资产收益率(%)	5.5800	8.9427	5.1800	6.8085
	加权净资产收益率(%)	5.6800	9.2600	5.2000	7.0700
	净资产收益率(扣除)(%)	-	-	-	-
	总资产(万元)	236398.19	252706.69	228285.09	230061.77
	归属母公司股东权益(万元)	126359.05	120781.98	115985.27	112928.36
	主营业务收入(万元)	171630.40	332319.48	161028.97	297873.76
	营业收入(万元)	172127.89	332731.34	161196.79	298398.42
	主营成本(万元)	146851.45	280025.49	138836.69	253199.73
	营业成本(万元)	146937.72	280132.84	161196.79	253377.12
	投资收益(万元)	935.89	1930.39	762.78	1841.67
	净利润(万元)	6823.52	10414.17	5950.36	7679.67
	利润总额(万元)	7440.09	13411.24	7026.76	9094.15

广东鸿图科技股份有限公司

公司概况	公司名称	广东鸿图科技股份有限公司			证券简称	广东鸿图
	法人代表	邹剑佳	董秘	莫劲刚	证券代码	002101
	公司网址	www.ght-china.com		电子信箱	mjg@ght-china.com	
	电　话	0758-8512880 8512658		传　真	0758-8512658 8512996	
	办公地址	广东省肇庆市高要市金渡世纪大道168号				
	经营范围	开发、设计、制造、加工、销售汽车、摩托车、家用电器、电子仪表、通讯、机械等				

	指标\报告期	2013.06.30	2012.12.31	2012.06.30	2011.12.31
主要财务指标	基本每股收益(元)	0.2000	0.4700	0.2800	0.5400
	基本每股收益(扣除)(元)	-	0.4100	0.2800	0.5000
	每股净资产(元)	6.0068	6.0099	5.8000	5.5600
	每股经营现金净流量(元)	-0.0461	0.7865	0.3962	0.7511
	每股现金流量(元)	-0.2502	-0.3906	-0.6073	-0.6479
	每股资本公积金(元)	3.0878	3.0893	3.0725	3.1128
	每股盈余公积金(元)	0.3518	0.3518	0.2982	0.2982
	每股未分配利润(元)	1.5672	1.5688	1.4289	1.1484
	净资产收益率(%)	3.3040	7.8856	4.8360	9.6890
	加权净资产收益率(%)	3.2700	8.1800	4.9210	10.1400
	净资产收益率(扣除)(%)	-	-	-	-
	总资产(万元)	194092.47	175831.66	161446.39	154342.76
	归属母公司股东权益(万元)	98511.43	98561.71	95112.85	91174.55
	主营业务收入(万元)	76264.12	127771.22	65093.94	125051.41
	营业收入(万元)	78438.91	134501.09	66794.87	128836.31
	主营成本(万元)	59967.22	99955.66	49659.51	96187.75
	营业成本(万元)	61704.28	105286.76	51070.96	98873.04
	投资收益(万元)	-	-	-	-
	净利润(万元)	3254.85	7772.20	4599.95	8833.65
	利润总额(万元)	4078.54	8902.45	5534.53	9927.20

福建冠福现代家用股份有限公司

公司概况	公司名称	福建冠福现代家用股份有限公司		证券简称	冠福家用
	法人代表	林文智	董秘 黄华伦	证券代码	002102
	公司网址	www.guanfu.com		电子信箱	guanfu@guanfu.com
	电　话	0595-23551999 23550777		传　真	0595-27251999 021-69765699
	办公地址	福建省泉州市德化县浔中镇土坂村			
	经营范围	日用陶瓷的开发、生产、销售及家用品的销售等			

	指标\报告期	2013.06.30	2012.12.31	2012.06.30	2011.12.31
主要财务指标	基本每股收益(元)	0.0700	0.0500	-0.1000	-0.3300
	基本每股收益(扣除)(元)	-0.1500	-0.3300	-0.1000	-0.4200
	每股净资产(元)	1.6008	1.5300	0.9700	1.4695
	每股经营现金净流量(元)	0.1885	0.0368	-0.0479	-0.3209
	每股现金流量(元)	-0.0348	-0.1463	-0.0272	-0.3385
	每股资本公积金(元)	0.2471	0.2418	0.2456	0.2353
	每股盈余公积金(元)	0.0369	0.0369	0.0369	0.0369
	每股未分配利润(元)	0.3169	0.2471	-0.3087	0.1973
	净资产收益率(%)	4.3546	3.2681	-9.9200	-22.1836
	加权净资产收益率(%)	4.1000	2.8300	-9.5400	-27.0500
	净资产收益率(扣除)(%)	-	-	-	-
	总资产(万元)	190201.64	195001.18	166063.85	193566.81
	归属母公司股东权益(万元)	65514.11	62444.06	39850.72	60138.75
	主营业务收入(万元)	77612.07	66290.55	35602.13	63086.04
	营业收入(万元)	78606.32	69595.04	37199.13	65468.85
	主营成本(万元)	64782.18	36881.48	19282.39	34004.00
	营业成本(万元)	64941.36	37829.78	19845.39	34633.04
	投资收益(万元)	8700.33	426.42	-93.72	7646.98
	净利润(万元)	2751.36	1829.69	-3977.93	-13372.98
	利润总额(万元)	2712.64	4542.02	-5356.84	-15077.67

广博集团股份有限公司

公司概况	公司名称	广博集团股份有限公司		证券简称	广博股份
	法人代表	戴国平	董秘 杨远	证券代码	002103
	公司网址	www.guangbo.net		电子信箱	stock@guangbo.net
	电　话	0574-28827003		传　真	0574-28827006
	办公地址	浙江省宁波市鄞州区石碶街道车何			
	经营范围	出版物、包装装潢、其他印刷品印刷等			

	指标\报告期	2013.06.30	2012.12.31	2012.06.30	2011.12.31
主要财务指标	基本每股收益(元)	0.0300	0.1700	0.0500	0.2000
	基本每股收益(扣除)(元)	-0.0039	0.1400	0.0570	0.1200
	每股净资产(元)	3.3493	3.3683	3.2500	3.3000
	每股经营现金净流量(元)	-0.1149	0.2762	0.0284	0.3306
	每股现金流量(元)	-0.1818	-0.1024	-0.1825	0.0877
	每股资本公积金(元)	1.0386	1.0386	1.0386	1.0386
	每股盈余公积金(元)	0.2097	0.2097	0.1982	0.1982
	每股未分配利润(元)	1.1116	1.1293	1.0254	1.0732
	净资产收益率(%)	0.9647	4.9758	1.6000	6.0490
	加权净资产收益率(%)	0.9500	5.0300	1.5700	6.0900
	净资产收益率(扣除)(%)	-	-	-	-
	总资产(万元)	115754.96	117277.76	119686.69	120715.82
	归属母公司股东权益(万元)	73159.95	73574.53	71056.97	72101.56
	主营业务收入(万元)	40065.31	103706.86	51691.38	104999.44
	营业收入(万元)	40310.71	104115.07	51826.38	105325.50
	主营成本(万元)	31692.22	80870.98	41297.63	84129.04
	营业成本(万元)	31815.82	80988.85	41382.76	84160.82
	投资收益(万元)	556.93	582.47	269.10	825.40
	净利润(万元)	706.61	3568.04	1088.28	4444.66
	利润总额(万元)	836.77	4714.12	1514.26	5387.50

恒宝股份有限公司

公司概况	公司名称	恒宝股份有限公司		证券简称	恒宝股份
	法人代表	钱云宝	董秘 张建明	证券代码	002104
	公司网址	www.hengbao.com		电子信箱	zhangjm01@hengbao.com
	电　话	0511-86649376 86644409		传　真	0511-86644324
	办公地址	江苏省丹阳市横塘工业区			
	经营范围	磁卡、IC卡、电子标签、票证、票据、电脑票据、磁卡存折等			

	指标\报告期	2013.06.30	2012.12.31	2012.06.30	2011.12.31
主要财务指标	基本每股收益(元)	0.1600	0.2900	0.1200	0.2600
	基本每股收益(扣除)(元)	0.1600	0.2900	0.1200	0.2700
	每股净资产(元)	1.8965	1.8351	1.7100	1.6000
	每股经营现金净流量(元)	-0.0501	0.5624	0.0805	0.2272
	每股现金流量(元)	-0.3551	0.0885	-0.0271	-0.0324
	每股资本公积金(元)	0.0394	0.0394	0.0394	0.0394
	每股盈余公积金(元)	0.1668	0.1668	0.1379	0.1379
	每股未分配利润(元)	0.6916	0.6295	0.5370	0.4195
	净资产收益率(%)	8.5463	15.7476	6.8600	16.3780
	加权净资产收益率(%)	8.7200	16.7200	7.1000	17.2400
	净资产收益率(扣除)(%)	-	-	-	-
	总资产(万元)	124741.48	107740.76	99286.74	85219.37
	归属母公司股东权益(万元)	83565.19	80860.70	75514.56	70335.64
	主营业务收入(万元)	51010.13	92841.65	41922.83	77183.43
	营业收入(万元)	51110.51	92987.12	41980.74	77494.53
	主营成本(万元)	33390.18	63516.74	28712.01	51460.96
	营业成本(万元)	33400.82	63548.64	28726.98	51674.81
	投资收益(万元)	153.33	1161.33	14.67	-
	净利润(万元)	7141.76	12704.15	5157.18	11447.99
	利润总额(万元)	8079.40	14688.55	5881.71	13353.53

深圳信隆实业股份有限公司

公司概况	公司名称	深圳信隆实业股份有限公司		证券简称	信隆实业
	法人代表	廖学金	董秘 陈丽秋	证券代码	002105
	公司网址	www.hlcorp.com.cn		电子信箱	cmo@hlcorp.com
	电　话	0755-27749423*105 182		传　真	0755-27746236
	办公地址	广东省深圳市龙华新区龙华办事处龙发路65号			
	经营范围	生产经营运动器材、康复辅助器材、计算机配件、铝挤型锻造成型等			

	指标\报告期	2013.06.30	2012.12.31	2012.06.30	2011.12.31
主要财务指标	基本每股收益(元)	-0.0500	0.0900	0.0200	0.0600
	基本每股收益(扣除)(元)	-0.0400	0.1000	0.0200	0.0500
	每股净资产(元)	1.8360	1.9849	1.9100	1.9900
	每股经营现金净流量(元)	0.0205	0.3848	0.2216	0.1823
	每股现金流量(元)	0.1759	0.0819	-0.0825	-0.0072
	每股资本公积金(元)	0.5454	0.5454	0.5454	0.5454
	每股盈余公积金(元)	0.1695	0.1695	0.1435	0.1435
	每股未分配利润(元)	0.1295	0.2775	0.2256	0.3091
	净资产收益率(%)	-2.6147	4.7537	0.8700	3.2000
	加权净资产收益率(%)	-2.4500	4.7500	0.8300	3.2500
	净资产收益率(扣除)(%)	-	-	-	-
	总资产(万元)	139855.74	142425.99	134164.28	140810.49
	归属母公司股东权益(万元)	49204.29	53194.75	51105.56	53338.19
	主营业务收入(万元)	67788.75	152092.19	68599.94	136109.65
	营业收入(万元)	67788.75	152189.96	68599.94	136109.65
	主营成本(万元)	59071.65	127061.92	58014.38	115268.05
	营业成本(万元)	59071.65	127133.55	58014.38	115268.05
	投资收益(万元)	129.95	9.20	11.54	244.24
	净利润(万元)	-1855.21	1579.76	44.14	775.08
	利润总额(万元)	-1486.35	4239.91	1050.01	2160.74

深圳莱宝高科技股份有限公司

公司概况	公司名称	深圳莱宝高科技股份有限公司		证券简称	莱宝高科
	法人代表	臧卫东	董秘 杜小华	证券代码	002106
	公司网址	www.laibao.com.cn		电子信箱	lbgk@laibao.com.cn
	电　话	0755-26983383		传　真	0755-26980212
	办公地址	广东省深圳市南山区高新技术产业园区朗山二路			
	经营范围	生产和经营彩色滤光片、触摸屏、镀膜导电玻璃及真空镀膜产品等			

	指标\报告期	2013.06.30	2012.12.31	2012.06.30	2011.12.31
主要财务指标	基本每股收益(元)	0.0404	0.2300	0.1348	0.7700
	基本每股收益(扣除)(元)	0.0309	0.2100	0.1112	0.7100
	每股净资产(元)	5.7700	4.0800	3.9800	4.0100
	每股经营现金净流量(元)	0.3589	0.2052	-0.0767	0.9832
	每股现金流量(元)	1.8030	-0.5762	-0.5313	0.2636
	每股资本公积金(元)	2.9439	0.8054	0.8054	0.8107
	每股盈余公积金(元)	0.3953	0.4647	0.4337	0.4337
	每股未分配利润(元)	1.4323	1.8161	1.7472	1.7624
	净资产收益率(%)	0.6481	5.7462	3.3800	19.1060
	加权净资产收益率(%)	0.8100	5.8200	3.3900	20.5400
	净资产收益率(扣除)(%)	-	-	-	-
	总资产(万元)	465154.89	278058.30	280317.58	278969.93
	归属母公司股东权益(万元)	407253.49	245252.95	239257.48	240488.01
	主营业务收入(万元)	68010.04	120025.43	60032.77	123655.46
	营业收入(万元)	69460.77	121005.50	60032.77	123655.46
	主营成本(万元)	56671.28	90040.68	45002.12	61753.62
	营业成本(万元)	57869.03	90292.37	45002.12	61753.62
	投资收益(万元)	255.88	548.17	576.74	2488.19
	净利润(万元)	2754.98	14348.91	8057.02	45911.60
	利润总额(万元)	2907.25	17245.30	9126.46	53722.56

山东沃华医药科技股份有限公司

公司概况	公司名称	山东沃华医药科技股份有限公司		证券简称	沃华医药
	法人代表	赵丙贤	董秘 张戈	证券代码	002107
	公司网址	www.wohua.cn		电子信箱	lulu6961@sina.com
	电　话	0536-8553373		传　真	0536-8553367
	办公地址	山东省潍坊市高新技术产业开发区梨园街519号			
	经营范围	心脑血管中成药的研发、生产和销售等			

	指标\报告期	2013.06.30	2012.12.31	2012.06.30	2011.12.31
主要财务指标	基本每股收益(元)	0.0200	0.0500	0.0100	0.0500
	基本每股收益(扣除)(元)	0.0200	0.0400	0.0100	0.0200
	每股净资产(元)	3.6431	3.6249	3.5900	3.5700
	每股经营现金净流量(元)	0.0389	0.2065	0.1264	0.0083
	每股现金流量(元)	-0.0368	0.0362	-0.0169	-0.2172
	每股资本公积金(元)	2.0155	2.0155	2.0155	2.0155
	每股盈余公积金(元)	0.1570	0.1570	0.1570	0.1570
	每股未分配利润(元)	0.4705	0.4523	0.4139	0.4015
	净资产收益率(%)	0.4989	1.4031	0.3500	1.2682
	加权净资产收益率(%)	0.5000	1.4100	0.3500	1.2800
	净资产收益率(扣除)(%)	-	-	-	-
	总资产(万元)	63911.22	64369.71	63996.10	62234.96
	归属母公司股东权益(万元)	59739.46	59441.43	58810.62	58607.39
	主营业务收入(万元)	12163.56	20755.56	9506.76	14881.63
	营业收入(万元)	12360.30	20960.68	9621.19	14902.86
	主营成本(万元)	2353.22	4437.67	2033.98	3453.26
	营业成本(万元)	2450.92	4578.15	2156.27	3459.79
	投资收益(万元)	-	-	-	-
	净利润(万元)	298.04	834.04	203.23	743.28
	利润总额(万元)	298.16	834.52	203.53	744.20

沧州明珠塑料股份有限公司

公司概况	公司名称	沧州明珠塑料股份有限公司		证券简称	沧州明珠
	法人代表	于新立	董秘 于增胜	证券代码	002108
	公司网址	www.cz-mz.com		电子信箱	yuzengsheng@126.com
	电　话	0317-2075318 2075245		传　真	0317-2075246
	办公地址	河北省沧州市新华西路13号			
	经营范围	燃气、给水、排水、通信用聚乙烯管材管件和BOPA薄膜制品等			

	指标\报告期	2013.06.30	2012.12.31	2012.06.30	2011.12.31
主要财务指标	基本每股收益(元)	0.1900	0.3700	0.1700	0.3300
	基本每股收益(扣除)(元)	0.1900	0.3500	0.1700	0.3200
	每股净资产(元)	3.1980	3.1800	2.9800	2.3200
	每股经营现金净流量(元)	0.0353	0.2144	-0.2449	0.1855
	每股现金流量(元)	-0.1799	0.4504	0.2155	-0.1589
	每股资本公积金(元)	0.9706	0.9706	0.9706	0.2512
	每股盈余公积金(元)	0.1963	0.1963	0.1741	0.1964
	每股未分配利润(元)	1.0310	1.0172	0.8364	0.8685
	净资产收益率(%)	6.0619	11.2365	5.2000	14.3980
	加权净资产收益率(%)	5.9600	13.0600	6.5200	15.4700
	净资产收益率(扣除)(%)	-	-	-	-
	总资产(万元)	198088.05	177988.29	158911.31	128971.97
	归属母公司股东权益(万元)	108781.07	108309.65	101408.12	69867.73
	主营业务收入(万元)	84670.90	175343.62	80837.75	161719.94
	营业收入(万元)	85346.99	176238.70	81351.73	166021.75
	主营成本(万元)	68775.27	144797.18	66885.10	135909.42
	营业成本(万元)	69244.89	145476.83	67268.25	139891.80
	投资收益(万元)	644.19	686.70	716.83	631.94
	净利润(万元)	6680.10	12438.21	5362.68	10153.23
	利润总额(万元)	8699.06	16447.12	6868.70	13484.54

陕西兴化化学股份有限公司

公司概况	公司名称	陕西兴化化学股份有限公司		证券简称	兴化股份
	法人代表	陈团柱	董秘 王东潮	证券代码	002109
	公司网址	www.snxhchem.com		电子信箱	w38839966@126.com
	电　话	029-38839966 38839912		传　真	029-38822614
	办公地址	陕西省咸阳市兴平市东城区迎宾大道			
	经营范围	合成氨、硝酸、硝酸铵、多孔硝铵、特种气体、羰基铁粉的生产、加工、批发与零售			

	指标\报告期	2013.06.30	2012.12.31	2012.06.30	2011.12.31
主要财务指标	基本每股收益(元)	0.1100	0.3600	0.2700	0.4800
	基本每股收益(扣除)(元)	0.0500	0.2900	0.2400	0.4800
	每股净资产(元)	3.6131	3.5914	3.5000	3.4200
	每股经营现金净流量(元)	0.0424	0.3990	0.4295	0.3287
	每股现金流量(元)	-0.2021	-0.2171	-0.0433	-0.0243
	每股资本公积金(元)	0.5492	0.5492	0.5492	0.5492
	每股盈余公积金(元)	0.3431	0.3318	0.3220	0.2974
	每股未分配利润(元)	1.6512	1.6510	1.5677	1.5264
	净资产收益率(%)	3.0887	9.9956	7.6100	14.1220
	加权净资产收益率(%)	3.0800	10.3900	7.7000	15.0500
	净资产收益率(扣除)(%)	-	-	-	-
	总资产(万元)	176167.19	174138.49	179782.79	172799.84
	归属母公司股东权益(万元)	129492.59	128716.82	125271.62	122426.86
	主营业务收入(万元)	53588.74	142168.84	74159.26	137111.39
	营业收入(万元)	54597.66	144361.88	75687.89	139421.03
	主营成本(万元)	42171.53	104394.45	50976.94	95105.93
	营业成本(万元)	42932.66	106204.14	52379.49	97198.70
	投资收益(万元)	0.05	-	-	-
	净利润(万元)	3992.58	13042.81	9604.79	17289.33
	利润总额(万元)	4771.45	15511.73	11579.54	20539.92

福建三钢闽光股份有限公司

公司概况	公司名称	福建三钢闽光股份有限公司			证券简称	三钢闽光
	法人代表	卫才清	董秘	徐燕洪	证券代码	002110
	公司网址	www.sgmg.com.cn		电子信箱	sgmg@fjsg.com.cn	
	电　话	0598-8205188 8205079		传　真	0598-8205013 8205158	
	办公地址	福建省三明市梅列区工业中路群工三路				
	经营范围	钢铁冶炼、轧制、加工及其延压产品的生产和销售等				

	指标\报告期	2013.06.30	2012.12.31	2012.06.30	2011.12.31
主要财务指标	基本每股收益(元)	-0.0580	-0.4030	0.0290	0.4740
	基本每股收益(扣除)(元)	-0.0620	-0.4200	0.0170	0.4920
	每股净资产(元)	5.0624	5.1203	5.5500	5.5300
	每股经营现金净流量(元)	-0.1128	-0.0328	-1.9510	0.9647
	每股现金流量(元)	-0.2707	-1.1722	-1.4392	1.7068
	每股资本公积金(元)	1.3207	1.3207	1.3207	1.3207
	每股盈余公积金(元)	0.6536	0.6536	0.6536	0.6536
	每股未分配利润(元)	2.0881	2.1461	2.5777	2.5590
	净资产收益率(%)	-1.1451	-7.8688	0.5200	8.5600
	加权净资产收益率(%)	-1.1400	-7.5700	0.5200	8.9300
	净资产收益率(扣除)(%)	-	-	-	-
	总资产(万元)	888069.50	875274.48	956762.20	902148.11
	归属母公司股东权益(万元)	270685.46	273784.95	296861.23	295863.29
	主营业务收入(万元)	874364.90	1748000.67	855263.58	1846482.98
	营业收入(万元)	927637.09	1828160.61	895558.36	1928186.89
	主营成本(万元)	854273.53	1717327.98	829710.93	1763708.83
	营业成本(万元)	904770.74	1793697.20	868405.61	1839616.34
	投资收益(万元)	2024.79	1800.66	497.45	3764.42
	净利润(万元)	-3099.49	-21543.64	1532.63	25325.86
	利润总额(万元)	-3918.36	-26171.59	1075.01	29224.49

威海广泰空港设备股份有限公司

公司概况	公司名称	威海广泰空港设备股份有限公司			证券简称	威海广泰
	法人代表	李光太	董秘	任伟	证券代码	002111
	公司网址	www.guangtai.com.cn		电子信箱	guangtai@guangtai.com.cn	
	电　话	0631-3953335		传　真	0631-3953451	
	办公地址	山东省威海市古寨南路160号				
	经营范围	生产许可证有效期内的各类航空地面设备及配套产品的生产等				

	指标\报告期	2013.06.30	2012.12.31	2012.06.30	2011.12.31
主要财务指标	基本每股收益(元)	0.1300	0.2900	0.1200	0.2700
	基本每股收益(扣除)(元)	0.1100	0.2400	0.1100	0.2000
	每股净资产(元)	3.6202	3.5751	3.4000	3.3500
	每股经营现金净流量(元)	-0.1331	0.0474	-0.0412	0.2144
	每股现金流量(元)	-0.2368	-0.0793	-0.1997	0.6053
	每股资本公积金(元)	1.3619	1.3619	1.3619	1.3619
	每股盈余公积金(元)	0.1699	0.1699	0.1471	0.1471
	每股未分配利润(元)	1.0883	1.0433	0.8941	0.8368
	净资产收益率(%)	3.4534	8.0908	3.4500	7.3420
	加权净资产收益率(%)	3.4500	8.3600	3.4500	10.5800
	净资产收益率(扣除)(%)	-	-	-	-
	总资产(万元)	194203.36	182002.38	162576.22	158984.33
	归属母公司股东权益(万元)	111236.70	109853.42	104567.02	102809.00
	主营业务收入(万元)	40117.26	79996.24	36373.34	61924.49
	营业收入(万元)	40542.59	81076.47	36772.05	63102.80
	主营成本(万元)	27999.78	55847.94	25742.29	42453.53
	营业成本(万元)	28148.09	56612.58	25978.52	43077.96
	投资收益(万元)	115.21	117.77	108.36	52.50
	净利润(万元)	3838.11	8879.52	3601.32	7626.95
	利润总额(万元)	4422.88	10284.10	4131.80	8828.49

三变科技股份有限公司

公司概况	公司名称	三变科技股份有限公司			证券简称	三变科技
	法人代表	卢旭日	董秘	羊静	证券代码	002112
	公司网址	www.sanbian.cn		电子信箱	sbkj002112@163.com	
	电　话	0576-83381318 83381688		传　真	0576-83381921	
	办公地址	浙江省台州市三门县海游镇西区大道369号				
	经营范围	电力变压器产品的研制、生产和销售等				

	指标\报告期	2013.06.30	2012.12.31	2012.06.30	2011.12.31
主要财务指标	基本每股收益(元)	0.0300	0.0500	-0.0200	-0.2900
	基本每股收益(扣除)(元)	0.0300	0.0200	-0.0400	-0.3100
	每股净资产(元)	2.2287	3.9700	3.8800	3.9200
	每股经营现金净流量(元)	0.3944	1.2297	-0.4545	-0.9923
	每股现金流量(元)	-0.0165	0.2331	0.3520	-0.7305
	每股资本公积金(元)	0.3430	1.4174	1.4174	1.4174
	每股盈余公积金(元)	0.1510	0.2718	0.2666	0.2666
	每股未分配利润(元)	0.7347	1.2820	1.1924	1.2348
	净资产收益率(%)	1.5075	1.3210	-1.0900	-7.3110
	加权净资产收益率(%)	1.5100	1.3300	-1.0900	-7.0200
	净资产收益率(扣除)(%)	-	-	-	-
	总资产(万元)	102755.32	104674.76	125404.95	114167.30
	归属母公司股东权益(万元)	44930.55	44477.23	43415.64	43889.69
	主营业务收入(万元)	36823.91	82109.07	40798.92	101073.17
	营业收入(万元)	37317.31	83807.59	41615.92	103242.38
	主营成本(万元)	27362.31	64514.99	32832.92	84948.35
	营业成本(万元)	27480.68	65284.77	33090.95	85462.20
	投资收益(万元)	-23.47	257.82	1.05	265.85
	净利润(万元)	677.32	587.54	-474.06	-3208.69
	利润总额(万元)	677.32	587.54	-474.06	-2631.37

湖南天润实业控股股份有限公司

公司概况	公司名称	湖南天润实业控股股份有限公司			证券简称	天润控股
	法人代表	赖淦锋	董秘	赖淦锋(代)	证券代码	002113
	公司网址	www.trf[illegible].com		电子信箱	trkg002113@163.com	
	电　话	0730-8961178 8961179		传　真	0730-8961179	
	办公地址	湖南省岳阳市岳阳大道兴长石化大厦6楼				
	经营范围	生产、销售尿素、液氨、甲醇、农用碳酸氢铵及复合肥等				

	指标\报告期	2013.06.30	2012.12.31	2012.06.30	2011.12.31
主要财务指标	基本每股收益(元)	0.0200	0.0420	0.0200	0.0310
	基本每股收益(扣除)(元)	0.0200	0.0400	0.0330	-0.0170
	每股净资产(元)	0.7885	0.7574	0.7320	0.7000
	每股经营现金净流量(元)	-0.0848	0.0071	-0.0296	0.1784
	每股现金流量(元)	-0.0932	0.1060	0.0073	0.0114
	每股资本公积金(元)	1.1574	1.1478	1.1211	1.1355
	每股盈余公积金(元)	0.4656	0.4656	0.4656	0.4656
	每股未分配利润(元)	-1.8345	-1.8560	-1.8544	-1.8982
	净资产收益率(%)	2.7301	5.5615	3.1723	4.3407
	加权净资产收益率(%)	2.7900	5.7700	3.2400	5.1200
	净资产收益率(扣除)(%)	-	-	-	-
	总资产(万元)	12615.87	15448.21	15008.33	17797.53
	归属母公司股东权益(万元)	9336.03	8967.49	8670.91	8322.93
	主营业务收入(万元)	924.87	2314.94	1316.08	6702.10
	营业收入(万元)	924.87	2320.39	1316.08	6777.13
	主营成本(万元)	398.96	1364.91	841.66	5600.78
	营业成本(万元)	398.96	1364.91	841.66	5805.48
	投资收益(万元)	-	52.00	52.00	-
	净利润(万元)	254.89	498.73	275.07	361.27
	利润总额(万元)	254.89	493.55	275.07	357.22

云南罗平锌电股份有限公司

公司概况	公司名称	云南罗平锌电股份有限公司			证券简称	罗平锌电
	法人代表	许克昌	董秘	喻永贤	证券代码	002114
	公司网址	www.lpxdgf.cn		电子信箱	gui_zj@163.com	
	电　话	0874-8256825		传　真	0874-8256039	
	办公地址	云南省曲靖市罗平县罗雄镇长家湾				
	经营范围	水力发电、铅锌等有色金属的开采、锌冶炼及其延伸产品的生产与销售等				

主要财务指标	指标\报告期	2013.06.30	2012.12.31	2012.06.30	2011.12.31
	基本每股收益(元)	-0.3400	0.1100	-0.3700	-1.5400
	基本每股收益(扣除)(元)	-0.3400	0.0500	-0.3700	-1.4600
	每股净资产(元)	0.7432	1.0799	0.5900	0.9700
	每股经营现金净流量(元)	-0.0618	1.6041	0.7502	-0.1033
	每股现金流量(元)	-0.1611	-0.0548	0.0418	-0.4401
	每股资本公积金(元)	0.9266	0.9266	0.9266	0.9266
	每股盈余公积金(元)	0.1866	0.1866	0.1866	0.1866
	每股未分配利润(元)	-1.3723	-1.0355	-1.5230	-1.1490
	净资产收益率(%)	-45.3238	10.5078	-63.1500	-158.7650
	加权净资产收益率(%)	-36.9600	11.0700	-47.8700	-88.5600
	净资产收益率(扣除)(%)	-	-	-	-
	总资产(万元)	88386.97	83925.46	103241.30	108298.92
	归属母公司股东权益(万元)	13664.31	19855.07	10890.31	17805.81
	主营业务收入(万元)	15782.40	117167.06	38350.52	121761.30
	营业收入(万元)	17865.94	126220.09	40349.42	125785.47
	主营成本(万元)	16490.44	107248.59	34939.23	127554.84
	营业成本(万元)	18321.57	111415.61	36216.20	129497.96
	投资收益(万元)	-1097.83	269.68	-992.96	-2018.67
	净利润(万元)	-6192.86	2127.87	-6977.39	-28208.93
	利润总额(万元)	-6192.06	1947.80	-6975.59	-26156.69

三维通信股份有限公司

公司概况	公司名称	三维通信股份有限公司			证券简称	三维通信
	法人代表	李越伦	董秘	王萍	证券代码	002115
	公司网址	www.sunwave.com.cn		电子信箱	zqb@sunwave.com.cn	
	电　话	0571-88923377		传　真	0571-88923377	
	办公地址	浙江省杭州市滨江火炬大道581号三维大厦				
	经营范围	通信设备、无线电发射与接收设备、仪器仪表的开发制造、咨询和维修等				

主要财务指标	指标\报告期	2013.06.30	2012.12.31	2012.06.30	2011.12.31
	基本每股收益(元)	0.0255	0.2638	0.1037	0.3347
	基本每股收益(扣除)(元)	0.0100	0.2300	0.1115	0.4845
	每股净资产(元)	2.5457	3.1241	2.9848	4.4391
	每股经营现金净流量(元)	-0.2937	0.1550	-0.5795	0.0950
	每股现金流量(元)	-0.3502	-0.2972	-0.6497	0.7231
	每股资本公积金(元)	0.6013	0.9215	0.9215	1.8808
	每股盈余公积金(元)	0.1224	0.1469	0.1234	0.1851
	每股未分配利润(元)	0.8220	1.0559	0.9400	1.3733
	净资产收益率(%)	1.0004	8.4445	4.1700	10.6920
	加权净资产收益率(%)	0.9800	8.7000	4.1400	13.7800
	净资产收益率(扣除)(%)	-	-	-	-
	总资产(万元)	207262.45	195826.42	197551.35	206298.37
	归属母公司股东权益(万元)	104547.07	106920.32	102153.44	101281.91
	主营业务收入(万元)	34731.38	107876.89	47862.28	111665.40
	营业收入(万元)	34981.10	108417.72	48151.56	112097.57
	主营成本(万元)	22201.33	71032.97	30969.24	72869.13
	营业成本(万元)	22201.65	71214.32	31121.75	72893.20
	投资收益(万元)	-29.75	13.09	-65.18	413.46
	净利润(万元)	924.38	9424.39	4578.99	11535.16
	利润总额(万元)	1022.56	10751.97	5233.47	13556.83

中国海诚工程科技股份有限公司

公司概况	公司名称	中国海诚工程科技股份有限公司			证券简称	中国海诚
	法人代表	严晓俭	董秘	禹春武(代)	证券代码	002116
	公司网址	www.haisum.com		电子信箱	haisum@haisum.com	
	电　话	021-64314018		传　真	021-64334045	
	办公地址	上海市宝庆路21号				
	经营范围	为国内外工程建设提供设计、咨询、监理和总承包服务等				

主要财务指标	指标\报告期	2013.06.30	2012.12.31	2012.06.30	2011.12.31
	基本每股收益(元)	0.3810	0.5900	0.2870	0.4400
	基本每股收益(扣除)(元)	0.3480	0.5700	0.2830	0.7920
	每股净资产(元)	3.0393	2.8680	2.7320	4.7360
	每股经营现金净流量(元)	-0.0028	0.2575	0.5605	1.0190
	每股现金流量(元)	0.0098	-0.7969	0.1906	-0.2239
	每股资本公积金(元)	0.4074	0.3866	0.5518	1.7785
	每股盈余公积金(元)	0.2098	0.2098	0.1658	0.2985
	每股未分配利润(元)	1.4227	1.2720	1.0151	1.6610
	净资产收益率(%)	12.5237	20.4913	10.5000	16.7804
	加权净资产收益率(%)	12.5700	20.9800	10.4400	17.7600
	净资产收益率(扣除)(%)	-	-	-	-
	总资产(万元)	300866.48	290714.26	251452.08	237731.97
	归属母公司股东权益(万元)	62366.16	58843.85	56050.79	53988.70
	主营业务收入(万元)	289312.82	521667.01	259342.68	405752.82
	营业收入(万元)	289773.99	523100.25	260019.50	407406.74
	主营成本(万元)	264163.90	471295.49	236007.98	362487.73
	营业成本(万元)	264589.17	472493.66	236601.69	363703.57
	投资收益(万元)	87.82	61.37	22.60	251.27
	净利润(万元)	7810.56	13408.69	6661.19	10284.49
	利润总额(万元)	9329.69	15871.32	7955.87	12427.06

东港股份有限公司

公司概况	公司名称	东港股份有限公司			证券简称	东港股份
	法人代表	王爱先	董秘	齐利国	证券代码	002117
	公司网址	www.tungkong.com.cn		电子信箱	qi-liguo@tungkong.com.cn	
	电　话	0531-88904590		传　真	0531-82672202	
	办公地址	山东省济南市山大北路23号				
	经营范围	出版物、包装装潢印刷品及其他印刷品印刷、办公用纸、纸制品的生产等				

主要财务指标	指标\报告期	2013.06.30	2012.12.31	2012.06.30	2011.12.31
	基本每股收益(元)	0.2200	0.4100	0.1800	0.3500
	基本每股收益(扣除)(元)	-	0.3800	0.2000	0.3400
	每股净资产(元)	3.7077	4.3767	4.1800	8.3000
	每股经营现金净流量(元)	0.0463	0.8324	0.0634	1.4067
	每股现金流量(元)	-0.2139	-0.4630	-0.2478	-0.3461
	每股资本公积金(元)	1.4169	1.8912	1.8829	4.7473
	每股盈余公积金(元)	0.3143	0.3394	0.3263	0.5952
	每股未分配利润(元)	0.9764	1.1462	0.9706	1.9599
	净资产收益率(%)	5.9201	9.3119	5.2500	8.2860
	加权净资产收益率(%)	5.9300	9.6400	5.2300	8.7400
	净资产收益率(扣除)(%)	-	-	-	-
	总资产(万元)	147082.10	145368.86	133946.19	135012.09
	归属母公司股东权益(万元)	112453.23	110620.48	105678.09	104954.19
	主营业务收入(万元)	48801.34	81019.94	39276.64	76641.97
	营业收入(万元)	49380.13	81740.07	39911.45	78176.56
	主营成本(万元)	29705.79	49716.97	24672.28	49742.94
	营业成本(万元)	29895.83	50068.26	25270.63	51057.26
	投资收益(万元)	23.53	-	-	-
	净利润(万元)	7519.20	11645.10	6104.09	9615.63
	利润总额(万元)	8877.54	13726.25	7147.24	11323.72

吉林紫鑫药业股份有限公司

公司概况	公司名称	吉林紫鑫药业股份有限公司			证券简称	紫鑫药业
	法人代表	曹恩辉	董秘	钟云香	证券代码	002118
	公司网址	www.jilinzixin.com.cn		电子信箱	zixin@jilinzixin.com	
	电　　话	0431-81916633		传　　真	0431-88698366	
	办公地址	吉林省长春市南关区东头道街 137 号				
	经营范围	从事中成药的研发、生产、销售和中药材种植业务等				

主要财务指标	指标\报告期	2013.06.30	2012.12.31	2012.06.30	2011.12.31
	基本每股收益(元)	0.0400	0.1700	0.1100	0.4200
	基本每股收益(扣除)(元)	0.0300	0.1200	0.0900	0.3600
	每股净资产(元)	3.7347	3.6949	3.6400	3.5300
	每股经营现金净流量(元)	-0.3371	-0.3810	-0.1927	-1.0891
	每股现金流量(元)	-0.0333	-0.4448	-0.2182	-1.9590
	每股资本公积金(元)	1.4111	1.4111	1.4110	1.4110
	每股盈余公积金(元)	0.1085	0.1085	0.0995	0.0995
	每股未分配利润(元)	1.2151	1.1753	1.1255	1.0160
	净资产收益率(%)	1.0659	4.5536	3.0100	12.0110
	加权净资产收益率(%)	1.0700	4.6600	3.0600	12.7800
	净资产收益率(扣除)(%)	-	-	-	-
	总资产(万元)	329445.75	304539.22	292876.41	278916.40
	归属母公司股东权益(万元)	191585.42	189543.38	186524.85	180908.87
	主营业务收入(万元)	20708.37	41850.04	25360.93	92761.96
	营业收入(万元)	20708.37	41850.04	25360.93	92761.96
	主营成本(万元)	7761.76	15241.25	11241.06	42491.97
	营业成本(万元)	7761.76	15241.25	11241.06	42491.97
	投资收益(万元)	980.00	243.00	226.00	586.00
	净利润(万元)	2042.02	8630.64	5615.88	21728.26
	利润总额(万元)	2266.06	9273.65	6102.53	23278.33

宁波康强电子股份有限公司

公司概况	公司名称	宁波康强电子股份有限公司			证券简称	康强电子
	法人代表	郑康定	董秘	赵勤攻	证券代码	002119
	公司网址	www.kangqiang.com		电子信箱	board@kangqiang.com	
	电　　话	0574-56807119		传　　真	0574-56807088	
	办公地址	浙江省宁波市鄞州投资创业中心金源路 988 号				
	经营范围	制造和销售各种引线框架及半导体元器件等				

主要财务指标	指标\报告期	2013.06.30	2012.12.31	2012.06.30	2011.12.31
	基本每股收益(元)	0.0400	0.0400	0.0600	0.0600
	基本每股收益(扣除)(元)	-	-0.1000	-0.0400	-0.0800
	每股净资产(元)	3.4111	3.1650	3.1800	3.1900
	每股经营现金净流量(元)	0.0865	-0.2814	0.0722	0.4873
	每股现金流量(元)	0.1358	-0.4407	-0.0128	0.3842
	每股资本公积金(元)	1.1855	0.8773	0.8773	0.9431
	每股盈余公积金(元)	0.2026	0.2151	0.2095	0.2095
	每股未分配利润(元)	1.0230	1.0726	1.0900	1.0349
	净资产收益率(%)	1.1071	1.3711	1.7400	1.8160
	加权净资产收益率(%)	1.1500	1.3500	1.7200	1.7100
	净资产收益率(扣除)(%)	-	-	-	-
	总资产(万元)	167834.84	158419.16	168545.85	166480.81
	归属母公司股东权益(万元)	70336.21	61465.03	61693.54	61899.68
	主营业务收入(万元)	59849.04	117954.79	59073.37	132717.22
	营业收入(万元)	60001.62	123977.83	64553.94	150271.71
	主营成本(万元)	52490.55	104994.87	52647.09	118893.79
	营业成本(万元)	52551.69	110407.33	57848.11	135894.04
	投资收益(万元)	-182.53	1117.71	909.72	2321.34
	净利润(万元)	896.39	579.63	1093.08	822.21
	利润总额(万元)	994.25	485.19	1077.46	691.26

宁波新海电气股份有限公司

公司概况	公司名称	宁波新海电气股份有限公司			证券简称	新海股份
	法人代表	黄新华	董秘	孙宁薇	证券代码	002120
	公司网址	www.xinhaigroup.com		电子信箱	xhlighter@xinhaigroup.com	
	电　　话	0574-63029608		传　　真	0574-63029192	
	办公地址	浙江省宁波市慈溪市浒山街道北三环东路 239 号				
	经营范围	打火机、点火枪、模具、电器配件、电子元件、塑料制品、文具的制造等				

主要财务指标	指标\报告期	2013.06.30	2012.12.31	2012.06.30	2011.12.31
	基本每股收益(元)	0.1200	0.4800	0.3200	0.1400
	基本每股收益(扣除)(元)	0.0700	0.1600	0.0700	0.0800
	每股净资产(元)	3.0685	3.0488	2.9300	2.6600
	每股经营现金净流量(元)	0.5578	0.7789	-0.0140	0.2828
	每股现金流量(元)	-0.0860	-0.2372	-0.1251	0.2703
	每股资本公积金(元)	0.3926	0.3926	0.4311	0.4311
	每股盈余公积金(元)	0.1322	0.1322	0.1246	0.1246
	每股未分配利润(元)	1.5538	1.5361	1.3849	1.1176
	净资产收益率(%)	3.8345	15.8684	10.8500	5.2510
	加权净资产收益率(%)	3.7900	16.6700	11.3000	5.3900
	净资产收益率(扣除)(%)	-	-	-	-
	总资产(万元)	83323.39	86724.18	102970.57	110826.00
	归属母公司股东权益(万元)	46114.16	45817.21	43968.14	39958.04
	主营业务收入(万元)	45259.32	91484.88	43524.85	85043.72
	营业收入(万元)	45557.06	91772.70	43599.85	85319.85
	主营成本(万元)	36834.95	72990.62	34687.10	67183.62
	营业成本(万元)	37043.62	73160.24	34724.73	67419.22
	投资收益(万元)	17.42	4106.30	4150.63	256.74
	净利润(万元)	2424.21	8949.55	5435.13	2942.69
	利润总额(万元)	2916.18	10869.86	6284.75	4179.46

深圳市科陆电子科技股份有限公司

公司概况	公司名称	深圳市科陆电子科技股份有限公司			证券简称	科陆电子
	法人代表	饶陆华	董秘	黄幼平	证券代码	002121
	公司网址	www.szclou.com		电子信箱	sz-clou@szclou.com	
	电　　话	0755-26719528		传　　真	0755-26719679	
	办公地址	广东省深圳市南山区高新技术产业园南区 T2 栋五楼				
	经营范围	电力测量仪器仪表及检定装置、电子式电能表、用电管理系统及设备等				

主要财务指标	指标\报告期	2013.06.30	2012.12.31	2012.06.30	2011.12.31
	基本每股收益(元)	0.1354	0.2138	0.1568	0.1891
	基本每股收益(扣除)(元)	-	0.1620	0.1296	0.1805
	每股净资产(元)	3.2869	3.1900	3.1400	3.0000
	每股经营现金净流量(元)	-0.3974	0.8119	-0.2087	-0.9444
	每股现金流量(元)	-0.3846	0.1142	-0.2518	-0.8934
	每股资本公积金(元)	0.9841	0.9841	0.9881	0.9881
	每股盈余公积金(元)	0.1476	0.1476	0.1413	0.1413
	每股未分配利润(元)	1.1552	1.0598	1.0090	0.8722
	净资产收益率(%)	4.1198	6.7000	5.0000	6.2990
	加权净资产收益率(%)	4.1500	6.9100	5.1000	6.4800
	净资产收益率(扣除)(%)	-	-	-	-
	总资产(万元)	288166.87	277491.01	270720.76	259290.82
	归属母公司股东权益(万元)	130388.13	126603.20	124495.37	119070.10
	主营业务收入(万元)	58594.33	137889.54	68405.73	109425.96
	营业收入(万元)	59477.75	140397.49	70475.28	112178.36
	主营成本(万元)	40521.33	100683.05	48019.49	77190.83
	营业成本(万元)	41467.59	101922.50	49879.10	78266.20
	投资收益(万元)	-	-	41.28	56.52
	净利润(万元)	5261.42	8250.03	6156.14	7021.90
	利润总额(万元)	6549.56	9632.57	7120.36	7378.88

天马轴承集团股份有限公司

公司概况

公司名称	天马轴承集团股份有限公司			证券简称	天马股份
法人代表	马兴法	董秘	马全法	证券代码	002122
公司网址	www.zjtmb.com		电子信箱	tmzc@zjtmb.com	
电　　话	0571-88027658		传　　真	0571-88029872	
办公地址	浙江省杭州市石祥路 208 号				
经营范围	轴承及机床的研发、制造和销售等				

主要财务指标

指标\报告期	2013.06.30	2012.12.31	2012.06.30	2011.12.31
基本每股收益(元)	0.0200	0.1800	0.1300	0.3500
基本每股收益(扣除)(元)	-0.0400	0.1400	0.1000	0.3200
每股净资产(元)	3.9601	4.0439	3.9900	3.9600
每股经营现金净流量(元)	0.0872	0.2157	0.1145	0.2375
每股现金流量(元)	-0.2206	0.0653	-0.1099	-0.1544
每股资本公积金(元)	0.8657	0.8657	0.8657	0.8657
每股盈余公积金(元)	0.1820	0.1820	0.1545	0.1545
每股未分配利润(元)	1.9130	1.9967	1.9713	1.9424
净资产收益率(%)	0.4125	4.4953	3.1700	8.8810
加权净资产收益率(%)	0.4100	4.5600	3.2000	9.2100
净资产收益率(扣除)(%)	-	-	-	-
总资产(万元)	703684.58	725577.07	701247.80	714393.63
归属母公司股东权益(万元)	470460.75	480412.79	474122.65	470677.23
主营业务收入(万元)	101130.49	244542.05	124345.26	306473.34
营业收入(万元)	105181.26	250411.06	129994.26	309876.19
主营成本(万元)	80400.24	181616.52	88537.72	218228.41
营业成本(万元)	84006.10	185038.58	93276.73	218228.41
投资收益(万元)	1040.39	62.93	-	113.19
净利润(万元)	1974.76	22522.86	15958.85	44124.87
利润总额(万元)	2600.64	26004.44	18611.60	51959.79

荣信电力电子股份有限公司

公司概况

公司名称	荣信电力电子股份有限公司			证券简称	荣信股份
法人代表	左强	董秘	赵殿波	证券代码	002123
公司网址	www.rxpe.com		电子信箱	zdb@rxpe.com	
电　　话	0412-7213602		传　　真	0412-7213646	
办公地址	辽宁省鞍山市高新区科技路 108 号				
经营范围	从事节能大功率电力电子设备的设计和制造业务				

主要财务指标

指标\报告期	2013.06.30	2012.12.31	2012.06.30	2011.12.31
基本每股收益(元)	0.1600	0.2300	0.2200	0.5600
基本每股收益(扣除)(元)	-0.0200	0.2100	0.2200	0.5300
每股净资产(元)	4.2184	4.2066	4.1500	3.8700
每股经营现金净流量(元)	-0.4926	-0.3499	-0.3114	-0.3131
每股现金流量(元)	-0.0501	-0.0101	-0.0808	-0.4369
每股资本公积金(元)	0.8621	1.0059	0.9642	0.9015
每股盈余公积金(元)	0.2282	0.2282	0.2015	0.2015
每股未分配利润(元)	2.1280	1.9725	1.9888	1.7704
净资产收益率(%)	3.6862	5.4396	5.2600	14.5370
加权净资产收益率(%)	3.6700	5.6500	5.4400	16.4500
净资产收益率(扣除)(%)	-	-	-	-
总资产(万元)	428335.93	421403.23	376783.13	345050.61
归属母公司股东权益(万元)	212605.10	212014.21	209386.35	195218.75
主营业务收入(万元)	73009.72	128713.35	72427.08	163082.00
营业收入(万元)	73009.72	128713.35	72427.08	163082.00
主营成本(万元)	42903.73	66167.57	36523.86	79888.51
营业成本(万元)	42903.73	66167.57	36523.86	79888.51
投资收益(万元)	8418.03	578.80	154.32	-507.06
净利润(万元)	7479.97	10827.74	9730.77	31036.05
利润总额(万元)	9495.73	12908.82	11210.56	33940.32

宁波天邦股份有限公司

公司概况

公司名称	宁波天邦股份有限公司			证券简称	天邦股份
法人代表	张邦辉	董秘	王韦	证券代码	002124
公司网址	www.tianbang.com		电子信箱	daid@tianbang.com	
电　　话	021-37745083 37745053		传　　真	021-37745250	
办公地址	上海市松江区松卫北路 665 号企福天地 9 楼				
经营范围	许可经营项目包括配合饲料的制造				

主要财务指标

指标\报告期	2013.06.30	2012.12.31	2012.06.30	2011.12.31
基本每股收益(元)	-0.0490	0.2200	0.0420	0.1500
基本每股收益(扣除)(元)	-0.0580	0.1900	0.0200	0.1100
每股净资产(元)	1.9238	2.0800	1.9000	1.9600
每股经营现金净流量(元)	-0.4955	0.5106	0.0660	0.2897
每股现金流量(元)	-0.3450	0.0352	-0.2086	0.1911
每股资本公积金(元)	0.0263	0.0263	0.0263	0.0263
每股盈余公积金(元)	0.1954	0.1954	0.1781	0.1781
每股未分配利润(元)	0.7476	0.8964	0.7353	0.7938
净资产收益率(%)	-2.5369	10.5822	2.1900	7.4640
加权净资产收益率(%)	-2.4200	10.9900	2.1400	7.5500
净资产收益率(扣除)(%)	-	-	-	-
总资产(万元)	126100.68	116785.50	119446.59	107215.22
归属母公司股东权益(万元)	39534.31	42698.26	39057.55	40214.30
主营业务收入(万元)	78368.57	204102.08	82169.14	173578.04
营业收入(万元)	79700.97	204204.05	82208.71	173644.65
主营成本(万元)	69002.20	178296.99	70194.90	147074.24
营业成本(万元)	70197.83	178490.65	70222.37	147117.02
投资收益(万元)	71.09	45.60	45.60	-46.86
净利润(万元)	-699.39	5125.06	1350.00	4461.15
利润总额(万元)	-535.75	5529.64	1573.14	4733.43

湘潭电化科技股份有限公司

公司概况

公司名称	湘潭电化科技股份有限公司			证券简称	湘潭电化
法人代表	谭新乔	董秘	张凯宇	证券代码	002125
公司网址	www.chinaemd.com		电子信箱	zky@chinaemd.com	
电　　话	0731-55544048 55544161		传　　真	0731-55544101	
办公地址	湖南省湘潭市岳塘区滴水埠				
经营范围	研究、开发、生产、销售二氧化锰、电解金属锰、电池材料及其他能源新材料等				

主要财务指标

指标\报告期	2013.06.30	2012.12.31	2012.06.30	2011.12.31
基本每股收益(元)	-0.1721	-0.3539	-0.1086	0.2260
基本每股收益(扣除)(元)	-0.1711	-0.3890	-0.1173	0.1431
每股净资产(元)	2.1382	2.2686	2.5100	4.2200
每股经营现金净流量(元)	0.2127	0.1635	0.1766	-0.2159
每股现金流量(元)	-0.1715	-0.0120	-0.0608	0.0184
每股资本公积金(元)	1.1369	1.1000	1.1000	2.3600
每股盈余公积金(元)	0.1178	0.1178	0.1178	0.1884
每股未分配利润(元)	-0.1451	0.0270	0.2723	0.6495
净资产收益率(%)	-8.0496	-15.6006	-4.1990	8.0840
加权净资产收益率(%)	-7.8600	-14.4200	-4.2000	7.0800
净资产收益率(扣除)(%)	-	-	-	-
总资产(万元)	130134.37	125041.26	116282.87	104818.42
归属母公司股东权益(万元)	29749.21	31562.62	34921.53	36736.78
主营业务收入(万元)	32888.15	58960.23	30589.01	75323.14
营业收入(万元)	32955.87	63137.98	30717.64	75614.44
主营成本(万元)	28437.72	50609.23	26734.37	62052.19
营业成本(万元)	28469.82	54624.02	26775.80	62137.19
投资收益(万元)	-	-	-	-
净利润(万元)	-2113.45	-4559.67	-1266.18	3821.98
利润总额(万元)	-2172.46	-4805.23	-1304.50	4202.76

浙江银轮机械股份有限公司

公司概况	公司名称	浙江银轮机械股份有限公司			证券简称	银轮股份
	法人代表	徐小敏	董秘	陈庆河	证券代码	002126
	公司网址	www.yinlun.com		电子信箱	002126@yinlun.cn	
	电　　话	0576-83938228 83938250		传　　真	0576-83938813 83938806	
	办公地址	浙江省台州市天台县福溪街道交通运输机械工业园区				
	经营范围	实业投资、汽车零部件、船用配件、机械配件、摩托车配件、电子产品等				

主要财务指标	指标\报告期	2013.06.30	2012.12.31	2012.06.30	2011.12.31
	基本每股收益(元)	0.1200	0.1300	0.1100	0.4000
	基本每股收益(扣除)(元)	–	0.0900	0.0900	0.7400
	每股净资产(元)	3.9212	3.8400	3.8200	7.4800
	每股经营现金净流量(元)	0.0689	0.5455	0.4072	0.3756
	每股现金流量(元)	0.2131	–0.1304	0.2778	1.8232
	每股资本公积金(元)	1.4228	1.3962	1.3962	3.7924
	每股盈余公积金(元)	0.1987	0.2041	0.1924	0.3848
	每股未分配利润(元)	1.3010	1.2426	1.2349	2.3027
	净资产收益率(%)	3.0871	3.3892	2.8400	8.8103
	加权净资产收益率(%)	3.1400	3.4400	2.8800	14.4600
	净资产收益率(扣除)(%)	–	–	–	–
	总资产(万元)	296028.56	247942.64	262309.51	233866.83
	归属母公司股东权益(万元)	128063.85	122141.22	121466.95	118872.97
	主营业务收入(万元)	87069.73	165856.84	94321.50	171450.96
	营业收入(万元)	88550.96	168422.38	98486.02	181635.30
	主营成本(万元)	65194.98	131162.75	76398.14	133811.58
	营业成本(万元)	66094.16	133380.67	79276.95	141819.43
	投资收益(万元)	491.11	954.93	504.55	–2.96
	净利润(万元)	4578.24	4600.18	3904.78	10789.10
	利润总额(万元)	5811.66	5623.66	4758.71	12394.66

江苏新民纺织科技股份有限公司

公司概况	公司名称	江苏新民纺织科技股份有限公司			证券简称	新民科技
	法人代表	杨斌	董秘	杨斌(代)	证券代码	002127
	公司网址	www.xmtex.com		电子信箱	info@xmtex.com	
	电　　话	0512-63550591 63574760		传　　真	0512-63555511	
	办公地址	江苏省吴江市盛泽镇五龙路22号				
	经营范围	丝绸及其原料业务、包括化纤纺丝、各类丝绸织品的织造和印染等				

主要财务指标	指标\报告期	2013.06.30	2012.12.31	2012.06.30	2011.12.31
	基本每股收益(元)	–0.2800	–0.4000	–0.1600	0.1600
	基本每股收益(扣除)(元)	–0.3800	–0.5000	–0.1700	0.1200
	每股净资产(元)	1.8565	2.1400	2.4000	2.5600
	每股经营现金净流量(元)	0.8902	–0.1702	–0.3142	0.0919
	每股现金流量(元)	0.4671	–0.3601	0.0965	0.1456
	每股资本公积金(元)	0.6788	0.6788	0.6788	0.6788
	每股盈余公积金(元)	0.0965	0.0965	0.0965	0.0965
	每股未分配利润(元)	0.0812	0.3599	0.6230	0.7804
	净资产收益率(%)	–15.0074	–18.7575	–6.5600	6.2270
	加权净资产收益率(%)	–13.9600	–17.0600	–6.3500	6.3600
	净资产收益率(扣除)(%)	–	–	–	–
	总资产(万元)	407627.05	406059.43	360552.73	342435.31
	归属母公司股东权益(万元	82887.30	95326.56	107075.80	114100.32
	主营业务收入(万元)	204357.67	340387.39	141100.65	319747.51
	营业收入(万元)	204586.59	341059.73	141443.14	320387.06
	主营成本(万元)	202262.62	326413.06	132786.80	286348.25
	营业成本(万元)	202353.04	327060.44	132949.40	286943.76
	投资收益(万元)	–	34.20	34.20	1274.08
	净利润(万元)	–13202.40	–19485.60	–7603.90	8407.41
	利润总额(万元)	–13202.40	–19112.81	–7663.58	9355.63

内蒙古霍林河露天煤业股份有限公司

公司概况	公司名称	内蒙古霍林河露天煤业股份有限公司			证券简称	露天煤业
	法人代表	刘明胜	董秘	王立春	证券代码	002128
	公司网址			电子信箱	ltmy@vip.163.com	
	电　　话	0475-2350579 2352299		传　　真	0475-2350579	
	办公地址	内蒙古自治区霍林郭勒市哲里木大街(霍矿珠斯花区)				
	经营范围	煤炭系列产品的研制、生产和销售等				

主要财务指标	指标\报告期	2013.06.30	2012.12.31	2012.06.30	2011.12.31
	基本每股收益(元)	0.3100	1.1900	0.5500	1.2100
	基本每股收益(扣除)(元)	0.3100	1.1800	0.5500	1.2000
	每股净资产(元)	4.3720	4.2448	3.6400	3.5700
	每股经营现金净流量(元)	0.2197	1.0025	0.2113	0.9296
	每股现金流量(元)	–0.1760	0.0804	0.1489	–0.2225
	每股资本公积金(元)	0.1362	0.1362	0.1362	0.1362
	每股盈余公积金(元)	0.4243	0.4243	0.3071	0.3071
	每股未分配利润(元)	2.7831	2.6729	2.1574	2.1082
	净资产收益率(%)	7.0940	27.9200	15.2100	33.7804
	加权净资产收益率(%)	7.0900	30.0300	14.3300	38.0900
	净资产收益率(扣除)(%)	–	–	–	–
	总资产(万元)	951991.55	898765.30	890517.84	805915.29
	归属母公司股东权益(万元)	580032.69	563155.68	481893.77	473752.91
	主营业务收入(万元)	295433.15	680228.36	331017.34	644072.47
	营业收入(万元)	297800.52	687010.61	333111.61	650247.19
	主营成本(万元)	211554.30	432707.35	213356.66	399746.00
	营业成本(万元)	212833.35	435737.54	214381.31	402508.29
	投资收益(万元)	3156.28	11812.34	5192.58	17261.21
	净利润(万元)	41044.41	157468.34	72979.69	165615.24
	利润总额(万元)	48912.56	182074.72	83802.27	193149.09

天津中环半导体股份有限公司

公司概况	公司名称	天津中环半导体股份有限公司			证券简称	中环股份
	法人代表	张旭光	董秘	安艳清	证券代码	002129
	公司网址	www.tjsemi.com		电子信箱	sunjuanhong@tjsemi.com	
	电　　话	022-23789766-3037 3015		传　　真	022-23788321	
	办公地址	天津市新技术产业园区华苑产业区(环外)海泰东路12号				
	经营范围	半导体材料、半导体器件、电子元件制造、加工、批发、零售等				

主要财务指标	指标\报告期	2013.06.30	2012.12.31	2012.06.30	2011.12.31
	基本每股收益(元)	0.0319	–0.1293	0.0140	0.2521
	基本每股收益(扣除)(元)	–	–0.2281	–0.0471	0.2002
	每股净资产(元)	3.9500	3.9220	2.3654	2.3515
	每股经营现金净流量(元)	0.1982	–0.4516	–0.2430	–0.2555
	每股现金流量(元)	–1.0497	0.9851	–0.2694	0.3286
	每股资本公积金(元)	2.5889	2.5928	0.8106	0.8106
	每股盈余公积金(元)	0.0409	0.0409	0.0436	0.0436
	每股未分配利润(元)	0.3202	0.2883	0.5111	0.4972
	净资产收益率(%)	0.8066	–2.7169	0.5900	10.7213
	加权净资产收益率(%)	0.8100	–5.6600	0.5900	11.2800
	净资产收益率(扣除)(%)	–	–	–	–
	总资产(万元)	951682.78	967270.59	695052.09	651631.69
	归属母公司股东权益(万元)	347143.07	344685.47	171314.93	170302.87
	主营业务收入(万元)	153842.08	249714.96	108771.31	249896.59
	营业收入(万元)	156628.29	253582.85	112480.93	254997.79
	主营成本(万元)	137526.39	225261.68	98983.73	203910.72
	营业成本(万元)	141119.35	228242.36	101761.61	207920.81
	投资收益(万元)	396.01	467.36	253.74	4.26
	净利润(万元)	3044.67	–9352.41	959.09	22412.76
	利润总额(万元)	4740.35	–10812.57	1766.97	25859.49

深圳市沃尔核材股份有限公司

公司概况	公司名称	深圳市沃尔核材股份有限公司		证券简称	沃尔核材
	法人代表	周和平	董秘 王占君	证券代码	002130
	公司网址	www.woer.com		电子信箱	fz@woer.com
	电　话	0755-28299020		传　真	0755-28299020
	办公地址	广东省深圳市坪山新区兰景北路沃尔工业园			
	经营范围	热缩材料、冷缩材料、阻燃材料、绝缘材料、耐高温耐腐蚀新型材料等			

	指标\报告期	2013.06.30	2012.12.31	2012.06.30	2011.12.31
主要财务指标	基本每股收益(元)	0.0500	0.2090	0.0400	0.2010
	基本每股收益(扣除)(元)	0.0400	0.2100	0.0500	0.2800
	每股净资产(元)	1.7180	2.2324	2.0500	3.0100
	每股经营现金净流量(元)	0.0344	0.0756	-0.0855	0.0920
	每股现金流量(元)	-0.1573	-0.3076	-0.4168	0.9271
	每股资本公积金(元)	0.0533	0.3693	0.3430	0.9654
	每股盈余公积金(元)	0.0745	0.0969	0.0823	0.1245
	每股未分配利润(元)	0.5963	0.7662	0.6279	0.9157
	净资产收益率(%)	2.6394	9.3638	2.7200	9.5110
	加权净资产收益率(%)	2.6200	9.7500	2.7400	12.2600
	净资产收益率(扣除)(%)	-	-	-	-
	总资产(万元)	180532.90	182306.76	123725.54	123160.65
	归属母公司股东权益(万元)	98310.85	98267.56	90378.17	87430.92
	主营业务收入(万元)	59725.23	65873.86	28195.90	64084.96
	营业收入(万元)	60146.11	66700.51	28540.48	64802.93
	主营成本(万元)	44801.51	42588.91	19022.75	42515.20
	营业成本(万元)	44929.42	42818.23	19155.75	42846.37
	投资收益(万元)	-8.70	55.86	-20.31	391.89
	净利润(万元)	2570.03	9127.84	2437.57	8364.47
	利润总额(万元)	3087.42	10073.99	2789.43	9354.59

利欧集团股份有限公司

公司概况	公司名称	利欧集团股份有限公司		证券简称	利欧股份
	法人代表	王相荣	董秘 张旭波	证券代码	002131
	公司网址	www.leogroup.cn		电子信箱	sec@leogroup.cn
	电　话	0576-89986666		传　真	0576-89989898
	办公地址	浙江省温岭市工业城中心大道			
	经营范围	泵、园林机械、清洁设备、电机、汽油机、阀门、模具、五金工具、动力柜等			

	指标\报告期	2013.06.30	2012.12.31	2012.06.30	2011.12.31
主要财务指标	基本每股收益(元)	0.1500	0.1500	0.1300	0.3900
	基本每股收益(扣除)(元)	0.1000	0.1400	0.1300	0.3000
	每股净资产(元)	3.4519	3.3254	3.3100	3.3833
	每股经营现金净流量(元)	0.0859	0.1650	0.0368	0.2602
	每股现金流量(元)	-0.0972	0.0381	0.0349	0.1494
	每股资本公积金(元)	0.7853	0.7801	0.7852	0.8367
	每股盈余公积金(元)	0.2142	0.2142	0.1887	0.2003
	每股未分配利润(元)	1.4529	1.3348	1.3382	1.2849
	净资产收益率(%)	4.2852	4.5029	3.8600	11.4350
	加权净资产收益率(%)	4.3500	4.6000	3.9300	16.6100
	净资产收益率(扣除)(%)	-	-	-	-
	总资产(万元)	232510.37	221473.00	209544.51	181849.87
	归属母公司股东权益(万元)	110338.37	106295.35	105829.43	101876.43
	主营业务收入(万元)	93959.99	158910.31	83251.55	125887.62
	营业收入(万元)	95382.66	162032.32	84467.54	128942.49
	主营成本(万元)	71152.60	121730.38	63896.33	-
	营业成本(万元)	72111.30	123522.35	64848.14	102753.88
	投资收益(万元)	365.57	-1541.01	-695.02	1330.78
	净利润(万元)	4671.02	3791.27	3989.58	11960.93
	利润总额(万元)	5978.09	5281.46	5059.60	13998.73

河南恒星科技股份有限公司

公司概况	公司名称	河南恒星科技股份有限公司		证券简称	恒星科技
	法人代表	谢保军	董秘 李明	证券代码	002132
	公司网址	www.hengxingchinese.com		电子信箱	xrl67666@126.com
	电　话	0371-69588999		传　真	0371-69588000 65946800
	办公地址	河南省巩义市康店镇恒星工业园			
	经营范围	生产、经营钢帘线、胶管钢丝;镀锌钢丝、镀锌钢绞线			

	指标\报告期	2013.06.30	2012.12.31	2012.06.30	2011.12.31
主要财务指标	基本每股收益(元)	0.0100	0.0400	-0.0100	0.1300
	基本每股收益(扣除)(元)	-0.0100	0.0100	-0.0200	0.0700
	每股净资产(元)	2.1056	2.0977	2.0500	2.0600
	每股经营现金净流量(元)	0.2097	0.7696	-0.0063	-0.4421
	每股现金流量(元)	-0.2135	-0.0710	0.0688	0.2176
	每股资本公积金(元)	0.2935	0.2935	0.2935	0.2930
	每股盈余公积金(元)	0.1051	0.0969	0.0969	0.0969
	每股未分配利润(元)	0.7071	0.7073	0.6616	0.6696
	净资产收益率(%)	0.3772	1.7985	-0.3900	6.4140
	加权净资产收益率(%)	0.3800	1.8100	-0.3900	6.5400
	净资产收益率(扣除)(%)	-	-	-	-
	总资产(万元)	312784.18	329505.08	330042.43	311697.31
	归属母公司股东权益(万元)	113676.96	113248.16	110781.91	111186.26
	主营业务收入(万元)	85905.11	193618.19	91906.32	194898.32
	营业收入(万元)	86211.17	194258.81	92263.35	195581.82
	主营成本(万元)	72945.61	166247.46	81538.31	170440.95
	营业成本(万元)	72994.33	166247.99	81538.77	170452.66
	投资收益(万元)	94.36	-341.23	-149.25	3773.48
	净利润(万元)	704.02	3744.06	-188.71	7421.82
	利润总额(万元)	492.84	4448.88	-551.25	8084.57

广宇集团股份有限公司

公司概况	公司名称	广宇集团股份有限公司		证券简称	广宇集团
	法人代表	王轶磊	董秘 华欣	证券代码	002133
	公司网址	www.cosmosgroup.com.cn		电子信箱	gyjtdb@163.com
	电　话	0571-87925786		传　真	0571-87925813
	办公地址	浙江省杭州市平海路8号			
	经营范围	房地产投资、房地产开发经营、商品房销售及出租、实业投资、室内外装饰等			

	指标\报告期	2013.06.30	2012.12.31	2012.06.30	2011.12.31
主要财务指标	基本每股收益(元)	0.2200	0.4200	0.1900	0.4800
	基本每股收益(扣除)(元)	-	0.3600	0.1900	0.5800
	每股净资产(元)	3.1701	3.0293	2.8000	3.2400
	每股经营现金净流量(元)	-1.2462	0.4233	-0.3491	-0.5276
	每股现金流量(元)	-0.5952	0.6062	-0.0973	-0.7400
	每股资本公积金(元)	0.3680	0.3680	0.3680	0.6416
	每股盈余公积金(元)	0.1509	0.1509	0.1401	0.1682
	每股未分配利润(元)	1.6512	1.5104	1.2934	1.4269
	净资产收益率(%)	6.9638	13.7147	6.7000	17.8610
	加权净资产收益率(%)	7.0600	14.5100	6.7200	19.2100
	净资产收益率(扣除)(%)	-	-	-	-
	总资产(万元)	718807.65	710655.05	671673.59	670701.18
	归属母公司股东权益(万元)	189673.75	181251.88	167624.22	161380.32
	主营业务收入(万元)	84839.33	195908.88	77204.79	191244.51
	营业收入(万元)	84839.33	196226.32	77204.79	191440.82
	主营成本(万元)	53431.98	122387.98	44051.64	115077.44
	营业成本(万元)	53431.98	122528.52	44051.64	115203.95
	投资收益(万元)	7.33	-1961.43	421.95	1885.36
	净利润(万元)	14263.07	27113.82	12994.71	32744.20
	利润总额(万元)	19525.86	37828.46	17702.77	44540.32

天津普林电路股份有限公司

公司概况					
公司名称	天津普林电路股份有限公司			证券简称	天津普林
法人代表	由华东	董秘	林晓华	证券代码	002134
公司网址	www.toppcb.com		电子信箱	ir@tianjin-pcb.com	
电　话	022-24893466		传　真	022-24890198	
办公地址	天津市空港物流加工区航海路53号				
经营范围	生产、销售双面和多层印刷电路板				

主要财务指标　指标\报告期	2013.06.30	2012.12.31	2012.06.30	2011.12.31
基本每股收益(元)	-0.1100	-0.3600	-0.1200	0.0100
基本每股收益(扣除)(元)	-0.1147	-0.3700	-0.1200	-
每股净资产(元)	2.3686	2.4789	2.7200	2.8400
每股经营现金净流量(元)	0.0933	-0.2231	-0.0690	0.2396
每股现金流量(元)	-0.0330	-0.2048	-0.2422	0.0220
每股资本公积金(元)	1.2295	1.2295	1.2262	1.2262
每股盈余公积金(元)	0.0834	0.0834	0.0836	0.0836
每股未分配利润(元)	0.0557	0.1650	0.4109	0.5265
净资产收益率(%)	-4.6157	-14.5490	-4.2500	0.4003
加权净资产收益率(%)	-4.5100	-13.5800	-4.6600	0.4000
净资产收益率(扣除)(%)	-	-	-	-
总资产(万元)	79370.72	81005.93	82305.57	86660.94
归属母公司股东权益(万元)	58230.82	60918.61	66889.71	69731.27
主营业务收入(万元)	24146.13	43760.13	21636.03	48249.56
营业收入(万元)	24146.13	43760.13	21636.03	48249.56
主营成本(万元)	24090.04	47632.86	22166.08	44070.75
营业成本(万元)	24090.04	47632.86	22166.08	44070.75
投资收益(万元)	-	7.69	-	-7.69
净利润(万元)	-2693.55	-8903.65	-2868.32	255.41
利润总额(万元)	-2705.98	-8705.20	-2868.32	333.84

浙江东南网架股份有限公司

公司概况					
公司名称	浙江东南网架股份有限公司			证券简称	东南网架
法人代表	徐春祥	董秘	蒋建华	证券代码	002135
公司网址	www.dongnanwangjia.com		电子信箱	stock@dongnanwangjia.com	
电　话	0571-82783358		传　真	0571-82783358	
办公地址	浙江省杭州市萧山区衙前镇				
经营范围	网架、钢结构及其配套板材设计、制造、安装、幕墙的设计与施工等				

主要财务指标　指标\报告期	2013.06.30	2012.12.31	2012.06.30	2011.12.31
基本每股收益(元)	0.0700	0.1100	0.0700	0.1500
基本每股收益(扣除)(元	0.0700	0.1000	0.0700	0.2800
每股净资产(元)	2.3992	2.3474	2.3100	4.4998
每股经营现金净流量(元)	-0.0224	-0.7924	-0.2526	-0.4130
每股现金流量(元)	-0.0419	-0.7063	0.0248	1.3165
每股资本公积金(元)	0.7073	0.7073	0.7073	2.2146
每股盈余公积金(元)	0.0819	0.0819	0.0707	0.1414
每股未分配利润(元)	0.6100	0.5582	0.5311	1.1438
净资产收益率(%)	2.7843	4.6873	3.1000	5.3570
加权净资产收益率(%)	2.8100	4.7900	3.1400	8.6300
净资产收益率(扣除)(%)	-	-	-	-
总资产(万元)	644492.98	575875.63	571769.33	522775.87
归属母公司股东权益(万元)	179607.85	175729.85	172857.44	168428.69
主营业务收入(万元)	168033.59	329498.21	171777.41	357366.97
营业收入(万元)	172108.01	335057.77	175734.88	365675.22
主营成本(万元)	142006.46	276805.40	146519.48	310066.44
营业成本(万元)	144924.07	280547.46	149576.02	315510.72
投资收益(万元)	-	25.15	-4.38	-
净利润(万元)	5042.99	8611.29	5561.34	8768.93
利润总额(万元)	6344.49	10004.15	6987.19	10469.02

安徽安纳达钛业股份有限公司

公司概况					
公司名称	安徽安纳达钛业股份有限公司			证券简称	安纳达
法人代表	袁菊兴	董秘	王先龙	证券代码	002136
公司网址	www.andty.com		电子信箱	th_wxl@sina.com	
电　话	0562-3862867 3867899		传　真	0562-3861769	
办公地址	安徽省铜陵市铜官大道南段1288号				
经营范围	生产和销售系列钛白粉及相关化工产品(不含危险品)等				

主要财务指标　指标\报告期	2013.06.30	2012.12.31	2012.06.30	2011.12.31
基本每股收益(元)	-0.1027	0.1000	0.1031	0.2800
基本每股收益(扣除)(元)	-0.1058	0.0900	0.0992	0.2700
每股净资产(元)	2.8627	2.9635	2.9700	2.9600
每股经营现金净流量(元)	-0.3089	0.0612	-0.0875	-0.0171
每股现金流量(元)	-0.1353	-0.9232	-0.3475	1.2597
每股资本公积金(元)	1.6290	1.6290	1.6290	1.6290
每股盈余公积金(元)	0.0656	0.0656	0.0554	0.0554
每股未分配利润(元)	0.1662	0.2689	0.2803	0.2772
净资产收益率(%)	-3.5886	3.4392	3.4800	8.8940
加权净资产收益率(%)	-3.5300	3.4600	3.4600	10.3200
净资产收益率(扣除)(%)	-	-	-	-
总资产(万元)	104784.39	92725.06	92159.90	85019.01
归属母公司股东权益(万元)	61554.19	63720.80	63775.37	63679.52
主营业务收入(万元)	25669.77	68399.78	38389.67	71759.77
营业收入(万元)	25717.93	68551.48	38470.60	71902.63
主营成本(万元)	25278.55	62363.08	34140.77	62504.04
营业成本(万元)	25287.82	62381.64	34148.49	62528.37
投资收益(万元)	-	-	-	-
净利润(万元)	-2208.94	2191.47	2217.85	5663.94
利润总额(万元)	-2593.32	2578.90	2601.70	6657.70

深圳市实益达科技股份有限公司

公司概况					
公司名称	深圳市实益达科技股份有限公司			证券简称	实益达
法人代表	陈亚妹	董秘	朱蕾	证券代码	002137
公司网址	www.sz-seastar.com		电子信箱	dmb@sz-seastar.com	
电　话	0755-29672878		传　真	0755-29672878 86000766	
办公地址	广东省深圳市龙岗区宝龙工业城宝龙六路实益达科技园				
经营范围	兴办实业(具体项目另行申报)、电子产品的技术开发、生产、销售等				

主要财务指标　指标\报告期	2013.06.30	2012.12.31	2012.06.30	2011.12.31
基本每股收益(元)	-0.0394	0.1031	0.0513	0.1164
基本每股收益(扣除)(元)	-0.0395	0.0493	0.0656	0.1133
每股净资产(元)	1.2204	1.7203	1.6873	1.6981
每股经营现金净流量(元	-0.0002	0.4089	0.0950	0.6135
每股现金流量(元)	-0.1486	0.1309	-0.1006	0.1548
每股资本公积金(元)	0.0070	0.3594	0.3594	0.3594
每股盈余公积金(元)	0.0360	0.0487	0.0477	0.0477
每股未分配利润(元)	0.1798	0.3158	0.2830	0.2937
净资产收益率(%)	-3.2253	5.9910	4.1000	6.8580
加权净资产收益率(%)	-3.1400	6.0800	4.0600	7.0900
净资产收益率(扣除)(%)	-	-	-	-
总资产(万元)	90183.56	88398.81	104502.98	116448.24
归属母公司股东权益(万元)	51430.87	53699.25	52669.35	53006.11
主营业务收入(万元)	33213.47	112236.75	62494.86	167773.57
营业收入(万元)	33383.69	113553.76	63947.09	172402.25
主营成本(万元)	31366.42	103929.34	57162.88	158916.00
营业成本(万元)	31514.67	105026.95	58508.24	162392.28
投资收益(万元)	-	-	-	-715.49
净利润(万元)	-1732.70	3075.26	2064.23	3624.21
利润总额(万元)	-1948.52	3474.71	2502.62	4190.35

深圳顺络电子股份有限公司

公司概况	公司名称	深圳顺络电子股份有限公司			证券简称	顺络电子
	法人代表	袁金钰	董秘	徐佳	证券代码	002138
	公司网址	www.sunlordinc.com			电子信箱	info@sunlordinc.com
	电　话	0755-29832586			传　真	0755-29832339
	办公地址	广东省深圳市宝安区观澜街道大富工业区顺络观澜工业园				
	经营范围	研发、设计、生产、销售新型电子元器件等				

	指标\报告期	2013.06.30	2012.12.31	2012.06.30	2011.12.31
主要财务指标	基本每股收益(元)	0.2200	0.3900	0.1500	0.2600
	基本每股收益(扣除)(元)	0.2200	0.3700	0.1400	0.2000
	每股净资产(元)	3.9347	3.7882	3.5600	5.2800
	每股经营现金净流量(元)	0.1772	0.6706	0.2871	0.1642
	每股现金流量(元)	0.1636	0.2167	0.0280	-0.0756
	每股资本公积金(元)	1.8470	1.6713	1.6637	2.9939
	每股盈余公积金(元)	0.1737	0.1813	0.1410	0.2115
	每股未分配利润(元)	0.9148	0.9363	0.7622	1.0714
	净资产收益率(%)	5.3207	10.2790	4.1491	7.1520
	加权净资产收益率(%)	5.6500	10.6300	4.1400	8.1200
	净资产收益率(扣除)(%)	-	-	-	-
	总资产(万元)	199033.94	161956.02	144635.03	131547.43
	归属母公司股东权益(万元)	129089.37	119075.67	113539.17	112023.10
	主营业务收入(万元)	45904.65	74493.43	31418.73	55043.46
	营业收入(万元)	45904.65	74493.43	31418.73	55043.46
	主营成本(万元)	31476.49	50925.89	22263.60	38560.69
	营业成本(万元)	31476.49	50925.89	26088.46	38560.69
	投资收益(万元)	-	-	-	1500.00
	净利润(万元)	6868.42	12239.76	4710.85	8011.49
	利润总额(万元)	6901.25	14082.71	5513.49	9644.10

深圳拓邦股份有限公司

公司概况	公司名称	深圳拓邦股份有限公司			证券简称	拓邦股份
	法人代表	武永强	董秘	文朝晖	证券代码	002139
	公司网址	www.topband-e.com			电子信箱	wenzh@topband.com.cn
	电　话	0755-26957035			传　真	0755-26957440
	办公地址	广东省深圳市宝安区石岩镇塘头大道拓邦工业园				
	经营范围	各类电子智能控制器、电磁炉智能控制器、电力自动化系统设备等				

	指标\报告期	2013.06.30	2012.12.31	2012.06.30	2011.12.31
主要财务指标	基本每股收益(元)	0.0800	0.1500	0.1000	0.3200
	基本每股收益(扣除)(元)	0.0800	0.1400	0.1000	0.4100
	每股净资产(元)	2.2105	2.2700	2.2500	2.9431
	每股经营现金净流量(元)	0.1972	0.5065	0.1217	0.3745
	每股现金流量(元)	-0.0465	-0.0211	-0.2385	0.1877
	每股资本公积金(元)	0.2599	0.2474	0.2801	0.4127
	每股盈余公积金(元)	0.1425	0.1425	0.1425	0.1684
	每股未分配利润(元)	0.8080	0.8801	0.8801	1.3620
	净资产收益率(%)	3.5280	6.7415	4.5898	14.1820
	加权净资产收益率(%)	3.3700	6.7900	4.4800	15.5000
	净资产收益率(扣除)(%)	-	-	-	-
	总资产(万元)	86037.58	88037.49	88037.49	86500.54
	归属母公司股东权益(万元)	48276.24	49577.40	49577.40	49444.38
	主营业务收入(万元)	44130.93	95818.58	43774.93	96895.96
	营业收入(万元)	44220.27	95981.61	43859.83	97098.42
	主营成本(万元)	35327.73	76271.23	34280.79	75940.14
	营业成本(万元)	35356.37	76410.43	34332.13	76132.33
	投资收益(万元)	-81.68	-121.20	-195.19	-88.91
	净利润(万元)	1625.02	3345.58	2272.77	7156.33
	利润总额(万元)	1845.79	4559.88	2685.37	8413.20

东华工程科技股份有限公司

公司概况	公司名称	东华工程科技股份有限公司			证券简称	东华科技
	法人代表	丁叮	董秘	罗守生	证券代码	002140
	公司网址	www.chinaecec.com			电子信箱	luoshousheng@chinaecec.com
	电　话	0551-3626000 3626768			传　真	0551-3631706 3626768
	办公地址	安徽省合肥市望江东路70号				
	经营范围	化工工程、石油化工工程、建筑工程、市政工程设计、工程总承包等				

	指标\报告期	2013.06.30	2012.12.31	2012.06.30	2011.12.31
主要财务指标	基本每股收益(元)	0.2000	0.7500	0.2800	0.6200
	基本每股收益(扣除)(元)	0.2000	0.7300	0.2800	0.6100
	每股净资产(元)	3.2555	3.1100	2.6400	2.4800
	每股经营现金净流量(元)	0.3289	0.7088	0.0602	1.0596
	每股现金流量(元)	0.2645	0.3006	-0.3258	0.8795
	每股资本公积金(元)	0.2032	0.2032	0.2026	0.2026
	每股盈余公积金(元)	0.2996	0.2996	0.2258	0.2258
	每股未分配利润(元)	1.7527	1.6039	1.2112	1.0503
	净资产收益率(%)	6.1070	24.0567	10.6400	25.0820
	加权净资产收益率(%)	6.2000	26.7600	10.7200	28.1700
	净资产收益率(扣除)(%)	-	-	-	-
	总资产(万元)	463478.12	448556.88	431140.66	382786.88
	归属母公司股东权益(万元)	145207.81	138570.18	117735.80	110558.94
	主营业务收入(万元)	104927.97	305027.61	96799.26	234648.98
	营业收入(万元)	104927.97	305027.61	96799.26	234648.98
	主营成本(万元)	83935.86	243008.86	73860.35	179166.11
	营业成本(万元)	83935.86	243008.86	73860.35	179166.11
	投资收益(万元)	270.20	495.80	297.56	484.43
	净利润(万元)	8926.08	33797.03	12580.63	27845.40
	利润总额(万元)	10558.06	39465.18	14765.01	32366.21

广东蓉胜超微线材股份有限公司

公司概况	公司名称	广东蓉胜超微线材股份有限公司			证券简称	蓉胜超微
	法人代表	诸建中	董秘	张志刚	证券代码	002141
	公司网址	www.ronsen.com.cn			电子信箱	stock@ronsen.com.cn
	电　话	0756-7512120 7512070			传　真	0756-7517098
	办公地址	广东省珠海市金湾区三灶镇三灶科技工业园				
	经营范围	生产和销售自产的各种漆包线、电工电器产品、附件、技术咨询等				

	指标\报告期	2013.06.30	2012.12.31	2012.06.30	2011.12.31
主要财务指标	基本每股收益(元)	0.0102	0.0182	-0.0066	0.0171
	基本每股收益(扣除)(元)	0.0033	-0.0325	-0.0436	0.0033
	每股净资产(元)	1.7071	1.6969	1.6721	1.6787
	每股经营现金净流量(元)	-0.1165	0.2163	0.0601	-0.1333
	每股现金流量(元)	-0.0109	-0.1474	-0.0524	0.1205
	每股资本公积金(元)	0.3369	0.3369	0.3369	0.3369
	每股盈余公积金(元)	0.0876	0.0876	0.0876	0.0876
	每股未分配利润(元)	0.2826	0.2724	0.2476	0.2542
	净资产收益率(%)	0.5976	1.0696	-0.4000	1.0190
	加权净资产收益率(%)	0.6000	1.0800	-0.4000	1.0100
	净资产收益率(扣除)(%)	-	-	-	-
	总资产(万元)	69614.62	66517.54	69905.54	74003.43
	归属母公司股东权益(万元)	31049.78	30864.22	30412.98	30533.84
	主营业务收入(万元)	46966.39	87503.85	41650.13	107886.61
	营业收入(万元)	48402.33	90730.44	43264.87	112201.56
	主营成本(万元)	42614.73	79617.10	38359.38	100144.79
	营业成本(万元)	43899.99	82522.73	39873.74	104435.84
	投资收益(万元)	1.60	0.08	0.08	-47.92
	净利润(万元)	214.72	499.23	63.13	380.26
	利润总额(万元)	238.47	488.38	122.10	374.37

宁波银行股份有限公司

公司概况	公司名称	宁波银行股份有限公司			证券简称	宁波银行
	法人代表	陆华裕	董秘	杨晨	证券代码	002142
	公司网址	www.nbcb.com.cn		电子信箱	dsh@nbcb.com.cn	
	电　　话	0574-87050028		传　　真	0574-87050027	
	办公地址	浙江省宁波市鄞州区宁南南路700号				
	经营范围	吸收公众存款、发放短期、中期和长期贷款、办理国内结算等				

	指标\报告期	2013.06.30	2012.12.31	2012.06.30	2011.12.31
主要财务指标	基本每股收益(元)	0.9000	1.4100	0.7500	1.1300
	基本每股收益(扣除)(元)	0.9100	1.4000	0.7500	1.0600
	每股净资产(元)	8.5500	7.6700	7.0600	6.4900
	每股经营现金净流量(元)	12.6773	16.7018	-2.1206	-8.3994
	每股现金流量(元)	1.8880	0.7055	-8.0389	-13.0039
	每股资本公积金(元)	2.7197	2.7392	2.7962	2.7698
	每股盈余公积金(元)	0.5154	0.5154	0.3743	0.3743
	每股未分配利润(元)	3.3272	2.8946	2.3733	1.9135
	净资产收益率(%)	10.5700	18.3937	10.5900	17.3850
	加权净资产收益率(%)	11.1500	19.9700	10.9300	18.8100
	净资产收益率(扣除)(%)	-	-	-	-
	总资产(万元)	44394959.90	37353658.90	27764342.00	26049763.70
	归属母公司股东权益(万元)	2466835.70	2211696.00	2037110.90	1871406.70
	主营业务收入(万元)			-	-
	营业收入(万元)	612366.60	1034183.60	496197.30	796613.30
	主营成本(万元)			-	-
	营业成本(万元)	-	-	224724.90	-
	投资收益(万元)	6247.80	3365.10	1624.10	10104.90
	净利润(万元)	260750.80	406813.70	215789.40	325351.00
	利润总额(万元)	327994.20	509804.10	271681.10	403528.10

四川高金食品股份有限公司

公司概况	公司名称	四川高金食品股份有限公司			证券简称	高金食品
	法人代表	金翔宇	董秘	颜怀彦	证券代码	002143
	公司网址	www.gaojin.com.cn		电子信箱	gaojin@gaojin.cn	
	电　　话	0825-2651999		传　　真	0825-2651999	
	办公地址	四川省遂宁市滨江南路666号				
	经营范围	生猪屠宰、加工、冷冻、销售、饲料原料和饲料的销售等				

	指标\报告期	2013.06.30	2012.12.31	2012.06.30	2011.12.31
主要财务指标	基本每股收益(元)	-0.1154	0.0495	0.0351	0.3993
	基本每股收益(扣除)(元)	-0.1458	-0.2872	-0.1395	-0.4366
	每股净资产(元)	2.2402	2.3751	2.3600	3.1200
	每股经营现金净流量(元)	0.0280	-0.3997	-0.9887	0.4100
	每股现金流量(元)	-0.6337	-0.2842	-0.4785	0.3749
	每股资本公积金(元)	0.6466	0.6661	0.6661	1.1659
	每股盈余公积金(元)	0.0823	0.0823	0.0823	0.1070
	每股未分配利润(元)	0.5112	0.6267	0.6123	0.8503
	净资产收益率(%)	-5.1532	2.0846	2.5600	12.7850
	加权净资产收益率(%)	-5.0000	2.0400	1.4800	13.6500
	净资产收益率(扣除)(%)	-	-	-	-
	总资产(万元)	184817.23	202612.14	180930.45	162259.49
	归属母公司股东权益(万元)	46742.07	49557.04	49257.10	50128.98
	主营业务收入(万元)	167132.27	280361.81	115594.78	235524.82
	营业收入(万元)	169239.17	282217.06	116487.90	238231.32
	主营成本(万元)	159687.66	269352.42	112090.99	228037.45
	营业成本(万元)	161505.68	270740.99	112811.81	230300.36
	投资收益(万元)	-	390.62	-	3075.00
	净利润(万元)	-2246.82	1741.05	1720.52	8785.88
	利润总额(万元)	-1820.48	3729.70	3460.39	12816.06

宏达高科控股股份有限公司

公司概况	公司名称	宏达高科控股股份有限公司			证券简称	宏达高科
	法人代表	沈国甫	董秘	朱海东	证券代码	002144
	公司网址	www.zjhongda.com.cn		电子信箱	hdzhd2008@163.com	
	电　　话	0573-87551997 87550882		传　　真	0573-87566616	
	办公地址	浙江省海宁市许村镇建设路118号				
	经营范围	针织及纺织面料、服装、合成革的制造、加工、销售、印染等				

	指标\报告期	2013.06.30	2012.12.31	2012.06.30	2011.12.31
主要财务指标	基本每股收益(元)	0.2900	0.7600	0.3400	0.4600
	基本每股收益(扣除)(元)	0.2800	0.6600	0.2900	0.4400
	每股净资产(元)	9.9934	8.2839	7.8100	7.2700
	每股经营现金净流量(元)	0.1610	0.6370	0.2939	-0.0630
	每股现金流量(元)	0.9926	0.0032	0.0804	-0.7174
	每股资本公积金(元)	7.4765	5.6528	5.5948	5.1946
	每股盈余公积金(元)	0.1817	0.2122	0.1754	0.1754
	每股未分配利润(元)	1.3352	1.4189	1.0396	0.8977
	净资产收益率(%)	2.7052	9.1507	4.3800	6.3640
	加权净资产收益率(%)	3.4400	9.7700	4.5000	6.2700
	净资产收益率(扣除)(%)	-	-	-	-
	总资产(万元)	209628.62	153463.71	149456.37	145787.47
	归属母公司股东权益(万元)	176645.51	125366.81	118191.49	109987.98
	主营业务收入(万元)	27828.68	61766.88	28024.29	58438.74
	营业收入(万元)	28249.71	62871.65	28218.51	58778.22
	主营成本(万元)	18534.37	41098.95	19419.48	42200.12
	营业成本(万元)	18718.27	41544.09	19565.25	42451.01
	投资收益(万元)	516.29	516.29	516.29	928.72
	净利润(万元)	4779.64	11509.25	5191.68	7048.58
	利润总额(万元)	5478.13	13696.08	6027.14	8044.85

中核华原钛白股份有限公司

公司概况	公司名称	中核华原钛白股份有限公司			证券简称	中核钛白
	法人代表	李建锋	董秘	夏云春	证券代码	002145
	公司网址	www.tio[illegible]hua.com		电子信箱	404fyq@vip.sina.com	
	电　　话	0937-6303[illegible]86 6765325		传　　真	0937-6303368 6764543	
	办公地址	甘肃省嘉峪关市和诚西路359号				
	经营范围	钛白粉、硫酸亚铁的生产和销售等				

	指标\报告期	2013.06.30	2012.12.31	2012.06.30	2011.12.31
主要财务指标	基本每股收益(元)	0.0085	0.0100	0.0862	-1.0400
	基本每股收益(扣除)(元)	0.5700	-1.0400	-0.1200	-0.9662
	每股净资产(元)	2.7614	0.9243	0.3100	0.4376
	每股经营现金净流量(元)	-0.2412	-0.3644	-0.0669	0.0474
	每股现金流量(元)	-0.0522	0.0126	-0.1277	0.0153
	每股资本公积金(元)	1.3618	2.1864	1.7095	1.7095
	每股盈余公积金(元)	0.0317	0.0684	0.1957	0.1957
	每股未分配利润(元)	0.3679	0.7808	-2.5932	-2.4675
	净资产收益率(%)	0.3006	1.0470	27.9441	-237.7240
	加权净资产收益率(%)	0.3100	1.4200	5.5200	-108.6200
	净资产收益率(扣除)(%)	-	-	-	-
	总资产(万元)	269510.24	178665.26	59234.29	57807.27
	归属母公司股东权益(万元)	113247.52	34435.09	5928.21	8315.03
	主营业务收入(万元)	79779.70	43780.22	50657.70	41196.27
	营业收入(万元)	80275.65	44023.47	52851.37	41893.90
	主营成本(万元)	63033.29	41321.21	38949.47	41958.87
	营业成本(万元)	63481.06	41530.57	12423.15	42190.17
	投资收益(万元)	500.47	-583.02	504.13	-
	净利润(万元)	425.92	490.53	1493.52	-19772.04
	利润总额(万元)	643.78	758.40	1931.46	-19766.44

荣盛房地产发展股份有限公司

公司概况	公司名称	荣盛房地产发展股份有限公司		证券简称	荣盛发展
	法人代表	耿建明	董秘 陈金海	证券代码	002146
	公司网址	www.risesun.cn		电子信箱	dongmichu@risesun.cn
	电　话	0316-5909688		传　真	0316-5908567
	办公地址	河北省廊坊市开发区祥云道 81 号			
	经营范围	房地产开发与经营(一级资质)			

主要财务指标	指标\报告期	2013.06.30	2012.12.31	2012.06.30	2011.12.31
	基本每股收益(元)	0.6000	1.1500	0.4500	0.8200
	基本每股收益(扣除)(元)	–	1.1400	0.4400	0.8300
	每股净资产(元)	4.8354	4.3657	3.6600	3.2900
	每股经营现金净流量(元)	–2.1079	–0.6426	–0.2408	–0.2674
	每股现金流量(元)	–0.1123	0.6852	–0.4762	0.2980
	每股资本公积金(元)	0.7502	0.7036	0.6913	0.6474
	每股盈余公积金(元)	0.6979	0.2375	0.1453	0.1453
	每股未分配利润(元)	2.3874	2.4246	1.8296	1.5001
	净资产收益率(%)	12.2959	26.1898	12.2400	24.9690
	加权净资产收益率(%)	12.8600	29.8900	12.7600	28.2600
	净资产收益率(扣除)(%)	–	–	–	–
	总资产(万元)	4755067.19	4048288.70	3027058.46	2817119.15
	归属母公司股东权益(万元)	910034.50	817163.60	684631.37	613654.96
	主营业务收入(万元)	754493.61	1337630.73	554180.64	950169.79
	营业收入(万元)	762411.33	1341536.59	554180.64	950169.79
	主营成本(万元)	486038.07	850937.93	356718.91	592465.42
	营业成本(万元)	491732.38	853166.36	356718.91	592465.42
	投资收益(万元)	57.22	–2.92	–91.57	–165.18
	净利润(万元)	118404.90	216578.48	82905.07	152845.27
	利润总额(万元)	160650.75	278941.02	109088.31	194901.83

马鞍山方圆回转支承股份有限公司

公司概况	公司名称	马鞍山方圆回转支承股份有限公司		证券简称	方圆支承
	法人代表	钱森力	董秘 王春琦	证券代码	002147
	公司网址	www.masfy.com		电子信箱	ghj@masfy.com
	电　话	0555-3505388 3506900 3506107		传　真	0555-3506930
	办公地址	安徽省马鞍山市经济技术开发区超山西路			
	经营范围	生产、销售回转支承、机械设备、锻压设备、销售金属制品、建材等			

主要财务指标	指标\报告期	2013.06.30	2012.12.31	2012.06.30	2011.12.31
	基本每股收益(元)	–0.0100	0.0216	0.0600	0.3653
	基本每股收益(扣除)(元)	–0.0200	–0.0219	0.0600	0.3276
	每股净资产(元)	3.3237	3.4287	3.4400	3.5400
	每股经营现金净流量(元)	–0.0419	0.1475	0.0311	–0.1458
	每股现金流量(元)	–0.0243	–0.3433	–0.3915	–0.5099
	每股资本公积金(元)	1.5580	1.5528	1.5295	1.5375
	每股盈余公积金(元)	0.1467	0.1467	0.1420	0.1420
	每股未分配利润(元)	0.6190	0.7292	0.7699	0.8623
	净资产收益率(%)	–0.3071	0.6304	1.6800	10.3130
	加权净资产收益率(%)	–0.3000	0.6200	1.6400	10.7700
	净资产收益率(扣除)(%)	–	–	–	–
	总资产(万元)	156070.17	121134.35	119285.29	119192.75
	归属母公司股东权益(万元)	85925.25	88639.92	88970.17	91562.43
	主营业务收入(万元)	18193.21	32989.51	19005.66	57451.97
	营业收入(万元)	18976.56	34477.85	19996.89	60822.37
	主营成本(万元)	14898.01	26239.45	14715.13	41117.13
	营业成本(万元)	14927.51	26406.69	14808.73	41238.99
	投资收益(万元)	194.29	–	–	–
	净利润(万元)	–318.48	234.88	1411.75	9524.26
	利润总额(万元)	–355.05	204.06	1616.48	11503.23

北京北纬通信科技股份有限公司

公司概况	公司名称	北京北纬通信科技股份有限公司		证券简称	北纬通信
	法人代表	傅乐民	董秘 李韧	证券代码	002148
	公司网址	www.bisp.com		电子信箱	lr@bisp.com
	电　话	010-88356661		传　真	010-88356273
	办公地址	北京市海淀区首体南路 22 号国兴大厦 5 层、26 层			
	经营范围	从事移动数据增值服务业务等			

主要财务指标	指标\报告期	2013.06.30	2012.12.31	2012.06.30	2011.12.31
	基本每股收益(元)	0.2200	0.4000	0.1500	0.1000
	基本每股收益(扣除)(元)	0.2200	0.3600	0.1500	0.0900
	每股净资产(元)	4.5022	4.3800	4.1300	4.0100
	每股经营现金净流量(元)	0.2452	0.3690	0.1139	0.2539
	每股现金流量(元)	–0.7006	–0.3978	–0.7731	–0.1366
	每股资本公积金(元)	1.4426	1.4426	1.4426	1.4426
	每股盈余公积金(元)	0.2358	0.2358	0.1351	0.1351
	每股未分配利润(元)	1.8238	1.7038	1.5549	1.4303
	净资产收益率(%)	4.8867	9.2223	3.7900	2.5650
	加权净资产收益率(%)	4.9200	9.6300	3.7900	2.6500
	净资产收益率(扣除)(%)	–	–	–	–
	总资产(万元)	53868.53	51304.85	48953.78	46482.32
	归属母公司股东权益(万元)	51054.73	49693.81	46863.92	45451.07
	主营业务收入(万元)	13466.45	22422.05	12199.25	23766.69
	营业收入(万元)	13520.29	22514.79	12236.94	23842.06
	主营成本(万元)	7466.35	12472.99	7343.60	13669.42
	营业成本(万元)	7471.90	12484.10	7349.16	13680.53
	投资收益(万元)	143.83	398.04	124.01	738.83
	净利润(万元)	2494.91	4582.94	1753.05	1165.83
	利润总额(万元)	2985.61	4895.88	1835.47	1658.78

西部金属材料股份有限公司

公司概况	公司名称	西部金属材料股份有限公司		证券简称	西部材料
	法人代表	巨建辉	董秘 顾亮	证券代码	002149
	公司网址	www.c-wmm.com		电子信箱	l.gu@c-wmm.com
	电　话	029-86968418 86968603		传　真	029-86968416 88331527
	办公地址	陕西省西安市西安经济技术开发区泾渭工业园西金路西段 15 号			
	经营范围	稀有金属材料的板、带、箔、丝、棒、管及其深加工产品等			

主要财务指标	指标\报告期	2013.06.30	2012.12.31	2012.06.30	2011.12.31
	基本每股收益(元)	–0.0236	0.1300	–0.0900	–0.1300
	基本每股收益(扣除)(元)	–0.0712	–0.1500	–0.1200	–0.1800
	每股净资产(元)	4.8513	4.9150	4.6700	4.7600
	每股经营现金净流量(元)	0.2484	1.0016	–0.1028	0.1674
	每股现金流量(元)	–0.0760	–0.5938	–0.4735	0.3973
	每股资本公积金(元)	3.2027	3.2027	3.2027	3.2027
	每股盈余公积金(元)	0.1553	0.1553	0.1402	0.1402
	每股未分配利润(元)	0.4532	0.5268	0.3264	0.4132
	净资产收益率(%)	–0.4866	2.6196	–1.8400	–2.8360
	加权净资产收益率(%)	–0.4800	2.6600	–1.8400	–2.7500
	净资产收益率(扣除)(%)	–	–	–	–
	总资产(万元)	279197.43	262153.50	270239.98	267335.45
	归属母公司股东权益(万元)	84717.51	85831.27	81538.82	83054.88
	主营业务收入(万元)	51737.70	122890.36	51933.19	117498.79
	营业收入(万元)	69818.52	140446.15	87010.15	149432.05
	主营成本(万元)	41511.71	104776.60	42934.27	95839.63
	营业成本(万元)	59060.87	117877.80	77447.35	126930.86
	投资收益(万元)	–	240.00	–	–
	净利润(万元)	791.59	5447.03	140.35	616.85
	利润总额(万元)	1146.06	5905.54	72.88	544.54

江苏通润装备科技股份有限公司

公司概况	公司名称	江苏通润装备科技股份有限公司		证券简称	通润装备
	法人代表	柳振江	董秘	蔡岚	证券代码	002150
	公司网址	www.tongrunindustries.com	电子信箱	jstr@tongrunindustries.com	
	电　话	0512-52343523 52346618	传　真	0512-52346558	
	办公地址	江苏省常熟市海虞镇周行通港工业开发区			
	经营范围	金属工具箱柜产品及精密钣金制品的生产、研发及销售等			

主要财务指标	指标\报告期	2013.06.30	2012.12.31	2012.06.30	2011.12.31
	基本每股收益(元)	0.1000	0.1800	0.0800	0.1800
	基本每股收益(扣除)(元)	0.0900	0.1700	0.0800	0.1800
	每股净资产(元)	2.0764	2.0788	1.9900	2.0000
	每股经营现金净流量(元)	0.0233	0.3073	0.1141	0.2411
	每股现金流量(元)	–0.1150	0.1065	–0.0307	–0.1151
	每股资本公积金(元)	0.1707	0.1707	0.1707	0.1707
	每股盈余公积金(元)	0.1596	0.1596	0.1509	0.1509
	每股未分配利润(元)	0.7460	0.7484	0.6639	0.6796
	净资产收益率(%)	4.7019	8.5385	4.2400	8.9312
	加权净资产收益率(%)	4.5900	8.7000	4.1200	9.1200
	净资产收益率(扣除)(%)	–	–	–	–
	总资产(万元)	87991.43	88171.83	81494.94	83425.21
	归属母公司股东权益(万元)	51951.00	52010.33	49676.68	50071.42
	主营业务收入(万元)	43721.60	88467.62	42035.97	82217.15
	营业收入(万元)	43995.18	89178.00	42453.93	83195.61
	主营成本(万元)	34540.83	69637.32	33294.54	65020.72
	营业成本(万元)	34648.23	69899.03	33480.17	65113.79
	投资收益(万元)	–	27.05	27.05	–
	净利润(万元)	2514.96	4480.87	2135.65	4493.18
	利润总额(万元)	3370.73	6193.81	2985.44	6121.43

北京北斗星通导航技术股份有限公司

公司概况	公司名称	北京北斗星通导航技术股份有限公司		证券简称	北斗星通
	法人代表	周儒欣	董秘	段昭宇	证券代码	002151
	公司网址	www.navchina.com	电子信箱	bdstardsh@navchina.com	
	电　话	010-62969966	传　真	010-62966646	
	办公地址	北京市海淀区上地信息产业基地三街9号金隅嘉华大厦A座10层			
	经营范围	开发导航定位应用系统及软硬件产品、基于位置的信息系统等			

主要财务指标	指标\报告期	2013.06.30	2012.12.31	2012.06.30	2011.12.31
	基本每股收益(元)	–0.0100	0.2500	0.0100	0.2100
	基本每股收益(扣除)(元)	–0.0400	0.0700	0.0030	0.1900
	每股净资产(元)	3.6555	3.7110	3.4600	4.2400
	每股经营现金净流量(元)	–0.6228	0.3722	–0.1186	–0.0734
	每股现金流量(元)	–0.6788	0.2326	–0.2496	–0.9598
	每股资本公积金(元)	1.7358	1.7319	1.7287	2.2732
	每股盈余公积金(元)	0.1393	0.1393	0.1063	0.1276
	每股未分配利润(元)	0.7959	0.8527	0.6414	0.8579
	净资产收益率(%)	–0.1846	6.8460	0.2800	5.9460
	加权净资产收益率(%)	–0.1800	7.0100	0.2800	5.9700
	净资产收益率(扣除)(%)	–	–	–	–
	总资产(万元)	149634.98	143993.36	134402.31	124510.01
	归属母公司股东权益(万元)	66348.34	67355.70	62883.12	64188.60
	主营业务收入(万元)	30986.66	56839.22	24420.00	48425.37
	营业收入(万元)	31010.64	56954.63	24434.70	48477.28
	主营成本(万元)	20564.45	37655.91	16498.86	31158.29
	营业成本(万元)	20572.83	37738.36	16509.74	31183.30
	投资收益(万元)	1022.59	78.09	12.01	–9.47
	净利润(万元)	915.14	5599.94	916.30	3841.91
	利润总额(万元)	1650.78	7541.44	1531.44	5083.96

广州广电运通金融电子股份有限公司

公司概况	公司名称	广州广电运通金融电子股份有限公司		证券简称	广电运通
	法人代表	赵友永	董秘	任斌	证券代码	002152
	公司网址	www.grgbanking.com	电子信箱	securities@grgbanking.com	
	电　话	020-82188517 82188900	传　真	020-82188517	
	办公地址	广东省广州市萝岗区科学城科林路9号			
	经营范围	研制、生产、销售:电子计算机设备、货币类自助设备、税务应用设备等			

主要财务指标	指标\报告期	2013.06.30	2012.12.31	2012.06.30	2011.12.31
	基本每股收益(元)	0.3700	0.9300	0.3400	0.8100
	基本每股收益(扣除)(元)	0.3700	0.9000	0.4000	1.1000
	每股净资产(元)	4.0927	4.7667	4.2500	5.4800
	每股经营现金净流量(元)	–0.4633	1.3761	–0.1749	1.1201
	每股现金流量(元)	–1.5047	1.2644	–0.2729	0.4884
	每股资本公积金(元)	0.2378	0.2869	0.2902	0.8073
	每股盈余公积金(元)	0.3435	0.4122	0.3262	0.4566
	每股未分配利润(元)	2.5143	3.0696	2.6382	3.2170
	净资产收益率(%)	9.1110	19.4941	9.6800	20.7860
	加权净资产收益率(%)	9.0600	21.4600	10.0500	22.8000
	净资产收益率(扣除)(%)	–	–	–	–
	总资产(万元)	373896.66	402042.73	308581.22	337761.03
	归属母公司股东权益(万元)	305820.85	296824.19	264787.22	243688.19
	主营业务收入(万元)	98599.14	216840.96	93633.95	208946.74
	营业收入(万元)	98599.14	216840.96	93633.95	208946.74
	主营成本(万元)	47115.07	103482.60	47164.83	105081.82
	营业成本(万元)	47115.07	103482.60	47164.83	105081.82
	投资收益(万元)	–265.92	–828.22	–482.53	–53.79
	净利润(万元)	28201.81	58134.83	25728.00	50744.29
	利润总额(万元)	30101.57	64758.21	30630.10	59461.41

北京中长石基信息技术股份有限公司

公司概况	公司名称	北京中长石基信息技术股份有限公司		证券简称	石基信息
	法人代表	李仲初	董秘	罗芳	证券代码	002153
	公司网址	www.shijinet.com.cn	电子信箱	willa.wang@shijinet.com.cn	
	电　话	010-68249356 58183778-670	传　真	010-58183776	
	办公地址	北京市海淀区复兴路甲65号-A11层、14层 北京市东城区东水井胡同5号15层			
	经营范围	酒店管理系统集成、软件开发、技术支持与服务			

主要财务指标	指标\报告期	2013.06.30	2012.12.31	2012.06.30	2011.12.31
	基本每股收益(元)	0.4800	0.9500	0.4500	0.8500
	基本每股收益(扣除)(元)	0.4400	0.8900	0.4200	0.8300
	每股净资产(元)	4.4939	4.1623	3.6900	3.5400
	每股经营现金净流量(元)	0.1534	1.0270	0.1740	0.8903
	每股现金流量(元)	–0.6415	0.8092	–0.5939	–0.1733
	每股资本公积金(元)	–	–	0.0357	0.0334
	每股盈余公积金(元)	0.0877	0.1292	0.1212	0.1212
	每股未分配利润(元)	3.4434	3.0680	2.5633	2.4096
	净资产收益率(%)	10.5789	22.9106	12.2800	24.1511
	加权净资产收益率(%)	10.9400	25.0800	12.3800	27.0100
	净资产收益率(扣除)(%)	–	–	–	–
	总资产(万元)	156309.19	152529.13	134864.21	130235.31
	归属母公司股东权益(万元	138915.46	128665.08	114182.29	109359.01
	主营业务收入(万元)	37429.99	78881.40	36000.85	71776.76
	营业收入(万元)	37479.38	78998.63	36063.42	72087.17
	主营成本(万元)	12000.31	25954.43	11373.79	24854.62
	营业成本(万元)	12030.57	26027.19	11419.35	24935.27
	投资收益(万元)	1557.67	2470.92	1030.89	376.98
	净利润(万元)	14629.98	30623.88	14562.69	27433.40
	利润总额(万元)	15706.82	33977.38	15494.69	30561.00

浙江报喜鸟服饰股份有限公司

公司概况	公司名称	浙江报喜鸟服饰股份有限公司		证券简称	报喜鸟
	法人代表	吴志泽	董秘 方小波	证券代码	002154
	公司网址	www.bxn.com		电子信箱	stock@baoxiniao.com.cn
	电　话	0577-67379161		传　真	0577-67315986 8899
	办公地址	浙江省温州市永嘉县瓯北镇报喜鸟工业区			
	经营范围	服装、皮鞋、皮革制品的生产及销售、经营进出口业务等			

主要财务指标	指标\报告期	2013.06.30	2012.12.31	2012.06.30	2011.12.31
	基本每股收益(元)	0.1400	0.8100	0.2100	0.6300
	基本每股收益(扣除)(元)	0.0900	0.6800	0.2000	0.6000
	每股净资产(元)	4.3336	4.4001	3.7700	3.6800
	每股经营现金净流量(元)	-0.5058	0.7962	0.1678	-0.0121
	每股现金流量(元)	-0.4325	-0.0765	-0.5343	0.1117
	每股资本公积金(元)	1.1792	1.1775	1.1235	1.0791
	每股盈余公积金(元)	0.2674	0.2674	0.1896	0.1917
	每股未分配利润(元)	1.9319	1.9551	1.4592	1.4123
	净资产收益率(%)	3.1535	18.1281	5.6200	17.0218
	加权净资产收益率(%)	3.0800	20.0800	5.5900	18.4200
	净资产收益率(扣除)(%)	-	-	-	-
	总资产(万元)	432289.53	476953.62	392337.56	408618.95
	归属母公司股东权益(万元)	259503.20	263483.86	224007.13	216378.94
	主营业务收入(万元)	90063.66	214060.82	87318.78	194445.91
	营业收入(万元)	103761.36	225355.02	91591.60	202785.01
	主营成本(万元)	34780.61	79049.44	33347.67	78817.55
	营业成本(万元)	43544.44	85323.25	36395.97	83400.13
	投资收益(万元)	-	10.73	10.73	-
	净利润(万元)	7830.52	46895.59	12509.83	35945.67
	利润总额(万元)	11266.86	49520.57	15820.57	43301.44

湖南辰州矿业股份有限公司

公司概况	公司名称	湖南辰州矿业股份有限公司		证券简称	辰州矿业
	法人代表	陈建权	董秘 刘志勇	证券代码	002155
	公司网址	www.hncmi.com		电子信箱	czky@hncmi.com
	电　话	0745-4643501 2237 2260		传　真	0745-4646208
	办公地址	湖南省怀化市沅陵县官庄镇			
	经营范围	黄金、钨、锑等有色金属矿的地质勘探、开采、选冶、金锭、锑锭等			

主要财务指标	指标\报告期	2013.06.30	2012.12.31	2012.06.30	2011.12.31
	基本每股收益(元)	0.0789	0.7000	0.3147	0.7100
	基本每股收益(扣除)(元)	0.0786	0.6200	0.3826	0.7400
	每股净资产(元)	2.9530	3.8082	3.5200	4.4900
	每股经营现金净流量(元)	0.3244	0.4038	0.1762	0.5087
	每股现金流量(元)	-0.1367	0.0053	0.3313	-0.6344
	每股资本公积金(元)	0.6104	1.0718	1.0681	1.8954
	每股盈余公积金(元)	0.1679	0.2183	0.1357	0.1900
	每股未分配利润(元)	1.1643	1.5110	1.3022	1.4003
	净资产收益率(%)	2.6724	18.3953	11.6400	21.9910
	加权净资产收益率(%)	2.6600	20.0200	12.0300	24.3300
	净资产收益率(扣除)(%)	-	-	-	-
	总资产(万元)	401345.33	436733.90	393854.93	367385.31
	归属母公司股东权益(万元)	294199.25	291847.95	269421.58	245799.08
	主营业务收入(万元)	271286.35	468117.06	211642.46	403879.62
	营业收入(万元)	271980.05	472909.34	212250.55	408142.19
	主营成本(万元)	233468.50	340599.78	153019.64	260902.87
	营业成本(万元)	233938.39	342769.02	153550.23	263653.35
	投资收益(万元)	271.59	3358.47	3342.83	-416.89
	净利润(万元)	7389.59	53543.53	31402.40	54023.00
	利润总额(万元)	9783.98	62944.59	35575.20	67610.14

南通富士通微电子股份有限公司

公司概况	公司名称	南通富士通微电子股份有限公司		证券简称	通富微电
	法人代表	石明达	董秘 钱建中	证券代码	002156
	公司网址	www.fujitsu-nt.com		电子信箱	nfme_stock@fujitsu-nt.com
	电　话	0513-85058919		传　真	0513-85058929
	办公地址	江苏省南通市崇川开发区崇川路288号			
	经营范围	研究开发、生产制造集成电路等半导体及其相关产品等			

主要财务指标	指标\报告期	2013.06.30	2012.12.31	2012.06.30	2011.12.31
	基本每股收益(元)	0.0380	0.0600	0.0260	0.0800
	基本每股收益(扣除)(元)	0.0180	0.0200	-0.0020	0.0100
	每股净资产(元)	3.4161	3.3987	3.3800	3.3600
	每股经营现金净流量(元)	0.1279	0.2769	0.1034	0.0091
	每股现金流量(元)	0.0223	-0.2008	-0.1492	-1.0514
	每股资本公积金(元)	1.6894	1.6894	1.6894	1.6894
	每股盈余公积金(元)	0.0992	0.0992	0.0963	0.0935
	每股未分配利润(元)	0.6270	0.6093	0.5952	0.5719
	净资产收益率(%)	1.1016	1.7133	0.7800	2.2480
	加权净资产收益率(%)	1.1000	1.7200	0.7800	2.2700
	净资产收益率(扣除)(%)	-	-	-	-
	总资产(万元)	341191.86	338239.66	334603.36	339022.31
	归属母公司股东权益(万元)	222003.50	220867.62	219764.91	218058.20
	主营业务收入(万元)	81162.23	157631.58	74413.87	160308.32
	营业收入(万元)	81592.58	159002.54	74830.76	162204.67
	主营成本(万元)	67253.03	136432.80	65659.59	139692.94
	营业成本(万元)	67268.68	136443.43	65660.13	139698.32
	投资收益(万元)	-108.47	-17.68	-34.65	20.18
	净利润(万元)	2445.64	3784.03	1703.45	4902.82
	利润总额(万元)	2942.72	3862.42	1959.96	6119.17

江西正邦科技股份有限公司

公司概况	公司名称	江西正邦科技股份有限公司		证券简称	正邦科技
	法人代表	周健	董秘 孙军	证券代码	002157
	公司网址	www.zhengbang.com		电子信箱	zqb@zhengbang.com
	电　话	0791-86397153		传　真	0791-88338132
	办公地址	江西省南昌市高新技术开发区艾溪湖一路569号			
	经营范围	畜禽饲料、预混料的生产和销售、饲料添加剂的研发、生产和销售等			

主要财务指标	指标\报告期	2013.06.30	2012.12.31	2012.06.30	2011.12.31
	基本每股收益(元)	0.0100	0.1900	0.2100	0.2900
	基本每股收益(扣除)(元)	-0.0200	0.0700	0.1900	0.2400
	每股净资产(元)	2.3446	2.3837	2.5000	2.5800
	每股经营现金净流量(元)	0.0130	0.6030	0.2321	0.7720
	每股现金流量(元)	0.7244	-0.1377	0.4167	0.3275
	每股资本公积金(元)	0.4337	0.4337	0.6023	0.7118
	每股盈余公积金(元)	0.0707	0.0707	0.0364	0.0408
	每股未分配利润(元)	0.8401	0.8792	0.8644	0.8228
	净资产收益率(%)	0.4674	7.8186	7.9400	11.3668
	加权净资产收益率(%)	0.4600	7.3200	8.2900	12.0500
	净资产收益率(扣除)(%)	-	-	-	-
	总资产(万元)	530326.21	446680.14	377357.69	337238.84
	归属母公司股东权益(万元)	101066.18	102749.05	107899.88	111013.78
	主营业务收入(万元)	721773.33	1361719.49	604126.17	1079201.75
	营业收入(万元)	722235.48	1362673.58	604967.99	1080805.33
	主营成本(万元)	684463.96	1283262.57	563560.55	1004541.37
	营业成本(万元)	684638.16	1283625.98	563962.07	1005604.47
	投资收益(万元)	-483.79	842.19	-234.03	605.31
	净利润(万元)	-767.92	8066.57	10029.31	18640.31
	利润总额(万元)	38.75	10700.02	10909.36	20744.61

上海汉钟精机股份有限公司

公司概况	公司名称	上海汉钟精机股份有限公司		证券简称	汉钟精机
	法人代表	余昱暄	董秘	余昱暄(代)	证券代码	002158
	公司网址	www.hanbell.com.cn	电子信箱	yupailo@hanbell.cn	
	电　话	021-57350280 1005 1132	传　真	021-57351127	
	办公地址	上海市金山区枫泾工业开发区亭枫公路8289号			
	经营范围	压缩机应用技术的研制开发、生产销售及售后服务等			

主要财务指标 指标\报告期	2013.06.30	2012.12.31	2012.06.30	2011.12.31
基本每股收益(元)	0.2534	0.4891	0.1871	0.6604
基本每股收益(扣除)(元)	0.2449	0.4908	0.1802	0.6461
每股净资产(元)	3.2496	3.5500	3.2697	3.4600
每股经营现金净流量(元)	0.3963	0.7223	0.4373	0.4496
每股现金流量(元)	0.1153	0.0130	0.0348	−0.6009
每股资本公积金(元)	0.8384	1.0222	1.0230	1.0280
每股盈余公积金(元)	0.2817	0.3098	0.2548	0.2548
每股未分配利润(元)	1.1308	1.2151	0.9858	1.1811
净资产收益率(%)	7.7969	13.7889	6.2900	19.0660
加权净资产收益率(%)	7.7400	14.2100	5.9900	20.5300
净资产收益率(扣除)(%)	–	–	–	–
总资产(万元)	105034.35	99911.07	96643.44	98601.46
归属母公司股东权益(万元)	77953.07	77348.84	71303.23	75534.47
主营业务收入(万元)	38765.48	69891.79	33724.52	85922.18
营业收入(万元)	38863.30	70009.44	33762.02	86044.36
主营成本(万元)	25738.79	47166.69	23769.59	59460.55
营业成本(万元)	25794.94	47267.01	23824.64	59531.02
投资收益(万元)	278.18	881.76	505.30	938.89
净利润(万元)	6077.90	10655.03	4476.64	14305.91
利润总额(万元)	7233.67	12540.15	5142.39	16752.84

武汉三特索道集团股份有限公司

公司概况	公司名称	武汉三特索道集团股份有限公司		证券简称	三特索道
	法人代表	刘丹军	董秘	叶宏森	证券代码	002159
	公司网址	www.sante.com.cn	电子信箱	sante002159@126.com	
	电　话	027-87341800 87341812	传　真	027-87341811	
	办公地址	湖北省武汉市武昌区八一路483号1号楼			
	经营范围	机电一体化客运索道及配套设备的开发、研制、设计、投资建设、经营等			

主要财务指标 指标\报告期	2013.06.30	2012.12.31	2012.06.30	2011.12.31
基本每股收益(元)	−0.2800	0.4600	−0.1900	0.3300
基本每股收益(扣除)(元)	−0.3000	−0.1000	−0.1900	0.3400
每股净资产(元)	4.2607	4.4279	3.7100	3.9000
每股经营现金净流量(元)	0.2151	0.6039	0.1277	1.0597
每股现金流量(元)	1.3453	0.2825	0.0328	0.1833
每股资本公积金(元)	1.4904	1.3173	1.2513	1.2513
每股盈余公积金(元)	0.4468	0.4468	0.4115	0.4115
每股未分配利润(元)	1.3234	1.6637	1.0461	1.2390
净资产收益率(%)	−6.5794	10.3908	−5.2000	8.5760
加权净资产收益率(%)	−6.5400	11.1400	−5.0700	8.9000
净资产收益率(扣除)(%)	–	–	–	–
总资产(万元)	159086.92	141977.96	128613.78	120806.54
归属母公司股东权益(万元)	51127.85	53134.89	44506.66	46821.12
主营业务收入(万元)	13535.29	35635.21	14106.68	36196.33
营业收入(万元)	14127.44	36983.24	14564.18	37544.27
主营成本(万元)	8173.18	17725.37	7690.54	16046.77
营业成本(万元)	8395.97	18242.12	7832.18	16531.92
投资收益(万元)	49.87	6421.18	−24.45	7.53
净利润(万元)	−3110.43	5911.06	−2149.72	4348.24
利润总额(万元)	−2107.14	9130.83	−941.32	7819.66

江苏常铝铝业股份有限公司

公司概况	公司名称	江苏常铝铝业股份有限公司		证券简称	常铝股份
	法人代表	张平	董秘	孙连键	证券代码	002160
	公司网址	www.alcha.com	电子信箱	office@alcha.com	
	电　话	0512-52359001 52359011	传　真	0512-52892675	
	办公地址	江苏省常熟市白峁镇西			
	经营范围	铝箔、空调器用涂层铝箔、铝材、铝板、铝带制造等			

主要财务指标 指标\报告期	2013.06.30	2012.12.31	2012.06.30	2011.12.31
基本每股收益(元)	−0.0860	−0.2040	−0.1020	0.0180
基本每股收益(扣除)(元)	−0.0890	−0.2110	0.0120	0.0010
每股净资产(元)	1.6404	1.8290	1.9470	1.9350
每股经营现金净流量(元)	−0.0855	0.7337	−0.1138	0.0942
每股现金流量(元)	0.0770	0.4051	−0.4072	0.3066
每股资本公积金(元)	0.5776	0.5776	0.5779	0.5730
每股盈余公积金(元)	0.0800	0.0800	0.0800	0.0800
每股未分配利润(元)	−0.0172	0.0687	0.1708	0.2824
净资产收益率(%)	−5.2410	−11.7991	0.8500	0.9070
加权净资产收益率(%)	−5.1100	−11.1200	−5.3900	0.9100
净资产收益率(扣除)(%)	–	–	–	–
总资产(万元)	219308.41	205161.03	171531.57	176752.59
归属母公司股东权益(万元)	55773.36	58694.97	62175.71	65806.78
主营业务收入(万元)	94783.48	186990.57	102207.16	196635.19
营业收入(万元)	97633.13	191439.52	104975.48	205356.66
主营成本(万元)	87118.18	174609.96	95667.29	176249.90
营业成本(万元)	89928.53	178971.77	98373.22	184614.47
投资收益(万元)	10.20	3.57	–	–
净利润(万元)	−2923.06	−6925.49	−3454.99	596.95
利润总额(万元)	−2943.89	−6956.65	−3564.30	680.57

深圳市远望谷信息技术股份有限公司

公司概况	公司名称	深圳市远望谷信息技术股份有限公司		证券简称	远望谷
	法人代表	陈光珠	董秘	吕宏	证券代码	002161
	公司网址	www.invengo.cn	电子信箱	lvh@invengo.cn	
	电　话	0755-26711633	传　真	0755-26711693	
	办公地址	广东省深圳市南山区高新技术产业园区南区T2栋B座3层			
	经营范围	电子通讯设备、自动识别产品、射频识别系统及产品、计算机软件等			

主要财务指标 指标\报告期	2013.06.30	2012.12.31	2012.06.30	2011.12.31
基本每股收益(元)	0.0890	0.1650	0.0840	0.1570
基本每股收益(扣除)(元)	0.0710	0.1440	0.0720	0.1400
每股净资产(元)	1.9944	1.9060	1.8200	3.5800
每股经营现金净流量(元)	−0.0045	0.1126	−0.0741	−0.0050
每股现金流量(元)	−0.2867	−0.0318	−0.1230	0.7290
每股资本公积金(元)	0.4314	0.4314	0.4291	1.8583
每股盈余公积金(元)	0.0708	0.0708	0.0544	0.1089
每股未分配利润(元)	0.4923	0.4037	0.3389	0.6107
净资产收益率(%)	4.4394	8.6436	4.5800	8.5570
加权净资产收益率(%)	4.5400	8.9600	4.6000	12.1100
净资产收益率(扣除)(%)	–	–	–	–
总资产(万元)	173714.06	177671.74	152933.31	142151.30
归属母公司股东权益(万元)	147534.87	140995.71	134817.60	132336.98
主营业务收入(万元)	26568.34	45503.83	15593.80	30810.83
营业收入(万元)	26903.24	45871.36	15737.60	32067.78
主营成本(万元)	15732.99	24105.36	6289.98	12817.35
营业成本(万元)	15765.52	24146.79	6298.11	13088.01
投资收益(万元)	1767.21	3909.77	1962.45	1568.37
净利润(万元)	7125.37	12988.63	6306.99	11658.78
利润总额(万元)	8009.76	14702.05	7160.94	13013.56

上海斯米克控股股份有限公司

公司概况	公司名称	上海斯米克控股股份有限公司		证券简称	*ST 上控
	法人代表	李慈雄	董秘 宋源诚	证券代码	002162
	公司网址	www.cimic.com		电子信箱	zqb@cimic.com
	电　　话	021-54333699		传　　真	021-54331229
	办公地址	上海市闵行区浦江镇恒南路 1288 号			
	经营范围	生产精密陶瓷、建筑陶瓷、卫生陶瓷、配套件、高性能功能陶瓷产品等			

主要财务指标	指标\报告期	2013.06.30	2012.12.31	2012.06.30	2011.12.31
	基本每股收益(元)	0.0196	-0.4950	-0.2264	-0.3642
	基本每股收益(扣除)(元)	-0.0553	-0.5600	-0.2356	-0.4571
	每股净资产(元)	1.2584	1.2346	1.4303	1.7294
	每股经营现金净流量(元)	0.1644	0.1257	-0.1409	0.1640
	每股现金流量(元)	-0.1379	-0.0848	-0.0967	0.0968
	每股资本公积金(元)	0.7786	0.7744	0.7743	0.7743
	每股盈余公积金(元)	0.1273	0.1273	0.1273	0.1273
	每股未分配利润(元)	-0.6473	-0.6669	-0.4710	-0.1719
	净资产收益率(%)	1.5603	-40.0969	-15.8256	-21.0574
	加权净资产收益率(%)	1.5800	-33.3000	-14.6400	-18.5600
	净资产收益率(扣除)(%)	-	-	-	-
	总资产(万元)	181180.86	186338.53	189281.46	194123.64
	归属母公司股东权益(万元)	52599.94	51605.60	59788.34	72290.98
	主营业务收入(万元)	38218.24	86658.38	39689.17	88667.58
	营业收入(万元)	39580.33	88454.29	40757.39	91043.07
	主营成本(万元)	27348.61	62509.38	29606.23	68772.77
	营业成本(万元)	27576.03	63516.07	30246.49	70958.53
	投资收益(万元)	1297.53	-	-	28.70
	净利润(万元)	818.26	-20720.03	-9470.44	-15230.85
	利润总额(万元)	1194.29	-18615.76	-9231.31	-15122.74

中航三鑫股份有限公司

公司概况	公司名称	中航三鑫股份有限公司		证券简称	中航三鑫
	法人代表	朱强华	董秘 姚婧	证券代码	002163
	公司网址	www.sanxinglass.com		电子信箱	sgt@sanxinglass.com
	电　　话	0755-26063691 26067916		传　　真	0755-26063692
	办公地址	广东省深圳市南山区南油大道 2061 号新保辉大厦 17 层			
	经营范围	建筑幕墙工程设计、施工和生产、销售幕墙玻璃制品、家电玻璃等			

主要财务指标	指标\报告期	2013.06.30	2012.12.31	2012.06.30	2011.12.31
	基本每股收益(元)	-0.1400	-0.1600	-0.0600	0.0700
	基本每股收益(扣除)(元)	-0.1500	-0.1600	-0.0600	0.0700
	每股净资产(元)	1.5524	1.6953	1.7800	1.8900
	每股经营现金净流量(元)	-0.2756	0.0957	-0.1989	0.0674
	每股现金流量(元)	-0.2105	0.0379	-0.3133	-0.0134
	每股资本公积金(元)	0.6205	0.6205	0.6069	0.6070
	每股盈余公积金(元)	0.0613	0.0613	0.0581	0.0581
	每股未分配利润(元)	-0.1295	0.0135	0.1196	0.2290
	净资产收益率(%)	-9.2059	-9.5794	-3.3300	3.8690
	加权净资产收益率(%)	-8.8000	-9.0900	-3.2100	3.9000
	净资产收益率(扣除)(%)	-	-	-	-
	总资产(万元)	714573.25	723984.23	663358.21	648356.01
	归属母公司股东权益(万元)	124739.24	136222.54	143399.77	152208.64
	主营业务收入(万元)	158651.87	328228.87	139909.69	288300.67
	营业收入(万元)	159076.29	329262.79	140431.04	288984.78
	主营成本(万元)	143854.09	294671.17	125656.72	237675.39
	营业成本(万元)	144042.00	294934.22	125918.70	237987.50
	投资收益(万元)	90.54	239.20	-	-
	净利润(万元)	-13608.80	-15367.04	-5260.28	7308.79
	利润总额(万元)	-16863.84	-19765.16	-7344.49	9537.85

宁波东力传动设备股份有限公司

公司概况	公司名称	宁波东力传动设备股份有限公司		证券简称	东力传动
	法人代表	宋济隆	董秘 陈晓忠	证券代码	002164
	公司网址	www.donly.com.cn		电子信箱	dm@donly.com.cn
	电　　话	0574-87587000 88398877		传　　真	0574-87586999
	办公地址	浙江省宁波市江北工业区荪湖路 1 号			
	经营范围	减速电机、齿轮箱等传动设备的设计、制造与销售等			

主要财务指标	指标\报告期	2013.06.30	2012.12.31	2012.06.30	2011.12.31
	基本每股收益(元)	0.0100	-0.1200	0.0200	0.0600
	基本每股收益(扣除)(元)	-0.0200	-0.1400	0.0100	0.0400
	每股净资产(元)	2.4620	2.4500	2.5900	2.6000
	每股经营现金净流量(元)	0.0426	0.2280	0.2706	0.2341
	每股现金流量(元)	-0.0462	-0.0582	-0.0119	-0.4834
	每股资本公积金(元)	0.9837	0.9837	0.9837	0.9837
	每股盈余公积金(元)	0.0881	0.0881	0.0881	0.0881
	每股未分配利润(元)	0.3901	0.3807	0.5222	0.5330
	净资产收益率(%)	0.3837	-4.9866	0.4000	2.2870
	加权净资产收益率(%)	0.3800	-4.8300	0.7400	2.2200
	净资产收益率(扣除)(%)	-	-	-	-
	总资产(万元)	198133.56	196065.25	191881.80	194917.63
	归属母公司股东权益(万元)	109712.12	109291.18	115599.89	116078.00
	主营业务收入(万元)	27019.88	60635.13	30481.91	66117.02
	营业收入(万元)	27544.96	61763.95	31130.73	68387.21
	主营成本(万元)	20944.42	50157.73	23101.23	50335.72
	营业成本(万元)	21095.74	50632.85	23305.90	51660.95
	投资收益(万元)	3.00	465.79	3.00	422.72
	净利润(万元)	421.58	-5448.70	854.44	2653.45
	利润总额(万元)	420.65	-6286.47	1152.21	2910.40

南京红宝丽股份有限公司

公司概况	公司名称	南京红宝丽股份有限公司		证券简称	红 宝 丽
	法人代表	芮敬功	董秘 王玉生	证券代码	002165
	公司网址	www.hongbaoli.com		电子信箱	liuzuhou@hongbaoli.com
	电　　话	025-57350997 57351388		传　　真	025-57350199 57350178
	办公地址	江苏省南京市高淳县“江苏高淳经济开发区”双高路 29 号			
	经营范围	硬泡组合聚醚、异丙醇胺的生产与销售等			

主要财务指标	指标\报告期	2013.06.30	2012.12.31	2012.06.30	2011.12.31
	基本每股收益(元)	0.0100	0.1500	0.0900	0.1500
	基本每股收益(扣除)(元)	0.0100	0.1300	0.0900	0.1100
	每股净资产(元)	1.7277	1.7900	1.7200	3.3500
	每股经营现金净流量(元)	0.2862	0.3940	0.2713	0.1951
	每股现金流量(元)	0.0522	-0.0524	-0.0921	0.5676
	每股资本公积金(元)	0.1154	0.1107	0.0820	0.9640
	每股盈余公积金(元)	0.0859	0.0859	0.0789	0.1577
	每股未分配利润(元)	0.5262	0.5939	0.5575	1.2286
	净资产收益率(%)	0.7118	8.0498	5.4200	8.5320
	加权净资产收益率(%)	0.6800	8.4100	5.4100	10.5800
	净资产收益率(扣除)(%)	-	-	-	-
	总资产(万元)	181604.32	176170.28	154414.52	153692.94
	归属母公司股东权益(万元)	93979.71	97405.03	92186.36	89870.21
	主营业务收入(万元)	101259.35	163753.05	83040.18	166131.55
	营业收入(万元)	102754.08	165493.99	84016.23	169947.29
	主营成本(万元)	84092.26	136723.60	69354.48	143184.83
	营业成本(万元)	85571.52	138285.26	70252.26	146707.70
	投资收益(万元)	-	-	-	-
	净利润(万元)	945.05	8447.54	5251.15	8261.40
	利润总额(万元)	1435.79	10610.80	6478.27	10171.04

桂林莱茵生物科技股份有限公司

公司概况	公司名称	桂林莱茵生物科技股份有限公司			证券简称	莱茵生物
	法人代表	姚新德	董秘	罗华阳	证券代码	002166
	公司网址	www.layn.com.cn		电子信箱	luo.huayang@layn.com.cn	
	电　话	0773-3568817		传　真	0773-3568872	
	办公地址	广西壮族自治区桂林市临桂县西城南路秧塘工业园				
	经营范围	植物制品、农副土特产品生产销售、自营进出口等				

主要财务指标	指标\报告期	2013.06.30	2012.12.31	2012.06.30	2011.12.31
	基本每股收益(元)	0.0400	-0.5100	-0.1400	0.0200
	基本每股收益(扣除)(元)	0.0100	-0.5500	-0.1500	-0.4300
	每股净资产(元)	1.3022	1.2600	1.6300	1.7700
	每股经营现金净流量(元)	-0.7382	-1.6544	-0.4103	-1.4854
	每股现金流量(元)	-0.0732	-0.2595	0.2640	-0.1950
	每股资本公积金(元)	0.6424	0.6424	0.6424	0.6424
	每股盈余公积金(元)	0.0682	0.0682	0.0682	0.0682
	每股未分配利润(元)	-0.4050	-0.4489	-0.0771	0.0603
	净资产收益率(%)	3.3706	-40.4276	-8.4200	1.1020
	加权净资产收益率(%)	3.4200	-33.6100	-8.0800	1.1100
	净资产收益率(扣除)(%)	-	-	-	-
	总资产(万元)	121150.75	90815.74	92690.86	92612.16
	归属母公司股东权益(万元)	16867.74	16316.92	21153.44	22924.09
	主营业务收入(万元)	16944.40	30583.12	10476.63	11649.67
	营业收入(万元)	16987.87	30773.92	10561.10	12716.07
	主营成本(万元)	12651.77	27758.61	8996.51	9300.20
	营业成本(万元)	12663.53	27812.94	9022.53	9629.50
	投资收益(万元)	25.13	200.61	16.20	250.19
	净利润(万元)	567.66	-6600.65	-1782.43	251.98
	利润总额(万元)	567.66	-6804.24	-1780.24	627.01

广东东方锆业科技股份有限公司

公司概况	公司名称	广东东方锆业科技股份有限公司			证券简称	东方锆业
	法人代表	李季科	董秘	陈恩敏	证券代码	002167
	公司网址	www.orientzr.com		电子信箱	orientzr@orientzr.com	
	电　话	0754-85500311		传　真	0754-85500848	
	办公地址	广东省汕头市澄海区莱美路宇田科技园				
	经营范围	生产及销售锆系列制品及结构陶瓷制品等				

主要财务指标	指标\报告期	2013.06.30	2012.12.31	2012.06.30	2011.12.31
	基本每股收益(元)	0.0600	0.0200	0.1100	0.2400
	基本每股收益(扣除)(元)	0.0100	0.0100	0.1000	0.2200
	每股净资产(元)	3.6049	3.5532	3.6300	7.1500
	每股经营现金净流量(元)	0.1838	0.4035	0.1168	0.1398
	每股现金流量(元)	-0.7739	0.4562	0.0264	1.7281
	每股资本公积金(元)	1.9419	1.9439	1.9450	4.8899
	每股盈余公积金(元)	0.0860	0.0817	0.0870	0.1518
	每股未分配利润(元)	0.5778	0.5236	0.6054	1.1164
	净资产收益率(%)	1.6234	0.5970	2.9800	6.2260
	加权净资产收益率(%)	1.6300	0.6000	2.9800	8.8300
	净资产收益率(扣除)(%)	-	-	-	-
	总资产(万元)	294239.74	304257.32	245332.19	222883.40
	归属母公司股东权益(万元)	149229.05	147087.87	150405.92	147957.43
	主营业务收入(万元)	33101.61	55376.50	31077.73	54597.80
	营业收入(万元)	33101.61	55777.91	31077.73	54953.42
	主营成本(万元)	25692.11	44054.67	21939.45	34160.05
	营业成本(万元)	25692.11	44393.45	21939.45	34481.02
	投资收益(万元)	-	-	-	-
	净利润(万元)	2569.55	679.64	4271.33	8842.15
	利润总额(万元)	3195.88	1703.89	4984.45	10801.00

深圳市惠程电气股份有限公司

公司概况	公司名称	深圳市惠程电气股份有限公司			证券简称	深圳惠程
	法人代表	任金生	董秘	任金生(代)	证券代码	002168
	公司网址	www.hifuture.com		电子信箱	zgg@hifuture.com	
	电　话	0755-89921086 89921022		传　真	0755-89921082	
	办公地址	广东省深圳市龙岗区大工业区兰景路以东、锦绣路以南惠程科技工业厂区				
	经营范围	电缆分支箱、环网柜、电力电缆附件等高分子绝缘制品及相关材料等				

主要财务指标	指标\报告期	2013.06.30	2012.12.31	2012.06.30	2011.12.31
	基本每股收益(元)	0.0257	0.0848	0.0342	0.0932
	基本每股收益(扣除)(元)	0.0242	0.0700	0.0234	0.0766
	每股净资产(元)	1.4579	1.4922	1.4400	1.6900
	每股经营现金净流量(元)	-0.0281	0.0189	-0.0791	0.1709
	每股现金流量(元)	-0.1143	-0.1655	-0.1888	-0.2311
	每股资本公积金(元)	0.0027	0.0027	0.0027	0.1732
	每股盈余公积金(元)	0.0874	0.0874	0.0785	0.0942
	每股未分配利润(元)	0.3678	0.4021	0.3604	0.4250
	净资产收益率(%)	1.7628	5.6829	2.3700	6.6113
	加权净资产收益率(%)	1.7400	5.8400	2.4000	6.8300
	净资产收益率(扣除)(%)	-	-	-	-
	总资产(万元)	138918.12	139733.79	132611.21	138406.92
	归属母公司股东权益(万元)	110379.38	112975.69	109140.66	106773.62
	主营业务收入(万元)	17605.67	37472.45	15298.90	36565.27
	营业收入(万元)	17654.50	37696.69	15372.13	37014.25
	主营成本(万元)	10376.07	20648.78	8592.87	20438.97
	营业成本(万元)	10401.58	20713.20	8619.79	20506.96
	投资收益(万元)	-	36.93	36.93	129.36
	净利润(万元)	1830.53	6318.44	2581.35	6991.92
	利润总额(万元)	2192.33	7497.31	3052.65	8190.39

广州智光电气股份有限公司

公司概况	公司名称	广州智光电气股份有限公司			证券简称	智光电气
	法人代表	芮冬阳	董秘	曹承锋	证券代码	002169
	公司网址	www.gzzg.com.cn		电子信箱	sec@gzzg.com.cn	
	电　话	020-32113288 32113300		传　真	020-32113456*3300	
	办公地址	广东省广州市黄埔区云埔工业区埔南路51号				
	经营范围	电气控制与自动化领域的技术研发、产品设计、设备制造、产品销售等				

主要财务指标	指标\报告期	2013.06.30	2012.12.31	2012.06.30	2011.12.31
	基本每股收益(元)	0.0157	-0.1859	0.0356	0.0997
	基本每股收益(扣除)(元)	0.0027	-0.2553	0.0039	0.0581
	每股净资产(元)	2.0507	2.0350	2.2564	2.1984
	每股经营现金净流量(元)	-0.0269	0.1971	-0.2051	-0.3198
	每股现金流量(元)	-0.5106	0.2284	0.3224	-0.0214
	每股资本公积金(元)	0.6026	0.6026	0.6026	0.5800
	每股盈余公积金(元)	0.0727	0.0727	0.0727	0.0727
	每股未分配利润(元)	0.3754	0.3597	0.5811	0.5456
	净资产收益率(%)	0.7661	-9.1356	1.5800	4.5350
	加权净资产收益率(%)	0.7700	-8.8300	1.6000	4.6700
	净资产收益率(扣除)(%)	-	-	-	-
	总资产(万元)	126736.47	133488.42	135367.65	119499.45
	归属母公司股东权益(万元)	54644.86	54226.19	60127.84	58580.08
	主营业务收入(万元)	22678.75	39554.43	15255.21	51399.01
	营业收入(万元)	22678.75	39554.43	15255.21	51399.01
	主营成本(万元)	14565.40	29524.66	9964.37	36808.29
	营业成本(万元)	14565.40	29524.66	9964.37	36808.29
	投资收益(万元)	-	-	-	-
	净利润(万元)	674.40	-4665.08	979.80	2856.51
	利润总额(万元)	1165.67	-5295.98	1026.69	3228.84

深圳市芭田生态工程股份有限公司

公司概况						
	公司名称	深圳市芭田生态工程股份有限公司			证券简称	芭田股份
	法人代表	黄培钊	董秘	张重程	证券代码	002170
	公司网址	www.batian.com.cn		电子信箱	zhangzc11999@sina.com	
	电　话	0755-86578985		传　真	0755-26584355	
	办公地址	广东省深圳市南山区高新技术园粤兴二道10号7-8楼				
	经营范围	复合肥产品的研发、生产和销售，主要包括无机复合肥、有机复合肥、控释肥等				

主要财务指标	指标\报告期	2013.06.30	2012.12.31	2012.06.30	2011.12.31
	基本每股收益(元)	0.0900	0.2078	0.1540	0.1600
	基本每股收益(扣除)(元)	0.0800	0.1936	0.1500	0.1470
	每股净资产(元)	1.6512	2.8986	2.1410	1.9010
	每股经营现金净流量(元)	0.1079	0.6539	0.1783	-0.0964
	每股现金流量(元)	0.3707	1.1566	0.1551	0.0917
	每股资本公积金(元)	0.2658	1.2665	0.3703	0.2748
	每股盈余公积金(元)	0.0571	0.1027	0.0792	0.0802
	每股未分配利润(元)	0.3284	0.5293	0.6920	0.5460
	净资产收益率(%)	5.4651	6.5002	7.1400	8.3960
	加权净资产收益率(%)	5.6400	8.6100	7.6600	9.4200
	净资产收益率(扣除)(%)	-	-	-	-
	总资产(万元)	232270.23	185773.72	128592.74	110934.88
	归属母公司股东权益(万元)	140610.46	137128.16	85861.90	75266.63
	主营业务收入(万元)	106249.38	207576.62	112691.03	185458.99
	营业收入(万元)	109227.18	216719.70	115534.63	232376.86
	主营成本(万元)	87530.17	181186.55	95131.74	157713.85
	营业成本(万元)	90243.61	188804.21	97269.44	200023.13
	投资收益(万元)	-	-	-	-20.00
	净利润(万元)	7738.75	9144.81	6336.71	6581.98
	利润总额(万元)	9088.88	10068.79	7877.01	9055.74

安徽精诚铜业股份有限公司

公司概况						
	公司名称	安徽精诚铜业股份有限公司			证券简称	精诚铜业
	法人代表	姜纯	董秘	吕莹	证券代码	002171
	公司网址	www.jcty.cn		电子信箱	jingchengcopper@sina.com	
	电　话	0553-5315978		传　真	0553-5315978	
	办公地址	安徽省芜湖市九华北路8号				
	经营范围	有色金属(不含贵金属)材料研发、加工、销售等				

主要财务指标	指标\报告期	2013.06.30	2012.12.31	2012.06.30	2011.12.31
	基本每股收益(元)	-0.0100	-0.1700	-0.0700	0.0700
	基本每股收益(扣除)(元)	-	-0.2600	-0.1300	0.0100
	每股净资产(元)	1.8402	1.8500	1.9600	2.0500
	每股经营现金净流量(元)	0.0386	-0.6365	-0.3490	0.2689
	每股现金流量(元)	-0.1018	-0.2324	-0.3313	-0.3219
	每股资本公积金(元)	0.4953	0.4953	0.4953	0.4953
	每股盈余公积金(元)	0.0567	0.0567	0.0567	0.0567
	每股未分配利润(元)	0.2881	0.3027	0.4048	0.4974
	净资产收益率(%)	-0.7899	-9.4204	-3.6100	3.5770
	加权净资产收益率(%)	-0.7900	-8.9600	-3.6100	3.4700
	净资产收益率(扣除)(%)	-	-	-	-
	总资产(万元)	132854.20	138538.89	122934.78	123251.91
	归属母公司股东权益(万元)	59996.83	60470.77	63801.16	66819.46
	主营业务收入(万元)	185374.59	319804.89	145178.25	321278.80
	营业收入(万元)	185604.57	320522.05	145463.44	322276.90
	主营成本(万元)	179458.08	314618.40	142525.38	311662.48
	营业成本(万元)	179638.82	315209.76	142729.15	312501.84
	投资收益(万元)	-631.92	65.06	-102.92	-264.76
	净利润(万元)	-362.45	-5839.36	-2374.14	2668.11
	利润总额(万元)	-268.16	-6912.79	-2727.69	3418.01

江苏澳洋科技股份有限公司

公司概况						
	公司名称	江苏澳洋科技股份有限公司			证券简称	澳洋科技
	法人代表	沈学如	董秘	宋满元	证券代码	002172
	公司网址	www.aykj.cn		电子信箱	song_my@sina.com	
	电　话	0512-58598699		传　真	0512-58598552	
	办公地址	江苏省张家港市杨舍镇塘市澳洋国际大厦11楼				
	经营范围	粘胶纤维及粘胶纤维品、可降解纤维、功能性纤维制造、销售等				

主要财务指标	指标\报告期	2013.06.30	2012.12.31	2012.06.30	2011.12.31
	基本每股收益(元)	0.0500	0.0600	-0.1400	-1.2500
	基本每股收益(扣除)(元)	0.0300	-0.1300	-0.1600	-1.2700
	每股净资产(元)	1.1067	1.0605	0.8300	0.9800
	每股经营现金净流量(元)	0.4442	0.9785	1.1031	-0.5686
	每股现金流量(元)	0.0557	0.0418	0.3170	-0.4005
	每股资本公积金(元)	0.8098	0.8098	0.7907	0.7907
	每股盈余公积金(元)	0.0667	0.0667	0.0667	0.0667
	每股未分配利润(元)	-0.7698	-0.8160	-1.0233	-0.8801
	净资产收益率(%)	4.1742	6.0443	-17.1700	-127.9950
	加权净资产收益率(%)	4.2600	6.3500	-15.8100	-77.3700
	净资产收益率(扣除)(%)	-	-	-	-
	总资产(万元)	286897.62	294828.80	348315.29	362063.96
	归属母公司股东权益(万元)	61555.59	58986.13	46395.89	54360.78
	主营业务收入(万元)	159435.26	349036.68	165004.14	373748.16
	营业收入(万元)	162572.68	355236.15	167818.78	382399.26
	主营成本(万元)	140750.47	326169.52	160717.34	385918.72
	营业成本(万元)	142703.15	330703.55	161737.06	393424.30
	投资收益(万元)	-693.17	-1134.64	-676.19	17.79
	净利润(万元)	2683.18	4191.37	-10539.03	-81215.97
	利润总额(万元)	2683.18	4191.37	-10539.03	-79934.86

千足珍珠集团股份有限公司

公司概况						
	公司名称	千足珍珠集团股份有限公司			证券简称	千足珍珠
	法人代表	陈夏英	董秘	马三光	证券代码	002173
	公司网址	www.shanxiahu.com		电子信箱	shxhzq@shanxiahupearl.cn	
	电　话	0575-87160891		传　真	0575-87160891	
	办公地址	浙江省诸暨市山下湖镇珍珠工业园				
	经营范围	淡水珍珠的养殖与加工，主要产品为珍珠等				

主要财务指标	指标\报告期	2013.06.30	2012.12.31	2012.06.30	2011.12.31
	基本每股收益(元)	0.1200	0.1900	0.1100	0.1500
	基本每股收益(扣除)(元)	0.1100	0.1900	0.1100	0.1400
	每股净资产(元)	2.4676	2.3269	2.2200	2.1100
	每股经营现金净流量(元)	-0.0273	0.1419	0.0414	-0.0474
	每股现金流量(元)	-0.1729	0.1046	0.0397	-0.0137
	每股资本公积金(元)	0.2535	0.2344	0.1330	0.1330
	每股盈余公积金(元)	0.0948	0.0948	0.0780	0.0780
	每股未分配利润(元)	1.1192	0.9976	1.0082	0.9008
	净资产收益率(%)	4.9254	7.9832	4.8400	7.0760
	加权净资产收益率(%)	5.0700	8.4300	4.9600	7.3300
	净资产收益率(扣除)(%)	-	-	-	-
	总资产(万元)	103380.62	101289.16	94798.54	90557.91
	归属母公司股东权益(万元)	50708.17	47817.92	44607.31	42448.10
	主营业务收入(万元)	18465.45	35895.96	20213.23	32987.82
	营业收入(万元)	18851.58	36900.93	20476.71	33688.44
	主营成本(万元)	11851.03	23467.77	14222.81	22369.57
	营业成本(万元)	11867.57	23537.62	14236.69	22425.03
	投资收益(万元)	92.25	61.50	61.50	61.50
	净利润(万元)	2508.14	3859.21	2242.94	3213.51
	利润总额(万元)	2911.30	4334.17	2566.75	3867.46

梅花伞业股份有限公司

公司概况	公司名称	梅花伞业股份有限公司			证券简称	梅花伞
	法人代表	王安邦	董秘	郑家耀	证券代码	002174
	公司网址	www.susino.com		电子信箱	ir@susino.net.cn	
	电　话	0595-85593001		传　真	0595-85597555	
	办公地址	福建省晋江市东石镇金瓯工业区				
	经营范围	晴雨伞系列产品的开发、生产和销售等				

	指标\报告期	2013.06.30	2012.12.31	2012.06.30	2011.12.31
主要财务指标	基本每股收益(元)	-0.0500	0.0590	0.0200	0.0230
	基本每股收益(扣除)(元)	-0.0600	0.0300	0.0150	-0.0350
	每股净资产(元)	2.7699	2.8234	2.7900	2.7500
	每股经营现金净流量(元)	0.1076	1.8607	0.2069	-0.1527
	每股现金流量(元)	-0.5539	0.9498	0.2452	-0.3009
	每股资本公积金(元)	1.0558	1.0493	1.0568	1.0433
	每股盈余公积金(元)	0.1132	0.1132	0.1087	0.1074
	每股未分配利润(元)	0.5827	0.6400	0.6020	0.6181
	净资产收益率(%)	-1.7063	2.1051	0.6100	0.8445
	加权净资产收益率(%)	-1.6900	2.1300	0.6100	0.8400
	净资产收益率(扣除)(%)	-	-	-	-
	总资产(万元)	66057.73	68724.73	61974.93	45943.31
	归属母公司股东权益(万元)	22973.40	23417.30	23103.54	22833.85
	主营业务收入(万元)	57419.03	82462.22	19927.38	30483.88
	营业收入(万元)	57470.11	82548.58	19959.51	30598.65
	主营成本(万元)	54989.21	75566.11	16869.52	25238.18
	营业成本(万元)	54989.21	75566.11	16869.52	25238.18
	投资收益(万元)	-	-	-	-34.11
	净利润(万元)	-685.85	580.66	212.38	74.13
	利润总额(万元)	-578.79	705.49	119.37	81.92

桂林广陆数字测控股份有限公司

公司概况	公司名称	桂林广陆数字测控股份有限公司			证券简称	广陆数测
	法人代表	彭朋	董秘	黄艳	证券代码	002175
	公司网址	www.guanglu.com.cn		电子信箱	hy@guanglu.com.cn	
	电　话	0773-5820465		传　真	0773-5834866	
	办公地址	广西壮族自治区桂林市国家高新区5号区				
	经营范围	开发、设计专用集成电路(IC)、生产销售电子数字智能化测控设备等				

	指标\报告期	2013.06.30	2012.12.31	2012.06.30	2011.12.31
主要财务指标	基本每股收益(元)	0.0674	0.1021	0.0651	0.0927
	基本每股收益(扣除)(元)	-	0.0900	0.0630	0.0900
	每股净资产(元)	4.4429	3.1136	3.0800	3.1200
	每股经营现金净流量(元)	-0.0068	0.1499	0.0413	0.4055
	每股现金流量(元)	0.9714	-0.4212	-0.4531	0.0594
	每股资本公积金(元)	2.7535	1.2342	1.2342	1.2342
	每股盈余公积金(元)	0.1657	0.2285	0.2214	0.2214
	每股未分配利润(元)	0.5238	0.6509	0.6210	0.6659
	净资产收益率(%)	1.1685	3.2797	2.1100	2.9701
	加权净资产收益率(%)	2.0000	3.2900	2.1000	3.0100
	净资产收益率(扣除)(%)	-	-	-	-
	总资产(万元)	64477.95	41613.74	41575.50	39120.78
	归属母公司股东权益(万元)	52337.03	26589.93	26273.40	26657.23
	主营业务收入(万元)	8606.67	18211.08	8731.65	15820.32
	营业收入(万元)	8840.65	18714.85	8970.10	16196.31
	主营成本(万元)	5953.86	12685.53	6041.85	11002.20
	营业成本(万元)	6010.78	12831.06	6098.29	11074.80
	投资收益(万元)	16.66	-	-	-
	净利润(万元)	611.55	872.08	555.55	791.74
	利润总额(万元)	694.63	943.49	644.19	908.46

江西特种电机股份有限公司

公司概况	公司名称	江西特种电机股份有限公司			证券简称	江特电机
	法人代表	朱军	董秘	翟忠南	证券代码	002176
	公司网址	www.jiangte.com.cn		电子信箱	zhaizn681122@163.com	
	电　话	0795-3266280		传　真	0795-3274523	
	办公地址	江西省宜春市环城南路581号				
	经营范围	电动机、发电机及发电机组、通用设备、水轮机及辅机、液压和气压等				

	指标\报告期	2013.06.30	2012.12.31	2012.06.30	2011.12.31
主要财务指标	基本每股收益(元)	0.0700	0.1100	0.0600	0.1400
	基本每股收益(扣除)(元)	-	0.0700	0.0320	0.1200
	每股净资产(元)	2.0346	1.9641	1.9130	3.7300
	每股经营现金净流量(元)	0.0316	0.1424	-0.0951	0.1988
	每股现金流量(元)	-0.2061	-0.4997	-0.3642	1.4935
	每股资本公积金(元)	0.4362	0.4366	0.4339	1.8679
	每股盈余公积金(元)	0.0757	0.0757	0.0664	0.1327
	每股未分配利润(元)	0.5218	0.4511	0.4127	0.7282
	净资产收益率(%)	3.4778	5.6673	3.3200	7.1530
	加权净资产收益率(%)	3.5400	5.8300	3.3600	10.1800
	净资产收益率(扣除)(%)	-	-	-	-
	总资产(万元)	143687.71	135590.28	124330.68	128671.75
	归属母公司股东权益(万元)	86354.40	83362.97	81208.36	79141.94
	主营业务收入(万元)	38697.12	61792.53	28907.59	69330.19
	营业收入(万元)	40176.44	64653.87	30401.39	73231.79
	主营成本(万元)	29278.47	46052.90	22210.82	52043.32
	营业成本(万元)	30657.27	48768.64	23632.16	55713.75
	投资收益(万元)	46.82	-47.52	-	68.16
	净利润(万元)	3166.43	5283.41	2730.98	6165.20
	利润总额(万元)	3794.59	6045.53	3291.55	6989.38

广州御银科技股份有限公司

公司概况	公司名称	广州御银科技股份有限公司			证券简称	御银股份
	法人代表	杨文江	董秘	谭骅	证券代码	002177
	公司网址	www.kingteller.com.cn		电子信箱	tanhua@kingteller.com	
	电　话	020-38463722		传　真	020-85588349	
	办公地址	广东省广州市五山路248号金山大厦26楼				
	经营范围	电子产品 通讯产品、电脑软件、金融机具设备及网络等				

	指标\报告期	2013.06.30	2012.12.31	2012.06.30	2011.12.31
主要财务指标	基本每股收益(元)	0.1300	0.2119	0.1700	0.3054
	基本每股收益(扣除)(元)	-	0.2124	0.2200	0.5152
	每股净资产(元)	1.9222	2.3502	2.4100	3.8200
	每股经营现金净流量(元)	-0.1001	0.3911	-0.0645	0.1466
	每股现金流量(元)	-0.3006	0.1897	-0.1712	-0.1569
	每股资本公积金(元)	0.0480	0.3675	0.4185	1.4558
	每股盈余公积金(元)	0.0470	0.0611	0.0578	0.0982
	每股未分配利润(元)	0.8271	0.9216	0.9294	1.2621
	净资产收益率(%)	6.5524	9.0150	8.9600	13.6040
	加权净资产收益率(%)	6.7400	9.2500	9.2500	14.0700
	净资产收益率(扣除)(%)	-	-	-	-
	总资产(万元)	169917.88	175010.74	172006.53	170740.16
	归属母公司股东权益(万元)	146315.14	137609.00	140861.60	131440.43
	主营业务收入(万元)	43923.40	73932.04	48522.66	73672.04
	营业收入(万元)	44093.35	74991.13	48596.64	74145.78
	主营成本(万元)	24481.31	39787.84	24539.15	34998.27
	营业成本(万元)	24618.91	40485.05	24598.32	35329.97
	投资收益(万元)	1520.81	914.67	381.17	400.77
	净利润(万元)	9587.19	12405.38	12620.14	17880.96
	利润总额(万元)	10638.53	13401.00	13900.35	19961.05

上海延华智能科技(集团)股份有限公司

公司概况	公司名称	上海延华智能科技(集团)股份有限公司			证券简称	延华智能
	法人代表	胡黎明	董秘	许星	证券代码	002178
	公司网址	www.chinaforwards.com		电子信箱	yanhua_sh@126.com	
	电　话	021-61818686*309		传　真	021-61818696	
	办公地址	上海市西康路1255号普陀科技大厦六楼				
	经营范围	楼宇智能化工程、公共安全防范工程设计、施工、维修、计算机网络系统集成等				

主要财务指标	指标\报告期	2013.06.30	2012.12.31	2012.06.30	2011.12.31
	基本每股收益(元)	0.1300	0.1300	0.0800	-0.0700
	基本每股收益(扣除)(元)	0.1200	0.1200	0.0800	-0.0800
	每股净资产(元)	2.4508	2.3677	2.3200	2.2400
	每股经营现金净流量(元)	-0.6728	0.4047	-0.4723	0.2669
	每股现金流量(元)	-0.6269	-0.0319	-0.7278	0.4639
	每股资本公积金(元)	0.8204	0.8204	0.8224	0.8224
	每股盈余公积金(元)	0.0867	0.0867	0.0770	0.0770
	每股未分配利润(元)	0.5438	0.4606	0.4215	0.3396
	净资产收益率(%)	5.4325	5.5189	3.5300	-3.1220
	加权净资产收益率(%)	5.5300	5.6700	3.5900	-3.0700
	净资产收益率(扣除)(%)	-	-	-	-
	总资产(万元)	88921.37	83128.16	71216.65	75240.66
	归属母公司股东权益(万元)	32939.10	31821.67	31192.70	30092.76
	主营业务收入(万元)	40700.79	60067.66	24889.55	47834.70
	营业收入(万元)	40735.22	60228.40	24922.37	47843.54
	主营成本(万元)	32424.14	48741.54	19688.61	39776.50
	营业成本(万元)	32424.14	48835.51	19688.61	39782.60
	投资收益(万元)	170.69	643.66	271.26	320.21
	净利润(万元)	1958.38	2056.72	1173.16	-468.94
	利润总额(万元)	2545.39	2817.90	1498.25	-579.49

中航光电科技股份有限公司

公司概况	公司名称	中航光电科技股份有限公司			证券简称	中航光电
	法人代表	郭泽义	董秘	刘阳	证券代码	002179
	公司网址	www.jonhon.cn		电子信箱	zhengquan@jonhon.cn	
	电　话	0379-64326068		传　真	0379-64326068	
	办公地址	河南省洛阳市高新技术开发区周山路10号				
	经营范围	光电元器件及电子信息产品的生产、销售等				

主要财务指标	指标\报告期	2013.06.30	2012.12.31	2012.06.30	2011.12.31
	基本每股收益(元)	0.2527	0.5000	0.2500	0.4900
	基本每股收益(扣除)(元)	0.2499	0.5000	0.2300	0.4800
	每股净资产(元)	5.3343	3.8674	3.6000	3.4500
	每股经营现金净流量(元)	-0.1367	0.2046	-0.3828	-0.1590
	每股现金流量(元)	1.2536	-0.2362	-0.4440	-0.4319
	每股资本公积金(元)	2.3078	0.8070	0.8070	0.8070
	每股盈余公积金(元)	0.7151	0.7987	0.7486	0.6913
	每股未分配利润(元)	1.2958	1.2495	1.0414	0.9520
	净资产收益率(%)	4.4258	13.0556	6.8600	14.2920
	加权净资产收益率(%)	5.4400	13.8600	6.9700	14.3500
	净资产收益率(扣除)(%)	-	-	-	-
	总资产(万元)	460083.15	336371.30	319189.90	302308.42
	归属母公司股东权益(万元)	247229.24	155323.23	144659.74	138571.41
	主营业务收入(万元)	108617.34	214205.17	103550.90	180253.00
	营业收入(万元)	111237.34	220347.84	106427.50	186635.84
	主营成本(万元)	69381.14	143670.93	69491.02	119224.30
	营业成本(万元)	71602.65	149000.18	71935.77	124644.92
	投资收益(万元)	151.48	-89.28	-	-
	净利润(万元)	11260.76	20221.29	10021.12	19859.23
	利润总额(万元)	13018.84	24098.83	11774.83	23557.39

珠海万力达电气股份有限公司

公司概况	公司名称	珠海万力达电气股份有限公司			证券简称	万力达
	法人代表	庞江华	董秘	姜景国	证券代码	002180
	公司网址	www.zhwld.com		电子信箱	zhwldzqb@zhwld.com	
	电　话	0756-3395968		传　真	0756-3395968	
	办公地址	广东省珠海市高新区科技创新海岸科技一路万力达继保科技园				
	经营范围	研制、生产、销售:继电保护装置、自动装置、变电站综合自动化系统等				

主要财务指标	指标\报告期	2013.06.30	2012.12.31	2012.06.30	2011.12.31
	基本每股收益(元)	0.0400	0.1100	0.0340	0.2200
	基本每股收益(扣除)(元)	0.0350	0.0700	0.0280	0.2200
	每股净资产(元)	2.9845	2.9947	2.9100	2.9800
	每股经营现金净流量(元)	-0.0651	-0.1455	-0.0748	0.0241
	每股现金流量(元)	-0.1067	-0.1631	-0.4137	-0.2084
	每股资本公积金(元)	0.7686	0.7686	0.7686	0.7686
	每股盈余公积金(元)	0.1968	0.1968	0.1838	0.1838
	每股未分配利润(元)	1.0191	1.0294	0.9620	1.0278
	净资产收益率(%)	1.3318	3.8277	1.1500	7.3790
	加权净资产收益率(%)	1.3200	3.8400	1.1500	7.5700
	净资产收益率(扣除)(%)	-	-	-	-
	总资产(万元)	42156.64	42869.05	40932.07	41651.34
	归属母公司股东权益(万元)	37301.04	37429.17	36423.88	37246.32
	主营业务收入(万元)	6002.91	15446.51	6816.92	15808.84
	营业收入(万元)	6002.91	15446.51	6816.92	15808.84
	主营成本(万元)	3333.68	8128.83	3566.21	7914.01
	营业成本(万元)	3333.68	8128.83	3566.21	7914.01
	投资收益(万元)	24.60	277.39	48.08	181.76
	净利润(万元)	428.12	1328.02	407.46	2688.80
	利润总额(万元)	440.07	1541.72	388.90	3037.50

广东广州日报传媒股份有限公司

公司概况	公司名称	广东广州日报传媒股份有限公司			证券简称	粤传媒
	法人代表	汤应武	董秘	陈广超	证券代码	002181
	公司网址	www.gdcncm.com		电子信箱	ycm2181@yuemedia.cn	
	电　话	020-83569336 83569331		传　真	020-83569332	
	办公地址	广东省广州市白云区增槎路1113号				
	经营范围	设计、制作、代理国内各类广告、出版物印刷、包装装潢印刷品等				

主要财务指标	指标\报告期	2013.06.30	2012.12.31	2012.06.30	2011.12.31
	基本每股收益(元)	0.1895	0.3984	0.1805	0.5380
	基本每股收益(扣除)(元)	0.1885	0.3277	0.0720	0.0286
	每股净资产(元)	5.2950	5.2055	4.9900	9.5295
	每股经营现金净流量(元)	0.0004	0.4391	-0.0216	1.0751
	每股现金流量(元)	-0.2016	0.5217	0.0305	-1.2838
	每股资本公积金(元)	1.9748	1.9748	1.9748	4.9084
	每股盈余公积金(元)	0.2484	0.2484	0.2351	0.4647
	每股未分配利润(元)	2.0718	1.9823	1.7777	3.1565
	净资产收益率(%)	3.5787	7.6531	3.6200	11.1565
	加权净资产收益率(%)	3.5900	7.9600	3.6900	11.7700
	净资产收益率(扣除)(%)	-	-	-	-
	总资产(万元)	401560.21	408780.02	385905.42	384609.32
	归属母公司股东权益(万元)	366415.56	360222.63	345142.85	333688.18
	主营业务收入(万元)	74688.17	183952.32	75674.15	183928.71
	营业收入(万元)	75933.59	188073.29	77127.76	187799.11
	主营成本(万元)	47561.73	118615.28	47158.09	105711.58
	营业成本(万元)	47790.74	119368.54	47316.39	106191.06
	投资收益(万元)	2043.04	5081.27	2599.95	4391.35
	净利润(万元)	13159.19	27533.08	12535.64	37270.68
	利润总额(万元)	13050.04	27631.60	12822.46	37881.74

南京云海特种金属股份有限公司

公司概况	公司名称	南京云海特种金属股份有限公司			证券简称	云海金属
	法人代表	梅小明	董秘	吴剑飞	证券代码	002182
	公司网址	www.rsm.com.cn		电子信箱	fly@rsm.com.cn	
	电　　话	025-57234888		传　　真	025-57234168	
	办公地址	江苏省南京市溧水经济开发区秀山东路 9 号				
	经营范围	金属镁及镁合金产品、金属锶和其他碱土金属及合金的生产和销售等				

主要财务指标	指标\报告期	2013.06.30	2012.12.31	2012.06.30	2011.12.31
	基本每股收益(元)	0.0370	0.0689	0.0200	0.0131
	基本每股收益(扣除)(元)	0.0210	0.0365	0.0073	-0.0439
	每股净资产(元)	3.1302	3.1264	3.1200	3.1000
	每股经营现金净流量(元)	0.1338	0.3051	0.3532	0.6438
	每股现金流量(元)	-0.1021	0.2892	-0.0093	-0.2168
	每股资本公积金(元)	1.5689	1.5480	1.5478	1.5478
	每股盈余公积金(元)	0.0558	0.0558	0.0459	0.0459
	每股未分配利润(元)	0.5019	0.5147	0.5245	0.5056
	净资产收益率(%)	1.1880	2.2032	0.6100	0.4240
	加权净资产收益率(%)	1.1900	2.2000	0.6100	0.4200
	净资产收益率(扣除)(%)	-	-	-	-
	总资产(万元)	273882.73	279028.78	242587.02	236736.26
	归属母公司股东权益(万元)	90150.99	90041.21	89805.70	89262.08
	主营业务收入(万元)	163606.24	335231.50	158260.02	348464.37
	营业收入(万元)	173264.02	349260.71	162112.46	353422.14
	主营成本(万元)	151683.58	306078.85	143581.70	318871.10
	营业成本(万元)	159282.20	316369.67	146532.15	321737.13
	投资收益(万元)	-27.93	-41.81	-9.56	40.69
	净利润(万元)	150.33	1712.97	413.47	1087.46
	利润总额(万元)	1124.74	2655.26	949.20	2507.34

深圳市怡亚通供应链股份有限公司

公司概况	公司名称	深圳市怡亚通供应链股份有限公司			证券简称	怡 亚 通
	法人代表	周国辉	董秘	梁欣	证券代码	002183
	公司网址	www.eascs.com		电子信箱	002183@eascs.com	
	电　　话	0755-88393198　88393181		传　　真	0755-83290734　3172	
	办公地址	广东省深圳市福田区深南中路 3039 号国际文化大厦 27 楼				
	经营范围	国内商业(不含限制项目)、预包装食品(不含复热预包装食品)、乳制品等				

主要财务指标	指标\报告期	2013.06.30	2012.12.31	2012.06.30	2011.12.31
	基本每股收益(元)	0.1000	0.1500	0.1000	0.1600
	基本每股收益(扣除)(元)	0.0900	0.1000	0.0800	0.1500
	每股净资产(元)	2.1803	1.7800	1.7000	1.6100
	每股经营现金净流量(元)	-1.8767	0.3213	-0.8289	-0.2132
	每股现金流量(元)	0.3997	0.4218	0.4817	0.0111
	每股资本公积金(元)	0.6864	0.2396	0.2013	0.1427
	每股盈余公积金(元)	0.0955	0.1129	0.1078	0.1078
	每股未分配利润(元)	0.4340	0.4626	0.4250	0.3973
	净资产收益率(%)	4.2529	8.4622	6.2500	10.0360
	加权净资产收益率(%)	5.3100	9.1600	6.2500	9.8800
	净资产收益率(扣除)(%)	-	-	-	-
	总资产(万元)	1136188.25	1046478.61	1200513.23	1285950.70
	归属母公司股东权益(万元)	215006.74	148284.90	141954.91	134534.93
	主营业务收入(万元)	412543.34	748379.62	368600.52	697478.16
	营业收入(万元)	412543.34	748379.62	365418.41	697478.16
	主营成本(万元)	373032.10	665156.93	328344.50	631072.70
	营业成本(万元)	373032.10	665156.93	327891.75	631072.70
	投资收益(万元)	418.15	31.64	-244.24	-16213.61
	净利润(万元)	9486.71	12998.37	8170.67	11493.57
	利润总额(万元)	11875.02	15845.98	10008.63	14741.24

上海海得控制系统股份有限公司

公司概况	公司名称	上海海得控制系统股份有限公司			证券简称	海得控制
	法人代表	许泓	董秘	吴秋农	证券代码	002184
	公司网址	www.hite.com.cn		电子信箱	linn@hite.com.cn	
	电　　话	021-60572990　60572333		传　　真	021-60572990	
	办公地址	上海市闵行区漕河泾开发区浦江高科技园新骏环路 777 号				
	经营范围	主营工业自动化、电子电气及信息领域的系统集成和相关产品的研发、制造、销售等				

主要财务指标	指标\报告期	2013.06.30	2012.12.31	2012.06.30	2011.12.31
	基本每股收益(元)	-0.0437	-0.0755	-0.0768	0.0931
	基本每股收益(扣除)(元)	-0.0532	-	-0.0869	0.0798
	每股净资产(元)	3.1586	3.1768	3.2200	3.2900
	每股经营现金净流量(元)	-0.0464	0.0161	-0.1336	-0.7090
	每股现金流量(元)	-0.1372	-0.0601	-0.3290	-0.4726
	每股资本公积金(元)	1.1720	1.1720	1.1720	1.1720
	每股盈余公积金(元)	0.2033	0.2033	0.1977	0.1977
	每股未分配利润(元)	0.7832	0.8014	0.8458	0.9225
	净资产收益率(%)	-1.3835	-2.3766	-2.3900	2.8270
	加权净资产收益率(%)	-1.3500	-2.3500	-2.3600	2.8500
	净资产收益率(扣除)(%)	-	-	-	-
	总资产(万元)	126693.17	121061.45	116323.41	114939.10
	归属母公司股东权益(万元)	69488.34	69888.73	70740.76	72429.66
	主营业务收入(万元)	55828.92	-	52731.66	133103.07
	营业收入(万元)	55926.05	21939.87	52731.66	133103.07
	主营成本(万元)	46106.52	-	43874.76	109526.92
	营业成本(万元)	46106.52	18418.48	43874.76	109526.92
	投资收益(万元)	-0.74	-44.84	64.25	-70.91
	净利润(万元)	-709.75	-1689.09	-1766.01	2583.91
	利润总额(万元)	-551.20	-1632.94	-1853.04	3697.65

天水华天科技股份有限公司

公司概况	公司名称	天水华天科技股份有限公司			证券简称	华天科技
	法人代表	肖胜利	董秘	常文瑛	证券代码	002185
	公司网址	www.tshtkj.com		电子信箱	htcwy2000@163.com	
	电　　话	0938-8631816　8631990		传　　真	0938-8630216　8632260	
	办公地址	甘肃省天水市秦州区双桥路 14 号				
	经营范围	半导体集成电路研发、生产、封装、测试、销售等				

主要财务指标	指标\报告期	2013.06.30	2012.12.31	2012.06.30	2011.12.31
	基本每股收益(元)	0.1569	0.1863	0.1129	0.1303
	基本每股收益(扣除)(元)	0.1450	0.1080	0.1005	0.7880
	每股净资产(元)	2.4516	2.3447	3.6343	3.5536
	每股经营现金净流量(元)	0.1254	0.3301	0.0794	0.5379
	每股现金流量(元)	-0.1835	0.0511	-0.1745	-0.2254
	每股资本公积金(元)	0.4378	0.4378	1.3005	1.3005
	每股盈余公积金(元)	0.1034	0.1034	0.1425	0.1425
	每股未分配利润(元)	0.9103	0.8035	1.1912	1.1105
	净资产收益率(%)	6.3979	7.9439	4.9700	5.4710
	加权净资产收益率(%)	6.5000	8.1600	4.9600	7.1000
	净资产收益率(扣除)(%)	-	-	-	-
	总资产(万元)	270171.02	255543.98	231528.21	230703.01
	归属母公司股东权益(万元)	159306.56	152363.28	147598.48	144321.07
	主营业务收入(万元)	106217.94	158734.14	61537.61	127144.54
	营业收入(万元)	108477.26	162320.23	63253.92	130892.09
	主营成本(万元)	84537.66	130573.16	48450.87	105170.51
	营业成本(万元)	85215.42	131697.22	48978.38	106295.74
	投资收益(万元)	493.73	-821.01	-280.11	-59.13
	净利润(万元)	10211.99	12175.01	7387.59	7977.82
	利润总额(万元)	11897.41	13900.65	8582.87	8661.33

中国全聚德(集团)股份有限公司

公司概况	公司名称	中国全聚德(集团)股份有限公司		证券简称	全 聚 德
	法人代表	王志强	董秘 施炳丰	证券代码	002186
	公司网址	www.quanjude.com.cn		电子信箱	quanjude@quanjude.com.cn
	电　　话	010-63048992 83156608		传　　真	010-63048990 83156818
	办公地址	北京市宣武区前门西河沿 217 号			
	经营范围	餐饮服务及食品加工销售等			

主要财务指标	指标\报告期	2013.06.30	2012.12.31	2012.06.30	2011.12.31
	基本每股收益(元)	0.3729	1.0741	0.6346	0.9125
	基本每股收益(扣除)(元)	0.3688	1.0428	0.6105	0.8926
	每股净资产(元)	3.0522	6.1693	5.7298	5.6952
	每股经营现金净流量(元)	0.4494	1.9260	0.8344	2.1002
	每股现金流量(元)	-0.0308	0.2671	0.0582	0.1068
	每股资本公积金(元)	0.8252	2.6503	2.6503	2.6503
	每股盈余公积金(元)	0.2549	0.5099	0.5099	0.5099
	每股未分配利润(元)	0.9721	2.0091	1.5696	1.5350
	净资产收益率(%)	7.1263	17.4109	10.9200	16.0230
	加权净资产收益率(%)	6.6400	18.4200	10.9200	16.8800
	净资产收益率(扣除)(%)	-	-	-	-
	总资产(万元)	132323.87	136364.95	128088.61	127270.99
	归属母公司股东权益(万元)	86412.91	87332.86	81110.79	80621.04
	主营业务收入(万元)	82063.69	190616.24	88203.68	177236.43
	营业收入(万元)	85014.93	194368.95	90942.48	180231.38
	主营成本(万元)	36757.15	83225.25	39342.82	78947.27
	营业成本(万元)	36899.17	83718.30	39419.40	79369.05
	投资收益(万元)	790.56	1521.67	859.07	1194.76
	净利润(万元)	6723.62	16568.24	9776.76	14369.29
	利润总额(万元)	8494.99	21635.30	12455.11	19192.30

广州市广百股份有限公司

公司概况	公司名称	广州市广百股份有限公司		证券简称	广百股份
	法人代表	王华俊	董秘 邓华东	证券代码	002187
	公司网址	www.grandbuy.com.cn		电子信箱	grandbuyoffice@163.com
	电　　话	020-83322348		传　　真	020-83331334
	办公地址	广东省广州市越秀区西湖路 12 号 10-12 楼			
	经营范围	百货零售、电器批发代理及购物中心业务			

主要财务指标	指标\报告期	2013.06.30	2012.12.31	2012.06.30	2011.12.31
	基本每股收益(元)	0.3200	0.5600	0.2900	0.6400
	基本每股收益(扣除)(元)	-	0.5400	0.2900	0.7600
	每股净资产(元)	6.2565	6.1331	5.8600	6.8800
	每股经营现金净流量(元)	-0.3762	1.4870	-0.2648	1.8273
	每股现金流量(元)	-0.8203	0.8731	-0.7526	2.1838
	每股资本公积金(元)	2.7185	2.7185	2.7185	3.4622
	每股盈余公积金(元)	0.4362	0.4060	0.3884	0.4292
	每股未分配利润(元)	2.1019	2.0085	1.7570	1.9927
	净资产收益率(%)	5.1704	9.1800	5.0100	10.8750
	加权净资产收益率(%)	5.2200	9.5300	5.0400	12.2500
	净资产收益率(扣除)(%)	-	-	-	-
	总资产(万元)	436323.32	465548.24	379716.04	433565.46
	归属母公司股东权益(万元)	214238.14	210009.54	200794.74	196437.61
	主营业务收入(万元)	396886.64	714207.57	349121.19	700800.27
	营业收入(万元)	405896.22	734946.75	357844.35	718450.78
	主营成本(万元)	326823.06	590078.57	284541.73	580512.73
	营业成本(万元)	327219.94	590901.63	284928.85	581073.49
	投资收益(万元)	47.81	754.26	444.14	-404.33
	净利润(万元)	10354.98	19150.86	10080.83	21514.22
	利润总额(万元)	13648.64	25413.14	13455.87	28973.64

浙江新嘉联电子股份有限公司

公司概况	公司名称	浙江新嘉联电子股份有限公司		证券简称	新 嘉 联
	法人代表	韦中总	董秘 赵斌	证券代码	002188
	公司网址	www.newjialian.com		电子信箱	njlstock@newjialian.com
	电　　话	0573-84252627		传　　真	0573-84252318
	办公地址	浙江省嘉兴市嘉善县经济开发区东升路 36 号			
	经营范围	微型受话器、扬声器的销售和生产			

主要财务指标	指标\报告期	2013.06.30	2012.12.31	2012.06.30	2011.12.31
	基本每股收益(元)	-0.0800	-0.0600	0.0200	0.0100
	基本每股收益(扣除)(元)	-0.0900	-0.0700	0.0100	-0.0300
	每股净资产(元)	1.9249	2.0100	2.0800	2.0600
	每股经营现金净流量(元)	-0.0260	0.2701	0.1376	0.0619
	每股现金流量(元)	-0.0371	0.2739	0.1227	0.0273
	每股资本公积金(元)	0.7140	0.7189	0.7189	0.7189
	每股盈余公积金(元)	0.0451	0.0451	0.0447	0.0447
	每股未分配利润(元)	0.1669	0.2450	0.3194	0.3017
	净资产收益率(%)	-4.0599	-2.7837	0.8500	0.6290
	加权净资产收益率(%)	-3.9700	-2.7500	0.8500	0.6300
	净资产收益率(扣除)(%)	-	-	-	-
	总资产(万元)	34954.95	36760.20	39627.20	41330.06
	归属母公司股东权益(万元)	30027.81	31327.43	32481.14	32205.01
	主营业务收入(万元)	7809.37	22182.71	12903.49	33575.91
	营业收入(万元)	8090.02	22296.50	12980.12	33759.67
	主营成本(万元)	6954.46	17922.20	10548.71	27201.50
	营业成本(万元)	7170.01	17997.73	10566.29	27251.26
	投资收益(万元)	53.29	157.88	45.53	302.48
	净利润(万元)	-1288.59	-1528.01	249.25	11.64
	利润总额(万元)	-1206.66	-1477.32	327.09	147.71

利达光电股份有限公司

公司概况	公司名称	利达光电股份有限公司		证券简称	利达光电
	法人代表	王志亮	董秘 张子民	证券代码	002189
	公司网址	www.lida-oe.com		电子信箱	lds@lida-oe.com.cn
	电　　话	0377-63865031		传　　真	0377-63167800
	办公地址	河南省南阳市工业南路 508 号			
	经营范围	光学元件、光学辅材、光敏电阻等光电产品的研发、生产和销售			

主要财务指标	指标\报告期	2013.06.30	2012.12.31	2012.06.30	2011.12.31
	基本每股收益(元)	-0.0300	0.0500	0.0400	0.0300
	基本每股收益(扣除)(元)	-0.0300	0.0300	0.0400	0.0150
	每股净资产(元)	2.4308	2.4746	2.4600	2.4200
	每股经营现金净流量(元)	-0.0157	0.2020	0.0892	0.2569
	每股现金流量(元)	-0.1813	-0.2118	-0.2780	-0.1003
	每股资本公积金(元)	0.9293	0.9293	0.9293	0.9293
	每股盈余公积金(元)	0.0713	0.0713	0.0668	0.0668
	每股未分配利润(元)	0.4303	0.4740	0.4670	0.4241
	净资产收益率(%)	-1.1010	2.1998	1.7600	1.3120
	加权净资产收益率(%)	-1.0900	2.2200	1.7600	1.3100
	净资产收益率(扣除)(%)	-	-	-	-
	总资产(万元)	72520.08	73143.26	71893.47	70866.18
	归属母公司股东权益(万元)	48432.13	49304.09	49075.83	48219.51
	主营业务收入(万元)	24999.40	51298.69	25034.11	45753.94
	营业收入(万元)	26245.10	53751.04	26287.99	48972.47
	主营成本(万元)	21914.90	42643.76	20263.83	37931.76
	营业成本(万元)	22992.84	44666.83	21378.44	40880.95
	投资收益(万元)	-	-	-	-
	净利润(万元)	-558.94	998.40	812.69	499.11
	利润总额(万元)	-565.72	1058.08	817.75	519.03

四川成飞集成科技股份有限公司

公司概况	公司名称	四川成飞集成科技股份有限公司			证券简称	成飞集成
	法人代表	程福波	董秘	程雁	证券代码	002190
	公司网址	www.cac-citc.com.cn		电子信箱	stock@cac-citc.cn	
	电　话	028-87455103 87455377		传　真	028-87455111	
	办公地址	四川省成都市青羊区日月大道二段666号附1号				
	经营范围	工模具的设计、研制和制造、计算机集成技术开发与应用等				

	指标\报告期	2013.06.30	2012.12.31	2012.06.30	2011.12.31
主要财务指标	基本每股收益(元)	0.0600	0.1600	0.0600	0.2000
	基本每股收益(扣除)(元)	–	0.1000	0.0400	0.2700
	每股净资产(元)	4.5262	4.5648	4.4700	5.8800
	每股经营现金净流量(元)	0.1226	0.0103	–0.3276	–0.4053
	每股现金流量(元)	–0.3003	–0.5761	–0.6864	1.4372
	每股资本公积金(元)	2.7827	2.7827	2.7827	3.9175
	每股盈余公积金(元)	0.2119	0.2119	0.1939	0.2520
	每股未分配利润(元)	0.5293	0.5702	0.4898	0.7096
	净资产收益率(%)	1.3072	3.4554	1.3300	4.3266
	加权净资产收益率(%)	1.2900	3.4300	1.3100	4.4200
	净资产收益率(扣除)(%)	–	–	–	–
	总资产(万元)	283866.43	283501.20	271704.06	269446.03
	归属母公司股东权益(万元)	156238.83	157571.03	154175.67	156109.26
	主营业务收入(万元)	29115.93	66767.11	22988.36	61173.86
	营业收入(万元)	29580.55	68125.46	23545.47	61875.53
	主营成本(万元)	22692.21	49197.66	16626.10	44480.64
	营业成本(万元)	22913.06	49980.90	17037.28	45009.58
	投资收益(万元)	51.72	378.56	24.18	426.49
	净利润(万元)	1700.57	5160.29	1919.01	7203.55
	利润总额(万元)	2221.21	6005.94	2336.94	8542.34

深圳劲嘉彩印集团股份有限公司

公司概况	公司名称	深圳劲嘉彩印集团股份有限公司			证券简称	劲嘉股份
	法人代表	乔鲁予	董秘	李晓华	证券代码	002191
	公司网址	www.jinjia.com		电子信箱	jjcp@jinjia.com	
	电　话	0755-26609999-1078		传　真	0755-26498899	
	办公地址	深圳市南山区高新技术产业园区科技中二路劲嘉科技大厦18-19层				
	经营范围	包装材料及印刷材料技术的设计、研发等				

	指标\报告期	2013.06.30	2012.12.31	2012.06.30	2011.12.31
主要财务指标	基本每股收益(元)	0.4000	0.6700	0.3700	0.6100
	基本每股收益(扣除)(元)	0.4000	0.6600	0.3700	0.5900
	每股净资产(元)	4.0897	3.6874	3.5700	3.2000
	每股经营现金净流量(元)	0.5937	1.0549	0.5285	1.0113
	每股现金流量(元)	–0.0942	–0.4756	–0.3329	0.1958
	每股资本公积金(元)	0.7293	0.7293	0.7193	0.7193
	每股盈余公积金(元)	0.3066	0.3066	0.2884	0.2330
	每股未分配利润(元)	2.0622	1.6585	1.5696	1.2580
	净资产收益率(%)	9.8712	18.2809	10.2800	18.9200
	加权净资产收益率(%)	10.3800	19.2100	10.3400	18.8600
	净资产收益率(扣除)(%)	–	–	–	–
	总资产(万元)	418040.85	431463.35	381073.84	346529.39
	归属母公司股东权益(万元)	262557.29	236733.42	229229.27	205601.60
	主营业务收入(万元)	109655.79	213250.40	116971.61	228032.48
	营业收入(万元)	111215.01	215215.42	117801.59	230027.23
	主营成本(万元)	75379.93	133336.02	71432.84	140599.23
	营业成本(万元)	65647.67	133809.50	71700.87	141647.53
	投资收益(万元)	4317.48	6858.40	1434.01	124.91
	净利润(万元)	26739.63	46481.65	25170.26	45869.80
	利润总额(万元)	31332.30	54866.68	30971.36	55385.52

路翔股份有限公司

公司概况	公司名称	路翔股份有限公司			证券简称	路翔股份
	法人代表	柯荣卿	董秘	陈新华	证券代码	002192
	公司网址	www.luxiang.cn		电子信箱	lxgf@luxiang.cn	
	电　话	020-38289069		传　真	020-38289867	
	办公地址	广东省广州市天河北路890号9楼				
	经营范围	专业沥青产品的开发、生产与销售等				

	指标\报告期	2013.06.30	2012.12.31	2012.06.30	2011.12.31
主要财务指标	基本每股收益(元)	–0.0360	0.0300	0.0080	0.0300
	基本每股收益(扣除)(元)	–0.0390	0.0300	0.0090	0.0300
	每股净资产(元)	2.9165	2.1800	2.1800	2.1500
	每股经营现金净流量(元)	–0.1159	0.4428	0.6272	0.6272
	每股现金流量(元)	–0.4156	–0.3574	–0.2730	0.3803
	每股资本公积金(元)	1.3289	0.4808	0.4792	0.4649
	每股盈余公积金(元)	0.0988	0.1156	0.1100	0.1100
	每股未分配利润(元)	0.4779	0.6004	0.5801	0.5718
	净资产收益率(%)	–1.2002	1.5505	0.3800	1.6260
	加权净资产收益率(%)	–1.2700	1.5800	0.3900	1.6300
	净资产收益率(扣除)(%)	–	–	–	–
	总资产(万元)	134810.05	129011.59	149973.45	132497.35
	归属母公司股东权益(万元)	41444.09	26790.71	26411.37	26128.00
	主营业务收入(万元)	34770.94	184765.29	91478.39	162955.85
	营业收入(万元)	35084.29	185165.31	91486.63	163666.76
	主营成本(万元)	30207.91	174898.88	87058.77	151315.68
	营业成本(万元)	30402.03	175143.85	87111.30	151603.44
	投资收益(万元)	–	–	–19.99	–
	净利润(万元)	–720.54	610.60	148.05	488.80
	利润总额(万元)	–571.49	1055.77	271.18	917.85

山东济宁如意毛纺织股份有限公司

公司概况	公司名称	山东济宁如意毛纺织股份有限公司			证券简称	山东如意
	法人代表	邱亚夫	董秘	苏晓	证券代码	002193
	公司网址	www.shandongruyi.com		电子信箱	sry@shandongruyi.com	
	电　话	0537-2933069		传　真	0537-2933069	
	办公地址	山东省济宁市高新区如意工业园				
	经营范围	纺织品、服装、纺织机械及配件、纺织原料及辅料等相关产品的生产、销售等				

	指标\报告期	2013.06.30	2012.12.31	2012.06.30	2011.12.31
主要财务指标	基本每股收益(元)	0.0100	0.0100	0.0500	0.0700
	基本每股收益(扣除)(元)	0.0035	–0.0400	0.0500	0.0500
	每股净资产(元)	4.2035	4.1934	4.2300	4.1800
	每股经营现金净流量(元)	0.0137	0.4185	0.4213	0.4281
	每股现金流量(元)	–0.3393	0.0676	–0.3436	–0.0961
	每股资本公积金(元)	1.3977	1.3996	1.3987	1.3986
	每股盈余公积金(元)	0.3451	0.3451	0.3451	0.3451
	每股未分配利润(元)	1.4607	1.4488	1.4849	1.4361
	净资产收益率(%)	0.2838	0.3031	1.1600	1.6761
	加权净资产收益率(%)	0.2800	0.3000	1.1600	1.6800
	净资产收益率(扣除)(%)	–	–	–	–
	总资产(万元)	179637.04	179669.28	172375.69	181849.55
	归属母公司股东权益(万元)	67255.69	67094.72	67659.31	66875.53
	主营业务收入(万元)	27473.37	63915.48	33655.11	56510.39
	营业收入(万元)	27589.06	80803.75	41551.12	64055.61
	主营成本(万元)	21903.81	53107.85	27723.59	42664.07
	营业成本(万元)	22014.08	69831.90	35546.77	50128.21
	投资收益(万元)	–	4.05	4.05	0.74
	净利润(万元)	190.90	203.37	782.41	1120.89
	利润总额(万元)	209.17	310.81	944.38	1369.43

武汉凡谷电子技术股份有限公司

公司概况					
公司名称	武汉凡谷电子技术股份有限公司			证券简称	武汉凡谷
法人代表	孟庆南	董秘	汪青	证券代码	002194
公司网址	www.fingu.com		电子信箱	fingu@fingu.com	
电　话	027-59830202		传　真	027-59830204	
办公地址	湖北省武汉市江夏区藏龙岛科技园九凤街5号				
经营范围	通讯、电子、计算机软件开发、研制、技术服务等				

主要财务指标：指标\报告期	2013.06.30	2012.12.31	2012.06.30	2011.12.31
基本每股收益(元)	0.0265	0.0700	0.0384	0.2900
基本每股收益(扣除)(元)	–	0.0500	0.0345	0.2781
每股净资产(元)	3.4323	3.5558	3.5235	3.7351
每股经营现金净流量(元)	0.1806	–0.0638	–0.5259	0.3030
每股现金流量(元)	0.1222	–0.1366	–0.6734	0.0406
每股资本公积金(元)	1.2740	1.2740	1.2740	1.2740
每股盈余公积金(元)	0.3264	0.3264	0.3242	0.3182
每股未分配利润(元)	0.8320	0.9554	0.9254	1.1429
净资产收益率(%)	0.7733	1.9875	1.0900	7.7290
加权净资产收益率(%)	0.7500	1.9600	1.0500	7.8100
净资产收益率(扣除)(%)	–	–	–	–
总资产(万元)	222058.97	222058.67	217849.81	231108.58
归属母公司股东权益(万元)	190795.82	197658.56	195866.94	207627.16
主营业务收入(万元)	43799.16	103268.44	48899.71	99227.02
营业收入(万元)	44135.99	103933.55	49132.42	100046.40
主营成本(万元)	35998.82	84293.86	39787.34	66837.38
营业成本(万元)	36053.55	84321.18	39818.69	66873.02
投资收益(万元)	–	–	–	–
净利润(万元)	1475.46	3928.39	2136.77	16046.50
利润总额(万元)	1910.12	4549.78	2530.99	18957.90

上海海隆软件股份有限公司

公司概况					
公司名称	上海海隆软件股份有限公司			证券简称	海隆软件
法人代表	包叔平	董秘	李静	证券代码	002195
公司网址	www.hyron.com		电子信箱	zhengquan@hyron.com	
电　话	021-64689626		传　真	021-64689489	
办公地址	上海市宜山路700号普天信息产业园2号楼12楼				
经营范围	计算机软、硬件系统及相关系统的集成、开发、咨询、销售及服务等				

主要财务指标：指标\报告期	2013.06.30	2012.12.31	2012.06.30	2011.12.31
基本每股收益(元)	0.1640	0.5821	0.3160	0.5805
基本每股收益(扣除)(元)	0.1500	0.5000	0.3018	0.5302
每股净资产(元)	3.8806	3.8800	3.5900	3.2807
每股经营现金净流量(元)	0.1865	0.5769	0.1522	0.7253
每股现金流量(元)	–0.0773	0.3282	0.1509	–0.4329
每股资本公积金(元)	0.7037	0.7437	0.7389	0.5907
每股盈余公积金(元)	0.2624	0.2624	0.2097	0.2135
每股未分配利润(元)	1.9375	1.8719	1.6583	1.4688
净资产收益率(%)	4.2010	15.0122	8.8000	17.6930
加权净资产收益率(%)	4.1400	16.2200	9.1000	19.4600
净资产收益率(扣除)(%)	–	–	–	–
总资产(万元)	48299.33	48581.74	46138.61	42401.84
归属母公司股东权益(万元)	44223.57	44184.97	40857.81	36721.43
主营业务收入(万元)	19155.43	40985.14	20820.48	39026.46
营业收入(万元)	19166.98	41032.49	20844.73	39069.94
主营成本(万元)	12319.32	24452.69	12573.08	21663.98
营业成本(万元)	12323.39	24466.09	12573.10	21683.30
投资收益(万元)	–	–	–	–
净利润(万元)	1830.01	6792.72	3678.52	6609.44
利润总额(万元)	1979.93	7536.29	4213.71	7918.93

浙江方正电机股份有限公司

公司概况					
公司名称	浙江方正电机股份有限公司			证券简称	方正电机
法人代表	张敏	董秘	胡宏	证券代码	002196
公司网址	www.fdm.com.cn		电子信箱	fdmhu@hotmail.com	
电　话	0578-2171041 2276502		传　真	0578-2276502	
办公地址	浙江省丽水市天宁工业区24号				
经营范围	电机、缝纫机的制造、销售、五金工具的销售等				

主要财务指标：指标\报告期	2013.06.30	2012.12.31	2012.06.30	2011.12.31
基本每股收益(元)	0.0370	0.1800	0.1500	0.3400
基本每股收益(扣除)(元)	0.0240	0.1300	0.1200	0.3200
每股净资产(元)	2.4736	2.5874	2.5700	2.5600
每股经营现金净流量(元)	0.2299	0.3871	0.1886	0.3826
每股现金流量(元)	–0.0726	–0.3368	–0.1480	–0.0762
每股资本公积金(元)	0.6515	0.6515	0.6515	0.6515
每股盈余公积金(元)	0.1941	0.1941	0.1433	0.1433
每股未分配利润(元)	0.6296	0.7424	0.7704	0.7670
净资产收益率(%)	1.5032	6.8094	5.9800	13.3240
加权净资产收益率(%)	1.4300	6.8800	5.8700	14.0800
净资产收益率(扣除)(%)	–	–	–	–
总资产(万元)	70531.18	67371.17	68198.65	69133.65
归属母公司股东权益(万元)	28625.94	29943.11	29686.10	29647.19
主营业务收入(万元)	20735.71	42978.72	23144.44	53848.80
营业收入(万元)	22750.96	47565.23	25280.25	57834.92
主营成本(万元)	17111.74	36294.15	19426.91	45247.69
营业成本(万元)	18695.06	39246.24	20849.40	47982.58
投资收益(万元)	–	9.51	12.11	–
净利润(万元)	430.29	2038.93	1774.79	3950.22
利润总额(万元)	467.48	2426.00	2201.72	3956.73

深圳市证通电子股份有限公司

公司概况					
公司名称	深圳市证通电子股份有限公司			证券简称	证通电子
法人代表	曾胜强	董秘	许忠慈	证券代码	002197
公司网址	www.szzt.com.cn		电子信箱	zcxu@szzt.com.cn	
电　话	0755-26490118		传　真	0755-26490099	
办公地址	广东省深圳市光明新区松白路甲子塘证通电子产业园				
经营范围	开发、生产、销售计算机软件、硬件、外围设备、银行、证券、通讯、商业等				

主要财务指标：指标\报告期	2013.06.30	2012.12.31	2012.06.30	2011.12.31
基本每股收益(元)	0.0690	0.2000	0.1340	0.3300
基本每股收益(扣除)(元)	0.0530	0.1500	0.1000	0.3200
每股净资产(元)	2.6562	2.5868	2.6400	2.4854
每股经营现金净流量(元)	–0.5610	0.1564	–0.4423	0.1547
每股现金流量(元)	–0.5424	–0.0301	–0.5230	0.3498
每股资本公积金(元)	0.4243	0.4243	0.4243	0.4243
每股盈余公积金(元)	0.0646	0.0646	0.0586	0.0569
每股未分配利润(元)	1.1672	1.0978	1.1537	1.0042
净资产收益率(%)	2.6116	7.7846	5.0700	13.3179
加权净资产收益率(%)	2.6500	7.8900	5.2000	14.2200
净资产收益率(扣除)(%)	–	–	–	–
总资产(万元)	114401.27	113407.95	101754.69	106633.38
归属母公司股东权益(万元)	55734.77	54279.20	55325.43	52152.08
主营业务收入(万元)	25615.09	58318.42	25162.68	67719.44
营业收入(万元)	25615.09	58487.55	25162.68	67748.07
主营成本(万元)	16348.00	37352.88	15937.70	44343.71
营业成本(万元)	16348.00	37528.96	15944.24	44497.49
投资收益(万元)	–	–2.86	27.76	8.66
净利润(万元)	1455.08	4211.19	2799.26	6926.78
利润总额(万元)	1593.00	4813.22	3163.17	8147.73

广东嘉应制药股份有限公司

公司概况					
公司名称	广东嘉应制药股份有限公司			证券简称	嘉应制药
法人代表	陈泳洪	董秘	黄康民	证券代码	002198
公司网址	www.gdjyzy.com.cn		电子信箱	gdjyzy@163.com	
电　话	0753-2321916		传　真	0753-2321586 2321916	
办公地址	广东省梅州市东升工业园B区				
经营范围	中成药制剂、散剂、片剂、胶囊剂、颗粒剂的生产销售				

主要财务指标：指标\报告期	2013.06.30	2012.12.31	2012.06.30	2011.12.31
基本每股收益(元)	0.0360	0.0369	-0.0127	0.0987
基本每股收益(扣除)(元)	0.0360	0.0296	-0.0127	0.0937
每股净资产(元)	1.3625	1.3600	1.3100	1.3200
每股经营现金净流量(元)	0.0303	0.0257	-0.0026	0.0038
每股现金流量(元)	-0.0848	0.0540	-0.0115	-0.0966
每股资本公积金(元)	0.1350	0.1350	0.1350	0.1350
每股盈余公积金(元)	0.0746	0.0746	0.0690	0.0690
每股未分配利润(元)	0.1528	0.1468	0.1028	0.1156
净资产收益率(%)	2.6407	2.7216	-0.9800	7.4820
加权净资产收益率(%)	2.6300	2.7600	-0.9700	7.6900
净资产收益率(扣除)(%)	–	–	–	–
总资产(万元)	29787.77	31424.82	30656.95	30654.94
归属母公司股东权益(万元)	27930.32	27807.77	26789.61	27050.96
主营业务收入(万元)	6120.84	10389.39	4590.16	8079.71
营业收入(万元)	6139.94	10447.32	4620.34	8591.32
主营成本(万元)	3075.85	5181.32	2428.58	4276.68
营业成本(万元)	3075.85	5210.37	2428.58	4508.21
投资收益(万元)	630.58	1727.84	509.80	2196.11
净利润(万元)	737.56	756.81	-261.35	2023.86
利润总额(万元)	812.59	704.77	-261.35	2084.60

浙江东晶电子股份有限公司

公司概况					
公司名称	浙江东晶电子股份有限公司			证券简称	东晶电子
法人代表	李庆跃	董秘	吴宗泽	证券代码	002199
公司网址	www.ecec.com.cn		电子信箱	ecec@ecec.com.cn	
电　话	0579-?9186668		传　真	0579-89186677	
办公地址	浙江省金华市宾虹西路555号				
经营范围	电子元件、计算机及网络产品、通信产品的研发、设计、生产与销售				

主要财务指标：指标\报告期	2013.06.30	2012.12.31	2012.06.30	2011.12.31
基本每股收益(元)	0.0154	0.0600	0.0170	0.0300
基本每股收益(扣除)(元)	-0.0014	0.0300	0.0047	-0.0410
每股净资产(元)	2.9026	2.8872	2.8400	4.3402
每股经营现金净流量(元)	0.0990	0.1641	0.1464	0.2857
每股现金流量(元)	-0.4506	-0.7708	-0.5151	1.4940
每股资本公积金(元)	1.4693	1.4693	1.4693	2.7039
每股盈余公积金(元)	0.0994	0.0994	0.0920	0.1379
每股未分配利润(元)	0.3339	0.3185	0.2825	0.4983
净资产收益率(%)	0.5307	2.0919	0.0100	1.0250
加权净资产收益率(%)	0.5300	2.1000	0.5900	1.0600
净资产收益率(扣除)(%)	–	–	–	–
总资产(万元)	112339.41	116825.58	105878.31	101564.17
归属母公司股东权益(万元)	54971.67	54679.92	53857.13	54798.66
主营业务收入(万元)	13737.91	28539.73	13018.50	24581.38
营业收入(万元)	13793.23	28587.34	13045.76	25211.50
主营成本(万元)	11912.10	24331.96	11017.74	21268.93
营业成本(万元)	11962.41	24367.40	11017.74	21879.62
投资收益(万元)	248.72	322.75	168.88	213.89
净利润(万元)	290.34	1140.08	321.07	561.93
利润总额(万元)	309.09	1301.47	356.14	577.00

云南绿大地生物科技股份有限公司

公司概况					
公司名称	云南绿大地生物科技股份有限公司			证券简称	*ST大地
法人代表	杨槐璋	董秘	谭仁力	证券代码	002200
公司网址	www.yngreen.com		电子信箱	yanghuaizhang@263.net	
电　话	0871-67279185 67355849		传　真	0871-67279185 67355849	
办公地址	云南省昆明市国家经济技术开发区经浦路6号				
经营范围	植物种苗工厂化生产、观赏植物盆景、植物科研、培训、示范推广等				

主要财务指标：指标\报告期	2013.06.30	2012.12.31	2012.06.30	2011.12.31
基本每股收益(元)	-0.0700	-0.0300	-0.0430	-0.3000
基本每股收益(扣除)(元)	-0.0700	-0.0800	-0.0380	-0.2600
每股净资产(元)	2.1093	2.1796	2.2400	1.8100
每股经营现金净流量(元)	-0.8691	-0.5169	-0.1111	-0.0377
每股现金流量(元)	0.4232	-0.0164	0.0663	-0.2006
每股资本公积金(元)	2.3104	2.3104	2.3833	1.9192
每股盈余公积金(元)	0.2742	0.2742	0.2742	0.2742
每股未分配利润(元)	-1.4753	-1.4049	-1.4218	-1.3787
净资产收益率(%)	-3.3356	-1.2015	-1.9200	-16.2950
加权净资产收益率(%)	-3.2800	-1.2100	-2.4000	-15.0700
净资产收益率(扣除)(%)	–	–	–	–
总资产(万元)	131223.28	106824.80	96681.47	86734.94
归属母公司股东权益(万元)	31868.35	32931.34	33778.90	27417.32
主营业务收入(万元)	19927.20	33751.62	10468.46	24765.58
营业收入(万元)	20069.48	34365.13	10673.67	24810.80
主营成本(万元)	16803.82	27936.90	8410.39	20634.03
营业成本(万元)	16932.20	28268.08	8532.60	20647.25
投资收益(万元)	–	–	–	–
净利润(万元)	-1075.47	-418.50	-662.99	-4474.76
利润总额(万元)	-1104.99	45.97	-624.73	-5012.74

江苏九鼎新材料股份有限公司

公司概况					
公司名称	江苏九鼎新材料股份有限公司			证券简称	九鼎新材
法人代表	顾清波	董秘	任正勇	证券代码	002201
公司网址	www.cjdg.com		电子信箱	fjb@?iudinggroup.com	
电　话	051?-87530125		传　真	0513-80695179	
办公地址	江苏省如皋市中山东路1号				
经营范围	玻璃纤维及其深加工制品的研发、生产与销售等				

主要财务指标：指标\报告期	2013.06.30	2012.12.31	2012.06.30	2011.12.31
基本每股收益(元)	0.0200	0.1100	0.0500	0.1000
基本每股收益(扣除)(元)	0.0200	0.0500	0.0400	0.0300
每股净资产(元)	2.4004	2.3756	2.3200	2.2700
每股经营现金净流量(元)	0.0560	0.5281	0.1772	0.2932
每股现金流量(元)	0.0627	-0.1379	-0.3474	0.0526
每股资本公积金(元)	0.4927	0.4927	0.4927	0.4927
每股盈余公积金(元)	0.1300	0.1300	0.1266	0.1213
每股未分配利润(元)	0.7777	0.7529	0.6994	0.6585
净资产收益率(%)	0.9901	4.7612	1.9900	4.5300
加权净资产收益率(%)	1.0000	4.8600	2.0100	4.6300
净资产收益率(扣除)(%)	–	–	–	–
总资产(万元)	121739.90	115077.75	109491.35	111107.79
归属母公司股东权益(万元)	42189.25	41753.54	40752.87	39941.32
主营业务收入(万元)	27222.68	61787.68	28757.42	61180.06
营业收入(万元)	28929.20	65236.23	30249.02	64919.37
主营成本(万元)	21369.49	47119.14	21454.39	46734.17
营业成本(万元)	22513.91	49450.96	22464.02	49395.89
投资收益(万元)	100.00	90.00	90.00	–
净利润(万元)	398.53	1954.20	794.30	1866.23
利润总额(万元)	501.28	2370.27	960.94	2152.04

新疆金风科技股份有限公司

公司概况	公司名称	新疆金风科技股份有限公司			证券简称	金风科技
	法人代表	武钢	董秘	马金儒	证券代码	002202
	公司网址	www.goldwind.com.cn		电子信箱	goldwind@goldwind.com.cn	
	电　话	010-67511996		传　真	010-67511985	
	办公地址	北京市北京经济技术开发区博兴一路 8 号				
	经营范围	风力发电机组及零部件的生产及销售				

主要财务指标	指标\报告期	2013.06.30	2012.12.31	2012.06.30	2011.12.31
	基本每股收益(元)	0.0344	0.0568	0.0267	0.2252
	基本每股收益(扣除)(元)	0.0127	0.0368	0.0100	0.1663
	每股净资产(元)	4.7982	4.7884	4.7400	4.7800
	每股经营现金净流量(元)	-0.4531	0.9278	-0.0521	-1.5340
	每股现金流量(元)	-0.9187	-0.3527	-0.8316	-0.6264
	每股资本公积金(元)	3.0284	2.9646	2.9660	2.9654
	每股盈余公积金(元)	0.1978	0.1978	0.1838	0.1838
	每股未分配利润(元)	0.6605	0.6811	0.6650	0.6883
	净资产收益率(%)	0.7168	1.1862	0.5600	4.7130
	加权净资产收益率(%)	0.7100	1.1900	0.5600	4.6400
	净资产收益率(扣除)(%)	-	-	-	-
	总资产(万元)	3167580.99	3194352.48	3112604.31	3194764.42
	归属母公司股东权益(万元)	1292923.80	1290265.27	1277195.13	1287405.91
	主营业务收入(万元)	323557.88	1128022.16	346600.37	1278776.47
	营业收入(万元)	324596.47	1132418.90	348368.23	1284312.79
	主营成本(万元)	262905.92	957381.85	299222.57	1069917.75
	营业成本(万元)	263275.08	958417.99	300263.82	1071435.91
	投资收益(万元)	27524.80	41096.94	38807.42	51707.66
	净利润(万元)	10380.48	16546.84	8092.91	71798.72
	利润总额(万元)	10963.29	20685.59	11164.32	86443.36

浙江海亮股份有限公司

公司概况	公司名称	浙江海亮股份有限公司			证券简称	海亮股份
	法人代表	冯亚丽	董秘	邵国勇	证券代码	002203
	公司网址	www.hailiang.com		电子信箱	gfoffice@hailiang.com	
	电　话	0575-87669333 87069033		传　真	0575-87069031	
	办公地址	浙江省诸暨市店口镇工业区				
	经营范围	制造、加工铜管、铜板带、铜箔及相关铜制品				

主要财务指标	指标\报告期	2013.06.30	2012.12.31	2012.06.30	2011.12.31
	基本每股收益(元)	0.1767	0.3017	0.1083	0.3436
	基本每股收益(扣除)(元)	0.1732	0.2842	0.1095	0.4578
	每股净资产(元)	3.5534	3.4801	3.2900	4.8800
	每股经营现金净流量(元)	0.5706	0.5894	0.4840	0.1155
	每股现金流量(元)	0.7581	-1.0588	-0.2134	1.6385
	每股资本公积金(元)	1.1876	1.1754	1.1724	2.2541
	每股盈余公积金(元)	0.1532	0.1532	0.1288	0.1932
	每股未分配利润(元)	1.3761	1.2994	1.1304	1.6532
	净资产收益率(%)	4.9733	8.6696	3.3000	9.1050
	加权净资产收益率(%)	4.9500	8.9800	3.2700	13.9600
	净资产收益率(扣除)(%)	-	-	-	-
	总资产(万元)	758029.61	643575.77	617556.21	693813.90
	归属母公司股东权益(万元)	275036.07	269365.16	254312.53	251933.14
	主营业务收入(万元)	497037.19	847161.90	424028.59	1056198.20
	营业收入(万元)	723127.31	1034995.27	546079.56	1187788.44
	主营成本(万元)	467576.54	791129.05	394696.92	1004801.15
	营业成本(万元)	692713.20	977388.39	515434.11	1136138.35
	投资收益(万元)	7159.93	8572.66	3343.28	6671.86
	净利润(万元)	13663.27	23352.92	8381.39	23249.17
	利润总额(万元)	15181.08	24708.79	9207.72	24580.25

大连华锐重工集团股份有限公司

公司概况	公司名称	大连华锐重工集团股份有限公司			证券简称	大连重工
	法人代表	宋甲晶	董秘	卫旭峰	证券代码	002204
	公司网址	www.dhidcw.com		电子信箱	dlzg002204@dhidcw.com	
	电　话	0411-86852187 86852802		传　真	0411-86852222	
	办公地址	辽宁省大连市西岗区八一路 169 号				
	经营范围	机械设备设计制造、安装调试、备、配件供应、金属制品、金属结构制造等				

主要财务指标	指标\报告期	2013.06.30	2012.12.31	2012.06.30	2011.12.31
	基本每股收益(元)	0.0800	0.5700	0.3300	1.4100
	基本每股收益(扣除)(元)	0.0600	0.5500	0.4700	0.3800
	每股净资产(元)	9.7170	9.6642	9.5900	13.8000
	每股经营现金净流量(元)	1.3974	1.6110	0.8788	0.3391
	每股现金流量(元)	0.3491	-0.3430	-0.6264	-0.0059
	每股资本公积金(元)	5.6775	5.6775	5.6775	9.0225
	每股盈余公积金(元)	0.1691	0.1691	0.0981	0.1471
	每股未分配利润(元)	2.8703	2.8192	2.8170	3.6355
	净资产收益率(%)	1.2694	5.9319	5.1200	15.3760
	加权净资产收益率(%)	1.2700	6.0800	5.3000	16.8300
	净资产收益率(扣除)(%)	-	-	-	-
	总资产(万元)	1906690.36	2016674.55	2083349.86	2273652.95
	归属母公司股东权益(万元)	625572.12	622173.44	617454.27	592402.25
	主营业务收入(万元)	337778.94	989159.22	455947.46	1253948.65
	营业收入(万元)	343414.61	1007043.09	461942.59	1260844.37
	主营成本(万元)	280238.73	795113.49	365302.18	984065.90
	营业成本(万元)	285408.20	808648.95	369790.07	987621.33
	投资收益(万元)	463.32	1877.92	933.01	812.78
	净利润(万元)	7506.76	36058.87	31802.30	90864.76
	利润总额(万元)	10616.57	49522.36	38330.66	107748.55

新疆国统管道股份有限公司

公司概况	公司名称	新疆国统管道股份有限公司			证券简称	国统股份
	法人代表	徐永平	董秘	栾秀英	证券代码	002205
	公司网址	www.xjgt.com		电子信箱	gtgf521@xjgt.com	
	电　话	0991-3325685		传　真	0991-3325685	
	办公地址	新疆维吾尔自治区乌鲁木齐市林泉西路 765 号				
	经营范围	预应力钢筒砼管(简称 PCCP)、各种输水管道及其异型管件和配件等				

主要财务指标	指标\报告期	2013.06.30	2012.12.31	2012.06.30	2011.12.31
	基本每股收益(元)	0.0449	0.1384	-0.0913	0.2452
	基本每股收益(扣除)(元)	-0.0166	0.1200	-0.0923	0.0795
	每股净资产(元)	7.4610	7.4660	7.2400	7.4026
	每股经营现金净流量(元)	-0.3140	0.2536	-0.2289	0.3086
	每股现金流量(元)	-0.9654	-0.4642	-0.2423	-0.6467
	每股资本公积金(元)	4.4973	4.4973	4.4973	4.4973
	每股盈余公积金(元)	0.1807	0.1807	0.1676	0.1676
	每股未分配利润(元)	1.7829	1.7880	1.5713	1.7377
	净资产收益率(%)	0.6022	1.8540	-1.2600	3.3130
	加权净资产收益率(%)	0.6000	1.8600	-1.2400	3.3500
	净资产收益率(扣除)(%)	-	-	-	-
	总资产(万元)	172884.48	157171.68	157705.15	156892.40
	归属母公司股东权益(万元)	86660.74	86719.59	84050.89	85982.92
	主营业务收入(万元)	15057.00	45394.98	15533.85	63136.66
	营业收入(万元)	15120.73	47236.06	15547.28	64014.59
	主营成本(万元)	9105.97	31561.12	11441.02	47129.49
	营业成本(万元)	9140.13	33287.63	11450.90	47868.11
	投资收益(万元)	-1.01	-2.03	-1.01	-2.03
	净利润(万元)	165.96	1308.55	-1187.42	3205.04
	利润总额(万元)	607.61	2399.19	-1110.71	4238.77

浙江海利得新材料股份有限公司

公司概况	公司名称	浙江海利得新材料股份有限公司		证券简称	海利得
	法人代表	高利民	董秘 吕佩芬	证券代码	002206
	公司网址	www.halead.com		电子信箱	hld@halead.com
	电话	0573-87989886 87989889		传真	0573-87989889
	办公地址	浙江省海宁市马桥镇经编产业园区新民路18号			
	经营范围	电脑喷绘胶片布、土工格栅材料、PVC涂层材料、篷盖材料等			

主要财务指标	指标\报告期	2013.06.30	2012.12.31	2012.06.30	2011.12.31
	基本每股收益(元)	0.1100	0.2000	0.1200	0.4700
	基本每股收益(扣除)(元)	0.0900	0.1700	0.1100	0.4200
	每股净资产(元)	4.3269	4.3834	4.3100	4.5900
	每股经营现金净流量(元)	0.0468	0.2218	0.1219	0.5213
	每股现金流量(元)	–0.5020	0.1993	–0.2656	0.7934
	每股资本公积金(元)	2.2877	2.2877	2.2877	2.2877
	每股盈余公积金(元)	0.2236	0.2236	0.2033	0.2033
	每股未分配利润(元)	0.8153	0.8721	0.8156	1.0965
	净资产收益率(%)	2.6164	4.4709	2.7700	9.7270
	加权净资产收益率(%)	2.5700	4.4000	2.6000	11.2600
	净资产收益率(扣除)(%)	–	–	–	–
	总资产(万元)	336506.40	308364.33	256173.10	263718.07
	归属母公司股东权益(万元)	193664.79	196193.97	192736.53	205309.77
	主营业务收入(万元)	102158.68	192101.24	92494.90	229721.53
	营业收入(万元)	103940.98	195050.62	93731.74	235565.06
	主营成本(万元)	87782.74	163637.96	78039.48	194412.72
	营业成本(万元)	89460.94	166473.19	78047.49	197541.68
	投资收益(万元)	–	–5.81	5.34	568.95
	净利润(万元)	5013.57	8640.77	5318.60	19995.33
	利润总额(万元)	5412.63	9859.98	5616.87	23320.23

新疆准东石油技术股份有限公司

公司概况	公司名称	新疆准东石油技术股份有限公司		证券简称	准油股份
	法人代表	秦勇	董秘 吕占民	证券代码	002207
	公司网址	www.zygf.com.cn		电子信箱	furong@zygf.cn
	电话	0994-3830619 3830616		传真	0994-3830616
	办公地址	新疆维吾尔自治区阜康市准东石油基地			
	经营范围	石油技术业务、油田管理业务、建筑安装业务、运输服务业务和化工产品销售			

主要财务指标	指标\报告期	2013.06.30	2012.12.31	2012.06.30	2011.12.31
	基本每股收益(元)	–0.0100	0.1100	–0.1400	0.1100
	基本每股收益(扣除)(元)	–0.0200	0.1100	–0.1400	0.1000
	每股净资产(元)	3.6555	3.7300	3.4700	3.6600
	每股经营现金净流量(元)	–0.3236	0.5822	–0.7621	1.3213
	每股现金流量(元)	–0.8294	–0.2990	–0.8226	0.0481
	每股资本公积金(元)	1.4933	1.4933	1.4933	1.4933
	每股盈余公积金(元)	0.2171	0.2171	0.2072	0.2072
	每股未分配利润(元)	0.9450	1.0162	0.7737	0.9622
	净资产收益率(%)	–0.3050	3.0600	–3.9900	2.9150
	加权净资产收益率(%)	–0.3000	3.0900	–3.8600	2.9600
	净资产收益率(扣除)(%)	–	–	–	–
	总资产(万元)	60965.67	67575.14	65352.08	65700.45
	归属母公司股东权益(万元)	36356.67	37064.33	34553.81	36428.62
	主营业务收入(万元)	15776.39	40214.90	15577.61	38712.61
	营业收入(万元)	16860.93	41375.35	15615.09	38803.06
	主营成本(万元)	13192.73	31817.74	13436.93	30707.92
	营业成本(万元)	14251.38	32528.64	13454.33	30800.77
	投资收益(万元)	–	–	–	–
	净利润(万元)	–110.91	1133.00	–1377.52	1062.05
	利润总额(万元)	–57.76	1401.26	–1310.44	1523.39

合肥城建发展股份有限公司

公司概况	公司名称	合肥城建发展股份有限公司		证券简称	合肥城建
	法人代表	王晓毅	董秘 田峰	证券代码	002208
	公司网址	www.hucd.cn		电子信箱	hucdtf@sina.com
	电话	0551-2661906		传真	0551-2661906
	办公地址	安徽省合肥市长江中路319号仁和大厦23-24层			
	经营范围	普通商品住宅及其配套商业地产、综合商务楼的开发、销售、服务			

主要财务指标	指标\报告期	2013.06.30	2012.12.31	2012.06.30	2011.12.31
	基本每股收益(元)	0.1000	0.4800	0.1600	0.5000
	基本每股收益(扣除)(元)	0.0900	0.4600	0.1600	0.5000
	每股净资产(元)	3.8050	3.7727	3.4500	3.3900
	每股经营现金净流量(元)	1.1849	–0.0205	–0.3303	0.3064
	每股现金流量(元)	1.5011	0.0636	–0.5876	0.6671
	每股资本公积金(元)	0.8841	0.9060	0.9060	0.9060
	每股盈余公积金(元)	0.5963	0.5963	0.5008	0.5008
	每股未分配利润(元)	1.3246	1.2704	1.0480	0.9839
	净资产收益率(%)	2.7392	12.7757	4.7500	14.8310
	加权净资产收益率(%)	2.7300	13.4300	4.7300	15.7700
	净资产收益率(扣除)(%)	–	–	–	–
	总资产(万元)	483670.00	398932.77	345242.27	340658.63
	归属母公司股东权益(万元)	121798.81	120763.10	110587.87	108535.81
	主营业务收入(万元)	58607.29	121051.30	34420.46	109647.06
	营业收入(万元)	58621.33	121064.30	34423.57	109653.16
	主营成本(万元)	44501.63	81929.78	20511.68	71382.94
	营业成本(万元)	44501.66	81929.78	20511.68	71387.82
	投资收益(万元)	–90.65	1208.86	–	30.00
	净利润(万元)	3324.68	15403.36	5239.79	16054.02
	利润总额(万元)	4747.91	20402.89	7093.50	21466.46

广州达意隆包装机械股份有限公司

公司概况	公司名称	广州达意隆包装机械股份有限公司		证券简称	达意隆
	法人代表	张颂明	董秘 肖林	证券代码	002209
	公司网址	www.tech-long.com		电子信箱	public@tech-long.com
	电话	020-62956877 62956848		传真	020-82265536
	办公地址	广东省广州市萝岗区云埔一路23号			
	经营范围	从事液体包装机械的研发、生产和销售			

主要财务指标	指标\报告期	2013.06.30	2012.12.31	2012.06.30	2011.12.31
	基本每股收益(元)	0.0524	0.1700	0.1452	0.2700
	基本每股收益(扣除)(元)	0.0223	0.1000	0.1225	0.2200
	每股净资产(元)	3.2342	3.2119	3.1900	3.1000
	每股经营现金净流量(元)	0.1146	0.0163	0.0334	0.3529
	每股现金流量(元)	–0.0151	0.0371	–0.1709	–0.1865
	每股资本公积金(元)	1.1449	1.1449	1.1450	1.1450
	每股盈余公积金(元)	0.1357	0.1357	0.1206	0.1206
	每股未分配利润(元)	0.9536	0.9313	0.9250	0.8297
	净资产收益率(%)	1.6187	5.1872	4.5500	8.6483
	加权净资产收益率(%)	1.6200	5.2900	4.6000	8.9800
	净资产收益率(扣除)(%)	–	–	–	–
	总资产(万元)	139112.62	126809.22	117820.25	108928.60
	归属母公司股东权益(万元)	63145.25	62710.73	62294.47	60434.22
	主营业务收入(万元)	39584.69	70564.93	37130.93	67626.61
	营业收入(万元)	39702.61	70659.90	37174.33	67744.01
	主营成本(万元)	30279.71	51461.28	27253.33	47571.37
	营业成本(万元)	30355.84	51484.34	27275.77	47603.38
	投资收益(万元)	–145.70	84.46	123.61	–374.72
	净利润(万元)	1022.15	3252.90	2835.52	5226.52
	利润总额(万元)	1208.58	3934.25	3253.19	6325.92

深圳市飞马国际供应链股份有限公司

公司概况	公司名称	深圳市飞马国际供应链股份有限公司			证券简称	飞马国际
	法人代表	黄壮勉	董秘	张健江	证券代码	002210
	公司网址	www.fmscm.com			电子信箱	jianjiang.zhang@fmscm.com
	电　话	0755-33356399 33356333*8873			传　真	0755-33356399
	办公地址	广东省深圳市福田区深南大道 7008 号阳光高尔夫大厦 26 楼 2601 室				
	经营范围	承办海运、陆运、空运进出口货物的国际运输代理业务				

主要财务指标	指标\报告期	2013.06.30	2012.12.31	2012.06.30	2011.12.31
	基本每股收益(元)	0.1500	0.2100	0.1200	0.1900
	基本每股收益(扣除)(元)	0.1700	0.1500	0.1100	0.3900
	每股净资产(元)	1.6022	1.4863	1.4100	1.7700
	每股经营现金净流量(元)	3.1184	3.8485	0.2816	2.7182
	每股现金流量(元)	-0.1497	0.5873	0.0708	0.4188
	每股资本公积金(元)	0.1274	0.1274	0.1274	0.1657
	每股盈余公积金(元)	0.0703	0.0703	0.0563	0.0732
	每股未分配利润(元)	0.4032	0.2930	0.2213	0.5308
	净资产收益率(%)	9.3773	13.8872	8.5900	14.1640
	加权净资产收益率(%)	9.6500	14.5600	8.5600	15.1400
	净资产收益率(扣除)(%)	-	-	-	-
	总资产(万元)	1279656.35	998692.40	765516.80	749202.54
	归属母公司股东权益(万元)	63735.30	59125.98	55899.59	54190.73
	主营业务收入(万元)	990704.12	1465287.48	384579.84	596015.66
	营业收入(万元)	990704.12	1465287.48	384579.84	596015.66
	主营成本(万元)	980145.72	1437359.95	369546.81	562858.73
	营业成本(万元)	980145.72	1437359.95	369546.81	562858.73
	投资收益(万元)	-242.69	-2971.23	-50.12	-871.34
	净利润(万元)	5974.42	8227.77	4805.30	7657.85
	利润总额(万元)	7214.39	11249.18	7161.72	11326.92

江苏宏达新材料股份有限公司

公司概况	公司名称	江苏宏达新材料股份有限公司			证券简称	宏达新材
	法人代表	朱德洪	董秘	邓台平	证券代码	002211
	公司网址	www.hongda-chemical.com			电子信箱	ciadtp@tom.com
	电　话	0511-83359032			传　真	0511-83365478
	办公地址	江苏省扬中市明珠广场				
	经营范围	从事高温硅橡胶系列产品的生产和销售				

主要财务指标	指标\报告期	2013.06.30	2012.12.31	2012.06.30	2011.12.31
	基本每股收益(元)	-0.3900	0.0100	-0.0180	-0.0400
	基本每股收益(扣除)(元)	-0.4000	-0.0700	-0.0240	-0.0500
	每股净资产(元)	3.5128	3.9073	3.8800	3.8900
	每股经营现金净流量(元)	0.1542	0.5464	0.3418	-0.3987
	每股现金流量(元)	-0.1185	0.1531	0.3602	-1.2341
	每股资本公积金(元)	2.3999	2.3999	2.3999	2.3857
	每股盈余公积金(元)	0.0668	0.0668	0.0668	0.0668
	每股未分配利润(元)	0.0461	0.4406	0.4155	0.4331
	净资产收益率(%)	-11.2321	0.2180	-0.4500	-1.1460
	加权净资产收益率(%)	-10.6300	0.2200	-0.4500	-1.1400
	净资产收益率(扣除)(%)	-	-	-	-
	总资产(万元)	254134.93	267507.59	268227.62	246656.32
	归属母公司股东权益(万元)	151918.15	168981.70	167894.15	168043.12
	主营业务收入(万元)	37502.80	80995.05	39573.74	94149.07
	营业收入(万元)	38126.79	82956.63	40311.18	94466.75
	主营成本(万元)	36083.31	70553.01	33682.12	81882.46
	营业成本(万元)	37205.73	71793.03	34503.87	82249.76
	投资收益(万元)	-40.64	559.87	-151.38	-107.19
	净利润(万元)	-17297.19	453.67	-647.63	-1844.77
	利润总额(万元)	-19997.74	153.67	-799.48	-2193.69

广东南洋电缆集团股份有限公司

公司概况	公司名称	广东南洋电缆集团股份有限公司			证券简称	南洋股份
	法人代表	郑汉武	董秘	曾理	证券代码	002212
	公司网址	www.nanyangcable.com			电子信箱	zl1949@21cn.com
	电　话	0754-86332188			传　真	0754-86332188
	办公地址	广东省汕头市珠津工业区珠津二街 1 号				
	经营范围	主要从事电力电缆、电气装备用电线电缆的研发、生产和销售				

主要财务指标	指标\报告期	2013.06.30	2012.12.31	2012.06.30	2011.12.31
	基本每股收益(元)	0.0500	0.1800	0.0900	0.2600
	基本每股收益(扣除)(元)	0.0400	0.1700	0.0800	0.2600
	每股净资产(元)	3.2966	3.3300	3.2500	3.2100
	每股经营现金净流量(元)	0.1364	0.0429	0.0689	0.3221
	每股现金流量(元)	0.6516	-0.0315	0.0304	-0.1513
	每股资本公积金(元)	1.0689	1.0689	1.0849	1.0849
	每股盈余公积金(元)	0.1140	0.1140	0.0996	0.0996
	每股未分配利润(元)	1.1140	1.1443	1.0609	1.0248
	净资产收益率(%)	1.5067	5.5303	2.6500	8.0510
	加权净资产收益率(%)	1.4900	5.6200	2.6600	8.3300
	净资产收益率(扣除)(%)	-	-	-	-
	总资产(万元)	253636.61	223292.36	206670.13	193973.35
	归属母公司股东权益(万元)	168212.19	169775.83	165601.02	163756.34
	主营业务收入(万元)	72114.26	176477.00	67572.53	208686.82
	营业收入(万元)	72170.64	176519.55	67603.72	208717.77
	主营成本(万元)	62726.63	151451.56	56934.52	179206.36
	营业成本(万元)	62772.74	151491.10	56938.24	179211.44
	投资收益(万元)	-	-	-	-
	净利润(万元)	2534.46	10318.39	5174.93	15544.57
	利润总额(万元)	3488.06	13837.66	6862.68	20568.29

深圳市特尔佳科技股份有限公司

公司概况	公司名称	深圳市特尔佳科技股份有限公司			证券简称	特尔佳
	法人代表	张慧民	董秘	张昱波	证券代码	002213
	公司网址	www.terca.cn			电子信箱	stock@terca.cn
	电　话	0755-86555281 26513588			传　真	0755-86338185 26519166
	办公地址	广东省深圳市宝安区观澜高新技术产业园特尔佳观澜厂区				
	经营范围	汽车缓速器的研发、制造和销售、主要产品为电涡流缓速器				

主要财务指标	指标\报告期	2013.06.30	2012.12.31	2012.06.30	2011.12.31
	基本每股收益(元)	0.0500	0.1500	0.0600	0.1600
	基本每股收益(扣除)(元)	0.0500	0.1400	0.0600	0.1600
	每股净资产(元)	1.5573	1.5580	1.4700	1.4600
	每股经营现金净流量(元)	0.0836	0.1018	0.1954	-0.0299
	每股现金流量(元)	-0.0693	-0.1887	0.1442	-0.0846
	每股资本公积金(元)	0.0041	0.0041	0.0041	0.0041
	每股盈余公积金(元)	0.0867	0.0867	0.0655	0.0655
	每股未分配利润(元)	0.4665	0.4672	0.3994	0.3865
	净资产收益率(%)	3.1631	9.7489	4.2900	11.2750
	加权净资产收益率(%)	3.1100	10.0800	4.2300	11.7400
	净资产收益率(扣除)(%)	-	-	-	-
	总资产(万元)	42411.42	42487.97	38769.13	42693.02
	归属母公司股东权益(万元)	32079.48	32094.78	30263.32	29995.88
	主营业务收入(万元)	11971.53	26442.81	9321.48	26018.31
	营业收入(万元)	12371.06	28244.01	10039.62	27736.37
	主营成本(万元)	7887.97	17372.99	5981.68	17485.50
	营业成本(万元)	8210.91	18751.47	6526.95	18838.82
	投资收益(万元)	-	4.30	-	-
	净利润(万元)	1013.63	3126.55	1296.58	3380.46
	利润总额(万元)	1237.24	3552.20	1333.58	4240.77

浙江大立科技股份有限公司

公司概况	公司名称	浙江大立科技股份有限公司		证券简称	大立科技
	法人代表	庞惠民	董秘 刘晓松	证券代码	002214
	公司网址	www.dali-tech.com		电子信箱	liuxiaosong@dali-tech.com
	电　话	0571-86695670 86695649		传　真	0571-86695626
	办公地址	浙江省杭州市滨江区滨康路 639 号			
	经营范围	红外热像仪系列产品和数字硬盘录像机系列产品的生产和销售			

主要财务指标	指标\报告期	2013.06.30	2012.12.31	2012.06.30	2011.12.31
	基本每股收益(元)	0.0500	0.3400	0.0400	0.3100
	基本每股收益(扣除)(元)	0.0300	0.2800	0.0700	0.2700
	每股净资产(元)	2.2834	4.5742	4.4200	4.3400
	每股经营现金净流量(元)	0.0613	0.1483	0.1169	–0.1131
	每股现金流量(元)	0.0647	–0.0275	–0.2279	–0.2550
	每股资本公积金(元)	0.1595	1.3190	1.3190	1.3190
	每股盈余公积金(元)	0.1471	0.2941	0.2606	0.2606
	每股未分配利润(元)	0.9768	1.9611	1.8431	1.7593
	净资产收益率(%)	2.0258	7.3307	1.9000	7.1305
	加权净资产收益率(%)	2.0100	7.4800	1.9100	7.3400
	净资产收益率(扣除)(%)	–	–	–	–
	总资产(万元)	72851.13	70282.23	64507.46	67222.96
	归属母公司股东权益(万元)	45667.00	45741.87	44226.89	43388.65
	主营业务收入(万元)	11258.18	26854.61	9238.78	22792.27
	营业收入(万元)	11538.61	27219.42	9478.04	23079.49
	主营成本(万元)	5681.32	13554.70	4721.40	10800.73
	营业成本(万元)	5690.27	13568.34	4729.99	10813.86
	投资收益(万元)	–15.87	–42.79	–19.10	–12.43
	净利润(万元)	925.13	3353.22	838.24	3093.83
	利润总额(万元)	980.00	3588.10	878.03	3557.91

深圳诺普信农化股份有限公司

公司概况	公司名称	深圳诺普信农化股份有限公司		证券简称	诺普信
	法人代表	卢柏强	董秘 王时豪	证券代码	002215
	公司网址	www.nuoposion.com		电子信箱	szwsh@126.com
	电　话	0755-29977586		传　真	0755-27697715
	办公地址	广东省深圳市宝安区西乡水库路 113 号			
	经营范围	杀虫剂、杀菌剂、除草剂等三大系列产品的研发、生产和销售			

主要财务指标	指标\报告期	2013.06.30	2012.12.31	2012.06.30	2011.12.31
	基本每股收益(元)	0.2700	0.3600	0.2200	0.2300
	基本每股收益(扣除)(元)	–	0.2700	0.3000	0.1700
	每股净资产(元)	2.6557	3.6801	3.6600	3.4400
	每股经营现金净流量(元)	–0.0675	0.9976	0.1245	0.2349
	每股现金流量(元)	–0.1530	0.4103	–0.4965	0.3280
	每股资本公积金(元)	0.7535	1.6182	1.6330	1.5897
	每股盈余公积金(元)	0.1160	0.1620	0.1264	0.1187
	每股未分配利润(元)	0.7913	0.8999	0.8995	0.7321
	净资产收益率(%)	10.0063	9.7064	8.7900	6.6771
	加权净资产收益率(%)	10.3200	10.0900	9.0500	6.6000
	净资产收益率(扣除)(%)	–	–	–	–
	总资产(万元)	202543.66	201734.59	175210.21	207981.14
	归属母公司股东权益(万元)	144234.22	133289.71	132585.06	121824.30
	主营业务收入(万元)	121666.37	158539.73	111266.07	153421.12
	营业收入(万元)	121874.69	159751.61	111605.36	155494.33
	主营成本(万元)	73792.97	93254.13	65661.76	88187.87
	营业成本(万元)	73886.65	93774.42	65881.59	89522.55
	投资收益(万元)	1823.72	3673.06	1774.93	2682.22
	净利润(万元)	14523.45	13184.91	12009.01	8220.21
	利润总额(万元)	16426.52	14929.65	13670.00	9801.41

三全食品股份有限公司

公司概况	公司名称	三全食品股份有限公司		证券简称	三全食品
	法人代表	陈南	董秘 郑晓东	证券代码	002216
	公司网址	www.sanquan.com		电子信箱	sanquan@sanquan.com
	电　话	0371-63987832		传　真	0371-63988183
	办公地址	河南省郑州市综合投资区长兴路中段			
	经营范围	速冻食品、方便快餐食品、常温食品、速冻调制食品的生产和销售			

主要财务指标	指标\报告期	2013.06.30	2012.12.31	2012.06.30	2011.12.31
	基本每股收益(元)	0.2700	0.7000	0.2100	0.7200
	基本每股收益(扣除)(元)	0.2700	0.6800	0.4200	0.6900
	每股净资产(元)	4.4385	8.5279	8.2900	7.9800
	每股经营现金净流量(元)	0.0909	1.5048	0.0152	0.5046
	每股现金流量(元)	–0.6602	0.0606	–0.6803	0.9049
	每股资本公积金(元)	1.6019	4.2038	4.2089	4.2089
	每股盈余公积金(元)	0.1126	0.2252	0.1834	0.1834
	每股未分配利润(元)	1.7240	3.0989	2.8927	2.5851
	净资产收益率(%)	6.1851	8.1621	5.1200	8.5922
	加权净资产收益率(%)	6.3100	8.4300	5.1900	11.0900
	净资产收益率(扣除)(%)	–	–	–	–
	总资产(万元)	284061.65	312438.52	233319.19	277450.12
	归属母公司股东权益(万元)	178474.05	171456.28	166573.86	160390.07
	主营业务收入(万元)	184349.98	267481.80	145681.33	262009.21
	营业收入(万元)	184768.78	268057.19	146028.54	262648.09
	主营成本(万元)	115844.65	177551.70	92855.34	178194.71
	营业成本(万元)	116291.17	177993.82	93142.47	178799.07
	投资收益(万元)	–	–	–	–
	净利润(万元)	11039.46	13649.75	8588.90	13446.86
	利润总额(万元)	14228.30	15640.97	10136.30	15576.70

山东联合化工股份有限公司

公司概况	公司名称	山东联合化工股份有限公司		证券简称	联合化工
	法人代表	王宜明	董秘 董宪印	证券代码	002217
	公司网址	www.lianmechem.com.cn		电子信箱	dongxianyin@sina.com
	电　话	0533-2343899		传　真	0533-2343856
	办公地址	山东省淄博市沂源县城东风路 36 号			
	经营范围	液氨、硝酸、硝酸铵、硝酸钠、亚硝酸钠、硝基复合肥、甲醇等			

主要财务指标	指标\报告期	2013.06.30	2012.12.31	2012.06.30	2011.12.31
	基本每股收益(元)	–0.0700	–0.0300	0.0200	0.3200
	基本每股收益(扣除)(元)	–0.0800	–0.0800	–	0.4900
	每股净资产(元)	2.5775	2.6554	2.7200	4.1500
	每股经营现金净流量(元)	0.2089	0.4455	0.1358	0.5956
	每股现金流量(元)	–0.1996	0.0474	–0.0260	–0.4258
	每股资本公积金(元)	0.3924	0.3924	0.3924	1.0885
	每股盈余公积金(元)	0.1681	0.1681	0.1611	0.2417
	每股未分配利润(元)	1.0004	1.0678	1.1270	1.7644
	净资产收益率(%)	–2.6127	–1.3130	0.5400	11.7169
	加权净资产收益率(%)	–2.5800	–1.2900	0.5400	12.3400
	净资产收益率(扣除)(%)	–	–	–	–
	总资产(万元)	144539.33	148051.28	139593.41	144895.94
	归属母公司股东权益(万元)	86211.08	88817.69	90835.51	92629.95
	主营业务收入(万元)	53541.95	113008.68	59651.86	130855.95
	营业收入(万元)	55659.59	118320.86	62045.53	136854.18
	主营成本(万元)	50385.66	105231.58	53306.52	106621.68
	营业成本(万元)	51811.01	109168.03	54991.44	111176.30
	投资收益(万元)	41.45	158.46	82.04	169.15
	净利润(万元)	–2347.91	–1252.74	568.96	10850.51
	利润总额(万元)	–2595.19	–1235.20	1098.98	14599.42

深圳市拓日新能源科技股份有限公司

公司概况	公司名称	深圳市拓日新能源科技股份有限公司		证券简称	拓日新能
	法人代表	陈五奎	董秘 刘强	证券代码	002218
	公司网址	www.topraysolar.cn		电子信箱	rickennliu@topraysolar.com
	电　　话	0755-86612658 29680031		传　　真	0755-86612620
	办公地址	广东省深圳市南山区侨香路6060号香年广场A栋802-804			
	经营范围	研发、生产及销售太阳电池芯片等			

主要财务指标	指标\报告期	2013.06.30	2012.12.31	2012.06.30	2011.12.31
	基本每股收益(元)	0.0140	0.0110	0.0260	-0.2900
	基本每股收益(扣除)(元)	0.0060	-0.0500	0.0010	-0.3100
	每股净资产(元)	2.9279	2.9139	2.9300	2.9000
	每股经营现金净流量(元)	0.1121	-0.0135	0.0678	-0.5753
	每股现金流量(元)	-0.0487	-0.0922	0.1903	0.1055
	每股资本公积金(元)	1.7739	1.7739	1.7739	1.7739
	每股盈余公积金(元)	0.0505	0.0505	0.0505	0.0505
	每股未分配利润(元)	0.1042	0.0906	0.1059	0.0797
	净资产收益率(%)	0.4652	0.3731	0.9000	-9.8210
	加权净资产收益率(%)	0.4700	0.3700	0.9000	-10.7300
	净资产收益率(扣除)(%)	-	-	-	-
	总资产(万元)	222644.02	230403.81	227274.69	201662.26
	归属母公司股东权益(万元)	143391.95	142707.55	143580.91	142235.78
	主营业务收入(万元)	24691.17	51980.14	22664.02	47605.49
	营业收入(万元)	27186.49	52909.45	22855.58	47808.66
	主营成本(万元)	19992.30	44626.22	17750.61	44078.85
	营业成本(万元)	21454.19	45543.34	17852.75	44112.63
	投资收益(万元)	253.15	-	-	-
	净利润(万元)	667.08	532.47	1279.16	-13969.15
	利润总额(万元)	676.43	540.52	1284.82	-13905.48

甘肃独一味生物制药股份有限公司

公司概况	公司名称	甘肃独一味生物制药股份有限公司		证券简称	独一味
	法人代表	朱锦	董秘 郭凯	证券代码	002219
	公司网址	www.duyiwei.com		电子信箱	zengqingmei@duyiwei.com
	电　　话	028-85950888 8618		传　　真	028-85950552
	办公地址	四川省成都市锦江工业开发区金石路456号			
	经营范围	片剂、糖浆剂、散剂、酒剂、硬胶囊剂、软胶囊剂、口服液、合剂等			

主要财务指标	指标\报告期	2013.06.30	2012.12.31	2012.06.30	2011.12.31
	基本每股收益(元)	0.2382	0.1715	0.0802	0.1661
	基本每股收益(扣除)(元)	0.2360	0.1549	0.0780	0.1521
	每股净资产(元)	1.6233	1.2673	1.1760	1.2772
	每股经营现金净流量(元)	0.1280	0.1925	0.0408	0.2538
	每股现金流量(元)	-0.0611	0.2051	-0.1203	0.2691
	每股资本公积金(元)	0.1500	0.0243	0.0243	0.0280
	每股盈余公积金(元)	0.0803	0.0823	0.0642	0.0738
	每股未分配利润(元)	0.3930	0.1607	0.0875	0.1754
	净资产收益率(%)	14.5559	13.5300	6.8200	14.9523
	加权净资产收益率(%)	16.5300	14.4400	6.9800	16.0300
	净资产收益率(扣除)(%)	-	-	-	-
	总资产(万元)	116379.25	86909.78	72705.19	60079.60
	归属母公司股东权益(万元)	71500.01	54447.81	50526.09	47715.69
	主营业务收入(万元)	27946.55	33676.80	16552.46	30724.48
	营业收入(万元)	31235.82	33696.44	16552.46	30724.48
	主营成本(万元)	8546.58	12610.10	6016.54	10702.70
	营业成本(万元)	8946.58	12631.49	6016.54	10702.70
	投资收益(万元)	-	-	-	-
	净利润(万元)	10462.32	7294.26	3454.76	7134.57
	利润总额(万元)	12398.41	8499.81	4052.18	8295.05

大连天宝绿色食品股份有限公司

公司概况	公司名称	大连天宝绿色食品股份有限公司		证券简称	天宝股份
	法人代表	黄作庆	董秘 孙立涛	证券代码	002220
	公司网址	www.cn-tianbao.com		电子信箱	planning@cn-tianbao.com
	电　　话	0411-39330110		传　　真	0411-39330296
	办公地址	辽宁省大连市金州区拥政街道三里村624号			
	经营范围	以水产品加工出口为主的农副产品加工和销售			

主要财务指标	指标\报告期	2013.06.30	2012.12.31	2012.06.30	2011.12.31
	基本每股收益(元)	0.1500	0.3300	0.1400	0.4000
	基本每股收益(扣除)(元)	0.1500	0.3200	0.1400	0.3500
	每股净资产(元)	3.3843	3.2413	3.1600	6.1900
	每股经营现金净流量(元)	0.6001	0.5490	0.3989	0.1772
	每股现金流量(元)	0.3676	0.6172	0.2020	0.6787
	每股资本公积金(元)	1.0847	1.0847	1.0847	3.1695
	每股盈余公积金(元)	0.1450	0.1450	0.1135	0.2270
	每股未分配利润(元)	1.1858	1.0338	0.9846	1.8296
	净资产收益率(%)	4.4905	10.0426	4.5700	11.8690
	加权净资产收益率(%)	4.5800	10.1900	4.6100	16.7400
	净资产收益率(扣除)(%)	-	-	-	-
	总资产(万元)	342512.00	291477.71	263942.38	238404.31
	归属母公司股东权益(万元)	157275.81	150634.04	147046.96	143867.12
	主营业务收入(万元)	64073.97	177307.22	67610.14	146737.18
	营业收入(万元)	64073.97	177307.22	67610.14	146737.18
	主营成本(万元)	50600.01	142838.33	55957.49	116682.63
	营业成本(万元)	50600.01	142838.33	55957.49	116682.63
	投资收益(万元)	-	-	-0.14	23.57
	净利润(万元)	7062.45	15127.55	6726.61	17075.61
	利润总额(万元)	7356.47	15905.68	6718.58	18221.53

东华能源股份有限公司

公司概况	公司名称	东华能源股份有限公司		证券简称	东华能源
	法人代表	周一峰	董秘 陈建政	证券代码	002221
	公司网址	www.chinadhe.com		电子信箱	tzz@chinadhe.com
	电　　话	0512-58322508 025-86771100		传　　真	0512-58728098
	办公地址	江苏省南京市仙林大道徐庄软件园紫气路1号			
	经营范围	再生资源、钢材销售与配送			

主要财务指标	指标\报告期	2013.06.30	2012.12.31	2012.06.30	2011.12.31
	基本每股收益(元)	0.0420	0.3980	0.0420	0.2040
	基本每股收益(扣除)(元)	0.0390	0.3200	0.0880	0.2690
	每股净资产(元)	2.4216	4.7731	3.2500	4.1517
	每股经营现金净流量(元)	0.6747	1.6029	7.8203	-1.4996
	每股现金流量(元)	0.0415	1.5061	-0.0336	3.2430
	每股资本公积金(元)	1.2509	3.4983	1.1550	3.2134
	每股盈余公积金(元)	0.0342	0.0683	0.0741	0.0741
	每股未分配利润(元)	0.0684	0.0831	0.9199	-0.2450
	净资产收益率(%)	1.7283	6.5602	2.5872	4.8774
	加权净资产收益率(%)	1.7400	10.3100	2.0100	5.7900
	净资产收益率(扣除)(%)	-	-	-	-
	总资产(万元)	579740.52	486116.64	320903.32	466925.68
	归属母公司股东权益(万元)	141988.60	139934.75	73155.71	93371.42
	主营业务收入(万元)	288315.69	544787.59	276257.84	354354.93
	营业收入(万元)	288410.42	545072.09	276600.71	354828.77
	主营成本(万元)	275675.02	511786.92	263070.01	331742.68
	营业成本(万元)	275782.84	511921.02	227041.24	331899.37
	投资收益(万元)	73.62	830.53	645.52	-558.71
	净利润(万元)	2420.56	9107.54	1822.59	4507.69
	利润总额(万元)	3324.77	11809.59	2516.82	7102.94

福建福晶科技股份有限公司

公司概况					
公司名称	福建福晶科技股份有限公司			证券简称	福晶科技
法人代表	陈辉	董秘	蔡德全	证券代码	002222
公司网址	www.castech.com		电子信箱	securities@castech.com	
电　　话	0591-83770347 83719323		传　　真	0591-83719323	
办公地址	福建省福州市鼓楼区软件大道89号福州软件园F区9号楼福晶科技园B楼10层				
经营范围	光学晶体、晶体材料、激光器件的制造及其技术咨询、技术服务等				

主要财务指标　指标\报告期	2013.06.30	2012.12.31	2012.06.30	2011.12.31
基本每股收益(元)	0.0800	0.1428	0.0800	0.2200
基本每股收益(扣除)(元)	0.0800	0.1357	0.0800	0.2124
每股净资产(元)	2.1511	2.1683	2.1100	2.1500
每股经营现金净流量(元)	0.0698	0.1305	0.0310	0.2232
每股现金流量(元)	-0.0617	-0.1771	-0.1925	-0.3559
每股资本公积金(元)	0.7343	0.7343	0.7343	0.7343
每股盈余公积金(元)	0.1302	0.1302	0.1159	0.1159
每股未分配利润(元)	0.2866	0.3038	0.2579	0.2952
净资产收益率(%)	3.8506	6.5879	3.9200	10.4860
加权净资产收益率(%)	3.8400	6.6500	3.8200	10.7700
净资产收益率(扣除)(%)	-	-	-	-
总资产(万元)	68825.82	68614.96	68104.03	68811.20
归属母公司股东权益(万元)	61305.82	61795.18	60080.93	61144.20
主营业务收入(万元)	8950.66	18249.31	8729.70	19201.88
营业收入(万元)	8954.64	18257.40	8729.70	19206.88
主营成本(万元)	4519.63	9209.91	4312.59	8200.42
营业成本(万元)	4519.63	9215.91	4312.59	8200.42
投资收益(万元)	526.55	594.71	220.76	773.85
净利润(万元)	2361.37	4198.74	2409.27	6592.87
利润总额(万元)	2712.39	4811.31	2801.47	7510.47

江苏鱼跃医疗设备股份有限公司

公司概况					
公司名称	江苏鱼跃医疗设备股份有限公司			证券简称	鱼跃医疗
法人代表	吴光明	董秘	陈坚	证券代码	002223
公司网址	www.yuyue.com.cn		电子信箱	dongmi@yuyue.com.cn	
电　　话	0511-86900802 86900876		传　　真	0511-86900803 86900876	
办公地址	江苏省丹阳市云阳工业园(振新路南)				
经营范围	医疗器械和保健用品的生产和销售				

主要财务指标　指标\报告期	2013.06.30	2012.12.31	2012.06.30	2011.12.31
基本每股收益(元)	0.2900	0.4600	0.2600	0.4200
基本每股收益(扣除)(元)	0.2700	0.4300	0.2500	0.4600
每股净资产(元)	2.6429	2.4482	2.2500	2.6900
每股经营现金净流量(元)	0.1222	0.3225	0.0273	0.2371
每股现金流量(元)	-0.0286	-0.0157	-0.2324	-0.0090
每股资本公积金(元)	0.1303	0.1303	0.1303	0.4694
每股盈余公积金(元)	0.1435	0.1435	0.0997	0.1296
每股未分配利润(元)	1.3692	1.1745	1.0163	1.0868
净资产收益率(%)	11.1501	18.7553	11.4500	20.6150
加权净资产收益率(%)	11.3500	20.4600	11.7200	22.9800
净资产收益率(扣除)(%)	-	-	-	-
总资产(万元)	174383.96	153981.91	145748.81	129690.21
归属母公司股东权益(万元)	140500.27	130150.40	119416.41	109829.55
主营业务收入(万元)	74472.48	130835.95	67387.73	116798.80
营业收入(万元)	74652.84	131221.19	67584.59	117051.61
主营成本(万元)	43910.42	82104.28	41266.22	75443.88
营业成本(万元)	43997.13	82292.93	41296.72	75485.38
投资收益(万元)	-29.69	136.42	5.34	96.87
净利润(万元)	15699.37	24506.97	13715.00	22786.15
利润总额(万元)	17971.88	27899.28	15348.08	26045.72

三力士股份有限公司

公司概况					
公司名称	三力士股份有限公司			证券简称	三 力 士
法人代表	吴培生	董秘	许唯放	证券代码	002224
公司网址	www.v-belt.com		电子信箱	lvmf@sanlux.org	
电　　话	00575-85670540 84313688		传　　真	0575-84318666	
办公地址	浙江省绍兴市绍兴县柯岩街道余渚村				
经营范围	三角橡胶带和胶管的生产与销售				

主要财务指标　指标\报告期	2013.06.30	2012.12.31	2012.06.30	2011.12.31
基本每股收益(元)	0.2600	0.4200	0.1800	0.2800
基本每股收益(扣除)(元)	0.2600	0.3900	0.1800	0.2600
每股净资产(元)	4.4036	3.6310	3.3900	3.3100
每股经营现金净流量(元)	-0.5408	1.0693	0.2302	-0.4644
每股现金流量(元)	0.6235	0.6359	-0.1222	-0.2303
每股资本公积金(元)	1.9562	0.8536	0.8536	0.8536
每股盈余公积金(元)	0.1494	0.2039	0.1608	0.1608
每股未分配利润(元)	1.2980	1.5742	1.3763	1.2936
净资产收益率(%)	5.5637	11.6689	5.3900	8.4170
加权净资产收益率(%)	5.9600	12.3000	5.4500	8.8000
净资产收益率(扣除)(%)	-	-	-	-
总资产(万元)	111393.89	81077.16	75053.55	68968.77
归属母公司股东权益(万元)	96097.44	58038.34	54196.76	52864.42
主营业务收入(万元)	44729.70	88359.52	43564.28	87069.07
营业收入(万元)	44785.56	88496.02	43642.16	87331.16
主营成本(万元)	31799.34	68849.70	34190.84	71353.51
营业成本(万元)	32005.80	68869.91	34233.14	71401.87
投资收益(万元)	-78.67	761.29	124.57	127.82
净利润(万元)	5286.52	6740.84	2953.83	4370.87
利润总额(万元)	6251.55	7850.95	3403.11	5065.26

濮阳濮耐高温材料(集团)股份有限公司

公司概况					
公司名称	濮阳濮耐高温材料(集团)股份有限公司			证券简称	濮耐股份
法人代表	刘百宽	董秘	彭艳鸣	证券代码	002225
公司网址	www.punai.com.cn		电子信箱	pengyanming@punai.com	
电　　话	0393-3214228 3214015		传　　真	0393-3214218	
办公地址	河南省濮阳市西环路中段				
经营范围	耐火材料原料和制品、功能陶瓷材料、高温结构材料				

主要财务指标　指标\报告期	2013.06.30	2012.12.31	2012.06.30	2011.12.31
基本每股收益(元)	0.0800	0.1300	0.0700	0.1600
基本每股收益(扣除)(元)	0.0800	0.1200	0.0600	0.1500
每股净资产(元)	1.8569	1.8073	1.7500	1.7300
每股经营现金净流量(元)	0.1232	0.1316	0.0752	0.0342
每股现金流量(元)	0.0382	-0.0799	0.0027	-0.0523
每股资本公积金(元)	0.1910	0.1719	0.1719	0.1719
每股盈余公积金(元)	0.0732	0.0734	0.0625	0.0625
每股未分配利润(元)	0.6017	0.5714	0.5210	0.5034
净资产收益率(%)	4.3904	7.1296	3.8700	9.1910
加权净资产收益率(%)	4.4300	7.3000	3.8400	9.4800
净资产收益率(扣除)(%)	-	-	-	-
总资产(万元)	324155.36	310608.60	302629.81	290702.94
归属母公司股东权益(万元)	136015.33	132013.83	127547.90	126286.07
主营业务收入(万元)	112646.40	211765.08	102263.56	201276.54
营业收入(万元)	116149.24	214569.42	103699.66	202054.83
主营成本(万元)	79722.06	150489.33	73292.44	141221.50
营业成本(万元)	83326.41	153000.09	74577.25	141793.67
投资收益(万元)	311.42	-114.43	-69.94	-41.73
净利润(万元)	6394.89	10296.26	5335.39	12682.61
利润总额(万元)	7618.06	11836.54	6341.10	14782.07

安徽江南化工股份有限公司

公司概况	公司名称	安徽江南化工股份有限公司			证券简称	江南化工
	法人代表	冯忠波	董秘	赵磊	证券代码	002226
	公司网址	www.ahjnhg.com		电子信箱	izhaolei@yahoo.com.cn	
	电　　话	0551-65862589		传　　真	0551-5862577	
	办公地址	安徽省合肥市政务文化新区怀宁路1639号平安大厦17层				
	经营范围	工业炸药的生产、销售，主要产品为胶状乳化炸药、粉状乳化炸药				

主要财务指标	指标＼报告期	2013.06.30	2012.12.31	2012.06.30	2011.12.31
	基本每股收益(元)	0.3031	0.6588	0.2663	0.5829
	基本每股收益(扣除)(元)	0.2898	0.6389	0.2600	0.5800
	每股净资产(元)	6.0331	6.0189	5.6400	5.5500
	每股经营现金净流量(元)	0.3700	0.8252	0.2436	0.8034
	每股现金流量(元)	−0.2420	0.2579	0.2560	0.5969
	每股资本公积金(元)	3.8205	3.8205	3.8205	3.8205
	每股盈余公积金(元)	0.1184	0.1184	0.0916	0.0916
	每股未分配利润(元)	0.9573	0.9542	0.5884	0.5221
	净资产收益率(%)	5.0240	10.9463	4.7200	8.0430
	加权净资产收益率(%)	4.9500	11.3900	4.6900	13.0800
	净资产收益率(扣除)(%)	–	–	–	–
	总资产(万元)	346089.01	345605.32	336243.20	319049.36
	归属母公司股东权益(万元)	238692.83	238132.05	222987.48	219450.31
	主营业务收入(万元)	79434.68	175113.89	78865.87	119869.12
	营业收入(万元)	80128.56	177374.19	79681.17	121389.20
	主营成本(万元)	40902.12	91484.03	44361.77	69446.27
	营业成本(万元)	40902.12	92784.42	44361.77	70161.01
	投资收益(万元)	1480.43	1338.52	943.09	979.68
	净利润(万元)	15996.40	33956.93	13250.90	22107.64
	利润总额(万元)	19997.13	41165.39	16537.61	27256.27

深圳奥特迅电力设备股份有限公司

公司概况	公司名称	深圳奥特迅电力设备股份有限公司			证券简称	奥特迅
	法人代表	廖晓霞	董秘	廖晓东	证券代码	002227
	公司网址	www.atc-a.com		电子信箱	atczq@vip.163.com	
	电　　话	0755-26520515		传　　真	0755-26520515	
	办公地址	广东省深圳市南山区高新南一道29号厂房南座二层D区				
	经营范围	生产经营高频开关电源、电力电源设备、无功补偿装置、绝缘监测装置				

主要财务指标	指标＼报告期	2013.06.30	2012.12.31	2012.06.30	2011.12.31
	基本每股收益(元)	0.0477	0.2243	0.0382	0.1520
	基本每股收益(扣除)(元)	0.0468	0.1418	−0.0244	0.0395
	每股净资产(元)	5.6530	5.7089	5.5214	5.5900
	每股经营现金净流量(元)	−0.2255	−0.2912	−0.3091	0.1213
	每股现金流量(元)	−0.6666	0.4870	0.0775	0.1906
	每股资本公积金(元)	3.2914	3.2914	3.2914	3.2914
	每股盈余公积金(元)	0.3364	0.2821	0.2967	0.2503
	每股未分配利润(元)	1.0253	1.1355	0.9337	1.0451
	净资产收益率(%)	0.8446	3.9285	0.6900	2.7210
	加权净资产收益率(%)	0.8400	3.9800	0.6900	2.7500
	净资产收益率(扣除)(%)	–	–	–	–
	总资产(万元)	73543.72	74192.65	69992.80	71142.15
	归属母公司股东权益(万元)	61378.04	61985.29	59950.03	60657.84
	主营业务收入(万元)	11599.44	25150.42	7821.17	17337.95
	营业收入(万元)	11618.19	25175.58	7841.61	17397.36
	主营成本(万元)	7049.36	16321.53	4974.98	10782.41
	营业成本(万元)	7049.36	16321.53	4974.98	10782.41
	投资收益(万元)	64.06	68.71	−61.97	−18.63
	净利润(万元)	483.65	2391.14	393.84	1632.72
	利润总额(万元)	636.87	3135.92	719.74	2183.72

厦门合兴包装印刷股份有限公司

公司概况	公司名称	厦门合兴包装印刷股份有限公司			证券简称	合兴包装
	法人代表	许晓光	董秘	康春华	证券代码	002228
	公司网址	www.hxpp.com.cn		电子信箱	zqb@hxpp.com.cn	
	电　　话	0592-7896888		传　　真	0592-7896226	
	办公地址	福建省厦门市同安工业集中区梧侣路19号				
	经营范围	生产中高档瓦楞纸箱及纸、塑等各种包装印刷制品、研究和开发新型彩色印刷产品				

主要财务指标	指标＼报告期	2013.06.30	2012.12.31	2012.06.30	2011.12.31
	基本每股收益(元)	0.1400	0.1700	0.0700	0.2100
	基本每股收益(扣除)(元)	–	0.1600	0.0600	0.1900
	每股净资产(元)	2.6196	2.5836	2.4800	2.6075
	每股经营现金净流量(元)	0.1521	0.1601	0.1030	−0.0496
	每股现金流量(元)	−0.5126	0.1515	−0.2416	−0.0341
	每股资本公积金(元)	0.8161	0.8161	0.8156	0.9132
	每股盈余公积金(元)	0.0439	0.0439	0.0319	0.0318
	每股未分配利润(元)	0.7596	0.7236	0.6331	0.6625
	净资产收益率(%)	5.1938	6.7023	2.8300	8.1646
	加权净资产收益率(%)	5.1300	6.7100	2.6600	8.8000
	净资产收益率(扣除)(%)	–	–	–	–
	总资产(万元)	210036.01	214165.11	186844.81	184619.55
	归属母公司股东权益(万元)	91032.36	89779.40	86204.82	90612.13
	主营业务收入(万元)	117433.84	208705.64	96594.07	188812.59
	营业收入(万元)	119013.02	211488.96	97929.93	191841.89
	主营成本(万元)	96539.21	173129.22	80289.94	159322.29
	营业成本(万元)	96428.65	173825.10	80618.46	160265.54
	投资收益(万元)	409.67	4.31	−91.52	0.59
	净利润(万元)	5059.52	6541.01	2626.02	7614.53
	利润总额(万元)	6610.34	8494.32	4076.94	9642.47

鸿博股份有限公司

公司概况	公司名称	鸿博股份有限公司			证券简称	鸿博股份
	法人代表	尤丽娟	董秘	李娟	证券代码	002229
	公司网址	www.hb-print.com.cn		电子信箱	hongbo_printing@hb-group.com.cn	
	电　　话	0591-88070028		传　　真	0591-83840666	
	办公地址	福建省福州市金山开发区金达路136号				
	经营范围	出版物、包装装潢印刷品、其他印刷品印刷、磁卡、智能卡的研制与加工等				

主要财务指标	指标＼报告期	2013.06.30	2012.12.31	2012.06.30	2011.12.31
	基本每股收益(元)	0.0886	0.1748	0.0779	0.2111
	基本每股收益(扣除)(元)	0.0929	0.1706	0.0800	0.1731
	每股净资产(元)	2.7589	2.7285	2.6300	5.1200
	每股经营现金净流量(元)	−0.2657	0.1521	−0.0469	0.2276
	每股现金流量(元)	−0.3022	−0.5375	−0.5145	0.0872
	每股资本公积金(元)	1.1235	1.1262	1.1262	3.0398
	每股盈余公积金(元)	0.0928	0.0928	0.0803	0.1526
	每股未分配利润(元)	0.5426	0.5096	0.4251	0.9247
	净资产收益率(%)	3.2125	6.4066	2.9600	7.2280
	加权净资产收益率(%)	3.2100	6.5300	2.9300	9.2800
	净资产收益率(扣除)(%)	–	–	–	–
	总资产(万元)	129752.34	124930.14	113186.83	108247.54
	归属母公司股东权益(万元)	82266.19	81361.23	78472.46	80307.66
	主营业务收入(万元)	38677.06	68000.11	30856.67	40336.14
	营业收入(万元)	38940.57	68223.77	30983.89	40414.78
	主营成本(万元)	27334.30	47958.19	21567.89	27103.26
	营业成本(万元)	27411.27	48021.73	21603.82	27115.43
	投资收益(万元)	–	–	–	2000.00
	净利润(万元)	3098.86	5760.03	2582.07	6167.27
	利润总额(万元)	3727.06	7054.42	3261.72	7298.75

安徽科大讯飞信息科技股份有限公司

公司概况	公司名称	安徽科大讯飞信息科技股份有限公司		证券简称	科大讯飞
	法人代表	刘庆峰	董秘　徐景明	证券代码	002230
	公司网址	www.iflytek.com		电子信箱	jmxu@iflytek.com
	电　话	0551-5331880		传　真	0551-5331802
	办公地址	安徽省合肥市高新开发区望江西路666号			
	经营范围	语音核心技术及其相关产品研发、生产与销售			

主要财务指标	指标\报告期	2013.06.30	2012.12.31	2012.06.30	2011.12.31
	基本每股收益(元)	0.2000	0.4800	0.1500	0.3600
	基本每股收益(扣除)(元)	–	0.3400	0.1300	0.2800
	每股净资产(元)	6.7665	3.5558	3.2000	4.6700
	每股经营现金净流量(元)	0.0061	0.4286	–0.0131	0.4663
	每股现金流量(元)	3.3180	–0.3437	–0.4744	1.4002
	每股资本公积金(元)	4.5837	1.3084	1.2780	2.3688
	每股盈余公积金(元)	0.1113	0.1274	0.0936	0.1403
	每股未分配利润(元)	1.0715	1.1200	0.8267	1.1583
	净资产收益率(%)	2.6023	13.5666	4.8300	11.2730
	加权净资产收益率(%)	4.2000	14.6400	4.8700	13.5700
	净资产收益率(扣除)(%)	–	–	–	–
	总资产(万元)	370228.67	185338.10	152271.54	143120.33
	归属母公司股东权益(万元)	317006.92	134451.13	120930.09	117656.35
	主营业务收入(万元)	41701.95	78002.58	30195.27	55504.87
	营业收入(万元)	41910.07	78394.07	30366.97	55701.35
	主营成本(万元)	18532.75	36135.38	12915.94	23767.58
	营业成本(万元)	18612.91	36268.02	12951.78	23818.19
	投资收益(万元)	84.12	249.30	–101.61	–135.34
	净利润(万元)	8257.37	18173.68	5779.47	13259.08
	利润总额(万元)	10192.23	20269.07	6260.89	14373.86

奥维通信股份有限公司

公司概况	公司名称	奥维通信股份有限公司		证券简称	奥维通信
	法人代表	杜方	董秘　吕琦	证券代码	002231
	公司网址	www.syallwin.com		电子信箱	lvqi@sohu.com
	电　话	024-83781111　83782200		传　真	024-83783888　83782200
	办公地址	辽宁省沈阳市浑南新区高歌路6号			
	经营范围	通信产品、视频监控设备、广播电视发射设备、无线电发射与接收设备等			

主要财务指标	指标\报告期	2013.06.30	2012.12.31	2012.06.30	2011.12.31
	基本每股收益(元)	–0.0655	0.1427	0.0578	0.1821
	基本每股收益(扣除)(元)	–	0.1388	0.0565	0.3372
	每股净资产(元)	1.8729	1.9384	1.8500	3.7400
	每股经营现金净流量(元)	–0.2906	–0.2667	–0.2412	–0.0224
	每股现金流量(元)	–0.1954	–0.4337	–0.3366	1.0280
	每股资本公积金(元)	0.4265	0.4265	0.4265	1.8530
	每股盈余公积金(元)	0.0765	0.0765	0.0622	0.1244
	每股未分配利润(元)	0.3699	0.4354	0.3648	0.7640
	净资产收益率(%)	–3.4959	7.3608	3.1200	8.7571
	加权净资产收益率(%)	–3.4400	7.5400	3.0800	13.5500
	净资产收益率(扣除)(%)	–	–	–	–
	总资产(万元)	77864.46	79779.16	73828.14	82501.01
	归属母公司股东权益(万元)	66825.03	69161.16	66131.64	66746.32
	主营业务收入(万元)	10902.31	39779.17	17317.52	52620.32
	营业收入(万元)	10902.31	39779.17	17317.52	52620.32
	主营成本(万元)	6925.53	20773.76	10521.77	33080.77
	营业成本(万元)	6925.53	20773.76	10521.77	33080.77
	投资收益(万元)	–	–	–	–
	净利润(万元)	–2336.05	5090.84	2061.32	5845.07
	利润总额(万元)	–2336.05	5469.68	2261.77	6834.08

启明信息技术股份有限公司

公司概况	公司名称	启明信息技术股份有限公司		证券简称	启明信息
	法人代表	许宪平	董秘　吴铁山	证券代码	002232
	公司网址	www.qm.cn		电子信箱	qiming@qm.cn
	电　话	0431-89603547		传　真	0431-89603547
	办公地址	吉林省长春市净月经济开发区百合街启明软件园			
	经营范围	软件开发、汽车电子、技术服务、系统集成、硬件销售五大类			

主要财务指标	指标\报告期	2013.06.30	2012.12.31	2012.06.30	2011.12.31
	基本每股收益(元)	0.0047	0.1039	0.0798	0.1568
	基本每股收益(扣除)(元)	–0.0046	0.0738	0.0682	0.0977
	每股净资产(元)	2.4253	2.4314	2.4100	2.3300
	每股经营现金净流量(元)	–0.1611	0.4491	–0.1106	0.2097
	每股现金流量(元)	–0.2997	–0.1448	–0.5862	–0.0211
	每股资本公积金(元)	0.6410	0.6410	0.6408	0.6408
	每股盈余公积金(元)	0.1210	0.1205	0.1193	0.0934
	每股未分配利润(元)	0.6633	0.6699	0.6471	0.5932
	净资产收益率(%)	0.1936	4.2713	3.3100	6.7370
	加权净资产收益率(%)	0.1800	4.3600	3.3700	6.9700
	净资产收益率(扣除)(%)	–	–	–	–
	总资产(万元)	164256.00	162680.25	147350.00	157000.47
	归属母公司股东权益(万元)	99086.69	99335.55	98343.46	95085.02
	主营业务收入(万元)	43643.45	138601.44	52847.90	138512.31
	营业收入(万元)	43643.45	138724.04	52847.90	138512.31
	主营成本(万元)	35889.25	117615.62	41730.86	118752.78
	营业成本(万元)	35889.25	117615.62	41730.86	118752.78
	投资收益(万元)	–14.63	52.04	–14.25	41.20
	净利润(万元)	51.92	3751.40	3044.16	6224.24
	利润总额(万元)	257.68	4370.79	3719.29	6433.69

广东塔牌集团股份有限公司

公司概况	公司名称	广东塔牌集团股份有限公司		证券简称	塔牌集团
	法人代表	刁东庆	董秘　曾皓平	证券代码	002233
	公司网址	www.tapai.com		电子信箱	gdtpzhp@126.com
	电　话	0753-7887036		传　真	0753-7887233
	办公地址	广东省梅州市蕉岭县蕉城镇(塔牌大厦)			
	经营范围	制造水泥、水泥熟料、制造、加工、销售建筑材料、水泥机械及零部件等			

主要财务指标	指标\报告期	2013.06.30	2012.12.31	2012.06.30	2011.12.31
	基本每股收益(元)	0.1088	0.2255	0.1190	0.6900
	基本每股收益(扣除)(元)	2.3200	0.2197	0.1200	0.6868
	每股净资产(元)	3.8785	3.8500	3.7200	3.8200
	每股经营现金净流量(元)	0.1630	0.5946	0.1924	0.9754
	每股现金流量(元)	–0.0568	–0.3058	–0.3685	0.1196
	每股资本公积金(元)	1.1996	1.1997	1.1969	1.1969
	每股盈余公积金(元)	0.1350	0.1350	0.1084	0.1084
	每股未分配利润(元)	1.5077	1.4790	1.3991	1.5001
	净资产收益率(%)	2.8042	5.8649	3.2000	17.8150
	加权净资产收益率(%)	2.8000	5.9400	3.1200	20.6600
	净资产收益率(扣除)(%)	–	–	–	–
	总资产(万元)	512625.08	511864.17	488685.04	522866.16
	归属母公司股东权益(万元)	346996.42	344046.96	333168.83	341748.93
	主营业务收入(万元)	157398.81	348141.30	152199.37	413032.45
	营业收入(万元)	157824.53	348597.90	152347.59	413673.63
	主营成本(万元)	123941.47	271987.75	115525.99	284604.06
	营业成本(万元)	124174.11	272290.56	115643.02	285092.30
	投资收益(万元)	445.83	187.93	186.80	–635.36
	净利润(万元)	9612.85	20080.20	10609.09	60865.23
	利润总额(万元)	13386.66	29260.20	14844.32	82489.44

山东民和牧业股份有限公司

公司概况	公司名称	山东民和牧业股份有限公司			证券简称	民和股份
	法人代表	孙希民	董秘	张东明	证券代码	002234
	公司网址	www.minhe.cn		电子信箱	minhe7525@126.com	
	电　话	0535-5637723		传　真	0535-5855999	
	办公地址	山东省烟台蓬莱市南关路 2-3 号				
	经营范围	羊、牛的饲养；种鸡饲养、种蛋、鸡苗销售				

主要财务指标	指标\报告期	2013.06.30	2012.12.31	2012.06.30	2011.12.31
	基本每股收益(元)	-0.2600	-0.2700	0.0500	0.8400
	基本每股收益(扣除)(元)	-	-0.2900	0.0300	0.8400
	每股净资产(元)	4.2859	4.5440	4.8600	10.6300
	每股经营现金净流量(元)	-0.2543	-0.0248	-0.0405	1.5095
	每股现金流量(元)	-0.5612	-0.5656	-0.5041	6.1385
	每股资本公积金(元)	2.8454	2.8454	2.8454	6.6908
	每股盈余公积金(元)	0.3922	0.3922	0.3922	0.7844
	每股未分配利润(元)	0.0483	0.3064	0.6246	2.1580
	净资产收益率(%)	-6.0203	-5.9998	0.9400	11.6490
	加权净资产收益率(%)	-5.8400	-5.5300	0.8500	24.2000
	净资产收益率(扣除)(%)	-	-	-	-
	总资产(万元)	199073.04	206240.15	202886.34	211499.60
	归属母公司股东权益(万元)	129454.98	137248.55	146861.41	160585.58
	主营业务收入(万元)	47787.18	118639.84	62228.82	134128.14
	营业收入(万元)	47963.60	119114.94	62443.23	134520.02
	主营成本(万元)	52190.11	117966.94	56655.67	105483.03
	营业成本(万元)	52359.28	118247.79	56709.85	105502.44
	投资收益(万元)	-266.12	-49.07	-15.98	50.60
	净利润(万元)	-7793.58	-8234.70	1378.16	18847.14
	利润总额(万元)	-7794.39	-8217.16	1384.72	18859.17

厦门安妮股份有限公司

公司概况	公司名称	厦门安妮股份有限公司			证券简称	安妮股份
	法人代表	张杰	董秘	叶泉青	证券代码	002235
	公司网址	www.anne.com.cn		电子信箱	securities@anne.com.cn	
	电　话	0592-3152372		传　真	0592-3152406	
	办公地址	福建省厦门市集美区杏林锦园南路 99 号				
	经营范围	从事商务信息用纸的研发、生产、销售及综合应用服务				

主要财务指标	指标\报告期	2013.06.30	2012.12.31	2012.06.30	2011.12.31
	基本每股收益(元)	0.0400	0.0524	0.0500	0.0214
	基本每股收益(扣除)(元)	0.0400	0.0025	0.0400	-0.0100
	每股净资产(元)	2.2774	2.4900	2.4800	2.4300
	每股经营现金净流量(元)	0.0605	0.5475	0.0993	0.4206
	每股现金流量(元)	-0.1583	-0.2869	-0.4544	-0.1595
	每股资本公积金(元)	0.8713	0.8713	0.8703	0.8703
	每股盈余公积金(元)	0.0915	0.0915	0.0830	0.0830
	每股未分配利润(元)	0.3104	0.5203	0.5282	0.4765
	净资产收益率(%)	1.7604	2.1092	2.1100	0.8798
	加权净资产收益率(%)	1.6800	2.1300	2.1100	0.8800
	净资产收益率(扣除)(%)	-	-	-	-
	总资产(万元)	80595.14	72350.94	76447.01	81667.06
	归属母公司股东权益(万元)	44409.72	48469.18	48418.25	47404.75
	主营业务收入(万元)	23364.35	56054.62	27048.22	61150.22
	营业收入(万元)	24553.68	57494.78	27830.47	62780.78
	主营成本(万元)	18760.98	47315.00	22264.44	49996.94
	营业成本(万元)	19140.61	47527.32	22307.91	50648.51
	投资收益(万元)	-	520.29	-	476.10
	净利润(万元)	820.50	1046.71	1036.92	740.37
	利润总额(万元)	994.57	1806.55	1537.28	1180.72

浙江大华技术股份有限公司

公司概况	公司名称	浙江大华技术股份有限公司			证券简称	大华股份
	法人代表	傅利泉	董秘	吴坚	证券代码	002236
	公司网址	www.dahuatech.com		电子信箱	zqsw@dahuatech.com	
	电　话	0571-28939522		传　真	0571-28933211	
	办公地址	浙江省杭州市滨江区滨安路 1187 号				
	经营范围	计算机软件的开发、服务、销售、电子产品及通讯产品的设计、开发、生产、安装及销售等				

主要财务指标	指标\报告期	2013.06.30	2012.12.31	2012.06.30	2011.12.31
	基本每股收益(元)	0.3400	1.2500	0.2000	0.6800
	基本每股收益(扣除)(元)	0.3400	1.2300	0.3800	1.3100
	每股净资产(元)	2.9874	3.8381	2.9800	5.4000
	每股经营现金净流量(元)	-0.0689	0.8635	-0.2596	0.2659
	每股现金流量(元)	0.6304	0.3903	-0.5039	-0.3835
	每股资本公积金(元)	0.9550	0.2502	0.2450	1.4792
	每股盈余公积金(元)	0.1456	0.2990	0.1879	0.3759
	每股未分配利润(元)	0.8868	2.2889	1.5499	2.5408
	净资产收益率(%)	11.2810	32.6800	13.5600	25.1010
	加权净资产收益率(%)	15.6400	38.5100	13.9400	28.3600
	净资产收益率(扣除)(%)	-	-	-	-
	总资产(万元)	451324.51	339743.11	259571.94	226909.29
	归属母公司股东权益(万元)	342391.84	214214.22	166494.64	150586.15
	主营业务收入(万元)	195371.70	334347.36	123490.87	209475.02
	营业收入(万元)	203158.96	353121.45	129687.08	220520.82
	主营成本(万元)	105971.36	186144.33	70137.37	-
	营业成本(万元)	113875.83	202440.90	75670.57	127305.50
	投资收益(万元)	273.51	-102.77	-147.43	-404.20
	净利润(万元)	38547.21	69665.12	22386.90	37556.08
	利润总额(万元)	43215.27	75458.25	25616.40	41335.02

山东恒邦冶炼股份有限公司

公司概况	公司名称	山东恒邦冶炼股份有限公司			证券简称	恒邦股份
	法人代表	曲胜利	董秘	张俊峰	证券代码	002237
	公司网址	www.hbyl.cn		电子信箱	zjf498496@126.com	
	电　话	0535-4631769		传　真	0535-4631176	
	办公地址	山东省烟台市牟平区水道镇				
	经营范围	黄金的采选、冶炼及化工生产				

主要财务指标	指标\报告期	2013.06.30	2012.12.31	2012.06.30	2011.12.31
	基本每股收益(元)	0.3000	0.6400	0.3100	0.6000
	基本每股收益(扣除)(元)	0.0900	0.5900	0.5800	0.6700
	每股净资产(元)	7.3697	6.8110	12.8600	12.5297
	每股经营现金净流量(元)	0.4143	-1.6996	-1.9618	-1.0423
	每股现金流量(元)	-0.3994	-0.1347	-0.4863	1.6848
	每股资本公积金(元)	3.4497	3.1944	7.3165	7.3203
	每股盈余公积金(元)	0.3140	0.3140	0.4860	0.4860
	每股未分配利润(元)	2.5502	2.2486	3.9912	3.6635
	净资产收益率(%)	4.0935	9.3639	4.8200	8.5862
	加权净资产收益率(%)	4.3300	9.7500	4.8500	13.5000
	净资产收益率(扣除)(%)	-	-	-	-
	总资产(万元)	1038052.82	1016399.66	897868.53	783503.83
	归属母公司股东权益(万元)	335470.20	310035.80	292689.16	285176.16
	主营业务收入(万元)	490517.12	1029452.84	382190.23	931213.93
	营业收入(万元)	544504.82	1054383.11	386877.38	934912.14
	主营成本(万元)	440013.64	935735.47	347312.46	842847.59
	营业成本(万元)	493796.42	958307.55	351367.20	846499.86
	投资收益(万元)	-4743.19	1377.77	-13.14	-4904.54
	净利润(万元)	13714.09	28724.90	14287.59	23926.19
	利润总额(万元)	17265.72	33934.36	16528.08	29013.57

深圳市天威视讯股份有限公司

公司概况	公司名称	深圳市天威视讯股份有限公司			证券简称	天威视讯
	法人代表	吕建杰	董秘	钟林	证券代码	002238
	公司网址	www.topway.com.cn		电子信箱	zl@topway.cn	
	电　话	0755-83069184 83067777		传　真	0755-83069184 83067777	
	办公地址	广东省深圳市福田区彩田路 6001 号				
	经营范围	有线广播电视网络及其他通讯网络规划建设及技术服务等				

主要财务指标	指标\报告期	2013.06.30	2012.12.31	2012.06.30	2011.12.31
	基本每股收益(元)	0.2300	0.4000	0.1900	0.3700
	基本每股收益(扣除)(元)	0.2200	0.3800	0.1800	0.3200
	每股净资产(元)	4.6756	4.5400	4.3300	4.2500
	每股经营现金净流量(元)	0.4166	1.1275	0.5434	1.0774
	每股现金流量(元)	0.1234	0.0118	-0.1852	-0.5367
	每股资本公积金(元)	0.9903	0.9903	0.9903	0.9902
	每股盈余公积金(元)	0.4753	0.4753	0.4324	0.4324
	每股未分配利润(元)	2.2100	2.0782	1.9084	1.8226
	净资产收益率(%)	4.9575	8.7711	4.2886	8.6580
	加权净资产收益率(%)	4.9700	9.0700	4.2800	8.6200
	净资产收益率(扣除)(%)	-	-	-	-
	总资产(万元)	200625.74	196872.51	188007.45	195442.12
	归属母公司股东权益(万元)	149806.79	145584.13	138766.01	136015.90
	主营业务收入(万元)	44849.23	88451.20	42939.82	83642.72
	营业收入(万元)	45894.33	89992.16	43543.18	84954.13
	主营成本(万元)	26748.45	53909.47	26464.03	-
	营业成本(万元)	27041.22	54277.62	26523.02	53276.36
	投资收益(万元)	-7.41	-6.01	-5.13	-9.36
	净利润(万元)	7476.02	13410.17	6020.42	11949.61
	利润总额(万元)	7602.97	14043.43	6111.55	12391.30

江苏金飞达服装股份有限公司

公司概况	公司名称	江苏金飞达服装股份有限公司			证券简称	金飞达
	法人代表	王进飞	董秘	郑维龙	证券代码	002239
	公司网址	www.kfield.com.cn		电子信箱	kingfield@kfield.com.cn	
	电　话	0513-80169096 80167888		传　真	0513-80167999	
	办公地址	江苏省南通高新技术产业开发区文昌路 666 号				
	经营范围	生产服装及服装辅料、梭织面料、针织面料、销售自产产品				

主要财务指标	指标\报告期	2013.06.30	2012.12.31	2012.06.30	2011.12.31
	基本每股收益(元)	0.2300	0.4000	0.0300	0.0500
	基本每股收益(扣除)(元)	0.2200	0.3800	0.0300	0.0500
	每股净资产(元)	4.6756	4.5400	2.6802	2.6672
	每股经营现金净流量(元)	0.4166	1.1275	0.1266	0.1186
	每股现金流量(元)	0.1234	0.0118	0.1326	-0.0557
	每股资本公积金(元)	0.9903	0.9903	0.9844	0.9844
	每股盈余公积金(元)	0.4753	0.4753	0.0431	0.0431
	每股未分配利润(元)	2.2100	2.0782	0.6620	0.6492
	净资产收益率(%)	4.9575	8.7711	1.2100	1.9680
	加权净资产收益率(%)	4.9700	9.0700	1.2200	1.9800
	净资产收益率(扣除)(%)	-	-	-	-
	总资产(万元)	200625.74	196872.51	68042.02	60359.99
	归属母公司股东权益(万元)	149806.79	145584.13	53871.74	53609.91
	主营业务收入(万元)	44849.23	88451.20	19421.55	-
	营业收入(万元)	45894.33	89992.16	19452.42	41562.22
	主营成本(万元)	26748.45	53909.47	16835.71	-
	营业成本(万元)	27041.22	54277.62	16857.78	36607.39
	投资收益(万元)	-7.41	-6.01	-102.17	114.59
	净利润(万元)	7476.02	13410.17	659.92	1054.84
	利润总额(万元)	7602.97	14043.43	1002.24	1031.81

广东威华股份有限公司

公司概况	公司名称	广东威华股份有限公司			证券简称	威华股份
	法人代表	李建华	董秘	刘艳梅	证券代码	002240
	公司网址	www.weihuaonline.com		电子信箱	liufeng@gdweihua.cn	
	电　话	020-87551736 87551761		传　真	020-87551329	
	办公地址	广东省广州市天河北路 183 号大都会广场 17 楼				
	经营范围	人造板、家私、木材、木制品加工和销售以及造林工程设计、林木种植等业务				

主要财务指标	指标\报告期	2013.06.30	2012.12.31	2012.06.30	2011.12.31
	基本每股收益(元)	0.0100	-0.2400	-0.1100	0.0200
	基本每股收益(扣除)(元)	-0.0900	-0.2400	-0.1100	0.0100
	每股净资产(元)	3.1900	3.1834	3.3100	3.4200
	每股经营现金净流量(元)	0.0890	0.7457	0.1741	0.6684
	每股现金流量(元)	0.0205	-0.0376	0.1644	0.0952
	每股资本公积金(元)	1.9422	1.9477	1.9477	1.9477
	每股盈余公积金(元)	0.1679	0.1573	0.1573	0.1573
	每股未分配利润(元)	0.0799	0.0784	0.2094	0.3166
	净资产收益率(%)	0.3777	-7.4819	-3.1800	0.5590
	加权净资产收益率(%)	0.3800	-7.2100	-3.1800	0.5600
	净资产收益率(扣除)(%)	-	-	-	-
	总资产(万元)	291660.19	305253.45	320449.69	326017.90
	归属母公司股东权益(万元)	156532.76	156211.46	162640.87	167899.00
	主营业务收入(万元)	80786.89	173653.94	78121.03	189663.41
	营业收入(万元)	81507.60	174400.40	78263.83	189690.03
	主营成本(万元)	74614.13	161285.77	72455.52	163018.60
	营业成本(万元)	75389.29	161788.87	72507.02	163044.94
	投资收益(万元)	4986.89	-	-	-
	净利润(万元)	354.08	-12052.90	-5443.97	1667.65
	利润总额(万元)	782.32	-11911.48	-5426.28	2983.03

歌尔声学股份有限公司

公司概况	公司名称	歌尔声学股份有限公司			证券简称	歌尔声学
	法人代表	姜滨	董秘	徐海忠	证券代码	002241
	公司网址	www.goertek.com		电子信箱	ir@goertek.com	
	电　话	0536-8525688		传　真	0536-8525669	
	办公地址	山东省潍坊市高新技术产业开发区东方路 268 号				
	经营范围	微型电声元器件和消费类电声产品的研发、制造和销售				

主要财务指标	指标\报告期	2013.06.30	2012.12.31	2012.06.30	2011.12.31
	基本每股收益(元)	0.3100	1.1000	0.2200	0.7000
	基本每股收益(扣除)(元)	-	1.0700	0.3900	0.6700
	每股净资产(元)	3.6083	6.0814	5.5700	2.7800
	每股经营现金净流量(元)	0.2415	0.6578	0.1781	0.7416
	每股现金流量(元)	0.2622	0.7672	1.0650	0.4680
	每股资本公积金(元)	1.2850	3.1129	3.0963	0.5340
	每股盈余公积金(元)	0.1219	0.2195	0.1314	0.1161
	每股未分配利润(元)	1.2057	1.7540	1.3415	1.1272
	净资产收益率(%)	8.7191	17.6203	6.6700	25.3120
	加权净资产收益率(%)	8.9300	21.5100	9.2400	28.3700
	净资产收益率(扣除)(%)	-	-	-	-
	总资产(万元)	1016472.66	938180.47	799321.68	556839.71
	归属母公司股东权益(万元)	550788.35	515712.95	472001.61	208603.94
	主营业务收入(万元)	355091.59	705383.37	246693.69	399973.92
	营业收入(万元)	366538.66	725320.51	254789.03	407700.03
	主营成本(万元)	255025.38	525495.88	175885.09	285972.72
	营业成本(万元)	264771.97	538288.25	183133.82	293259.76
	投资收益(万元)	169.58	-44.41	-1.40	-
	净利润(万元)	48313.68	92491.82	32450.15	55606.71
	利润总额(万元)	57393.84	110255.19	38940.40	66580.80

九阳股份有限公司

公司概况					
公司名称	九阳股份有限公司			证券简称	九阳股份
法人代表	王旭宁	董秘	姜广勇	证券代码	002242
公司网址	www.joyoung.com		电子信箱	jgy@joyoung.com	
电　　话	0571-81639093 81639178		传　　真	0571-81639096	
办公地址	山东省济南市槐荫区经十路28038号				
经营范围	豆浆机和厨房小家电产品的研发、生产和销售				

主要财务指标：指标\报告期	2013.06.30	2012.12.31	2012.06.30	2011.12.31
基本每股收益(元)	0.3300	0.6000	0.3500	0.6600
基本每股收益(扣除)(元)	0.3200	0.5800	0.3400	0.6400
每股净资产(元)	3.5850	3.7516	3.5000	3.2800
每股经营现金净流量(元)	0.2408	0.3974	0.1025	0.5417
每股现金流量(元)	-0.6100	-0.0519	-0.3189	-0.9962
每股资本公积金(元)	1.1877	1.1877	1.1877	1.1877
每股盈余公积金(元)	0.5228	0.5228	0.4336	0.4336
每股未分配利润(元)	0.8745	1.0411	0.8781	0.6620
净资产收益率(%)	9.2995	15.9463	9.8900	20.0650
加权净资产收益率(%)	8.6900	17.0600	10.1400	18.0700
净资产收益率(扣除)(%)	-	-	-	-
总资产(万元)	409544.95	426096.01	374593.69	386707.02
归属母公司股东权益(万元)	272803.06	285481.15	266289.12	249849.69
主营业务收入(万元)	248084.18	492721.02	247023.73	518321.09
营业收入(万元)	248735.81	494183.60	247906.55	519933.11
主营成本(万元)	165310.04	320830.16	162691.85	335841.64
营业成本(万元)	165514.50	320984.95	162699.47	335892.38
投资收益(万元)	1205.92	45.24	55.07	375.52
净利润(万元)	29961.81	51468.95	29134.38	55402.72
利润总额(万元)	36844.16	65247.27	37469.59	71414.74

深圳市通产丽星股份有限公司

公司概况					
公司名称	深圳市通产丽星股份有限公司			证券简称	通产丽星
法人代表	曹海成	董秘	彭晓华	证券代码	002243
公司网址	www.beautystar.cn		电子信箱	bs@beautystar.cn	
电　　话	0755-28483234 28482022-8103		传　　真	0755-28483900*8102 8801	
办公地址	广东省深圳市龙岗区坂田五和南路49号				
经营范围	化妆品塑料包装的生产和销售				

主要财务指标：指标\报告期	2013.06.30	2012.12.31	2012.06.30	2011.12.31
基本每股收益(元)	0.1150	0.2918	0.1282	0.3982
基本每股收益(扣除)(元)	0.1076	0.2544	0.1200	0.3340
每股净资产(元)	3.9966	2.8800	2.7100	2.6800
每股经营现金净流量(元)	0.0908	0.3688	0.0562	0.2265
每股现金流量(元)	1.2767	0.2434	0.2465	-0.1697
每股资本公积金(元)	2.0818	0.6834	0.6834	0.6834
每股盈余公积金(元)	0.0818	0.1156	0.1054	0.1054
每股未分配利润(元)	0.8330	1.0772	0.9238	0.8956
净资产收益率(%)	2.3155	10.1469	4.7300	14.8330
加权净资产收益率(%)	3.4200	10.5000	4.6600	16.0200
净资产收益率(扣除)(%)	-	-	-	-
总资产(万元)	206788.72	138872.72	130028.33	113842.22
归属母公司股东权益(万元)	145854.18	74224.93	70002.16	69274.06
主营业务收入(万元)	54711.96	105640.56	49969.74	92945.08
营业收入(万元)	54711.96	105640.56	49969.74	92945.08
主营成本(万元)	43510.04	83046.74	39463.53	70344.16
营业成本(万元)	43510.04	83046.74	39463.53	70344.16
投资收益(万元)	54.92	2.13	0.17	-
净利润(万元)	3390.41	7633.92	3307.42	10518.29
利润总额(万元)	3829.35	8538.25	3700.43	11721.66

杭州滨江房产集团股份有限公司

公司概况					
公司名称	杭州滨江房产集团股份有限公司			证券简称	滨江集团
法人代表	戚金兴	董秘	李渊	证券代码	002244
公司网址	www.binjiang.com.cn		电子信箱	office@binjiang.com.cn	
电　　话	0571-86987771		传　　真	0571-86987779	
办公地址	浙江省杭州市庆春东路38号				
经营范围	房地产开发、房屋建筑、商品房销售、水电安装、室内外装潢				

主要财务指标：指标\报告期	2013.06.30	2012.12.31	2012.06.30	2011.12.31
基本每股收益(元)	0.6900	0.9400	0.0600	0.5800
基本每股收益(扣除)(元)	0.5600	0.9400	0.0600	0.5800
每股净资产(元)	5.0312	4.4386	3.6400	3.6300
每股经营现金净流量(元)	1.4821	3.3379	1.6606	-3.6334
每股现金流量(元)	1.6737	0.3270	0.3814	-2.0630
每股资本公积金(元)	0.4176	0.4204	0.4933	0.4933
每股盈余公积金(元)	0.3225	0.3225	0.2198	0.2198
每股未分配利润(元)	3.2911	2.6956	1.9250	1.9200
净资产收益率(%)	13.7031	21.0960	1.7300	15.9610
加权净资产收益率(%)	14.4600	23.0500	1.7300	16.9300
净资产收益率(扣除)(%)	-	-	-	-
总资产(万元)	4063464.40	3836342.02	3709992.06	3479845.05
归属母公司股东权益(万元)	680221.92	600099.54	491872.47	491200.60
主营业务收入(万元)	496496.33	632700.06	60574.98	348157.53
营业收入(万元)	501462.91	641112.31	64856.24	356536.66
主营成本(万元)	310610.47	349875.94	28355.70	157458.26
营业成本(万元)	313064.15	352108.35	29169.12	159142.50
投资收益(万元)	24182.08	13.66	47.82	408.44
净利润(万元)	97922.31	124288.63	8013.57	78289.21
利润总额(万元)	131602.14	168522.00	12237.74	105367.15

江苏澳洋顺昌股份有限公司

公司概况					
公司名称	江苏澳洋顺昌股份有限公司			证券简称	澳洋顺昌
法人代表	沈学如	董秘	林文华	证券代码	002245
公司网址	www.aucksun.com		电子信箱	secretary@aucksun.com	
电　　话	0512-58161276		传　　真	0512-58161233	
办公地址	江苏省张家港市杨舍镇新泾中路10号				
经营范围	从事冷轧钢板的涂层生产及涂层板、镀锌板、铝合金板等金属材料的加工等				

主要财务指标：指标\报告期	2013.06.30	2012.12.31	2012.06.30	2011.12.31
基本每股收益(元)	0.1233	0.2843	0.1492	0.2741
基本每股收益(扣除)(元)	0.1200	0.2403	0.1269	0.2716
每股净资产(元)	1.9422	1.8539	1.7200	1.5900
每股经营现金净流量(元)	0.2768	1.0807	0.6726	-0.4192
每股现金流量(元)	0.0221	0.0500	0.1093	-0.1317
每股资本公积金(元)	0.0036	0.0036	0.0036	0.0036
每股盈余公积金(元)	0.1001	0.1001	0.0792	0.0792
每股未分配利润(元)	0.8258	0.7375	0.6235	0.4943
净资产收益率(%)	6.3488	15.3354	8.6800	17.2440
加权净资产收益率(%)	6.4600	16.5100	8.9700	18.7400
净资产收益率(扣除)(%)	-	-	-	-
总资产(万元)	183917.35	174490.56	171273.46	172502.96
归属母公司股东权益(万元)	70852.45	67631.20	62701.70	57988.47
主营业务收入(万元)	66563.56	172258.75	89182.31	179467.41
营业收入(万元)	62654.52	166113.84	86124.38	174908.09
主营成本(万元)	54679.47	148290.94	77290.62	157739.97
营业成本(万元)	53986.28	147577.68	77055.98	156889.97
投资收益(万元)	-19.17	-33.56	-61.49	337.16
净利润(万元)	7209.29	14760.37	7862.35	14556.52
利润总额(万元)	9073.55	17981.39	9653.58	17290.00

四川北方硝化棉股份有限公司

公司概况	公司名称	四川北方硝化棉股份有限公司				证券简称	北化股份
	法人代表	李春建	董秘	魏光源		证券代码	002246
	公司网址	www.sn-nc.com			电子信箱	snc-office@vip.sina.com	
	电　话	028-85925760 85925728			传　真	028-85925665	
	办公地址	四川省成都市锦江工业园三色路209号火炬动力港南区8栋9楼					
	经营范围	硝化棉产品的研发、生产与销售					

主要财务指标	指标\报告期	2013.06.30	2012.12.31	2012.06.30	2011.12.31
	基本每股收益(元)	0.0156	0.0612	0.0234	0.1635
	基本每股收益(扣除)(元)	0.0147	0.0500	0.0190	0.1560
	每股净资产(元)	4.0142	2.9507	2.9200	2.9560
	每股经营现金净流量(元)	-0.0804	0.1148	-0.0208	0.0858
	每股现金流量(元)	2.2551	-0.0748	-0.1436	-0.4664
	每股资本公积金(元)	2.5852	1.3674	1.3660	1.3698
	每股盈余公积金(元)	0.1097	0.1488	0.1402	0.1402
	每股未分配利润(元)	0.2914	0.3937	0.3643	0.3910
	净资产收益率(%)	0.2973	2.0752	0.8100	5.5303
	加权净资产收益率(%)	0.4900	2.0700	0.7900	5.4300
	净资产收益率(扣除)(%)	-	-	-	-
	总资产(万元)	141108.28	73587.63	75042.53	72989.80
	归属母公司股东权益(万元)	110709.32	58392.49	57853.84	58493.44
	主营业务收入(万元)	67857.38	151853.61	77044.70	184124.79
	营业收入(万元)	68173.68	154778.40	78610.47	191084.51
	主营成本(万元)	62143.04	138236.30	70954.79	166472.22
	营业成本(万元)	62282.71	140956.04	72521.64	173306.19
	投资收益(万元)	-55.16	-0.37	17.17	-189.49
	净利润(万元)	509.19	1383.85	501.61	3289.40
	利润总额(万元)	708.27	2012.04	702.70	3884.63

浙江帝龙新材料股份有限公司

公司概况	公司名称	浙江帝龙新材料股份有限公司				证券简称	帝龙新材
	法人代表	姜飞雄	董秘	姜丽琴		证券代码	002247
	公司网址	www.dilong.cc			电子信箱	dsh@dilong.cc	
	电　话	0571-63818733 63923058			传　真	0571-63818603	
	办公地址	浙江省临安市玲珑街道玲珑工业区环南路1958号					
	经营范围	新型建筑装饰材料的研发、生产和销售					

主要财务指标	指标\报告期	2013.06.30	2012.12.31	2012.06.30	2011.12.31
	基本每股收益(元)	0.2700	0.5800	0.2300	0.4100
	基本每股收益(扣除)(元)	0.2500	0.5200	0.2000	0.3900
	每股净资产(元)	6.5666	5.1100	4.7600	4.6400
	每股经营现金净流量(元)	0.1568	1.0756	0.0591	0.1349
	每股现金流量(元)	2.1270	0.0012	-0.3240	-0.9776
	每股资本公积金(元)	4.0704	2.3687	2.3687	2.3687
	每股盈余公积金(元)	0.1766	0.2270	0.1796	0.1796
	每股未分配利润(元)	1.3196	1.5160	1.2164	1.0881
	净资产收益率(%)	3.6583	11.2551	4.7900	8.7380
	加权净资产收益率(%)	4.5300	11.8200	4.3200	8.8400
	净资产收益率(扣除)(%)	-	-	-	-
	总资产(万元)	108335.79	69953.70	67939.64	61719.25
	归属母公司股东权益(万元)	84578.01	51219.93	47743.03	46457.05
	主营业务收入(万元)	33535.55	61076.32	27704.46	47264.43
	营业收入(万元)	33915.36	61722.32	28052.38	47753.13
	主营成本(万元)	25999.09	46862.03	21470.76	36782.15
	营业成本(万元)	26156.35	47170.24	21625.99	37097.14
	投资收益(万元)	-	-	-	-
	净利润(万元)	3066.36	5879.60	2321.94	4077.01
	利润总额(万元)	3503.36	6716.54	2635.69	4590.81

威海华东数控股份有限公司

公司概况	公司名称	威海华东数控股份有限公司				证券简称	华东数控
	法人代表	汤世贤	董秘	王明山		证券代码	002248
	公司网址	www.huadongcnc.com			电子信箱	wms6178@163.com	
	电　话	0631-5902248 5912929			传　真	0631-5967988	
	办公地址	山东省威海市经济技术开发区环山路698号					
	经营范围	数控系统、数控机床、切削工具、手工具、金属切削机床、机床附件等					

主要财务指标	指标\报告期	2013.06.30	2012.12.31	2012.06.30	2011.12.31
	基本每股收益(元)	-0.1100	-0.3800	-0.0300	0.0800
	基本每股收益(扣除)(元)	-0.1300	-0.4100	-0.0900	0.0300
	每股净资产(元)	3.4723	3.5814	3.9200	4.0000
	每股经营现金净流量(元)	0.1005	-0.1522	-0.2676	-0.2320
	每股现金流量(元)	-0.1130	0.1136	-0.0108	-0.2076
	每股资本公积金(元)	1.8643	1.8643	1.8643	1.8643
	每股盈余公积金(元)	0.2199	0.2199	0.2199	0.2199
	每股未分配利润(元)	0.3651	0.4784	0.8360	0.9157
	净资产收益率(%)	-3.2632	-10.6981	-0.7600	2.0290
	加权净资产收益率(%)	-3.2100	-10.0600	-0.7500	2.0300
	净资产收益率(扣除)(%)	-	-	-	-
	总资产(万元)	280403.38	308059.25	299000.22	282158.55
	归属母公司股东权益(万元)	89411.06	92220.68	100943.78	102996.14
	主营业务收入(万元)	15852.96	35183.28	24338.75	61605.38
	营业收入(万元)	16355.94	37298.83	25774.34	62663.68
	主营成本(万元)	13388.47	29853.00	18392.29	44675.32
	营业成本(万元)	13699.64	30428.75	28266.50	44913.37
	投资收益(万元)	-0.03	0.03	-	-
	净利润(万元)	-3779.44	-12508.19	-1094.63	2124.16
	利润总额(万元)	-4075.24	-13663.85	-1044.32	2738.28

中山大洋电机股份有限公司

公司概况	公司名称	中山大洋电机股份有限公司				证券简称	大洋电机
	法人代表	鲁楚平	董秘	熊杰明		证券代码	002249
	公司网址	www.broad-ocean.com.cn			电子信箱	bom@broad-ocean.com.cn	
	电　话	0760-88555306			传　真	0760-88559031	
	办公地址	广东省中山市西区沙朗第三工业区					
	经营范围	微特电机的生产与销售					

主要财务指标	指标\报告期	2013.06.30	2012.12.31	2012.06.30	2011.12.31
	基本每股收益(元)	0.1500	0.2600	0.1200	0.3400
	基本每股收益(扣除)(元)	0.1700	0.2400	0.1200	0.5000
	每股净资产(元)	3.4835	3.4690	3.3200	5.2000
	每股经营现金净流量(元)	0.5259	0.4654	0.3872	0.2666
	每股现金流量(元)	0.2063	-0.2008	-0.1198	1.7357
	每股资本公积金(元)	1.6653	1.6567	1.6508	2.9732
	每股盈余公积金(元)	0.1483	0.1363	0.1249	0.1746
	每股未分配利润(元)	0.6840	0.6902	0.5602	1.0689
	净资产收益率(%)	4.1873	7.4215	3.4900	9.2640
	加权净资产收益率(%)	4.1300	7.4800	3.3300	12.7100
	净资产收益率(扣除)(%)	-	-	-	-
	总资产(万元)	422959.00	366683.66	376249.65	350409.00
	归属母公司股东权益(万元)	249430.94	248392.14	237939.68	248056.15
	主营业务收入(万元)	170539.46	270755.09	142033.11	232125.33
	营业收入(万元)	174185.54	276982.53	145364.97	235934.83
	主营成本(万元)	138036.71	223317.10	119462.13	184613.40
	营业成本(万元)	141380.72	228712.42	122347.92	187956.93
	投资收益(万元)	-499.55	-747.11	-705.04	-358.29
	净利润(万元)	11091.55	19449.58	8879.09	23104.50
	利润总额(万元)	13542.90	23043.19	10670.93	27038.76

联化科技股份有限公司

公司概况

公司名称	联化科技股份有限公司			证券简称	联化科技
法人代表	牟金香	董秘	王萍(代)	证券代码	002250
公司网址	www.lianhetech.com		电子信箱	ltss@hlchem.com	
电　　话	0576-84275238		传　　真	0576-84275238	
办公地址	浙江省台州市黄岩区劳动北路总商会大厦17楼				
经营范围	精细化学高级中间体的研发、生产和销售				

主要财务指标

指标\报告期	2013.06.30	2012.12.31	2012.06.30	2011.12.31
基本每股收益(元)	0.3700	0.7100	0.3200	0.5800
基本每股收益(扣除)(元)	0.3700	0.7000	0.3200	0.7500
每股净资产(元)	4.5923	4.0878	3.6600	4.4700
每股经营现金净流量(元)	0.4959	0.9721	0.4537	0.5096
每股现金流量(元)	-0.2011	0.2060	0.4961	0.8196
每股资本公积金(元)	1.3402	1.0699	1.0348	1.6710
每股盈余公积金(元)	0.1461	0.1486	0.1104	0.1435
每股未分配利润(元)	2.1060	1.8693	1.5155	1.6587
净资产收益率(%)	8.0418	17.3327	8.6500	16.5750
加权净资产收益率(%)	8.5200	18.9000	8.8300	20.7100
净资产收益率(扣除)(%)	-	-	-	-
总资产(万元)	409636.68	384916.74	334718.10	276230.38
归属母公司股东权益(万元)	241203.50	210968.37	188927.13	177582.98
主营业务收入(万元)	145376.26	289893.96	148193.25	253165.51
营业收入(万元)	145376.26	295536.18	148193.25	256804.50
主营成本(万元)	98419.66	-	106387.22	-
营业成本(万元)	98419.66	202322.23	106387.22	187226.68
投资收益(万元)	28.41	234.47	210.47	172.92
净利润(万元)	19553.92	36746.15	16426.37	29737.17
利润总额(万元)	21631.16	44079.92	19406.70	34603.80

步步高商业连锁股份有限公司

公司概况

公司名称	步步高商业连锁股份有限公司			证券简称	步步高
法人代表	王填	董秘	黎骅	证券代码	002251
公司网址	www.bbg.com.cn		电子信箱	bbgshiqian@163.com	
电　　话	0731-52322517 52339869		传　　真	0731-52339867	
办公地址	湖南省湘潭市韶山西路309号步步高大厦				
经营范围	投资商业、普通货物运输、物业管理、仓储保管、商品配送、农副产品加工等				

主要财务指标

指标\报告期	2013.06.30	2012.12.31	2012.06.30	2011.12.31
基本每股收益(元)	0.4292	1.2683	0.3723	0.9620
基本每股收益(扣除)(元)	0.4163	1.1850	0.7220	0.9000
每股净资产(元)	9.6772	7.2224	6.7000	6.4500
每股经营现金净流量(元)	2.0926	2.9355	1.6457	2.2053
每股现金流量(元)	2.3221	-0.4070	0.1212	-0.3194
每股资本公积金(元)	5.8145	2.8658	2.8658	2.8658
每股盈余公积金(元)	0.3519	0.4253	0.3109	0.3109
每股未分配利润(元)	2.5107	2.9313	2.5221	2.2775
净资产收益率(%)	7.7215	17.5605	11.1200	14.9060
加权净资产收益率(%)	9.2900	18.6600	11.0400	15.7800
净资产收益率(扣除)(%)	-	-	-	-
总资产(万元)	699593.27	607993.55	524258.63	518075.73
归属母公司股东权益(万元)	316207.22	195265.85	181108.07	174494.24
主营业务收入(万元)	529469.67	928159.72	461600.04	790431.77
营业收入(万元)	578098.92	1000565.46	500250.38	843918.64
主营成本(万元)	448713.93	783052.57	393228.24	664936.51
营业成本(万元)	452660.26	787735.14	395214.17	669768.76
投资收益(万元)	46.27	-41.67	4.59	-0.06
净利润(万元)	24415.92	34289.60	20131.83	26009.18
利润总额(万元)	32143.27	44730.97	25850.23	34082.08

上海莱士血液制品股份有限公司

公司概况

公司名称	上海莱士血液制品股份有限公司			证券简称	上海莱士
法人代表	郑跃文	董秘	刘峥	证券代码	002252
公司网址	www.raas-corp.com		电子信箱	raas@raas-corp.com	
电　　话	021-64303911		传　　真	021-64300699	
办公地址	上海市闵行经济技术开发区北斗路55号				
经营范围	生产和销售血液制品、疫苗、诊断试剂及检测技术器具和检测技术并提供检测服务				

主要财务指标

指标\报告期	2013.06.30	2012.12.31	2012.06.30	2011.12.31
基本每股收益(元)	0.1750	0.4600	0.1380	0.4100
基本每股收益(扣除)(元)	0.1730	0.4500	0.1330	0.4100
每股净资产(元)	2.1540	2.0500	1.7300	3.3600
每股经营现金净流量(元)	-0.0252	0.5381	0.2032	0.6545
每股现金流量(元)	0.1731	-0.0016	-0.2616	-0.3291
每股资本公积金(元)	0.1981	0.2195	0.2195	1.1952
每股盈余公积金(元)	0.2011	0.2011	0.1539	0.2771
每股未分配利润(元)	0.7548	0.6294	0.3546	0.8904
净资产收益率(%)	8.1459	22.4194	7.9700	21.9050
加权净资产收益率(%)	8.2700	24.0300	7.4700	23.5400
净资产收益率(扣除)(%)	-	-	-	-
总资产(万元)	154146.26	120826.08	111608.72	100953.01
归属母公司股东权益(万元)	105461.20	100365.58	84605.80	91464.20
主营业务收入(万元)	29451.12	66261.28	23742.01	56731.29
营业收入(万元)	29451.12	66267.69	23748.42	56738.58
主营成本(万元)	11465.19	26188.15	10380.86	23277.44
营业成本(万元)	11465.19	26196.94	10389.64	23277.44
投资收益(万元)	-	-	-	-
净利润(万元)	8559.67	22389.07	6711.20	19945.01
利润总额(万元)	10152.29	26456.57	7970.32	23551.00

四川川大智胜软件股份有限公司

公司概况

公司名称	四川川大智胜软件股份有限公司			证券简称	川大智胜
法人代表	游志胜	董秘	宋万忠	证券代码	002253
公司网址	www.wisesoft.com.cn		电子信箱	wisesoft@wisesoft.com.cn	
电　　话	028-85372650 85372506		传　　真	028-85372506	
办公地址	四川省成都市武科东一路七号				
经营范围	软件、硬件及配套系统开发、系统集成和图象图形工程				

主要财务指标

指标\报告期	2013.06.30	2012.12.31	2012.06.30	2011.12.31
基本每股收益(元)	0.1241	0.4400	0.1077	0.4200
基本每股收益(扣除)(元)	0.0844	0.2900	0.0700	0.3600
每股净资产(元)	5.5564	5.6323	5.3000	8.6000
每股经营现金净流量(元)	-0.0698	0.7471	-0.1568	0.4184
每股现金流量(元)	-0.7140	-0.4207	-0.7331	3.1653
每股资本公积金(元)	3.1823	3.1823	3.1823	5.6917
每股盈余公积金(元)	0.2746	0.2746	0.2311	0.3697
每股未分配利润(元)	1.0995	1.1754	0.8844	1.5427
净资产收益率(%)	2.2329	7.8526	2.0336	6.8090
加权净资产收益率(%)	2.1900	8.0300	1.9800	11.8100
净资产收益率(扣除)(%)	-	-	-	-
总资产(万元)	97361.53	96488.43	88144.73	87408.51
归属母公司股东权益(万元)	77370.30	78427.61	73769.13	74879.83
主营业务收入(万元)	7806.00	20325.74	6060.47	17262.48
营业收入(万元)	7817.37	20344.55	6069.43	17283.22
主营成本(万元)	5356.55	13171.91	3861.56	10995.63
营业成本(万元)	5362.70	13180.75	3865.73	11002.57
投资收益(万元)	-	-2.22	-0.75	-5.98
净利润(万元)	1856.54	6454.72	1549.07	5217.29
利润总额(万元)	2057.85	7196.79	1729.36	5598.82

烟台泰和新材料股份有限公司

公司概况	公司名称	烟台泰和新材料股份有限公司		证券简称	泰和新材
	法人代表	孙茂健	董秘 迟海平	证券代码	002254
	公司网址	www.tayho.com.cn	电子信箱	chihaiping@tayho.com.cn	
	电　　话	0535-6394123	传　　真	0535-6371234 6394123	
	办公地址	山东省烟台市经济技术开发区黑龙江路10号			
	经营范围	氨纶纤维、芳纶纤维系列产品的开发、制造和销售			

主要财务指标	指标\报告期	2013.06.30	2012.12.31	2012.06.30	2011.12.31
	基本每股收益(元)	0.0700	0.1100	0.0600	0.3600
	基本每股收益(扣除)(元)	–	0.0700	0.0600	0.3500
	每股净资产(元)	3.2068	4.0705	4.0400	4.2100
	每股经营现金净流量(元)	0.1055	0.1936	0.2850	–0.0344
	每股现金流量(元)	0.0677	–0.1474	0.0658	–1.0318
	每股资本公积金(元)	0.5705	1.0416	1.0416	1.0416
	每股盈余公积金(元)	0.5270	0.6851	0.6698	0.6698
	每股未分配利润(元)	1.1080	1.3429	1.3240	1.4947
	净资产收益率(%)	2.3376	2.7887	1.9600	8.4590
	加权净资产收益率(%)	2.3700	2.7600	1.8900	8.4900
	净资产收益率(扣除)(%)	–	–	–	–
	总资产(万元)	229043.51	219447.56	233545.85	230597.45
	归属母公司股东权益(万元)	163233.11	159383.23	158075.43	164736.42
	主营业务收入(万元)	83152.74	149152.86	73503.06	150056.01
	营业收入(万元)	85834.11	153079.39	75313.00	154028.82
	主营成本(万元)	71303.42	131172.50	64582.68	120846.20
	营业成本(万元)	73673.86	134229.88	65890.46	123453.97
	投资收益(万元)	137.67	193.87	87.83	9.23
	净利润(万元)	4203.73	4498.23	3006.34	14272.70
	利润总额(万元)	5048.07	5156.87	3730.16	16802.50

苏州海陆重工股份有限公司

公司概况	公司名称	苏州海陆重工股份有限公司		证券简称	海陆重工
	法人代表	徐元生	董秘 张郭一	证券代码	002255
	公司网址	www.hailu-boiler.cn	电子信箱	stock@hailu-boiler.cn	
	电　　话	0512-58913056	传　　真	0512-58683105	
	办公地址	江苏省张家港市杨舍镇人民西路1号(省经济开发区)			
	经营范围	锅炉(特种锅炉、工业锅炉)、核承压设备、锅炉辅机、压力容器			

主要财务指标	指标\报告期	2013.06.30	2012.12.31	2012.06.30	2011.12.31
	基本每股收益(元)	0.3300	0.5900	0.3000	0.5400
	基本每股收益(扣除)(元)	0.3100	0.5500	0.2910	1.0800
	每股净资产(元)	5.7607	5.5089	5.1900	9.8000
	每股经营现金净流量(元	0.1217	0.0129	0.1140	–0.4908
	每股现金流量(元)	–0.3082	–0.3735	–0.2685	–1.8720
	每股资本公积金(元)	2.3589	2.3347	2.3013	5.5286
	每股盈余公积金(元)	0.2182	0.2182	0.1665	0.3329
	每股未分配利润(元)	2.1836	1.9560	1.7198	2.9424
	净资产收益率(%)	5.6863	10.6475	5.7600	11.0380
	加权净资产收益率(%)	6.4600	11.9100	5.7600	11.6100
	净资产收益率(扣除)(%)	–	–	–	–
	总资产(万元)	262480.44	252755.26	230479.03	225867.09
	归属母公司股东权益(万元)	148741.75	142239.75	133942.10	126568.35
	主营业务收入(万元)	64266.32	137354.82	64208.00	134591.41
	营业收入(万元)	65927.78	140274.97	64906.72	137279.02
	主营成本(万元)	46889.02	102742.39	48506.17	103702.87
	营业成本(万元)	48149.63	104583.56	48895.68	105188.82
	投资收益(万元)	–	38.41	138.72	118.80
	净利润(万元)	8820.00	16470.65	8726.36	15305.73
	利润总额(万元)	10288.48	19320.05	10200.31	17826.52

深圳市彩虹精细化工股份有限公司

公司概况	公司名称	深圳市彩虹精细化工股份有限公司		证券简称	彩虹精化
	法人代表	郭健	董秘 金红英	证券代码	002256
	公司网址	www.7cf.com	电子信箱	dongsh@rainbowvc.com	
	电　　话	0755-33236838 33236829	传　　真	0755-33236866	
	办公地址	广东省深圳市宝安区石岩镇上屋彩虹工业城			
	经营范围	气雾剂系列产品的技术开发、生产与销售			

主要财务指标	指标\报告期	2013.06.30	2012.12.31	2012.06.30	2011.12.31
	基本每股收益(元)	0.1000	0.0200	0.0020	0.0700
	基本每股收益(扣除)(元)	0.1000	0.0200	0.0030	0.0600
	每股净资产(元)	1.5203	1.4400	1.4200	2.1870
	每股经营现金净流量(元)	0.0186	0.0309	0.0816	–0.0098
	每股现金流量(元)	0.2325	0.0650	–0.0084	–0.1470
	每股资本公积金(元)	0.2060	0.2060	0.2060	0.5091
	每股盈余公积金(元)	0.0694	0.0694	0.0625	0.0938
	每股未分配利润(元)	0.2449	0.1651	0.1521	0.5845
	净资产收益率(%)	6.5631	1.5451	0.1700	4.6400
	加权净资产收益率(%)	6.6900	1.5400	0.1700	4.7500
	净资产收益率(扣除)(%)	–	–	–	–
	总资产(万元)	63570.30	79281.96	70441.56	68497.59
	归属母公司股东权益(万元)	47614.82	45116.20	44495.38	45671.89
	主营业务收入(万元)	32160.77	47243.44	18215.66	41899.12
	营业收入(万元)	32494.46	47677.04	18296.67	41943.30
	主营成本(万元)	25786.61	38147.76	14672.84	33114.33
	营业成本(万元)	25895.74	38369.66	14746.84	33119.94
	投资收益(万元)	1811.39	–411.96	–264.28	44.35
	净利润(万元)	2938.92	–912.76	–798.29	1005.67
	利润总额(万元)	3110.73	–1074.19	–604.91	965.66

利尔化学股份有限公司

公司概况	公司名称	利尔化学股份有限公司		证券简称	利尔化学
	法人代表	高文	董秘 刘军	证券代码	002258
	公司网址	www.lierchem.com	电子信箱	tzfzb@lierchem.com	
	电　　话	0816-2841069	传　　真	0816-2845140	
	办公地址	四川省绵阳市经济技术开发区			
	经营范围	农药原药、制剂、化工材料及化工产品的研发、生产、销售			

主要财务指标	指标\报告期	2013.06.30	2012.12.31	2012.06.30	2011.12.31
	基本每股收益(元)	0.3400	0.4300	0.2200	0.3400
	基本每股收益(扣除)(元	0.3600	0.4800	0.2242	0.2200
	每股净资产(元)	5.2054	4.9800	4.7600	4.5328
	每股经营现金净流量(元)	0.3265	0.5103	–0.0422	0.1983
	每股现金流量(元)	–0.2109	–0.2668	–0.3862	0.1219
	每股资本公积金(元)	2.0974	2.0974	2.0974	2.0974
	每股盈余公积金(元)	0.2998	0.2998	0.2679	0.2679
	每股未分配利润(元)	1.7586	1.5459	1.3664	1.1450
	净资产收益率(%)	6.5841	8.6933	4.6500	7.5870
	加权净资产收益率(%)	6.6500	9.1000	4.7600	7.9100
	净资产收益率(扣除)(%	–	–	–	–
	总资产(万元)	163853.93	149202.65	136858.99	128413.64
	归属母公司股东权益(万元)	105379.57	100791.60	96378.66	91762.98
	主营业务收入(万元)	74346.04	121503.54	60306.59	93410.43
	营业收入(万元)	76397.90	127809.26	60568.59	93600.84
	主营成本(万元)	56739.78	92616.17	46914.09	72993.09
	营业成本(万元)	58767.87	98641.56	46997.99	73144.64
	投资收益(万元)	–326.65	–34.38	–165.66	72.32
	净利润(万元)	7726.84	11907.79	5722.99	8926.05
	利润总额(万元)	9141.65	13768.79	6868.53	9932.22

四川升达林业产业股份有限公司

公司概况						
	公司名称	四川升达林业产业股份有限公司			证券简称	升达林业
	法人代表	江昌政	董秘	贺晓静	证券代码	002259
	公司网址	www.shengdawood.com		电子信箱	hxj63@163.com	
	电　话	028-86788818-218 86783590		传　真	028-86755286	
	办公地址	四川省成都市锦江区东华正街 42 号				
	经营范围	林木种植、中纤板的生产与销售、木地板的生产与销售				

主要财务指标：指标\报告期	2013.06.30	2012.12.31	2012.06.30	2011.12.31
基本每股收益(元)	0.0048	0.0190	0.0035	-0.0250
基本每股收益(扣除)(元)	-	0.0120	-0.0043	-0.0270
每股净资产(元)	1.2755	1.2707	1.2600	1.2500
每股经营现金净流量(元)	0.0179	0.2524	0.0272	0.0082
每股现金流量(元)	0.1267	-0.1639	-0.0494	-0.2961
每股资本公积金(元)	0.1359	0.1670	0.1675	0.1675
每股盈余公积金(元)	0.0198	0.0198	0.0174	0.0174
每股未分配利润(元)	0.1199	0.0840	0.0709	0.0673
净资产收益率(%)	0.3782	1.4933	0.2800	-1.9960
加权净资产收益率(%)	0.3800	1.5000	0.2800	-1.9600
净资产收益率(扣除)(%)	-	-	-	-
总资产(万元)	266174.59	244227.09	247835.79	239778.27
归属母公司股东权益(万元)	82057.31	81746.97	80786.55	80559.09
主营业务收入(万元)	27127.01	77107.79	41736.18	89050.26
营业收入(万元)	28209.52	79231.65	41894.29	89999.88
主营成本(万元)	21749.35	58852.51	31935.74	68260.86
营业成本(万元)	22325.05	59612.54	32014.61	68966.02
投资收益(万元)	1279.89	182.85	150.00	-
净利润(万元)	357.17	1420.61	289.16	-1633.25
利润总额(万元)	-254.59	1034.87	144.78	-1797.28

广东伊立浦电器股份有限公司

公司概况						
	公司名称	广东伊立浦电器股份有限公司			证券简称	伊 立 浦
	法人代表	甘卫民	董秘	陈国辉	证券代码	002260
	公司网址	www.elecpro.com		电子信箱	elecpro@elecpro.cn	
	电　话	0757-88374384		传　真	0757-88374990	
	办公地址	广东省佛山市南海区松岗松夏工业园工业大道西 9 号				
	经营范围	电饭煲、电烤炉、电奶锅、铁板烧、电压力锅等家用小电器				

主要财务指标：指标\报告期	2013.06.30	2012.12.31	2012.06.30	2011.12.31
基本每股收益(元)	0.0251	0.0868	-0.0400	0.1073
基本每股收益(扣除)(元)	0.0045	0.0400	-0.0300	0.0448
每股净资产(元)	2.0314	2.1082	1.9900	2.1200
每股经营现金净流量(元)	0.0863	-0.2511	-0.2086	0.1868
每股现金流量(元)	0.0053	-0.1839	-0.3504	-0.2823
每股资本公积金(元)	0.7359	0.7359	0.7359	0.7359
每股盈余公积金(元)	0.0534	0.0534	0.0517	0.0517
每股未分配利润(元)	0.2537	0.3285	0.2065	0.3435
净资产收益率(%)	1.2366	4.1159	-1.8700	5.0520
加权净资产收益率(%)	1.1900	4.1200	-1.7700	5.1800
净资产收益率(扣除)(%)	-	-	-	-
总资产(万元)	49967.21	46647.19	50450.54	55320.71
归属母公司股东权益(万元)	31689.35	32887.59	30993.32	33122.21
主营业务收入(万元)	30355.39	64072.99	26184.63	74344.40
营业收入(万元)	30355.39	64072.99	26184.63	74344.40
主营成本(万元)	25594.74	53182.62	22103.56	63101.74
营业成本(万元)	25594.74	53182.62	22103.56	63101.74
投资收益(万元)	809.06	506.93	52.33	1049.66
净利润(万元)	391.86	1353.61	-578.11	1673.46
利润总额(万元)	558.71	1782.02	-597.12	2107.33

拓维信息系统股份有限公司

公司概况						
	公司名称	拓维信息系统股份有限公司			证券简称	拓维信息
	法人代表	李新宇	董秘	龙麒	证券代码	002261
	公司网址	www.talkweb.com.cn		电子信箱	longqi@talkweb.com.cn	
	电　话	0731-88668270 89852892		传　真	0731-88668270	
	办公地址	湖南省长沙市岳麓区桐梓坡西路 298 号				
	经营范围	从事电信行业软件开发及无线增值业务				

主要财务指标：指标\报告期	2013.06.30	2012.12.31	2012.06.30	2011.12.31
基本每股收益(元)	0.0700	0.1300	0.0800	0.2300
基本每股收益(扣除)(元)	0.0500	0.0700	0.0500	0.2500
每股净资产(元)	2.9256	2.8792	2.8300	3.6100
每股经营现金净流量(元)	-0.1402	0.2033	-0.1709	0.1158
每股现金流量(元)	-0.7153	0.1857	-0.0036	-0.3512
每股资本公积金(元)	0.3222	0.3222	0.3222	0.7188
每股盈余公积金(元)	0.1090	0.1090	0.1052	0.1367
每股未分配利润(元)	1.4944	1.4480	1.4058	1.7510
净资产收益率(%)	2.2701	4.4471	2.9000	8.4200
加权净资产收益率(%)	2.2800	4.5300	2.9100	8.7800
净资产收益率(扣除)(%)	-	-	-	-
总资产(万元)	96909.24	97096.48	96017.58	93423.02
归属母公司股东权益(万元)	82924.28	81608.68	80304.63	78633.57
主营业务收入(万元)	22240.11	43267.85	18654.19	37166.22
营业收入(万元)	22240.11	43279.65	18654.19	37166.36
主营成本(万元)	9710.93	21210.66	8404.00	16568.19
营业成本(万元)	9710.93	21210.66	8404.00	16568.19
投资收益(万元)	-	114.12	60.65	-235.18
净利润(万元)	2235.30	3937.47	2530.79	7692.46
利润总额(万元)	2832.33	4659.38	3185.83	8926.48

江苏恩华药业股份有限公司

公司概况						
	公司名称	江苏恩华药业股份有限公司			证券简称	恩华药业
	法人代表	孙彭生	董秘	段保州	证券代码	002262
	公司网址	www.nhwa-group.com		电子信箱	dbz1966@126.com	
	电　话	0516-87661189 87661012		传　真	0516-87767118	
	办公地址	江苏省徐州市民主南路 69 号恩华大厦				
	经营范围	冻干粉针剂、小容量注射剂、片剂、硬胶囊剂等				

主要财务指标：指标\报告期	2013.06.30	2012.12.31	2012.06.30	2011.12.31
基本每股收益(元)	0.3014	0.5970	0.2345	0.4515
基本每股收益(扣除)(元)	0.3003	0.5902	0.3280	0.4433
每股净资产(元)	2.3215	2.9100	2.6400	2.3600
每股经营现金净流量(元)	0.0804	0.6588	0.1919	0.3465
每股现金流量(元)	-0.0281	0.4482	-0.0016	0.1671
每股资本公积金(元)	0.0353	0.1995	0.1995	0.1995
每股盈余公积金(元)	0.1389	0.1944	0.1353	0.1353
每股未分配利润(元)	1.1473	1.5142	1.3047	1.0264
净资产收益率(%)	12.9839	20.5287	12.4400	19.1220
加权净资产收益率(%)	13.5900	22.7000	13.0400	20.9400
净资产收益率(扣除)(%)	-	-	-	-
总资产(万元)	147413.68	134484.89	123592.09	109359.75
归属母公司股东权益(万元)	76052.64	68050.05	61762.50	55250.26
主营业务收入(万元)	107500.01	197428.23	96056.08	157884.51
营业收入(万元)	107902.26	198249.64	96417.43	158749.97
主营成本(万元)	65016.83	122521.18	60708.36	98644.59
营业成本(万元)	65096.68	122679.70	60787.03	98804.29
投资收益(万元)	-	-	-	-
净利润(万元)	9740.80	13812.99	7606.43	10528.26
利润总额(万元)	11544.38	16569.79	8998.49	12090.81

浙江大东南股份有限公司

公司概况	公司名称	浙江大东南股份有限公司			证券简称	大东南
	法人代表	黄飞刚	董秘	王醒	证券代码	002263
	公司网址	www.chinaddn.com		电子信箱	wangxin112@foxmail.com	
	电 话	0575-87380698 87380005		传 真	0575-87380005	
	办公地址	浙江省诸暨市陶朱街道千禧路5号				
	经营范围	塑料薄膜、塑料包装制品的生产、销售、服装、纺织品的生产				

主要财务指标	指标\报告期	2013.06.30	2012.12.31	2012.06.30	2011.12.31
	基本每股收益(元)	-0.0230	-0.0900	0.0530	0.1600
	基本每股收益(扣除)(元)	-0.0510	-0.1500	0.0330	0.0200
	每股净资产(元)	4.2263	4.1955	4.4400	4.4900
	每股经营现金净流量(元)	-0.0672	0.0788	0.0171	-0.0016
	每股现金流量(元)	0.3625	-0.4755	-0.8195	0.4941
	每股资本公积金(元)	2.9203	2.9808	2.9808	2.9808
	每股盈余公积金(元)	0.0528	0.0510	0.0510	0.0510
	每股未分配利润(元)	0.2531	0.2659	0.4106	0.4579
	净资产收益率(%)	-0.5324	-2.1935	1.1800	2.9240
	加权净资产收益率(%)	-0.5200	-2.1000	1.1700	4.5500
	净资产收益率(扣除)(%)	-	-	-	-
	总资产(万元)	368781.89	331281.96	322902.15	335731.84
	归属母公司股东权益(万元)	246059.98	253200.14	268097.63	270956.64
	主营业务收入(万元)	29603.53	77883.90	40703.22	118881.58
	营业收入(万元)	31731.47	80869.77	42718.46	122984.66
	主营成本(万元)	30265.62	79699.22	36066.23	106000.71
	营业成本(万元)	32258.68	83263.79	38273.84	109879.28
	投资收益(万元)	643.38	997.58	-	288.29
	净利润(万元)	-1620.07	-8208.93	3209.14	9401.99
	利润总额(万元)	-1415.89	-7437.78	3731.74	11083.14

新华都购物广场股份有限公司

公司概况	公司名称	新华都购物广场股份有限公司			证券简称	新华都
	法人代表	周文贵	董秘	龚严冰	证券代码	002264
	公司网址	www.nhd-mart.com		电子信箱	cio@nhd.com.cn	
	电 话	0591-87987972		传 真	0591-87987982	
	办公地址	福建省福州市鼓楼区福新路28号阳光城三期四楼				
	经营范围	批发零售百货、纺织品、仪器仪表、通讯设备、五金交电化工				

主要财务指标	指标\报告期	2013.06.30	2012.12.31	2012.06.30	2011.12.31
	基本每股收益(元)	0.0300	0.3000	0.1700	0.3000
	基本每股收益(扣除)(元)	0.0300	0.2500	0.1600	0.4300
	每股净资产(元)	2.4121	2.4378	2.2900	3.2700
	每股经营现金净流量(元)	-0.3501	0.8553	-0.1604	1.3307
	每股现金流量(元)	-0.6454	0.2702	-0.6838	1.6207
	每股资本公积金(元)	0.6237	0.6218	0.5926	1.3992
	每股盈余公积金(元)	0.1167	0.1167	0.0801	0.1202
	每股未分配利润(元)	0.6717	0.6992	0.6171	0.7504
	净资产收益率(%)	1.3473	12.0853	7.3900	12.4762
	加权净资产收益率(%	1.3300	12.8900	7.5700	22.6600
	净资产收益率(扣除)(%)	-	-	-	-
	总资产(万元)	336133.51	339712.28	284842.99	283330.72
	归属母公司股东权益(万元)	130618.09	132007.25	122641.51	116755.19
	主营业务收入(万元)	359526.62	629745.34	313215.31	539527.78
	营业收入(万元)	378947.88	666246.41	329065.18	568651.46
	主营成本(万元)	304426.37	530737.21	263737.99	453019.79
	营业成本(万元)	304426.37	530737.21	263737.99	453019.79
	投资收益(万元)	-	-	-	-
	净利润(万元)	1438.48	15096.47	8730.26	13773.31
	利润总额(万元)	2785.98	20098.39	11843.70	19020.26

云南西仪工业股份有限公司

公司概况	公司名称	云南西仪工业股份有限公司			证券简称	*ST 西仪
	法人代表	薛桓	董秘	邹成高	证券代码	002265
	公司网址	www.ynxygf.com		电子信箱	xygf002265@163.com	
	电 话	0871-68598357 68598506		传 真	0871-68598357	
	办公地址	云南省昆明市西山区海口镇山冲				
	经营范围	汽车发动机连杆、其他工业产品、机床零部件及其他机械产品的研发等				

主要财务指标	指标\报告期	2013.06.30	2012.12.31	2012.06.30	2011.12.31
	基本每股收益(元)	0.0040	-0.1800	-0.0580	-0.0500
	基本每股收益(扣除)(元)	-0.0290	-0.1900	-0.0700	-0.0700
	每股净资产(元)	1.7276	1.7232	1.8400	1.9000
	每股经营现金净流量(元)	0.0180	-0.1622	-0.1153	-0.0720
	每股现金流量(元)	0.0871	-0.2321	-0.1647	-0.1494
	每股资本公积金(元)	0.4908	0.4908	0.4908	0.4908
	每股盈余公积金(元)	0.0821	0.0821	0.0821	0.0821
	每股未分配利润(元)	0.1547	0.1503	0.2692	0.3273
	净资产收益率(%)	0.2587	-10.2757	-3.1579	-2.5870
	加权净资产收益率(%)	0.2500	-9.7700	-3.1100	-2.6500
	净资产收益率(扣除)(%)	-	-	-	-
	总资产(万元)	77497.75	73623.26	-3.7200	-4.0200
	归属母公司股东权益(万元)	50278.37	50148.31	53608.48	55301.39
	主营业务收入(万元)	17314.10	31355.51	17122.32	36135.51
	营业收入(万元)	19290.76	34022.89	19100.94	38316.25
	主营成本(万元)	15900.38	30785.26	16637.80	32949.33
	营业成本(万元)	17643.29	32934.50	18228.96	34368.99
	投资收益(万元)	164.65	208.11	277.72	96.13
	净利润(万元)	191.04	-5125.51	-1675.66	-1503.67
	利润总额(万元)	191.04	-5118.40	-1675.66	-1509.12

浙江富春江水电设备股份有限公司

公司概况	公司名称	浙江富春江水电设备股份有限公司			证券简称	浙富股份
	法人代表	孙毅	董秘	房振武	证券代码	002266
	公司网址	www.zhefu.cn		电子信箱	stock-dept@zhefu.cn	
	电 话	0571-89939661		传 真	0571-89939660	
	办公地址	浙江省杭州市西湖区古墩路702号赞宇大厦11楼				
	经营范围	成套水轮发电机组的研制、生产及销售				

主要财务指标	指标\报告期	2013.06.30	2012.12.31	2012.06.30	2011.12.31
	基本每股收益(元)	0.0900	0.2100	0.1300	0.3100
	基本每股收益(扣除)(元)	0.0800	0.1800	0.1200	0.4900
	每股净资产(元)	3.1659	2.2578	2.1800	4.2216
	每股经营现金净流量(元)	-0.1457	0.1374	0.0426	0.2271
	每股现金流量(元)	0.1755	-0.1009	-0.0145	-0.1135
	每股资本公积金(元)	1.2290	0.2322	0.2410	1.4681
	每股盈余公积金(元)	0.1039	0.1244	0.1045	0.2091
	每股未分配利润(元)	0.8333	0.9008	0.8388	1.5444
	净资产收益率(%)	2.5508	9.4501	6.0300	14.3612
	加权净资产收益率(%)	3.4700	9.7700	6.0400	15.3000
	净资产收益率(扣除)(%)	-	-	-	-
	总资产(万元)	319487.02	250102.19	242295.57	214670.12
	归属母公司股东权益(万元)	226818.98	135144.08	130748.30	126343.39
	主营业务收入(万元)	35801.16	91991.45	48348.06	105316.90
	营业收入(万元)	37264.14	92519.15	48674.85	105954.06
	主营成本(万元)	24566.33	65166.27	32934.93	73874.92
	营业成本(万元)	24823.74	65258.32	32985.18	73922.54
	投资收益(万元)	34.78	124.14	112.64	2695.05
	净利润(万元)	5730.78	13215.33	7963.11	18338.04
	利润总额(万元)	6732.76	14703.55	9422.03	21646.60

陕西省天然气股份有限公司

公司概况	公司名称	陕西省天然气股份有限公司		证券简称	陕天然气
	法人代表	袁小宁	董秘 梁倩	证券代码	002267
	公司网址	www.shaanxigas.com		电子信箱	public@shaanxigas.com
	电　话	029-86156182 86156198		传　真	029-86156196
	办公地址	陕西省西安市经济技术开发区 A1 区开元路 2 号			
	经营范围	天然气输送、天然气相关产品开发、天然气综合利用、天然气发电			

主要财务指标	指标\报告期	2013.06.30	2012.12.31	2012.06.30	2011.12.31
	基本每股收益(元)	0.2100	0.3300	0.1751	0.4016
	基本每股收益(扣除)(元)	0.2088	0.3318	0.1755	0.3778
	每股净资产(元)	2.9731	2.9444	2.7900	5.4587
	每股经营现金净流量(元)	0.4078	0.9277	0.7739	1.0710
	每股现金流量(元)	-0.0132	0.5092	0.4884	-0.2152
	每股资本公积金(元)	0.4263	0.4263	0.8399	1.8399
	每股盈余公积金(元)	0.2268	0.2268	0.3872	0.3872
	每股未分配利润(元)	1.3015	1.2914	2.3395	2.2292
	净资产收益率(%)	7.0649	11.2065	6.2700	14.7150
	加权净资产收益率(%)	6.9600	11.6800	6.2600	15.6500
	净资产收益率(扣除)(%)	-	-	-	-
	总资产(万元)	804191.21	760922.24	664008.76	598922.56
	归属母公司股东权益(万元)	302317.98	299402.31	284192.82	277532.22
	主营业务收入(万元)	203475.67	379476.51	195376.78	330726.09
	营业收入(万元)	203802.70	380317.32	195595.79	331295.21
	主营成本(万元)	163939.55	309251.57	160558.05	267847.08
	营业成本(万元)	164036.35	309411.58	160568.42	268057.44
	投资收益(万元)	760.43	969.04	670.89	814.49
	净利润(万元)	21207.55	33269.72	17720.38	40717.88
	利润总额(万元)	24960.53	39426.44	21122.38	48053.34

成都卫士通信息产业股份有限公司

公司概况	公司名称	成都卫士通信息产业股份有限公司		证券简称	卫士通
	法人代表	李成刚	董秘 胡凯春	证券代码	002268
	公司网址	www.westone.com.cn		电子信箱	westone_dm@163.com
	电　话	028-62386166 6238616		传　真	028-62386030
	办公地址	四川省成都高新技术产业开发区云华路 333 号			
	经营范围	通信保密与信息安全、信息网络与多媒体终端及系统产品的开发、生产、销售等			

主要财务指标	指标\报告期	2013.06.30	2012.12.31	2012.06.30	2011.12.31
	基本每股收益(元)	-0.0202	0.1035	-0.0125	0.5008
	基本每股收益(扣除)(元)	-0.0865	0.0511	-0.0216	0.4368
	每股净资产(元)	3.0137	3.0339	2.9200	2.9800
	每股经营现金净流量(元)	-0.5495	0.3910	-0.4018	0.0809
	每股现金流量(元)	-0.5817	0.1151	-0.6086	0.0787
	每股资本公积金(元)	0.6347	0.6347	0.6348	0.6348
	每股盈余公积金(元)	0.2257	0.2257	0.2240	0.2240
	每股未分配利润(元)	1.1533	1.1735	1.0593	1.1218
	净资产收益率(%)	-0.6687	3.4108	-0.4300	16.8030
	加权净资产收益率(%)	-0.6700	3.4400	-0.4200	17.8700
	净资产收益率(扣除)(%)	-	-	-	-
	总资产(万元)	77156.69	83025.84	71527.28	77918.32
	归属母公司股东权益(万元)	52050.73	52398.79	50397.40	51476.70
	主营业务收入(万元)	13028.54	31710.09	11805.16	50821.97
	营业收入(万元)	13040.35	31742.97	11805.46	50835.90
	主营成本(万元)	5259.94	13186.57	4888.20	21066.82
	营业成本(万元)	5259.94	13193.56	4888.20	21073.05
	投资收益(万元)	-	-27.50	-	185.19
	净利润(万元)	-1065.61	970.23	-855.33	8975.08
	利润总额(万元)	-1167.22	1269.06	-1218.41	10790.41

上海美特斯邦威服饰股份有限公司

公司概况	公司名称	上海美特斯邦威服饰股份有限公司		证券简称	美邦服饰
	法人代表	周成建	董秘 涂珂	证券代码	002269
	公司网址	www.metersbonwe.com		电子信箱	corporate@metersbonwe.com
	电　话	021-38119999 68183939		传　真	021-38119997
	办公地址	上海市虹口区东大名路 588 号			
	经营范围	服装制造加工、服装、鞋、针纺织品、皮革制品、羽绒制品、箱包、玩具等			

主要财务指标	指标\报告期	2013.06.30	2012.12.31	2012.06.30	2011.12.31
	基本每股收益(元)	0.2200	0.8454	0.4300	1.2000
	基本每股收益(扣除)(元)	0.2000	0.6500	0.3800	1.1000
	每股净资产(元)	3.5833	4.1113	3.7100	4.1100
	每股经营现金净流量(元)	0.3781	2.8423	1.7116	0.9718
	每股现金流量(元)	0.2153	-0.3871	0.4212	0.0133
	每股资本公积金(元)	1.0650	1.0644	1.0767	1.0639
	每股盈余公积金(元)	0.6055	0.6055	0.5559	0.5559
	每股未分配利润(元)	0.9128	1.4414	1.0757	1.4856
	净资产收益率(%)	6.1778	20.5616	11.6000	29.2300
	加权净资产收益率(%)	5.2400	21.0000	10.2900	33.0000
	净资产收益率(扣除)(%)	-	-	-	-
	总资产(万元)	664210.29	700634.02	791238.36	888248.90
	归属母公司股东权益(万元)	360123.01	413188.15	372689.32	412594.32
	主营业务收入(万元)	370685.29	945709.46	456126.18	990685.23
	营业收入(万元)	373802.24	950955.06	460034.39	994505.78
	主营成本(万元)	196834.98	525107.77	245407.43	552168.60
	营业成本(万元)	198609.39	527279.63	248429.82	555225.90
	投资收益(万元)	-141.87	-1092.52	-391.05	-838.79
	净利润(万元)	22247.77	84958.24	43219.05	120600.74
	利润总额(万元)	30646.82	110347.22	59214.23	157606.36

山东法因数控机械股份有限公司

公司概况	公司名称	山东法因数控机械股份有限公司		证券简称	法因数控
	法人代表	李胜军	董秘 孟中良	证券代码	002270
	公司网址	www.fincm.com		电子信箱	dshm@fincm.com
	电　话	0531-82685200		传　真	0531-82685201
	办公地址	山东省济南市天辰大街 389 号			
	经营范围	钢结构数控成套加工设备的研发、制造、销售			

主要财务指标	指标\报告期	2013.06.30	2012.12.31	2012.06.30	2011.12.31
	基本每股收益(元)	0.0500	0.1000	0.0700	0.1800
	基本每股收益(扣除)(元)	0.0300	0.0500	0.0400	0.1400
	每股净资产(元)	3.0254	3.0277	2.9900	3.8500
	每股经营现金净流量(元)	0.0997	0.2485	0.0101	0.1315
	每股现金流量(元)	0.0493	0.1213	-0.0476	-0.6726
	每股资本公积金(元)	1.1508	1.1508	1.1508	1.7961
	每股盈余公积金(元)	0.1223	0.1223	0.1122	0.1459
	每股未分配利润(元)	0.7520	0.7544	0.7313	0.9128
	净资产收益率(%)	1.5757	3.3278	2.2600	4.7800
	加权净资产收益率(%)	1.5700	3.3700	2.2700	4.8400
	净资产收益率(扣除)(%)	-	-	-	-
	总资产(万元)	82278.29	82659.93	78512.86	80578.95
	归属母公司股东权益(万元)	57224.55	57268.60	56638.27	56086.32
	主营业务收入(万元)	15698.00	29642.12	14452.20	34890.89
	营业收入(万元)	16621.82	30657.49	14857.76	36131.73
	主营成本(万元)	11224.64	20597.88	9895.07	24223.31
	营业成本(万元)	11931.57	21182.65	10108.50	24804.26
	投资收益(万元)	-	-	-	-
	净利润(万元)	901.70	1905.75	1279.45	2681.16
	利润总额(万元)	1060.82	2204.85	1451.27	3140.58

北京东方雨虹防水技术股份有限公司

公司概况	项目	内容		项目	内容
	公司名称	北京东方雨虹防水技术股份有限公司		证券简称	东方雨虹
	法人代表	李卫国	董秘 张洪涛	证券代码	002271
	公司网址	www.yuhong.com.cn		电子信箱	stocks@yuhong.com.cn
	电　　话	010-85762629		传　　真	010-85762629
	办公地址	北京市朝阳区高碑店北路康家园小区4号楼			
	经营范围	新型建筑防水材料的研发、生产、销售和防水工程施工业务			

主要财务指标	指标\报告期	2013.06.30	2012.12.31	2012.06.30	2011.12.31
	基本每股收益(元)	0.2800	0.5500	0.1700	0.3000
	基本每股收益(扣除)(元)	0.2400	0.4800	0.1200	0.2300
	每股净资产(元)	3.7063	3.6230	3.2300	3.1700
	每股经营现金净流量(元)	0.1969	1.1173	0.0159	-0.5470
	每股现金流量(元)	0.1801	0.0801	0.0334	-1.2440
	每股资本公积金(元)	1.2160	1.2160	1.2102	1.2102
	每股盈余公积金(元)	0.1283	0.1283	0.1016	0.1016
	每股未分配利润(元)	1.3621	1.2788	0.9226	0.8562
	净资产收益率(%)	7.6437	15.1587	5.1400	9.6051
	加权净资产收益率(%)	7.5300	16.1900	5.1200	9.9600
	净资产收益率(扣除)(%)	-	-	-	-
	总资产(万元)	330768.39	281135.70	258835.96	232635.88
	归属母公司股东权益(万元)	127319.93	124458.38	111105.89	108827.31
	主营业务收入(万元)	161194.45	294526.51	122961.19	243137.97
	营业收入(万元)	163349.57	297857.03	124511.20	247365.35
	主营成本(万元)	108150.80	207256.46	87283.99	176646.30
	营业成本(万元)	110291.64	210166.44	88256.56	179146.17
	投资收益(万元)	300.00	-	-	-
	净利润(万元)	9902.86	19129.61	5781.53	10415.91
	利润总额(万元)	11521.08	22263.64	7048.82	11710.36

四川川润股份有限公司

公司概况	项目	内容		项目	内容
	公司名称	四川川润股份有限公司		证券简称	川润股份
	法人代表	罗丽华	董秘 谢光勇	证券代码	002272
	公司网址	www.chuanrun.com		电子信箱	chuanrun@chuanrun.com
	电　　话	028-61777787 61836677		传　　真	028-61777787
	办公地址	四川省成都市郫县现代工业港港北六路85号			
	经营范围	稀油、干油集中润滑系统及设备的设计、制造、销售等			

主要财务指标	指标\报告期	2013.06.30	2012.12.31	2012.06.30	2011.12.31
	基本每股收益(元)	0.0066	0.0353	0.0633	0.1700
	基本每股收益(扣除)(元)	-0.0345	0.0091	0.0600	0.1400
	每股净资产(元)	2.9600	2.9685	2.9900	4.5100
	每股经营现金净流量(元)	-0.0814	-0.0418	-0.1116	-0.3250
	每股现金流量(元)	-0.1827	0.7569	0.9410	-0.4324
	每股资本公积金(元)	1.5194	1.5194	1.5198	2.3865
	每股盈余公积金(元)	0.0514	0.0514	0.0356	0.0876
	每股未分配利润(元)	0.3892	0.3977	0.4372	1.0346
	净资产收益率(%)	0.2215	1.1344	1.9200	7.4860
	加权净资产收益率(%)	0.2200	1.7900	2.3700	7.7700
	净资产收益率(扣除)(%)	-	-	-	-
	总资产(万元)	173257.64	171865.82	170329.17	125768.87
	归属母公司股东权益(万元)	124233.22	124587.64	125599.38	76895.34
	主营业务收入(万元)	32410.76	70286.93	36001.49	67554.26
	营业收入(万元)	32955.46	70774.61	36251.03	68271.10
	主营成本(万元)	27763.08	56131.59	27372.07	49529.66
	营业成本(万元)	27915.34	56246.34	27431.34	49950.58
	投资收益(万元)	-	-	-	651.97
	净利润(万元)	275.12	1397.80	2393.15	5756.22
	利润总额(万元)	517.27	1441.92	2890.32	6856.62

浙江水晶光电科技股份有限公司

公司概况	项目	内容		项目	内容
	公司名称	浙江水晶光电科技股份有限公司		证券简称	水晶光电
	法人代表	林敏	董秘 孔文君	证券代码	002273
	公司网址	www.crystal-optech.com		电子信箱	sjzqb@crystal-optech.com
	电　　话	0576-88038228 88038286		传　　真	0576-88038286
	办公地址	浙江省台州市椒江区星星电子产业区A5号			
	经营范围	光学元器件制造、加工、光电子元器件制造、加工			

主要财务指标	指标\报告期	2013.06.30	2012.12.31	2012.06.30	2011.12.31
	基本每股收益(元)	0.1500	0.5900	0.1200	0.5300
	基本每股收益(扣除)(元)	0.1400	0.5600	0.1700	1.0100
	每股净资产(元)	2.8422	4.2091	3.7800	7.6800
	每股经营现金净流量(元)	0.0773	0.7080	0.1499	1.1048
	每股现金流量(元)	-0.2162	-0.4937	-0.4881	2.6380
	每股资本公积金(元)	0.7829	1.6431	1.6318	4.2345
	每股盈余公积金(元)	0.1424	0.2141	0.1610	0.3219
	每股未分配利润(元)	0.9169	1.3519	0.9860	2.1242
	净资产收益率(%)	5.3188	14.0801	4.6000	12.7340
	加权净资产收益率(%)	5.2700	14.8800	4.5200	21.3500
	净资产收益率(扣除)(%)	-	-	-	-
	总资产(万元)	117347.75	118668.54	107142.48	105836.92
	归属母公司股东权益(万元)	106683.85	105071.85	94357.52	95895.22
	主营业务收入(万元)	28166.85	58933.98	23623.30	43076.13
	营业收入(万元)	28303.32	59249.26	23708.68	43307.77
	主营成本(万元)	17790.92	31774.70	14563.96	22033.00
	营业成本(万元)	17849.53	31777.32	14617.01	22121.12
	投资收益(万元)	-	-	-	-
	净利润(万元)	5771.08	15105.09	4432.72	12417.54
	利润总额(万元)	6893.21	17849.77	5290.22	14822.80

江苏华昌化工股份有限公司

公司概况	项目	内容		项目	内容
	公司名称	江苏华昌化工股份有限公司		证券简称	华昌化工
	法人代表	朱郁健	董秘 蒋晓宁	证券代码	002274
	公司网址	www.huachangchem.cn		电子信箱	huachang@huachangchem.cn
	电　　话	0512-58727158		传　　真	0512-58727155
	办公地址	江苏省张家港市金港镇保税区扬子江国际化学工业园南海路1号			
	经营范围	从事基础化工业务、为农业生产、玻璃行业、精细化工行业提供产品			

主要财务指标	指标\报告期	2013.06.30	2012.12.31	2012.06.30	2011.12.31
	基本每股收益(元)	-0.1800	-0.3000	0.0400	0.3100
	基本每股收益(扣除)(元)	-0.1900	-0.3500	-0.0040	0.2800
	每股净资产(元)	5.2819	5.1317	5.3600	5.3200
	每股经营现金净流量(元)	0.3803	-0.0438	-0.4284	0.7263
	每股现金流量(元)	-0.2924	0.7551	0.4940	-0.3834
	每股资本公积金(元)	2.7408	2.4116	2.2483	2.2483
	每股盈余公积金(元)	0.2949	0.2949	0.2949	0.2949
	每股未分配利润(元)	1.2461	1.4251	1.8203	1.7789
	净资产收益率(%)	-3.3890	-5.9186	0.7700	5.7580
	加权净资产收益率(%)	-3.4400	-5.8800	0.7800	5.9300
	净资产收益率(扣除)(%)	-	-	-	-
	总资产(万元)	437440.57	407590.02	394301.93	376326.84
	归属母公司股东权益(万元)	138106.25	134179.69	140243.08	139159.09
	主营业务收入(万元)	181415.92	396179.21	198139.11	410414.01
	营业收入(万元)	182034.51	398107.07	201561.85	412227.30
	主营成本(万元)	172469.22	377010.19	183419.27	372043.12
	营业成本(万元)	173045.29	378785.48	186793.77	373631.56
	投资收益(万元)	61.68	1434.81	1479.11	879.14
	净利润(万元)	-4665.57	-7922.39	1097.14	8030.42
	利润总额(万元)	-6531.96	-11184.00	1138.07	9936.11

桂林三金药业股份有限公司

公司概况	公司名称	桂林三金药业股份有限公司		证券简称	桂林三金
	法人代表	邹节明	董秘	邹洵	证券代码 002275
	公司网址	www.sanjin.com.cn		电子信箱	dsh@sanjin.com.cn
	电　话	0773-5829106 5829109		传　真	0773-5838652
	办公地址	广西壮族自治区桂林市金星路1号			
	经营范围	片剂、硬胶囊剂、散剂、颗粒剂、酊剂等			

	指标\报告期	2013.06.30	2012.12.31	2012.06.30	2011.12.31
主要财务指标	基本每股收益(元)	0.3700	0.5600	0.3200	0.4900
	基本每股收益(扣除)(元)	0.3580	0.5400	0.3140	0.4800
	每股净资产(元)	3.3866	3.5207	3.2800	3.3600
	每股经营现金净流量(元)	0.4961	0.5127	0.1717	0.5779
	每股现金流量(元)	-0.4924	-0.2220	-0.2896	0.1593
	每股资本公积金(元)	1.1542	1.1542	1.1542	1.1542
	每股盈余公积金(元)	0.3366	0.3366	0.2844	0.2844
	每股未分配利润(元)	0.8957	1.0298	0.8425	0.9209
	净资产收益率(%)	10.8044	15.9369	9.8000	14.7240
	加权净资产收益率(%)	10.3400	16.4700	9.3100	15.6000
	净资产收益率(扣除)(%)	-	-	-	-
	总资产(万元)	241986.69	248515.53	223636.19	220099.49
	归属母公司股东权益(万元)	199874.18	207789.04	193655.26	198281.85
	主营业务收入(万元)	64431.76	131009.15	59336.14	116024.40
	营业收入(万元)	64447.67	131154.66	59447.04	116178.08
	主营成本(万元)	16753.09	38755.75	19927.94	33056.52
	营业成本(万元)	16768.80	38779.76	20009.67	33097.46
	投资收益(万元)	420.68	676.94	364.01	730.48
	净利润(万元)	21595.14	33115.19	18981.41	29189.87
	利润总额(万元)	26104.06	40630.65	22971.29	36514.47

浙江万马电缆股份有限公司

公司概况	公司名称	浙江万马电缆股份有限公司		证券简称	万马电缆
	法人代表	顾春序	董秘	王向亭	证券代码 002276
	公司网址	www.wanma-cable.cn		电子信箱	investor@zjwanma.com
	电　话	0571-63755256 63755192		传　真	0571-63755256
	办公地址	浙江省临安市经济开发区南环路88号			
	经营范围	电力电缆的研发、生产和销售			

	指标\报告期	2013.06.30	2012.12.31	2012.06.30	2011.12.31
主要财务指标	基本每股收益(元)	0.0978	0.2000	0.0910	0.1700
	基本每股收益(扣除)(元)	0.0961	0.1500	0.0712	0.2444
	每股净资产(元)	2.5471	2.4992	2.0500	4.1607
	每股经营现金净流量(元)	-0.1962	-0.0160	-0.2358	-0.1668
	每股现金流量(元)	-0.3991	-0.1023	-0.3183	0.5741
	每股资本公积金(元)	0.8220	0.8220	0.5441	1.9401
	每股盈余公积金(元)	0.0973	0.0973	0.0554	0.1683
	每股未分配利润(元)	0.6277	0.5799	0.4544	1.0523
	净资产收益率(%)	3.8416	7.6513	4.9547	7.8732
	加权净资产收益率(%)	3.8800	9.2700	3.8200	9.4000
	净资产收益率(扣除)(%)	-	-	-	-
	总资产(万元)	395962.92	391513.42	250431.85	310270.54
	归属母公司股东权益(万元)	236608.20	232163.24	159553.07	179575.77
	主营业务收入(万元)	198416.23	384043.39	156480.14	355736.43
	营业收入(万元)	198626.28	385094.27	156797.93	356618.18
	主营成本(万元)	168828.08	323509.78	131060.61	304089.67
	营业成本(万元)	168991.57	324462.11	96938.92	304869.20
	投资收益(万元)	150.05	-36.99	-55.52	-6.60
	净利润(万元)	9015.62	17653.03	7862.28	14044.18
	利润总额(万元)	10173.75	19811.94	8852.09	15710.33

湖南友谊阿波罗商业股份有限公司

公司概况	公司名称	湖南友谊阿波罗商业股份有限公司		证券简称	友阿股份
	法人代表	胡子敬	董秘	陈学文	证券代码 002277
	公司网址	www.your-mart.cn		电子信箱	cxw5448@126.com
	电　话	0731-82293541 82295528		传　真	0731-82243046 82294448
	办公地址	湖南省长沙市芙蓉区八一路1号			
	经营范围	商品零售业及相关配套服务、酒店业、餐饮业、休闲娱乐业的投资等			

	指标\报告期	2013.06.30	2012.12.31	2012.06.30	2011.12.31
主要财务指标	基本每股收益(元)	0.5358	0.6730	0.4846	0.5200
	基本每股收益(扣除)(元)	0.5307	0.6620	0.7598	0.4900
	每股净资产(元)	4.4945	4.0457	6.0900	5.4700
	每股经营现金净流量(元)	-0.1481	1.0649	0.1092	1.7011
	每股现金流量(元)	0.5622	-0.2132	-1.8391	1.5387
	每股资本公积金(元)	1.1121	1.0992	2.2784	2.2784
	每股盈余公积金(元)	0.2606	0.2606	0.3101	0.3101
	每股未分配利润(元)	2.1217	1.6859	2.5030	1.8777
	净资产收益率(%)	11.9210	16.6342	12.7300	15.2180
	加权净资产收益率(%)	12.4700	18.1100	13.3600	16.3400
	净资产收益率(扣除)(%)	-	-	-	-
	总资产(万元)	579014.41	518037.48	424600.50	490732.93
	归属母公司股东权益(万元)	251116.80	226043.50	212715.13	190878.71
	主营业务收入(万元)	315328.53	560664.77	275121.74	470047.91
	营业收入(万元)	323477.25	571658.64	280812.18	474108.40
	主营成本(万元)	265567.51	472283.13	227561.69	390720.59
	营业成本(万元)	265567.51	472288.01	227565.21	390636.89
	投资收益(万元)	2666.26	3189.67	2821.77	1969.74
	净利润(万元)	30128.43	38130.04	27261.30	29558.63
	利润总额(万元)	40122.21	51734.84	36424.45	39975.60

上海神开石油化工装备股份有限公司

公司概况	公司名称	上海神开石油化工装备股份有限公司		证券简称	神开股份
	法人代表	顾正	董秘	顾冰	证券代码 002278
	公司网址	www.shenkai.com		电子信箱	shenkai@shenkai.com
	电　话	021-64293895 34718993		传　真	021-54336696
	办公地址	上海市闵行区浦星公路1769号			
	经营范围	研发、制造、销售石油勘探设备、钻井井控设备、采油和井口设备等			

	指标\报告期	2013.06.30	2012.12.31	2012.06.30	2011.12.31
主要财务指标	基本每股收益(元)	0.1300	0.2000	0.1300	0.3100
	基本每股收益(扣除)(元)	-	0.1500	0.1200	0.2300
	每股净资产(元)	4.0069	4.4182	4.3600	4.4200
	每股经营现金净流量(元)	0.0249	0.3148	0.1350	0.0929
	每股现金流量(元)	-0.1918	-0.0616	-0.1529	-0.1741
	每股资本公积金(元)	1.9310	2.2241	2.2241	2.2241
	每股盈余公积金(元)	0.1661	0.1827	0.1827	0.1827
	每股未分配利润(元)	0.9124	1.0129	0.9551	1.0159
	净资产收益率(%)	3.1935	4.4576	3.1500	6.9206
	加权净资产收益率(%)	3.1500	4.4900	3.1500	7.1000
	净资产收益率(扣除)(%)	-	-	-	-
	总资产(万元)	157138.81	155531.87	156703.54	149121.76
	归属母公司股东权益(万元)	115268.44	115545.93	114038.77	115625.56
	主营业务收入(万元)	37912.35	74475.45	38329.86	60246.79
	营业收入(万元)	38259.75	74987.87	38442.72	61015.98
	主营成本(万元)	25962.87	52414.57	26681.89	38845.61
	营业成本(万元)	26026.67	52676.97	26738.05	39172.31
	投资收益(万元)	-	-	-	-
	净利润(万元)	3645.71	5224.18	3643.77	8016.26
	利润总额(万元)	4284.79	6310.18	4297.16	9303.93

北京久其软件股份有限公司

公司概况	公司名称	北京久其软件股份有限公司			证券简称	久其软件
	法人代表	赵福君	董秘	王海霞	证券代码	002279
	公司网址	www.jiuqi.com.cn		电子信箱	whx@jiuqi.com.cn	
	电　话	010-88551199 58022988		传　真	010-58022897	
	办公地址	北京市经济技术开发区西环中路 6 号				
	经营范围	从事报表管理软件、电子政务软件、集团管控软件、商业智能软件等				

主要财务指标	指标\报告期	2013.06.30	2012.12.31	2012.06.30	2011.12.31
	基本每股收益(元)	–0.1305	0.1111	–0.3171	0.3492
	基本每股收益(扣除)(元)	–0.1375	0.0581	–0.3197	0.5337
	每股净资产(元)	3.5631	3.7936	3.3030	5.9843
	每股经营现金净流量(元)	–0.2767	0.2423	–0.3848	0.3519
	每股现金流量(元)	–0.2218	–0.6146	–0.6208	–0.7127
	每股资本公积金(元)	1.5695	1.5695	1.5071	3.0036
	每股盈余公积金(元)	0.1870	0.1870	0.1727	0.2764
	每股未分配利润(元)	0.8065	1.0371	0.6231	1.7043
	净资产收益率(%)	–3.6633	2.9290	–9.6001	9.3370
	加权净资产收益率(%)	–3.5200	2.9800	–8.8500	9.6500
	净资产收益率(扣除)(%)	–	–	–	–
	总资产(万元)	64258.94	70533.65	59843.51	69162.86
	归属母公司股东权益(万元)	62637.03	66689.59	58064.50	65750.96
	主营业务收入(万元)	7282.00	24655.40	4483.95	24064.25
	营业收入(万元)	7320.44	24732.12	4534.55	24125.84
	主营成本(万元)	221.24	912.59	292.22	768.55
	营业成本(万元)	221.24	912.59	292.22	768.55
	投资收益(万元)	–144.90	–170.91	–393.76	299.20
	净利润(万元)	–2311.23	1918.45	–5664.65	6149.36
	利润总额(万元)	–2321.13	2247.27	–5509.15	6569.33

杭州新世纪信息技术股份有限公司

公司概况	公司名称	杭州新世纪信息技术股份有限公司			证券简称	新世纪
	法人代表	徐智勇	董秘	俞竣华	证券代码	002280
	公司网址	www.nci.com.cn		电子信箱	dongyf@nci.com.cn	
	电　话	0571-28996018		传　真	0571-28996009	
	办公地址	浙江省杭州市滨江区南环路 3766 号				
	经营范围	应用软件开发与销售、系统集成及技术支持与服务				

主要财务指标	指标\报告期	2013.06.30	2012.12.31	2012.06.30	2011.12.31
	基本每股收益(元)	–0.1000	0.0400	0.0400	0.4000
	基本每股收益(扣除)(元)	–0.1100	0.2000	0.0700	0.3900
	每股净资产(元)	4.2655	4.4800	4.5300	4.6100
	每股经营现金净流量(元)	–0.5526	0.1485	–0.5531	0.5106
	每股现金流量(元)	–0.5626	–0.1665	0.0472	0.3504
	每股资本公积金(元)	2.2601	2.2601	2.2601	2.3094
	每股盈余公积金(元)	0.1818	0.1818	0.1533	0.1533
	每股未分配利润(元)	0.8236	1.0406	1.1194	1.1477
	净资产收益率(%)	–2.2751	0.9239	1.9700	8.6759
	加权净资产收益率(%)	–2.1900	0.9200	1.9700	8.9300
	净资产收益率(扣除)(%)	–	–	–	–
	总资产(万元)	51035.94	55970.86	54591.34	56857.88
	归属母公司股东权益(万元)	45640.69	47963.04	48500.79	49330.76
	主营业务收入(万元)	5783.12	25298.61	8936.17	36708.40
	营业收入(万元)	5853.80	25481.95	9027.28	36923.29
	主营成本(万元)	4470.09	16829.76	5236.79	25812.16
	营业成本(万元)	4470.09	16860.17	5236.79	25847.96
	投资收益(万元)	150.00	–	–	–
	净利润(万元)	–1038.35	443.11	980.86	4291.27
	利润总额(万元)	–1011.91	1197.91	1253.77	5083.49

武汉光迅科技股份有限公司

公司概况	公司名称	武汉光迅科技股份有限公司			证券简称	光迅科技
	法人代表	鲁国庆	董秘	毛浩	证券代码	002281
	公司网址	www.accelink.com		电子信箱	investor@accelink.com	
	电　话	027-87694060		传　真	027-87694060	
	办公地址	湖北省武汉市江夏区藏龙岛开发区潭湖路 1 号				
	经营范围	信息技术领域光、电器件技术及产品的研制、生产、销售和相关技术服务				

主要财务指标	指标\报告期	2013.06.30	2012.12.31	2012.06.30	2011.12.31
	基本每股收益(元)	0.5000	0.8700	0.4600	0.8900
	基本每股收益(扣除)(元)	0.2500	0.3800	0.1300	0.6000
	每股净资产(元)	8.3450	8.0937	7.0300	8.6100
	每股经营现金净流量(元)	–0.2453	1.1212	0.6881	0.7725
	每股现金流量(元)	–1.2355	0.1350	–0.0573	–0.9525
	每股资本公积金(元)	3.7816	3.7787	3.5936	4.5662
	每股盈余公积金(元)	0.3775	0.4326	0.3723	0.3723
	每股未分配利润(元)	3.1909	3.3671	2.0669	2.6759
	净资产收益率(%)	6.0226	10.7973	4.3800	11.8113
	加权净资产收益率(%)	6.0800	11.1700	5.9600	12.4300
	净资产收益率(扣除)(%)	–	–	–	–
	总资产(万元)	262282.03	251583.41	158034.95	241406.19
	归属母公司股东权益(万元)	153006.15	148398.83	112508.66	137814.80
	主营业务收入(万元)	104114.80	205089.21	97450.72	204114.99
	营业收入(万元)	106005.14	210366.29	100623.25	207230.18
	主营成本(万元)	83689.34	161518.38	78716.70	160586.02
	营业成本(万元)	85466.00	166700.41	34873.66	163626.94
	投资收益(万元)	–	–	–	–
	净利润(万元)	9214.91	16023.04	8426.58	16277.71
	利润总额(万元)	10158.26	17608.63	9296.56	18298.01

博深工具股份有限公司

公司概况	公司名称	博深工具股份有限公司			证券简称	博深工具
	法人代表	陈怀荣	董秘	井成铭	证券代码	002282
	公司网址	www.bosuntools.com		电子信箱	bod@bosuntools.com	
	电　话	0311-85962650		传　真	0311-85965550	
	办公地址	河北省石家庄市高新技术产业开发区海河道 10 号				
	经营范围	生产销售人造金刚石及制品、粉末冶金制品、电动工具及配件以及相关技术服务				

主要财务指标	指标\报告期	2013.06.30	2012.12.31	2012.06.30	2011.12.31
	基本每股收益(元)	0.1400	0.0300	0.1100	0.2900
	基本每股收益(扣除)(元)	–	0.0100	0.1000	0.2900
	每股净资产(元)	3.5279	3.4762	3.5300	3.5362
	每股经营现金净流量(元)	–0.0424	–0.0816	–0.1341	0.0352
	每股现金流量(元)	0.2660	–0.3639	–0.1544	–1.0386
	每股资本公积金(元)	1.8698	1.8698	1.8589	1.8689
	每股盈余公积金(元)	0.1200	0.1209	0.1173	0.1173
	每股未分配利润(元)	0.6097	0.5301	0.6422	0.5996
	净资产收益率(%)	3.9035	0.9794	3.0500	8.3302
	加权净资产收益率(%)	3.8800	0.9700	3.0300	8.4700
	净资产收益率(扣除)(%	–	–	–	–
	总资产(万元)	121092.78	120055.11	118867.66	107771.40
	归属母公司股东权益(万元)	79526.21	78361.24	80718.35	79713.25
	主营业务收入(万元)	26996.64	53268.99	27865.71	56052.03
	营业收入(万元)	26996.64	54122.99	28565.71	56099.18
	主营成本(万元)	19518.70	38646.96	19508.87	36198.87
	营业成本(万元)	19518.70	38654.56	19508.87	36200.18
	投资收益(万元)	2961.98	–	–	–
	净利润(万元)	3104.33	753.73	2468.68	6603.05
	利润总额(万元)	3608.24	1121.76	3053.16	7651.63

天润曲轴股份有限公司

公司概况						
公司概况	公司名称	天润曲轴股份有限公司			证券简称	天润曲轴
公司概况	法人代表	邢运波	董秘	刘立	证券代码	002283
公司概况	公司网址	www.tianrun.com		电子信箱	liuli@tianrun.com	
公司概况	电　　话	0631-8982313 8982177		传　　真	0631-8982333	
公司概况	办公地址	山东省文登市天润路 2-13 号				
公司概况	经营范围	曲轴、机床、机械配件的生产、销售				

主要财务指标	指标＼报告期	2013.06.30	2012.12.31	2012.06.30	2011.12.31
主要财务指标	基本每股收益(元)	0.1000	0.1100	0.0800	0.4000
主要财务指标	基本每股收益(扣除)(元)	0.0900	0.0900	0.0700	0.3700
主要财务指标	每股净资产(元)	5.4029	5.3198	5.2900	5.2400
主要财务指标	每股经营现金净流量(元)	0.2987	0.2385	0.0597	0.0715
主要财务指标	每股现金流量(元)	-0.0341	-0.6333	-0.4871	1.0642
主要财务指标	每股资本公积金(元)	3.2595	3.2595	3.2595	3.2595
主要财务指标	每股盈余公积金(元)	0.1011	0.1011	0.0896	0.0896
主要财务指标	每股未分配利润(元)	1.0424	0.9592	0.9396	0.8873
主要财务指标	净资产收益率(%)	1.8161	2.1330	1.5600	6.9200
主要财务指标	加权净资产收益率(%)	1.8300	2.1500	1.5600	9.0900
主要财务指标	净资产收益率(扣除)(%)	-	-	-	-
主要财务指标	总资产(万元)	463406.99	443668.04	417097.16	407365.74
主要财务指标	归属母公司股东权益(万元)	302246.98	297596.92	295853.49	292927.28
主要财务指标	主营业务收入(万元)	79070.05	103181.28	55147.34	139053.67
主要财务指标	营业收入(万元)	81059.79	106876.87	56587.54	145688.94
主要财务指标	主营成本(万元)	61063.21	82434.71	44661.47	101740.89
主要财务指标	营业成本(万元)	63037.40	86140.36	46041.35	107904.89
主要财务指标	投资收益(万元)	-	-	-	-
主要财务指标	净利润(万元)	5355.29	6345.90	4740.33	21129.48
主要财务指标	利润总额(万元)	6211.00	7014.65	5495.08	24131.50

浙江亚太机电股份有限公司

公司概况						
公司概况	公司名称	浙江亚太机电股份有限公司			证券简称	亚太股份
公司概况	法人代表	黄伟中	董秘	邱蓉	证券代码	002284
公司概况	公司网址	www.apg.cn		电子信箱	ytzq@apg.cn	
公司概况	电　　话	0571-82765229 82761316		传　　真	0571-82761666	
公司概况	办公地址	浙江省杭州市萧山区蜀山街道亚太路 1399 号				
公司概况	经营范围	开发、生产、销售汽车制动系统				

主要财务指标	指标＼报告期	2013.06.30	2012.12.31	2012.06.30	2011.12.31
主要财务指标	基本每股收益(元)	0.2600	0.3000	0.1610	0.2800
主要财务指标	基本每股收益(扣除)(元)	0.2430	0.2400	0.1490	0.2200
主要财务指标	每股净资产(元)	3.9976	3.8400	3.6900	3.6300
主要财务指标	每股经营现金净流量(元)	0.4185	0.7334	0.1103	0.0575
主要财务指标	每股现金流量(元)	-0.2299	-0.4737	-0.4612	-0.2198
主要财务指标	每股资本公积金(元)	0.9776	0.9776	0.9776	0.9776
主要财务指标	每股盈余公积金(元)	0.2756	0.2756	0.2353	0.2353
主要财务指标	每股未分配利润(元)	1.7321	1.5725	1.4785	1.4176
主要财务指标	净资产收益率(%)	6.4938	7.7227	4.3600	7.6580
主要财务指标	加权净资产收益率(%)	6.5700	7.9800	4.3600	7.9000
主要财务指标	净资产收益率(扣除)(%)	-	-	-	-
主要财务指标	总资产(万元)	242963.90	225368.00	219152.77	211256.26
主要财务指标	归属母公司股东权益(万元)	114746.76	110165.70	105961.11	104212.18
主要财务指标	主营业务收入(万元)	121022.67	190679.58	94138.50	169694.57
主要财务指标	营业收入(万元)	133280.02	210744.60	103211.67	185112.30
主要财务指标	主营成本(万元)	99153.97	159254.71	79786.21	140925.01
主要财务指标	营业成本(万元)	110695.65	178319.43	88051.20	155892.82
主要财务指标	投资收益(万元)	-143.83	-373.90	-180.65	-160.44
主要财务指标	净利润(万元)	7610.44	8772.37	4774.54	8410.92
主要财务指标	利润总额(万元)	8841.51	9940.97	5404.19	9203.68

深圳世联地产顾问股份有限公司

公司概况						
公司概况	公司名称	深圳世联地产顾问股份有限公司			证券简称	世联地产
公司概况	法人代表	陈劲松	董秘	袁鸿昌	证券代码	002285
公司概况	公司网址	www.worldunion.com.cn		电子信箱	info@worldunion.com.cn	
公司概况	电　　话	0755-22162144 22162708		传　　真	0755-22162231	
公司概况	办公地址	广东省深圳市罗湖区深南东路 5047 号深圳发展银行大厦 13 楼				
公司概况	经营范围	房地产咨询、房地产代理、房地产经纪、物业管理				

主要财务指标	指标＼报告期	2013.06.30	2012.12.31	2012.06.30	2011.12.31
主要财务指标	基本每股收益(元)	0.2500	0.6500	0.1000	0.4800
主要财务指标	基本每股收益(扣除)(元)	6.5200	0.6400	0.1200	0.4800
主要财务指标	每股净资产(元)	3.5190	4.5550	4.0400	4.2000
主要财务指标	每股经营现金净流量(元)	0.3961	0.6904	-0.2445	0.0031
主要财务指标	每股现金流量(元)	-0.5036	0.3556	-0.6754	-0.3860
主要财务指标	每股资本公积金(元)	1.3114	1.7048	1.7048	1.7605
主要财务指标	每股盈余公积金(元)	0.3485	0.4530	0.3773	0.3773
主要财务指标	每股未分配利润(元)	0.8592	1.3972	0.9559	1.0667
主要财务指标	净资产收益率(%)	6.9893	14.2117	3.2300	11.4640
主要财务指标	加权净资产收益率(%)	6.9300	14.8500	3.0800	12.5400
主要财务指标	净资产收益率(扣除)(%)	-	-	-	-
主要财务指标	总资产(万元)	196252.59	233810.15	162970.60	175624.16
主要财务指标	归属母公司股东权益(万元)	149318.75	148674.46	131801.05	137232.39
主要财务指标	主营业务收入(万元)	106980.68	187394.28	68444.87	165245.90
主要财务指标	营业收入(万元)	107205.58	187803.17	68849.91	165635.37
主要财务指标	主营成本(万元)	73128.83	122178.06	49631.40	100063.41
主要财务指标	营业成本(万元)	73201.24	122319.84	49678.32	100397.80
主要财务指标	投资收益(万元)	146.87	359.96	156.07	333.84
主要财务指标	净利润(万元)	11869.41	22499.05	4192.35	16881.33
主要财务指标	利润总额(万元)	16263.15	30450.84	6254.41	27477.79

保龄宝生物股份有限公司

公司概况						
公司概况	公司名称	保龄宝生物股份有限公司			证券简称	保龄宝
公司概况	法人代表	刘宗利	董秘	吕正欣	证券代码	002286
公司概况	公司网址	www.blb-cn.com		电子信箱	tzzgx@blb-cn.com	
公司概况	电　　话	0534-8918658		传　　真	0534-2126058	
公司概况	办公地址	山东省德州市禹城高新开发区东外环路 1 号				
公司概况	经营范围	以农副产品为原料经生物工程深加工生产、销售低聚糖、果葡糖浆、糖醇等产品				

主要财务指标	指标＼报告期	2013.06.30	2012.12.31	2012.06.30	2011.12.31
主要财务指标	基本每股收益(元)	0.1700	0.5000	0.2500	0.4100
主要财务指标	基本每股收益(扣除)(元)	-	0.4400	0.2300	0.5000
主要财务指标	每股净资产(元)	7.6659	6.0433	5.8000	7.3100
主要财务指标	每股经营现金净流量(元)	0.1509	0.6964	0.1844	1.6510
主要财务指标	每股现金流量(元)	2.0991	-0.0643	0.1189	-0.1107
主要财务指标	每股资本公积金(元)	5.3296	3.2058	3.2058	4.4676
主要财务指标	每股盈余公积金(元)	0.1423	0.1944	0.1446	0.1880
主要财务指标	每股未分配利润(元)	1.1940	1.6432	1.4490	1.6534
主要财务指标	净资产收益率(%)	1.8357	8.2400	4.4200	7.3310
主要财务指标	加权净资产收益率(%)	2.5200	8.5500	4.4200	7.6100
主要财务指标	净资产收益率(扣除)(%)	-	-	-	-
主要财务指标	总资产(万元)	169427.27	111276.72	115705.98	111258.89
主要财务指标	归属母公司股东权益(万元)	141534.09	81706.07	78407.52	76013.50
主要财务指标	主营业务收入(万元)	38608.73	97053.57	48766.21	94468.49
主要财务指标	营业收入(万元)	38867.92	97802.80	49122.68	95077.34
主要财务指标	主营成本(万元)	31188.32	77526.61	38784.34	74642.26
主要财务指标	营业成本(万元)	31222.70	77673.55	38864.88	74767.50
主要财务指标	投资收益(万元)	125.39	0.58	-	86.76
主要财务指标	净利润(万元)	2597.99	6732.24	3434.06	5571.77
主要财务指标	利润总额(万元)	3072.09	7971.61	4022.43	6595.15

西藏奇正藏药股份有限公司

公司概况	公司名称	西藏奇正藏药股份有限公司		证券简称	奇正藏药
	法人代表	雷菊芳	董秘	曹焕丽	证券代码	002287
	公司网址	www.cheezheng.com.cn		电子信箱	qzzy@qzh.cn
	电　话	010-64972881		传　真	010-64987324
	办公地址	西藏自治区林芝地区八一镇泉州路1号			
	经营范围	藏药的研发、生产和销售、包括外用止痛药物、口服药等			

主要财务指标	指标\报告期	2013.06.30	2012.12.31	2012.06.30	2011.12.31
	基本每股收益(元)	0.2800	0.4700	0.2200	0.4200
	基本每股收益(扣除)(元)	0.2200	0.4400	0.2200	0.4000
	每股净资产(元)	3.2270	3.2543	3.0100	3.0700
	每股经营现金净流量(元)	0.5444	0.4179	0.3903	-0.0289
	每股现金流量(元)	0.1692	-0.0139	-0.0021	-0.5911
	每股资本公积金(元)	1.0124	1.0124	1.0124	1.0124
	每股盈余公积金(元)	0.1879	0.1879	0.1462	0.1462
	每股未分配利润(元)	1.0267	1.0540	0.8482	0.9073
	净资产收益率(%)	8.7617	14.3941	7.3500	13.7150
	加权净资产收益率(%)	8.4600	14.8200	6.9500	14.1500
	净资产收益率(扣除)(%)	-	-	-	-
	总资产(万元)	142212.29	143255.64	133325.55	135754.81
	归属母公司股东权益(万元)	131016.58	132123.32	122073.43	124473.37
	主营业务收入(万元)	45543.23	93390.13	33767.96	78884.11
	营业收入(万元)	45549.93	93427.47	33783.81	78922.51
	主营成本(万元)	17969.38	43647.70	11328.59	35901.25
	营业成本(万元)	17972.92	43658.66	11334.82	35925.23
	投资收益(万元)	-	-	-	-
	净利润(万元)	11385.25	18779.98	8940.01	17065.04
	利润总额(万元)	13598.21	22284.68	10597.53	20294.32

广东超华科技股份有限公司

公司概况	公司名称	广东超华科技股份有限公司		证券简称	超华科技
	法人代表	梁俊丰	董秘	王勇强	证券代码	002288
	公司网址	www.chaohuatech.com		电子信箱	wyq@chaohuatech.com
	电　话	0755-83432338 83433898		传　真	0755-83433868 83432658
	办公地址	广东省梅州市梅县雁洋镇超华工业园			
	经营范围	覆铜箔板、印制电路板及其上游相关产品电解铜箔、专用木浆纸的研发、生产和销售			

主要财务指标	指标\报告期	2013.06.30	2012.12.31	2012.06.30	2011.12.31
	基本每股收益(元)	0.0640	0.1430	0.0730	0.1250
	基本每股收益(扣除)(元)	-	0.1400	0.0840	0.1967
	每股净资产(元)	2.8848	3.4068	3.3500	3.0800
	每股经营现金净流量(元)	-0.0723	-0.1153	-0.0671	-0.0139
	每股现金流量(元)	0.8918	0.2104	0.3233	0.0009
	每股资本公积金(元)	1.3135	1.7762	1.7763	1.0639
	每股盈余公积金(元)	0.0463	0.0556	0.0504	0.1008
	每股未分配利润(元)	0.5265	0.5751	0.5222	0.9176
	净资产收益率(%)	2.2162	3.8545	2.1900	6.5040
	加权净资产收益率(%)	2.2300	5.0300	3.9300	6.6400
	净资产收益率(扣除)(%)	-	-	-	-
	总资产(万元)	235782.27	187561.32	180611.98	98093.09
	归属母公司股东权益(万元)	114184.95	112374.16	110472.35	50852.23
	主营业务收入(万元)	37143.47	68747.39	34777.93	41358.83
	营业收入(万元)	37323.82	69285.66	34784.69	41714.66
	主营成本(万元)	29168.01	54711.70	27203.39	32479.12
	营业成本(万元)	29282.73	54968.73	27203.39	32499.25
	投资收益(万元)	-	-	-	2.05
	净利润(万元)	2985.73	5822.88	3492.27	4505.61
	利润总额(万元)	3573.37	6403.19	3972.36	5127.47

深圳市宇顺电子股份有限公司

公司概况	公司名称	深圳市宇顺电子股份有限公司		证券简称	宇顺电子
	法人代表	魏连速	董秘	凌友娣	证券代码	002289
	公司网址	www.szsuccess.com.cn		电子信箱	ysdz@szsuccess.com.cn
	电　话	0755-86028268 86028112		传　真	0755-86028498
	办公地址	广东省深圳市南山区高新技术产业园区中区M-6栋二层一区、四层四区			
	经营范围	专注于中小尺寸液晶显示器的研发、生产与销售			

主要财务指标	指标\报告期	2013.06.30	2012.12.31	2012.06.30	2011.12.31
	基本每股收益(元)	0.0596	-1.7007	-0.5255	0.2830
	基本每股收益(扣除)(元)	0.0018	-1.7928	-0.5300	0.2754
	每股净资产(元)	6.6134	4.7538	5.9600	6.5400
	每股经营现金净流量(元)	1.3013	-3.7244	-1.1120	-1.8796
	每股现金流量(元)	3.3625	-0.1617	0.0657	-1.8636
	每股资本公积金(元)	5.5660	3.7511	3.7866	3.7866
	每股盈余公积金(元)	0.1402	0.2165	0.2256	0.2256
	每股未分配利润(元)	-0.0929	-0.2138	0.9523	1.5279
	净资产收益率(%)	0.6896	-35.7763	-8.8100	4.3280
	加权净资产收益率(%)	1.0700	-30.1200	-8.3900	4.4200
	净资产收益率(扣除)(%)	-	-	-	-
	总资产(万元)	202964.59	164993.37	131598.96	114157.98
	归属母公司股东权益(万元)	75061.77	34940.48	43838.84	48069.02
	主营业务收入(万元)	75127.72	99680.77	38525.31	84598.42
	营业收入(万元)	75303.10	100714.11	38847.14	84920.46
	主营成本(万元)	66110.38	91724.87	34696.86	71551.05
	营业成本(万元)	66204.52	93075.50	35076.69	72036.12
	投资收益(万元)	-	-	-	-
	净利润(万元)	620.06	-12805.93	-4141.11	2051.05
	利润总额(万元)	676.90	-13232.82	-4141.11	2611.34

苏州禾盛新型材料股份有限公司

公司概况	公司名称	苏州禾盛新型材料股份有限公司		证券简称	禾盛新材
	法人代表	赵东明	董秘	袁文雄	证券代码	002290
	公司网址	www.szhssm.com.cn		电子信箱	hesheng@szhssm.com
	电　话	0512-65073528 65073880		传　真	0512-65073400
	办公地址	江苏省苏州市工业园区后戴街108号			
	经营范围	家电用外观部件复合材料的研发、生产和销售			

主要财务指标	指标\报告期	2013.06.30	2012.12.31	2012.06.30	2011.12.31
	基本每股收益(元)	0.1000	0.1200	0.1300	0.2900
	基本每股收益(扣除)(元)	0.0800	0.1000	0.1200	0.3900
	每股净资产(元)	4.5779	4.5731	4.5900	6.3400
	每股经营现金净流量(元)	0.0903	1.0220	0.6275	-1.0214
	每股现金流量(元)	0.0489	0.4987	0.2948	-1.0053
	每股资本公积金(元)	2.1128	2.1128	2.1128	3.3579
	每股盈余公积金(元)	0.1873	0.1873	0.1758	0.2461
	每股未分配利润(元)	1.2778	1.2730	1.2975	1.7335
	净资产收益率(%)	2.2891	2.5738	2.3500	6.4690
	加权净资产收益率(%)	2.2700	2.5700	2.3500	6.4700
	净资产收益率(扣除)(%)	-	-	-	-
	总资产(万元)	138533.79	135274.20	139794.88	126351.33
	归属母公司股东权益(万元)	96443.97	96342.97	96615.65	95368.12
	主营业务收入(万元)	52981.33	112952.09	57431.56	110876.66
	营业收入(万元)	53874.58	114686.50	58648.88	113668.55
	主营成本(万元)	46744.50	102241.68	50855.45	98299.67
	营业成本(万元)	47688.39	103893.32	51989.87	99747.97
	投资收益(万元)	431.35	-	-	-
	净利润(万元)	2207.72	2479.65	2752.33	6169.46
	利润总额(万元)	2519.80	2838.23	3151.80	7138.25

佛山星期六鞋业股份有限公司

公司概况	公司名称	佛山星期六鞋业股份有限公司			证券简称	星 期 六
	法人代表	张泽民	董秘	何建锋	证券代码	002291
	公司网址	www.st-sat.com		电子信箱	zhengquan@st-sat.com	
	电 话	0757-86256351		传 真	0757-86252172	
	办公地址	广东省佛山市南海区桂城科技园(简平路)B-3 号				
	经营范围	生产经营皮鞋、皮革制品、服装、服饰等				

主要财务指标	指标\报告期	2013.06.30	2012.12.31	2012.06.30	2011.12.31
	基本每股收益(元)	0.0900	0.1500	0.1300	0.2700
	基本每股收益(扣除)(元)	0.0830	0.1500	0.1315	0.2800
	每股净资产(元)	4.4510	4.3655	4.3400	4.3100
	每股经营现金净流量(元)	0.0001	–0.3708	–0.0311	–0.4442
	每股现金流量(元)	–0.3712	–0.1148	0.3301	–0.5464
	每股资本公积金(元)	2.2296	2.2296	2.2296	2.2296
	每股盈余公积金(元)	0.1674	0.1674	0.1510	0.1510
	每股未分配利润(元)	1.0540	0.9685	0.9622	0.9312
	净资产收益率(%)	1.9196	3.5199	3.0200	6.3470
	加权净资产收益率(%)	1.9500	3.5500	2.9900	6.5800
	净资产收益率(扣除)(%)	–	–	–	–
	总资产(万元)	261764.75	265266.42	235826.53	204405.52
	归属母公司股东权益(万元)	161725.61	158621.05	157797.77	156671.20
	主营业务收入(万元)	89686.61	156906.16	74209.16	134448.60
	营业收入(万元)	89705.78	156932.54	74222.53	134815.29
	主营成本(万元)	48059.95	83541.06	37657.83	64085.91
	营业成本(万元)	48079.11	83566.03	37671.20	64422.06
	投资收益(万元)	–	–	–	–
	净利润(万元)	3209.56	5657.18	4748.64	9944.56
	利润总额(万元)	4461.23	7883.29	6381.58	14084.29

广东奥飞动漫文化股份有限公司

公司概况	公司名称	广东奥飞动漫文化股份有限公司			证券简称	奥飞动漫
	法人代表	蔡东青	董秘	郑克东	证券代码	002292
	公司网址	www.gdalpha.com		电子信箱	invest@gdalpha.com	
	电 话	020-38983278*3886 1102		传 真	020-38336260	
	办公地址	广东省广州市珠江新城临江大道 5 号保利国际中心 10 楼				
	经营范围	制作、复制、发行:电视剧、综艺、专题、动画故事片等				

主要财务指标	指标\报告期	2013.06.30	2012.12.31	2012.06.30	2011.12.31
	基本每股收益(元)	0.1500	0.4400	0.1000	0.3200
	基本每股收益(扣除)(元)	0.1400	0.4200	0.1400	0.3000
	每股净资产(元)	2.5208	3.6100	3.3200	3.3700
	每股经营现金净流量(元)	0.0196	0.6011	–0.0494	0.0316
	每股现金流量(元)	0.9266	–0.0543	–0.3770	–0.5965
	每股资本公积金(元)	0.6086	1.4129	1.4129	1.4129
	每股盈余公积金(元)	0.1032	0.1548	0.1219	0.1219
	每股未分配利润(元)	0.8092	1.0435	0.7876	0.8335
	净资产收益率(%)	5.8256	12.2633	4.5200	9.5825
	加权净资产收益率(%)	5.9500	12.7500	4.5200	9.8200
	净资产收益率(扣除)(%)	–	–	–	–
	总资产(万元)	253478.39	192487.41	158634.56	159962.60
	归属母公司股东权益(万元)	154876.97	147908.00	136077.26	137949.74
	主营业务收入(万元)	65803.13	129091.07	49205.12	105678.21
	营业收入(万元)	65812.60	129116.49	49205.12	105678.21
	主营成本(万元)	36942.91	79911.58	28975.56	66828.95
	营业成本(万元)	36942.91	79911.58	28975.56	66828.95
	投资收益(万元)	–88.78	–450.38	–165.95	–33.93
	净利润(万元)	8896.58	18720.11	6598.35	13079.14
	利润总额(万元)	10451.93	21736.51	7865.35	15292.45

罗莱家纺股份有限公司

公司概况	公司名称	罗莱家纺股份有限公司			证券简称	罗莱家纺
	法人代表	薛伟成	董秘	田霖	证券代码	002293
	公司网址	www.luolai.com.cn		电子信箱	ir@luolai.com.cn	
	电 话	0513-85928751 021-51164600		传 真	0513-85928103 021-54811234	
	办公地址	江苏省南通市经济技术开发区源兴路 555 号				
	经营范围	家用纺织品的生产与销售				

主要财务指标	指标\报告期	2013.06.30	2012.12.31	2012.06.30	2011.12.31
	基本每股收益(元)	0.4900	2.7200	0.4800	2.6600
	基本每股收益(扣除)(元)	0.4500	2.5600	0.8700	2.5100
	每股净资产(元)	6.8776	13.4809	11.7100	11.7600
	每股经营现金净流量(元)	–0.2268	1.7554	–1.1238	2.1822
	每股现金流量(元)	–1.0235	–0.3296	–2.3829	–0.3911
	每股资本公积金(元)	2.7310	6.4620	6.4620	6.4620
	每股盈余公积金(元)	0.4788	0.9576	0.6694	0.6694
	每股未分配利润(元)	2.6729	5.0690	3.5875	3.6351
	净资产收益率(%)	7.1013	20.1925	7.8900	22.6610
	加权净资产收益率(%)	7.0500	21.7100	7.8900	24.1800
	净资产收益率(扣除)(%)	–	–	–	–
	总资产(万元)	225293.22	233977.06	213789.32	215317.91
	归属母公司股东权益(万元)	193070.90	189222.06	164390.89	165049.36
	主营业务收入(万元)	106660.76	268026.14	101180.86	234734.34
	营业收入(万元)	107807.33	272495.39	103649.01	238243.48
	主营成本(万元)	60291.49	153323.26	56043.54	134316.72
	营业成本(万元)	60291.49	157458.43	58313.35	137743.69
	投资收益(万元)	328.01	92.96	–	–
	净利润(万元)	13710.59	38208.68	13368.61	37401.01
	利润总额(万元)	16235.89	44403.72	15876.42	44455.82

深圳信立泰药业股份有限公司

公司概况	公司名称	深圳信立泰药业股份有限公司			证券简称	信 立 泰
	法人代表	叶澄海	董秘	杨健锋	证券代码	002294
	公司网址	www.salubris.cn		电子信箱	investor@salubris.cn	
	电 话	0755-83867888		传 真	0755-83867338	
	办公地址	广东省深圳市福田区深南大道 6009 号车公庙绿景广场主楼 37 层				
	经营范围	心血管类、头孢类抗生素、骨吸收抑制剂类等药物的研发、生产和销售				

主要财务指标	指标\报告期	2013.06.30	2012.12.31	2012.06.30	2011.12.31
	基本每股收益(元)	0.6000	1.4600	0.3900	0.9300
	基本每股收益(扣除)(元)	0.6000	1.4200	0.5600	0.9100
	每股净资产(元)	4.1173	5.9746	5.1000	5.8700
	每股经营现金净流量(元)	0.3254	1.1959	0.5397	0.7498
	每股现金流量(元)	–0.5796	0.1590	0.0159	–0.3075
	每股资本公积金(元)	0.8783	1.8174	1.8174	2.3809
	每股盈余公积金(元)	0.2729	0.4093	0.2661	0.3194
	每股未分配利润(元)	1.9662	2.7480	2.0122	2.1706
	净资产收益率(%)	14.5942	24.3921	11.3500	19.0050
	加权净资产收益率(%)	14.5600	27.1300	11.4400	20.5200
	净资产收益率(扣除)(%)	–	–	–	–
	总资产(万元)	300987.61	298071.92	261909.21	244514.10
	归属母公司股东权益(万元)	269172.38	260398.42	222091.37	213229.76
	主营业务收入(万元)	106115.28	181943.40	84186.72	146367.12
	营业收入(万元)	106156.82	182888.15	84908.66	147488.45
	主营成本(万元)	23020.01	46006.66	26408.23	54797.04
	营业成本(万元)	23062.72	46542.17	27020.55	55986.23
	投资收益(万元)	–4.87	–0.24	–	100.73
	净利润(万元)	39351.07	63555.20	25215.23	40544.85
	利润总额(万元)	46611.54	75028.84	30587.59	47456.01

广东精艺金属股份有限公司

公司概况	公司名称	广东精艺金属股份有限公司			证券简称	精艺股份
	法人代表	冯境铭	董秘	张舟	证券代码	002295
	公司网址	www.jingyimetal.com		电子信箱	jy@jingyimetal.com	
	电　话	0757-26336931		传　真	0757-22397895	
	办公地址	广东省佛山市顺德区北滘镇西海工业区				
	经营范围	金属加工设备、精密铜管和铜管深加工产品的生产和销售				

主要财务指标	指标\报告期	2013.06.30	2012.12.31	2012.06.30	2011.12.31
	基本每股收益(元)	−0.0689	0.0263	0.0977	0.1015
	基本每股收益(扣除)(元)	−0.0811	−0.0685	0.0216	0.0379
	每股净资产(元)	3.8544	3.9557	4.0271	3.9294
	每股经营现金净流量(元)	−0.8875	1.5227	1.4719	−0.3991
	每股现金流量(元)	0.1130	−0.5026	−0.3797	−1.1046
	每股资本公积金(元)	1.6926	1.7250	1.7249	1.7250
	每股盈余公积金(元)	0.1288	0.1288	0.1288	0.1288
	每股未分配利润(元)	1.0331	1.1020	1.1734	1.0756
	净资产收益率(%)	−1.7881	0.6661	2.4600	2.5830
	加权净资产收益率(%)	−1.7600	0.6700	2.4600	2.5900
	净资产收益率(扣除)(%)	–	–	–	–
	总资产(万元)	145150.19	122730.44	118063.62	152063.85
	归属母公司股东权益(万元)	81637.23	83782.41	85292.98	83224.33
	主营业务收入(万元)	123251.37	205999.71	97974.41	251679.85
	营业收入(万元)	127929.99	221680.66	100343.64	254931.23
	主营成本(万元)	118427.87	194228.39	91129.52	236827.79
	营业成本(万元)	123099.91	209897.32	93434.10	239805.16
	投资收益(万元)	−282.62	199.55	–	–
	净利润(万元)	−1459.78	558.08	2069.97	2149.46
	利润总额(万元)	−1602.30	748.47	2599.89	1701.78

河南辉煌科技股份有限公司

公司概况	公司名称	河南辉煌科技股份有限公司			证券简称	辉煌科技
	法人代表	李海鹰	董秘	李新建	证券代码	002296
	公司网址	www.hhkj.cn		电子信箱	zqb@hhkj.cn	
	电　话	0371-67980218 67371035		传　真	0371-67388201	
	办公地址	河南省郑州市高新技术产业开发区科学大道74号				
	经营范围	铁路信号通信领域产品的研制开发、生产及销售				

主要财务指标	指标\报告期	2013.06.30	2012.12.31	2012.06.30	2011.12.31
	基本每股收益(元)	0.0573	0.1020	−0.0264	0.5377
	基本每股收益(扣除)(元)	0.0393	0.0864	−0.0313	0.4949
	每股净资产(元)	3.8675	3.8101	3.6800	3.4000
	每股经营现金净流量(元)	−0.2488	0.1474	−0.0551	−0.0357
	每股现金流量(元)	−0.7996	0.2091	−0.3005	−0.8952
	每股资本公积金(元)	1.3422	1.3422	1.3422	1.3422
	每股盈余公积金(元)	0.1544	0.1544	0.1544	0.1544
	每股未分配利润(元)	1.3708	1.3135	1.1850	1.3615
	净资产收益率(%)	1.4825	2.6782	−0.7180	13.9370
	加权净资产收益率(%)	1.4900	2.6700	−0.6900	14.6400
	净资产收益率(扣除)(%)	–	–	–	–
	总资产(万元)	101864.08	113280.30	91547.20	98665.45
	归属母公司股东权益(万元)	68738.60	67719.56	65435.92	68571.93
	主营业务收入(万元)	12207.03	28524.44	9313.91	34268.90
	营业收入(万元)	12643.84	29399.01	9449.90	34495.52
	主营成本(万元)	5911.06	14603.64	4370.49	17451.68
	营业成本(万元)	6233.14	14873.24	4382.87	17505.87
	投资收益(万元)	–	–	–	–
	净利润(万元)	1593.06	2996.17	256.70	9777.64
	利润总额(万元)	1917.67	3946.02	594.07	11123.69

湖南博云新材料股份有限公司

公司概况	公司名称	湖南博云新材料股份有限公司			证券简称	博云新材
	法人代表	易茂中	董秘	易剑鸣	证券代码	002297
	公司网址	www.hnboyun.com.cn		电子信箱	hnboyun@hnboyun.com.cn	
	电　话	0731-85302297 88122999		传　真	0731-88122777	
	办公地址	湖南省长沙市岳麓区雷锋大道346号				
	经营范围	研究、生产、销售粉末冶金摩擦材料、炭/炭复合材料、纳米材料及其制品				

主要财务指标	指标\报告期	2013.06.30	2012.12.31	2012.06.30	2011.12.31
	基本每股收益(元)	0.0556	0.0993	0.0641	0.1649
	基本每股收益(扣除)(元)	0.0424	0.0718	0.0900	0.1665
	每股净资产(元)	2.8917	2.8083	2.8800	2.7900
	每股经营现金净流量(元)	0.0319	0.0082	−0.0078	0.2149
	每股现金流量(元)	0.4496	−0.0614	−0.0356	−0.2316
	每股资本公积金(元)	1.2141	1.2141	1.2240	1.2941
	每股盈余公积金(元)	0.0932	0.0932	0.0771	0.0771
	每股未分配利润(元)	0.5844	0.5010	0.5792	0.4178
	净资产收益率(%)	2.8850	3.5361	3.3381	5.9144
	加权净资产收益率(%)	2.9300	3.5500	2.5300	6.0900
	净资产收益率(扣除)(%)	–	–	–	–
	总资产(万元)	135600.32	115265.19	103575.66	102095.54
	归属母公司股东权益(万元)	61882.14	60096.85	61637.18	59683.84
	主营业务收入(万元)	20690.52	30861.43	16959.44	29808.32
	营业收入(万元)	20690.52	30861.43	16959.44	29889.32
	主营成本(万元)	14664.95	22062.24	11646.94	20489.06
	营业成本(万元)	14664.95	22062.24	11646.94	20489.06
	投资收益(万元)	−102.71	−45.82	2.08	−5.64
	净利润(万元)	2057.17	2128.87	1962.23	3723.07
	利润总额(万元)	2414.97	2488.14	2465.65	4341.17

安徽鑫龙电器股份有限公司

公司概况	公司名称	安徽鑫龙电器股份有限公司			证券简称	鑫龙电器
	法人代表	束龙胜	董秘	汪宇	证券代码	002298
	公司网址	www.ah-xinlong.com		电子信箱	xinlongdsb@126.com	
	电　话	0553-5772627		传　真	0553-5312688 5772865	
	办公地址	安徽省芜湖市经济技术开发区电器部件园(九华北路118)				
	经营范围	高低压成套开关设备、元器件和自动化产品的生产和销售				

主要财务指标	指标\报告期	2013.06.30	2012.12.31	2012.06.30	2011.12.31
	基本每股收益(元)	0.1523	0.2581	0.1431	0.2203
	基本每股收益(扣除)(元)	0.0752	0.2471	0.1423	0.2076
	每股净资产(元)	3.0405	2.8458	2.7200	3.3400
	每股经营现金净流量(元)	0.0414	0.1129	0.0551	0.0649
	每股现金流量(元)	−0.1854	0.8346	1.4886	−0.2461
	每股资本公积金(元)	1.2576	1.1859	1.4618	1.0601
	每股盈余公积金(元)	0.0839	0.0850	0.0807	0.1614
	每股未分配利润(元)	0.6990	0.5749	0.5910	1.1209
	净资产收益率(%)	4.9584	8.1941	4.2400	13.1830
	加权净资产收益率(%)	5.1900	11.1300	8.2100	14.0000
	净资产收益率(扣除)(%)	–	–	–	–
	总资产(万元)	209248.77	203118.14	208671.00	146213.15
	归属母公司股东权益(万元)	125829.35	116354.28	111290.97	55148.80
	主营业务收入(万元)	40050.19	93439.46	51117.46	85130.84
	营业收入(万元)	40568.40	94404.59	51399.68	86213.12
	主营成本(万元)	23664.75	55833.01	32325.54	54376.95
	营业成本(万元)	23722.40	56160.62	32375.99	54845.24
	投资收益(万元)	−241.55	−583.40	−137.41	−10.16
	净利润(万元)	6221.41	9440.65	4697.60	7383.74
	利润总额(万元)	7298.82	11087.30	5598.41	8660.90

福建圣农发展股份有限公司

公司概况	公司名称	福建圣农发展股份有限公司		证券简称	圣农发展
	法人代表	傅光明	董秘 陈剑华	证券代码	002299
	公司网址	www.sunnercn.com		电子信箱	sn023@sunnercn.com
	电　话	0599-7951250 7951242		传　真	0599-7951242 7921003
	办公地址	福建省南平市光泽县十里铺圣农总部办公大楼			
	经营范围	畜、牧、禽、鱼、鳖养殖、茶果种植、混配合饲料生产			

主要财务指标	指标\报告期	2013.06.30	2012.12.31	2012.06.30	2011.12.31
	基本每股收益(元)	-0.2561	0.0029	0.1418	0.5366
	基本每股收益(扣除)(元)	-0.2583	0.0007	0.1386	0.5300
	每股净资产(元)	3.3925	3.6487	3.7900	3.9800
	每股经营现金净流量(元)	-0.3952	0.4368	0.1064	0.5077
	每股现金流量(元)	-0.5939	0.4994	0.1421	0.1602
	每股资本公积金(元)	1.8868	1.8868	1.8868	1.8867
	每股盈余公积金(元)	0.1573	0.1573	0.1522	0.1522
	每股未分配利润(元)	0.3484	0.6045	0.7486	0.9367
	净资产收益率(%)	-7.5498	0.0790	3.7400	12.9356
	加权净资产收益率(%)	-7.2800	0.0800	3.6000	16.7800
	净资产收益率(扣除)(%)	-	-	-	-
	总资产(万元)	687276.35	662937.32	586113.07	504281.66
	归属母公司股东权益(万元)	309024.96	332355.78	345004.88	362144.24
	主营业务收入(万元)	181245.43	400245.00	181823.79	304871.56
	营业收入(万元)	191106.71	409930.01	186206.41	311134.75
	主营成本(万元)	188940.23	382952.01	162937.84	243099.47
	营业成本(万元)	197865.85	390603.49	166291.23	246485.10
	投资收益(万元)	40.09	-7.08	-	-
	净利润(万元)	-26399.08	-3422.19	11535.46	47204.25
	利润总额(万元)	-26399.38	-3068.40	11569.80	47976.29

福建南平太阳电缆股份有限公司

公司概况	公司名称	福建南平太阳电缆股份有限公司		证券简称	太阳电缆
	法人代表	李云孝	董秘 江永涛	证券代码	002300
	公司网址	www.npcable.com		电子信箱	sunbss@163.com
	电　话	0599-8736341		传　真	0599-8736321
	办公地址	福建省南平市工业路102号			
	经营范围	主要从事电线电缆的生产和销售			

主要财务指标	指标\报告期	2013.06.30	2012.12.31	2012.06.30	2011.12.31
	基本每股收益(元)	0.1651	0.4146	0.1828	0.4138
	基本每股收益(扣除)(元)	0.1397	0.3585	0.1647	0.4078
	每股净资产(元)	3.5406	3.7383	3.4900	3.6400
	每股经营现金净流量(元)	0.1502	0.8493	-0.1448	-0.1613
	每股现金流量(元)	-0.4213	-0.2116	-0.4354	-0.1931
	每股资本公积金(元)	1.7275	1.7393	1.7180	1.7231
	每股盈余公积金(元)	0.2970	0.2970	0.2559	0.2559
	每股未分配利润(元)	0.5160	0.7020	0.5113	0.6585
	净资产收益率(%)	4.6619	11.0919	4.9000	11.3770
	加权净资产收益率(%)	4.3300	11.4100	4.9000	11.6300
	净资产收益率(扣除)(%)	-	-	-	-
	总资产(万元)	255756.08	257967.26	273257.67	254177.62
	归属母公司股东权益(万元)	106748.76	112709.54	105078.04	109670.00
	主营业务收入(万元)	156138.06	373557.23	165915.94	346309.11
	营业收入(万元)	157059.21	378599.82	169931.53	348838.69
	主营成本(万元)	138422.17	330501.04	145899.83	309145.33
	营业成本(万元)	138722.15	334055.73	149384.25	310043.60
	投资收益(万元)	-30.20	14.03	-19.04	-370.47
	净利润(万元)	5226.43	13797.41	6089.37	12936.68
	利润总额(万元)	7351.87	18247.24	8485.80	15268.57

深圳市齐心文具股份有限公司

公司概况	公司名称	深圳市齐心文具股份有限公司		证券简称	齐心文具
	法人代表	陈钦鹏	董秘 沈焰雷	证券代码	002301
	公司网址	www.comix.com.cn		电子信箱	stock@comix.com.cn
	电　话	0755-83679273 83002400		传　真	0755-83002300
	办公地址	广东省深圳市南山区深南大道高新科技园W2-A7楼			
	经营范围	文件管理用品、办公设备、桌面文具等综合办公用品的研发、生产、销售			

主要财务指标	指标\报告期	2013.06.30	2012.12.31	2012.06.30	2011.12.31
	基本每股收益(元)	0.0200	0.1800	0.1000	0.1700
	基本每股收益(扣除)(元)	0.0200	0.1700	0.2000	0.1400
	每股净资产(元)	2.9280	2.9171	5.7900	5.5812
	每股经营现金净流量(元)	-0.1835	0.1479	-0.1924	0.3640
	每股现金流量(元)	-0.4465	-0.5980	-1.0382	0.2441
	每股资本公积金(元)	1.0401	1.0516	3.1180	3.1132
	每股盈余公积金(元)	0.0983	0.0983	0.1544	0.1544
	每股未分配利润(元)	0.8002	0.7754	1.5366	1.3296
	净资产收益率(%)	0.8476	6.2579	3.5600	6.1840
	加权净资产收益率(%)	0.8500	6.3800	3.6400	6.5700
	净资产收益率(扣除)(%)	-	-	-	-
	总资产(万元)	164587.67	158011.11	147643.62	141039.96
	归属母公司股东权益(万元)	112390.19	111972.68	111037.97	106986.29
	主营业务收入(万元)	72838.59	146351.27	65067.55	112878.86
	营业收入(万元)	72838.59	146351.27	65067.55	112878.86
	主营成本(万元)	60492.36	115682.43	50857.29	87271.85
	营业成本(万元)	60492.36	115682.43	50857.29	87271.85
	投资收益(万元)	5.97	-	-	42.07
	净利润(万元)	956.21	7001.37	3995.49	6421.83
	利润总额(万元)	1227.80	8548.88	4525.60	7273.74

中建西部建设股份有限公司

公司概况	公司名称	中建西部建设股份有限公司		证券简称	西部建设
	法人代表	吴文贵	董秘 林彬	证券代码	002302
	公司网址	www.west-construction.com		电子信箱	linb@cscec.com
	电　话	0991-8853519 8853208		传　真	0991-8851791
	办公地址	新疆维吾尔自治区乌鲁木齐市西虹东路456号腾飞大厦12楼			
	经营范围	预拌混凝土的生产和销售			

主要财务指标	指标\报告期	2013.06.30	2012.12.31	2012.06.30	2011.12.31
	基本每股收益(元)	0.2300	0.5200	0.2100	0.5300
	基本每股收益(扣除)(元)	0.2100	0.4800	0.0900	0.5300
	每股净资产(元)	5.4343	6.8200	5.3200	5.2300
	每股经营现金净流量(元)	-1.3142	0.5369	-1.5677	0.3759
	每股现金流量(元)	-0.6222	-0.8162	-1.9809	0.2934
	每股资本公积金(元)	2.1806	1.9045	1.9045	1.9045
	每股盈余公积金(元)	0.1741	0.3871	0.3604	0.3604
	每股未分配利润(元)	2.0796	4.2754	2.0579	1.9684
	净资产收益率(%)	4.2553	9.2329	1.6800	10.1160
	加权净资产收益率(%)	4.2800	9.5600	4.2000	10.6600
	净资产收益率(扣除)(%)	-	-	-	-
	总资产(万元)	829762.36	684937.44	286059.67	243172.37
	归属母公司股东权益(万元)	253777.94	246983.43	111777.91	109897.89
	主营业务收入(万元)	344165.91	211605.84	290449.18	210051.52
	营业收入(万元)	344306.35	211877.59	290559.40	210178.01
	主营成本(万元)	305640.43	178446.89	250531.91	177144.21
	营业成本(万元)	305674.04	178655.32	250565.78	177216.75
	投资收益(万元)	-	-	-	-74.52
	净利润(万元)	11757.76	13397.96	10441.94	12316.70
	利润总额(万元)	13152.10	17476.46	13309.56	16167.07

深圳市美盈森环保科技股份有限公司

公司概况	公司名称	深圳市美盈森环保科技股份有限公司		证券简称	美盈森
	法人代表	王海鹏	董秘 黄琳	证券代码	002303
	公司网址	www.szmys.com		电子信箱	mys.stock@szmys.com
	电 话	0755-29751877		传 真	0755-28234302
	办公地址	广东省深圳市宝安区光明新陂头村美盈森厂区A栋			
	经营范围	纸箱、木箱的生产及销售、轻型环保包装制品、重型环保包装制品			

主要财务指标	指标\报告期	2013.06.30	2012.12.31	2012.06.30	2011.12.31
	基本每股收益(元)	0.4141	0.5995	0.2296	0.5924
	基本每股收益(扣除)(元)	0.4006	0.5993	0.2400	0.5075
	每股净资产(元)	10.4271	10.1152	9.7460	9.5156
	每股经营现金净流量(元)	0.3219	0.9143	0.2696	0.1970
	每股现金流量(元)	0.1765	0.2949	-0.2665	-2.6605
	每股资本公积金(元)	5.8904	5.8904	5.8904	5.8904
	每股盈余公积金(元)	0.3463	0.3463	0.2955	0.2955
	每股未分配利润(元)	3.2002	2.8860	2.5669	2.3373
	净资产收益率(%)	3.9718	5.9268	2.3600	6.2260
	加权净资产收益率(%)	4.0100	6.1100	2.3800	6.3500
	净资产收益率(扣除)(%)	-	-	-	-
	总资产(万元)	221935.66	216361.56	201926.32	199664.63
	归属母公司股东权益(万元)	186436.41	180859.44	174258.38	170138.42
	主营业务收入(万元)	58082.79	102447.63	45942.13	83450.60
	营业收入(万元)	58481.60	103350.06	46355.30	84010.88
	主营成本(万元)	39102.83	74678.80	34595.13	57448.71
	营业成本(万元)	39136.72	74695.24	34596.52	57448.71
	投资收益(万元)	-	-	-	-
	净利润(万元)	7404.90	10719.19	4105.67	10592.16
	利润总额(万元)	9185.84	12943.23	4978.06	12588.73

江苏洋河酒厂股份有限公司

公司概况	公司名称	江苏洋河酒厂股份有限公司		证券简称	洋河股份
	法人代表	张雨柏	董秘 丛学年	证券代码	002304
	公司网址	www.chinayanghe.com		电子信箱	yanghe002304@vip.163.com
	电 话	025-52489218		传 真	025-52489218
	办公地址	江苏省宿迁市洋河中大街118号			
	经营范围	洋河蓝色经典、洋河大曲、敦煌古酿等系列品牌浓香型白酒的生产、加工和销售			

主要财务指标	指标\报告期	2013.06.30	2012.12.31	2012.06.30	2011.12.31
	基本每股收益(元)	3.0400	5.7000	2.9400	3.7200
	基本每股收益(扣除)(元)	3.0200	5.5800	2.8800	4.4500
	每股净资产(元)	14.6132	13.6063	10.8500	10.9900
	每股经营现金净流量(元)	2.2527	5.0923	2.6418	6.1745
	每股现金流量(元)	1.0467	0.5194	-1.3482	0.2376
	每股资本公积金(元)	1.2283	1.2283	1.2283	1.6739
	每股盈余公积金(元)	0.5000	0.5000	0.3744	0.4493
	每股未分配利润(元)	11.9197	10.8781	8.2440	7.8663
	净资产收益率(%)	20.8139	41.8807	27.0900	40.6550
	加权净资产收益率(%)	20.1500	50.5300	28.2100	49.1600
	净资产收益率(扣除)(%)	-	-	-	-
	总资产(万元)	2560622.41	2365769.09	1936739.42	1888317.06
	归属母公司股东权益(万元)	1578230.59	1469485.77	1171444.14	989055.49
	主营业务收入(万元)	921002.21	1703496.35	921809.65	1257961.70
	营业收入(万元)	941031.81	1727048.13	930977.24	1274092.17
	主营成本(万元)	349797.40	608817.21	348430.84	519278.59
	营业成本(万元)	367617.02	629419.87	356564.42	532936.62
	投资收益(万元)	4538.81	13467.86	5822.69	1199.60
	净利润(万元)	328478.89	615190.57	317229.55	413660.82
	利润总额(万元)	441189.67	821546.25	423893.38	553071.75

武汉南国置业股份有限公司

公司概况	公司名称	武汉南国置业股份有限公司		证券简称	南国置业
	法人代表	夏进	董秘 谭永忠	证券代码	002305
	公司网址	www.langold.com.cn		电子信箱	ir@langold.com.cn
	电 话	027-83983726 83988055		传 真	027-83988055
	办公地址	湖北省武汉市汉口解放大道387号			
	经营范围	房地产综合开发、商品房销售、租赁、物业管理			

主要财务指标	指标\报告期	2013.06.30	2012.12.31	2012.06.30	2011.12.31
	基本每股收益(元)	0.1214	0.4600	0.0118	0.3100
	基本每股收益(扣除)(元)	0.1215	0.4600	0.0123	0.3000
	每股净资产(元)	2.2411	2.2064	1.7400	1.8000
	每股经营现金净流量(元)	-0.9839	0.4599	0.2442	-0.8684
	每股现金流量(元)	-0.6197	0.3691	0.1925	-0.3293
	每股资本公积金(元)	0.0835	0.0661	0.0481	0.0481
	每股盈余公积金(元)	0.0656	0.0659	0.0584	0.0584
	每股未分配利润(元)	1.0920	1.0744	0.6297	0.6978
	净资产收益率(%)	5.4009	21.0329	0.6800	16.9720
	加权净资产收益率(%)	5.4700	23.3000	0.6600	18.4000
	净资产收益率(扣除)(%)	-	-	-	-
	总资产(万元)	703872.35	649810.01	605146.61	484826.04
	归属母公司股东权益(万元)	215907.41	211815.29	166668.99	173213.33
	主营业务收入(万元)	68853.15	220860.58	9242.06	101716.99
	营业收入(万元)	68853.15	220899.32	9242.06	101794.47
	主营成本(万元)	37260.00	119215.42	2706.22	40025.48
	营业成本(万元)	37260.00	119215.42	2706.22	40025.48
	投资收益(万元)	-156.52	-210.12	-86.12	74.28
	净利润(万元)	11660.95	44550.38	1135.59	29396.15
	利润总额(万元)	17944.98	60713.70	2082.91	41574.97

北京湘鄂情集团股份有限公司

公司概况	公司名称	北京湘鄂情集团股份有限公司		证券简称	湘鄂情
	法人代表	孟凯	董秘 李强	证券代码	002306
	公司网址	www.xeq.com.cn		电子信箱	sec@bjxeq.com
	电 话	010-88137599		传 真	010-88137599
	办公地址	北京市西城区月坛南街24号			
	经营范围	提供融湘鄂情特色菜品与湘鄂情特色服务为一体的餐饮服务			

主要财务指标	指标\报告期	2013.06.30	2012.12.31	2012.06.30	2011.12.31
	基本每股收益(元)	-0.5500	0.2700	0.2900	0.2300
	基本每股收益(扣除)(元)	-0.3700	0.1800	0.2600	0.4500
	每股净资产(元)	2.5325	3.1604	3.0100	6.1400
	每股经营现金净流量(元)	-0.2348	0.3982	0.2179	1.4396
	每股现金流量(元)	-0.3597	-0.0153	1.0902	-1.6602
	每股资本公积金(元)	1.6533	1.6533	1.5361	4.1721
	每股盈余公积金(元)	0.0890	0.0890	0.0364	0.1729
	每股未分配利润(元)	-0.2090	0.4185	0.3407	0.7990
	净资产收益率(%)	-21.7500	8.5929	6.2500	7.5790
	加权净资产收益率(%)	-19.0900	8.5900	6.2500	7.8400
	净资产收益率(扣除)(%)	-	-	-	-
	总资产(万元)	211950.65	222348.19	227323.21	172859.72
	归属母公司股东权益(万元)	101299.19	126416.84	120529.25	122881.18
	主营业务收入(万元)	42619.94	135189.12	66128.32	123206.76
	营业收入(万元)	42662.39	137877.24	68811.01	123474.06
	主营成本(万元)	16686.78	40057.04	18657.30	37959.62
	营业成本(万元)	16682.83	40175.29	18695.62	38041.54
	投资收益(万元)	788.37	1181.55	21.77	212.73
	净利润(万元)	-22154.71	10806.45	7624.34	9385.45
	利润总额(万元)	-21959.24	15036.18	10063.08	13768.14

新疆北新路桥集团股份有限公司

公司概况	公司名称	新疆北新路桥集团股份有限公司		证券简称	北新路桥
	法人代表	朱建国	董秘：朱胜军	证券代码	002307
	公司网址	www.bxlq.com		电子信箱	zsj@xjbxlq.com
	电　　话	0991-3631208 3631209		传　　真	0991-3631269
	办公地址	新疆维吾尔自治区乌鲁木齐市高新区高新街 217 号盈科广场 A 座 16-17 层			
	经营范围	公路工程施工总承包一级、公路路面工程专业承包一级			

主要财务指标	指标\报告期	2013.06.30	2012.12.31	2012.06.30	2011.12.31
	基本每股收益(元)	0.0523	0.0900	0.0496	0.1300
	基本每股收益(扣除)(元)	0.0429	0.0600	0.0400	0.0800
	每股净资产(元)	2.9453	2.8513	2.7800	2.7300
	每股经营现金净流量(元)	-0.6108	-1.3106	-0.3349	-0.0601
	每股现金流量(元)	-0.7091	1.8489	0.7434	0.4513
	每股资本公积金(元)	1.0814	1.0814	1.0823	1.0823
	每股盈余公积金(元)	0.0799	0.0799	0.0804	0.0804
	每股未分配利润(元)	0.7021	0.6498	0.6131	0.5635
	净资产收益率(%)	1.7760	3.0709	1.7800	4.5150
	加权净资产收益率(%)	1.8200	3.1600	1.8000	6.5300
	净资产收益率(扣除)(%)	-	-	-	-
	总资产(万元)	739375.51	644228.89	501386.23	425151.29
	归属母公司股东权益(万元)	126269.71	122239.51	119054.17	116857.42
	主营业务收入(万元)	145460.12	347785.63	124943.88	285676.11
	营业收入(万元)	146160.36	349231.74	125499.60	289864.76
	主营成本(万元)	121631.97	303778.28	108692.74	251147.19
	营业成本(万元)	122067.49	304665.81	108779.70	254304.30
	投资收益(万元)	187.32	230.59	71.65	250.19
	净利润(万元)	2152.96	3824.27	2238.33	5334.34
	利润总额(万元)	3245.20	5450.33	2922.48	6909.06

广东威创视讯科技股份有限公司

公司概况	公司名称	广东威创视讯科技股份有限公司		证券简称	威创股份
	法人代表	何正宇	董秘：陈宇	证券代码	002308
	公司网址	www.vtron.com		电子信箱	irm@vtron.com
	电　　话	020-22213431		传　　真	020-22213319
	办公地址	广东省广州市高新技术产业开发区彩频路 6 号			
	经营范围	超高分辨率数字拼接墙系统、交互数字平台及相关软件的研发、生产、销售和服务			

主要财务指标	指标\报告期	2013.06.30	2012.12.31	2012.06.30	2011.12.31
	基本每股收益(元)	0.1800	0.5300	0.1500	0.4000
	基本每股收益(扣除)(元)	0.1400	0.5100	0.1900	0.3900
	每股净资产(元)	2.3755	3.1910	2.8500	2.9000
	每股经营现金净流量(元)	0.0712	0.5521	0.0614	0.3763
	每股现金流量(元)	-0.1105	-0.0776	-0.2105	-0.0021
	每股资本公积金(元)	0.6926	1.1807	1.1641	1.1641
	每股盈余公积金(元)	0.1342	0.1745	0.1219	0.1219
	每股未分配利润(元)	0.5503	0.8359	0.5608	0.6114
	净资产收益率(%)	7.4124	16.5213	7.0100	13.9040
	加权净资产收益率(%)	7.0600	17.4400	6.7500	14.7200
	净资产收益率(扣除)(%)	-	-	-	-
	总资产(万元)	233576.44	242190.08	216262.71	212527.33
	归属母公司股东权益(万元)	198492.62	204669.27	182582.51	185829.53
	主营业务收入(万元)	46994.25	118604.40	48107.62	89981.53
	营业收入(万元)	47288.84	119461.14	48354.31	90999.19
	主营成本(万元)	19894.22	50335.48	20375.04	37641.59
	营业成本(万元)	19894.22	50335.48	20375.04	37641.59
	投资收益(万元)	-	-	-	-
	净利润(万元)	14713.04	33813.98	12790.30	25838.52
	利润总额(万元)	17362.11	37768.74	14922.90	29761.96

中利科技集团股份有限公司

公司概况	公司名称	中利科技集团股份有限公司		证券简称	中利科技
	法人代表	王柏兴	董秘：胡常青	证券代码	002309
	公司网址	www.zhongli.com		电子信箱	zhonglidm@zhongli.com
	电　　话	0512-52571118		传　　真	0512-52572288
	办公地址	江苏省常熟市东南经济开发区常昆路 8 号			
	经营范围	电线、电缆、光缆、PVC 电力电缆料、电源插头、电子接插件、电工机械设备等			

主要财务指标	指标\报告期	2013.06.30	2012.12.31	2012.06.30	2011.12.31
	基本每股收益(元)	-0.3300	0.4900	0.2300	0.4300
	基本每股收益(扣除)(元)	-0.3300	0.3800	0.2200	0.4500
	每股净资产(元)	4.9738	5.2417	4.8700	4.7752
	每股经营现金净流量(元)	-0.3004	-0.9642	-0.6342	-3.0080
	每股现金流量(元)	-0.8438	1.4098	1.4526	-1.1562
	每股资本公积金(元)	2.2523	2.1721	2.0918	5.3225
	每股盈余公积金(元)	0.1412	0.1412	0.1221	0.2442
	每股未分配利润(元)	1.5866	1.9186	1.6781	2.9932
	净资产收益率(%)	-6.6758	9.3698	4.6800	9.0530
	加权净资产收益率(%)	-6.5300	9.8100	4.7400	8.1200
	净资产收益率(扣除)(%)	-	-	-	-
	总资产(万元)	1268821.96	1207863.67	1022171.38	750953.82
	归属母公司股东权益(万元)	239038.52	251915.31	234162.84	229495.83
	主营业务收入(万元)	286374.74	630441.18	267446.96	478653.88
	营业收入(万元)	289093.57	632572.57	267726.32	479879.81
	主营成本(万元)	249876.56	507564.45	219234.02	412618.27
	营业成本(万元)	252615.29	508494.44	219409.24	413585.59
	投资收益(万元)	929.94	1849.93	790.08	2218.23
	净利润(万元)	-22763.11	30187.63	12360.26	22208.87
	利润总额(万元)	-21983.90	38220.81	15230.15	26221.27

北京东方园林股份有限公司

公司概况	公司名称	北京东方园林股份有限公司		证券简称	东方园林
	法人代表	何巧女	董秘：武建军	证券代码	002310
	公司网址	www.orientscape.com		电子信箱	orientlandscape@163.com
	电　　话	010-52286666		传　　真	010-52288062
	办公地址	北京市朝阳区北苑家园绣菊园 7 号楼			
	经营范围	主要从事园林环境景观设计和园林绿化工程施工			

主要财务指标	指标\报告期	2013.06.30	2012.12.31	2012.06.30	2011.12.31
	基本每股收益(元)	0.5300	2.2900	0.4000	1.5000
	基本每股收益(扣除)(元)	0.5300	2.2800	0.8000	2.9900
	每股净资产(元)	4.9373	8.8622	7.3200	12.4600
	每股经营现金净流量(元)	-0.5543	-0.8346	-1.7680	-2.6363
	每股现金流量(元)	-0.6831	-0.2965	-0.5469	2.6293
	每股资本公积金(元)	0.8955	2.5789	2.5109	5.4450
	每股盈余公积金(元)	0.2502	0.5032	0.3013	0.6043
	每股未分配利润(元)	2.7916	4.7802	3.5040	5.4127
	净资产收益率(%)	10.7148	25.7662	11.0100	24.0198
	加权净资产收益率(%)	11.3400	30.2300	12.0200	29.6300
	净资产收益率(扣除)(%)	-	-	-	-
	总资产(万元)	791847.91	674721.22	504536.40	396214.04
	归属母公司股东权益(万元)	299217.69	267063.92	220476.47	187234.73
	主营业务收入(万元)	213672.47	393805.56	150926.57	291010.57
	营业收入(万元)	213672.79	393830.37	150926.57	291010.69
	主营成本(万元)	136252.06	247191.94	91066.29	183244.96
	营业成本(万元)	136252.06	247192.81	91066.29	183244.96
	投资收益(万元)	-83.96	0.48	-29.61	161.48
	净利润(万元)	32340.17	68988.53	24580.42	45273.32
	利润总额(万元)	36682.11	82560.01	32340.63	58018.55

广东海大集团股份有限公司

公司概况	公司名称	广东海大集团股份有限公司			证券简称	海大集团
	法人代表	薛华	董秘	黄志健	证券代码	002311
	公司网址	www.haid.com.cn		电子信箱	zqbgs@haid.com.cn	
	电 话	020-39388960		传 真	020-39388958	
	办公地址	广东省广州市番禺区番禺大道北555号番禺节能科技园内天安科技创新大厦213房				
	经营范围	饲料、添加剂的生产和技术开发、技术服务、畜牧、水产品的养殖等				

主要财务指标	指标\报告期	2013.06.30	2012.12.31	2012.06.30	2011.12.31
	基本每股收益(元)	0.1400	0.6000	0.1700	0.4500
	基本每股收益(扣除)(元)	0.1300	0.5600	0.2200	0.4500
	每股净资产(元)	2.9878	3.8472	3.4300	4.2800
	每股经营现金净流量(元)	0.2169	0.0830	0.1584	0.9319
	每股现金流量(元)	0.1792	–0.2286	–0.4769	–0.1121
	每股资本公积金(元)	0.8528	1.3957	1.3434	2.0091
	每股盈余公积金(元)	0.0993	0.1291	0.0888	0.1154
	每股未分配利润(元)	1.0416	1.3247	0.9955	1.1564
	净资产收益率(%)	4.6171	15.4595	6.4600	13.8040
	加权净资产收益率(%)	4.5500	16.8100	6.5000	14.6700
	净资产收益率(扣除)(%)	–	–	–	–
	总资产(万元)	769212.91	613923.82	546160.42	422519.12
	归属母公司股东权益(万元)	295404.24	292594.56	259525.23	249272.84
	主营业务收入(万元)	719415.37	1541716.26	628716.37	1195194.00
	营业收入(万元)	721276.49	1545145.39	630753.06	1197572.19
	主营成本(万元)	652731.01	1398327.18	568564.03	1086252.53
	营业成本(万元)	653704.28	1399915.03	569113.98	1086714.23
	投资收益(万元)	3964.31	1224.02	1083.04	5126.15
	净利润(万元)	14266.11	45458.49	17643.48	36697.45
	利润总额(万元)	17105.42	55554.07	21492.15	46985.58

成都三泰电子实业股份有限公司

公司概况	公司名称	成都三泰电子实业股份有限公司			证券简称	三泰电子
	法人代表	补建	董秘	贾勇	证券代码	002312
	公司网址	www.isantai.com		电子信箱	jiayong@isantai.com	
	电 话	028-87506876		传 真	028-87506980	
	办公地址	四川省成都市金牛区高科技产业园区蜀西趻42号				
	经营范围	生产、销售商用密码产品、安全技术防范等				

主要财务指标	指标\报告期	2013.06.30	2012.12.31	2012.06.30	2011.12.31
	基本每股收益(元)	–0.1300	0.3100	0.0500	0.2900
	基本每股收益(扣除)(元)	–0.1400	0.2800	0.0300	0.2700
	每股净资产(元)	4.1025	4.2548	3.9900	3.8800
	每股经营现金净流量(元)	–1.4630	–0.1096	–0.7571	–0.2031
	每股现金流量(元)	–1.4341	0.5977	–0.4485	–0.1446
	每股资本公积金(元)	1.8262	1.8700	1.8424	1.6433
	每股盈余公积金(元)	0.1807	0.1788	0.1460	0.1517
	每股未分配利润(元)	1.0966	1.2113	0.9976	1.0855
	净资产收益率(%)	–3.1145	7.1621	1.1600	7.4711
	加权净资产收益率(%)	–3.0400	7.5800	1.2000	7.2500
	净资产收益率(扣除)(%)	–	–	–	–
	总资产(万元)	127763.91	127050.75	108940.38	104326.47
	归属母公司股东权益(万元)	75459.74	79105.83	74106.48	68858.23
	主营业务收入(万元)	25326.66	65208.96	23905.02	43433.48
	营业收入(万元)	25378.85	65742.12	24096.61	43865.32
	主营成本(万元)	19253.54	43372.12	15741.50	27636.57
	营业成本(万元)	19318.58	43635.34	15818.35	27819.50
	投资收益(万元)	–58.77	–53.61	–40.30	–20.18
	净利润(万元)	–2417.47	5583.08	830.16	5126.66
	利润总额(万元)	–2335.85	6995.77	916.50	5897.98

深圳日海通讯技术股份有限公司

公司概况	公司名称	深圳日海通讯技术股份有限公司			证券简称	日海通讯
	法人代表	王文生	董秘	彭健	证券代码	002313
	公司网址	www.sunseagroup.com		电子信箱	pengjian@sunseagroup.com	
	电 话	0755-26616666 86185752		传 真	0755-26030222	
	办公地址	广东省深圳市南山区科苑路清华信息港综合楼一层107号				
	经营范围	从事通讯产品的研发、生产经营通讯用配线设备、户外设施及相关集成				

主要财务指标	指标\报告期	2013.06.30	2012.12.31	2012.06.30	2011.12.31
	基本每股收益(元)	0.3500	0.7800	0.3500	0.7300
	基本每股收益(扣除)(元)	0.3400	0.7600	0.4400	0.7100
	每股净资产(元)	6.4106	8.1455	7.8104	10.4200
	每股经营现金净流量(元)	–0.6225	–0.6146	–0.1498	–0.9192
	每股现金流量(元)	–0.6190	2.0091	3.6293	–3.3892
	每股资本公积金(元)	3.7616	5.1088	6.1283	5.9419
	每股盈余公积金(元)	0.1658	0.2202	0.1779	0.3559
	每股未分配利润(元)	1.4832	1.8165	1.8663	3.1180
	净资产收益率(%)	5.4080	8.7691	4.8800	13.9660
	加权净资产收益率(%)	5.4400	11.4800	8.4900	14.8200
	净资产收益率(扣除)(%)	–	–	–	–
	总资产(万元)	367095.63	321736.87	293604.37	171825.26
	归属母公司股东权益(万元)	204403.32	195492.55	187449.27	104158.14
	主营业务收入(万元)	101940.31	191927.82	80998.98	132914.71
	营业收入(万元)	102188.94	192509.72	81376.68	133311.21
	主营成本(万元)	67590.09	128652.17	53112.46	88295.74
	营业成本(万元)	67826.37	129050.76	53548.25	88933.87
	投资收益(万元)	–	0.98	–	–
	净利润(万元)	12479.17	17944.53	9056.01	14778.37
	利润总额(万元)	14593.21	20879.19	10522.49	17191.64

雅致集成房屋股份有限公司

公司概况	公司名称	雅致集成房屋股份有限公司			证券简称	雅致股份
	法人代表	田俊彦	董秘	刘定明	证券代码	002314
	公司网址	www.szyazhi.com		电子信箱	yazhizqb@163.com	
	电 话	0755-51869088		传 真	0755-33300718	
	办公地址	广东省深圳市南山区高新区南区科技南十二路007号九洲巳器大厦五楼A室				
	经营范围	活动房屋、金属结构件、建筑材料、设备的生产、销售等				

主要财务指标	指标\报告期	2013.06.30	2012.12.31	2012.06.30	2011.12.31
	基本每股收益(元)	–0.0800	–0.3600	–0.0300	0.3600
	基本每股收益(扣除)(元)	–0.0800	–0.3700	–0.0300	0.3500
	每股净资产(元)	6.1512	6.2289	6.5600	6.7900
	每股经营现金净流量(元)	–0.2914	0.5156	–0.0714	0.2646
	每股现金流量(元)	–0.8757	–1.3047	–0.5236	–0.2344
	每股资本公积金(元)	3.9434	3.9434	3.9434	3.9434
	每股盈余公积金(元)	0.2900	0.2900	0.2900	0.2900
	每股未分配利润(元)	0.9178	0.9929	1.3222	1.5537
	净资产收益率(%)	–1.2211	–5.7917	–0.4800	5.2970
	加权净资产收益率(%)	–1.2100	–5.5400	–0.4700	5.3400
	净资产收益率(扣除)(%)	–	–	–	–
	总资产(万元)	399044.36	409075.23	425033.90	429391.50
	归属母公司股东权益(万元)	178385.98	180638.19	190112.97	196826.16
	主营业务收入(万元)	99313.75	231730.32	117179.58	246781.45
	营业收入(万元)	99313.75	231730.32	117179.58	246781.45
	主营成本(万元)	80789.68	186598.59	93697.45	193884.21
	营业成本(万元)	80789.68	186598.59	93697.45	193884.21
	投资收益(万元)	–	–	–	–
	净利润(万元)	–2357.54	–10000.93	–580.87	11481.07
	利润总额(万元)	–1947.60	–8395.65	651.43	15272.59

焦点科技股份有限公司

公司概况					
公司名称	焦点科技股份有限公司			证券简称	焦点科技
法人代表	沈锦华	董秘	顾军	证券代码	002315
公司网址	www.focuschina.com		电子信箱	zqb@made-in-china.com	
电　话	025-86991866		传　真	025-58694317	
办公地址	江苏省南京市南京高新技术产业开发区星火路软件大厦 A 座 12F				
经营范围	综合型第三方 BZB 电子商务平台、专注服务于全球贸易领域				

主要财务指标：指标\报告期	2013.06.30	2012.12.31	2012.06.30	2011.12.31
基本每股收益(元)	0.5300	1.0700	0.5000	1.3900
基本每股收益(扣除)(元)	0.4300	0.9300	0.4800	1.2200
每股净资产(元)	14.4096	14.5058	13.5000	13.7820
每股经营现金净流量(元)	0.3357	0.8728	0.3222	1.6038
每股现金流量(元)	-0.8662	-1.5449	-2.0183	0.6346
每股资本公积金(元)	10.4614	10.2785	9.8382	9.8338
每股盈余公积金(元)	0.5000	0.5000	0.4487	0.4487
每股未分配利润(元)	2.4634	2.7291	2.2156	2.5116
净资产收益率(%)	3.7083	7.3675	3.6300	10.0718
加权净资产收益率(%)	3.5900	7.6300	3.6300	10.3600
净资产收益率(扣除)(%)	-	-	-	-
总资产(万元)	198671.91	197770.42	182920.39	186015.89
归属母公司股东权益(万元)	169313.03	170442.76	158595.14	161935.26
主营业务收入(万元)	24854.13	44637.72	22203.41	42441.84
营业收入(万元)	24993.98	44964.38	22327.91	42673.67
主营成本(万元)	7758.83	12785.89	6358.49	9038.07
营业成本(万元)	7815.93	12900.81	6413.14	9141.40
投资收益(万元)	798.45	449.12	33.58	-1.44
净利润(万元)	6128.66	12366.66	5828.39	16312.71
利润总额(万元)	7504.01	14960.69	7026.17	19363.17

深圳键桥通讯技术股份有限公司

公司概况					
公司名称	深圳键桥通讯技术股份有限公司			证券简称	键桥通讯
法人代表	叶琼	董秘	夏明荣	证券代码	002316
公司网址	www.keybridge.com.cn		电子信箱	keybridge@keybridge.com.cn	
电　话	0755-26551650		传　真	0755-26635033	
办公地址	广东省深圳市南山区深南路高新技术工业村 R3A-6 层				
经营范围	专网通讯技术解决方案业务的服务商				

主要财务指标：指标\报告期	2013.06.30	2012.12.31	2012.06.30	2011.12.31
基本每股收益(元)	0.0400	0.1700	0.0400	0.1200
基本每股收益(扣除)(元)	-	0.1600	0.0397	0.1200
每股净资产(元)	2.2608	2.6965	3.8600	3.8400
每股经营现金净流量(元)	-0.1928	0.2081	0.1119	-0.4884
每股现金流量(元)	-0.0055	0.3191	-0.3105	-0.5055
每股资本公积金(元)	0.5924	0.9108	1.8661	1.8661
每股盈余公积金(元)	0.0672	0.0806	0.0995	0.0995
每股未分配利润(元)	0.6013	0.7051	0.8987	0.8716
净资产收益率(%)	1.7106	6.3676	2.0000	4.7180
加权净资产收益率(%)	1.7100	6.3700	1.9900	4.8000
净资产收益率(扣除)(%)	-	-	-	-
总资产(万元)	183192.39	161769.05	129053.57	126437.47
归属母公司股东权益(万元)	88877.72	88337.72	84398.05	83804.76
主营业务收入(万元)	27140.64	46698.09	17761.69	35647.20
营业收入(万元)	27140.64	46698.09	17761.69	35647.20
主营成本(万元)	19518.47	28176.43	11083.90	20690.41
营业成本(万元)	19518.47	28176.43	11083.90	20690.41
投资收益(万元)	109.58	0.78	0.78	-54.23
净利润(万元)	1462.96	5526.42	1685.66	3894.71
利润总额(万元)	1693.91	6332.58	1911.11	4471.73

广东众生药业股份有限公司

公司概况					
公司名称	广东众生药业股份有限公司			证券简称	众生药业
法人代表	张绍日	董秘	周雪莉	证券代码	002317
公司网址	www.zspcl.com		电子信箱	zqb@zspcl.com	
电　话	0769-86188130		传　真	0769-86188082	
办公地址	广东省东莞市石龙镇西湖工业区信息产业园				
经营范围	主要从事药品的研发、生产与销售				

主要财务指标：指标\报告期	2013.06.30	2012.12.31	2012.06.30	2011.12.31
基本每股收益(元)	0.2600	1.0100	0.2300	0.8400
基本每股收益(扣除)(元)	0.2600	0.9500	0.4600	0.8100
每股净资产(元)	4.4168	8.8150	8.2700	8.2100
每股经营现金净流量(元)	0.0633	0.7910	0.2615	0.3920
每股现金流量(元)	-1.3686	0.0657	-0.2124	-0.8805
每股资本公积金(元)	2.0737	5.1474	5.1474	5.1474
每股盈余公积金(元)	0.1855	0.3710	0.2887	0.2887
每股未分配利润(元)	1.1576	2.2967	1.8370	1.7706
净资产收益率(%)	5.8700	11.4395	5.6100	10.1910
加权净资产收益率(%)	5.9300	11.9400	5.6100	10.5900
净资产收益率(扣除)(%)	-	-	-	-
总资产(万元)	174096.31	173712.01	159896.06	156973.08
归属母公司股东权益(万元)	159004.23	158670.61	148914.70	147719.44
主营业务收入(万元)	52433.44	87899.01	41406.30	74601.99
营业收入(万元)	52785.92	88643.32	41635.33	75064.38
主营成本(万元)	21091.64	33419.55	15256.09	26764.97
营业成本(万元)	21171.18	33767.32	15488.75	27238.84
投资收益(万元)	-	-	-	-
净利润(万元)	9333.62	18151.17	8395.27	15053.75
利润总额(万元)	11121.39	21280.69	9940.53	17515.21

浙江久立特材科技股份有限公司

公司概况					
公司名称	浙江久立特材科技股份有限公司			证券简称	久立特材
法人代表	周志江	董秘	郑杰英	证券代码	002318
公司网址	www.jiuli.com		电子信箱	jlgf@jiuli.com	
电　话	0572-7362041 7362125		传　真	0572-3620799	
办公地址	浙江省湖州市镇西				
经营范围	工业用不锈钢无缝管、不锈钢焊接管的生产、销售				

主要财务指标：指标\报告期	2013.06.30	2012.12.31	2012.06.30	2011.12.31
基本每股收益(元)	0.3300	0.5000	0.2400	0.3700
基本每股收益(扣除)(元)	0.3100	0.4600	0.2200	0.4700
每股净资产(元)	5.3532	5.1282	4.8700	7.2300
每股经营现金净流量(元)	0.2802	1.1061	0.0740	-0.3274
每股现金流量(元)	-0.0895	-0.4700	-0.2647	-0.1126
每股资本公积金(元)	2.2687	2.2687	2.2700	4.0824
每股盈余公积金(元)	0.1540	0.1540	0.1117	0.1675
每股未分配利润(元)	1.9314	1.7061	1.4878	1.9780
净资产收益率(%)	6.0761	9.6809	4.8400	7.6120
加权净资产收益率(%)	6.1900	10.0000	4.8000	7.8700
净资产收益率(扣除)(%)	-	-	-	-
总资产(万元)	305809.33	275979.81	287512.44	261563.81
归属母公司股东权益(万元)	167020.81	160000.82	151909.75	150321.21
主营业务收入(万元)	132199.56	252774.28	124039.14	207920.00
营业收入(万元)	138251.21	265998.40	128815.59	225030.43
主营成本(万元)	101575.74	199856.66	98867.91	171546.32
营业成本(万元)	107584.20	213381.64	103607.07	188232.29
投资收益(万元)	193.98	378.06	280.76	790.61
净利润(万元)	10370.14	16084.29	7562.95	12409.71
利润总额(万元)	12495.86	18719.66	8973.85	13837.81

珠海市乐通化工股份有限公司

公司概况	公司名称	珠海市乐通化工股份有限公司		证券简称	乐通股份
	法人代表	张彬贤	董秘	李华	证券代码	002319
	公司网址	www.letongink.com	电子信箱	lt@letongink.com	
	电　　话	0756-3383338	传　　真	0756-3383339	
	办公地址	广东省珠海市金鼎官塘乐通工业园			
	经营范围	生产和销售自产的各类油墨、涂料及相关配套产品			

	指标＼报告期	2013.06.30	2012.12.31	2012.06.30	2011.12.31
主要财务指标	基本每股收益(元)	0.0540	0.2000	0.0430	0.1800
	基本每股收益(扣除)(元)	–	0.1900	0.0900	0.1600
	每股净资产(元)	2.7072	5.3837	5.3000	5.2200
	每股经营现金净流量(元)	–0.0313	1.3717	0.7234	–0.3614
	每股现金流量(元)	0.0682	–0.7938	–0.2647	–0.9493
	每股资本公积金(元)	0.9555	2.9110	2.9110	2.9110
	每股盈余公积金(元)	0.0773	0.1546	0.1381	0.1381
	每股未分配利润(元)	0.6112	1.2139	1.1677	1.0807
	净资产收益率(%)	2.0036	3.7086	1.6400	3.5017
	加权净资产收益率(%)	1.9900	3.7700	1.6500	3.5600
	净资产收益率(扣除)(%)	–	–	–	–
	总资产(万元)	89499.71	76311.48	76402.82	76681.35
	归属母公司股东权益(万元)	54144.67	53837.45	53030.54	52184.30
	主营业务收入(万元)	26524.53	48008.03	22509.05	53472.24
	营业收入(万元)	26630.41	48624.80	23020.39	53839.39
	主营成本(万元)	19912.71	36549.58	17603.64	43677.93
	营业成本(万元)	19949.42	37032.37	17988.56	43858.75
	投资收益(万元)	–	–	–	–
	净利润(万元)	1239.69	2245.89	877.55	1581.15
	利润总额(万元)	1622.00	2682.16	1066.73	1624.93

海南海峡航运股份有限公司

公司概况	公司名称	海南海峡航运股份有限公司		证券简称	海峡股份
	法人代表	林毅	董秘	林毅(代)	证券代码	002320
	公司网址	www.hnss.net.cn	电子信箱	hnsscb@163.com	
	电　　话	0898-68612566 68615335	传　　真	0898-68615225	
	办公地址	海南省海口市滨海大道东方洋大厦七楼			
	经营范围	国内沿海及近洋汽车、旅客运输、物流、旅游投资、房地产投资			

	指标＼报告期	2013.06.30	2012.12.31	2012.06.30	2011.12.31
主要财务指标	基本每股收益(元)	0.1600	0.3100	0.2400	0.4800
	基本每股收益(扣除)(元)	–	0.2700	0.2000	0.5800
	每股净资产(元)	4.4068	4.3978	4.3200	5.7000
	每股经营现金净流量(元)	0.2437	0.3702	0.2601	0.7035
	每股现金流量(元)	–0.6161	–0.4435	–0.1616	0.0900
	每股资本公积金(元)	2.3853	2.3853	2.3853	3.4009
	每股盈余公积金(元)	0.2560	0.2560	0.2247	0.2921
	每股未分配利润(元)	0.7574	0.7496	0.7112	1.0108
	净资产收益率(%)	3.5813	7.0748	5.5900	11.0270
	加权净资产收益率(%)	3.5100	7.1700	5.4800	11.2800
	净资产收益率(扣除)(%)	–	–	–	–
	总资产(万元)	193393.62	195835.04	193354.64	192659.45
	归属母公司股东权益(万元)	187675.71	187291.96	184033.47	186855.91
	主营业务收入(万元)	32919.99	58215.79	32318.34	64376.50
	营业收入(万元)	33084.43	58226.34	32347.72	64419.35
	主营成本(万元)	20440.50	36947.90	18335.77	34226.06
	营业成本(万元)	20565.94	36951.88	18348.88	34263.76
	投资收益(万元)	–	–	–	–
	净利润(万元)	6517.46	13163.52	10247.33	20571.15
	利润总额(万元)	8917.01	17698.66	13717.12	27182.81

河南华英农业发展股份有限公司

公司概况	公司名称	河南华英农业发展股份有限公司		证券简称	华英农业
	法人代表	曹家富	董秘	李远平	证券代码	002321
	公司网址	www.hua-ying.com	电子信箱	lyping361@sohu.com	
	电　　话	0376-3119896	传　　真	0376-3931030	
	办公地址	河南省信阳市潢川县跃进东路308号			
	经营范围	种禽养殖孵化、禽苗销售、商品禽养殖、屠宰加工及其制品的生产与销售、饲料加工			

	指标＼报告期	2013.06.30	2012.12.31	2012.06.30	2011.12.31
主要财务指标	基本每股收益(元)	–0.2290	0.0150	0.0730	0.2900
	基本每股收益(扣除)(元)	–0.2470	–0.1700	0.0860	0.2000
	每股净资产(元)	3.5584	3.3601	3.4200	6.7910
	每股经营现金净流量(元)	0.4316	1.0278	0.0227	1.7890
	每股现金流量(元)	2.9440	0.9894	0.6859	–2.0571
	每股资本公积金(元)	2.0914	1.4546	1.4546	3.9093
	每股盈余公积金(元)	0.1351	0.1351	0.1333	0.2666
	每股未分配利润(元)	0.5413	0.7704	0.8309	1.6151
	净资产收益率(%)	–4.4455	0.4357	2.0000	8.5350
	加权净资产收益率(%)	–7.0600	0.4300	2.1500	8.8500
	净资产收益率(扣除)(%)	–	–	–	–
	总资产(万元)	372009.34	276925.14	265101.88	234043.46
	归属母公司股东权益(万元)	151518.57	98787.34	100514.81	99826.94
	主营业务收入(万元)	80056.31	180568.52	87136.39	168019.40
	营业收入(万元)	80218.80	180941.71	87322.67	168587.87
	主营成本(万元)	77100.41	170944.87	79119.53	148696.77
	营业成本(万元)	77227.35	171191.63	79240.52	149026.65
	投资收益(万元)	223.30	274.51	–57.48	–106.64
	净利润(万元)	–6620.91	568.14	2190.80	8682.93
	利润总额(万元)	–6524.27	719.82	2198.60	8782.47

宁波理工监测科技股份有限公司

公司概况	公司名称	宁波理工监测科技股份有限公司		证券简称	理工监测
	法人代表	周方洁	董秘	李雪会	证券代码	002322
	公司网址	www.lgom.com.cn	电子信箱	ir@lgom.com.cn	
	电　　话	0574-86821166	传　　真	0574-86995616	
	办公地址	浙江省宁波市北仑保税南区曹娥江路22号			
	经营范围	电力高压设备在线监测产品的开发、生产和销售			

	指标＼报告期	2013.06.30	2012.12.31	2012.06.30	2011.12.31
主要财务指标	基本每股收益(元)	0.1500	0.7700	0.0900	0.6000
	基本每股收益(扣除)(元)	0.1500	0.7400	0.1700	0.9600
	每股净资产(元)	4.0499	7.8700	7.2300	14.1200
	每股经营现金净流量(元)	0.2082	0.1900	–0.1241	0.6811
	每股现金流量(元)	0.1035	0.2504	0.0012	–0.0317
	每股资本公积金(元)	1.6913	4.3498	4.2926	9.1822
	每股盈余公积金(元)	0.1360	0.2721	0.2119	0.4468
	每股未分配利润(元)	1.2225	2.2446	1.7276	3.4868
	净资产收益率(%)	3.7088	9.5821	2.3400	8.5532
	加权净资产收益率(%)	3.7600	10.3600	2.4300	8.8900
	净资产收益率(扣除)(%	–	–	–	–
	总资产(万元)	120153.73	117201.84	105913.39	101583.39
	归属母公司股东权益(万元)	114416.69	111121.89	101727.17	94152.52
	主营业务收入(万元)	13213.20	33101.60	11430.16	20900.61
	营业收入(万元)	13858.90	34212.75	11934.86	24281.79
	主营成本(万元)	4346.50	9908.30	3612.02	5889.89
	营业成本(万元)	4665.38	10986.76	3678.96	8998.83
	投资收益(万元)	–106.91	–127.53	–	–16.54
	净利润(万元)	4162.38	10536.14	2317.78	8009.79
	利润总额(万元)	4592.87	11368.57	2697.05	9289.03

江苏中联电气股份有限公司

公司概况					
公司名称	江苏中联电气股份有限公司			证券简称	中联电气
法人代表	季奎余	董秘	刘元玲	证券代码	002323
公司网址	www.zl-electronic.com		电子信箱	jszldq@163.com	
电　　话	0515-88448188		传　　真	0515-88449688	
办公地址	江苏省盐城市青年西路 88 号				
经营范围	矿用隔爆型移动变电站、干式变压器的开发、生产、销售等				

主要财务指标 指标\报告期	2013.06.30	2012.12.31	2012.06.30	2011.12.31
基本每股收益(元)	0.2123	0.5030	0.2121	0.6319
基本每股收益(扣除)(元)	–	0.4400	0.2278	0.5861
每股净资产(元)	7.8956	10.3932	10.1700	10.4900
每股经营现金净流量(元)	–0.0785	0.0442	0.0571	0.2932
每股现金流量(元)	–1.6608	–1.0353	–0.8486	–1.2379
每股资本公积金(元)	5.2011	7.0615	7.0615	7.0615
每股盈余公积金(元)	0.2948	0.3832	0.3329	0.3329
每股未分配利润(元)	1.3997	1.9486	1.7717	2.0960
净资产收益率(%)	2.6883	4.8392	2.7100	6.0230
加权净资产收益率(%)	2.6400	4.8600	2.6200	6.1400
净资产收益率(扣除)(%)	–	–	–	–
总资产(万元)	99496.60	96485.32	92633.25	94101.68
归属母公司股东权益(万元)	84946.96	86014.53	84134.07	86817.71
主营业务收入(万元)	13567.14	29325.41	13660.86	25886.45
营业收入(万元)	14581.19	29879.31	13992.98	26315.06
主营成本(万元)	9501.62	20496.40	9632.19	16920.15
营业成本(万元)	10074.02	20736.07	13992.98	17095.39
投资收益(万元)	–	–	–	–
净利润(万元)	2283.61	4162.42	2281.96	5229.33
利润总额(万元)	2758.04	4897.64	2685.00	6152.15

上海普利特复合材料股份有限公司

公司概况					
公司名称	上海普利特复合材料股份有限公司			证券简称	普利特
法人代表	周文	董秘	林义擎	证券代码	002324
公司网址	www.pret.com.cn		电子信箱	dsh@pret.com.cn	
电　　话	021-69210096		传　　真	021-51685255	
办公地址	上海市青浦工业园区新业路 558 号				
经营范围	汽车用改性塑料产品的生产、研发、销售和服务				

主要财务指标 指标\报告期	2013.06.30	2012.12.31	2012.06.30	2011.12.31
基本每股收益(元)	0.3300	0.5900	0.2400	0.3300
基本每股收益(扣除)(元)	–	0.5400	0.2300	0.2900
每股净资产(元)	4.9226	4.6900	4.3300	4.1900
每股经营现金净流量(元)	–0.3776	–0.2350	–0.0831	–0.2743
每股现金流量(元)	–0.1340	–0.7063	–0.5400	–0.6200
每股资本公积金(元)	2.1303	2.1303	2.1143	2.1143
每股盈余公积金(元)	0.1892	0.1892	0.1278	0.1278
每股未分配利润(元)	1.6032	1.3745	1.0896	0.9484
净资产收益率(%)	6.6769	12.5159	5.5700	7.7811
加权净资产收益率(%)	6.7700	13.2700	5.6200	8.0700
净资产收益率(扣除)(%)	–	–	–	–
总资产(万元)	174406.76	153844.87	133504.45	132100.35
归属母公司股东权益(万元)	132911.04	126736.75	116954.86	113143.03
主营业务收入(万元)	76242.36	121169.01	53083.75	92623.71
营业收入(万元)	76242.36	121169.01	53083.75	92623.71
主营成本(万元)	60299.59	94059.42	41321.68	76721.06
营业成本(万元)	60299.59	94059.42	41321.68	76721.06
投资收益(万元)	–	–	–	–3.69
净利润(万元)	8874.29	15862.23	6511.84	8803.82
利润总额(万元)	10841.08	18800.05	7686.43	10375.27

深圳市洪涛装饰股份有限公司

公司概况					
公司名称	深圳市洪涛装饰股份有限公司			证券简称	洪涛股份
法人代表	刘年新	董秘	李庆平	证券代码	002325
公司网址	www.szhongtao.cn		电子信箱	hongtao@szhongtao.cn	
电　　话	0755-29999999-986 233		传　　真	0755-82264026	
办公地址	广东省深圳市罗湖区泥岗西洪涛路 17 号				
经营范围	承接酒店、剧院会场、写字楼、图书馆、医院、体育场馆等公共装饰工程的设计及施工				

主要财务指标 指标\报告期	2013.06.30	2012.12.31	2012.06.30	2011.12.31
基本每股收益(元)	0.1500	0.4400	0.1100	0.3000
基本每股收益(扣除)(元)	0.1500	0.4400	0.1700	0.3000
每股净资产(元)	2.2758	3.2359	2.9400	5.6587
每股经营现金净流量(元)	–0.2590	–0.3267	–0.3830	–0.1284
每股现金流量(元)	–0.3731	–0.6315	–0.6045	–0.3072
每股资本公积金(元)	0.4233	1.1257	1.1080	3.1769
每股盈余公积金(元)	0.0884	0.1326	0.0868	0.1736
每股未分配利润(元)	0.7641	0.9776	0.7480	1.3082
净资产收益率(%)	6.6927	13.7253	5.7400	10.4457
加权净资产收益率(%)	6.8400	14.7600	5.8200	11.3800
净资产收益率(扣除)(%)	–	–	–	–
总资产(万元)	281822.83	249716.52	216738.10	199901.76
归属母公司股东权益(万元)	157155.74	148973.90	135517.23	130292.59
主营业务收入(万元)	145281.22	283935.64	122210.42	216740.60
营业收入(万元)	145340.34	284173.89	122245.96	216772.94
主营成本(万元)	119238.12	232552.80	102159.89	182241.26
营业成本(万元)	119245.86	232569.69	102167.63	182255.89
投资收益(万元)	–	–	–	–
净利润(万元)	10517.94	20447.05	7779.09	13610.01
利润总额(万元)	13972.13	27552.03	10361.49	17913.82

浙江永太科技股份有限公司

公司概况					
公司名称	浙江永太科技股份有限公司			证券简称	永太科技
法人代表	王莺妹	董秘	关辉	证券代码	002326
公司网址	www.yongtaitech.com		电子信箱	guanhui@yongtaitech.com	
电　　话	0576-85588006 85588960		传　　真	0576-85588158 85588006	
办公地址	浙江省临海市化学原料药基地临海园区				
经营范围	主要从事氟精细化学品的研发、生产和销售				

主要财务指标 指标\报告期	2013.06.30	2012.12.31	2012.06.30	2011.12.31
基本每股收益(元)	0.0900	0.2700	0.1600	0.2700
基本每股收益(扣除)(元)	0.0700	0.2300	0.1400	0.2300
每股净资产(元)	4.1871	4.2022	4.1000	3.9300
每股经营现金净流量(元)	–0.0379	0.4153	0.0855	–0.0319
每股现金流量(元)	0.0590	–0.3773	–0.2555	–0.8047
每股资本公积金(元)	2.0366	2.0366	2.0366	2.0366
每股盈余公积金(元)	0.1413	0.1413	0.1028	0.1028
每股未分配利润(元)	1.0098	1.0240	0.9581	0.7947
净资产收益率(%)	2.0498	6.3722	3.8100	6.7390
加权净资产收益率(%)	1.9900	6.3100	3.8900	6.9700
净资产收益率(扣除)(%)	–	–	–	–
总资产(万元)	192605.14	176314.01	178335.87	166406.38
归属母公司股东权益(万元)	100614.87	100978.61	98461.25	94536.84
主营业务收入(万元)	36741.78	81434.48	37336.71	71597.78
营业收入(万元)	37337.22	83887.49	38813.20	72575.92
主营成本(万元)	28055.24	63502.03	28561.67	54997.15
营业成本(万元)	28120.96	64874.13	29529.22	55572.86
投资收益(万元)	795.57	1317.75	614.19	1453.50
净利润(万元)	2116.71	6419.84	3913.79	6366.59
利润总额(万元)	2525.03	7316.27	4523.77	7386.75

深圳市富安娜家居用品股份有限公司

公司概况	公司名称	深圳市富安娜家居用品股份有限公司			证券简称	富安娜
	法人代表	林国芳	董秘	胡振超	证券代码	002327
	公司网址	www.fuanna.com.cn		电子信箱	huzhenchao@fuanna.com.cn	
	电　　话	0755-26064656 26055091		传　　真	0755-26055076	
	办公地址	广东省深圳市南山区南光路富安娜工业大厦				
	经营范围	套件、被芯、枕芯等床上用品及其他家纺产品的研发、设计、生产和销售				

	指标＼报告期	2013.06.30	2012.12.31	2012.06.30	2011.12.31
主要财务指标	基本每股收益(元)	0.4200	1.6200	0.3400	1.2900
	基本每股收益(扣除)(元)	–	1.6000	0.6700	1.5000
	每股净资产(元)	5.0033	9.4112	8.4100	9.2500
	每股经营现金净流量(元)	–0.0894	2.8010	0.1217	1.5812
	每股现金流量(元)	–0.5407	0.7980	–0.2872	–0.9784
	每股资本公积金(元)	1.6860	4.3235	4.2621	5.2837
	每股盈余公积金(元)	0.2109	0.4220	0.2984	0.3581
	每股未分配利润(元)	2.1051	3.6657	2.8498	2.6033
	净资产收益率(%)	8.4624	17.2123	8.4600	16.7170
	加权净资产收益率(%)	8.5700	18.9300	8.4600	17.4500
	净资产收益率(扣除)(%)	–	–	–	–
	总资产(万元)	215436.80	207441.33	165733.70	169313.31
	归属母公司股东权益(万元)	160785.16	151219.76	135135.98	123791.53
	主营业务收入(万元)	81306.53	174781.80	74880.95	142928.91
	营业收入(万元)	82068.31	177697.04	75847.81	145342.00
	主营成本(万元)	38905.64	89398.04	39617.68	74825.87
	营业成本(万元)	39489.54	91602.90	40469.26	76976.69
	投资收益(万元)	164.43	11.97	–	312.23
	净利润(万元)	13606.23	26028.37	10932.45	20693.88
	利润总额(万元)	18122.10	35284.95	14583.07	27223.64

上海新朋实业股份有限公司

公司概况	公司名称	上海新朋实业股份有限公司			证券简称	新朋股份
	法人代表	宋琳	董秘	汪培毅	证券代码	002328
	公司网址	www.xinpeng.com		电子信箱	peiyi.wang@xinpeng.com	
	电　　话	021-31166512 31275888		传　　真	021-31166513	
	办公地址	上海市青浦区华新镇华隆路 1698 号				
	经营范围	各类金属冲压钣金件和微型电机的生产				

	指标＼报告期	2013.06.30	2012.12.31	2012.06.30	2011.12.31
主要财务指标	基本每股收益(元)	0.0300	0.0700	0.0500	0.1400
	基本每股收益(扣除)(元)	0.0200	0.0600	0.0300	0.2100
	每股净资产(元)	4.6502	4.6559	4.6300	7.0200
	每股经营现金净流量(元)	0.3679	0.1461	0.2010	0.5118
	每股现金流量(元)	–0.9042	–0.6038	–0.1973	–1.0770
	每股资本公积金(元)	2.7061	2.7061	2.7061	4.5592
	每股盈余公积金(元)	0.0987	0.0987	0.0987	0.1481
	每股未分配利润(元)	0.8540	0.8588	0.8311	1.3288
	净资产收益率(%)	0.5418	1.5678	0.9800	3.0280
	加权净资产收益率(%)	0.5400	1.5700	0.9700	3.0400
	净资产收益率(扣除)(%)	–	–	–	–
	总资产(万元)	351899.63	299349.61	274441.77	270090.88
	归属母公司股东权益(万元)	209259.72	209514.86	208290.53	210725.63
	主营业务收入(万元)	110609.81	153866.31	70403.32	139071.23
	营业收入(万元)	111382.99	159182.75	70997.05	140890.08
	主营成本(万元)	95433.20	127107.08	61579.49	115445.34
	营业成本(万元)	95785.80	136687.03	62086.00	117270.70
	投资收益(万元)	475.27	–	–	–
	净利润(万元)	3302.83	4401.45	2273.58	6038.87
	利润总额(万元)	5310.59	5584.07	2808.06	7347.90

广西皇氏甲天下乳业股份有限公司

公司概况	公司名称	广西皇氏甲天下乳业股份有限公司			证券简称	皇氏乳业
	法人代表	黄嘉棣	董秘	何海晏	证券代码	002329
	公司网址	www.gxhsry.com		电子信箱	hsryhhy@126.com	
	电　　话	0771-3211086		传　　真	0771-3221828	
	办公地址	广西壮族自治区南宁市科园大道 66 号				
	经营范围	液态乳和液态乳制品的生产、加工、销售以及与此产业关联的奶牛养殖和牧草种植业务				

	指标＼报告期	2013.06.30	2012.12.31	2012.06.30	2011.12.31
主要财务指标	基本每股收益(元)	0.0990	0.1525	0.0880	0.2754
	基本每股收益(扣除)(元)	0.0870	0.0856	0.0400	0.2095
	每股净资产(元)	3.6402	3.7402	3.6800	3.7000
	每股经营现金净流量(元)	0.3878	0.2097	–0.1267	0.0229
	每股现金流量(元)	–0.3854	0.0445	–0.2856	–0.5981
	每股资本公积金(元)	1.7498	1.7486	1.7486	1.7572
	每股盈余公积金(元)	0.1392	0.1392	0.1183	0.1183
	每股未分配利润(元)	0.7511	0.8524	0.8085	0.8208
	净资产收益率(%)	2.7133	4.0786	2.3900	7.4504
	加权净资产收益率(%)	2.6060	4.1100	2.3560	7.6400
	净资产收益率(扣除)(%)	–	–	–	–
	总资产(万元)	126871.28	129638.71	117242.85	109718.09
	归属母公司股东权益(万元)	77899.31	80039.50	78652.26	79099.92
	主营业务收入(万元)	39622.97	72689.04	33733.61	56875.01
	营业收入(万元)	48200.22	75426.94	33904.44	57243.58
	主营成本(万元)	26276.65	47520.88	21980.10	35399.23
	营业成本(万元)	33564.69	50028.17	22130.94	35751.39
	投资收益(万元)	19.33	67.94	17.00	48.93
	净利润(万元)	2362.93	3913.92	2346.21	6303.52
	利润总额(万元)	2833.82	4283.44	2631.02	6660.65

山东得利斯食品股份有限公司

公司概况	公司名称	山东得利斯食品股份有限公司			证券简称	得利斯
	法人代表	郑和平	董秘	郑镁钢	证券代码	002330
	公司网址	www.delisi.com.cn		电子信箱	wssc007@126.com	
	电　　话	0536-6339032 6339137		传　　真	0536-6339137	
	办公地址	山东省诸城市昌城镇驻地				
	经营范围	低温肉制品、酱卤肉制品及其他肉制品、蛋制品、速冻面米食品等				

	指标＼报告期	2013.06.30	2012.12.31	2012.06.30	2011.12.31
主要财务指标	基本每股收益(元)	0.0590	0.1937	0.0560	0.1827
	基本每股收益(扣除)(元)	0.0550	0.1800	0.1081	0.1320
	每股净资产(元)	2.6017	5.0854	5.0750	5.1620
	每股经营现金净流量(元)	0.0936	0.4532	0.0967	0.2331
	每股现金流量(元)	–0.0170	–0.4677	–0.2162	–0.5622
	每股资本公积金(元)	1.0354	3.0709	3.1399	3.1478
	每股盈余公积金(元)	0.0397	0.0793	0.0748	0.0748
	每股未分配利润(元)	0.5266	0.9352	0.8607	0.9459
	净资产收益率(%)	2.2659	3.8096	2.2220	3.5342
	加权净资产收益率(%)	2.2900	3.7600	2.1600	3.6000
	净资产收益率(扣除)(%)	–	–	–	–
	总资产(万元)	158627.54	155712.78	149403.90	153411.79
	归属母公司股东权益(万元)	130602.84	127643.54	127392.34	129732.56
	主营业务收入(万元)	102374.76	195600.04	88029.99	190746.60
	营业收入(万元)	103519.70	197462.85	88892.68	192528.00
	主营成本(万元)	89860.72	171524.79	76732.95	171887.64
	营业成本(万元)	90607.41	173360.60	77199.65	172946.08
	投资收益(万元)	–	–	–	–
	净利润(万元)	3032.41	4471.24	2726.18	4416.18
	利润总额(万元)	3398.05	5638.01	3433.30	5491.68

安徽皖通科技股份有限公司

公司概况						
公司概况	公司名称	安徽皖通科技股份有限公司			证券简称	皖通科技
	法人代表	王中胜	董秘	陈新	证券代码	002331
	公司网址	www.wantong-tech.net		电子信箱	wtkjfz@mail.hf.ah.cn	
	电　话	0551-62969206		传　真	0551-62969207	
	办公地址	安徽省合肥市高新区皖水路 589 号				
	经营范围	计算机软件、硬件的开发、生产与销售、信息系统集成等				

主要财务指标	指标\报告期	2013.06.30	2012.12.31	2012.06.30	2011.12.31
	基本每股收益(元)	0.1480	0.4904	0.1000	0.4134
	基本每股收益(扣除)(元)	0.0790	0.4095	0.1291	0.3488
	每股净资产(元)	3.3536	5.2287	4.9000	4.8900
	每股经营现金净流量(元)	–0.1663	0.3062	–0.5585	0.6136
	每股现金流量(元)	–0.2949	0.0895	–0.8910	0.0356
	每股资本公积金(元)	1.4837	2.9739	2.9739	2.9739
	每股盈余公积金(元)	0.0924	0.1478	0.1168	0.1168
	每股未分配利润(元)	0.7776	1.1070	0.8071	0.7976
	净资产收益率(%)	4.4184	9.3790	3.2600	7.8650
	加权净资产收益率(%)	4.3200	9.7200	3.2400	10.5100
	净资产收益率(扣除)(%)	–	–	–	–
	总资产(万元)	112780.13	114453.30	94058.05	92668.11
	归属母公司股东权益(万元)	71853.16	70017.47	65585.87	65459.21
	主营业务收入(万元)	25715.03	65974.88	25801.13	47451.35
	营业收入(万元)	25776.02	66094.46	25821.59	47460.33
	主营成本(万元)	19987.67	50298.20	19628.87	36812.54
	营业成本(万元)	20037.79	50403.45	19643.60	36816.85
	投资收益(万元)	1596.03	–	–	–
	净利润(万元)	3298.26	6756.90	2205.71	5166.46
	利润总额(万元)	3850.02	7990.46	2645.38	5869.81

浙江仙琚制药股份有限公司

公司概况						
公司概况	公司名称	浙江仙琚制药股份有限公司			证券简称	仙琚制药
	法人代表	金敬德	董秘	张南	证券代码	002332
	公司网址	www.xjpharma.com		电子信箱	dmb@xjpharma.com	
	电　话	0576-87731138		传　真	0576-87774487	
	办公地址	浙江省台州市仙居县仙药路 1 号				
	经营范围	甾体原料药和制剂的研制、生产与销售				

主要财务指标	指标\报告期	2013.06.30	2012.12.31	2012.06.30	2011.12.31
	基本每股收益(元)	0.1500	0.3500	0.2000	0.3900
	基本每股收益(扣除)(元)	0.1500	0.3600	0.2000	0.3700
	每股净资产(元)	3.3621	3.4113	3.2600	3.2800
	每股经营现金净流量(元)	–0.2207	0.0979	–0.0420	0.4324
	每股现金流量(元)	–0.1961	–0.3919	0.0131	–0.7432
	每股资本公积金(元)	1.7055	1.7055	1.7055	1.7055
	每股盈余公积金(元)	0.2507	0.2507	0.2216	0.2216
	每股未分配利润(元)	0.4061	0.4552	0.3322	0.3511
	净资产收益率(%)	4.4894	10.3518	6.1700	11.8720
	加权净资产收益率(%)	4.3700	10.6700	6.0800	12.1600
	净资产收益率(扣除)(%)	–	–	–	–
	总资产(万元)	268428.14	244298.62	241251.93	201352.96
	归属母公司股东权益(万元)	114783.47	116460.43	111270.65	111917.41
	主营业务收入(万元)	108880.66	195576.00	92047.87	163709.57
	营业收入(万元)	113513.23	199219.15	93293.55	168920.96
	主营成本(万元)	70915.70	118587.09	56662.29	97614.70
	营业成本(万元)	73666.99	120186.03	57318.65	100979.06
	投资收益(万元)	678.34	1165.00	582.58	1110.45
	净利润(万元)	4482.24	12422.63	6784.16	13203.36
	利润总额(万元)	5853.86	15394.94	8629.80	16727.83

苏州罗普斯金铝业股份有限公司

公司概况						
公司概况	公司名称	苏州罗普斯金铝业股份有限公司			证券简称	罗普斯金
	法人代表	吴明福	董秘	施健	证券代码	002333
	公司网址	www.lpsk.com.cn		电子信箱	di02@lpsk.com.cn	
	电　话	0512-65768211		传　真	0512-65498037	
	办公地址	江苏省苏州市相城区阳澄湖中路 31 号				
	经营范围	铝挤压材产品的研发、生产和销售				

主要财务指标	指标\报告期	2013.06.30	2012.12.31	2012.06.30	2011.12.31
	基本每股收益(元)	0.1800	0.3300	0.1500	0.3500
	基本每股收益(扣除)(元)	0.1800	0.3300	0.1500	0.3500
	每股净资产(元)	5.1489	5.1783	4.9900	4.9900
	每股经营现金净流量(元)	0.2241	0.5395	0.1515	0.3495
	每股现金流量(元)	–0.3304	–0.8534	–0.4090	–0.2707
	每股资本公积金(元)	2.8081	2.8216	2.8161	2.8142
	每股盈余公积金(元)	0.1752	0.1745	0.1416	0.1416
	每股未分配利润(元)	1.1656	1.1822	1.0319	1.0295
	净资产收益率(%)	3.4717	6.4625	3.0300	6.9146
	加权净资产收益率(%)	3.4000	6.5900	3.0300	7.1900
	净资产收益率(扣除)(%)	–	–	–	–
	总资产(万元)	148232.79	145130.26	141513.56	139863.41
	归属母公司股东权益(万元)	129393.14	130641.51	125911.96	125812.97
	主营业务收入(万元)	49045.16	109694.09	52043.98	106951.66
	营业收入(万元)	51376.46	113864.79	52043.98	110498.85
	主营成本(万元)	38857.18	90387.50	43344.44	–
	营业成本(万元)	41158.40	94596.49	43344.44	92075.31
	投资收益(万元)	–36.41	–63.15	–12.84	12.78
	净利润(万元)	4492.20	8442.69	3845.64	8699.47
	利润总额(万元)	5378.69	9990.07	4570.21	10251.48

深圳市英威腾电气股份有限公司

公司概况						
公司概况	公司名称	深圳市英威腾电气股份有限公司			证券简称	英威腾
	法人代表	黄申力	董秘	鄢光敏	证券代码	002334
	公司网址	www.invt.com.cn		电子信箱	sec@invt.com.cn	
	电　话	0755-86312861 86312975		传　真	0755-86312975	
	办公地址	广东省深圳市南山区龙井高发科技工业园 4 号厂房				
	经营范围	高、中、低压变频器及伺服驱动器研发、制造和销售的高新技术企业				

主要财务指标	指标\报告期	2013.06.30	2012.12.31	2012.06.30	2011.12.31
	基本每股收益(元)	0.2204	0.5100	0.1706	0.4400
	基本每股收益(扣除)(元)	0.2000	0.4600	0.1700	0.6000
	每股净资产(元)	3.4401	5.3620	5.1400	9.1596
	每股经营现金净流量(元)	0.1079	0.4475	–0.1637	0.0310
	每股现金流量(元)	0.0260	–0.0837	–0.3924	–1.3685
	每股资本公积金(元)	1.3843	2.8149	2.8149	5.8669
	每股盈余公积金(元)	0.1370	0.2192	0.1730	0.3114
	每股未分配利润(元)	0.9200	1.3295	1.1503	1.9828
	净资产收益率(%)	4.4049	7.7000	3.6500	7.0016
	加权净资产收益率(%)	4.4600	7.8800	3.6700	7.3500
	净资产收益率(扣除)(%)	–	–	–	–
	总资产(万元)	146623.99	137882.01	131158.13	130212.13
	归属母公司股东权益(万元)	120474.64	117364.50	112430.82	111380.32
	主营业务收入(万元)	40141.53	71854.21	32023.48	68332.68
	营业收入(万元)	40437.83	73671.19	33342.92	68980.83
	主营成本(万元)	23236.69	42450.32	19395.23	40936.81
	营业成本(万元)	23444.10	43043.37	19395.23	41258.91
	投资收益(万元)	–	225.44	–	481.95
	净利润(万元)	4946.05	7531.83	3459.39	7437.78
	利润总额(万元)	5442.01	8408.30	3978.46	8808.14

厦门科华恒盛股份有限公司

公司概况					
公司名称	厦门科华恒盛股份有限公司			证券简称	科华恒盛
法人代表	陈成辉	董秘	吴建文	证券代码	002335
公司网址	www.kehua.com.cn		电子信箱	wujianwen@kehua.com	
电　话	0592-5160516		传　真	0592-5162166	
办公地址	福建省厦门市湖里区马垄路457号				
经营范围	信息设备用不间断电源产品和工业动力用不间断电源产品的研发、生产、销售和服务				

主要财务指标　指标\报告期	2013.06.30	2012.12.31	2012.06.30	2011.12.31
基本每股收益(元)	0.2000	0.4200	0.1500	0.4900
基本每股收益(扣除)(元)	0.1900	0.3900	0.1300	0.4600
每股净资产(元)	4.3541	4.3497	4.0700	5.6200
每股经营现金净流量(元)	-0.4787	0.7030	-0.2178	0.0336
每股现金流量(元)	-1.7423	0.1914	-0.5505	-0.7830
每股资本公积金(元)	1.7797	1.8078	1.8027	2.9008
每股盈余公积金(元)	0.2072	0.2072	0.1839	0.2574
每股未分配利润(元)	1.3849	1.3347	1.0863	1.4580
净资产收益率(%)	4.5759	9.7210	3.7300	12.1004
加权净资产收益率(%)	4.5100	10.1600	3.7200	13.0900
净资产收益率(扣除)(%)	-	-	-	-
总资产(万元)	126666.00	135996.00	114632.77	121786.28
归属母公司股东权益(万元)	97488.76	97389.54	91201.12	89839.51
主营业务收入(万元)	38957.23	92473.62	36128.96	93507.74
营业收入(万元)	39302.63	93340.86	36549.52	94238.79
主营成本(万元)	25630.46	62895.80	25289.26	62955.48
营业成本(万元)	25714.31	63050.19	25370.94	63075.73
投资收益(万元)	137.91	-307.91	-141.62	-240.50
净利润(万元)	4460.95	9467.21	3401.91	10865.00
利润总额(万元)	5538.07	11338.04	4226.56	12971.31

人人乐连锁商业集团股份有限公司

公司概况					
公司名称	人人乐连锁商业集团股份有限公司			证券简称	人人乐
法人代表	何金明	董秘	何宏斌	证券代码	002336
公司网址	www.renrenle.cn		电子信箱	hehonglin@renrenle.cn	
电　话	0755-86058141		传　真	0755-26093560	
办公地址	广东省深圳市南山区前海路心语家园裙楼二楼				
经营范围	从事大卖场、综合超市及百货的连锁经营业务				

主要财务指标　指标\报告期	2013.06.30	2012.12.31	2012.06.30	2011.12.31
基本每股收益(元)	0.0254	-0.2240	-0.1444	0.4235
基本每股收益(扣除)(元)	0.0664	-0.2380	-0.1786	0.4212
每股净资产(元)	8.2035	8.1781	8.2500	8.9000
每股经营现金净流量(元)	0.5358	1.3118	0.7414	0.6280
每股现金流量(元)	-1.5017	-0.4144	-0.4317	-2.1999
每股资本公积金(元)	6.1897	6.1897	6.1897	6.1897
每股盈余公积金(元)	0.2428	0.2428	0.1918	0.1918
每股未分配利润(元)	0.7709	0.7455	0.8762	1.5206
净资产收益率(%)	0.3091	-2.7395	-1.7500	4.7580
加权净资产收益率(%)	0.3100	-2.6500	-1.6700	4.7600
净资产收益率(扣除)(%)	-	-	-	-
总资产(万元)	698541.64	713155.31	699299.11	735338.79
归属母公司股东权益(万元)	328138.13	327123.92	330308.90	356085.40
主营业务收入(万元)	580472.79	1145456.77	587413.25	1075056.29
营业收入(万元)	653400.22	1291343.77	658965.28	1209191.93
主营成本(万元)	517364.34	1028652.16	528144.71	963566.57
营业成本(万元)	517571.52	1029222.22	528436.25	964121.51
投资收益(万元)	-	-	-	-
净利润(万元)	1014.20	-8961.48	-5776.51	16940.72
利润总额(万元)	1979.41	-6256.93	-4793.25	22022.05

天津赛象科技股份有限公司

公司概况					
公司名称	天津赛象科技股份有限公司			证券简称	赛象科技
法人代表	张建浩	董秘	朱洪光	证券代码	002337
公司网址	www.chinarpm.com		电子信箱	tstzqb@sina.com	
电　话	022-23788169 23788188		传　真	022-23788199	
办公地址	天津市华苑新技术产业园区(环外)海泰发展四道9号				
经营范围	子午线轮胎生产成套装备和检测设备的研发、生产和销售				

主要财务指标　指标\报告期	2013.06.30	2012.12.31	2012.06.30	2011.12.31
基本每股收益(元)	0.1100	0.0700	0.0900	0.1800
基本每股收益(扣除)(元)	-	-	0.0200	0.1400
每股净资产(元)	6.3884	6.5766	6.6000	6.6100
每股经营现金净流量(元)	0.1374	0.2188	0.0183	-0.1223
每股现金流量(元)	-0.7911	-0.3345	-0.1026	-0.9212
每股资本公积金(元)	4.1547	4.1640	4.1640	4.1640
每股盈余公积金(元)	0.2816	0.2790	0.2809	0.2725
每股未分配利润(元)	0.9523	1.1336	1.1521	1.1744
净资产收益率(%)	1.6611	0.9990	1.3000	2.7920
加权净资产收益率(%)	1.6600	1.0000	1.2900	2.8000
净资产收益率(扣除)(%)	-	-	-	-
总资产(万元)	175970.18	167311.57	155819.20	160393.25
归属母公司股东权益(万元)	126441.95	126269.87	126653.54	126923.73
主营业务收入(万元)	31334.11	45196.20	25625.86	52980.03
营业收入(万元)	31370.34	45328.35	25668.73	53119.84
主营成本(万元)	24356.32	36205.20	20068.25	42161.92
营业成本(万元)	24556.71	36294.68	20124.86	42203.05
投资收益(万元)	442.26	278.40	130.32	84.99
净利润(万元)	2100.32	1261.44	1651.86	3544.03
利润总额(万元)	2489.13	1217.38	1854.28	3792.66

长春奥普光电技术股份有限公司

公司概况					
公司名称	长春奥普光电技术股份有限公司			证券简称	奥普光电
法人代表	宣明	董秘	王小东	证券代码	002338
公司网址	www.up-china.com		电子信箱	wangxiaodong@up-china.com	
电　话	0431-86176633 86176789		传　真	0431-86176788 86176699	
办公地址	吉林省长春市经济技术开发区营口路588号				
经营范围	光电测控仪器设备及光学材料的研发、生产与销售				

主要财务指标　指标\报告期	2013.06.30	2012.12.31	2012.06.30	2011.12.31
基本每股收益(元)	0.2400	0.4700	0.2400	0.6700
基本每股收益(扣除)(元)	0.2447	0.3800	0.1600	0.6200
每股净资产(元)	5.2974	5.3554	5.1200	7.8700
每股经营现金净流量(元)	0.0717	-0.0875	-0.4310	0.1733
每股现金流量(元)	-0.3298	-0.8671	-1.0428	-1.0120
每股资本公积金(元)	3.0460	3.0460	3.0451	5.0676
每股盈余公积金(元)	0.2642	0.2642	0.2171	0.3257
每股未分配利润(元)	0.9872	1.0453	0.8607	1.4814
净资产收益率(%)	4.5673	8.8026	4.5700	8.5050
加权净资产收益率(%)	4.4600	8.9900	4.5700	8.6900
净资产收益率(扣除)(%)	-	-	-	-
总资产(万元)	80049.34	81706.93	73808.98	77732.56
归属母公司股东权益(万元)	63568.28	64264.90	61475.30	62997.34
主营业务收入(万元)	13038.71	26272.43	10592.23	21956.63
营业收入(万元)	13051.15	26485.74	10713.09	22462.98
主营成本(万元)	7304.55	16077.51	5976.42	12675.61
营业成本(万元)	7305.25	16189.97	6086.88	12836.21
投资收益(万元)	-	-	-	-
净利润(万元)	2856.32	5676.64	2345.19	5426.94
利润总额(万元)	3412.94	6662.89	3357.34	6293.87

积成电子股份有限公司

公司概况

公司名称	积成电子股份有限公司			证券简称	积成电子
法人代表	杨志强	董秘	姚斌	证券代码	002339
公司网址	www.ieslab.com.cn		电子信箱	yaobin@ieslab.com.cn	
电　话	0531-88061716		传　真	0531-88061716	
办公地址	山东省济南市花园路东段 188 号				
经营范围	发电、输电、变电、配电、用电、调度控制系统和设备				

主要财务指标

指标\报告期	2013.06.30	2012.12.31	2012.06.30	2011.12.31
基本每股收益(元)	0.0600	0.6000	0.0500	0.3700
基本每股收益(扣除)(元)	0.0600	0.5600	0.0900	0.3400
每股净资产(元)	3.0417	5.4535	4.9500	9.9100
每股经营现金净流量(元)	-0.3037	0.0623	-0.7484	0.1167
每股现金流量(元)	0.0665	-0.5331	-1.1108	0.1229
每股资本公积金(元)	1.2115	2.6386	2.6386	6.2772
每股盈余公积金(元)	0.0955	0.2104	0.1644	0.3289
每股未分配利润(元)	0.7347	1.6045	1.1490	2.3060
净资产收益率(%)	1.8522	10.9558	1.9400	7.4190
加权净资产收益率(%)	2.0300	11.5200	1.9300	7.6800
净资产收益率(扣除)(%)	-	-	-	-
总资产(万元)	150543.48	138317.47	110015.60	115681.54
归属母公司股东权益(万元)	115250.47	93800.28	85175.40	85243.73
主营业务收入(万元)	26952.75	81388.73	23953.62	53653.30
营业收入(万元)	27000.31	83418.70	24431.65	54784.97
主营成本(万元)	16578.90	52945.21	15101.60	33074.18
营业成本(万元)	16602.78	53251.30	15185.16	33335.64
投资收益(万元)	102.96	119.61	9.22	87.81
净利润(万元)	2445.76	11541.26	1889.21	6927.42
利润总额(万元)	2524.70	13280.56	2184.41	8151.37

深圳市格林美高新技术股份有限公司

公司概况

公司名称	深圳市格林美高新技术股份有限公司			证券简称	格林美
法人代表	许开华	董秘	牟健	证券代码	002340
公司网址	www.gemchina.com		电子信箱	mujian@gemchina.com	
电　话	0755-33866005 33668038		传　真	0755-33895777	
办公地址	广东省深圳市宝安区宝安中心区兴华路南侧荣超滨海大厦 A 栋 20 层				
经营范围	废弃钴镍资源与电子废弃物的循环利用以及钴镍粉体材料、铜与塑木型材的生产、销售				

主要财务指标

指标\报告期	2013.06.30	2012.12.31	2012.06.30	2011.12.31
基本每股收益(元)	0.0900	0.2300	0.0800	0.2400
基本每股收益(扣除)(元)	1.9100	0.1100	0.0900	0.3100
每股净资产(元)	3.0072	3.8370	3.7400	7.4600
每股经营现金净流量(元)	-0.3843	-0.4324	-0.4290	0.4051
每股现金流量(元)	-0.6603	0.2597	-0.8967	2.9565
每股资本公积金(元)	1.4557	2.1924	2.2180	5.4360
每股盈余公积金(元)	0.0280	0.0365	0.0215	0.0429
每股未分配利润(元)	0.5258	0.6103	0.5033	0.9859
净资产收益率(%)	3.1526	6.0542	2.9482	5.5730
加权净资产收益率(%)	3.1700	6.1300	2.9300	10.1200
净资产收益率(扣除)(%)	-	-	-	-
总资产(万元)	694207.31	635033.69	416683.53	392824.71
归属母公司股东权益(万元)	226581.70	222383.00	216892.45	216295.61
主营业务收入(万元)	132268.82	141842.10	55211.53	91861.44
营业收入(万元)	132848.53	141842.10	55211.53	91861.44
主营成本(万元)	104543.10	105218.14	38736.56	62755.61
营业成本(万元)	104930.70	105218.14	38736.56	62755.61
投资收益(万元)	-496.10	-140.58	36.72	-36.72
净利润(万元)	8389.25	14426.67	6787.69	12017.43
利润总额(万元)	9748.17	16009.28	7644.69	13321.33

深圳市新纶科技股份有限公司

公司概况

公司名称	深圳市新纶科技股份有限公司			证券简称	新纶科技
法人代表	侯毅	董秘	杨利	证券代码	002341
公司网址	www.szselen.com		电子信箱	yangli@szselen.com	
电　话	0755-26993098		传　真	0755-26993313	
办公地址	广东省深圳市南山区高新区科技南十二路曙光大厦 9 层				
经营范围	防静电/洁净室耗品的研发、生产、销售				

主要财务指标

指标\报告期	2013.06.30	2012.12.31	2012.06.30	2011.12.31
基本每股收益(元)	0.2001	0.3212	0.1784	0.2723
基本每股收益(扣除)(元)	0.1987	0.3092	0.1930	0.2696
每股净资产(元)	3.8568	2.5177	2.4000	4.5400
每股经营现金净流量(元)	-0.1107	-0.2685	-0.1635	-0.8210
每股现金流量(元)	0.7870	-0.3470	-0.4507	-0.3507
每股资本公积金(元)	2.1003	0.6505	0.6505	2.3009
每股盈余公积金(元)	0.0724	0.0924	0.0700	0.1400
每股未分配利润(元)	0.6844	0.7755	0.6796	1.1034
净资产收益率(%)	4.6285	12.7575	8.4564	11.9860
加权净资产收益率(%)	6.0500	13.4500	8.6000	12.5600
净资产收益率(扣除)(%)	-	-	-	-
总资产(万元)	258723.02	188401.40	173611.61	137854.37
归属母公司股东权益(万元)	144026.79	73718.16	70264.34	66510.30
主营业务收入(万元)	59764.10	114145.20	58150.32	95335.94
营业收入(万元)	59764.10	114200.69	58150.32	95335.94
主营成本(万元)	42321.23	82441.06	41629.16	71107.14
营业成本(万元)	42321.23	82483.99	41629.16	71107.14
投资收益(万元)	3.01	12.15	7.53	19.73
净利润(万元)	6604.22	9497.36	6260.44	8093.51
利润总额(万元)	7701.24	11116.06	7355.81	9484.84

巨力索具股份有限公司

公司概况

公司名称	巨力索具股份有限公司			证券简称	巨力索具
法人代表	杨建忠	董秘	白雪飞	证券代码	002342
公司网址	www.julisling.com		电子信箱	baixf@julisling.com	
电　话	0312-8608520		传　真	0312-8608086	
办公地址	河北省保定市徐水县巨力路				
经营范围	索具及相关产品的研发、设计、生产和销售				

主要财务指标

指标\报告期	2013.06.30	2012.12.31	2012.06.30	2011.12.31
基本每股收益(元)	0.0620	0.1300	0.0880	0.1800
基本每股收益(扣除)(元)	-	0.1200	0.0850	0.1600
每股净资产(元)	2.4535	2.4115	2.3700	2.3400
每股经营现金净流量(元)	0.0904	0.0376	-0.0251	0.1357
每股现金流量(元)	0.0381	-0.0232	0.0245	-0.0600
每股资本公积金(元)	0.6983	0.6983	0.6983	0.6983
每股盈余公积金(元)	0.1093	0.1093	0.0957	0.0957
每股未分配利润(元)	0.6473	0.6051	0.5806	0.5429
净资产收益率(%)	2.5353	5.2125	3.7000	7.4950
加权净资产收益率(%)	2.5500	5.3100	3.7100	7.7200
净资产收益率(扣除)(%)	-	-	-	-
总资产(万元)	433523.60	412550.66	387555.56	367305.64
归属母公司股东权益(万元)	235536.20	231508.51	227838.72	224238.33
主营业务收入(万元)	80194.22	161811.14	77757.60	149226.05
营业收入(万元)	83698.31	165329.17	78689.11	152836.11
主营成本(万元)	58472.14	114767.10	53330.59	103606.01
营业成本(万元)	61248.37	116894.15	53743.17	105228.03
投资收益(万元)	109.21	78.21	-	-0.21
净利润(万元)	5971.50	12067.34	8419.03	16806.97
利润总额(万元)	6849.26	13790.26	9744.68	19507.38

浙江禾欣实业集团股份有限公司

公司概况	公司名称	浙江禾欣实业集团股份有限公司			证券简称	禾欣股份
	法人代表	沈云平	董秘	张颜慧	证券代码	002343
	公司网址	www.hexin-puleather.com		电子信箱	hxjt@hexin-puleather.com	
	电　话	0573-82228188 82228698		传　真	0573-82228696	
	办公地址	浙江省嘉兴市经济开发区东方路 1568 号				
	经营范围	PU 合成革产品的研制开发、生产、销售与服务				

主要财务指标	指标\报告期	2013.06.30	2012.12.31	2012.06.30	2011.12.31
	基本每股收益(元)	0.1859	0.3651	0.1609	0.4060
	基本每股收益(扣除)(元)	0.1792	0.3110	0.1569	0.3733
	每股净资产(元)	5.8591	6.0092	5.8000	5.8600
	每股经营现金净流量(元)	0.1918	0.8926	0.3793	0.1894
	每股现金流量(元)	-1.1867	-0.4786	-0.1087	-1.0600
	每股资本公积金(元)	3.2030	3.2030	3.2030	3.1921
	每股盈余公积金(元)	0.3452	0.3452	0.3196	0.3196
	每股未分配利润(元)	1.2404	1.4044	1.2259	1.3149
	净资产收益率(%)	3.1737	6.0753	2.7500	6.9320
	加权净资产收益率(%)	3.0500	6.2100	2.7500	7.1200
	净资产收益率(扣除)(%)	-	-	-	-
	总资产(万元)	173859.01	169375.76	158370.43	150362.75
	归属母公司股东权益(万元)	116079.50	119053.82	114858.34	116044.13
	主营业务收入(万元)	66135.36	131134.27	61449.97	136920.02
	营业收入(万元)	67581.41	135588.08	64336.71	144163.53
	主营成本(万元)	51165.13	104617.91	48818.60	109932.05
	营业成本(万元)	52283.18	108564.75	51144.23	116526.00
	投资收益(万元)	817.82	167.73	102.93	67.87
	净利润(万元)	4870.05	8663.27	3919.83	10255.13
	利润总额(万元)	5748.04	10053.40	4648.79	11322.20

海宁中国皮革城股份有限公司

公司概况	公司名称	海宁中国皮革城股份有限公司			证券简称	海宁皮城
	法人代表	任有法	董秘	李宗荣	证券代码	002344
	公司网址	www.zgpgc.com		电子信箱	pgc@chinaleather.com	
	电　话	0573-87217777		传　真	0573-87217999	
	办公地址	浙江省海宁市海州西路 201 号				
	经营范围	皮革专业市场的开发、租赁和服务				

主要财务指标	指标\报告期	2013.06.30	2012.12.31	2012.06.30	2011.12.31
	基本每股收益(元)	0.5230	1.2600	0.2660	0.9400
	基本每股收益(扣除)(元	0.5180	1.1600	0.5200	0.8900
	每股净资产(元)	2.9942	5.1927	4.4700	4.1900
	每股经营现金净流量(元)	0.9163	2.4079	1.8854	0.8896
	每股现金流量(元)	0.1901	0.0674	0.5807	-0.8567
	每股资本公积金(元)	0.3923	1.7847	1.7854	1.7854
	每股盈余公积金(元)	0.1173	0.2346	0.1325	0.1325
	每股未分配利润(元)	1.4846	2.1734	1.5490	1.2674
	净资产收益率(%)	17.4625	24.2291	11.9000	22.4860
	加权净资产收益率(%)	18.4300	26.8300	11.9400	24.6400
	净资产收益率(扣除)(%	-	-	-	-
	总资产(万元)	698648.38	621447.65	555437.06	489571.99
	归属母公司股东权益(万元)	335350.88	290790.08	250144.53	234376.92
	主营业务收入(万元)	166979.71	225196.13	97671.24	184766.04
	营业收入(万元)	169294.90	226154.79	98148.28	185649.33
	主营成本(万元)	46500.85	90506.23	38201.94	83696.62
	营业成本(万元)	46614.90	90714.04	38305.84	83905.15
	投资收益(万元)	425.78	473.75	28.40	54.20
	净利润(万元)	59918.92	72379.28	30737.85	56456.99
	利润总额(万元)	79905.59	97266.34	41165.27	75635.32

广东潮宏基实业股份有限公司

公司概况	公司名称	广东潮宏基实业股份有限公司			证券简称	潮宏基
	法人代表	廖木枝	董秘	徐俊雄	证券代码	002345
	公司网址	www.chjchina.com		电子信箱	stock@chjchina.com	
	电　话	0754-88781767		传　真	0754-88781755	
	办公地址	广东省汕头市龙湖区龙新工业区龙新五街四号 1-4 楼				
	经营范围	从事高档时尚珠宝首饰产品的设计、研发、生产及销售				

主要财务指标	指标\报告期	2013.06.30	2012.12.31	2012.06.30	2011.12.31
	基本每股收益(元)	0.3000	0.7200	0.2300	0.8400
	基本每股收益(扣除)(元)	0.2900	0.7100	0.4500	0.8300
	每股净资产(元)	4.2164	8.1361	7.8700	7.7500
	每股经营现金净流量(元)	0.4149	0.5287	0.5126	-1.3699
	每股现金流量(元)	0.2023	-0.0173	-0.2459	-1.8509
	每股资本公积金(元)	2.0636	5.1208	5.1212	5.1050
	每股盈余公积金(元)	0.1586	0.3173	0.2473	0.2473
	每股未分配利润(元)	0.9943	1.6982	1.4985	1.3956
	净资产收益率(%)	6.9998	8.8819	5.7200	10.8150
	加权净资产收益率(%)	7.0400	9.1300	5.7200	11.1000
	净资产收益率(扣除)(%)	-	-	-	-
	总资产(万元)	274309.59	206153.21	179281.48	180276.07
	归属母公司股东权益(万元)	151790.44	146450.51	141603.94	139459.49
	主营业务收入(万元)	113275.00	152879.16	82717.91	131666.20
	营业收入(万元)	113539.24	153429.96	82821.28	131863.26
	主营成本(万元)	80321.51	102550.98	56001.42	84920.69
	营业成本(万元)	80321.51	102550.98	56001.42	84920.69
	投资收益(万元)	2104.08	75.45	-2.24	66.32
	净利润(万元)	11259.43	13097.50	8260.25	15641.99
	利润总额(万元)	12777.11	15440.48	9701.71	18395.13

上海柘中建设股份有限公司

公司概况	公司名称	上海柘中建设股份有限公司			证券简称	柘中建设
	法人代表	陆仁军	董秘	郭加广(代)	证券代码	002346
	公司网址	www.ch-zzcc.com		电子信箱	guojg@ch-zzcc.com	
	电　话	021-57403737		传　真	021-57401222	
	办公地址	上海市奉贤区浦卫公路 50 号				
	经营范围	应力高强度混凝土管桩(PHC 管桩)的生产与销售				

主要财务指标	指标\报告期	2013.06.30	2012.12.31	2012.06.30	2011.12.31
	基本每股收益(元)	-0.0200	0.1500	0.0800	0.4500
	基本每股收益(扣除)(元)	-0.0200	0.1600	0.0800	0.4500
	每股净资产(元)	7.1394	7.1595	7.2200	7.1400
	每股经营现金净流量(元)	0.2030	0.1195	-0.0686	0.2831
	每股现金流量(元)	-2.9859	-0.7945	-0.2384	-0.1847
	每股资本公积金(元)	4.6011	4.6011	4.6011	4.6011
	每股盈余公积金(元)	0.2056	0.2056	0.1875	0.1875
	每股未分配利润(元)	1.2862	1.3063	1.3910	1.3157
	净资产收益率(%)	-0.2818	2.1645	1.0400	6.2830
	加权净资产收益率(%)	-0.2800	2.1500	1.0500	6.4300
	净资产收益率(扣除)(%)	-	-	-	-
	总资产(万元)	115073.05	112991.85	116221.50	108070.00
	归属母公司股东权益(万元)	96381.46	96653.07	97451.41	96434.43
	主营业务收入(万元)	9258.33	30695.17	13271.84	46151.26
	营业收入(万元)	9258.33	30696.90	13271.84	46151.26
	主营成本(万元)	8210.23	25262.18	11152.08	35112.52
	营业成本(万元)	8210.23	25262.18	11152.08	35112.52
	投资收益(万元)	389.40	3.65	3.37	34.52
	净利润(万元)	-271.61	2092.06	1016.98	6058.93
	利润总额(万元)	-355.29	1930.05	747.13	7869.06

泰尔重工股份有限公司

公司概况	公司名称	泰尔重工股份有限公司			证券简称	泰尔重工
	法人代表	邰正彪	董秘	黄东保	证券代码	002347
	公司网址	www.taiergroup.com		电子信箱	dongwuxia@taiergroup.com	
	电　话	0555-2229303 2202118		传　真	0555-2229303 2202118	
	办公地址	安徽省马鞍山市经济技术开发区超山路669号				
	经营范围	万向轴、鼓形联轴器、安全联轴器生产、剪刃、轧辊、模具、减速机、液压件、电器元件生产与销售				

	指标\报告期	2013.06.30	2012.12.31	2012.06.30	2011.12.31
主要财务指标	基本每股收益(元)	0.1200	0.4100	0.1900	0.6400
	基本每股收益(扣除)(元)	0.1100	0.3600	0.3300	0.5900
	每股净资产(元)	4.9830	8.2178	8.1500	8.1100
	每股经营现金净流量(元)	-0.1979	-1.1935	0.1055	0.2988
	每股现金流量(元)	1.1056	-1.5156	-0.7879	-2.3395
	每股资本公积金(元)	2.7307	5.1290	5.1290	5.1290
	每股盈余公积金(元)	0.1558	0.2805	0.2458	0.2458
	每股未分配利润(元)	1.0924	1.8069	1.7766	1.7313
	净资产收益率(%)	2.3352	4.9941	4.2400	7.9560
	加权净资产收益率(%)	2.3800	5.0800	4.2400	8.1600
	净资产收益率(扣除)(%)	-	-	-	-
	总资产(万元)	163029.67	123442.31	122856.95	117083.96
	归属母公司股东权益(万元)	93281.19	85464.79	84779.23	84302.33
	主营业务收入(万元)	18082.38	40618.37	22249.79	40242.23
	营业收入(万元)	18086.22	40674.67	22293.64	40324.72
	主营成本(万元)	11243.14	24515.44	13611.30	25555.99
	营业成本(万元)	11243.14	24536.14	13624.64	25582.54
	投资收益(万元)	-29.98	-768.34	-4.19	213.29
	净利润(万元)	2178.14	4277.67	3595.07	6744.71
	利润总额(万元)	2523.74	5324.69	4236.02	8166.83

广东高乐玩具股份有限公司

公司概况	公司名称	广东高乐玩具股份有限公司			证券简称	高乐股份
	法人代表	杨旭恩	董秘	杨广城	证券代码	002348
	公司网址	www.goldlok.com		电子信箱	gary@goldlok.com	
	电　话	0663-2348056		传　真	0663-2348055	
	办公地址	广东省普宁市占陇加工区振如大厦				
	经营范围	开发、设计、生产经营各式玩具、儿童用品等				

	指标\报告期	2013.06.30	2012.12.31	2012.06.30	2011.12.31
主要财务指标	基本每股收益(元)	0.1149	0.2721	0.0839	0.3749
	基本每股收益(扣除)(元)	0.0657	0.2762	0.1702	0.2675
	每股净资产(元)	2.4274	4.7289	4.6300	4.7600
	每股经营现金净流量(元)	-0.0116	0.0385	0.1057	0.5670
	每股现金流量(元)	0.2313	-0.0596	-0.1069	-1.9688
	每股资本公积金(元)	0.9209	2.8418	2.8418	2.8418
	每股盈余公积金(元)	0.0856	0.1712	0.1440	0.1440
	每股未分配利润(元)	0.4278	0.7257	0.6486	0.7808
	净资产收益率(%)	4.7353	5.7537	3.6300	7.8790
	加权净资产收益率(%)	4.7700	5.6500	3.4700	7.8700
	净资产收益率(扣除)(%)	-	-	-	-
	总资产(万元)	124631.91	119043.58	122574.99	120729.38
	归属母公司股东权益(万元)	114962.21	111980.03	109582.14	112688.61
	主营业务收入(万元)	22569.92	39049.28	19529.03	35177.53
	营业收入(万元)	22607.03	39195.56	19605.51	35234.57
	主营成本(万元)	15777.88	27457.07	13075.43	23797.31
	营业成本(万元)	15807.38	27576.14	13149.79	23843.62
	投资收益(万元)	37.88	155.88	82.85	145.09
	净利润(万元)	5443.84	6442.94	3973.77	8878.21
	利润总额(万元)	6389.01	7610.11	4690.43	10460.90

精华制药集团股份有限公司

公司概况	公司名称	精华制药集团股份有限公司			证券简称	精华制药
	法人代表	朱春林	董秘	杨小军	证券代码	002349
	公司网址	www.ntjhzy.com		电子信箱	yxj@jhoa.net	
	电　话	0513-85609109 85609152		传　真	0513-85609115	
	办公地址	江苏省南通市港闸经济开发区兴泰路9号				
	经营范围	中成药、原料药及医药中间体和西药制剂的研发、生产和销售				

	指标\报告期	2013.06.30	2012.12.31	2012.06.30	2011.12.31
主要财务指标	基本每股收益(元)	0.1331	0.2461	0.1832	0.2405
	基本每股收益(扣除)(元)	0.1300	0.1700	0.1300	0.3222
	每股净资产(元)	3.2085	3.1222	3.0600	5.8500
	每股经营现金净流量(元)	-0.1517	0.3862	0.2761	0.4144
	每股现金流量(元)	-0.2701	-0.8562	-0.4566	-0.3584
	每股资本公积金(元)	1.2745	1.2745	1.2745	3.5491
	每股盈余公积金(元)	0.0965	0.0965	0.0787	0.1575
	每股未分配利润(元)	0.8165	0.7334	0.6883	1.1102
	净资产收益率(%)	4.1476	7.8827	5.9900	8.2210
	加权净资产收益率(%)	4.1700	8.1500	6.0700	8.5500
	净资产收益率(扣除)(%)	-	-	-	-
	总资产(万元)	103156.92	95771.11	95730.85	78052.90
	归属母公司股东权益(万元)	64169.55	62444.72	61212.28	58514.50
	主营业务收入(万元)	38419.71	66360.25	31406.20	37363.54
	营业收入(万元)	38472.56	66538.24	31452.45	37550.22
	主营成本(万元)	27827.77	47070.39	21823.37	23018.72
	营业成本(万元)	27845.41	47089.99	21823.37	23032.08
	投资收益(万元)	-	-	-	-
	净利润(万元)	2951.88	5961.69	4446.21	4835.13
	利润总额(万元)	3623.77	7209.69	5445.78	5717.63

北京科锐配电自动化股份有限公司

公司概况	公司名称	北京科锐配电自动化股份有限公司			证券简称	北京科锐
	法人代表	张新育	董秘	安志钢	证券代码	002350
	公司网址	www.creat-da.com.cn		电子信箱	ir@creat-da.com.cn	
	电　话	010-62981321		传　真	010-82701909	
	办公地址	北京市海淀区上地创业路8号3号楼4层				
	经营范围	12kV配电、控制设备及35kV永磁开关设备的研发、生产和销售				

	指标\报告期	2013.06.30	2012.12.31	2012.06.30	2011.12.31
主要财务指标	基本每股收益(元)	0.0800	0.3700	0.1400	0.4000
	基本每股收益(扣除)(元)	0.0700	0.3400	0.1438	0.6560
	每股净资产(元)	4.4767	4.5763	4.3319	7.4044
	每股经营现金净流量(元)	-0.3011	0.3255	-0.5234	0.7647
	每股现金流量(元)	-0.6423	-0.1105	-0.7883	0.0510
	每股资本公积金(元)	2.2631	2.2760	2.2542	4.5181
	每股盈余公积金(元)	0.2675	0.2675	0.2424	0.4122
	每股未分配利润(元)	0.9460	1.0420	0.8353	1.4742
	净资产收益率(%)	1.8766	8.0240	3.3400	9.0703
	加权净资产收益率(%)	1.8200	8.2800	3.2700	9.3700
	净资产收益率(扣除)(%)	-	-	-	-
	总资产(万元)	141687.49	148872.42	135355.60	138454.42
	归属母公司股东权益(万元)	97716.55	100092.70	94557.61	95072.75
	主营业务收入(万元)	40438.60	110715.18	45853.94	90506.78
	营业收入(万元)	41056.85	112412.06	47107.33	92225.50
	主营成本(万元)	28940.65	79625.08	33177.63	60946.20
	营业成本(万元)	29278.90	80627.94	33989.33	62071.38
	投资收益(万元)	-	-	-	-
	净利润(万元)	1959.77	8425.12	3210.58	9015.82
	利润总额(万元)	2439.56	10105.26	3966.13	10765.99

深圳市漫步者科技股份有限公司

公司概况

公司名称	深圳市漫步者科技股份有限公司			证券简称	漫 步 者
法人代表	张文东	董秘	李晓东	证券代码	002351
公司网址	www.edifier.com		电子信箱	main@edifier.com	
电　话	0755-86029885		传　真	0755-26970904	
办公地址	广东省深圳市南山区科技园科发路 8 号金融基地 2 栋 7C				
经营范围	生产销售音响设备及配件、耳机、汽车音响、模具				

主要财务指标

指标＼报告期	2013.06.30	2012.12.31	2012.06.30	2011.12.31
基本每股收益(元)	0.1700	0.3300	0.1600	0.3300
基本每股收益(扣除)(元)	–	0.2700	0.1300	0.3100
每股净资产(元)	5.4245	5.4545	5.2900	5.3200
每股经营现金净流量(元)	0.9270	0.9526	0.0113	0.6373
每股现金流量(元)	–1.0681	0.6705	–0.5024	–0.1869
每股资本公积金(元)	3.4417	3.4417	3.4418	3.4418
每股盈余公积金(元)	0.0997	0.0997	0.0774	0.0774
每股未分配利润(元)	0.8889	0.9180	0.7716	0.8085
净资产收益率(%)	3.1510	6.0831	3.0800	6.2800
加权净资产收益率(%)	3.1000	6.2000	3.0500	6.3800
净资产收益率(扣除)(%)	–	–	–	–
总资产(万元)	169293.33	174132.09	166524.85	170704.67
归属母公司股东权益(万元)	159479.44	160362.72	155492.06	156542.08
主营业务收入(万元)	–	79123.73	37895.07	82923.06
营业收入(万元)	36788.27	79296.17	37975.66	83058.73
主营成本(万元)	–	56158.97	27074.91	59446.08
营业成本(万元)	25891.39	56218.39	27102.51	59460.57
投资收益(万元)	1491.87	2337.33	1138.71	775.61
净利润(万元)	4957.39	9738.85	4774.91	9783.99
利润总额(万元)	6261.65	12143.15	5916.74	11939.16

马鞍山鼎泰稀土新材料股份有限公司

公司概况

公司名称	马鞍山鼎泰稀土新材料股份有限公司			证券简称	鼎泰新材
法人代表	刘冀鲁	董秘	黄学春	证券代码	002352
公司网址	www.dingtaicn.com		电子信箱	dtxc@dingtaicn.com	
电　话	0555-5615924		传　真	0555-2916511	
办公地址	安徽省马鞍山市当涂工业园				
经营范围	生产、销售稀土合金镀层钢丝、钢绞线和 PC 钢绞线				

主要财务指标

指标＼报告期	2013.06.30	2012.12.31	2012.06 30	2011.12.31
基本每股收益(元)	0.3200	0.6100	0.3100	0.5300
基本每股收益(扣除)(元	0.2200	0.4500	0.2400	0.4200
每股净资产(元)	9.3618	9.1463	9.0900	9.2300
每股经营现金净流量(元)	–0.5021	0.3484	0.4583	0.2131
每股现金流量(元)	–0.6225	–1.3677	–1.1307	–0.6094
每股资本公积金(元)	7.4520	7.4520	7.4520	7.4520
每股盈余公积金(元)	0.2507	0.2507	0.2087	0.2087
每股未分配利润(元)	0.6592	0.4436	0.4319	0.5716
净资产收益率(%)	3.3706	6.7127	3.4100	5.7650
加权净资产收益率(%)	3.3900	6.6600	3.3300	5.8500
净资产收益率(扣除)(%	–	–	–	–
总资产(万元)	113186.24	103808.51	101161.32	103379.77
归属母公司股东权益(万元)	72863.99	71186.31	70768.75	71855.94
主营业务收入(万元)	36422.76	82987.20	39352.92	68905.68
营业收入(万元)	36650.56	83341.98	39555.58	69112.67
主营成本(万元)	31129.58	72151.89	34124.71	59929.48
营业成本(万元)	31129.58	72244.73	34217.53	59930.47
投资收益(万元)	1.24	–48.34	25.88	–2.59
净利润(万元)	2455.98	4778.52	2415.20	4142.32
利润总额(万元)	2869.97	5604.64	2820.66	4901.65

烟台杰瑞石油服务集团股份有限公司

公司概况

公司名称	烟台杰瑞石油服务集团股份有限公司			证券简称	杰瑞股份
法人代表	孙伟杰	董秘	程永峰	证券代码	002353
公司网址	www.jereh.com		电子信箱	zqb@jereh.com	
电　话	0535-6723532		传　真	0535-6723171	
办公地址	山东省烟台市莱山区杰瑞路 5 号				
经营范围	油田专用设备制造与油田工程技术服务为公司战略发展业务				

主要财务指标

指标＼报告期	2013.06.30	2012.12.31	2012.06.30	2011.12.31
基本每股收益(元)	0.6900	1.4000	0.3700	0.9200
基本每股收益(扣除)(元)	0.6500	1.3200	0.4400	1.7400
每股净资产(元)	5.7526	6.8507	5.9400	11.2200
每股经营现金净流量(元)	0.1395	0.3804	–0.2195	–0.6075
每股现金流量(元)	–0.1955	–0.2135	–0.7288	–3.0321
每股资本公积金(元)	1.9779	2.8713	2.8748	6.7497
每股盈余公积金(元)	0.1290	0.1677	0.1059	0.2119
每股未分配利润(元)	2.6699	2.8216	1.9578	3.2656
净资产收益率(%)	12.0260	20.4429	8.0000	16.4680
加权净资产收益率(%)	12.3900	22.5500	8.1900	17.7100
净资产收益率(扣除)(%)	–	–	–	–
总资产(万元)	615225.12	468384.72	348783.37	304489.64
归属母公司股东权益(万元)	343461.94	314633.08	272666.15	257682.70
主营业务收入(万元)	159970.01	237538.24	83748.33	145248.79
营业收入(万元)	160280.34	238402.97	84061.09	146004.48
主营成本(万元)	91387.32	136299.76	48737.13	83130.37
营业成本(万元)	91468.53	136500.62	48837.72	83261.17
投资收益(万元)	2016.55	3283.67	967.08	1757.79
净利润(万元)	41502.34	64510.28	21798.73	42766.63
利润总额(万元)	49440.25	75479.25	25700.80	50412.99

大连科冕木业股份有限公司

公司概况

公司名称	大连科冕木业股份有限公司			证券简称	科冕木业
法人代表	魏平	董秘	郭俊伟	证券代码	002354
公司网址	www.kemianwood.com		电子信箱	kemian@kemianwood.com	
电　话	0411-82507118		传　真	0411-88858222	
办公地址	辽宁省大连中山区中山九号东塔 2403				
经营范围	地板及其他木制品的加工、制造及销售				

主要财务指标

指标＼报告期	2013.06.30	2012.12.31	2012.06.30	2011.12.31
基本每股收益(元)	0.1300	0.2300	0.1400	0.2800
基本每股收益(扣除)(元)	0.0100	0.1200	0.0500	0.1700
每股净资产(元)	5.0423	4.9171	4.9500	4.9100
每股经营现金净流量(元)	–0.0220	0.7537	0.2099	0.2804
每股现金流量(元)	–0.0258	–0.3356	–0.2488	–1.1996
每股资本公积金(元)	2.4479	2.4479	2.5730	2.5730
每股盈余公积金(元)	0.0856	0.0856	0.0856	0.0856
每股未分配利润(元)	1.5088	1.3837	1.2915	1.2542
净资产收益率(%)	2.4824	4.6667	2.7800	5.7700
加权净资产收益率(%)	2.5100	4.6800	2.7800	5.9400
净资产收益率(扣除)(%)	–	–	–	–
总资产(万元)	100205.42	91016.65	93953.43	88290.52
归属母公司股东权益(万元)	47145.31	45975.10	46283.80	45934.64
主营业务收入(万元)	20090.81	36474.13	16399.40	42514.85
营业收入(万元)	20162.97	36897.85	16764.75	42785.50
主营成本(万元)	15912.45	29153.25	13461.45	34597.91
营业成本(万元)	15912.45	29185.30	13484.12	34781.94
投资收益(万元)	–	–	–	–
净利润(万元)	1170.33	2237.20	1439.06	3083.94
利润总额(万元)	1823.11	2896.38	1842.49	3874.49

山东兴民钢圈股份有限公司

公司概况	公司名称	山东兴民钢圈股份有限公司		证券简称	兴民钢圈
	法人代表	高赫男	董秘 崔积和	证券代码	002355
	公司网址	www.xingmin.com		电子信箱	cjh@xingmin.com
	电　话	0535-8882355 8881578		传　真	0535-8886708
	办公地址	山东省龙口市龙口经济开发区			
	经营范围	加工制造车轮、钢管、橡塑制品、钢化玻璃、五金配件等			

主要财务指标	指标\报告期	2013.06.30	2012.12.31	2012.06.30	2011.12.31
	基本每股收益(元)	0.1100	0.2600	0.0800	0.5600
	基本每股收益(扣除)(元)	0.1000	0.2200	0.1800	0.5400
	每股净资产(元)	3.7037	7.1941	7.1100	5.9200
	每股经营现金净流量(元)	0.0595	0.1252	0.0146	0.1031
	每股现金流量(元)	-0.2325	1.8188	2.0170	-1.0882
	每股资本公积金(元)	1.9274	4.8277	4.8277	3.2984
	每股盈余公积金(元)	0.0832	0.1663	0.1398	0.1712
	每股未分配利润(元)	0.6931	1.2001	1.1474	1.4524
	净资产收益率(%)	2.9164	3.3990	2.3200	9.4560
	加权净资产收益率(%)	2.9600	3.8600	2.9700	9.8300
	净资产收益率(扣除)(%)	-	-	-	-
	总资产(万元)	285473.39	274210.13	283659.52	209474.80
	归属母公司股东权益(万元)	190812.86	185320.83	183278.77	124599.95
	主营业务收入(万元)	63057.00	99726.62	51411.73	132431.24
	营业收入(万元)	69385.33	113359.07	59164.60	150788.49
	主营成本(万元)	51637.23	80349.03	39876.19	107331.69
	营业成本(万元)	58006.22	94049.83	53973.76	125465.62
	投资收益(万元)	-	-	-	33.85
	净利润(万元)	5568.19	6300.15	4254.95	11805.55
	利润总额(万元)	7426.17	8433.81	5576.77	15760.02

深圳浩宁达仪表股份有限公司

公司概况	公司名称	深圳浩宁达仪表股份有限公司		证券简称	浩宁达
	法人代表	王磊	董秘 杨刘钧	证券代码	002356
	公司网址	www.szhnd.com		电子信箱	hnd@vip.163.com
	电　话	0755-26755598		传　真	0755-26755598
	办公地址	广东省深圳市南山区侨香路东方科技园华科大厦六楼			
	经营范围	研发生产经营电工仪器仪表、微电子及元器件、水电气热计量自动化管理终端及系统等			

主要财务指标	指标\报告期	2013.06.30	2012.12.31	2012.06.30	2011.12.31
	基本每股收益(元)	0.0500	0.2600	0.0400	0.2600
	基本每股收益(扣除)(元)	0.0400	0.2400	0.0200	0.2300
	每股净资产(元)	11.4916	11.6943	11.4700	11.6300
	每股经营现金净流量(元)	-1.5517	-0.4316	-1.4966	-0.3650
	每股现金流量(元)	-3.1301	-0.3699	-1.2538	-1.2582
	每股资本公积金(元)	8.9291	8.9291	8.9291	8.9291
	每股盈余公积金(元)	0.2090	0.2090	0.1891	0.1891
	每股未分配利润(元)	1.3535	1.5563	1.3559	1.5118
	净资产收益率(%)	0.4110	2.2604	0.3800	2.2250
	加权净资产收益率(%)	0.4000	2.2500	0.3800	2.1900
	净资产收益率(扣除)(%)	-	-	-	-
	总资产(万元)	131672.46	141832.88	122703.73	127682.76
	归属母公司股东权益(万元)	91932.49	93554.62	91792.39	93039.91
	主营业务收入(万元)	22558.23	60789.20	22647.58	51799.37
	营业收入(万元)	22664.25	61078.18	22757.74	53027.82
	主营成本(万元)	17013.34	45431.13	17805.96	41082.15
	营业成本(万元)	17076.64	45539.19	17832.30	42035.35
	投资收益(万元)	132.63	-	-	-
	净利润(万元)	120.05	2015.40	109.69	2240.41
	利润总额(万元)	143.28	2874.73	409.02	2592.66

四川富临运业集团股份有限公司

公司概况	公司名称	四川富临运业集团股份有限公司		证券简称	富临运业
	法人代表	李亿中	董秘 黎昌军	证券代码	002357
	公司网址	www.scflyy.cn		电子信箱	zhengquan@scflyy.cn
	电　话	028-83262759		传　真	028-83256238
	办公地址	四川省成都市府青路二段18号新1号			
	经营范围	汽车客、货运输、客运站经营、石油制品销售、汽车租赁服务等			

主要财务指标	指标\报告期	2013.06.30	2012.12.31	2012.06.30	2011.12.31
	基本每股收益(元)	0.2565	0.4261	0.3163	0.4665
	基本每股收益(扣除)(元)	0.2214	17.0600	0.2300	0.3300
	每股净资产(元)	3.2931	3.2345	3.1500	3.2156
	每股经营现金净流量(元)	0.5262	1.0641	0.5244	0.8029
	每股现金流量(元)	-0.8547	-0.0929	-0.2350	0.1478
	每股资本公积金(元)	0.9026	0.9026	0.9203	1.1384
	每股盈余公积金(元)	0.1285	0.1285	0.0967	0.0967
	每股未分配利润(元)	1.2380	1.1815	1.1152	0.9631
	净资产收益率(%)	7.7892	13.1732	10.0410	14.5082
	加权净资产收益率(%)	7.7800	12.7500	9.4400	16.8200
	净资产收益率(扣除)(%)	-	-	-	-
	总资产(万元)	104821.53	102417.56	92365.96	94481.68
	归属母公司股东权益(万元)	64521.48	63373.56	61714.48	63003.10
	主营业务收入(万元)	17565.13	29933.53	14793.43	25008.98
	营业收入(万元)	19254.55	32578.46	16268.80	29043.01
	主营成本(万元)	7977.04	13259.86	6259.18	10702.47
	营业成本(万元)	8128.87	13767.91	6513.29	11373.93
	投资收益(万元)	73.52	297.86	560.45	322.64
	净利润(万元)	5107.36	8482.50	6399.91	9641.17
	利润总额(万元)	6677.84	10624.30	7645.05	11521.95

河南森源电气股份有限公司

公司概况	公司名称	河南森源电气股份有限公司		证券简称	森源电气
	法人代表	楚金甫	董秘 崔付军	证券代码	002358
	公司网址	www.hnsyec.com		电子信箱	hnsyzqb@163.com
	电　话	0374-6108288		传　真	0374-6108288
	办公地址	河南省长葛市魏武大道南段西侧			
	经营范围	高低压配电成套装置、高压电器元器件系列产品开发、生产和销售等			

主要财务指标	指标\报告期	2013.06.30	2012.12.31	2012.06.30	2011.12.31
	基本每股收益(元)	0.3200	0.5600	0.2300	0.3800
	基本每股收益(扣除)(元)	0.3200	0.5300	0.2300	0.6800
	每股净资产(元)	3.4959	3.3000	2.9700	5.6744
	每股经营现金净流量(元)	-0.1540	-0.2361	-0.3040	0.3598
	每股现金流量(元)	-0.0488	-1.0489	-0.4752	-0.8636
	每股资本公积金(元)	1.0213	1.0213	1.0213	2.8426
	每股盈余公积金(元)	0.1769	0.1769	0.1218	0.2436
	每股未分配利润(元)	1.2976	1.0976	0.8262	1.5882
	净资产收益率(%)	9.1545	16.9494	7.8100	13.3770
	加权净资产收益率(%)	9.1500	17.9200	7.9000	13.9400
	净资产收益率(扣除)(%)	-	-	-	-
	总资产(万元)	193833.66	174133.23	185184.67	148682.16
	归属母公司股东权益(万元)	120257.39	113376.41	102141.66	97599.76
	主营业务收入(万元)	51714.16	98907.44	40520.58	70951.28
	营业收入(万元)	51820.00	99048.69	40533.36	71015.85
	主营成本(万元)	32127.27	63253.64	25609.64	47459.98
	营业成本(万元)	32195.14	63273.67	25609.64	47483.10
	投资收益(万元)	-	-	-	-
	净利润(万元)	11193.70	19410.59	7988.53	13059.67
	利润总额(万元)	13098.93	22765.25	9493.07	15282.34

山东齐星铁塔科技股份有限公司

公司概况						
公司概况	公司名称	山东齐星铁塔科技股份有限公司			证券简称	齐星铁塔
	法人代表	赵长水	董秘	吕清明(代)	证券代码	002359
	公司网址	www.qxtt.cn		电子信箱	qxttzqb@126.com	
	电　话	0543-4305986		传　真	0543-4305986	
	办公地址	山东省滨州市邹平县开发区会仙二路				
	经营范围	输电塔、通讯塔和立体停车设备等相关产品的研发、生产和销售				

主要财务指标	指标\报告期	2013.06.30	2012.12.31	2012.06.30	2011.12.31
	基本每股收益(元)	0.0800	0.1600	0.0900	0.1600
	基本每股收益(扣除)(元)	0.0300	0.1000	0.0582	0.1000
	每股净资产(元)	5.0123	4.1613	4.0900	4.0000
	每股经营现金净流量(元)	-0.5917	-0.3279	-0.4296	-0.1032
	每股现金流量(元)	0.5490	0.1882	-0.4671	-0.8143
	每股资本公积金(元)	3.1870	2.2029	2.2029	2.2029
	每股盈余公积金(元)	0.1078	0.1219	0.1000	0.1000
	每股未分配利润(元)	0.7175	0.8365	0.7915	0.6993
	净资产收益率(%)	1.4645	3.8226	2.2500	3.9210
	加权净资产收益率(%)	1.7700	3.9000	2.2800	3.9500
	净资产收益率(扣除)(%)	-	-	-	-
	总资产(万元)	165617.16	135629.69	109822.25	102639.77
	归属母公司股东权益(万元)	104455.74	68037.52	66944.32	65436.69
	主营业务收入(万元)	34381.14	58444.31	23912.87	37482.01
	营业收入(万元)	35280.25	59732.60	24320.50	39464.54
	主营成本(万元)	28866.32	47645.74	19984.56	31691.10
	营业成本(万元)	28950.39	48378.90	19984.86	32488.76
	投资收益(万元)	-58.31	-15.50	-57.44	-0.76
	净利润(万元)	1519.11	2596.75	1507.63	2566.03
	利润总额(万元)	1935.02	3112.06	1709.20	3066.77

山西同德化工股份有限公司

公司概况						
公司概况	公司名称	山西同德化工股份有限公司			证券简称	同德化工
	法人代表	张云升	董秘	邬庆文	证券代码	002360
	公司网址	www.tondchem.com		电子信箱	tdl@tondchem.com	
	电　话	0350-7264191		传　真	0350-7264191	
	办公地址	山西省忻州市河曲县文笔镇焦尾城大茂口				
	经营范围	工业炸药、白炭黑产品的生产与销售				

主要财务指标	指标\报告期	2013.06.30	2012.12.31	2012.06.30	2011.12.31
	基本每股收益(元)	0.2648	0.5772	0.1752	0.4907
	基本每股收益(扣除)(元)	0.2556	0.6267	0.3000	0.4875
	每股净资产(元)	3.9263	5.5749	5.2600	5.0800
	每股经营现金净流量(元	0.2188	0.8783	0.3931	0.4565
	每股现金流量(元)	0.3105	-0.6357	0.2172	-0.6583
	每股资本公积金(元)	1.3129	2.4694	2.4694	2.4694
	每股盈余公积金(元)	0.1399	0.2098	0.1620	0.1620
	每股未分配利润(元)	1.4271	1.8434	1.5759	1.4140
	净资产收益率(%)	6.7440	10.3538	4.9900	9.6510
	加权净资产收益率(%)	6.8100	10.6100	5.0400	9.7800
	净资产收益率(扣除)(%)	-	-	-	-
	总资产(万元)	99720.30	92155.80	71732.54	68168.35
	归属母公司股东权益(万元)	70672.62	66898.60	63166.39	61011.00
	主营业务收入(万元)	28001.71	56405.06	28472.74	52403.08
	营业收入(万元)	28025.17	56455.75	28494.43	52529.33
	主营成本(万元)	16891.79	36991.88	19938.09	37309.54
	营业成本(万元)	16906.50	37033.18	19938.77	37398.08
	投资收益(万元)	214.76	-62.86	-	-
	净利润(万元)	5582.51	7831.60	3438.72	5926.78
	利润总额(万元)	6837.12	9570.94	4297.06	7117.08

安徽神剑新材料股份有限公司

公司概况						
公司概况	公司名称	安徽神剑新材料股份有限公司			证券简称	神剑股份
	法人代表	刘志坚	董秘	王敏雪	证券代码	002361
	公司网址	www.shen-jian.com		电子信箱	wmx@shen-jian.com	
	电　话	0553-5316355 5316333		传　真	0553-5316577	
	办公地址	安徽省芜湖市芜湖经济技术开发区桥北工业园保顺路8号				
	经营范围	聚酯树脂系列产品的生产销售				

主要财务指标	指标\报告期	2013.06.30	2012.12.31	2012.06.30	2011.12.31
	基本每股收益(元)	0.0897	0.3700	0.0855	0.3000
	基本每股收益(扣除)(元)	0.0836	0.3500	0.1611	0.2600
	每股净资产(元)	1.8313	3.6830	3.4800	3.3100
	每股经营现金净流量(元)	-0.0587	0.2256	0.0908	-0.1278
	每股现金流量(元)	-0.1561	0.0606	-0.3166	-0.9263
	每股资本公积金(元)	0.3013	1.4026	1.4026	1.4026
	每股盈余公积金(元)	0.0686	0.1372	0.0995	0.0995
	每股未分配利润(元)	0.4613	1.1432	0.9785	0.8074
	净资产收益率(%)	4.9006	10.1420	4.9200	9.0090
	加权净资产收益率(%)	4.7900	10.6800	5.0400	9.3400
	净资产收益率(扣除)(%)	-	-	-	-
	总资产(万元)	109831.04	104522.34	81583.71	75383.42
	归属母公司股东权益(万元)	58600.55	58928.77	55689.67	52952.20
	主营业务收入(万元)	43712.74	82302.62	39081.15	69459.86
	营业收入(万元)	43747.73	82365.97	39099.04	69474.10
	主营成本(万元)	37529.79	70409.63	33292.52	61460.65
	营业成本(万元)	37559.63	70460.80	33306.88	61473.33
	投资收益(万元)	199.65	95.41	-33.86	-2.78
	净利润(万元)	2871.78	5976.57	2737.48	4770.59
	利润总额(万元)	3369.18	6846.44	3225.57	5610.72

汉王科技股份有限公司

公司概况						
公司概况	公司名称	汉王科技股份有限公司			证券简称	汉王科技
	法人代表	刘迎建	董秘	朱德永	证券代码	002362
	公司网址	www.hanwang.com.cn		电子信箱	zhudy@hanwang.com.cn	
	电　话	010-82786816		传　真	010-82786786	
	办公地址	北京市海淀区东北旺西路8号5号楼三层				
	经营范围	技术开发、技术转让、技术咨询、技术服务、技术培训等				

主要财务指标	指标\报告期	2013.06.30	2012.12.31	2012.06.30	2011.12.31
	基本每股收益(元)	-0.1600	0.0500	-0.0900	-2.3200
	基本每股收益(扣除)(元	-0.1800	-0.5200	-	-2.4200
	每股净资产(元)	4.2076	4.3700	4.2500	4.3100
	每股经营现金净流量(元)	-0.0253	-0.2428	-0.1808	-0.5918
	每股现金流量(元)	-0.5530	-0.4383	-0.4071	-1.9978
	每股资本公积金(元)	4.5358	4.5358	4.5402	4.5358
	每股盈余公积金(元)	0.1109	0.1109	0.1109	0.1109
	每股未分配利润(元)	-1.4391	-1.2810	-1.4215	-1.3348
	净资产收益率(%)	-3.7590	1.2332	-2.0506	-53.8010
	加权净资产收益率(%)	-3.6900	1.2400	-2.0300	-42.4400
	净资产收益率(扣除)(%	-	-	-	-
	总资产(万元)	102259.08	109098.83	106615.13	122914.60
	归属母公司股东权益(万元)	90086.78	93473.14	90557.50	92320.43
	主营业务收入(万元)	12854.56	38523.71	18931.30	51836.50
	营业收入(万元)	13988.12	41395.12	19505.47	53319.31
	主营成本(万元)	7995.35	22633.56	12032.31	42458.46
	营业成本(万元)	8486.05	24134.80	12309.16	44161.19
	投资收益(万元)	-	11980.37	-	-
	净利润(万元)	-3414.98	1160.05	-1860.79	-49678.08
	利润总额(万元)	-3244.18	3693.30	-1580.02	-51770.87

山东隆基机械股份有限公司

公司概况	公司名称	山东隆基机械股份有限公司		证券简称	隆基机械
	法人代表	张海燕	董秘	刘建	证券代码	002363
	公司网址	www.sdljjx.com.cn		电子信箱	lj8836978@163.com
	电　话	0535-8881898 8842175		传　真	0535-8881899
	办公地址	山东省龙口市外向型经济开发区			
	经营范围	生产、销售盘式制动器总成、制动毂、制动盘、轮毂、刹车片、刹车等			

指标＼报告期	2013.06.30	2012.12.31	2012.06.30	2011.12.31
基本每股收益(元)	0.2000	0.3200	0.1500	0.4500
基本每股收益(扣除)(元)	0.1800	0.3400	0.1800	0.4500
每股净资产(元)	8.3802	7.5171	7.3500	7.3000
每股经营现金净流量(元)	-0.0419	0.8213	0.3485	0.5575
每股现金流量(元)	1.5283	-0.4528	-0.1398	-0.6016
每股资本公积金(元)	5.7639	4.7252	4.7252	4.7252
每股盈余公积金(元)	0.1362	0.1696	0.1362	0.1362
每股未分配利润(元)	1.4802	1.6223	1.4871	1.4355
净资产收益率(%)	2.1131	4.2611	2.0600	6.1810
加权净资产收益率(%)	2.5900	4.3300	2.0600	6.3300
净资产收益率(扣除)(%)	-	-	-	-
总资产(万元)	223383.61	192695.50	190452.01	178865.24
归属母公司股东权益(万元)	125200.80	90204.91	88181.97	87562.37
主营业务收入(万元)	56011.75	100371.61	50773.36	103203.50
营业收入(万元)	56087.41	101151.93	51545.40	103650.44
主营成本(万元)	44969.45	80528.27	40936.50	84162.52
营业成本(万元)	45025.92	81227.90	41627.84	84547.17
投资收益(万元)	5.05	-3.00	-3.00	-
净利润(万元)	2670.96	3830.88	1720.02	5525.00
利润总额(万元)	3294.79	5317.23	2396.34	6633.07

（主要财务指标）

杭州中恒电气股份有限公司

公司概况	公司名称	杭州中恒电气股份有限公司			证券简称	中恒电气
	法人代表	朱国锭	董秘	陈志云	证券代码	002364
	公司网址	www.hzzh.com		电子信箱	zhengquan@hzzh.com	
	电　话	0571-86699838 86699755		传　真	0571-86699755	
	办公地址	浙江省杭州市高新区之江科技工业园东信大道69号				
	经营范围	高频开关电源设备、不间断电源设备、逆变器、光纤通信设备、电力自动化设备等				

指标＼报告期	2013.06.30	2012.12.31	2012.06.30	2011.12.31
基本每股收益(元)	0.1400	0.6800	0.2500	0.4400
基本每股收益(扣除)(元)	0.1100	0.7100	0.2100	0.4300
每股净资产(元)	3.1627	6.1932	6.0800	7.0558
每股经营现金净流量(元)	-0.3081	0.2222	-0.2280	0.5552
每股现金流量(元)	-0.5916	-0.3689	-0.5021	0.4459
每股资本公积金(元)	0.8144	2.6099	3.1240	3.3719
每股盈余公积金(元)	0.1355	0.2718	0.2410	0.2914
每股未分配利润(元)	1.2128	2.3115	1.7146	2.3925
净资产收益率(%)	4.2697	10.9061	3.4200	7.6903
加权净资产收益率(%)	4.2900	11.4100	3.5400	8.2400
净资产收益率(扣除)(%)	-	-	-	-
总资产(万元)	87429.73	93841.63	68162.83	81502.77
归属母公司股东权益(万元)	80411.67	78526.14	62705.14	70699.43
主营业务收入(万元)	17384.64	39440.90	16547.16	35562.26
营业收入(万元)	17515.90	39612.85	16645.76	35679.42
主营成本(万元)	9809.03	22502.94	10870.13	20859.09
营业成本(万元)	9822.72	22551.24	9677.66	20895.69
投资收益(万元)	-64.66	-40.42	-	-
净利润(万元)	3433.36	8564.15	2565.48	5437.00
利润总额(万元)	4087.78	10074.21	3092.56	6900.31

（主要财务指标）

潜江永安药业股份有限公司

公司概况	公司名称	潜江永安药业股份有限公司			证券简称	永安药业
	法人代表	陈勇	董秘	吕金朝(代)	证券代码	002365
	公司网址	www.chinataurine.com		电子信箱	tzz@chinataurine.com	
	电　话	0728-6202727 6204039		传　真	0728-6202797	
	办公地址	湖北省潜江市泽口经济开发区广泽大道2号				
	经营范围	主要从事牛磺酸产品的研发、生产和销售				

指标＼报告期	2013.06.30	2012.12.31	2012.06.30	2011.12.31
基本每股收益(元)	0.1000	0.4000	0.2100	0.3700
基本每股收益(扣除)(元)	0.0800	0.3700	0.2000	0.3300
每股净资产(元)	5.7544	5.8513	5.6600	5.6500
每股经营现金净流量(元)	0.0510	0.3783	0.2617	0.4879
每股现金流量(元)	-0.2369	-0.0344	0.0470	-1.5016
每股资本公积金(元)	3.2330	3.2330	3.2330	3.2330
每股盈余公积金(元)	0.2502	0.2502	0.2085	0.2085
每股未分配利润(元)	1.2722	1.3684	1.2184	1.2071
净资产收益率(%)	1.8037	6.8869	3.7300	6.6050
加权净资产收益率(%)	1.7600	7.0100	3.6700	6.7700
净资产收益率(扣除)(%)	-	-	-	-
总资产(万元)	118432.09	121077.97	116349.59	116041.77
归属母公司股东权益(万元)	107607.36	109419.40	105840.78	105628.94
主营业务收入(万元)	23663.10	47069.78	21464.08	41701.49
营业收入(万元)	23969.87	47069.78	21464.08	41701.49
主营成本(万元)	18302.31	34264.15	15152.95	31443.69
营业成本(万元)	18647.85	34264.15	15152.95	31443.69
投资收益(万元)	293.42	940.01	536.08	718.06
净利润(万元)	1940.96	7535.60	3950.80	6976.82
利润总额(万元)	2350.62	8865.60	4707.68	8099.48

（主要财务指标）

四川丹甫制冷压缩机股份有限公司

公司概况	公司名称	四川丹甫制冷压缩机股份有限公司			证券简称	丹甫股份
	法人代表	罗志中	董秘	张志强	证券代码	002366
	公司网址	www.scdanfu.cn		电子信箱	4501@scdanfu.cn	
	电　话	028-38926346		传　真	028-38926346	
	办公地址	四川省眉山市青神县黑龙镇				
	经营范围	生产、销售制冷压缩机、冷冻冷藏设备、冷气工程、环试设备、家用电器及其他机电设备等				

指标＼报告期	2013.06.30	2012.12.31	2012.06.30	2011.12.31
基本每股收益(元)	0.1800	0.2411	0.1600	0.4470
基本每股收益(扣除)(元)	0.1680	0.2314	0.1461	0.3851
每股净资产(元)	5.4351	5.4095	5.3300	5.4700
每股经营现金净流量(元)	0.2311	0.3754	-0.0365	0.2944
每股现金流量(元)	-0.0616	-0.0856	0.1183	-0.8437
每股资本公积金(元)	3.5423	3.5423	3.5423	3.5423
每股盈余公积金(元)	0.2209	0.2209	0.1962	0.1962
每股未分配利润(元)	0.6719	0.6463	0.5873	0.7298
净资产收益率(%)	3.2310	4.4568	2.8700	8.1750
加权净资产收益率(%)	3.2100	4.3100	2.8700	8.0100
净资产收益率(扣除)(%)	-	-	-	-
总资产(万元)	97173.91	97423.90	97660.28	94969.75
归属母公司股东权益(万元)	72558.31	72216.45	71100.43	73002.89
主营业务收入(万元)	33413.18	59223.93	33989.98	68178.84
营业收入(万元)	33833.38	60355.71	34466.64	69421.26
主营成本(万元)	27780.60	49248.78	29146.75	68178.84
营业成本(万元)	28101.74	50104.99	29506.93	57820.57
投资收益(万元)	-	-	-	-
净利润(万元)	2083.07	1933.15	1615.60	5817.71
利润总额(万元)	2440.62	2578.63	1913.28	6668.09

（主要财务指标）

康力电梯股份有限公司

公司概况	公司名称	康力电梯股份有限公司		证券简称	康力电梯
	法人代表	王友林	董秘 刘占涛	证券代码	002367
	公司网址	www.canny-elevator.com		电子信箱	dongmiban@canny-elevator.com
	电话	0512-63293967		传真	0512-63299905
	办公地址	江苏省苏州市吴江市汾湖经济开发区康力大道888号			
	经营范围	制造加工销售电梯、自动扶梯、自动人行道、停车设备、电控设备等			

主要财务指标	指标\报告期	2013.06.30	2012.12.31	2012.06.30	2011.12.31
	基本每股收益(元)	0.2937	0.4929	0.2092	0.4157
	基本每股收益(扣除)(元)	0.2900	0.4800	0.2074	0.5829
	每股净资产(元)	4.0639	4.2895	3.9800	5.9300
	每股经营现金净流量(元)	0.3353	0.6654	0.0035	0.4296
	每股现金流量(元)	-0.5638	-0.1568	-0.4102	-0.1706
	每股资本公积金(元)	2.0956	2.0725	2.0428	3.5322
	每股盈余公积金(元)	0.1181	0.1181	0.0799	0.1198
	每股未分配利润(元)	1.1370	1.0989	0.8588	1.2744
	净资产收益率(%)	7.0891	11.4509	5.2500	10.0980
	加权净资产收益率(%)	6.8700	12.1100	5.2700	11.4100
	净资产收益率(扣除)(%)	-	-	-	-
	总资产(万元)	274217.04	264614.25	229352.12	240279.70
	归属母公司股东权益(万元)	154700.30	163286.80	150785.52	149632.11
	主营业务收入(万元)	96778.97	179338.22	80830.55	157862.88
	营业收入(万元)	97847.46	182333.73	81933.92	160273.76
	主营成本(万元)	66813.32	130453.96	59906.53	121028.03
	营业成本(万元)	67462.33	132358.34	60686.63	122832.76
	投资收益(万元)	-	-	-	8.44
	净利润(万元)	10966.83	18697.87	7920.96	15110.24
	利润总额(万元)	13248.09	22276.96	9359.70	17871.56

太极计算机股份有限公司

公司概况	公司名称	太极计算机股份有限公司		证券简称	太极股份
	法人代表	李建明	董秘 柴永茂	证券代码	002368
	公司网址	www.taiji.com.cn		电子信箱	zhengjiyun@mail.taiji.com.cn
	电话	010-51616309		传真	010-51616309
	办公地址	北京市海淀区北四环中路211号			
	经营范围	行业解决方案与服务、IT咨询及IT产品增值服务			

主要财务指标	指标\报告期	2013.06.30	2012.12.31	2012.06.30	2011.12.31
	基本每股收益(元)	0.2700	0.5600	0.2600	0.4700
	基本每股收益(扣除)(元)	0.2700	0.5200	0.2600	0.5700
	每股净资产(元)	4.9548	4.8658	4.5600	5.3165
	每股经营现金净流量(元)	-1.8742	0.8045	-0.3243	-0.5386
	每股现金流量(元)	-2.1295	-1.1256	-2.0536	-1.0871
	每股资本公积金(元)	2.1740	2.1740	2.1713	2.8056
	每股盈余公积金(元)	0.1851	0.1851	0.1453	0.1719
	每股未分配利润(元)	1.5956	1.5066	1.2492	1.3389
	净资产收益率(%)	5.4290	11.4617	5.7500	10.6740
	加权净资产收益率(%)	5.4800	12.0000	5.7500	10.9500
	净资产收益率(扣除)(%)	-	-	-	-
	总资产(万元)	244127.39	271869.33	211554.93	197113.65
	归属母公司股东权益(万元)	117475.09	115365.01	108205.14	105041.95
	主营业务收入(万元)	145032.63	288827.69	116426.88	228430.47
	营业收入(万元)	145106.85	288827.69	116426.88	228430.47
	主营成本(万元)	121224.04	244751.71	96273.98	188473.45
	营业成本(万元)	121224.04	244751.71	96273.98	188473.45
	投资收益(万元)	-194.22	100.27	-3.88	350.12
	净利润(万元)	6377.45	13220.01	6111.88	11185.69
	利润总额(万元)	7326.41	15107.64	7269.32	13029.28

深圳市卓翼科技股份有限公司

公司概况	公司名称	深圳市卓翼科技股份有限公司		证券简称	卓翼科技
	法人代表	夏传武	董秘 魏代英	证券代码	002369
	公司网址	www.zowee.com.cn		电子信箱	message@zowee.com.cn
	电话	0755-26997888 26986749		传真	0755-26986712 26511004
	办公地址	广东省深圳市南山区西丽平山民企科技工业园5栋			
	经营范围	计算机周边板卡、消费数码产品、通讯网络产品、音响产品、广播电影电视器材等			

主要财务指标	指标\报告期	2013.06.30	2012.12.31	2012.06.30	2011.12.31
	基本每股收益(元)	0.1300	0.4000	0.1100	0.4900
	基本每股收益(扣除)(元)	0.1200	0.3800	0.1000	0.4900
	每股净资产(元)	5.4514	5.4681	3.7500	3.8400
	每股经营现金净流量(元)	0.1169	0.2600	0.1470	0.4633
	每股现金流量(元)	-0.3629	0.5377	-0.1339	-0.7377
	每股资本公积金(元)	3.6341	3.6341	2.0663	2.0663
	每股盈余公积金(元)	0.1540	0.1540	0.1411	0.1411
	每股未分配利润(元)	0.6633	0.6801	0.5451	0.6351
	净资产收益率(%)	2.4436	6.4723	2.8200	12.8170
	加权净资产收益率(%)	2.4200	9.3100	2.8200	13.0400
	净资产收益率(扣除)(%)	-	-	-	-
	总资产(万元)	194530.31	192038.82	145774.45	135104.48
	归属母公司股东权益(万元)	130832.57	131235.50	75050.22	76850.20
	主营业务收入(万元)	73074.34	145138.95	55631.53	122562.50
	营业收入(万元)	74837.22	146981.87	56614.72	123759.72
	主营成本(万元)	65724.11	127203.47	49056.15	106441.51
	营业成本(万元)	67275.82	128647.08	49896.62	107393.16
	投资收益(万元)	-	-	-	-
	净利润(万元)	3197.07	8493.90	2200.01	9849.57
	利润总额(万元)	3875.04	9775.00	2638.97	11327.99

浙江亚太药业股份有限公司

公司概况	公司名称	浙江亚太药业股份有限公司		证券简称	亚太药业
	法人代表	陈尧根	董秘 孙黎明	证券代码	002370
	公司网址	www.ytyaoye.com		电子信箱	ytdsh@ytyaoye.com
	电话	0575-84810101		传真	0575-84810101
	办公地址	浙江省绍兴市绍兴县云集路1152号			
	经营范围	化学制剂药的开发、生产与销售			

主要财务指标	指标\报告期	2013.06.30	2012.12.31	2012.06.30	2011.12.31
	基本每股收益(元)	-0.0400	-0.1300	-0.0300	0.2100
	基本每股收益(扣除)(元)	-0.0400	-0.1200	-0.0400	0.1900
	每股净资产(元)	3.4128	3.4507	3.5500	3.6500
	每股经营现金净流量(元	-0.0188	-0.0515	-0.0256	0.2392
	每股现金流量(元)	-0.1543	-0.5642	-0.1217	-0.0992
	每股资本公积金(元)	1.6858	1.6855	1.6858	1.6822
	每股盈余公积金(元)	0.1522	0.1522	0.1522	0.1522
	每股未分配利润(元)	0.5748	0.6130	0.7104	0.8190
	净资产收益率(%)	-1.1175	-3.6534	-0.7900	5.8760
	加权净资产收益率(%)	-1.1100	-3.5600	-0.7900	5.9900
	净资产收益率(扣除)(%)	-	-	-	-
	总资产(万元)	76549.23	81801.84	85339.91	87178.44
	归属母公司股东权益(万元)	69621.87	70394.05	72385.90	74530.03
	主营业务收入(万元)	14985.03	31581.93	16100.87	-
	营业收入(万元)	14987.18	31604.46	16119.42	42033.93
	主营成本(万元)	11383.81	24777.08	12141.95	-
	营业成本(万元)	11383.81	24777.08	12141.95	29011.65
	投资收益(万元)	26.29	22.50	22.50	22.50
	净利润(万元)	-778.02	-2571.75	-584.18	4379.48
	利润总额(万元)	-905.26	-3133.07	-666.37	5044.23

北京七星华创电子股份有限公司

公司概况	公司名称	北京七星华创电子股份有限公司			证券简称	七星电子
	法人代表	王彦伶	董秘	徐加力	证券代码	002371
	公司网址	www.sevenstar.com.cn		电子信箱	xjl@sevenstar.com.cn	
	电　话	010-64369908		传　真	010-64369908	
	办公地址	北京市朝阳区酒仙桥东路1号				
	经营范围	从事基础电子产品的研发、生产、销售和技术服务业务				

	指标\报告期	2013.06.30	2012.12.31	2012.06.30	2011.12.31
主要财务指标	基本每股收益(元)	0.1600	0.8800	0.2500	0.8700
	基本每股收益(扣除)(元)	0.1200	0.8400	0.4900	0.9100
	每股净资产(元)	5.0423	9.8700	7.0300	11.8500
	每股经营现金净流量(元)	-0.2153	-0.1240	-0.5953	-0.3271
	每股现金流量(元)	-0.6032	0.8579	-1.2887	-4.1708
	每股资本公积金(元)	2.3759	5.7518	2.8444	5.9200
	每股盈余公积金(元)	0.1312	0.2625	0.2324	0.4183
	每股未分配利润(元)	1.5365	2.8619	2.9527	4.5225
	净资产收益率(%)	3.0852	8.1188	7.0600	13.2703
	加权净资产收益率(%)	3.1100	11.1400	7.2800	13.8900
	净资产收益率(扣除)(%)	-	-	-	-
	总资产(万元)	367719.03	358024.30	287119.39	285300.33
	归属母公司股东权益(万元)	177589.49	173869.89	106862.59	100169.99
	主营业务收入(万元)	37939.22	99835.96	55733.78	114821.32
	营业收入(万元)	42112.01	101224.35	56296.70	115599.30
	主营成本(万元)	20590.11	60589.97	35778.05	76639.32
	营业成本(万元)	24530.94	61326.80	36160.16	76990.53
	投资收益(万元)	-	-	-	-3.35
	净利润(万元)	6683.82	16701.83	8706.30	15807.47
	利润总额(万元)	8084.93	19320.61	10170.38	19261.17

浙江伟星新型建材股份有限公司

公司概况	公司名称	浙江伟星新型建材股份有限公司			证券简称	伟星新材
	法人代表	金红阳	董秘	谭梅	证券代码	002372
	公司网址	www.china-pipes.com		电子信箱	wxxc@china-pipes.com	
	电　话	0576-85225086		传　真	0576-85305080	
	办公地址	浙江省临海市经济开发区				
	经营范围	塑料管道制造、加工、塑料管道、新型建筑材料及原辅辅料、卫生洁具等				

	指标\报告期	2013.06.30	2012.12.31	2012.06.30	2011.12.31
主要财务指标	基本每股收益(元)	0.4100	0.9300	0.3300	0.8700
	基本每股收益(扣除)(元)	0.3900	0.9100	0.4200	0.8400
	每股净资产(元)	5.1947	6.9943	6.4500	6.7800
	每股经营现金净流量(元)	0.6070	1.1758	0.4850	0.7466
	每股现金流量(元)	-0.0374	-0.6526	-0.0527	-0.6551
	每股资本公积金(元)	3.0274	4.2098	4.1692	4.1257
	每股盈余公积金(元)	0.2332	0.3032	0.2287	0.2287
	每股未分配利润(元)	0.9341	1.4813	1.0556	1.4247
	净资产收益率(%)	7.8923	13.3121	6.6800	12.7630
	加权净资产收益率(%)	7.3300	13.8700	6.4000	13.3900
	净资产收益率(扣除)(%)	-	-	-	-
	总资产(万元)	217278.19	209229.22	217409.27	213236.34
	归属母公司股东权益(万元)	171124.87	177234.94	163531.89	171782.07
	主营业务收入(万元)	88850.04	184322.66	76752.16	168707.00
	营业收入(万元)	89653.73	185730.10	77470.19	169675.52
	主营成本(万元)	53896.50	114877.27	47380.72	110659.21
	营业成本(万元)	54684.11	116161.46	48072.62	111557.48
	投资收益(万元)	-	-5.04	-	-66.60
	净利润(万元)	13505.65	23593.63	10919.02	21925.25
	利润总额(万元)	16301.78	29308.79	13317.20	27547.76

北京联信永益科技股份有限公司

公司概况	公司名称	北京联信永益科技股份有限公司			证券简称	联信永益
	法人代表	赵余粮	董秘	周洲	证券代码	002373
	公司网址	www.surekam.com		电子信箱	securities@surekam.com	
	电　话	010-87513006 010-87513888		传　真	010-87513170	
	办公地址	北京市东城区广渠家园10号楼				
	经营范围	行业应用软件开发、计算机信息系统集成和专业技术服务				

	指标\报告期	2013.06.30	2012.12.31	2012.06.30	2011.12.31
主要财务指标	基本每股收益(元)	-0.4600	-0.8800	-0.6300	0.1800
	基本每股收益(扣除)(元)	-	-0.8900	-0.6200	0.1300
	每股净资产(元)	3.9211	8.7525	8.9800	9.6100
	每股经营现金净流量(元)	-0.7146	-0.5498	-1.1775	0.6144
	每股现金流量(元)	-1.2133	0.2090	-0.8326	0.5832
	每股资本公积金(元)	2.7969	6.5910	6.5696	6.5696
	每股盈余公积金(元)	0.0572	0.1144	0.1144	0.1144
	每股未分配利润(元)	0.0670	1.0470	1.2946	1.9222
	净资产收益率(%)	-11.6423	-9.9994	-6.9900	1.8690
	加权净资产收益率(%)	-11.0000	-9.5500	-6.7500	1.8800
	净资产收益率(扣除)(%)	-	-	-	-
	总资产(万元)	93483.30	104865.06	97074.79	91012.48
	归属母公司股东权益(万元)	53743.12	59980.84	61530.60	65831.78
	主营业务收入(万元)	21695.68	69641.01	25380.55	63885.37
	营业收入(万元)	21695.68	69741.01	25380.55	63887.21
	主营成本(万元)	18401.20	57302.27	19462.35	46156.37
	营业成本(万元)	18401.20	57302.27	19462.35	46156.37
	投资收益(万元)	-	-	-	141.15
	净利润(万元)	-6494.37	-5983.34	-4533.75	1230.41
	利润总额(万元)	-6489.42	-5721.16	-4535.31	1675.13

山东丽鹏股份有限公司

公司概况	公司名称	山东丽鹏股份有限公司			证券简称	丽鹏股份
	法人代表	孙世尧	董秘	李海霞	证券代码	002374
	公司网址	www.lp.com.cn		电子信箱	haixia5229@sina.com	
	电　话	0535-4660587		传　真	0535-4660587	
	办公地址	山东省烟台市牟平区姜格庄街道办事处丽鹏路1号				
	经营范围	专业从事铝板复合型防伪印刷、防伪瓶盖的生产、销售及相关业务等				

	指标\报告期	2013.06.30	2012.12.31	2012.06.30	2011.12.31
主要财务指标	基本每股收益(元)	0.1000	0.4600	0.1400	0.1600
	基本每股收益(扣除)(元)	0.0900	0.4100	0.2400	0.4100
	每股净资产(元)	4.1264	7.5493	6.1900	6.0400
	每股经营现金净流量(元)	0.0627	0.4537	0.1873	0.2130
	每股现金流量(元)	-0.6158	2.1669	0.3482	-0.8366
	每股资本公积金(元)	2.4103	5.1385	3.6713	3.6712
	每股盈余公积金(元)	0.0572	0.1030	0.0887	0.0887
	每股未分配利润(元)	0.6589	1.3078	1.4266	1.2829
	净资产收益率(%)	2.3992	5.1291	3.9900	2.5770
	加权净资产收益率(%)	2.3500	7.1800	3.9900	2.6000
	净资产收益率(扣除)(%)	-	-	-	-
	总资产(万元)	114363.37	119350.88	84820.68	82625.78
	归属母公司股东权益(万元)	78983.18	80278.39	52957.60	51726.84
	主营业务收入(万元)	28685.39	58941.24	27941.47	55799.71
	营业收入(万元)	29796.23	61739.98	29317.17	58558.00
	主营成本(万元)	22570.86	46231.47	21583.09	44719.54
	营业成本(万元)	23443.12	48407.29	22596.42	46962.74
	投资收益(万元)	17.79	16.42	16.42	27.44
	净利润(万元)	2011.18	4372.51	2267.25	1729.73
	利润总额(万元)	2502.63	5768.80	3030.02	2281.11

浙江亚厦装饰股份有限公司

公司概况	公司名称	浙江亚厦装饰股份有限公司			证券简称	亚厦股份
	法人代表	丁海富	董秘	吴青谊	证券代码	002375
	公司网址	www.yashazs.com		电子信箱	002375@yashazs.com	
	电　话	0571-89880808　89880802		传　真	0571-89880809	
	办公地址	浙江省杭州市望江东路299号冠盛大厦				
	经营范围	建筑装饰装修工程、建筑幕墙工程、钢结构工程、消防工程、水电工程等				

主要财务指标	指标\报告期	2013.06.30	2012.12.31	2012.06.30	2011.12.31
	基本每股收益(元)	0.5700	1.0000	0.4100	0.7100
	基本每股收益(扣除)(元)	–	1.0000	0.4100	0.7100
	每股净资产(元)	5.9913	5.5080	4.8200	6.7197
	每股经营现金净流量(元)	–0.6393	0.0184	–0.7821	0.3226
	每股现金流量(元)	–1.1608	1.0002	–1.3826	–0.5197
	每股资本公积金(元)	2.1273	2.1109	2.0143	3.4839
	每股盈余公积金(元)	0.1907	0.1907	0.1173	0.1760
	每股未分配利润(元)	2.6733	2.2064	1.6933	2.0599
	净资产收益率(%)	9.4619	18.1287	8.6800	15.8330
	加权净资产收益率(%)	9.7900	20.1100	8.6800	17.2300
	净资产收益率(扣除)(%)	–	–	–	–
	总资产(万元)	1057847.52	988850.70	723549.27	674604.12
	归属母公司股东权益(万元)	380707.56	349996.22	305418.33	283573.25
	主营业务收入(万元)	524131.47	957513.88	404628.19	725124.37
	营业收入(万元)	524156.51	957653.98	404698.24	725264.47
	主营成本(万元)	435474.76	799307.86	338608.66	607551.66
	营业成本(万元)	435523.16	799404.67	338657.06	607648.47
	投资收益(万元)	–	–	–	–
	净利润(万元)	36996.12	65064.29	26852.42	46944.13
	利润总额(万元)	43976.00	75083.20	32187.63	55482.77

山东新北洋信息技术股份有限公司

公司概况	公司名称	山东新北洋信息技术股份有限公司			证券简称	新北洋
	法人代表	丛强滋	董秘	宋森	证券代码	002376
	公司网址	www.newbeiyang.com.cn		电子信箱	snbc@newbeiyang.com	
	电　话	0631-5675777		传　真	0631-5680499	
	办公地址	东省威海市环翠区昆仑路126号				
	经营范围	专业从事专用打印机及相关产品的研发、生产、销售和服务				

主要财务指标	指标\报告期	2013.06.30	2012.12.31	2012.06.30	2011.12.31
	基本每股收益(元)	0.1200	0.6800	0.1200	0.6800
	基本每股收益(扣除)(元)	0.1100	0.6400	0.1100	0.6400
	每股净资产(元)	2.3714	4.7003	2.3714	4.7003
	每股经营现金净流量(元)	0.0018	0.3453	0.0018	0.3453
	每股现金流量(元)	–0.3226	–0.4977	–0.3226	–0.4977
	每股资本公积金(元)	0.5261	2.0521	0.5261	2.0521
	每股盈余公积金(元)	0.1797	0.3595	0.1797	0.3595
	每股未分配利润(元)	0.6660	1.2889	0.6660	1.2889
	净资产收益率(%)	5.1237	14.5588	5.1237	14.5588
	加权净资产收益率(%)	5.0400	15.4100	5.0400	15.4100
	净资产收益率(扣除)(%)	–	–	–	–
	总资产(万元)	176182.74	170658.06	176182.74	170658.06
	归属母公司股东权益(万元)	142282.95	141007.58	142282.95	141007.58
	主营业务收入(万元)	29452.13	71319.35	29452.13	71319.35
	营业收入(万元)	31715.24	75638.40	31715.24	75638.40
	主营成本(万元)	15329.76	35958.76	15329.76	35958.76
	营业成本(万元)	16813.58	38754.65	16813.58	38754.65
	投资收益(万元)	1460.86	2852.17	1460.86	2852.17
	净利润(万元)	7266.99	20745.32	7266.99	20745.32
	利润总额(万元)	8166.80	22523.46	8166.80	22523.46

湖北国创高新材料股份有限公司

公司概况	公司名称	湖北国创高新材料股份有限公司			证券简称	国创高新
	法人代表	高庆寿	董秘	彭雅超	证券代码	002377
	公司网址	www.guochuang.com.cn		电子信箱	p20732@sina.com	
	电　话	027-87617347		传　真	027-87617400	
	办公地址	湖北省武汉东湖开发区武大科技园武大园三路八号国创高科实业集团办公大楼				
	经营范围	研制、生产、销售成品改性沥青、沥青改性设备等				

主要财务指标	指标\报告期	2013.06.30	2012.12.31	2012.06.30	2011.12.31
	基本每股收益(元)	0.0093	0.1000	0.0142	0.1800
	基本每股收益(扣除)(元)	0.0035	0.0900	0.0152	0.1700
	每股净资产(元)	3.4184	3.4091	3.3200	3.3100
	每股经营现金净流量(元)	–1.0649	0.4972	–0.3836	–0.7944
	每股现金流量(元)	–0.0896	–0.4997	0.0125	–0.7699
	每股资本公积金(元)	1.7207	1.7207	1.7207	1.7207
	每股盈余公积金(元)	0.0635	0.0635	0.0589	0.0589
	每股未分配利润(元)	0.6343	0.6249	0.5455	0.5312
	净资产收益率(%)	0.2735	2.8837	0.4300	5.3810
	加权净资产收益率(%)	0.2700	2.9300	0.4300	5.5300
	净资产收益率(扣除)(%)	–	–	–	–
	总资产(万元)	167746.11	155889.98	162196.26	130457.86
	归属母公司股东权益(万元)	73154.07	72954.03	71154.90	70850.23
	主营业务收入(万元)	27866.97	125302.97	33180.16	91078.55
	营业收入(万元)	28029.08	126114.63	33404.37	91728.47
	主营成本(万元)	24338.19	111987.77	29816.93	77760.62
	营业成本(万元)	24592.41	112491.37	29895.14	78305.06
	投资收益(万元)	–	–	–	–
	净利润(万元)	303.17	2217.46	163.25	3858.86
	利润总额(万元)	668.90	2797.66	438.47	4941.12

崇义章源钨业股份有限公司

公司概况	公司名称	崇义章源钨业股份有限公司			证券简称	章源钨业
	法人代表	黄泽兰	董秘	刘佶	证券代码	002378
	公司网址	www.zy-tungsten.com		电子信箱	info@zy-tungsten.com	
	电　话	0797-3813839		传　真	0797-3813839	
	办公地址	江西省赣州市崇义县城塔下				
	经营范围	钨及其他金属矿产品采掘、钨制品的冶炼和深加工、钨制品销售				

主要财务指标	指标\报告期	2013.06.30	2012.12.31	2012.06.30	2011.12.31
	基本每股收益(元)	0.1400	0.3100	0.2100	0.6700
	基本每股收益(扣除)(元)	0.1400	0.3000	0.2200	0.6700
	每股净资产(元)	3.2055	3.2606	3.1500	3.3400
	每股经营现金净流量(元)	0.1747	0.4313	0.4687	0.2645
	每股现金流量(元)	–0.2090	0.0612	0.2135	–0.5066
	每股资本公积金(元)	1.1085	1.1085	1.1085	1.1085
	每股盈余公积金(元)	0.2525	0.2525	0.2180	0.2180
	每股未分配利润(元)	0.8188	0.8796	0.8180	1.0066
	净资产收益率(%)	4.3345	9.4297	6.7000	20.0860
	加权净资产收益率(%)	4.2600	9.4200	6.2600	21.5800
	净资产收益率(扣除)(%)	–	–	–	–
	总资产(万元)	289028.87	279290.15	267274.19	244768.21
	归属母公司股东权益(万元)	137262.48	139624.87	135081.45	142843.28
	主营业务收入(万元)	88705.25	158992.76	81114.90	186136.31
	营业收入(万元)	94914.27	174435.65	88087.32	193661.72
	主营成本(万元)	70625.39	128890.01	63753.39	134901.82
	营业成本(万元)	73790.08	137152.22	66433.22	138080.41
	投资收益(万元)	570.02	505.18	189.05	–852.44
	净利润(万元)	5962.04	13166.26	9049.44	28690.98
	利润总额(万元)	7253.63	16044.89	10728.69	34959.18

山东鲁丰铝箔股份有限公司

公司概况						
	公司名称	山东鲁丰铝箔股份有限公司			证券简称	鲁丰股份
	法人代表	于荣强	董秘	庞树正	证券代码	002379
	公司网址	www.loften.com.cn		电子信箱	stock@loften.cn	
	电　话	0543-2161727 2385777		传　真	0543-2161727	
	办公地址	山东省滨州市博兴县滨博大街 1568 号				
	经营范围	板带箔生产、加工、销售等				

主要财务指标	指标\报告期	2013.06.30	2012.12.31	2012.06.30	2011.12.31
	基本每股收益(元)	0.0100	0.1300	–0.0100	0.0800
	基本每股收益(扣除)(元)	0.0100	0.0800	–0.0600	0.0500
	每股净资产(元)	3.5849	7.1428	5.6000	5.6200
	每股经营现金净流量(元)	1.0356	0.6417	1.2769	–0.7267
	每股现金流量(元)	0.7185	1.1297	1.2988	0.3279
	每股资本公积金(元)	2.2259	5.4517	3.7192	3.7192
	每股盈余公积金(元)	0.0250	0.0501	0.0748	0.0748
	每股未分配利润(元)	0.3335	0.6411	0.8041	0.8265
	净资产收益率(%)	0.3626	1.2314	–0.4000	1.3560
	加权净资产收益率(%)	0.3600	2.1600	–0.4000	1.3500
	净资产收益率(扣除)(%)	–	–	–	–
	总资产(万元)	636927.33	524969.73	418867.86	366218.21
	归属母公司股东权益(万元)	166053.93	165428.19	86770.36	87117.84
	主营业务收入(万元)	104549.71	184404.75	89244.48	159650.73
	营业收入(万元)	114496.22	205813.88	99067.00	179137.24
	主营成本(万元)	91193.38	161410.35	78671.01	140562.14
	营业成本(万元)	100913.00	180516.47	88286.14	159907.23
	投资收益(万元)	30.00	–79.40	30.00	30.00
	净利润(万元)	592.05	1913.15	–306.48	1206.44
	利润总额(万元)	1029.09	3213.71	–264.29	1692.21

南京科远自动化集团股份有限公司

公司概况						
	公司名称	南京科远自动化集团股份有限公司			证券简称	科远股份
	法人代表	刘国耀	董秘	赵文庆	证券代码	002380
	公司网址	www.sciyon.com		电子信箱	zhaowq@sciyon.com	
	电　话	025-68598968 9808		传　真	025-68598948	
	办公地址	江苏省南京市江宁经济技术开发区西门子路 27 号				
	经营范围	热工自动化和电厂信息化产品研发、生产、销售和服务				

主要财务指标	指标\报告期	2013.06.30	2012.12.31	2012.06.30	2011.12.31
	基本每股收益(元)	0.2200	0.4400	0.2300	0.6200
	基本每股收益(扣除)(元)	0.1900	0.3600	0.1900	0.5200
	每股净资产(元)	13.1460	13.0788	12.8700	12.8400
	每股经营现金净流量(元)	0.0528	0.9102	0.4771	0.3168
	每股现金流量(元)	–0.4917	–0.4925	–0.3042	–0.8869
	每股资本公积金(元)	9.5760	9.5760	9.5760	9.5760
	每股盈余公积金(元)	0.3578	0.3578	0.3140	0.3140
	每股未分配利润(元)	2.2122	2.1450	1.9761	1.9497
	净资产收益率(%)	1.6500	3.3570	1.7500	4.7910
	加权净资产收益率(%)	1.6500	3.3900	1.7500	4.8700
	净资产收益率(扣除)(%)	–	–	–	–
	总资产(万元)	104683.43	99068.64	98757.03	95206.00
	归属母公司股东权益(万元)	89392.68	88935.54	87489.37	87309.98
	主营业务收入(万元)	11564.34	23029.90	11689.38	23545.40
	营业收入(万元)	11574.58	23053.41	11691.38	23545.70
	主营成本(万元)	6967.62	13916.86	7052.50	13710.97
	营业成本(万元)	6967.62	13916.86	10551.19	13710.97
	投资收益(万元)	–	–	–	–
	净利润(万元)	1454.36	3006.94	1542.68	4205.83
	利润总额(万元)	1556.81	3384.87	1793.24	4690.34

浙江双箭橡胶股份有限公司

公司概况						
	公司名称	浙江双箭橡胶股份有限公司			证券简称	双箭股份
	法人代表	沈耿亮	董秘	陈柏松	证券代码	002381
	公司网址	www.doublearrow.net		电子信箱	chenbaisong@188.com	
	电　话	0573-88533979 88533969		传　真	0573-88531023	
	办公地址	浙江省桐乡市洲泉镇晚村				
	经营范围	橡胶制品、帆布的生产、销售、橡胶原料、纺织原料				

主要财务指标	指标\报告期	2013.06.30	2012.12.31	2012.06.30	2011.12.31
	基本每股收益(元)	0.2800	0.8700	0.1600	0.3200
	基本每股收益(扣除)(元)	0.2700	0.8800	0.3200	0.2700
	每股净资产(元)	4.2559	8.2564	7.7000	7.5900
	每股经营现金净流量(元)	0.4110	0.6612	–0.2535	0.3292
	每股现金流量(元)	0.1043	–0.7623	–0.6185	–0.1018
	每股资本公积金(元)	1.7164	4.4327	4.4327	4.4327
	每股盈余公积金(元)	0.1686	0.3371	0.2601	0.2601
	每股未分配利润(元)	1.3710	2.4866	2.0104	1.8980
	净资产收益率(%)	6.5254	10.5970	4.0500	4.2730
	加权净资产收益率(%)	6.5500	11.0800	4.0700	4.3300
	净资产收益率(扣除)(%)	–	–	–	–
	总资产(万元)	129297.37	131554.37	122439.91	129268.62
	归属母公司股东权益(万元)	99588.68	96600.15	90126.72	88812.80
	主营业务收入(万元)	51294.33	118011.88	54931.31	113880.03
	营业收入(万元)	51338.62	118345.88	55021.85	114592.52
	主营成本(万元)	36799.96	89574.88	43387.77	98086.49
	营业成本(万元)	36812.68	89867.00	43463.15	98737.18
	投资收益(万元)	4.22	–0.75	3.12	0.76
	净利润(万元)	6702.21	10864.05	4012.97	4216.68
	利润总额(万元)	8120.49	13676.78	4889.26	4894.53

山东蓝帆塑胶股份有限公司

公司概况						
	公司名称	山东蓝帆塑胶股份有限公司			证券简称	蓝帆股份
	法人代表	刘文静	董秘	韩邦友	证券代码	002382
	公司网址	www.bluesail.cn		电子信箱	stock@bluesail.cn	
	电　话	0533-7480108		传　真	0533-7480085	
	办公地址	山东省淄博市齐鲁化学工业区清田路 21 号				
	经营范围	生产加工 PVC 手套及其他塑料制品、粒料等				

主要财务指标	指标\报告期	2013.06.30	2012.12.31	2012.06.30	2011.12.31
	基本每股收益(元)	0.1200	0.2100	0.1100	0.1200
	基本每股收益(扣除)(元)	0.0900	0.2100	0.1000	0.1900
	每股净资产(元)	4.0226	4.0076	3.9000	7.6390
	每股经营现金净流量(元)	–0.0234	0.6409	0.2553	–0.5486
	每股现金流量(元)	–0.2452	–0.1264	0.3312	–1.8557
	每股资本公积金(元)	2.0351	2.0351	2.0351	5.0702
	每股盈余公积金(元)	0.1044	0.1044	0.0896	0.1791
	每股未分配利润(元)	0.8841	0.8688	0.7763	1.3905
	净资产收益率(%)	2.8664	5.3229	2.7200	3.1703
	加权净资产收益率(%)	2.8400	5.4600	2.7400	3.2000
	净资产收益率(扣除)(%)	–	–	–	–
	总资产(万元)	190529.26	164474.64	146408.84	131074.56
	归属母公司股东权益(万元)	96541.83	96183.48	93605.74	91668.08
	主营业务收入(万元)	64776.75	132625.21	63328.95	93005.95
	营业收入(万元)	65121.11	133338.00	63670.22	93365.16
	主营成本(万元)	54689.47	113216.05	54999.10	83825.79
	营业成本(万元)	54797.01	113821.23	55016.80	83840.37
	投资收益(万元)	68.20	49.79	59.56	–
	净利润(万元)	2767.26	5119.74	2545.57	2906.18
	利润总额(万元)	3558.11	6479.93	3532.44	3412.75

北京合众思壮科技股份有限公司

公司概况					
公司名称	北京合众思壮科技股份有限公司			证券简称	合众思壮
法人代表	郭信平	董秘	曹红杰	证券代码	002383
公司网址	www.unistrong.com		电子信箱	dongmi@unistrong.com	
电　话	010-58275500		传　真	010-58275259	
办公地址	北京市朝阳区酒仙桥北路甲10号204号楼				
经营范围	技术开发、技术推广、技术转让、技术咨询、技术服务、技术培训等				

主要财务指标：指标\报告期	2013.06.30	2012.12.31	2012.06.30	2011.12.31
基本每股收益(元)	-0.1768	-0.2945	-0.1196	0.2378
基本每股收益(扣除)(元)	-0.2419	-0.3273	-0.1319	0.2371
每股净资产(元)	7.2791	7.4574	7.6300	10.2600
每股经营现金净流量(元)	-1.0306	-0.0204	-0.1448	-0.4701
每股现金流量(元)	-0.6651	-1.2642	-1.0984	-1.4796
每股资本公积金(元)	5.3946	5.3859	5.3830	7.2853
每股盈余公积金(元)	0.2390	0.2390	0.2220	0.2887
每股未分配利润(元)	0.6560	0.8328	1.0282	1.6921
净资产收益率(%)	-2.4294	-3.9491	-1.5700	3.0140
加权净资产收益率(%)	-2.3900	-3.8500	-1.5300	3.0100
净资产收益率(扣除)(%)	-	-	-	-
总资产(万元)	168352.23	156501.98	157273.60	168346.56
归属母公司股东权益(万元)	136265.09	139601.73	142786.91	147682.97
主营业务收入(万元)	15468.76	38113.47	14611.67	41451.32
营业收入(万元)	17322.42	41497.96	16085.69	44131.83
主营成本(万元)	10658.70	24185.20	8566.50	23528.13
营业成本(万元)	11254.10	25805.66	9178.85	24320.90
投资收益(万元)	-60.31	-6.95	-39.43	-4.41
净利润(万元)	-3390.29	-5806.22	-2405.98	4196.69
利润总额(万元)	-3289.29	-6398.46	-2079.90	5356.64

苏州东山精密制造股份有限公司

公司概况					
公司名称	苏州东山精密制造股份有限公司			证券简称	东山精密
法人代表	袁永刚	董秘	冒小燕	证券代码	002384
公司网址	www.sz-dsbj.com		电子信箱	maoxy@sz-dsbj.com	
电　话	0512-66306201		传　真	0512-66307172	
办公地址	江苏省苏州市吴中区东山工业园凤凰山路8号				
经营范围	精密钣金件和精密铸件的制造与服务				

主要财务指标：指标\报告期	2013.06.30	2012.12.31	2012.06.30	2011.12.31
基本每股收益(元)	0.0800	-0.2900	0.0900	0.1400
基本每股收益(扣除)(元)	0.0760	-0.3200	0.0700	0.1100
每股净资产(元)	3.4973	3.4155	3.8200	7.5100
每股经营现金净流量(元)	0.1096	-0.0553	0.0053	0.0752
每股现金流量(元)	-0.0503	0.1195	0.0108	-1.2927
每股资本公积金(元)	2.1405	2.1381	2.1381	5.0763
每股盈余公积金(元)	0.0727	0.0727	0.0727	0.1455
每股未分配利润(元)	0.2841	0.2046	0.5800	1.2850
净资产收益率(%)	2.2727	-8.4301	2.3100	3.8079
加权净资产收益率(%)	2.3000	-8.0400	2.3100	3.8800
净资产收益率(扣除)(%	-	-	-	-
总资产(万元)	285559.01	273962.07	230066.65	193273.68
归属母公司股东权益(万元)	134297.07	131154.06	145568.30	144130.49
主营业务收入(万元)	108193.12	179181.03	67740.28	116162.57
营业收入(万元)	109889.77	181646.39	68760.76	117696.68
主营成本(万元)	91147.72	149858.16	55295.10	92994.83
营业成本(万元)	91807.46	150485.86	55369.79	93174.66
投资收益(万元)	-327.76	-7679.29	-932.52	-4080.39
净利润(万元)	2827.66	-11445.89	3168.19	4954.45
利润总额(万元)	3020.77	-11646.06	3356.29	5755.05

北京大北农科技集团股份有限公司

公司概况					
公司名称	北京大北农科技集团股份有限公司			证券简称	大北农
法人代表	邵根伙	董秘	陈忠恒	证券代码	002385
公司网址	www.dbn.com.cn		电子信箱	cwbgs@dbn.com.cn	
电　话	010-82856450		传　真	010-82856430	
办公地址	北京市海淀区中关村大街27号中关村大厦14层				
经营范围	饲料、种子产品的研发、生产、销售				

主要财务指标：指标\报告期	2013.06.30	2012.12.31	2012.06.30	2011.12.31
基本每股收益(元)	0.2000	0.8400	0.1900	0.6300
基本每股收益(扣除)(元)	0.1900	0.8100	0.3800	1.2200
每股净资产(元)	2.6702	5.0717	4.6000	8.6800
每股经营现金净流量(元)	-0.2201	0.8669	-0.2784	1.6602
每股现金流量(元)	-0.3857	-0.5455	-0.7150	0.1475
每股资本公积金(元)	0.5543	2.0550	2.0376	5.0335
每股盈余公积金(元)	0.0718	0.1439	0.1040	0.2080
每股未分配利润(元)	1.0442	1.8729	1.4586	2.4397
净资产收益率(%)	7.4665	16.6058	8.4500	14.4780
加权净资产收益率(%)	7.6100	18.0700	8.9700	15.1100
净资产收益率(扣除)(%)	-	-	-	-
总资产(万元)	650773.51	570801.59	491499.60	473670.13
归属母公司股东权益(万元)	428899.29	406551.15	368751.11	347944.65
主营业务收入(万元)	648453.07	1055026.61	444920.74	778045.80
营业收入(万元)	649926.09	1063957.01	446758.07	783599.98
主营成本(万元)	512543.25	830123.80	346663.42	610617.38
营业成本(万元)	512892.82	835786.37	347043.81	615108.70
投资收益(万元)	-140.60	455.06	243.59	129.74
净利润(万元)	32693.16	70701.74	32670.18	52787.27
利润总额(万元)	38930.95	84153.88	38517.96	62314.00

宜宾天原集团股份有限公司

公司概况					
公司名称	宜宾天原集团股份有限公司			证券简称	天原集团
法人代表	罗云	董秘	何波	证券代码	002386
公司网址	www.ybty.com		电子信箱	tjhb@ybty.com	
电　话	0831-3608560 3608918		传　真	0831-3601446 3607026	
办公地址	四川省宜宾市下江北				
经营范围	基本化学原料、有机合成化学原料、化工产品制造、销售等				

主要财务指标：指标\报告期	2013.06.30	2012.12.31	2012.06.30	2011.12.31
基本每股收益(元)	0.1300	0.1361	-0.3400	0.0432
基本每股收益(扣除)(元)	0.0670	-0.2900	-0.3700	-0.0309
每股净资产(元)	8.3196	8.1912	7.7200	8.1100
每股经营现金净流量(元)	0.2203	1.1151	0.0629	0.4329
每股现金流量(元)	-0.9301	0.4717	-0.9395	0.3100
每股资本公积金(元)	4.2670	4.2670	4.2665	4.2665
每股盈余公积金(元)	0.4606	0.4606	0.4297	0.4301
每股未分配利润(元)	2.5894	2.4636	2.0225	2.4081
净资产收益率(%)	1.5124	1.6612	-4.3500	0.5330
加权净资产收益率(%)	1.5200	1.6700	-4.2300	0.5300
净资产收益率(扣除)(%)	-	-	-	-
总资产(万元)	1374400.29	1327702.87	1234243.67	1195356.23
归属母公司股东权益(万元)	399148.86	392991.62	370381.80	388883.77
主营业务收入(万元)	365179.26	561311.17	248265.98	556794.89
营业收入(万元)	377506.19	582800.75	257469.84	565546.41
主营成本(万元)	326763.17	486456.53	223522.49	479093.38
营业成本(万元)	337273.81	504060.08	231119.66	484136.10
投资收益(万元)	-285.85	155.00	-175.35	333.61
净利润(万元)	6166.05	7203.23	-16415.78	3215.78
利润总额(万元)	7555.76	11831.90	-16513.28	6780.95

黑牛食品股份有限公司

公司概况					
公司名称	黑牛食品股份有限公司			证券简称	黑牛食品
法人代表	林秀浩	董秘	黄树忠	证券代码	002387
公司网址	www.blackcow.cn		电子信箱	sh@blackcow.cn	
电　　话	0754-88106868 8081		传　　真	0754-88107793	
办公地址	广东省汕头市潮汕路金园工业城内 9A5A6				
经营范围	大豆等植物蛋白类营养饮品的研发、生产和销售				

主要财务指标

指标\报告期	2013.06.30	2012.12.31	2012.06.30	2011.12.31
基本每股收益(元)	0.0010	0.1800	0.1300	0.3300
基本每股收益(扣除)(元)	–0.0081	0.1700	0.1300	0.3200
每股净资产(元)	4.2962	4.3367	4.2800	5.4700
每股经营现金净流量(元)	–0.1469	0.0480	–0.2548	0.2167
每股现金流量(元)	–0.4273	–0.4544	–0.6833	–1.0977
每股资本公积金(元)	2.2393	2.2448	2.2348	3.1759
每股盈余公积金(元)	0.0424	0.0424	0.0399	0.0523
每股未分配利润(元)	1.0207	1.0495	1.0081	1.2466
净资产收益率(%)	0.0237	4.0547	3.1000	7.8160
加权净资产收益率(%)	0.0200	4.1200	3.1100	8.1000
净资产收益率(扣除)(%)	–	–	–	–
总资产(万元)	169465.13	158019.31	141798.44	146083.76
归属母公司股东权益(万元)	135045.10	136320.02	134731.21	131558.68
主营业务收入(万元)	30168.42	76287.34	40970.32	85658.88
营业收入(万元)	30677.09	76287.34	40970.32	85720.49
主营成本(万元)	19694.06	50091.10	26919.31	55927.10
营业成本(万元)	20190.74	50091.10	26919.31	55989.49
投资收益(万元)	–	–	–	–
净利润(万元)	32.03	5527.41	4176.72	10282.27
利润总额(万元)	230.37	7343.42	5547.45	13690.74

深圳市新亚电子制程股份有限公司

公司概况					
公司名称	深圳市新亚电子制程股份有限公司			证券简称	新亚制程
法人代表	许伟明	董秘	徐冰	证券代码	002388
公司网址	www.sunyes.cn		电子信箱	info@sunyes.cn	
电　　话	0755-23818518 23818513		传　　真	0755-23818685	
办公地址	广东省深圳市福田区益田路与福中路交界荣超商务中心 A 栋第 09 层 901 单元				
经营范围	电子工具、仪器仪表设备、电子元器件、化工产品的销售及售后服务				

主要财务指标

指标\报告期	2013.06.30	2012.12.31	2012.06.30	2011.12.31
基本每股收益(元)	0.0300	0.0700	0.0400	0.1300
基本每股收益(扣除)(元)	0.0300	0.0600	0.0300	0.1200
每股净资产(元)	2.7653	2.8308	2.8000	2.9400
每股经营现金净流量(元)	0.0115	0.4889	0.2838	–0.0440
每股现金流量(元)	–0.4668	0.3542	–0.0008	–0.3814
每股资本公积金(元)	1.4007	1.4007	1.4007	1.3942
每股盈余公积金(元)	0.0586	0.0586	0.0526	0.0526
每股未分配利润(元)	0.3060	0.3715	0.3473	0.4049
净资产收益率(%)	1.2495	2.5652	1.5200	4.4230
加权净资产收益率(%)	1.1900	2.5300	1.4800	4.3500
净资产收益率(扣除)(%)	–	–	–	–
总资产(万元)	59161.47	62034.36	60888.55	62977.00
归属母公司股东权益(万元)	55251.69	56559.32	55956.27	56977.51
主营业务收入(万元)	18700.08	41343.96	19152.36	56088.51
营业收入(万元)	19078.75	42572.55	19813.00	56944.49
主营成本(万元)	13829.54	31952.83	14736.88	44717.06
营业成本(万元)	14171.56	32649.86	15184.30	45266.42
投资收益(万元)	99.51	125.90	–	–
净利润(万元)	1090.31	1836.31	928.41	2625.17
利润总额(万元)	1339.32	2462.10	1215.54	3532.72

浙江南洋科技股份有限公司

公司概况					
公司名称	浙江南洋科技股份有限公司			证券简称	南洋科技
法人代表	邵雨田	董秘	杜志喜	证券代码	002389
公司网址	www.nykj.cc		电子信箱	nykj@nykj.cc	
电　　话	0576-88169898 88170181		传　　真	0576-88169922	
办公地址	浙江省台州市开发区开发大道 388 号				
经营范围	电容器专用电子薄膜的制造和销售				

主要财务指标

指标\报告期	2013.06.30	2012.12.31	2012.06.30	2011.12.31
基本每股收益(元)	0.0400	0.2700	0.1100	0.5000
基本每股收益(扣除)(元)	0.0300	0.1900	0.1400	0.7300
每股净资产(元)	3.0881	6.1766	6.1100	6.0000
每股经营现金净流量(元)	0.1691	0.2786	0.3368	0.3205
每股现金流量(元)	0.1482	–0.2206	2.4628	–1.5207
每股资本公积金(元)	1.5169	4.0338	4.0340	3.1373
每股盈余公积金(元)	0.0550	0.1099	0.0904	0.1682
每股未分配利润(元)	0.5163	1.0329	0.9841	1.6967
净资产收益率(%)	1.2901	4.0174	2.9300	12.6020
加权净资产收益率(%)	1.2800	5.0600	4.8300	13.3700
净资产收益率(扣除)(%)	–	–	–	–
总资产(万元)	172904.15	171258.89	164137.28	99584.55
归属母公司股东权益(万元)	153903.96	153911.97	152215.89	80428.50
主营业务收入(万元)	16769.46	35850.18	18884.04	39702.28
营业收入(万元)	16778.32	35857.91	18887.84	39719.48
主营成本(万元)	13318.67	27074.01	13020.06	23488.17
营业成本(万元)	13347.69	27094.19	13021.24	23491.03
投资收益(万元)	76.65	–72.82	–6.93	17.18
净利润(万元)	2124.70	6522.51	4697.30	10556.01
利润总额(万元)	2445.41	7662.21	5537.51	12491.95

贵州信邦制药股份有限公司

公司概况					
公司名称	贵州信邦制药股份有限公司			证券简称	信邦制药
法人代表	张观福	董秘	孔令忠	证券代码	002390
公司网址	www.xinbang.com		电子信箱	xb_klz@163.com	
电　　话	0851-8615900 8660261		传　　真	0851-8660280	
办公地址	贵州省贵阳市白云经济开发区信邦大道 227 号				
经营范围	中成药的开发、生产和销售				

主要财务指标

指标\报告期	2013.06.30	2012.12.31	2012.06.30	2011.12.31
基本每股收益(元)	0.1000	0.2800	0.1400	0.2700
基本每股收益(扣除)(元)	0.1000	0.2400	0.1300	0.2500
每股净资产(元)	5.8478	5.8622	5.7300	5.6500
每股经营现金净流量(元)	0.0193	–0.2100	–0.1126	–0.2296
每股现金流量(元)	–0.6459	–0.8825	–0.3451	–0.6676
每股资本公积金(元)	3.3507	3.4097	3.4097	3.4097
每股盈余公积金(元)	0.2203	0.2085	0.1795	0.1795
每股未分配利润(元)	1.2767	1.2439	1.1358	1.0574
净资产收益率(%)	1.7700	4.6998	2.4200	4.7010
加权净资产收益率(%)	1.7500	4.7900	2.4300	4.7700
净资产收益率(扣除)(%)	–	–	–	–
总资产(万元)	136534.77	133462.02	126031.01	124355.82
归属母公司股东权益(万元)	101517.33	101767.06	99387.28	98025.76
主营业务收入(万元)	24096.99	44757.21	19549.26	36186.48
营业收入(万元)	24096.99	44757.21	19549.26	36186.48
主营成本(万元)	9231.97	16698.25	7205.00	12870.57
营业成本(万元)	9231.97	16698.25	7205.00	12870.57
投资收益(万元)	23.92	93.54	7.08	–
净利润(万元)	1742.11	4756.30	2397.61	4587.68
利润总额(万元)	2141.10	5736.29	2835.89	5352.84

江苏长青农化股份有限公司

公司概况	公司名称	江苏长青农化股份有限公司			证券简称	长青股份
	法人代表	于国权	董秘	马长庆	证券代码	002391
	公司网址	www.jscq.com		电子信箱	irm@jscq.com	
	电　话	0514-86424918		传　真	0514-86421039	
	办公地址	江苏省扬州市江都市浦头镇江灵路 1 号				
	经营范围	化学农药的生产、销售				

主要财务指标	指标\报告期	2013.06.30	2012.12.31	2012.06.30	2011.12.31
	基本每股收益(元)	0.5000	0.7800	0.3800	0.5500
	基本每股收益(扣除)(元)	–	0.7500	0.3800	0.4900
	每股净资产(元)	8.7330	8.4838	8.0900	8.0100
	每股经营现金净流量(元)	0.5342	0.7978	0.4970	0.0240
	每股现金流量(元)	–0.1590	–1.2162	–0.4543	–0.9779
	每股资本公积金(元)	5.3801	5.2814	5.2814	5.2814
	每股盈余公积金(元)	0.3370	0.3443	0.2675	0.2675
	每股未分配利润(元)	2.0120	1.8581	1.5411	1.4596
	净资产收益率(%)	5.5751	9.1384	4.7200	6.8850
	加权净资产收益率(%)	5.7600	9.4600	4.7100	7.0600
	净资产收益率(扣除)(%)	–	–	–	–
	总资产(万元)	219579.79	196475.67	192791.03	175298.67
	归属母公司股东权益(万元)	183570.53	174556.37	166467.87	164777.41
	主营业务收入(万元)	80517.63	126442.04	65157.89	99726.08
	营业收入(万元)	80634.06	127085.25	65471.69	100115.18
	主营成本(万元)	59041.16	95283.18	49990.75	78228.54
	营业成本(万元)	59107.02	95737.66	50195.34	78460.16
	投资收益(万元)	444.96	201.77	167.53	11.89
	净利润(万元)	10097.56	15767.37	7833.89	11344.46
	利润总额(万元)	11964.98	18313.65	9261.23	12957.93

北京利尔高温材料股份有限公司

公司概况	公司名称	北京利尔高温材料股份有限公司			证券简称	北京利尔
	法人代表	赵继增	董秘	张建超	证券代码	002392
	公司网址	www.bjlirr.com		电子信箱	ir@bjlirr.com	
	电　话	010-61712828		传　真	010-61712828	
	办公地址	北京市昌平区小汤山工业园				
	经营范围	钢铁、有色、石化、建材等工业用耐火材料的生产和销售等				

主要财务指标	指标\报告期	2013.06.30	2012.12.31	2012.06.30	2011.12.31
	基本每股收益(元)	0.1460	0.2070	0.1120	0.2230
	基本每股收益(扣除)(元)	0.1410	0.2030	0.1110	0.2090
	每股净资产(元)	3.7568	3.6600	3.5700	3.5000
	每股经营现金净流量(元)	0.1778	0.0861	0.1170	–0.0655
	每股现金流量(元)	0.0792	–0.1648	–0.0625	–0.6325
	每股资本公积金(元)	1.8854	1.8862	1.8862	1.8862
	每股盈余公积金(元)	0.0696	0.0696	0.0572	0.0572
	每股未分配利润(元)	0.8019	0.7057	0.6228	0.5608
	净资产收益率(%)	3.8911	5.6599	3.1410	6.3540
	加权净资产收益率(%)	3.9200	5.7900	3.1500	6.5100
	净资产收益率(扣除)(%	–	–	–	–
	总资产(万元)	264244.42	251658.08	248914.23	235595.20
	归属母公司股东权益(万元)	202868.09	197720.15	192578.22	189229.43
	主营业务收入(万元)	61114.30	109530.94	53150.89	91951.09
	营业收入(万元)	61228.54	110079.30	53160.37	91958.59
	主营成本(万元)	38693.35	71727.45	34750.97	62051.07
	营业成本(万元)	38866.50	72260.77	34750.97	62051.07
	投资收益(万元)	–	–1489.32	–861.70	–15.38
	净利润(万元)	7886.03	11101.66	6029.40	11985.31
	利润总额(万元)	9552.78	12906.98	7060.89	13730.79

天津力生制药股份有限公司

公司概况	公司名称	天津力生制药股份有限公司			证券简称	力生制药
	法人代表	孙宝卫	董秘	马霏霏	证券代码	002393
	公司网址	www.lishengpharma.com		电子信箱	lisheng@lishengpharma.com	
	电　话	022-27641760		传　真	022-27364239	
	办公地址	天津市南开区黄河道 491 号				
	经营范围	片剂、硬胶囊剂、颗粒剂、滴丸剂、原料药及塑料瓶、化工原料				

主要财务指标	指标\报告期	2013.06.30	2012.12.31	2012.06.30	2011.12.31
	基本每股收益(元)	1.1500	1.6300	1.1200	1.9000
	基本每股收益(扣除)(元)	1.1400	1.5200	1.0200	1.2800
	每股净资产(元)	16.3472	15.1914	14.6600	17.2100
	每股经营现金净流量(元)	0.0808	1.3742	0.4376	0.8046
	每股现金流量(元)	–0.2436	–3.3641	–3.6748	–0.5894
	每股资本公积金(元)	9.2711	9.2711	10.3929	12.0198
	每股盈余公积金(元)	1.6117	1.6042	1.2174	1.4687
	每股未分配利润(元)	4.4644	3.3161	2.0517	2.7231
	净资产收益率(%)	7.0243	10.7191	7.6317	11.0151
	加权净资产收益率(%)	7.2800	9.4600	6.3000	11.4500
	净资产收益率(扣除)(%)	–	–	–	–
	总资产(万元)	314092.13	293474.97	282610.28	328614.91
	归属母公司股东权益(万元)	298262.45	277173.97	267515.43	314034.32
	主营业务收入(万元)	59802.64	111574.02	61518.69	99568.04
	营业收入(万元)	59838.22	111706.79	61586.68	99765.43
	主营成本(万元)	19145.02	42762.64	23118.35	41688.62
	营业成本(万元)	19172.85	42841.48	16694.83	41803.09
	投资收益(万元)	2031.18	636.43	691.88	10633.95
	净利润(万元)	20951.14	30174.30	20368.15	35453.35
	利润总额(万元)	24532.12	36307.57	23557.09	40918.60

江苏联发纺织股份有限公司

公司概况	公司名称	江苏联发纺织股份有限公司			证券简称	江苏联发
	法人代表	薛庆龙	董秘	王一欣	证券代码	002394
	公司网址	www.lianfa.cn		电子信箱	panzg@gl.lianfa.cn	
	电　话	0513-88869069		传　真	0513-88869069	
	办公地址	江苏省南通市海安县城东镇恒联路 88 号				
	经营范围	生产销售色织布、服装、纺织品				

主要财务指标	指标\报告期	2013.06.30	2012.12.31	2012.06.30	2011.12.31
	基本每股收益(元)	0.4900	1.0700	0.3800	1.3700
	基本每股收益(扣除)(元)	0.4000	0.9900	0.3800	1.3300
	每股净资产(元)	10.6916	10.4142	9.8600	9.6700
	每股经营现金净流量(元)	0.7899	1.4650	0.5613	1.6202
	每股现金流量(元)	–3.5085	4.2174	0.3758	–1.2270
	每股资本公积金(元)	5.5134	5.5232	5.4979	5.4979
	每股盈余公积金(元)	0.3953	0.3953	0.2949	0.2949
	每股未分配利润(元)	3.7833	3.4953	3.0706	2.8803
	净资产收益率(%)	4.5642	10.2296	3.9100	14.2042
	加权净资产收益率(%)	4.5900	10.5800	3.9100	15.0000
	净资产收益率(扣除)(%)	–	–	–	–
	总资产(万元)	384353.02	380794.74	277921.87	265345.23
	归属母公司股东权益(万元)	230724.49	224739.41	212844.83	208740.63
	主营业务收入(万元)	140043.03	260042.78	116400.39	268417.39
	营业收入(万元)	150480.31	273091.97	121382.78	275122.98
	主营成本(万元)	110322.97	203920.49	91935.37	207429.08
	营业成本(万元)	119285.59	216292.81	96611.24	214049.48
	投资收益(万元)	2185.34	235.73	–	–426.31
	净利润(万元)	10908.91	23964.60	8795.85	30654.99
	利润总额(万元)	15023.52	32161.05	12229.57	40883.21

无锡双象超纤材料股份有限公司

公司概况	公司名称	无锡双象超纤材料股份有限公司			证券简称	双象股份
	法人代表	唐炳泉	董秘	沈铭	证券代码	002395
	公司网址	www.sxcxgf.com		电子信箱	sx@sxcxgf.com	
	电　话	0510-88993888 8701 8702		传　真	0510-88997333	
	办公地址	江苏省无锡市新区鸿山街道后宅中路 188 号				
	经营范围	人造革合成革产品的研发、生产和销售				

	指标\报告期	2013.06.30	2012.12.31	2012.06.30	2011.12.31
主要财务指标	基本每股收益(元)	0.1552	0.3157	0.2088	0.4468
	基本每股收益(扣除)(元)	0.1483	0.3024	0.2000	0.4058
	每股净资产(元)	4.4014	8.8476	9.0400	8.8319
	每股经营现金净流量(元)	0.0884	0.5396	-0.0447	-0.4394
	每股现金流量(元)	-0.1626	-0.4319	0.3533	-1.7661
	每股资本公积金(元)	2.3619	5.7237	5.7237	5.7237
	每股盈余公积金(元)	0.1384	0.2769	0.2455	0.2455
	每股未分配利润(元)	0.9011	1.8470	2.0715	1.8627
	净资产收益率(%)	1.7628	3.5681	2.3100	5.0590
	加权净资产收益率(%)	1.7400	3.5700	2.3400	5.1000
	净资产收益率(扣除)(%)	-	-	-	-
	总资产(万元)	108643.68	101569.55	101534.63	95901.17
	归属母公司股东权益(万元)	78699.67	79100.45	80826.80	78960.16
	主营业务收入(万元)	25329.05	50748.47	24109.34	50530.14
	营业收入(万元)	25418.18	50884.08	24162.05	50582.58
	主营成本(万元)	21972.02	43932.87	20725.28	42863.19
	营业成本(万元)	21988.07	43936.07	20725.28	42903.88
	投资收益(万元)	-	-	-	-
	净利润(万元)	1365.34	2831.96	1866.64	3994.39
	利润总额(万元)	1600.16	3370.59	2191.21	4762.16

福建星网锐捷通讯股份有限公司

公司概况	公司名称	福建星网锐捷通讯股份有限公司			证券简称	星网锐捷
	法人代表	黄奕豪	董秘	刘万里	证券代码	002396
	公司网址	www.star-net.cn		电子信箱	liuwanli@star-net.cn	
	电　话	0591-83057977		传　真	0591-83057088 83057818	
	办公地址	福建省福州市仓山区金山大道 618 号桔园洲星网锐捷科技园 19-22 栋				
	经营范围	研发、生产和销售企业级网络通讯系统设备及终端设备				

	指标\报告期	2013.06.30	2012.12.31	2012.06.30	2011.12.31
主要财务指标	基本每股收益(元)	0.1287	0.6373	0.2025	0.5089
	基本每股收益(扣除)(元)	-	0.5702	0.1758	0.4566
	每股净资产(元)	5.1704	5.2918	4.8075	4.9049
	每股经营现金净流量(元)	-0.5515	1.1928	-0.6263	0.5132
	每股现金流量(元)	-1.0507	0.3133	-1.2215	0.1315
	每股资本公积金(元)	2.2586	2.2586	2.2090	2.2090
	每股盈余公积金(元)	0.1478	0.1478	0.1047	0.1047
	每股未分配利润(元)	1.7644	1.8857	1.4940	1.5915
	净资产收益率(%)	2.4900	12.0429	4.2100	10.3760
	加权净资产收益率(%)	2.4000	12.5600	4.0500	10.8900
	净资产收益率(扣除)(%)	-	-	-	-
	总资产(万元)	279386.16	308850.99	253719.87	280643.69
	归属母公司股东权益(万元)	181512.36	185773.32	168771.67	172192.23
	主营业务收入(万元)	108610.66	272314.98	104837.67	261864.56
	营业收入(万元)	109459.47	278736.88	106365.93	264427.07
	主营成本(万元)	62090.59	146422.56	60072.31	151497.57
	营业成本(万元)	62536.23	149800.49	60954.51	152908.11
	投资收益(万元)	-195.19	158.71	88.02	759.66
	净利润(万元)	6960.76	32606.95	10010.66	26735.84
	利润总额(万元)	7700.85	36781.03	11275.61	29704.55

湖南梦洁家纺股份有限公司

公司概况	公司名称	湖南梦洁家纺股份有限公司			证券简称	梦洁家纺
	法人代表	姜天武	董秘	李军	证券代码	002397
	公司网址	www.mendale.com		电子信箱	zqb@mendale.com	
	电　话	0731-82848012		传　真	0731-82848945	
	办公地址	湖南省长沙市高新技术产业开发区麓谷产业基地谷苑路 168 号				
	经营范围	以床上用品为主的家用纺织品的研发、设计、生产和销售				

	指标\报告期	2013.06.30	2012.12.31	2012.06.30	2011.12.31
主要财务指标	基本每股收益(元)	0.3200	0.3800	0.3100	0.7400
	基本每股收益(扣除)(元)	0.3000	0.3700	0.2900	0.7300
	每股净资产(元)	7.4010	7.3855	7.3100	7.2000
	每股经营现金净流量(元)	-0.2293	0.0058	-0.7234	0.5890
	每股现金流量(元)	-1.0535	-0.6299	-0.9745	-0.3471
	每股资本公积金(元)	4.6566	4.6566	4.6566	4.6566
	每股盈余公积金(元)	0.3252	0.3252	0.2642	0.2642
	每股未分配利润(元)	1.4209	1.4057	1.3913	1.2848
	净资产收益率(%)	4.2581	5.1707	4.1800	10.2680
	加权净资产收益率(%)	4.2100	5.2400	4.1800	10.5800
	净资产收益率(扣除)(%)	-	-	-	-
	总资产(万元)	160339.64	160877.54	159326.77	156464.67
	归属母公司股东权益(万元)	111902.93	111668.14	110511.79	108916.76
	主营业务收入(万元)	65905.30	119982.91	56582.68	125108.74
	营业收入(万元)	65934.45	120002.83	56612.74	125190.54
	主营成本(万元)	36801.50	67845.44	31566.87	69528.70
	营业成本(万元)	36829.98	67902.69	31591.16	69565.65
	投资收益(万元)	-	-	-	-
	净利润(万元)	4750.55	5610.85	4591.21	11071.34
	利润总额(万元)	5643.73	6774.80	5507.95	13487.45

厦门市建筑科学研究院集团股份有限公司

公司概况	公司名称	厦门市建筑科学研究院集团股份有限公司			证券简称	建研集团
	法人代表	蔡永太	董秘	周荣志	证券代码	002398
	公司网址	www.xmabr.com		电子信箱	xmabr@winmail.cn	
	电　话	0592-2273752		传　真	0592-2273752	
	办公地址	福建省厦门市思明区湖滨南路 62 号				
	经营范围	建设综合技术服务和混凝土外加剂、商品混凝土等新型建筑材料的研发、生产和销售				

	指标\报告期	2013.06.30	2012.12.31	2012.06.30	2011.12.31
主要财务指标	基本每股收益(元)	0.4500	0.9600	0.3300	0.6700
	基本每股收益(扣除)(元)	0.4400	0.9200	0.4300	0.6400
	每股净资产(元)	5.7596	7.0013	8.5100	7.9700
	每股经营现金净流量(元)	0.0284	0.1551	0.1388	0.1737
	每股现金流量(元)	-0.7948	0.0085	-0.5641	1.1858
	每股资本公积金(元)	2.4902	3.5372	4.8984	4.9081
	每股盈余公积金(元)	0.0789	0.1026	0.1157	0.1157
	每股未分配利润(元)	2.1905	2.3615	2.4993	1.9423
	净资产收益率(%)	7.8281	13.6827	6.5400	11.0080
	加权净资产收益率(%)	8.0500	14.6100	6.7600	11.5700
	净资产收益率(扣除)(%)	-	-	-	-
	总资产(万元)	208032.10	196482.14	159982.88	149007.07
	归属母公司股东权益(万元)	151845.12	141986.52	132808.52	124269.63
	主营业务收入(万元)	75079.44	129896.12	55706.16	97765.94
	营业收入(万元)	75477.05	130844.82	56175.27	98545.43
	主营成本(万元)	49572.84	87144.95	37611.46	69017.68
	营业成本(万元)	49643.57	87303.97	37691.22	69181.92
	投资收益(万元)	203.67	304.44	128.80	128.01
	净利润(万元)	12588.91	20262.44	9120.87	14143.86
	利润总额(万元)	14966.26	24886.96	10982.44	17142.51

深圳市海普瑞药业股份有限公司

公司概况	公司名称	深圳市海普瑞药业股份有限公司		证券简称	海普瑞
	法人代表	李锂	董秘　步海华	证券代码	002399
	公司网址	www.hepalink.com		电子信箱	stock@hepalink.com
	电　话	0755-26980311		传　真	0755-86142889
	办公地址	广东省深圳市南山区高新区中区高新中一道19号			
	经营范围	开发、生产经营原料药(肝素钠)、从事货物及技术进出口			

主要财务指标 指标\报告期	2013.06.30	2012.12.31	2012.06.30	2011.12.31
基本每股收益(元)	0.3100	0.7800	0.4100	0.7800
基本每股收益(扣除)(元)	0.3100	0.7800	0.4100	0.7800
每股净资产(元)	9.7009	9.9494	9.5800	9.7700
每股经营现金净流量(元)	0.1801	0.5922	0.5070	1.7561
每股现金流量(元)	-0.8158	-0.2316	-0.1139	0.6438
每股资本公积金(元)	6.6611	6.6209	6.6197	6.6198
每股盈余公积金(元)	0.4451	0.4451	0.3617	0.3617
每股未分配利润(元)	1.5965	1.8837	1.5988	1.7868
净资产收益率(%)	3.2240	7.8427	4.3000	7.9590
加权净资产收益率(%)	3.1200	7.9900	4.2100	8.0100
净资产收益率(扣除)(%)	-	-	-	-
总资产(万元)	796904.35	825989.32	787862.60	797431.27
归属母公司股东权益(万元)	776265.82	796150.62	766621.90	781643.87
主营业务收入(万元)	94685.03	176156.03	93418.01	249418.94
营业收入(万元)	94685.03	176182.00	93476.69	249458.13
主营成本(万元)	66816.44	109444.19	57326.50	177453.80
营业成本(万元)	66816.44	109444.19	57561.81	177453.80
投资收益(万元)	-	-	-	-
净利润(万元)	24819.96	61655.13	32507.24	61893.76
利润总额(万元)	29646.60	72848.28	38293.14	72001.88

广东省广告股份有限公司

公司概况	公司名称	广东省广告股份有限公司		证券简称	省广股份
	法人代表	戴书华	董秘　廖浩(代)	证券代码	002400
	公司网址	www.gdadc.com		电子信箱	db@gdadc.com
	电　话	020-87617378 87600168		传　真	020-87671561
	办公地址	广东省广州市越秀区东风东路745号之二			
	经营范围	设计、制作、发布、代理国内外各类广告、广告咨询、承办展览业务等			

主要财务指标 指标\报告期	2013.06.30	2012.12.31	2012.06.30	2011.12.31
基本每股收益(元)	0.2900	0.9400	0.1500	0.5300
基本每股收益(扣除)(元)	0.2800	0.9200	0.3000	0.4900
每股净资产(元)	3.4262	6.5107	5.8600	7.4440
每股经营现金净流量(元)	0.6561	0.2438	1.1379	-0.3569
每股现金流量(元)	0.4254	-0.3720	0.9350	-0.5734
每股资本公积金(元)	1.1941	3.3882	3.3883	4.7048
每股盈余公积金(元)	0.0958	0.1916	0.1223	0.1591
每股未分配利润(元)	1.1363	1.9310	1.3508	1.5801
净资产收益率(%)	8.3413	14.4159	5.2195	9.2658
加权净资产收益率(%)	8.4600	15.3700	5.2300	9.6700
净资产收益率(扣除)(%)	-	-	-	-
总资产(万元)	303526.13	264120.73	229946.30	204747.63
归属母公司股东权益(万元)	132078.38	125494.52	112980.85	110371.75
主营业务收入(万元)	236213.57	376472.74	195365.00	328010.96
营业收入(万元)	236232.34	462664.71	195378.40	371693.95
主营成本(万元)	194194.60	337081.00	165636.19	298563.17
营业成本(万元)	194196.68	389505.67	165636.85	326700.17
投资收益(万元)	257.84	1199.80	178.74	1073.71
净利润(万元)	13505.12	21355.50	7056.39	11908.86
利润总额(万元)	17991.27	27761.90	9574.81	15142.44

中海网络科技股份有限公司

公司概况	公司名称	中海网络科技股份有限公司		证券简称	中海科技
	法人代表	周群	董秘　杨忆明	证券代码	002401
	公司网址	www.cnshippingnt.com		电子信箱	dsh@cnshippingnt.com
	电　话	021-58211308		传　真	021-58210704
	办公地址	上海市浦东新区民生路600号21号楼			
	经营范围	智能交通系统、工业自动化、交通信息化等领域的软、硬件产品的科研、开发、销售等			

主要财务指标 指标\报告期	2013.06.30	2012.12.31	2012.06.30	2011.12.31
基本每股收益(元)	0.1367	0.2253	0.1169	0.2081
基本每股收益(扣除)(元)	-	0.2237	0.2222	0.1982
每股净资产(元)	3.0148	2.8781	5.3625	5.1403
每股经营现金净流量(元)	-0.7235	0.1986	-0.3680	0.4291
每股现金流量(元)	-0.7101	0.1303	-0.3730	0.2482
每股资本公积金(元)	0.9335	0.9335	2.6736	2.6736
每股盈余公积金(元)	0.1341	0.1341	0.2121	0.2121
每股未分配利润(元)	0.9472	0.8105	1.4768	1.2546
净资产收益率(%)	4.5350	7.8272	4.1422	7.6920
加权净资产收益率(%)	4.6403	8.0565	4.2300	8.0001
净资产收益率(扣除)(%)	-	-	-	-
总资产(万元)	90524.84	81024.37	75034.81	78653.28
归属母公司股东权益(万元)	60947.17	58183.19	57056.50	54693.08
主营业务收入(万元)	28029.94	49909.03	27125.01	48200.70
营业收入(万元)	28046.26	50255.36	27341.38	48624.36
主营成本(万元)	22406.29	40819.74	22255.46	40217.07
营业成本(万元)	22413.18	40914.02	22326.78	40382.47
投资收益(万元)	22.27	161.29	50.79	163.18
净利润(万元)	2841.28	4554.11	2363.42	4207.22
利润总额(万元)	3414.76	5355.09	2816.96	5052.60

深圳和而泰智能控制股份有限公司

公司概况	公司名称	深圳和而泰智能控制股份有限公司		证券简称	和而泰
	法人代表	刘建伟	董秘　刘建伟(代)	证券代码	002402
	公司网址	www.szhittech.com		电子信箱	het@szhittech.com
	电　话	0755-26727188 26727721		传　真	0755-26727137
	办公地址	广东省深圳市南山区高新南区科技南十路6号深圳航天科技创新研究院大厦			
	经营范围	计算机、光机电一体化产品、家用电器、各种设备、装备等			

主要财务指标 指标\报告期	2013.06.30	2012.12.31	2012.06.30	2011.12.31
基本每股收益(元)	0.1600	0.2600	0.1600	0.2300
基本每股收益(扣除)(元)	0.1600	0.2100	0.1300	0.1900
每股净资产(元)	7.4925	7.5969	7.4900	7.4800
每股经营现金净流量(元)	-0.0053	0.2654	-0.3462	0.1178
每股现金流量(元)	-0.4182	-0.6380	-0.8467	-1.3101
每股资本公积金(元)	5.1504	5.2139	5.2139	5.2139
每股盈余公积金(元)	0.1865	0.1865	0.1599	0.1599
每股未分配利润(元)	1.1597	1.1995	1.1195	1.1139
净资产收益率(%)	2.1375	3.4505	2.0800	3.1100
加权净资产收益率(%)	2.1000	3.4800	2.0600	3.1200
净资产收益率(扣除)(%)	-	-	-	-
总资产(万元)	100254.74	94220.43	91534.65	91734.75
归属母公司股东权益(万元)	74962.54	76006.75	74944.19	74884.25
主营业务收入(万元)	34626.13	55926.08	27302.16	49735.31
营业收入(万元)	34712.27	56151.56	27459.20	50067.86
主营成本(万元)	28329.34	46064.03	22594.45	41582.31
营业成本(万元)	28358.87	46155.84	22628.25	41628.64
投资收益(万元)	-	-	-	-2.55
净利润(万元)	1621.57	2681.91	1569.63	2343.58
利润总额(万元)	1623.65	3124.93	1741.53	2665.48

浙江爱仕达电器股份有限公司

公司概况	公司名称	浙江爱仕达电器股份有限公司			证券简称	爱仕达
	法人代表	陈合林	董秘	吴延坤	证券代码	002403
	公司网址	www.chinaasd.com		电子信箱	002403@asd.com.cn	
	电　话	0576-86199005 86199006		传　真	0576-86199000	
	办公地址	浙江省台州市温岭市经济开发区科技路 2 号				
	经营范围	炊具、厨房小家电等系列产品的研发、生产和销售等				

主要财务指标	指标\报告期	2013.06.30	2012.12.31	2012.06.30	2011.12.31
	基本每股收益(元)	0.0800	0.1300	0.0700	0.2500
	基本每股收益(扣除)(元)	0.0600	0.1300	0.0700	-0.0200
	每股净资产(元)	6.6783	6.6004	6.5400	6.4700
	每股经营现金净流量(元)	0.2278	0.6352	0.3670	-0.4099
	每股现金流量(元)	0.0094	-0.3693	-0.2248	-0.1630
	每股资本公积金(元)	4.3862	4.3862	4.3862	4.3862
	每股盈余公积金(元)	0.0834	0.0834	0.0763	0.0763
	每股未分配利润(元)	1.2087	1.1308	1.0779	1.0089
	净资产收益率(%)	1.1664	1.9544	1.0500	3.8730
	加权净资产收益率(%)	1.1700	1.9700	1.0600	3.9000
	净资产收益率(扣除)(%)	-	-	-	-
	总资产(万元)	229059.60	230841.18	200384.05	209571.87
	归属母公司股东权益(万元)	160279.65	158410.13	156970.08	155314.22
	主营业务收入(万元)	95087.89	191380.02	85990.02	218472.17
	营业收入(万元)	97009.51	193763.04	87189.60	220269.92
	主营成本(万元)	63750.88	126586.89	56867.59	155082.06
	营业成本(万元)	65574.79	128814.35	57993.44	156583.55
	投资收益(万元)	-	178.82	328.66	2848.49
	净利润(万元)	2077.40	3407.85	1867.90	7132.86
	利润总额(万元)	2100.77	3494.34	1837.74	8300.36

浙江嘉欣丝绸股份有限公司

公司概况	公司名称	浙江嘉欣丝绸股份有限公司			证券简称	嘉欣丝绸
	法人代表	周国建	董秘	郑晓	证券代码	002404
	公司网址	www.jxsilk.com		电子信箱	inf@jxsilk.cn	
	电　话	0573-82078789		传　真	0573-82084568	
	办公地址	浙江省嘉兴市中山东路 88 号				
	经营范围	丝、绸、服装等产品的研发、生产和销售				

主要财务指标	指标\报告期	2013.06.30	2012.12.31	2012.06.30	2011.12.31
	基本每股收益(元)	0.1500	0.3500	0.1600	0.3300
	基本每股收益(扣除)(元)	0.1000	0.2600	0.1000	0.3900
	每股净资产(元)	4.5648	4.6413	4.4000	6.6600
	每股经营现金净流量(元)	-0.1742	0.0463	0.0449	0.7519
	每股现金流量(元)	-0.0272	-0.8769	-0.6528	1.3127
	每股资本公积金(元)	2.2641	2.2742	2.2222	3.8323
	每股盈余公积金(元)	0.2207	0.2207	0.1914	0.2871
	每股未分配利润(元)	1.0800	1.1464	0.9873	1.5357
	净资产收益率(%)	3.3652	7.5813	3.7100	7.5502
	加权净资产收益率(%)	3.3100	7.8000	3.6400	7.7300
	净资产收益率(扣除)(%)	-	-	-	-
	总资产(万元)	173135.51	160142.31	155635.85	154200.91
	归属母公司股东权益(万元)	118832.23	120824.59	114566.77	115499.91
	主营业务收入(万元)	91844.22	173523.58	83759.97	164652.86
	营业收入(万元)	91844.22	173523.58	83759.97	164652.86
	主营成本(万元)	73966.17	139772.86	67358.58	132582.71
	营业成本(万元)	73966.17	139772.86	67358.58	132582.71
	投资收益(万元)	936.78	851.15	802.57	966.25
	净利润(万元)	4272.39	10203.52	4904.57	10664.55
	利润总额(万元)	5447.44	13075.63	6343.49	13550.35

北京四维图新科技股份有限公司

公司概况	公司名称	北京四维图新科技股份有限公司			证券简称	四维图新
	法人代表	吴劲风	董秘	郭民清	证券代码	002405
	公司网址	www.navinfo.com		电子信箱	guominqing@navinfo.com	
	电　话	010-82306399		传　真	010-82306909 82306158	
	办公地址	北京市朝阳区曙光西里甲 5 号院 16 号楼凤凰置地广场 A 座写字楼 10-17 层				
	经营范围	导航电子地图产品的研发、生产、销售和服务				

主要财务指标	指标\报告期	2013.06.30	2012.12.31	2012.06.30	2011.12.31
	基本每股收益(元)	0.0700	0.2500	0.1700	0.4900
	基本每股收益(扣除)(元)	-	0.2000	0.1800	0.5500
	每股净资产(元)	3.3987	4.1200	4.0700	4.8100
	每股经营现金净流量(元)	0.0979	0.1875	0.0196	0.7992
	每股现金流量(元)	-0.3824	0.1912	-0.4625	0.8357
	每股资本公积金(元)	1.4658	1.9894	1.9894	2.5873
	每股盈余公积金(元)	0.1187	0.1425	0.1140	0.1368
	每股未分配利润(元)	0.8167	0.9688	0.9718	1.0899
	净资产收益率(%)	1.9925	6.0658	4.9975	12.1790
	加权净资产收益率(%)	1.9700	6.2000	5.0200	12.8400
	净资产收益率(扣除)(%)	-	-	-	-
	总资产(万元)	283955.13	291310.91	269065.96	264759.61
	归属母公司股东权益(万元)	235052.67	237548.48	234678.76	231087.86
	主营业务收入(万元)	35405.95	77223.16	40529.31	86664.96
	营业收入(万元)	35440.38	77297.02	40579.86	86712.45
	主营成本(万元)	7020.87	11668.80	5719.84	13063.74
	营业成本(万元)	7042.05	11704.71	5719.84	13079.40
	投资收益(万元)	587.28	941.89	-94.04	-18.66
	净利润(万元)	5679.52	15573.63	12482.70	30811.48
	利润总额(万元)	3925.67	20100.49	15048.09	37241.11

许昌远东传动轴股份有限公司

公司概况	公司名称	许昌远东传动轴股份有限公司			证券简称	远东传动
	法人代表	刘延生	董秘	张卫民	证券代码	002406
	公司网址	www.yodonchina.com		电子信箱	weimin1957@163.com	
	电　话	0374-5650017 5651335		传　真	0374-5650177	
	办公地址	河南省许昌市北郊尚集镇昌盛路				
	经营范围	非等速传动轴及相关零部件的研发、生产与销售				

主要财务指标	指标\报告期	2013.06.30	2012.12.31	2012.06.30	2011.12.31
	基本每股收益(元)	0.2600	0.4300	0.3000	0.7000
	基本每股收益(扣除)(元)	0.2600	0.4000	0.2800	0.7000
	每股净资产(元)	7.3066	7.2458	7.1200	7.0200
	每股经营现金净流量(元)	0.0725	0.6577	0.1562	-0.0862
	每股现金流量(元)	-1.1668	-0.0453	-0.0646	-0.8945
	每股资本公积金(元)	4.1838	4.1838	4.1838	4.1838
	每股盈余公积金(元)	0.2368	0.2368	0.1970	0.1970
	每股未分配利润(元)	1.8860	1.8253	1.7420	1.6374
	净资产收益率(%)	3.5687	5.9031	4.2800	10.0195
	加权净资产收益率(%)	3.5400	6.0100	4.2500	10.4200
	净资产收益率(扣除)(%)	-	-	-	-
	总资产(万元)	227141.52	218360.63	217436.86	210111.93
	归属母公司股东权益(万元)	204949.71	203245.65	199794.40	196857.78
	主营业务收入(万元)	55293.53	81324.79	44303.34	96960.11
	营业收入(万元)	58604.53	86411.20	46620.92	103074.85
	主营成本(万元)	39371.86	56659.03	29238.78	64146.63
	营业成本(万元)	41048.62	58643.04	29934.38	65853.44
	投资收益(万元)	-168.60	-719.52	27.95	535.96
	净利润(万元)	7316.50	12006.42	8547.35	19714.31
	利润总额(万元)	8670.90	13808.70	10198.78	23116.26

多氟多化工股份有限公司

公司概况	公司名称	多氟多化工股份有限公司			证券简称	多氟多
	法人代表	李世江	董秘	陈相举	证券代码	002407
	公司网址	www.dfdchem.com		电子信箱	dfdzqb@163.com	
	电　　话	0391-2956992 2956956		传　　真	0391-2956956	
	办公地址	河南省焦作市中站区焦克路				
	经营范围	无机氟化盐、无机酸、助剂产品的生产与销售等				

主要财务指标	指标\报告期	2013.06.30	2012.12.31	2012.06.30	2011.12.31
	基本每股收益(元)	0.0200	0.1900	0.1900	0.3600
	基本每股收益(扣除)(元)	0.0600	0.1300	0.1700	0.3900
	每股净资产(元)	6.4902	6.5754	6.5400	6.4500
	每股经营现金净流量(元)	0.1022	0.9156	0.4520	-0.6739
	每股现金流量(元)	-0.2091	-1.3393	-0.5680	-0.3377
	每股资本公积金(元)	4.1849	4.1850	4.1486	4.1492
	每股盈余公积金(元)	0.2007	0.2007	0.1801	0.1801
	每股未分配利润(元)	1.1046	1.1897	1.2119	1.1214
	净资产收益率(%)	0.2325	2.8736	2.9100	5.5910
	加权净资产收益率(%)	0.2300	2.9200	2.9200	5.7200
	净资产收益率(扣除)(%)	-	-	-	-
	总资产(万元)	247753.17	240888.23	237276.98	233801.61
	归属母公司股东权益(万元)	144446.90	146341.31	145566.42	143566.67
	主营业务收入(万元)	70288.67	141563.83	58978.42	136306.06
	营业收入(万元)	70857.09	144448.24	59530.20	137283.26
	主营成本(万元)	58095.71	115479.95	46181.71	104485.73
	营业成本(万元)	58621.19	118237.64	46620.51	105388.65
	投资收益(万元)	75.31	48.28	-	-68.26
	净利润(万元)	334.02	4249.21	4326.83	8480.58
	利润总额(万元)	442.25	4999.89	5171.99	9649.40

淄博齐翔腾达化工股份有限公司

公司概况	公司名称	淄博齐翔腾达化工股份有限公司			证券简称	齐翔腾达
	法人代表	车成聚	董秘	周洪秀	证券代码	002408
	公司网址	www.qxtdgf.com		电子信箱	zhouhongxiu1963@sina.com	
	电　　话	0533-7547767 7547782		传　　真	0533-7547782	
	办公地址	山东省淄博市临淄区胶厂南路1号				
	经营范围	工业叔丁醇、仲丁醚、甲基叔丁基醚、仲丁醇、甲乙酮、甲醇、三异丁基铝等				

主要财务指标	指标\报告期	2013.06.30	2012.12.31	2012.06.30	2011.12.31
	基本每股收益(元)	0.3400	0.5700	0.2700	0.9000
	基本每股收益(扣除)(元)	0.2300	0.5500	0.2700	1.0900
	每股净资产(元)	5.7296	5.5381	5.2400	6.2700
	每股经营现金净流量(元)	0.3125	-1.6822	-0.7514	-0.0412
	每股现金流量(元)	0.1511	-1.6452	-0.9221	-0.9075
	每股资本公积金(元)	2.5824	2.5824	2.5824	3.2989
	每股盈余公积金(元)	0.2589	0.2589	0.1545	0.1854
	每股未分配利润(元)	1.8882	1.6967	1.5056	1.7830
	净资产收益率(%)	5.9598	10.2086	5.1400	17.2950
	加权净资产收益率(%)	6.0600	10.5500	5.0700	18.2100
	净资产收益率(扣除)(%)	-	-	-	-
	总资产(万元)	447973.29	431607.09	358072.93	306147.11
	归属母公司股东权益(万元)	321229.61	310494.78	293973.27	292813.95
	主营业务收入(万元)	171360.09	341518.25	128551.23	278122.08
	营业收入(万元)	171617.81	342203.11	128544.30	278757.72
	主营成本(万元)	146471.52	289150.11	106846.49	201364.19
	营业成本(万元)	146505.42	289405.96	106904.78	202000.90
	投资收益(万元)	246.53	604.54	506.04	717.09
	净利润(万元)	19144.57	31697.07	15124.57	50642.72
	利润总额(万元)	23065.40	38824.58	18524.95	62534.48

江苏雅克科技股份有限公司

公司概况	公司名称	江苏雅克科技股份有限公司			证券简称	雅克科技
	法人代表	沈琦	董秘	钱美芳	证券代码	002409
	公司网址	www.yokechem.com		电子信箱	ir@yokechem.com	
	电　　话	0510-87126509		传　　真	0510-87126509	
	办公地址	江苏省无锡市宜兴市宜兴经济开发区荆溪北路				
	经营范围	磷酸酯阻燃剂、聚氨酯催化剂、有机硅泡沫稳定剂的研发和生产等				

主要财务指标	指标\报告期	2013.06.30	2012.12.31	2012.06.30	2011.12.31
	基本每股收益(元)	0.2002	0.4998	0.2195	0.4369
	基本每股收益(扣除)(元)	0.1874	0.4910	0.2164	0.6376
	每股净资产(元)	7.2183	7.1748	6.8800	10.1914
	每股经营现金净流量(元)	0.0685	0.3419	-0.0357	0.8005
	每股现金流量(元)	-0.1862	-0.0983	-0.1325	-0.2668
	每股资本公积金(元)	4.5181	4.5181	4.5181	7.2771
	每股盈余公积金(元)	0.1784	0.1784	0.1409	0.2113
	每股未分配利润(元)	1.5421	1.4919	1.2491	1.7444
	净资产收益率(%)	2.7733	6.9656	3.1900	6.4310
	加权净资产收益率(%)	2.7500	7.1700	3.1900	6.5600
	净资产收益率(扣除)(%)	-	-	-	-
	总资产(万元)	137185.62	131001.58	127902.31	129736.07
	归属母公司股东权益(万元)	120054.98	119331.00	114428.46	113001.83
	主营业务收入(万元)	63482.59	105375.25	49050.84	100526.15
	营业收入(万元)	63482.59	105375.25	49050.84	100526.15
	主营成本(万元)	52956.61	87326.45	40509.65	84962.05
	营业成本(万元)	52956.61	87326.45	40509.65	84962.05
	投资收益(万元)	109.70	-	-	-
	净利润(万元)	3329.43	8312.17	3650.83	7267.17
	利润总额(万元)	4104.79	10082.06	4327.09	8584.36

广联达软件股份有限公司

公司概况	公司名称	广联达软件股份有限公司			证券简称	广联达
	法人代表	刁志中	董秘	张奎江	证券代码	002410
	公司网址	www.glodon.com		电子信箱	zhangkj@glodon.com	
	电　　话	010-82342000		传　　真	010-82342029	
	办公地址	北京市海淀区东北旺西路8号院中关村软件园甲18号楼				
	经营范围	工程造价系列软件、项目管理系列软件的开发、销售和相关软件技术服务				

主要财务指标	指标\报告期	2013.06.30	2012.12.31	2012.06.30	2011.12.31
	基本每股收益(元)	0.3500	0.7600	0.1800	0.6900
	基本每股收益(扣除)(元)	0.3500	0.7500	0.2300	1.0300
	每股净资产(元)	3.9762	5.1100	4.5900	7.0300
	每股经营现金净流量(元)	0.2048	0.9141	-0.0629	1.1808
	每股现金流量(元)	-0.4848	0.1186	-0.5267	-0.5391
	每股资本公积金(元)	1.9036	2.6409	2.6409	4.4614
	每股盈余公积金(元)	0.1641	0.2176	0.1512	0.2268
	每股未分配利润(元)	0.9101	1.2559	0.8005	1.3400
	净资产收益率(%)	8.7415	14.9075	5.2400	14.6940
	加权净资产收益率(%)	8.3800	15.7400	5.1200	15.6200
	净资产收益率(扣除)(%)	-	-	-	-
	总资产(万元)	225445.04	227415.76	196376.45	210161.39
	归属母公司股东权益(万元)	213531.58	207114.16	185980.02	189695.28
	主营业务收入(万元)	52307.73	101365.55	31552.80	74322.78
	营业收入(万元)	52307.73	101365.55	31552.80	74363.95
	主营成本(万元)	1580.10	3769.38	874.06	1869.12
	营业成本(万元)	1580.10	3769.38	874.06	1887.48
	投资收益(万元)	-	-	-	68.27
	净利润(万元)	18949.08	31298.06	9913.06	28191.99
	利润总额(万元)	20794.02	33523.27	11124.16	30175.19

江苏九九久科技股份有限公司

公司概况	公司名称	江苏九九久科技股份有限公司		证券简称	九 九 久
	法人代表	周新基	董秘 陈兵	证券代码	002411
	公司网址	www.jjjkj.com.cn		电子信箱	jjjkjgjt@163.com
	电　　话	0513-84415116 84415048		传　　真	0513-84415116
	办公地址	江苏省南通市如东沿海经济开发区黄海三路 12 号			
	经营范围	医药中间体类产品与氮肥类产品的研发、生产和销售			

主要财务指标	指标\报告期	2013.06.30	2012.12.31	2012.06.30	2011.12.31
	基本每股收益(元)	0.0600	0.2700	0.1300	0.2700
	基本每股收益(扣除)(元)	0.0500	0.2100	0.1700	0.2200
	每股净资产(元)	2.4053	3.5565	3.4800	3.3300
	每股经营现金净流量(元)	0.0701	0.0667	0.0643	0.1502
	每股现金流量(元)	-0.3451	-0.4081	-0.2245	0.0205
	每股资本公积金(元)	0.7211	1.5756	1.5711	1.5656
	每股盈余公积金(元)	0.0629	0.0943	0.0676	0.0676
	每股未分配利润(元)	0.6213	0.8866	0.8428	0.6980
	净资产收益率(%)	2.6447	7.4591	5.5900	8.0897
	加权净资产收益率(%)	2.6500	7.7200	5.7000	8.3700
	净资产收益率(扣除)(%)	-	-	-	-
	总资产(万元)	125735.84	119916.47	118805.73	106033.86
	归属母公司股东权益(万元)	83776.56	82582.35	80841.83	77350.87
	主营业务收入(万元)	47801.20	97902.55	52926.06	101233.16
	营业收入(万元)	47801.20	100976.99	52926.06	104901.77
	主营成本(万元)	38126.56	81456.83	42819.11	85034.19
	营业成本(万元)	38126.56	82809.43	42819.11	86626.33
	投资收益(万元)	-	-	-	-
	净利润(万元)	2367.99	6276.57	4721.07	7213.34
	利润总额(万元)	2830.05	7376.41	5464.46	8538.26

湖南汉森制药股份有限公司

公司概况	公司名称	湖南汉森制药股份有限公司		证券简称	汉森制药
	法人代表	刘令安	董秘 刘厚尧	证券代码	002412
	公司网址	www.hansenzy.com		电子信箱	ada_0320@163.com
	电　　话	0737-6351486		传　　真	0737-6351067
	办公地址	湖南省益阳市银城南路龙岭工业园			
	经营范围	胃肠疾病、骨伤科疾病及心脑血管疾病中药制剂的研发、生产与销售等			

主要财务指标	指标\报告期	2013.06.30	2012.12.31	2012.06.30	2011.12.31
	基本每股收益(元)	0.3300	0.5500	0.2500	0.4000
	基本每股收益(扣除)(元)	-	0.5400	0.2400	0.3900
	每股净资产(元)	6.8495	6.5210	6.2200	5.9700
	每股经营现金净流量(元)	0.1752	0.6772	0.3567	0.3638
	每股现金流量(元)	2.5535	0.7320	1.2183	-0.0309
	每股资本公积金(元)	3.9897	3.9897	3.9897	3.9897
	每股盈余公积金(元)	0.1995	0.1995	0.1463	0.1463
	每股未分配利润(元)	1.6604	1.3318	1.0840	0.8346
	净资产收益率(%)	4.7964	8.4404	4.0100	6.6570
	加权净资产收益率(%)	4.9100	8.8100	4.0900	6.6500
	净资产收益率(扣除)(%)	-	-	-	-
	总资产(万元)	114018.66	104187.05	100777.26	93859.63
	归属母公司股东权益(万元)	101373.25	96511.00	92056.59	88365.06
	主营业务收入(万元)	28598.29	48928.18	23080.74	40068.07
	营业收入(万元)	28622.14	48946.11	23085.12	40078.60
	主营成本(万元)	7206.42	12258.13	5772.63	9615.10
	营业成本(万元)	7223.86	12262.25	5773.35	9615.21
	投资收益(万元)	-	-	-	-
	净利润(万元)	4862.26	8145.94	3691.53	5882.70
	利润总额(万元)	5690.52	9629.40	4354.98	6954.51

江苏常发制冷股份有限公司

公司概况	公司名称	江苏常发制冷股份有限公司		证券简称	常发股份
	法人代表	黄小平	董秘 刘训雨	证券代码	002413
	公司网址	www.changfazl.com		电子信箱	cfzl@changfazl.com
	电　　话	0519-86237018		传　　真	0519-86235691
	办公地址	江苏省常州市武进区礼嘉镇建东村建华路南			
	经营范围	冰箱、空调用蒸发器及冷凝器的生产和销售			

主要财务指标	指标\报告期	2013.06.30	2012.12.31	2012.06.30	2011.12.31
	基本每股收益(元)	0.0800	0.2200	0.1500	0.4400
	基本每股收益(扣除)(元)	0.0800	0.2000	0.1400	0.4300
	每股净资产(元)	5.3763	5.4058	5.3300	5.2700
	每股经营现金净流量(元)	0.0883	0.1855	-0.0522	-0.6242
	每股现金流量(元)	-0.0865	-0.3419	-0.3394	-1.6415
	每股资本公积金(元)	2.6472	2.6599	2.6601	2.6397
	每股盈余公积金(元)	0.1926	0.1926	0.1696	0.1696
	每股未分配利润(元)	1.5365	1.5532	1.5038	1.4566
	净资产收益率(%)	1.5490	4.0646	2.7600	8.2620
	加权净资产收益率(%)	1.5300	4.1200	2.7500	8.5000
	净资产收益率(扣除)(%)	-	-	-	-
	总资产(万元)	171259.51	147509.48	153209.88	161907.25
	归属母公司股东权益(万元)	118548.36	119196.82	117602.97	116111.41
	主营业务收入(万元)	83534.24	134026.88	68788.42	163446.47
	营业收入(万元)	89495.23	136579.80	70201.22	173692.07
	主营成本(万元)	76660.69	119899.14	60809.38	143874.02
	营业成本(万元)	82080.87	121468.62	61717.49	151723.76
	投资收益(万元)	-	-	-	-
	净利润(万元)	1836.31	4844.84	3246.01	9592.79
	利润总额(万元)	2482.19	6745.45	4307.04	12932.57

武汉高德红外股份有限公司

公司概况	公司名称	武汉高德红外股份有限公司		证券简称	高德红外
	法人代表	黄立	董秘 陈丽玲	证券代码	002414
	公司网址	www.wuhan-guide.com		电子信箱	liling.chen@126.com
	电　　话	027-87676897*6258 81298268		传　　真	027-87676897*6258 81298268
	办公地址	湖北省武汉市东湖开发区黄龙山南路 6 号			
	经营范围	红外热像仪产品研发、生产和销售			

主要财务指标	指标\报告期	2013.06.30	2012.12.31	2012.06.30	2011.12.31
	基本每股收益(元)	0.1723	0.2006	0.1698	0.3445
	基本每股收益(扣除)(元)	0.1718	0.1737	0.1567	0.3287
	每股净资产(元)	7.8997	7.8275	7.8000	8.1100
	每股经营现金净流量(元)	-0.5422	-0.8357	-0.3781	-0.0024
	每股现金流量(元)	-2.4416	-1.7662	-0.7482	-0.6315
	每股资本公积金(元)	5.9575	5.9575	5.9575	5.9575
	每股盈余公积金(元)	0.1777	0.1777	0.1680	0.1680
	每股未分配利润(元)	0.7649	0.6926	0.6715	0.9817
	净资产收益率(%)	2.1813	2.5627	2.1800	4.2495
	加权净资产收益率(%)	2.1800	2.5400	2.1100	4.2000
	净资产收益率(扣除)(%)	-	-	-	-
	总资产(万元)	249904.69	241440.35	250552.55	250308.91
	归属母公司股东权益(万元)	236992.35	234824.46	233907.14	243213.83
	主营业务收入(万元)	17534.35	29530.51	12605.03	30456.11
	营业收入(万元)	17680.73	29653.55	12605.03	30676.05
	主营成本(万元)	6957.89	12591.70	4930.17	12113.67
	营业成本(万元)	6957.89	12591.70	4930.17	12113.67
	投资收益(万元)	484.16	-	-	-
	净利润(万元)	5169.50	6017.80	5095.21	10335.43
	利润总额(万元)	5339.70	6319.21	5880.41	12050.12

杭州海康威视数字技术股份有限公司

公司概况	公司名称	杭州海康威视数字技术股份有限公司			证券简称	海康威视
	法人代表	陈宗年	董秘	刘翔	证券代码	002415
	公司网址	www.hikvision.com		电子信箱	hikvision@hikvision.com	
	电　话	0571-89710492		传　真	0571-89986895	
	办公地址	浙江省杭州市滨江区东流路700号海康威视制造基地1号楼6楼				
	经营范围	电子产品的研发、生产、销售自产产品、提供技术服务、电子设备安装等				

主要财务指标	指标\报告期	2013.06.30	2012.12.31	2012.06.30	2011.12.31
	基本每股收益(元)	0.2500	1.0700	0.1820	0.7400
	基本每股收益(扣除)(元)	0.2400	1.0500	0.3600	1.4400
	每股净资产(元)	4.5144	2.1500	3.5600	6.8097
	每股经营现金净流量(元)	–0.1007	0.7153	–0.0831	1.1705
	每股现金流量(元)	–0.4497	0.1441	–0.3261	0.5951
	每股资本公积金(元)	0.9690	0.9549	0.9079	2.8159
	每股盈余公积金(元)	0.2972	0.2972	0.1918	0.3862
	每股未分配利润(元)	2.2479	2.0571	1.4558	2.6059
	净资产收益率(%)	10.8704	24.6846	10.2600	21.7487
	加权净资产收益率(%)	10.8600	27.7000	10.2100	23.9800
	净资产收益率(扣除)(%)	–	–	–	–
	总资产(万元)	1139383.61	1058948.62	842179.83	831665.33
	归属母公司股东权益(万元)	906771.83	865670.44	711227.06	680965.47
	主营业务收入(万元)	385703.48	710644.37	277705.77	515099.97
	营业收入(万元)	390859.46	721378.95	281867.95	523163.97
	主营成本(万元)	200364.47	358047.39	141773.86	258537.73
	营业成本(万元)	203378.63	366492.28	142092.22	263418.03
	投资收益(万元)	1311.63	–29.51	–9.62	152.13
	净利润(万元)	99158.97	214042.63	73240.96	148248.29
	利润总额(万元)	112318.18	231360.56	84660.39	172736.96

深圳市爱施德股份有限公司

公司概况	公司名称	深圳市爱施德股份有限公司			证券简称	爱施德
	法人代表	黄文辉	董秘	陈蓓	证券代码	002416
	公司网址	www.aisidi.com		电子信箱	ir@aisidi.com	
	电　话	0755-21519883		传　真	0755-21519900 83890101	
	办公地址	广东省深圳市南山区茶光路南湾工业区7栋3楼				
	经营范围	手机及数码电子产品的销售渠道综合服务				

主要财务指标	指标\报告期	2013.06.30	2012.12.31	2012.06.30	2011.12.31
	基本每股收益(元)	0.2600	–0.2600	–0.2700	0.3600
	基本每股收益(扣除)(元)	0.2600	–0.2900	–0.2800	0.3000
	每股净资产(元)	4.0724	3.8135	3.8300	4.3300
	每股经营现金净流量(元)	–0.5970	0.0872	0.2194	–0.8840
	每股现金流量(元)	0.4358	–0.3276	–0.6797	0.1110
	每股资本公积金(元)	1.6989	1.6989	1.7202	1.7039
	每股盈余公积金(元)	0.1335	0.1335	0.1335	0.1335
	每股未分配利润(元)	1.2400	0.9812	0.9730	1.4912
	净资产收益率(%)	6.3564	–6.8187	–6.3700	8.3072
	加权净资产收益率(%)	6.5700	–6.3800	–6.3700	8.8900
	净资产收益率(扣除)(%)	–	–	–	–
	总资产(万元)	945356.94	745626.85	470832.64	644280.56
	归属母公司股东权益(万元)	406873.49	381011.01	382328.61	432471.29
	主营业务收入(万元)	1968752.65	1955271.19	883179.57	1284298.62
	营业收入(万元)	1970877.01	1958060.99	884409.19	1287459.02
	主营成本(万元)	1338692.86	1886157.81	855194.11	1140173.97
	营业成本(万元)	1338823.97	1886379.87	855212.45	1140480.56
	投资收益(万元)	–	602.31	126.82	–
	净利润(万元)	27127.58	–25370.42	–26445.66	46049.84
	利润总额(万元)	37747.58	–33613.10	–25445.90	57580.84

福建三元达通讯股份有限公司

公司概况	公司名称	福建三元达通讯股份有限公司			证券简称	三元达
	法人代表	黄国英	董秘	陈嘉	证券代码	002417
	公司网址	www.sunnada.com		电子信箱	ir@sunnada.com	
	电　话	0591-83736937		传　真	0591-87883838	
	办公地址	福建省福州市铜盘路软件园基地C区28座				
	经营范围	无线网络优化覆盖设备及软件的生产和销售				

主要财务指标	指标\报告期	2013.06.30	2012.12.31	2012.06.30	2011.12.31
	基本每股收益(元)	–0.1000	0.1300	0.0700	0.2400
	基本每股收益(扣除)(元)	–0.1100	0.1000	0.0600	0.2200
	每股净资产(元)	3.1457	3.2451	3.2000	4.7800
	每股经营现金净流量(元)	–0.3429	–0.6774	–0.4469	–0.6876
	每股现金流量(元)	–0.1242	–0.8300	–0.5729	1.2498
	每股资本公积金(元)	1.5118	1.5118	1.5162	2.7743
	每股盈余公积金(元)	0.1014	0.1014	0.0797	0.1195
	每股未分配利润(元)	0.5324	0.6319	0.5996	0.8908
	净资产收益率(%)	–3.1616	3.8981	2.2700	7.4510
	加权净资产收益率(%)	–3.1100	3.9300	2.2500	7.5800
	净资产收益率(扣除)(%)	–	–	–	–
	总资产(万元)	141562.97	145522.61	151342.89	154903.82
	归属母公司股东权益(万元)	84933.48	87618.70	86278.20	86122.33
	主营业务收入(万元)	35420.34	82446.98	31278.12	71688.06
	营业收入(万元)	35425.64	82474.11	31292.06	71744.82
	主营成本(万元)	22604.48	51009.47	19736.31	45443.03
	营业成本(万元)	22609.59	51033.36	19737.50	45457.31
	投资收益(万元)	–	–	–	–
	净利润(万元)	–2902.58	2811.20	1664.31	6715.94
	利润总额(万元)	–2643.99	4328.82	2129.06	7477.36

浙江康盛股份有限公司

公司概况	公司名称	浙江康盛股份有限公司			证券简称	康盛股份
	法人代表	陈汉康	董秘	鲁旭波	证券代码	002418
	公司网址	www.kasun.cn		电子信箱	xubolu@yeah.net	
	电　话	0571-64836953 64837208		传　真	0571-64836560 6483695	
	办公地址	浙江省杭州市淳安县千岛湖镇康盛路268号				
	经营范围	制造、销售内螺纹铜管、精密铜管、钢管、铝管、冷轧钢带、铜箔、冰箱等				

主要财务指标	指标\报告期	2013.06.30	2012.12.31	2012.06.30	2011.12.31
	基本每股收益(元)	0.1100	0.2500	0.2000	0.3400
	基本每股收益(扣除)(元)	0.0800	0.2100	0.1900	0.1700
	每股净资产(元)	5.0808	5.0234	4.9900	4.8800
	每股经营现金净流量(元)	–0.0257	–0.1114	–0.3752	0.0030
	每股现金流量(元)	–0.1151	–0.4829	–0.6021	–0.8132
	每股资本公积金(元)	2.5113	2.5112	2.5185	2.5185
	每股盈余公积金(元)	0.0958	0.0958	0.0767	0.0767
	每股未分配利润(元)	1.4737	1.4165	1.3906	1.2891
	净资产收益率(%)	2.1099	4.9058	4.0409	7.0120
	加权净资产收益率(%)	2.1000	4.9800	4.0400	7.2000
	净资产收益率(扣除)(%)	–	–	–	–
	总资产(万元)	226492.05	212915.11	197682.22	187587.35
	归属母公司股东权益(万元)	116249.04	114936.39	114075.99	111754.30
	主营业务收入(万元)	77931.54	127537.05	64826.10	107625.40
	营业收入(万元)	78896.70	133191.56	67596.40	113507.22
	主营成本(万元)	65324.28	102339.90	52846.24	88374.93
	营业成本(万元)	65674.55	107654.97	54382.09	93258.14
	投资收益(万元)	318.25	415.17	94.19	177.88
	净利润(万元)	2471.08	5663.88	4587.75	7835.95
	利润总额(万元)	2703.52	6553.06	5214.25	9221.94

天虹商场股份有限公司

公司概况

公司名称	天虹商场股份有限公司			证券简称	天虹商场
法人代表	赖伟宣	董秘	万颖	证券代码	002419
公司网址	www.rainbow.cn			电子信箱	ir@rainbowcn.com
电　话	0755-82769038			传　真	0755-82769166
办公地址	广东省深圳市福田区福中一路 1016 号地铁大厦 20-24 层				
经营范围	从事以百货为主的商品零售业务				

主要财务指标

指标\报告期	2013.06.30	2012.12.31	2012.06.30	2011.12.31
基本每股收益(元)	0.3700	0.7344	0.3500	0.7200
基本每股收益(扣除)(元)	0.3700	0.7100	0.3400	0.7000
每股净资产(元)	5.0005	4.9581	4.5800	4.5500
每股经营现金净流量(元)	-0.7064	0.9624	-0.8822	2.1438
每股现金流量(元)	-2.5290	-0.1571	-1.4860	1.1385
每股资本公积金(元)	2.1390	2.1390	2.1390	2.1390
每股盈余公积金(元)	0.3550	0.3210	0.2834	0.2516
每股未分配利润(元)	1.5065	1.4981	1.1562	1.1631
净资产收益率(%)	7.4467	14.8121	7.7500	15.7500
加权净资产收益率(%)	7.4000	15.5300	7.5900	16.7000
净资产收益率(扣除)(%)	-	-	-	-
总资产(万元)	905626.34	946555.59	773446.28	880520.45
归属母公司股东权益(万元)	400136.98	396746.77	366376.33	364386.79
主营业务收入(万元)	762613.18	1408503.30	685559.81	1280223.54
营业收入(万元)	776720.37	1437701.01	699384.68	1303563.72
主营成本(万元)	593403.20	1096714.94	535925.56	1000160.01
营业成本(万元)	594969.43	1100076.85	537555.11	1002574.13
投资收益(万元)	570.90	711.14	-	-
净利润(万元)	29734.93	58586.41	28295.64	57301.05
利润总额(万元)	42741.19	83626.73	40592.49	80405.44

广州毅昌科技股份有限公司

公司概况

公司名称	广州毅昌科技股份有限公司			证券简称	毅昌股份
法人代表	冼燃	董秘	叶昌焱	证券代码	002420
公司网址	www.echom.com			电子信箱	zhengquan@echom.com
电　话	020-32200889			传　真	020-32200775
办公地址	广东省广州市高新技术产业开发区科学城科丰路 29 号				
经营范围	设计、生产和销售电视机外观结构件				

主要财务指标

指标\报告期	2013.06.30	2012.12.31	2012.06.30	2011.12.31
基本每股收益(元)	-0.0145	0.0900	0.0726	0.0900
基本每股收益(扣除)(元)	-0.0380	0.0400	0.0623	0.0500
每股净资产(元)	3.9997	4.0090	3.9900	3.9500
每股经营现金净流量(元)	0.3588	0.3918	0.2632	-0.2503
每股现金流量(元)	-0.2660	-0.0435	-0.0344	-0.5038
每股资本公积金(元)	2.0140	1.9885	1.9885	1.9885
每股盈余公积金(元)	0.0740	0.0740	0.0676	0.0676
每股未分配利润(元)	0.9120	0.9466	0.9338	0.8911
净资产收益率(%)	-0.3636	2.2908	1.8200	2.2560
加权净资产收益率(%)	-0.3600	2.3100	1.8200	2.2500
净资产收益率(扣除)(%)	-	-	-	-
总资产(万元)	296453.51	315079.18	314036.36	301733.18
归属母公司股东权益(万元)	160388.11	160759.89	159991.74	158283.82
主营业务收入(万元)	101929.18	211708.92	95356.31	193342.55
营业收入(万元)	110811.76	223421.91	105828.93	216955.10
主营成本(万元)	88392.71	182998.01	78685.00	167051.87
营业成本(万元)	96772.47	193517.53	88456.27	189254.11
投资收益(万元)	175.69	-	-	-
净利润(万元)	-786.56	3176.84	2926.04	3715.84
利润总额(万元)	-795.30	3767.34	3415.10	4279.04

深圳达实智能股份有限公司

公司概况

公司名称	深圳达实智能股份有限公司			证券简称	达实智能
法人代表	刘磅	董秘	林雨斌	证券代码	002421
公司网址	www.chn-das.com			电子信箱	das@chn-das.com
电　话	0755-26525166			传　真	0755-26639599
办公地址	广东省深圳市南山区高新技术产业园达实智能大厦				
经营范围	组装生产、研发能源管理产品、IC 卡读写机具产品、安防监控设备和信息终端等				

主要财务指标

指标\报告期	2013.06.30	2012.12.31	2012.06.30	2011.12.31
基本每股收益(元)	0.1277	0.3753	0.0880	0.2217
基本每股收益(扣除)(元)	0.1068	0.3387	0.1452	0.2189
每股净资产(元)	3.4255	3.3342	6.0500	5.9900
每股经营现金净流量(元)	0.1120	0.4996	-0.2376	0.0782
每股现金流量(元)	-0.0637	-0.3693	-0.3734	-1.3966
每股资本公积金(元)	1.3699	1.3562	3.6661	3.5484
每股盈余公积金(元)	0.1072	0.1072	0.1896	0.1791
每股未分配利润(元)	0.9484	0.8707	1.1925	1.2674
净资产收益率(%)	3.7271	11.1756	2.8300	7.3970
加权净资产收益率(%)	3.7600	12.0500	2.9300	7.6800
净资产收益率(扣除)(%)	-	-	-	-
总资产(万元)	129489.13	121879.49	87665.88	82894.16
归属母公司股东权益(万元)	71524.89	69617.29	63142.60	60787.63
主营业务收入(万元)	36683.63	79673.20	25625.55	50548.92
营业收入(万元)	38355.54	82407.03	26829.38	53056.00
主营成本(万元)	27343.50	55788.59	19045.26	-
营业成本(万元)	28176.50	57053.71	19618.79	38930.57
投资收益(万元)	34.01	-	-	-
净利润(万元)	3034.40	10309.35	1789.66	4497.45
利润总额(万元)	3623.03	12524.60	2451.98	5236.47

四川科伦药业股份有限公司

公司概况

公司名称	四川科伦药业股份有限公司			证券简称	科伦药业
法人代表	刘革新	董秘	熊鹰	证券代码	002422
公司网址	www.kelun.com			电子信箱	eagle@kelun.com
电　话	028-82860678			传　真	028-86132515
办公地址	四川省成都市青羊区百花西路 36 号				
经营范围	研究、生产大容量注射剂、小容量注射剂、冲洗剂、直立式聚丙烯输液袋的技术开发、生产等				

主要财务指标

指标\报告期	2013.06.30	2012.12.31	2012.06.30	2011.12.31
基本每股收益(元)	1.1100	2.2700	0.9600	2.0100
基本每股收益(扣除)(元)	1.0500	2.0200	0.8900	1.9100
每股净资产(元)	19.2016	18.3392	17.0300	16.3300
每股经营现金净流量(元)	0.9546	0.8391	0.8987	0.7144
每股现金流量(元)	-0.5215	0.5997	3.2976	-4.3693
每股资本公积金(元)	9.6770	9.6770	9.6833	9.6952
每股盈余公积金(元)	0.6246	0.6246	0.4300	0.4421
每股未分配利润(元)	7.9011	7.0378	5.9172	5.1897
净资产收益率(%)	5.7976	12.3542	5.6500	12.3280
加权净资产收益率(%)	5.9000	13.1100	5.7300	13.0700
净资产收益率(扣除)(%)	-	-	-	-
总资产(万元)	1651296.91	1493077.82	1374316.92	1046537.24
归属母公司股东权益(万元)	921678.83	880283.50	817465.11	783695.45
主营业务收入(万元)	317506.64	587641.06	277367.54	512990.02
营业收入(万元)	318135.41	588527.86	277558.29	514784.88
主营成本(万元)	174122.08	336819.63	166152.39	292737.26
营业成本(万元)	174332.50	337422.88	166266.81	294499.66
投资收益(万元)	20.82	160.11	-0.65	-722.81
净利润(万元)	54135.48	109365.30	46192.12	96099.20
利润总额(万元)	62301.91	126852.33	53505.17	111804.17

中原特钢股份有限公司

公司概况	公司名称	中原特钢股份有限公司			证券简称	中原特钢
	法人代表	李宗樵	董秘	蒋根豹	证券代码	002423
	公司网址	www.zssw.com			电子信箱	jyjgb2007@163.com
	电　话	0391-6099031 6099022			传　真	0391-6099019
	办公地址	河南省济源市承留镇小寨村				
	经营范围	工业专用装备及大型特殊钢精锻件的研发、生产、销售和服务				

主要财务指标	指标\报告期	2013.06.30	2012.12.31	2012.06.30	2011.12.31
	基本每股收益(元)	-0.0700	0.1500	0.0100	0.1900
	基本每股收益(扣除)(元)	-0.0800	-0.1100	-0.0800	0.0500
	每股净资产(元)	3.7737	3.8700	3.8400	3.9400
	每股经营现金净流量(元)	-0.0633	0.1058	0.0842	-0.2287
	每股现金流量(元)	-0.3681	0.0430	0.0181	-0.7145
	每股资本公积金(元)	1.7422	1.7422	1.8512	1.9032
	每股盈余公积金(元)	0.0907	0.0907	0.0860	0.0860
	每股未分配利润(元)	0.9407	1.0386	0.9005	0.9477
	净资产收益率(%)	-1.7993	3.9672	0.2795	4.9510
	加权净资产收益率(%)	-1.7600	3.9300	0.2800	4.9100
	净资产收益率(扣除)(%)	-	-	-	-
	总资产(万元)	264055.62	288005.27	286805.09	272612.45
	归属母公司股东权益(万元)	175667.21	180224.49	178647.92	183268.28
	主营业务收入(万元)	59736.91	179809.70	87789.03	165117.02
	营业收入(万元)	61711.32	185432.00	90309.49	173680.39
	主营成本(万元)	54487.73	163183.65	79291.35	140822.22
	营业成本(万元)	56173.41	168149.83	81544.65	147399.60
	投资收益(万元)	605.47	9122.40	4380.79	7214.74
	净利润(万元)	-3160.75	7149.82	499.38	9074.36
	利润总额(万元)	-3160.75	9089.76	1536.25	10545.91

贵州百灵企业集团制药股份有限公司

公司概况	公司名称	贵州百灵企业集团制药股份有限公司			证券简称	贵州百灵
	法人代表	姜伟	董秘	牛民	证券代码	002424
	公司网址	www.gzbl.com			电子信箱	niumin1804@126.com
	电　话	0853-3415125			传　真	0853-3412296
	办公地址	贵州省安顺市经济技术开发区西航大道				
	经营范围	片剂、胶囊剂、糖浆剂、软胶囊剂、颗粒剂、丸剂、散剂、喷雾剂、煎膏剂等				

主要财务指标	指标\报告期	2013.06.30	2012.12.31	2012.06.30	2011.12.31
	基本每股收益(元)	0.2500	0.4700	0.2000	0.4400
	基本每股收益(扣除)(元)	0.2500	0.4600	0.2300	0.4400
	每股净资产(元)	4.1553	4.3036	4.3000	4.0700
	每股经营现金净流量(元)	0.0672	0.0415	-0.3624	0.4292
	每股现金流量(元)	-0.4589	-0.3283	-0.3614	-0.4672
	每股资本公积金(元)	2.2941	2.2941	2.3314	2.3315
	每股盈余公积金(元)	0.1280	0.1280	0.1125	0.0991
	每股未分配利润(元)	0.7333	0.8815	0.8277	0.6390
	净资产收益率(%)	6.0580	10.9540	5.4300	10.8852
	加权净资产收益率(%)	5.9500	11.2500	4.8400	11.0100
	净资产收益率(扣除)(%)	-	-	-	-
	总资产(万元)	317239.75	324003.13	308548.88	301882.01
	归属母公司股东权益(万元)	195465.00	202439.69	200934.59	191435.11
	主营业务收入(万元)	63481.73	136735.21	55630.03	113394.82
	营业收入(万元)	63481.73	136758.24	55876.10	113842.67
	主营成本(万元)	25665.00	62221.34	23284.28	50425.54
	营业成本(万元)	25665.00	62221.34	23530.31	50833.51
	投资收益(万元)	-	-	-	155.50
	净利润(万元)	12065.18	22885.94	9868.90	20998.00
	利润总额(万元)	14196.52	26338.38	11555.12	24197.20

凯撒(中国)股份有限公司

公司概况	公司名称	凯撒(中国)股份有限公司			证券简称	凯撒股份
	法人代表	郑合明	董秘	郑合明(代)	证券代码	002425
	公司网址	www.kaiser.com.cn			电子信箱	kaiser@vip.163.com
	电　话	0754-88805099			传　真	0754-88801350
	办公地址	广东省汕头市龙湖珠津工业区珠津1街3号凯撒工业城				
	经营范围	生产、加工服装(皮革服装)、服饰、皮鞋、皮帽、皮包、玩具、钓鱼用具等				

主要财务指标	指标\报告期	2013.06.30	2012.12.31	2012.06.30	2011.12.31
	基本每股收益(元)	0.1090	0.1740	0.1070	0.2680
	基本每股收益(扣除)(元)	0.1060	0.1670	0.1420	0.2590
	每股净资产(元)	3.4393	3.3700	4.3400	4.2500
	每股经营现金净流量(元)	0.1472	0.1037	0.0009	-0.1809
	每股现金流量(元)	-0.1076	-0.0285	-0.2136	-1.0380
	每股资本公积金(元)	1.4445	1.9766	1.9766	1.9766
	每股盈余公积金(元)	0.1446	0.1880	0.1783	0.1783
	每股未分配利润(元)	0.8466	1.2195	1.1943	1.1048
	净资产收益率(%)	3.1548	3.9805	3.2100	6.2946
	加权净资产收益率(%)	3.1900	4.0500	3.2400	6.4600
	净资产收益率(扣除)(%)	-	-	-	-
	总资产(万元)	122243.53	123469.38	117545.45	113500.62
	归属母公司股东权益(万元)	95682.69	93730.79	92904.59	90980.31
	主营业务收入(万元)	26940.48	52973.42	24172.69	41339.56
	营业收入(万元)	27029.73	53165.01	24276.62	41508.75
	主营成本(万元)	11826.11	25538.74	10323.55	17919.90
	营业成本(万元)	11887.15	25677.85	10418.73	17966.31
	投资收益(万元)	-	-	-	-
	净利润(万元)	3461.07	4788.08	3427.55	6514.79
	利润总额(万元)	4515.43	6375.09	4564.05	8488.06

苏州胜利精密制造科技股份有限公司

公司概况	公司名称	苏州胜利精密制造科技股份有限公司			证券简称	胜利精密
	法人代表	高玉根	董秘	包燕青	证券代码	002426
	公司网址	www.vicsz.com			电子信箱	zhengquan@vicsz.com
	电　话	0512-69207028 69207200			传　真	0512-69207028 69207112
	办公地址	江苏省苏州市高新区浒关工业园浒泾路55号				
	经营范围	研发、生产、销售:冲压件、金属结构件、模具、五金配件等				

主要财务指标	指标\报告期	2013.06.30	2012.12.31	2012.06.30	2011.12.31
	基本每股收益(元)	0.1177	0.1526	0.1111	0.1759
	基本每股收益(扣除)(元)	0.0942	0.1091	0.1026	0.1095
	每股净资产(元)	3.3261	3.3157	3.2573	3.2371
	每股经营现金净流量(元)	-0.1743	0.4341	0.2176	-0.0347
	每股现金流量(元)	-0.0710	-0.1516	0.0658	-0.3270
	每股资本公积金(元)	1.2669	1.2669	1.2602	1.2602
	每股盈余公积金(元)	0.1291	0.1291	0.1201	0.1201
	每股未分配利润(元)	0.9878	0.9702	0.9377	0.9265
	净资产收益率(%)	3.5383	4.6026	3.4100	5.4340
	加权净资产收益率(%)	3.5100	4.6700	3.3900	5.4700
	净资产收益率(扣除)(%)	-	-	-	-
	总资产(万元)	229403.06	204134.75	200365.58	188813.22
	归属母公司股东权益(万元)	133181.27	132765.62	130424.37	129615.90
	主营业务收入(万元)	95242.68	170426.97	81613.75	155539.65
	营业收入(万元)	97642.13	171971.09	82096.91	156692.50
	主营成本(万元)	79787.01	138673.86	66580.58	128689.12
	营业成本(万元)	81471.32	142983.01	67315.06	130809.61
	投资收益(万元)	1394.55	1265.25	667.19	2050.02
	净利润(万元)	5298.22	6759.25	4882.01	7120.71
	利润总额(万元)	6310.46	8259.47	5947.16	8330.77

浙江尤夫高新纤维股份有限公司

公司概况	公司名称	浙江尤夫高新纤维股份有限公司			证券简称	尤夫股份
	法人代表	茅惠新	董秘	陈彦	证券代码	002427
	公司网址	www.unifull.com		电子信箱	ir@unifull.com	
	电　　话	0572-3961786		传　　真	0572-2833555	
	办公地址	浙江省湖州市和孚镇工业园区				
	经营范围	生产差别化 FDY 聚酯纤维及特种工业用布、聚酯线带、销售本公司生产产品				

	指标\报告期	2013.06.30	2012.12.31	2012.06.30	2011.12.31
主要财务指标	基本每股收益(元)	–	0.0600	0.0200	0.1500
	基本每股收益(扣除)(元)	–	–0.0100	0.0200	0.1300
	每股净资产(元)	4.0541	4.0357	4.0500	4.0500
	每股经营现金净流量(元)	–0.0606	–0.3976	0.1298	–0.4892
	每股现金流量(元)	–0.0590	0.1172	0.3090	–0.1678
	每股资本公积金(元)	2.3205	2.2935	2.3391	2.3391
	每股盈余公积金(元)	0.1203	0.1203	0.1018	0.1018
	每股未分配利润(元)	0.6133	0.6219	0.6069	0.6093
	净资产收益率(%)	0.0338	1.3914	0.5600	3.7370
	加权净资产收益率(%)	0.0300	1.3800	0.5600	3.7700
	净资产收益率(扣除)(%)	–	–	–	–
	总资产(万元)	221361.33	186553.98	166987.66	123805.12
	归属母公司股东权益(万元)	96565.97	96129.50	96417.38	96473.53
	主营业务收入(万元)	68307.70	91270.66	43081.56	79680.46
	营业收入(万元)	68307.70	91276.89	43224.54	79961.81
	主营成本(万元)	60007.97	80117.96	37861.22	68056.83
	营业成本(万元)	60007.97	80122.05	37861.22	68115.24
	投资收益(万元)	–	–	–	–
	净利润(万元)	–315.81	254.88	227.09	2926.06
	利润总额(万元)	–40.38	1299.80	201.07	3288.26

云南临沧鑫圆锗业股份有限公司

公司概况	公司名称	云南临沧鑫圆锗业股份有限公司			证券简称	云南锗业
	法人代表	包文东	董秘	黄艾农	证券代码	002428
	公司网址	www.sino-ge.com		电子信箱	huangainong@sino-ge.com	
	电　　话	0871-63637276 63629466		传　　真	0871-68213308	
	办公地址	云南省昆明市人民中路都市名园 A 座 6 层				
	经营范围	锗系列产品及其他冶金产品、矿产品生产、冶炼、销售等				

	指标\报告期	2013.06.30	2012.12.31	2012.06.30	2011.12.31
主要财务指标	基本每股收益(元)	0.1030	0.3100	0.0680	0.2900
	基本每股收益(扣除)(元)	0.0910	0.2400	0.0900	0.2300
	每股净资产(元)	2.1768	4.2461	4.0800	8.0000
	每股经营现金净流量(元)	0.2669	–0.7015	–0.4483	0.4212
	每股现金流量(元)	–0.0288	–0.7183	–0.5840	–0.7442
	每股资本公积金(元)	0.5197	2.0398	2.0523	5.1046
	每股盈余公积金(元)	0.0802	0.1604	0.1337	0.2675
	每股未分配利润(元)	0.5741	1.0424	0.8975	1.6243
	净资产收益率(%)	4.7247	7.2300	3.3200	7.1895
	加权净资产收益率(%)	4.7500	7.4500	3.3300	7.4100
	净资产收益率(扣除)(%)	–	–	–	–
	总资产(万元)	183069.10	174653.18	147239.71	138456.58
	归属母公司股东权益(万元)	142171.64	138661.03	133359.75	130601.66
	主营业务收入(万元)	51466.42	38173.78	11562.16	27155.70
	营业收入(万元)	51466.42	38174.24	11562.16	27203.93
	主营成本(万元)	40986.17	24459.30	6953.78	15113.62
	营业成本(万元)	40986.17	24459.30	6953.78	15113.88
	投资收益(万元)	–	–	–	–
	净利润(万元)	6679.28	9685.22	4355.75	9233.69
	利润总额(万元)	7815.20	11843.17	5460.33	10841.59

深圳市兆驰股份有限公司

公司概况	公司名称	深圳市兆驰股份有限公司			证券简称	兆驰股份
	法人代表	顾伟	董秘	严志荣(代)	证券代码	002429
	公司网址	www.szmtc.com.cn		电子信箱	ls@szmtc.com.cn	
	电　　话	0755-33345613		传　　真	0755-33345607	
	办公地址	广东省深圳市福田区彩田路 3069 号星河世纪大厦 A 栋 31、32 楼				
	经营范围	家庭视听消费类电子产品的研发、设计、制造、销售				

	指标\报告期	2013.06.30	2012.12.31	2012.06.30	2011.12.31
主要财务指标	基本每股收益(元)	0.2200	0.7600	0.2100	0.5800
	基本每股收益(扣除)(元)	0.2100	0.7200	0.3200	0.5500
	每股净资产(元)	3.2116	4.6896	4.2500	4.1300
	每股经营现金净流量(元)	–0.3130	0.5054	0.2788	–0.1858
	每股现金流量(元)	–0.4895	–0.0386	–0.5594	0.5251
	每股资本公积金(元)	0.9517	1.9275	1.9130	1.9130
	每股盈余公积金(元)	0.1368	0.2053	0.1553	0.1553
	每股未分配利润(元)	1.1326	1.5616	1.1843	1.0627
	净资产收益率(%)	7.0034	16.0633	7.5700	13.9330
	加权净资产收益率(%)	6.9500	17.3000	7.6200	14.5800
	净资产收益率(扣除)(%)	–	–	–	–
	总资产(万元)	567540.74	538784.21	454115.93	510799.19
	归属母公司股东权益(万元)	342972.62	333879.81	301252.09	292552.02
	主营业务收入(万元)	251035.08	632695.62	240510.03	445263.11
	营业收入(万元)	259380.12	645690.86	244907.07	447346.45
	主营成本(万元)	216805.58	545222.08	207817.83	384476.56
	营业成本(万元)	223186.35	556305.38	211497.78	386184.17
	投资收益(万元)	1285.26	2410.37	–	1265.73
	净利润(万元)	24018.92	53632.07	22793.19	40760.44
	利润总额(万元)	27907.54	62618.35	26927.21	48438.62

杭州杭氧股份有限公司

公司概况	公司名称	杭州杭氧股份有限公司			证券简称	杭氧股份
	法人代表	蒋明	董秘	汪加林	证券代码	002430
	公司网址	www.hangyang.com		电子信箱	investor@hangyang.com	
	电　　话	0571-85869078 85869076		传　　真	0571-85869076	
	办公地址	浙江省杭州市下城区中山北路 592 号弘元大厦				
	经营范围	空气分离设备、工业气体产品和石化设备的生产及销售业务等				

	指标\报告期	2013.06.30	2012.12.31	2012.06.30	2011.12.31
主要财务指标	基本每股收益(元)	0.1500	0.5600	0.2900	0.6100
	基本每股收益(扣除)(元)	0.1400	0.5000	0.2500	0.7800
	每股净资产(元)	3.8779	3.8796	3.6000	4.6600
	每股经营现金净流量(元)	0.2389	0.1922	0.2086	0.2313
	每股现金流量(元)	0.4333	–0.6738	–0.3526	–1.1080
	每股资本公积金(元)	0.9245	0.9266	0.9247	1.5984
	每股盈余公积金(元)	0.2906	0.2906	0.2479	0.3346
	每股未分配利润(元)	1.6588	1.6586	1.4333	1.7449
	净资产收益率(%)	3.8735	14.3562	8.0373	17.7250
	加权净资产收益率(%)	3.8200	15.3100	8.1400	19.1700
	净资产收益率(扣除)(%)	–	–	–	–
	总资产(万元)	958507.07	825181.89	703203.21	626988.64
	归属母公司股东权益(万元)	314891.51	315032.49	291962.60	280591.61
	主营业务收入(万元)	236273.87	520131.60	231911.21	407665.06
	营业收入(万元)	242534.00	535392.47	241481.67	423253.47
	主营成本(万元)	189557.40	400625.53	176990.40	301530.45
	营业成本(万元)	193313.72	412956.59	183204.80	313474.43
	投资收益(万元)	177.57	935.60	499.40	1356.21
	净利润(万元)	13901.14	47990.96	25171.78	52242.47
	利润总额(万元)	17103.87	59931.54	31220.87	62104.09

棕榈园林股份有限公司

公司概况	公司名称	棕榈园林股份有限公司		证券简称	棕榈园林
	法人代表	吴桂昌	董秘 杨镜良	证券代码	002431
	公司网址	www.palm-la.com		电子信箱	yangjl@palm-la.com
	电　话	020-37883025 37882986		传　真	020-37882988
	办公地址	广东省广州市黄埔大道西 638 号广东农信大厦 18 楼			
	经营范围	承接园林绿化、园林建筑、喷泉、雕塑、市政工程、园林规划设计等			

主要财务指标	指标\报告期	2013.06.30	2012.12.31	2012.06.30	2011.12.31
	基本每股收益(元)	0.3010	0.7800	0.2540	0.7200
	基本每股收益(扣除)(元)	0.2930	0.7500	0.3000	0.7100
	每股净资产(元)	5.0079	5.7196	5.2600	5.0000
	每股经营现金净流量(元)	–0.3521	–1.2789	–0.7759	–1.0638
	每股现金流量(元)	–0.1111	–0.5701	–0.1296	–1.0193
	每股资本公积金(元)	2.0750	2.6867	2.6867	2.6867
	每股盈余公积金(元)	0.1696	0.2035	0.1478	0.1478
	每股未分配利润(元)	1.7894	1.8360	1.4215	1.1666
	净资产收益率(%)	6.0111	13.5518	5.8000	14.4020
	加权净资产收益率(%)	6.1300	14.4700	5.9300	15.4600
	净资产收益率(扣除)(%)	–	–	–	–
	总资产(万元)	555925.32	498955.97	428375.40	336194.37
	归属母公司股东权益(万元)	230763.94	219634.09	201851.58	191959.97
	主营业务收入(万元)	161206.18	319052.27	118786.39	249141.89
	营业收入(万元)	161354.75	319299.13	118909.13	249349.57
	主营成本(万元)	124386.09	234466.29	84686.11	179382.80
	营业成本(万元)	124468.32	234634.78	84745.33	179547.24
	投资收益(万元)	2219.31	3059.93	1873.86	–
	净利润(万元)	15069.51	33132.06	12016.04	28944.31
	利润总额(万元)	17939.89	39454.63	13619.84	34544.27

天津九安医疗电子股份有限公司

公司概况	公司名称	天津九安医疗电子股份有限公司		证券简称	九安医疗
	法人代表	刘毅	董秘 马雅杰	证券代码	002432
	公司网址	www.jiuan.com		电子信箱	ir@jiuan.com
	电　话	022-60526161 8065 8220		传　真	022-60526162
	办公地址	天津市南开区南开工业园雅安道金平路 3 号			
	经营范围	开发、生产、销售电子产品、医疗器械及相关的技术咨询服务等			

主要财务指标	指标\报告期	2013.06.30	2012.12.31	2012.06.30	2011.12.31
	基本每股收益(元)	0.0200	0.0300	0.0200	0.0800
	基本每股收益(扣除)(元)	0.0200	0.0300	0.0300	0.0800
	每股净资产(元)	2.0480	3.0553	3.0600	3.1300
	每股经营现金净流量(元)	–0.1032	0.0211	0.0386	–0.1280
	每股现金流量(元)	–0.1083	–0.2560	–0.0448	–0.4259
	每股资本公积金(元)	0.8057	1.7085	1.7085	1.7085
	每股盈余公积金(元)	0.0385	0.0577	0.0549	0.0549
	每股未分配利润(元)	0.2068	0.2909	0.3015	0.3655
	净资产收益率(%)	0.7665	0.9216	0.8800	2.6830
	加权净资产收益率(%)	0.7600	0.9100	0.9100	2.6300
	净资产收益率(扣除)(%)	–	–	–	–
	总资产(万元)	84549.88	81847.23	82625.67	83649.31
	归属母公司股东权益(万元)	76185.66	75770.84	76010.70	77555.06
	主营业务收入(万元)	20785.10	35608.20	16666.26	35413.17
	营业收入(万元)	20785.10	35608.20	16666.26	35413.17
	主营成本(万元)	12719.32	23733.05	9913.48	23593.54
	营业成本(万元)	12719.32	23733.05	9913.48	23593.54
	投资收益(万元)	–	–	–	–
	净利润(万元)	566.48	695.35	668.63	2080.67
	利润总额(万元)	663.85	674.54	802.40	2437.46

广东太安堂药业股份有限公司

公司概况	公司名称	广东太安堂药业股份有限公司		证券简称	太 安 堂
	法人代表	柯少彬	董秘 陈小卫	证券代码	002433
	公司网址	www.pibao.cn		电子信箱	t-a-t@163.com
	电　话	0754-88116066 188 821		传　真	0754-88105160
	办公地址	广东省汕头市金园工业区 11R2-2 片区第 1、2 座			
	经营范围	中成药的研发、生产和销售			

主要财务指标	指标\报告期	2013.06.30	2012.12.31	2012.06.30	2011.12.31
	基本每股收益(元)	0.1400	0.8800	0.2800	0.7400
	基本每股收益(扣除)(元)	0.1400	0.5764	0.2800	0.7200
	每股净资产(元)	6.7692	13.3175	10.2400	9.9600
	每股经营现金净流量(元)	–0.1674	0.4399	0.4896	–1.1189
	每股现金流量(元)	–0.4037	2.6877	–0.9850	–2.0928
	每股资本公积金(元)	4.7183	10.2365	6.9492	6.9492
	每股盈余公积金(元)	0.1103	0.2206	0.2288	0.2288
	每股未分配利润(元)	0.9407	1.8604	2.0653	1.7832
	净资产收益率(%)	2.1124	4.7568	2.7900	7.4440
	加权净资产收益率(%)	2.1300	4.8700	2.7900	7.3500
	净资产收益率(扣除)(%)	–	–	–	–
	总资产(万元)	230081.84	217730.98	140977.61	139391.02
	归属母公司股东权益(万元)	188184.30	185112.60	102432.79	99611.87
	主营业务收入(万元)	28632.27	51740.30	20418.07	41706.47
	营业收入(万元)	28730.20	51787.65	20445.14	41736.74
	主营成本(万元)	16718.86	27946.63	11531.39	24028.26
	营业成本(万元)	16769.30	27948.63	11531.39	24031.46
	投资收益(万元)	–	–17.68	0.56	–
	净利润(万元)	4196.62	9048.28	2700.25	7415.26
	利润总额(万元)	5220.64	11195.15	3289.78	8754.43

浙江万里扬变速器股份有限公司

公司概况	公司名称	浙江万里扬变速器股份有限公司		证券简称	万 里 扬
	法人代表	黄河清	董秘 胡春荣	证券代码	002434
	公司网址	www.zjwly.com		电子信箱	hcr@zjwly.com
	电　话	0579-82216776		传　真	0579-82216776
	办公地址	浙江省金华市宾虹西路 3999 号			
	经营范围	研制、生产、销售汽车变速器及其他汽车零部件			

主要财务指标	指标\报告期	2013.06.30	2012.12.31	2012.06.30	2011.12.31
	基本每股收益(元)	0.2200	0.2700	0.1500	0.3300
	基本每股收益(扣除)(元)	0.1800	0.2300	0.1500	0.2800
	每股净资产(元)	5.7670	5.6467	5.5300	5.4800
	每股经营现金净流量(元)	0.6006	0.6883	0.0421	–0.0910
	每股现金流量(元)	–0.5436	–0.5040	–0.1760	–0.7468
	每股资本公积金(元)	3.1710	3.1710	3.1710	3.1710
	每股盈余公积金(元)	0.1742	0.1742	0.1500	0.1500
	每股未分配利润(元)	1.4219	1.3015	1.2082	1.1548
	净资产收益率(%)	3.8215	4.7974	2.7800	5.9799
	加权净资产收益率(%)	3.8400	4.8800	2.7700	6.1200
	净资产收益率(扣除)(%)	–	–	–	–
	总资产(万元)	335332.69	292623.82	274954.76	267728.35
	归属母公司股东权益(万元)	196079.22	191986.14	187993.70	186175.81
	主营业务收入(万元)	75864.84	154013.35	86666.52	110727.49
	营业收入(万元)	77581.81	155251.44	87442.93	112233.58
	主营成本(万元)	58319.41	123625.72	68916.23	85303.16
	营业成本(万元)	58328.26	123765.65	69532.48	86780.08
	投资收益(万元)	694.73	66.98	–	679.82
	净利润(万元)	8146.27	9348.98	5443.56	11634.84
	利润总额(万元)	9178.52	10673.50	6211.93	13372.95

长江润发机械股份有限公司

公司概况

公司名称	长江润发机械股份有限公司			证券简称	长江润发
法人代表	郁霞秋	董秘	卢斌	证券代码	002435
公司网址	www.cjrfjx.com		电子信箱	lubin@cjrfjx.com	
电　　话	0512-56926898　56926897		传　　真	0512-56926898	
办公地址	江苏省张家港市金港镇镇山东路				
经营范围	主要从事电梯导轨系统部件的研发、生产、销售及服务				

主要财务指标

指标＼报告期	2013.06.30	2012.12.31	2012.06.30	2011.12.31
基本每股收益(元)	0.1300	0.3200	0.1500	0.3500
基本每股收益(扣除)(元)	0.1262	0.3100	0.1400	0.3400
每股净资产(元)	4.0593	5.9800	5.8100	5.7700
每股经营现金净流量(元)	–0.4315	1.4327	–0.0531	–0.6817
每股现金流量(元)	–0.6156	–0.2800	–0.1976	–1.4802
每股资本公积金(元)	2.1519	3.7279	3.7279	3.7279
每股盈余公积金(元)	0.0948	0.1423	0.1144	0.1144
每股未分配利润(元)	0.8125	1.1182	0.9708	0.9247
净资产收益率(%)	3.2951	5.3672	2.5100	6.0480
加权净资产收益率(%)	3.3000	5.4800	2.5100	6.1900
净资产收益率(扣除)(%)	–	–	–	–
总资产(万元)	123788.24	111631.35	119881.71	109827.61
归属母公司股东权益(万元)	80374.44	79046.04	76731.83	76123.51
主营业务收入(万元)	57533.55	117345.75	53428.91	111756.23
营业收入(万元)	57644.90	117450.73	53454.93	111974.60
主营成本(万元)	50570.83	104726.37	48078.53	100511.77
营业成本(万元)	50612.25	104808.51	48102.46	100706.28
投资收益(万元)	–	–	–	–
净利润(万元)	2648.40	4242.53	1928.33	4604.00
利润总额(万元)	3305.50	5153.95	2380.75	5594.66

深圳市兴森快捷电路科技股份有限公司

公司概况

公司名称	深圳市兴森快捷电路科技股份有限公司			证券简称	兴森科技
法人代表	邱醒亚	董秘	陈岚	证券代码	002436
公司网址	www.chinafastprint.com		电子信箱	stock@chinafastprint.com	
电　　话	0755-26074462　020-32213203		传　　真	0755-26051189	
办公地址	广东省深圳市南山区深南路科技园工业厂房 25 栋 1 段 3 层				
经营范围	印制电路样板、小批量板的生产与销售等				

主要财务指标

指标＼报告期	2013.06.30	2012.12.31	2012.06.30	2011.12.31
基本每股收益(元)	0.2400	0.6700	0.3300	0.5800
基本每股收益(扣除)(元)	0.2300	0.6500	0.3200	0.5700
每股净资产(元)	6.9735	7.0667	6.7300	6.6800
每股经营现金净流量(元)	0.2598	0.2858	0.3267	0.7116
每股现金流量(元)	–0.0880	–1.6663	–0.8806	–0.7830
每股资本公积金(元)	3.9669	3.9669	3.9621	3.9450
每股盈余公积金(元)	0.2242	0.2094	0.1915	0.1791
每股未分配利润(元)	1.7801	1.8878	1.5712	1.5518
净资产收益率(%)	3.4009	9.4276	4.9400	8.7520
加权净资产收益率(%)	3.3800	9.7500	4.9400	9.0900
净资产收益率(扣除)(%)	–	–	–	–
总资产(万元)	226953.65	188894.49	169730.15	169278.70
归属母公司股东权益(万元)	155788.69	157870.92	150278.91	149189.48
主营业务收入(万元)	52701.75	98299.31	47754.92	94471.56
营业收入(万元)	55210.19	100630.50	49980.10	95789.07
主营成本(万元)	35045.23	59012.01	28753.82	58480.00
营业成本(万元)	35802.80	59052.91	29489.60	58598.29
投资收益(万元)	415.96	348.57	–	–
净利润(万元)	5298.15	14883.51	7402.95	13056.80
利润总额(万元)	5963.92	17207.73	8573.72	14997.67

哈尔滨誉衡药业股份有限公司

公司概况

公司名称	哈尔滨誉衡药业股份有限公司			证券简称	誉衡药业
法人代表	朱吉满	董秘	刘畅	证券代码	002437
公司网址	www.gloria.cc		电子信箱	irm@gloria.cc	
电　　话	010-68002437		传　　真	010-68002438-607	
办公地址	北京市顺义区空港开发区 B 区裕华路融慧园 28 号				
经营范围	药品生产和药品代理销售业务等				

主要财务指标

指标＼报告期	2013.06.30	2012.12.31	2012.06.30	2011.12.31
基本每股收益(元)	0.2400	0.6700	0.2800	0.4200
基本每股收益(扣除)(元)	0.2300	0.6500	0.2400	0.3600
每股净资产(元)	6.9735	7.0667	8.0200	7.7400
每股经营现金净流量(元)	0.2598	0.2858	0.3844	0.4593
每股现金流量(元)	–0.0880	–1.6663	–0.6138	–0.3100
每股资本公积金(元)	3.9669	3.9669	5.3870	5.3870
每股盈余公积金(元)	0.2242	0.2094	0.1870	0.1870
每股未分配利润(元)	1.7801	1.8878	1.4472	1.1692
净资产收益率(%)	3.4009	9.4276	3.4700	5.3900
加权净资产收益率(%)	3.3800	9.7500	3.5300	5.4900
净资产收益率(扣除)(%)	–	–	–	–
总资产(万元)	226953.65	188894.49	243016.15	231225.36
归属母公司股东权益(万元)	155788.69	157870.92	224594.41	216809.07
主营业务收入(万元)	52701.75	98299.31	33310.31	54622.23
营业收入(万元)	55210.19	100630.50	33312.43	54636.45
主营成本(万元)	35045.23	59012.01	13097.57	28063.74
营业成本(万元)	35802.80	59052.91	13097.68	28064.26
投资收益(万元)	415.96	348.57	88.48	–111.28
净利润(万元)	5298.15	14883.51	7728.94	11650.55
利润总额(万元)	5963.92	17207.73	9435.71	13650.56

江苏神通阀门股份有限公司

公司概况

公司名称	江苏神通阀门股份有限公司			证券简称	江苏神通
法人代表	吴建新	董秘	章其强	证券代码	002438
公司网址	www.stfm.cn		电子信箱	zhangqq@stfm.cn	
电　　话	0513-83335899　83333645		传　　真	0513-83335998	
办公地址	江苏省南通市启东市南阳镇				
经营范围	生产销售阀门及冶金、电力、化工机械、比例伺服阀				

主要财务指标

指标＼报告期	2013.06.30	2012.12.31	2012.06.30	2011.12.31
基本每股收益(元)	0.1500	0.3130	0.1400	0.2450
基本每股收益(扣除)(元)	0.1440	0.3030	0.1300	0.4600
每股净资产(元)	4.1350	4.0328	3.8600	7.5407
每股经营现金净流量(元)	–0.0856	–0.2020	–0.3021	0.3257
每股现金流量(元)	–0.1493	–0.4517	–0.5177	–0.7974
每股资本公积金(元)	1.9580	1.9580	1.9580	4.9160
每股盈余公积金(元)	0.1216	0.1216	0.0936	0.1872
每股未分配利润(元)	1.0554	0.9533	0.8106	1.4375
净资产收益率(%)	3.6798	7.7494	3.7000	6.4862
加权净资产收益率(%)	3.7000	8.0200	3.7000	6.6600
净资产收益率(扣除)(%)	–	–	–	–
总资产(万元)	119761.80	116224.01	108579.83	109599.30
归属母公司股东权益(万元)	86008.23	83883.26	80333.46	78422.81
主营业务收入(万元)	22262.04	43128.07	19819.03	36625.33
营业收入(万元)	22978.77	44578.01	20623.82	37771.55
主营成本(万元)	13710.64	25744.56	12066.61	22467.68
营业成本(万元)	13999.29	26475.86	12494.83	22971.79
投资收益(万元)	–	–	–	–
净利润(万元)	3164.97	6500.45	2950.65	5086.67
利润总额(万元)	3752.31	7633.18	3432.68	6026.14

北京启明星辰信息技术股份有限公司

公司概况	公司名称	北京启明星辰信息技术股份有限公司			证券简称	启明星辰
	法人代表	王佳	董秘	潘重予	证券代码	002439
	公司网址	www.venustech.com.cn		电子信箱	ir_contacts@venustech.com.cn	
	电　话	010-82779006		传　真	010-82779010	
	办公地址	北京市海淀区东北旺西路8号中关村软件园21号楼启明星辰大厦				
	经营范围	货物进出口、技术进出口、代理进出口、技术开发、技术转让、技术咨询等				

主要财务指标	指标\报告期	2013.06.30	2012.12.31	2012.06.30	2011.12.31
	基本每股收益(元)	−0.2000	0.3700	−0.1400	0.3100
	基本每股收益(扣除)(元)	−0.2100	0.3000	−0.1400	0.2800
	每股净资产(元)	5.6167	5.9145	5.0200	5.2600
	每股经营现金净流量(元)	−0.5002	0.5429	−0.4373	0.2253
	每股现金流量(元)	−0.7582	0.1360	−0.7542	−0.6414
	每股资本公积金(元)	3.1509	3.1509	2.6841	2.6841
	每股盈余公积金(元)	0.0971	0.0971	0.1021	0.1021
	每股未分配利润(元)	1.3687	1.6665	1.2380	1.4784
	净资产收益率(%)	−3.5216	5.9990	−2.7900	5.8670
	加权净资产收益率(%)	−3.4100	6.5800	−2.7200	6.0000
	净资产收益率(扣除)(%)	−	−	−	−
	总资产(万元)	145639.99	158116.56	114417.43	123590.28
	归属母公司股东权益(万元)	116581.66	122762.78	99236.94	103984.83
	主营业务收入(万元)	28375.06	70830.83	15052.09	40843.70
	营业收入(万元)	29146.19	72781.15	15940.18	42638.37
	主营成本(万元)	9358.62	27822.02	6561.61	13950.73
	营业成本(万元)	9701.48	28589.30	6881.32	14469.68
	投资收益(万元)	−730.39	176.53	−179.90	96.49
	净利润(万元)	−4105.51	7362.48	−2792.20	6029.75
	利润总额(万元)	−5660.73	8899.27	−3541.82	7137.59

浙江闰土股份有限公司

公司概况	公司名称	浙江闰土股份有限公司			证券简称	闰土股份
	法人代表	阮加根	董秘	姜全州	证券代码	002440
	公司网址	www.runtuchem.com		电子信箱	runtu@runtuchem.com	
	电　话	0575-82519278		传　真	0575-82045165	
	办公地址	浙江省上虞市市民大道1009号财富广场1号楼闰土大厦				
	经营范围	主要从事纺织染料、印染助剂和化工原料的研发、生产和销售				

主要财务指标	指标\报告期	2013.06.30	2012.12.31	2012.06.30	2011.12.31
	基本每股收益(元)	0.6700	0.7900	0.3700	1.2200
	基本每股收益(扣除)(元)	0.6600	0.7900	0.3600	1.1700
	每股净资产(元)	10.8812	10.6106	10.5700	10.2100
	每股经营现金净流量(元)	0.6643	1.5197	0.5191	0.2795
	每股现金流量(元)	−0.3795	−0.6277	−0.1252	−0.5438
	每股资本公积金(元)	5.1989	5.1989	5.1989	5.1989
	每股盈余公积金(元)	0.3170	0.3170	0.2833	0.2833
	每股未分配利润(元)	4.3526	4.0861	4.0887	3.7279
	净资产收益率(%)	6.1252	7.4627	3.4600	11.9820
	加权净资产收益率(%)	6.1500	7.6300	3.5200	12.5400
	净资产收益率(扣除)(%)	−	−	−	−
	总资产(万元)	580963.37	524715.89	523119.37	508822.16
	归属母公司股东权益(万元)	417295.57	406917.81	405525.42	391685.76
	主营业务收入(万元)	215342.03	353459.15	181389.99	305302.47
	营业收入(万元)	215767.96	354709.41	182050.84	306628.01
	主营成本(万元)	152117.85	268227.33	137584.01	213552.76
	营业成本(万元)	152295.08	268619.71	137978.83	214273.56
	投资收益(万元)	265.08	80.73	344.16	992.64
	净利润(万元)	28309.03	33107.75	15422.52	48323.58
	利润总额(万元)	35110.06	40787.31	20047.14	57480.45

众业达电气股份有限公司

公司概况	公司名称	众业达电气股份有限公司			证券简称	众业达
	法人代表	吴开贤	董秘	王小普	证券代码	002441
	公司网址	www.zyd.cn		电子信箱	stock@zyd.cn	
	电　话	0754-88738831		传　真	0754-88695366	
	办公地址	广东省汕头市衡山路62号				
	经营范围	电器机械及器材、电子产品、电话通讯设备、仪器仪表、金属加工机械等				

主要财务指标	指标\报告期	2013.06.30	2012.12.31	2012.06.30	2011.12.31
	基本每股收益(元)	0.4800	0.8500	0.4700	0.7900
	基本每股收益(扣除)(元)	0.4800	0.8500	0.4700	0.7600
	每股净资产(元)	8.6170	8.4400	8.0700	7.8400
	每股经营现金净流量(元)	0.1740	1.3788	0.3888	−1.9711
	每股现金流量(元)	−0.2132	−0.2385	−0.3291	−1.6123
	每股资本公积金(元)	4.9980	4.9980	4.9980	4.9980
	每股盈余公积金(元)	0.2572	0.2572	0.2029	0.2029
	每股未分配利润(元)	2.3618	2.1848	1.8641	1.6407
	净资产收益率(%)	5.5354	10.0500	5.8700	10.1120
	加权净资产收益率(%)	5.5300	10.4500	5.8900	10.5300
	净资产收益率(扣除)(%)	−	−	−	−
	总资产(万元)	328410.91	306147.30	279557.19	261871.72
	归属母公司股东权益(万元)	199914.26	195808.27	187109.13	181924.45
	主营业务收入(万元)	289400.58	584495.43	243374.17	514514.86
	营业收入(万元)	289400.58	584495.43	243374.17	514514.86
	主营成本(万元)	253805.68	517199.51	212204.89	−
	营业成本(万元)	253805.68	517199.51	212204.89	459654.91
	投资收益(万元)	−107.85	−212.17	−105.04	−95.84
	净利润(万元)	11081.85	20407.85	10975.00	18369.08
	利润总额(万元)	14307.77	27185.01	14035.43	24370.49

龙星化工股份有限公司

公司概况	公司名称	龙星化工股份有限公司			证券简称	龙星化工
	法人代表	刘江山	董秘	江浩	证券代码	002442
	公司网址	www.hb-lx.com.cn		电子信箱	longxing@hb-lx.com.cn	
	电　话	0319-8869535		传　真	0319-8869260	
	办公地址	河北省沙河市东环路龙星街1号				
	经营范围	炭黑的生产、销售、电力生产、服务、塑料制品、橡胶轮胎、橡塑产品的加工、销售等				

主要财务指标	指标\报告期	2013.06.30	2012.12.31	2012.06.30	2011.12.31
	基本每股收益(元)	0.0180	0.0900	0.0690	0.2500
	基本每股收益(扣除)(元)	−	0.0700	0.0600	0.3300
	每股净资产(元)	2.3501	2.3385	2.3150	3.5670
	每股经营现金净流量(元)	−0.1376	0.0219	−0.0064	0.1546
	每股现金流量(元)	−0.2651	−0.2952	−0.1991	−0.1320
	每股资本公积金(元)	0.8577	0.8630	0.8630	1.7945
	每股盈余公积金(元)	0.0675	0.0675	0.0576	0.0864
	每股未分配利润(元)	0.4242	0.4059	0.3931	0.6860
	净资产收益率(%)	0.7789	3.9242	2.9800	10.7090
	加权净资产收益率(%)	0.7800	3.9500	2.9200	11.1800
	净资产收益率(扣除)(%)	−	−	−	−
	总资产(万元)	268791.18	262793.14	249475.57	220604.87
	归属母公司股东权益(万元)	112802.50	112246.53	111111.19	114139.52
	主营业务收入(万元)	111579.28	193936.42	92328.80	204257.15
	营业收入(万元)	111644.51	194044.72	92373.57	204329.17
	主营成本(万元)	94884.23	162427.76	76876.54	165168.80
	营业成本(万元)	94989.64	162794.84	76881.55	165248.43
	投资收益(万元)	−	−	−	−
	净利润(万元)	815.77	4062.60	3346.16	12376.24
	利润总额(万元)	949.86	4616.64	3921.36	14754.90

浙江金洲管道科技股份有限公司

公司概况	公司名称	浙江金洲管道科技股份有限公司			证券简称	金洲管道
	法人代表	沈淦荣	董秘	吴巍平	证券代码	002443
	公司网址	www.chinakingland.com		电子信箱	info@chinakingland.com	
	电　话	0572-2061996		传　真	0572-2065280	
	办公地址	浙江省湖州市二里桥路 57 号				
	经营范围	管道制造、销售、管线工程、城市管网建设、安装、金属材料、建筑材料、装潢材料的销售等				

主要财务指标	指标\报告期	2013.06.30	2012.12.31	2012.06.30	2011.12.31
	基本每股收益(元)	0.2000	0.3400	0.1700	0.2100
	基本每股收益(扣除)(元)	0.1900	0.3400	0.1600	0.3100
	每股净资产(元)	5.2165	4.5500	4.3700	7.3000
	每股经营现金净流量(元)	–0.2204	–0.0338	–0.3506	–0.0849
	每股现金流量(元)	0.5166	–0.5498	–0.6718	–0.4654
	每股资本公积金(元)	2.5802	1.7563	1.7563	3.6857
	每股盈余公积金(元)	0.1436	0.1760	0.1504	0.2557
	每股未分配利润(元)	1.4927	1.6163	1.4642	2.3573
	净资产收益率(%)	3.3245	7.5515	3.8530	4.8960
	加权净资产收益率(%)	4.0900	7.7800	3.8500	5.0000
	净资产收益率(扣除)(%)	–	–	–	–
	总资产(万元)	296657.22	232588.86	232906.50	206599.32
	归属母公司股东权益(万元)	188567.45	134198.76	128955.89	126668.03
	主营业务收入(万元)	162481.31	324575.94	148004.27	299563.05
	营业收入(万元)	168837.48	340754.33	154416.97	316237.21
	主营成本(万元)	147990.73	296619.03	135944.44	278924.33
	营业成本(万元)	154348.29	312492.87	142265.37	295089.22
	投资收益(万元)	550.19	359.60	337.18	–1621.28
	净利润(万元)	6408.98	10030.93	4957.73	6229.09
	利润总额(万元)	7309.15	11800.95	5793.05	7731.26

杭州巨星科技股份有限公司

公司概况	公司名称	杭州巨星科技股份有限公司			证券简称	巨星科技
	法人代表	仇建平	董秘	何天乐	证券代码	002444
	公司网址	www.greatstartools.com		电子信箱	zq@greatstartools.com	
	电　话	0571-81601076		传　真	0571-81601088	
	办公地址	浙江省杭州市江干区九环路 35 号				
	经营范围	生产、销售手工具和电动工具等				

主要财务指标	指标\报告期	2013.06.30	2012.12.31	2012.06.30	2011.12.31
	基本每股收益(元)	0.3300	0.5600	0.2200	0.5400
	基本每股收益(扣除)(元)	0.2300	0.5300	0.2200	0.5000
	每股净资产(元)	6.4632	5.7414	5.4100	5.1900
	每股经营现金净流量(元)	0.2340	0.8891	0.3123	0.0877
	每股现金流量(元)	–1.5269	0.0233	0.1386	–0.9758
	每股资本公积金(元)	3.5072	2.8610	2.8610	2.8602
	每股盈余公积金(元)	0.2317	0.2317	0.1795	0.1795
	每股未分配利润(元)	1.7359	1.6510	1.3676	1.1477
	净资产收益率(%)	5.1819	9.6749	4.1500	10.4546
	加权净资产收益率(%)	5.1600	10.1700	4.1500	10.6700
	净资产收益率(扣除)(%)	–	–	–	–
	总资产(万元)	423316.64	377979.73	331839.67	321346.21
	归属母公司股东权益(万元)	327686.64	291091.47	274141.27	262959.70
	主营业务收入(万元)	100364.43	230482.67	93546.01	215966.07
	营业收入(万元)	100581.11	230587.55	93662.23	216031.66
	主营成本(万元)	73777.83	171076.85	69933.46	158668.41
	营业成本(万元)	73777.83	171077.41	70283.50	158685.00
	投资收益(万元)	4460.21	2114.32	1428.32	2341.99
	净利润(万元)	16803.36	27976.98	11195.37	27714.45
	利润总额(万元)	20065.23	36516.56	14922.40	37167.84

江阴中南重工股份有限公司

公司概况	公司名称	江阴中南重工股份有限公司			证券简称	中南重工
	法人代表	陈少忠	董秘	高立新	证券代码	002445
	公司网址	www.znhi.com.cn		电子信箱	glx@znhi.com.cn	
	电　话	0510-86996882		传　真	0510-86993300	
	办公地址	江苏省江阴市高新技术开发园金山路				
	经营范围	生产管道配件、钢管、机械配件、伸缩接头、预制、直埋保温管等				

主要财务指标	指标\报告期	2013.06.30	2012.12.31	2012.06.30	2011.12.31
	基本每股收益(元)	0.1100	0.1400	0.1900	0.2800
	基本每股收益(扣除)(元)	0.1100	0.1900	0.1900	0.2800
	每股净资产(元)	3.7616	3.7051	3.7200	7.2100
	每股经营现金净流量(元)	0.4418	–0.2172	0.1434	–0.3091
	每股现金流量(元)	–0.6367	–0.0625	0.3091	–0.1613
	每股资本公积金(元)	1.7627	1.7627	1.7225	1.7225
	每股盈余公积金(元)	0.1042	0.1042	0.0927	0.0927
	每股未分配利润(元)	0.8947	0.8382	0.9018	0.8092
	净资产收益率(%)	2.8303	3.7933	5.1800	7.6340
	加权净资产收益率(%)	2.8500	3.8700	5.2700	7.8600
	净资产收益率(扣除)(%)	–	–	–	–
	总资产(万元)	231044.48	203005.11	206233.76	183374.19
	归属母公司股东权益(万元)	94848.77	93425.06	93720.69	91387.45
	主营业务收入(万元)	64308.67	70137.50	36923.26	61913.51
	营业收入(万元)	64367.19	70261.44	36923.26	61974.33
	主营成本(万元)	57043.80	50814.62	26364.99	44654.48
	营业成本(万元)	57044.17	50831.55	26364.99	44654.48
	投资收益(万元)	–4.07	–265.55	–	–
	净利润(万元)	2723.06	3626.73	5031.62	7142.52
	利润总额(万元)	3105.52	7440.37	5725.28	8453.26

广东盛路通信科技股份有限公司

公司概况	公司名称	广东盛路通信科技股份有限公司			证券简称	盛路通信
	法人代表	杨华	董秘	陈嘉	证券代码	002446
	公司网址	www.shenglu.com		电子信箱	stock@shenglu.com	
	电　话	0757-87744984		传　真	0757-87744984	
	办公地址	广东省佛山市三水区西南民营工业园进业二路 4 号				
	经营范围	生产、销售通讯器材、机电产品、电子电路产品配件、通讯工程网络服务				

主要财务指标	指标\报告期	2013.06.30	2012.12.31	2012.06.30	2011.12.31
	基本每股收益(元)	0.0200	0.0800	0.0200	0.0900
	基本每股收益(扣除)(元)	0.0200	0.0700	0.0200	0.0800
	每股净资产(元)	4.9217	4.9483	4.9000	4.8700
	每股经营现金净流量(元)	–0.0122	–0.2303	–0.1022	–0.3994
	每股现金流量(元)	–0.1626	–0.3301	–0.3575	–0.7427
	每股资本公积金(元)	2.9498	2.9498	2.9498	2.9498
	每股盈余公积金(元)	0.1781	0.1781	0.1676	0.1676
	每股未分配利润(元)	0.7938	0.8203	0.7787	0.7556
	净资产收益率(%)	0.4764	1.5206	0.4700	1.8690
	加权净资产收益率(%)	0.4700	1.5300	0.4700	1.8600
	净资产收益率(扣除)(%)	–	–	–	–
	总资产(万元)	83152.33	82159.43	83968.16	83407.72
	归属母公司股东权益(万元)	65359.47	65712.10	65018.88	64712.89
	主营业务收入(万元)	14449.29	30977.03	14754.44	38809.48
	营业收入(万元)	14537.72	31255.67	14770.21	38943.72
	主营成本(万元)	11154.71	23385.98	11368.55	29844.62
	营业成本(万元)	11172.64	23413.15	11378.74	29894.96
	投资收益(万元)	35.81	27.76	–	–
	净利润(万元)	290.66	906.07	253.95	1110.02
	利润总额(万元)	389.76	1286.17	397.49	1655.79

大连壹桥海洋苗业股份有限公司

公司概况	公司名称	大连壹桥海洋苗业股份有限公司			证券简称	壹桥苗业
	法人代表	刘德群	董秘	林春霖	证券代码	002447
	公司网址	www.dlyiqiao.com			电子信箱	dlyiqiao@126.com
	电话	0411-85269999			传真	0411-85269444
	办公地址	辽宁省大连市瓦房店市炮台镇鲍鱼岛村				
	经营范围	鱼、虾、蟹、海参、贝类、藻类育苗、养殖、销售、海产品冷藏、销售				

	指标\报告期	2013.06.30	2012.12.31	2012.06.30	2011.12.31
主要财务指标	基本每股收益(元)	0.2800	0.6000	0.2700	0.3700
	基本每股收益(扣除)(元)	0.2500	0.5300	0.5400	0.3100
	每股净资产(元)	3.7484	3.5264	6.4100	5.9200
	每股经营现金净流量(元)	0.0542	0.4068	0.1531	-0.7970
	每股现金流量(元)	-0.1962	0.6157	-0.0970	-1.4257
	每股资本公积金(元)	1.1217	1.1217	3.2434	3.2434
	每股盈余公积金(元)	0.1515	0.1515	0.1828	0.1828
	每股未分配利润(元)	1.4752	1.2532	1.9884	1.4956
	净资产收益率(%)	7.5239	17.0276	8.4600	12.6420
	加权净资产收益率(%)	7.7100	18.5100	8.7800	13.3400
	净资产收益率(扣除)(%)	-	-	-	-
	总资产(万元)	223764.08	178014.84	151606.71	134023.23
	归属母公司股东权益(万元)	100456.54	94506.34	85955.96	79352.15
	主营业务收入(万元)	16766.29	37215.66	15096.75	20835.68
	营业收入(万元)	16766.29	37215.66	15096.75	20835.68
	主营成本(万元)	5931.89	16219.57	4709.99	7472.73
	营业成本(万元)	5931.89	16219.57	4709.99	7472.73
	投资收益(万元)	-	-	-	-
	净利润(万元)	7558.21	16092.18	7273.81	10031.53
	利润总额(万元)	8333.09	18169.96	8245.29	11562.70

河南省中原内配股份有限公司

公司概况	公司名称	河南省中原内配股份有限公司			证券简称	中原内配
	法人代表	薛德龙	董秘	汪庆领	证券代码	002448
	公司网址	www.hnzynp.com			电子信箱	zhengquan@hnzynp.com
	电话	0391-8298666			传真	0391-8298999
	办公地址	河南省焦作市孟州市韩愈大街146号				
	经营范围	内燃机气缸套的生产和销售				

	指标\报告期	2013.06.30	2012.12.31	2012.06.30	2011.12.31
主要财务指标	基本每股收益(元)	0.3600	1.4490	0.4310	1.3610
	基本每股收益(扣除)(元)	0.6950	1.3500	0.8450	1.3130
	每股净资产(元)	14.5884	13.8703	11.3300	10.7700
	每股经营现金净流量(元)	-0.0507	1.7185	0.7352	0.7304
	每股现金流量(元)	0.7180	2.1593	0.0471	-2.0272
	每股资本公积金(元)	8.6316	8.6316	5.6273	5.6273
	每股盈余公积金(元)	0.4625	0.4625	0.4694	0.4694
	每股未分配利润(元)	4.4945	3.7757	4.2337	3.6724
	净资产收益率(%)	4.9268	8.7712	0.0760	12.6410
	加权净资产收益率(%)	5.0500	12.0900	7.6910	13.3800
	净资产收益率(扣除)(%)	-	-	-	-
	总资产(万元)	217369.17	198548.58	145198.69	142714.83
	归属母公司股东权益(万元)	171589.69	163142.52	104818.38	99625.11
	主营业务收入(万元)	55531.89	101548.64	53941.14	96749.79
	营业收入(万元)	55982.38	102277.37	54696.94	97579.25
	主营成本(万元)	37390.40	69896.30	38198.39	68376.13
	营业成本(万元)	37523.49	70324.41	38709.25	69022.74
	投资收益(万元)	771.93	710.42	745.51	945.09
	净利润(万元)	8466.66	14309.71	7968.46	12593.65
	利润总额(万元)	9816.12	17047.23	9433.71	14939.20

佛山市国星光电股份有限公司

公司概况	公司名称	佛山市国星光电股份有限公司			证券简称	国星光电
	法人代表	王垚浩	董秘	党建忠	证券代码	002449
	公司网址	www.nationstar.com			电子信箱	stock@nationstar.com
	电话	0757-82109323 82100271			传真	0757-82100268
	办公地址	广东省佛山市禅城区华宝南路18号				
	经营范围	LED器件及其组件的研发、生产与销售				

	指标\报告期	2013.06.30	2012.12.31	2012.06.30	2011.12.31
主要财务指标	基本每股收益(元)	0.1159	0.0915	0.0980	0.2803
	基本每股收益(扣除)(元)	0.0842	0.0500	0.0770	0.2487
	每股净资产(元)	4.8964	4.8805	4.8900	9.8400
	每股经营现金净流量(元)	0.1608	0.3566	0.0741	0.7130
	每股现金流量(元)	-0.0209	-0.0669	0.4274	-0.0066
	每股资本公积金(元)	2.9123	2.9123	2.9189	6.8378
	每股盈余公积金(元)	0.1304	0.1304	0.1195	0.2390
	每股未分配利润(元)	0.8537	0.8378	0.8551	1.7644
	净资产收益率(%)	2.3674	1.8742	2.0000	5.6950
	加权净资产收益率(%)	2.3600	1.8700	1.9900	5.8100
	净资产收益率(扣除)(%)	-	-	-	-
	总资产(万元)	327078.22	315239.97	318241.43	268746.04
	归属母公司股东权益(万元)	210545.57	209861.15	210420.68	211587.05
	主营业务收入(万元)	54560.36	94364.59	44383.76	107145.25
	营业收入(万元)	54899.29	94797.24	44588.52	107563.89
	主营成本(万元)	40299.39	71128.23	33975.01	82821.76
	营业成本(万元)	40537.97	71431.00	34173.54	83163.20
	投资收益(万元)	-5.69	4.61	-2.60	55.27
	净利润(万元)	4607.38	3760.00	4276.06	12503.40
	利润总额(万元)	5763.23	5251.90	5100.65	14787.29

北京康得新复合材料股份有限公司

公司概况	公司名称	北京康得新复合材料股份有限公司			证券简称	康得新
	法人代表	钟玉	董秘	钟凯	证券代码	002450
	公司网址	www.kangdexin.com			电子信箱	kdx@kdxfilm.com
	电话	010-89710777			传真	010-80107261-6218
	办公地址	北京市昌平区昌平科技园区振兴路26号				
	经营范围	预涂膜和预涂膜覆膜机的研发、生产和销售				

	指标\报告期	2013.06.30	2012.12.31	2012.06.30	2011.12.31
主要财务指标	基本每股收益(元)	0.3100	0.7300	0.2200	0.2500
	基本每股收益(扣除)(元)	0.3100	0.7200	0.3370	0.3967
	每股净资产(元)	3.5869	4.9131	4.5117	3.1789
	每股经营现金净流量(元)	0.2154	0.4389	0.1227	0.4976
	每股现金流量(元)	-0.8564	4.4430	2.5190	0.0609
	每股资本公积金(元)	1.5922	2.8019	2.7923	1.3168
	每股盈余公积金(元)	0.0482	0.0664	0.0815	0.0951
	每股未分配利润(元)	0.9463	1.0411	0.6374	0.7660
	净资产收益率(%)	8.6015	13.8954	6.4400	12.7280
	加权净资产收益率(%)	8.9400	19.6100	15.7600	13.7400
	净资产收益率(扣除)(%)	-	-	-	-
	总资产(万元)	622172.41	579094.19	389839.88	189916.29
	归属母公司股东权益(万元)	335505.45	304427.12	279551.44	102741.66
	主营业务收入(万元)	147642.67	220116.71	95187.90	151214.20
	营业收入(万元)	150989.24	223462.32	96164.28	152602.12
	主营成本(万元)	96951.28	149058.25	65051.30	122911.60
	营业成本(万元)	98632.71	151573.76	65340.17	122996.73
	投资收益(万元)	-	-	-	-
	净利润(万元)	28834.20	42349.81	17963.62	13057.88
	利润总额(万元)	34225.49	50116.32	21309.48	16730.16

上海摩恩电气股份有限公司

公司概况					
公司名称	上海摩恩电气股份有限公司			证券简称	摩恩电气
法人代表	问泽鸿	董秘	徐萍	证券代码	002451
公司网址	www.morncable.com		电子信箱	investor@morncable.com	
电　　话	021-58974262-2210		传　　真	021-58979608	
办公地址	上海市浦东新区龙东大道 5901 号				
经营范围	电线电缆及附件的研发、制造及销售、电线电缆专业的技术开发等				

主要财务指标：指标＼报告期	2013.06.30	2012.12.31	2012.06.30	2011.12.31
基本每股收益(元)	0.0400	0.0300	0.0300	0.0300
基本每股收益(扣除)(元)	0.0400	0.0200	0.0300	0.0800
每股净资产(元)	2.8531	2.8873	2.8800	4.2700
每股经营现金净流量(元)	0.0476	−0.3265	0.1679	−0.3699
每股现金流量(元)	−0.5464	−0.3535	0.3093	−0.5898
每股资本公积金(元)	1.2981	1.3109	1.3034	2.4551
每股盈余公积金(元)	0.0537	0.0537	0.0513	0.0769
每股未分配利润(元)	0.5013	0.5227	0.5217	0.7390
净资产收益率(%)	1.3515	1.1250	1.0100	0.9304
加权净资产收益率(%)	1.3400	1.1300	1.0100	0.9300
净资产收益率(扣除)(%)	–	–	–	–
总资产(万元)	106272.65	105552.27	97037.80	92670.70
归属母公司股东权益(万元)	62654.47	63405.20	63164.31	62527.57
主营业务收入(万元)	17957.73	38972.77	17329.87	44527.99
营业收入(万元)	18553.80	39234.91	17332.53	44620.85
主营成本(万元)	13500.32	31937.35	13906.91	36715.48
营业成本(万元)	14056.66	32171.72	13906.91	36738.05
投资收益(万元)	−35.30	220.54	10.41	−855.31
净利润(万元)	850.08	714.41	636.39	581.75
利润总额(万元)	1051.05	794.85	767.11	636.45

湖南长高高压开关集团股份公司

公司概况					
公司名称	湖南长高高压开关集团股份公司			证券简称	长高集团
法人代表	马孝武	董秘	马晓	证券代码	002452
公司网址	www.gykg.cn		电子信箱	cgjtmx@yahoo.com.cn	
电　　话	0731-88585000		传　　真	0731-88585000	
办公地址	湖南省长沙市望城区金星大道高科技食品工业基地(金星大道与普瑞大道交汇处西南角)				
经营范围	高压隔离开关及接地开关的生产和销售				

主要财务指标：指标＼报告期	2013.06.30	2012.12.31	2012.06.30	2011.12.31
基本每股收益(元)	0.3300	0.4220	0.2500	0.3830
基本每股收益(扣除)(元)	–	0.4070	0.2400	0.5300
每股净资产(元)	8.1790	7.9764	7.8000	9.9700
每股经营现金净流量(元)	−0.2156	−0.3462	−0.4731	−0.0280
每股现金流量(元)	−0.4021	−1.3879	−0.7801	−0.6492
每股资本公积金(元)	4.6231	4.6231	4.6231	6.3100
每股盈余公积金(元)	0.3347	0.3062	0.2527	0.3286
每股未分配利润(元)	2.2212	2.0471	1.9268	2.3321
净资产收益率(%)	4.0672	5.2903	3.1821	4.9903
加权净资产收益率(%)	4.1000	5.4000	3.1900	5.1000
净资产收益率(扣除)(%)	–	–	–	–
总资产(万元)	127884.89	126665.79	128073.95	127968.40
归属母公司股东权益(万元)	106327.25	103692.74	101434.83	99707.08
主营业务收入(万元)	24041.89	40791.96	16711.33	34581.14
营业收入(万元)	24049.14	41056.62	16792.21	34948.99
主营成本(万元)	13376.56	25565.14	10314.79	22289.24
营业成本(万元)	13376.56	25631.22	10332.59	22421.85
投资收益(万元)	−139.13	54.14	–	0.16
净利润(万元)	4288.84	4905.98	3059.65	4516.93
利润总额(万元)	5164.71	6148.50	3747.56	5608.36

苏州天马精细化学品股份有限公司

公司概况					
公司名称	苏州天马精细化学品股份有限公司			证券简称	天马精化
法人代表	徐仁华	董秘	陆炜	证券代码	002453
公司网址	www.tianmachem.com		电子信箱	stock@tianmachem.com	
电　　话	0512-66571019		传　　真	0512-66571020	
办公地址	江苏省苏州市高新区浒青路 122 号				
经营范围	自营和代理各类商品及技术的进出口业务等				

主要财务指标：指标＼报告期	2013.06.30	2012.12.31	2012.06.30	2011.12.31
基本每股收益(元)	0.1200	0.3000	0.3300	0.3200
基本每股收益(扣除)(元)	–	0.2600	0.2500	0.3100
每股净资产(元)	4.1595	3.0387	5.8100	6.2500
每股经营现金净流量(元)	0.3192	0.1610	0.2843	−0.1889
每股现金流量(元)	1.6507	−0.2900	−0.1358	−1.2185
每股资本公积金(元)	2.3333	1.0258	3.0515	3.6186
每股盈余公积金(元)	0.0778	0.0926	0.1522	0.1522
每股未分配利润(元)	0.7462	0.9178	1.5849	1.4613
净资产收益率(%)	2.4314	9.9926	5.7500	10.0980
加权净资产收益率(%)	3.5500	9.9000	5.3900	10.4600
净资产收益率(扣除)(%)	–	–	–	–
总资产(万元)	191079.40	125715.08	121985.20	119368.66
归属母公司股东权益(万元)	118815.60	72927.65	69706.77	75048.48
主营业务收入(万元)	48178.05	96063.84	47093.07	82385.73
营业收入(万元)	50077.43	104401.54	53178.72	87386.90
主营成本(万元)	38956.43	76493.26	37888.20	66306.12
营业成本(万元)	40638.28	82454.62	42232.63	70459.93
投资收益(万元)	18.02	16.25	15.14	2.05
净利润(万元)	2878.12	7496.98	4196.23	7738.52
利润总额(万元)	3672.38	9279.78	5201.00	9154.54

上海加冷松芝汽车空调股份有限公司

公司概况					
公司名称	上海加冷松芝汽车空调股份有限公司			证券简称	松芝股份
法人代表	陈福泉	董秘	刘学亮	证券代码	002454
公司网址	www.shsongz.com.cn		电子信箱	liuxueliang@shsongz.com	
电　　话	021-54424998-510		传　　真	021-54429631	
办公地址	上海市莘庄工业区华宁路 4999 号				
经营范围	生产、研究开发各类车辆空调器及相关配件、销售自产产品				

主要财务指标：指标＼报告期	2013.06.30	2012.12.31	2012.06.30	2011.12.31
基本每股收益(元)	0.3744	0.4700	0.3176	0.7400
基本每股收益(扣除)(元)	–	0.4300	0.2882	0.6762
每股净资产(元)	6.4477	6.0733	5.9229	5.9054
每股经营现金净流量(元)	0.3597	0.3321	0.3511	0.0765
每股现金流量(元)	0.0150	−0.6399	−0.6151	−0.2248
每股资本公积金(元)	3.0001	3.0001	3.0001	3.0001
每股盈余公积金(元)	0.2885	0.2885	0.2258	0.2258
每股未分配利润(元)	2.1592	1.7848	1.6971	1.6795
净资产收益率(%)	5.8069	7.7052	5.3600	12.5727
加权净资产收益率(%)	5.9800	7.8100	5.2400	12.9700
净资产收益率(扣除)(%)	–	–	–	–
总资产(万元)	279543.13	273510.18	252438.61	263977.25
归属母公司股东权益(万元)	201169.41	189487.66	184795.14	184247.28
主营业务收入(万元)	78478.26	149045.37	69788.30	149428.51
营业收入(万元)	81628.27	151452.45	72612.87	153613.09
主营成本(万元)	54190.53	101936.56	48289.92	99355.28
营业成本(万元)	55661.02	103436.41	50523.28	102624.46
投资收益(万元)	839.24	1633.48	817.72	1463.90
净利润(万元)	12392.05	15823.19	10550.21	24860.29
利润总额(万元)	14818.14	19261.83	12625.28	29554.56

无锡百川化工股份有限公司

公司概况	公司名称	无锡百川化工股份有限公司			证券简称	百川股份
	法人代表	郑铁江	董秘	陈慧敏	证券代码	002455
	公司网址	www.bcchem.com		电子信箱	bcc@bcchem.com	
	电　话	0510-81629928 81629901		传　真	0510-86013255	
	办公地址	江苏省江阴市云亭街道建设路 55 号				
	经营范围	醋酸丁酯、偏苯三酸酐的生产与销售				

主要财务指标	指标\报告期	2013.06.30	2012.12.31	2012.06.30	2011.12.31
	基本每股收益(元)	0.1900	0.3000	0.2000	0.3500
	基本每股收益(扣除)(元)	0.1700	0.2400	0.1800	0.3400
	每股净资产(元)	5.8270	5.7415	5.6300	5.5400
	每股经营现金净流量(元)	-0.1185	-0.2427	-0.3175	0.3786
	每股现金流量(元)	0.1012	-0.2942	-0.5241	-0.4366
	每股资本公积金(元)	2.9056	2.9056	2.9056	2.9056
	每股盈余公积金(元)	0.2115	0.2115	0.1851	0.1851
	每股未分配利润(元)	1.7096	1.6245	1.5434	1.4482
	净资产收益率(%)	3.1770	5.2707	3.4600	6.3720
	加权净资产收益率(%)	3.1800	5.3700	3.4600	6.4800
	净资产收益率(扣除)(%)	-	-	-	-
	总资产(万元)	189809.79	160086.78	149686.13	135565.74
	归属母公司股东权益(万元)	76741.63	75616.13	74203.50	72947.66
	主营业务收入(万元)	100124.02	158596.73	66468.23	145608.64
	营业收入(万元)	108804.46	172598.95	75204.95	160649.38
	主营成本(万元)	91208.94	139365.98	58902.42	129454.14
	营业成本(万元)	99794.96	153156.41	67516.97	144521.30
	投资收益(万元)	-	-	-	-
	净利润(万元)	2438.08	3985.47	2569.88	4648.46
	利润总额(万元)	3048.61	4320.63	3046.15	5192.21

深圳欧菲光科技股份有限公司

公司概况	公司名称	深圳欧菲光科技股份有限公司			证券简称	欧菲光
	法人代表	蔡荣军	董秘	胡菁华	证券代码	002456
	公司网址	www.o-film.com		电子信箱	ofkj@o-film.com	
	电　话	0755-27555331		传　真	0755-27545688	
	办公地址	广东省深圳市宝安区公明街道松白公路华发路段欧菲光科技园				
	经营范围	精密光电薄膜元器件的研发、生产和销售				

主要财务指标	指标\报告期	2013.06.30	2012.12.31	2012.06.30	2011.12.31
	基本每股收益(元)	0.4900	1.6700	0.2200	0.1100
	基本每股收益(扣除)(元)	0.4200	1.3900	0.4400	0.0500
	每股净资产(元)	6.2739	6.7397	5.5200	5.0700
	每股经营现金净流量(元)	-0.5565	0.9335	0.0307	-1.0757
	每股现金流量(元)	0.9128	1.4903	0.2796	0.5610
	每股资本公积金(元)	3.8545	3.1922	3.1922	3.1922
	每股盈余公积金(元)	0.0585	0.1417	0.0914	0.0914
	每股未分配利润(元)	1.3642	2.4086	1.2343	0.7866
	净资产收益率(%)	7.5682	24.8117	8.1200	2.1285
	加权净资产收益率(%)	8.5000	28.3300	8.4600	2.1400
	净资产收益率(扣除)(%)	-	-	-	-
	总资产(万元)	827742.51	477848.63	343767.44	238072.27
	归属母公司股东权益(万元)	291785.34	129402.62	105888.97	97292.01
	主营业务收入(万元)	325263.53	390422.56	128614.54	124445.13
	营业收入(万元)	330328.53	393172.12	128664.62	124519.88
	主营成本(万元)	266766.51	311915.87	101471.05	107300.14
	营业成本(万元)	271369.19	314369.10	101516.23	107362.50
	投资收益(万元)	-	-	-	-
	净利润(万元)	22083.03	32106.97	8594.48	2070.87
	利润总额(万元)	26353.39	37811.68	11225.76	2553.03

宁夏青龙管业股份有限公司

公司概况	公司名称	宁夏青龙管业股份有限公司			证券简称	青龙管业
	法人代表	陈家兴	董秘	马跃	证券代码	002457
	公司网址	www.qlgd.com.cn		电子信箱	myplace528@126.com	
	电　话	0951-5070380 5673796		传　真	0951-5673796	
	办公地址	宁夏回族自治区青铜峡市河西				
	经营范围	水泥混凝土制品制造、销售、塑胶、橡胶制品制造、销售				

主要财务指标	指标\报告期	2013.06.30	2012.12.31	2012.06.30	2011.12.31
	基本每股收益(元)	0.1100	0.2300	0.1300	0.3600
	基本每股收益(扣除)(元)	2.5600	0.2200	0.1100	0.5400
	每股净资产(元)	4.8333	4.7495	4.6600	6.8800
	每股经营现金净流量(元)	-0.0227	0.1846	-0.0145	-0.2587
	每股现金流量(元)	0.0891	-0.0897	-0.2261	-0.7409
	每股资本公积金(元)	2.4503	2.4503	2.4502	4.1753
	每股盈余公积金(元)	0.1261	0.1261	0.1090	0.1635
	每股未分配利润(元)	1.2569	1.1732	1.0963	1.5455
	净资产收益率(%)	2.3530	4.7706	2.8484	7.7901
	加权净资产收益率(%)	2.3700	4.8600	2.8700	8.1200
	净资产收益率(扣除)(%)	-	-	-	-
	总资产(万元)	242965.85	194045.12	189871.17	187285.30
	归属母公司股东权益(万元)	161910.91	159106.07	155954.20	153745.27
	主营业务收入(万元)	37502.06	75719.07	29830.06	93081.02
	营业收入(万元)	37502.06	77489.49	29830.06	99518.13
	主营成本(万元)	27124.17	53830.71	21097.65	66197.62
	营业成本(万元)	27124.17	55327.90	21097.65	71684.98
	投资收益(万元)	1.24	2.68	1.18	2.18
	净利润(万元)	3819.43	7067.96	4462.39	12125.25
	利润总额(万元)	4371.18	8753.10	5607.85	14532.60

山东益生种畜禽股份有限公司

公司概况	公司名称	山东益生种畜禽股份有限公司			证券简称	益生股份
	法人代表	曹积生	董秘	卢强	证券代码	002458
	公司网址	www.yishenggufen.com		电子信箱	sdys@vip.163.com	
	电　话	0535-6215877		传　真	0535-6215877	
	办公地址	山东省烟台市福山区(空港路南)益生路 1 号				
	经营范围	祖代种鸡的引进与饲养、父母代种雏鸡的生产与销售等				

主要财务指标	指标\报告期	2013.06.30	2012.12.31	2012.06.30	2011.12.31
	基本每股收益(元)	-0.3300	0.0400	0.2800	0.8300
	基本每股收益(扣除)(元)	-0.3700	0.0300	0.2700	0.8300
	每股净资产(元)	3.0763	3.4087	3.6500	7.7300
	每股经营现金净流量(元)	-0.0287	0.2560	0.3842	1.7533
	每股现金流量(元)	-0.2298	-0.0787	-0.0223	-0.9223
	每股资本公积金(元)	1.4617	1.4617	1.4583	3.9166
	每股盈余公积金(元)	0.1676	0.1676	0.1636	0.3272
	每股未分配利润(元)	0.4470	0.7793	1.0281	2.4872
	净资产收益率(%)	-10.8048	1.1660	7.5700	21.5640
	加权净资产收益率(%)	-10.2400	1.1300	7.5700	23.9000
	净资产收益率(扣除)(%)	-	-	-	-
	总资产(万元)	156659.38	152591.32	141672.41	127113.76
	归属母公司股东权益(万元)	86382.46	95715.95	102491.26	108542.93
	主营业务收入(万元)	26946.43	60128.28	33291.69	77035.70
	营业收入(万元)	26946.43	60141.93	33291.69	77037.82
	主营成本(万元)	32405.85	51195.71	21763.14	46066.66
	营业成本(万元)	32405.85	51203.00	21763.14	46066.66
	投资收益(万元)	-266.12	-49.07	-15.98	-
	净利润(万元)	-9337.92	1066.16	7977.71	23412.85
	利润总额(万元)	-9321.13	1077.59	7988.48	23438.22

秦皇岛天业通联重工股份有限公司

公司概况

公司名称	秦皇岛天业通联重工股份有限公司			证券简称	天业通联
法人代表	朱新生	董秘	徐波	证券代码	002459
公司网址	www.tianyetolian.com		电子信箱	tolian@tianyetolian.com	
电　　话	0335-5302528 5302599		传　　真	0335-5302528	
办公地址	河北省秦皇岛市经济技术开发区天山北路 3 号				
经营范围	铁路桥梁施工起重运输设备和其他领域起重运输设备的研发、设计、制造和销售				

主要财务指标

指标＼报告期	2013.06.30	2012.12.31	2012.06.30	2011.12.31
基本每股收益(元)	-0.2600	-1.4300	-0.3800	0.0300
基本每股收益(扣除)(元)	-0.2700	-1.4600	-0.4000	-0.0300
每股净资产(元)	3.9044	4.1703	5.2100	5.5900
每股经营现金净流量(元)	0.4745	-0.3881	-0.7879	-2.2406
每股现金流量(元)	-0.1405	-0.7096	-0.2423	-2.9950
每股资本公积金(元)	3.7468	3.7468	3.7468	3.7468
每股盈余公积金(元)	0.1159	0.1159	0.1159	0.1159
每股未分配利润(元)	-0.9606	-0.6962	0.3523	0.7343
净资产收益率(%)	-6.7726	-34.3013	-7.3400	0.6060
加权净资产收益率(%)	-6.5500	-29.3200	-7.0800	0.5900
净资产收益率(扣除)(%)	-	-	-	-
总资产(万元)	205108.49	235273.46	242264.13	222156.01
归属母公司股东权益(万元)	86795.16	92706.78	115738.88	124240.17
主营业务收入(万元)	40762.70	43452.50	21726.29	93196.03
营业收入(万元)	45147.20	49331.80	23761.37	99939.01
主营成本(万元)	37081.79	43176.05	19028.12	71403.26
营业成本(万元)	40454.23	47311.60	20460.03	76233.63
投资收益(万元)	-1627.15	-378.51	3.28	-26.55
净利润(万元)	-6267.97	-33107.57	-8665.29	2114.00
利润总额(万元)	-6252.19	-33913.07	-8679.00	3791.46

江西赣锋锂业股份有限公司

公司概况

公司名称	江西赣锋锂业股份有限公司			证券简称	赣锋锂业
法人代表	李良彬	董秘	邵瑾	证券代码	002460
公司网址	www.ganfenglithium.com		电子信箱	info@ganfenglithium.com	
电　　话	0790-6415606		传　　真	0790-6860528	
办公地址	江西省新余市经济开发区龙腾路				
经营范围	深加工锂产品的研究、开发、生产与销售				

主要财务指标

指标＼报告期	2013.06.30	2012.12.31	2012.06.30	2011.12.31
基本每股收益(元)	0.2300	0.4600	0.2200	0.3600
基本每股收益(扣除)(元)	0.1900	0.3900	0.2000	0.3200
每股净资产(元)	5.3596	5.2770	4.8500	4.8300
每股经营现金净流量(元)	-0.0570	-0.0764	-0.0273	0.2294
每股现金流量(元)	-0.0079	-0.8246	-0.5424	-1.1296
每股资本公积金(元)	3.0936	3.0521	2.8436	2.8436
每股盈余公积金(元)	0.1023	0.1023	0.0816	0.0816
每股未分配利润(元)	1.1236	1.0953	0.8915	0.8741
净资产收益率(%)	4.2597	8.6372	4.3700	7.4980
加权净资产收益率(%)	4.3100	9.2600	4.3700	7.5800
净资产收益率(扣除)(%)	-	-	-	-
总资产(万元)	123315.01	104789.94	86881.22	82994.48
归属母公司股东权益(万元)	81895.36	80633.78	72744.91	72405.42
主营业务收入(万元)	32849.29	62785.45	29922.30	47444.01
营业收入(万元)	32892.53	62814.76	29934.30	47497.86
主营成本(万元)	25512.48	49148.09	23618.27	37463.38
营业成本(万元)	25513.86	49160.53	23619.57	37471.66
投资收益(万元)	-	-239.58	19.44	-168.42
净利润(万元)	3498.73	6799.66	3188.01	5308.67
利润总额(万元)	4273.41	8209.91	3721.85	6458.52

广州珠江啤酒股份有限公司

公司概况

公司名称	广州珠江啤酒股份有限公司			证券简称	珠江啤酒
法人代表	方贵权	董秘	朱维彬	证券代码	002461
公司网址	www.zhujiangbeer.com		电子信箱	zhengquan@zhujiangbeer.com	
电　　话	020-84206636 84207045		传　　真	020-84202560 84207045	
办公地址	广东省广州市海珠区新港东路磨碟沙大街 118 号				
经营范围	制造、加工、销售:酒、饮料、瓶盖、酒花、食品添加剂、饲料等				

主要财务指标

指标＼报告期	2013.06.30	2012.12.31	2012.06.30	2011.12.31
基本每股收益(元)	0.0400	0.0700	0.0700	0.0700
基本每股收益(扣除)(元)	0.0200	-	0.0200	0.0300
每股净资产(元)	4.7914	4.7620	4.7500	4.6900
每股经营现金净流量(元)	0.2578	0.7354	0.2592	0.2876
每股现金流量(元)	0.0335	0.0828	0.2078	-0.1250
每股资本公积金(元)	2.3387	2.3387	2.3387	2.3387
每股盈余公积金(元)	0.1978	0.1978	0.1964	0.1964
每股未分配利润(元)	1.2549	1.2255	1.2170	1.1520
净资产收益率(%)	0.8217	1.5734	1.3700	1.5740
加权净资产收益率(%)	0.8200	1.5900	1.3800	1.5800
净资产收益率(扣除)(%)	-	-	-	-
总资产(万元)	598508.64	570066.28	597424.95	548407.12
归属母公司股东权益(万元)	325893.17	323895.41	323221.36	318799.30
主营业务收入(万元)	140342.43	340013.76	142872.13	348090.89
营业收入(万元)	143619.02	347483.23	146383.66	356268.03
主营成本(万元)	84957.69	193555.82	86867.60	197995.52
营业成本(万元)	86963.65	197890.61	89206.71	202535.33
投资收益(万元)	-	10.04	6.93	24.84
净利润(万元)	2929.06	5373.46	4491.41	4987.98
利润总额(万元)	3619.74	8209.01	5800.94	6966.47

嘉事堂药业股份有限公司

公司概况

公司名称	嘉事堂药业股份有限公司			证券简称	嘉 事 堂
法人代表	丁元伟	董秘	王新侠	证券代码	002462
公司网址	www.cachet.com.cn		电子信箱	wangxinxia@cachet.cn	
电　　话	010-88433464		传　　真	010-88447731	
办公地址	北京市海淀区昆明湖南路 11 号 1 号楼				
经营范围	销售医疗器材、化学药制剂、中药饮片、中成药、抗生素、生化药品等				

主要财务指标

指标＼报告期	2013.06.30	2012.12.31	2012.06.30	2011.12.31
基本每股收益(元)	0.2500	0.2717	0.1700	0.2653
基本每股收益(扣除)(元)	-	0.2700	0.1600	0.2110
每股净资产(元)	4.6375	4.5601	4.5200	4.4100
每股经营现金净流量(元)	-0.1310	-0.1537	-0.0488	0.2024
每股现金流量(元)	0.0570	-0.5355	-0.2936	0.1976
每股资本公积金(元)	1.8607	1.9126	1.9755	1.8864
每股盈余公积金(元)	0.2161	0.2161	0.1942	0.1942
每股未分配利润(元)	1.5607	1.4313	1.3486	1.3315
净资产收益率(%)	5.3765	5.9584	3.7000	6.0140
加权净资产收益率(%)	5.3500	6.0600	3.6800	6.0300
净资产收益率(扣除)(%)	-	-	-	-
总资产(万元)	203523.84	191981.98	181763.49	157880.41
归属母公司股东权益(万元)	111300.13	109441.49	108440.01	105891.02
主营业务收入(万元)	157430.94	252491.78	119989.47	176880.66
营业收入(万元)	158814.18	255407.33	121624.53	180138.02
主营成本(万元)	144282.10	232382.40	110701.83	162388.89
营业成本(万元)	144738.46	233201.34	111111.03	163064.31
投资收益(万元)	-823.87	182.60	7.35	136.35
净利润(万元)	6609.11	6887.08	4123.19	6382.86
利润总额(万元)	8715.52	9152.46	5483.73	8540.45

沪士电子股份有限公司

公司概况					
公司名称	沪士电子股份有限公司			证券简称	沪电股份
法人代表	吴礼淦	董秘	李明贵	证券代码	002463
公司网址	www.wuscn.com		电子信箱	fin30@wuspc.com	
电　　话	0512-57356148 57356136		传　　真	0512-57356127 6136	
办公地址	江苏省昆山市黑龙江北路55号				
经营范围	印制电路板的研发、生产和销售等				

主要财务指标：指标\报告期	2013.06.30	2012.12.31	2012.06.30	2011.12.31
基本每股收益(元)	0.0900	0.2500	0.1100	0.2800
基本每股收益(扣除)(元)	0.1000	0.2500	0.1300	0.4000
每股净资产(元)	2.3856	2.9529	2.8300	3.8800
每股经营现金净流量(元)	0.0573	0.4056	0.0938	0.5058
每股现金流量(元)	-0.6076	-0.0817	0.0119	0.1187
每股资本公积金(元)	0.3189	0.5827	0.5827	1.2158
每股盈余公积金(元)	0.1674	0.2009	0.1778	0.2490
每股未分配利润(元)	0.8992	1.1693	1.0657	1.4123
净资产收益率(%)	3.8344	8.6350	4.5400	10.1840
加权净资产收益率(%)	3.7300	8.9500	4.5700	10.5300
净资产收益率(扣除)(%)	-	-	-	-
总资产(万元)	468244.69	468541.13	450931.39	423740.71
归属母公司股东权益(万元)	332817.76	343308.50	328585.13	321968.24
主营业务收入(万元)	146529.21	298581.21	146327.50	294973.21
营业收入(万元)	154349.66	314426.05	153518.04	313694.31
主营成本(万元)	114444.09	232477.80	113099.55	224260.70
营业成本(万元)	123210.12	250281.79	121485.44	244365.62
投资收益(万元)	822.44	1005.33	565.60	648.12
净利润(万元)	12761.47	29644.63	14921.25	32789.28
利润总额(万元)	14963.61	35176.25	17508.45	39242.36

昆山金利表面材料应用科技股份有限公司

公司概况					
公司名称	昆山金利表面材料应用科技股份有限公司			证券简称	金利科技
法人代表	方幼玲	董秘	蔡金卿	证券代码	002464
公司网址	www.kebdt.com		电子信箱	securities@kebdt.com	
电　　话	0512-5790[illegible]098		传　　真	0512-57710393	
办公地址	江苏省昆山市经济技术开发区昆嘉路1098号				
经营范围	研发、制造和销售各类铭板、薄膜开关、传统塑胶件和IMD产品等				

主要财务指标：指标\报告期	2013.06.30	2012.12.31	2012.06.30	2011.12.31
基本每股收益(元)	0.1300	0.3500	0.2200	0.3700
基本每股收益(扣除)(元)	0.1300	0.3500	0.2200	0.3600
每股净资产(元)	6.2451	5.5700	5.4400	5.3800
每股经营现金净流量(元)	0.2887	0.5045	0.2273	0.4425
每股现金流量(元)	-2.3533	-0.2361	-0.5174	-0.1654
每股资本公积金(元)	4.3638	3.5183	3.5183	3.4583
每股盈余公积金(元)	0.2175	0.2345	0.1996	0.1996
每股未分配利润(元)	0.6776	0.8302	0.7341	0.7338
净资产收益率(%)	2.0451	6.3086	4.0500	6.8040
加权净资产收益率(%)	2.0600	6.4500	4.0100	6.7400
净资产收益率(扣除)(%)	-	-	-	-
总资产(万元)	98711.51	82479.18	80206.35	79782.58
归属母公司股东权益(万元)	90922.82	75194.82	73428.91	72611.08
主营业务收入(万元)	22246.72	38142.95	19509.72	32812.69
营业收入(万元)	22393.38	38643.78	19675.70	32961.70
主营成本(万元)	-	-	12979.13	21180.73
营业成本(万元)	15004.49	25769.47	13022.69	21313.60
投资收益(万元)	-	27.15	34.56	78.91
净利润(万元)	1859.42	4743.77	2973.64	4940.73
利润总额(万元)	2266.96	5676.65	3430.34	5916.26

广州海格通信集团股份有限公司

公司概况					
公司名称	广州海格通信集团股份有限公司			证券简称	海格通信
法人代表	杨海洲	董秘	谭伟明	证券代码	002465
公司网址	www.haige.com		电子信箱	hgzqb@haige.com	
电　　话	020-38699138		传　　真	020-38698028	
办公地址	广东省广州市高新技术产业开发区科学城海云路88号				
经营范围	通信设备、导航设备的研制、生产、销售和服务				

主要财务指标：指标\报告期	2013.06.30	2012.12.31	2012.06.30	2011.12.31
基本每股收益(元)	0.3500	0.7900	0.3000	0.7000
基本每股收益(扣除)(元)	0.2600	0.6300	0.2500	0.5400
每股净资产(元)	13.0986	13.0495	12.5600	12.8600
每股经营现金净流量(元)	-0.2356	0.3355	-0.2253	-0.0003
每股现金流量(元)	-5.7789	-1.4689	-1.7819	-1.0061
每股资本公积金(元)	9.7926	9.7926	9.7926	9.7926
每股盈余公积金(元)	0.3911	0.3911	0.3179	0.3179
每股未分配利润(元)	1.9150	1.8658	1.4491	1.7474
净资产收益率(%)	2.6654	6.0667	2.3400	5.4550
加权净资产收益率(%)	2.6700	6.1400	2.3400	5.4900
净资产收益率(扣除)(%)	-	-	-	-
总资产(万元)	491181.92	479654.89	461640.92	479371.89
归属母公司股东权益(万元)	435538.08	433904.62	417613.40	427531.34
主营业务收入(万元)	55391.59	118924.12	47828.89	97162.58
营业收入(万元)	55837.80	121114.40	48185.67	99959.77
主营成本(万元)	22898.91	56405.68	22364.83	48990.17
营业成本(万元)	23695.66	57534.91	22390.78	50126.22
投资收益(万元)	234.65	2338.13	2937.31	3989.57
净利润(万元)	10941.31	26441.26	9378.86	23651.23
利润总额(万元)	11092.48	28744.46	10343.60	27162.65

四川天齐锂业股份有限公司

公司概况					
公司名称	四川天齐锂业股份有限公司			证券简称	天齐锂业
法人代表	蒋卫平	董秘	李波	证券代码	002466
公司网址	www.likunda-china.com		电子信箱	libo@tqm[illegible]m.com.cn	
电　　话	028-85183501		传　　真	028-85183501	
办公地址	四川省遂宁市射洪县太和镇城北				
经营范围	主要从事工业级碳酸锂、电池级碳酸锂、无水氯化锂、氢氧化锂等				

主要财务指标：指标\报告期	2013.06.30	2012.12.31	2012.06.30	2011.12.31
基本每股收益(元)	0.0500	0.2800	0.1500	0.2700
基本每股收益(扣除)(元)	0.0260	0.2400	0.1300	0.2300
每股净资产(元)	6.8311	6.8794	6.7400	6.7000
每股经营现金净流量(元)	-0.3895	-0.3023	0.1449	0.0640
每股现金流量(元)	-2.9466	1.0196	-0.9918	-1.2457
每股资本公积金(元)	4.9171	4.9171	4.9171	4.9171
每股盈余公积金(元)	0.1322	0.1322	0.1052	0.1052
每股未分配利润(元)	0.7799	0.8301	0.7212	0.6732
净资产收益率(%)	0.7287	4.1269	2.1900	4.0870
加权净资产收益率(%)	0.7200	4.1900	2.1900	4.1300
净资产收益率(扣除)(%)	-	-	-	-
总资产(万元)	160190.69	156868.39	110100.43	112274.37
归属母公司股东权益(万元)	100417.62	101127.44	99129.71	98424.02
主营业务收入(万元)	18194.26	39419.63	19987.76	40173.26
营业收入(万元)	18214.90	39682.91	20153.74	40273.32
主营成本(万元)	14527.39	30999.70	16327.43	33601.89
营业成本(万元)	14527.39	31186.28	16465.32	33619.25
投资收益(万元)	34.57	69.37	28.55	30.86
净利润(万元)	731.73	4173.42	2175.69	4022.60
利润总额(万元)	869.53	4895.71	2596.63	4843.81

二六三网络通信股份有限公司

公司概况	公司名称	二六三网络通信股份有限公司			证券简称	二六三
	法人代表	李小龙	董秘	刘江涛	证券代码	002467
	公司网址	www.net263.com			电子信箱	invest263@net263.com
	电　话	010-64260109			传　真	010-64260109
	办公地址	北京市朝阳区和平里东土城路14号建达大厦16层				
	经营范围	增值通信业务、企业通信业务及其他业务				

主要财务指标	指标\报告期	2013.06.30	2012.12.31	2012.06.30	2011.12.31
	基本每股收益(元)	0.2600	0.2400	0.1500	0.2600
	基本每股收益(扣除)(元)	0.2500	0.2400	0.1300	0.2600
	每股净资产(元)	5.2241	5.3714	4.4100	8.9300
	每股经营现金净流量(元)	0.3609	0.3043	0.1365	0.8271
	每股现金流量(元)	-0.3519	-1.9050	-0.1875	0.3410
	每股资本公积金(元)	2.4097	2.5130	2.5035	6.0036
	每股盈余公积金(元)	0.2629	0.2629	0.2521	0.5041
	每股未分配利润(元)	1.5601	1.5955	0.6537	1.4248
	净资产收益率(%)	5.0654	20.6014	3.5000	6.6470
	加权净资产收益率(%)	4.9000	22.5800	3.3900	6.7400
	净资产收益率(扣除)(%)	-	-	-	-
	总资产(万元)	151201.67	157184.84	120996.17	118885.47
	归属母公司股东权益(万元)	125379.06	128913.50	105823.52	107190.03
	主营业务收入(万元)	35214.75	38222.74	15780.92	29655.20
	营业收入(万元)	35214.75	38222.74	15780.92	29655.20
	主营成本(万元)	12928.78	17258.32	7094.47	12358.28
	营业成本(万元)	12928.78	17258.32	7094.47	12358.28
	投资收益(万元)	273.70	20947.93	1260.53	998.96
	净利润(万元)	6393.67	26712.25	3739.90	7124.94
	利润总额(万元)	6482.79	27010.18	4081.49	7868.37

浙江艾迪西流体控制股份有限公司

公司概况	公司名称	浙江艾迪西流体控制股份有限公司			证券简称	艾迪西
	法人代表	李家德	董秘	於采	证券代码	002468
	公司网址	www.idcgroup.com.cn			电子信箱	ldc_security@idcgroup.com.cn
	电　话	0576-87298766-8011			传　真	0576-87298758
	办公地址	浙江省台州市玉环县机电工业园区				
	经营范围	水暖器材、阀门、管件、建筑金属配件、智能家庭及环保节能控制系统				

主要财务指标	指标\报告期	2013.06.30	2012.12.31	2012.06.30	2011.12.31
	基本每股收益(元)	0.0100	0.0300	0.0300	0.0500
	基本每股收益(扣除)(元)	-0.0300	-0.0300	0.0290	-0.0100
	每股净资产(元)	2.6103	3.1210	3.1220	3.9500
	每股经营现金净流量(元)	0.0496	-0.1912	-0.1656	-0.7737
	每股现金流量(元)	0.5503	-0.6869	-0.0303	-0.8443
	每股资本公积金(元)	1.1482	1.5779	1.5779	2.0935
	每股盈余公积金(元)	0.0892	0.1070	0.1070	0.1284
	每股未分配利润(元)	0.3729	0.4361	0.4373	0.7318
	净资产收益率(%)	0.3626	1.1091	1.1500	1.4100
	加权净资产收益率(%)	0.3600	1.0900	1.1000	1.4000
	净资产收益率(扣除)(%)	-	-	-	-
	总资产(万元)	155195.16	138627.94	136882.28	129551.19
	归属母公司股东权益(万元)	72169.16	71907.51	71934.96	75909.98
	主营业务收入(万元)	63373.27	118767.40	58257.39	105102.95
	营业收入(万元)	65028.64	119764.28	58819.36	105703.83
	主营成本(万元)	54065.20	101409.28	48615.98	89163.26
	营业成本(万元)	55384.33	102211.08	49152.47	89651.83
	投资收益(万元)	184.90	560.42	422.09	729.41
	净利润(万元)	545.23	1175.46	707.87	875.38
	利润总额(万元)	679.15	1557.15	873.33	1043.68

山东三维石化工程股份有限公司

公司概况	公司名称	山东三维石化工程股份有限公司			证券简称	三维工程
	法人代表	曲思秋	董秘	高勇	证券代码	002469
	公司网址	www.sdsunway.com.cn			电子信箱	gaoyong@sdsunway.com.cn
	电　话	0533-7576134 7575612			传　真	0533-7576134 7575612
	办公地址	山东省淄博市临淄区炼厂中路22号				
	经营范围	对外派遣实施境外工程所需的劳务人员等				

主要财务指标	指标\报告期	2013.06.30	2012.12.31	2012.06.30	2011.12.31
	基本每股收益(元)	0.2700	0.5400	0.1200	0.4100
	基本每股收益(扣除)(元)	0.2700	0.5400	0.1800	0.4100
	每股净资产(元)	3.5262	4.9479	4.5700	6.6800
	每股经营现金净流量(元)	0.0387	0.0182	-0.6032	0.6595
	每股现金流量(元)	-0.0512	-0.2972	-0.7077	-0.4182
	每股资本公积金(元)	1.3142	2.4390	2.4175	4.1262
	每股盈余公积金(元)	0.1281	0.1921	0.1388	0.2082
	每股未分配利润(元)	1.0839	1.3167	1.0135	1.3426
	净资产收益率(%)	7.7347	10.9473	4.0500	9.1419
	加权净资产收益率(%)	8.0200	11.5900	4.1000	9.4900
	净资产收益率(扣除)(%)	-	-	-	-
	总资产(万元)	111576.39	105313.17	87941.06	92254.21
	归属母公司股东权益(万元)	89347.43	83580.37	77193.87	75193.08
	主营业务收入(万元)	29388.15	45463.01	16375.64	25786.42
	营业收入(万元)	29435.50	45476.61	16389.24	25789.82
	主营成本(万元)	17063.82	30125.78	11518.82	15514.55
	营业成本(万元)	17068.11	30128.18	11521.22	15515.19
	投资收益(万元)	-	-	-	-
	净利润(万元)	7251.78	9238.42	3129.66	6839.39
	利润总额(万元)	8708.21	11128.04	3666.94	8003.47

山东金正大生态工程股份有限公司

公司概况	公司名称	山东金正大生态工程股份有限公司			证券简称	金正大
	法人代表	万连步	董秘	崔彬	证券代码	002470
	公司网址	www.kingenta.com			电子信箱	jzd@kingenta.com
	电　话	0539-7198691			传　真	0539-6088691
	办公地址	山东省临沂市临沭县兴大西街19号				
	经营范围	复合肥、控释肥的研发、生产和销售				

主要财务指标	指标\报告期	2013.06.30	2012.12.31	2012.06.30	2011.12.31
	基本每股收益(元)	0.5400	0.7800	0.4300	0.6200
	基本每股收益(扣除)(元)	0.5400	0.7800	0.4300	0.6200
	每股净资产(元)	5.4269	5.0396	4.6900	4.4100
	每股经营现金净流量(元)	0.8700	0.6549	-0.0736	-0.3864
	每股现金流量(元)	-0.1444	-1.3008	-0.8384	-0.3371
	每股资本公积金(元)	1.8724	1.8724	1.8724	1.8724
	每股盈余公积金(元)	0.2054	0.2054	0.1572	0.1572
	每股未分配利润(元)	2.3491	1.9618	1.6612	1.3786
	净资产收益率(%)	9.9008	15.5040	9.2200	14.1440
	加权净资产收益率(%)	10.2700	16.6700	9.5100	15.1300
	净资产收益率(扣除)(%)	-	-	-	-
	总资产(万元)	651709.46	680643.35	617994.90	549357.77
	归属母公司股东权益(万元)	379882.60	352771.37	328356.75	308577.56
	主营业务收入(万元)	657738.29	1023129.56	523564.65	760788.12
	营业收入(万元)	659204.10	1025421.71	524653.55	762678.65
	主营成本(万元)	561992.74	897946.98	459302.07	660940.74
	营业成本(万元)	562880.49	899110.25	459799.49	662175.66
	投资收益(万元)	531.20	-	-	-
	净利润(万元)	37772.46	54376.68	30295.35	43692.94
	利润总额(万元)	45340.78	62026.87	33043.69	54671.09

江苏中超电缆股份有限公司

公司概况	公司名称	江苏中超电缆股份有限公司		证券简称	中超电缆
	法人代表	杨飞	董秘	周燕	证券代码	002471
	公司网址	www.zcdlgf.com		电子信箱	zccable2013@163.com
	电　　话	0510-87698510 87698298		传　　真	0510-87698298
	办公地址	江苏省无锡市宜兴市西郊工业园振丰东路 999 号			
	经营范围	电线电缆的研发、生产、销售和服务			

主要财务指标	指标\报告期	2013.06.30	2012.12.31	2012.06.30	2011.12.31
	基本每股收益(元)	0.1500	0.2500	0.0800	0.3900
	基本每股收益(扣除)(元)	0.1000	0.2500	0.1600	0.3800
	每股净资产(元)	2.9542	5.8157	4.2300	4.2200
	每股经营现金净流量(元)	-0.1077	-1.2012	-1.3341	-1.2126
	每股现金流量(元)	-0.5992	1.4243	-0.3227	-1.6083
	每股资本公积金(元)	1.5278	4.0556	2.4067	2.4067
	每股盈余公积金(元)	0.0621	0.1241	0.1166	0.1166
	每股未分配利润(元)	0.3644	0.6360	0.7079	0.7010
	净资产收益率(%)	4.9545	3.6565	3.7100	9.1480
	加权净资产收益率(%)	4.9100	5.7800	3.6500	9.0700
	净资产收益率(扣除)(%)	-	-	-	-
	总资产(万元)	504869.81	492777.89	287284.23	222598.90
	归属母公司股东权益(万元)	149838.96	147487.23	88009.19	87864.78
	主营业务收入(万元)	178433.48	187737.32	81788.42	180519.31
	营业收入(万元)	178504.25	187887.25	81912.20	181466.06
	主营成本(万元)	153148.99	157751.14	67936.72	150912.82
	营业成本(万元)	153163.10	157870.01	68032.09	151752.63
	投资收益(万元)	28.77	-	-	-
	净利润(万元)	8610.25	5267.90	3221.90	7970.08
	利润总额(万元)	10478.37	7002.86	4520.65	10632.12

浙江双环传动机械股份有限公司

公司概况	公司名称	浙江双环传动机械股份有限公司		证券简称	双环传动
	法人代表	吴长鸿	董秘	叶松	证券代码	002472
	公司网址	www.gearsnet.com		电子信箱	ys@gearsnet.com
	电　　话	0571-81671018		传　　真	0571-81671020
	办公地址	浙江省杭州市西湖区古墩路 702 号赞宇大厦 12 楼			
	经营范围	传动用齿轮及齿轮零件的生产与销售			

主要财务指标	指标\报告期	2013.06.30	2012.12.31	2012.06.30	2011.12.31
	基本每股收益(元)	0.1400	0.4000	0.2200	0.5700
	基本每股收益(扣除)(元)	0.1300	0.3800	0.2200	0.7100
	每股净资产(元)	5.1042	5.0272	4.8500	6.3100
	每股经营现金净流量(元)	0.0481	0.4495	0.1944	0.7420
	每股现金流量(元)	0.0574	-0.5410	-0.3481	-0.7367
	每股资本公积金(元)	2.2130	2.2130	2.2130	3.1769
	每股盈余公积金(元)	0.2027	0.2027	0.1654	0.2150
	每股未分配利润(元)	1.6885	1.6115	1.4681	1.9182
	净资产收益率(%)	2.6843	8.0382	4.5300	11.7050
	加权净资产收益率(%)	2.6900	8.2400	4.5300	12.2900
	净资产收益率(扣除)(%)	-	-	-	-
	总资产(万元)	203393.46	182210.35	176697.37	175341.06
	归属母公司股东权益(万元)	141893.54	139752.64	134728.97	134934.25
	主营业务收入(万元)	42235.17	76777.85	41718.17	89569.68
	营业收入(万元)	44891.55	79503.53	43108.07	92872.36
	主营成本(万元)	31193.23	54358.70	29157.24	61224.33
	营业成本(万元)	32852.62	54466.27	29199.81	61781.04
	投资收益(万元)	28.09	15.32	11.09	3.93
	净利润(万元)	3808.86	11233.59	6209.92	15793.95
	利润总额(万元)	4549.14	13130.50	7233.01	18296.52

宁波圣莱达电器股份有限公司

公司概况	公司名称	宁波圣莱达电器股份有限公司		证券简称	圣莱达
	法人代表	杨宁恩	董秘	沈明亮	证券代码	002473
	公司网址	www.nbslt.com		电子信箱	zccable2013@163.com
	电　　话	0574-87522922 87522994		传　　真	0574-87522997
	办公地址	浙江省宁波市江北区金山路 298 号			
	经营范围	电热电器、电机电器及配件的制造、加工			

主要财务指标	指标\报告期	2013.06.30	2012.12.31	2012.06.30	2011.12.31
	基本每股收益(元)	0.0200	0.1300	0.0500	0.1200
	基本每股收益(扣除)(元)	0.0100	0.1000	0.0500	0.1000
	每股净资产(元)	2.6760	2.7588	2.6800	2.7300
	每股经营现金净流量(元)	0.0144	0.2897	0.1151	0.0187
	每股现金流量(元)	-0.0689	-0.0751	-0.0940	-0.4529
	每股资本公积金(元)	1.3872	1.3872	1.3872	1.3872
	每股盈余公积金(元)	0.0694	0.0694	0.0578	0.0578
	每股未分配利润(元)	0.2194	0.3022	0.2346	0.2824
	净资产收益率(%)	0.6407	4.7630	1.9000	4.5102
	加权净资产收益率(%)	0.6200	4.8000	1.9000	4.5400
	净资产收益率(扣除)(%)	-	-	-	-
	总资产(万元)	48511.72	50201.01	46881.48	46927.25
	归属母公司股东权益(万元)	42815.36	44141.07	42874.15	43638.61
	主营业务收入(万元)	7113.57	18255.48	8473.07	20309.85
	营业收入(万元)	8099.45	20512.75	9389.11	22822.61
	主营成本(万元)	5481.11	13630.13	6355.05	16149.55
	营业成本(万元)	6320.50	15610.45	7151.09	18248.85
	投资收益(万元)	-	-	-	-
	净利润(万元)	295.58	2184.43	856.92	1897.25
	利润总额(万元)	360.03	2508.38	1028.70	2253.28

福建榕基软件股份有限公司

公司概况	公司名称	福建榕基软件股份有限公司		证券简称	榕基软件
	法人代表	鲁峰	董秘	万孝雄	证券代码	002474
	公司网址	www.rongji.com		电子信箱	rongji@rongji.com
	电　　话	0591-83517761 87303569		传　　真	0591-87862566
	办公地址	福建省福州市鼓楼区铜盘路福州软件园产业基地			
	经营范围	计算机及网络软件开发服务、计算机硬件技术服务			

主要财务指标	指标\报告期	2013.06.30	2012.12.31	2012.06.30	2011.12.31
	基本每股收益(元)	0.1635	0.5995	0.1858	0.5761
	基本每股收益(扣除)(元)	-	0.5774	0.2462	0.5436
	每股净资产(元)	4.3024	6.3593	6.0400	11.8200
	每股经营现金净流量(元)	-0.0132	0.5702	0.1376	0.8083
	每股现金流量(元)	0.2910	-0.5834	0.1042	5.0666
	每股资本公积金(元)	2.1689	3.7533	3.7533	8.5067
	每股盈余公积金(元)	0.1225	0.1838	0.1409	0.2817
	每股未分配利润(元)	1.0115	1.4221	1.1441	2.0310
	净资产收益率(%)	3.7991	9.4278	4.6100	9.7480
	加权净资产收益率(%)	3.8100	9.8100	4.6400	10.0800
	净资产收益率(扣除)(%)	-	-	-	-
	总资产(万元)	145947.22	148973.61	141938.76	130607.27
	归属母公司股东权益(万元)	133847.26	131891.08	125235.63	122567.62
	主营业务收入(万元)	29059.32	56831.98	26619.65	43293.08
	营业收入(万元)	29059.32	56831.98	26619.65	43293.08
	主营成本(万元)	17626.20	35593.74	17436.04	24523.30
	营业成本(万元)	17626.20	35593.74	17436.04	24523.30
	投资收益(万元)	534.49	465.75	469.77	404.51
	净利润(万元)	5032.18	12405.02	5750.95	11941.69
	利润总额(万元)	6073.67	13365.10	6866.33	13278.42

立讯精密工业股份有限公司

公司概况

公司名称	立讯精密工业股份有限公司			证券简称	立讯精密
法人代表	王来春	董秘	丁远达	证券代码	002475
公司网址	www.luxshare.com.cn			电子信箱	duke.ding@luxshare-ict.com
电　话	0755-81469677			传　真	0755-29975088
办公地址	广东省深圳市宝安区西乡街道洲石路翻身工业厂房 G1(1-3 层)				
经营范围	生产经营连接线、连接器、电脑周边设备、塑胶五金制品				

主要财务指标

指标\报告期	2013.06.30	2012.12.31	2012.06.30	2011.12.31
基本每股收益(元)	0.2200	0.7200	0.1900	0.7000
基本每股收益(扣除)(元)	0.2000	0.7000	0.2700	0.9500
每股净资产(元)	3.8994	5.6219	5.1900	7.0600
每股经营现金净流量(元)	0.2549	1.1457	0.6959	1.1843
每股现金流量(元)	0.0951	-0.6815	-0.9179	1.6173
每股资本公积金(元)	1.5865	2.8793	2.8835	4.4369
每股盈余公积金(元)	0.0657	0.0986	0.0484	0.0677
每股未分配利润(元)	1.2510	1.6492	1.2625	1.5700
净资产收益率(%)	5.5963	12.8220	5.4800	13.9750
加权净资产收益率(%)	5.6600	13.5800	5.5500	19.8200
净资产收益率(扣除)(%)	-	-	-	-
总资产(万元)	460072.42	406260.35	323423.47	328511.83
归属母公司股东权益(万元)	213480.06	205187.27	189295.21	184027.22
主营业务收入(万元)	177996.54	314517.02	126175.86	255401.78
营业收入(万元)	178681.88	314720.16	126331.86	255556.77
主营成本(万元)	143433.95	247941.24	100572.82	199020.24
营业成本(万元)	143711.33	248000.41	100586.20	199064.91
投资收益(万元)	362.32	517.22	-	-
净利润(万元)	15119.06	33798.35	13751.94	36932.62
利润总额(万元)	17505.86	40186.18	16407.94	42467.07

山东宝莫生物化工股份有限公司

公司概况

公司名称	山东宝莫生物化工股份有限公司			证券简称	宝莫股份
法人代表	夏春良	董秘	张扬	证券代码	002476
公司网址	www.slcapam.com			电子信箱	cnvca@slcapam.com
电　话	0546-7788268			传　真	0546-7773708
办公地址	山东省东营市东营区西四路 892 号				
经营范围	丙烯酰胺、聚丙烯酰胺的许可生产和销售				

主要财务指标

指标\报告期	2013.06.30	2012.12.31	2012.06.30	2011.12.31
基本每股收益(元)	0.0484	0.1424	0.0494	0.1883
基本每股收益(扣除)(元)	0.0452	0.1400	0.0800	0.1900
每股净资产(元)	1.6006	2.6887	2.6300	5.1400
每股经营现金净流量(元)	-0.0310	0.4717	0.0017	-0.0527
每股现金流量(元)	-0.1056	-0.0987	-0.0797	-0.7350
每股资本公积金(元)	0.3353	1.0700	1.0700	3.1401
每股盈余公积金(元)	0.0487	0.0827	0.0681	0.1363
每股未分配利润(元)	0.2166	0.5359	0.4921	0.8664
净资产收益率(%)	3.0265	5.2946	3.1900	7.3250
加权净资产收益率(%)	3.0300	5.4100	3.2100	7.5600
净资产收益率(扣除)(%)	-	-	-	-
总资产(万元)	107844.69	105297.69	105262.42	98883.61
归属母公司股东权益(万元)	97959.59	96794.86	94691.49	92570.00
主营业务收入(万元)	30526.96	56805.93	28857.34	53805.99
营业收入(万元)	33424.07	58118.44	30169.84	54285.19
主营成本(万元)	24453.02	48155.11	24323.05	43124.39
营业成本(万元)	27251.26	49346.24	25514.18	43601.97
投资收益(万元)	-66.66	3.55	15.20	22.74
净利润(万元)	2967.85	5116.80	3021.50	6780.33
利润总额(万元)	3422.10	6075.68	3454.38	8006.10

雏鹰农牧集团股份有限公司

公司概况

公司名称	雏鹰农牧集团股份有限公司			证券简称	雏鹰农牧
法人代表	侯建芳	董秘	吴易得	证券代码	002477
公司网址	www.chu-ying.com			电子信箱	info@chu-ying.com
电　话	0371-62583588 62583825			传　真	0371-62583825
办公地址	河南省新郑市薛店镇世纪大道公司办公区				
经营范围	家畜、家禽养殖与销售				

主要财务指标

指标\报告期	2013.06.30	2012.12.31	2012.06.30	2011.12.31
基本每股收益(元)	0.0800	0.5669	0.2200	0.8027
基本每股收益(扣除)(元)	0.0858	0.5571	0.3579	0.7922
每股净资产(元)	3.8600	3.9815	3.7700	7.2800
每股经营现金净流量(元)	0.2195	-0.1702	-0.0362	0.5551
每股现金流量(元)	-0.3370	-0.3466	0.3291	-0.7250
每股资本公积金(元)	1.6043	1.6043	1.6043	4.2085
每股盈余公积金(元)	0.1807	0.1807	0.1203	0.2405
每股未分配利润(元)	1.0750	1.1966	1.0458	1.8303
净资产收益率(%)	2.0316	14.2377	9.4322	22.0539
加权净资产收益率(%)	1.9500	15.0200	9.5000	24.5000
净资产收益率(扣除)(%)	-	-	-	-
总资产(万元)	533256.02	446825.71	362218.97	255402.10
归属母公司股东权益(万元)	206122.27	212614.73	201333.46	194358.33
主营业务收入(万元)	84651.20	157824.12	74219.27	130009.46
营业收入(万元)	85174.90	158322.39	74219.27	130009.46
主营成本(万元)	63840.28	109013.88	48605.99	78913.37
营业成本(万元)	63848.75	109020.32	48605.99	78913.37
投资收益(万元)	-	95.66	49.50	49.50
净利润(万元)	4059.04	30229.89	18978.23	42858.06
利润总额(万元)	4245.13	30794.57	19058.54	42949.21

江苏常宝钢管股份有限公司

公司概况

公司名称	江苏常宝钢管股份有限公司			证券简称	常宝股份
法人代表	曹坚	董秘	赵旦	证券代码	002478
公司网址	www.cbsteeltube.com			电子信箱	ann@cbsteeltube.com
电　话	0519-88814347			传　真	0519-88812052
办公地址	江苏省常州市延陵东路 558 号				
经营范围	石油天然气用管和锅炉管等专用钢管的生产和销售				

主要财务指标

指标\报告期	2013.06.30	2012.12.31	2012.06.30	2011.12.31
基本每股收益(元)	0.2500	0.5200	0.2300	0.5700
基本每股收益(扣除)(元)	0.2500	0.5000	0.2300	0.5700
每股净资产(元)	6.3826	6.3104	6.0300	5.9200
每股经营现金净流量(元)	0.4173	0.4060	0.1672	-0.8985
每股现金流量(元)	-0.2981	-0.8780	-0.2320	-1.0738
每股资本公积金(元)	2.7758	2.7757	2.7782	2.7781
每股盈余公积金(元)	0.3979	0.3979	0.3230	0.3230
每股未分配利润(元)	2.2085	2.1371	1.9255	1.8210
净资产收益率(%)	3.9388	8.1755	3.8100	9.6936
加权净资产收益率(%)	3.9100	8.4300	3.8100	10.1000
净资产收益率(扣除)(%)	-	-	-	-
总资产(万元)	348694.05	329988.28	329470.73	300304.83
归属母公司股东权益(万元)	255368.98	252477.96	241129.57	236945.81
主营业务收入(万元)	178769.02	328293.51	160075.90	355662.49
营业收入(万元)	186863.25	343491.16	167539.85	371911.40
主营成本(万元)	147748.84	271250.45	134785.53	302033.87
营业成本(万元)	155064.08	285569.62	141003.28	313190.88
投资收益(万元)	1058.64	-241.08	-	20.72
净利润(万元)	10851.69	23033.52	10300.71	29250.11
利润总额(万元)	12789.41	26379.86	11666.50	33200.38

浙江富春江环保热电股份有限公司

公司概况						
公司概况	公司名称	浙江富春江环保热电股份有限公司			证券简称	富春环保
	法人代表	吴斌	董秘	张杰	证券代码	002479
	公司网址	www.zhefuet.com		电子信箱	zhangjie@zhefuet.com	
	电　　话	0571-63553779		传　　真	0571-63553789	
	办公地址	浙江省富阳市灵桥镇春永路 188 号				
	经营范围	火力发电、垃圾发电				

	指标＼报告期	2013.06.30	2012.12.31	2012.06.30	2011.12.31
主要财务指标	基本每股收益(元)	0.1427	0.5500	0.1651	0.4400
	基本每股收益(扣除)(元)	0.1309	0.5300	0.2813	0.4353
	每股净资产(元)	2.7023	4.6385	4.3400	4.4600
	每股经营现金净流量(元)	0.3609	0.4465	0.2515	0.1395
	每股现金流量(元)	–0.2619	–0.3626	–0.1938	–1.0931
	每股资本公积金(元)	1.1754	2.6851	2.6375	2.6375
	每股盈余公积金(元)	0.0939	0.1596	0.1141	0.1141
	每股未分配利润(元)	0.4332	0.7938	0.5910	0.7065
	净资产收益率(%)	5.2810	11.6123	6.5500	9.9720
	加权净资产收益率(%)	5.2600	12.4200	6.5700	10.3400
	净资产收益率(扣除)(%)	–	–	–	–
	总资产(万元)	349907.40	286140.05	265439.28	210410.62
	归属母公司股东权益(万元)	199378.43	201310.73	185861.07	190803.19
	主营业务收入(万元)	163886.91	266080.11	143765.98	115355.64
	营业收入(万元)	166132.52	270612.12	145668.60	116558.32
	主营成本(万元)	144581.62	229160.51	124618.08	91406.47
	营业成本(万元)	145342.49	230498.75	125048.87	91407.53
	投资收益(万元)	690.34	–	–	–
	净利润(万元)	11961.84	25380.17	13079.91	19026.50
	利润总额(万元)	14731.42	31137.09	16013.07	22380.71

成都市新筑路桥机械股份有限公司

公司概况						
公司概况	公司名称	成都市新筑路桥机械股份有限公司			证券简称	新筑股份
	法人代表	黄志明	董秘	周思伟	证券代码	002480
	公司网址	www.xinzhu.com		电子信箱	vendition@xinzhu.com	
	电　　话	028-82550671		传　　真	028-82550571	
	办公地址	四川省成都市四川新津工业园区				
	经营范围	金属桥梁结构及桥梁零件的设计制造、建筑用金属结构、构件的设计制造				

	指标＼报告期	2013.06.30	2012.12.31	2012.06.30	2011.12.31
主要财务指标	基本每股收益(元)	0.0300	–0.2500	–0.2600	0.5600
	基本每股收益(扣除)(元)	–0.1000	–0.5400	–0.2600	0.4600
	每股净资产(元)	6.6722	6.6393	6.6300	7.0900
	每股经营现金净流量(元)	–0.1925	1.1526	–0.0222	0.1087
	每股现金流量(元)	–1.5619	–1.4703	–1.9321	0.9961
	每股资本公积金(元)	4.3808	4.3808	4.3808	4.3808
	每股盈余公积金(元)	0.1698	0.1698	0.1698	0.1698
	每股未分配利润(元)	1.1216	1.0887	1.0785	1.5357
	净资产收益率(%)	0.4923	–3.6938	–3.8800	7.9690
	加权净资产收益率(%)	0.4900	–3.5900	–3.7300	8.2200
	净资产收益率(扣除)(%)	–	–	–	–
	总资产(万元)	372412.54	370470.48	338239.46	386245.65
	归属母公司股东权益(万元)	186821.40	185901.74	185615.71	198418.00
	主营业务收入(万元)	64638.39	72610.92	23526.70	181535.77
	营业收入(万元)	66546.45	76176.09	24275.68	191060.47
	主营成本(万元)	51420.15	59497.42	19311.13	130581.22
	营业成本(万元)	52571.22	60519.77	19651.89	137866.24
	投资收益(万元)	–	–10.49	–10.49	–
	净利润(万元)	851.44	–6866.85	–7312.59	15772.64
	利润总额(万元)	552.61	–6686.85	–8148.40	18903.23

烟台双塔食品股份有限公司

公司概况						
公司概况	公司名称	烟台双塔食品股份有限公司			证券简称	双塔食品
	法人代表	杨君敏	董秘	师恩战	证券代码	002481
	公司网址	www.shuangtafensi.com		电子信箱	shuangtashipin@sohu.com	
	电　　话	0535-8070881		传　　真	0535-8070881	
	办公地址	山东省烟台市招远市金岭镇寨里				
	经营范围	生产并销售淀粉、粉丝(条)、豌豆蛋白粉、食用菌菌种、甲烷、膳食纤维等				

	指标＼报告期	2013.06.30	2012.12.31	2012.06.30	2011.12.31
主要财务指标	基本每股收益(元)	0.1194	0.4328	0.2034	0.3253
	基本每股收益(扣除)(元)	0.1163	0.3500	0.1314	0.3162
	每股净资产(元)	4.2384	4.1189	3.8895	6.6850
	每股经营现金净流量(元)	0.2728	1.0471	0.3586	–0.1754
	每股现金流量(元)	–0.8577	0.2173	–0.4880	–1.2939
	每股资本公积金(元)	1.8479	1.8479	1.8479	4.1262
	每股盈余公积金(元)	0.1408	0.1408	0.0977	0.1758
	每股未分配利润(元)	1.2497	1.1302	0.9439	1.3830
	净资产收益率(%)	2.8177	10.5084	5.2300	8.7590
	加权净资产收益率(%)	2.8600	11.0600	5.3400	9.1100
	净资产收益率(扣除)(%)	–	–	–	–
	总资产(万元)	150050.04	143824.37	112367.81	118780.99
	归属母公司股东权益(万元)	91548.80	88969.20	84012.89	80219.95
	主营业务收入(万元)	25151.33	52298.06	18128.87	49678.72
	营业收入(万元)	26623.40	58433.65	22196.15	59507.48
	主营成本(万元)	18746.29	38018.34	13179.02	37794.45
	营业成本(万元)	19971.42	43858.82	16926.55	47297.37
	投资收益(万元)	–	–	–	–
	净利润(万元)	2579.60	9349.25	4392.94	7026.48
	利润总额(万元)	2963.41	10767.94	5039.59	8227.93

深圳广田装饰集团股份有限公司

公司概况						
公司概况	公司名称	深圳广田装饰集团股份有限公司			证券简称	广田股份
	法人代表	叶远西	董秘	王宏坤	证券代码	002482
	公司网址	www.szgt.com		电子信箱	zq@szgt.com	
	电　　话	0755-22190518		传　　真	0755-22190528	
	办公地址	广东省深圳市罗湖区沿河北路 1003 号京基东方都会大厦 1-3 层				
	经营范围	承担境内,外各类建筑(包括车,船,飞机)的室内外装饰工程的设计与施工等				

	指标＼报告期	2013.06.30	2012.12.31	2012.06.30	2011.12.31
主要财务指标	基本每股收益(元)	0.3800	0.7400	0.2700	0.5500
	基本每股收益(扣除)(元)	0.3800	0.7400	0.2700	0.5500
	每股净资产(元)	6.5083	6.1067	5.6200	8.6364
	每股经营现金净流量(元)	–0.3190	–1.4817	–0.7696	–1.5113
	每股现金流量(元)	0.7021	0.6311	–0.1953	–1.0184
	每股资本公积金(元)	3.7111	3.5799	3.5658	6.2762
	每股盈余公积金(元)	0.1926	0.1941	0.1198	0.1917
	每股未分配利润(元)	1.6046	1.3328	0.9370	1.1684
	净资产收益率(%)	5.8724	12.1060	4.7900	10.1680
	加权净资产收益率(%)	6.1100	12.8600	4.8800	10.6600
	净资产收益率(扣除)(%)	–	–	–	–
	总资产(万元)	766782.56	713695.95	588426.76	535052.04
	归属母公司股东权益(万元)	335840.35	312665.36	287879.22	276364.71
	主营业务收入(万元)	361927.30	677671.65	250217.34	540917.35
	营业收入(万元)	361982.41	677782.71	250270.42	541047.96
	主营成本(万元)	305343.25	579537.24	211632.70	462870.96
	营业成本(万元)	305370.10	579603.88	211659.55	462947.44
	投资收益(万元)	–	–	–	–
	净利润(万元)	19732.53	38035.93	13784.42	28099.38
	利润总额(万元)	23564.46	47024.99	18378.42	36963.14

江苏润邦重工股份有限公司

公司概况					
公司名称	江苏润邦重工股份有限公司			证券简称	润邦股份
法人代表	吴建	董秘	谢贵兴	证券代码	002483
公司网址	www.rainbowgroup.com.cn		电子信箱	irm@jiangsurhi.com	
电　　话	0513-80100206		传　　真	0513-80100206	
办公地址	江苏省南通市经济技术开发区振兴西路 9 号				
经营范围	重型装备的设计、生产、销售及服务				

主要财务指标 指标＼报告期	2013.06.30	2012.12.31	2012.06.30	2011.12.31
基本每股收益(元)	0.2300	0.2600	0.1000	0.5500
基本每股收益(扣除)(元)	0.2000	0.2400	0.1100	0.5500
每股净资产(元)	5.8623	5.7566	5.6000	5.6200
每股经营现金净流量(元)	0.1243	0.1744	-0.0587	0.0162
每股现金流量(元)	-0.0991	-1.0359	0.0273	-0.8632
每股资本公积金(元)	3.5130	3.5130	3.5130	3.5130
每股盈余公积金(元)	0.0936	0.0936	0.0469	0.0469
每股未分配利润(元)	1.2558	1.1501	1.0448	1.0607
净资产收益率(%)	3.8494	4.4487	1.8600	9.8550
加权净资产收益率(%)	3.8600	4.5100	1.8400	10.3700
净资产收益率(扣除)(%)	-	-	-	-
总资产(万元)	333531.67	305076.92	291376.62	257411.68
归属母公司股东权益(万元)	211043.08	207239.30	201769.50	202339.80
主营业务收入(万元)	87828.13	180654.91	66380.16	176096.84
营业收入(万元)	89258.42	183789.54	67713.41	178468.67
主营成本(万元)	67212.97	149202.05	54045.16	136545.81
营业成本(万元)	67317.46	150063.24	54120.38	136723.99
投资收益(万元)	-	-	-	-
净利润(万元)	7319.58	8352.99	3695.48	19947.41
利润总额(万元)	9563.32	11706.83	4849.30	24612.85

南通江海电容器股份有限公司

公司概况					
公司名称	南通江海电容器股份有限公司			证券简称	江海股份
法人代表	陈卫东	董秘	王汉明	证券代码	002484
公司网址	www.jianghai.com		电子信箱	info@jianghai.com	
电　　话	0513-86726006		传　　真	0513-86571812	
办公地址	江苏省南通市通州区平潮镇通扬南路 79 号				
经营范围	生产加工电容器及其材料、配件、电容器设备、仪器、仪表及配件等				

主要财务指标 指标＼报告期	2013.06.30	2012.12.31	2012.06.30	2011.12.31
基本每股收益(元)	0.2901	0.4701	0.2162	0.6530
基本每股收益(扣除)(元)	0.2760	0.4383	0.2055	0.6539
每股净资产(元)	6.7645	6.5244	6.3200	7.9400
每股经营现金净流量(元)	0.1331	0.6195	0.2815	0.2245
每股现金流量(元)	-0.0306	0.0913	0.0046	-0.9945
每股资本公积金(元)	3.8981	3.8981	3.8981	5.3675
每股盈余公积金(元)	0.2625	0.2625	0.1956	0.2543
每股未分配利润(元)	1.6039	1.3638	1.2268	1.3138
净资产收益率(%)	4.2884	7.2051	3.4200	8.2290
加权净资产收益率(%)	4.3500	7.4200	3.4800	8.3800
净资产收益率(扣除)(%)	-	-	-	-
总资产(万元)	171126.56	164737.06	158911.89	152707.76
归属母公司股东权益(万元)	140700.79	135707.02	131465.88	126969.18
主营业务收入(万元)	50043.69	94297.19	47466.31	100644.73
营业收入(万元)	51102.53	96551.66	48535.46	103672.56
主营成本(万元)	38265.31	75116.79	38103.71	79832.30
营业成本(万元)	39026.22	76864.90	38888.20	82481.38
投资收益(万元)	605.90	1156.85	464.42	1625.63
净利润(万元)	6438.82	10065.46	4517.40	11109.62
利润总额(万元)	7649.93	11526.62	5141.82	12834.43

希努尔男装股份有限公司

公司概况					
公司名称	希努尔男装股份有限公司			证券简称	希努尔
法人代表	王桂波	董秘	王润田	证券代码	002485
公司网址	www.sinoer.com		电子信箱	sinoer0899@sinoer.cn	
电　　话	0536-6076188		传　　真	0536-6076188	
办公地址	山东省诸城市东环路 58 号				
经营范围	中高档西服、衬衣及服饰的制造、销售本公司制造的产品等				

主要财务指标 指标＼报告期	2013.06.30	2012.12.31	2012.06.30	2011.12.31
基本每股收益(元)	0.1700	0.4400	0.2400	0.6200
基本每股收益(扣除)(元)	0.1400	0.3800	0.2400	0.6200
每股净资产(元)	6.2102	6.2437	6.0400	9.7900
每股经营现金净流量(元)	0.0834	0.0240	0.0330	0.4175
每股现金流量(元)	0.0236	-0.5906	-0.6378	-4.5951
每股资本公积金(元)	3.9438	3.9438	3.9438	6.9101
每股盈余公积金(元)	0.2089	0.2089	0.1652	0.2643
每股未分配利润(元)	1.0574	1.0910	0.9334	1.6162
净资产收益率(%)	2.6802	6.9996	3.9000	10.1660
加权净资产收益率(%)	2.6600	7.1000	3.8100	10.4300
净资产收益率(扣除)(%)	-	-	-	-
总资产(万元)	264963.25	260743.88	237681.24	223046.39
归属母公司股东权益(万元)	198724.83	199798.69	193358.70	195813.65
主营业务收入(万元)	62094.50	117838.49	55392.52	114727.34
营业收入(万元)	62132.03	117942.23	55424.80	114779.71
主营成本(万元)	36432.94	68795.92	31232.29	65318.01
营业成本(万元)	36447.79	68887.08	31237.83	65363.36
投资收益(万元)	-	-	-	-
净利润(万元)	5326.14	13985.04	7545.05	19907.07
利润总额(万元)	6271.38	16471.32	8821.46	23443.54

上海嘉麟杰纺织品股份有限公司

公司概况					
公司名称	上海嘉麟杰纺织品股份有限公司			证券简称	嘉麟杰
法人代表	黄伟国	董秘	凌云	证券代码	002486
公司网址	www.challenge-21c.com		电子信箱	skyling.sct@challenge-21c.com	
电　　话	021-37330000*1998		传　　真	021-57381910	
办公地址	上海市金山区亭林镇亭枫公路 1918 号				
经营范围	高档针织面料的研发、生产和销售				

主要财务指标 指标＼报告期	2013.06.30	2012.12.31	2012.06.30	2011.12.31
基本每股收益(元)	0.0651	0.1900	0.1004	0.3500
基本每股收益(扣除)(元)	0.0637	0.1800	0.0942	0.3500
每股净资产(元)	2.3268	4.5966	4.5142	4.5353
每股经营现金净流量(元)	-0.0029	0.3880	0.1153	0.3063
每股现金流量(元)	0.0491	-0.4274	-0.4511	-0.6113
每股资本公积金(元)	0.8075	2.6151	2.6151	2.6151
每股盈余公积金(元)	0.0749	0.1498	0.1195	0.1195
每股未分配利润(元)	0.4478	0.8354	0.7755	0.7951
净资产收益率(%)	2.7962	4.1482	2.2200	7.7900
加权净资产收益率(%)	2.7900	4.1800	2.2100	7.9900
净资产收益率(扣除)(%)	-	-	-	-
总资产(万元)	119356.03	110801.93	112375.39	115518.46
归属母公司股东权益(万元)	96795.95	95608.72	93894.39	94334.83
主营业务收入(万元)	44245.68	81072.59	41641.40	85569.82
营业收入(万元)	44245.68	81072.59	41641.40	85569.82
主营成本(万元)	33636.27	61936.99	32649.32	65459.78
营业成本(万元)	33636.27	61936.99	32649.32	65459.78
投资收益(万元)	-	-127.05	-	-
净利润(万元)	2575.52	3822.69	2088.81	7348.90
利润总额(万元)	3116.61	4642.78	2428.78	8765.88

辽宁大金重工股份有限公司

公司概况	公司名称	辽宁大金重工股份有限公司			证券简称	大金重工
	法人代表	金鑫	董秘	唐风华	证券代码	002487
	公司网址	www.dajin.cn		电子信箱	stock@dajin.cn	
	电　话	0418-6602618		传　真	0418-6602618	
	办公地址	辽宁省阜新市新邱区新邱大街 155 号				
	经营范围	钢结构制造、安装、金属门窗制造、安装、海洋工程、石化、港口机械制造等				

主要财务指标	指标\报告期	2013.06.30	2012.12.31	2012.06.30	2011.12.31
	基本每股收益(元)	0.0400	0.1700	0.0300	0.3000
	基本每股收益(扣除)(元)	0.0300	0.1600	0.0600	0.3500
	每股净资产(元)	4.1356	8.2263	8.1200	12.1900
	每股经营现金净流量(元)	0.2967	-0.0167	0.3017	0.3882
	每股现金流量(元)	0.0284	-0.6331	0.0455	-0.1554
	每股资本公积金(元)	2.6117	6.2233	6.2233	9.8350
	每股盈余公积金(元)	0.0626	0.1252	0.1050	0.1575
	每股未分配利润(元)	0.4613	0.8778	0.7890	1.1945
	净资产收益率(%)	1.0255	2.0573	0.7300	3.6430
	加权净资产收益率(%)	1.0300	2.0700	0.7300	3.7100
	净资产收益率(扣除)(%)	-	-	-	-
	总资产(万元)	164635.99	160946.69	173274.27	152264.32
	归属母公司股东权益(万元)	148880.25	148073.44	146111.77	146242.94
	主营业务收入(万元)	21092.80	37754.56	14922.13	42933.06
	营业收入(万元)	21112.35	38592.01	15364.07	43380.83
	主营成本(万元)	18657.13	32642.47	13630.47	36677.16
	营业成本(万元)	18657.13	32920.29	13630.47	36677.68
	投资收益(万元)	-	-	-	-
	净利润(万元)	1526.81	3046.31	1068.83	5327.38
	利润总额(万元)	1785.85	3610.54	1162.75	6256.27

浙江金固股份有限公司

公司概况	公司名称	浙江金固股份有限公司			证券简称	金固股份
	法人代表	孙金国	董秘	倪永华	证券代码	002488
	公司网址	www.jgwheel.com		电子信箱	jingu@jgwheel.com	
	电　话	0571-63133920		传　真	0571-63133950 63102488	
	办公地址	浙江省富阳市富春街道公园西路 1181 号				
	经营范围	从事汽车钢制车轮的研发、制造、销售				

主要财务指标	指标\报告期	2013.06.30	2012.12.31	2012.06.30	2011.12.31
	基本每股收益(元)	0.1800	0.3200	0.2200	0.3900
	基本每股收益(扣除)(元)	0.1700	0.3000	0.2200	0.3800
	每股净资产(元)	5.0568	5.0226	4.9200	5.0000
	每股经营现金净流量(元)	-0.1282	0.3540	0.1519	-0.4113
	每股现金流量(元)	-0.0930	-0.7584	-0.3917	-1.3180
	每股资本公积金(元)	3.1030	3.1030	3.1030	3.1030
	每股盈余公积金(元)	0.1374	0.1374	0.1065	0.1065
	每股未分配利润(元)	0.8096	0.7754	0.7091	0.7884
	净资产收益率(%)	3.6415	6.3311	4.4900	7.8610
	加权净资产收益率(%)	3.6000	6.3500	4.3200	8.0900
	净资产收益率(扣除)(%)	-	-	-	-
	总资产(万元)	231527.14	198988.00	173232.48	161950.49
	归属母公司股东权益(万元)	91022.25	90407.65	88534.96	89961.67
	主营业务收入(万元)	47377.08	80270.48	37920.56	67731.26
	营业收入(万元)	58185.42	89678.63	41654.29	77561.58
	主营成本(万元)	34985.81	57136.32	27137.75	45938.34
	营业成本(万元)	44914.10	66217.96	30035.91	55538.59
	投资收益(万元)	-	-	-	-48.87
	净利润(万元)	3325.13	5740.15	3943.69	7030.18
	利润总额(万元)	3942.19	6735.86	4477.39	8212.87

浙江永强集团股份有限公司

公司概况	公司名称	浙江永强集团股份有限公司			证券简称	浙江永强
	法人代表	谢建勇	董秘	王洪阳	证券代码	002489
	公司网址	www.yotrio.com		电子信箱	yotrioir@yotrio.com	
	电　话	0576-85956868 85956368		传　真	0576-85956299	
	办公地址	浙江省临海市前江南路 1 号				
	经营范围	户外用品及家具、遮阳用品、工艺品、金属铁制品的制造、销售等				

主要财务指标	指标\报告期	2013.06.30	2012.12.31	2012.06.30	2011.12.31
	基本每股收益(元)	0.5800	0.4000	0.4400	0.5600
	基本每股收益(扣除)(元)	0.5400	0.3900	0.4400	1.0700
	每股净资产(元)	6.5657	6.3800	6.3200	12.8500
	每股经营现金净流量(元)	2.3122	1.4521	2.6942	-0.7495
	每股现金流量(元)	0.1349	-0.2649	1.8340	-2.9241
	每股资本公积金(元)	4.0874	4.1294	4.0356	9.1609
	每股盈余公积金(元)	0.2178	0.2161	0.1766	0.3546
	每股未分配利润(元)	1.2721	1.0307	1.1140	2.3513
	净资产收益率(%)	8.8882	6.2760	6.9800	8.6330
	加权净资产收益率(%)	8.9400	6.3000	6.8600	8.7800
	净资产收益率(扣除)(%)	-	-	-	-
	总资产(万元)	453365.48	430407.73	413252.10	394376.11
	归属母公司股东权益(万元)	313959.21	304878.77	304347.65	308305.58
	主营业务收入(万元)	202453.39	274354.35	178682.34	283886.01
	营业收入(万元)	204261.47	275910.98	179441.78	286467.12
	主营成本(万元)	148917.19	213092.92	138874.06	220514.85
	营业成本(万元)	150578.73	214476.66	139391.89	222101.96
	投资收益(万元)	1393.34	259.49	162.38	67.64
	净利润(万元)	27905.25	19134.30	21243.45	26615.06
	利润总额(万元)	38070.30	27075.24	29050.15	36375.10

山东墨龙石油机械股份有限公司

公司概况	公司名称	山东墨龙石油机械股份有限公司			证券简称	山东墨龙
	法人代表	张恩荣	董秘	赵洪峰	证券代码	002490
	公司网址	www.molonggroup.com		电子信箱	sdml@molonggroup.com	
	电　话	0536-5100890 0536-5789083		传　真	0536-5100888	
	办公地址	山东省寿光市文圣街 999 号				
	经营范围	抽油泵、抽油杆、抽油机、抽油管、石油机械、纺织机械、石油设备等				

主要财务指标	指标\报告期	2013.06.30	2012.12.31	2012.06.30	2011.12.31
	基本每股收益(元)	0.0600	0.1700	0.1000	0.2100
	基本每股收益(扣除)(元)	0.0500	0.1100	0.1700	0.3500
	每股净资产(元)	3.6789	3.6215	7.1900	7.0100
	每股经营现金净流量(元)	-0.3210	0.5589	0.1765	0.2197
	每股现金流量(元)	0.1417	0.0231	0.0060	-1.0117
	每股资本公积金(元)	1.0647	1.0647	3.1295	3.1295
	每股盈余公积金(元)	0.2117	0.2117	0.3960	0.3960
	每股未分配利润(元)	1.4021	1.3450	2.6706	2.4808
	净资产收益率(%)	1.5536	4.6467	2.6400	6.0230
	加权净资产收益率(%)	1.5700	4.7300	2.6700	6.1400
	净资产收益率(扣除)(%)	-	-	-	-
	总资产(万元)	604358.54	528575.10	528805.60	468893.14
	归属母公司股东权益(万元)	293518.21	288941.67	287005.68	279501.44
	主营业务收入(万元)	112080.80	290534.86	156381.95	268411.55
	营业收入(万元)	113935.35	295206.38	158389.98	273869.18
	主营成本(万元)	99804.99	258539.96	140255.05	236451.93
	营业成本(万元)	101590.10	262424.10	141913.29	240767.17
	投资收益(万元)	102.90	120.38	-	25.33
	净利润(万元)	4442.21	14016.62	8262.68	16904.22
	利润总额(万元)	5231.75	16585.45	10228.20	20006.45

江苏通鼎光电股份有限公司

公司概况

公司名称	江苏通鼎光电股份有限公司			证券简称	通鼎光电
法人代表	沈小平	董秘	贺忠良	证券代码	002491
公司网址	www.tdgd.com.cn		电子信箱	hezl@tdgd.com.cn	
电　话	0512-63878226		传　真	0512-63877239	
办公地址	江苏省吴江市震泽镇八都经济开发区小平大道8号				
经营范围	市内通信电缆、光缆和铁路信号电缆的生产和销售等				

主要财务指标

指标\报告期	2013.06.30	2012.12.31	2012.06.30	2011.12.31
基本每股收益(元)	0.3817	0.6680	0.2486	0.5949
基本每股收益(扣除)(元)	0.3856	0.6400	0.2346	0.5977
每股净资产(元)	6.3205	6.2388	5.8200	5.7700
每股经营现金净流量(元)	-0.7967	-1.3861	-1.0090	0.1363
每股现金流量(元)	0.0465	-1.2921	-0.1922	-0.1356
每股资本公积金(元)	3.3378	3.3378	3.3378	3.3378
每股盈余公积金(元)	0.2133	0.2133	0.1547	0.1547
每股未分配利润(元)	1.7694	1.6878	1.3269	1.2784
净资产收益率(%)	6.0384	10.7066	4.2700	10.3090
加权净资产收益率(%)	5.9800	11.1500	4.2400	10.7900
净资产收益率(扣除)(%)	-	-	-	-
总资产(万元)	408606.19	328081.36	326875.53	245155.57
归属母公司股东权益(万元)	169262.25	167075.60	155844.72	154543.49
主营业务收入(万元)	129743.52	272588.30	127036.42	178132.35
营业收入(万元)	131288.04	280374.53	132014.19	186161.06
主营成本(万元)	98712.10	216178.22	103773.40	137824.24
营业成本(万元)	100192.21	223772.31	108621.00	145695.75
投资收益(万元)	-50.87	189.39	-96.88	-451.52
净利润(万元)	10345.88	17658.91	6452.23	16033.25
利润总额(万元)	12269.33	21244.18	7743.48	19013.51

珠海恒基达鑫国际化工仓储股份有限公司

公司概况

公司名称	珠海恒基达鑫国际化工仓储股份有限公司			证券简称	恒基达鑫
法人代表	王青运	董秘	苏清卫	证券代码	002492
公司网址	www.winbase-tank.com		电子信箱	winbase@winbase-tank.com	
电　话	0756-3226342 3226242		传　真	0756-3359588	
办公地址	广东省珠海市高栏港经济区南迳湾				
经营范围	液体化工产品和油品的码头、仓储的建设与经营等				

主要财务指标

指标\报告期	2013.06.30	2012.12.31	2012.06.30	2011.12.31
基本每股收益(元)	0.2354	0.5342	0.3105	0.4630
基本每股收益(扣除)(元)	0.2357	0.5290	0.3101	0.4520
每股净资产(元)	6.9022	6.8168	6.5932	6.3827
每股经营现金净流量(元)	0.3676	0.8633	0.3768	0.8252
每股现金流量(元)	-0.4565	-0.7611	-0.3874	-1.6633
每股资本公积金(元)	3.9794	3.9794	3.9794	3.9794
每股盈余公积金(元)	0.2010	0.2010	0.1557	0.1557
每股未分配利润(元)	1.6849	1.5995	1.4211	1.2106
净资产收益率(%)	3.4104	7.8362	4.7100	7.2540
加权净资产收益率(%)	3.4300	8.1000	4.7600	7.5000
净资产收益率(扣除)(%)	-	-	-	-
总资产(万元)	96071.60	100565.38	99909.18	98665.66
归属母公司股东权益(万元)	82826.63	81802.17	79117.89	76592.02
主营业务收入(万元)	8069.67	17557.09	9456.13	15637.92
营业收入(万元)	8213.79	17848.14	9621.95	16041.08
主营成本(万元)	3801.44	7282.96	3590.60	6578.18
营业成本(万元)	3808.99	7306.95	3609.84	6623.72
投资收益(万元)	-	-	-	-
净利润(万元)	2824.68	6410.15	3725.76	5556.33
利润总额(万元)	3549.33	8230.71	4770.40	7536.27

荣盛石化股份有限公司

公司概况

公司名称	荣盛石化股份有限公司			证券简称	荣盛石化
法人代表	李水荣	董秘	全卫英	证券代码	002493
公司网址	www.cnrspc.com		电子信箱	rspc@cnrspc.com	
电　话	0571-82520189		传　真	0571-82527208 8150	
办公地址	浙江省杭州市萧山区益农镇浙江荣盛控股集团大楼				
经营范围	PTA、聚酯纤维相关产品的生产和销售等				

主要财务指标

指标\报告期	2013.06.30	2012.12.31	2012.06.30	2011.12.31
基本每股收益(元)	0.0600	0.2300	0.2100	1.4600
基本每股收益(扣除)(元)	-	0.1100	0.1500	1.3900
每股净资产(元)	6.0916	6.1224	6.1100	6.3900
每股经营现金净流量(元)	0.1316	0.8614	0.4785	0.1537
每股现金流量(元)	0.4487	-0.7149	-1.0883	0.6144
每股资本公积金(元)	2.1943	2.1943	2.1943	2.1943
每股盈余公积金(元)	0.1563	0.1563	0.1475	0.1475
每股未分配利润(元)	2.7216	2.7651	2.7615	3.0472
净资产收益率(%)	0.9284	3.7033	3.3000	22.7910
加权净资产收益率(%)	0.9200	3.6700	3.3000	25.0900
净资产收益率(扣除)(%)	-	-	-	-
总资产(万元)	2629221.15	2371821.76	1942092.95	1756028.44
归属母公司股东权益(万元)	677382.12	680815.98	679049.58	710857.08
主营业务收入(万元)	1391606.78	2359874.65	1131496.64	2372046.70
营业收入(万元)	1413092.32	2385711.45	1145376.85	2387348.45
主营成本(万元)	1361532.79	2301066.61	1090794.14	2132823.63
营业成本(万元)	1381345.27	2320696.70	1103730.66	2145360.32
投资收益(万元)	5595.07	16729.96	13873.00	50142.66
净利润(万元)	10208.36	38440.02	38089.69	223562.10
利润总额(万元)	12187.05	36449.20	42426.53	259690.60

华斯农业开发股份有限公司

公司概况

公司名称	华斯农业开发股份有限公司			证券简称	华斯股份
法人代表	贺国英	董秘	郗惠宁	证券代码	002494
公司网址	www.huasiag.com		电子信箱	huasi@huasiag.com	
电　话	0317-5090055		传　真	0317-5115789	
办公地址	河北省沧州市肃宁县尚村镇				
经营范围	农业高新技术产品的研发、裘皮、革皮、尾毛及其制品的加工、销售等				

主要财务指标

指标\报告期	2013.06.30	2012.12.31	2012.06.30	2011.12.31
基本每股收益(元)	0.3500	0.6400	0.2800	0.5500
基本每股收益(扣除)(元)	0.3300	0.6200	0.2800	0.5300
每股净资产(元)	8.6800	8.5259	8.1700	7.9900
每股经营现金净流量(元)	-0.0640	-0.0486	-0.3429	0.9488
每股现金流量(元)	-0.8729	-1.6268	-1.0227	0.5838
每股资本公积金(元)	5.8230	5.8230	5.8230	5.8230
每股盈余公积金(元)	0.2016	0.2016	0.1331	0.1331
每股未分配利润(元)	1.6553	1.5012	1.2130	1.0306
净资产收益率(%)	4.0795	7.4964	3.4600	6.8420
加权净资产收益率(%)	4.1000	7.7500	3.4700	7.0400
净资产收益率(扣除)(%)	-	-	-	-
总资产(万元)	125286.49	108758.52	102978.15	102455.36
归属母公司股东权益(万元)	98517.83	96768.83	92719.45	90649.64
主营业务收入(万元)	28549.48	50697.32	23550.22	45724.94
营业收入(万元)	29151.35	51875.23	23995.03	47032.65
主营成本(万元)	21642.77	38832.61	18185.37	35886.33
营业成本(万元)	22216.87	39958.38	18616.73	37137.57
投资收益(万元)	3.12	-	-	-
净利润(万元)	3814.54	7049.67	3068.99	6148.72
利润总额(万元)	4564.76	8423.43	3653.23	7274.44

广东佳隆食品股份有限公司

公司概况	公司名称	广东佳隆食品股份有限公司			证券简称	佳隆股份
	法人代表	林平涛	董秘	甘宏民	证券代码	002495
	公司网址	www.gdjlfood.com		电子信箱	arkam@139.com	
	电　话	0663-2912816		传　真	0663-2918011	
	办公地址	广东省普宁市池尾工业区上寮园 256 幢 0138 号				
	经营范围	从事食品研究开发、调味品、罐头食品生产、销售				

	指标\报告期	2013.06.30	2012.12.31	2012.06.30	2011.12.31
主要财务指标	基本每股收益(元)	0.0921	0.1705	0.1137	0.2077
	基本每股收益(扣除)(元)	0.0924	0.1724	0.1139	0.3100
	每股净资产(元)	3.7489	3.7672	3.7100	5.6500
	每股经营现金净流量(元)	0.0910	0.1864	0.1401	0.2208
	每股现金流量(元)	-0.1495	-0.0212	-0.4050	0.6743
	每股资本公积金(元)	2.1492	2.1492	2.1526	3.7205
	每股盈余公积金(元)	0.0988	0.0988	0.0818	0.1236
	每股未分配利润(元)	0.5127	0.5193	0.4795	0.8058
	净资产收益率(%)	2.4574	4.5157	3.0500	5.5140
	加权净资产收益率(%)	2.4200	4.5300	2.9800	5.6200
	净资产收益率(扣除)(%)	-	-	-	-
	总资产(万元)	108453.44	109926.35	111408.92	109248.09
	归属母公司股东权益(万元)	106134.04	106652.23	105140.30	105766.54
	主营业务收入(万元)	14356.10	27456.46	13963.60	28528.77
	营业收入(万元)	14356.10	27456.46	13963.60	28528.77
	主营成本(万元)	8674.81	16295.83	7849.11	17424.78
	营业成本(万元)	8674.81	16295.83	7849.11	17424.78
	投资收益(万元)	-	-	-	-
	净利润(万元)	2608.11	4816.12	3208.04	5832.35
	利润总额(万元)	3035.38	5598.55	3740.06	6834.48

江苏辉丰农化股份有限公司

公司概况	公司名称	江苏辉丰农化股份有限公司			证券简称	辉丰股份
	法人代表	仲汉根	董秘	赉银良	证券代码	002496
	公司网址	www.hfagro.com		电子信箱	jshuifenggufen@163.com	
	电　话	0515-83255333		传　真	0515-83516755	
	办公地址	江苏省大丰市海洋经济开发区南区纬二路(王港闸南首)				
	经营范围	化学农药产品的研发、生产及销售等				

	指标\报告期	2013.06.30	2012.12.31	2012.06.30	2011.12.31
主要财务指标	基本每股收益(元)	0.3100	0.7100	0.2000	0.3900
	基本每股收益(扣除)(元)	0.3100	0.6800	0.3000	0.3700
	每股净资产(元)	7.2547	6.8800	10.3200	10.0700
	每股经营现金净流量(元)	0.1822	-0.4771	0.5662	-0.6468
	每股现金流量(元)	0.2440	-3.4858	0.0546	-1.0189
	每股资本公积金(元)	4.3744	7.0291	6.9605	6.9661
	每股盈余公积金(元)	0.1986	0.2979	0.2381	0.2432
	每股未分配利润(元)	1.6889	2.3694	2.1227	1.8602
	净资产收益率(%)	4.2625	6.6120	2.9200	3.8697
	加权净资产收益率(%)	4.2600	6.8400	2.8200	3.9100
	净资产收益率(扣除)(%)	-	-	-	-
	总资产(万元)	337338.79	306583.67	275054.00	237272.61
	归属母公司股东权益(万元)	177773.43	174743.64	168666.65	161112.64
	主营业务收入(万元)	100572.92	164497.20	69623.62	103759.09
	营业收入(万元)	102058.27	166715.75	71422.13	104793.82
	主营成本(万元)	76336.87	125409.87	53839.94	78184.42
	营业成本(万元)	77601.32	127254.73	55086.32	79145.46
	投资收益(万元)	-39.17	74.10	61.72	52.59
	净利润(万元)	7489.13	13158.91	6052.63	6712.42
	利润总额(万元)	9262.37	16073.50	7279.67	8123.43

四川雅化实业集团股份有限公司

公司概况	公司名称	四川雅化实业集团股份有限公司			证券简称	雅化集团
	法人代表	郑戎	董秘	刘平凯	证券代码	002497
	公司网址	www.scyahua.com		电子信箱	yhjt@scyahua.com	
	电　话	0835-2872161		传　真	0835-2872161	
	办公地址	四川省雅安市雨城区陇西路 20 号				
	经营范围	工业炸药、民用爆破器材、表面活性剂、纸箱、其他化工产品等				

	指标\报告期	2013.06.30	2012.12.31	2012.06.30	2011.12.31
主要财务指标	基本每股收益(元)	0.2271	0.4375	0.2252	0.3958
	基本每股收益(扣除)(元)	-	0.3900	0.3100	0.5600
	每股净资产(元)	4.0601	4.0500	5.7400	5.6800
	每股经营现金净流量(元)	0.1864	0.4471	0.2628	0.4942
	每股现金流量(元)	-0.5487	-0.5588	-0.9860	-1.0643
	每股资本公积金(元)	1.7869	1.8075	3.2125	3.2135
	每股盈余公积金(元)	0.0885	0.0884	0.1025	0.1025
	每股未分配利润(元)	1.0357	1.0087	1.2248	1.1870
	净资产收益率(%)	5.5925	10.8100	5.8900	10.4450
	加权净资产收益率(%)	5.5500	11.2900	5.8700	10.9800
	净资产收益率(扣除)(%)	-	-	-	-
	总资产(万元)	235488.35	253472.19	211677.51	204187.41
	归属母公司股东权益(万元)	194884.72	194249.53	183636.06	181907.13
	主营业务收入(万元)	58410.77	109017.37	53602.07	109645.01
	营业收入(万元)	58558.06	109941.27	53905.95	110559.60
	主营成本(万元)	29959.87	60592.54	30193.21	63420.31
	营业成本(万元)	30045.06	61083.80	30320.32	63916.89
	投资收益(万元)	166.40	1309.97	819.22	2116.08
	净利润(万元)	11854.88	22479.80	11633.32	20079.10
	利润总额(万元)	14112.70	26300.12	13633.65	24094.01

青岛汉缆股份有限公司

公司概况	公司名称	青岛汉缆股份有限公司			证券简称	汉缆股份
	法人代表	张华凯	董秘	王正庄	证券代码	002498
	公司网址	www.hanhe-cable.com		电子信箱	hanhe1@hanhe-cable.com	
	电　话	0532-88817759		传　真	0532-88817462	
	办公地址	山东省青岛市崂山区九水东路 628 号				
	经营范围	电线、电缆、光缆、电子通信电缆及相关材料制造等				

	指标\报告期	2013.06.30	2012.12.31	2012.06.30	2011.12.31
主要财务指标	基本每股收益(元)	0.0800	0.3600	0.0800	0.4100
	基本每股收益(扣除)(元)	0.1100	0.2900	0.1200	0.4200
	每股净资产(元)	3.5346	5.3322	5.2500	4.9400
	每股经营现金净流量(元)	-0.3263	0.6013	-0.2355	-0.3799
	每股现金流量(元)	-0.4600	0.2361	-0.3633	-0.6641
	每股资本公积金(元)	1.1441	2.2162	2.2162	2.0047
	每股盈余公积金(元)	0.1600	0.2399	0.2094	0.2125
	每股未分配利润(元)	1.2305	1.8761	1.8240	1.7258
	净资产收益率(%)	2.2566	6.6762	2.3500	8.2030
	加权净资产收益率(%)	2.2100	6.8800	2.4800	8.4300
	净资产收益率(扣除)(%)	-	-	-	-
	总资产(万元)	442865.97	473262.76	492229.28	445584.30
	归属母公司股东权益(万元)	379317.41	381489.35	375577.13	348483.84
	主营业务收入(万元)	206494.41	363438.38	143985.03	369739.68
	营业收入(万元)	212095.21	367463.37	151816.68	376408.37
	主营成本(万元)	176432.32	309255.88	121168.00	307888.11
	营业成本(万元)	180305.11	312400.19	128391.49	313692.17
	投资收益(万元)	-4110.77	2527.21	266.58	-6261.98
	净利润(万元)	8678.67	25538.14	8829.32	28310.05
	利润总额(万元)	10519.87	30112.60	10516.31	33964.09

科林环保装备股份有限公司

公司概况						
	公司名称	科林环保装备股份有限公司			证券简称	科林环保
	法人代表	宋七棣	董秘	徐天平	证券代码	002499
	公司网址	www.kelin-china.com		电子信箱	zq@kelin-china.com	
	电　　话	0512-62515549		传　　真	0512-62515528	
	办公地址	江苏省苏州市工业园区通园路 210 号科林大厦				
	经营范围	袋式除尘器的研发、设计、制造、销售及袋式除尘系统设计业务等				

主要财务指标	指标\报告期	2013.06.30	2012.12.31	2012.06.30	2011.12.31
	基本每股收益(元)	0.0600	0.2100	0.1300	0.3800
	基本每股收益(扣除)(元)	–	0.1200	0.1000	0.4300
	每股净资产(元)	5.8246	5.8056	5.7200	8.5900
	每股经营现金净流量(元)	0.1050	0.0776	–0.1579	–0.7232
	每股现金流量(元)	–0.2286	–0.6038	–0.5477	–2.4662
	每股资本公积金(元)	3.7475	3.7475	3.7475	6.2181
	每股盈余公积金(元)	0.1381	0.1381	0.1210	0.1815
	每股未分配利润(元)	0.9390	0.9199	0.8550	1.1905
	净资产收益率(%)	1.0135	3.6190	2.2370	6.6230
	加权净资产收益率(%)	1.0100	3.6500	2.2300	6.8200
	净资产收益率(扣除)(%)	–	–	–	–
	总资产(万元)	104416.10	107330.12	86746.61	85385.58
	归属母公司股东权益(万元)	65526.68	65312.54	64389.31	64425.75
	主营业务收入(万元)	23076.10	46247.54	20610.98	37637.50
	营业收入(万元)	23487.94	46820.33	20892.78	39916.53
	主营成本(万元)	18583.10	37556.01	16203.27	28939.02
	营业成本(万元)	18960.02	37634.13	16355.26	30073.39
	投资收益(万元)	9.36	8.22	–	–
	净利润(万元)	689.60	2837.25	1420.65	4309.23
	利润总额(万元)	813.37	3307.45	1759.65	4916.94

山西证券股份有限公司

公司概况						
	公司名称	山西证券股份有限公司			证券简称	山西证券
	法人代表	侯巍	董秘	王怡里	证券代码	002500
	公司网址	www.sxzq.com		电子信箱	sxzq@i618.com.cn	
	电　　话	0351-8686966 8686905		传　　真	0351-8686667 8686918	
	办公地址	山西省太原市府西街 69 号山西国际贸易中心东塔楼				
	经营范围	证券经纪、证券自营、资产管理、投资银行、财务顾问等证券相关业务				

主要财务指标	指标\报告期	2013.06.30	2012.12.31	2012.06.30	2011.12.31
	基本每股收益(元)	0.0400	0.0600	0.0400	0.0800
	基本每股收益(扣除)(元)	0.0400	0.0600	0.0400	0.0800
	每股净资产(元)	2.5133	2.5159	2.4900	2.4800
	每股经营现金净流量(元)	–0.3905	–1.0218	–0.3922	–1.9480
	每股现金流量(元)	–0.4280	–0.3502	0.1483	–2.9499
	每股资本公积金(元)	1.0945	1.0869	1.0888	1.0616
	每股盈余公积金(元)	0.0760	0.0760	0.0702	0.0702
	每股未分配利润(元)	0.1909	0.2012	0.1951	0.2094
	净资产收益率(%)	1.5818	2.3485	1.4310	3.2420
	加权净资产收益率(%)	1.5700	2.3700	1.4300	3.2100
	净资产收益率(扣除)(%)	–	–	–	–
	总资产(万元)	1331832.29	1279760.88	1377167.14	1310138.10
	归属母公司股东权益(万元)	603130.80	603776.05	–	–
	主营业务收入(万元)	–	–	598608.06	595519.90
	营业收入(万元)	57712.02	104801.60	–	–
	主营成本(万元)	–	–	49020.49	109808.54
	营业成本(万元)	–	–	39122.44	–
	投资收益(万元)	4810.21	8358.74	4196.56	–1446.66
	净利润(万元)	9087.96	14339.73	7793.92	19366.74
	利润总额(万元)	12892.42	19167.92	10122.89	27261.84

吉林利源铝业股份有限公司

公司概况						
	公司名称	吉林利源铝业股份有限公司			证券简称	利源铝业
	法人代表	王民	董秘	张莹莹	证券代码	002501
	公司网址	www.liyuanlvye.com		电子信箱	liyuanxingcaizqb@sina.com	
	电　　话	0437-3166501		传　　真	0437-3166501	
	办公地址	吉林省辽源市民营经济开发区友谊工业园区				
	经营范围	铝型材及深加工产品的研发、生产与销售业务				

主要财务指标	指标\报告期	2013.06.30	2012.12.31	2012.06.30	2011.12.31
	基本每股收益(元)	0.4000	1.0800	0.3200	0.7600
	基本每股收益(扣除)(元)	0.3800	1.0400	0.5300	0.7500
	每股净资产(元)	6.3023	7.6072	7.0700	6.6900
	每股经营现金净流量(元)	0.6463	2.9509	1.1513	–0.4693
	每股现金流量(元)	1.4261	1.9160	1.5444	–2.9770
	每股资本公积金(元)	4.1069	4.2205	4.2205	4.2205
	每股盈余公积金(元)	0.1076	0.2690	0.1587	0.1587
	每股未分配利润(元)	1.0664	2.0823	1.6872	1.3134
	净资产收益率(%)	5.1002	14.1900	8.1200	11.3105
	加权净资产收益率(%)	7.6900	15.2000	8.3000	11.7100
	净资产收益率(扣除)(%)	–	–	–	–
	总资产(万元)	457501.86	359995.76	283046.49	223091.85
	归属母公司股东权益(万元)	294948.71	142406.66	132283.04	125285.11
	主营业务收入(万元)	100155.29	152291.15	77216.62	123495.18
	营业收入(万元)	100155.29	152291.15	77216.62	123495.18
	主营成本(万元)	73470.81	114215.20	58784.82	98805.91
	营业成本(万元)	73470.81	114215.20	58784.82	98805.91
	投资收益(万元)	–	–	–	–
	净利润(万元)	15042.97	20204.70	10741.92	14170.42
	利润总额(万元)	17888.19	23842.61	12658.26	16607.05

骅威科技股份有限公司

公司概况						
	公司名称	骅威科技股份有限公司			证券简称	骅威股份
	法人代表	郭卓才	董秘	刘先知	证券代码	002502
	公司网址	www.huaweitoys.com		电子信箱	stock@huaweitoys.com	
	电　　话	0754-83689555		传　　真	0754-83689556	
	办公地址	广东省汕头市澄海区澄华工业区玉亭路				
	经营范围	各类玩具产品的设计、开发、生产和销售等				

主要财务指标	指标\报告期	2013.06.30	2012.12.31	2012.06.30	2011.12.31
	基本每股收益(元)	0.1000	0.3000	0.1000	0.3000
	基本每股收益(扣除)(元)	0.0900	0.2900	0.0900	0.2900
	每股净资产(元)	6.2302	6.2349	6.2302	6.2349
	每股经营现金净流量(元)	–0.0766	0.0934	–0.0766	0.0934
	每股现金流量(元)	–0.5954	–0.1976	–0.5954	–0.1976
	每股资本公积金(元)	3.8097	3.8097	3.8097	3.8097
	每股盈余公积金(元)	0.1696	0.1696	0.1696	0.1696
	每股未分配利润(元)	1.2510	1.2557	1.2510	1.2557
	净资产收益率(%)	1.5300	4.8913	1.5300	4.8913
	加权净资产收益率(%)	1.5200	4.9900	1.5200	4.9900
	净资产收益率(扣除)(%)	–	–	–	–
	总资产(万元)	92921.01	93515.47	92921.01	93515.47
	归属母公司股东权益(万元)	87721.51	87787.40	87721.51	87787.40
	主营业务收入(万元)	16960.46	44447.69	16960.46	44447.69
	营业收入(万元)	17107.72	44807.73	17107.72	44807.73
	主营成本(万元)	12450.85	34110.14	12450.85	34110.14
	营业成本(万元)	12529.90	34227.55	12529.90	34227.55
	投资收益(万元)	3.85	–9.86	3.85	–9.86
	净利润(万元)	1331.04	4215.65	1331.04	4215.65
	利润总额(万元)	1607.46	4979.18	1607.46	4979.18

东莞市搜于特服装股份有限公司

公司概况	公司名称	东莞市搜于特服装股份有限公司			证券简称	搜于特
	法人代表	马鸿	董秘	廖岗岩	证券代码	002503
	公司网址	www.celucasn.com		电子信箱	syt@celucasn.com	
	电　　话	0769-81333505		传　　真	0769-81333508	
	办公地址	广东省东莞市道滘镇昌平第二工业区第一栋				
	经营范围	设计、销售:服装、皮具、装饰品、日用品				

	指标\报告期	2013.06.30	2012.12.31	2012.06.30	2011.12.31
主要财务指标	基本每股收益(元)	0.3000	0.9500	0.2200	0.6000
	基本每股收益(扣除)(元)	0.3000	0.9400	0.3300	1.0600
	每股净资产(元)	4.5438	6.8657	6.2500	11.1500
	每股经营现金净流量(元)	–0.3359	1.0514	–0.0620	0.0720
	每股现金流量(元)	–0.7233	0.3202	–0.1493	–2.1886
	每股资本公积金(元)	2.4925	4.2387	4.2387	8.4297
	每股盈余公积金(元)	0.1445	0.2167	0.1231	0.2217
	每股未分配利润(元)	0.9068	1.4102	0.8894	1.5016
	净资产收益率(%)	6.6022	13.7983	5.3300	9.7050
	加权净资产收益率(%)	6.2700	14.5600	5.2700	10.0800
	净资产收益率(扣除)(%)	–	–	–	–
	总资产(万元)	236707.27	247844.23	203239.60	216247.95
	归属母公司股东权益(万元)	196292.21	197732.64	180037.32	178448.84
	主营业务收入(万元)	82948.08	160945.99	66363.90	109960.84
	营业收入(万元)	84477.20	161244.92	66435.57	109960.84
	主营成本(万元)	52246.88	103306.73	43870.50	72254.34
	营业成本(万元)	53670.13	103545.20	43922.29	72254.34
	投资收益(万元)	–	–	–	–
	净利润(万元)	12959.57	27283.80	9588.48	17318.64
	利润总额(万元)	17278.92	36639.08	13000.43	23196.53

江苏东光微电子股份有限公司

公司概况	公司名称	江苏东光微电子股份有限公司			证券简称	东光微电
	法人代表	沈建平	董秘	周玲燕	证券代码	002504
	公司网址	www.jsdgme.com		电子信箱	lyzhou@jsdgme.com	
	电　　话	0510-87138930		传　　真	0510-87138931	
	办公地址	江苏省宜兴市新街百合工业园				
	经营范围	半导体器件、集成电路的开发、设计、制造、销售、推广应用				

	指标\报告期	2013.06.30	2012.12.31	2012.06.30	2011.12.31
主要财务指标	基本每股收益(元)	0.0400	0.0700	0.1200	0.2200
	基本每股收益(扣除)(元)	–0.0100	–0.1900	0.0090	0.0800
	每股净资产(元)	6.3334	6.2888	6.4400	6.3200
	每股经营现金净流量(元)	–0.1890	–0.2690	–0.2939	–0.2011
	每股现金流量(元)	–0.0724	–0.8530	–0.5211	–1.3864
	每股资本公积金(元)	3.8635	3.8635	3.8635	3.8635
	每股盈余公积金(元)	0.2606	0.2606	0.2550	0.2550
	每股未分配利润(元)	1.2094	1.1647	1.3167	1.1994
	净资产收益率(%)	0.7053	1.0253	2.1900	3.4532
	加权净资产收益率(%)	0.7100	1.1300	2.1900	3.4600
	净资产收益率(扣除)(%)	–	–	–	–
	总资产(万元)	91921.09	86394.52	76289.27	77129.34
	归属母公司股东权益(万元)	67767.70	67289.70	68857.16	67601.77
	主营业务收入(万元)	9609.03	15629.12	7163.53	17844.84
	营业收入(万元)	9631.54	15639.18	7164.86	17844.84
	主营成本(万元)	7836.69	12861.13	5952.81	13376.91
	营业成本(万元)	7858.86	12871.19	5954.15	13376.91
	投资收益(万元)	–	–	–	–
	净利润(万元)	450.84	681.88	1246.69	2334.45
	利润总额(万元)	573.07	869.19	1495.51	2663.26

湖南大康牧业股份有限公司

公司概况	公司名称	湖南大康牧业股份有限公司			证券简称	大康牧业
	法人代表	陈黎明	董秘	严芳	证券代码	002505
	公司网址	www.dakangmuye.com		电子信箱	002505@dakangmuye.com	
	电　　话	0745-2828533 2828532		传　　真	0745-8689262 2828532	
	办公地址	湖南省怀化市鹤城区鸭嘴岩工业园3栋				
	经营范围	种猪、仔猪、育肥猪以及饲料的生产销售等				

	指标\报告期	2013.06.30	2012.12.31	2012.06.30	2011.12.31
主要财务指标	基本每股收益(元)	0.0050	–0.0770	0.1100	0.2310
	基本每股收益(扣除)(元)	–0.0040	–0.0730	0.1100	0.3510
	每股净资产(元)	3.2893	3.2846	5.3100	5.1400
	每股经营现金净流量(元)	0.0176	0.1785	0.2536	1.7887
	每股现金流量(元)	0.0724	0.4402	0.4518	–0.1132
	每股资本公积金(元)	1.7977	1.7977	3.1965	3.1965
	每股盈余公积金(元)	0.0785	0.0785	0.1161	0.1161
	每股未分配利润(元)	0.4131	0.4085	0.9979	0.8297
	净资产收益率(%)	0.1405	–2.3417	3.1700	6.7360
	加权净资产收益率(%)	0.1400	–2.2900	3.2200	6.9500
	净资产收益率(扣除)(%)	–	–	–	–
	总资产(万元)	131666.74	121078.20	95153.02	89762.44
	归属母公司股东权益(万元)	81152.55	81038.51	87346.68	84580.98
	主营业务收入(万元)	43580.70	70138.49	28811.93	48370.86
	营业收入(万元)	43918.03	70533.39	28877.41	48468.75
	主营成本(万元)	39539.27	66204.59	24716.03	41138.25
	营业成本(万元)	39576.03	66278.63	24726.50	41161.71
	投资收益(万元)	–	–	–	–
	净利润(万元)	92.96	–1904.49	2765.70	5697.27
	利润总额(万元)	92.96	–1904.49	2765.70	5697.27

上海超日太阳能科技股份有限公司

公司概况	公司名称	上海超日太阳能科技股份有限公司			证券简称	*ST 超日
	法人代表	倪开禄	董秘	陶然(代)	证券代码	002506
	公司网址	www.chaorisolar.com		电子信箱	dm@chaorisolar.com.cn	
	电　　话	021-51889318 021-51889328		传　　真	021-33617902	
	办公地址	上海市奉贤区南桥镇杨王经济园区旗港路738号				
	经营范围	太阳能材料、太阳能设备、太阳能灯具、电子电器生产、销售、安装等				

	指标\报告期	2013.06.30	2012.12.31	2012.06.30	2011.12.31
主要财务指标	基本每股收益(元)	–0.4900	–1.9900	–0.2700	–0.2100
	基本每股收益(扣除)(元)	–0.4300	–2.0500	–0.2900	–0.0900
	每股净资产(元)	0.8223	1.3180	5.1400	5.3872
	每股经营现金净流量(元)	0.3369	–0.1079	–1.4083	–1.8732
	每股现金流量(元)	–0.0654	–0.4726	–0.4421	–3.6802
	每股资本公积金(元)	1.9926	1.9926	3.7882	3.7882
	每股盈余公积金(元)	0.0895	0.0895	0.1432	0.1432
	每股未分配利润(元)	–2.2447	–1.7526	0.2122	0.4746
	净资产收益率(%)	–59.8503	–150.7407	–5.2500	–3.8835
	加权净资产收益率(%)	–46.0700	–84.1100	–5.0300	–3.7400
	净资产收益率(扣除)(%)	–	–	–	–
	总资产(万元)	716289.11	757574.76	756171.33	720971.76
	归属母公司股东权益(万元)	69363.35	111173.15	271046.53	284013.12
	主营业务收入(万元)	25056.25	154507.26	104564.98	214845.92
	营业收入(万元)	29459.96	163796.70	106271.48	238741.38
	主营成本(万元)	18438.44	205769.16	87313.40	175334.68
	营业成本(万元)	27056.56	214137.83	89143.33	197819.50
	投资收益(万元)	–	–634.36	–391.92	–885.37
	净利润(万元)	–42298.33	–175232.96	–14421.32	–11203.17
	利润总额(万元)	–41959.95	–172141.57	–15490.42	–7302.99

重庆市涪陵榨菜集团股份有限公司

公司概况	公司名称	重庆市涪陵榨菜集团股份有限公司			证券简称	涪陵榨菜
	法人代表	周斌全	董秘	黄正坤	证券代码	002507
	公司网址	www.flzc.com		电子信箱	flzchzk@163.com	
	电　　话	023-72231475		传　　真	023-72231475	
	办公地址	重庆市涪陵区体育南路 29 号				
	经营范围	生产、加工、销售蔬菜制品等				

主要财务指标	指标\报告期	2013.06.30	2012.12.31	2012.06.30	2011.12.31
	基本每股收益(元)	0.4900	0.8200	0.3700	0.5700
	基本每股收益(扣除)(元)	0.4300	0.7900	0.3700	0.5600
	每股净资产(元)	6.2785	6.1400	5.7000	5.6800
	每股经营现金净流量(元)	0.5108	0.9831	0.4506	0.7626
	每股现金流量(元)	-0.1080	0.0373	-0.2047	-0.3014
	每股资本公积金(元)	3.5967	3.5967	3.5967	3.5967
	每股盈余公积金(元)	0.2195	0.2195	0.1370	0.1370
	每股未分配利润(元)	1.4623	1.3270	0.9685	0.9437
	净资产收益率(%)	7.7296	13.2802	6.5700	10.0460
	加权净资产收益率(%)	7.7400	13.9400	6.5200	10.3400
	净资产收益率(扣除)(%)	-	-	-	-
	总资产(万元)	118113.25	112298.19	105742.14	107610.32
	归属母公司股东权益(万元)	97316.88	95219.66	88382.89	87999.31
	主营业务收入(万元)	40554.72	69242.76	35423.93	69063.44
	营业收入(万元)	41423.64	71265.85	36685.45	70466.03
	主营成本(万元)	23919.03	39050.28	21132.25	43363.84
	营业成本(万元)	24725.30	41021.77	22316.56	44782.67
	投资收益(万元)	-	-	-	-
	净利润(万元)	7522.23	12645.35	5808.59	8840.45
	利润总额(万元)	8807.30	14907.89	6844.13	10450.42

杭州老板电器股份有限公司

公司概况	公司名称	杭州老板电器股份有限公司			证券简称	老板电器
	法人代表	任建华	董秘	王刚	证券代码	002508
	公司网址	www.robam.com		电子信箱	wg@robam.com	
	电　　话	0571-86187810		传　　真	0571-86187769	
	办公地址	浙江省杭州市余杭区余杭经济开发区临平大道 592 号				
	经营范围	制造、加工、销售:吸油烟机、燃气具、消毒碗柜、电压力煲、电磁炉等				

主要财务指标	指标\报告期	2013.06.30	2012.12.31	2012.06.30	2011.12.31
	基本每股收益(元)	0.5600	1.0500	0.4200	0.7300
	基本每股收益(扣除)(元)	0.5600	1.0100	0.3900	0.7000
	每股净资产(元)	7.0104	6.7458	6.1100	5.9000
	每股经营现金净流量(元)	1.0141	1.2660	0.7343	0.5348
	每股现金流量(元)	0.4973	0.3774	0.2483	-0.2090
	每股资本公积金(元)	3.7864	3.7864	3.7862	3.7862
	每股盈余公积金(元)	0.3322	0.2735	0.2096	0.1675
	每股未分配利润(元)	1.8919	1.6859	1.1187	0.9449
	净资产收益率(%)	8.0539	15.5211	6.8030	12.3830
	加权净资产收益率(%)	8.0900	16.6500	6.8900	13.0100
	净资产收益率(扣除)(%)	-	-	-	-
	总资产(万元)	253397.42	233227.79	210661.54	191939.46
	归属母公司股东权益(万元)	179465.77	172691.77	156532.58	151003.67
	主营业务收入(万元)	113786.38	193912.52	84379.41	151157.39
	营业收入(万元)	115305.78	196274.14	85881.12	153388.76
	主营成本(万元)	52932.33	91020.27	39519.65	72713.93
	营业成本(万元)	53145.78	91103.33	39726.80	72887.37
	投资收益(万元)	-4.37	9.29	2.95	-4.72
	净利润(万元)	14032.99	26233.64	10648.91	18699.21
	利润总额(万元)	16823.96	30718.33	12527.14	21756.65

天广消防股份有限公司

公司概况	公司名称	天广消防股份有限公司			证券简称	天广消防
	法人代表	陈秀玉	董秘	张红盛	证券代码	002509
	公司网址	www.tianguang.com		电子信箱	tgzq@tianguang.com	
	电　　话	0595-26929988		传　　真	0595-86395887	
	办公地址	福建省南安市成功科技工业区				
	经营范围	消防器材、消防装备、耐火建筑构配件的设计、开发、制造、销售、维保等				

主要财务指标	指标\报告期	2013.06.30	2012.12.31	2012.06.30	2011.12.31
	基本每股收益(元)	0.1100	0.6900	0.0800	0.3000
	基本每股收益(扣除)(元)	0.1100	0.3500	0.1600	0.2600
	每股净资产(元)	2.1479	4.1235	3.6000	7.0600
	每股经营现金净流量(元)	-0.0447	0.3174	-0.0605	-0.0813
	每股现金流量(元)	-0.0752	-0.4118	-0.1792	-2.8734
	每股资本公积金(元)	0.4113	1.8226	1.8226	4.6452
	每股盈余公积金(元)	0.0574	0.1147	0.0809	0.1619
	每股未分配利润(元)	0.6734	1.1788	0.6937	1.2533
	净资产收益率(%)	5.0752	16.6343	4.6400	8.3606
	加权净资产收益率(%)	5.1500	17.7100	4.6400	8.7300
	净资产收益率(扣除)(%)	-	-	-	-
	总资产(万元)	94692.77	90663.56	78709.41	76153.23
	归属母公司股东权益(万元)	85915.47	82470.15	71945.22	70603.73
	主营业务收入(万元)	26094.66	41943.19	18889.17	34462.62
	营业收入(万元)	26094.66	41975.90	18889.17	34471.15
	主营成本(万元)	18713.61	30537.43	13890.45	25556.21
	营业成本(万元)	18713.61	30537.43	13890.45	25556.21
	投资收益(万元)	150.46	100.95	-	-
	净利润(万元)	4360.41	13718.31	3341.49	5902.88
	利润总额(万元)	5072.92	14875.36	3877.81	6911.17

天津汽车模具股份有限公司

公司概况	公司名称	天津汽车模具股份有限公司			证券简称	天汽模
	法人代表	常世平	董秘	任伟	证券代码	002510
	公司网址	www.tqm.com.cn		电子信箱	zq@tqm.com.cn	
	电　　话	022-24895297		传　　真	022-24895279	
	办公地址	天津市空港经济区航天路 77 号				
	经营范围	模具设计、制造、冲压件加工、铆焊加工、汽车车身及其工艺装备设计等				

主要财务指标	指标\报告期	2013.06.30	2012.12.31	2012.06.30	2011.12.31
	基本每股收益(元)	0.1900	0.4800	0.2200	0.5500
	基本每股收益(扣除)(元)	0.1900	0.4100	0.1600	0.5000
	每股净资产(元)	7.0706	7.0355	6.7700	6.7000
	每股经营现金净流量(元)	0.4982	0.6150	0.3275	0.4761
	每股现金流量(元)	-0.0430	-0.0124	-0.3694	-2.1519
	每股资本公积金(元)	4.1576	4.1576	4.1576	4.1576
	每股盈余公积金(元)	0.1682	0.1682	0.1492	0.1492
	每股未分配利润(元)	1.7510	1.7097	1.4637	1.3980
	净资产收益率(%)	2.7055	6.8300	3.1900	8.2540
	加权净资产收益率(%)	2.6900	7.0100	3.1800	8.5600
	净资产收益率(扣除)(%)	-	-	-	-
	总资产(万元)	286928.07	258768.15	228086.95	208159.83
	归属母公司股东权益(万元)	145485.14	144762.13	139309.86	137957.98
	主营业务收入(万元)	44078.64	86544.58	40749.48	97684.49
	营业收入(万元)	45314.51	89403.21	41927.96	100513.09
	主营成本(万元)	32344.90	64840.84	31964.06	76115.25
	营业成本(万元)	33996.28	67328.51	33105.26	78840.32
	投资收益(万元)	39.31	119.65	215.37	329.04
	净利润(万元)	3905.39	9916.92	4469.90	11390.18
	利润总额(万元)	4145.18	11498.90	4911.75	13483.00

中顺洁柔纸业股份有限公司

公司概况					
公司名称	中顺洁柔纸业股份有限公司			证券简称	中顺洁柔
法人代表	邓颖忠	董秘	张海军	证券代码	002511
公司网址	www.zhongshungroup.com		电子信箱	dsh@zhongshungroup.com	
电话	0760-87885678 87885196		传真	0760-87885677	
办公地址	广东省中山市西区彩虹大道136号				
经营范围	生产、加工和销售高档生活用纸系列产品、产品国内外销售、浆板贸易等				

主要财务指标 指标\报告期	2013.06.30	2012.12.31	2012.06.30	2011.12.31
基本每股收益(元)	0.2600	0.7600	0.2100	0.3900
基本每股收益(扣除)(元)	0.2600	0.7600	0.2900	0.4100
每股净资产(元)	7.2048	10.5875	10.1300	12.9600
每股经营现金净流量(元)	-0.1744	1.4135	0.5302	-0.2310
每股现金流量(元)	0.6337	0.1270	-0.7259	-5.0059
每股资本公积金(元)	4.6445	7.4889	7.4833	10.0283
每股盈余公积金(元)	0.0790	0.1186	0.0738	0.0959
每股未分配利润(元)	1.4813	1.9801	1.5769	1.8391
净资产收益率(%)	3.6266	7.2159	3.1200	3.8830
加权净资产收益率(%)	3.6300	7.4300	3.1200	3.9600
净资产收益率(扣除)(%)	-	-	-	-
总资产(万元)	411199.75	342575.50	287138.70	282098.61
归属母公司股东权益(万元)	224791.10	220220.70	210785.45	207412.47
主营业务收入(万元)	112169.35	231690.49	107156.62	183994.46
营业收入(万元)	113920.37	233945.50	108937.28	185625.82
主营成本(万元)	75500.41	158429.92	73779.78	136064.47
营业成本(万元)	76987.22	160846.03	75519.87	137692.89
投资收益(万元)	-	0.05	-	-
净利润(万元)	8154.36	15887.66	6561.25	8069.58
利润总额(万元)	11009.19	21773.18	9190.09	11114.59

中山达华智能科技股份有限公司

公司概况					
公司名称	中山达华智能科技股份有限公司			证券简称	达华智能
法人代表	蔡小如	董秘	陈开元	证券代码	002512
公司网址	www.twh.com.cn		电子信箱	zhanggaoli@twh.com.cn	
电话	0760-22550278		传真	0760-22130941	
办公地址	广东省中山市小榄镇泰丰工业区水怡南路9号				
经营范围	生产、销售:非接触IC智能卡、非接触式IC卡读卡器、接触式智能卡等				

主要财务指标 指标\报告期	2013.06.30	2012.12.31	2012.06.30	2011.12.31
基本每股收益(元)	0.0740	0.1809	0.0908	0.1856
基本每股收益(扣除)(元)	0.0654	0.1542	0.0741	0.1789
每股净资产(元)	3.0888	2.9934	2.9239	4.3497
每股经营现金净流量(元	-0.1643	0.1972	-0.0129	0.1541
每股现金流量(元)	-0.2154	-0.4617	-0.2949	-0.2239
每股资本公积金(元)	1.5738	1.5525	1.5730	2.8595
每股盈余公积金(元)	0.0569	0.0569	0.0416	0.0624
每股未分配利润(元)	0.4580	0.3840	0.3093	0.4277
净资产收益率(%)	2.3955	6.0417	3.1100	6.4020
加权净资产收益率(%)	2.4400	5.9800	3.0800	6.4900
净资产收益率(扣除)(%)	-	-	-	-
总资产(万元)	148038.83	138828.36	122907.71	126534.40
归属母公司股东权益(万元)	98402.69	95365.44	93151.14	92382.14
主营业务收入(万元)	21778.16	40604.04	18562.74	30987.61
营业收入(万元)	22027.16	41007.77	18808.64	31112.65
主营成本(万元)	13965.22	25198.82	12271.83	21014.92
营业成本(万元)	14010.54	25344.07	12333.89	21078.81
投资收益(万元)	-	6.14	-	-2.48
净利润(万元)	2776.90	6662.56	2990.61	6374.42
利润总额(万元)	3280.20	7654.43	3432.24	7378.26

江苏蓝丰生物化工股份有限公司

公司概况					
公司名称	江苏蓝丰生物化工股份有限公司			证券简称	蓝丰生化
法人代表	杨振华	董秘	陈康	证券代码	002513
公司网址	www.jslanfeng.com		电子信箱	lfshdmb@jslanfeng.com	
电话	0516-88920479		传真	0516-88923712	
办公地址	江苏省徐州市新沂经济开发区苏化路1号				
经营范围	杀虫剂原药及剂型、杀菌剂原药及剂型、除草剂原药及剂型、化工产品等				

主要财务指标 指标\报告期	2013.06.30	2012.12.31	2012.06.30	2011.12.31
基本每股收益(元)	0.1300	0.2800	0.1800	0.3900
基本每股收益(扣除)(元)	0.1200	0.2800	0.1800	0.6400
每股净资产(元)	5.5769	5.5443	5.4100	8.5600
每股经营现金净流量(元)	0.1926	0.2763	0.2343	0.1469
每股现金流量(元)	-0.2146	-1.1693	-0.8878	-3.6120
每股资本公积金(元)	2.8604	2.8604	2.8132	5.1011
每股盈余公积金(元)	0.2044	0.2044	0.1771	0.2834
每股未分配利润(元)	1.4483	1.4184	1.3490	2.0685
净资产收益率(%)	2.3299	5.0127	3.3500	7.3240
加权净资产收益率(%)	1.9600	5.1500	3.3500	7.4900
净资产收益率(扣除)(%)	-	-	-	-
总资产(万元)	244654.24	233154.69	184813.89	175176.12
归属母公司股东权益(万元)	118854.03	118160.61	115372.19	113966.72
主营业务收入(万元)	72839.66	125128.95	61976.23	112878.36
营业收入(万元)	73343.75	126855.00	62730.94	114327.26
主营成本(万元)	59332.33	99694.82	49397.90	88923.65
营业成本(万元)	59614.85	100923.27	50024.34	89904.39
投资收益(万元)	-	-	-	-
净利润(万元)	2769.17	5923.07	3861.04	8346.48
利润总额(万元)	3304.98	6862.41	4473.04	9758.27

苏州宝馨科技实业股份有限公司

公司概况					
公司名称	苏州宝馨科技实业股份有限公司			证券简称	宝馨科技
法人代表	叶云宙	董秘	章海祥	证券代码	002514
公司网址	www.boamax.com		电子信箱	zqb@boamax.com	
电话	0512-66729265		传真	0512-66163297	
办公地址	江苏省苏州市高新区浒墅关经济开发区新亭路10号				
经营范围	从事精密模具、用于电子专用设备、测试仪器、电力通讯设备等的钣金结构件的研发、生产等				

主要财务指标 指标\报告期	2013.06.30	2012.12.31	2012.06.30	2011.12.31
基本每股收益(元)	0.0800	0.2300	0.1700	0.3500
基本每股收益(扣除)(元)	-	0.2200	0.1700	0.2500
每股净资产(元)	4.7745	4.7113	4.7500	7.3100
每股经营现金净流量(元)	0.1337	0.2980	0.2420	0.3005
每股现金流量(元)	-0.0451	-0.1752	0.1742	-2.1783
每股资本公积金(元)	2.7239	2.7239	2.7239	4.9583
每股盈余公积金(元)	0.1701	0.1701	0.1507	0.2411
每股未分配利润(元)	0.8900	0.8115	0.8744	1.1233
净资产收益率(%)	1.6426	4.8568	3.6300	7.6650
加权净资产收益率(%)	1.6300	4.9500	3.2500	7.6800
净资产收益率(扣除)(%)	-	-	-	-
总资产(万元)	61196.35	58269.91	57864.73	55626.08
归属母公司股东权益(万元)	51946.82	51258.74	51711.04	49682.82
主营业务收入(万元	15077.65	28791.52	14339.98	28812.36
营业收入(万元)	15105.65	28857.86	14364.47	28891.45
主营成本(万元)	11876.19	22012.20	10497.74	21666.01
营业成本(万元)	11895.46	22036.20	10497.74	21666.01
投资收益(万元)	35.71	27.56	-	13.43
净利润(万元)	852.67	2484.09	1874.33	3806.09
利润总额(万元)	1047.84	2884.82	2193.98	4330.35

金宇火腿股份有限公司

公司概况	公司名称	金宇火腿股份有限公司			证券简称	金宇火腿
	法人代表	施延军	董秘	王蔚婷	证券代码	002515
	公司网址	www.jinzichina.com		电子信箱	jinziham@jinzichina.com	
	电　　话	0579-82262717		传　　真	0579-82262717	
	办公地址	浙江省金华市工业园区金帆街 1000 号				
	经营范围	金华火腿、火腿制品等发酵肉制品及各类低温肉制品的研发、生产及销售				

主要财务指标	指标\报告期	2013.06.30	2012.12.31	2012.06.30	2011.12.31
	基本每股收益(元)	0.1500	0.2500	0.1400	0.3400
	基本每股收益(扣除)(元)	–	0.2100	0.1300	0.4600
	每股净资产(元)	5.9232	5.8781	5.7700	8.5949
	每股经营现金净流量(元)	0.1423	0.2470	0.0701	–0.5604
	每股现金流量(元)	–1.0846	0.9190	0.6929	–1.5032
	每股资本公积金(元)	3.7064	3.7064	3.7064	6.0596
	每股盈余公积金(元)	0.1440	0.1440	0.1186	0.1779
	每股未分配利润(元)	1.0728	1.0277	0.9465	1.3573
	净资产收益率(%)	2.4490	4.2225	2.4500	6.0004
	加权净资产收益率(%)	2.4400	4.2800	2.4500	6.1400
	净资产收益率(扣除)(%)	–	–	–	–
	总资产(万元)	111083.00	107105.02	88730.02	89745.28
	归属母公司股东权益(万元)	84893.89	84248.07	82720.55	82123.93
	主营业务收入(万元)	10391.85	18232.75	9486.25	17462.93
	营业收入(万元)	10609.81	18471.94	9585.36	17593.66
	主营成本(万元)	6233.20	9696.91	5060.82	9828.77
	营业成本(万元)	6288.10	9781.29	5115.12	9933.48
	投资收益(万元)	2263.78	300.80	–	–
	净利润(万元)	2740.48	3557.39	2029.87	4927.77
	利润总额(万元)	2899.14	3934.43	2139.71	5199.40

江苏旷达汽车织物集团股份有限公司

公司概况	公司名称	江苏旷达汽车织物集团股份有限公司			证券简称	江苏旷达
	法人代表	沈介良	董秘	徐秋	证券代码	002516
	公司网址	www.kuangdacn.com		电子信箱	qiu.xu@kuangdacn.com	
	电　　话	0519-86540239 86159358		传　　真	0519-86549358	
	办公地址	江苏省常州市武进区雪堰镇旷达路 1 号				
	经营范围	化纤复合面料、化纤布、化纤丝、汽车座椅套、座椅、汽车内饰件、纺织机械等				

主要财务指标	指标\报告期	2013.06.30	2012.12.31	2012.06.30	2011.12.31
	基本每股收益(元)	0.2700	0.5200	0.2500	0.4900
	基本每股收益(扣除)(元)	0.2600	0.5100	0.2400	0.4400
	每股净资产(元)	6.7576	6.6109	6.3400	6.2900
	每股经营现金净流量(元)	–0.1383	0.7900	0.2803	0.1612
	每股现金流量(元)	–0.8281	0.1833	–0.0762	–0.5061
	每股资本公积金(元)	3.8597	3.8597	3.8597	3.8597
	每股盈余公积金(元)	0.1943	0.1943	0.1453	0.1453
	每股未分配利润(元)	1.7053	1.5586	1.3374	1.2909
	净资产收益率(%)	3.9477	7.8170	3.8600	7.7340
	加权净资产收益率(%)	3.9400	8.0300	3.8600	8.0000
	净资产收益率(扣除)(%)	–	–	–	–
	总资产(万元)	204460.80	194180.15	186139.27	183972.27
	归属母公司股东权益(万元)	168939.75	165271.74	158515.61	157352.65
	主营业务收入(万元)	62482.53	116885.02	56847.20	100867.69
	营业收入(万元)	62826.10	117831.70	57085.33	102235.08
	主营成本(万元)	44239.61	84789.51	41798.29	73941.10
	营业成本(万元)	44519.19	85710.57	41980.63	74977.17
	投资收益(万元)	–	–	–	–
	净利润(万元)	6889.60	13408.63	6472.21	12379.87
	利润总额(万元)	8668.13	16665.93	7967.03	15364.21

泰亚鞋业股份有限公司

公司概况	公司名称	泰亚鞋业股份有限公司			证券简称	泰亚股份
	法人代表	林祥加	董秘	谢梓熙	证券代码	002517
	公司网址	www.taiya.hk		电子信箱	zqb@taiya.hk	
	电　　话	0595-22498599 22019888		传　　真	0595-22499000	
	办公地址	福建省泉州市经济技术开发区清濛园区美泰路 36 号				
	经营范围	生产各种鞋及鞋材等				

主要财务指标	指标\报告期	2013.06.30	2012.12.31	2012.06.30	2011.12.31
	基本每股收益(元)	0.0100	0.3500	0.3300	0.2200
	基本每股收益(扣除)(元)	–	0.1200	0.0900	0.2100
	每股净资产(元)	3.6592	3.6200	3.6200	6.7900
	每股经营现金净流量(元)	–0.0594	0.4345	0.4041	–0.3778
	每股现金流量(元)	–0.5517	–0.6277	–0.0725	–0.9773
	每股资本公积金(元)	1.8834	1.8834	1.8834	4.7669
	每股盈余公积金(元)	0.0691	0.0691	0.0557	0.1114
	每股未分配利润(元)	0.7066	0.6969	0.6818	0.9119
	净资产收益率(%)	0.2651	9.7091	9.2000	6.6111
	加权净资产收益率(%)	0.2700	10.0800	9.2000	6.7100
	净资产收益率(扣除)(%)	–	–	–	–
	总资产(万元)	69863.89	69255.85	68550.10	63420.56
	归属母公司股东权益(万元)	64693.90	64522.38	64017.99	60025.84
	主营业务收入(万元)	14545.90	33863.96	15983.79	39166.57
	营业收入(万元)	14558.46	33928.42	16019.46	39215.70
	主营成本(万元)	11300.91	26209.78	12360.41	30541.23
	营业成本(万元)	11302.17	26251.57	12381.55	30565.51
	投资收益(万元)	–	–	–	–
	净利润(万元)	171.52	6264.54	5760.15	3968.38
	利润总额(万元)	492.11	8646.39	7689.21	5346.71

深圳科士达科技股份有限公司

公司概况	公司名称	深圳科士达科技股份有限公司			证券简称	科 士 达
	法人代表	刘程宇	董秘	蔡艳红	证券代码	002518
	公司网址	www.kstar.com.cn		电子信箱	stock@kstar.com.cn	
	电　　话	0755-86168479		传　　真	0755-86169275	
	办公地址	广东省深圳市南山区高新北区科技中二路软件园 1 栋 4 楼 401、402 室				
	经营范围	UPS 不间断电源、逆变电源、EPS 应急电源、太阳能逆变器、太阳能控制器等				

主要财务指标	指标\报告期	2013.06.30	2012.12.31	2012.06.30	2011.12.31
	基本每股收益(元)	0.2100	0.4400	0.1900	0.4100
	基本每股收益(扣除)(元)	0.2000	0.4200	0.1800	0.3900
	每股净资产(元)	6.2700	6.2103	5.9600	10.6800
	每股经营现金净流量(元)	–0.0934	0.2662	–0.4706	–0.0845
	每股现金流量(元)	–2.5496	–0.5425	–0.9213	–1.2972
	每股资本公积金(元)	3.7628	3.7628	3.7628	7.5731
	每股盈余公积金(元)	0.1360	0.1360	0.1045	0.1880
	每股未分配利润(元)	1.3711	1.3114	1.0924	1.9210
	净资产收益率(%)	3.3455	7.1231	3.2200	6.8490
	加权净资产收益率(%)	3.3300	7.3000	3.2000	7.0100
	净资产收益率(扣除)(%)	–	–	–	–
	总资产(万元)	164103.47	165067.41	144252.73	150994.30
	归属母公司股东权益(万元)	129789.24	128553.58	123365.60	122844.67
	主营业务收入(万元)	42619.76	93204.45	38786.35	93444.19
	营业收入(万元)	42719.83	93443.54	38873.08	93749.10
	主营成本(万元)	29472.19	65517.44	27782.83	70028.27
	营业成本(万元)	29473.45	65517.44	27782.83	70028.69
	投资收益(万元)	128.31	–	–	–
	净利润(万元)	4516.87	9166.66	3842.65	8438.71
	利润总额(万元)	5343.58	10629.80	4341.63	9594.59

江苏银河电子股份有限公司

公司概况	公司名称	江苏银河电子股份有限公司			证券简称	银河电子
	法人代表	吴建明	董秘	吴刚	证券代码	002519
	公司网址	www.yinhe.com		电子信箱	yhdm@yinhe.com	
	电话	0512-58449138 58449198		传真	0512-58449267	
	办公地址	江苏省苏州市张家港市塘桥镇南环路188号				
	经营范围	计算机及部件、计算机外部设备、电子产品、网络产品、软件产品、监控设备等				

	指标\报告期	2013.06.30	2012.12.31	2012.06.30	2011.12.31
主要财务指标	基本每股收益(元)	0.2300	0.6700	0.2200	0.5700
	基本每股收益(扣除)(元)	0.2200	0.6600	0.3200	0.5600
	每股净资产(元)	5.0320	7.6896	7.3300	7.3800
	每股经营现金净流量(元)	-0.0089	1.3443	0.5032	-1.0412
	每股现金流量(元)	-0.3742	0.6948	-0.0864	-2.2306
	每股资本公积金(元)	2.2553	3.8679	3.8462	3.8241
	每股盈余公积金(元)	0.2589	0.3883	0.3224	0.3224
	每股未分配利润(元)	1.5179	2.4334	2.1585	2.2293
	净资产收益率(%)	4.5502	8.7128	4.4000	7.6810
	加权净资产收益率(%)	4.5600	8.9600	4.4000	7.9000
	净资产收益率(扣除)(%)	-	-	-	-
	总资产(万元)	141200.51	152304.40	136012.51	135058.48
	归属母公司股东权益(万元)	106276.68	108269.51	103164.72	103851.66
	主营业务收入(万元)	56035.83	100281.09	52278.60	99855.94
	营业收入(万元)	57351.91	102290.81	53134.68	101439.05
	主营成本(万元)	41102.05	74801.90	39701.16	75688.33
	营业成本(万元)	42159.81	76544.46	40373.71	77053.44
	投资收益(万元)	-	-	-	-
	净利润(万元)	4835.78	9433.29	4634.68	7977.05
	利润总额(万元)	5647.16	11306.07	5533.42	9403.43

浙江日发精密机械股份有限公司

公司概况	公司名称	浙江日发精密机械股份有限公司			证券简称	日发精机
	法人代表	王本善	董秘	李燕	证券代码	002520
	公司网址	www.rifapm.com		电子信箱	rifapm@rifa.com.cn	
	电话	0575-86299888		传真	0575-86299177	
	办公地址	浙江省绍兴市新昌县七星街道日发数码科技园				
	经营范围	数控机床、机械产品的研制、生产、销售				

	指标\报告期	2013.06.30	2012.12.31	2012.06.30	2011.12.31
主要财务指标	基本每股收益(元)	0.0700	0.4700	0.2700	0.6800
	基本每股收益(扣除)(元)	0.0700	0.4100	0.3900	0.9300
	每股净资产(元)	2.9059	5.0476	4.9800	7.8600
	每股经营现金净流量(元)	0.1073	0.3397	0.1711	0.3511
	每股现金流量(元)	-0.3100	-0.9397	-0.4250	-0.9471
	每股资本公积金(元)	1.5601	2.8401	2.8388	4.7582
	每股盈余公积金(元)	0.1746	0.2619	0.2162	0.3243
	每股未分配利润(元)	0.1712	0.9455	0.9279	1.7822
	净资产收益率(%)	2.5524	9.3067	8.1500	12.9830
	加权净资产收益率(%)	2.2400	9.2300	7.6200	13.4800
	净资产收益率(扣除)(%)	-	-	-	-
	总资产(万元)	91803.46	95268.69	91672.15	94790.55
	归属母公司股东权益(万元)	62766.93	72684.87	71753.05	75501.11
	主营业务收入(万元)	12597.94	31311.74	21102.96	42709.53
	营业收入(万元)	13148.54	32362.15	21713.57	44071.33
	主营成本(万元)	8724.11	20010.93	13006.64	26330.84
	营业成本(万元)	8950.39	20501.25	13289.09	27022.16
	投资收益(万元)	-	-	-	-
	净利润(万元)	1565.20	6755.15	5851.94	9801.98
	利润总额(万元)	1936.38	7967.20	6910.15	11486.55

齐峰新材料股份有限公司

公司概况	公司名称	齐峰新材料股份有限公司			证券简称	齐峰新材
	法人代表	李学峰	董秘	孙文荣	证券代码	002521
	公司网址	www.qifeng.cn		电子信箱	qftzswr@163.com	
	电话	0533-7785585		传真	0533-7788998	
	办公地址	山东省淄博市临淄区朱台镇朱台路22号				
	经营范围	造纸及纸制品加工、销售、板材销售、货物进出口等				

	指标\报告期	2013.06.30	2012.12.31	2012.06.30	2011.12.31
主要财务指标	基本每股收益(元)	0.2100	0.7000	0.1500	0.3800
	基本每股收益(扣除)(元)	0.2100	0.7000	0.3100	0.3600
	每股净资产(元)	5.1721	10.2623	9.8600	9.8600
	每股经营现金净流量(元)	-0.4437	-0.8577	-1.2639	-0.7253
	每股现金流量(元)	-0.3006	-0.9673	-1.4128	-2.4326
	每股资本公积金(元)	3.0670	7.1328	7.1328	7.1328
	每股盈余公积金(元)	0.0960	0.1958	0.1485	0.1485
	每股未分配利润(元)	1.0091	1.9337	1.5779	1.5820
	净资产收益率(%)	4.0241	6.8118	3.0000	3.8460
	加权净资产收益率(%)	4.0800	6.9800	2.9900	3.9100
	净资产收益率(扣除)(%)	-	-	-	-
	总资产(万元)	322162.76	289712.00	263333.56	256020.60
	归属母公司股东权益(万元)	217485.57	211557.27	203247.09	203330.95
	主营业务收入(万元)	98554.16	176912.18	80255.05	157200.27
	营业收入(万元)	98631.83	176999.93	80294.84	157831.27
	主营成本(万元)	77749.91	144004.70	64986.35	134984.14
	营业成本(万元)	77808.66	144062.02	65020.83	135579.37
	投资收益(万元)	-	-	-	-
	净利润(万元)	8751.85	14410.82	6100.64	7819.58
	利润总额(万元)	10377.51	16810.29	7225.52	8878.84

浙江众成包装材料股份有限公司

公司概况	公司名称	浙江众成包装材料股份有限公司			证券简称	浙江众成
	法人代表	陈大魁	董秘	吴军	证券代码	002522
	公司网址	www.zjzhongda.com		电子信箱	sec@zjzhongda.com	
	电话	0573-84187845		传真	0573-84187829	
	办公地址	浙江省嘉兴市嘉善县经济开发区柳溪路				
	经营范围	生产、销售多层共挤热收缩薄膜、塑料制品等				

	指标\报告期	2013.06.30	2012.12.31	2012.06.30	2011.12.31
主要财务指标	基本每股收益(元)	0.2200	0.6000	0.2900	0.6000
	基本每股收益(扣除)(元)	0.2100	0.5700	0.2700	0.5800
	每股净资产(元)	6.0136	6.5980	6.2300	6.3000
	每股经营现金净流量(元)	0.3123	0.7717	0.3329	0.7511
	每股现金流量(元)	-0.4127	-1.0048	-0.3863	-0.6837
	每股资本公积金(元)	4.0335	4.0335	4.0335	4.0335
	每股盈余公积金(元)	0.1992	0.1992	0.1391	0.1391
	每股未分配利润(元)	0.7821	1.3648	1.1122	1.1267
	净资产收益率(%)	3.6132	9.0671	4.5400	9.5980
	加权净资产收益率(%)	3.5200	9.3500	4.5600	9.9900
	净资产收益率(扣除)(%)	-	-	-	-
	总资产(万元)	131196.53	132105.30	124361.92	123586.52
	归属母公司股东权益(万元)	102635.47	112609.95	107263.11	107510.94
	主营业务收入(万元)	23331.11	44851.06	21450.97	45557.77
	营业收入(万元)	23933.96	45380.31	21577.51	45950.48
	主营成本(万元)	15571.51	29058.54	14099.97	30564.02
	营业成本(万元)	16139.59	29500.20	14198.44	30906.85
	投资收益(万元)	25.26	349.65	247.14	8.74
	净利润(万元)	3711.42	10212.37	4872.32	10318.80
	利润总额(万元)	4385.88	12062.87	5755.21	12189.07

株洲天桥起重机股份有限公司

公司概况	公司名称	株洲天桥起重机股份有限公司			证券简称	天桥起重
	法人代表	成固平	董秘	范洪泉	证券代码	002523
	公司网址	www.tqcc.cn		电子信箱	sid@tqcc.cn	
	电　话	0731-22337000 8007 8022		传　真	0731-22337798	
	办公地址	湖南省株洲市石峰区田心北门				
	经营范围	从事各种起重设备的研发、制造和销售业务等				

主要财务指标	指标\报告期	2013.06.30	2012.12.31	2012.06.30	2011.12.31
	基本每股收益(元)	0.0600	0.0600	0.0800	0.2500
	基本每股收益(扣除)(元)	–	0.1500	0.1000	0.2400
	每股净资产(元)	3.2247	4.1634	4.2100	6.6700
	每股经营现金净流量(元)	–0.0984	0.0051	–0.0366	–0.5794
	每股现金流量(元)	–0.8017	0.9514	–0.1653	–3.6312
	每股资本公积金(元)	1.5724	2.3441	2.3441	4.3506
	每股盈余公积金(元)	0.0885	0.1062	0.1116	0.1612
	每股未分配利润(元)	0.5638	0.7132	0.7510	1.1580
	净资产收益率(%)	1.8765	1.3772	2.3900	5.9357
	加权净资产收益率(%)	1.8800	1.3800	2.3900	6.0700
	净资产收益率(扣除)(%)	–	–	–	–
	总资产(万元)	144268.49	144951.06	143618.16	145480.72
	归属母公司股东权益(万元)	107317.90	106584.11	107689.90	106716.28
	主营业务收入(万元)	25345.44	59968.87	29194.92	61537.58
	营业收入(万元)	25875.62	61348.38	29948.03	62436.00
	主营成本(万元)	18947.78	46490.06	22223.67	47578.18
	营业成本(万元)	19264.02	47408.81	22736.73	48054.27
	投资收益(万元)	184.64	–	–	–
	净利润(万元)	2068.09	1691.74	2721.52	6621.47
	利润总额(万元)	2450.03	2029.26	3259.49	7646.64

光正集团股份有限公司

公司概况	公司名称	光正集团股份有限公司			证券简称	光正集团
	法人代表	周永麟	董秘	姜勇	证券代码	002524
	公司网址	www.gzss.cc		电子信箱	guangzheng@gzss.cc	
	电　话	0991-3766551		传　真	0991-3766551	
	办公地址	新疆维吾尔自治区乌鲁木齐市经济技术开发区上海路105号				
	经营范围	各类钢结构的设计、生产、安装等业务				

主要财务指标	指标\报告期	2013.06.30	2012.12.31	2012.06.30	2011.12.31
	基本每股收益(元)	–0.0100	0.1300	0.0200	0.1100
	基本每股收益(扣除)(元)	–0.0200	0.0900	0.0400	0.1100
	每股净资产(元)	1.6646	2.3639	2.2900	2.7100
	每股经营现金净流量(元)	–0.0038	0.1154	–0.0326	–0.0698
	每股现金流量(元)	0.5534	–0.2004	–0.3436	–0.8051
	每股资本公积金(元)	0.5898	0.8900	0.8900	1.2680
	每股盈余公积金(元)	0.0226	0.0525	0.0394	0.0472
	每股未分配利润(元)	0.0382	0.3909	0.3217	0.3505
	净资产收益率(%)	–0.7114	5.4362	2.0200	4.9740
	加权净资产收益率(%)	–0.9700	5.5600	2.0300	5.1000
	净资产收益率(扣除)(%)	–	–	–	–
	总资产(万元)	154329.02	93309.63	83018.90	73726.54
	归属母公司股东权益(万元)	83786.11	51276.80	49610.56	48941.24
	主营业务收入(万元)	20162.75	46248.16	20213.42	42235.81
	营业收入(万元)	20413.99	46581.11	20330.48	42642.93
	主营成本(万元)	17390.39	39692.95	17280.65	36414.87
	营业成本(万元)	17465.93	39871.91	17369.94	36596.60
	投资收益(万元)	185.04	–	–	–
	净利润(万元)	–596.06	2787.51	1002.79	2434.36
	利润总额(万元)	–744.43	3324.78	1172.97	2918.42

山东矿机集团股份有限公司

公司概况	公司名称	山东矿机集团股份有限公司			证券简称	山东矿机
	法人代表	赵笃学	董秘	王泽钢	证券代码	002526
	公司网址	www.skj.cc		电子信箱	sdkj002526@163.com	
	电　话	0536-6295539		传　真	0536-6295539	
	办公地址	山东省潍坊市昌乐县经济开发区大沂路北段矿机工业园				
	经营范围	煤矿机械、矿山机械、通用机械、矿山安全技术与装备等				

主要财务指标	指标\报告期	2013.06.30	2012.12.31	2012.06.30	2011.12.31
	基本每股收益(元)	0.0441	0.0834	0.1432	0.5313
	基本每股收益(扣除)(元)	0.0429	0.0405	0.0999	0.5158
	每股净资产(元)	3.6355	3.6315	3.6900	7.1200
	每股经营现金净流量(元)	–0.1612	0.0693	0.1288	–1.0128
	每股现金流量(元)	–0.2491	–0.2312	–0.1048	–3.1096
	每股资本公积金(元)	2.0749	2.0749	2.0749	4.9497
	每股盈余公积金(元)	0.0767	0.0767	0.0702	0.1403
	每股未分配利润(元)	0.4839	0.4799	0.5395	1.0311
	净资产收益率(%)	1.2118	2.2967	3.8800	7.4608
	加权净资产收益率(%)	1.2800	2.3200	3.9600	7.4200
	净资产收益率(扣除)(%)	–	–	–	–
	总资产(万元)	316790.11	302896.50	304037.50	285764.04
	归属母公司股东权益(万元)	194136.89	193920.39	197112.60	190134.08
	主营业务收入(万元)	65987.94	159333.83	82279.81	163671.53
	营业收入(万元)	66706.98	161351.51	83436.03	166144.70
	主营成本(万元)	54542.35	128486.74	65995.34	129651.63
	营业成本(万元)	54573.80	128603.43	66013.59	129843.14
	投资收益(万元)	283.70	160.18	–	–56.38
	净利润(万元)	2348.82	4405.76	7731.74	14672.73
	利润总额(万元)	2911.31	5715.06	8983.17	17562.17

上海新时达电气股份有限公司

公司概况	公司名称	上海新时达电气股份有限公司			证券简称	新时达
	法人代表	纪德法	董秘	冯骏	证券代码	002527
	公司网址	www.stepelectric.com		电子信箱	yangls@stepelectric.com	
	电　话	021-69926094		传　真	021-69926163	
	办公地址	上海市嘉定区南翔镇新勤路289号				
	经营范围	从事电梯控制系统与电梯变频器的研发、生产及销售				

主要财务指标	指标\报告期	2013.06.30	2012.12.31	2012.06.30	2011.12.31
	基本每股收益(元)	0.3030	0.6600	0.2700	0.5600
	基本每股收益(扣除)(元)	0.2500	0.6100	0.2200	0.5200
	每股净资产(元)	7.0752	6.7676	6.3300	6.2100
	每股经营现金净流量(元)	0.2193	0.6150	0.2069	–0.0562
	每股现金流量(元)	0.0245	–0.3284	0.0358	–0.9727
	每股资本公积金(元)	4.1655	4.1582	4.1118	4.0513
	每股盈余公积金(元)	0.2059	0.2061	0.1449	0.1499
	每股未分配利润(元)	1.7070	1.4061	1.0752	1.0100
	净资产收益率(%)	4.2755	9.6796	4.2600	9.0425
	加权净资产收益率(%)	4.3700	10.2300	4.2600	9.3900
	净资产收益率(扣除)(%)	–	–	–	–
	总资产(万元)	171139.44	162762.01	150014.16	135158.17
	归属母公司股东权益(万元)	146470.64	139876.11	130918.83	124155.36
	主营业务收入(万元)	40622.52	84047.82	35767.39	65729.37
	营业收入(万元)	40622.52	84047.82	35767.39	65729.37
	主营成本(万元)	24090.90	49815.04	21592.59	39311.37
	营业成本(万元)	24090.90	49815.04	21592.59	39311.37
	投资收益(万元)	298.21	208.83	–	1.80
	净利润(万元)	6663.87	14140.65	5742.85	11711.76
	利润总额(万元)	7778.08	15992.36	6899.85	13518.07

深圳英飞拓科技股份有限公司

公司概况	公司名称	深圳英飞拓科技股份有限公司			证券简称	英飞拓
	法人代表	刘肇怀	董秘	华元柳	证券代码	002528
	公司网址	www.infinova.com.cn		电子信箱	invrel@infinova.com.cn	
	电话	0755-86096000 86095586		传真	0755-86098166	
	办公地址	广东省深圳市宝安区观澜高新技术产业园英飞拓厂房				
	经营范围	电子安防产品的研发、设计、生产和销售等				

主要财务指标	指标\报告期	2013.06.30	2012.12.31	2012.06.30	2011.12.31
	基本每股收益(元)	–	0.0400	–0.0300	0.1200
	基本每股收益(扣除)(元)	–	0.0600	–0.0500	0.1700
	每股净资产(元)	6.0038	6.2332	9.4500	9.4900
	每股经营现金净流量(元)	–0.0914	0.2393	–0.1258	–0.1380
	每股现金流量(元)	–2.1468	–1.1267	–1.8881	–0.4822
	每股资本公积金(元)	4.6098	4.6097	7.4179	7.4027
	每股盈余公积金(元)	0.0887	0.0886	0.1252	0.1252
	每股未分配利润(元)	0.3491	0.5488	0.9151	0.9738
	净资产收益率(%)	–0.0037	0.6099	–0.6200	1.9090
	加权净资产收益率(%)	–	0.6000	–0.8500	1.9200
	净资产收益率(扣除)(%)	–	–	–	–
	总资产(万元)	237681.84	246186.35	241184.60	231658.84
	归属母公司股东权益(万元)	212359.98	220715.58	223176.68	224005.69
	主营业务收入(万元)	42529.33	72556.26	22522.14	35287.35
	营业收入(万元)	42845.73	75748.57	23544.11	35491.36
	主营成本(万元)	21169.39	36095.40	11172.42	15441.74
	营业成本(万元)	21213.71	38253.32	11937.22	15519.02
	投资收益(万元)	1126.33	–	–	–
	净利润(万元)	–7.76	1346.10	–1385.77	4275.43
	利润总额(万元)	707.48	722.09	–1455.71	4071.15

福建海源自动化机械股份有限公司

公司概况	公司名称	福建海源自动化机械股份有限公司			证券简称	海源机械
	法人代表	李良光	董秘	李玫	证券代码	002529
	公司网址	www.haiyuan-group.com		电子信箱	hyjx@haiyuan-group.com	
	电话	0591-83855071		传真	0591-83855031	
	办公地址	福建省福州市闽侯县荆溪镇铁岭北路2号				
	经营范围	从事全自动液压设备以及配套设备的研发、生产与销售				

主要财务指标	指标\报告期	2013.06.30	2012.12.31	2012.06.30	2011.12.31
	基本每股收益(元)	0.0300	0.0400	0.0200	0.2800
	基本每股收益(扣除)(元)	0.0030	0.0100	0.0200	0.4000
	每股净资产(元)	6.2071	6.2058	6.1300	6.3400
	每股经营现金净流量(元)	0.0616	–0.3536	–0.4076	–0.0315
	每股现金流量(元)	–0.2472	–1.1238	–0.7332	–2.1160
	每股资本公积金(元)	4.1485	4.1485	4.1485	4.1485
	每股盈余公积金(元)	0.2364	0.2364	0.2329	0.2329
	每股未分配利润(元)	0.8132	0.8151	0.7972	0.9618
	净资产收益率(%)	0.4733	0.7121	0.3700	4.4330
	加权净资产收益率(%)	0.4700	0.7000	0.3600	4.4600
	净资产收益率(扣除)(%)	–	–	–	–
	总资产(万元)	110470.56	108366.43	109338.99	116179.18
	归属母公司股东权益(万元)	99314.33	99293.43	98857.77	101491.57
	主营业务收入(万元)	11406.21	24713.52	11331.99	37073.71
	营业收入(万元)	11452.62	25011.26	11518.22	37562.64
	主营成本(万元)	8110.55	17163.19	7381.74	23409.21
	营业成本(万元)	8138.73	17233.90	7405.13	23461.16
	投资收益(万元)	–	–	–	–
	净利润(万元)	470.02	707.07	366.20	4499.49
	利润总额(万元)	568.62	857.67	423.56	5572.44

江苏丰东热技术股份有限公司

公司概况	公司名称	江苏丰东热技术股份有限公司			证券简称	丰东股份
	法人代表	朱文明	董秘	房莉莉	证券代码	002530
	公司网址	www.fengdong.com		电子信箱	fengdong@fengdong.com	
	电话	0515-83282838		传真	0515-83282843	
	办公地址	江苏省大丰市经济开发区南翔西路333号				
	经营范围	开发、生产热处理设备及其辅助设备并销售本公司自产产品等				

主要财务指标	指标\报告期	2013.06.30	2012.12.31	2012.06.30	2011.12.31
	基本每股收益(元)	0.0950	0.1869	0.1150	0.1812
	基本每股收益(扣除)(元)	0.0908	0.1812	0.1150	0.1778
	每股净资产(元)	2.3617	2.3266	2.2500	4.4000
	每股经营现金净流量(元)	–0.0083	0.1259	0.0227	0.0885
	每股现金流量(元)	0.0516	–0.1767	–0.0793	–0.9612
	每股资本公积金(元)	0.7816	0.7816	0.7816	2.5632
	每股盈余公积金(元)	0.0666	0.0666	0.0489	0.0978
	每股未分配利润(元)	0.5135	0.4784	0.4240	0.7383
	净资产收益率(%)	4.0266	8.0351	5.0900	8.2350
	加权净资产收益率(%)	4.0600	8.3200	5.1600	8.4500
	净资产收益率(扣除)(%)	–	–	–	–
	总资产(万元)	86509.15	84184.22	84677.91	82291.38
	归属母公司股东权益(万元)	63293.93	62353.34	60421.61	58951.16
	主营业务收入(万元)	18882.31	34313.58	18200.42	31977.32
	营业收入(万元)	18882.31	34313.58	18200.42	31977.32
	主营成本(万元)	13404.55	23439.42	12405.80	21546.10
	营业成本(万元)	13404.55	23439.42	12405.80	21546.10
	投资收益(万元)	452.46	1000.58	557.58	1153.92
	净利润(万元)	2613.94	5255.74	3085.26	5114.22
	利润总额(万元)	3069.11	6260.37	3680.83	6227.58

天顺风能(苏州)股份有限公司

公司概况	公司名称	天顺风能(苏州)股份有限公司			证券简称	天顺风能
	法人代表	严俊旭	董秘	郑康生	证券代码	002531
	公司网址	www.titanmetal.com.cn		电子信箱	zhengks@titanwind.com.cn	
	电话	0512-81607015 82783910		传真	0512-53598666	
	办公地址	江苏省太仓市经济开发区宁波东路28号				
	经营范围	从事设计、生产加工各类电力设备(风力发电设备)、船舶设备等				

主要财务指标	指标\报告期	2013.06.30	2012.12.31	2012.06.30	2011.12.31
	基本每股收益(元)	0.2400	0.8300	0.2200	0.5100
	基本每股收益(扣除)(元)	0.2200	0.8300	0.4400	0.5000
	每股净资产(元)	4.4179	4.3200	8.2400	8.0200
	每股经营现金净流量(元)	–0.0984	1.3746	0.2301	–0.6820
	每股现金流量(元)	–0.0083	–0.9124	–0.8314	–1.2004
	每股资本公积金(元)	2.6246	6.2492	6.2492	6.2695
	每股盈余公积金(元)	0.0915	0.1830	0.1002	0.1002
	每股未分配利润(元)	0.6923	1.1954	0.8931	0.6470
	净资产收益率(%)	5.5356	9.6235	5.4100	6.3740
	加权净资产收益率(%)	5.5100	10.0000	5.4200	6.5000
	净资产收益率(扣除)(%)	–	–	–	–
	总资产(万元)	275490.32	233283.11	250595.76	234688.43
	归属母公司股东权益(万元)	181796.99	177723.18	169590.18	164944.51
	主营业务收入(万元)	65015.14	118540.37	61411.19	75659.45
	营业收入(万元)	70738.79	123155.92	64461.22	94179.22
	主营成本(万元)	49548.48	88997.34	45159.04	60495.27
	营业成本(万元)	54748.74	92768.38	47672.85	77747.38
	投资收益(万元)	–	–	–	–
	净利润(万元)	10063.49	17103.12	9177.74	10379.14
	利润总额(万元)	11637.13	20116.18	11026.43	11901.48

新界泵业集团股份有限公司

公司概况	公司名称	新界泵业集团股份有限公司			证券简称	新界泵业
	法人代表	许敏田	董秘	严先发	证券代码	002532
	公司网址	www.shimge.com		电子信箱	yxf@shimge.com	
	电　话	0576-81670968		传　真	0576-86338769	
	办公地址	浙江省温岭市大溪镇大洋城工业区				
	经营范围	各类水泵及控制设备以及空气压缩机的研发、生产和销售				

主要财务指标	指标\报告期	2013.06.30	2012.12.31	2012.06.30	2011.12.31
	基本每股收益(元)	0.3900	0.5400	0.2700	0.3800
	基本每股收益(扣除)(元)	0.2900	0.4800	0.3200	0.3400
	每股净资产(元)	5.9506	5.6285	5.3500	5.1700
	每股经营现金净流量(元)	0.3817	0.9729	0.4765	0.1645
	每股现金流量(元)	-0.3457	-0.9005	-0.2799	-1.4467
	每股资本公积金(元)	3.3264	3.3127	3.3153	3.3158
	每股盈余公积金(元)	0.1717	0.1717	0.1169	0.1169
	每股未分配利润(元)	1.4182	1.1252	0.9152	0.7405
	净资产收益率(%)	6.6047	9.5847	5.1400	7.2720
	加权净资产收益率(%)	6.7600	10.0300	5.2000	7.5100
	净资产收益率(扣除)(%)	-	-	-	-
	总资产(万元)	138042.66	127220.29	114092.24	103936.00
	归属母公司股东权益(万元)	95210.10	90055.86	85558.01	82771.77
	主营业务收入(万元)	53705.14	90583.25	45886.89	73617.14
	营业收入(万元)	55036.69	94245.05	48200.23	76451.49
	主营成本(万元)	40088.06	68325.84	34577.23	57971.61
	营业成本(万元)	41179.86	71406.93	36550.36	60704.03
	投资收益(万元)	7.37	647.03	335.34	612.34
	净利润(万元)	6474.37	8773.89	4433.66	6046.80
	利润总额(万元)	7705.14	10801.25	5129.22	6959.84

金杯电工股份有限公司

公司概况	公司名称	金杯电工股份有限公司			证券简称	金杯电工
	法人代表	吴学愚	董秘	黄喜华	证券代码	002533
	公司网址	www.gold-cup.cn		电子信箱	jbdg8888@163.com	
	电　话	0731-88280604 88280636		传　真	0731-88280636	
	办公地址	湖南省长沙市雨花区环保科技产业园新兴路159号				
	经营范围	加工、制造、销售电线、电缆、生产、销售电线、电缆材料及成品等				

主要财务指标	指标\报告期	2013.06.30	2012.12.31	2012.06.30	2011.12.31
	基本每股收益(元)	0.1210	0.3460	0.1810	0.3450
	基本每股收益(扣除)(元)	0.1160	0.3200	0.1740	0.3610
	每股净资产(元)	5.0534	5.2656	5.0400	5.9300
	每股经营现金净流量(元)	-0.3684	0.6793	0.3751	-1.7816
	每股现金流量(元)	-0.6081	0.1562	-0.1687	-2.1218
	每股资本公积金(元)	2.5573	2.7709	2.7075	3.4490
	每股盈余公积金(元)	0.0880	0.0880	0.0785	0.0941
	每股未分配利润(元)	1.4080	1.4066	1.2506	1.3841
	净资产收益率(%)	2.4021	6.5740	3.5800	6.9930
	加权净资产收益率(%)	2.3300	6.8000	3.6100	6.9600
	净资产收益率(扣除)(%)	-	-	-	-
	总资产(万元)	249979.99	240783.02	211915.43	220219.90
	归属母公司股东权益(万元)	169794.42	176924.22	169227.22	165962.09
	主营业务收入(万元)	118901.00	256736.83	111197.96	249821.51
	营业收入(万元)	119264.59	257755.98	111784.53	251449.07
	主营成本(万元)	105453.12	227389.62	97588.64	222840.43
	营业成本(万元)	105749.37	228076.59	97968.03	224108.78
	投资收益(万元)	-34.92	21.62	5.57	177.71
	净利润(万元)	3998.41	11527.02	5848.07	12069.35
	利润总额(万元)	4744.97	13530.34	6995.28	14463.51

杭州锅炉集团股份有限公司

公司概况	公司名称	杭州锅炉集团股份有限公司			证券简称	杭锅股份
	法人代表	吴南平	董秘	陈华	证券代码	002534
	公司网址	www.chinaboilers.com		电子信箱	boiler@mail.hz.zj.cn	
	电　话	0571-85387519		传　真	0571-85387598	
	办公地址	浙江省杭州市江干区大农港路1216号				
	经营范围	各类余热锅炉、工业锅炉、电站锅炉、核电设备和电站辅机的研发、生产和销售				

主要财务指标	指标\报告期	2013.06.30	2012.12.31	2012.06.30	2011.12.31
	基本每股收益(元)	0.3000	0.8500	0.4300	0.8300
	基本每股收益(扣除)(元)	0.2900	0.8100	0.4000	0.8000
	每股净资产(元)	6.6547	6.6400	6.1100	5.9975
	每股经营现金净流量(元)	0.3753	-1.2982	-1.5464	-0.7092
	每股现金流量(元)	-0.4147	-0.6274	-1.1601	0.7138
	每股资本公积金(元)	2.5672	2.5672	2.5672	2.5672
	每股盈余公积金(元)	0.3066	0.2496	0.2415	0.1604
	每股未分配利润(元)	2.7443	2.7989	2.2924	2.2612
	净资产收益率(%)	4.5433	12.8902	6.9739	13.6790
	加权净资产收益率(%)	4.5200	13.6000	6.9200	14.9300
	净资产收益率(扣除)(%)	-	-	-	-
	总资产(万元)	721124.36	767856.35	780266.34	680247.51
	归属母公司股东权益(万元)	266533.17	266068.44	244731.12	240213.26
	主营业务收入(万元)	300395.16	1170528.46	533531.19	389434.96
	营业收入(万元)	300885.72	1172169.28	534495.96	396725.22
	主营成本(万元)	260729.01	1067468.13	487463.12	308581.03
	营业成本(万元)	260944.35	1068800.47	488324.85	316215.94
	投资收益(万元)	37.12	-283.30	732.97	1681.75
	净利润(万元)	14234.87	40655.34	19854.28	40375.36
	利润总额(万元)	15932.72	49402.06	24384.66	46726.88

林州重机集团股份有限公司

公司概况	公司名称	林州重机集团股份有限公司			证券简称	林州重机
	法人代表	郭现生	董秘	崔普县	证券代码	002535
	公司网址	www.lzzj.com		电子信箱	lzzjcpx@126.com	
	电　话	0372-6024321		传　真	0372-6031023	
	办公地址	河南省林州市河顺镇申村				
	经营范围	液压支架等煤炭综采支护设备的设计、研发、制造、销售及技术服务				

主要财务指标	指标\报告期	2013.06.30	2012.12.31	2012.06.30	2011.12.31
	基本每股收益(元)	0.2100	0.4300	0.1700	0.3500
	基本每股收益(扣除)(元)	0.2100	0.3900	0.1700	0.4500
	每股净资产(元)	3.9087	3.8097	3.5400	4.4600
	每股经营现金净流量(元)	0.1047	0.1468	0.0572	-0.1521
	每股现金流量(元)	-0.1117	-0.2927	-0.1501	0.6849
	每股资本公积金(元)	2.0171	2.0205	2.0073	2.8967
	每股盈余公积金(元)	0.1126	0.1126	0.0687	0.0893
	每股未分配利润(元)	0.7888	0.6765	0.4607	0.4725
	净资产收益率(%)	5.3830	11.3890	4.9200	9.8810
	加权净资产收益率(%)	5.4000	12.0000	4.9700	11.1600
	净资产收益率(扣除)(%)	-	-	-	-
	总资产(万元)	505659.33	454583.70	288804.76	283464.61
	归属母公司股东权益(万元)	210416.83	205086.05	190427.33	184660.99
	主营业务收入(万元)	82974.73	111216.72	52561.63	95867.09
	营业收入(万元)	92529.25	133236.84	62553.34	110292.73
	主营成本(万元)	59523.24	78271.45	38401.13	67670.22
	营业成本(万元)	65943.70	93891.60	46300.13	78687.31
	投资收益(万元)	169.24	539.30	74.95	105.81
	净利润(万元)	13296.51	23786.52	9366.54	18229.21
	利润总额(万元)	16411.17	27967.98	11047.58	21721.66

河南省西峡汽车水泵股份有限公司

公司概况	公司名称	河南省西峡汽车水泵股份有限公司			证券简称	西泵股份
	法人代表	孙耀志	董秘	席洪民	证券代码	002536
	公司网址	www.xixia-waterpump.com		电子信箱	xhm@xixia-waterpump.com	
	电 话	0377-69723888 69662536		传 真	0377-69722888 69662536	
	办公地址	河南省南阳市西峡县工业大道299号				
	经营范围	汽车、摩托车零部件及其机械产品的加工、制造、销售等				

	指标\报告期	2013.06.30	2012.12.31	2012.06.30	2011.12.31
主要财务指标	基本每股收益(元)	0.2298	0.3600	0.3116	0.7200
	基本每股收益(扣除)(元)	–	–	0.2900	0.6200
	每股净资产(元)	12.0930	12.0632	12.0100	11.9000
	每股经营现金净流量(元)	0.6017	0.4748	0.6265	–0.1743
	每股现金流量(元)	–0.2764	–1.1727	–0.4088	1.8948
	每股资本公积金(元)	8.3108	8.3108	8.3108	8.3108
	每股盈余公积金(元)	0.2903	0.2903	0.2566	0.2566
	每股未分配利润(元)	2.4918	2.4621	2.4444	2.3328
	净资产收益率(%)	1.8999	3.0092	2.5900	5.9430
	加权净资产收益率(%)	1.8900	3.0300	2.5800	6.3500
	净资产收益率(扣除)(%)	–	–	–	–
	总资产(万元)	213083.95	196793.23	175201.01	168768.79
	归属母公司股东权益(万元)	116092.84	115807.19	115313.90	114242.35
	主营业务收入(万元)	56309.88	86356.35	42657.08	93589.37
	营业收入(万元)	56641.78	86932.89	42720.91	94383.75
	主营成本(万元)	43859.10	67050.42	31782.53	68470.80
	营业成本(万元)	44109.82	67547.36	31836.93	69176.63
	投资收益(万元)	11.85	–	–	–
	净利润(万元)	2236.80	3516.08	2991.55	6837.66
	利润总额(万元)	2504.69	3688.70	3282.10	7542.22

青岛海立美达股份有限公司

公司概况	公司名称	青岛海立美达股份有限公司			证券简称	海立美达
	法人代表	刘国平	董秘	曹际东	证券代码	002537
	公司网址	www.haili.com.cn		电子信箱	hlmc@haili.com.cn	
	电 话	0532-89066166		传 真	0532-89066196	
	办公地址	山东省青岛市即墨市青威路1626号				
	经营范围	钢板的剪切、冲压加工、彩涂钢板、钢制零部件、模具的开发与生产等				

	指标\报告期	2013.06.30	2012.12.31	2012.06.30	2011.12.31
主要财务指标	基本每股收益(元)	0.2400	0.4400	0.2500	0.8000
	基本每股收益(扣除)(元)	–	0.4000	0.2300	0.6900
	每股净资产(元)	8.9997	8.9150	8.7300	12.7000
	每股经营现金净流量(元)	–0.7350	–1.2876	–0.3934	–2.6662
	每股现金流量(元)	0.1245	–2.4336	–1.0189	3.2192
	每股资本公积金(元)	6.1040	6.1318	6.1318	9.6891
	每股盈余公积金(元)	0.1072	0.1090	0.1012	0.1518
	每股未分配利润(元)	1.7885	1.6742	1.4934	1.8611
	净资产收益率(%)	2.6663	4.9490	2.9000	6.1420
	加权净资产收益率(%)	2.7000	5.0800	2.9400	6.6900
	净资产收益率(扣除)(%)	–	–	–	–
	总资产(万元)	290467.43	254258.75	260851.13	174223.04
	归属母公司股东权益(万元)	137227.37	133724.61	130896.54	127020.32
	主营业务收入(万元)	159777.10	231560.98	99225.64	201882.52
	营业收入(万元)	163722.78	241853.86	100650.67	203988.51
	主营成本(万元)	145083.06	207302.44	90296.76	185886.36
	营业成本(万元)	147765.14	216101.28	91549.82	187323.43
	投资收益(万元)	26.26	150.00	–	–
	净利润(万元)	5465.99	9480.00	4217.43	8248.49
	利润总额(万元)	5857.33	13432.78	5562.39	10927.76

安徽省司尔特肥业股份有限公司

公司概况	公司名称	安徽省司尔特肥业股份有限公司			证券简称	司尔特
	法人代表	金国清	董秘	吴勇	证券代码	002538
	公司网址	www.sierte.com		电子信箱	wy3968@sina.com	
	电 话	0563-4191590 4181525		传 真	0563-4181525	
	办公地址	安徽省宁国市经济技术开发区				
	经营范围	高浓度磷复肥产品研发、生产和销售等				

	指标\报告期	2013.06.30	2012.12.31	2012.06.30	2011.12.31
主要财务指标	基本每股收益(元)	0.2600	0.5800	0.3200	1.1200
	基本每股收益(扣除)(元)	0.2100	0.5300	0.2900	0.5300
	每股净资产(元)	5.4700	5.3050	5.0500	9.6600
	每股经营现金净流量(元)	0.5354	0.3159	0.2844	–2.8746
	每股现金流量(元)	0.0450	–1.0368	–0.2598	2.4386
	每股资本公积金(元)	2.5944	2.5944	2.5944	6.1887
	每股盈余公积金(元)	0.2027	0.2027	0.1448	0.2895
	每股未分配利润(元)	1.6729	1.5079	1.3064	2.1785
	净资产收益率(%)	4.8440	10.8697	6.2900	11.3310
	加权净资产收益率(%)	4.8700	11.4400	6.3600	12.6500
	净资产收益率(扣除)(%)	–	–	–	–
	总资产(万元)	279311.92	218632.50	203600.57	201623.80
	归属母公司股东权益(万元)	161911.69	157028.69	149348.45	142920.20
	主营业务收入(万元)	92321.58	–	78317.93	171127.12
	营业收入(万元)	92587.01	185498.31	78652.30	171976.77
	主营成本(万元)	74116.68	–	60756.48	141485.42
	营业成本(万元)	74175.07	151550.97	60809.26	141629.20
	投资收益(万元)	–	–	–	–
	净利润(万元)	7843.01	17068.49	9388.25	16194.23
	利润总额(万元)	9217.93	20202.11	11313.89	19066.56

成都市新都化工股份有限公司

公司概况	公司名称	成都市新都化工股份有限公司			证券简称	新都化工
	法人代表	牟嘉云	董秘	王生兵	证券代码	002539
	公司网址	www.shindoo.com		电子信箱	zhengquan@shindoo.com	
	电 话	028-87373422		传 真	028-87373422	
	办公地址	四川省成都市新都工业开发区南二路				
	经营范围	生产、销售复合肥等				

	指标\报告期	2013.06.30	2012.12.31	2012.06.30	2011.12.31
主要财务指标	基本每股收益(元)	0.1600	0.3700	0.3000	0.6800
	基本每股收益(扣除)(元)	–	0.1800	0.2830	0.5960
	每股净资产(元)	6.7243	6.8122	6.7400	6.6800
	每股经营现金净流量(元)	–0.1274	–0.0214	–0.3031	0.5889
	每股现金流量(元)	–0.6039	–1.0531	–0.2640	2.2292
	每股资本公积金(元)	3.8646	3.8651	3.8645	3.8645
	每股盈余公积金(元)	0.1422	0.1422	0.1095	0.1095
	每股未分配利润(元)	1.6695	1.7604	1.7240	1.6733
	净资产收益率(%)	2.3668	5.4279	4.4800	9.9910
	加权净资产收益率(%)	2.3200	5.5300	4.4800	11.0500
	净资产收益率(扣除)(%)	–	–	–	–
	总资产(万元)	467914.33	504037.75	518729.52	444174.22
	归属母公司股东权益(万元)	222602.37	225512.34	223201.25	221196.87
	主营业务收入(万元)	184328.68	336145.33	190311.25	315387.34
	营业收入(万元)	200410.81	342475.30	192815.53	324180.52
	主营成本(万元)	157241.08	288963.84	161023.76	262600.08
	营业成本(万元)	172170.00	296106.14	163674.19	270537.49
	投资收益(万元)	–499.36	–692.90	47.83	323.32
	净利润(万元)	6737.94	14297.33	10873.30	24684.58
	利润总额(万元)	9335.76	19545.04	14339.49	33234.80

江苏亚太轻合金科技股份有限公司

公司概况	公司名称	江苏亚太轻合金科技股份有限公司			证券简称	亚太科技
	法人代表	周福海	董秘	罗功武	证券代码	002540
	公司网址	www.yatal.com		电子信箱	dm@yatal.com	
	电　话	0510-88278652		传　真	0510-88278653	
	办公地址	江苏省无锡市新区坊兴路 8 号				
	经营范围	精密铝管、专用型材和高精度棒材等汽车铝挤压材及其他工业铝挤压材的研发、生产和销售				

主要财务指标	指标\报告期	2013.06.30	2012.12.31	2012.06.30	2011.12.31
	基本每股收益(元)	0.1800	0.4800	0.1300	0.6000
	基本每股收益(扣除)(元)	0.1300	0.4300	0.2300	0.5200
	每股净资产(元)	5.4183	10.6800	10.4600	10.4400
	每股经营现金净流量(元)	0.1475	–0.2507	–0.5622	–0.3735
	每股现金流量(元)	–1.4214	–1.0948	–1.3134	5.1480
	每股资本公积金(元)	3.2091	7.4183	7.4183	7.4183
	每股盈余公积金(元)	0.1264	0.2529	0.1986	0.1986
	每股未分配利润(元)	1.0750	2.0000	1.8407	1.8244
	净资产收益率(%)	3.2305	4.4947	2.5300	5.6901
	加权净资产收益率(%)	3.2400	4.5500	2.5300	6.2100
	净资产收益率(扣除)(%)	–	–	–	–
	总资产(万元)	233231.85	229766.95	223872.96	232523.65
	归属母公司股东权益(万元)	225400.51	222063.14	217519.06	217178.98
	主营业务收入(万元)	91241.73	161013.13	80111.03	125284.99
	营业收入(万元)	96124.42	173310.62	83116.20	129931.28
	主营成本(万元)	75818.83	134089.21	66838.30	100988.46
	营业成本(万元)	80173.27	145263.11	69410.40	104887.86
	投资收益(万元)	971.67	–	–	11.02
	净利润(万元)	7212.32	9794.63	5507.38	12690.48
	利润总额(万元)	8268.25	11849.86	6435.82	14857.83

安徽鸿路钢结构(集团)股份有限公司

公司概况	公司名称	安徽鸿路钢结构(集团)股份有限公司			证券简称	鸿路钢构
	法人代表	开金伟	董秘	汪国胜	证券代码	002541
	公司网址	www.hong-lu.com		电子信箱	wangguosheng0731@163.com	
	电　话	0551-66391405		传　真	0551-66391725	
	办公地址	安徽省合肥市双凤工业区				
	经营范围	钢结构及其围护产品的制造和销售等				

主要财务指标	指标\报告期	2013.06.30	2012.12.31	2012.06.30	2011.12.31
	基本每股收益(元)	0.3512	0.6000	0.3469	0.8100
	基本每股收益(扣除)(元)	0.3512	0.5100	0.2675	1.4500
	每股净资产(元)	8.1076	7.7964	7.5400	14.7600
	每股经营现金净流量(元)	0.4672	–0.0671	–0.1525	–1.4852
	每股现金流量(元)	–0.3174	–0.4324	–0.1968	3.7450
	每股资本公积金(元)	4.4617	4.4617	4.4617	9.9235
	每股盈余公积金(元)	0.2008	0.2008	0.1602	0.3203
	每股未分配利润(元)	–	2.1339	1.9193	3.5148
	净资产收益率(%)	4.3318	7.7231	4.6000	10.7370
	加权净资产收益率(%)	4.4100	7.9700	4.6500	12.0600
	净资产收益率(扣除)(%)	–	–	–	–
	总资产(万元)	619506.44	522551.23	448483.31	417811.55
	归属母公司股东权益(万元)	217284.12	208943.76	202104.70	197764.73
	主营业务收入(万元)	172982.68	317018.32	137951.91	327986.43
	营业收入(万元)	206258.24	374182.07	156823.95	353168.77
	主营成本(万元)	151048.52	275108.76	119450.69	283057.24
	营业成本(万元)	180634.60	326227.76	136457.23	303216.85
	投资收益(万元)	–	–	–	–
	净利润(万元)	9412.36	16137.04	9297.97	21234.88
	利润总额(万元)	11104.20	19520.34	10929.14	26981.60

中化岩土工程股份有限公司

公司概况	公司名称	中化岩土工程股份有限公司			证券简称	中化岩土
	法人代表	吴延炜	董秘	王秀格	证券代码	002542
	公司网址	www.cge.com.cn		电子信箱	cge@cge.com.cn	
	电　话	010-61271947		传　真	010-61271705	
	办公地址	北京市大兴区大兴工业开发区金苑路 2 号				
	经营范围	工业、交通与民用各类建筑项目的岩土工程勘察、设计等				

主要财务指标	指标\报告期	2013.06.30	2012.12.31	2012.06.30	2011.12.31
	基本每股收益(元)	0.1600	0.3200	0.1200	0.2600
	基本每股收益(扣除)(元)	0.1600	0.3200	0.1200	0.2100
	每股净资产(元)	4.0413	3.9524	3.7600	7.3700
	每股经营现金净流量(元)	0.1522	–0.2422	–0.1155	0.4785
	每股现金流量(元)	–0.1220	–0.9715	–0.6104	5.2234
	每股资本公积金(元)	2.2965	2.2965	2.2965	5.5931
	每股盈余公积金(元)	0.1443	0.1443	0.0955	0.1910
	每股未分配利润(元)	0.6004	0.5115	0.3668	0.5837
	净资产收益率(%)	3.9314	8.0583	3.3400	6.8120
	加权净资产收益率(%)	3.9500	8.3500	3.3400	7.5300
	净资产收益率(扣除)(%)	–	–	–	–
	总资产(万元)	93737.86	93140.75	81193.37	81376.47
	归属母公司股东权益(万元)	80986.65	79205.51	75326.41	73824.92
	主营业务收入(万元)	24964.72	45098.90	15604.12	26409.09
	营业收入(万元)	24964.72	45098.90	15604.12	26409.09
	主营成本(万元)	19359.89	33181.10	11452.27	18986.75
	营业成本(万元)	19359.89	33181.10	11452.27	18986.75
	投资收益(万元)	21.83	53.16	25.25	83.02
	净利润(万元)	3183.94	6382.58	2503.49	5028.86
	利润总额(万元)	3682.12	7402.28	2933.29	5850.67

广东万和新电气股份有限公司

公司概况	公司名称	广东万和新电气股份有限公司			证券简称	万和电气
	法人代表	卢础其	董秘	卢宇阳	证券代码	002543
	公司网址	www.vanward.com		电子信箱	vw@vanward.com	
	电　话	0757-28382828		传　真	0757-23814788	
	办公地址	广东省佛山市顺德高新区(容桂)建业中路 13 号				
	经营范围	生产销售燃气热水器、燃气采暖热水炉、电热水器、燃气灶具、消毒柜等				

主要财务指标	指标\报告期	2013.06.30	2012.12.31	2012.06.30	2011.12.31
	基本每股收益(元)	0.3700	1.0800	0.3200	1.0400
	基本每股收益(扣除)(元)	0.3600	1.0500	0.6100	0.9700
	每股净资产(元)	5.9915	11.5511	11.1000	10.7700
	每股经营现金净流量(元)	0.5650	0.7977	0.4446	–0.9979
	每股现金流量(元)	–0.1692	–0.9321	–0.5063	4.6593
	每股资本公积金(元)	3.2572	7.5144	7.5144	7.5144
	每股盈余公积金(元)	0.1046	0.2093	0.1853	0.1451
	每股未分配利润(元)	1.6337	2.8346	2.4081	2.1151
	净资产收益率(%)	6.1153	9.3819	5.7046	9.4864
	加权净资产收益率(%)	6.1700	9.7300	5.7900	10.4600
	净资产收益率(扣除)(%)	–	–	–	–
	总资产(万元)	329115.41	312639.00	295698.05	275902.46
	归属母公司股东权益(万元)	239658.88	231022.92	222024.51	215348.57
	主营业务收入(万元)	180531.85	297933.56	142305.18	257063.61
	营业收入(万元)	183667.38	304494.62	145353.31	262976.51
	主营成本(万元)	133087.92	218479.10	102189.90	188500.79
	营业成本(万元)	133754.20	219561.24	103783.55	189539.60
	投资收益(万元)	1163.35	–14.10	–16.56	6.94
	净利润(万元)	14623.57	22069.47	12920.81	21255.08
	利润总额(万元)	17803.03	26177.99	15939.34	25790.96

广州杰赛科技股份有限公司

公司概况	公司名称	广州杰赛科技股份有限公司			证券简称	杰赛科技
	法人代表	韩玉辉	董秘	黄征	证券代码	002544
	公司网址	www.chinagci.com		电子信箱	ir@chinagci.com	
	电　　话	020-84118343		传　　真	020-84119246	
	办公地址	广东省广州市新港中路381号杰赛科技大楼				
	经营范围	开发、制造、加工:通信系统与设备、测控及自动化网络与产品等				

主要财务指标	指标\报告期	2013.06.30	2012.12.31	2012.06.30	2011.12.31
	基本每股收益(元)	0.0900	0.5000	0.0800	0.4500
	基本每股收益(扣除)(元)	0.0700	0.4200	0.1500	0.3700
	每股净资产(元)	2.9311	5.8832	5.5600	5.5200
	每股经营现金净流量(元)	-0.7058	0.4756	-1.0154	0.6321
	每股现金流量(元)	-0.8773	0.1406	-1.1708	2.9632
	每股资本公积金(元)	1.1276	3.2552	3.2552	3.2552
	每股盈余公积金(元)	0.1394	0.2789	0.2366	0.2366
	每股未分配利润(元)	0.6723	1.3599	1.0739	1.0304
	净资产收益率(%)	3.1511	8.4450	3.0300	8.1240
	加权净资产收益率(%)	3.1300	8.7400	3.0200	8.8200
	净资产收益率(扣除)(%)	-	-	-	-
	总资产(万元)	179757.75	179484.62	147274.56	148853.41
	归属母公司股东权益(万元)	100783.98	101144.23	95520.82	94893.92
	主营业务收入(万元)	71905.75	140678.32	57643.47	120595.71
	营业收入(万元)	71905.75	140678.32	57643.47	120595.71
	主营成本(万元)	53327.94	104343.11	40910.54	90920.40
	营业成本(万元)	53327.94	104343.11	40910.54	90920.40
	投资收益(万元)	2.92	-	-	-
	净利润(万元)	3179.65	8597.21	2919.77	7721.68
	利润总额(万元)	3718.60	9868.37	3643.65	8819.69

青岛东方铁塔股份有限公司

公司概况	公司名称	青岛东方铁塔股份有限公司			证券简称	东方铁塔
	法人代表	韩方如	董秘	何良军	证券代码	002545
	公司网址	www.qddftt.cn		电子信箱	stock@qddftt.cn	
	电　　话	0532-88056092		传　　真	0532-82292646	
	办公地址	山东省胶州市广州北路318号				
	经营范围	广播电视塔、微波塔、电力塔、导航塔、钢管、公用天线及钢结构设计制造				

主要财务指标	指标\报告期	2013.06.30	2012.12.31	2012.06.30	2011.12.31
	基本每股收益(元)	0.3253	0.7403	0.3496	1.0317
	基本每股收益(扣除)(元)	-	0.7447	0.3506	1.0292
	每股净资产(元)	10.5252	10.3994	10.0100	9.8500
	每股经营现金净流量(元)	0.3016	-0.2331	-0.1797	-1.3321
	每股现金流量(元)	-1.7881	-0.4714	-0.2070	3.2693
	每股资本公积金(元)	5.8730	5.8730	5.8730	5.8730
	每股盈余公积金(元)	0.3942	0.3942	0.3207	0.3207
	每股未分配利润(元)	3.2359	3.1107	2.7935	2.6439
	净资产收益率(%)	3.0902	7.1189	3.4900	10.2498
	加权净资产收益率(%)	3.0800	7.3100	3.4900	11.4500
	净资产收益率(扣除)(%)	-	-	-	-
	总资产(万元)	420786.99	347876.76	332380.62	324432.56
	归属母公司股东权益(万元)	273917.08	270643.45	260393.42	256474.94
	主营业务收入(万元)	83362.56	166770.60	80035.34	186305.71
	营业收入(万元)	83378.01	168927.89	80157.53	187118.35
	主营成本(万元)	63418.20	124606.94	60648.65	135949.99
	营业成本(万元)	63418.20	125859.14	60722.03	135949.99
	投资收益(万元)	124.65	-18.92	-6.55	-1.61
	净利润(万元)	8450.22	19266.76	9098.18	26288.25
	利润总额(万元)	10289.30	22162.74	10773.74	30527.62

南京新联电子股份有限公司

公司概况	公司名称	南京新联电子股份有限公司			证券简称	新联电子
	法人代表	胡敏	董秘	朱忠明	证券代码	002546
	公司网址	www.xldz.com		电子信箱	zzm@email.xldz.com	
	电　　话	025-83699366		传　　真	025-87153628	
	办公地址	江苏省南京市江宁开发区家园中路28号				
	经营范围	三遥系统(国家有专项规定的办理许可证后经营)、广播电视设备等				

主要财务指标	指标\报告期	2013.06.30	2012.12.31	2012.06.30	2011.12.31
	基本每股收益(元)	0.3240	1.0300	0.3170	0.8000
	基本每股收益(扣除)(元)	-	1.0000	0.3140	0.7900
	每股净资产(元)	6.7691	6.8450	6.1400	6.0700
	每股经营现金净流量(元)	0.2206	1.0545	0.4086	0.1563
	每股现金流量(元)	-2.8537	-0.1638	0.0106	3.4907
	每股资本公积金(元)	3.3355	3.3355	3.3363	3.3363
	每股盈余公积金(元)	0.2370	0.2370	0.1378	0.1378
	每股未分配利润(元)	2.1966	2.2726	1.6625	1.5950
	净资产收益率(%)	4.7870	14.9998	5.1700	12.8580
	加权净资产收益率(%)	4.7600	16.0600	5.2000	14.1600
	净资产收益率(扣除)(%)	-	-	-	-
	总资产(万元)	129565.85	133474.35	122647.76	114580.86
	归属母公司股东权益(万元)	113720.46	114996.68	103093.91	101960.44
	主营业务收入(万元)	22677.33	59777.09	22012.81	46872.09
	营业收入(万元)	22677.33	59777.09	22012.81	46872.09
	主营成本(万元)	13528.13	33784.51	12915.13	-
	营业成本(万元)	13528.13	33784.51	12915.13	26647.93
	投资收益(万元)	512.02	335.61	-	-
	净利润(万元)	5447.29	17249.27	5333.47	13109.62
	利润总额(万元)	6377.49	20308.88	6226.61	15644.11

苏州春兴精工股份有限公司

公司概况	公司名称	苏州春兴精工股份有限公司			证券简称	春兴精工
	法人代表	孙洁晓	董秘	徐苏云	证券代码	002547
	公司网址	www.chunxing-group.com		电子信箱	suyun.xu@chunxing-group.com	
	电　　话	0512-62625319		传　　真	0512-62625319	
	办公地址	江苏省苏州市工业园区唯亭镇金陵东路120号				
	经营范围	通讯系统设备以及汽车用精密铸件及各类精密部件的制造、销售及服务等				

主要财务指标	指标\报告期	2013.06.30	2012.12.31	2012.06.30	2011.12.31
	基本每股收益(元)	0.0600	-0.3100	0.0300	0.1700
	基本每股收益(扣除)(元)	0.0600	-0.3200	0.0300	0.1500
	每股净资产(元)	2.7277	2.6720	3.1100	6.1700
	每股经营现金净流量(元)	0.1027	0.6013	0.0986	-1.3592
	每股现金流量(元)	0.1126	-0.3241	-0.2121	0.6506
	每股资本公积金(元)	1.3626	1.3626	1.3626	3.7252
	每股盈余公积金(元)	0.0177	0.0177	0.0177	0.0354
	每股未分配利润(元)	0.3513	0.2929	0.7360	1.4140
	净资产收益率(%)	2.1398	-11.7552	1.0000	5.2930
	加权净资产收益率(%)	2.1600	-10.7200	1.0000	6.0500
	净资产收益率(扣除)(%)	-	-	-	-
	总资产(万元)	157772.77	145770.74	145141.22	138105.59
	归属母公司股东权益(万元)	77465.44	75885.44	88421.03	87649.67
	主营业务收入(万元)	49971.01	82831.67	38201.84	75657.07
	营业收入(万元)	52265.84	89614.16	39120.12	82721.80
	主营成本(万元)	40220.15	77330.47	31010.65	60423.39
	营业成本(万元)	42037.53	82901.02	31758.00	66867.81
	投资收益(万元)	-	0.33	-	-
	净利润(万元)	1657.58	-8920.45	824.19	4639.51
	利润总额(万元)	2271.15	-10358.52	1083.32	5202.81

深圳市金新农饲料股份有限公司

公司概况	公司名称	深圳市金新农饲料股份有限公司			证券简称	金新农
	法人代表	陈俊海	董秘	翟卫兵	证券代码	002548
	公司网址	www.chengnong.com		电子信箱	jxnfeed@163.com	
	电　话	0755-27166396 29420820		传　真	0755-27166396	
	办公地址	广东省深圳市宝安区公明镇将石塘下围				
	经营范围	生产、销售预混饲料、浓缩饲料、饲料、饲料添加剂等				

主要财务指标	指标\报告期	2013.06.30	2012.12.31	2012.06.30	2011.12.31
	基本每股收益(元)	0.1200	0.3800	0.2300	0.4200
	基本每股收益(扣除)(元)	–	0.3700	0.2200	0.3900
	每股净资产(元)	5.8287	5.7133	5.5600	8.2966
	每股经营现金净流量(元)	–0.3525	0.4615	0.0561	0.7230
	每股现金流量(元)	–2.1739	0.5946	0.6003	2.9419
	每股资本公积金(元)	3.3510	3.3510	3.3510	5.5265
	每股盈余公积金(元)	0.1285	0.1285	0.0892	0.1338
	每股未分配利润(元)	1.3492	1.2339	1.1212	1.6362
	净资产收益率(%)	1.9795	6.6912	4.1400	7.3450
	加权净资产收益率(%)	2.0000	6.8400	4.1000	8.5800
	净资产收益率(扣除)(%)	–	–	–	–
	总资产(万元)	99890.34	95936.37	91370.73	92337.06
	归属母公司股东权益(万元)	82185.03	80558.19	78415.55	77987.86
	主营业务收入(万元)	87201.16	176825.17	81806.74	149098.48
	营业收入(万元)	87263.20	176875.02	81834.75	149157.08
	主营成本(万元)	76899.67	155466.73	71337.12	130222.60
	营业成本(万元)	76899.67	155466.73	71337.12	130222.60
	投资收益(万元)	107.12	142.39	9.73	115.16
	净利润(万元)	1678.36	5549.72	3345.30	5884.90
	利润总额(万元)	1914.31	6795.56	3951.56	6990.34

湖南凯美特气体股份有限公司

公司概况	公司名称	湖南凯美特气体股份有限公司			证券简称	凯美特气
	法人代表	祝恩福	董秘	张伟	证券代码	002549
	公司网址	www.china-kmt.cn		电子信箱	zhangw@china-kmt.cn	
	电　话	0730-8553359		传　真	0730-8551458	
	办公地址	湖南省岳阳市七里山				
	经营范围	干冰、液体二氧化碳、食品添加剂液体二氧化碳等				

主要财务指标	指标\报告期	2013.06.30	2012.12.31	2012.06.30	2011.12.31
	基本每股收益(元)	0.0900	0.2300	0.0700	0.4500
	基本每股收益(扣除)(元)	–	0.2200	0.1000	0.2500
	每股净资产(元)	2.8177	4.1856	4.0600	6.0600
	每股经营现金净流量(元)	0.0399	0.2030	0.0691	0.3977
	每股现金流量(元)	–0.0137	–0.7754	–0.7778	2.2225
	每股资本公积金(元)	1.1806	2.2536	2.2536	3.8805
	每股盈余公积金(元)	0.0686	0.1030	0.0882	0.1323
	每股未分配利润(元)	0.5636	0.8241	0.7131	1.0384
	净资产收益率(%)	3.3442	5.4129	2.5000	10.2812
	加权净资产收益率(%)	3.3200	5.5300	2.5000	11.7900
	净资产收益率(扣除)(%)	–	–	–	–
	总资产(万元)	95814.41	88112.02	78732.24	75999.26
	归属母公司股东权益(万元)	76077.64	75341.36	73031.37	72664.46
	主营业务收入(万元)	8924.23	12843.63	5903.17	13245.33
	营业收入(万元)	8937.33	12876.81	5918.76	13280.90
	主营成本(万元)	4215.24	4529.59	1934.97	4020.68
	营业成本(万元)	4218.02	4534.91	1937.66	4025.68
	投资收益(万元)	–	–	–	3636.17
	净利润(万元)	2544.19	4078.13	1816.40	7429.19
	利润总额(万元)	2995.64	4713.27	2074.34	8570.03

常州千红生化制药股份有限公司

公司概况	公司名称	常州千红生化制药股份有限公司			证券简称	千红制药
	法人代表	王耀方	董秘	蒋文群	证券代码	002550
	公司网址	www.qhsh.com.cn		电子信箱	stock@qhsh.com.cn	
	电　话	0519-85156003		传　真	0519-85156003	
	办公地址	江苏省常州市新北区长江中路90号				
	经营范围	片剂、硬胶囊剂、颗粒剂、原料药、冻干粉、冻干粉针剂等				

主要财务指标	指标\报告期	2013.06.30	2012.12.31	2012.06.30	2011.12.31
	基本每股收益(元)	0.5600	1.0100	0.4600	0.9900
	基本每股收益(扣除)(元)	0.5600	0.9600	0.4500	0.9300
	每股净资产(元)	11.4829	11.4188	10.8700	10.7600
	每股经营现金净流量(元)	0.6398	1.2489	0.4628	0.9176
	每股现金流量(元)	–3.2330	–0.9238	–0.6280	7.7545
	每股资本公积金(元)	7.3916	7.3916	7.3916	7.3916
	每股盈余公积金(元)	0.4274	0.4274	0.3245	0.3245
	每股未分配利润(元)	2.6639	2.5999	2.1563	2.0415
	净资产收益率(%)	4.9119	8.8561	4.2700	8.8450
	加权净资产收益率(%)	4.8600	9.1400	4.2500	10.4300
	净资产收益率(扣除)(%)	–	–	–	–
	总资产(万元)	193197.65	192737.38	191658.76	185317.92
	归属母公司股东权益(万元)	183726.04	182701.51	173957.85	172121.21
	主营业务收入(万元)	46985.45	71858.31	34994.25	73260.07
	营业收入(万元)	47098.93	72859.20	35249.88	73765.28
	主营成本(万元)	29252.08	41017.56	20848.05	43982.35
	营业成本(万元)	29254.50	41040.06	20852.27	43996.03
	投资收益(万元)	–	2.34	120.86	2.34
	净利润(万元)	8818.72	15872.24	7344.85	15184.35
	利润总额(万元)	10402.78	18650.32	8662.72	17860.71

深圳市尚荣医疗股份有限公司

公司概况	公司名称	深圳市尚荣医疗股份有限公司			证券简称	尚荣医疗
	法人代表	梁桂秋	董秘	林立	证券代码	002551
	公司网址	www.glory-medical.com.cn		电子信箱	gen@glory-medical.com.cn	
	电　话	0755-82290988		传　真	0755-82287066 89926159	
	办公地址	广东省深圳市龙岗区宝龙工业城宝龙五路二号尚荣科技工业园1号厂房2楼				
	经营范围	医疗设备及医疗系统工程、医疗设施的设计、生产、销售和安装等				

主要财务指标	指标\报告期	2013.06.30	2012.12.31	2012.06.30	2011.12.31
	基本每股收益(元)	0.1400	0.3200	0.1200	0.2500
	基本每股收益(扣除)(元)	0.1400	0.3000	0.1700	0.2400
	每股净资产(元)	6.5888	6.5771	6.4400	9.5900
	每股经营现金净流量(元)	–0.0548	0.1720	–0.1988	–0.4596
	每股现金流量(元)	–0.3107	–0.0306	–0.1500	6.2045
	每股资本公积金(元)	4.3811	4.3811	4.3811	7.0717
	每股盈余公积金(元)	0.0914	0.0914	0.0757	0.1135
	每股未分配利润(元)	1.1162	1.1045	0.9791	1.4062
	净资产收益率(%)	3.2130	4.8070	2.7200	3.7430
	加权净资产收益率(%)	3.1700	4.8700	2.7000	4.3300
	净资产收益率(扣除)(%)	–	–	–	–
	总资产(万元)	162803.60	152342.25	141617.82	132839.58
	归属母公司股东权益(万元)	121563.14	121347.30	118741.86	117974.15
	主营业务收入(万元)	28549.28	41401.06	21776.50	33596.55
	营业收入(万元)	28912.09	42131.89	22139.66	34842.78
	主营成本(万元)	19560.42	25823.78	14396.22	23896.56
	营业成本(万元)	19686.58	26076.11	14522.39	24313.84
	投资收益(万元)	–0.50	–0.07	–	–
	净利润(万元)	3847.66	5964.35	3241.90	4431.25
	利润总额(万元)	4375.22	7254.71	3795.15	5204.02

宝鼎重工股份有限公司

公司概况	公司名称	宝鼎重工股份有限公司		证券简称	宝鼎重工
	法人代表	朱宝松	董秘 吴建海	证券代码	002552
	公司网址	www.bd-zg.com		电子信箱	info@bd-zg.com
	电　　话	0571-86319217		传　　真	0571-86319217
	办公地址	浙江省杭州市余杭区塘栖镇工业园区内			
	经营范围	大型铸锻件的研发、生产和销售等			

主要财务指标	指标\报告期	2013.06.30	2012.12.31	2012.06.30	2011.12.31
	基本每股收益(元)	0.0500	0.3000	0.2100	0.5000
	基本每股收益(扣除)(元)	0.0400	0.2700	0.2000	0.4500
	每股净资产(元)	5.3202	5.3727	5.2800	5.2700
	每股经营现金净流量(元)	–0.0664	0.5407	0.2884	0.0699
	每股现金流量(元)	–0.3805	–0.8385	–0.2750	2.0847
	每股资本公积金(元)	3.2692	3.2692	3.2692	3.2692
	每股盈余公积金(元)	0.1540	0.1540	0.1264	0.1264
	每股未分配利润(元)	0.8971	0.9496	0.8876	0.8764
	净资产收益率(%)	0.8922	5.5980	4.0000	9.1430
	加权净资产收益率(%)	0.8800	5.6700	3.9300	10.5300
	净资产收益率(扣除)(%)	–	–	–	–
	总资产(万元)	85788.71	87655.07	87622.46	88746.60
	归属母公司股东权益(万元)	79803.11	80591.12	79247.40	79079.60
	主营业务收入(万元)	8567.59	31400.91	19026.88	42698.40
	营业收入(万元)	8948.91	32594.76	19133.85	44536.09
	主营成本(万元)	6539.37	23618.36	14118.47	31431.65
	营业成本(万元)	6872.85	24790.53	14206.14	33125.68
	投资收益(万元)	–	–	–	–
	净利润(万元)	711.99	4511.52	3167.81	7229.95
	利润总额(万元)	842.59	5215.61	3612.86	8366.15

江苏南方轴承股份有限公司

公司概况	公司名称	江苏南方轴承股份有限公司		证券简称	南方轴承
	法人代表	史建伟	董秘 史燕敏	证券代码	002553
	公司网址	www.nf-bearings.com		电子信箱	zhengquanbu@nf-bearings.com
	电　　话	0519-89810127		传　　真	0519-89810195
	办公地址	江苏省常州市武进高新技术开发区龙翔路9号			
	经营范围	滚针轴承、离合器、齿轮、滑轮总成、机械零部件、汽车零部件等			

主要财务指标	指标\报告期	2013.06.30	2012.12.31	2012.06.30	2011.12.31
	基本每股收益(元)	0.2599	0.4525	0.2340	0.4550
	基本每股收益(扣除)(元)	0.2515	0.4491	0.2277	0.4262
	每股净资产(元)	6.6009	6.4410	6.2200	6.0900
	每股经营现金净流量(元)	0.3865	0.6405	0.1963	0.4155
	每股现金流量(元)	–1.4504	0.2926	–0.0055	3.0035
	每股资本公积金(元)	3.6496	3.6496	3.6496	3.6496
	每股盈余公积金(元)	0.1966	0.1966	0.1514	0.1514
	每股未分配利润(元)	1.7546	1.5947	1.4214	1.2875
	净资产收益率(%)	3.9372	7.0255	3.7800	7.1590
	加权净资产收益率(%)	4.1900	7.2300	3.7800	8.3400
	净资产收益率(扣除)(%)	–	–	–	–
	总资产(万元)	62262.54	60300.94	57702.51	57087.90
	归属母公司股东权益(万元)	57427.61	56036.56	54135.14	52969.71
	主营业务收入(万元)	13071.82	23204.49	11195.84	11019.22
	营业收入(万元)	13180.63	23581.53	11195.84	22993.42
	主营成本(万元)	9171.74	16176.01	7880.93	7407.45
	营业成本(万元)	9171.74	16176.01	7880.93	15240.70
	投资收益(万元)	–	–	–	–
	净利润(万元)	2261.05	3936.85	2035.42	3792.04
	利润总额(万元)	2681.67	4627.23	2393.85	4414.15

华油惠博普科技股份有限公司

公司概况	公司名称	华油惠博普科技股份有限公司		证券简称	惠博普
	法人代表	黄松	董秘 张中炜	证券代码	002554
	公司网址	www.china-hbp.com		电子信箱	securities@china-hbp.com
	电　　话	010-82809807		传　　真	010-82809807
	办公地址	北京市海淀区马甸东路17号11层1212			
	经营范围	油气田开发地面系统装备的工艺技术研发、系统设计等			

主要财务指标	指标\报告期	2013.06.30	2012.12.31	2012.06.30	2011.12.31
	基本每股收益(元)	0.0900	0.3200	0.0700	0.3000
	基本每股收益(扣除)(元)	0.0900	0.3100	0.1000	0.3000
	每股净资产(元)	2.7480	4.0360	3.8300	5.7400
	每股经营现金净流量(元)	–0.2727	0.2703	–0.2021	–0.0386
	每股现金流量(元)	–0.5956	–0.3781	–0.5009	2.7804
	每股资本公积金(元)	1.1785	2.2678	2.2707	3.9060
	每股盈余公积金(元)	0.0579	0.0868	0.0561	0.0842
	每股未分配利润(元)	0.5169	0.6871	0.5054	0.7540
	净资产收益率(%)	3.3554	7.8087	2.6800	7.9110
	加权净资产收益率(%)	3.3800	8.0300	2.6600	9.2500
	净资产收益率(扣除)(%)	–	–	–	–
	总资产(万元)	155248.57	157307.92	134268.16	133008.70
	归属母公司股东权益(万元)	125206.90	122593.13	116298.26	116163.53
	主营业务收入(万元)	43276.42	51001.58	19594.60	40396.99
	营业收入(万元)	43276.42	51001.58	19594.60	40396.99
	主营成本(万元)	31080.49	30498.88	12149.88	–
	营业成本(万元)	31080.49	30498.88	12149.88	22984.38
	投资收益(万元)	–8.22	–40.06	–	–
	净利润(万元)	4907.23	9602.70	3120.24	9189.10
	利润总额(万元)	5908.91	11375.93	3678.23	10402.85

芜湖顺荣汽车部件股份有限公司

公司概况	公司名称	芜湖顺荣汽车部件股份有限公司		证券简称	顺荣股份
	法人代表	吴卫东	董秘 张云	证券代码	002555
	公司网址	www.shunrong.cn		电子信箱	dmb@shunrong.cn
	电　　话	0553-6816767		传　　真	0553-6816767
	办公地址	安徽省芜湖市南陵县经济开发区			
	经营范围	汽车零部件制造、销售			

主要财务指标	指标\报告期	2013.06.30	2012.12.31	2012.06.30	2011.12.31
	基本每股收益(元)	0.0300	0.1000	0.0600	0.3200
	基本每股收益(扣除)(元)	0.0200	0.0900	0.0500	0.2100
	每股净资产(元)	5.5017	5.7765	5.7400	5.7100
	每股经营现金净流量(元)	0.1261	0.1809	–0.0430	0.2880
	每股现金流量(元)	–0.2552	–0.1875	–0.3889	2.3613
	每股资本公积金(元)	4.0847	4.0847	4.0847	4.0847
	每股盈余公积金(元)	0.1345	0.1345	0.1242	0.1242
	每股未分配利润(元)	0.2825	0.5574	0.5302	0.5016
	净资产收益率(%)	0.4576	1.6627	1.0200	5.3180
	加权净资产收益率(%)	0.4500	1.6700	1.0200	6.1900
	净资产收益率(扣除)(%)	–	–	–	–
	总资产(万元)	78782.29	82063.91	83986.65	84040.82
	归属母公司股东权益(万元)	73723.10	77405.76	76904.43	76520.71
	主营业务收入(万元)	13712.41	30772.95	15513.55	33702.22
	营业收入(万元)	13806.96	30902.36	15612.84	33814.73
	主营成本(万元)	11130.89	24264.68	12386.87	25284.74
	营业成本(万元)	11178.34	24322.55	12445.70	25347.99
	投资收益(万元)	–	–	–	–
	净利润(万元)	337.34	1287.05	785.72	4069.20
	利润总额(万元)	413.44	1454.19	906.26	4752.11

安徽辉隆农资集团股份有限公司

公司概况	公司名称	安徽辉隆农资集团股份有限公司			证券简称	辉隆股份
	法人代表	李永东	董秘	邓顶亮	证券代码	002556
	公司网址	www.ahamp.com		电子信箱	zqb@ahamp.com	
	电　　话	0551-2634360		传　　真	0551-2655720	
	办公地址	安徽省合肥市蜀山区祁门路 1777 号				
	经营范围	农业生产资料、农机具、农用薄膜、化工原料及产品				

主要财务指标	指标 \ 报告期	2013.06.30	2012.12.31	2012.06.30	2011.12.31
	基本每股收益(元)	0.1100	0.1500	0.1200	0.2300
	基本每股收益(扣除)(元)	0.0200	0.0200	0.0800	0.1900
	每股净资产(元)	4.0552	3.9482	3.9400	7.9500
	每股经营现金净流量(元)	−0.6044	2.1777	0.4733	−6.2409
	每股现金流量(元)	−0.5817	−0.0720	−0.1504	1.2345
	每股资本公积金(元)	2.1854	2.1845	2.2156	5.4885
	每股盈余公积金(元)	0.1008	0.1008	0.0677	0.1453
	每股未分配利润(元)	0.7657	0.6583	0.6486	1.3070
	净资产收益率(%)	2.6480	3.6997	2.9906	5.5822
	加权净资产收益率(%)	2.6800	3.6700	2.9200	6.4600
	净资产收益率(扣除)(%)	–	–	–	–
	总资产(万元)	634499.84	597150.51	555316.85	546716.19
	归属母公司股东权益(万元)	193998.42	188880.34	188330.00	190193.21
	主营业务收入(万元)	543235.74	1119416.71	601371.34	923889.53
	营业收入(万元)	544619.46	1120885.87	602151.09	924890.88
	主营成本(万元)	524868.28	1077036.58	577760.54	874320.46
	营业成本(万元)	525188.28	1077730.66	547420.11	874619.92
	投资收益(万元)	4398.10	4818.83	1209.65	−74.21
	净利润(万元)	5206.50	6903.36	5721.21	10689.41
	利润总额(万元)	7232.38	9569.70	7681.81	14646.67

洽洽食品股份有限公司

公司概况	公司名称	洽洽食品股份有限公司			证券简称	洽洽食品
	法人代表	陈先保	董秘	李振武	证券代码	002557
	公司网址	www.qiaqiafood.com		电子信箱	lizw@qiaqiafood.com	
	电　　话	0551-2227008		传　　真	0551-62586500*7040	
	办公地址	安徽省合肥市经济技术开发区莲花路 1599 号				
	经营范围	坚果炒货食品的生产和销售等				

主要财务指标	指标 \ 报告期	2013.06.30	2012.12.31	2012.06.30	2011.12.31
	基本每股收益(元)	0.2900	0.8400	0.3200	0.6700
	基本每股收益(扣除)(元)	0.2100	0.6800	0.2400	0.5700
	每股净资产(元)	7.2405	7.6491	7.1300	9.5600
	每股经营现金净流量(元)	0.9102	0.8778	0.4140	0.8195
	每股现金流量(元)	0.3255	0.1334	0.2439	1.3396
	每股资本公积金(元)	5.1998	5.1998	5.1995	7.0594
	每股盈余公积金(元)	0.2125	0.2125	0.1482	0.1926
	每股未分配利润(元)	0.8288	1.2369	0.7829	1.3064
	净资产收益率(%)	4.0307	10.9518	4.4374	8.5640
	加权净资产收益率(%)	3.8000	11.2400	4.2600	10.6400
	净资产收益率(扣除)(%)	–	–	–	–
	总资产(万元)	305148.79	329553.54	295298.62	311752.54
	归属母公司股东权益(万元)	244729.30	258539.73	241013.87	248519.15
	主营业务收入(万元)	122430.06	272002.84	115046.69	271376.34
	营业收入(万元)	124440.20	274984.72	116629.36	273883.98
	主营成本(万元)	88546.25	187201.87	79222.61	192692.46
	营业成本(万元)	90373.15	190158.35	80874.94	194987.09
	投资收益(万元)	263.03	−435.25	–	–
	净利润(万元)	10024.49	29527.55	11118.68	22400.48
	利润总额(万元)	13665.42	38333.60	14965.12	28950.22

重庆新世纪游轮股份有限公司

公司概况	公司名称	重庆新世纪游轮股份有限公司			证券简称	世纪游轮
	法人代表	彭建虎	董秘	张生全(代)	证券代码	002558
	公司网址	www.centuryrivercruises.com		电子信箱	xkq@centuryrivercruises.com	
	电　　话	023-62949868 62328999 9906		传　　真	023-62949900	
	办公地址	重庆市南岸区江南大道 8 号万达广场 1 栋 5 层				
	经营范围	重庆长江至上海省际旅游船运输、旅游船船票销售、商务管理咨询				

主要财务指标	指标 \ 报告期	2013.06.30	2012.12.31	2012.06.30	2011.12.31
	基本每股收益(元)	0.0200	0.7300	0.1500	0.7800
	基本每股收益(扣除)(元)	−0.0300	0.6500	0.0700	0.7200
	每股净资产(元)	10.1664	10.2497	9.6600	9.9200
	每股经营现金净流量(元)	−0.0227	0.2353	0.1202	0.7467
	每股现金流量(元)	−1.5116	−2.9075	−1.3144	4.7238
	每股资本公积金(元)	6.8941	6.8941	6.8941	6.8941
	每股盈余公积金(元)	0.3307	0.3307	0.2598	0.2598
	每股未分配利润(元)	1.9416	2.0249	1.5109	1.7626
	净资产收益率(%)	0.1640	7.1538	1.4900	7.3630
	加权净资产收益率(%)	0.1600	7.3000	1.4900	9.2800
	净资产收益率(扣除)(%)	–	–	–	–
	总资产(万元)	62937.91	62532.34	58435.21	60732.82
	归属母公司股东权益(万元)	60489.84	60985.64	57505.22	59002.85
	主营业务收入(万元)	14547.41	36185.76	12718.28	30383.38
	营业收入(万元)	14547.41	36185.76	14078.36	32214.83
	主营成本(万元)	12875.07	28824.66	11875.69	23391.76
	营业成本(万元)	12875.07	28824.66	12516.58	24345.49
	投资收益(万元)	–	–	–	–
	净利润(万元)	99.21	4362.78	882.37	4344.32
	利润总额(万元)	216.16	5142.47	1055.68	5086.95

江苏亚威机床股份有限公司

公司概况	公司名称	江苏亚威机床股份有限公司			证券简称	亚威股份
	法人代表	吉素琴	董秘	谢彦森	证券代码	002559
	公司网址	www.yawei.cc		电子信箱	ir@yawwei.cc	
	电　　话	0514-86880522		传　　真	0514-86880505	
	办公地址	江苏省扬州市江都区黄海南路仙城工业园				
	经营范围	机床、机械设备、机床配件制造、加工、销售				

主要财务指标	指标 \ 报告期	2013.06.30	2012.12.31	2012.06.30	2011.12.31
	基本每股收益(元)	0.2700	0.4500	0.3000	0.5600
	基本每股收益(扣除)(元)	0.2300	0.3600	0.5400	1.0500
	每股净资产(元)	6.8473	6.7787	13.2400	12.9900
	每股经营现金净流量(元)	0.2250	0.3587	−0.2271	0.3808
	每股现金流量(元)	−0.0051	−0.4094	−1.2163	5.9811
	每股资本公积金(元)	4.3042	4.3042	9.5823	9.5823
	每股盈余公积金(元)	0.1874	0.1874	0.2832	0.2832
	每股未分配利润(元)	1.3548	1.2866	2.3732	2.1203
	净资产收益率(%)	3.9163	6.5979	4.5500	8.3310
	加权净资产收益率(%)	3.9000	6.7800	4.5800	9.8900
	净资产收益率(扣除)(%)	–	–	–	–
	总资产(万元)	157005.54	148391.75	147621.27	149870.33
	归属母公司股东权益(万元)	120513.13	119305.32	116523.81	114290.00
	主营业务收入(万元)	40610.75	73935.04	40666.21	–
	营业收入(万元)	41820.29	76288.53	41748.84	85268.98
	主营成本(万元)	30545.99	56154.13	30762.61	–
	营业成本(万元)	31176.09	57534.56	31344.51	63919.27
	投资收益(万元)	2.52	−122.46	−63.36	−1.37
	净利润(万元)	4722.02	7864.80	5300.73	9510.07
	利润总额(万元)	5564.75	9136.90	6250.89	11039.13

河南通达电缆股份有限公司

公司概况	公司名称	河南通达电缆股份有限公司			证券简称	通达股份
	法人代表	史万福	董秘	张治中	证券代码	002560
	公司网址	www.hntddl.com		电子信箱	hntddlzqb@163.com	
	电　话	0379-67512588		传　真	0379-67512888	
	办公地址	河南省偃师市史家湾工业区				
	经营范围	钢芯铝绞线的研发、生产和销售				

	指标\报告期	2013.06.30	2012.12.31	2012.06.30	2011.12.31
主要财务指标	基本每股收益(元)	0.2100	0.5500	0.2900	0.5400
	基本每股收益(扣除)(元)	0.2100	0.5400	0.2900	0.5700
	每股净资产(元)	8.6149	8.6000	8.3400	8.2100
	每股经营现金净流量(元)	–1.0393	–3.8420	–1.3273	–0.8269
	每股现金流量(元)	–0.7087	–1.0967	–1.6506	2.0648
	每股资本公积金(元)	5.2404	5.2376	5.2286	5.2441
	每股盈余公积金(元)	0.2520	0.2520	0.1966	0.1966
	每股未分配利润(元)	2.1225	2.1095	1.9119	1.7695
	净资产收益率(%)	2.4724	6.3421	3.5100	6.4140
	加权净资产收益率(%)	2.4500	6.4300	3.5100	7.4300
	净资产收益率(扣除)(%)	–	–	–	–
	总资产(万元)	148105.35	159076.24	103473.91	102281.69
	归属母公司股东权益(万元)	89020.58	88856.96	86148.80	84838.40
	主营业务收入(万元)	35242.77	91409.41	42578.30	93956.11
	营业收入(万元)	47870.26	97255.76	45345.50	96504.31
	主营成本(万元)	28533.77	78739.27	36459.84	81644.17
	营业成本(万元)	42976.49	84375.66	38995.57	83979.11
	投资收益(万元)	–	87.87	53.79	–67.17
	净利润(万元)	2719.67	5577.41	3020.55	5441.38
	利润总额(万元)	3352.72	6411.04	3547.05	6316.46

上海徐家汇商城股份有限公司

公司概况	公司名称	上海徐家汇商城股份有限公司			证券简称	徐家汇
	法人代表	喻月明	董秘	王璐	证券代码	002561
	公司网址	www.xjh-sc.com		电子信箱	xjh@xjh-sc.com	
	电　话	021-64269999		传　真	021-64269768	
	办公地址	上海市徐汇区肇嘉浜路1000号9楼				
	经营范围	百货、针纺织品、工艺美术品、劳防用品、日用杂货、五金交电等				

	指标\报告期	2013.06.30	2012.12.31	2012.06.30	2011.12.31
主要财务指标	基本每股收益(元)	0.2950	0.5810	0.2880	0.6300
	基本每股收益(扣除)(元)	0.2780	0.5510	0.2800	0.5890
	每股净资产(元)	3.9270	3.9921	3.7000	3.8500
	每股经营现金净流量(元)	0.1108	0.7130	0.0373	0.7264
	每股现金流量(元)	–0.7628	–0.2786	–0.9125	1.2996
	每股资本公积金(元)	1.2592	1.2592	1.2592	1.3422
	每股盈余公积金(元)	0.3150	0.3150	0.2682	0.2682
	每股未分配利润(元)	1.3528	1.4179	1.1713	1.2437
	净资产收益率(%)	7.5111	14.5538	7.7800	15.8950
	加权净资产收益率(%)	7.2300	15.3600	7.7400	16.9100
	净资产收益率(扣除)(%)	–	–	–	–
	总资产(万元)	203230.62	216232.69	190526.16	210835.75
	归属母公司股东权益(万元)	163270.91	165975.02	153778.04	160238.11
	主营业务收入(万元)	96299.04	193074.95	95255.01	203044.65
	营业收入(万元)	105341.81	209458.43	102810.57	218756.77
	主营成本(万元)	73540.79	147475.52	72440.41	155279.03
	营业成本(万元)	74481.81	148730.45	72933.43	156283.52
	投资收益(万元)	676.18	876.18	334.22	1456.27
	净利润(万元)	12825.64	25084.83	12505.14	27710.10
	利润总额(万元)	17101.26	33490.13	16705.18	36936.95

兄弟科技股份有限公司

公司概况	公司名称	兄弟科技股份有限公司			证券简称	兄弟科技
	法人代表	钱志达	董秘	钱柳华	证券代码	002562
	公司网址	www.brother.com.cn		电子信箱	stock@brother.com.cn	
	电　话	0573-80703928		传　真	0573-87081001	
	办公地址	浙江省海宁市周王庙镇联民村蔡家石桥3号				
	经营范围	公司主要从事维生素和皮革化学品的研发、生产与销售等业务				

	指标\报告期	2013.06.30	2012.12.31	2012.06.30	2011.12.31
主要财务指标	基本每股收益(元)	–0.0100	–0.2700	0.0900	0.2700
	基本每股收益(扣除)(元)	0.0700	0.1000	0.1000	0.5000
	每股净资产(元)	3.5871	3.5938	3.9500	7.8200
	每股经营现金净流量(元)	0.1246	0.6989	0.1685	–0.9029
	每股现金流量(元)	–1.8423	1.6235	0.0449	0.6860
	每股资本公积金(元)	1.9920	1.9920	1.9920	4.9841
	每股盈余公积金(元)	0.0930	0.0930	0.0930	0.1860
	每股未分配利润(元)	0.5022	0.5090	0.8686	1.6496
	净资产收益率(%)	–0.1888	–7.3961	2.3700	6.1240
	加权净资产收益率(%)	–0.1900	–7.1000	2.3700	2.6800
	净资产收益率(扣除)(%)	–	–	–	–
	总资产(万元)	114132.71	202126.77	169255.14	102755.56
	归属母公司股东权益(万元)	76547.77	76692.06	84371.15	83443.97
	主营业务收入(万元)	38521.34	77181.57	39943.25	61506.14
	营业收入(万元)	38629.08	77500.62	40024.01	62070.12
	主营成本(万元)	33514.79	66733.14	32841.53	48811.08
	营业成本(万元)	33514.83	66799.67	32842.46	49362.59
	投资收益(万元)	–	–9.96	0.03	–
	净利润(万元)	–466.46	–5763.89	2478.73	5635.88
	利润总额(万元)	–465.94	–5821.04	2864.70	6282.98

浙江森马服饰股份有限公司

公司概况	公司名称	浙江森马服饰股份有限公司			证券简称	森马服饰
	法人代表	邱光和	董秘	郑洪伟	证券代码	002563
	公司网址	www.semirbiz.com		电子信箱	ir@semir.com	
	电　话	021-67288431		传　真	021-67288432	
	办公地址	上海市闵行区莲花南路2689号				
	经营范围	服饰设计与开发、外包生产、服饰营销和分销等				

	指标\报告期	2013.06.30	2012.12.31	2012.06.30	2011.12.31
主要财务指标	基本每股收益(元)	0.4200	1.1400	0.3700	1.8700
	基本每股收益(扣除)(元)	0.3700	1.0400	0.3500	1.8600
	每股净资产(元)	11.1383	11.7141	10.9500	11.5800
	每股经营现金净流量(元)	0.7128	1.5439	–0.1663	0.5647
	每股现金流量(元)	–0.8827	–0.2378	–1.6410	5.9494
	每股资本公积金(元)	6.6652	6.6652	6.6652	6.6652
	每股盈余公积金(元)	0.5781	0.5781	0.4601	0.4601
	每股未分配利润(元)	2.8949	3.4708	2.8240	3.4533
	净资产收益率(%)	3.8078	9.6937	3.3900	15.7710
	加权净资产收益率(%)	3.6100	9.8200	3.2000	20.3500
	净资产收益率(扣除)(%)	–	–	–	–
	总资产(万元)	876311.98	927116.01	843107.46	909956.73
	归属母公司股东权益(万元)	746263.42	784847.12	733606.00	775766.72
	主营业务收入(万元)	269760.44	699519.59	248428.97	763930.32
	营业收入(万元)	272497.53	706346.77	251121.89	776058.04
	主营成本(万元)	174103.21	461206.36	154209.47	475194.69
	营业成本(万元)	177061.48	467854.57	156479.40	485958.82
	投资收益(万元)	209.91	–	–	–332.96
	净利润(万元)	28416.30	76080.40	24839.28	122342.07
	利润总额(万元)	40957.26	105660.75	34712.66	161715.79

张家港化工机械股份有限公司

公司概况	公司名称	张家港化工机械股份有限公司			证券简称	张化机
	法人代表	陈玉忠	董秘	高玉标	证券代码	002564
	公司网址	www.zhanghuaji.com		电子信箱	gregygao@sina.com	
	电　话	0512-56797852 58788351		传　真	0512-58788326	
	办公地址	江苏省苏州市张家港市金港镇后塍澄杨路 20 号				
	经营范围	石油化工、煤化工、化工、有色金属等领域压力容器、非标设备的设计、制造等				

主要财务指标	指标\报告期	2013.06.30	2012.12.31	2012.06.30	2011.12.31
	基本每股收益(元)	0.1900	0.3700	0.1800	0.4900
	基本每股收益(扣除)(元)	0.1400	0.3600	0.1700	0.4700
	每股净资产(元)	7.4707	7.0791	6.8800	6.7300
	每股经营现金净流量(元)	-0.3619	-0.9041	-0.9532	-1.4054
	每股现金流量(元)	0.8092	0.0043	0.4318	0.6616
	每股资本公积金(元)	5.1285	4.5751	4.5751	4.5751
	每股盈余公积金(元)	0.1386	0.1687	0.1313	0.1313
	每股未分配利润(元)	1.1980	1.3312	1.1779	1.0210
	净资产收益率(%)	2.0559	5.1933	2.5700	7.0570
	加权净资产收益率(%)	2.6100	5.3300	2.6000	8.7700
	净资产收益率(扣除)(%)	-	-	-	-
	总资产(万元)	568638.68	521745.44	469271.22	412964.30
	归属母公司股东权益(万元)	276306.51	215102.50	209195.67	204416.25
	主营业务收入(万元)	82487.29	177583.67	76670.74	145617.27
	营业收入(万元)	83058.56	179166.55	77425.97	147313.39
	主营成本(万元)	64001.65	136048.50	59195.56	109893.14
	营业成本(万元)	64036.10	136292.70	59362.35	110218.81
	投资收益(万元)	-	12.59	-	-
	净利润(万元)	5671.19	11158.01	5371.67	14417.55
	利润总额(万元)	6849.06	13027.12	6402.80	17235.89

上海绿新包装材料科技股份有限公司

公司概况	公司名称	上海绿新包装材料科技股份有限公司			证券简称	上海绿新
	法人代表	王丹	董秘	张晓东	证券代码	002565
	公司网址	www.luxinevotech.com		电子信箱	zhangxiaodong@luxinevotech.com	
	电　话	021-66278702		传　真	021-66278702	
	办公地址	上海市普陀区真陈路 200 号				
	经营范围	真空镀铝纸、白卡纸、复膜纸、烟用丙纤丝束等产品的研发、生产和销售等				

主要财务指标	指标\报告期	2013.06.30	2012.12.31	2012.06.30	2011.12.31
	基本每股收益(元)	0.2700	0.4800	0.1700	0.4300
	基本每股收益(扣除)(元)	0.2700	0.4300	0.1500	0.6200
	每股净资产(元)	4.9244	4.7546	4.4400	6.9900
	每股经营现金净流量(元)	0.3424	0.5828	-0.2093	0.6881
	每股现金流量(元)	0.1199	-1.1737	-0.8354	4.0060
	每股资本公积金(元)	2.5112	2.5112	4.0180	4.6378
	每股盈余公积金(元)	0.1420	0.1420	0.1730	0.1730
	每股未分配利润(元)	1.2731	1.1021	1.3205	1.1759
	净资产收益率(%)	5.5028	10.1451	3.8500	9.1650
	加权净资产收益率(%)	5.3800	10.5300	3.8600	11.2600
	净资产收益率(扣除)(%)	-	-	-	-
	总资产(万元)	252371.28	249788.21	188983.82	186253.50
	归属母公司股东权益(万元)	168295.15	162492.90	151885.06	149220.24
	主营业务收入(万元)	69893.01	124179.70	44542.19	96629.66
	营业收入(万元)	78832.82	137137.53	48702.60	107242.80
	主营成本(万元)	49887.46	91231.36	34502.27	74524.87
	营业成本(万元)	57748.30	102892.93	38585.40	83493.64
	投资收益(万元)	-	237.02	-	517.67
	净利润(万元)	9913.55	17375.36	6023.28	14162.97
	利润总额(万元)	11863.27	20872.55	7296.28	16904.29

吉林省集安益盛药业股份有限公司

公司概况	公司名称	吉林省集安益盛药业股份有限公司			证券简称	益盛药业
	法人代表	张益胜	董秘	李铁军	证券代码	002566
	公司网址	www.yisheng-pharm.com		电子信箱	yisheng@yisheng-pharm.com	
	电　话	0435-6236009 6236050		传　真	0435-6236009	
	办公地址	吉林省集安市文化东路 17-20 号				
	经营范围	中成药的研发、生产与销售等				

主要财务指标	指标\报告期	2013.06.30	2012.12.31	2012.06.30	2011.12.31
	基本每股收益(元)	0.2200	0.4400	0.2100	0.4700
	基本每股收益(扣除)(元)	0.2000	0.3700	0.1900	0.9200
	每股净资产(元)	7.3273	7.1105	6.8800	13.5500
	每股经营现金净流量(元)	-0.0455	0.3584	0.2522	-1.0164
	每股现金流量(元)	-1.0700	-0.1507	-0.1615	7.5934
	每股资本公积金(元)	4.2607	4.2607	4.2607	9.5214
	每股盈余公积金(元)	0.2940	0.2940	0.2517	0.5034
	每股未分配利润(元)	1.7726	1.5558	1.3654	2.5204
	净资产收益率(%)	2.9586	6.1592	2.9800	6.4570
	加权净资产收益率(%)	3.0000	6.3200	3.0100	8.1300
	净资产收益率(扣除)(%)	-	-	-	-
	总资产(万元)	171883.15	166217.32	159864.87	157863.02
	归属母公司股东权益(万元)	161666.00	156882.99	151747.16	149426.65
	主营业务收入(万元)	31287.39	60007.39	28095.28	52882.10
	营业收入(万元)	31295.20	60050.32	28108.98	52892.53
	主营成本(万元)	8833.67	18370.38	8869.39	13430.85
	营业成本(万元)	8835.04	18390.34	8872.54	13440.35
	投资收益(万元)	141.53	-	-	-
	净利润(万元)	4785.76	9730.96	4570.68	9678.99
	利润总额(万元)	5667.80	11458.49	5339.32	11296.05

唐人神集团股份有限公司

公司概况	公司名称	唐人神集团股份有限公司			证券简称	唐人神
	法人代表	陶一山	董秘	孙双胜	证券代码	002567
	公司网址	www.tangrenshen.com.cn		电子信箱	trs@tangrenshen.com.cn	
	电　话	0731-28591147 28591247		传　真	0731-28591159	
	办公地址	湖南省株洲市国家高新技术产业开发区栗雨工业园				
	经营范围	生产饲料、饲料添加剂、养殖畜禽种苗以及上述产品自销等				

主要财务指标	指标\报告期	2013.06.30	2012.12.31	2012.06.30	2011.12.31
	基本每股收益(元)	0.0900	0.6400	0.2300	0.4700
	基本每股收益(扣除)(元)	0.1000	0.5400	0.2000	0.4400
	每股净资产(元)	3.9363	5.8789	5.4400	10.7800
	每股经营现金净流量(元)	0.0230	1.0248	0.5329	0.2980
	每股现金流量(元)	-0.3595	-0.0230	-0.0565	1.1779
	每股资本公积金(元)	1.7916	3.0920	3.0704	7.1408
	每股盈余公积金(元)	0.2764	0.4146	0.3006	0.6012
	每股未分配利润(元)	0.8863	1.3711	1.0723	2.0404
	净资产收益率(%)	2.3047	10.8854	4.1700	8.0903
	加权净资产收益率(%)	2.3300	11.3800	4.1300	9.8000
	净资产收益率(扣除)(%)	-	-	-	-
	总资产(万元)	253321.81	238063.90	219020.09	206738.96
	归属母公司股东权益(万元)	165633.40	162257.75	150265.79	148795.67
	主营业务收入(万元)	308012.51	663990.97	299334.68	568001.80
	营业收入(万元)	308567.19	671924.64	300171.83	570194.73
	主营成本(万元)	278725.12	599070.99	270418.91	515956.40
	营业成本(万元)	279195.23	605213.39	271092.64	517783.10
	投资收益(万元)	-104.88	850.11	288.97	3271.92
	净利润(万元)	3718.57	17615.38	6316.99	12725.33
	利润总额(万元)	4722.20	21142.41	7484.24	15255.56

上海百润香精香料股份有限公司

公司概况	公司名称	上海百润香精香料股份有限公司		证券简称	百润股份
	法人代表	刘晓东	董秘 程显东	证券代码	002568
	公司网址	www.bairun.net		电子信箱	bairun@bairun.net
	电　话	021-58135000		传　真	021-58136000
	办公地址	上海市康桥工业区康桥东路558号			
	经营范围	香精香料的制造加工、香精香料化工原料及产品批发零售等			

主要财务指标	指标\报告期	2013.06.30	2012.12.31	2012.06.30	2011.12.31
	基本每股收益(元)	0.1200	0.4800	0.2400	0.3100
	基本每股收益(扣除)(元)	0.1200	0.4600	0.4800	0.5800
	每股净资产(元)	4.1076	3.9883	8.1000	7.6100
	每股经营现金净流量(元)	0.1254	0.4918	0.3896	0.4584
	每股现金流量(元)	-0.0196	0.0489	0.1820	5.3732
	每股资本公积金(元)	2.3563	2.3563	5.7126	5.7126
	每股盈余公积金(元)	0.1979	0.1979	0.3242	0.2515
	每股未分配利润(元)	0.5534	0.4341	1.0619	0.6502
	净资产收益率(%)	2.9036	12.0645	5.9800	7.6310
	加权净资产收益率(%)	2.9500	12.1100	6.1600	9.5200
	净资产收益率(扣除)(%)	-	-	-	-
	总资产(万元)	66985.32	65140.43	66570.37	62320.94
	归属母公司股东权益(万元)	65721.84	63813.55	64788.97	60914.79
	主营业务收入(万元)	6239.29	16294.33	8169.79	11691.67
	营业收入(万元)	6337.05	16421.32	8224.05	11793.07
	主营成本(万元)	1778.45	4056.84	2035.15	3315.35
	营业成本(万元)	1846.07	4114.38	2053.64	3345.85
	投资收益(万元)	-	-	-	-
	净利润(万元)	1908.29	7698.76	3874.17	4648.17
	利润总额(万元)	2254.72	8900.74	4422.92	5441.54

浙江步森服饰股份有限公司

公司概况	公司名称	浙江步森服饰股份有限公司		证券简称	步森股份
	法人代表	王建军	董秘 寿鹤蕾	证券代码	002569
	公司网址	www.busen.com.cn		电子信箱	bsgf@busen-group.com
	电　话	0575-87047953 87480311		传　真	0575-87043967
	办公地址	浙江省绍兴市诸暨市枫桥镇步森大道419号			
	经营范围	服装、服饰、针织品、皮革制品的生产、销售、经营进出口业务			

主要财务指标	指标\报告期	2013.06.30	2012.12.31	2012.06.30	2011.12.31
	基本每股收益(元)	0.0800	0.4300	0.1300	0.6200
	基本每股收益(扣除)(元)	0.0600	0.4200	0.2000	0.5700
	每股净资产(元)	4.3924	6.5673	6.3400	6.2400
	每股经营现金净流量(元)	-0.5809	0.0903	-0.5195	-0.3936
	每股现金流量(元)	-0.5941	-0.8979	-0.5167	2.6829
	每股资本公积金(元)	2.2771	3.6156	3.6156	3.6156
	每股盈余公积金(元)	0.1814	0.2722	0.2138	0.2138
	每股未分配利润(元)	0.9339	1.6796	1.5095	1.4077
	净资产收益率(%)	1.8401	6.5519	3.1800	9.0750
	加权净资产收益率(%)	1.8300	6.7200	3.1800	11.4000
	净资产收益率(扣除)(%)	-	-	-	-
	总资产(万元)	85621.90	88510.82	88012.95	86475.00
	归属母公司股东权益(万元)	61497.85	61299.62	59167.27	58216.71
	主营业务收入(万元)	27382.39	65128.76	28419.13	71175.90
	营业收入(万元)	27506.52	65342.97	28523.38	71461.87
	主营成本(万元)	17241.92	40471.38	17765.37	49423.56
	营业成本(万元)	17345.46	40656.60	17835.38	49625.97
	投资收益(万元)	-	-	-	-
	净利润(万元)	1131.63	4016.30	1883.96	5283.36
	利润总额(万元)	1766.67	5873.61	2786.85	7133.99

浙江贝因美科工贸股份有限公司

公司概况	公司名称	浙江贝因美科工贸股份有限公司		证券简称	贝因美
	法人代表	黄小强	董秘 鲍晨	证券代码	002570
	公司网址	www.beingmate.com		电子信箱	security@beingmate.com
	电　话	0571-28038956 28038959		传　真	0571-28077045
	办公地址	浙江省杭州市滨江区南环路3758号			
	经营范围	婴幼儿食品的研发、生产和销售等业务等			

主要财务指标	指标\报告期	2013.06.30	2012.12.31	2012.06.30	2011.12.31
	基本每股收益(元)	0.6000	1.2000	0.3100	1.0600
	基本每股收益(扣除)(元)	-	1.2100	0.4500	0.9700
	每股净资产(元)	5.5995	7.9718	7.9400	7.4800
	每股经营现金净流量(元)	1.1582	2.3689	1.3474	0.9861
	每股现金流量(元)	0.5471	0.4748	0.9655	3.3802
	每股资本公积金(元)	2.4518	4.0779	4.0779	4.0779
	每股盈余公积金(元)	0.1925	0.2888	0.1928	0.1928
	每股未分配利润(元)	1.9551	2.6061	2.6721	2.2053
	净资产收益率(%)	10.7940	14.9991	5.8773	13.7180
	加权净资产收益率(%)	10.7700	15.1400	6.0600	18.2100
	净资产收益率(扣除)(%)	-	-	-	-
	总资产(万元)	499792.15	457046.44	459192.72	428932.20
	归属母公司股东权益(万元)	357849.69	339782.76	338407.54	318517.54
	主营业务收入(万元)	321037.40	534706.90	256823.67	472062.68
	营业收入(万元)	321627.46	535444.29	257268.80	472679.23
	主营成本(万元)	121695.87	188508.43	94396.95	169719.25
	营业成本(万元)	122133.32	189296.29	94600.45	169934.06
	投资收益(万元)	-	-	-	-
	净利润(万元)	38626.43	50942.45	19889.35	43642.43
	利润总额(万元)	51053.41	72272.86	30498.98	58918.55

安徽德力日用玻璃股份有限公司

公司概况	公司名称	安徽德力日用玻璃股份有限公司		证券简称	德力股份
	法人代表	施卫东	董秘 俞乐	证券代码	002571
	公司网址	www.deliglass.com		电子信箱	yl@deliglass.com
	电　话	0550-6678809		传　真	0550-6678868 6678809
	办公地址	安徽省滁州市凤阳县工业园			
	经营范围	玻璃制品制造、销售、纸箱、塑料配件加工、销售等			

主要财务指标	指标\报告期	2013.06.30	2012.12.31	2012.06.30	2011.12.31
	基本每股收益(元)	0.1962	0.5500	0.0845	0.3400
	基本每股收益(扣除)(元)	0.1789	0.4700	0.1300	0.6200
	每股净资产(元)	3.0598	5.7873	5.4700	10.6000
	每股经营现金净流量(元)	-0.0353	-0.0688	-0.1941	-0.0266
	每股现金流量(元)	-0.1439	-0.9166	-0.5150	3.9171
	每股资本公积金(元)	1.2864	3.5728	3.5728	8.1456
	每股盈余公积金(元)	0.0723	0.1446	0.1097	0.1883
	每股未分配利润(元)	0.7011	1.0699	0.7845	1.2623
	净资产收益率(%)	6.4114	9.4891	3.0900	5.9270
	加权净资产收益率(%)	7.0600	9.8800	3.1400	7.9000
	净资产收益率(扣除)(%)	-	-	-	-
	总资产(万元)	154050.64	138902.64	124352.82	115497.97
	归属母公司股东权益(万元)	104156.11	98499.41	93048.81	90173.93
	主营业务收入(万元)	42862.66	70958.05	32068.02	56483.98
	营业收入(万元)	42972.71	71068.17	32106.26	56621.67
	主营成本(万元)	29811.79	50097.70	24426.90	41809.48
	营业成本(万元)	29912.28	50164.84	24455.32	42052.23
	投资收益(万元)	25.20	22.40	22.40	19.60
	净利润(万元)	6675.94	9343.59	2874.88	5344.63
	利润总额(万元)	8061.34	10941.66	3558.12	6163.22

索菲亚家居股份有限公司

公司概况	公司名称	索菲亚家居股份有限公司		证券简称	索 菲 亚
	法人代表	江淦钧	董秘 潘雯姗	证券代码	002572
	公司网址	www.suofeiya.com.cn		电子信箱	ningji@suofeiya.com.cn
	电 话	020-87533019		传 真	020-87579391
	办公地址	广东省广州市增城市新塘镇宁西工业园			
	经营范围	定制衣柜及其配套定制家具的研发、生产和销售等			

主要财务指标 指标\报告期	2013.06.30	2012.12.31	2012.06.30	2011.12.31
基本每股收益(元)	0.1722	0.8093	0.1193	0.6573
基本每股收益(扣除)(元)	0.1652	0.8067	0.2390	1.2854
每股净资产(元)	3.5139	6.9100	6.3400	12.7400
每股经营现金净流量(元)	0.2223	0.9543	0.1937	1.2964
每股现金流量(元)	–0.0494	–0.6889	–0.4960	9.8653
每股资本公积金(元)	1.7176	4.2599	4.2599	9.5686
每股盈余公积金(元)	0.0957	0.1966	0.1231	0.2463
每股未分配利润(元)	0.7005	1.4498	0.9525	1.9280
净资产收益率(%)	4.8361	11.7188	3.7600	9.8810
加权净资产收益率(%)	4.8400	12.2300	3.7000	13.9600
净资产收益率(扣除)(%)	–	–	–	–
总资产(万元)	185472.10	175852.21	154930.54	154013.03
归属母公司股东权益(万元)	154511.80	147796.22	135579.39	136348.86
主营业务收入(万元)	62694.29	121264.99	42214.16	99211.08
营业收入(万元)	63142.90	122170.37	42643.99	100359.63
主营成本(万元)	40361.36	78960.23	28590.21	65717.41
营业成本(万元)	40575.98	79528.45	28968.76	66615.55
投资收益(万元)	–	–	–	–
净利润(万元)	7624.42	17608.94	5197.40	13916.13
利润总额(万元)	9123.41	21042.00	6124.09	16648.70

北京国电清新环保技术股份有限公司

公司概况	公司名称	北京国电清新环保技术股份有限公司		证券简称	国电清新
	法人代表	张开元	董秘 蔡晓芳	证券代码	002573
	公司网址	www.qingxin.com.cn		电子信箱	zhqb@qingxin.com.cn
	电 话	010-88146320		传 真	010-88146320
	办公地址	北京市海淀区西八里庄路69号人民政协报大厦10层			
	经营范围	燃煤电厂烟气脱硫装置的建造和运营等			

主要财务指标 指标\报告期	2013.06.30	2012.12.31	2012.06.30	2011.12.31
基本每股收益(元)	0.1600	0.3500	0.1700	0.4400
基本每股收益(扣除)(元)	0.1500	0.3500	0.1700	0.4400
每股净资产(元)	4.0042	7.1300	6.9430	6.9240
每股经营现金净流量(元)	0.1802	0.8185	0.5242	0.0200
每股现金流量(元)	–0.5385	–0.7449	–0.2405	4.1024
每股资本公积金(元)	2.1932	4.7477	4.7468	4.7468
每股盈余公积金(元)	0.0881	0.1586	0.1254	0.1254
每股未分配利润(元)	0.7229	1.2212	1.0713	1.0513
净资产收益率(%)	3.8851	4.9543	2.4500	5.0120
加权净资产收益率(%)	3.8500	5.0260	2.4300	6.9900
净资产收益率(扣除)(%)	–	–	–	–
总资产(万元)	298505.25	273680.62	268427.45	268893.07
归属母公司股东权益(万元)	213343.94	210975.41	205526.62	204936.79
主营业务收入(万元)	28999.20	38326.88	18178.03	44805.28
营业收入(万元)	28999.20	38326.88	18178.03	44805.28
主营成本(万元)	16215.13	23347.39	10738.32	26694.14
营业成本(万元)	16215.13	23347.39	10738.32	26694.14
投资收益(万元)	–	1135.73	745.51	–
净利润(万元)	8250.35	10319.34	5015.05	10271.84
利润总额(万元)	9174.70	11423.37	5453.33	11381.73

浙江明牌珠宝股份有限公司

公司概况	公司名称	浙江明牌珠宝股份有限公司		证券简称	明牌珠宝
	法人代表	虞兔良	董秘 曹国其	证券代码	002574
	公司网址	www.mingr.com		电子信箱	cgq@mingr.com
	电 话	0575-84025665		传 真	0575-84021062
	办公地址	浙江省绍兴市绍兴县福全工业区			
	经营范围	中高档珠宝首饰产品的设计、生产和销售			

主要财务指标 指标\报告期	2013.06.30	2012.12.31	2012.06.30	2011.12.31
基本每股收益(元)	0.1300	0.3100	0.1900	1.1400
基本每股收益(扣除)(元)	0.0800	0.2700	0.1700	1.0600
每股净资产(元)	11.7410	11.7083	11.6000	11.6500
每股经营现金净流量(元)	0.5396	0.3810	2.6853	–3.4426
每股现金流量(元)	0.0893	1.7024	4.3420	2.0490
每股资本公积金(元)	8.0781	8.0781	8.0781	8.0781
每股盈余公积金(元)	0.2904	0.2904	0.2583	0.2583
每股未分配利润(元)	2.3736	2.3401	2.2588	2.3146
净资产收益率(%)	1.1368	2.6267	1.6700	8.9680
加权净资产收益率(%)	1.1300	2.6400	1.6500	12.2300
净资产收益率(扣除)(%)	–	–	–	–
总资产(万元)	414519.89	431643.45	413830.50	368045.34
归属母公司股东权益(万元)	281784.36	280998.58	278283.32	279624.14
主营业务收入(万元)	512140.12	665267.61	376571.35	588720.41
营业收入(万元)	512179.78	665600.23	376606.13	588827.91
主营成本(万元)	489939.02	624117.36	356449.28	528959.69
营业成本(万元)	489939.02	624369.50	356449.28	528959.69
投资收益(万元)	4995.57	780.61	1412.62	–4856.16
净利润(万元)	3203.42	7381.06	4659.61	25077.62
利润总额(万元)	4490.06	10384.30	6414.28	33820.51

广东群兴玩具股份有限公司

公司概况	公司名称	广东群兴玩具股份有限公司		证券简称	群兴玩具
	法人代表	林伟章	董秘 郑昕	证券代码	002575
	公司网址	www.qunxingtoys.com		电子信箱	info@qunxingtoys.com
	电 话	0754-85505187		传 真	0754-85504287
	办公地址	广东省汕头市澄海区莱芜经济开发试验区莱美工业区			
	经营范围	电子电动玩具的研发设计、生产及销售业务			

主要财务指标 指标\报告期	2013.06.30	2012.12.31	2012.06.30	2011.12.31
基本每股收益(元)	0.0900	0.3257	0.1300	0.4274
基本每股收益(扣除)(元)	0.0900	0.3000	0.2400	0.4174
每股净资产(元)	3.3648	6.6069	6.5400	6.3800
每股经营现金净流量(元)	0.1778	0.1666	0.1873	–0.1985
每股现金流量(元)	–0.2544	–0.9987	–0.3295	3.0292
每股资本公积金(元)	1.7744	4.5489	4.5489	4.5489
每股盈余公积金(元)	0.0725	0.1451	0.1114	0.1114
每股未分配利润(元)	0.5182	0.9133	0.8792	0.7212
净资产收益率(%)	2.5714	4.9302	3.9400	6.1340
加权净资产收益率(%)	2.5900	5.0200	3.9700	8.4000
净资产收益率(扣除)(%)	–	–	–	–
总资产(万元)	94925.51	99812.46	90792.32	87276.16
归属母公司股东权益(万元)	90042.41	88400.20	87494.68	85380.48
主营业务收入(万元)	27691.64	50475.69	28299.31	49270.35
营业收入(万元)	27691.64	50475.69	28299.31	49270.35
主营成本(万元)	20973.36	38692.63	21117.64	35228.24
营业成本(万元)	20973.36	38692.63	21117.64	35228.24
投资收益(万元)	–	–	–	–
净利润(万元)	2315.32	4358.31	3451.28	5237.27
利润总额(万元)	2711.47	5005.95	4021.75	6033.81

江苏通达动力科技股份有限公司

公司概况						
	公司名称	江苏通达动力科技股份有限公司			证券简称	通达动力
	法人代表	姜煜峰	董秘	陆洋	证券代码	002576
	公司网址	www.tdchina.com		电子信箱	tongda@tdchina.com	
	电　　话	0513-86213861		传　　真	0513-86213965	
	办公地址	苏省南通市通州区四安镇兴石路 58 号				
	经营范围	电机定转子冲片和铁心的研发、生产、销售和服务等				

主要财务指标	指标\报告期	2013.06.30	2012.12.31	2012.06.30	2011.12.31
	基本每股收益(元)	0.0300	0.1100	0.1000	0.3900
	基本每股收益(扣除)(元)	0.0300	0.0300	0.0500	0.4800
	每股净资产(元)	5.1949	5.1968	5.1900	6.8718
	每股经营现金净流量(元)	-0.1148	0.3133	0.2236	-0.8763
	每股现金流量(元)	-0.9977	-0.3259	-0.1355	2.5961
	每股资本公积金(元)	3.3135	3.3135	3.3135	4.6075
	每股盈余公积金(元)	0.1143	0.1143	0.1042	0.1355
	每股未分配利润(元)	0.7671	0.7690	0.7707	1.1288
	净资产收益率(%)	0.5415	2.1313	1.9700	6.7210
	加权净资产收益率(%)	0.5400	2.1200	1.9300	8.8900
	净资产收益率(扣除)(%)	-	-	-	-
	总资产(万元)	112184.22	102579.38	109323.09	104915.84
	归属母公司股东权益(万元)	85768.10	85798.96	85659.74	87272.31
	主营业务收入(万元)	29728.81	53368.69	29423.79	77887.33
	营业收入(万元)	42879.03	75082.19	40251.77	94817.38
	主营成本(万元)	25081.93	45973.11	24900.29	63872.50
	营业成本(万元)	37826.37	67161.66	35263.19	80525.60
	投资收益(万元)	0.95	-	-	-
	净利润(万元)	486.05	1777.25	1689.43	5865.34
	利润总额(万元)	610.72	2067.77	2107.05	6684.24

深圳雷柏科技股份有限公司

公司概况						
	公司名称	深圳雷柏科技股份有限公司			证券简称	雷柏科技
	法人代表	曾浩	董秘	谢海波	证券代码	002577
	公司网址	www.rapoo.com		电子信箱	board@rapoo.com	
	电　　话	0755-28588566 028588568		传　　真	0755-28588900	
	办公地址	广东省深圳市坪山新区坑梓街道锦绣东路 22 号				
	经营范围	鼠标、键盘等电脑外设产品的研发、生产和销售等				

主要财务指标	指标\报告期	2013.06.30	2012.12.31	2012.06.30	2011.12.31
	基本每股收益(元)	0.1044	0.3400	0.1603	0.4700
	基本每股收益(扣除)(元)	0.1029	0.3600	0.2200	0.4700
	每股净资产(元)	4.9367	6.6188	6.4900	11.3716
	每股经营现金净流量(元)	0.0953	0.2890	-0.0757	0.5104
	每股现金流量(元)	0.0077	0.2511	-0.1151	-0.1215
	每股资本公积金(元)	3.3861	4.7019	4.7019	8.6932
	每股盈余公积金(元)	0.1019	0.1324	0.0976	0.1658
	每股未分配利润(元)	0.4467	0.7850	0.6865	1.5126
	净资产收益率(%)	2.1153	5.1646	3.2100	7.0320
	加权净资产收益率(%)	2.0700	5.1600	3.1000	9.9800
	净资产收益率(扣除)(%)	-	-	-	-
	总资产(万元)	148827.73	152138.64	150556.45	156883.60
	归属母公司股东权益(万元)	139649.89	144025.63	141123.63	145556.56
	主营业务收入(万元)	21174.02	45917.68	24534.53	56322.44
	营业收入(万元)	21205.73	45973.03	24561.35	56454.95
	主营成本(万元)	14096.63	30904.55	16562.14	38256.28
	营业成本(万元)	14129.28	30976.10	16587.02	38382.45
	投资收益(万元)	-	-	-	14.79
	净利润(万元)	2954.02	7438.35	4535.73	10236.13
	利润总额(万元)	3622.44	8823.78	5456.85	12159.48

福建省闽发铝业股份有限公司

公司概况						
	公司名称	福建省闽发铝业股份有限公司			证券简称	闽发铝业
	法人代表	黄天火	董秘	傅孙明	证券代码	002578
	公司网址	www.minfa.com		电子信箱	minfaly@126.com	
	电　　话	0595-86279713		传　　真	0595-86279731	
	办公地址	福建省南安市南美综合开发区南洪路 24 号				
	经营范围	从事各种铝型材产品的设计研发、生产和销售				

主要财务指标	指标\报告期	2013.06.30	2012.12.31	2012.06.30	2011.12.31
	基本每股收益(元)	0.1400	0.4100	0.1200	0.3700
	基本每股收益(扣除)(元)	0.1200	0.2000	0.1000	0.3200
	每股净资产(元)	5.4052	5.2773	5.1600	5.2900
	每股经营现金净流量(元)	0.0173	0.5526	0.1082	-0.0306
	每股现金流量(元)	-0.6901	-1.4313	-0.3557	2.2169
	每股资本公积金(元)	3.3681	3.3762	3.3719	3.3769
	每股盈余公积金(元)	0.1331	0.1331	0.1106	0.1106
	每股未分配利润(元)	0.9040	0.7680	0.6761	0.8054
	净资产收益率(%)	2.5159	4.4553	2.3400	6.3410
	加权净资产收益率(%)	2.5400	4.4700	2.2800	8.4500
	净资产收益率(扣除)(%)	-	-	-	-
	总资产(万元)	122485.62	115422.91	113024.59	103530.49
	归属母公司股东权益(万元)	92860.71	90664.36	88623.24	90931.37
	主营业务收入(万元)	49527.70	103038.72	43290.73	70879.77
	营业收入(万元)	49658.17	103205.08	43347.66	71132.55
	主营成本(万元)	45647.53	95923.77	39868.38	62046.16
	营业成本(万元)	45654.02	95935.00	39871.09	62196.88
	投资收益(万元)	-31.79	401.05	269.07	249.63
	净利润(万元)	2335.09	4036.57	2072.81	5766.28
	利润总额(万元)	2838.70	4790.07	2446.07	6784.59

惠州中京电子科技股份有限公司

公司概况						
	公司名称	惠州中京电子科技股份有限公司			证券简称	中京电子
	法人代表	杨林	董秘	傅道臣	证券代码	002579
	公司网址	www.ceepcb.com		电子信箱	obd@ceepcb.com	
	电　　话	0752-2283573		传　　真	0752-2288573	
	办公地址	广东省惠州市鹅岭南路七巷 3 号				
	经营范围	印刷线路板的研发、生产和销售等				

主要财务指标	指标\报告期	2013.06.30	2012.12.31	2012.06.30	2011.12.31
	基本每股收益(元)	0.0200	0.0600	0.0193	0.2400
	基本每股收益(扣除)(元)	0.0192	0.0600	0.0300	0.3300
	每股净资产(元)	2.5731	3.8497	3.8200	6.1100
	每股经营现金净流量(元)	0.0598	0.1113	0.0480	0.2356
	每股现金流量(元)	-0.0477	-0.3327	-0.2948	0.6679
	每股资本公积金(元)	1.1051	2.1576	2.1576	4.0522
	每股盈余公积金(元)	0.0566	0.0849	0.0788	0.1261
	每股未分配利润(元)	0.4115	0.6072	0.5815	0.9342
	净资产收益率(%)	0.7778	1.5759	0.7600	5.7130
	加权净资产收益率(%)	0.7800	1.5800	0.7600	7.2900
	净资产收益率(扣除)(%)	-	-	-	-
	总资产(万元)	75832.51	77158.52	76194.51	79920.75
	归属母公司股东权益(万元)	60118.31	59962.29	59467.82	59504.11
	主营业务收入(万元)	19826.24	42035.32	18646.57	40017.62
	营业收入(万元)	20239.81	42891.06	19005.61	40846.97
	主营成本(万元)	17450.10	37905.69	16773.25	33260.41
	营业成本(万元)	17450.10	37905.69	16773.25	33260.41
	投资收益(万元)	-	-	-	-
	净利润(万元)	467.58	944.93	450.44	3399.32
	利润总额(万元)	550.69	1015.34	535.82	3914.85

山东圣阳电源股份有限公司

公司概况	公司名称	山东圣阳电源股份有限公司			证券简称	圣阳股份
	法人代表	宋斌	董秘	于海龙	证券代码	002580
	公司网址	www.sacredsun.cn		电子信箱	zqb@sacredsun.cn	
	电　话	0537-4435777		传　真	0537-4430400	
	办公地址	山东省曲阜市圣阳路1号				
	经营范围	前置许可经营项目:HW49 阀控式密封废铅酸蓄电池收集、贮存等				

主要财务指标	指标\报告期	2013.06.30	2012.12.31	2012.06.30	2011.12.31
	基本每股收益(元)	0.1600	0.4900	0.2200	0.5000
	基本每股收益(扣除)(元)	0.1100	0.4400	0.2000	0.6000
	每股净资产(元)	7.4032	7.3418	7.0100	9.6500
	每股经营现金净流量(元)	-0.9861	-0.5361	-0.8607	-1.3864
	每股现金流量(元)	-0.8146	-1.0429	-0.8694	2.5329
	每股资本公积金(元)	4.5546	4.5517	4.4294	6.6012
	每股盈余公积金(元)	0.1783	0.1788	0.1406	0.1969
	每股未分配利润(元)	1.6703	1.6112	1.4353	1.8478
	净资产收益率(%)	2.2019	6.6011	3.1800	6.7100
	加权净资产收益率(%)	2.2000	6.9800	3.1900	8.7900
	净资产收益率(扣除)(%)	-	-	-	-
	总资产(万元)	139602.88	132711.22	116448.01	104796.01
	归属母公司股东权益(万元)	80912.16	80025.85	73654.84	72440.61
	主营业务收入(万元)	45167.16	117884.46	57564.83	94683.79
	营业收入(万元)	45361.82	119178.73	58467.36	95900.14
	主营成本(万元)	36858.65	97699.94	48316.37	79153.82
	营业成本(万元)	36981.07	98516.48	48982.10	79820.46
	投资收益(万元)	-	-	-	-
	净利润(万元)	1781.64	5282.61	2340.72	4860.53
	利润总额(万元)	1996.91	6289.05	2685.76	5754.63

淄博万昌科技股份有限公司

公司概况	公司名称	淄博万昌科技股份有限公司			证券简称	万昌科技
	法人代表	于秀媛	董秘	张国昌	证券代码	002581
	公司网址	www.wanchang.com		电子信箱	office@wanchang.com	
	电　话	0533-2988888		传　真	0533-2091578	
	办公地址	山东省淄博市张店区朝阳路18号				
	经营范围	原甲酸三甲酯、原甲酸三乙酯等农药、医药中间体的研发、生产和销售等				

主要财务指标	指标\报告期	2013.06.30	2012.12.31	2012.06.30	2011.12.31
	基本每股收益(元)	0.3300	0.8000	0.3500	0.6900
	基本每股收益(扣除)(元)	0.3200	0.7900	0.4600	0.6800
	每股净资产(元)	4.9466	6.5054	6.1700	6.2100
	每股经营现金净流量(元)	0.2858	0.5822	0.1194	0.6874
	每股现金流量(元)	-0.1453	-0.4706	-0.3476	4.1856
	每股资本公积金(元)	3.0866	4.3126	4.3126	4.3126
	每股盈余公积金(元)	0.1771	0.2302	0.1505	0.1505
	每股未分配利润(元)	0.6830	0.9627	0.7061	0.7456
	净资产收益率(%)	6.6111	12.2473	7.4600	9.9630
	加权净资产收益率(%)	6.4100	12.7800	7.4400	14.4300
	净资产收益率(扣除)(%)	-	-	-	-
	总资产(万元)	73400.48	72902.50	70347.80	69019.31
	归属母公司股东权益(万元)	69630.31	70441.00	66800.08	67227.91
	主营业务收入(万元)	14987.48	28534.40	14865.16	24627.88
	营业收入(万元)	14998.23	28534.40	14865.16	24636.93
	主营成本(万元)	8140.72	15794.53	7747.65	12865.75
	营业成本(万元)	8140.72	15794.53	7747.65	12865.75
	投资收益(万元)	-	-	-	-
	净利润(万元)	4603.31	8627.09	4986.18	6697.63
	利润总额(万元)	5420.42	10139.40	5866.09	7912.36

好想你枣业股份有限公司

公司概况	公司名称	好想你枣业股份有限公司			证券简称	好 想 你
	法人代表	石聚彬	董秘	石聚领	证券代码	002582
	公司网址	www.haoxiangni.cn		电子信箱	haoxiangni@haoxiangni.cn	
	电　话	0371-62589968		传　真	0371-62589968	
	办公地址	河南省郑州新郑国际机场工业区				
	经营范围	枣类相关产品的生产、加工和销售				

主要财务指标	指标\报告期	2013.06.30	2012.12.31	2012.06.30	2011.12.31
	基本每股收益(元)	0.2900	0.6800	0.3500	0.8500
	基本每股收益(扣除)(元)	0.2800	0.6300	0.3200	1.4300
	每股净资产(元)	8.8230	8.6318	8.3000	16.2028
	每股经营现金净流量(元)	0.9718	0.2434	0.9118	0.7049
	每股现金流量(元)	-0.6797	-2.0972	-0.9913	9.0652
	每股资本公积金(元)	5.6605	5.6605	5.6605	12.3209
	每股盈余公积金(元)	0.2551	0.2551	0.1728	0.3456
	每股未分配利润(元)	1.9075	1.7163	1.4637	2.5362
	净资产收益率(%)	3.3010	7.8825	4.1700	9.4090
	加权净资产收益率(%)	3.3200	8.1600	4.2000	14.0300
	净资产收益率(扣除)(%)	-	-	-	-
	总资产(万元)	156106.50	158552.00	138085.13	159997.94
	归属母公司股东权益(万元)	130228.21	127405.33	122463.31	119576.57
	主营业务收入(万元)	39806.08	89236.93	40081.09	77983.00
	营业收入(万元)	39923.45	89654.72	40194.51	78476.98
	主营成本(万元)	24331.36	60024.44	28213.57	56369.75
	营业成本(万元)	24457.34	61015.66	28405.87	57100.18
	投资收益(万元)	89.58	87.80	87.80	119.99
	净利润(万元)	4298.88	10042.77	5100.74	11251.26
	利润总额(万元)	4658.84	10423.05	5462.79	12166.09

海能达通信股份有限公司

公司概况	公司名称	海能达通信股份有限公司			证券简称	海 能 达
	法人代表	陈清州	董秘	武美	证券代码	002583
	公司网址	www.hytera.com		电子信箱	stock@hytera.com	
	电　话	0755-26972999-1170		传　真	0755-86137135	
	办公地址	广东省深圳市南山区高新区北区北环路好易通大厦				
	经营范围	开发、生产矿用对讲机、防爆通讯产品及配件、无线电通讯器材及配件等				

主要财务指标	指标\报告期	2013.06.30	2012.12.31	2012.06.30	2011.12.31
	基本每股收益(元)	0.0300	0.1200	-0.0300	0.5900
	基本每股收益(扣除)(元)	-	0.0200	-0.0600	0.5200
	每股净资产(元)	6.6269	6.6809	6.4400	6.5400
	每股经营现金净流量(元)	-0.3702	-0.1351	-0.4426	-0.4235
	每股现金流量(元)	-0.7714	-1.4398	-1.3726	2.3583
	每股资本公积金(元)	4.5613	4.5789	4.5058	4.5058
	每股盈余公积金(元)	0.0875	0.0945	0.0921	0.0921
	每股未分配利润(元)	0.9727	0.9903	0.8381	0.9329
	净资产收益率(%)	0.4881	1.7944	-0.5400	8.0370
	加权净资产收益率(%)	0.4800	1.8300	-0.5400	12.0900
	净资产收益率(扣除)(%)	-	-	-	-
	总资产(万元)	279516.94	254703.24	242069.32	229343.92
	归属母公司股东权益(万元)	184229.09	185728.66	179162.30	181683.35
	主营业务收入(万元)	52178.15	112599.86	45336.95	123040.19
	营业收入(万元)	53232.81	113537.33	45615.44	124345.15
	主营成本(万元)	23906.25	56982.47	22879.81	67713.63
	营业成本(万元)	24242.90	57391.58	23089.27	68080.06
	投资收益(万元)	684.85	-	-	-
	净利润(万元)	899.13	3332.77	-967.94	14601.97
	利润总额(万元)	1510.07	3443.61	-1500.92	16414.02

西陇化工股份有限公司

公司概况	公司名称	西陇化工股份有限公司			证券简称	西陇化工
	法人代表	黄伟鹏	董秘	邬军晖	证券代码	002584
	公司网址	www.xlhg.com.cn			电子信箱	xlhg@xlhg.cn
	电话	0754-82481503 020-62612188 369			传真	0754-82493128 020-62612100
	办公地址	广东省汕头市潮汕路西陇中街 1-3 号				
	经营范围	从事化学试剂的研发、生产、销售并从事部分化工原料、原料药及食品添加剂等业务				

	指标\报告期	2013.06.30	2012.12.31	2012.06.30	2011.12.31
主要财务指标	基本每股收益(元)	0.1400	0.3200	0.1800	0.4600
	基本每股收益(扣除)(元)	0.1300	0.2800	0.1600	0.4200
	每股净资产(元)	5.0496	5.1974	5.0500	5.0100
	每股经营现金净流量(元)	-0.1723	0.0678	0.0069	-0.1712
	每股现金流量(元)	-0.4676	-1.0697	-0.0707	1.6595
	每股资本公积金(元)	2.9176	2.9176	2.9176	2.9176
	每股盈余公积金(元)	0.1490	0.1490	0.1006	0.1006
	每股未分配利润(元)	0.9533	1.1086	1.0122	0.9855
	净资产收益率(%)	2.8666	6.1900	3.5000	8.2060
	加权净资产收益率(%)	2.8000	6.3000	3.4600	11.0300
	净资产收益率(扣除)(%)	-	-	-	-
	总资产(万元)	148521.55	139378.33	124764.82	113431.42
	归属母公司股东权益(万元)	100991.12	103947.60	100913.21	100265.77
	主营业务收入(万元)	103617.30	154302.68	64252.80	127969.76
	营业收入(万元)	103930.39	154472.12	64369.84	128103.14
	主营成本(万元)	90711.26	129588.07	52749.34	104415.76
	营业成本(万元)	90711.26	129591.23	52844.96	104508.23
	投资收益(万元)	0.45	-	-	-
	净利润(万元)	2867.79	6445.91	3535.57	8227.86
	利润总额(万元)	3526.28	7764.72	4038.79	9785.72

江苏双星彩塑新材料股份有限公司

公司概况	公司名称	江苏双星彩塑新材料股份有限公司			证券简称	双星新材
	法人代表	吴培服	董秘	吴迪	证券代码	002585
	公司网址	www.shuangxingcaisu.com			电子信箱	wudi@shuangxingcaisu.com
	电话	0527-84252088			传真	0527-84253042
	办公地址	江苏省宿迁市宿豫区彩塑工业园区井头街[illegible]号				
	经营范围	从事新型塑料包装薄膜的研发、生产和销售等				

	指标\报告期	2013.06.30	2012.12.31	2012.06.30	2011.12.31
主要财务指标	基本每股收益(元)	0.1000	0.2900	0.1900	1.0500
	基本每股收益(扣除)(元)	0.0700	0.2500	0.1800	1.6970
	每股净资产(元)	8.6923	8.8000	8.6000	17.8220
	每股经营现金净流量(元)	0.4929	0.1934	0.2279	0.2530
	每股现金流量(元)	-0.0706	0.0300	-0.1695	0.2097
	每股资本公积金(元)	6.1782	6.1782	6.1782	13.3564
	每股盈余公积金(元)	0.2067	0.2067	0.1781	0.3563
	每股未分配利润(元)	1.3074	1.3118	1.2439	3.1094
	净资产收益率(%)	1.1005	3.2847	2.2000	10.3290
	加权净资产收益率(%)	1.1000	3.2400	2.1200	17.7100
	净资产收益率(扣除)(%)	-	-	-	-
	总资产(万元)	423100.47	405058.98	402979.66	415792.87
	归属母公司股东权益(万元)	361600.78	361781.52	357771.02	370698.17
	主营业务收入(万元)	108846.93	208860.98	107571.47	194493.96
	营业收入(万元)	109261.01	210477.09	108236.25	195592.26
	主营成本(万元)	99799.94	188466.84	94457.87	147577.35
	营业成本(万元)	99889.62	188468.75	94459.78	147577.46
	投资收益(万元)	92.42	92.42	92.42	-
	净利润(万元)	3979.26	11883.34	7872.85	38290.17
	利润总额(万元)	4749.19	13453.87	10046.36	49361.56

浙江省围海建设集团股份有限公司

公司概况	公司名称	浙江省围海建设集团股份有限公司			证券简称	围海股份
	法人代表	冯全宏	董秘	成迪龙	证券代码	002586
	公司网址	www.zjwh.com.cn			电子信箱	ir@zjwh.com.cn
	电话	0574-87901130 87911788			传真	0574-87901002
	办公地址	浙江省宁波市高新区广贤路 1009 号				
	经营范围	水利水电工程、市政公用工程、港口与航道工程、房屋建筑工程等				

	指标\报告期	2013.06.30	2012.12.31	2012.06.30	2011.12.31
主要财务指标	基本每股收益(元)	0.0600	0.4300	0.0800	0.4100
	基本每股收益(扣除)(元)	0.0600	0.4100	0.1100	0.7500
	每股净资产(元)	2.7942	4.2652	3.9500	7.3700
	每股经营现金净流量(元)	-0.6494	0.1685	-0.5338	-0.2836
	每股现金流量(元)	-0.1441	-0.4183	-0.6661	3.3679
	每股资本公积金(元)	0.8611	1.7917	1.7917	4.3015
	每股盈余公积金(元)	0.1021	0.1532	0.1243	0.2362
	每股未分配利润(元)	0.7239	1.0940	0.8212	1.4217
	净资产收益率(%)	2.1914	10.0171	3.1900	9.4860
	加权净资产收益率(%)	2.1600	10.4900	3.1900	13.6000
	净资产收益率(扣除)(%)	-	-	-	-
	总资产(万元)	214705.01	208280.89	172056.42	174543.77
	归属母公司股东权益(万元)	85208.19	86711.05	80248.18	78839.36
	主营业务收入(万元)	52537.03	139565.88	55765.45	129753.31
	营业收入(万元)	52726.41	139925.14	55934.14	130077.46
	主营成本(万元)	43643.80	115290.05	47023.66	108820.91
	营业成本(万元)	43664.17	115334.15	47044.06	108861.88
	投资收益(万元)	371.18	-	-	-
	净利润(万元)	2055.44	8940.44	2632.30	7757.54
	利润总额(万元)	2827.43	12186.55	3756.03	10332.61

深圳市奥拓电子股份有限公司

公司概况	公司名称	深圳市奥拓电子股份有限公司			证券简称	奥拓电子
	法人代表	吴涵渠	董秘	杨四化	证券代码	002587
	公司网址	www.szaoto.com			电子信箱	yangsh@szaoto.com
	电话	0755-26719889			传真	0755-26719890
	办公地址	广东省深圳市南山区深南大道高新技术工业村 T2 厂房 T2A6-B				
	经营范围	电子自助服务设备、金融电子产品、LED 光电产品、电子大屏幕显示屏等				

	指标\报告期	2013.06.30	2012.12.31	2012.06.30	2011.12.31
主要财务指标	基本每股收益(元)	0.3000	0.4700	0.2400	0.3500
	基本每股收益(扣除)(元)	0.2900	0.4600	0.2400	0.3000
	每股净资产(元)	4.9075	4.7864	4.5600	5.9050
	每股经营现金净流量(元)	0.0520	0.5278	0.0517	0.0935
	每股现金流量(元)	-0.1982	0.0823	-0.2416	3.5276
	每股资本公积金(元)	2.6108	2.5707	2.5707	3.6420
	每股盈余公积金(元)	0.1676	0.1696	0.1250	0.1625
	每股未分配利润(元)	1.1291	1.0460	0.8605	1.1005
	净资产收益率(%)	5.9790	9.9214	5.3700	6.7670
	加权净资产收益率(%)	6.0000	10.1800	5.2500	10.3500
	净资产收益率(扣除)(%)	-	-	-	-
	总资产(万元)	62594.08	61848.85	55654.65	56678.21
	归属母公司股东权益(万元)	54251.92	52267.45	49753.63	49601.78
	主营业务收入(万元)	14011.71	30451.46	14750.26	23016.82
	营业收入(万元)	14011.71	30451.46	14750.26	23016.82
	主营成本(万元)	6304.81	16953.60	8680.67	12963.08
	营业成本(万元)	6304.81	16953.60	8680.67	12963.08
	投资收益(万元)	-	-	-	-
	净利润(万元)	3243.72	5185.67	2671.84	3356.48
	利润总额(万元)	3860.43	6075.61	3194.53	3989.23

史丹利化肥股份有限公司

公司概况	公司名称	史丹利化肥股份有限公司			证券简称	史丹利
	法人代表	高文班	董秘	胡照顺	证券代码	002588
	公司网址	www.shidanli.cn		电子信箱	002588@shidanli.cn	
	电　话	0539-6263620		传　真	0539-6263620	
	办公地址	山东省临沂市临沭县城常林东大街东首				
	经营范围	生产、经营高浓度复混肥料(复合肥料)、掺混肥				

主要财务指标	指标\报告期	2013.06.30	2012.12.31	2012.06.30	2011.12.31
	基本每股收益(元)	0.9700	1.7300	0.9100	1.6600
	基本每股收益(扣除)(元)	–	1.6700	0.8900	1.6100
	每股净资产(元)	11.3022	13.6303	12.8200	15.6700
	每股经营现金净流量(元)	0.5932	5.5049	3.6773	0.1047
	每股现金流量(元)	–1.2943	0.7478	0.6785	7.5008
	每股资本公积金(元)	5.2380	7.1094	7.1094	9.5399
	每股盈余公积金(元)	0.5034	0.6544	0.5423	0.7050
	每股未分配利润(元)	4.5608	4.8665	4.1641	4.4282
	净资产收益率(%)	8.5929	12.6640	7.3300	12.0480
	加权净资产收益率(%)	8.8700	13.4700	7.3100	17.9100
	净资产收益率(扣除)(%)	–	–	–	–
	总资产(万元)	398782.04	406280.66	386238.21	351078.59
	归属母公司股东权益(万元)	248309.65	230352.69	216586.63	203750.79
	主营业务收入(万元)	291564.35	503191.45	270324.66	454949.85
	营业收入(万元)	295092.23	505671.08	271848.80	456857.28
	主营成本(万元)	244345.54	433023.10	235871.02	397113.39
	营业成本(万元)	246291.48	433521.71	236166.74	397242.31
	投资收益(万元)	63.49	22.83	22.83	18.02
	净利润(万元)	21336.96	29171.90	15405.84	24548.46
	利润总额(万元)	26324.54	35688.28	18779.98	29814.45

山东瑞康医药股份有限公司

公司概况	公司名称	山东瑞康医药股份有限公司			证券简称	瑞康医药
	法人代表	韩旭	董秘	周云	证券代码	002589
	公司网址	www.realcan.cn		电子信箱	stock@realcan.cn	
	电　话	0535-6737695 6735656-8009		传　真	0535-6737695	
	办公地址	山东省烟台市芝罘区机场路 326 号				
	经营范围	中药材、中药饮片、中成药、化学原料药、化学药制剂、抗生素、生化药品等				

主要财务指标	指标\报告期	2013.06.30	2012.12.31	2012.06.30	2011.12.31
	基本每股收益(元)	0.6480	1.1800	0.4980	1.0300
	基本每股收益(扣除)(元)	0.6490	1.2100	0.5050	1.0400
	每股净资产(元)	10.2977	9.7698	9.0900	8.6900
	每股经营现金净流量(元)	–3.3632	–1.8179	–1.4009	–5.0643
	每股现金流量(元)	–0.1205	1.0753	0.4562	0.2288
	每股资本公积金(元)	6.0041	6.0041	6.0041	6.0046
	每股盈余公积金(元)	0.2576	0.2576	0.1605	0.1605
	每股未分配利润(元)	3.0359	2.5081	1.9237	1.5255
	净资产收益率(%)	6.2913	12.0745	5.4800	10.3120
	加权净资产收益率(%)	6.4200	12.7900	5.5700	15.1300
	净资产收益率(扣除)(%)	–	–	–	–
	总资产(万元)	362322.65	312036.89	265691.74	221754.52
	归属母公司股东权益(万元)	96592.15	91640.87	85249.24	81518.44
	主营业务收入(万元)	281202.30	462078.79	211543.20	319438.64
	营业收入(万元)	281338.40	462223.76	211652.60	319544.81
	主营成本(万元)	259574.96	462078.79	195749.93	293363.94
	营业成本(万元)	259582.67	424532.88	195749.93	293368.53
	投资收益(万元)	–	–	–	–
	净利润(万元)	6110.59	11066.94	4676.32	8402.28
	利润总额(万元)	8185.32	14784.13	6234.50	11243.65

浙江万安科技股份有限公司

公司概况	公司名称	浙江万安科技股份有限公司			证券简称	万安科技
	法人代表	陈利祥	董秘	李建林	证券代码	002590
	公司网址	www.vie.com.cn		电子信箱	lijl@vie.com.cn	
	电　话	0575-87165511		传　真	0575-87659719	
	办公地址	浙江省绍兴市诸暨市店口镇工业区中央路 188 号				
	经营范围	汽车制动系统的研发、生产和销售和配套服务等				

主要财务指标	指标\报告期	2013.06.30	2012.12.31	2012.06.30	2011.12.31
	基本每股收益(元)	0.1100	0.1000	0.0800	0.4100
	基本每股收益(扣除)(元)	0.1000	0.0600	0.0700	0.4900
	每股净资产(元)	5.3428	5.2846	5.2700	6.8400
	每股经营现金净流量(元)	0.2090	0.5912	–0.1893	–0.6000
	每股现金流量(元)	–0.8102	–0.7052	–0.7835	2.7702
	每股资本公积金(元)	2.4359	2.4359	2.4359	3.4667
	每股盈余公积金(元)	0.1556	0.1556	0.1384	0.1800
	每股未分配利润(元)	1.7514	1.6931	1.6914	2.1968
	净资产收益率(%)	2.0262	1.8417	1.3900	6.8510
	加权净资产收益率(%)	2.0400	1.8500	1.4400	9.6800
	净资产收益率(扣除)(%)	–	–	–	–
	总资产(万元)	168597.70	161505.67	156140.46	162466.41
	归属母公司股东权益(万元)	64831.20	64124.31	63895.28	63876.71
	主营业务收入(万元)	59408.21	100753.15	49545.55	99677.35
	营业收入(万元)	59880.42	102068.44	50055.68	100174.27
	主营成本(万元)	46346.47	76773.51	38460.91	73077.57
	营业成本(万元)	46587.91	77328.41	38520.11	73301.96
	投资收益(万元)	–	–	–	–
	净利润(万元)	1308.14	1167.50	917.47	4438.07
	利润总额(万元)	1423.67	2263.64	1202.54	5229.81

江西恒大高新技术股份有限公司

公司概况	公司名称	江西恒大高新技术股份有限公司			证券简称	恒大高新
	法人代表	朱星河	董秘	唐明荣	证券代码	002591
	公司网址	www.heng-da.com		电子信箱	zq@heng-da.net.cn	
	电　话	0791-88194572		传　真	0791-88197020	
	办公地址	江西省南昌市高新区金庐北路 88 号				
	经营范围	工业设备特种防护及表面工程、硬面技术服务等				

主要财务指标	指标\报告期	2013.06.30	2012.12.31	2012.06.30	2011.12.31
	基本每股收益(元)	0.1600	0.2500	0.1400	0.6000
	基本每股收益(扣除)(元)	0.1200	0.1200	0.1200	0.6100
	每股净资产(元)	5.6683	7.1920	7.1200	8.7700
	每股经营现金净流量(元)	–0.1206	–0.1858	–0.1227	–0.7267
	每股现金流量(元)	–1.0657	–0.7610	–0.2524	3.1892
	每股资本公积金(元)	3.0217	4.1282	4.1282	5.3103
	每股盈余公积金(元)	0.1932	0.2512	0.2269	0.2836
	每股未分配利润(元)	1.4534	1.8126	1.7688	2.1780
	净资产收益率(%)	2.8064	3.5378	2.6200	7.4750
	加权净资产收益率(%)	2.8400	3.5800	2.6200	10.6500
	净资产收益率(扣除)(%)	–	–	–	–
	总资产(万元)	86354.81	81183.38	76904.17	75078.80
	归属母公司股东权益(万元)	73687.61	71919.67	71238.62	70175.30
	主营业务收入(万元)	14868.85	20173.05	9915.11	25825.06
	营业收入(万元)	14966.90	21124.85	10589.47	26333.89
	主营成本(万元)	10829.74	13579.04	6433.78	15779.73
	营业成本(万元)	10857.29	14428.89	7069.39	16182.39
	投资收益(万元)	392.23	50.88	37.62	13.00
	净利润(万元)	2067.94	2544.37	1863.32	5245.28
	利润总额(万元)	2358.31	3000.25	2200.60	6159.96

南宁八菱科技股份有限公司

公司概况	公司名称	南宁八菱科技股份有限公司			证券简称	八菱科技
	法人代表	顾瑜	董秘	黄生田	证券代码	002592
	公司网址	www.baling.com.cn		电子信箱	nnblkj@baling.com.cn	
	电　　话	0771-3216598		传　　真	0771-3211338	
	办公地址	广西壮族自治区南宁市高新区工业园区科德路1号				
	经营范围	研究、开发、生产、经营散热器、汽车配件、空调配件、发电机组配件等				

	指标\报告期	2013.06.30	2012.12.31	2012.06.30	2011.12.31
主要财务指标	基本每股收益(元)	0.2600	0.8800	0.2500	1.0400
	基本每股收益(扣除)(元)	0.2500	0.8300	0.4100	1.2400
	每股净资产(元)	3.7917	6.6584	6.2200	7.8093
	每股经营现金净流量(元)	0.0551	0.9159	0.3786	0.3773
	每股现金流量(元)	–0.2268	–0.6809	–0.4944	3.0691
	每股资本公积金(元)	0.9303	2.4746	2.4746	3.5170
	每股盈余公积金(元)	0.3480	0.6265	0.4925	0.6402
	每股未分配利润(元)	1.5133	2.5573	2.2579	2.6521
	净资产收益率(%)	6.8371	13.2459	7.2000	13.3460
	加权净资产收益率(%)	6.7700	13.6800	7.2000	26.3600
	净资产收益率(扣除)(%)	–	–	–	–
	总资产(万元)	91050.94	85101.76	79077.38	77249.74
	归属母公司股东权益(万元)	67004.56	65368.62	61113.83	58975.53
	主营业务收入(万元)	27422.07	47734.90	23147.92	43892.40
	营业收入(万元)	31629.41	54764.47	27108.68	50260.54
	主营成本(万元)	21097.21	36102.00	18114.74	32643.34
	营业成本(万元)	24046.38	41164.46	20978.31	37664.56
	投资收益(万元)	465.03	475.12	329.08	495.11
	净利润(万元)	4581.18	8658.67	4403.88	7870.61
	利润总额(万元)	5325.28	9011.75	4657.74	8609.92

厦门日上车轮集团股份有限公司

公司概况	公司名称	厦门日上车轮集团股份有限公司			证券简称	日上集团
	法人代表	吴子文	董秘	钟柏安	证券代码	002593
	公司网址	www.sunrisewheel.com		电子信箱	stock@sunrisewheel.com	
	电　　话	0592-6666866		传　　真	0592-6666899	
	办公地址	福建省厦门市集美区杏林杏北路30号				
	经营范围	生产、加工汽车轮圈、汽车零部件、金属制品、零售汽车零部件、建筑材料等				

	指标\报告期	2013.06.30	2012.12.31	2012.06.30	2011.12.31
主要财务指标	基本每股收益(元)	0.1100	0.2200	0.2200	0.4800
	基本每股收益(扣除)(元)	0.0900	0.0700	0.1300	0.4400
	每股净资产(元)	5.5593	5.5712	5.5700	5.5000
	每股经营现金净流量(元)	–0.1006	–0.9715	–0.3546	–0.9164
	每股现金流量(元)	–0.2215	–0.1658	0.1025	0.3338
	每股资本公积金(元)	3.3390	3.3390	3.3390	3.3390
	每股盈余公积金(元)	0.0329	0.0318	0.0316	0.0296
	每股未分配利润(元)	1.2250	1.2384	1.2377	1.1720
	净资产收益率(%)	2.0281	3.9236	3.9100	7.6070
	加权净资产收益率(%)	2.0000	3.9500	3.8800	11.0500
	净资产收益率(扣除)(%)	–	–	–	–
	总资产(万元)	251755.64	222361.51	235616.75	220816.92
	归属母公司股东权益(万元)	117857.49	118109.85	118162.75	116653.36
	主营业务收入(万元)	56078.80	96964.88	54805.97	113301.17
	营业收入(万元)	61993.90	109139.38	61597.39	129095.10
	主营成本(万元)	46084.42	82817.86	44969.90	90790.18
	营业成本(万元)	51920.56	94904.99	52074.45	106307.04
	投资收益(万元)	–	–	–	–
	净利润(万元)	2390.23	4634.10	4616.12	8874.30
	利润总额(万元)	2949.72	5706.31	5745.50	10470.04

比亚迪股份有限公司

公司概况	公司名称	比亚迪股份有限公司			证券简称	比亚迪
	法人代表	王传福	董秘	李黔	证券代码	002594
	公司网址	www.byd.com.cn		电子信箱	db@byd.com	
	电　　话	0755-89888888		传　　真	0755-84202222	
	办公地址	广东省深圳市坪山新区比亚迪路3009号				
	经营范围	锂离子电池以及其他电池、充电器、电子产品、仪器仪表、柔性线路板等				

	指标\报告期	2013.06.30	2012.12.31	2012.06.30	2011.12.31
主要财务指标	基本每股收益(元)	0.1800	0.0300	0.0100	0.6000
	基本每股收益(扣除)(元)	0.0600	–0.2100	–0.0900	0.2700
	每股净资产(元)	9.1724	9.0043	8.9700	8.9700
	每股经营现金净流量(元)	0.9776	2.3599	1.8822	2.5422
	每股现金流量(元)	0.3502	–0.1065	0.4650	0.7471
	每股资本公积金(元)	2.9820	2.9803	2.9730	2.9770
	每股盈余公积金(元)	0.7731	0.7731	0.7292	0.7292
	每股未分配利润(元)	4.4814	4.3021	4.3257	4.3198
	净资产收益率(%)	1.9772	0.3839	0.0800	6.5550
	加权净资产收益率(%)	2.0000	0.3800	0.0800	6.9800
	净资产收益率(扣除)(%)	–	–	–	–
	总资产(万元)	7199631.30	6871048.80	6690254.20	6562439.20
	归属母公司股东权益(万元)	2159269.90	2119698.40	2111000.40	2112451.70
	主营业务收入(万元)	2484661.10	4549006.50	2198346.40	4728199.60
	营业收入(万元)	2604093.30	4685377.40	2258201.20	4882691.90
	主营成本(万元)	2087159.40	3903721.00	1860669.50	3925844.60
	营业成本(万元)	2189921.90	4015306.40	1904656.80	4043878.90
	投资收益(万元)	–3493.40	–1118.90	71.00	50375.00
	净利润(万元)	53625.80	21289.00	10415.40	159507.60
	利润总额(万元)	61839.20	29072.50	15934.40	172748.40

山东豪迈机械科技股份有限公司

公司概况	公司名称	山东豪迈机械科技股份有限公司			证券简称	豪迈科技
	法人代表	张恭运	董秘	冯民堂	证券代码	002595
	公司网址	www.haomaikeji.com		电子信箱	fengmintang@126.com	
	电　　话	0536-2361002		传　　真	0536-2361536	
	办公地址	山东省潍坊市高密市密水科技工业园豪迈路1号				
	经营范围	轮胎模具及橡胶机械、数控机床的研制开发、生产、销售以及高端零部件铸造等				

	指标\报告期	2013.06.30	2012.12.31	2012.06.30	2011.12.31
主要财务指标	基本每股收益(元)	0.7729	0.9900	0.5300	1.2200
	基本每股收益(扣除)(元)	0.7716	0.9900	0.5335	1.2186
	每股净资产(元)	10.4218	10.2494	9.7800	9.8497
	每股经营现金净流量(元)	0.3917	0.6611	0.3298	0.4323
	每股现金流量(元)	–0.5620	–0.3020	–0.4699	4.7720
	每股资本公积金(元)	5.8664	5.8664	5.8664	5.8664
	每股盈余公积金(元)	0.4434	0.4434	0.3439	0.3439
	每股未分配利润(元)	3.1014	2.9288	2.5733	2.6393
	净资产收益率(%)	7.4135	9.6489	5.4600	10.8070
	加权净资产收益率(%)	7.5000	9.9500	5.3900	16.5400
	净资产收益率(扣除)(%)	–	–	–	–
	总资产(万元)	237698.61	215767.99	206849.91	207436.14
	归属母公司股东权益(万元)	208435.43	204987.21	195674.18	196993.36
	主营业务收入(万元)	51840.30	70249.59	35709.99	67066.33
	营业收入(万元)	52315.30	71095.51	36065.42	68617.00
	主营成本(万元)	29150.96	41298.48	20475.39	35278.30
	营业成本(万元)	29396.23	41798.56	20701.42	36000.00
	投资收益(万元)	–	–	–	–
	净利润(万元)	15458.65	19779.04	10680.82	21289.36
	利润总额(万元)	18111.75	22996.97	12435.12	24974.42

海南瑞泽新型建材股份有限公司

公司概况	公司名称	海南瑞泽新型建材股份有限公司		证券简称	海南瑞泽
	法人代表	张海林	董秘 于清池	证券代码	002596
	公司网址	www.hnruize.com		电子信箱	yqc66888@163.com
	电　　话	0898-88710266		传　　真	0898-88710266
	办公地址	海南省三亚市吉阳镇迎宾大道488号			
	经营范围	商品混凝土生产与销售、加气砖、灰沙砖、新型建材生产与销售等			

	指标\报告期	2013.06.30	2012.12.31	2012.06.30	2011.12.31
主要财务指标	基本每股收益(元)	0.1300	0.4700	0.1400	0.5200
	基本每股收益(扣除)(元)	0.1300	0.4600	0.2300	0.5200
	每股净资产(元)	4.1258	6.5018	6.2600	6.2300
	每股经营现金净流量(元)	-0.0527	0.0874	-0.3053	-0.2710
	每股现金流量(元)	-0.0997	-0.9548	-0.7824	2.0285
	每股资本公积金(元)	1.8459	3.5535	3.5535	3.5535
	每股盈余公积金(元)	0.1042	0.1668	0.1258	0.1258
	每股未分配利润(元)	1.1757	1.7815	1.5770	1.5478
	净资产收益率(%)	3.0235	7.3008	3.6600	7.3360
	加权净资产收益率(%)	3.0200	7.4800	3.6100	9.9800
	净资产收益率(扣除)(%)	-	-	-	-
	总资产(万元)	141829.66	133908.23	118530.69	106810.81
	归属母公司股东权益(万元)	88458.14	87123.64	83834.48	83442.91
	主营业务收入(万元)	52363.18	104942.01	44841.28	71371.51
	营业收入(万元)	52363.18	104968.46	44852.80	71396.64
	主营成本(万元)	42850.82	87137.38	37360.16	58641.19
	营业成本(万元)	42850.82	87145.29	37360.16	58654.15
	投资收益(万元)	-	-	-	82.70
	净利润(万元)	2884.42	6809.34	3071.57	6121.14
	利润总额(万元)	3931.87	9533.25	4112.39	8082.42

安徽金禾实业股份有限公司

公司概况	公司名称	安徽金禾实业股份有限公司		证券简称	金禾实业
	法人代表	杨迎春	董秘 仰宗勇	证券代码	002597
	公司网址	www.jinheshiye.com		电子信箱	yzyahjh@sina.com
	电　　话	0550-5612755 5614224		传　　真	0550-5611232
	办公地址	安徽省滁州市来安县城东大街127号			
	经营范围	从事精细化工产品和基础化工产品的生产、研发和销售			

	指标\报告期	2013.06.30	2012.12.31	2012.06.30	2011.12.31
主要财务指标	基本每股收益(元)	0.3200	0.6300	0.4900	1.0200
	基本每股收益(扣除)(元)	0.3000	0.5700	0.4700	0.9800
	每股净资产(元)	6.2495	7.9232	7.7900	12.0100
	每股经营现金净流量(元)	0.5337	1.2540	0.3449	-0.5295
	每股现金流量(元)	-0.0581	-1.2953	-1.5302	2.0126
	每股资本公积金(元)	2.7205	3.8366	3.8366	6.7386
	每股盈余公积金(元)	0.2290	0.2977	0.2297	0.3675
	每股未分配利润(元)	2.0907	2.5037	2.4234	3.3996
	净资产收益率(%)	5.0986	8.0069	6.2397	11.5950
	加权净资产收益率(%)	5.1600	8.5700	6.3500	17.7400
	净资产收益率(扣除)(%)	-	-	-	-
	总资产(万元)	269294.46	257077.18	239013.74	249530.07
	归属母公司股东权益(万元)	173536.10	169240.26	166429.17	160396.47
	主营业务收入(万元)	144451.17	275833.76	145525.35	227574.26
	营业收入(万元)	145548.50	278267.23	146744.51	228496.16
	主营成本(万元)	125948.94	245807.28	126478.38	194123.38
	营业成本(万元)	126029.75	246605.50	126804.25	194702.25
	投资收益(万元)	-11.11	30.81	-8.71	1.14
	净利润(万元)	9453.31	13391.98	10472.03	18443.63
	利润总额(万元)	11682.04	15520.25	12688.39	20933.91

山东省章丘鼓风机股份有限公司

公司概况	公司名称	山东省章丘鼓风机股份有限公司		证券简称	山东章鼓
	法人代表	方润刚	董秘 方树鹏	证券代码	002598
	公司网址	www.blower.cn		电子信箱	sdzg@blower.cn
	电　　话	0531-83250020		传　　真	0531-83250085
	办公地址	山东省章丘市明水经济开发区世纪大道东首			
	经营范围	罗茨鼓风机(罗茨真空泵)及离心鼓风机的研发、制造、销售等			

	指标\报告期	2013.06.30	2012.12.31	2012.06.30	2011.12.31
主要财务指标	基本每股收益(元)	0.1143	0.2800	0.1320	0.3616
	基本每股收益(扣除)(元)	-	0.2652	0.1316	0.3217
	每股净资产(元)	2.1538	2.2396	2.0900	4.3193
	每股经营现金净流量(元)	0.1154	0.3742	0.2335	0.3314
	每股现金流量(元)	0.1574	-0.0323	0.0254	0.3525
	每股资本公积金(元)	0.6785	0.6785	0.6785	2.3570
	每股盈余公积金(元)	0.0996	0.0996	0.0716	0.1431
	每股未分配利润(元)	0.3776	0.4633	0.3432	0.8226
	净资产收益率(%)	5.3088	12.5041	6.3100	14.2380
	加权净资产收益率(%)	5.0500	12.9300	6.0200	22.8000
	净资产收益率(扣除)(%)	-	-	-	-
	总资产(万元)	91972.10	93888.24	89549.37	92715.51
	归属母公司股东权益(万元)	67197.11	69876.97	65256.68	67380.54
	主营业务收入(万元)	25711.06	61879.87	31400.85	62831.18
	营业收入(万元)	26203.83	63173.78	32137.91	64700.20
	主营成本(万元)	17987.82	42747.65	22383.84	45372.61
	营业成本(万元)	18005.07	42792.42	22402.18	45471.10
	投资收益(万元)	387.07	869.65	402.38	911.74
	净利润(万元)	3567.34	8737.47	4116.96	9593.43
	利润总额(万元)	4127.61	9957.85	4775.09	11036.45

北京盛通印刷股份有限公司

公司概况	公司名称	北京盛通印刷股份有限公司		证券简称	盛通股份
	法人代表	栗延秋	董秘 肖薇	证券代码	002599
	公司网址	www.shengtongprint.com		电子信箱	ir@shengtongprint.com
	电　　话	010-67871609		传　　真	010-52249811
	办公地址	北京市北京经济技术开发区经海三路18号			
	经营范围	出版物印刷、装订等			

	指标\报告期	2013.06.30	2012.12.31	2012.06.30	2011.12.31
主要财务指标	基本每股收益(元)	0.1000	0.2400	0.1100	0.3100
	基本每股收益(扣除)(元)	0.1000	0.2100	0.1100	0.3000
	每股净资产(元)	4.3732	4.3005	4.1700	4.2200
	每股经营现金净流量(元)	0.2281	0.5670	0.2262	0.5697
	每股现金流量(元)	-0.1285	-0.2843	-0.3395	1.0224
	每股资本公积金(元)	2.0576	2.0576	2.0576	2.0576
	每股盈余公积金(元)	0.1465	0.1465	0.1222	0.1222
	每股未分配利润(元)	1.1691	1.0964	0.9980	1.0446
	净资产收益率(%)	2.3471	5.4908	2.7100	6.3530
	加权净资产收益率(%)	2.3700	5.5600	2.7000	9.7500
	净资产收益率(扣除)(%)	-	-	-	-
	总资产(万元)	90729.09	88788.82	89825.85	88214.64
	归属母公司股东权益(万元)	57726.11	56767.21	55147.50	55762.25
	主营业务收入(万元)	26134.81	50851.92	24541.95	47388.22
	营业收入(万元)	26644.64	51564.73	24362.36	47975.72
	主营成本(万元)	21496.86	41467.35	19801.70	37641.92
	营业成本(万元)	21738.61	41762.40	19914.88	37837.26
	投资收益(万元)	-	4.82	4.82	5.97
	净利润(万元)	1354.90	3116.96	1497.24	3542.41
	利润总额(万元)	1795.42	4154.46	2045.33	4778.73

广东江粉磁材股份有限公司

公司概况	公司名称	广东江粉磁材股份有限公司			证券简称	江粉磁材
	法人代表	汪南东	董秘	周战峰	证券代码	002600
	公司网址	www.jpmf.com.cn		电子信箱	jpmf@jpmf.com.cn	
	电　话	0750-3506077 3506078		传　真	0750-3506111	
	办公地址	广东省江门市龙湾路8号				
	经营范围	永磁铁氧体和软磁铁氧体的研发、生产和销售等				

	指标\报告期	2013.06.30	2012.12.31	2012.06.30	2011.12.31
主要财务指标	基本每股收益(元)	0.0200	0.1500	0.1300	0.1800
	基本每股收益(扣除)(元)	0.0200	0.0300	0.0100	0.1700
	每股净资产(元)	3.9843	4.0619	4.0400	4.0100
	每股经营现金净流量(元)	-0.2556	-0.1376	-0.1700	-0.1229
	每股现金流量(元)	-0.0264	-0.7999	-0.3747	0.9569
	每股资本公积金(元)	2.4241	2.4241	2.4285	2.4285
	每股盈余公积金(元)	0.0721	0.0721	0.0424	0.0424
	每股未分配利润(元)	0.4881	0.5658	0.5731	0.5428
	净资产收益率(%)	0.5611	3.8155	3.2200	3.8940
	加权净资产收益率(%)	0.5500	3.8300	3.2100	5.5100
	净资产收益率(扣除)(%)	-	-	-	-
	总资产(万元)	197303.19	174263.18	178849.69	167798.92
	归属母公司股东权益(万元)	126620.81	129088.40	128518.22	127555.23
	主营业务收入(万元)	63627.67	106349.15	50330.44	88768.29
	营业收入(万元)	64056.00	108364.37	51120.00	89597.04
	主营成本(万元)	52943.35	89290.10	42701.30	68826.76
	营业成本(万元)	53317.52	90977.59	43401.70	69454.07
	投资收益(万元)	359.10	964.01	445.19	640.07
	净利润(万元)	661.88	5674.99	4438.38	6741.93
	利润总额(万元)	1187.01	6925.06	5444.74	7870.09

河南佰利联化学股份有限公司

公司概况	公司名称	河南佰利联化学股份有限公司			证券简称	佰利联
	法人代表	许刚	董秘	申庆飞	证券代码	002601
	公司网址	www.billionschem.com		电子信箱	bll002601@163.com	
	电　话	0391-3126666		传　真	0391-3126111	
	办公地址	河南省焦作市中站区焦克路				
	经营范围	从事钛白粉、锆制品和硫酸铝等产品的生产与销售				

	指标\报告期	2013.06.30	2012.12.31	2012.06.30	2011.12.31
主要财务指标	基本每股收益(元)	0.0100	0.9800	0.8200	2.2500
	基本每股收益(扣除)(元)	-0.0200	0.9800	0.8100	4.5100
	每股净资产(元)	11.1815	11.3589	22.3900	21.4600
	每股经营现金净流量(元)	-1.2076	-0.7713	0.0573	-0.3085
	每股现金流量(元)	-2.0067	-0.9680	0.8676	7.8963
	每股资本公积金(元)	5.5642	6.4844	13.9688	13.9688
	每股盈余公积金(元)	0.4315	0.4315	0.6721	0.6721
	每股未分配利润(元)	3.2513	3.4429	6.7502	5.8143
	净资产收益率(%)	0.0736	8.6387	7.3100	17.8240
	加权净资产收益率(%)	0.0700	8.9100	7.3400	32.5900
	净资产收益率(扣除)(%)	-	-	-	-
	总资产(万元)	351472.04	306955.63	294659.50	275161.88
	归属母公司股东权益(万元)	214141.79	213546.51	210476.88	201678.89
	主营业务收入(万元)	76096.73	173510.44	109945.78	185658.81
	营业收入(万元)	79003.66	180380.92	113337.47	190613.22
	主营成本(万元)	68780.65	135372.59	81704.44	123028.35
	营业成本(万元)	70799.82	140276.06	84111.30	127196.84
	投资收益(万元)	320.75	44.99	37.86	72.86
	净利润(万元)	157.57	18447.62	15377.99	35947.50
	利润总额(万元)	245.43	21393.91	18148.83	42180.58

浙江世纪华通车业股份有限公司

公司概况	公司名称	浙江世纪华通车业股份有限公司			证券简称	世纪华通
	法人代表	王苗通	董秘	严正山	证券代码	002602
	公司网址	www.sjhuatong.com		电子信箱	sjhuatong@sjhuatong.com	
	电　话	0575-82148871		传　真	0575-82208079	
	办公地址	浙江省上虞市经济开发区北一路				
	经营范围	汽车配件、摩托车配件、精密金属模具制造、加工等				

	指标\报告期	2013.06.30	2012.12.31	2012.06.30	2011.12.31
主要财务指标	基本每股收益(元)	0.1700	0.3600	0.2400	0.6300
	基本每股收益(扣除)(元)	0.1600	0.3600	0.2500	0.9500
	每股净资产(元)	6.1077	6.0345	5.9200	8.8181
	每股经营现金净流量(元)	0.3789	0.3162	0.0558	0.2923
	每股现金流量(元)	-0.1949	-0.3761	-0.3620	2.7120
	每股资本公积金(元)	3.3550	3.3550	3.3550	5.5325
	每股盈余公积金(元)	0.2055	0.2055	0.1693	0.2540
	每股未分配利润(元)	1.5471	1.4740	1.3968	2.0316
	净资产收益率(%)	2.8346	5.8961	4.0400	9.1660
	加权净资产收益率(%)	2.8400	5.9900	4.0400	15.8200
	净资产收益率(扣除)(%)	-	-	-	-
	总资产(万元)	205214.44	189467.84	178235.89	171967.22
	归属母公司股东权益(万元)	160326.51	158406.90	155430.89	154317.14
	主营业务收入(万元)	56252.07	91509.28	45199.01	96335.59
	营业收入(万元)	57793.57	92889.97	46662.02	99872.64
	主营成本(万元)	43401.90	69282.34	33275.60	68543.91
	营业成本(万元)	44537.56	69591.22	34439.88	71076.78
	投资收益(万元)	-	227.18	156.23	258.60
	净利润(万元)	4620.65	9340.65	6363.75	14144.74
	利润总额(万元)	5494.51	11077.19	7448.76	16394.01

石家庄以岭药业股份有限公司

公司概况	公司名称	石家庄以岭药业股份有限公司			证券简称	以岭药业
	法人代表	吴以岭	董秘	吴瑞	证券代码	002603
	公司网址	www.yiling.cn		电子信箱	wurui@yiling.cn	
	电　话	0311-85901311		传　真	0311-85901311	
	办公地址	河北省石家庄市高新技术产业开发区天山大街238号				
	经营范围	硬胶囊剂、片剂、颗粒剂、合剂、小容量注射剂的生产等				

	指标\报告期	2013.06.30	2012.12.31	2012.06.30	2011.12.31
主要财务指标	基本每股收益(元)	0.2700	0.3400	0.2600	0.9000
	基本每股收益(扣除)(元)	0.2700	0.2900	0.2500	0.8300
	每股净资产(元)	7.4977	6.9592	6.8800	8.7100
	每股经营现金净流量(元)	0.2075	0.1269	-0.0863	-0.9611
	每股现金流量(元)	-0.5922	-0.8388	-0.5257	3.6692
	每股资本公积金(元)	3.9320	3.6606	3.6606	5.0587
	每股盈余公积金(元)	0.2750	0.2750	0.2456	0.3192
	每股未分配利润(元)	2.1979	2.0234	1.9731	2.3315
	净资产收益率(%)	3.6613	4.8325	3.7300	12.2670
	加权净资产收益率(%)	3.8700	4.9200	3.7600	20.4900
	净资产收益率(扣除)(%)	-	-	-	-
	总资产(万元)	456995.67	416572.20	424070.21	422541.73
	归属母公司股东权益(万元)	414250.56	384497.10	380093.44	370164.18
	主营业务收入(万元)	115582.92	164797.40	70239.15	195252.81
	营业收入(万元)	115623.95	164867.63	70277.38	195321.14
	主营成本(万元)	35849.67	52382.60	22241.17	61761.65
	营业成本(万元)	35856.92	52404.23	22259.08	61769.08
	投资收益(万元)	144.00	-	-	-
	净利润(万元)	15166.79	18580.64	14178.68	45407.11
	利润总额(万元)	18075.89	21623.64	16505.16	53250.38

山东龙力生物科技股份有限公司

公司概况

公司名称	山东龙力生物科技股份有限公司			证券简称	龙力生物
法人代表	程少博	董秘	高丽娟	证券代码	002604
公司网址	www.longlive.cn		电子信箱	llgf@longlive.cn	
电　话	0534-8103166		传　真	0534-8103168	
办公地址	山东省禹城市高新技术开发区汉槐街 1309 号				
经营范围	玉米、玉米芯收购加工销售业务、其他食品"低聚木糖"、饲料添加剂低聚木糖等				

主要财务指标

指标\报告期	2013.06.30	2012.12.31	2012.06.30	2011.12.31
基本每股收益(元)	0.2100	0.3900	0.2300	0.5400
基本每股收益(扣除)(元)	0.1500	0.3300	0.2100	0.4900
每股净资产(元)	7.1798	9.2024	9.0400	8.8500
每股经营现金净流量(元)	0.1746	0.7491	0.3954	1.0563
每股现金流量(元)	0.0432	2.2479	0.2335	4.9834
每股资本公积金(元)	4.7793	6.5131	6.5079	6.5131
每股盈余公积金(元)	0.1408	0.1831	–	0.1440
每股未分配利润(元)	1.2198	1.4658	–	1.1680
净资产收益率(%)	2.3743	4.2042	2.5800	5.1920
加权净资产收益率(%)	2.3700	4.2900	2.6100	8.0400
净资产收益率(扣除)(%)	–	–	–	–
总资产(万元)	255348.71	246715.13	207199.88	211664.49
归属母公司股东权益(万元)	173981.78	171532.30	168594.27	164991.26
主营业务收入(万元)	43284.91	101274.74	54289.61	123146.42
营业收入(万元)	43332.80	101416.54	54381.35	123256.11
主营成本(万元)	31406.43	80465.52	43525.91	98908.20
营业成本(万元)	31406.43	80472.95	43525.91	98908.20
投资收益(万元)	–	143.31	194.36	–
净利润(万元)	4100.44	7211.50	4345.90	8566.89
利润总额(万元)	4881.05	8654.32	5082.60	10109.35

上海姚记扑克股份有限公司

公司概况

公司名称	上海姚记扑克股份有限公司			证券简称	姚记扑克
法人代表	姚文琛	董秘	浦冬婵	证券代码	002605
公司网址	www.yaojipoker.com		电子信箱	secretarybd@yaojipoker.com	
电　话	021-69595008		传　真	021-69595008	
办公地址	上海市嘉定区黄渡镇曹安路 4218 号				
经营范围	主要从事各类扑克牌的设计、生产和销售等				

主要财务指标

指标\报告期	2013.06.30	2012.12.31	2012.06.30	2011.12.31
基本每股收益(元)	0.3052	1.0200	0.2463	0.9100
基本每股收益(扣除)(元)	0.2969	0.9500	0.4500	0.8800
每股净资产(元)	4.1946	8.4588	7.9300	8.0900
每股经营现金净流量(元)	0.5486	1.3917	0.9620	1.0758
每股现金流量(元)	–0.4582	0.1043	0.6115	2.9091
每股资本公积金(元)	1.8646	4.7293	4.7293	4.7293
每股盈余公积金(元)	0.1473	0.2947	0.2201	0.2201
每股未分配利润(元)	1.1827	2.4348	1.9773	2.1446
净资产收益率(%)	7.2770	12.1158	6.2200	9.5860
加权净资产收益率(%)	7.1500	12.4700	6.0700	15.4100
净资产收益率(扣除)(%)	–	–	–	–
总资产(万元)	94004.68	96830.16	103796.42	88850.00
归属母公司股东权益(万元)	78439.94	79089.90	74114.00	75678.54
主营业务收入(万元)	36617.32	64025.96	31037.36	62099.16
营业收入(万元)	36803.76	64548.07	31353.18	65494.58
主营成本(万元)	26913.73	48563.94	24180.75	49144.73
营业成本(万元)	26992.31	48812.15	24251.23	52101.99
投资收益(万元)	9.27	–79.80	–	–
净利润(万元)	5884.62	9640.03	4602.46	7254.44
利润总额(万元)	7844.30	12944.40	6143.19	9759.89

大连电瓷集团股份有限公司

公司概况

公司名称	大连电瓷集团股份有限公司			证券简称	大连电瓷
法人代表	刘桂雪	董秘	张永久	证券代码	002606
公司网址	www.insulators.cn		电子信箱	zqb@insulators.cn	
电　话	0411-84305686 62272888		传　真	0411-84307907	
办公地址	辽宁省大连市经济技术开发区双 D 港辽河东路 88 号				
经营范围	高压电瓷、避雷器、互感器、开关、合成绝缘子、高压线性电阻片、工业陶瓷等				

主要财务指标

指标\报告期	2013.06.30	2012.12.31	2012.06.30	2011.12.31
基本每股收益(元)	0.0300	0.1900	–	0.3200
基本每股收益(扣除)(元)	–	0.1500	–0.0500	0.2200
每股净资产(元)	3.5082	3.6057	3.4100	6.9300
每股经营现金净流量(元)	–0.0144	–0.0068	–0.1249	0.0742
每股现金流量(元)	–0.1591	–0.3011	–0.2507	1.7825
每股资本公积金(元)	1.5194	1.5194	1.5194	3.9415
每股盈余公积金(元)	0.1028	0.1028	0.0831	0.1663
每股未分配利润(元)	0.8861	0.9836	0.8091	1.8198
净资产收益率(%)	0.7833	5.3618	–0.0200	7.7930
加权净资产收益率(%)	0.7600	5.3900	–0.0200	13.3900
净资产收益率(扣除)(%)	–	–	–	–
总资产(万元)	137360.22	135255.42	129687.64	128585.40
归属母公司股东权益(万元)	70164.56	72114.97	68231.35	69275.19
主营业务收入(万元)	27978.47	63938.96	28824.62	64895.06
营业收入(万元)	28011.54	63977.09	28830.89	65094.62
主营成本(万元)	19370.20	43668.62	21528.42	44244.75
营业成本(万元)	19379.84	43698.89	21533.01	44287.01
投资收益(万元)	–	–	–	–
净利润(万元)	535.26	3763.74	–83.89	5353.71
利润总额(万元)	600.07	4327.02	–114.80	6221.51

芜湖亚夏汽车股份有限公司

公司概况

公司名称	芜湖亚夏汽车股份有限公司			证券简称	亚夏汽车
法人代表	周夏耘	董秘	李林	证券代码	002607
公司网址	www.yaxia.net		电子信箱	board@yaxia.com	
电　话	0553-2871309 2876077		传　真	0553-2876077	
办公地址	安徽省芜湖市鸠江区弋江北路花塘村亚夏汽车城				
经营范围	品牌轿车及其配件销售、维修、装潢、美容、信息咨询服务、品牌轿车二手车销售				

主要财务指标

指标\报告期	2013.06.30	2012.12.31	2012.06.30	2011.12.31
基本每股收益(元)	0.1900	0.4400	0.2300	0.6200
基本每股收益(扣除)(元)	–	0.2500	0.2100	1.2400
每股净资产(元)	3.7944	4.8400	4.7000	9.1000
每股经营现金净流量(元)	–0.2310	0.2305	–0.9464	–0.3079
每股现金流量(元)	–0.5672	0.3966	–0.8788	1.8533
每股资本公积金(元)	1.4369	2.1680	2.1680	5.3359
每股盈余公积金(元)	0.1403	0.1824	0.1400	0.2800
每股未分配利润(元)	1.2173	1.4882	1.3966	2.4850
净资产收益率(%)	4.9519	9.0529	6.4600	11.3153
加权净资产收益率(%)	4.9200	9.3600	6.4700	19.7600
净资产收益率(扣除)(%)	–	–	–	–
总资产(万元)	258065.89	237311.29	182669.49	166348.82
归属母公司股东权益(万元)	86816.70	85157.64	82800.50	80088.40
主营业务收入(万元)	224594.12	410858.11	187554.17	356203.36
营业收入(万元)	225443.04	412652.72	188409.09	357785.55
主营成本(万元)	208436.94	384840.16	173893.65	327571.06
营业成本(万元)	208534.96	385145.27	173921.35	327776.13
投资收益(万元)	–	1.23	0.35	0.05
净利润(万元)	4246.83	7684.62	5352.10	9062.22
利润总额(万元)	5981.54	10735.62	7148.52	12617.95

江苏舜天船舶股份有限公司

公司概况	公司名称	江苏舜天船舶股份有限公司		证券简称	舜天船舶
	法人代表	王军民	董秘　曹春华	证券代码	002608
	公司网址	www.saintymarine.com.cn		电子信箱	info@saintymarine.com.cn
	电　话	025-52876100		传　真	025-52251600
	办公地址	江苏省南京市雨花台区软件大道 21 号			
	经营范围	远洋支线机动船舶建造业务和非机动船舶建造业务等			

主要财务指标	指标\报告期	2013.06.30	2012.12.31	2012.06.30	2011.12.31
	基本每股收益(元)	0.3300	0.5500	0.2500	1.5100
	基本每股收益(扣除)(元)	0.1800	0.3400	0.1700	1.4500
	每股净资产(元)	14.2086	13.8605	13.7100	13.4600
	每股经营现金净流量(元)	-5.9361	-4.2948	-0.3270	-1.1242
	每股现金流量(元)	-0.7531	-0.8475	0.1584	1.2188
	每股资本公积金(元)	5.0869	5.0869	5.0869	5.0869
	每股盈余公积金(元)	0.3070	0.3070	0.2974	0.2974
	每股未分配利润(元)	7.8077	7.4623	7.3260	7.0731
	净资产收益率(%)	3.4868	3.9593	1.8400	9.3316
	加权净资产收益率(%)	3.5100	4.0100	1.8600	13.4700
	净资产收益率(扣除)(%)	-	-	-	-
	总资产(万元)	801662.45	648602.64	547021.09	476394.80
	归属母公司股东权益(万元)	208865.76	203749.79	201556.89	197823.52
	主营业务收入(万元)	126478.84	259020.19	90796.87	248221.61
	营业收入(万元)	127397.20	262226.89	109373.33	260097.99
	主营成本(万元)	111339.72	238646.95	81318.17	215983.77
	营业成本(万元)	111906.92	241264.78	99232.74	227288.61
	投资收益(万元)	2412.39	2070.56	720.99	660.87
	净利润(万元)	7157.47	8207.63	3683.88	18445.99
	利润总额(万元)	9196.90	10208.46	4483.48	23136.07

深圳市捷顺科技实业股份有限公司

公司概况	公司名称	深圳市捷顺科技实业股份有限公司		证券简称	捷顺科技
	法人代表	唐健	董秘　张磊	证券代码	002609
	公司网址	www.jieshun.cn		电子信箱	stock@jieshun.cn
	电　话	0755-83112382		传　真	0755-83112288-8828
	办公地址	广东省深圳市福田区梅林路 17 号捷顺大厦			
	经营范围	智能卡、计算机软件的技术开发、机电一体化产品、电控自动大门等			

主要财务指标	指标\报告期	2013.06.30	2012.12.31	2012.06.30	2011.12.31
	基本每股收益(元)	0.1158	0.4700	0.1089	0.4300
	基本每股收益(扣除)(元)	0.1108	0.4400	0.1611	0.4216
	每股净资产(元)	3.6404	5.3955	5.0800	5.2145
	每股经营现金净流量(元)	-0.0810	0.6943	-0.2661	0.0484
	每股现金流量(元)	-0.2097	0.2901	-0.6238	3.0569
	每股资本公积金(元)	1.7576	3.1318	3.0784	3.0784
	每股盈余公积金(元)	0.1411	0.2122	0.1722	0.1722
	每股未分配利润(元)	0.7417	1.0514	0.8272	0.9639
	净资产收益率(%)	3.1811	8.4119	3.2158	6.8860
	加权净资产收益率(%)	3.1700	8.5500	3.0800	12.6500
	净资产收益率(扣除)(%)	-	-	-	-
	总资产(万元)	80136.56	81897.33	69131.34	73865.26
	归属母公司股东权益(万元)	67062.70	66101.54	60249.33	61871.41
	主营业务收入(万元)	15738.12	38623.23	14609.57	36225.34
	营业收入(万元)	16040.74	41176.30	15753.80	38318.15
	主营成本(万元)	7313.55	20461.63	7596.01	19859.82
	营业成本(万元)	8005.93	20758.12	7718.74	20110.36
	投资收益(万元)	-	33.83	-	-
	净利润(万元)	2131.45	5560.41	1937.49	4260.56
	利润总额(万元)	2514.02	6551.47	2280.34	5058.95

江苏爱康科技股份有限公司

公司概况	公司名称	江苏爱康科技股份有限公司		证券简称	爱康科技
	法人代表	邹承慧	董秘　季海瑜	证券代码	002610
	公司网址	www.akcome.com		电子信箱	zhengquanbu@akcome.com
	电　话	0512-82557563		传　真	0512-82557644
	办公地址	江苏省张家港市经济开发区金塘路			
	经营范围	研究、开发、生产、加工太阳能器材专用高档五金件、太阳能发电安装系统等			

主要财务指标	指标\报告期	2013.06.30	2012.12.31	2012.06.30	2011.12.31
	基本每股收益(元)	0.0200	-0.1900	-0.1200	0.7900
	基本每股收益(扣除)(元)	-0.0300	-0.2800	-0.1300	0.1800
	每股净资产(元)	4.1077	4.0925	4.1600	6.9400
	每股经营现金净流量(元)	-0.3578	0.4905	-1.3000	-1.2673
	每股现金流量(元)	1.0704	-1.7969	-1.7755	3.4871
	每股资本公积金(元)	2.7461	2.7461	2.7461	4.6386
	每股盈余公积金(元)	0.1079	0.1079	0.1079	0.1618
	每股未分配利润(元)	0.2537	0.2386	0.3042	1.1382
	净资产收益率(%)	0.3677	-4.5644	-2.9200	14.2150
	加权净资产收益率(%)	0.3600	-4.3700	-2.6600	25.1800
	净资产收益率(扣除)(%)	-	-	-	-
	总资产(万元)	418412.47	351439.68	281774.73	271101.10
	归属母公司股东权益(万元)	123229.64	122776.08	124743.96	138771.39
	主营业务收入(万元)	63848.49	129335.96	53313.26	146377.34
	营业收入(万元)	69907.11	136243.50	57031.72	152411.40
	主营成本(万元)	56475.37	115732.86	47459.79	120641.05
	营业成本(万元)	63351.75	125849.97	52536.04	129495.64
	投资收益(万元)	4.28	689.60	544.17	18107.81
	净利润(万元)	645.64	-5352.69	-3688.65	19504.30
	利润总额(万元)	193.85	-6811.70	-3684.27	21973.27

广东东方精工科技股份有限公司

公司概况	公司名称	广东东方精工科技股份有限公司		证券简称	东方精工
	法人代表	唐灼林	董秘　邱业致	证券代码	002611
	公司网址	www.vmtdf.com		电子信箱	securities@vmtdf.com
	电　话	0757-86695489		传　真	0757-81098927
	办公地址	广东省佛山市南海区狮山大道北段			
	经营范围	加工、制造、销售:纸箱印刷机及配件、通用机械及配件货物进出口等			

主要财务指标	指标\报告期	2013.06.30	2012.12.31	2012.06.30	2011.12.31
	基本每股收益(元)	0.1800	0.3600	0.2200	0.5200
	基本每股收益(扣除)(元)	0.1800	0.3500	0.2000	0.6000
	每股净资产(元)	4.2860	4.3083	4.1600	5.2300
	每股经营现金净流量(元)	0.0564	0.3041	-0.0102	0.4296
	每股现金流量(元)	-0.4742	0.1239	-0.1511	3.7384
	每股资本公积金(元)	2.4163	2.4197	2.4197	3.4456
	每股盈余公积金(元)	0.0972	0.0972	0.0609	0.0791
	每股未分配利润(元)	0.7726	0.7914	0.6815	0.7062
	净资产收益率(%)	4.2261	8.3901	5.1700	10.7310
	加权净资产收益率(%)	4.1500	8.6800	5.2000	22.1100
	净资产收益率(扣除)(%)	-	-	-	-
	总资产(万元)	89744.23	87598.61	81355.78	81038.23
	归属母公司股东权益(万元)	75776.60	76170.40	73584.74	71139.65
	主营业务收入(万元)	16780.91	32894.05	16831.28	35934.02
	营业收入(万元)	16872.26	33136.76	16951.65	36122.07
	主营成本(万元)	10928.08	21351.24	10821.93	23504.04
	营业成本(万元)	10928.08	21351.24	10821.93	23504.04
	投资收益(万元)	-	-	-	-
	净利润(万元)	3199.84	6365.22	3781.74	7585.59
	利润总额(万元)	3765.43	7586.75	4533.18	8885.54

朗姿股份有限公司

公司概况						
	公司名称	朗姿股份有限公司			证券简称	朗姿股份
	法人代表	申东日	董秘	王建优	证券代码	002612
	公司网址	www.lancygroup.com		电子信箱	wangjianyou@lancygroup.com	
	电　　话	010-82281088		传　　真	010-82281011	
	办公地址	北京市西城区裕民路18号北环中心A座25层				
	经营范围	品牌女装的设计、生产与销售				

主要财务指标	指标\报告期	2013.06.30	2012.12.31	2012.06.30	2011.12.31
	基本每股收益(元)	0.7500	1.1600	0.7100	1.2500
	基本每股收益(扣除)(元)	0.7300	1.1200	0.6900	1.2500
	每股净资产(元)	11.5968	11.4043	10.8100	10.6900
	每股经营现金净流量(元)	0.0462	0.0165	0.0294	0.3233
	每股现金流量(元)	-0.6165	0.2458	0.2467	0.0692
	每股资本公积金(元)	8.2587	8.2587	8.1096	8.1017
	每股盈余公积金(元)	0.1509	0.1509	0.0896	0.0896
	每股未分配利润(元)	2.1890	1.9933	1.6101	1.4981
	净资产收益率(%)	6.4305	10.1400	6.5900	9.7610
	加权净资产收益率(%)	6.3300	10.5900	6.5600	22.4700
	净资产收益率(扣除)(%)	-	-	-	-
	总资产(万元)	248499.09	263146.38	238326.39	238796.53
	归属母公司股东权益(万元)	231935.17	228086.56	216170.49	213766.93
	主营业务收入(万元)	68415.48	111749.47	54640.68	83623.31
	营业收入(万元)	68415.48	111749.47	54640.68	83623.31
	主营成本(万元)	25936.86	43470.08	20650.17	33481.98
	营业成本(万元)	25936.86	43470.08	20650.17	33481.98
	投资收益(万元)	195.88	-	-	3.06
	净利润(万元)	14914.50	23129.07	14239.37	20866.08
	利润总额(万元)	19585.70	27872.53	17147.62	24744.09

洛阳北方玻璃技术股份有限公司

公司概况						
	公司名称	洛阳北方玻璃技术股份有限公司			证券简称	北玻股份
	法人代表	高学明	董秘	常海明	证券代码	002613
	公司网址	www.northglass.com		电子信箱	beibogufen@126.com	
	电　　话	0379-65110505		传　　真	0379-64330181	
	办公地址	河南省洛阳市高新区滨河路20号				
	经营范围	研制、开发玻璃深加工设备和技术、玻璃及产品的加工、销售				

主要财务指标	指标\报告期	2013.06.30	2012.12.31	2012.06.30	2011.12.31
	基本每股收益(元)	0.0614	0.1500	0.0656	0.3000
	基本每股收益(扣除)(元)	0.0592	0.1400	0.0600	0.3370
	每股净资产(元)	3.6247	3.5633	3.4800	5.4200
	每股经营现金净流量(元)	-0.0868	0.2520	0.1796	0.2255
	每股现金流量(元)	-0.4330	-0.2154	-0.1046	3.0127
	每股资本公积金(元)	1.8909	1.8909	1.8902	2.8354
	每股盈余公积金(元)	0.1501	0.1501	0.1312	0.1968
	每股未分配利润(元)	0.5837	0.5223	0.4549	1.3839
	净资产收益率(%)	1.6934	4.2625	1.8900	6.9390
	加权净资产收益率(%)	1.7100	4.2300	1.8000	11.8300
	净资产收益率(扣除)(%)	-	-	-	-
	总资产(万元)	189286.86	178279.11	181008.57	179323.15
	归属母公司股东权益(万元)	145168.61	142710.33	139227.39	144609.71
	主营业务收入(万元)	32733.67	69848.80	31907.87	82034.84
	营业收入(万元)	33615.33	71531.97	32682.02	85504.13
	主营成本(万元)	24122.97	49705.99	23363.48	57904.70
	营业成本(万元)	24456.27	50411.08	23833.04	59136.03
	投资收益(万元)	-	55.37	-	-
	净利润(万元)	2605.96	6259.97	2460.58	10692.32
	利润总额(万元)	2975.73	6981.65	2902.00	12284.44

厦门蒙发利科技(集团)股份有限公司

公司概况						
	公司名称	厦门蒙发利科技(集团)股份有限公司			证券简称	蒙发利
	法人代表	邹剑寒	董秘	李巧巧	证券代码	002614
	公司网址	www.easepal.com.cn		电子信箱	stock@easepal.com.cn	
	电　　话	0592-3795740 3795739		传　　真	0592-3795724	
	办公地址	福建省厦门市思明区前埔路168号(五楼)				
	经营范围	从事各类按摩器具的设计、研发、生产和销售工作				

主要财务指标	指标\报告期	2013.06.30	2012.12.31	2012.06.30	2011.12.31
	基本每股收益(元)	0.1200	0.1100	0.0200	0.7100
	基本每股收益(扣除)(元)	-	0.0900	0.0600	1.3300
	每股净资产(元)	8.3125	8.2900	8.2000	16.7600
	每股经营现金净流量(元)	0.0245	0.2027	-0.2897	-0.5814
	每股现金流量(元)	-0.2232	-1.1433	-1.0269	2.9132
	每股资本公积金(元)	5.5804	5.5804	5.5804	12.1609
	每股盈余公积金(元)	0.0811	0.0811	0.0811	0.1622
	每股未分配利润(元)	1.6523	1.6327	1.5382	3.4372
	净资产收益率(%)	1.4383	1.3761	0.2400	6.8840
	加权净资产收益率(%)	1.4300	1.3800	0.2400	16.5600
	净资产收益率(扣除)(%)	-	-	-	-
	总资产(万元)	275594.37	267863.68	239758.70	263278.43
	归属母公司股东权益(万元)	199499.69	199052.62	196788.90	201120.21
	主营业务收入(万元)	86278.07	172412.68	73185.20	181383.17
	营业收入(万元)	88176.85	177165.99	75572.27	188683.96
	主营成本(万元)	68949.24	142917.05	60615.77	145798.33
	营业成本(万元)	70455.30	147167.63	62572.01	152773.18
	投资收益(万元)	-31.97	18.39	24.91	-
	净利润(万元)	2888.44	2693.60	472.00	13844.09
	利润总额(万元)	3230.74	3642.53	492.39	15921.87

浙江哈尔斯真空器皿股份有限公司

公司概况						
	公司名称	浙江哈尔斯真空器皿股份有限公司			证券简称	哈尔斯
	法人代表	吕强	董秘	吕丽珍	证券代码	002615
	公司网址	www.haers.com		电子信箱	zqb@haers.com	
	电　　话	0579-89295369		传　　真	0579-89295392	
	办公地址	浙江省永康市经济开发区哈尔斯路1号				
	经营范围	不锈钢真空保温器皿的研发设计、生产与销售				

主要财务指标	指标\报告期	2013.06.30	2012.12.31	2012.06.30	2011.12.31
	基本每股收益(元)	0.3400	0.4500	0.2600	0.6800
	基本每股收益(扣除)(元)	0.3400	0.4300	0.2500	0.6100
	每股净资产(元)	6.3269	6.1357	5.9500	6.0900
	每股经营现金净流量(元)	0.0081	0.7192	-0.1350	0.6748
	每股现金流量(元)	-0.5571	-0.6764	-0.7753	3.5971
	每股资本公积金(元)	3.7744	3.7744	3.7744	3.7744
	每股盈余公积金(元)	0.1963	0.1963	0.1516	0.1516
	每股未分配利润(元)	1.3562	1.1650	1.0196	1.1627
	净资产收益率(%)	5.3928	7.2839	4.3200	9.0460
	加权净资产收益率(%)	5.4800	7.3500	4.1300	19.5400
	净资产收益率(扣除)(%)	-	-	-	-
	总资产(万元)	67702.08	68839.67	63391.15	67241.38
	归属母公司股东权益(万元)	57700.97	55957.27	54223.88	55529.41
	主营业务收入(万元)	26219.95	51326.08	22217.12	49772.20
	营业收入(万元)	27141.53	53183.04	23000.49	51562.75
	主营成本(万元)	17960.69	35964.98	15142.82	35958.66
	营业成本(万元)	18826.36	37749.59	15916.42	37756.00
	投资收益(万元)	175.09	121.69	21.10	292.30
	净利润(万元)	3111.70	4075.86	2342.75	5023.11
	利润总额(万元)	3515.57	4713.60	2950.10	5684.69

广东长青(集团)股份有限公司

公司概况	公司名称	广东长青(集团)股份有限公司			证券简称	长青集团
	法人代表	何启强	董秘	张蓐意	证券代码	002616
	公司网址	www.chinachant.com		电子信箱	dmof@chinachant.com	
	电　　话	0760-22583660		传　　真	0760-89829008	
	办公地址	广东省中山市小榄工业大道南 42 号				
	经营范围	工业、农业、生活废弃物、污水、污泥、烟气的治理和循环利用、治污设备的研发、制造、销售等				

主要财务指标	指标＼报告期	2013.06.30	2012.12.31	2012.06.30	2011.12.31
	基本每股收益(元)	0.1300	0.4060	0.1200	0.6650
	基本每股收益(扣除)(元)	0.1000	0.2780	0.0800	0.5590
	每股净资产(元)	7.0731	7.2900	7.0000	7.0200
	每股经营现金净流量(元)	0.3677	0.1707	−0.6793	0.5167
	每股现金流量(元)	0.0516	−1.4360	−1.0989	1.9102
	每股资本公积金(元)	3.9797	3.9797	3.9795	4.0090
	每股盈余公积金(元)	0.1960	0.1960	0.1014	0.1014
	每股未分配利润(元)	1.9089	2.1299	1.9401	1.9190
	净资产收益率(%)	1.8246	5.5635	1.7300	7.6990
	加权净资产收益率(%)	1.7500	5.6800	1.7200	14.8300
	净资产收益率(扣除)(%)	–	–	–	–
	总资产(万元)	190889.96	184881.80	177362.17	170802.43
	归属母公司股东权益(万元)	104682.39	107875.07	103657.66	103940.26
	主营业务收入(万元)	47675.51	103074.79	44642.87	117131.45
	营业收入(万元)	48268.66	104631.85	45465.90	118793.39
	主营成本(万元)	38181.08	82642.58	36108.59	94091.96
	营业成本(万元)	38613.99	83819.18	36584.83	94833.94
	投资收益(万元)	77.69	507.61	304.99	777.20
	净利润(万元)	1910.26	6001.58	1793.35	9159.48
	利润总额(万元)	3088.27	8388.82	2518.24	10968.78

露笑科技股份有限公司

公司概况	公司名称	露笑科技股份有限公司			证券简称	露笑科技
	法人代表	鲁小均	董秘	蔡申	证券代码	002617
	公司网址	www.roshowtech.com		电子信箱	roshow@roshowtech.com	
	电　　话	0575-87061113		传　　真	0575-87066818 89009980	
	办公地址	浙江省诸暨市店口镇露笑路 38 号				
	经营范围	电磁线产品的设计、研发、生产及销售等				

主要财务指标	指标＼报告期	2013.06.30	2012.12.31	2012.06.30	2011.12.31
	基本每股收益(元)	0.1700	0.3100	0.1000	0.5400
	基本每股收益(扣除)(元)	0.1700	0.3100	0.1700	0.4700
	每股净资产(元)	4.9402	7.3270	7.1800	7.1200
	每股经营现金净流量(元)	−0.5693	−0.9291	0.8174	−0.5753
	每股现金流量(元)	−0.1165	−1.7801	0.0507	2.5235
	每股资本公积金(元)	2.9190	4.7860	4.7860	4.7860
	每股盈余公积金(元)	0.1060	0.1590	0.1211	0.1211
	每股未分配利润(元)	0.9152	1.2113	1.2761	1.2109
	净资产收益率(%)	3.5282	4.2686	2.0085	6.1970
	加权净资产收益率(%)	3.2600	4.3300	1.8700	11.5900
	净资产收益率(扣除)(%)	–	–	–	–
	总资产(万元)	238277.35	199724.65	168174.05	157720.78
	归属母公司股东权益(万元)	88923.02	94875.64	86198.70	85416.46
	主营业务收入(万元)	148271.12	259695.35	127700.28	286296.66
	营业收入(万元)	148271.12	259796.11	127700.28	287067.12
	主营成本(万元)	138544.75	242874.24	118772.31	257094.74
	营业成本(万元)	138544.75	242963.16	118028.70	267734.74
	投资收益(万元)	2100.00	80.37	–	276.30
	净利润(万元)	3165.40	3969.95	1942.50	5828.32
	利润总额(万元)	3505.75	4968.80	2574.29	6478.37

深圳丹邦科技股份有限公司

公司概况	公司名称	深圳丹邦科技股份有限公司			证券简称	丹邦科技
	法人代表	刘萍	董秘	莫珊洁	证券代码	002618
	公司网址	www.danbang.com		电子信箱	msj@danbang.com	
	电　　话	0755-26511518 26981518		传　　真	0755-26981518 8518	
	办公地址	广东省深圳市南山区高新园朗山一路丹邦科技大楼				
	经营范围	FPC、COF 柔性封装基板及 COF 产品的研发、生产与销售				

主要财务指标	指标＼报告期	2013.06.30	2012.12.31	2012.06.30	2011.12.31
	基本每股收益(元)	0.1300	0.3500	0.1400	0.4200
	基本每股收益(扣除)(元)	0.1000	0.3000	0.1300	0.3500
	每股净资产(元)	5.6118	5.5187	5.3100	5.2100
	每股经营现金净流量(元)	0.4066	0.5624	0.2944	0.4810
	每股现金流量(元)	0.1825	−1.4816	−0.8986	1.9513
	每股资本公积金(元)	3.2434	3.2434	3.2434	3.2434
	每股盈余公积金(元)	0.1372	0.1372	0.0994	0.0994
	每股未分配利润(元)	1.2305	1.1374	0.9650	0.8625
	净资产收益率(%)	2.2819	6.3004	2.5900	6.5530
	加权净资产收益率(%)	2.3000	6.4900	2.6100	12.5800
	净资产收益率(扣除)(%)	–	–	–	–
	总资产(万元)	137399.07	129303.70	119949.44	112798.95
	归属母公司股东权益(万元)	89788.02	88298.68	84940.21	83294.95
	主营业务收入(万元)	11694.13	24174.68	11188.95	26656.90
	营业收入(万元)	11809.32	24366.45	11285.89	26910.32
	主营成本(万元)	5659.94	11519.65	5398.79	12443.03
	营业成本(万元)	5696.01	11613.63	5430.63	12510.30
	投资收益(万元)	–	–	–	–
	净利润(万元)	2048.90	5563.18	2199.73	5458.69
	利润总额(万元)	2461.50	6495.41	2545.55	6358.86

浙江巨龙管业股份有限公司

公司概况	公司名称	浙江巨龙管业股份有限公司			证券简称	巨龙管业
	法人代表	吕仁高	董秘	郑亮	证券代码	002619
	公司网址	www.zjjlgy.com		电子信箱	zjjlgy@163.com	
	电　　话	0579-82200256		传　　真	0579-82201118	
	办公地址	浙江省金华市婺城新区临江工业园区(白龙桥镇湖家)				
	经营范围	从事包括 PCCP、PCP、RCP、自应力管在内的混凝土输水管道的研发、生产和销售等				

主要财务指标	指标＼报告期	2013.06.30	2012.12.31	2012.06.30	2011.12.31
	基本每股收益(元)	0.1300	0.2000	0.0900	0.5100
	基本每股收益(扣除)(元)	0.1300	0.1800	0.0700	0.5600
	每股净资产(元)	5.0185	4.9692	4.9600	6.4500
	每股经营现金净流量(元)	−0.1342	−0.3724	−0.5794	−0.3317
	每股现金流量(元)	−0.3533	−0.9893	−1.0550	1.8126
	每股资本公积金(元)	2.8649	2.8649	2.8631	4.0221
	每股盈余公积金(元)	0.1106	0.1106	0.0958	0.1246
	每股未分配利润(元)	1.0429	0.9936	0.9012	1.3045
	净资产收益率(%)	2.5763	3.9708	1.8200	8.4075
	加权净资产收益率(%)	2.5700	3.9900	1.8000	15.7300
	净资产收益率(扣除)(%)	–	–	–	–
	总资产(万元)	97654.11	88905.01	76285.21	81439.33
	归属母公司股东权益(万元)	60999.76	60400.62	59075.75	60318.24
	主营业务收入(万元)	21363.08	30694.96	12381.28	34406.14
	营业收入(万元)	21414.95	30831.69	12490.46	34519.04
	主营成本(万元)	13191.00	19374.80	8132.86	21464.02
	营业成本(万元)	13216.34	19425.07	8136.03	21517.26
	投资收益(万元)	–	–	16.40	–
	净利润(万元)	1722.68	2407.36	1095.01	5071.23
	利润总额(万元)	2213.11	2903.69	1384.28	5904.92

深圳瑞和建筑装饰股份有限公司

公司概况

公司名称	深圳瑞和建筑装饰股份有限公司			证券简称	瑞和股份
法人代表	李介平	董秘	陈玉辉	证券代码	002620
公司网址	www.sz-ruihe.com		电子信箱	chenyuhui@sz-ruihe.com	
电　话	0755-83972755 83345785		传　真	0755-83768373 83972755	
办公地址	广东省深圳市福田区华强北路赛格科技园4栋西十楼A座				
经营范围	特种流璃沙涂料系列产品的生产、加工、销售等				

主要财务指标

指标\报告期	2013.06.30	2012.12.31	2012.06.30	2011.12.31
基本每股收益(元)	0.4200	0.6100	0.4200	0.6100
基本每股收益(扣除)(元)	0.4200	0.5400	0.4200	0.5400
每股净资产(元)	7.9614	7.4875	7.9614	7.4875
每股经营现金净流量(元)	-1.2716	-0.1067	-1.2716	-0.1067
每股现金流量(元)	-0.3151	-1.6956	-0.3151	-1.6956
每股资本公积金(元)	4.6895	4.6895	4.6895	4.6895
每股盈余公积金(元)	0.1785	0.1785	0.1785	0.1785
每股未分配利润(元)	1.8685	1.5515	1.8685	1.5515
净资产收益率(%)	5.2372	8.1884	5.2372	8.1884
加权净资产收益率(%)	5.3600	8.5300	5.3600	8.5300
净资产收益率(扣除)(%)	-	-	-	-
总资产(万元)	179626.36	170815.82	179626.36	170815.82
归属母公司股东权益(万元)	95536.33	89849.97	95536.33	89849.97
主营业务收入(万元)	91422.58	134150.84	91422.58	134150.84
营业收入(万元)	91914.16	134264.88	91914.16	134264.88
主营成本(万元)	78449.73	114970.30	78449.73	114970.30
营业成本(万元)	78682.61	115000.04	78682.61	115000.04
投资收益(万元)	52.28	-	52.28	-
净利润(万元)	5003.41	7357.27	5003.41	7357.27
利润总额(万元)	6682.07	9665.35	6682.07	9665.35

大连三垒机器股份有限公司

公司概况

公司名称	大连三垒机器股份有限公司			证券简称	大连三垒
法人代表	俞建模	董秘	代辉	证券代码	002621
公司网址	www.slsj.com.cn		电子信箱	franklin77@163.com	
电　话	0411-84793300		传　真	0411-84791610	
办公地址	辽宁省大连市高新技术产业园区七贤岭爱贤街33号				
经营范围	精密成型技术开发及其设备的制造、先进模具设计、开发、制造及其设备的制造				

主要财务指标

指标\报告期	2013.06.30	2012.12.31	2012.06.30	2011.12.31
基本每股收益(元)	0.2200	0.3800	0.2900	0.7200
基本每股收益(扣除)(元)	0.2200	0.3400	0.2900	0.8800
每股净资产(元)	6.7815	6.6156	6.4400	9.5000
每股经营现金净流量(元)	0.2245	0.6655	0.3084	0.6505
每股现金流量(元)	0.1458	0.3940	0.0477	5.8859
每股资本公积金(元)	3.8863	3.8863	3.8863	6.3295
每股盈余公积金(元)	0.1873	0.1873	0.1497	0.2245
每股未分配利润(元)	1.7146	1.5440	1.4085	1.9467
净资产收益率(%)	3.2539	5.8008	3.2700	9.2680
加权净资产收益率(%)	3.2900	5.8800	3.3000	25.5500
净资产收益率(扣除)(%)	-	-	-	-
总资产(万元)	106458.59	104718.71	101182.41	99894.03
归属母公司股东权益(万元)	101721.76	99234.55	96668.18	95007.08
主营业务收入(万元)	10112.22	18213.63	9493.95	23653.29
营业收入(万元)	10126.16	18426.57	9587.31	23949.14
主营成本(万元)	5419.91	9199.48	4563.43	12469.29
营业成本(万元)	5423.67	9276.75	4598.83	12647.14
投资收益(万元)	-	-	-	-
净利润(万元)	3344.23	5815.32	3191.44	8906.77
利润总额(万元)	3945.03	6889.99	3827.27	10558.77

吉林永大集团股份有限公司

公司概况

公司名称	吉林永大集团股份有限公司			证券简称	永大集团
法人代表	吕永祥	董秘	李东	证券代码	002622
公司网址	www.jlydjt.com		电子信箱	lidong19792003@163.com	
电　话	0432-64602099		传　真	0432-64602198 6460209	
办公地址	吉林省吉林市高新区吉林大街45-1号				
经营范围	研发、生产和销售各种规格的永磁开关产品				

主要财务指标

指标\报告期	2013.06.30	2012.12.31	2012.06.30	2011.12.31
基本每股收益(元)	0.1300	0.3600	0.1800	0.7700
基本每股收益(扣除)(元)	0.1300	0.3400	0.1800	0.7100
每股净资产(元)	7.7165	7.5839	7.4000	7.5200
每股经营现金净流量(元)	0.0993	0.2693	0.2345	0.4935
每股现金流量(元)	1.1287	-0.6497	-0.3881	0.3886
每股资本公积金(元)	4.6041	4.6041	4.6041	4.6041
每股盈余公积金(元)	0.1248	0.0986	0.1013	0.0680
每股未分配利润(元)	1.9877	1.8811	1.6948	1.8489
净资产收益率(%)	1.7192	4.7846	2.4200	8.1270
加权净资产收益率(%)	1.7300	4.8000	2.3700	19.2700
净资产收益率(扣除)(%)	-	-	-	-
总资产(万元)	124068.78	117667.45	118114.86	119492.17
归属母公司股东权益(万元)	115748.25	113758.34	111003.23	112815.43
主营业务收入(万元)	7832.95	24468.16	9976.69	36520.02
营业收入(万元)	7832.95	24468.16	9979.71	36538.87
主营成本(万元)	3841.14	13024.62	4607.66	18376.46
营业成本(万元)	3841.14	13024.62	4609.99	18394.42
投资收益(万元)	-	-	-	-
净利润(万元)	1989.91	5442.91	2687.80	9168.63
利润总额(万元)	2403.58	6369.39	3321.57	10556.28

常州亚玛顿股份有限公司

公司概况

公司名称	常州亚玛顿股份有限公司			证券简称	亚玛顿
法人代表	林金锡	董秘	刘芹	证券代码	002623
公司网址	www.czamd.com		电子信箱	amd@czamd.com	
电　话	0519-88880015 88880016		传　真	0519-88880017	
办公地址	苏省常州市天宁区青龙东路639号				
经营范围	生产经营太阳能用镀膜导电玻璃和常压及真空镀膜玻璃产品等				

主要财务指标

指标\报告期	2013.06.30	2012.12.31	2012.06.30	2011.12.31
基本每股收益(元)	0.1400	0.4600	0.4300	1.6400
基本每股收益(扣除)(元)	0.0900	0.4500	0.4300	1.6100
每股净资产(元)	12.7228	12.6301	12.9000	12.4700
每股经营现金净流量(元)	0.5860	0.2279	0.1916	0.7203
每股现金流量(元)	-0.1522	-2.6611	-0.6493	7.8072
每股资本公积金(元)	9.2920	9.2920	9.2920	9.2920
每股盈余公积金(元)	0.2638	0.2638	0.2180	0.2180
每股未分配利润(元)	2.1670	2.0743	2.3920	1.9617
净资产收益率(%)	1.1217	3.6292	3.3400	10.6980
加权净资产收益率(%)	1.1200	3.6100	3.3900	27.1200
净资产收益率(扣除)(%)	-	-	-	-
总资产(万元)	222340.74	219650.99	228901.76	210402.32
归属母公司股东权益(万元)	203564.36	202081.01	206431.82	199547.05
主营业务收入(万元)	26387.72	60699.28	35816.62	57588.07
营业收入(万元)	26504.50	60888.60	35873.88	57881.21
主营成本(万元)	22872.93	46777.69	25661.54	26912.67
营业成本(万元)	22878.83	46781.08	25661.54	26912.67
投资收益(万元)	-	-	-	-
净利润(万元)	2283.36	7333.96	6884.77	21347.87
利润总额(万元)	2703.71	8599.83	8099.72	25035.08

浙江金磊高温材料股份有限公司

公司概况	公司名称	浙江金磊高温材料股份有限公司		证券简称	金磊股份
	法人代表	陈根财	董秘 魏松	证券代码	002624
	公司网址	www.jinlei.com		电子信箱	cmh@jinlei.com
	电　话	0572-8409712		传　真	0572-8409677
	办公地址	浙江省湖州市德清县钟管镇龙山路117号			
	经营范围	炉外精炼用耐火材料的研发、生产和销售			

	指标\报告期	2013.06.30	2012.12.31	2012.06.30	2011.12.31
主要财务指标	基本每股收益(元)	0.0500	0.1500	0.1000	0.3400
	基本每股收益(扣除)(元)	0.0500	0.1200	0.0800	0.5800
	每股净资产(元)	2.5061	2.4543	2.4100	4.8600
	每股经营现金净流量(元)	0.0827	0.0729	0.0831	0.1579
	每股现金流量(元)	–0.1341	–0.7777	–0.2548	1.9880
	每股资本公积金(元)	0.9071	0.9071	0.9071	2.8142
	每股盈余公积金(元)	0.0672	0.0672	0.0524	0.1048
	每股未分配利润(元)	0.5318	0.4800	0.4461	0.9432
	净资产收益率(%)	2.0667	6.0387	4.1400	11.1410
	加权净资产收益率(%)	2.0900	6.0900	4.0100	21.1600
	净资产收益率(扣除)(%)	–	–	–	–
	总资产(万元)	74283.86	72223.58	70062.64	70096.07
	归属母公司股东权益(万元)	50122.16	49086.29	48111.87	48622.11
	主营业务收入(万元)	21145.91	40539.56	17939.99	41895.00
	营业收入(万元)	21385.91	40708.45	18003.82	42204.90
	主营成本(万元)	14722.74	28020.01	12660.51	28305.87
	营业成本(万元)	14975.26	28180.47	12716.37	28560.76
	投资收益(万元)	90.33	202.95	202.95	92.86
	净利润(万元)	1035.87	2964.18	1989.76	5417.11
	利润总额(万元)	1086.89	3198.62	2328.11	6377.88

浙江龙生汽车部件股份有限公司

公司概况	公司名称	浙江龙生汽车部件股份有限公司		证券简称	龙生股份
	法人代表	俞龙生	董秘 贾坤	证券代码	002625
	公司网址	www.longsheng988.com		电子信箱	longsheng@longsheng988.com
	电　话	0571-64662918		传　真	0571-64651988
	办公地址	浙江省杭州市桐庐县富春江镇机械工业区			
	经营范围	从事汽车座椅功能件及其他金属零部件的研发、生产和销售			

	指标\报告期	2013.06.30	2012.12.31	2012.06.30	2011.12.31
主要财务指标	基本每股收益(元)	0.1800	0.3000	0.1700	0.4700
	基本每股收益(扣除)(元)	0.1600	0.2800	0.2300	0.5700
	每股净资产(元)	3.7325	3.5558	3.4300	4.9900
	每股经营现金净流量(元)	0.0679	0.2361	0.1203	0.1393
	每股现金流量(元)	–0.3838	–0.2360	–0.0490	1.7556
	每股资本公积金(元)	1.6748	1.6748	1.6748	3.0121
	每股盈余公积金(元)	0.1023	0.1023	0.0727	0.1090
	每股未分配利润(元)	0.9554	0.7787	0.6787	0.8678
	净资产收益率(%)	4.7346	8.3368	4.8900	11.0790
	加权净资产收益率(%)	4.8500	8.6300	4.8900	19.8300
	净资产收益率(扣除)(%)	–	–	–	–
	总资产(万元)	49463.23	47581.26	48339.19	43839.53
	归属母公司股东权益(万元)	43299.58	41249.53	39745.28	38584.00
	主营业务收入(万元)	13709.94	23165.33	12361.74	22122.42
	营业收入(万元)	13860.53	23496.05	12522.79	22339.93
	主营成本(万元)	9423.40	15838.57	8418.22	14777.25
	营业成本(万元)	9423.40	15838.57	8418.22	14777.25
	投资收益(万元)	–	–	–	–
	净利润(万元)	2050.04	3438.91	1934.66	4274.62
	利润总额(万元)	2379.23	4010.84	2265.00	5030.11

厦门金达威集团股份有限公司

公司概况	公司名称	厦门金达威集团股份有限公司		证券简称	金 达 威
	法人代表	江斌	董秘 洪彦	证券代码	002626
	公司网址	www.kingdomway.com		电子信箱	info@kingdomway.com
	电　话	0592-6511111		传　真	0592-6515151
	办公地址	福建省厦门市海沧新阳工业区阳光西路299号			
	经营范围	食品营养强化剂、饲料添加剂生产和销售			

	指标\报告期	2013.06.30	2012.12.31	2012.06.30	2011.12.31
主要财务指标	基本每股收益(元)	0.2000	0.5600	0.3500	0.9300
	基本每股收益(扣除)(元)	0.2000	0.5400	0.3500	1.8500
	每股净资产(元)	6.9530	7.0500	6.8400	13.5700
	每股经营现金净流量(元)	0.4852	0.6734	0.2132	0.8229
	每股现金流量(元)	–0.3230	–0.8335	–0.3588	8.1410
	每股资本公积金(元)	3.6957	3.6957	3.6957	8.3913
	每股盈余公积金(元)	0.2652	0.2652	0.2259	0.4517
	每股未分配利润(元)	1.9922	2.0900	1.9192	3.7287
	净资产收益率(%)	2.9079	8.0125	5.1300	10.8170
	加权净资产收益率(%)	2.8500	8.2000	5.1300	24.8100
	净资产收益率(扣除)(%)	–	–	–	–
	总资产(万元)	133307.94	134992.59	140471.16	143532.06
	归属母公司股东权益(万元)	125154.38	126914.96	123133.34	122145.90
	主营业务收入(万元)	31254.25	67426.97	33186.62	57664.40
	营业收入(万元)	31343.92	67597.60	33287.71	57794.50
	主营成本(万元)	21208.86	43525.54	20492.96	31267.62
	营业成本(万元)	21223.49	43554.63	20512.53	31298.78
	投资收益(万元)	–	–	–	–
	净利润(万元)	3639.42	10169.06	6387.44	13212.48
	利润总额(万元)	4301.53	11786.50	7387.94	15827.61

湖北宜昌交运集团股份有限公司

公司概况	公司名称	湖北宜昌交运集团股份有限公司		证券简称	宜昌交运
	法人代表	董新利	董秘 胡军红	证券代码	002627
	公司网址	www.ycjyjt.com		电子信箱	ipo@ycjyjt.com
	电　话	0717-6451437		传　真	0717-6443860
	办公地址	湖北省宜昌市港窑路5号			
	经营范围	旅客运输服务、汽车经销等			

	指标\报告期	2013.06.30	2012.12.31	2012.06.30	2011.12.31
主要财务指标	基本每股收益(元)	0.2610	0.5867	0.3931	0.9868
	基本每股收益(扣除)(元)	0.2333	0.4879	0.3627	0.7140
	每股净资产(元)	6.2734	6.2068	6.0100	5.9100
	每股经营现金净流量(元)	0.3671	0.7555	0.2014	0.7957
	每股现金流量(元)	–0.2207	0.0952	–0.5589	2.2118
	每股资本公积金(元)	3.1106	3.1106	3.1095	3.1095
	每股盈余公积金(元)	0.2564	0.2564	0.1837	0.1837
	每股未分配利润(元)	1.8594	1.7985	1.6776	1.5845
	净资产收益率(%)	4.1597	9.4531	6.5400	13.1952
	加权净资产收益率(%)	4.1200	9.3100	6.4800	25.3300
	净资产收益率(扣除)(%)	–	–	–	–
	总资产(万元)	162146.97	149581.86	134750.54	131646.19
	归属母公司股东权益(万元)	83749.81	82861.37	80252.76	78964.45
	主营业务收入(万元)	55807.29	104021.68	48769.26	91895.45
	营业收入(万元)	58174.36	108303.81	52476.88	97828.77
	主营成本(万元)	46861.83	86074.23	38382.48	73307.13
	营业成本(万元)	47700.90	88016.91	40923.76	77125.12
	投资收益(万元)	175.99	89.98	–	–82.85
	净利润(万元)	3539.27	7948.43	5310.53	10540.65
	利润总额(万元)	4765.13	11260.96	7047.83	14210.97

成都市路桥工程股份有限公司

公司概况	公司名称	成都市路桥工程股份有限公司			证券简称	成都路桥
	法人代表	郑渝力	董秘	伍和平	证券代码	002628
	公司网址	www.cdlq.com		电子信箱	zqb@cdlq.com	
	电　　话	028-85003688		传　　真	028-85003588	
	办公地址	四川省成都市武侯区武科东四路 11 号				
	经营范围	公路工程、桥梁工程和隧道工程的施工等				

主要财务指标	指标＼报告期	2013.06.30	2012.12.31	2012.06.30	2011.12.31
	基本每股收益(元)	0.5200	0.7800	0.2500	0.7300
	基本每股收益(扣除)(元)	0.5200	0.7700	0.2500	1.4000
	每股净资产(元)	5.2307	4.8560	4.3200	8.2396
	每股经营现金净流量(元)	−1.6394	−2.1010	−0.7980	−1.1433
	每股现金流量(元)	−0.5549	0.2147	0.0333	2.6809
	每股资本公积金(元)	1.6855	1.6855	1.6855	4.3710
	每股盈余公积金(元)	0.2140	0.2140	0.1368	0.2736
	每股未分配利润(元)	2.2860	1.9178	1.4686	2.5510
	净资产收益率(%)	9.9448	16.0524	5.8600	13.9270
	加权净资产收益率(%)	10.1700	17.4600	6.0000	33.2700
	净资产收益率(扣除)(%)	–	–	–	–
	总资产(万元)	622520.24	522999.57	381268.13	287659.89
	归属母公司股东权益(万元)	174704.57	162190.86	144206.14	137600.53
	主营业务收入(万元)	257799.45	393961.48	129805.90	255134.97
	营业收入(万元)	257799.45	394047.65	129843.50	255217.60
	主营成本(万元)	219754.45	335965.33	111458.84	215558.10
	营业成本(万元)	219754.45	336007.52	111494.60	215591.51
	投资收益(万元)	5737.04	7165.03	2540.39	2852.41
	净利润(万元)	17373.98	26035.59	8454.19	19163.98
	利润总额(万元)	23614.28	34820.31	11375.45	25649.85

四川仁智油田技术服务股份有限公司

公司概况	公司名称	四川仁智油田技术服务股份有限公司			证券简称	仁智油服
	法人代表	钱忠良	董秘	冯嫔	证券代码	002629
	公司网址	www.chinarenzhi.com		电子信箱	bds@renzhi.cn	
	电　　话	0816-2211551 2218523		传　　真	0816-2211551 2210625	
	办公地址	四川省绵阳市滨河北路东段 116 号				
	经营范围	油气田技术服务和石化产品销售等				

主要财务指标	指标＼报告期	2013.06.30	2012.12.31	2012.06.30	2011.12.31
	基本每股收益(元)	0.1000	0.7100	0.1000	0.8000
	基本每股收益(扣除)(元)	0.1000	0.6800	0.1500	0.7900
	每股净资产(元)	4.3092	6.5062	5.9300	6.1000
	每股经营现金净流量(元)	−0.1507	−1.5218	−0.7391	0.1281
	每股现金流量(元)	−0.2224	−2.5038	−1.7304	3.5452
	每股资本公积金(元)	1.9162	3.3743	3.3743	3.3743
	每股盈余公积金(元)	0.1528	0.2292	0.1737	0.1737
	每股未分配利润(元)	1.2104	1.8663	1.3536	1.5279
	净资产收益率(%)	2.3094	10.9719	2.3800	10.3690
	加权净资产收益率(%)	2.2800	11.3800	2.3800	21.2500
	净资产收益率(扣除)(%)	–	–	–	–
	总资产(万元)	96422.89	101056.36	87578.02	102742.28
	归属母公司股东权益(万元)	73965.31	74450.13	67879.92	69816.84
	主营业务收入(万元)	24186.90	64880.74	22792.76	51865.40
	营业收入(万元)	24190.75	64895.69	22792.76	51865.40
	主营成本(万元)	18272.10	46707.96	17165.60	35015.57
	营业成本(万元)	18273.10	46708.73	17165.60	35015.57
	投资收益(万元)	–	–	–	−107.65
	净利润(万元)	1708.13	8159.96	1657.93	7282.30
	利润总额(万元)	2094.61	9852.34	2078.19	8758.86

华西能源工业股份有限公司

公司概况	公司名称	华西能源工业股份有限公司			证券简称	华西能源
	法人代表	黎仁超	董秘	李伟	证券代码	002630
	公司网址	www.cwpc.com.cn		电子信箱	cwpc@cwpc.com.cn	
	电　　话	0813-4736870		传　　真	0813-4736870	
	办公地址	四川省自贡市高新工业园区荣川路 66 号				
	经营范围	锅炉及其配套产品的设计、设备成套、产品改造与性能优化、电力工程施工总承包等				

主要财务指标	指标＼报告期	2013.06.30	2012.12.31	2012.06.30	2011.12.31
	基本每股收益(元)	0.3905	0.6195	0.3533	0.7974
	基本每股收益(扣除)(元)	–	0.5299	0.3477	0.7448
	每股净资产(元)	10.1540	9.8566	9.5900	9.3200
	每股经营现金净流量(元)	−0.4433	−0.7567	−1.1005	−0.1806
	每股现金流量(元)	−0.7120	1.2536	−1.7846	2.9438
	每股资本公积金(元)	5.8586	5.8604	5.8596	5.8475
	每股盈余公积金(元)	0.3520	0.3520	0.2883	0.2883
	每股未分配利润(元)	2.9347	2.6442	2.4416	2.1883
	净资产收益率(%)	3.8461	6.2853	3.6800	6.5800
	加权净资产收益率(%)	3.8900	6.4500	3.7200	11.3600
	净资产收益率(扣除)(%)	–	–	–	–
	总资产(万元)	504212.03	498233.81	393578.17	401847.97
	归属母公司股东权益(万元)	169571.12	164605.03	160145.91	155713.11
	主营业务收入(万元)	149119.29	243427.92	120839.01	190435.67
	营业收入(万元)	150371.06	244924.31	121148.85	191023.40
	主营成本(万元)	121255.28	195210.17	97519.45	148516.41
	营业成本(万元)	121389.51	195759.13	97649.10	148765.15
	投资收益(万元)	−252.89	−71.35	−71.73	388.76
	净利润(万元)	6520.45	10340.08	5895.15	10245.53
	利润总额(万元)	7027.70	11900.79	6679.50	11853.10

德尔国际家居股份有限公司

公司概况	公司名称	德尔国际家居股份有限公司			证券简称	德尔家居
	法人代表	汝继勇	董秘	栾承连	证券代码	002631
	公司网址	www.der.com.cn		电子信箱	der@der.com.cn	
	电　　话	0512-63537615		传　　真	0512-63537615	
	办公地址	江苏省苏州市吴江盛泽西环路 499 号德尔广场 3 号楼				
	经营范围	木地板的研发、生产与销售等				

主要财务指标	指标＼报告期	2013.06.30	2012.12.31	2012.06.30	2011.12.31
	基本每股收益(元)	0.2700	0.4500	0.2800	0.7000
	基本每股收益(扣除)(元)	–	0.4300	0.2600	0.7100
	每股净资产(元)	7.8425	7.5769	7.4100	7.4200
	每股经营现金净流量(元)	0.3749	0.4747	0.1462	0.6776
	每股现金流量(元)	−3.2575	−0.7177	−0.6733	4.4381
	每股资本公积金(元)	5.4454	5.4454	5.4454	5.4454
	每股盈余公积金(元)	0.1464	0.1464	0.1008	0.1008
	每股未分配利润(元)	1.2507	0.9851	0.8608	0.8761
	净资产收益率(%)	3.3873	5.9994	3.8400	7.2860
	加权净资产收益率(%)	3.4500	6.0800	3.7900	22.8200
	净资产收益率(扣除)(%)	–	–	–	–
	总资产(万元)	139564.88	133172.61	128087.57	135937.58
	归属母公司股东权益(万元)	125480.70	121230.28	118513.01	118757.19
	主营业务收入(万元)	23937.27	42088.14	17053.78	51466.21
	营业收入(万元)	23995.70	42383.03	17272.91	51883.53
	主营成本(万元)	16284.07	28577.98	11296.17	34573.81
	营业成本(万元)	16284.07	28755.20	11471.56	34732.31
	投资收益(万元)	–	–	–	–
	净利润(万元)	4250.42	7273.09	4555.82	8652.82
	利润总额(万元)	5079.74	8573.17	5376.51	10326.04

道明光学股份有限公司

公司概况

公司名称	道明光学股份有限公司			证券简称	道明光学
法人代表	胡智彪	董秘	尤敏卫	证券代码	002632
公司网址	www.chinadaoming.com		电子信箱	stock@chinadaoming.com	
电　　话	0579-87321111		传　　真	0579-87312889	
办公地址	浙江省金华市永康市象珠镇象珠工业区3号迎宾大道1号				
经营范围	反光材料、反光服装及反光制品的研发、设计、生产与销售等				

主要财务指标

指标\报告期	2013.06.30	2012.12.31	2012.06.30	2011.12.31
基本每股收益(元)	0.0800	0.3700	0.1600	0.9100
基本每股收益(扣除)(元)	0.0700	0.3500	0.2000	0.8500
每股净资产(元)	6.4141	8.4000	8.2200	8.2200
每股经营现金净流量(元)	-0.3087	0.4190	-0.1755	0.3801
每股现金流量(元)	-0.4396	-3.1882	-1.1868	3.9527
每股资本公积金(元)	4.0533	5.5693	5.5693	5.5693
每股盈余公积金(元)	0.1540	0.2002	0.1627	0.1627
每股未分配利润(元)	1.2068	1.6146	1.4926	1.4867
净资产收益率(%)	1.2504	4.3584	2.5000	8.4990
加权净资产收益率(%)	1.2400	4.4200	2.4900	23.3300
净资产收益率(扣除)(%)	-	-	-	-
总资产(万元)	105785.48	99589.18	97177.76	99312.25
归属母公司股东权益(万元)	88944.71	89432.58	87731.05	87668.18
主营业务收入(万元)	18084.95	35566.98	16257.73	40562.84
营业收入(万元)	18125.19	36250.37	16520.62	40810.83
主营成本(万元)	12691.50	25000.88	11012.40	26330.21
营业成本(万元)	12713.47	25394.91	11125.19	26610.17
投资收益(万元)	22.53	8.27	-	42.92
净利润(万元)	1108.07	3897.80	2196.27	7450.55
利润总额(万元)	1284.47	4474.03	2564.89	8550.39

申科滑动轴承股份有限公司

公司概况

公司名称	申科滑动轴承股份有限公司			证券简称	申科股份
法人代表	何全波	董秘	陈井阳	证券代码	002633
公司网址	www.shenke.com		电子信箱	zhengquan@shenke.com	
电　　话	0575-87306601 89005608		传　　真	0575-89005609	
办公地址	浙江省绍兴市诸暨市陶朱街道望云路132号				
经营范围	厚壁滑动轴承及部套件的研发、生产及销售等				

主要财务指标

指标\报告期	2013.06.30	2012.12.31	2012.06.30	2011.12.31
基本每股收益(元)	-0.0500	0.0400	0.0600	0.3400
基本每股收益(扣除)(元)	-0.0500	0.0400	0.0500	0.4400
每股净资产(元)	3.7349	3.7838	3.7800	5.7800
每股经营现金净流量(元)	0.2200	-0.3432	-0.3333	0.1664
每股现金流量(元)	0.1419	-0.7435	-0.7762	2.5288
每股资本公积金(元)	1.9037	1.9037	1.8843	3.3265
每股盈余公积金(元)	0.1179	0.1179	0.1036	0.1554
每股未分配利润(元)	0.7101	0.7622	0.7894	1.3011
净资产收益率(%)	-1.3928	1.1209	1.4700	6.7750
加权净资产收益率(%)	-1.3800	1.1200	1.4300	14.4800
净资产收益率(扣除)(%)	-	-	-	-
总资产(万元)	93176.22	94694.07	91340.76	92539.28
归属母公司股东权益(万元)	5[illegible]022.81	56756.90	56690.29	57829.53
主营业务收入(万元)	1[illegible]027.70	26266.69	12659.35	24423.26
营业收入(万元)	1[illegible]330.88	26760.77	12911.95	24648.55
主营成本(万元)	[illegible]636.72	18400.73	8489.37	14579.25
营业成本(万元)	[illegible]749.84	18736.52	8675.73	14750.63
投资收益(万元)	7.92	-	-	-
净利润(万元)	-711.14	650.45	830.76	3917.82
利润总额(万元)	-626.02	715.22	927.36	4565.33

浙江棒杰数码针织品股份有限公司

公司概况

公司名称	浙江棒杰数码针织品股份有限公司			证券简称	棒杰股份
法人代表	陶建伟	董秘	刘朝阳	证券代码	002634
公司网址	www.bangjie.cn		电子信箱	baj@bangjie.cn	
电　　话	0579-85922001 85920903		传　　真	0579-85922004	
办公地址	浙江省义乌市苏溪镇镇南小区				
经营范围	服装、服装辅料、领带制造、销售、货物进出口、技术进出口等				

主要财务指标

指标\报告期	2013.06.30	2012.12.31	2012.06.30	2011.12.31
基本每股收益(元)	0.1400	0.4000	0.2000	0.6000
基本每股收益(扣除)(元)	0.1400	0.3500	0.1700	0.8000
每股净资产(元)	4.7861	4.8451	4.6400	6.9700
每股经营现金净流量(元)	0.0292	0.4578	0.1565	1.0785
每股现金流量(元)	-0.5948	-1.3477	-1.4587	3.0001
每股资本公积金(元)	2.4123	2.4123	2.4123	4.1184
每股盈余公积金(元)	0.1549	0.1549	0.1169	0.1754
每股未分配利润(元)	1.2189	1.2780	1.1139	1.6764
净资产收益率(%)	2.9451	8.2223	4.2300	9.9190
加权净资产收益率(%)	2.8700	8.3900	4.1400	22.9400
净资产收益率(扣除)(%)	-	-	-	-
总资产(万元)	67082.22	67200.80	60595.56	67886.22
归属母公司股东权益(万元)	47884.94	48475.66	46453.74	46490.86
主营业务收入(万元)	15978.84	34510.70	12535.18	34322.20
营业收入(万元)	16044.77	34588.05	12570.59	34335.21
主营成本(万元)	11964.03	25682.23	9065.85	24808.03
营业成本(万元)	12005.83	25696.96	9075.49	24811.68
投资收益(万元)	376.66	572.60	362.85	132.78
净利润(万元)	1410.28	3985.80	1963.88	4611.39
利润总额(万元)	1671.90	4592.29	2284.31	5460.55

苏州安洁科技股份有限公司

公司概况

公司名称	苏州安洁科技股份有限公司			证券简称	安洁科技
法人代表	吕莉	董秘	马玉燕	证券代码	002635
公司网址	www.anjiesz.com		电子信箱	zhengquan@anjiesz.com	
电　　话	0512-66316043		传　　真	0512-66596419	
办公地址	江苏省苏州市吴中区光福镇福锦路8号				
经营范围	为笔记本电脑和手机等消费电子产品品牌终端厂商提供功能性器件生产及相关服务				

主要财务指标

指标\报告期	2013.06.30	2012.12.31	2012.06.30	2011.12.31
基本每股收益(元)	0.4300	1.5600	0.4600	1.0900
基本每股收益(扣除)(元)	-	1.4500	0.6700	1.0800
每股净资产(元)	6.2659	9.1568	8.2800	7.9000
每股经营现金净流量(元)	0.8395	1.1282	0.6151	0.3671
每股现金流量(元)	0.1723	0.3122	0.1545	4.7901
每股资本公积金(元)	3.5664	5.8496	5.8496	5.8496
每股盈余公积金(元)	0.1901	0.2852	0.1305	0.1305
每股未分配利润(元)	1.5094	2.0220	1.3031	0.9204
净资产收益率(%)	6.8322	16.9957	8.3300	10.6580
加权净资产收益率(%)	6.8200	18.3000	8.3300	23.1200
净资产收益率(扣除)(%)	-	-	-	-
总资产(万元)	127992.44	121676.12	105891.90	102397.66
归属母公司股东权益(万元)	112786.94	109881.07	99397.50	94806.07
主营业务收入(万元)	27489.57	61598.61	25491.79	47418.09
营业收入(万元)	27539.36	61627.66	25501.00	47424.68
主营成本(万元)	16479.44	34956.92	13607.19	30316.00
营业成本(万元)	16479.44	34961.13	13607.19	30316.00
投资收益(万元)	140.48	-	-	-
净利润(万元)	7668.64	18675.01	8191.43	10104.40
利润总额(万元)	9023.83	21789.28	9644.80	11892.03

金安国纪科技股份有限公司

公司概况	公司名称	金安国纪科技股份有限公司			证券简称	金安国纪
	法人代表	韩涛	董秘	程敬	证券代码	002636
	公司网址	www.goldenmax.cn		电子信箱	13636448022@163.com	
	电　话	021-57747138 875		传　真	021-67742902	
	办公地址	上海市松江工业区宝胜路 33 号				
	经营范围	各种 FR-4、CEM-3 覆铜板及半固化片的研发、生产和销售				

主要财务指标	指标＼报告期	2013.06.30	2012.12.31	2012.06.30	2011.12.31
	基本每股收益(元)	0.0700	0.1600	0.1100	0.3600
	基本每股收益(扣除)(元)	0.0700	0.1500	0.1100	0.3300
	每股净资产(元)	4.7540	4.6842	4.6300	4.5200
	每股经营现金净流量(元)	0.3805	0.6723	0.3573	0.3069
	每股现金流量(元)	-0.3208	-0.4417	-0.3533	2.2968
	每股资本公积金(元)	2.3955	2.3955	2.3955	2.3955
	每股盈余公积金(元)	0.1244	0.1244	0.1159	0.1159
	每股未分配利润(元)	1.2350	1.1651	1.1168	1.0091
	净资产收益率(%)	1.4711	3.5118	2.3200	6.0630
	加权净资产收益率(%)	1.4800	3.5700	2.3600	14.0500
	净资产收益率(扣除)(%)	-	-	-	-
	总资产(万元)	240379.45	226346.95	212182.55	214669.07
	归属母公司股东权益(万元)	133112.69	131158.39	129600.35	126552.29
	主营业务收入(万元)	114193.38	210104.01	101968.20	199395.58
	营业收入(万元)	116072.76	213598.50	103911.29	202828.59
	主营成本(万元)	104943.96	191031.95	90783.14	177300.04
	营业成本(万元)	104950.65	191043.80	90789.06	177309.21
	投资收益(万元)	-	-	-	-
	净利润(万元)	2459.44	5384.26	3622.46	8803.40
	利润总额(万元)	2926.22	6274.01	4068.98	9897.88

浙江赞宇科技股份有限公司

公司概况	公司名称	浙江赞宇科技股份有限公司			证券简称	赞宇科技
	法人代表	方银军	董秘	任国晓	证券代码	002637
	公司网址	www.zzytech.com		电子信箱	office@zzytech.com	
	电　话	0571-87830848		传　真	0571-87830847	
	办公地址	浙江省杭州市西湖区古墩路 702 号				
	经营范围	从事日化表面活性剂等产品的研究开发和生产经营等				

主要财务指标	指标＼报告期	2013.06.30	2012.12.31	2012.06.30	2011.12.31
	基本每股收益(元)	-0.0100	0.0500	0.1500	0.6500
	基本每股收益(扣除)(元)	-0.0200	-0.0100	0.1400	1.6100
	每股净资产(元)	6.0280	6.1360	6.2400	12.5800
	每股经营现金净流量(元)	1.0056	-0.5733	0.0715	-0.1040
	每股现金流量(元)	-0.3512	-0.4314	-0.3008	1.6742
	每股资本公积金(元)	3.9318	3.9318	3.9318	8.8637
	每股盈余公积金(元)	0.1125	0.1125	0.1125	0.2249
	每股未分配利润(元)	0.9837	1.0917	1.1966	2.4920
	净资产收益率(%)	-0.1324	0.7439	2.4100	10.3460
	加权净资产收益率(%)	-0.1300	0.7400	2.3900	30.2300
	净资产收益率(扣除)(%)	-	-	-	-
	总资产(万元)	150653.25	163571.63	155197.23	137899.33
	归属母公司股东权益(万元)	96447.96	98175.63	99854.84	100645.26
	主营业务收入(万元)	96795.26	197556.07	88180.89	191565.38
	营业收入(万元)	97684.51	198744.16	89427.82	191991.43
	主营成本(万元)	87309.31	179119.03	77860.50	164809.22
	营业成本(万元)	87603.20	180099.04	78930.80	164926.79
	投资收益(万元)	-	15.93	-	-
	净利润(万元)	-28.40	895.72	2550.70	10749.35
	利润总额(万元)	253.30	1540.07	3074.12	12604.58

东莞勤上光电股份有限公司

公司概况	公司名称	东莞勤上光电股份有限公司			证券简称	勤上光电
	法人代表	李旭亮	董秘	韦莉	证券代码	002638
	公司网址	www.kingsun-china.com		电子信箱	ks_dsh@kingsun-china.com	
	电　话	0769-83996285		传　真	0769-83756736	
	办公地址	广东省东莞市常平镇横江厦村				
	经营范围	研发、生产、销售半导体照明产品、为用户提供 LED 照明解决方案等				

主要财务指标	指标＼报告期	2013.06.30	2012.12.31	2012.06.30	2011.12.31
	基本每股收益(元)	0.1500	0.2800	0.1200	0.4300
	基本每股收益(扣除)(元)	0.1400	0.2400	0.1000	0.3900
	每股净资产(元)	5.8267	5.6815	5.4300	10.7103
	每股经营现金净流量(元)	0.0703	0.2847	0.0542	0.6171
	每股现金流量(元)	-0.0040	0.9861	-0.2403	4.4931
	每股资本公积金(元)	3.5607	3.5607	3.4653	7.9305
	每股盈余公积金(元)	0.1348	0.1203	0.1019	0.1799
	每股未分配利润(元)	1.1309	1.0001	0.8574	1.5992
	净资产收益率(%)	2.5007	4.9433	2.2400	6.2110
	加权净资产收益率(%)	2.5300	4.6800	2.2500	12.7800
	净资产收益率(扣除)(%)	-	-	-	-
	总资产(万元)	317758.86	299067.38	237375.29	239276.56
	归属母公司股东权益(万元)	218309.00	212867.64	203259.95	200640.50
	主营业务收入(万元)	46192.13	82166.83	36433.59	76930.42
	营业收入(万元)	46192.13	82166.83	36433.59	76930.42
	主营成本(万元)	32467.04	56196.96	25491.04	50597.75
	营业成本(万元)	32467.04	56196.96	25491.04	50597.75
	投资收益(万元)	-83.34	86.43	-449.69	-259.47
	净利润(万元)	5445.45	10464.77	4489.39	12888.61
	利润总额(万元)	6412.28	13156.81	5680.21	15351.92

福建雪人股份有限公司

公司概况	公司名称	福建雪人股份有限公司			证券简称	雪人股份
	法人代表	林汝捷	董秘	周伟贤	证券代码	002639
	公司网址	www.snowkey.com		电子信箱	snowman@snowkey.com	
	电　话	0591-28513121		传　真	0591-28513121	
	办公地址	福建省福州长乐市闽江口工业区洞江西路				
	经营范围	制造和销售冷冻、冷藏、空调、环保设备及制冷工程所需配套产品等				

主要财务指标	指标＼报告期	2013.06.30	2012.12.31	2012.06.30	2011.12.31
	基本每股收益(元)	0.1600	0.4300	0.2100	0.6900
	基本每股收益(扣除)(元)	0.1600	0.3600	0.1500	0.6900
	每股净资产(元)	7.1199	7.1825	6.9600	6.8800
	每股经营现金净流量(元)	-0.0523	0.3597	0.1354	0.2931
	每股现金流量(元)	-1.1405	-1.9406	-1.0333	4.5854
	每股资本公积金(元)	4.6872	4.7618	4.7618	4.7618
	每股盈余公积金(元)	0.2723	0.2723	0.2279	0.1476
	每股未分配利润(元)	1.1604	1.1485	0.9711	0.9726
	净资产收益率(%)	2.3011	5.9946	3.0000	7.7814
	加权净资产收益率(%)	2.2600	6.1300	3.0000	21.2400
	净资产收益率(扣除)(%)	-	-	-	-
	总资产(万元)	133239.39	121150.24	122162.53	126743.49
	归属母公司股东权益(万元)	113918.27	114920.74	111372.22	110111.73
	主营业务收入(万元)	15317.49	27973.46	10865.56	29391.62
	营业收入(万元)	15962.86	28647.57	11059.54	30387.15
	主营成本(万元)	9837.15	17562.13	6558.56	16162.35
	营业成本(万元)	10026.27	18057.74	6736.91	16544.70
	投资收益(万元)	-	-	-	-
	净利润(万元)	2632.84	6872.04	3338.31	8568.19
	利润总额(万元)	3079.01	8040.23	3931.27	10054.91

山西百圆裤业连锁经营股份有限公司

公司概况	公司名称	山西百圆裤业连锁经营股份有限公司			证券简称	百圆裤业
	法人代表	杨建新	董秘	高翔	证券代码	002640
	公司网址	www.byky.com		电子信箱	gx@byky.com	
	电　话	0351-7212033		传　真	0351-7212031	
	办公地址	山西省太原市建设南路632号盛饰大厦				
	经营范围	男女裤装的研发设计、组织外包生产、物流配送、连锁销售等				

	指标＼报告期	2013.06.30	2012.12.31	2012.06.30	2011.12.31
主要财务指标	基本每股收益(元)	0.1500	0.3900	0.2100	0.6900
	基本每股收益(扣除)(元)	0.1400	0.3400	0.4300	1.2100
	每股净资产(元)	5.1695	5.0147	9.6700	9.3400
	每股经营现金净流量(元)	-0.3574	-0.9961	-1.3959	0.7483
	每股现金流量(元)	-0.4963	-1.7181	-2.7880	6.6295
	每股资本公积金(元)	2.7439	2.7439	6.4878	6.4878
	每股盈余公积金(元)	0.1701	0.1499	0.2402	0.1946
	每股未分配利润(元)	1.2556	1.1209	1.9394	1.6616
	净资产收益率(%)	2.9954	7.8315	4.3800	11.0292
	加权净资产收益率(%)	3.0400	8.1000	4.4400	36.7500
	净资产收益率(扣除)(%)	-	-	-	-
	总资产(万元)	94121.47	88415.82	81611.77	79393.85
	归属母公司股东权益(万元)	68930.66	66865.88	64452.16	62295.95
	主营业务收入(万元)	18211.05	46816.54	21954.17	47321.76
	营业收入(万元)	18961.24	48542.52	22815.34	48691.43
	主营成本(万元)	9118.45	25586.27	12051.95	29283.58
	营业成本(万元)	9520.65	26482.29	12513.65	29901.15
	投资收益(万元)	-	-	-	-
	净利润(万元)	1985.78	5114.46	2813.74	6862.57
	利润总额(万元)	2317.12	7143.13	3727.87	9291.77

永高股份有限公司

公司概况	公司名称	永高股份有限公司			证券简称	永高股份
	法人代表	张建均	董秘	陈志国	证券代码	002641
	公司网址	www.yonggao.com		电子信箱	zqb@yonggao.com	
	电　话	0576-84277186		传　真	0576-84277383	
	办公地址	浙江省台州市黄岩经济开发区埭西路2号				
	经营范围	专业从事塑料管道的研发、生产与销售等				

	指标＼报告期	2013.06.30	2012.12.31	2012.06.30	2011.12.31
主要财务指标	基本每股收益(元)	0.3300	1.3600	0.5700	1.1400
	基本每股收益(扣除)(元)	-	1.3400	0.5200	1.0500
	每股净资产(元)	5.3012	9.1244	8.3300	7.8800
	每股经营现金净流量(元)	0.1286	1.3822	0.2427	0.6608
	每股现金流量(元)	0.1458	-4.0394	-0.8927	4.1485
	每股资本公积金(元)	2.0030	4.4053	4.4028	4.4028
	每股盈余公积金(元)	0.2163	0.3894	0.2705	0.2705
	每股未分配利润(元)	2.0819	3.3297	2.6193	2.2031
	净资产收益率(%)	6.2654	14.8548	6.3400	10.8310
	加权净资产收益率(%)	6.3600	15.9500	6.9400	27.0300
	净资产收益率(扣除)(%)	-	-	-	-
	总资产(万元)	289781.34	272328.20	231669.12	235371.75
	归属母公司股东权益(万元)	190844.91	182487.80	166656.85	157529.58
	主营业务收入(万元)	130499.93	250039.28	114220.29	231601.56
	营业收入(万元)	130902.39	251427.79	114465.05	232444.90
	主营成本(万元)	95034.06	184478.88	84434.52	184806.92
	营业成本(万元)	95366.83	185821.14	84666.91	185367.03
	投资收益(万元)	-	-	-	-
	净利润(万元)	11957.11	27108.22	11327.28	17062.10
	利润总额(万元)	14103.06	32212.16	13490.42	20412.80

北京荣之联科技股份有限公司

公司概况	公司名称	北京荣之联科技股份有限公司			证券简称	荣之联
	法人代表	王东辉	董秘	李志坚	证券代码	002642
	公司网址	www.ronglian.com		电子信箱	ir@ronglian.com	
	电　话	010-62602016		传　真	010-62602100	
	办公地址	北京市海淀区北四环西路56号10层1002-1				
	经营范围	围绕大中型企事业单位的数据中心提供系统集成及相关技术服务等				

	指标＼报告期	2013.06.30	2012.12.31	2012.06.30	2011.12.31
主要财务指标	基本每股收益(元)	0.1525	0.4301	0.1277	0.4760
	基本每股收益(扣除)(元)	0.1515	0.4181	0.1916	0.9400
	每股净资产(元)	2.9634	4.4125	4.1800	8.2660
	每股经营现金净流量(元)	-0.5574	0.1130	-0.6493	0.3021
	每股现金流量(元)	-0.8022	-1.2649	-1.4013	6.0044
	每股资本公积金(元)	1.3684	2.5474	2.5474	6.0949
	每股盈余公积金(元)	0.0943	0.1415	0.1045	0.2089
	每股未分配利润(元)	0.5068	0.7316	0.5300	0.9770
	净资产收益率(%)	5.1447	9.7477	4.5900	8.6390
	加权净资产收益率(%)	5.0900	10.1300	4.5800	30.3000
	净资产收益率(扣除)(%)	-	-	-	-
	总资产(万元)	113045.84	118718.88	103192.26	107132.65
	归属母公司股东权益(万元)	88903.35	88249.69	83500.96	82657.86
	主营业务收入(万元)	48183.39	85886.85	38398.60	70917.64
	营业收入(万元)	48183.39	85886.85	38398.60	70917.64
	主营成本(万元)	36994.46	66079.46	29194.40	54751.25
	营业成本(万元)	36994.46	66079.46	29194.40	54751.25
	投资收益(万元)	229.79	-	-	-
	净利润(万元)	4271.47	8719.69	3823.87	7101.75
	利润总额(万元)	5170.65	10134.35	4617.65	8499.80

烟台万润精细化工股份有限公司

公司概况	公司名称	烟台万润精细化工股份有限公司			证券简称	烟台万润
	法人代表	赵凤岐	董秘	王焕杰	证券代码	002643
	公司网址	www.valiant-cn.com		电子信箱	wanrun@valiant-cn.com	
	电　话	0535-6101017 6382740		传　真	0535-6101018 6378945	
	办公地址	山东省烟台市经济技术开发区五指山路11号				
	经营范围	液晶材料、医药中间体、光电化学品、专项化学用品等				

	指标＼报告期	2013.06.30	2012.12.31	2012.06.30	2011.12.31
主要财务指标	基本每股收益(元)	0.2300	0.7900	0.5000	1.1600
	基本每股收益(扣除)(元)	0.2200	0.7300	0.4700	1.0800
	每股净资产(元)	4.5957	9.0296	8.7400	8.7400
	每股经营现金净流量(元)	0.2372	0.4819	0.2274	1.3719
	每股现金流量(元)	-0.4851	-3.0349	-2.7915	5.7892
	每股资本公积金(元)	2.4516	5.9032	5.9032	5.9032
	每股盈余公积金(元)	0.1786	0.3572	0.3572	0.2813
	每股未分配利润(元)	0.9554	1.7556	1.7556	1.5389
	净资产收益率(%)	4.9513	8.7788	5.7600	9.9870
	加权净资产收益率(%)	4.9700	9.0500	5.7600	35.0000
	净资产收益率(扣除)(%)	-	-	-	-
	总资产(万元)	144975.90	149801.03	149801.03	158073.07
	归属母公司股东权益(万元)	126675.81	124445.80	124445.80	120402.51
	主营业务收入(万元)	-	77390.36	38878.00	79932.78
	营业收入(万元)	48317.82	78957.78	39477.15	82009.06
	主营成本(万元)	-	51777.59	25409.58	52581.08
	营业成本(万元)	34193.19	52189.08	25453.83	53117.66
	投资收益(万元)	68.55	164.11	9.77	185.41
	净利润(万元)	6258.37	10924.91	6943.96	12024.11
	利润总额(万元)	7304.58	12682.77	8103.75	14039.62

兰州佛慈制药股份有限公司

公司概况

公司名称	兰州佛慈制药股份有限公司			证券简称	佛慈制药
法人代表	贾朝民	董秘	孙裕	证券代码	002644
公司网址	www.fczy.com		电子信箱	zqb@fczy.com	
电　　话	0931-8362318		传　　真	0931-8368945	
办公地址	甘肃省兰州市城关区佛慈大街 68 号				
经营范围	中成药研发、制造和销售等				

主要财务指标

指标\报告期	2013.06.30	2012.12.31	2012.06.30	2011.12.31
基本每股收益(元)	0.1545	0.3416	0.1440	0.4811
基本每股收益(扣除)(元)	0.1502	0.2755	0.1296	0.4204
每股净资产(元)	7.7259	7.6024	7.4000	8.0228
每股经营现金净流量(元)	-0.2322	-0.1240	-0.5966	0.0300
每股现金流量(元)	-0.3538	-1.5246	-1.2737	3.1899
每股资本公积金(元)	3.2819	3.2819	3.2819	3.6101
每股盈余公积金(元)	0.5139	0.5139	0.4798	0.5277
每股未分配利润(元)	2.9301	2.8066	2.6432	2.8850
净资产收益率(%)	1.9999	4.4937	1.9453	4.9470
加权净资产收益率(%)	2.0100	4.5900	3.8500	9.3600
净资产收益率(扣除)(%)	-	-	-	-
总资产(万元)	81461.94	82291.40	78128.11	82922.86
归属母公司股东权益(万元)	68650.69	67553.23	65797.59	64808.42
主营业务收入(万元)	15046.82	26636.22	13391.57	27118.43
营业收入(万元)	15046.82	26636.22	13391.57	27118.43
主营成本(万元)	9453.75	17947.99	9398.82	17799.03
营业成本(万元)	9453.75	17947.99	9398.82	17799.03
投资收益(万元)	-	-	-	-
净利润(万元)	1372.92	3035.62	1279.98	3206.07
利润总额(万元)	1575.81	3451.13	1491.59	3629.05

江苏华宏科技股份有限公司

公司概况

公司名称	江苏华宏科技股份有限公司			证券简称	华宏科技
法人代表	胡士勇	董秘	朱大勇	证券代码	002645
公司网址	www.hhyyjx.net		电子信箱	hhkj@hhyyjx.com	
电　　话	0510-80629685		传　　真	0510-80629683	
办公地址	江苏省江阴市周庄镇澄杨路 1118 号				
经营范围	再生资源加工设备的研发、生产和销售等				

主要财务指标

指标\报告期	2013.06.30	2012.12.31	2012.06.30	2011.12.31
基本每股收益(元)	0.1827	0.3572	0.2350	0.6693
基本每股收益(扣除)(元)	0.1529	0.3400	0.2302	1.1586
每股净资产(元)	5.5967	5.4928	5.3700	9.4400
每股经营现金净流量(元)	0.1186	0.0923	-0.3333	1.0399
每股现金流量(元)	-1.1879	-0.8449	-1.0535	5.8463
每股资本公积金(元)	2.9070	2.9070	2.9070	6.0325
每股盈余公积金(元)	0.2399	0.2399	0.2042	0.3675
每股未分配利润(元)	1.4487	1.3460	1.2594	2.0440
净资产收益率(%)	3.2644	6.5000	4.3800	9.5680
加权净资产收益率(%)	3.2800	6.6600	4.4000	31.1600
净资产收益率(扣除)(%)	-	-	-	-
总资产(万元)	82868.16	80489.23	79462.35	88612.67
归属母公司股东权益(万元)	67164.34	65917.13	64450.05	62963.52
主营业务收入(万元)	21659.79	49545.58	27142.23	56569.43
营业收入(万元)	21712.63	49695.63	27244.40	56929.62
主营成本(万元)	15970.72	38157.74	19981.66	-
营业成本(万元)	15970.72	38157.74	19981.66	41797.81
投资收益(万元)	-	-	-	-
净利润(万元)	2192.51	4287.01	2819.93	6024.15
利润总额(万元)	2579.43	4993.15	3317.56	7070.05

青海互助青稞酒股份有限公司

公司概况

公司名称	青海互助青稞酒股份有限公司			证券简称	青青稞酒
法人代表	李银会	董秘	王兆三	证券代码	002646
公司网址	www.qkj.com.cn		电子信箱	w333@vip.163.com	
电　　话	0972-8322971		传　　真	0972-8322970	
办公地址	青海省海东地区互助土族自治县威远镇西大街 6 号				
经营范围	青稞酒的研发、生产、销售、主要产品含互助、天佑德、八大作坊、永庆和等系列				

主要财务指标

指标\报告期	2013.06.30	2012.12.31	2012.06.30	2011.12.31
基本每股收益(元)	0.4768	0.6699	0.3566	0.5426
基本每股收益(扣除)(元)	0.4576	0.6378	0.3541	0.5167
每股净资产(元)	4.1844	3.9576	3.6400	3.4900
每股经营现金净流量(元)	0.3496	0.6936	0.4790	0.2194
每股现金流量(元)	-0.1054	-0.0795	-0.0273	1.9430
每股资本公积金(元)	1.8995	1.8995	1.8995	1.8995
每股盈余公积金(元)	0.0775	0.0775	0.0400	0.0400
每股未分配利润(元)	1.2075	0.9806	0.7049	0.5483
净资产收益率(%)	11.3953	16.9263	9.7900	13.4840
加权净资产收益率(%)	11.3600	17.9900	9.7300	37.8100
净资产收益率(扣除)(%)	-	-	-	-
总资产(万元)	210475.78	215220.03	180647.95	179719.02
归属母公司股东权益(万元)	188300.06	178092.64	163995.94	156948.07
主营业务收入(万元)	82385.77	119480.68	63390.74	84042.33
营业收入(万元)	82514.45	119679.22	63470.46	84172.77
主营成本(万元)	27414.80	37899.50	20644.85	25353.87
营业成本(万元)	27414.80	37900.00	20645.34	25358.10
投资收益(万元)	-	-	-	-
净利润(万元)	21457.41	30144.57	16047.87	21163.21
利润总额(万元)	28709.17	40030.20	21435.16	28331.66

浙江宏磊铜业股份有限公司

公司概况

公司名称	浙江宏磊铜业股份有限公司			证券简称	宏磊股份
法人代表	戚建萍	董秘	方中厚	证券代码	002647
公司网址	www.chinahonglei.com		电子信箱	honglei@chinahonglei.com	
电　　话	0575-87387532 87387320		传　　真	0575-80708938	
办公地址	浙江省绍兴市诸暨市经济开发区迎宾路 2 号				
经营范围	漆包线、高精度铜管材和其他铜材的研发、生产和销售等				

主要财务指标

指标\报告期	2013.06.30	2012.12.31	2012.06.30	2011.12.31
基本每股收益(元)	0.1357	0.1900	0.1858	0.6700
基本每股收益(扣除)(元)	-0.1180	0.2200	0.1735	0.6500
每股净资产(元)	5.9743	5.8385	5.8800	5.7000
每股经营现金净流量(元)	0.1203	-3.3346	-2.4564	1.3681
每股现金流量(元)	0.3927	-4.2200	-2.0772	2.6869
每股资本公积金(元)	3.3134	3.3134	3.2581	3.2581
每股盈余公积金(元)	0.1520	0.1520	0.1339	0.1339
每股未分配利润(元)	1.5089	1.3732	1.4898	1.3041
净资产收益率(%)	2.2721	3.2059	3.1600	8.8130
加权净资产收益率(%)	2.3000	4.0200	3.2100	20.3400
净资产收益率(扣除)(%)	-	-	-	-
总资产(万元)	246233.55	277849.84	253621.58	221684.33
归属母公司股东权益(万元)	100911.67	98618.89	99350.51	96212.69
主营业务收入(万元)	174087.91	375909.38	170487.64	400212.37
营业收入(万元)	175480.80	375988.45	170666.64	400212.74
主营成本(万元)	174808.12	357681.96	160118.77	376445.92
营业成本(万元)	174810.34	357720.77	160118.77	376445.92
投资收益(万元)	840.00	-	-	-
净利润(万元)	2420.38	3262.62	3320.45	8945.56
利润总额(万元)	2947.17	4959.78	4460.78	12184.28

浙江卫星石化股份有限公司

公司概况	公司名称	浙江卫星石化股份有限公司			证券简称	卫星石化
	法人代表	马国林	董秘	沈晓炜	证券代码	002648
	公司网址	www.satlpec.com		电子信箱	satlpec@gmail.com	
	电　话	0573-82229096		传　真	0573-82229088	
	办公地址	浙江省嘉兴市嘉兴工业园区步焦路				
	经营范围	丙烯酸、丙烯酸甲酯、丙烯酸乙酯、丙烯酸正丁酯、丙烯酸异辛酯等				

	指标＼报告期	2013.06.30	2012.12.31	2012.06.30	2011.12.31
主要财务指标	基本每股收益(元)	0.4500	1.0600	0.4700	2.1000
	基本每股收益(扣除)(元)	–	1.0200	0.4500	4.1500
	每股净资产(元)	8.3150	8.1500	7.5500	15.1600
	每股经营现金净流量(元)	0.0256	1.7634	0.3612	–0.4596
	每股现金流量(元)	–1.2749	–3.0192	–2.4386	9.2181
	每股资本公积金(元)	4.6348	4.6348	4.6348	10.2697
	每股盈余公积金(元)	0.3225	0.3225	0.2237	0.4475
	每股未分配利润(元)	2.2115	2.0579	1.5691	3.2025
	净资产收益率(%)	5.4549	12.9504	6.1900	20.7750
	加权净资产收益率(%)	5.4800	13.5700	6.0500	75.2400
	净资产收益率(扣除)(%)	–	–	–	–
	总资产(万元)	382088.53	372165.15	333377.61	405470.34
	归属母公司股东权益(万元)	332601.17	325999.52	302067.89	303111.93
	主营业务收入(万元)	159191.44	312865.04	145602.83	324271.88
	营业收入(万元)	159244.14	316203.26	146169.48	324786.74
	主营成本(万元)	126159.94	239521.43	112503.47	227235.30
	营业成本(万元)	126177.72	242680.23	112916.00	227530.55
	投资收益(万元)	–	–	–	–
	净利润(万元)	18143.02	42218.23	18712.56	62972.48
	利润总额(万元)	21652.73	49141.25	22121.65	71577.56

博彦科技股份有限公司

公司概况	公司名称	博彦科技股份有限公司			证券简称	博彦科技
	法人代表	王斌	董秘	韩超	证券代码	002649
	公司网址	www.beyondsoft.com		电子信箱	ir@beyondsoft.com	
	电　话	010-62980335		传　真	010-62980335	
	办公地址	北京市海淀区上地信息路18号上地创新大厦2层				
	经营范围	信息技术开发、服务、计算机及设备软件的开发、设计、制作、测试等				

	指标＼报告期	2013.06.30	2012.12.31	2012.06.30	2011.12.31
主要财务指标	基本每股收益(元)	0.4000	0.6400	0.2900	0.5700
	基本每股收益(扣除)(元)	0.4000	0.5200	0.2500	0.7100
	每股净资产(元)	6.4101	6.1884	5.8300	8.6600
	每股经营现金净流量(元)	–0.3139	0.6610	–0.0406	0.5468
	每股现金流量(元)	–0.8837	–1.5547	–0.9546	4.8050
	每股资本公积金(元)	3.9756	3.9756	3.9756	6.4634
	每股盈余公积金(元)	0.0746	0.0746	0.0746	0.0723
	每股未分配利润(元)	1.4315	1.1909	1.2275	1.1885
	净资产收益率(%)	6.3029	10.2535	4.9100	8.2770
	加权净资产收益率(%)	6.3000	10.2800	4.8800	21.6000
	净资产收益率(扣除)(%)	–	–	–	–
	总资产(万元)	132954.36	134774.42	134774.42	103045.03
	归属母公司股东权益(万元)	95151.89	92826.38	93374.43	86551.44
	主营业务收入(万元)	63515.39	81444.03	35411.27	68566.54
	营业收入(万元)	63603.92	81485.29	35411.36	68572.54
	主营成本(万元)	43203.00	55148.93	23543.22	44670.51
	营业成本(万元)	43203.00	55162.53	23543.22	44670.51
	投资收益(万元)	0.43	3.06	–	–
	净利润(万元)	5061.74	9629.48	4293.24	7160.40
	利润总额(万元)	7221.42	10134.32	4853.11	8315.96

加加食品集团股份有限公司

公司概况	公司名称	加加食品集团股份有限公司			证券简称	加加食品
	法人代表	杨振	董秘	戴自良	证券代码	002650
	公司网址	www.jiajiagroup.com		电子信箱	dm@jiajiagroup.com	
	电　话	0731-87807235		传　真	0731-87807235	
	办公地址	湖南省长沙市宁乡经济技术开发区站前路				
	经营范围	酱油、食用植物油和其他调味品的研发、生产和销售等				

	指标＼报告期	2013.06.30	2012.12.31	2012.06.30	2011.12.31
主要财务指标	基本每股收益(元)	0.3400	0.9200	0.3200	1.1000
	基本每股收益(扣除)(元)	–	0.8600	0.3800	1.1400
	每股净资产(元)	7.2145	8.8499	8.3200	10.1200
	每股经营现金净流量(元)	0.0042	0.7706	–0.2926	0.7047
	每股现金流量(元)	–1.6971	–3.0798	–2.1269	7.5938
	每股资本公积金(元)	4.8958	6.0749	6.0749	7.4899
	每股盈余公积金(元)	0.1861	0.2234	0.1178	0.1414
	每股未分配利润(元)	1.1326	1.5516	1.1296	1.4896
	净资产收益率(%)	4.7074	10.3484	4.6600	9.7398
	加权净资产收益率(%)	4.5000	10.6500	4.5400	37.0800
	净资产收益率(扣除)(%)	–	–	–	–
	总资产(万元)	187782.13	186682.24	180766.92	208460.71
	归属母公司股东权益(万元)	166223.14	169918.37	159788.39	161934.59
	主营业务收入(万元)	84064.89	165571.81	80556.20	168224.98
	营业收入(万元)	84103.56	165656.25	80564.74	168280.89
	主营成本(万元)	61954.69	122540.65	60268.64	127420.90
	营业成本(万元)	61996.37	122741.12	60330.33	127483.03
	投资收益(万元)	39.48	–	–	–
	净利润(万元)	7824.77	17583.78	7453.81	15772.04
	利润总额(万元)	10920.33	23530.16	9972.81	21182.09

成都利君实业股份有限公司

公司概况	公司名称	成都利君实业股份有限公司			证券简称	利君股份
	法人代表	何亚民	董秘	胡益俊	证券代码	002651
	公司网址	www.cdleejun.com		电子信箱	leejun@cdleejun.com	
	电　话	028-85370138		传　真	028-85370138	
	办公地址	四川省成都市武侯区武科东二路5号				
	经营范围	研究制造、销售、机电产品(不含汽车)及配件等				

	指标＼报告期	2013.06.30	2012.12.31	2012.06.30	2011.12.31
主要财务指标	基本每股收益(元)	0.4300	0.7300	0.5000	1.1800
	基本每股收益(扣除)(元)	0.4300	0.6900	0.4900	1.1500
	每股净资产(元)	4.3579	5.1495	4.9200	4.7400
	每股经营现金净流量(元)	0.4091	0.5932	0.0464	0.2406
	每股现金流量(元)	0.3650	0.1505	–0.4184	2.6746
	每股资本公积金(元)	2.3356	2.3356	2.3356	2.3356
	每股盈余公积金(元)	0.3763	0.3763	0.3144	0.3144
	每股未分配利润(元)	0.6460	1.4376	1.2698	1.0888
	净资产收益率(%)	9.8315	14.1887	10.1800	22.3430
	加权净资产收益率(%)	8.3000	14.8600	10.1500	59.7700
	净资产收益率(扣除)(%)	–	–	–	–
	总资产(万元)	273941.82	263731.06	242716.68	242725.85
	归属母公司股东权益(万元)	174753.67	206494.75	197285.93	190027.84
	主营业务收入(万元)	33819.65	71245.13	42794.76	112707.79
	营业收入(万元)	45956.14	80446.82	47831.87	122006.10
	主营成本(万元)	20743.21	36139.77	21230.35	56125.00
	营业成本(万元)	23484.07	40113.34	22857.86	60109.91
	投资收益(万元)	–	20.21	16.47	215.87
	净利润(万元)	17180.92	29298.91	20090.10	42458.56
	利润总额(万元)	20109.10	34472.50	23761.24	49931.48

苏州扬子江新型材料股份有限公司

公司概况	公司名称	苏州扬子江新型材料股份有限公司			证券简称	扬子新材
	法人代表	胡卫林	董秘	金跃国	证券代码	002652
	公司网址	www.yzjnm.com		电子信箱	jyg@yzjnm.com	
	电　话	0512-68327201		传　真	0512-68073999	
	办公地址	江苏省苏州市相城区潘阳工业园春丰路 88 号				
	经营范围	有机涂层板及其基板的研发、生产与销售等				

	指标\报告期	2013.06.30	2012.12.31	2012.06.30	2011.12.31
主要财务指标	基本每股收益(元)	0.1300	0.3900	0.2300	0.7300
	基本每股收益(扣除)(元)	0.1300	0.3700	0.1900	0.7200
	每股净资产(元)	3.4365	5.1076	4.9400	3.3600
	每股经营现金净流量(元)	-0.2044	-1.8767	-1.9690	-
	每股现金流量(元)	-0.3746	0.2792	-0.0224	-
	每股资本公积金(元)	1.2528	2.3792	2.3792	-
	每股盈余公积金(元)	0.1219	0.1828	0.1442	-
	每股未分配利润(元)	1.0618	1.5455	1.4213	-
	净资产收益率(%)	3.8255	7.5700	4.5300	21.7870
	加权净资产收益率(%)	3.8400	8.1200	5.9900	24.4500
	净资产收益率(扣除)(%)	-	-	-	-
	总资产(万元)	74947.13	68463.25	66601.00	56617.69
	归属母公司股东权益(万元)	54990.96	54487.48	52750.61	26917.26
	主营业务收入(万元)	65149.28	129665.48	59132.20	144492.14
	营业收入(万元)	67296.95	134496.77	61619.35	152311.64
	主营成本(万元)	59362.63	117742.34	53592.83	129873.09
	营业成本(万元)	61507.47	122542.15	56055.82	137616.35
	投资收益(万元)	-	-	-	-
	净利润(万元)	2103.68	4124.70	2387.83	5864.35
	利润总额(万元)	2473.91	4803.88	2809.21	6816.02

西藏海思科药业集团股份有限公司

公司概况	公司名称	西藏海思科药业集团股份有限公司			证券简称	海思科
	法人代表	王俊民	董秘	邓翔	证券代码	002653
	公司网址	www.haisco.com		电子信箱	dengx@haisco.com	
	电　话	0893-7834865		传　真	0893-7834865 7834846	
	办公地址	西藏自治区山南地区泽当镇香曲东路 8 号				
	经营范围	化药制剂及原料药的研发、生产和销售等				

	指标\报告期	2013.06.30	2012.12.31	2012.06.30	2011.12.31
主要财务指标	基本每股收益(元)	0.2800	1.1200	0.2400	0.8700
	基本每股收益(扣除)(元)	0.2200	0.8100	0.3000	0.6700
	每股净资产(元)	2.0430	4.2684	3.6300	2.1300
	每股经营现金净流量(元)	0.2915	1.1616	0.4214	0.7244
	每股现金流量(元)	-0.0134	0.1537	1.3277	0.3423
	每股资本公积金(元)	0.3865	1.7731	1.7731	0.0346
	每股盈余公积金(元)	0.1167	0.2335	0.1309	0.1455
	每股未分配利润(元)	0.5397	1.2619	0.7298	0.9526
	净资产收益率(%)	13.8902	25.9433	13.0100	40.6760
	加权净资产收益率(%)	13.5900	29.8400	14.3700	51.0900
	净资产收益率(扣除)(%)	-	-	-	-
	总资产(万元)	192031.49	194629.20	156472.75	88270.50
	归属母公司股东权益(万元)	163480.36	170780.17	145387.09	76775.68
	主营业务收入(万元)	45151.95	79927.63	32387.52	60366.67
	营业收入(万元)	45578.89	80206.93	32387.52	60442.97
	主营成本(万元)	11715.71	20431.06	9249.18	20094.57
	营业成本(万元)	11715.71	20431.06	9249.18	20094.57
	投资收益(万元)	85.20	3.21	58.72	-
	净利润(万元)	22707.69	44306.09	18913.02	31229.61
	利润总额(万元)	24753.74	48033.16	20880.58	36938.79

深圳万润科技股份有限公司

公司概况	公司名称	深圳万润科技股份有限公司			证券简称	万润科技
	法人代表	李志江	董秘	郝军	证券代码	002654
	公司网址	www.mason-led.com		电子信箱	wanrun@mason-led.com	
	电　话	0755-29199416 33953399-8827		传　真	0755-33236389	
	办公地址	广东省深圳市光明新区光明办事处圳美公常路北侧雅盛科技工业园厂房 B 栋				
	经营范围	研发、设计、生产和销售为一体的中高端 LED 光源器件封装和 LED 照明产品				

	指标\报告期	2013.06.30	2012.12.31	2012.06.30	2011.12.31
主要财务指标	基本每股收益(元)	0.1300	0.4600	0.1600	0.8200
	基本每股收益(扣除)(元)	0.1000	0.4000	0.3000	0.7900
	每股净资产(元)	2.8931	5.6304	5.4800	3.7600
	每股经营现金净流量(元)	0.2496	0.5124	-0.0628	0.6435
	每股现金流量(元)	-0.2179	1.1755	1.2568	-0.0676
	每股资本公积金(元)	0.9175	2.8351	2.8351	0.5942
	每股盈余公积金(元)	0.0962	0.1924	0.1486	0.1486
	每股未分配利润(元)	0.8794	1.6029	1.5012	1.3294
	净资产收益率(%)	4.4210	7.7700	5.3200	21.7710
	加权净资产收益率(%)	4.4700	8.6700	6.3300	24.4300
	净资产收益率(扣除)(%)	-	-	-	-
	总资产(万元)	69819.32	65197.22	65137.99	42661.53
	归属母公司股东权益(万元)	50918.49	49547.38	48267.09	24835.32
	主营业务收入(万元)	20133.12	38790.14	19575.57	37062.73
	营业收入(万元)	20172.05	38850.65	19618.36	37444.55
	主营成本(万元)	14238.26	28722.40	13956.33	25975.51
	营业成本(万元)	14240.74	28760.30	13977.35	26340.76
	投资收益(万元)	-	-	-	-
	净利润(万元)	2221.61	3848.56	2568.27	5406.91
	利润总额(万元)	2573.05	4461.19	2965.07	6269.44

山东共达电声股份有限公司

公司概况	公司名称	山东共达电声股份有限公司			证券简称	共达电声
	法人代表	赵笃仁	董秘	王永刚	证券代码	002655
	公司网址	www.gettopacoustic.com		电子信箱	gettop@gettopacoustic.com	
	电　话	0536-7513259		传　真	0536-7605903	
	办公地址	山东省潍坊市坊子区凤山路 68 号				
	经营范围	微型电声元器件及电声组件的研发、生产和销售等				

	指标\报告期	2013.06.30	2012.12.31	2012.06.30	2011.12.31
主要财务指标	基本每股收益(元)	0.1100	0.3800	0.2000	0.5900
	基本每股收益(扣除)(元)	0.0800	0.3200	0.1800	0.5900
	每股净资产(元)	2.4251	4.7990	4.6200	2.8300
	每股经营现金净流量(元)	0.0445	0.0022	-0.0453	0.6339
	每股现金流量(元)	-0.2983	1.1123	1.2811	0.2589
	每股资本公积金(元)	0.6978	2.3955	2.3955	0.3077
	每股盈余公积金(元)	0.0783	0.1565	0.1201	0.1601
	每股未分配利润(元)	0.6516	1.2481	1.1046	1.3617
	净资产收益率(%)	2.6835	7.5686	3.9700	21.0210
	加权净资产收益率(%)	2.7000	8.5200	5.9800	23.5400
	净资产收益率(扣除)(%)	-	-	-	-
	总资产(万元)	92610.66	86285.99	75794.43	52188.09
	归属母公司股东权益(万元)	58201.95	57587.98	55381.94	25439.59
	主营业务收入(万元)	20991.16	42115.66	22665.90	45106.73
	营业收入(万元)	21030.83	42154.94	22674.07	45174.58
	主营成本(万元)	15256.91	29233.43	15827.55	30978.82
	营业成本(万元)	15272.20	29245.91	15831.01	31015.10
	投资收益(万元)	39.60	1.44	1.44	3.60
	净利润(万元)	1561.86	4358.59	2199.70	5347.56
	利润总额(万元)	1742.96	4951.89	2501.36	6236.90

广州卡奴迪路服饰股份有限公司

公司概况	公司名称	广州卡奴迪路服饰股份有限公司		证券简称	卡奴迪路
	法人代表	林永飞	董秘 林峰国	证券代码	002656
	公司网址	www.canudilo.com		电子信箱	investor@canudilo.com
	电话	020-83963777		传真	020-37873679
	办公地址	广东省广州市天河区黄埔大道西638号富力科讯大厦12-13楼			
	经营范围	高级男装服饰的研发设计、品牌推广和零售管理			

	指标\报告期	2013.06.30	2012.12.31	2012.06.30	2011.12.31
主要财务指标	基本每股收益(元)	0.4300	1.8500	0.8400	1.4600
	基本每股收益(扣除)(元)	0.4300	1.8200	0.8400	1.4200
	每股净资产(元)	5.9037	11.3203	10.3200	4.0900
	每股经营现金净流量(元)	–0.2974	0.3294	–0.5588	1.4504
	每股现金流量(元)	–1.1183	5.9655	5.4062	1.1557
	每股资本公积金(元)	2.6740	6.3481	6.3481	0.1449
	每股盈余公积金(元)	0.1487	0.2974	0.1640	0.2187
	每股未分配利润(元)	2.0911	3.6861	2.8203	2.7348
	净资产收益率(%)	7.3348	15.6217	7.4500	35.6790
	加权净资产收益率(%)	7.4100	18.9000	9.8900	43.3200
	净资产收益率(扣除)(%)	–	–	–	–
	总资产(万元)	166701.79	153228.10	122508.99	58696.97
	归属母公司股东权益(万元)	118073.48	113203.34	103249.58	30649.34
	主营业务收入(万元)	37428.75	63617.03	28584.44	46144.23
	营业收入(万元)	37430.25	63617.03	28584.44	46146.87
	主营成本(万元)	12543.28	21153.88	9596.15	17085.76
	营业成本(万元)	12543.28	21153.88	9596.15	17085.76
	投资收益(万元)	–	–	–	–
	净利润(万元)	8586.44	17691.87	7692.02	10935.21
	利润总额(万元)	10359.33	21597.17	10379.07	14685.67

北京中科金财科技股份有限公司

公司概况	公司名称	北京中科金财科技股份有限公司		证券简称	中科金财
	法人代表	朱烨东	董秘 贺岩	证券代码	002657
	公司网址	www.sinodata.net.cn		电子信箱	zkjc@sinodata.net.cn
	电话	010-62309608		传真	010-62309595
	办公地址	北京市海淀区学院路51号楼首享科技大厦6层			
	经营范围	应用软件开发、技术服务及相关的计算机信息系统集成服务等			

	指标\报告期	2013.06.30	2012.12.31	2012.06.30	2011.12.31
主要财务指标	基本每股收益(元)	0.3000	0.9500	0.3600	1.0800
	基本每股收益(扣除)(元)	–	0.9100	0.3500	0.9800
	每股净资产(元)	6.4103	9.4362	8.8600	5.0000
	每股经营现金净流量(元)	–2.2934	–0.1415	–1.0443	1.2311
	每股现金流量(元)	–1.4450	3.5154	1.7403	–0.1163
	每股资本公积金(元)	3.1029	5.1543	5.1543	0.8305
	每股盈余公积金(元)	0.2157	0.3235	0.2382	0.3175
	每股未分配利润(元)	2.0918	2.9583	2.4671	2.8477
	净资产收益率(%)	3.4245	9.6221	3.7400	21.5310
	加权净资产收益率(%)	3.4400	11.0600	4.6700	24.1300
	净资产收益率(扣除)(%)	–	–	–	–
	总资产(万元)	110624.26	101857.36	70538.62	41434.80
	归属母公司股东权益(万元)	67113.53	65862.16	61837.22	26151.51
	主营业务收入(万元)	34602.41	51855.16	17478.47	45289.45
	营业收入(万元)	34756.00	52167.67	17797.38	45889.35
	主营成本(万元)	21377.91	28554.19	7119.14	28791.98
	营业成本(万元)	21427.40	28829.70	7374.62	29300.09
	投资收益(万元)	20.17	–	–	–
	净利润(万元)	2241.01	6030.03	2183.60	5670.64
	利润总额(万元)	2861.56	6912.89	2616.33	6409.68

北京雪迪龙科技股份有限公司

公司概况	公司名称	北京雪迪龙科技股份有限公司		证券简称	雪迪龙
	法人代表	敖小强	董秘 赵爱学	证券代码	002658
	公司网址	www.chsdl.com		电子信箱	zqb@chsdl.com
	电话	010-80735666 80735664		传真	010-80735777
	办公地址	北京市昌平区国际信息产业基地高新3街3号			
	经营范围	分析仪器仪表、环境监测系统、工业过程分析系统的研发、生产、销售等			

	指标\报告期	2013.06.30	2012.12.31	2012.06.30	2011.12.31
主要财务指标	基本每股收益(元)	0.1300	0.7700	0.2400	0.7900
	基本每股收益(扣除)(元)	–	0.7500	0.2400	0.7700
	每股净资产(元)	7.8639	7.7685	7.4000	3.2900
	每股经营现金净流量(元)	–0.0344	–0.1848	–0.1362	0.3675
	每股现金流量(元)	0.0994	–0.2202	4.3789	0.0458
	每股资本公积金(元)	5.1914	5.1914	5.1914	0.9561
	每股盈余公积金(元)	0.1727	0.1727	0.1001	0.1334
	每股未分配利润(元)	1.4997	1.4044	1.1105	1.2010
	净资产收益率(%)	3.2470	9.3504	2.8400	24.0180
	加权净资产收益率(%)	3.2300	11.4600	4.1600	27.3000
	净资产收益率(扣除)(%)	–	–	–	–
	总资产(万元)	119842.95	116141.47	110992.47	43400.70
	归属母公司股东权益(万元)	108107.04	106796.35	101757.56	33923.00
	主营业务收入(万元)	19294.14	37852.21	14049.07	–
	营业收入(万元)	19294.14	37852.21	14049.07	32781.00
	主营成本(万元)	11007.45	18760.92	7166.11	–
	营业成本(万元)	11007.45	18760.92	7166.11	16744.72
	投资收益(万元)	–39.85	–45.11	–	–
	净利润(万元)	3510.25	9985.86	2884.98	8147.50
	利润总额(万元)	4129.70	11734.66	3394.09	9476.42

江苏中泰桥梁钢构股份有限公司

公司概况	公司名称	江苏中泰桥梁钢构股份有限公司		证券简称	中泰桥梁
	法人代表	陈禹	董秘 郁征	证券代码	002659
	公司网址	www.jszt.net.cn		电子信箱	ztql@ztsschina.com
	电话	0523-84633050		传真	0523-84633000
	办公地址	江苏省无锡市江阴市靖江工业园区同康路15号			
	经营范围	桥梁钢结构及其他金属结构及构件的制造、施工、安装、运输、修复和加固等			

	指标\报告期	2013.06.30	2012.12.31	2012.06.30	2011.12.31
主要财务指标	基本每股收益(元)	0.0300	0.3100	0.2600	0.6800
	基本每股收益(扣除)(元)	0.0300	0.2900	0.2400	0.6900
	每股净资产(元)	2.1206	4.2704	4.2100	2.3600
	每股经营现金净流量(元)	0.0224	–2.7560	–0.3480	–0.3056
	每股现金流量(元)	–0.3293	1.0656	1.3323	0.5285
	每股资本公积金(元)	0.5931	2.1861	2.1861	0.1466
	每股盈余公积金(元)	0.0710	0.1420	0.1128	0.1506
	每股未分配利润(元)	0.4565	0.9423	0.9081	1.0651
	净资产收益率(%)	1.1971	6.7575	5.3500	29.0007
	加权净资产收益率(%)	1.1200	8.0300	7.4400	31.0100
	净资产收益率(扣除)(%)	–	–	–	–
	总资产(万元)	194296.73	178064.69	147663.72	112808.77
	归属母公司股东权益(万元)	65949.76	66405.10	65419.35	27520.05
	主营业务收入(万元)	36277.96	76044.89	41828.92	91435.35
	营业收入(万元)	36277.96	76044.89	41828.92	91435.35
	主营成本(万元)	31727.05	63371.65	35176.90	76370.07
	营业成本(万元)	31727.05	63371.65	35176.90	76370.07
	投资收益(万元)	–	–2.98	–	–
	净利润(万元)	827.20	4524.74	3507.72	8117.03
	利润总额(万元)	1055.39	5348.75	4245.32	9748.09

茂硕电源科技股份有限公司

公司概况	公司名称	茂硕电源科技股份有限公司			证券简称	茂硕电源
	法人代表	顾永德	董秘	方吉槟	证券代码	002660
	公司网址	www.mosopower.com		电子信箱	jibin.fang@mosopower.com	
	电　　话	0755-27659888		传　　真	0755-27659888	
	办公地址	广东省深圳市南山区松白路关外小白芒桑泰工业园6层				
	经营范围	开关电源的研发、生产及销售等				

	指标\报告期	2013.06.30	2012.12.31	2012.06.30	2011.12.31
主要财务指标	基本每股收益(元)	0.1200	0.5200	0.3500	0.7400
	基本每股收益(扣除)(元)	0.0900	0.4600	0.3100	0.7000
	每股净资产(元)	3.5207	6.9071	6.8800	3.0800
	每股经营现金净流量(元)	0.0123	0.0473	-0.1223	0.4865
	每股现金流量(元)	-0.8695	3.0277	3.5245	0.2434
	每股资本公积金(元)	1.7115	4.4289	4.3614	0.4556
	每股盈余公积金(元)	0.0855	0.1707	0.1450	0.1934
	每股未分配利润(元)	0.7238	1.3075	1.3747	1.4265
	净资产收益率(%)	3.3806	6.9637	4.4300	23.9960
	加权净资产收益率(%)	3.3800	8.6400	6.6300	27.2800
	净资产收益率(扣除)(%)	-	-	-	-
	总资产(万元)	95812.34	91711.56	81694.77	43796.26
	归属母公司股东权益(万元)	69451.46	68234.37	66802.42	22389.38
	主营业务收入(万元)	26862.83	54957.76	24043.54	55242.30
	营业收入(万元)	26862.83	55003.07	24043.54	55457.17
	主营成本(万元)	20608.60	42832.36	17891.91	40175.21
	营业成本(万元)	20608.60	42864.30	17891.91	40248.04
	投资收益(万元)	121.90	-9.25	-	-
	净利润(万元)	2312.59	4721.94	2930.89	5379.02
	利润总额(万元)	2717.86	5420.00	3522.70	6461.84

克明面业股份有限公司

公司概况	公司名称	克明面业股份有限公司			证券简称	克明面业
	法人代表	陈克明	董秘	晏德军	证券代码	002661
	公司网址	www.kemen.net.cn		电子信箱	kemen@kemen.net.cn	
	电　　话	0737-5213069		传　　真	0737-5212556	
	办公地址	湖南省益阳市南县兴盛大道工业园1号				
	经营范围	专注于传统健康主食——挂面食品的研发、生产及销售等				

	指标\报告期	2013.06.30	2012.12.31	2012.06.30	2011.12.31
主要财务指标	基本每股收益(元)	0.5000	1.0300	0.5200	1.0500
	基本每股收益(扣除)(元)	0.5000	0.9400	0.4700	0.9800
	每股净资产(元)	8.0215	8.0211	7.5100	3.6300
	每股经营现金净流量(元)	0.1798	1.3109	0.1865	1.2264
	每股现金流量(元)	-0.1444	-0.1279	3.7309	0.3843
	每股资本公积金(元)	4.6532	4.6532	4.6532	0.0931
	每股盈余公积金(元)	0.2671	0.2671	0.1608	0.2144
	每股未分配利润(元)	2.1012	2.1008	1.6976	2.3190
	净资产收益率(%)	6.2376	12.0700	6.1000	29.0840
	加权净资产收益率(%)	6.1700	14.9000	8.8200	34.0300
	净资产收益率(扣除)(%)	-	-	-	-
	总资产(万元)	86022.42	85157.93	81577.24	44306.09
	归属母公司股东权益(万元)	66642.54	66639.63	62406.49	22596.65
	主营业务收入(万元)	56090.62	100140.79	47278.53	84197.73
	营业收入(万元)	56163.30	100224.19	47325.53	84255.92
	主营成本(万元)	42279.92	76101.99	35553.18	63978.05
	营业成本(万元)	42411.24	76293.29	35623.31	64087.93
	投资收益(万元)	112.87	5.53	77.83	-12.31
	净利润(万元)	4152.49	8017.09	3807.76	6572.02
	利润总额(万元)	5141.66	10073.10	4741.21	8134.54

北京威卡威汽车零部件股份有限公司

公司概况	公司名称	北京威卡威汽车零部件股份有限公司			证券简称	京威股份
	法人代表	李璟瑜	董秘	鲍丽娜	证券代码	002662
	公司网址	www.beijing-wkw.com		电子信箱	jingwei@beijing-wkw.com	
	电　　话	010-60276313		传　　真	010-60279917	
	办公地址	北京市大兴区魏永路(天堂河段)70号				
	经营范围	进行乘用车内外饰件系统的配套研发、制造和相关服务等				

	指标\报告期	2013.06.30	2012.12.31	2012.06.30	2011.12.31
主要财务指标	基本每股收益(元)	0.2500	0.6400	0.7100	0.6850
	基本每股收益(扣除)(元)	0.2500	0.6000	0.7100	0.6100
	每股净资产(元)	4.2803	4.2792	8.1500	3.6700
	每股经营现金净流量(元)	0.0338	0.6927	0.6074	1.3183
	每股现金流量(元)	-0.3450	2.2532	4.9807	-0.1554
	每股资本公积金(元)	1.8592	1.8592	4.5270	0.0043
	每股盈余公积金(元)	0.1711	0.1711	0.2518	0.3358
	每股未分配利润(元)	1.2500	1.2489	2.3663	2.3315
	净资产收益率(%)	5.8662	14.4843	7.5800	37.2040
	加权净资产收益率(%)	5.7500	18.0900	11.3300	41.8900
	净资产收益率(扣除)(%)	-	-	-	-
	总资产(万元)	290416.43	284170.45	284298.51	121945.60
	归属母公司股东权益(万元)	256816.61	256752.74	244352.39	82609.35
	主营业务收入(万元)	79758.14	159247.15	77531.85	133070.41
	营业收入(万元)	83003.77	165999.36	79759.84	140182.07
	主营成本(万元)	53599.53	95939.88	44785.16	74509.58
	营业成本(万元)	54828.96	99757.08	46683.81	79088.10
	投资收益(万元)	-16.83	1439.01	1618.21	-282.23
	净利润(万元)	15953.12	40620.78	21264.61	35237.57
	利润总额(万元)	21512.31	53530.01	27635.57	47000.01

广州普邦园林股份有限公司

公司概况	公司名称	广州普邦园林股份有限公司			证券简称	普邦园林
	法人代表	曾伟雄	董秘	马力达	证券代码	002663
	公司网址	www.pblandscape.com		电子信箱	malida@pblandscape.com	
	电　　话	020-87397491		传　　真	020-87361417	
	办公地址	广东省广州市越秀区五羊新城寺右新马路南二街16号首层				
	经营范围	园林环境配套产品、园林绿化工程、室内装修、公共社区园林绿化等				

	指标\报告期	2013.06.30	2012.12.31	2012.06.30	2011.12.31
主要财务指标	基本每股收益(元)	0.2800	0.9200	0.2500	0.8000
	基本每股收益(扣除)(元)	0.2800	0.9000	0.8000	1.2800
	每股净资产(元)	3.6112	6.8170	10.2900	3.4400
	每股经营现金净流量(元)	-0.2391	-0.9219	-0.9233	0.2927
	每股现金流量(元)	0.7195	2.9003	5.8243	0.1661
	每股资本公积金(元)	1.7430	4.4860	7.7775	1.0916
	每股盈余公积金(元)	0.0777	0.1555	0.1083	0.1444
	每股未分配利润(元)	0.7905	1.1756	1.4010	1.2086
	净资产收益率(%)	7.6897	12.6064	6.8500	37.2609
	加权净资产收益率(%)	7.8600	16.2000	11.0100	45.7900
	净资产收益率(扣除)(%)	-	-	-	-
	总资产(万元)	303950.09	225153.50	203031.74	65744.70
	归属母公司股东权益(万元)	201857.36	190527.55	179690.33	45123.96
	主营业务收入(万元)	109980.09	185081.24	87257.98	130863.90
	营业收入(万元)	109995.41	185081.24	87257.98	130863.90
	主营成本(万元)	81704.38	136651.82	64266.79	95745.55
	营业成本(万元)	81704.38	136651.82	64266.79	95745.55
	投资收益(万元)	-	-	-	-
	净利润(万元)	15523.38	24018.73	12308.11	16813.57
	利润总额(万元)	18237.64	28802.73	14196.99	20108.91

信质电机股份有限公司

公司概况	公司名称	信质电机股份有限公司			证券简称	信质电机
	法人代表	尹兴满	董秘	朱彬	证券代码	002664
	公司网址	www.chinaxinzhi.com		电子信箱	xinzhi@chinaxinzhi.com	
	电　话	0576-88931163 88931165		传　真	0576-88931165	
	办公地址	浙江省台州市椒江区前所信质路28号				
	经营范围	从事各种电机定子、转子等电机核心零部件的研发、制造和销售				

	指标\报告期	2013.06.30	2012.12.31	2012.06.30	2011.12.31
主要财务指标	基本每股收益(元)	0.4700	0.8800	0.4200	0.7800
	基本每股收益(扣除)(元)	–	0.8700	0.4200	0.7600
	每股净资产(元)	8.1337	7.8622	7.4000	4.5100
	每股经营现金净流量(元)	–0.4897	0.2017	–0.3345	0.4906
	每股现金流量(元)	–1.2054	1.8567	2.2200	0.3470
	每股资本公积金(元)	5.2818	5.2818	5.2818	2.4369
	每股盈余公积金(元)	0.1773	0.1773	0.0887	0.1182
	每股未分配利润(元)	1.6746	1.4031	1.0341	0.9574
	净资产收益率(%)	5.7966	10.4903	4.9600	17.2250
	加权净资产收益率(%)	5.8200	12.5900	6.8000	18.7100
	净资产收益率(扣除)(%)	–	–	–	–
	总资产(万元)	146905.13	149781.83	131785.44	90037.26
	归属母公司股东权益(万元)	108455.03	104835.17	98733.17	45124.64
	主营业务收入(万元)	59307.56	95519.20	42747.38	76779.54
	营业收入(万元)	60485.48	98532.00	43333.33	78295.26
	主营成本(万元)	47628.95	75922.48	32966.78	60543.42
	营业成本(万元)	47674.73	76346.09	32978.98	60855.48
	投资收益(万元)	93.08	–3.44	2.77	208.78
	净利润(万元)	5811.88	10204.54	4666.66	7574.42
	利润总额(万元)	6866.80	12043.58	5444.48	8674.23

北京首航艾启威节能技术股份有限公司

公司概况	公司名称	北京首航艾启威节能技术股份有限公司			证券简称	首航节能
	法人代表	黄文佳	董秘	黄卿义	证券代码	002665
	公司网址	www.sh-ihw.com		电子信箱	shouhang@sh-ihw.com	
	电　话	010-52255555		传　真	010-52256633	
	办公地址	北京市丰台区南四环188号总部基地3区20号楼				
	经营范围	空冷系统的研发、设计、生产和销售等				

	指标\报告期	2013.06.30	2012.12.31	2012.06.30	2011.12.31
主要财务指标	基本每股收益(元)	0.3100	1.4100	0.2600	1.1000
	基本每股收益(扣除)(元)	0.2800	1.3200	0.4500	1.2400
	每股净资产(元)	6.3619	12.4030	11.5300	4.9800
	每股经营现金净流量(元)	–0.2439	–1.4268	–0.6814	–0.0998
	每股现金流量(元)	1.4796	1.2227	6.2021	–0.9221
	每股资本公积金(元)	4.0728	9.1455	9.1425	2.7349
	每股盈余公积金(元)	0.1132	0.2264	0.0936	0.1248
	每股未分配利润(元)	1.1759	2.0311	1.2985	1.1234
	净资产收益率(%)	4.8550	10.6535	3.9500	22.1250
	加权净资产收益率(%)	4.8600	13.3400	5.9700	25.0900
	净资产收益率(扣除)(%)	–	–	–	–
	总资产(万元)	237652.62	230028.65	209486.76	107363.70
	归属母公司股东权益(万元)	169670.64	165393.63	153814.06	49831.72
	主营业务收入(万元)	41466.05	118092.32	39150.78	74368.96
	营业收入(万元)	42170.89	119314.59	39221.44	75205.62
	主营成本(万元)	29226.46	85435.14	28541.49	51439.27
	营业成本(万元)	29593.54	85651.94	28587.74	51472.47
	投资收益(万元)	–	–	–	–0.49
	净利润(万元)	8138.88	17567.14	6081.30	11025.06
	利润总额(万元)	9679.36	20737.65	7178.99	13349.57

广东德联集团股份有限公司

公司概况	公司名称	广东德联集团股份有限公司			证券简称	德联集团
	法人代表	徐咸大	董秘	邓国锦	证券代码	002666
	公司网址	www.delian.cn		电子信箱	zq@delian.cn	
	电　话	0757-81107501		传　真	0757-85768929	
	办公地址	广东省佛山市南海区小塘狮山新城开发区				
	经营范围	汽车精细化学品的制造和销售等				

	指标\报告期	2013.06.30	2012.12.31	2012.06.30	2011.12.31
主要财务指标	基本每股收益(元)	0.1800	0.9600	0.2000	0.9800
	基本每股收益(扣除)(元)	0.1800	0.9400	0.4100	0.9700
	每股净资产(元)	4.3759	8.6746	8.3200	5.3600
	每股经营现金净流量(元)	–0.3605	0.6674	0.0028	0.7451
	每股现金流量(元)	–1.0764	3.2845	3.2877	1.0498
	每股资本公积金(元)	1.6250	4.2499	4.2499	0.6865
	每股盈余公积金(元)	0.0321	0.0642	0.0316	0.0121
	每股未分配利润(元)	1.7194	3.3608	3.0432	3.6574
	净资产收益率(%)	4.2053	10.3506	4.2900	18.3520
	加权净资产收益率(%)	4.4200	12.1200	6.6200	20.2000
	净资产收益率(扣除)(%)	–	–	–	–
	总资产(万元)	162603.91	155714.72	153802.84	93588.76
	归属母公司股东权益(万元)	140029.60	138792.89	133190.47	64267.35
	主营业务收入(万元)	67237.44	133074.46	57257.86	112077.64
	营业收入(万元)	67405.74	133458.42	57397.42	112112.36
	主营成本(万元)	53431.24	103809.45	44059.31	88010.90
	营业成本(万元)	53589.17	103911.97	44149.02	88010.90
	投资收益(万元)	–	–	–	0.19
	净利润(万元)	5969.61	14380.93	5698.30	11815.45
	利润总额(万元)	7756.07	18918.73	7465.18	15213.99

鞍山重型矿山机器股份有限公司

公司概况	公司名称	鞍山重型矿山机器股份有限公司			证券简称	鞍重股份
	法人代表	杨永柱	董秘	张宝田	证券代码	002667
	公司网址	www.aszkjqc.com		电子信箱	aszk@aszkjqc.com	
	电　话	0412-5213058		传　真	0412-5213058	
	办公地址	辽宁省鞍山市鞍千路294号				
	经营范围	煤炭、钢铁、矿山、筑路等行业专用大型振动筛的研发、生产和销售等				

	指标\报告期	2013.06.30	2012.12.31	2012.06.30	2011.12.31
主要财务指标	基本每股收益(元)	0.4300	1.0400	0.6900	–
	基本每股收益(扣除)(元)	0.3800	0.9000	0.6000	–
	每股净资产(元)	10.0912	9.7916	9.4200	–
	每股经营现金净流量(元)	0.1308	–0.1115	–0.1383	–
	每股现金流量(元)	–0.1963	4.9289	4.9965	–
	每股资本公积金(元)	5.8408	5.8408	5.8408	–
	每股盈余公积金(元)	0.3052	0.3052	0.2075	–
	每股未分配利润(元)	2.9452	2.6456	2.3675	–
	净资产收益率(%)	4.2572	9.9718	6.3800	–
	加权净资产收益率(%)	4.3000	12.2900	9.3900	–
	净资产收益率(扣除)(%)	–	–	–	–
	总资产(万元)	84214.39	81244.36	77073.79	–
	归属母公司股东权益(万元)	68600.17	66563.48	64008.92	–
	主营业务收入(万元)	10318.80	24572.14	13712.82	–
	营业收入(万元)	10894.91	25750.88	14463.65	–
	主营成本(万元)	5104.08	12862.53	7121.67	–
	营业成本(万元)	5322.28	13181.94	7299.24	–
	投资收益(万元)	–	–	–	–
	净利润(万元)	2920.43	6636.48	4082.37	–
	利润总额(万元)	3402.61	7749.14	4764.64	–

广东奥马电器股份有限公司

公司概况					
公司名称	广东奥马电器股份有限公司			证券简称	奥马电器
法人代表	蔡拾贰	董秘	何石琼	证券代码	002668
公司网址	www.homa.cn		电子信箱	homa@homa.cn	
电　　话	0760-23130226 23130225		传　　真	0760-23137825	
办公地址	广东省中山市南头镇东福北路 54 号				
经营范围	专注于冰箱的设计、制造和销售等				

主要财务指标：指标\报告期	2013.06.30	2012.12.31	2012.06.30	2011.12.31
基本每股收益(元)	0.5900	1.0800	0.6000	1.1700
基本每股收益(扣除)(元)	0.5400	1.0100	0.5900	1.1300
每股净资产(元)	7.5806	7.0872	6.6000	4.7800
每股经营现金净流量(元)	0.1403	-0.9190	-1.4608	2.4393
每股现金流量(元)	-0.0801	-0.4707	0.4373	1.0650
每股资本公积金(元)	2.7276	2.7276	2.7276	0.6214
每股盈余公积金(元)	0.3358	0.3358	0.2380	0.3174
每股未分配利润(元)	3.5172	3.0238	2.6327	2.8437
净资产收益率(%)	7.8286	13.9536	7.5800	24.5670
加权净资产收益率(%)	8.0400	17.1800	10.7100	28.0100
净资产收益率(扣除)(%)	-	-	-	-
总资产(万元)	265050.52	232263.22	242329.68	191290.89
归属母公司股东权益(万元)	125345.52	117186.25	109104.71	59303.23
主营业务收入(万元)	218072.49	345490.76	182307.25	319258.81
营业收入(万元)	218251.81	345661.56	182437.69	319410.55
主营成本(万元)	171334.76	273450.73	146173.57	259103.73
营业成本(万元)	171334.76	273450.73	146173.57	259103.73
投资收益(万元)	184.15	374.73	319.71	2146.69
净利润(万元)	9812.77	16351.76	8273.57	14569.11
利润总额(万元)	11673.58	18553.62	9730.18	17214.91

上海康达化工新材料股份有限公司

公司概况					
公司名称	上海康达化工新材料股份有限公司			证券简称	康达新材
法人代表	陆企亭	董秘	储文斌	证券代码	002669
公司网址	www.shkdchem.com		电子信箱	kdxc@shkdchem.com	
电　　话	021-68918998-897 829		传　　真	021-68916616	
办公地址	上海市浦东新区庆达路 655 号				
经营范围	胶粘剂的研发、生产、销售和服务等				

主要财务指标：指标\报告期	2013.06.30	2012.12.31	2012.06.30	2011.12.31
基本每股收益(元)	0.1700	0.3500	0.1900	0.7900
基本每股收益(扣除)(元)	0.1700	0.3400	0.1800	0.7500
每股净资产(元)	5.3901	5.5314	5.3600	3.4000
每股经营现金净流量(元)	0.0345	0.0042	-0.1799	0.3110
每股现金流量(元)	-0.3158	2.0813	2.1400	0.1021
每股资本公积金(元)	3.2762	3.2762	3.2762	1.1580
每股盈余公积金(元)	0.1265	0.1265	0.0947	0.1262
每股未分配利润(元)	0.9874	1.1287	0.9925	1.1144
净资产收益率(%)	3.1303	5.8710	2.9200	23.2900
加权净资产收益率(%)	3.0000	7.2400	4.4600	26.3600
净资产收益率(扣除)(%)	-	-	-	-
总资产(万元)	62100.74	60534.62	56525.42	32221.99
归属母公司股东权益(万元)	53901.07	55313.78	53633.01	25489.25
主营业务收入(万元)	13437.50	24462.39	10757.42	29990.50
营业收入(万元)	13614.85	24692.22	10868.10	30325.26
主营成本(万元)	9163.83	16133.19	6970.17	19055.16
营业成本(万元)	9281.55	16275.55	7019.08	19324.77
投资收益(万元)	-	-	-	-
净利润(万元)	1687.29	3247.46	1566.69	5936.48
利润总额(万元)	2019.27	3801.46	1797.36	6853.93

广东华声电器股份有限公司

公司概况					
公司名称	广东华声电器股份有限公司			证券简称	华声股份
法人代表	罗桥胜	董秘	黄喜强	证券代码	002670
公司网址	www.wasung.com		电子信箱	zqb@wasung.com	
电　　话	0757-26680089		传　　真	0757-26680089	
办公地址	广东省佛山市顺德区容桂街道华口昌宝东路 13 号				
经营范围	生产经营电器连接线、电源线、电线电缆及相关材料				

主要财务指标：指标\报告期	2013.06.30	2012.12.31	2012.06.30	2011.12.31
基本每股收益(元)	0.2100	0.3600	0.2300	0.4800
基本每股收益(扣除)(元)	0.2100	0.3300	0.2200	0.4500
每股净资产(元)	3.7217	3.7622	3.6200	2.6100
每股经营现金净流量(元)	0.1532	0.6051	-0.4268	-0.4243
每股现金流量(元)	-0.2886	0.2516	0.6257	0.2024
每股资本公积金(元)	2.1454	2.1454	2.1454	0.9628
每股盈余公积金(元)	0.0738	0.0738	0.0455	0.0607
每股未分配利润(元)	0.5024	0.5429	0.4321	0.5913
净资产收益率(%)	5.6278	8.7122	5.2100	18.3530
加权净资产收益率(%)	5.4800	10.4400	7.2200	19.9300
净资产收益率(扣除)(%)	-	-	-	-
总资产(万元)	121110.61	109696.41	130246.11	104726.12
归属母公司股东权益(万元)	74433.02	75244.05	72461.33	39221.90
主营业务收入(万元)	71449.68	127431.93	67342.15	155009.83
营业收入(万元)	71454.64	127435.57	67343.21	155023.40
主营成本(万元)	61504.12	109592.32	57819.20	136595.24
营业成本(万元)	61508.25	109595.20	57819.89	136604.40
投资收益(万元)	-	-	-	-
净利润(万元)	4188.97	6555.39	3772.67	7198.57
利润总额(万元)	4928.20	7720.84	4835.59	8566.45

山东龙泉管道工程股份有限公司

公司概况					
公司名称	山东龙泉管道工程股份有限公司			证券简称	龙泉股份
法人代表	刘长杰	董秘	张宇	证券代码	002671
公司网址	www.lqpccp.com		电子信箱	longquangd@163.com	
电　　话	0533-4292288		传　　真	0533-4291123	
办公地址	山东省淄博市博山区西外环路 333 号				
经营范围	预应力钢筒混凝土管、预应力混凝土输水管、钢筋混凝土排水管制造、销售、安装等				

主要财务指标：指标\报告期	2013.06.30	2012.12.31	2012.06.30	2011.12.31
基本每股收益(元)	0.5900	0.9200	0.5400	1.0200
基本每股收益(扣除)(元)	0.5900	0.8900	0.5400	0.9700
每股净资产(元)	8.3040	8.0131	7.6200	2.9600
每股经营现金净流量(元)	0.9713	-0.2158	-0.7259	0.6332
每股现金流量(元)	1.0540	2.1556	4.0791	0.0530
每股资本公积金(元)	5.0162	5.0162	5.0162	0.4287
每股盈余公积金(元)	0.3789	0.2973	0.1906	0.2542
每股未分配利润(元)	1.9089	1.6995	1.4134	1.2812
净资产收益率(%)	7.1161	10.5504	5.9400	34.4520
加权净资产收益率(%)	7.1600	14.2300	11.0400	39.7300
净资产收益率(扣除)(%)	-	-	-	-
总资产(万元)	162602.59	121131.39	115630.91	51355.73
归属母公司股东权益(万元)	78364.72	75619.31	71912.81	20976.82
主营业务收入(万元)	36305.42	60646.45	30505.86	53660.86
营业收入(万元)	36387.00	61456.98	30913.57	54406.84
主营成本(万元)	22770.12	39355.66	19644.16	-
营业成本(万元)	22903.67	39952.22	20087.13	36648.09
投资收益(万元)	-	-	-	-
净利润(万元)	5576.51	7978.11	4271.62	7227.01
利润总额(万元)	7475.70	10729.00	5695.49	9623.65

东江环保股份有限公司

公司概况	公司名称	东江环保股份有限公司			证券简称	东江环保
	法人代表	张维仰	董秘	王恬	证券代码	002672
	公司网址	www.dongjiang.com.cn		电子信箱	ir@dongjiang.com.cn	
	电　话	0755-86676092		传　真	0755-86676002	
	办公地址	广东省深圳市南山区高新区北区朗山路9号东江环保大楼1楼、3楼、8楼北面、9-12楼				
	经营范围	废物的处置及综合利用(执照另行申办)、废水、废气等				

	指标\报告期	2013.06.30	2012.12.31	2012.06.30	2011.12.31
主要财务指标	基本每股收益(元)	0.5100	1.8800	0.6800	1.6200
	基本每股收益(扣除)(元)	0.5000	1.7500	1.0000	1.5600
	每股净资产(元)	9.5645	13.9200	13.9500	7.5400
	每股经营现金净流量(元)	0.4696	2.0720	1.0706	3.1937
	每股现金流量(元)	0.0923	5.1109	5.9413	0.5864
	每股资本公积金(元)	3.7896	6.1844	6.5607	–
	每股盈余公积金(元)	0.4113	0.6192	0.5556	0.5639
	每股未分配利润(元)	4.3666	6.1123	5.8413	5.9828
	净资产收益率(%)	5.3696	12.7365	6.7200	21.5280
	加权净资产收益率(%)	5.3900	15.3700	10.4200	24.1100
	净资产收益率(扣除)(%)	–	–	–	–
	总资产(万元)	315827.33	310960.60	305430.72	198371.61
	归属母公司股东权益(万元)	215885.79	209402.30	209985.53	94634.57
	主营业务收入(万元)	70815.50	152151.77	74038.54	150107.44
	营业收入(万元)	70815.50	152151.77	74038.54	150107.44
	主营成本(万元)	47262.74	95981.45	45878.52	97838.94
	营业成本(万元)	47262.74	95981.45	45878.52	97838.94
	投资收益(万元)	1094.59	1167.15	300.08	1053.18
	净利润(万元)	13055.47	29401.70	15441.97	21919.14
	利润总额(万元)	14550.09	33272.82	18048.38	25665.99

西部证券股份有限公司

公司概况	公司名称	西部证券股份有限公司			证券简称	西部证券
	法人代表	刘建武	董秘	王宝辉	证券代码	002673
	公司网址	www.westsecu.com		电子信箱	wangbh@xbmail.com.cn	
	电　话	029-87406171		传　真	029-87406409	
	办公地址	陕西省西安市东新街232号信托大厦16-17层				
	经营范围	证券经纪、证券投资咨询、与证券交易、证券投资活动相关的财务顾问				

	指标\报告期	2013.06.30	2012.12.31	2012.06.30	2011.12.31
主要财务指标	基本每股收益(元)	0.1500	0.1000	0.1000	0.2200
	基本每股收益(扣除)(元)	0.1500	0.1000	0.0900	0.2200
	每股净资产(元)	3.8500	3.7066	4.1500	3.1700
	每股经营现金净流量(元)	−0.6111	−0.6819	−0.7220	−2.6488
	每股现金流量(元)	−0.6904	0.2489	0.6741	−2.7211
	每股资本公积金(元)	1.2273	1.2295	1.2373	−0.0243
	每股盈余公积金(元)	0.3377	0.3377	0.3277	0.3933
	每股未分配利润(元)	0.6699	0.5248	0.9909	1.0869
	净资产收益率(%)	3.7700	2.6732	2.0500	7.0440
	加权净资产收益率(%)	3.8400	2.7300	2.6900	7.1000
	净资产收益率(扣除)(%)	–	–	–	–
	总资产(万元)	1149883.69	1052015.65	1096483.28	987471.02
	归属母公司股东权益(万元)	461926.71	444786.42	498049.15	315919.06
	主营业务收入(万元)	–	–	–	–
	营业收入(万元)	56568.28	79294.05	42343.50	103279.25
	主营成本(万元)	–	–	–	–
	营业成本(万元)	–	63466.05	3694.67	73086.57
	投资收益(万元)	11319.55	5203.74	3496.94	7331.43
	净利润(万元)	17425.14	11873.50	10216.26	22266.67
	利润总额(万元)	23470.38	16566.09	13891.49	30744.27

兴业皮革科技股份有限公司

公司概况	公司名称	兴业皮革科技股份有限公司			证券简称	兴业科技
	法人代表	吴华春	董秘	吴美莉	证券代码	002674
	公司网址	www.xingyeleather.com		电子信箱	wml@xingyeleather.com	
	电　话	0595-36798886		传　真	0595-36798885	
	办公地址	福建省晋江市安海第二工业区				
	经营范围	中高档牛头层鞋面革的开发、生产与销售				

	指标\报告期	2013.06.30	2012.12.31	2012.06.30	2011.12.31
主要财务指标	基本每股收益(元)	0.3470	0.6764	0.3524	0.6833
	基本每股收益(扣除)(元)	0.3478	0.6581	0.3535	0.6822
	每股净资产(元)	6.0037	5.8567	5.5298	3.2700
	每股经营现金净流量(元)	−1.4617	0.0364	−0.0413	0.5130
	每股现金流量(元)	−1.0271	2.2439	2.8973	−0.1048
	每股资本公积金(元)	2.9290	2.9290	2.9290	0.5031
	每股盈余公积金(元)	0.2309	0.2309	0.1704	0.2272
	每股未分配利润(元)	1.8439	1.6969	1.4304	1.5352
	净资产收益率(%)	5.7795	10.3463	5.0500	20.9250
	加权净资产收益率(%)	5.7900	13.8100	9.1300	22.4700
	净资产收益率(扣除)(%)	–	–	–	–
	总资产(万元)	200501.81	161953.62	163549.71	80260.92
	归属母公司股东权益(万元)	144088.42	140560.85	132714.03	58778.58
	主营业务收入(万元)	67969.33	154120.60	67717.02	127891.73
	营业收入(万元)	68038.62	154340.65	67802.24	128128.44
	主营成本(万元)	57027.76	132073.80	57189.62	109611.73
	营业成本(万元)	57027.76	132073.80	57189.62	109611.73
	投资收益(万元)	205.88	168.75	168.75	337.50
	净利润(万元)	8327.58	14542.90	6696.08	12299.30
	利润总额(万元)	9864.79	17098.71	7846.02	14416.39

烟台东诚生化股份有限公司

公司概况	公司名称	烟台东诚生化股份有限公司			证券简称	东诚生化
	法人代表	由守谊	董秘	白星华	证券代码	002675
	公司网址	www.dcb-group.com		电子信箱	stock@dcb-group.com	
	电　话	0535-6371119		传　真	0535-6371119	
	办公地址	山东省烟台市烟台经济技术开发区长白山路7号				
	经营范围	肝素钠原料药、硫酸软骨素的研发、生产与销售等				

	指标\报告期	2013.06.30	2012.12.31	2012.06.30	2011.12.31
主要财务指标	基本每股收益(元)	0.5500	1.0859	0.7600	1.5794
	基本每股收益(扣除)(元)	0.4300	1.0675	0.7600	1.5164
	每股净资产(元)	9.6919	9.4022	9.0300	3.7600
	每股经营现金净流量(元)	−0.1025	0.4124	−0.0234	1.7139
	每股现金流量(元)	−1.8942	4.5621	5.0838	0.7703
	每股资本公积金(元)	5.8133	5.8258	5.8258	0.2077
	每股盈余公积金(元)	0.4729	0.4729	0.3223	0.4297
	每股未分配利润(元)	2.4057	2.1034	1.8832	2.1184
	净资产收益率(%)	5.6976	10.3460	6.6600	42.0531
	加权净资产收益率(%)	5.7100	14.9600	15.4400	52.7200
	净资产收益率(扣除)(%)	–	–	–	–
	总资产(万元)	125250.57	108835.91	106544.90	45123.76
	归属母公司股东权益(万元)	104673.00	101543.77	97538.47	30422.11
	主营业务收入(万元)	39635.58	58729.32	30369.76	85697.75
	营业收入(万元)	39635.74	58775.38	30369.76	85757.30
	主营成本(万元)	30695.56	41294.02	20095.28	65589.12
	营业成本(万元)	30695.56	41349.69	20095.28	65615.76
	投资收益(万元)	−4.21	−7.15	−3.34	−4.36
	净利润(万元)	5986.81	10493.64	6496.62	12793.89
	利润总额(万元)	7120.33	12477.64	7703.90	15082.48

广东顺威精密塑料股份有限公司

公司概况	公司名称	广东顺威精密塑料股份有限公司		证券简称	顺威股份
	法人代表	麦仁钊	董秘 曹惠娟	证券代码	002676
	公司网址	www.sunwill.com.cn		电子信箱	sw002676@vip.163.com
	电　　话	0757-28385938		传　　真	0757-28385305
	办公地址	广东省佛山市顺德区高新区(容桂)科苑一路6号			
	经营范围	塑料空调风叶的生产和销售等			

主要财务指标	指标\报告期	2013.06.30	2012.12.31	2012.06.30	2011.12.31
	基本每股收益(元)	0.2600	0.4600	0.3800	0.8700
	基本每股收益(扣除)(元)	0.2500	0.3700	0.3600	0.8300
	每股净资产(元)	6.4281	6.2918	6.3800	3.3400
	每股经营现金净流量(元)	0.0505	0.2903	0.0758	0.6902
	每股现金流量(元)	-0.2965	1.8375	3.5872	0.1968
	每股资本公积金(元)	3.8796	3.8796	3.8796	0.7415
	每股盈余公积金(元)	0.2329	0.1979	0.1821	0.2136
	每股未分配利润(元)	1.3140	1.2147	1.3158	1.3869
	净资产收益率(%)	4.0336	6.5517	4.6700	25.9328
	加权净资产收益率(%)	4.0500	8.6800	9.1500	27.4300
	净资产收益率(扣除)(%)	-	-	-	-
	总资产(万元)	168392.68	154276.01	179521.50	102561.19
	归属母公司股东权益(万元)	102850.12	100668.36	102037.34	40092.20
	主营业务收入(万元)	67665.14	108472.48	62550.72	139661.33
	营业收入(万元)	68474.15	109549.06	63198.88	140387.95
	主营成本(万元)	54560.24	86878.66	49539.36	110159.73
	营业成本(万元)	55150.00	87456.74	49798.51	110807.62
	投资收益(万元)	6.50	6.00	6.00	4.50
	净利润(万元)	4278.55	6898.40	4921.05	10907.84
	利润总额(万元)	5139.00	8166.63	5653.47	13258.68

浙江美大实业股份有限公司

公司概况	公司名称	浙江美大实业股份有限公司		证券简称	浙江美大
	法人代表	夏志生	董秘 夏兰	证券代码	002677
	公司网址	www.meida.com		电子信箱	meida@meida.com
	电　　话	0573-87813679 87812298		传　　真	0573-87813990 87816161
	办公地址	浙江省海宁市袁花镇谈桥81号(海宁市东西大道60KM)			
	经营范围	集成灶产品的研发、生产和销售等			

主要财务指标	指标\报告期	2013.06.30	2012.12.31	2012.06.30	2011.12.31
	基本每股收益(元)	0.2000	0.4900	0.2400	0.5400
	基本每股收益(扣除)(元)	-	0.4700	0.2200	0.5000
	每股净资产(元)	4.2657	4.3100	4.0600	2.1900
	每股经营现金净流量(元)	-0.0995	0.5423	-0.2495	0.5298
	每股现金流量(元)	-2.9785	2.3269	1.8052	0.0310
	每股资本公积金(元)	2.3619	2.3619	2.3619	0.5071
	每股盈余公积金(元)	0.0924	0.0924	0.0610	0.0814
	每股未分配利润(元)	0.8115	0.8579	0.6372	0.5986
	净资产收益率(%)	4.7733	10.2095	4.6400	24.6381
	加权净资产收益率(%)	4.6100	13.9200	10.8500	27.9500
	净资产收益率(扣除)(%)	-	-	-	-
	总资产(万元)	93367.10	100226.59	87596.23	45992.81
	归属母公司股东权益(万元)	85314.27	86241.99	81201.74	32806.13
	主营业务收入(万元)	15467.23	36041.15	15237.29	34921.66
	营业收入(万元)	15562.56	36202.82	15369.75	35099.54
	主营成本(万元)	7104.67	17060.28	7292.04	16565.83
	营业成本(万元)	7199.99	17079.58	7397.51	16593.77
	投资收益(万元)	422.45	-	-	-
	净利润(万元)	4072.28	8804.86	3764.61	8082.80
	利润总额(万元)	4714.60	10536.81	4454.20	9654.61

广州珠江钢琴集团股份有限公司

公司概况	公司名称	广州珠江钢琴集团股份有限公司		证券简称	珠江钢琴
	法人代表	施少斌	董秘 杨伟华	证券代码	002678
	公司网址	www.pearlriverpiano.com		电子信箱	yang@pearlriverpiano.com
	电　　话	020-81514020		传　　真	020-81503515
	办公地址	广东省广州市荔湾区花地大道南渔尾西路			
	经营范围	公司集钢琴研发、生产、销售与服务为一体、倡导钢琴等			

主要财务指标	指标\报告期	2013.06.30	2012.12.31	2012.06.30	2011.12.31
	基本每股收益(元)	0.2200	0.4000	0.2000	0.3400
	基本每股收益(扣除)(元)	0.2100	0.3800	0.1900	0.3400
	每股净资产(元)	3.6816	3.4600	3.2600	2.1500
	每股经营现金净流量(元)	-0.1410	0.3008	0.0569	0.4096
	每股现金流量(元)	-0.1903	0.8106	1.1344	-0.1172
	每股资本公积金(元)	1.6735	1.6693	1.6689	0.5671
	每股盈余公积金(元)	0.1166	0.1166	0.0791	0.0880
	每股未分配利润(元)	0.9049	0.6865	0.5228	0.5055
	净资产收益率(%)	5.9309	11.0320	5.5400	15.7081
	加权净资产收益率(%)	6.1200	13.8200	8.3700	16.8600
	净资产收益率(扣除)(%)	-	-	-	-
	总资产(万元)	220122.41	199976.31	206243.23	137509.47
	归属母公司股东权益(万元)	175979.36	165425.10	155661.87	92307.00
	主营业务收入(万元)	69927.89	131441.24	61775.88	116347.50
	营业收入(万元)	70368.37	132285.31	62231.44	117279.34
	主营成本(万元)	47229.18	89700.03	41702.80	78531.70
	营业成本(万元)	47362.81	89744.97	41781.64	78703.95
	投资收益(万元)	15.06	63.03	2.92	5.00
	净利润(万元)	10447.73	18308.57	8652.67	14558.79
	利润总额(万元)	12337.24	21386.28	10231.92	17234.03

福建金森林业股份有限公司

公司概况	公司名称	福建金森林业股份有限公司		证券简称	福建金森
	法人代表	张锦文	董秘 应飚	证券代码	002679
	公司网址	www.jinsenforestry.com		电子信箱	jsly@jinsenforestry.com
	电　　话	0598-2261199 2327339		传　　真	0598-2261199
	办公地址	福建省三明市将乐县水南三华南路48号			
	经营范围	森林培育营造、森林保有管护、木材生产销售等			

主要财务指标	指标\报告期	2013.06.30	2012.12.31	2012.06.30	2011.12.31
	基本每股收益(元)	0.0300	0.4500	0.1200	0.4500
	基本每股收益(扣除)(元)	-	0.3700	0.0900	0.3700
	每股净资产(元)	4.4773	4.5590	4.2600	1.9700
	每股经营现金净流量(元)	-3.8392	-0.9643	-0.8190	0.1776
	每股现金流量(元)	-2.2598	2.4512	1.9819	-0.0151
	每股资本公积金(元)	2.4634	2.4634	2.4634	0.0413
	每股盈余公积金(元)	0.0482	0.0482	0.0146	0.0195
	每股未分配利润(元)	0.9657	1.0474	0.7763	0.9106
	净资产收益率(%)	0.6013	8.7320	2.1900	22.7607
	加权净资产收益率(%)	0.5900	13.1900	6.1300	25.6800
	净资产收益率(扣除)(%)	-	-	-	-
	总资产(万元)	119222.88	94098.92	80162.86	37807.26
	归属母公司股东权益(万元)	62091.40	63224.55	58999.53	20503.18
	主营业务收入(万元)	5296.53	14015.60	4467.53	11576.17
	营业收入(万元)	5713.43	15551.28	5291.71	12760.20
	主营成本(万元)	1330.73	3610.22	1004.58	2507.42
	营业成本(万元)	1389.39	4101.16	1428.88	2988.21
	投资收益(万元)	-	-	-	-
	净利润(万元)	370.18	5519.13	1292.00	4665.73
	利润总额(万元)	411.64	5533.45	1298.50	4786.66

连云港黄海机械股份有限公司

公司概况					
公司名称	连云港黄海机械股份有限公司			证券简称	黄海机械
法人代表	刘良文	董秘	王祥明	证券代码	002680
公司网址	www.hh-jx.com		电子信箱	hhjx@hh-jx.com	
电话	0518-85383039		传真	0518-85383039	
办公地址	江苏省连云港市海州开发区新建东路1号				
经营范围	岩土钻孔装备的研发、制造和销售				

主要财务指标：指标\报告期	2013.06.30	2012.12.31	2012.06.30	2011.12.31
基本每股收益(元)	0.2700	0.9600	0.7800	1.2100
基本每股收益(扣除)(元)	–	0.9500	0.7790	1.1700
每股净资产(元)	8.6514	8.5525	8.3100	3.7900
每股经营现金净流量(元)	0.2164	0.9318	–	0.7200
每股现金流量(元)	–0.2517	4.2642	–	0.4791
每股资本公积金(元)	5.6259	5.6259	5.6259	1.1110
每股盈余公积金(元)	0.2358	0.2358	0.1498	0.1998
每股未分配利润(元)	1.7838	1.6893	1.5364	1.4803
净资产收益率(%)	3.1727	10.0562	7.4700	31.9700
加权净资产收益率(%)	3.1600	14.2100	16.0700	38.0500
净资产收益率(扣除)(%)	–	–	–	–
总资产(万元)	78219.36	78599.29	76935.34	40553.97
归属母公司股东权益(万元)	69211.22	68419.76	66496.83	22746.43
主营业务收入(万元)	12834.76	36329.92	24677.03	39223.91
营业收入(万元)	12922.99	36369.75	24708.61	39512.77
主营成本(万元)	8885.79	23196.02	15723.04	25473.70
营业成本(万元)	8965.13	23233.48	15738.23	25528.47
投资收益(万元)	–	–	–	90.00
净利润(万元)	2195.89	6880.40	4969.21	7272.00
利润总额(万元)	2573.22	8022.61	5843.15	8635.30

深圳市奋达科技股份有限公司

公司概况					
公司名称	深圳市奋达科技股份有限公司			证券简称	奋达科技
法人代表	肖奋	董秘	谢玉平	证券代码	002681
公司网址	www.fenda.com		电子信箱	fdkj@fenda.com	
电话	0755-27483923 27353891		传真	0755-27486663	
办公地址	广东省深圳市宝安区石岩洲石路奋达科技园				
经营范围	家居及个人护理类小家电产品的研发、生产和销售				

主要财务指标：指标\报告期	2013.06.30	2012.12.31	2012.06.30	2011.12.31
基本每股收益(元)	0.3100	0.5600	0.3100	0.8400
基本每股收益(扣除)(元)	0.2900	0.5200	0.2900	0.6700
每股净资产(元)	6.0551	5.9470	5.6900	3.6700
每股经营现金净流量(元)	0.3399	0.7132	0.2051	0.2653
每股现金流量(元)	–0.7066	0.1786	2.4815	0.2438
每股资本公积金(元)	2.9451	2.9451	2.9451	0.4703
每股盈余公积金(元)	0.1961	0.1961	0.1341	0.1788
每股未分配利润(元)	1.9139	1.8058	1.6070	2.0174
净资产收益率(%)	5.0882	8.4865	4.2900	22.8923
加权净资产收益率(%)	5.0800	11.0100	7.2900	25.2300
净资产收益率(扣除)(%)	–	–	–	–
总资产(万元)	111667.10	105823.66	107115.60	64752.79
归属母公司股东权益(万元)	90826.38	89204.97	85294.36	41248.08
主营业务收入(万元)	41387.65	77653.37	35614.46	79419.38
营业收入(万元)	41846.82	78718.32	36150.89	80936.74
主营成本(万元)	30633.11	58161.14	27144.08	60219.42
营业成本(万元)	31037.68	59052.97	27602.43	61434.67
投资收益(万元)	217.21	243.45	143.49	206.22
净利润(万元)	4610.76	7530.42	3635.70	9388.94
利润总额(万元)	5510.71	8761.08	4270.40	10773.67

福建龙洲运输股份有限公司

公司概况					
公司名称	福建龙洲运输股份有限公司			证券简称	龙洲股份
法人代表	王跃荣	董秘	蓝能旺	证券代码	002682
公司网址	www.lzgf.cn		电子信箱	lzyszqb@163.com	
电话	0597-3100699		传真	0597-3100660	
办公地址	福建省龙岩市新罗区人民路龙津花园东塔楼5楼				
经营范围	县内班车客运、县际班车客运、市际班车客运、省际班车客运等				

主要财务指标：指标\报告期	2013.06.30	2012.12.31	2012.06.30	2011.12.31
基本每股收益(元)	0.1800	0.7700	0.2400	0.8900
基本每股收益(扣除)(元)	–	0.4000	0.2600	0.7300
每股净资产(元)	4.9630	6.4073	6.0200	4.1800
每股经营现金净流量(元)	0.1642	1.2374	0.2522	1.5942
每股现金流量(元)	–0.4266	2.2488	1.7423	0.2029
每股资本公积金(元)	1.4939	2.2421	2.3038	0.3139
每股盈余公积金(元)	0.2254	0.2931	0.2476	0.3301
每股未分配利润(元)	2.2194	2.8459	2.4473	2.9526
净资产收益率(%)	3.7088	10.5653	6.0000	34.2142
加权净资产收益率(%)	3.7200	13.6700	6.5000	41.2400
净资产收益率(扣除)(%)	–	–	–	–
总资产(万元)	279366.77	264561.61	217191.81	174777.12
归属母公司股东权益(万元)	103230.05	102516.35	96397.11	55320.61
主营业务收入(万元)	84014.62	145792.05	68411.70	124646.40
营业收入(万元)	94184.97	174002.39	78229.09	161953.44
主营成本(万元)	69952.92	116930.92	53329.21	93910.18
营业成本(万元)	78256.37	141410.37	61090.12	123176.69
投资收益(万元)	171.37	103.42	–295.89	14872.30
净利润(万元)	4909.06	13158.86	5043.94	21591.39
利润总额(万元)	6375.02	17873.17	7027.86	30190.46

广东宏大爆破股份有限公司

公司概况					
公司名称	广东宏大爆破股份有限公司			证券简称	宏大爆破
法人代表	郑炳旭	董秘	王永庆	证券代码	002683
公司网址	www.hdbp.com		电子信箱	hdbp@hdbp.com	
电话	020-38092888		传真	020-38092800	
办公地址	广东省广州市天河区珠江新城华夏路49号之二津滨腾越大厦北塔21层				
经营范围	矿山工程总承包、爆破与拆除工程、土石方工程、地基与基础工程等				

主要财务指标：指标\报告期	2013.06.30	2012.12.31	2012.06.30	2011.12.31
基本每股收益(元)	0.3000	0.4400	0.3600	0.7400
基本每股收益(扣除)(元)	0.2900	0.4200	0.3600	0.7200
每股净资产(元)	5.6445	5.5050	5.4100	2.5100
每股经营现金净流量(元)	–0.1588	–0.1267	–0.1756	0.9445
每股现金流量(元)	–0.1643	2.0922	2.8965	0.1098
每股资本公积金(元)	3.1571	3.1574	3.1576	0.1188
每股盈余公积金(元)	0.1463	0.1463	0.1157	0.1543
每股未分配利润(元)	1.2480	1.1712	1.1040	1.2141
净资产收益率(%)	5.2583	6.9275	5.2400	29.3903
加权净资产收益率(%)	5.2500	10.4100	11.1500	33.8400
净资产收益率(扣除)(%)	–	–	–	–
总资产(万元)	2[illegible]1085.96	206877.80	205841.59	119912.05
归属母公司股东权益(万元)	123591.99	120538.11	118561.20	41275.25
主营业务收入(万元)	102581.86	161268.34	87415.09	161322.80
营业收入(万元)	103173.89	162548.91	87904.99	161817.98
主营成本(万元)	79680.06	125613.64	67912.82	124222.07
营业成本(万元)	79811.96	126656.65	68684.47	124674.89
投资收益(万元)	12.27	43.06	21.56	108.15
净利润(万元)	7045.47	8625.44	6310.28	12305.77
利润总额(万元)	8202.38	10191.28	7432.09	14392.73

广东猛狮电源科技股份有限公司

公司概况	公司名称	广东猛狮电源科技股份有限公司			证券简称	猛狮科技
	法人代表	陈乐伍	董秘	赖其聪	证券代码	002684
	公司网址	www.dynavolt.net		电子信箱	msinfo@dynavolt.net	
	电　话	0754-86989570		传　真	0754-86989554	
	办公地址	广东省汕头市澄海区莲河西路(华富工业区猛狮蓄电池厂内1、2、4幢)				
	经营范围	主要从事各类铅蓄电池产品的研发、生产和销售等				

主要财务指标	指标\报告期	2013.06.30	2012.12.31	2012.06.30	2011.12.31
	基本每股收益(元)	-0.1200	0.9000	0.3000	1.0500
	基本每股收益(扣除)(元)	-0.1300	0.8200	0.5700	0.9600
	每股净资产(元)	9.6947	10.1009	9.7600	6.0400
	每股经营现金净流量(元)	-0.9475	-0.4578	-0.1077	1.9689
	每股现金流量(元)	-0.6105	0.2924	4.0023	0.8155
	每股资本公积金(元)	5.5137	5.5137	5.5137	1.3054
	每股盈余公积金(元)	0.3253	0.3253	0.2769	0.3695
	每股未分配利润(元)	2.8557	3.2619	2.9726	3.3676
	净资产收益率(%)	-2.5392	7.7865	4.6000	17.3296
	加权净资产收益率(%)	-2.4700	10.7500	9.4400	18.9700
	净资产收益率(扣除)(%)	-	-	-	-
	总资产(万元)	86946.06	75619.61	79239.52	48418.39
	归属母公司股东权益(万元)	51455.63	53611.42	51819.43	24034.67
	主营业务收入(万元)	14445.99	46559.99	26161.38	37404.01
	营业收入(万元)	14866.22	48465.42	27418.39	40293.59
	主营成本(万元)	11553.95	34518.71	19652.61	27669.34
	营业成本(万元)	11605.24	35339.78	20369.08	29378.65
	投资收益(万元)	-	-	-	-
	净利润(万元)	-1308.36	4174.46	2382.46	4165.11
	利润总额(万元)	-1650.83	4951.86	2916.39	4882.22

无锡华东重型机械股份有限公司

公司概况	公司名称	无锡华东重型机械股份有限公司			证券简称	华东重机
	法人代表	翁耀根	董秘	何艺舟	证券代码	002685
	公司网址	www.hdhm.com		电子信箱	securities@hdhm.com	
	电　话	0510-85627789 85628888		传　真	0510-85625595	
	办公地址	江苏省无锡市滨湖经济技术开发区华苑路12号				
	经营范围	主要从事轨道吊、岸桥等集装箱装卸设备研发、生产、安装与销售				

主要财务指标	指标\报告期	2013.06.30	2012.12.31	2012.06.30	2011.12.31
	基本每股收益(元)	0.0400	0.2600	0.0900	0.5200
	基本每股收益(扣除)(元)	0.0300	0.2400	0.0900	0.4900
	每股净资产(元)	3.9169	3.9239	3.7600	1.8800
	每股经营现金净流量(元)	-0.0736	-0.6196	-0.3688	0.3166
	每股现金流量(元)	-0.1821	1.1576	1.8629	-0.0968
	每股资本公积金(元)	2.1891	2.1891	2.1891	0.2109
	每股盈余公积金(元)	0.0727	0.0727	0.0502	0.0669
	每股未分配利润(元)	0.6432	0.6543	0.5159	0.6025
	净资产收益率(%)	0.9919	5.7327	1.7000	27.7928
	加权净资产收益率(%)	0.9800	8.4300	4.4400	32.2800
	净资产收益率(扣除)(%)	-	-	-	-
	总资产(万元)	97809.13	91850.07	96483.87	50582.49
	归属母公司股东权益(万元)	78338.54	78477.54	75104.50	28205.45
	主营业务收入(万元)	17233.20	40617.16	13272.05	49106.54
	营业收入(万元)	17383.55	42457.40	13449.84	49342.76
	主营成本(万元)	14498.27	30259.98	9649.86	32182.05
	营业成本(万元)	14547.56	30926.50	9688.23	32301.90
	投资收益(万元)	46.32	34.50	18.69	293.50
	净利润(万元)	777.04	4498.87	1280.05	7839.09
	利润总额(万元)	915.52	5531.27	1512.38	9187.44

浙江亿利达风机股份有限公司

公司概况	公司名称	浙江亿利达风机股份有限公司			证券简称	亿利达
	法人代表	章启忠	董秘	章冬友	证券代码	002686
	公司网址	www.yilida.com		电子信箱	db@yilida.com	
	电　话	0576-82655833		传　真	0576-82651228	
	办公地址	浙江省台州市路桥区横街镇亿利达路				
	经营范围	中央空调风机、建筑通风机及中央空调其他配件的设计、制造与销售等				

主要财务指标	指标\报告期	2013.06.30	2012.12.31	2012.06.30	2011.12.31
	基本每股收益(元)	0.2800	0.9300	0.4700	0.9100
	基本每股收益(扣除)(元)	-	0.8600	0.4600	0.9000
	每股净资产(元)	4.9410	7.1642	6.6900	3.8400
	每股经营现金净流量(元)	0.0971	0.6145	0.0315	0.8410
	每股现金流量(元)	-0.4326	2.9484	3.4410	-0.1194
	每股资本公积金(元)	2.6493	4.4739	4.4739	1.5152
	每股盈余公积金(元)	0.1175	0.1763	0.1126	0.1502
	每股未分配利润(元)	1.1743	1.5140	1.1048	1.1792
	净资产收益率(%)	5.6314	11.4045	5.2300	23.7300
	加权净资产收益率(%)	5.6800	16.4000	11.6900	26.1600
	净资产收益率(扣除)(%)	-	-	-	-
	总资产(万元)	92647.62	90404.85	86085.62	47553.32
	归属母公司股东权益(万元)	67200.71	64957.77	60670.82	26142.95
	主营业务收入(万元)	29536.73	55623.80	24343.79	54697.65
	营业收入(万元)	30023.17	56108.62	24588.23	55326.07
	主营成本(万元)	18916.48	36144.34	15980.64	-
	营业成本(万元)	19126.07	36302.98	16139.31	48079.76
	投资收益(万元)	-	-	-	-
	净利润(万元)	3918.75	7425.11	3181.27	6246.24
	利润总额(万元)	4862.49	9062.99	3879.03	7406.10

浙江乔治白服饰股份有限公司

公司概况	公司名称	浙江乔治白服饰股份有限公司			证券简称	乔治白
	法人代表	池方燃	董秘	苏忠	证券代码	002687
	公司网址	www.giuseppe.cn		电子信箱	info@giuseppe.cn	
	电　话	0577-63722222*105		传　真	0577-63726888	
	办公地址	浙江省温州市平阳县昆阳镇平瑞公路588号				
	经营范围	生产、批发、零售服装及饰品、以特许经营方式从事商业活动				

主要财务指标	指标\报告期	2013.06.30	2012.12.31	2012.06.30	2011.12.31
	基本每股收益(元)	0.2000	1.1300	0.3200	1.2700
	基本每股收益(扣除)(元)	0.1900	1.0900	0.6400	1.2400
	每股净资产(元)	4.7618	9.6293	4.9700	4.7000
	每股经营现金净流量(元)	0.0272	0.6363	-0.3893	1.2204
	每股现金流量(元)	-0.6064	3.0809	-0.3009	-0.0815
	每股资本公积金(元)	2.6433	6.2866	1.4886	1.4886
	每股盈余公积金(元)	0.2566	0.5133	0.5383	0.5383
	每股未分配利润(元)	0.8619	1.8294	1.9434	1.6737
	净资产收益率(%)	4.1402	10.0600	13.0700	27.1225
	加权净资产收益率(%)	4.0800	16.0000	13.4400	29.9800
	净资产收益率(扣除)(%)	-	-	-	-
	总资产(万元)	109442.81	113940.35	67668.63	61446.13
	归属母公司股东权益(万元)	93874.37	94916.27	36740.39	34746.38
	主营业务收入(万元)	29370.48	63894.75	32050.80	58772.92
	营业收入(万元)	29511.19	64097.85	32134.21	58970.89
	主营成本(万元)	15498.32	33645.98	17480.18	31541.10
	营业成本(万元)	15522.11	33693.55	17501.45	31588.67
	投资收益(万元)	-	-	-	-
	净利润(万元)	3886.60	9550.17	4802.97	9424.08
	利润总额(万元)	4705.87	11148.10	5752.19	11098.14

金河生物科技股份有限公司

公司概况	公司名称	金河生物科技股份有限公司			证券简称	金河生物
	法人代表	王东晓	董秘	邓一新	证券代码	002688
	公司网址	www.jinhe.com.cn		电子信箱	jinhe@jinhe.com.cn	
	电　话	0471-8524005		传　真	0471-8524039	
	办公地址	内蒙古自治区呼和浩特市托克托县新坪路 71 号				
	经营范围	药物饲料添加剂的生产和销售等				

	指标＼报告期	2013.06.30	2012.12.31	2012.06.30	2011.12.31
主要财务指标	基本每股收益(元)	0.4100	0.9628	0.6300	0.9475
	基本每股收益(扣除)(元)	0.4000	0.8772	0.4500	0.8974
	每股净资产(元)	7.8516	9.2900	3.3900	3.9500
	每股经营现金净流量(元)	0.7801	0.8153	0.4049	1.3048
	每股现金流量(元)	–0.4798	2.6222	–0.2191	0.3243
	每股资本公积金(元)	4.5716	4.5700	0.8361	0.8895
	每股盈余公积金(元)	0.2599	0.2599	0.3466	0.2307
	每股未分配利润(元)	2.0215	2.1083	2.8111	1.8304
	净资产收益率(%)	5.2628	10.3628	13.8700	24.0016
	加权净资产收益率(%)	5.1800	16.0800	14.7100	27.4000
	净资产收益率(扣除)(%)	–	–	–	–
	总资产(万元)	98899.47	100337.28	100337.28	67083.91
	归属母公司股东权益(万元)	85519.90	86440.43	86440.43	32249.81
	主营业务收入(万元)	33615.13	76930.95	34963.69	72069.04
	营业收入(万元)	33684.08	77040.51	34999.50	72072.65
	主营成本(万元)	21824.00	52167.69	22694.69	47872.97
	营业成本(万元)	21826.47	52178.30	22697.29	47876.95
	投资收益(万元)	–	–	–	–
	净利润(万元)	4529.25	8956.00	5210.57	7692.78
	利润总额(万元)	5275.59	10788.34	6124.56	9143.90

沈阳博林特电梯股份有限公司

公司概况	公司名称	沈阳博林特电梯股份有限公司			证券简称	博林特
	法人代表	康宝华	董秘	胡志勇	证券代码	002689
	公司网址	www.bltelevator.com		电子信箱	market@bltelevator.com	
	电　话	024-25162751 25162569		传　真	024-25162747 25162732	
	办公地址	辽宁省沈阳市沈阳经济技术开发区开发大路 27 号				
	经营范围	电梯、自动扶梯、自动人行道、立体车库及配件、永磁同步电机等				

	指标＼报告期	2013.06.30	2012.12.31	2012.06.30	2011.12.31
主要财务指标	基本每股收益(元)	0.1300	0.4700	0.1600	0.5300
	基本每股收益(扣除)(元)	0.0800	0.4100	0.1700	0.4600
	每股净资产(元)	3.0026	4.0354	2.5300	2.3300
	每股经营现金净流量(元)	–0.1408	0.5436	–0.1479	0.6053
	每股现金流量(元)	–0.6620	1.3792	–0.4156	–0.0233
	每股资本公积金(元)	1.5854	2.3610	0.9687	0.9687
	每股盈余公积金(元)	0.0540	0.0702	0.0543	0.0543
	每股未分配利润(元)	0.3571	0.5986	0.5074	0.3047
	净资产收益率(%)	4.2431	9.9018	8.0100	22.6553
	加权净资产收益率(%)	4.1200	14.6400	8.3400	25.5100
	净资产收益率(扣除)(%)	–	–	–	–
	总资产(万元)	245376.56	246932.22	185708.35	177506.35
	归属母公司股东权益(万元)	120957.71	125048.04	58837.47	54112.28
	主营业务收入(万元)	60111.92	148644.03	55233.38	134402.91
	营业收入(万元)	60257.33	151217.69	57315.51	148780.95
	主营成本(万元)	40010.32	105292.95	37530.54	92904.73
	营业成本(万元)	40068.72	107270.92	39252.22	105547.76
	投资收益(万元)	–475.45	164.54	50.07	–93.96
	净利润(万元)	5132.35	12382.05	4710.84	12259.31
	利润总额(万元)	6170.26	14053.44	5569.56	14583.75

合肥美亚光电技术股份有限公司

公司概况	公司名称	合肥美亚光电技术股份有限公司			证券简称	美亚光电
	法人代表	田明	董秘	徐鹏	证券代码	002690
	公司网址	www.chinameyer.com		电子信箱	my@hfmeiya.com	
	电　话	0551-5305898		传　真	0551-5305898	
	办公地址	安徽省合肥市高新技术产业开发区望江西路 668 号				
	经营范围	光电检测与分级专用设备及其应用软件研发、生产和销售等				

	指标＼报告期	2013.06.30	2012.12.31	2012.06.30	2011.12.31
主要财务指标	基本每股收益(元)	0.2700	0.9900	0.3300	0.8900
	基本每股收益(扣除)(元)	0.2500	0.8800	0.4200	0.9200
	每股净资产(元)	5.3344	6.8733	3.0800	2.6600
	每股经营现金净流量(元)	0.2092	0.7220	0.3263	0.9363
	每股现金流量(元)	0.3275	3.4675	0.1526	–0.0421
	每股资本公积金(元)	3.1344	4.3747	0.7941	0.7941
	每股盈余公积金(元)	0.2332	0.3031	0.1780	0.1780
	每股未分配利润(元)	0.9578	1.1881	1.1097	0.6865
	净资产收益率(%)	5.1482	12.2631	13.7336	33.2379
	加权净资产收益率(%)	5.0600	20.5900	14.7500	40.0300
	净资产收益率(扣除)(%)	–	–	–	–
	总资产(万元)	152129.51	151662.29	58094.73	51821.62
	归属母公司股东权益(万元)	138695.42	137466.61	46227.21	39878.54
	主营业务收入(万元)	23546.50	50868.58	23357.57	44192.92
	营业收入(万元)	23918.53	51812.24	23760.96	44981.70
	主营成本(万元)	10690.94	24624.86	11425.61	21571.61
	营业成本(万元)	10787.22	24896.74	17094.80	21787.63
	投资收益(万元)	641.10	171.34	–	178.45
	净利润(万元)	7140.31	16857.63	6348.67	13254.79
	利润总额(万元)	8387.67	19346.65	7377.99	15315.68

石家庄中煤装备制造股份有限公司

公司概况	公司名称	石家庄中煤装备制造股份有限公司			证券简称	石中装备
	法人代表	许三军	董秘	李国壁	证券代码	002691
	公司网址	www.sjzzm.com		电子信箱	lgb@sjzzm.com	
	电　话	0311-85323688		传　真	0311-85095068	
	办公地址	河北省石家庄市石家庄高新区黄河大道 89 号				
	经营范围	矿用采掘机械、矿用运输设备、矿用电器及仪表、风动设备、电动设备及配件等				

	指标＼报告期	2013.06.30	2012.12.31	2012.06.30	2011.12.31
主要财务指标	基本每股收益(元)	0.0900	0.4200	0.2300	0.3400
	基本每股收益(扣除)(元)	0.0700	0.4000	–	0.4400
	每股净资产(元)	3.8795	3.7915	2.5300	2.2900
	每股经营现金净流量(元)	–0.1422	0.0300	0.0263	–0.1309
	每股现金流量(元)	0.0534	0.0281	0.0406	–0.1064
	每股资本公积金(元)	2.2114	2.2114	1.0035	1.0035
	每股盈余公积金(元)	0.0577	0.0577	0.0320	0.0320
	每股未分配利润(元)	0.6093	0.5212	0.4924	0.2590
	净资产收益率(%)	2.3600	9.5133	9.2300	14.6810
	加权净资产收益率(%)	2.3900	13.8000	9.6800	17.2100
	净资产收益率(扣除)(%)	–	–	–	–
	总资产(万元)	89376.47	87595.06	48411.65	45711.63
	归属母公司股东权益(万元)	77589.10	75829.00	37917.84	34416.87
	主营业务收入(万元)	13195.50	36609.50	16109.96	31108.09
	营业收入(万元)	14742.87	39157.81	18663.93	31279.26
	主营成本(万元)	6040.69	16134.66	7056.58	13159.87
	营业成本(万元)	7630.07	18858.24	9833.12	13289.66
	投资收益(万元)	–	–	–	–
	净利润(万元)	1831.07	7213.83	3500.97	5052.74
	利润总额(万元)	2150.92	8525.65	4104.75	6088.28

远程电缆股份有限公司

公司概况	公司名称	远程电缆股份有限公司			证券简称	远程电缆
	法人代表	杨小明	董秘	孙新卫	证券代码	002692
	公司网址	www.yccable.cn		电子信箱	newyuancheng@yccable.cn	
	电　话	0510-80777896		传　真	0510-80777896	
	办公地址	江苏省宜兴市官林镇远程路 8 号				
	经营范围	电线电缆、通讯电缆、PVC 塑料粒子、电缆盘的制造、辐照线缆、铜材、铝材的制造、加工等				

	指标\报告期	2013.06.30	2012.12.31	2012.06.30	2011.12.31
主要财务指标	基本每股收益(元)	0.2100	0.8551	0.3000	0.8736
	基本每股收益(扣除)(元)	0.2100	0.8532	0.5400	0.8723
	每股净资产(元)	3.5307	6.2824	3.2600	2.7200
	每股经营现金净流量(元)	-0.3381	-0.3183	-1.1140	1.0213
	每股现金流量(元)	-0.6141	1.6811	0.0915	1.0864
	每股资本公积金(元)	1.6541	3.7773	0.6885	0.6885
	每股盈余公积金(元)	0.0836	0.1505	0.1033	0.1033
	每股未分配利润(元)	0.7930	1.3546	1.4705	0.9297
	净资产收益率(%)	5.8659	11.6259	16.5751	32.1004
	加权净资产收益率(%)	5.8500	18.8800	17.1600	38.2400
	净资产收益率(扣除)(%)	-	-	-	-
	总资产(万元)	191797.99	169574.62	136594.18	117652.22
	归属母公司股东权益(万元)	115251.68	113931.68	44366.52	37012.73
	主营业务收入(万元)	105589.21	229620.83	110011.47	206343.78
	营业收入(万元)	106846.85	229650.70	110011.47	206373.06
	主营成本(万元)	89747.49	195249.96	92470.34	176798.95
	营业成本(万元)	90872.08	195249.96	92470.34	176798.95
	投资收益(万元)	-	-	-	-
	净利润(万元)	6760.50	13245.59	7353.80	11881.23
	利润总额(万元)	7910.90	15451.18	8646.39	13927.81

海南双成药业股份有限公司

公司概况	公司名称	海南双成药业股份有限公司			证券简称	双成药业
	法人代表	王成栋	董秘	于晓风	证券代码	002693
	公司网址	www.shuangchengmed.com		电子信箱	yuxiaofeng@shuangchengmed.com	
	电　话	0898-68592978		传　真	0898-68592978	
	办公地址	海南省海口市秀英区兴国路 16 号				
	经营范围	化学合成多肽药物的研发、生产和销售等				

	指标\报告期	2013.06.30	2012.12.31	2012.06.30	2011.12.31
主要财务指标	基本每股收益(元)	0.1700	0.6800	0.3600	0.7800
	基本每股收益(扣除)(元)	0.1500	0.6200	-	0.7600
	每股净资产(元)	4.6363	7.0500	2.8900	2.5400
	每股经营现金净流量(元)	0.0446	0.6685	0.4312	0.7339
	每股现金流量(元)	-1.3283	3.4365	0.0815	-1.2916
	每股资本公积金(元)	2.8418	4.7627	0.5767	0.5767
	每股盈余公积金(元)	0.0855	0.1283	0.0958	0.0958
	每股未分配利润(元)	0.7089	1.1577	1.2197	0.8633
	净资产收益率(%)	3.6761	8.0391	12.3200	30.8512
	加权净资产收益率(%)	3.6500	15.2600	13.1300	36.4800
	净资产收益率(扣除)(%)	-	-	-	-
	总资产(万元)	87001.51	88665.12	29756.01	24805.76
	归属母公司股东权益(万元)	83452.70	84584.89	26030.47	22823.06
	主营业务收入(万元)	6828.53	12873.41	-	13329.31
	营业收入(万元)	6867.26	12966.41	6203.47	13350.33
	主营成本(万元)	2335.31	3709.42	-	3369.46
	营业成本(万元)	2341.85	3713.82	1677.66	3369.51
	投资收益(万元)	350.59	88.96	-	-
	净利润(万元)	3067.81	6799.86	3206.85	7041.19
	利润总额(万元)	3611.88	7995.08	3774.44	8001.69

顾地科技股份有限公司

公司概况	公司名称	顾地科技股份有限公司			证券简称	顾地科技
	法人代表	林超群	董秘	王宏林	证券代码	002694
	公司网址	www.goody.com.cn		电子信箱	goody@goody.com.cn	
	电　话	0711-3350050		传　真	0711-3350621	
	办公地址	湖北省鄂州市吴都大道 9 号				
	经营范围	专业从事塑料管道的研发、生产和销售等				

	指标\报告期	2013.06.30	2012.12.31	2012.06.30	2011.12.31
主要财务指标	基本每股收益(元)	0.3000	0.9400	0.5300	0.9400
	基本每股收益(扣除)(元)	0.2800	0.9100	0.5300	0.9300
	每股净资产(元)	5.7565	7.0445	4.8700	4.3400
	每股经营现金净流量(元)	0.0448	-0.1018	0.4830	1.0423
	每股现金流量(元)	-0.5165	1.8390	-0.1363	0.8637
	每股资本公积金(元)	3.0533	3.8640	1.4774	1.4774
	每股盈余公积金(元)	0.1496	0.1795	0.1478	0.1478
	每股未分配利润(元)	1.5536	2.0010	2.2457	1.7114
	净资产收益率(%)	5.2589	11.1600	10.9683	21.6794
	加权净资产收益率(%)	5.0900	16.9100	11.6000	24.3200
	净资产收益率(扣除)(%)	-	-	-	-
	总资产(万元)	193572.44	179557.50	134725.24	119364.10
	归属母公司股东权益(万元)	99471.52	101440.43	52604.92	46835.07
	主营业务收入(万元)	84468.43	150623.77	71610.43	137887.30
	营业收入(万元)	84941.32	150903.18	71779.55	138324.20
	主营成本(万元)	67277.05	115619.97	54989.66	109649.59
	营业成本(万元)	67553.64	115850.12	55135.60	110024.18
	投资收益(万元)	0.08	-	-	-
	净利润(万元)	5285.57	11413.03	5814.84	10214.63
	利润总额(万元)	6289.32	13809.66	6982.94	12068.43

江西煌上煌集团食品股份有限公司

公司概况	公司名称	江西煌上煌集团食品股份有限公司			证券简称	煌上煌
	法人代表	徐桂芬	董秘	曾细华	证券代码	002695
	公司网址	www.jxhsh.com.cn		电子信箱	hshspb@163.com	
	电　话	0791-85985546		传　真	0791-85950696	
	办公地址	江西省南昌市迎宾大道 1298 号				
	经营范围	酱卤肉制品及佐餐凉菜快捷消费食品的开发、生产和销售等				

	指标\报告期	2013.06.30	2012.12.31	2012.06.30	2011.12.31
主要财务指标	基本每股收益(元)	0.4100	0.9400	0.5100	0.8700
	基本每股收益(扣除)(元)	0.4100	0.9100	0.4900	0.8400
	每股净资产(元)	10.8143	10.6294	4.5300	4.0200
	每股经营现金净流量(元)	0.5423	0.6014	0.8691	0.7168
	每股现金流量(元)	-0.3809	5.8565	-0.0957	0.2102
	每股资本公积金(元)	7.3375	7.3375	1.0135	1.0135
	每股盈余公积金(元)	0.1857	0.1857	0.1816	0.1816
	每股未分配利润(元)	2.2910	2.1061	2.3326	1.8260
	净资产收益率(%)	3.7906	7.3977	11.1899	21.7106
	加权净资产收益率(%)	3.8000	13.8300	11.8500	24.3500
	净资产收益率(扣除)(%)	-	-	-	-
	总资产(万元)	143204.67	141316.47	58277.69	57949.03
	归属母公司股东权益(万元)	133963.64	131672.83	42060.70	37354.15
	主营业务收入(万元)	43929.87	86727.74	45323.91	86208.95
	营业收入(万元)	44886.40	88959.87	46535.59	88613.38
	主营成本(万元)	31137.11	63410.87	-	-
	营业成本(万元)	31422.02	63946.65	34169.27	67510.25
	投资收益(万元)	-	-	-	-
	净利润(万元)	5078.03	9740.72	4706.55	8109.81
	利润总额(万元)	6695.51	12552.35	6074.04	10746.85

百洋水产集团股份有限公司

公司概况	公司名称	百洋水产集团股份有限公司			证券简称	百洋股份
	法人代表	孙忠义	董秘	欧顺明	证券代码	002696
	公司网址	www.baiyang.com		电子信箱	baiyang@baiyang.com	
	电　　话	0771-3210585 3219992		传　　真	0771-3212021	
	办公地址	广西壮族自治区南宁市高新技术开发区创新西路16号				
	经营范围	冷冻罗非鱼产品的生产和销售等				

	指标\报告期	2013.06.30	2012.12.31	2012.06.30	2011.12.31
主要财务指标	基本每股收益(元)	0.1700	1.1500	0.4200	0.9800
	基本每股收益(扣除)(元)	–	1.0000	0.3600	0.8800
	每股净资产(元)	9.9249	10.0714	5.1800	4.7600
	每股经营现金净流量(元)	0.4112	0.5978	–0.1220	1.5051
	每股现金流量(元)	–0.2127	5.4478	–0.4950	0.3811
	每股资本公积金(元)	6.3555	6.3762	1.4513	1.4513
	每股盈余公积金(元)	0.0874	0.0874	0.0657	0.0657
	每股未分配利润(元)	2.4820	2.6078	2.6652	2.2454
	净资产收益率(%)	1.7553	9.5505	8.1007	20.6200
	加权净资产收益率(%)	1.7400	16.3100	8.4400	22.4800
	净资产收益率(扣除)(%)	–	–	–	–
	总资产(万元)	131501.18	123653.20	67639.60	64847.48
	归属母公司股东权益(万元)	87339.09	88628.59	34202.27	31431.64
	主营业务收入(万元)	49899.97	117075.15	–	–
	营业收入(万元)	49899.97	117078.38	42486.07	101289.77
	主营成本(万元)	44488.36	100768.12	–	–
	营业成本(万元)	44488.36	100768.38	36172.57	86998.19
	投资收益(万元)	–	4.45	4.45	26.46
	净利润(万元)	1453.66	8202.80	2684.57	6536.33
	利润总额(万元)	1538.15	8778.54	2894.04	7126.36

哈尔滨博实自动化股份有限公司

公司概况	公司名称	哈尔滨博实自动化股份有限公司			证券简称	博实股份
	法人代表	邓喜军	董秘	陈博	证券代码	002698
	公司网址	www.boshi.cn		电子信箱	ir@boshi.cn	
	电　　话	0451-84367021		传　　真	0451-84367022	
	办公地址	黑龙江省哈尔滨市开发区迎宾路集中区东湖街9号				
	经营范围	从事自动化设备的开发、生产、销售、调试、维修、技术服务、技术转让等				

	指标\报告期	2013.06.30	2012.12.31	2012.06.30	2011.12.31
主要财务指标	基本每股收益(元)	0.2800	0.4700	0.2700	0.4200
	基本每股收益(扣除)(元)	0.2700	0.4600	0.2700	0.4100
	每股净资产(元)	3.4344	3.2502	2.0300	1.7600
	每股经营现金净流量(元)	0.2631	–0.0396	–0.0648	0.2247
	每股现金流量(元)	–1.3415	0.9838	–0.1624	0.1847
	每股资本公积金(元)	1.1695	1.1695	0.0501	0.0501
	每股盈余公积金(元)	0.1109	0.1109	0.0772	0.0772
	每股未分配利润(元)	1.1446	0.9640	0.8993	0.6330
	净资产收益率(%)	8.1719	13.4536	13.1175	23.7510
	加权净资产收益率(%)	8.3100	20.7400	14.0600	27.0700
	净资产收益率(扣除)(%)	–	–	–	–
	总资产(万元)	176542.34	174990.00	120407.25	113282.53
	归属母公司股东权益(万元)	137718.56	130331.53	73063.62	63374.32
	主营业务收入(万元)	41668.49	74150.40	36574.90	59559.63
	营业收入(万元)	41671.02	74155.02	36575.87	59561.90
	主营成本(万元)	24413.05	42956.39	20249.08	31894.40
	营业成本(万元)	24413.05	42956.39	20249.08	31894.40
	投资收益(万元)	146.33	366.02	57.79	320.28
	净利润(万元)	11254.28	17534.23	9584.12	15052.03
	利润总额(万元)	12781.86	20539.72	10805.70	17392.24

成都红旗连锁股份有限公司

公司概况	公司名称	成都红旗连锁股份有限公司			证券简称	红旗连锁
	法人代表	曹世如	董秘	曹曾俊	证券代码	002697
	公司网址	www.hqls.com.cn		电子信箱	zj@hqls.com.cn	
	电　　话	028-87825762 87877333*859		传　　真	028-87825530	
	办公地址	四川省成都市高新区西区迪康大道7号				
	经营范围	便利超市的连锁经营等				

	指标\报告期	2013.06.30	2012.12.31	2012.06.30	2011.12.31
主要财务指标	基本每股收益(元)	0.5200	1.0400	0.6800	1.1400
	基本每股收益(扣除)(元)	0.5100	0.9500	0.6400	1.0500
	每股净资产(元)	8.7315	8.4331	4.8400	4.1600
	每股经营现金净流量(元)	0.7518	0.9443	0.4325	1.6782
	每股现金流量(元)	–0.7836	4.7907	0.2328	0.3726
	每股资本公积金(元)	5.2201	5.2201	1.3664	1.3664
	每股盈余公积金(元)	0.2898	0.2384	0.1926	0.1926
	每股未分配利润(元)	2.2216	1.9745	2.2778	1.6014
	净资产收益率(%)	5.9031	10.2863	13.9800	27.3400
	加权净资产收益率(%)	5.9300	17.2300	15.0400	31.4800
	净资产收益率(扣除)(%)	–	–	–	–
	总资产(万元)	273839.09	265142.70	155919.26	154519.98
	归属母公司股东权益(万元)	174629.84	168661.18	72551.49	62405.55
	主营业务收入(万元)	201202.05	362019.94	179235.01	319918.75
	营业收入(万元)	218165.87	390515.30	192771.25	344796.23
	主营成本(万元)	159133.55	288500.99	142953.46	260036.61
	营业成本(万元)	159133.55	288500.99	142953.46	260036.61
	投资收益(万元)	94.52	83.53	–	–
	净利润(万元)	10308.66	17349.04	10145.94	17061.32
	利润总额(万元)	12133.50	20412.99	11949.81	20107.83

美盛文化创意股份有限公司

公司概况	公司名称	美盛文化创意股份有限公司			证券简称	美盛文化
	法人代表	赵小强	董秘	郭瑞	证券代码	002699
	公司网址	www.chinarising.com.cn		电子信箱	office@chinarising.com.cn	
	电　　话	0575-86226885		传　　真	0575-86228588	
	办公地址	浙江省绍兴市新昌县省级高新技术园区内(南岩)				
	经营范围	动漫衍生产品设计开发、动漫饰品、节日礼品及工艺品开发设计、生产和销售等				

	指标\报告期	2013.06.30	2012.12.31	2012.06.30	2011.12.31
主要财务指标	基本每股收益(元)	0.1400	0.6500	0.1300	0.6900
	基本每股收益(扣除)(元)	–	0.4900	0.1300	0.6700
	每股净资产(元)	6.5875	6.9500	2.6300	2.4900
	每股经营现金净流量(元)	–0.2604	0.6949	–0.0756	0.6379
	每股现金流量(元)	–0.7446	0.9220	–0.0165	–0.1070
	每股资本公积金(元)	4.4065	4.4065	0.1318	0.1318
	每股盈余公积金(元)	0.1581	0.1581	0.1388	0.1388
	每股未分配利润(元)	1.0229	1.3854	1.3545	1.2226
	净资产收益率(%)	2.0879	7.5430	5.0269	27.6730
	加权净资产收益率(%)	2.0300	16.0400	5.1600	32.3500
	净资产收益率(扣除)(%)	–	–	–	–
	总资产(万元)	67967.09	68237.06	28252.41	21615.47
	归属母公司股东权益(万元)	61593.25	64982.26	18376.30	17452.55
	主营业务收入(万元)	7500.64	20387.60	6883.69	21425.03
	营业收入(万元)	7550.68	20504.93	6896.26	21747.14
	主营成本(万元)	4862.76	12370.61	4105.03	11899.19
	营业成本(万元)	4871.33	12447.93	4107.41	12069.21
	投资收益(万元)	17.18	–32.29	4.85	292.60
	净利润(万元)	1278.65	4901.58	923.75	4829.64
	利润总额(万元)	1745.98	6650.44	1315.45	6680.23

新疆浩源天然气股份有限公司

公司概况	公司名称	新疆浩源天然气股份有限公司			证券简称	新疆浩源
	法人代表	周举东	董秘	吐尔洪·艾麦尔	证券代码	002700
	公司网址	www.hytrq.com			电子信箱	hytrq_tuerhong@163.com
	电　　话	0997-6888585			传　　真	0997-2285202 6888585
	办公地址	新疆维吾尔自治区阿克苏市英阿瓦提路2号				
	经营范围	天然气的运输(含管道运输)、加工、销售与服务业务等				

	指标\报告期	2013.06.30	2012.12.31	2012.06.30	2011.12.31
主要财务指标	基本每股收益(元)	0.5600	1.0900	0.5200	0.8800
	基本每股收益(扣除)(元)	–	1.0700	–	–
	每股净资产(元)	8.4255	8.0086	3.2400	2.6900
	每股经营现金净流量(元)	0.6768	1.1298	0.4777	1.6428
	每股现金流量(元)	2.9948	0.5602	–0.2450	0.6862
	每股资本公积金(元)	5.0839	5.0839	0.3137	0.3137
	每股盈余公积金(元)	0.1854	0.1854	0.1294	0.1294
	每股未分配利润(元)	2.0743	1.6686	1.6886	1.1648
	净资产收益率(%)	6.5954	11.0303	16.1751	32.8461
	加权净资产收益率(%)	6.7200	23.6300	17.7500	39.7800
	净资产收益率(扣除)(%)	–	–	–	–
	总资产(万元)	71469.62	68132.21	36379.95	35059.08
	归属母公司股东权益(万元)	61790.86	58733.68	17810.09	14790.20
	主营业务收入(万元)	12748.27	–	10196.60	18194.60
	营业收入(万元)	12752.21	23827.30	10198.30	18251.62
	主营成本(万元)	6503.69	–	4970.78	–
	营业成本(万元)	6503.69	11485.40	4970.78	9458.65
	投资收益(万元)	–	–	–	–
	净利润(万元)	4075.37	6478.51	2880.81	4858.00
	利润总额(万元)	4800.13	7742.87	3461.78	5718.45

奥瑞金包装股份有限公司

公司概况	公司名称	奥瑞金包装股份有限公司			证券简称	奥瑞金
	法人代表	周云杰	董秘	高树军	证券代码	002701
	公司网址	www.orgpackaging.com			电子信箱	zqb@orgpackaging.com
	电　　话	010-85211915			传　　真	010-85289512
	办公地址	北京市怀柔区雁栖工业开发区				
	经营范围	食品饮料金属包装产品的研发、设计、生产和销售等				

	指标\报告期	2013.06.30	2012.12.31	2012.06.30	2011.12.31
主要财务指标	基本每股收益(元)	1.0000	1.6200	0.9000	1.3800
	基本每股收益(扣除)(元)	0.6900	1.0100	0.6100	0.8700
	每股净资产(元)	9.7023	9.6804	5.2400	4.3300
	每股经营现金净流量(元)	0.1657	1.3542	1.3499	–0.3879
	每股现金流量(元)	–1.6117	4.4655	1.1808	–0.5630
	每股资本公积金(元)	5.6209	5.6209	1.0104	1.0104
	每股盈余公积金(元)	0.1891	0.1891	0.1095	0.1095
	每股未分配利润(元)	2.8947	2.8729	3.1105	2.2128
	净资产收益率(%)	10.3251	13.6383	17.1739	31.8557
	加权净资产收益率(%)	10.0000	25.4600	18.7900	37.1700
	净资产收益率(扣除)(%)	–	–	–	–
	总资产(万元)	510863.46	477339.23	333992.89	277811.37
	归属母公司股东权益(万元)	297539.62	296867.93	120219.82	99565.72
	主营业务收入(万元)	218826.92	339940.75	154478.00	280324.00
	营业收入(万元)	224236.22	350643.28	157846.21	284092.56
	主营成本(万元)	154493.29	251076.14	112208.00	211716.00
	营业成本(万元)	159911.32	261260.66	115471.52	215261.71
	投资收益(万元)	–	2.50	–	81.30
	净利润(万元)	30678.05	40373.92	20607.61	31576.08
	利润总额(万元)	39600.59	51572.32	25858.22	39349.30

海欣食品股份有限公司

公司概况	公司名称	海欣食品股份有限公司			证券简称	海欣食品
	法人代表	滕用雄	董秘	林天山	证券代码	002702
	公司网址	www.tengxinfoods.com.cn			电子信箱	zqb@tengxinfoods.com.cn
	电　　话	0591-88202235			传　　真	0591-88202231
	办公地址	福建省福州市仓山区金山工业集中区建新北路150号				
	经营范围	冷冻(藏)食品、生产:速冻面米食品、速冻肉制品、速冻鱼糜制品等				

	指标\报告期	2013.06.30	2012.12.31	2012.06.30	2011.12.31
主要财务指标	基本每股收益(元)	0.1170	1.1460	0.5300	1.0000
	基本每股收益(扣除)(元)	0.1070	1.1200	0.5200	0.9700
	每股净资产(元)	5.5164	11.0794	5.1700	4.7400
	每股经营现金净流量(元)	–0.3743	0.9212	0.8447	0.4182
	每股现金流量(元)	–0.6802	6.6133	–0.0004	–0.0430
	每股资本公积金(元)	2.8797	6.7595	0.4489	0.4489
	每股盈余公积金(元)	0.1691	0.3383	0.3357	0.3357
	每股未分配利润(元)	1.4675	2.9817	3.3808	2.9510
	净资产收益率(%)	2.1153	8.4000	10.2571	21.1884
	加权净资产收益率(%)	2.1000	16.5300	10.6700	23.5100
	净资产收益率(扣除)(%)	–	–	–	–
	总资产(万元)	90037.14	96058.35	34813.31	41419.28
	归属母公司股东权益(万元)	78002.03	78331.63	27377.11	25099.02
	主营业务收入(万元)	33729.51	73619.07	32348.61	65633.76
	营业收入(万元)	33759.33	73778.44	32401.66	65832.78
	主营成本(万元)	22690.24	47861.44	21237.19	45587.90
	营业成本(万元)	22713.21	47925.40	29018.40	45634.04
	投资收益(万元)	–	–	–	–
	净利润(万元)	1649.99	6582.62	2808.10	5318.08
	利润总额(万元)	2289.99	7876.36	3441.61	6427.52

浙江世宝股份有限公司

公司概况	公司名称	浙江世宝股份有限公司			证券简称	浙江世宝
	法人代表	张世权	董秘	刘晓平	证券代码	002703
	公司网址	www.zjshibao.com			电子信箱	ir@zjshibao.com
	电　　话	0571-28025692			传　　真	0571-28025691
	办公地址	浙江省义乌市佛堂镇双林路1号				
	经营范围	汽车零部件制造,销售,金属材料,机电产品,电子产品的销售				

	指标\报告期	2013.06.30	2012.12.31	2012.06.30	2011.12.31
主要财务指标	基本每股收益(元)	0.1300	0.2700	0.1900	0.4300
	基本每股收益(扣除)(元)	0.0800	0.2100	0.1800	0.3800
	每股净资产(元)	2.6276	2.5821	2.6000	2.4400
	每股经营现金净流量(元)	0.0498	0.0656	0.0681	0.1712
	每股现金流量(元)	–0.0795	0.1299	–0.0363	–0.0313
	每股资本公积金(元)	0.1523	0.1523	0.1050	0.1050
	每股盈余公积金(元)	0.3935	0.3861	0.3887	0.3620
	每股未分配利润(元)	1.0818	1.0436	1.0379	0.9748
	净资产收益率(%)	4.7762	10.0604	7.4968	17.5986
	加权净资产收益率(%)	4.7500	10.8100	7.5300	18.9800
	净资产收益率(扣除)(%)	–	–	–	–
	总资产(万元)	130741.77	118223.80	107251.15	105135.18
	归属母公司股东权益(万元)	72957.50	71694.18	66495.30	64136.86
	主营业务收入(万元)	31155.62	54484.59	30978.45	62342.31
	营业收入(万元)	31374.98	54838.47	31165.48	62591.71
	主营成本(万元)	22771.49	37924.44	20787.14	40365.95
	营业成本(万元)	22822.77	37980.27	20815.78	40388.71
	投资收益(万元)	1065.41	–232.03	–58.04	–12.77
	净利润(万元)	3341.45	6889.50	4817.58	11064.80
	利润总额(万元)	3763.58	7949.65	5815.84	12589.45

青岛特锐德电气股份有限公司

公司概况	公司名称	青岛特锐德电气股份有限公司			证券简称	特锐德
	法人代表	于德翔	董秘	刘甲坤	证券代码	300001
	公司网址	www.qdtgood.com		电子信箱	ir@qdtgood.com	
	电　话	0532-80938126		传　真	0532-89083388	
	办公地址	山东省青岛市崂山区松岭路 336 号				
	经营范围	设计、制造 220kv 及以下的变配电一二次产品以及提供相应技术服务等				

	指标\报告期	2013.06.30	2012.12.31	2012.06.30	2011.12.31
主要财务指标	基本每股收益(元)	0.2500	0.4000	0.1800	0.5200
	基本每股收益(扣除)(元)	–	0.3600	0.1750	0.5000
	每股净资产(元)	6.0604	5.9100	5.6900	5.7100
	每股经营现金净流量(元)	–0.1699	0.0765	–0.2681	–0.0995
	每股现金流量(元)	–0.5529	–0.3441	–0.6002	–1.1971
	每股资本公积金(元)	3.5415	3.5415	3.5415	3.5415
	每股盈余公积金(元)	0.1907	0.1907	0.1507	0.1507
	每股未分配利润(元)	1.3282	1.1798	0.9958	1.0188
	净资产收益率(%)	4.0980	6.6900	3.0700	9.4600
	加权净资产收益率(%)	4.1100	6.6900	3.0700	9.4600
	净资产收益率(扣除)(%)	–	–	–	–
	总资产(万元)	179739.13	147336.50	138203.46	137037.05
	归属母公司股东权益(万元)	121450.60	118477.50	113986.54	114447.97
	主营业务收入(万元)	46572.30	65804.51	28122.48	63697.66
	营业收入(万元)	46876.97	66393.10	28300.16	64204.54
	主营成本(万元)	31353.32	43797.38	18901.86	42088.65
	营业成本(万元)	31477.47	43988.99	18954.70	42313.06
	投资收益(万元)	–	–	–	–
	净利润(万元)	5677.44	8037.54	3546.57	10488.30
	利润总额(万元)	6463.98	9573.97	4150.93	12410.54

北京神州泰岳软件股份有限公司

公司概况	公司名称	北京神州泰岳软件股份有限公司			证券简称	神州泰岳
	法人代表	王宁	董秘	黄松浪	证券代码	300002
	公司网址	www.ultrapower.com.cn		电子信箱	irm@ultrapower.com.cn	
	电　话	010-58847555		传　真	010-58847583	
	办公地址	北京市朝阳区北苑路甲 13 号院 1 号楼 22 层				
	经营范围	集中于运维管理领域、互联网领域等				

	指标\报告期	2013.06.30	2012.12.31	2012.06.30	2011.12.31
主要财务指标	基本每股收益(元)	0.4380	1.1300	0.3641	0.9300
	基本每股收益(扣除)(元)	–	1.0900	0.5600	0.9100
	每股净资产(元)	5.4027	8.3268	7.7500	7.4685
	每股经营现金净流量(元)	–0.2160	0.5974	0.0160	0.5650
	每股现金流量(元)	–0.5200	0.0272	–0.3986	–0.8234
	每股资本公积金(元)	2.1826	4.0756	4.0129	4.0129
	每股盈余公积金(元)	0.1666	0.2666	0.2087	0.2087
	每股未分配利润(元)	2.0535	2.9847	2.5296	2.2471
	净资产收益率(%)	8.1075	13.4400	7.5157	12.4712
	加权净资产收益率(%)	8.1300	14.3600	7.5600	13.2200
	净资产收益率(扣除)(%)	–	–	–	–
	总资产(万元)	368400.75	351695.40	328743.95	327183.98
	归属母公司股东权益(万元)	331407.82	319237.37	293922.23	283207.08
	主营业务收入(万元)	94450.39	139100.27	67091.88	114586.49
	营业收入(万元)	95558.56	140951.29	68001.68	115725.81
	主营成本(万元)	36570.74	49154.97	21007.99	37192.61
	营业成本(万元)	36774.81	49568.64	21212.06	37695.11
	投资收益(万元)	387.47	1027.40	314.93	2981.97
	净利润(万元)	26745.48	42690.92	22010.49	35119.65
	利润总额(万元)	31974.04	44510.45	27937.28	38418.91

乐普(北京)医疗器械股份有限公司

公司概况	公司名称	乐普(北京)医疗器械股份有限公司			证券简称	乐普医疗
	法人代表	孙建科	董秘	王建辉	证券代码	300003
	公司网址	www.lepumedical.com		电子信箱	zqb@lepumedical.com	
	电　话	010-80123962 80120622 80120666		传　真	010-80123959 80120776	
	办公地址	北京市昌平区超前路 37 号 3 号楼				
	经营范围	医疗器械及其配件的技术开发、生产、销售自产产品、提供自产产品的技术咨询服务等				

	指标\报告期	2013.06.30	2012.12.31	2012.06.30	2011.12.31
主要财务指标	基本每股收益(元)	0.2309	0.4966	0.2916	0.5827
	基本每股收益(扣除)(元)	0.2283	0.4826	0.2864	0.5800
	每股净资产(元)	3.2665	3.2169	3.0100	2.8800
	每股经营现金净流量(元)	0.1516	0.3263	0.1305	0.3586
	每股现金流量(元)	–0.3619	–0.0091	–0.0766	–0.1206
	每股资本公积金(元)	0.9271	0.9271	0.9257	0.9120
	每股盈余公积金(元)	0.1998	0.1998	0.1538	0.1538
	每股未分配利润(元)	1.1394	1.0885	0.9295	0.8179
	净资产收益率(%)	7.0699	15.4400	9.7000	20.2100
	加权净资产收益率(%)	6.9800	16.4200	9.7800	21.8100
	净资产收益率(扣除)(%)	–	–	–	–
	总资产(万元)	283419.90	275019.32	258189.54	244282.44
	归属母公司股东权益(万元)	265237.49	261215.22	244180.89	234152.69
	主营业务收入(万元)	60552.36	101592.01	50669.21	91984.62
	营业收入(万元)	60552.36	101592.01	50669.21	91984.62
	主营成本(万元)	17717.04	21203.26	8536.31	16064.21
	营业成本(万元)	17717.04	21203.26	8536.31	16064.21
	投资收益(万元)	–20.04	361.35	227.05	465.37
	净利润(万元)	18647.58	40332.70	23679.86	47315.77
	利润总额(万元)	21984.92	47983.02	27856.91	54300.30

南方风机股份有限公司

公司概况	公司名称	南方风机股份有限公司			证券简称	南风股份
	法人代表	杨子善	董秘	周晖	证券代码	300004
	公司网址	www.ntfan.com		电子信箱	investors@ntfan.com	
	电　话	0757-81006199		传　真	0757-81006190	
	办公地址	广东省佛山市南海区狮山大道				
	经营范围	通风与空气处理系统设计和产品开发、制造与销售等				

	指标\报告期	2013.06.30	2012.12.31	2012.06.30	2011.12.31
主要财务指标	基本每股收益(元)	0.1600	0.2200	0.1300	0.4300
	基本每股收益(扣除)(元)	0.1500	0.2100	0.1300	0.4300
	每股净资产(元)	4.5600	4.5000	4.4700	4.3800
	每股经营现金净流量(元)	0.0988	0.2375	0.5307	–0.4569
	每股现金流量(元)	–0.0675	–0.3004	0.4257	–0.5700
	每股资本公积金(元)	2.3346	2.3346	2.3852	2.3346
	每股盈余公积金(元)	0.1407	0.1407	0.1186	0.1186
	每股未分配利润(元)	1.0800	1.0247	0.9639	0.9306
	净资产收益率(%)	3.4107	4.8100	2.9800	9.9030
	加权净资产收益率(%)	3.3900	4.8600	3.0000	10.4900
	净资产收益率(扣除)(%)	–	–	–	–
	总资产(万元)	108256.53	108837.79	112006.15	108821.94
	归属母公司股东权益(万元)	85641.72	84600.70	83992.41	82415.35
	主营业务收入(万元)	17587.57	34731.66	16046.32	44865.56
	营业收入(万元)	17587.57	34731.66	16046.32	44865.56
	主营成本(万元)	11198.28	21762.03	9906.47	28390.11
	营业成本(万元)	11198.28	21762.03	9906.47	28390.11
	投资收益(万元)	–	–	–	–
	净利润(万元)	2859.29	3969.22	2471.85	8127.06
	利润总额(万元)	3386.09	4773.16	2997.08	9797.35

北京探路者户外用品股份有限公司

公司概况	公司名称	北京探路者户外用品股份有限公司			证券简称	探路者
	法人代表	盛发强	董秘	张成	证券代码	300005
	公司网址	www.toread.com.cn		电子信箱	zhang.cheng@toread.com.cn	
	电　话	010-81788188		传　真	010-81788593 81786239	
	办公地址	北京市海淀区知春路6号锦秋国际大厦A座21层				
	经营范围	户外用品研发设计、组织外包生产、销售等				

	指标\报告期	2013.06.30	2012.12.31	2012.06.30	2011.12.31
主要财务指标	基本每股收益(元)	0.2283	0.4813	0.1414	0.3076
	基本每股收益(扣除)(元)	0.2164	0.4754	0.1700	0.3046
	每股净资产(元)	2.0321	2.2714	1.8800	2.2600
	每股经营现金净流量(元)	-0.3355	0.6371	-0.0875	0.4831
	每股现金流量(元)	-0.3999	0.6307	-0.1276	-0.0535
	每股资本公积金(元)	0.3002	0.3170	0.2308	0.5348
	每股盈余公积金(元)	0.0994	0.1193	0.0675	0.0878
	每股未分配利润(元)	0.6325	0.8351	0.5843	0.6385
	净资产收益率(%)	11.2349	21.0600	9.0100	17.6820
	加权净资产收益率(%)	11.3900	24.1500	9.3400	19.4800
	净资产收益率(扣除)(%)	-	-	-	-
	总资产(万元)	103337.92	108644.32	77698.31	84543.41
	归属母公司股东权益(万元)	85998.50	80101.77	65742.30	60598.20
	主营业务收入(万元)	51228.21	110082.09	37734.98	75138.29
	营业收入(万元)	51400.68	110553.10	37994.08	75370.36
	主营成本(万元)	26143.68	53523.75	18393.27	39282.17
	营业成本(万元)	26335.68	54236.91	18691.34	39547.71
	投资收益(万元)	-	-	-	-
	净利润(万元)	9634.82	16830.42	5921.92	10715.18
	利润总额(万元)	11530.14	19537.61	8424.89	12467.22

重庆莱美药业股份有限公司

公司概况	公司名称	重庆莱美药业股份有限公司			证券简称	莱美药业
	法人代表	邱宇	董秘	冷雪峰	证券代码	300006
	公司网址	www.cqlummy.com		电子信箱	cqlm@cqlummy.com	
	电　话	023-67300382 67300368		传　真	023-67300381	
	办公地址	重庆市北部新区杨柳路2号黄山大道中段重庆应用技术研究院B栋15楼				
	经营范围	生产、销售(限本企业自产)大容量注射剂(含抗肿瘤药)、小容量注射剂等				

	指标\报告期	2013.06.30	2012.12.31	2012.06.30	2011.12.31
主要财务指标	基本每股收益(元)	0.2000	0.2900	0.1800	0.4000
	基本每股收益(扣除)(元)	0.1100	0.2500	0.1700	0.3000
	每股净资产(元)	3.7091	3.6055	3.5000	3.4100
	每股经营现金净流量(元)	0.0432	0.0994	0.0475	0.0648
	每股现金流量(元)	1.0791	0.0270	0.6156	-0.2917
	每股资本公积金(元)	1.4398	1.4398	1.4398	1.4398
	每股盈余公积金(元)	0.1288	0.1288	0.1049	0.1049
	每股未分配利润(元)	1.1406	1.0369	0.9517	0.8673
	净资产收益率(%)	5.4906	8.1400	5.0400	11.7060
	加权净资产收益率(%)	5.5200	8.3700	5.2900	12.3500
	净资产收益率(扣除)(%)	-	-	-	-
	总资产(万元)	204483.55	142372.05	137433.99	108098.50
	归属母公司股东权益(万元)	67876.85	65980.02	63982.32	62438.81
	主营业务收入(万元)	35592.30	63030.60	32482.60	53324.23
	营业收入(万元)	35675.93	63146.14	32581.45	53409.45
	主营成本(万元)	21930.56	37849.32	19818.29	33390.83
	营业成本(万元)	21982.34	37920.62	19890.02	33421.99
	投资收益(万元)	-	-	-	-
	净利润(万元)	3764.87	5513.09	3466.64	7464.90
	利润总额(万元)	4389.13	6327.96	3925.91	8694.95

河南汉威电子股份有限公司

公司概况	公司名称	河南汉威电子股份有限公司			证券简称	汉威电子
	法人代表	任红军	董秘	刘瑞玲	证券代码	300007
	公司网址	www.hwsensor.com		电子信箱	hwdz@hwsensor.com	
	电　话	0371-67169159		传　真	0371-67169196	
	办公地址	河南省郑州市高新技术开发区雪松路169号				
	经营范围	气体传感器、气体检测仪器仪表的研发、生产、销售及自营产品出口等				

	指标\报告期	2013.06.30	2012.12.31	2012.06.30	2011.12.31
主要财务指标	基本每股收益(元)	0.1000	0.4000	0.1800	0.5500
	基本每股收益(扣除)(元)	0.0500	0.2400	0.1000	0.4200
	每股净资产(元)	5.2165	5.1600	4.9300	4.8500
	每股经营现金净流量(元)	0.1631	0.2156	-0.1392	0.2039
	每股现金流量(元)	-0.1745	-0.3967	-0.3680	-0.8170
	每股资本公积金(元)	2.6896	2.6855	2.6845	2.6829
	每股盈余公积金(元)	0.1242	0.1242	0.1100	0.1100
	每股未分配利润(元)	1.4027	1.3488	1.1390	1.0618
	净资产收益率(%)	1.9913	7.7800	3.5900	11.2840
	加权净资产收益率(%)	2.0000	8.0400	3.6100	11.8300
	净资产收益率(扣除)(%)	-	-	-	-
	总资产(万元)	81363.96	73499.27	70076.33	69634.87
	归属母公司股东权益(万元)	61555.08	60870.76	58215.08	57286.07
	主营业务收入(万元)	11448.77	25623.42	12565.34	25386.63
	营业收入(万元)	11864.92	26449.15	12929.09	26131.12
	主营成本(万元)	5661.62	11885.41	5917.15	11044.06
	营业成本(万元)	5878.54	12523.78	6059.81	11713.72
	投资收益(万元)	-	-	-	-
	净利润(万元)	1177.84	5172.73	2216.24	6679.76
	利润总额(万元)	1409.59	5629.46	2587.18	7755.13

上海佳豪船舶工程设计股份有限公司

公司概况	公司名称	上海佳豪船舶工程设计股份有限公司			证券简称	上海佳豪
	法人代表	刘楠	董秘	马锐	证券代码	300008
	公司网址	www.bestwaysh.com		电子信箱	marui@bestwaysh.com	
	电　话	021-60859788 60859829		传　真	021-60859896	
	办公地址	上海市松江区莘砖公路518号10号				
	经营范围	船舶工程及海洋工程设计、设计工程总承包(EPC)、船舶建造监理等				

	指标\报告期	2013.06.30	2012.12.31	2012.06.30	2011.12.31
主要财务指标	基本每股收益(元)	0.0280	0.1100	0.1630	0.3510
	基本每股收益(扣除)(元)	0.0100	0.0900	0.1560	0.3200
	每股净资产(元)	2.3626	2.4100	2.4710	3.6400
	每股经营现金净流量(元)	-0.0920	-0.1787	-0.1067	-0.0716
	每股现金流量(元)	-0.2061	-0.4333	-0.3004	-0.7173
	每股资本公积金(元)	0.6387	0.6387	0.6418	1.4713
	每股盈余公积金(元)	0.1357	0.1357	0.1162	0.1743
	每股未分配利润(元)	0.5881	0.6402	0.7135	0.9953
	净资产收益率(%)	1.1835	4.5400	6.6100	14.4600
	加权净资产收益率(%)	1.1600	4.5600	6.6200	15.3500
	净资产收益率(扣除)(%)	-	-	-	-
	总资产(万元)	64017.39	65172.17	66107.32	67080.37
	归属母公司股东权益(万元)	51618.94	52755.89	53996.60	53031.98
	主营业务收入(万元)	7223.31	26029.75	15418.77	33013.65
	营业收入(万元)	7235.27	26653.92	15520.74	33145.82
	主营成本(万元)	3914.10	18186.90	9201.62	20784.24
	营业成本(万元)	3980.77	18315.56	9203.18	20784.24
	投资收益(万元)	-24.63	-31.40	-8.98	-27.09
	净利润(万元)	376.60	1807.44	3308.13	7456.26
	利润总额(万元)	717.41	2619.47	4177.22	9056.03

安徽安科生物工程(集团)股份有限公司

公司概况	公司名称	安徽安科生物工程(集团)股份有限公司			证券简称	安科生物
	法人代表	宋礼华	董秘	李星	证券代码	300009
	公司网址	www.ankebio.com		电子信箱	lixing@ankebio.com	
	电　话	0551-5316867		传　真	0551-65319985	
	办公地址	安徽省合肥市长江西路669号高新区海关路K-1				
	经营范围	生物医药的研究、开发、生产和销售等				

	指标\报告期	2013.06.30	2012.12.31	2012.06.30	2011.12.31
主要财务指标	基本每股收益(元)	0.1482	0.3912	0.1517	0.3350
	基本每股收益(扣除)(元)	–	0.3400	0.1204	0.2600
	每股净资产(元)	2.4782	3.0700	2.8300	2.8800
	每股经营现金净流量(元)	0.0958	0.2847	0.1066	0.0380
	每股现金流量(元)	–0.0564	–0.2145	–0.3223	–0.4135
	每股资本公积金(元)	0.8026	1.1429	1.1429	1.1429
	每股盈余公积金(元)	0.1816	0.2317	0.2041	0.2041
	每股未分配利润(元)	0.4940	0.6944	0.4824	0.5308
	净资产收益率(%)	5.8784	12.7500	5.3600	11.6400
	加权净资产收益率(%)	5.9900	13.3100	5.1900	12.0500
	净资产收益率(扣除)(%)	–	–	–	–
	总资产(万元)	68061.11	65293.40	58369.27	60365.16
	归属母公司股东权益(万元)	59759.88	58002.88	53474.95	54388.36
	主营业务收入(万元)	18546.85	33720.47	14670.28	26772.84
	营业收入(万元)	18602.50	33794.01	14680.74	26791.66
	主营成本(万元)	4807.30	9164.93	4085.60	7856.55
	营业成本(万元)	4827.31	9199.07	4090.29	7861.24
	投资收益(万元)	–	77.92	83.38	1320.67
	净利润(万元)	3512.93	7394.52	2866.59	6238.10
	利润总额(万元)	4116.82	8588.99	3304.54	7371.86

北京立思辰科技股份有限公司

公司概况	公司名称	北京立思辰科技股份有限公司			证券简称	立思辰
	法人代表	池燕明	董秘	华婷	证券代码	300010
	公司网址	www.lanxum.com		电子信箱	contact@lanxum.com	
	电　话	010-82736996 82736433		传　真	010-82736055*6433	
	办公地址	北京市海淀区学清路8号科技财富中心B座3A层				
	经营范围	办公信息系统解决方案及服务等				

	指标\报告期	2013.06.30	2012.12.31	2012.06.30	2011.12.31
主要财务指标	基本每股收益(元)	0.0286	0.1872	0.0493	0.3174
	基本每股收益(扣除)(元)	0.0281	0.1365	0.0499	0.3000
	每股净资产(元)	2.9331	2.8800	2.7900	2.8500
	每股经营现金净流量(元)	–0.1137	0.1208	–0.0943	0.1037
	每股现金流量(元)	–0.0868	0.0586	0.0368	–0.5220
	每股资本公积金(元)	1.3687	1.3799	1.2220	1.2220
	每股盈余公积金(元)	0.0579	0.0579	0.0574	0.0574
	每股未分配利润(元)	0.5065	0.5954	0.5154	0.5661
	净资产收益率(%)	0.9743	5.8900	1.7200	11.1600
	加权净资产收益率(%)	0.9400	6.1200	1.7200	11.4800
	净资产收益率(扣除)(%)	–	–	–	–
	总资产(万元)	107236.04	106591.81	86075.55	92695.09
	归属母公司股东权益(万元)	76515.68	79126.54	66120.70	67321.10
	主营业务收入(万元)	17873.26	52259.70	19712.39	54093.23
	营业收入(万元)	17873.26	52259.70	19712.39	54093.23
	主营成本(万元)	11391.39	33839.05	13921.56	33135.65
	营业成本(万元)	11391.39	33839.05	13921.56	33135.65
	投资收益(万元)	–52.86	–14.46	–	–
	净利润(万元)	962.94	5211.65	1026.68	8158.74
	利润总额(万元)	1096.74	5177.98	592.60	9649.26

北京鼎汉技术股份有限公司

公司概况	公司名称	北京鼎汉技术股份有限公司			证券简称	鼎汉技术
	法人代表	顾庆伟	董秘	万卿(代)	证券代码	300011
	公司网址	www.dinghantech.com		电子信箱	ir@dinghantech.com	
	电　话	010-83683366 8288		传　真	010-83683366 8222	
	办公地址	北京市丰台区南四环西路188号总部基地18区2号楼				
	经营范围	生产轨道交通信号智能电源产品、轨道交通电力操作电源、屏蔽门电源等				

	指标\报告期	2013.06.30	2012.12.31	2012.06.30	2011.12.31
主要财务指标	基本每股收益(元)	0.0826	0.0771	–0.0099	0.4534
	基本每股收益(扣除)(元)	0.0840	0.0570	–0.0011	0.4485
	每股净资产(元)	3.2009	4.6869	4.5993	7.4900
	每股经营现金净流量(元)	–0.1167	–0.2745	–0.0946	–0.6359
	每股现金流量(元)	–0.1837	–1.1612	–0.8200	–0.4047
	每股资本公积金(元)	1.3894	2.5735	2.5735	4.7103
	每股盈余公积金(元)	0.0664	0.0997	0.0947	0.1382
	每股未分配利润(元)	0.7450	1.0137	0.9311	1.6456
	净资产收益率(%)	2.5790	1.6500	–0.2200	8.9400
	加权净资产收益率(%)	2.6100	1.6100	–0.2000	9.5300
	净资产收益率(扣除)(%)	–	–	–	–
	总资产(万元)	82213.10	82016.39	76848.80	86262.11
	归属母公司股东权益(万元)	74001.53	72237.73	70887.60	79161.95
	主营业务收入(万元)	16694.72	26968.12	9480.27	30357.28
	营业收入(万元)	16894.12	27232.60	9651.15	30896.06
	主营成本(万元)	10523.35	17395.55	5869.93	16280.00
	营业成本(万元)	10569.72	17472.29	5913.64	16423.29
	投资收益(万元)	–	–	–	–
	净利润(万元)	1883.33	1050.41	–192.67	7035.32
	利润总额(万元)	2140.24	1423.40	–118.41	7434.35

深圳市华测检测技术股份有限公司

公司概况	公司名称	深圳市华测检测技术股份有限公司			证券简称	华测检测
	法人代表	万峰	董秘	陈砚	证券代码	300012
	公司网址	www.cti-cert.com		电子信箱	security@cti-cert.com	
	电　话	0755-33682137		传　真	0755-33683385-2137	
	办公地址	广东省深圳市宝安区70区留仙三路6号鸿威工业园C栋厂房1楼				
	经营范围	计量仪器与设备的技术咨询、电子安全电磁兼技术开发、电子元器件和仪器的销售等				

	指标\报告期	2013.06.30	2012.12.31	2012.06.30	2011.12.31
主要财务指标	基本每股收益(元)	0.1600	0.6400	0.1300	0.5200
	基本每股收益(扣除)(元)	0.1400	0.5800	0.2200	0.4700
	每股净资产(元)	2.3809	4.6017	4.3100	4.2500
	每股经营现金净流量(元)	0.2170	0.8614	0.2556	0.7324
	每股现金流量(元)	–0.0081	0.1702	–0.1228	–2.2269
	每股资本公积金(元)	0.6058	2.1554	2.1489	2.1423
	每股盈余公积金(元)	0.0875	0.1756	0.1481	0.1481
	每股未分配利润(元)	0.6925	1.2774	1.0153	0.9650
	净资产收益率(%)	6.5470	13.9100	5.8200	12.2600
	加权净资产收益率(%)	6.6100	14.5400	5.8200	12.8300
	净资产收益率(扣除)(%)	–	–	–	–
	总资产(万元)	100537.94	95878.09	85694.37	85088.70
	归属母公司股东权益(万元)	87948.72	84664.05	79216.83	78166.38
	主营业务收入(万元)	33545.69	61630.34	26460.94	50100.78
	营业收入(万元)	33545.69	61636.87	26460.94	50102.36
	主营成本(万元)	13079.98	21683.59	8705.72	17029.28
	营业成本(万元)	13079.98	21683.59	8705.72	17105.09
	投资收益(万元)	–6.71	0.95	6.48	116.80
	净利润(万元)	5831.46	11854.27	4603.85	9697.17
	利润总额(万元)	7181.48	14252.83	5712.70	11823.17

江苏新宁现代物流股份有限公司

公司概况	公司名称	江苏新宁现代物流股份有限公司			证券简称	新宁物流
	法人代表	王雅军	董秘	张瑜	证券代码	300013
	公司网址	www.xinning.com.cn		电子信箱	jsxn@xinning.com.cn	
	电　话	0512-57120911		传　真	0512-57999356	
	办公地址	江苏省昆山市张浦镇阳光西路 760 号				
	经营范围	进出口货物的仓储、集装箱堆存及有关配套业务等				

主要财务指标	指标＼报告期	2013.06.30	2012.12.31	2012.06.30	2011.12.31
	基本每股收益(元)	0.0800	0.1000	0.0600	0.1000
	基本每股收益(扣除)(元)	0.0400	0.0700	0.0400	0.0800
	每股净资产(元)	3.7576	3.7000	3.6600	3.6100
	每股经营现金净流量(元)	0.1324	0.3627	-0.0152	0.3484
	每股现金流量(元)	-0.2271	0.0721	-0.0983	-0.1817
	每股资本公积金(元)	1.9035	1.9035	1.9017	1.9065
	每股盈余公积金(元)	0.0742	0.0742	0.0688	0.0688
	每股未分配利润(元)	0.7809	0.7195	0.6944	0.6311
	净资产收益率(%)	2.1673	2.8100	1.7300	2.7900
	加权净资产收益率(%)	2.1800	2.8400	1.7400	3.3700
	净资产收益率(扣除)(%)	-	-	-	-
	总资产(万元)	47522.87	47641.78	44125.63	42924.86
	归属母公司股东权益(万元)	33818.38	33269.20	32980.81	32454.14
	主营业务收入(万元)	18049.79	32579.82	15101.65	28820.64
	营业收入(万元)	18053.53	32591.08	15128.62	28829.85
	主营成本(万元)	12193.49	20280.05	9413.26	18054.65
	营业成本(万元)	12193.49	20284.89	9424.00	18062.85
	投资收益(万元)	179.18	-93.43	1.63	7.05
	净利润(万元)	805.21	1065.44	636.59	913.73
	利润总额(万元)	1335.53	2042.44	963.84	1350.31

惠州亿纬锂能股份有限公司

公司概况	公司名称	惠州亿纬锂能股份有限公司			证券简称	亿纬锂能
	法人代表	刘金成	董秘	唐秋英	证券代码	300014
	公司网址	www.evebattery.com		电子信箱	ir@evebattery.com	
	电　话	0752-2605878		传　真	0752-2606033	
	办公地址	广东省惠州市仲恺高新区 75 号小区				
	经营范围	生产、销售锂一次电池、锂二次电池、锂聚合物电池、锂离子电池等				

主要财务指标	指标＼报告期	2013.06.30	2012.12.31	2012.06.30	2011.12.31
	基本每股收益(元)	0.2900	0.5000	0.1900	0.4300
	基本每股收益(扣除)(元)	-	0.4500	0.1900	0.4100
	每股净资产(元)	3.8900	3.7000	3.3600	3.2700
	每股经营现金净流量(元)	0.3593	0.1287	-0.0451	0.1429
	每股现金流量(元)	0.0121	-0.2792	-0.3027	-0.3270
	每股资本公积金(元)	1.3171	1.3171	1.2871	1.2871
	每股盈余公积金(元)	0.1649	0.1649	0.1154	0.1154
	每股未分配利润(元)	1.4069	1.2140	0.9600	0.8693
	净资产收益率(%)	7.5311	13.4100	5.6700	13.2400
	加权净资产收益率(%)	7.6900	14.3200	5.7500	13.9500
	净资产收益率(扣除)(%)	-	-	-	-
	总资产(万元)	104849.70	89562.27	81917.20	80896.96
	归属母公司股东权益(万元)	77128.47	73303.19	66576.45	64780.31
	主营业务收入(万元)	40585.32	60309.77	22254.69	47695.56
	营业收入(万元)	40585.32	60609.77	22254.69	47721.29
	主营成本(万元)	28996.26	42640.13	15104.39	33007.52
	营业成本(万元)	28996.26	42911.63	15104.39	33028.60
	投资收益(万元)	-	-	-	-
	净利润(万元)	5772.80	9823.17	3776.14	8578.36
	利润总额(万元)	6823.62	11575.99	4452.70	10126.71

爱尔眼科医院集团股份有限公司

公司概况	公司名称	爱尔眼科医院集团股份有限公司			证券简称	爱尔眼科
	法人代表	陈邦	董秘	吴士君	证券代码	300015
	公司网址	www.aierchina.com		电子信箱	zhengquanbu@yeah.net	
	电　话	0731-82570739		传　真	0731-85179288 8039	
	办公地址	湖南省长沙市芙蓉中路二段 198 号新世纪城 12 楼				
	经营范围	眼科、内科、麻醉剂、检验科、影视像科、验光配镜等				

主要财务指标	指标＼报告期	2013.06.30	2012.12.31	2012.06.30	2011.12.31
	基本每股收益(元)	0.2400	0.4300	0.2100	0.4000
	基本每股收益(扣除)(元)	0.2400	0.4400	0.2100	0.4100
	每股净资产(元)	3.5559	3.5114	3.2800	3.2000
	每股经营现金净流量(元)	0.3965	0.7065	0.2593	0.6018
	每股现金流量(元)	-0.0131	-0.2085	-0.4112	-0.3533
	每股资本公积金(元)	1.2130	1.2901	1.2730	1.2579
	每股盈余公积金(元)	0.1300	0.1317	0.0887	0.0887
	每股未分配利润(元)	1.2129	1.0897	0.9191	0.8547
	净资产收益率(%)	6.6275	12.1900	6.5300	12.5720
	加权净资产收益率(%)	6.4200	12.8000	6.5200	13.2000
	净资产收益率(扣除)(%)	-	-	-	-
	总资产(万元)	200768.43	192981.82	178365.32	172184.20
	归属母公司股东权益(万元)	153844.18	150008.76	140155.45	136759.33
	主营业务收入(万元)	90103.34	163970.38	74269.55	131044.04
	营业收入(万元)	90127.25	164013.05	74269.55	131062.45
	主营成本(万元)	49493.71	90248.15	41274.52	58541.37
	营业成本(万元)	49501.87	90249.98	41274.52	58542.72
	投资收益(万元)	-	-	-	-
	净利润(万元)	10188.60	18207.13	9349.25	17169.34
	利润总额(万元)	13643.85	24641.27	11726.01	23986.22

北京北陆药业股份有限公司

公司概况	公司名称	北京北陆药业股份有限公司			证券简称	北陆药业
	法人代表	王代雪	董秘	刘宁	证券代码	300016
	公司网址	www.beilu.com.cn		电子信箱	blxp@beilu.com.cn	
	电　话	010-62625287		传　真	010-82626933	
	办公地址	北京市海淀区西直门北大街 32 号枫蓝国际 A 座写字楼 7 层				
	经营范围	药品生产以及药品经销等				

主要财务指标	指标＼报告期	2013.06.30	2012.12.31	2012.06.30	2011.12.31
	基本每股收益(元)	0.1100	0.4100	0.1000	0.2900
	基本每股收益(扣除)(元)	0.1100	0.4000	0.1800	0.2600
	每股净资产(元)	1.7223	1.7151	3.2200	3.2200
	每股经营现金净流量(元)	-0.0493	0.1496	-0.1120	0.2994
	每股现金流量(元)	-0.2010	-0.3395	-0.4552	0.0506
	每股资本公积金(元)	0.2484	1.4968	1.4968	1.4968
	每股盈余公积金(元)	0.0973	0.1945	0.1530	0.1530
	每股未分配利润(元)	0.3766	0.7389	0.5655	0.5677
	净资产收益率(%)	6.2234	12.0300	6.1200	8.9958
	加权净资产收益率(%)	6.1800	12.6100	6.0600	9.2500
	净资产收益率(扣除)(%)	-	-	-	-
	总资产(万元)	58133.14	58359.66	52189.20	52465.62
	归属母公司股东权益(万元)	52615.39	52395.91	49113.40	49147.02
	主营业务收入(万元)	15191.25	27227.75	12624.37	19361.97
	营业收入(万元)	15331.54	27397.93	12689.04	19670.20
	主营成本(万元)	4659.50	7025.48	3190.50	4921.92
	营业成本(万元)	4690.93	7062.15	3206.21	4984.78
	投资收益(万元)	302.28	-	-	-
	净利润(万元)	3274.46	6303.87	3007.55	4421.18
	利润总额(万元)	3772.35	7531.17	3515.73	5359.97

网宿科技股份有限公司

公司概况	公司名称	网宿科技股份有限公司			证券简称	网宿科技
	法人代表	刘成彦	董秘	周丽萍	证券代码	300017
	公司网址	www.chinanetcenter.com		电子信箱	wangsudmb@chinanetcenter.com	
	电　话	021-64685982		传　真	021-64879605	
	办公地址	上海市徐汇区斜土路2899号光启文化广场甲幢5楼				
	经营范围	计算机软硬件的技术开发、技术转让、技术咨询、技术服务、信息采集等				

主要财务指标	指标\报告期	2013.06.30	2012.12.31	2012.06.30	2011.12.31
	基本每股收益(元)	0.3600	0.6700	0.2300	0.3500
	基本每股收益(扣除)(元)	0.3728	0.6100	0.1900	0.2900
	每股净资产(元)	5.9515	5.6444	5.1500	5.0500
	每股经营现金净流量(元)	0.4028	1.1994	0.2352	0.6368
	每股现金流量(元)	–0.1342	0.4302	–0.3463	0.1088
	每股资本公积金(元)	3.3751	3.2164	3.1631	3.1486
	每股盈余公积金(元)	0.1751	0.1763	0.1136	0.1136
	每股未分配利润(元)	1.4052	1.2535	0.8733	0.7934
	净资产收益率(%)	6.0333	11.9200	4.5100	7.0220
	加权净资产收益率(%)	6.2200	12.6900	4.4700	7.2300
	净资产收益率(扣除)(%)	–	–	–	–
	总资产(万元)	106268.66	98236.37	84417.27	84003.59
	归属母公司股东权益(万元)	92421.86	87045.10	79392.11	77933.51
	主营业务收入(万元)	50068.71	81411.79	35364.45	54214.21
	营业收入(万元)	50068.71	81479.95	35364.45	54214.21
	主营成本(万元)	31813.17	53907.53	24287.77	38579.06
	营业成本(万元)	31813.17	53907.53	24287.77	38579.06
	投资收益(万元)	92.27	164.54	80.16	–
	净利润(万元)	5576.06	10374.57	3546.02	5472.17
	利润总额(万元)	6549.70	12280.37	4158.86	6464.85

武汉中元华电科技股份有限公司

公司概况	公司名称	武汉中元华电科技股份有限公司			证券简称	中元华电
	法人代表	邓志刚	董秘	陈志兵	证券代码	300018
	公司网址	www.zyhd.com.cn		电子信箱	stock@zyhd.com.cn	
	电　话	027-87180718		传　真	027-87180719	
	办公地址	湖北省武汉市东湖新技术开发区华中科技大学科技园六路6号				
	经营范围	计算机软、硬件、自动化、电力、电子设备与器件、通讯、办公设备的开发、研制等				

主要财务指标	指标\报告期	2013.06.30	2012.12.31	2012.06.30	2011.12.31
	基本每股收益(元)	0.0900	0.3200	0.1000	0.2900
	基本每股收益(扣除)(元)	0.0800	0.3200	0.1500	0.2900
	每股净资产(元)	3.5662	5.3700	5.2000	5.2000
	每股经营现金净流量(元)	0.0082	0.1685	–0.1856	0.1135
	每股现金流量(元)	–0.1090	–0.1182	–0.3958	–0.3430
	每股资本公积金(元)	1.8860	3.3290	3.3290	3.3290
	每股盈余公积金(元)	0.1010	0.1515	0.1298	0.1298
	每股未分配利润(元)	0.5791	0.8892	0.7365	0.7390
	净资产收益率(%)	2.4207	6.0000	2.8404	5.6700
	加权净资产收益率(%)	2.4000	6.1200	2.8000	5.7600
	净资产收益率(扣除)(%)	–	–	–	–
	总资产(万元)	79512.45	81177.99	76680.33	77163.61
	归属母公司股东权益(万元)	69540.08	69806.75	67539.60	67571.21
	主营业务收入(万元)	8693.76	22288.91	8906.26	17850.55
	营业收入(万元)	8711.26	22330.68	8924.17	17890.44
	主营成本(万元)	4575.33	11765.28	4746.24	8579.39
	营业成本(万元)	4576.94	11767.83	4747.75	8600.29
	投资收益(万元)	–	–	–	–
	净利润(万元)	1791.59	4600.75	2053.68	4024.34
	利润总额(万元)	2053.10	5484.95	2355.12	4700.61

成都硅宝科技股份有限公司

公司概况	公司名称	成都硅宝科技股份有限公司			证券简称	硅宝科技
	法人代表	王跃林	董秘	曹振海(代)	证券代码	300019
	公司网址	www.cnguibao.com		电子信箱	guibao@cnguibao.com	
	电　话	028-85317909　86039232		传　真	028-86039232	
	办公地址	四川省成都市高新区新园大道16号				
	经营范围	研发、生产和销售有机硅室温胶等				

主要财务指标	指标\报告期	2013.06.30	2012.12.31	2012.06.30	2011.12.31
	基本每股收益(元)	0.1800	0.6000	0.1500	0.4900
	基本每股收益(扣除)(元)	0.1800	0.5800	0.2300	0.4600
	每股净资产(元)	3.0618	3.0400	4.4900	4.4600
	每股经营现金净流量(元)	0.1097	0.3345	0.0077	0.1088
	每股现金流量(元)	–0.1965	–0.1705	–0.2780	–0.6275
	每股资本公积金(元)	1.0736	2.3178	2.3178	2.3178
	每股盈余公积金(元)	0.1270	0.2031	0.1436	0.1436
	每股未分配利润(元)	0.8611	1.3411	1.0326	0.9981
	净资产收益率(%)	5.8523	12.3900	5.2200	11.0600
	加权净资产收益率(%)	5.7800	12.9800	5.1600	11.5400
	净资产收益率(扣除)(%)	–	–	–	–
	总资产(万元)	61988.15	60202.21	53361.00	53130.05
	归属母公司股东权益(万元)	49967.79	49593.51	45839.48	45486.85
	主营业务收入(万元)	18417.08	37069.41	15333.98	33906.25
	营业收入(万元)	18554.33	37203.78	15366.33	33956.80
	主营成本(万元)	12111.98	23703.34	9822.08	23360.83
	营业成本(万元)	12234.08	23825.89	9852.48	23403.38
	投资收益(万元)	–	–	–	–1.55
	净利润(万元)	2934.59	6207.98	2425.84	5038.73
	利润总额(万元)	3452.88	7250.51	2878.44	5867.42

银江股份有限公司

公司概况	公司名称	银江股份有限公司			证券简称	银江股份
	法人代表	章建强	董秘	吴越	证券代码	300020
	公司网址	www.enjoyor.net		电子信箱	enjoyor@enjoyor.net	
	电　话	0571-89716110　89716117		传　真	0571-89716114	
	办公地址	浙江省杭州市西湖区西湖经济科技园西园八路2号G座				
	经营范围	向交通、医疗、建筑等行业用户提供智能化系统工程及服务				

主要财务指标	指标\报告期	2013.06.30	2012.12.31	2012.06.30	2011.12.31
	基本每股收益(元)	0.2600	0.4900	0.1800	0.3400
	基本每股收益(扣除)(元)	0.2300	0.4500	0.1800	0.3300
	每股净资产(元)	3.6184	3.3300	3.0200	2.8800
	每股经营现金净流量(元)	–0.5065	0.1532	–0.2473	–0.2084
	每股现金流量(元)	–0.7955	0.5560	–0.5667	–0.1992
	每股资本公积金(元)	1.0609	0.9851	0.9722	0.9638
	每股盈余公积金(元)	0.1529	0.1539	0.1043	0.1043
	每股未分配利润(元)	1.4045	1.1950	0.9398	0.8094
	净资产收益率(%)	7.3220	14.5900	5.9800	11.9540
	加权净资产收益率(%)	7.5900	15.7000	6.1000	12.6000
	净资产收益率(扣除)(%)	–	–	–	–
	总资产(万元)	211718.64	212748.69	166779.70	152685.73
	归属母公司股东权益(万元)	87357.35	80014.37	72391.70	69059.54
	主营业务收入(万元)	74127.43	145660.80	61960.15	102821.77
	营业收入(万元)	74218.20	146096.79	62274.04	102981.36
	主营成本(万元)	53223.95	107730.24	45995.31	76164.53
	营业成本(万元)	53321.26	107839.41	46074.99	76192.80
	投资收益(万元)	–3.30	225.15	40.91	69.66
	净利润(万元)	6069.76	11483.43	4254.51	8313.07
	利润总额(万元)	7229.63	13045.87	5059.05	9832.20

甘肃大禹节水集团股份有限公司

公司概况

公司名称	甘肃大禹节水集团股份有限公司			证券简称	大禹节水
法人代表	王栋	董秘	王光敏	证券代码	300021
公司网址	www.dyjs.com		电子信箱	dyjszqb@163.com	
电　话	0937-2689028 2688658*838		传　真	0937-2688963	
办公地址	甘肃省酒泉市解放路 290 号				
经营范围	节水灌溉用塑料制品及过滤器、施肥器、排灌机械、建筑用塑料管材等				

主要财务指标

指标＼报告期	2013.06.30	2012.12.31	2012.06.30	2011.12.31
基本每股收益(元)	0.0300	0.1100	0.0300	0.1100
基本每股收益(扣除)(元)	–	0.1000	0.0300	0.1000
每股净资产(元)	1.6737	1.6400	1.5600	1.5300
每股经营现金净流量(元)	-0.3635	-0.1722	-0.1695	-0.1737
每股现金流量(元)	-0.2451	-0.2860	-0.2419	-0.0073
每股资本公积金(元)	0.1588	0.1588	0.1588	0.1588
每股盈余公积金(元)	0.0719	0.0719	0.0673	0.0673
每股未分配利润(元)	0.4430	0.4123	0.3361	0.3036
净资产收益率(%)	1.8329	6.8900	2.0700	7.0300
加权净资产收益率(%)	1.8500	7.1400	2.1000	7.2000
净资产收益率(扣除)(%)	–	–	–	–
总资产(万元)	132322.24	130241.22	115411.57	111882.99
归属母公司股东权益(万元)	46628.13	45773.50	43522.76	42619.73
主营业务收入(万元)	30271.85	56958.85	22670.45	39811.93
营业收入(万元)	30271.85	57024.73	22670.45	39954.08
主营成本(万元)	21483.61	39225.64	15941.82	26904.43
营业成本(万元)	21483.61	39225.64	15941.82	26953.71
投资收益(万元)	–	–	–	–
净利润(万元)	854.63	3153.78	903.04	2994.34
利润总额(万元)	1015.67	3794.68	1131.64	3720.86

吉峰农机连锁股份有限公司

公司概况

公司名称	吉峰农机连锁股份有限公司			证券简称	吉峰农机
法人代表	王新明	董秘	刁海雷	证券代码	300022
公司网址	www.gifore.com		电子信箱	board@gifore.com.cn	
电　话	028-67518546		传　真	028-67518546	
办公地址	四川省成都市郫县现代工业港北部园区港通北二路 219				
经营范围	批发、零售农业机械、机械设备、汽车零配件、摩托车及配件、建筑材料等				

主要财务指标

指标＼报告期	2013.06.30	2012.12.31	2012.06.30	2011.12.31
基本每股收益(元)	0.0130	0.0359	0.0814	0.1969
基本每股收益(扣除)(元)	0.0086	0.0258	0.0793	0.1954
每股净资产(元)	1.7127	1.7241	1.7600	1.7400
每股经营现金净流量(元)	-0.1630	0.4055	-0.2936	-0.9669
每股现金流量(元)	-0.4171	0.1891	-0.0925	-0.2512
每股资本公积金(元)	0.2155	0.2399	0.2309	0.2407
每股盈余公积金(元)	0.0417	0.0417	0.0380	0.0380
每股未分配利润(元)	0.4554	0.4424	0.4916	0.4602
净资产收益率(%)	0.7611	2.0700	4.6200	11.3250
加权净资产收益率(%)	0.7500	2.0700	4.5700	11.6100
净资产收益率(扣除)(%)	–	–	–	–
总资产(万元)	470442.87	394116.87	377151.05	356758.79
归属母公司股东权益(万元)	61210.29	61617.88	62918.32	62147.65
主营业务收入(万元)	290793.89	573665.23	267130.25	510090.85
营业收入(万元)	292539.17	579068.33	268617.42	512606.48
主营成本(万元)	253292.50	496205.19	233553.80	440986.94
营业成本(万元)	253441.79	497385.43	233592.22	441662.67
投资收益(万元)	-71.19	-12.92	-3.58	-12.95
净利润(万元)	2890.18	3522.13	6719.86	11003.75
利润总额(万元)	5322.00	5659.37	8536.06	14177.44

西安宝德自动化股份有限公司

公司概况

公司名称	西安宝德自动化股份有限公司			证券简称	宝德股份
法人代表	赵敏	董秘	梁可晶	证券代码	300023
公司网址	www.bode-e.com		电子信箱	dongmiban@bode-e.com	
电　话	029-88314978		传　真	029-88323336	
办公地址	陕西省西安市高新区锦业路 69 号创业研发园 C 区瞪羚谷 A 座 5 层				
经营范围	微电子及光机电一体化产品的设计、生产、销售、维修、改造及服务等				

主要财务指标

指标＼报告期	2013.06.30	2012.12.31	2012.06.30	2011.12.31
基本每股收益(元)	-0.0900	-0.1300	0.0200	0.0900
基本每股收益(扣除)(元)	-0.0900	-0.1400	0.0100	0.0900
每股净资产(元)	3.6325	3.7300	3.8700	3.8600
每股经营现金净流量(元)	0.0377	-0.2263	-0.1519	-0.1820
每股现金流量(元)	0.0483	0.0569	0.0681	0.0078
每股资本公积金(元)	2.4783	2.4783	2.4783	2.4783
每股盈余公积金(元)	0.0506	0.0506	0.0506	0.0506
每股未分配利润(元)	0.1036	0.1965	0.3437	0.3274
净资产收益率(%)	-2.5561	-3.4500	0.4200	2.3350
加权净资产收益率(%)	-2.5200	-3.4500	0.4200	2.3600
净资产收益率(扣除)(%)	–	–	–	–
总资产(万元)	36638.57	37774.13	40374.26	38813.65
归属母公司股东权益(万元)	32692.65	33528.66	34853.80	34706.96
主营业务收入(万元)	1109.12	6350.14	3326.85	7839.61
营业收入(万元)	1109.12	6368.44	3327.56	7844.94
主营成本(万元)	998.48	4904.21	2537.67	5582.17
营业成本(万元)	998.48	4904.21	2537.67	5582.17
投资收益(万元)	–	–	–	–
净利润(万元)	-1004.68	-1621.60	45.55	931.11
利润总额(万元)	-1004.68	-1671.65	106.41	1152.26

沈阳新松机器人自动化股份有限公司

公司概况

公司名称	沈阳新松机器人自动化股份有限公司			证券简称	机器人
法人代表	于海斌	董秘	赵立国	证券代码	300024
公司网址	www.siasun.com		电子信箱	zlg5335@163.com	
电　话	024-31699888 31699818		传　真	024-31680024	
办公地址	辽宁省沈阳市浑南新区金辉街 16 号				
经营范围	机器人与自动化装备、自动化立体仓库及仓储物流设备、机械电子设备等				

主要财务指标

指标＼报告期	2013.06.30	2012.12.31	2012.06.30	2011.12.31
基本每股收益(元)	0.3300	0.7000	0.2800	0.5400
基本每股收益(扣除)(元)	0.3200	0.4400	0.2300	0.3600
每股净资产(元)	5.0143	4.6900	4.2700	3.9900
每股经营现金净流量(元)	-0.4579	0.4133	-0.2938	-0.0682
每股现金流量(元)	-0.5677	-0.2290	-0.5079	-0.8399
每股资本公积金(元)	1.6453	1.6453	1.6453	1.6453
每股盈余公积金(元)	0.2526	0.2526	0.1881	0.1881
每股未分配利润(元)	2.1164	1.7891	1.4376	1.1547
净资产收益率(%)	6.5286	14.9100	6.6200	13.4500
加权净资产收益率(%)	6.7500	16.1100	6.8500	14.3800
净资产收益率(扣除)(%)	–	–	–	–
总资产(万元)	209008.59	193391.00	168471.92	161866.60
归属母公司股东权益(万元)	149256.68	139512.24	127132.29	118710.63
主营业务收入(万元)	57117.54	102993.68	51364.17	77209.00
营业收入(万元)	57117.54	104442.00	51364.17	78356.03
主营成本(万元)	40475.99	74879.45	38516.95	54609.84
营业成本(万元)	40475.99	75258.98	38516.95	54609.84
投资收益(万元)	-85.28	-188.44	-77.24	204.41
净利润(万元)	9957.61	21330.67	8553.59	16769.17
利润总额(万元)	11768.76	24589.08	9727.26	19450.15

杭州华星创业通信技术股份有限公司

公司概况	公司名称	杭州华星创业通信技术股份有限公司			证券简称	华星创业
	法人代表	程小彦	董秘	程小彦(代)	证券代码	300025
	公司网址	www.hxcy.com.cn		电子信箱	hxcy_1@hxcy.com.cn	
	电　　话	0571-87208518		传　　真	0571-87208517	
	办公地址	浙江省杭州市西湖区文三路553-555号浙江省中小企业科技楼10楼				
	经营范围	提供移动通信技术服务及研发、生产、销售测试优化系统等				

主要财务指标	指标\报告期	2013.06.30	2012.12.31	2012.06.30	2011.12.31
	基本每股收益(元)	-0.0500	0.1800	0.0900	0.2400
	基本每股收益(扣除)(元)	-0.0500	0.1600	0.0800	0.2200
	每股净资产(元)	2.1402	2.2000	2.1200	2.6300
	每股经营现金净流量(元)	-0.3495	-0.0306	-0.6224	-0.8087
	每股现金流量(元)	-0.2310	0.2890	-0.2581	0.0866
	每股资本公积金(元)	0.4021	0.3985	0.4092	0.8165
	每股盈余公积金(元)	0.0583	0.0583	0.0575	0.0748
	每股未分配利润(元)	0.6788	0.7453	0.6550	0.7363
	净资产收益率(%)	-2.1707	8.1600	4.1800	12.0300
	加权净资产收益率(%)	-2.1300	8.5100	4.2800	12.4800
	净资产收益率(扣除)(%)	-	-	-	-
	总资产(万元)	91642.77	91278.95	78849.10	74871.77
	归属母公司股东权益(万元)	33387.87	34352.54	33098.73	31531.87
	主营业务收入(万元)	22050.06	62690.61	25945.14	51115.78
	营业收入(万元)	22050.06	62690.61	25972.77	51216.65
	主营成本(万元)	14545.15	39222.49	15355.46	31315.12
	营业成本(万元)	14545.15	39222.49	15355.46	31354.49
	投资收益(万元)	-6.73	-52.47	-13.57	203.03
	净利润(万元)	-312.82	4704.71	2054.64	5071.32
	利润总额(万元)	-114.97	5758.09	2574.85	6115.79

天津红日药业股份有限公司

公司概况	公司名称	天津红日药业股份有限公司			证券简称	红日药业
	法人代表	姚小青	董秘	郑丹	证券代码	300026
	公司网址	www.chasesun.cn		电子信箱	admin@chasesun.cn	
	电　　话	022-59623217		传　　真	022-59623290	
	办公地址	天津市新技术产业园区武清开发区泉发路西				
	经营范围	小容量注射剂、片剂、硬胶囊剂、颗粒剂、原料药等				

主要财务指标	指标\报告期	2013.06.30	2012.12.31	2012.06.30	2011.12.31
	基本每股收益(元)	0.4400	1.0000	0.3200	0.5400
	基本每股收益(扣除)(元)	0.4400	1.0000	0.4800	0.5000
	每股净资产(元)	4.0543	5.5200	4.6400	6.4100
	每股经营现金净流量(元)	0.2424	0.6105	0.6041	0.2360
	每股现金流量(元)	-0.2639	0.9354	0.7331	-0.6511
	每股资本公积金(元)	1.2045	2.3067	1.7479	3.1158
	每股盈余公积金(元)	0.1422	0.2133	0.1605	0.2407
	每股未分配利润(元)	1.7077	1.9991	1.7300	2.0515
	净资产收益率(%)	10.8912	16.7900	10.2500	12.6230
	加权净资产收益率(%)	11.3500	20.6500	10.5800	12.1000
	净资产收益率(扣除)(%)	-	-	-	-
	总资产(万元)	197007.15	180182.05	157842.62	140746.95
	归属母公司股东权益(万元)	151621.35	137601.07	105075.44	96777.26
	主营业务收入(万元)	94075.73	122915.48	46196.62	56174.40
	营业收入(万元)	94082.50	122925.17	46205.06	56177.88
	主营成本(万元)	14175.68	24361.64	10779.13	17521.04
	营业成本(万元)	14179.70	24369.21	10782.48	17521.07
	投资收益(万元)	-10.67	-152.04	-79.40	-35.65
	净利润(万元)	16512.75	26068.44	12673.30	15090.93
	利润总额(万元)	19708.35	30849.16	15519.12	17843.46

华谊兄弟传媒股份有限公司

公司概况	公司名称	华谊兄弟传媒股份有限公司			证券简称	华谊兄弟
	法人代表	王忠军	董秘	胡明	证券代码	300027
	公司网址	www.hbpictures.com		电子信箱	ir@huayimedia.com	
	电　　话	010-65805818		传　　真	010-65881512	
	办公地址	北京市朝阳区朝阳门外大街18号丰联广场A座908室				
	经营范围	制作、复制、发行:专题、专栏、综艺、动画片、广播剧、电视剧等				

主要财务指标	指标\报告期	2013.06.30	2012.12.31	2012.06.30	2011.12.31
	基本每股收益(元)	0.6700	0.4000	0.1700	0.3400
	基本每股收益(扣除)(元)	0.2500	0.2500	0.1200	0.3000
	每股净资产(元)	5.1000	3.5000	2.8100	2.7900
	每股经营现金净流量(元)	0.6631	-0.4116	-0.3698	-0.3824
	每股现金流量(元)	0.4271	0.1823	0.4113	-0.5214
	每股资本公积金(元)	2.7136	1.6345	1.1736	1.1736
	每股盈余公积金(元)	0.1122	0.1123	0.0654	0.0654
	每股未分配利润(元)	1.2744	0.7580	0.5752	0.5508
	净资产收益率(%)	13.0700	11.5300	6.2000	12.0250
	加权净资产收益率(%)	14.8200	12.7300	6.1200	12.6100
	净资产收益率(扣除)(%)	-	-	-	-
	总资产(万元)	565045.53	413794.47	325792.82	246375.74
	归属母公司股东权益(万元)	308463.12	211972.60	170206.95	168729.10
	主营业务收入(万元)	74710.49	138370.06	44800.04	88948.54
	营业收入(万元)	74835.84	138640.16	44913.05	89238.34
	主营成本(万元)	28510.07	68461.41	20359.65	37672.13
	营业成本(万元)	28510.07	68461.76	20359.65	37672.13
	投资收益(万元)	33102.72	5617.52	5538.19	594.47
	净利润(万元)	40220.37	24070.82	10236.58	20542.02
	利润总额(万元)	54067.91	32098.46	11888.61	27330.69

成都金亚科技股份有限公司

公司概况	公司名称	成都金亚科技股份有限公司			证券简称	金亚科技
	法人代表	周旭辉	董秘	李代伟	证券代码	300028
	公司网址	www.geeya.cn		电子信箱	stocks@geeya.cn	
	电　　话	028-68232103		传　　真	028-68232100	
	办公地址	四川省成都市蜀西路50号				
	经营范围	数字电视机顶盒、有线电视器材、数字化用户信息网络终端产品等				

主要财务指标	指标\报告期	2013.06.30	2012.12.31	2012.06.30	2011.12.31
	基本每股收益(元)	0.0045	0.1100	0.1000	0.1800
	基本每股收益(扣除)(元)	0.0045	0.1600	0.1000	0.1500
	每股净资产(元)	2.8371	2.8320	2.7900	2.6914
	每股经营现金净流量(元)	-0.1153	0.0441	0.1876	0.3559
	每股现金流量(元)	-0.3355	0.1667	-0.1349	0.2142
	每股资本公积金(元)	1.2173	1.2173	1.2173	1.2173
	每股盈余公积金(元)	0.0633	0.0633	0.0528	0.0528
	每股未分配利润(元)	0.5256	0.5219	0.5190	0.4213
	净资产收益率(%)	0.1299	3.9200	3.5700	6.6400
	加权净资产收益率(%)	0.1300	4.0400	3.5000	6.6900
	净资产收益率(扣除)(%)	-	-	-	-
	总资产(万元)	129113.37	125185.89	107141.43	86925.86
	归属母公司股东权益(万元)	75068.46	74933.65	73801.05	71215.70
	主营业务收入(万元)	28719.67	-	12940.06	21379.53
	营业收入(万元)	28819.69	47649.70	12940.06	21554.22
	主营成本(万元)	21790.21	34002.49	8235.16	12640.13
	营业成本(万元)	21790.21	34002.49	8235.16	13739.56
	投资收益(万元)	-	-	-	-
	净利润(万元)	97.55	2939.91	2585.35	4727.06
	利润总额(万元)	390.81	3385.12	2882.38	4609.29

江苏华盛天龙光电设备股份有限公司

公司概况	公司名称	江苏华盛天龙光电设备股份有限公司			证券简称	天龙光电
	法人代表	冯金生	董秘	吕松	证券代码	300029
	公司网址	www.hstl.cn		电子信箱	info@hstl.cn	
	电　话	0519-82330395		传　真	0519-82367120 82330395	
	办公地址	江苏省金坛市经济开发区华城路 318 号				
	经营范围	硅材料生长、加工设备的研发、生产和销售等				

	指标\报告期	2013.06.30	2012.12.31	2012.06.30	2011.12.31
主要财务指标	基本每股收益(元)	-0.0320	-2.5570	-0.2630	0.3110
	基本每股收益(扣除)(元)	-0.1170	-2.5590	-0.2730	0.2980
	每股净资产(元)	3.4518	3.4838	5.7800	6.1200
	每股经营现金净流量(元)	-0.2613	-0.8809	-0.4713	-0.4645
	每股现金流量(元)	-0.3885	-1.0487	-0.2153	-1.7834
	每股资本公积金(元)	4.1573	4.1573	4.1555	4.1377
	每股盈余公积金(元)	0.1278	0.1278	0.1278	0.1278
	每股未分配利润(元)	-1.8333	-1.8013	0.4920	0.8553
	净资产收益率(%)	-0.9261	-53.4700	-4.5600	5.1600
	加权净资产收益率(%)	-0.9200	-53.4700	-4.4300	5.1600
	净资产收益率(扣除)(%)	-	-	-	-
	总资产(万元)	127745.68	131944.04	182172.90	180731.63
	归属母公司股东权益(万元)	69036.67	69676.03	115506.98	122418.42
	主营业务收入(万元)	15312.90	14601.41	12612.53	81557.55
	营业收入(万元)	16957.75	17603.20	12960.33	84171.80
	主营成本(万元)	10942.02	15834.42	11585.74	52245.61
	营业成本(万元)	12763.83	19745.63	11742.33	54617.77
	投资收益(万元)	-	-	-	6.53
	净利润(万元)	-1840.23	-57602.86	-6232.52	8638.41
	利润总额(万元)	-1836.22	-56055.55	-6230.39	10666.20

广州阳普医疗科技股份有限公司

公司概况	公司名称	广州阳普医疗科技股份有限公司			证券简称	阳普医疗
	法人代表	邓冠华	董秘	连庆明	证券代码	300030
	公司网址	www.improve-medical.com		电子信箱	020-32312573	
	电　话	020-32218167		传　真	020-32218166	
	办公地址	广东省广州市经济技术开发区科学城开源大道 102 号				
	经营范围	为临床检验实验室与临床护理提供以专业解决方案为依托的技术、产品和服务等				

	指标\报告期	2013.06.30	2012.12.31	2012.06.30	2011.12.31
主要财务指标	基本每股收益(元)	0.0800	0.2500	0.1200	0.2300
	基本每股收益(扣除)(元)	0.0700	0.1900	0.0900	0.1900
	每股净资产(元)	4.3971	4.3700	4.2600	4.1700
	每股经营现金净流量(元)	-0.3618	0.2437	-0.0610	0.2626
	每股现金流量(元)	-0.6238	-0.2655	-0.3854	-0.3908
	每股资本公积金(元)	2.6880	2.6808	2.6808	2.6793
	每股盈余公积金(元)	0.0999	0.0999	0.0820	0.0796
	每股未分配利润(元)	0.6092	0.5844	0.4936	0.4115
	净资产收益率(%)	1.9282	5.8000	2.8300	5.4800
	加权净资产收益率(%)	1.9300	5.9400	2.8300	5.6200
	净资产收益率(扣除)(%)	-	-	-	-
	总资产(万元)	80938.25	76653.20	72250.39	71672.39
	归属母公司股东权益(万元)	65077.36	64603.11	62995.31	61721.83
	主营业务收入(万元)	15244.56	30392.87	12886.60	24936.90
	营业收入(万元)	15252.54	30408.50	12892.91	24963.93
	主营成本(万元)	8917.30	17164.68	7379.49	13941.11
	营业成本(万元)	8917.35	17165.28	7379.49	13941.58
	投资收益(万元)	84.02	-	-	-
	净利润(万元)	1305.90	4274.89	2000.15	3852.26
	利润总额(万元)	1595.92	4746.63	2176.28	4479.78

无锡宝通带业股份有限公司

公司概况	公司名称	无锡宝通带业股份有限公司			证券简称	宝通带业
	法人代表	包志方	董秘	陈希	证券代码	300031
	公司网址	www.btdy.com		电子信箱	boton8011@126.com	
	电　话	0510-83709871		传　真	0510-83709871	
	办公地址	江苏省无锡市新区张公路 19 号				
	经营范围	加工制造橡胶产品、普通机械、销售自产产品并提供售后服务等				

	指标\报告期	2013.06.30	2012.12.31	2012.06.30	2011.12.31
主要财务指标	基本每股收益(元)	0.3200	0.5400	0.2600	0.2400
	基本每股收益(扣除)(元)	0.3100	0.5300	0.2600	0.2400
	每股净资产(元)	4.9317	4.9185	4.6300	6.7600
	每股经营现金净流量(元)	0.2805	0.2146	-0.0527	-0.3050
	每股现金流量(元)	-0.3180	-0.3092	-0.2634	-1.3022
	每股资本公积金(元)	2.5628	2.5676	2.5594	4.3392
	每股盈余公积金(元)	0.1584	0.1584	0.1046	0.1569
	每股未分配利润(元)	1.2105	1.1925	0.9666	1.2619
	净资产收益率(%)	6.4490	10.9500	5.5900	5.3400
	加权净资产收益率(%)	6.3800	11.4800	5.4900	5.4900
	净资产收益率(扣除)(%)	-	-	-	-
	总资产(万元)	90038.18	89438.29	81587.79	78728.97
	归属母公司股东权益(万元)	73976.25	73778.23	69459.85	67580.42
	主营业务收入(万元)	24990.61	55300.82	24879.09	44471.00
	营业收入(万元)	24990.61	55300.82	24879.09	44471.00
	主营成本(万元)	16693.02	39627.61	18025.55	36200.07
	营业成本(万元)	16693.02	39627.61	18025.55	36200.07
	投资收益(万元)	-	-	-	-
	净利润(万元)	4770.72	8075.67	3880.09	3611.99
	利润总额(万元)	5533.56	9576.87	4547.09	4356.24

金龙机电股份有限公司

公司概况	公司名称	金龙机电股份有限公司			证券简称	金龙机电
	法人代表	金绍平	董秘	黄娟	证券代码	300032
	公司网址	www.kotl.com.cn		电子信箱	hj@kotl.com.cn	
	电　话	0577-61801868 61806666		传　真	0577-61801666	
	办公地址	浙江省温州市乐清市北白象镇进港大道边金龙科技园				
	经营范围	生产销售微电机和微电机组件、新型电子元器件及消费类电子等				

	指标\报告期	2013.06.30	2012.12.31	2012.06.30	2011.12.31
主要财务指标	基本每股收益(元)	0.0736	0.2016	0.0621	0.2874
	基本每股收益(扣除)(元)	0.0240	0.1743	0.1239	0.2837
	每股净资产(元)	2.9142	2.8907	5.7040	5.8300
	每股经营现金净流量(元)	0.0785	-0.0159	0.0206	-0.0024
	每股现金流量(元)	-0.2746	-2.1088	-0.8527	-0.5721
	每股资本公积金(元)	1.6708	4.3418	4.3419	4.3419
	每股盈余公积金(元)	0.1016	0.1920	0.1697	0.1544
	每股未分配利润(元)	0.1418	0.2475	0.1924	0.3335
	净资产收益率(%)	2.5265	3.4900	2.1800	4.9300
	加权净资产收益率(%)	2.5200	3.4700	2.1100	4.9500
	净资产收益率(扣除)(%)	-	-	-	-
	总资产(万元)	124277.16	114206.00	94474.88	89018.78
	归属母公司股东权益(万元)	83172.20	82499.69	81395.61	83190.80
	主营业务收入(万元)	15893.84	31573.02	15666.37	27467.94
	营业收入(万元)	15966.85	31769.35	15763.60	27574.58
	主营成本(万元)	11841.99	23725.35	11497.46	18807.79
	营业成本(万元)	11841.99	23775.03	11497.46	18807.79
	投资收益(万元)	60.06	48.33	-	-
	净利润(万元)	1716.06	2707.65	1754.24	4100.77
	利润总额(万元)	2249.50	3263.55	2020.00	4849.87

浙江核新同花顺网络信息股份有限公司

公司概况	公司名称	浙江核新同花顺网络信息股份有限公司			证券简称	同花顺
	法人代表	易峥	董秘	朱志峰	证券代码	300033
	公司网址	www.10jqka.com.cn			电子信箱	myhexin@myhexin.com
	电　话	0571-88852766			传　真	0571-88911818 8001
	办公地址	浙江省杭州市翠柏路7号杭州电子商务产业园2楼				
	经营范围	技术开发、技术服务、电子计算机、电子产品等				

主要财务指标	指标\报告期	2013.06.30	2012.12.31	2012.06.30	2011.12.31
	基本每股收益(元)	0.0800	0.1900	0.1400	0.4600
	基本每股收益(扣除)(元)	0.0700	0.1300	0.1300	0.4200
	每股净资产(元)	8.3934	8.3718	8.3200	8.3188
	每股经营现金净流量(元)	0.0434	0.0593	-0.0672	0.2060
	每股现金流量(元)	-0.2006	-0.1997	-0.3016	-1.0310
	每股资本公积金(元)	5.6546	5.6546	5.6546	5.6546
	每股盈余公积金(元)	0.1336	0.1336	0.1082	0.1082
	每股未分配利润(元)	1.6050	1.5839	1.5586	1.5563
	净资产收益率(%)	0.9658	2.3100	1.7100	5.5200
	加权净资产收益率(%)	0.9600	2.3200	1.7000	5.6300
	净资产收益率(扣除)(%)	-	-	-	-
	总资产(万元)	124184.14	124556.64	121487.58	124843.51
	归属母公司股东权益(万元)	112806.66	112517.30	111835.05	111805.11
	主营业务收入(万元)	8438.27	17202.60	9497.63	21042.75
	营业收入(万元)	8438.27	17202.60	9497.63	21527.50
	主营成本(万元)	1740.68	3832.43	2106.84	3592.66
	营业成本(万元)	1740.68	3832.43	2106.84	4059.92
	投资收益(万元)	-	-	-	-
	净利润(万元)	1089.43	2594.62	1911.96	6173.16
	利润总额(万元)	1217.40	2709.50	2118.22	6605.14

北京钢研高纳科技股份有限公司

公司概况	公司名称	北京钢研高纳科技股份有限公司			证券简称	钢研高纳
	法人代表	干勇	董秘	许洪贵	证券代码	300034
	公司网址	www.cisri-gaona.com.cn			电子信箱	mahj@cisri.com.cn
	电　话	010-62182656			传　真	010-62[illegible]85097
	办公地址	北京市海淀区大柳树南村19号				
	经营范围	航空航天材料中高温合金材料的研发、生产和销售等				

主要财务指标	指标\报告期	2013.06.30	2012.12.31	2012.06.30	2011.12.31
	基本每股收益(元)	0.1658	0.3325	0.1684	0.3000
	基本每股收益(扣除)(元)	0.1667	0.3311	0.1683	0.3000
	每股净资产(元)	4.5081	4.5023	4.3376	4.2500
	每股经营现金净流量(元)	-0.2471	0.3032	-0.1560	-0.0372
	每股现金流量(元)	-0.7726	-0.3305	-0.2937	-0.4698
	每股资本公积金(元)	2.2025	2.2025	2.2020	2.2020
	每股盈余公积金(元)	0.1739	0.1739	0.1402	0.1402
	每股未分配利润(元)	1.1317	1.1259	0.9954	0.9070
	净资产收益率(%)	3.6782	7.6100	3.8800	7.3800
	加权净资产收益率(%)	3.6200	7.6100	3.9000	7.3800
	净资产收益率(扣除)(%)	-	-	-	-
	总资产(万元)	105680.31	108989.82	102291.30	96086.63
	归属母公司股东权益(万元)	95566.74	95443.45	91952.41	90078.92
	主营业务收入(万元)	22488.43	45584.11	22112.28	37947.36
	营业收入(万元)	22488.43	45584.11	22112.28	37947.36
	主营成本(万元)	16361.35	34040.10	16478.78	28191.80
	营业成本(万元)	16361.35	34040.10	16478.78	28191.80
	投资收益(万元)	-	-	-	-
	净利润(万元)	3410.54	6913.66	3547.61	6439.05
	利润总额(万元)	4042.33	8070.94	4179.86	7524.87

湖南中科电气股份有限公司

公司概况	公司名称	湖南中科电气股份有限公司			证券简称	中科电气
	法人代表	余新	董秘	黄雄军	证券代码	300035
	公司网址	www.cseco.cn			电子信箱	huang631@126.com
	电　话	0730-8752229 8688891			传　真	0730-8688895
	办公地址	湖南省岳阳市岳阳大道中科工业园				
	经营范围	电磁、电气、电子、电器、机械设备的设计、制造及销售等				

主要财务指标	指标\报告期	2013.06.30	2012.12.31	2012.06.30	2011.12.31
	基本每股收益(元)	0.3000	0.3000	0.1400	0.3400
	基本每股收益(扣除)(元)	0.1100	0.2400	0.1400	0.3010
	每股净资产(元)	4.5347	6.3539	6.2000	6.2600
	每股经营现金净流量(元)	0.0737	0.2734	0.2453	0.0245
	每股现金流量(元)	0.1960	-1.0465	-0.5580	-0.4961
	每股资本公积金(元)	2.3824	4.0735	4.0735	4.0735
	每股盈余公积金(元)	0.1178	0.1768	0.1466	0.1466
	每股未分配利润(元)	1.0315	1.1013	0.9821	1.0372
	净资产收益率(%)	6.5574	4.7100	2.3400	5.4290
	加权净资产收益率(%)	6.7800	4.7500	2.2900	5.5200
	净资产收益率(扣除)(%)	-	-	-	-
	总资产(万元)	105417.99	98322.93	91422.41	95065.22
	归属母公司股东权益(万元)	81572.74	76198.57	74381.05	75041.34
	主营业务收入(万元)	11772.15	22066.43	10701.98	23815.16
	营业收入(万元)	11829.51	22187.21	10709.50	23841.30
	主营成本(万元)	6922.89	13448.55	6377.57	13769.69
	营业成本(万元)	6965.68	13473.19	6377.57	13769.69
	投资收益(万元)	-	-	-	-
	净利润(万元)	5314.41	3590.73	1688.07	4097.87
	利润总额(万元)	6163.05	4073.61	1941.24	4764.29

北京超图软件股份有限公司

公司概况	公司名称	北京超图软件股份有限公司			证券简称	超图软件
	法人代表	钟耳顺	董秘	龚娅杰	证券代码	300036
	公司网址	www.supermap.com.cn			电子信箱	public@supermap.com
	电　话	010-59896000			传　真	010-59896666
	办公地址	北京市朝阳区酒仙桥北路甲10号电子城IT产业园201号楼E门3层				
	经营范围	地理信息系统、遥感、全球定位系统、办公自动化软件技术开发 技术咨询等				

主要财务指标	指标\报告期	2013.06.30	2012.12.31	2012.06.30	2011.12.31
	基本每股收益(元)	-0.1080	0.0450	0.0100	0.3900
	基本每股收益(扣除)(元)	-0.1650	0.0020	-0.0110	0.3600
	每股净资产(元)	4.5650	4.6848	4.5800	4.5500
	每股经营现金净流量(元)	-0.5390	0.3431	-0.6090	0.0070
	每股现金流量(元)	-0.8762	-1.1819	-1.9748	-0.1159
	每股资本公积金(元)	2.7022	2.7022	2.6287	2.6073
	每股盈余公积金(元)	0.1217	0.1217	0.1141	0.1141
	每股未分配利润(元)	0.7676	0.8755	0.8482	0.8383
	净资产收益率(%)	-2.3630	0.9600	0.2200	8.5560
	加权净资产收益率(%)	-2.3300	0.9800	0.2200	8.8900
	净资产收益率(扣除)(%)	-	-	-	-
	总资产(万元)	67669.58	75149.17	70662.64	72480.03
	归属母公司股东权益(万元)	54779.80	56217.04	54954.98	54652.77
	主营业务收入(万元)	9138.20	26241.11	10830.91	29189.38
	营业收入(万元)	9238.83	26402.88	10911.35	29310.93
	主营成本(万元)	4215.37	9670.67	3045.56	-
	营业成本(万元)	4242.05	9721.17	3076.75	7839.50
	投资收益(万元)	-94.86	473.25	102.87	138.29
	净利润(万元)	-1291.59	502.80	170.11	4727.34
	利润总额(万元)	-1282.35	441.96	198.33	5389.53

深圳新宙邦科技股份有限公司

公司概况	公司名称	深圳新宙邦科技股份有限公司			证券简称	新宙邦
	法人代表	覃九三	董秘	梁作	证券代码	300037
	公司网址	www.capchem.com		电子信箱	stock@capchem.com	
	电　话	0755-89924512		传　真	0755-89924533	
	办公地址	广东省深圳市龙岗区坪山沙坣同富裕工业区				
	经营范围	电容器化学品与锂离子电池化学品两大类产品等				

主要财务指标	指标\报告期	2013.06.30	2012.12.31	2012.06.30	2011.12.31
	基本每股收益(元)	0.3000	0.7600	0.3500	1.1600
	基本每股收益(扣除)(元)	0.2900	0.7400	0.3300	1.1400
	每股净资产(元)	6.8838	6.8322	6.4200	10.1200
	每股经营现金净流量(元)	0.2869	0.8133	–	0.3977
	每股现金流量(元)	–0.4745	–0.4163	–	–1.5705
	每股资本公积金(元)	3.9485	3.9485	3.9485	6.9175
	每股盈余公积金(元)	0.2552	0.2552	0.1757	0.2811
	每股未分配利润(元)	1.6872	1.6340	1.3039	1.9284
	净资产收益率(%)	4.4049	11.1000	5.4300	11.4270
	加权净资产收益率(%)	4.3700	11.6000	5.4300	11.9900
	净资产收益率(扣除)(%)	–	–	–	–
	总资产(万元)	134770.56	135191.25	126281.14	122213.39
	归属母公司股东权益(万元)	117850.67	116967.36	109963.23	108265.46
	主营业务收入(万元)	32661.40	65414.70	31682.20	65428.37
	营业收入(万元)	33260.81	66119.41	31682.20	65428.37
	主营成本(万元)	22352.90	42294.38	20381.01	43092.30
	营业成本(万元)	22896.48	42735.78	20381.01	43092.30
	投资收益(万元)	210.07	1.17	–	–
	净利润(万元)	5191.24	12981.45	5968.43	12371.88
	利润总额(万元)	6109.51	15307.61	7106.36	14611.60

北京梅泰诺通信技术股份有限公司

公司概况	公司名称	北京梅泰诺通信技术股份有限公司			证券简称	梅泰诺
	法人代表	张志勇	董秘	伍岚南	证券代码	300038
	公司网址	www.miteno.com		电子信箱	info@miteno.com	
	电　话	010-82055588		传　真	010-82055731	
	办公地址	北京市海淀区花园东路15号旷怡大厦7层				
	经营范围	三管通信塔为核心的各类通信塔的研发设计、生产制造及安装维护				

主要财务指标	指标\报告期	2013.06.30	2012.12.31	2012.06.30	2011.12.31
	基本每股收益(元)	0.0900	0.2400	0.0900	0.3000
	基本每股收益(扣除)(元)	0.0700	0.1400	0.0800	0.2400
	每股净资产(元)	6.0961	5.5200	5.5200	8.2400
	每股经营现金净流量(元)	–0.5239	–0.8770	–0.4042	–0.5668
	每股现金流量(元)	–0.1269	–1.0455	–0.6385	–1.7014
	每股资本公积金(元)	4.3418	3.9090	3.9090	6.3586
	每股盈余公积金(元)	0.0954	0.1092	0.0803	0.1204
	每股未分配利润(元)	0.6591	0.6577	0.5326	0.7628
	净资产收益率(%)	1.3922	4.3100	1.6400	3.6730
	加权净资产收益率(%)	1.5400	4.3600	1.6400	3.6700
	净资产收益率(扣除)(%)	–	–	–	–
	总资产(万元)	145586.66	115543.11	117598.59	104570.33
	归属母公司股东权益(万元)	95898.05	77962.76	75845.81	75469.92
	主营业务收入(万元)	24026.06	43760.67	25660.57	38597.12
	营业收入(万元)	24026.06	43825.06	25737.19	38685.40
	主营成本(万元)	17745.78	33454.27	21078.65	31090.61
	营业成本(万元)	17745.78	33511.85	21148.85	31174.29
	投资收益(万元)	–426.85	68.10	–	28.88
	净利润(万元)	1504.93	4190.95	1266.63	2763.03
	利润总额(万元)	1800.07	4775.68	1582.07	3297.52

上海凯宝药业股份有限公司

公司概况	公司名称	上海凯宝药业股份有限公司			证券简称	上海凯宝
	法人代表	刘宜善	董秘	穆竟伟	证券代码	300039
	公司网址	www.xykb.com		电子信箱	kbyydmb@126.com	
	电　话	021-37572069		传　真	021-37572069	
	办公地址	上海市工业综合开发区程普路88号				
	经营范围	清热解毒类中成药痰热清注射液的研发、生产和销售等				

主要财务指标	指标\报告期	2013.06.30	2012.12.31	2012.06.30	2011.12.31
	基本每股收益(元)	0.3200	0.9200	0.2300	0.6400
	基本每股收益(扣除)(元)	0.2900	0.8600	0.4100	0.5900
	每股净资产(元)	2.7621	2.6969	4.9400	5.0731
	每股经营现金净流量(元)	0.3416	0.9250	0.5715	0.3737
	每股现金流量(元)	–0.0111	0.1700	–0.0927	–0.1366
	每股资本公积金(元)	1.0299	3.0598	3.0598	3.0598
	每股盈余公积金(元)	0.1263	0.2526	0.1605	0.1605
	每股未分配利润(元)	0.6059	1.0815	0.7173	0.8528
	净资产收益率(%)	11.4097	17.0700	9.4071	12.5600
	加权净资产收益率(%)	11.2000	17.9400	9.1000	13.1500
	净资产收益率(扣除)(%)	–	–	–	–
	总资产(万元)	166517.13	156108.46	143412.20	145240.38
	归属母公司股东权益(万元)	145306.80	141879.80	129878.44	133443.00
	主营业务收入(万元)	71199.15	110118.92	56532.31	81947.86
	营业收入(万元)	71237.36	110200.49	56547.31	81996.86
	主营成本(万元)	11205.61	17848.58	9205.07	14885.73
	营业成本(万元)	11219.35	17868.14	9205.87	14901.46
	投资收益(万元)	–	–	–	188.94
	净利润(万元)	16579.00	24219.20	12217.84	16756.33
	利润总额(万元)	19413.14	28617.46	14373.92	19821.34

哈尔滨九洲电气股份有限公司

公司概况	公司名称	哈尔滨九洲电气股份有限公司			证券简称	九洲电气
	法人代表	李寅	董秘	李斌	证券代码	300040
	公司网址	www.jze.com.cn		电子信箱	stock@jze.com.cn	
	电　话	0451-86687723		传　真	0451-86696792	
	办公地址	黑龙江省哈尔滨市南岗区哈平路162号				
	经营范围	电力电子产品、高压变频器、高低压电气设备、箱式变电站、整流装置等				

主要财务指标	指标\报告期	2013.06.30	2012.12.31	2012.06.30	2011.12.31
	基本每股收益(元)	0.0300	3.2400	0.0800	0.2900
	基本每股收益(扣除)(元)	0.0300	–0.2100	0.0800	0.2400
	每股净资产(元)	4.5100	9.1600	6.4500	6.4300
	每股经营现金净流量(元)	–0.2930	0.4241	0.2331	–1.2616
	每股现金流量(元)	–0.2827	0.4066	–0.4966	–1.6193
	每股资本公积金(元)	1.3766	3.7532	3.7869	3.7529
	每股盈余公积金(元)	0.1051	0.2102	0.2102	0.2102
	每股未分配利润(元)	2.0274	4.1942	1.4512	1.4704
	净资产收益率(%)	0.6721	40.5600	1.2500	4.4625
	加权净资产收益率(%)	0.6600	40.5600	1.2500	4.5300
	净资产收益率(扣除)(%)	–	–	–	–
	总资产(万元)	149051.44	159971.68	126120.30	123705.44
	归属母公司股东权益(万元)	125262.47	127198.63	89567.60	89362.37
	主营业务收入(万元)	8419.77	38584.98	17349.72	49164.67
	营业收入(万元)	8651.86	42675.22	18802.27	56659.88
	主营成本(万元)	5825.62	28788.12	12467.87	35727.04
	营业成本(万元)	5951.49	33159.51	13951.24	43209.01
	投资收益(万元)	45.26	66.77	–	–
	净利润(万元)	841.84	38753.69	1122.66	4008.42
	利润总额(万元)	902.30	44574.87	1304.93	4558.63

湖北回天胶业股份有限公司

公司概况	公司名称	湖北回天胶业股份有限公司		证券简称	回天胶业
	法人代表	章锋	董秘	田海东	证券代码 300041
	公司网址	www.huitian.net.cn		电子信箱	htjy2009@163.com
	电　话	0710-3626888-8068		传　真	0710-3347316
	办公地址	湖北省襄阳市国家高新技术开发区航天路7号			
	经营范围	胶粘剂、汽车制动液、原子灰的生产与销售、精细化工产品的研究与开发、生产、销售			

主要财务指标	指标\报告期	2013.06.30	2012.12.31	2012.06.30	2011.12.31
	基本每股收益(元)	0.2464	0.6698	0.2240	0.6821
	基本每股收益(扣除)(元)	0.2357	0.6366	0.3484	0.6495
	每股净资产(元)	5.5087	8.6700	8.3600	8.3000
	每股经营现金净流量(元)	-0.0186	0.1587	0.3129	0.0807
	每股现金流量(元)	-0.3725	-1.0095	-0.5250	-1.2132
	每股资本公积金(元)	2.7639	5.0223	5.0223	5.0223
	每股盈余公积金(元)	0.4104	0.6566	0.6209	0.6209
	每股未分配利润(元)	1.3345	1.9909	1.7152	1.6568
	净资产收益率(%)	4.4726	7.7300	4.3300	8.2200
	加权净资产收益率(%)	4.4900	7.9400	4.2800	8.4300
	净资产收益率(扣除)(%)	-	-	-	-
	总资产(万元)	107958.89	103782.92	99511.86	94087.05
	归属母公司股东权益(万元)	93072.78	91549.89	88261.65	87645.09
	主营业务收入(万元)	29242.77	50062.98	23810.69	44981.90
	营业收入(万元)	29756.37	50573.45	24106.81	45648.56
	主营成本(万元)	18085.02	31201.29	14886.20	27369.51
	营业成本(万元)	18508.80	31527.56	15155.64	28058.01
	投资收益(万元)	-	-	-	-
	净利润(万元)	4164.75	7074.37	3784.37	7198.01
	利润总额(万元)	4822.82	8059.19	4270.78	8385.14

深圳市朗科科技股份有限公司

公司概况	公司名称	深圳市朗科科技股份有限公司		证券简称	朗科科技
	法人代表	成晓华	董秘	罗筱溪	证券代码 300042
	公司网址	www.netac.com.cn		电子信箱	ir@netac.com
	电　话	0755-2672705[illegible] 26995149		传　真	0755-26727575
	办公地址	广东省深圳市南山区高新区南区高新南六道10号朗科大厦16、18、19层			
	经营范围	从事电脑软硬件、移动存储产品、数码影音娱乐产品、多媒体产品、网络等			

主要财务指标	指标\报告期	2013.06.30	2012.12.31	2012.06.30	2011.12.31
	基本每股收益(元)	0.0540	0.1183	0.0589	0.1221
	基本每股收益(扣除)(元)	-	0.0458	0.0159	0.1000
	每股净资产(元)	6.0863	6.1300	6.0700	12.1300
	每股经营现金净流量(元)	0.0905	0.0375	0.0575	0.6445
	每股现金流量(元)	-0.1826	-1.1430	-0.6482	-1.1005
	每股资本公积金(元)	4.5094	4.5094	4.5094	10.0188
	每股盈余公积金(元)	0.0844	0.0844	0.0826	0.1568
	每股未分配利润(元)	0.4925	0.5385	0.4809	0.9525
	净资产收益率(%)	0.8871	1.9300	0.9700	2.0130
	加权净资产收益率(%)	0.8800	1.9100	0.9700	2.0300
	净资产收益率(扣除)(%)	-	-	-	-
	总资产(万元)	87874.04	88608.46	87929.48	91478.24
	归属母公司股东权益(万元)	81312.56	81927.48	81133.91	81014.84
	主营业务收入(万元)	10018.90	18453.84	7352.31	21985.47
	营业收入(万元)	11035.41	20492.55	8427.20	23359.24
	主营成本(万元)	8356.61	14861.95	6023.86	17847.47
	营业成本(万元)	8597.89	15268.16	6189.03	18292.94
	投资收益(万元)	-	-	-	-
	净利润(万元)	721.36	1580.64	787.05	1631.04
	利润总额(万元)	1139.48	1964.23	962.89	2152.46

广东星辉车模股份有限公司

公司概况	公司名称	广东星辉车模股份有限公司		证券简称	星辉车模
	法人代表	陈雁升	董秘	杨农	证券代码 300043
	公司网址	www.rastar.cn		电子信箱	stock@rastar.cn
	电　话	0754-89890019		传　真	0754-89890021
	办公地址	广东省汕头市龙湖区黄山路30号荣兴大厦24楼			
	经营范围	车模、玩具车及其他玩具及汽车品牌衍生品等			

主要财务指标	指标\报告期	2013.06.30	2012.12.31	2012.06.30	2011.12.31
	基本每股收益(元)	0.2200	0.6800	0.1600	0.5100
	基本每股收益(扣除)(元)	-	0.6600	0.2600	0.4800
	每股净资产(元)	3.8700	5.4200	4.9900	4.8200
	每股经营现金净流量(元)	0.1657	0.7692	0.1332	0.6432
	每股现金流量(元)	0.0768	-0.3044	-0.0703	-1.6525
	每股资本公积金(元)	1.6885	2.8171	2.8128	2.7944
	每股盈余公积金(元)	0.1395	0.1814	0.1511	0.1263
	每股未分配利润(元)	1.0551	1.4360	1.0360	0.9140
	净资产收益率(%)	5.5148	12.4900	4.9500	10.6200
	加权净资产收益率(%)	5.8600	13.2600	5.0200	11.1700
	净资产收益率(扣除)(%)	-	-	-	-
	总资产(万元)	154648.00	153923.53	104989.12	94314.60
	归属母公司股东权益(万元)	93667.62	85908.07	79018.59	76400.13
	主营业务收入(万元)	103778.45	111707.64	24112.75	44425.02
	营业收入(万元)	103923.78	111843.42	24121.51	44431.58
	主营成本(万元)	92262.91	88243.72	16001.04	29391.53
	营业成本(万元)	92315.07	88296.21	16001.63	29393.08
	投资收益(万元)	639.11	1445.24	607.06	1384.55
	净利润(万元)	5282.68	11527.54	3911.24	8111.77
	利润总额(万元)	6099.03	13205.29	4433.06	9568.77

深圳市赛为智能股份有限公司

公司概况	公司名称	深圳市赛为智能股份有限公司		证券简称	赛为智能
	法人代表	周勇	董秘	商毛红	证券代码 300044
	公司网址	www.szsunwin.com		电子信箱	shangmaohong@szsunwin.com
	电　话	0755-86169631 86169980		传　真	0755-86169393
	办公地址	广东省深圳市南山区高新区科技中二路软件园2号楼3楼			
	经营范围	为水利行业、城市轨道交通行业、建筑行业、铁路行业提供智能化系统解决方案等			

主要财务指标	指标\报告期	2013.06.30	2012.12.31	2012.06.30	2011.12.31
	基本每股收益(元)	0.0698	0.3800	0.0635	0.2600
	基本每股收益(扣除)(元)	0.0672	0.3200	0.1230	0.2500
	每股净资产(元)	2.6551	2.6307	5.5500	5.5100
	每股经营现金净流量(元)	-0.1377	0.5795	0.0645	-0.4235
	每股现金流量(元)	-0.2943	0.3521	-0.0262	-0.5919
	每股资本公积金(元)	1.1684	3.7705	3.7705	3.7705
	每股盈余公积金(元)	0.0610	0.1343	0.0977	0.0977
	每股未分配利润(元)	0.4256	0.8828	0.6806	0.6409
	净资产收益率(%)	2.6296	6.7100	2.5000	4.7053
	加权净资产收益率(%)	2.5900	6.7100	2.5000	4.8200
	净资产收益率(扣除)(%)	-	-	-	-
	总资产(万元)	77848.91	74826.31	66379.97	64529.51
	归属母公司股东权益(万元	58411.97	57875.96	55488.95	55091.97
	主营业务收入(万元)	16468.33	31372.92	11732.93	21370.13
	营业收入(万元)	16468.33	31372.92	11732.93	21374.99
	主营成本(万元)	12650.80	24260.95	8894.93	15510.23
	营业成本(万元)	12650.80	24260.95	8894.93	15510.23
	投资收益(万元)	-	-	-	-
	净利润(万元)	1538.30	3798.31	1345.04	2603.39
	利润总额(万元)	1816.02	4392.11	1605.27	3022.88

北京华力创通科技股份有限公司

公司概况	公司名称	北京华力创通科技股份有限公司			证券简称	华力创通
	法人代表	高小离	董秘	吴梦冰	证券代码	300045
	公司网址	www.hwacreate.com.cn		电子信箱	irm@hwacreate.com.cn	
	电　　话	010-82966393		传　　真	010-82803295	
	办公地址	北京市海淀区东北旺西路 8 号院乙 18 号				
	经营范围	基于计算机技术的仿真测试系统及其相关设备的研发、生产和销售等				

	指标\报告期	2013.06.30	2012.12.31	2012.06.30	2011.12.31
主要财务指标	基本每股收益(元)	0.0635	0.2600	0.0900	0.2300
	基本每股收益(扣除)(元)	0.1230	0.2500	0.0900	0.2100
	每股净资产(元)	5.5500	5.5100	2.7100	5.3400
	每股经营现金净流量(元)	0.0645	-0.4235	-0.0780	0.2474
	每股现金流量(元)	-0.0262	-0.5919	-0.3416	-0.4581
	每股资本公积金(元)	3.7705	3.7705	1.1319	3.2345
	每股盈余公积金(元)	0.0977	0.0977	0.0520	0.0884
	每股未分配利润(元)	0.6806	0.6409	0.5217	1.0213
	净资产收益率(%)	2.5000	4.7053	3.4724	8.5300
	加权净资产收益率(%)	2.5000	4.8200	3.4800	8.9100
	净资产收益率(扣除)(%)	-	-	-	-
	总资产(万元)	66379.97	64529.51	79198.47	78246.56
	归属母公司股东权益(万元)	55488.95	55091.97	72511.72	71611.82
	主营业务收入(万元)	11732.93	21370.13	13573.41	29898.02
	营业收入(万元)	11732.93	21374.99	13732.85	30246.69
	主营成本(万元)	8894.98	15510.23	7007.18	15392.14
	营业成本(万元)	8894.98	15510.23	7007.18	15392.14
	投资收益(万元)	-	-	-13.35	3.52
	净利润(万元)	1345.04	2603.39	2474.06	6128.49
	利润总额(万元)	1605.27	3022.88	2820.22	7076.33

湖北台基半导体股份有限公司

公司概况	公司名称	湖北台基半导体股份有限公司			证券简称	台基股份
	法人代表	邢雁	董秘	康进	证券代码	300046
	公司网址	www.tech-sem.com		电子信箱	securities@techsem.com.cn	
	电　　话	0710-3506236		传　　真	0710-3500847	
	办公地址	湖北省襄阳市襄城区胜利街 162 号				
	经营范围	功率晶闸管、整流管、电力半导体模块等大功率半导体元器件及其功率组件等				

	指标\报告期	2013.06.30	2012.12.31	2012.06.30	2011.12.31
主要财务指标	基本每股收益(元)	0.1758	0.4120	0.2730	0.6337
	基本每股收益(扣除)(元)	0.1568	0.4000	0.2700	0.6300
	每股净资产(元)	5.7353	5.9600	5.8200	6.1500
	每股经营现金净流量(元)	0.2550	0.6265	0.3046	0.1550
	每股现金流量(元)	-0.3417	-0.2321	-0.3958	-0.7840
	每股资本公积金(元)	3.9659	3.9659	3.9659	3.9659
	每股盈余公积金(元)	0.2138	0.2138	0.1726	0.1726
	每股未分配利润(元)	0.5556	0.7798	0.6820	1.0090
	净资产收益率(%)	3.0655	6.9200	4.6900	10.3085
	加权净资产收益率(%)	2.9700	6.9200	4.4900	10.6900
	净资产收益率(扣除)(%)	-	-	-	-
	总资产(万元)	88975.56	91566.37	89991.05	95220.93
	归属母公司股东权益(万元)	81487.49	84672.66	82698.75	87344.18
	主营业务收入(万元)	10933.45	26783.36	15341.00	32078.11
	营业收入(万元)	11023.07	26967.22	15473.49	32293.90
	主营成本(万元)	7092.76	17689.77	9870.61	19903.59
	营业成本(万元)	7092.76	17749.34	9874.62	19903.59
	投资收益(万元)	-	1.75	-	1.27
	净利润(万元)	2498.03	5853.28	3879.37	9003.91
	利润总额(万元)	2931.05	6889.62	4530.81	10608.76

深圳天源迪科信息技术股份有限公司

公司概况	公司名称	深圳天源迪科信息技术股份有限公司			证券简称	天源迪科
	法人代表	陈友	董秘	陈秀琴	证券代码	300047
	公司网址	0755-26745678		电子信箱	v-mailbox@tydic.com	
	电　　话	0755-26745678 26745605		传　　真	0755-26745600	
	办公地址	广东省深圳市高新区南区市高新技术工业村 T3 栋 B3 楼				
	经营范围	计算机硬件及软件的研发、生产和销售及技术咨询服务等				

	指标\报告期	2013.06.30	2012.12.31	2012.06.30	2011.12.31
主要财务指标	基本每股收益(元)	0.0350	0.6400	0.0650	0.5200
	基本每股收益(扣除)(元)	0.0360	0.6200	0.1170	0.4900
	每股净资产(元)	3.2788	3.3204	6.4800	6.6400
	每股经营现金净流量(元)	-0.1423	0.1544	0.0225	-0.1917
	每股现金流量(元)	-0.1290	-1.3406	-0.8026	-1.4369
	每股资本公积金(元)	1.5263	3.9969	4.3454	4.3268
	每股盈余公积金(元)	0.1127	0.2265	0.1716	0.1716
	每股未分配利润(元)	0.6399	1.4174	0.9667	1.1367
	净资产收益率(%)	1.0475	9.5700	2.0100	7.8000
	加权净资产收益率(%)	1.0400	9.3800	1.9600	7.8900
	净资产收益率(扣除)(%)	-	-	-	-
	总资产(万元)	135333.47	125011.14	117447.94	110222.69
	归属母公司股东权益(万元)	103430.94	104194.97	101729.27	104104.61
	主营业务收入(万元)	30657.99	66508.80	20066.76	41744.53
	营业收入(万元)	30657.99	66508.80	20066.76	41744.53
	主营成本(万元)	21060.91	39836.38	11664.98	21822.83
	营业成本(万元)	21060.91	39836.38	11664.98	21822.83
	投资收益(万元)	1.37	40.78	-138.70	206.17
	净利润(万元)	1100.16	10171.52	2157.67	8888.72
	利润总额(万元)	936.03	11251.39	2494.58	10096.84

北京合康亿盛变频科技股份有限公司

公司概况	公司名称	北京合康亿盛变频科技股份有限公司			证券简称	合康变频
	法人代表	刘锦成	董秘	王冬	证券代码	300048
	公司网址	www.hiconics.com		电子信箱	hicon@hiconics.com	
	电　　话	010-59180256		传　　真	010-59180234	
	办公地址	北京市经济技术开发区博兴二路 3 号				
	经营范围	研发、生产、销售各种高压变频器等				

	指标\报告期	2013.06.30	2012.12.31	2012.06.30	2011.12.31
主要财务指标	基本每股收益(元)	0.1300	0.4000	0.1700	0.3700
	基本每股收益(扣除)(元)	0.1300	0.3800	0.1600	0.3700
	每股净资产(元)	4.4216	4.4400	4.2100	5.9400
	每股经营现金净流量(元)	-0.1099	0.0985	-0.0829	-0.6266
	每股现金流量(元)	-0.2484	-0.5607	-0.4651	-1.3922
	每股资本公积金(元)	2.5145	2.5145	2.5145	4.0285
	每股盈余公积金(元)	0.1396	0.1264	0.0851	0.1169
	每股未分配利润(元)	0.7676	0.7970	0.6063	0.7993
	净资产收益率(%)	3.0241	9.0000	3.9800	8.7900
	加权净资产收益率(%)	3.0000	9.2200	3.9000	9.2300
	净资产收益率(扣除)(%)	-	-	-	-
	总资产(万元)	181874.61	179554.24	174406.44	181631.53
	归属母公司股东权益(万元)	149513.38	150064.15	142218.65	146315.81
	主营业务收入(万元)	33384.68	69453.59	29517.43	58803.46
	营业收入(万元)	33872.01	70256.58	29999.28	59150.71
	主营成本(万元)	22295.73	43509.24	18603.47	35867.21
	营业成本(万元)	22499.56	43916.04	18979.86	36234.27
	投资收益(万元)	-671.32	428.60	77.59	609.16
	净利润(万元)	4620.52	13615.97	5690.18	12903.46
	利润总额(万元)	5244.57	16037.58	6435.28	15103.32

内蒙古福瑞医疗科技股份有限公司

公司概况	公司名称	内蒙古福瑞医疗科技股份有限公司			证券简称	福瑞股份
	法人代表	王冠一	董秘	林欣	证券代码	300049
	公司网址	www.fu-rui.com		电子信箱	dshbgs@fu-rui.com	
	电　话	010-84683855		传　真	010-84683766	
	办公地址	北京市朝阳区新源里 16 号琨莎中心 2 座 7 层				
	经营范围	提供肝病领域诊断及治疗手段以及配套服务等				

主要财务指标	指标＼报告期	2013.06.30	2012.12.31	2012.06.30	2011.12.31
	基本每股收益(元)	0.0450	0.3300	0.2300	0.4200
	基本每股收益(扣除)(元)	0.0399	0.3400	0.2100	0.4600
	每股净资产(元)	5.6843	5.6600	5.5300	5.6200
	每股经营现金净流量(元)	0.0078	0.6867	0.5022	0.6057
	每股现金流量(元)	–0.2587	0.1415	–0.1410	–1.0929
	每股资本公积金(元)	3.5805	3.5805	3.5805	3.5805
	每股盈余公积金(元)	0.2792	0.2792	0.2587	0.2587
	每股未分配利润(元)	0.8989	0.8540	0.7720	0.8456
	净资产收益率(%)	0.7899	5.8100	4.0900	7.4500
	加权净资产收益率(%)	0.7900	5.8100	4.0900	7.5400
	净资产收益率(扣除)(%)	–	–	–	–
	总资产(万元)	95895.01	92758.46	86434.96	87344.30
	归属母公司股东权益(万元)	71088.19	70796.13	69153.21	70308.21
	主营业务收入(万元)	22089.55	40210.60	16516.00	28793.31
	营业收入(万元)	22251.96	40763.90	16648.67	30165.82
	主营成本(万元)	10142.99	12458.18	4163.37	8445.36
	营业成本(万元)	10209.64	12591.47	4230.02	8578.65
	投资收益(万元)	–18.11	–73.81	–33.42	–51.95
	净利润(万元)	400.70	3682.11	2645.21	5236.47
	利润总额(万元)	796.06	4862.09	3269.24	6765.01

珠海世纪鼎利通信科技股份有限公司

公司概况	公司名称	珠海世纪鼎利通信科技股份有限公司			证券简称	世纪鼎利
	法人代表	王耘	董秘	陈勇	证券代码	300050
	公司网址	www.dinglicom.com		电子信箱	ir@dinglicom.com	
	电　话	0756-3626066		传　真	0756-3626065	
	办公地址	广东省珠海市港湾大道科技五路 8 号一层				
	经营范围	软件开发、系统集成、电力技术推广、技术服务、通信设备、仪器仪表等				

主要财务指标	指标＼报告期	2013.06.30	2012.12.31	2012.06.30	2011.12.31
	基本每股收益(元)	–0.0600	0.0600	0.0500	0.4100
	基本每股收益(扣除)(元)	–0.1100	0.0300	0.0500	0.4000
	每股净资产(元)	6.8716	7.1600	7.1400	7.3100
	每股经营现金净流量(元)	0.0478	0.0500	–0.3870	0.2791
	每股现金流量(元)	–0.3579	–0.6518	–0.6571	–0.0723
	每股资本公积金(元)	4.4367	4.6396	4.6363	4.7011
	每股盈余公积金(元)	0.2223	0.2223	0.2007	0.2007
	每股未分配利润(元)	1.2268	1.3053	1.3176	1.4180
	净资产收益率(%)	–0.9253	0.8200	0.6900	5.5990
	加权净资产收益率(%)	–0.9000	0.8100	0.6800	5.7000
	净资产收益率(扣除)(%)	–	–	–	–
	总资产(万元)	159407.07	165215.25	164118.99	169200.91
	归属母公司股东权益(万元)	148427.42	154582.54	154315.48	157901.88
	主营业务收入(万元)	15797.91	36885.00	17813.47	37613.10
	营业收入(万元)	15797.91	36885.00	17813.47	37613.10
	主营成本(万元)	9924.21	20709.68	9243.96	16161.55
	营业成本(万元)	9924.21	20709.68	9243.96	16161.55
	投资收益(万元)	11.31	–23.39	14.58	310.41
	净利润(万元)	–1472.81	1411.19	759.72	9229.52
	利润总额(万元)	–1950.55	1993.91	1186.74	10593.02

厦门三五互联科技股份有限公司

公司概况	公司名称	厦门三五互联科技股份有限公司			证券简称	三五互联
	法人代表	龚少晖	董秘	杨小亮	证券代码	300051
	公司网址	www.35.com		电子信箱	yangxl@35.cn	
	电　话	0592-5397222　5391849		传　真	0592-5392104	
	办公地址	福建省厦门市火炬高新技术产业开发区软件园二期观日路 8 号一层				
	经营范围	网络工程、信息系统工程、计算机软件及其他电子产品的技术开发等				

主要财务指标	指标＼报告期	2013.06.30	2012.12.31	2012.06.30	2011.12.31
	基本每股收益(元)	–0.0014	0.0200	–0.0170	0.1500
	基本每股收益(扣除)(元)	–	–0.2300	–0.0400	0.1300
	每股净资产(元)	1.5202	3.0432	3.1000	3.2100
	每股经营现金净流量(元)	0.0293	–0.1461	–0.1561	0.2276
	每股现金流量(元)	0.2287	–1.0934	–0.8996	–0.5160
	每股资本公积金(元)	0.3789	1.7579	1.8685	1.8685
	每股盈余公积金(元)	0.0456	0.0912	0.0670	0.0670
	每股未分配利润(元)	0.0957	0.1941	0.1637	0.2777
	净资产收益率(%)	–0.0909	0.6793	–1.1000	4.7800
	加权净资产收益率(%)	–0.0900	0.6500	–1.0700	4.8100
	净资产收益率(扣除)(%)	–	–	–	–
	总资产(万元)	59804.30	59203.09	64896.32	67354.67
	归属母公司股东权益(万元)	48798.49	48842.86	49741.62	51570.54
	主营业务收入(万元)	12590.60	25395.05	12271.73	26171.09
	营业收入(万元)	13037.92	26680.10	12911.00	27271.97
	主营成本(万元)	4930.04	8175.31	3751.24	7775.72
	营业成本(万元)	4985.58	8505.37	3925.08	8017.21
	投资收益(万元)	–	–	–	–
	净利润(万元)	–272.06	–1088.94	–1367.76	2169.60
	利润总额(万元)	–99.48	–1112.48	–1373.06	2797.11

深圳中青宝互动网络股份有限公司

公司概况	公司名称	深圳中青宝互动网络股份有限公司			证券简称	中青宝
	法人代表	李瑞杰	董秘	郑楠芳	证券代码	300052
	公司网址	www.zqgame.com		电子信箱	ir@zqgame.com	
	电　话	0755-26944114　26525516		传　真	0755-26520801	
	办公地址	广东省深圳市南山区科技园南区 W1-B 栋 4 楼				
	经营范围	计算机软、硬件及网络系统的技术开发等				

主要财务指标	指标＼报告期	2013.06.30	2012.12.31	2012.06.30	2011.12.31
	基本每股收益(元)	0.1300	0.1300	0.0800	0.1100
	基本每股收益(扣除)(元)	0.1200	0.0800	0.0600	0.0800
	每股净资产(元)	6.9737	6.8700	6.8700	6.7900
	每股经营现金净流量(元)	0.1976	0.1168	0.1755	0.0805
	每股现金流量(元)	–0.3359	–0.8990	–0.3377	–1.3839
	每股资本公积金(元)	5.3655	5.3378	5.3363	5.3363
	每股盈余公积金(元)	0.1262	0.1262	0.1000	0.0964
	每股未分配利润(元)	0.4812	0.4065	0.4335	0.3579
	净资产收益率(%)	1.9317	1.8700	1.1800	1.6400
	加权净资产收益率(%)	1.9400	1.8800	1.1900	1.6200
	净资产收益率(扣除)(%)	–	–	–	–
	总资产(万元)	99146.66	97905.95	98593.55	96224.30
	归属母公司股东权益(万元	90658.59	89324.84	89311.63	88283.03
	主营业务收入(万元)	11417.28	18371.99	7876.03	12191.20
	营业收入(万元)	11427.28	18498.84	7876.31	13201.11
	主营成本(万元)	4155.54	5654.81	1953.92	3095.04
	营业成本(万元)	4165.97	5756.17	1953.92	4099.31
	投资收益(万元)	110.51	–10.75	–30.45	–2.86
	净利润(万元)	1595.31	1611.04	1086.34	1221.21
	利润总额(万元)	1566.75	1532.80	1188.15	1144.32

珠海欧比特控制工程股份有限公司

公司概况	公司名称	珠海欧比特控制工程股份有限公司			证券简称	欧 比 特
	法人代表	颜军	董秘	颜志宇	证券代码	300053
	公司网址	www.myorbita.net		电子信箱	zqb@myorbita.net	
	电　　话	0756-3391979		传　　真	0756-3391980	
	办公地址	广东省珠海市唐家东岸白沙路 1 号欧比特科技园				
	经营范围	集成电路和计算机软件及硬件产品、宇航总线测试系统及产品、智能控制系统及产品等				

主要财务指标	指标\报告期	2013.06.30	2012.12.31	2012.06.30	2011.12.31
	基本每股收益(元)	0.0870	0.1270	0.0900	0.1630
	基本每股收益(扣除)(元)	0.0710	0.1190	0.0830	0.1500
	每股净资产(元)	3.1261	3.0200	3.0200	2.9830
	每股经营现金净流量(元)	-0.1295	0.1456	0.0010	-0.0761
	每股现金流量(元)	-0.2667	-0.2179	-0.2155	-0.3336
	每股资本公积金(元)	1.4770	1.4770	1.4770	1.4770
	每股盈余公积金(元)	0.0769	0.0769	0.0658	0.0658
	每股未分配利润(元)	0.5768	0.5146	0.4844	0.4490
	净资产收益率(%)	2.7914	4.0300	2.9700	5.4500
	加权净资产收益率(%)	2.8200	3.7600	2.9600	5.5900
	净资产收益率(扣除)(%)	-	-	-	-
	总资产(万元)	64468.24	62920.09	61374.75	61724.21
	归属母公司股东权益(万元)	62521.65	61188.19	60313.30	59654.65
	主营业务收入(万元)	7093.68	15962.31	8545.03	17679.65
	营业收入(万元)	7150.82	16053.74	8584.17	17808.71
	主营成本(万元)	3618.68	9951.00	5124.41	10824.62
	营业成本(万元)	3627.86	9986.94	5149.63	10851.29
	投资收益(万元)	-	-	-	-
	净利润(万元)	1779.63	2566.43	1841.18	3283.19
	利润总额(万元)	2167.97	3004.53	2193.31	4020.21

湖北鼎龙化学股份有限公司

公司概况	公司名称	湖北鼎龙化学股份有限公司			证券简称	鼎龙股份
	法人代表	朱双全	董秘	伍得	证券代码	300054
	公司网址	www.dinglongchem.com		电子信箱	hbdl@dinglongchem.com	
	电　　话	027-59720677 59720699		传　　真	027-59720677	
	办公地址	湖北省武汉市经济技术开发区东荆河路 1 号				
	经营范围	从事电子成像显像专用信息化学品的研发、生产和销售及相关贸易业务				

主要财务指标	指标\报告期	2013.06.30	2012.12.31	2012.06.30	2011.12.31
	基本每股收益(元)	0.1200	0.4700	0.0900	0.3900
	基本每股收益(扣除)(元)	0.1000	0.3800	0.1700	0.3000
	每股净资产(元)	2.4100	6.9500	4.4700	6.8200
	每股经营现金净流量(元)	0.1309	0.2691	0.0526	0.3638
	每股现金流量(元)	-0.0648	-0.3708	-0.3731	-1.5400
	每股资本公积金(元)	0.9214	2.8020	2.7186	4.5779
	每股盈余公积金(元)	0.0913	0.1593	0.1388	0.1808
	每股未分配利润(元)	0.4008	0.8637	0.6079	1.0644
	净资产收益率(%)	4.9962	9.6300	4.1000	8.5500
	加权净资产收益率(%)	5.0200	10.0300	3.9500	8.7000
	净资产收益率(扣除)(%)	-	-	-	-
	总资产(万元)	90241.34	89158.43	65994.97	65940.66
	归属母公司股东权益(万元)	65743.97	65717.86	60281.39	61407.89
	主营业务收入(万元)	21341.06	31649.36	12942.13	24122.62
	营业收入(万元)	21341.06	31650.56	12942.13	24122.62
	主营成本(万元)	15129.82	23183.01	10294.05	19414.40
	营业成本(万元)	15129.82	23183.01	10294.05	19414.40
	投资收益(万元)	397.92	749.89	586.08	383.11
	净利润(万元)	3879.35	7040.93	2473.50	5247.71
	利润总额(万元)	4509.92	8052.60	2788.50	6083.33

北京万邦达环保技术股份有限公司

公司概况	公司名称	北京万邦达环保技术股份有限公司			证券简称	万 邦 达
	法人代表	王飘扬	董秘	龙嘉	证券代码	300055
	公司网址	www.waterbd.cn		电子信箱	longjia@waterbd.cn	
	电　　话	010-58800036		传　　真	010-58800018	
	办公地址	北京市海淀区新街口外大街 19 号京师大厦 9325 室				
	经营范围	环境保护工程领域内的技术研发、技术咨询、技术服务、投资、建设等				

主要财务指标	指标\报告期	2013.06.30	2012.12.31	2012.06.30	2011.12.31
	基本每股收益(元)	0.2831	0.4316	0.1722	0.3303
	基本每股收益(扣除)(元)	-	0.4327	0.1700	0.3285
	每股净资产(元)	7.7236	7.5905	7.3310	7.2589
	每股经营现金净流量(元)	0.0916	0.7865	0.0835	0.3363
	每股现金流量(元)	-0.2230	0.1323	-0.3112	-0.3129
	每股资本公积金(元)	5.5920	5.5920	5.5920	5.5920
	每股盈余公积金(元)	0.1290	0.1290	0.0903	0.0903
	每股未分配利润(元)	1.0026	0.8695	0.6487	0.5766
	净资产收益率(%)	3.6657	5.6900	2.3500	4.5500
	加权净资产收益率(%)	3.6700	5.8200	2.3500	4.6400
	净资产收益率(扣除)(%)	-	-	-	-
	总资产(万元)	224330.15	216926.81	202185.17	210735.16
	归属母公司股东权益(万元)	176715.43	173669.54	167734.13	166082.92
	主营业务收入(万元)	35717.74	58092.16	19912.35	34917.27
	营业收入(万元)	35720.61	58092.16	19912.35	34917.27
	主营成本(万元)	26199.64	44707.45	14507.16	25573.04
	营业成本(万元)	26199.64	44707.45	14507.16	25573.04
	投资收益(万元)	-	-	-	-
	净利润(万元)	6483.54	9870.68	3939.21	7557.51
	利润总额(万元)	7751.00	11378.66	4879.50	9106.01

厦门三维丝环保股份有限公司

公司概况	公司名称	厦门三维丝环保股份有限公司			证券简称	三 维 丝
	法人代表	罗祥波	董秘	王荣聪	证券代码	300056
	公司网址	www.savings.com.cn		电子信箱	savings@savings.com.cn	
	电　　话	0592-7769767 7769786		传　　真	0592-7769502	
	办公地址	福建省厦门市火炬高新区(翔安)产业区春光路 1178-1188 号				
	经营范围	袋式除尘器核心部件高性能高温滤料的研发、生产、销售和服务等				

主要财务指标	指标\报告期	2013.06.30	2012.12.31	2012.06.30	2011.12.31
	基本每股收益(元)	0.1000	0.0800	0.0089	0.3000
	基本每股收益(扣除)(元)	0.0800	0.1000	0.0833	0.2200
	每股净资产(元)	4.0995	4.0400	4.0200	7.1400
	每股经营现金净流量(元)	0.1786	0.6186	-0.1366	-1.4615
	每股现金流量(元)	-0.4595	0.7363	0.5934	-0.4932
	每股资本公积金(元)	2.4606	2.4606	2.5292	5.1665
	每股盈余公积金(元)	0.0875	0.0875	0.0767	0.1381
	每股未分配利润(元)	0.5514	0.4882	0.4180	0.8355
	净资产收益率(%)	2.5167	2.1100	0.2200	7.4630
	加权净资产收益率(%)	2.5200	2.1300	0.2200	7.4300
	净资产收益率(扣除)(%)	-	-	-	-
	总资产(万元)	68211.05	65867.65	69044.79	60878.47
	归属母公司股东权益(万元)	38371.00	37779.71	38011.10	37471.22
	主营业务收入(万元)	-	29307.50	12817.45	28247.81
	营业收入(万元)	16961.14	29978.14	12930.47	28584.62
	主营成本(万元)	-	21193.39	9088.69	20366.48
	营业成本(万元)	12174.58	21682.32	9124.76	20366.48
	投资收益(万元)	15.24	48.37	12.85	482.91
	净利润(万元)	958.85	719.48	78.81	2757.98
	利润总额(万元)	1198.60	1253.24	316.90	3258.57

汕头万顺包装材料股份有限公司

公司概况	公司名称	汕头万顺包装材料股份有限公司			证券简称	万顺股份
	法人代表	杜成城	董秘	黄薇	证券代码	300057
	公司网址	www.wanshun.cn		电子信箱	wanshun1@wanshun.cn	
	电　话	0754-83597700		传　真	0754-83590689	
	办公地址	广东省汕头市汕头保税区万顺工业园				
	经营范围	纸制品、光电产品、包装材料、塑料制品、工艺美术品的加工、制造等				

主要财务指标	指标\报告期	2013.06.30	2012.12.31	2012.06.30	2011.12.31
	基本每股收益(元)	0.1472	0.3058	0.1323	0.1951
	基本每股收益(扣除)(元)	0.1458	0.2900	0.1236	0.1900
	每股净资产(元)	3.5733	3.4447	3.2700	3.1900
	每股经营现金净流量(元)	-0.1187	0.5806	0.2304	0.0983
	每股现金流量(元)	-0.3795	-0.8809	-0.8394	-0.1649
	每股资本公积金(元)	1.7792	1.7477	1.7477	1.7477
	每股盈余公积金(元)	0.0864	0.0864	0.0733	0.0733
	每股未分配利润(元)	0.7078	0.6106	0.4502	0.3679
	净资产收益率(%)	4.1188	3.9200	3.6000	5.1200
	加权净资产收益率(%)	4.2200	9.2300	4.0900	6.2500
	净资产收益率(扣除)(%)	-	-	-	-
	总资产(万元)	355567.04	329534.92	331466.16	160742.92
	归属母公司股东权益(万元)	150793.98	145366.95	138046.29	134571.21
	主营业务收入(万元)	95365.14	166822.50	61796.98	60995.40
	营业收入(万元)	97885.67	170439.94	63286.69	63049.18
	主营成本(万元)	76844.83	135992.20	50756.37	47950.34
	营业成本(万元)	79278.57	138607.58	51761.71	49314.43
	投资收益(万元)	-	-	-	-
	净利润(万元)	7092.33	15219.81	6344.11	8234.01
	利润总额(万元)	9127.73	19122.56	7559.08	9674.88

北京蓝色光标品牌管理顾问股份有限公司

公司概况	公司名称	北京蓝色光标品牌管理顾问股份有限公司			证券简称	蓝色光标
	法人代表	赵文权	董秘	许志平	证券代码	300058
	公司网址	www.bluefocusgroup.com		电子信箱	bfg@bluefocus.com	
	电　话	010-56478871 56478872		传　真	010-56478689 56478834	
	办公地址	北京市朝阳区酒仙桥北路9号恒通国际创新园C9楼				
	经营范围	公共关系服务、核心业务是为企业提供品牌管理服务、主要内容为品牌传播、产品推广等				

主要财务指标	指标\报告期	2013.06.30	2012.12.31	2012.06.30	2011.12.31
	基本每股收益(元)	0.3500	0.6200	0.2900	0.3400
	基本每股收益(扣除)(元)	-	0.5400	0.2900	0.3100
	每股净资产(元)	3.8319	3.4700	3.1400	5.4200
	每股经营现金净流量(元)	0.0376	0.4892	0.0552	0.6352
	每股现金流量(元)	-0.5538	0.4227	-0.3826	-0.9357
	每股资本公积金(元)	1.5978	1.4566	1.4501	3.3072
	每股盈余公积金(元)	0.0495	0.0502	0.0384	0.0847
	每股未分配利润(元)	1.1926	0.9639	0.6563	1.0413
	净资产收益率(%)	8.9131	17.1400	8.3500	12.4020
	加权净资产收益率(%)	9.5600	20.5500	10.0600	13.1400
	净资产收益率(扣除)(%)	-	-	-	-
	总资产(万元)	283552.81	256544.51	205065.96	150733.71
	归属母公司股东权益(万元)	154322.48	137507.30	124625.17	97626.60
	主营业务收入(万元)	118325.86	217513.44	89719.11	126559.82
	营业收入(万元)	118325.86	217537.81	89743.45	126605.83
	主营成本(万元)	73754.94	140644.74	55651.66	81580.39
	营业成本(万元)	73754.94	140644.74	55651.66	81580.39
	投资收益(万元)	2004.44	883.06	268.83	124.87
	净利润(万元)	14194.84	26088.49	11631.34	14527.51
	利润总额(万元)	18554.89	35744.69	15335.35	18901.90

东方财富信息股份有限公司

公司概况	公司名称	东方财富信息股份有限公司			证券简称	东方财富
	法人代表	其实	董秘	陆威	证券代码	300059
	公司网址	www.eastmoney.com		电子信箱	dongmi@eastmoney.com	
	电　话	021-64382978		传　真	021-64389508	
	办公地址	上海市龙田路195号3号楼C座9楼				
	经营范围	企业投资咨询、策划、商务企业投资咨询、策划、商务咨询、会务会展咨询服务等				

主要财务指标	指标\报告期	2013.06.30	2012.12.31	2012.06.30	2011.12.31
	基本每股收益(元)	-0.0200	0.1100	0.0600	0.3200
	基本每股收益(扣除)(元)	-0.0300	0.0900	0.1100	0.2900
	每股净资产(元)	2.4852	5.1175	5.1300	8.0967
	每股经营现金净流量(元)	0.0454	0.0600	-0.0169	0.7431
	每股现金流量(元)	-0.2057	0.1353	0.0838	-0.2812
	每股资本公积金(元)	1.1825	3.3624	3.3580	5.9674
	每股盈余公积金(元)	0.0576	0.1152	0.1015	0.1624
	每股未分配利润(元)	0.2451	0.6399	0.6686	0.9669
	净资产收益率(%)	-1.0015	2.1900	2.4700	6.2700
	加权净资产收益率(%)	-0.9800	2.2000	2.4900	6.4400
	净资产收益率(扣除)(%)	-	-	-	-
	总资产(万元)	179340.33	180137.10	180091.47	182371.11
	归属母公司股东权益(万元)	167005.17	171948.51	172301.50	170030.26
	主营业务收入(万元)	-	22270.15	12822.12	28030.82
	营业收入(万元)	7716.11	22270.15	12822.12	28030.82
	主营成本(万元)	-	6473.23	3461.72	6015.02
	营业成本(万元)	3192.98	6473.23	3461.72	6015.02
	投资收益(万元)	-	-	-	-
	净利润(万元)	-1686.18	3760.28	4257.16	10653.68
	利润总额(万元)	-1989.58	4336.48	4797.91	12141.37

上海康耐特光学股份有限公司

公司概况	公司名称	上海康耐特光学股份有限公司			证券简称	康耐特
	法人代表	费铮翔	董秘	张惠祥	证券代码	300061
	公司网址	www.conantoptical.com		电子信箱	zhanghx@conantoptical.com	
	电　话	021-58598866-1298		传　真	021-58598535	
	办公地址	上海市浦东新区川大路555号				
	经营范围	工程塑料、树脂镜片及材料、成镜及配件、眼镜镜架、光学仪器的技术开发及生产等				

主要财务指标	指标\报告期	2013.06.30	2012.12.31	2012.06.30	2011.12.31
	基本每股收益(元)	0.0900	-0.0100	0.0100	0.1000
	基本每股收益(扣除)(元)	0.0900	-0.0300	0.0030	0.0600
	每股净资产(元)	4.0002	3.9360	3.9700	6.3200
	每股经营现金净流量(元)	0.0446	0.1035	-0.0684	-0.9939
	每股现金流量(元)	-0.2733	-0.3651	-0.6188	-1.0263
	每股资本公积金(元)	2.2928	2.3027	2.3103	4.2965
	每股盈余公积金(元)	0.0655	0.0655	0.0635	0.1017
	每股未分配利润(元)	0.6434	0.5676	0.5921	0.9253
	净资产收益率(%)	2.2212	-0.2200	0.3500	2.5190
	加权净资产收益率(%)	2.2300	-0.2200	0.3500	2.5500
	净资产收益率(扣除)(%)	-	-	-	-
	总资产(万元)	63582.26	64919.56	62240.23	63565.17
	归属母公司股东权益(万元)	38402.35	37785.60	38072.44	37935.85
	主营业务收入(万元)	19664.73	33216.77	16105.10	27407.21
	营业收入(万元)	20014.09	35412.86	16346.96	28271.36
	主营成本(万元)	14432.55	24924.53	12121.31	19841.82
	营业成本(万元)	14592.83	26557.45	12236.65	20199.34
	投资收益(万元)	32.87	-	-	-
	净利润(万元)	865.05	44.08	177.69	1134.47
	利润总额(万元)	1240.14	346.47	320.50	1404.98

福建中能电气股份有限公司

公司概况	公司名称	福建中能电气股份有限公司		证券简称	中能电气
	法人代表	陈添旭	董秘	陈添旭(代)	证券代码	300062
	公司网址	www.ceepower.com		电子信箱	ceepower300062@ceepower.com
	电　话	0591-83856936		传　真	0591-83849880
	办公地址	福建省福州市仓山区金山工业区金洲北路			
	经营范围	输配电设备产品的研发、生产和销售等			

主要财务指标	2013.06.30	2012.12.31	2012.06.30	2011.12.31
基本每股收益(元)	0.1400	0.2700	0.1300	0.3600
基本每股收益(扣除)(元)	0.1300	0.2600	0.1300	0.3500
每股净资产(元)	4.6800	4.6312	4.4800	4.4800
每股经营现金净流量(元)	-0.1637	-0.1372	-0.1673	0.1612
每股现金流量(元)	-0.2967	-0.6133	-0.2681	-0.8627
每股资本公积金(元)	2.3910	2.3851	2.3760	2.3669
每股盈余公积金(元)	0.1289	0.1289	0.1034	0.1034
每股未分配利润(元)	1.1570	1.1173	1.0084	1.0073
净资产收益率(%)	2.9762	5.9600	2.9100	7.9840
加权净资产收益率(%)	2.9500	5.9600	2.9000	8.2200
净资产收益率(扣除)(%)	-	-	-	-
总资产(万元)	95915.51	93243.32	90124.75	87596.26
归属母公司股东权益(万元)	72311.23	71737.36	69416.29	68954.99
主营业务收入(万元)	15346.17	31389.87	13287.91	32137.93
营业收入(万元)	15604.22	31497.18	13317.09	32250.16
主营成本(万元)	8966.95	17279.18	7252.26	18053.95
营业成本(万元)	8994.61	17335.57	7252.26	18053.95
投资收益(万元)	-	-	-	10.89
净利润(万元)	2053.75	4257.79	1891.64	6089.69
利润总额(万元)	2492.11	4987.89	2257.48	7089.79

广东天龙油墨集团股份有限公司

公司概况	公司名称	广东天龙油墨集团股份有限公司		证券简称	天龙集团
	法人代表	冯毅	董秘	赖军	证券代码	300063
	公司网址	www.tlym.cn		电子信箱	8507810@tlym.cn
	电　话	0758-8507810		传　真	0758-8507306
	办公地址	广东省肇庆市金渡工业园内			
	经营范围	一直专注于水性油墨的研发、生产和销售等			

主要财务指标	2013.06.30	2012.12.31	2012.06.30	2011.12.31
基本每股收益(元)	0.0337	0.1400	0.0796	0.1900
基本每股收益(扣除)(元)	0.0366	0.1300	0.0600	0.1900
每股净资产(元)	6.3046	6.3700	6.3100	9.4900
每股经营现金净流量(元)	-0.3793	-0.4953	-0.1323	-0.3237
每股现金流量(元)	-0.6157	-0.7861	-0.7278	-1.3517
每股资本公积金(元)	4.2237	4.2237	4.2237	6.8356
每股盈余公积金(元)	0.0856	0.0856	0.0767	0.1151
每股未分配利润(元)	0.9841	1.0598	1.0061	1.5398
净资产收益率(%)	0.5347	2.2300	1.2600	2.9900
加权净资产收益率(%)	0.5300	2.2500	1.2600	3.0100
净资产收益率(扣除)(%)	-	-	-	-
总资产(万元)	93337.83	75320.69	69498.98	69125.37
归属母公司股东权益(万元)	63360.99	64009.61	63381.00	63586.09
主营业务收入(万元)	21896.79	35747.05	16398.65	35216.83
营业收入(万元)	21922.26	35780.79	16401.24	35225.51
主营成本(万元)	17079.79	27361.34	12532.73	27493.36
营业成本(万元)	17087.59	27380.43	12534.34	27497.70
投资收益(万元)	-	-	-	-
净利润(万元)	261.76	1446.01	785.65	1961.57
利润总额(万元)	593.69	2000.58	1008.22	2531.31

郑州华晶金刚石股份有限公司

公司概况	公司名称	郑州华晶金刚石股份有限公司		证券简称	豫金刚石
	法人代表	郭留希	董秘	张凯	证券代码	300064
	公司网址	www.sinocrystal.com.cn		电子信箱	chinadiamond@sinocrystal.com.cn
	电　话	0371-63377777		传　真	0371-63377777
	办公地址	河南省郑州市高新开发区冬青街 24 号			
	经营范围	人造金刚石及制品、设备的生产、销售、人造金刚石相关技术、材料、设备等			

主要财务指标	2013.06.30	2012.12.31	2012.06.30	2011.12.31
基本每股收益(元)	0.1027	0.2000	0.1183	0.2300
基本每股收益(扣除)(元)	-	0.1900	0.1100	0.2300
每股净资产(元)	2.2628	2.2200	2.1200	4.0800
每股经营现金净流量(元)	-0.0052	0.1565	0.1760	0.4309
每股现金流量(元)	-0.0932	-0.2208	0.0080	-0.5995
每股资本公积金(元)	0.6141	0.6290	0.6205	2.2123
每股盈余公积金(元)	0.0721	0.0721	0.0525	0.1049
每股未分配利润(元)	0.5766	0.5140	0.4505	0.7643
净资产收益率(%)	4.5366	9.0900	5.5700	11.4150
加权净资产收益率(%)	4.5500	9.5000	5.6600	11.8900
净资产收益率(扣除)(%)	-	-	-	-
总资产(万元)	229359.74	209599.53	184986.82	159147.54
归属母公司股东权益(万元)	137579.17	134674.69	129106.57	124076.41
主营业务收入(万元)	23791.60	50887.24	25282.10	42144.61
营业收入(万元)	26705.75	55053.66	27458.06	46450.79
主营成本(万元)	14697.35	29725.99	14465.36	22573.11
营业成本(万元)	16628.10	32455.64	15892.01	25202.35
投资收益(万元)	-	-	-	-
净利润(万元)	6363.48	12361.09	7243.07	14139.94
利润总额(万元)	7278.26	14815.11	8589.91	16641.89

北京海兰信数据科技股份有限公司

公司概况	公司名称	北京海兰信数据科技股份有限公司		证券简称	海兰信
	法人代表	申万秋	董秘	王一博	证券代码	300065
	公司网址	www.highlander.com.cn		电子信箱	hlx@highlander.com.cn
	电　话	010-82151445		传　真	010-82150083
	办公地址	北京市海淀区清华科技园科技大厦 C 座 1902 室			
	经营范围	技术开发、转让、咨询、服务、培训、销售开发后的产品、通信设备、五金交电等			

主要财务指标	2013.06.30	2012.12.31	2012.06.30	2011.12.31
基本每股收益(元)	-0.0600	-0.1300	0.0900	0.2300
基本每股收益(扣除)(元)	-0.0900	-0.1900	0.0700	0.1900
每股净资产(元)	5.4049	5.4660	5.6800	10.7182
每股经营现金净流量(元)	-0.9992	0.0085	-0.3414	-2.6490
每股现金流量(元)	-0.9976	-0.1720	-0.3547	-2.9802
每股资本公积金(元)	3.7865	3.7858	3.7853	8.1051
每股盈余公积金(元)	0.0792	0.0792	0.0792	0.1504
每股未分配利润(元)	0.5430	0.6030	0.8187	1.4658
净资产收益率(%)	-1.1099	-2.3100	1.5733	4.1300
加权净资产收益率(%)	-1.1000	-2.2800	1.5700	4.1600
净资产收益率(扣除)(%)	-	-	-	-
总资产(万元)	76654.88	72925.99	75537.50	73578.43
归属母公司股东权益(万元)	56888.46	57531.69	59781.01	59375.10
主营业务收入(万元)	13438.67	25528.18	12195.02	26953.96
营业收入(万元)	13607.01	25779.13	12341.42	27404.54
主营成本(万元)	10080.52	19451.47	8159.16	19193.45
营业成本(万元)	10122.63	19520.04	8444.61	19560.24
投资收益(万元)	-19.47	-	-	-
净利润(万元)	-630.11	-1663.78	972.93	2704.85
利润总额(万元)	-659.04	-1601.68	1158.89	3043.45

江西三川水表股份有限公司

公司概况	公司名称	江西三川水表股份有限公司		证券简称	三川股份
	法人代表	童保华	董秘 倪国强	证券代码	300066
	公司网址	www.ytsanchuan.com		电子信箱	ytngq@yahoo.cn
	电　　话	0701-6318013 6318005		传　　真	0701-6318013
	办公地址	江西省鹰潭市国家高新技术产业开发区			
	经营范围	主营各种水表产品的研发、生产和销售			

	指标\报告期	2013.06.30	2012.12.31	2012.06.30	2011.12.31
主要财务指标	基本每股收益(元)	0.2400	0.5000	0.1900	0.4000
	基本每股收益(扣除)(元)	0.2400	0.4900	0.1900	0.3800
	每股净资产(元)	6.0552	5.9900	5.6800	8.4200
	每股经营现金净流量(元)	0.0821	0.4882	0.1581	0.1945
	每股现金流量(元)	–0.1606	–0.4210	–0.6002	–0.4550
	每股资本公积金(元)	3.3687	3.4073	3.4073	5.6110
	每股盈余公积金(元)	0.2217	0.2217	0.1780	0.2670
	每股未分配利润(元)	1.4511	1.3559	1.0908	1.5453
	净资产收益率(%)	4.0462	8.3900	3.4200	7.1500
	加权净资产收益率(%)	4.0200	8.6800	3.4200	7.3500
	净资产收益率(扣除)(%)	–	–	–	–
	总资产(万元)	115978.81	112270.45	106513.66	106044.96
	归属母公司股东权益(万元)	94446.45	93499.58	88547.07	87601.73
	主营业务收入(万元)	28381.32	61253.38	25744.82	46369.51
	营业收入(万元)	28381.32	61297.66	25744.82	46369.51
	主营成本(万元)	20198.63	45158.07	19297.16	34166.44
	营业成本(万元)	20198.63	45169.08	19297.16	34166.44
	投资收益(万元)	158.28	710.82	116.17	80.02
	净利润(万元)	4218.73	8501.97	3252.21	6430.45
	利润总额(万元)	5068.80	10253.74	4003.52	7599.69

上海安诺其纺织化工股份有限公司

公司概况	公司名称	上海安诺其纺织化工股份有限公司		证券简称	安诺其
	法人代表	纪立军	董秘 陈昌文	证券代码	300067
	公司网址	www.anoky.com.cn		电子信箱	investor@anoky.com.cn
	电　　话	021-59867500		传　　真	021-59867578
	办公地址	上海市青浦工业园区崧华路 881 号			
	经营范围	专业从事新型纺织染料的研发、生产、销售和相关技术服务等			

	指标\报告期	2013.06.30	2012.12.31	2012.06.30	2011.12.31
主要财务指标	基本每股收益(元)	0.1076	0.1400	0.0708	0.2000
	基本每股收益(扣除)(元)	–	0.1200	0.0659	0.1700
	每股净资产(元)	4.5940	4.5687	4.5000	4.5300
	每股经营现金净流量(元)	–0.0696	0.0841	0.0088	–0.1350
	每股现金流量(元)	–0.1590	–0.5414	–0.7624	–0.0001
	每股资本公积金(元)	2.9684	2.9707	2.9707	2.9707
	每股盈余公积金(元)	0.0791	0.0791	0.0673	0.0673
	每股未分配利润(元)	0.5465	0.5189	0.4588	0.4880
	净资产收益率(%)	2.3428	3.1300	1.5700	4.4020
	加权净资产收益率(%)	2.3400	3.1400	1.5600	4.4200
	净资产收益率(扣除)(%)	–	–	–	–
	总资产(万元)	76284.31	74644.64	73444.82	76366.01
	归属母公司股东权益(万元)	73733.71	73327.24	72175.06	72643.33
	主营业务收入(万元)	18896.24	26235.14	12424.91	23345.30
	营业收入(万元)	19726.85	26244.98	12424.91	23381.37
	主营成本(万元)	13065.75	18233.84	8701.36	15711.51
	营业成本(万元)	13813.14	18242.90	8701.36	15740.75
	投资收益(万元)	–	–	–	35.12
	净利润(万元)	1727.10	2305.51	1147.36	3203.91
	利润总额(万元)	2124.94	2699.51	1321.57	3906.76

浙江南都电源动力股份有限公司

公司概况	公司名称	浙江南都电源动力股份有限公司		证券简称	南都电源
	法人代表	王海光	董秘 王莹娇	证券代码	300068
	公司网址	www.naradapower.com		电子信箱	nddy@narada.biz
	电　　话	0571-28827025 56975697		传　　真	0571-28806800
	办公地址	浙江省杭州市紫荆花路 50 号 A 座 9 楼			
	经营范围	化学电源、新能源储能产品的研究、开发、制造和销售等			

	指标\报告期	2013.06.30	2012.12.31	2012.06.30	2011.12.31
主要财务指标	基本每股收益(元)	0.0900	0.4200	0.0900	0.2400
	基本每股收益(扣除)(元)	0.0800	0.4100	0.1700	0.2100
	每股净资产(元)	4.5755	4.5333	8.8300	8.7600
	每股经营现金净流量(元)	–0.0902	0.7230	–0.2799	–0.7366
	每股现金流量(元)	–0.4773	–0.2072	–0.9211	–1.9516
	每股资本公积金(元)	2.6962	6.3923	6.3936	6.3939
	每股盈余公积金(元)	0.0745	0.1499	0.1292	0.1292
	每股未分配利润(元)	0.8089	1.5423	1.3091	1.2394
	净资产收益率(%)	2.0315	4.7600	1.9200	2.7600
	加权净资产收益率(%)	2.0300	4.7600	1.9200	2.7600
	净资产收益率(扣除)(%)	–	–	–	–
	总资产(万元)	398129.25	390623.67	345133.11	324152.47
	归属母公司股东权益(万元)	274165.01	271637.16	262636.75	260554.81
	主营业务收入(万元)	166075.92	309852.19	143764.48	167788.91
	营业收入(万元)	166881.74	310440.60	144052.77	168425.84
	主营成本(万元)	143442.21	262301.66	121809.63	136680.59
	营业成本(万元)	144127.40	262785.95	122112.26	137203.39
	投资收益(万元)	81.69	196.42	111.11	260.17
	净利润(万元)	6773.62	15837.78	6587.95	8658.28
	利润总额(万元)	8616.13	20346.53	8342.15	11700.20

浙江金利华电气股份有限公司

公司概况	公司名称	浙江金利华电气股份有限公司		证券简称	金利华电
	法人代表	赵坚	董秘 楼金萍	证券代码	300069
	公司网址	www.jlhdq.com		电子信箱	ljp@jlhdq.com
	电　　话	0579-82913599 82913588		传　　真	0579-82913333
	办公地址	浙江省金华市金东经济开发区(傅村镇)			
	经营范围	新型高强度功能玻璃制造技术的研究和特高压输变电绝缘器材开发等			

	指标\报告期	2013.06.30	2012.12.31	2012.06.30	2011.12.31
主要财务指标	基本每股收益(元)	0.1500	0.1400	0.1100	0.2700
	基本每股收益(扣除)(元)	0.1500	0.1200	0.1500	0.2300
	每股净资产(元)	6.1331	6.1021	6.1200	5.9600
	每股经营现金净流量(元)	0.2828	–0.4764	–0.4803	–0.1709
	每股现金流量(元)	0.0155	–1.4118	–0.6985	–1.0548
	每股资本公积金(元)	3.9607	3.9607	3.9607	3.9607
	每股盈余公积金(元)	0.1331	0.1331	0.1157	0.1157
	每股未分配利润(元)	1.0393	1.0082	1.0474	0.8852
	净资产收益率(%)	3.7668	2.3000	2.6800	4.5801
	加权净资产收益率(%)	3.7400	2.3300	2.6800	4.6000
	净资产收益率(扣除)(%)	–	–	–	–
	总资产(万元)	71058.44	69466.59	66581.20	64621.95
	归属母公司股东权益(万元)	47838.28	47596.32	47766.51	46500.97
	主营业务收入(万元)	11375.99	14506.80	7150.71	14439.29
	营业收入(万元)	11376.01	14509.88	7153.10	14439.91
	主营成本(万元)	6247.68	9309.76	4212.45	9768.18
	营业成本(万元)	6247.70	9312.63	4214.68	9768.55
	投资收益(万元)	–	–	–	–
	净利润(万元)	1645.62	996.45	1245.97	2053.63
	利润总额(万元)	1935.84	1173.83	1406.48	2394.06

北京碧水源科技股份有限公司

公司概况

公司名称	北京碧水源科技股份有限公司			证券简称	碧水源
法人代表	文剑平	董秘	何愿平	证券代码	300070
公司网址	www.originwater.com		电子信箱	ir@originwater.com	
电话	010-88465890		传真	010-88434847	
办公地址	北京市海淀区生命科学园路 23-2 碧水源大厦				
经营范围	污水处理和污水资源化领域的技术研究与开发、设备制造与销售等				

主要财务指标

指标\报告期	2013.06.30	2012.12.31	2012.06.30	2011.12.31
基本每股收益(元)	0.1200	1.0200	0.1500	0.6300
基本每股收益(扣除)(元)	–	1.0100	0.1400	0.6200
每股净资产(元)	4.5200	7.0200	6.0500	10.0900
每股经营现金净流量(元)	–0.4165	0.6312	–0.3716	1.1133
每股现金流量(元)	–0.6054	–0.7694	–1.5644	–0.9410
每股资本公积金(元)	2.0778	3.8365	3.7293	6.9977
每股盈余公积金(元)	0.1040	0.1666	0.1100	0.1870
每股未分配利润(元)	1.3372	2.0176	1.2100	1.9076
净资产收益率(%)	2.5526	14.4900	2.4300	10.5600
加权净资产收益率(%)	2.5900	15.9500	2.4500	11.1800
净资产收益率(扣除)(%)	–	–	–	–
总资产(万元)	597353.37	526046.32	444556.43	441179.95
归属母公司股东权益(万元)	400278.69	388145.19	332579.78	326385.68
主营业务收入(万元)	82179.92	176878.45	46620.80	102600.82
营业收入(万元)	82314.92	177154.58	46620.80	102600.82
主营成本(万元)	58129.71	101261.07	30181.12	53940.57
营业成本(万元)	58129.71	101261.07	30181.12	53940.57
投资收益(万元)	2209.41	10993.76	1157.99	4223.98
净利润(万元)	13463.42	59576.56	8991.86	36046.11
利润总额(万元)	15405.46	69817.45	12126.17	41394.90

北京华谊嘉信整合营销顾问集团股份有限公司

公司概况

公司名称	北京华谊嘉信整合营销顾问集团股份有限公司			证券简称	华谊嘉信
法人代表	刘伟	董秘	杨真	证券代码	300071
公司网址	www.spearhead.com.cn		电子信箱	investor@spearhead.com.cn	
电话	010-58039145		传真	010-58039088	
办公地址	北京市石景山区实兴大街 30 号院 8 号楼 3 层				
经营范围	终端营销服务、活动营销服务、其他营销服务等				

主要财务指标

指标\报告期	2013.06.30	2012.12.31	2012.06.30	2011.12.31
基本每股收益(元)	0.1500	0.2500	0.1000	0.2400
基本每股收益(扣除)(元)	0.1300	0.2100	0.1000	0.2200
每股净资产(元)	3.2438	3.1400	2.9100	4.3800
每股经营现金净流量(元)	–0.5880	0.0341	–0.1832	–0.4877
每股现金流量(元)	–0.0114	–0.3285	–0.3926	–1.0846
每股资本公积金(元)	1.3135	1.3135	1.2705	2.4057
每股盈余公积金(元)	0.0633	0.0633	0.0362	0.0543
每股未分配利润(元)	0.8670	0.7660	0.6027	0.9212
净资产收益率(%)	4.6531	7.8200	3.3300	8.2700
加权净资产收益率(%)	4.7100	8.1500	3.2600	8.5900
净资产收益率(扣除)(%)	–	–	–	–
总资产(万元)	91456.36	65974.52	57223.57	56298.36
归属母公司股东权益(万元)	50365.12	48797.92	45172.88	45349.74
主营业务收入(万元)	80028.90	123728.28	55205.10	101142.30
营业收入(万元)	80093.90	123782.45	55205.10	101142.30
主营成本(万元)	71534.35	110391.70	49279.02	90645.53
营业成本(万元)	71534.35	110391.70	49279.02	90645.53
投资收益(万元)	–11.46	–21.07	–10.43	–39.04
净利润(万元)	3175.88	4669.21	1605.47	4181.42
利润总额(万元)	4328.12	6127.68	1941.23	5153.84

北京三聚环保新材料股份有限公司

公司概况

公司名称	北京三聚环保新材料股份有限公司			证券简称	三聚环保
法人代表	刘雷	董秘	曹华锋	证券代码	300072
公司网址	www.sanju.cn		电子信箱	investor@sanju.cn	
电话	010-82685562		传真	010-82684108	
办公地址	北京市海淀区人大北路 33 号 1 号楼大行基业大厦 9 层				
经营范围	脱硫净化剂、脱硫催化剂、其他净化剂、特种催化材料及催化剂等的研发、生产、销售等				

主要财务指标

指标\报告期	2013.06.30	2012.12.31	2012.06.30	2011.12.31
基本每股收益(元)	0.1400	0.4600	0.1000	0.2500
基本每股收益(扣除)(元)	–	0.3600	0.1300	0.2400
每股净资产(元)	2.6782	2.3219	3.0200	5.8688
每股经营现金净流量(元)	–0.0168	–0.1005	–0.4010	–1.0386
每股现金流量(元)	–0.0562	0.2260	–0.2946	–0.7882
每股资本公积金(元)	0.8025	1.3432	1.3432	3.6861
每股盈余公积金(元)	0.0558	0.0725	0.0407	0.0814
每股未分配利润(元)	0.8199	0.9316	0.6346	1.1012
净资产收益率(%)	5.2938	13.8300	4.4400	8.3300
加权净资产收益率(%)	5.3700	14.7700	4.5100	8.6400
净资产收益率(扣除)(%)	–	–	–	–
总资产(万元)	274530.16	243733.25	213554.98	190229.25
归属母公司股东权益(万元)	135462.68	130237.01	117444.23	114171.05
主营业务收入(万元)	–	80821.76	38197.46	59991.25
营业收入(万元)	46083.55	80857.00	38221.16	60057.74
主营成本(万元)	–	43065.73	21298.85	34673.25
营业成本(万元)	25350.32	43106.91	21300.23	34724.22
投资收益(万元)	–117.05	–27.20	–	–
净利润(万元)	7172.90	18006.75	5208.52	9506.30
利润总额(万元)	8418.02	21823.42	6373.49	11358.74

北京当升材料科技股份有限公司

公司概况

公司名称	北京当升材料科技股份有限公司			证券简称	当升科技
法人代表	李建忠	董秘	曲晓力	证券代码	300073
公司网址	www.easpring.com.cn		电子信箱	securities@easpring.com.cn	
电话	010-52269718		传真	010-52269720-9718	
办公地址	北京市丰台区南四环西路 188 号总部基地 18 区 21 号楼				
经营范围	研究开发、生产和销售锂离子电池正极材料、电子粉体材料和新型金属材料等				

主要财务指标

指标\报告期	2013.06.30	2012.12.31	2012.06.30	2011.12.31
基本每股收益(元)	0.0144	0.0930	0.0134	–0.0046
基本每股收益(扣除)(元)	0.0085	0.0221	0.0069	–0.0126
每股净资产(元)	5.2883	5.2739	5.1900	5.1800
每股经营现金净流量(元)	–0.1196	0.9275	0.5430	–0.1443
每股现金流量(元)	–0.5710	–0.1583	–0.2904	–0.6373
每股资本公积金(元)	3.6861	3.6861	3.6861	3.6861
每股盈余公积金(元)	0.1075	0.1075	0.0982	0.0982
每股未分配利润(元)	0.4947	0.4802	0.4100	0.3966
净资产收益率(%)	0.2730	1.7600	0.2600	–0.0890
加权净资产收益率(%)	0.2700	1.7800	0.2600	–0.0900
净资产收益率(扣除)(%)	–	–	–	–
总资产(万元)	96968.94	97070.84	88923.79	91348.23
归属母公司股东权益(万元)	84613.57	84382.59	83109.59	82895.30
主营业务收入(万元)	29285.53	61570.15	30558.69	66040.92
营业收入(万元)	30149.21	62612.35	31104.31	66848.39
主营成本(万元)	27579.92	57845.94	28819.32	62539.76
营业成本(万元)	28334.36	58756.72	29334.45	63037.93
投资收益(万元)	238.13	133.13	0.71	5.44
净利润(万元)	230.99	1487.28	214.29	–73.90
利润总额(万元)	282.28	1674.08	263.34	–99.52

华平信息技术股份有限公司

公司概况	公司名称	华平信息技术股份有限公司			证券简称	华平股份
	法人代表	刘焱	董秘	奚峰伟	证券代码	300074
	公司网址	www.avcon.com.cn		电子信箱	ir@avcon.com.cn	
	电　话	021-65650210		传　真	021-55666998	
	办公地址	上海市国定路 335 号 2 号楼 22-24 层				
	经营范围	计算机软硬件及其他电子产品的设计、销售、计算机系统集成服务等				

	指标＼报告期	2013.06.30	2012.12.31	2012.06.30	2011.12.31
主要财务指标	基本每股收益(元)	0.1890	0.8160	0.0810	0.5060
	基本每股收益(扣除)(元)	0.1880	0.7730	0.1665	0.4640
	每股净资产(元)	4.2824	4.1389	8.4700	8.2900
	每股经营现金净流量(元)	–0.1232	–0.1796	–0.3574	–0.1104
	每股现金流量(元)	0.9146	0.0574	–0.4320	–1.4133
	每股资本公积金(元)	2.1576	5.9468	5.9468	5.9468
	每股盈余公积金(元)	0.1327	0.2919	0.2097	0.2097
	每股未分配利润(元)	0.9921	1.8669	1.3107	1.1327
	净资产收益率(%)	4.4125	8.9700	2.1027	6.1100
	加权净资产收益率(%)	4.4600	9.3900	2.1300	6.0000
	净资产收益率(扣除)(%)	–	–	–	–
	总资产(万元)	103497.22	95748.03	87457.66	85631.09
	归属母公司股东权益(万元)	94212.93	91055.81	84671.73	82891.31
	主营业务收入(万元)	11012.71	19944.03	5975.91	12640.44
	营业收入(万元)	11012.71	19944.03	5975.91	12640.44
	主营成本(万元)	2150.02	4028.37	1549.96	3522.82
	营业成本(万元)	2150.02	4028.37	1549.96	3522.82
	投资收益(万元)	–	–	–	–
	净利润(万元)	4157.13	8164.49	1780.42	5061.31
	利润总额(万元)	4401.29	8829.21	1901.49	5682.04

北京数字政通科技股份有限公司

公司概况	公司名称	北京数字政通科技股份有限公司			证券简称	数字政通
	法人代表	吴强华	董秘	邱鲁闽	证券代码	300075
	公司网址	www.egova.com.cn		电子信箱	egova@egova.com.cn	
	电　话	010-62212336		传　真	010-62212336 656	
	办公地址	北京市海淀区西直门北大街 32 号枫蓝国际中心 1 号楼 18 层 1805 室				
	经营范围	从事基于 GIS 应用的电子政务平台的开发和推广工作等				

	指标＼报告期	2013.06.30	2012.12.31	2012.06.30	2011.12.31
主要财务指标	基本每股收益(元)	0.1700	0.8600	0.1200	0.6200
	基本每股收益(扣除)(元)	0.1600	0.8200	0.1700	0.5600
	每股净资产(元)	7.6419	7.5954	10.8800	10.6958
	每股经营现金净流量(元)	–0.2979	0.2523	–0.4550	0.1693
	每股现金流量(元)	–0.8132	–0.8262	–0.6652	–0.4578
	每股资本公积金(元)	5.2139	8.3003	8.2708	8.2629
	每股盈余公积金(元)	0.1720	0.2581	0.1721	0.1721
	每股未分配利润(元)	1.2559	1.8347	1.4343	1.2608
	净资产收益率(%)	2.1733	0.5700	1.5900	3.3000
	加权净资产收益率(%)	2.1600	7.8100	1.5700	5.9200
	净资产收益率(扣除)(%)	–	–	–	–
	总资产(万元)	109980.09	112868.44	92491.91	91806.92
	归属母公司股东权益(万元)	96287.83	95702.38	91368.60	89844.88
	主营业务收入(万元)	10606.97	22194.11	4928.94	12106.41
	营业收入(万元)	10606.97	22197.71	4928.94	12107.61
	主营成本(万元)	4958.72	9776.51	1390.38	4578.15
	营业成本(万元)	4958.72	9776.51	1390.38	4578.15
	投资收益(万元)	–	–	–	–
	净利润(万元)	2245.34	7222.99	1457.11	5193.10
	利润总额(万元)	2243.49	8008.15	1507.92	6077.61

宁波 GQY 视讯股份有限公司

公司概况	公司名称	宁波 GQY 视讯股份有限公司			证券简称	GQY 视讯
	法人代表	郭启寅	董秘	谢诚正	证券代码	300076
	公司网址	www.gqy.com.cn		电子信箱	investor@gqy.com.cn	
	电　话	021-61002033		传　真	021-61002008	
	办公地址	上海市新金桥路 58 号银东大厦 18F				
	经营范围	网络、数字、图像电子产品的研制、开发及销售、IT 工程项目系统集成				

	指标＼报告期	2013.06.30	2012.12.31	2012.06.30	2011.12.31
主要财务指标	基本每股收益(元)	0.1000	0.3100	0.1300	0.2900
	基本每股收益(扣除)(元)	0.0800	0.3000	0.1200	0.2800
	每股净资产(元)	10.0728	9.9700	10.0900	9.9700
	每股经营现金净流量(元)	–0.2331	0.1609	–0.0789	0.2677
	每股现金流量(元)	–0.3329	–0.4404	–0.2405	–0.2325
	每股资本公积金(元)	7.2697	7.2697	7.2697	7.2697
	每股盈余公积金(元)	0.2000	0.2000	0.1672	0.1672
	每股未分配利润(元)	1.6030	1.5049	1.6571	1.5315
	净资产收益率(%)	0.9746	3.0700	1.2500	2.9000
	加权净资产收益率(%)	0.9800	3.0300	1.2600	3.0000
	净资产收益率(扣除)(%)	–	–	–	–
	总资产(万元)	119070.58	117281.89	117993.02	115300.79
	归属母公司股东权益(万元)	106771.29	105730.68	106996.83	105664.84
	主营业务收入(万元)	14734.04	34971.25	14305.67	27964.48
	营业收入(万元)	15735.99	36028.54	14484.58	29070.33
	主营成本(万元)	9118.68	22567.38	9158.18	17089.32
	营业成本(万元)	9544.99	22942.60	9179.73	17763.42
	投资收益(万元)	120.88	–	–	–
	净利润(万元)	1026.67	3492.07	1344.82	3346.94
	利润总额(万元)	1277.93	4404.39	1671.54	4266.06

国民技术股份有限公司

公司概况	公司名称	国民技术股份有限公司			证券简称	国民技术
	法人代表	刘晋平	董秘	朱旭	证券代码	300077
	公司网址	www.nationz.com.cn		电子信箱	investors@nationz.com.cn	
	电　话	0755-86916612 86916692		传　真	0755-86169100	
	办公地址	广东省深圳市南山区岗园路华中科技大学产学研基地 A 座 2-8 层				
	经营范围	开发、生产、销售手机芯片、数据通讯芯片、图像处理芯片、语音处理芯片等				

	指标＼报告期	2013.06.30	2012.12.31	2012.06.30	2011.12.31
主要财务指标	基本每股收益(元)	0.0400	0.2000	0.1100	0.4000
	基本每股收益(扣除)(元)	–0.0500	–0.0500	0.0600	0.2900
	每股净资产(元)	9.9700	10.0400	9.9500	10.1300
	每股经营现金净流量(元)	–0.1131	0.2557	–0.0324	0.0871
	每股现金流量(元)	–0.6586	–0.7136	–0.9361	–0.4448
	每股资本公积金(元)	8.0632	8.0632	8.0632	8.0632
	每股盈余公积金(元)	0.1717	0.1717	0.1472	0.1472
	每股未分配利润(元)	0.7377	0.8003	0.7364	0.9227
	净资产收益率(%)	0.3744	2.0147	1.1430	3.9080
	加权净资产收益率(%)	0.3700	2.0100	1.1200	3.9500
	净资产收益率(扣除)(%)	–	–	–	–
	总资产(万元)	287736.65	289155.19	283800.54	295764.49
	归属母公司股东权益(万元	271235.38	272952.27	270548.93	275618.25
	主营业务收入(万元)	20733.90	42773.15	23020.62	57093.31
	营业收入(万元)	20766.45	42838.02	23045.33	57137.62
	主营成本(万元)	13124.22	27428.13	14924.82	32756.76
	营业成本(万元)	13124.22	27442.13	14933.82	32778.52
	投资收益(万元)	59.34	–	–	–
	净利润(万元)	1015.04	5498.61	3092.43	10771.46
	利润总额(万元)	1279.41	6437.24	3488.03	11430.34

杭州中瑞思创科技股份有限公司

公司概况	公司名称	杭州中瑞思创科技股份有限公司		证券简称	中瑞思创
	法人代表	路楠	董秘	陈武军	证券代码	300078
	公司网址	www.century-cn.com		电子信箱	zhengquanbu@century-cn.com
	电　话	0571-28818665		传　真	0571-28818665
	办公地址	浙江省杭州市莫干山路 1418-48 号			
	经营范围	塑胶产品、电子产品、五金产品的制造等			

	指标\报告期	2013.06.30	2012.12.31	2012.06.30	2011.12.31
主要财务指标	基本每股收益(元)	0.2600	0.4200	0.2100	0.5600
	基本每股收益(扣除)(元)	0.2500	0.4000	0.2000	0.5200
	每股净资产(元)	6.6886	6.9479	6.7200	6.9200
	每股经营现金净流量(元)	0.0658	0.3080	0.1015	0.3454
	每股现金流量(元)	-0.6780	-0.1963	-0.2874	-0.3774
	每股资本公积金(元)	5.0854	5.0995	5.0995	5.0995
	每股盈余公积金(元)	0.1815	0.1815	0.1334	0.1334
	每股未分配利润(元)	0.4295	0.6714	0.5040	0.6946
	净资产收益率(%)	3.8592	6.1200	3.1200	8.0300
	加权净资产收益率(%)	3.6900	6.1600	3.0100	8.1100
	净资产收益率(扣除)(%)	-	-	-	-
	总资产(万元)	119843.47	121921.02	116984.76	120404.25
	归属母公司股东权益(万元)	112034.01	116377.40	112542.21	115916.76
	主营业务收入(万元)	18985.85	33246.15	15296.85	34812.93
	营业收入(万元)	19318.66	33427.76	15337.81	35011.46
	主营成本(万元)	11260.31	19971.21	9089.68	21282.59
	营业成本(万元)	11487.96	20084.70	9127.36	21364.68
	投资收益(万元)	-	247.98	144.92	360.18
	净利润(万元)	4289.66	6848.45	3376.54	9308.00
	利润总额(万元)	5268.66	8410.78	3884.68	11056.68

北京数码视讯科技股份有限公司

公司概况	公司名称	北京数码视讯科技股份有限公司			证券简称	数码视讯
	法人代表	郑海涛	董秘	王万春	证券代码	300079
	公司网址	www.sumavision.com		电子信箱	sumavision@sumavision.com	
	电　话	010-82345841		传　真	010-82345842	
	办公地址	北京市海淀区上地信息产业基地开拓路 15 号 1 幢				
	经营范围	从事数字电视软硬件产品的研发、生产、销售和技术服务业务等				

	指标\报告期	2013.06.30	2012.12.31	2012.06.30	2011.12.31
主要财务指标	基本每股收益(元)	0.2028	0.8000	0.2746	0.6100
	基本每股收益(扣除)(元)	0.1626	0.7400	0.2448	0.5900
	每股净资产(元)	7.6235	7.5200	6.9500	10.2092
	每股经营现金净流量(元)	-0.0919	0.4676	0.1263	0.0584
	每股现金流量(元)	-0.4475	-0.0074	-0.1212	-0.7302
	每股资本公积金(元)	4.3550	4.2348	4.1849	6.7751
	每股盈余公积金(元)	0.1574	0.1588	0.1351	0.2027
	每股未分配利润(元)	2.1119	2.1273	1.6289	2.2315
	净资产收益率(%)	2.6409	10.5900	3.9400	8.9300
	加权净资产收益率(%)	2.6600	11.1400	3.9500	9.2500
	净资产收益率(扣除)(%)	-	-	-	-
	总资产(万元)	273302.64	268414.79	242580.19	238371.53
	归属母公司股东权益(万元)	258402.37	252697.03	233483.59	228686.48
	主营业务收入(万元)	16454.88	52415.95	20125.34	43937.50
	营业收入(万元)	16532.38	52481.97	20152.17	44153.27
	主营成本(万元)	3859.02	12619.27	5087.84	10501.29
	营业成本(万元)	3935.90	12662.99	5101.10	10604.59
	投资收益(万元)	157.58	234.34	-36.24	234.00
	净利润(万元)	7031.08	26921.71	9241.40	20490.87
	利润总额(万元)	7601.52	29580.26	10072.34	21105.12

河南新大新材料股份有限公司

公司概况	公司名称	河南新大新材料股份有限公司			证券简称	新大新材
	法人代表	孙毅	董秘	宋中学	证券代码	300080
	公司网址	www.xindaxin.cn		电子信箱	xindaxin@xindaxin.cn	
	电　话	0378-2656626		传　真	0378-2656617	
	办公地址	河南省开封市精细化工产业园区				
	经营范围	晶硅片切割刃料的生产和销售等				

	指标\报告期	2013.06.30	2012.12.31	2012.06.30	2011.12.31
主要财务指标	基本每股收益(元)	-0.0175	-0.1712	0.0186	0.4463
	基本每股收益(扣除)(元)	-0.0141	-0.2200	0.0015	0.3864
	每股净资产(元)	5.5530	5.2459	5.4600	7.0400
	每股经营现金净流量(元)	0.8107	-0.1243	0.0082	-1.5537
	每股现金流量(元)	-0.3149	-0.7641	-0.0521	-1.9028
	每股资本公积金(元)	3.9445	3.3857	3.3857	4.7013
	每股盈余公积金(元)	0.0862	0.1190	0.1190	0.1548
	每股未分配利润(元)	0.5223	0.7412	0.9576	1.1861
	净资产收益率(%)	-0.2568	-3.2600	0.3400	6.3380
	加权净资产收益率(%)	-0.2600	-3.2100	0.3400	6.4400
	净资产收益率(扣除)(%)	-	-	-	-
	总资产(万元)	482413.56	277533.23	277213.00	267663.53
	归属母公司股东权益(万元)	279207.16	190950.90	198826.54	197183.24
	主营业务收入(万元)	49657.15	84404.43	44358.97	163329.59
	营业收入(万元)	49948.17	86793.97	44738.11	163508.29
	主营成本(万元)	42132.90	70596.79	35710.71	133316.96
	营业成本(万元)	42051.19	72438.86	35804.21	133389.33
	投资收益(万元)	72.09	-	-	-
	净利润(万元)	-831.66	-6233.13	675.34	12497.43
	利润总额(万元)	-216.71	-6911.00	1408.07	14739.60

恒信移动商务股份有限公司

公司概况	公司名称	恒信移动商务股份有限公司			证券简称	恒信移动
	法人代表	孟宪民	董秘	段赵东	证券代码	300081
	公司网址	www.hxgro.com		电子信箱	office@hxgro.com	
	电　话	0311-86130089		传　真	0311-86130089	
	办公地址	河北省石家庄市建设南大街 80 号恒辉商务大厦				
	经营范围	主要从事移动信息产品的销售与服务等				

	指标\报告期	2013.06.30	2012.12.31	2012.06.30	2011.12.31
主要财务指标	基本每股收益(元)	0.0400	0.4800	-0.1100	0.2300
	基本每股收益(扣除)(元)	0.0400	-0.6900	-0.2200	0.2300
	每股净资产(元)	6.2104	6.2668	11.8300	12.0500
	每股经营现金净流量(元)	0.1547	-1.4649	-1.6002	-1.0362
	每股现金流量(元)	-0.4327	-3.8244	-4.2099	-1.8483
	每股资本公积金(元)	3.9843	8.9581	8.9540	8.9540
	每股盈余公积金(元)	0.0615	0.1231	0.1161	0.1161
	每股未分配利润(元)	1.1645	2.4523	1.7626	1.9776
	净资产收益率(%)	0.6178	3.8400	-1.8175	1.9300
	加权净资产收益率(%)	0.6200	3.9200	-1.8000	1.9400
	净资产收益率(扣除)(%)	-	-	-	-
	总资产(万元)	110187.52	121034.09	128155.81	106336.76
	归属母公司股东权益(万元)	83218.81	83974.69	79278.40	80719.30
	主营业务收入(万元)	49733.99	109459.80	61945.45	97527.09
	营业收入(万元)	49996.00	109945.53	61995.97	97796.78
	主营成本(万元)	35414.78	85648.99	49110.50	70836.18
	营业成本(万元)	35414.78	85851.75	49110.50	70836.18
	投资收益(万元)	37.37	8862.97	-	-
	净利润(万元)	346.72	2834.09	-1502.77	1553.25
	利润总额(万元)	607.04	3080.58	-1478.84	1810.03

辽宁奥克化学股份有限公司

公司概况	公司名称	辽宁奥克化学股份有限公司			证券简称	奥克股份
	法人代表	朱建民	董秘	徐丹	证券代码	300082
	公司网址	www.oxiranchem.com		电子信箱	oxiranchem@126.com	
	电话	0419-5167408 5160718		传真	0419-5160978	
	办公地址	辽宁省辽阳市宏伟区万和七路38号				
	经营范围	聚乙二醇、聚醚、化工助剂、化工产品				

	指标\报告期	2013.06.30	2012.12.31	2012.06.30	2011.12.31
主要财务指标	基本每股收益(元)	0.1000	0.3700	0.1800	0.6500
	基本每股收益(扣除)(元)	0.1000	0.3700	0.2300	0.6200
	每股净资产(元)	8.2700	8.3100	10.6700	10.7500
	每股经营现金净流量(元)	-0.4949	0.6190	-0.3365	-1.3308
	每股现金流量(元)	-1.1455	0.0929	-0.0573	-1.9975
	每股资本公积金(元)	6.0341	8.1444	8.1466	8.1311
	每股盈余公积金(元)	0.1565	0.2034	0.1835	0.1835
	每股未分配利润(元)	1.0658	1.4531	1.3340	1.4281
	净资产收益率(%)	1.2325	3.4400	2.2100	6.0540
	加权净资产收益率(%)	1.2200	3.4700	2.1300	6.1900
	净资产收益率(扣除)(%)	-	-	-	-
	总资产(万元)	360456.96	359923.49	356277.06	333235.28
	归属母公司股东权益(万元)	278644.99	280150.36	276587.14	278599.40
	主营业务收入(万元)	107756.50	196055.14	96068.08	254266.56
	营业收入(万元)	110391.25	207738.31	103557.54	257391.15
	主营成本(万元)	97212.16	169320.23	82633.02	220224.08
	营业成本(万元)	99489.64	181289.99	90488.14	223127.05
	投资收益(万元)	-103.70	-216.54	-105.94	16.95
	净利润(万元)	3519.29	9749.46	6227.20	17214.50
	利润总额(万元)	4503.93	12715.95	7624.63	22118.69

东莞劲胜精密组件股份有限公司

公司概况	公司名称	东莞劲胜精密组件股份有限公司			证券简称	劲胜股份
	法人代表	王九全	董秘	王琼	证券代码	300083
	公司网址	www.januscn.com		电子信箱	ir@januscn.com	
	电话	0769-82288265		传真	0769-85075902	
	办公地址	广东省东莞市长安镇上角村				
	经营范围	生产和销售塑胶制品、塑胶五金模具、精冲模、精密型腔模、模具标准件等				

	指标\报告期	2013.06.30	2012.12.31	2012.06.30	2011.12.31
主要财务指标	基本每股收益(元)	0.2800	0.4800	0.1100	0.3300
	基本每股收益(扣除)(元)	0.2800	0.4600	0.1100	0.3100
	每股净资产(元)	6.7200	6.5300	6.1400	6.0700
	每股经营现金净流量(元)	1.5751	1.1936	0.3463	-0.2614
	每股现金流量(元)	0.5751	0.2618	0.0420	-1.9945
	每股资本公积金(元)	4.2203	4.2054	4.1913	4.1776
	每股盈余公积金(元)	0.1896	0.1896	0.1476	0.1476
	每股未分配利润(元)	1.3116	1.1344	0.7998	0.7421
	净资产收益率(%)	4.1241	7.4200	1.7500	5.3647
	加权净资产收益率(%)	4.1700	7.6900	1.7600	5.4800
	净资产收益率(扣除)(%)	-	-	-	-
	总资产(万元)	261143.42	206289.12	176788.30	160692.57
	归属母公司股东权益(万元)	134427.56	130588.69	122766.12	121342.59
	主营业务收入(万元)	148159.49	201927.24	82086.48	133010.87
	营业收入(万元)	149204.96	202937.72	82558.77	134167.44
	主营成本(万元)	123929.96	165325.86	68753.22	106597.51
	营业成本(万元)	124697.29	166096.30	69128.98	107555.18
	投资收益(万元)	-	-	-	-
	净利润(万元)	5543.98	9684.94	2152.91	6509.67
	利润总额(万元)	6521.32	11079.44	2476.88	7746.67

兰州海默科技股份有限公司

公司概况	公司名称	兰州海默科技股份有限公司			证券简称	海默科技
	法人代表	窦剑文	董秘	张立强	证券代码	300084
	公司网址	www.haimo.com.cn		电子信箱	securities@haimo.com.cn	
	电话	0931-8559076		传真	0931-8553789	
	办公地址	甘肃省兰州市城关区张苏滩593号				
	经营范围	多相流量计的研发、生产、销售和售后技术服务等				

	指标\报告期	2013.06.30	2012.12.31	2012.06.30	2011.12.31
主要财务指标	基本每股收益(元)	0.0256	0.0249	0.0153	0.1468
	基本每股收益(扣除)(元)	-	0.0005	0.0022	0.1369
	每股净资产(元)	4.7966	4.8112	4.8100	4.8500
	每股经营现金净流量(元)	0.0135	0.1463	-0.0750	-0.2825
	每股现金流量(元)	-0.5203	-1.3445	-0.7651	-0.5027
	每股资本公积金(元)	3.1747	3.1747	3.1747	3.1747
	每股盈余公积金(元)	0.0884	0.0884	0.0861	0.0861
	每股未分配利润(元)	0.6722	0.6466	0.6392	0.6840
	净资产收益率(%)	0.5300	0.5100	0.3200	3.0270
	加权净资产收益率(%)	0.5300	0.5200	0.3100	2.9600
	净资产收益率(扣除)(%)	-	-	-	-
	总资产(万元)	80259.64	81955.51	69882.75	67264.69
	归属母公司股东权益(万元)	61396.33	61583.30	61608.68	62076.28
	主营业务收入(万元)	8200.69	17144.24	5695.80	14743.30
	营业收入(万元)	8204.48	17301.96	5792.39	14993.41
	主营成本(万元)	4549.61	11825.58	3989.52	9906.04
	营业成本(万元)	4549.61	11992.13	4072.91	10102.32
	投资收益(万元)	-	-	-	-
	净利润(万元)	551.78	676.17	218.70	1885.60
	利润总额(万元)	1031.46	1099.64	255.46	2127.86

深圳市银之杰科技股份有限公司

公司概况	公司名称	深圳市银之杰科技股份有限公司			证券简称	银之杰
	法人代表	陈向军	董秘	刘奕	证券代码	300085
	公司网址	www.yinzhijie.com		电子信箱	invest@yinzhijie.com	
	电话	0755-83930085		传真	0755-83562955	
	办公地址	深圳市福田区天安数码城天祥大厦AB座10A				
	经营范围	兴办实业(具体项目另行申报)、银行验印系统、计算机软、硬件的技术开发等				

	指标\报告期	2013.06.30	2012.12.31	2012.06.30	2011.12.31
主要财务指标	基本每股收益(元)	0.0417	0.1503	0.0781	0.1736
	基本每股收益(扣除)(元)	0.0365	0.1223	0.0640	0.1571
	每股净资产(元)	4.2193	4.2976	4.2255	4.2973
	每股经营现金净流量(元)	-0.2570	0.0462	-0.2901	0.0415
	每股现金流量(元)	-0.4408	-0.2890	-0.5033	-0.3768
	每股资本公积金(元)	2.6165	2.6165	2.6165	2.6165
	每股盈余公积金(元)	0.1230	0.1230	0.1082	0.1082
	每股未分配利润(元)	0.4798	0.5581	0.5009	0.5727
	净资产收益率(%)	0.9882	3.5100	1.8100	4.0400
	加权净资产收益率(%)	0.9700	3.5100	1.8100	3.9800
	净资产收益率(扣除)(%)	-	-	-	-
	总资产(万元)	51716.14	52831.54	52033.81	53029.55
	归属母公司股东权益(万元)	50631.53	51571.21	50705.83	51568.15
	主营业务收入(万元)	4824.30	9839.71	4724.02	9446.35
	营业收入(万元)	4939.89	10052.80	4828.75	9639.45
	主营成本(万元)	2433.69	4597.89	2221.02	4183.67
	营业成本(万元)	2491.58	4713.67	2278.92	4299.45
	投资收益(万元)	-	-	-	-
	净利润(万元)	500.32	1803.06	937.63	2083.09
	利润总额(万元)	432.86	2026.80	1022.51	2316.79

海南康芝药业股份有限公司

公司概况	公司名称	海南康芝药业股份有限公司			证券简称	康芝药业
	法人代表	洪江游	董秘	林德新	证券代码	300086
	公司网址	www.honz.com.cn		电子信箱	honz168@honz.com.cn	
	电　话	0898-68661669		传　真	0898-68661500	
	办公地址	海南省海口市国家高新技术产业开发区药谷工业园药谷三路6号				
	经营范围	生产销售粉针剂(头孢菌素类)、冻干粉针剂、片剂、胶囊剂、颗粒剂等				

主要财务指标	指标\报告期	2013.06.30	2012.12.31	2012.06.30	2011.12.31
	基本每股收益(元)	0.0800	0.1167	0.0300	0.0141
	基本每股收益(扣除)(元)	0.0700	0.0600	0.0200	-0.0053
	每股净资产(元)	8.8567	8.9700	8.8800	8.8600
	每股经营现金净流量(元)	0.1797	0.5473	0.1576	-0.5047
	每股现金流量(元)	-0.1317	0.2125	-0.3310	-1.7846
	每股资本公积金(元)	6.8219	6.8219	6.8219	6.8219
	每股盈余公积金(元)	0.1343	0.1343	0.1208	0.1208
	每股未分配利润(元)	0.9006	1.0177	0.9419	0.9144
	净资产收益率(%)	0.9365	1.3100	0.3100	0.1590
	加权净资产收益率(%)	0.9300	1.3100	0.3100	0.1600
	净资产收益率(扣除)(%)	-	-	-	-
	总资产(万元)	193667.48	196903.57	196459.12	196717.12
	归属母公司股东权益(万元)	177134.82	179475.87	177691.66	177142.21
	主营业务收入(万元)	14353.00	35959.34	18563.09	30161.29
	营业收入(万元)	14847.19	36628.05	18859.60	30674.17
	主营成本(万元)	7607.36	20868.52	11565.42	18399.88
	营业成本(万元)	7824.80	21023.44	11649.24	18815.87
	投资收益(万元)	-	305.88	181.41	113.69
	净利润(万元)	1723.49	2260.46	441.32	352.82
	利润总额(万元)	2341.09	2836.63	669.92	579.44

安徽荃银高科种业股份有限公司

公司概况	公司名称	安徽荃银高科种业股份有限公司			证券简称	荃银高科
	法人代表	张琴	董秘	叶红	证券代码	300087
	公司网址	www.winallseed.com		电子信箱	winallseed@yahoo.cn	
	电　话	0551-5355175		传　真	0551-5320226	
	办公地址	安徽省合肥市高新区天智路3号				
	经营范围	从事高产、优质杂交水稻种子研发、繁育、推广及服务等				

主要财务指标	指标\报告期	2013.06.30	2012.12.31	2012.06.30	2011.12.31
	基本每股收益(元)	-0.0900	0.2100	0.0500	0.2000
	基本每股收益(扣除)(元)	-0.0800	0.1400	0.0400	0.1800
	每股净资产(元)	5.2940	5.3882	5.2300	5.2900
	每股经营现金净流量(元)	-0.5272	0.4779	0.0820	-0.7186
	每股现金流量(元)	-0.8739	-0.5064	-0.4010	-0.8500
	每股资本公积金(元)	3.4911	3.4911	3.5014	3.5014
	每股盈余公积金(元)	0.1113	0.1113	0.1021	0.1021
	每股未分配利润(元)	0.6915	0.7858	0.6289	0.6821
	净资产收益率(%)	-1.7798	3.9900	0.8800	3.8590
	加权净资产收益率(%)	-1.7600	3.9900	0.8800	3.8900
	净资产收益率(扣除)(%)	-	-	-	-
	总资产(万元)	89761.79	100208.83	79868.58	88784.74
	归属母公司股东权益(万元)	55904.65	56899.66	55254.11	55815.77
	主营业务收入(万元)	11602.45	40055.34	15125.95	27667.88
	营业收入(万元)	13441.05	40674.85	15265.69	27908.93
	主营成本(万元)	6994.55	26070.79	9477.24	18438.82
	营业成本(万元)	8237.31	26203.59	9485.85	18457.09
	投资收益(万元)	-	-	-	135.39
	净利润(万元)	-968.27	3559.02	929.24	2651.28
	利润总额(万元)	-876.58	3647.48	1002.60	2906.16

芜湖长信科技股份有限公司

公司概况	公司名称	芜湖长信科技股份有限公司			证券简称	长信科技
	法人代表	陈奇	董秘	高前文	证券代码	300088
	公司网址	www.token-ito.com		电子信箱	token@token-ito.com	
	电　话	0553-2398888-6102 2398888		传　真	0553-5843520	
	办公地址	安徽省芜湖市经济技术开发区汽经二路以东				
	经营范围	ITO导电膜玻璃及手机面板视窗材料的研发、生产及销售等				

主要财务指标	指标\报告期	2013.06.30	2012.12.31	2012.06.30	2011.12.31
	基本每股收益(元)	0.2900	0.6200	0.2900	0.4700
	基本每股收益(扣除)(元)	0.2700	0.5500	0.2000	0.4500
	每股净资产(元)	3.1482	5.4600	4.1000	5.1000
	每股经营现金净流量(元)	0.2580	0.7101	0.2867	0.2801
	每股现金流量(元)	-0.0141	-0.0699	0.2060	-1.2649
	每股资本公积金(元)	0.8196	1.7294	1.7271	2.5452
	每股盈余公积金(元)	0.1314	0.1972	0.1359	0.1767
	每股未分配利润(元)	1.1974	1.5080	1.2373	1.3790
	净资产收益率(%)	9.2755	14.0700	7.1200	11.9100
	加权净资产收益率(%)	9.5700	15.0000	7.2100	12.3000
	净资产收益率(扣除)(%)	-	-	-	-
	总资产(万元)	205329.06	178202.51	162670.27	149486.72
	归属母公司股东权益(万元)	154089.28	144691.98	133785.50	128024.82
	主营业务收入(万元)	50227.14	80389.98	33241.41	58692.65
	营业收入(万元)	50808.13	81034.51	33478.23	58931.89
	主营成本(万元)	29720.78	49219.84	20933.96	36172.71
	营业成本(万元)	29923.60	49451.53	21036.83	36297.67
	投资收益(万元)	-360.10	-503.41	-191.80	-89.34
	净利润(万元)	14292.56	20356.15	9524.08	15253.01
	利润总额(万元)	16887.70	23990.89	11193.08	17783.47

广东长城集团股份有限公司

公司概况	公司名称	广东长城集团股份有限公司			证券简称	长城集团
	法人代表	蔡廷祥	董秘	任锋	证券代码	300089
	公司网址	www.thegreatwall-china.com		电子信箱	zqb@thegreatwall-china.com	
	电　话	0768-2932398 0755-36988132		传　真	0768-2931616 0755-36988180	
	办公地址	广东省潮州市枫溪区蔡陇大道				
	经营范围	主要从事艺术陶瓷的研发设计、生产和销售等				

主要财务指标	指标\报告期	2013.06.30	2012.12.31	2012.06.30	2011.12.31
	基本每股收益(元)	0.0800	0.1400	0.1400	0.2500
	基本每股收益(扣除)(元)	0.0400	0.0400	0.1100	0.2100
	每股净资产(元)	5.2668	5.1858	5.1900	7.6900
	每股经营现金净流量(元)	0.0847	0.0776	0.2205	0.2014
	每股现金流量(元)	-0.6649	0.4333	0.3703	-0.1257
	每股资本公积金(元)	3.2393	3.2393	3.2393	5.3589
	每股盈余公积金(元)	0.1614	0.1434	0.1330	0.1655
	每股未分配利润(元)	0.8661	0.8030	0.8204	1.1695
	净资产收益率(%)	1.5383	2.6300	2.7600	4.9100
	加权净资产收益率(%)	1.5500	2.6500	2.7800	5.0300
	净资产收益率(扣除)(%)	-	-	-	-
	总资产(万元)	105633.14	103069.06	96222.35	90616.77
	归属母公司股东权益(万元)	79002.01	77786.77	77889.93	76939.39
	主营业务收入(万元)	19800.88	37130.03	20909.12	40790.62
	营业收入(万元)	19800.88	37131.34	20909.12	40792.87
	主营成本(万元)	13960.14	26113.27	14802.85	28871.49
	营业成本(万元)	13960.14	26113.27	14802.85	28871.49
	投资收益(万元)	-	-	-	-
	净利润(万元)	1215.25	2047.37	2150.54	3774.14
	利润总额(万元)	1760.74	3110.92	2768.66	4735.87

安徽盛运机械股份有限公司

公司概况

公司名称	安徽盛运机械股份有限公司			证券简称	盛运股份
法人代表	开晓胜	董秘	开晓胜(代)	证券代码	300090
公司网址	www.300090.com.cn		电子信箱	qi_dunwei@sina.com	
电　　话	0551-64844638 64845166		传　　真	0551-64844638	
办公地址	安徽省桐城市经济开发区东环路1号				
经营范围	输送机械产品和环保设备产品的研发、生产和销售等				

主要财务指标

指标＼报告期	2013.06.30	2012.12.31	2012.06.30	2011.12.31
基本每股收益(元)	0.2137	0.3300	0.1612	0.2800
基本每股收益(扣除)(元)	0.1887	0.2600	0.1207	0.2200
每股净资产(元)	4.2132	3.9994	3.8000	3.6900
每股经营现金净流量(元)	–0.2582	0.0396	0.0705	0.4539
每股现金流量(元)	–1.0835	0.2558	0.1509	–0.6050
每股资本公积金(元)	1.7721	1.7721	1.7447	1.7447
每股盈余公积金(元)	0.1133	0.1133	0.0902	0.0902
每股未分配利润(元)	1.3278	1.1140	0.9637	0.8525
净资产收益率(%)	5.0731	8.5500	4.3100	7.6700
加权净资产收益率(%)	4.7600	8.5500	4.3100	7.3900
净资产收益率(扣除)(%)	–	–	–	–
总资产(万元)	300818.21	315980.59	249800.17	207355.32
归属母公司股东权益(万元)	107550.40	102094.24	96967.24	94129.13
主营业务收入(万元)	43232.23	83826.16	33675.87	65880.09
营业收入(万元)	45269.92	84874.22	33774.64	66515.96
主营成本(万元)	29862.97	61584.25	23995.30	45272.26
营业成本(万元)	31619.78	61854.27	23995.30	45410.78
投资收益(万元)	3619.14	4768.74	1322.92	–204.89
净利润(万元)	6043.88	8699.95	4011.14	7126.98
利润总额(万元)	6470.67	9532.08	4714.45	8401.08

江苏金通灵流体机械科技股份有限公司

公司概况

公司名称	江苏金通灵流体机械科技股份有限公司			证券简称	金 通 灵
法人代表	季伟	董秘	陈树军	证券代码	300091
公司网址	www.jtlfans.com		电子信箱	dsh@jtlfans.com	
电　　话	0513-85198488		传　　真	0513-85198488	
办公地址	江苏省南通市钟秀东路666号				
经营范围	大型工业离心鼓风机、通风机、轴流鼓风机、通风机、多级离心鼓风机等				

主要财务指标

指标＼报告期	2013.06.30	2012.12.31	2012.06.30	2011.12.31
基本每股收益(元)	–0.0800	–0.0800	0.1300	0.2900
基本每股收益(扣除)(元)	–0.0800	–0.0900	0.1200	0.2700
每股净资产(元)	3.7382	3.8137	4.0300	4.0000
每股经营现金净流量(元)	–0.2628	–0.2105	–0.2454	–0.3179
每股现金流量(元)	–0.3902	–0.5024	–0.4122	–0.7712
每股资本公积金(元)	2.1175	2.1175	2.1294	2.1294
每股盈余公积金(元)	0.0932	0.0932	0.0932	0.0932
每股未分配利润(元)	0.5242	0.5997	0.8086	0.7822
净资产收益率(%)	–2.0197	–2.1600	3.1400	7.2200
加权净资产收益率(%)	–2.0000	–2.1200	3.1300	7.4600
净资产收益率(扣除)(%)	–	–	–	–
总资产(万元)	142942.87	134478.70	139053.16	133511.23
归属母公司股东权益(万元)	78129.36	79707.30	84252.45	83699.44
主营业务收入(万元)	29810.46	58898.95	35418.03	70766.92
营业收入(万元)	30010.04	60593.51	36903.35	73700.08
主营成本(万元)	25673.47	47673.60	26729.35	54848.28
营业成本(万元)	25829.67	49171.33	27910.63	56025.60
投资收益(万元)	–	6.50	6.50	–
净利润(万元)	–1565.11	–1742.49	2600.10	6116.31
利润总额(万元)	–1830.57	–2085.74	3061.87	7200.54

四川科新机电股份有限公司

公司概况

公司名称	四川科新机电股份有限公司			证券简称	科新机电
法人代表	林祯华	董秘	易东生	证券代码	300092
公司网址	www.sckxjd.com		电子信箱	comelec001@sina.com	
电　　话	0838-8265111		传　　真	0838-8501288	
办公地址	四川省什邡市经济开发区沱江路西段21号				
经营范围	三类压力容器的设计、制造、安装、销售等				

主要财务指标

指标＼报告期	2013.06.30	2012.12.31	2012.06.30	2011.12.31
基本每股收益(元)	–0.1200	0.0600	0.0700	0.2900
基本每股收益(扣除)(元)	–0.1300	0.0600	0.0900	0.2500
每股净资产(元)	5.7205	5.9500	5.9500	6.0000
每股经营现金净流量(元)	–0.2528	–0.0268	–0.0202	–0.4294
每股现金流量(元)	–0.4716	–0.5401	–0.5102	–2.0297
每股资本公积金(元)	3.7680	3.7680	3.7680	3.7680
每股盈余公积金(元)	0.1331	0.1331	0.1241	0.1241
每股未分配利润(元)	0.8033	1.0395	1.0597	1.1069
净资产收益率(%)	–2.0309	1.0400	1.2200	4.8720
加权净资产收益率(%)	–1.9700	1.0300	1.2100	4.9900
净资产收益率(扣除)(%)	–	–	–	–
总资产(万元)	74076.31	77289.12	67796.96	67690.07
归属母公司股东权益(万元)	52056.17	54166.66	54161.00	54590.45
主营业务收入(万元)	8605.62	16717.95	8972.82	21420.61
营业收入(万元)	8648.28	16911.51	9075.19	21605.73
主营成本(万元)	7869.15	12173.96	6658.13	14768.20
营业成本(万元)	7870.46	12300.49	6731.47	14771.88
投资收益(万元)	–	0.20	–	–
净利润(万元)	–1263.84	448.55	639.06	2653.09
利润总额(万元)	–1283.09	464.41	765.65	2894.92

广东金刚玻璃科技股份有限公司

公司概况

公司名称	广东金刚玻璃科技股份有限公司			证券简称	金刚玻璃
法人代表	庄大建	董秘	王荀	证券代码	300093
公司网址	www.golden-glass.cn		电子信箱	wangx@golden-glass.cn	
电　　话	0754-82514288		传　　真	0754-82535211	
办公地址	广东省汕头市大学路叠金工业区				
经营范围	从事特种玻璃产品的研发、生产和销售等				

主要财务指标

指标＼报告期	2013.06.30	2012.12.31	2012.06.30	2011.12.31
基本每股收益(元)	0.0700	0.1300	0.1100	0.2100
基本每股收益(扣除)(元)	0.0700	0.1200	0.1100	0.1800
每股净资产(元)	3.9855	3.9300	3.9200	3.8300
每股经营现金净流量(元)	0.0876	0.8461	0.2295	0.2176
每股现金流量(元)	0.6964	0.5004	0.0960	–0.6863
每股资本公积金(元)	1.7909	1.7909	1.7909	1.7909
每股盈余公积金(元)	0.2281	0.2281	0.2067	0.2067
每股未分配利润(元)	0.9638	0.9152	0.9240	0.8302
净资产收益率(%)	1.8215	3.2100	2.9000	5.3770
加权净资产收益率(%)	1.8300	3.2600	2.9300	5.4900
净资产收益率(扣除)(%)	–	–	–	–
总资产(万元)	137994.33	119401.60	110928.25	105218.65
归属母公司股东权益(万元)	86087.53	84983.12	84690.84	82715.75
主营业务收入(万元)	17698.90	35728.83	18795.09	32884.72
营业收入(万元)	17719.93	35795.68	18819.59	34875.11
主营成本(万元)	11343.47	23332.38	11516.64	21494.02
营业成本(万元)	11360.92	23376.80	11531.63	22523.03
投资收益(万元)	–	–	–	–
净利润(万元)	1568.09	2729.49	2459.47	4447.35
利润总额(万元)	1903.99	3137.69	2838.68	5162.47

湛江国联水产开发股份有限公司

公司概况	公司名称	湛江国联水产开发股份有限公司		证券简称	国联水产
	法人代表	李忠	董秘 郭文亮	证券代码	300094
	公司网址	www.gl-fish.com		电子信箱	ir@gl-fish.com
	电　话	0759-3153930		传　真	0759-3153931
	办公地址	广东省湛江市开发区平乐工业区永平南路			
	经营范围	水产种苗、饲料、养殖、加工及销售等业务			

主要财务指标	指标\报告期	2013.06.30	2012.12.31	2012.06.30	2011.12.31
	基本每股收益(元)	0.0100	-0.6406	-0.2000	0.0330
	基本每股收益(扣除)(元)	-0.0100	-0.6622	-0.2000	0.0130
	每股净资产(元)	4.0503	4.0400	4.4900	4.6800
	每股经营现金净流量(元)	0.6816	-0.2491	0.5254	-0.7319
	每股现金流量(元)	0.2148	-0.8752	-0.0294	-1.0507
	每股资本公积金(元)	2.7997	2.7997	2.7997	2.7997
	每股盈余公积金(元)	0.1064	0.1064	0.1064	0.1064
	每股未分配利润(元)	0.1479	0.1356	0.5790	0.7763
	净资产收益率(%)	0.3033	-15.8500	-4.4000	0.7110
	加权净资产收益率(%)	0.3000	-14.6900	-4.3000	0.7100
	净资产收益率(扣除)(%)	-	-	-	-
	总资产(万元)	191686.25	210475.96	202594.80	206765.96
	归属母公司股东权益(万元)	142571.10	142257.75	157911.52	164819.03
	主营业务收入(万元)	89569.84	143700.76	53151.99	130176.68
	营业收入(万元)	90164.04	145279.91	53810.65	131591.23
	主营成本(万元)	79184.18	139525.90	52982.58	117803.30
	营业成本(万元)	79538.72	140253.68	53290.42	118528.75
	投资收益(万元)	-	-	-	-
	净利润(万元)	432.48	-22550.77	-6944.81	1172.03
	利润总额(万元)	600.87	-22368.57	-6889.75	1648.19

江西华伍制动器股份有限公司

公司概况	公司名称	江西华伍制动器股份有限公司		证券简称	华伍股份
	法人代表	聂景华	董秘 陈凤菊	证券代码	300095
	公司网址	www.hua-wu.com		电子信箱	hw_zqb@163.com
	电　话	0795-6206009		传　真	0795-6206009
	办公地址	江西省宜春市丰城市工业园区新梅路 39 号			
	经营范围	起重电器系列各种工业制动装置、防风装置、吊具用液压控制装置等			

主要财务指标	指标\报告期	2013.06.30	2012.12.31	2012.06.30	2011.12.31
	基本每股收益(元)	0.1336	0.3124	0.1751	0.1655
	基本每股收益(扣除)(元)	-	0.3026	0.2300	0.0730
	每股净资产(元)	6.8791	6.8224	8.8300	8.6067
	每股经营现金净流量(元)	-0.0836	0.2658	0.0711	-0.0700
	每股现金流量(元)	-0.4791	-1.1008	-0.7410	-0.8631
	每股资本公积金(元)	4.5150	6.1695	6.1695	6.1695
	每股盈余公积金(元)	0.1821	0.2367	0.1958	0.1958
	每股未分配利润(元)	1.1820	1.4629	1.4691	1.2414
	净资产收益率(%)	1.9420	3.5200	2.5600	1.9200
	加权净资产收益率(%)	1.8800	3.5700	2.5600	1.9300
	净资产收益率(扣除)(%)	-	-	-	-
	总资产(万元)	89080.35	91429.15	91127.19	86856.89
	归属母公司股东权益(万元)	68859.40	68292.12	68024.55	66271.45
	主营业务收入(万元)	16753.51	31512.36	14693.50	29959.63
	营业收入(万元)	16753.51	32121.08	14693.50	30395.37
	主营成本(万元)	10138.51	18524.89	8272.66	18250.23
	营业成本(万元)	10138.51	19040.27	8272.66	18685.19
	投资收益(万元)	-	-	-	416.87
	净利润(万元)	1326.57	2398.87	1751.77	1239.22
	利润总额(万元)	1626.89	2914.43	2091.27	1582.92

易联众信息技术股份有限公司

公司概况	公司名称	易联众信息技术股份有限公司		证券简称	易联众
	法人代表	古培坚	董秘 李虹海	证券代码	300096
	公司网址	www.ylzinfo.com		电子信箱	zhengrg@ylzinfo.com
	电　话	0592-2517011 6307553		传　真	0592-2517008
	办公地址	福建省厦门市软件园二期观日路 18 号 502 室			
	经营范围	研发、设计和生产智能卡、银行卡、销售智能卡、开发、生产计算机软件等			

主要财务指标	指标\报告期	2013.06.30	2012.12.31	2012.06.30	2011.12.31
	基本每股收益(元)	0.0900	0.3300	0.1700	0.5000
	基本每股收益(扣除)(元)	0.0800	0.2800	0.1600	0.4900
	每股净资产(元)	3.6562	3.6700	3.5100	3.4400
	每股经营现金净流量(元)	-0.2368	0.2985	-0.0538	0.4968
	每股现金流量(元)	-0.5139	0.1562	-0.2354	0.1272
	每股资本公积金(元)	1.6988	1.6988	1.6988	1.6988
	每股盈余公积金(元)	0.0787	0.0787	0.0660	0.0660
	每股未分配利润(元)	0.8787	0.8882	0.7440	0.6739
	净资产收益率(%)	2.4735	8.9200	4.8500	14.5997
	加权净资产收益率(%)	2.4500	9.2300	4.8500	15.4100
	净资产收益率(扣除)(%)	-	-	-	-
	总资产(万元)	71811.37	75941.14	71890.29	73278.54
	归属母公司股东权益(万元)	62887.18	63051.69	60352.04	59147.50
	主营业务收入(万元)	11027.72	27979.77	12326.88	38251.71
	营业收入(万元)	11027.72	27979.77	12326.88	38251.71
	主营成本(万元)	5278.54	14722.15	6640.65	22856.33
	营业成本(万元)	5278.54	14722.15	6640.65	22856.33
	投资收益(万元)	49.11	62.61	-	-
	净利润(万元)	1382.39	5814.55	3158.63	8622.13
	利润总额(万元)	1775.58	7070.97	3918.64	10255.51

大连智云自动化装备股份有限公司

公司概况	公司名称	大连智云自动化装备股份有限公司		证券简称	智云股份
	法人代表	谭永良	董秘 任彤	证券代码	300097
	公司网址	www.zhiyun-cn.com		电子信箱	rentong@zhiyun-cn.com
	电　话	0411-86705641		传　真	0411-86705333
	办公地址	辽宁省大连市甘井子区营日路 32 号-1			
	经营范围	自动化制造工艺系统研发及系统集成、自动化装备的研发、设计、制造等			

主要财务指标	指标\报告期	2013.06.30	2012.12.31	2012.06.30	2011.12.31
	基本每股收益(元)	0.2700	0.0500	0.0300	0.2300
	基本每股收益(扣除)(元)	0.2600	0.0400	0.0330	0.1800
	每股净资产(元)	7.0358	6.7732	6.7500	6.7714
	每股经营现金净流量(元)	-0.1043	0.6216	0.7031	-0.2830
	每股现金流量(元)	-0.2792	-0.3027	0.1075	-0.4780
	每股资本公积金(元)	4.4384	4.4292	4.4292	4.4292
	每股盈余公积金(元)	0.1320	0.1320	0.1320	0.1194
	每股未分配利润(元)	1.4655	1.2120	1.2120	1.2229
	净资产收益率(%)	3.8160	0.7600	0.4300	3.4300
	加权净资产收益率(%)	3.8900	0.7600	0.4300	3.4300
	净资产收益率(扣除)(%)	-	-	-	-
	总资产(万元)	54937.65	54505.14	54505.14	49942.15
	归属母公司股东权益(万元)	42215.03	40638.90	40638.90	40628.56
	主营业务收入(万元)	10207.35	16216.21	7493.25	11762.21
	营业收入(万元)	10207.35	16235.44	7493.25	11762.21
	主营成本(万元)	6266.71	11502.88	5562.33	7554.13
	营业成本(万元)	6266.71	11503.70	5894.13	7554.13
	投资收益(万元)	12.02	-80.19	-42.43	-17.20
	净利润(万元)	1532.59	283.81	160.88	1381.19
	利润总额(万元)	1975.53	340.58	227.20	1634.68

高新兴科技集团股份有限公司

公司概况	公司名称	高新兴科技集团股份有限公司		证券简称	高 新 兴
	法人代表	刘双广	董秘	黄海潮	证券代码	300098
	公司网址	www.gosun.info		电子信箱	irm@gosun.info
	电　话	020-32068888		传　真	020-32032888
	办公地址	广东省广州市萝岗区科学城开创大道2819号			
	经营范围	通信基站/机房运维综合管理服务系统的研发、生产、销售和服务			

主要财务指标	指标\报告期	2013.06.30	2012.12.31	2012.06.30	2011.12.31
	基本每股收益(元)	0.0416	−0.2300	−0.0529	0.1700
	基本每股收益(扣除)(元)	0.0185	−0.6100	−0.0600	0.1300
	每股净资产(元)	4.3823	4.1646	4.4900	9.2265
	每股经营现金净流量(元)	−0.4602	−0.1463	−0.4202	0.0378
	每股现金流量(元)	−0.2667	−0.3985	−0.6208	−1.4724
	每股资本公积金(元)	2.7514	2.6984	2.6984	6.3968
	每股盈余公积金(元)	0.1085	0.1123	0.1123	0.2246
	每股未分配利润(元)	0.5224	0.4986	0.6743	1.6051
	净资产收益率(%)	0.9237	−5.3100	−1.1869	3.7200
	加权净资产收益率(%)	0.8800	−5.1400	−1.1400	3.7500
	净资产收益率(扣除)(%)	−	−	−	−
	总资产(万元)	101474.74	101528.88	97084.60	103477.84
	归属母公司股东权益(万元)	80643.53	76637.62	79762.02	82042.48
	主营业务收入(万元)	16115.71	30203.50	9545.01	19610.25
	营业收入(万元)	16115.71	30219.69	9545.01	19610.25
	主营成本(万元)	10378.13	22263.74	6465.25	12787.41
	营业成本(万元)	10378.13	22264.56	6465.25	12787.41
	投资收益(万元)	−3.37	148.22	−	62.61
	净利润(万元)	140.52	−4740.11	−1208.45	3043.31
	利润总额(万元)	256.61	−4229.50	−1199.93	3558.83

尤洛卡矿业安全工程股份有限公司

公司概况	公司名称	尤洛卡矿业安全工程股份有限公司			证券简称	尤 洛 卡
	法人代表	黄自伟	董秘	曹洪伟	证券代码	300099
	公司网址	www.uroica.com.cn		电子信箱	chen19341912@163.com	
	电　话	0538-8926155		传　真	0538-8926202	
	办公地址	山东省泰安市高新区凤祥路以西规划支路以北				
	经营范围	煤矿顶板安全监控设备的研发、生产与销售等				

主要财务指标	指标\报告期	2013.06.30	2012.12.31	2012.06.30	2011.12.31
	基本每股收益(元)	0.1700	0.9400	0.1900	0.8300
	基本每股收益(扣除)(元)	0.1700	0.8300	0.3700	0.7700
	每股净资产(元)	3.5263	3.6000	6.6400	6.7700
	每股经营现金净流量(元)	0.1630	0.3844	0.2139	0.4070
	每股现金流量(元)	−0.2511	0.2848	0.1447	−2.2337
	每股资本公积金(元)	1.4630	3.9259	3.9259	3.9259
	每股盈余公积金(元)	0.1060	0.2120	0.1793	0.1793
	每股未分配利润(元)	0.9573	2.0714	1.5351	1.6645
	净资产收益率(%)	4.8671	13.0300	5.5800	12.3279
	加权净资产收益率(%)	4.7600	13.6000	5.4600	12.6800
	净资产收益率(扣除)(%)	−	−	−	−
	总资产(万元)	76674.57	79951.56	73097.83	75599.64
	归属母公司股东权益(万元)	72888.10	74508.05	68627.80	69965.39
	主营业务收入(万元)	8650.67	19310.43	8657.84	17376.42
	营业收入(万元)	8658.07	19499.52	8685.18	17387.99
	主营成本(万元)	1944.20	4495.15	1834.08	3934.10
	营业成本(万元)	1949.47	4563.49	1834.08	3934.35
	投资收益(万元)	79.30	305.62	175.44	−
	净利润(万元)	3547.55	9710.16	3829.91	8625.24
	利润总额(万元)	4249.43	10969.94	4405.75	9921.53

宁波双林汽车部件股份有限公司

公司概况	公司名称	宁波双林汽车部件股份有限公司			证券简称	双林股份
	法人代表	邬建斌	董秘	叶醒	证券代码	300100
	公司网址	www.shuanglin.cn		电子信箱	qcbjzqb@shuanglin.com	
	电　话	0574-83518938		传　真	0574-83518939	
	办公地址	浙江省宁波市宁海县西店璜溪口				
	经营范围	主营汽车零部件的生产与销售等				

主要财务指标	指标\报告期	2013.06.30	2012.12.31	2012.06.30	2011.12.31
	基本每股收益(元)	0.2100	0.7800	0.2000	0.9700
	基本每股收益(扣除)(元)	0.2000	0.7600	0.4100	0.9000
	每股净资产(元)	3.3575	6.8033	6.4300	6.3200
	每股经营现金净流量(元)	0.2839	1.4594	0.7838	0.7935
	每股现金流量(元)	−0.1574	−0.5041	0.0284	−0.3608
	每股资本公积金(元)	1.0476	3.0952	3.0952	3.0952
	每股盈余公积金(元)	0.1529	0.3058	0.2140	0.2140
	每股未分配利润(元)	1.1570	2.4023	2.1208	2.0120
	净资产收益率(%)	6.1311	11.9800	6.3600	16.2300
	加权净资产收益率(%)	5.8800	11.9800	6.2700	16.2300
	净资产收益率(扣除)(%)	−	−	−	−
	总资产(万元)	163781.03	149410.57	148383.05	135886.44
	归属母公司股东权益(万元)	94177.68	95416.09	90180.64	88654.98
	主营业务收入(万元)	54710.80	104468.01	51110.19	94932.75
	营业收入(万元)	56535.79	107414.08	52653.53	97566.90
	主营成本(万元)	40142.20	75246.82	37504.47	67220.22
	营业成本(万元)	41418.91	77432.05	38674.65	69050.65
	投资收益(万元)	−	−	−	−
	净利润(万元)	5768.61	11166.79	6005.45	14223.83
	利润总额(万元)	7032.74	13449.19	7269.05	17051.48

成都国腾电子技术股份有限公司

公司概况	公司名称	成都国腾电子技术股份有限公司			证券简称	国腾电子
	法人代表	莫晓宇	董秘	杨国勇	证券代码	300101
	公司网址	www.gotecom.com		电子信箱	gotecom@gotecom.com	
	电　话	028-65557625		传　真	028-65557627	
	办公地址	四川省成都市高新区高朋大道1号				
	经营范围	设计、开发、销售集成电路、微波组件及相关电子器件、开发、生产、销售等				

主要财务指标	指标\报告期	2013.06.30	2012.12.31	2012.06.30	2011.12.31
	基本每股收益(元)	−0.0417	0.0900	0.0900	0.1700
	基本每股收益(扣除)(元)	−	0.0800	0.0900	0.1600
	每股净资产(元)	2.5832	2.6800	2.6700	5.3200
	每股经营现金净流量(元)	−0.2594	0.0711	−0.1501	0.0056
	每股现金流量(元)	−0.3758	−0.4346	−0.5519	−0.5637
	每股资本公积金(元)	1.1989	1.1989	1.1989	3.3979
	每股盈余公积金(元)	0.0624	0.0624	0.0522	0.1044
	每股未分配利润(元)	0.3219	0.4137	0.4231	0.8226
	净资产收益率(%)	−1.6159	3.2700	3.2400	6.4600
	加权净资产收益率(%)	−1.5800	3.3000	3.2400	6.6100
	净资产收益率(扣除)(%)	−	−	−	−
	总资产(万元)	89199.18	92506.98	88874.52	83798.59
	归属母公司股东权益(万元)	71814.00	74364.43	74342.27	74014.91
	主营业务收入(万元)	8570.31	20199.27	11972.79	19753.06
	营业收入(万元)	8570.31	20229.27	11972.79	19753.06
	主营成本(万元)	4102.05	8694.02	5346.13	9373.70
	营业成本(万元)	4102.05	8694.02	5346.13	9373.70
	投资收益(万元)	−	−	−	−
	净利润(万元)	−1337.99	2770.31	2987.50	5094.01
	利润总额(万元)	−1234.41	3233.10	3485.01	5979.84

厦门乾照光电股份有限公司

公司概况	公司名称	厦门乾照光电股份有限公司			证券简称	乾照光电
	法人代表	邓电明	董秘	林晓辉	证券代码	300102
	公司网址	www.changelight.com.cn		电子信箱	changelight@changelight.com.cn	
	电　话	0592-3716997 3716958		传　真	0592-3716922 7616278	
	办公地址	福建省厦门市火炬高新区(翔安)产业区翔岳路19号				
	经营范围	从事半导体光电产品的研发、生产和销售业务等				

主要财务指标	指标\报告期	2013.06.30	2012.12.31	2012.06.30	2011.12.31
	基本每股收益(元)	0.1700	0.3700	0.2200	0.6000
	基本每股收益(扣除)(元)	0.1500	0.3100	0.1900	0.5400
	每股净资产(元)	5.8730	5.9020	5.7500	5.9300
	每股经营现金净流量(元)	0.1839	0.3890	0.0694	-0.0715
	每股现金流量(元)	-0.1474	-0.1914	-0.2680	-1.6029
	每股资本公积金(元)	3.8756	3.8756	3.8756	3.8756
	每股盈余公积金(元)	0.1224	0.1224	0.1030	0.1030
	每股未分配利润(元)	0.8749	0.9041	0.7722	0.9560
	净资产收益率(%)	2.9080	6.2300	3.7600	10.1580
	加权净资产收益率(%)	2.8700	6.3200	3.7000	10.5500
	净资产收益率(扣除)(%)	-	-	-	-
	总资产(万元)	188696.04	186341.04	178978.01	183514.48
	归属母公司股东权益(万元)	173252.99	174114.78	169647.80	175070.84
	主营业务收入(万元)	18920.33	37236.42	19156.15	37608.99
	营业收入(万元)	22223.26	37626.88	19330.47	37690.80
	主营成本(万元)	11310.12	21751.17	10973.09	15020.22
	营业成本(万元)	14595.89	21894.04	11017.25	15083.43
	投资收益(万元)	905.21	1951.76	989.36	2185.69
	净利润(万元)	5038.21	10843.94	6376.96	17784.10
	利润总额(万元)	5919.61	12725.59	7445.69	20915.38

西安达刚路面机械股份有限公司

公司概况	公司名称	西安达刚路面机械股份有限公司			证券简称	达刚路机
	法人代表	孙建西	董秘	韦尔奇	证券代码	300103
	公司网址	www.sxdagang.com		电子信箱	investor@dagang.com.cn	
	电　话	029-88327811		传　真	029-88327811	
	办公地址	陕西省西安市高新区科技三路60号				
	经营范围	公路机械设备、公路沥青材料、软件的开发、研制、销售及技术咨询等				

主要财务指标	指标\报告期	2013.06.30	2012.12.31	2012.06.30	2011.12.31
	基本每股收益(元)	0.1700	0.2500	0.1100	0.3100
	基本每股收益(扣除)(元)	0.1700	0.2400	0.1000	0.3100
	每股净资产(元)	3.5399	3.4200	3.2800	5.9000
	每股经营现金净流量(元)	-0.0543	0.3257	0.3277	-0.2542
	每股现金流量(元)	-0.1513	0.1301	0.1418	-0.7186
	每股资本公积金(元)	1.4766	1.4766	1.4766	3.4578
	每股盈余公积金(元)	0.1231	0.1231	0.0979	0.1763
	每股未分配利润(元)	0.9401	0.8174	0.7038	1.2631
	净资产收益率(%)	4.8801	7.5500	3.4200	9.8500
	加权净资产收益率(%)	4.9700	7.5500	3.4200	9.8500
	净资产收益率(扣除)(%)	-	-	-	-
	总资产(万元)	83003.23	86581.48	83898.37	72979.04
	归属母公司股东权益(万元)	74950.67	72351.66	69460.03	69368.85
	主营业务收入(万元)	24343.60	21503.11	8939.66	22814.73
	营业收入(万元)	24692.10	24184.21	9224.20	23382.07
	主营成本(万元)	18845.18	14883.78	4846.87	13273.74
	营业成本(万元)	19072.04	16928.56	5050.79	13685.54
	投资收益(万元)	-	-	-	-
	净利润(万元)	3657.68	5335.41	2397.40	6562.35
	利润总额(万元)	4557.12	6201.74	2844.16	7701.48

乐视网信息技术(北京)股份有限公司

公司概况	公司名称	乐视网信息技术(北京)股份有限公司			证券简称	乐 视 网
	法人代表	贾跃亭	董秘	张特	证券代码	300104
	公司网址	www.letv.com		电子信箱	tzzgx@letv.com	
	电　话	010-51665282		传　真	010-85597758 59283480	
	办公地址	北京市朝阳区姚家园路105号院3号楼宏城鑫泰大厦16层				
	经营范围	网络视频基础服务和视频平台增值服务等				

主要财务指标	指标\报告期	2013.06.30	2012.12.31	2012.06.30	2011.12.31
	基本每股收益(元)	0.1500	0.4600	0.4600	0.3100
	基本每股收益(扣除)(元)	0.1400	0.4100	0.2000	0.3100
	每股净资产(元)	1.7501	2.9800	2.7100	4.8000
	每股经营现金净流量(元)	0.0778	0.2541	0.2210	0.6677
	每股现金流量(元)	0.0336	0.1438	0.2456	-1.8634
	每股资本公积金(元)	0.1409	1.0482	1.0320	2.8448
	每股盈余公积金(元)	0.0437	0.0831	0.0396	0.0752
	每股未分配利润(元)	0.5661	0.8464	0.6423	0.8811
	净资产收益率(%)	8.3961	15.6000	7.9900	12.4100
	加权净资产收益率(%)	8.9600	16.9000	9.0300	13.1600
	净资产收益率(扣除)(%)	-	-	-	-
	总资产(万元)	360518.94	290114.95	235489.66	177438.71
	归属母公司股东权益(万元)	138991.76	124459.16	113438.39	105624.96
	主营业务收入(万元)	75192.02	116730.71	55297.53	59855.59
	营业收入(万元)	75192.02	116730.71	55297.53	59855.59
	主营成本(万元)	-	68424.68	-	27509.07
	营业成本(万元)	45370.41	68424.68	32084.89	27509.07
	投资收益(万元)	-134.50	-	-	-
	净利润(万元)	11208.30	18996.58	9046.10	13087.79
	利润总额(万元)	13254.48	22801.17	10884.20	16424.45

烟台龙源电力技术股份有限公司

公司概况	公司名称	烟台龙源电力技术股份有限公司			证券简称	龙源技术
	法人代表	关晓春	董秘	郝欣冬	证券代码	300105
	公司网址	www.lypower.com		电子信箱	lypower@lypower.com.cn	
	电　话	0535-6103004		传　真	0535-6399366	
	办公地址	山东省烟台市经济技术开发区衡山路9号				
	经营范围	生产、销售、安装和运营电力、能源及相关领域生产设备等				

主要财务指标	指标\报告期	2013.06.30	2012.12.31	2012.06.30	2011.12.31
	基本每股收益(元)	0.0900	0.7400	0.2500	0.6100
	基本每股收益(扣除)(元)	0.0800	0.7000	0.2500	0.5900
	每股净资产(元)	6.5144	6.5213	6.0300	10.5000
	每股经营现金净流量(元)	-0.1332	0.3177	0.2235	-0.8588
	每股现金流量(元)	-0.2181	0.1221	0.0919	-0.9774
	每股资本公积金(元)	3.1748	3.1748	3.1748	6.5147
	每股盈余公积金(元)	0.2549	0.2549	0.1799	0.3238
	每股未分配利润(元)	2.0863	2.0925	1.6788	2.6642
	净资产收益率(%)	1.4395	11.3900	4.2100	10.4800
	加权净资产收益率(%)	1.4300	12.0400	4.2700	11.0300
	净资产收益率(扣除)(%)	-	-	-	-
	总资产(万元)	253650.69	251054.78	221817.80	215820.08
	归属母公司股东权益(万元)	185737.47	185935.87	172009.48	166340.21
	主营业务收入(万元)	38697.62	123288.02	36766.79	88071.14
	营业收入(万元)	38821.34	123671.26	36976.47	88398.61
	主营成本(万元)	25135.38	81189.05	22726.77	53714.39
	营业成本(万元)	25182.22	81475.57	22892.77	53721.43
	投资收益(万元)	-	-	-	-
	净利润(万元)	2665.93	21384.89	7119.75	17195.32
	利润总额(万元)	3159.35	25135.22	8448.39	20153.86

新疆西部牧业股份有限公司

公司概况						
	公司名称	新疆西部牧业股份有限公司			证券简称	西部牧业
	法人代表	徐义民	董秘	梁雷	证券代码	300106
	公司网址	www.xjxbmy.com		电子信箱	liang-lei-100@163.com	
	电 话	0993-2516883		传 真	0993-2516883	
	办公地址	新疆维吾尔自治区石河子市北三东路29号				
	经营范围	优质生鲜乳的供应及辅助产品的生产与销售等				

主要财务指标	指标\报告期	2013.06.30	2012.12.31	2012.06.30	2011.12.31
	基本每股收益(元)	0.1400	0.2700	0.1300	0.3300
	基本每股收益(扣除)(元)	0.1100	0.2500	0.1200	0.2700
	每股净资产(元)	5.1684	5.0206	4.9100	4.7700
	每股经营现金净流量(元)	0.0644	0.2206	0.0921	-0.1851
	每股现金流量(元)	0.2166	-0.8591	-0.9707	-0.8689
	每股资本公积金(元)	2.7947	2.7852	2.7450	2.7450
	每股盈余公积金(元)	0.0971	0.0971	0.0769	0.0769
	每股未分配利润(元)	1.2766	1.1384	1.0857	0.9524
	净资产收益率(%)	2.6746	5.5200	2.7500	6.8500
	加权净资产收益率(%)	2.7100	5.5200	2.7500	7.1000
	净资产收益率(扣除)(%)	-	-	-	-
	总资产(万元)	113805.59	110017.01	97488.80	83110.04
	归属母公司股东权益(万元)	60470.19	58740.83	57418.97	55859.23
	主营业务收入(万元)	28053.90	47580.67	24039.50	31251.65
	营业收入(万元)	28053.90	48103.89	24039.50	31469.98
	主营成本(万元)	23916.08	40326.05	20159.48	26222.45
	营业成本(万元)	23916.08	40802.82	20159.48	26314.98
	投资收益(万元)	-4.64	0.67	-4.46	-1.78
	净利润(万元)	1607.97	3048.33	1549.55	3862.61
	利润总额(万元)	1613.19	3120.10	1558.15	3864.86

河北建新化工股份有限公司

公司概况						
	公司名称	河北建新化工股份有限公司			证券简称	建新股份
	法人代表	朱守琛	董秘	陈学为	证券代码	300107
	公司网址	www.jianxinchemical.com		电子信箱	cxw@jianxinchemical.com	
	电 话	0317-3598366		传 真	0317-3598366	
	办公地址	河北省沧州市清池南大道建新大厦8楼				
	经营范围	生产销售氯乙烷、间氨基苯酚、间氨基苯磺酸、间羟基-N,N-二乙基苯胺等				

主要财务指标	指标\报告期	2013.06.30	2012.12.31	2012.06.30	2011.12.31
	基本每股收益(元)	0.0400	0.0900	0.0700	0.1600
	基本每股收益(扣除)(元)	-	0.0900	0.0700	0.1600
	每股净资产(元)	5.9488	5.9300	5.9300	5.8700
	每股经营现金净流量(元)	0.1166	0.0747	0.0814	0.1995
	每股现金流量(元)	-0.1004	-0.6126	-0.3450	-2.3124
	每股资本公积金(元)	4.0298	4.0298	4.0298	4.0298
	每股盈余公积金(元)	0.1196	0.1196	0.1107	0.1107
	每股未分配利润(元)	0.7929	0.7878	0.7774	0.7379
	净资产收益率(%)	0.5895	1.5000	1.1700	2.6490
	加权净资产收益率(%)	0.5900	1.5000	1.1700	2.6400
	净资产收益率(扣除)(%)	-	-	-	-
	总资产(万元)	81644.55	80751.83	82713.62	80358.52
	归属母公司股东权益(万元)	79595.24	79512.38	79297.56	78730.51
	主营业务收入(万元)	18794.85	34927.81	16965.07	30321.79
	营业收入(万元)	18891.98	35171.12	17013.17	30582.96
	主营成本(万元)	15100.50	28780.42	13903.85	24584.83
	营业成本(万元)	15132.82	28780.42	13903.85	24589.26
	投资收益(万元)	-	-	-	-
	净利润(万元)	469.21	1188.05	929.03	2085.31
	利润总额(万元)	581.60	1395.64	1122.20	2456.67

通化双龙化工股份有限公司

公司概况						
	公司名称	通化双龙化工股份有限公司			证券简称	双龙股份
	法人代表	卢忠奎	董秘	张亮	证券代码	300108
	公司网址	www.thslhg.com		电子信箱	shuanglong@thslhg.com	
	电 话	0435-3752903		传 真	0435-3751886	
	办公地址	吉林省通化市二道江区铁厂镇				
	经营范围	精细化工产品(不含危险品)生产、制造、销售、进出口贸易等				

主要财务指标	指标\报告期	2013.06.30	2012.12.31	2012.06.30	2011.12.31
	基本每股收益(元)	0.1300	0.2200	0.1600	0.2000
	基本每股收益(扣除)(元)	0.1100	0.2000	0.1600	0.3900
	每股净资产(元)	2.8744	2.8400	2.7800	5.3400
	每股经营现金净流量(元)	-0.0527	0.0923	0.1010	0.3932
	每股现金流量(元)	-0.0695	-0.3077	-0.2330	-1.7517
	每股资本公积金(元)	1.0372	1.0372	1.0372	3.0745
	每股盈余公积金(元)	0.0902	0.0902	0.0679	0.1358
	每股未分配利润(元)	0.7469	0.7155	0.6790	1.1301
	净资产收益率(%)	4.5744	7.8300	5.8891	7.5710
	加权净资产收益率(%)	4.5800	8.1000	5.9900	7.8300
	净资产收益率(扣除)(%)	-	-	-	-
	总资产(万元)	42937.10	40138.00	40800.69	38166.22
	归属母公司股东权益(万元)	38861.34	38435.68	37642.29	36101.50
	主营业务收入(万元)	7869.77	15989.86	8328.49	12659.41
	营业收入(万元)	7882.12	15989.86	8378.49	12659.41
	主营成本(万元)	4702.55	9073.40	4348.58	6758.26
	营业成本(万元)	4702.55	9073.40	4348.58	6758.26
	投资收益(万元)	-	-	-	-
	净利润(万元)	1777.66	3010.18	2216.80	2733.27
	利润总额(万元)	2100.36	3531.06	2631.43	3169.21

博爱新开源制药股份有限公司

公司概况						
	公司名称	博爱新开源制药股份有限公司			证券简称	新 开 源
	法人代表	杨海江	董秘	张军政	证券代码	300109
	公司网址	www.china-pvp.com		电子信箱	pr@china-pvp.com	
	电 话	0391-8610680		传 真	0391-8610681	
	办公地址	河南省焦作市博爱县城东关				
	经营范围	经营药用辅料、聚乙烯吡咯烷酮系列产品及乙烯基甲醚/马来酸酐聚合物产品				

主要财务指标	指标\报告期	2013.06.30	2012.12.31	2012.06.30	2011.12.31
	基本每股收益(元)	0.1000	0.1700	0.1000	0.2200
	基本每股收益(扣除)(元)	0.1000	0.1600	0.0900	0.1900
	每股净资产(元)	3.1964	3.1581	3.0900	4.8700
	每股经营现金净流量(元)	0.0838	0.1792	0.0232	0.0547
	每股现金流量(元)	-0.2140	-0.6228	-0.4206	-1.4442
	每股资本公积金(元)	1.5974	1.5974	1.5974	3.0558
	每股盈余公积金(元)	0.0740	0.0740	0.0565	0.0904
	每股未分配利润(元)	0.5250	0.4867	0.4316	0.7278
	净资产收益率(%)	3.0777	5.5200	3.3000	7.1010
	加权净资产收益率(%)	3.0800	5.6300	3.3000	7.3000
	净资产收益率(扣除)(%)	-	-	-	-
	总资产(万元)	39481.18	40962.18	38595.33	38973.85
	归属母公司股东权益(万元)	36822.84	36380.72	35545.45	35093.39
	主营业务收入(万元)	11128.01	20609.87	11168.14	18772.05
	营业收入(万元)	11180.44	21284.71	11754.03	19073.45
	主营成本(万元)	8290.18	16090.54	8784.91	13917.20
	营业成本(万元)	8290.18	16582.90	9254.35	14033.78
	投资收益(万元)	-	61.60	-	73.92
	净利润(万元)	1133.31	2007.33	1172.06	2492.11
	利润总额(万元)	1310.10	2288.34	1335.17	2889.51

华仁药业股份有限公司

公司概况	公司名称	华仁药业股份有限公司		证券简称	华仁药业
	法人代表	梁富友	董秘 龚凌	证券代码	300110
	公司网址	www.qdhuaren.com		电子信箱	huaren@qdhuaren.com
	电 话	0532-88701303		传 真	0532-88702625
	办公地址	山东省青岛市高科技工业园株洲路 187 号			
	经营范围	非 PVC 大输液产品的研发设计、生产和销售等			

主要财务指标 指标\报告期	2013.06.30	2012.12.31	2012.06.30	2011.12.31
基本每股收益(元)	0.1100	0.4400	0.2000	0.4100
基本每股收益(扣除)(元)	0.1100	0.4200	0.2000	0.3800
每股净资产(元)	3.0568	5.6200	5.6200	5.5800
每股经营现金净流量(元)	0.1502	0.4555	0.0909	0.2787
每股现金流量(元)	-0.0103	-0.8481	-0.6984	-0.7746
每股资本公积金(元)	1.1373	3.2937	3.2590	3.1949
每股盈余公积金(元)	0.0843	0.1674	0.1284	0.1313
每股未分配利润(元)	0.8352	1.4338	1.2330	1.2530
净资产收益率(%)	3.7007	7.5100	3.6100	7.3500
加权净资产收益率(%)	3.7400	7.7400	3.6700	7.6300
净资产收益率(扣除)(%)	-	-	-	-
总资产(万元)	185884.50	178493.98	128452.09	124748.35
归属母公司股东权益(万元)	132510.91	128692.80	122727.91	119170.90
主营业务收入(万元)	36376.07	56175.19	23073.37	40464.42
营业收入(万元)	36390.23	56203.41	23087.51	40531.20
主营成本(万元)	16600.77	24640.51	10003.70	17721.37
营业成本(万元)	16600.77	24640.51	10003.70	17725.38
投资收益(万元)	-	-	-	-
净利润(万元)	4971.91	9797.35	4431.88	8756.09
利润总额(万元)	5841.83	11763.95	5228.21	10351.82

浙江向日葵光能科技股份有限公司

公司概况	公司名称	浙江向日葵光能科技股份有限公司		证券简称	向日葵
	法人代表	俞相明	董秘 杨旺翔	证券代码	300111
	公司网址	www.sunowe.com.cn		电子信箱	wxyang@sunowe.com
	电 话	0575-88919762		传 真	0575-88959188
	办公地址	浙江省绍兴市袍江工业区三江路			
	经营范围	生产、销售大规格高效晶体硅太阳能电池等			

主要财务指标 指标\报告期	2013.06.30	2012.12.31	2012.06.30	2011.12.31
基本每股收益(元)	0.0600	-0.7000	-0.3300	0.0700
基本每股收益(扣除)(元)	-0.0300	-0.7100	-0.2300	-0.1800
每股净资产(元)	2.2701	2.2140	2.5900	2.9300
每股经营现金净流量(元)	0.1472	0.7951	-0.0749	0.2273
每股现金流量(元)	-0.1239	0.2957	0.2745	-0.6725
每股资本公积金(元)	1.6205	1.6205	1.6205	1.6205
每股盈余公积金(元)	0.0964	0.0964	0.0964	0.0964
每股未分配利润(元)	-0.4434	-0.5011	-0.1297	0.2008
净资产收益率(%)	2.5422	-31.7000	-12.7700	2.3389
加权净资产收益率(%)	2.5700	-27.3100	-11.9700	2.2100
净资产收益率(扣除)(%)	-	-	-	-
总资产(万元)	289760.57	303744.00	357228.14	354975.44
归属母公司股东权益(万元)	115547.84	112690.37	131683.35	148962.45
主营业务收入(万元)	49521.85	119125.59	57414.18	193210.04
营业收入(万元)	51740.01	122600.85	61262.98	193864.73
主营成本(万元)	42567.48	108938.44	56339.29	164118.50
营业成本(万元)	44033.57	111591.91	59370.29	164360.66
投资收益(万元)	3487.05	7324.84	7432.26	8927.70
净利润(万元)	2933.45	-35702.74	-16808.48	3484.02
利润总额(万元)	2990.14	-34712.90	-19430.95	3622.07

深圳万讯自控股份有限公司

公司概况	公司名称	深圳万讯自控股份有限公司		证券简称	万讯自控
	法人代表	傅宇晨	董秘 董慧宇	证券代码	300112
	公司网址	www.maxonic.com.cn		电子信箱	info@maxonic.com.cn
	电 话	0755-86250365		传 真	0755-86250389
	办公地址	广东省深圳市南山区高新技术产业园北区三号路万讯自控大楼 1-6 层			
	经营范围	生产经营自动化仪器仪表、计算机软件、自动化工程、经营进出口业务等			

主要财务指标 指标\报告期	2013.06.30	2012.12.31	2012.06.30	2011.12.31
基本每股收益(元)	0.1000	0.1500	0.0700	0.1500
基本每股收益(扣除)(元)	0.0900	0.1300	0.0600	0.1500
每股净资产(元)	2.8080	2.7500	2.6800	3.9800
每股经营现金净流量(元)	0.0240	0.0327	0.0020	0.1321
每股现金流量(元)	-0.1873	-0.5645	-0.5478	-0.3339
每股资本公积金(元)	1.1951	1.1951	1.1951	2.2926
每股盈余公积金(元)	0.0586	0.0586	0.0522	0.0782
每股未分配利润(元)	0.5669	0.5106	0.4413	0.6240
净资产收益率(%)	3.6088	5.3600	2.6900	5.7500
加权净资产收益率(%)	3.6000	5.4700	2.6900	5.8400
净资产收益率(扣除)(%)	-	-	-	-
总资产(万元)	55227.42	55452.96	50133.73	47550.14
归属母公司股东权益(万元)	45255.41	44385.03	43170.14	42751.99
主营业务收入(万元)	14278.89	27757.75	10599.14	18779.95
营业收入(万元)	14306.31	28109.81	10631.70	18824.14
主营成本(万元)	6958.74	14215.13	4987.64	9078.96
营业成本(万元)	6968.46	14222.97	4990.99	9085.04
投资收益(万元)	-8.89	16.34	25.81	76.38
净利润(万元)	1739.56	2648.64	1118.13	2508.31
利润总额(万元)	1886.62	3195.09	1539.56	2888.81

杭州顺网科技股份有限公司

公司概况	公司名称	杭州顺网科技股份有限公司		证券简称	顺网科技
	法人代表	华勇	董秘 徐钧	证券代码	300113
	公司网址	www.shunwang.com		电子信箱	dsh@shunwang.com
	电 话	0571-87205808 89712215		传 真	0571-87397837
	办公地址	浙江省杭州市西湖区文一西路 98 号数娱大厦 5 层			
	经营范围	主要从事互联网娱乐平台的开发与推广以及基于互联网娱乐平台的增值服务业务			

主要财务指标 指标\报告期	2013.06.30	2012.12.31	2012.06.30	2011.12.31
基本每股收益(元)	0.3400	0.7000	0.2600	0.4800
基本每股收益(扣除)(元)	0.3200	0.6600	0.2500	0.4500
每股净资产(元)	6.2115	6.1200	5.6900	5.6300
每股经营现金净流量(元)	0.2830	0.7688	0.2533	0.5450
每股现金流量(元)	-0.0215	-0.1116	-0.3580	0.3467
每股资本公积金(元)	3.8558	3.8558	3.8558	3.8558
每股盈余公积金(元)	0.1595	0.1595	0.0889	0.0889
每股未分配利润(元)	1.1962	1.1082	0.7440	0.6808
净资产收益率(%)	5.4416	11.4000	4.6300	8.5770
加权净资产收益率(%)	5.4800	11.9500	4.6500	8.9000
净资产收益率(扣除)(%)	-	-	-	-
总资产(万元)	90089.71	89779.95	85657.83	78411.62
归属母公司股东权益(万元)	81992.13	80830.49	75090.99	74256.41
主营业务收入(万元)	14242.98	27380.31	11343.50	17269.09
营业收入(万元)	14242.98	27380.31	11343.50	17269.09
主营成本(万元)	2025.83	3122.32	1300.60	1401.29
营业成本(万元)	2025.83	3122.32	1300.60	1401.29
投资收益(万元)	-7.38	-5.25	2.33	-
净利润(万元)	4461.64	9214.08	3474.58	6369.01
利润总额(万元)	5055.27	10573.70	3922.16	7228.08

中航电测仪器股份有限公司

公司概况	公司名称	中航电测仪器股份有限公司		证券简称	中航电测
	法人代表	康学军	董秘 纪刚	证券代码	300114
	公司网址	www.zemic.com.cn		电子信箱	jigang@zemic.com.cn
	电　　话	0916-2386011 2386321		传　　真	0916-2577213
	办公地址	陕西省汉中市经济开发区北区鑫源路			
	经营范围	电阻应变计、传感器、电子衡器、交通运输检测设备、测量与自动控制设备等			

	指标\报告期	2013.06.30	2012.12.31	2012.06.30	2011.12.31
主要财务指标	基本每股收益(元)	0.1600	0.4000	0.1700	0.5100
	基本每股收益(扣除)(元)	0.1500	0.3900	0.2100	0.4600
	每股净资产(元)	5.1278	6.5339	6.3500	6.2200
	每股经营现金净流量(元)	-0.0072	0.2100	-0.1016	0.3858
	每股现金流量(元)	-0.2832	-1.2321	-0.6782	-0.3855
	每股资本公积金(元)	3.1046	4.0240	4.0249	4.0249
	每股盈余公积金(元)	0.6285	0.7468	0.7117	0.6150
	每股未分配利润(元)	0.3947	0.7631	0.6163	0.5759
	净资产收益率(%)	3.0334	6.0800	3.4100	8.2400
	加权净资产收益率(%)	3.0500	6.2400	3.4300	8.5500
	净资产收益率(扣除)(%)	-	-	-	-
	总资产(万元)	110681.21	104712.23	105914.10	93565.40
	归属母公司股东权益(万元)	79994.37	78407.31	76234.49	74589.87
	主营业务收入(万元)	30364.28	55922.34	22923.59	47914.77
	营业收入(万元)	30678.45	56789.44	23491.08	48348.44
	主营成本(万元)	21837.28	39040.58	16037.71	32658.96
	营业成本(万元)	22047.26	39625.68	16521.17	32995.94
	投资收益(万元)	698.05	1099.37	562.79	1152.06
	净利润(万元)	2627.04	4949.71	2441.97	6618.47
	利润总额(万元)	2843.50	5369.06	2672.34	7512.32

深圳市长盈精密技术股份有限公司

公司概况	公司名称	深圳市长盈精密技术股份有限公司		证券简称	长盈精密
	法人代表	陈奇星	董秘 陈小硕	证券代码	300115
	公司网址	www.ewpt.cn		电子信箱	ir@ewpt.cn
	电　　话	0755-27347334 8068		传　　真	0755-29912057
	办公地址	广东省深圳市宝安区福永镇桥头富桥工业三区11栋			
	经营范围	生产、销售、开发连接器件、精密五金件、精密接插件及自营进出口业务			

	指标\报告期	2013.06.30	2012.12.31	2012.06.30	2011.12.31
主要财务指标	基本每股收益(元)	0.3590	0.7300	0.3242	0.6200
	基本每股收益(扣除)(元)	0.3500	0.7000	0.3200	0.6000
	每股净资产(元)	6.0360	5.7782	5.3800	5.1200
	每股经营现金净流量(元)	0.6094	0.5734	0.2088	0.2836
	每股现金流量(元)	-0.2496	-1.1339	-0.8228	-1.3449
	每股资本公积金(元)	3.0039	3.0039	3.0039	5.0059
	每股盈余公积金(元)	0.2080	0.2080	0.1382	0.2074
	每股未分配利润(元)	1.8255	1.5664	1.2338	1.4644
	净资产收益率(%)	5.9483	12.5800	6.0300	12.0400
	加权净资产收益率(%)	5.9000	13.3500	6.1500	12.6300
	净资产收益率(扣除)(%)	-	-	-	-
	总资产(万元)	204291.37	201262.17	156055.00	151567.84
	归属母公司股东权益(万元)	155729.60	149076.49	138699.96	132055.50
	主营业务收入(万元)	76215.77	122172.63	47566.14	78260.96
	营业收入(万元)	76223.40	122189.00	47579.19	78316.87
	主营成本(万元)	51633.44	82776.17	31425.07	49025.63
	营业成本(万元)	51637.38	82788.84	31434.36	49081.27
	投资收益(万元)	-	130.82	83.18	-
	净利润(万元)	9486.47	19126.03	8364.46	15895.76
	利润总额(万元)	10929.58	22185.84	9578.23	18318.11

陕西坚瑞消防股份有限公司

公司概况	公司名称	陕西坚瑞消防股份有限公司		证券简称	坚瑞消防
	法人代表	郭鸿宝	董秘 李军	证券代码	300116
	公司网址	www.xajr.com		电子信箱	stock@xajr.com
	电　　话	029-88332970 8060		传　　真	029-88332680
	办公地址	陕西省西安市高新区科技二路65号6幢10701房			
	经营范围	S型气溶胶灭火系统的研发、生产、销售和服务等			

	指标\报告期	2013.06.30	2012.12.31	2012.06.30	2011.12.31
主要财务指标	基本每股收益(元)	-0.0200	-0.1600	-0.1000	0.1400
	基本每股收益(扣除)(元)	-0.0200	-0.2000	-0.1100	0.0700
	每股净资产(元)	2.9406	5.9187	5.9800	6.0800
	每股经营现金净流量(元)	-0.2395	-0.5845	-0.6248	-0.4347
	每股现金流量(元)	-0.6572	-1.0678	-0.4384	-1.9558
	每股资本公积金(元)	1.6544	4.3089	4.3089	4.3089
	每股盈余公积金(元)	0.0400	0.0800	0.0800	0.0800
	每股未分配利润(元)	0.2462	0.5300	0.5891	0.6921
	净资产收益率(%)	-0.6371	-2.7200	-1.7100	2.3800
	加权净资产收益率(%)	-0.6400	-2.6900	-1.7100	2.4100
	净资产收益率(扣除)(%)	-	-	-	-
	总资产(万元)	62526.52	59282.64	55409.75	54841.11
	归属母公司股东权益(万元)	47050.37	47350.13	47823.48	48647.29
	主营业务收入(万元)	8992.00	11013.91	5331.03	8623.68
	营业收入(万元)	9346.12	17002.22	5503.82	10944.17
	主营成本(万元)	5861.25	6023.88	3022.98	4656.23
	营业成本(万元)	6168.40	10929.21	3189.44	5846.27
	投资收益(万元)	-	-7.64	-	90.95
	净利润(万元)	-280.69	-1344.92	-823.80	1132.79
	利润总额(万元)	-168.33	-1410.13	-651.23	1404.74

北京嘉寓门窗幕墙股份有限公司

公司概况	公司名称	北京嘉寓门窗幕墙股份有限公司		证券简称	嘉寓股份
	法人代表	陈其泽	董秘 牟世凤	证券代码	300117
	公司网址	www.jiayu.com.cn		电子信箱	service@jiayu.com.cn
	电　　话	010-69415566		传　　真	010-69415566
	办公地址	北京市顺义区牛栏山镇牛富路1号			
	经营范围	节能门窗幕墙的研发设计、生产加工、安装及服务等			

	指标\报告期	2013.06.30	2012.12.31	2012.06.30	2011.12.31
主要财务指标	基本每股收益(元)	0.1100	0.2500	0.1100	0.2700
	基本每股收益(扣除)(元)	0.1000	0.1900	0.0800	0.2500
	每股净资产(元)	5.6835	5.5940	5.4300	5.3200
	每股经营现金净流量(元)	-0.6912	-0.4547	-0.3613	-0.5812
	每股现金流量(元)	-0.4269	-0.4245	-0.3882	-1.4687
	每股资本公积金(元)	3.0216	2.9935	2.9735	2.9735
	每股盈余公积金(元)	0.1431	0.1431	0.1182	0.1182
	每股未分配利润(元)	1.5193	1.4580	1.3398	1.2293
	净资产收益率(%)	1.9582	4.5300	2.0400	4.9906
	加权净资产收益率(%)	1.9700	4.6600	2.0600	5.1000
	净资产收益率(扣除)(%)	-	-	-	-
	总资产(万元)	247408.62	229104.05	190624.70	185891.08
	归属母公司股东权益(万元)	123446.22	121502.57	117967.76	115563.26
	主营业务收入(万元)	57288.33	110304.43	39109.91	99208.42
	营业收入(万元)	57852.31	110979.01	39600.45	99710.16
	主营成本(万元)	47527.44	90223.44	31616.65	80460.11
	营业成本(万元)	47747.99	90747.65	32007.35	80721.00
	投资收益(万元)	-	59.14	-	0.26
	净利润(万元)	2417.35	5507.71	2401.06	5767.25
	利润总额(万元)	2834.54	6202.30	2885.52	6712.46

东方日升新能源股份有限公司

公司概况

公司名称	东方日升新能源股份有限公司			证券简称	东方日升
法人代表	林海峰	董秘	雪山行	证券代码	300118
公司网址	www.risenenergy.com		电子信箱	xuesx@risenenergy.com	
电　话	0574-65173983		传　真	0574-59953338	
办公地址	浙江省宁波市宁海县梅林镇塔山工业园区				
经营范围	电器、灯具、橡塑制品、电子产品、光电子器件、硅太阳能电池组件和部件的制造、加工等				

主要财务指标

指标\报告期	2013.06.30	2012.12.31	2012.06.30	2011.12.31
基本每股收益(元)	0.0547	-0.8586	0.0027	0.1014
基本每股收益(扣除)(元)	0.0408	-0.7500	0.0500	0.0400
每股净资产(元)	3.5429	3.4593	4.3300	6.9965
每股经营现金净流量(元)	-0.6977	0.4699	0.0293	-0.8497
每股现金流量(元)	-0.1681	-0.2800	0.3368	-1.4675
每股资本公积金(元)	2.7108	2.7108	2.7108	4.9373
每股盈余公积金(元)	0.0886	0.0886	0.0886	0.1417
每股未分配利润(元)	-0.2785	-0.3332	0.5281	0.9206
净资产收益率(%)	1.5400	-24.8200	0.0600	2.2100
加权净资产收益率(%)	1.5600	-21.9200	0.0600	2.2100
净资产收益率(扣除)(%)	-	-	-	-
总资产(万元)	434047.05	402036.35	465797.56	417674.53
归属母公司股东权益(万元)	198405.05	193720.47	242229.75	244877.90
主营业务收入(万元)	84302.41	98445.20	74631.40	210445.18
营业收入(万元)	89119.96	101590.29	75180.76	210621.07
主营成本(万元)	67853.65	90818.03	61478.64	174538.15
营业成本(万元)	69715.37	93640.47	62009.95	174716.27
投资收益(万元)	-	2530.21	2530.21	-
净利润(万元)	2865.84	-50551.47	112.42	5371.64
利润总额(万元)	4111.47	-57211.63	81.97	6205.80

天津瑞普生物技术股份有限公司

公司概况

公司名称	天津瑞普生物技术股份有限公司			证券简称	瑞普生物
法人代表	李守军	董秘	曾艺伟	证券代码	300119
公司网址	www.ringpu.com		电子信箱	zqb@ringpu.com	
电　话	022-88958118		传　真	022-88958118	
办公地址	天津市空港经济区环河北路 76 号空港商务园西区 W2				
经营范围	兽用生物制品和兽用制剂研发、生产、销售和技术服务等				

主要财务指标

指标\报告期	2013.06.30	2012.12.31	2012.06.30	2011.12.31
基本每股收益(元)	0.3623	0.7500	0.3454	0.5900
基本每股收益(扣除)(元)	0.3442	0.6600	0.2927	0.5600
每股净资产(元)	7.8976	7.6994	7.2638	9.3900
每股经营现金净流量(元)	-0.0189	0.4664	-0.0720	0.6088
每股现金流量(元)	-0.8767	-1.0165	-0.5613	-1.9306
每股资本公积金(元)	5.1477	5.0524	5.0188	6.9234
每股盈余公积金(元)	0.1712	0.1722	0.1305	0.1696
每股未分配利润(元)	1.5787	1.4748	1.1145	1.2999
净资产收益率(%)	4.5740	9.7100	4.7000	8.1910
加权净资产收益率(%)	4.6000	10.0600	4.7000	8.3800
净资产收益率(扣除)(%)	-	-	-	-
总资产(万元)	186199.94	179330.69	172545.01	167117.67
归属母公司股东权益(万元)	153170.71	148432.38	140034.84	139293.20
主营业务收入(万元)	36144.08	65334.88	31436.02	58405.15
营业收入(万元)	36236.68	65639.39	31635.61	58771.33
主营成本(万元)	14989.70	27277.86	13633.22	25961.36
营业成本(万元)	15000.28	27326.05	13654.86	26042.76
投资收益(万元)	1.61	111.77	85.00	124.62
净利润(万元)	7054.63	15160.54	7341.50	12818.42
利润总额(万元)	8215.31	17776.03	8591.77	14980.86

天津经纬电材股份有限公司

公司概况

公司名称	天津经纬电材股份有限公司			证券简称	经纬电材
法人代表	董树林	董秘	张秋凤	证券代码	300120
公司网址	www.jwdc.cn		电子信箱	tjjwdc@163.com	
电　话	022-28590102 28573261		传　真	022-28590300	
办公地址	天津市津南区小站工业区创新路 8 号				
经营范围	生产、加工、销售电线、电缆、有色金属材料、绝缘材料、矽钢片、电抗器等				

主要财务指标

指标\报告期	2013.06.30	2012.12.31	2012.06.30	2011.12.31
基本每股收益(元)	0.1053	0.1234	0.0796	0.2392
基本每股收益(扣除)(元)	0.1039	0.1100	0.0751	0.2200
每股净资产(元)	3.4907	3.4900	3.4498	5.2200
每股经营现金净流量(元)	-0.1559	0.1474	-0.1831	0.1734
每股现金流量(元)	-0.4152	-0.8339	-0.8882	-1.0097
每股资本公积金(元)	1.9719	1.9740	1.9738	3.4605
每股盈余公积金(元)	0.1251	0.1251	0.1063	0.1594
每股未分配利润(元)	0.3937	0.3884	0.3698	0.5953
净资产收益率(%)	3.0173	3.5400	2.3100	6.8800
加权净资产收益率(%)	3.0200	3.5700	2.2900	7.0300
净资产收益率(扣除)(%)	-	-	-	-
总资产(万元)	64568.48	65015.35	61338.57	63943.55
归属母公司股东权益(万元)	59219.98	59163.74	58526.39	58983.50
主营业务收入(万元)	22285.97	31150.32	14523.29	40574.64
营业收入(万元)	22298.63	31190.88	14549.52	40592.61
主营成本(万元)	18573.61	26936.39	12102.37	34189.45
营业成本(万元)	18579.66	26960.34	12119.31	34202.39
投资收益(万元)	-	-	-	-
净利润(万元)	1788.71	2103.40	1356.74	4073.29
利润总额(万元)	2107.73	2512.96	1605.14	4823.18

山东阳谷华泰化工股份有限公司

公司概况

公司名称	山东阳谷华泰化工股份有限公司			证券简称	阳谷华泰
法人代表	王文博	董秘	贺玉广	证券代码	300121
公司网址	www.yghuatai.com		电子信箱	hyg@yghuatai.com	
电　话	0635-6381900		传　真	0635-6381900	
办公地址	山东省聊城市阳谷县清河西路 217 号				
经营范围	橡胶助剂的研发、生产、销售等				

主要财务指标

指标\报告期	2013.06.30	2012.12.31	2012.06.30	2011.12.31
基本每股收益(元)	0.0700	0.1100	0.0500	0.1400
基本每股收益(扣除)(元)	0.0462	0.0800	0.0600	0.1200
每股净资产(元)	3.1844	3.1100	4.0000	4.0300
每股经营现金净流量(元)	-0.0471	-0.0150	-0.1280	-0.0255
每股现金流量(元)	0.4483	-0.2710	-0.5249	-1.0278
每股资本公积金(元)	1.6925	2.5003	2.4928	2.4928
每股盈余公积金(元)	0.0505	0.0656	0.0544	0.0544
每股未分配利润(元)	0.4416	0.4827	0.4542	0.4853
净资产收益率(%)	2.2090	2.6800	1.7200	3.5400
加权净资产收益率(%)	2.2300	2.6900	1.6900	3.6100
净资产收益率(扣除)(%)	-	-	-	-
总资产(万元)	98676.31	82684.63	66836.23	57575.37
归属母公司股东权益(万元)	44708.96	43725.31	43203.42	43551.22
主营业务收入(万元)	25973.79	38795.52	17777.76	34986.25
营业收入(万元)	26436.52	38911.23	18289.27	35137.06
主营成本(万元)	20719.80	31700.02	14415.62	28129.35
营业成本(万元)	20719.80	31733.71	14415.62	28132.21
投资收益(万元)	-	-	-	-
净利润(万元)	987.60	1173.23	744.17	1545.17
利润总额(万元)	1193.09	1282.50	897.85	1718.57

重庆智飞生物制品股份有限公司

公司概况	公司名称	重庆智飞生物制品股份有限公司		证券简称	智飞生物
	法人代表	蒋仁生	董秘 余农	证券代码	300122
	公司网址	www.zhifeishengwu.com		电子信箱	office2@zhifeishengwu.com
	电　话	023-86358226		传　真	023-86358226
	办公地址	重庆市江北区金源路7号25层			
	经营范围	疫苗、生物制品的研发、生产和销售等			

主要财务指标	指标\报告期	2013.06.30	2012.12.31	2012.06.30	2011.12.31
	基本每股收益(元)	0.2600	0.5400	0.2700	0.4900
	基本每股收益(扣除)(元)	0.2500	0.4600	0.1900	0.4000
	每股净资产(元)	5.8987	5.9400	5.6700	5.6500
	每股经营现金净流量(元)	0.0923	0.2822	0.0610	0.5531
	每股现金流量(元)	–0.3441	–0.4547	–0.4420	–0.4126
	每股资本公积金(元)	3.5229	3.5199	3.5199	3.5199
	每股盈余公积金(元)	0.1430	0.1430	0.0833	0.0833
	每股未分配利润(元)	1.2327	1.2771	1.0633	1.0419
	净资产收益率(%)	4.3333	9.1700	4.7600	8.6970
	加权净资产收益率(%)	4.2500	9.4700	4.7600	9.0100
	净资产收益率(扣除)(%)	–	–	–	–
	总资产(万元)	252662.35	251624.46	244613.10	240428.89
	归属母公司股东权益(万元)	235946.11	237600.89	226660.26	225806.51
	主营业务收入(万元)	39291.85	73419.32	32289.29	59112.41
	营业收入(万元)	42557.63	76461.97	32798.94	62874.00
	主营成本(万元)	18224.54	33216.33	15439.37	24301.71
	营业成本(万元)	18839.81	33825.18	15542.76	25058.63
	投资收益(万元)	197.33	420.53	251.18	330.93
	净利润(万元)	10224.22	21794.39	10853.75	19638.36
	利润总额(万元)	11935.41	25620.40	12723.56	23021.72

太阳鸟游艇股份有限公司

公司概况	公司名称	太阳鸟游艇股份有限公司		证券简称	太阳鸟
	法人代表	李跃先	董秘 夏亦才	证券代码	300123
	公司网址	www.cnsunbird.com		电子信箱	stock@cnsunbird.com
	电　话	0737-2722399		传　真	0737-2854608
	办公地址	湖南省沅江市石矶湖			
	经营范围	复合材料船艇的设计、研发、生产、销售及服务等			

主要财务指标	指标\报告期	2013.06.30	2012.12.31	2012.06.30	2011.12.31
	基本每股收益(元)	0.2200	0.4000	0.1900	0.3200
	基本每股收益(扣除)(元)	0.2000	0.3600	0.1900	0.2900
	每股净资产(元)	6.3015	6.1900	5.9800	5.8900
	每股经营现金净流量(元)	–0.5884	0.1937	–0.2524	0.2300
	每股现金流量(元)	–0.8402	0.6326	–0.7212	–2.3126
	每股资本公积金(元)	4.1456	4.1456	4.1456	4.1456
	每股盈余公积金(元)	0.0401	0.0401	0.0307	0.0307
	每股未分配利润(元)	1.1158	1.0004	0.8077	0.7147
	净资产收益率(%)	3.4183	6.5600	3.2300	5.3720
	加权净资产收益率(%)	3.4300	6.5600	3.2300	5.4900
	净资产收益率(扣除)(%)	–	–	–	–
	总资产(万元)	144819.77	138745.52	127208.98	124180.85
	归属母公司股东权益(万元)	87657.63	86052.29	83241.62	81947.28
	主营业务收入(万元)	25325.21	57190.30	19243.41	39184.43
	营业收入(万元)	25582.26	57993.06	19379.41	39646.66
	主营成本(万元)	17369.60	41206.11	12265.67	27419.71
	营业成本(万元)	17546.94	41656.83	12398.54	27800.40
	投资收益(万元)	–	–10.20	–7.61	–10.82
	净利润(万元)	2989.23	5496.06	2685.39	4402.52
	利润总额(万元)	3461.84	6599.49	3184.73	5221.14

深圳市汇川技术股份有限公司

公司概况	公司名称	深圳市汇川技术股份有限公司		证券简称	汇川技术
	法人代表	朱兴明	董秘 宋君恩	证券代码	300124
	公司网址	www.inovance.cn		电子信箱	dongmiban@inovance.cn
	电　话	0755-83185787 83185521		传　真	0755-83185659
	办公地址	广东省深圳市福田区滨河路上沙创新科技园16栋3楼307–308			
	经营范围	从事工业自动化控制产品的研发、生产及销售等			

主要财务指标	指标\报告期	2013.06.30	2012.12.31	2012.06.30	2011.12.31
	基本每股收益(元)	0.5800	0.8200	0.3700	0.8700
	基本每股收益(扣除)(元)	–	0.8000	0.3500	0.8600
	每股净资产(元)	6.9500	6.9200	6.4700	11.5900
	每股经营现金净流量(元)	0.5950	0.6773	0.2931	0.0283
	每股现金流量(元)	0.1920	–0.2713	0.1413	0.1335
	每股资本公积金(元)	4.0829	4.0291	4.0291	8.0523
	每股盈余公积金(元)	0.2338	0.2338	0.1812	0.3262
	每股未分配利润(元)	1.6406	1.6624	1.2634	2.2166
	净资产收益率(%)	8.3140	11.8000	5.6400	13.5800
	加权净资产收益率(%)	8.1300	12.2800	5.5600	14.3000
	净资产收益率(扣除)(%)	–	–	–	–
	总资产(万元)	315499.99	297337.33	277752.33	267303.43
	归属母公司股东权益(万元)	270391.48	269189.11	251641.60	250383.19
	主营业务收入(万元)	70149.86	119318.66	52831.32	105402.68
	营业收入(万元)	70149.86	119318.66	52831.32	105402.68
	主营成本(万元)	32211.40	57039.52	25719.61	46910.49
	营业成本(万元)	32211.40	57039.52	25719.61	46910.49
	投资收益(万元)	–	–	–	–
	净利润(万元)	22693.93	32017.23	14343.82	34643.87
	利润总额(万元)	26088.55	36735.72	17042.56	41296.63

大连易世达新能源发展股份有限公司

公司概况	公司名称	大连易世达新能源发展股份有限公司		证券简称	易世达
	法人代表	刘群	董秘 韩家厚	证券代码	300125
	公司网址	www.dleast.cc		电子信箱	dalianyishida@163.com
	电　话	0411-84732571		传　真	0411-84732571
	办公地址	辽宁省大连市高新技术产业园区火炬路32号B座16–20层			
	经营范围	余热发电技术服务、工程设计、设备成套、工程总承包以及合同能源管理等			

主要财务指标	指标\报告期	2013.06.30	2012.12.31	2012.06.30	2011.12.31
	基本每股收益(元)	0.1000	0.1200	0.1600	0.4400
	基本每股收益(扣除)(元)	0.1000	0.1200	0.1500	0.4200
	每股净资产(元)	9.1100	9.0300	9.0600	9.0000
	每股经营现金净流量(元)	0.3525	0.6069	0.3574	–0.5492
	每股现金流量(元)	0.1077	0.1241	0.0442	–1.3130
	每股资本公积金(元)	6.8749	6.8749	6.8749	6.8749
	每股盈余公积金(元)	0.1837	0.1837	0.1662	0.1662
	每股未分配利润(元)	1.0515	0.9671	1.0196	0.9631
	净资产收益率(%)	1.1455	1.3500	1.7300	4.8750
	加权净资产收益率(%)	1.1500	1.3500	1.7300	4.9700
	净资产收益率(扣除)(%)	–	–	–	–
	总资产(万元)	144069.12	146687.83	141709.51	139152.73
	归属母公司股东权益(万元)	107498.48	106503.04	106915.55	106248.65
	主营业务收入(万元)	22046.85	47967.75	22485.55	53484.71
	营业收入(万元)	22040.72	48050.62	22491.05	53591.61
	主营成本(万元)	17951.74	38497.12	18014.36	42441.40
	营业成本(万元)	17951.74	38497.12	18014.36	42460.12
	投资收益(万元)	52.09	–127.35	23.84	106.80
	净利润(万元)	1260.02	1735.87	2006.30	5412.49
	利润总额(万元)	1520.64	2061.72	2457.17	6314.84

上海锐奇工具股份有限公司

公司概况	公司名称	上海锐奇工具股份有限公司			证券简称	锐奇股份
	法人代表	吴明厅	董秘	王震宇	证券代码	300126
	公司网址	www.kenpowertools.com		电子信箱	kenpowertools@126.com	
	电　　话	021-57825832		传　　真	021-37008859	
	办公地址	上海市松江区新桥镇新茸路5号				
	经营范围	高等级专业电动工具的研发、生产和销售等				

主要财务指标	指标＼报告期	2013.06.30	2012.12.31	2012.06.30	2011.12.31
	基本每股收益(元)	0.2092	0.3462	0.1813	0.4899
	基本每股收益(扣除)(元)	–	0.3000	0.1627	0.4500
	每股净资产(元)	6.2913	6.1800	6.0100	6.3338
	每股经营现金净流量(元)	0.0820	0.3175	–0.1279	0.1636
	每股现金流量(元)	0.4524	–0.9281	–0.3607	–0.8896
	每股资本公积金(元)	4.2017	4.2017	4.1956	4.1997
	每股盈余公积金(元)	0.1750	0.1750	0.1415	0.1415
	每股未分配利润(元)	0.9145	0.8054	0.6739	0.9926
	净资产收益率(%)	3.3247	5.6000	3.0200	7.7350
	加权净资产收益率(%)	3.3400	5.5300	2.8200	8.0200
	净资产收益率(扣除)(%)	–	–	–	–
	总资产(万元)	114013.95	111690.36	105621.42	111374.17
	归属母公司股东权益(万元)	95350.24	93695.75	91103.20	95995.78
	主营业务收入(万元)	29920.57	53782.79	26580.44	56488.28
	营业收入(万元)	30036.75	53808.22	26589.69	56492.74
	主营成本(万元)	23862.50	43274.11	21471.41	43843.81
	营业成本(万元)	23862.50	43274.22	21471.41	43843.81
	投资收益(万元)	–	–	–	–
	净利润(万元)	3598.42	5621.28	2861.80	7425.07
	利润总额(万元)	3884.96	6511.07	3210.40	8729.09

成都银河磁体股份有限公司

公司概况	公司名称	成都银河磁体股份有限公司			证券简称	银河磁体
	法人代表	戴炎	董秘	朱魁文	证券代码	300127
	公司网址	www.galaxymagnets.com		电子信箱	galaxymagnets@163.com	
	电　　话	028-87823555 890 892		传　　真	028-87824018 87823555	
	办公地址	四川省成都市高新技术开发区西区百草路6号				
	经营范围	制造、销售永磁合金元件及光机电高新技术服务等				

主要财务指标	指标＼报告期	2013.06.30	2012.12.31	2012.06.30	2011.12.31
	基本每股收益(元)	0.1600	0.4800	0.3000	0.8900
	基本每股收益(扣除)(元)	–	0.4600	0.2900	0.8600
	每股净资产(元)	5.8634	6.1600	5.9800	6.2800
	每股经营现金净流量(元)	0.0053	0.5525	0.4881	0.7445
	每股现金流量(元)	–0.5174	–0.2820	–0.2111	0.1700
	每股资本公积金(元)	4.0575	4.0575	4.0575	4.0575
	每股盈余公积金(元)	0.4450	0.4450	0.3973	0.3973
	每股未分配利润(元)	0.3610	0.6556	0.5230	0.8268
	净资产收益率(%)	2.6504	7.7600	4.9600	14.1880
	加权净资产收益率(%)	2.5500	7.8500	4.8300	15.0300
	净资产收益率(扣除)(%)	–	–	–	–
	总资产(万元)	102194.05	106693.46	109189.41	107675.12
	归属母公司股东权益(万元)	94737.48	99497.33	96585.46	101493.07
	主营业务收入(万元)	16805.76	48702.66	28254.88	56359.42
	营业收入(万元)	16817.99	48716.31	28254.88	56362.42
	主营成本(万元)	12060.03	36811.66	20960.99	35947.01
	营业成本(万元)	12071.62	36821.53	20960.99	35947.01
	投资收益(万元)	–	–	–	–
	净利润(万元)	2531.19	7697.94	4786.78	14400.02
	利润总额(万元)	3019.08	8983.65	5626.79	16889.91

苏州锦富新材料股份有限公司

公司概况	公司名称	苏州锦富新材料股份有限公司			证券简称	锦富新材
	法人代表	富国平	董秘	葛卫东	证券代码	300128
	公司网址	www.jin-fu.cn		电子信箱	jinfu@jin-fu.cn	
	电　　话	0512-62820000		传　　真	0512-62820200	
	办公地址	江苏省苏州市工业园区华池街时代广场24幢苏州国际金融中心11楼				
	经营范围	生产、加工各种高性能复合材料、高分子材料、销售本公司所生产的产品等				

主要财务指标	指标＼报告期	2013.06.30	2012.12.31	2012.06.30	2011.12.31
	基本每股收益(元)	0.1100	0.7200	0.1700	0.5000
	基本每股收益(扣除)(元)	0.1100	0.7100	0.3300	0.5000
	每股净资产(元)	6.3348	6.4077	6.0100	5.8708
	每股经营现金净流量(元)	0.3063	–0.0981	–0.0455	0.1876
	每股现金流量(元)	0.0530	–0.6572	–0.3381	–1.3638
	每股资本公积金(元)	3.6603	3.6512	3.5957	3.5957
	每股盈余公积金(元)	0.1273	0.1273	0.0891	0.0891
	每股未分配利润(元)	1.5492	1.6297	1.3301	1.1864
	净资产收益率(%)	3.4645	11.6100	5.7100	8.7800
	加权净资产收益率(%)	3.3600	11.6100	5.6900	8.7800
	净资产收益率(扣除)(%)	–	–	–	–
	总资产(万元)	188397.71	197548.57	176513.53	158607.26
	归属母公司股东权益(万元)	129522.15	131010.98	120294.51	117415.16
	主营业务收入(万元)	86754.97	191975.76	76767.25	108297.53
	营业收入(万元)	91728.14	196321.30	80683.12	119372.17
	主营成本(万元)	71065.63	154607.88	60895.89	83674.14
	营业成本(万元)	75410.09	158365.95	64316.64	93546.59
	投资收益(万元)	6.08	–394.61	–132.13	–167.47
	净利润(万元)	5362.58	15836.74	7509.45	11332.39
	利润总额(万元)	6776.41	20198.55	9396.28	13704.11

上海泰胜风能装备股份有限公司

公司概况	公司名称	上海泰胜风能装备股份有限公司			证券简称	泰胜风能
	法人代表	柳志成	董秘	邹涛	证券代码	300129
	公司网址	www.shtsp.com		电子信箱	etaoo@163.com	
	电　　话	021-57243692 018016206011		传　　真	021-57243692	
	办公地址	上海市金山区卫清东路1988号				
	经营范围	风力发电机组配套塔架的制造和销售等				

主要财务指标	指标＼报告期	2013.06.30	2012.12.31	2012.06.30	2011.12.31
	基本每股收益(元)	0.1300	0.1800	0.1200	0.1600
	基本每股收益(扣除)(元)	0.1200	0.1600	0.0900	0.1300
	每股净资产(元)	4.3536	4.2700	4.2000	6.1800
	每股经营现金净流量(元)	0.1982	0.2052	–0.0934	–0.1019
	每股现金流量(元)	–0.2742	–0.2508	–0.4363	–0.5472
	每股资本公积金(元)	2.4332	2.4332	2.4332	4.1499
	每股盈余公积金(元)	0.0695	0.0695	0.0532	0.0797
	每股未分配利润(元)	0.8480	0.7663	0.7189	0.9538
	净资产收益率(%)	3.0256	4.2200	2.7300	3.9900
	加权净资产收益率(%)	3.2300	4.2800	2.7900	4.0000
	净资产收益率(扣除)(%)	–	–	–	–
	总资产(万元)	199734.27	194659.51	170931.22	160144.20
	归属母公司股东权益(万元)	141056.94	138308.56	136091.62	133555.19
	主营业务收入(万元)	42150.98	66468.89	30584.33	59366.64
	营业收入(万元)	42191.41	67132.12	30971.08	61566.76
	主营成本(万元)	32479.29	51331.25	24003.87	49169.14
	营业成本(万元)	32479.97	51336.56	24020.71	50539.23
	投资收益(万元)	–	–	0.91	1.73
	净利润(万元)	3940.36	5687.95	3876.69	5322.96
	利润总额(万元)	4649.26	6057.51	4326.43	6996.06

深圳市新国都技术股份有限公司

公司概况	公司名称	深圳市新国都技术股份有限公司		证券简称	新 国 都
	法人代表	刘祥	董秘	赵辉	证券代码	300130
	公司网址	www.xinguodu.com		电子信箱	zhaohui@xinguodu.com
	电　　话	0755-83899462 83481391		传　　真	0755-86319990
	办公地址	广东省深圳市福田区深南路车公庙工业区泰然劲松大厦17A			
	经营范围	银行卡电子支付终端产品(POS机)、电子技术密码系统产品、计算机产品等			

主要财务指标	指标\报告期	2013.06.30	2012.12.31	2012.06.30	2011.12.31
	基本每股收益(元)	0.2100	0.5300	0.3100	0.6600
	基本每股收益(扣除)(元)	–	0.4900	0.2900	0.6500
	每股净资产(元)	8.7600	8.6000	8.3900	8.1800
	每股经营现金净流量(元)	–0.6383	–0.3388	–1.0582	0.3394
	每股现金流量(元)	–0.7005	–0.5103	–1.1971	0.1142
	每股资本公积金(元)	5.6161	5.6161	5.6161	5.6161
	每股盈余公积金(元)	0.1113	0.1113	0.0945	0.0945
	每股未分配利润(元)	2.0372	1.8796	1.6794	1.4701
	净资产收益率(%)	2.3682	6.1200	3.7300	8.1000
	加权净资产收益率(%)	2.3900	6.2800	3.7300	8.6000
	净资产收益率(扣除)(%)	–	–	–	–
	总资产(万元)	118924.75	122488.23	108071.91	111333.54
	归属母公司股东权益(万元)	100178.69	98377.73	95896.84	93504.69
	主营业务收入(万元)	20703.90	49431.59	17789.03	34150.70
	营业收入(万元)	20703.90	49507.50	17789.03	34159.69
	主营成本(万元)	13275.79	29368.81	9365.67	16026.94
	营业成本(万元)	13275.79	29452.87	9365.67	16029.21
	投资收益(万元)	909.08	63.08	20.49	59.60
	净利润(万元)	2378.24	6015.82	3531.75	7572.64
	利润总额(万元)	2851.73	6811.12	3842.06	8397.86

深圳市英唐智能控制股份有限公司

公司概况	公司名称	深圳市英唐智能控制股份有限公司		证券简称	英唐智控
	法人代表	胡庆周	董秘	刘林	证券代码	300131
	公司网址	www.yitoa.com		电子信箱	liulin@yitoa.com
	电　　话	0755-86140392 26616688-8008		传　　真	0755-26613854
	办公地址	广东省深圳市宝安区石岩街道龙马工业城A1厂房五楼			
	经营范围	家电智能控制器的软件、硬件的开发与销售、电力智能控制器及设备软件等			

主要财务指标	指标\报告期	2013.06.30	2012.12.31	2012.06.30	2011.12.31
	基本每股收益(元)	–0.1700	0.0400	0.2000	0.0300
	基本每股收益(扣除)(元)	–	–	–	0.0334
	每股净资产(元)	2.4288	5.3265	5.3600	5.1500
	每股经营现金净流量(元)	–0.5992	0.3332	–0.6168	–0.3169
	每股现金流量(元)	0.1371	0.8502	–1.9078	–0.4266
	每股资本公积金(元)	1.2133	3.4248	3.4772	3.3122
	每股盈余公积金(元)	0.0366	0.0730	0.0597	0.0608
	每股未分配利润(元)	0.1792	0.8292	0.8279	0.7757
	净资产收益率(%)	–6.9584	0.6746	3.6762	0.6523
	加权净资产收益率(%)	–6.6300	0.6800	3.8200	0.6500
	净资产收益率(扣除)(%)	–	–	–	–
	总资产(万元)	119469.59	108749.90	86536.00	64112.73
	归属母公司股东权益(万元)	49860.03	54878.91	55273.98	52105.09
	主营业务收入(万元)	–	–	–	–
	营业收入(万元)	45664.08	21831.35	47622.91	10691.76
	主营成本(万元)	–	–	–	–
	营业成本(万元)	40475.74	19469.10	40315.66	8668.08
	投资收益(万元)	–	–	–	–
	净利润(万元)	–3414.70	397.79	2238.18	440.02
	利润总额(万元)	–3090.45	574.94	2766.89	729.49

福建青松股份有限公司

公司概况	公司名称	福建青松股份有限公司		证券简称	青松股份
	法人代表	柯维龙	董秘	邓建明	证券代码	300132
	公司网址	www.greenpine.cc		电子信箱	office@greenpine.cc
	电　　话	0599-5820498 5820121		传　　真	0599-5820900
	办公地址	福建省建阳市回瑶工业园区			
	经营范围	从事松节油深加工产品的研发、生产和销售等			

主要财务指标	指标\报告期	2013.06.30	2012.12.31	2012.06.30	2011.12.31
	基本每股收益(元)	0.1405	0.2800	0.1600	0.1900
	基本每股收益(扣除)(元)	0.1339	0.2800	0.2500	0.1300
	每股净资产(元)	2.9100	2.8700	4.5600	4.4000
	每股经营现金净流量(元)	–0.2798	–0.4506	–0.0979	0.0434
	每股现金流量(元)	0.2059	–0.3772	0.4836	–1.6491
	每股资本公积金(元)	1.4253	2.8834	2.8834	2.8834
	每股盈余公积金(元)	0.0599	0.0959	0.0667	0.0667
	每股未分配利润(元)	0.4231	0.6025	0.6113	0.4482
	净资产收益率(%)	4.8257	6.1800	5.7700	4.2200
	加权净资产收益率(%)	4.8200	6.3300	5.7700	4.2600
	净资产收益率(扣除)(%)	–	–	–	–
	总资产(万元)	113217.14	98647.36	98444.99	84718.79
	归属母公司股东权益(万元)	56167.37	55305.99	55038.24	53118.58
	主营业务收入(万元)	28858.10	55327.10	29459.96	53749.63
	营业收入(万元)	28968.89	55461.84	29545.29	55040.19
	主营成本(万元)	21769.17	42286.05	22186.72	46334.38
	营业成本(万元)	21771.66	42291.49	22189.77	47296.66
	投资收益(万元)	–	–	–	–
	净利润(万元)	2706.60	3402.69	3165.39	2225.47
	利润总额(万元)	3109.49	4281.63	3809.42	2586.52

浙江华策影视股份有限公司

公司概况	公司名称	浙江华策影视股份有限公司		证券简称	华策影视
	法人代表	傅梅城	董秘	刘洋	证券代码	300133
	公司网址	www.huacemedia.com		电子信箱	zqsw@huacemedia.com
	电　　话	0571-87553075		传　　真	0571-87553088-8033
	办公地址	浙江省杭州市文二西路683号西溪创意产业园C-C座			
	经营范围	从事影视剧的制作、发行及衍生业务等			

主要财务指标	指标\报告期	2013.06.30	2012.12.31	2012.06.30	2011.12.31
	基本每股收益(元)	0.2300	0.5600	0.1800	0.4000
	基本每股收益(扣除)(元)	0.2100	0.5000	0.2300	0.3700
	每股净资产(元)	2.7983	3.5400	3.5400	6.6400
	每股经营现金净流量(元)	–0.1054	–0.0875	–0.2489	–0.2569
	每股现金流量(元)	–0.1293	–0.4114	–0.4414	–1.0202
	每股资本公积金(元)	0.9231	1.7985	1.7595	4.4337
	每股盈余公积金(元)	0.0548	0.0829	0.0604	0.1207
	每股未分配利润(元)	0.8203	0.9783	0.7179	1.0818
	净资产收益率(%)	8.0944	14.5100	7.8302	12.0800
	加权净资产收益率(%)	8.3800	15.6400	8.0500	12.4500
	净资产收益率(扣除)(%)	–	–	–	–
	总资产(万元)	212186.18	176727.56	154091.14	147297.35
	归属母公司股东权益(万元)	162495.25	148234.32	135874.48	127436.88
	主营业务收入(万元)	45124.76	71392.87	30769.14	39906.56
	营业收入(万元)	45526.54	72091.15	30937.69	40306.82
	主营成本(万元)	23058.50	33189.38	12540.99	15520.51
	营业成本(万元)	24046.45	33219.26	12560.94	15520.51
	投资收益(万元)	103.81	–180.46	–184.14	–259.72
	净利润(万元)	13807.34	22254.70	10888.61	15598.84
	利润总额(万元)	17739.45	29305.81	14228.79	21137.44

深圳市大富科技股份有限公司

公司概况	公司名称	深圳市大富科技股份有限公司			证券简称	大富科技
	法人代表	孙尚传	董秘	温永鹏	证券代码	300134
	公司网址	www.tatfook.com		电子信箱	ir@tatfook.com	
	电　话	0755-29816308		传　真	0755-27356851	
	办公地址	广东省深圳市宝安区沙井街道蚝乡路沙井工业公司第三工业区 A2				
	经营范围	滤波器、合路器、分路器、隔离器、耦合器、微波元器件、电子专用设备等				

	指标\报告期	2013.06.30	2012.12.31	2012.06.30	2011.12.31
主要财务指标	基本每股收益(元)	-0.1000	-0.6000	0.1500	0.5900
	基本每股收益(扣除)(元)	-0.1000	-0.7700	0.1400	0.4400
	每股净资产(元)	6.5911	6.6905	7.4400	7.2900
	每股经营现金净流量(元)	0.1973	-0.4039	0.0721	0.3717
	每股现金流量(元)	-0.1603	-0.2302	0.5364	-4.5660
	每股资本公积金(元)	5.7424	5.7455	5.7455	5.7455
	每股盈余公积金(元)	0.1017	0.1017	0.1017	0.1017
	每股未分配利润(元)	-0.2492	-0.1541	0.5936	0.4433
	净资产收益率(%)	-1.4428	-8.9300	2.0200	8.0250
	加权净资产收益率(%)	-1.4300	-8.5500	2.0400	7.9400
	净资产收益率(扣除)(%)	-	-	-	-
	总资产(万元)	279993.63	322892.59	323367.64	270678.72
	归属母公司股东权益(万元)	210916.29	214095.74	238083.71	233270.41
	主营业务收入(万元)	74091.13	147796.40	57769.78	96488.55
	营业收入(万元)	75547.94	150395.53	60251.77	98950.19
	主营成本(万元)	60702.29	124001.54	40809.46	64871.06
	营业成本(万元)	61151.96	124049.51	40837.97	64876.95
	投资收益(万元)	-414.36	283.40	-9.48	-
	净利润(万元)	-3325.43	-17371.23	5440.56	18823.97
	利润总额(万元)	-4488.30	-20692.85	5942.74	22131.71

江苏宝利沥青股份有限公司

公司概况	公司名称	江苏宝利沥青股份有限公司			证券简称	宝利沥青
	法人代表	周德洪	董秘	陈永勤	证券代码	300135
	公司网址	www.baolijt.cn		电子信箱	cyq-600078@163.com	
	电　话	0510-86017020 86017012		传　真	0510-86158880	
	办公地址	江苏省江阴市云亭镇工业园区				
	经营范围	高等级公路新材料的研发、生产和销售等				

	指标\报告期	2013.06.30	2012.12.31	2012.06.30	2011.12.31
主要财务指标	基本每股收益(元)	0.0930	0.2820	0.0870	0.1790
	基本每股收益(扣除)(元)	0.0850	0.2600	0.1300	0.1800
	每股净资产(元)	2.0951	3.3000	3.1600	6.2400
	每股经营现金净流量(元)	-1.1142	0.6484	-1.0140	-2.1339
	每股现金流量(元)	-0.4893	0.0250	-0.5126	-1.7867
	每股资本公积金(元)	0.5689	1.5102	1.5102	4.0204
	每股盈余公积金(元)	0.0572	0.0916	0.0705	0.1410
	每股未分配利润(元)	0.4690	0.7014	0.5791	1.0807
	净资产收益率(%)	4.4452	8.4300	4.3900	5.7300
	加权净资产收益率(%)	4.4300	8.8100	4.3700	5.7800
	净资产收益率(扣除)(%)	-	-	-	-
	总资产(万元)	238540.21	149315.72	188241.70	140886.52
	归属母公司股东权益(万元)	107269.80	105701.42	101114.66	99873.85
	主营业务收入(万元)	58818.31	216976.28	54118.06	111112.82
	营业收入(万元)	60353.14	219066.11	55304.27	111976.30
	主营成本(万元)	47870.30	189973.66	44580.79	95233.99
	营业成本(万元)	48229.80	190032.55	44859.49	95497.11
	投资收益(万元)	-	-	-	-
	净利润(万元)	4716.56	9027.57	4440.80	5726.61
	利润总额(万元)	5698.81	10280.74	5174.66	6546.39

深圳市信维通信股份有限公司

公司概况	公司名称	深圳市信维通信股份有限公司			证券简称	信维通信
	法人代表	彭浩	董秘	杜敏	证券代码	300136
	公司网址	www.sz-sunway.com.cn		电子信箱	ir@sz-sunway.com	
	电　话	0755-36615880-8819 8811		传　真	0755-86561715	
	办公地址	广东省深圳市宝安区沙井街道西环路蚝一西部工业区 A 栋、B 栋				
	经营范围	移动终端天线的设计、技术开发、生产和销售并提供相关技术服务等				

	指标\报告期	2013.06.30	2012.12.31	2012.06.30	2011.12.31
主要财务指标	基本每股收益(元)	-0.1969	0.0457	0.1136	0.5658
	基本每股收益(扣除)(元)	-0.2016	0.0100	0.0966	0.5300
	每股净资产(元)	4.7553	4.9600	5.0241	5.0600
	每股经营现金净流量(元)	-0.1857	-0.5144	0.0152	0.2781
	每股现金流量(元)	-0.4965	-2.0838	-0.3261	0.0650
	每股资本公积金(元)	3.1805	3.1805	3.1805	3.1805
	每股盈余公积金(元)	0.1187	0.1187	0.1030	0.1030
	每股未分配利润(元)	0.4596	0.6566	0.7402	0.7766
	净资产收益率(%)	-4.1413	0.9200	2.2600	11.7200
	加权净资产收益率(%)	-4.0500	0.9200	2.2600	11.7200
	净资产收益率(扣除)(%)	-	-	-	-
	总资产(万元)	73852.60	81459.11	71265.87	70773.26
	归属母公司股东权益(万元)	63406.98	66095.88	66991.43	67470.86
	主营业务收入(万元)	11868.31	21530.18	6024.61	16282.29
	营业收入(万元)	11880.73	21575.30	6029.54	16297.66
	主营成本(万元)	9194.86	14923.56	2581.19	5473.96
	营业成本(万元)	9194.86	14923.56	2581.19	5473.96
	投资收益(万元)	-	-	-	-
	净利润(万元)	-2625.84	609.43	1514.95	7544.87
	利润总额(万元)	-2477.49	887.45	1795.93	8494.01

河北先河环保科技股份有限公司

公司概况	公司名称	河北先河环保科技股份有限公司			证券简称	先河环保
	法人代表	李玉国	董秘	王少军	证券代码	300137
	公司网址	www.sailhero.com.cn		电子信箱	hebeiwsj@126.com	
	电　话	0311-85323900 85323905		传　真	0311-85329383	
	办公地址	河北省石家庄市湘江道 251 号				
	经营范围	从事计量仪器、环保设备的研制开发、化工产品等				

	指标\报告期	2013.06.30	2012.12.31	2012.06.30	2011.12.31
主要财务指标	基本每股收益(元)	0.0900	0.3000	0.0900	0.2600
	基本每股收益(扣除)(元)	0.0500	0.2500	0.0900	0.2300
	每股净资产(元)	5.9292	5.8178	5.6400	5.5700
	每股经营现金净流量(元)	-0.3407	-0.0789	-0.1823	-0.2507
	每股现金流量(元)	-0.2474	-0.6036	-0.1899	-0.7577
	每股资本公积金(元)	3.8494	3.8494	3.8494	3.8494
	每股盈余公积金(元)	0.1020	0.1020	0.0722	0.0722
	每股未分配利润(元)	0.9778	0.8664	0.7180	0.6480
	净资产收益率(%)	1.8786	5.1300	2.1300	4.6300
	加权净资产收益率(%)	2.0800	5.2100	2.1400	4.7400
	净资产收益率(扣除)(%)	-	-	-	-
	总资产(万元)	102599.47	99657.67	98917.57	92220.12
	归属母公司股东权益(万元)	92495.37	90757.78	87978.76	86886.12
	主营业务收入(万元)	9330.41	20995.18	6713.40	14655.78
	营业收入(万元)	9330.41	21040.21	6713.40	14655.78
	主营成本(万元)	4802.48	10421.47	3289.71	6518.43
	营业成本(万元)	4802.48	10441.44	3289.71	6518.43
	投资收益(万元)	-	-	-	-
	净利润(万元)	1699.73	4638.60	1844.63	4019.25
	利润总额(万元)	2036.71	5480.40	2159.53	4730.71

晨光生物科技集团股份有限公司

公司概况	公司名称	晨光生物科技集团股份有限公司			证券简称	晨光生物
	法人代表	卢庆国	董秘	周静	证券代码	300138
	公司网址	www.cn-cg.com		电子信箱	sesu@hdchenguang.com	
	电　话	0310-8859023		传　真	0310-8851655	
	办公地址	河北省邯郸市曲周县城晨光路1号				
	经营范围	辣椒红、红米红、甜菜红、姜黄色素、红曲米(粉)、调味油等				

主要财务指标	指标\报告期	2013.06.30	2012.12.31	2012.06.30	2011.12.31
	基本每股收益(元)	0.0700	0.3280	0.2200	0.4178
	基本每股收益(扣除)(元)	0.0600	0.2100	0.1700	0.3800
	每股净资产(元)	5.5276	5.5400	5.4400	10.6400
	每股经营现金净流量(元)	-0.0341	-0.7914	-0.5288	0.9153
	每股现金流量(元)	-0.0155	-0.6287	-0.3693	-3.0732
	每股资本公积金(元)	3.5439	3.4985	3.4987	7.9818
	每股盈余公积金(元)	0.1236	0.1236	0.1012	0.2024
	每股未分配利润(元)	0.9674	0.9965	0.9097	1.5819
	净资产收益率(%)	1.2826	5.9200	4.0200	7.8600
	加权净资产收益率(%)	1.2700	6.0500	4.0500	8.0800
	净资产收益率(扣除)(%)	-	-	-	-
	总资产(万元)	145530.94	144558.86	122873.24	113140.73
	归属母公司股东权益(万元)	99259.44	99487.51	97597.18	95513.37
	主营业务收入(万元)	60883.26	94736.26	48789.59	106993.90
	营业收入(万元)	61006.23	95132.69	48949.94	107125.38
	主营成本(万元)	51994.65	79560.14	40131.40	90714.67
	营业成本(万元)	52053.55	79819.05	40254.62	90922.74
	投资收益(万元)	-	-	-	-
	净利润(万元)	1262.63	5853.78	3898.70	7399.89
	利润总额(万元)	1736.82	6428.42	4699.24	8780.30

北京福星晓程电子科技股份有限公司

公司概况	公司名称	北京福星晓程电子科技股份有限公司			证券简称	福星晓程
	法人代表	程毅	董秘	王含静	证券代码	300139
	公司网址	www.xiaocheng.com		电子信箱	fxxc_hr@126.com	
	电　话	010-68459012 8072		传　真	010-68466652	
	办公地址	北京市海淀区西三环北路87号国际财经中心D座503				
	经营范围	承接网络系统集成、自营和代理各类商品及技术的进出口业务等				

主要财务指标	指标\报告期	2013.06.30	2012.12.31	2012.06.30	2011.12.31
	基本每股收益(元)	0.4000	0.7600	0.4400	0.7300
	基本每股收益(扣除)(元)	0.4000	0.7300	0.4400	0.7100
	每股净资产(元)	10.6313	10.4567	10.1500	20.0400
	每股经营现金净流量(元)	0.1776	0.3139	-0.2656	-0.6865
	每股现金流量(元)	-0.5226	-1.3970	-1.0103	-3.2631
	每股资本公积金(元)	6.7959	6.7959	6.8081	14.6163
	每股盈余公积金(元)	0.4177	0.4177	0.2827	0.5655
	每股未分配利润(元)	2.5932	2.3408	2.1597	3.9343
	净资产收益率(%)	3.7844	7.4100	4.3600	7.2200
	加权净资产收益率(%)	3.7700	7.4100	4.3200	7.3800
	净资产收益率(扣除)(%)	-	-	-	-
	总资产(万元)	123448.72	123252.19	121120.25	120804.23
	归属母公司股东权益(万元)	115519.51	114605.25	111264.57	109829.01
	主营业务收入(万元)	9701.71	22219.62	13160.19	29309.37
	营业收入(万元)	13756.26	29255.62	13911.11	30406.25
	主营成本(万元)	625.01	9532.05	5280.07	15621.13
	营业成本(万元)	4328.16	13564.27	5961.47	15640.54
	投资收益(万元)	-	-	-	-
	净利润(万元)	4700.88	8782.51	4995.66	8161.80
	利润总额(万元)	5862.47	9617.46	5681.92	9584.03

西安启源机电装备股份有限公司

公司概况	公司名称	西安启源机电装备股份有限公司			证券简称	启源装备
	法人代表	赵友安	董秘	赵利军	证券代码	300140
	公司网址	www.sdricom.com		电子信箱	xxpl@sdricom.com	
	电　话	029-86531386 86531303		传　真	029-86531312	
	办公地址	陕西省西安市经济技术开发区凤城十二路98号				
	经营范围	从事变压器专用设备及组件的设计、开发、制造、销售、服务等				

主要财务指标	指标\报告期	2013.06.30	2012.12.31	2012.06.30	2011.12.31
	基本每股收益(元)	0.0600	0.1000	0.0200	0.3300
	基本每股收益(扣除)(元)	0.0500	0.0400	0.0200	0.2700
	每股净资产(元)	6.4788	6.4100	6.3300	6.4600
	每股经营现金净流量(元)	0.0359	0.0936	0.0570	-0.1732
	每股现金流量(元)	-0.2075	-0.3309	-0.1791	-0.8843
	每股资本公积金(元)	4.0790	4.0790	4.0790	4.0790
	每股盈余公积金(元)	0.2648	0.2648	0.2544	0.2544
	每股未分配利润(元)	1.1316	1.0683	0.9960	1.1241
	净资产收益率(%)	0.9778	1.6300	0.3500	5.0400
	加权净资产收益率(%)	0.9800	1.6300	0.3400	5.0800
	净资产收益率(扣除)(%)	-	-	-	-
	总资产(万元)	91787.59	87109.20	87181.07	88085.36
	归属母公司股东权益(万元)	79041.30	78228.41	77218.24	78781.57
	主营业务收入(万元)	11867.72	19863.23	10435.63	27979.71
	营业收入(万元)	12130.74	20602.25	10810.51	28706.63
	主营成本(万元)	8858.89	14549.70	7454.51	19333.80
	营业成本(万元)	8957.69	14832.95	7605.87	19679.35
	投资收益(万元)	-28.39	-	-	41.09
	净利润(万元)	809.33	1276.83	266.67	3949.83
	利润总额(万元)	901.75	1398.86	238.91	4576.66

苏州工业园区和顺电气股份有限公司

公司概况	公司名称	苏州工业园区和顺电气股份有限公司			证券简称	和顺电气
	法人代表	姚建华	董秘	褚晟	证券代码	300141
	公司网址	www.cnheshun.com		电子信箱	cnheshun@hotmail.com	
	电　话	0512-62862607 62862621		传　真	0512-62862608 67905060	
	办公地址	江苏省苏州市工业园区和顺路8号				
	经营范围	高低压电器及成套设备、电工器材、电力滤波装置、无功补偿装置等				

主要财务指标	指标\报告期	2013.06.30	2012.12.31	2012.06.30	2011.12.31
	基本每股收益(元)	0.1600	0.4600	0.1900	0.6800
	基本每股收益(扣除)(元)	-	0.4000	0.1700	0.5000
	每股净资产(元)	3.6356	3.5327	5.0200	9.8500
	每股经营现金净流量(元)	-0.3039	-0.4941	-0.8244	1.8004
	每股现金流量(元)	-0.4449	-1.5910	-1.7307	1.2539
	每股资本公积金(元)	1.7542	3.1233	3.1214	7.2202
	每股盈余公积金(元)	0.0876	0.1314	0.0881	0.1762
	每股未分配利润(元)	0.7938	1.0443	0.8139	1.4500
	净资产收益率(%)	4.5189	9.0500	3.7600	7.1800
	加权净资产收益率(%)	4.5200	9.0500	3.7600	7.1800
	净资产收益率(扣除)(%)	-	-	-	-
	总资产(万元)	74061.46	73159.48	69382.65	75924.46
	归属母公司股东权益(万元)	60205.35	58500.95	55458.26	54352.16
	主营业务收入(万元)	17058.69	27130.47	13660.68	18861.94
	营业收入(万元)	17405.18	27682.02	13660.68	19172.66
	主营成本(万元)	11806.38	18264.04	9787.42	13328.98
	营业成本(万元)	12027.82	18660.98	9852.04	13451.55
	投资收益(万元)	-	-	-	-
	净利润(万元)	2720.61	5106.46	2085.45	3764.85
	利润总额(万元)	3177.15	5887.53	2450.57	4385.76

云南沃森生物技术股份有限公司

公司概况	公司名称	云南沃森生物技术股份有限公司			证券简称	沃森生物
	法人代表	李云春	董秘	徐可仁	证券代码	300142
	公司网址	www.walvax.com		电子信箱	ir@walvax.com.cn	
	电　话	0871-8312779		传　真	0871-8312779	
	办公地址	昆明市高新区科园路99号鼎易天城9栋A座19楼				
	经营范围	从事人用疫苗产品研发、生产、销售				

主要财务指标	指标\报告期	2013.06.30	2012.12.31	2012.06.30	2011.12.31
	基本每股收益(元)	0.4200	1.2900	0.6000	1.1500
	基本每股收益(扣除)(元)	0.3900	1.0700	0.4500	0.9200
	每股净资产(元)	16.3827	16.2108	15.4200	18.0896
	每股经营现金净流量(元)	–0.1531	0.4301	0.3471	0.6132
	每股现金流量(元)	–3.1771	–3.1334	–0.8686	–2.3093
	每股资本公积金(元)	11.9084	11.9084	11.7746	14.3295
	每股盈余公积金(元)	0.1827	0.1827	0.0990	0.1188
	每股未分配利润(元)	3.2917	3.1198	2.5500	2.6413
	净资产收益率(%)	2.5753	7.8800	3.8800	7.6500
	加权净资产收益率(%)	2.5700	8.3100	3.9100	7.8500
	净资产收益率(扣除)(%)	–	–	–	–
	总资产(万元)	454869.76	445026.46	304894.59	300705.76
	归属母公司股东权益(万元)	298546.03	295413.47	277624.01	271344.15
	主营业务收入(万元)	23510.54	53755.85	22861.09	47375.88
	营业收入(万元)	23519.72	53755.85	22861.09	47381.09
	主营成本(万元)	3706.13	6391.58	2597.05	4184.43
	营业成本(万元)	3706.13	6391.58	2597.05	4189.64
	投资收益(万元)	12.00	–	–	–
	净利润(万元)	6692.85	22535.78	10779.86	20753.76
	利润总额(万元)	7992.25	26746.73	12789.76	24590.75

广东星河生物科技股份有限公司

公司概况	公司名称	广东星河生物科技股份有限公司			证券简称	星河生物
	法人代表	叶运寿	董秘	黄清华	证券代码	300143
	公司网址	www.starway.com.cn		电子信箱	starway@starway.com.cn	
	电　话	0769-87935678		传　真	0769-87920269	
	办公地址	广东省东莞市塘厦镇蛟坪大道83号				
	经营范围	种植、加工、销售食用菌等农副产品、食(药)用菌和其他有益微生物育种等				

主要财务指标	指标\报告期	2013.06.30	2012.12.31	2012.06.30	2011.12.31
	基本每股收益(元)	–0.3100	0.0400	–0.0500	0.4000
	基本每股收益(扣除)(元)	–0.3200	0.0100	–0.0600	0.2800
	每股净资产(元)	4.8600	5.1800	5.0900	5.3300
	每股经营现金净流量(元)	–0.0422	0.1836	–0.0103	0.6195
	每股现金流量(元)	0.1050	–1.9584	–1.7030	–1.5224
	每股资本公积金(元)	3.4474	3.4474	3.4474	3.4474
	每股盈余公积金(元)	0.0660	0.0660	0.0485	0.0485
	每股未分配利润(元)	0.3477	0.6621	0.5898	0.8355
	净资产收益率(%)	–6.4676	0.8500	–0.9000	7.4890
	加权净资产收益率(%)	–6.2600	0.8500	–0.8800	7.7800
	净资产收益率(扣除)(%)	–	–	–	–
	总资产(万元)	109054.02	99985.45	88504.74	83026.36
	归属母公司股东权益(万元)	71651.76	76285.89	74962.40	78584.46
	主营业务收入(万元)	10301.86	24772.68	9500.47	20739.27
	营业收入(万元)	10303.78	24782.82	9501.61	20756.94
	主营成本(万元)	10795.43	18291.70	7985.78	12823.06
	营业成本(万元)	10795.96	18297.56	7985.79	12833.03
	投资收益(万元)	–	–	–	–
	净利润(万元)	–4977.85	448.99	–917.08	5884.96
	利润总额(万元)	–4977.84	461.84	–915.05	6385.72

杭州宋城旅游发展股份有限公司

公司概况	公司名称	杭州宋城旅游发展股份有限公司			证券简称	宋城股份
	法人代表	张娴	董秘	董昕	证券代码	300144
	公司网址	www.chinascgf.com		电子信箱	zqb@chinascgf.com	
	电　话	0571-87091255		传　真	0571-87091233	
	办公地址	浙江省杭州市之江路148号				
	经营范围	实业投资、旅游服务、旅游电子商务、文化传播、餐饮、停车服务、工艺品及书画展览、销售等				

主要财务指标	指标\报告期	2013.06.30	2012.12.31	2012.06.30	2011.12.31
	基本每股收益(元)	0.2400	0.4600	0.2300	0.4000
	基本每股收益(扣除)(元)	0.2000	0.4000	0.1700	0.3800
	每股净资产(元)	5.3100	5.2100	4.9700	7.3200
	每股经营现金净流量(元)	0.3801	0.7135	0.3525	0.7980
	每股现金流量(元)	–0.5639	–0.6192	–0.3263	–1.5776
	每股资本公积金(元)	3.1258	3.1103	3.1103	5.1654
	每股盈余公积金(元)	0.1334	0.1344	0.0895	0.1343
	每股未分配利润(元)	1.0481	0.9629	0.7747	1.0175
	净资产收益率(%)	4.5400	8.8900	4.6200	8.2200
	加权净资产收益率(%)	4.5800	9.2200	4.6400	8.5000
	净资产收益率(扣除)(%)	–	–	–	–
	总资产(万元)	322385.62	319883.02	311109.06	304152.12
	归属母公司股东权益(万元)	296261.10	288708.42	275787.83	270445.83
	主营业务收入(万元)	24367.19	55853.34	23145.52	46768.15
	营业收入(万元)	26326.15	58615.71	23964.14	50453.22
	主营成本(万元)	7497.85	17388.00	6629.43	11893.80
	营业成本(万元)	7525.08	17787.92	6977.91	12527.80
	投资收益(万元)	398.84	110.04	–	–
	净利润(万元)	13468.15	25641.36	12734.00	22221.86
	利润总额(万元)	17934.40	34119.93	17016.08	29741.17

南方泵业股份有限公司

公司概况	公司名称	南方泵业股份有限公司			证券简称	南方泵业
	法人代表	沈金浩	董秘	沈梦晖	证券代码	300145
	公司网址	www.nanfang-pump.com		电子信箱	zy@nanfang-pump.com	
	电　话	0571-86397850		传　真	0571-86396201	
	办公地址	浙江省杭州市余杭区仁和镇				
	经营范围	不锈钢冲压焊接离心泵及无负压变频供水设备等的研发、制造和销售等				

主要财务指标	指标\报告期	2013.06.30	2012.12.31	2012.06.30	2011.12.31
	基本每股收益(元)	0.4300	0.8400	0.3400	0.6800
	基本每股收益(扣除)(元)	0.4100	0.8100	0.3100	0.6700
	每股净资产(元)	8.1329	7.6800	7.1600	6.8500
	每股经营现金净流量(元)	0.1149	1.1860	0.0762	0.7681
	每股现金流量(元)	–0.9209	–0.1816	–0.4005	–0.6189
	每股资本公积金(元)	4.7331	4.7307	4.7307	4.6120
	每股盈余公积金(元)	0.2127	0.2127	0.1178	0.1178
	每股未分配利润(元)	2.1470	1.7147	1.3066	1.1201
	净资产收益率(%)	5.3159	10.9300	4.5000	9.8640
	加权净资产收益率(%)	5.4700	11.4900	4.7500	10.3000
	净资产收益率(扣除)(%)	–	–	–	–
	总资产(万元)	161524.08	148016.55	131558.35	127268.15
	归属母公司股东权益(万元)	117113.69	110650.52	103033.78	98638.45
	主营业务收入(万元)	53594.75	103560.24	43000.28	85305.45
	营业收入(万元)	54411.67	104877.39	43573.98	86502.52
	主营成本(万元)	33526.18	65806.93	28042.76	54260.76
	营业成本(万元)	34218.23	67011.49	28587.60	55394.92
	投资收益(万元)	2.51	2.40	2.40	2.77
	净利润(万元)	6387.07	12294.77	4971.01	10096.04
	利润总额(万元)	7793.62	15239.80	6235.24	12548.69

汤臣倍健股份有限公司

公司概况	公司名称	汤臣倍健股份有限公司			证券简称	汤臣倍健
	法人代表	梁允超	董秘	林志成	证券代码	300146
	公司网址	www.by-health.com.cn		电子信箱	tcbj@by-health.com	
	电　话	020-28956666		传　真	020-28957777	
	办公地址	广东省广州市萝岗区科学城科学大道中99号科汇金谷3街3号				
	经营范围	膳食营养补充剂的研发、生产和销售等				

	指标\报告期	2013.06.30	2012.12.31	2012.06.30	2011.12.31
主要财务指标	基本每股收益(元)	0.7100	1.2800	0.5500	0.8500
	基本每股收益(扣除)(元)	–	1.2800	0.8200	0.8400
	每股净资产(元)	6.1800	8.8100	8.3500	16.0600
	每股经营现金净流量(元)	0.6857	0.5085	0.4055	1.5910
	每股现金流量(元)	0.0808	–0.7640	–0.5537	–1.4204
	每股资本公积金(元)	3.4983	5.7475	5.7475	12.4950
	每股盈余公积金(元)	0.1915	0.2872	0.1605	0.3209
	每股未分配利润(元)	1.4942	1.7762	1.4432	2.2423
	净资产收益率(%)	11.4817	14.5500	9.8432	10.6200
	加权净资产收益率(%)	11.7800	15.4500	10.0400	11.0600
	净资产收益率(扣除)(%)	–	–	–	–
	总资产(万元)	216587.38	210473.06	194416.62	189417.11
	归属母公司股东权益(万元)	202883.01	192711.76	182655.50	175612.33
	主营业务收入(万元)	74883.32	106163.87	52497.89	65466.47
	营业收入(万元)	75235.32	106669.21	52818.74	65796.37
	主营成本(万元)	26273.60	38595.45	18935.65	23280.84
	营业成本(万元)	26750.15	39070.12	19143.12	23582.10
	投资收益(万元)	–	–	–	–
	净利润(万元)	23294.45	28035.43	17979.17	18643.51
	利润总额(万元)	27420.28	33120.33	21297.08	21992.52

广州市香雪制药股份有限公司

公司概况	公司名称	广州市香雪制药股份有限公司			证券简称	香雪制药
	法人代表	王永辉	董秘	黄滨	证券代码	300147
	公司网址	www.xphcn.com		电子信箱	directorate@xphcn.com	
	电　话	020-22211011　22211007		传　真	020-22211018	
	办公地址	广东省广州市萝岗区广州经济技术开发区科学城金峰园路2号				
	经营范围	现代中药生产与销售、辅之医疗设备等业务				

	指标\报告期	2013.06.30	2012.12.31	2012.06.30	2011.12.31
主要财务指标	基本每股收益(元)	0.1400	0.3600	0.1100	0.2800
	基本每股收益(扣除)(元)	0.1300	0.3500	0.1400	0.2700
	每股净资产(元)	3.7783	4.9284	4.7000	5.6700
	每股经营现金净流量(元)	0.2595	0.3951	0.0457	0.1201
	每股现金流量(元)	–0.5240	1.6759	–0.2958	–1.4771
	每股资本公积金(元)	2.0957	3.0223	2.9952	3.7943
	每股盈余公积金(元)	0.1305	0.1700	0.1425	0.1710
	每股未分配利润(元)	0.5547	0.7395	0.5662	0.7061
	净资产收益率(%)	3.7288	7.2200	3.0700	5.9900
	加权净资产收益率(%)	3.6500	7.4900	3.0500	6.1200
	净资产收益率(扣除)(%)	–	–	–	–
	总资产(万元)	283935.16	294903.15	208361.62	192113.82
	归属母公司股东权益(万元)	148130.99	148331.91	138759.61	139413.82
	主营业务收入(万元)	44746.34	78920.64	33848.74	61390.44
	营业收入(万元)	45330.66	80102.02	34327.18	61609.02
	主营成本(万元)	24132.91	41066.94	18033.91	32631.65
	营业成本(万元)	24476.66	41753.13	18467.29	32716.93
	投资收益(万元)	–18.90	–0.01	–	–
	净利润(万元)	5577.34	10917.37	4356.87	8487.93
	利润总额(万元)	6625.10	12949.93	5194.61	10074.63

天舟文化股份有限公司

公司概况	公司名称	天舟文化股份有限公司			证券简称	天舟文化
	法人代表	肖志鸿	董秘	喻宇汉	证券代码	300148
	公司网址	www.t-angel.com		电子信箱	tangeldm@126.com	
	电　话	0731-85565647		传　真	0731-85565647	
	办公地址	湖南省长沙市东二环二段194号天域新都商务楼四楼				
	经营范围	青少年读物的策划、设计、制作与发行业务等				

	指标\报告期	2013.06.30	2012.12.31	2012.06.30	2011.12.31
主要财务指标	基本每股收益(元)	0.0500	0.1500	0.1100	0.2600
	基本每股收益(扣除)(元)	–	0.1400	0.1200	0.2500
	每股净资产(元)	3.4500	4.1300	4.1300	5.3500
	每股经营现金净流量(元)	–0.1619	0.0232	–0.2640	0.2318
	每股现金流量(元)	–0.1622	–0.1258	–0.5305	–0.4859
	每股资本公积金(元)	1.9011	2.4741	2.4741	3.5144
	每股盈余公积金(元)	0.0749	0.0899	0.0709	0.0922
	每股未分配利润(元)	0.4789	0.5898	0.5863	0.7464
	净资产收益率(%)	1.5651	3.6100	3.0900	6.3600
	加权净资产收益率(%)	1.5500	3.6400	3.0600	6.5100
	净资产收益率(扣除)(%)	–	–	–	–
	总资产(万元)	62430.20	60078.03	61079.45	57752.72
	归属母公司股东权益(万元)	52548.43	52648.17	52364.67	52192.48
	主营业务收入(万元)	12853.28	27977.32	12818.16	27754.17
	营业收入(万元)	12877.21	27990.78	12827.88	27760.15
	主营成本(万元)	8090.98	19276.17	8434.34	19922.16
	营业成本(万元)	8091.25	19276.17	8436.63	19922.16
	投资收益(万元)	–27.81	21.52	–65.39	–30.50
	净利润(万元)	766.07	2026.73	1585.37	3319.82
	利润总额(万元)	1478.11	3006.27	2101.49	4532.95

量子高科(中国)生物股份有限公司

公司概况	公司名称	量子高科(中国)生物股份有限公司			证券简称	量子高科
	法人代表	王丛威	董秘	甘露	证券代码	300149
	公司网址	www.qht.cc		电子信箱	ganlu@qht.cc	
	电　话	0750-3869162		传　真	0750-3869666	
	办公地址	广东省江门市高新区高新西路133号				
	经营范围	以低聚果糖、低聚半乳糖为代表的益生元系列产品的研发、生产和销售等				

	指标\报告期	2013.06.30	2012.12.31	2012.06.30	2011.12.31
主要财务指标	基本每股收益(元)	0.1000	0.1800	0.0900	0.1400
	基本每股收益(扣除)(元)	0.1000	0.1600	0.0900	0.1400
	每股净资产(元)	3.1187	3.0700	2.9900	4.4000
	每股经营现金净流量(元)	0.0496	0.2741	0.1387	0.0870
	每股现金流量(元)	–0.0932	–0.3792	–0.2650	–0.1519
	每股资本公积金(元)	1.4828	1.4830	1.4830	2.7245
	每股盈余公积金(元)	0.0741	0.0741	0.0562	0.0843
	每股未分配利润(元)	0.5618	0.5126	0.4487	0.5924
	净资产收益率(%)	3.1940	5.7200	3.1400	4.6630
	加权净资产收益率(%)	3.2000	5.8500	3.1500	4.7500
	净资产收益率(扣除)(%)	–	–	–	–
	总资产(万元)	70535.47	66761.38	66891.10	63382.14
	归属母公司股东权益(万元)	62685.31	61699.59	60056.70	58975.65
	主营业务收入(万元)	13574.43	23759.61	12765.33	16585.50
	营业收入(万元)	13690.24	23869.79	12838.34	16605.80
	主营成本(万元)	7924.62	14369.88	7660.99	10962.45
	营业成本(万元)	7955.40	14457.35	7711.21	10968.45
	投资收益(万元)	–	–	–	–
	净利润(万元)	2106.45	3660.73	2004.50	2809.03
	利润总额(万元)	2583.01	4418.36	2379.34	3264.36

北京世纪瑞尔技术股份有限公司

公司概况	公司名称	北京世纪瑞尔技术股份有限公司			证券简称	世纪瑞尔
	法人代表	牛俊杰	董秘	朱江滨	证券代码	300150
	公司网址	www.c-real.com.cn		电子信箱	ireal@c-real.com.cn	
	电　话	010-62970877		传　真	010-62962298	
	办公地址	北京市海淀区上地信息路22号上地科技综合楼B座九、十层				
	经营范围	包括铁路综合视频监控系统、铁路防灾安全监控系统、铁路综合监控系统平台等				

主要财务指标	指标\报告期	2013.06.30	2012.12.31	2012.06.30	2011.12.31
	基本每股收益(元)	0.0900	0.5100	0.1500	0.7100
	基本每股收益(扣除)(元)	0.0800	0.5000	0.3000	0.7100
	每股净资产(元)	4.9565	5.1200	10.0400	10.3400
	每股经营现金净流量(元)	-0.0121	0.1794	0.2734	-0.4505
	每股现金流量(元)	-0.2530	-0.4595	-0.3418	-1.1271
	每股资本公积金(元)	3.6988	8.3975	8.3975	8.3975
	每股盈余公积金(元)	0.1477	0.2955	0.2425	0.2425
	每股未分配利润(元)	0.1100	0.5495	0.4015	0.6968
	净资产收益率(%)	1.7204	4.9400	3.0300	6.8700
	加权净资产收益率(%)	1.6600	4.9400	2.9300	6.9700
	净资产收益率(扣除)(%)	-	-	-	-
	总资产(万元)	142699.21	147086.50	145833.73	150166.49
	归属母公司股东权益(万元)	133825.39	138273.11	135560.18	139547.23
	主营业务收入(万元)	9824.49	23145.93	11364.81	29972.98
	营业收入(万元)	9824.49	23145.93	11364.81	30009.01
	主营成本(万元)	4252.72	10939.41	4905.31	14424.10
	营业成本(万元)	4252.72	10939.41	4905.31	14424.10
	投资收益(万元)	-108.79	-59.54	-24.56	-14.65
	净利润(万元)	2302.28	6825.87	4112.95	9592.83
	利润总额(万元)	2795.85	8110.34	4854.52	11233.59

深圳市昌红科技股份有限公司

公司概况	公司名称	深圳市昌红科技股份有限公司			证券简称	昌红科技
	法人代表	李焕昌	董秘	刘军	证券代码	300151
	公司网址	www.sz-changhong.com		电子信箱	changhong@sz-changhong.com	
	电　话	0755-89785568 885		传　真	0755-89785598	
	办公地址	广东省深圳市坪山新区坪山锦龙大道西侧				
	经营范围	非金属制品模具设计、加工、制造,塑料制品、模具、五金制造				

主要财务指标	指标\报告期	2013.06.30	2012.12.31	2012.06.30	2011.12.31
	基本每股收益(元)	0.1600	0.3400	0.1800	0.3400
	基本每股收益(扣除)(元)	0.1600	0.3200	0.1900	0.3200
	每股净资产(元)	7.1249	7.1632	7.0100	7.0300
	每股经营现金净流量(元)	0.6138	0.3105	0.2198	0.0571
	每股现金流量(元)	0.3172	-0.3594	-0.2161	-1.6277
	每股资本公积金(元)	5.1051	5.1051	5.1051	5.1051
	每股盈余公积金(元)	0.1105	0.1105	0.0932	0.0932
	每股未分配利润(元)	0.9093	0.9476	0.8079	0.8279
	净资产收益率(%)	2.2694	4.7600	2.5700	4.8000
	加权净资产收益率(%)	2.2400	4.7600	2.5700	4.8000
	净资产收益率(扣除)(%)	-	-	-	-
	总资产(万元)	88418.58	82245.36	79910.23	80870.79
	归属母公司股东权益(万元)	71605.66	71990.64	70412.11	70613.25
	主营业务收入(万元)	26454.03	48711.65	23070.47	34066.42
	营业收入(万元)	26863.60	49361.31	23333.15	34279.59
	主营成本(万元)	22007.38	40380.56	18752.14	27412.12
	营业成本(万元)	22277.08	40802.90	18919.38	27551.21
	投资收益(万元)	-69.34	-77.12	-115.33	-53.54
	净利润(万元)	1625.01	3387.39	1808.86	3372.51
	利润总额(万元)	2066.29	3975.56	2386.00	3841.95

徐州燃控科技股份有限公司

公司概况	公司名称	徐州燃控科技股份有限公司			证券简称	燃控科技
	法人代表	贾红生	董秘	单庆廷	证券代码	300152
	公司网址	www.xcc.com.cn		电子信箱	xcc@xcc.com.cn	
	电　话	0516-87986552 87986553		传　真	0516-87986552	
	办公地址	江苏省徐州市经济开发区杨山路12号				
	经营范围	锅炉点火及燃烧成套设备和控制系统的设计制造等				

主要财务指标	指标\报告期	2013.06.30	2012.12.31	2012.06.30	2011.12.31
	基本每股收益(元)	0.1030	0.2900	0.1600	0.2900
	基本每股收益(扣除)(元)	0.0960	0.2700	0.1600	0.2600
	每股净资产(元)	5.8600	5.6400	5.6400	12.5800
	每股经营现金净流量(元)	-0.6726	-0.2571	-0.1277	0.5130
	每股现金流量(元)	-0.9248	-0.7945	-0.5222	-3.7016
	每股资本公积金(元)	4.0377	4.0267	4.0686	10.0369
	每股盈余公积金(元)	0.1100	0.1100	0.0828	0.1821
	每股未分配利润(元)	0.7119	0.6490	0.5558	1.3654
	净资产收益率(%)	1.7563	5.0000	2.8000	5.1200
	加权净资产收益率(%)	1.7600	5.0900	2.8000	5.2100
	净资产收益率(扣除)(%)	-	-	-	-
	总资产(万元)	174156.64	168157.75	158334.39	156517.12
	归属母公司股东权益(万元)	141113.49	139334.26	135924.32	135910.95
	主营业务收入(万元)	23771.98	40471.66	18125.08	27023.91
	营业收入(万元)	23796.11	40510.87	18135.64	27045.03
	主营成本(万元)	16086.14	27278.93	11391.53	16236.16
	营业成本(万元)	16086.14	27289.79	11402.39	16236.16
	投资收益(万元)	-21.77	-	-	-
	净利润(万元)	2521.55	6967.92	3859.88	6957.24
	利润总额(万元)	2919.02	8296.05	4556.43	8223.41

上海科泰电源股份有限公司

公司概况	公司名称	上海科泰电源股份有限公司			证券简称	科泰电源
	法人代表	谢松峰	董秘	廖晓华	证券代码	300153
	公司网址	www.cooltechsh.com		电子信箱	irm@cooltechsh.com	
	电　话	021-69758010		传　真	021-69758500	
	办公地址	上海市青浦工业园区崧华路688号				
	经营范围	新能源及柴油发电机组系统集成的开发、设计、制造等				

主要财务指标	指标\报告期	2013.06.30	2012.12.31	2012.06.30	2011.12.31
	基本每股收益(元)	0.0700	0.0800	0.0500	0.2500
	基本每股收益(扣除)(元)	0.0700	0.0800	0.0500	0.2400
	每股净资产(元)	5.7105	5.7456	5.7100	5.8088
	每股经营现金净流量(元)	0.1733	-0.3384	-0.7069	-0.2772
	每股现金流量(元)	-0.1488	-1.0297	-0.7794	-0.9615
	每股资本公积金(元)	4.0915	4.0915	4.0915	4.0915
	每股盈余公积金(元)	0.1042	0.1042	0.0974	0.0974
	每股未分配利润(元)	0.5232	0.5566	0.5322	0.6300
	净资产收益率(%)	1.1670	1.4500	0.9100	4.3200
	加权净资产收益率(%)	1.1600	1.4500	0.9000	4.3700
	净资产收益率(扣除)(%)	-	-	-	-
	总资产(万元)	99625.54	102109.73	112687.30	115459.13
	归属母公司股东权益(万元)	91368.00	91930.16	91414.04	92940.99
	主营业务收入(万元)	19345.92	41668.53	21293.29	43921.14
	营业收入(万元)	20726.01	44622.40	22332.79	48505.52
	主营成本(万元)	15141.27	34590.18	16968.67	33620.36
	营业成本(万元)	16131.28	36333.33	17514.43	36339.24
	投资收益(万元)	215.68	125.30	64.76	57.61
	净利润(万元)	1066.24	1332.73	834.73	4011.13
	利润总额(万元)	1200.29	1493.25	888.91	4525.69

深圳市瑞凌实业股份有限公司

公司概况	公司名称	深圳市瑞凌实业股份有限公司		证券简称	瑞凌股份
	法人代表	邱光	董秘	邱文	证券代码 300154
	公司网址	www.riland.com.cn		电子信箱	riland@riland.com.cn
	电　话	0755-27345888		传　真	0755-27345999
	办公地址	广东省深圳市宝安区宝城67区隆昌路8号飞扬科技B栋2-6楼			
	经营范围	逆变焊割设备的研发、生产、销售等			

主要财务指标	指标\报告期	2013.06.30	2012.12.31	2012.06.30	2011.12.31
	基本每股收益(元)	0.2100	0.3700	0.2100	0.5000
	基本每股收益(扣除)(元)	0.2100	0.3600	0.2000	0.4800
	每股净资产(元)	6.1861	6.1700	6.0000	5.9000
	每股经营现金净流量(元)	0.5226	0.2223	-0.0091	0.1908
	每股现金流量(元)	0.2611	-0.1139	-0.2559	-0.2986
	每股资本公积金(元)	4.0509	4.0509	4.0509	4.0509
	每股盈余公积金(元)	0.1429	0.1429	0.1064	0.1064
	每股未分配利润(元)	0.9924	0.9775	0.8465	0.7414
	净资产收益率(%)	3.4728	6.0400	3.4100	8.5300
	加权净资产收益率(%)	3.4200	6.1800	3.4300	8.7500
	净资产收益率(扣除)(%)	-	-	-	-
	总资产(万元)	163447.92	157859.31	157738.68	159609.33
	归属母公司股东权益(万元)	138259.80	137928.31	134184.53	131837.21
	主营业务收入(万元)	33171.79	75379.95	37754.54	75714.80
	营业收入(万元)	33457.30	75863.23	37808.86	75951.49
	主营成本(万元)	24033.48	55865.93	27900.32	54614.37
	营业成本(万元)	24244.20	56139.98	27910.75	54771.15
	投资收益(万元)	-	-	-	-
	净利润(万元)	4664.94	8150.87	4470.95	11402.38
	利润总额(万元)	5472.88	9637.71	5276.28	13486.12

广东安居宝数码科技股份有限公司

公司概况	公司名称	广东安居宝数码科技股份有限公司		证券简称	安居宝
	法人代表	张波	董秘	黄伟宁	证券代码 300155
	公司网址	www.anjubao.com		电子信箱	anjubao@anjubao.net
	电　话	020-82051026		传　真	020-82082030
	办公地址	广东省广州市开发区科学城起云路6号安居宝科技园			
	经营范围	自动控制设备、通讯设备的开发、设计、研发、制造、销售及技术咨询等			

主要财务指标	指标\报告期	2013.06.30	2012.12.31	2012.06.30	2011.12.31
	基本每股收益(元)	0.1400	0.4200	0.1200	0.3300
	基本每股收益(扣除)(元	0.1400	0.4000	0.1200	0.3100
	每股净资产(元)	5.6392	5.6593	5.4900	5.6500
	每股经营现金净流量(元)	-0.0328	0.3655	0.0030	0.2638
	每股现金流量(元)	-0.6467	-0.1932	-0.3614	-0.3352
	每股资本公积金(元)	4.0222	3.9713	4.0892	4.0892
	每股盈余公积金(元)	0.1372	0.1392	0.1093	0.0967
	每股未分配利润(元)	0.4798	0.5489	0.2955	0.4632
	净资产收益率(%)	2.4121	7.4366	2.2700	5.8210
	加权净资产收益率(%)	2.4100	7.1900	2.2200	5.8500
	净资产收益率(扣除)(%	-	-	-	-
	总资产(万元)	121157.68	123906.62	107684.34	109551.64
	归属母公司股东权益(万元)	103004.49	101867.90	98892.90	101683.72
	主营业务收入(万元)	16593.14	36318.05	10755.69	25309.44
	营业收入(万元)	16602.16	36324.20	10812.19	25321.69
	主营成本(万元)	8991.13	18899.46	5449.40	13245.20
	营业成本(万元)	8991.13	18921.64	5464.52	13245.20
	投资收益(万元)	-	-	-	-
	净利润(万元)	2494.72	7533.18	2238.81	5913.14
	利润总额(万元)	2870.70	8674.20	2505.89	6520.46

天立环保工程股份有限公司

公司概况	公司名称	天立环保工程股份有限公司		证券简称	天立环保
	法人代表	王利品	董秘	吴忠林	证券代码 300156
	公司网址	www.tlhb.cn		电子信箱	wlp@tlhb.cn
	电　话	010-80470099		传　真	010-80470098
	办公地址	北京市顺义区空港工业园B区融慧园19-2号			
	经营范围	环保节能工程设计、技术开发、技术咨询、技术服务、专业承包、销售等			

主要财务指标	指标\报告期	2013.06.30	2012.12.31	2012.06.30	2011.12.31
	基本每股收益(元)	0.1000	0.3400	0.2500	0.2600
	基本每股收益(扣除)(元)	0.0900	0.3300	0.2500	0.2600
	每股净资产(元)	5.4704	5.4300	5.4300	9.3200
	每股经营现金净流量(元)	-0.5372	-0.2076	-0.4335	-1.3039
	每股现金流量(元)	0.1497	-0.2182	-0.0831	-2.2394
	每股资本公积金(元)	3.2250	3.2250	3.2250	6.5875
	每股盈余公积金(元)	0.1298	0.1298	0.1014	0.1825
	每股未分配利润(元)	1.1156	1.1680	1.1081	1.5501
	净资产收益率(%)	1.7850	6.2600	4.5400	5.2200
	加权净资产收益率(%)	1.7800	6.2600	4.6600	5.2200
	净资产收益率(扣除)(%)	-	-	-	-
	总资产(万元)	288569.49	261638.98	210459.29	183837.68
	归属母公司股东权益(万元)	157940.50	159452.04	156903.53	149494.35
	主营业务收入(万元)	22803.56	72466.58	27614.82	31935.89
	营业收入(万元)	22822.96	72486.56	27614.82	32078.10
	主营成本(万元)	15116.44	51944.91	18039.86	19181.07
	营业成本(万元)	15116.44	51964.28	18039.86	19259.32
	投资收益(万元)	-39.75	-35.58	-	-
	净利润(万元)	3042.21	9039.29	6968.41	7611.39
	利润总额(万元)	3834.57	10201.66	8229.38	8992.41

恒泰艾普石油天然气技术服务股份有限公司

公司概况	公司名称	恒泰艾普石油天然气技术服务股份有限公司		证券简称	恒泰艾普
	法人代表	孙庚文	董秘	杨建全	证券代码 300157
	公司网址	www.ldocean.com.cn		电子信箱	zqb@ldocean.com.cn
	电　话	010-82825231　8211		传　真	010-82825230
	办公地址	北京市海淀区农大南路1号院2号楼A701室			
	经营范围	石油天然气勘探的技术开发、销售、计算机软件的开发、销售等			

主要财务指标	指标\报告期	2013.06.30	2012.12.31	2012.06.30	2011.12.31
	基本每股收益(元)	0.1700	0.5800	0.1200	0.4600
	基本每股收益(扣除)(元)	0.1700	0.5400	0.2300	0.4400
	每股净资产(元)	10.9400	10.6100	9.0900	9.0000
	每股经营现金净流量(元)	-0.0646	0.5201	-0.0442	0.0498
	每股现金流量(元)	-1.0044	-2.4755	-1.5646	-0.6577
	每股资本公积金(元)	8.1877	8.1877	6.9531	6.9531
	每股盈余公积金(元)	0.1251	0.1251	0.1043	0.1043
	每股未分配利润(元)	1.6442	1.3010	1.0363	0.9489
	净资产收益率(%)	3.1358	5.3400	2.7200	5.1350
	加权净资产收益率(%	3.1800	6.0400	2.7100	5.2700
	净资产收益率(扣除)(%)	-	-	-	-
	总资产(万元)	228405.15	225382.12	173760.96	165127.51
	归属母公司股东权益(万元)	202074.73	195941.21	161637.84	160040.42
	主营业务收入(万元)	27132.83	44619.07	12992.77	21180.77
	营业收入(万元)	27132.83	44619.07	12992.77	21181.49
	主营成本(万元)	13666.49	23401.11	5026.22	7695.49
	营业成本(万元)	13666.49	23401.11	5026.22	7695.49
	投资收益(万元)	284.75	456.23	-21.28	0.34
	净利润(万元)	7562.47	12875.46	4946.78	7824.49
	利润总额(万元)	8954.71	15000.77	5753.70	9447.82

山西振东制药股份有限公司

公司概况	公司名称	山西振东制药股份有限公司		证券简称	振东制药
	法人代表	李安平	董秘	宁潞宏	证券代码 300158
	公司网址	www.zdjt.com	电子信箱	zqb@zdjt.com	
	电话	0355-8096012	传真	0355-8096018	
	办公地址	山西省长治市长治县光明南路振东科技园			
	经营范围	中药制剂(仅限原料药比卡鲁胺、甘草酸二铵)、小容量注射剂、片剂等			

主要财务指标 指标\报告期	2013.06.30	2012.12.31	2012.06.30	2011.12.31
基本每股收益(元)	0.1200	0.3200	0.1400	0.4200
基本每股收益(扣除)(元)	0.1200	0.2200	0.2600	0.3300
每股净资产(元)	6.6220	6.5300	12.7000	12.7241
每股经营现金净流量(元)	-0.2180	0.6576	0.4197	-0.6162
每股现金流量(元)	-0.3390	-0.4432	-0.0214	-5.2288
每股资本公积金(元)	4.4367	4.4367	9.8732	9.8732
每股盈余公积金(元)	0.2179	0.2179	0.3278	0.3278
每股未分配利润(元)	0.9674	0.8752	1.4994	1.5230
净资产收益率(%)	1.8461	4.8600	2.1800	6.8700
加权净资产收益率(%)	1.8600	4.9400	2.1600	6.6000
净资产收益率(扣除)(%)	-	-	-	-
总资产(万元)	269026.61	258376.94	242130.41	225584.42
归属母公司股东权益(万元)	190713.06	188056.29	182886.78	183226.85
主营业务收入(万元)	66400.84	138338.09	59558.55	127778.39
营业收入(万元)	66721.84	138705.48	59685.87	128137.69
主营成本(万元)	31703.88	62561.85	29518.41	59702.92
营业成本(万元)	31737.33	62740.43	29530.30	59927.17
投资收益(万元)	-	761.84	3.07	0.55
净利润(万元)	3262.21	8747.16	3912.70	11728.79
利润总额(万元)	4174.19	10887.47	4803.80	13491.08

新疆机械研究院股份有限公司

公司概况	公司名称	新疆机械研究院股份有限公司		证券简称	新研股份
	法人代表	周卫华	董秘	王建军	证券代码 300159
	公司网址	www.xjjxy.com.cn	电子信箱	xjwjj2010@163.com	
	电话	0991-3731024 3736150	传真	0991-3736150	
	办公地址	新疆维吾尔自治区乌鲁木齐市新市区北京北路239号			
	经营范围	多种农牧业机械的研究开发、生产和销售等			

主要财务指标 指标\报告期	2013.06.30	2012.12.31	2012.06.30	2011.12.31
基本每股收益(元)	0.0800	0.4400	0.0700	0.4400
基本每股收益(扣除)(元)	0.0600	0.4000	0.0500	0.3800
每股净资产(元)	5.2187	5.2900	4.9100	9.8800
每股经营现金净流量(元)	0.0798	0.2758	-0.0958	-0.7494
每股现金流量(元)	-0.2226	-0.3248	-0.2852	-1.9236
每股资本公积金(元)	3.1837	3.1837	3.1837	7.3673
每股盈余公积金(元)	0.1205	0.1205	0.0817	0.1633
每股未分配利润(元)	0.9071	0.9796	0.6400	1.3491
净资产收益率(%)	1.4866	8.3900	1.3300	8.8900
加权净资产收益率(%)	1.4600	8.7000	1.3200	9.2600
净资产收益率(扣除)(%)	-	-	-	-
总资产(万元)	114007.80	103123.18	98049.95	99727.27
归属母公司股东权益(万元)	94145.21	95461.06	88492.24	89115.55
主营业务收入(万元)	7632.33	40907.81	6342.55	37747.12
营业收入(万元)	7674.73	41052.51	6354.43	37747.36
主营成本(万元)	4563.84	26369.76	3967.86	23605.14
营业成本(万元)	4563.84	26369.76	3967.86	23605.14
投资收益(万元)	-	-	-	-3.83
净利润(万元)	1399.56	8006.03	1180.69	7919.68
利润总额(万元)	1825.83	8929.31	1327.73	8683.96

江苏秀强玻璃工艺股份有限公司

公司概况	公司名称	江苏秀强玻璃工艺股份有限公司		证券简称	秀强股份
	法人代表	卢秀强	董秘	张首先	证券代码 300160
	公司网址	www.jsxq.com	电子信箱	zqb@jsxq.com	
	电话	0527-81081160	传真	0527-84459085	
	办公地址	江苏省宿迁高新技术产业开发区华山路98号			
	经营范围	生产冰箱玻璃、汽车玻璃、家居玻璃、生产钢化、中空、夹胶、热弯等			

主要财务指标 指标\报告期	2013.06.30	2012.12.31	2012.06.30	2011.12.31
基本每股收益(元)	0.1500	0.2764	0.2000	0.5515
基本每股收益(扣除)(元)	0.1404	0.2800	0.1900	0.5486
每股净资产(元)	5.6100	5.5100	5.4300	10.8800
每股经营现金净流量(元)	-0.0352	0.4690	0.1972	0.4738
每股现金流量(元)	0.0050	-0.9917	-0.3332	5.2639
每股资本公积金(元)	3.4326	3.4326	3.4326	7.8652
每股盈余公积金(元)	0.1567	0.1567	0.1299	0.2598
每股未分配利润(元)	1.0191	0.9241	0.8742	1.7548
净资产收益率(%)	2.5852	4.9300	3.6189	9.6100
加权净资产收益率(%)	2.5800	5.0100	3.5700	10.6400
净资产收益率(扣除)(%)	-	-	-	-
总资产(万元)	145585.17	130114.64	129729.29	128271.28
归属母公司股东权益(万元)	104765.61	102991.24	101557.28	101618.03
主营业务收入(万元)	36092.45	77107.28	43441.47	-
营业收入(万元)	36511.56	78761.91	44679.70	79561.07
主营成本(万元)	26716.01	59143.67	32908.22	-
营业成本(万元)	26923.18	60415.46	34096.65	55887.98
投资收益(万元)	-170.14	-234.65	-181.32	-9.83
净利润(万元)	2605.86	5108.47	3675.25	9765.56
利润总额(万元)	3145.48	5976.33	4499.94	11387.39

武汉华中数控股份有限公司

公司概况	公司名称	武汉华中数控股份有限公司		证券简称	华中数控
	法人代表	陈吉红	董秘	伍衡	证券代码 300161
	公司网址	www.huazhongcnc.com	电子信箱	hcnc@huazhongcnc.com	
	电话	027-87180605	传真	027-87180605	
	办公地址	湖北省武汉市东湖新技术开发区庙山小区华中科技大学科技园			
	经营范围	数控系统、机电一体化、电子、计算机、激光、通信等技术及产品的开发、研制等			

主要财务指标 指标\报告期	2013.06.30	2012.12.31	2012.06.30	2011.12.31
基本每股收益(元)	0.0300	0.0900	0.1500	0.4100
基本每股收益(扣除)(元)	-0.1600	-0.4900	-0.0900	0.1500
每股净资产(元)	7.8828	7.8400	8.7200	9.2938
每股经营现金净流量(元)	0.7176	-0.2710	-0.3410	-0.6988
每股现金流量(元)	0.3567	-2.1845	-0.8727	4.5572
每股资本公积金(元)	5.0561	5.0430	6.1308	6.3845
每股盈余公积金(元)	0.2820	0.2820	0.2081	0.2760
每股未分配利润(元)	1.5447	1.5149	1.3854	1.6332
净资产收益率(%)	0.3780	1.1200	1.6745	4.3200
加权净资产收益率(%)	0.3800	0.9500	1.6900	4.5500
净资产收益率(扣除)(%)	-	-	-	-
总资产(万元)	129130.96	115623.27	125568.27	137617.24
归属母公司股东权益(万元)	85000.74	84538.31	94074.20	100214.98
主营业务收入(万元)	20889.27	41854.08	25705.69	63066.55
营业收入(万元)	21181.21	42439.67	25943.08	64062.84
主营成本(万元)	15366.29	32015.94	19214.51	48168.58
营业成本(万元)	15471.34	32201.48	19311.10	48552.19
投资收益(万元)	10.46	-114.86	-45.61	778.67
净利润(万元)	462.78	1471.99	1650.61	5058.87
利润总额(万元)	557.03	1735.19	1942.43	5951.91

深圳雷曼光电科技股份有限公司

公司概况

公司名称	深圳雷曼光电科技股份有限公司			证券简称	雷曼光电
法人代表	李漫铁	董秘	罗竝	证券代码	300162
公司网址	www.ledman.cn		电子信箱	ledman@ledman.cn	
电　话	0755-86137035		传　真	0755-86139001	
办公地址	广东省深圳市南山区松白公路百旺信工业园区二区第八栋				
经营范围	研发、生产经营高品级发光二极管及LED显示、照明及其他应用产品货物的进出口				

主要财务指标

指标\报告期	2013.06.30	2012.12.31	2012.06.30	2011.12.31
基本每股收益(元)	0.1100	0.1700	0.1500	0.2500
基本每股收益(扣除)(元)	0.0800	0.1200	0.1300	0.2200
每股净资产(元)	5.4678	5.5600	5.5400	5.4900
每股经营现金净流量(元)	–0.2194	0.4297	0.1043	–0.1288
每股现金流量(元)	–0.6349	–0.6485	–0.1899	3.7148
每股资本公积金(元)	3.9418	3.9418	3.9418	3.9418
每股盈余公积金(元)	0.0754	0.0754	0.0580	0.0580
每股未分配利润(元)	0.4507	0.5406	0.5391	0.4890
净资产收益率(%)	2.0136	3.0700	2.7100	4.9200
加权净资产收益率(%)	1.9800	3.0700	2.7100	4.9200
净资产收益率(扣除)(%)	–	–	–	–
总资产(万元)	83225.86	88265.87	83253.84	82791.30
归属母公司股东权益(万元)	73268.81	74473.45	74220.05	73548.55
主营业务收入(万元)	14731.94	31304.83	14628.68	26375.00
营业收入(万元)	15830.99	31634.59	14786.71	26375.00
主营成本(万元)	10115.34	22321.54	10631.03	18910.90
营业成本(万元)	10468.21	22852.78	10674.89	18910.90
投资收益(万元)	–	–	–	–
净利润(万元)	1469.91	2216.94	2011.51	3310.92
利润总额(万元)	1775.57	2486.99	2284.42	3884.77

宁波先锋新材料股份有限公司

公司概况

公司名称	宁波先锋新材料股份有限公司			证券简称	先锋新材
法人代表	卢先锋	董秘	郭剑	证券代码	300163
公司网址	www.aplus.cn		电子信箱	guojian@aplus.cn	
电　话	0574-88003135		传　真	0574-88003131	
办公地址	浙江省宁波市鄞州区集士港镇山下庄村				
经营范围	一般经营项目为PVC玻纤高分子复合材料的制造				

主要财务指标

指标\报告期	2013.06.30	2012.12.31	2012.06.30	2011.12.31
基本每股收益(元)	0.1200	0.3300	0.1700	0.4800
基本每股收益(扣除)(元)	0.1000	0.2700	0.1600	0.4200
每股净资产(元)	8.1712	8.1600	8.0000	8.1300
每股经营现金净流量(元)	0.1454	0.2110	–0.2426	0.2404
每股现金流量(元)	–0.4614	–1.7747	–1.1081	2.5030
每股资本公积金(元)	6.1953	6.1953	6.1953	6.1953
每股盈余公积金(元)	0.0974	0.0974	0.0854	0.0854
每股未分配利润(元)	0.8785	0.8644	0.7157	0.8443
净资产收益率(%)	1.5177	4.0700	2.1000	5.7400
加权净资产收益率(%)	1.5100	4.0900	2.1000	6.2300
净资产收益率(扣除)(%)	–	–	–	–
总资产(万元)	66852.73	66471.75	66899.66	69214.03
归属母公司股东权益(万元)	64552.28	64441.58	63172.18	64187.95
主营业务收入(万元)	10271.08	19957.03	9673.25	19431.73
营业收入(万元)	10326.56	20344.11	9673.25	19664.72
主营成本(万元)	–	13897.49	–	12084.05
营业成本(万元)	7564.20	14162.48	6681.43	12111.50
投资收益(万元)	–	–	–	–
净利润(万元)	979.70	2623.63	1354.23	3682.09
利润总额(万元)	1172.78	3171.56	1549.39	4514.74

西安通源石油科技股份有限公司

公司概况

公司名称	西安通源石油科技股份有限公司			证券简称	通源石油
法人代表	张国桉	董秘	王磊	证券代码	300164
公司网址	www.tongoiltools.com		电子信箱	investor@tongoiltools.com	
电　话	029-87607465		传　真	029-87607465	
办公地址	陕西省西安市高新区科技二路70号软件园唐乐阁D301室				
经营范围	石油、天然气开发领域中钻井、测井、录井和井下作业等				

主要财务指标

指标\报告期	2013.06.30	2012.12.31	2012.06.30	2011.12.31
基本每股收益(元)	0.0700	0.3800	0.0600	0.5000
基本每股收益(扣除)(元)	0.0200	0.3500	0.0600	0.4700
每股净资产(元)	4.8883	14.8516	7.1400	14.4000
每股经营现金净流量(元)	–0.1110	0.1063	–0.4681	–0.3550
每股现金流量(元)	1.0888	–0.0196	–0.7624	1.3510
每股资本公积金(元)	2.8916	4.8356	4.8356	10.6712
每股盈余公积金(元)	0.1504	0.2256	0.1835	0.3670
每股未分配利润(元)	0.8481	1.3653	1.1211	2.3603
净资产收益率(%)	1.4586	5.0800	1.2700	6.7600
加权净资产收益率(%)	1.4400	5.1700	1.2600	7.3300
净资产收益率(扣除)(%)	–	–	–	–
总资产(万元)	182301.17	149679.59	132534.71	137125.79
归属母公司股东权益(万元)	116145.79	117624.28	113095.68	114036.25
主营业务收入(万元)	15074.43	33965.26	11715.37	34930.69
营业收入(万元)	15079.41	33968.87	11718.98	34951.80
主营成本(万元)	6886.73	15280.35	5233.19	16086.92
营业成本(万元)	6891.66	15280.40	5233.19	16097.34
投资收益(万元)	1011.42	–	–	–
净利润(万元)	1759.33	5975.24	1440.09	7708.80
利润总额(万元)	2081.33	7175.81	1738.63	9070.00

江苏天瑞仪器股份有限公司

公司概况

公司名称	江苏天瑞仪器股份有限公司			证券简称	天瑞仪器
法人代表	刘召贵	董秘	肖廷良	证券代码	300165
公司网址	www.skyray-instrument.com		电子信箱	zqb@skyray-instrument.com	
电　话	0512-57017339		传　真	0512-57018681	
办公地址	江苏省昆山市玉山镇中华园西路1888号天瑞大厦				
经营范围	化学分析仪器及其应用软件的研发、生产、销售等				

主要财务指标

指标\报告期	2013.06.30	2012.12.31	2012.06.30	2011.12.31
基本每股收益(元)	0.1700	0.3900	0.1600	0.5500
基本每股收益(扣除)(元)	0.0600	0.1900	0.1000	0.3800
每股净资产(元)	9.1763	9.1268	8.9000	11.7619
每股经营现金净流量(元)	–0.2008	0.1291	0.0062	0.2824
每股现金流量(元)	–0.3452	–0.0558	–0.2415	9.2444
每股资本公积金(元)	6.9885	6.9885	6.9385	9.3850
每股盈余公积金(元)	0.1818	0.1818	0.1471	0.1912
每股未分配利润(元)	1.0059	0.9565	0.7557	1.1856
净资产收益率(%)	1.8466	4.2600	1.7300	6.6200
加权净资产收益率(%)	1.8400	4.2600	1.7300	6.6200
净资产收益率(扣除)(%)	–	–	–	–
总资产(万元)	152245.64	153091.60	149890.29	152646.02
归属母公司股东权益(万元)	141241.08	140479.90	137008.45	139260.87
主营业务收入(万元)	15222.51	29735.99	14112.88	29915.60
营业收入(万元)	15359.05	29988.08	14255.00	30068.90
主营成本(万元)	5577.28	10028.12	4448.05	9017.56
营业成本(万元)	5649.66	10140.05	4610.35	9054.53
投资收益(万元)	–	–	–	–
净利润(万元)	2608.22	5955.02	2483.58	8391.60
利润总额(万元)	3171.32	7080.98	2824.63	9828.99

北京东方国信科技股份有限公司

公司概况					
公司名称	北京东方国信科技股份有限公司			证券简称	东方国信
法人代表	管连平	董秘	刘彦斐	证券代码	300166
公司网址	www.bonc.com.cn		电子信箱	investor@bonc.com.cn	
电　话	010-64392089		传　真	010-64398978	
办公地址	北京市朝阳区望京北路 9 号叶青大厦 D 座 1108				
经营范围	因特网信息服务业务等				

主要财务指标	指标\报告期	2013.06.30	2012.12.31	2012.06.30	2011.12.31
	基本每股收益(元)	0.2400	0.5800	0.3200	0.4800
	基本每股收益(扣除)(元)	0.2300	0.5700	0.3200	0.4800
	每股净资产(元)	6.2196	8.5000	8.5000	16.5586
	每股经营现金净流量(元)	-0.5975	-0.0887	-0.3932	0.3948
	每股现金流量(元)	-0.6463	-1.6314	-1.9352	11.9968
	每股资本公积金(元)	3.6189	3.5900	5.8849	12.7699
	每股盈余公积金(元)	0.1549	0.1580	0.1668	0.3336
	每股未分配利润(元)	1.4458	1.2872	1.4509	2.4551
	净资产收益率(%)	3.7494	9.6500	3.8000	8.5800
	加权净资产收益率(%)	3.8500	10.1200	3.8600	9.4900
	净资产收益率(扣除)(%)	-	-	-	-
	总资产(万元)	80097.50	77899.09	70791.33	73586.79
	归属母公司股东权益(万元)	77102.58	73327.76	68871.43	67062.41
	主营业务收入(万元)	19652.39	31300.32	11367.60	17881.13
	营业收入(万元)	19652.39	31300.32	11367.60	17881.13
	主营成本(万元)	11392.64	16837.54	5958.02	8447.30
	营业成本(万元)	11392.64	16837.54	5958.02	8447.30
	投资收益(万元)	-108.61	-	-	-
	净利润(万元)	2883.19	7075.35	2619.01	5757.06
	利润总额(万元)	3165.31	8376.28	3112.98	6741.16

深圳市迪威视讯股份有限公司

公司概况					
公司名称	深圳市迪威视讯股份有限公司			证券简称	迪威视讯
法人代表	季刚	董秘	刘鹏	证券代码	300167
公司网址	www.dvision.cn		电子信箱	ir@dvision.cn	
电　话	0755-26727475 26727427		传　真	0755-26727234	
办公地址	广东省深圳市南山区西丽镇茶光路南侧深圳集成电路设计应用产业园 306-1,307,407,409 室				
经营范围	通讯设备、通讯软件及系统集成的技术开发、生产、销售等				

主要财务指标	指标\报告期	2013.06.30	2012.12.31	2012.06.30	2011.12.31
	基本每股收益(元)	0.0200	0.2000	0.0900	0.4300
	基本每股收益(扣除)(元)	0.0200	0.1600	0.0700	0.4200
	每股净资产(元)	3.4823	6.9800	6.9800	10.5400
	每股经营现金净流量(元)	-0.1283	-0.8175	-0.8479	-0.1528
	每股现金流量(元)	-0.1742	-0.9834	-0.9004	6.0210
	每股资本公积金(元)	1.8875	4.7750	4.6417	7.6625
	每股盈余公积金(元)	0.0270	0.0540	0.0427	0.0641
	每股未分配利润(元)	0.5678	1.2596	1.2950	1.8106
	净资产收益率(%)	0.5100	2.7813	1.2600	4.0340
	加权净资产收益率(%)	0.4400	2.7900	1.2400	4.3700
	净资产收益率(扣除)(%)	-	-	-	-
	总资产(万元)	79032.94	80545.16	80592.08	82039.59
	归属母公司股东权益(万元)	69702.16	70942.61	69849.77	70303.90
	主营业务收入(万元)	7200.16	20856.92	10362.26	22780.57
	营业收入(万元)	7200.16	22490.99	10894.20	22934.16
	主营成本(万元)	4927.87	14349.51	7791.46	12674.70
	营业成本(万元)	4927.87	14872.91	7791.46	12675.00
	投资收益(万元)	-	69.09	-	-
	净利润(万元)	251.17	1764.20	708.73	2899.90
	利润总额(万元)	382.84	2126.30	816.04	3578.46

万达信息股份有限公司

公司概况					
公司名称	万达信息股份有限公司			证券简称	万达信息
法人代表	史一兵	董秘	张令庆	证券代码	300168
公司网址	www.wondersgroup.com		电子信箱	invest@wondersgroup.com	
电　话	021-24177888		传　真	021-32140588	
办公地址	上海市联航路 1518 号				
经营范围	计算机专业领域内的技术咨询、开发、转让、培训、承包等				

主要财务指标	指标\报告期	2013.06.30	2012.12.31	2012.06.30	2011.12.31
	基本每股收益(元)	0.0656	0.4643	0.0938	0.6963
	基本每股收益(扣除)(元)	0.0584	0.4341	0.0946	0.6546
	每股净资产(元)	5.0972	5.1227	9.3700	9.3376
	每股经营现金净流量(元)	-0.5787	0.2540	-1.0276	0.1277
	每股现金流量(元)	-0.6791	-0.3642	-1.5691	5.7876
	每股资本公积金(元)	2.8574	2.8463	6.6493	6.6134
	每股盈余公积金(元)	0.1748	0.1772	0.2618	0.2618
	每股未分配利润(元)	1.0570	1.1073	1.4724	1.4786
	净资产收益率(%)	1.2863	9.0600	1.0000	7.3000
	加权净资产收益率(%)	1.2700	9.4500	1.0000	7.0900
	净资产收益率(扣除)(%)	-	-	-	-
	总资产(万元)	172961.54	152212.76	136050.50	134991.25
	归属母公司股东权益(万元)	122333.13	122944.94	112412.94	112050.73
	主营业务收入(万元)	33268.54	88474.43	24160.72	69482.67
	营业收入(万元)	33268.54	88474.43	24160.72	69482.67
	主营成本(万元)	22660.74	61177.69	16256.74	48307.92
	营业成本(万元)	22660.74	61177.69	16256.74	48307.92
	投资收益(万元)	-72.36	-5.83	-7.14	55.82
	净利润(万元)	1360.33	10538.20	993.84	8103.34
	利润总额(万元)	1705.43	12575.60	1376.42	9412.92

常州天晟新材料股份有限公司

公司概况					
公司名称	常州天晟新材料股份有限公司			证券简称	天晟新材
法人代表	吕泽伟	董秘	宋越	证券代码	300169
公司网址	www.tschina.com		电子信箱	dongmi@tschina.com	
电　话	0519-86929019 86929011		传　真	0519-88866091	
办公地址	江苏省常州市中吴大道 985 号				
经营范围	塑料制品、橡胶制品(限分支机构经营)、新型复合材料、新型墙体材料等				

主要财务指标	指标\报告期	2013.06.30	2012.12.31	2012.06.30	2011.12.31
	基本每股收益(元)	0.0200	0.0700	0.1400	0.2000
	基本每股收益(扣除)(元)	-0.0027	0.0200	0.1000	0.1800
	每股净资产(元)	3.3550	3.3348	3.4100	6.7802
	每股经营现金净流量(元)	-0.1970	-0.4115	-0.2430	-0.9895
	每股现金流量(元)	-0.1353	-1.1305	-0.4493	2.8066
	每股资本公积金(元)	1.9659	1.9659	1.9659	4.9319
	每股盈余公积金(元)	0.0472	0.0472	0.0349	0.0698
	每股未分配利润(元)	0.3421	0.3219	0.4050	0.7785
	净资产收益率(%)	0.6022	-	4.1333	5.7650
	加权净资产收益率(%)	0.6000	2.0900	4.1200	6.2200
	净资产收益率(扣除)(%)	-	-	-	-
	总资产(万元)	152632.35	137219.18	137207.59	128324.44
	归属母公司股东权益(万元)	94108.90	93542.15	95534.77	95092.31
	主营业务收入(万元)	28711.65	51986.68	25509.96	41337.72
	营业收入(万元)	28853.39	51986.68	25994.87	41337.72
	主营成本(万元)	21161.44	37540.37	17356.87	27513.54
	营业成本(万元)	21243.02	37540.37	17636.74	27513.54
	投资收益(万元)	-	-	-	-
	净利润(万元)	606.85	1399.80	3815.84	5373.17
	利润总额(万元)	763.94	1664.78	4534.45	6538.71

上海汉得信息技术股份有限公司

公司概况	公司名称	上海汉得信息技术股份有限公司		证券简称	汉得信息
	法人代表	范建震	董秘 张伟锋	证券代码	300170
	公司网址	www.hand-china.com		电子信箱	investors@vip.hand-china.com
	电话	021-50274885		传真	021-50802934
	办公地址	上海市浦东新区张江高科技园区科苑路 151 号 3-4 楼			
	经营范围	研究、开发和生产计算机软件、信息系统和网络产品等			

主要财务指标 指标\报告期	2013.06.30	2012.12.31	2012.06.30	2011.12.31
基本每股收益(元)	0.3800	0.7100	0.3100	0.5800
基本每股收益(扣除)(元)	0.3500	0.6300	0.2800	0.4900
每股净资产(元)	7.2724	6.7735	6.4100	6.2880
每股经营现金净流量(元)	-0.2124	0.2678	-0.1877	0.2652
每股现金流量(元)	0.0178	-0.9414	-0.9337	4.5541
每股资本公积金(元)	4.6401	4.4406	4.4747	4.4710
每股盈余公积金(元)	0.1539	0.1627	0.0939	0.0938
每股未分配利润(元)	1.4809	1.1713	0.8395	0.7242
净资产收益率(%)	5.1320	10.5600	4.9116	8.8800
加权净资产收益率(%)	5.4000	10.9200	4.8800	10.2400
净资产收益率(扣除)(%)	-	-	-	-
总资产(万元)	137491.07	124254.25	115092.98	112300.43
归属母公司股东权益(万元)	129047.61	113668.32	107513.02	105643.10
主营业务收入(万元)	37730.31	70081.14	31088.67	52014.99
营业收入(万元)	37758.20	70220.30	31151.24	52049.35
主营成本(万元)	23871.08	45779.21	21689.00	34408.18
营业成本(万元)	23872.98	45785.09	21694.89	34408.18
投资收益(万元)	-	-	-	-
净利润(万元)	6380.60	11935.27	5280.63	9377.05
利润总额(万元)	6743.76	12907.33	6061.69	10934.51

上海东富龙科技股份有限公司

公司概况	公司名称	上海东富龙科技股份有限公司		证券简称	东富龙
	法人代表	郑效东	董秘 熊芳君	证券代码	300171
	公司网址	www.tofflon.com		电子信箱	dfl@tofflon.com
	电话	021-64909699		传真	021-64909369
	办公地址	上海市闵行区都会路 1509 号			
	经营范围	医用冻干机及冻干系统的研发、设计、生产、销售和服务			

主要财务指标 指标\报告期	2013.06.30	2012.12.31	2012.06.30	2011.12.31
基本每股收益(元)	0.6900	1.1200	0.5700	1.0700
基本每股收益(扣除)(元)	0.6800	1.0500	0.5300	1.0300
每股净资产(元)	10.7300	10.5300	9.9800	12.8300
每股经营现金净流量(元	0.9136	1.6701	0.6469	0.7092
每股现金流量(元)	-3.3778	4.0509	-0.4137	4.6592
每股资本公积金(元)	7.2594	7.2594	7.2594	9.7372
每股盈余公积金(元)	0.3447	0.3447	0.2358	0.3066
每股未分配利润(元)	2.1188	1.9266	1.4890	1.7882
净资产收益率(%)	6.4534	10.6525	5.7600	10.5890
加权净资产收益率(%)	6.3600	11.0400	5.6600	11.8500
净资产收益率(扣除)(%)	-	-	-	-
总资产(万元)	360721.70	321151.14	275515.50	251839.87
归属母公司股东权益(万元)	223113.73	219036.63	207670.41	205310.99
主营业务收入(万元)	52949.11	82018.99	36390.41	64818.68
营业收入(万元)	53025.80	82185.79	36487.03	64886.51
主营成本(万元)	26608.57	44555.68	18531.41	33314.74
营业成本(万元)	26608.57	44555.68	18531.41	33314.74
投资收益(万元)	-	-	-	-
净利润(万元)	14869.21	23852.96	11975.30	21949.36
利润总额(万元)	18139.21	28051.81	14134.40	25529.65

南京中电环保股份有限公司

公司概况	公司名称	南京中电环保股份有限公司		证券简称	中电环保
	法人代表	王政福	董秘 桂祖华	证券代码	300172
	公司网址	www.njcec.com		电子信箱	zax@ce-ep.com
	电话	025-86533261 86533865		传真	025-86524972
	办公地址	江苏省南京市江宁开发区诚信大道 1800 号			
	经营范围	环保、电力、化工、水处理设备的研发、设计、制造、系统集成及销售等			

主要财务指标 指标\报告期	2013.06.30	2012.12.31	2012.06.30	2011.12.31
基本每股收益(元)	0.1900	0.4400	0.1700	0.3700
基本每股收益(扣除)(元)	-	0.3900	0.1900	0.3300
每股净资产(元)	6.3405	6.3000	6.0200	7.7127
每股经营现金净流量(元)	-0.3794	-0.1156	-0.3292	-0.1872
每股现金流量(元)	-0.5935	-1.1981	-0.5149	5.0023
每股资本公积金(元)	3.8354	3.8354	3.8354	5.2861
每股盈余公积金(元)	0.1321	0.1321	0.0940	0.1221
每股未分配利润(元)	1.3729	1.3294	1.0932	1.3045
净资产收益率(%)	3.0517	7.2200	2.7667	6.5300
加权净资产收益率(%)	3.0400	7.2200	2.7800	6.5300
净资产收益率(扣除)(%)	-	-	-	-
总资产(万元)	106242.09	105388.66	96620.73	93936.97
归属母公司股东权益(万元)	82426.12	81860.76	78293.60	77127.49
主营业务收入(万元)	22015.48	35611.26	15312.27	23861.27
营业收入(万元)	22760.59	36439.86	15477.10	24116.34
主营成本(万元)	16057.29	25589.12	11337.04	15891.33
营业成本(万元)	16388.18	25917.68	11421.05	15966.83
投资收益(万元)	-	-	-	-0.70
净利润(万元)	2450.43	5579.49	2028.99	4617.43
利润总额(万元)	2905.91	6569.16	2437.58	5380.79

松德机械股份有限公司

公司概况	公司名称	松德机械股份有限公司		证券简称	松德股份
	法人代表	郭景松	董秘 胡炳明	证券代码	300173
	公司网址	www.songde.com.cn		电子信箱	hubm@sotech.cn
	电话	0760-23380388		传真	0760-23380870
	办公地址	广东省中山市南头镇南头大道东 105 号			
	经营范围	生产、加工、销售:包装机械及材料、印刷机械、光电材料及其设备等			

主要财务指标 指标\报告期	2013.06.30	2012.12.31	2012.06.30	2011.12.31
基本每股收益(元)	0.1800	0.2000	0.1800	0.3600
基本每股收益(扣除)(元)	0.1800	0.2000	0.1800	0.3300
每股净资产(元)	5.1000	5.0178	5.0000	6.4626
每股经营现金净流量(元)	-0.0233	-0.3006	-0.2498	-0.7402
每股现金流量(元)	-0.0350	-0.8552	-0.5647	2.5434
每股资本公积金(元)	2.7815	2.7815	2.7815	3.9160
每股盈余公积金(元)	0.1534	0.1534	0.1328	0.1726
每股未分配利润(元)	1.1650	1.0828	1.0834	1.3740
净资产收益率(%)	3.5732	4.0200	3.6100	7.6000
加权净资产收益率(%)	3.5700	4.0200	3.5800	7.6000
净资产收益率(扣除)(%)	-	-	-	-
总资产(万元)	80878.92	76333.24	80409.68	79239.43
归属母公司股东权益(万元)	57747.16	56816.05	56589.00	56289.23
主营业务收入(万元)	12590.35	23917.38	13935.01	23117.70
营业收入(万元)	12932.40	24455.56	14177.02	23826.49
主营成本(万元)	7660.52	15865.90	9358.43	14703.74
营业成本(万元)	7858.27	16151.59	9441.57	14863.04
投资收益(万元)	30.58	85.36	39.19	54.85
净利润(万元)	2027.77	2202.86	1999.65	3928.03
利润总额(万元)	2393.05	2467.90	2360.79	4502.49

福建元力活性炭股份有限公司

公司概况	公司名称	福建元力活性炭股份有限公司			证券简称	元力股份
	法人代表	卢元健	董秘	许文显	证券代码	300174
	公司网址	www.yuanlicarbon.com		电子信箱	dm@yuanlicarbon.com	
	电　话	0599-8558803		传　真	0599-8558803	
	办公地址	福建省南平市八一路 356 号				
	经营范围	一直致力于木质活性炭的研发、生产和销售等				

主要财务指标	指标\报告期	2013.06.30	2012.12.31	2012.06.30	2011.12.31
	基本每股收益(元)	0.0352	0.1703	0.1820	0.2642
	基本每股收益(扣除)(元)	0.0304	0.0753	0.0834	0.2461
	每股净资产(元)	3.6536	3.7184	3.7300	7.2963
	每股经营现金净流量(元)	-0.0930	-0.0754	-0.1187	-0.1493
	每股现金流量(元)	-0.3425	-0.8780	-0.7903	3.0566
	每股资本公积金(元)	2.1936	2.1936	2.1936	5.3872
	每股盈余公积金(元)	0.0630	0.0630	0.0546	0.1092
	每股未分配利润(元)	0.3970	0.4618	0.4820	0.7999
	净资产收益率(%)	0.9644	4.5800	4.8800	7.0900
	加权净资产收益率(%)	0.9500	4.6300	4.8900	7.7700
	净资产收益率(扣除)(%)	-	-	-	-
	总资产(万元)	56875.47	58209.32	54639.05	54097.23
	归属母公司股东权益(万元)	49689.59	50570.36	50730.68	49614.82
	主营业务收入(万元)	18342.55	33958.94	15839.40	24113.16
	营业收入(万元)	18354.75	33986.71	15859.15	24119.51
	主营成本(万元)	14856.41	26573.82	12198.27	16447.78
	营业成本(万元)	14868.31	26594.94	12215.44	16448.77
	投资收益(万元)	-	-	-	-
	净利润(万元)	479.23	2315.54	2475.86	3518.03
	利润总额(万元)	396.50	2140.87	2473.89	3828.81

朗源股份有限公司

公司概况	公司名称	朗源股份有限公司			证券简称	朗源股份
	法人代表	戚大广	董秘	张丽娜	证券代码	300175
	公司网址	www.lontrue.com		电子信箱	ir@lontrue.com	
	电　话	0535-8611766		传　真	0535-8610658	
	办公地址	山东龙口高新技术产业园区朗源路 299 号				
	经营范围	种植、加工、储存、销售:水果、蔬菜、坚果、果仁及其深加工产品等				

主要财务指标	指标\报告期	2013.06.30	2012.12.31	2012.06.30	2011.12.31
	基本每股收益(元)	0.0400	0.0500	0.0596	0.1200
	基本每股收益(扣除)(元)	0.0400	0.0500	0.1200	0.1200
	每股净资产(元)	1.5465	1.5072	3.0400	2.9165
	每股经营现金净流量(元)	0.4158	-0.1201	0.6552	-0.3953
	每股现金流量(元)	0.2913	-0.2145	0.1549	0.6820
	每股资本公积金(元)	0.1496	0.1496	1.2992	1.2992
	每股盈余公积金(元)	0.0365	0.0365	0.0621	0.0621
	每股未分配利润(元)	0.3604	0.3211	0.6743	0.5552
	净资产收益率(%)	2.5412	3.2500	3.9200	8.5000
	加权净资产收益率(%)	2.5700	3.3000	4.0000	9.9500
	净资产收益率(扣除)(%)	-	-	-	-
	总资产(万元)	83544.07	82488.09	73299.60	78571.35
	归属母公司股东权益(万元)	72808.99	70958.76	71458.53	68654.09
	主营业务收入(万元)	31392.46	45755.94	22222.69	47059.48
	营业收入(万元)	31414.83	45820.75	22276.97	47093.67
	主营成本(万元)	26413.90	37986.43	17044.36	37284.31
	营业成本(万元)	26426.42	38062.64	17086.31	37312.29
	投资收益(万元)	-	-	-	-
	净利润(万元)	1850.23	2304.67	2804.45	5838.06
	利润总额(万元)	1884.69	2270.26	2792.71	5912.13

广东鸿特精密技术股份有限公司

公司概况	公司名称	广东鸿特精密技术股份有限公司			证券简称	鸿特精密
	法人代表	卢楚隆	董秘	邱碧开	证券代码	300176
	公司网址	www.hongteo.com.cn		电子信箱	zq@hongteo.com.cn	
	电　话	0758-2696338 2696038		传　真	0758-2691582	
	办公地址	广东省肇庆市鼎湖城区北十区				
	经营范围	设计、制造、加工、销售铝合金精密压铸件、汽车零配件及通讯类零配件				

主要财务指标	指标\报告期	2013.06.30	2012.12.31	2012.06.30	2011.12.31
	基本每股收益(元)	0.1596	0.4776	0.2551	0.3671
	基本每股收益(扣除)(元)	-	0.4586	0.2438	0.3675
	每股净资产(元)	5.1383	6.0745	5.8500	5.7972
	每股经营现金净流量(元)	1.1852	1.0623	0.7341	0.3066
	每股现金流量(元)	0.3845	-0.6903	0.0296	0.8047
	每股资本公积金(元)	2.9764	3.7717	3.7717	3.7720
	每股盈余公积金(元)	0.1262	0.1515	0.1025	0.1025
	每股未分配利润(元)	1.0357	1.1513	0.9778	0.9227
	净资产收益率(%)	3.1057	7.8600	4.3600	6.0700
	加权净资产收益率(%)	3.1000	8.0500	4.3100	7.0400
	净资产收益率(扣除)(%)	-	-	-	-
	总资产(万元)	131605.97	101369.34	89217.50	82526.71
	归属母公司股东权益(万元)	55123.64	54305.68	52317.16	51826.62
	主营业务收入(万元)	46532.83	70365.90	33060.44	48676.86
	营业收入(万元)	47822.04	75758.34	34518.96	53136.81
	主营成本(万元)	36911.24	55320.65	26084.00	38763.00
	营业成本(万元)	37345.12	58104.84	26876.27	40749.46
	投资收益(万元)	-	-	-	-
	净利润(万元)	1711.96	4269.52	2281.01	3144.82
	利润总额(万元)	1976.58	4896.11	2636.53	3602.35

广州中海达卫星导航技术股份有限公司

公司概况	公司名称	广州中海达卫星导航技术股份有限公司			证券简称	中海达
	法人代表	廖定海	董秘	何金成	证券代码	300177
	公司网址	www.zhdgps.com		电子信箱	zhdsec@zhdgps.com	
	电　话	020-22883901 22883958		传　真	020-22883900	
	办公地址	广东省广州市番禺区东环街番禺大道北555号番禺节能科技园内天安科技创新大厦1003号				
	经营范围	卫星导航定位系统及软硬件产品、地理信息采集系统及软硬件产品等				

主要财务指标	指标\报告期	2013.06.30	2012.12.31	2012.06.30	2011.12.31
	基本每股收益(元)	0.2500	0.3600	0.1500	0.3300
	基本每股收益(扣除)(元)	0.1900	0.3400	0.1500	0.3300
	每股净资产(元)	4.3400	4.0300	3.8100	7.4000
	每股经营现金净流量(元)	-0.2687	0.1703	-0.0763	-0.2985
	每股现金流量(元)	-0.4339	-0.2276	-0.3740	4.3374
	每股资本公积金(元)	2.2184	2.1484	2.1461	5.2642
	每股盈余公积金(元)	0.0748	0.0755	0.0506	0.1013
	每股未分配利润(元)	1.0486	0.8037	0.6150	1.0343
	净资产收益率(%)	5.8088	8.9700	3.8800	8.4200
	加权净资产收益率(%)	6.0900	9.4000	3.9400	10.0100
	净资产收益率(扣除)(%)	-	-	-	-
	总资产(万元)	105608.50	94090.85	87036.09	84409.93
	归属母公司股东权益(万元)	87636.49	80552.11	76235.91	73996.92
	主营业务收入(万元)	20681.42	38134.59	15897.45	30963.34
	营业收入(万元)	20681.42	38139.63	15897.45	30963.34
	主营成本(万元)	10196.53	19541.82	8163.19	16857.76
	营业成本(万元)	10196.53	19542.54	8163.19	16857.76
	投资收益(万元)	-	-	-	-
	净利润(万元)	4992.62	7195.66	2958.35	6229.41
	利润总额(万元)	5681.90	8414.78	3430.35	7477.41

深圳市腾邦国际票务股份有限公司

公司概况	公司名称	深圳市腾邦国际票务股份有限公司		证券简称	腾邦国际
	法人代表	钟百胜	董秘 周小凤	证券代码	300178
	公司网址	www.feiren.com		电子信箱	tt@tempus.cn
	电　话	0755-83663222		传　真	0755-83663222
	办公地址	广东省深圳市福田保税区桃花路腾邦物流大厦 5 楼			
	经营范围	经营国际、国内航线或香港、澳门、台湾地区的航空客运销售代理业务等			

主要财务指标	指标＼报告期	2013.06.30	2012.12.31	2012.06.30	2011.12.31
	基本每股收益(元)	0.3300	0.5500	0.2500	0.5000
	基本每股收益(扣除)(元)	0.3300	0.5200	0.2400	0.4300
	每股净资产(元)	8.7969	8.5500	8.4800	8.2300
	每股经营现金净流量(元)	-0.5267	0.4046	0.6605	0.3552
	每股现金流量(元)	-1.1313	0.1013	0.3846	4.1104
	每股资本公积金(元)	5.3989	5.3840	5.3563	5.3563
	每股盈余公积金(元)	0.2230	0.2228	0.1743	0.1743
	每股未分配利润(元)	2.1758	1.9430	1.9489	1.6966
	净资产收益率(%)	3.7612	6.2700	2.9700	5.8590
	加权净资产收益率(%)	3.7900	6.5000	3.0200	6.7400
	净资产收益率(扣除)(%)	-	-	-	-
	总资产(万元)	137858.58	121536.73	118413.27	108820.57
	归属母公司股东权益(万元)	107586.33	104660.49	101241.90	98227.95
	主营业务收入(万元)	18028.31	25837.81	10851.03	18075.36
	营业收入(万元)	18028.31	25837.81	10851.03	18075.36
	主营成本(万元)	6579.17	9302.13	3159.01	5405.18
	营业成本(万元)	6579.17	9302.13	3159.01	5405.18
	投资收益(万元)	-	-	-	-
	净利润(万元)	4044.50	6570.91	3001.88	5755.51
	利润总额(万元)	5649.79	8102.60	3794.76	7260.12

河南四方达超硬材料股份有限公司

公司概况	公司名称	河南四方达超硬材料股份有限公司		证券简称	四方达
	法人代表	方海江	董秘 方宇红	证券代码	300179
	公司网址	www.sf-diamond.com.cn		电子信箱	ygd@sf-diamond.com
	电　话	0371-66728022		传　真	0371-66728041
	办公地址	河南省郑州市经济技术开发区第十大街 109 号			
	经营范围	复合超硬材料及制品的生产和销售业务等			

主要财务指标	指标＼报告期	2013.06.30	2012.12.31	2012.06.30	2011.12.31
	基本每股收益(元)	0.0700	0.2900	0.0800	0.3100
	基本每股收益(扣除)(元)	0.0500	0.2200	0.1600	0.2400
	每股净资产(元)	3.1046	5.6200	5.4800	8.1000
	每股经营现金净流量(元)	0.0305	0.2536	0.0646	0.1095
	每股现金流量(元)	-0.3661	-0.0438	-0.0905	5.1613
	每股资本公积金(元)	1.4514	3.4125	3.4125	5.6187
	每股盈余公积金(元)	0.0745	0.1340	0.1054	0.1581
	每股未分配利润(元)	0.5787	1.0730	0.9588	1.3232
	净资产收益率(%)	2.1244	5.0900	2.6200	5.4900
	加权净资产收益率(%)	2.1000	5.2000	2.6200	6.4100
	净资产收益率(扣除)(%)	-	-	-	-
	总资产(万元)	81784.84	73029.96	69304.52	68125.87
	归属母公司股东权益(万元)	67058.57	67433.96	65720.16	64800.98
	主营业务收入(万元)	5993.47	13154.03	5928.62	10977.24
	营业收入(万元)	5993.47	13166.70	5928.62	10982.47
	主营成本(万元)	3525.10	7991.54	3688.62	6100.51
	营业成本(万元)	3525.10	7991.54	3688.62	6100.51
	投资收益(万元)	-	118.10	-	-
	净利润(万元)	1424.61	3432.98	1719.19	3558.99
	利润总额(万元)	1537.72	3944.02	1846.51	4126.51

上海华峰超纤材料股份有限公司

公司概况	公司名称	上海华峰超纤材料股份有限公司		证券简称	华峰超纤
	法人代表	尤小平	董秘 程鸣	证券代码	300180
	公司网址	www.hfmicrofibre.com		电子信箱	chengming2003@126.com
	电　话	021-57243140		传　真	021-57245968
	办公地址	上海市金山区亭卫南路 888 号			
	经营范围	超细纤维聚氨酯合成革的研发、生产、销售与服务等			

主要财务指标	指标＼报告期	2013.06.30	2012.12.31	2012.06.30	2011.12.31
	基本每股收益(元)	0.2600	0.5500	0.2500	0.5200
	基本每股收益(扣除)(元)	0.2500	0.5400	0.2400	0.4800
	每股净资产(元)	8.0634	7.9000	7.6100	7.4900
	每股经营现金净流量(元)	0.1515	0.8062	0.2072	0.3490
	每股现金流量(元)	-0.3741	-1.1806	-1.1136	3.3365
	每股资本公积金(元)	4.9199	4.9199	4.9199	4.9071
	每股盈余公积金(元)	0.2130	0.2130	0.1585	0.1585
	每股未分配利润(元)	1.9304	1.7673	1.5266	1.4267
	净资产收益率(%)	3.2630	7.0800	3.2800	6.6690
	加权净资产收益率(%)	3.3000	7.0800	3.2800	7.7300
	净资产收益率(扣除)(%)	-	-	-	-
	总资产(万元)	140557.77	133526.64	128387.10	125456.09
	归属母公司股东权益(万元)	127401.66	124824.48	120160.24	118378.06
	主营业务收入(万元)	34589.42	58286.20	27771.46	44729.02
	营业收入(万元)	35962.62	61226.58	29285.47	47061.23
	主营成本(万元)	26138.31	44733.56	21766.90	33435.80
	营业成本(万元)	27215.87	44798.01	21790.55	33535.35
	投资收益(万元)	-	-	-	-
	净利润(万元)	4157.17	8613.50	3949.25	7894.14
	利润总额(万元)	4956.14	9931.68	4719.61	9229.82

浙江佐力药业股份有限公司

公司概况	公司名称	浙江佐力药业股份有限公司		证券简称	佐力药业
	法人代表	俞有强	董秘 郑超一	证券代码	300181
	公司网址	www.jolly.com.cn		电子信箱	jolly@zuoli.com
	电　话	0572-8281333		传　真	0572-8281246
	办公地址	浙江省湖州市德清县武康镇志远路			
	经营范围	乌灵菌粉及乌灵胶囊的生产等			

主要财务指标	指标＼报告期	2013.06.30	2012.12.31	2012.06.30	2011.12.31
	基本每股收益(元)	0.2672	0.4300	0.2120	0.3700
	基本每股收益(扣除)(元)	0.2509	0.4100	0.2000	0.3500
	每股净资产(元)	5.0694	4.9022	8.9300	8.5500
	每股经营现金净流量(元)	-0.0988	0.2119	-0.2262	0.1707
	每股现金流量(元)	-0.3069	-0.3815	-0.4151	4.6983
	每股资本公积金(元)	2.8432	2.8432	5.9177	5.9177
	每股盈余公积金(元)	0.1606	0.1176	0.2117	0.1480
	每股未分配利润(元)	1.0656	0.9415	1.8011	1.4832
	净资产收益率(%)	5.2703	8.7800	4.2700	7.4465
	加权净资产收益率(%)	5.3100	8.8800	4.3700	8.6700
	净资产收益率(扣除)(%)	-	-	-	-
	总资产(万元)	87498.18	86418.69	86061.53	84390.82
	归属母公司股东权益(万元)	72999.26	70591.97	71443.88	68391.72
	主营业务收入(万元)	20307.40	34334.27	15950.21	27920.13
	营业收入(万元)	20340.75	34375.89	15953.61	27932.75
	主营成本(万元)	3004.21	5053.94	2375.91	4365.38
	营业成本(万元)	3004.21	5065.06	2375.91	4365.38
	投资收益(万元)	-	-	-	-
	净利润(万元)	3847.28	6200.25	3052.16	5092.79
	利润总额(万元)	4303.52	6923.04	3407.07	5664.35

北京捷成世纪科技股份有限公司

公司概况	公司名称	北京捷成世纪科技股份有限公司			证券简称	捷成股份
	法人代表	徐子泉	董秘	宋建云	证券代码	300182
	公司网址	www.jetsen.com.cn			电子信箱	songjianyun@jetsen.cn
	电　话	010-82330868 82330869			传　真	010-61736100
	办公地址	北京市海淀区知春路 1 号学院国际大厦 709 室				
	经营范围	专业从事音视频整体解决方案的设计、开发与实施等				

主要财务指标	指标\报告期	2013.06.30	2012.12.31	2012.06.30	2011.12.31
	基本每股收益(元)	0.2600	0.8500	0.2500	0.6300
	基本每股收益(扣除)(元)	0.2600	0.8600	0.3200	0.6200
	每股净资产(元)	5.1496	5.0981	5.9500	8.8300
	每股经营现金净流量(元)	-0.3536	0.2895	-0.3896	0.7507
	每股现金流量(元)	-1.0265	-0.0301	-1.2980	4.7210
	每股资本公积金(元)	2.9631	4.0789	3.9018	6.3526
	每股盈余公积金(元)	0.3500	0.3893	0.2299	0.3448
	每股未分配利润(元)	0.8366	1.1594	0.8141	1.1351
	净资产收益率(%)	5.1369	12.6700	5.4503	10.4500
	加权净资产收益率(%)	5.1200	13.8400	5.4800	12.4800
	净资产收益率(扣除)(%)	-	-	-	-
	总资产(万元)	130225.65	126616.69	114491.18	112741.49
	归属母公司股东权益(万元)	114492.78	113347.56	99888.74	98924.48
	主营业务收入(万元)	32378.83	72664.70	30567.09	47119.45
	营业收入(万元)	32378.83	72664.70	30567.09	47119.45
	主营成本(万元)	15133.41	37954.43	16855.21	27962.55
	营业成本(万元)	15133.41	37954.43	16855.21	27962.55
	投资收益(万元)	225.93	480.25	-	-
	净利润(万元)	6225.32	15580.14	5662.16	10333.82
	利润总额(万元)	7010.80	16741.40	6222.50	11709.60

青岛东软载波科技股份有限公司

公司概况	公司名称	青岛东软载波科技股份有限公司			证券简称	东软载波
	法人代表	崔健	董秘	王辉	证券代码	300183
	公司网址	www.eastsoft.com.cn			电子信箱	wanghui@eastsoft.com.cn
	电　话	0532-83676959			传　真	0532-83676855
	办公地址	山东省青岛市市北区上清路 16 号甲				
	经营范围	计算机软件开发及配套技术服务、集成电路设计及销售等				

主要财务指标	指标\报告期	2013.06.30	2012.12.31	2012.06.30	2011.12.31
	基本每股收益(元)	0.4900	1.1800	0.4700	0.9700
	基本每股收益(扣除)(元)	0.4800	1.1600	0.4600	0.9400
	每股净资产(元)	6.9835	6.9400	6.2100	13.6300
	每股经营现金净流量(元)	0.3850	1.0183	0.2853	2.2747
	每股现金流量(元)	-0.1171	0.5239	-0.1783	11.9801
	每股资本公积金(元)	3.8845	3.8336	3.8149	9.5927
	每股盈余公积金(元)	0.2561	0.2561	0.1383	0.3042
	每股未分配利润(元)	1.8430	1.8501	1.2565	2.7374
	净资产收益率(%)	7.0577	16.9800	7.5200	14.9690
	加权净资产收益率(%)	6.8400	18.0400	7.3400	18.5600
	净资产收益率(扣除)(%)	-	-	-	-
	总资产(万元)	160956.09	159593.30	143620.51	143320.00
	归属母公司股东权益(万元)	153637.82	152674.04	136611.84	136342.76
	主营业务收入(万元)	21984.22	44159.42	16786.64	37698.00
	营业收入(万元)	21984.22	44163.52	16786.64	37701.60
	主营成本(万元)	7977.71	16820.21	6401.92	13257.65
	营业成本(万元)	7977.71	16821.53	6401.92	13258.97
	投资收益(万元)	-	-	-	-
	净利润(万元)	10843.28	25919.60	10269.08	20409.10
	利润总额(万元)	12474.52	28547.45	12073.67	24015.49

武汉力源信息技术股份有限公司

公司概况	公司名称	武汉力源信息技术股份有限公司			证券简称	力源信息
	法人代表	赵马克	董秘	王晓东	证券代码	300184
	公司网址	www.icbase.com			电子信箱	zqb@icbase.com
	电　话	027-59417345			传　真	027-59417373
	办公地址	湖北省武汉市东湖新技术开发区武大园三路 5 号				
	经营范围	电子产品、电子元器件、信息技术及相关成套产品方案的开发、研制、生产、销售等				

主要财务指标	指标\报告期	2013.06.30	2012.12.31	2012.06.30	2011.12.31
	基本每股收益(元)	0.1100	0.1900	0.0800	0.2500
	基本每股收益(扣除)(元)	0.0800	0.1600	0.0800	0.2600
	每股净资产(元)	4.2854	4.4800	4.4100	6.7800
	每股经营现金净流量(元)	-0.2378	0.0343	0.0702	-0.4310
	每股现金流量(元)	-0.6539	-0.7912	-0.2325	3.1993
	每股资本公积金(元)	2.8997	2.8997	2.8997	4.8496
	每股盈余公积金(元)	0.0711	0.0711	0.0351	0.0526
	每股未分配利润(元)	0.3402	0.5275	0.4909	0.9155
	净资产收益率(%)	2.6310	3.4200	1.8300	5.3500
	加权净资产收益率(%)	2.5200	4.2300	1.8000	6.1900
	净资产收益率(扣除)(%)	-	-	-	-
	总资产(万元)	47371.25	49771.31	47967.17	48660.20
	归属母公司股东权益(万元)	42875.07	44782.57	44072.77	45244.20
	主营业务收入(万元)	16132.58	29424.63	14024.42	24734.84
	营业收入(万元)	16165.68	29509.16	14037.05	24760.63
	主营成本(万元)	13516.06	24429.85	11667.10	18969.82
	营业成本(万元)	13516.06	24429.85	11667.10	18969.82
	投资收益(万元)	38.56	102.99	-	-
	净利润(万元)	1128.06	1532.77	806.38	2419.79
	利润总额(万元)	1318.15	2298.35	911.60	2835.63

通裕重工股份有限公司

公司概况	公司名称	通裕重工股份有限公司			证券简称	通裕重工
	法人代表	司兴奎	董秘	石爱军	证券代码	300185
	公司网址	www.tongyuheavy.com			电子信箱	tyzgsaj@126.com
	电　话	0534-7520688			传　真	0534-7287759
	办公地址	山东省禹城市高新技术产业开发区				
	经营范围	大型锻件坯料、电渣锭、锻件、管模、数控机床、通用机械非标准设备制造、销售等				

主要财务指标	指标\报告期	2013.06.30	2012.12.31	2012.06.30	2011.12.31
	基本每股收益(元)	0.0500	0.1500	0.1100	0.2200
	基本每股收益(扣除)(元)	0.0100	0.0900	0.0600	0.1600
	每股净资产(元)	3.8500	3.9029	3.8700	9.6900
	每股经营现金净流量(元)	-0.0992	0.0835	-0.0234	-0.5929
	每股现金流量(元)	0.2707	-0.2305	-0.0722	1.1255
	每股资本公积金(元)	2.4203	2.4203	2.4206	7.5509
	每股盈余公积金(元)	0.0549	0.0549	0.0433	0.1082
	每股未分配利润(元)	0.3748	0.4277	0.4041	1.0304
	净资产收益率(%)	1.2229	3.7700	2.8900	5.2940
	加权净资产收益率(%)	1.2000	3.8000	2.8800	6.4500
	净资产收益率(扣除)(%)	-	-	-	-
	总资产(万元)	682556.52	631446.28	644966.90	589597.21
	归属母公司股东权益(万元)	346499.55	351262.34	348112.32	348821.84
	主营业务收入(万元)	64872.75	133888.39	69108.11	120485.05
	营业收入(万元)	73821.85	138650.44	69874.93	123595.65
	主营成本(万元)	52479.81	104238.61	54749.12	88774.39
	营业成本(万元)	60731.28	108141.63	55320.05	91161.78
	投资收益(万元)	374.10	882.07	625.37	300.50
	净利润(万元)	4228.06	13679.22	10260.15	18484.97
	利润总额(万元)	5172.05	16349.76	12261.98	22139.09

广东大华农动物保健品股份有限公司

公司概况	公司名称	广东大华农动物保健品股份有限公司			证券简称	大华农
	法人代表	温均生	董秘	方炳虎	证券代码	300186
	公司网址	www.gddhn.com		电子信箱	gddhn20080715@163.com	
	电话	0766-2986301 2986381		传真	0766-2986301	
	办公地址	广东省云浮市新兴县新城镇东堤北路温氏科技园2号之三				
	经营范围	兽药的研发、生产和销售等				

主要财务指标	指标\报告期	2013.06.30	2012.12.31	2012.06.30	2011.12.31
	基本每股收益(元)	0.1200	0.6800	0.1100	0.6700
	基本每股收益(扣除)(元)	0.1200	0.6800	0.2300	0.6500
	每股净资产(元)	3.7571	3.8800	7.3200	7.6900
	每股经营现金净流量(元)	-0.0172	0.6602	-0.2161	0.5281
	每股现金流量(元)	-0.6128	-0.3221	-0.9324	5.0303
	每股资本公积金(元)	2.0735	5.1470	5.1470	5.1470
	每股盈余公积金(元)	0.0980	0.1960	0.1207	0.1207
	每股未分配利润(元)	0.5857	1.4236	1.0481	1.4214
	净资产收益率(%)	3.2961	8.7200	3.1000	8.1300
	加权净资产收益率(%)	3.1700	8.8800	2.9800	10.0700
	净资产收益率(扣除)(%)	-	-	-	-
	总资产(万元)	216654.80	217856.16	203523.22	217731.75
	归属母公司股东权益(万元)	200631.64	207368.60	195332.73	205298.20
	主营业务收入(万元)	42371.64	82418.75	35826.30	70675.02
	营业收入(万元)	43540.55	84743.20	36319.99	71563.17
	主营成本(万元)	20012.19	41184.45	18197.99	34913.92
	营业成本(万元)	20617.24	43009.90	18443.87	35388.44
	投资收益(万元)	-	-	-	-
	净利润(万元)	7016.98	18090.40	6054.53	16686.67
	利润总额(万元)	8065.75	21037.77	7145.86	19309.13

永清环保股份有限公司

公司概况	公司名称	永清环保股份有限公司			证券简称	永清环保
	法人代表	刘正军	董秘	熊素勤	证券代码	300187
	公司网址	www.yonker.com.cn		电子信箱	pear77hi@163.com	
	电话	0731-83285599		传真	0731-83285599	
	办公地址	湖南省长沙国家生物医药园(319国道旁				
	经营范围	大气污染防治工程、新能源发电、火力发电工程的咨询、设计等				

主要财务指标	指标\报告期	2013.06.30	2012.12.31	2012.06.30	2011.12.31
	基本每股收益(元)	0.1200	0.4000	0.2500	0.2800
	基本每股收益(扣除)(元)	0.1200	0.4200	0.2500	0.2600
	每股净资产(元)	4.1096	5.9859	5.8200	11.3500
	每股经营现金净流量(元)	0.0093	-0.4942	-0.0285	0.0340
	每股现金流量(元)	-0.2324	-1.3180	-0.5881	7.3763
	每股资本公积金(元)	2.3278	3.9918	3.9918	8.9835
	每股盈余公积金(元)	0.0955	0.1432	0.1043	0.2086
	每股未分配利润(元)	0.6793	0.8422	0.7267	1.1580
	净资产收益率(%)	2.8674	6.7200	4.2500	4.6760
	加权净资产收益率(%)	2.9100	6.9000	4.2700	5.9800
	净资产收益率(扣除)(%)	-	-	-	-
	总资产(万元)	121829.85	121935.41	110801.83	108354.49
	归属母公司股东权益(万元)	82332.33	79947.43	77768.65	75796.08
	主营业务收入(万元)	28598.55	56816.34	24449.56	34365.21
	营业收入(万元)	28598.55	56816.34	24449.56	34365.21
	主营成本(万元)	23142.84	44087.29	17862.67	26566.56
	营业成本(万元)	23142.84	44087.29	17862.67	26566.56
	投资收益(万元)	-	-296.93	-	-56.71
	净利润(万元)	2360.81	5371.06	3308.17	3758.05
	利润总额(万元)	2729.98	6352.13	4218.25	4381.02

厦门市美亚柏科信息股份有限公司

公司概况	公司名称	厦门市美亚柏科信息股份有限公司			证券简称	美亚柏科
	法人代表	刘祥南	董秘	王斌	证券代码	300188
	公司网址	www.xm-my.com.cn		电子信箱	tzzgx@300188.cn	
	电话	0592-3698792		传真	0592-2519335	
	办公地址	福建省厦门市软件园二期观日路12号美亚柏科大厦				
	经营范围	系统集成、计算机软件开发、信息咨询服务等				

主要财务指标	指标\报告期	2013.06.30	2012.12.31	2012.06.30	2011.12.31
	基本每股收益(元)	0.0010	0.7200	0.0340	0.6100
	基本每股收益(扣除)(元)	-0.0320	0.6300	0.0490	0.5500
	每股净资产(元)	3.4500	7.0400	6.2600	12.5900
	每股经营现金净流量(元)	-0.3746	0.2429	-0.2307	0.0738
	每股现金流量(元)	-0.2779	-0.7345	0.0721	3.3245
	每股资本公积金(元)	1.6913	4.3576	4.2026	9.4053
	每股盈余公积金(元)	0.0909	0.1818	0.1153	0.2306
	每股未分配利润(元)	0.6678	1.4839	0.9459	1.9564
	净资产收益率(%)	0.0241	10.8400	1.0800	11.8800
	加权净资产收益率(%)	0.0200	10.8400	1.0700	11.8800
	净资产收益率(扣除)(%)	-	-	-	-
	总资产(万元)	87593.54	92716.33	80522.28	82087.99
	归属母公司股东权益(万元)	76525.07	77893.42	67023.58	67368.87
	主营业务收入(万元)	11458.48	34999.75	8381.85	26851.56
	营业收入(万元)	11458.48	34999.75	8381.85	26851.56
	主营成本(万元)	5740.41	14010.58	3404.73	9807.17
	营业成本(万元)	5740.41	14010.58	3404.73	9807.17
	投资收益(万元)	513.55	-	-	-
	净利润(万元)	19.80	7856.33	724.71	6150.50
	利润总额(万元)	137.46	8315.75	832.67	7020.92

海南神农大丰种业科技股份有限公司

公司概况	公司名称	海南神农大丰种业科技股份有限公司			证券简称	神农大丰
	法人代表	黄培劲	董秘	胥洋	证券代码	300189
	公司网址	www.sndf.com.cn		电子信箱	sndf2010@126.com	
	电话	0898-68598068		传真	0898-68545606	
	办公地址	海南省海口市紫荆路2-1号紫荆信息公寓26A				
	经营范围	优质杂交水稻种子和其他农作物良种的选育、推广、销售等				

主要财务指标	指标\报告期	2013.06.30	2012.12.31	2012.06.30	2011.12.31
	基本每股收益(元)	0.1689	0.2327	0.3077	0.3938
	基本每股收益(扣除)(元)	0.1653	0.2200	0.3043	0.3900
	每股净资产(元)	5.2749	5.1559	8.2800	7.9724
	每股经营现金净流量(元)	0.0007	-0.1284	0.0659	0.0335
	每股现金流量(元)	-0.4093	-0.7407	-0.1369	4.6298
	每股资本公积金(元)	3.4369	3.4369	5.8951	5.8942
	每股盈余公积金(元)	0.0625	0.0625	0.0724	0.0724
	每股未分配利润(元)	0.7755	0.6565	1.3135	1.0058
	净资产收益率(%)	3.2025	4.5125	3.7157	4.6310
	加权净资产收益率(%)	3.2236	4.5900	3.7900	5.7400
	净资产收益率(扣除)(%)	-	-	-	-
	总资产(万元)	164309.05	158670.84	137488.46	133870.12
	归属母公司股东权益(万元)	135036.27	131991.67	132495.09	127558.06
	主营业务收入(万元)	25492.27	43129.85	25218.70	42733.54
	营业收入(万元)	25496.04	43151.84	25234.00	42760.31
	主营成本(万元)	18036.03	29317.98	17670.66	30058.67
	营业成本(万元)	18036.92	29319.11	17671.17	30061.38
	投资收益(万元)	-	-12.67	-12.07	-
	净利润(万元)	3727.06	6816.29	4957.19	6123.24
	利润总额(万元)	3858.46	7286.92	5094.32	6355.02

江苏维尔利环保科技股份有限公司

公司概况	公司名称	江苏维尔利环保科技股份有限公司			证券简称	维尔利
	法人代表	李月中	董秘	宗韬	证券代码	300190
	公司网址	www.jswelle.com		电子信箱	zongtao@jswelle.com	
	电话	0519-85125884 89886102		传真	0519-85125883	
	办公地址	江苏省常州市汉江路156号				
	经营范围	环保设备的设计、集成、制造等				

主要财务指标	指标\报告期	2013.06.30	2012.12.31	2012.06.30	2011.12.31
	基本每股收益(元)	0.0900	0.6900	0.1800	0.5100
	基本每股收益(扣除)(元)	–	0.6900	0.2800	0.5100
	每股净资产(元)	6.0757	9.7400	9.2300	16.3100
	每股经营现金净流量(元)	–0.0247	–0.9204	–0.9397	–1.3831
	每股现金流量(元)	–0.3096	–1.7347	–1.2495	10.7766
	每股资本公积金(元)	4.3262	7.4872	7.3830	13.9771
	每股盈余公积金(元)	0.1119	0.1790	0.1094	0.2020
	每股未分配利润(元)	0.6384	1.0762	0.7356	1.1308
	净资产收益率(%)	1.4932	7.1400	3.0900	5.5220
	加权净资产收益率(%)	1.4800	7.5200	3.1700	6.8400
	净资产收益率(扣除)(%)	–	–	–	–
	总资产(万元)	110343.03	113215.25	106155.79	104929.89
	归属母公司股东权益(万元)	95163.33	95266.44	90286.31	86442.37
	主营业务收入(万元)	11092.21	35447.61	16403.39	26376.05
	营业收入(万元)	11092.21	35451.81	16403.39	26379.90
	主营成本(万元)	6724.35	21186.04	9605.39	15328.91
	营业成本(万元)	6724.35	21186.04	9605.39	15328.91
	投资收益(万元)	–32.70	–42.53	–25.56	–43.73
	净利润(万元)	1377.59	6800.04	2793.86	4773.54
	利润总额(万元)	1679.80	7967.81	3294.10	5664.62

潜能恒信能源技术股份有限公司

公司概况	公司名称	潜能恒信能源技术股份有限公司			证券简称	潜能恒信
	法人代表	周锦明	董秘	张卉	证券代码	300191
	公司网址	www.sinogeo.com		电子信箱	zqb@sinogeo.com	
	电话	010-84922368		传真	010-84928085	
	办公地址	北京市朝阳区北苑路甲13号北辰新纪元大厦2塔22层				
	经营范围	为石油公司提供地震数据处理解释一体化找油服务等				

主要财务指标	指标\报告期	2013.06.30	2012.12.31	2012.06.30	2011.12.31
	基本每股收益(元)	0.1100	0.5200	0.1100	0.5100
	基本每股收益(扣除)(元)	0.1100	0.5200	0.2200	0.5000
	每股净资产(元)	3.5793	6.9966	6.6900	13.3500
	每股经营现金净流量(元)	–0.0202	0.3144	–0.0475	0.4563
	每股现金流量(元)	–0.0909	–0.3483	–0.3478	8.6701
	每股资本公积金(元)	1.7189	4.4377	4.4377	9.8755
	每股盈余公积金(元)	0.1694	0.3387	0.2857	0.5714
	每股未分配利润(元)	0.6934	1.2221	0.9665	1.9023
	净资产收益率(%)	3.1393	7.4900	0.0300	7.2258
	加权净资产收益率(%)	3.1600	7.6900	3.0800	9.2400
	净资产收益率(扣除)(%)	–	–	–	–
	总资产(万元)	117821.62	115350.41	109077.79	109166.88
	归属母公司股东权益(万元)	114538.94	111945.90	107013.84	106764.54
	主营业务收入(万元)	6590.12	14401.43	6062.40	12306.74
	营业收入(万元)	6590.12	14401.43	6062.40	12468.28
	主营成本(万元)	1800.72	3677.14	1723.12	2715.36
	营业成本(万元)	1800.72	3677.14	1723.12	2715.36
	投资收益(万元)	–	–	–	–
	净利润(万元)	3595.76	8384.21	3445.51	7714.55
	利润总额(万元)	4100.94	9922.72	3963.15	9148.85

苏州科斯伍德油墨股份有限公司

公司概况	公司名称	苏州科斯伍德油墨股份有限公司			证券简称	科斯伍德
	法人代表	吴贤良	董秘	张峰	证券代码	300192
	公司网址	www.szkinks.com		电子信箱	szkinks@szkinks.com	
	电话	0512-65370257		传真	0512-65374760	
	办公地址	江苏省苏州市相城区潘阳工业园东桥开发区旺庄路3-1号				
	经营范围	胶印油墨的研发、生产和销售等				

主要财务指标	指标\报告期	2013.06.30	2012.12.31	2012.06.30	2011.12.31
	基本每股收益(元)	0.1656	0.3800	0.1738	0.3700
	基本每股收益(扣除)(元)	0.1641	0.3700	0.1700	0.3400
	每股净资产(元)	5.4426	5.3888	5.1600	7.6800
	每股经营现金净流量(元)	0.1215	0.1372	–0.0422	0.1704
	每股现金流量(元)	–0.1222	–0.8577	–0.3525	4.8102
	每股资本公积金(元)	3.0199	3.0199	3.0199	5.0298
	每股盈余公积金(元)	0.1498	0.1498	0.1102	0.1652
	每股未分配利润(元)	1.2654	1.1998	1.0318	1.4871
	净资产收益率(%)	3.0423	7.0600	3.3700	6.8450
	加权净资产收益率(%)	3.0300	7.2700	3.3400	8.5400
	净资产收益率(扣除)(%)	–	–	–	–
	总资产(万元)	74211.05	71854.31	65268.88	62033.59
	归属母公司股东权益(万元)	60004.52	59411.13	56884.35	56463.73
	主营业务收入(万元)	22775.29	39405.87	14358.84	29543.19
	营业收入(万元)	22891.67	39628.20	14382.54	29607.51
	主营成本(万元)	17529.89	29391.44	11297.72	23700.51
	营业成本(万元)	17562.74	29615.41	11308.37	23713.28
	投资收益(万元)	–	–	–	–
	净利润(万元)	1825.87	4205.48	1915.64	3864.81
	利润总额(万元)	2137.35	4932.39	2218.04	4551.58

深圳市佳士科技股份有限公司

公司概况	公司名称	深圳市佳士科技股份有限公司			证券简称	佳士科技
	法人代表	潘磊	董秘	周晓宇	证券代码	300193
	公司网址	www.jasic.com.cn		电子信箱	jasiczqb@jasic.com.cn	
	电话	0755-21674251		传真	0755-21674250	
	办公地址	广东省深圳市南山区海德三道海岸大厦东座1209				
	经营范围	焊割设备及配件、五金制品、电子设备、电源设备及配件的生产、加工、销售等				

主要财务指标	指标\报告期	2013.06.30	2012.12.31	2012.06.30	2011.12.31
	基本每股收益(元)	0.2100	0.3690	0.2500	0.5247
	基本每股收益(扣除)(元)	0.2022	0.3600	0.2300	0.4919
	每股净资产(元)	8.4700	8.3600	8.2400	8.4900
	每股经营现金净流量(元)	0.0102	0.2997	0.0404	–0.1711
	每股现金流量(元)	–0.1902	–0.9092	–0.9775	5.3415
	每股资本公积金(元)	6.5600	6.5600	6.5600	6.5600
	每股盈余公积金(元)	0.1390	0.1390	0.0923	0.0923
	每股未分配利润(元)	0.7706	0.6643	0.5872	0.8420
	净资产收益率(%)	2.4362	4.4100	2.9800	5.7900
	加权净资产收益率(%)	2.4500	4.4000	2.8700	7.3800
	净资产收益率(扣除)(%)	–	–	–	–
	总资产(万元)	211745.74	208938.03	204901.75	208751.11
	归属母公司股东权益(万元)	187594.47	185246.98	182504.59	188149.25
	主营业务收入(万元)	30277.15	59142.66	29065.58	58515.05
	营业收入(万元)	30605.53	59968.57	29361.36	59411.01
	主营成本(万元)	19935.36	40656.69	19740.89	40596.79
	营业成本(万元)	19993.86	41014.99	19843.04	41095.18
	投资收益(万元)	–	–	–	–
	净利润(万元)	4534.35	8172.46	5430.34	10893.36
	利润总额(万元)	5427.02	10068.33	6304.66	12157.82

福安药业(集团)股份有限公司

公司概况	公司名称	福安药业(集团)股份有限公司			证券简称	福安药业
	法人代表	汪天祥	董秘	汤沁	证券代码	300194
	公司网址	www.fapharm.com		电子信箱	tangqin@fapharm.com	
	电　话	023-61028766		传　真	023-68573999	
	办公地址	重庆市长寿区化南一路1号				
	经营范围	普通货运、生产、销售、无菌原料药、非无菌原料药等				

	指标\报告期	2013.06.30	2012.12.31	2012.06.30	2011.12.31
主要财务指标	基本每股收益(元)	0.1300	0.6600	0.3200	0.7600
	基本每股收益(扣除)(元)	–	0.6200	0.3800	0.7500
	每股净资产(元)	9.7110	12.7500	12.5100	12.4100
	每股经营现金净流量(元)	0.3555	0.4705	0.3361	0.4861
	每股现金流量(元)	–0.3252	–1.1828	–0.7021	8.5155
	每股资本公积金(元)	7.0489	9.4635	9.4637	9.4962
	每股盈余公积金(元)	0.1692	0.2199	0.1687	0.1687
	每股未分配利润(元)	1.4712	2.0470	1.8451	1.7348
	净资产收益率(%)	1.3116	5.2000	3.2800	5.7500
	加权净资产收益率(%)	1.3000	5.2900	3.2800	7.3900
	净资产收益率(扣除)(%)	–	–	–	–
	总资产(万元)	182331.49	180477.56	179830.75	181711.47
	归属母公司股东权益(万元)	168408.74	170099.09	166853.33	165562.64
	主营业务收入(万元)	17931.93	41347.24	21915.05	35476.81
	营业收入(万元)	18012.03	42001.73	22388.56	35854.83
	主营成本(万元)	12100.18	26420.52	13554.02	21275.93
	营业成本(万元)	12151.18	26941.33	13937.62	21525.94
	投资收益(万元)	–	–	–	–
	净利润(万元)	2214.78	8950.39	5538.31	9547.16
	利润总额(万元)	2590.78	10520.68	6522.88	11364.81

天津长荣印刷设备股份有限公司

公司概况	公司名称	天津长荣印刷设备股份有限公司			证券简称	长荣股份
	法人代表	李莉	董秘	李筠	证券代码	300195
	公司网址	www.mkmchina.com		电子信箱	crgf@mkmchina.com	
	电　话	022-26986268		传　真	022-26973430	
	办公地址	天津市北辰科技园区双辰中路11号				
	经营范围	印刷设备的设计制造、主要集中于印后加工设备的设计与制造等				

	指标\报告期	2013.06.30	2012.12.31	2012.06.30	2011.12.31
主要财务指标	基本每股收益(元)	0.6900	1.0500	0.6900	1.2800
	基本每股收益(扣除)(元)	0.6800	1.0100	0.6800	1.2200
	每股净资产(元)	9.1041	9.0800	8.7000	8.7300
	每股经营现金净流量(元)	0.3892	0.5086	–0.0539	0.3797
	每股现金流量(元)	0.4536	–0.7771	–0.8596	4.3286
	每股资本公积金(元)	6.3449	6.2805	6.2805	6.2805
	每股盈余公积金(元)	0.3284	0.3336	0.2342	0.2342
	每股未分配利润(元)	1.4389	1.4653	1.1877	1.2123
	净资产收益率(%)	7.5304	11.6200	7.9091	12.9300
	加权净资产收益率(%)	7.6500	11.9300	7.9000	16.0900
	净资产收益率(扣除)(%)	–	–	–	–
	总资产(万元)	149766.16	141467.31	137931.36	147062.13
	归属母公司股东权益(万元)	129482.03	127061.98	121821.87	122171.34
	主营业务收入(万元)	31237.96	57222.41	31038.25	54935.82
	营业收入(万元)	31385.73	57492.24	31127.39	55132.56
	主营成本(万元)	14688.58	30847.34	15187.98	28989.29
	营业成本(万元)	14688.58	30855.72	15187.98	28989.29
	投资收益(万元)	–26.22	–79.80	–45.15	–173.52
	净利润(万元)	9875.04	14988.71	9593.91	16111.74
	利润总额(万元)	11823.01	18029.93	11602.13	18994.46

江苏长海复合材料股份有限公司

公司概况	公司名称	江苏长海复合材料股份有限公司			证券简称	长海股份
	法人代表	杨国文	董秘	蔡志军	证券代码	300196
	公司网址	www.changhaigfrp.com		电子信箱	finance@changhaigfrp.com	
	电　话	0519-88712521 88702681		传　真	0519-88712521 88702681	
	办公地址	江苏省常州市武进区遥观镇塘桥村				
	经营范围	玻纤制品及玻纤复合材料的研发、生产和销售等				

	指标\报告期	2013.06.30	2012.12.31	2012.06.30	2011.12.31
主要财务指标	基本每股收益(元)	0.3600	0.7400	0.3300	0.5200
	基本每股收益(扣除)(元)	0.3500	0.7000	0.2900	0.4900
	每股净资产(元)	7.6100	7.2500	6.8400	6.7100
	每股经营现金净流量(元)	1.0613	1.4391	0.5976	0.8659
	每股现金流量(元)	0.1416	–2.6784	–1.4655	3.3935
	每股资本公积金(元)	4.4073	4.4073	4.4073	4.4073
	每股盈余公积金(元)	0.1659	0.1659	0.1001	0.1001
	每股未分配利润(元)	2.0403	1.6807	1.3325	1.2061
	净资产收益率(%)	4.7223	10.2100	4.7700	7.2400
	加权净资产收益率(%)	4.8400	10.6300	4.7900	9.0300
	净资产收益率(扣除)(%)	–	–	–	–
	总资产(万元)	148534.84	118324.32	98321.92	95704.33
	归属母公司股东权益(万元)	91361.98	87047.56	82079.37	80563.52
	主营业务收入(万元)	41700.84	60120.68	25608.70	44334.25
	营业收入(万元)	41856.67	60199.05	25628.89	44358.97
	主营成本(万元)	31593.83	42845.31	18015.17	31179.02
	营业成本(万元)	31742.29	42932.98	18044.12	31197.90
	投资收益(万元)	277.74	325.70	–	–
	净利润(万元)	4468.09	9171.64	4046.93	6224.83
	利润总额(万元)	5116.68	10423.30	4648.91	7007.58

深圳市铁汉生态环境股份有限公司

公司概况	公司名称	深圳市铁汉生态环境股份有限公司			证券简称	铁汉生态
	法人代表	刘水	董秘	杨锋源	证券代码	300197
	公司网址	www.sztechand.com		电子信箱	techand@sztechand.com	
	电　话	0755-82917023		传　真	0755-82927550	
	办公地址	广东省深圳市福田区红荔西路8133号农科商务办公楼5、6、7楼共三层				
	经营范围	水土保持、生态修复、园林绿化工程施工和园林养护、生态环保产品的技术开发等				

	指标\报告期	2013.06.30	2012.12.31	2012.06.30	2011.12.31
主要财务指标	基本每股收益(元)	0.2700	1.0300	0.2400	0.7100
	基本每股收益(扣除)(元)	0.2700	1.0300	0.3400	0.7200
	每股净资产(元)	5.0900	7.3600	6.6900	11.7100
	每股经营现金净流量(元)	–0.7722	–1.1614	–0.3827	–1.9126
	每股现金流量(元)	–0.1396	–0.6656	–0.5658	5.1372
	每股资本公积金(元)	2.6104	4.3924	4.3924	8.7063
	每股盈余公积金(元)	0.1705	0.2146	0.1468	0.2002
	每股未分配利润(元)	1.3133	1.7567	1.1535	1.8022
	净资产收益率(%)	5.2929	13.9300	5.3000	10.2400
	加权净资产收益率(%)	5.3800	14.8500	5.3500	13.3700
	净资产收益率(扣除)(%)	–	–	–	–
	总资产(万元)	285862.71	244922.86	171518.50	155440.12
	归属母公司股东权益(万元)	160877.75	155033.05	140905.98	136951.33
	主营业务收入(万元)	53446.27	120426.19	41157.35	80829.49
	营业收入(万元)	53446.27	120426.19	41157.35	82517.44
	主营成本(万元)	37556.65	83780.21	28692.14	55690.04
	营业成本(万元)	37556.65	83780.21	28692.14	56762.70
	投资收益(万元)	4069.71	2884.06	1228.62	562.68
	净利润(万元)	8410.01	21510.17	7458.42	14025.28
	利润总额(万元)	9885.53	24990.28	8825.09	16325.20

福建纳川管材科技股份有限公司

公司概况	公司名称	福建纳川管材科技股份有限公司			证券简称	纳川股份
	法人代表	陈志江	董秘	杨辉	证券代码	300198
	公司网址	www.superpipe.cn		电子信箱	fujiannachuan@163.com	
	电　话	0595-87770399 87770616		传　真	0595-87962111	
	办公地址	福建省泉州市泉港区普安工业区				
	经营范围	塑料管道生产销售、钢管塑料防腐处理及塑料防腐钢管成品销售等				

	指标\报告期	2013.06.30	2012.12.31	2012.06.30	2011.12.31
主要财务指标	基本每股收益(元)	0.2900	0.4660	0.2060	0.3670
	基本每股收益(扣除)(元)	–	0.4620	0.3100	0.3640
	每股净资产(元)	5.1702	4.8701	6.9000	6.5800
	每股经营现金净流量(元)	0.0306	0.1664	–0.0118	–0.4413
	每股现金流量(元)	–0.4163	–0.1113	0.1100	3.2431
	每股资本公积金(元)	2.7431	2.7309	4.5832	4.5569
	每股盈余公积金(元)	0.1180	0.1181	0.1144	0.1154
	每股未分配利润(元)	1.3096	1.0212	1.2049	0.9050
	净资产收益率(%)	5.5944	10.0700	4.4585	10.5000
	加权净资产收益率(%)	5.7700	10.0900	4.6100	10.5000
	净资产收益率(扣除)(%)	–	–	–	–
	总资产(万元)	125026.76	112622.75	107157.89	98895.56
	归属母公司股东权益(万元)	108076.11	101676.69	96096.44	90767.58
	主营业务收入(万元)	25510.90	39596.24	16777.99	27510.00
	营业收入(万元)	25520.43	39669.14	16777.99	27541.10
	主营成本(万元)	14579.32	19881.09	8342.17	13067.10
	营业成本(万元)	14579.32	19895.69	8342.17	13072.01
	投资收益(万元)	25.61	175.69	74.53	–92.12
	净利润(万元)	6011.67	9591.45	4247.39	7417.06
	利润总额(万元)	7209.14	11488.54	5056.05	8967.49

深圳翰宇药业股份有限公司

公司概况	公司名称	深圳翰宇药业股份有限公司			证券简称	翰宇药业
	法人代表	曾少贵	董秘	全衡	证券代码	300199
	公司网址	www.hybio.com.cn		电子信箱	hy@hybio.com.cn	
	电　话	0755-26588036		传　真	0755-26588078	
	办公地址	广东省深圳市南山区高新技术工业园中区翰宇生物医药园办公大楼四层				
	经营范围	生产经营片剂、硬胶囊剂、颗粒剂、小容量注射剂、冻干粉针剂、原料药等				

	指标\报告期	2013.06.30	2012.12.31	2012.06.30	2011.12.31
主要财务指标	基本每股收益(元)	0.1042	0.4500	0.0953	0.4300
	基本每股收益(扣除)(元)	0.1016	0.4500	0.1866	0.3600
	每股净资产(元)	2.5922	5.0800	4.8200	9.7300
	每股经营现金净流量(元)	0.0398	0.4359	0.1340	0.7248
	每股现金流量(元)	–0.4895	–0.8812	–0.5855	7.1063
	每股资本公积金(元)	1.0432	3.0864	3.0824	7.1313
	每股盈余公积金(元)	0.0626	0.1251	0.0815	0.1596
	每股未分配利润(元)	0.4901	0.8719	0.6571	1.4364
	净资产收益率(%)	4.0184	8.8400	3.9500	8.2700
	加权净资产收益率(%)	4.0400	9.0700	3.8600	10.6800
	净资产收益率(扣除)(%)	–	–	–	–
	总资产(万元)	113359.97	112346.92	103601.33	103564.67
	归属母公司股东权益(万元)	103688.79	101604.67	96419.19	97273.47
	主营业务收入(万元)	11654.24	22598.14	9488.24	16421.29
	营业收入(万元)	11654.41	22599.60	9489.44	16568.10
	主营成本(万元)	2204.05	4672.17	1921.16	3858.19
	营业成本(万元)	2204.05	4672.17	1921.16	3858.19
	投资收益(万元)	–	81.08	75.52	22.99
	净利润(万元)	4166.63	8979.90	3810.37	8047.44
	利润总额(万元)	4877.22	10511.08	4513.78	9374.94

北京高盟新材料股份有限公司

公司概况	公司名称	北京高盟新材料股份有限公司			证券简称	高盟新材
	法人代表	王子平	董秘	吕虎林	证券代码	300200
	公司网址	www.co-mens.com		电子信箱	zqb@co-mens.com	
	电　话	010-69343241		传　真	010-69343241	
	办公地址	北京市丰台区科学城航丰路8号2层209室(园区)				
	经营范围	复合聚氨酯胶粘剂的研制、开发、生产和销售等				

	指标\报告期	2013.06.30	2012.12.31	2012.06.30	2011.12.31
主要财务指标	基本每股收益(元)	0.1058	0.5500	0.1534	0.4400
	基本每股收益(扣除)(元)	0.1017	0.4700	0.2752	0.4300
	每股净资产(元)	3.3922	6.9727	6.7300	6.7100
	每股经营现金净流量(元)	–0.0362	–0.0786	–0.0932	–0.1382
	每股现金流量(元)	–0.4081	–0.7788	–0.5274	3.9442
	每股资本公积金(元)	1.9569	4.9137	4.9137	4.9081
	每股盈余公积金(元)	0.0511	0.1022	0.0553	0.0553
	每股未分配利润(元)	0.3842	0.9568	0.7564	0.7495
	净资产收益率(%)	3.1199	7.9500	4.5600	6.1200
	加权净资产收益率(%)	3.0800	8.1300	4.5700	7.8200
	净资产收益率(扣除)(%)	–	–	–	–
	总资产(万元)	76933.48	81227.35	76585.25	77162.23
	归属母公司股东权益(万元)	72457.23	74468.61	71826.81	71692.91
	主营业务收入(万元)	22246.06	42548.70	19518.68	38424.98
	营业收入(万元)	22320.94	42896.67	19712.74	38550.02
	主营成本(万元)	16534.14	31205.97	14318.98	29287.56
	营业成本(万元)	16572.97	31483.82	14457.15	29371.06
	投资收益(万元)	–	–	–	–
	净利润(万元)	2260.63	5919.47	3277.68	4388.30
	利润总额(万元)	2621.49	6965.08	3864.97	5191.18

徐州海伦哲专用车辆股份有限公司

公司概况	公司名称	徐州海伦哲专用车辆股份有限公司			证券简称	海伦哲
	法人代表	丁剑平	董秘	栗沛思	证券代码	300201
	公司网址	www.xzhlz.com		电子信箱	hlzzqb@xzhlz.com	
	电　话	0516-87987729		传　真	0516-87987777	
	办公地址	江苏省徐州市经济技术开发区宝莲寺路19号				
	经营范围	设计、制造专用汽车、工程机械、建设机械、环保机械等产品，销售自产产品等				

	指标\报告期	2013.06.30	2012.12.31	2012.06.30	2011.12.31
主要财务指标	基本每股收益(元)	–0.0210	0.1411	0.0290	0.1498
	基本每股收益(扣除)(元)	–0.0242	0.1256	0.0330	0.1273
	每股净资产(元)	1.8104	3.6900	3.5900	7.8630
	每股经营现金净流量(元)	–0.2093	–0.2683	–0.2632	0.0302
	每股现金流量(元)	–0.1404	–0.4276	–0.8312	2.5708
	每股资本公积金(元)	0.5305	2.0526	2.0475	5.6892
	每股盈余公积金(元)	0.0325	0.0649	0.0521	0.1146
	每股未分配利润(元)	0.2458	0.5643	0.4939	1.0593
	净资产收益率(%)	–1.1783	3.6800	1.6100	3.9200
	加权净资产收益率(%)	–1.1700	3.8900	1.6100	4.7300
	净资产收益率(扣除)(%)	–	–	–	–
	总资产(万元)	91946.46	90032.70	77340.05	74055.54
	归属母公司股东权益(万元)	63726.70	64856.75	63245.15	62904.08
	主营业务收入(万元)	14800.59	30209.43	12841.17	24454.45
	营业收入(万元)	14937.19	30614.31	12858.44	25256.03
	主营成本(万元)	10637.60	21041.86	8846.27	16387.61
	营业成本(万元)	10774.20	21247.31	8861.08	17037.73
	投资收益(万元)	–	–	–	–
	净利润(万元)	–781.43	2406.25	948.63	2467.14
	利润总额(万元)	–822.58	2828.05	1144.67	2912.71

辽宁聚龙金融设备股份有限公司

公司概况

公司名称	辽宁聚龙金融设备股份有限公司			证券简称	聚龙股份
法人代表	柳长庆	董秘	崔文华	证券代码	300202
公司网址	www.julong.cc		电子信箱	cwh@julong.cc	
电　　话	0412-2538288		传　　真	0412-2538311	
办公地址	辽宁省鞍山市铁东区千山中路 308 号				
经营范围	金融办公自动化设备制造、设计、经营及有关技术咨询和技术服务等				

主要财务指标

指标\报告期	2013.06.30	2012.12.31	2012.06.30	2011.12.31
基本每股收益(元)	0.1300	0.8500	0.0900	0.4500
基本每股收益(扣除)(元)	–	0.7300	0.2600	0.3400
每股净资产(元)	2.6600	4.7100	4.0200	7.9200
每股经营现金净流量(元)	–0.3734	0.4001	–0.4206	0.4947
每股现金流量(元)	–0.4713	–0.3596	–0.8355	5.1837
每股资本公积金(元)	0.7196	2.0953	2.0953	5.1906
每股盈余公积金(元)	0.0947	0.1705	0.0862	0.1724
每股未分配利润(元)	0.8466	1.4399	0.8369	1.5537
净资产收益率(%)	4.8862	18.0100	3.9800	10.3900
加权净资产收益率(%)	4.8500	19.3400	3.9600	14.2200
净资产收益率(扣除)(%)	–	–	–	–
总资产(万元)	97236.37	93507.73	73143.97	72290.01
归属母公司股东权益(万元)	81233.40	79808.15	68151.75	67134.37
主营业务收入(万元)	16913.43	49565.03	10294.12	24426.66
营业收入(万元)	17172.67	50409.89	10684.54	24944.27
主营成本(万元)	7139.20	24330.48	4364.68	10794.83
营业成本(万元)	7315.16	24774.93	4599.83	11015.64
投资收益(万元)	–	–	–	–88.08
净利润(万元)	3969.26	14369.77	2713.38	6977.95
利润总额(万元)	4698.16	16314.96	2967.10	7730.60

聚光科技(杭州)股份有限公司

公司概况

公司名称	聚光科技(杭州)股份有限公司			证券简称	聚光科技
法人代表	王健	董秘	田昆仑	证券代码	300203
公司网址	www.fpi-inc.com		电子信箱	fpi@fpi-inc.com	
电　　话	0571-85012176		传　　真	0571-85012008	
办公地址	浙江省杭州市滨江区滨安路 760 号				
经营范围	光机电一体化产品和相关软件的研究、开发、生产、安装等				

主要财务指标

指标\报告期	2013.06.30	2012.12.31	2012.06.30	2011.12.31
基本每股收益(元)	0.1300	0.4000	0.1200	0.4100
基本每股收益(扣除)(元)	0.1000	0.3000	0.1100	0.3600
每股净资产(元)	4.0409	3.9964	3.7200	3.6400
每股经营现金净流量(元)	–0.0850	0.2483	–0.1561	–0.0219
每股现金流量(元)	–0.3139	–0.4154	–0.3928	1.4046
每股资本公积金(元)	1.9298	1.9298	1.9299	1.9291
每股盈余公积金(元)	0.0886	0.0886	0.0652	0.0652
每股未分配利润(元)	1.0225	0.9774	0.7241	0.6423
净资产收益率(%)	3.0951	9.9700	3.2800	10.7850
加权净资产收益率(%)	3.0800	10.4300	3.2900	13.9400
净资产收益率(扣除)(%)	–	–	–	–
总资产(万元)	230234.02	227526.48	211744.14	215014.13
归属母公司股东权益(万元)	179818.34	177838.86	165523.61	161847.72
主营业务收入(万元)	39391.73	82337.01	37353.34	76336.24
营业收入(万元)	39519.53	83569.46	37368.82	76425.39
主营成本(万元)	19133.79	39426.66	17675.84	35381.09
营业成本(万元)	19133.79	39723.59	17675.84	35381.09
投资收益(万元)	–2.21	–4.51	–2.25	–7.11
净利润(万元)	5450.86	17674.14	5386.13	17427.16
利润总额(万元)	6318.40	19481.51	6315.51	19566.09

舒泰神(北京)生物制药股份有限公司

公司概况

公司名称	舒泰神(北京)生物制药股份有限公司			证券简称	舒泰神
法人代表	周志文	董秘	马莉娜	证券代码	300204
公司网址	www.staidson.com		电子信箱	securities@staidson.com	
电　　话	010-67875255		传　　真	010-67875255	
办公地址	北京市北京经济技术开发区经海二路 36 号				
经营范围	主要从事生物制品和部分化学药品的研发、生产和销售等				

主要财务指标

指标\报告期	2013.06.30	2012.12.31	2012.06.30	2011.12.31
基本每股收益(元)	0.4000	1.2000	0.3800	0.8500
基本每股收益(扣除)(元)	0.4000	1.2000	0.6700	0.8200
每股净资产(元)	5.3470	9.3000	8.7000	16.5200
每股经营现金净流量(元)	0.1061	0.6761	0.5099	1.3045
每股现金流量(元)	–0.4503	–0.4810	–0.0540	11.5625
每股资本公积金(元)	2.8643	5.9558	5.8786	12.7340
每股盈余公积金(元)	0.1575	0.2835	0.1527	0.3055
每股未分配利润(元)	1.3250	2.0621	1.6711	2.4835
净资产收益率(%)	7.5112	12.9100	7.8100	9.4600
加权净资产收益率(%)	7.5300	13.7700	7.9700	13.4900
净资产收益率(扣除)(%)	–	–	–	–
总资产(万元)	147576.60	143296.17	121863.94	114940.04
归属母公司股东权益(万元)	128392.69	124081.39	116090.93	110207.89
主营业务收入(万元)	42281.99	55615.31	17051.16	20581.63
营业收入(万元)	42281.99	55615.31	17051.16	20581.63
主营成本(万元)	3069.41	2895.98	1363.68	2324.81
营业成本(万元)	3069.41	2895.98	1363.68	2324.81
投资收益(万元)	–61.14	–248.09	–125.09	–167.52
净利润(万元)	9643.86	16023.84	9062.38	10425.79
利润总额(万元)	11312.35	19425.21	10768.82	12390.58

武汉天喻信息产业股份有限公司

公司概况

公司名称	武汉天喻信息产业股份有限公司			证券简称	天喻信息
法人代表	张新访	董秘	江绥	证券代码	300205
公司网址	www.whty.com.cn		电子信箱	js@whty.com.cn	
电　　话	027-87920301 87920377		传　　真	027-87920306	
办公地址	湖北省武汉市东湖新技术开发区华工大学科技园天喻楼				
经营范围	专业从事智能卡产品及相关应用系统的研发、生产、销售和服务等				

主要财务指标

指标\报告期	2013.06.30	2012.12.31	2012.06.30	2011.12.31
基本每股收益(元)	0.1250	0.2800	0.0171	0.2200
基本每股收益(扣除)(元)	0.1178	0.1800	0.0011	0.1400
每股净资产(元)	4.7174	7.0371	6.7500	12.4100
每股经营现金净流量(元)	–0.5416	–0.0576	–1.1741	–1.5425
每股现金流量(元)	–0.5828	–0.5553	–1.1192	6.2472
每股资本公积金(元)	2.8870	4.8412	4.8376	9.5102
每股盈余公积金(元)	0.1130	0.1695	0.1384	0.2492
每股未分配利润(元)	0.7174	0.9887	0.7764	1.6503
净资产收益率(%)	2.6491	3.9300	0.3700	2.9700
加权净资产收益率(%)	2.6300	4.0100	0.3700	4.0200
净资产收益率(扣除)(%)	–	–	–	–
总资产(万元)	158883.51	143474.27	135490.24	130860.17
归属母公司股东权益(万元)	101437.55	100878.58	96796.78	98830.16
主营业务收入(万元)	55328.30	75865.58	29171.83	65581.17
营业收入(万元)	55562.12	75975.27	29215.60	65602.19
主营成本(万元)	37753.20	45245.15	18669.57	44402.74
营业成本(万元)	37830.64	45371.95	18713.74	44403.32
投资收益(万元)	–85.90	356.44	–1.80	–206.97
净利润(万元)	2830.22	3949.97	386.88	2934.36
利润总额(万元)	3780.02	4812.49	364.80	2385.01

深圳市理邦精密仪器股份有限公司

公司概况						
	公司名称	深圳市理邦精密仪器股份有限公司			证券简称	理邦仪器
	法人代表	张浩	董秘	祖幼冬	证券代码	300206
	公司网址	www.edan.com.cn		电子信箱	ir@edan.com.cn	
	电　　话	0755-26851437		传　　真	0755-26850550	
	办公地址	广东省深圳市南山区蛇口南海大道 1019 号南山医疗器械园 B 栋三楼				
	经营范围	产科、多参数监护、超声影像、心电四大系列产品的研发、生产和销售等				

主要财务指标	指标＼报告期	2013.06.30	2012.12.31	2012.06.30	2011.12.31
	基本每股收益(元)	0.1600	0.5500	0.2500	0.6500
	基本每股收益(扣除)(元)	0.1300	0.4200	0.2600	0.5900
	每股净资产(元)	8.9357	9.0018	11.4800	11.3700
	每股经营现金净流量(元)	0.1673	0.8078	0.3018	0.4410
	每股现金流量(元)	-0.5313	0.0431	-0.2724	8.6420
	每股资本公积金(元)	6.9294	9.3083	9.3033	9.3305
	每股盈余公积金(元)	0.1758	0.2016	0.1691	0.1315
	每股未分配利润(元)	0.8333	1.1971	1.0069	0.9153
	净资产收益率(%)	1.8343	4.7200	2.8700	5.2040
	加权净资产收益率(%)	1.8100	4.8000	2.8700	7.1400
	净资产收益率(扣除)(%)	-	-	-	-
	总资产(万元)	125583.50	126595.57	121018.56	118628.51
	归属母公司股东权益(万元)	116164.07	117023.38	114751.48	113732.28
	主营业务收入(万元)	22035.71	37821.77	18465.08	37224.38
	营业收入(万元)	22275.15	38245.83	18664.47	37529.41
	主营成本(万元)	9456.56	16427.32	7939.82	15963.46
	营业成本(万元)	9503.88	16506.73	7975.68	16013.56
	投资收益(万元)	-124.70	-17.93	-	-
	净利润(万元)	2040.25	5357.42	3228.57	5823.72
	利润总额(万元)	2120.49	6037.51	3625.73	6475.96

欣旺达电子股份有限公司

公司概况						
	公司名称	欣旺达电子股份有限公司			证券简称	欣旺达
	法人代表	王明旺	董秘	孙威	证券代码	300207
	公司网址	www.sunwoda.com		电子信箱	sunwei@sunwoda.com	
	电　　话	0755-27352064		传　　真	0755-29517735	
	办公地址	广东省深圳市宝安区石岩街道石龙社区颐和路 2 号综合楼				
	经营范围	锂离子电池模组的研发、设计、生产及销售等				

主要财务指标	指标＼报告期	2013.06.30	2012.12.31	2012.06.30	2011.12.31
	基本每股收益(元)	0.1291	0.2900	0.0903	0.3700
	基本每股收益(扣除)(元)	0.1000	0.2700	0.0800	0.3400
	每股净资产(元)	5.0158	4.9868	4.7800	6.2028
	每股经营现金净流量(元)	0.0506	-0.5145	0.0334	-0.3329
	每股现金流量(元)	-0.0011	-1.7888	-0.6229	3.3820
	每股资本公积金(元)	2.9458	2.9458	2.9458	4.1295
	每股盈余公积金(元)	0.1095	0.1095	0.0806	0.1048
	每股未分配利润(元)	0.9608	0.9317	0.7583	0.9685
	净资产收益率(%)	2.5735	5.8700	1.8900	7.0900
	加权净资产收益率(%)	2.5600	6.0000	1.8800	9.7200
	净资产收益率(扣除)(%)	-	-	-	-
	总资产(万元)	221991.76	212337.75	157729.14	147320.02
	归属母公司股东权益(万元)	122585.48	121878.31	116938.73	116612.44
	主营业务收入(万元)	80329.95	141146.46	43475.12	102746.79
	营业收入(万元)	80360.60	141179.67	43893.12	103149.36
	主营成本(万元)	67812.29	116969.61	34610.04	82112.08
	营业成本(万元)	67812.29	116969.61	34968.23	82474.11
	投资收益(万元)	-	-	-	-
	净利润(万元)	3247.07	7208.67	2183.76	8297.97
	利润总额(万元)	3849.35	8294.50	2622.97	9369.22

青岛市恒顺电气股份有限公司

公司概况						
	公司名称	青岛市恒顺电气股份有限公司			证券简称	恒顺电气
	法人代表	贾全臣	董秘	王艳强	证券代码	300208
	公司网址	www.qdhengshun.com		电子信箱	hengshun@188.com	
	电　　话	0532-66962088 转 8019		传　　真	0532-87712839	
	办公地址	山东省青岛市城阳区流亭街道双元路西侧(空港工业聚集区)				
	经营范围	高压无功补偿装置、滤波装置及核心部件的研发、设计、生产与销售等				

主要财务指标	指标＼报告期	2013.06.30	2012.12.31	2012.06.30	2011.12.31
	基本每股收益(元)	0.0245	0.4000	0.1020	0.3900
	基本每股收益(扣除)(元)	0.0217	0.3900	0.2000	0.3500
	每股净资产(元)	2.3344	4.8562	4.5900	8.9800
	每股经营现金净流量(元)	0.0328	0.3186	0.3958	0.2972
	每股现金流量(元)	-0.7070	-0.0458	0.2398	4.8871
	每股资本公积金(元)	0.9843	2.9531	2.8798	6.7597
	每股盈余公积金(元)	0.0454	0.0908	0.0652	0.1304
	每股未分配利润(元)	0.3311	0.8132	0.6474	1.0871
	净资产收益率(%)	1.0495	8.1400	4.4400	7.9400
	加权净资产收益率(%)	1.0200	8.4800	4.4600	10.6500
	净资产收益率(扣除)(%)	-	-	-	-
	总资产(万元)	119117.80	104948.17	89258.29	85948.95
	归属母公司股东权益(万元)	65363.99	67986.23	64294.57	62839.88
	主营业务收入(万元)	7537.18	24300.85	10914.56	21838.90
	营业收入(万元)	7724.23	24726.32	10950.64	22242.35
	主营成本(万元)	4498.09	13585.08	5889.88	13112.82
	营业成本(万元)	4609.59	13631.66	5908.15	13125.19
	投资收益(万元)	-	-	-	-
	净利润(万元)	656.33	5534.18	2854.69	4989.10
	利润总额(万元)	599.85	6277.14	3141.12	5761.45

天泽信息产业股份有限公司

公司概况						
	公司名称	天泽信息产业股份有限公司			证券简称	天泽信息
	法人代表	陈进	董秘	高丽丽	证券代码	300209
	公司网址	www.itrackstar.com		电子信箱	tianze@tianzestar.com	
	电　　话	025-87793753		传　　真	025-87793753	
	办公地址	江苏省南京市建邺区云龙山路 80 号				
	经营范围	车辆远程管理信息服务及配套软硬件的研发与销售等				

主要财务指标	指标＼报告期	2013.06.30	2012.12.31	2012.06.30	2011.12.31
	基本每股收益(元)	0.0200	0.0300	0.0200	0.3700
	基本每股收益(扣除)(元)	-	0.0047	0.0200	0.3400
	每股净资产(元)	5.2561	5.2400	5.2300	10.5200
	每股经营现金净流量(元)	0.0236	-0.1293	-0.0137	0.9172
	每股现金流量(元)	-0.3719	-0.0892	-0.1153	7.9052
	每股资本公积金(元)	3.5179	3.5070	3.5070	8.0141
	每股盈余公积金(元)	0.0696	0.0696	0.0675	0.1351
	每股未分配利润(元)	0.6686	0.6634	0.6581	1.3700
	净资产收益率(%)	0.2899	0.5800	0.4400	6.4100
	加权净资产收益率(%)	0.2900	0.5800	0.4400	8.9300
	净资产收益率(扣除)(%)	-	-	-	-
	总资产(万元)	91008.80	96396.68	91678.83	93523.19
	归属母公司股东权益(万元)	84098.24	83840.53	83722.03	84153.10
	主营业务收入(万元)	7405.95	12761.50	6386.42	15630.05
	营业收入(万元)	7580.67	13115.41	6578.24	16019.42
	主营成本(万元)	2947.75	4820.45	1997.82	3849.26
	营业成本(万元)	2990.77	4916.05	2045.39	3999.64
	投资收益(万元)	-2.00	13.96	-0.13	-4.02
	净利润(万元)	350.27	524.83	393.83	5560.77
	利润总额(万元)	412.87	418.64	359.36	6461.47

鞍山森远路桥股份有限公司

公司概况	公司名称	鞍山森远路桥股份有限公司			证券简称	森远股份
	法人代表	郭松森	董秘	于健	证券代码	300210
	公司网址	www.assyrb.com		电子信箱	assyrb@assyrb.com	
	电　话	0412-5223068 5223028		传　真	0412-5223068	
	办公地址	辽宁省鞍山市高新技术产业开发区鞍千路 281 号				
	经营范围	公路筑路养护设备、除雪设备、市政环卫设备、港口设备、铁路养护设备等				

	指标\报告期	2013.06.30	2012.12.31	2012.06.30	2011.12.31
主要财务指标	基本每股收益(元)	0.3700	0.6400	0.3200	0.6000
	基本每股收益(扣除)(元)	0.2900	0.5600	0.2500	0.5300
	每股净资产(元)	5.2480	4.9820	4.6600	8.0200
	每股经营现金净流量(元)	–0.5254	0.2507	0.1504	0.0582
	每股现金流量(元)	–0.1172	–0.4751	–0.1169	4.4540
	每股资本公积金(元)	2.2461	2.2461	2.2461	4.8429
	每股盈余公积金(元)	0.1873	0.1873	0.1274	0.2294
	每股未分配利润(元)	1.8110	1.5447	1.2882	1.9452
	净资产收益率(%)	6.9648	13.4900	6.8300	14.8800
	加权净资产收益率(%)	7.0800	13.4900	6.9300	14.8800
	净资产收益率(扣除)(%)	–	–	–	–
	总资产(万元)	112503.04	97338.63	67703.66	66998.07
	归属母公司股东权益(万元)	70706.10	67122.40	62807.05	60011.33
	主营业务收入(万元)	18902.51	28459.37	10291.26	19252.34
	营业收入(万元)	21558.58	30521.39	11055.27	20289.01
	主营成本(万元)	10694.56	15801.54	5420.56	9804.41
	营业成本(万元)	12745.46	16563.74	5728.37	9981.20
	投资收益(万元)	–10.39	–	–	–
	净利润(万元)	4924.55	8555.97	4292.72	6557.24
	利润总额(万元)	5782.66	10129.08	5011.60	7692.71

江苏亿通高科技股份有限公司

公司概况	公司名称	江苏亿通高科技股份有限公司			证券简称	亿通科技
	法人代表	王振洪	董秘	王桂珍	证券代码	300211
	公司网址	www.yitong-group.com		电子信箱	wangguizhen@yitong-group.com	
	电　话	0512-52816252		传　真	0512-52818006	
	办公地址	江苏省常熟市通林路 28 号				
	经营范围	有线电视网络设备、数字化用户信息网络终端产品等				

	指标\报告期	2013.06.30	2012.12.31	2012.06.30	2011.12.31
主要财务指标	基本每股收益(元)	0.1400	0.4400	0.1300	0.5300
	基本每股收益(扣除)(元)	0.1300	0.3100	0.0800	0.4800
	每股净资产(元)	7.3328	8.7333	8.4500	9.2200
	每股经营现金净流量(元)	0.0600	0.2905	–0.2203	–0.7622
	每股现金流量(元)	–0.3173	–0.5840	–0.8074	3.1272
	每股资本公积金(元)	4.2724	5.3269	5.3269	5.9596
	每股盈余公积金(元)	0.2362	0.2835	0.2396	0.2635
	每股未分配利润(元)	1.8241	2.1230	1.8805	2.0008
	净资产收益率(%)	1.8865	5.0300	1.8100	5.8000
	加权净资产收益率(%)	1.8900	5.1300	1.8100	7.6600
	净资产收益率(扣除)(%)	–	–	–	–
	总资产(万元)	54377.94	54144.58	52845.78	53074.41
	归属母公司股东权益(万元)	47292.82	46938.10	45398.96	45068.04
	主营业务收入(万元)	10845.44	21362.41	8897.32	22088.65
	营业收入(万元)	10899.42	21648.24	8940.87	22528.21
	主营成本(万元)	8035.51	15957.50	6834.15	16148.12
	营业成本(万元)	8071.14	16131.94	6840.40	16428.04
	投资收益(万元)	–	–	–	–
	净利润(万元)	892.19	2358.65	819.52	2614.15
	利润总额(万元)	1056.18	2769.16	953.57	3116.34

北京易华录信息技术股份有限公司

公司概况	公司名称	北京易华录信息技术股份有限公司			证券简称	易华录
	法人代表	韩建国	董秘	陈相奉(代)	证券代码	300212
	公司网址	www.ehualu.com		电子信箱	zhengquan@ehualu.com	
	电　话	010-52281160		传　真	010-52281188	
	办公地址	北京市石景山区阜石路 165 号院 1 号楼				
	经营范围	技术进出口、货物进出口、代理进出口等				

	指标\报告期	2013.06.30	2012.12.31	2012.06.30	2011.12.31
主要财务指标	基本每股收益(元)	0.0910	0.6600	0.0750	0.5800
	基本每股收益(扣除)(元)	0.0930	0.6200	0.1440	0.4500
	每股净资产(元)	2.9163	5.6901	5.1800	10.0800
	每股经营现金净流量(元)	–0.4697	–0.9831	–0.6941	–1.8889
	每股现金流量(元)	–0.6443	–0.7711	–0.5485	4.3513
	每股资本公积金(元)	1.0662	3.1324	3.1324	7.2418
	每股盈余公积金(元)	0.0740	0.1479	0.0861	0.1721
	每股未分配利润(元)	0.7761	1.4097	0.9659	1.6614
	净资产收益率(%)	3.1281	11.5300	2.9000	9.7100
	加权净资产收益率(%)	3.1600	12.2200	2.9300	13.5900
	净资产收益率(扣除)(%)	–	–	–	–
	总资产(万元)	161958.95	147700.99	128481.32	117014.39
	归属母公司股东权益(万元)	78155.61	76246.85	69469.72	67504.39
	主营业务收入(万元)	28788.50	55463.59	19615.15	40806.10
	营业收入(万元)	28788.50	55463.59	19615.15	40806.10
	主营成本(万元)	19251.92	36301.21	13714.45	27477.98
	营业成本(万元)	19251.92	36301.21	13714.45	27477.98
	投资收益(万元)	–	–	–	–
	净利润(万元)	2471.32	9069.64	2074.51	6802.67
	利润总额(万元)	3053.59	10254.26	2273.24	7861.98

北京佳讯飞鸿电气股份有限公司

公司概况	公司名称	北京佳讯飞鸿电气股份有限公司			证券简称	佳讯飞鸿
	法人代表	林菁	董秘	王翊	证券代码	300213
	公司网址	www.jiaxun.com		电子信箱	zqb@jiaxun.com	
	电　话	010-62460088		传　真	010-62492088	
	办公地址	北京市海淀区地锦路 5 号院 1 号楼				
	经营范围	生产、制造数字调度设备、专用通信设备等				

	指标\报告期	2013.06.30	2012.12.31	2012.06.30	2011.12.31
主要财务指标	基本每股收益(元)	0.0900	0.1400	0.0700	0.4600
	基本每股收益(扣除)(元)	–	0.1000	0.0600	0.4300
	每股净资产(元)	5.6378	5.6000	5.4800	8.1900
	每股经营现金净流量(元)	–0.4671	0.1677	–0.4226	–0.2796
	每股现金流量(元)	–0.6434	–0.2769	–0.6786	3.9689
	每股资本公积金(元)	2.9756	2.9767	2.9259	4.8619
	每股盈余公积金(元)	0.1683	0.1683	0.1540	0.2311
	每股未分配利润(元)	1.4940	1.4567	1.4020	2.0924
	净资产收益率(%)	1.5476	2.5500	1.3500	7.3200
	加权净资产收益率(%)	1.5500	2.6000	1.3500	9.6500
	净资产收益率(扣除)(%)	–	–	–	–
	总资产(万元)	92259.45	90931.60	82499.75	77159.52
	归属母公司股东权益(万元)	71036.58	70581.84	69072.70	68757.66
	主营业务收入(万元)	19115.86	–	14293.31	29554.15
	营业收入(万元)	19115.86	35344.67	14293.31	30902.23
	主营成本(万元)	11126.68	–	8351.39	18354.16
	营业成本(万元)	11126.68	24993.17	8351.39	18811.59
	投资收益(万元)	–	–	–	–
	净利润(万元)	1462.69	1797.83	933.25	5031.52
	利润总额(万元)	1567.66	1913.45	958.71	5747.50

山东日科化学股份有限公司

公司概况	公司名称	山东日科化学股份有限公司			证券简称	日科化学
	法人代表	赵东日	董秘	刘安成	证券代码	300214
	公司网址	www.rikechem.com		电子信箱	rikechem@rikechem.com	
	电　　话	0536-6283716		传　　真	0536-6276838	
	办公地址	山东省潍坊市昌乐县英轩街3999号1号楼				
	经营范围	PVC塑料改性剂产品的研发、生产和销售等				

主要财务指标	指标\报告期	2013.06.30	2012.12.31	2012.06.30	2011.12.31
	基本每股收益(元)	0.1700	0.4800	0.3200	0.5300
	基本每股收益(扣除)(元)	0.1400	0.4700	0.3000	0.5100
	每股净资产(元)	5.7130	5.6465	5.5000	7.9200
	每股经营现金净流量(元)	0.2293	0.3336	0.2133	-0.3436
	每股现金流量(元)	0.0624	-1.3498	-0.6318	3.8660
	每股资本公积金(元)	3.2113	3.2113	3.2282	5.3423
	每股盈余公积金(元)	0.1281	0.1281	0.0828	0.1242
	每股未分配利润(元)	1.3736	1.3071	1.1915	1.4551
	净资产收益率(%)	2.9150	8.5400	5.8400	9.3500
	加权净资产收益率(%)	2.9100	8.8100	5.9100	13.7300
	净资产收益率(扣除)(%)	-	-	-	-
	总资产(万元)	128349.48	119874.83	123728.99	124770.86
	归属母公司股东权益(万元)	115688.82	114341.55	111425.85	106941.52
	主营业务收入(万元)	48035.31	103087.49	50940.70	96400.96
	营业收入(万元)	48487.57	104715.84	51471.44	98730.78
	主营成本(万元)	39106.96	81200.15	40143.29	77282.82
	营业成本(万元)	39554.80	82685.23	40580.32	79455.47
	投资收益(万元)	-	-	-	-
	净利润(万元)	3353.15	9744.94	6504.63	9988.75
	利润总额(万元)	3953.58	11536.27	7693.79	11702.36

苏州电器科学研究院股份有限公司

公司概况	公司名称	苏州电器科学研究院股份有限公司			证券简称	电 科 院
	法人代表	胡德霖	董秘	顾怡倩	证券代码	300215
	公司网址	www.eeti-easa.com		电子信箱	zqb@eeti.cn	
	电　　话	0512-68252194		传　　真	0512-68081686	
	办公地址	江苏省苏州市吴中区越溪前珠路5号				
	经营范围	开展各类发电设备、输变电设备、机电设备、高低压电器元件等				

主要财务指标	指标\报告期	2013.06.30	2012.12.31	2012.06.30	2011.12.31
	基本每股收益(元)	0.2600	0.7900	0.1900	0.5500
	基本每股收益(扣除)(元)	-	0.7700	0.3600	0.5300
	每股净资产(元)	3.3827	6.5400	6.1200	12.1000
	每股经营现金净流量(元)	0.4208	1.4678	0.7045	1.1113
	每股现金流量(元)	-0.1725	-0.6292	0.5900	4.2834
	每股资本公积金(元)	1.6826	4.3652	4.3652	9.7304
	每股盈余公积金(元)	0.0861	0.1722	0.0935	0.1870
	每股未分配利润(元)	0.6140	1.0001	0.6636	1.1830
	净资产收益率(%)	7.8025	12.0400	6.0800	8.0500
	加权净资产收益率(%)	7.8200	12.5600	6.0100	11.7300
	净资产收益率(扣除)(%)	-	-	-	-
	总资产(万元)	255438.09	221941.19	211730.01	178015.19
	归属母公司股东权益(万元)	121777.75	117676.08	110201.20	108904.13
	主营业务收入(万元)	22795.15	34878.11	16118.68	23412.63
	营业收入(万元)	22921.21	35004.71	16159.75	23623.89
	主营成本(万元)	6602.54	10239.86	4127.42	6600.23
	营业成本(万元)	6679.86	10306.95	4151.82	6672.88
	投资收益(万元)	-	-	-	-
	净利润(万元)	9531.19	14171.95	6697.07	8771.41
	利润总额(万元)	11244.88	16510.95	7878.91	10202.44

湖南千山制药机械股份有限公司

公司概况	公司名称	湖南千山制药机械股份有限公司			证券简称	千山药机
	法人代表	刘祥华	董秘	金杰	证券代码	300216
	公司网址	www.chinasun.com.cn		电子信箱	zqb@chinasun.com.cn	
	电　　话	0731-84030025		传　　真	0731-84030025	
	办公地址	湖南省长沙市经济技术开发区盼盼路9号				
	经营范围	制造、销售制药机械、食品饮料机械、包装机械及备品备件、包装材料等				

主要财务指标	指标\报告期	2013.06.30	2012.12.31	2012.06.30	2011.12.31
	基本每股收益(元)	0.1800	0.5300	0.1600	0.4300
	基本每股收益(扣除)(元)	0.1600	0.5100	0.2000	0.4100
	每股净资产(元)	4.3793	5.5500	5.2000	10.2800
	每股经营现金净流量(元)	-0.1973	-0.3360	0.0057	-1.0381
	每股现金流量(元)	-0.4278	-0.7169	-0.0181	5.3150
	每股资本公积金(元)	2.2771	3.2306	3.1305	7.2609
	每股盈余公积金(元)	0.1279	0.1754	0.1203	0.2407
	每股未分配利润(元)	0.9788	1.2147	0.9505	1.7765
	净资产收益率(%)	3.8729	9.0900	4.0800	7.4900
	加权净资产收益率(%)	3.8900	9.9900	4.0700	10.9900
	净资产收益率(扣除)(%)	-	-	-	-
	总资产(万元)	107443.33	95606.44	84206.33	79540.85
	归属母公司股东权益(万元)	80436.03	78363.67	69697.33	68862.96
	主营业务收入(万元)	19398.57	36436.34	13923.36	26360.72
	营业收入(万元)	19404.15	36456.34	13943.36	26370.72
	主营成本(万元)	9521.84	17412.52	6697.57	12265.64
	营业成本(万元)	9521.84	17416.09	6701.13	12272.76
	投资收益(万元)	-	-	-	-
	净利润(万元)	3118.46	7121.71	2844.37	5155.10
	利润总额(万元)	3574.06	8325.45	3371.94	5956.54

镇江东方电热科技股份有限公司

公司概况	公司名称	镇江东方电热科技股份有限公司			证券简称	东方电热
	法人代表	谭荣生	董秘	孙汉武	证券代码	300217
	公司网址	www.dongfang-heater.com		电子信箱	sunhw@dongfang-heater.com	
	电　　话	0511-88988598		传　　真	0511-88988060	
	办公地址	江苏省镇江市镇江新区大港五峰山路18号				
	经营范围	工业和民用高性能电加热器及其控制系统的研发、制造和销售等				

主要财务指标	指标\报告期	2013.06.30	2012.12.31	2012.06.30	2011.12.31
	基本每股收益(元)	0.1900	0.4800	0.3100	0.6200
	基本每股收益(扣除)(元)	0.1900	0.4300	0.2700	0.5900
	每股净资产(元)	5.2215	5.1300	4.9600	10.4300
	每股经营现金净流量(元)	0.0240	0.3781	0.2756	-0.6192
	每股现金流量(元)	-0.2677	-0.0648	0.0305	4.5168
	每股资本公积金(元)	2.6830	2.6830	2.6830	7.1026
	每股盈余公积金(元)	0.1247	0.1247	0.0788	0.1734
	每股未分配利润(元)	1.4140	1.3264	1.1965	2.1586
	净资产收益率(%)	3.5931	9.3900	6.1800	11.6200
	加权净资产收益率(%)	3.6000	9.7800	6.2700	16.7600
	净资产收益率(扣除)(%)	-	-	-	-
	总资产(万元)	148044.54	138864.83	131908.16	135238.92
	归属母公司股东权益(万元)	103248.11	101519.20	98043.12	93785.56
	主营业务收入(万元)	33047.46	64395.50	32382.01	70322.92
	营业收入(万元)	33697.63	66094.21	33015.18	71587.60
	主营成本(万元)	25011.37	47297.97	23158.44	48601.54
	营业成本(万元)	25428.68	48559.03	23605.08	49846.81
	投资收益(万元)	-	-	-	-
	净利润(万元)	3707.19	9880.43	6579.29	12523.68
	利润总额(万元)	4372.87	11659.79	7661.39	14596.57

安徽安利合成革股份有限公司

公司概况

公司名称	安徽安利合成革股份有限公司			证券简称	安利股份
法人代表	姚和平	董秘	刘松霞	证券代码	300218
公司网址	www.chinapuleather.com		电子信箱	anli@mail.hf.ah.cn	
电　话	0551-8991557		传　真	0551-8991640	
办公地址	安徽省合肥市经济技术开发区桃花工业园				
经营范围	生产和销售各类中高档人造革、合成革及原料等				

主要财务指标

指标\报告期	2013.06.30	2012.12.31	2012.06.30	2011.12.31
基本每股收益(元)	0.1290	0.2311	0.1249	0.3036
基本每股收益(扣除)(元)	0.1067	0.1200	0.0820	0.2200
每股净资产(元)	3.7813	3.7318	3.7318	7.1000
每股经营现金净流量(元)	0.0234	0.5583	–0.0512	0.0885
每股现金流量(元)	–0.7100	–0.4767	–0.6007	3.6120
每股资本公积金(元)	1.5053	1.5053	1.5053	4.0106
每股盈余公积金(元)	0.2067	0.2067	0.1764	0.3528
每股未分配利润(元)	1.0586	1.0097	0.9338	1.7178
净资产收益率(%)	3.4102	6.1900	3.4400	7.6600
加权净资产收益率(%)	3.4000	6.3500	3.4600	10.6700
净资产收益率(扣除)(%)	–	–	–	–
总资产(万元)	139974.88	142463.64	128623.80	128960.58
归属母公司股东权益(万元)	79861.99	78815.75	76585.13	74998.98
主营业务收入(万元)	51924.32	108941.07	51932.26	97325.36
营业收入(万元)	52366.36	111096.33	52970.49	99128.55
主营成本(万元)	40131.33	88491.69	41589.47	76707.85
营业成本(万元)	40477.57	90427.86	42524.74	78292.23
投资收益(万元)	–	–	–	–
净利润(万元)	3010.16	5347.80	2898.30	6272.07
利润总额(万元)	3299.77	5752.10	3170.72	6998.41

广州市鸿利光电股份有限公司

公司概况

公司名称	广州市鸿利光电股份有限公司			证券简称	鸿利光电
法人代表	李国平	董秘	邓寿铁	证券代码	300219
公司网址	www.honglitronic.com		电子信箱	stock@honglitronic.com	
电　话	020-86733958		传　真	020-86733777	
办公地址	广东省广州市花都区机场高新科技产业基地金谷南路与先科一路交汇				
经营范围	从事LED器件及其应用产品的研发、生产与销售等				

主要财务指标

指标\报告期	2013.06.30	2012.12.31	2012.06.30	2011.12.31
基本每股收益(元)	0.1249	0.3036	0.1274	0.3325
基本每股收益(扣除)(元)	0.0820	0.2200	0.1232	0.3352
每股净资产(元)	3.7318	7.1000	3.0400	5.9300
每股经营现金净流量(元)	–0.0512	0.0885	0.2404	0.2252
每股现金流量(元)	–0.6007	3.6120	–0.5189	3.2295
每股资本公积金(元)	1.5053	4.0106	1.6693	3.8395
每股盈余公积金(元)	0.1764	0.3528	0.0461	0.0922
每股未分配利润(元)	0.9338	1.7178	0.3246	0.9943
净资产收益率(%)	3.4400	7.6600	4.1900	10.0420
加权净资产收益率(%)	3.4600	10.6700	4.2300	14.7100
净资产收益率(扣除)(%)	–	–	–	–
总资产(万元)	128623.80	128960.58	91897.88	89664.27
归属母公司股东权益(万元)	76585.13	74998.98	74632.08	72731.43
主营业务收入(万元)	51932.26	97325.36	25656.59	54535.49
营业收入(万元)	52970.49	99128.55	25723.84	54905.38
主营成本(万元)	41589.47	76707.85	17081.10	36211.07
营业成本(万元)	42524.74	78292.23	17122.27	36459.07
投资收益(万元)	–	–	–12.45	–65.08
净利润(万元)	2898.30	6272.07	3322.03	7446.44
利润总额(万元)	3170.72	6998.41	3947.94	8976.90

武汉金运激光股份有限公司

公司概况

公司名称	武汉金运激光股份有限公司			证券简称	金运激光
法人代表	梁伟	董秘	艾骏	证券代码	300220
公司网址	www.goldenlaser.cn		电子信箱	whjytz2008@163.com	
电　话	027-82943465		传　真	027-82943465	
办公地址	湖北省武汉市江岸区石桥一路金运激光大厦				
经营范围	光机电系列激光设备、激光器的研制、生产、销售及技术服务等				

主要财务指标

指标\报告期	2013.06.30	2012.12.31	2012.06.30	2011.12.31
基本每股收益(元)	0.1014	0.3835	0.3260	0.5159
基本每股收益(扣除)(元)	0.0880	0.3200	0.3102	0.4000
每股净资产(元)	4.1373	8.0700	8.1100	7.7900
每股经营现金净流量(元)	–0.2318	–0.4152	–0.0854	0.1019
每股现金流量(元)	–0.8534	–0.1978	–1.2724	3.6640
每股资本公积金(元)	1.9863	4.9726	4.9726	4.9726
每股盈余公积金(元)	0.0858	0.1715	0.1355	0.1355
每股未分配利润(元)	1.0652	1.9276	2.0061	1.6801
净资产收益率(%)	2.4510	4.7000	4.0200	5.9100
加权净资产收益率(%)	2.4800	4.8200	4.1000	8.5600
净资产收益率(扣除)(%)	–	–	–	–
总资产(万元)	37705.72	38499.16	32451.67	32169.05
归属母公司股东权益(万元)	28961.00	28251.16	28399.98	27258.89
主营业务收入(万元)	7824.28	13403.54	7972.07	13467.26
营业收入(万元)	8187.25	14313.37	8312.52	14027.89
主营成本(万元)	4576.81	7112.10	4071.94	7249.83
营业成本(万元)	4875.23	7921.77	4392.09	7608.51
投资收益(万元)	43.72	–	–10.02	–
净利润(万元)	715.34	1321.92	1141.09	1612.26
利润总额(万元)	853.27	1491.40	1351.26	1805.08

广东银禧科技股份有限公司

公司概况

公司名称	广东银禧科技股份有限公司			证券简称	银禧科技
法人代表	谭颂斌	董秘	顾险峰	证券代码	300221
公司网址	www.silverage.cn		电子信箱	silverage@silverage.cn	
电　话	0769-38858388 38855188		传　真	0769-38858399	
办公地址	广东省东莞市道滘镇南阁工业区银禧工程塑料(东莞)有限公司办公大楼				
经营范围	生产和销售改性塑料、塑料制品、设立研发中心等				

主要财务指标

指标\报告期	2013.06.30	2012.12.31	2012.06.30	2011.12.31
基本每股收益(元)	0.0500	0.1700	0.1400	0.2900
基本每股收益(扣除)(元)	0.0200	0.1500	0.1300	0.2500
每股净资产(元)	3.3900	3.4200	3.3800	6.6900
每股经营现金净流量(元)	–0.3051	0.1619	0.0456	–1.2279
每股现金流量(元)	–0.1276	–0.7595	–0.5691	2.8557
每股资本公积金(元)	1.5293	1.5299	1.5295	4.0577
每股盈余公积金(元)	0.0685	0.0685	0.0542	0.1083
每股未分配利润(元)	0.7912	0.8221	0.7999	1.5254
净资产收益率(%)	1.4471	5.0300	4.1814	11.0500
加权净资产收益率(%)	1.4300	5.0300	4.1600	11.0500
净资产收益率(扣除)(%)	–	–	–	–
总资产(万元)	98052.13	91010.84	91536.09	94623.98
归属母公司股东权益(万元)	67780.15	68402.84	67659.27	66911.13
主营业务收入(万元)	45014.70	89707.59	43905.78	80002.14
营业收入(万元)	45016.50	89716.45	43905.78	80004.67
主营成本(万元)	38899.67	75671.17	36163.70	66003.61
营业成本(万元)	38899.67	75673.77	36163.70	66005.41
投资收益(万元)	–	–	–27.74	–
净利润(万元)	980.85	3390.60	2829.11	5926.01
利润总额(万元)	1203.28	4303.49	3433.85	6916.26

科大智能科技股份有限公司

公司概况						
公司概况	公司名称	科大智能科技股份有限公司			证券简称	科大智能
	法人代表	黄明松	董秘	穆峻柏	证券代码	300222
	公司网址	www.csg.com.cn		电子信箱	mjb@csg.com.cn	
	电　　话	021-50804882		传　　真	021-50804883	
	办公地址	上海市浦东新区张江高科技园区碧波路 456 号 A203-A206 室				
	经营范围	智能配电网监控通讯装置与自动化系统软硬件产品的生产、销售等				

主要财务指标	指标\报告期	2013.06.30	2012.12.31	2012.06.30	2011.12.31
	基本每股收益(元)	0.0600	0.2600	0.1100	0.5600
	基本每股收益(扣除)(元)	0.0400	0.2000	0.1000	0.5100
	每股净资产(元)	5.6132	5.6000	5.4500	10.0100
	每股经营现金净流量(元)	-0.4402	-0.0724	-0.3481	-0.1294
	每股现金流量(元)	-0.8229	-0.4363	-0.5526	5.5130
	每股资本公积金(元)	3.6579	3.6577	3.6577	7.3838
	每股盈余公积金(元)	0.0904	0.0904	0.0813	0.1463
	每股未分配利润(元)	0.8649	0.8550	0.7131	1.4786
	净资产收益率(%)	1.0670	4.7300	2.0900	9.0300
	加权净资产收益率(%)	1.0600	4.7900	2.0700	14.0400
	净资产收益率(扣除)(%)	-	-	-	-
	总资产(万元)	68627.78	75321.99	65731.13	66235.31
	归属母公司股东权益(万元)	60622.43	60513.50	58882.28	60052.20
	主营业务收入(万元)	9889.09	26373.93	7542.42	19286.46
	营业收入(万元)	9890.05	26373.99	7542.46	19286.46
	主营成本(万元)	6133.72	17534.39	3792.50	9358.65
	营业成本(万元)	6133.72	17534.39	3792.50	9358.65
	投资收益(万元)	-	-	-	-
	净利润(万元)	782.36	2827.49	1219.18	5422.83
	利润总额(万元)	924.30	3251.98	1395.36	6120.10

北京君正集成电路股份有限公司

公司概况						
公司概况	公司名称	北京君正集成电路股份有限公司			证券简称	北京君正
	法人代表	刘强	董秘	张敏	证券代码	300223
	公司网址	www.ingenic.cn		电子信箱	investors@ingenic.cn	
	电　　话	010-82825005		传　　真	010-56345001	
	办公地址	北京市海淀区东北旺西路中关村软件园二期君正研发基地				
	经营范围	32 位嵌入式 CPU 芯片及配套软件平台的研发和销售等				

主要财务指标	指标\报告期	2013.06.30	2012.12.31	2012.06.30	2011.12.31
	基本每股收益(元)	0.1016	0.4603	0.2333	0.6898
	基本每股收益(扣除)(元)	0.0560	0.0700	0.0774	0.5600
	每股净资产(元)	10.2199	10.4191	10.1900	13.5500
	每股经营现金净流量(元)	-0.0798	0.3371	0.1604	0.5132
	每股现金流量(元)	-0.5241	-0.5274	-0.4970	10.5185
	每股资本公积金(元)	7.6521	7.6521	7.6521	10.2477
	每股盈余公积金(元)	0.2256	0.2256	0.1723	0.2240
	每股未分配利润(元)	1.3509	1.5500	1.3763	2.0858
	净资产收益率(%)	0.9944	4.4300	2.2894	5.9300
	加权净资产收益率(%)	0.9800	4.4300	2.2300	9.0800
	净资产收益率(扣除)(%)	-	-	-	-
	总资产(万元)	108003.66	111138.44	109929.99	112013.48
	归属母公司股东权益(万元)	106287.20	108359.05	105998.29	108371.54
	主营业务收入(万元)	4224.30	10693.31	5296.89	16823.24
	营业收入(万元)	4224.30	10693.31	5296.89	16823.24
	主营成本(万元)	2145.09	5586.77	2688.84	7359.49
	营业成本(万元)	2145.09	5586.77	2688.84	7359.49
	投资收益(万元)	-	-	-	-
	净利润(万元)	1042.41	4787.56	2426.68	6426.51
	利润总额(万元)	1314.96	5281.06	2485.27	6700.29

烟台正海磁性材料股份有限公司

公司概况						
公司概况	公司名称	烟台正海磁性材料股份有限公司			证券简称	正海磁材
	法人代表	秘波海	董秘	宋侃	证券代码	300224
	公司网址	www.zhmag.com		电子信箱	dmb@zhmag.com	
	电　　话	0535-6397287		传　　真	0535-6397287	
	办公地址	山东省烟台市经济技术开发区珠江路 22 号				
	经营范围	高性能钕铁硼永磁材料的研发、生产、销售和服务等				

主要财务指标	指标\报告期	2013.06.30	2012.12.31	2012.06.30	2011.12.31
	基本每股收益(元)	0.1200	0.6200	0.3900	0.9800
	基本每股收益(扣除)(元)	0.1200	0.6000	0.5400	0.9300
	每股净资产(元)	5.5866	5.6100	5.3900	7.9900
	每股经营现金净流量(元)	0.0802	1.0610	0.9650	0.5784
	每股现金流量(元)	-0.0921	0.4136	0.2801	4.9118
	每股资本公积金(元)	2.9231	2.9231	2.9231	4.8846
	每股盈余公积金(元)	0.2030	0.2030	0.1403	0.2105
	每股未分配利润(元)	1.4605	1.4871	1.3240	1.8971
	净资产收益率(%)	2.2082	11.0200	6.8600	16.4300
	加权净资产收益率(%)	2.1800	11.3600	7.1800	24.8300
	净资产收益率(扣除)(%)	-	-	-	-
	总资产(万元)	174340.62	184159.01	189407.42	185313.43
	归属母公司股东权益(万元)	134077.27	134716.54	129296.72	127874.25
	主营业务收入(万元)	27946.24	80231.40	53014.26	115154.01
	营业收入(万元)	28255.13	81242.89	53724.33	117266.66
	主营成本(万元)	21765.45	58880.08	39578.83	85055.62
	营业成本(万元)	21777.07	58903.92	39590.23	85079.76
	投资收益(万元)	-	-	-	-
	净利润(万元)	2961.80	14836.08	9422.47	21008.08
	利润总额(万元)	3389.86	17281.85	10861.18	24429.32

上海金力泰化工股份有限公司

公司概况						
公司概况	公司名称	上海金力泰化工股份有限公司			证券简称	金 力 泰
	法人代表	吴国政	董秘	徐仁环	证券代码	300225
	公司网址	www.knt.cn		电子信箱	knttzxx@knt.cn	
	电　　话	021-31156097		传　　真	021-31156068	
	办公地址	上海市化学工业区楚工路 139 号				
	经营范围	制造、加工高性能涂料产品、溶剂、添加剂、销售自产产品等				

主要财务指标	指标\报告期	2013.06.30	2012.12.31	2012.06.30	2011.12.31
	基本每股收益(元)	0.3100	0.5500	0.2200	0.8300
	基本每股收益(扣除)(元)	0.3000	0.5300	0.2600	0.7000
	每股净资产(元)	5.4958	5.4092	6.7600	10.2100
	每股经营现金净流量(元)	0.1681	1.2162	0.8185	0.1861
	每股现金流量(元)	-0.1864	-0.3760	-0.2510	4.3465
	每股资本公积金(元)	2.7925	3.9302	3.9302	6.3953
	每股盈余公积金(元)	0.3393	0.4410	0.3858	0.5788
	每股未分配利润(元)	1.3311	1.6267	1.4111	2.1951
	净资产收益率(%)	5.6508	7.8500	4.1600	7.2300
	加权净资产收益率(%)	5.5800	7.9800	4.0400	10.1400
	净资产收益率(扣除)(%)	-	-	-	-
	总资产(万元)	87762.85	81706.00	76974.45	76944.18
	归属母公司股东权益(万元)	71802.54	70670.66	67925.73	68393.38
	主营业务收入(万元)	30034.83	50789.64	24842.79	51513.67
	营业收入(万元)	30052.64	50837.08	24875.03	51731.69
	主营成本(万元)	21233.78	36691.31	18117.09	38411.55
	营业成本(万元)	21248.82	36747.13	18152.65	38622.65
	投资收益(万元)	-	-	-	-
	净利润(万元)	4057.40	5545.96	2823.73	4947.75
	利润总额(万元)	4645.95	6409.69	3214.38	5787.17

上海钢联电子商务股份有限公司

公司概况	公司名称	上海钢联电子商务股份有限公司		证券简称	上海钢联
	法人代表	朱军红	董秘 胡晓纯	证券代码	300226
	公司网址	www.mysteel.com		电子信箱	public@mysteel.com.cn
	电　话	021-26093997		传　真	021-66896911
	办公地址	上海市宝山区园丰路 68 号			
	经营范围	钢铁、能源、矿业和有色金属等相关行业信息服务为基础的 B2B 电子商务服务等			

	指标＼报告期	2013.06.30	2012.12.31	2012.06.30	2011.12.31
主要财务指标	基本每股收益(元)	0.0923	0.4400	0.1503	0.5400
	基本每股收益(扣除)(元)	0.0888	0.3500	0.2200	0.4500
	每股净资产(元)	3.0725	4.5215	4.3100	8.2600
	每股经营现金净流量(元)	0.9664	–0.2468	–0.1022	–2.8238
	每股现金流量(元)	0.2870	–0.8892	–0.7052	4.3566
	每股资本公积金(元)	1.2180	2.1281	2.1279	4.7558
	每股盈余公积金(元)	0.1125	0.1687	0.1316	0.2632
	每股未分配利润(元)	0.7421	1.2247	1.0464	2.2420
	净资产收益率(%)	3.0044	9.7500	5.2400	11.6940
	加权净资产收益率(%)	3.0200	10.2100	5.3300	16.8200
	净资产收益率(扣除)(%)	–	–	–	–
	总资产(万元)	71499.41	64219.35	64523.65	57637.96
	归属母公司股东权益(万元)	36870.30	36171.71	34447.90	33044.26
	主营业务收入(万元)	63124.85	95439.64	39208.44	35003.69
	营业收入(万元)	63124.85	95439.64	39208.44	35003.69
	主营成本(万元)	55381.09	79195.40	30470.18	19043.21
	营业成本(万元)	55381.09	79195.40	30470.18	19043.21
	投资收益(万元)	–21.15	–25.61	–2.93	–
	净利润(万元)	1260.92	3831.29	1939.17	4016.21
	利润总额(万元)	1584.01	4563.67	2336.16	4693.95

深圳光韵达光电科技股份有限公司

公司概况	公司名称	深圳光韵达光电科技股份有限公司		证券简称	光韵达
	法人代表	侯若洪	董秘 李璐	证券代码	300227
	公司网址	www.sunshine-laser.com		电子信箱	info@sunshine-laser.com
	电　话	0755-26981580		传　真	0755-26981500
	办公地址	广东省深圳市南山区高新区朗山一路聚友创业中心大厦一楼			
	经营范围	从事激光应用技术的研究与开发、提供激光切割、激光钻孔、激光焊接等			

	指标＼报告期	2013.06.30	2012.12.31	2012.06.30	2011.12.31
主要财务指标	基本每股收益(元)	0.0700	0.3400	0.1700	0.3600
	基本每股收益(扣除)(元)	0.0700	0.3100	0.1500	0.3400
	每股净资产(元)	2.3866	4.7300	4.6500	4.5800
	每股经营现金净流量(元	0.1287	0.4312	0.2180	0.4103
	每股现金流量(元)	–0.2469	–0.7450	–0.3559	2.1954
	每股资本公积金(元)	0.7733	2.5465	2.5438	2.6432
	每股盈余公积金(元)	0.0248	0.0497	0.0461	0.0408
	每股未分配利润(元)	0.5885	1.1339	1.0585	0.8983
	净资产收益率(%)	2.9990	7.9900	3.5600	7.6900
	加权净资产收益率(%)	2.9900	7.2500	3.5500	10.5900
	净资产收益率(扣除)(%)	–	–	–	–
	总资产(万元)	42760.65	41515.79	40859.34	38356.29
	归属母公司股东权益(万元)	31980.88	31691.77	31144.78	30700.82
	主营业务收入(万元)	7987.33	15946.64	7344.14	12873.06
	营业收入(万元)	7987.33	16025.40	7344.14	12873.06
	主营成本(万元)	3891.67	7605.27	3715.29	5838.82
	营业成本(万元)	3891.67	7606.68	3715.29	5838.82
	投资收益(万元)	–	–	–	–
	净利润(万元)	1123.30	2677.95	1287.70	2527.24
	利润总额(万元)	1341.67	3298.85	1546.43	3025.38

张家港富瑞特种装备股份有限公司

公司概况	公司名称	张家港富瑞特种装备股份有限公司		证券简称	富瑞特装
	法人代表	邬品芳	董秘 张建忠	证券代码	300228
	公司网址	www.furuise.com		电子信箱	furui@furuise.com
	电　话	0512-58982295		传　真	0512-58982293
	办公地址	江苏省张家港市杨舍镇晨新路 19 号			
	经营范围	金属压力容器的设计、生产和销售等			

	指标＼报告期	2013.06.30	2012.12.31	2012.06.30	2011.12.31
主要财务指标	基本每股收益(元)	0.7500	0.8500	0.3700	0.6000
	基本每股收益(扣除)(元)	0.7200	0.8100	0.3400	0.5400
	每股净资产(元)	6.2960	5.5300	4.9700	9.3700
	每股经营现金净流量(元)	–1.3836	1.1582	–0.3589	–3.4379
	每股现金流量(元)	–1.3903	1.3184	–0.3238	1.0262
	每股资本公积金(元)	2.5461	2.4326	2.3275	5.8091
	每股盈余公积金(元)	0.1748	0.1748	0.1320	0.2121
	每股未分配利润(元)	2.5655	1.9140	1.5130	2.3474
	净资产收益率(%)	11.9371	15.3600	7.5600	11.1800
	加权净资产收益率(%)	12.6100	16.6600	7.5600	17.1200
	净资产收益率(扣除)(%)	–	–	–	–
	总资产(万元)	273359.20	210885.66	168328.45	135512.43
	归属母公司股东权益(万元)	84366.52	74046.63	66631.50	62769.91
	主营业务收入(万元)	91005.22	120841.14	51805.74	78368.37
	营业收入(万元)	94079.72	124543.18	53399.67	80437.23
	主营成本(万元)	56217.31	80698.57	35106.19	54624.52
	营业成本(万元)	57035.72	82680.48	36120.94	55912.88
	投资收益(万元)	0.36	89.05	–	–
	净利润(万元)	10041.60	11596.62	5122.86	7653.10
	利润总额(万元)	12136.70	13341.12	5983.18	8791.46

北京拓尔思信息技术股份有限公司

公司概况	公司名称	北京拓尔思信息技术股份有限公司		证券简称	拓尔思
	法人代表	李渝勤	董秘 何东炯	证券代码	300229
	公司网址	www.trs.com.cn		电子信箱	ir@trs.com.cn
	电　话	010-82800995		传　真	010-82800821
	办公地址	北京市海淀区知春路 6 号锦秋国际大厦 14 层 14B04			
	经营范围	技术推广、技术开发、技术转让、技术服务、技术咨询等			

	指标＼报告期	2013.06.30	2012.12.31	2012.06.30	2011.12.31
主要财务指标	基本每股收益(元)	0.1240	0.3614	0.0904	0.4112
	基本每股收益(扣除)(元)	0.1091	0.3600	0.0900	0.6600
	每股净资产(元)	3.9961	3.8871	3.6000	6.2100
	每股经营现金净流量(元)	–0.0256	0.4292	0.1197	0.3235
	每股现金流量(元)	–0.4676	–0.1528	–0.2132	3.6501
	每股资本公积金(元)	1.6637	1.6241	1.6092	3.3756
	每股盈余公积金(元)	0.1596	0.1601	0.1240	0.2108
	每股未分配利润(元)	1.1728	1.1029	0.8680	1.6220
	净资产收益率(%)	3.0915	9.3000	2.5100	9.8500
	加权净资产收益率(%)	3.1400	9.3600	2.4500	14.7100
	净资产收益率(扣除)(%)	–	–	–	–
	总资产(万元)	88806.20	87131.26	78410.72	79570.59
	归属母公司股东权益(万元)	81798.71	79296.05	73464.37	74500.71
	主营业务收入(万元)	8001.69	21086.45	7861.10	19118.56
	营业收入(万元)	8001.69	21086.45	7861.10	19118.56
	主营成本(万元)	1595.55	4134.08	1353.14	3876.79
	营业成本(万元)	1595.55	4134.08	1353.14	3876.79
	投资收益(万元)	–105.62	–	–	–
	净利润(万元)	2528.81	7372.25	1844.10	7339.05
	利润总额(万元)	2770.05	8210.36	2183.70	8630.91

上海永利带业股份有限公司

公司概况					
公司名称	上海永利带业股份有限公司			证券简称	永利带业
法人代表	史佩浩	董秘	恽黎明	证券代码	300230
公司网址	www.yonglibelt.com		电子信箱	yongli@yonglibelt.com	
电　话	021-59884061		传　真	021-59884157	
办公地址	上海市青浦区徐泾镇徐旺路 58 号				
经营范围	新材料轻型输送带的研发、生产和销售等				

主要财务指标

指标\报告期	2013.06.30	2012.12.31	2012.06.30	2011.12.31
基本每股收益(元)	0.1371	0.3110	0.1302	0.3648
基本每股收益(扣除)(元)	0.1340	0.3000	0.1283	0.3200
每股净资产(元)	3.1641	3.1307	2.9400	5.2300
每股经营现金净流量(元)	0.0313	0.3494	0.1261	0.3756
每股现金流量(元)	-0.2231	-0.0229	-0.0500	2.3975
每股资本公积金(元)	1.1835	1.1835	1.1835	2.9311
每股盈余公积金(元)	0.0983	0.0983	0.0726	0.1307
每股未分配利润(元)	0.8974	0.8603	0.7052	1.1949
净资产收益率(%)	4.3320	9.9400	4.4200	10.9800
加权净资产收益率(%)	4.3100	10.3000	4.3800	16.4200
净资产收益率(扣除)(%)	-	-	-	-
总资产(万元)	61303.33	60495.08	55543.92	54333.31
归属母公司股东权益(万元)	51107.73	50568.89	47565.95	46957.05
主营业务收入(万元)	15758.20	30089.04	13555.20	29391.73
营业收入(万元)	15758.20	30089.04	13555.20	29396.69
主营成本(万元)	8777.10	16935.15	7800.09	16535.09
营业成本(万元)	8777.10	16935.15	7800.09	16535.09
投资收益(万元)	-	-	-	-
净利润(万元)	2415.91	5318.59	2251.43	5338.31
利润总额(万元)	2775.43	6391.79	2566.19	6595.05

北京银信长远科技股份有限公司

公司概况					
公司名称	北京银信长远科技股份有限公司			证券简称	银信科技
法人代表	詹立雄	董秘	卢英	证券代码	300231
公司网址	www.trustfar.cn		电子信箱	public@trustfar.cn	
电　话	010-82629666		传　真	010-82621118	
办公地址	北京市海淀区苏州街 18 号长远天地大厦 A1 座 21 层				
经营范围	国务院决定未规定许可的自主选择经营项目开展经营活动				

主要财务指标

指标\报告期	2013.06.30	2012.12.31	2012.06.30	2011.12.31
基本每股收益(元)	0.1830	0.5028	0.1580	0.4942
基本每股收益(扣除)(元)	0.1829	0.5000	0.1829	0.4900
每股净资产(元)	2.7454	3.9935	3.7276	7.1800
每股经营现金净流量(元)	-0.1205	0.3628	0.0054	-0.0665
每股现金流量(元)	-0.2976	0.1508	-0.1383	2.6776
每股资本公积金(元)	0.8212	1.7317	1.7317	4.4635
每股盈余公积金(元)	0.0871	0.1307	0.0815	0.1630
每股未分配利润(元)	0.8371	1.1311	0.9144	1.5549
净资产收益率(%)	6.6674	12.5900	6.3559	12.0400
加权净资产收益率(%)	6.6900	13.2600	6.3900	18.5900
净资产收益率(扣除)(%)	-	-	-	-
总资产(万元)	37519.44	41015.50	33189.89	32484.49
归属母公司股东权益(万元)	32944.51	31947.95	29820.92	28725.52
主营业务收入(万元)	15782.04	33564.94	9862.63	19704.82
营业收入(万元)	15782.04	33564.94	9862.63	19704.82
主营成本(万元)	10425.67	23160.23	5408.33	11118.90
营业成本(万元)	10425.67	23160.23	5408.33	11118.90
投资收益(万元)	-	-	-	-
净利润(万元)	2196.55	4022.43	1895.40	3459.17
利润总额(万元)	2584.18	4730.90	2230.72	4066.03

深圳市洲明科技股份有限公司

公司概况					
公司名称	深圳市洲明科技股份有限公司			证券简称	洲明科技
法人代表	林洺锋	董秘	黎峻江	证券代码	300232
公司网址	www.unilumin.com		电子信箱	irm@unilumin.com	
电　话	0755-29918999-8886 8133		传　真	0755-29912092	
办公地址	广东省深圳市宝安区福永街道桥头社区永福路 112 号 A 栋				
经营范围	LED 显示屏、LED 灯饰、LED 照明灯的生产和销售等				

主要财务指标

指标\报告期	2013.06.30	2012.12.31	2012.06.30	2011.12.31
基本每股收益(元)	0.1100	0.2200	0.2000	0.6700
基本每股收益(扣除)(元)	0.0405	0.1400	0.1500	0.5900
每股净资产(元)	5.6728	5.5722	5.5100	7.0500
每股经营现金净流量(元)	0.0282	-0.6862	-0.1816	0.6902
每股现金流量(元)	-0.7648	-1.6571	-0.9554	4.2997
每股资本公积金(元)	3.3419	3.3419	3.3419	4.6445
每股盈余公积金(元)	0.1485	0.1485	0.1275	0.1658
每股未分配利润(元)	1.1824	1.0818	1.0399	1.2416
净资产收益率(%)	1.9691	4.0300	2.9400	8.3384
加权净资产收益率(%)	1.9800	4.0600	2.9400	12.7400
净资产收益率(扣除)(%)	-	-	-	-
总资产(万元)	93587.18	95098.47	79752.83	74680.12
归属母公司股东权益(万元)	57315.36	56299.75	55664.51	54807.46
主营业务收入(万元)	31910.15	58581.87	23555.15	53084.34
营业收入(万元)	33007.81	60778.98	24653.04	53215.56
主营成本(万元)	24125.26	43239.65	17280.75	39773.79
营业成本(万元)	24218.41	45208.70	18308.06	39868.67
投资收益(万元)	-39.56	159.13	251.08	-42.48
净利润(万元)	1506.38	2896.04	1984.56	4570.09
利润总额(万元)	1890.64	3585.85	2296.02	5362.02

山东金城医药化工股份有限公司

公司概况					
公司名称	山东金城医药化工股份有限公司			证券简称	金城医药
法人代表	赵叶青	董秘	朱晓刚	证券代码	300233
公司网址	www.jinchengpharm.com		电子信箱	jcpc@jinchengpharm.com	
电　话	0533-5439432		传　真	0533-5439426	
办公地址	山东省淄博市淄川区经济开发区				
经营范围	氨噻肟酸、碳二亚胺、头孢他啶活性酯、AE-活性酯、三嗪环、呋喃胺盐生产、销售等				

主要财务指标

指标\报告期	2013.06.30	2012.12.31	2012.06.30	2011.12.31
基本每股收益(元)	0.2400	0.3400	0.1100	0.5300
基本每股收益(扣除)(元)	0.2500	0.2700	0.0800	0.3900
每股净资产(元)	8.1469	8.0600	7.8300	7.9200
每股经营现金净流量(元)	0.2272	0.7158	0.1854	0.5181
每股现金流量(元)	-0.5801	-0.1339	-0.4639	2.6456
每股资本公积金(元)	4.6835	4.6835	4.6835	4.6835
每股盈余公积金(元)	0.1869	0.1869	0.1780	0.1780
每股未分配利润(元)	2.2697	2.1843	1.9558	2.0493
净资产收益率(%)	2.8896	4.3000	1.3400	5.8400
加权净资产收益率(%)	2.8800	4.3000	1.3400	8.3900
净资产收益率(扣除)(%)	-	-	-	-
总资产(万元)	149295.18	146982.41	138737.39	139819.54
归属母公司股东权益(万元)	98577.66	97556.47	94700.02	95884.05
主营业务收入(万元)	42991.86	79470.32	36269.01	77778.11
营业收入(万元)	43404.76	79933.18	36492.83	78842.05
主营成本(万元)	30816.01	60731.97	28756.53	61313.99
营业成本(万元)	31046.88	61025.36	28933.53	61668.38
投资收益(万元)	-	-	-	-
净利润(万元)	2848.46	4161.06	1288.64	5599.11
利润总额(万元)	3526.36	4973.21	1492.76	6535.99

浙江开尔新材料股份有限公司

公司概况	公司名称	浙江开尔新材料股份有限公司			证券简称	开尔新材
	法人代表	邢翰学	董秘	程志勇	证券代码	300234
	公司网址	www.zjke.com		电子信箱	stock@zjke.com	
	电　话	0579-82888566		传　真	0579-82886066	
	办公地址	浙江省金华市金东区曹宅工业区				
	经营范围	新型功能性搪瓷材料的前瞻性研发和市场化推广等				

主要财务指标	指标\报告期	2013.06.30	2012.12.31	2012.06.30	2011.12.31
	基本每股收益(元)	0.1500	0.2200	0.1400	0.4200
	基本每股收益(扣除)(元)	0.1400	0.1800	0.1100	0.3700
	每股净资产(元)	3.3347	3.1800	3.1000	4.6500
	每股经营现金净流量(元)	-0.2728	-0.1053	0.0420	0.4104
	每股现金流量(元)	-0.4034	-0.5657	-0.2195	2.5115
	每股资本公积金(元)	1.5478	1.5478	1.5478	2.8217
	每股盈余公积金(元)	0.0843	0.0843	0.0636	0.0955
	每股未分配利润(元)	0.7027	0.5479	0.4905	0.7297
	净资产收益率(%)	4.6419	6.7700	4.4300	11.7600
	加权净资产收益率(%)	4.7500	6.8900	4.3700	17.8000
	净资产收益率(扣除)(%)	-	-	-	-
	总资产(万元)	50927.90	42488.86	39924.01	41676.29
	归属母公司股东权益(万元)	40016.75	38159.61	37222.51	37174.85
	主营业务收入(万元)	11112.90	14145.69	6581.61	18209.52
	营业收入(万元)	11193.87	14190.58	6594.34	18275.07
	主营成本(万元)	6376.68	8116.33	3816.23	9602.31
	营业成本(万元)	6426.33	8116.33	3816.23	9602.31
	投资收益(万元)	-	-	-	-
	净利润(万元)	1847.92	2570.11	1647.66	4371.27
	利润总额(万元)	2176.25	3000.60	1935.79	5068.55

深圳市方直科技股份有限公司

公司概况	公司名称	深圳市方直科技股份有限公司			证券简称	方直科技
	法人代表	黄元忠	董秘	孙晓玲	证券代码	300235
	公司网址	www.kingsunsoft.com		电子信箱	kingsunsoft@kingsunsoft.com	
	电　话	0755-86336966		传　真	0755-86336977	
	办公地址	广东省深圳市南山区科技中二路深圳软件园12号楼302				
	经营范围	计算机软件、硬件、网络及教育软件和教学资源的开发、销售等				

主要财务指标	指标\报告期	2013.06.30	2012.12.31	2012.06.30	2011.12.31
	基本每股收益(元)	0.1200	0.2400	0.0900	0.3200
	基本每股收益(扣除)(元)	0.0900	0.2100	0.0900	0.2700
	每股净资产(元)	3.4791	3.3600	3.3100	6.4400
	每股经营现金净流量(元)	0.0519	0.2864	0.1456	0.2087
	每股现金流量(元)	-0.4152	-0.4279	-0.5866	4.0801
	每股资本公积金(元)	1.5111	1.5111	4.0223	4.0223
	每股盈余公积金(元)	0.1190	0.1079	0.1881	0.1686
	每股未分配利润(元)	0.8490	0.7410	1.4160	1.2504
	净资产收益率(%)	3.4200	7.1300	2.7900	8.8000
	加权净资产收益率(%)	3.4800	7.2600	2.7900	13.3500
	净资产收益率(扣除)(%)	-	-	-	-
	总资产(万元)	31573.10	30751.55	30008.39	29162.51
	归属母公司股东权益(万元)	30616.42	29568.80	29156.15	28341.83
	主营业务收入(万元)	3093.17	7719.37	3460.64	7534.78
	营业收入(万元)	3093.17	7719.37	3460.64	7534.78
	主营成本(万元)	852.66	2832.59	1322.53	2844.18
	营业成本(万元)	852.66	2832.59	1322.53	2844.18
	投资收益(万元)	105.55	136.18	15.17	-
	净利润(万元)	1047.62	2106.97	814.32	2494.77
	利润总额(万元)	1160.35	2458.15	907.75	2808.79

上海新阳半导体材料股份有限公司

公司概况	公司名称	上海新阳半导体材料股份有限公司			证券简称	上海新阳
	法人代表	王福祥	董秘	吕海波	证券代码	300236
	公司网址	www.sinyang.com.cn		电子信箱	info@sinyang.com.cn	
	电　话	021-57850066		传　真	021-57850066	
	办公地址	上海市松江区小昆山镇思贤路3600号				
	经营范围	制造加工与电子科技、信息科技、半导体材料、航空航天材料有关的化学产品等				

主要财务指标	指标\报告期	2013.06.30	2012.12.31	2012.06.30	2011.12.31
	基本每股收益(元)	0.2000	0.4700	0.2100	0.5200
	基本每股收益(扣除)(元)	0.2300	0.4600	0.2100	0.5000
	每股净资产(元)	4.4336	4.4122	4.1200	4.1787
	每股经营现金净流量(元)	0.1648	0.2915	0.1247	0.2401
	每股现金流量(元)	-0.6580	-0.1045	0.1170	2.3055
	每股资本公积金(元)	2.4128	2.4054	2.4002	2.3955
	每股盈余公积金(元)	0.1599	0.1599	0.1132	0.1132
	每股未分配利润(元)	0.8209	0.8205	0.6086	0.6700
	净资产收益率(%)	4.5204	10.5900	5.0600	10.9640
	加权净资产收益率(%)	4.4400	10.8800	4.8700	16.7400
	净资产收益率(扣除)(%)	-	-	-	-
	总资产(万元)	44154.25	43303.70	41649.62	40249.66
	归属母公司股东权益(万元)	37765.33	37582.76	35111.51	35594.43
	主营业务收入(万元)	7010.16	14119.79	6303.18	14818.83
	营业收入(万元)	7122.94	14334.63	6416.39	15020.62
	主营成本(万元)	3353.72	6690.33	3124.29	7421.85
	营业成本(万元)	3418.40	6789.87	3160.72	7519.45
	投资收益(万元)	34.65	-	-	-
	净利润(万元)	1707.15	3978.41	1776.79	3902.51
	利润总额(万元)	2015.20	4400.59	2021.71	4435.52

山东美晨科技股份有限公司

公司概况	公司名称	山东美晨科技股份有限公司			证券简称	美晨科技
	法人代表	张磊	董秘	李炜刚	证券代码	300237
	公司网址	www.meichen.cc		电子信箱	meichen@meichen.cc	
	电　话	0536-6151511		传　真	0536-6320138	
	办公地址	山东省诸城市密州路东首路南				
	经营范围	减震橡胶制品、胶管制品及其他橡胶制品的研发、制造、销售等				

主要财务指标	指标\报告期	2013.06.30	2012.12.31	2012.06.30	2011.12.31
	基本每股收益(元)	0.3600	0.3300	0.3200	1.0100
	基本每股收益(扣除)(元)	0.3600	0.3100	0.3200	1.0100
	每股净资产(元)	10.0184	9.7100	9.7000	9.9800
	每股经营现金净流量(元)	0.9160	-0.0138	0.5575	-1.9181
	每股现金流量(元)	-0.4573	-0.5686	0.0835	3.6997
	每股资本公积金(元)	6.0602	6.0602	6.0554	6.0554
	每股盈余公积金(元)	0.3482	0.3482	0.3189	0.3189
	每股未分配利润(元)	2.6100	2.3063	2.3292	2.6101
	净资产收益率(%)	3.6296	3.3100	3.2900	13.3200
	加权净资产收益率(%)	3.6700	3.3100	3.1500	13.3200
	净资产收益率(扣除)(%)	-	-	-	-
	总资产(万元)	95146.73	92009.99	91308.75	89222.81
	归属母公司股东权益(万元)	57104.82	55374.14	55309.66	56910.86
	主营业务收入(万元)	28696.29	43732.03	23193.97	51905.53
	营业收入(万元)	29096.76	44454.44	23436.35	52207.63
	主营成本(万元)	20106.25	32031.17	16694.08	37080.75
	营业成本(万元)	20543.23	32441.70	16710.86	37214.96
	投资收益(万元)	-	-	-	-78.47
	净利润(万元)	2004.94	1837.61	1818.51	5032.94
	利润总额(万元)	2397.00	2049.66	2111.79	5748.31

广东冠昊生物科技股份有限公司

公司概况	公司名称	广东冠昊生物科技股份有限公司			证券简称	冠昊生物
	法人代表	朱卫平	董秘	周利军	证券代码	300238
	公司网址	www.grandhopebio.com		电子信箱		ir@grandhopebio.com
	电　话	020-32052295		传　真		020-32211255
	办公地址	广东省广州市萝岗区玉岩路 12 号				
	经营范围	专业从事再生医学材料及再生型医用植入器械研发、生产及销售				

主要财务指标	指标\报告期	2013.06.30	2012.12.31	2012.06.30	2011.12.31
	基本每股收益(元)	0.1200	0.3000	0.1700	0.3300
	基本每股收益(扣除)(元)	–	0.2400	0.1600	0.2800
	每股净资产(元)	3.7383	3.7161	3.5800	7.0800
	每股经营现金净流量(元)	0.1212	0.4020	0.2005	0.5803
	每股现金流量(元)	–0.1807	–0.3086	–0.1261	3.4760
	每股资本公积金(元)	1.7938	1.7938	1.7938	4.5876
	每股盈余公积金(元)	0.1149	0.1149	0.0859	0.1718
	每股未分配利润(元)	0.8351	0.8121	0.7059	1.3261
	净资产收益率(%)	3.2895	8.1500	4.6900	9.3400
	加权净资产收益率(%)	3.2700	8.3700	4.6500	14.0000
	净资产收益率(扣除)(%)	–	–	–	–
	总资产(万元)	53316.23	54198.92	52531.52	49606.40
	归属母公司股东权益(万元)	45681.45	45410.56	43759.93	43279.30
	主营业务收入(万元)	7624.49	14689.63	7767.83	12845.59
	营业收入(万元)	7634.40	14702.01	7774.06	12851.01
	主营成本(万元)	679.92	1041.08	423.94	786.44
	营业成本(万元)	682.77	1041.39	423.94	789.07
	投资收益(万元)	–	–	–	–
	净利润(万元)	1502.68	3703.15	2050.52	4042.25
	利润总额(万元)	1858.43	4155.51	2354.38	4583.38

包头东宝生物技术股份有限公司

公司概况	公司名称	包头东宝生物技术股份有限公司			证券简称	东宝生物
	法人代表	王军	董秘	刘芳	证券代码	300239
	公司网址	www.dongbaoshengwu.com		电子信箱		xmliu@dongbaoshengwu.com
	电　话	0472-5319863		传　真		0472-5319863
	办公地址	内蒙古自治区包头市稀土高新技术产业开发区黄河大街 46 号				
	经营范围	生产经营照相明胶、药用明胶、食用明胶、工业明胶、骨油、骨粉等				

主要财务指标	指标\报告期	2013.06.30	2012.12.31	2012.06.30	2011.12.31
	基本每股收益(元)	0.1261	0.2328	0.0740	0.1856
	基本每股收益(扣除)(元)	0.1133	0.2358	0.0871	0.1608
	每股净资产(元)	1.6894	2.1323	1.9900	3.8956
	每股经营现金净流量(元)	0.0725	0.0359	0.0364	0.3187
	每股现金流量(元)	–0.0233	0.0538	–0.2961	1.3862
	每股资本公积金(元)	0.2609	0.4392	0.4375	1.8751
	每股盈余公积金(元)	0.0742	0.0965	0.0732	0.1464
	每股未分配利润(元)	0.3543	0.5966	0.4833	0.8741
	净资产收益率(%)	7.4659	10.9200	4.8300	8.3400
	加权净资产收益率(%)	7.4600	11.4600	4.8800	17.1000
	净资产收益率(扣除)(%)	–	–	–	–
	总资产(万元)	50070.22	48525.58	38095.43	37762.30
	归属母公司股东权益(万元)	33374.69	32402.58	30302.03	29599.04
	主营业务收入(万元)	21106.59	25455.73	10657.50	20728.97
	营业收入(万元)	21221.22	25557.33	10704.12	20754.81
	主营成本(万元)	15712.38	17083.57	7360.11	15370.79
	营业成本(万元)	15720.39	17086.84	7363.38	15370.79
	投资收益(万元)	–	–	–	–
	净利润(万元)	2491.71	3538.35	1462.79	2467.15
	利润总额(万元)	3003.72	4184.43	1727.71	2908.47

江苏飞力达国际物流股份有限公司

公司概况	公司名称	江苏飞力达国际物流股份有限公司			证券简称	飞 力 达
	法人代表	沈黎明	董秘	李镭	证券代码	300240
	公司网址	www.feiliks.com		电子信箱		dshmsc@feiliks.com
	电　话	0512-55278563 55278689		传　真		0512-55278558
	办公地址	江苏省苏州市昆山市开发区玫瑰路 999 号				
	经营范围	综合货运站(场)(仓储)、货物专用运输(集装箱)、普通货运、承办空运等				

主要财务指标	指标\报告期	2013.06.30	2012.12.31	2012.06.30	2011.12.31
	基本每股收益(元)	0.2000	0.6100	0.2600	0.5500
	基本每股收益(扣除)(元)	–	0.5200	0.2300	0.4400
	每股净资产(元)	5.6600	5.6200	5.2100	7.4400
	每股经营现金净流量(元)	0.4911	1.2704	0.2933	–1.5290
	每股现金流量(元)	0.1402	0.3428	0.0865	2.9415
	每股资本公积金(元)	2.8427	2.7959	2.7331	4.3245
	每股盈余公积金(元)	0.0771	0.0773	0.0573	0.0894
	每股未分配利润(元)	1.7457	1.7486	1.4261	2.0306
	净资产收益率(%)	3.5499	10.7700	5.1700	10.3700
	加权净资产收益率(%)	3.5100	11.5500	5.1700	16.0700
	净资产收益率(扣除)(%)	–	–	–	–
	总资产(万元)	148979.66	141662.27	155928.06	124146.27
	归属母公司股东权益(万元)	94815.60	93859.90	87088.86	79584.56
	主营业务收入(万元)	99932.14	202123.79	91081.29	124402.87
	营业收入(万元)	99946.75	202123.79	91087.29	124402.87
	主营成本(万元)	79039.48	154671.56	68201.42	86185.98
	营业成本(万元)	79039.48	154671.56	68201.42	86185.98
	投资收益(万元)	142.67	220.85	–36.48	561.00
	净利润(万元)	4001.36	12416.72	5364.41	9717.56
	利润总额(万元)	5212.82	15447.18	6666.58	12342.50

深圳市瑞丰光电子股份有限公司

公司概况	公司名称	深圳市瑞丰光电子股份有限公司			证券简称	瑞丰光电
	法人代表	龚伟斌	董秘	庄继里	证券代码	300241
	公司网址	www.refond.com		电子信箱		jili.zhuang@refond.com
	电　话	0755-29675000*868 818		传　真		0755-29060037
	办公地址	广东省深圳市南山区西丽镇松白公路百旺信工业园二区第 6 栋				
	经营范围	电子产品的购销及其他国内商业、物资供销业等				

主要财务指标	指标\报告期	2013.06.30	2012.12.31	2012.06.30	2011.12.31
	基本每股收益(元)	0.1200	0.4380	0.1900	0.3633
	基本每股收益(扣除)(元)	0.1100	0.4256	0.1700	0.3354
	每股净资产(元)	2.6222	4.9800	4.7100	4.6200
	每股经营现金净流量(元)	0.1536	0.5149	0.4225	0.0837
	每股现金流量(元)	–0.2326	–0.2754	0.0953	2.1929
	每股资本公积金(元)	1.0266	2.9229	2.9026	2.9026
	每股盈余公积金(元)	0.0566	0.1143	0.0719	0.0719
	每股未分配利润(元)	0.5391	0.9446	0.7349	0.6490
	净资产收益率(%)	4.6176	8.7900	3.1700	6.7002
	加权净资产收益率(%)	4.7900	8.9400	3.9500	10.2400
	净资产收益率(扣除)(%)	–	–	–	–
	总资产(万元)	77220.96	71056.25	62777.64	57723.35
	归属母公司股东权益(万元)	56700.69	53305.93	50391.74	49472.40
	主营业务收入(万元)	29438.28	50008.27	17635.16	29096.60
	营业收入(万元)	29438.28	50008.27	17626.58	29137.82
	主营成本(万元)	22951.02	38955.26	13175.25	21185.25
	营业成本(万元)	22951.02	38955.26	13175.25	21225.57
	投资收益(万元)	–	–	–	–
	净利润(万元)	2618.21	4686.48	1989.34	3314.77
	利润总额(万元)	3075.80	5413.87	2329.18	3808.11

广东明家科技股份有限公司

公司概况					
公司名称	广东明家科技股份有限公司			证券简称	明家科技
法人代表	周建林	董秘	陈涵涵	证券代码	300242
公司网址	www.migsurge.com		电子信箱	mig-dshh@migsurge.com.cn	
电　话	0769-88972266		传　真	0769-88973889	
办公地址	广东省东莞市横沥镇村头村工业区				
经营范围	研发、生产及销售:避雷器及雷电防护装置、防雷插座、配电箱及防雷产品等				

主要财务指标 指标\报告期	2013.06.30	2012.12.31	2012.06.30	2011.12.31
基本每股收益(元)	–0.1053	0.0500	0.0664	0.3900
基本每股收益(扣除)(元)	–0.1230	0.0400	0.0608	0.3000
每股净资产(元)	3.6662	3.7915	3.8078	3.9400
每股经营现金净流量(元)	–0.1567	–0.0410	–0.0489	–0.0316
每股现金流量(元)	–0.3699	–0.2237	–0.3580	1.7996
每股资本公积金(元)	2.0016	2.0016	2.0016	2.0016
每股盈余公积金(元)	0.1223	0.1223	0.1124	0.1124
每股未分配利润(元)	0.5424	0.6677	0.6938	0.8274
净资产收益率(%)	–2.8726	1.3200	1.7400	8.4500
加权净资产收益率(%)	–2.8200	1.3000	1.7100	13.3000
净资产收益率(扣除)(%)	–	–	–	–
总资产(万元)	32458.51	33272.15	32096.59	33357.06
归属母公司股东权益(万元)	27496.63	28436.51	28558.50	29560.50
主营业务收入(万元)	6066.28	14906.24	8109.64	20311.09
营业收入(万元)	6068.34	14914.29	8112.34	20345.51
主营成本(万元)	5136.49	11049.23	5963.22	14495.27
营业成本(万元)	5136.49	11050.87	5964.86	14522.83
投资收益(万元)	–	–	–	–
净利润(万元)	–789.87	376.01	498.01	2496.44
利润总额(万元)	–789.87	473.82	606.73	2887.63

山东瑞丰高分子材料股份有限公司

公司概况					
公司名称	山东瑞丰高分子材料股份有限公司			证券简称	瑞丰高材
法人代表	周仕斌	董秘	张琳	证券代码	300243
公司网址	www.ruifengchemical.com		电子信箱	zhlin@ruifengchemical.com	
电　话	0533-3220711		传　真	0533-3256197	
办公地址	山东省淄博市沂源县经济开发区				
经营范围	制造销售塑料助剂等				

主要财务指标 指标\报告期	2013.06.30	2012.12.31	2012.06.30	2011.12.31
基本每股收益(元)	0.1500	0.4000	0.2300	0.5400
基本每股收益(扣除)(元)	0.1400	0.3800	0.4300	0.5000
每股净资产(元)	3.6515	4.2500	6.7500	6.3148
每股经营现金净流量(元)	–0.0289	0.6888	–0.5106	–0.7762
每股现金流量(元)	–0.2328	–0.1584	–0.2334	2.5623
每股资本公积金(元)	1.3924	1.8709	3.5935	3.5935
每股盈余公积金(元)	0.1229	0.1474	0.1721	0.1721
每股未分配利润(元)	1.1362	1.2355	1.9891	1.5492
净资产收益率(%)	4.0604	9.4200	6.5100	11.5600
加权净资产收益率(%)	4.1000	9.7600	6.7300	18.5100
净资产收益率(扣除)(%)	–	–	–	–
总资产(万元)	73002.23	64471.47	58673.60	57098.09
归属母公司股东权益(万元)	37507.88	36412.92	36137.70	33784.16
主营业务收入(万元)	36291.35	74480.47	39908.55	76031.52
营业收入(万元)	36530.21	75309.41	40274.12	76574.35
主营成本(万元)	28962.60	59609.65	30810.73	62638.98
营业成本(万元)	29175.71	60277.96	31094.33	63115.78
投资收益(万元)	–	–	–	–
净利润(万元)	1522.95	3431.26	2353.53	3906.73
利润总额(万元)	2121.48	4397.45	2907.77	4703.21

浙江迪安诊断技术股份有限公司

公司概况					
公司名称	浙江迪安诊断技术股份有限公司			证券简称	迪安诊断
法人代表	陈海斌	董秘	徐敏	证券代码	300244
公司网址	www.dazd.cn		电子信箱	zqb@dagene.net	
电　话	0571-88933708		传　真	0571-88918912	
办公地址	浙江省杭州市西湖区古墩路 702 号赞宇大厦 5-6 层				
经营范围	主要面向各种综合医院与专科医院、社区卫生服务中心(站)、乡(镇)卫生院等				

主要财务指标 指标\报告期	2013.06.30	2012.12.31	2012.06.30	2011.12.31
基本每股收益(元)	0.3800	0.6500	0.2600	0.5400
基本每股收益(扣除)(元)	–	0.6300	0.3200	0.5100
每股净资产(元)	4.5437	5.5400	5.2100	9.0900
每股经营现金净流量(元)	–0.0649	0.2789	–0.5528	0.3954
每股现金流量(元)	–0.0996	1.3576	1.4060	1.3502
每股资本公积金(元)	2.0551	2.9930	2.9930	6.1873
每股盈余公积金(元)	0.0319	0.0415	0.0237	0.0427
每股未分配利润(元)	1.4567	1.5007	1.1979	1.8554
净资产收益率(%)	8.3460	11.8200	6.4000	9.0900
加权净资产收益率(%)	8.5700	12.4000	6.4000	14.7900
净资产收益率(扣除)(%)	–	–	–	–
总资产(万元)	79698.54	70614.55	67241.36	60069.34
归属母公司股东权益(万元)	54331.35	50912.58	47963.71	46426.81
主营业务收入(万元)	46239.13	70641.87	31604.73	48247.43
营业收入(万元)	46239.13	70641.87	31604.73	48247.43
主营成本(万元)	28616.67	45414.28	20268.78	31421.12
营业成本(万元)	28616.67	45414.28	20268.78	31421.12
投资收益(万元)	–19.73	–	–	–
净利润(万元)	4678.27	5939.34	3116.27	4158.04
利润总额(万元)	5715.01	7325.97	3706.97	4898.61

上海天玑科技股份有限公司

公司概况					
公司名称	上海天玑科技股份有限公司			证券简称	天玑科技
法人代表	陆文雄	董秘	陆廷洁	证券代码	300245
公司网址	www.dnt.com.cn		电子信箱	public@dnt.com.cn	
电　话	021-54278888		传　真	021-54279888	
办公地址	上海市桂平路 481 号 18 号楼 4 楼				
经营范围	计算机软硬件开发、销售、维修、系统集成、通讯设备的销售及维修等				

主要财务指标 指标\报告期	2013.06.30	2012.12.31	2012.06.30	2011.12.31
基本每股收益(元)	0.1627	0.3600	0.2698	0.4300
基本每股收益(扣除)(元)	–	0.3200	0.2353	0.3800
每股净资产(元)	3.9408	3.8800	7.3200	7.2400
每股经营现金净流量(元)	–0.1004	0.3930	–0.2913	0.4423
每股现金流量(元)	–0.1061	–0.1710	–1.1267	4.7894
每股资本公积金(元)	1.7371	1.7371	4.4743	4.4743
每股盈余公积金(元)	0.1263	0.1263	0.1868	0.1868
每股未分配利润(元)	1.0787	1.0160	1.6623	1.5783
净资产收益率(%)	4.1298	9.2800	3.6900	11.0300
加权净资产收益率(%)	4.1600	9.5800	3.7100	19.5200
净资产收益率(扣除)(%)	–	–	–	–
总资产(万元)	63211.01	64194.07	58380.83	55984.94
归属母公司股东权益(万元)	52806.21	51968.55	49051.65	48488.26
主营业务收入(万元)	16000.52	31326.07	12289.79	22445.38
营业收入(万元)	16000.52	31326.07	12289.79	22445.38
主营成本(万元)	9427.57	18204.22	6942.15	10515.13
营业成本(万元)	9427.57	18204.22	6942.15	10515.13
投资收益(万元)	–	–	–	–
净利润(万元)	2114.61	5037.56	1903.05	5346.48
利润总额(万元)	2611.38	5939.42	2279.20	6638.31

广东宝莱特医用科技股份有限公司

公司概况					
公司名称	广东宝莱特医用科技股份有限公司			证券简称	宝莱特
法人代表	燕金元	董秘	黎晓明	证券代码	300246
公司网址	www.blt.com.cn		电子信箱	ir@blt.com.cn	
电　　话	0756-3399909		传　　真	0756-3399903	
办公地址	广东省珠海市高新区科技创新海岸创新一路2号				
经营范围	从事医疗监护仪及相关医疗器械的研发、生产和销售等				

主要财务指标：指标\报告期	2013.06.30	2012.12.31	2012.06.30	2011.12.31
基本每股收益(元)	0.1100	0.5000	0.0900	0.7000
基本每股收益(扣除)(元)	0.1107	0.4500	0.1800	0.6600
每股净资产(元)	2.5476	5.0727	4.7600	8.7300
每股经营现金净流量(元)	0.1334	0.5547	0.1520	0.7161
每股现金流量(元)	-0.0674	-0.0130	-0.2953	6.1350
每股资本公积金(元)	0.7845	2.5690	2.5690	5.4242
每股盈余公积金(元)	0.1016	0.2032	0.1553	0.2796
每股未分配利润(元)	0.6615	1.3006	1.0384	2.0276
净资产收益率(%)	4.3661	9.8500	3.9800	9.5330
加权净资产收益率(%)	4.3100	10.0700	3.8400	16.6500
净资产收益率(扣除)(%)	-	-	-	-
总资产(万元)	45535.86	43350.16	39835.91	39648.13
归属母公司股东权益(万元)	37217.28	37053.23	34788.60	35431.64
主营业务收入(万元)	11196.11	18042.86	7030.60	15636.56
营业收入(万元)	11320.34	18228.52	7097.70	15810.37
主营成本(万元)	5922.15	9347.80	3571.24	8103.24
营业成本(万元)	6030.45	9578.81	3633.89	8278.58
投资收益(万元)	-	-	-	-
净利润(万元)	1694.36	3754.60	1385.97	3377.53
利润总额(万元)	2030.86	4332.51	1623.88	3821.26

安徽桑乐金股份有限公司

公司概况					
公司名称	安徽桑乐金股份有限公司			证券简称	桑乐金
法人代表	金道明	董秘	胡萍	证券代码	300247
公司网址	www.saunaking.com.cn		电子信箱	saunaking@saunaking.com.cn	
电　　话	0551-5329393		传　　真	0551-5847577	
办公地址	安徽省合肥市高新区合欢路34号				
经营范围	从事家用桑拿设备的研发、生产和销售等				

主要财务指标：指标\报告期	2013.06.30	2012.12.31	2012.06.30	2011.12.31
基本每股收益(元)	0.0879	0.2400	0.1014	0.6700
基本每股收益(扣除)(元)	0.0873	0.1800	0.1100	0.6300
每股净资产(元)	4.6946	4.6097	6.7900	6.9823
每股经营现金净流量(元)	-0.0413	-0.2400	-0.4161	0.3639
每股现金流量(元)	-0.2948	-1.1299	-0.9888	2.8536
每股资本公积金(元)	2.3529	4.0294	4.0294	4.0294
每股盈余公积金(元)	0.1470	0.2205	0.1969	0.1969
每股未分配利润(元)	1.2000	1.6682	1.6082	1.7561
净资产收益率(%)	1.8700	3.3900	2.2400	8.1400
加权净资产收益率(%)	1.8900	3.3000	2.2100	12.4000
净资产收益率(扣除)(%)	-	-	-	-
总资产(万元)	63682.45	63740.76	63470.89	59527.73
归属母公司股东权益(万元)	57566.96	56526.17	55548.19	57080.66
主营业务收入(万元)	12317.54	24491.37	9457.36	20695.91
营业收入(万元)	12325.42	24531.79	9482.28	20735.15
主营成本(万元)	7716.11	15062.21	4777.35	9974.67
营业成本(万元)	7716.14	15065.37	4778.03	9980.68
投资收益(万元)	-	-	-	-
净利润(万元)	1093.60	1954.43	1248.25	4647.75
利润总额(万元)	1255.66	2252.96	1447.48	5366.72

郑州新开普电子股份有限公司

公司概况					
公司名称	郑州新开普电子股份有限公司			证券简称	新开普
法人代表	杨维国	董秘	华梦阳	证券代码	300248
公司网址	www.newcapec.com.cn		电子信箱	zqswb@newcapec.net	
电　　话	0371-67579758		传　　真	0371-67579716	
办公地址	河南省郑州市高新技术产业开发区翠竹街6号863国家软件基地新开普大厦				
经营范围	计算机系统集成、计算机及相关产品、仪器仪表、各类智能卡应用产品等				

主要财务指标：指标\报告期	2013.06.30	2012.12.31	2012.06.30	2011.12.31
基本每股收益(元)	0.0030	0.4700	0.0030	0.4700
基本每股收益(扣除)(元)	-0.0010	0.4400	-0.0010	0.4400
每股净资产(元)	5.4127	5.5096	5.4127	5.5096
每股经营现金净流量(元)	-0.3789	0.1818	-0.3789	0.1818
每股现金流量(元)	-0.7557	-0.2231	-0.7557	-0.2231
每股资本公积金(元)	2.9147	2.9147	2.9147	2.9147
每股盈余公积金(元)	0.1628	0.1628	0.1628	0.1628
每股未分配利润(元)	1.3353	1.4322	1.3353	1.4322
净资产收益率(%)	0.0600	8.5700	0.0600	8.5700
加权净资产收益率(%)	0.0500	8.8900	0.0500	8.8900
净资产收益率(扣除)(%)	-	-	-	-
总资产(万元)	52726.94	54845.33	52726.94	54845.33
归属母公司股东权益(万元)	48281.67	49145.81	48281.67	49145.81
主营业务收入(万元)	8121.66	20943.68	8121.66	20943.68
营业收入(万元)	8121.66	20943.68	8121.66	20943.68
主营成本(万元)	4499.56	9653.69	4499.56	9653.69
营业成本(万元)	4499.56	9653.69	4499.56	9653.69
投资收益(万元)	-	-	-	-
净利润(万元)	20.02	4213.36	20.02	4213.36
利润总额(万元)	72.19	4873.06	72.19	4873.06

四川依米康环境科技股份有限公司

公司概况					
公司名称	四川依米康环境科技股份有限公司			证券简称	依米康
法人代表	张菀	董秘	周淑兰	证券代码	300249
公司网址	www.sunrisegroup.com.cn		电子信箱	dshb@sunrisegroup.com.cn	
电　　话	028-85185206		传　　真	028-82001888	
办公地址	四川省成都市高新区科园南二路二号				
经营范围	生产、销售及安装制冷设备、空调、不间断电源、电池及相关产品等				

主要财务指标：指标\报告期	2013.06.30	2012.12.31	2012.06.30	2011.12.31
基本每股收益(元)	0.0600	0.3600	0.1100	0.5400
基本每股收益(扣除)(元)	0.0600	0.2800	0.2100	0.4600
每股净资产(元)	3.0560	3.0431	5.9500	5.8300
每股经营现金净流量(元)	-0.1180	-0.5594	-0.3604	-0.2617
每股现金流量(元)	-0.5068	-1.4610	-1.3291	3.2011
每股资本公积金(元)	1.3875	3.7751	3.7751	3.7751
每股盈余公积金(元)	0.0651	0.1301	0.1098	0.1098
每股未分配利润(元)	0.6034	1.1811	1.0696	0.9416
净资产收益率(%)	2.0555	6.0500	3.8300	13.7200
加权净资产收益率(%)	2.0500	6.0500	3.8700	13.7200
净资产收益率(扣除)(%)	-	-	-	-
总资产(万元)	69546.95	57722.69	56749.61	55006.73
归属母公司股东权益(万元)	47917.30	47716.35	46682.65	45679.33
主营业务收入(万元)	17866.37	27154.05	13265.13	21264.87
营业收入(万元)	18355.53	27562.29	13439.66	21764.69
主营成本(万元)	12117.88	16795.16	8215.27	12584.56
营业成本(万元)	12300.39	16855.68	8239.60	12637.14
投资收益(万元)	-26.69	-22.82	-	-
净利润(万元)	1432.43	3432.52	2054.06	3639.09
利润总额(万元)	1680.00	4085.83	2342.15	4275.58

杭州初灵信息技术股份有限公司

公司概况	公司名称	杭州初灵信息技术股份有限公司		证券简称	初灵信息
	法人代表	洪爱金	董秘	许平(代)	证券代码	300250
	公司网址	www.cncr-it.com		电子信箱	ir@cnci-it.com
	电　话	0571-86791278 86791289		传　真	0571-86791287
	办公地址	浙江省杭州市滨江区浦沿街道伟业路1号5幢			
	经营范围	信息接入方案的设计及相应设备的研发、生产和销售等			

主要财务指标	2013.06.30	2012.12.31	2012.06.30	2011.12.31
基本每股收益(元)	0.1900	0.3100	0.1700	0.5100
基本每股收益(扣除)(元)	0.2200	0.2900	0.1700	0.4900
每股净资产(元)	4.5174	4.4245	4.4245	8.4800
每股经营现金净流量(元)	0.1345	–0.2910	–0.4123	0.3880
每股现金流量(元)	–0.3269	–0.7479	–0.5210	5.5634
每股资本公积金(元)	2.1702	2.1702	2.1702	5.3403
每股盈余公积金(元)	0.1360	0.1360	0.0631	0.1262
每股未分配利润(元)	1.2113	1.1183	1.0543	2.0139
净资产收益率(%)	4.2720	7.1600	4.0200	18.1700
加权净资产收益率(%)	4.2800	7.1600	4.0200	18.1700
净资产收益率(扣除)(%)	–	–	–	–
总资产(万元)	42438.41	45747.50	42092.17	44361.81
归属母公司股东权益(万元)	36139.57	35395.68	34300.45	33921.39
主营业务收入(万元)	9717.50	19457.16	8753.81	12068.88
营业收入(万元)	9898.33	20283.13	9099.83	12558.21
主营成本(万元)	6041.44	13389.41	5727.71	6576.45
营业成本(万元)	6164.42	13854.91	6001.31	6667.96
投资收益(万元)	–	–	–	–
净利润(万元)	1734.47	2648.29	1427.66	3508.26
利润总额(万元)	1978.41	3253.79	1709.33	4023.52

北京光线传媒股份有限公司

公司概况	公司名称	北京光线传媒股份有限公司		证券简称	光线传媒
	法人代表	王长田	董秘	王华	证券代码	300251
	公司网址	www.ewang.com		电子信箱	ir@ewang.com
	电　话	010-64516451		传　真	010-64516488
	办公地址	北京市东城区和平里东街11号院内3号楼3层			
	经营范围	广播电视节目的制作、发行、设计、制作、代理、发布国内及外商来华广告等			

主要财务指标	2013.06.30	2012.12.31	2012.06.30	2011.12.31
基本每股收益(元)	0.3400	1.2900	0.1600	0.8500
基本每股收益(扣除)(元)	0.3300	1.2200	0.3000	0.8400
每股净资产(元)	4.0777	8.2500	7.3000	16.3200
每股经营现金净流量(元)	0.8998	–0.4508	–0.6978	–1.7101
每股现金流量(元)	0.5656	–1.7883	–1.1586	9.5162
每股资本公积金(元)	1.9787	5.2552	5.2552	12.7614
每股盈余公积金(元)	0.0845	0.1775	0.1775	0.2287
每股未分配利润(元)	1.0161	1.8170	1.8170	2.3287
净资产收益率(%)	8.3711	16.5900	4.6277	9.8305
加权净资产收益率(%)	8.4600	16.5900	4.5400	19.6400
净资产收益率(扣除)(%)	–	–	–	–
总资产(万元)	246214.40	215683.65	215683.65	189314.76
归属母公司股东权益(万元)	206476.28	198884.61	198884.61	178828.21
主营业务收入(万元)	46788.93	103385.53	27825.42	69792.51
营业收入(万元)	46788.93	103385.53	27825.42	69792.51
主营成本(万元)	21909.34	58293.35	16484.06	41243.89
营业成本(万元)	21909.34	58293.35	16484.06	41243.89
投资收益(万元)	–296.58	126.82	–	–
净利润(万元)	17284.41	31021.99	8145.55	17579.66
利润总额(万元)	22493.48	39242.21	9997.08	21489.12

深圳金信诺高新技术股份有限公司

公司概况	公司名称	深圳金信诺高新技术股份有限公司		证券简称	金信诺
	法人代表	黄昌华	董秘	肖东华	证券代码	300252
	公司网址	www.kingsignal.com		电子信箱	kingsignal@kingsignal.com
	电　话	0755-26016051 26016250-877		传　真	0755-26581802
	办公地址	广东省深圳市南山区科技中二路深圳软件园9#楼302			
	经营范围	从事中高端射频同轴电缆的研发、生产和销售等			

主要财务指标	2013.06.30	2012.12.31	2012.06.30	2011.12.31
基本每股收益(元)	0.1200	0.3000	0.2100	0.3400
基本每股收益(扣除)(元)	0.0900	0.2400	0.1859	0.3000
每股净资产(元)	6.2718	6.1600	6.0597	5.8836
每股经营现金净流量(元)	–0.6939	–0.3286	–0.2887	–1.2961
每股现金流量(元)	–0.4510	–0.4559	–0.4719	2.9371
每股资本公积金(元)	4.1090	4.1090	4.0813	4.0813
每股盈余公积金(元)	0.0988	0.0988	0.0819	0.0799
每股未分配利润(元)	1.0713	0.9521	0.8966	0.7225
净资产收益率(%)	1.9002	4.8500	3.4100	4.8802
加权净资产收益率(%)	1.9200	4.9700	3.4400	8.8500
净资产收益率(扣除)(%)	–	–	–	–
总资产(万元)	130574.39	124392.27	124188.20	100972.25
归属母公司股东权益(万元)	67735.09	66521.13	65444.74	63543.37
主营业务收入(万元)	25506.37	62485.60	23498.18	50571.58
营业收入(万元)	25506.37	62617.88	25856.88	50588.67
主营成本(万元)	20356.39	50206.53	18032.45	40978.05
营业成本(万元)	20356.39	50215.67	20284.57	40978.05
投资收益(万元)	1014.00	653.08	612.00	–
净利润(万元)	1524.72	3670.16	2586.71	3101.08
利润总额(万元)	1697.55	4318.02	2991.34	3501.89

上海金仕达卫宁软件股份有限公司

公司概况	公司名称	上海金仕达卫宁软件股份有限公司		证券简称	卫宁软件
	法人代表	周炜	董秘	靳茂	证券代码	300253
	公司网址	www.winning.com.cn		电子信箱	wndsh@winning.com.cn
	电　话	021-26018382		传　真	021-26018347
	办公地址	上海市广中西路355号宝华中心10楼			
	经营范围	计算机软件的开发、设计和制作、销售自产产品、计算机及辅助设备的销售等			

主要财务指标	2013.06.30	2012.12.31	2012.06.30	2011.12.31
基本每股收益(元)	0.2500	0.4900	0.1800	0.5000
基本每股收益(扣除)(元)	0.2100	0.4700	0.1500	0.4600
每股净资产(元)	5.1694	4.9424	4.5900	8.9400
每股经营现金净流量(元)	–0.3006	0.2558	–0.2837	0.0860
每股现金流量(元)	–0.5073	0.0342	–0.3938	6.1957
每股资本公积金(元)	2.7385	2.6929	2.6625	6.3251
每股盈余公积金(元)	0.1511	0.1511	0.1015	0.2030
每股未分配利润(元)	1.2798	1.0983	0.8291	1.4080
净资产收益率(%)	4.8600	9.9900	3.8100	9.2600
加权净资产收益率(%)	4.9900	10.5300	3.8100	19.2600
净资产收益率(扣除)(%)	–	–	–	–
总资产(万元)	62050.39	62266.23	54177.89	52122.67
归属母公司股东权益(万元)	55312.69	52883.36	49146.60	47808.08
主营业务收入(万元)	12368.73	26577.12	9246.73	16991.90
营业收入(万元)	12368.73	26577.12	9246.73	16991.90
主营成本(万元)	5852.23	12082.33	4231.82	6789.02
营业成本(万元)	5852.23	12082.33	4231.82	6789.02
投资收益(万元)	–	–	–	3.84
净利润(万元)	2499.38	5247.32	1841.87	4429.29
利润总额(万元)	2846.83	5774.38	2093.08	4904.91

山西仟源制药股份有限公司

公司概况	公司名称	山西仟源制药股份有限公司			证券简称	仟源制药
	法人代表	翁占国	董秘	俞俊贤	证券代码	300254
	公司网址	www.cy-pharm.com		电子信箱	stock@cy-pharm.com	
	电　　话	0352-6116426		传　　真	0352-6116452	
	办公地址	山西省大同市经济技术开发区湖滨大街53号				
	经营范围	医药研发、生产和销售等				

	指标\报告期	2013.06.30	2012.12.31	2012.06.30	2011.12.31
主要财务指标	基本每股收益(元)	0.1000	0.1900	0.0900	0.3200
	基本每股收益(扣除)(元)	0.0948	0.1100	0.0900	0.3100
	每股净资产(元)	4.4575	4.4564	4.3600	4.3400
	每股经营现金净流量(元)	0.2674	0.2620	–0.1037	0.0355
	每股现金流量(元)	–0.2940	–0.6916	–0.9220	2.3325
	每股资本公积金(元)	2.8244	2.8244	2.8244	2.8244
	每股盈余公积金(元)	0.0727	0.0727	0.0615	0.0615
	每股未分配利润(元)	0.5604	0.5593	0.4724	0.4577
	净资产收益率(%)	2.2684	4.3300	2.1700	6.0820
	加权净资产收益率(%)	2.2500	4.3900	2.1600	11.8100
	净资产收益率(扣除)(%)	–	–	–	–
	总资产(万元)	76233.43	82715.92	79548.15	70256.48
	归属母公司股东权益(万元)	59641.87	59626.94	58314.71	58117.24
	主营业务收入(万元)	21328.32	35817.49	16098.24	31078.07
	营业收入(万元)	21561.47	36150.02	16172.73	31078.07
	主营成本(万元)	7557.58	14125.78	7057.04	16553.83
	营业成本(万元)	7816.69	14392.31	7116.75	16553.83
	投资收益(万元)	–	4.53	–	–
	净利润(万元)	1653.84	3303.64	1521.04	3534.40
	利润总额(万元)	2241.16	3860.15	1754.15	4217.93

河北常山生化药业股份有限公司

公司概况	公司名称	河北常山生化药业股份有限公司			证券简称	常山药业
	法人代表	高树华	董秘	张威	证券代码	300255
	公司网址	www.heparin.cn		电子信箱	zhengquan@heparin.cn	
	电　　话	0311-88712789		传　　真	0311-88712397	
	办公地址	河北省石家庄市正定镇火车站西富强路9号				
	经营范围	致力于肝素系列产品的研发、生产和销售等				

	指标\报告期	2013.06.30	2012.12.31	2012.06.30	2011.12.31
主要财务指标	基本每股收益(元)	0.2800	0.5400	0.2500	0.4600
	基本每股收益(扣除)(元)	0.2780	0.5100	0.2400	0.4300
	每股净资产(元)	6.0535	5.8361	9.5800	9.1600
	每股经营现金净流量(元)	0.0117	–0.3748	–0.5568	0.1580
	每股现金流量(元)	–0.5773	–1.0741	–1.6098	6.0473
	每股资本公积金(元)	3.6710	3.6369	6.7795	6.7795
	每股盈余公积金(元)	0.1329	0.1329	0.1376	0.1376
	每股未分配利润(元)	1.2496	1.0663	1.6641	1.2387
	净资产收益率(%)	4.6799	9.0100	4.4400	7.1700
	加权净资产收益率(%)	4.7300	9.5600	4.5400	14.5300
	净资产收益率(扣除)(%)	–	–	–	–
	总资产(万元)	154738.57	141845.03	127138.03	118622.12
	归属母公司股东权益(万元)	114059.13	109963.10	103333.14	98744.60
	主营业务收入(万元)	36636.07	57490.41	24312.73	42324.73
	营业收入(万元)	36672.02	57555.81	24356.76	42347.93
	主营成本(万元)	18072.04	29158.41	12335.65	28217.89
	营业成本(万元)	18096.20	29170.90	12348.14	28217.98
	投资收益(万元)	–	–	–	–
	净利润(万元)	5345.91	9899.48	4548.61	7079.97
	利润总额(万元)	6346.78	11166.02	5342.48	8260.72

浙江星星瑞金科技股份有限公司

公司概况	公司名称	浙江星星瑞金科技股份有限公司			证券简称	星星科技
	法人代表	王先玉	董秘	王颖超	证券代码	300256
	公司网址	www.first-panel.com		电子信箱	irm@first-panel.com	
	电　　话	0576-89081618		传　　真	0576-89081616	
	办公地址	浙江省台州市椒江区洪家星星电子产业基地4号楼				
	经营范围	手机及平板电脑等产品的视窗防护屏的研发、生产与销售等				

	指标\报告期	2013.06.30	2012.12.31	2012.06.30	2011.12.31
主要财务指标	基本每股收益(元)	–0.2597	0.0512	0.0726	0.4598
	基本每股收益(扣除)(元)	–0.2888	–0.0300	0.0615	0.4400
	每股净资产(元)	4.8211	5.0808	5.1022	7.8400
	每股经营现金净流量(元)	0.2335	0.1421	0.3384	0.4530
	每股现金流量(元)	0.1717	–1.5771	–0.7656	4.0193
	每股资本公积金(元)	3.7280	3.7280	3.7280	6.0920
	每股盈余公积金(元)	0.0741	0.0741	0.0648	0.0971
	每股未分配利润(元)	0.0190	0.2787	0.3095	0.6553
	净资产收益率(%)	–5.3859	1.0100	1.4200	7.3300
	加权净资产收益率(%)	–5.2400	1.0000	1.3900	13.2200
	净资产收益率(扣除)(%)	–	–	–	–
	总资产(万元)	109494.58	106314.90	104734.33	113520.72
	归属母公司股东权益(万元)	72316.62	76211.54	76533.74	78444.12
	主营业务收入(万元)	22950.65	47972.23	24761.96	56250.44
	营业收入(万元)	24125.97	48357.33	24863.49	56280.04
	主营成本(万元)	22184.72	38399.92	19055.60	40378.54
	营业成本(万元)	23381.18	38730.70	19120.05	40383.18
	投资收益(万元)	–	–	–	–
	净利润(万元)	–4001.82	767.43	1089.62	5747.81
	利润总额(万元)	–4037.97	848.50	1570.47	6776.52

浙江开山压缩机股份有限公司

公司概况	公司名称	浙江开山压缩机股份有限公司			证券简称	开山股份
	法人代表	曹克坚	董秘	杨建军	证券代码	300257
	公司网址	www.kaishancomp.com.cn		电子信箱	zqtzb@kaishangroup.com	
	电　　话	0570-3662177 3362788		传　　真	0570-3662786	
	办公地址	浙江省衢州市经济开发区凯旋西路9号				
	经营范围	空气压缩机、真空泵、螺杆膨胀机及配件的生产、销售等				

	指标\报告期	2013.06.30	2012.12.31	2012.06.30	2011.12.31
主要财务指标	基本每股收益(元)	0.3958	1.0300	0.4162	1.2300
	基本每股收益(扣除)(元)	0.3900	1.0100	0.6200	1.2200
	每股净资产(元)	7.0317	6.9796	10.0700	19.8700
	每股经营现金净流量(元)	0.2222	0.7644	0.3557	0.7708
	每股现金流量(元)	–0.2458	–0.5544	–0.2663	12.6408
	每股资本公积金(元)	4.5224	7.2837	7.2837	15.5673
	每股盈余公积金(元)	0.1586	0.2378	0.1172	0.2345
	每股未分配利润(元)	1.3645	1.9530	1.6638	3.0790
	净资产收益率(%)	5.6289	9.8800	6.2000	10.3300
	加权净资产收益率(%)	5.5100	10.1400	6.0900	23.3000
	净资产收益率(扣除)(%)	–	–	–	–
	总资产(万元)	362134.84	338241.99	348073.15	332405.37
	归属母公司股东权益(万元)	301658.67	299422.83	287935.46	284145.81
	主营业务收入(万元)	93215.64	158948.10	93265.91	196780.51
	营业收入(万元)	94991.77	161708.91	94454.71	198252.04
	主营成本(万元)	66518.08	115399.50	66668.19	147736.91
	营业成本(万元)	67873.96	116853.13	67663.43	148523.85
	投资收益(万元)	225.30	275.85	133.54	7.80
	净利润(万元)	17305.97	30157.82	18156.26	31011.18
	利润总额(万元)	21357.56	37360.30	22378.83	36725.36

江苏太平洋精锻科技股份有限公司

公司概况	公司名称	江苏太平洋精锻科技股份有限公司			证券简称	精锻科技
	法人代表	夏汉关	董秘	董义	证券代码	300258
	公司网址	www.ppforging.com		电子信箱	ppf@ppforging.com	
	电　话	0523-88814825 88814817		传　真	0523-88812353	
	办公地址	江苏省姜堰市姜堰大道 91 号				
	经营范围	汽车精锻齿轮及其它精密锻件的研发、生产与销售等				

主要财务指标	指标\报告期	2013.06.30	2012.12.31	2012.06.30	2011.12.31
	基本每股收益(元)	0.3025	0.7450	0.3148	0.6884
	基本每股收益(扣除)(元)	0.2938	0.7000	0.4834	0.6200
	每股净资产(元)	5.6163	5.4528	6.1800	8.9400
	每股经营现金净流量(元)	0.1095	0.7479	0.4211	0.5244
	每股现金流量(元)	-0.4829	-1.1660	-0.6750	3.5140
	每股资本公积金(元)	3.1979	4.0374	4.0374	6.5562
	每股盈余公积金(元)	0.1530	0.1836	0.1066	0.1599
	每股未分配利润(元)	1.2628	1.3224	1.0318	1.2275
	净资产收益率(%)	5.3870	11.3900	5.8000	9.6210
	加权净资产收益率(%)	5.3900	11.9400	6.1100	18.6300
	净资产收益率(扣除)(%)	-	-	-	-
	总资产(万元)	130106.65	118834.82	108590.88	104833.28
	归属母公司股东权益(万元)	101092.51	98150.91	92638.29	89435.55
	主营业务收入(万元)	25223.67	42876.64	20695.52	37203.26
	营业收入(万元)	25786.77	43885.73	21134.56	38310.36
	主营成本(万元)	15966.52	24885.71	11766.46	22132.10
	营业成本(万元)	16023.97	24894.99	11771.42	22143.03
	投资收益(万元)	41.12	40.57	40.57	30.90
	净利润(万元)	5445.84	11175.36	5666.18	8604.62
	利润总额(万元)	6426.99	13255.86	6678.49	10282.18

河南新天科技股份有限公司

公司概况	公司名称	河南新天科技股份有限公司			证券简称	新天科技
	法人代表	费战波	董秘	杨冬玲	证券代码	300259
	公司网址	www.suntront.com		电子信箱	xtkj@suntront.com	
	电　话	0371-67992390		传　真	0371-67980628	
	办公地址	河南省郑州市高新技术产业开发区国槐街 19 号				
	经营范围	开发、研制、生产、销售电子仪器、仪表、电子元器件、计算机外部设备及软件等				

主要财务指标	指标\报告期	2013.06.30	2012.12.31	2012.06.30	2011.12.31
	基本每股收益(元)	0.2400	0.5400	0.2000	0.3700
	基本每股收益(扣除)(元)	0.2400	0.5100	0.2300	0.3400
	每股净资产(元)	3.6035	4.1480	3.8400	7.4300
	每股经营现金净流量(元)	0.0658	0.4513	0.1125	0.5465
	每股现金流量(元)	-0.3241	-0.2015	-0.2379	5.2362
	每股资本公积金(元)	1.5975	2.1170	2.1170	5.2339
	每股盈余公积金(元)	0.1019	0.1223	0.0672	0.1344
	每股未分配利润(元)	0.9041	0.9089	0.6601	1.0648
	净资产收益率(%)	6.6153	13.0600	6.1800	10.0300
	加权净资产收益率(%)	6.7200	13.8000	6.2000	20.4300
	净资产收益率(扣除)(%)	-	-	-	-
	总资产(万元)	76774.93	74522.94	65896.25	63886.77
	归属母公司股东权益(万元)	65450.53	62785.77	58186.74	56254.04
	主营业务收入(万元)	11956.86	28881.65	10374.49	23343.59
	营业收入(万元)	12207.02	29145.13	10497.85	23582.07
	主营成本(万元)	6535.31	15639.21	5829.11	13251.76
	营业成本(万元)	6602.33	15764.20	5848.15	13326.15
	投资收益(万元)	-	-	-	-
	净利润(万元)	4266.40	8109.08	3595.24	5640.64
	利润总额(万元)	4852.61	9375.87	4078.93	6564.18

昆山新莱洁净应用材料股份有限公司

公司概况	公司名称	昆山新莱洁净应用材料股份有限公司			证券简称	新莱应材
	法人代表	李水波	董秘	郭红飞	证券代码	300260
	公司网址	www.kinglai.com.cn		电子信箱	lucy@kinglai.com.cn	
	电　话	0512-57871991		传　真	0512-57871472	
	办公地址	江苏省苏州市昆山市陆家镇陆丰西路 22 号				
	经营范围	以高纯不锈钢为母材之高洁净应用材料研发、生产与销售等				

主要财务指标	指标\报告期	2013.06.30	2012.12.31	2012.06.30	2011.12.31
	基本每股收益(元)	0.1010	0.1450	0.2750	0.6120
	基本每股收益(扣除)(元)	0.1010	0.1290	0.2700	0.5100
	每股净资产(元)	6.2327	6.1900	6.2450	9.3700
	每股经营现金净流量(元)	-0.1323	0.0715	-0.1425	-0.7795
	每股现金流量(元)	0.0821	-1.2140	-0.5520	4.5056
	每股资本公积金(元)	3.8609	3.8608	3.8608	6.2912
	每股盈余公积金(元)	0.1570	0.1457	0.1512	0.1988
	每股未分配利润(元)	1.2122	1.1840	1.2328	1.8788
	净资产收益率(%)	1.6239	2.3300	3.1400	15.5400
	加权净资产收益率(%)	1.6300	2.3300	3.1400	15.5400
	净资产收益率(扣除)(%)	-	-	-	-
	总资产(万元)	90746.56	79375.58	82399.94	82250.05
	归属母公司股东权益(万元)	62357.80	61934.37	62479.13	62489.73
	主营业务收入(万元)	23410.02	32250.96	16239.83	31459.80
	营业收入(万元)	23441.31	32271.13	16251.42	31484.39
	主营成本(万元)	18283.72	24721.35	11510.66	20978.13
	营业成本(万元)	18283.72	24737.26	11510.66	20985.03
	投资收益(万元)	-	-	-	-
	净利润(万元)	955.55	1497.33	2041.68	5173.48
	利润总额(万元)	1144.24	1754.01	2400.13	6025.06

雅本化学股份有限公司

公司概况	公司名称	雅本化学股份有限公司			证券简称	雅本化学
	法人代表	蔡彤	董秘	王卓颖	证券代码	300261
	公司网址	www.abachem.com		电子信箱	info@abachem.com	
	电　话	021-32270636		传　真	021-51159188	
	办公地址	上海市普陀区宁夏路 201 号 18 楼 D 座				
	经营范围	农药中间体、医药中间体的研究与开发、生产、销售等				

主要财务指标	指标\报告期	2013.06.30	2012.12.31	2012.06.30	2011.12.31
	基本每股收益(元)	0.1155	0.3402	0.1100	0.3765
	基本每股收益(扣除)(元)	-	0.3200	0.1662	0.3500
	每股净资产(元)	2.6639	4.2800	4.1100	6.6000
	每股经营现金净流量(元)	0.0446	0.2074	0.0056	0.1161
	每股现金流量(元)	-0.2320	-1.1336	-0.1802	3.9473
	每股资本公积金(元)	1.2198	2.5517	2.5517	4.6827
	每股盈余公积金(元)	0.0559	0.0895	0.0520	0.0833
	每股未分配利润(元)	0.3882	0.6362	0.5094	0.8335
	净资产收益率(%)	4.3374	7.9500	4.2100	7.4100
	加权净资产收益率(%)	4.2600	8.1300	4.2100	18.2000
	净资产收益率(扣除)(%)	-	-	-	-
	总资产(万元)	75731.13	66261.13	67730.88	64132.83
	归属母公司股东权益(万元)	61853.13	62072.71	59689.95	59856.70
	主营业务收入(万元)	18245.45	29539.07	16025.30	22558.40
	营业收入(万元)	19075.62	30138.98	16057.06	23016.81
	主营成本(万元)	13120.18	20372.13	11129.88	14262.51
	营业成本(万元)	13129.94	20379.04	11133.62	14281.04
	投资收益(万元)	-	-	-	-
	净利润(万元)	2682.82	4937.01	2554.25	4438.09
	利润总额(万元)	3165.04	5642.35	3171.60	5039.68

上海巴安水务股份有限公司

公司概况	公司名称	上海巴安水务股份有限公司			证券简称	巴安水务
	法人代表	张春霖	董秘	王贤	证券代码	300262
	公司网址	www.safbon.com		电子信箱	safbon@safbon.com	
	电　话	021-32020653		传　真	021-52135781	
	办公地址	上海市青浦区练塘镇章练塘路与朱枫公路路口				
	经营范围	环保水处理、污水处理、饮用水处理系统工程设计、咨询及设备安装、调试等				

主要财务指标	指标\报告期	2013.06.30	2012.12.31	2012.06.30	2011.12.31
	基本每股收益(元)	0.0713	0.3363	0.0447	0.2110
	基本每股收益(扣除)(元)	–	0.3321	0.0871	0.1583
	每股净资产(元)	1.8205	3.5291	3.2700	6.3600
	每股经营现金净流量(元)	–0.6548	–1.4278	–0.5668	–0.4896
	每股现金流量(元)	–0.1193	–1.2837	–0.3830	3.2685
	每股资本公积金(元)	0.3655	1.7310	1.7310	4.4620
	每股盈余公积金(元)	0.0393	0.0787	0.0449	0.0898
	每股未分配利润(元)	0.4076	0.7067	0.4936	0.8084
	净资产收益率(%)	3.9148	9.5300	2.7300	5.3888
	加权净资产收益率(%)	3.9600	10.0300	2.7700	10.7700
	净资产收益率(扣除)(%)	–	–	–	–
	总资产(万元)	99143.77	72155.48	57262.39	49817.21
	归属母公司股东权益(万元)	48570.46	47078.79	43615.15	42422.32
	主营业务收入(万元)	19087.29	36153.16	10365.83	15965.61
	营业收入(万元)	19087.29	36153.16	10365.83	15965.61
	主营成本(万元)	14164.12	24909.32	6703.25	10033.76
	营业成本(万元)	14164.12	24909.32	6703.25	10033.76
	投资收益(万元)	–	–	–	–
	净利润(万元)	1901.44	4486.59	1192.83	2286.03
	利润总额(万元)	2307.10	5674.00	1403.33	2566.05

洛阳隆华传热科技股份有限公司

公司概况	公司名称	洛阳隆华传热科技股份有限公司			证券简称	隆华节能
	法人代表	李占明	董秘	张国安	证券代码	300263
	公司网址	www.longhuachuanre.com		电子信箱	lylhzqb@126.com	
	电　话	0379-67891833 67891813		传　真	0379-67891813	
	办公地址	河南省洛阳市空港产业集聚区				
	经营范围	传热设备、非标设备及配件的研究、开发、制造、销售等				

主要财务指标	指标\报告期	2013.06.30	2012.12.31	2012.06.30	2011.12.31
	基本每股收益(元)	0.2700	0.3500	0.1900	0.6100
	基本每股收益(扣除)(元)	–	0.3600	0.1900	0.5500
	每股净资产(元)	5.8560	5.6800	5.4800	10.8900
	每股经营现金净流量(元)	0.0761	0.0815	–0.2182	–0.3378
	每股现金流量(元)	–0.5306	–0.4578	–0.4867	6.8884
	每股资本公积金(元)	3.6608	3.6478	3.6016	8.2031
	每股盈余公积金(元)	0.1181	0.1181	0.0844	0.1687
	每股未分配利润(元)	1.0771	0.9115	0.7971	1.5185
	净资产收益率(%)	4.5347	6.1600	3.4300	9.0600
	加权净资产收益率(%)	4.5800	6.4000	3.4200	21.1400
	净资产收益率(扣除)(%)	–	–	–	–
	总资产(万元)	130848.17	120438.54	107305.74	102255.03
	归属母公司股东权益(万元)	95640.11	92723.29	87728.75	87122.73
	主营业务收入(万元)	29775.54	41059.10	19177.57	43957.17
	营业收入(万元)	29870.76	41294.33	19354.09	44352.29
	主营成本(万元)	20801.14	28312.29	13202.72	30361.64
	营业成本(万元)	20812.83	28331.80	13212.83	30373.81
	投资收益(万元)	–	–	–	–
	净利润(万元)	4332.62	5715.45	3006.02	7900.22
	利润总额(万元)	5150.58	6755.53	3537.28	9206.64

深圳市佳创视讯技术股份有限公司

公司概况	公司名称	深圳市佳创视讯技术股份有限公司			证券简称	佳创视讯
	法人代表	陈坤江	董秘	朱伟旻	证券代码	300264
	公司网址	www.avit.com.cn		电子信箱	avit@avit.com.cn	
	电　话	0755-83571200		传　真	0755-83575099	
	办公地址	广东省深圳市福田区滨河路以南、沙嘴路以东中央西谷大厦15层01-08、16层04、05				
	经营范围	从事数字电视软硬件产品的研发、生产、销售和系统集成				

主要财务指标	指标\报告期	2013.06.30	2012.12.31	2012.06.30	2011.12.31
	基本每股收益(元)	0.0200	0.0900	0.0900	0.3400
	基本每股收益(扣除)(元)	0.0100	0.0600	0.0800	0.2800
	每股净资产(元)	3.9479	3.9236	3.9200	5.8500
	每股经营现金净流量(元)	–0.0923	–0.1771	–0.1945	0.0217
	每股现金流量(元)	–0.1310	–0.3977	–0.3180	3.6401
	每股资本公积金(元)	2.3306	2.3306	2.3306	3.9959
	每股盈余公积金(元)	0.1010	0.1010	0.0936	0.1404
	每股未分配利润(元)	0.5163	0.4920	0.4967	0.7088
	净资产收益率(%)	0.6173	2.3800	2.3200	7.0760
	加权净资产收益率(%)	0.6200	2.3900	2.3000	14.9900
	净资产收益率(扣除)(%)	–	–	–	–
	总资产(万元)	62879.46	63643.60	66132.33	64246.90
	归属母公司股东权益(万元)	60403.02	60031.37	59991.20	59620.92
	主营业务收入(万元)	7438.47	17148.88	9275.97	19937.91
	营业收入(万元)	7438.47	17148.88	9275.97	19937.91
	主营成本(万元)	4234.55	10981.25	5990.80	11653.91
	营业成本(万元)	4234.55	10981.25	5990.80	11653.91
	投资收益(万元)	–0.08	–1.76	–1.26	–19.11
	净利润(万元)	372.87	1430.55	1390.26	4218.55
	利润总额(万元)	514.50	1597.87	1653.93	4787.96

江苏通光电子线缆股份有限公司

公司概况	公司名称	江苏通光电子线缆股份有限公司			证券简称	通光线缆
	法人代表	张强	董秘	王旭光	证券代码	300265
	公司网址	www.tgjt.cn		电子信箱	cwb@tgjt.cn	
	电　话	0513-82263991		传　真	0513-82105111	
	办公地址	江苏省海门市海门镇渤海路169号				
	经营范围	生产销售半导体芯片、光有源、无源器件、电子线缆、计算机软件开发等				

主要财务指标	指标\报告期	2013.06.30	2012.12.31	2012.06.30	2011.12.31
	基本每股收益(元)	0.2200	0.4700	0.2400	0.4100
	基本每股收益(扣除)(元)	0.1500	0.3700	0.1900	0.4000
	每股净资产(元)	5.5555	5.4400	5.2100	5.0300
	每股经营现金净流量(元)	0.0164	–0.5928	–0.7045	–0.6290
	每股现金流量(元)	–0.6211	–0.0610	0.0983	1.7942
	每股资本公积金(元)	3.3109	3.3086	3.3133	3.3206
	每股盈余公积金(元)	0.0869	0.0869	0.0608	0.0608
	每股未分配利润(元)	1.1577	1.0414	0.8313	0.6460
	净资产收益率(%)	3.8943	8.6700	4.5200	6.5200
	加权净资产收益率(%)	3.9000	9.0100	4.5800	14.3300
	净资产收益率(扣除)(%)	–	–	–	–
	总资产(万元)	123029.13	114053.71	109783.25	107519.51
	归属母公司股东权益(万元)	74999.26	73397.42	70272.88	67869.38
	主营业务收入(万元)	37074.42	79192.12	34264.86	64852.69
	营业收入(万元)	37392.28	79871.53	34510.60	64984.83
	主营成本(万元)	27792.30	56517.94	23318.42	46085.53
	营业成本(万元)	28016.78	57210.14	23395.37	46125.52
	投资收益(万元)	–169.60	–288.65	–82.05	8.79
	净利润(万元)	2920.66	6614.95	3168.85	4148.19
	利润总额(万元)	3597.84	7555.29	3700.84	5035.37

杭州兴源过滤科技股份有限公司

公司概况	公司名称	杭州兴源过滤科技股份有限公司			证券简称	兴源过滤
	法人代表	周立武	董秘	徐孝雅	证券代码	300266
	公司网址	www.xingyuan.com		电子信箱	stock@xingyuan.com	
	电　话	0571-88771111		传　真	0571-88793599	
	办公地址	浙江省杭州市余杭区良渚镇良渚路10号				
	经营范围	过滤机及其配件的制造、浓缩、分离、过滤、破碎、筛分、干化、成型技术的研究与开发等				

主要财务指标	指标\报告期	2013.06.30	2012.12.31	2012.06.30	2011.12.31
	基本每股收益(元)	0.1040	0.4300	0.1900	0.6400
	基本每股收益(扣除)(元)	0.0980	0.3300	0.1900	0.5400
	每股净资产(元)	4.6044	5.9200	5.7400	8.9000
	每股经营现金净流量(元)	0.0669	0.3128	0.0396	0.7071
	每股现金流量(元)	–0.6698	–0.8024	–1.0877	4.7744
	每股资本公积金(元)	2.3767	3.3897	3.3897	6.0236
	每股盈余公积金(元)	0.1235	0.1606	0.1174	0.1879
	每股未分配利润(元)	1.1041	1.3704	1.2344	1.6912
	净资产收益率(%)	2.2560	7.2900	4.4000	9.2940
	加权净资产收益率(%)	2.2600	7.5300	4.4500	19.9000
	净资产收益率(扣除)(%)	–	–	–	–
	总资产(万元)	65808.43	72348.10	67146.38	69163.87
	归属母公司股东权益(万元)	53632.09	53049.33	51444.33	49855.26
	主营业务收入(万元)	15226.39	29258.67	15745.54	31111.99
	营业收入(万元)	15321.68	29413.61	15809.58	31240.22
	主营成本(万元)	11102.25	20431.80	11150.60	21201.98
	营业成本(万元)	11102.25	20431.80	11150.60	21201.98
	投资收益(万元)	–	–	–	–
	净利润(万元)	1209.96	3866.07	2261.07	4633.67
	利润总额(万元)	1385.55	4444.96	2660.32	5390.59

湖南尔康制药股份有限公司

公司概况	公司名称	湖南尔康制药股份有限公司			证券简称	尔康制药
	法人代表	帅放文	董秘	罗琅	证券代码	300267
	公司网址	www.hnerkang.com		电子信箱	luolang21cn@126.com	
	电　话	0731-83282597		传　真	0731-83282705	
	办公地址	湖南省长沙市浏阳生物医药工业园				
	经营范围	从事医药产品的研发、生产和销售，主要业务包括药用辅料及新型抗生素等				

主要财务指标	指标\报告期	2013.06.30	2012.12.31	2012.06.30	2011.12.31
	基本每股收益(元)	0.3400	0.6400	0.3500	0.5800
	基本每股收益(扣除)(元)	0.3300	0.6300	0.3400	0.5600
	每股净资产(元)	5.0756	4.8403	4.5600	5.7598
	每股经营现金净流量(元)	0.2462	0.3513	0.0881	0.4116
	每股现金流量(元)	–0.1222	–0.7808	–0.2081	4.0171
	每股资本公积金(元)	2.8036	2.8036	2.8031	3.9440
	每股盈余公积金(元)	0.0776	0.0776	0.0434	0.0564
	每股未分配利润(元)	1.1941	0.9588	0.7091	0.7588
	净资产收益率(%)	6.6060	13.1200	7.7100	11.1200
	加权净资产收益率(%)	6.7200	13.8700	7.6200	27.6600
	净资产收益率(扣除)(%)	–	–	–	–
	总资产(万元)	133195.90	123759.20	121494.63	112817.10
	归属母公司股东权益(万元)	121408.81	115779.27	108973.25	105981.18
	主营业务收入(万元)	39071.31	83376.33	39390.26	60774.68
	营业收入(万元)	39071.31	83485.86	39390.26	60841.65
	主营成本(万元)	22997.71	53140.80	24362.49	35913.54
	营业成本(万元)	22997.71	53231.58	24362.49	35976.21
	投资收益(万元)	–	–	–	–
	净利润(万元)	8049.57	15305.19	8469.79	11887.91
	利润总额(万元)	9447.30	18054.32	9686.25	13908.71

万福生科(湖南)农业开发股份有限公司

公司概况	公司名称	万福生科(湖南)农业开发股份有限公司			证券简称	万福生科
	法人代表	龚永福	董秘	尹彬	证券代码	300268
	公司网址	www.wanfushk.com		电子信箱	wanfushk@126.com	
	电　话	0736-6689376		传　真	0736-6689376	
	办公地址	湖南省常德市桃源县陬市镇桂花路1号				
	经营范围	从事稻米精深加工系列产品的研发、生产和销售等				

主要财务指标	指标\报告期	2013.06.30	2012.12.31	2012.06.30	2011.12.31
	基本每股收益(元)	–0.1486	–0.0250	–0.1021	0.0210
	基本每股收益(扣除)(元)	–0.1680	–0.0520	–0.1220	–0.0840
	每股净资产(元)	3.4867	3.6400	4.7500	7.6215
	每股经营现金净流量(元)	0.1183	0.2055	–0.2134	0.4986
	每股现金流量(元)	–0.9439	–0.9572	–1.4809	4.9418
	每股资本公积金(元)	2.8133	2.8133	3.0632	6.6266
	每股盈余公积金(元)	0.0105	0.0105	0.0937	0.0211
	每股未分配利润(元)	–0.3372	–0.1886	0.5915	–0.0262
	净资产收益率(%)	–4.2608	–0.6800	–2.1500	0.5300
	加权净资产收益率(%)	–4.1700	–0.6800	–2.0400	0.5300
	净资产收益率(扣除)(%)	–	–	–	–
	总资产(万元)	72842.52	92022.06	96231.58	92362.94
	归属母公司股东权益(万元)	46721.86	48712.59	63629.02	51064.20
	主营业务收入(万元)	11165.40	29599.51	8231.44	27318.69
	营业收入(万元)	11183.94	29615.74	8231.44	27323.69
	主营成本(万元)	10727.09	25324.05	7044.39	21523.06
	营业成本(万元)	10750.21	25349.60	21596.13	21529.67
	投资收益(万元)	–	–	–	–217.01
	净利润(万元)	–1990.72	–341.62	–1367.84	114.17
	利润总额(万元)	–1984.03	–322.48	–1117.37	134.32

深圳市联建光电股份有限公司

公司概况	公司名称	深圳市联建光电股份有限公司			证券简称	联建光电
	法人代表	刘虎军	董秘	钟菊英	证券代码	300269
	公司网址	www.lcjh.com		电子信箱	dm@lcjh.com	
	电　话	0755-29746682		传　真	0755-29746765	
	办公地址	广东省深圳市宝安区68区留仙三路安通达工业厂区四号厂房2楼				
	经营范围	中高端LED全彩显示应用产品的研发、生产和销售等				

主要财务指标	指标\报告期	2013.06.30	2012.12.31	2012.06.30	2011.12.31
	基本每股收益(元)	0.0700	0.3700	0.0700	0.8500
	基本每股收益(扣除)(元)	–	0.3300	0.1800	0.8000
	每股净资产(元)	4.7976	4.8500	7.5600	7.6271
	每股经营现金净流量(元)	–0.2316	–0.3931	–0.7980	0.6461
	每股现金流量(元)	–0.1957	–1.4628	–1.1402	4.3003
	每股资本公积金(元)	2.4072	4.4515	4.4779	4.3818
	每股盈余公积金(元)	0.1794	0.2871	0.2489	0.2456
	每股未分配利润(元)	1.2167	2.0294	1.8419	2.0053
	净资产收益率(%)	1.5280	4.7100	2.7100	9.0500
	加权净资产收益率(%)	1.5100	4.7500	1.3900	17.6200
	净资产收益率(扣除)(%)	–	–	–	–
	总资产(万元)	89333.52	91755.89	82897.34	84596.96
	归属母公司股东权益(万元)	56481.10	57090.86	55650.05	56120.27
	主营业务收入(万元)	25376.34	52978.94	22234.63	50662.58
	营业收入(万元)	25376.34	53416.46	22474.76	51215.06
	主营成本(万元)	19629.45	40066.42	16439.23	37210.44
	营业成本(万元)	19629.45	40443.74	16720.60	37653.32
	投资收益(万元)	–	–26.76	0.18	–44.36
	净利润(万元)	764.98	2555.40	718.76	4970.56
	利润总额(万元)	1050.27	4278.84	1803.83	5906.09

杭州中威电子股份有限公司

公司概况	公司名称	杭州中威电子股份有限公司			证券简称	中威电子
	法人代表	石旭刚	董秘	章良忠	证券代码	300270
	公司网址	www.obtelecom.com		电子信箱	zhangliangzhong@obtelecom.com	
	电　话	0571-88373153		传　真	0571-88394930	
	办公地址	浙江省杭州市西湖区文三路20号浙江建工大楼17层				
	经营范围	安防视频监控传输技术及产品的研发、生产和销售等				

	指标\报告期	2013.06.30	2012.12.31	2012.06.30	2011.12.31
主要财务指标	基本每股收益(元)	0.1600	0.7600	0.2092	0.7100
	基本每股收益(扣除)(元)	–	0.7300	0.4000	0.6400
	每股净资产(元)	3.9975	7.8800	7.5400	10.7800
	每股经营现金净流量(元)	0.0187	0.0297	–0.1796	0.0971
	每股现金流量(元)	–0.9442	2.8460	–0.3933	0.3901
	每股资本公积金(元)	2.0641	5.1281	5.1281	8.1922
	每股盈余公积金(元)	0.0970	0.1940	0.1184	0.1775
	每股未分配利润(元)	0.8365	1.5540	1.2920	1.4104
	净资产收益率(%)	3.9885	9.6000	5.5500	8.4700
	加权净资产收益率(%)	3.9800	10.0500	5.6500	24.6300
	净资产收益率(扣除)(%)	–	–	–	–
	总资产(万元)	52510.14	51368.54	48285.31	46187.84
	归属母公司股东权益(万元)	47970.39	47257.09	45231.14	43120.84
	主营业务收入(万元)	6860.89	14119.15	7207.30	11673.78
	营业收入(万元)	6860.89	14119.15	7207.30	11673.78
	主营成本(万元)	1909.92	4769.03	2374.22	3572.80
	营业成本(万元)	1909.92	4769.03	2374.22	3572.80
	投资收益(万元)	–	–	–	–
	净利润(万元)	1913.30	4536.25	2510.31	3652.47
	利润总额(万元)	2161.88	5259.99	2912.15	4141.13

北京华宇软件股份有限公司

公司概况	公司名称	北京华宇软件股份有限公司			证券简称	华宇软件
	法人代表	邵学	董秘	余晴燕	证券代码	300271
	公司网址	www.thunisoft.com		电子信箱	ir@thunisoft.com	
	电　话	010-82150085		传　真	010-82150616	
	办公地址	北京市海淀区中关村东路1号院清华科技园科技大厦C座25层				
	经营范围	从事电子政务系统的产品开发与服务等				

	指标\报告期	2013.06.30	2012.12.31	2012.06.30	2011.12.31
主要财务指标	基本每股收益(元)	0.2092	0.7100	0.2900	0.6900
	基本每股收益(扣除)(元)	0.4000	0.6400	0.2900	0.6900
	每股净资产(元)	7.5400	10.7800	5.4000	11.7100
	每股经营现金净流量(元)	–0.1796	0.0971	–0.4161	–0.5373
	每股现金流量(元)	–0.3933	0.3901	–1.3379	6.0745
	每股资本公积金(元)	5.1281	8.1922	2.8848	6.7697
	每股盈余公积金(元)	0.1184	0.1775	0.2094	0.4188
	每股未分配利润(元)	1.2920	1.4104	1.3024	3.5255
	净资产收益率(%)	5.5500	8.4700	5.2700	9.3600
	加权净资产收益率(%)	5.6500	24.6300	5.1500	20.4300
	净资产收益率(扣除)(%)	–	–	–	–
	总资产(万元)	48285.31	46187.84	92242.61	99258.46
	归属母公司股东权益(万元)	45231.14	43120.84	79871.09	86683.91
	主营业务收入(万元)	7207.30	11673.78	23370.40	46489.43
	营业收入(万元)	7207.30	11673.78	23370.40	46489.43
	主营成本(万元)	2374.22	3572.80	12671.13	22253.53
	营业成本(万元)	2374.22	3572.80	12671.13	22253.53
	投资收益(万元)	–	–	–	–
	净利润(万元)	2510.31	3652.47	4229.12	8192.03
	利润总额(万元)	2912.15	4141.13	4488.56	9365.83

上海开能环保设备股份有限公司

公司概况	公司名称	上海开能环保设备股份有限公司			证券简称	开能环保
	法人代表	瞿建国	董秘	高国垒	证券代码	300272
	公司网址	www.canature.com		电子信箱	dongmiban@canature.com	
	电　话	021-58599901		传　真	021-58599079	
	办公地址	上海市浦东新区川大路518号				
	经营范围	全屋水处理设备及其专业部件的研发、制造、销售与服务等				

	指标\报告期	2013.06.30	2012.12.31	2012.06.30	2011.12.31
主要财务指标	基本每股收益(元)	0.1200	0.3500	0.1100	0.3500
	基本每股收益(扣除)(元)	0.1200	0.3300	0.1400	0.3400
	每股净资产(元)	2.4758	3.3040	3.1000	4.1400
	每股经营现金净流量(元)	0.0590	0.2776	0.0600	0.3478
	每股现金流量(元)	–0.7368	–0.4160	–0.2619	2.5317
	每股资本公积金(元)	1.1107	1.6762	1.6762	2.4790
	每股盈余公积金(元)	0.1028	0.1358	0.0945	0.1229
	每股未分配利润(元)	0.2623	0.4920	0.3256	0.5405
	净资产收益率(%)	4.8713	10.5400	4.5400	8.7200
	加权净资产收益率(%)	4.7000	10.8000	4.3700	19.5000
	净资产收益率(扣除)(%)	–	–	–	–
	总资产(万元)	52427.49	61237.40	48147.38	49315.42
	归属母公司股东权益(万元)	46764.62	47246.55	44276.58	45566.37
	主营业务收入(万元)	13530.85	24071.74	10562.26	20707.01
	营业收入(万元)	13530.85	24071.74	10562.26	20707.01
	主营成本(万元)	7760.03	13381.12	5707.00	11534.58
	营业成本(万元)	7760.03	13381.12	5707.00	11534.58
	投资收益(万元)	7.69	–	–	–
	净利润(万元)	2268.90	5045.77	2032.37	4004.94
	利润总额(万元)	2664.73	6031.18	2445.42	4747.92

珠海和佳医疗设备股份有限公司

公司概况	公司名称	珠海和佳医疗设备股份有限公司			证券简称	和佳股份
	法人代表	郝镇熙	董秘	苏彩龙	证券代码	300273
	公司网址	www.hokai.com		电子信箱	ir@hokai.com	
	电　话	0756-8686333		传　真	0756-8686077	
	办公地址	广东省珠海市香洲区宝盛路5号				
	经营范围	一直从事医疗设备的研发、生产、销售和服务等				

	指标\报告期	2013.06.30	2012.12.31	2012.06.30	2011.12.31
主要财务指标	基本每股收益(元)	0.1600	0.6200	0.1300	0.5000
	基本每股收益(扣除)(元)	0.1400	0.4900	0.2400	0.4700
	每股净资产(元)	2.1137	2.0900	4.2300	6.4700
	每股经营现金净流量(元)	–0.4316	0.0737	–0.2227	0.3738
	每股现金流量(元)	–0.3106	–0.1552	–0.3371	4.7903
	每股资本公积金(元)	0.7323	2.6112	2.6112	4.4167
	每股盈余公积金(元)	0.0556	0.1224	0.0686	0.1030
	每股未分配利润(元)	0.3257	0.8670	0.5907	0.9530
	净资产收益率(%)	7.5200	13.9700	6.5100	25.0800
	加权净资产收益率(%)	7.4000	13.9700	5.7500	25.0800
	净资产收益率(扣除)(%)	–	–	–	–
	总资产(万元)	137783.47	118975.47	112570.18	103806.26
	归属母公司股东权益(万元)	93012.45	92023.25	85421.21	86313.02
	主营业务收入(万元)	31991.09	58233.05	27124.19	48297.40
	营业收入(万元)	32073.48	58911.18	27358.83	48874.63
	主营成本(万元)	14630.16	26901.92	12832.09	24043.81
	营业成本(万元)	14630.16	26901.92	12832.09	24047.99
	投资收益(万元)	4.17	7.05	–	–
	净利润(万元)	7075.96	12407.93	5819.44	8160.93
	利润总额(万元)	8621.13	14777.18	7134.66	9653.91

阳光电源股份有限公司

公司概况					
公司名称	阳光电源股份有限公司			证券简称	阳光电源
法人代表	曹仁贤	董秘	谢乐平	证券代码	300274
公司网址	www.sungrowpower.com		电子信箱	xielp@sungrowpower.com	
电　话	0551-65327867 65325617		传　真	0551-5327800	
办公地址	安徽省合肥市高新区天湖路2号				
经营范围	新能源发电设备、分布式电源及其配套产品的研制、生产、销售、服务等				

主要财务指标：指标\报告期	2013.06.30	2012.12.31	2012.06.30	2011.12.31
基本每股收益(元)	0.1700	0.2300	0.1400	0.6800
基本每股收益(扣除)(元)	–	0.0400	0.0400	0.6000
每股净资产(元)	5.8484	5.7200	5.6400	10.1000
每股经营现金净流量(元)	0.4472	–0.6909	–0.4914	–0.8081
每股现金流量(元)	0.1683	–0.7945	–0.4062	5.6745
每股资本公积金(元)	3.7818	3.7818	3.7818	7.6072
每股盈余公积金(元)	0.1087	0.1087	0.0847	0.1524
每股未分配利润(元)	0.9575	0.8346	0.7728	1.3393
净资产收益率(%)	2.8579	3.9400	2.4800	9.5300
加权净资产收益率(%)	2.8900	4.0000	2.4800	25.8100
净资产收益率(扣除)(%)	–	–	–	–
总资产(万元)	318019.23	275411.29	242024.55	241312.47
归属母公司股东权益(万元)	188644.74	184646.37	181887.50	180972.03
主营业务收入(万元)	71971.42	108131.86	36134.04	87227.07
营业收入(万元)	72308.38	108333.26	36229.12	87364.43
主营成本(万元)	56062.52	72197.06	21976.04	48414.55
营业成本(万元)	56323.95	72373.78	21989.03	48501.02
投资收益(万元)	–	–58.13	–115.47	–395.90
净利润(万元)	5391.29	7280.17	4510.35	17254.81
利润总额(万元)	6229.18	8592.57	5209.12	20093.07

重庆梅安森科技股份有限公司

公司概况					
公司名称	重庆梅安森科技股份有限公司			证券简称	梅安森
法人代表	马焰	董秘	彭治江	证券代码	300275
公司网址	www.cqmas.com		电子信箱	mas@cqmas.com	
电　话	023-68467887 68467829		传　真	023-68465683	
办公地址	重庆市九龙坡区二郎创业路105号高科创业园C2区6层				
经营范围	煤矿安全生产监测监控设备及成套安全保障系统的研发、设计、生产和销售				

主要财务指标：指标\报告期	2013.06.30	2012.12.31	2012.06.30	2011.12.31
基本每股收益(元)	0.2700	1.0400	0.2300	0.9400
基本每股收益(扣除)(元)	–	0.9500	0.4500	0.8900
每股净资产(元)	3.5450	6.8525	6.2800	8.5400
每股经营现金净流量(元)	0.0362	0.4539	0.1207	0.1975
每股现金流量(元)	–0.2785	–0.4341	–0.6098	5.6128
每股资本公积金(元)	1.3651	3.7302	3.7302	5.6222
每股盈余公积金(元)	0.1267	0.2535	0.1498	0.2098
每股未分配利润(元)	1.0532	1.8689	1.4039	1.7105
净资产收益率(%)	7.5812	15.1300	7.4400	12.1900
加权净资产收益率(%)	7.6600	16.1200	7.5000	32.5200
净资产收益率(扣除)(%)	–	–	–	–
总资产(万元)	64738.02	61704.53	56768.25	54695.61
归属母公司股东权益(万元)	58235.91	56285.08	51614.16	50118.52
主营业务收入(万元)	13643.05	24472.48	12024.91	18527.42
营业收入(万元)	13748.90	24685.60	12073.61	18688.65
主营成本(万元)	5670.64	10144.57	4986.57	7839.18
营业成本(万元)	5673.62	10153.98	4987.25	7844.12
投资收益(万元)	–	–	–	–
净利润(万元)	4414.97	8513.36	3842.44	6108.02
利润总额(万元)	5110.71	9714.30	4430.19	6980.16

湖北三丰智能输送装备股份有限公司

公司概况					
公司名称	湖北三丰智能输送装备股份有限公司			证券简称	三丰智能
法人代表	朱汉平	董秘	张德柱	证券代码	300276
公司网址	www.sfgs.com.cn		电子信箱	sfgfzxh@163.com	
电　话	0714-6399668 6399669		传　真	0714-6399668	
办公地址	湖北省黄石市黄石经济技术开发区黄金山工业园新区金山大道398号				
经营范围	智能输送成套设备的研发设计、生产制造、安装调试与技术服务等				

主要财务指标：指标\报告期	2013.06.30	2012.12.31	2012.06.30	2011.12.31
基本每股收益(元)	0.1400	0.5800	0.2000	0.9100
基本每股收益(扣除)(元)	0.1400	0.5100	0.3000	0.8400
每股净资产(元)	4.3200	6.7900	6.5400	8.2000
每股经营现金净流量(元)	–0.1845	–0.5332	–0.3257	0.6175
每股现金流量(元)	–0.2160	–1.0725	–0.6673	5.7978
每股资本公积金(元)	2.3245	4.3191	4.3191	5.9149
每股盈余公积金(元)	0.1141	0.1826	0.1247	0.1621
每股未分配利润(元)	0.8834	1.2922	1.0914	1.1251
净资产收益率(%)	3.3431	8.4900	4.8694	11.0800
加权净资产收益率(%)	3.3500	8.7400	4.9200	42.8800
净资产收益率(扣除)(%)	–	–	–	–
总资产(万元)	73882.91	70753.37	69628.96	67130.35
归属母公司股东权益(万元)	53938.44	52992.66	50974.79	49212.63
主营业务收入(万元)	13347.86	24917.37	13665.74	28254.96
营业收入(万元)	13347.86	24917.37	13665.74	28254.96
主营成本(万元)	9630.00	15996.06	8751.22	17975.53
营业成本(万元)	13347.86	15996.06	8751.22	17975.53
投资收益(万元)	–	–	–	–
净利润(万元)	1795.93	4502.23	2482.17	5453.34
利润总额(万元)	2016.15	5242.95	2899.98	6370.89

深圳海联讯科技股份有限公司

公司概况					
公司名称	深圳海联讯科技股份有限公司			证券简称	海联讯
法人代表	邢文飚	董秘	章锋(代)	证券代码	300277
公司网址	www.hirisun.com		电子信箱	szhlx@hirisun.com	
电　话	0755-26972918		传　真	0755-26972818	
办公地址	广东省深圳市南山区深南大道市高新技术园R2厂房B区3a层				
经营范围	电力信息化系统集成、软件开发与销售、技术及咨询服务等				

主要财务指标：指标\报告期	2013.06.30	2012.12.31	2012.06.30	2011.12.31
基本每股收益(元)	0.0343	0.3100	0.0858	0.3900
基本每股收益(扣除)(元)	0.0034	0.3000	0.0863	0.3800
每股净资产(元)	4.0335	4.1492	4.2800	7.9827
每股经营现金净流量(元)	–0.7014	0.1601	–0.3166	–0.3132
每股现金流量(元)	–1.1219	–0.9591	–0.9107	5.1617
每股资本公积金(元)	2.1185	2.1185	2.1185	5.2370
每股盈余公积金(元)	0.1416	0.1354	0.1388	0.2106
每股未分配利润(元)	0.7735	0.8953	1.0251	1.5351
净资产收益率(%)	0.8506	7.4200	2.0000	7.4700
加权净资产收益率(%)	0.8200	7.4300	1.9500	22.5100
净资产收益率(扣除)(%)	–	–	–	–
总资产(万元)	67298.41	78455.49	66131.56	76487.07
归属母公司股东权益(万元)	54049.44	55599.68	57384.28	53484.14
主营业务收入(万元)	13869.71	31464.28	13197.16	33944.75
营业收入(万元)	13869.71	31464.28	13197.16	33944.75
主营成本(万元)	9498.42	17630.27	7841.97	21445.57
营业成本(万元)	9498.42	17630.27	7841.97	21445.57
投资收益(万元)	–	–	–	–
净利润(万元)	459.76	4125.54	1149.44	3994.35
利润总额(万元)	612.92	4670.80	1304.68	4669.83

湖北华昌达智能装备股份有限公司

公司概况	公司名称	湖北华昌达智能装备股份有限公司			证券简称	华 昌 达
	法人代表	罗慧	董秘	颜华(代)	证券代码	300278
	公司网址	www.hchd.com.cn			电子信箱	kangbing@hchd.com.cn
	电　话	0719-8767909			传　真	0719-8767768
	办公地址	湖北省十堰市东益大道9号				
	经营范围	机械设备及电气、环保设备、机械输送系统设计、制造、销售、安装、检修等				

主要财务指标	指标\报告期	2013.06.30	2012.12.31	2012.06.30	2011.12.31
	基本每股收益(元)	0.0700	0.1800	0.1000	0.3600
	基本每股收益(扣除)(元)	0.0600	0.1400	0.0800	0.3500
	每股净资产(元)	3.1251	3.0771	6.2900	6.0850
	每股经营现金净流量(元)	-0.2643	-0.6433	-1.1125	-0.4033
	每股现金流量(元)	-0.1206	-1.6451	-2.1225	3.2477
	每股资本公积金(元)	1.6156	1.6156	4.3223	4.3223
	每股盈余公积金(元)	0.0474	0.0474	0.0651	0.0651
	每股未分配利润(元)	0.4621	0.4141	0.8979	0.6976
	净资产收益率(%)	2.1743	5.8600	3.1900	8.9000
	加权净资产收益率(%)	2.1800	5.8700	3.2400	25.0000
	净资产收益率(扣除)(%)	-	-	-	-
	总资产(万元)	77563.76	74491.97	80317.48	85838.51
	归属母公司股东权益(万元)	54188.93	53357.50	54493.64	52756.62
	主营业务收入(万元)	10610.21	24397.72	14996.76	34305.33
	营业收入(万元)	10731.25	25017.74	15208.22	34380.99
	主营成本(万元)	7551.86	17215.17	11185.02	23952.41
	营业成本(万元)	7594.38	17526.25	11185.02	23952.41
	投资收益(万元)	-	-	-	14.10
	净利润(万元)	1178.24	3135.08	1781.41	4882.05
	利润总额(万元)	1318.42	3641.74	1974.70	5829.38

无锡和晶科技股份有限公司

公司概况	公司名称	无锡和晶科技股份有限公司			证券简称	和晶科技
	法人代表	陈柏林	董秘	徐宏斌	证券代码	300279
	公司网址	www.hodgen-china.com			电子信箱	stock@hodgen-china.com
	电　话	0510-85259761			传　真	0510-85258772
	办公地址	江苏省无锡市新区坊兴路16号				
	经营范围	大型白色家电智能控制器的研发、生产和销售等				

主要财务指标	指标\报告期	2013.06.30	2012.12.31	2012.06.30	2011.12.31
	基本每股收益(元)	0.1190	0.1539	0.1251	0.3995
	基本每股收益(扣除)(元)	0.1099	0.1273	0.1000	0.2683
	每股净资产(元)	3.0189	2.9020	2.8800	5.7100
	每股经营现金净流量(元)	-0.0577	0.0142	-0.0942	0.3057
	每股现金流量(元)	-0.4365	-0.7197	-0.4701	3.9689
	每股资本公积金(元)	1.2597	1.2597	1.2597	3.5194
	每股盈余公积金(元)	0.0678	0.0678	0.0463	0.0926
	每股未分配利润(元)	0.6979	0.5790	0.5716	1.0930
	净资产收益率(%)	3.9408	5.3000	4.3500	10.3900
	加权净资产收益率(%)	4.0200	5.3400	4.2900	31.5700
	净资产收益率(扣除)(%)	-	-	-	-
	总资产(万元)	52644.61	49546.70	47553.03	52850.21
	归属母公司股东权益(万元)	36226.55	34823.88	34531.94	34230.63
	主营业务收入(万元)	20952.73	29823.26	13696.79	31322.68
	营业收入(万元)	21358.92	29835.12	13749.58	31343.92
	主营成本(万元)	17743.56	24755.22	11034.94	23924.89
	营业成本(万元)	18157.88	24755.22	11083.12	23925.78
	投资收益(万元)	-	-	-	-
	净利润(万元)	1427.62	1846.74	1501.31	3555.96
	利润总额(万元)	1634.54	2184.05	1733.30	4129.71

南通锻压设备股份有限公司

公司概况	公司名称	南通锻压设备股份有限公司			证券简称	南通锻压
	法人代表	郭庆	董秘	张剑峰	证券代码	300280
	公司网址	www.ntdy.com.cn			电子信箱	ntdygs@163.com
	电　话	0513-82153885			传　真	0513-82153885
	办公地址	江苏省南通市如皋市经济开发区锻压产业园区内				
	经营范围	锻压设备(液压机床、机械压力机)及配件的制造、销售、维修等				

主要财务指标	指标\报告期	2013.06.30	2012.12.31	2012.06.30	2011.12.31
	基本每股收益(元)	0.0125	0.2175	0.1461	0.5482
	基本每股收益(扣除)(元)	-0.0071	0.1433	0.1258	0.4702
	每股净资产(元)	4.8892	4.9212	4.8400	4.8000
	每股经营现金净流量(元)	0.0735	0.0346	0.1204	0.2466
	每股现金流量(元)	-0.3467	-1.2549	-0.8906	2.4286
	每股资本公积金(元)	3.2991	3.2991	3.2991	3.2991
	每股盈余公积金(元)	0.0713	0.0713	0.0496	0.0496
	每股未分配利润(元)	0.5046	0.5421	0.4924	0.4463
	净资产收益率(%)	0.2566	4.4200	3.0200	8.5740
	加权净资产收益率(%)	0.2600	4.4900	3.0000	19.2600
	净资产收益率(扣除)(%)	-	-	-	-
	总资产(万元)	72616.31	73977.31	79275.64	81888.92
	归属母公司股东权益(万元)	62582.18	62991.06	61966.10	61376.21
	主营业务收入(万元)	14500.32	35618.06	18839.91	40703.11
	营业收入(万元)	14833.96	36537.41	19225.55	41946.06
	主营成本(万元)	12318.65	27507.37	14049.93	29159.23
	营业成本(万元)	12558.96	28265.18	14377.66	30191.58
	投资收益(万元)	50.00	45.00	45.00	6.36
	净利润(万元)	160.57	2783.49	1869.89	5262.24
	利润总额(万元)	173.80	3167.05	2137.00	6081.59

广东金明精机股份有限公司

公司概况	公司名称	广东金明精机股份有限公司			证券简称	金明精机
	法人代表	马镇鑫	董秘	邱海涛	证券代码	300281
	公司网址	www.jmjj.com			电子信箱	stock@jmjj.com
	电　话	0754-89811399			传　真	0754-89811303
	办公地址	广东省汕头市濠江区纺织工业园				
	经营范围	货物进出口、技术进出口(法律、行政法规禁止的项目除外)等				

主要财务指标	指标\报告期	2013.06.30	2012.12.31	2012.06.30	2011.12.31
	基本每股收益(元)	0.1800	0.8800	0.1800	1.1400
	基本每股收益(扣除)(元)	0.1700	0.7400	0.2700	1.0500
	每股净资产(元)	4.8672	4.7840	9.0500	8.7800
	每股经营现金净流量(元)	-0.0872	0.1380	-0.5462	0.9922
	每股现金流量(元)	-0.2965	-2.7991	-2.7597	6.6267
	每股资本公积金(元)	2.8095	6.6191	6.6191	6.6191
	每股盈余公积金(元)	0.1019	0.2039	0.1158	0.1158
	每股未分配利润(元)	0.9557	1.7451	1.3149	1.0425
	净资产收益率(%)	3.7629	9.2000	4.0600	9.7100
	加权净资产收益率(%)	3.7700	9.6000	4.0600	32.8000
	净资产收益率(扣除)(%)	-	-	-	-
	总资产(万元)	72107.45	68873.77	64079.97	74563.12
	归属母公司股东权益(万元)	58406.32	57408.55	54298.81	52664.80
	主营业务收入(万元)	11196.05	26058.78	11184.92	26086.88
	营业收入(万元)	11340.09	26308.28	11269.93	26296.73
	主营成本(万元)	6980.41	16959.39	7108.52	16767.79
	营业成本(万元)	7043.56	17071.61	7141.38	16868.60
	投资收益(万元)	-	-	-	-
	净利润(万元)	2197.77	5283.75	2174.01	5111.48
	利润总额(万元)	2476.18	6171.64	2541.75	5967.19

北京汇冠新技术股份有限公司

公司概况	公司名称	北京汇冠新技术股份有限公司		证券简称	汇冠股份
	法人代表	刘新斌	董秘 李小冬	证券代码	300282
	公司网址	www.irtouch.com		电子信箱	dm@irtouch.com
	电　话	010-84573455		传　真	010-84574981
	办公地址	北京市朝阳区酒仙桥东路1号M8楼4层			
	经营范围	通信设备、计算机及其他电子设备的研发、生产、销售及进出口等			

主要财务指标	指标＼报告期	2013.06.30	2012.12.31	2012.06.30	2011.12.31
	基本每股收益(元)	0.0100	0.2200	0.1200	0.5500
	基本每股收益(扣除)(元)	-0.0400	0.1700	0.1300	0.5200
	每股净资产(元)	4.0622	4.1200	5.2900	6.3100
	每股经营现金净流量(元)	-0.2819	-0.0677	-0.3572	0.4730
	每股现金流量(元)	-0.5515	-0.4754	-0.5360	4.1917
	每股资本公积金(元)	2.1662	3.1161	3.1161	3.9393
	每股盈余公积金(元)	0.1136	0.1477	0.1210	0.1452
	每股未分配利润(元)	0.7847	1.0893	1.0515	1.2215
	净资产收益率(%)	0.2041	4.2200	2.9700	21.3700
	加权净资产收益率(%)	0.2000	4.2200	2.9700	21.3700
	净资产收益率(扣除)(%)	-	-	-	-
	总资产(万元)	30089.89	31693.02	31149.68	30731.75
	归属母公司股东权益(万元)	29169.50	29568.09	29211.65	29026.47
	主营业务收入(万元)	4444.78	14090.69	6422.35	11543.74
	营业收入(万元)	4564.75	14136.97	6423.63	11562.34
	主营成本(万元)	2859.16	8769.60	3538.38	5544.31
	营业成本(万元)	2859.16	8769.60	3538.38	5544.31
	投资收益(万元)	-	-	-	-
	净利润(万元)	59.54	1232.07	875.63	2264.19
	利润总额(万元)	71.05	1428.53	1051.00	2607.81

温州宏丰电工合金股份有限公司

公司概况	公司名称	温州宏丰电工合金股份有限公司		证券简称	温州宏丰
	法人代表	陈晓	董秘 陈乐生	证券代码	300283
	公司网址	www.wzhf.com		电子信箱	zqb@wzhf.com
	电　话	0577-27861136		传　真	0577-27861137
	办公地址	浙江省乐清市北白象镇大桥工业区塘下片区			
	经营范围	电接触功能复合材料、元件及组件的研发、生产和销售等			

主要财务指标	指标＼报告期	2013.06.30	2012.12.31	2012.06.30	2011.12.31
	基本每股收益(元)	-0.0800	0.6000	0.1100	1.5300
	基本每股收益(扣除)(元)	-0.0800	0.5900	0.1500	1.5100
	每股净资产(元)	5.7079	7.6218	7.1800	4.5291
	每股经营现金净流量(元)	0.2756	-0.4769	-0.7694	-1.1039
	每股现金流量(元)	-0.0086	1.4643	1.2429	-0.0093
	每股资本公积金(元)	3.6500	5.0450	5.0450	0.8558
	每股盈余公积金(元)	0.1768	0.2299	0.1788	0.1788
	每股未分配利润(元)	0.8811	1.3470	0.9562	1.6121
	净资产收益率(%)	-1.3685	7.6900	2.0100	33.7910
	加权净资产收益率(%)	-1.3400	8.0400	2.0500	40.6600
	净资产收益率(扣除)(%)	-	-	-	-
	总资产(万元)	75086.46	77738.18	73735.72	57919.06
	归属母公司股东权益(万元)	52558.56	53986.14	50856.73	24058.87
	主营业务收入(万元)	32576.92	69930.07	31716.41	80804.63
	营业收入(万元)	33028.31	70512.89	31847.55	81784.27
	主营成本(万元)	28590.54	58931.50	27594.49	65937.84
	营业成本(万元)	29116.73	59349.03	27735.84	67074.05
	投资收益(万元)	176.92	-	-	-
	净利润(万元)	-719.27	4150.48	1021.07	8129.79
	利润总额(万元)	-850.80	5024.54	1293.82	9370.21

江苏省交通科学研究院股份有限公司

公司概况	公司名称	江苏省交通科学研究院股份有限公司		证券简称	苏交科
	法人代表	王军华	董秘 潘岭松	证券代码	300284
	公司网址	www.jsti.com		电子信箱	sjkdmb@jsti.com
	电　话	025-86576542		传　真	025-86576666
	办公地址	江苏省南京市江宁科学园诚信大道2200号			
	经营范围	工程勘察、设计、施工、试验、监理及相关技术服务、地质勘察等			

主要财务指标	指标＼报告期	2013.06.30	2012.12.31	2012.06.30	2011.12.31
	基本每股收益(元)	0.2500	0.5887	0.1900	0.7323
	基本每股收益(扣除)(元)	-	0.5700	0.1900	0.7300
	每股净资产(元)	5.9035	5.8400	5.4500	5.4500
	每股经营现金净流量(元)	-0.2437	0.3754	-0.9904	-0.0213
	每股现金流量(元)	-1.4156	-0.4762	-1.3995	3.9676
	每股资本公积金(元)	3.1378	3.1260	3.1260	3.1260
	每股盈余公积金(元)	0.1918	0.1918	0.1310	0.1310
	每股未分配利润(元)	1.5721	1.5227	1.1874	1.1948
	净资产收益率(%)	4.2244	10.0800	3.5382	10.0721
	加权净资产收益率(%)	4.2100	10.4600	3.3400	26.5100
	净资产收益率(扣除)(%)	-	-	-	-
	总资产(万元)	263443.46	288481.70	254263.75	265625.07
	归属母公司股东权益(万元)	141684.50	140202.54	130692.32	130870.82
	主营业务收入(万元)	54956.46	117193.57	46938.50	126704.29
	营业收入(万元)	55086.88	117902.80	47063.83	126798.30
	主营成本(万元)	39789.72	74235.38	31059.25	85873.93
	营业成本(万元)	39831.73	74474.93	31059.25	85918.12
	投资收益(万元)	-	-	-	-
	净利润(万元)	6072.98	14256.44	4552.95	13056.12
	利润总额(万元)	7711.06	16955.73	5292.37	15663.68

山东国瓷功能材料股份有限公司

公司概况	公司名称	山东国瓷功能材料股份有限公司		证券简称	国瓷材料
	法人代表	张曦	董秘 许少梅	证券代码	300285
	公司网址	www.sinocera.com.cn		电子信箱	sinocera@sinocera.com.cn
	电　话	0546-8073768		传　真	0546-8073610
	办公地址	山东省东营市东营区辽河路24号			
	经营范围	生产、销售电子陶瓷粉体材料(不含危险品)、对销售后的产品进行技术服务等			

主要财务指标	指标＼报告期	2013.06.30	2012.12.31	2012.06.30	2011.12.31
	基本每股收益(元)	0.5800	1.0800	0.4800	0.9400
	基本每股收益(扣除)(元)	0.5700	1.0100	0.4800	0.8200
	每股净资产(元)	9.3515	8.8800	8.2800	2.7300
	每股经营现金净流量(元)	0.1809	0.5828	0.4550	0.9280
	每股现金流量(元)	-0.8979	4.1773	4.5705	0.0050
	每股资本公积金(元)	5.8887	5.8009	5.7959	0.2384
	每股盈余公积金(元)	0.3403	0.3403	0.1811	0.2414
	每股未分配利润(元)	2.1225	1.7418	1.3036	1.2528
	净资产收益率(%)	6.3300	11.9500	5.6000	34.4600
	加权净资产收益率(%)	6.3500	13.4200	6.4700	41.6300
	净资产收益率(扣除)(%)	-	-	-	-
	总资产(万元)	63586.81	61103.79	54673.11	23472.20
	归属母公司股东权益(万元)	58353.07	55430.51	51670.97	12788.38
	主营业务收入(万元)	13751.53	21573.33	10089.36	14694.43
	营业收入(万元)	13751.53	21573.33	10089.36	14694.43
	主营成本(万元)	7060.52	11406.15	5390.57	7393.19
	营业成本(万元)	7060.52	11406.15	5390.57	7393.19
	投资收益(万元)	-	-	-	-
	净利润(万元)	3623.06	6623.84	2895.51	4406.61
	利润总额(万元)	4209.21	7737.37	3421.17	4985.21

安科瑞电气股份有限公司

公司概况	公司名称	安科瑞电气股份有限公司			证券简称	安科瑞
	法人代表	周中	董秘	罗叶兰	证券代码	300286
	公司网址	www.acrel.cn		电子信箱	acrel@acrel.cn	
	电　话	021-69158331		传　真	021-69158331	
	办公地址	上海市嘉定区育绿路253号				
	经营范围	用户端智能电力仪表的研发、生产和销售等				

主要财务指标	指标\报告期	2013.06.30	2012.12.31	2012.06.30	2011.12.31
	基本每股收益(元)	0.4100	0.6500	0.2800	1.5500
	基本每股收益(扣除)(元)	0.4000	0.6000	0.2600	1.5100
	每股净资产(元)	5.8470	5.6500	5.2800	5.5500
	每股经营现金净流量(元)	0.4627	0.6721	0.2998	0.5905
	每股现金流量(元)	0.2267	3.3468	3.1657	0.0095
	每股资本公积金(元)	3.3160	3.2306	3.2306	1.4169
	每股盈余公积金(元)	0.1734	0.1784	0.1255	0.3346
	每股未分配利润(元)	1.3575	1.2370	0.9261	2.7952
	净资产收益率(%)	6.8090	11.3700	5.2600	28.0100
	加权净资产收益率(%)	7.0100	12.3100	5.6500	32.5700
	净资产收益率(扣除)(%)	–	–	–	–
	总资产(万元)	44915.53	41608.88	39079.80	16491.61
	归属母公司股东权益(万元)	41706.73	39149.25	36626.54	14421.40
	主营业务收入(万元)	9126.95	16236.40	7593.45	15048.96
	营业收入(万元)	9126.95	16236.40	7593.45	15050.78
	主营成本(万元)	3185.67	5848.16	2718.50	5191.00
	营业成本(万元)	3185.67	5848.16	2718.50	5192.10
	投资收益(万元)	–	–	–	–
	净利润(万元)	2839.81	4450.37	1927.66	4039.42
	利润总额(万元)	3296.63	5168.95	2263.77	4706.46

北京飞利信科技股份有限公司

公司概况	公司名称	北京飞利信科技股份有限公司			证券简称	飞利信
	法人代表	曹忻军	董秘	许莉	证券代码	300287
	公司网址	www.philisense.com		电子信箱	phls@philisense.com	
	电　话	010-62053775 62058123		传　真	010-60958100	
	办公地址	北京市海淀区塔院志新村2号飞利信大厦				
	经营范围	国务院决定未规定许可的自主选择经营项目开展经营活动				

主要财务指标	指标\报告期	2013.06.30	2012.12.31	2012.06.30	2011.12.31
	基本每股收益(元)	0.1900	0.6200	0.1400	0.7000
	基本每股收益(扣除)(元)	0.1800	0.6100	0.1400	0.7100
	每股净资产(元)	3.8852	5.8927	5.3000	2.6300
	每股经营现金净流量(元)	–0.5437	–1.1888	–1.2396	0.2186
	每股现金流量(元)	0.1633	–0.4641	1.8385	0.3179
	每股资本公积金(元)	1.7519	3.1278	3.1278	0.0993
	每股盈余公积金(元)	0.0434	0.0650	0.0432	0.0576
	每股未分配利润(元)	1.0900	1.5771	1.1338	1.4735
	净资产收益率(%)	3.1875	10.4700	2.6147	26.5400
	加权净资产收益率(%)	3.1700	11.5100	2.8900	30.6100
	净资产收益率(扣除)(%)	–	–	–	–
	总资产(万元)	74952.76	74069.90	64484.53	38665.09
	归属母公司股东权益(万元)	48953.63	48467.66	44560.19	16571.08
	主营业务收入(万元)	17809.21	40899.51	14257.84	35047.20
	营业收入(万元)	18894.78	41204.78	14257.84	35047.20
	主营成本(万元)	11496.40	27225.43	9343.39	23403.32
	营业成本(万元)	12431.15	27544.86	9343.39	23403.32
	投资收益(万元)	–	–	–	–
	净利润(万元)	1506.14	5302.62	1222.06	4791.84
	利润总额(万元)	1734.53	6249.71	1441.00	5548.73

贵阳朗玛信息技术股份有限公司

公司概况	公司名称	贵阳朗玛信息技术股份有限公司			证券简称	朗玛信息
	法人代表	王伟	董秘	余周军	证券代码	300288
	公司网址	www.longmaster.com.cn		电子信箱	zhengquanbu@longmaster.com.cn	
	电　话	0851-3842119-8004		传　真	0851-3835538	
	办公地址	贵阳市观山湖区长岭南路31号国家数字内容产业园二楼				
	经营范围	计算机技术及软件开发、销售、计算机硬件及耗材销售、计算机网络互联设备销售等				

主要财务指标	指标\报告期	2013.06.30	2012.12.31	2012.06.30	2011.12.31
	基本每股收益(元)	0.3200	1.7200	0.7600	1.4500
	基本每股收益(扣除)(元)	0.2800	1.4700	0.6600	1.1600
	每股净资产(元)	4.7102	9.0900	8.1400	3.4500
	每股经营现金净流量(元)	0.1499	1.1785	0.4295	1.0229
	每股现金流量(元)	–0.1896	5.1208	5.2095	0.8558
	每股资本公积金(元)	2.0887	5.1773	5.1773	0.3614
	每股盈余公积金(元)	0.1604	0.3209	0.1565	0.2089
	每股未分配利润(元)	1.4611	2.5878	1.8060	1.8800
	净资产收益率(%)	6.7342	18.0900	8.5719	42.1300
	加权净资产收益率(%)	6.8200	21.8300	11.0400	53.3700
	净资产收益率(扣除)(%)	–	–	–	–
	总资产(万元)	51019.48	49060.42	44619.77	14772.48
	归属母公司股东权益(万元)	50304.72	48519.11	43466.40	13801.39
	主营业务收入(万元)	8263.76	15048.46	7150.54	11218.16
	营业收入(万元)	8263.76	15048.46	7150.54	11218.16
	主营成本(万元)	878.52	1758.14	888.40	1168.13
	营业成本(万元)	878.52	1758.14	888.40	1168.13
	投资收益(万元)	–	–	–	–
	净利润(万元)	3387.61	8778.59	3725.88	5814.25
	利润总额(万元)	3985.43	9415.21	4383.39	6841.72

北京利德曼生化股份有限公司

公司概况	公司名称	北京利德曼生化股份有限公司			证券简称	利德曼
	法人代表	沈广仟	董秘	牛巨辉	证券代码	300289
	公司网址	www.leadmanbio.com		电子信箱	leadman@leadmanbio.com	
	电　话	010-84923554		传　真	010-67856540	
	办公地址	北京市北京经济技术开发区宏达南路5号				
	经营范围	主要从事体外诊断产品及生物化学原料的研发、生产和销售等				

主要财务指标	指标\报告期	2013.06.30	2012.12.31	2012.06.30	2011.12.31
	基本每股收益(元)	0.4100	0.6700	0.3500	0.6200
	基本每股收益(扣除)(元)	0.4100	0.6500	0.3300	0.6200
	每股净资产(元)	5.2400	4.9500	4.6300	1.9200
	每股经营现金净流量(元)	0.1667	0.3767	0.2784	0.2547
	每股现金流量(元)	–0.3784	2.5332	2.6373	–0.3179
	每股资本公积金(元)	2.7429	2.7429	2.7429	0.0207
	每股盈余公积金(元)	0.1724	0.1724	0.1087	0.1450
	每股未分配利润(元)	1.3219	1.0393	0.7833	0.7507
	净资产收益率(%)	7.8794	12.9200	6.9100	32.5500
	加权净资产收益率(%)	8.0000	15.3100	8.9800	38.5000
	净资产收益率(扣除)(%)	–	–	–	–
	总资产(万元)	118475.22	113018.93	91082.05	36565.64
	归属母公司股东权益(万元)	80443.66	76101.96	71193.03	22076.83
	主营业务收入(万元)	17325.50	31707.38	14131.46	25201.50
	营业收入(万元)	17548.60	31727.38	14151.46	25208.39
	主营成本(万元)	6365.48	11960.47	5040.18	9669.80
	营业成本(万元)	6585.18	11961.59	5041.30	9669.82
	投资收益(万元)	–	–	–	–
	净利润(万元)	6338.50	9828.71	4919.78	7185.08
	利润总额(万元)	7498.35	11482.24	5813.17	8349.09

荣科科技股份有限公司

公司概况	公司名称	荣科科技股份有限公司			证券简称	荣科科技
	法人代表	付永全	董秘	冯丽	证券代码	300290
	公司网址	www.bringspring.com		电子信箱	zqtz@bringspring.com	
	电　　话	024-22851050　86901698		传　　真	024-86907731	
	办公地址	辽宁省沈阳市和平区和平北大街 62 号				
	经营范围	计算机软硬件技术、电控工程技术开发、计算机系统集成及咨询服务等				

主要财务指标	指标\报告期	2013.06.30	2012.12.31	2012.06.30	2011.12.31
	基本每股收益(元)	0.1499	0.7652	0.1501	0.8798
	基本每股收益(扣除)(元)	0.1258	0.6924	0.2802	0.7483
	每股净资产(元)	2.6009	5.0500	4.5900	2.8400
	每股经营现金净流量(元)	-1.2074	0.4515	-1.2539	0.9688
	每股现金流量(元)	-0.7622	1.3741	1.0933	0.9115
	每股资本公积金(元)	0.7131	2.4263	2.4263	0.3805
	每股盈余公积金(元)	0.0910	0.1821	0.1084	0.1445
	每股未分配利润(元)	0.7968	1.4437	1.0594	1.3122
	净资产收益率(%)	5.7636	14.5100	7.1300	31.0090
	加权净资产收益率(%)	5.7600	16.6500	7.1300	36.7000
	净资产收益率(扣除)(%)	-	-	-	-
	总资产(万元)	43962.02	50725.37	40352.41	24275.77
	归属母公司股东权益(万元)	35372.72	34353.99	31239.16	14469.68
	主营业务收入(万元)	15599.29	33473.43	11966.31	24389.82
	营业收入(万元)	15599.29	33473.43	11966.31	24389.82
	主营成本(万元)	9983.71	22746.14	7633.86	15995.52
	营业成本(万元)	9983.71	22746.14	7633.86	15995.52
	投资收益(万元)	-	-	-	-
	净利润(万元)	2036.25	4979.89	1866.73	4484.99
	利润总额(万元)	2387.88	5923.98	2161.24	5351.47

北京华录百纳影视股份有限公司

公司概况	公司名称	北京华录百纳影视股份有限公司			证券简称	华录百纳
	法人代表	陈润生	董秘	陈永倬	证券代码	300291
	公司网址	www.hlbn-ent.com		电子信箱	hbndsh@163.com	
	电　　话	010-52281866		传　　真	010-52281853	
	办公地址	北京市石景山区阜石路 165 号中国华录大厦 13 层				
	经营范围	电视剧、电影的投资制作发行及衍生业务等				

主要财务指标	指标\报告期	2013.06.30	2012.12.31	2012.06.30	2011.12.31
	基本每股收益(元)	0.3680	2.0350	0.3560	1.8760
	基本每股收益(扣除)(元)	0.3510	1.8660	0.7500	1.8090
	每股净资产(元)	7.2900	15.8300	14.5900	4.7500
	每股经营现金净流量(元)	-0.3760	-1.6636	-2.7874	0.4229
	每股现金流量(元)	-0.7644	6.9903	5.8634	0.2518
	每股资本公积金(元)	4.1557	10.3425	10.3425	0.1037
	每股盈余公积金(元)	0.1402	0.2451	0.1436	0.1750
	每股未分配利润(元)	1.9935	4.2383	3.1085	3.4693
	净资产收益率(%)	5.0550	12.3200	4.9300	39.5030
	加权净资产收益率(%)	4.9900	14.8100	6.6200	49.2300
	净资产收益率(扣除)(%)	-	-	-	-
	总资产(万元)	111631.89	108999.72	93694.21	42479.26
	归属母公司股东权益(万元)	96218.75	94954.90	87567.13	21366.13
	主营业务收入(万元)	12195.72	39340.30	12759.05	28728.60
	营业收入(万元)	12195.72	39340.30	12759.05	28728.60
	主营成本(万元)	5280.89	21880.24	5430.12	13816.24
	营业成本(万元)	5280.89	21880.24	5430.12	13816.24
	投资收益(万元)	-1.50	-	-	-
	净利润(万元)	4890.23	11699.83	4278.39	8330.42
	利润总额(万元)	6518.05	15627.17	5741.76	11198.63

江苏吴通通讯股份有限公司

公司概况	公司名称	江苏吴通通讯股份有限公司			证券简称	吴通通讯
	法人代表	万卫方	董秘	姜红	证券代码	300292
	公司网址	www.jswutong.com		电子信箱	wutong@jswutong.com	
	电　　话	0512-82285059		传　　真	0512-65461778	
	办公地址	江苏省苏州市相城区黄桥街道永方路 32 号				
	经营范围	专业从事无线通信射频连接系统、光纤连接产品的研发、生产及销售等				

主要财务指标	指标\报告期	2013.06.30	2012.12.31	2012.06.30	2011.12.31
	基本每股收益(元)	0.0462	0.3300	0.1239	0.7500
	基本每股收益(扣除)(元)	0.0294	0.2700	0.1600	0.6800
	每股净资产(元)	3.2229	3.3100	4.8200	2.8500
	每股经营现金净流量(元)	-0.2982	-0.5161	-0.7727	0.3858
	每股现金流量(元)	-0.5408	0.8733	1.2546	-0.0987
	每股资本公积金(元)	1.5810	2.8715	2.8715	0.8081
	每股盈余公积金(元)	0.0717	0.1075	0.0772	0.1030
	每股未分配利润(元)	0.5702	0.9860	0.8731	0.9375
	净资产收益率(%)	1.4328	6.3100	3.5300	26.3930
	加权净资产收益率(%)	1.3900	7.1400	4.3700	30.6300
	净资产收益率(扣除)(%)	-	-	-	-
	总资产(万元)	40159.75	44727.34	48756.84	33899.65
	归属母公司股东权益(万元)	32244.71	33116.70	32161.79	14242.86
	主营业务收入(万元)	9243.09	25534.77	13463.16	26458.76
	营业收入(万元)	9522.08	25821.87	13605.92	26691.50
	主营成本(万元)	7568.94	20132.28	10246.71	19055.00
	营业成本(万元)	7599.79	20193.97	10277.56	19117.28
	投资收益(万元)	-	-	-	-
	净利润(万元)	462.00	2091.25	1136.34	3759.09
	利润总额(万元)	515.94	2420.15	1421.63	4368.20

沈阳蓝英工业自动化装备股份有限公司

公司概况	公司名称	沈阳蓝英工业自动化装备股份有限公司			证券简称	蓝英装备
	法人代表	郭洪生	董秘	王敏	证券代码	300293
	公司网址	www.chnsbs.net		电子信箱	sbs@blue-silver.net	
	电　　话	024-23810393		传　　真	024-23825186	
	办公地址	辽宁省沈阳市浑南产业区东区飞云路 3 号				
	经营范围	专业机械和自动化电气控制系统的设计、生产、安装、调试、销售等				

主要财务指标	指标\报告期	2013.06.30	2012.12.31	2012.06.30	2011.12.31
	基本每股收益(元)	0.2900	1.0200	0.6600	0.9800
	基本每股收益(扣除)(元)	0.2800	0.9400	0.5900	0.9400
	每股净资产(元)	3.6159	6.8500	9.4100	4.4200
	每股经营现金净流量(元)	-0.9167	-4.1206	0.0530	0.9486
	每股现金流量(元)	0.3995	1.6547	7.1690	0.7090
	每股资本公积金(元)	1.3832	3.7664	6.1497	0.9357
	每股盈余公积金(元)	0.0930	0.1821	0.2463	0.2484
	每股未分配利润(元)	1.1396	1.9063	2.0170	2.2358
	净资产收益率(%)	7.9800	14.2900	6.3800	33.2000
	加权净资产收益率(%)	8.0800	17.8700	8.1000	39.8000
	净资产收益率(扣除)(%)	-	-	-	-
	总资产(万元)	152134.94	105961.00	84278.55	37704.98
	归属母公司股东权益(万元)	65086.43	61693.72	56478.20	19889.82
	主营业务收入(万元)	42638.04	47882.59	12336.62	23519.42
	营业收入(万元)	42638.04	47882.59	12336.62	23555.42
	主营成本(万元)	31305.22	34437.98	7405.68	13962.48
	营业成本(万元)	31305.22	34437.98	7405.68	13962.81
	投资收益(万元)	1.96	4.99	6.89	0.59
	净利润(万元)	5188.38	8815.51	3601.07	6602.46
	利润总额(万元)	6848.63	10702.97	4119.87	7347.33

江西博雅生物制药股份有限公司

公司概况					
公司名称	江西博雅生物制药股份有限公司			证券简称	博雅生物
法人代表	徐建新	董秘	范一沁	证券代码	300294
公司网址	www.china-boya.com		电子信箱	dongmi@china-boya.com	
电　话	0794-8264398		传　真	0794-8237323	
办公地址	江西省抚州市金巢经济开发区惠泉路 333 号				
经营范围	血液制品的研发、生产和销售等				

主要财务指标：指标\报告期	2013.06.30	2012.12.31	2012.06.30	2011.12.31
基本每股收益(元)	0.5000	1.0600	0.5100	1.1500
基本每股收益(扣除)(元)	0.4700	0.9800	0.4800	1.0700
每股净资产(元)	9.9200	9.9200	9.3700	4.6300
每股经营现金净流量(元)	0.6242	1.2185	0.4648	1.4358
每股现金流量(元)	-0.2352	5.8382	5.2404	0.5494
每股资本公积金(元)	6.2683	6.2683	6.2683	1.0818
每股盈余公积金(元)	0.3844	0.3844	0.2834	0.3783
每股未分配利润(元)	2.2662	2.2629	1.8190	2.1661
净资产收益率(%)	5.0741	10.0000	4.7600	24.8300
加权净资产收益率(%)	5.0700	12.2400	6.9100	28.3600
净资产收益率(扣除)(%)	-	-	-	-
总资产(万元)	78775.72	77740.60	73483.87	33115.43
归属母公司股东权益(万元)	75185.33	75160.37	71029.41	26267.12
主营业务收入(万元)	11472.53	22725.94	10687.78	19672.46
营业收入(万元)	11472.53	22725.94	10687.78	19672.46
主营成本(万元)	4824.45	9318.68	4409.67	7069.44
营业成本(万元)	4824.45	9318.68	4409.67	7069.44
投资收益(万元)	-	-	-	-
净利润(万元)	3814.96	7514.62	3383.66	6523.41
利润总额(万元)	4577.60	8866.12	3991.26	7683.43

江苏三六五网络股份有限公司

公司概况					
公司名称	江苏三六五网络股份有限公司			证券简称	三六五网
法人代表	胡光辉	董秘	凌云	证券代码	300295
公司网址	www.house365.com		电子信箱	dshbgs@house365.com	
电　话	025-83201657 83203503		传　真	025-83202471	
办公地址	南京市鼓楼区上海路 15 号银城大厦				
经营范围	新房网络营销服务、二手房网络营销服务、家居网络营销服务以及研究咨询业务等				

主要财务指标：指标\报告期	2013.06.30	2012.12.31	2012.06.30	2011.12.31
基本每股收益(元)	1.0200	2.0300	0.8900	1.8100
基本每股收益(扣除)(元)	0.9300	1.8500	0.8800	1.8000
每股净资产(元)	12.6510	12.6400	11.5200	4.8100
每股经营现金净流量(元)	0.8967	2.0448	0.8491	1.5809
每股现金流量(元)	-0.1826	9.2853	8.0477	1.0332
每股资本公积金(元)	7.7039	7.7039	7.7035	0.4303
每股盈余公积金(元)	0.3884	0.3884	0.2095	0.2795
每股未分配利润(元)	3.5587	3.5431	2.6039	3.0986
净资产收益率(%)	8.0300	15.0300	6.7800	37.6100
加权净资产收益率(%)	7.7800	19.0100	6.7800	44.0600
净资产收益率(扣除)(%)	-	-	-	-
总资产(万元)	71926.76	71721.37	64029.83	20967.83
归属母公司股东权益(万元)	67493.00	67409.81	61442.99	19233.44
主营业务收入(万元)	15608.72	29847.03	12954.30	22958.74
营业收入(万元)	15636.02	29860.68	12954.30	22958.74
主营成本(万元)	677.32	1712.28	578.13	1298.82
营业成本(万元)	678.28	1725.03	578.13	1298.82
投资收益(万元)	-	-	-	-
净利润(万元)	5157.74	9836.86	4161.00	7233.44
利润总额(万元)	6367.84	12159.74	5092.09	8895.19

利亚德光电股份有限公司

公司概况					
公司名称	利亚德光电股份有限公司			证券简称	利 亚 德
法人代表	李军	董秘	李楠楠	证券代码	300296
公司网址	www.leyard.com		电子信箱	leyard2010@leyard.com	
电　话	010-62864532 62888888		传　真	010-62877624	
办公地址	北京市海淀区颐和园北正红旗西街 9 号				
经营范围	专业从事 LED 应用产品研发、设计、生产、销售和服务等				

主要财务指标：指标\报告期	2013.06.30	2012.12.31	2012.06.30	2011.12.31
基本每股收益(元)	0.2000	0.6200	0.3100	0.7500
基本每股收益(扣除)(元)	-	0.5800	0.3100	0.6800
每股净资产(元)	4.5574	6.6505	6.3400	3.3464
每股经营现金净流量(元)	-0.6107	-0.8027	-1.2427	0.1567
每股现金流量(元)	-0.8107	2.0822	1.9449	-0.2096
每股资本公积金(元)	2.6480	4.4431	4.4431	1.4260
每股盈余公积金(元)	0.0673	0.1009	0.0586	0.0782
每股未分配利润(元)	0.8422	1.1066	0.8401	0.8423
净资产收益率(%)	4.4870	10.6200	6.1800	25.1900
加权净资产收益率(%)	4.5400	10.6200	6.1800	25.1900
净资产收益率(扣除)(%)	-	-	-	-
总资产(万元)	98815.89	95439.68	81170.16	50524.25
归属母公司股东权益(万元)	68361.65	66505.44	63418.15	25098.06
主营业务收入(万元)	27148.12	56665.02	25201.12	50130.08
营业收入(万元)	27305.65	56895.50	25308.92	50240.96
主营成本(万元)	17302.26	37162.44	16928.88	33890.70
营业成本(万元)	17366.62	37307.08	16981.78	33909.25
投资收益(万元)	-	-	-	-
净利润(万元)	3067.40	5821.38	2734.09	5615.55
利润总额(万元)	3305.72	6663.24	3008.80	6473.19

蓝盾信息安全技术股份有限公司

公司概况					
公司名称	蓝盾信息安全技术股份有限公司			证券简称	蓝盾股份
法人代表	柯宗贵	董秘	李德桂	证券代码	300297
公司网址	www.bluedon.com		电子信箱	stock@chinabluedon.cn	
电　话	020-85639340		传　真	020-85639340	
办公地址	广东省广州市天河区科韵路 16 号自编 1 栋 2101				
经营范围	计算机软、硬件开发、计算机信息集成、布线、承接网络工程建设项目等				

主要财务指标：指标\报告期	2013.06.30	2012.12.31	2012.06.30	2011.12.31
基本每股收益(元)	0.0400	0.6300	0.1400	0.7100
基本每股收益(扣除)(元)	-	0.5300	0.2500	0.6500
每股净资产(元)	6.7658	6.6815	6.3900	3.3855
每股经营现金净流量(元)	-1.0691	0.3620	-0.3356	0.9599
每股现金流量(元)	-1.8122	2.7803	1.5750	0.9257
每股资本公积金(元)	4.1862	4.1862	4.1862	1.1155
每股盈余公积金(元)	0.1667	0.1667	0.1103	0.1470
每股未分配利润(元)	1.4130	1.3286	1.0939	1.1230
净资产收益率(%)	1.2473	8.8700	3.9400	21.0300
加权净资产收益率(%)	1.2600	10.7300	5.6400	23.1100
净资产收益率(扣除)(%)	-	-	-	-
总资产(万元)	95691.07	94280.05	73594.68	39939.62
归属母公司股东权益(万元)	66305.25	65478.24	62625.00	24883.50
主营业务收入(万元)	15774.00	34520.39	19175.46	27877.08
营业收入(万元)	15774.00	34520.39	19175.46	27877.08
主营成本(万元)	9680.53	19219.69	11512.45	15333.50
营业成本(万元)	9680.53	19219.69	11512.45	15333.50
投资收益(万元)	-	-	-	-
净利润(万元)	719.13	5809.08	2465.84	5232.04
利润总额(万元)	967.57	6778.94	2907.28	6034.50

三诺生物传感股份有限公司

公司概况	公司名称	三诺生物传感股份有限公司		证券简称	三诺生物
	法人代表	李少波	董秘 黄安国	证券代码	300298
	公司网址	www.sinocare.com.cn		电子信箱	investor@sinocare.com.cn
	电　话	0731-89935529		传　真	0731--89935530
	办公地址	湖南省长沙市国家高新技术开发区谷苑路 265 号			
	经营范围	利用生物传感技术研发、生产、销售即时检测产品等			

	指标\报告期	2013.06.30	2012.12.31	2012.06.30	2011.12.31
主要财务指标	基本每股收益(元)	0.6812	1.5600	0.7794	1.3400
	基本每股收益(扣除)(元)	0.6266	1.4700	0.7800	1.3200
	每股净资产(元)	6.4326	9.6043	8.8200	2.7200
	每股经营现金净流量(元)	0.1207	1.4673	0.4785	1.3020
	每股现金流量(元)	0.0522	5.4131	6.5490	1.1750
	每股资本公积金(元)	3.9988	6.4983	6.4983	0.1972
	每股盈余公积金(元)	0.2606	0.3909	0.1713	0.2284
	每股未分配利润(元)	1.1732	1.7151	1.1527	1.2943
	净资产收益率(%)	8.2400	15.2400	7.7300	49.1113
	加权净资产收益率(%)	8.0100	19.5900	7.7300	65.1000
	净资产收益率(扣除)(%)	–	–	–	–
	总资产(万元)	93495.67	94627.22	84731.93	24118.30
	归属母公司股东权益(万元)	84910.69	84517.54	77636.42	17951.32
	主营业务收入(万元)	21132.21	33725.42	16181.74	20946.81
	营业收入(万元)	21137.28	33912.08	16363.58	20947.40
	主营成本(万元)	7056.82	10058.66	5106.34	6266.72
	营业成本(万元)	7061.41	10064.40	5108.37	6267.24
	投资收益(万元)	414.73	687.25	–	–
	净利润(万元)	6993.15	12882.61	6001.50	8816.14
	利润总额(万元)	8247.49	14966.87	7070.77	10291.53

富春通信股份有限公司

公司概况	公司名称	富春通信股份有限公司		证券简称	富春通信
	法人代表	缪品章	董秘 陈苹	证券代码	300299
	公司网址	www.forcom.com.cn		电子信箱	fuchungroup@163.com
	电　话	0591-83992010		传　真	0591-83920667
	办公地址	福建省福州市鼓楼区铜盘路软件大道 89 号 C 区 25 号楼			
	经营范围	通信网络建设前期的规划咨询、可行性研究、勘察设计等			

	指标\报告期	2013.06.30	2012.12.31	2012.06.30	2011.12.31
主要财务指标	基本每股收益(元)	0.0500	0.3100	0.0900	0.7000
	基本每股收益(扣除)(元)	0.0500	0.3000	0.1600	0.6700
	每股净资产(元)	3.1969	5.7623	5.6200	2.7074
	每股经营现金净流量(元)	–0.1929	–0.4161	–0.3050	–0.0842
	每股现金流量(元)	–0.0648	2.0875	2.7790	0.1648
	每股资本公积金(元)	1.6110	3.6998	3.6998	0.4722
	每股盈余公积金(元)	0.0696	0.1253	0.0958	0.1297
	每股未分配利润(元)	0.5163	0.9372	0.8195	1.1055
	净资产收益率(%)	1.6004	5.0400	2.5200	25.8730
	加权净资产收益率(%)	1.5900	6.0700	3.7100	29.6900
	净资产收益率(扣除)(%)	–	–	–	–
	总资产(万元)	42613.33	44614.45	41034.45	20198.19
	归属母公司股东权益(万元)	38554.36	38607.33	37628.42	13536.80
	主营业务收入(万元)	5980.15	11737.82	4966.71	12878.69
	营业收入(万元)	6304.28	12554.60	4975.41	12898.73
	主营成本(万元)	3963.77	5889.93	2253.23	5230.98
	营业成本(万元)	4265.58	6652.72	2259.64	5239.36
	投资收益(万元)	–	–	–	1.09
	净利润(万元)	699.25	2064.05	950.07	3572.77
	利润总额(万元)	935.08	2485.97	1158.89	4297.03

汉鼎信息科技股份有限公司

公司概况	公司名称	汉鼎信息科技股份有限公司		证券简称	汉鼎股份
	法人代表	吴艳	董秘 王丽平	证券代码	300300
	公司网址	www.hakim.com.cn		电子信箱	hakim@hakim.com.cn
	电　话	0571-89938397		传　真	0571-88303333
	办公地址	浙江省杭州市天目山路 181 号天际大厦 6 楼			
	经营范围	建筑智能化、公共安全管理智能化等			

	指标\报告期	2013.06.30	2012.12.31	2012.06.30	2011.12.31
主要财务指标	基本每股收益(元)	0.1811	0.6800	0.1453	0.8100
	基本每股收益(扣除)(元)	0.1761	0.6400	0.3200	0.6400
	每股净资产(元)	3.1925	3.0568	6.4900	2.8876
	每股经营现金净流量(元)	–0.1606	–0.2968	–0.3597	–0.2760
	每股现金流量(元)	–0.2492	2.9454	3.1225	–0.7864
	每股资本公积金(元)	1.2935	4.0458	4.0458	0.3616
	每股盈余公积金(元)	0.0828	0.1823	0.1223	0.1637
	每股未分配利润(元)	0.8161	1.4969	1.3191	1.3623
	净资产收益率(%)	5.6734	9.5000	4.6400	27.9000
	加权净资产收益率(%)	5.7700	11.6200	6.9700	32.2100
	净资产收益率(扣除)(%)	–	–	–	–
	总资产(万元)	87255.96	80770.15	68960.28	32535.78
	归属母公司股东权益(万元)	61103.53	58506.91	56438.52	18769.48
	主营业务收入(万元)	23983.67	39832.40	17707.65	33008.65
	营业收入(万元)	24280.65	40314.50	17846.24	33342.87
	主营成本(万元)	17437.77	28588.83	12680.16	24218.70
	营业成本(万元)	17495.69	28714.87	12715.31	24306.27
	投资收益(万元)	–	–	–	–
	净利润(万元)	3533.08	5667.51	2621.44	5236.63
	利润总额(万元)	4199.58	6682.45	3097.09	6130.07

深圳市长方半导体照明股份有限公司

公司概况	公司名称	深圳市长方半导体照明股份有限公司		证券简称	长方照明
	法人代表	邓子长	董秘 吴芹芹	证券代码	300301
	公司网址	www.cfled.com		电子信箱	ir@cfled.com
	电　话	0755-82828999		传　真	0755-83981999
	办公地址	广东省深圳市坪山新区大工业区聚龙山 3 号路			
	经营范围	主要从事 LED 照明光源器件和 LED 照明产品的研发、设计、生产和销售等			

	指标\报告期	2013.06.30	2012.12.31	2012.06.30	2011.12.31
主要财务指标	基本每股收益(元)	0.1187	0.1879	0.1331	0.3251
	基本每股收益(扣除)(元)	0.0998	0.1931	0.3321	0.3229
	每股净资产(元)	2.7737	2.6550	6.6900	2.4208
	每股经营现金净流量(元)	0.1061	0.0129	–0.2643	0.6112
	每股现金流量(元)	–0.4899	0.7182	2.7467	0.3346
	每股资本公积金(元)	1.2759	1.2759	4.6897	0.4777
	每股盈余公积金(元)	0.0459	0.0459	0.0998	0.0943
	每股未分配利润(元)	0.4519	0.3332	0.8985	0.8488
	净资产收益率(%)	4.2804	6.6400	4.3500	33.5800
	加权净资产收益率(%)	4.3700	8.1200	6.8500	40.3500
	净资产收益率(扣除)(%)	–	–	–	–
	总资产(万元)	121838.34	112114.59	103364.60	49570.44
	归属母公司股东权益(万元)	74889.39	71683.82	72230.89	19608.64
	主营业务收入(万元)	34752.20	56031.55	23162.64	41759.07
	营业收入(万元)	36355.92	57233.57	23688.86	42369.14
	主营成本(万元)	26729.13	41567.05	16613.45	29464.55
	营业成本(万元)	27741.18	41985.77	16787.61	29768.57
	投资收益(万元)	–	–	–	–
	净利润(万元)	3205.57	4756.39	3143.45	6583.97
	利润总额(万元)	3734.05	5373.80	3700.89	7639.44

北京同有飞骥科技股份有限公司

公司概况	公司名称	北京同有飞骥科技股份有限公司		证券简称	同有科技
	法人代表	周泽湘	董秘	沈晶	证券代码	300302
	公司网址	www.toyou.com.cn		电子信箱	zqtz@toyou.com.cn
	电　话	010-62491977		传　真	010-62491977
	办公地址	北京市海淀区地锦路9号院2号楼			
	经营范围	数据存储、数据保护、容灾等技术的研究、开发和应用等			

主要财务指标	指标\报告期	2013.06.30	2012.12.31	2012.06.30	2011.12.31
	基本每股收益(元)	0.1900	0.5200	0.2400	0.9200
	基本每股收益(扣除)(元)	0.1800	0.5100	0.2400	0.9200
	每股净资产(元)	7.9038	7.7894	7.5100	3.6600
	每股经营现金净流量(元)	-0.4118	0.1038	-0.3860	0.9604
	每股现金流量(元)	-0.6788	4.0571	4.0487	0.3438
	每股资本公积金(元)	5.4417	5.4417	5.4417	1.3845
	每股盈余公积金(元)	0.1415	0.1415	0.0926	0.1234
	每股未分配利润(元)	1.3207	1.2063	0.9772	1.1537
	净资产收益率(%)	2.4593	6.2900	2.8200	25.1970
	加权净资产收益率(%)	2.4600	7.6300	4.1100	28.8300
	净资产收益率(扣除)(%)	-	-	-	-
	总资产(万元)	52163.24	53795.17	49831.70	23330.56
	归属母公司股东权益(万元)	47422.92	46736.67	45068.62	16477.26
	主营业务收入(万元)	9705.16	20069.28	8769.43	23626.01
	营业收入(万元)	9720.25	20099.06	8771.20	23659.00
	主营成本(万元)	6193.18	12972.19	5573.15	15124.95
	营业成本(万元)	6200.32	12987.07	5574.82	15147.90
	投资收益(万元)	-	-	-	-
	净利润(万元)	1166.25	2939.64	1271.59	4153.58
	利润总额(万元)	1341.77	3388.01	1436.38	4888.06

深圳市聚飞光电股份有限公司

公司概况	公司名称	深圳市聚飞光电股份有限公司		证券简称	聚飞光电
	法人代表	邢其彬	董秘	殷敬煌	证券代码	300303
	公司网址	www.jfled.com.cn		电子信箱	jfzq@jfled.com.cn
	电　话	0755-29646311		传　真	0755-29646312
	办公地址	广东省深圳市宝安区大浪街道高峰社区创艺路65号厂房			
	经营范围	专业从事SMD LED器件的研发、生产与销售等			

主要财务指标	指标\报告期	2013.06.30	2012.12.31	2012.06.30	2011.12.31
	基本每股收益(元)	0.2800	0.7000	0.2400	0.7900
	基本每股收益(扣除)(元)	0.2700	0.6900	0.6500	0.7200
	每股净资产(元)	3.8889	5.9218	9.7900	4.4200
	每股经营现金净流量(元)	0.1989	0.3061	0.1535	0.8722
	每股现金流量(元)	-0.7239	3.0630	5.7046	0.2464
	每股资本公积金(元)	1.5527	3.0843	5.9433	0.3572
	每股盈余公积金(元)	0.1590	0.2081	0.2965	0.3217
	每股未分配利润(元)	1.1771	1.6293	2.5537	2.7412
	净资产收益率(%)	7.2389	11.3600	5.8300	30.4700
	加权净资产收益率(%)	7.4200	13.8900	8.7200	35.9400
	净资产收益率(扣除)(%)	-	-	-	-
	总资产(万元)	108670.18	99986.62	94031.94	39669.61
	归属母公司股东权益(万元)	84621.51	80535.82	78348.10	26317.15
	主营业务收入(万元)	31825.62	49204.93	20729.16	34378.61
	营业收入(万元)	31932.96	49518.83	20933.86	34690.98
	主营成本(万元)	22048.77	33501.03	13621.77	22147.74
	营业成本(万元)	22051.10	33502.85	13621.77	22148.37
	投资收益(万元)	-	-	-	-
	净利润(万元)	6125.68	9152.67	4564.95	8018.15
	利润总额(万元)	7015.24	10718.06	5298.05	9080.97

江苏云意电气股份有限公司

公司概况	公司名称	江苏云意电气股份有限公司		证券简称	云意电气
	法人代表	付红玲	董秘	李成忠	证券代码	300304
	公司网址	www.yunyi-china.com		电子信箱	dsh@yunyi-china.com
	电　话	0516-83306666		传　真	0516-83306669
	办公地址	江苏省徐州市铜山经济开发区黄山路26号			
	经营范围	车用整流器和调节器等汽车电子产品的研发、生产和销售等			

主要财务指标	指标\报告期	2013.06.30	2012.12.31	2012.06.30	2011.12.31
	基本每股收益(元)	0.5000	0.9700	0.5600	1.0800
	基本每股收益(扣除)(元)	0.4600	0.8800	0.4800	0.9900
	每股净资产(元)	8.5392	8.3400	8.2200	3.5600
	每股经营现金净流量(元)	0.1487	0.8893	0.3316	0.9246
	每股现金流量(元)	-0.1264	5.3678	5.3685	0.0700
	每股资本公积金(元)	5.4726	5.4726	5.4716	0.8817
	每股盈余公积金(元)	0.2108	0.2108	0.1222	0.1630
	每股未分配利润(元)	1.8558	1.6604	1.6275	1.5165
	净资产收益率(%)	5.8008	10.9300	5.9600	30.4400
	加权净资产收益率(%)	5.8300	13.3600	9.0000	35.9000
	净资产收益率(扣除)(%)	-	-	-	-
	总资产(万元)	103948.37	96689.96	94259.54	36961.95
	归属母公司股东权益(万元)	85392.15	83438.69	82213.75	26708.67
	主营业务收入(万元)	21022.26	38908.50	19556.99	36436.35
	营业收入(万元)	21140.20	39210.92	19697.17	36686.59
	主营成本(万元)	13762.20	25004.56	12526.21	23294.83
	营业成本(万元)	13830.21	25115.30	12593.07	23425.61
	投资收益(万元)	-	-	-	-
	净利润(万元)	5034.53	9290.71	4986.93	8313.10
	利润总额(万元)	5858.74	10815.17	5852.99	9670.09

江苏裕兴薄膜科技股份有限公司

公司概况	公司名称	江苏裕兴薄膜科技股份有限公司		证券简称	裕兴股份
	法人代表	王建新	董秘	王克	证券代码	300305
	公司网址	www.czyuxing.com		电子信箱	info@czyuxing.com
	电　话	0519-83905129		传　真	0519-83971008
	办公地址	江苏省常州市钟楼经济开发区童子河西路8-8号			
	经营范围	中厚型特种功能性聚酯薄膜的研发、生产和销售等			

主要财务指标	指标\报告期	2013.06.30	2012.12.31	2012.06.30	2011.12.31
	基本每股收益(元)	0.2200	1.4800	0.6100	1.8600
	基本每股收益(扣除)(元)	0.2100	1.1600	0.7800	1.8400
	每股净资产(元)	8.1180	14.5541	14.1300	5.0476
	每股经营现金净流量(元)	0.0537	0.8984	0.5876	1.7687
	每股现金流量(元)	-0.1548	6.3510	6.3488	-0.2421
	每股资本公积金(元)	4.8715	9.5686	9.5686	0.1412
	每股盈余公积金(元)	0.5051	0.9092	0.6311	0.8415
	每股未分配利润(元)	1.7414	3.0762	2.9279	3.0650
	净资产收益率(%)	2.6852	9.5500	6.8200	36.7740
	加权净资产收益率(%)	2.6600	12.0200	10.6300	44.7000
	净资产收益率(扣除)(%)	-	-	-	-
	总资产(万元)	123591.79	121874.92	117952.82	53180.81
	归属母公司股东权益(万元)	116899.81	116432.80	113021.21	30285.88
	主营业务收入(万元)	27397.59	44514.59	21902.23	45408.39
	营业收入(万元)	28266.33	47252.29	23196.08	46245.93
	主营成本(万元)	23400.53	31082.30	13934.96	28781.47
	营业成本(万元)	24146.90	33049.58	14803.72	29522.03
	投资收益(万元)	168.00	354.97	287.26	390.84
	净利润(万元)	3139.01	11124.92	7713.33	11137.39
	利润总额(万元)	3663.30	12847.55	9023.81	12898.42

杭州远方光电信息股份有限公司

公司概况	公司名称	杭州远方光电信息股份有限公司			证券简称	远方光电
	法人代表	潘建根	董秘	张杰	证券代码	300306
	公司网址	www.everfine.cn		电子信箱	board@everfine.cn	
	电　　话	0571-88990665		传　　真	0571-86673318	
	办公地址	浙江省杭州市滨江区滨康路669号				
	经营范围	计算机软件、电流表、电压表、电功率表、功率因素表、光学标准灯等				

	指标\报告期	2013.06.30	2012.12.31	2012.06.30	2011.12.31
主要财务指标	基本每股收益(元)	0.3300	0.6600	0.3700	1.2100
	基本每股收益(扣除)(元)	0.3100	0.6200	0.7000	1.0300
	每股净资产(元)	7.6984	7.3700	14.4500	4.3900
	每股经营现金净流量(元)	0.1304	0.5950	0.3174	1.7155
	每股现金流量(元)	0.1420	4.9641	10.8144	0.0471
	每股资本公积金(元)	4.7988	4.7988	10.5975	0.4147
	每股盈余公积金(元)	0.1860	0.1860	0.2534	0.3378
	每股未分配利润(元)	1.7136	1.3840	2.5968	2.6382
	净资产收益率(%)	4.2818	8.2000	4.2800	48.9530
	加权净资产收益率(%)	4.3800	10.3200	6.9700	64.1000
	净资产收益率(扣除)(%)	-	-	-	-
	总资产(万元)	97698.75	93366.14	90491.18	24993.96
	归属母公司股东权益(万元)	92380.61	88425.06	86685.92	19758.44
	主营业务收入(万元)	7768.62	17628.96	9019.36	20295.39
	营业收入(万元)	7962.55	18207.39	9259.18	20562.62
	主营成本(万元)	2371.71	5557.14	2814.90	6445.76
	营业成本(万元)	2435.26	5728.27	2870.20	6521.25
	投资收益(万元)	113.48	-	-	-
	净利润(万元)	3955.55	7247.74	3708.59	9672.41
	利润总额(万元)	4547.34	8560.64	4392.73	11138.70

宁波慈星股份有限公司

公司概况	公司名称	宁波慈星股份有限公司			证券简称	慈星股份
	法人代表	孙平范	董秘	傅桂平	证券代码	300307
	公司网址	www.ci-xing.com		电子信箱	stock@ci-xing.com	
	电　　话	0574-63932279		传　　真	0574-63932266	
	办公地址	浙江省慈溪市庵东工业区纬三路西				
	经营范围	纺织机械制造、纺织制成品设计及制造、机械用电脑集成电路开发等				

	指标\报告期	2013.06.30	2012.12.31	2012.06.30	2011.12.31
主要财务指标	基本每股收益(元)	0.2500	0.4900	0.8600	2.7000
	基本每股收益(扣除)(元)	0.2500	0.3700	0.6600	2.5100
	每股净资产(元)	5.1103	4.9565	10.2700	5.1191
	每股经营现金净流量(元)	0.6064	0.7779	0.6894	0.9468
	每股现金流量(元)	-0.1472	0.2132	1.1240	0.4243
	每股资本公积金(元)	2.3992	2.3992	5.7985	0.9674
	每股盈余公积金(元)	0.1844	0.1844	0.3541	0.3710
	每股未分配利润(元)	1.5208	1.3672	3.1021	2.7630
	净资产收益率(%)	4.9635	9.5400	7.7800	52.7630
	加权净资产收益率(%)	5.0100	11.0800	10.9400	71.6400
	净资产收益率(扣除)(%)	-	-	-	-
	总资产(万元)	499012.07	453263.05	477936.85	287524.01
	归属母公司股东权益(万元)	409847.88	397509.09	411663.26	174048.20
	主营业务收入(万元)	113711.75	203622.46	125707.53	327903.47
	营业收入(万元)	116586.67	211884.39	130110.91	332313.32
	主营成本(万元)	68649.01	123542.96	75303.92	183370.31
	营业成本(万元)	70247.89	129888.67	78138.98	186305.38
	投资收益(万元)	63.72	518.56	311.76	1518.45
	净利润(万元)	20340.69	37922.04	32025.42	91780.60
	利润总额(万元)	26509.86	45310.31	37601.88	108657.49

山东中际电工装备股份有限公司

公司概况	公司名称	山东中际电工装备股份有限公司			证券简称	中际装备
	法人代表	王伟修	董秘	邓扬锋	证券代码	300308
	公司网址	www.zhongji.cc		电子信箱	lh@zhongji.cc	
	电　　话	0535-8573360 018753555179		传　　真	0535-8573360	
	办公地址	山东省龙口市诸由观镇驻地				
	经营范围	电机绕组制造装备的研发、设计、生产和销售等				

	指标\报告期	2013.06.30	2012.12.31	2012.06.30	2011.12.31
主要财务指标	基本每股收益(元)	0.2300	0.4600	0.3900	1.0200
	基本每股收益(扣除)(元)	0.0800	0.4300	0.3900	1.0000
	每股净资产(元)	4.4355	7.8100	7.7100	4.1400
	每股经营现金净流量(元)	0.1870	-0.1991	-0.4333	0.6604
	每股现金流量(元)	-0.3125	-0.1604	3.1888	0.0067
	每股资本公积金(元)	2.6512	5.5722	5.5722	1.8101
	每股盈余公积金(元)	0.0793	0.1428	0.0996	0.1328
	每股未分配利润(元)	0.6920	1.0848	1.0395	1.1951
	净资产收益率(%)	3.2666	5.5200	4.4500	24.7500
	加权净资产收益率(%)	3.2900	6.5900	6.2700	28.2500
	净资产收益率(扣除)(%)	-	-	-	-
	总资产(万元)	63240.25	54478.03	55174.70	29346.52
	归属母公司股东权益(万元)	53228.20	52091.78	51411.41	20690.26
	主营业务收入(万元)	3706.14	11619.03	8518.49	16161.22
	营业收入(万元)	3740.29	11665.96	8533.71	16207.92
	主营成本(万元)	2067.74	5974.14	4294.32	8057.43
	营业成本(万元)	2078.50	5986.21	4299.38	8074.07
	投资收益(万元)	-	-	-	-
	净利润(万元)	1738.76	2877.59	2288.40	5121.04
	利润总额(万元)	2045.60	3364.07	2653.20	5969.87

吉艾科技(北京)股份公司

公司概况	公司名称	吉艾科技(北京)股份公司			证券简称	吉艾科技
	法人代表	高怀雪	董秘	朱铭	证券代码	300309
	公司网址	www.gi-tech.cn		电子信箱	investor@gi-tech.cn	
	电　　话	010-83612293		传　　真	010-83612366	
	办公地址	北京市经济技术开发区运成街15号				
	经营范围	石油测井仪器的研发、生产、销售和现场技术服务等				

	指标\报告期	2013.06.30	2012.12.31	2012.06.30	2011.12.31
主要财务指标	基本每股收益(元)	0.0900	0.5200	0.0770	0.6100
	基本每股收益(扣除)(元)	0.0900	0.5100	0.1600	0.6100
	每股净资产(元)	5.4570	5.4500	10.0800	3.6900
	每股经营现金净流量(元)	-0.0803	-0.0110	-0.4007	0.2671
	每股现金流量(元)	-0.3689	2.8518	6.5583	-0.1862
	每股资本公积金(元)	3.2387	3.2387	7.4773	0.7157
	每股盈余公积金(元)	0.1232	0.1232	0.1660	0.2043
	每股未分配利润(元)	1.0909	1.0849	1.4403	1.7692
	净资产收益率(%)	1.6866	8.7300	1.4000	33.3020
	加权净资产收益率(%)	1.6700	11.8700	2.7200	39.0800
	净资产收益率(扣除)(%)	-	-	-	-
	总资产(万元)	126821.74	130080.82	109571.67	32676.11
	归属母公司股东权益(万元)	118566.52	118417.17	109545.82	29748.77
	主营业务收入(万元)	6712.89	21581.70	4384.20	17293.09
	营业收入(万元)	6716.01	21608.44	4396.45	17415.59
	主营成本(万元)	3018.10	6569.09	1453.26	4339.68
	营业成本(万元)	3026.97	6589.47	1459.96	4353.08
	投资收益(万元)	343.51	64.77	-	-
	净利润(万元)	2029.46	10381.92	1537.04	9907.05
	利润总额(万元)	2560.14	12610.16	1812.07	10738.96

广东宜通世纪科技股份有限公司

公司概况					
公司名称	广东宜通世纪科技股份有限公司			证券简称	宜通世纪
法人代表	童文伟	董秘	刘昱	证券代码	300310
公司网址	www.etonetech.com		电子信箱	etonetech@etonetech.com	
电　话	020-66819698		传　真	020-85566235	
办公地址	广东省广州市天河区中山大道 89 号一层 02 号				
经营范围	通信网络技术服务和系统解决方案等				

主要财务指标：指标\报告期	2013.06.30	2012.12.31	2012.06.30	2011.12.31
基本每股收益(元)	0.1200	0.4100	0.2300	0.4900
基本每股收益(扣除)(元)	0.1200	0.3700	0.3800	0.4900
每股净资产(元)	3.5200	3.4000	6.6300	3.2300
每股经营现金净流量(元)	-0.5764	-0.2005	-1.0388	0.4883
每股现金流量(元)	-0.6121	1.5030	2.6966	0.1365
每股资本公积金(元)	1.4884	1.4884	3.9771	0.5310
每股盈余公积金(元)	0.0802	0.0802	0.0808	0.1078
每股未分配利润(元)	0.9551	0.8322	1.5714	1.5922
净资产收益率(%)	3.4882	11.7600	5.6900	30.1900
加权净资产收益率(%)	3.5500	14.6400	5.6900	35.3200
净资产收益率(扣除)(%)	-	-	-	-
总资产(万元)	73424.02	74585.86	71015.71	30477.48
归属母公司股东权益(万元)	62015.68	59852.42	58337.91	21323.89
主营业务收入(万元)	29343.82	61444.02	28026.81	-
营业收入(万元)	29343.82	61444.02	28026.81	52203.50
主营成本(万元)	21290.93	40481.29	18189.73	-
营业成本(万元)	21290.93	40481.29	18189.73	32534.14
投资收益(万元)	-	2.81	-	-231.41
净利润(万元)	2163.25	7025.39	3310.69	6424.35
利润总额(万元)	2583.25	8355.13	4008.85	7513.50

任子行网络技术股份有限公司

公司概况					
公司名称	任子行网络技术股份有限公司			证券简称	任子行
法人代表	景晓军	董秘	景晓军(代)	证券代码	300311
公司网址	www.1218.com.cn		电子信箱	rzxshenzhen@1218.com.cn	
电　话	0755-86156779		传　真	0755-86168355	
办公地址	广东省深圳市南山区高新区科技中 2 路软件园 2 栋 6 楼				
经营范围	计算机软硬件技术开发、销售及相关技术服务、计算机信息系统集成等				

主要财务指标：指标\报告期	2013.06.30	2012.12.31	2012.06.30	2011.12.31
基本每股收益(元)	0.1100	0.6000	0.2200	0.7300
基本每股收益(扣除)(元)	0.0700	0.4900	0.1400	0.6500
每股净资产(元)	5.7360	5.7400	5.4700	2.6900
每股经营现金净流量(元)	-0.2685	1.0636	-0.0178	0.7695
每股现金流量(元)	-0.4176	3.7483	3.0099	-0.1879
每股资本公积金(元)	3.2878	3.2878	3.2878	0.3598
每股盈余公积金(元)	0.1517	0.1517	0.1157	0.1293
每股未分配利润(元)	1.2964	1.2964	1.0679	1.1998
净资产收益率(%)	1.9200	9.6200	3.4200	27.0600
加权净资产收益率(%)	1.9000	12.3400	5.8500	31.2900
净资产收益率(扣除)(%)	-	-	-	-
总资产(万元)	53619.08	53574.46	48968.97	19681.35
归属母公司股东权益(万元)	40553.30	40552.98	38682.48	14251.28
主营业务收入(万元)	8910.46	19296.56	6770.67	17502.79
营业收入(万元)	8910.46	19297.42	6770.67	17511.35
主营成本(万元)	3446.11	8396.14	2555.70	7620.10
营业成本(万元)	3446.69	8397.44	2556.28	7627.63
投资收益(万元)	-35.82	-44.23	-	-
净利润(万元)	626.43	3720.73	1323.21	3856.61
利润总额(万元)	734.53	4046.02	1457.58	4435.94

邦讯技术股份有限公司

公司概况					
公司名称	邦讯技术股份有限公司			证券简称	邦讯技术
法人代表	张庆文	董秘	张庆文(代)	证券代码	300312
公司网址	www.boomsense.com		电子信箱	zqb@boomsense.com	
电　话	010-88857070		传　真	010-88556111	
办公地址	北京市海淀区四季青镇杏石口路中部 65 号益园文化创意产业基地 A 区 4 号楼				
经营范围	无线网络优化系统业务、包括系统集成、设备销售和代维服务等				

主要财务指标：指标\报告期	2013.06.30	2012.12.31	2012.06.30	2011.12.31
基本每股收益(元)	0.0937	0.7507	0.2340	1.0198
基本每股收益(扣除)(元)	0.0883	0.7292	0.3383	1.0023
每股净资产(元)	5.3340	8.0106	7.6160	3.5200
每股经营现金净流量(元)	-1.6853	-1.3747	-1.7518	0.2881
每股现金流量(元)	-1.0956	3.6200	3.4048	0.5772
每股资本公积金(元)	3.2306	5.3460	5.3427	1.1937
每股盈余公积金(元)	0.1698	0.1698	0.1002	0.1336
每股未分配利润(元)	1.4852	1.4948	1.1731	1.1894
净资产收益率(%)	1.7558	11.7700	7.8100	33.5300
加权净资产收益率(%)	1.7400	11.7700	7.8100	33.5300
净资产收益率(扣除)(%)	-	-	-	-
总资产(万元)	128761.81	124443.34	118290.31	64061.09
归属母公司股东权益(万元)	85355.11	85456.64	81247.47	28133.76
主营业务收入(万元)	18602.42	48026.78	21857.08	43539.76
营业收入(万元)	18602.42	48026.78	21857.08	43539.76
主营成本(万元)	8898.64	23642.01	10168.43	22229.03
营业成本(万元)	8898.64	23642.01	10168.43	22229.03
投资收益(万元)	-	-	-	-
净利润(万元)	1498.67	7173.77	2964.60	8173.28
利润总额(万元)	1531.56	8747.95	3241.01	9933.42

新疆天山畜牧生物工程股份有限公司

公司概况					
公司名称	新疆天山畜牧生物工程股份有限公司			证券简称	天山生物
法人代表	蒋炜	董秘	何敏	证券代码	300313
公司网址	www.tsbulls.net		电子信箱	tsxmgs@sina.com	
电　话	0994-6566618		传　真	0994-6566616	
办公地址	新疆维吾尔自治区昌吉市延安北路 198 号东方广场写字楼 10 楼				
经营范围	种牛、奶牛养殖和销售等				

主要财务指标：指标\报告期	2013.06.30	2012.12.31	2012.06.30	2011.12.31
基本每股收益(元)	0.0493	0.2288	0.0832	0.3964
基本每股收益(扣除)(元)	0.0422	0.1500	0.0840	0.3400
每股净资产(元)	4.3323	4.2830	4.2400	1.7365
每股经营现金净流量(元)	0.0232	-0.0170	0.0361	0.5647
每股现金流量(元)	0.1299	0.2615	2.5119	-0.0262
每股资本公积金(元)	2.6269	2.6269	2.6269	0.0080
每股盈余公积金(元)	0.0862	0.0862	0.0733	0.0863
每股未分配利润(元)	0.6192	0.5699	0.5424	0.6422
净资产收益率(%)	1.1386	4.9000	1.6300	22.8300
加权净资产收益率(%)	1.1500	6.3800	3.0200	25.3700
净资产收益率(扣除)(%)	-	-	-	-
总资产(万元)	43493.59	42517.32	41136.53	17360.06
归属母公司股东权益(万元)	39385.15	38936.65	38569.45	11839.44
主营业务收入(万元)	3718.65	8131.77	3271.88	7490.56
营业收入(万元)	3757.27	8200.35	3301.68	7548.49
主营成本(万元)	2055.85	4726.87	1690.13	3271.03
营业成本(万元)	2084.31	4756.23	1704.69	3305.26
投资收益(万元)	-	-	-	-
净利润(万元)	461.80	1908.11	630.20	2702.50
利润总额(万元)	475.61	1934.39	631.54	2732.23

宁波戴维医疗器械股份有限公司

公司概况					
公司名称	宁波戴维医疗器械股份有限公司			证券简称	戴维医疗
法人代表	陈再宏	董秘	李则东	证券代码	300314
公司网址	www.nbdavid.com		电子信箱	zqb@nbdavid.com	
电　话	0574-65982386		传　真	0574-65950888	
办公地址	浙江省宁波市象山经济开发区滨海工业园金兴路35号				
经营范围	婴儿保育设备研发、生产、销售等				

主要财务指标：指标\报告期	2013.06.30	2012.12.31	2012.06.30	2011.12.31
基本每股收益(元)	0.2300	1.0100	0.2600	0.9000
基本每股收益(扣除)(元)	0.2300	0.9900	0.5200	0.8900
每股净资产(元)	3.7556	7.4011	7.0600	2.7400
每股经营现金净流量(元)	0.0397	1.1816	0.2971	1.1170
每股现金流量(元)	–0.2672	4.7415	4.0476	0.5834
每股资本公积金(元)	1.8971	4.7942	4.7942	0.6260
每股盈余公积金(元)	0.0967	0.1934	0.1447	0.1331
每股未分配利润(元)	0.7618	1.4136	1.1224	0.9784
净资产收益率(%)	6.1244	16.5900	6.1400	39.3200
加权净资产收益率(%)	6.0000	16.5900	11.6800	39.3200
净资产收益率(扣除)(%)	–	–	–	–
总资产(万元)	63957.55	64918.75	60035.97	27572.82
归属母公司股东权益(万元)	60088.94	59208.88	56490.10	16424.84
主营业务收入(万元)	11008.50	25326.15	11698.50	20441.61
营业收入(万元)	11148.95	25579.04	11815.72	20674.13
主营成本(万元)	4753.60	10862.60	5037.04	8804.89
营业成本(万元)	4915.56	10980.75	5093.65	8983.04
投资收益(万元)	–	–	–	–
净利润(万元)	3680.06	7386.68	3467.91	5396.87
利润总额(万元)	4359.64	8712.53	4091.34	6344.29

北京掌趣科技股份有限公司

公司概况					
公司名称	北京掌趣科技股份有限公司			证券简称	掌趣科技
法人代表	姚文彬	董秘	姚文彬(代)	证券代码	300315
公司网址	www.ourpalm.com		电子信箱	ir@ourpalm.com	
电　话	010-65073699		传　真	010-65073699	
办公地址	北京市海淀区马甸东路17号金澳国际大厦9层				
经营范围	第二类增值电信业务中的信息服务业务等				

主要财务指标：指标\报告期	2013.06.30	2012.12.31	2012.06.30	2011.12.31
基本每股收益(元)	0.1300	0.5600	0.1100	0.4500
基本每股收益(扣除)(元)	0.1200	0.5300	0.2400	0.4400
每股净资产(元)	2.5289	5.3900	5.2300	1.8200
每股经营现金净流量(元)	0.1034	0.3195	0.1248	0.4449
每股现金流量(元)	–0.2465	3.6982	3.3542	–0.2775
每股资本公积金(元)	1.0390	3.4859	3.4859	0.0906
每股盈余公积金(元)	0.0298	0.0655	0.0495	0.0443
每股未分配利润(元)	0.4601	0.8372	0.6954	0.6889
净资产收益率(%)	4.9400	9.3300	3.7300	24.8760
加权净资产收益率(%)	4.9900	13.5600	5.9100	28.4100
净资产收益率(扣除)(%)	–	–	–	–
总资产(万元)	93784.23	91376.41	87264.02	23874.48
归属母公司股东权益(万元)	91054.03	88189.96	85606.15	22386.09
主营业务收入(万元)	12839.87	22536.30	9587.03	18364.45
营业收入(万元)	12839.87	22536.30	9587.03	18364.45
主营成本(万元)	6948.16	10507.46	3738.97	8625.08
营业成本(万元)	6948.16	10507.46	3738.97	8625.08
投资收益(万元)	–7.88	178.34	9.43	8.41
净利润(万元)	4500.67	8230.00	3191.30	5568.67
利润总额(万元)	5189.45	9535.08	3747.65	6415.77

浙江晶盛机电股份有限公司

公司概况					
公司名称	浙江晶盛机电股份有限公司			证券简称	晶盛机电
法人代表	邱敏秀	董秘	陆晓雯	证券代码	300316
公司网址	www.jsjd.cc		电子信箱	jsjd@jsjd.cc	
电　话	0575-81222501		传　真	0575-81222501	
办公地址	浙江省绍兴市上虞市经济开发区通江西路218号				
经营范围	晶体生长炉、半导体材料制备设备、机电设备制造、销售、进出口业务等				

主要财务指标：指标\报告期	2013.06.30	2012.12.31	2012.06.30	2011.12.31
基本每股收益(元)	0.1000	1.4200	0.5400	3.2700
基本每股收益(扣除)(元)	0.0900	1.3300	1.0000	3.1200
每股净资产(元)	6.2440	12.5900	12.6900	5.3700
每股经营现金净流量(元)	0.3065	–0.2154	–0.2200	0.9193
每股现金流量(元)	0.0795	6.9581	7.5375	0.3004
每股资本公积金(元)	3.4012	7.8025	7.8025	0.3828
每股盈余公积金(元)	0.1898	0.3797	0.2572	0.3430
每股未分配利润(元)	1.6529	3.4103	3.6308	3.6415
净资产收益率(%)	1.5657	10.3400	7.1000	87.4200
加权净资产收益率(%)	1.5400	13.3800	12.7400	87.4200
净资产收益率(扣除)(%)	–	–	–	–
总资产(万元)	178978.21	184918.49	194374.78	100260.53
归属母公司股东权益(万元)	166527.24	167920.34	169227.99	53673.72
主营业务收入(万元)	12009.40	49548.02	33210.25	81382.76
营业收入(万元)	12206.74	50254.17	33610.44	82350.35
主营成本(万元)	6172.78	22208.66	14820.05	38649.05
营业成本(万元)	6307.94	22765.03	15064.84	39202.24
投资收益(万元)	–	–	–	–
净利润(万元)	2607.40	17361.56	12001.71	32650.72
利润总额(万元)	3317.00	20190.56	14739.14	37532.37

深圳珈伟光伏照明股份有限公司

公司概况					
公司名称	深圳珈伟光伏照明股份有限公司			证券简称	珈伟股份
法人代表	丁孔贤	董秘	彭钦文	证券代码	300317
公司网址	www.jiawei.com		电子信箱	jw@jiawei.com	
电　话	0755-85224478		传　真	0755-85224353	
办公地址	广东省深圳市龙岗区坪地街道高桥社区富高东路4号A、B、C、D栋厂房				
经营范围	光伏照明产品的研发、生产与销售等				

主要财务指标：指标\报告期	2013.06.30	2012.12.31	2012.06.30	2011.12.31
基本每股收益(元)	0.0800	0.0500	0.0200	0.5500
基本每股收益(扣除)(元)	0.0700	0.0500	0.0200	0.5400
每股净资产(元)	4.1611	4.0700	4.1400	2.1000
每股经营现金净流量(元)	0.0931	–0.6537	–0.2004	–0.4354
每股现金流量(元)	–0.1673	2.4846	2.7009	–0.2708
每股资本公积金(元)	2.6869	2.6869	2.7050	0.5574
每股盈余公积金(元)	0.0421	0.0421	0.0386	0.0514
每股未分配利润(元)	0.4609	0.3819	0.4327	0.5450
净资产收益率(%)	1.8985	1.0200	1.1900	25.9630
加权净资产收益率(%)	1.9200	1.3600	0.8400	29.5200
净资产收益率(扣除)(%)	–	–	–	–
总资产(万元)	102100.71	102215.45	90115.63	49383.08
归属母公司股东权益(万元)	58255.32	56996.48	58002.65	22076.00
主营业务收入(万元)	31025.54	43432.61	20676.20	57747.26
营业收入(万元)	31773.51	45368.85	20795.28	60434.89
主营成本(万元)	23283.35	32771.69	15317.28	40138.93
营业成本(万元)	24342.32	34050.17	15439.82	41796.24
投资收益(万元)	–	–	–	–
净利润(万元)	1105.99	583.08	334.91	5731.55
利润总额(万元)	1226.38	302.71	–11.50	7705.13

北京博晖创新光电技术股份有限公司

公司概况						
公司名称	北京博晖创新光电技术股份有限公司			证券简称	博晖创新
法人代表	杜江涛	董秘	刘敏	证券代码	300318
公司网址	www.bohui-tech.com		电子信箱	liumin@bohui-tech.com	
电　　话	010-88850168		传　　真	010-88856244	
办公地址	北京市海淀区北坞村路甲 25 号静芯园 G 座				
经营范围	临床检验快速检测技术的研发及应用产品系统等				

主要财务指标：指标\报告期	2013.06.30	2012.12.31	2012.06.30	2011.12.31
基本每股收益(元)	0.1435	0.5600	0.3113	0.5800
基本每股收益(扣除)(元)	–	0.5700	0.3100	0.5800
每股净资产(元)	4.0632	6.3715	6.1200	3.1400
每股经营现金净流量(元)	0.0536	0.5985	0.1378	0.6106
每股现金流量(元)	-0.0884	3.3493	3.4981	0.4629
每股资本公积金(元)	1.6951	3.3121	3.3121	0.0618
每股盈余公积金(元)	0.1867	0.2987	0.2468	0.3290
每股未分配利润(元)	1.1815	1.7607	1.5614	1.7533
净资产收益率(%)	3.5324	7.8100	4.0300	18.5430
加权净资产收益率(%)	3.5400	10.6700	8.0100	20.4400
净资产收益率(扣除)(%)	–	–	–	–
总资产(万元)	71308.99	70123.14	65060.48	26169.78
归属母公司股东权益(万元)	66571.54	65243.99	62671.93	24147.29
主营业务收入(万元)	5280.78	11141.72	5461.23	9613.84
营业收入(万元)	5397.94	11376.07	5568.73	9812.19
主营成本(万元)	1157.89	2487.44	1188.97	2188.88
营业成本(万元)	1184.92	2541.19	1215.84	2262.93
投资收益(万元)	–	–	–	–
净利润(万元)	2277.53	4944.60	2449.86	4351.42
利润总额(万元)	2692.15	5801.06	2894.03	5119.36

深圳市麦捷微电子科技股份有限公司

公司概况					
公司名称	深圳市麦捷微电子科技股份有限公司			证券简称	麦捷科技
法人代表	李文燕	董秘	姜波	证券代码	300319
公司网址	www.szmicrogate.com		电子信箱	humanrd@szmicrogate.com	
电　　话	0755-28085000-320		传　　真	0755-28085605	
办公地址	广东省深圳市宝安区观澜街道广培社区裕新路南兴工业园厂房第一栋、第二栋				
经营范围	生产各类电子元器件、集成电路等电子产品等				

主要财务指标：指标\报告期	2013.06.30	2012.12.31	2012.06.30	2011.12.31
基本每股收益(元)	0.2600	0.5500	0.3100	0.7900
基本每股收益(扣除)(元)	0.2400	0.5500	0.3100	0.7300
每股净资产(元)	5.4757	5.4200	5.6700	2.8300
每股经营现金净流量(元)	0.2979	0.1613	0.0325	0.6456
每股现金流量(元)	-0.9045	2.4319	3.3160	0.4686
每股资本公积金(元)	3.2469	3.2469	3.2469	0.2586
每股盈余公积金(元)	0.2312	0.2312	0.1815	0.2421
每股未分配利润(元)	0.9977	0.9380	1.2409	1.3257
净资产收益率(%)	4.7420	9.1100	4.3500	27.7900
加权净资产收益率(%)	4.9800	11.7800	8.8400	32.1800
净资产收益率(扣除)(%)	–	–	–	–
总资产(万元)	34393.42	31942.39	33532.51	14383.04
归属母公司股东权益(万元)	29207.47	28889.24	30240.22	11305.17
主营业务收入(万元)	7215.29	12672.96	5911.49	13072.48
营业收入(万元)	7215.29	12672.96	5911.49	13072.48
主营成本(万元)	4852.98	8209.90	3756.46	8114.88
营业成本(万元)	4852.98	8209.90	3756.46	8114.88
投资收益(万元)	–	–	–	–
净利润(万元)	1338.42	2632.59	1316.57	3142.05
利润总额(万元)	1573.62	3047.04	1544.93	3603.34

江阴海达橡塑股份有限公司

公司概况					
公司名称	江阴海达橡塑股份有限公司			证券简称	海达股份
法人代表	钱振宇	董秘	胡蕴新	证券代码	300320
公司网址	www.haida.cn		电子信箱	haida@haida.cn	
电　　话	0510-86900687		传　　真	0510-86221558	
办公地址	江苏省江阴市周庄镇云顾路 585 号				
经营范围	橡胶零配件的研发、生产和销售等				

主要财务指标：指标\报告期	2013.06.30	2012.12.31	2012.06.30	2011.12.31
基本每股收益(元)	0.2600	0.9800	0.5900	1.0400
基本每股收益(扣除)(元)	0.2600	0.9100	0.5200	1.0000
每股净资产(元)	4.6306	8.9300	8.7200	5.1300
每股经营现金净流量(元)	0.0438	0.7315	0.0470	0.7596
每股现金流量(元)	-1.4643	4.0688	4.0741	1.1007
每股资本公积金(元)	1.6950	4.3900	4.3900	0.3076
每股盈余公积金(元)	0.1668	0.3337	0.2520	0.3360
每股未分配利润(元)	1.7688	3.2103	3.0811	3.4874
净资产收益率(%)	5.6931	22.8100	5.3400	20.1900
加权净资产收益率(%)	5.7300	12.8900	9.6700	22.4500
净资产收益率(扣除)(%)	–	–	–	–
总资产(万元)	75932.20	87064.04	85094.22	52570.17
归属母公司股东权益(万元)	61744.57	59562.76	58157.19	25655.14
主营业务收入(万元)	28982.79	53816.03	25527.48	60983.40
营业收入(万元)	29663.94	54856.34	25960.63	62363.48
主营成本(万元)	21162.80	39571.94	18916.91	47343.29
营业成本(万元)	21555.73	40635.40	19372.36	48698.40
投资收益(万元)	–	0.70	–	0.84
净利润(万元)	3565.35	5986.85	3193.69	5336.75
利润总额(万元)	4253.61	7301.07	3829.36	6505.11

山东同大海岛新材料股份有限公司

公司概况					
公司名称	山东同大海岛新材料股份有限公司			证券简称	同大股份
法人代表	孙俊成	董秘	于洪亮	证券代码	300321
公司网址	www.tongdahdcx.com		电子信箱	tdhdgf@126.com	
电　　话	0536-7191939 7199701		传　　真	0536-7191956	
办公地址	山东省潍坊市昌邑市利民街西首				
经营范围	海岛纤维材料、鞋材、服装面料(不含棉纺)、沙发革、汽车座套及高档擦拭布等生产销售				

主要财务指标：指标\报告期	2013.06.30	2012.12.31	2012.06.30	2011.12.31
基本每股收益(元)	0.3481	0.8302	0.6081	1.5874
基本每股收益(扣除)(元)	0.3442	0.6700	0.5128	1.4478
每股净资产(元)	11.2603	11.0500	11.0000	7.1493
每股经营现金净流量(元)	0.6540	0.7147	-0.3980	1.5478
每股现金流量(元)	-0.4892	2.7963	4.6104	-0.9582
每股资本公积金(元)	6.3618	6.3618	6.3618	1.9415
每股盈余公积金(元)	0.4106	0.4106	0.3844	0.4483
每股未分配利润(元)	3.4880	3.2739	3.2529	3.7595
净资产收益率(%)	3.0910	6.7300	4.3800	22.2000
加权净资产收益率(%)	3.1000	8.5600	7.4500	24.9800
净资产收益率(扣除)(%)	–	–	–	–
总资产(万元)	71328.92	69723.32	75161.95	49118.39
归属母公司股东权益(万元)	49995.88	49045.46	48835.70	23807.03
主营业务收入(万元)	19572.95	33856.91	18026.46	38409.40
营业收入(万元)	21750.57	38136.41	20211.54	43015.15
主营成本(万元)	15763.27	26185.83	13513.47	28808.33
营业成本(万元)	17787.15	30146.87	15540.24	33084.95
投资收益(万元)	–	–	–	–
净利润(万元)	1545.38	3301.94	2137.57	5286.20
利润总额(万元)	1823.09	3770.12	2529.97	6105.98

惠州硕贝德无线科技股份有限公司

公司概况	公司名称	惠州硕贝德无线科技股份有限公司		证券简称	硕 贝 德
	法人代表	朱坤华	董秘 孙文科	证券代码	300322
	公司网址	www.speed-hz.com		电子信箱	speed@speed-hz.com
	电　　话	0752-2836716		传　　真	0752-2836145
	办公地址	广东省惠州市东江高新区上霞片区 SX-01-02 号			
	经营范围	无线通信终端天线的研发、生产和销售等			

	指标\报告期	2013.06.30	2012.12.31	2012.06.30	2011.12.31
主要财务指标	基本每股收益(元)	0.1000	0.5080	0.2000	0.5257
	基本每股收益(扣除)(元)	–	0.4359	0.2300	0.5038
	每股净资产(元)	4.4688	5.3500	5.0700	2.1100
	每股经营现金净流量(元)	0.1391	0.1553	–0.0302	0.2813
	每股现金流量(元)	0.0745	1.8322	2.3868	0.2922
	每股资本公积金(元)	2.6795	3.4154	3.4068	0.4788
	每股盈余公积金(元)	0.0873	0.0931	0.0665	0.0635
	每股未分配利润(元)	0.7020	0.8381	0.5989	0.5714
	净资产收益率(%)	2.1600	8.5100	3.7300	24.8100
	加权净资产收益率(%)	2.1400	12.1600	3.7300	28.4700
	净资产收益率(扣除)(%)	–	–	–	–
	总资产(万元)	67905.86	63980.07	58857.78	29005.80
	归属母公司股东权益(万元)	50056.41	49907.49	47347.19	14795.73
	主营业务收入(万元)	19275.40	36455.98	14759.94	24984.13
	营业收入(万元)	19275.40	36455.98	14759.94	24984.13
	主营成本(万元)	15055.32	25718.23	9695.36	15942.23
	营业成本(万元)	15055.32	25718.23	9695.36	15942.23
	投资收益(万元)	–	–	–	–
	净利润(万元)	1082.36	4248.00	1767.70	3671.15
	利润总额(万元)	1277.51	4779.17	2008.09	4347.99

华灿光电股份有限公司

公司概况	公司名称	华灿光电股份有限公司		证券简称	华灿光电
	法人代表	周福云	董秘 叶爱民	证券代码	300323
	公司网址	www.hcsemitek.com		电子信箱	zq@hcsemitek.com
	电　　话	027-81929003		传　　真	027-81929091-9003
	办公地址	湖北省武汉市东湖开发区滨湖路 8 号			
	经营范围	LED 外延片及芯片的研发、生产和销售业务等			

	指标\报告期	2013.06.30	2012.12.31	2012.06.30	2011.12.31
主要财务指标	基本每股收益(元)	0.0500	0.4900	0.1600	0.8300
	基本每股收益(扣除)(元)	–0.1400	0.1600	0.1300	0.7700
	每股净资产(元)	8.5008	8.5293	8.2800	4.6400
	每股经营现金净流量(元)	0.3700	0.5155	0.2365	–0.2857
	每股现金流量(元)	–1.2978	1.8396	3.2476	–1.1526
	每股资本公积金(元)	6.4694	6.4694	6.4694	2.8088
	每股盈余公积金(元)	0.0874	0.0874	0.0623	0.0831
	每股未分配利润(元)	0.9440	0.9725	0.7464	0.7479
	净资产收益率(%)	0.8405	5.1200	2.2403	17.9106
	加权净资产收益率(%)	0.8300	6.8400	4.2700	19.5600
	净资产收益率(扣除)(%)	–	–	–	–
	总资产(万元)	207267.63	185843.48	188536.94	120697.87
	归属母公司股东权益(万元)	170015.26	170586.21	165561.39	69596.66
	主营业务收入(万元)	11183.91	32987.27	18771.75	47400.09
	营业收入(万元)	11184.02	33001.90	18771.75	47400.09
	主营成本(万元)	11773.84	22839.53	12024.39	25595.36
	营业成本(万元)	11773.95	22849.39	12024.39	25595.36
	投资收益(万元)	–	–	–	–
	净利润(万元)	1429.05	8733.86	3709.04	12465.15
	利润总额(万元)	2798.01	10775.50	4363.58	14448.15

北京旋极信息技术股份有限公司

公司概况	公司名称	北京旋极信息技术股份有限公司		证券简称	旋极信息
	法人代表	陈江涛	董秘 黄海涛	证券代码	300324
	公司网址	www.watertek.com		电子信箱	investor@watertek.com
	电　　话	010-82885950		传　　真	010-82885950
	办公地址	北京市海淀区北四环中路 229 号海泰大厦 1006 室			
	经营范围	从事嵌入式系统的开发、生产、销售和技术服务业务等			

	指标\报告期	2013.06.30	2012.12.31	2012.06.30	2011.12.31
主要财务指标	基本每股收益(元)	0.0400	0.9300	0.4000	1.0200
	基本每股收益(扣除)(元)	0.0100	0.8900	0.4000	0.9800
	每股净资产(元)	4.4912	9.7200	9.1900	3.7900
	每股经营现金净流量(元)	–0.1827	0.1234	–0.7056	1.1789
	每股现金流量(元)	–0.3937	5.4227	4.8083	1.6183
	每股资本公积金(元)	2.5891	6.1782	6.1782	0.5271
	每股盈余公积金(元)	0.1065	0.2130	0.1445	0.1927
	每股未分配利润(元)	0.7988	2.3264	1.8709	2.0768
	净资产收益率(%)	0.7900	8.6200	3.4000	26.7800
	加权净资产收益率(%)	0.7300	13.3300	7.8100	30.8700
	净资产收益率(扣除)(%)	–	–	–	–
	总资产(万元)	60886.84	63614.79	60446.24	29623.84
	归属母公司股东权益(万元)	50301.07	54412.21	51479.76	15938.98
	主营业务收入(万元)	10733.78	28179.69	14418.37	29865.60
	营业收入(万元)	10733.78	28179.69	14418.37	29866.60
	主营成本(万元)	6264.69	17370.83	8953.55	20190.04
	营业成本(万元)	6264.69	17370.83	8953.55	20190.04
	投资收益(万元)	–47.49	–178.29	–7.43	33.48
	净利润(万元)	364.75	4780.56	1787.23	4322.44
	利润总额(万元)	478.05	5610.81	2078.35	5092.73

江苏德威新材料股份有限公司

公司概况	公司名称	江苏德威新材料股份有限公司		证券简称	德威新材
	法人代表	周建明	董秘 翟仲源	证券代码	300325
	公司网址	www.chinadewei.com		电子信箱	dongmi@chinadewei.com
	电　　话	0512-53229379 53229354		传　　真	0512-53222355
	办公地址	江苏省苏州市太仓市沙溪镇沙南东路 99 号			
	经营范围	线缆用高分子材料的研发、生产、销售等			

	指标\报告期	2013.06.30	2012.12.31	2012.06.30	2011.12.31
主要财务指标	基本每股收益(元)	0.1700	0.7800	0.2100	0.9000
	基本每股收益(扣除)(元)	–	0.7400	0.3900	0.8900
	每股净资产(元)	4.2870	8.3300	8.0500	5.2000
	每股经营现金净流量(元)	–0.2181	1.1056	–0.0634	–0.5461
	每股现金流量(元)	–0.4733	2.8751	3.5267	0.9472
	每股资本公积金(元)	1.7300	4.4600	4.4600	1.1818
	每股盈余公积金(元)	0.1607	0.3215	0.2565	0.3419
	每股未分配利润(元)	1.3962	2.5449	2.3385	2.6775
	净资产收益率(%)	4.0533	8.4300	4.1000	17.2097
	加权净资产收益率(%)	4.0900	10.8700	7.0200	18.8300
	净资产收益率(扣除)(%)	–	–	–	–
	总资产(万元)	121767.66	122708.21	112913.86	77136.20
	归属母公司股东权益(万元)	68591.69	66611.43	64439.56	31206.92
	主营业务收入(万元)	32592.38	66494.78	27094.35	57220.55
	营业收入(万元)	39655.88	77340.16	31026.25	65090.70
	主营成本(万元)	26039.41	53095.05	21256.46	45339.87
	营业成本(万元)	33033.41	63826.53	25150.83	53131.18
	投资收益(万元)	130.26	84.73	84.73	11.35
	净利润(万元)	2854.75	5789.12	2721.35	5609.91
	利润总额(万元)	3345.65	6940.94	3239.68	6707.86

上海凯利泰医疗科技股份有限公司

公司概况	公司名称	上海凯利泰医疗科技股份有限公司			证券简称	凯利泰
	法人代表	秦杰	董秘	丁魁	证券代码	300326
	公司网址	www.kineticmedinc.com.cn		电子信箱	kmc@shkmc.com.cn	
	电　话	021-50728758		传　真	021-50728758	
	办公地址	上海市张江高科技园东区瑞庆路528号23幢2楼				
	经营范围	椎体成形微创介入手术系统的研发、生产和销售等				

主要财务指标	指标\报告期	2013.06.30	2012.12.31	2012.06.30	2011.12.31
	基本每股收益(元)	0.3786	1.2408	0.4318	0.9708
	基本每股收益(扣除)(元)	0.3759	1.0700	0.6456	0.8485
	每股净资产(元)	6.1662	8.6814	8.6814	2.4557
	每股经营现金净流量(元)	0.0535	0.0624	0.2498	0.9891
	每股现金流量(元)	-0.1106	0.0037	6.4703	-0.0432
	每股资本公积金(元)	3.7694	6.1542	6.1542	0.0571
	每股盈余公积金(元)	0.1768	0.2652	0.1568	0.2101
	每股未分配利润(元)	1.2200	1.2620	1.3704	1.1885
	净资产收益率(%)	6.1403	12.4800	23.3000	39.5300
	加权净资产收益率(%)	6.3300	20.0400	23.3000	47.1800
	净资产收益率(扣除)(%)	-	-	-	-
	总资产(万元)	49235.57	47026.09	46054.92	11681.27
	归属母公司股东权益(万元)	47402.64	44491.96	44492.08	9393.11
	主营业务收入(万元)	5594.81	10090.44	5257.31	7994.32
	营业收入(万元)	5633.77	2550.05	5296.48	8071.36
	主营成本(万元)	1174.76	1921.28	867.56	1333.53
	营业成本(万元)	1186.10	1943.96	878.90	1354.32
	投资收益(万元)	-	-	-	-
	净利润(万元)	2910.68	1197.52	2477.50	3713.33
	利润总额(万元)	3471.75	1408.88	2915.06	4851.66

中颖电子股份有限公司

公司概况	公司名称	中颖电子股份有限公司			证券简称	中颖电子
	法人代表	傅启明	董秘	潘一德	证券代码	300327
	公司网址	www.sinowealth.com		电子信箱	ir@sinowealth.com	
	电　话	021-61219988 1688		传　真	021-61219989	
	办公地址	上海市长宁区临空经济园区金钟路767弄3号				
	经营范围	集成电路的设计、制造、加工、与研发相关电子系统模块、销售自产产品等				

主要财务指标	指标\报告期	2013.06.30	2012.12.31	2012.06.30	2011.12.31
	基本每股收益(元)	0.1139	0.2180	0.2187	0.6640
	基本每股收益(扣除)(元)	0.0903	0.1700	0.1716	0.6260
	每股净资产(元)	4.6040	5.1315	4.8600	2.4100
	每股经营现金净流量(元)	0.1610	0.1171	-0.0773	0.5120
	每股现金流量(元)	0.2481	-0.0445	0.3528	0.4589
	每股资本公积金(元)	2.9707	2.9707	2.9707	0.4331
	每股盈余公积金(元)	0.0953	0.0859	0.0641	0.0681
	每股未分配利润(元)	0.5379	0.4335	0.8290	0.9040
	净资产收益率(%)	2.4737	4.2400	3.3700	27.5882
	加权净资产收益率(%)	2.4700	5.6900	3.3700	32.0000
	净资产收益率(扣除)(%)	-	-	-	-
	总资产(万元)	65661.64	61976.95	66788.93	29000.88
	归属母公司股东权益(万元)	58930.84	57473.05	62256.23	23089.98
	主营业务收入(万元)	15987.43	26413.18	14951.44	37295.23
	营业收入(万元)	15987.43	26428.14	14951.44	37295.23
	主营成本(万元)	10065.42	16528.13	9025.29	21391.11
	营业成本(万元)	10065.42	16528.13	9025.29	21391.11
	投资收益(万元)	-	-	-	-
	净利润(万元)	1457.79	2436.01	2099.19	6370.10
	利润总额(万元)	1466.48	2473.21	2314.28	7164.63

东莞宜安科技股份有限公司

公司概况	公司名称	东莞宜安科技股份有限公司			证券简称	宜安科技
	法人代表	李扬德	董秘	张春联	证券代码	300328
	公司网址	www.e-ande.com		电子信箱	eon@e-ande.com	
	电　话	0769-87387777		传　真	0769-87367777	
	办公地址	广东省东莞市清溪镇银泉工业区				
	经营范围	铝合金、镁合金等轻合金精密压铸件的研究、开发、生产和销售等				

主要财务指标	指标\报告期	2013.06.30	2012.12.31	2012.06.30	2011.12.31
	基本每股收益(元)	0.1920	0.4045	0.3019	0.6603
	基本每股收益(扣除)(元)	0.1593	0.3253	0.2125	0.5510
	每股净资产(元)	5.3764	5.5390	5.1593	2.7200
	每股经营现金净流量(元)	0.1178	0.1458	0.0314	0.5362
	每股现金流量(元)	-1.1482	2.4557	2.7557	-0.1433
	每股资本公积金(元)	3.3104	3.3104	3.3104	0.8883
	每股盈余公积金(元)	0.0937	0.1112	0.0573	0.0764
	每股未分配利润(元)	0.9758	1.0416	0.7927	0.7550
	净资产收益率(%)	3.5706	6.7000	4.3900	24.3129
	加权净资产收益率(%)	3.5700	9.6700	4.3900	27.6600
	净资产收益率(扣除)(%)	-	-	-	-
	总资产(万元)	68266.15	73068.82	66675.37	30275.24
	归属母公司股东权益(万元)	60215.21	62036.63	57784.13	22812.63
	主营业务收入(万元)	17367.33	29572.34	14771.26	32142.00
	营业收入(万元)	17484.01	29653.60	14789.01	32195.33
	主营成本(万元)	12197.76	20872.87	10394.59	22090.63
	营业成本(万元)	12202.06	20881.47	10398.89	22098.60
	投资收益(万元)	-	-	-	-
	净利润(万元)	2150.06	3964.48	2535.83	5546.41
	利润总额(万元)	2428.11	4577.74	2903.14	6377.82

海伦钢琴股份有限公司

公司概况	公司名称	海伦钢琴股份有限公司			证券简称	海伦钢琴
	法人代表	陈海伦	董秘	石定靖	证券代码	300329
	公司网址	www.hailunpiano.com		电子信箱	phil@hailunpiano.com	
	电　话	0574-86813822		传　真	0574-55221607	
	办公地址	浙江省宁波市北仑区龙潭山路36号				
	经营范围	钢琴制造、乐器制品、汽车配件、装潢五金、模具制品、非金属制品模具设计、加工、制造				

主要财务指标	指标\报告期	2013.06.30	2012.12.31	2012.06.30	2011.12.31
	基本每股收益(元)	0.1300	0.5200	0.1700	0.7100
	基本每股收益(扣除)(元)	0.1200	0.4300	0.2600	0.6500
	每股净资产(元)	3.7732	7.5800	7.3800	3.2400
	每股经营现金净流量(元)	0.0297	0.1036	-0.1137	0.5852
	每股现金流量(元)	-0.2657	3.0122	4.5731	0.0932
	每股资本公积金(元)	1.9448	4.8896	4.8896	0.5887
	每股盈余公积金(元)	0.1103	0.1946	0.1745	0.1980
	每股未分配利润(元)	0.7181	1.4999	1.3136	1.4547
	净资产收益率(%)	3.4758	9.1000	3.3300	14.7300
	加权净资产收益率(%)	3.4200	9.1000	9.7500	24.7300
	净资产收益率(扣除)(%)	-	-	-	-
	总资产(万元)	66602.04	64627.41	70894.46	33738.30
	归属母公司股东权益(万元)	50553.22	50805.81	49423.01	16278.28
	主营业务收入(万元)	15263.95	28606.12	13586.39	28968.82
	营业收入(万元)	15937.35	30325.99	14573.41	30308.94
	主营成本(万元)	10453.14	19466.79	9190.83	19595.34
	营业成本(万元)	11011.80	20946.87	10027.00	20839.80
	投资收益(万元)	-	-	-	-
	净利润(万元)	1794.63	3122.46	1704.82	3641.84
	利润总额(万元)	2138.79	3607.58	1996.11	4266.69

上海华虹计通智能系统股份有限公司

公司概况					
公司名称	上海华虹计通智能系统股份有限公司			证券简称	华虹计通
法人代表	陈剑波	董秘	余嘉音	证券代码	300330
公司网址	www.huahongjt.com		电子信箱	hhjt@huahongjt.com	
电　话	021-32090258*521		传　真	021-32099981	
办公地址	上海市长宁区中山西路 1291 号 5 楼				
经营范围	设计、开发、生产和销售智能卡读写设备及系统、自动售检票设备及系统等				

主要财务指标 指标\报告期	2013.06.30	2012.12.31	2012.06.30	2011.12.31
基本每股收益(元)	0.1600	0.4500	0.2600	0.6300
基本每股收益(扣除)(元)	0.1100	0.3200	0.1900	0.5600
每股净资产(元)	5.2680	3.5040	5.2100	2.2800
每股经营现金净流量(元)	-0.4605	-0.6932	-0.7575	1.0992
每股现金流量(元)	-0.4713	2.2606	2.3934	0.0343
每股资本公积金(元)	3.4789	3.4789	3.4789	0.5719
每股盈余公积金(元)	0.1077	0.1077	0.0682	0.0909
每股未分配利润(元)	0.6813	0.6697	0.6616	0.6179
净资产收益率(%)	3.0666	7.5300	3.8100	27.4326
加权净资产收益率(%)	3.0300	11.1300	10.9500	31.0100
净资产收益率(扣除)(%)	-	-	-	-
总资产(万元)	61280.46	61941.23	60755.96	29516.18
归属母公司股东权益(万元)	42143.61	42051.21	41669.57	13683.93
主营业务收入(万元)	10292.71	25895.97	13738.51	28738.17
营业收入(万元)	10292.71	25895.97	13738.51	28738.17
主营成本(万元)	7653.28	18992.75	10035.56	20585.38
营业成本(万元)	7653.28	18992.75	10035.56	20585.38
投资收益(万元)	-	-	-	-
净利润(万元)	1292.39	3167.43	1585.79	3753.85
利润总额(万元)	1523.73	3717.77	1872.21	4355.53

苏州苏大维格光电科技股份有限公司

公司概况					
公司名称	苏州苏大维格光电科技股份有限公司			证券简称	苏大维格
法人代表	陈林森	董秘	姚维品	证券代码	300331
公司网址	www.svgoptronics.com		电子信箱	info@svgoptronics.com	
电　话	0512-62868882-881		传　真	0512-62589155	
办公地址	江苏省苏州市苏州工业园区科教创新区新昌路 68 号				
经营范围	微纳光学产品的设计、开发与制造、关键制造设备的研制和相关技术的研发服务等				

主要财务指标 指标\报告期	2013.06.30	2012.12.31	2012.06.30	2011.12.31
基本每股收益(元)	0.1400	0.5500	0.4200	0.8800
基本每股收益(扣除)(元)	-	0.2400	0.3600	0.7800
每股净资产(元)	7.3944	7.4521	7.5500	3.7000
每股经营现金净流量(元)	-0.0266	-0.0180	0.0737	1.0393
每股现金流量(元)	-1.0993	3.5989	4.4818	-0.1718
每股资本公积金(元)	4.5416	4.5416	4.5995	0.5271
每股盈余公积金(元)	0.2604	0.2441	0.2353	0.2726
每股未分配利润(元)	1.5924	1.6663	1.7130	1.9018
净资产收益率(%)	1.9252	6.4400	4.2100	23.6604
加权净资产收益率(%)	1.8900	9.2700	10.8200	26.1700
净资产收益率(扣除)(%)	-	-	-	-
总资产(万元)	61048.87	59555.20	59249.06	27502.50
归属母公司股东权益(万元)	45845.32	46202.71	46796.66	17211.54
主营业务收入(万元)	13325.04	23334.25	11965.34	25352.62
营业收入(万元)	13337.38	23391.77	11979.31	25459.49
主营成本(万元)	10447.33	17321.15	8180.25	18145.89
营业成本(万元)	10459.09	17389.58	8193.55	18177.40
投资收益(万元)	-	420.24	11.78	-0.24
净利润(万元)	769.17	2996.96	2005.11	4041.58
利润总额(万元)	849.46	3470.08	2321.07	4749.47

天壕节能科技股份有限公司

公司概况					
公司名称	天壕节能科技股份有限公司			证券简称	天壕节能
法人代表	陈作涛	董秘	张洪涛	证券代码	300332
公司网址	www.trce.com.cn		电子信箱	ir@trce.com.cn	
电　话	010-62211992		传　真	010-62213992	
办公地址	北京市海淀区西直门北大街 32 号枫蓝国际中心 2 号楼 906 室				
经营范围	能源技术咨询、技术开发、工业废气余热发电等节能项目的工程设计等				

主要财务指标 指标\报告期	2013.06.30	2012.12.31	2012.06.30	2011.12.31
基本每股收益(元)	0.1500	0.3200	0.1100	0.2100
基本每股收益(扣除)(元)	0.1500	0.3000	0.1000	0.2100
每股净资产(元)	3.7852	3.6386	3.4400	1.9331
每股经营现金净流量(元)	0.1296	0.1236	0.0421	0.3658
每股现金流量(元)	-0.2404	0.9126	1.8205	0.0666
每股资本公积金(元)	2.0909	2.0909	2.0909	0.5799
每股盈余公积金(元)	0.0145	0.0145	0.0033	0.0044
每股未分配利润(元)	0.6798	0.5332	0.3410	0.3488
净资产收益率(%)	3.8740	7.7700	2.3100	11.1100
加权净资产收益率(%)	3.9500	11.1200	5.3300	11.7700
净资产收益率(扣除)(%)	-	-	-	-
总资产(万元)	156229.70	154544.16	170855.19	104695.26
归属母公司股东权益(万元)	121127.06	116434.62	109924.03	46393.62
主营业务收入(万元)	13949.03	25735.45	11956.64	18290.15
营业收入(万元)	13950.51	25737.16	11956.77	18307.26
主营成本(万元)	6385.81	10671.37	5089.15	7305.06
营业成本(万元)	6385.81	10671.69	5089.15	7317.43
投资收益(万元)	-	-	-	-
净利润(万元)	4661.42	9024.25	2523.91	5125.14
利润总额(万元)	5023.87	9608.09	2689.65	5133.60

深圳兆日科技股份有限公司

公司概况					
公司名称	深圳兆日科技股份有限公司			证券简称	兆日科技
法人代表	魏恺言	董秘	余凯	证券代码	300333
公司网址	www.sinosun.com.cn		电子信箱	ir@sinosun.com.cn	
电　话	0755-83415666 23609873		传　真	0755-82558382	
办公地址	广东省深圳市福田区车公庙泰然工业区 213 栋 6 层 C 座				
经营范围	计算机软件、硬件、电子产品的技术开发、销售和技术咨询等				

主要财务指标 指标\报告期	2013.06.30	2012.12.31	2012.06.30	2011.12.31
基本每股收益(元)	0.2400	0.8100	0.6000	0.9800
基本每股收益(扣除)(元)	0.2300	0.7900	0.6000	0.9700
每股净资产(元)	6.9273	7.1844	7.6800	2.6400
每股经营现金净流量(元)	0.0780	0.8772	0.4129	1.0851
每股现金流量(元)	-0.5032	0.4059	5.7169	0.8611
每股资本公积金(元)	5.4404	5.4404	5.4404	0.5933
每股盈余公积金(元)	0.1462	0.1462	0.0888	0.0815
每股未分配利润(元)	0.3407	0.5978	1.1462	0.9669
净资产收益率(%)	3.5063	9.8500	5.8500	36.9902
加权净资产收益率(%)	3.3200	14.8400	20.3400	45.3800
净资产收益率(扣除)(%)	-	-	-	-
总资产(万元)	86184.94	83619.17	89931.21	24379.31
归属母公司股东权益(万元)	77586.12	80465.68	85964.38	22190.50
主营业务收入(万元)	8569.04	23092.48	12196.04	20577.24
营业收入(万元)	8575.29	23126.16	12196.04	20595.21
主营成本(万元)	2584.56	6081.97	2406.93	4328.00
营业成本(万元)	8575.29	6081.97	2406.93	4328.00
投资收益(万元)	-	-	-	-
净利润(万元)	3550.45	10074.87	6207.34	9681.49
利润总额(万元)	4349.21	12296.84	7687.12	11584.24

天津膜天膜科技股份有限公司

公司概况	公司名称	天津膜天膜科技股份有限公司			证券简称	津膜科技
	法人代表	李新民	董秘	郑春建	证券代码	300334
	公司网址	www.motimo.com		电子信箱	ir@motimo.com.cn	
	电　话	022-66230126		传　真	022-66230122	
	办公地址	天津市经济技术开发区第 11 大街 60 号				
	经营范围	生产销售中空纤维膜、膜组件、膜分离设备、水处理设备及相关产品等				

	指标\报告期	2013.06.30	2012.12.31	2012.06.30	2011.12.31
主要财务指标	基本每股收益(元)	0.1900	0.5800	0.1400	0.5000
	基本每股收益(扣除)(元)	0.1700	0.4900	0.1000	0.4800
	每股净资产(元)	6.3262	6.1300	5.7600	2.3800
	每股经营现金净流量(元)	-0.4764	-0.1642	-0.4024	0.2806
	每股现金流量(元)	-0.7235	3.2330	3.4144	0.5158
	每股资本公积金(元)	4.0127	4.0127	4.0127	0.5623
	每股盈余公积金(元)	0.1123	0.1123	0.0610	0.0813
	每股未分配利润(元)	1.2013	1.0087	0.6855	0.7316
	净资产收益率(%)	3.0440	8.1800	2.3700	20.9614
	加权净资产收益率(%)	3.0900	12.9200	3.6300	23.4200
	净资产收益率(扣除)(%)	-	-	-	-
	总资产(万元)	88634.99	87918.17	75197.05	31823.19
	归属母公司股东权益(万元)	73384.18	71150.37	66805.40	20664.75
	主营业务收入(万元)	12848.51	29034.33	8475.89	21831.78
	营业收入(万元)	12856.63	29077.80	8475.89	21863.78
	主营成本(万元)	7714.54	17763.44	4640.61	12897.51
	营业成本(万元)	7714.54	17763.44	4640.61	12897.51
	投资收益(万元)	-13.39	-	-	-
	净利润(万元)	2238.73	5916.37	1586.15	4331.63
	利润总额(万元)	2633.99	6943.38	1858.32	4925.68

广州迪森热能技术股份有限公司

公司概况	公司名称	广州迪森热能技术股份有限公司			证券简称	迪森股份
	法人代表	马革	董秘	陈燕芳	证券代码	300335
	公司网址	www.devotiongroup.com		电子信箱	gd@devotiongroup.com	
	电　话	020-82199956		传　真	020-82199901	
	办公地址	广东省广州市经济开发区东区东众路 42 号				
	经营范围	利用生物质燃料等新型清洁能源、为客户提供热能服务等				

	指标\报告期	2013.06.30	2012.12.31	2012.06.30	2011.12.31
主要财务指标	基本每股收益(元)	0.1993	0.5000	0.1492	0.4400
	基本每股收益(扣除)(元)	0.1563	0.4000	0.2441	0.3900
	每股净资产(元)	3.6253	5.3389	2.7260	2.4300
	每股经营现金净流量(元)	0.2771	0.1380	0.1569	0.5462
	每股现金流量(元)	-0.0386	1.7284	0.0069	0.1811
	每股资本公积金(元)	1.9275	3.3913	0.5486	0.7316
	每股盈余公积金(元)	0.0967	0.1451	0.0970	0.1294
	每股未分配利润(元)	0.6011	0.8026	0.6488	0.5667
	净资产收益率(%)	5.4988	7.9700	10.9500	18.1800
	加权净资产收益率(%)	5.4800	12.8100	11.5800	20.0000
	净资产收益率(扣除)(%)	-	-	-	-
	总资产(万元)	85557.94	84220.89	56119.60	51350.34
	归属母公司股东权益(万元)	75852.76	74471.56	28516.89	25395.08
	主营业务收入(万元)	20460.52	40954.25	19837.84	36266.52
	营业收入(万元)	20503.41	9212.50	19873.31	36528.96
	主营成本(万元)	14333.46	28180.29	13492.98	24949.45
	营业成本(万元)	14359.60	28300.40	13528.27	25194.66
	投资收益(万元)	-	-	-	-10.34
	净利润(万元)	4170.97	1432.87	3121.80	4616.82
	利润总额(万元)	4641.60	1571.71	3370.67	5138.86

上海新文化传媒集团股份有限公司

公司概况	公司名称	上海新文化传媒集团股份有限公司			证券简称	新 文 化
	法人代表	杨震华	董秘	盛文蕾	证券代码	300336
	公司网址	www.ncmedia.com.cn		电子信箱	xinwenhua@ncmedia.com.cn	
	电　话	021-65871976		传　真	021-65873968	
	办公地址	上海市虹口区东江湾路 444 号北区 238 室				
	经营范围	主要从事影视剧的投资、制作、发行及衍生业务等				

	指标\报告期	2013.06.30	2012.12.31	2012.06.30	2011.12.31
主要财务指标	基本每股收益(元)	0.5300	1.1044	0.5600	0.8693
	基本每股收益(扣除)(元)	0.5000	1.0100	0.5400	0.7897
	每股净资产(元)	8.9495	8.9200	3.5300	2.9600
	每股经营现金净流量(元)	-0.8215	-0.6949	-0.6762	-0.9742
	每股现金流量(元)	-1.3331	4.3834	0.0584	-0.7802
	每股资本公积金(元)	6.0073	6.0073	0.5025	0.6699
	每股盈余公积金(元)	0.2123	0.1320	0.0795	0.0788
	每股未分配利润(元)	1.7300	1.7823	1.3121	1.2159
	净资产收益率(%)	5.8992	10.5700	15.9100	29.3200
	加权净资产收益率(%)	5.8500	18.5200	17.2800	32.9100
	净资产收益率(扣除)(%)	-	-	-	-
	总资产(万元)	104921.72	103122.00	58905.66	43861.48
	归属母公司股东权益(万元)	85915.42	85647.10	25382.74	21345.17
	主营业务收入(万元)	24262.57	38589.35	18503.24	32094.23
	营业收入(万元)	24269.79	38605.71	18505.80	32197.54
	主营成本(万元)	15104.89	22496.57	10252.03	20237.08
	营业成本(万元)	15104.89	22496.57	10252.03	20303.79
	投资收益(万元)	-	-	-	-
	净利润(万元)	5061.37	9051.75	4047.49	6239.15
	利润总额(万元)	6803.07	12085.23	5395.22	8319.91

银邦金属复合材料股份有限公司

公司概况	公司名称	银邦金属复合材料股份有限公司			证券简称	银邦股份
	法人代表	沈健生	董秘	张稷	证券代码	300337
	公司网址	www.cn-yinbang.com		电子信箱	stock@cn-yinbang.com	
	电　话	0510-88991610		传　真	0510-88990799	
	办公地址	江苏省无锡市新区鸿山街道后宅				
	经营范围	铝合金复合材料、铝基多金属复合材料以及铝合金非复合材料的研究、生产和销售等				

	指标\报告期	2013.06.30	2012.12.31	2012.06.30	2011.12.31
主要财务指标	基本每股收益(元)	0.2700	0.6300	0.5100	0.8800
	基本每股收益(扣除)(元)	-	0.5900	0.4500	0.8100
	每股净资产(元)	8.9354	8.7475	5.0700	4.5598
	每股经营现金净流量(元)	-0.6505	0.2590	-0.3148	0.0526
	每股现金流量(元)	-0.2743	0.4625	-0.0747	-0.0239
	每股资本公积金(元)	6.4588	6.4588	2.5821	2.5821
	每股盈余公积金(元)	0.1264	0.1264	0.1479	0.0974
	每股未分配利润(元)	1.3207	1.1409	1.3350	0.8804
	净资产收益率(%)	3.0193	6.1100	9.9741	19.3600
	加权净资产收益率(%)	3.0500	9.4200	10.5000	21.4300
	净资产收益率(扣除)(%)	-	-	-	-
	总资产(万元)	222599.81	197808.44	111754.68	102680.84
	归属母公司股东权益(万元)	166912.47	163402.38	70910.17	63837.52
	主营业务收入(万元)	74938.66	130735.81	68578.52	139202.02
	营业收入(万元)	81362.19	140725.03	73863.04	153931.69
	主营成本(万元)	62126.68	107903.24	56766.07	115391.88
	营业成本(万元)	69133.01	116845.12	60729.32	128164.50
	投资收益(万元)	3.16	203.23	2.29	1.71
	净利润(万元)	5039.60	9985.00	7072.66	12357.41
	利润总额(万元)	5928.94	11779.77	7958.89	14226.44

长沙开元仪器股份有限公司

公司概况	公司名称	长沙开元仪器股份有限公司			证券简称	开元仪器
	法人代表	罗建文	董秘	郭剑锋	证券代码	300338
	公司网址	www.chs5e.com		电子信箱	gojefe@126.com	
	电　话	0731-84874926		传　真	0731-84874926	
	办公地址	湖南省长沙市经济技术开发区开元路172号				
	经营范围	检测分析测量仪器、设备及相关软件的开发、生产、销售等				

	指标\报告期	2013.06.30	2012.12.31	2012.06.30	2011.12.31
主要财务指标	基本每股收益(元)	0.2800	1.1300	0.4500	1.2300
	基本每股收益(扣除)(元)	0.2200	1.1000	0.6500	1.1600
	每股净资产(元)	7.9765	16.0600	7.3400	6.6600
	每股经营现金净流量(元)	–0.1060	–0.1019	–1.0246	0.8624
	每股现金流量(元)	2.4298	0.1837	–0.8672	–0.3943
	每股资本公积金(元)	4.9809	7.9713	2.8841	2.8841
	每股盈余公积金(元)	0.1770	0.2071	0.2498	0.2157
	每股未分配利润(元)	1.7969	2.8370	3.2013	2.5581
	净资产收益率(%)	3.4840	8.0000	9.2337	18.5300
	加权净资产收益率(%)	3.4200	12.0200	9.6800	20.4200
	净资产收益率(扣除)(%)	–	–	–	–
	总资产(万元)	78326.79	80970.18	44942.69	44855.70
	归属母公司股东权益(万元)	71788.53	72287.42	33008.28	29960.40
	主营业务收入(万元)	12264.97	29976.98	15351.53	26927.16
	营业收入(万元)	12371.75	30182.02	15424.24	27041.50
	主营成本(万元)	5785.98	13990.31	7010.95	12902.03
	营业成本(万元)	5845.15	14095.98	7043.29	12949.29
	投资收益(万元)	–	2.93	1.86	–
	净利润(万元)	2475.81	5782.35	3047.88	5550.81
	利润总额(万元)	2872.55	6580.71	3533.81	6282.06

江苏润和软件股份有限公司

公司概况	公司名称	江苏润和软件股份有限公司			证券简称	润和软件
	法人代表	周红卫	董秘	朱祖龙(代)	证券代码	300339
	公司网址	www.hoperun.com		电子信箱	company@hoperun.com	
	电　话	025-52668518		传　真	025-52668895	
	办公地址	江苏省南京市雨花台区铁心桥工业园				
	经营范围	为国际、国内客户提供专业领域的软件外包服务等				

	指标\报告期	2013.06.30	2012.12.31	2012.06.30	2011.12.31
主要财务指标	基本每股收益(元)	0.2300	1.0000	0.1500	0.8100
	基本每股收益(扣除)(元	0.1600	0.7200	0.2600	0.6600
	每股净资产(元)	4.3883	4.2660	4.7500	4.3400
	每股经营现金净流量(元)	–0.1508	0.7485	0.1180	0.8781
	每股现金流量(元)	–0.5459	4.7480	0.0937	1.0906
	每股资本公积金(元)	2.2076	5.4152	1.4411	1.4411
	每股盈余公积金(元)	0.1260	0.2521	0.2244	0.2244
	每股未分配利润(元)	1.0640	1.8732	2.0825	1.6706
	净资产收益率(%)	5.1817	10.0100	8.5500	18.5800
	加权净资产收益率(%)	5.2100	16.5200	8.9400	19.5300
	净资产收益率(扣除)(%)	–	–	–	–
	总资产(万元)	79894.76	84949.71	42092.01	38242.17
	归属母公司股东权益(万元)	67350.99	65474.09	27330.64	24965.95
	主营业务收入(万元)	19003.57	37741.24	15532.72	23218.77
	营业收入(万元)	19093.41	37953.52	15682.17	23428.33
	主营成本(万元)	10921.46	22813.76	8687.98	12591.14
	营业成本(万元)	10969.38	22922.27	8768.32	12698.39
	投资收益(万元)	143.91	116.89	–	–14.39
	净利润(万元)	3485.05	6578.06	2420.73	4720.92
	利润总额(万元)	4113.33	7147.14	2831.99	5386.45

江门市科恒实业股份有限公司

公司概况	公司名称	江门市科恒实业股份有限公司			证券简称	科恒股份
	法人代表	万国江	董秘	唐秀雷	证券代码	300340
	公司网址	www.keheng.com.cn		电子信箱	txl@keheng.com.cn	
	电　话	0750-3863815 3814790		传　真	0750-3899896	
	办公地址	广东省江门市江海区滘头工业区滘兴南路22号				
	经营范围	生产、销售化工原料及化工产品等				

	指标\报告期	2013.06.30	2012.12.31	2012.06.30	2011.12.31
主要财务指标	基本每股收益(元)	0.0300	0.9700	1.1100	5.0000
	基本每股收益(扣除)(元)	0.0062	0.9000	0.9800	4.9500
	每股净资产(元)	9.1928	18.5200	9.9000	8.7943
	每股经营现金净流量(元)	–0.1417	–0.8894	–2.0522	0.1633
	每股现金流量(元)	–0.9196	10.5496	–0.4760	0.4972
	每股资本公积金(元)	5.1352	11.2703	0.5976	0.5976
	每股盈余公积金(元)	0.2733	0.5398	0.7197	0.7197
	每股未分配利润(元)	2.7844	5.7098	7.5834	6.4770
	净资产收益率(%)	0.3600	4.6000	11.1700	56.9000
	加权净资产收益率(%)	0.3500	6.7800	11.8400	79.5200
	净资产收益率(扣除)(%)	–	–	–	–
	总资产(万元)	101846.35	107654.64	59396.46	47443.65
	归属母公司股东权益(万元)	91928.46	92599.19	37127.77	32978.81
	主营业务收入(万元)	19837.47	52729.48	30329.14	108843.02
	营业收入(万元)	19837.47	52729.48	30329.14	108843.02
	主营成本(万元)	17993.89	41960.01	23038.59	–
	营业成本(万元)	17993.89	41960.01	23038.59	79280.12
	投资收益(万元)	–	22.82	–	43.46
	净利润(万元)	329.27	4259.93	4148.96	18764.23
	利润总额(万元)	382.59	4925.33	5368.81	22002.49

麦克奥迪(厦门)电气股份有限公司

公司概况	公司名称	麦克奥迪(厦门)电气股份有限公司			证券简称	麦迪电气
	法人代表	杨泽声	董秘	李臻	证券代码	300341
	公司网址	www.motic-electric.com		电子信箱	info@motic-electric.com	
	电　话	0592-5676713 5676875		传　真	0592-5626612	
	办公地址	福建省厦门市火炬高新区(翔安)产业区舫山南路808号				
	经营范围	主要从事输配电设备核心部件——环氧绝缘件的研发、生产和销售等				

	指标\报告期	2013.06.30	2012.12.31	2012.06.30	2011.12.31
主要财务指标	基本每股收益(元)	0.2200	0.4500	0.2300	0.7100
	基本每股收益(扣除)(元)	0.2100	0.4300	0.2200	0.6600
	每股净资产(元)	5.3832	5.2743	2.8700	2.6500
	每股经营现金净流量(元)	0.2424	0.4173	0.3162	0.8435
	每股现金流量(元)	0.0195	2.4359	–0.1701	0.2936
	每股资本公积金(元)	3.0248	3.0248	0.4927	0.4927
	每股盈余公积金(元)	0.1009	0.1009	0.1087	0.1087
	每股未分配利润(元)	1.2779	1.1613	1.2899	1.0642
	净资产收益率(%)	4.0244	7.2500	7.8608	26.8500
	加权净资产收益率(%)	4.0200	11.2900	8.1700	30.8300
	净资产收益率(扣除)(%)	–	–	–	–
	总资产(万元)	57295.09	55001.76	30036.71	32088.65
	归属母公司股东权益(万元)	49525.37	48523.69	19814.94	18276.43
	主营业务收入(万元)	14061.29	28381.10	13376.06	32232.94
	营业收入(万元)	14473.27	29191.39	13701.48	33128.96
	主营成本(万元)	10128.56	20445.57	9432.56	23070.18
	营业成本(万元)	10328.39	20922.45	9590.96	23459.03
	投资收益(万元)	–	–	–	–
	净利润(万元)	1993.12	3518.61	1557.60	4907.07
	利润总额(万元)	2344.87	4128.02	1858.04	5755.04

常熟市天银机电股份有限公司

公司概况					
公司名称	常熟市天银机电股份有限公司			证券简称	天银机电
法人代表	赵晓东	董秘	闻春晓	证券代码	300342
公司网址	www.tyjd.cc		电子信箱	cxwen007@126.com	
电　话	0512-52690818		传　真	0512-52691888	
办公地址	江苏省苏州市常熟碧溪新区迎宾路 8 号				
经营范围	节能节材型冰箱压缩机零部件的研发、生产和销售				

主要财务指标

指标\报告期	2013.06.30	2012.12.31	2012.06.30	2011.12.31
基本每股收益(元)	0.5600	0.9400	0.5300	0.8800
基本每股收益(扣除)(元)	–	0.9200	–	0.8400
每股净资产(元)	7.0475	6.8900	3.6000	3.0600
每股经营现金净流量(元)	0.3541	0.8147	0.6821	0.2398
每股现金流量(元)	–0.1898	3.8932	–0.0227	–0.3930
每股资本公积金(元)	4.3663	4.3639	1.1051	1.1021
每股盈余公积金(元)	0.1523	0.1523	0.0960	0.0960
每股未分配利润(元)	1.5289	1.3711	1.3976	0.8640
净资产收益率(%)	7.9146	11.6700	14.8272	28.5907
加权净资产收益率(%)	7.7800	18.7900	16.0200	33.2900
净资产收益率(扣除)(%)	–	–	–	–
总资产(万元)	82462.98	80408.87	35678.10	35091.56
归属母公司股东权益(万元)	70475.36	68872.96	26990.57	22965.82
主营业务收入(万元)	21683.80	33602.35	16511.12	28852.28
营业收入(万元)	23242.19	36150.06	17615.30	31806.67
主营成本(万元)	13555.09	20850.32	10207.39	18000.32
营业成本(万元)	15044.01	23116.63	11172.67	20651.65
投资收益(万元)	–	–	–	4.00
净利润(万元)	5577.83	8034.22	4001.94	6566.08
利润总额(万元)	6576.79	9461.62	4729.45	7755.10

山东联创节能新材料股份有限公司

公司概况					
公司名称	山东联创节能新材料股份有限公司			证券简称	联创节能
法人代表	李洪国	董秘	胡安智	证券代码	300343
公司网址	www.lecron.cn		电子信箱	lczq@lecron.cn	
电　话	0533-7861216		传　真	0533-3085858	
办公地址	山东省淄张店区东部化工区管委会				
经营范围	聚氨酯硬泡组合聚醚的技术研发、生产与销售等				

主要财务指标

指标\报告期	2013.06.30	2012.12.31	2012.06.30	2011.12.31
基本每股收益(元)	0.5124	1.5900	0.7558	1.7000
基本每股收益(扣除)(元)	0.4448	1.5400	–	1.5000
每股净资产(元)	10.9611	10.8500	5.0600	4.3100
每股经营现金净流量(元)	0.5789	–1.4663	–1.1242	1.1949
每股现金流量(元)	–1.0786	3.1105	–1.4586	0.8810
每股资本公积金(元)	6.5891	6.5891	–	0.7719
每股盈余公积金(元)	0.3772	0.3261	–	0.2534
每股未分配利润(元)	2.9948	2.9348	–	2.2805
净资产收益率(%)	4.5600	12.5400	14.9300	39.4000
加权净资产收益率(%)	4.7000	20.8700	14.9300	49.0700
净资产收益率(扣除)(%)	–	–	–	–
总资产(万元)	56184.45	51924.99	24551.70	22428.40
归属母公司股东权益(万元)	43844.58	43399.93	15185.01	12917.47
主营业务收入(万元)	15581.90	32856.86	15054.58	35109.23
营业收入(万元)	20994.08	42514.93	18599.33	44618.99
主营成本(万元)	12421.38	25100.05	11819.00	28847.46
营业成本(万元)	17751.28	34188.56	15190.27	37916.79
投资收益(万元)	–	–	–	–
净利润(万元)	2049.40	5441.69	2267.54	5089.81
利润总额(万元)	2346.75	6279.53	2594.81	5854.20

北京太空板业股份有限公司

公司概况					
公司名称	北京太空板业股份有限公司			证券简称	太空板业
法人代表	樊立	董秘	李争朝	证券代码	300344
公司网址	www.taikong.cn		电子信箱	public@taikong.cn	
电　话	010-83682311		传　真	010-63789321	
办公地址	北京市丰台区科学城中核路 1 号 03 号楼 12 层				
经营范围	太空板(发泡水泥复合板)系列产品的研发、设计、生产、销售及安装等				

主要财务指标

指标\报告期	2013.06.30	2012.12.31	2012.06.30	2011.12.31
基本每股收益(元)	0.0880	0.5236	0.1807	0.8012
基本每股收益(扣除)(元)	0.0873	0.5000	–	0.7400
每股净资产(元)	4.4090	6.9935	3.9800	3.6600
每股经营现金净流量(元)	–0.1470	–0.5124	–0.7672	0.0366
每股现金流量(元)	–0.4224	1.6610	–0.2449	–0.4264
每股资本公积金(元)	2.4836	4.2738	–	0.9677
每股盈余公积金(元)	0.1429	0.2287	–	0.2380
每股未分配利润(元)	0.7788	1.4853	–	1.4510
净资产收益率(%)	1.9963	6.3900	7.2721	21.8700
加权净资产收益率(%)	1.9900	9.8200	7.5900	24.7700
净资产收益率(扣除)(%)	–	–	–	–
总资产(万元)	86154.08	87006.68	53361.91	49352.20
归属母公司股东权益(万元)	70910.49	70299.06	29974.98	27624.22
主营业务收入(万元)	11034.87	27943.77	14307.78	29929.20
营业收入(万元)	11034.87	27943.77	14307.78	29929.20
主营成本(万元)	6589.06	15483.88	8309.04	17720.30
营业成本(万元)	6589.06	15483.88	8309.04	17720.30
投资收益(万元)	–	–	–	–
净利润(万元)	1415.60	4495.50	2179.82	6040.61
利润总额(万元)	1664.26	5450.94	2611.51	7164.27

湖南红宇耐磨新材料股份有限公司

公司概况					
公司名称	湖南红宇耐磨新材料股份有限公司			证券简称	红宇新材
法人代表	朱红玉	董秘	陈新文	证券代码	300345
公司网址	www.zghyu.com		电子信箱	hn_hy2009@163.com	
电　话	0731-82378290		传　真	0731-87981488	
办公地址	湖南省长沙市金洲新区金沙西路 068 号				
经营范围	磨球、磨段、衬板、辊类耐磨件及各种耐磨新材料生产、加工、销售等				

主要财务指标

指标\报告期	2013.06.30	2012.12.31	2012.06.30	2011.12.31
基本每股收益(元)	0.2463	0.5900	0.4146	0.8000
基本每股收益(扣除)(元)	0.2443	0.4900	0.3200	0.7500
每股净资产(元)	6.4895	6.5400	3.2700	2.8600
每股经营现金净流量(元)	–0.2912	–0.6222	–0.3448	0.5875
每股现金流量(元)	–0.4635	2.9896	–0.3596	0.1006
每股资本公积金(元)	4.0452	4.0452	0.5366	0.5366
每股盈余公积金(元)	0.1633	0.1633	0.1511	0.1511
每股未分配利润(元)	1.2810	1.3347	1.5855	1.1710
净资产收益率(%)	3.7960	7.7400	12.6653	28.1400
加权净资产收益率(%)	3.7000	12.6000	13.5200	26.3800
净资产收益率(扣除)(%)	–	–	–	–
总资产(万元)	81885.41	79710.92	40106.80	35348.45
归属母公司股东权益(万元)	62299.07	62814.22	23567.66	20582.74
主营业务收入(万元)	11107.31	23650.55	12515.35	24473.93
营业收入(万元)	11108.50	23688.29	12522.80	24475.74
主营成本(万元)	6399.67	14739.40	7763.38	14723.64
营业成本(万元)	6399.67	14760.02	9712.40	14725.30
投资收益(万元)	–	–	–	–
净利润(万元)	2460.33	4906.62	2984.92	5790.97
利润总额(万元)	2884.28	5825.16	3476.90	6699.71

江苏南大光电材料股份有限公司

公司概况					
公司名称	江苏南大光电材料股份有限公司			证券简称	南大光电
法人代表	孙祥祯	董秘	张建富	证券代码	300346
公司网址	www.natachem.com		电子信箱	natainfo@natachem.com	
电　话	0512-62520998		传　真	0512-62527116	
办公地址	苏州工业园区翠薇街9号月亮湾国际商务中心701-702				
经营范围	光电新材料MO源的研发、生产和销售等				

主要财务指标：指标\报告期	2013.06.30	2012.12.31	2012.06.30	2011.12.31
基本每股收益(元)	0.3400	2.1530	0.7300	4.7150
基本每股收益(扣除)(元)	0.3400	2.0120	1.4200	4.6660
每股净资产(元)	11.0930	21.8700	8.8100	7.3600
每股经营现金净流量(元)	0.0577	-0.1721	-0.8626	3.1381
每股现金流量(元)	-0.2729	2.5268	-1.1205	1.9489
每股资本公积金(元)	7.1668	15.3336	0.0456	0.0456
每股盈余公积金(元)	0.2500	0.5000	0.5000	0.5000
每股未分配利润(元)	2.6762	5.0315	7.2685	5.8168
净资产收益率(%)	3.0691	8.2100	16.4702	64.0400
加权净资产收益率(%)	3.0700	15.6900	17.9500	94.2000
净资产收益率(扣除)(%)	-	-	-	-
总资产(万元)	115632.76	114271.73	36909.54	36454.57
归属母公司股东权益(万元)	111528.78	109915.57	33229.34	27756.40
主营业务收入(万元)	6732.75	17709.82	11227.08	32251.11
营业收入(万元)	6740.14	17730.57	11240.08	32287.35
主营成本(万元)	2698.64	6460.16	3903.28	6727.18
营业成本(万元)	2701.59	6464.10	1056.33	6735.70
投资收益(万元)	-15.98	-21.32	-0.05	-21.19
净利润(万元)	3422.93	9019.28	5472.94	17774.25
利润总额(万元)	4026.97	10543.52	6438.66	20871.84

杭州泰格医药科技股份有限公司

公司概况					
公司名称	杭州泰格医药科技股份有限公司			证券简称	泰格医药
法人代表	叶小平	董秘	曹晓春	证券代码	300347
公司网址	www.tigermed.net		电子信箱	ir@tigermed.net	
电　话	0571-89986795		传　真	0571-89986795	
办公地址	浙江省杭州市滨江区南环路3760号17层1701-A室				
经营范围	医药相关产业产品及健康相关产业产品的技术开发、技术咨询等				

主要财务指标：指标\报告期	2013.06.30	2012.12.31	2012.06.30	2011.12.31
基本每股收益(元)	0.4331	1.5200	0.8051	1.1900
基本每股收益(扣除)(元)	0.4331	1.4000	0.7000	1.1400
每股净资产(元)	6.4936	6.4612	4.3300	3.5300
每股经营现金净流量(元)	0.1225	0.2806	0.2027	0.9673
每股现金流量(元)	-0.7812	8.8968	-0.0653	1.0819
每股资本公积金(元)	4.1217	9.2434	0.6457	0.6457
每股盈余公积金(元)	0.1167	0.2333	0.2598	0.1637
每股未分配利润(元)	1.2562	2.4462	2.4288	1.7197
净资产收益率(%)	6.6701	9.8200	18.5761	33.8600
加权净资产收益率(%)	6.5500	20.2000	20.4800	40.7600
净资产收益率(扣除)(%)	-	-	-	-
总资产(万元)	73257.24	73283.91	21391.70	18675.83
归属母公司股东权益(万元)	69351.67	69005.86	17336.76	14116.08
主营业务收入(万元)	16564.22	25275.82	12143.67	19120.71
营业收入(万元)	16633.01	25431.51	12204.54	19326.38
主营成本(万元)	8936.73	12910.96	6379.51	10038.07
营业成本(万元)	9009.00	13016.62	6435.74	10110.21
投资收益(万元)	16.83	-	-	87.74
净利润(万元)	4596.07	6782.62	3223.96	4809.84
利润总额(万元)	5436.07	7869.60	3820.62	5695.01

深圳市长亮科技股份有限公司

公司概况					
公司名称	深圳市长亮科技股份有限公司			证券简称	长亮科技
法人代表	王长春	董秘	徐亚丽	证券代码	300348
公司网址	www.sunline.cn		电子信箱	invest@sunline.cn	
电　话	0755-86156510 86168206		传　真	0755-86168166	
办公地址	广东省深圳市南山区高新技术产业园区深圳软件园7栋501、502				
经营范围	计算机软、硬件及电子仪器的开发及服务、网络技术的开发及服务等				

主要财务指标：指标\报告期	2013.06.30	2012.12.31	2012.06.30	2011.12.31
基本每股收益(元)	0.2100	1.0000	0.5200	0.9500
基本每股收益(扣除)(元)	0.1600	0.8600	0.1600	0.9000
每股净资产(元)	7.9281	8.0220	4.3100	3.7900
每股经营现金净流量(元)	-1.0729	0.0515	-1.0570	0.9443
每股现金流量(元)	-1.3835	4.4694	-1.0587	0.9269
每股资本公积金(元)	5.0756	5.0756	1.2998	1.2998
每股盈余公积金(元)	0.2153	0.1946	0.1492	0.1492
每股未分配利润(元)	1.6373	1.7517	1.8597	1.3424
净资产收益率(%)	2.6001	10.3400	12.0052	25.0300
加权净资产收益率(%)	2.5700	17.6400	12.7700	28.6100
净资产收益率(扣除)(%)	-	-	-	-
总资产(万元)	41664.05	43514.10	17284.92	17790.73
归属母公司股东权益(万元)	40988.30	41473.57	16674.26	14672.48
主营业务收入(万元)	6962.92	16526.97	7022.85	14273.46
营业收入(万元)	6962.92	16526.97	7022.85	14273.46
主营成本(万元)	2446.30	6299.12	2449.92	5587.62
营业成本(万元)	2446.30	6299.12	2449.92	5587.62
投资收益(万元)	35.09	30.00	30.00	-
净利润(万元)	1065.73	4290.32	2001.78	3672.02
利润总额(万元)	1205.45	4570.65	1940.50	4671.95

金卡高科技股份有限公司

公司概况					
公司名称	金卡高科技股份有限公司			证券简称	金卡股份
法人代表	杨斌	董秘	方国升	证券代码	300349
公司网址	www.china-goldcard.com		电子信箱	stock@china-goldcard.com	
电　话	0571-56615623		传　真	0571-56615621	
办公地址	浙江省杭州经济技术开发区金乔街158号				
经营范围	软件开发、电子设备及电子元器件、燃气设备、仪器仪表的制造、销售等				

主要财务指标：指标\报告期	2013.06.30	2012.12.31	2012.06.30	2011.12.31
基本每股收益(元)	0.6000	1.6100	0.5700	1.2300
基本每股收益(扣除)(元)	0.6000	1.5900	0.8500	1.2000
每股净资产(元)	7.5390	10.5637	3.5200	2.6600
每股经营现金净流量(元)	-0.1540	0.7320	0.5049	1.6512
每股现金流量(元)	-0.7163	5.9697	0.0978	1.2592
每股资本公积金(元)	4.3965	7.0948	0.1620	0.1620
每股盈余公积金(元)	0.1975	0.2962	0.2162	0.2162
每股未分配利润(元)	1.9450	2.1727	2.1386	1.2864
净资产收益率(%)	7.9132	12.7000	24.2333	46.1147
加权净资产收益率(%)	8.1500	26.4300	27.5700	58.4500
净资产收益率(扣除)(%)	-	-	-	-
总资产(万元)	85427.78	80407.28	33205.46	25323.65
归属母公司股东权益(万元)	67851.10	63381.92	15825.78	11990.67
主营业务收入(万元)	19981.49	-	15419.47	23044.38
营业收入(万元)	19981.49	35617.32	15419.47	23286.35
主营成本(万元)	11226.98	-	8688.03	-
营业成本(万元)	11226.98	20038.66	8688.03	12439.95
投资收益(万元)	315.92	-	-	-
净利润(万元)	5369.18	8051.53	3835.10	5529.47
利润总额(万元)	5953.22	8981.27	4277.43	5487.36

深圳市华鹏飞现代物流股份有限公司

公司概况	公司名称	深圳市华鹏飞现代物流股份有限公司			证券简称	华鹏飞
	法人代表	张京豫	董秘	李黎明	证券代码	300350
	公司网址	www.huapengfei.com		电子信箱	ir@huapengfei.com	
	电　　话	0755-84190977 84190988		传　　真	0755-84160867	
	办公地址	广东省深圳市福田区八卦岭八卦路众鑫科技大厦第 12 层				
	经营范围	综合物流服务以及供应链商品销售等				

	指标\报告期	2013.06.30	2012.12.31	2012.06.30	2011.12.31
主要财务指标	基本每股收益(元)	0.2200	0.5500	0.3000	0.5400
	基本每股收益(扣除)(元)	0.1400	0.5300	0.2900	0.5300
	每股净资产(元)	4.6342	4.3952	2.8000	2.5016
	每股经营现金净流量(元)	-1.1745	-0.1173	0.0662	0.0546
	每股现金流量(元)	-0.7791	2.0609	0.0443	-0.1356
	每股资本公积金(元)	2.3195	2.3195	0.6767	0.6767
	每股盈余公积金(元)	0.1071	0.1071	0.0882	0.0882
	每股未分配利润(元)	1.1893	0.9685	1.0354	0.7368
	净资产收益率(%)	4.7630	10.4000	10.6637	21.6363
	加权净资产收益率(%)	4.8900	16.2300	11.2600	23.9500
	净资产收益率(扣除)(%)	-	-	-	-
	总资产(万元)	60985.19	55067.89	27797.45	24561.09
	归属母公司股东权益(万元)	40164.85	38092.77	18201.65	16260.68
	主营业务收入(万元)	17994.26	41489.25	19691.95	38481.22
	营业收入(万元)	17994.26	41489.25	19691.95	38481.22
	主营成本(万元)	13748.63	31827.85	14512.03	29064.55
	营业成本(万元)	13748.63	31827.85	14512.03	29064.55
	投资收益(万元)	-8.94	-	-	-
	净利润(万元)	1993.48	3948.77	1944.90	3516.00
	利润总额(万元)	2408.12	4354.02	2711.84	4674.64

浙江永贵电器股份有限公司

公司概况	公司名称	浙江永贵电器股份有限公司			证券简称	永贵电器
	法人代表	范纪军	董秘	贾飞龙	证券代码	300351
	公司网址	www.yonggui.com		电子信箱	yonggui@yonggui.com	
	电　　话	0576-83938635		传　　真	0576-83938061	
	办公地址	浙江省台州市天台县高新技术产业园区				
	经营范围	从事轨道交通连接器产品的研发、生产和销售等				

	指标\报告期	2013.06.30	2012.12.31	2012.06.30	2011.12.31
主要财务指标	基本每股收益(元)	0.2200	0.8200	0.3900	1.2600
	基本每股收益(扣除)(元)	0.2000	0.7100	0.4300	1.1400
	每股净资产(元)	8.4118	11.3470	4.9300	4.4223
	每股经营现金净流量(元)	0.2269	0.2437	0.0869	0.5764
	每股现金流量(元)	-2.6648	7.1014	-0.0809	-0.6119
	每股资本公积金(元)	6.2773	8.4605	1.7851	1.7851
	每股盈余公积金(元)	0.1172	0.1524	0.1213	0.1213
	每股未分配利润(元)	1.0172	1.7341	2.0261	1.5160
	净资产收益率(%)	2.6358	5.8700	3.4384	28.4979
	加权净资产收益率(%)	2.6300	12.1600	10.9100	33.2300
	净资产收益率(扣除)(%)	-	-	-	-
	总资产(万元)	90490.36	94056.89	36631.02	33586.99
	归属母公司股东权益(万元)	85951.28	89187.80	28904.39	25914.90
	主营业务收入(万元)	7485.40	15790.60	8259.16	18995.98
	营业收入(万元)	7497.90	15814.05	8260.75	19045.47
	主营成本(万元)	3531.48	6720.56	3395.28	7145.87
	营业成本(万元)	3533.15	6728.47	3396.78	7170.68
	投资收益(万元)	64.99	-	-	16.50
	净利润(万元)	2265.47	5233.93	2989.49	7385.19
	利润总额(万元)	2586.77	6105.91	3496.06	8644.72

北京北信源软件股份有限公司

公司概况	公司名称	北京北信源软件股份有限公司			证券简称	北信源
	法人代表	林皓	董秘	林皓(代)	证券代码	300352
	公司网址	www.vrv.com.cn		电子信箱	vrvzq@vrvmail.com.cn	
	电　　话	010-62140485*8073		传　　真	010-62147259	
	办公地址	北京市海淀区中关村南大街 34 号中关村科技发展大厦 C 座 1602 室				
	经营范围	信息安全软件产品的研发、生产、销售及技术服务等				

	指标\报告期	2013.06.30	2012.12.31	2012.06.30	2011.12.31
主要财务指标	基本每股收益(元)	0.1000	1.1100	0.0900	0.9000
	基本每股收益(扣除)(元)	-	1.0700	0.2400	0.8500
	每股净资产(元)	4.4404	8.8785	3.3400	3.0400
	每股经营现金净流量(元)	-0.2624	-0.1706	-0.4246	0.5680
	每股现金流量(元)	-0.3773	5.3087	-0.4300	-0.3703
	每股资本公积金(元)	2.3463	5.6927	0.3879	0.3243
	每股盈余公积金(元)	0.1211	0.2423	0.2269	0.2009
	每股未分配利润(元)	0.9730	1.9436	1.7271	1.5128
	净资产收益率(%)	2.2788	10.1500	7.1877	29.4700
	加权净资产收益率(%)	2.2100	21.5500	7.5000	33.9100
	净资产收益率(扣除)(%)	-	-	-	-
	总资产(万元)	62247.70	63532.35	18673.46	17948.60
	归属母公司股东权益(万元)	59235.44	59219.55	16708.92	15190.26
	主营业务收入(万元)	6507.69	18884.22	6917.59	12548.01
	营业收入(万元)	6528.88	18995.79	6975.36	12695.07
	主营成本(万元)	309.13	2209.57	937.00	1206.43
	营业成本(万元)	326.60	2280.01	984.20	1282.43
	投资收益(万元)	-	-	-	1.73
	净利润(万元)	1349.88	6010.75	1200.98	4476.95
	利润总额(万元)	1177.11	6804.43	1374.15	4969.01

北京东土科技股份有限公司

公司概况	公司名称	北京东土科技股份有限公司			证券简称	东土科技
	法人代表	李平	董秘	李明	证券代码	300353
	公司网址	www.kyland.com.cn		电子信箱	dmc@kyland.com.cn	
	电　　话	010-88798888 转 8688		传　　真	010-88799850	
	办公地址	北京市石景山区实兴大街 30 号院西山汇 2 号楼 9-15 层				
	经营范围	生产电子产品、技术开发、技术转让、技术推广、技术服务、计算机系统服务等				

	指标\报告期	2013.06.30	2012.12.31	2012.06.30	2011.12.31
主要财务指标	基本每股收益(元)	0.1138	1.0310	0.1773	0.9433
	基本每股收益(扣除)(元)	0.1107	0.9632	0.2673	0.7874
	每股净资产(元)	7.2285	7.2465	2.9300	2.6448
	每股经营现金净流量(元)	0.2224	0.4260	0.2850	0.6081
	每股现金流量(元)	-1.7103	4.4937	-0.0658	0.7243
	每股资本公积金(元)	4.2330	4.2330	0.0757	0.0757
	每股盈余公积金(元)	0.2523	0.2523	0.2253	0.2253
	每股未分配利润(元)	1.7432	1.7611	1.6274	1.3437
	净资产收益率(%)	2.5185	11.5500	9.6865	35.6649
	加权净资产收益率(%)	2.4800	23.8700	10.1800	42.4900
	净资产收益率(扣除)(%)	-	-	-	-
	总资产(万元)	42634.90	42420.31	16241.39	15156.69
	归属母公司股东权益(万元)	38681.99	38778.04	11746.86	10609.00
	主营业务收入(万元)	6998.07	-	6519.41	-
	营业收入(万元)	7078.92	16464.43	6564.81	12531.01
	主营成本(万元)	2528.60	-	2240.28	-
	营业成本(万元)	2557.91	5587.03	2242.97	4426.38
	投资收益(万元)	-	-	-	-
	净利润(万元)	974.20	4480.80	1137.86	3783.70
	利润总额(万元)	1049.50	5005.76	1311.90	4238.41

江苏东华测试技术股份有限公司

公司概况	公司名称	江苏东华测试技术股份有限公司			证券简称	东华测试
	法人代表	刘士钢	董秘	瞿小松	证券代码	300354
	公司网址	www.dhtest.com		电子信箱	dhc@dhtest.com	
	电　话	0523-84908559		传　真	0523-84892079	
	办公地址	江苏省靖江市沿江公路罗家港桥东北侧4幢				
	经营范围	结构力学性能测试仪器及配套软件的研发、生产和销售等				

	指标\报告期	2013.06.30	2012.12.31	2012.06.30	2011.12.31
主要财务指标	基本每股收益(元)	0.0740	0.9022	0.1205	0.9559
	基本每股收益(扣除)(元)	–	0.8000	0.2126	0.9300
	每股净资产(元)	4.7985	7.4868	3.3800	3.1400
	每股经营现金净流量(元)	–0.1134	0.3020	–0.1249	0.1980
	每股现金流量(元)	–0.7056	3.6436	–0.0278	–0.2930
	每股资本公积金(元)	2.6493	4.4740	0.4340	0.4340
	每股盈余公积金(元)	0.1352	0.2028	0.1704	0.1704
	每股未分配利润(元)	1.0140	1.8100	1.7771	1.5362
	净资产收益率(%)	1.5420	9.7900	7.1256	30.4362
	加权净资产收益率(%)	1.4800	19.1800	7.3900	35.9300
	净资产收益率(扣除)(%)	–	–	–	–
	总资产(万元)	33086.46	35702.14	16618.27	14979.22
	归属母公司股东权益(万元)	31921.77	33203.51	11246.73	10445.34
	主营业务收入(万元)	2857.74	9809.19	3232.62	9336.53
	营业收入(万元)	2968.10	10028.11	3330.61	9522.93
	主营成本(万元)	1047.62	3099.42	1077.02	2875.66
	营业成本(万元)	1084.41	3176.23	1111.55	2948.01
	投资收益(万元)	8.39	–	–	–
	净利润(万元)	492.24	3253.03	802.32	3180.23
	利润总额(万元)	538.95	3725.53	915.45	3673.63

内蒙古和信园蒙草抗旱绿化股份有限公司

公司概况	公司名称	内蒙古和信园蒙草抗旱绿化股份有限公司			证券简称	蒙草抗旱
	法人代表	王召明	董秘	尹松涛	证券代码	300355
	公司网址	www.mengcao.com		电子信箱	mckh2010@163.com	
	电　话	0471-6695125		传　真	0471-6695192	
	办公地址	内蒙古自治区呼和浩特市公园南路39号银都大厦B座3层				
	经营范围	城市园林绿化壹级、风景园林工程设计专项乙级等				

	指标\报告期	2013.06.30	2012.12.31	2012.06.30	2011.12.31
主要财务指标	基本每股收益(元)	0.3000	1.1400	0.3800	0.7900
	基本每股收益(扣除)(元)	0.3000	0.8600	0.4000	0.6900
	每股净资产(元)	4.1690	3.9707	3.5700	3.0700
	每股经营现金净流量(元)	–0.5165	–0.7501	–0.8199	0.2254
	每股现金流量(元)	–0.5634	1.7860	–0.9182	0.7989
	每股资本公积金(元)	1.7098	3.0647	0.7848	0.7848
	每股盈余公积金(元)	0.2544	0.3816	0.2548	0.2548
	每股未分配利润(元)	1.2048	1.5097	1.5352	1.0297
	净资产收益率(%)	7.1569	26.9600	16.0473	29.7200
	加权净资产收益率(%)	7.3300	26.9600	17.0900	29.7200
	净资产收益率(扣除)(%)	–	–	–	–
	总资产(万元)	148509.18	132223.49	83447.77	70157.92
	归属母公司股东权益(万元)	85659.17	81583.31	36683.54	31496.64
	主营业务收入(万元)	34777.40	62742.06	31118.44	49951.29
	营业收入(万元)	34806.67	62800.15	31147.48	49979.71
	主营成本(万元)	22213.48	40516.59	21402.92	–
	营业成本(万元)	22246.72	40583.08	25686.95	33988.74
	投资收益(万元)	–	–	–	–
	净利润(万元)	6042.38	12677.27	5890.12	8144.14
	利润总额(万元)	7146.99	14276.26	6941.81	10847.10

光一科技股份有限公司

公司概况	公司名称	光一科技股份有限公司			证券简称	光一科技
	法人代表	龙昌明	董秘	蒋悦	证券代码	300356
	公司网址	www.elefirst.com		电子信箱	elefirst@elefirst.com	
	电　话	025-68531928		传　真	025-68531868	
	办公地址	江苏省南京市江宁区润麒路86号				
	经营范围	智能用电信息采集系统的软、硬件研发、生产、销售及服务等				

	指标\报告期	2013.06.30	2012.12.31	2012.06.30	2011.12.31
主要财务指标	基本每股收益(元)	0.1700	1.0300	0.3400	0.8100
	基本每股收益(扣除)(元)	0.1500	1.0500	0.5300	0.7900
	每股净资产(元)	5.0263	7.5883	4.0600	3.5500
	每股经营现金净流量(元)	–0.4131	0.8374	–0.0976	0.3637
	每股现金流量(元)	–0.7925	4.2895	–0.5928	–0.4971
	每股资本公积金(元)	2.7991	4.6986	1.1478	1.1478
	每股盈余公积金(元)	0.1171	0.1756	0.1757	0.1757
	每股未分配利润(元)	1.1101	1.7141	1.7359	1.2262
	净资产收益率(%)	3.3304	11.0500	12.5556	22.7542
	加权净资产收益率(%)	3.2800	20.4300	13.4000	25.2700
	净资产收益率(扣除)(%)	–	–	–	–
	总资产(万元)	75731.29	78714.38	39412.54	33537.33
	归属母公司股东权益(万元)	65343.97	65767.84	26386.04	23073.11
	主营业务收入(万元)	16201.30	38574.82	15553.47	25563.23
	营业收入(万元)	16201.90	38589.89	15568.47	25740.82
	主营成本(万元)	11698.02	23699.69	9050.90	14859.36
	营业成本(万元)	11698.49	23699.69	9050.90	14863.82
	投资收益(万元)	–0.27	2.72	–7.61	–0.45
	净利润(万元)	2176.23	7265.61	3312.93	5250.10
	利润总额(万元)	2488.04	8431.71	3815.69	6192.43

浙江我武生物科技股份有限公司

公司概况	公司名称	浙江我武生物科技股份有限公司			证券简称	我武生物
	法人代表	胡赓熙	董秘	王新华	证券代码	300357
	公司网址	www.wolwobiotech.com		电子信箱	Invest@wowobiotech.com	
	电　话	0572-8350682		传　真	0572-8351800	
	办公地址	浙江省德清县武康镇志远北路636号				
	经营范围	研发、生产和销售变应原制品				

	指标\报告期	2013.06.30	2012.12.31	2012.06.30	2011.12.31
主要财务指标	基本每股收益(元)	0.3500	0.6000	–	–
	基本每股收益(扣除)(元)	0.3400	0.5700	–	–
	每股净资产(元)	2.3700	2.0200	–	–
	每股经营现金净流量(元)	–	–	–	–
	每股现金流量(元)	–	–	–	–
	每股资本公积金(元)	0.0036	0.0036	–	–
	每股盈余公积金(元)	–	–	–	–
	每股未分配利润(元)	1.2607	0.9103	–	–
	净资产收益率(%)	14.8110	29.6508	–	–
	加权净资产收益率(%)	–	–	–	–
	净资产收益率(扣除)(%)	–	–	–	–
	总资产(万元)	–	–	–	–
	归属母公司股东权益(万元)	–	–	–	–
	主营业务收入(万元)	8764.90	14751.73	–	–
	营业收入(万元)	–	–	–	–
	主营成本(万元)	–	–	–	–
	营业成本(万元)	–	–	–	–
	投资收益(万元)	–	–	–	–
	净利润(万元)	3152.98	5377.38	–	–
	利润总额(万元)	–	–	–	–

楚天科技股份有限公司

公司概况	公司名称	楚天科技股份有限公司			证券简称	楚天科技
	法人代表	唐岳	董秘	周飞跃	证券代码	300358
	公司网址	www.truking.cn		电子信箱	truking@truking.cn	
	电　话	0731-87938288-8248		传　真	0731-87938211	
	办公地址	湖南省长沙市宁乡县玉潭镇新康路1号				
	经营范围	水剂类制药装备的研发、设计、生产、销售和服务				

	指标\报告期	2013.06.30	2012.12.31	2012.06.30	2011.12.31
主要财务指标	基本每股收益(元)	0.9900	1.4400	–	–
	基本每股收益(扣除)(元)	0.9900	–	–	–
	每股净资产(元)	5.8400	4.8534	–	–
	每股经营现金净流量(元)	–	–	–	–
	每股现金流量(元)	–	–	–	–
	每股资本公积金(元)	1.1694	1.1694	–	–
	每股盈余公积金(元)	–	–	–	–
	每股未分配利润(元)	3.4014	2.4156	–	–
	净资产收益率(%)	16.8825	29.7723	–	–
	加权净资产收益率(%)	–	–	–	–
	净资产收益率(扣除)(%)	–	–	–	–
	总资产(万元)	–	–	–	–
	归属母公司股东权益(万元)	–	–	–	–
	主营业务收入(万元)	40764.47	58869.99	–	–
	营业收入(万元)	–	–	–	–
	主营成本(万元)	–	–	–	–
	营业成本(万元)	–	–	–	–
	投资收益(万元)	–	–	–	–
	净利润(万元)	6506.29	9536.78	–	–
	利润总额(万元)	–	–	–	–

广东全通教育股份有限公司

公司概况	公司名称	广东全通教育股份有限公司			证券简称	全通教育
	法人代表	陈炽昌	董秘	周卫	证券代码	300359
	公司网址	www.qt-edu.com		电子信箱	zhouwei@qtone.cn	
	电　话	0760-88368596		传　真	0760-88328736	
	办公地址	广东省中山市东区库充大街一号综合商业楼第五层				
	经营范围	计算机软、硬件的研发、销售、销售等				

	指标\报告期	2013.06.30	2012.12.31	2012.06.30	2011.12.31
主要财务指标	基本每股收益(元)	0.4300	0.7300	–	–
	基本每股收益(扣除)(元)	0.4100	0.6400	–	–
	每股净资产(元)	3.3100	3.0800	–	–
	每股经营现金净流量(元)	–	–	–	–
	每股现金流量(元)	–	–	–	–
	每股资本公积金(元)	0.7102	0.7102	–	–
	每股盈余公积金(元)	–	–	–	–
	每股未分配利润(元)	1.4159	1.1887	–	–
	净资产收益率(%)	12.9169	23.6537	–	–
	加权净资产收益率(%)	–	–	–	–
	净资产收益率(扣除)(%)	–	–	–	–
	总资产(万元)	–	–	–	–
	归属母公司股东权益(万元)	–	–	–	–
	主营业务收入(万元)	8586.61	15659.73	–	–
	营业收入(万元)	–	–	–	–
	主营成本(万元)	–	–	–	–
	营业成本(万元)	–	–	–	–
	投资收益(万元)	–	–	–	–
	净利润(万元)	2562.70	4370.52	–	–
	利润总额(万元)	–	–	–	–

万科企业股份有限公司

公司概况					
公司名称	万科企业股份有限公司			证券简称	万　科 B
法人代表	王石	董秘	谭华杰	证券代码	200002
公司网址	www.vanke.com		电子信箱	ir@vanke.com	
电　话	0755-25606666		传　真	0755-25531696	
办公地址	广东省深圳市盐田区大梅沙环梅路 33 号万科中心				
经营范围	房地产开发、兴办实业等				

主要财务指标　指标\报告期	2013.06.30	2012.12.31	2012.06.30	2011.12.31
基本每股收益(元)	0.4100	1.1415	0.3400	0.8800
基本每股收益(扣除)(元)	0.4100	1.1400	0.3300	0.8700
每股净资产(元)	6.0500	5.8000	5.0100	4.8200
每股经营现金净流量(元)	-0.8891	0.3389	0.2564	0.3083
每股现金流量(元)	-1.3504	1.5921	1.1010	-0.1349
每股资本公积金(元)	0.8066	0.7898	0.7961	0.8043
每股盈余公积金(元)	1.5451	1.5476	1.2413	1.2413
每股未分配利润(元)	2.6570	2.4272	1.9309	1.7221
净资产收益率(%)	6.8400	19.6600	6.7600	18.1700
加权净资产收益率(%)	6.9100	21.4500	6.8300	19.8300
净资产收益率(扣除)(%)	-	-	-	-
总资产(万元)	43224196.02	37880161.51	33040118.40	29620844.00
归属母公司股东权益(万元)	6664462.72	6382555.39	5509981.53	5296779.50
主营业务收入(万元)	4121618.66	10243903.98	3056878.01	7121977.18
营业收入(万元)	4139034.56	10311624.51	3072299.12	7178274.98
主营成本(万元)	2741929.03	6529313.80	1923093.40	4307639.88
营业成本(万元)	2748887.90	6542161.43	1927444.52	4322816.36
投资收益(万元)	38754.35	92868.80	47295.00	69971.50
净利润(万元)	533589.13	1566258.84	453547.76	1159960.62
利润总额(万元)	713341.23	2107018.51	604867.20	1580588.24

深圳市物业发展(集团)股份有限公司

公司概况					
公司名称	深圳市物业发展(集团)股份有限公司			证券简称	深物业 B
法人代表	陈玉刚	董秘	范维平	证券代码	200011
公司网址	www.szwwuye.com.cn		电子信箱	000011touzizhe@163.com	
电　话	0755-82211020		传　真	0755-82210610 82212043	
办公地址	广东省深圳市人民南路国贸大厦 39、42 层				
经营范围	房地产开发及商品房销售、商品楼宇的建筑、管理、房屋租赁、建设监理等				

主要财务指标　指标\报告期	2013.06.30	2012.12.31	2012.06.30	2011.12.31
基本每股收益(元)	0.5933	0.6299	0.1656	0.4381
基本每股收益(扣除)(元)	-	0.5600	0.1525	0.4321
每股净资产(元)	-	2.5217	2.0570	1.9153
每股经营现金净流量(元	0.2125	1.3519	0.5640	-0.5941
每股现金流量(元)	0.1783	0.5510	0.3085	-0.1278
每股资本公积金(元)	0.1070	0.1070	0.1070	0.1306
每股盈余公积金(元)	0.1726	0.1726	0.1181	0.1181
每股未分配利润(元)	1.8452	1.2519	0.8415	0.6765
净资产收益率(%)	19.0543	24.9806	8.0200	22.8749
加权净资产收益率(%)	21.0600	28.4300	8.3300	25.7900
净资产收益率(扣除)(%)	-	-	-	-
总资产(万元)	377578.70	400670.59	364586.69	355202.54
归属母公司股东权益(万元)	185574.96	150285.29	122590.12	114146.07
主营业务收入(万元)	133314.66	182726.31	57540.28	139921.63
营业收入(万元)	134819.41	186129.88	62452.03	143021.19
主营成本(万元)	54775.34	83389.18	37028.63	56125.33
营业成本(万元)	55317.86	84193.23	39203.98	56864.67
投资收益(万元)	439.01	314.58	150.15	-4.32
净利润(万元)	35360.10	37482.22	9808.63	26004.59
利润总额(万元)	45968.69	48704.81	12582.81	34296.01

中国南玻集团股份有限公司

公司概况					
公司名称	中国南玻集团股份有限公司			证券简称	南玻 B
法人代表	曾南	董秘	周红	证券代码	200012
公司网址	www.csgholding.com		电子信箱	securities@csgholding.com	
电　话	0755-26860666		传　真	0755-26692755	
办公地址	中国深圳蛇口工业六路 1 号南玻大厦				
经营范围	高级浮法玻璃、特种玻璃、工程玻璃、汽车玻璃、精细玻璃、彩色滤光片等				

主要财务指标　指标\报告期	2013.06.30	2012.12.31	2012.06.30	2011.12.31
基本每股收益(元)	0.1700	0.1300	0.1200	0.5700
基本每股收益(扣除)(元)	0.1600	0.0600	0.0600	0.5100
每股净资产(元)	3.3003	3.2844	3.2700	3.3300
每股经营现金净流量(元)	0.3408	0.8316	0.4086	0.8134
每股现金流量(元)	-0.0359	-0.0900	-0.1281	-0.0124
每股资本公积金(元)	0.6613	0.6654	0.6701	0.6653
每股盈余公积金(元)	0.3268	0.3268	0.2891	0.2890
每股未分配利润(元)	1.3049	1.2845	1.3084	1.3695
净资产收益率(%)	5.1644	4.0308	3.6200	17.0480
加权净资产收益率(%)	5.1000	4.0400	3.5600	17.9400
净资产收益率(扣除)(%)	-	-	-	-
总资产(万元)	1531412.80	1433580.97	1469203.31	1528139.11
归属母公司股东权益(万元)	684919.57	681621.08	679489.56	691111.80
主营业务收入(万元)	349781.97	693899.93	330787.20	821492.99
营业收入(万元)	353696.58	699435.80	334525.05	827073.17
主营成本(万元)	250381.65	531436.44	262244.65	563764.51
营业成本(万元)	251467.81	535580.29	263812.75	566456.25
投资收益(万元)	43.20	7166.64	6261.25	631.79
净利润(万元)	41183.05	36980.68	29400.80	133751.63
利润总额(万元)	52555.87	45857.29	34993.68	163798.02

深圳康佳电子(集团)股份有限公司

公司概况					
公司名称	深圳康佳电子(集团)股份有限公司			证券简称	深康佳 B
法人代表	吴斯远	董秘	肖庆	证券代码	200016
公司网址	www.konka.com		电子信箱	szkonka@konka.com	
电　话	0755-26608866		传　真	0755-26600082	
办公地址	深圳市南山区华侨城				
经营范围	研究开发、生产经营电视机、冰箱、洗衣机、日用小家电等家用电器产品等				

主要财务指标　指标\报告期	2013.06.30	2012.12.31	2012.06.30	2011.12.31
基本每股收益(元)	0.0337	0.0381	0.0095	0.0207
基本每股收益(扣除)(元)	0.0115	-0.0449	-0.0319	-0.0926
每股净资产(元)	3.3846	3.3585	3.3248	3.3304
每股经营现金净流量(元)	1.8868	-0.2984	0.9266	-1.1383
每股现金流量(元)	0.7851	0.1475	0.5363	0.0639
每股资本公积金(元)	1.0568	1.0569	1.0568	1.0596
每股盈余公积金(元)	0.6871	0.6871	0.6722	0.6722
每股未分配利润(元)	0.6263	0.6026	0.5890	0.5894
净资产收益率(%)	0.9950	1.1334	0.2865	0.6228
加权净资产收益率(%)	1.0000	1.1400	0.2900	0.6200
净资产收益率(扣除)(%)	-	-	-	-
总资产(万元)	1512773.84	1656291.72	1483101.34	1690645.33
归属母公司股东权益(万元)	407497.96	404359.15	400298.58	400972.40
主营业务收入(万元)	932922.94	1818975.94	697614.59	1607475.26
营业收入(万元)	942139.93	1833786.17	703892.31	1621761.99
主营成本(万元)	778307.11	1493229.92	567489.28	1341209.92
营业成本(万元)	783577.75	1503809.05	572250.70	1355276.13
投资收益(万元)	-817.66	742.11	907.42	3458.64
净利润(万元)	3664.84	4543.86	1147.68	2417.94
利润总额(万元)	5969.63	9182.61	4316.49	956.68

深圳中华自行车(集团)股份有限公司

公司概况	公司名称	深圳中华自行车(集团)股份有限公司			证券简称	*ST 中华 B
	法人代表	罗桂友	董秘	孙龙龙	证券代码	200017
	公司网址	www.cbc.com.cn		电子信箱	cbc@szcbc.com	
	电　话	0755-28181666		传　真	0755-28181009	
	办公地址	广东省深圳市龙华油松工业区中华工业园				
	经营范围	生产装配各种类型的自行车及自行车零件、部件、配件、机械产品等				

	指标\报告期	2013.06.30	2012.12.31	2012.06.30	2011.12.31
主要财务指标	基本每股收益(元)	-0.0531	-0.0951	-0.0605	0.0720
	基本每股收益(扣除)(元)	0.0040	-0.1007	-0.0606	-0.0234
	每股净资产(元)	-3.1536	-3.1000	-3.0829	-3.0500
	每股经营现金净流量(元)	-0.0373	-0.0127	-0.0045	0.0006
	每股现金流量(元)	-0.0372	0.0505	-0.0046	0.0123
	每股资本公积金(元)	0.8825	0.8825	0.8655	0.8357
	每股盈余公积金(元)	0.0593	0.0593	0.0593	0.0593
	每股未分配利润(元)	-5.0954	-5.0423	-5.0077	-4.9472
	净资产收益率(%)	-1.6842	-3.0678	-1.9618	-2.3603
	加权净资产收益率(%)	-	3.0900	-	-
	净资产收益率(扣除)(%)	-	-	-	-
	总资产(万元)	15729.79	16264.91	14183.57	13574.66
	归属母公司股东权益(万元)	-173873.49	-170945.13	-169972.51	-168283.97
	主营业务收入(万元)	9244.70	26812.10	10152.65	29846.57
	营业收入(万元)	10490.35	29282.70	11318.61	32104.36
	主营成本(万元)	8782.61	25676.76	9777.22	28637.33
	营业成本(万元)	9213.92	26428.12	10121.02	29744.83
	投资收益(万元)	-	-	-	456.00
	净利润(万元)	-2928.10	-5212.66	-3329.81	3972.09
	利润总额(万元)	-2928.10	-5212.66	-3329.81	3972.09

深圳中冠纺织印染股份有限公司

公司概况	公司名称	深圳中冠纺织印染股份有限公司			证券简称	*ST 中冠 B
	法人代表	胡永峰	董秘	张金良	证券代码	200018
	公司网址	www.chinaszvo.com		电子信箱	wux@udcgroup.com	
	电　话	0755-83668425 83667895		传　真	0755-83668427	
	办公地址	广东省深圳市龙岗区葵涌镇白石岗葵鹏路 26 号				
	经营范围	各类纯棉、纯麻、涤棉、麻棉、混纺高档面料以及成衣产品的印染生产、加工和销售业务				

	指标\报告期	2013.06.30	2012.12.31	2012.06.30	2011.12.31
主要财务指标	基本每股收益(元)	-0.0200	-	-0.0200	-0.1000
	基本每股收益(扣除)(元)	-0.0100	0.0018	-0.0100	-0.1000
	每股净资产(元)	0.6747	0.7027	0.6700	0.7800
	每股经营现金净流量(元)	0.0115	-0.0023	0.0010	0.0248
	每股现金流量(元)	-0.0204	-0.0069	0.0016	0.0095
	每股资本公积金(元)	0.2345	0.2353	0.2345	0.2350
	每股盈余公积金(元)	0.1579	0.1579	0.1579	0.1579
	每股未分配利润(元)	-0.7118	-0.6874	-0.7107	-0.6860
	净资产收益率(%)	-3.6134	-0.2081	-3.6500	-14.5840
	加权净资产收益率(%)	-3.5300	-0.2100	-3.5800	-12.9300
	净资产收益率(扣除)(%)	-	-	-	-
	总资产(万元)	16487.96	17200.26	17102.76	17223.88
	归属母公司股东权益(万元)	11411.95	11885.24	11474.08	11904.71
	主营业务收入(万元)	499.06	1109.57	501.98	-
	营业收入(万元)	499.06	1109.57	501.98	985.05
	主营成本(万元)	207.33	541.34	219.98	-
	营业成本(万元)	207.33	541.34	219.98	426.91
	投资收益(万元)	-7.11	258.22	42.86	-1060.25
	净利润(万元)	-412.36	-24.73	-418.71	-1742.35
	利润总额(万元)	-412.36	-28.92	-418.71	-1746.64

深圳市深宝实业股份有限公司

公司概况	公司名称	深圳市深宝实业股份有限公司			证券简称	深深宝 B
	法人代表	郑煜曦	董秘	李亦研	证券代码	200019
	公司网址	www.sbsy.com.cn		电子信箱	shenbao@sbsy.com.cn	
	电　话	0755-82027522		传　真	0755-82027522	
	办公地址	广东省深圳市福田区竹子林四路紫竹七道 26 号教育科技大厦塔楼 20 层南半层				
	经营范围	生产食品罐头、饮料、土产品等				

	指标\报告期	2013.06.30	2012.12.31	2012.06.30	2011.12.31
主要财务指标	基本每股收益(元)	-0.0237	0.2970	0.3542	0.0323
	基本每股收益(扣除)(元)	-0.0429	-0.1346	-0.0743	-0.0616
	每股净资产(元)	3.6194	3.8430	3.9000	3.5500
	每股经营现金净流量(元)	-0.0472	-0.1930	0.0130	-0.0749
	每股现金流量(元)	-0.2523	-0.2548	0.3262	1.5795
	每股资本公积金(元)	2.2659	2.2659	2.2658	2.2666
	每股盈余公积金(元)	0.1597	0.1597	0.1294	0.1294
	每股未分配利润(元)	0.1938	0.4174	0.5049	0.1507
	净资产收益率(%)	-0.6536	7.7295	9.0800	0.7840
	加权净资产收益率(%)	-0.6200	8.0400	9.5100	1.1500
	净资产收益率(扣除)(%)	-	-	-	-
	总资产(万元)	133427.61	122299.46	116091.72	106196.42
	归属母公司股东权益(万元)	90810.17	96421.67	97853.36	88987.65
	主营业务收入(万元)	22950.34	31079.03	11384.01	31634.79
	营业收入(万元)	22974.34	31079.03	11402.67	31823.02
	主营成本(万元)	19498.58	25746.98	9213.97	25567.91
	营业成本(万元)	19508.30	25746.98	9259.33	25743.40
	投资收益(万元)	0.67	10564.13	10585.78	367.52
	净利润(万元)	-447.60	7406.39	8886.74	964.32
	利润总额(万元)	-142.39	7688.32	8991.06	1369.23

深圳中恒华发股份有限公司

公司概况	公司名称	深圳中恒华发股份有限公司			证券简称	深华发 B
	法人代表	李中秋	董秘	翁小珏	证券代码	200020
	公司网址	www.hwafa.com		电子信箱	hwafainvestor@126.com	
	电　话	0755-83352206 61389198		传　真	0755-61389001	
	办公地址	广东省深圳市福田区华发北路 411 栋华发大厦东座六层				
	经营范围	生产经营各种彩色电视机、液晶显示器、液晶显示屏等				

	指标\报告期	2013.06.30	2012.12.31	2012.06.30	2011.12.31
主要财务指标	基本每股收益(元)	0.0070	0.0115	0.0227	0.0366
	基本每股收益(扣除)(元)	0.0100	0.0147	0.0221	0.0385
	每股净资产(元)	0.9964	0.9895	1.0000	0.9780
	每股经营现金净流量(元)	-0.1009	0.0650	0.2644	0.1701
	每股现金流量(元)	0.0270	-0.0265	0.3967	0.1169
	每股资本公积金(元)	0.3867	0.3867	0.3867	0.3867
	每股盈余公积金(元)	0.2733	0.2733	0.2733	0.2733
	每股未分配利润(元)	-0.6636	-0.6705	-0.6593	-0.6820
	净资产收益率(%)	0.6975	1.1571	2.2700	3.7461
	加权净资产收益率(%)	0.7000	1.1600	2.2900	3.8200
	净资产收益率(扣除)(%)	-	-	-	-
	总资产(万元)	73171.77	68164.51	75808.85	66838.56
	归属母公司股东权益(万元)	28214.90	28018.11	28336.54	27693.92
	主营业务收入(万元)	28400.46	67480.39	36036.91	82762.64
	营业收入(万元)	30273.28	72389.15	38351.73	87577.83
	主营成本(万元)	26075.93	62616.39	33489.58	78456.10
	营业成本(万元)	26351.35	63712.75	33686.15	78906.31
	投资收益(万元)	-	-	-	-
	净利润(万元)	196.80	324.19	642.62	1037.45
	利润总额(万元)	233.77	463.21	876.07	1453.65

深圳赤湾港航股份有限公司

公司概况	公司名称	深圳赤湾港航股份有限公司		证券简称	深赤湾 B
	法人代表	郑少平	董秘 步丹	证券代码	200022
	公司网址	www.szcwh.com	电子信箱	cwh@cndi.com	
	电 话	0755-26694222	传 真	0755-26684117	
	办公地址	广东省深圳市赤湾石油大厦 8 楼			
	经营范围	集装箱和散杂货的港口装卸、仓储、运输及其他配套服务等			

主要财务指标	指标\报告期	2013.06.30	2012.12.31	2012.06.30	2011.12.31
	基本每股收益(元)	0.4580	0.7240	0.3440	0.7840
	基本每股收益(扣除)(元)	0.4570	0.7210	0.3410	0.7840
	每股净资产(元)	5.8030	5.7045	5.3230	5.3780
	每股经营现金净流量(元)	0.5550	1.0833	0.5413	1.1573
	每股现金流量(元)	0.4786	-0.2543	0.4829	-0.4698
	每股资本公积金(元)	0.2575	0.2573	0.2580	0.2578
	每股盈余公积金(元)	0.7502	0.7207	0.7207	0.6540
	每股未分配利润(元)	3.8114	3.7454	3.3653	3.4877
	净资产收益率(%)	7.9002	12.6998	6.4700	14.5810
	加权净资产收益率(%)	7.8000	13.1500	6.2400	15.1900
	净资产收益率(扣除)(%)	-	-	-	-
	总资产(万元)	741066.47	678113.05	698096.27	654022.84
	归属母公司股东权益(万元)	374159.09	367803.21	343206.15	346779.68
	主营业务收入(万元)	83406.72	171032.73	82212.89	164367.69
	营业收入(万元)	86523.58	178384.61	85410.42	170813.69
	主营成本(万元)	38529.01	83434.53	38052.98	75526.25
	营业成本(万元)	39022.23	84460.14	38449.42	76804.02
	投资收益(万元)	4602.23	8351.89	3969.56	11822.82
	净利润(万元)	37907.35	61576.95	29963.92	66777.57
	利润总额(万元)	43325.27	74089.46	36852.76	81633.73

招商局地产控股股份有限公司

公司概况	公司名称	招商局地产控股股份有限公司		证券简称	招商局 B
	法人代表	林少斌	董秘 刘宁	证券代码	200024
	公司网址	www.cmpd.cn	电子信箱	investor@cmpd.cn	
	电 话	0755-26819600	传 真	0755-26818666 26819680	
	办公地址	广东省深圳南山区蛇口兴华路 6 号南海意库 3 号楼			
	经营范围	房地产开发经营、科研技术服务、兴办实业等			

主要财务指标	指标\报告期	2013.06.30	2012.12.31	2012.06.30	2011.12.31
	基本每股收益(元)	1.4853	1.9323	0.7100	1.5100
	基本每股收益(扣除)(元)	1.2914	1.9493	0.7100	1.4501
	每股净资产(元)	14.9446	13.6200	12.4000	11.8900
	每股经营现金净流量(元)	-0.7427	2.9691	1.4094	-1.2300
	每股现金流量(元)	3.0066	2.6545	2.1111	2.7633
	每股资本公积金(元)	5.0209	4.8838	4.8838	4.8839
	每股盈余公积金(元)	0.5985	0.5985	0.5637	0.5637
	每股未分配利润(元)	8.2738	7.0885	5.90[illegible]8	5.3910
	净资产收益率(%)	9.9384	14.1846	5.7312	12.6935
	加权净资产收益率(%)	10.3800	15.1900	5.8200	13.3900
	净资产收益率(扣除)(%)	-	-	-	-
	总资产(万元)	11751579.95	10919724.27	8766176.88	7966649.44
	归属母公司股东权益(万元)	2566439.35	2339351.55	2129611.11	2041821.48
	主营业务收入(万元)	1613356.83	2529676.22	1008050.77	1511136.66
	营业收入(万元)	1613356.83	2529676.22	1008050.77	1511136.66
	主营成本(万元)	869251.13	1294503.76	504532.25	719443.83
	营业成本(万元)	869251.13	1294503.76	504532.25	719443.83
	投资收益(万元)	28217.98	557.25	2488.17	5334.42
	净利润(万元)	325789.24	427751.91	170822.80	331295.45
	利润总额(万元)	473447.93	619950.04	250062.72	449184.84

深圳市特力(集团)股份有限公司

公司概况	公司名称	深圳市特力(集团)股份有限公司		证券简称	深特力 B
	法人代表	张瑞理	董秘 郭东日	证券代码	200025
	公司网址	www.tellus.cn	电子信箱	guodongri@yahoo.com.cn	
	电 话	0755-83989328 83989339	传 真	0755-83989386	
	办公地址	广东省深圳市福田区深南中路中核大厦十五楼			
	经营范围	汽车销售、汽车检测维修及配件销售、物业租赁及服务等			

主要财务指标	指标\报告期	2013.06.30	2012.12.31	2012.06.30	2011.12.31
	基本每股收益(元)	0.0170	0.0324	-0.0390	0.0098
	基本每股收益(扣除)(元)	-0.0150	-0.0684	-0.0390	-0.0281
	每股净资产(元)	0.8542	0.8384	0.7650	0.8050
	每股经营现金净流量(元)	0.1648	-0.0352	-0.0229	-0.0669
	每股现金流量(元)	0.1139	-0.0035	-0.0732	-0.0372
	每股资本公积金(元)	0.0385	0.0396	0.0384	0.0389
	每股盈余公积金(元)	0.0134	0.0134	0.0134	0.0134
	每股未分配利润(元)	-0.1977	-0.2147	-0.2863	-0.2471
	净资产收益率(%)	1.9910	3.8696	-5.1200	1.2170
	加权净资产收益率(%)	2.0100	3.9500	-4.9900	1.2200
	净资产收益率(扣除)(%)	-	-	-	-
	总资产(万元)	68546.59	64491.13	56371.21	57069.33
	归属母公司股东权益(万元)	18817.29	18467.54	16861.86	17736.59
	主营业务收入(万元)	21130.24	39387.53	19333.71	39570.17
	营业收入(万元)	22208.73	41964.27	19428.27	40328.21
	主营成本(万元)	18124.53	33044.19	16154.06	33375.20
	营业成本(万元)	18308.76	33641.96	16211.82	33526.42
	投资收益(万元)	178.01	490.78	-499.72	808.10
	净利润(万元)	266.72	97.19	-1012.05	125.02
	利润总额(万元)	286.26	923.65	-982.91	660.46

飞亚达(集团)股份有限公司

公司概况	公司名称	飞亚达(集团)股份有限公司		证券简称	飞亚达 B
	法人代表	赖伟宣	董秘 陈立彬	证券代码	200026
	公司网址	www.fiytagroup.com	电子信箱	investor@fiyta.com.cn	
	电 话	0755-86013669 86013992	传 真	0755-83348369	
	办公地址	广东省深圳市南山区高新南一道飞亚达科技大厦 20 楼			
	经营范围	钟表及其零配件的设计、开发、制造、销售和维修等			

主要财务指标	指标\报告期	2013.06.30	2012.12.31	2012.06.30	2011.12.31
	基本每股收益(元)	0.1760	0.2950	0.1660	0.3650
	基本每股收益(扣除)(元)	0.1730	0.2880	0.1680	0.3960
	每股净资产(元)	3.8502	3.6833	3.5500	3.6303
	每股经营现金净流量(元)	0.3412	0.1167	-0.2377	-1.0469
	每股现金流量(元)	-0.1144	-0.1007	0.0772	-1.2335
	每股资本公积金(元)	1.3380	1.3380	1.3380	1.4808
	每股盈余公积金(元)	0.3783	0.3783	0.3344	0.3344
	每股未分配利润(元)	1.1612	0.9853	0.9001	0.8339
	净资产收益率(%)	4.5693	8.0186	4.6800	10.0514
	加权净资产收益率(%)	4.6800	8.1800	4.6300	10.4900
	净资产收益率(扣除)(%)	-	-	-	-
	总资产(万元)	330345.72	332676.38	330641.27	306160.01
	归属母公司股东权益(万元)	151222.64	144667.76	139428.67	142586.47
	主营业务收入(万元)	149382.78	299186.48	147415.08	254057.76
	营业收入(万元)	150835.38	302396.25	148375.58	256111.15
	主营成本(万元)	96522.34	196889.36	98379.77	165237.05
	营业成本(万元)	97086.97	198232.61	98703.49	165895.94
	投资收益(万元)	10.84	151.87	19.14	-3.33
	净利润(万元)	6921.27	11565.99	6515.93	14312.02
	利润总额(万元)	8296.79	13648.68	8233.31	17543.99

国药集团一致药业股份有限公司

公司概况						
	公司名称	国药集团一致药业股份有限公司			证券简称	一致B
	法人代表	闫志刚	董秘	陈常兵	证券代码	200028
	公司网址	www.szaccord.com.cn		电子信箱	0028@szaccord.com.cn	
	电　话	0755-25875195 25875222		传　真	0755-25875147	
	办公地址	广东省深圳市福田区八卦四路15号一致药业大厦				
	经营范围	中成药、化学原料药、化学药制剂、抗生素原料药、抗生素制剂、生化药品等				

主要财务指标	指标＼报告期	2013.06.30	2012.12.31	2012.06.30	2011.12.31
	基本每股收益(元)	0.9050	1.6500	0.8330	1.1400
	基本每股收益(扣除)(元)	0.9030	1.5556	0.8620	1.0800
	每股净资产(元)	6.8889	6.1633	5.3740	4.6854
	每股经营现金净流量(元)	0.8269	1.1243	0.4821	0.7986
	每股现金流量(元)	-0.1334	0.0446	-0.1365	0.7743
	每股资本公积金(元)	0.0198	0.0193	0.0193	0.0303
	每股盈余公积金(元)	0.3448	0.3448	0.2203	0.2203
	每股未分配利润(元)	5.5242	4.7992	4.1340	3.4348
	净资产收益率(%)	13.1381	26.7910	15.5000	24.3186
	加权净资产收益率(%)	13.8100	30.5100	16.3500	27.4700
	净资产收益率(扣除)(%)	-	-	-	-
	总资产(万元)	1012088.76	929583.99	866223.34	767931.28
	归属母公司股东权益(万元)	198502.51	177594.30	154839.98	135009.33
	主营业务收入(万元)	1007449.20	1787197.49	875275.95	1507937.96
	营业收入(万元)	1013171.27	1801175.92	880325.23	1515012.86
	主营成本(万元)	924942.71	1631698.66	793992.83	1378643.59
	营业成本(万元)	927945.53	1640871.99	796795.17	1381369.67
	投资收益(万元)	1857.70	3874.07	1601.62	2811.94
	净利润(万元)	26780.02	48368.18	24321.05	32582.54
	利润总额(万元)	32874.24	60331.68	30715.83	40729.17

深圳经济特区房地产(集团)股份有限公司

公司概况						
	公司名称	深圳经济特区房地产(集团)股份有限公司			证券简称	深深房B
	法人代表	周建国	董秘	陈继	证券代码	200029
	公司网址	www.sfjt.com.cn		电子信箱	spg@163.net	
	电　话	0755-82293000 4718 4715		传　真	0755-82294024	
	办公地址	广东省深圳市罗湖区人民南路深房广场47楼				
	经营范围	房地产开发及商品房销售、物业租赁及管理、建筑装饰安装、商品零售及贸易等				

主要财务指标	指标＼报告期	2013.06.30	2012.12.31	2012.06.30	2011.12.31
	基本每股收益(元)	0.0129	0.1056	0.0396	0.1000
	基本每股收益(扣除)(元)	0.0095	0.1001	0.0396	0.0983
	每股净资产(元)	1.6306	1.6165	1.5510	1.5100
	每股经营现金净流量(元)	0.3454	0.0271	-0.1150	0.1138
	每股现金流量(元)	0.1280	0.1371	-0.1116	-0.0458
	每股资本公积金(元)	0.9670	0.9670	0.9670	0.9670
	每股盈余公积金(元)	0.0049	0.0049	-	0.0049
	每股未分配利润(元)	-0.3520	-0.3649	-	-0.4705
	净资产收益率(%)	0.7911	6.5315	2.5600	6.6210
	加权净资产收益率(%)	0.7900	6.7500	2.5900	6.8400
	净资产收益率(扣除)(%)	-	-	-	-
	总资产(万元)	421515.24	371277.08	327263.19	323612.70
	归属母公司股东权益(万元)	164964.24	163537.61	156863.55	152859.65
	主营业务收入(万元)	32068.79	101197.65	44736.42	99394.29
	营业收入(万元)	32068.79	103014.87	44736.42	102639.61
	主营成本(万元)	24670.70	68908.86	31048.26	-
	营业成本(万元)	24670.70	70130.36	31048.26	68622.80
	投资收益(万元)	-	153.31	-	-1.44
	净利润(万元)	1306.82	10685.48	-	10119.93
	利润总额(万元)	1908.79	13725.79	5329.03	13327.88

富奥汽车零部件股份有限公司

公司概况						
	公司名称	富奥汽车零部件股份有限公司			证券简称	富奥B
	法人代表	滕铁骑	董秘	甘先国	证券代码	200030
	公司网址			电子信箱	000030@fawer.com.cn	
	电　话	0431-85122797		传　真	0431-85122756	
	办公地址	吉林省长春汽车经济技术开发区东风南街777号				
	经营范围	汽车零部件及相关产品的研究,设计,制造等				

主要财务指标	指标＼报告期	2013.06.30	2012.12.31	2012.06.30	2011.12.31
	基本每股收益(元)	0.2500	-0.0128	0.2400	5.0484
	基本每股收益(扣除)(元)	0.2400	-0.0133	-0.0056	-0.0232
	每股净资产(元)	2.7257	-0.0057	0.0020	0.0071
	每股经营现金净流量(元)	-0.1114	-0.0103	0.4080	0.0040
	每股现金流量(元)	-0.1718	-0.0046	0.5271	0.0044
	每股资本公积金(元)	0.3893	3.5724	3.5724	3.5724
	每股盈余公积金(元)	0.1423	0.6405	0.4795	0.4795
	每股未分配利润(元)	1.1910	4.4005	-5.0499	-5.0449
	净资产收益率(%)	8.0286	-223.9300	42039.7329	71320.3600
	加权净资产收益率(%)	8.3600	-1871.8800	8.7600	105.8700
	净资产收益率(扣除)(%)	-	-	-	-
	总资产(万元)	674825.02	626992.18	6466.36	6616.93
	归属母公司股东权益(万元)	353985.57	325845.60	57.91	204.16
	主营业务收入(万元)	242946.73	-	232768.98	-
	营业收入(万元)	254292.70	-	249790.38	10.90
	主营成本(万元)	201146.83	-	193148.34	-
	营业成本(万元)	207890.65	-	204995.14	700.25
	投资收益(万元)	21879.17	14.00	20673.47	20.12
	净利润(万元)	30924.87	-368.90	28175.15	145606.42
	利润总额(万元)	32487.27	-368.90	29024.34	145606.42

深圳南山热电股份有限公司

公司概况						
	公司名称	深圳南山热电股份有限公司			证券简称	深南电B
	法人代表	杨海贤	董秘	胡琴	证券代码	200037
	公司网址	www.nsrd.com.cn		电子信箱	public@nspower.com.cn	
	电　话	0755-26948888		传　真	0755-26003684	
	办公地址	广东省深圳市南山区华侨城汉唐大厦16、17楼				
	经营范围	供电、供热、提供相关技术咨询和技术服务等				

主要财务指标	指标＼报告期	2013.06.30	2012.12.31	2012.06.30	2011.12.31
	基本每股收益(元)	-0.1700	-0.3400	-0.1800	0.0300
	基本每股收益(扣除)(元)	-0.1800	-0.5400	-0.2100	-0.4800
	每股净资产(元)	2.4013	2.5700	2.7300	2.9100
	每股经营现金净流量(元)	0.8385	0.1759	0.2020	0.4517
	每股现金流量(元)	0.1510	-0.1700	0.0176	0.0629
	每股资本公积金(元)	0.6033	0.6033	0.6033	0.6033
	每股盈余公积金(元)	0.5523	0.5523	0.5523	0.5523
	每股未分配利润(元)	0.2457	0.4141	0.5779	0.7533
	净资产收益率(%)	-7.0151	-13.1999	-6.4177	0.9997
	加权净资产收益率(%)	-6.7800	-12.3800	-6.2200	1.0000
	净资产收益率(扣除)(%)	-	-	-	-
	总资产(万元)	556704.63	553606.77	542078.82	598245.01
	归属母公司股东权益(万元)	144738.41	154891.94	164763.21	175337.16
	主营业务收入(万元)	56465.60	126405.78	70570.39	229408.50
	营业收入(万元)	56547.69	126544.58	70584.22	241581.77
	主营成本(万元)	91107.04	208357.07	114664.78	346816.75
	营业成本(万元)	91116.42	208726.48	114682.92	358970.44
	投资收益(万元)	-	-	-	2332.93
	净利润(万元)	-11373.81	-23500.41	-12319.09	903.16
	利润总额(万元)	-11373.81	-23214.50	-12255.23	2225.58

深圳市纺织(集团)股份有限公司

公司概况						
公司名称	深圳市纺织(集团)股份有限公司				证券简称	深纺织 B
法人代表	王滨	董秘	李江		证券代码	200045
公司网址	www.chinasthc.com		电子信箱		jiangp@chinasthc.com	
电　话	0755-83776043		传　真		0755-83776139	
办公地址	深圳市福田区华强北路3号深纺大厦6楼					
经营范围	生产、加工纺织品、针织品、服装、装饰布、带、商标带、自行车、工艺品等					

主要财务指标

指标\报告期	2013.06.30	2012.12.31	2012.06.30	2011.12.31
基本每股收益(元)	–0.0100	–0.2400	–0.0600	0.1500
基本每股收益(扣除)(元)	–0.0600	–0.2700	–0.0700	0.0800
每股净资产(元)	4.4610	3.8720	4.0400	4.0700
每股经营现金净流量(元)	–0.1135	–0.4610	–0.0477	0.0825
每股现金流量(元)	1.0110	–0.7032	–0.3384	0.1371
每股资本公积金(元)	3.1966	2.4632	2.4480	2.4205
每股盈余公积金(元)	0.0723	0.1088	0.1067	0.1067
每股未分配利润(元)	0.1921	0.3000	0.4871	0.5428
净资产收益率(%)	–0.1612	–6.2155	–1.3800	3.5714
加权净资产收益率(%)	–0.2400	–6.0600	–1.3700	3.6000
净资产收益率(扣除)(%)	–	–	–	–
总资产(万元)	280845.78	188066.07	185463.79	180822.69
归属母公司股东权益(万元)	225958.95	130301.20	136015.26	136962.86
主营业务收入(万元)	57451.92	84016.50	37347.39	70827.48
营业收入(万元)	57634.80	84511.45	37543.30	71289.36
主营成本(万元)	52608.51	80412.40	33461.89	58665.61
营业成本(万元)	52791.40	80907.09	33657.68	59122.51
投资收益(万元)	2190.83	742.80	452.38	611.85
净利润(万元)	–364.21	–8098.89	–1873.62	4891.56
利润总额(万元)	–72.14	–9765.95	–1605.12	6106.69

深圳赤湾石油基地股份有限公司

公司概况						
公司名称	深圳赤湾石油基地股份有限公司				证券简称	深基地 B
法人代表	田俊彦	董秘	宋涛		证券代码	200053
公司网址	www.chiwanbase.com		电子信箱		sa@chiwanbase.com	
电　话	0755-26694211		传　真		0755-26694227	
办公地址	中国广东省深圳市蛇口赤湾石油大厦14楼					
经营范围	经营码头、港口服务、堆场、仓库及办公室的租赁业务、提供劳务服务等					

主要财务指标

指标\报告期	2013.06.30	2012.12.31	2012.06.30	2011.12.31
基本每股收益(元)	0.4200	0.7000	0.3000	0.5600
基本每股收益(扣除)(元	0.4200	0.6900	0.3000	0.5500
每股净资产(元)	5.9079	5.5835	5.3300	5.0300
每股经营现金净流量(元)	0.8378	1.4210	0.4491	1.1607
每股现金流量(元)	–2.0244	2.1303	2.0585	0.9347
每股资本公积金(元)	1.0154	1.0154	1.0154	1.0154
每股盈余公积金(元)	1.1694	1.1441	1.0537	1.0537
每股未分配利润(元)	2.7150	2.4177	2.2603	1.9627
净资产收益率(%)	7.1705	12.5962	5.5800	11.1410
加权净资产收益率(%)	7.3300	13.2300	5.7400	11.7700
净资产收益率(扣除)(%)	–	–	–	–
总资产(万元)	442569.96	447908.65	413489.39	364799.33
归属母公司股东权益(万元)	136236.80	128755.95	122894.65	116034.18
主营业务收入(万元)	32491.27	57755.68	26674.30	45610.35
营业收入(万元)	32491.43	57859.19	26674.38	46192.35
主营成本(万元)	11279.89	22881.03	10066.03	15994.99
营业成本(万元)	11279.89	23007.90	10066.03	16416.12
投资收益(万元)	3492.59	7711.07	2567.54	2245.69
净利润(万元)	10898.18	17547.46	7389.49	12522.98
利润总额(万元)	12792.08	20151.98	8611.29	14809.40

重庆建设摩托车股份有限公司

公司概况						
公司名称	重庆建设摩托车股份有限公司				证券简称	*ST 建摩 B
法人代表	李华光	董秘	滕峰		证券代码	200054
公司网址	www.jianshe.com.cn		电子信箱		cqjsmc@jianshe.com.cn	
电　话	023-66295333		传　真		023-66295333	
办公地址	重庆市巴南区花溪工业园建设大道1号					
经营范围	摩托车、电动车、汽车零部件、配件、机械产品研发、加工制造及其相关的技术服务等					

主要财务指标

指标\报告期	2013.06.30	2012.12.31	2012.06.30	2011.12.31
基本每股收益(元)	–0.0694	–0.3010	–0.0706	–0.3950
基本每股收益(扣除)(元)	–0.0694	–0.3070	–0.0706	–0.3840
每股净资产(元)	0.2290	0.2983	0.5300	0.5990
每股经营现金净流量(元)	–0.0385	0.1892	–0.0860	–0.1000
每股现金流量(元)	0.0145	–0.1664	–0.0340	–0.1846
每股资本公积金(元)	1.2626	1.2626	1.2632	1.2632
每股盈余公积金(元)	0.2632	0.2632	0.2632	0.2632
每股未分配利润(元)	–2.2969	–2.2275	–1.9971	–1.9265
净资产收益率(%)	–30.3005	–100.8997	–13.3400	–65.7820
加权净资产收益率(%)	–26.3100	–66.9700	–12.5000	–49.5000
净资产收益率(扣除)(%)	–	–	–	–
总资产(万元)	291650.93	288517.07	285655.10	269172.11
归属母公司股东权益(万元)	10932.58	14244.23	25275.84	28646.61
主营业务收入(万元)	88476.98	171645.43	89995.03	233540.91
营业收入(万元)	92646.56	182340.04	96885.86	247212.10
主营成本(万元)	76370.20	151046.35	76504.49	207092.37
营业成本(万元)	79411.42	159482.81	81453.52	219408.62
投资收益(万元)	2896.29	4304.35	1978.96	3496.45
净利润(万元)	–3273.13	–14288.68	–3303.52	–18917.07
利润总额(万元)	–3265.60	–14231.53	–3303.52	–18412.60

方大集团股份有限公司

公司概况						
公司名称	方大集团股份有限公司				证券简称	方大 B
法人代表	熊建明	董秘	周志刚		证券代码	200055
公司网址	www.fangda.com		电子信箱		zqb@fangda.com	
电　话	0755-26788571 6622		传　真		0755-26788353	
办公地址	广东省深圳市南山区西丽龙井方大城科技大楼					
经营范围	生产经营新型建筑材料、复合材料、金属制品、金属结构、环保设备及器材等					

主要财务指标

指标\报告期	2013.06.30	2012.12.31	2012.06.30	2011.12.31
基本每股收益(元)	0.0500	0.0300	0.0200	0.0900
基本每股收益(扣除)(元)	0.0800	0.0100	0.0100	0.0700
每股净资产(元)	1.4737	1.4514	1.4400	1.4200
每股经营现金净流量(元)	0.0014	0.0783	–0.0899	–0.0754
每股现金流量(元)	0.0099	–0.0793	–0.0190	–0.2229
每股资本公积金(元)	0.1061	0.1061	0.1063	0.1063
每股盈余公积金(元)	0.0403	0.0403	0.0326	0.0326
每股未分配利润(元)	0.3273	0.3051	0.2965	0.2798
净资产收益率(%)	3.5288	2.2709	1.1600	6.1000
加权净资产收益率(%)	3.5400	2.3000	1.1700	6.2800
净资产收益率(扣除)(%)	–	–	–	–
总资产(万元)	248287.87	232780.29	229261.67	216332.56
归属母公司股东权益(万元)	111543.33	109861.22	108648.41	107384.34
主营业务收入(万元)	71646.61	134623.99	50747.12	129601.04
营业收入(万元)	73682.80	139790.14	52928.96	134877.64
主营成本(万元)	57876.49	112368.40	40976.16	106439.88
营业成本(万元)	58449.38	114506.65	41808.60	108799.28
投资收益(万元)	–	344.82	–	9.93
净利润(万元)	3753.60	644.32	191.72	5938.01
利润总额(万元)	4533.19	1954.69	982.47	7916.01

深圳市国际企业股份有限公司

公司概况	公司名称	深圳市国际企业股份有限公司			证券简称	*ST 国商 B
	法人代表	郑康豪	董秘	曹剑	证券代码	200056
	公司网址	www.china-ia.com		电子信箱	cj000056@21cn.com	
	电话	0755-82281888 82285565		传真	0755-82566573	
	办公地址	广东省深圳市福田区金田路 2028 号皇岗商务中心主楼 6 楼				
	经营范围	商业、房地产开发、物业管理和林业种植等				

	指标\报告期	2013.06.30	2012.12.31	2012.06.30	2011.12.31
主要财务指标	基本每股收益(元)	-0.1800	0.0820	0.3100	-0.5880
	基本每股收益(扣除)(元)	-0.1600	-0.3130	-0.1050	-0.5400
	每股净资产(元)	-0.5587	-0.3798	-0.0809	-0.4400
	每股经营现金净流量(元)	-0.9120	-0.6628	-0.4162	-0.7059
	每股现金流量(元)	-0.0048	-0.0499	0.4738	-0.6233
	每股资本公积金(元)	0.3100	0.3100	0.2983	0.3274
	每股盈余公积金(元)	0.5701	0.5701	0.5701	0.5701
	每股未分配利润(元)	-2.4388	-2.2599	-1.9493	-2.3422
	净资产收益率(%)	-32.0330	-21.6792	-378.4500	-132.2185
	加权净资产收益率(%)	-	-20.4000	-	390.1300
	净资产收益率(扣除)(%)	-	-	-	-
	总资产(万元)	218414.38	200648.14	171177.74	154079.39
	归属母公司股东权益(万元)	-12342.47	-8388.81	-1787.90	-9824.71
	主营业务收入(万元)	1227.54	8049.53	3385.37	1786.89
	营业收入(万元)	1230.90	8062.25	3392.73	1946.38
	主营成本(万元)	970.47	6461.34	3381.82	1504.70
	营业成本(万元)	970.47	6461.34	3394.59	1732.37
	投资收益(万元)	-	10014.24	10308.16	-
	净利润(万元)	-6380.44	-1609.74	6263.50	-21302.88
	利润总额(万元)	-6379.70	-1557.70	6260.21	-21310.61

深圳赛格股份有限公司

公司概况	公司名称	深圳赛格股份有限公司			证券简称	深赛格 B
	法人代表	王立	董秘	郑丹	证券代码	200058
	公司网址	www.segcl.com.cn		电子信箱	segcl@segcl.com.cn	
	电话	0755-83747939		传真	0755-83975237	
	办公地址	广东省深圳市福田区华强北路群星广场 A 座 31 层				
	经营范围	投资电子电器产品、电子化工、计算机、兴办实业、电子信息系统等				

	指标\报告期	2013.06.30	2012.12.31	2012.06.30	2011.12.31
主要财务指标	基本每股收益(元)	0.0506	0.0581	0.0403	0.0879
	基本每股收益(扣除)(元)	-	0.0578	0.0392	0.0233
	每股净资产(元)	1.5739	1.5235	1.5091	1.4688
	每股经营现金净流量(元)	-0.0773	-0.0586	-0.0647	0.0886
	每股现金流量(元)	-0.0398	-0.2438	-0.0832	0.0913
	每股资本公积金(元)	0.5151	0.5153	0.5187	0.5186
	每股盈余公积金(元)	0.1311	0.1311	0.1311	0.1311
	每股未分配利润(元)	-0.0723	-0.1229	-0.1407	-0.1809
	净资产收益率(%)	3.2119	3.8127	2.6700	5.9856
	加权净资产收益率(%)	3.2600	3.8800	2.7100	6.1700
	净资产收益率(扣除)(%)	-	-	-	-
	总资产(万元)	178694.15	174069.73	168186.56	167358.48
	归属母公司股东权益(万元)	123523.28	119567.29	118436.44	115269.59
	主营业务收入(万元)	29294.20	44776.66	24198.86	42121.84
	营业收入(万元)	27984.81	46380.75	23504.58	43684.42
	主营成本(万元)	21267.19	35006.31	17504.26	33453.58
	营业成本(万元)	21267.19	35584.90	17504.26	34019.37
	投资收益(万元)	869.46	1584.97	785.42	7677.86
	净利润(万元)	4828.02	5526.26	3791.86	6879.67
	利润总额(万元)	6552.59	7349.53	5048.89	10052.72

山东航空股份有限公司

公司概况	公司名称	山东航空股份有限公司			证券简称	山航 B
	法人代表	张幸福	董秘	董钱堂	证券代码	200152
	公司网址	www.shandongair.com.cn		电子信箱	fanp@shandongair.com.cn	
	电话	0531-85698229 85698678		传真	0531-85698679	
	办公地址	山东省济南市二环东路 5746 号山东航空大厦				
	经营范围	国际、国内航空客货运输业务、酒店餐饮(仅限分支机构)、航空器维修等				

	指标\报告期	2013.06.30	2012.12.31	2012.06.30	2011.12.31
主要财务指标	基本每股收益(元)	0.2100	1.4700	0.4800	1.9300
	基本每股收益(扣除)(元)	-	1.2300	0.4300	1.8800
	每股净资产(元)	6.0036	6.1976	5.2000	5.1200
	每股经营现金净流量(元)	0.9234	4.3158	1.6037	5.6126
	每股现金流量(元)	0.4221	-0.2120	0.2642	0.2289
	每股资本公积金(元)	0.1885	0.1885	0.1885	0.1885
	每股盈余公积金(元)	0.6441	0.6441	0.4985	0.4985
	每股未分配利润(元)	4.1709	4.3650	3.5136	3.4361
	净资产收益率(%)	3.4299	23.7918	9.1800	37.6350
	加权净资产收益率(%)	3.3000	26.3600	9.1300	45.0500
	净资产收益率(扣除)(%)	-	-	-	-
	总资产(万元)	1157746.42	1126134.14	1050518.57	977298.55
	归属母公司股东权益(万元)	240142.19	247905.59	208026.73	204924.49
	主营业务收入(万元)	545960.02	1089248.90	501611.87	956285.17
	营业收入(万元)	552471.09	1099302.49	507240.77	966696.97
	主营成本(万元)	469112.82	857179.36	409089.93	725688.69
	营业成本(万元)	469298.12	857627.24	409493.70	726325.19
	投资收益(万元)	49.25	1439.45	1437.85	854.95
	净利润(万元)	8236.60	58981.09	19102.24	77077.25
	利润总额(万元)	12218.12	78104.88	25438.41	103101.62

承德南江股份有限公司

公司概况	公司名称	承德南江股份有限公司			证券简称	南江 B
	法人代表	李卫民	董秘	李卫民	证券代码	200160
	公司网址	www.dxtex.com		电子信箱	liwm@nanjianggroup.com	
	电话	0314-3115048 3115049		传真	0314-3111475	
	办公地址	河北省承德市承德县下板城镇				
	经营范围	各种针织服装、各种纱线及化纤合成丝和各种纸制品的生产和销售等				

	指标\报告期	2013.06.30	2012.12.31	2012.06.30	2011.12.31
主要财务指标	基本每股收益(元)	0.1200	0.0500	-0.0220	0.0030
	基本每股收益(扣除)(元)	-0.0100	-0.0020	-0.0110	0.0199
	每股净资产(元)	0.2845	0.1627	-0.0560	0.1060
	每股经营现金净流量(元)	-0.2302	-0.0062	0.0033	-0.0078
	每股现金流量(元)	0.0035	0.1146	-0.0056	-0.0130
	每股资本公积金(元)	0.6463	0.6463	0.6382	0.6362
	每股盈余公积金(元)	0.1087	0.1087	0.1087	0.1087
	每股未分配利润(元)	-1.4705	-1.5923	-1.8030	-1.6389
	净资产收益率(%)	42.8146	28.6300	-39.6720	2.4284
	加权净资产收益率(%)	54.4800	36.0100	-	-
	净资产收益率(扣除)(%)	-	-	-	-
	总资产(万元)	38161.83	19361.71	22291.98	20990.94
	归属母公司股东权益(万元)	20091.59	11489.47	-3958.70	7489.59
	主营业务收入(万元)	1657.29	7870.73	-	-
	营业收入(万元)	1681.87	7951.20	48.16	51.52
	主营成本(万元)	1183.97	5832.79	-	-
	营业成本(万元)	1200.37	5842.40	-	1785.88
	投资收益(万元)	7.79	1.57	-	-
	净利润(万元)	8600.87	3289.44	-1765.94	90.39
	利润总额(万元)	9095.35	3943.82	-1763.05	52.05

广东雷伊(集团)股份有限公司

公司概况	公司名称	广东雷伊(集团)股份有限公司			证券简称	雷伊 B
	法人代表	陈鸿成	董秘	徐巍	证券代码	200168
	公司网址	www.200168.com		电子信箱	xw@200168.com	
	电　话	0755-82250045		传　真	0755-82251182	
	办公地址	广东省深圳市福田区福华三路国际商会中心 4003-4008				
	经营范围	西服、时装、制服和针纺织品等各类服装的生产、加工和销售等				

主要财务指标	指标\报告期	2013.06.30	2012.12.31	2012.06.30	2011.12.31
	基本每股收益(元)	0.0200	0.0833	–0.0400	0.0700
	基本每股收益(扣除)(元)	0.0200	–0.0160	–0.0400	–0.0576
	每股净资产(元)	1.1387	1.1162	0.9900	1.0340
	每股经营现金净流量(元)	0.0122	0.1697	0.0398	0.0128
	每股现金流量(元)	0.0079	0.0626	0.0088	–0.0894
	每股资本公积金(元)	0.1636	0.1636	0.1636	0.1636
	每股盈余公积金(元)	0.2700	0.2700	0.2700	0.2700
	每股未分配利润(元)	–0.2949	–0.3175	–0.4419	–0.3993
	净资产收益率(%)	1.9803	7.3303	–4.2900	6.4890
	加权净资产收益率(%)	2.0000	7.7400	–4.2000	6.2900
	净资产收益率(扣除)(%)	–	–	–	–
	总资产(万元)	48221.61	52664.55	58552.80	53799.90
	归属母公司股东权益(万元)	36279.81	35561.35	31597.59	32954.61
	主营业务收入(万元)	10139.20	30096.85	761.79	8616.44
	营业收入(万元)	10139.20	30098.29	761.79	8730.24
	主营成本(万元)	6655.19	22684.96	524.27	6926.05
	营业成本(万元)	6655.19	22684.96	524.27	7032.78
	投资收益(万元)	–	0.51	–	1043.87
	净利润(万元)	714.86	2596.73	–1363.03	2080.67
	利润总额(万元)	1304.92	3795.74	–1424.86	2460.98

石家庄宝石电子玻璃股份有限公司

公司概况	公司名称	石家庄宝石电子玻璃股份有限公司			证券简称	宝石 B
	法人代表	李兆廷	董秘	付股芳	证券代码	200413
	公司网址	www.bseg.com.cn		电子信箱	bs@bseg.cn	
	电　话	0311-86917775 010-84417830		传　真	0311-86917775 010-84417830	
	办公地址	河北省石家庄市高新技术产业开发区黄河大道 9 号				
	经营范围	平板显示玻璃基板产业投资、建设与运营及相关的技术开发、技术咨询等				

主要财务指标	指标\报告期	2013.06.30	2012.12.31	2012.06.30	2011.12.31
	基本每股收益(元)	0.2000	0.3700	0.1100	0.0300
	基本每股收益(扣除)(元)	0.0700	0.3100	0.1100	0.0310
	每股净资产(元)	6.0545	1.0233	0.7100	0.6100
	每股经营现金净流量(元)	–1.0156	–1.2193	–0.1251	–0.0048
	每股现金流量(元)	4.1960	0.2478	0.0911	0.0147
	每股资本公积金(元)	5.3660	1.0553	1.0114	1.0114
	每股盈余公积金(元)	–	0.0717	0.0717	0.0717
	每股未分配利润(元)	–	–1.1036	–1.3686	–1.4761
	净资产收益率(%)	2.0846	36.4006	15.0500	5.0970
	加权净资产收益率(%)	5.4200	46.3200	16.2700	5.2300
	净资产收益率(扣除)(%)	–	–	–	–
	总资产(万元)	838176.86	206170.77	81261.08	37411.21
	归属母公司股东权益(万元)	546720.98	39192.88	27365.44	23247.88
	主营业务收入(万元)	21380.34	70347.05	30257.70	7174.53
	营业收入(万元)	25504.24	77893.52	36135.57	10442.55
	主营成本(万元)	7720.47	30091.98	14113.10	5708.78
	营业成本(万元)	10859.21	37977.32	19328.03	6774.24
	投资收益(万元)	–	–	–	–
	净利润(万元)	14025.39	24102.81	8985.88	1213.56
	利润总额(万元)	19578.60	32661.24	12145.63	1483.35

无锡小天鹅股份有限公司

公司概况	公司名称	无锡小天鹅股份有限公司			证券简称	小天鹅 B
	法人代表	方洪波	董秘	周斯秀	证券代码	200418
	公司网址	www.littleswan.com		电子信箱	tianlin@littleswan.com.cn	
	电　话	0510-81082320 81082377		传　真	0510-83720879	
	办公地址	江苏省无锡市国家高新技术开发区长江南路 18 号				
	经营范围	家用电器及零配件等的生产、销售和技术服务等				

主要财务指标	指标\报告期	2013.06.30	2012.12.31	2012.06.30	2011.12.31
	基本每股收益(元)	0.3500	0.5400	0.3400	0.7200
	基本每股收益(扣除)(元)	0.3000	0.5400	0.3200	0.5800
	每股净资产(元)	5.8766	5.8281	5.5800	5.4400
	每股经营现金净流量(元)	1.4722	0.5451	1.4379	0.3835
	每股现金流量(元)	0.2346	–1.5598	1.1193	0.2540
	每股资本公积金(元)	1.7856	1.7857	1.7330	1.7331
	每股盈余公积金(元)	0.4279	0.4279	0.3944	0.3944
	每股未分配利润(元)	2.6681	2.6187	2.4591	2.3172
	净资产收益率(%)	5.9448	9.1798	6.1200	13.1740
	加权净资产收益率(%)	5.8200	9.5900	6.0900	13.9900
	净资产收益率(扣除)(%)	–	–	–	–
	总资产(万元)	813196.49	840370.54	782615.37	914518.55
	归属母公司股东权益(万元)	371685.59	368621.05	353094.72	344114.49
	主营业务收入(万元)	368745.01	616326.66	280511.61	964901.55
	营业收入(万元)	399822.43	689986.39	310132.87	1097562.17
	主营成本(万元)	272663.19	471719.20	221379.12	795279.22
	营业成本(万元)	300581.09	533991.46	245388.06	915313.36
	投资收益(万元)	3858.17	5562.27	506.28	7737.16
	净利润(万元)	23592.05	37883.62	23414.22	53856.48
	利润总额(万元)	27891.28	44557.16	26817.13	67037.31

广东省高速公路发展股份有限公司

公司概况	公司名称	广东省高速公路发展股份有限公司			证券简称	粤高速 B
	法人代表	李希元	董秘	左江	证券代码	200429
	公司网址	www.gpedcl.com		电子信箱	fengxw2007@163.com	
	电　话	020-29004609 29004522		传　真	020-38787002*4609	
	办公地址	广东省广州市天河区珠江新城珠江东路 32 号利通广场 45,46 层				
	经营范围	主营高速公路、等级公路、桥梁的建设施工、公路、桥梁的收费和养护管理等				

主要财务指标	指标\报告期	2013.06.30	2012.12.31	2012.06.30	2011.12.31
	基本每股收益(元)	0.0500	0.1400	0.1300	0.1700
	基本每股收益(扣除)(元)	0.0500	0.1500	0.1300	0.2300
	每股净资产(元)	3.3610	3.3958	3.3400	3.2700
	每股经营现金净流量(元)	0.2638	0.4941	0.2579	0.4934
	每股现金流量(元)	0.1643	–0.1754	0.1918	0.6047
	每股资本公积金(元)	1.3526	1.3831	1.3430	1.3507
	每股盈余公积金(元)	0.1628	0.1628	0.1523	0.1523
	每股未分配利润(元)	0.8456	0.8498	0.8457	0.7705
	净资产收益率(%)	1.3635	4.1180	3.7500	5.2680
	加权净资产收益率(%)	1.3500	4.2000	3.7700	5.1800
	净资产收益率(扣除)(%)	–	–	–	–
	总资产(万元)	1314641.85	1315456.55	1252819.66	1180242.72
	归属母公司股东权益(万元)	422521.60	426886.00	420015.38	411512.61
	主营业务收入(万元)	61935.09	108612.20	53906.94	106879.51
	营业收入(万元)	62997.56	110571.68	54424.92	107804.27
	主营成本(万元)	39946.45	64254.07	27337.13	62614.06
	营业成本(万元)	40343.56	64911.38	27607.24	62938.16
	投资收益(万元)	17103.69	33897.27	19597.99	34614.92
	净利润(万元)	6399.85	20118.74	18221.39	22387.32
	利润总额(万元)	7959.29	23338.38	21480.44	24630.45

南京普天通信股份有限公司

公司概况	公司名称	南京普天通信股份有限公司		证券简称	宁通信 B
	法人代表	徐千	董秘 张沈卫	证券代码	200468
	公司网址	www.postel.com.cn	电子信箱	zsw@postel.com.cn	
	电　话	025-58962289 58962072	传　真	025-52409954	
	办公地址	江苏省南京市秦淮区普天路 1 号			
	经营范围	研发、制造、销售各类通信设备和电气设备等			

主要财务指标 指标\报告期	2013.06.30	2012.12.31	2012.06.30	2011.12.31
基本每股收益(元)	-0.0130	0.0300	0.0280	0.0500
基本每股收益(扣除)(元)	-0.0160	0.0100	0.0270	-0.0400
每股净资产(元)	1.7460	1.7572	1.7590	1.7320
每股经营现金净流量(元)	-0.6291	0.5975	-0.1312	0.0842
每股现金流量(元)	-0.6928	0.5546	-0.0410	0.0884
每股资本公积金(元)	0.8622	0.8622	0.8622	0.8622
每股盈余公积金(元)	0.0027	0.0027	0.0027	0.0027
每股未分配利润(元)	-0.1028	-0.0902	-0.0878	-0.1159
净资产收益率(%)	-0.7244	1.4651	1.6000	2.9080
加权净资产收益率(%)	-0.7200	1.4800	1.6100	2.9500
净资产收益率(扣除)(%)	-	-	-	-
总资产(万元)	209732.69	209017.48	227190.03	205075.60
归属母公司股东权益(万元)	37537.93	37780.55	37821.84	37227.33
主营业务收入(万元)	120019.04	264891.50	133917.21	250871.94
营业收入(万元)	120755.75	266777.54	134996.32	252964.78
主营成本(万元)	103829.79	225853.02	115936.15	218073.36
营业成本(万元)	104300.82	227167.63	116704.08	219728.26
投资收益(万元)	-188.32	327.00	146.20	1200.18
净利润(万元)	-148.07	1864.14	1234.35	2337.13
利润总额(万元)	211.65	3201.79	1436.64	3616.30

山东晨鸣纸业集团股份有限公司

公司概况	公司名称	山东晨鸣纸业集团股份有限公司		证券简称	晨鸣 B
	法人代表	陈洪国	董秘 王春方	证券代码	200488
	公司网址	www.chenmingpaper.com	电子信箱	chenmmingpaper@163.com	
	电　话	0536-2158008 852-25010088	传　真	0536-2158977 852-25010088	
	办公地址	山东省寿光市农圣东街 2199 号			
	经营范围	机制纸及板纸和造纸原料、造纸机械、电力、热力的生产与销售等			

主要财务指标 指标\报告期	2013.06.30	2012.12.31	2012.06.30	2011.12.31
基本每股收益(元)	0.1600	0.1100	0.0500	0.2900
基本每股收益(扣除)(元)	0.0700	-0.0800	-0.0500	0.1400
每股净资产(元)	6.9300	6.6727	6.4600	6.5600
每股经营现金净流量(元)	0.4398	0.9490	0.3206	-0.2121
每股现金流量(元)	-0.3612	0.0129	0.1320	0.2240
每股资本公积金(元)	3.0957	3.1109	2.9574	2.9574
每股盈余公积金(元)	0.5490	0.5490	0.5490	0.5490
每股未分配利润(元)	2.1165	2.0123	1.9508	2.0551
净资产收益率(%)	2.4400	1.6064	0.7100	4.4960
加权净资产收益率(%)	2.4000	1.6300	0.7000	4.5000
净资产收益率(扣除)(%)	-	-	-	-
总资产(万元)	4751126.21	4772542.19	4685634.58	4563082.90
归属母公司股东权益(万元)	1368570.13	1375949.62	1331340.80	1352862.23
主营业务收入(万元)	982907.50	1941838.54	986270.94	1753545.23
营业收入(万元)	1002790.14	1976167.92	996445.15	1774748.99
主营成本(万元)	812953.71	1642279.28	844457.69	1485134.25
营业成本(万元)	825134.98	1669376.83	850051.29	1493115.32
投资收益(万元)	518.32	-3552.50	-271.65	787.14
净利润(万元)	31121.04	4668.63	2538.57	58872.68
利润总额(万元)	39408.16	-1614.00	1251.88	69898.99

海南珠江控股股份有限公司

公司概况	公司名称	海南珠江控股股份有限公司		证券简称	*ST 珠江 B
	法人代表	郑清	董秘 俞翠红	证券代码	200505
	公司网址		电子信箱	hnpearlriver@21cn.net	
	电　话	0898-68581888 68581199	传　真	0898-68581026	
	办公地址	海南省海口市滨海大道珠江广场帝豪大厦 29 楼			
	经营范围	房地产开发经营及综合投资等			

主要财务指标 指标\报告期	2013.06.30	2012.12.31	2012.06.30	2011.12.31
基本每股收益(元)	-0.1500	-0.3000	-0.0900	-0.1200
基本每股收益(扣除)(元)	-0.1700	-0.3700	-0.1400	-0.1900
每股净资产(元)	0.3379	0.5568	0.9076	0.8700
每股经营现金净流量(元)	-0.1028	-0.1414	-0.0834	-0.1784
每股现金流量(元)	-0.0233	0.0311	0.0271	-0.1965
每股资本公积金(元)	1.1552	1.2231	1.3649	1.2430
每股盈余公积金(元)	0.2566	0.2566	0.2566	0.2566
每股未分配利润(元)	-2.0739	-1.9228	-1.7139	-1.6255
净资产收益率(%)	-44.6935	-53.3922	-9.7430	-13.2648
加权净资产收益率(%)	-33.7600	-41.5500	-9.9300	-11.3700
净资产收益率(扣除)(%)	-	-	-	-
总资产(万元)	139881.61	142476.43	141911.07	131194.97
归属母公司股东权益(万元)	14421.57	23762.56	38730.19	37300.47
主营业务收入(万元)	10526.04	20036.02	10673.82	23078.66
营业收入(万元)	10722.30	20401.51	10834.20	23314.56
主营成本(万元)	7705.07	14695.25	7409.14	14616.71
营业成本(万元)	7783.99	14846.66	7496.92	14735.65
投资收益(万元)	255.65	2377.85	1811.33	-98.98
净利润(万元)	-6578.05	-12697.18	-3708.20	-4921.84
利润总额(万元)	-6560.50	-12520.92	-3530.50	-4198.38

厦门灿坤实业股份有限公司

公司概况	公司名称	厦门灿坤实业股份有限公司		证券简称	闽灿坤 B
	法人代表	简德荣	董秘 孙美美	证券代码	200512
	公司网址	www.eupa.cn	电子信箱	mm_sun@tkl.tsannkuen.com	
	电　话	0596-6268103 6268161	传　真	0596-6268104	
	办公地址	福建省漳州市台商投资区灿坤工业园			
	经营范围	开发、生产家用电器、电子、轻工产品、现代化办公用品等			

主要财务指标 指标\报告期	2013.06.30	2012.12.31	2012.06.30	2011.12.31
基本每股收益(元)	0.0600	0.1200	-0.1000	0.0100
基本每股收益(扣除)(元)	-	0.0700	-0.0200	-0.0800
每股净资产(元)	2.6180	2.6325	0.4000	0.4200
每股经营现金净流量(元)	-0.3422	0.5809	-0.0419	0.0884
每股现金流量(元)	0.8676	0.2871	0.2920	0.0702
每股资本公积金(元)	1.5020	1.5020	0.1157	0.1124
每股盈余公积金(元)	0.0330	0.0330	-	-
每股未分配利润(元)	0.0834	0.1122	-0.7128	-0.6954
净资产收益率(%)	2.1481	4.3970	-4.3200	0.5572
加权净资产收益率(%)	2.1400	4.4200	-4.0800	0.5600
净资产收益率(扣除)(%)	-	-	-	-
总资产(万元)	180273.11	167984.78	203991.60	196445.30
归属母公司股东权益(万元)	48535.25	48804.93	44812.65	46254.86
主营业务收入(万元)	84577.51	226516.34	104464.20	279247.03
营业收入(万元)	87784.42	233911.93	106908.35	288233.02
主营成本(万元)	75244.94	199895.44	94959.08	248171.83
营业成本(万元)	76266.28	202763.15	95707.42	253493.91
投资收益(万元)	357.63	897.41	511.85	2420.74
净利润(万元)	1137.90	2856.52	-2589.34	523.75
利润总额(万元)	1251.85	3486.69	-2573.47	1723.97

丽珠医药集团股份有限公司

公司概况	公司名称	丽珠医药集团股份有限公司			证券简称	丽珠B
	法人代表	朱保国	董秘	李如才	证券代码	200513
	公司网址	www.livzon.com.cn		电子信箱	lirucai2008@livzon.com.cn	
	电　话	0756-8135888		传　真	0756-8886002	
	办公地址	广东省珠海市拱北桂花北路132号丽珠大厦				
	经营范围	医药产品的研发、生产及销售等				

	指标\报告期	2013.06.30	2012.12.31	2012.06.30	2011.12.31
主要财务指标	基本每股收益(元)	0.8800	1.4900	0.7700	1.2200
	基本每股收益(扣除)(元)	0.8400	1.3400	0.7400	1.1600
	每股净资产(元)	10.5417	10.1718	9.8900	9.6100
	每股经营现金净流量(元)	0.6284	2.0085	1.1342	2.3948
	每股现金流量(元)	0.7912	-0.8574	-1.8487	1.9873
	每股资本公积金(元)	0.7387	0.7409	1.1783	1.1771
	每股盈余公积金(元)	1.6580	1.6580	1.6205	1.6205
	每股未分配利润(元)	7.2189	6.8421	6.1595	5.8861
	净资产收益率(%)	8.3181	14.6832	7.8200	12.6398
	加权净资产收益率(%)	8.2700	15.1700	7.8600	13.4100
	净资产收益率(扣除)(%)	-	-	-	-
	总资产(万元)	664398.05	563375.40	465933.31	460290.90
	归属母公司股东权益(万元)	311742.03	300801.58	292477.83	284316.97
	主营业务收入(万元)	215326.87	392349.68	187505.55	313634.01
	营业收入(万元)	216226.18	394352.53	188499.72	316291.53
	主营成本(万元)	80016.53	154990.39	74010.16	137739.44
	营业成本(万元)	80883.91	156968.81	74875.24	139793.72
	投资收益(万元)	308.70	413.66	173.15	-148.55
	净利润(万元)	26967.56	47522.31	24673.19	38779.84
	利润总额(万元)	32209.96	56031.27	29440.39	46315.12

合肥美菱股份有限公司

公司概况	公司名称	合肥美菱股份有限公司			证券简称	皖美菱B
	法人代表	刘体斌	董秘	李霞	证券代码	200521
	公司网址	www.meiling.com		电子信箱	lixia@meiling.com	
	电　话	0551-2219021		传　真	0551-2219021	
	办公地址	安徽省合肥市经济技术开发区莲花路2163号				
	经营范围	制冷电器、空调器、洗衣机、电脑数控注塑机、电脑热水器、塑料制品等				

	指标\报告期	2013.06.30	2012.12.31	2012.06.30	2011.12.31
主要财务指标	基本每股收益(元)	0.1777	0.2517	0.1742	0.1396
	基本每股收益(扣除)(元)	0.1711	0.2213	0.1754	0.1221
	每股净资产(元)	4.0473	3.8702	4.5700	4.3900
	每股经营现金净流量(元)	-0.1876	0.5494	-0.4094	-0.6523
	每股现金流量(元)	0.3341	0.3923	-0.3690	-0.9188
	每股资本公积金(元)	1.9409	1.9412	2.5297	2.5297
	每股盈余公积金(元)	0.4255	0.4255	0.4708	0.4708
	每股未分配利润(元)	0.6827	0.5051	0.5682	0.3940
	净资产收益率(%)	4.3898	6.5024	3.8100	3.8130
	加权净资产收益率(%)	4.4900	6.6700	3.8900	3.8500
	净资产收益率(扣除)(%)	-	-	-	-
	总资产(万元)	950851.63	788614.04	839516.20	760256.36
	归属母公司股东权益(万元)	309106.92	295578.77	290675.43	279631.74
	主营业务收入(万元)	570256.71	894498.79	513787.57	847857.79
	营业收入(万元)	595144.46	930687.82	531261.05	900400.27
	主营成本(万元)	429670.69	677216.90	388651.77	661835.49
	营业成本(万元)	452635.41	709409.33	404397.72	708722.88
	投资收益(万元)	75.13	-24.87	26.10	254.97
	净利润(万元)	13182.81	16117.74	11150.74	8903.69
	利润总额(万元)	16791.94	23225.54	12537.34	11234.13

大连冷冻机股份有限公司

公司概况	公司名称	大连冷冻机股份有限公司			证券简称	大冷B
	法人代表	肖永勤	董秘	宋文宝	证券代码	200530
	公司网址	www.daleng.cn		电子信箱	000530@bingshan.com	
	电　话	0411-86538130 86654530		传　真	0411-86641470 86654530	
	办公地址	辽宁省大连市沙河口区西南路888号				
	经营范围	制冷设备及配套辅机、阀门、配件以及制冷工程所需配套产品的加工、制造等				

	指标\报告期	2013.06.30	2012.12.31	2012.06.30	2011.12.31
主要财务指标	基本每股收益(元)	0.1900	0.3300	0.1900	0.2300
	基本每股收益(扣除)(元)	0.1800	0.3500	0.1800	0.0400
	每股净资产(元)	5.1979	5.1678	5.0300	5.0000
	每股经营现金净流量(元)	0.0107	-0.1910	-0.3647	0.4810
	每股现金流量(元)	-0.1274	-0.4436	-0.6836	0.5408
	每股资本公积金(元)	1.6710	1.6709	1.6766	1.6766
	每股盈余公积金(元)	1.4028	1.3418	1.3114	1.2728
	每股未分配利润(元)	1.1242	1.1550	1.0411	1.0470
	净资产收益率(%)	3.5794	6.4762	3.7700	4.6670
	加权净资产收益率(%)	3.6100	6.6300	3.8100	4.7100
	净资产收益率(扣除)(%)	-	-	-	-
	总资产(万元)	293835.40	293719.07	287413.72	305366.09
	归属母公司股东权益(万元)	181935.18	180880.07	176023.81	174882.21
	主营业务收入(万元)	78194.58	150036.99	83730.23	183469.63
	营业收入(万元)	79212.42	152197.93	85121.83	186325.35
	主营成本(万元)	61257.01	112558.24	66341.69	145161.69
	营业成本(万元)	62088.65	114814.57	67648.51	148088.81
	投资收益(万元)	4407.06	6848.77	4497.02	5280.75
	净利润(万元)	6708.50	12604.45	6882.41	9346.06
	利润总额(万元)	7159.71	13328.50	7245.65	13028.40

广东电力发展股份有限公司

公司概况	公司名称	广东电力发展股份有限公司			证券简称	粤电力B
	法人代表	潘力	董秘	刘维	证券代码	200539
	公司网址	www.ged.com.cn		电子信箱	ged@ged.com.cn	
	电　话	020-87570276 87570251		传　真	020-85138084	
	办公地址	广东省广州市天河东路2号粤电广场南塔23-26楼				
	经营范围	电力项目的投资、建设和经营管理、电力的生产和销售、电力行业技术咨询和服务等				

	指标\报告期	2013.06.30	2012.12.31	2012.06.30	2011.12.31
主要财务指标	基本每股收益(元)	0.3100	0.4300	0.1000	0.2600
	基本每股收益(扣除)(元)	0.3080	0.3700	0.0900	0.1300
	每股净资产(元)	3.9483	3.7153	3.6900	4.7863
	每股经营现金净流量(元)	1.2167	1.7946	1.4084	1.9458
	每股现金流量(元)	0.6372	-0.2804	0.0233	0.5317
	每股资本公积金(元)	1.1413	1.1486	0.6618	1.6512
	每股盈余公积金(元)	0.9608	0.9041	1.4140	1.3496
	每股未分配利润(元)	0.8462	0.6626	0.6181	0.7856
	净资产收益率(%)	7.8582	10.4503	5.5880	7.5850
	加权净资产收益率(%)	8.0200	11.9800	4.2400	7.3700
	净资产收益率(扣除)(%)	-	-	-	-
	总资产(万元)	6787504.90	6570865.95	4049608.54	6484922.96
	归属母公司股东权益(万元)	1727473.25	1625532.23	1033348.23	1338951.11
	主营业务收入(万元)	-	2921967.34	776808.79	1447073.08
	营业收入(万元)	1454702.75	2948927.36	1449782.36	2673410.56
	主营成本(万元)	-	2326581.08	697882.90	-1313933.38
	营业成本(万元)	1102586.83	2333541.12	699797.24	2252146.00
	投资收益(万元)	37935.54	32011.12	16295.74	28053.90
	净利润(万元)	192336.83	269359.90	87885.04	144652.88
	利润总额(万元)	241727.88	357957.79	114277.72	184321.11

佛山电器照明股份有限公司

公司概况						
公司名称	佛山电器照明股份有限公司				证券简称	粤照明 B
法人代表	潘杰	董秘	林奕辉		证券代码	200541
公司网址	www.chinafsl.com		电子信箱		fsldsh@126.com	
电　　话	0757-82966062 82810239		传　　真		0757-82816276	
办公地址	广东省佛山市禅城区汾江北路 64 号					
经营范围	研究、开发、生产电光源产品、电光源设备、电光源配套器件、电光源原材料等					

主要财务指标

指标\报告期	2013.06.30	2012.12.31	2012.06.30	2011.12.31
基本每股收益(元)	0.1600	0.4100	0.1400	0.3000
基本每股收益(扣除)(元)	0.1500	0.2500	0.1400	0.3000
每股净资产(元)	2.8572	3.0147	2.9900	2.8500
每股经营现金净流量(元)	–	0.4470	0.2396	0.2758
每股现金流量(元)	–	0.3012	0.2407	–0.0216
每股资本公积金(元)	0.6354	0.6393	0.6350	0.6358
每股盈余公积金(元)	–	0.6361	0.5963	0.5963
每股未分配利润(元)	–	0.7393	0.7573	0.6199
净资产收益率(%)	5.4738	13.5747	4.7100	10.4510
加权净资产收益率(%)	5.6300	14.0600	4.7100	10.5300
净资产收益率(扣除)(%)	–	–	–	–
总资产(万元)	351695.51	344827.43	340231.28	315555.44
归属母公司股东权益(万元)	279599.67	295010.70	292460.10	279087.87
主营业务收入(万元)	–	217650.34	105324.12	223199.12
营业收入(万元)	120826.04	220191.07	106433.71	226092.99
主营成本(万元)	–	161040.63	78868.23	160670.35
营业成本(万元)	92567.52	163042.95	79297.85	162086.26
投资收益(万元)	–94.51	20768.96	1648.43	–549.11
净利润(万元)	15298.45	40022.99	13374.98	29727.39
利润总额(万元)	19259.88	47206.30	15936.64	35514.67

江铃汽车股份有限公司

公司概况						
公司名称	江铃汽车股份有限公司				证券简称	江 铃 B
法人代表	王锡高	董秘	宛虹		证券代码	200550
公司网址	www.jmc.com.cn		电子信箱		relations@jmc.com.cn	
电　　话	0791-5235675 5266503		传　　真		0791-5232839	
办公地址	江西省南昌市迎宾北大道 509 号					
经营范围	生产和销售轻型汽车以及相关的零部件等					

主要财务指标

指标\报告期	2013.06.30	2012.12.31	2012.06.30	2011.12.31
基本每股收益(元)	1.0900	1.7600	0.9700	2.1700
基本每股收益(扣除)(元)	1.0600	1.7600	0.9400	2.1700
每股净资产(元)	9.7480	9.3600	8.5900	8.4700
每股经营现金净流量(元)	1.7301	2.6250	1.1268	1.3293
每股现金流量(元)	0.5225	0.2024	0.3564	–0.4960
每股资本公积金(元)	0.9707	0.9725	0.9725	0.9725
每股盈余公积金(元)	–	0.5000	0.5000	0.5000
每股未分配利润(元)	–	6.8912	6.1126	5.9979
净资产收益率(%)	11.1414	18.7669	11.3500	25.5880
加权净资产收益率(%)	10.9600	19.5500	10.8800	27.6000
净资产收益率(扣除)(%)	–	–	–	–
总资产(万元)	1493121.30	1311135.44	1265568.18	1186525.75
归属母公司股东权益(万元)	841458.50	808287.20	741073.25	731176.85
主营业务收入(万元)	958055.85	1731179.39	864163.96	1726321.02
营业收入(万元)	967075.71	1747470.71	872152.88	1745699.89
主营成本(万元)	707052.38	1298860.54	655572.33	1304541.25
营业成本(万元)	715492.71	1310762.69	659101.91	1314386.13
投资收益(万元)	615.82	180.14	–323.84	473.27
净利润(万元)	95676.33	153981.15	85752.70	190083.08
利润总额(万元)	110083.61	189524.40	107802.34	212725.09

湖北沙隆达股份有限公司

公司概况						
公司名称	湖北沙隆达股份有限公司				证券简称	沙隆达 B
法人代表	李作荣	董秘	李忠禧		证券代码	200553
公司网址	www.sanonda.cn		电子信箱		li_zhongxi@263.net	
电　　话	0716-8208632 8208232		传　　真		0716-8321099	
办公地址	湖北省荆州市北京东路 93 号					
经营范围	农药、兽药、化工产品的制造和销售、农药、兽药、化工产品及其中间体等					

主要财务指标

指标\报告期	2013.06.30	2012.12.31	2012.06.30	2011.12.31
基本每股收益(元)	0.2146	0.1747	0.0404	0.0890
基本每股收益(扣除)(元)	0.2166	0.1788	0.0404	0.0851
每股净资产(元)	2.2741	2.1140	1.9900	1.9500
每股经营现金净流量(元)	0.7108	0.3933	0.2226	0.2954
每股现金流量(元)	0.6306	–0.0748	0.2896	0.0196
每股资本公积金(元)	0.4431	0.4480	0.4474	0.4490
每股盈余公积金(元)	0.1560	0.1560	0.1353	0.1353
每股未分配利润(元)	0.6516	0.4866	0.3730	0.3326
净资产收益率(%)	9.4379	8.2649	2.0300	4.5720
加权净资产收益率(%)	9.6600	8.6200	2.0500	4.6700
净资产收益率(扣除)(%)	–	–	–	–
总资产(万元)	285756.69	240549.44	262140.20	229265.02
归属母公司股东权益(万元)	135062.68	125553.68	118437.11	115634.77
主营业务收入(万元)	150629.65	230492.67	108316.49	185779.89
营业收入(万元)	151968.83	234514.65	111675.53	190107.58
主营成本(万元)	120417.52	191965.46	92816.19	155817.95
营业成本(万元)	121087.18	195240.67	95656.12	159706.46
投资收益(万元)	225.42	–	–	–44.00
净利润(万元)	12667.70	10442.70	2446.59	5380.65
利润总额(万元)	17064.80	14265.87	3613.75	7676.97

常柴股份有限公司

公司概况						
公司名称	常柴股份有限公司				证券简称	苏常柴 B
法人代表	薛国俊	董秘	石建春		证券代码	200570
公司网址	www.changchai.com.cn		电子信箱		ccsjc@changchai.com	
电　　话	0519-68683155 86610041		传　　真		0519-86630954	
办公地址	江苏省常州市怀德中路 123 号					
经营范围	农用柴油机、农用运输车、联合收割机等产品的制造与销售					

主要财务指标

指标\报告期	2013.06.30	2012.12.31	2012.06.30	2011.12.31
基本每股收益(元)	0.0700	0.1000	0.0500	0.0900
基本每股收益(扣除)(元)	0.0700	0.0700	0.0500	0.0700
每股净资产(元)	3.1546	3.2869	3.3000	3.1000
每股经营现金净流量(元)	0.1544	0.5439	0.3703	–0.3548
每股现金流量(元)	0.0626	0.2970	0.1581	–0.5216
每股资本公积金(元)	0.7996	0.9779	1.0280	0.8814
每股盈余公积金(元)	0.5030	0.5030	0.4937	0.4937
每股未分配利润(元)	0.8447	0.7987	0.7823	0.7292
净资产收益率(%)	2.2511	3.0042	1.6100	3.0330
加权净资产收益率(%)	2.2000	3.0500	1.6600	2.7300
净资产收益率(扣除)(%)	–	–	–	–
总资产(万元)	315934.45	311648.91	308392.04	287008.84
归属母公司股东权益(万元)	177088.39	184519.32	185482.09	174270.17
主营业务收入(万元)	158516.87	289971.78	156771.44	308285.81
营业收入(万元)	159770.27	295553.61	159948.02	313750.41
主营成本(万元)	142637.59	261163.62	144355.29	282442.69
营业成本(万元)	143296.09	264992.97	147295.14	285012.37
投资收益(万元)	1235.28	1210.95	895.40	1342.57
净利润(万元)	3986.88	5551.66	3002.15	5427.45
利润总额(万元)	4722.24	6680.77	3552.85	6214.83

无锡威孚高科技集团股份有限公司

公司概况	公司名称	无锡威孚高科技集团股份有限公司			证券简称	苏威孚 B
	法人代表	陈学军	董秘	周卫星	证券代码	200581
	公司网址	www.weifu.com.cn		电子信箱	wfjt@public1.wx.js.cn	
	电 话	0510-82719579		传 真	0510-82751025	
	办公地址	江苏省无锡市人民西路 107 号				
	经营范围	柴油燃油喷射系统产品和汽车后处理系统产品的生产和销售等				

主要财务指标	指标\报告期	2013.06.30	2012.12.31	2012.06.30	2011.12.31
	基本每股收益(元)	0.7800	1.3400	0.6900	2.1200
	基本每股收益(扣除)(元)	0.7500	1.2900	0.6900	2.0600
	每股净资产(元)	13.3057	12.7269	12.1100	8.9300
	每股经营现金净流量(元)	0.4684	1.7140	0.6435	0.5752
	每股现金流量(元)	-0.3880	2.4804	3.2312	0.4946
	每股资本公积金(元)	5.5217	5.4250	5.4554	1.5793
	每股盈余公积金(元)	0.5000	0.5000	0.4170	0.5000
	每股未分配利润(元)	6.2841	5.8019	5.2335	5.8476
	净资产收益率(%)	5.8781	10.2741	5.4200	23.7880
	加权净资产收益率(%)	5.9400	11.3600	6.1800	26.2700
	净资产收益率(扣除)(%)	-	-	-	-
	总资产(万元)	1267052.85	1105597.39	1078128.14	792921.74
	归属母公司股东权益(万元)	904968.40	865598.08	823366.68	506406.04
	主营业务收入(万元)	265356.49	465138.74	243788.48	534706.74
	营业收入(万元)	287896.50	501528.34	262274.11	589811.31
	主营成本(万元)	201710.99	344120.08	176819.49	380331.04
	营业成本(万元)	222140.61	377347.76	193572.98	431462.80
	投资收益(万元)	29898.97	39621.93	15998.65	49794.19
	净利润(万元)	55403.57	93423.73	47294.43	125551.09
	利润总额(万元)	60607.40	103801.69	53334.04	139680.58

安徽古井贡酒股份有限公司

公司概况	公司名称	安徽古井贡酒股份有限公司			证券简称	古井贡 B
	法人代表	余林	董秘	叶长青	证券代码	200596
	公司网址	www.gujing.com		电子信箱	ycq@gujing.com.cn	
	电 话	0558-5712231 5710057		传 真	0558-5317706	
	办公地址	安徽省亳州市古井镇				
	经营范围	生产白酒、啤酒、葡萄酒、酿酒设备、包装材料、玻璃瓶、酒精、饲料、油脂等				

主要财务指标	指标\报告期	2013.06.30	2012.12.31	2012.06.30	2011.12.31
	基本每股收益(元)	0.7500	1.4400	0.8200	1.1700
	基本每股收益(扣除)(元)	0.7300	1.4100	0.8100	1.1400
	每股净资产(元)	6.9391	6.7027	6.0800	10.9700
	每股经营现金净流量(元)	0.2834	2.1582	0.2938	2.4857
	每股现金流量(元)	-2.2288	0.6506	-0.5109	5.7141
	每股资本公积金(元)	2.5658	2.5755	2.5714	6.1427
	每股盈余公积金(元)	0.4343	0.4343	0.2920	0.5841
	每股未分配利润(元)	2.9390	2.6928	2.2159	3.2387
	净资产收益率(%)	10.7526	21.4958	14.9800	20.5130
	加权净资产收益率(%)	10.9400	23.8000	14.2100	31.6500
	净资产收益率(扣除)(%)	-	-	-	-
	总资产(万元)	515978.79	530812.75	426192.89	424181.96
	归属母公司股东权益(万元)	349454.15	337548.81	306152.94	276111.53
	主营业务收入(万元)	229427.81	414869.70	219866.96	327753.36
	营业收入(万元)	230695.47	419705.73	222780.92	330797.92
	主营成本(万元)	71479.56	119372.79	55975.03	83304.76
	营业成本(万元)	72652.15	122083.11	57319.94	86101.28
	投资收益(万元)	58.15	-	-	165.66
	净利润(万元)	37575.28	72558.93	41372.41	56639.03
	利润总额(万元)	50972.97	97242.71	55579.87	85007.49

海南大东海旅游中心股份有限公司

公司概况	公司名称	海南大东海旅游中心股份有限公司			证券简称	大东海 B
	法人代表	黎愿斌	董秘	汪宏娟	证券代码	200613
	公司网址			电子信箱	hnddht@21cn.com	
	电 话	0898-88219921		传 真	0898-88214998	
	办公地址	海南省三亚市大东海				
	经营范围	房地产开发经营、住宿及饮食业、旅游服务业等				

主要财务指标	指标\报告期	2013.06.30	2012.12.31	2012.06.30	2011.12.31
	基本每股收益(元)	-0.0013	0.0058	0.0016	-0.0145
	基本每股收益(扣除)(元)	-0.0015	-0.0002	0.0012	-0.0203
	每股净资产(元)	0.2297	0.2310	0.2300	0.2300
	每股经营现金净流量(元)	0.0081	0.0038	-0.0008	0.0262
	每股现金流量(元)	0.0065	0.0077	-0.0270	0.0255
	每股资本公积金(元)	0.1487	0.1487	0.1487	0.1487
	每股盈余公积金(元)	-	-	-	-
	每股未分配利润(元)	-0.9190	-0.9177	-0.9219	-0.9235
	净资产收益率(%)	-0.5763	2.5277	0.7100	-6.4420
	加权净资产收益率(%)	-0.5700	2.5600	0.7200	-6.2400
	净资产收益率(扣除)(%)	-	-	-	-
	总资产(万元)	11776.08	11578.60	11429.17	11803.68
	归属母公司股东权益(万元)	8362.92	8411.12	8257.45	8198.51
	主营业务收入(万元)	1477.88	3218.47	2042.56	3299.07
	营业收入(万元)	1477.88	3218.47	2042.56	3299.07
	主营成本(万元)	0.51	302.65	302.21	699.95
	营业成本(万元)	0.51	302.65	302.21	699.95
	投资收益(万元)	-	96.18	0.39	-
	净利润(万元)	-48.20	212.60	58.94	-528.12
	利润总额(万元)	-48.20	212.60	78.59	-528.12

重庆长安汽车股份有限公司

公司概况	公司名称	重庆长安汽车股份有限公司			证券简称	长 安 B
	法人代表	徐留平	董秘	黎军 崔云江	证券代码	200625
	公司网址	www.changan.com.cn		电子信箱	cazqc@changan.com.cn	
	电 话	023-67594009 67594008		传 真	023-67866055	
	办公地址	重庆市江北区建新东路 260 号				
	经营范围	乘用车和商用车的开发、制造和销售等				

主要财务指标	指标\报告期	2013.06.30	2012.12.31	2012.06.30	2011.12.31
	基本每股收益(元)	0.2900	0.3100	0.1200	0.2000
	基本每股收益(扣除)(元)	0.2800	0.2300	0.0900	0.1700
	每股净资产(元)	3.5585	3.3269	3.1900	3.0500
	每股经营现金净流量(元)	0.7837	0.1098	0.1449	0.0429
	每股现金流量(元)	0.5788	-0.1401	-0.1356	0.0051
	每股资本公积金(元)	0.6584	0.6625	0.6691	0.7046
	每股盈余公积金(元)	0.3091	0.3091	0.2744	0.2646
	每股未分配利润(元)	1.5951	1.3588	1.2456	1.0835
	净资产收益率(%)	8.0214	9.3239	3.8300	6.5670
	加权净资产收益率(%)	8.2300	9.6600	3.8600	6.8600
	净资产收益率(扣除)(%)	-	-	-	-
	总资产(万元)	5018192.22	4611760.48	3951042.90	3653211.81
	归属母公司股东权益(万元)	1659279.59	1551293.53	1487053.02	1473923.15
	主营业务收入(万元)	1921982.32	-	1357343.47	2571264.28
	营业收入(万元)	1975095.47	2946258.88	1404423.06	2655184.65
	主营成本(万元)	1606186.38	-	1146572.31	2179905.24
	营业成本(万元)	1649207.65	2404008.71	1182325.03	2262604.06
	投资收益(万元)	180477.16	186854.12	73274.15	170223.03
	净利润(万元)	131797.88	141500.77	55076.71	92564.93
	利润总额(万元)	134704.84	132743.39	50790.61	94863.16

瓦房店轴承股份有限公司

公司概况	公司名称	瓦房店轴承股份有限公司			证券简称	瓦 轴 B
	法人代表	王路顺	董秘	孙娜娟	证券代码	200706
	公司网址	www.zwz-bearing.com		电子信箱	zwz2308@126.com	
	电 话	0411-39116369 39116732		传 真	0411-39116738	
	办公地址	辽宁省瓦房店市北共济街一段1号				
	经营范围	轴承、机械设备、汽车零配件及相关产品的制造与销售、机械设备和房屋的租赁等				

主要财务指标	指标\报告期	2013.06.30	2012.12.31	2012.06.30	2011.12.31
	基本每股收益(元)	0.0600	0.1100	0.0800	0.1500
	基本每股收益(扣除)(元)	–	0.0500	0.0700	0.0900
	每股净资产(元)	3.8221	3.7654	3.7800	3.7000
	每股经营现金净流量(元)	–0.1071	0.3243	0.3697	0.4731
	每股现金流量(元)	–0.0141	–0.0054	0.0757	0.0252
	每股资本公积金(元)	1.2064	1.2064	1.2064	1.2064
	每股盈余公积金(元)	0.3211	0.3211	0.3079	0.3079
	每股未分配利润(元)	1.2945	1.2378	1.2615	1.1860
	净资产收益率(%)	1.4838	2.7889	2.0200	4.0630
	加权净资产收益率(%)	1.4900	2.8100	2.0200	4.1200
	净资产收益率(扣除)(%)	–	–	–	–
	总资产(万元)	381780.67	361836.02	361955.67	353379.55
	归属母公司股东权益(万元)	153876.62	151593.41	152013.69	148975.96
	主营业务收入(万元)	128781.15	263505.70	137307.11	262415.55
	营业收入(万元)	154740.35	309256.32	161774.67	324603.11
	主营成本(万元)	116242.23	234963.80	122620.19	234798.54
	营业成本(万元)	137587.99	275249.56	143346.04	290222.59
	投资收益(万元)	571.15	491.65	297.81	876.08
	净利润(万元)	2283.21	4227.85	3037.73	6052.63
	利润总额(万元)	2367.46	4485.86	3342.98	7242.46

京东方科技集团股份有限公司

公司概况	公司名称	京东方科技集团股份有限公司			证券简称	京东方 B
	法人代表	王东升	董秘	刘洪峰	证券代码	200725
	公司网址	www.boe.com.cn		电子信箱	fengliqiong@boe.com.cn	
	电 话	010-64318888		传 真	010-64366264	
	办公地址	北京市朝阳区酒仙桥路10号				
	经营范围	电子产品、通信设备、电子计算机软硬件的制造及购销等				

主要财务指标	指标\报告期	2013.06.30	2012.12.31	2012.06.30	2011.12.31
	基本每股收益(元)	0.0640	0.0190	–0.0580	0.0410
	基本每股收益(扣除)(元)	–	–0.0400	–0.0670	–0.2860
	每股净资产(元)	1.9788	1.9145	1.8400	1.8922
	每股经营现金净流量(元)	0.2757	0.2284	0.0090	–0.0576
	每股现金流量(元)	0.6548	0.0441	–0.1346	–0.4540
	每股资本公积金(元)	1.1356	1.1348	1.1327	1.1317
	每股盈余公积金(元)	0.0369	0.0369	0.0369	0.0369
	每股未分配利润(元)	–0.1935	–0.2571	–0.3344	–0.2762
	净资产收益率(%)	3.2116	0.9972	–3.1700	2.1921
	加权净资产收益率(%)	3.2600	1.0000	–3.1200	2.2200
	净资产收益率(扣除)(%)	–	–	–	–
	总资产(万元)	8837457.75	6710536.09	6731624.71	6876941.56
	归属母公司股东权益(万元)	2675576.88	2588695.97	2481308.43	2558589.23
	主营业务收入(万元)	1544579.91	2491805.54	932854.05	1223577.65
	营业收入(万元)	1625432.61	2577158.34	960888.20	1274141.36
	主营成本(万元)	1184786.00	2213425.66	916436.59	1306887.17
	营业成本(万元)	1246133.46	2279033.25	950239.67	1344122.89
	投资收益(万元)	162.50	–547.53	–375.28	460447.51
	净利润(万元)	116528.08	18438.31	–107710.67	69367.73
	利润总额(万元)	118857.16	18605.20	–106885.32	84608.73

鲁泰纺织股份有限公司

公司概况	公司名称	鲁泰纺织股份有限公司			证券简称	鲁 泰 B
	法人代表	刘石祯	董秘	秦桂玲	证券代码	200726
	公司网址	www.lttc.com.cn		电子信箱	lttc@lttc.com.cn	
	电 话	0533-5285166		传 真	0533-5282188-234 235	
	办公地址	山东省淄博市淄川区松龄东路81号 山东省淄博市高新技术开发区铭波路11号				
	经营范围	生产销售棉纱、色织布、衬衣、服装饰品、保健内衣等纺织品及配套系列产品等				

主要财务指标	指标\报告期	2013.06.30	2012.12.31	2012.06.30	2011.12.31
	基本每股收益(元)	0.4300	0.7100	0.3000	0.8500
	基本每股收益(扣除)(元)	0.4100	0.6700	0.3000	0.7800
	每股净资产(元)	5.3761	5.2223	5.0900	5.0400
	每股经营现金净流量(元)	0.4885	1.1601	0.4133	0.9907
	每股现金流量(元)	–0.3676	0.0882	–0.3682	0.2856
	每股资本公积金(元)	1.2134	1.2193	1.2205	1.1895
	每股盈余公积金(元)	0.5766	0.5742	0.5113	0.5113
	每股未分配利润(元)	2.8644	2.7051	2.3650	2.3462
	净资产收益率(%)	7.7054	13.4351	5.7900	16.6830
	加权净资产收益率(%)	7.6000	13.5700	5.7900	18.1300
	净资产收益率(扣除)(%)	–	–	–	–
	总资产(万元)	795262.71	815327.91	756420.47	778472.20
	归属母公司股东权益(万元)	540106.54	526870.13	513664.94	508610.05
	主营业务收入(万元)	297671.10	567486.17	272445.26	578246.51
	营业收入(万元)	306049.53	590104.99	280802.56	607865.94
	主营成本(万元)	213112.17	417566.01	200389.39	398883.41
	营业成本(万元)	218457.49	431615.03	205510.67	418545.01
	投资收益(万元)	1764.97	2005.41	1905.26	7321.45
	净利润(万元)	42956.00	71585.04	30834.96	89207.12
	利润总额(万元)	51325.29	79879.73	35811.58	107432.46

本钢板材股份有限公司

公司概况	公司名称	本钢板材股份有限公司			证券简称	本钢板 B
	法人代表	张晓芳	董秘	张吉臣	证券代码	200761
	公司网址			电子信箱	bgbczjc761@126.com	
	电 话	0414-7828360 7828010		传 真	0414-7824158 7827004	
	办公地址	辽宁省本溪市平山区人民路16号				
	经营范围	钢铁冶炼及压延加工等				

主要财务指标	指标\报告期	2013.06.30	2012.12.31	2012.06.30	2011.12.31
	基本每股收益(元)	0.0500	0.0220	0.0500	0.2540
	基本每股收益(扣除)(元)	0.0500	–0.0750	0.0400	0.2040
	每股净资产(元)	4.9086	4.8727	4.9000	4.9500
	每股经营现金净流量(元)	0.1620	0.2820	0.0604	0.4252
	每股现金流量(元)	–0.4057	0.2617	–0.1964	0.4655
	每股资本公积金(元)	2.8134	2.8134	2.8134	2.8134
	每股盈余公积金(元)	0.2978	0.2978	0.2938	0.2938
	每股未分配利润(元)	0.7948	0.7614	0.7896	0.8433
	净资产收益率(%)	1.0880	0.4540	0.9500	5.1260
	加权净资产收益率(%)	1.0900	0.4500	0.9400	5.2100
	净资产收益率(扣除)(%)	–	–	–	–
	总资产(万元)	3751539.62	3832637.37	4138005.63	4105939.13
	归属母公司股东权益(万元)	1539345.92	1528080.55	1535895.24	1552471.45
	主营业务收入(万元)	2087877.08	4080419.38	2103737.35	4314060.07
	营业收入(万元)	2251390.04	4459173.13	2284156.98	5043185.01
	主营成本(万元)	1970888.71	3829657.10	1949090.92	3913648.83
	营业成本(万元)	2115396.27	4188976.52	2119436.39	4612771.16
	投资收益(万元)	–	12.38	–	63.31
	净利润(万元)	16613.54	6945.55	14489.53	79555.05
	利润总额(万元)	19639.94	25520.41	18863.31	86719.34

武汉锅炉股份有限公司

公司概况	公司名称	武汉锅炉股份有限公司			证券简称	*ST 武锅 B
	法人代表	杨国威	董秘	徐幼兰	证券代码	200770
	公司网址	www.wbcl.com.cn		电子信箱	kevin.qin@power.alstom.com	
	电　　话	027-81994266 81993700		传　　真	027-81994273 81993701	
	办公地址	湖北省武汉市东湖新技术开发区流芳园路 1 号				
	经营范围	研究,设计,开发,制造电站锅炉,特种锅炉,锅炉辅机等				

	指标\报告期	2013.06.30	2012.12.31	2012.06.30	2011.12.31
主要财务指标	基本每股收益(元)	−0.1200	−0.3200	−0.0800	−0.8900
	基本每股收益(扣除)(元)	−0.1300	−0.3400	−	−0.8900
	每股净资产(元)	−4.3086	−4.1900	−3.9500	−3.8700
	每股经营现金净流量(元)	−0.8391	0.2818	0.0920	−1.0463
	每股现金流量(元)	−0.3851	0.3727	−0.0045	0.0333
	每股资本公积金(元)	0.5881	0.5881	0.5881	0.5881
	每股盈余公积金(元)	0.1327	0.1327	0.1327	0.1327
	每股未分配利润(元)	−6.0294	−5.9067	−5.6712	−5.5891
	净资产收益率(%)	−2.8475	−8.3800	−2.0783	22.9313
	加权净资产收益率(%)	−	−7.9000	−	−26.0200
	净资产收益率(扣除)(%)	−	−	−	−
	总资产(万元)	129248.34	162337.71	133080.48	174907.79
	归属母公司股东权益(万元)	−127965.84	−124321.95	−117326.20	−114887.84
	主营业务收入(万元)	45909.60	74470.35	35962.51	49772.18
	营业收入(万元)	46228.11	76860.24	37657.77	51817.74
	主营成本(万元)	44765.04	68836.26	32874.19	50335.27
	营业成本(万元)	44954.01	71100.08	34584.26	54048.82
	投资收益(万元)	−	−	−	−
	净利润(万元)	−3644.69	−9492.84	−2495.93	−26353.71
	利润总额(万元)	−3334.35	−7159.52	272.03	−28209.78

杭州汽轮机股份有限公司

公司概况	公司名称	杭州汽轮机股份有限公司			证券简称	杭汽轮 B
	法人代表	聂忠海	董秘	俞昌权	证券代码	200771
	公司网址	www.htc.cn		电子信箱	ychq@htc.cn	
	电　　话	0571-85780432 85780198		传　　真	0571-85780432 85780433	
	办公地址	浙江省杭州市石桥路 357 号				
	经营范围	汽轮机、燃气轮机等旋转类、往复类机械设备及辅机设备、备品配件的设计等				

	指标\报告期	2013.06.30	2012.12.31	2012.06.30	2011.12.31
主要财务指标	基本每股收益(元)	0.3100	0.9700	0.4500	0.8500
	基本每股收益(扣除)(元)	0.2900	0.8900	0.4475	0.9900
	每股净资产(元)	5.0426	5.1354	4.5900	5.2800
	每股经营现金净流量(元)	0.1490	1.0314	0.2035	0.8246
	每股现金流量(元)	−0.4902	0.6158	−0.2577	−0.0487
	每股资本公积金(元)	0.1843	0.1851	0.1851	0.2222
	每股盈余公积金(元)	0.6877	0.6877	0.6010	0.7212
	每股未分配利润(元)	3.1570	3.2489	2.8080	3.3328
	净资产收益率(%)	6.1262	18.9843	9.7400	19.3160
	加权净资产收益率(%)	5.8400	20.5700	10.2300	20.8200
	净资产收益率(扣除)(%)	−	−	−	−
	总资产(万元)	758866.54	744771.60	712751.84	689258.24
	归属母公司股东权益(万元)	330213.54	387215.69	346403.62	331526.29
	主营业务收入(万元)	201177.89	456143.88	213213.21	451708.40
	营业收入(万元)	201974.58	457538.34	213816.37	454781.83
	主营成本(万元)	134544.47	289994.80	135367.22	285391.14
	营业成本(万元)	135003.39	290923.12	135577.62	286716.13
	投资收益(万元)	6469.61	16361.87	3041.59	2433.22
	净利润(万元)	28878.06	86136.02	37382.60	77417.30
	利润总额(万元)	33646.17	101281.68	44287.29	90527.94

烟台张裕葡萄酿酒股份有限公司

公司概况	公司名称	烟台张裕葡萄酿酒股份有限公司			证券简称	张 裕 B
	法人代表	孙利强	董秘	曲为民	证券代码	200869
	公司网址	www.changyu.com.cn		电子信箱	quwm@changyu.com.cn	
	电　　话	0535-6633658 6633656		传　　真	0535-6633639	
	办公地址	山东省烟台市大马路 56 号				
	经营范围	葡萄酒、白兰地、香槟酒和保健酒的酿制、生产与销售等				

	指标\报告期	2013.06.30	2012.12.31	2012.06.30	2011.12.31
主要财务指标	基本每股收益(元)	1.0800	2.4800	1.3400	2.7800
	基本每股收益(扣除)(元)	1.0700	2.4400	1.3400	2.6800
	每股净资产(元)	9.7068	8.6264	7.4900	9.5100
	每股经营现金净流量(元)	0.5969	1.8995	0.8527	2.8556
	每股现金流量(元)	−0.1361	0.4461	−0.2428	0.4885
	每股资本公积金(元)	0.8201	0.8201	0.8201	1.0661
	每股盈余公积金(元)	0.5000	0.5000	0.4317	0.5613
	每股未分配利润(元)	7.3867	6.3063	5.2370	6.8811
	净资产收益率(%)	11.1303	28.7654	17.9400	38.0404
	加权净资产收益率(%)	11.7900	31.1300	16.8300	43.1800
	净资产收益率(扣除)(%)	−	−	−	−
	总资产(万元)	824971.63	812313.46	699439.63	729594.42
	归属母公司股东权益(万元)	665367.84	591310.42	513331.95	501364.17
	主营业务收入(万元)	253439.84	555644.25	300145.57	593987.56
	营业收入(万元)	253937.82	564353.06	301258.41	602754.92
	主营成本(万元)	75791.71	135987.36	72187.78	−
	营业成本(万元)	75969.21	140108.90	72783.35	143941.71
	投资收益(万元)	−	−	−	5.21
	净利润(万元)	74057.42	170092.81	92114.35	190720.87
	利润总额(万元)	98504.97	227017.58	122728.90	253965.32

佛山华新包装股份有限公司

公司概况	公司名称	佛山华新包装股份有限公司			证券简称	粤华包 B
	法人代表	童来明	董秘	杨映辉	证券代码	200986
	公司网址	www.fshxp.com		电子信箱	jiangzw@fshxp.com	
	电　　话	0757-83981729 83992076		传　　真	0757-83992026	
	办公地址	广东省佛山市季华五路 18 号经华大厦 19 楼				
	经营范围	包装材料、包装制品、装饰材料、铝塑复合材料、包装机械销售及维修等				

	指标\报告期	2013.06.30	2012.12.31	2012.06.30	2011.12.31
主要财务指标	基本每股收益(元)	0.0080	0.5300	−0.0140	0.2200
	基本每股收益(扣除)(元)	−	0.1000	−0.0150	0.2200
	每股净资产(元)	3.3824	3.3755	2.7500	3.0400
	每股经营现金净流量(元)	0.8127	0.0379	−0.6561	−0.4120
	每股现金流量(元)	−0.5317	0.0283	−0.3924	0.1795
	每股资本公积金(元)	0.5178	0.5186	0.5188	0.5183
	每股盈余公积金(元)	0.3370	0.3370	0.3015	0.2651
	每股未分配利润(元)	1.5276	1.5199	0.9253	1.2606
	净资产收益率(%)	0.2273	15.7369	−0.5200	7.2750
	加权净资产收益率(%)	0.2300	16.5500	−0.4800	7.5500
	净资产收益率(扣除)(%)	−	−	−	−
	总资产(万元)	623759.80	642908.17	677098.53	657188.88
	归属母公司股东权益(万元)	170954.23	170605.98	138772.96	153854.61
	主营业务收入(万元)	194636.20	345992.60	147426.02	398820.95
	营业收入(万元)	198667.99	364670.22	153698.18	402652.38
	主营成本(万元)	173988.35	304567.22	130804.03	338815.86
	营业成本(万元)	174276.60	314867.65	136205.29	342012.30
	投资收益(万元)	14.83	33105.68	3266.61	5865.21
	净利润(万元)	−149.65	20629.70	−4200.29	19548.33
	利润总额(万元)	1825.87	27512.72	−4270.53	22728.23

山东省中鲁远洋渔业股份有限公司

公司概况	公司名称	山东省中鲁远洋渔业股份有限公司			证券简称	中鲁B
	法人代表	李文役	董秘	周烽	证券代码	200992
	公司网址	www.zofco.cn			电子信箱	zlzqb@163.com
	电　话	0531-86553278 86553276			传　真	0531-86982906
	办公地址	山东省济南市和平路43号				
	经营范围	外海、远洋捕捞、水产品养殖、加工、销售、批准范围的商品进出口业务、机冰制造、销售等				

主要财务指标	指标\报告期	2012.06.30	2011.12.31	2011.06.30	2010.12.31
	基本每股收益(元)	0.0050	0.2300	0.1000	0.1700
	基本每股收益(扣除后)(元)	0.0800	0.2100	0.1300	0.1700
	每股净资产(元)	1.8813	1.8739	1.7400	1.6400
	每股经营现金净流量(元)	-0.0786	0.1361	0.1585	0.2008
	每股现金流量(元)	0.0788	-0.1166	0.1031	-0.1020
	每股资本公积金(元)	1.0570	1.0570	1.0571	1.0570
	每股盈余公积金(元)	0.0823	0.0823	0.0823	0.0823
	每股未分配利润(元)	-0.2643	-0.2693	-0.4033	-0.5025
	净资产收益率(%)	0.2661	12.4472	5.7000	10.5880
	加权净资产收益率(%)	0.2700	13.2800	5.8700	11.1900
	净资产收益率(扣除)(%)	-	-	-	-
	总资产(万元)	70068.31	64652.17	61130.36	57260.47
	归属母公司股东权益(万元)	50055.20	49859.62	46333.34	43642.83
	主营业务收入(万元)	26098.89	43068.59	24758.99	46826.51
	营业收入(万元)	26472.84	43660.47	25090.01	47233.29
	主营成本(万元)	21896.21	37410.76	21793.38	41314.59
	营业成本(万元)	21974.14	37627.28	21887.43	41502.39
	投资收益(万元)	-	1.78	-	-
	净利润(万元)	131.39	6206.15	2640.92	4621.02
	利润总额(万元)	134.20	6330.73	2706.93	4718.98

第四章　中国证券市场优秀企业选介

第一节　上市公司

※上交所上市公司※

【600017】日照港股份有限公司

日照港股份有限公司是山东省人民政府批准，由日照港集团有限公司（原日照港务局）为主发起人，联合兖矿集团有限公司、中国中煤能源集团公司（原中国煤炭工业进出口集团公司）、淄博矿业集团有限责任公司、山西潞安矿业（集团）有限责任公司、山西晋城无烟煤矿业集团有限责任公司等五家法人单位共同以发起设立方式设立，并于 2002 年 7 月 15 日取得山东省工商行政管理局颁发的企业法人营业执照。公司目前注册资本为 3,075,653,888 元。

日照港位于中国海岸线中部、山东半岛南翼，隔海与日本、韩国、朝鲜相望。港区湾阔水深，陆域宽广，不冻不淤，全年作业天数在 300 天以上，是我国不可多得的天然深水良港，为全国沿海 20 个主枢纽港之一。被国家确定为“新亚欧大陆桥东方桥头堡”。

公司目前拥有生产性泊位 39 个，拥有正式员工 5166 人，总设计吞吐能力 1.19 吨，其中拥有 20 万吨级、30 万吨级的矿石专用泊位各 1 个、10 万吨级煤炭专用泊位 2 个，5 万吨煤炭专用泊位 1 个，其他通用泊位 34 个。截至 2013 年 12 月，公司资产总额约 150 亿元，净资产约 100 亿元。目前公司主要经营矿石、煤炭、水泥、镍矿、铝钒土、钢材、焦炭、粮食、木材、木片等大宗散杂货装卸、堆存业务。历经多年发展，公司现已成为国内最大的铁矿石中转港之一，年中转铁矿石近1.4 亿吨，目前外贸进口铁矿石吞吐量居全国第一位；镍矿、木片、大豆吞吐量也居全国沿海港口首位。2013 年度，公司共完成货物吞吐量约 2.4 亿吨。

“日照港”股票于 2006 年 10 月 17 日在上海证券交易所挂牌上市，发行人民币普通股 2.3 亿股，募集资金 10.81 亿元。公司是《证券发行与承销管理办法》实施后的首家 IPO 试点企业，股权分置改革以来山东登陆境内市场第一股，也是目前为止山东省唯一的港口上市企业。

随后于 2007 年 10 月又成功发行了 880 万份分离交易可转换公司债券，募集资金 8.8 亿元。2008 年认股权证部分行权，募集资金 419.16 万元。2009 年 8 月公司成功采用非公开发行方式发行新股 24,951 万股，募集资金 12.8 亿元。2011 年 3 月公司再次成功实施非公开发行股票方案，发行新股 36,547.86 万股，募集 14.4 亿元。2012 年 2 月成功发行 5 亿元公司债券，发行利率为 5.6%。2012 年 4 月再次实施非公开发行股票，采用定向增发的方式收购了集团除原油、液体化工、集装箱等业务以外的其他所有港口主业资产，发行规模 19 亿元。2013 年 11 月 21 日，公司申请发行 2013 年公司债券事项获证监会核准，本期债券于 2014 年 3 月 3 日公开发行，2014 年 3 月 5 日发行完毕，发行总额为人民币 10 亿元。公司自 2006 年首发上市以来，八年累计完成八次资本运作，累计融资总额近 70.85 亿元，有效地改善了公司的资本结构，极大地推动了日照港的快速发展。

日照港继续保持了沪深 300 指数、上证治理指数、上证 380 指数样本股地位。2009 年荣获上海证券交易所“信息披露奖”，2010 年荣获“金蜜蜂·企业社会责任奖”荣誉称号，日照港履行企业社会责任实践案例入选《2010 年金蜜蜂责任竞争力案例选》，2011 年荣获上交所“董事会奖提名奖”，公司还先后三次获得了日照市政府颁发的“企业上市融资奖”。

随着全国及区域性经济战略的实施，全国沿海港口吞吐量稳步回升。目前，以日照港为出海口的国家重点工程“山西中南部铁路通道”已正式开工建设；国家正式批复的山东半岛蓝色经济区发展战略，以日照港为龙头的“鲁南临港产业带”正在形成；山东省内铁路“四纵四横”工程已经全面开工建设；落户日照市的山东钢铁集团日照精品钢基地也在推进中，这些区域经济战略的实施和重点工程的建设，必将有力地促进日照港吞吐量的快速增长，日照港将以得天独厚的竞争优势和发展潜力继续保持快速发展的势头。

日照港股份有限公司主要股东情况表

股东名称	持股数量	占总股本比例(%)
日照港集团有限公司(含岚山港务)	1,343,733,682	43.69%
兖矿集团有限公司	186,514,800	6.06%
山东高速集团有限公司	117,000,000	3.80%
中国华融资产管理公司	73,600,000	2.39%
淄博矿业集团有限责任公司	72,199,200	2.35%
山东省国有资产投资控股有限公司	48,796,113	1.59%
山东钢铁集团有限公司	40,442,288	1.31%
山东海洋投资有限公司	39,000,000	1.27%
中国长城资产管理公司	39,000,000	1.27%
中交投资有限公司	30,460,390	0.99%
中国中煤能源集团有限公司	25,824,787	0.84%
海鑫钢铁集团有限公司	25,736,001	0.84%
其他流通 A 股	1,033,346,627	33.60%
合计	3,075,653,888	100.00%

【600021】上海电力股份有限公司

【基本概况】

上海电力股份有限公司（以下简称“上海电力”或“公司”）是中国电力投资集团公司最主要的上市公司之一，也是上海最主要的电力能源企业之一。百年上海电力是中国电力诞生的见证者,是中国电力大发展的参与者,是“奉献绿色能源,服务社会公众”的倡导者。

公司确立了“率先建成国际一流能源企业”的企业愿景,着力于“四个转变”,即由主要利用传统能源向能源清洁高效利用和新能源并举转变、由一般上市公司向集团公司内最重要融资平台转变、由单一的火电企业向上下游产业延伸的转变、由基本依赖国内资源向依托统筹国内海外两个市场两种资源转变。公司坚持引入并建立与国际接轨的现代企业管理体系,注重绩效和价值。坚持科技创新,人才创新,注重提升企业核心竞争力和盈利能力。坚持以良好的业绩和又好又快的发展来回报股东,回报社会。

截至2013年上半年,公司权益装机容量为716.19万千瓦,公司总股本21.40亿股,总资产326.86亿元,归属于上市公司股东的所有者权益70.17亿元。2013年上半年,公司实现归属于上市公司股东的净利润4.69亿元,同比上升53.35%。加权平均净资产收益率6.55%,基本每股收益0.219元。

在保持火电主营业务可持续发展基础上,上海电力始终致力于清洁能源、新能源、现代电力服务业以及循环经济等领域的发展。通过不断开拓、改革和创新,公司已成为集高参数、大容量的燃煤火力发电、燃气发电、整体煤气化联合循环发电(IGCC)和风电、太阳能发电及分布式功能等新能源为一体的现代能源企业;产业布局遍及华东地区,并逐步向海外开拓;电站服务业在服务全国的基础上,率先实现了“走出去”战略,公司先后承接了赤道几内亚、伊拉克、土耳其等国火电机组委托运营等海外电站服务业;在创新领域,公司联合国内褐煤干燥、成型先进企业率先、共同研发了褐煤提质成型的系统集成优化方案和工艺流程。本着合作共赢的宗旨,与澳大利亚、印度尼西亚、日本、坦桑尼亚等国在资源、技术利用等方面开展了深入合作。

【企业荣誉】

2013年1月,公司荣获中国经济绿色环保单位。

2013年4月,公司荣获2012年度行业(系统)安全生产工作优胜单位称号。

2013年4月,公司荣获“全国五一劳动奖状”。

2013年5月,公司荣获2011-2012年度上海市文明单位称号。

【社会责任】

公司自觉履行社会责任,加强环保管理,各项环保指标保持稳定,被评为“2012中国经济绿色环保单位”。率先在全国燃煤电厂开展PM2.5细微颗粒治理、湿式除尘和布袋式除尘,经验和事迹在央视一套、二套节目滚动播放。公司全年烟尘减排752吨,同比下降17.2%;二氧化硫减排9,305吨,同比下降47.1%;氮氧化物减排13,390吨,同比下降29.9%。

2013年,公司将继续大力推进科技创新和节能环保,在田集二期项目上实现再热气温620℃和供电煤耗280克/千瓦时的技术攻关目标。探索特大型城市燃煤机组技术路线,深入开展漕泾二期百万机组二次再热、烟气净化等各项专题研究,力争其排放水平达到天然气发电的排放标准。深化吴泾热电厂减少PM2.5微颗粒聚合装置试验和外高桥布袋除尘等一系列技术创新,进一步提高节能环保水平。

【经营业绩】

2013年上半年,公司紧紧围绕年度经营目标,深化管理创新和价值创造,切实采取有效措施,确保经营业绩稳定增长。截至2013年上半年,公司完成合并口径发电量154.65亿千瓦时,同比上升2.13%;实现归属于上市公司股东的净利润4.69亿元,同比上升53.35%;加权平均净资产收益率6.55%,同比增加1.59个百分点;基本每股收益0.2190元,同比增长53.36%;归属于上市公司股东的每股净资产3.28元,同比增长11.19%。

【600114】东睦新材料集团股份有限公司

【基本情况】

东睦新材料集团股份有限公司是由原宁波东睦粉末冶金有限公司改制而成的,第一家在国内上市的外资控股公司。公司注册资本19,550万元,其中日本国睦特殊金属工业株式会社持有公司33.34%的股份。

东睦新材料集团股份有限公司是目前国内最大的粉末冶金机械零件制造企业之一,是“国家重点高新企业”。公司目前拥有八家控股子公司或全资子公司,2010年末公司的净资产6.77亿元人民币,总资产超过14.0亿元人民币,总产能超过45,000吨/年。产品广泛应用于轿车、摩托车、冰箱和空调压缩机、电动工具、家用电器等行业,其中部分产品出口到美国、日本和欧洲等国家和地区。

公司具有五十多年的粉末冶金专业生产经验,拥有包括CNC成形压机在内的一整套国际先进的粉末冶金生产设备和技术;同时,公司十分重视科技进步和新产品开发,建立了“宁波粉末冶金工程技术中心(省级)”和“宁波市区模具中心”,能自制各种粉末冶金模具,生产各种粉末冶金零件。

东睦(天津)粉末冶金有限公司是中外合资粉末冶金企业,专业生产各种高端汽车、摩托车和家用电器粉末冶金零件,注册资本为1,000万元美元,年生产能力已超过7,000吨,东睦新材料集团股份有限公司控股75%,是东睦新材料集团股份有限公司重要的生产基地之一和在华北地区的主要服务窗口;2010年末公司总资产超过1.9亿元人民币。

连云港东睦江河粉末冶金有限公司是公司控股60%的子公司,注册资本为2,000万元人民币,专业生产各种粉末冶金摩托车、汽车零件;山西东睦华晟粉末冶金有限公司是公司控股60%的子公司,注册资本为4,000万元人民币,专业生产各种摩托车、汽车、家用电器等粉末冶金零件;天津东睦欧意工贸有限公司是公司控股60%的子公司,注册资本为250万元人民币,主要从事汽车零部件销售、物流和服务的贸易;东睦(江门)粉末冶金有限公司是公司控股60%的中外合资粉末冶金企业,注册资本为350万美元,投资总额为700万美元,专业生产各种含油轴承和家用电器、汽车用粉末冶金零件;长春富奥东睦粉末冶金有限公司是公司控股70%的子公司,注册资本2,800万元,主要生产各种粉末冶金汽车零件;南京东睦粉末冶金有限公司是公司控股51.02%的中外合资粉末冶金企业,注册资本为589.16万美元,投资总额为1,200万美元,专业生产各种汽车、电动工具用粉末冶金零件;宁波东睦贸易有限公司是公司全资子公司,注册资本2,000万元,专业经营集团产品销售。

公司拥有先进的技术和质量管理方法,并于1997年通过了ISO9002的质量体系认证,于2002年通过了QS9000和VDA6.1的质量体系认证;2004年公司获ISO9001及ISO/TS16949质量体系认证,2010年5月公司获得了ISO14001的环境管理体系认证和OHSAS18001的职业健康安全管理体系认证。

【企业荣誉】

2010年1月，公司被采埃孚转向泵金城（南京）有限公司评为2009年度合格供应商。

2010年1月，公司被比亚迪股份有限公司比亚迪汽车评为2009年度动力总成零部件最佳合作奖。

2010年1月，公司被比亚迪汽车有限公司第十六事业部评为2009年度十大优秀供应商。

2009年9月，公司在瑞智精密（股）公司20周年庆中被评为优秀供应商。

2009年9月，公司被美的压缩机事业部评为品质优秀供应商。

2009年3月，公司被中国机械通用零部件工业协会评为2007－2008年度自主创新先进企业。

2009年3月，公司凸轮轴带轮（A548）被中国机械通用零部件工业协会评为2008中国机械通用零部件工业协会粉末冶金行业自主创新优秀新产品特等奖。

2009年3月，公司奥氏体不锈钢取付板被中国机械通用零部件工业协会评为2008中国机械通用零部件工业协会粉末冶金行业自主创新优秀新产品特等奖。

2009年3月，公司铁素体不锈钢ABS齿圈被中国机械通用零部件工业协会评为2008中国机械通用零部件工业协会粉末冶金行业自主创新优秀新产品特等奖。

2009年3月，公司机油泵转子（E436、E437－1）被中国机械通用零部件工业协会评为2008中国机械通用零部件工业协会粉末冶金行业自主创新优秀新产品优秀奖。

2009年3月，公司凸轮轴链轮E493被中国机械通用零部件工业协会评为2008中国机械通用零部件工业协会粉末冶金行业自主创新优秀新产品优秀奖。

2009年3月，公司进气联结器MA222、排气联结器MA223、盖板MA224被中国机械通用零部件工业协会评为2008中国机械通用零部件工业协会粉末冶金行业自主创新优秀新产品优秀奖。

【经营业绩】

2013上半年，公司实现营业收入57,892.60万元，同比增长18.60%；营业利润4,799.79万元，同比增长120.22%；利润总额4,917.61万元，同比增长76.87%；实现净利润（归母公司）为3,809.38万元，同比增长92.99%，扣除非经常性损益后的净利润为3,787.12万元，同比增长138.93%；经营活动产生的现金流量净额为7,507.41万元，同比减少30.22%；公司的粉末冶金制品总销量达2.03万吨，同比增长14.69%。

【600208】新湖中宝股份有限公司

【基本情况】

新湖中宝股份有限公司是浙江省最大的A股上市公司之一。

公司主营地产、金融及其他投资。目前在全国20余个城市开发30多个房地产项目，总开发和储备面积达3000余万平方米，规模和实力居行业前列。新湖地产以“价值地产”为理念，深刻把握大势，合理选择时机，准确定位产品，不断提升品质，创造了“新湖地产”的良好品牌，获得了“中国房地产最具竞争力企业”、“中国地产20年最具影响力企业”等称号。公司还广泛涉足金融领域，形成了成规模的金融股权投资，目前是盛京银行、湘财证券、新湖期货等金融机构的主要股东，隐含着巨大的增值潜力和价值。

在追求市值最大化的战略目标下，新湖中宝稳健高速成长，并入选“沪深300指数”、“上证180指数”成分股，2008年、2009年和2010年被评为中证“金牛百强”，多次获得年度房地产公司TOP10，2013年入选2013沪深上市房地产公司综合实力TOP10。

【企业文化】

新湖中宝的企业文化是：财富共享才最有价值。公司一直致力于构建和谐共事氛围、生活与工作平衡的企业文化，为员工提供可持续发展的空间和机会，鼓励员工和公司共同成长。

新湖中宝多年来坚持组织各类活动回馈广大业主。历年的业主新年联谊会，每年一度的“心近自然”环城游等活动，都获得了很好的口碑。

同时，新湖中宝和浙江省体育总会、浙江省羽毛球协会共同主办多届全国羽毛球挑战赛，以及新湖中宝首次“青少年全能精英俱乐部夏令营”、2013新湖中宝郁金香花博会等活动，极大地拓展了企业的品牌影响力。

【经营状况与市场成就】

（一）地产方面

近几年来，新湖中宝的发展有了质的飞跃，“新湖地产”品牌被越来越多的人们熟知和青睐。2010－2012年间，新湖中宝的主要经营业绩情况如下：

项目	2012年度	2011年度	2010年度
营业收入	99.09亿元	66.88亿元	81.40亿元
净利润	23.09亿元	14.07亿元	15.60亿元
每股收益	0.37元	0.23元	0.31元
加权平均净资产收益率	20.85%	15.44%	20.16%

积淀了十几年的地产开发经验之后，新湖中宝具备了经营大规模综合型项目的开发能力和经营实力。在此基础上，新湖中宝开始涉猎大规模的一级开发项目和商业地产项目。在2009－2011年间，公司连续介入一级土地开发。目前，已有启东圆陀角项目、温州平阳西湾海涂围垦项目部分完成一级开发。这些项目实施有利于公司大幅度地获取潜在的优质土地，进一步扩展地产主业规模，增强公司收入来源和发展后劲。

新湖中宝还积极拓展天津静海县小商品国际商贸城等商业地产项目，着力打造环渤海湾的区域性小商品批发物流市场网络。

（二）投资管理方面

新湖中宝在金融产业方面的投资也取得了诸多成功的探索和实践。目前，新湖中宝控股新湖期货经纪有限公司，参股湘财证券有限责任公司、盛京银行股份有限公司、锦泰财产保险股份有限公司、大智慧网络等金融机构和金融类服务机构，新湖中宝正以其前瞻性、专业化的眼光构筑面向二十一世纪的金融平台。

除了地产、金融之外，新湖中宝近年来在矿业和PE股权投资等领域也有战略性的布局，投入规模不下几十亿元。介入的创投项目，有些已经上市，有些正在上市，其中有很多高科技项目，具有非常好的市场前景，相信未来这一领域将给新湖中宝带来不菲的投资收益。

【公司荣誉】

中国房地产品牌企业/全国百佳著名房地产品牌企业/中国地产二十年最具影响力企业/改革三十年中国最具价值地

产上市公司/2009 年中国最具价值地产上市公司/推动中国城市化进程企业 10 强/2008、2009、2010 年度金牛上市公司 100 强/中国房地产开发企业经营绩效十强/CIHF2011 中国房地产名企/中国房地产开发企业城市覆盖十强/中国地产风尚大奖——2012 中国最具价值地产上市企业/2012、2013 中国房地产开发企业百强/2013 中国房地产上市公司发展速度专项测评 5 强/2013 沪深上市房地产公司综合实力 TOP10。

【成长大事记】

1999 年 6 月,中宝戴梦得股份有限公司于上海证券交易所上市。

2006 年 11 月,向浙江新湖集团股份有限公司定向发行 12 亿股股票,收购 14 家房地产类子公司股权,完成重大资产重组,实现新湖地产整体上市。

2007 年,定向发行人民币普通股 9962 万股,募集资金 16 亿元。

2008 年 7 月,发行 14 亿元"08 新湖债",上市代码"122009"。

2009 年 7 月,吸收合并浙江新湖创业投资股份有限公司(600840. SH)。

【600292】中电投远达环保(集团)股份有限公司

【基本情况】

中电投远达环保(集团)股份有限公司前身为重庆九龙电力股份有限公司,是由中国电力投资集团公司控股的以环保为主业的上市公司。公司成立于 1994 年 6 月,2000 年 11 月 1 日公司 A 股股票在上海证券交易所挂牌上市,公司股票简称"中电远达",股票代码"600292",公司董事长刘渭清,总经理刘艺。

截至 2012 年底,公司系统员工 1400 余人,总资产 54.5 亿元,年销售收入 47.9 亿元,催化剂年产能 12000 立方米,脱硫特许经营规模达 1520 万千瓦,拥有乌苏分公司、朝阳分公司、开封分公司、新乡分公司、平顶山分公司、平东分公司、大连分公司、石家庄分公司、景德镇分公司、贵溪分公司、环保工程公司、特许经营公司、河南九龙环保公司、催化剂公司、水务公司、中电节能公司共 16 家环保企业。公司自上市以来,每年都保持着较好的赢利水平,公司资产总额稳步增长。

公司是全国文明单位、全国职工职业道德建设标兵单位、重庆市企业 50 强,拥有国家级企业技术中心、院士专家工作站、博士后工作站、国家地方联合工程研究中心等科技研发平台,是国家级创新型企业,并荣获"中国环保科技创新最具影响力十大品牌"。

近年来,公司通过实施非公开发行股票、剥离非环保资产等重大举措,成功完成了从常规发电企业向科技环保企业的战略转型。目前,公司基本形成了以环保工程、产品制造与技术服务三大价值链为核心,以技术进步和科技创新为支撑的产业构架体系,业务范围已涉及脱硫脱硝除尘工程总承包、脱硫脱硝特许经营、脱硝催化剂制造及再生、水处理、核电站中低放核废物处理及核废物处置场建设、节能等多个领域,覆盖全国大部分地区。建有国内最大的"原烟气综合试验基地"、年产能 12000 立方米的脱硝催化剂生产线,建成 1 万吨的烟气二氧化碳捕集装置、催化剂检测中心是目前国内唯一获得全球实验室认可的催化剂检测机构。

未来公司将以科技为依托,以市场为导向,以环保、节能和水务为主营业务,服务与产品并重,一体化协同发展,产融结合,建设国内领先、国际一流的大型科技环保公司。

【主营业务】

废气治理、废水治理、固废治理以及节能减排项目工程建设、投资、运营、改造、副产品销售及技术服务;节能环保技术的研究、开发及服务;节能环保产品制造、销售及服务;核环保工程投资、建设、运营及技术服务。(以上经营范围涉及行政许可的,在许可核定的范围和期限内经营,未取得许可或超过许可核定范围和期限的不得经营)

【经营业绩】

2013 年报告期内,公司抓住脱硝市场发展机遇,实现了主营业务利润的稳定增长。报告期内,公司脱硝催化剂销量大幅增加,脱硫特许经营收入、EPC 工程产值同比增长,公司实现利润总额 35,237 万元,同比增长 47%;实现归属于上市公司股东的净利润 2.12 亿元,同比增长 25.72%。由于 2012 年公司完成非环保资产剥离,原发电业务及燃煤采购业务不再合并至上市公司报表,故公司 2013 年实现营业收入 32.87 亿元,同比下降 31.37%。

【企业文化】

奉献绿色能源、服务社会公众

【企业荣誉】

公司是全国文明单位、全国职工职业道德建设标兵单位、重庆市企业 50 强,拥有国家级企业技术中心、院士专家工作站、博士后工作站、国家地方联合工程研究中心等科技研发平台,是国家级创新型企业,并荣获"中国环保科技创新最具影响力十大品牌"。

【600317】营口港务股份有限公司

营口港务股份有限公司是 2000 年 3 月 6 日经辽宁省人民政府辽政[2000]46 号文批复,由营口港务集团有限公司作为主发起人,联合其他四家公司共同发起设立的股份有限公司。公司于 2000 年 3 月 22 日在辽宁省工商行政管理局登记注册成立,注册资本为 15,000 万元,总股本 15,000 万股。营口港务股份有限公司的成立标志着营口港向资本市场迈出了关键的一步。经营范围:港口装卸、堆存、运输服务,钢结构工程,机件加工销售,港口机械、汽车配件、钢材、建材、橡胶制品销售,苫垫及劳保用品制作、销售,尼龙绳生产、销售等。

一、正式上市,向资本市场迈进第一步

2002 年 1 月,经中国证监会证监发行字[2001]102 号文批准,公司公开发行人民币普通股 10,000 万股,发行价格为 5.9 元/股,公开发行后公司总股本为 25,000 万股。2002 年 1 月 31 日,公司 10,000 万股社会公众股在上海证券交易所上市流通。股票代码 600317,简称"营口港"。

公司上市之初,就确定了公司的发展模式,即集团公司和上市公司同步发展的模式。利用上市公司在资本市场的融资平台,通过直接融资解决上市公司发展的资金问题,并将集团公司优质资产不断注入上市公司。港口行业作为基础性行业,建设的周期比较长,风险系数比较大,不确定因素比较多,把这些不利因素由集团公司承担,待资产建设完毕后再注入上市公司,形成收购之后就能马上产生效益的有利局面。这样的方式保证了上市公司的快速发展,为上市公司的资本运作提供了更大的舞台。

二、发行可转债,不断扩大公司股本规模

公司成立的时候,所涉及的生产领域都为大宗散杂货业务，生产领域比较单一。为了扩大公司的生产规模，保证公司盈利能力的快速提高，实现公司的可持续发展，公司董事会经过严谨的论证，决议发行可转换公司债券。2004年5月，公司发行70,000万元可转债，可转债募集资金用于收购集团公司的三期工程多用途泊位和成品油及液体化工品码头相关的在建工程并进行后续建设。

通过此次的收购，公司进一步扩充到集装箱、油品和液体化工品领域，成为多功能综合性的港口公司。公司的经营业绩有了较大的增长，保证了公司的可持续发展。

三、完成股权分置改革，公司治理更加规范

公司于2005年9月份制订了股权分置改革草案，开始进入申报程序。11月末取得辽宁省及吉林省国资委的原则同意。此后，经过与机构投资者"一对一"沟通、网上路演等方式对股改方案进行修改，最终确定了股改方案。12月，公司股改方案以98.93%的比例一次性顺利通过股东大会审议。2006年1月，公司完成股权分置改革。

营口港股权分置改革方案充分考虑并保护了流通股股东、非流通股股东、可转债持有人及上市公司这四个方面的权益。股改使股东利益更加趋于一致，公司治理更加规范，企业经营目标更加明确。

四、重大资产购买，进一步扩大公司生产规模

为了实现公司的可持续发展，消除同业竞争，向整体上市目标迈进，2008年公司通过定向发行股份和支付现金相结合的方式，购买港务集团公司鲅鱼圈港区16#、17#、22#、46#、47#、52#、53#共计7个泊位的资产和业务。

这次收购上述泊位后，实现了营口港鲅鱼圈港区泊位资源及港口业务的整合，公司拥有了散杂货深水泊位，成品油及液体化工品泊位和集装箱专业泊位，综合吞吐能力得到了极大的提高，增强了企业核心竞争力，确保了公司的可持续发展和提升了行业竞争力。同时，减少了关联交易，有效避免同业竞争。

五、发行公司债券，调整负债结构

为调整负债结构，缓解短期偿债压力，降低财务费用，2008年末，公司决定申请发行公司债。2008年12月，发行12亿元公司债的议案经2008年第二次临时股东大会审议通过。2009年12月2日，发行公司债的申请顺利通过中国证监会的审核。2010年3月23日，公司债正式上市，简称为"10营口港"。

公司债的成功发行，调整了公司负债结构，缓解了短期偿债压力，有利于公司进一步的发展。

六、重大资产重组，进一步避免同业竞争，扩大公司生产规模

为进一步减少关联交易，有效避免与港务集团的同业竞争，提升公司的综合竞争力，增强持续盈利能力和持续发展能力，迅速扩大公司资产规模，增强资本实力和经营能力，有效促进上市公司做大做强，2012年公司通过定向发行股份的方式，购买了港务集团公司鲅鱼圈港区拥有的54#－60#共计7个泊位的资产和业务。

本次公司购买的7个泊位中，5个为集装箱泊位，2个为可兼做集装箱的泊位，交易完成后，公司在全球经济复苏及我国促进经济转型的背景下，集装箱将成为增速较快的货种，成为公司继续发展的主要驱动力，将进一步提升公司的吞吐能力，增强公司的综合竞争力。

七、把握历史机遇，开创科学发展的美好未来

国家制定的《东北地区振兴规划》政策的实施、建设辽宁沿海经济带上升为国家战略等将为公司的发展带来全新的机遇。公司位于环渤海经济圈与东北经济区的交界点，是东北地区最近的内陆出海口，且周边交通比较发达，具有非常明显的自然条件和区位优势。随着东北老工业基地的振兴、辽宁沿海经济带的建设，腹地经济将呈现快速发展态势，腹地的吞吐量将保持增长，由此公司吞吐量亟需提高，规模亟需扩大，以满足不断增长的货源要求。

面对历史赋予难得的机遇，面对千载难逢的发展契机，营口港将充分依托《振兴东北老工业基地》和《辽宁沿海经济带发展规划》两大国策，利用东北地区最近的出海口这一良好的区位优势，不断发展公司生产规模，大力建设适应区域经济发展所需的大型化、深水化、集装箱化码头，充分发挥港口的辐射和聚集作用，带动腹地临港工业的发展，通过港口经济本身的乘数效应，临港产业集群的集聚效应，循序渐进的示范效应，促进区域经济一体化，从而推动营口地区乃至辽宁中部城市群的发展，进而推动辽宁省甚至东北地区经济的发展。

【600368】广西五洲交通股份有限公司

广西五洲交通股份有限公司（以下简称"公司"）是广西唯一一家经营收费公路的上市公司，股票简称：五洲交通，股票代码：600368。公司于1992年12月成立，2000年12月股票在上海证券交易所上市。公司于2008年3月发行5.4亿元可转债，2009年7月，其中538,596,000元按4.71元每股转为公司股票。目前公司总股本833,801,532股，全部为无限售条件的流通股。公司主要股东为广西交通投资集团有限公司、华建交通经济开发中心、广西国宏经济发展集团有限公司。

公司经营范围为：经营收费公路、桥梁；对公路、桥梁、站场、港口、码头等交通基础设施投资、经营；房地产开发；建材、建筑设备、施工机械设备、五金交电、百货购销。

公司目前直接经营的三条收费公路为平王路、金宜路和南梧路部分路段。平王路是广西南宁至柳州高速公路小平阳至王灵段，全长29.44公里；金宜路起于广西宜州市城西收费站，终于广西河池市东面的百旺村，全长为67.73公里；南梧路全长384公里，公司拥有南梧路的五塘至新桥路段、黎塘绕城路、贵港绕城路。

公司积极开拓进取，充分利用资金优势，发挥资本市场的融资作用，加强主营业务，拓展多元经营，激活新的利润增长点，采取合资合作的形式，当前对高速公路、物流和地产及其他业务进行投资：

全资拥有广西南宁（坛洛）至百色高速公路：该公路全长187.62公里，总投资51.53亿元（其中资本金18.04亿元），已于2007年12月28日建成通车。公司原参股32%投资该路段，2010年公司以自有资金收购该路段运营公司广西坛百高速公路有限公司（以下简称"坛百公司"）68%股权，坛百公司成为本公司全资子公司。

控股广西筋竹至岑溪高速公路：经中国证监会批准，公司于2008年3月发行5.4亿元的可转换公司债券，所募集的资金扣除承销费用后全部投资建设筋竹（粤桂界）至岑溪高速公路项目。该项目总投资19.16亿元，其中项目资本金约8.2亿元，公司出资70.74%。筋竹至岑溪高速公路于2007年10月动工建设，于2010年4月13日正式通车运营。

控股中国－东盟自由贸易区凭祥国际物流园：公司投资

控股广西万通国际物流有限公司(以下简称“万通公司”)70%股权。中国－东盟自由贸易区凭祥国际物流园是万通公司通过其合资子公司广西凭祥万通国际物流有限公司建设和经营的项目,目前公司已投入1.75亿元建设经营中国－东盟自由贸易区凭祥国际物流园项目,该项目一期工程已于2006年11月投入使用。

开发现代国际和五洲国际等房地产项目:公司投资5,000万元与广西龙基置业有限公司合作建设现代国际项目,已于2007年末竣工交付使用。五洲国际项目由公司独资开发,位于南宁市中国东盟国际商务区的主轴线上,项目计划总投资2.9亿元,总建筑面积9,4000平方米,住宅将于2011年12月交付使用。

控股南宁市金桥农产品批发市场:该项目由公司与南宁威宁资产经营有限责任公司联合投资,项目公司注册资本金30,000万元,公司出资21,000万元,占项目公司注册资本总额的70%。南宁金桥农产品批发市场项目位于南宁市昆仑大道旁,该项目一期工程于2011年7月10日开园试业。

全资设立五洲房地产有限公司:该公司成立于2009年11月9日,注册资本5000万元,为公司全资设立。该公司主营房地产开发和物业服务,目前主要经营钦州市政基础设施代建项目及受公司委托代建自治区政府机关事务管理局大板一区和新竹小区两个危旧房改造项目。

以上项目投资效益的显现,将使公司持续盈利、稳步发展,从而为公司全体股东带来更好的投资回报。

【600470】安徽六国化工股份有限公司

【基本情况】

安徽六国化工股份有限公司是国家重点发展的大型磷复肥生产骨干企业,设立于2000年12月,由铜陵化学工业集团公司为主发起人并控股。2004年3月5日,六国化工8000万股A股在上海证券交易所上市(股票代码600470),先后于2007年4月、2010年8月两次增发,现总股本为5.216亿股。公司现有总资产53亿元,年销售收入近60亿元;截至2012年6月底,公司本部在岗员工1613人,各类技术人员298人,高级专业技术人员15人。

公司主要从事磷矿采选,磷复肥、精细磷化工、合成氨和甲醇等生产与销售。现有1个本部、8个子公司,即:六国化工铜陵本部,全资子公司宿松六国矿业有限公司,控股子公司铜陵鑫克精细化工有限责任公司、铜陵国星化工有限责任公司、湖北六国化工股份有限公司、安徽省颍上鑫泰化工有限公司、江西六国化工有限责任公司,参股子公司宜昌明珠磷化工业有限公司、铜陵市绿阳建材有限责任公司。公司本部现有四套高浓度磷复肥生产装置,年产能120万吨。

公司拥有“六国”、“施大壮”两件中国驰名商标,是全国磷酸二铵生产企业中唯一一家拥有两件中国驰名商标的企业。“六国”牌磷酸二铵荣获中国名牌产品、全国用户满意产品等称号;“六国”商标入围中国最有价值商标500强,是安徽省十大标志性品牌。

公司积极倡导“以人为本”企业文化,全力推行“三讲五心”特色企业文化,精心培育“感恩·服从·奋斗”企业价值观,牢固树立视员工如客户、视客户如员工的“员工·客户”理念,大力实施数据化、表格化、模版化、规范化和职业化“五化”精细化管理,竭力打造企业文化品牌。

“打造中国著名品牌,实现六国品牌国际化”是公司的核心发展战略。一是继续加强和巩固磷复肥主业在国内的地位,提升产品档次,扩大生产规模;同时采用高新技术延长产业链,大力发展煤化工。二是全面提升企业自主创新能力,把增强自主创新能力作为转变经济增长方式的中心环节,调整产业结构,提高产品科技含量,充分发挥硫、磷资源优势,开发生产工业级、食品级磷酸,进一步发展电子级磷酸以及精细磷酸盐产品。三是大力发展循环经济,创建节约型企业,重点做好氟资源回收利用。四是积极实施国际化战略,进一步加大与国际一流企业的合作力度。全力打造以磷化工为主体,煤化工、氟化工快速发展的产业化格局,把公司建设成国内领先、具有国际竞争力的一流化工生产企业。

公司坐落在具有3000年开采历史的中国古铜都——安徽省铜陵市,人杰地灵,风光旖旎,距中国佛教圣地九华山77公里,距世界著名风景胜地黄山144公里。公司滨临长江黄金水道,铁路专用线直达厂区,公路运输四通八达。

公司所处铜陵地区是国家重要的化学工业基地,拥有全国第二大硫铁矿山,其硫铁矿制酸和冶炼气制酸,年产在350万吨以上,是全国最大的硫酸产地。公司全资控股宿松六国矿业公司,参股宜昌明珠化工公司,进一步整合磷矿资源。这为公司走“酸肥结合、矿肥结合”的发展道路,扩大高浓度磷复肥的生产提供了得天独厚的条件。

【企业文化】

六国品牌:

公司大力推进品牌发展战略,先后向国家工商总局商标局申请了56件商标,“六国”、“六瑞”、“六国之星”、“六国肥娃”等45件商标已成功注册并使用。其中:“六国”系中国驰名商标,“六国”商标被评为安徽省十大标志性品牌之一,并入选中国最有价值商标五百强;“六国”牌磷酸二铵系中国名牌产品、安徽省名牌产品、全国用户满意产品,“六国”牌复合肥系安徽省名牌产品、全国用户满意产品,“六国”牌磷酸一铵系安徽省名牌产品。

公司“LANDGREEN”商标成功在印度、韩国、印度尼西亚、中国台湾等八个国家和地区注册,为公司走国际化道路打下品牌基础。

文化启源:

六国化工是国家重点发展的大型磷复肥生产骨干企业,在长期发展中形成了丰厚的文化积淀。自创业以来,奉行“精、细、严、实”的企业作风和“创建优秀文化,打造核心竞争力”的文化发展战略,形成了以“三讲五心”为核心内容的、具有六国特色的企业文化。

“三讲五心”文化,即讲感恩、讲服从、讲奋斗,有忠诚心、有团结心、有自责任心、有上进心、有奉献心。

2002年至2004年,时任公司党委书记、总经理、副董事长黄化锋从培育团队精神入手,提出了“三支队伍”(一般员工、党员、中层管理人员)建设;在广大员工灌输“员工·客户”理念(视员工如客户、视客户如员工),大力开展“产品即人品”宣贯活动;推行和实施“五化”(数据化、表格化、模版化、规范化、职业化)精细化管理,培养精细严实工作作风。一系列文化战略的推行,在广大员工中产生了强烈反响,企业文化建设初步破题。2004年6月28日,黄化锋在公司生产调度会上首次提出“三讲五心”文化,即讲感恩、讲服从、讲奋斗,有忠诚心、有责任心、有上进心、有团结心、有奉献心,掀开了公司特色文化建设新篇章。

讲感恩,就是培养做人的道理,要有勇于回报的思想。讲服从,就是要服从于企业的制度和原则、服从于企业的文化。

讲奋斗，就是通过个人奋斗实现岗位成才，体现个人价值。“五心”是指对企业的忠诚心、对事业的责任心、对工作的进取心、对同志的团结心、对企业和社会的奉献心。倡导“五心”，其核心是培育对六国化工的忠诚心。

【经营业绩】

2013年上半年，主产品同比价格下降，销量减少，库存增加。公司累计生产高浓度磷复肥100.83万吨（其中母公司：47.48万吨），总氨19.15万吨（其中母公司：10.51万吨）。实现营业收入25.84亿元，比上年同期下降11.81%，营业利润-470.63万元，归属于上市公司股东的净利润1512.52万元，比上年同期下降63.56%。

【600516】方大炭素新材料科技股份有限公司

【基本情况】

方大炭素新材料科技股份有限公司（以下简称“方大炭素”）本部位于甘肃省兰州市红古区海石湾镇，东距甘肃省省会兰州市113公里，西距青海省省会西宁市120公里，地理位置十分重要，区位优势明显；公司交通运输、航空运输均十分便利；南临黄河支流大通、湟水两河，水资源丰富；厂区附近有刘家峡、龙羊峡、李家峡、盐锅峡等大型水电站，涩北—兰州输气管道从这里通过，水、电和天然气供应充沛，资源丰富，为公司的发展提供了得天独厚的条件。

方大炭素的前身——“兰州炭素厂”（行业代号205厂）始建于1965年，1996年改制为国有独资的兰州炭素有限公司，2000年3月经甘肃省批准更名为“兰州炭素集团有限责任公司”，属国家大型一类企业和国家经贸委确定的1000家重点国有企业。2001年4月由兰州炭素集团公司发起设立兰州海龙新材料科技股份有限公司，并于2002年8月在上海证券交易所上市。2006年9月28日，辽宁方大集团实业有限公司成功竞买到兰州炭素集团有限责任公司所持海龙科技公司51.62%的法人股，成为海龙科技公司的控股股东，顺利实现并完成了对海龙科技公司的并购、转制和重组。2006年12月底，经国家工商行政管理总局批准，“兰州海龙科技新材料科技股份有限公司”更名为“方大炭素新材料科技股份有限公司”。

改制重组后，方大炭素成为辽宁方大集团实业有限公司控股的大型跨地区炭素企业。现拥有抚顺炭素有限责任公司、成都蓉光炭素股份有限公司、合肥炭素有限责任公司、北京方大炭素科技有限公司、抚顺莱河矿业有限公司等子公司，形成了前所未有的产业优势，已成为中国最大的民营炭素企业，是亚洲第一、世界前列的优质炭素制品生产供应基地，国内唯一新型炭砖生产基地。

方大炭素是亚洲最大的炭素制品生产供应基地。公司炭素制品综合生产能力达到23万吨，其中石墨电极和炭素新材料20万吨，炭砖3万吨。方大炭素按照各子公司设备和技术水平，优势互补，规范生产，分工协作，可生产国内外客户所需的各品种、规格的石墨电极和炭素制品。产品分为3大系列，38个品种，126种规格，主导产品有超高功率、高功率、普通功率石墨电极；高炉用微孔炭砖、半石墨质炭砖，铝用普通阴极炭砖、大截面半石墨质阴极炭砖，石墨化阴极炭砖，各种矿热炉用内衬炭砖；高档炭糊；特种石墨制品、生物炭制品、炭毡和炭/炭复合材料等炭素新材料产品，其中多项为国内首创。产品广泛应用于冶金、化工、机械、医疗、生物等行业和高科技领域，畅销全国30个省、市、自治区，并远销日本、欧美、东南亚及非洲等国家和地区。

方大炭素拥有国际先进水平的炭素制品生产设备。先后从美国、日本、德国引进了电热混捏机、二次焙烧隧道窑、电极清理机、高压浸渍等国际先进水平的关键性设备，特别是从日本引进的全自动配料、40MN立捣卧压机设备，是当今世界最先进的大规格电极生产装备，还拥有国内先进水平的内串石墨化炉和20000KVA直流石墨化炉。公司现装备技术水平达到了国内一流、世界领先。

方大炭素基于四十多年炭素制品的研发、生产、经营历史，建立和健全了与炭素制品研发与生产特点相适宜的研发、生产、质量、设备、安全环保等管理体系。已经取得了ISO9001质量体系认证证书，产品质量达到了国际标准，公司整体工艺技术能力达到国际先进水平。

在今后的发展历程中，公司将继续坚持以科学发展观为指导，紧紧瞄准“产业报国，打造中国炭素航母，打造世界炭素旗舰”的企业发展目标，遵循办企业要有利于政府、有利于企业、有利于职工的企业价值观，坚持“以人为本，诚信为先”的企业精神，践行“取之于社会，回报于社会”的企业宗旨，依靠技术进步和精细管理，加快产品结构调整，优化资源配置，发挥装备优势，实施品牌战略，继续做优做强做精石墨电极、炭砖和炭素新材料三大拳头产品，形成优先发展炭素新材料，重点发展炭砖，稳定发展石墨电极的整体发展思路，走以科技创新带动企业发展的产业化、资源节约型、环境友好型可持续发展之路，努力实现公司经济又好又快发展。

我们坚信在辽宁方大集团董事局主席方威先生为核心的董事局领导下，方大炭素将乘风破浪，再接再厉，不断超越，在国际化的竞争环境中，成为世界一流炭素知名企业。

【主营业务】

石墨及炭素制品的生产加工、批发零售；经营本企业自产产品及技术的出口业务；经营本企业生产所需的原辅材料、机器设备、仪器仪表、零配件及技术的进口业务（除国家限制的除外）；经营进料加工和“三来一补”业务；餐饮服务、餐馆、住宿（分支机构经营）。

【经营业绩】

2013年，国际经济延续了缓慢复苏态势，对国内经济继续造成一定不利影响，增速相对放缓。受以上综合因素影响公司所在行业不景气加大了公司经营压力，同时公司下游钢铁等行业需求缩减因素，对全年的营业利润增长形成制约。面对严峻的市场形势，公司及时把握市场发展的有利时机扩大发展规模，坚持做强、做大战略目标不动摇，强化预算管理达成的目标原则，深入推动公司整体精细化运营管理，多渠道挖掘企业增长潜力，公司生产经营工作在行业内保持了较为平稳的运行态势。

2013年报告期内，公司生产炭素制品16.5万吨，生产铁精粉102.5万吨；营业总收入实现337,334.92万元，同比降低14.61%；归属于母公司的净利润23,605万元，同比降低48.71%。

【企业文化】

企业精神：以人为本、诚信为先

企业宗旨：取之于社会、回报于社会

企业口号：谋方略韬远、铸大成基业

【企业荣誉】

方大炭素先后获国家银质奖12项，冶金部优质产品奖22项，省优产品奖3项。高功率、超高功率石墨电极和高炉炭砖被甘肃省人民政府列为全省首批“陇货精品”。超高功率石墨电极、长寿高炉炭砖被国家五部委联合命名为国家重点新产品,核石墨、生物炭等炭素新材料的研究和生产保持国内领先地位。企业管理先后被授予“全国五一劳动奖状”等五十多个国家、省、部荣誉称号。

公司被兰州市工商行政管理局、兰州市个体劳动者协会、兰州市私营企业协会联合授予“2012 年度先进私营企业”称号。

【600567】安徽山鹰纸业股份有限公司

安徽山鹰纸业股份有限公司是国家大型造纸工业企业、国内最大包装纸板生产企业、高新技术企业。公司于 2001 年 12 月 18 日在上海证券交易所挂牌上市,股票简称:山鹰纸业,股票代码:600567。

目前,公司的综合竞争力水平位列行业第一梯队。公司业务涵盖造纸、包装、印刷、贸易与物流等多个领域,国内拥有铁路专用线、集装箱港口、水运专用码头及自备热电站等一系列造纸配套资源,国外废纸采购网络实现全球布局,已形成了从废纸收购、原纸生产到包装印刷的完整造纸产业链运营模式。公司现有 225 万吨造纸年生产能力和 10 亿平方米纸板纸箱年生产能力(另有 80 万吨在建造纸项目产能,计划于 2014 年投产),造纸生产规模位列包装纸行业第三位,仅次于玖龙纸业和理文纸业,纸板纸箱生产规模位列全国第一名。公司在浙江和安徽分别设有造纸基地。公司下属子公司合计已达到 30 余家,境内子公司分布在浙江、安徽、江苏、福建、湖北、天津等地,境外子公司分布在美国、英国、德国、荷兰、日本、澳大利亚、中国香港等地。

公司愿景是:引领循环经济,传承纸业文明;公司使命是:为顾客创造价值,为员工创造平台,为社会创造效益;公司核心价值观是:诚信、激情、责任、团队、关爱;企业精神是:以人为本、追求卓越、和谐共赢。

未来,公司将继续坚持规模化发展战略,以“创一流管理、树行业标杆”为目标,通过产业链整合、纵横向管理等举措,培育公司核心竞争优势,提升公司的规模效应,实现跨越式发展;坚持以市场为导向,以经济效益为中心,以产品质量为保证,以技术创新为重点,以强化管理为手段,实现造纸、包装产业的全面发展;坚持发展循环经济,走可持续发展的道路,努力把公司建设成为具有国际竞争能力的,现代化环保型的造纸和包装企业。

【600577】铜陵精达特种电磁线股份有限公司

【基本情况】

铜陵精达特种电磁线股份有限公司(简称精达股份)位于中国古铜都——安徽省铜陵市,1990 年 2 月建厂,作为一家专业生产特种电磁线的制造商,精达股份经过 20 年的不断发展,已经成为中国最大、全球第四大的特种电磁线制造商。

公司拥有 11 个子公司,一个省级技术开发中心。其中 6 个中外合资生产型公司、3 个内资生产型公司、2 个贸易公司。员工总数 1750 人,工厂占地面积 520 亩。

公司主要生产设备、检测仪器从意大利、德国、奥地利、美国、丹麦等国家和中国台湾地区引进,自动化程度高,具有当代国际先进水平。

主要产品及生产能力:12 万吨特种漆包圆铜线、1.1 万吨特种漆包圆铝线,1.5 万吨汽车线和电子线、1 万吨工程线。其他产品有:5 万吨无氧铜杆、11 万只漆包/拉丝模具的维修/制作等。

精达主要产品广泛适用于家用电器、电子材料、电力设备、通讯仪器、汽车电机、电动工具等行业产品配套。在全国制冷压缩机领域,市场覆盖面达 80%,市场占有率为 35%。已经形成安徽、广东、天津、江苏四大生产基地,产品覆盖长三角、珠三角和环渤海地区,并有部分产品销往欧美、南亚地区。

精达股份 2002 年 9 月在上海证券交易所上市,股票代码 600577,2009 年末公司资产总额近 28 亿元。

精达股份是国家重点高新技术企业,2007 年被评为中国 500 家最大制造业企业之一。“精达”牌漆包线 2007 年被国家质量监督检验检疫总局授予“中国名牌产品”。

公司于 1996 年通过 ISO9002 标准质量保证体系认证,2002 年通过 ISO9001 和 QS/9000 标准质量管理体系认证,2004 年通过了 ISO14001 环境管理体系认证和 OHSAS18001 职业健康安全管理体系认证。主导产品于 1997 年通过美国 UL 安全认证。

精达股份总部设在风景秀丽的中国古铜都——安徽省铜陵市经济技术开发区精达工业园内,交通便利,四通八达。

【企业文化】

公司宣言:在熟悉的领域乘风破浪,在边缘市场寻找商机,造“精达”之品牌、铸百年之“精达”。

企业核心价值观:对国家负责,对社会负责,对员工负责,对股东负责;确保国家利益、客户利益、员工利益、股东利益都得到体现。

企业精神:团结拼搏,进取敬业,全心服务,精益求精。

企业目标:创新、发展、共赢,成为同行业国内领先、世界先进企业。

企业宗旨:重质量“精益求精”,讲信誉“追求永恒”。

经营法则:成功的关键是进取。

经营理念:崇尚责任,崇尚竞争,追求品质,追求高效,以质量求生存,以市场带发展。

质量服务:质量第一、用户至上、满足客户的利益为最高利益。

【经营业绩】

2013 年,公司产品生产和销售总量分别为 224,560 吨和 226,777 吨,完成预算目标。其中:特种电磁线产品产量 138,570吨,销量 138,505 吨,分别比去年增加 9.19%,9.84%。公司全年实现合并主营业务收入 945,793 万元,合并营业利润 17,159.15 万元,合并净利润 14,006.83 万元,分别比去年增长 15.65%,25.19%,10.27%。

【600665】天地源股份有限公司

【基本概况】

天地源股份有限公司(以下简称“天地源”)是西安高科(集团)公司旗下、在上海证券交易所上市的一家股份有限公司(股票代码 600665),注册资金 7.2 亿元人民币;公司具有国家建设部颁发的房地产开发一级资质,是西北最大的以房地产开发为主业的上市公司。

作为西安高科(集团)公司旗下的上市公司,天地源团队汇聚了高新区房地产业发展的最早建设者和见证者。他们曾是西安高新区第一条市政道路的建设者、第一栋厂房的承建方,是全面参与高新区土地、房产开发建设的主力军。高科集团把最优良的资产注入到天地源,全力打造集团房地产业发展的战略旗舰。2006年，天地源以雄厚的实力、良好的盈利能力和优异的成长性，跻身中国房企综合实力50强；跃居中国上市房企综合实力排名23位。

作为一家具有社会责任感的企业，天地源多年来坚持在尊重城市建筑和城市文化的基础上进行地产项目开发，为所在城市营造和谐人居方式与环境做出不懈努力。目前公司在建在售住宅项目有：西北首个"亚太村"国际生态住宅品牌千亩大盘——天地源·枫林绿洲、新中式人文典范——天地源·曲江华府、优品菁英专属社区——苏州天地源·橄榄湾、富有独特文化韵味的长安109坊——天地源·兰亭坊、天地源·枫林意树、世家星城以及即将亮相的苏州天地源·水墨30度、天地源·津九轩等。写字楼项目有：倡导"有氧商务生态办公"的天地源·杰座、西北总部基地5A级写字楼——高新国际商务中心、电子城区多功能高品质商务MALL——西部电子信息大厦、新型商务办公建筑综合体——深圳盛唐大厦。同时，天地源还在西安、苏州、天津、深圳等地通过招拍挂以及项目合作、工业企业改制等方式储备了相当数量的土地资源。

目前，公司按照"立足西安、巩固上海、壮大深圳、发展天津"主业发展战略，初步形成了以西安为中心的西部市场、以苏州为中心的长三角市场、以天津为中心的环渤海市场以及以深圳为中心的珠三角市场的全国性战略布局；形成了从房地产开发、销售、物业经营、物业管理到不动产代理的环形产业链。

在未来的发展中，天地源将始终秉承"诚信、理性、创新、价值"的经营理念，以价值创造为核心，以中高端住宅开发为主，以品牌产品开发商为模式，稳健拓展房地产业务，积极构建和形成第二主业，实现业绩的稳步增长和竞争能力的持续提升，做价值领先的中国上市公司。

【经营业绩】

2013年上半年，报告期内，公司实现销售收入123,633.74万元，同比增长9.47%；实现归属母公司所有者的净利润17,997.82万元，同比增长3.99%；加权平均净资产收益率达到7.92%。截至2013年6月30日，公司总资产1,059,531.53万元，归属母公司所有者的净资产228,844.58万元，每股收益0.2083元。

【企业荣誉】

2013年

1月10日，在腾讯房产西安站年终答谢会暨2012西安地产风云榜颁奖典礼上，天地源股份有限公司荣获2012年度最具影响力房地产企业。

4月20日，中国业余网球公开赛"天地源杯"白金赛暨第八届天地源西安业余网球公开赛在陕西网球中心盛大开幕，公司荣获中国网球协会颁发的2013年中国业余网球公开赛(CTA－Open)西安分站赛暨第八届"天地源"杯西安业余网球大奖赛特别贡献奖。

4月，公司通过了2012年质量体系运行情况的外部监督审核并获得认证证书。

5月16日，天地源·兰亭坊项目部被国家住房和城乡建设部授予"2012年度全国物业管理示范住宅小区"，枫林意树项目被国家住房和城乡建设部授予"2012年度陕西省物业管理示范住宅小区"。

5月，天地源·枫林意树荣获西安市政府"园林式居住小区"荣誉称号。

5月，公司获得"优秀董事会奖"和"最具创新力董秘奖"两项殊荣。

6月28日，天地源·九悦香都项目正式开工。

6月，公司党支部被评为高新区先进基层党组织。

7月，天地源·欧筑1898尚信园项目高层8—12号楼获"天津市结构海河杯"荣誉称号。

9月23日，天地源·欧筑1898尚智园项目一、二标段顺利通过"天津市市级文明施工示范工地"检查验收工作。

10月24日，天地源·欧筑1898尚智园项目一、二标段顺利通过"天津市市级质量观摩工地"检查验收工作。

10月，西安天地源物业公司通过华夏认证中心ISO9000质量认证外部审核。

10月，在《物业管理行业发展报告》发布大会上，西安天地源物业公司被中物协授予"全国物业管理行业综合实力前260名入围企业"证书。

11月7日，天地源·枫林意树通过"国家级物业管理示范小区"，现场评审得到了建设部及省市主管领导的一致好评。

11月14日，天地源·欧筑1898尚智园项目三标段顺利通过"天津市市级文明施工示范工地"检查验收工作。

11月16日，深圳公司举办了"惠州市天地源杯首届国际滑翔伞表演赛"。

11月18日，苏州天地源·七里香都项目荣获苏州日报报业集团、苏州市房地产行业协会颁发的"苏州十大明星楼盘"奖。

11月22日，苏州公司响应园区政府发起的"苏州工业园区富民专项资金股金募捐"活动，捐赠资金20万元，并获得"富民专项资金股金慈善募捐荣誉奖牌"。

11月26日，公司荣获"爱的小桔灯·儿童关爱行动"爱心联盟单位。

11月28日，天地源·津九轩项目被天津市津南区人防办授予"天津市人防工程维护管理达标单位"荣誉称号。

11月29日，天地源·御湾荣获了南方都市报颁发的'宜居生态楼盘"奖。

11月，公司荣获CIHAF2013中国房地产文化地产领跑者大奖，公司总裁李炳茂荣膺CIHAF2013中国房地产十大风云人物。

12月12日，苏州天地源房地产开发有限公司荣获搜房网评选的2013第十届中国房地产网络人气榜苏州楼市品牌房企；天地源·七里香都项目荣获搜房网评选的2013第一届中国房地产网络人气榜苏州楼市"梦想家·华宅精品"楼盘。

12月20日，公司荣摘2013年度第十届中国房地产网络人气榜风云责任地产大奖。

12月，西安天地源物业公司获得西安市质监局授予的"西安市名牌企业"荣誉证书。

【600690】青岛海尔股份有限公司

【基本概况】

青岛海尔股份有限公司成立于1989年4月28日，它是在对原青岛电冰箱总厂改组的基础上，以定向募集资金方式设立的股份有限公司。1993年11月19日，青岛海尔股份公司在上海证券交易所上市，募集资金3.69亿元，股票简称：青岛海尔，股票代码：600690。截至2012年12月31日，青岛海尔总股本为26.85亿股；总资产为496.88亿元；净资产为154.26亿元。公司同时控股在香港主板上市的海尔电器集团有限公司(股票简称:海尔电器,股票代码:1169. HK)。

青岛海尔上市以来取得了长足发展,目前公司已成为中国A股市场最大的家电类上市公司之一。世界权威市场调查机构欧睿国际(Euromonitor)发布最新的全球家电市场调查结果显示:海尔大型家用电器品牌零售量占全球市场的8.6%,第四次蝉联全球第一。至此,海尔同时拥有“全球大型家用电器第一品牌、全球冰箱第一品牌与第一制造商、全球洗衣机第一品牌与第一制造商、全球酒柜第一品牌与第一制造商、全球冷柜第一品牌与第一制造商”共9项殊荣。

2013年前三季度公司实现营业收入665.56亿元,同比增长9.78%;归属于母公司股东的净利润达到34.58亿元,同比增长25.21%;三季度单季度收入增幅明显,实现收入235.85亿元,同比增长17%,其中空调业务三季度单季度收入同比增长38.2%。

【企业精神】

在战略上,海尔的目标是以“两个引领”创造互联网时代的全球化品牌,即:成为全球白电行业领先者和规则制定者及实现全流程用户体验驱动的虚实网融合。通过引领潮流的产品解决方案,不断满足用户的需求,同时掌握专利和标准的话语权,通过标准输出,带动整个产业链的出口。公司抓住互联网时代的机会,用户通过网络参与前端设计,再由海尔的实体网络快速送达需求。

在组织上,公司持续完善以自主经营体为基本创新单元的倒三角组织架构。通过一线员工发掘用户需求,再倒逼内部全流程人员,为实现用户需求、创造用户价值提供快速反应和支持。目前,公司已经建立起2000多个自主经营体,并不断推进自主经营体纵横沟通零距离的自优化建设。

在流程上,公司建立开放的信息化系统。对外,通过信息化平台与用户互动,及时把握用户需求,并以最优方案满足用户需求;对内,通过信息化系统及时掌握经营体的绩效和问题,通过提供资源和专业服务帮助经营体达成目标。

在文化上,海尔坚持“永远以用户为是,以自己为非”的是非观。永远以用户为是,不但要满足用户需求,还要创造用户需求;永远自以为非,只有自以为非才能不断挑战自我突破自我——实现以变制变、变中求胜。同时,海尔提倡员工发扬“两创”(创业和创新)精神,创业精神即企业家精神,海尔鼓励每个员工都应具有企业家精神,从被经营变为自主经营,成为自己的CEO;创新精神的本质是创造新的价值,新的价值的创造来源于创造新的用户资源。在这样的文化下,促进员工自创新、自驱动、自运转。

【600784】鲁银投资集团股份有限公司

鲁银投资集团股份有限公司是1993年3月经山东省人民政府批准以定向募集方式设立的股份有限公司。公司于1996年12月公开发行A股,并在上海证券交易所挂牌交易,公司注册资本496,613,746元。

公司秉承“为客户创造价值,为股东创造效益,为职工创造机遇,为社会创造财富”的企业宗旨,以“创蓝筹企业,铸百年鲁银,实现股东、客户、员工、社会和谐共赢”为愿景,发扬“不畏艰难,不懈追求,不断创新”的鲁银精神,精细经营,规范运作,通过强化内部管理、优化产业结构,努力打造公司健康、快速、可持续发展之路。

公司位于济南市经十路10777号,总部设8个部门,下辖有带钢分公司、粉末冶金有限公司、禹城粉末冶金制品公司、山东省鲁邦房地产开发有限公司、禹城羊绒纺织有限公司、山东毛绒制品有限公司、青岛豪杰矿业有限公司、山东鲁银文化艺术品有限公司、济南市市中区鲁银小额贷款有限责任公司等20家全资或控股子分公司。

主要经营范围:股权投资、经营与管理;投资于高新材料、生物医药、网络技术等高科技产业;高科技项目的开发、转让;机械、电子设备的销售;批准范围内的进出口业务;热轧带钢产品的生产、销售;羊绒制品的生产、销售。

公司主要产业包括钢铁、粉末冶金及制品、房地产开发、羊绒纺织、铁矿开采及股权投资等。

公司带钢分公司资产优良、生产平稳、效益稳定、市场占有率高,主导产品为620mm低合金结构钢热轧钢带,具备年110万吨带钢生产能力。

公司粉末冶金及制品产业拥有粉末冶金有限公司和禹城粉末冶金制品有限公司,两家子公司具备较强的生产能力和研发能力,形成了良好的产业链和产业布局。粉末冶金有限公司是国家级高新技术企业,国家高技术研究发展计划(863计划)成果产业化基地,具备10万吨钢铁粉末生产能力。3种产品被国家评为“国家级重点新产品”,是目前国内规模最大、品种齐全、质量名列前茅及唯一拥有还原制粉和雾化制粉两种生产工艺的钢铁粉末生产企业,具有良好的品牌效应和技术优势。禹城粉末冶金制品有限公司是国家级高新技术企业,公司产品广泛应用于汽车变速箱、发动机、减震器及家用电器、仪表等领域,产品达300余种,与国内多家知名的汽车同步器、变速箱、发动机制造厂家及多家欧美企业亚洲采购商建立了配套关系。

公司房地产业拥有山东省鲁邦房地产开发有限公司和济南鲁邦置业有限公司、莱芜鲁邦置业有限公司三家子公司,目前在建面积达70多万平方米,实现了住宅、写字楼、商业街多元化项目开发,形成了较好的品牌效应。其中,在青岛开发的“悦海豪庭”房地产项目入选“中国十大名盘”;在济南开发的经十路写字楼项目采用钢结构建筑,获得了中国房地产协会评选的“中国城市魅力经典楼盘奖”。

公司羊绒产业是全国最大的半精纺羊绒纱生产基地之一,年生产能力毛纱1500吨、毛衫35万件。羊绒产业为国家半精纺行业标准起草单位,被中国毛纺织行业协会授予“改革开放三十年推动中国纺织产业升级重大技术进步奖”,荣获中国纺织工业协会组织评选的“产品开发贡献奖”。

公司控股的青岛豪杰矿业有限公司拥有面积为15.1平方公里区块的探矿权,勘探区块内已探明铁矿储量484.5万吨。随着生产和勘探的开展,将逐步形成年产40万吨左右铁精粉生产能力。

山东鲁银文化艺术品有限公司主要从事艺术品拍卖、收藏、鉴赏、投资、交易及文化艺术类研讨运营,致力于推介中华文化艺术之精髓,打造艺术的鉴赏、收藏、投资平台,大力促进山东省文化产业的发展。

济南市市中区鲁银小额贷款有限责任公司于2012年9月份开业,坚持为“三农”和小企业服务的原则下办理各项小额贷款,开展小企业发展、管理、财务等咨询业务及其他经批准的业务。小额贷款公司的成立,将为加快地方经济发展发挥积极的促进作用。

股权投资方面,公司参股多家上市公司,持有烟台万润精细化工股份有限公司、山东省中鲁远洋渔业股份有限公司、山东航空股份有限公司等公司股权。

【600832】上海东方明珠(集团)股份有限公司

【基本概况】

上海东方明珠(集团)股份有限公司成立于1992年8月,系中国第一家文化类上市公司。

公司成立以来,先后在旅游现代服务、新媒体、对外投资等领域进行多元化拓展,在规模、效益和品牌等方面取得了显著提升,实现了产业结构优化和业绩的稳健、快速发展。公司现有注册资本31.86亿元,截至2012年末,公司总资产120.83亿元,归属于母公司的净资产75.89亿元,被上海市人民政府列入50家重点大型企业,名列中国最具发展潜力上市公司50强、中国科技上市公司50强,"东方明珠"还被国家工商管理总局认定为中国驰名商标。

公司所属东方明珠广播电视塔是上海市标志性建筑,经过多年的精心打造和品牌经营,现已成为上海乃至中国现代化建设的标志、对外宣传和风貌展示的窗口、文化交流的纽带、改革开放的象征。

公司控股的上海国际会议中心拥有一家五星级酒店、风格各异的多功能会议厅和一个目前上海规模最大的宴会厅,先后成功承办了APEC会议、全球扶贫大会、全球工程师大会、上海合作组织峰会等重大国际性会议。作为东方明珠管理品牌输出的成功范例,上海东方绿舟管理中心管理着占地面积达5600亩的上海青少年校外活动营地"东方绿舟",成为上海文化休闲娱乐的重要基地。公司与AEG/NBA联手经营上海世博文化中心,引进顶级文娱演出、体育赛事,延伸文化旅游产业链,并成功承办了2010年上海世博会开、闭幕式。

东方明珠传输公司承担着整个上海地区无线广播和电视发射以及数据传输等任务,24小时不间断地把几十套广播电视节目传输到上海乃至华东部分地区的千家万户,保持了在全国同行业的先进水平。

东方明珠依托文广集团的整体优势,积极介入媒体领域,确立了以新媒体产业为主导的战略发展方向。公司投资上海东方有线网络公司和太原有线电视网络公司,参建上海最具规模和影响的"东方网",购买上海东视新闻娱乐频道和上视综合频道黄金广告时段。

公司立足创新经营,适应媒体技术日新月异的发展趋势,进一步加快在新媒体业务领域的开拓。2002年8月,东方明珠和文广集团等单位共同发起创建了东方明珠移动电视有限公司,整合资金、节目、传输等多方优势,率先在中国推出了移动数字电视这一全新媒体,创下了中国第一、全球第二的纪录。2005年7月,东方明珠移动电视有限公司、上海东方宣传教育服务中心和东上海国际文化影视有限公司联合推进楼宇电视,开通了上海公共视频信息平台。2008年,公司与申通地铁资产管理公司合资成立上海地铁电视有限公司,通过地铁电视建立一个涵盖所有上海重要市内交通网络的立体数字电视平台。与此同时,公司锲而不舍,以新理念、新技术、新模式致力于手机电视业务的开拓,2009年,与广电总局建立战略合作关系,成为CMMB手机电视在上海地区的运营商。

【企业荣誉】

2013年8月,东方明珠(集团)股份有限公司荣膺2013上海企业100强称号。

2012月9月,东方明珠(集团)股份有限公司荣膺文化体制改革工作先进单位。

2012年5月,东方明珠(集团)股份有限公司荣获"第四届全国文化企业三十强"。

2011年8月,上海东方明珠移动电视获得由上海市儿童健康基金会所颁发的2011年度"关爱儿童健康社会公益奖"。

2011年7月21日,《上海地铁数字电视覆盖系统建设与网络管理》项目荣获"王选奖"一等奖,同时公司自主研发的《广播电视覆盖网规划软件》项目以及《隧道十六套调频广播覆盖系统研究与开发》项目分获二等奖、三等奖。

2011年5月5日,东方明珠当选为协会理事会副会长单位,董事长钮卫平同志当选为协会副会长。

【经营业绩】

2013年上半年上半年,整体经济增速呈现放缓迹象,国内生产总值同比增长为7.6%,但是第三产业生产总值上半年同比增长仍达8.3%,且上半年消费者价格指数和生产价格指数一直处于低位,这为公司加大实体业务投资,开拓新业务提供了有利条件。公司抓住机遇扩大投资,新业务的投入使公司上半年投资性现金流净额同比增长96.62%,营业成本增加14.92%,高于公司营业收入6.92%的增速,随着经济的逐步企稳和公司新业务培育的成熟,当前投资和成本的增加能够有力地支撑未来营业收入及利润较大的提升.同时,公司抓住上半年市场货币相对宽松的时机,以较低的融资成本发行了10亿元的短期融资券,目前公司账面货币资金达到26亿元,能够保证公司当前及潜在新项目的开展和培育。上半年公司实现营业收入6.59亿元,归属于母公司净利润2.95亿元,同比2012年上半年增长7.53%。

【600993】马应龙药业集团股份有限公司

马应龙(600993.SH)是一家经商务部首批认定的中华老字号企业,创始于公元1582年,于1995年引入第一大股东中国宝安集团。经过多年持续快速健康发展,如今已成长为一家专业化医药类上市公司。

马应龙以肛肠及下消化道领域为核心定位,深化实施品牌经营战略,推行"目标客户一元化,功能服务多元化"的思路,集药品经营、诊疗技术、医疗服务于一体,为肛肠病患者提供整合解决方案。

马应龙生产功能齐全,可生产剂型超过30种,拥有马应龙麝香痔疮膏、麝香痔疮栓、龙珠软膏等20多个品种的独家药品,可供生产的国药准字号药品超过300种。各类软膏年生产能力近亿支,栓剂生产能力过亿粒。生产设施先进,主要品种生产流水线及配套设施的技术水平已处于国内领先水平。

马应龙现有一支人员配备齐整、结构合理、优势互补的技术团队,并有一批从事药物合成、中药提取、制药工程和药理毒理及临床试验评价等方面研究的学科带头人。公司与北京大学药学院、中国药科大学等多家科研机构建立了长期的战略合作关系。经国家人事部核准公司与北京大学、中国军事医学科学院共同组建了博士后工作站。2009年,马应龙药业集团股份有限公司技术中心被国家发改委、科技部等五部委认定为国家级企业技术中心,马应龙创新药物研发团队被湖北省委组织部认定为首批"湖北省重点产业创新团队"。2013年,马应龙主导参与中华中医学会肛肠分会组织的全国肛肠流行病学调研,普及肛肠疾病知识,提升公司品牌影响力,在肛肠领域的学术地位得到进一步认可,这也是马应龙积极承担行业和社会责任的重要举措。

据南方医药经济研究所研究数据表明，马应龙在痔疮药品零售市场的份额超过40%，成为治痔领域的第一品牌。在世界品牌实验室、世界经理人周刊联合评估的2013年“中国最具价值品牌500强”排行榜中，马应龙名列第188位，品牌价值达到了95.55亿元。2011年，马应龙八宝古方及眼药制作技艺被国务院认定为国家级非物质文化遗产。同年，马应龙荣获湖北省人民政府颁发的“长江质量奖”。

传承四百多年的历史文化，马应龙逐步形成了独特的企业文化体系。公司秉承“为顾客创造健康，为股东创造财富，为员工创造机会，为社会创造效益”的经营宗旨，倡导“以真修心，以勤修为”的哲学观，倡导“稳健经营、协调发展”的经营观，倡导“资源增值”的价值观，弘扬“龙马精神”的企业精神。马应龙将以实现中药现代化为己任，在品牌经营战略的指引下与时俱进，继往开来。

【601168】西部矿业股份有限公司

西部矿业股份有限公司是一家地处我国西部地区的以矿产资源综合开发为主业的大型矿业上市公司。公司由西部矿业集团有限公司为主发起人，2000年12月28日发起设立，总部位于青海省西宁市五四大街52号，法定代表人汪海涛。公司主要从事铜、铅、锌、铝、铁等基本金属、黑色金属的采选、冶炼、贸易等业务，注册资本23.83亿元。截至2011年公司总资产达到265.14亿元，全年实现营业收入212.73亿元，实现利润总额11.80亿元。

公司累计拥有已探明资源储量超过千万吨。旗下主要经营八座矿山和五家冶炼厂，其中，青海锡铁山铅锌矿是我国年采选规模最大的独立铅锌矿山，内蒙古获各琦铜矿是位居国内资源储量第六位的大型铜矿，四川呷村银多金属矿以银铅锌铜富集于一体而著称，西藏玉龙铜矿将极有潜力发展成为我国资源储量最大的铜矿。根据安泰科统计数据，公司为我国2010年第二大铅精矿生产商、第四大锌精矿生产商和第八大铜精矿生产商。

公司以“开发西部、报效国家”为宗旨，以“批判包容、务实创新”为企业精神，坚持科学发展观，取得了良好的经济效益和社会效益。近年来，公司先后获得“全国五一劳动奖状”、“国家A级守信企业”、“中国工业行业排头兵企业”、“中国矿业十佳企业”、“中国工业经济先进集体示范单位”、“国家级创新型企业”、“国家技能人才培育突出贡献奖”、“2009年度上市公司收入及市值百强金牛奖”、“中国企业社会责任杰出上市公司”等荣誉。2012年，公司连续第八年蝉联国家统计局“铅锌矿采选行业全国效益十佳企业”第一名，六年在“铜矿采选行业全国效益十佳企业”中排名第一。

公司高度注重人才的培养及科研队伍的建设。2006年，公司被国家科技部认定为“国家级技术中心、科研中心和研发中心”，在坚持企业自身创新的同时，还承担了多项国家科技攻关项目，建有青海省首家国家级博士后科研工作站。

二十多年的行业经验和得天独厚的地域条件，铸就了西部矿业在我国西部地区乃至周边国家和地区开发矿产资源的雄厚优势。公司将继续秉承竞争、开放的经营理念，坚持科学的发展观，力争用5年左右的时间，使公司总资产超过800亿元，投资达500亿元，年销售收入超过400亿元，年利润稳定在40亿元左右，努力成长为“国内一流，国际知名”的大型矿业公司。

【601299】中国北车股份有限公司

中国北车股份有限公司（以下简称“中国北车”）是世界领先的轨道交通装备制造企业，2011年、2012年分别以893.5亿人民币和924.3亿元人民币的销售额，位居世界轨道交通装备行业第一。

近5年间，中国北车的电力机车、地铁车辆和铁路货车销量均位居世界第一，分别占据全球28%、21%和12%的市场份额。时速300公里以上的动车组保有量位居世界首位。

中国北车是中国高速动车组的主要研制企业，在中国现有的三个动车组研制平台中，中国北车占据其中的两个。拥有中国北车长客股份公司和中国北车唐车客车公司两大动车组制造基地，永济电机公司、四方所公司、大连电牵公司等高速动车组配套企业，成功研制了CRH380BL、CRH380B高寒、CRH380CL、CRH3、CRH3A、CRH3G、CRH5等高速动车组，研制的CRH380BL型高速动车组于2011年1月9日创造和保持了时速487.3公里的世界高速铁路最高运营试验速度，首创了世界最快高寒动车组——CRH380B型高寒动车组。在中国铁路的历次招标中，中国北车时速300公里以上的动车组获得了超过60%的市场份额，将近600列时速300公里以上的动车组主力承运京沪、京广、宁杭甬、哈大等中国著名高速铁路，堪称中国走向世界的“国家名片”。

中国北车是中国最大的轨道交通装备出口企业，屡次刷新和创造中国出口纪录。目前中国出口全球的经典高端轨道交通装备产品，均出自中国北车。中国北车2011年交付澳大利亚的双层客车，是中国铁路客车首次登陆发达国家；2012年交付白俄罗斯的大功率交流传动电力机车，是中国大功率电力机车首次出口欧洲；2012年交付爱沙尼亚的内燃调车机车，是中国铁路机车首次出口欧盟；2013年交付法国的罐车，是中国轨道交通装备首次出口欧洲发达国家；2012年、2013年陆续交付巴西的地铁车辆和地上电动车组车辆，是中国地铁车辆首次服务世界杯。中国北车在经历产品输出和技术输出后，正以资本输出的方式，由“北车国际化”向“国际化北车”迈进。

中国北车铁路机车研制水平居于世界领先地位，拥有4个国际一流的交流传动大功率机车产品技术平台，研制的和谐型系列大功率交流机车累计签单量占中国铁路市场采购总量的64%以上，是中国铁路干线货运的主力。“HXD3型大功率交流传动电力机车”项目荣获国家科技进步一等奖，开创了中国铁路机车整机产品获得这一奖项的先河。深度国产化新八轴HXD21型交流传动电力机车功率高达9600千瓦，是世界功率最大电力机车，堪称世界铁路“重载之王”；HXD3C型客货通用电力机车，市场保有量超过千台，是中国铁路有史以来产量最高的客运电力机车，被成为中国铁路“客运王”。

中国北车持续领跑中国铁路货车技术发展方向，搭建了具有国际先进水平的货车产品技术平台，设计开发了中国铁路80%以上的货车车辆品种，能够研制世界上迄今最大轴重（40吨）的重载货车。

中国北车城轨车辆研制始终保持行业领先地位，是世界上唯一能够生产所有牵引方式、所有车体材质的城轨车辆企业，满足了全球各地不同用户对城市轨道交通发展的需求。

是中国城市轨道交通装备的开拓者和引领者，是中国第一辆地铁车辆(北京地铁一号线)的研制者，为中国提供了80%以上的地铁车辆。承接了世界最高端地铁——香港地铁的研制，能够高强度抗风沙、抗高温、抗超大人流的沙特朝觐地铁和为巴西世界杯、奥运会研制的地铁，则是“中国创造”走向世界的典范。

中国北车依托核心技术优势，不断向相关多元化领域延伸，风电产业、工程机械、海工机械、环保产业迅猛发展，成为支撑企业未来发展的重要支柱。中国北车是中国风力发电机的标准制定者，占领该领域60%以上的市场份额；是中国环保产业的领航者，研制的真空集便器覆盖了海陆空各种运输装备，研制的城市道路真空高速排水系统成为治理“城市病”的关键设备。

中国北车拥有1万多名专业技术人员，两名“中华技能大奖”获得者，技术研发实力雄厚。拥有4个国家创新型企业，5个中国工程院院士工作站，5个博士后工作站，8个专项技术研发中心，6个整机产品研发中心，2个研究院分院，2个海外研发中心，8个国家级企业技术中心，17个高新技术企业。

【601588】北京北辰实业股份有限公司

北京北辰实业股份有限公司1997年4月2日由北京北辰实业集团有限责任公司独家发起设立，同年5月在香港联合交易所挂牌上市。2006年10月在上海证券交易所成功发行A股并上市。

公司注册总股本为336,702万股，其中A股为266,000万股，占总股本的79.002%，H股70,702万股，占总股本的20.998%。

公司主营业务包括发展物业、投资物业(含酒店)及商业物业。发展物业目前集中于北京和湖南长沙，包括住宅、公寓、别墅、写字楼、商业在内的多元化、多档次的物业开发和销售。目前主要开发项目有：北辰绿色家园、奥运媒体村、顺义马坡项目、香山清琴别墅、北辰长河玉墅别墅、北辰碧海方舟别墅、北辰·香麓、北辰·福第和长沙北辰三角洲项目。

公司在亚奥核心区内持有并经营的物业面积逾120万平方米，主要包括总建筑面积达60万平方米的亚运村综合物业群、总建筑面积达53万平方米的国家会议中心及配套项目综合物业群和北辰绿色家园居住区内大型商业设施。

投资物业包括会展、酒店、写字楼和公寓业态，以会展业为龙头，实施“会展联销”的业务策略，经营项目主要为国家会议中心、北京国际会议中心、北辰洲际酒店、北辰五洲皇冠假日酒店、北辰五洲大酒店、国家会议中心大酒店、北辰汇宾大厦、北辰汇欣大厦、北辰时代大厦、北辰世纪中心和北辰汇园酒店公寓等。

商业物业立足北京亚奥区域，连锁发展北辰购物中心亚运村店、时代名门购物中心和北辰购物中心北苑店等商业项目，逐步形成以购物中心业态、百货业态、超市业态为主体的多业态、多地区、多店铺专业化经营模式。

公司秉承追求股东价值最大化的一贯原则和“创造物业价值，筑就百年基业”的历史使命，不断致力于打造发展物业、投资物业、商业物业三业并举、三位一体的独特业务模式，坚持以投资物业、商业物业为稳定收益基础，以发展物业为利润增长来源的基本经营策略，努力实现创建全国大型一流房地产综合运营企业的目标。

※深交所主板上市公司※

【000404】华意压缩机股份有限公司

【基本概况】

华意压缩机股份有限公司是以研发，生产冰箱、冷柜、饮水机、制冰机及除湿机等制冷电器的各类压缩机为主营业务的大型企业，是全球重要的环保、节能、高效冰箱压缩机专业制造商之一。公司总部位于中国瓷都——景德镇，下辖浙江嘉兴加西贝拉压缩机有限公司、华意压缩机(荆州)有限公司、华意压缩机(巴塞罗那)有限公司等三家子公司。

公司现有总资产为55亿元，员工6500余人，全球市场占有率约为16%。主要生产适用于R600a、R134a环保制冷工质的高效、超高效冰箱压缩机，产品主要有HY、HYE、J、N、ZBH、VN变频、异种电源等系列，压缩机年产能力3500万台以上，企业综合竞争力位居国内冰箱压缩机行业首位、全球行业第二位。

20世纪90年代初，公司本部通过引进美国泰康公司最新无氟技术和日本、德国、澳大利亚等国的现代化设备，建成我国首条年产100万台无氟压缩机生产线，率先在国内竖起环保大旗，是国内最先淘汰R12而采用R134a新制冷工质的企业，并首家推出无氟制冷压缩机。华意压缩于1996年成功上市，成为中国股市第一支无氟新军。

公司制造的压缩机各项技术指标均达到国际先进水平。产品先后通过CE、VDE、UL和3C等认证，2011年成功通过ISO9007-2008质量管理体系认证，ISO14001环境管理体系认证和OHSAS18001职业健康安全管理体系认证。被评为“中国名牌”、“中国驰名商标”，并获得联合国环保署新二质制冷示范线改造资金，并先后荣获“全国五一劳动奖状”、“全国模范劳动关系和谐企业”、“全国机械工业先进集体”、全国“安康杯”竞赛优胜企业、“中华全国总工会模范职工之家”等奖项。

公司先后与海尔、海信、美的、美菱以及德国博世—西门子、瑞典伊莱克斯、意大利伊黛喜、西班牙法格、利勃海尔、三星、东芝等国内外著名冰箱公司建立了良好的合作伙伴关系，已连续12年实现产销总量、产品性能国内压缩机行业三个领先，规模、技术位居国际前列。

【经营业绩】

2013年上半年，公司成功实施了非公开发行股票方案，募集资金11亿元，期末公司的总资产与归属于母公司所有者权益较期初分别增加37.22%、171.81%，资产负债率由期初的76.38%下降至62.49%，公司的现金及现金等价物大幅增加。期末资产结构与财务状况有很大的改善，公司的综合实力与抗风险能力有很大的提高。

报告期，公司实现营业收入415,550万元，同比增长37.24%，归属于母公司所有者的净利润10,080万元，同比增长121.46%。

【大事记】

2013年12月，公司对外发布全年业绩预告，华意系2013年产销压缩机达3400万台，实现净利润1.54亿-1.85亿元，成功实现“全球第一大”家电冰箱压缩机制造企业目标。

2013年11月28日，公司年度累计销售出库压缩机达8,520,588台，提前33天完成年度850万台销量任务。

2013年10月31日，中国家电行业技术大会在无锡召开，在这场家电科技创新能力的集体大检阅中，公司凭借自主创新实力，HYE－MDU 系列超高效压缩机荣获"2013 年度中国家电科技进步奖"。

2013 年 6 月 8 日，公司新建年产 600 万台高效和商用压缩机项目奠基仪式隆重举行，项目全部达产后，华意压缩景德镇本部将形成年产销 1500 万台以上家用和商用压缩机规模，年销售收入突破 35 亿元。

2013 年 2 月，公司非公开发行股票 11 亿元发行成功，并在网上公告。本次非公开发行新增股份 235042735 股，于 2013 年 2 月 27 日在深圳证券交易所上市。

2013 年 2 月 20 日，副省长李贻煌一行在市领导于秀明、黄康明等的陪同下莅临公司进行实地考察。

【企业文化】

企业宗旨：员工满意顾客满意股东满意

企业愿景：成为全球受尊敬的压缩机企业

核心价值观：造福员工发展企业贡献社会

经营理念：创造价值合作共赢持续发展

企业精神：勤奋坚韧责任创新

企业作风：团结务实诚信担当

创新理念：把常规做到极致把创新做成常规

服务理念：真诚快捷专业高效

质量理念：视质量为生命不断追求完美

安全理念：安全是责任安全是效益安全是幸福

【000538】云南白药集团股份有限公司

云南白药，股票代码：000538。由一代名医曲焕章先生初创于 1902 年，并于 1971 年由周恩来总理亲自批示正式建立云南白药厂。历经 111 年的风雨兼程，如今的云南白药已成为一家以传统中药生产及创新健康产品研发为主业的大型国有控股集团，白药产品素以"配方独特、质量上乘、工艺精湛、功效卓著"而享誉四海，从 1999 年至 2013 年，云南白药每年均保持 30% 以上的复合增长率。2013 年内，公司先后入选"年度中国医药工业百强"、"中国主板上市公司价值百强（前十强）"、"年度最具投资价值医药上市公司 10 强"、"央视财经 50 指数"、"最受赞赏的中国公司"等评选，公司股价亦于 10 月 8 日冲上 119.30 元/股，市值高达 827.94 亿元，是 1993 年上市之初的 306 倍，稳居医药类上市公司之首。

自 2012 年启动第二次企业再造以来，公司全面打破产能桎梏，今天的云南白药已完成了由单一散剂向胶囊剂、膏剂、酊剂、气雾剂、创可贴等系列化、标准化的战略转型。通过高效精简内部管理系统，将内部创业、首席科学家、虚拟企业等先进管理模式进行创造性引入，积极探索中华医药现代化，在短时期实现了企业的跨越式发展。目前，云南白药坐落于昆明市呈贡区高新工业园，占地 1100 余亩，集工业制造、物流仓储、创新研发以及行政办公于一体，建设有 40 余条现代化的药品生产线，可进行胶囊剂、散剂、气雾剂、片剂、颗粒剂等 14 个剂型生产，全面覆盖自原料提取至成品仓储整个药品生产的工艺流程。

公司善创新、重改革，通过产品创新研发及优化经营管理，不断夯实企业发展基础，以架构明晰的事业部制划分权责进而实现了企业内部资源的有效整合，显著提升整体经营效益；密切关注医药行业政策走势，以市场变化为导向，有针对性地对产品结构及营销策略进行及时调整；在当前业绩与未来发展之间谋求平衡，以强化终端和研发培育为基点，在深挖现有市场的同时，适时拓展新的领域，实现了企业的健康可持续发展。

【000550】江铃汽车股份有限公司

【基本概况】

江铃于 20 世纪 80 年代中期在中国率先引进国际先进技术制造轻型卡车，成为中国主要的轻型卡车制造商。1993 年 11 月，公司成功在深圳证券交易所发行 A 股，成为江西省第一家上市公司，并于 1995 年在中国第一个以 ADRs 发行 B 股方式引入外资战略合作伙伴。美国福特汽车公司（"福特"）现持有公司 30% 股份。

作为江西较早引入外商投资的企业，江铃凭借战略合作伙伴——福特的支持，迅速发展壮大。1997 年，江铃/福特成功推出中国第一辆真正意义上中外联合开发的汽车——全顺轻客。公司吸收了世界最前沿的产品技术、制造工艺、管理理念，并以合理的股权制衡机制、高效透明的运作和高水准的经营管理，形成了规范的管理运作体制。

目前公司建立了研发、物流、销售服务和金融支持等符合国际规范的体制和运行机制，成为中国本地企业与外资合作成功的典范。公司产品有"全顺"汽车、"凯运"轻卡、"宝典"皮卡、"驭胜"SUV、"宝威"多功能越野车等，这些产品已成为节能、实用、环保汽车的典范。江铃近两年来投入巨资致力新产品开发，充实原有的产品线，2009 年，江铃宽卡"凯威"上市；2010 年岁末，悬挂江铃全新标志的自主品牌中高端 SUV 驭胜震撼上市，作为江铃股份旗下首款乘用车，开启了江铃乘用车品牌新纪元。江铃新产品源源不断的上市，给江铃市场份额拓展提供了保证。

深受中国消费者青睐的福特全顺汽车，在中高端商务车、城市物流客货两用车等市场，一直稳步增长，成为中国高档轻客市场的主力军，中高端轻客市场同类柴油商用车销量第一。公司自主品牌的江铃"JMC"宝典皮卡、凯运及 JMC 轻卡系列的销量连续占据中高端市场的主导地位。集当代国际轻客最先进技术于一体、性能卓越的福特新世代全顺，强大的动力、轿车化的设计及先进功能配置、达到欧 4 超低排放标准、出众的驾驶性能，引领中国轻客市场"轿车化、安全化、柴油化、环保化"新主流，使江铃在中国高档轻客领域处于领先地位。

公司在中国汽车市场率先建立现代营销体系，构建了遍布全国的强大营销网络。按照销售、配件、服务、信息"四位一体"的专营模式，公司拥有上百家一级经销商，经销商总数超过 600 家。公司海外分销服务网络快速拓展，海外销量快速成长，是中国轻型柴油商用车主要出口商，并被商务部和国家发改委认定为"国家整车出口基地"，江铃品牌成为商务部重点支持的两家商用车出口品牌之一。

公司建立了 ERP 信息化支持系统，高效的物流体系实现了拉动式均衡生产；建立了 JPS 江铃精益生产系统，整体水平不断提升；建立了质量管理信息网络系统，推广 NOVA－C、FCPA 评审，运用 6sigma 工具不断提升产品质量、节约成本，荣获中国质量协会颁发的全国六西格玛管理推进十佳先进企业称号。全顺车以优异的品质连续三年荣获福特全球顾客满意金奖，连续被评为年度中国最佳商用车。在与供应商共赢的发展理念下，公司借鉴福特 Q1 评审模式完善供应商评价，优化整合供应体系，成为国内率先通过 TS16949 一体化管理审核的汽车企业。凭借完善的质量管理体系，公司近两年还赢得了首届南昌市市长质量奖、全国卓越绩效模式业绩先进企业、全国企业环保成就奖等巨大荣誉。

通过吸收国际先进技术，江铃不断提高自主开发能力，江铃股份产品开发技术中心被成为国家认定技术中心，成为国家高新技术企业。

江铃股份小蓝整车生产基地总规划用地2000亩，分期实施建设，项目主要内容为生产福特与江铃品牌各类车型，新建冲压、焊接、涂装、总装等生产线，建设全新的产品研发中心和试车跑道。新厂区工艺先进、精益高效、节能环保，达到世界级乘用车品质标准，生产线及装备的自动化、柔性化程度瞄准国际先进水平。建成后新区最大产能年产整车30万辆以上，于2013年开始陆续投产。

【经营业绩】

2013年上半年，中国汽车行业随着经济的放缓，产销量呈现理性的平稳式增长。上半年汽车销售1,078万辆，同比增长12.3%．其中商用车销售306万辆，同比下降4.0%。公司的主要业务是生产和销售商用车，SUV以及相关的零部件。主要产品包括JMC系列轻型卡车，皮卡，重型汽车，驭胜品牌SUV，福特品牌全顺系列商用车。本公司亦生产发动机，铸件和其他零部件。报告期内，为应对不断加剧的竞争挑战，更加严格的法规要求，不断上升的成本压力以及商用车行业销量下滑压力，公司致力于提升产品质量，推动新产品研发及新工厂建设，同时推出一系列销售策略积极应对各细分市场份额下降的风险，实现整车销售110,230辆整车，同比增长7%，实现收入96.71亿元，同比增长11%，实现净利润9.57亿元，同比增长12%，净利润的增长主要是由于报告期内销量的增长，销售组合的改善以及持续有效的成本控制。

【000561】陕西烽火电子股份有限公司

【基本概况】

陕西烽火电子股份有限公司（简称：烽火电子）位于欧亚大陆桥的枢纽——中国西部工业重镇宝鸡，是国家通信装备及电声器材科研生产骨干企业。

烽火电子旗下拥有从事民用通信设备和电声产品制造的上市公司——陕西烽火电子股份有限公司和以新能源项目为主的太阳能光伏、半导体照明及房地产开发等多家子公司。其主导产品有短波通信设备、超短波通信设备、紧急救生定位定向设备、机（车）内通话器、电声器件、RFID无线射频识别系统、单（多）晶硅切片、LED照明等八大系列。产品广泛应用于国防通信、应急保障、林业矿山、海洋运输等领域，并远销东南亚、北非及欧美等国际市场。

烽火电子始终坚持科技兴企，以技术创新为引领，瞄准国际先进，争创国内领先。先后研制生产了多个国内一流产品，曾荣获两项全国科学大会奖、两项国家银质奖、87项省部级科技进步奖。

公司将秉承和弘扬新时期"勤奋团结、以诚取信；求实创新、勇争第一"的烽火精神，与各界朋友携手并进，共创辉煌！

【发展理念】

尽责敬业：将自己的工作精细化，把每天做的事情都当作事业来完成，为自己的工作而感到骄傲。

创造价值：不做无用功，不做无意义的事，在为企业创造价值的同时实现个人价值。

公平公正：以公平公正为准则，正确对待每件事、每个人。

永续发展：以优质的产品报答客户，以优秀的员工为根基实现企业发展，追求经济效益和社会责任的最大化，使企业基业常青。

【企业文化】

勤奋团结：团结就是力量，团结出凝聚力，出战斗力，出生产力。团结是企业一贯的精神，是干任何事业不可缺少的首要条件。

"勤"意为：尽力多做或不断地做；"奋"意为：鼓起劲来；"勤奋"就是不懈地努力工作或学习。"团结"，包括员工之间、员工与领导之间、领导与领导之间、企业与客户之间的广泛的团结与合作。有一个团结和谐的集体，大家同心协力，扬长避短，优势互补，才能出色地完成各项工作任务，才能创造和谐的氛围，才能充分发挥团队的作用，从而推动我们的事业向前发展。

以诚取信：古语："言必信，行必果"、"诚者天之道也，诚之者人之道也"。以真诚、善意的态度去工作，去做人，恪守承诺，讲求信誉，真诚相待，不欺不诈，是市场经济条件下取胜的法宝。

"诚"就是真诚、诚实、诚恳，中肯、实在；"信"就是信誉、信用、信任、信守。简单地说也就是用诚实争取他人的信任，确立自己的信誉。诚信作为烽火"立身处世"的准则，已被外界所广泛认同，也是烽火区别于其他企业的显著特征之一。古人云："以诚求信，为善必真。取义得义，成仁得仁。仁义礼智，皆以诚信。"诚信不光是一种美德或礼仪，诚信也是一种无形的资产，它能产生生产力，转化成有形财富。

求实创新：这是与新时期、新的形势相适应的一种精神风貌。

"求实"是一种工作态度，是一种做人的态度。"求"就是研究、探索，"路漫漫兮，吾将上下而求索"说的就是这个道理。"实"就是真实、客观事物、实实在在。"创新"是一种精神境界。创新是企业发展的源泉和动力。创新是一项实践活动，既然是实践我们就必须本着"求实"的态度，因此，我们所说的创新是在求实的基础上的创新，是在立足企业实际情况上的创新，是在对企业实际情况充分研究、探索基础上的创新。

勇争第一：是新的历史时期工作奋斗的精神状态，是竞争意识的一种具体表现，是永不停息的奋斗目标，是在激烈的市场竞争中立足的法宝。

"勇"就是"敢"的意思，'争"就是不言放弃的意思。面对全球经济一体化的挑战，我们必须要有"勇争第一"的精神，要有一种不畏艰难一往直前的勇气，要有敢于争先的大气魄，只有如此我们才能在市场竞争中站稳脚跟，获得发展。

【企业荣誉】

陕西省文明单位

国家二级档案管理企业

全国电子企业管理优秀单位

陕西省重合同守信用先进单位

城市先进基层党组织

陕西省园林式企业

全国"安康杯"竞赛优胜单位会

全国五一劳动奖状

陕西省国有企业"四好"领导班子

陕西省高技能人才工作先进集体

"烽火"商标被认定为陕西省著名商标

陕西省节水型企业

【经营业绩】

2013年1－6月，公司实现营业收入26153万元，较去年同期下降 12.98%，营业成本 16828 万元，较去年同期增长 15.94%，研发投入 841.82 万元，较去年同期增加 381.25%。

【000584】四川友利投资控股股份有限公司

【基本情况】

四川友利投资控股股份有限公司（以下简称“公司”）是一家民营控股的大型综合性上市公司，其前身为成立于 1980 年的成都市工业展销信托股份公司，是中国改革开放后设立最早的规范的股份制企业。同年，经政府部门批准，公司对外发行了中国改革开放以来第一张股票。1990 年公司更名为成都蜀都大厦股份有限公司（证券简称：蜀都 A），1995 年公司股票在深圳证券交易所主板市场挂牌交易。2004 年公司更名为四川舒卡特种纤维股份有限公司（证券简称：舒卡股份），2009 年公司更名为四川友利投资控股股份有限公司（证券简称：友利控股）。截至 2013 年 9 月末，公司拥有总资产 33.78 亿元，归属于母公司所有者权益合计 20.06 亿元（未经审计），总股本 408,882,893 股。

2000 年至 2002 年，公司成功实施发展战略调整，在稳定原有经营基础上，妥善处理了若干历史遗留问题，化解了公司财务和经营风险，改善和提高了公司的资产质量，公司内部管理、组织结构和经营结构调整成效明显。

2003 年 12 月，江苏双良科技有限公司通过受让公司国有股方式，成为公司控股股东之后，逐步将江苏双良特种纤维有限公司 70% 的股权、江阴恒创科技有限公司持有的江阴舒卡纤维 60% 股权置换入公司，并通过资产转让的方式将四川恒创特种纤维有限公司 75% 的股权以及江阴友利特种纤维有限公司 75% 的股权注入公司，公司完成了以氨纶为主营的经营结构调整和发展战略转型。经中国证监会核准，2007 年、2008 年公司先后完成两次非公开发行股票，公司严格按照发行时的承诺，将募集资金全部投资建设“年产 10,000 吨高技术功能性差别化氨纶项目”和“差别化氨纶（功能化细旦丝）技改项目”，并使用自有资金并通过引进先进核心技术设备以及改进原有技术等措施，在“年产 10,000 吨功能性差别化氨纶项目”基础上新增了年产 2,000 吨经编氨纶系列产品产能等。2011 年，公司又自筹资金对氨纶生产线进行了技术改造，使上述项目更加节能、高效。目前，公司形成了年产氨纶纤维 3.2 万吨的生产规模，拥有较为齐全的生产线，能生产市场所需的、不同规格的优质氨纶纤维产品，这对于进一步扩大公司氨纶产品的市场占有率，确保公司在国内氨纶生产行业中保持前列地位，具有重要作用。与此同时，公司拥有亚洲规模最大、设备最先进的氨纶包覆纱生产企业，在该行业中具有龙头优势。

公司认真执行股东大会关于“坚持控制风险，适度加大项目开发力度，把房地产业务发展成为公司经营业绩新的利润增长点”的决议，加大房地产开发业务力度。公司抓住房地产发展市场机遇，先后倾力打造了桂林“金色嘉苑”住宅小区、成都“帕丽湾”、成都天府新城 CBD“蜀都中心”城市综合体等知名开发项目。目前，“蜀都房产”已跻身于成都地区实力房产企业的行列。

公司充分尊重和认真维护股东、员工、投资者、供应商、客户等相关利益者的合法权益，协调平衡各方利益。公司重视履行企业公民的社会责任，并以在经营管理中厉行节能降耗、注意保护环境，努力保障员工合法权益、构建和谐企业，积极参与社会服务、推进社区建设等实际行动，促进社会和公司共同持续、健康发展。

公司的奋斗目标是：“坚持以新材料新技术产业为主导产业，做大做强氨纶主营业务；坚持在控制风险的前提下，加大房地产项目的开发力度，把房地产业务发展成为公司经营业绩新的利润增长点；坚持规范治理、强化内控，狠抓经营、开拓市场，增强公司核心竞争力，逐步把公司建设成为成长型绩优上市公司。”

【主营业务】

房地产、场地租赁、氨纶纤维制造、研发和销售。

【企业文化】

企业精神：学习才能进取创造方为永恒

【企业荣誉】

是新中国设立最早的规范的股份制企业，1980 年经政府批准，公司发行了新中国改革开放以来第一张股票。

【000610】西安旅游股份有限公司

【基本概况】

西安旅游股份有限公司，是西北地区唯一一家旅游类国有控股上市公司，股票名称“西安旅游”，证券代码 000610。公司现有 22 家分（子）公司，包括解放饭店、西北大酒店、关中客栈、小寨饭店、胜利饭店、渭水园温泉度假村、上林宫酒店、关中大院、长乐未央、西旅国际中心、西安光华宾馆、西旅新光华酒店、西安中旅国际旅行社、西安海外旅行社、西安国内旅行社、西安照像馆、酒店管理分公司、北海鼎盛长安酒店、西安红土创新投资公司等多家知名企业。公司总股本 1.97 亿元，资产总额近 10 亿元，员工总数 3000 多人。主营饭店经营与管理，餐饮服务，旅游产品开发、销售；旅游景区、景点开发；房地产开发与经营等相关业务。公司以品牌连锁酒店、旅行社、商业地产开发（租赁）、景区开发为核心业务板块，积极向控股/联营商业、物业管理服务和劳务输出等多元化领域拓展，努力以省心、放心、舒心、快捷、至尊的服务，为您的都市观光、旅游度假、休闲体验、商务会展等需求提供完美的解决方案，拓展令人耳目一新的旅游新境界。

【企业文化】

西安旅游股份有限公司企业文化理念

1. 企业标识及价值

2007 年 6 月，公司全面启用新的形象识别系统。

公司 LOGO 图形标识取形于西安旅游集团 LOGO 朱雀图形头部，结合英文旅游“travel”中首个字母 T 的优雅变形，相互融汇构成了一个浑圆的整体，标识既蕴有中国传统文化底蕴，又展现出简洁大方的现代风格，表明了西安旅游股份与西安旅游集团公司之间的品牌渊源与依存关系，同时又体现了现代旅游行业的特征。标识色彩运用为赭色，借以映射西安深厚的历史文化底蕴，同时与古都西安城市建筑的主色调相吻合，彰显了西安特有的历史人文和旅游文化背景。

2. 指导思想：

全力推进品牌形象传播，着力夯实企业文化建设，努力提升主业核心价值，竭力提高员工幸福指数。

3. 工作口号：

解放思想、审慎务实、和谐振兴、细节完美。

4. 工作要求：

善于创新，勇于拼搏，甘于奉献，高效执行，用心服务。

5. 企业精神

识大局，抓关键，敢担当，干成事。敢为人先，抓住核心，严谨务实，言必行，行必果，以业绩论英雄。

6. 公司文化氛围

公司坚持以人为本的发展理念，提倡人文关怀精神，追求人和发展目标，努力营造“快乐工作、幸福生活”的文化氛围。

7. 公司发展战略

深入贯彻落实科学发展观，紧扣国家旅游业十二五发展规划，抢抓西安建设国际化大都市和国际一流旅游目的地城市重大发展机遇，着力实施主题品牌连锁战略、项目带动战略和人才强企战略，扩张主业规模，提升主业经营业绩，恢复上市公司资本市场融资功能。以品牌连锁酒店、旅行社、商业地产开发租赁、旅游度假景区开发为重点板块，积极向控股联营商业、物业管理服务和劳务输出等多元化领域拓展。在全国旅游类上市公司中脱颖而出，成为集团排头兵，中国西部具有行业代表性的上市公司。

【经营业绩】

2013 年，公司实现营业收入 67,152.94 万元，较上年同期 85,123.00 万元，减少 17,970.06 万元，减幅 21.11%，主要原因系①西旅国际中心项目上年已销售完毕，本期同比减少房地产收入 14,442.98 万元；②本期旅行社收入同比减少 2,717.65万元等综合影响所致。

【000631】顺发恒业股份公司

【基本情况】

顺发恒业股份公司（以下简称“公司”），股票代码：000631。

【公司简述】

2012 年，顺发恒业股份公司围绕“稳中求进”总基调和“销售为王”经营策略，严格按照时间和数字目标管理要求，及时抓住市场机遇，快速库存去化和资金回笼；同时积极优化企业架构，夯实基础管理、提升品牌建设。

【股本变动情况】

1. 股份变动情况表如下：

截至 2012 年 12 月 31 日　　　　数量单位：股

	本次变动前		本次变动增减（+，-）					本次变动后	
	数量	比例	发行新股	送股	公积金转股	其他	小计	数量	比例
一、有限售条件股份	803,596,033	76.86%				-803,596,033	-803,596,033	0	0%
1. 国家持股									
2. 国有法人持股									
3. 其他内资持股	803,596,033	76.86%				-803,596,033	-803,596,033	0	0%
其中：境内非国有法人持股	803,596,033	76.86%				-803,596,033	-803,596,033	0	0%
境内自然人持股									
4. 外资持股									
其中：境外法人持股									
境外自然人持股									
5. 高管股份									
二、无限售条件股份	241,913,720	23.14%				803,596,033	803,596,033	1,045,509,753	100.00%
1. 人民币普通股	241,913,720	23.14%				803,596,033	803,596,033	1,045,509,753	100.00%
2. 境内上市的外资股									
3. 境外上市的外资股									
4. 其他									
三、股份总数	1,045,509,753	100.00%				0	0	1,045,509,753	100.00%

2. 限售股份变动情况表：

数量单位：股

股东名称	年初限售股数	本年解除限售股数	本年增加限售股数	年末限售股数	限售原因	解除限售日期
万向资源有限公司	33,651,838	33,651,838	0	0	股改限售股份	2012 年 6 月 18 日
万向资源有限公司	736,344,195	736,344,195	0	0	重大资产重组限售	2012 年 6 月 18 日
深圳合利实业有限公司	33,600,000	33,600,000	0	0	股改限售股份	2012 年 6 月 18 日
合计	803,596,033	803,596,033	0	0	-	-

注：报告期内，公司为股东万向资源有限公司和深圳合利实业有限公司办理了有限售条件的流通股解除限售共计 803,596,033 股，占公司总股本的 76.86%（其中：万向资源有限公司解除限售 769,996,033 股，占公司总股本的 73.65%；深圳合利实业有限公司解除限售 33,600,000 股，占公司总股本的 3.21%），上述股份已于 2012 年 6 月 18 日实现可上市流通。

【公司股东情况】

公司前 10 名股东情况如下：

2012 年末股东总数		43,036	年度报告披露日前第 5 个交易日末股东总数		39,683
持股 5% 以上的股东持股情况					
股东名称	股东性质	持股比例	报告期末持股数量	持有无限售条件的股份数量	质押或冻结的股份数量
万向资源有限公司	境内非国有法人	73.65%	769,996,033	769,996,033	
深圳合利实业有限公司	境内非国有法人	3.21%	33,600,000	33,600,000	
长春高新光电发展有限公司	国有法人	1.29%	13,458,223	13,458,223	
北京和嘉投资有限公司	境内非国有法人	1.03%	10,722,941	10,722,941	
中轻贸易中心	境内非国有法人	0.31%	3,199,945	3,199,945	
光大证券股份有限公司客户信用交易担保证券账户	境内非国有法人	0.28%	2,977,971	2,977,971	
刘自和	境内自然人	0.25%	2,663,727	2,663,727	
中国建设银行－信诚中证 500 指数分级证券投资基金	境内非国有法人	0.18%	1,886,997	1,886,997	
张少光	境内自然人	0.16%	1,715,300	1,715,300	
陆来宝	境内自然人	0.14%	1,500,000	1,500,000	
上述股东关联关系或一致行动的说明	前十名股东中，万向资源有限公司与深圳合利实业有限公司之间存在关联关系，属于《上市公司收购管理办法》中规定的一致行动人。				

前 10 名无限售条件股东持股情况			
股东名称	持有无限售条件股份数量	股份种类	
		股份种类	数量
万向资源有限公司	769,996,033	人民币普通股	769,996,033
深圳合利实业有限公司	33,600,000	人民币普通股	33,600,000
长春高新光电发展有限公司	13,458,223	人民币普通股	13,458,223
北京和嘉投资有限公司	10,722,941	人民币普通股	10,722,941
中轻贸易中心	3,199,945	人民币普通股	3,199,945
光大证券股份有限公司客户信用交易担保证券账户	2,977,971	人民币普通股	2,977,971
刘自和	2,663,727	人民币普通股	2,663,727
中国建设银行－信诚中证 500 指数分级证券投资基金	1,886,997	人民币普通股	1,886,997
张少光	1,715,300	人民币普通股	1,715,300
陆来宝	1,500,000	人民币普通股	1,500,000
前 10 名无限售流通股股东之间，以及前 10 名无限售流通股股东和前 10 名股东之间关联关系或一致行动的说明	前十名股东中，万向资源有限公司与深圳合利实业有限公司之间存在关联关系，属于《上市公司收购管理办法》中规定的一致行动人。		

【治理目标】

为提高公司管理水平和风险防范能力，根据《企业内部控制基本规范》、《上市公司内部控制指引》以及《深圳证券交易所主板上市公司规范运作指引》的要求，公司结合所处行业、经营方式、资产结构及自身业务特点，制订了相应的内控制度。报告期内，公司不断健全内部控制体系和法人治理结构，进一步加强和规范内部控制，保证了企业经营合法合规、资产安全、财务报告及信息披露真实完整，确保了公司经营活动正常、有序地进行，维护了股东、特别是中小股东以及公司的利益。

【公司建立和完善内部控制制度所进行的重要活动及工作】

根据中国证监会《关于进一步落实上市公司现金分红有关事项的通知》(证监发[2012]37号)和中国证监会吉林监管局《关于进一步加强现金分红工作完善现金分红政策的通知》(吉证监发[2012]159号)的要求,公司修订了《公司章程》,在《公司章程》中明确了利润分配、现金分红等相关内容,进一步完善了公司法人治理结构。

为加强公司推广以及公司与投资者和潜在投资者之间的信息沟通管理,促进公司与投资者之间建立长期、稳定的良好关系,提升公司的诚信度,报告期内,公司对《投资者关系管理制度》和《接待与推广制度》进行了全面修订。

报告期内,公司根据《企业内部控制基本规范》及《企业内部控制配套指引》相关规定,对照18项应用指引的基本要求,与公司现有的政策、制度进行对比,新建立了《企业文化评估制度》、《业务外包管理制度》,并完善了《资产管理制度》等内容。同时,为推进公司重大决策的科学化、规范化、民主化、程序化,正确执行公司战略部署,有效控制经营风险,结合公司实际情况,公司还制订了《"三重一大"决策制度》,该制度明确了"三重一大"事项的决策规则和程序,公司股东大会、董事会、经营决策层等机构依据各自的职责、权限决定"三重一大"事项,保证决策的合规性;坚持务实高效,兼顾决策的延续性;充分尊重投资者,广泛听取专家意见,追求决策的科学性。

【公司经营概况】

2012年,公司充分审视市场环境和自身项目特点,对各在售项目拟定不同的去化策略,并根据市场节奏及时修整,争取房源去化最大化,年度效益创历史新高。

【公司主要财务数据和指标】

单位:元

	2012年	2011年	本年比上年增减(%)	2010年
营业收入(元)	2,766,119,999.15	2,156,838,081.76	28.25%	1,885,339,748.62
归属于上市公司股东的净利润(元)	584,179,739.46	522,373,150.00	11.83%	423,891,094.75
归属于上市公司股东的扣除非经常性损益的净利润(元)	583,399,700.45	523,214,427.77	11.5%	416,961,539.88
经营活动产生的现金流量净额(元)	995,376,477.93	426,037,130.70	133.64%	-2,312,448,009.37
基本每股收益(元/股)	0.56	0.50	12%	0.41
稀释每股收益(元/股)	0.56	0.50	12%	0.41
净资产收益率(%)	22.8%	25.99%	-3.19%	27.69%
	2012年末	2011年末	本年末比上年末增减(%)	2010年末
总资产(元)	11,077,577,303.95	10,654,303,152.61	3.97%	9,532,826,245.27
归属于上市公司股东的净资产(归属于上市公司股东的所有者权益)(元)	2,813,023,931.89	2,269,464,207.52	23.95%	1,749,999,182.52

【非经常性损益项目及金额】

单位:元

项目	2012年金额	2011年金额	2010年金额	说明
非流动资产处置损益(包括已计提资产减值准备的冲销部分)	80,041.87	-29,555.19	-3,304.02	
除同公司正常经营业务相关的有效套期保值业务外,持有交易性金融资产、交易性金融负债产生的公允价值变动损益,以及处置交易性金融资产、交易性金融负债和可供出售金融资产取得的投资收益			1,121,337.12	
除上述各项之外的其他营业外收入和支出	960,010.14	-1,092,148.51	8,121,373.39	
所得税影响额	260,013.00	-280,425.93	2,309,851.62	
合计	780,039.01	-841,277.77	6,929,554.87	--

【公司经营情况】

单位:人民币元

	营业收入	营业成本	毛利率(%)	营业收入比上年同期增减(%)	营业成本比上年同期增减(%)	毛利率比上年同期增减(%)
分行业						
房地产行业	2,712,369,295.40	1,541,555,832.01	43.17%	33.89%	46.14%	-4.77%
物业管理	49,993,801.46	18,041,237.67	63.91%	157.49%	35.1%	32.69%
分产品						
房地产行业	2,712,369,295.40	1,541,555,832.01	43.17%	33.89%	46.14%	-4.77%
物业管理	49,993,801.46	18,041,237.67	63.91%	157.49%	35.1%	32.69%
分地区						
浙江省内	2,762,363,096.86	1,559,597,069.68	43.54%	35.06%	46%	-4.23%

2012年度,公司实现营业收入276612.00万元,利润总额80771.24万元,归属于上市公司股东的净利润58417.97万元,分别同比增长28.25%、16.87%、11.83%。公司资产规模、经营业绩保持持续地增长,财务状况稳健。

投资者关系管理

公司积极做好投资者关系管理,拓宽与投资者的沟通渠道,及时更新公司信息,增强公司经营管理透明度,让投资者能够及时、全面地了解公司的生产经营情况及发展态势,提高投资者对公司的认同度;在日常接待投资者来电、来访工作中,公司投资者关系管理负责人热情、耐心地回答投资者的问题,对投资者比较关心的问题事先做好充分准备。

2012年3月-7月,公司以"倡导理性投资,营造证券市场健康投资文化氛围,提振投资者信心"为主题,通过发放宣传手册、悬挂宣传条幅以及在网站建立"投资者教育"专栏等形式,开展了一系列的主题宣传活动,通过对投资者开展各种形式的教育,增强了投资者的自我保护意识,加强了对投资者利益的保护,对共同维护资本市场稳定发展起到了积极作用。

2012年6月28日,公司总经理、董事会秘书、财务负责人参加了吉林证监局举办的"吉林省辖区上市公司2011年度业绩说明会暨投资者接待日活动",通过网络互动平台与广大投资者进行了"一对多"的广泛交流。通过本次活动,拉近了投资者与管理者的距离,对促进公司与投资者之间建立良好关系起到了积极作用。

【公司荣誉】

深圳证券交易所授予顺发恒业股份公司2011年度信息披露工作"A"级。

杭州资信评估公司授予顺发恒业有限公司2011年度信用等级AAA级。

【产品荣誉】

金钥匙国际联盟总部授予顺发·旺角城小区"豪华公寓小区创新服务奖"。

【000716】南方黑芝麻集团股份有限公司

【基本情况】

南方黑芝麻集团股份有限公司,成立于1993年,1997年在深圳证券交易所上市。南方黑芝麻集团经过重组、产业战略调整,目前已发展成为广西规模较大、实力较强、具有极大发展潜力的一家投资控股型企业,公司"以黑芝麻产业为主,物流业为辅"。

南方黑芝麻集团的母公司是国家农业产业化重点龙头企业广西黑五类集团公司,南方黑芝麻集团拥有"南方"中国驰名商标,享受国家农业产业化以及民族优惠政策。2012年落成投入使用的黑芝麻研发中心，也使得南方黑芝麻集团成为国内黑芝麻行业少数拥有自己的研发团队与机构的企业。

2006至2010年，以南方黑芝麻糊为主的食品业，通过实施“精品工程”，产品不断升级，保持了国内领先、规模最大的糊类食品产业龙头，实现了“糊类第一”的目标。2011－2015年，集团实施“南方黑芝麻战略”，实现从“产品经营”向“产业经营”的转变以及产业升级。公司的目标是中国黑芝麻产业第一品牌、中国黑芝麻产业龙头企业、中国黑芝麻产业第一股。目前集团控股广西南方黑芝麻食品股份有限公司、江西南方黑芝麻食品有限责任公司、江苏南方黑芝麻食品股份有限公司、广西南方黑芝麻食品销售有限公司、江苏南方食品科技有限公司等。

控股子公司广西南方黑芝麻食品股份有限公司已有29年的糊类食品生产经营历史，目前已形成南方黑芝麻糊、南方黑芝麻豆浆粉等系列产品。其中南方黑芝麻糊在国内处于领先地位，是中国糊类第一品牌。2010年企业经过技改扩建后，成为中国目前技术水平最高、产能最大的糊类食品生产企业。

江西南方黑芝麻食品有限责任公司坐落于江西南昌市新建县望城新区经济开发区，总投资超过5亿，公司是集团依据“六五”规划，发挥江西黑芝麻产地优势所成立的公司，致力于食品行业，主要从事农副产品的深加工，主营产品为南方黑芝麻乳、杯装黑芝麻糊、袋装黑芝麻糊。

江苏南方食品科技有限公司组建于2011年4月，坐落在我国五大淡水湖之一的洪泽湖畔——洪泽县经济开发区，是一座大型的、现代的豆浆粉、豆奶粉生产基地，占地面积5.85万平方米，总投资1.2亿元，国内同行业领先的全自控生产设备，年设计产能1万余吨。

【主营业务】

资产经营；对食品、管道燃气、物流、物业管理、航空服务项目的投资（国家有专项规定的按专项规定办理）；房屋租赁；国内商业贸易（国家有专项规定的除外）；自营和代理各类商品及技术进出口业务（国家限定公司经营或禁止进出口的商品及技术除外）；经营进料加工和“三来一补”业务；经营对销贸易和转口贸易；设计、制作、发布自有媒体广告；批发兼零售预包装食品。

【经营业绩】

1. 2013年报告期内公司生产经营情况良好，食品业务销售收入约8.7亿，同比增长约39%，食品业务的盈利有较大幅度增加。

2. 报告期内公司营业外支出减少，增加盈利空间。

3. 报告期内公司收购广西黑五类物流有限公司100%股权，该公司也为公司贡献部分利润。

【企业文化】

公司愿景：成为一家能不断创造新业绩、为社会勇担责任、为股东谋取良好投资回报的可持续良性发展的企业。

南方精神：自强不息　艰苦奋斗　超越自我

竞争取胜　追求卓越。

人才战略：员工与企业共成长。

【企业荣誉】

国家农业产业化重点龙头企业。

中国驰名商标。

中国目前技术水平最高、产能最大的糊类食品生产企业。

公司“黑芝麻糊广告片（叫卖篇）”荣获“广西十大创意”奖。

【000812】陕西金叶科教集团股份有限公司

【基本概况】

陕西金叶科教集团股份有限公司（以下简称“陕西金叶”）前身为陕西省金叶印务有限公司，于1992年经陕西省经济体制改革委员会批准，经陕西省股份制领导小组办公室批复，是由陕西省印刷厂、陕西省烟草总公司、陕西省投资公司、宝鸡卷烟厂、澄城卷烟厂、延安卷烟厂、旬阳卷烟厂七家大中型企业共同发起，采用定向募集方式组建股份制公司，于1998年6月23日在深圳挂牌上市，股票代码000812。

陕西金叶按照“产权明晰，权责明确，政企分开，科学管理”的原则建立了股东大会、董事局、监事会和经营管理层的权责分离、相互监督的现代企业管理结构。

陕西金叶在发展壮大的同时，不断进行产业结构调整，利用人才优势、行业特点，确立了长期发展战略，先后投资组建了陕西金叶印务有限公司、湖北金叶玉阳化纤有限公司、新疆奎屯金叶印刷有限责任公司、陕西金叶丝网印刷有限责任公司、陕西好猫卷烟材料有限公司等以烟草配套产业为主的子公司以及西北工业大学明德学院、陕西金叶房地产开发有限公司、陕西金叶万润置业有限公司、陕西金叶国际经济发展有限公司等9家控股子公司，公司参股子公司有陕西金叶西工大软件公司、西部信托投资有限公司、陕西烟草实业有限责任公司等多家公司，已经从单一印刷产业发展成为集烟草配套产业、教育产业、房地产业、进出口等为一体的大型集团公司。

近年来，陕西金叶坚持以诚实守信为企业核心价值观，遵守国家各项法律法规，完善诚信建设体系，创新诚信管理实践，积极履行社会责任，开拓进取，攻坚克难，为国家和陕西省保增长、扩内需、调结构作出了积极的贡献，在企业诚信建设中创新实践，取得了较好的成效，发挥了表率作用，为营造诚实守信、公平竞争的市场环境，推进社会信用制度建设做出了自身应有成绩。目前，企业经营状况良好，诚信经营理念强，诚信管理制度健全，积极履行社会责任，并取得较高社会认知度和良好公共记录。主要经济指标持续位于西北地区行业前茅，多次获得亿元企业、纳税大户、西安高新技术产业开发区百强企业、陕西银行同业协会“诚信企业”等荣誉称号。

“巩固烟草配套产业、提升民办教育产业、培育房地产业”，上述三产业在公司营业收入中相对贡献占比较大，目前公司经营正呈现出资产清晰，业绩向好两个最大特点。除了烟草配套业务发展迅猛外，民办教育也是公司目前或未来业绩增长的重要引擎。按照我国“教育优先发展”战略和结构调整部署，高等教育积极的宏观政策对公司的教育产业提供了一定的发展机遇，依托西北工业大学的优势品牌，明德学院可望持续发展。

伴随着集团公司集团化管控建设，公司显示出良好的发展态势，并拥有强劲的后续发展力。雄厚的技术力量与严格而学科的管理机制的完美结合、紧张和谐的文化氛围、远大的理想与追求，陕西金叶将借助西部大开发的东风和陕西“一线两带”的发展构思，迅速进入快速上升通道，将公司发展成为集团化、规模化企业。可以预见，陕西金叶科教集团股份有限公司这艘航母将带着全体股东的期冀，承蒙社会各界的关怀，步入成功，走向辉煌。

【企业文化】

公司宗旨：

为客户创造价值、为股东创造效益、为员工创造机会

经营理念：

优质、诚信、敬业、创新

人才理念：

人尽其才、权尽其责、利尽其功

管理理念：

以人为本、勤勉自律、科学管理、持续发展

【经营业绩】

2013 年 1－6 月，公司业绩稳健增长，超额完成了半年度营业收入及净利润计划。累计实现营业收入 34,641.27 万元，同比增长 37.17%，累计实现归属于母公司净利润 3,193.14万元，同比增长 40.14%。

【000983】山西西山煤电股份有限公司

【基本情况】

山西西山煤电股份有限公司作为中国焦煤资源第一股，由西山煤电（集团）有限责任公司等五家股东共同发起，于 1999 年 4 月 26 日注册成立。2000 年 7 月 26 日，西山煤电股票（证券代码：000983）在深圳交易所挂牌交易。

西山煤电股份公司总部位于山西省太原市西矿街 318 号西山大厦，地理位置优越，交通便利，距太原市中心 11.5 公里。煤炭资源品种齐全，煤质优良，其中焦煤、肥煤具有粘结性强、结焦性高等多种优点，被誉为世界瑰宝，是全国最大的炼焦煤生产基地。主要煤炭产品有焦精煤、肥精煤、瘦精煤、电精煤、焦炭等，是冶金、电力、化工行业的首选原料，畅销全国，并出口欧亚。

截至 2011 年底，公司发展从太原、古交延伸到吕梁、临汾、唐山等多个地市，初步形成煤－电－材、煤－焦－化两条循环经济产业链。拥有全国最大的燃用洗中煤坑口电厂，是全国首批循环经济试点单位。截至 2012 年底，旗下控参股公司达 17 个，所属单位 15 个，从业人员 28969 人，企业资产总额 451.26 亿元。

上市以来，西山煤电股票价值逐步为广大机构和个人投资者认同，被纳入深证成指、深证 100、巨潮 100、沪深 300 指数样本股，在资本市场表现良好，确立了煤炭板块的龙头地位，确立了大盘蓝筹绩优股的形象。公司相继荣获“中国煤炭工业优秀企业”、“全国 AAA 级质量信誉等级企业”、“山西省五一劳动奖状”等称号，荣获由《大众证券报》、《中国证券报》、《证券时报》等媒体评选的“大众证券杯金奖”、“中国上市公司百强金牛奖”、“中国上市公司价值百强”、“A 股市值百强”、“股东回报百强”、“综合百强”、“主营百强”和“十佳最重回报上市公司”等荣誉，公司的无形资产不断攀升。

【主营业务】

煤炭开采、煤炭加工、煤炭销售、机械修造、批发零售钢材、轧制和锻造产品、化工（易燃、易爆、易腐蚀除外）、建材、公路货运、汽车修理、种植业、养殖业、煤炭技术开发与服务。

【经营业绩】

2013 上半年公司原煤产量 1532 万吨，同比增长 6.26%；洗精煤产量 705 万吨，同比下降 1.1%；发电量 84.84 亿度，同比增长 52.56%；焦炭产量 214 万吨，同比增长 2.31%。实现营业收入 152.75 亿元，同比减少 2.61%，其中，煤炭销售收入 86.79 亿元，同比减少 4.82%；电力热力销售收入 25.53 亿元，同比增加 56.12%；焦炭化工销售收入 38.04 亿元，同比减少 20.91%。实现利润总额 13.90 亿元，同比减少 43.51%；实现归属于上市公司股东的净利润 8.94 亿元，同比减少 46%；每股收益 0.2838 元，同比减少 46%。

公司控股子公司山西西山晋兴能源有限公司报告期生产原煤 851 万吨，气精煤产量 167 万吨，洗混煤产量 581 万吨；实现营业收入 41.26 亿元，营业利润 8.60 亿元，实现净利润 6.46 亿元。

【企业文化】

核心价值观：以人为本、依法治企

企业精神：团结、奉献、求实、进取

企业宗旨：奉献社会、造福员工

【企业荣誉】

深证成指、深证 100、巨潮 100、沪深 300 指数样本股。

荣获“中国煤炭工业优秀企业”、“全国 AAA 级质量信誉等级企业”、“山西省五一劳动奖状”等称号。

荣获由《大众证券报》、《中国证券报》、《证券时报》等媒体评选的“大众证券杯金奖”、“中国上市公司百强金牛奖”、“中国上市公司价值百强”、“A 股市值百强”、“股东回报百强”、“综合百强”、“主营百强”和“十佳最重回报上市公司”等荣誉。

※中小板上市公司※

【002002】鸿达兴业股份有限公司

【基本情况】

公司名称：鸿达兴业股份有限公司

证券代码：002002

证券简称：鸿达兴业

网　　址：www.002002.cn

注册地址：扬州市广陵区杭集镇曙光路

办公地址：广东省广州市荔湾区东沙荷景路 33 号鸿达大厦

法人代表：周奕丰

注册资本：60704.8558 万元人民币

所属行业：化工、塑料制造业

【经营情况】

2013 年 4 月，鸿达兴业股份有限公司（以下简称“公司”）完成重大资产重组，乌海化工成为公司全资子公司，公司资产规模和质量、盈利能力均得到根本性提高。公司运营中心设在广州，此外，公司现有 2 个主要生产基地，分别是内蒙古乌海化工有限公司（以下简称“乌海化工”）、江苏金材科技有限公司（以下简称“金材科技”）。2013 年 12 月，公司成功收购内蒙古西部环保有限公司（以下简称“西部环保”）100% 股权，公司子公司增加西部环保。主要子公司具体情况如下：

（一）乌海化工简介

乌海化工注册资本：26,034 万元，营业执照注册号：150300000001460，注册地：乌海市海南区海化工业园区，成立日期：2004 年 12 月 14 日，法定代表人：周奕丰，主营业务：生产纯碱、烧碱、盐酸、液氯、硫化碱、白炭黑、聚氯乙烯；聚氯乙烯树脂、仪器、仪表零配件及相关货物的进出口业务；销售尿素、增碳剂、甲酸钠、小苏打、腐植酸钠、锰硅合金、玻璃、水泥。

乌海化工是一家大型化工原料制造企业，拥有各类生产技术人员 3000 多人，技术力量雄厚。乌海化工始建于 1952

年，誉称“内蒙古化工工业的摇篮”。乌海化工以盐、碱、硝、石灰石为主要原料，生产“天湖”牌 PVC、电石、纯碱、烧碱、水泥、液氯、盐酸和二水钙等各类化工原料产品，目前年生产总能力达 200 多万吨。乌海化工生产装备水平具有国际先进水平，为国内氯碱工业和纯碱工业并重的大型化工生产企业。

乌海化工地处内蒙古与宁夏交界处，厂区内设有“包兰铁路”支线货运站，109 国道途径厂区与京藏高速公路相连，交通运输十分便利。

乌海化工通过了 ISO9001 质量管理认证，产品质量稳定，在市场上享有良好的声誉，产品畅销全国，部分出口东南亚、西亚、俄罗斯、中东及欧美等国家和地区。乌海化工拥有储量 2 亿吨的高品质石灰石矿山，年可开采量达 200 万吨，可满足电石、纯碱等化工原料及建材和冶金行业的需要。乌海化工拥有盐资源一亿吨，形成“煤田、矿山、盐湖”一体化，“产、供、销”一条龙的化工资源格局。

乌海化工将利用内蒙古自治区得天独厚的能源优势和政策优势，以发展大西部经济和振兴民族产业为己任，秉承“以实干创造未来”的企业精神，努力开拓国内外市场，发展为国内知名的大型现代化资源型、环保型化工企业。

（二）金材科技简介

金材科技注册资本 20,000 万元，营业执照注册号：321000000088019，注册地：扬州市广陵区杭集镇曙光路，成立日期：2013 年 6 月 21 日，法定代表人：周奕丰，主营业务：PVC 片板材、药用 PVC 片材、药用 PVC/PVDC 片材、PET 板材、复合包装材料及其它新型包装材料、塑料彩印、塑料制品、高真空新型电子薄膜的研究、生产、销售，化工原料的销售。

金材科技承接了公司母公司的原有 PVC 片板材及其他塑料制品业务，公司自 1995 年至今一直从事 PVC 片板材业务，产品广泛应用于药品、食品、文具、电子、日用品、服装、玩具等各个行业。金材科技现有生产线 20 多条，设备总产能约 6 万吨/年，其中，6 条生产线为近几年从意大利鲁道夫公司、德国莱宝光学有限公司、台湾泓阳机械有限公司、台湾旌旸股份有限公司进口的全自动专业生产线，中国邮政总公司、伊利乳业、千金药业、西安杨森、山东鲁抗等国内多家知名制药企业均为金材科技主要客户。

（三）西部环保简介

西部环保注册资本：3,000 万元，营业执照号码：150300000010163，注册地：内蒙古自治区乌海市海南区拉僧庙镇，成立日期：2010 年 11 月 17 日，法定代表人：田继，主营业务：销售土壤改良剂、调理剂、环保脱硫剂、盐水脱钠、过滤膜、过滤材料、汽车微粒过滤器。

西部环保主要投资方向为：一是充分利用乌海化工现有的环保设备及原材料电石渣做成脱硫粉，用于乌海地区电厂脱硫粉替代新型产品，减少电厂的污染物排放。二是利用乌海化工低硫化、碱性的产品及废渣、废液等加工成土壤改良剂系列产品，改良酸性土质及其成分。三是参与环保工程的建设、安装等业务。

【002074】江苏东源电器集团股份有限公司

【基本情况】

江苏东源电器集团股份有限公司（简称东源电器）位于江苏南通市境内，创立于 1998 年 11 月，2006 年 10 月 A 股股票在深交所成功上市。东源电器系华东地区成套高低压开关设备生产基地之一，国家重点高新技术企业、全国高压开关行业重点骨干企业、国家重合同守信用企业，ISO9001、ISO1400 及 OHSAS18001 整合型管理体系认证单位。

目前，东源电器注册资本为 2.53 亿元，拥有阿斯通电器、泰富电器、东源电力智能设备等 6 家控股子公司，员工 1295 名，其中工程科技人员占总数的 32%。公司主营研发制造高低压开关及成套设备、智能化高低压开关设备、配网智能化、数字化电器设备、变压器及变电站、风电电控设备、船舶、环保、铁路等专用电器。近年来，公司实现了跨越式、规模化发展，先后多次受到国家发改委、工信部、国网公司、省（市）领导的视察指导，被誉为“崛起在黄海之滨的一颗璀璨明珠”。

东源电器拥有国家博士后科研工作站和省级工程技术中心，具有强大的研发实力和持续创新能力，开发和生产了一批具有自主知识产权的系列输配电设备产品。公司“顶塔”牌商标是国家工商总局商标局认定的中国驰名商标，拥有较高的行业知名度和客户认可度。公司生产的 12kV、24kV 和 40.5kV 三个电压等级的开关设备在主要市场领域占据优势地位，其中，40.5kV 产品销量排名前列。目前，东源电器已形成以电网建设配套为主，以国家重大工程配套为辅，同时积极参与国际市场竞争的销售格局。

【市场态势】

东源电器高压开关设备产品不断进入国家电网公司以及 23 个省网公司的招标体系、31 个省、市的国家重大工程建设领域，公司产品广泛应用于新能源、铁路电气化、高铁、南水北调等国家重点工程，客户群覆盖了大唐、华能、神华、华电、龙源等国家大型企业。公司在该领域已经占据一定的市场份额，取得了良好的市场口碑，为未来在该市场的开拓打下了坚实的客户基础。此外，公司积极走出国门参与国际市场竞争，继续参与东欧、东南亚、非洲和南美等地区和国家的电网建设和改造。东源电器国际营销业务在前期大量拓展性工作的基础上，逐步迎来业绩的成长期。

【人力资源】

东源电器坚持不断优化人才管理理念和办法，加强人力资源管理，完善了引进、培养、使用、考核、激励、待遇制度，敞开胸怀招贤纳才，为企业持续创新发展战略服务。

东源电器始终把人才工作作为企业发展的首要任务。孙益源董事长亲自召开人才和后备干部座谈会，听取意见、建议和需求，形成了培养、爱护人才的浓厚氛围。

在培训的途径上，加强对员工进行内部岗位培训的同时，采取委托“外培”深造。2003 年以来先后连续三届委托大专院校办班培训员工，其中收获了许多有一定培养前途、有一定发展潜质的优秀人才，为构筑东源人才优势发挥了特别作用。

【社会责任】

东源电器在做大做强的同时，积极履行社会责任，做到诚信经营，依法纳税，为国家和地方财政做出了一定的贡献。东源电器还为缓解社会矛盾，为大中专生、下岗职工、退伍军人以及农村富余劳力等提供就业机会；同时为南通大学和南通纺院等高校和通州职中等学校提供实习基地资源，为支援院校教育培养合格人才作出了一定的努力。

东源电器继续履行向通州慈善基金会认捐一千万元的长达 20 年的捐款协议，用于支援通州区发展慈善事业；同时，借助节日开展捐助献爱心活动。比如，在重阳节，向离退休老干部派发慰问金，感恩他们为东源企业发展提供的帮助；每年利用元旦春节开展访贫问苦活动，向企业所在镇周边村特困户捐款等。用实际行动为社会公益慈善、为扶贫济困以及捐资助学，为建设和谐社会做出贡献。

【002225】濮阳濮耐高温材料(集团)股份有限公司

【基本情况】

濮阳濮耐高温材料(集团)股份有限公司(Puyang Refractories Group Co., Ltd.),注册地位于河南省濮阳县西环路中段,注册资本79278.7035万元,法人代表为刘百宽先生,行业性质耐火材料行业。

作为耐材行业的龙头企业,作为中国耐火材料行业协会会长单位,濮耐股份自成立伊始,就树立了质量第一、信誉至上的经营方针,树立了"以诚广交友,以信成大业"的经营理念,以质量求信誉、以信誉促发展,重合同、守信用,赢得了国内外客户的高度评价和信赖,在社会上享有较高的声誉,曾被酒钢集团评为最佳供应商,被中国农业银行河南省分行评为"最佳诚信客户"。

公司创立于1988年,前身为濮阳县耐火材料厂,2002年1月改制为濮阳濮耐高温材料有限公司,2007年6月改制为股份公司,2008年4月在深圳证券交易所成功上市,股票简称为濮耐股份,股票代码为002225。公司现拥有员工5000余人,是目前国内主要的功能耐火材料、不定形耐火材料生产企业之一,是国内最大的钢铁行业用耐火材料制品供应商。

濮耐股份以"引领国际耐材行业,服务全球高温工业"为经营宗旨,主营业务为研制、生产和销售定型、不定形耐火材料、功能耐火材料及配套机构,并承担各种热工设备耐火材料设计安装、施工服务等整体承包业务,目前已为世界钢铁百强企业中的近70家提供优质产品和完善服务。主要产品包括透气砖类、座砖类、散料类、滑板水口类、三大件类、镁碳/铝镁碳类、等20多个系列、200多个品种的耐火材料,广泛应用于钢铁、有色冶炼、电力、石化、铸造等行业,并出口到美洲、欧洲、独联体国家、东南亚、非洲、中东等国家和地区。公司的海外客户分布于40个国家和地区,共200余个客户,全球前40大钢铁公司中有32家为濮耐的顾客;全球钢铁前100强中,有70多家为濮耐的顾客。

公司用系统解决方案达成整体承包服务,实现与用户全流程即全价值链需求的契合。公司不但具有为钢铁行业全系列产品供货的能力,独家保产保供大幅降低顾客管理成本,确保用户的顺产顺行,以让用户省心;还提供全流程耐材应用优化和集成设计,在全球化用户经验基础上提炼的耐材集成设计,助推用户的质量和效率提升,确保用户放心;还推行全过程施工服务和全工序跟踪服务,提供系统解决方案,帮助用户全面解除耐材困扰,专心做好自己的产品,以求和用户交心。

公司拥有两个研发中心,即本部技术中心和北京研发中心,拥有行业专家领衔,博士、硕士为骨干的国内一流专职研发队伍和国家认定企业技术中心、高温陶瓷博士后科研工作站、北京科技研发中心等研发创新平台,拥有中国合格评定国家认可委员会认可的实验室、完备的耐火材料检测设备及一系列具有国际领先水平的现代化分析表征手段;此外,公司还拥有全产业链的制造平台和营销体系,使得公司更加贴近用户、更加全面系统地了解用户的真实需要。主导产品钢包底吹氩透气砖被定为国家级新产品,被列入国家级重点火炬计划,2000年被科技部列为科技型企业技术创新基金支持项目,国内市场占有率达60%以上。目前,公司共有专利100项,其中发明专利19项,实用新型81项,荣获河南省科技进步奖21项,获国家级、省级、市级科技项目63项,获国家级、省级、市级科技成果奖32项。

自2008年上市后,公司进入了快速发展的新阶段。上市后,公司成功进行了多次资本运作:2009年10月,定向增资控股云南濮耐昆钢高温材料有限公司;2010年7月,以发行股份收购资产的方式成功收购上海宝明耐火材料有限公司100%股权;2011年4月,现金收购海城市琳丽矿业有限公司100股权;2011年8月,出资设立西藏濮耐高纯镁质材料有限公司,出资比例为95%;2011年9月,现金收购海城市华银高新材料制造有限公司95%的股权;2012年4月,为促进公司原料板块在西部地区的发展,设立青海濮耐高新材料有限公司;2013年9月,以发行股份购买资产方式收购郑州华威耐火材料有限公司100股权。

至此,公司已发展成为拥有8个全资子公司、4个控股子公司、4个参股公司、4个分公司、1个孙公司的集团公司。

在管理方面,公司实现了管理制度化、制度流程化、流程信息化、信息网络化。公司不断健全合理的上市公司治理制度、集团公司管理制度。运营管理坚持执行国家标准并适时认证更新,适时推行卓越绩效管理模式,财务管理实施全面预算管理,子公司全面实施标准成本核算,运用差异分析法控制经营绩效,实现了集团管理制度实施的流程化,ERP实现企业资源管理的流程化、信息化和网络化,EASYFLOW系统实现审批流程化、信息化和网络化;HR系统正在实现人力资源管控流程化、信息化和网络化。OA办公自动化系统实现集团公司管理信息网络化;濮耐人月刊和季刊、公司网站实现公司文化信息的网络化传播。

【主营业务】

耐火材料制品及相关原料的研发、生产和销售。

【经营业绩】

公司的成功上市,填补了本地区无上市公司的空白,成为本地区的明星企业。2012年,公司实现销售收入21.46亿元,自2004年至2012年累计纳税近10元,为地方经济的发展作出了卓越贡献。

公司上市后,不断完善内部治理结构,加强内部控制体系建设,规范信息披露工作,积极回报股东和广大投资者。自2010年至2012年,公司累计现金分红117,885,485.54万元,是上市公司近三年年均可分配利润的100.71%。公司在快速发展的同时,也热心公益事业,履行社会责任,积极回馈社会。公司自1998年即在武汉科技大学设立助困基金、奖学金和科研基金,后又在北京科技大学、西安建筑科技大学设立奖学金;曾为濮阳县郎中乡中心小学建设阳光电教室,捐50000元物品,为濮阳县柳屯镇李信中心小学捐建电教室,捐建了慈周寨希望小学;捐助汶川、玉树、雅安地震灾区,还组织新入职员工在濮阳市街头为贫困儿童募捐,探望市社会福利院残疾儿童,积极参加慈善一日捐等活动,并提供了很多就业机会,极大地带动了本地区的经济发展。

【企业文化】

核心价值观:人本、超越、责任、阳光、内省

行动准则:明、快、严、实

使命:与高温艺术同行,为全球高温工业提供卓越的产品与系统解决方案

愿景:成为客户信赖、社会尊重、最具价值的国际一流耐材企业。

战略目标:2015年,建成一个跨地区、跨国界的高科技耐火材料企业集团,进入世界耐材行业前十名;2020年,建成一个以高科技为基础、以耐火材料为主业的跨国集团,进入世界耐材行业的前三名。

【企业荣誉】

国家级高新技术企业

国家级创新型企业

中国科技名牌500强企业

中国证券市场20年最具活力新锐上市公司

河南省首批高新技术企业

河南省50户高成长型高新技术企业

河南省首批知识产权优势企业

河南省制造业信息化重点示范企业

河南省科技创新十佳单位

2011年、2012年度河南省出口重点企业

河南省"百高"企业

【002232】启明信息技术股份有限公司

【基本概况】

启明信息技术股份有限公司(以下简称启明公司)成立于2000年10月25日,是专门从事汽车业管理软件与汽车电子产品研发、制造及服务的高科技企业。其前身是中国第一汽车集团公司电子计算处,2004年4月完成股份制改制,2008年5月9日在深圳证券交易所挂牌上市。公司总股本40,854万股,其中一汽集团持股19,885万,占总股本48.67%,是第一大股东。公司拥有15家分子公司,员工2167人,其中硕士研究生以上学历144人,拥有近300名"既懂管理又懂IT"和"既懂汽车又懂电子"的具有十年以上相关专业工作经验复合型人才。2012年实现销售收入约14亿元。

公司的主营业务包括三大类:

一、管理软件业务,是面向汽车整车企业及其上游零部件配套企业、下游汽车经销商及服务商,汽车全产业链和集团化运营管理,开展以汽车业管理软件为核心的软件开发、应用集成及管理咨询业务。

二、汽车电子业务,致力于研发具有自主知识产权的汽车电子产品和提供汽车电子增值服务、集成服务,面向汽车整车制造商、汽车运输企业和汽车驾驶者,目前主营车载电子、车身电子、新能源汽车车控电子。核心产品40多项,部分产品达到国内领先地位,实现了与国际先进水平同步。近年来,在车载前装导航及卫星导航应用服务两个领域的市场份额居国内同行业领先地位。

三、集成服务业务,面向各级政府,事业单位及国内外各类企业、开展以系统集成业务为核心的建筑智能化、计算机网络以及各种信息化服务外包业务。面向一汽集团、各类政府机构及企事业单位,开展IT基础架构及信息系统服务设计、运维和外包;开展车载信息服务;提供以数据中心业务为核心的规划、建设、数据灾备运维服务、云计算服务业务。

公司近年快速发展,在汽车业管理软件产品研发与服务和车载信息系统研制及服务两个领域的市场份额居国内同行业第一位。具有自主知识产权的汽车业管理软件和汽车电子产品是公司业务的核心,也是公司发展的基础。

目前公司的汽车业管理软件解决方案已经涵盖汽车产业链,主要核心产品包括企业资源计划管理系统(ERP)、产品数据管理系统(PDM)、制造执行系统(MES)、办公协同系统(OA)、销售管理系统(TDS)等系列软件产品14项。其中启明ERP和启明cPDM已达到国内领先水平,成为行业主导软件产品。2011年"启明牌"管理软件入选为吉林省名牌产品。2012年"启明牌"防盗报警器入选吉林省名牌产品,同时启明公司荣获吉林省质量管理奖。启明公司已承担国家级产品研发及产业化项目共30余项,获得30项软件著作权和专利权23项,取得了国家级奖励8个、省部级奖励9项、市级奖励7项。

启明公司汽车电子业务拥有车载公司及菱电公司两个生产基地,通过了ISO/TS16949体系的认证,标志着汽车电子单元从研发到生产的全过程符合国际汽车零部件生产型企业的要求,现已形成年产180万套汽车电子产品的生产能力,预计到2015年将达到年产500万套汽车电子产品的生产能力。启明信息公司已经掌握并突破了车辆高精度定位算法、导航路径规划、多元数据融合、网关路由算法、电控单元故障检测、新能源整车控制系统优化、泊车位的自动识别、接入总线一体化设计等汽车电子领域关键技术。启明公司自2001年开展车载信息服务,D－partner汽车驾驶伙伴服务平台至今已形成了规范的运营模式,在全国建立分中心及子中心近270家,服务全国30多个整车厂、150多家大型物流公司,及相关政府机构,入网车辆近20万辆。实现了产品的研发、生产、销售、服务一体化的运营。近年来,在车载信息服务领域的市场份额居国内同行业领先地位。

公司连续多年入选为国家规划布局内重点软件企业、国家火炬计划重点高新技术企业,国家火炬计划软件产业基地优秀软件企业,全国信息产业系统先进集体。2003－2012年连续入选中国十大创新软件企业、全国规模最大的软件百强企业。启明公司现已成为国家级汽车电子产品检测中心、吉林省汽车电子工程技术研究中心,吉林省重点IT龙头企业、吉林省企业管理软件研发基地骨干企业、吉林省汽车电子工程技术研究中心、吉林省汽车电子科技创新中心、吉林省企业技术中心。同时还是"中国全球卫星定位技术应用协会"的理事单位、"车载信息服务产业联盟"理事长单位。

启明公司秉承着"客户永远是对的,产品永远是好的"及"为用户提供一流的产品、一流的服务"理念,持续提供客户满意产品。面对未来激烈的市场竞争,启明公司将围绕汽车业本身的数字化和汽车业企业的信息化,提供数字化汽车和数字化企业的解决方案,努力开拓市场,不断开发出实用创新的产品,为每户汽车企业、每辆汽车、每个驾驶者提供最优质的产品,打造汽车IT业第一品牌。以引领完美汽车生活为使命,倡导"科学、创新、自主、和谐"的文化理念,让启明的服务到每户汽车企业,每辆汽车和每个驾驶者。面向未来,启明以引领完美汽车生活为使命,努力打造汽车业IT第一品牌!

【大事记】

国家信息化专家委领导到启明信息调研。

2013年1月10日,国家信息化专家委领导到启明信息调研,参观了启明信息科技体验馆、汽车电子工程检测中心和吉林省数据灾备中心。

省委组织部领导到启明信息慰问省高级专家。

2013年1月16日上午,省委组织部徐晗副部长一行到启明信息慰问省高级专家,参观了启明信息科技体验馆。

启明信息被吉林省人民政府授予吉林省质量奖。

2013年1月18日,启明信息以总分第三名的成绩获得吉林省质量管理奖,同时,帅通牌智能式汽车防盗报警器获得吉林省名牌产品认定。

启明信息荣获2011－2012年度国家规划布局内重点软件企业。

2013年2月28日,启明信息被认定为"2011－2012年度国家规划布局内重点软件企业",为吉林省仅有的2家荣获

此项荣誉称号的企业之一。

启明信息检测中心通过 CNAS 监督及扩项现场评审。

2013 年 3 月 16 日，启明信息检测中心通过中国合格评定国家认可委员会（CNAS）首次监督评审及扩项申请。

吉林省人民检察院杨克勤检察长一行视察启明信息。

2013 年 3 月 21 日下午，吉林省人民检察院杨克勤检察长一行来启明信息调研视察，参观了启明信息的科技体验馆和呼叫中心。

启明信息荣获中国一汽先进学会、先进基层科协等荣誉称号。

2013 年 3 月 28 日下午，启明信息科协、计算机学会由于在 2012 年中国一汽科协工作中成绩突出，分别被评为先进基层科协、先进学会，启明信息总经理吴建会被评为先进个人。

启明信息参加第一届中国电子信息博览会并荣获 2013CITE 创新产品与应用奖。

2013 年 4 月，启明信息代表吉林省参加中国电子信息博览会，公司的车载导航视听系统荣获 2013CITE 创新产品与应用奖，并在会上展出。

吉林省工商联别胜学主席、周峰书记一行来启明信息调研。

2013 年 4 月 10 日，吉林省工商联别胜学主席、周峰书记一行来启明信息调研，参观了启明信息科技体验馆、呼叫中心、汽车电子工程检测中心和吉林省数据灾备中心。

启明信息助力中国一汽获第一名殊荣。

启明信息在中国一汽信息化建设过程中做出了巨大努力并取得了显著成果，在国家工信部的信息化和工业化深度融合示范企业评比中，中国一汽获得汽车行业第一名的殊荣。

微软中国、软通动力高管一行来访启明信息。

2013 年 4 月 16 日，微软大中国区首席技术官桑迪 · 古普达、软通动力（集团）电信及高科技战略事业群总裁黄颖等一行来启明信息参观调研，参观了启明信息科技体验馆、呼叫中心。

吉林省质量技术监督局副局长金窗爱一行到启明信息调研。

2013 年 5 月 13 日，吉林省质量技术监督局副局长金窗爱一行到启明信息调研，参观了启明信息科技体验馆、呼叫中心、汽车电子工程检测中心、吉林省数据灾备中心和汽车电子生产线。

启明信息荣获“2013 中国卫星导航与位置服务十佳运营商”称号。

2013 年 5 月 27 日，启明信息被评选为“中国卫星导航与位置服务十佳运营商”。

大连公交客运集团隋悦家董事长一行来访启明信息。

2013 年 5 月 28 日，大连公交客运集团隋悦家董事长一行来访启明信息，参观了启明信息科技体验馆和呼叫中心。

启明信息携红旗 H7 轿车参加第十七届中国国际软件博览会。

2013 年 5 月 30 日，第十七届中国国际软件博览会开幕。启明信息携工业和信息化“两化融合”成果的代表软件产品、车联网三屏一云展示、数据中心与云计算业务展示及搭载了 D－Partner 驾驶伙伴系统的红旗 H7 轿车参展本届博览会。

启明信息成立管理软件咨询团队。

2013 年 6 月 7 日，启明信息召开了“启明管理软件咨询团队建设启动会”，成立启明管理软件咨询团队。

长春市政府与微软中国签订战略合作协议。

2013 年 6 月 25 日，长春市政府与微软（中国）公司在长春净月开发区益田喜来登大酒店签署了战略合作协议。一汽集团、启明信息和软通动力公司是此次战略合作的重要参与方。

海军军民融合工作办公室徐福明主任一行来访启明信息。

2013 年 7 月 6 日，海军军民融合工作办公室主任徐福明（大校）一行到启明信息调研，参观了启明信息科技体验馆、汽车电子工程检测中心、吉林省数据灾备中心和呼叫中心。

桂广礼副市长到启明信息调研指导群众路线教育实践活动。

2013 年 8 月 9 日，长春市副市长桂广礼到启明信息开展党的群众路线教育实践活动恳谈会，参观了启明信息科技体验馆。

启明信息再获“中国十大年度创新软件企业”称号。

2013 年，启明信息再次荣获“中国十大年度创新软件企业”称号，并且公司研发的“基于 DOTNET 平台的整车销售与售后服务行业的 DMS 软件”获得“2013 中国十大年度创新软件产品”称号。

第三届车载信息服务产业年会在长春隆重召开。

2013 年 9 月 27－28 日，第三届车载信息服务产业年会、2013 中国净月车联网论坛在长春召开。启明信息作为联盟的理事长单位与长春净月国家高新技术开发区共同承办了本届年会。

一汽轿车安铁成总经理一行来访启明信息。

2013 年 10 月 17 日，一汽轿车公司总经理安铁成一行来访启明信息，参观了启明信息科技体验馆、汽车电子工程检测中心、启明菱电生产线和一汽客户联络中心。

吉林省商务厅厅长丛红霞一行到启明信息调研。

2013 年 11 月 7 日下午，吉林省商务厅厅长丛红霞一行就服务外包、电子商务等方面的整体发展情况到启明信息进行调研。

启明信息获得计算机信息系统集成企业一级资质证书。

启明信息获得由国家信息产业部颁发的计算机信息系统集成一级资质证书。

启明软件园获评首批省级现代服务业集聚区。

省发改委组织评选了 14 家现代服务业集聚度达到一定水平的区域作为首批服务业集聚示范区。启明软件园入选首批“省级现代服务业集聚区”。

长春微软创新中心落户启明软件园。

“长春微软创新中心”是微软在全球打造的第一个汽车行业创新中心，是由长春净月投资公司、微软（中国）、软通动力和启明信息公司四方共同发起成立的。2013 年 12 月 19 日，长春微软创新中心正式落户启明软件园。

【002271】北京东方雨虹防水技术股份有限公司

【基本情况】

北京东方雨虹防水技术股份有限公司成立于 1998 年 3 月，现已发展成为一家集防水材料研发、制造、销售及施工服务于一体的中国防水行业龙头企业，是国家高新技术企业、中国防水行业唯一的上市公司（SZ002271），拥有业内首家国家级企业技术中心和博士后科研工作站。

北京东方雨虹防水技术股份有限公司控股上海东方雨虹、岳阳东方雨虹、广东东方雨虹、四川东方雨虹、锦州东方雨虹、昆明风行防水材料有限公司、徐州卧牛山新型防水材料有限公司、山东天鼎丰非织造布有限公司，北京东方雨虹地矿安全技术有限公司等，在北京顺义、上海金山、湖南岳阳、辽宁锦州、广东惠州、云南昆明、江苏徐州新沂和山东德州临邑建有八大生产基地，总占地面积160多万平米，拥有世界领先的多功能进口改性沥青防水卷材生产线、冷自粘沥青防水卷材生产线和世界先进的环保防水涂料生产线。年产SBS、APP、自粘、高分子等各类防水卷材8700万平方米，聚氨酯系列、聚脲系列、丙烯酸系列、水泥基系列、沥青系列等各类涂料12.98万吨。

人类所有的防水问题，东方雨虹都有责任去解决。作为系统防水解决方案的提供者，东方雨虹将各种雨虹专项防水系统成功应用于包括房屋建筑、高速公路、城市道桥、地铁及城市轨道、高速铁路、机场、水利设施等众多领域。特别是在中国人民大会堂及鸟巢、水立方等85%以上的2008年北京奥运场馆等中国标志性建筑和大量高铁、地铁等国家重大基础设施建设项目中，东方雨虹防水系统优良的应用效果，获得用户及社会各界高度评价。

随着东方雨虹国际化战略的全面实施，公司生产的优质防水产品已远销德国、巴西、委内瑞拉、波兰、土耳其、安哥拉、尼日利亚、南非、印度等七十多个国家和地区，正在实现世界东方雨虹的梦想，成就世界防水行业五强的目标，全力为构筑和谐人居贡献力量，全面践行"为人类为社会创造持久安全的环境"的企业使命。

【主营业务】

防水材料、防腐材料、保温材料、建筑机械成套设备的研究、制造、销售、技术服务，本厂产品的售后服务；经营本企业和成员企业生产所需的原辅材料、仪器仪表、机械设备、零配件及技术的进出口业务（国家限定公司经营和国家禁止进出口的商品除外）；经营进料加工和"三来一补"业务。

【经营业绩】

2013年报告期内，公司实现营业总收入3,950,957,633.80元，较上年同期增长32.65%；营业利润408,012,160.83元，较上年同期增长112.79%，利润总额435,576,765.08元，较上年同期增长95.64%；归属于上市公司股东的净利润363,997,571.77元，较上年同期增长92.94%；每股收益1.05元，较上年同期增长90.91%；主要原因是报告期公司各项业务拓展顺利，主要产品销量和毛利率同比增长，导致收入的增长和利润的增加。

【企业文化】

企业观念：真、善、忍

企业精神：事在人为

企业信仰：天地与我们同在；好人有好报

雨虹文化：公平、朴实、创造、宽容、奉献

1. 精神文化：坚韧图成、永创新高

2. 人际文化：真诚、平等、和谐、率直

企业指导思想：科技创新、产业报国

企业宗旨：为国家、为社会、为客户、为员工、为股东

企业使命：为人类为社会创造持久安全的环境

企业职责：人类所有的防水问题东方雨虹都有责任解决

企业愿景：全球防水最有价值企业、令人尊敬的中华公众企业、中华民族伟大复兴的推动力量

【企业荣誉】

中国防水行业唯一的上市公司（SZ002271）。

业内首家国家级企业技术中心和博士后科研工作站。

2002年12月，雨虹公司被北京市科委认定为北京市高新技术企业。

2003年7月，企业法人李卫国当选为北京市进京创业十佳青年。

2004年8月和10月，"雨虹"牌SBS、APP防水卷材先后被评为北京市名牌产品和国家免检产品。

2006年6月，"雨虹"商标被国家工商总局认定为防水行业首个"中国驰名商标"。

2008年9月10日，东方雨虹（002271）正式在深交所上市，掀开了中国建筑防水行业新的历史篇章。同年，东方雨虹被评为"全国建筑业科技进步与技术创新先进企业奖"。

2008年12月1日，东方雨虹被评为"最具自主创新能力企业"，同时，由东方雨虹自主研发的铁路桥涵专用材料经中国企业创新成果案例审定委员会审定为"最具自主创新能力企业成果（案例）"。

2009年3月，东方雨虹被评为首批高新技术企业。并载获2009北京顺义区"百强企业"荣誉。

2009年5月，东方雨虹入选第三届中小板上市公司五十强。

2009年5月，东方雨虹被评为"2008年度湘商十大最具竞争力企业"。

2009年7月26日，东方雨虹顺利通过了欧盟统一"CE认证"。

2009年10月，东方雨虹被评为中国环境标志优秀企业。

2009年11月，东方雨虹防水工程有限公司被评定为国家级高新技术企业。

2009年11月16日，东方雨虹技术中心荣膺"国家认定企业技术中心"，为目前中国建筑防水行业唯一获此殊荣的企业。

2010年9月，东方雨虹上榜2010年《亚洲品牌500强》。

2011年2月，东方雨虹TPO机械固定单层屋面系统正式获得美国FMGlobal签发的FM认证证书。

2011年4月，北京东方雨虹防水技术股份有限公司获全国建材行业"靠新出强"优秀企业称号。

2011年6月，东方雨虹入选2010年度金牛上市公司百强。

2011年11月，东方雨虹获"金紫荆奖"最佳中小型上市公司。

2011年12月，东方雨虹获中国建筑防水协会评"中国建筑防水行业知名品牌产品"。

2011年12月，东方雨虹获新浪家居主办的"中国家居产业最具品牌影响力企业"。

2012年3月，2012中国地产500强峰会上，东方雨虹以高达25%的入选率荣登500强开发商首选供应商品牌防水材料类排行榜榜首。

【002300】福建南平太阳电缆股份有限公司

【基本概况】

公司始创于1958年，是我国从事专业研发和生产电线电缆历史最为悠久的企业之一。太阳电缆是中国100家最大电气机械及器材制造企业，高新技术企业，全国"五一"劳动奖状单位，全国首批520家"重合同守信用"企业，连续二十三年被南平市政府认定为"重合同守信用"企业，国家经贸委确定的全国城乡电网改造产品首批推荐企业，2006年度福建省

质量奖获得者,2007 年 7 月被中国机械工业企业管理协会评为 2007 年中国电线电缆 20 强。太阳电缆 2009 年 10 月 21 日在深圳证券交易所上市,股票代码:002300。

公司主要产品有:数据电缆;500KV 及以下交联聚乙烯绝缘电缆(含阻燃、耐火、无卤低烟、耐水树);全塑电力电缆(含阻燃、耐火);架空绝缘电缆等;特种架空导线;钢芯铝绞线;计算机电缆;B、R 系列塑料线;汽车线;控制电缆、射频电缆;通用橡套电缆;矿用电缆;船用电缆;机车电缆;核电站电缆;风力电缆;不可重接电源插头线;环保电线电缆;环保电线电缆的设计、制造、销售和服务。

改革开放以来,公司多次进行技术引进和技术改造。从德国、美国、芬兰、日本、奥地利等国引进的拉丝、绞线、挤塑、成缆生产线及检测设备,使公司的工艺装备、主导产品等方面均达到了国内先进水平。公司通过了 ISO9001:2008 质量管理体系认证,ISO14001:2004 环境管理体系认证,GB/T28001—2001 职业健康安全管理体系认证。产品获得全国工业产品生产许可证、中国国家强制性产品认证(3C 认证)、美国 UL 认证等。公司产品由中国人民保险公司承保。

在太阳电缆人的不懈努力下,太阳电缆成为国内电力、通信、交通、国防等行业相关重点建设项目的重要合作伙伴,为国家重点工程项目提供优质的产品和服务,公司成功中标奥运工程,“太阳”牌电线电缆牵进奥运场馆,并成为世界最长跨海大桥——杭州湾大桥的最佳供应商。公司拥有自营出口权,产品行销全国,并出口海外。福建南平太阳电缆股份有限公司立足于国内外市场,以一流的管理、一流的设备、一流的技术、一流的质量和一流的服务为广大用户提供值得信赖的“太阳”牌系列电线电缆产品。

【企业文化】

公司致力于“家文化”的企业文化建设。“家文化”蕴涵了丰富的中国传统文化和现代商业文化,是指在太阳电缆这个大家庭里,创建以诚信为基础,创新为动力,不断增强忠诚力、凝聚力和竞争力,达到各相关方和谐共赢的“合、和”文化。以合和文化为引导,以“品牌第一、顾客至上、诚实取信、和谐发展”的经营理念,家长(企业领袖)真心关爱家庭成员,家庭成员以感恩之心回报家庭;家长(企业领袖)以大家的风范带领家庭成员主动学习成为专家,整个大家庭遵守严谨的家规(企业制度)、秉承优秀的家风(企业作风),引领和激励全体员工“共享太阳、同创未来”,同创太阳电缆常青基业。

【经营业绩】

2013 年上半年中国经济增速放缓,电缆行业的竞争更加激烈。在当前市场环境下,公司董事会,经营管理层和全体员工团结一心,坚持“以市场为导向,营销为龙头,以品质取胜”的营销理念,整合资源,加强对大型企业,大型工程客户的营销力度,积极拓展市场,尽力消除经济环境带来的不利影响。报告期内,包头太阳满都拉电缆有限公司销售渠道建设初见成效,太阳铜业业务稳步推进,截至报告期公司实现营业收入 157,059.21 万元,同比降低 7.58%;实现利润总额 7,351.87 万元,同比降低 13.36%;实现归属于上市公司股东的净利润为 4,976.55 万元,同比降低 9.73%。

【002303】深圳市美盈森环保科技股份有限公司

【基本情况】

深圳市美盈森环保科技股份有限公司成立于 2000 年,主要依托环保包装、电子标签的研发、生产和销售,为客户提供优质的包装产品设计、合理的包装方案优化、快速的物流配送、经济的第三方采购、专业的供应商库存管理、辅助包装作业、电子标签及 RFID 解决方案等包装一体化综合服务。

公司于 2009 年 11 月在深圳证券交易所挂牌上市,股票代码 002303。公司总部位于深圳,下设东莞、香港、中山、苏州、重庆、成都、台湾、美国八大全资子公司,已形成覆盖珠三角、长三角、西南等经济活跃区域的环保包装企业集团。

美盈森秉承“为顾客创造价值,为员工创造机会,为社会创造效益”的核心价值观,依托对包装美学、环保、节能、安全的深刻理解和多年的实践探索,十年磨砺,已实现跨越式发展。截至目前,公司总资产已超过 20 亿元。

美盈森自设立以来,始终注重技术创新,不断通过设计和一体化服务为客户创造价值,最终实现共赢。截至目前,公司已获得近百项国家实用新型和发明专利,并参与数十项行业国家标准的制定与修订,已获得十数项国际国内权威管理体系认证。

正是凭借卓越的技术实力和持续的价值创造,公司已赢得众多世界级客户的认可。截至目前,公司已形成了以世界 500 强电子通讯、IT 企业,全球领先的 EMS 企业等为主要客户群体,并涵盖了包括世界领先的保健品、全球领先的户外用品、知名化妆品、全球领先的零售业及家具等丰富高端客户资源的市场格局。这些优质高端客户一般信誉良好,本身发展迅速,业务不断增长,使得公司的服务业务稳定,且增长潜力较大,业务风险较小并陆续获得高附加值客户需求。同时,公司能借助这些优质客户在各行业的影响拓展服务业务范围,拓展潜在客户,逐步扩大和强化公司的品牌优势。

公司坚持绿色环保理念,致力于绿色环保包装材料的研发、生产和销售,持续优化绿色制造技术,大力开发各种轻量、减量、低碳环保的包装产品,降低客户包装成本,提升产品附加值,为“美丽中国、绿色中国”的可持续发展目标做出应有的贡献,从而把握经济发展质量提升给绿色环保企业带来的发展机遇。

展望未来,公司将以环保包装、精品包装、电子标签等为基础,强化在创意包装、文化包装和智能包装领域的研究和探索,增强客户服务粘性,形成公司新的收入增长极;公司将坚持“专业化与规模化”发展战略:一方面,持续强化公司在研发设计、一体化服务方面的优势,实施“高端客户、高端产品”的市场开拓策略,持续丰富高端客户类型,致力于开发全球知名企业、细分领域领先企业以及拥有高附加值产品的企业等类型的新客户,积极开发智能终端(平板电脑、智能手机等)、酒类、化妆品、奢侈品、可穿戴智能设备以及文化领域等多元化高端客户;另一方面,坚持一贯的稳健经营策略,走“内生性发展和外延式扩张”相结合的规模发展之路。

【主营业务】

一般经营项目:轻型环保包装制品、重型环保包装制品、包装材料、包装机械的技术开发及销售;一体化包装方案的技术开发;隐藏信息防伪技术的开发,特种标签材质的精密模切,智能卡终端读写设备的开发与销售;货物及技术进出口;纸制品休闲家居、办公用品、玩具用品的研发、生产和销售(以上均不含法律、行政法规、国务院决定禁止及规定需前置审批项目)。许可经营项目:纸箱、木箱的生产及销售;无线射频标签、高新材料的研发与生产;包装装潢印刷品、其他印刷品印刷;从事普通货运。

【经营业绩】

2013 年报告期内,公司实现营业总收入 13.06 亿元,比上年同期增长26.39%；营业利润、利润总额、归属于上市公司股东的净利润分别为2.03亿元、2.17亿元、1.73亿元，比上年同期分别上升57.12%、67.83%、61.75%。

报告期内，随着东莞、苏州、重庆三大新建基地订单量的增加，公司销售收入及营业利润、利润总额、归属于上市公司股东的净利润均实现较大幅度增长；同时，在三大新建基地产能利用率上升带来的单位成本降低以及包装一体化服务在新客户中的逐步推广、公司研发能力的增强等综合因素促进下，公司毛利率水平得以提升。

【企业文化】

用科技创美丽、视环保为己任

【企业荣誉】

国家级高新技术企业、深圳市市级技术研发中心。

拥有近百项项实用新型或发明国家专利。

新一轮包装行业国家标准制定企业，参与起草或修订20余项行业国家标准。

2010年，公司作为中国唯一企业代表，参加“中日韩”三国运输包装技术研讨会。

2011年5月深圳美盈森通过SA8000社会责任管理体系认证。

2011年4月东莞美盈森通过G7认证。

2012年荣获东莞市环保包装行业协会第一届理事会会长单位。

2012年是中国地区最大型的包装及物流服务企业。

2012年全国120家“两型”示范企业之一。

2013年桥头镇2012年度民营企业优秀奖。

【002325】深圳市洪涛装饰股份有限公司

【基本情况】

深圳市洪涛装饰股份有限公司于1985年1月在深圳罗湖成立，现注册资本70,454.30万元。公司2009年在深交所上市，是全国第二家，广东省第一家精装上市企业。28年来，洪涛公司由一个2万元的小公司，在刘年新董事长的带领下，坚持专业化的发展道路，目前成为市值超过80亿、连续6年雄踞建筑装饰行业前5强的装饰龙头企业，是中国高端装饰持续领跑者。

公司现拥有3名英国皇家特许建造师、92名高级执业资格建造师、15名全国有成就的资深室内建筑师，16名全国杰出的中青年设计师，25名全国优秀项目经理；另公司拥有包括洪涛幕墙门窗加工厂、GRR工厂、LED研发加工厂、木制品加工厂的深圳观澜产业园基地（产业基地超过50000平方米）、已经奠基的天津洪涛装饰产业园以及拥有超过300设计师的洪涛装饰设计研究院（包括设计一所、二所、三所、四所、五所、六所、七所、八所、九所、十所、十一所、十二所、家装设计所、幕墙设计部、综合设计所、灯光及道路照明研究所），可为业主提供全方位的系统解决方案。洪涛公司在全国各主要城市承接了许多标志性工程项目，并在北京、天津、上海、青岛、苏州、合肥、南京、常州、杭州、宁波、长春、西安、太原、成都、广州、贵州等地设有44家分公司或分支机构。

随着时代的发展，越来越多的大型公共装饰工程渴求“一站式”、“管家式”服务，中国高端建筑装饰龙头企业洪涛股份率先提出“装饰总承包”概念，并完成20余项装饰总承包项目，迅速占领装饰总承包战略制高点，同时洪涛股份认为装饰总承包将成为中国建筑装饰行业新的发展趋势，即装饰工程由一家施工企业总承包管理，从效果设计到各专项施工由一家企业全部完成。

洪涛公司先后获得中国装饰企业信誉AAA级单位、全国质量管理先进企业、全国用户满意施工企业、中国建筑装饰协会常务理事单位；深圳市装饰协会副会长单位；深圳市先进单位、文明企业、深圳市质量管理奖、全国顾客满意明星单位、全国工程建设科技创新示范单位、全国诚信建设示范单位、全国绿色装饰装修示范单位、全国信息化建设先进单位、全国建筑装饰奖明星企业、深圳建筑业百强专业承包综合实力第一名（连续9年）、“深圳知名品牌”（深圳建筑装饰行业唯一蝉联三届该荣誉的单位）；深圳市质量奖（深圳装饰行业唯一一家）。公司是全国最早通过ISO9001质量、ISO14001环境、OHSAS18001职业健康安全体系认证的企业。

洪涛公司承接过人民大会堂国宴厅、钓鱼台国宾馆、奥运会鸟巢、中央电视台总部大楼、北京饭店、上海大剧院、广州大剧院、广州白云国际会议中心、深圳机场T3航站楼等国家影响力项目工程，先后获得鲁班奖、建筑工程装饰奖等国家级工程奖项100余项、各类省、市优质样板工程奖300余项、国际级设计大奖10项、国家级设计大奖近200项、省市级设计大奖160余项。

其中五星级酒店细分市场雄踞全国前列，仅挂牌五星级酒店就装饰150多家，被业界誉为“五星级酒店装饰专家”。

大剧院会堂装饰细分市场雄踞国内第一，装饰了包括代表中国剧院最高水平的大海大剧院在内的20多家著名剧院，几乎涉及国内所有高端大剧院的装饰，被业界誉为“大剧院专业户”。

国宾馆装饰细分市场雄踞国内第一，装修了包括钓鱼台国宾馆芳菲苑、北京饭店、广州白云国际会议中心等20余家省级、国家级国宾馆，涵盖国家大部分高端国宾馆的装饰，被业界誉为“国宾馆专业户”。

建筑大堂细分市场雄踞国内第一，五星级以上标准有500多项，与中国建筑装饰协会合编《百项经典大堂装修图集》，当之无愧中国“大堂王”。

洪涛公司拥有国家建设部最早核定的建筑装饰甲级设计资质，以及建筑装饰施工、幕墙、道路及照明、建筑智能化、机电设备安装、消防设施等在内的6个施工一级资质。资质全面，全方位为业主分忧，是业主认可的最佳总承包服务公司。

【主营业务】

室内外装饰设计；建筑幕墙设计；建筑装饰装修工程施工；城市及道路照明工程施工；机电安装工程施工；智能化工程施工；消防设施工程施工；建筑幕墙、门窗的生产加工（分支机构经营）；园林雕塑设计、家私配套、空调设备、不锈钢制品的设计安装；进出口贸易业务（按深贸管字第690号）；境外建筑装饰装修工程设计与施工、园林绿化工程的设计与施工、房屋出租、咨询、股权投资。

【经营业绩】

2013年报告期内，公司经营状况和财务状况良好，实现营业收入373,546.89万元，比上年同期增长31.45%；实现营业利润36,802.94万元，比上年同期增长33.94%；实现利润总额36,953.28万元，比上年同期增长34.12%；实现归属于上市公司股东的净利润27,639.22万元，比上年同期增长35.17%。

营业收入增长的原因是：主要为业务积极拓展，工程施工进度和完成工程量较上年增加，确认收入增加。营业利润、利润总额、净利润的增长幅度均达到30%以上，主要是因为公司业务拓展良好，工程项目结算较好，同时加强成本控制，毛利率稳中有升。股本期末较期初增长 53.04%，主要是：1. 报告期内公司实施了 2012 年度利润分配方案，以资本公积金向全体股东每 10 股转增 5 股。2. 公司实施第二期股权激励增加股本 1,398.20 万股，经过上述两次变动后，公司股本由年初 46,037.40 万股增加到 70,454.30 万股。

【企业文化】

企业愿景：赶超世界一流装饰水平，成为世界著名品牌

企业使命：以天下美丽为己任，为国家多创造财富

价值观：忠诚、齐家、卓越、创新

服务理念：一百个客户变成一百个朋友

品牌理念：品牌是打造"百年老店"的法宝

管理方针：树立精品意识、满足顾客要求、重视过程管理、坚持全方位的持续提高

环境方针：遵章守法，全程监控；强化意识，持续改进

职业健康安全方针：强化预防，规范操作，安全健康，持续改进

【企业荣誉】

中国装饰 100 强企业；中国装饰企业信誉 AAA 级单位、全国质量管理先进企业、全国用户满意施工企业、中国建筑装饰协会常务理事单位、先进企业、优秀单位会员；深圳市装饰协会副会长单位；深圳市先进单位、文明企业；深圳市质量管理奖；全国顾客满意明星单位；全国工程建设科技创新示范单位；全国诚信建设示范单位；全国绿色装饰装修示范单位；全国信息化建设先进单位；全国建筑装饰奖明星企业；中国著名品牌企业；深圳建筑业百强专业承包综合实力第一名（连续九年）；"深圳知名品牌"（深圳建筑装饰行业唯一蝉联该荣誉的单位）；深圳市质量奖（深圳装饰行业唯一一家）。通过 ISO9001 质量、ISO14001 环境、OHSAS18001 职业健康安全体系认证。

公司获大奖项目：鲁班奖 20 余项、全国建筑工程装饰奖 49 项、国家优质工程 6 项、各类省优质样板工程奖 100 余项、各类市优质样板工程 130 余项、国际级设计大奖 8 项、国家级设计大奖近 100 项、省市级设计大奖 160 余项。

【002330】山东得利斯食品股份有限公司

【基本情况】

得利斯，作为注册商标，是英文"DELICIOUS"的音译，意指味道鲜美、无与伦比。此译名既与"得利斯"读音相吻合，又恰切地表现出得利斯美味营养美食的特点，是音译商标的典型案例，在传播字面意义和产品品质的同时，表达了丰富的内涵。

得利斯，顾名思义：得利于斯，在这里得到利益和好处。其文化内涵在于，企业发展得利于党的农村改革和富民政策；得利于坚持农副产品深加工、贸工农一体化、农业产业化的发展方向；得利于社会各界的支持；得利于引领潮流的高品质产品和广大消费者的厚爱；得利于全体员工的拼搏进取、忠诚奉献。

企业坚持"得利于斯、回报于斯"的创业初衷，为消费者创造最安全营养的肉类食品，为参与者提供最恒久宽广的发展平台。

但愿人长久，相伴得利斯！

得利斯品质方针

得利斯尊崇"品质高于一切"，恪守"制欲感恩"为生存理念，以"增强国人体魄，提高民族素质"为宗旨，以"改善大众饮食营养，攀登肉食科学高峰"为己任，以竭诚奉献于中华民族之崛起为终极目标，致力于为广大消费者提供最安全营养的肉食产品，践行企业核心价值，彰显企业社会责任。

董事长致辞

夫天地莽莽，历万万年来，洪流跌宕，百事云烟；惟有人类始，天地渐次改观，万物从此留名。人类茹毛饮血至以火熟食，其途漫漫；食生肉者健，食熟肉者智，肉食技艺更替之于进化厥功至伟。

得利斯凡二十余年，致力肉食改造，未敢稍有懈怠。改革初，开贸工农之先河，自面粉始，复而入屠宰；从兹以还，历三余年而创低温肉制品，独立倡导，始终如一；又历十余年创冷却肉，出于自然，尽领风骚；再历六年而创生猪物种，改一时风气而立新，并建农业、畜牧、食品、生物四大科技平台，筑全程管控追溯产业体系；复历六年创引帕珞斯，是为比肩奶酪、红酒之肉食顶巅。

昔东坡知密州，勤政怜民，留名句但愿人长久，复为得利斯相承，使有源以来活水。自勤奋进取始，见贤而思齐，以仁义礼智立，莫敢欺苍天，诚信自制，制欲感恩。此概由往昔五千年文明之精要，亦兹后得利斯千百年之根本。

得利斯从无到有，由小而大，尽皆得利于党委政府之富民政策及正确领导，得利于社会支持及消费者之厚爱，得利于员工奉献及有巨大潜力之农业农民！是以惟改善大众饮食营养、攀登肉食科学高峰为己任，方为创造竞争力乃至生存之所在。

大道之行，仰畏天，俯敬人。得利斯以拳拳心，存百年品牌之夙愿，凭先进科学之肉品，增强国人体魄，提高民族素质，竭诚奉献于中华民族之崛起！

但愿人长久，相伴得利斯！

【企业概要】

成长历程：

1986 年创立。

1989 年引进欧洲先进的低温肉制品生产线，率先在国内研制成功低温肉制品并进行工业化生产，促使肉食消费发生了革命性变化。

1994 年，在全国首次提出"双十工程"和"菜篮子百城工程"。

1999 年，得利斯被认定为中国驰名商标，获得首次山东省政府质量奖。

2000 年，在中国首倡冷却肉消费理念，引领中国冷却肉消费潮流。

2004 年，在"莱芜黑"猪种质资源基础上培育出"欧得莱"猪新品系。

2006 年，得利斯冷却肉、低温肉制品实现直供人民大会堂、钓鱼台国宾馆。之后，得利斯产品相继直供国家发改委、国务院机关事务管理局等二十六部委办局。

2007 年，基本完成高档肉制品从源头到终端一体化绿色产业链条建设。

2010 年 1 月，山东得利斯食品股份有限公司股票在深交所挂牌上市。

2010 年 12 月，引进研制成功帕珞斯意大利火腿，并成为肉制品行业目前唯一获得省长质量奖的企业。

企业文化：

得利斯创建起以"六个一"思想精髓为核心的企业文化体系，其核心是"树人"，灵魂是"创新"，依托是"诚信"，措施

是“自律”。

生存理念：制欲感恩

企业宗旨：增强国人体魄提高民族素质

企业精神：勤奋进取团结忠诚

企业标准：凡是有利于公司建设和发展的言论和行为都是正确的；凡是不利于公司建设和发展的言论和行为都是错误的。

厂训：勤奋进取，见贤思齐，团结忠诚，唯信可立；经济社会，树人为本，仁义礼智，莫欺苍天。

厂规：挣钱时先要想想如何多挣一分钱再挣；花钱时都要想想如何能省一分钱再花；原料质量同等要价格便宜的；价格一样要质量好的；价格、质量有区别花高价买质量好的。顾客的每分钱都是血汗积累的，昧心钱一分也不赚；产品价格越高，越要秤平量足！不是物质所值的钱，多一分也不要！得利斯只赚良心钱！

顾客是衣食父母，轻视顾客就是不肖子孙；质量是企业生命，不顾质量就是自寻死路！

企业发展规划

以构筑从源头到终端全程控制的绿色食品产业体系，打造中国农业产业化典范企业、中国高档肉类典范企业为目标，以低温肉制品、帕珞斯火腿为龙头产品，全面开发冷却肉、调理食品及中式肉制品，着力打造年产500万头生猪安全肉品体系，为国内消费者提供代表国际发达国家水平的、最健康营养安全的肉食产品，以此塑造得利斯品质精良的良好社会形象，使得利斯品牌传播广大，传承久远。

主导产品

低温肉制品定位语：猛虎何以成为百兽之王？雄狮为什么骁勇剽悍？是食草动物的肉体，供给了它们生命的“核能”。人类为什么能成为万物之灵？是宝贵的肉食习惯，使脑髓获得了比单食植物更多更重要的营养，缩短了进化时间，加速了完善进程。

食生肉者健，食熟肉者智。“得利斯”尊崇“增强国人体魄，提高民族素质”为宗旨，消化吸收国外食肉民族“低温肉制品”的科学概念，引进获世界专利的成套加工设备，不破坏肉类纤维组织和自然营养成份，彻底改变传统的高温烹调方式，将肉制品低温成型蒸熟，最大限度地保存了肉类的蛋白质、氨基酸、维生素和多种矿物质，创造出了符合民族饮食习惯的低温肉食系列产品。它能迅速补充人体消耗，既强身，又健脑，高标准地满足了现代人在信息时代的饮食需求。

强国家必先强民族，强民族必先强体魄。“得利斯”以改善大众饮食营养、攀登肉食科学高峰为己任，竭诚奉献于中华民族的崛起。

风味冷却肉定位语：我们祖祖辈辈食用的猪肉，严格说并不是真正意义上的猪肉！因为活猪被屠宰后由于系统循环停止，导致猪胴体温度迅速上升至42℃，高烧使大量细胞破裂，猪肉的营养、口味、色泽全面流失并大量滋生细菌和各类毒素。得利斯冷却肉引进全套德国设备生产，采用国际上目前最先进的脉冲三点击晕、卧式真空采血、立式蒸汽烫毛、纵向横向桑拿按摩、气体火焰瞬间二次灭菌、胴体三级检疫、即时冷却降温、脱酸排毒24小时以上等现代技术加工而成。它比市面上的热鲜肉、冷冻肉、放心肉等具有更高层次、更新概念、更多科技含量，是发达国家消费者唯一的肉类选择。

得利斯——品质高于一切

产品品质是关系企业长远发展的百年大计。只有坚持优良的品质，才能赢得至高的市场美誉度，成就百年品牌，否则就会被淘汰出局。我们是做肉制品的，一定要做货真价实的肉制品，决不能做成淀粉产品。产品是物化的人品，得利斯始终坚持高品位做人，做高档肉制品，我们不能和这个社会耍心眼，比聪明，要和人家比实诚，比真诚，比货真价实的产品，要让大家知道得利斯是真、善、美的东西，这才是得利斯的发展、取胜之道。

——得利斯掌舵人郑和平先生

品质源于科技，以研发托起品质标准

研发理念：品质高于一切

研发力量：成立国家级技术中心，中心拥有五百多科研人员的人才体系，中心与中国肉类研究中心、中国肉类协会、中国农业大学、山东省标准化研究院等几十家国内高等院校、科研院所等机构建立了良好的产学研合作关系，与国外众多科研机构建立了技术交流通道。

得利斯投资成立了国家实验室，拥有了行业领先的实验检测手段，层层把关，确保了产品品质精良。

研发成果：公司承担重大科技课题，研发项目达73项，其中国家级研发项目4项。公司的生物育种项目实现了欧得莱商品猪肉质与肉量兼顾的理想目标，瘦肉率60%左右，肌间脂肪4%左右，含有猪肉少见的欧米茄三不饱和脂肪酸，营养丰富，口味醇香，被国家发改委列为高新技术示范项目。

得利斯在肉制品上的研发技术，领先国内，同步国际。主导产品低温肉制品填补了国内空白，荣获国家星火计划成果奖和国家新产品奖。得利斯冷却肉以其首创的两段冷却排酸工艺，使肉的品质达到最高，成为人民大会堂和钓鱼台国宾馆的专供产品。帕珞斯火腿含有多种活性营养成分，与红酒、奶酪并称为世上最顶级、最健康的三大发酵食品。

品质凝于产品：引领消费潮流，而不随波逐流，凭科学消费理念和先进生产工艺打造高品质产品

低温肉制品：低温肉制品生产技术和工艺最早从德国、荷兰、瑞士引进，在此基础上根据我国传统饮食习惯，从原料肉解僵成熟、肌肉嫩化、真空提取肉蛋白到低温成型蒸煮、恒温恒湿热加工等，研制形成了一整套独特先进的低温肉制品加工配方及技术，最大限度地保存了肉类蛋白质、氨基酸、维生素和多种矿物质，能迅速补充人体消耗，既强身又健脑，高标准地满足了身处信息时代的现代人的饮食需求。

冷却肉：冷却肉采用低压脉冲三点击晕、卧式真空采血、立式蒸汽烫毛、纵向横向桑拿按摩、气体火焰二次灭菌、胴体三级检疫、脱酸排毒24小时等国际最先进的生产工艺，实现了生猪的现代化屠宰加工。冷却肉在0－4℃环境下经独特科学工艺处理，肉品呈现淡鲜红色，烹煮时水面无泡沫，气味芬芳、口感新鲜、质地柔软而富有弹性、细嫩多汁、容易咀嚼、易于消化吸收。产品的卫生、安全、营养等系数均已达到当今发达国家先进水平，被人民大会堂、钓鱼台国宾馆认定为专供产品。

帕珞斯火腿：帕珞斯火腿利用整条猪腿，在恒温条件下发酵加工而成，制作过程中不添加任何香辛料和化学添加剂，极大保存了猪肉的纯天然品质。

整个生产过程最短6个月，有超过2万种有益菌类和生物酶在火腿中分解脂肪和蛋白质，释放出有益活性氨基酸，富含人体必需微量元素，是迄今为止，世界上品质最好的火腿，被誉为肉制品中的“美食王子”。发酵火腿与红酒、奶酪也被并称为世界上最顶级、最健康的三大发酵类食品。

得利于斯，回报于斯

责任成就品质，品质创造价值。二十五年来得利斯始终怀抱一颗高度责任心，倾心打造独具特色的绿色食品产业链，为消费者创造出最美味、安全、营养的肉类食品。企业先后荣获“首批家农业产业化国家重点龙头企业”、“中国肉类10强企业”、“中国食品行业100强”、“中国最具市场竞争力品牌”、“中国驰名商标”、“中国名牌产品”、“国家安全食品示范单位”、“山东省省长质量奖”等荣誉称号。党和国家领导人温家宝、曾庆红、吴官正、吴仪、回良玉、乔石、田纪云、姜春云、何鲁丽、宋平、陈慕华等先后视察公司并给予高度评价。

公司始终坚持“得利于斯，回报于斯”的创业初衷，在自身发展的同时，推进周边社区建设和带动广大区域农民致富、农业发展；同时公司也为南方水灾、汶川地震、玉树地震、吉林水灾、孤寡老人、失学儿童、困难职工提供无私捐助。“制欲感恩”的企业理念是镌刻在得利斯发展道路上的铭言，更是实践中不断延伸引领发展的信念。

二十六载得利斯，笃守“品质高于一切”的信言！得利斯，以竭诚奉献于中华民族的崛起为终极目标，向着更具担当、更负责任的而立之年阔步迈进，向着建设中国农业产业化典范企业、中国肉类典范企业、百亿企业、百年品牌的目标，抵定青山、振臂前行！

【002378】崇义章源钨业股份有限公司

【基本情况】

公司始创于2000年，2010年3月31日在深交所上市，是全国唯一一家钨行业上市民营企业（股票简称：章源钨业，股票代码：002378），集钨的采选、冶炼、制粉、硬质合金与钨材生产和深加工、贸易为一体，是全球少数拥有完整钨产业链的厂商。现有员工3400多人，拥有6个探矿权矿区、4座采矿权矿山、5个钨冶炼及精深加工厂、1座水电站、1家全资子公司及2家参股公司。产品覆盖仲钨酸铵、氧化钨、钨粉、碳化钨粉和硬质合金系列，“章源”商标系江西著名商标，“章源”牌钨粉、碳化钨粉、硬质合金系江西名牌产品。截至2012年底，公司总资产27.93亿元，固定资产10.79亿元，全年实现总产值17.3亿元，销售额17.4亿元，利润总额为1.57亿元，上缴税金2.39亿元，出口创汇8723.09万美元。

公司是国家级高新技术企业、第三批创新型企业、国家技术创新示范企业，是商务部批准的“钨品国营贸易出口资格企业”和“钨品出口供货资格企业”，先后通过了ISO9001：2008质量管理体系、ISO14001：2004环境管理体系、OHSAS18001：2007职业健康安全管理体系和ISO9001：2008党建质量管理体系的认证，拥有多项专利、科技成果和高新技术产品，中国地质科学院、中南大学、江西理工大学、赣南科学院分别在公司设立了博士工作站、博士后研究基地、研究生教育创新基地和钨业研究所。开发专利专有技术135项，承担、参与起草国家标准5个，冶炼与制粉生产工艺国际领先，硬质合金生产工艺国内先进，首创白钨铵盐不变体系闭路冶炼新工艺，全球率先实现黑白钨矿高效绿色冶炼，全球首家工业化生产纳米钨粉和纳米碳化钨粉。

公司致力于向下游精深加工产业链延伸，通过引进世界一流装备、技术与工艺，在全资子公司赣州澳克泰工具技术有限公司斥资8.3亿元，新上了高性能高精度硬质合金涂层刀片、挤压棒材两条生产线，旨在改变我国高端硬质合金长期依赖进口的局面，从而满足国内数控加工业快速发展的需要。这两条生产线于2013年上半年开始试生产，目前市场开拓前景良好，有望成为公司盈利新增长点。

未来几年，公司将以持续建设“纵向专业一体化”产业链为目标，不断延伸钨产业链，促进产业转型升级：一是“做优”上游探采选，加强资源勘探力度，推进矿山兼并重组，持续建设绿色矿山，进一步提升矿产资源综合回收利用水平。二是“做特”中游冶炼制粉，差异化开发生产特色粉末产品，推广绿色冶炼、实现零排放。三是“做精”下游精深加工，继续引进消化吸收再创新世界前沿钨精深加工的工艺技术与装备，加快刀具、刀杆、刀盘等硬质合金工具的集成创新和产业化步伐，尽早建成硬质合金高端切削工具的研发、设计、生产及售后服务体系，缩短国内高端硬质合金工具与国外的差距。

【企业文化】

企业文化是企业寻求生存的竞争“原则”，是指导企业制定员工和顾客政策的宗旨，是企业获得持久发展的动力源泉。因此，公司坚持不断深化企业文化建设、建立企业发展愿景、价值观和理念、形成企业文化规范、发挥管理层的诚信模范作用、加强企业文化对员工的引导作用、建立企业文化评估制度、加强文化和法制建设。2006年，被全国工商联民营企业文化建设委员会评为“全国民营企业文化建设先进单位”。

企业文化价值理念

——企业标识：ZW章源钨业 ZHANGYUAN TUNGSTEN：简单的字母组合，简洁明了。字母开头均为黄色的方块，给人以警醒，让每个章源人深知自己所处的经济大环境，需要不断创新，稳中求发展。同时黄色的灿烂、辉煌，有着太阳般的光辉，象征着照亮黑暗的智慧之光。黄色在黑色的衬托下可以达到力量的无限扩大，寓意章源人艰苦奋斗、百折不饶、开拓进取、永攀高峰的光荣传统和意志品质。

——企业发展愿景：传承百年基业，创新谋势未来

——企业发展目标：安全、和谐、高效、创新

——企业经营理念：利用资源、依靠科技、以人为本、诚信至上

——员工价值理念：今天企业因我而兴，明天我以企业为荣

——安全管理理念：安全第一，预防为主，综合治理。

——企业的执行力文化：企业的严格管理更多地体现在执行力上，建立“公司—矿（子公司）—科—班组—个人”五级执行管理体系，层层负责、层层监管。

党建工作深入企业

长期以来，公司持续坚持“利用资源、依靠科技、以人为本、诚信至上”的经营理念，以“安全、和谐、高效、创新”为企业方针，充分发挥党组织在企业发展中的政治引领和在职工群众中的政治核心作用，以党建文化引领企业文化建设。紧紧围绕“服务企业、服务发展、服务员工、服务党员”的工作目标，全面实施ISO9001：2008党建质量管理体系，党建工作全面走向规范化、制度化；建立党员示范责任区，突出党建模范带头作用；开展党员与员工结对活动，全面掌握员工思想脉搏，及时疏导员工情绪，稳定员工队伍；大力实施节约创新项目，破解企业发展难题，推行“一会三组”工作模式，保障职工合法权益，丰富职工文化活动，构建和谐平安企业。

【经营情况】

自上市以来，公司主营业绩连续实现30%以上的快速增长，综合实力明显提高。2012年以来，在有色金属行业整体下滑的情势下，公司主要经营业绩与上年相比虽有下降，但仍保持了较好的经济指标，处于同行业前列。2013年，受部分钨企业收货提价影响，原料钨精矿价格上行趋势明显，但因终端市场需求较去年未见有明显改善，钨下游客户持市场观望

态度，现货市场交易不甚活跃，钨加工产品价格倒挂，影响了公司上半年销售业绩。下半年，公司需要通过进一步降低生产成本、提高产品质量、加大重点客户拓展、改善售后服务质量来抵御市场风险。

公司近三年经营情况表

（单位：亿元）

科目	总资产	固定资产	销售收入	净利润
2010 年	21.97	5.29	13.79	1.76
2011 年	24.48	5.67	19.37	2.87
2012 年	27.93	10.79	17.44	1.32

出口方面，国家实行的是钨品出口配额制，公司分别获得了商务部赋予的“钨品国营贸易出口资格”和“钨品出口供货资格”，被省商务厅评为“2008－2010 年度江西省重点培育和发展的出口名牌”，并被南昌海关批准授予 AA 类管理企业证书（赣州市唯一一家）。近年来，公司钨原料产品（仲钨酸铵、钨粉、碳化钨粉）按配额出口，钨深加工产品（硬质合金系列）力争多出口，总出口量和自营出口创汇额均实现较大幅度增长，特别是在 2012 年出口实现逆势增长，出口与内销比达 4:6。2013 年，国际市场形势不容乐观，硬质合金受下游市场疲软影响无明显好转，钨加工品价格倒挂，影响到公司上半年的出口。

公司近三年经营情况表

项目		钨品出口配额	自营出口创汇
2010 年	数量	813 吨	5154.9 万美元
	同比增长/下降	+132.95%	+128%
2011 年	数量	380 吨	8550.8 万美元
	同比增长/下降	−53.26%	+65.9%
2012 年	数量	416 吨	8723.1 万美元
	同比增长/下降	+9.47%	+2.02%

【公司荣誉】

近年来，章源钨业先后荣获“首届全国矿产资源合理开发利用先进矿山企业”、“国家科技进步二等奖（白黑钨矿洁净高效制取超高性能钨粉体成套技术及产业化）”、“江西省科学技术进步一等奖（球形、单晶、超细仲钨酸铵粉体的制取技术）”、“国家级高新技术企业”、“第三批国家创新型企业”、“国家技术创新示范企业”、“江西省优秀高新技术企业”、“国土资源科学技术二等奖”、“中国质量诚信企业”、“全国和谐劳动关系优秀企业”、“全国就业与社会保障先进民营企业、“全国有色金属行业先进集体”、“江西省劳动保障诚信等级 AAA 级单位”、“江西省守合同重信用 AAA 单位”、“2009－2010 年度江西省实施科技创新‘六个一’工程优秀创新型企业”、“2012 年度投资者保护宣传工作先进单位”等多项荣誉。

【企业责任】

作为地区龙头支柱企业，公司大力倡导“安全、和谐、高效、创新”的人文环境，先后安置了 2600 多名农民工及下岗职工就业与再就业；努力保持稳健经营和持续发展，维护股东和职工合法权益；致力于生态环境的保护，改善了企业周边环境，保护了职工和当地群众的身心健康；努力做好公益事业，在捐资助教、扶贫济困、农村土坯房改造等方面出钱出力，提升公司社会价值；在中南大学设立“章源钨业教育基金”，支持教育事业发展。2002 年以来累计慈善捐款 4295.637 万元，鉴于公司及董事长长期以来对社会公益事业的支持，董事长被江西省慈善总会、江西日报评为“2012 年江西慈善突出贡献楷模”。

【大事记】

2013 年 3 月 11 日，公司下属淘锡坑钨矿、新安子钨锡矿两座矿山被国土资源部列入第三批国家级绿色矿山试点单位名单。

2013 年 3 月 19 日，公司通过 OHSAS18001:2001 职业健康安全管理体系认证审核。

2013 年 4 与人 9 日，公司顺利通过职业健康安全管理体系认证。

2013 年 4 月 10 日，公司下属矿山淘锡坑钨矿被国土资源部评为江西省唯一矿产资源节约与综合利用先进适用技术推广应用示范矿山。

2013 年 4 月 18 日，公司成为第一批符合钨、锡、锑行业准入条件企业。

2013 年 4 月 24 日，公司被评定为《企业知识产权管理规范》国家标准基础指标达标单位。

2013 年 5 月 1 日，公司本部举办庆“五一”，见证章源钨业发展摄影书画展，矿山组织“五一”系列文体活动。

2013 年 5 月 7 日，公司资产管理系统项目顺利通过验收。

2013 年 5 月 9 日，省政协调研组一行到公司开展重金属污染治理工作专题调研。

2013 年 5 月 27 日，公司获得中国进出口银行 2 亿元出口卖方信贷资金支持。

2013 年 5 月 29 日，公司获得西部大开发企业所得税税收优惠政策，减按 15% 优惠税率征收企业所得税。

2013 年 6 月至 7 月中旬公司开展“强化安全基础、推进安全发展”安全月系列活动。

2013 年 7 月 8 日，江西省委书记强卫在省委常委、赣州市委书记史文清、赣州市长冷新生陪同下莅临公司视察指导。

2013 年 7 月 15 日，公司董事长黄泽兰先生被表彰为“2012 年度全市优秀董事长［厂（矿）长］、总经理”，这是黄泽兰先生连续五年获此殊荣。

2013 年 8 月 9 日，公司协办“2013（第五届）钨及硬质合金市场技术论坛”。

2013 年 8 月 12 日，公司 2013 年上半年工作总结会在本部二楼视频会议室召开。

2013 年 9 月 9 日，公司无偿捐助 900 余万元兴建的关田镇田心小学举行“落成庆典暨捐赠移交仪式”，公司被授予“捐资助学、爱心楷模”荣誉称号。

2013 年 9 月 13 日，公司被江西省安监局、省卫生厅、省人保厅、省总工会联合评为“江西省职业卫生先进企业”。

【002391】江苏长青农化股份有限公司

江苏长青农化股份有限公司系国家定点农药生产企业、国家高新技术企业，公司于 2010 年 4 月在深圳证券交易所上市，证券简称“长青股份”，股票代码 002391。公司现有员工 1000 多人，占地面积 32 万多平方米，总资产近 20 亿元，净资产 17 余亿元，2013 年公司净利润 19254.61 万元。公司设备精良、自动化程度高，以合成农药、农药中间体为主，同时生产多种剂型制剂，现已具备年产万吨原药和数万吨制剂的生产能力。

公司管理严格、信誉优良，先后通过 ISO9001 质量体系认证、ISO14001 环境管理体系认证、GB/T28001 职业健康安全管理体系认证，被农业部评为“全国诚信守法企业”，被国家工商行政总局评为“守合同重信用企业”，被中国农药协会评为“中国农药行业责任关怀优秀企业”，连续多年被评为江苏省“AAA级”资信企业。

公司注重科技进步和技术创新，与国内众多科研院所建立了产学研合作关系，聘请多名国内知名专家担任公司技术顾问，拥有国家级“博士后科研工作站”和“省级企业技术中心”两个技术平台、一个国家石化行业“A类质检机构”、一支高素质的科技攻关团队，承担过多项国家级、省级研发及技改项目，是“国家火炬计划重点高新技术企业”。

公司的“长青”商标为“中国驰名商标”，现有产品中拥有中国名牌产品，国家重点新产品，省高新技术产品，省名牌产品。一流的产品质量和完善的售后服务使长青产品畅销国内20多个省、市、自治区，远销欧美、东南亚等20余个国家和地区。

公司地处古城扬州东郊，水陆交通便利，投资环境优越。公司始终坚持“质量第一、真诚服务”的宗旨，热诚希望与国内外客商开展信息交流、技术合作和贸易往来，共同促进中国农用化学工业的发展。

【002425】凯撒(中国)股份有限公司

【基本情况】

凯撒(中国)股份有限公司成立于1994年，一贯坚持采用传统细腻的裁剪以及高品质的制造工艺、将流行风尚与中国元素完美地融入到品牌风格当中。通过清晰产品定位，凯撒股份在国内成功树立了“凯撒”高端服装品牌形象，是近20年来坚持立足于高端市场且一直保持旺盛品牌生命力的国内少数服装企业之一。2010年6月8日，凯撒股份在深交所A股中小板成功挂牌上市，隆重上市公开募集资金，迎来了新的历史发展机遇。目前，凯撒股份已经形成集科、工、贸于一体的国际服装服饰集团，主要从事服装的设计研发、生产与销售，其庞大的销售网络覆盖全国，在各大中城市开设有300多家专卖店柜。凯撒股份的主要产品包括女装、男装、皮装、皮鞋、皮具等，深受追求高品质生活的商政界成功人士的推崇。

【企业荣誉】

“凯撒”商标被国家工商总局评为“中国驰名商标”，1999-2010年凯撒股份连续12年被中国服装协会评为“中国服装行业百强企业”。凯撒股份是皮革行业的领先者，是中国皮革协会副理事长单位；1996年凯撒股份即作为主要参与者，参与制定了国家轻工行业标准QB/T1615-1997《皮革服装》，2006年凯撒股份又作为主要起草人制定了上述标准的替代标准国家轻工行业标准QB/T1615-2006《皮革服装》。

凯撒股份是唯一一家连续七届被中国皮革协会评为“中国真皮衣王”并同时拥有“中国名牌”、“中国驰名商标”、“产品质量国家免检”荣誉的企业。2003年凯撒品牌被服装时报社、中国百货商业协会评为“最受消费者欢迎的服装品牌”。2010年6月凯撒品牌被世界品牌室授予“中国500强最具价值品牌”的荣誉称号。上市短短一年，凯撒股份就在2011年一举获得“2010年广东上市公司发展潜力10强、2010年广东上市公司最具有盈利能力10强”两项大奖。

【品牌内涵】

设计生活

创作的一切灵感来源于生活，设计服装也就是在设计生活。凯撒设计师凭借原始灵感，从大自然中找寻生活“精灵”。它们从遥远的意大利、法国采集最好的原材料，选择个性化的色彩和设计方略，保证了服装的高贵品质，延伸了服装的“绿色生命”，让消费者感悟世界服饰文化的脉搏，聆听设计师的心声，满足视觉和心理的需要。穿凯撒服饰，不仅是高贵身份和地位的象征，还自然感受着服饰文化的熏陶。

精雕品质

品质是企业的命脉，好产品源于用心考究的每一个细节。版型师将设计师的“灵气”转化为一条条精美曲线，用美国进口的CAD设备，将其人格化，充分体现东方人的体型和气质。将传统的平面裁剪改成先进、直观、国际化的立体裁剪，同时仔细琢磨裁剪每一环节的奥妙，以精良的工艺保证了服饰的高品质。

延伸服务

每天我们以真诚的微笑面对顾客，同时我们也收获了更多的阳光。良好的服务是品牌生命的延续。顾客的满意是凯撒人不倦的追求，公司着力培养和提高服务人员的综合素质，尊重顾客，热心服务，真诚地介绍产品，建立顾客档案，定期跟踪服务，设立有凯撒客服服务部，专人悉心听取顾客对产品的意见，及时为顾客解决问题。作为凯撒来说，不仅要有优质的产品，更要有优良的服务。

提升形象

良好的形象不仅是企业实力的象征，更是企业文化的最佳表达。凯撒集团进一步推行CI识别系统，提升凯撒国际化的品牌形象，为了给消费者营造更高雅、更舒适的购物环境，凯撒集团派出专业的装修设计队伍，对全国专店进行全新的包装，以崭新的店面形象呈现于公众。2003年公司曾邀请香港著名艺人关之琳小姐作为凯撒女装的形象代言人，在全国大中城市举行了名流PARTY等公关推广活动。凯撒常年在中央电视台、凤凰卫视、各省市电视台投放凯撒品牌形象广告，高档的时装综合性杂志如《时尚》、《时尚伊人》、《时尚先生》、《时装之苑》、《航空杂志》等也刊登了凯撒的广告宣传海报。

【经营业绩】

2013年，公司实现营业总收入50,638.08万元，较上年同期减少了4.75%。实现利润总额4,653.28万元，较上年下降31.92%；归属于上市公司股东的净利润2,540.02万元，较上年下降31.92%.实现每股收益0.08元。

【002428】云南临沧鑫圆锗业股份有限公司

【基本情况】

云南锗业是国内第一、亚洲最大的锗系列产品生产商和供应商，是全国唯一拥有锗矿开采、火法富集、湿法提纯、区熔精炼、精深加工及研究开发一体化产业链的锗业企业。公司位于云南省临沧市，旗下拥有10家子公司，目前主要产品有高纯二氧化锗、区熔锗锭、红外级锗单晶、太阳能级锗单晶片、红外光学锗镜片、红外光学锗镜头、光纤用四氯化锗、砷化镓单晶片等，主要销往国内及欧洲、日本、美国等国家和地区。

云南锗业前身为云南临沧鑫圆锗业有限责任公司，始建于1998年7月，2002年2月，整体变更为云南临沧鑫圆锗业股份有限公司。2010年6月8日，经中国证券监督管理委员会批准，在深圳证券交易所上市，股票代码：002428，股票简称：云南锗业。

云南锗业是亚洲最大的锗产品生产企业，是目前国内锗产业链最为完整、锗金属保有储量最大的公司，连续多年锗金属产量超过全国40%；拥有丰富的资源优势，截至2009年12

月31日，拥有大寨锗矿、梅子箐煤矿两个矿山，保有锗资源储量689.55吨，相当于全世界上表储量的8.02%，全国上表储量的19.70%。2010年至今，通过收购采矿权和股权的方式取得或控制五个含锗矿山采矿权，锗金属保有储量再次增加250余吨，资源优势进一步提升；作为高新技术企业，云南锗业拥有强大的技术实力，在锗的开采、提炼与精深加工等技术领域具有强大的技术和研发实力，旗下锗业研究所被认定为省级企业技术中心，与北京航空航天大学共同成立了"红外光学工程中心"，实现产学研相结合，促进公司技术升级和提高产品设计能力。截至目前，公司承担了省级新产品重点开发计划1项、国家级科研项目3项，拥有专利技术20项（其中发明专利10项），获得2项省科技进步奖，起草制定了17项锗行业的国家标准和行业标准，公司"临鑫圆"商标被国家工商行政管理总局认定为中国驰名商标。

【发展战略】

以丰富的资源储备和雄厚的研发实力为依托，以市场为导向，不断优化产品结构，开发高端产品，加强"科技、环保"内涵，提升企业核心竞争力，扩大行业领先优势，成为全球领先的锗系列产品生产商和供应商。

【企业荣誉】

国家火炬计划重点高新技术企业

国家锗材料高新技术产业化基地骨干企业

云南省省级企业技术中心

云南省科学技术进步二等奖

云南省百户优强工业企业

云南省劳动关系和谐企业

云南省百户企业知识产权试点示范工作试点单位

2004－2005年度守合同重信用企业

临沧市工人先锋号

临沧市节能减排先进集体

2006－2007年度守合同重信用企业

优强中小（非公）企业

【社会责任】

1. 安全生产

制订并严格执行安全生产制度、建立和落实安全生产责任制、注重进行安全生产培训教育、设立安全生产管理部门、确保并不断加大安全生产的资本开支。目前，采矿已达到了国家规范的机械化采矿标准和管理要求，采用充填法采矿，已按照较高的标准制定并严格执行了安全生产的相关规章制度。

2. 环境保护

设立专门的安全环保部门，安排专职人员从事环保管理工作；按照国家环保法律法规，对公司环保三废的管理制订了规章管理制度和奖惩管理办法。成立了直属湿法车间管理的废水中和站，加强了对污染物排放的管理，能够对发现的问题及时做出处理；将环境保护纳入考核指标，强化环保理念，进行严格考核，使公司全体员工认识到了在生产过程中环境保护的重要性；响应国家节能减排的号召，积极开展了清洁生产审核工作，实现了清洁生产"节能、降耗、减污、增效"的目标。目前环保治理的各项指标均已达到了国家和地方环保标准要求。

3. 低碳经济

不断加强生产工艺改进，减少单位能耗、提高金属回收率，减少资源浪费；宣传低碳环保理念，积极推动无纸化办公；建设"废弃炉渣与低品位锗矿综合回收利用工程"，积极回收利用资源、提高资源利用率，减少对环境的污染。

4. 社会公益

积极参与社会公益事业、宣传公益事业，向地震灾区捐赠款物，出资设立临沧市矿山救援中心，建立临沧地区第一个专业矿山救援机构和第一支专业的矿山救援队伍，积极组织安全生产教育培训，积极促进全区矿山安全生产。

【企业文化】

坚持"人本为先"的理念，大力营造"工作称心、精细高效"的企业文化氛围，追求"精品、高效"的目标，用精神激励的方法调动员工的积极性；用制度管人的方法规范员工的行为，使整个企业形成了一种积极向上的良好作风，从而获得了长足发展的精神动力。

【002438】江苏神通阀门股份有限公司

【基本情况】

江苏神通阀门股份有限公司位于江苏省启东市南阳镇，与上海隔江相望，公司距上海浦东机场105公里，交通便捷。公司注册资本2.08亿元，是国家级高新技术企业、江苏省创新型企业、节能减排示范企业和江苏省知识产权管理标准化示范企业，是中国阀门行业协会副理事长单位、全国阀门标准化技术委员会蝶阀工作组组长单位、宝钢设备与备件联合研制供应中心成员单位、中国石油化工集团公司物资供应网络成员单位、中广核核电设备国产化联合研发中心成员单位。拥有民用核安全设备设计和制造许可证、压力容器和压力管道元件特种设备制造许可证。通过了美国石油学会API6D、API609认证以及ISO9001质量管理体系、ISO10012测量管理体系、ISO14001环境管理体系、GB/T28001职业健康安全管理体系认证。

本公司专业从事新型特种阀门研究、开发、生产与销售，拥有有效专利109项，主要生产包括蝶阀、球阀、闸阀、截止阀、止回阀、调节阀、特种专用阀等七个大类145个系列2000多个规格的产品，这些产品广泛应用于冶金、核电、火电、煤化工、石油和天然气集输及石油炼化等领域。"神通"牌和"蝶球"牌冶金特种阀门主要应用于冶金行业的高炉煤气干法除尘与煤气回收等节能减排系统，主导产品国内市场占有率达70%以上。核电蝶阀、球阀产品方面的国内市场占有率达90%以上。

经中国证监会核准，公司股票于2010年6月23日在深圳证券交易所中小企业板成功上市。作为江苏省启东市的第一家A股上市公司，是阀门行业十年来唯一一家在国内A股市场成功上市的阀门专业公司，踏入资本市场的江苏神通将面临更大的发展机遇。公司将秉承"为用户创造价值、为员工创造机会、为股东创造回报、为社会创造财富"的经营理念，"巩固冶金、发展核电、进军石化、服务能源"，以创新求发展，把江苏神通建设成为国内领先，国际著名的核电阀门和冶金特种阀门的精品基地，为实现公司持续、稳定、快速的发展而努力奋斗。

【发展历程】

2001年1月，江苏神通阀门有限公司成立。

2003年11月，公司取得了国家质量监督检验检疫总局颁发的《特种设备制造许可证（压力管道元件）》。

2004年2月，公司取得国家核安全局颁发的《民用核承压设备设计许可证》和《民用核承压设备制造许可证》。

2007年6月，经国家商务部批准江苏神通阀门有限公司改制成为江苏神通阀门股份有限公司。

2008 年 10 月,公司被认定为高新技术企业。

2009 年 3 月,公司通过《中华人民共和国民用核安全机械设备设计许可证》及《中华人民共和国民用核安全机械设备制造许可证》的换证和扩证。

2010 年 6 月,经中国证券监督管理委员会核准,公司首次在深圳证券交易所中小企业板上市,发行价每股 22 元。

2011 年 3 月,投资 5000 万元成立全资子公司上海神通企业发展有限公司,2011 年 6 月,投资 30000 万元成立全资子公司江苏神通能源装备科技有限公司。

2012 年 2 月,公司通过高新技术企业复审。

【企业文化】

企业目标:制造一流产品、造就一流人才、创建一流企业、打造百年神通

战略愿景:国际著名、行业前三、单打冠军、受人尊重

企业理念:要么不做,做,就一定要做到最好,有限目标,争当冠军!

企业宗旨:为用户创造价值、为员工创造机会、为社会创造财富、为股东创造回报

企业使命:产业报国、造福人类

市场定位:巩固冶金、发展核电、进军石化、服务能源

企业价值观:以人为本,诚信创新,以高品质的产品和高素质的服务回报用户

神通人形象:诚信、创新、勤奋、务实

发展思路:靠技术把企业做强、靠管理把企业做实、靠营销把企业做大、靠人才求企业发展

【经营业绩】

2013 上半年,公司实现了营业收入 22,978.77 万元,比上年同期增长 11.42%,实现净利润 3,164.97 万元,比上年同期增长 7.26%,各项工作正在按照年初经营计划稳步推进。

【002446】广东盛路通信科技股份有限公司

【基本情况】

广东盛路通信科技股份有限公司是国内领先的天线、射频设备及器件的生产基地,成立于 1998 年,公司总部占地 150 亩,拥有近千名员工。

公司产品主要为天线、射频有源设备、射频无源器件等 1500 多个品种。其中天线产品有:GSM/CDMA/3G 基站、直放站天线,室内覆盖天线,终端天线,微波天线,PHS 系列天线,WLAN/WiFi/WiMAX 天线(2.4GHz/3.5GHz/5.8GHz),美化天线等。射频有源设备有:GSM/CDMA/WCDMA/TD－SCDMA/PHS 系统各类有源模块、干线放大器、直放站等。射频无源器件有:功分器、耦合器、滤波器、双工器、环行器、隔离器、避雷器、合路器。

作为高新技术企业的盛路已经通过 ISO9001:2000 国际质量体系认证、ISO14001 环境管理体系认证、OHSMS18001 职业健康安全管理体系认证、RoHS 认证以及泰尔认证(移动通信系统基站天线)。盛路拥有一个大型微波暗室和十多个不同类型的微波屏蔽室,并配备有 100 多台安捷伦的先进测量仪器仪表、多套三阶互调测试系统和近远场天线方向图测试系统;环境实验室拥有盐雾、振动、高低温恒温恒湿、紫外线耐气候、淋雨等全套实验设备。占地面积达 7500 平方米的大型微波天线生产车间配备有数十台旋压机、油压机、数控车床等大型生产设备。

近年来盛路的销售额和纳税额均累创新高,出口额连年翻番。随着 CIS 的导入和 SAPERP 信息化平台的搭建,盛路必将拥有一个更加辉煌灿烂的明天。

【企业文化】

愿景:贴近客户,打造协同开发、快速制造、质量控制和成本控制四大优势,成为世界级设备制造商的首选。

【发展历程】

1998 年 12 月,“佛山市三水盛路天线有限公司”成立。2000 年,获朗讯公司 A 级供应商资格。

2001 年,荣获“广东省高新技术企业”称号。

2004 年 3 月,荣获“广东省著名商标”称号。

2005 年,被华为公司评为重点供应商。

2006 年 4 月,微波暗室及近、远场天线综合测试系统投入使用。

2006 年,中国移动集团公司的天线集中采购中标。

2006 年 5 月,3G 基站天线开始向日本市场批量供货。

2006 年 6 月,公司更名为“广东盛路天线有限公司”,并启用新司标。

2006 年 9 月,SAPERP 上线。

2006 年 10 月,“TD－SCDMA 智能天线”项目被评为“国家火炬计划项目”。

2006 年 12 月,获广东省政府批准,负责组建“广东省天线与射频工程技术研究开发中心”。

2006 年,华为公司授予公司“2006 年最佳技术支持奖”。

2007 年 2 月,大型天线远场测试系统投入使用。

2007 年 3 月,广东省政府认定为广东省省级企业技术中心。

2007 年 6 月,经过股改,更名为“广东盛路通信科技股份有限公司”。

2007 年 7 月,荣获广东省知识产权局颁发的“知识产权优势企业”称号。

2007 年 12 月,物流中心开始投入使用。

2008 年 3 月,通过中国联通集团的基站天线和室分天线集采厂验。

博士后科研工作站在公司挂牌成立。

2008 年 12 月,被认定为“AAAA”标准化良好行为企业。

通过国家级“高新技术企业”认定。

基站天线通过泰尔认证。

2009 年 4 月,数据信息处理中心投入使用,同时协同办公系统(OA)项目上线启用。

2009 年 6 月,协同办公系统(OA)项目上线。

2009 年 12 月,广东好帮手授予公司“2009 年度技术支持奖”。

2010 年 7 月 13 日,在深市 A 股成功上市,股票代码 002446。

2010 年 10 月,汽车天线产品取得 TS16949:2009 汽车行业质量管理体系认证。

2010 年 12 月,环境实验室投入使用。

【经营业绩】

2013 年上半年,公司实现营业收入 145,377,220.63 元,比去年同期下降 1.57%;实现营业利润 2,918,809.65 元,比去年同期下降 13.60%;利润总额 3,897,621.23 元,比去年同期下降 1.94%;实现归属于母公司所有者的净利润 3,113,679.97元,比去年同期增长1.76%,公司总资产为 831,523,281.86元,比去年年末增长1.21%;公司净资产为 655,861,081.81元,比去年年末下降0.57%。

【002460】江西赣锋锂业股份有限公司

【基本情况】

江西赣锋锂业股份有限公司成立于2000年3月，总部位于江西省新余市的"国家高新技术产业园区"，目前注册资本1.53亿元。2010年8月10日公司在深圳股票交易所中小企业板正式挂牌上市（股票简称"赣锋锂业"，股票代码"002460"），成为中国锂行业首家上市公司。

公司是专业从事于锂铷铯和锂电新材料系列产品研发、生产及销售的国际知名企业，经过十余年的快速发展，已成为中国深加工锂产品行业的龙头企业，是全球最大的金属锂生产供应商，拥有特种无机锂、有机锂、金属锂及锂合金等系列产品。先后开发了金属锂（工业级、电池级）、碳酸锂（电池级）、氯化锂（工业级、催化剂级）、丁基锂、氟化锂（工业级、电池级）和锂电新材料系列等三十余项国家级和省级重点新产品，广泛应用于新医药、新材料、新能源领域，是国内锂系列产品品种最齐全、产品加工链最长、工艺技术最全面的专业生产商，产品远销到美国、日本、韩国、中国台湾、欧盟及东南亚国家和地区。

公司是"国家火炬计划重点高新技术企业"，国家（新余）锂材料应用高新技术产业化基地龙头企业，国家创新基金实施十周年优秀企业，建有"省级企业技术中心"、"江西省锂电新材料工程技术研究中心"和"江西省锂基新材料工程研究中心"三个省级研发平台。公司拥有国内锂行业最具竞争力的技术研发团队，聘请多位国际知名专家学者长期担任技术顾问，广泛开展产学研合作，研发实力强劲，引领行业技术发展方向，是江西省实施科技创新"六个一工程"创新示范型企业，拥有"江西省研究生教育创新基地（第二批）"，多次被评为"江西省优秀高新技术企业"。目前公司已经申请国家发明专利34项，拥有非专利技术近百项，主持制定国家标准1项，主持和参与制定行业标准7项，承担国家和省级以上科技攻关和新产品开发项目30余项；其中承担并完成"国家重点新产品"开发2项，完成"省级重点新产品"开发和技术攻关项目19项，承担并完成"国家创新基金项目"1项，承担"国家重点产业振兴和技术改造项目"2项，承担"江西省高新产业重大项目"1项，承担"省锂电重大专项"1项。

公司是国内唯一同时拥有"卤水提锂"和"矿石提锂"产业化技术的企业，拥有全球最大的金属锂生产加工基地，金属锂销量占据全球25%以上的市场份额，拥有国内领先的金属锂冶炼和低温真空蒸馏提纯技术，金属锂超薄锂带加工技术世界先进，锂带厚度可以控制在0.07mm以下。同时，公司还是全球最大的锂再生资源规模化综合利用的企业、是国内唯一专业化规模化供应丁基锂的企业，在全球市场占有重要地位。

创业十余年来，赣锋锂业一直秉承"利用有限资源，创造无限价值"的经营理念，自强不息，追求卓越，凭借其技术创新优势、成本领先优势和卓有成效的经营管理，大力发展循环经济，积极倡导绿色化工，开发资源再生先进技术，成为中国锂行业的技术领跑者。公司是中国有色工业协会"中国锂业分会"的创始单位之一，多次被评为江西省"先进非公有制企业"、"出口创汇先进单位"、"大学生创业实习基地"，被授予"和谐用工单位"、"红十字会先进单位"、"江西省五一劳动奖状"、"江西省优秀企业"、江西省实施科技创新"六个一"工程优秀创新型企业、"江西省质量信用AAA级企业"、"江西省质量管理先进企业"、"江西名牌产品"等荣誉称号。

【企业发展】

2004年，国内首条商业化正丁基锂生产线建成投产。

2006年，国内首条卤水提锂生产线在新余开发区开工建设。

2007年，成立江西赣锋锂业股份有限公司，完善现代企业公司治理结构。

2008年，中国证监会正式受理公司IPO申报材料。

2009年，公司被评为国家高新技术企业、科技部创新基金优秀企业。

2010年，深交所中小板上市，成为中国锂行业首家上市公司，9月收购无锡新能60%股权。

2011年，收购加拿大国际锂业9.99%的股权，收购江苏优派51%的股权。

2012年，增资加拿大国际锂业（股权比例达到17.4%）；锂云母氯化钠压浸提锂工艺产业化。

2012年，收购江苏优派及安池锂能100%股权；实施限制性股权激励；矿石提锂万吨锂盐项目获批为"国家重点产业振兴项目"。

【经营业绩】

2013年上半年，公司管理层认真落实公司经营发展战略，勤勉工作，积极进取，大力推行制度流程化建设，夯实内部管理基础，管理水平进一步提升，公司依托技术优势积极参与国内外市场竞争，抓住市场机遇适时调整产品营销策略，扎实推进超薄锂带及万吨锂盐等项目的投资进度，确保了公司生产经营规模稳定发展。

报告期内，公司继续专注于深加工锂产品研发、生产及销售，公司利用现有的卤水提锂技术优势和深加工锂化物领域的领先优势，在巩固原有的新药品领域和新材料领域的客户基础上，积极拓展锂电材料的市场机会，不断完善在锂电材料领域的产品布局，目前公司的产品已涵盖锂电正极材料、负极材料、电解质材料等除隔膜以外的所有锂电材料领域，公司的电池级锂铝合金也成为欧洲一家锂聚合物电动车的负极材料主要供应商，电池级的氟化锂也成为电解质领域全球领先的日本电解质厂家的供应商，使得公司的产品销售和业绩保持稳健增长，实现营业收入32892.53万元，比去年同期增长了9.88%，实现净利润3498.73万元，比去年同期增长9.75%。

【002528】深圳英飞拓科技股份有限公司

【公司概况】

英飞拓（Infinova）是全球领先的电子安防产品制造商和行业解决方案提供商，股票代码为002528。公司秉承"以科技和敬业服务安全"的经营理念，坚持科技与应用相结合，为客户提供优质的产品和服务。

英飞拓走在市场和技术前沿，致力于为终端用户提供最新技术产品和高清系统解决方案。除了极具竞争力的IP高清系统解决方案，国内领先的全系列HD－SDI高清系统解决方案，我们还重磅推出智能视频分析系统和高清智能交通系统，在安防业同类产品中极具竞争力。公司产品涵盖全系列视频监控设备，包括摄像机、快球、高速云台、视频矩阵、IP视频系统，以及光端机和门禁控制系统。英飞拓有着优质的客户服务，是业界公认的集大成者。

英飞拓全球

公司成立于1993年,在全球30多个国家设立了10多个子公司,几十个销售分公司和办事处,有近1900名员工,业务遍及100多个国家,在美国新泽西州、加拿大渥太华、意大利米兰和中国深圳设有研发和生产基地,目前拥有Infinova和March Networks两大国际高端品牌。March Networks品牌主要销往北美、南美、欧洲等地区,Infinova品牌主要销往中东、亚洲以及非洲。

英飞拓中国

深圳英飞拓成立于2000年,研发和生产位于深圳,销售网络分为华南、华北、西南、西北、华东几个大的片区,下设有10多个销售分公司和几十个办事处,已覆盖到全国各省主要城市,可为全国客户提供及时的本地化服务与支持。

公司已通过ISO9001:2008国际质量认证,产品为全球众多公共设施、交通运输、政府部门、教育机构以及其他商业和工业设施提供了至关重要的安全防护。公司倡导企业与自然的和谐发展,严格执行欧盟RoHS绿色生产,已取得ISO14001环境管理体系认证。英飞拓以“先进安防,守护全球”为使命,将持续为全球的安全和繁荣稳定做出更大的贡献。

【企业文化】

企业文化是企业的经营理念、经营制度依存于企业而存在的共同价值观念的组合。企业文化是将公司员工的思想观念、思维方式、行为方式进行统一和融合,使员工自身价值的体现和公司发展目标的实现达到有机的结合。企业内部控制制度的贯彻执行有赖于企业文化建设的支持和维护。

本公司是一家从事安防产品研发、生产和销售的高新技术企业。历年来注重加强企业文化建设,经过多年的实践,本公司形成了有自身特色的企业文化。本公司的宗旨是:以“先进安防,守护全球”为公司使命,秉承“以科技和敬业服务安全”的经营理念,力争成为全球领先的电子安防系统供应商。

【社会责任】

1. 股东权益和债权人权益的保护

公司建立了较为健全的公司治理结构并不断完善,在机制上保证了所有股东公开、公平、公正的享有各项权益;认真履行信息披露义务,确保信息披露的真实、准确、及时、完整和公平,不存在选择性信息披露或提前透露非公开信息的情形;加强投资者关系管理工作,通过网络、电话、邮件等多方位的沟通渠道,为投资者营造了一个良好的互动平台。

2. 员工权益的保护

根据《劳动法》等法律法规,公司建立了完善的人力资源管理制度,完善了包括社保、医保等在内的薪酬福利体系,从未拖欠职工工资和社保五险一金的缴纳。同时为员工提供安全、舒适的工作环境,关注与员工身心健康和文化生活。

3. 供应商、客户和消费者权益的保护

公司一直坚持“客户至上”原则,为客户提供优质的产品与服务;加强与供应商的沟通合作,实现互惠共赢;严格把控产品质量,注重产品安全,保护消费者利益。

4. 环境保护

公司高度重视环境保护工作,积极开展节能减排活动,采用ISO14001环境管理体系,健全环境管理的一系列制度,努力实现企业与自然的和谐相处。

5. 积极参与社会公益事业

积极参与捐助社会公益及慈善事业,以自身发展影响和带动地方经济和教育事业的发展,实现企业与当地社区发展、人类与环境的和谐发展。

【所获荣誉】

2012年,A&S中国安防十大国际品牌。

2012年,北京安博会创新产品优秀奖。

2012年,华东区域安防杰出贡献企业。

2012年,年度十大安全防范产品品牌(IB)。

2012年,智能建筑电气行业安全防范系统十大优秀品牌。

2012年,中国智能建筑十大监控系统品牌。

2012年,平安城市推荐优秀产品——摄像机。

2012年,平安城市推荐优防产品——快球。

2012年,平安城市推荐优秀产品——网络摄像机。

2011-2012年度,平安城市建设推荐品牌。

2011年,A&S全球安防50强。

2011年,广东平安城市突出贡献奖。

2011年,中国智能建筑十大监控系统品牌。

2011年,中国安防最具影响力十大品牌。

2011年,年度守合同重信用企业。

2011年,中国安防市场质量调查用户信得过品牌。

2011年,30家金牌诚信安防供应商。

2011年,中国市场十大安全防范产品品牌。

2011年,第十三届CPSE安博会金鼎奖。

2011年,A&S中国安防十大品牌。

2010年,美国赛灵思(Xilinx)创新产品优秀奖。

2010年,获“ASIS International”2010年度荣誉奖。

2010年,平安城市建设推荐品牌。

2010年,十大监控系统品牌。

2010年,度中国市场十大安全防范产品品牌。

2010年,北京安博会创新产品优秀奖。

2010年,中国安防百强。

2010年,中国安防产品质量用户信得过企业。

2010年,深圳知名品牌。

2010年,深圳市成长型中小工业企业500强。

2009年,度守合同重信用企业。

2010年,广东省“平安城市”建设突出贡献奖。

2009年,十大安全防范产品品牌奖牌。

2009年,中国安防最具投资价值企业。

2009年,中国安防产品市场占有率十佳品牌证书。

2009年,第二届100家诚信安防供应商。

2008年,获国家级高新技术企业。

2008年,平安城市建设推荐品牌。

2008年,荣获广东省著名商标。

2008年,中国安防产品质量用户信得过企业。

2008年,第四届中国安防企业百强。

2008年,荣获广东省优秀安防企业。

2008年,广东省工商局颁发“2007年度守合同重信用企业”。

2007年,Frost&SullivanIP视频领域产品创新领袖奖。

2007年,十一届安博会最高奖“金鼎奖”。

2007年,十大中国市场住宅智能化产品品牌。

2006年,中国安防知名品牌。

2006年,中国安防知名品牌。

2005年,Infinova获中国公共安全知名安防品牌。

2004年,中国公共安全优秀企业。

2003年,获慧聪商情十大国际品牌。

2003年,中国公共安全优秀企业。

【002530】江苏丰东热技术股份有限公司

【基本情况】

江苏丰东热技术股份有限公司是由公司前身盐城丰东热处理有限公司于2007年11月16日整体变更设立的外商投资股份有限公司。公司主营业务一是热处理设备的研发、生产和销售，公司主营产品可控气氛炉、真空炉及合营生产高频感应热处理设备；二是使用各类热处理设备，为机械制造企业提供金属零件的专业热处理加工服务。目前，公司已形成热处理设备制造和热处理加工服务业务相互补充、相互促进的业务发展格局。

公司为国内最早从事专业热处理设备生产的厂商，是国内热处理行业龙头企业，公司自1988年成立以来，即选择了可控气氛炉作为主营产品，迄今已生产销售900多台套各类可控气氛炉供国内外客户使用，连续四年排名国内可控气氛炉销量第一位。公司生产的各类中高档热处理设备已在航空、汽车、摩托车、工程机械、机械基础件等各机械行业得到广泛的应用，部分产品出口到东南亚、俄罗斯、美国等国家和地区。

2000年以来，开始运用自主生产的各类热处理设备，在全国机械制造业相对集中的地区开设专业热处理加工中心，目前已经在上海、南京、天津、重庆、青岛、盐城设立了六个热处理加工中心，是国内拥有专业热处理加工网点数量最多的企业，并借助热处理加工网点进一步完善了成套热处理设备的售前、售中和售后服务水平，初步形成了网络化经营格局，提升了公司核心竞争力。

公司作为中国热处理行业协会副理事长单位、全国热处理标准化技术委员会副主任委员单位以及中国机械工程学会热处理学会常务理事单位，起草制定了多项热处理行业主流设备的技术标准，并主持和参与制定了多项热处理行业节能减排及工艺技术的国家标准。

针对热处理的精密智能控制、节能环保、可控气氛和真空热处理技术等方面的课题，公司坚持走科研成果产业化、产学研结合的道路。公司与上海交通大学、南京航空航天大学联合成立了江苏省热处理及表面改性工程技术研究中心，建立了三方技术交流和合作的平台；公司内建立有企业院士工作站和企业博士后工作站，为引进高层次专业人才，提升公司研发能力，构建了创新平台。

公司拥有丰富的热处理行业经验、众多的行业专业人才、20多年来的引进消化再创新的实践以及坚持走产学研相结合的道路，形成了独特的科技创新体系，使得公司能准确把握行业未来发展趋势，不断提升热处理设备设计和制造水平，不断提升热处理专业加工服务水平，从而打造了公司的核心竞争力，使公司产品及服务保持国内领先。

【发展历程】

1988年，国营大丰县自行车飞轮总厂、中国银行盐城支行、日本东方和日本和华共同投资，注册成立盐城丰东。

1990年，公司正式投产运营。

1993年，被江苏省科技厅命名为首批省高新技术企业。

1994年，被评为江苏省五十佳外商投资企业。

2000年，国有控股企业改制为管理层控股企业。

2001年，“热处理数学模型和计算机模拟的研究与应用”获得热处理行业最高奖项：国务院颁发的国家科学技术进步二等奖；“智能型密封多用炉自动生产线”获得中国机械工业科学技术奖三等奖；“SUPERIA－BBH预抽真空炉”、“UNICASE系列其他渗碳渗氮炉热处理自动化生产线”被中国热处理行业协会评定为热处理先进设备。

2002年，“BBH预抽真空密封多用炉”被科学技术部列入国家级火炬计划项目；“UBB系列智能型密封多用炉自动生产线”获得江苏省火炬计划项目立项证书；和德国ALD真空工业股份公司正式签约合作，共同向中国及东南亚市场提供国际先进的真空热处理设备；设立盐城丰特。

2003年，“智能型热处理设备”被列入国债专项资金国家重点技术改造项目资金计划；与上海交通大学和南京航空航天大学联合成立工程中心。

2004年，被认定为国家火炬计划重点高新技术企业；“UBB系列智能型密封多用炉自动生产线”获得江苏省高新技术产品认定证书；“BBH预抽真空密封多用炉”获得江苏省火炬计划项目验收合格证书；收购上海丰东。

2005年，公司被认定为热处理行业“质量管理信得过企业”；收购长春丰东、青岛丰东、合资设立盐城高周波。

2006年，合资设立广州丰东。

2007年，整体变更为外商投资股份有限公司，公司名称变更为江苏丰东热技术股份有限公司；收购重庆丰东、南京丰东，设立天津丰东晨旭；“FENGDONG”商标被江苏省工商行政管理局认定为江苏省著名商标。

2008年，“智能化真空热处理设备的开发和产业化项目”被列入省级科技创新与成果转化专项引导资金支持项目；收购上海昂先。

2009年，公司被批准设立企业院士工作站；公司被批准设立企业博士后科研工作站；被江苏省高新技术企业认定管理工作协调小组认定为“高新技术企业”；公司被认定为“中国热处理行业质量管理优秀企业”；全面完成公司新厂区搬迁；上海昂先新热处理加工工厂正式开工建设（建设中）。

2010年，公司VKNQ606090型真空高压气淬炉、BBH600型预抽真空热处理生产线、VKA－D60/60/90型真空可控气氛渗氮炉被列入工业和信息化部（节能机电设备（产品）推荐目录）；公司被热处理行业协会评定为“热处理清洁生产先进技术装备制造企业”；公司首次公开发行股票于2010年12月31日在深圳证券交易所挂牌上市。

2011年，公司类型由股份有限公司（中外合资，未上市）变更为股份有限公司（中外合资，上市）；增资南京丰东、上海昂先、重庆丰东、青岛丰东；按证券会对上市公司的管理要求，公司开始试运行内控体系；BBHG－5000大型预抽真空多用炉研发成功，并顺利完成客户验收交接；“智能化真空热处理设备的开发与产业化”获江苏省科技进步二等奖。

【企业资质】

公司是经国家科学技术部认定的“国家火炬计划重点高新技术企业”、是按高企认定新标准经江苏省高新技术企业认定管理工作协调小组认定为“高新技术企业”；2002－2008年公司连续被中国热处理行业协会评为“质量管理优秀企业”；“Fengdong”商标被评定为“江苏省著名商标”。公司多项产品通过了省部级和中国热处理行业协会的科技成果鉴定，曾获得“国家科学技术进步二等奖”（目前国内热处理行业获得的最高奖项）、“教育部科技进步一等奖”、“机械工业科技进步三等奖”等奖项，公司产品项目曾被列为“国家火炬计划”、“经贸委国债”、“科技部中小企业技术创新基金”、“江苏省重大科技成果转化”“江苏省火炬计划”等项目，公司多项产品被评为“江苏省高新技术产品”和“热处理行业先进设备”。公司已通过 ISO9001:2000 质量管理体系认证和 ISO14001:2004 环境管理体系认证。

【企业文化】

公司宗旨:提供专业系统的热处理解决方案,为客户创造价值。

经营理念:

追求社会进步、公司繁荣与员工人生充实的和谐统一。

立足科技、以人为本,不断推出品质和价格具有市场竞争力的产品。

保持国内领先,成为国际一流的综合热处理解决方案提供商。

【经营业绩】

2013 年中期,公司实现营业收入 18,882.31 万元,同比增长 3.75%;归属于母公司股东的净利润 2,548.59 万元,同比下降 17.21%,经营业绩出现一定程度的下滑。

【002535】林州重机集团股份有限公司

【基本情况】

林州重机集团股份有限公司(LinZhou Heavy Machinery Group Co,. Ltd.),注册地位于林州市河顺镇申村,注册资本 53657.4636 万元,法人代表为郭现生先生,行业性质煤矿机械行业。

作为国内最大的民营煤炭综采机械设备供应商,作为中国煤炭机械工业协会会员单位,林州重机自成立伊始,就以产业报国、奉献社会、造福员工为遵旨。树立了以“用户满意就是我们的成功”的经营理念,以质量求信誉、以信誉促发展,重合同、守信用,赢得了客户的高度评价和信赖,在社会上享有较高的声誉,曾被黑龙江龙煤集团评为最佳供应商,被中国农业银行河南省分行评为“特级信用企业”。

公司创立于 1987 年,前身为林县重型煤机设备厂,1994 年 3 月,以林县重型煤机设备厂为核心,联合林州市重型铸造厂、林州市重型铸钢厂、林州市重型机械厂和林州市重机劳动服务公司,组建林州重机(集团)公司,2002 年 4 月,河顺镇申村村民委员会与郭现生签订《协议书》将林州重机(集团)公司的资产及负债转让给郭现生,2008 年 1 月改制为股份公司,2011 年 1 月在深圳证券交易所成功上市,股票简称为“林州重机”,股票代码为“002535”。公司现拥有员工 2000 余人,目前已发展成为国内唯一的集钢铁铸锻、能源装备、高新技术装备、矿井建设与运营、金融租赁服务于一体的综合服务商。

林州重机以“恪守信誉、优质服务、交货及时”为公司的经营宗旨,主营业务为煤矿机械、防爆电器产品生产、销售及维修服务;经营本企业自产产品及相关技术的进出口业务。目前已为国内近 100 余家煤炭企业提供优质产品和完善的综合服务。产品畅销全国 20 多个省市,拥有稳定的客户群体。在国内煤炭机械行业销售普遍遇冷的形势下,公司经营业绩实现了逆势飞扬。

公司十分重视科技研发工作,在郑州设立了研究院,专门从事液压支架、刮板机、采煤机、掘进机的研发。与中国科学院自动化研究所联合成立了工程研发中心;与中国矿业大学建立了全面战略合作关系。公司每年拿出销售收入的 3% 以上用于新产品研发。公司研制的大采高、大阻力液压支架已成功替代了进口产品;研制的大倾角液压支架已通过中国煤炭学会组织的成果鉴定,居世界同行业领先水平;刮板机采用特殊材料和工艺,耐磨性能比国内同类设备高出 2 倍以上,在国内居于领先水平;与中国矿业大学业联合研发的矿井连续提升设备已完成实验,填补了国际空白,实现了世界采矿人的百年梦想;与中国科学院联合研发的液压支架电液控制系统,是煤炭设备的核心部件,已在公司内蒙基地正式投入生产;一系列新产品的问世,大大增强了公司产品的市场竞争优势。目前,公司共有专利 100 项,其中发明专利 2 项,实用新型 58 项,外观设计 2 项,矿用产品安全标志 214 项。

自 2011 年上市后,公司进入了快速发展的新阶段。上市后,公司加快对外合作步伐,成功进行了多次战略合作:先后与黑龙江龙煤集团、陕西陕煤集团、辽宁铁法能源集团、中平能化集团等单位新建了合资企业,其中与陕煤集团合资建设的西北电缆厂项目,总投资达 8 亿元,目前,已正式投产。通过上述举措,进一步拓宽了销售市场,提高了市场占有率。同时,公司积极与高等院校及科研院所进行战略合作,与中国矿业大学合办了徐州中矿科光机电新技术公司。与浙江宁波长壁流体动力科技有限公司合作,在内蒙古新办了鄂尔多斯琅赛科技有限公司,专业生产液压支架电液控制系统。同时,公司注重多元发展,开拓商业模式,与安徽顺安矿建公司合资组建了林州重机矿建公司,提供矿山设计、建设、安装、试生产一体化服务,还提供煤矿全面托管服务。与中煤能源控股(香港)有限公司合资成立了中煤国际租赁有限公司,为中小煤矿提供煤机融资租赁服务。完成了由装备制造商向工程服务商、金融服务商的转型,成为国内唯一具备煤炭企业综合解决方案的煤机企业。

目前,公司已发展成为拥有 3 个全资子公司、5 个控股子公司、6 个参股公司、1 个孙公司的集团公司。

在管理方面,公司实现了管理制度化、制度流程化、流程信息化、信息网络化。公司不断健全完善上市公司法人治理结构、管理制度。运营管理坚持执行国家标准并适时认证更新,适时推行卓越绩效管理模式,财务管理实施全面预算管理,子公司全面实施标准成本核算,运用差异分析法控制经营绩效,实现了集团管理制度实施的流程化,ERP 实现企业资源管理和审批的流程化、信息化和网络化,OA 办公自动化系统实现集团公司管理信息网络化;林州煤机产业报实现公司文化信息的传播。

【主营业务】

煤矿机械、防爆电器产品生产、销售及维修服务;经营本企业自产产品及相关技术的进出口业务。

【经营业绩】

公司上市后,不断完善内部治理结构,加强内部控制体系建设,规范信息披露工作,积极回报股东和广大投资者。自 2010 年至 2012 年,分别实现销售收入 85,008.06 万元、110,292.73 万元、133,236.84 万元,分别实现净利润 10,331.62万元、18,229.21万元、23,357.16万元,累计现金分红12,085.10万元,占公司近三年年均可分配利润的69.81%。未来在公司不断发展壮大的同时,还将保持现金分红的持续性和稳定性,给予投资者合理的投资回报。

【企业文化】

企业理念:用户满意就是我们的成功

企业使命:研制一流煤矿生产安全智能化成套设备、实现煤矿生产安全、高效、零死亡

企业愿景:成为国内一流煤矿成套设备供应商、煤炭企业综合解决方案服务商

核心价值观:诚信、高效、奋进、创新

发展主题：开拓经营市场，诚信至诚服务

经营宗旨：恪守信誉、优质服务、交货及时

战略目标：2015 年，成为国内一流的煤矿成套设备制造商与供应商，2020 年，建成一个以高科技为基础、以能源装备产品、能源装备综合服务为主业的跨国集团。

【企业荣誉】

中国驰名商标

全国质量守信企业

国家级高新技术企业

中国 AAA 级信用企业

全国第一批国家级征信企业

省级企业技术中心

河南省“百强”企业

河南省“百高”企业

河南省诚信民营企业

河南省博士后研发基地

河南省质量管理先进企业

河南省高成长型民营企业

河南省重点培育装备制造企业

【002538】安徽省司尔特肥业股份有限公司

【基本情况】

安徽省司尔特肥业股份有限公司（简称“司尔特”）是从事高浓度磷复肥产品研发、生产和销售的专业性企业，主要产品为氯型复合肥、硫基复合肥、磷酸一铵、硝态氮复合肥、花卉肥、各类测土配方专用肥等，中间产品包括硫酸、磷酸等。综合实力跻身中国磷复肥行业十强、中国化肥行业百强、安徽企业百强行列。

司尔特作为国家火炬计划重点高新技术企业，早在 2003 年就获得“全国守合同重信用企业”；2007 年，“司尔特”商标被国家工商总局评为“中国驰名商标”；2008 年第一批通过国家新一轮“高新技术企业”认定；2009 年被列入“安徽省第一批产学研联合示范企业”；2010 年还被列入“安徽省第二批创新型企业”；2011 年 1 月 18 日，公司 A 股股票在深圳证券交易所上市（股票简称：司尔特，股票代码：002538）；2012 年，公司被评为“苏浙皖赣沪质量工作先进单位”。

目前公司已实现立体式、多渠道、全覆盖的销售模式，产品畅销全国 28 个省市 1500 多个县市，备受全国亿万农民朋友的喜爱与青睐，特别是测土配方肥“进村、入户、到田”的配送方式和优良的增产增收效果，已得到了农业部、中国农业大学、安徽省农委等部门领导和专家的充分肯定。公司现已被农业部认定为全国配方肥定点生产企业，被安徽省农委推荐为首批安徽省配方肥料生产企业。

司尔特将以贯彻落实十八届三中全会、中央农村工作会议和中央 1 号文件精神为发展契机，秉承“自主创新，重点跨越，支撑发展，引领未来”的指导方针，不断加快产业结构调整和经济增长方式的转变，依托与中国农业大学共同组建的全国首家“测土配方施肥研究基地”，继续大力实施测土配方施肥工程，加大环保生态肥生产力度，助推尽快实现农村环保美丽、农业稳固繁荣、农民增产增收的美好“三农梦”。

【主营业务】

复合肥料及专用肥料研发、生产、销售，硫酸、磷酸一铵、合成氨、碳铵及副盐酸、红粉、磷石膏生产、加工、销售。

【经营业绩】

2013 年报告期内，公司依然从事国家大力支持、鼓励发展的高浓度磷复肥产品研发、生产和销售，主要产品为高浓度缓释 NPK 复合肥系列产品以及磷酸一铵，中间产品包括硫酸、磷酸等。目前，已具备年产 92 万吨高浓度缓释 NPK 复合肥、55 万吨磷酸一铵、90 万吨硫酸、30 万吨磷酸的生产能力。

本年度，公司实现营业收入 222，386.46 万元，同比增长 19.89%；营业成本 187，789.53 万元，同比上升 23.91%；销售费用 10，112.53 万元，同比上升 67.24%；管理费用 10，830.90 万元，同比增长 51.63%；财务费用3，083.59万元，较同期增长52.96%；实现营业利润10201.65万元，同比下降44.91%；实现利润总额13，152.04万元，同比下降34.90%；实现归属于上市公司股东的净利润11，160.30万元，同比下降34.61%；经营活动产生的现金流量净额1，613.13万元。

【企业文化】

以不断创新振兴企业、以科技投入强大企业；

以紧密团结凝聚企业、以更新观念改造企业；

以诚实守信巩固企业、以拼搏市场稳定企业；

以规章制度规范企业、以文化理念搞活企业。

【企业荣誉】

国家火炬计划重点高新技术企业；2003 年获得“全国守合同重信用企业”；2007 年，“司尔特”商标被国家工商总局评为“中国驰名商标”；2008 年第一批通过国家新一轮“高新技术企业”认定；2009 年被列入“安徽省第一批产学研联合示范企业”；2010 年被列入“安徽省第二批创新型企业”；2012 年，公司被评为“苏浙皖赣沪质量工作先进单位”。

【002550】常州千红生化制药股份有限公司

【基本情况】

常州千红生化制药股份有限公司（股票代码：002550）位于常州国家高新技术开发区，公司致力于多糖类和酶类生物制药专家型高新技术企业，主要生产冻干粉针剂（含抗肿瘤药）、小容量注射剂、片剂、胶囊剂、原料药。代表产品有肝素钠系列、胰激肽原酶系列、胰弹性蛋白酶、门冬酰胺酶等。2008 年 3 月，千红制药改制为股份有限公司，2011 年 2 月 18 日，成功登陆 A 股中小企业板市场。

公司拥有完整的质量管理体系，严格按照 GMP 标准规范实施，在通过国家 GMP 认证的同时，肝素钠原料药已先后通过欧盟 COS 认证，德国、澳大利亚、巴西、韩国 GMP 认证及美国 FDA 认证，获得欧美等世界上著名医药企业的高度认同；“达肝素钠”原料药已获得日本厚生省的进口许可；公司胰激肽原酶原料药及制剂的产品质量内控标准被国家药典委员会提升为国家药品标准并被发改委确定为单独定价品种。

公司拥有较为健全的营销网络体系。目前公司的营销网络已经遍布全国各大主要省市及德国、意大利、美国、日本、韩国、印度、巴西等国家。公司的肝素钠原料药及制剂为江苏名牌产品，已获奥地利山德士公司、意大利奥伯克瑞公司和德国汉姆公司等欧洲著名医药企业的高度认同，并经受住了 2008 年“百特肝素事件”的冲击，在国内外建立了良好的质量信誉和品牌形象。同时公司也是国内胰激肽原酶制剂产品的龙头企业，市场占有率超过 70%。

随着公司成功上市，公司将利用好资本市场的平台和效应，为公司未来的发展壮大创建良好的基础。公司积极探索和着手进行产业链延伸整合，通过合资参股等形式整合原料资源。公司还将利用募集资金完成公司主营业务扩产项目的建设及建成国际水平的生物医药合资研究院，致力于国际领先水平的基因药物的研发，实现从天然药物向基因工程药物的华丽转身。

公司还将通过建设符合欧美标准的制剂工厂，提高产品的附加值，丰富和完善公司的产业链，提高产业内的竞争实力。2012 年 12 月，千红生物医药产业园奠基仪式在常州市高新区生物医药产业园隆重举行。

展望未来，公司将努力拓展生物医药产业和医学健康产业两大领域。在生物医药产业方面，公司将秉持“用心做好药、造福全人类”的崇高使命和“更安全、更有效、更经济”的经营理念，建立科学、完善的质量预防、控制体系和自主创新的研发体系，增强核心竞争力；不断引进高素质适用型人才，加大研发队伍和药品营销队伍的建设；积极参与国内外医药市场的竞争与合作，努力成为国内外大型生物医药中具有竞争力的企业之一。在医学健康产业方面，公司将积极探索适合公司发展战略的道路，探寻合适资源，力争投资项目的成功率，同时通过这种平台为地区和国家社会事业作出民营资本的有益贡献。

【主营业务】

药品[限片剂、硬胶囊、颗粒剂、原料药、冻干粉、冻干粉针剂(含抗肿瘤药)、小容量注射剂(非最终灭菌)]的生产和销售。

【经营业绩】

2013 年报告期内，公司实现营业总收入 860,780,976.66 元，归属于上市公司股东的净利润 186,907,140.02 元，净利润同比较上年同期有所上升，主要原因是报告期内公司销售有所增长，同时闲置资金理财收益较上年同期有所增加所致。

【企业文化】

千红文化：诚信、务实、和谐；

千红价值观：共同发展、共创繁荣；

千红精神：团结、奋进、创新；

千红使命：用心制好药，造福全人类；

千红愿景：成为国内外有竞争力的大型生物医药企业；

千红经营理念：更安全、更有效、更经济。

【企业荣誉】

公司是国家级高新技术企业，江苏省技术密集知识密集型企业，国家“新型生化酶高技术产品产业化示范工程”和国家“三药基地”重点骨干企业，公司高质量肝素钠和胰激肽原酶大品种生化药物被江苏省科技厅认定为“重大技术创新及产业化转化项目”；一类生物制品靶向性重组人抗血栓蛋白(rHAP)和靶向性基因工程抗肿瘤药物(TRAIL)，被科学技术部列入“国家重大新药创制专项”。

2012 年 8 月，公司被科技部批准为“常州千红国际生物医药创新药物孵化基地”。

2014 年 2 月，公司“怡开”商标被认定为驰名商标。

【002553】江苏南方轴承股份有限公司

【基本情况】

江苏南方轴承股份有限公司，原名为常州市武进南方轴承有限公司。创建于 1998 年，位于沪宁高速公路中段，靠近沿江高速，常州南出口，东距浦东国际机场 280 公里，西距禄口国际机场 180 公里的江苏常州市武进高新技术开发区。公司占地面积 96000 平方米，员工 800 余人。主要生产滚针轴承和超越离合器。2006 年 6 月通过德国莱茵公司的 ISO/TS16949 体系认证。2008 年 5 月通过 ISO14001 和 OHSAS18001 环境职业健康体系认证。

在汽车领域，南方公司系列产品已向法雷奥、博世、西门子、麦格纳等世界著名汽车零部件生产商批量供货。

在摩托车领域，南方公司已成为本田、铃木、雅马哈、大长江等知名摩托车生产厂家主要配套供应商。

在工业应用领域，南方公司的产品不仅给百得、喜利得、牧田等电动工具生产企业配套，而且还广泛应用于园林机械、纺织机械、门控系统等相关行业。

【大事记】

2012 年 12 月，公司成立制度委员会。

2012 年 11 月，南方轴承捐资助学，校企联动促和谐。

2011 年 2 月，回顾 2010，展望 2011，公司召开 2010 年度营销大会及年度表彰大会。

2011 年 2 月，公司在深证交易所成功上市，股票代码为 002553。

2011 年 1 月，庆元旦，公司全面开展 5S 工作。

2010 年 9 月，积极响应国家“节能减排”政策，调整作息时间，举行全体员工“游世博”活动。

2010 年 9 月，开展质量月活动，并设立丰厚奖品。

2010 年 8 月，公司积极组织员工参加武进高新区第三届篮球联谊赛暨“溪湖小镇杯”篮球邀请赛。

【企业文化】

我们的愿景是：领跑中国轴承行业，成为全球汽车及工业领域首选供应商

我们的使命是：振兴民族工业、打造世界级制造基地

我们的宗旨是：成就员工，回馈社会，奉献最大客户价值

我们的精神是：简单、专注、犟性

我们的作风是：信守承诺、没有借口、绝对服从、永不言败

我们的价值观是：

客户：一切以客户的价值为根本

团队：上下同心，齐力断金

【002586】浙江省围海建设集团股份有限公司

2011 年 6 月 2 日上午 9 点 30 分随着一声钟声在深圳证券交易市场敲响，围海股份(002586)以“专业海堤建设第一股”的概念登上了资本市场舞台，成为深交所中小企业板中的一员。IPO 募集资金顺利投向舟山沥港渔港投资建设项目、专用设备购置项目、建设工程技术研究创新基地项目等。上市融资的完成明显提高了企业的综合竞争实力。

两年来在二级市场上，公司业绩优良，002586 股票走势坚挺，表现优异，为广大投资者创造了较高的投资回报，不少上市之初就投资围海股份的投资者财富翻倍。围海股份凭借自身的管理水平、技术水平和市场应变能力向所有关注她发展的社会各界交出了一份满意的答卷。更重要的是，围海蕴藏着巨大的潜力，社会对她的信心指数大增，她的未来将不会是一场空谈的“海之梦”。

公司上市历程大事记

2003 年 10 月 31 日，公司改制设立浙江省围海建设集团股份有限公司，总股本 5000 万元。

2005 年 9 月，公司增资扩股至 6500 万元。

2007 年 1 月，公司国有股份 500 万元全部转让，成为全民营的股份有限公司。

2007年5月，公司增资扩股至8000万元。

2007年9月，公司更名为浙江省围海建设集团股份有限公司。

2009年11月，公司进入上市辅导，聘任信达证券、天健会计师事务所、锦天城律师事务所为上市中介机构。

2010年9月，中国证监会同意接收公司上市申报材料。

2011年5月，首次公开发行2,700万股人民币普通股(A股)的申请获中国证监会证监许可[2011]714号文核准。

2011年6月，公司以“中国海堤建设第一股”成功登陆深圳证券交易所，公开发行2700万股，发行价格19元。

2013年3月，收到中国证券监督管理委员会《关于核准浙江省围海建设集团股份有限公司公开发行公司债券的批复》(证监许可[2013]242号)，核准公司向社会公开发行面值不超过3亿元的公司债券。

公司注重技术创新

近两年新获得发明专利3项，实用新型专利10项；目前共有发明专利5项，实用新型专利19项；近两年有10项宁波市级新产品通过验收。

工艺技术行业领先，形成核心技术

公司研发团队目前已经取得了24项技术成果，其中22项达到国内领先、国际领先或先进水平；2009年至今，公司11项工法获评省部级工法；在大型低涂超软基及深水海堤建设领域已形成核心技术优势。

自主研发先进专业设备

公司自主研发了液压对开驳、桁架式土方筑堤机、深水软基处理作业船等一系列先进专用设备，成为行业专用设备研发的先锋；自主研发设备多次获得省级奖项。

资本市场关注度持续走高

上市2周年内，公司共计发布各类公告一百多个(2011年40个,2012年45个，截止发稿前36个)；累计接待机构投资者一百多家，包括华泰证券、国金证券、国泰君安等在内的国内具有较高影响力的知名机构均到本公司进行过现场调研，还有不少国外的QF也来公司参观访问过。

2011年共计11家机构出具了关于公司的研究报告12份,2012年共计15家机构出具35份研究报告，截止发稿前(2013年6月14日)7家机构出具了研究报告12份。各大投资机构对围海股份的关注度持续走高。

2013年2月22日围海股份股价完成第一次填权，2013年5月31日股价走出截止发稿前的历史最高位。

围海股份上市后，树立了良好的品牌形象，获得了中国最佳管理团队上市公司奖的殊荣，被誉为国内海堤建设的第一股。

1. 海堤工程建设龙头企业，中国海堤建设第一股。累计建设海堤超过600多公里，围海造地超过100多万亩，相当于新加坡国土面积。

2. 荣获中国优秀施工企业、中国优秀水利企业、全国文明单位。

3. 承建工程荣获鲁班奖、大禹奖、詹天佑奖、国家优质工程奖、建国六十周年百项经典精品工程奖。

4. 2012年荣获上市公司十佳管理团队奖。

5. 近两年来，公司加强市值管理，股价涨幅连续两年列宁波板块首位。

2012年12月2日，在一阵隆隆的鞭炮声中，围海股份正式入驻高新区科技广场新大楼——围海大厦。

这些成绩让每一个围海人刻骨铭心。

这些荣誉让每一个围海人感到骄傲。

伴随着围海股份一路走来，围海人在过去两年里，书写了自己人生中最有意义的一页。

两周年是每一个新老围海人与进入资本市场遨游的围海股份共进共长的时光。两年间，围海股份在选拔人才方面已经建立了一套成熟的选才体系。公司采取公开平等、竞争择优的选人原则，不拘一格引全国各地的人才，一批有理想有抱负的人才逐渐融入围海股份这个大家庭中。

不少2011届大学毕业生来到围海股份工作，回顾起自己两年的工作经历，都深切感到受到围海股份带给他们的满腔激情和充足信心。他们被围海人踏实肯干的情怀深深感染着，大家对工作兢兢业业，对生活豁达开朗，对理想执着追求，在各自平凡的岗位上身体力行。每一位围海人都可以感到自己和围海股份，和其他围海人，是一个不可分割的整体。每一位围海人都可以自豪的说：“在这里，我感到自己的价值与围海紧紧相连!”

过去的成长和发展，让每一个围海人感动。充满感动的围海人，把自己的工作当成自己的事业，他们对事业的热爱让他们奉献自我，成就着公司的发展。同样公司的发展也带给了围海人更多的机遇与挑战。相信在所有围海人的齐心努力下，围海股份的明天将不再是一个空谈的“海之梦”……

行进中的“海之梦”

成功上市的喜悦和历年所获得的荣誉并没有成为围海人骄傲的资本，围海股份的路还很长很长。公司将积极把握市场机遇，正视所面临的困难和风险，稳中求进，促进企业健康持续发展。在继续强调做好市场开拓、技术创新、内控管理、风险管理、财务管理等的基础上，立足浙江，拓展省外市场，开辟国外市场；经营领域上以海堤工程建设为主，瞄准大水利市场，适时拓展相关水利业务。同时，公司管理层将本着对公司负责、对股东负责的精神，努力用好每一分股东的资金，实现公司价值最大化、股东回报最大化，加强规范运作，提升管控能力，做到披露的真实、准确、完整、及时。

公司正面临前所未有发展良机。首先是水利事业前景广阔。中央一号文件将发展水利事业提高到事关国家长治久安、经济可持续发展、生态环境和谐、民生安居乐业的战略高度，并决定今后十年投入4万亿资金，治理江河湖泊，建设防风暴潮海堤，改善民生用水等工程建设。大水利给公司发展带来大机遇。

其次，海洋经济发展方兴未艾。中央提出陆海统筹，发展海洋经济战略。“十一五”期间，我国海洋经济年均增速为13.5%。5年间，全国累计确权海域面积194万公顷，通过围、填海解决工业和城镇建设用地面积7万公顷。带动7万亿投资，解决了3000多万人口就业。“十二五”规划也把发展海洋经济也放在了非常重要的位置，国务院先后批准沿海11个省市海洋经济发展规划，批准山东、广东、浙江为蓝色经济发展示范区，批准舟山为海洋经济发展试验区。这标志着我国已进入蓝色经济、海洋时代……

相信随着海洋时代的到来，“海之梦”不只是一个梦想，围海股份也将有新的腾飞!

【002679】福建金森林业股份有限公司

【基本情况】

公司于2007年11月改制设立，2012年6月5日在深圳证券交易所正式上市，公司注册股本13868万元。是中国生态环境建设十大贡献企业和农业产业化省级重点龙头企业，也是我国首家纯森林资源培育型林业上市企业。公司拥有5家全资子公司和1家村民企合资公司，现拥有森林资源面积72万亩，森林蓄积量583万立方米。公司于2009年获得“FSC—FM/COC”国际森林可持续经营认证，是我国南方经国际森林认证蓄积量最大的森林资源培育企业。

展望未来，公司将继续秉承“林以载道成人达己”的核心价值观，继续发挥资源和技术优势，进一步提升企业核心竞争力，丰富产业链，大力推进林业碳汇项目，发展紫薇、林下经济等新兴产业。力争3—5年内发展成为森林产品丰富、生态文明发达、研发创新能力较强的中国林业产业化龙头企业，成为森林可持续经营的引领者，绿色增长的倡导者，美丽中国的建设者。

【主营业务】

森林经营和管护；林木育种和育苗、造林和更新；林产品采集；花卉及其他园艺植物的种植；木材和竹材采运、加工、销售；林业、农业项目的投资；木、竹产成品销售及相关技术、设备进出口业务；中药材种植；购销农畜产品。

【经营业绩】

2013年报告期内，公司经营状况良好，规模扩大，银行贷款增加，导致财务费用增加，2013年度归属于上市公司股东的净利润4,500至5,100万元，同比下降18.47%至7.59%。

【企业文化】

企业宗旨：敬天重人精诚置业

企业精神：诚信敬业坚毅创新

经营理念：勇于创新激情创业

核心价值：林以载道成人达己

企业愿景：人与自然和谐共生

团队作风：说干就干追求卓越

【企业荣誉】

2011年，福建省农业产业化工作领导小组授予福建金森林业股份有限公司“第七轮（2011－2015年）农业产业化省级重点龙头企业”荣誉称号。

2011年，福建省林业厅、福建省财政厅授予福建金森林业股份有限公司“2011－2013年度福建省林业产业化龙头企业”称号。

2011年，国家林业局中国林业产业突出贡献奖评选组织委员会、中国林业产业联合会授予福建金森林业股份有限公司“中国林业产业突出贡献奖”称号。

2012年，福建省林产品行业协会授予福建金森林业股份有限公司为：“副理事长单位”。

2012年9月，福建金森林业股份有限公司荣获中共三明市委宣传部、中共三明市委组织部、三明市公务员局、三明市经贸委、三明市国资委、三明市总工会、三明市工商联联合授予的“2007—2011年度三明市思想政治工作优秀企业”称号。

2013年4月，被中国品牌杂志社、中国品牌理事会特聘为：“中国品牌信誉理事单位”。

2013年7月，福建金森林业股份有限公司被中国林业产业联合会特聘为：“常务理事单位”。

【002681】深圳市奋达科技股份有限公司

【基本情况】

深圳市奋达科技股份有限公司创立于1993年，总部位于宝安区石岩奋达生态科技园。园区占地面积约17万平米，是深圳市循环经济示范园区和工业旅游景点。

目前，奋达科技是中国移动音频技术、电声产品、健康电器产品领域的领先者之一。基于无线、电声、软件、精密制造四大核心能力，以及消费者和客户需求，奋达科技持续创新，致力于成为持续领先的消费电子产品垂直整合科技企业。

奋达坚持可持续发展的理念，并积极关心和关爱我们周围的人和事物。奋达的远景目标是成为一家可持续发展、稳定繁荣的全球优秀企业。在创新和研发对社会有益技术和产品的同时，始终承担起社会进步与环境保护的责任！

【主营业务】

电声产品、玩具产品、塑胶产品、电子产品及其元器件的产销；国内商业、物资供销业；货物及技术进出口（以上均不含法律、行政法规、国务院决定规定需前置审批和禁止的项目）。普通货运。

【经营业绩】

公司2013年度实现营业总收入1,059,230,635.36元，比上年度增长34.56%，主要系公司加大产品与客户开发力度，新产品得到市场认可，主营业务增长所致。

公司2013年度实现营业利润142,990,462.66元，比上年度增长72.60%，主要系本年度主营业务增长，产品结构优化，毛利提升；而上一年度对个别客户的应收款计提了较大规模的资产减值共同导致。

公司2013年度实现利润总额153,939,502.32元，比上年度增长75.71%，主要系营业利润增长、政府补贴同比增加所致。

公司2013年度实现归属于上市公司股东的净利润为130,645,453.88元，比上年度增长72.57%。

公司2013年度基本每股收益0.871元，比上年度增长55.42%。

【企业文化】

企业愿景：行业的标杆，企业的楷模，人才的圣地，社会的奋达。

企业使命：为客户提供绿色、优质、高性价比的产品和服务，让人类享受更美好的生活。

核心价值观：尊重、诚信、创新，成就客户就是奋达企业的成功，成就企业就是奋达团队的成功。

【企业荣誉】

2012年4月，被认定为广东省“清洁生产企业”。

2011年12月，被商务部认定为“加工贸易转型升级示范企业”。

2010年4月，与世博生命阳关馆签约，成为音箱行业中唯一入驻上海世博生命阳光馆的爱心合作伙伴。同时被中国残疾人联合会授予“激情世博公益助残爱心企业”。

2010年1月，被深圳市宝安区人民政府授予“慈善企业奖”。

2010年10月，被认定为“鹏城减废先进企业”及生态深圳“绿色企业”。

2008年4月，被国家质量技术监督检验检疫总局授予“出口商品免验”殊荣。

2008年12月，被认定为首批“国家级高新技术企业”。

2007年8月，被认定为“深圳市民营领军骨干企业”。

2006年3月，被评为“广东省民营企业百强”。

2006年2月，通过“ISO14001:2004环境管理体系认证”。

※创业板上市公司※

【300062】福建中能电气股份有限公司

【基本概况】

福建中能电气股份有限公司（简称“中能电气”）前身为福建中能电气有限公司，成立于2002年。2007年11月，公司依法整体变更设立为福建中能电气股份有限公司。2010年3月公司在深圳证券交易所首次公开发行股票并成功上市，股票代码300062。中能电气于2010年8月控股武汉市武昌电控设备有限公司，2012年2月增资控股上海臻源电力电子有限公司。

公司坚持引进消化与自主创新的战略，经过十多年的发展已经成为一家输配电行业一二次设备整体解决方案供应商。公司先后研究开发出具有世界先进水平、适合中国国情的电力产品，产品范围覆盖预制插拔式可分离连接器、冷缩电力电缆附件、电缆分支箱、户内外环网柜、箱式变电站、高低压开关柜、动力配电箱、地埋式配电设备、户内外真空断路器、故障指示器、变电站综合自动化系统、配电自动化及电能质量综合治理等。

中能电气中压预制式电缆附件在国内品牌企业中处于龙头地位。产品通过了欧洲著名电力实验室荷兰KEMA的型式试验以及北美著名电力实验室LAPEM的认证，不仅在国内各地区大量长期安全运行，还出口到美国、墨西哥、澳大利亚、日本、韩国、英国、沙特、印度、巴西等三十多个国家和地区。另外中能电气采取引进技术消化吸收的ELE12KVC－GIS环网柜产品本地化特点突出，在国际品牌企业主导的市场中，该产品在国内品牌企业中居于领先位置。

近年来，以智能电网的市场需求为出发点，中能电气大力加快一次设备智能化进程，目前已经在环网柜、电缆分支箱、中低压成套及电缆附件等多种一次设备中集成了智能化测控模块。基于一二次设备的紧密结合中能电气可为客户提供变电站综合自动化、配电自动化、工厂供电及用电自动化、轨道交通环控自动化等整体解决方案。

中能电气在技术开发、产品研制、经营管理和产品质量控制等方面精益求精，以ISO9001质量管理、ISO14001环境管理和OHSAS18000职业健康安全管理三合一管理体系为基础，建立了完善的全面质量、环境和职业健康安全管理体制。

【企业荣誉】

2013年，公司申请的“断路器弹簧操动机构的储能”和“环形旋转极柱式真空开关”被国家知识产权局授予发明专利。

2013年，公司“GCS型低压抽出式开关柜”、“GGD型交流低压配电柜”、“YBM□－12/0.4－630型预装式变电站”被中国电器工业协会授予质量可信产品。

2013年，公司被认定为“第四批省级创新型企业”及“评价良好创新型企业”。

2013年，公司注册商标被国家工商总局商标局、商标评审委员会认定为“中国驰名商标”。

【经营业绩】

2013年是公司平稳发展的一年．报告期内，公司实现营业收入446,129,667.51元，较上年同期增长41.64%；实现净利润44,865,457.45元，较上年同期增长5.37%；实现归属于上市公司股东的净利润39,939,687.02元，较上年同期下降4.9%。

【300072】北京三聚环保新材料股份有限公司

【基本情况】

北京三聚环保新材料股份有限公司（股票简称“三聚环保”股票代码：300072）是为基础能源工业的产品清洁化、产品质量提升及生产过程的清洁化提供产品、技术、服务的高新技术企业。

公司成立于1997年，注册资本50580.4万元人民币。公司是国家级高新技术企业、中关村高新技术企业、中关村国家自主创新示范区“十百千工程”企业、中关村创新型试点企业，是北京中关村企业信用促进会会员、北京知识产权保护协会会员、北京市专利试点先进单位，是中石油能源一号网、物资装备网成员，是中石化“三剂”协作网成员单位，是中石油和中石化一级生产供应商。“三聚”商标于2009年被评为北京市著名商标。

截至2012年6月30日，公司已申请了175项国内外专利，46项国内外专利已获授权，其中42项为发明专利，4项为实用新型专利；其中国内专利43项，国外专利3项。多项专利技术达到国际先进或国际领先水平，多个产品及技术通过省部级科技成果鉴定验收，并获得省部级科技进步奖和科技创新奖。

公司现拥有沈阳三聚凯特催化剂有限公司、苏州恒升新材料有限公司两大生产基地及北京三聚创洁科技发展有限公司、北京三聚能源净化工程公司、大庆三聚能源净化有限公司、北京三聚裕进科技发展有限公司、福建三聚福大化肥催化剂国家工程研究中心有限公司等科技、工程、技术服务企业。公司主要产品有脱硫净化剂、脱硫催化剂、其他净化剂（脱氯剂、脱砷剂等）、特种催化材料及催化剂四大系列近百个品种，年生产能力近30000吨 年产600套一站式脱硫成套设备；具有石化、煤化工、油气田等领域的脱硫成套工艺技术及服务能力。

公司坚持“以技术创新为先导，以管理创新为保障，以服务客户为宗旨，净化能源，服务环保，回报社会，为员工提供舞台，为股东创造价值”的经营理念，通过持续不断的技术、管理创新，致力于创造出更多的具有国际领先水平的技术及产品，服务于能源行业，解决能源产品的净化问题，成为国内一流、国际知名的能源净化产品、技术、及服务及整体解决方案的供应商，为中国乃至全球环保事业做贡献。

【主营业务】

委托生产、加工化工产品；销售机械设备、化工产品（不含危险化学品及一类易致毒化学品）；货物进出口、技术进出口、代理进出口；技术开发、技术转让、技术推广、技术咨询、技术服务；机械设备设计；施工总承包；工程项目管理；工程勘察设计、规划设计；市场调查；企业管理；资产管理、投资管理；经济贸易咨询、投资咨询、企业管理咨询、企业策划、设计；商务服务；租赁机械设备。

【经营业绩】

2013年报告期内实现营业收入120,082.92万元，较上年同期增长48.51%；实现营业利润24,049.04万元，较上年同期增长42.22%；利润总额为24,380.85万元，较上年同期增长11.72%；实现归属于母公司所有者的净利润20,459.30万元，较上年同期增13.62%。报告期，公司上述各项指标增长的主要原因为：报告期内，公司在石油炼化领域的催化剂、净化剂等核心产品的销售实现了平稳增长；同时，不断加强产品及服务在不同应用领域的拓展布局,煤化工及油气田、沼气等气体净化领域新增业务的比例逐步上升,相应的业绩和效益保持了较快增长。

【企业文化】

树立良好品牌形象、促进公司品牌发展

【企业荣誉】

公司是国家级高新技术企业、中关村高新技术企业、中关村国家自主创新示范区"十百千工程"企业、中关村创新型试点企业,是北京中关村企业信用促进会会员、北京知识产权保护协会会员、北京市专利试点先进单位,是中石油能源一号网、物资装备网成员,是中石化"三剂"协作网成员单位,是中石油和中石化一级生产供应商。"三聚"商标于2009年被评为北京市著名商标。

截至2012年6月30日,公司已申请了175项国内外专利,46项国内外专利已获授权,其中42项为发明专利,4项为实用新型专利;其中国内专利43项,国外专利3项。多项专利技术达到国际先进或国际领先水平,多个产品及技术通过省部级科技成果鉴定验收,并获得省部级科技进步奖和科技创新奖。

【300152】徐州燃控科技股份有限公司

【基本情况】

徐州燃控科技股份有限公司(简称"燃控科技")主要从事电站、石化、冶金、垃圾处理、新能源、建材等行业的燃烧及控制技术研发、产品设计制造、设备成套、销售与技术服务,涉及新能源、新材料、节能、环保、光机电仪一体化等高新技术领域,在企业规模、技术水平等方面均占据行业主导地位,尤其在节油节能环保型的各类点火及燃烧系统的开发生产上处于领先水平。公司下设全资子公司武汉华是能源环境工程有限公司、徐州燃烧控制研究院有限公司、徐州燃控科技生物能源有限公司。2010年12月29日,燃控科技在深圳证券交易所创业板挂牌上市,揭开了公司的历史新篇章。

作为国内电站锅炉自动点火技术的开创者,燃控科技自创立之日起始终坚持以科技创新引领企业发展的方针,高度重视新技术、新产品的研发,是国家新标准认定的高新技术企业、江苏省十佳民营企业、江苏省创新型试点企业,设有国家级博士后科研工作站、江苏省企业院士工作站、江苏省企业技术中心和江苏省燃烧与控制工程技术研究中心,完成了多项国家、省火炬计划项目及科技攻关项目。

30年的发展,燃控科技培养了一支经验丰富、技术过硬、专业齐备、结构合理且富有朝气的研发、设计、制造、销售与工程技术服务团队,"聚厚德博学之人,创世界高精产品"始终是燃控科技人的宗旨与目标。

燃控科技具备完善的研发、制造、试验、检测手段与质量保证体系,通过了ISO9001－2008质量管理体系认证、ISO14001－2004环境管理体系认证、GB/T28001－2001职业健康安全管理体系认证,拥有1072平方米的大型燃烧试验室,能够模拟真实工况进行等离子无油点火系统、双强少油煤粉点火系统、燃油、燃气、水煤浆、工业废液、废气等燃烧设备的燃烧试验与数据采集。

燃控科技是锅炉点火燃烧技术领域的引领者,其产品、技术和服务获得了国内外用户的普遍认可,先后获得了国家电力规划总院、电力设备成套局、中国石油化工集团、机械、冶金等行业颁发的产品推荐证书,并与国内各大锅炉厂、设计院和电力、石化、冶金等行业的上千家用户有着良好的合作关系,也是FW、ALSTOM、GEEnergy、BHK、DOOSAN、SAMIA等国际公司的长期合作伙伴,产品畅销全国,并出口到印度、印度尼西亚、伊朗、巴基斯坦、苏丹、泰国、菲律宾、孟加拉国、马来西亚等国家,在国内外享有良好声誉和较高的知名度。

燃控科技积极致力于提升节能、环保与新能源领域的技术研发与产业化能力,占地450亩的"节能环保设备研发制造中心"建设项目已初具规模,燃控科技人愿和各界朋友共同携手走向更美好的明天!

【企业文化】

企业精神:正心厚德,志存高远

核心价值:志坚言信,明辨笃行,优势互补,和谐共赢

经营理念:聚厚德博学之人,创世界高精产品

人才战略:以人为本,海纳百川

服务承诺:满足用户所需,永远是我们的任务

发展战略:以诚信赢市场,以创新谋发展

社会责任:以节能、环保、新能源领域的技术创新实现企业对子孙后代的承诺。

【经营业绩】

2013上半年,营业总收入23796.11万元,较上年同期增长31.21%。

【300196】江苏长海复合材料股份有限公司

【基本情况】

江苏长海复合材料股份有限公司成立于2002年10月,位于江苏常州武进区遥观镇塘桥,注册资本12,000万元,是一家集科研、产品开发、生产、销售、服务于一体的高新技术企业;系中国玻纤协会会员、理事;中国建筑防水材料协会会员、理事;中国玻璃纤维钢工业协会会员。2011年3月,公司成功登陆资本市场,在深圳交易所创业板A股市场挂牌上市(证券简称长海股份,证券代码300196)。

本公司系国内领先的玻纤制品及玻纤复合材料生产企业,是国内规模最大的无纺玻纤制品综合生产企业之一,也是国内规模最大的玻纤复合隔板生产企业。公司拥有从玻纤生产、玻纤制品深加工到玻纤复合材料制造的完整玻纤产业链,为国内少数能制造高端玻纤毡制品并不断进行制品深加工的高新技术企业。控股子公司新长海专业生产无碱玻璃纤维,拥有江苏省第一条年产3万吨无碱玻纤池窑拉丝生产线,系继巨石集团、泰山玻纤之后第三家掌握国际先进天然气纯氧燃烧工艺技术的生产企业。

目前,公司已形成以玻璃纤维增强材料、玻璃纤维特种毡、新型复合材料为主的三大产品系列,品种覆盖各种无碱、中碱玻璃纤维纱、短切毡、缝编毡、方格布与网格布;各种玻纤表面毡、屋面毡、地毯毡、地面毡、贴面毡、蓄电池复合隔板以及新型石膏板贴面材料涂层毡系列等。产品的终端用户覆盖汽车制造、电子信息、建材装饰、道路交通、石油管道等各大工业领域。

【经营业绩】

随着公司募投项目及超募项目的全面完工,公司产销规模进一步扩大,2013年中期,公司主营业务稳步发展,营业收入保持稳定增长.前三季度公司实现营业收入67,218.86万元,较去年同期增长69.06%;营业利润8,295.77万元,较去年同期增长22.21%;利润总额8,558.84万元,较去年同期增长16.44%;归属于母公司的净利润为7,243.45万元,较去年

同期增长 17.16%。

【企业荣誉】

公司2004年通过ISO9001:2000质量体系认证,2005年荣获全国防水材料行业建设奖,被江苏省科学技术厅认定为高新技术企业,产品EMC100g/m²薄型玻璃纤维汽车顶蓬专用原丝短切毡被认定为省高新技术产品,2006年列入江苏省火炬计划项目,2007年列入国家火炬计划项目;2007年公司产品新型超细玻璃纤维复合隔板被认定为省高新技术产品;2008年,公司通过ISO14001:2004环境质量体系认证,市级清洁生产验收,获国家级节能减排重大奖励;2009年,公司通过高新技术企业资格认定,产品玻璃纤维湿法薄毡、玻璃纤维涂层毡被认定为江苏省高新技术产品。2010年"常海"被认定为省著名商标,"常海"牌薄型玻璃纤维短切毡被认定为江苏省名牌产品。同年,公司开发的玻璃纤维复合短切毡被评为江苏省高新技术产品,2012年4月,"常海"被认定为中国驰名商标。企业信用(合同)、企业信用和银行信用等级均为"AAA"级。

2010年公司被江苏省经济和信息化委员会认定为省级企业技术中心、被江苏省科学技术厅批准为依托单位组建"江苏省特种玻璃纤维复合材料工程技术研究中心"。

目前,公司拥有实用新型专利8项,发明专利1项,同时,有4项实用新型专利和7项发明专利正在申请中,公司有7个产品被认定为省级高新技术产品。

【300221】广东银禧科技股份有限公司

【基本情况】

银禧科技创立于1997年(股票简称:银禧科技,代码300221),是一家集高性能高分子新材料研发、生产和销售于一体的国家级高新技术企业。经过10多年的发展,公司在东莞虎门、道滘和苏州吴中建立了生产研发基地,形成年产近10万吨改性高分子材料的生产能力,成为中国最重要的高分子新材料生产企业之一。

基于对新材料发展趋势的深刻理解,由教授、博士业内专家和技术骨干组成的银禧研发团队不断致力于多种高性能、高环保的高分子新材料产品的创新和应用,产品多次荣获国家级和省级重点新产品称号。银禧的自主创新能力得到业内的认可并引领行业的发展方向。

今天,银禧的产品涵盖了阻燃、耐候、增强增韧、塑料合金、热塑性弹性体、生物降解、其它高功能产品等7大系列,广泛应用于电子电气、电线电缆、家用电器、照明、轨道交通、高等级公路、汽车、医疗器械、卫浴、文体用品等领域。

银禧在改性塑料行业中深耕不辍,屡获殊荣,先后荣获"全国优秀民营科技企业"、"全国民营科技企业创新奖"、"广东省著名商标"、"国家级高新技术企业"、"东莞市市长奖"等荣誉称号。

在未来,银禧将继续秉承"以人为本客户至上团结协作开拓创新"的核心价值观,为客户提供优质的产品和服务,为员工营造"积极、向上、和谐"的人文环境和发展平台,为股东和合作伙伴实现价值最大化,为社会、为国家担当起"企业公民"的责任,致力于成为新材料领域的领先者。

【大事记】

2013年9月,银禧科技携手"千分一"公益助贫困学子圆梦。

2013年7月,银禧工塑荣获"2012年度道滘镇纳税大户"光荣称号。

2013年1月,银禧科技荣获"2011－2012年度广东辖区证券期货普法先进单位"称号。

2013年1月,筑路王喜获中国公路学会科学技术奖。

2012年8月,苏州银禧举行开工奠基典礼。

2012年1月,银禧工塑新办公大楼投入使用。

2011年11月,成立东莞银禧光电材料科技有限公司

2011年5月,银禧科技在深圳市证券交易所举行广东银禧科技股份有限公司上市敲钟仪式。

2011年2月,银禧工塑被道滘镇安全监督管理局和道滘镇社会治安综合治理委员会评为"2010年度安全生产先进企业"。

【经营业绩】

2013年上半年,全球经济复苏依然艰难复杂,公司下游客户市场需求不振的情况未得到根本性好转。在此不利环境下,行业内竞争日趋激烈,公司为争取市场占有率增大了营销及研发投入,珠三角、长三角的人工成本的不断上升,致使本报告期公司经营业绩较去年同期有较大幅度的下滑。

报告期内,公司共生产各类改性塑料43,468.88吨,销售为42,320.63吨,产销率97.36%;实现营业收入45,016.50万元,比去年同期增长2.53%;实现营业利润624.25万元,同比下降80.02%;实现归属于母公司所有者的净利润980.85万元,同比下降65.33%。

【300239】包头东宝生物技术股份有限公司

【基本情况】

包头东宝生物技术股份有限公司成立于1997年,是一家专业的生物制品国家级高新技术企业。主营"金鹿"牌明胶、"圆素"牌胶原蛋白及"白云"牌磷酸氢钙产品。公司注册资本近2亿元,拥有总资产约5亿元。

公司2011年7月6日在深圳证券交易所成功上市,股票简称"东宝生物",股票代码"300239",是内蒙古自治区第一家在创业板上市的民营企业,也是包头市第一家登陆国内A股的民营企业。

多年来,坚持自主创新与产学研合作相结合,公司主营产品技术含量不断提高,市场竞争力持续增强,主营业务产品被评为自治区名牌产品。

2010年,东宝生物与中科院理化所历时两年多时间共同开发出千位级道尔顿"圆素"牌小分子量骨胶原蛋白肽,生产技术获中国发明专利(专利号:ZL200910241882.X)。"圆素"牌胶原蛋白肽产品经SGS国际权威机构检测,平均分子量约在1300道尔顿,产品质量指标达到国际同类产品先进水平,属高品质胶原蛋白产品。系列粉剂、果汁饮品、面膜、眼膜、眼霜等产品上市以来,以其过硬的产品质量赢得了国际、国内消费者和下游客户的广泛认可和赞誉。升级后的新包装以及VI新形象品味独特,健康和美丽蕴含其间,品牌效应逐步显现。公司目前生产的胶原蛋白产品及在研的后续产品符合国家最新发布的《关于促进健康服务业发展的若干意见》和《中国食物与营养发展纲要(2014—2020年)》支持方向,具有良好的发展前景。

公司拥有行业内首家产学研合作研发机构——"中科院理化所—东宝生物胶原与明胶生物工程应用研发中心",技术力量雄厚。已经开始的《不同分子量胶原蛋白肽促骨生长活性研究》、《基于静电纺丝技术明胶纳米纤维无纺布的制备

及用途研究》、《600 吨/年骨素酶法明胶生产中试线的工艺研究项目》等项目进展顺利，将对拓展企业主营业务、提升核心竞争力产生良好的提升和推进作用。

2013 年 10 月，公司在内蒙古自治区政府统一安排部署下，在美国洛杉矶"中美省州经贸合作研讨会"上与美国的 Lipond International 和 Pureorg 公司签订了战略合作框架合约。在此基础上，2013 年 12 月东宝生物与 Lipond International 在中国包头又签订了《原材料采购合约》，与 Pureorg 公司签订了《服务合作协议书》，通过 Pureorg 同 UCLA（加州大学洛杉矶分校）进行胶原蛋白及胶原蛋白衍生品对抑制肿瘤的研究，并研发相应复合型配方胶原蛋白产品，开启了"圆素"牌胶原蛋白大步走向国际市场的新局面。

公司明胶 4,000 吨/年增至 6,500 吨/年扩建项目、年产 1,000 吨可溶性胶原蛋白项目顺利建成投产，市场前景十分广阔。立足高档生物制品专业化生产的东宝生物，将借助技术创新和资本市场的强劲动力，打造稳健发展、持续增长的一流生物制品企业，为我国生物产业做出新的努力，为人类对健康和美的追求作出最大的贡献。

【主营业务】

生产经营照相明胶，药用明胶，食用明胶，工业明胶，骨油，骨粉，饲料添加剂；经销化妆品，小分子量水解明胶（胶原蛋白）生产和销售；饮料的销售。（国家法律、行政法规和国务院决定应经审批的，未获审批前不得生产经营）

【经营业绩】

2013 年报告期内，公司实现营业总收入 381,980,600.44 元，较上年同期增长 49.46%；营业利润 42,651,478.31 元，较上年同期增长 0.49%；利润总额 50,489,995.94 元，较上年同期增长 20.66%；归属于上市公司股东的净利润为 42,017,514.92元，较上年同期增长 18.75%。

【企业文化】

核心价值观：

人是一切要素中最宝贵的财富，人的价值大于物的价值。

客户是我们全体员工和投资者的衣食父母，客户至尊，永不改变。

制造精细产品是我们的第一使命。

创新、改进、不断满足客户需求是我们企业发展的根本。

企业理念：员工为本客户至尊

【企业荣誉】

公司产品获"内蒙古自治区名牌产品"荣誉。

公司技术中心早在 2001 年就被认定为自治区级技术中心。

公司通过了 ISO9001 国际质量体系认证、HACCP 食品安全管理体系认证。

2010 年东宝生物获中国日用化工协会明胶分会颁发 2005－2009 年度全国明胶行业先进企业荣誉。

2010 年获国家发改委授予"国家高技术产业化示范工程"牌匾。

2012 年，可溶性胶原蛋白研发及产业化项目获内蒙古经信委颁发自治区乌兰夫基金企业技术创新奖。

2012 年，公司获第一财经中国资本力年会颁发年度最佳融资范例奖、年度最佳创业板 IPO 上市公司荣誉。

2013 年，获内蒙古自治区质监局、内蒙古自治区出入境检验检疫局、内蒙药监局等 16 家单位联合颁发的内蒙古"2012 年全国质量月产品质量用户满意度调查用户满意单位"荣誉证书。

2013 年，获内蒙古自治区党委、政府认定为内蒙古自治区非公有制科学发展先进企业。

【300244】浙江迪安诊断技术股份有限公司

【基本情况】

浙江迪安诊断技术股份有限公司（简称"迪安诊断"或"迪安"）成立于 2001 年，是以提供诊断服务外包为核心业务的独立第三方医学诊断服务机构，凭借具有迪安特色的"服务＋产品"一体化商业模式成为行业领先者，并于 2011 年 7 月率先上市（股票代码：300244）。作为迪安主营业务的独立医学实验室，是涵盖专业冷链物流、高新检验技术、IT 技术等新型现代服务业态的全新运营模式，属于现代科技型服务业。通过集中检验、集约经营和连锁化发展，可以提高公共卫生资源利用率，优化医学检验资源，降低医疗费用并促进检验技术发展。目前，迪安依托全国连锁化医学实验室的平台，致力于技术创新与商业模式创新，业务涉及司法鉴定、诊断产品销售、诊断技术研发、CRO 等领域，并不断完善"服务＋产品"一体化的专业服务体系，创造诊断项目齐全、标本流程高效、诊断结果准确、咨询服务权威的第三方医学诊断服务模式，形成了整合营销竞争优势，确定了全国连锁化、规模化复制的扩张策略，通过纵向与横向的有效资源整合，加快全国布局速度，启动了公共检测平台的多服务领域拓展与上下游产业链的整合式发展战略。迪安拥有由硕士、博士及国内外医学诊断领域顶尖学者组成的专家团队，与罗氏诊断、法国梅里埃、NMS、美国比尔/梅琳达·盖茨基金会等世界一流企业及机构，复星医药、温州医学院、浙江清华长三角研究院生物技术与医药研究所等国内知名企业、院校、研究院等形成战略合作，是"国家科技支撑计划"多项课题承担单位。旗下杭州迪安医学检验中心、南京迪安医学检验所为国家高新技术企业。

【发展历程】

2001 年，杭州迪安基因技术有限公司成立。

2004 年 7 月，杭州迪安医学检验中心有限公司成立，开始检验外包业务发展。

2004 年 11 月，杭州迪安基因工程有限公司成立，开展体外诊断产品代理。

2007 年 4 月，南京迪安医学检验所有限公司成立，迈出全国连锁化发展的第一步。

2008 年 5 月，杭州迪安医学检验中心司法鉴定所成立，成为国内唯一一家建立在独立实验室平台上的、获得正式资质的第三方鉴定机构。

2009 年 9 月，上海复星、软银中国和迪安签署战略合作协议，迪安完成了首轮融资。

2010 年 5 月，杭州迪安医疗控股有限公司（前身为杭州迪安基因技术有限公司）整体变更改制，更名为浙江迪安诊断技术股份有限公司。

2011 年 7 月 19 日，在深圳证券交易所 A 股创业板正式挂牌上市，成为中国医学诊断服务外包行业第一股。

【企业文化】

企业理念：

创新引领行业发展

企业使命：

精益求精，用心呵护健康

企业愿景：

成为卓越的诊断服务机构

企业精神：

坚持梦想、学习创新、勤奋踏实、合作诚信

【经营业绩】

2013 年上半年，公司实现主营业务收入 4.62 亿元，较去年同期增长 46.3%；实现净利润 4,678.27 万元，较去年同期增长 50.12%；实现归属母公司普通股股东净利润 4,534.51 万元，较去年同期增长 47.71%。

【300252】深圳金信诺高新技术股份有限公司

【基本情况】

深圳金信诺高新技术股份有限公司是一家致力于中高端射频同轴电缆及组件的研发、生产与销售的民营企业。公司前身系成立于 2002 年 4 月 2 日的深圳市金信诺电缆技术有限公司，2010 年 3 月 24 日依法整体变更为深圳金信诺高新技术股份有限公司，2011 年 8 月 18 日，成功登陆深圳证券交易所创业板，股票简称"金信诺"，股票代码"300252"，注册资本 1.08 亿元。

公司主要从事中高端射频同轴电缆的研发、生产和销售，主导产品包括半柔电缆、低损电缆、稳相电缆、军标系列电缆、半刚电缆、轧纹电缆等，广泛应用于移动通信、微波通信、广播电视、隧道通信、通信终端、军用电子、航空航天等领域。

公司目前是国内射频同轴电缆品种最全、半柔射频同轴系列产品规模最大、具有较强品牌影响力的中高端射频同轴电缆生产企业之一，固定客户囊括了移动通信领域和军事领域最重要的企业以及多个军工单位。根据中国电子元件行业协会光电线缆分会的统计，2009 年，公司半柔射频同轴电缆的国内市场占有率为 40%，市场占有率排名第一；低损射频同轴电缆的国内市场占有率为 33%，市场占有率排名第二；此外，公司还是目前国内极少数可以取代进口高端稳相电缆的生产企业之一。

2011 年底，公司顺利完成收购常州市武进凤市通信设备有限公司 70% 股权相关事宜，此举将打造公司在射频同轴电缆、连接器等天馈产品上的一站式供货能力，增强在华为、爱立信线缆总包业务上的竞争力。

【发展历程】

2002 年 4 月 2 日，金信诺公司诞生于深圳市南山区塘尾小区一间工业厂房内，创业初始仅有 3 人，同年开发出半刚铁氟龙同轴电缆产品，成为国内外知名企业合格指定供应商。

2003 年 1 月，第一条生产线建成并投入生产，同年开发出半柔系列产品，年销售额翻番。

2004 年 8 月，被深圳市科技和信息局认定为高新技术企业，享受高新技术政策优惠；同年被科学技术部认定为国家科技成果重点推广示范基地重点推广示范企业，巨大的潜在发展使公司获得了知名风险投资公司的巨额投资。

2005 年 5 月，被科学技术部认定为国家级火炬计划项目承担单位，独立承担"第三代移动通讯专用信号电缆"项目的研发和生产；同时，公司成功开发并销售了低损、半刚、半柔、RG 系列、50 欧姆等多个系列的电缆产品。

2006 年 12 月，半柔系列 PTFE 射频同轴电缆荣获广东省重点新产品荣誉称号。

2007 年 3 月 15 日，控股全资子公司赣州金信诺电缆技术有限公司正式成立并投入使用。

2007 年 12 月，公司技术核心人员参加中国电子技术标准化研究所召开的同轴通信电缆国际标准提案起草会议，由公司起草的五项国际标准提案已提交至国际电工委员会并纳入 IECTC46A《同轴电缆》规范中，奠定了公司在射频同轴电缆技术中的行业领先地位。

2007 年，金信诺公司荣获南山区民营领军企业荣誉称号，同年，荣获深圳市自主创新百强中小企业荣誉称号。

2008 年 6 月 27 日，在《中国企业家》杂志社主办的"未来之星"活动中，公司作为行业内的技术领先企业，被提名为"2008 未来之星，中国最具成长力企业"。

2008 年 7 月 25 日，公司乔迁至深圳软件园，揭开了公司发展史上具有划时代意义的一幕。

2009 年 3 月 8 日，公司成立工程技术中心，被评为深圳市级工程技术中心单位，展示公司在科技创新与能力提升的综合实力。

2009 年 9 月 25 日，公司被评为国家级高新技术企业，是公司多年来注重科技创新成果的结晶，也是公司发展史上又一个标志性的里程碑。

2010 年 9 月 12 日，赣州金信诺电缆技术有限公司自建工业园一期厂房竣工投入使用。

2010 年 10 月 10 日，公司进行股份制改造，由原来的深圳市金信诺电缆技术有限公司更名为深圳金信诺高新技术股份有限公司。

2010 年 10 月 14 日，公司正式通过中国空军总装备部颁发的武器装备承制许可单位。

2011 年 8 月 18 日，深圳金信诺高新技术股份有限公司首次公开发行股票并于深交所创业板正式挂牌上市，股票代码 300253，简称：金信诺，是公司发展历程的又一里程碑与转折点。

2011 年 10 月 12 日，公司分别在美国、印度、巴西等国注册全资控股子公司，正式迈向国际舞台。

2012 年 1 月 6 日，公司控股凤市通讯设备有限公司，完成电缆与器件的完整产业链整合。

2012 年 1 月 8 日，金信诺高新技术股份有限公司深圳制造基地由石岩搬迁至龙岗坪地高桥工业园区。

2012 年 6 月 5 日，赣州金信诺电缆技术有限公司自建工业园二期工程正式动工，预计在 2015 年正式投入使用。

2012 年 6 月 28 日，公司起草的半柔电缆总规范 IEC 国际标准（标准编号：IEC61196－1－109）正式通过并颁布实施。

【企业文化】

诚信、创造、融合、责任

——诚信

社会：金信诺承诺一切经营管理活动均遵守国家法律法规，在社会及行业中树立良好的典范；金信诺良好的经营和持续发展壮大是回馈社会的最基本承诺；金信诺作为企业公民所尽到的社会责任必然依赖于全体员工的勤奋敬业和热情奉献，同时也必须为提高自己和家人的生活品质而努力工作。

客户：金信诺把对所有客户的承诺视为公司经营的命脉和第一信条。

员工：金信诺全体员工必须明白：做人的第一信条即为守信，守信于社会、守信于公司、守信于同事、守信于上级及下级；金信诺全体员工必须敬老爱幼（包括尊敬师长、孝敬父母、抚养子女等）、遵守一切的社会公德；有作为才有地位，得到团队、同事、他人乃至社会大众的认可与肯定是与自身的努力与最终的成果密不可分的。

——创造

金信诺对创造的理解是：一份耕耘，一份收获，天上永远没有可以掉下来的馅饼。为了实现金信诺全体员工的人生价值,我们必须靠勤劳的双手和智慧的大脑。故对昨天没有做好的今天一定要做好,今天无法做到的明天想办法也要一定做到。

持续创新是金信诺获得持续竞争力的关键。

金信诺鼓励员工有组织的创造(包括技术改良和管理革新)活动与持续改善,并给予物质上的支持和奖励。

金信诺要求全体员工(尤其是管理层)必须持续改善工作绩效,永不安于及满足现状,追求卓越,绝不允许做一天和尚撞一天钟、抱着得过且过思想工作的员工。

——融合

金信诺全体员工必须明白,科学与技术肯定是日新月异的,故全体员工必须以谦卑的心态虚心学习,博采众家之长,技术上力求精益求精,管理上以宽广博大的胸怀接收管理革新。

在所有的学习、创新与改善的实践活动中,金信诺包容失败,但要求对学习、创新与改善的实践活动追求必须有不认输、不妥协的企业精神。

——责任

公司:对社会大众负责、对董事会股东利益负责、对员工负责、对客户负责。

管理层:对公司负责、对员工负责、对自己的管理岗位所承担的职能负责。

员工:遵守公司制度和一切社会公德,对公司负责、对自己所生产的产品品质、效率效能和对自己的岗位职责要求负责。

【经营业绩】

2013 年前三季度,公司实现营业总收入 44,831.03 万元,同比增长 1.48%;利润总额 2,748.32 万元,同比下降 25.21%;归属于上市公司股东的净利润 2,241.37 万元,同比下降 17.88%。

【300339】江苏润和软件股份有限公司

【基本情况】

江苏润和软件股份有限公司成立于2006年,是深圳证券交易所创业板上市公司(股票简称:润和软件,股票代码300339),江苏省软件外包龙头企业。公司主营业务是为国际、国内客户提供专业领域的软件外包服务,聚焦于“供应链管理软件”、“智能终端嵌入式软件及产品”、“智能电网信息化软件”等三大专业领域,服务内容以行业解决方案为基础,涵盖咨询、设计、开发、测试、维护等软件全生命周期作业,处于产业价值链高端。

公司以南京为总部及研发基地,在北京、西安、上海、深圳等地设立了国内控股子公司;在日本东京、新加坡、美国波士顿、硅谷设立了海外控股子公司,拥有全球软件服务交付能力,能够为客户提供全面、即时、高效的信息技术服务。

公司自成立以来,一直坚持“国际化、专业化、高端化”的发展战略,通过结合离岸成本优势,累积行业技术经验以及灵活调度企业内外部资源,已在“供应链管理软件”、“智能终端嵌入式软件及产品”和“智能电网信息化软件”等领域打造了具有一定市场影响力的高端软件服务品牌。

凭借深厚的行业知识、丰富的实践经验以及优秀的服务团队,润和软件业已取得诸多行业标杆企业认可,与众多高端客户展开成功合作,其中包括多家世界 500 强企业。

润和软件是信息技术服务国家标准(ITSS)工作组的全权成员单位,同时也是外包专业组副组长单位;先后通过了 ISO9001:2008、ISO27001、CMMI3、系统集成三级等多项资质认证;公司还获得了国家规划布局内重点软件企业、江苏省高新技术企业、江苏省服务外包重点企业、江苏省首批技术先进型服务企业和中国服务外包成长型企业等多项荣誉。

面向未来,润和软件将立足于计算机软件开发与咨询业,加速发展高端软件外包业务,推动国际市场与国内市场同步、互动发展,深耕专业领域与细分市场,不断增加核心竞争力,持续提升行业地位,致力于成为中国领先的国际化高端软件服务商。

【主营业务】

计算机软件的研发,相关产品的销售以及售后综合技术服务;自营和代理各类商品及技术的进出口业务。计算机网络系统集成,楼宇智能化系统工程的设计、施工、安装。

【经营业绩】

润和软件坚持“国际化、专业化、高端化”的发展战略,业务收入实现了持续快速发展,盈利能力持续增长。

近三年,营业收入平均增长率为 52%。2012 年销售收入 37741.24 万元,同比增长 62.55%,其中国内收入 26211.95 万元,同比增长 87.87%。国际收入 11529.30 万元,同比增长 24.42%。

【企业文化】

价值观

客户为中心,奋斗者为本;尚变,趋实、贵中。

愿景

成为中国领先的国际化的高端软件服务商。

润和软件的目标是——成为中国领先的国际化高端软件服务商。为此,润和软件将继续坚持“国际化、专业化、高端化”的发展思路,不断强化“市场、人才、管理”三个竞争要素,通过不懈努力将自己打造成为一个国际化的高端软件服务商。

使命

通过我们的专业化服务让信息技术更好地服务于客户,推动中国信息产业和现代服务业的发展。

专业服务,创造信息价值,润和软件将通过不断完善的产品及解决方案,为国际、国内的客户提供全面、即时、高效的信息技术服务,为中国的信息产业和现代服务业的发展做出更大贡献。

管理理念

·创新

创新是企业永葆活力的关键因素,润和软件激励创新,不断寻找一切好的设想,使创新成为企业不断进步的动力。

润和软件鼓励公司员工,以创新的方式来思考公司的业务、所处的行业、客户等课题,并提出建议。

润和软件的创新是全方位的,从技术创新到管理创新,进而发展到模式创新,全面推动着我们的发展。

·知识

进入知识经济时代以来,人类社会经济形态发生了巨大变化,知识已经成为生产力发展的决定性因素。

知识是竞争力,知识是企业价值之本,知识常新是润和软件可持续发展的保证。

润和软件通过全 OPEN 学习平台的建设,不同层次的培训,强化对于知识的吸收,建立各种层级的学习型组织。

·团队

润和软件倡导合作，合作是团队精神的核心，强调“理解，配合，默契”。只有充分发挥团队精神，个人的智慧才能集结成网络，通过集体的力量创造出更大的价值。

润和软件不断加强团队凝聚力，从管理层到基层员工，团队的合力使润和迈向更高远的目标，同时也为员工的发展搭建起更广阔的平台。

行为准则

·以人为本

润和软件在管理过程中，坚持以人为本，着力激发和调动人的主动性、积极性，尊重员工的个性和创造力，以实现个人与企业的共同发展。

·以客为尊

润和软件始终以客户价值为中心，一切围绕客户需求出发，通过不断地创新技术，让技术更好地服务于客户，为客户创造价值。

·勤勉务实

润和软件倡导员工养成勤勉务实的工作作风，脚踏实地、认真负责，努力不懈，在求真务实的基础上实现企业的发展创新。

·开拓创新

润和软件提倡发扬开拓进取、勇于创新的精神。在这个日新月异的时代，能否具有开拓创新精神决定了企业今后发展的前景和高度。

不畏艰险，勇于探索，永不自满，始终保持开拓创新的精神状态，开创今后宏伟的蓝图，将是润和软件致力追求的目标。

【企业荣誉】

信息技术服务国家标准(ITSS)全权成员单位

国家规划布局内重点软件企业

中国服务外包成长型企业

工业与信息化融合示范单位

江苏省服务外包产业联盟秘书长单位

江苏省高新技术企业

江苏省服务外包重点企业

江苏省首批技术先进型服务企业

江苏省软件企业技术中心

江苏省创新团队

江苏省现代服务业“十百千”行动计划重点培育企业

南京市骨干软件企业

2011 年福布斯中国潜力企业

2012 年福布斯中国上市潜力企业榜 20 强

2012 年商务部重点联系服务外包企业

2012 年 AAA 资信企业

2013 年中国(南京)软件谷最具成长性软件企业

第二节　会计师事务所

北京天圆全会计师事务所有限公司

【基本概况】

北京天圆全会计师事务所有限公司（简称“天圆全”）创立于 1984 年 6 月，总部设在北京，是国内成立最早的会计师事务所之一，经过 20 多年发展，成为服务功能完善的大型会计师事务所之一，位居全国百强事务所之列。创建至今，始终恪守“独立、客观、公正”原则，坚持“宁要发展一百年，不要风险收入一百万”的经营方针，以“一流的人才、一流的服务、一流的质量、一流的信誉”为客户提供审计、企业风险管理、企业管理咨询、财务咨询、战略及运营等超值高效的专业服务，有力地推动了客户的成功进程。

“以人为本，信誉至上、追求完美”的企业文化使全所员工形成强大的凝聚力，“天圆全人”视客户责任、社会责任及公司责任为己任，追求卓越的执业风格无不体现在执业过程的各个环节，以建成具备国际服务功能的会计师事务所为目标，重视加强员工的国际业务培训，使执业人员专业素质不断提升，赢得了国际同行的好评和敬重。天圆全在人力资源、质量控制、专业水平方面具有优势。

【人力资源状况】

天圆全现有从业人员 323 名，形成了由审计、咨询、业务培训、市场信息等部门组成的功能完善的事务所，现有注册会计师 163 名，其中 1 名被中国注册会计师协会选拔为注册会计师领军人才，持有注册评估师资格的有 56 名，持有证券许可证的会计师 21 名，持有注册税务师资格的 32 名。具有注册会计师执业证书的人员占全部人员的 56%，大学以上学历人员占 95%，35 岁以下人员占 70%，形成了人员结构合理，知识经验丰富的专业人才队伍。并有多名注册会计师担任相关部门的专家委员会委员。

天圆全始终坚持“以人为本，信誉至上，追求完美”的企业精神。在发展过程中，始终体现以人为本的思想，尊重每个员工，发挥每个员工的才智，创建员工发展的平台和空间是天圆全一贯秉承的信念。

【相关制度保障】

天圆全遵照《注册会计师法》和《证券法》，按照财政部、证监会、银监会、保监会、国资委等的相关部门颁布的相关规章，依据中国注册会计师协会制定的《审计准则》，制定了完善的执业质量控制制度，制定了完善的保密制度，制定了完善的执业程序及相关标准，使得出具的报告符合财政部、证监会、国资委、银监会、保监会、行业协会及交易所等各方要求。

【技术优势】

天圆全重视信息化建设，引进了先进的审计软件，并使审计人员熟练掌握，使得审计效率和审计质量大大提高。天圆全制定了较高的质量标准，使得审计质量具有高水平。

天圆全重视员工外语水平的提高，对外语水平高的员工优先任用，使之能够发挥更高的效能，并适应国际化会计服务的要求。

天圆全重视员工的业务培训，积极参加财政部、证监会、行业协会及交易所的相关培训，积极参加证券业务的相关研讨，特别重视在公司首次公开发行股票（主板、创业板的 IPO）业务方面的培训，使得天圆全在证券业务方面具有优势。天圆全每年组织一次大规模的为期 2 周的集中培训和研讨，内容包括职业道德教育、审计程序执行、审计质量控制、上市公司审计特别事项要求、疑难会计问题等，使得执业人员的业务能力始终保持在较高水平。

【天圆全持有的行政许可证】

注册会计师执业许可证，从事证券、期货相关业务审计业务许可证，从事金融相关业务许可证。

【主要业务活动】

天圆全主要从事审计、验资、其他鉴证业务、大型企业的财务管理咨询活动。

天圆全擅长执行上市公司年度审计、公司首次公开发行股票（IPO）业务审计、上市公司资产重组审计、反向收购（买壳上市）业务的审计事务。

天圆全擅长执行公司合并、分立、股权重组等各项股权交易业务的审计。

天圆全开展财务咨询业务，执行公司的内部控制设计、执行公司内部控制审计等业务，开展、企业风险管理、企业管理咨询、财务咨询、战略及运营咨询。

【执业经验及主要业务结构】

公司先后为国内山东黄金、莱钢股份、烟台万华、南天信息、南山铝业、科达股份、中通客车、鲁西化工、鲁能泰山、山东药玻等众多知名企业成功地完成股票首发及增发业务的审计。

担任基金公司财务顾问，为多家基金公司的收购、参股等活动提供咨询意见。

担任多家大型国有企业常年审计机构，从事国资委委托的大型国企年度审计中，部分项目承担主审所的任务。曾为中国石油、中国网通、中国烟草、航天工业集团、山东黄金集团、首都机场等执行过审计业务。

担任多家大型民营企业的审计机构。

先后接受财政部门委托对行政事业单位收支及财政资金的经济效益进行过专项审计。先后为多家商业银行、保险公司、证券公司、期货公司等金融类企业执行审计业务。

天圆全会计师事务所成立至今，从事证券相关业务服务 90 余户，从事金融相关业务 30 余户，为 5000 余户企业执行过审计业务，培训财会相关人员万余人次。

天圆全在近三年的业务中国有企业相关业务约占 50%，上市公司相关业务约占 35%，咨询及其他业务约占 15%，业务领域涉及金融、证券、信息技术、房地产、建筑、煤炭、冶金、制造、化工、酿造、农业、医药、电信、电子、交通、水利、电力、军工、机关行政事业单位等各行业，并实施大型企业的财务管理咨询。

【天圆全的信誉和荣誉】

天圆全自设立开始，始终把信誉放在首位，天圆全始终坚持"以质量求信誉,以信誉求发展"的企业宗旨和"公平、公正、优质、高效"的经营理念。始终严格遵守执业道德,遵守承诺,谨慎执业,工作质量强调"精确、及时、完整",严守委托人及被审计单位的商业秘密。

由于"天圆全"人视客户责任,社会责任及公司责任为己任,追求卓越的执业风格,得到了社会、政府和行业主管部门的认可和好评。

天圆全凭借优秀的业务能力,诚信与公平的声誉,获得各类资质和荣誉,被财政部授予"全国先进财会工作集体"称号,被山东省国资委评选为"清产核资十佳中介机构"。先后数位员工获得全国优秀注册会计师称号。

【良好的公共关系】

天圆全在遵守相关法律法规的前提下,服从财政部、证监会、注册会计师各级协会的监督与指导,能及时地获得财政部、证监会、国资委等相关政策以及证券、期货交易所、行业协会的相关信息,并能争取这些部门的指导和支持,更好地服务于会计市场、证券市场。

天圆全会计师事务所将一如既往,面向最活跃、最具有潜力的会计服务市场,为客户提供国际水准的综合服务。

北京兴华会计师事务所

【基本概况】

北京兴华会计师事务所目前是中国前20强会计师事务所之一。自1992年成立以来,北京兴华在社会各界大力支持下,经过全体同仁的不懈努力,在股票发行与上市、企业重组、公司改制、国企审计及财务咨询等专业服务方面具有极强的实力和出色的业绩,目前已有上市公司客户近40家。

北京兴华一直保持高速增长,2009年业务收入为1.92亿元,全国行业排名18位,北京市行业排名11位,2010年业务收入为1.8亿元,全国行业排名19位,北京市行业排名13位,2011年业务收入为2.8亿元,全国行业排名19位,北京市行业排名12位。

北京兴华总部设在北京,现有十位权益合伙人,在职员工1100余名,注册会计师520余名。经财政部门批准,本所相继在贵州、广东、湖北、黑龙江、湖南、安徽、福建、山东、河北、吉林、四川、上海、深圳、西安设立14家分所,现已成为国内颇具影响力的知名会计师事务所之一。

北京兴华一直秉承以客户为本的执业服务理念,正确处理服务与监督的关系,赢得了监管机构和客户的好评。

北京兴华业务涉及审计、评估、咨询等各个领域,拥有国有大型企业审计资质、证券期货相关业务审计资质、金融相关业务审计资质、司法鉴定资质。北京兴华所属公司拥有证券业评估资质、甲级工程造价咨询资质、税务审计资质等。

北京兴华的管理团队由经验丰富、年富力强的资深专业人士组成。董事长兼首席合伙人王全洲先生拥有超过二十年从事与审计、评估、咨询相关的专业工作经历,对企业改制上市、年度审计、企业收购兼并、再融资等具有丰富经验和指导能力,并在财税、经贸、金融、证券各界拥有广泛、良好的社会关系与资源。

北京兴华于2000年经财政部批准,正式成为马施云国际成员所并自此跨入国际审计市场,为近十家企业境外上市提供了审计服务。

北京兴华一贯坚持专业化机制与制度建设,建立健全了股东会、董事会和监事会三会治理机构,董事会下设发展战略委员会、风险管理委员会、质量控制与技术标准委员会、分所管理委员会等专业委员会,并建立了一套完整的事务所管理制度及执业规程。

诚信铸就品牌,专业提升价值,北京兴华将一直秉承"独立、客观、公正"的原则,坚守职业道德,为客户提供最优质的服务!

【发展历程】

1992年12月,经北京市财政局京财会(1992)2254号文件批准,成立北京兴华会计师事务所。

1995年11月,经财政部、中国证监会财会协字(1995)32号文件批准,取得证券期货相关业务审计资格。

1998年11月,率先改制为有限责任公司,经北京市工商局注册成立北京兴华会计师事务所有限责任公司。

2000年1月,加入马施云国际,成为马施云国际成员所。

2001年3月,经中国人民银行、财政部银发(2001)50号文件批准,取得从事金融相关审计业务资格。

2005年12月,北京兴华与北京正义会计师事务所、北京中金华会计师事务所合并。

2006年8月,北京兴华与天海会计师事务所合并。

2007年12月,北京兴华与华夏会计师事务所合并。

2008年1月,北京兴华成立贵阳分公司和湖北分所。

2008年6月,北京兴华成立西安分所。

2008年8月,北京兴华成立广州分公司。

2009年2月,北京兴华深圳分所成立。

2009年3月,北京兴华黑龙江分所成立。

2009年7月,北京兴华四川分所成立。

2009年10月,北京兴华湖南分所成立。

2009年12月,北京兴华与中润华会计师事务所合并。

2010年10月,北京兴华山东分所成立。

2010年11月,北京兴华上海分所、厦门分所成立。

2010年12月,北京兴华安徽分所、河北分所成立。

2011年2月,北京兴华吉林分所成立。

2012年2月,北京兴华荣获上海股权交易中心专业服务机构会员资格。

2012年10月,北京兴华通过国防科工局军工保密资格审查认证中心军工涉密业务咨询服务安全保密条件现场审查。

【企业文化】

兴华人在多年的工作实践中,积极致力于企业文化建设,通过不断吸纳融汇中西方文化精髓,逐步积淀出了深厚的人文底蕴,培育出了具有鲜明特色的企业文化,使企业充满了生机和活力。我们崇尚一个业内知名的大所应具有社会责任的理念。我们既是这种理念的倡导者,也是这种理念的实践者。兴华慈善基金会的设立便是这种理念的具体实践。进入北京兴华,你会为我们的热情和真诚所感动,你更会被我们执着的奉献精神和专业精神所折服。

北京中证天通会计师事务所有限公司

【基本概况】

北京中证天通会计师事务所有限公司是经北京市财政局批准,依据《公司法》和《注册会计师法》设立的有限责任公司,是原北京中证国华会计师事务所有限公司与原北京天通会计师事务所有限公司实施实质合并的一家综合性大型中介服务机构。注册资本500万元。公司业务范围包括:企业会计报表审计；企业注册资本（金）验证；办理企业合并、分立、清算事宜中的审计；经济效益、经营业绩专项审计；企事业单位领导任期经济责任审计；企事业单位领导离任审计；证券、期货相关业务审计；从事金融相关审计业务；国有及非国有资产评估；基本建设施工预决（结）算审计验证；甲级工程造价咨询；财务咨询业务；法律、行政法规规定的其他审计业务。

【发展简史】

原北京中证国华会计师事务所是由湖北省审计厅、财政厅所属的事务所改制、发展形成的，成立于80年代初，是我国第一批获准设立的事务所之一，第一批获准从事证券相关业务审计资格的事务所之一，并为我国首批8家具有甲级工程造价咨询资质并能进行混业经营的大型事务所之一，业务范围遍及全国，拥有一大批资深的注册会计师、资产评估师和造价工程师，具有很高的专业水准、较强的业务能力和丰富执业经验。原北京天通会计师事务所是经北京市财政局批准、财政部核准于2004年3月设立，由知名的财务专家和资深的注册会计师发起，主要业务骨干均来源国内一家具有证券业资格的大型会计师事务所，由于其出色的服务理念和能力，迅速建立了包括中国石油天然气集团总公司、中国烟草总公司、国家开发投资公司、中国节能投资公司等知名企业和机构在内的客户群，事业获得了快速发展，合并前拥有专业人员110名，均为富有进取精神和专业能力的青年才俊，其专业才华和服务水平受到了广泛的认可和好评。合并后的中证天通会计师事务所优势互补，实质融合，不仅扩大了规模（2010年度在中国注册会计师协会依据2009年度情况综合评价全国百强事务所中位于第40名），而且核心竞争力有了明显增强，各项事业呈现出快速、稳健发展发展的良好局面。

【团队建设】

北京中证天通会计师事务所有限公司把人才建设作为事务所发展的基石。截至2009年底，北京总部及湖北分所、广东分所、安徽分所、山东分所，共有从业人员330名，平均年龄30.2岁，具有三年以上事务所工作经验的专业人员近80%，五年以上事务所工作经验的的专业人员近60%。其中注册会计师208名（含具有证券从业资格人员22名）、注册资产评估师30名；北京总部拥有从业人员206名，注册会计师103名。注册资产评估师25人，注册造价师33人，已通过注册税务师资格考试20人。从业人员中具有审计、会计、经济、工程等中级以上技术人员193人，占职工总人数的58%，人才素质较好，业务能力较强。

北京中证天通会计师事务所具有特许从事证券期货业务审计在内的各种业务审计资质。事务所对外提供的专业服务及良好的内部治理机制均受到了主管机关、监管机构的充分肯定，深受客户的欢迎与好评。事务所及专业人员在多年的执业过程中没有任何不良记录。我们服务的客户遍布除台湾地区、香港及澳门特别行政区以外的国内各省、市、自治区，涉及金融、电信、机械、轻工、冶金、电力、石油、化工、汽车、造船、电子、电器、仪表、建材、建筑、农业、交通、航空、高科技、房地产、旅游、内外贸、证券、投资等国民经济各个行业。

北京中证天通会计师事务所荣誉董事长孙耀南先生，曾于湖北省审计厅多个岗位担任处长，领导和管理大型会计师事务所多年，是我国知名的政府审计及社会审计方面的专家，兼任中国工程造价协会常务理事、湖北省上市促进会副理事长等职务。董事长、主任会计师张先云先生是国内知名的财务会计专家，曾在财政部会计司从事近十年的会计制度及准则的研究和拟定工作，并先后担负国家政策性银行总行财务管理、大型国企及股份公司财务总监等岗位的领导工作，具有较高的政策理论水平和丰富的实务经验，兼任中国成本研究会和中国中青年财务成本研究理事或常务理事。先后编纂《金融企业会计制度讲解》、《企业会计实务》、《财务管理》、《事业单位财务与会计》、《基本建设投资与管理》、《新编基本建设财务与会计》等专业著作400余万字。北京中证天通会计师事务所在孙耀南先生的指导与支持下，在张先云先生的带领下，专业团队秉承苦练内功、严谨执业、开拓进取、服务至上的服务理念，把自己从事的注册会计师职业作为一项孜孜以求的事业，刻苦学习，勤奋工作，打造一流的服务品牌，为广大客户提供高品质的专业服务。北京中证天通会计师事务所还积极投身财会及相关领域的理论研究，为中国成本研究会和中国中青年财务成本研究会理事单位，具有很强的理论水平和专业实力。积极支持财经院校财会专业的教学和科研工作，现为中国人民大学商学院、北方工业大学会计系本科教学实习基地，并与北方工业大学共同设立"天通会计专业知识竞赛杯"，鼓励并奖励在会计知识学习中获得好成绩的青年学子。

【执业理念】

事务所以苦练内功、严谨执业、开拓进取、服务至上作为自己的服务理念。

大华会计师事务所

【基本概况】

大华会计师事务所是国内最具规模的八大会计师事务所之一，是国内首批获准从事H股上市审计资质的事务所，是财政部大型会计师事务所集团化发展试点事务所，BDO国际会计公司中国成员所，2011年业务收入超过8亿元人民币，在中国注册会计师行业排名中居前十位。

大华拥有一支能够提供高度专业服务的团队，从业人员2600多人，具有中国注册会计师资格者800多人，中国注册会计师协会资深会员6人；具有美国、英国和澳大利亚等国外发达国家注册会计师资格、能够提供国际业务服务的专业人员约30人；获得"中国注册会计师行业领军后备人才"称号的专家有近11人；被中国证监会先后聘任为发审委委员的3人；此外还有业内外知名的各类杰出业务专家100余人，这些专家在财务会计、审计、税务、公司治理和战略管理咨询、内部控制、风险管理、全面预算管理、企业购并重组、IT审计和国际化业务等方面具有业内领先的水平。大华管理团队和专家团队中的很多成员都具有博士和硕士学位。同时，大华还与上海财经大学、东北财经大学等院校有人才和专业研究等方面的合作，由此形成了以国内著名的上海财经大学和东北财经大学作为专业学术依托的战略合作关系。

大华各类业务资质齐全，不仅能够从事国内上市公司审计、特大型中央和地方国有企业审计、大型金融保险企业审计，同时经PCAOB认可具有美国上市公司审计业务执业资格，2010年取得H股上市公司审计业务资质。尤其是我们依托BDO国际会计公司的全球服务网络，可以为进入中国的国际公司和走进国际的中国企业提供全球化的审计和咨询等优质专业服务。公司常年审计客户2000余家，业务范围包括审计鉴证、管理咨询、资产评估、工程咨询、税务服务等，服务对象主要为上市公司、大型国有企业、金融保险企业、外商投资企业等，涉及航空、金融、电子、电力、化工、造纸、旅游、房地产、电信、交通运输、能源、机械、农业、林业、餐饮、食品、酒店、医药等多个行业领域，并多次接受政府部门和国际组织委托承担其他特殊目的专项审计。事务所2008年至2010年的业务收入均在5亿元以上。

【执业理念】

大华坚持按照新起点规划未来、高标准开展工作、高水平科学发展的企业宗旨，坚持“以人为本、精益求精”的内部管控理念，构建“规范、协调、高效”的一体化管理机制，以维护公众利益为目标，建立有效的内部管理制度体系，全面提升执业水平，着力打造业内公认、社会信赖、管理规范、服务一流的品牌事务所，竭诚为社会提供优质、高效的专业服务，传承大华的优秀文化，再造民族会计品牌的辉煌。

【执业资质】

注册会计师法定业务执业资质。

证券、期货相关业务许可证。

H股业务审计资格。

司法鉴定许可证。

从事金融相关审计业务资格。

从事特大型企业审计资格。

PCAOB注册执业资格。

大信会计师事务所

【基本概况】

大信会计师事务所（以下简称大信）系由我国现代会计先行者吴英豪先生创建于1945年。由其学子——武汉大学兼职教授吴益格先生重建于1985年，是我国注册会计师行业恢复重建后成立的第一家合伙会计师事务所。

目前大信总部（注册地）设在北京，在上海、武汉、山东、深圳设有四个区域性业务总部，分辖24个直属审计业务部及重庆、四川、河南、广西、青岛、江苏、广东、云南、浙江、贵州等分所，还在香港设立大信梁学濂（香港）会计师事务所。常年客户达3000余家，包括中央企业30家，省属大型国企86家，H股、B股、A股上市公司近百家，拟上市公司近百家。遍布全国二十余个省、市、自治区。

2009年全所员工达到2518人，其中CPA873人，包括英国皇家特许CPA及香港CPA。2010年实现业务收入过6亿元，居中国注册会计师协会2011年“百强所”综合排名第十位（本土所第六位）；上市公司客户量连续十二年居中国证监会排名前十位；国务院国资委备选中介机构综合排名第五位；国家审计署备选中介机构综合排名第六位。被媒体誉为“一家受上市公司欢迎的会计师事务所”、“注册会计师行业一个知名品牌”。

大信的专业力量在发展中壮大成长。现已形成一支以“三师”（注册会计师、注册税务师、注册造价师）为核心，人数逾1000人的专业团队。并以其规模和实力，获得会计中介机构各种执业资格，包括H股企业审计资质；财政部、中国证监会颁发的证券、期货相关业务审计；建设部批准颁发的工程造价咨询（甲级）资质；国土资源部颁发的土地咨询A级资质；国务院国资委授予的中央企业审计资质。

大信在不断发展壮大的过程中，逐步建立健全了内部治理结构和质量控制标准，同时形成了“四大”服务专长：即上市公司审计与股份制改制服务，金融审计及其他法定审计服务，工程造价咨询服务，企业管理咨询服务。大信直接控制的4个全资专业子公司有：中大信（北京）工程造价咨询有限公司、中京睿信（北京）管理咨询有限公司、北京大信税务师事务所有限公司、大信安鹏投资咨询（上海）有限公司，上述全资专业子公司2011年业务收入总额逾2亿元。

大信常年服务的客户主要有中国保利集团、中国华电集团、中国核工业建设集团、国家开发投资公司、中国化学工程集团、武汉钢铁（集团）公司、中国兵器装备集团、中国船舶重工集团等大型、特大型企业。

大信恢复重建以来，事业取得了长足发展，成为目前中国实力较强、服务功能较齐全、品牌信誉度较高的全国性大型会计中介机构。2010年12月，大信荣获财政部和中国证监会批准的H股企业审计资质。2010年11月，大信正式加盟PKF国际会计网络。PKF国际在IAB《国际会计公告》2010年度排行榜中位居第十位。大信是PKF国际在中国的唯一成员所，通过PKF国际的网络支持，帮助中国客户实现全球境外并购、上市等境外业务。

【主要客户】

大信在不断发展壮大的过程中，逐步建立健全了各种专业服务质量标准和质量控制制度，确保服务的高质量和高水平，赢得了广大客户的赞扬和信赖，形成了客户遍布中国北京、湖北、湖南、山东、山西、广东、广西、四川、重庆、内蒙、安徽、江西、辽宁、黑龙江、上海、福建、河北、江苏、浙江、深圳及香港等省、市、自治区的广泛客户群体。

【服务专长】

大信培植有一支800余名CPA（包括获得英国特许CPA和香港CPA）的执业队伍，他们熟悉中国各行业及国际会计准则，装配有先进的电脑软件系统，并具有为中国保利集团、中国华电集团、中国核工业建设集团等一批大型、特大型国有中央企业审计服务经验，可为大型国企及其他各类企业提供各种法定要求的审计及鉴证服务，包括：

企业的中期、年度会计报表审计。

企业财务报表审阅。

预测性财务信息审核。

企业内部控制见证及评价。

公司重组、分立、破产、清算审计。

经济责任审计及离任审计。

外汇年检业务的审计。

其他法定要求的审计。

福建华兴会计师事务所有限公司

【基本概况】

福建华兴会计师事务所有限公司是在原福建省财政厅所属的福建华兴会计师事务所基础上于1998年脱钩改制组建的，于1999年元月正式成立，注册资本200万元。福建华兴会计师事务所有限公司具有中国证监会、财政部颁发的从事证券期货相关业务审计资格，中国人民银行、财政部颁发的金融审计资格以及国有大中型企业审计、资产评估、房地产评估和基建工程预决算审核等资格，是中国银行间市场交易商协会会员，服务范围包括：会计审计服务、工商登记服务、税务咨询服务、资产评估服务、基本建设项目审计、工程造价咨询服务、管理咨询服务等。2008年实现收入近5000万元，连续多年被中国注册会计师协会评为中国百强会计师事务所。

福建华兴会计师事务所有限公司从诞生至今已走过了二十多年不平凡历程，在工作中积累了丰富经验，建设了一支高素质、高学历的人才队伍，现拥有从业人员 180 多名，其中，注册会计师 97 名、注册资产评估师 30 名、注册税务师 24 名、此外还有注册造价师、房地产估价师、土地估价师等多种专业人才。

我公司最高权利机构为股东大会。公司董事、监事由股东大会选举产生，并分别组成董事会、监事会，董事会聘用经营管理层。各职能部门设置由董事会研究批准决定，现设有业务一部、业务二部、业务三部、业务四部、业务五部、业务六部、业务七部、业务八部、专业标准部、信息咨询部、业务发展部、人力资源部、行政部、财务室、电算化部、顾问室等职能部门，并在发展中以福建华兴会计师事务所有限公司为核心组建了福建华兴会计师集团，开办了北京分所、厦门分所、福建华兴资产评估房地产土地估价有限公司和福州华兴正风财务咨询有限公司，初步形成了跨区域的服务能力，能够为客户提供全面的审计、会计、评估和咨询等服务。

在多年的工作中，我们一贯恪守以质量求生存、以信誉求发展的建所方针，认真执行财政部、中注协制定的各项执业规范，不断完善业务工作质量控制制度，严格遵守《中国注册会计师职业道德准则》，在社会上和客户中牢固树立了"独立、客观、公正"的良好形象。目前我公司以不断提高执业质量为突破口，推动业务健康快速发展。

【执业理念】

福建华兴会计师事务所有限公司经过了二十多年的的市场锤炼，始终坚持"独立、客观、公正"的执业道德规范，本着"务实、高效、服务第一"的办所宗旨，建立了一套科学有效的经营管理机制和科学的执业规范体系，利用先进的电脑网络管理系统，进行业务管理和质量控制，无违法违纪行为。同时，组建了相关的法律法规文档库、专业技术咨询范本库、典型案例分析资料库等专业数据库，增强了服务能力。

【成就业绩】

福建华兴会计师事务所有限公司为各类客户提供的服务中，以为证券、期货、金融企业、股份制企业、国有企业、外资企业和其他大中型企业提供审计、资产评估和财务顾问服务见长，涉及的行业有能源、交通运输、石油、化工、冶金、机械、矿业、电子、建筑以及金融、证券等，客户遍布全国各地。本所客户包括福建东百集团股份有限公司、厦门钨业股份有限公司、中国武夷实业股份有限公司、福建省南纸股份有限公司、福建七匹狼实业股份有限公司、兴业银行股份有限公司等 27 家上市公司及兴业证券股份有限公司、福州市商业银行等金融企业，东南(福建)汽车工业有限公司、福建 JVC 电子有限公司、百事可乐饮料有限公司、LG 麦可龙(福建)电子公司等外商投资企业及外国企业，福建省东南电化股份有限公司、福建省南平电缆股份有限公司、福建省交通运输(控股)公司、福建石油化工集团公司等大中型国有企业，是一家具有较大影响的会计师事务所。业务收入近 5000 万元，在会计服务行业具有较强的社会影响力。

华普天健会计师事务所(北京)有限公司

【基本概况】

华普天健会计师事务所(北京)有限公司(以下简称"华普天健"或"本所")系 2008 年由安徽华普会计师事务所与辽宁天健会计师事务所有限公司合并成立。合并前两家事务所均具有证券从业资格，均为近年来中国注册会计师协会公布的"百强所"，两所强强联合，秉承原有的管理经验和优良的行业信誉，优化资源配置，在企业文化、专业标准、质量控制和风险管理等方面形成了一整套科学规范的管理体系，成为一家年收入逾 2 亿元，具有强大竞争力的大型会计师事务所，入选国务院国有资产监督管理委员会"2010 年 – 2013 年审计项目会计师事务所"。中注协 2012 年公示的 2011 年度行业排名中名列第二十一位。2011 年度首次公开发行 A 股的客户上市及通过审核数量已达 17 家，2011 年首次公开发行股票客户数位列全国行业第四名。2011 年 A 股上市公司客户数量全国第十名。在由证券时报主办的 2012 年"中国区优秀投行"评选活动中，获得"最佳 IPO 会计师事务所"称号(全国仅此一家)。此外，本所还获得了"A 股上市十大最佳会计师事务所"荣誉称号。

华普天健会计师事务所总部设在北京，在上海、合肥、沈阳、济南和广州设有五个分所，截至 2011 年，本所先后共为境内 70 多家 A 股上市公司、200 余家拟上市公司、30 余家发行企业债券企业及 300 余家其他企业常年提供专业服务，业务区域遍及全国二十七个省市自治区，在华东、华北、东北、华南等区域形成了庞大的客户群体，客户领域涉及金融、证券、能源、交通运输、通讯、机械、建筑、新材料、房地产、电子、生物工程、医药、化工、家电、商业、纺织、旅游、食品、农业、林业等各行业。合理的网络布局和贯通各行各业的业务分布使我们积累了丰富的市场经验，也打造了由多个领域的专业人员组成的专家队伍。

原安徽华普所是安徽省最大的一家会计师事务所，目前占据安徽省证券业务 60% 以上的市场份额，近几年业务收入的年均增长率保持在 30% 以上，在安徽省及华东地区周边省、市享有较高的声誉，几年来安徽华普所 IPO"首发"业务的数量在国内事务所中一直处于前位，在国内证券业务细分市场取得了良好业绩，在同业及合作伙伴中赢得了较高声誉。与原安徽华普所一样，辽宁天健所也是原隶属于当地财政厅的一家会计师事务所，是原"天健"系成员所之一，目前为东北地区最大的会计师事务所，经营稳健，拥有一支素质较好的执业团队。

合并后的华普天健领取中华人民共和国财政部、中国证券监督管理委员会证书序号 000084"会计师事务所证券、期货相关业务许可证"，其工作业绩等相关内容具体介绍如下：

【工作业绩】

根据中国证券监督管理委员会公布的证券期货相关审计市场分析资料，2004 年度全国共有 87 家公司首次公开发行股票(以下简称"IPO")，43 家会计师事务所提供了 IPO 审计服务，安徽华普客户数位列全国第二。2005 年全国共有 15 家公司首次公开发行股票，12 家会计师事务所提供发行审计服务，安徽华普客户数位列全国第四。2007 年全国共有 123 家首次公开发行 A 股股票公司上市，43 家会计师事务所提供发行审计服务，安徽华普客户数位列全国第三。2011 年首次公开发行股票客户数量全国行业第四位。

截至目前，本所先后为 60 多家上市公司提供了 IPO 审计服务，根据 2009 年初深圳证券交易所保荐机构联席工作会议对"会计师事务所参与中小企业板 IPO 项目数排名"，本所中小企业板 IPO 家数 14 家，全国排名第六位。据统计，2010 年首次公开发行 A 股的客户数全国排名列第十三位，2010 年上市公司客户数全国排名第十五位。在本所 200 余家拟上市公司客户中，约 1/3 的企业拟申报创业板，行业遍及新材料、生物制药、体检医疗、电子商务、安全技术、营销服务、防静电制品、半导体、机械制造等诸多行业。

此外，本所还先后为30余家公司发行企业债券提供审计服务，在安徽地区发债客户数位于全省第一，在全国城投公司发债审计工作中处于领先地位，2009年、2010年发行企业债客户数全国排名第二位。

【社会声誉】

华普天健人恪守"独立、客观、公正"的执业准则，依赖全体同仁良好的职业操守、严谨的工作作风、务实的工作态度和较高的专业水平，赢得了客户和同行的信赖与支持，树立了良好的职业形象和品牌效应。

建所20多年来，华普天健多次接受过证券监管部门、财政部门、审计部门、行业监管部门等单位的相关检查，华普天健的执业质量得到了中国证监会及其他相关监管部门的广泛认同和充分肯定，在业内享有良好的社会声誉。

【信息资源】

华普天健在多年的工作实践中，积累了广泛的社会资源和丰富的信息资源，不仅与证券监管机构、财税部门、审计部门、国有资产管理等部门或机构建立了良好的沟通渠道，同时，还与众多的券商、律师等其他中介机构建立了良好的工作关系和畅通的信息渠道，并得到了各部门及其他中介机构广泛的认同和尊重。华普天健通过众多的IPO项目与活跃在中国证券市场的发行保荐机构和律师保持了良好的合作关系，在与平安证券、华泰联合证券、国元证券、国信证券、中信证券、华林证券、广发证券、国金证券、光大证券、兴业证券、海通证券、宏源证券、民生证券、日信证券等发行保荐机构和国浩、天银、天元、天禾、承义、安泰达、君和等律师事务所的合作中，华普天健的敬业精神、服务态度、工作质量均获得各中介机构的一致好评。

【人才优势】

本所现拥有员工700人，90%以上员工年龄在35岁以下，注册会计师近300人，其中注册会计师行业领军人才8人，其中安徽分所拥有员工近400人，注册会计师134人，并拥有第一届、第二届创业板发审委专职委员、中国注册会计师协会常务理事、惩戒委员会委员、注册管理委员会委员、注册会计师考试制度改革境内专家咨询组专家；财政部企业内部控制标准委员会咨询专家、全国注册会计师考试办公室特聘专家；省级行业协会副会长、常务理事、审计业务咨询专家；全国及省级先进会计工作者、省级"杰出注册会计师"等优秀员工和一大批具有较高专业素养的注册会计师。众多的行业精英使我们有能力为客户提供高效、优质的服务，并积极参政议政、为行业的发展做出贡献。

【风险控制】

根据《中国注册会计师独立审计准则》、《中国注册会计师质量控制基本准则》的要求，华普天健多年来建立了"四个层次、三级复核"的质量控制组织机构，建立了一系列严格的内部质量控制制度，形成了一整套完整有效的质量保证体系。对于IPO项目，本所要求在报送申报资料前必须经过风险控制委员会审核，对于上市公司项目，要求质量控制部独立复核人员在第一时间将复核意见报送主任会计师、各分所所长及分管项目的副主任会计师，众多IPO及上市公司质量控制复核意见的汇报、交流与沟通，使本所高层管理人员对IPO及上市公司业务的风险控制有较好的把握，对IPO项目上市过程中各种问题的处理富有经验。

【制度建设】

本所根据中国注册会计师执业准则及《会计师事务所所质量控制准则第5101号——业务质量控制》的有关要求，修订完善了本所的《业务质量控制制度》，制定了相关十一项配套文件，并在原安徽华普60余项业务管理指令、业务操作指南及技术提示的基础上，修订下发了多项业务操作指南，其中与IPO密切相关的业务操作指南有：《业务操作指南第1号——年度报表审计》、《业务操作指南第7号——上市公司与关联方往来专项说明》、《业务操作指南第8号——内部控制鉴证》、《业务操作指南第10号——非经常性损益审核》、《业务操作指南第11号——原始财务报表与申报财务报表差异情况审阅》、《业务操作指南第12号——主要税种纳税情况及税收优惠情况审核》、《业务操作指南第13号——会后重大财务事项审核》、《业务操作指南第14号——验资》、《业务操作指南第15号——盈利预测审核》等等。

【业务创新】

华普天健在激烈竞争的IPO市场上，敢为天下先，由于极强的技术创新能力，创造了一个又一个行业第一。华普天健承办的IPO项目中，上海延华智能科技股份有限公司(002178)成为中国专门从事楼宇智能化业务的首家上市公司，罗莱家纺股份有限公司(002293)成为全国家纺行业第一家上市公司，苏州金螳螂建筑装饰股份有限公司(002081)成为中国建筑装饰行业上市公司第一股，安徽科大讯飞信息科技股份有限公司(002230)成为语音产业第一股，合肥荣事达三洋电器股份有限公司(600983)作为中国第一家外资家电企业成功上市，安徽雷鸣科化股份有限公司(600985)成为中国民爆行业上市公司第一股，铜陵三佳科技股份有限公司(600520)成为中国模具行业第一家上市公司，铜陵有色金属集团股份有限公司(000630)成为中国铜业境内首家上市公司，安徽桑乐金股份有限公司(300247)成为中国专业桑拿设备制造商境内首家上市公司，洽洽食品股份有限公司(002557)成为中国炒货行业境内首家上市公司，江苏恒立高压油缸有限公司(601100)成为生产挖掘机专用油缸和重型装备非标高压油缸境内首家上市公司。

【理论研究】

华普天健非常注重新制度新政策的学习和执业经验的总结。先后在中国财政经济出版社出版《IPO项目改制上市程序及审核要点》、《上市公司重大置换资产若干财务税收问题》、《上市公司关联方交易政策沿革及其审计问题》、《首次执行企业会计准则探析》、《资产负债表债务法下所得税会计应用释例》等专著专刊，与北京注册会计师协会合作协办《北京注册会计师》(2006第5期)，并参与了中国注册会计师协会《财务报表审计工作底稿编制指南》、《中小企业财务报表审计工作底稿编制指南》等课题研究。华普天健员工在《中国证券报》、《注册会计师视野》、《财会研究》、《税收科技》、《安徽财会》等杂志上发表了数篇专业论文。

【增值服务】

华普天健每年都举办客户培训班，邀请中国证监会、财政部、证券交易所等部门或机构的专家及知名人士，就当前证券市场的热点问题、IPO审核、上市公司监管及最新会计理论与实务等进行专题讲座，不仅为客户提供了业务指导，更重要的是加强了与证券监管等部门及客户的沟通与交流，扩大了对外影响，收到了良好的效果，深得客户的一致好评。

除会计报表审计之外，华普天健在执业过程中还十分注重了解客户相关情况，结合执业中发现的问题为客户提供关于公司治理、财务管理、内部控制、企业并购、税务咨询等管理咨询服务。尤其是在内部控制服务方面，协助企业满足财政部等五部委关于《企业内部控制基本规范》的要求，也是帮助企业借此机会提升管理，利用我们为国际和国内企业提供服务的丰富经验，帮助和促进企业的 IPO 进程。通过华普天健不间断的后续服务，华普天健客户的规范意识、治理结构、内部管理、财务核算都得到了明显的加强和提高。

华寅五洲会计师事务所

【基本概况】

华寅五洲会计师事务所（特殊普通合伙）是中国颇具规模的专业服务机构，系浩信国际（HLB）会计网络之中国成员机构。其前身五洲松德联合会计师事务所与华寅会计师事务所有限责任公司均为具有证券期货审计资质的大型会计师事务所，2011 年 12 月，为进一步扩大事务所规模，提升核心竞争力，双方实现机构合并，合并后机构名称变更为华寅五洲会计师事务所（特殊普通合伙）。

华寅五洲发展目标。坚持内涵发展与外延扩张并举的发展战略，依托事务所的资源优势及区位优势，推动事务所母体规模提速发展，同时运用兼并重组等现代运营手段，不断扩大事务所的规模及影响力，并以事务所为基础，整合资产评估、工程造价、税务、管理咨询等专业机构，实施集团化、多元化经营，拓展事务所的服务边界，助力事务所做大做强，并且通过机制创新和制度再造，优化事务所内部治理结构，塑造并保持先进的合伙文化，不断提高专业队伍的整体素质，持续提升事务所的核心竞争力，在合作共赢的前提下，借助知名国际会计网络逐步深化国际化经营，力争用三至五年时间，将事务所打造成为位列中国注册会计师行业品牌及信誉卓著的中国本土大型会计师事务所。

华寅五洲专业团队。华寅五洲拥有一支年轻的高素质的专业团队，目前员工总数 1200 余人，绝大多数具有大学本科以上学历，其中，中国注册会计师 500 余名，并拥有中国注册会计师行业领军人才 4 名。华寅五洲专业团队凭借其丰富的专业知识和行业阅历，可以帮助客户有效地考虑到可能遇到的问题并提出前瞻的、可执行的专业建议，并随时跟进行业准则，以保证在任何时候都能满足客户的专业性要求。

华寅五洲服务领域华寅五洲有审计、资产评估、管理咨询、税务服务、工程造价咨询等业务板块，并拥有：证券期货业务审计资格、证券期货业务资产评估资格、国有大型企业审计资格、金融业务审计资格、工程造价甲级资格、司法鉴定资格等。华寅五洲所拥有的资质条件能够有力地支撑我们为客户提供高品质、全方位的一站式专业化服务。

华寅五洲经营网络。华寅五洲管理总部设在北京，机构注册地为天津，并在北京、上海、深圳、广州、新疆、广西、湖南、甘肃、河南设立分所。在国际化经营方面，华寅五洲依托 HLB 的全球网络和经验，可以为跨国经营的中国企业和在华投资的国际跨国公司提供更为优质的审计咨询等专业化服务。

华寅五洲经营业绩。近年来，华寅五洲业务收入和人员规模持续提升，连续两年在中国注册会计师行业综合评价中居于前 20 位之列，2011 年业务规模达到 3.3 亿元。随着机构整体发展战略的实施，华寅五洲的核心竞争力将不断增强，服务领域和服务范围将不断扩大，华寅五洲也将会取得跨越式发展。

华寅五洲主要客户。多年来，华寅五洲为众多国内、国际知名客户提供专业服务，并与客户建立了恒久稳定的合作关系。

中国经济快速发展以及经济全球化进程的加快，使中介服务行业面临前所未有的机遇和挑战，华寅五洲将审时度势，把握契机，直面挑战，秉承持续超越自我、追求卓越品质的经营理念，向更高层次、更高标准、更高水平的规模化经营目标迈进。

立信会计师事务所

【基本概况】

立信会计师事务所（以下简称“立信”）由中国会计泰斗潘序伦先生于 1927 年在上海创建，是中国建立最早和最有影响的会计师事务所之一。1986 年复办，2000 年成立上海立信长江会计师事务所有限公司，2007 年更名为立信会计师事务所有限公司。立信依法独立承办注册会计师业务，具有证券期货相关业务从业资格。2010 年，立信获得首批 H 股审计执业资格。2010 年 12 月改制成为国内第一家特殊普通合伙会计师事务所。

经过八十余年的长足发展，立信在业务规模、执业质量和社会形象方面都取得了国内领先的地位。2001 年起，立信在全国会计师事务所签发国内上市公司审计报告数量排行榜上一直保持第一。经中注协全国前百家会计师事务所综合评价排名统计，2002—2006 年度连续五年立信排名均列第五位（前四家均为国际“四大”），2007—2010 年立信排名位列第六位。2011 年度，立信业务收入达到 15 亿元，居国内所第一。

2000 年，立信加入国际网络提前实现了专业服务与国际接轨，并扎实培养了一批国际化人才。2009 年，立信加入全球第五大国际会计网络——BDO 国际，通过与境外成员所的交流，锻炼、巩固和发展了立信跨境业务的经验与优势。

2000 年至 2012 年间，经由中华人民共和国财政部批准，立信又相继在北京、深圳等地设立了二十七家分支机构，立信在打造本土最具核心竞争优势的专业服务机构的同时，逐步完善和实现战略布局，为顺应国际资本市场一体化发展趋势，立信人正以诚信和专业铸就着民族品牌。

立信现有从业人员 6000 余名，其中执业注册会计师 1400 余名。总部设在上海，设有七个专业委员会，以及审计业务部、国际业务部、银行业务部及审计风险管理部、信息技术部、教育培训部、管理咨询部、税务部、资产评估部、工程造价咨询部、信息鉴证部、公司清算部、市场与品牌推广部、会计政策研究中心、产学研基地等与业务相关的部门。现有客户遍布全国各地，其中上市公司近 300 家，IPO 公司 300 余家，外商投资企业 2000 余家，并为中石油等众多大型央企、国有集团、银行、证券公司、期货经纪公司、保险公司、信托公司、基金公司等提供审计及相关业务。

【执业理念】

独立、公正、客观是立信一贯秉承的原则。在信用经济和信息社会化的时代中，立信人将永远恪守职业道德，勤勉尽责，坚持执业质量，保护公众利益，承担社会责任，为国内外委托人提供高品质、高附加值的专业服务。

【执业资质】

注册会计师法定业务执业资质。

证券、期货相关业务许可证。

司法鉴定许可证。

从事金融相关审计业务资格。

从事特大型企业审计资格。

A 股公司补充审计业务及首次发行证券的专项复核业务资格。

美国 PCAOB 资格认证。

利安达会计师事务所有限责任公司

【基本概况】

REANDA，中文简称利安达，在中国注册会计师协会注册的名称为利安达会计师事务所有限责任公司。利安达注册资本为600万元人民币，累计提取的职业风险金2000多万元人民币，职业责任保险累计赔偿限额达到8000万元人民币。利安达集团目前具有财政部和中国证监会批准的执行证券、期货相关业务审计资格、财政部和中国证监会批准的执行证券、期货相关业务评估资格、财政部和中国人民银行批准的从事金融审计相关业务资格、中国注册会计师协会和国务院国资委核准的承担大型及特大型国有企业审计资格、北京市司法局批准的司法鉴定资格及在美国PCAOB和加拿大CPAB注册，具有为在美国和加拿大等北美国家证券市场上市的公司提供专业服务的资格。

利安达自1993年成立以来，经过17年的长足发展，先后在香港、哈尔滨、珠海、沈阳、长春、天津、济南、深圳、大连、长沙、杭州、郑州、成都、上海、秦皇岛、厦门、武汉、重庆、青岛、昆明等主要城市设有20多个分支机构或战略联盟，系具有相当规模的会计集团网络之一，拥有了一大批在国内外享有很高知名度的客户网络。2009年度业务收入约4亿人民币，进入了全国注册会计师行业前十名的行列。

【执业理念】

利安达本着守法自律、客观公正、薄利重义、优质高效的宗旨，不断加快规模化、规范化、国际化发展的步伐，努力与国际会计师行业接轨，培养了一批熟悉国内外会计、审计准则的注册会计师队伍，目前利安达已经具备了在审计、会计、税务、财务、投融资及管理咨询等领域，特别是便利地为客户进入国际资本市场提供满意的、全方位、全球性的专业服务，并且仍在继续扩大服务范围。

【团队建设】

利安达自成立以来，一直坚持以人为本的原则，广纳贤才，经过17年的发展已经拥有一批能吃苦、会战斗、年富力强的专业人才，专业领域涉及审计、评估、金融、税务、会计、管理咨询、投融资和工程造价等多个方面。利安达现有员工超过1500人（北京本部600多人），平均年龄约30岁，其中注册会计师近700人，具有证券业资格的注册会计师156人，注册评估师100多人，注册税务师80多人。员工中，有5%的人员曾经在国外工作或学习过，其中有多人曾在国内外的“四大”供职多年，有来自于台湾和马来西亚的咨询和国际会计准则专家，从事国际业务的员工中有三分之一具有ACCA、CPAAustralia、CGA等国际专业资格；98%以上的人员具有大学专科以上学历，同时还有13%的高级会计师、高级工程师等高级专业人才。

利安达的员工具备着不同的教育和工作经历，来自于经济管理、金融贸易、机械电子、文学艺术、工程技术等专业背景，使我们的员工能顺利地服务于不同的行业和领域。随着事业的发展，利安达在实现规模化、规范化、国际化的过程中，将不断地吸纳国内外的优秀人才，逐步实行人才的国际化，并且引进和安排国内外先进的职工培训项目，注重培养员工的敬业精神和团队精神，有计划地提高员工技术水平和客户沟通能力，形成一支奉行“质量第一、客户至上”执业原则、具备会计、审计、财务、税务、金融等多方面知识和经验的专业服务队伍。

【社会活动】

保持与社会各界的良好关系是利安达发展完善自己的重要途径。事务所成立以来，利安达先后与国家计委、财政部、外经贸部、国家经贸委、中国人民银行、中国证监会、国家税务总局、中国注册会计师协会、北京注册会计师协会、全国及北京市工商业联合会、新华社、人民日报、国际金融报、中国财经报等政府部门、行业组织、社会媒体建立了良好的、稳定的关系，在注重发挥中介机构作用、积极提供信息咨询服务的同时，还积极协助政府部门举办各种政策法规专题研讨会，先后成功地主办、协办了中国注册会计师法颁布一周年座谈会、外贸体制改革一周年座谈会、市场经济与中介机构经济学家座谈会、“社会中介机构在构建和谐社会中的作用”先进性教育活动专题研讨会等大型活动，获得了社会各界的好评。

近几年来，利安达会计师事务所及董事长兼主任会计师黄锦辉同志不仅积极参加各项社会活动，而且积极投身于希望工程和光彩事业等慈善事业，尽力安排各种下岗、待业和失业的人员，努力回报社会。2002年积极参加中国儿童少年基金会开展的“长城做证、爱心永存、关注未来、救助孩子”慈善捐助活动，共计捐款6570元。响应中国注册会计师协会的倡议，向内蒙古受灾居民捐献物品件数累计近百件。在事务所内部积极开展“献爱心、救助贫困员工”的活动，为发生意外事故、家庭困难的职工家属支付10万元的资助。利安达会计师事务所先后在湖北省洪湖市成立了洪湖市利安达希望小学、在小汤山经贸子弟学校建立了教师奖励基金，向湖北洪湖利安达希望小学捐赠奖学金、学习用具、电脑等物品，价值约5万多元。2003年初发生的突如其来“非典”事件中，利安达积极参与北京市非公有经济人士联谊会倡议的“抗击非典、奉献爱心”的捐助活动。主任会计师黄锦辉同志积极参加北京市红十字会活动资助北京地区贫困儿童2人。2005年1月，董事长兼主任会计师黄锦辉同志个人捐资1万元，通过中央统战部和陕西省统战部为陕西渭南华县华夏英才希望小学助学捐款，黄锦辉同志被聘为希望小学的名誉校长。黄锦辉同志作为全国工商联执委，作为中介机构的代表参加了红丝带基金的活动，并且被基金会聘为“红丝带基金财务顾问”，接受了由全国政协副主席、全国工商联主席黄孟复同志颁发的聘书，无偿为红丝带基金提供财务咨询，出具财务年度审计报告。这些充分体现了利安达强烈的社会责任感，并树立起利安达优良的社会公众形象。

山东天恒信会计师事务所

【基本概况】

山东天恒信会计师事务所（以下简称“天恒信”）其前身系成立于1985年12月的山东临沂会计师事务所，隶属于临沂市财政局，1998年脱钩改制为有限责任会计师事务所，注册资本400万元，是山东省最先改制的5家会计师事务所之一。

经财政部和中国证监会批准，天恒信于1996年获取证券期货相关业务审计资格，系全国具有证券期货相关业务审计资格54家事务所之一、山东省具有证券期货相关业务审计资格3家事务所之一；2001年经中国人民银行和财政部批准，具有金融相关业务审计资格；天恒信还拥有独立的评估公司、工程造价（甲级资质）咨询公司和招标代理公司，为社会提供资产评估和工程造价咨询服务。

天恒信总部设在山东临沂市，在济南、济宁设有分所，在北京有独立执业机构。连续8年跻居中国注册会计师协会“会计师事务所综合评价”百强之列。

天恒信是我国恢复注册会计师制度后最早成立的会计服

务机构之一，拥有一批既有专业知识，又有丰富实践经验的审计、会计、税务、管理咨询和工程技术等各类专业人员300多人。其中：注册会计师103人，具有中高级专业技术职务人员占员工总数的60%以上，已成为国内注册会计师行业执业资质比较齐全、技术力量雄厚、内部管理规范、社会信誉良好的大型事务所之一。各项业务已辐射全国。先后为14家上市公司提供了年报审计服务和6家公司首发IPO上市审计服务；为鲁能集团、鲁商集团、鲁信集团、枣矿集团、浪潮集团、国投控股等多家国有大型企业集团提供会计、审计和咨询服务；为临商银行、济宁商业银行、山东兰山农村合作银行等多家金融企业提供年报审计服务；为中化国际、招金集团提供多项企业兼并、收购审计和尽职调查咨询服务。我们的工作，得到各级政府、行业监管部门及服务客户的广泛好评。

注册会计师行业正处在快速发展的时代，机遇和挑战同在，发展和竞争并存。天恒信人将以饱满的热情和开拓进取的精神，只争朝夕，与社会各界同仁携手并肩，为社会提供高水准的专业服务，永无止境地追求卓越！

【执业理念】

天恒信始终秉承"诚信天下、执信永恒"的办所宗旨，恪守"独立、客观、公正"的执业原则，以"为客户创造价值、与客户共同成长"为理念，培养了一支优秀的注册会计师队伍，确保"优质、高效"的执业水平，为社会提供全方位的会计、审计、咨询、评估、工程造价咨询和企业并购等方面的专业化服务。

【主要业务】

企业上市审计业务。

国有大型企业集团、金融企业审计业务。

企业兼并、收购审计及尽职调查业务。

咨询培训业务。

资产评估业务。

工程造价咨询决算审计业务。

招标代理业务。

美国PCAOB资格认证。

上海众华沪银会计师事务所

【基本概况】

上海众华沪银会计师事务所是由我国会计界著名人士上海社会科学院王文彬教授于1985年创立，原名上海社会科学院会计师事务所。1987年王文彬教授又创立了上海中华会计师事务所。1993年上海社会科学院会计师事务所与上海中华会计师事务所合并并更名为上海中华社科会计师事务所。1999年又更名为上海众华会计师事务所。2000年上海众华会计师事务所与上海荣安会计师事务所合并并更名为上海众华沪银会计师事务所。

众华沪银拥有近800百名专业人士，近300名中国注册会计师，并拥有多名英国、美国、台湾、香港等国家和地区的注册会计师。众华沪银的服务包括审计、会计、税务、咨询等。服务对象包括境内外上市公司，大型国企、外资企业、民营企业等。

【执业资质】

1985年11月，经国家外经贸部批准，取得涉外业务执业资格；

1993年7月，经国家财政部与中国证监会批准，取得证券期货相关业务执业资格；

2000年，经国家财政部和中国人民银行批准，取得金融相关审计业务资格；

2000年，经上海市财政局的批准，取得大型国有集团企业的审计业务资格；

2001年2月，经国家财政部批准，取得了B股、H股及其他境外投资的审计资格；

2001年起，经上海市司法局和上海市最高人民法院授权，取得司法审计业务资格；

2004年8月，经美国公众上市公司会计监督委员会的备案，取得美国上市公司的审计资格；

2009年2月，经财政部与中国证券监督管理委员会审查，获批新一批证券期货相关业务资格。

【成就业绩】

我所在20多年的执业历程中，一直享有良好的声誉，我们在石油、机械、房地产、金融、电子、卫生等各领域积累了丰富的审计和会计服务经验，使我们跻身于全国先进会计师事务所行列。

【执业理念】

众华沪银是国内外知名的专业服务机构，主要提供审计、会计、税务、咨询等专业服务。

始终坚持诚信、服务、专业的发展理念、一贯追求高品质的服务标准。

深圳市鹏城会计师事务所有限公司

【基本概况】

深圳市鹏城会计师事务所有限公司（以下简称鹏城所）成立于1992年，是一家具有证券、期货审计资格的大型会计师事务所。本所现有从业人员500余人，其中中国注册会计师200多人，具有证券、期货相关业务资格注册会计师50余人，高级会计师、高级工程师、高级经济师30人，资产评估专业人员、工程技术人员60人，是一个以中国注册会计师为主体，拥有多方面专业人才的大型社会中介机构。

鹏城所前身为深圳市审计局的深圳市审计师事务所，擅长于国有企业审计领域，业务涉及不同类型的国有大中型企业，特别是在2006年顺利完成了广东水电二局股份有限公司的A股发行审计，在国有企业改制上市审计中具有明显的优势。自1993年以来，先后独立完成了上百项大型国有企业清产核资、审计、评估业务项目。2003年本所接受委托对国家国资委直接管辖的中国大唐电信、中国糖业集团、中华通信、南方电网、三九集团等大型国有企业进行年度会计报表审计和清产核资审计。本所接受有关部门委托，对广东核电、广州东华实业公司进行清产核资工作。从1993年开始本所对深圳市能源集团、市交通运输公司、市运发实业公司、市客货运公司、市西湖汽车公司、市公共汽车公司、特发集团、城建集团、赛格集团、机场集团、自来水集团、深房集团、建材集团、园林集团、旅游集团、奥康德集团、物业集团、外贸集团、盐田港集团等几十个国有企业集团公司进行过清产核资审计、年度会计报表审计、整体资产评估、经理经济责任审计与离任审计等。

鹏城所除具有一般会计师事务所的审计验证资格外，还具有执行证券、期货相关审计业务资格、金融相关审计业务资格、会计鉴定、中央及地方国有企业审计查证资格、外债审计资格、资产评估资格、土地房屋评估资格、建筑工程造价咨询资格。鹏城所总部设在深圳，并在北京、上海、广州、济南、沈阳、香港等地设有分所。鹏城所客户现以上市公司、金融机构、国有大中型企业为主，业务范围遍及全国20多个大中城市。现承办中金岭南等近百家上市公司的年度审计业务，在全国名列第三。拟上市的公司审计客户有100多家。鹏城所2010年审计业务收入1.5亿多人民币，居全国前列。本所精于上市公司审计业务，拥有一支高素质、经验丰富、业务过硬的上市公司审计队伍，能为上市公司提供一流的服务。

2004年5月，本所接受中国证监会的委托对南方证券公司进行审计，审计结果得到中国证监会的好评。2004年10月接受中国人民银行稳定局的委托对辽宁证券进行全面清产核资审计，并对其发行四十多亿元的个人债券进行专项审计，审计结果得到中国人民银行及国家有关监管部门的充分肯定。

鹏城所在执业过程中与国际著名四大国际会计公司以及香港、台湾、新加坡等地的会计师事务所建立了卓有成效的业务合作关系，积累了与境外会计师事务所合作的丰富经验，充分了解国际会计师的执业惯例，熟悉国际会计准则及有关监督和管理规范，吸取了国际会计公司的先进经验和成熟的审计方法。在为客户提供审计服务的同时，为帮助客户改善经营管理，加强内部控制，加快与国际惯例接轨进程，适应加入WTO后面临新形势环境新的机遇与挑战，提供专业咨询，努力追求与客户共同发展的目标。

鹏城所通过建立民主与集中合理统一的科学管理体制，保证了事务所健康、稳定的持续发展，保证了事务所资源的合理配置和业务质量的有效控制。

【执业理念】

鹏城所在发展过程中始终坚持"以质量求信誉，以信誉求发展"的执业理念，制订了严格的内部管理制度和一系列科学的业务规范，建立了以三级审核为核心的质量控制体系，通过各种形式的培训和研讨保障专业人员知识的及时更新和业务水平的不断提高，尤其重视现代化审计手段的充分利用，编制使用合并会计报表软件、金融业务专用审计软件等电脑应用软件，大大提高了审计的效率与质量。我们谨记会计师事务所的社会责任，坚持"诚信为本"，以谨慎的执业态度、科学的工作方法为客户提供高质量的服务。几年来，鹏城所的服务得到了客户和政府有关部门的广泛赞誉。

【执业资质】

注册会计师法定业务执业资质。

证券、期货相关业务。

司法鉴定业务。

从事金融相关审计业务资格。

天健会计师事务所

【基本概况】

天健会计师事务所成立于1983年12月，是由一批我国资深注册会计师投资创办的全国性大型专业会计中介服务机构。2012年根据中国注册会计师协会排序，位列全国内资所第三。收入规模逾十亿元。现有从业人员3000余人，注册会计师1200人，公司注册地和总部设在杭州，并在北京、上海、重庆、深圳、湖南、广东、山东、安徽、云南、湖北、四川、香港、台湾等地设有执业机构。

按照"质量导向、信誉至上"的方针，构筑"一业为主、多元发展"的格局，天健拥有包括财政部和中国证监会批准的证券期货相关审计业务、中国人民银行和财政部批准的金融相关审计业务等20多项执业资格；2010年12月7日，天健获得从事H股企业审计资格，位列全国第二；天健也是国务院国有资产监督管理委员会审定的全国30家从事特大型国有企业审计的会计师事务所之一。

天健拥有30年的丰富执业经验和雄厚的专业服务能力。截至2012年1月底，拥有包括省内外A股、B股、H股上市公司、大型国企、外商投资企业等在内的固定客户2000多家。其中上市公司客户240余家，按承办上市公司家数排名，在具有证券、期货相关执业资格的会计师事务所中，位居全国第二。

自2009年下半年首次公开发行股票（IPO）重启以来至2011年12月底，由天健承办的139家企业顺利过会，其中IPO企业89家，位居全国第一；截至2011年底，天健承办的深圳中小企业板上市公司61余家，在具有证券、期货相关执业资格的会计师事务所中，位居全国第一。

在长期的执业工作中，天健一贯坚持专业报国、服务社会的宗旨，管理层和执业团队以丰富的专业知识和勤勉敬业的精神，为客户创造价值，与企业共同发展。

我们将在规范执业、稳健经营的基础上，专注务实、勇于创新、超越自我、追求卓越，以更好地帮助客户在不断变化的改革和发展环境中，应对和破解相关现实专业问题，以实现客户价值的最大化。

【执业理念】

"天行健，君子以自强不息"。天健人将奉行规范执业、稳健经营的理念，坚持诚信客观、公正服务的原则，实施立足本土、面向国际的战略，与时俱进，开拓创新，沿着规范化、信息化的正确轨道，向着中华一流、世界知名的国际化事务所的发展目标挺进！

【执业资质】

天健在长期的执业过程中，积累了丰富的执业经验，获得了各级政府部门的肯定和市场的认可，拥有的主要执业资格包括：

注册会计师法定业务。

证券期货相关审计业务。

H股企业审计业务。

金融相关审计业务。

从事特大型国有企业审计资格。

税务代理。

工程造价咨询（甲级）。

工程预结算审价（一级）。

国家建设项目工程预决算审计验证（A级）。

工程咨询（甲级）。

招投标代理资格。

司法会计鉴定。

破产管理人资格。

希格玛会计师事务所有限公司

【基本概况】

希格玛所是经国家工商总局核准设立的大型综合性会计师事务所，是全国最早成立的八家会计师事务所之一。希格玛所机构建全，队伍精干，资格齐全，管理规范，以雄厚的实力位居中国百强会计师事务所之列。

希格玛所注册地中国西安，在北京、甘肃、厦门等地设有分所，在北京设有管理总部。事务所现有员工520余人，其中具有注册会计师221人、注册评估师、注册税务师、造价工程师等各类资格的专业人员占员工总数的70%以上，平均年龄37岁。

希格玛所具有证券期货相关业务资格、大型国有企业审计资格、工程造价咨询甲级资格，招投标代理甲级资格，同时也是国家国资委常年聘请的特别技术助理单位。

希格玛所秉承“诚信、严谨、求实、”的职业精神，坚持“独立、客观、公正”的执业原则，依靠科学的管理和雄厚的人才优势，提供各类专业服务，特别是在企业重组、改制上市、税务筹划和管理咨询等方面具有丰富的实践经验。

希格玛所现已形成以证券期货相关业务为龙头，财务审计、工程造价审核、管理咨询为核心，集税务筹划、司法鉴定和专业培训等业务于一体的服务网络，业务涉及各行各业、市场分布全国20多个省、市和自治区。希格玛所以优质高效的服务赢得了社会各界的充分认可，正以全新的姿态，立足中国，走向世界。

【执业理念】

希格玛所秉承“诚信、严谨、求实、”的职业精神，坚持“独立、客观、公正”的执业原则，依靠科学的管理和雄厚的人才优势，提供各类专业服务。

【业务范围】

财务审计。

工程招标代理。

工程造价咨询。

税务服务。

管理咨询。

信永中和会计师事务所

【基本概况】

信永中和会计师事务所的发展历史可以追溯到上个世纪八十年代初期。近30年来，伴随中国改革开放的历程，由小到大、由大到强，以其专业人员三千余人、数亿元的收入、可信赖的质量、高品质的专业能力，成为当今国内最具声望、最具规模的综合性会计师事务所之一。

信永中和在坚持自己一贯不为外界所动的定力、稳扎稳打的做风的前提下，顺应做大做强之势，把握时机、主动进击，成功地合并了14家机构，使信永中和的整体力量再上层楼。形成了总部位于北京，并在上海、深圳、成都、西安、天津、青岛、长沙、长春、大连、广州、银川、济南、昆明、福州、南京和乌鲁木齐设有16家境内分所，在香港、新加坡、日本、澳大利亚设有4家境外成员所。信永中和的境内分支机构均实行一体化管理，迄今为止，国内会计师事务所真正做到一体化管理唯此一家。

成立至今，信永中和的专业服务领域不断向纵深发展，并逐步扩大，目前，信永中和拥有证券期货相关业务审计、工程造价甲级资格等执业资质，业务范围涉及审计、管理咨询、会计税务服务和工程造价等多个领域。无论是审计还是造价咨询，信永中和都拥有相关行业的所有执业资质，而且全部为该行业最高资质。信永中和可以同时为客户提供符合中国内地和香港地区要求的专业服务，在为国内企业提供符合中国会计准则服务的同时，也能够为在香港联交所上市的H股公司提供审计等服务。

信永中和拥有健全的内部管理制度。总部对全国各分所实行高度一体化管理体制，并据此建立了涵盖各方面的全国统一的内部管理制度，包括人力资源管理制度、财务管理制度、业务管理制度、IT管理制度、培训管理制度、行政管理制度及分所管理办法等。并通过组织体系、职能委员会并借助强大的事务所管理平台（协同管理系统、财务管理信息系统等）得到贯彻落实。

信永中和具有强大的合并整合能力，在连年成功完成数次联合兼并后，规模得以不断扩大，我们并未因大规模合并而改变改变信永中和一贯的追求和经营方略，依托优秀的内部治理系统，依然是大而不散，大而不乱，大而有序；依然保持高度一体化、集约化的管理体系，依然被业内外认为是最强大的事务所。我们正在朝着又大又强的目标稳步前行。

【社会责任】

信永中和多年来始终关注与社会和谐发展，在力所能及的条件下积极承担社会责任，运用团队的专业能力积极回报社会。

自2009年以来，北京市政府每年拆迁补偿所拨付的大量资金需要委托中介机构进行鉴证，该委托事项耗时长、用人多、收益低、矛盾复杂。但信永中和认为这是一项事关国计民生的工作，本着责任为先的大局观，积极接受政府委托参与补偿标准制定、拆迁补偿认定等工作，而且派出事务所的骨干力量，主动出谋献策，得到政府相关部门高度评价。

信永中和本着时刻不忘行业发展的使命感，将诚信建设作为事务所发展的生命线，用诚信为我国经济发展的安全运行提供客观的会计信息。2010年2月12日中央电视台新闻联播中，将信永中和作为“用诚信铸就行业生命”的典型进行了肯定。

在当前的历史阶段，提供面向国际的会计信息服务，是我国注册会计师行业着力解决的课题。信永中和本着勇于承当、迎接挑战的行业发展的责任感，坚持加大投入建设事务所的国际化服务能力。早在2005年信永中和的国际化就迈出了坚实的步伐，近年来一直走在本土会计师事务所会计业务国际化的前列。在2010年7月9日中央电视台财经频道经济信息联播播出的“会计师事务所打造国际影响力”新闻中得到了赞许，财政部副部长李勇和财政部副部长王军亦在对我所的考察中给予了高度评价。

信永中和一直积极配合国家有关部门的政策研究和行业专业发展工作。受国家国资委邀请，与国资委工作人员一起，历时两年时间编写并于2009年3月出版了《国有企业内部控制框架》一书，成为指引国企加强和改善内部控制的主要参考文本。并且协助国家国资委完成了对汽车、石油、电信3个重要行业的分析报告，为政府部门政策制定和推行做出了力所能及的贡献。

信永中和自2004年以来，相继为长期服务客户的高层管理工作者义务举办了“信永中和财务论坛2004——企业改革与财务会计”、“信永中和财务论坛2005——公司治理与风险控制”、“信永中和财务论坛2007——新会计准则及实务”及“信永中和财务论坛2009——内部控制与企业发展”，信永中和希望借此为促进企业可持续发展尽一份绵薄之力，并以此回馈社会，表达我们的社会责任。

【团队建设】

信永中和拥有一批年富力强、充满活力、团结和谐且富有理想和责任的国际化的以合伙人为核心的高级管理团队。截至2012年6月30日，共有百余位涵盖审计、管理咨询、工程造价和税务领域的合伙人，其中包括十多位香港、新加坡、日本和澳大利亚合伙人。他们具有资深的专业工作经历、精湛的专业素养和丰富的执业和管理经验，平均年龄约为42岁。信永中和成立以来，尽管期间进行了多次合并重组，规模也不断扩大，但在健康的信永中和合伙文化以及在此基础上建立起来的内部治理结构和符合行业发展规律的管理体系和制度的保证下，高级管理团队一直保持高度和谐稳定的关系。大家拥有共同的理念,同心同德、和衷共济、真正达到了"人和智和"的境界。合伙人之间相互支持,优势互补,共同发展,共享事务所的发展成果。应该说,多年来,我们的合伙人虽然来自五湖四海,但内部团结和谐,没有帮派,合伙人及高管之间没有发生过重大矛盾和冲突,更从没有发生到处告状的情况。合并加入的合伙人也都能很快融入,稳固而团结的合伙人团队令国内其他大所艳羡。这种强调协同、相互支持、共同发展的合伙文化成为信永中和快速、和谐、健康发展的有力保障。

中勤万信会计师事务所

【基本概况】

中勤万信会计师事务所(以下简称中勤万信)创建于1992年,其前身为湖北万信会计师事务所,2000年1月与柏勤会计师事务所合并变更为中勤万信会计师事务所,经财政部批准成立,在北京工商行政管理局登记注册,注册资本300万元,法定代表人张金才,主任会计师胡柏和。1994年成为DFK INTERNATIONAL会计师联合组织的正式成员,为客户提供全球性的服务。

公司在全国范围内独立执业,在北京有办公场所1800m^2,武汉办公场所1500m^2,深圳办公场所1200m^2;并在上海、郑州、西安、邯郸、海南、辽宁等省市设立了分所、办事处等机构。公司目前客户遍布全国二十多个省市,服务领域涉及工业、交通、运输、金融、证券、期货、保险、商业、农业、邮电通讯、医药卫生、房地产业等。

中勤万信拥有一批具备财务、会计、审计、税务、金融、机电、土木建筑、电脑软件、管理咨询等方面知识和经验的专业人员,现有从业人员350人,其中,注册会计师163人,注册评估师32人,注册造价师12人,注册税务师12人。高级项目经理以上人员曾到欧美、澳大利亚、香港接受业务培训和工作。事务所执业人员平均年龄在30岁左右,现已形成一支职业道德优良、整体业务素质良好、人才结构合理的执业队伍。中勤万信与国际知名的会计师事务所建立了合作关系,定期与国外同行互访、交流、业务考察。

十几年的发展历程,为我们积累了丰富的事务所管理经验,形成了具有中勤万信特色的企业文化,培养和锻炼了每位职员正直豁达、团结进取的观念与意识。优秀的品格培养、艰苦的工作磨炼、宽松的人文环境,使每一个项目服务团队都能在欢愉的心境下努力完成各种具有挑战性的工作。这种企业文化是我们的宝贵财富。

我们拥有全新的现代审计理念,审计业务服务不仅仅停留在审计技术、审计程序与审计报告上,更专致于为客户提供超值服务,致力于为客户解决问题,提出改进建议、解决方案,以期达到最佳效果。全新的服务理念与服务意识,使我们同众多的客户建立了长期战略合作伙伴关系。

我们深知每个人的素质提高一小步,整个团队的素质就提高一大步的道理。为客户提供优质高效的服务,始终是我们锲而不舍追求的目标,为实现这一目标我们采取了全方位的管理手段与措施,从职员的职业道德教育开始到综合知识的学习、掌握,以及对实际问题的解决能力进行严格的立体培训。承传先进事务所管理理念和先进的项目管理经验,不断总结实际工作中的经验教训,使我们在项目的时间管理,业务操作系统控制、质量与风险控制和审计程序恰当运用等方面驾轻就熟,从而保证了我们有能力为客户提供优质高效的服务。

【执业理念】

开拓、诚信、勤勉、公正。

【企业文化】

我们的战略目标:为客户创造价值。

我们的理念:开拓、诚信、勤勉、公正。

我们的服务宗旨:为客户提供高效的服务。

我们的道德准则:独立、客观、公正、廉洁。

【业务范围】

查账验证。

验资。

管理咨询。

资产评估。

房地产评估。

土地评估咨询。

工程造价咨询。

税务服务。

中瑞岳华会计师事务所

【基本概况】

中瑞岳华会计师事务所拥有30年发展历史,是我国第一家转制的特殊普通合伙制会计师事务所,被财政部、证监会授予第一批H股审计资格。中瑞岳华会计师事务所凝聚科学发展的强大合力,致力于集团化、规模化发展和民族品牌的创建,为客户提供一流服务。在中国注册会计师协会发布的2008－2011年度《会计师事务所综合评价前百家信息》中,中瑞岳华连续四年名列本土所第一,成为国内最大的本土会计师事务所。

中瑞岳华具备强大的人力资源优势,通过不断提高个体素质,增强群体协作能力,建立科学的专业技能考评体系、专业级别体系以及分层次、针对性、系统化、制度化的专业培训体系,充分挖掘人合潜力,实现以人为本的发展目标。目前,中瑞岳华拥有执业人员三千余名,财政部、中注协培养的行业领军人才11名。

中瑞岳华坚持做大做强"走上去"、国际化发展"走出去"的跨越式战略,不断完善内部治理结构,在上海、天津、辽宁、青海、福建、河南、四川、山东、吉林、江苏、山西、陕西、云南、深圳、湖北、湖南、黑龙江、青岛、浙江、重庆、广东、新疆等省市设立了22家分所,在香港设立了中瑞岳华(香港)会计师事务所,在新加坡设立了中瑞岳华(新加坡)会计师事务所,形成了强大的国际市场服务网络。

近年来,中瑞岳华以严谨的专业态度、成熟的工作经验、良好的沟通能力,为国家电网、南方电网、中海油、中远集团、航空工业集团、鞍钢集团、中煤集团、中外运集团等40余家国务院国资委直属中央企业、120余家上市公司、近2000家常年审计客户提供高品质、全方位的中介服务。

【执业理念】

中瑞岳华始终坚持诚信为本、勤勉尽责的执业理念,通过先进的技术手段、一流的工作效率、国际化的执业网络,为中国资本市场的稳定和繁荣,为中国经济社会的发展作出贡献。

【服务范围】

1. 鉴证及相关服务

财务报表审计

财务报表审阅

内部控制鉴证

预测性财务信息审核
对财务信息执行商定程序
代编财务信息

2. 管理咨询

企业发展战略咨询
企业内外环境分析
企业发展方向和目标审视
企业核心竞争能力评估
资产经营与并购重组咨询
企业资产经营和并购重组的市场研究
目标企业研究
企业并购、重组方式的选择
企业经营管理咨询
财务管理咨询
企业内部控制制度设计、评价
企业财务会计制度设计
人力资源的开发与管理咨询
担任常年财务顾问
企业管理信息化咨询
ERP 规划与实施
财务管理信息系统的建设与实施

3. 资产评估

企业价值评估
单项资产评估
房地产评估
知识产权评估
清算价值评估
造价咨询

建设项目建议书及可行性研究投资估算、项目经济评价报告的编制和审核

建设项目概预算的编制与审核

建设项目工程合同价款的确定;合同价款的签订与调整及工程款支付,工程结算报告的编制及审核

工程竣工决算报告的编制及审核
建设项目全过程或阶段的管理和服务
工程造价信息服务

4. 税务代理

代理纳税申报
提供税务咨询
协助税收筹划
开展税务审计
举办税务培训
办理税务登记
制作涉税文书
担任常年税务顾问
开展网上税收信息服务

中审亚太会计师事务所

【基本概况】

中审亚太会计师事务所是由中审会计师事务所总所及其属下部分分所,于 2008 年 11 月与亚太中汇会计师事务所“强强联合”更名为现称的。注册资本 1900 万元人民币。

中审会计师事务所成立于 1988 年 8 月,隶属于国家审计署,为司局级事业单位。1999 年经财政部和审计署批准脱钩改制为中审会计师事务所。

原亚太中汇会计师事务所成立于 1983 年,隶属于云南省财政厅和国家外汇管理局,是国内从业历史较长和较早取得证券、期货相关业务审计资质的会计师事务所之一。

中审亚太目前在全国各地拥有 20 家分所,分布在云南、山西、陕西、天津、河北、上海、浙江、福建、安徽、广东、深圳、湖北、湖南、贵州、海南、四川、重庆、黑龙江、吉林等省(市)和香港特区。

中审亚太现有从业人员 2430 人,其中:注册会计师 790 人,拥有注册咨询师、国际内部审计师、注册造价工程师、注册税务师、土地估价师、信息工程师、律师等双项或多项执业资格人员 470 余人,占从业人员总数的 52%。

中审亚太的业务覆盖全国各行各业,为广大客户提供财务报表、企业重组、资本运作、公司改制、股票发行与上市、财政投资、企事业经济责任、企业清算、投资决算、司法鉴定等审计和财务咨询服务。

近年来,为适应国内企业向国际市场“走出去”之需求,我们先后在香港、巴西、西班牙、墨西哥、蒙古、新加坡、斐济、印度尼西亚、马来西亚、埃塞俄比亚、摩洛哥、老挝、苏丹、马尔代夫等 30 多个国家和地区为国内企业提供专业服务。

本所还具有集团型的税务咨询、资产评估、工程造价咨询等执业机构,可以满足不同客户服务需求。

2009 年,总收入 4.06 亿元;2010 年,总收入 4.87 亿元;2011 年,总收入近 5 亿元。在全国百强会计师事务所历年综合排名中,一直位列本土所前 10 名。

【团队建设】

我们拥有一支知识化、年轻化、专业化、有经验的执业团队。硕士、本科以上学历人数占从业人员的 90% 以上;年龄在 50 岁以下,年富力强、精力充沛、身体健康人员占从业人数的 90% 以上;拥有注册会计师、注册咨询师、注册评估师、注册造价工程师、注册税务师、土地估价师、信息工程师、律师等 600 余人,占从业人员的 80%,其中不少人员具有双项或多项执业资质,能够胜任各行各业客户委托的各类审计咨询及相关服务。同时,团队中还拥有一批资深专家作为高层技术顾问。我们拥有一支知识化、年轻化、专业化的服务团队。注册会计师 790 人,占全员的 37%;注册资产评估师 198 人;注册税务师 79 人;注册造价工程师 188 人,4 项资质人员共计 1255 人,占从业人员总数的 52%;具有高中级职称 898 人,占全员的 37%;具有本科以上学历的 1603 人,占全员的 66%;平均年龄 33 岁,行业领军人才 3 名,同时还有一批资深专家作为技术顾问。能够为各行务业客户提供相应的审计、咨询业务。

【服务领域】

审计业务

提供证券、期货业务审计,企业重组改制审计,企业年度会计报表审计,司法鉴定,经济责任审计,会计报表审阅,公司清算审计,验资,企业收购、转让审计,特定事项审计,绩效薪酬审计,清产核资审计,其他等审计业务。

资产评估

北京亚超资产评估有限公司是由原中审会计师事务所有限公司评估部与亚太中汇会计师事务所有限公司评估部重组合并成立,具有证券业务资产评估资格。

2008 年 7 月成立,现有从业人员 68 人,注册评估师总人数达到 62 人,在云南、湖北、贵州、海南等省市设有 4 家分公司。2009 年营业收入 1781 万元,主要客户为大型特大型中

央企业、国有企业、金融企业、上市公司、拟上市公司、国际公司等。

北京亚超依托中审和亚太中汇的良好执业背景，业务分布广阔，遍及全国30多个省、市、自治区，100多个城市和香港特别行政区，以及英国、蒙古、美国、坦桑尼亚、埃塞俄比亚等国家。

管理咨询

提供企业内控设计，企业财务管理体系设计，企业绩效评价，财务、会计制度，税收策划，会计电算化培训，企业改制和企业上市策划，国际会计，人力资源管理咨询，国际审计，企业战略咨询，学术交流，业务流程再造等管理咨询业务。

工程造价

中审世纪国际工程造价咨询（北京）有限公司的前身为中审会计师事务所有限公司工程审核部，具有工程造价咨询甲级资质。

2006年底，根据建设部[2006]年149号令，于2006年11月29日成立中审世纪国际造价咨询（北京）有限公司，承担了原中审会计师事务所有限公司工程审核部的全部业务，原中审会计师事务所有限公司的注册造价工程师、造价员及管理人员全部转入中审世纪。注册资金200万元。具有工程造价甲级企业资质。公司现有员工68人，其中：注册造价工程师43人，高级工程师7人，工程师39人。多年来，在业务一直稳步上升同时，营业收入逐年增加，2009年营业收入3077万元。

中审世纪中审和亚太中汇的良好执业背景，业务分布广阔，为政府机关、社会团体、科研教育、文化体育、医疗卫生、冶金机械、石油化工、电力煤炭、铁路交通、航空航天、电子通信、农林水利、银行保险、中外合资企业和境外企业等行业提供工程造价审计和咨询等专项服务。

会计与税务

提供代理纳税申报，代理税务登记，代编会计报表，代理记帐等业务。

【企业文化】

本所坚持以人为本，崇尚社会公德、个人品德、职业道德、家庭美德，全力构建以“诚信决定生存、知识充实事业、创新成就辉煌、专业回报社会”为核心的企业价值观，并通过全体员工的努力，建设和谐向上的企业，以提高企业知名度、文明度，增强企业凝聚力、竞争力为目的。

经营理念：质量打造信誉 信誉筑就品牌，品牌赢得市场。

管理理念：用文化凝聚团队、用制度规范行为、用事业成就人生，营造事业留人、待遇留人、感情留人、合伙文化留人的氛围。

奋斗目标：科学发展，开拓创新，保十争五，铸造百年名所。

发展目标：规范化、集团化、国际化、多功能、高水准。

服务理念：质量第一、信誉至上、勤勉尽责。

执业原则：独立、客观、公正、严谨。

质量控制理念：执业质量是生命线、执业程序是防火墙、工作底稿是护身符。

合伙文化：人合、心合、事合、志合。

人才理念：尊重人格、培育英才、唇齿相依、共同发展。

员工行为准则：

恪守社会公德、崇尚个人品德、严格职业道德、坚守家庭美德；

真诚敬业爱岗，尽力履行职责，刻苦学习专业，努力开拓进取；

真诚敬业爱岗，尽力履行职责，刻苦学习专业，努力开拓进取；

坚持诚信为人，尊重上司同仁，善于团结合作，践行秉公办事；

信守以所为家，维护集体声誉，抵制不良风气，爱护公共财物；

讲求仪容仪表，珍爱个人形象，完美行为举止，文明待宾迎客。

第三节　律师事务所

国枫凯文律师事务所

【基本概况】

国枫凯文律师事务所是中国领先的综合性律师事务所，创立于 1994 年，经过二十年的稳健发展，现已成为中国最大的综合性律师事务所之一。国枫凯文总部位于北京，在上海、深圳、广州、重庆、成都和西安设有分所，目前拥有律师和专业人员近 500 人。

国枫凯文具有高度的专业特色，在证券发行与上市、兼并、收购与重组、银行与非银行金融、投融资、基础设施、工程与地产、环境、资源与能源、争议解决等诸多专业领域居于业内领先地位。

2013 年，国枫凯文继续受到国内外法律评级机构和媒体的高度评价：

中国资本市场—债券及股权领域领先律所（Chambers，2013）

亚洲 50 大律师事务所（亚洲法律杂志，2013）

中国 20 大律师事务所（亚洲法律杂志，2013）

中国十大发展最快的律师事务所（亚洲法律杂志，2013）

IPO 优秀律师事务所，分别居创业板第一位、主板五强以及中小板十强（商法，2013）

年度卓越律所大奖——能源及基础设施领域（商法，2013）

年度基础设施杰出交易奖（商法，2013）

中国 IPO 律所 Top50 前五强（方圆律政，2013）

"最佳再融资项目奖"和"最佳公司债项目奖"（新财富，2013）

亚太律师事务所 100 强（英国律师杂志，2013）

【证券及资本市场业务】

国枫凯文作为全国最早获得从事证券法律业务资格的律师事务所之一，在中国资本市场法律服务领域居领先地位。国枫凯文已成功为数百家企业的境内外首次公开发行上市、再融资、收购兼并和重大资产重组等项目提供了优质法律服务，2011 年、2012 年连续荣登全国从事证券法律业务律师事务所 IPO 项目通过发审会审核数量之首。

国枫凯文数名合伙人曾经或正在担任中国证监会主板发行审核委员会委员、创业板发行审核委员会委员、并购重组审核委员会委员、上海证券交易所上市委员会委员和深圳证券交易所上市委员会委员。国枫凯文多次受中国证监会委托，参与若干涉及发行上市和上市公司监管的部门规章和规范性文件的起草和修订工作。

【首次公开发行股票并上市】

广东新宝电器股份有限公司（2014 年 1 月 21 日上市，002705，新宝股份）

广州天赐高新材料股份有限公司（2014 年 1 月 23 日上市，002709，天赐材料）

四川创意信息技术股份有限公司（2014 年 1 月 27 日上市，300366，创意信息）

北京金一文化发展股份有限公司（2014 年 1 月 27 日上市，002721，金一文化）

东方网力科技股份有限公司（2014 年 1 月 29 日上市，300367，东方网力）

【上市公司再融资】

国电电力发展股份有限公司非公开发行股票项目（2013 年 1 月 8 日通过中国证监会审核）

深圳市新纶科技股份有限公司非公开发行股票项目（2013 年 3 月 8 日通过中国证监会审核）

中文天地出版传媒股份有限公司非公开发行股票项目（2013 年 3 月 18 日通过中国证监会审核）

新疆天富热电股份有限公司非公开发行股票项目（2013 年 3 月 19 日通过中国证监会审核）

山东太阳纸业股份有限公司非公开发行股票项目（2013 年 4 月 11 日通过中国证监会审核，券商律师）

沈阳机床股份有限公司非公开发行股票项目（2013 年 4 月 25 日通过中国证监会审核）

浙江大华技术股份有限公司非公开发行股票项目（2013 年 5 月 21 日通过中国证监会审核）

贵州轮胎股份有限公司非公开发行股票项目（2013 年 6 月 13 日通过中国证监会审核）

深圳长城开发科技股份有限公司非公开发行股票项目（2013 年 7 月 30 日通过中国证监会审核）

中航动力控制股份有限公司非公开发行股票项目（2013 年 8 月 21 日通过中国证监会审核）

中源协和干细胞生物工程股份有限公司非公开发行股票项目（2013 年 10 月 18 日通过中国证监会审核）

新疆百花村股份有限公司公开发行公司债券项目（2013 年 10 月 30 日通过中国证监会审核）

博彦科技股份有限公司非公开发行股票项目（2013 年 11 月 11 日通过中国证监会审核）

新疆冠农果茸集团股份有限公司非公开发行股票项目（2013 年 12 月 23 日通过中国证监会审核）

【上市公司兼并、收购与重组】

中核华原钛白股份有限公司非公开发行股票购买资产重组项目（2013 年 2 月 19 日发行完成）

宁波建工股份有限公司发行股份及支付现金购买资产暨关联交易项目（2013 年 5 月 29 日发行完成）

新疆天宏纸业股份有限公司重大资产重组及发行股份购买资产暨关联交易项目（2013 年 8 月 30 日通过中国证监会审核）

重庆钢铁股份有限公司发行股份购买资产项目（2013 年 9 月 25 日通过中国证监会审核）

北京捷成世纪科技股份有限公司发行股份购买资产项目（2013 年 10 月 17 日通过中国证监会审核）

四环药业股份有限公司发行股份购买资产项目（2013 年 10 月 23 日通过中国证监会审核）

新疆天宏纸业股份有限公司发行股份购买资产项目(2013年10月28日获得中国证监会具文核准)

浙江星星瑞金科技股份有限公司发行股份购买资产项目(2013年11月1日通过中国证监会审核)

上海联华合纤股份有限公司发行股份购买资产项目(2013年11月6日通过中国证监会审核,担任收购人山西省国新能源发展集团有限公司法律顾问)

深圳市宇顺电子股份有限公司发行股份购买资产项目(2013年11月15日通过中国证监会审核)

湖北洪城通用机械股份有限公司发行股份购买资产项目(2013年11月20日通过中国证监会审核)

广西北部湾港务集团有限公司简介收购南宁化工股份有限公司项目(2013年12月13日通过中国证监会审核)

内蒙古和信园蒙草抗旱股份有限公司发行股份购买资产项目(2013年12月25日通过中国证监会审核)

远东实业股份有限公司发行股份购买资产项目(2014年1月9日通过中国证监会审核)

北京首钢股份有限公司重大资产重组及向首钢总公司发行股份购买资产项目(2014年1月29日通过中国证监会审核)

贵州信邦制药股份有限公司发行股份购买资产项目(2014年2月19日通过中国证监会审核)

【新三板发行与上市】

宁夏早康枸杞股份有限公司(430631,早康枸杞)

深圳市凯立德科技股份有限公司(430618,凯立德)

深圳市方迪科技股份有限公司(430464,方迪科技)

苏州方林科技股份有限公司(430432,方林科技)

北京朗威视讯科技股份有限公司(430337,朗威视讯)

天津重钢机械装备股份有限公司(430274,重钢机械)

天津桦清信息技术股份有限公司(430232,桦清股份)

大成律师事务所

【基本概况】

大成律师事务所("大成")成立于1992年,是中国成立最早、规模最大的综合性律师事务所。

大成自2004年起进行了从个体化作业向团队化作业转型,向规模化、规范化、专业化、品牌化、国际化方向发展的探索和改革。通过一系列的研究和改革,大成目前已实现了跨越式发展,不仅规模化建设取得明显成效,而且规范化、专业化、团队化建设也取得了丰硕成果。大成现已建立了先进的管理体制和专业化团队作业模式,奠定了有效控制业务质量的基础,建设了资源共享机制的路径。大成将坚持不懈地积极探索中国律师事务所品牌化、国际化的建设和发展道路。

大成拥有4000余名律师及其他专业人员。其中,大多数律师毕业于国内外知名的法学院校;多数律师取得了美、英、法、日、韩、俄等国一流法学院校学位,并具有在国际知名律师事务所工作的经验;相当数量的律师还具备国际贸易、金融、建筑工程、工商管理、会计、税务等其他专业背景。大成的律师及其他专业人员能够以英、法、日、韩、俄、蒙古等语言为客户提供服务。

大成作为一家大型的、综合性的律师事务所,始终贯彻最大程度维护客户利益的执业宗旨,为国内外客户及时提供专业的、全面的、务实的法律及商务解决方案。大成的主要专业领域包括:公司综合类业务、公司收购、兼并与重组、证券与资本市场、私募股权与投资基金、国企改制与产权交易、银行与金融、外商直接投资与外资并购、境外投资、反垄断与国家安全审查、税务、国际贸易、国际贸易救济与WTO业务、海商海事、知识产权、房地产与建设工程、矿业、能源与自然资源、诉讼仲裁、刑事辩护和劳动法等。

大成已建立了覆盖全国、遍布世界重要城市的全球法律服务网络,大成的境内外机构均可共享大成全球法律服务网络内的项目信息、专业知识、业务经验、专业人才、社会关系等资源。大成的总部设在北京,在长春、长沙、常州、成都、重庆、福州、广州、哈尔滨、海口、杭州、合肥、呼和浩特、黄石、吉林、济南、昆明、南昌、南京、南宁、南通、宁波、青岛、苏州、上海、深圳、沈阳、天津、太原、武汉、无锡、乌鲁木齐、温州、西宁、厦门、西安、银川、郑州、舟山、珠海等41个境内城市均设有分所。同时,大成在芝加哥、巴黎、香港、洛杉矶、纽约、新加坡、台湾、莫斯科及蒙古等境外均设有当地律师事务所。

大成作为中国区唯一成员,加入了世界最大的、汇集全球顶级律师事务所、会计师事务所、投资机构、金融机构等专业性服务公司的独立专业服务组织WorldServiceGroup("WSG"世界服务集团)。大成与100多个国家的律师事务所、会计师事务所、投资机构、金融机构的8万多名专业人士建立起了长期稳定的信息交换渠道和业务合作平台,更有效地满足国内外客户的全球化的法律及商务服务需求。

【荣誉】

大成在《北京市法律援助条例》颁布实施三周年活动中,被评为北京市法律援助先进集体。

2013年,大成被IFLR1000评为:2014年值得推荐的优秀律所。

2013年,大成荣获《洲际财经杂志》全球奖。

2013年6月,北京大成律师事务所荣获《商法》杂志"私募股权创业投资退出项目律所前10强"(累积项目金额)第一。

2013年,大成被ALB(《亚洲法律杂志》)评为中国十大发展最快的律师事务所。

大成荣获了北京市人民政府颁发的"首都慈善奖——企业社会责任奖"。

大成被ALB(《亚洲法律杂志》)评为"ALB2012中国律师事务所二十强"第一名。

大成被ALB(《亚洲法律杂志》)评为ALB2012中国发展最迅速的十家律所。

大成律师事务所荣获北京市律师协会颁发的"2009－2011年度北京市优秀律师事务所"。

【证券业务领域】

大成是中国首批获得证券从业资格的律师机构,长期从事包括股票、债券等各项资本工具在内的证券与资本市场业务,特别是近几年来,大成在该领域十分活跃,协助众多中国企业在境内外资本市场发行股票及债券等。连续获得清科集团评选的"中国VC/PE人民币募集最佳法律顾问机构"及"中国VC/PE人民币基金投资最佳法律顾问"称号。

除传统股票市场外,大成在债券市场领域一直处于领先地位,多名律师担任中国银行间市场交易商协会等机构的专家委员,在该市场帮助企业发行各类债券融资。此外大成与证监会保持密切沟通,在中国资产证券化领域做出了一系列开创性项目;在银监会创新性金融工具使用方面,处于市场前沿,帮助众多银行等金融机构通过债券工具调整资本结构。

大成在该领域的主要服务包括:

股权资本市场境内及境外首次公开发行

上市公司再融资
境内外借壳上市
上市公司收购、合并、分立、重大资产重组、退市及恢复上市
上市公司治理结构
管理层激励计划及员工持股计划的设计
上市后合规管理
债券市场公司债券
企业债券
金融债券
短期融资券
资产证券化资产证券化方案设计
资产证券化文件起草、审查
为资产证券化项目出具法律意见
协助资产证券化项目报备监管机构审核

德恒律师事务所

【基本概况】

北京德恒律师事务所原名中国律师事务中心，经中华人民共和国司法部批准，1993 年 1 月创建于北京，1995 年更名为德恒律师事务所。德恒在中国首倡全球合伙制度，总部设在北京，设有 23 家国内和 5 家海外分支机构，建成了在世界 100 多个主要城市设有分支与合作机构的全球服务网络。

德恒拥有一流的律师队伍，全球员工 1500 人，其中北京总部 430 人。德恒专业人员 80% 以上具有硕士、博士学位，以中国律师为主体，部分律师持多国律师执照，能熟练运用多种语言从事法律服务，具有在国内外立法、司法、行政机关、跨国公司、大型国企、金融证券机构的工作经历和经验。

【专业领域】

德恒律师信守"德行天下，恒信自然"的理念，遵从"勤勉尽责、竭诚服务、追求公正"的宗旨，致力于为中外客户提供优质高效的法律服务。德恒在公司证券、并购重组、金融保险、公平竞争、国际贸易、跨境投资、争议解决、建设地产、破产重组、知识产权、劳动保障、私募融资、税务服务等专业领域形成了核心竞争力，能够为客户提供全方位的法律服务。并经司法部、证监会、国家发改委等部门批准，首批获得证券法律服务、基本建设项目招投标法律服务、破产管理人、境内外知识产权代理等专项法律业务资质。

【社会责任】

德恒与吉林大学于 1993 年在长春创办了中国第一所专门培养律师人才的全日制高等院校——德恒律师学院，为德恒和中国法治建设培养了大量博学务实的专业人才。

德恒热衷于公益事业，自建所以来，各项捐款共计 2519.1 万元。2008 年，德恒向法律援助基金会捐款 100 万元人民币。

自 1993 年起，德恒就为中国科学院和中国工程院所有院士提供义务法律服务，至今已有 20 年。

德恒曾成功举办"走有中国特色的律师之路"、"WTO 与法律服务全球化"、"中国企业走出去与政府关系研讨会"、"法律服务与社会责任"等颇具影响的大型国际研讨会。

德恒与中国人民大学、北京大学、清华大学、中国政法大学、吉林大学、上海交通大学、中国青年政治学院合办了德恒民商法论坛、德恒刑事法论坛、德恒证据学论坛、德恒比较法论坛、德恒金融法论坛、德恒法学名家论坛、德恒司法改革与律师论坛、德恒行政法论坛、德恒程序法论坛、德恒法律实务讲堂等 10 余个论坛。

【德恒荣誉】

"2013 年度优秀内资反垄断律所"（2013）。

德恒获颁 21 世纪经济报道 2012 年度（PE/VC）最佳 IPO 律师事务所（2012）。

德恒党支部荣获"全国创先争优先进基层党组织"、"北京市律师行业创先争优先进集体"（2012）。

"2009 – 2011 年度北京市优秀律师事务所"（2012）。

担任中国农业银行股份有限公司 A + H 股首发发行人律师，农业银行 IPO 获 ALB（《中国法律杂志》）评选的"年度最佳股票市场项目大奖"（2011）。

自 2007 年起，德恒一直位列 ALB 全国律所规模二十强中前三强（2010）。

"中国法律援助志愿者行动贡献奖"（2009）。

担任中国铁建股份有限公司 A + H 股首发发行人律师，中铁建 IPO 获 ALB 中国法律大奖"年度最佳股权市场项目大奖"（2009）。

据并购市场资讯公司（Mergermarket）统计，德恒代理了总价值 190 亿美元的重大资产重组并购业务，列亚太地区（日本除外）重组并购业务排行榜（按金额）的第二名（2009）。

"北京市律师行业奥运工作先进集体"（2008）。

由德恒提供法律服务的证券投资基金上证 50ETF，在香港获得亚洲资产管理杂志"最佳产品创新奖"、美国 Exchange-tradedfunds. com 和英国国际基金投资杂志全球 ETF 大奖中的"亚太地区最佳产品创新奖"（2005）。

担任中国长江电力股份有限公司 A 股首发发行人律师，长江电力股票首发上市摘得 ALB 评选的"最佳本地 IPO 项目奖"（2004）。

锦天城律师事务所

【基本概况】

锦天城律师事务所是一家提供全方位法律服务的、全国领先的中国律师事务所，目前是上海市规模最大、执业律师最多，年创收额最高的律师事务所，也是国内第一家总部在上海的全国性律师事务所，在北京、杭州、深圳、苏州、南京、成都、重庆、太原和香港设有分所。

锦天城是国内最早取得证券法律业务从业资格的律师事务所之一。近年来，锦天城提供服务的 IPO 项目、上市公司再融资及重组并购项目、公司债及可转换公司债券项目、新三板项目，均名列国内律所三强之列。

锦天城还提供公募基金设立及募集及私募股权投资、战略投资、资产管理及证券化、期货方面的法律服务，业已成为行业的翘楚。

【我们的荣誉】

锦天城多次被司法部、地方司法局、律师协会以及国际知名法律媒体和权威评级机构列为中国最顶尖的法律服务提供者之一，位居全国十大品牌律师事务所前列。

锦天城多次获得中华全国律师协会颁发的"全国优秀律师事务所"荣誉称号以及上海市司法行政系统先进集体、上海市文明单位等荣誉。

锦天城多位合伙人曾任或现任中国证监会主板及创业板发行审核委员会委员或候选人。

Asia Pacific Legal 500 曾在《中国商业律师事务所指南》中评价锦天城是一家在外商直接投资、公司和商业法律领域

顶尖的上海律师事务所，是“其他律师事务所希望成为的公司和商业律师事务所”。

《亚洲法律杂志》(ALB) 在其每年举办的“中国法律年度大奖”中多次授予锦天城重大奖项和提名。近几年来，锦天城所获奖项和提名包括“中国律师事务所大奖”、“上海律师事务所大奖”、“年度最佳中国公司法务”等综合性奖项和各主要业务领域奖项。此外，我们曾获得“年度管理合伙人奖”提名和多次“中国律师事务所最佳雇主”称号。

钱伯斯法律评级机构(Chambers and Partners)近期授予锦天城连续三年“领先中国律师事务所”证书。

启元律师事务所

【基本概况】

启元律师事务所成立于1994年，是中国最早成立的合伙制律师事务所之一。

自成立以来，启元一直专注于资本市场、投融资市场、公司治理等各经济领域法律业务，以能向客户提供卓越而收费公道的专业法律服务而享誉中国资本市场，并由此与境内外一大批声誉卓著的企业、金融机构、投资机构建立了长久、良好的业务关系。

启元拥有最专业化的法律服务团队，拥有精通法律、金融、财务、税务、经济管理、英语等专业知识的复合型人才，可提供中英文双语同步法律服务。

经过多年的努力，启元对资本市场各类业务的法律服务已形成了标准化、规范化的业务标准和执业规范，同时，基于对法律的深刻理解和客户商业需求的准确判断，启元律师可为客户“量身定制”最优化的交易架构与交易模式，并提供与之配套的全程法律服务。

作为中国资本市场法律服务的主要提供者，启元连续数年获得“全国优秀律师事务所”“湖南省优秀律师事务所”、“为国企改革服务工作先进集体”等荣誉称号，创造的资本市场业绩持续位居中国资本市场同行业前列。其中，IPO法律业务连续数年进入全国证券法律业务前十位；而上市公司并购重组法律业务2010年跃居全国第三。

IPO法律服务，是启元业务的基石。作为资本市场法律服务的主要提供者，启元已连续数年位列中国IPO发行人律师市场份额前十名。

经过多年的积累，启元已经形成一整套完整高效的业务流程规范，可为各类型企业提供境内发行人律师及券商律师法律服务。

从国企的改制到民营的规范，启元服务过的企业类型遍及钢铁、冶金、矿产、机械制造、新能源、新材料、信息技术、邮政、公用事业、环保、文化、传媒、出版、医药、医疗、农林牧渔业、食品、商业零售及批发、茶业、造纸、房地产、旅游等各种行业。其中，电广传媒、爱尔眼科、天舟科教均为同行业第一家上市公司。

【服务领域——资本市场全方位法律服务】

启元长期致力于资本市场各类法律业务，拥有与中国资本市场的发展成长同步的法律服务经验。

(一)企业改制重组

从国企的整合改制到民企的规范重组，启元承办过大量项目并积累了丰富经验，可为客户提供包括方案设计、进程把关、结果审查的全程跟踪法律服务，协助各类型企业实现IPO目标。

(二)股票首次公开发行与上市(IPO)

IPO法律服务，是启元业务的基石，业务范围涵盖A股(含主板及创业板)、H股、涉及中国境内权益的境外发行上市等。服务上市企业家数或融资额连续数年进入全国证券法律业务前十名。

(三)上市公司再融资

配股、增发、非公开发行、可转债、可分离债等上市公司再融资，系启元的核心业务之一。启元在该领域具有持续创新能力。电广传媒公募增发系A股市场首批试点单位，三一重工股权分置改革开创了A股市场股权分置改革的先河。

(四)债券及票据融资

在企业债券、公司债券、短期融资券、可转换公司债券、金融债券、中期票据、定向债务融资工具等方面，启元已为众多上市公司、非上市大型企业集团及金融机构提供过法律服务。

(五)境外上市融资及相关法律服务

启元可为客户在香港主板和创业板市场的融资提供法律服务，并协助客户利用国际低税区进行境外重组。启元已为三一重工等多家公司在香港主板或创业板上市提供了法律服务，与境外中介机构有着良好的业务协作关系。

(六)并购重组

作为中国资本市场并购重组的主要法律顾问之一，启元一直以“创新性”在中国资本市场独树一帜。参与策划的米塔尔并购华菱钢铁、三一重工并购重组境外红筹资产等已成为我国证券市场的经典案例，并由此引起全国资本市场的瞩目。2010年并购重组业务跃居全国第三。

(七)金融机构法律服务

启元熟悉各类金融机构的运行机制，并为多家证券公司、银行、保险、信托、基金等各类金融机构提供常年法律顾问、改制重组、投资并购、债券及票据发行、专项调查、合规审查、经济诉讼等多种形式的法律服务。

(八)资产证券化

启元可为参与资产证券化的交易各方提供咨询、设计、法律调查等服务，协助理顺证券化过程中的利益关系及完善信用升级手续等。

(九)私募股权投资

针对以中国境内或香港等境外上市为目标的私募股权投资，启元不仅能为企业客户提供“融资平台+法律服务”相结合的双重服务；也能为股权投资者提供项目尽职调查、法律谈判、退出机制设计及监督等全程跟踪法律服务。

【启元荣誉】

2000年，启元获“2000年度省直先进律师事务所”称号；

2002年，袁爱平、朱旗、吕德璐三名律师获“湖南省证券融资工作先进个人”称号；

2004年，袁爱平律师获湖南省第三届“十佳律师”称号；

2005年，袁爱平律师被评为1994－2004年“全国优秀仲裁员”，同时被聘为中国国际经济贸易仲裁委员会仲裁员；

2005年，袁爱平律师当选为湖南省律师协会副会长；

2005年，启元为华菱集团与全球最大钢铁公司Mittal Steel Company N. V. 股权交易提供的专项法律服务项目，入围Asian Legal Business杂志主办的“2006 ALB中国法律大奖”之“年度最佳能源和资源项目大奖”，该股权交易项目系中国钢铁行业首例外资并购案，并荣登由全国工商联并购公会、全球并购研究中心和中国并购交易网推出的“2005年度中国十大并购事件”榜首；

2006年，启元获“湖南省优秀律师事务所”、“为国企改革服务先进集体”“湖南信用单位先进集体”等称号，袁爱平、吕德璐、朱志怡三名律师获“为国企改革服务优秀律师”称号；

2008 年，启元获“全国优秀律师事务所”称号，袁爱平律师获“2005 - 2007 年度全国优秀律师”称号；

2008、2009 年和 2010 年，启元连续三年位居 A 股 IPO 市场发行人律师市场份额前十位；

2010 年，启元在全国律师事务所从事上市公司并购重组法律业务排名中位列第三；

2011 年，袁爱平律师被《新财富》杂志评为“2010 年 A 股 IPO 业务中的明星律师”；陈金山律师被 Lawfirm50 推选为“中国证券律师 5 年 50 人精英”人选。

信达律师事务所

【基本概况】

信达律师事务所于 1993 年在深圳设立，是中国最早获批设立的合伙制律师事务所之一。总部办公地点位于深圳市中心商务区核心地带，与未来的深圳证券交易所办公大楼仅一路之隔。

公司与证券业务是信达律师所的核心业务。经过二十年的经营与发展，信达律师所在全国证券法律业务领域已享有盛誉，并成为证券法律服务界的品牌律师事务所之一。近年来，信达律师所参与完成了数百家企业境内外首次公开发行股票、公开与非公开增发股票、配股、公司债券发行等项目，为众多企业提供资产重组、重大收购、股份制改造等法律业务，并参与多家海外收购等项目。

信达律师所长期以来与境内外各类证券服务机构保持着良好的业务联系，并多次受邀参与证券监管部门或其他政府组织的证券类法律、法规、规章的研讨、修订和培训工作。

二十年的执业过程中，信达律师所荣获诸多荣誉，是 Legal 500 及亚洲法学在中国推荐的律师事务所之一。

【律师团队】

信达律师所拥有合伙人近四十名，主办律师、律师助理上百名，律师多毕业于国内外著名法学院校，其中 80% 以上获硕士及以上学位。部分资深律师执业超过二十年，并有律师受聘担任了深圳证券交易所的上市委员会委员、中国证监会创业板发行审核委员会委员、深圳国际仲裁院仲裁员、多家证券公司的内核委员、深交所特聘的企业改制上市培训专家以及多个地方政府上市领导小组办公室的专家团成员等。近年来，信达律师所多名律师前往英美等国留学深造，之后回所继续执业，为信达律师所的律师团队增添了国际化、多元化因素。

【业务领域】

· 证券、投资、公司业务
· 房地产开发管理及融资业务
· 商事仲裁和诉讼业务
· 银行、金融业务
· 破产及非破产清算业务
· 劳动关系及劳资争议业务
· 外商投资业务
· 常年法律顾问及综合性法律服务

【业绩展示】

近五年，信达参与完成了企业境内外首次公开发行股票项目和上市公司再融资项目近六十个；其中首发项目包括荣盛石化（002493. SZ）、欣旺达（300207. SZ）、川大智胜（002253. SZ）、英飞拓（002528. SZ）、达实智能（002421. SZ）、珠海鼎利（300050. SZ）、量子高科（300149. SZ）、星河生物（300143. SZ）、新城控股（1030. HK）、长虹佳华（8016. HK）、百勤油服（2178. HK）等；再融资以及重大重组等其他证券项目包括中信海直可转债、德豪润达非公开发行和公司债、日海通讯非公开发行、德福莱中小企业债、嘉力达中小企业债、新城控股公司债、万科 B 股转 H 股、深能源重大资产重组暨非公开发行等。

信达目前担任万科股份（000002. SZ）、招商地产（000024. SZ）、华联控股（000036. SZ）、中航地产（00003. SZ）、中信海直（000099. SZ）、粤华包（200986. SZ）、长城科技（0074. HK）等数十家主板、中小板和创业板上市公司以及境外上市公司的常年法律顾问。

信达与境内外投资机构保持广泛和长期的合作，提供过法律服务的投资机构包括赛富、平安信托、光大控股、东方富海、同创伟业、高特佳、深创投、厚生投资、TCL 创投等境内外知名机构；

2009 年，信达荣获《亚洲法律杂志》（ALB）主办的“ALB China Law Award 2009 深圳律师事务所”年度大奖；2011 年，信达被《证券时报》主办的中国最具竞争力创投机构（CCVC/PE）评选为 2010 年度最佳中介机构——“年度最佳律师事务所”。

金诚同达律师事务所

【基本概况】

金诚同达创立于 1992 年年底，其总部设在北京，并在上海、深圳、沈阳、西安、成都、乌鲁木齐设有分所和办公室。金诚同达现拥有 260 多位优秀的专业律师，已发展成为中国境内规模最大、最富活力的律师事务所之一。2000 年金诚同达被司法部命名为“部级文明律师事务所”，2005 年被中华全国律师协会评为“全国优秀律师事务所”，2006 年被《亚洲法律事务》杂志（ALB）评选为“亚洲地区蓬勃发展中的 30 家律所”。

【专业团队】

金诚同达集萃了众多跨领域的专家型法律人才，其中众多律师拥有美国、欧洲、日本等知名法学院的教育背景和美国、英国、德国、日本、香港的律师事务所工作经验。金诚同达秉承“守信金诚，励志同达”的理念和“同心合力，事业腾达”的目标，倡导“法理精神、一品服务”和“服务创造价值”。金诚同达致力于运用其资深专业技术和丰富实践经验竭诚为客户提供专业、全方位的法律服务。金诚同达律师能够切实地从客户的立场和观点出发并结合案件具体情况，在各个业务领域都提供高水准的优质法律服务。金诚同达以学者型的严谨态度、专家型的服务水平、团队型的合作模式和国际化的质量标准严格要求自己。金诚同达正在成为客户最为信任和依赖的重要伙伴。

【公司与证券业务】

金诚同达是最早拥有证券法律业务从业资格的律师事务所之一，自中国证券市场创立阶段即开始从事相关法律服务，多年来累积了丰富的专业知识和实务经验。金诚同达深谙公司及证券类法律、法规和监管规则，熟悉公司及证券类业务的运作与流程，同相关部门和中介机构建立了长期的、良好而稳定的沟通与合作关系。多年来，金诚同达承办的证券业务，包括为拟上市公司提供股份制改造、在境内外发行股票并上市（包括在国内外主板、中小企业板、创业板、三板以及其他类别的证券市场上市）的法律服务（IPO），为上市及非上市公司的私募、增发、配股、股权转让、重组（包括借壳上市等）、改制

（包括国有企业改制等）、股权收购与反收购、重大资产收购、重大投资（包括独资、合资、合作、联营及其他类型的投资等），发行优先股、债券（包括可转债、分离交易可转债、企业债券、公司债券、金融债券、短期融资券等）、权证、股权或期权激励（奖励）等提供法律服务，以及为证券公司、期货公司、各类基金与投资公司提供相关法律服务等。此外，金诚同达还为各类公司提供常年法律顾问服务，及诉讼、仲裁、清算、破产等其他法律服务。

【业绩】

金诚同达办理的具有里程碑意义的项目如下：

·第一家境内跨交易所多家上市公司合并

·第一家股权分置改革后全流通概念下上市公司

·第一批中小企业板上市公司

·第一家信托公司通过吸收合并方式借壳上市

·第一家由律师组成清算工作组全面接管清算证券公司

·第一家国有控股上市公司公开实行股权激励制度

·第一家上市公司采用托管方式进行业务整合并解决同业竞争问题

·第一批财务公司发行金融债券

·第一家上市公司通过国家股全部回购进行股权重组并实现国有公司民营化

·第一家持续赢利上市公司全额资产置换彻底改变主营业务

·第一家上市公司国有大股东通过实施破产进行债务重组和股权重组

·第一家突破既往规则通过定向转增进行股权分置改革

嘉源律师事务所

【基本概况】

嘉源专长于证券、金融、企业产权、公司治理以及投资、工程、国际商事等领域，是中国金融市场尤其是资本市场居于领先地位的合伙制律师事务所。十余年来，我们协助数百家境内外企业进行了重组改制、境内外股票发行上市和投资、收购兼并、工程承包等工作。

嘉源律师团队熟通中国及境外法律，既洞察中国金融市场发展变化，又谙悉国际资本市场运作规则，以卓越的专业服务使嘉源成为每个客户最值得信赖的伙伴。

【市场地位】

嘉源一直是中国金融市场法律服务的主要机构之一。在国内国际股票发行市场、企业改制以及收购兼并、外资等业务领域，嘉源以卓越的服务确立了一流律师事务所的地位。

【专业团队】

嘉源专门从事资本市场法律业务的律师近七十位。我们的业务骨干在加入嘉源之前，曾服务于国内外知名律师事务所、证券、投资机构及科研院校，积累了丰富的业务经验。如今，中国企业与海外资本市场的联系日趋紧密，这对证券律师的素质提出了更高的要求。嘉源的多位律师毕业于英、美著名法学院，并有国际知名律师事务所的工作经历。除了对中国及境外法律精深的理解，他们还谙熟于国际资本市场的运作规则。

【业务资格】

经司法部和证监会批准，嘉源具有从事证券法律业务资格。

经证监会和司法部批准，嘉源具有从事涉及境内权益的境外公司相关法律业务资格。

经司法部和财政部批准，嘉源具有从事国有资产产权法律事务的资格。

【荣誉】

多年来，嘉源律师良好的专业能力与上佳表现获得市场的广泛认同，嘉源屡获殊荣，例如：

2012 年 5 月 31 日，嘉源荣获“最佳上市服务律师事务所金手指奖”。

2012 年 5 月 31 日，由中国中小企业协会主办的“2012 年中国企业 IPO 高端峰会”在北京举行。嘉源荣获“2012 年中国企业上市优秀服务机构金手指奖——最佳上市服务律师事务所”奖项。

“金手指奖”主要表彰在中国企业海内外上市过程中做出突出贡献的保荐机构、PE/VC、律师事务所、会计师事务所、保荐人、财经公关、资产评估事务所、上市培训机构等。

出席本次峰会的有政府机构、证券交易所、证券公司和投行、会计师事务所、律师事务所、VC/PE、拟上市企业等 IPO 相关行业的 400 多位专家。嘉源合伙人贺伟平律师出席了本次盛会。

2012 年 5 月 25 日，嘉源荣获“2011 年度最佳 IPO 律师事务所”称号。

2012 年 5 月 25 日，由证券时报社主办的“投行创造价值”高峰论坛暨 2012 中国区优秀投行评选颁奖典礼在江苏省无锡市举行。嘉源荣获“2011 年度最佳 IPO 律师事务所”（全国三家之一）称号。

本次活动是证券时报社举办的第六届投行盛会，也是投行业内规格最高的盛会。出席本次盛会的嘉宾有来自人民日报社、中国证监会、深沪交易所、证券业协会、江苏省政府、无锡市委的相关领导。参会人员包括来自国内近 50 家证券公司的高管、近 20 家商业银行的投资银行业务主管以及会计事务所等第三方中介机构合伙人，参会人员接近 200 人。我所资深合伙人颜羽律师、合伙人黄国宝律师出席了本次盛会。

2012 年 4 月 9 日，嘉源名列彭博社 2011 年度全球法律顾问排行榜前茅。

嘉源律师事务所通过向客户提供高质量的个性化法律服务，在世界范围内享有广泛声誉。彭博社近日发布 2011 年度全球法律顾问排行榜，嘉源律师事务所名列前茅：

1. A 股 IPO 发行人法律顾问第 4 名。

2. H 股 IPO 发行人法律顾问全球排名第 14 名。

3. 亚洲（不含日本）IPO 发行人法律顾问第 8 名。

4. 全球 IPO 发行人法律顾问第 18 名。

注：以上排名以各律师事务所参与的项目的交易量为依据。

2012 年 2 月 6 日，汤森路透 Thomson Reuters 投资银行交易数据团队对外发布了全球 2011 年资本市场股权和债券发行法律顾问回顾报告。

嘉源律师事务所排名如下：

亚太地区 G3 债券（不含澳大利亚、中亚）——承销商的法律顾问：本所所以 1 项交易位列亚洲第 15 名。

2012 年 1 月 20 日，汤森路透 Thomson Reuters 投资银行交易数据团队对外发布了全球 2011 年全年的并购法律顾问回顾报告。

嘉源律师事务所排名如下：

已公布的中国参与的交易—本所排名中国第 14 名。

已完成的中国参与的交易—本所排名中国第 10 名。

观韬律师事务所

【基本概况】

观韬律师事务所成立于 1994 年 2 月，是总部设于中国北京的专业化、综合性大型律师事务所。经过数年不断的开拓、创新和发展，观韬律师事务所在法律服务、专业建设和律师团队等方面已成为中国优秀律师事务所之一。

2000 年 11 月，国家司法部授予本所为《中华人民共和国司法部部级文明所》。2005 年、2008 年和 2011 年，中华全国律师协会连续三次授予本所为《全国优秀律师事务所》。自 2005 年至今，观韬律师事务所因在资本市场、银行与金融、公司与并购、国际贸易、工程基建与能源资源、重组与破产、房地产、争议解决等业务领域具有良好的业绩和声誉，多次入选《钱伯斯亚洲》、《钱伯斯全球》、《亚太法律 500 强》、《国际金融法律评论 1000》、《亚洲法律评论》等国际知名法律评级机构的排名领域，并有数名律师入选排名律师。在“亚洲法律杂志中国法律大奖”历年的评选中，观韬律师事务所均获得包括“年度最佳北京律师事务所”和“年度最佳中国律师事务所”等多项奖项提名，并于 2008 年荣获“年度最佳能源和资源交易大奖”、于 2009 年和 2011 年两次荣获“年度破产清算和重组律师事务所”大奖，在 2012 年“亚洲法律杂志中国法律大奖”评选中获得多达 9 个年度奖项的提名。

观韬律师事务所的法律服务范围涵盖了银行、证券、保险、电信、大型基本建设、房地产、机械制造、交通、能源和自然资源、电力工程、环境保护、旅游、化工、医药、科研和服务业等领域。法律服务业务涉及国际投资、国际贸易、反倾销、反垄断、收购与兼并、私募/风险投资、资产重组、银行和非银行金融机构风险处置和破产清算、产权界定、股份制改造、股票和债券的发行、知识产权、高新技术、金融、招标与投标、国际税法，以及反洗钱、行政法业务等诸多方面。同时，在传统的商业诉讼与仲裁法律事务方面亦具有良好业绩。

观韬律师事务所除北京总部以外，在上海、深圳、大连、西安、成都、济南、厦门、香港、天津等地设有分所，以便为不同地区的委托人提供更加有效、及时的法律服务。观韬律师事务所在相关专业方面还与境外和港、澳地区的律师行具有良好的业务合作关系。观韬与亚司特(Ashurst)国际律师行建立了联盟关系。亚司特是一间总部位于英国的国际律师行。通过与亚司特律师行的紧密合作，使我们可以在全球的平台上、持之以恒地为我们的国内及国际客户提供有价值的、全方位的法律服务。

观韬律师事务所拥有一支理论深厚、经验丰富、勤勉尽责、服务诚信、业绩良好、追求卓越的律师工作团队，并拥有多名相关专业的法律专家，能够为不同行业、不同客户提供全过程的综合性法律服务。

【业务领域】

反垄断业务
资本市场业务
公司、并购与商事业务
大型基建和房地产业务
银行与金融业务
诉讼与仲裁业务
破产业务
知识产权与电信传媒业务
国际投资与贸易业务
海事海商及船舶融资业务
能源与项目融资业务
行政法业务
招投标业务

【执业理念】

坚持追求卓越，诚信勤勉，高效优质是观韬律师事务所的理念，委托人利益高于一切是观韬律师事务所的价值观。

【观韬荣誉】

2013 年 2 月，观韬在能源、工程与基建领域获得钱伯斯 2013 中国大奖提名。

2012 年 12 月，观韬律师事务所大连分所被大连市司法局评为“2011 年度大连市优秀律师事务所”，季建国律师获得“2011 年度辽宁省优秀律师”、“2011 年度大连市优秀律师”荣誉称号，金玉成律师获评“2011 年度大连市优秀律师”。

2012 年 10 月，观韬律师事务所被 ALB《亚洲法律杂志》中国版评选为 2012 年“全国律所规模二十强”。

2012 年 11 月，亚太法律 500 强(Asia Pacific Legal500)公布了 2013 年业务领域排名。观韬律师事务所在银行与金融、资本市场、公司与并购、争议解决、工程与能源、公司与并购(上海区域)等业务领域获得较高排名。合伙人孙东峰、孙东莹、萧红明、魏凯、杨光、徐玲也在各自业务领域被评为推荐律师。

2012 年 10 月，国际金融法律评论(IFLR1000)公布了 2013 年中国金融律所业务领域排名。观韬律师事务所在银行与项目融资、资本市场、并购、私募与风险投资等业务领域获得较高排名。合伙人崔利国、李岩、孙东峰、闫芃芃、孙东莹、萧红明也在各自业务领域被评为杰出律师。

2012 年 7 月 2 日，观韬律师事务所大连分所党支部被大连市司法局党委评为创先争优先进基层党组织，金玉成律师被评为优秀党支部书记。

2012 年 6 月，观韬律师事务所获得“北京市律师行业创先争优先进集体”荣誉称号。

2012 年 5 月，观韬律师事务所获得“2009 - 2011 年度北京市优秀律师事务所”荣誉称号。吕立秋律师当选第九届北京市律师协会理事。

广发律师事务所

【基本概况】

广发律师事务所于投资银行、公司与商业、金融、房地产等领域提供法律服务的专业机构，以上述领域的领跑者为期许而不懈努力。专业化的特色较之许多综合性律所在上述业务领域更具有竞争优势。

我们的客户大部分是行业的有力竞争者和领先者。和客户一起成长是我们坚实的理念。广发为中国财富 400 强 10% 以上的企业、部分世界财富 500 强企业以及其它各种实体担任外聘律师，或提供重要的法律代理服务，其范围涵盖上市公司、拟上市公司、国有大中型企业、民营公司、金融机构、投资公司等。广发特别在金融证券领域颇有建树，已成功为数十家上市公司提供法律服务，涵盖国内 A、B 股、新加坡红筹、香港 H 股和红筹(创业板或主板)、纳斯达克、纽约交易所上市等，赢得众多客户赞许。

【专业领域】

专业化发展模式使广发律师事务所在金融证券领域颇有

建树，是为数不多的、拥有广泛声誉的中国金融证券业律师事务所。已成功为国内数十家公司提供与证券发行上市相关的法律服务，范围涵盖国内A、B股、新加坡红筹、香港H股和红筹(创业板或主板)、纳斯达克、纽约交易所上市等，赢得了客户广泛赞许。

在融资业务领域，广发提供的法律服务包括但不限于：

·法律审慎调查；

·公司治理结构的建立；

·公司改制及重组；

·公司证券的发行、增发及上市；

·包括：国内上交所主板和深圳中小企业板的股票首次发行上市，公司股票配售及增发；

·红筹股的发行与上市；

·境内外优先股发行上市；

·认股权证发行与上市；

·国内企业债券的发行与上市；

·私募；

·股权或资产置换；

·信息披露；

·上市公司日常法律服务；

·基金。

【组织】

我们相信，管理模式是一个律师事务所能否可持续发展的关键。广发是实行统一公司制管理的律师事务所。事务所由一名首席管理合伙人领导，并由不同业务组别的协调人和区域管理合伙人协助其工作。部门之间相互协助、相互配合，旨在就某些特别复杂的法律专业及受法规高度监管的行业提供跨部门的服务。

公司制的管理模式有利于最大可能的利用广发的各种资源优势。

公司制的管理模式有别于大多数律所的松散型管理，为项目作业提供强有力的后勤保障和支持，同时也加强了对项目质量的监控。广发对各项目采取团队化作业模式，其优点在于能发挥团队律师的各自优势，便于项目的整体衔接与充分沟通；

公司制的管理模式有利于广发与包括同行在内的各类中外中介机构建立良好的合作关系；

公司制的管理模式有利于广发与各级地方政府、行业监督管理部门及其他部门建立良好的沟通能力。

【处事方式】

我们坚持与客户沟通。公司制的管理、团队化的服务方式确保客户与我们的联系畅通无阻；规范、亲切并具有效率，以最好最快的服务帮助客户达到目标。我们的专业能力保证我们异常敏锐地洞察客户的目标，充分理解我们所处理的问题的实质及客户的忧虑。我们认为，无限的沟通有助于为客户提供更全面的解决方案，提升我们的服务价值。

【法律费用】

费用、效率和价值始终是我们与客户共同关注的事项。

我们相信管理模式是提供有效法律服务的关键，而公司制的管理能保证法律费用的一致性。

虽然我们可以就事务所之间的费率和执业作比较，但是，客户最关心的是解决问题的能力和效率，我们的管理模式确保以事务所的资源和能力提供客户最合理的方案并最有效率的解决问题，在此基础上，从而最有效的控制成本。

鉴于我们在执业管理中的利益，以及我们不断努力提高的办事效率，我们仍然沿用了国际上通行的传统收费惯例，即根据完成工作所花的时间按小时向客户收费。然而，我们也认识到许多客户愿意采用其它非计时方法收费；所以，我们在多种情况下与客户共同做出了适宜于特定情况的既公平又有效的其它收费安排。

在有些情况下，审慎地为客户做出特定的收费安排能促进客户与事务所的关系，也有助于双方达到更远大的目标。

【人员配备】

广发的一位合伙人专职监管事务所与每一位客户之间的关系。该合伙人深受客户信赖。客户委托的事项均由对该领域最富有经验、驻于适当地点的律师负责承办。我们提供团队化服务，每一个客户由一支由数名律师组成的核心队伍提供服务，其成员都谙熟客户的特殊需求和目标，包括业务、人事、办事程序，以及该客户与事务所之间的整体关系。

我们相信这种安排能为客户提供法律服务上的连贯性，节省延续法律咨询的费用，并且使客户能获得精通其业务和所涉行业的律师提供法律服务。我们承诺，保证每位客户对我们的人员调配安排都感到满意。

【技术】

广发承诺以创新的、符合成本效益的方式应用技术，以期更好地满足客户的需要。事务所内部以及事务所与客户之间的合作联系可以通过先进的通讯网络、网站和通行的应用软件进行。

现有技术和及时的更新，确保我们能在第一时间获得大量专业信息和行业信息，以应对不断提升的客户要求。

我们关心技术的进步，任何有助于提升法律服务价值的技术在力所能及的前提下我们都愿意尝试，我们深刻理解技术对于法律服务水准和客户层次提升所带来的巨大影响。

国浩律师事务所

【基本概况】

国浩律师集团事务所成立于1998年6月，由北京市张涌涛律师事务所、上海市万国律师事务所、深圳市唐人律师事务所基于合并而共同发起设立，并在中华人民共和国司法部登记注册。前述三家事务所业已于1992年及1993年间组建，至今已有逾十九年的历史。

2011年3月，国浩律师集团事务所更名为国浩律师事务所。国浩律师事务所现有200余名合伙人，90%以上的合伙人具有硕士、博士学位和高级职称，其中多名合伙人为我国某一法律领域及相关专业之著名专家和学者。国浩律师事务所拥有执业律师、律师助理、律师秘书及支持保障人员近1500人。

【机构布局】

国浩律师事务所是中国最大的跨地域合伙制律师事务所之一，在北京、上海、深圳、杭州、广州、昆明、天津、成都、宁波、福州、西安、南京、南宁、香港及巴黎等十五地设有分支机构，在北京设立的国浩锐思知识产权代理公司也已正式开业。

【香港联营】

国浩律师事务所现有200余名合伙人，90%以上的合伙人具有硕士、博士学位和高级职称，其中多名合伙人为我国某一法律领域及相关专业之著名专家和学者。国浩律师事务所拥有执业律师、律师助理、律师秘书及支持保障人员近1500人。

【客户关系】

国浩律师事务所律师与客户合作无间，真实、彻底地了解每一位客户的业务特点和法律需求，并提出准确、精深的专业意见，提供富于创新的法律服务。国浩律师事务所的业务范围业已覆盖整个中国及世界多个国家和地区。

【专业资格】

国浩律师事务所律师经司法部、中国证券监督管理委员会审核，具有从事证券业务之专业资格。经司法部、原国家科委、原国家国有资产管理局审核，具有从事产权界定之专业资格。经司法部、原国家计委审核，具有从事国家基本建设大中型项目招投标业务之专业资格。经司法部、原经贸部审核，具有从事外贸企业股份制改造职工持股业务之专业资格。

本所系香港联合交易所、美国纽约证券交易所、美国NASDAQ证券交易市场、澳大利亚悉尼证券交易所、新加坡证券交易所等境外证券交易机构认可的可为证券发行上市及公司并购项目出具法律意见的中国律师事务所。

【专业业绩】

国浩律师事务所业务遍及证券与资本市场、公司与商业、金融与银行、国际投资、基础设施建设、知识产权、海商海事、新能源等所有经济发展的重点领域。尤其是在资本市场，国浩在境内外IPO、再融资、重大资产重组、收购兼并等综合指标上几乎每年均排名行业第一。

【专业分工】

国浩律师事务所设有证券与资本市场专业委员会、公司与商业专业委员会、银行与金融专业委员会、国际投资专业委员会、基础设施建设专业委员会、知识产权专业委员会等六个专业化法律服务机构，开创了中国律师业规模化、专业化、团队化之先河。

【专业理念】

国浩律师事务所对涉及的众多服务领域，都特别强调出色的专业服务、对交易的商业理解、成本的控制以及快速的反应。

【内部管理】

国浩律师事务所建立高效和负责的内部汇报制度，工作气氛友好轻松，以确保内部信息迅速传递，使处理客户事务的专业委员会及相关律师之间保持紧密联系和配合。

【支持保障】

国浩律师事务所设有专门的研究机构为相关专业委员会及执业律师搜集资料并协助律师了解有关法律和产业的发展情况。

【学术成果】

国浩律师事务所出版的内部刊物《国浩法律研究》受到广大客户的关注，已成为与客户联系的桥梁，宣传财经法律的论坛。本集团还先后与法律出版社合作出版了《国浩法律文库》，与北京大学出版社合作出版了《国浩财经文库》。

【专家统领】

国浩律师事务所以人为本，注意培育人才成长和发展的环境和氛围。专家主事、学者掌舵，成为国浩律师事务所人力资源积聚和配置最鲜明的特点之一。

【专业信念】

国浩律师事务所相信，为使学识精湛高深，业务蒸蒸日上，一定要坚持律师的忠诚独立和勤勉尽责，确保全体专业人员经验丰富、热爱工作，保持国浩律师事务所处理客户事务的一贯作风，即：高效、诚实、信用、审慎、果断。

海问律师事务所

【基本概况】

海问律师事务所创立于1992年5月，是一家领先的合伙制的中国律师事务所。海问在广泛的法律服务领域积累了为人称道的经验与专长。基于其在诸多规模巨大、结构复杂和涉及跨境的交易中所体现出的创造性和专业经验，海问已成为一家在证券发行、兼并与收购、私募股权投资及商事争议解决等领域最受欢迎的中国律师事务所。

海问目前共有约100名律师在北京和上海办公室工作。海问的律师毕业于中国和海外一流的法学院，其中许多律师拥有在著名国际律师事务所工作的经历。深厚的专业知识、丰富的实践经验以及出色的团队精神使得海问能为客户提供高质量、全方位的服务。

海问的专业服务得到了境内外客户以及国际法律和金融业内人士的广泛认可。海问曾获得诸多嘉奖，例如《国际金融法律评论》(International Financial Law Review)和《亚洲法律与实践》(Asia Law & Practice)授予的“最佳中国律师事务所”奖项。在2012年钱伯斯(Chambers and Partners)中国法律奖评选中，海问获得“资本市场：债务与股权年度最佳中国律师事务所”奖项。

【荣誉奖项】

“资本市场：债务与股权年度最佳中国律师事务所”，钱伯斯中国法律奖2012，钱伯斯法律评级机构；

“2011年度中国最佳并购团队”，《中国法律与实践》；

“2011年度最佳并购交易”，(在吉利收购沃尔沃项目中担任收购方律师)，《亚洲法律杂志中国》；

“2011年度最佳股本交易”，(在中国农业银行首次公开发行项目中担任承销商律师)，《亚洲法律杂志》；

“2011年度最佳债权与股本相关交易”，(在合和公路于香港发行人民币债券项目中担任承销商律师)，《国际金融法律评论》；

“2010年度资本市场最佳律师事务所”，钱伯斯亚洲法律奖(中国)，钱伯斯法律评级机构；

“2010年度最佳债券市场交易”和“2010年度中国最佳交易”，(在中国政府于境外发行人民币债券项目中担任承销商律师)，《亚洲法律杂志》；

【专业领域】

证券业务

在证券发行领域，海问一直被公认为是具有先驱地位的中国律师事务所，并且在诸多涉及中国发行人的开创性交易中发挥了重要作用。作为在资本市场表现杰出的中国律师事务所，我们在众多境内外证券发行交易中为国际和国内投资银行或发行人提供法律服务。这些交易涵盖股票首次公开发行、股票增发和各类债券发行等。海问曾在下列项目中担任中国法律顾问：

第一批的若干A股发行及上市项目；

第一个B股发行及在上海证券交易所上市项目；

第一个H股发行及在香港联合交易所上市项目；

第一个N股发行及在纽约证券交易所上市项目；

第一个L股发行及在伦敦证券交易所上市项目；

第一个中国发行人美国存托凭证(ADR)发行项目；

第一个中国发行人在香港联合交易所和上海证券交易所两地上市项目；

第一个中国发行人在香港联合交易所和纽约证券交易所两地上市项目；

第一个中国发行人在上海证券交易所、香港联合交易所和纽约证券交易所三地上市项目；

第一个中国发行人在上海证券交易所和香港联合交易所两地同步上市项目；

第一个由外国主权发行体（中国中央政府）发行100年期美元债券（扬基债券）项目；

第一个由中国中央政府在香港发行人民币国债的项目；

第一个国际金融开发机构在境内发行人民币债券（熊猫债券）项目；

第一个中国内地金融机构在香港发行人民币债券项目；

第一个境外公司在香港发行人民币公司债券（点心债券）项目。

并购与公司业务

海问在兼并与收购法律服务领域表现卓越。我们的并购律师广泛参与金额巨大、结构复杂和具有创新意义的国内和跨境的并购交易，包括收购重大资产、企业合并、股权收购、重组及设立合资企业等。我们在并购交易中曾为收购方、被收购方、贷款人或财务顾问提供法律服务。我们的客户包括国内外的公司、投资银行、风险投资基金、私募股权基金和商业银行等。

我们曾参与众多大型复杂的并购交易，并一直被国内和国际投资银行向其客户推荐为中国最好的并购律师事务所之一。

在极为复杂的并购交易中，我们的律师亦能够提供中肯的专业意见，从而有成效和高效率地筹划交易结构并使之得以实施。除了专事并购业务的律师团队之外，我们的争议解决、证券、公司与银行、反垄断、劳动、税务、知识产权、房地产、环境和其他专业领域的同事亦时常参与其中，提供相关专业建议，协助客户完成并购交易。

【争议解决】

争议解决在中国具有独特的挑战性。海问充分认识这些挑战，并致力于向公司客户提供其所需的高质量的争议解决专业服务。

我们的争议解决团队注重于解决国际和国内贸易、外商直接投资、证券交易、建设项目和知识产权等领域的争议。海问以符合最佳国际惯例的方式，成功代表境内外客户处理了数百起的仲裁和诉讼案件。

多年来，我们在争议解决方面的服务质量已为商界所认可。我们在争议解决业务中代理的境内外客户包括IBM、艾默生、德国拜尔、德意志银行、蒂森克虏伯、富士施乐、惠普公司、霍尼韦尔、加拿大皇家银行、甲骨文、联邦快递、美国宝洁公司、美国空气产品公司、日本NEC、神户钢铁、雅虎、中纺、中国华电工程、中国华润、中国五矿、中粮、中石化和中银集团等。

华堂律师事务所

【基本概况】

华堂律师事务所（以下简称“华堂”）1998年在北京成立，是经中华人民共和国司法部批准设立的合伙制律师事务所。华堂由若干在法律实务、法律研究领域卓有成就的专家型律师组成。华堂的大部分律师已执业多年，大多数律师为教授、专家或具有硕士以上学位，部分律师具有海外学习或工作背景。

建所以来非常注重年轻优秀人才的吸收和培养，招聘了多名毕业于国内外著名法学院校的律师。

华堂和社会各界、政府机构、境内外若干中介机构保持着良好的业务联系与合作，能够在不同领域为客户提供及时、有效的法律服务。华堂律师具有丰富的承办各类法律业务的实践经验，承办了若干在国内外有重大影响的项目和案件。

经过多年的发展，华堂在律师界涉及业务领域广泛，专业特色突出，在股票发行与上市、企业并购、公司资产重组、外商投资、国际贸易、金融、保险、房地产、私募基金、风险投资、涉外诉讼仲裁等领域业绩不菲，积累了丰富的经验。

华堂律师不仅重视法律实务，而且致力于法学理论研究与探讨。多名律师曾参与国家法律、法规及政府规章的起草、制定工作。

华堂律师具有深厚的法律功底、较高的业务素养和合理的知识结构，熟练掌握外语、具有工程技术、财务会计、金融税务等专业知识。

多年来，华堂严格遵循行业公认的律师执业标准和准则，恪守勤勉尽责、客户至上、竭诚服务、追求公正的宗旨，以实现委托人合法权益最大化为目标，致力于为客户提供优质、高效的法律服务，受到中外社会各界的肯定和好评。

华堂的客户范围不仅包括境内外自然人和各类公司、企业、社团，也包括中央地方政府有关部门。不同领域的法律事务，由专长该领域的合伙人或资深律师主办；凡重大、复杂项目或案件，均由合伙人或资深的专业律师组成项目小组研究讨论，制定具体的项目方案并实施。

华堂愿以全体律师的经验、智慧、判断力和勤勉的执业精神，竭诚为中外客户提供优质、全面、高效的法律服务。

华堂全体律师希望通过自身的不断努力和进取，为中国经济的发展、为中国与世界各国在经济、技术、贸易等领域的交往与合作，提供适应全球经济发展需要的法律服务。

【专业领域】

1. 金融证券

华堂是经中华人民共和国司法部、中国证券监督管理委员会核准的具有从事证券法律业务资格的律师事务所。华堂能够为股份有限公司股票境内外发行、上市；股份制改组、资产重组、股权转让等提供专门的法律服务。包括：

公司的重组改制；

股份制公司的股权转让；

企业收购、兼并与转让；

审查公司招股说明书等文件；

起草、审查、修改公司章程和其他相关发行文件；

审查公司股票的发行与上市方案并出具法律意见书；

审查公司的物权、债权及债务凭证；

参与公司重组、债权债务调整、公司组织结构安排等事务；

银行贷款及委托贷款合同的审核；

融资租赁有关事宜；

贷款担保的审核及担保纠纷处理；

储蓄纠纷的处理；

票据、存单纠纷的处理；

保险合同有关法律事务；

保险合同的索赔与理赔；

其他有关金融证券的法律事务并购与公司业务。

2. DM法律业务

华堂所是我国最早介入CDM领域的律师事务所，已经为此成立专业团队从事研究和服务。争议解决普通企业并购重组。

华堂律师事务所就股份制改组、资产重组、股权转让等提供专门的法律服务。包括：

公司的重组改制；

股份制公司的股权转让；

企业收购、兼并与转让；

起草、审查、修改公司章程等其他相关文件；

参与公司重组、债权债务调整、公司组织结构安排等事务；

与企业并购重组相关的其他法律事务。

3. 房地产企业并购重组

华堂律师事务所就房地产企业就项目收购、资产并购、股权并购等提供专门的法律服务。包括：

并购前的法律尽职调查；

资产并购或股权并购框架协议的谈判和拟定；

并购中的跟进和相关重大问题法律意见书的出具；

起草、审查、修改公司章程等其他相关文件；

参与公司重组、债权债务调整、公司组织结构安排等事务；

涉及并购后公司治理结构和公司激励机制等。

4. 房地产业务

房地产开发与重组；

土地使用权招投标之法律服务；

房地产私募基金的设立和运作；

土地使用权出让、转让、出租与抵押；

房地产销售、预售、转让；

房地产合同签约、预售登记；

房地产按揭贷款；

房地产抵押、租赁；

房地产诉讼与仲裁；

房地产税费及其他法律问题。

5. 知识产权

6. 国际贸易

7. 贸易与合同

8. 诉讼、仲裁

业绩介绍

华聚氨酯股份有限公司股份制改造及股票发行上市

威海广泰空港设备股份有限公司股份制改造及股票发行上市

山东东阿阿胶股份有限公司股份制改造和股票发行上市

烟台东方电子信息产业股份有限公司股票发行上市

南通富士通微电子股份有限公司股份制改造及股票发行上市

江苏通鼎光电股份有限公司股份制改造及股票发行上市

山东鲁北化工股份有限公司股份制改造及股票发行上市

山东鲁能泰山电器股份有限公司股份制改造和股票发行上市

山东海化集团股份公司股份制改造及股票发行上市

山东万杰高科股份有限公司股份制改造及股票发行上市

山东铝业公司股份制改造和股票发行上市

山东南山实业股份有限公司股票发行上市

北京隆源实业股份有限公司股份制改造、股票发行上市

海南港澳实业股份有限公司股份收购

中建一局第四建筑工程公司股份制改造

凯旋燃器具股份有限公司股份制改造

四川广汉向阳实业股份有限公司股份制改造

北京柳首席俱乐部股份有限公司特别清算

海南金海股份有限公司股份制改造

太原双塔刚玉股份有限公司股份制改造

内蒙古赤峰富龙热力股份有限公司股份制改造及发行上市

山东胜利股份有限公司股票发行上市及配股

山东省四砂股份有限公司股份制改造

葫芦岛锌业股份有限公司配股主承销商律师

林海股份有限公司配股主承销商律师

山东华泰纸业股份有限公司股票发行上市主承销商律师

浙江金鹰股份有限公司股票发行上市主承销商律师

吉林电力股份有限公司股票发行上市主承销商律师

烟台华联发展集团股份有限公司配股主承销商律师

上海益民百货股份有限公司配股主承销商律师

上海振华港口机械股份有限公司增资发行

得利斯集团公司产权界定及改制

国投原宜股份有限公司股权转让

大鹏证券有限责任公司增资扩股

河北证券有限责任公司增资扩股

天骥投资基金清理规范

盛源投资有限公司上市公司股份收购

山东得利斯农业科技股份有限公司重组改造

洛阳证券有限责任公司增资扩股

烟台万华合成革集团公司债转股工作

中国信达资产管理公司与某公司债转股法律事务

辽宁新太科技股份有限公司股票发行上市主承销商律师

山东九发食用菌股份有限公司股权分置改革

山东鲁抗医药股份有限公司股票增发与上市

渤海集团股份有限公司转让上市公司壳资源

山西晋城无烟煤矿业集团有限责任公司收购化工企业

中国服装股份有限公司资产重组、股权分置改革

中国华能集团公司专项法律服务

威海金泓化工有限公司改制

北京天鸿集团公司国有股权转让

北京海淀科技园建设股份有限公司国有股权挂牌转让

MAE ENGINEERING LTD. 与北京建工集团有限责任公司、北京北安建达物业管理有限公司成立中外合资企业项目法律顾问

山东鲁西化工有限公司非公开发行股票上市及短期融资券

中国新纪元有限公司与北京天鸿集团公司将持有的北京中关村科学建设股份有限公司国有股权挂牌转让

环球律师事务所

【基本概况】

环球律师事务所（“环球所”），1984 年由中国国际贸易促进委员会（CCPIT）根据国务院相关规定设立，2001 年初改制为合伙制。环球所是中国改革开放后最早成立、在中国律师业中居于显著领先地位的大型综合性律师事务所。

环球所在外商投资、公司并购、公司上市、国际融资、私募及风险投资、能源和基础设施投资、海商海事、反倾销、国际商事仲裁等众多法律服务领域均在国内同行业处于领先地位，多年来一直被亚太法律 500 强（Asia Pacific Legal 500）、钱伯

斯(Chambers)、亚洲法律评论(AsiaLaw Profiles),亚洲法律业务(Asian Legal Business)和国际金融(International FinanceReview)等国际权威的法律行业评论机构评选为中国最佳律师事务所之一。

【众多第一】

第一例

环球办理的堪称中国第一例的案件和项目包括:

第一个以项目融资方式从境外筹资的电站——山东日照电厂;

第一件应用国际商会 DOCDEX 规则解决信用证纠纷的案件——北京市商业银行信用证案;

第一、第二个中国企业发行 N 股并在纽约证券交易所上市项目——1992 年华晨中国汽车工业控股有限公司和 1994 年中国玉柴国际有限公司上市项目;

第一个中国企业在斯德哥尔摩的仲裁案——广东三水中外合资公司在瑞典斯德哥尔摩商会仲裁院仲裁案;

第一件代理申请承认和执行外国海事仲裁裁决成功的案件——"嘉顿门"轮案;

第一次涉及 1969 年国际油污损害民事责任公约(CLC)的海上溢油污染诉讼案件——"烟救油 2"轮油污案;

第一个离岸资产证券化项目——中国远洋运输公司(COSCO)1997 年海外应收账款的资产证券化项目;

第一个在岸资产证券化项目——中国华融资产管理公司 2003 年总额为人民币 132.5 亿元的债权资产信托处置项目;

第一个"证券价格操纵"案的刑事辩护——吕梁等人被控操纵中科创业(0048)证券价格案,涉案金额人民币 51 亿元;

第一个军工集团公司民品主业整体上市——2009 年中国船舶重工股份有限公司 A 股上市及 2010 年重大资产重组;

第一个两家 NASDAQ 上市公司的中国业务与资产合并项目——新浪和分众传媒 2008 年合并户外广告业务项目,交易额约 100 亿人民币;

第一个国内控股公司完全以境外业务和境外资产在国内发行 A 股的项目——招商能源运输股份有限公司 A 股上市;

第一个国有企业以国内 A 股公司股份在海外反向收购红筹股上市公司并实现买壳上市——2009 年天津港集团以其持有的天津港股份(SH:600717)的股权买壳收购天津港发展(HK:3382),收购金额约 100 亿人民币。

【专业领域】

资本市场
公司与投资
收购与兼并
私募股权和风险投资
银行与融资
国际贸易
海商海事
竞争法
争议解决
航空法
知识产权
税务
项目建设与建筑
房地产
保险
破产法

【荣誉资质】

环球在彭博(Bloomberg)《2010 年中国并购排行榜》中名列亚太地区律师所的前茅

环球所获得 2010 年度"银行业务最佳律师事务所"大奖

钱伯斯亚洲 2010

TheAsia Pacific Legal 500(2009/2010)

TheAsia Pacific Legal 500(2008/2009)

2006 年和 2007 年《TheAsia Pacific Legal 500》

《亚太律师事务所五百强》(2002 - 2003 版)

竞天公诚律师事务所

【基本概况】

竞天公诚是中国最早获准设立的合伙制律师事务所之一。自成立以来,竞天公诚一直致力于在各个专业领域为客户提供卓越高效的法律服务。经过近二十年的稳健发展,竞天公诚已成为中国最具规模的综合性律师事务所之一,在诸多领域处于国内领先地位。竞天公诚目前战略性地选择在北京、上海、深圳和成都设立办公室,为国内外客户提供全方位的法律服务。

竞天公诚的律师均拥有良好的专业知识背景,很多律师曾在有关政府部门、国内外律师事务所和企业从事法律服务,在相关专业领域积累了丰富的执业经验。竞天公诚还通过不间断的业务学习和培训,持续地提高其律师团队的专业服务水平。细致的专业分工和一体化的管理制度,则进一步确保了竞天公诚能够长久地为客户提供富有深度的、全方位的法律服务。

竞天公诚的卓越服务在业界赢得了很高的声誉和评价。

【专业领域】

证券与资本市场
外商直接投资
银行和融资
兼并与收购
私募投资和风险资本
海外投资
房地产
电信、媒体和科技
能源和自然资源
基础设施
反垄断
知识产权
劳动法
破产、重整与清算
争议解决

【荣誉奖项】

钱伯斯法律评级机构(Chambers & Partners)的出版物"钱伯斯亚太地区——亚洲领先商事律师"(2012 版)在"银行和金融""资本市场:债券和证券""公司/并购""私募股权:并购投资""争议解决""能源 & 自然资源""商事法律:中国南部"和"房地产"8 个领域内推荐本所为"领先律师事务所"。

钱伯斯法律评级机构(Chambers & Partners)的出版物"钱伯斯全球——客户指南"(2012 版)在""银行和金融""资本市场:债券和证券""公司/并购""争议解决""能源 & 自然资源"5 个领域内推荐本所为"领先律师事务所"。

2012 年 12 月 4 日,本所 6 项交易获得《商法》杂志 2012

年度杰出交易奖项。其中：

双汇发展全面要约收购及重大资产重组交易被评为年度最佳对内并购交易；

大连万达并购 AMC 被评为年度最佳对外并购交易；

内蒙古伊泰煤炭香港上市被评为年度最佳海外股权交易；

中国交通建设上海 A 股上市被评为年度最佳国内股权交易；

宝钢发行 65 亿债券被评为年度最佳债权交易；

兖州煤业下属公司发行 10 亿美元债券被评为年度最佳债权交易。

2012 年 9 月 13 日，在《中国法律与实务》(《ChinaLaw & Practice》)举办的颁奖晚会上，竞天公诚律师事务所荣获资本市场最佳中国律师事务所。

本所承办的宝钢集团有限公司发行人民币债项目，万达集团并购 AMC 等项目分别荣获最佳债券交易和最佳并购交易提名奖。

君合律师事务所

【基本概况】

君合律师事务所成立于 1989 年 4 月 15 日，是中国最早设立的合伙制律师事务所之一。自其成立以来，君合即致力于提供一流的商业与诉讼法律服务，其在中国律师业重建和发展过程中的先锋作用为业内所共知。历经十几年的发展，君合现已成为一家提供全方位法律服务、在许多法律服务专业领域占据领先地位的律师事务所，并将继续努力不断提高其专业服务水平。

君合总部设于北京，在上海、深圳、广州、大连、海口、香港、纽约和硅谷设有分支机构。君合现有执业律师及其他专业人员四百余名，工作语言有中文(包括普通话、上海话、粤语)、英文、日文等。全所范围内一体化的计算机管理系统及一流的通讯设施，更从硬件上保证了君合可及时向客户提供高质量的法律服务。

君合在以其卓越的服务水准和出色的工作业绩获得客户高度赞誉的同时，还获得了国内外专业机构的认可和奖励。

君合是两大国际律师组织 MULTILAW 及 LEX MUNDI 中唯一的中国律师事务所代表。

【丰富的业务经验】

与大多数中国律师事务所不同，君合经受住了时间的考验并在经济变革及社会变迁的浪潮中坚持不懈。在中国改革开放之初，社会对成熟法律体制的需求日渐明显。君合的创始人迎合了这样的需求，并成为中国最早设立的私人律师事务所之一。

君合创业之初颇为不易。我们没有其他律师事务所的先例可以参考；君合本身就是一个先例。君合将私有化律师执业从例外变成了常规。如今，二十年过去了，君合已经成为一家卓越的、全方位服务的律师事务所，在世界各地均设有分支机构。

【管理及团队】

要成为一名出色的律师不仅仅需要积累经验。这同样需要正直、创新的思考能力以及团队合作的精神和素质。君合在聘用律师时十分看重这些素质和能力。从第一天始，君合的创始人坚信，君合事务所的大门永远向有潜力的律师开放。

君合依赖于这些有无限潜力的律师，以在所内建立一个良好的内部管理系统。团队合作是交易成功的基础。君合参与的国际商业交易往往十分复杂并涉及多个领域的法律问题。每一个交易都要求很多君合律师发挥其特长，也正是通过这样的合作，我们能够全面有效地为我们的客户提供服务。

【尽职勤勉】

仅仅看到自身需求的律师事务所是无法成为一个好的律师事务所的。君合设立的宗旨永远是将客户的利益放在第一位，我们也因为坚守这一宗旨而知名于这个行业。九十年代，君合引入利益冲突检索规则，而这一做法后来为中国律师协会所采纳。律师与客户之间的忠诚往往是双向的，对客户持续的忠诚意味着客户对律师事务所持续的忠诚。君合每年获得的无数奖项见证了我们对这一原则的承诺。

【创新的思考能力】

君合许多律师海外的学习或工作经历，并将他们国际化的视角融入到中国法律体系中。数十年前，君合为新的商业交易建立了当时法律中并无先例的法律架构。

如今，君合超过 90% 的合伙人毕业于国外法学院或曾在国外生活、工作。我们对国外法律行业和国外商业模式有着很深的理解和认知。

【将来】

没有人能预测二十年后的君合会是如何，但我们拥有一个良好的基础继续保持君合领先律师事务所的地位。

我们并非要成为最大的律师事务所；我们希望基于客户的需求去发展，而无损我们服务的质量。中国正发展为一个全球商业枢纽，君合愿为未来法律和商业发展开拓新的道路。

【社会责任】

君合在中国的影响力不仅体现于提供优质的法律服务，还包括了其高度的社会责任感。君合作为一个有影响力的大所，深知其社会责任感对于同行业的积极影响，因此一直致力于公益事业。

君合投入大量人力物力，支持教育项目、设立奖学金、提供法律服务以及参与公益事业。君合通过各种不同的方式，为诸多项目提供服务和支持，以期中国的年轻一代能够获得良好的教育，有更光明的未来。

1994 年君合成立五周年之际，君合设立了中国律师界的第一个奖学金项目“君合律师人才奖学金”，奖励北京地区高等院校法学专业的优秀学生。

君合还致力于西部地区希望小学建设事业。2007 年 8 月中旬，由北京市律协捐助的 6 所希望小学的孩子们受邀到北京过暑假，君合等 6 家律师事务所给孩子们安排了寓教于乐的参观游艺项目。

2007 年 6 月，君合发动组织了为北京市太阳村特殊儿童救助研究中心的孩子们献爱心、送温暖活动，君合的几十名合伙人、律师、行政人员及其子女都参与到活动中，与孩子们一起迎接“六一儿童节”的到来。

君合通过提供无偿法律服务的方式参与到新公民计划中，这是南都基金会成立后发起的第一个大型公益活动。君合的许多合伙人和律师积极参与，无偿为外来务工人员及其子女教育、心理健康和基本保障等问题提供相关法律服务。2007 年 9 月 15 日，君合应邀与社会各界人士一起出席了朝阳第一新公民学校的开学典礼，这也是君合重点参与并提供法律服务的第一所新公民学校。

2006 年，南都基金会在筹备阶段就主动向君合询问是否能够提供法律上的帮助，在了解到南都基金会的成立是为促进全国公益事业发展、致力于解决新中国转型时期产生的各种社会问题、推动社会的公平与和谐等宗旨之后，君合表示积极参与。

2006年11月，君合参加了为社会公益机构免费提供法律服务的NPP(Non－Profit Partners)公益组织，致力于促进中国公益事业的更好发展。

君合多年来一直向春蕾计划及希望工程捐款，资助贫困孩子上学。

【荣誉奖项】

2012年11月16日，The M&A Atlas Awards 2012颁奖晚会在香港举行，君合获得了公司业务年度最佳项目奖(中等规模市场)：合兴集团公司收购Summerfield Profits公司。

2012年9月13日，在北京举行的China Law & Practice Awards 2012年年度法律评奖的颁奖晚会上，君合获得以下2项大奖：

PRC Firm of the Year 2012。

PRC Mergers & Acquisitions Team of the Year 2012。

2012年9月7日，在香港举行的ALB Hong Kong Law Awards 2012年年度法律评奖的颁奖晚会上，君合香港分所获得年度最佳中国律师事务所香港分所。

2012年6月14日，在法国巴黎举行的International Legal Alliance Summit & Awards评选的颁奖晚会中，君合第四次荣获“年度中国最佳律师事务所”金奖。

2012年3月28日，ALB China Law Awards 2012颁奖晚会在北京举行，君合获得“年度最佳中国律师事务所”、“年度最佳银行业律师事务所”、“年度最佳诉讼律师事务所”、“年度最佳税务律师事务所”、“年度最佳股票市场项目－Hutchison Port Holdings Trust Singapore IPO and listing on SGX”五项大奖。

2012年2月23日，IFLR Asia Awards 2012颁奖晚会在香港举行，君合获得了以下奖项：

Equity Deal of the Year－Prada IPO。

2012年2月23日，Chambers China Awards 2012颁奖晚会在北京举行，君合获得年度最佳公司与并购律师事务所、年度最佳工程与基础设施律师事务所两项大奖。

君泽君律师事务所

【基本概况】

君泽君律师事务所(“君泽君”)于1995年创立，总部位于北京，是国内最早也是最大的合伙制律师事务所之一。

君泽君在全国7个城市设有办公室，现有50多名合伙人及300多名执业律师，他们来自民商事法律的代表性专业领域、具有宽广的视野、丰富的经验、突出的执业专长以及超群的专业优势；他们绝大多数都毕业于国内外著名的学校，拥有良好的教育背景；许多律师还具有立法机构、司法机关、行政部门以及金融、证券、信托、股权投资、企业和高等院校、研究机构等工作阅历；多名律师曾参与国家重要法律、法规、部门规章以及行业、领域行业规则的论证、起草和修订工作。

君泽君拥有一大批对金融、资本市场、各类产业投资、基础设施及公用事业、税收、房地产与建筑工程、知识产权、国际投资和贸易及争议解决等领域有深刻理解和丰富实践经验的律师团队。

君泽君多年来始终专注于中国金融及资本市场的制度创新、业务创新、产品创新。君泽君的精英律师团队在金融机构设立、改组和重组，结构性融资，金融产品创新特别是信托产品、金融衍生品及其他创新金融产品的研发设计方面处于中国市场的最领先地位；君泽君律师在证券发行和上市、私募股权投资、产业整合及并购、外商直接投资和并购、基础设施及公用事业、保险资产管理及运营、不良资产处理、医疗健康产业整合、房地产等领域的法律服务中居于国内领先地位。在上述领域，君泽君曾经或正在承办众多创新、领先或代表性的案例。

君泽君一贯倡导及践行以服务客户为核心，深化专业分工，优化及灵活配置法律服务资源，使君泽君能够为来自不同文化和产业领域的客户提供高品质、个性化和增值型的法律服务。君泽君拥有广泛及稳固的客户群体，其中既包括百余家境内外主要金融机构、数十家世界五百强公司，也包括众多拥有良好声誉和业绩的大型国有企业、上市公司和树立了竞争优势或具有高成长性的民营企业。君泽君同时也为国内外政府机构、国际组织、政府间组织、商会、行业协会等提供中国法律服务。

君泽君律师长期积极参与国家立法机关和金融监管机构的诸多立法或修法活动。君泽君在学术、专业领域的持续深度研究能力和良好声誉赢得了监管机构、业界、客户的广泛肯定和尊重。除日常法律研究工作外，君泽君还编辑出版《金融创新与法律》，《君泽君资讯》，与人民大学合办信托与基金研究所，出版《信托与基金研究》。君泽君可以针对行业特征、客户及其业务的个性需求，提供专业法律报告等延伸法律服务，力求为客户提供更多层面的增值服务。

此外，君泽君积极投身法律服务相关的公益事业，参与公益诉讼，践行着律师的社会责任和执业良知。

得益于中国市场经济的稳健增长以及商业法律环境的日益成熟，经过近20年的辛勤耕耘及对执业品质的不懈追求，且秉承为客户提供高质量服务、为社会创造价值的宗旨，君泽君在中国民商事法律的多个领域始终保持着领先地位和专业优势，是中国国内具有领先地位及最优秀的律师事务所之一。

【业务领域】

君泽君现有金融部、国际业务部、投资银行部、公司事务部、税务部、房地产与建筑事务部、诉讼与仲裁部、国际贸易与政府规章部、知识产权部等九个业务部门。同时，为了提升专业素养，君泽君设有研究与信息部；为了更了解客户需求，不断改善服务质量和效率，确保业务合规和避免利益冲突，君泽君还设有客户服务部。

君泽君的理念：客户利益至上，并与客户共同发展。

君泽君律师团队

合伙人40余名，律师专业人员200多人；

半数以上具有硕士、博士学位；

半数以上具有五年以上的专业律师从业经验；

绝大多数律师具有政府部门、金融证券、产业投资、司法系统、高教单位等双重或多重工作阅历；

多名律师参与信托法、证券投资基金法、公司法证券法及许多法规和部门规章等文件的起草和修订；

经常受邀出访境外客户、合作伙伴以及出席国际性专业会议。

【服务方式】

团队协作是君泽君的核心服务方式，君泽君向客户提供法律服务时，强调团队作用和协作精神，以团队方式开展具体服务，并充分利用本所资源最大限度的满足客户需求。

对比较重大或疑难的服务项目或某项法律问题，君泽君将依靠如下四个层面的服务保障和监督体系，确保为客户提供最优质的法律服务：

项目工作小组：针对每个法律事务项目的特点，配备具有相关经验和专业技能的律师，组成项目工作小组，提供服务；

项目内核机构：由本所资深律师组成，对项目办理工作提供指导性意见，参与项目办理最佳方案及核心问题的讨论；

部门会议：对于大型项目，可由业务部门主管牵头，组织项目小组成员研究讨论，负责把控项目进展的关键环节和整体协调；

业务指导工作委员会：在行使专业培训、项目质量监管等通常职责外，对于个案事务中出现的重大疑难问题，召集项目小组成员、相关部门主管及所内其他有相关知识和经验的资深律师（必要时还可外请专家）研究讨论解决方案。

此外，君泽君还设立专业的研发部门，除日常法律研究和提升工作外，还编辑出版《金融创新与法律》，《君泽君资讯》，与人民大学合办信托与基金研究所，出版《信托与基金研究》。并可以针对行业特征、客户及其业务的个性需求，提供专业法律报告等延伸法律服务，力求为客户提供更多层面的增值服务。

君致律师事务所

【基本概况】

北京市君致律师事务所（简称“君致”）总部位于北京，是一家专长于证券、金融、投资（PE）、并购、企业治理以及国际商事等领域的综合型合伙制律师事务所，具有银行间市场交易商协会会员资格、天津股权交易所会员资格等从事资本市场业务的相应资质，业务领域包括证券与资本市场、银行与金融、并购与重组、私募股权投资与风险投资、外商投资与境外投资、反垄断与反不正当竞争、知识产权、房地产与建筑工程、国际贸易救济、诉讼与仲裁。

多年来，君致承办了数百宗境内外股票发行与上市、债券发行与上市及投资、资产重组、收购兼并业务，在业内树立了良好的口碑。君致所与境内外众多知名证券公司、会计师事务所、评估机构、评估级机构等建立了广泛的联系与业务合作，与业务主管部门建立了良好的沟通渠道。

君致律师团队均受过良好的法学教育，熟通中国及境外法律，谙悉资本市场运作规则，秉持客户至上的理念，致力于为客户提供一流的法律解决方案，以卓越的专业服务使君致成为客户值得信赖的伙伴。

君致愿与国内外客户一道，缔造财富、创造和谐。

【业务领域】

作为一家致力于提供全面商业法律服务的律师事务所，在多年的执业过程中，君致为众多的国内外客户提供了各专业领域的法律服务。为保证提供高质量的法律服务以适应法律服务专业化的要求，君致的每个律师通常专注并专长于某一两个业务领域。当客户需要涉及不同领域的综合法律服务时，各业务领域的律师可随时提供支持和紧密协作。

君致的主要业务领域包括：

证券与资本市场

银行与金融

并购与重组

私募股权投资与风险投资

外商投资与境外投资

反垄断与反不正当竞争

贸易救济

房地产与建筑工程

知识产权

诉讼与仲裁

【经营理念】

“专业、至诚、高效、优质”的服务理念，坚持“格物求真，君方致正”的文化理念，尊崇“客户至上”的执业精神，尽心竭力为客户提供优质可行的商业解决方案。

【君致团队】

北京市君致律师事务所（简称“君致”）秉承“格物求真，君方致正”的理念，以高素质的律师人才为基础，实行严格、科学的管理，凭借优良的办公环境和现代化的办公设备，积累了丰富的执业经验。

君致的合伙人、执业律师，均受过良好的法学教育，他们大都毕业于北京大学、中国人民大学、武汉大学、中国政法大学等著名学府，多数具有法律硕士或博士学位。

君致的合伙人和执业律师大多为执业多年的资深律师，具有较高的执业素质和专业水平，能够熟练运用中英文进行工作，部分律师曾赴美国、英国、加拿大等国家留学，具有在国外的律师事务所执业的经验。这些聚集在君致的优秀律师以其精深广博的专业知识、扎实的专业能力、丰富的执业经验、广泛的社会联系，为客户提供高质量的法律服务。

君致实行严格、科学的管理，对于客户的每一项具体工作，君致都指派相关领域的资深律师组成专门的律师团队、为客户提供高水准、专业化的法律服务。

在执业过程中，君致与政府部门、社会团体、企事业单位及相关的中介组织建立了长期、紧密的合作关系，还专门聘请政府部门、大专院校、科研院所的有关专家学者作为本所顾问。同时君致还向客户、相关的行业协会和其他专业机构及时提供中国最新的民商事法律、法规、规章、政策的信息和动态。

通力律师事务所

【基本概况】

通力律师事务所是一家执业领域包括金融、公司和商业的中国领先律师事务所。我们坚持与客户一起工作的理念，通过与客户的良好沟通，在充分理解客户商业需要的基础上，坚持务实但又富有建设性的法律问题处理方法，以帮助实现客户的商业追求。

通力自 1998 年在中国的金融中心设立时起，就始终走在金融法律和公司法律发展的最前沿。许多国际金融机构和跨国公司客户向通力律师寻求创造性、战略性的法律服务，以适应其在中国本土化的进程，并寻求中国本地法律环境的保护，以避免在中国适用外国法律所带来的风险。我们运用专业技术，发挥想象力，不断创新，迅速成为了银行金融、资本市场以及公司领域的中国法律服务市场领先者。

通力曾为中国第一家外商控股上市公司设计法律框架，帮助通过收购兼并设立外商投资股份公司；为中外客户就其国内商务活动创造了资产信托融资模式，帮助外资银行建立人民币融资和信贷操作规程及制订人民币标准文本；参与中国第一只开放式基金和第一只指数基金的发行设立；为香港上海汇丰银行和香港上海商业银行对上海银行的投资提供法律服务，开创了境外银行入股中国本地银行的先河。

中国加入世界贸易组织这一事件对中国和其它国家的经济发展产生了深远的影响。通力对在这一背景下收购兼并和公司融资交易量的迅速增长和交易复杂度的增加做出了最为敏锐和迅捷的反应，并已成为该市场上的先驱者。在我们 2002 年完成花旗银行对上海浦东发展银行战略投资这一开创性的交易后，银行领域的市场化和重组业务及日益活跃的并购活动占据了我们的公司和银行的业务领域。我们参加了恒生银行对兴业银行的投资、澳洲联邦银行对济南商业银行及杭州商业银行的投资，以及法国巴黎银行对南京商业银行的投资和通用电器消费信贷与深圳发展银行的信用卡合作。我们在中国并购领域的领先地位也包括上海汽车集团对韩国双龙汽车的收购、杜邦向 Koch 出售 DTI 业务、中远太平洋对中国最大的集装箱码头和其他码头的投资、摩根大通和摩根斯坦利对中国房地产的投资，这一切均表明和应和了日益活跃的国际公司整合其中国业务布局、中国市场及中国公司“走出去”的市场趋势。

近年来，通力在公司并购、银行金融、项目融资和基础设施以及基金等业务领域持续保持着国内领先的地位，越来越多的跨国公司、金融机构和国内大型公司成为我们的日常客户。同时，通力在诉讼仲裁、私人股权投资、知识产权等业务领域亦日渐壮大，如《学习的革命》版权诉讼和瑞士银行出口信贷诉讼等均金额巨大、社会影响力广泛。通力亦致力于继续扩大和强化日本业务的同时，以更好地为客户提供专业并且有效的法律服务。

【执业理念】

服务于客户，实现交易

我们的宗旨是帮助客户实现其商业目的，我们的工作不仅是帮助客户避免风险，而且是解决问题，促使交易成功。客户的成功就是衡量我们成功的标准。我们富有实践经验且具有商业意识的律师团队正是通力与客户共同成功的最大保证。

国际性的眼光与当地经验的结合

我们的合伙人和业务律师中许多人均具有在境外（美国、英国、法国、日本、香港、澳大利亚、韩国）从业、执业或接受教育和职业培训的经历。这些背景使得我们对于法律服务具有国际性的眼光并对跨国商业活动拥有更多、更深的理解。同时，作为中国这个新兴法律服务市场的参与者，我们在中国市场的执业实践，在本土市场上的扎根发展以及我们对中国市场和文化的了解和专业优势则是我们的立身之本。

与市场同步发展

我们敏锐的市场意识和与政府机构良好的合作关系使得我们能充分关注活跃发展的市场动向，并始终透析最前沿的法律变革。我们始终坚持让客户了解最新的市场发展动态，以使得我们的客户能够清晰明确地把握随时涌现的商机。

【特色】

向客户提供优质服务的目标要求我们不断地增强律师个人专业素质和团队合作能力。为使我们的律师能持续地拥有最高标准的法律专业知识和实践经验，我们建立了具有明确针对性的、互动性的培训机制。同时，我们也聘请国际性的专业机构负责合伙人、业务律师和秘书的部分培训项目。我们坚信，我们的竞争力并不仅仅依赖于合伙人的能力，而是取决于事务所的每位成员。

我们先进的高科技设施和通讯设备创造性地改进了我们与客户协同工作的方式。通过不断地提高我们的效率和反应能力及以法律简报、专题报告、研讨会和集中培训等方式与员工和客户共享法律信息，我们始终保持着对客户商业需求的高度关注，从而不断提高我们的竞争力。

一体化的合伙

我们的成长依赖于全体合伙人、业务律师和辅助人员的倾力奉献和通力合作。我们依赖并重视事务所的每一成员。怀着这样的信念，我们坚定不移地走事务所一体化的道路，为客户提供一体化的服务。

一体化的执业模式

执业水准的一致性、人员的稳定性以及视野、经验、专业诀窍和资源的共享一直是通力努力的方向。我们所有的客户均能不受时空限制而与我们的律师取得联系并获得服务。我们在一个办公地点的律师经营与其它办公地点的各个领域的律师通力合作，使我们的客户均能在不同的地方获得同样质量的法律服务。

跨专业服务方式

为满足不断提高的处理复杂和专业交易的要求，我们建立了覆盖银行金融、资本市场、公司以及诉讼仲裁等领域的专业部门。与此同时，客户的需求也使我们比以往任何时候更加注重专业部门之间的合作。例如，我们一些银行金融的律师正与收购兼并的律师合作一些金融机构的并购交易。

充满活力的事务所文化

人才是我们最有价值的财富。我们致力于建设培育精英、彰显才华、团队合作和忠诚守信的事务所文化。由于我们执业领域的多样性，我们十分重视培养年青业务律师在广泛执业领域的实践经验。我们的每一位业务律师均能与多位合伙人进行合作，从而有机会接触并学习多样化的业务知识、执业技巧和风格，获得迅速的成长。事务所因而保持不断的活力。

【优质服务】

服务无界限

随着我们在全国范围内业务参与的不断增加和处理重大复杂交易能力的声誉的逐渐增强，通力经常性地成为客户全国性业务活动中的首选中国律师事务所。由此，我们的执业范围绝不仅限于我们已设有或将设有办公地点的城市。通力可在客户需要我们出现的任何地区提供法律服务。通力植根于上海和北京，但我们清楚地意识到，通力的未来植根在每一个客户需要我们法律服务的地区。

文化和语言

当我们代表在中国投资的国际客户或在海外投资的国内客户进行跨境交易时，除了提供法律服务，我们还经常为处于不同的法律和商业背景的交易各方沟通起到了桥梁作用。我们拥有精通英语、法语、日语和韩语的律师和一支训练有素的翻译队伍辅助律师的工作。

国际协作

作为一家拥有众多国际客户并经常参与跨国交易的律师事务所，我们与在纽约、伦敦、巴黎、东京、香港、新加坡和首尔等国际金融中心及其它世界主要城市的国际性律师事务所建立了长期、良好、紧密的合作关系。在跨国交易中，我们可根据客户的要求，利用上述广泛的国际协作关系，为我们的客户提供最可信赖的法律服务。

【专业领域】

资产管理

银行与项目融资

资本市场/公司融资

公司和商业

纠纷解决

金融机构

收购兼并/资产重组

私人股权投资/风险投资

房地产

税务/海关

天元律师事务

【基本概况】

北京市天元律师事务所创立于1992年，是中国成立时间最早和规模最大的合伙制律师事务所之一。天元的总部位于北京，并在上海设有分所。

天元拥有优秀的律师团队。天元目前有执业律师及其他专业人士共200多名。天元的绝大多数律师获有国内外著名法学院校的硕士、博士学位，其中，很多律师拥有在国际知名律师事务所或公司法律部门多年的工作或学习经历。天元律师能够以普通话、英语、法语、日语、韩国语提供法律服务。

天元一直秉持专业、敬业、勤业的理念，致力于为客户提供高质量、高效率、全方位的法律服务。天元作为国内大型综合性律师事务所之一，其业务涵盖了公司并购与重组、证券与资本市场、外商直接投资、境外投资与反向收购、金融和银行、知识产权、房地产、基础设施建设、项目融资、政府采购与招投标、信息产业、资讯与媒体服务、娱乐与传媒、矿产和自然资源、国际贸易、海商与海事、诉讼与仲裁（按业务领域的顺序排序）等多个法律服务领域。同时，天元还不断开发和拓展新的律师业务，或者新的法律服务模式。天元在中国律师业发展过程中创造了多项第一，例如，天元是第一家代表中国企业（如中建总公司、中冶集团、国航等）处理因第一次海湾战争遭受损失向联合国索赔委员会进行国际索赔的律师事务所；天元是中国律师界第一个代表中国企业与国际奥委会谈判申请成为奥运全球战略合作伙伴（TOP项目）的中国律师事务所，等等。

十几年来，天元的法律服务获得了客户的认可和信赖。1998年，天元成为司法部授予的全国首届20家部级“文明律师事务所”之一。2005年，中华全国律师协会授予天元“全国优秀律师事务所”荣誉称号。2008年，天元再次被中华全国律师协会授予“全国优秀律师事务所”荣誉称号。2011年，天元再次被中华全国律师协会评为“2008－2010年度全国优秀律师事务所”。

天元将不断致力于以诚信、勤勉和审慎的态度为客户提供一流的法律服务！

【荣誉奖项】

天元秉持专业、敬业、勤业的律师执业理念，为委托单位、为社会大众提供优质、高效的法律服务，在业内获得广泛好评，并获得主管机关授予的多项荣誉称号或者权威业内机构评选的奖项。

1998年，天元被中国司法部评为首批20家“部级文明律师事务所”之一。

2003年至今，天元多次获得Legal500、Asialaw、Chambers、Mergermarket等国际法律评级机构的奖项和评级推荐。

1998年至2004年，天元均被授予“北京市优秀律师事务所”、“人民满意的律师事务所”、“文明律师事务所”等荣誉称号。

2005年，天元被中华全国律师协会评为“全国优秀律师事务所”，刘艳律师被评为“全国优秀律师”、王立华律师受到全国律协的嘉奖、任艳玲律师被评为“北京市优秀律师”。

2008年，天元被中华全国律师协会评为“2005－2007年度全国优秀律师事务所”。

2010年7月，据《亚洲法律事务》（ALB）统计，本所入选全国律师事务所规模二十强。

2011年，天元再次被中华全国律师协会评为“2008－2010年度全国优秀律师事务所”；天元周研律师被司法部授予“律师行业创先争优党员律师标兵”称号。

2012年，天元被北京市司法局、北京市律师协会评为“2009年—2011年度北京市优秀律师事务所”；同年，天元朱小辉律师被评为“北京市优秀律师”；任艳玲律师被评为“北京市十佳女律师”；柴杰律师、刘玉霞律师被评为“北京市优秀留学归国律师”；郭威律师被评为“北京市优秀青年律师”和“北京市创优争优先进个人”。

【内部治理结构与队建设】

天元在不断拓展新客户群体和新业务领域的同时，也不断反思自身的风险控制制度、内部治理结构和业务工作流程。天元基本实现了工作流程的全程电子化管理，并通过反复实践委托开发了一系列适合律师事务所工作特征和需要的工作软件，这在全国律师事务所中处于领先甚至超前水平。

天元在事务所文化上非常强调团队合作精神，并将之充分体现在律师工作之中。天元自1992年成立以来，在不断壮大的前提下保持了整个所的机构设置和律师骨干力量的稳定性，这保证了天元在承接大型项目需要多位合伙人、律师进行合作攻关时，可以在第一时间保证有足够的人员投入任何急迫、复杂的律师工作，最大限度上减少内部协调成本，充分发挥团队合作优势。

【研究能力和国际法律服务能力】

天元内部形成了一支理论功底深厚、实务经验丰富的法律研究队伍。该队伍常年定期对成型的案件诉讼仲裁和法律合同文本进行整理、分析、修正和补充，实现诉讼业务和与非诉业务之间的交流与互动。同时，天元不断从各种信息来源，包括参与国家相关机构组织的有关政策、法律法规或司法解释的起草、论证和制定工作、热点难点经济法律问题的专家研讨会等途径搜索法律服务产业新的增长点以及新的法律业务。

天元的客户群包括经常进行国际合作的大型企业集团和政府机关，以及大批的国外或跨国公司的客户，因此天元律师在工作中随时都保持着国际性的眼光，并且具有非常系统的国际法律资源和丰富的国际工作经验。天元与全球主要的知名律师事务所及各类法律服务机构保持着长期友好的业务协作关系，常年互派律师进行交流与访问，因此天元在业务中对中国法以外的问题可以随时获得国外法律机构的帮助和支持。

【专业领域】

外商直接投资是天元的传统业务领域之一。我们在这一领域的经验涵盖了从基础设施、制造业到新兴的高科技、媒体、娱乐业和特许经营等各个行业。天元有多名律师拥有欧美及日本等国的法律学位、律师资格和国外工作经历，密切关注并及时掌握中国有关外商投资和公司运作方面的法律法规的发展，并同时了解国际商业实践。因此，天元能够准确地理解国内外客户在外商直接投资领域中的项目意图，为实现客户拟定的商业目标提供最佳的法律方案。天元在外商直接投资领域提供的法律服务主要包括：

· 投资项目结构设计。

· 法律尽职调查。

· 在项目立项和谈判初期阶段协助项目各投资方解决保密、知识产权保护、费用分担、可行性研究及谈判过程中涉及的法律程序性问题。

· 协助起草项目申请书、可行性研究报告。

· 起草相关法律文件，包括项目申请、项目可行性研究报告、合资合同及章程、资产转让协议、土地使用权协议、场地租赁协议、厂房建筑承包文件、与劳务聘用相关的文件、材料供应协议、国内或出口销售协议、技术许可协议、商标许可协议、以及外商投资企业的股权转让协议等文件。

·参与项目谈判。

·就投资过程中涉及的税务优惠、土地使用、环保、行业管制、外汇等问题提供专项的意见。

·就政府关于外商投资的审批与登记提供咨询意见并协助办理有关法定程序和手续。

·在投资完成后协助客户进行企业日常经营的合规性审查和监督。

·外商投资企业的公司重组、解散与清算的各项法律事务。

【社会责任】

在发展业务的同时,天元一直积极承担作为现代社会企业公民的社会责任。自1992年成立以来,天元持续不断地捐助希望小学,在北京大学和北京四中等知名学府设立天元基金或奖学金,为贫困、受灾地区捐款,参加国家及有关部委的立法研究以及提供无偿的法律援助。

通商律师事务所

【基本概况】

通商律师事务所(下称"通商")经北京市司法局批准于1992年5月16日在北京正式成立,并分别在深圳和上海设立了分所。

通商共有职员235人,其中合伙人57人,律师及律师助理132人。通商的律师均为年富力强、经验丰富的中青年专业律师,在金融、公司、投资、证券、税务、贸易、房地产、诉讼与仲裁等领域有着数年的律师执业经验。他们分别具有在英国、美国、加拿大、德国、日本或香港的律师事务所实习或工作的经历,其中多位律师在英国、美国、德国及加拿大等著名的法学院取得博士、硕士学位。所有律师均毕业于国内一流的大学,绝大多数律师获得了法学硕士以上的学位。

本着"一切为了客户的利益"的宗旨,通商以为客户提供高质量、高效率的专业化服务为己任。通商在力求充分发挥每位律师专长的基础上,注重以整体的服务水平和人员素质,竭诚满足客户的各种具体要求。

遵循"严谨、效率、责任"的原则,通商建立了严格的业务管理制度,每位律师均配备专职秘书和专用电脑,每位客户的文件与资料均存入电脑系统,以保证为客户提供及时、有效、连贯、准确的服务。通商设有专门的资料室和专职资料员,及时收集各种法律、经济、金融、证券、商业等方面的最新信息。

通商律师在涉外法律服务方面的丰富经历,使得通商在短时期内与美国、英国、香港、澳大利亚和西欧的许多国际性律师事务所建立了广泛密切的合作联系。通商的客户可以通过这种联系迅速获得第一流的国际化、专业化服务。

通商鼓励每位律师在金融与商务方面掌握广泛而深入的专业知识和实践经验,培养对各种法律规范的深刻理解,以及对社会环境的充分认识。通商依靠全体律师整体的经验、专业知识和能力,以及所有律师及工作人员的协调配合,在充分理解客户的具体需要的基础上,以迅速有效的方式为客户的各种要求提供具体可行的安排。

【专业领域】

金融与银行

·国际商业贷款,包括长、短期贷款、出口信贷、银团贷款和项目融资。

·国内贷款合同及有关文件的准备,包括工商贷款、外资企业贷款、外汇贷款、技术改造贷款和抵押贷款。

·租赁,包括国际租赁、国内租赁、融资租赁和飞机租赁。

·信托投资

·投资基金

公司

·企业改组及公司设立(股份有限公司或有限责任公司)

·公司的合并及分立

·公司收购

·股份的转让、赠与、继承和抵押

·公司清盘、清算、破产以及债务的强制执行

·公司融资安排

证券

·国内金融机构境外发行债券

·国内企业债券发行

·国内企业股票异地上市和境外上市

房地产建筑工程业务

·国有土地使用权的协议出让与招标、拍卖、挂牌出让

·国有土地使用权转让

·土地一级开发

·土地征收、征用和拆迁补偿安置

·房地产开发企业的设立与股权转让

·房地产项目的融资

·房屋和土地使用权抵押

·建设工程施工、设计、勘察、监理的招标投标

·建设工程施工总包和分包合同

·建筑工程款结算

·房屋的买卖和租赁

·物业管理

·争议解决

基础设施建设及项目融资

·火力、水力和天然气发电项目的投资兴建

·隧道、桥梁、铁路、机场、码头和公路项目的投资兴建

·煤炭、石油和天然气资源的勘探、开采和运输和销售合同

·项目结构的设计

·项目公司的设立

·项目招投标

·项目融资(包括国际金融机构贷款、银团贷款)和担保

·项目的成套设备供应包括国际性采购

·外商投资和BOT运营

·环境保护

·项目转让和税务安排

·争议解决

外商投资

·合资、合作及外商独资企业的组建

·关于投资环境和投资方式的法律咨询

·海洋石油开发

·外国公司在北京设立代表机构

税务

·国内外投资税务计划与安排

·公司税务

·外商投资企业的税务问题

·融资交易和融资租赁的税务

·房地产开发的税务问题

贸易、商务及其它

· 各类贸易合同及法律文件
· 国际贸易
· 有关进出口贸易的融资及银行业务,包括信用证及流通票据的法律事宜
· 国际国内招标与投标
· 海商法事务
· 酒店管理的法律事务
· 管理服务合同

诉讼与仲裁

· 各类商业及财务纠纷
· 知识产权纠纷
· 在中国进行涉外仲裁的案件代理
· 为国外仲裁提供有关中国法律的意见
· 法院判决与仲裁裁决的执行

知识产权

· 专利、商标和版权的许可转让
· 专利、商标和版权的侵权调查与诉讼
· 计算机软件保护
· 技术引进与出口

万商天勤律师事务所

【基本概况】

万商天勤律师事务所是一家能够提供全面法律服务的综合性律师事务所,总部设在北京,在北京、深圳、上海等地设有办公室,拥有律师和专业人员 200 余人。

汇集了活跃于公司、证券、金融、保险、城市基础设施、建筑、房地产、环境、能源、政府法律事务等各个专业领域的优秀律师。基于对客户业务领域的深入了解,万商天勤凭借卓越的专业能力和高效的解决方案,成为客户长久信赖的合作伙伴。

秉承专业、务实、高效、优质的服务理念,万商天勤在持续巩固自身优势业务的同时,稳健拓展国际化、多元化的新领域,充分满足客户不断发展的新需求。

【荣誉奖项】

英国媒体 Acquisition International Magazine 举办的 2012 年度全球法律大奖评选活动中,荣获"最佳能源律师事务所大奖"。

英国法律媒体 Lawyer Monthly 近日公布的 2012 法律大奖名录中,凭借过去一年卓越的证券业务成绩,被授予"2012 年度中国最佳资本市场法律顾问"。

北京市第九次律师代表大会开幕式上,本所荣获"2009 –2011 年度北京市优秀律师事务所"光荣称号。

全球知名金融杂志 Finance Monthly 近日公布的"Global Awards 2012"评选中,成功摘得"2012 年度中国最佳基础设施律师事务所"大奖。

【专业领域】

万商天勤是最早获得中国证监会和司法部批准的"从事证券法律业务"及"从事涉及境内权益的境外公司相关业务"的律师事务所之一,先后为超过一百家的企业境内外首次公开发行、再融资、收购、兼并和重大资产重组等项目提供法律服务。

万商天勤汇集了一批在境内外股票发行上市、收购兼并、资产重组、上市公司再融资、基金投资、证券交易、上市公司法人治理等领域具有丰富经验的专业人才,多位合伙人受聘担任中国证监会发行审核委员会委员及上海证券交易所、深圳证券交易所上市委员会委员。

万商天勤在行业内较早设立了"资本市场业务发展与指导委员会",对证券业务实行收案审核、专业支持及内核等管理机制,在事务所证券及资本市场业务发展指引、质量控制、风险控制等方面发挥着重要作用。

此外,万商天勤曾受中国证监会委托,参与了多个上市公司监管的部门规章和规范性文件的起草和修订工作,包括《关于在上市公司建立独立董事制度的指导意见》、《上市公司治理准则》、《关于进一步加强股份有限公司公开募集资金管理的通知》、《上市公司章程指引》、《上市公司股东大会规范意见》等。

万商天勤凭借在证券业务领域的卓越业绩,赢得了行业监管机构和业界的认可:

2009 年,根据中国证监会发布的 2008 年全国律师事务所从事证券法律业务综合统计结果,本所综合排名第 6;其中,股票首次公开发行法律服务排名第 7,再融资法律服务排名第 5,境外发行法律业务排名第 5。

2008 年入选彭博杂志(Bloomberg)发布的中国境内 IPO 发行人法律顾问 15 强。

2009 年入选彭博杂志(Bloomberg)发布的中国境内 IPO 发行人法律顾问 10 强。

2010 年入选彭博杂志(Bloomberg)发布的中国境内 IPO 发行人法律顾问 10 强。

2011 年入围中国上市公司与城市发展论坛"中国上市公司最信赖律师事务所"。

2011 年入选商法(China Business Law Journal)"中国证券市场优秀律师事务所名录"。

2011 年荣获 Lawyer Monthly"中国最佳资本市场法律顾问"。

瑛明律师事务所

【基本概况】

瑛明律师事务所成立于 1998 年,是中国领先的商务律师事务所之一,并在中国内地和香港都具有从事中国法律业务的资格。我们为客户提供全面的法律服务,尤其擅长资本市场、投资并购、公司法、证券法、破产法、房地产法、知识产权和反垄断法律服务。

瑛明所在上海、北京和香港都设有办公室,并拥有超过 90 名员工,为国内外客户提供量身定制的法律服务。

尽职尽责地为客户提供全面、务实,且收费适当的优质法律服务是我们的承诺。我们向客户提供专业负责、并能实现利益最大化的法律服务,能针对客户的问题提供综合性、可操作性强的解决方案。

视客户为商务上的战略伙伴是我们服务的特色。基于我们丰富的法律实践经验和对中国商业运作环境的深刻理解,我们充分理解客户的商业目标,因此我们不仅仅狭隘地解答单一的法律问题,而是为实现客户的商业目标作出周详完整的考虑。

本所律师来自中国和普通法国家,熟悉相关法域的商业和投融资法律问题,能熟练地使用中文和英文与客户交流,并擅长于和不同国家、不同法域的合作伙伴共同工作,为客户提供高质量的法律服务。

我们的客户包括业内领先的跨国公司、金融机构,以及国内各行业的知名国有企业、民营企业、社会团体和政府部门。多年来,瑛明所取得的杰出成绩在业内赢得了很高的声誉和

评价。

多年来，瑛明所取得的接触成绩在业内赢得了很高的声誉和评价。

【业务领域】

自1998年成立以来，瑛明律师事务所就致力于为国内外客户提供全面的商业和投资领域的法律服务。在多年的执业过程中，瑛明所为国内外各个行业的公司、金融机构、政府部门、中介机构等提供了量身定制的法律服务。

我们的业务范围主要包括：资本市场、投资与并购、公司法、反垄断与反不正当竞争、破产、重组和清算、房地产、知识产权和争议解决。

我们团队中的律师都是各自法律服务领域中的专家，除了具备扎实的法律基础和广泛的实践经验外，还密切关注业务领域的最新动向，从而为客户提供及时、准确的建议和意见。

当客户的需求涉及不同的法律服务领域时，我们的法律服务团队能通力合作，为客户提供跨领域、综合性、一站式的法律服务。

【执业理念】

言而有信，言之有据，言之有理。

【业内高度声誉和评价】

《钱伯斯亚太法律指南》

（2012）

・股权和债权资本市场的领先律所

"市场观察员认为瑛明律师事务所在北京、上海和香港市场上均占有重要地位，并且在上海证券交易所和纽约证券交易所相关工作中始终占有稳定的一席……"

消息来源称："资本市场中一个历史悠久并居行业领导地位的品牌。"

《亚洲法律》

（2011）

"位于上海的瑛明律师事务所在证券领域享有颇高的声誉。该所参与的项目包括：晶科能源控股有限公司在纽约发行美国存托股票，涉及金额1亿美元；国药控股股份有限公司在香港联交所主板IPO，涉及金额87.3亿港元（11亿美元）；阿特斯（加拿大太阳能公司）的后续发行，涉及金额1.033亿美元。主办律师包括林忠律师、江浩雄律师和陈瑛明律师。"

《钱伯斯亚太法律指南》

（2011）

・股权和债权资本市场的领先律所

"瑛明律师事务所在过去一年承办了一系列知名的国内发行及海外上市项目。受重点关注项目包括：晶科能源在纽约证券交易所发行上市，涉及金额6400万美元；中元华电发行上市，涉及金额7700万美元。"

《法律500强》

（2011－2012）

・推荐律所：银行与金融（上海）

"瑛明律师事务所不仅在资本市场享有盛名，同时该所还为众多外资银行和金融机构提供法律服务。专业的法律服务包括：制度建立和文件起草，为担保及无担保信贷业务、辛迪加贷款、应收账款融资及证券化提供法律咨询服务。此外，该所也承接相关日常法律事务，如交易程序、账户文件准备，以及在人民币贷款文件及其他人民币业务方面为银行提供法律咨询服务。主办律师为江浩雄律师。"

・推荐律所：资本市场（上海）

"瑛明律师事务所定位于为境内外客户提供中国资本市场的法律服务。该所以其在股权、债权及衍生产品、公司重组、战略股权投资、监管事项及法律尽职调查方面表现出的为公众认可的专业素养，为发行人、承销商以及其他金融机构提供良好的法律服务。2010年度，该所在晶科能源在纽约证券交易所发行上市及发行美国存托股票项目中担任中国法律顾问。此外，该所还在北京启明星辰首次公开发行A股于深圳证券交易所上市项目中担任首席发行方律师，首次公开募集金额达6.25亿元人民币。主办律师为陈瑛明律师。"

・推荐律所：公司及并购业务（上海）

"瑛明律师事务所在为跨国及境内客户提供法律服务方面具备丰富的经验，之前曾为包括阿特斯（加拿大太阳能公司）和上海维塔士游戏在内的客户提供专业服务。该所还曾为费森尤斯医药用品上海子公司起草中国销售合同及厂房扩建建设服务合同，以确保相关文件符合中国法律法规；为西氏医药服务公司在工厂建设方面提供法律服务，服务内容包括取得土地、申请许可及审阅建设合同。林忠律师领导的国际业务部主要致力于直接投资及跨境并购业务。"

中伦律师事务所

【基本概况】

中伦律师事务所创立于1993年，是中国司法部最早批准设立的合伙制律师事务所之一。经过数年快速、稳健的发展壮大，中伦已成为中国规模最大的综合性律师事务所之一。中伦目前在北京、上海、深圳、广州、武汉、成都、东京、香港和伦敦设有办公室。

一家综合性律师事务所旨在为客户的商业活动提供全面的法律支持。中伦拥有近180名合伙人和近700名专业人员。各合伙人分别专精于特定的专业领域。通过合理的专业分工和紧密的团队合作，中伦有能力在各个领域为客户提供高质量的中国法律服务。在长期执业过程中，中伦并与多家境外知名律师事务所建立起了良好的合作关系，通过与其密切的合作，中伦有能力为客户在中国境外的投资及商务活动提供有力的法律支持。

中伦拥有一批既有丰富经验，又有深厚理论基础的律师。中伦的合伙人大多毕业于国内外著名法学院，不少合伙人并在国际著名律师行工作多年。在成为中伦的合伙人之前，均已在其相关专业领域执业多年，并已经取得良好的业绩。中伦的律师及助理律师在加入中伦前，均需接受严格的遴选，且均为遴选中的佼佼者。中伦并通过各种各样的培训以提高助理律师的服务水平。

中伦拥有广泛的客户群体，其中既包括世界五百强这样的大型跨国公司，也包括业绩良好的大型国有企业和成长型企业；既包括传统的制造业企业，也包括国内外著名的投资银行、保险公司、私募基金、地产商、通讯、信息技术、旅游等服务型企业；中伦同时也为政府机构、国际组织、外国驻华使（领）馆、商会等提供中国法律服务。

【执业理念】

客户至上

客户是我们的衣食父母。我们所有的价值：成就感、荣誉、社会地位等等，均依赖于客户的成功。在帮助客户成功的同时，也就实现了自身的成功。

客户至上也来源于我们对客户所负有的受信义务（fiduciaryduty）。我们在制度上保证了当客户利益与其他利益构成竞争时，客户利益将受到绝对优先的保护。

团队合作

中伦认识到：建立在科学分工基础上的团队合作能够保证客户在任何一方面的事务都能够得到最优秀的服务。团队合作也有助于控制客户的支出，从而增强事务所的竞争力。基于这些认识，中伦较早地通过制度化的安排，以保证团队合作。

【务实创新】

作为扎根中国，但又具有国际视野和经验的律师事务所，中伦熟悉中国的政治、社会和人文环境，能够提供契合客户需求的法律服务及切实可行的专业意见和建议。

中伦认识到，在一个快速发展的转型社会，商业需求永远领先于法律。为真正解决客户的问题，律师需要具备较强的学习、研究能力，富有创新精神。中伦的创新能力从早在20世纪90年代初期引进香港房地产法律服务经验以及在资产证券化等新兴业务的深入研究可以得到最好的说明。

【专业领域】

房地产与建设工程
公司融资/资本市场
公司收购、兼并及重组
私募股权与风险资本
外商直接投资/外资并购
银行与金融
结构性融资与资产证券化
项目融资
酒店/旅游开发与管理
城市基础设施
竞争法与反垄断
国际贸易
海事海商
海外投资
能源与自然资源
信息技术、电信、传媒与娱乐
知识产权
劳动法
破产重整与清算
争议解决
媒体和娱乐
税法

【社会责任】

作为一所具有社会责任感的综合性律师事务所，中伦格外珍视社会对自身的育培，同时也十分重视对社会的回馈。在北京市中伦律师事务所2010年度第一次合伙人会议上，全体合伙人一致通过并做出决定，设立“中伦公益基金”。

为了更好地开展公益活动，事务所专门成立了由十一位合伙人组成的公益基金理事会，负责事务所的公益事业。为了有序、规范的开展公益基金项目，中伦公益基金在成立之初制定了《中伦公益基金章程》。

中伦公益基金自设立之日起，合伙人及律师、工作人员就积极捐款，北京总所和各地分所同时举行多场公益基金募捐活动，中伦人积极践行着履行社会责任的承诺。

中伦公益基金捐赠的项目、领域持续增加，经中伦公益基金理事会审慎调研、讨论通过的公益基金项目，均持续运作并且中伦员工均积极参与其中。

中瑞律师事务所

【基本概况】

北京市中瑞律师事务所成立于1998年，是一家综合性合伙制律师事务所。中瑞现有律师六十余名，全体人员共计八十余人，其中，半数以上执业律师具有超过十年的律师执业经历；二十余名律师具有科技、经济、管理等复合学科的教育和工作背景。中瑞律师均受过国内或国外名牌大学的法学教育及专业培训，半数律师具有硕士、博士学位；数名律师曾在美国、英国、香港等国家和地区的律师机构执业。中瑞非常重视律师与专业人员的培养，先后派出多名律师赴美、英等国家研习、深造，并有计划地聘请国内外知名专家学者、司法界资深人士来所讲座授课，使本所执业律师不断提高理论水平和执业技能。

中瑞密切关注中国经济改革和法制化进程，同时高度关注创新科技给经济、社会生活及法律带来的深刻变化，研究并介入有关行业政策、规范和标准的制定，因此，中瑞深刻理解中国的法律制度，并在此基础上谙熟处理法律事务的技巧。中瑞时时追踪国际政治、经济、法律和文化变化的信息，积极参与经济全球化涉及的法律事务。

经过10余年的稳步发展，中瑞律师事务所与社会各界建立了广泛而稳定的联系，赢得了众多客户的信任，在业界享有良好的口碑。中瑞的业务在这十余年间不断拓展深化，业务涵盖了金融、银行、公司、证券、房地产与工程建设、知识产权、能源与基础设施、诉讼与仲裁等多数法律服务领域，特别是在金融、银行、公司、证券、诉讼与仲裁等传统优势业务上，中瑞取得了骄人的成绩；中瑞勇于开展客户零风险代理业务，并取得了不斐的成就。

中瑞律师事务所具有良好的办公环境，并配备了网络办公系统和现代化办公设备。中瑞开发、应用一整套律师事务所办公与管理软件，建立了中瑞向客户提供优质高效法律服务的后援保障系统。

【执业理念】

提供高水准的法律服务是中瑞人矢志不渝的工作目标，为了把中瑞的工作目标变成中瑞人的行动自觉，提高服务意识和服务水平，增强中瑞凝聚力，提升中瑞核心竞争力，中瑞人在积极进取中逐渐形成了自己特有的文化，概括起来即“舍得”、“用心”、“创新”、“执著”的中瑞理念。理念就是方向，理念就是形象，中瑞必定在自己特有理念的指引下渐行渐远。

舍得

中瑞舍得，舍乃付出也，中瑞人致力于客户的所托，并且将客户对我们的信任视为一种荣誉。受人所托，忠人之事，中瑞人始终把客户的利益放在首位，尽其可能最大限度维护客户的利益。中瑞人不讳所得，但视客户的认可与满意为最大所得，视客户的信任为最为宝贵的财富与荣誉。

专业

中瑞追求卓越，志在以专业的水准帮助客户全面、客观地把握大局。工欲善其事，必先利其器，中瑞高度重视自己的执业水平，并集聚了一支专家型的律师团队，以期以渊博的学识、专业的技能为客户提供专业、高效的法律服务。

创新

中瑞人深谙客户的法律诉求，因此，把工作的着力点放在追求服务的实效上，致力于为客户谋求实际的利益。中瑞人充分认识到，只有思维创新才能不断高效地服务于客户，才能不断为工作开创新局面，因此，中瑞人总是不断在开拓新思路、创新新方案，也因此中瑞为众多客户解决了疑难。

执著

权利的实现和事业的成就不是总是一帆风顺，正因为此，练就了中瑞一颗执著之心。中瑞人胸怀法治和进取精神，从不轻言放弃，而是创新求变，竭力维护客户应有的法律权益，尽力帮助客户达成自己的目标。在执著的进取中，中瑞人也真诚感受着客户成功的喜悦。

专业领域

1. 金融与保险业务

金融与保险业务是中瑞最具核心竞争力的业务领域之一。伴随着银行商业化和金融市场全面开放的进程，专业金融法律服务逐渐成为中国律师的重要业务领域。中瑞自八十年代初就开始涉足金融法律服务领域，有多名律师专注于金融与保险法律事务的研究，并且在为金融与保险机构提供专业法律服务的过程中，积累了非常丰富的经验。中瑞对金融与保险法律事务研究深入，经验丰富，能为中外客户提供全方位高质量的法律服务。

2. 建筑工程、房地产法律事务

中瑞在房地产与工程业务领域具有十分丰富的从业经验，拥有一批资深的执业律师，参与了诸多房地产或工程的开发与交易，为众多中外著名房地产或工程开发商提供了包括开发、建筑、抵押、融资、销售、租赁、资产权益转让等一系列专业法律服务。中瑞的客户包括许多在中国房地产或工程开发领域成绩卓著的公司，房地产与工程业务也因而成为中瑞的核心业务之一。

3. 公司与证券业务

公司与证券业务是中瑞的传统优势业务之一，也是中瑞的核心业务之一。中瑞是最早取得国家司法部和中国证监会联合颁发的从事证券业务资格的律师事务所之一。中瑞多名律师曾参与《公司法》、《股票条例》、《证券法》（草案）等法律法规的起草工作，对中国现行的公司、证券的法律、法规有着透彻的了解和准确的把握。多年来，中瑞律师处理了数百件公司和证券法律事务，取得了不斐的成绩，深深赢得了客户的信赖，中瑞已经确立了在公司、证券法律服务领域中的领先地位。

4. 国际投资与贸易法律事务

协助外国公司在华设立合资经营、合作经营、外商独资企业，就有关投资形式、土地使用、外汇管制、政府税收、技术转让、专利和商标使用许可、知识产权保护和劳资关系、股权收购和公司清算等各方面的法律问题提供咨询意见；起草和制作各种投资所需的法律文件。

协助中国公司与境外设立合资经营、合作经营企业、独资企业，就涉及投资形式、工业产权或专有技术的作价与转让、贷款与其他方式融资及其担保、土地使用权及不动产作价出资转让或出租与抵押、董事会及其决策安排、项目筹建、雇员协议、企业财务与审计、外汇及保险、企业及股东的税收、企业股东之间纠纷处理等提供咨询意见。

5. 公司法律事务

境内公司组建：

参与设计投资方案，参加公司组建谈判，制作公司组建合同、章程，办理公司注册登记手续。

境外公司设立：

制定公司设立方案，与境外律师共同制作公司股东协议、章程，办理公司注册登记手续，申领公司注册证书、商业登记证书，安排提供公司注册地和公司秘书，办理公司的年检注册手续。

公司合并、分立、收购、重组：

参与公司合并、分立、收购、重组的方案设计，对目标公司进行尽职调查，参与有关商务谈判，排除并购、重组过程中的法律障碍，草拟、审查、修改、制作公司合并、分立、收购、重组相关的法律文件、合同文本、出具法律意见书。

公司股份制改造：

协助企业制定重组方案，包括资产剥离或合并、土地使用权处置、股权设置、股本结构设计等，并草拟、审查、修改、制订公司股份制改造、优化资本结构的实施方案，协助公司建立、完善法人治理结构。

公司股权转让、拍卖：

参与公司股权转让、拍卖方案设计，参加商业谈判，草拟、审查、修改、制作股权转让文件，协助办理公司变更登记手续。

公司托管、租赁、承包的策划与实施：

参与方案设计，参加谈判，草拟、审查、修改、制作相关法律文件。

公司法人治理结构设计：

协助公司设立内部业务部门，建立、完善公司内部管理制度，建立适合现代企业制度的法人治理结构和公司运营模式，协助公司处理经营运作中的法律事务。

6. 诉讼与仲裁

诉讼与仲裁业务也是中瑞最具核心竞争力的业务领域之一，中瑞诉讼律师在重大诉讼与仲裁方面取得了显著的成就。中瑞代理案件的审级主要集中在最高人民法院、各省高级人民法院或中级人民法院，并代理了大量重大仲裁案件。中瑞诉讼律师在诉讼与仲裁方面经验丰富、技能娴熟，并有多名律师曾长期在最高人民法院从事审判或执行工作，或在国务院各部委工作，或在省级人民法院工作。中瑞擅长客户零风险代理业务，使客户在不承担任何风险的前提下实现自己应有的权益。中瑞律师代理诉讼或仲裁案件，实行专业化分工，相互配合，确保根据案件纠纷的特点提出最佳的解决方案，确保最大限度维护客户的利益。

7. 知识产权法律事务

中瑞多年来一直在密切关注知识产权保护事业在中国的发展，不断在研讨客户在商标、专利、著作权及不正当竞争等领域的法律需求，不断在探索解决知识产权法律事务的最佳路径。中瑞善于代理重大、复杂的知识产权案件；善于协助客户建立起严密的知识产权保护体系；善于对侵犯客户版权、专利、商标、软件和商业秘密的行为进行调查。中瑞在处理知识产权法律事务能力方面走在同行业的前列，知识产权业务是中瑞的重要业务领域。

中咨律师事务所

【基本概况】

中咨律师事务所成立于 1993 年 4 月 8 日，是最早经司法部批准设立的合伙制律师事务所之一。中咨所是综合性的大型律师事务所，拥有经验丰富的专业律师、专利及商标代理人，提供多样化的专业性法律服务。

中咨所现有包括法律、专利、商标、会计、税务等各类专业人员 300 余名，70% 以上获得硕士、博士学位，其中包括执业律师、专利代理人、商标代理人、注册会计师 80 余人，合伙人 30 余名。部分律师曾在国际知名律师事务所执业，或在国外专门法律机构接受过专业培训。中咨律师拥有在中国立法、司法、法学教育、行政管理部门、国有企事业单位、跨国公司工作的经历。许多律师具有在美国、日本、英国、法国、德国、加拿大、俄罗斯、香港的律师事务所工作、学习的经历。中咨律师工作语言包括英文、日文、法文、德文、俄文等多种语言专业领域。

【专业资格资质】

执业律师资格

专利代理人资格

商标代理人资格

注册会计师资格

中咨所获得从事证券法律业务资质、从事涉外证券业务资质、基本建设项目招投标法律服务资质、破产管理人资质、科技企业产权界定法律服务资质、企业职工持股法律服务资质、北京产权交易所知识产权交易经纪资格、涉外专利代理法律服务资格、商标代理服务资格等。

【专业领域】

知识产权法律事务

公司与并购法律事务

证券法律事务

国际投资与贸易法律事务

金融法律事务

房地产法律事务

清算与破产法律事务

基础设施与项目融资法律事务

环境与资源法律事务

诉讼与仲裁法律事务

劳动法律事务

【大事记】

1. 1993 年 4 月 8 日，经司法部批准创建中咨律师事务所。主任赵玉林，主要成员有贾军、苏胜、孙军豹、巩沙、吴犇、伊建林。

2. 1993 年 10 月，在北京首都宾馆举行盛大宴会，庆贺中咨所与香港廖何陈律师事务所成功建立业务合作关系。与会者近 300 人，包括公安部、最高检、最高法、司法部的部级领导干部与会祝贺并指导工作。

3. 1995 年中咨所与日本名列前茅的大型律师事务所森综合法律事务所建立了紧密地合作关系，从此中咨所开展了不少的日本业务。如：轰动世界的状告日本东芝笔记本电脑诉讼，我所代表日方参与诉讼。

4. 1999 年 7 月，经过 5 年多的不懈努力，经司法部同意并经中国知识产权局批准，中咨所获得涉外专利代理业务的资质。至此，中咨所不但在国内业务大有拓展，同时欧、美、日等大量的涉外业务涌入中咨所，中咨所的业务平台大有拓展。

5. 2001 年中咨所主要创始人赵玉林律师因年龄和身体原因，辞去本所主任，鉴于他对本所的重大贡献，所里授予她为中咨所终身名誉主任，大家一致推选贾军律师为新主任。

6. 2002 年中咨所成功的在上海开办了分所。

7. 自 2001 年以来，随着我所业务领域及数量的不断壮大，我所合伙人队伍也不断壮大，合伙人从原来的 6 位已壮大成 30 位，他们是：黄革生、段承恩、杨晓光、陈学民、林柏楠、张楠、王卫军、杨利、詹敏、蒋红毅、殷斌、胡剑鸣、张继文、刘海力、高伟、郑中军、李娜、于静、吴鹏、刘金辉、童新朝、吴建峰、张慧茹、杨学芳、张晓森、韩传华。

8. 因我所律师队伍的不断增加，2004 年 10 月，我所办公地点由朝阳联合大厦迁至西城区国际投资大厦，办公面积达到 3000 多平米。

9. 为了规范所里的工作，所里决定设立管理委员会。2005 年 4 月 27 日，全体合伙人会议无记名投票选举贾军、赵玉林、殷斌、王卫军为我所管委会成员。

10. 2005 年 5 月 7 日，中咨所召开首次管委会成员会议，主要会议内容以明确管委会成员具体分工事宜展开讨论。

11. 2005 年 5 月 16 日，中咨所在北京市律协党办的要求下，成立了党支部，党支部成员为赵玉林、贾军、孙军豹、胡剑鸣、杨利、张和伏六名党员，党支部成员一致推举贾军为党支部书记。

12. 2008 年至今，我所吸收了李春谊、石磊、王伟、郭晓雷、段方华、董海锋律师加入我所合伙人队伍。随着我所人员队伍的不断壮大，现有的办公面积已经不能满足办公需求，2008 年 1 月，我所办公地址由国际投资大厦迁至新时代大厦，办公面积达 4000 多平米。

13. 2011 年管委会任期已满，管委会成员赵玉林主任和王卫军律师申请不再担当管委会成员，2011 年 4 月 27 日，我所召开全体合伙人大会，全体合伙人以不记名投票选举出了新一届的管委会成员，他们分别是贾军、殷斌、杨学芳、张晓森、高伟。

第四节　资信评估

大公国际资信评估有限公司

1994年经中国人民银行和国家经贸委批准，成立大公国际资信评估有限公司。大公拥有中国政府特许经营的全部评级资质。经过18年发展，大公已形成比较完备的信用评级理论和标准研究创新体系、信用信息生产和市场服务体系，构建起了独具特色的博士后科研工作站、研究院和天财大公信用学院；国内有34个分支机构，国际有2个分支机构；现有员工600名。

大公坚持民族品牌国际化发展战略，依据信用经济和评级发展规律，从信用评级与人类社会安全发展的视角确定自己的历史方位，从担当社会公共责任出发构建自己的核心竞争力，力争用不太长的时间成为最具国际影响力的信用评级机构。

19年来，大公主要形成了以下发展成果：

作为中国早期成立的信用评级机构，大公一直致力于推动中国信用评级行业的健康发展，积极探索评级发展规律，为行业发展做出了历史性贡献。

原创了一系列信用经济和评级思想理论，发现了生产与信用、信用与评级推动信用经济社会的矛盾运动规律，最早提出了人类进入信用经济社会发展阶段和评级关系人类社会安全发展的论断，揭示了信用评级与人类经济社会活动的内在联系，构建了新型信用评级原理，这些原创、发现、揭示与构建代表了当代世界最前沿的信用与评级思想理论成果。

作为改革国际信用评级体系的首倡者和推动者，大公在全球信用危机爆发之初率先指出了现存国际评级体系是危机制造者，揭示了危机形成、发展和结束的规律，提出了唯有构建新型国际评级体系才能推动世界经济复苏的论断，所形成的一系列有关改革国际评级体系的思想理论、目标和路线图得到了最广泛的国际认可，世界因此正在形成改革的思潮和行动。

坚持辩证唯物主义思想方法，坚持追求真理的创新精神，已形成了独有的信用评级思想理论自主创新和评级标准制定的能力，因此具备了承担社会评级责任的能力。

长期关注并研究中国信用体系建设与社会管理创新，努力探索解决中国信用社会化进程中信用风险信息不对称矛盾的途径，提出了信用管理社会化和社会管理信用化的全新理念。

大公是世界上第一个系统研究并揭示美国评级思想和方法弊端的评级机构，是首家下调最大债务国美国信用等级的评级机构，大公符合事物内在逻辑的评级价值观得到了国际社会最广泛的认可，大公因此成为具有国际影响力的新兴评级力量和构建新型国际评级体系的主导力量。

评级资质

债券市场：

1. 中国人民银行认定的企业债券信用评级机构
2. 中国人民银行认定的银行间市场债券信用评级机构
3. 中国证监会认定的证券市场资信评级业务信用评级机构
4. 国务院发改委认定的企业债券信用评级机构
5. 中国保监会认定的保险公司投资债券信用评级机构

信贷市场：

1. 中国人民银行认定的借款企业信用评级机构
2. 中国人民银行认定的中小企业信用评级机构
3. 国务院发改委认定的中小企业信用评级机构
4. 国务院发改委认定的担保公司信用评级机构

发展战略

坚持民族品牌国际化战略。

民族品牌，即大公作为本土评级机构首先要研究中国信用风险的形成规律，运用揭示风险的服务能力维护本国经济社会安全发展，保障中国海外债权资产安全。

国际化，即作为中国的评级机构有责任把大公在评级领域的智慧贡献给世界，为全球信用经济的可持续发展履行应尽的责任。

企业文化

1. 民族品牌国际化发展战略；
2. 以天下为己任的价值观；
3. 爱国家爱人类的境界与胸怀；
4. 勇于追求真理的创新精神；
5. 求真务实的辩证唯物主义思想；
6. 逆势而上顺势而为的胆识；
7. 以人为本的管理观念。

东方金诚国际信用评估有限公司

东方金诚国际信用评估有限公司（以下简称“东方金诚”或“公司”）成立于2005年。2008年3月21日经财政部财金〔2008〕35号文批准，中国东方资产管理公司成为东方金诚控股股东，同时将公司名称变更为东方金诚国际信用评估有限公司。公司注册资本为12500万元，总部设在北京。公司在全国各地设立了26家分公司，并全资控股一家专业数据咨询公司——北京东方金诚数据咨询有限公司，是一家全国性信用评级机构。东方金诚控股股东中国东方资产管理公司是具有独立法人资格的国有独资金融企业，注册资本人民币100亿元，由财政部全额拨入，在全国26个中心城市设有25家办事处和1家经营部，负责所辖区域的资产管理、经营、处置等工作，旗下拥有东兴证券股份有限公司、中国外贸金融租赁有限公司、东方金诚国际信用评估有限公司、邦信资产管理有限公司、大业信托有限责任公司、中国东方资产管理（国际）控股有限公司等平台公司。

资质资历

经多年努力，东方金诚已成为中国人民银行认可的贷款企业信用评级机构；国家发改委认可的中小企业信用评级机构；中国农业银行总行认可的重大贷款项目信用评估机构；中国工程建设行业、中国电力行业和中国包装行业信用体系试点工作唯一信用服务机构。具有人民银行营业管理部担保机构评级资格；江苏省和陕西省商业承兑汇票资信评级资质；浙江省重点工程招投标企业评级资质。同时，公司是国家发改委五省市社会征信服务体系联合数据交换中心的唯一承建信用服务机构。

自公司成立以来，东方金诚参与了一系列大型项目的开发与运作，取得了骄人业绩：承担了国家发改委五省市社会征信服务体系联合数据交换中心的建设任务；接受中国农业银行和上海浦东发展银行等金融机构委托，先后完成了50多个重大贷款项目和20余家贷款企业公开授信的信用评估工作；参与了国家发改委中小企业司中小企业信用服务体系建设试点工作。同时，根据客户需求，东方金诚还完成了近1000家借款企业评级、500多家中小企业评级、对200多家工商企业的财务实力评级和100多家担保机构的评级工作；与中国施工企业管理协会和中国电力联合会合作，完成了200多家建筑企业和电力企业的履约能力评估工作。

同时，东方金诚与北京银行业协会、德国信用专家合作，共同举办了商业银行信用风险控制培训；与国家发改委合作举办了国有大中型企业信用评级基础知识培训；与各个行业协会合作，举办了相关行业领域信用分析师培训工作。

东方金诚一向重视与政府部门、金融机构、行业协会的紧密协作，积极开展了与信用评级相关课题的研究和开发，先后完成了"国有金融企业风险评价体系"、"区域信用管理系统"、"中国上市公司信用体系建设"、"对外劳务合作企业信用评价体系"、"中国工程建设企业信用评价体系"、"航空服务业信用评价指标体系"、"房地产行业信用体系"、"保险行业信用管理体系"、"食品药品企业信用体系"等多项课题的研究和开发。同时，东方金诚还利用自身的技术优势，参与了10多家商业银行、证券公司、担保机构等内部评级体系构建，客户风险管理、五级贷款分类向十级贷款分类细分等风险管理咨询项目。

大事记

2011年3月1日，经中共中国东方资产管理公司委员会批准，中共东方金诚国际信用评估有限公司委员会正式成立。

2011年5月12日至13日，东方金诚国际信用评估有限公司"评信通"业务介绍推广及市场拓展经验交流会在深圳雅兰酒店召开。

2011年6月9日，中国证券监督管理委员会下发了《关于核准东方金诚国际信用评估有限公司从事证券市场资信评级业务的批复》（证监许可[2011]893号），正式核准我公司从事证券市场资信评级业务。

2011年7月11日，中国人民银行网站公告东方金诚的评级结果可在银行间债券市场使用。

2011年7月15日，国家发展与改革委员会财政金融司正式批准东方金诚开展非上市企业（公司）债券评级业务。

2011年10月18日，东方金诚召开了"坚持以人为本立党为公理念、发扬密切联系群众优良作风"为主题的民主生活会。参会人员包括公司党委委员、支部书记、公司所有中层及以上干部。会议由党委书记陈景耀主持召开。

2011年10月21日，东方金诚召开了第一届工会会员代表大会。会议推选郭志浩同志担任工会委员会第一任主席，同时选举产生组织宣传委员、文体福利委员、女工委员、经审委员各1名。中国东方资产管理公司系统工会副主任王光远、机关工会主任吴福新出席了本次会议。

2010年1月6日，广东分公司成立。

2010年3月22日，福建分公司成立。

2010年5月11日，北京担保协会上半年信用评级工作会议在东方金诚召开，担保协会李世奇会长、北京方圆公证处李清主任助理、东方金诚邓文超总裁、朱菁市场总监及24家担保企业、6家评级机构的代表共40余人参加了会议。

2010年6月1日至4日，东方金诚参加2010年世界包装大会，并承办中国包装企业投融资战略分论坛。常胜副总裁代表公司在所承办的中国包装企业投融资战略分论坛上发表技术演讲。

2010年6月10日，东方金诚参加第四届中国企业国际融资洽谈会，东方金诚国际信用评估有限公司邓文超总裁、常胜副总裁陪同东方资产陈副总裁出席了融洽会开幕式。

2010年9月9日，东方金诚参加2010国际金融展，并在11日举行的中国国际金融展颁奖盛典上，凭借信用评级管理系统，一举摘得"2010金融展优秀金融产品奖"殊荣，邓文超总裁出席并领取了奖杯、证书。

2010年11月26日，中国东方资产管理公司旗下的东方金诚国际信用评估公司与中国长城资产管理公司旗下的天津金融资产交易所、中国东方资产管理公司天津办事处在天津签署《战略合作框架协议》，正式建立合作关系，共同打造金融资产交易权威平台。

联合资信评估有限公司

联合资信评估有限公司（简称"联合资信"）是目前中国唯一一家国有控股的信用评级机构，是市场公认的最专业的信用评级机构之一。联合资信总部设在北京，注册资本3000万元。股东为联合信用管理有限公司和惠誉信用评级有限公司，前者是一家国有控股的全国性专业化信用信息服务机构，后者是一家全球知名的国际信用评级机构。联合资信的主要业务领域包括：资本市场信用评级，信用风险咨询。联合评级资质齐全，是中国人民银行、国家发展和改革委员会、中国保险监督管理委员会等监管部门认可的信用评级机构，是中国银行间市场交易商协会理事单位。联合资信拥有一支团结、高效、专业、具有高度责任感的管理团队和专业分析师队伍，服务了一大批国内特大型央企和地方龙头企业，在国内信用评级行业树立了良好的社会形象，赢得了市场参与方的广泛肯定，在历次银行间市场参与者对评级机构的评价活动中名列前茅。联合资信将秉持"专业、责任、创新、坚持"的理念，致力于为投资者、监管部门提供客观、公正、科学的信用评级结果。

业务范围

主体评级

对金融及非金融企业主体开展的评级。

债项评级

对金融及非金融企业主体发行的各种证券开展的评级，主要包括：

非金融企业债务融资工具：企业债券、短期融资券、中期票据，以及集合短期融资券、集合中期票据和集合企业债券等；

金融机构债务融资工具：商业银行、财务公司等金融机构发行的金融债券、次级债券、混合资本债券以及资产管理公司设立的基础设施债权投资计划等；

结构化融资工具：金融及非金融企业发起设立的结构融资产品，如住房抵押贷款支持证券、银行企业贷款支持证券、汽车消费贷款支持证券、不良资产支持证券、企业债权资产支持证券、未来收益支持证券、信托产品等。

其他业务

如债券投资咨询、信用风险咨询等。

发展历程

2010 年 12 月 10 日，总裁李广聪先生赴菲律宾马尼拉参加 ACRAA（亚洲评级业协会）年会。

2010 年 11 月 16 日，联合资信发布《2010 年部分银行公开评级结果公告》。

2010 年 11 月 12 日，“十年辉煌路、联合新征程”大型庆典活动举行。伴随中国资本市场的发展，联合资信走过了十年的辉煌历程。

2010 年 10 月，中国银行间市场交易商协会聘任联合资信董事长王少波先生为协会信用评级专业委员会委员。

2010 年 10 月，联合资信取得亚洲评级协会会员资格。

2010 年 9 月 16，与惠誉评级共同举办“2010 年主权评级与银行业论坛”。

2010 年 6 月 22 日，董事长王少波先生和首席专家李信宏先生接待来访的“国际货币基金组织”专家一行。

2010 年 4 月，联合资信员工为西南旱灾地区、玉树地震灾区捐款。

2010 年 3 月，联合资信与惠誉评级联合主办的《2010 中国企业信用圆桌会议》在沪成功举行。

2010 年 3 月，人民银行北京营业管理部领导莅临公司检查工作。

2010 年 3 月，总裁李广聪先生与评级总监李振宇先生参加人民银行征信管理局召集的评级机构座谈会。

2010 年 2 月，常务副总裁邵立强先生等参加人民银行金融市场司召开的“评级行业发展现状、问题与发展思路研讨会”。

2010 年 2 月，联合资信 2010 年总结表彰会在京举行。

2009 年 12 月，联合资信由中环世贸中心迁入新址北京市朝阳区建国门外大街 2 号 PICC 大厦 17 层办公。

2009 年 12 月，联合资信和惠誉国际联合主办的“2009 年亚太主权评级与银行业论坛”在京成功举行。

2009 年 11 月，人民银行魏本华参事一行 4 人来我公司调研指导工作。

2009 月 10 月，联合资信成为中国银行间市场交易商协会第二届常务理事单位。

2009 年 10 月，联合资信对外公布 2009 年度银行公开评级公告。

2009 年 10 月，联合资信和太平洋证券联合主办的“中国城投债创新与发展研讨会”在京成功举行。

2009 年 9 月，常务副总裁邵立强先生接受中国银行间市场交易商协会组织的“行业自律组织在金融市场中的作用及启示”课题研究小组的访谈。

2009 年 8 月，由联合资信主办、天津中诚资信评估有限公司协办的《联合资本市场评级业务市场工作会议》在京成功召开。

2009 年 8 月，联合资信对外发布《2009 年上半年企业债券市场分析》、《2009 年上半年中期票据市场分析报告》以及《2009 年二季度宏观研究报告》。

2009 年 7 月，联合资信对外发布《中国区域经济格局与发展的比较分析》和《2009 年第二季度短期融资券市场利差分析报告》。

2009 年 6 月，联合资信对外发布 2009 年一季度宏观经济研究报告。

2009 年 5 月，人民银行营业管理部领导莅临公司检查指导工作。

2009 年 5 月，评级总监李振宇先生出席人行征信局组织的第六届中国信用评级发展前景论坛。

2009 年 5 月，常务副总裁邵立强先生出席人行南京分行组织召开的银行间债券市场信用评级工作座谈会。

2009 年 4 月，公司控股股东联合信用管理有限公司（简称“联合信用”）完成与天津市泰达国际控股（集团）有限公司的合资。

2009 年 4 月，评级总监李振宇和陈东明参加交易商协会组织召开的“2009 年二季度金融市场运行分析会”。

2009 年 4 月，常务副总裁邵立强先生出席 2009 年西安高新区产业发展恳谈会。

2009 年 4 月，我司与惠誉评级共同举办了题为“在金融危机中评级机构的应对”专题研讨会。

2009 年 3 月，由公司评级总监李振宇、陈东明等主编的《资信评级原理》（修订版）公开出版发行。

2009 年 2 月，常务副总裁邵立强先生与市场总监张燕女士参加交易商协会召开的《非金融企业债务融资工具主承销商业务交流会》。

2009 年 1 月，联合资信 2009 年总结表彰会在京举办。

2009 年 1 月 1 日，联合资信网站正式改版上线。

鹏元资信评估有限公司

鹏元资信评估有限公司原名“深圳市资信评估公司”，成立于 1993 年，是中国最早成立的评级机构之一，先后经中国人民银行、中国证监会、国家发改委认可，在全国范围内从事信用评级业务

1993 年 3 月，经中国人民银行深圳特区分行批准，鹏元获得从事贷款企业评级业务资格；1997 年 12 月，经中国人民银行批准，鹏元成为首批具有在全国范围内从事企业债券评级业务资格的 9 家评级机构之一；2006 年，经中国人民银行成都分行和中国人民银行重庆营业管理部批准，鹏元分别在四川省和重庆开展信贷市场企业主体信用评级业务；2007 年 9 月，经中国证监会核准，鹏元成为首批获得证券市场资信评级业务资格的评级机构之一；2008 年 9 月 22 日，经国家发改委批准，鹏元获得企业债券评级业务资格，成为全国第一家正式获得国家发改委书面批文的评级机构；2009 年 11 月 30 日，经中国人民银行贵阳中心支行核定，鹏元获得贵州省信贷市场企业主体信用评级资格；2010 年 3 月 16 日，经中国人民银行上海分行核定，鹏元获得上海市信贷市场企业主体信用评级资格；2012 年 9 月，经中国人民银行长春中心支行批准，鹏元在吉林省开展小额贷款公司、担保机构及借款企业等主体信用评级业务。

2012 年 8 月 10 日，经香港证券及期货事务监察委员会（SFC）核准，鹏元的全资子公司鹏元资信评估（香港）有限公司获得“第十类受规管活动——提供信贷评级服务”的牌照，在香港从事评级服务，业务已延伸至国际资本市场。

目前，鹏元的业务品种包括企业信用评级、（上市）公司债券评级、（非上市公司）企业债券评级、资产支持证券评级、集合资金信托计划评级、金融机构评级、公司治理评级和个人征信等。迄今为止，鹏元已累计完成了 35,000 余家（次）各

类主体信用评级，为全国近 3,000 家企业开展了债券信用评级和公司治理评级。同时，鹏元拥有国内三大征信系统之一“深圳市个人信用征信系统”，其数据覆盖 13 亿人口，累计提供企业和个人信用报告逾 3 亿份。

作为一家同时在信用评级和信用征信领域具有广泛影响力和知名度的信用服务机构，鹏元一直积极参与国家信用体系建设。2012 年，受国家发改委邀请，鹏元承担《中华人民共和国信用法》（草案）的起草工作；2011 年，鹏元与中央财经大学合作创建“中财－鹏元地方财政投融资研究所”，对地方财政投融资问题进行持续、深入的研究；2010 年 11 月，鹏元作为唯一的非政府机构受中国人民银行邀请参与“十二五”期间报国务院审批的重点专项规划——《社会信用体系建设规划（2011－2015 年）》的起草。

评级资质

2013 年 3 月 18 日，经中国人民银行上海分行批准，我公司获得上海市信贷市场企业主体信用评级从业资格。

2012 年 2 月 2 日，经中国人民银行贵阳中心支行批准，我公司获得贵州省信贷市场企业主体信用评级从业资格。

2008 年 9 月 22 日，我公司收到国家发展和改革委员会财政金融司《关于同意鹏元资信评估有限公司开展企业债券评级业务的复函》，公司的企业债券评级业务资格正式获得批准。

2007 年 9 月 30 日，我公司获得中国证券监督管理委员会《关于核准鹏元资信评估有限公司从事证券市场资信评级业务的批复》（证监机构字［2007］249 号），成为全国首批获取证券市场资信评级资格的机构，并于 2008 年 2 月 26 日获得中国证券监督管理委员会颁发的“证券市场资信评级业务许可证”。

1997 年 12 月，经中国人民银行批准，我公司成为首批具有在全国范围从事企业债券评级业务资格的 9 家评级机构之一（银发［1997］547 号）。

1993 年 3 月，经中国人民银行深圳市中心支行批准，我公司具备工商企业资信等级及有价证券信用等级评定资格。

企业文化

以人为本，以诚为本。

公司的前途、员工的前途与社会发展密不可分。

改革与否决定兴衰，服务质量关乎存亡。

我们尊重个人价值，但不允许个人利益凌驾于团队之上。

大事记

2013 年 4 月，经中国人民银行贵阳中心支行同意，公司在贵州省开展小额贷款公司、融资性担保公司等主体信用评级业务。

2013 年 1 月，公司在深圳举行成立二十周年庆典活动。

2012 年 9 月，经中国人民银行长春中心支行同意，公司在吉林省开展小额贷款公司、担保机构及借款企业等主体信用评级业务。

2012 年 8 月，鹏元资信评估（香港）有限公司获香港证监会颁发的“第 10 类受规管活动：提供信贷评级业务”牌照。

2011 月 12 月，鹏元资信评估（香港）有限公司在香港中环成立。

2011 年 3 月，公司与中央财经大学财政学院合作成立“中财——鹏元地方财政投融资研究所”。

2011 年 1 月，公司联合深圳地区其他 5 家评级机构共同研发的“评信通”中小企业一站式融资平台荣获 2010 年度深圳市金融创新奖二等奖。

上海新世纪资信评估投资服务有限公司

上海新世纪资信评估投资服务有限公司是专业从事债券评级、企业资信评估、企业征信、财产征信、企业信用管理咨询等信用服务的中介机构。公司成立于 1992 年 7 月，主要股东有中国金融教育发展基金会、上海财经大学、申能（集团）公司等。

公司获得了中国人民银行总行批准的从事全国企业债券信用评级业务资质；中国人民银行上海分行批准的上海市贷款企业资信等级评估业务资质；中国证券监督管理委员会批准的证券投资咨询业务资质；中国发展和改革委员会认可的债券评级资格；中国保险监督管理委员会认可的债券信用评级业务资格；中国人民银行总行认定的银行间市场债券评级资格；中国人民银行上海分行批准的上海市中小企业资信等级评估业务资格和中国人民银行上海分行批准的上海市集团企业资信等级评估业务资格。

公司注重产学研相结合。2001 年与上海财经大学成立了全国第一个信用研究中心，积极开展信用研究工作。1994 年完成上海市证管办委托的《上市公司综合分析》课题；1996 年出版《资信评估》一书；1997 年完成《债券评级研究》，获 1997 年上海市人民政策决策咨询成果二等奖；2004 年担任《信用管理教程》专家组组长；2004 年完成人民银行上海分行的课题《违约率研究》；2005 年出版教材《企业信用管理》。

公司业务

债项评级：公司提供企业债券评级、可转换债券评级、次级债评级、短期融资券评级、金融债券评级、资产证券化评级及项目债券评级服务。如公司完成的 2005 上海市城市建设债券、2005 世博建设债券、2005 上海电力可转换公司债券等。2005 年公司还承接了全国首家券商的短期融资券（2005 年第一期国泰君安短期融资券）。十几年来，公司累计共完成各债券资信评估项目近三百项。

主体评级：公司提供贷款企业资信评级、中小企业资信评级、金融机构资信评级、企业集团资信评级、竞标企业资信评级及担保公司资信评级服务。1998 年公司成为最早取得上海市贷款企业评级资格，的 2 家评级机构之一，现累计贷款企业评级数量超过 3000 家。并于 2005 年累计完成十几家企业集团和四十多家中小企业的信用评级。

其他业务：公司还提供企业征信、资信调查、企业信用管理制度、流程设计、应收账款管理系统设计、企业信用管理咨询、企业信用管理各类培训、企业合同信用评价等服务。

资质资历

中国人民银行总行批准的从事全国企业债券信用评级业务资格。

中国人民银行总行认定的全国银行间债券市场评级业务资格。

中国国家发展和改革委员会认可的从事全国企业债券信用评级业务资格。

中国保险监督管理委员会认可的信用评级机构资格。

中国证券监督管理委员会核准的从事证券市场资信评级业务资格。

中国人民银行上海总部认可的从事上海市借款企业主体信用评级、集团企业评级、担保公司评级和中小企业评级业务资格。

企业文化

执业标准：公正、规范、准确、高效

经营宗旨：市场、客户、服务

管理理念：业绩、成本、激励

团队精神：协作、务实、奉献、拼搏

员工精神：品行、悟性、创新

上海远东资信评估有限公司

上海远东资信评估有限公司成立于1988年3月，是中国第一家社会专业资信评估机构。公司曾多次代表业界出席国际国内高峰会议，参与国家和地方相关法规和部门规章的起草、修订、咨询等工作。2003年12月，远东资信加入设在马尼拉亚洲开发银行总部、由16个各国会员组成的亚洲资信评估协会（ACRAA），成为中国大陆第一家获得会员资格的评级机构，并负责协会最佳实践委员会工作。

目前，公司获得了迄今国内允许开展的评级业务的所有资格。中国人民银行银发 [1997]547号，认可公司从事全国范围内债券信用评级业务的资格；国家发改委“发改财金 [2003]1179号”文件，认可公司“具有企业债券评估从业资格”；中国保险监督管理委员会保监发 [2003]92号，认可公司的信用评级资格，保险公司可以买卖经本公司评级在AA级以上的企业债券；中国人民银行上海分行历年授予公司从事上海市贷款企业资信评级业务的资格；国家发展改革委选择远东资信为全国小企业信用征集与评级的合作机构；中国人民银行上海分行和上海银监局选择远东资信为上海市企业集团信用评级中介机构；中国人民银行认可远东资信的上海市中小企业信用评级资格及其具备的在宁波、湖南、山西等地开展企业信用评级业务的资格。

远东资信与国际国内金融机构和评级机构建立了密切的合作关系。公司具有较强的研发力量，近两年来承担了政府和社会二十余项信用方面的研究课题。

公司现在湖南、宁波、四川等地设立了十余家分支机构。

资质资历

1999年，中国人民银行银发 [1997]547号，认可远东资信从事全国范围内债券信用评级业务的资格。

2003年7月，中国保险监督管理委员会保监发 [2003]92号，认可远东资信的信用评级资格，保险公司可以买卖经远东资信评级在AA级以上的企业债券。

2003年9月，根据国家发改委“发改财金 [2003]1179号”文件，远东资信“具有企业债券评估从业资格。

2004年6月，上海市工商行政管理局认可远东资信的企业合同信用评价业务资格。

2005年1月，中国人民银行认定远东资信的上海市中小企业信用评级资格。

2005年4月，中国人民银行上海分行和上海银监局选择远东资信为上海市企业集团信用评级中介机构。

2005年6月，中国人民银行征信管理局《关于做好银行间债券市场信用评级工作意见，认可远东资信为第一批五家银行间债券市场信用评级机构之一。

2005年7月，远东资信与国家开发银行签订《集中采购合同（咨询服务类），成为国家开发银行外聘评级机构。

此外，中国人民银行上海分行历年授予公司从事上海市贷款企业资信评级业务的资格，公司同时具备在宁波、湖南、山西等地开展企业信用评级业务的资格。

大事记

2010年10月，远东资信参与举办第四届“两岸信用管理论坛”。

2011年1月，经上海市名牌产品推荐委员会审定，远东资信被授予“2010年度上海名牌”称号，远东资信被上海市工商行政管理局认定为“上海市著名商标”称号。

2011年8月，远东资信接待日本瑞穗银行和电通国际情报服务（ISID公司）业务交流团队来访。

2011年12月，远东资信接待台湾永丰银行业务团队交流来访。

中诚信国际信用评级有限责任公司

作为中国本土评级事业的开拓者，中国诚信（中诚信国际前身）自1992年成立以来，一直引领着我国信用评级行业的发展，创新开发了数十项信用评级业务，包括企业债券评级、短期融资券评级、中期票据评级、可转换债券评级、信贷企业评级、保险公司评级、信托产品评级、货币市场基金评级、资产证券化评级、公司治理评级等。近年来中诚信国际在信用评级业务方面完成了数项开创性评级业务和技术，新的评级业务和技术创新极大推动了中国评级市场的发展，提高了中国信用评级业的技术水平。中诚信国际是国家发展与改革委员会认可的企业债券评级机构；也是中国人民银行认可的银行间债券市场信用评级机构。中国保监会于2003年5月30日发布的《保险公司投资企业债券管理办法》中将中诚信国际列为首位认可的信用评级机构。中诚信国际是评级机构在中国银行间交易商市场协会唯一的常务理事单位。全国银行间同业拆借中心于2006、2007年在银行间债券市场举行了由银行间市场投资者投票的五家评级机构评比，中诚信国际连续两年名列第一名。

评级体系

中诚信国际是国内评级行业中唯一正式引进国际评级技术与方法体系，拥有一支高素质的分析员队伍，业内专业能力最强，技术能力最全面、创新业绩最丰富的具有公认领导地位的国内行业龙头公司，在资产证券化等高端产品中具备业内最强的技术优势

中诚信国际是目前国内评级行业中唯一充分借鉴了惠誉和穆迪两家评级机构的评级方法体系和经验、并结合国内16年的评级实践完成了国际先进评级方法体系的本土化的评级机构。2007年4月在全国率先公布第一批4个行业的评级方法，目前已完成20个行业的评级方法。是业内唯一正式公开评级方法和按行业制定不同评级标准的评级公司。

中诚信国际的评级体系具有以下主要特征：

定性分析判断和定量分析相结合；

历史考察、现状分析与长期展望相结合（平抑经济周期的扰动）；

侧重于对评级对象未来偿债能力的分析和评价；

注重现金流的水平和稳定性；

以同类企业作为参照，强调评级的一致性和可比性；

“看透”不同准则下的会计数字。

评级开拓

中诚信国际——中国诚信资本市场评级业务的承继者，引领了中国评级事业发展，并且得到了中国资本市场的发行主体、投资者和监管机构的逐步认可。

中诚信开创性贡献的里程碑

2005 年在全国首次对短期融资券进行信用评级。

2005 年在全国首家开展信贷资产证券化(ABS)评级。

2005 年在全国首家开展住房抵押贷款证券化(RMBS)评级。

2005 年在全国首家开展专项资产管理计划评级。

2006 年在全国首家开展分离交易可转债评级。

2008 年在全国首批开展中期票据信用评级。

2008 年在全国首家开展商业银行中小企业贷款证券化评级。

2008 年在全国首家开展财务公司贷款证券化评级。

大事记

2010 年 5 月 27 日,由中诚信国际评级的国内首支金融租赁公司金融债券 - -2010 华融金融租赁股份有限公司金融债券在全国银行间债券市场成功发行,中诚信授予华融金融租赁股份有限公司的主体信用级别和金融债券信用级别均为 AA。

2010 年 5 月 26 日,中诚信国际在北京举办 2010 年春季投资者见面会,探讨在复杂的宏观经济背景下,房地产、钢铁、水泥、化肥和保险行业所面临的机遇和挑战,以及这些行业中企业面临的信用趋势变化。来自中外资银行、资产管理公司、证券公司、基金公司、企业、媒体等机构的上百人参加了会议。会议由公司执行副总裁何敏华主持,公司董事长毛振华和首席执行官叶敏分别做了当前宏观经济与政策的走势分析和正确认识信用评级的演讲。

2010 年 5 月 14 日,中诚信国际 2010 年第一期新员工培训在公司 12 层大会议室顺利召开。公司领导、各部门负责人及公司近半年入职的新员工参加了培训。此次培训,通过公司主要领导的亲自授课,使得新员工对中诚信国际有了一个比较全面的了解,对中诚信国际的企业文化有了初步认识,对公司的规章制度有了深入的了解。这对于促进新员工建立对中诚信国际的认同感和归属感,激励新员工努力成长为中诚信国际的优秀员工和管理者有着积极的推动作用。

2010 年 3 月 3 日,中国人民银行营业管理部征信管理处阚胜国助理调研员一行来我司调研,听取了公司何敏华执行副总裁、任伟红副总裁对于 2009 年营业管理部对我司进行现场检查后我司的整改情况汇报,以及我司 2009 年工作总结,对我司的工作给予了充分肯定。

2010 年 2 月 25 日,中诚信国际发布 2010 年中国证券业信用展望报告——《行业基础环境改善为证券业打开成长空间,中长期信用趋势向好,但短期仍面临压力》,这是公司自 2008 年以来第三次公开发布对中国证券行业的信用评价。报告回顾了 2008 - 2009 年中国证券业的发展概况,并深入探讨了影响未来中国证券业信用趋势的正面因素及证券业面临的各种风险,报告还同时发布了 12 家主要证券公司的信用评价简报。来自上海证券报、证券日报、新华通讯社、财经、路透社、金融界等多家媒体的记者参加了新闻发布会。

第四节　证券公司营业部

齐鲁证券有限公司青岛分公司

齐鲁证券有限公司青岛分公司成立于 2012 年 1 月 13 日，作为职能部门，负责管辖青岛地区所属营业部，注册地位于青岛市崂山区金融中心，依山傍海，环境优美，交通便利。

青岛分公司的成立，是齐鲁证券适应市场变化、行业发展和自身管理规模不断扩大的新形势而采取的重要举措。分公司的成立，体现了齐鲁证券立足山东，辐射全国资本市场的经营指导思想，将在推动地方产业结构调整升级，促进经济增长方式转变等方面发挥积极作用。

未来，青岛分公司将以证券经纪业务为基础，不断完善服务网络，加大对机构客户的服务力度，全面整合区域内投资银行、固定收益、新三板、投资顾问模块的人力资源和业务资源，建成齐鲁证券在青岛地区的综合业务落地平台。

青岛江西路证券营业部

齐鲁证券青岛江西路营业部创建于 1994 年 9 月，是青岛市最早的证券经营机构之一。营业部坐落于人气鼎盛的江西路与云霄路交界处，东临福州路，西接南京路，交通非常便利。

目前，营业部营业面积 4500 平方米，拥有多间贵宾室，客户室装修清新典雅，设备先进配套齐全。一楼交易大厅设有大屏幕行情显示及多台自助终端，可充分满足广大中小投资者的需要。营业部设立咨询热线：85735842/85735844，随时为您答疑解难，大量的证券分析报告及时为客户提供操作参考。营业部还经常组织理财沙龙、投资报告会，邀请资深证券分析师和投资高手与投资者进行面对面的交流。十多年来，江西路营业部凭借优质的服务和先进的技术设施赢得了广大投资者的青睐，未来，营业部将进一步提高经营管理水平，帮助广大投资者实现资产的保值增值！

特色服务：

1.“财富泰山”品牌产品——我公司研究开发的特色服务品牌。它根据您的实际情况为您量身打造符合您的产品，会根据国内国际环境，市场趋势指导您该如何操作。先在公司网站注册，然后根据您的实际情况填写测试表格，然后可以得知适合您的产品，目前可以免费体验 14 天。

2.“如意结”理财账户——我公司开发的支持单客户多银行的业务。一个客户可以开通多个银行的三方存管账户。持身份证和股东卡到我部柜台开通您想连通的银行的三方存管协议，然后持协议去此银行的任何一个营业部开通即可。目前该理财账户免费开通。

3.“融易网”——最新公司网站（www. qlzq. com. cn）。我公司客户可以注册，并凭账号登陆。“财富空间”可以实时显示您的资产信息，并提供您所持股票公司的信息；“天机汇”可以为您实现网页交易，即在网页登陆交易即可，非常方便。资讯丰富，功能强大，欢迎您登陆。

4. 我部具有开展融资融券业务资格——融资融券交易又称“证券信用交易”，是指投资者向有资格的证券公司提供担保物，借入资金买入上市证券或借入上市证券并卖出的行为。具体而言，即在证券价格低位时缴纳保证金从证券公司借入资金买入证券，以便在证券价格走高之后卖出，在归还证券公司借入资金的同时赚取差价 在证券价格高位时缴纳保证金从证券公司借入证券卖出，以便在证券价格走低之后低价买回同种证券，在归还证券公司借入证券的同时赚取差价。

客户如果申请该项业务，需满足两个基本条件：

普通账户资产个人客户 50 万，机构客户 100 万，开户时间不少于 18 个月，且在本公司从事证券交易满半年，我部融资融券业务费用低、手续便捷，是让投资收益倍增的好方法。

青岛香港中路民航大厦营业部

齐鲁证券有限公司青岛香港中路民航大厦证券营业部，于 2010 年 7 月从老市区西部搬迁至此，伴随着中国证券市场的规范发展，在“诚信、规范、敬业、实效”的企业精神指引下，齐鲁证券青岛民航大厦营业部走上了一条高速发展之路，经营业绩有望不断增长。新营业部位于青岛市香港中路 30 号，繁华东部的中心，地处青岛商务黄金地段，室外写字楼林立；室内整洁明快、幽雅。营业面积 1000 余平方米，设有中户厅（室）、大户室、贵宾室 30 余间（套）。一流的硬件设施，双备份千兆交换网络系统，多媒体高速单向数据接收，双向卫星报盘，行情揭示快捷，交易通道畅通。并与中国工商银行、中国建设银行等多家银行开办第三方存管业务；本部共配备 400 余台品牌股票专用电脑、自助委托系统、128 门电话委托线路。本营业部共由 14 位员工组成，是一只精干的队伍。我部配备多名专职投资咨询分析师，提供全天侯的个性化理财服务，配备高档的办公家俱，使用起来随心应手；营业部席位号：沪 A（22921）、沪 B（90139）、深 A（231218）、深 B（231299）。超前完善的服务措施，博采众长的信息咨询为投资者提供个性化服务，帮投资者树立正确的投资理念。营业部长年坚持“以人为本、科学管理、稳健经营、开拓进取”的经营理念，竭诚为广大投资者提供最优质的投资环境和最真诚的服务。

特色服务：

业务范围：证券经纪。

资金划转方式：中国建设银行、中国工商银行、中国银行、中国农业银行、招商银行、兴业银行、华夏银行、交通银行、中信银行、民生银行、光大银行、浦发银行等三方存管。

交易方式：网上委托、电话委托、自助委托、驻留委托、柜台委托。

现场行情揭示与分析系统：钱龙系统、钱龙动态分析系统、钱龙静态分析系统、大智慧动态分析系统。

资讯服务：维赛特财经、钱龙资讯。

投资咨询服务：通过现场、网络平台、短信、电子邮件等多种信息发送手段向客户提供市场走势判断、市场热点、个股推荐、政策分析、行业研究等信息及研究报告。

特色服务：掌上股市、短信服务。

青岛香港中路营业部

齐鲁证券青岛香港中路营业部位于青岛市南区香港中路 100 号，毗邻奥帆赛举办地浮山湾，处于金融一条街繁华地段，营业面积 1600 平方米，设有中户厅（室）、大户室、贵宾室。周边银行众多，交通便利。营业部拥有一支风格稳健、经验丰富的投资理财专家队伍，建立了有效的风险防范体系，各种信息资料齐全，并在客户管理上采取投资顾问制度，投资顾问对客户实行全天候的理财咨询服务。营业部长年坚持“以人为本、科学管理、稳健经营、开拓进取”的经营理念，竭诚为广大投资者提供最优质的投资环境和最真诚的服务。

特色服务：

1. ETF 套利服务

2. 股票和股指期货间的期现套利服务

3. 齐鲁证券掌 e 通手机证券平台

掌 e 通手机证券是我公司为广大客户精心打造的一款自有品牌手机炒股软件。其特点为：运行稳定高效，使用操作便捷；提供丰富的专业资讯和及时的全球市场信息，支持财富泰山、单客户多银行等公司特色产品和服务。主要功能模块包括我的地盘、行情走势、分类排名、基金超市、委托交易、齐鲁资讯、全球市场、财富泰山、在线服务。

胶南珠海中路营业部

齐鲁证券胶南珠海中路营业部位于山东省胶南市珠海中路 273 号，位于胶南市区中部，交通方便。经营范围主要包括证券代理买卖，代理还本付息、分红派息，证券代保管、签证，代理证券登记开户等。

自创建伊始，即凭借一流设备、一流人才、一流的服务、一流的管理跻身一流证券营业部行列，市场份额逐年上升，多年来，营业部一直恪守“稳健、规范、诚信”的宗旨，尽心尽力服务广大客户，在胶南地区广大股民心目中享有良好的声誉。

营业部现有上百台工作站，多间装修豪华的贵宾室和大户室，为客户打造舒适优雅的投资环境；

实现了证券帐户与多家银行存款帐户之间银证转帐业务，方便客户资金存取；

开通了电话委托、网上交易、手机炒股、自助委托于一身的委托交易系统。全新、高性能的服务器，畅通、高速、安全的数据传输通道；

齐鲁证券胶南珠海中路营业部全体员工在此竭诚欢迎您的加入，期待用您的智慧和我们的服务共创新的财富。

特色服务：

1. “财富泰山”品牌产品——我公司研究开发的特色服务品牌。它根据您的实际情况为您量身打造符合您的产品，会根据国内国际环境，市场趋势指导您该如何操作。先在公司网站注册，然后根据您的实际情况填写测试表格，然后可以得知适合您的产品，目前可以免费体验 10 天。

2. “如意结”理财账户——我公司开发的支持单客户多银行的业务。一个客户可以开通多个银行的三方存管账户。持身份证和股东卡到我部柜台开通您想连通的银行的三方存管协议，然后持协议去此银行的任何一个营业部开通即可。目前该理财账户免费开通。

3. “融易网”——最新公司网站（www.qlzq.com.cn）。我公司客户可以注册，并凭账号登陆。“财富空间”可以实时显示您的资产信息，并提供您所持股票公司的信息；“天机汇”可以为您实现网页交易，即在网页登陆交易即可，非常方便。资讯丰富，功能强大，欢迎您登陆。

4. “掌 e 通”手机证券是我公司为广大客户精心打造的一款自有品牌手机炒股软件，通过此软件客户直接应用手机即可实现证券委托交易。其特点为：运行稳定高效，使用操作便捷；提供丰富的专业资讯和及时的全球市场信息，支持财富泰山、单客户多银行等公司特色产品和服务。主要功能模块包括我的地盘、行情走势、分类排名、基金超市、委托交易、齐鲁资讯、全球市场、财富泰山、在线服务。

青岛正阳路证券营业部

齐鲁证券有限公司青岛正阳路营业部，成立于 2009 年 3 月，是青岛市城阳区唯一合法的证券经营机构，营业部坐落于城阳区正阳路东部繁华的商业区。

目前，营业部营业面积 1200 平方米，拥有多间贵宾室，客户室装修清新典雅，设备先进配套齐全。一楼交易大厅设有大屏幕行情显示及多台自助终端，可充分满足广大中小投资者的需要。营业部设立咨询热线：0532－66961266，随时为您答疑解难，大量的证券分析报告及时为客户提供操作参考。营业部还经常组织理财沙龙、投资报告会，邀请资深证券分析师和投资高手与投资者进行面对面的交流。自开业以来，青岛正阳路营业部凭借优质的服务和先进的技术设施赢得了广大投资者的青睐。未来，营业部将进一步提高经营管理水平，帮助广大投资者实现资产的保值增值！

特色服务：

1. 齐鲁证券“如意结”是我公司推出的单客户多银行第三方存管业务，此服务模式为业内首创。在单客户多银行存管体系下，投资者可自主选择多家银行，实现证券账户与多个存管银行账户之间资金的灵活调配。该项业务解决了证券交易资金在不同银行间存、取、划转时间长的难题，特别是对于法人机构、打新一族和资金周转很快的投资者提供了更为全面的服务。

2. 齐鲁证券“财富泰山”经纪服务产品是我公司推出的以齐鲁证券研究所为主导，通过整合分析师资源和重新识别细分客户资源而建立起来的服务产品和服务品牌。其主要内容是重新识别和细分客户，根据客户的风险承受能力和理财经验的不同，形成专业特点相异的九类产品，通过网页浏览和发送短信的形式为客户的投资理财提供资讯方面的依据和参考。

3. 齐鲁证券“掌 e 通”手机证券是我公司为广大客户精心打造的一款自有品牌手机炒股软件，通过此软件客户直接应用手机即可实现证券委托交易。其特点为：运行稳定高效，使用操作便捷；提供丰富的专业资讯和及时的全球市场信息，支持财富泰山、单客户多银行等公司特色产品和服务。主要功能模块包括我的地盘、行情走势、分类排名、基金超市、委托交易、齐鲁资讯、全球市场、财富泰山、在线服务。

4. 齐鲁证券“融易网”我公司客户可以注册，并凭账号登陆。“财富空间”可以实时显示您的资产信息，并提供您所持股票公司的信息；“天机汇”可以为您实现网页交易，即在网页登陆交易即可，非常方便。资讯丰富，功能强大，欢迎您注册登陆。

特色产品服务

1. 国债正、逆回购：国债回购收益率大大高于同期银行存款利率水平，又不用承担股价波动的风险，是风险相对较小的投资品种。

2. ETF 套利：一二级市场间 T+0 套利，不论市场上涨还是下跌，只要存在溢价或折价交易，理论上都有套利机会。

3. 股指期现套利：股指期货套利是指利用股指期货市场存在的不合理价格，同时参与股指期货与股票现货市场交易，或者同时进行不同期限，不同（但相近）类别股票指数合约交易，以赚取差价的行为。

4. 融资融券：我部现已获批开展融资融券业务。满足条件的客户即可申请办理融资融券信用账户，进行融资融券交易。

特色服务：营业部专职投资顾问“一对一”服务，提供涉及证券及证券相关产品的投资建议，投资建议内容包括专业研究成果、投资参考及理财规划建议等。

胶州福州南路营业部

齐鲁证券胶州福州南路营业部创建于2011年12月。营业部坐落于人气鼎盛的胶州市福州南路9号，交通非常便利。

目前，营业部营业面积800平方米，拥有多间贵宾室，客户室装修清新典雅，设备先进配套齐全。一楼交易大厅设有大屏幕行情显示及多台自助终端，可充分满足广大中小投资者的需要。营业部设立咨询热线：87230075/87230077，随时为您答疑解难，大量的证券分析报告及时为客户提供操作参考。营业部还经常组织理财沙龙、投资报告会，邀请资深证券分析师和投资高手与投资者进行面对面的交流。胶州福州南路营业部凭借优质的服务和先进的技术设施赢得了广大投资者的青睐，未来，营业部将进一步提高经营管理水平，帮助广大投资者实现资产的保值增值！

特色服务：

业务范围：A、B股、国债及国债回购、基金及开放式基金销售。

资金划转方式：与建行、工行、农行、中行、交行、招商银行以及兴业等银行开通“保证金第三方存管”业务。

交易方式：刷卡交易、钱龙自助、电话委托、网上交易、掌上股市。是市内最早开通网上交易的券商、市内最早开通“保证金第三方存管”的券商。

行情揭示与分析系统：深沪采用先进高速单向卫星行情传输系统。最新的钱龙动态分析软件系统，行情揭示每分钟达8－10笔。

资讯系统：港澳、龙讯等，并推出多份投资理财参考和举办股市沙龙，协助客户作出正确的投资决策。

投资咨询服务：实行客户分组管理，客户经理（经纪人）与客户实行一对一服务。为重点和机构客户提供投资组合和投资研究报告，注重对客户价值投资理念的培养，并与国内一些大型证券研究机构共享一些资源平台。

齐鲁证券“如意结”

“如意结”是我公司推出的单客户多银行第三方存管业务，此服务模式为业内首创。在单客户多银行存管体系下，投资者可自主选择多家银行，实现证券账户与多个存管银行账户之间资金的灵活调配。该项业务解决了证券交易资金在不同银行间存、取、划转时间长的难题，特别是对于法人机构、打新一族和资金周转很快的投资者提供了更为全面的服务。

齐鲁证券“掌e通”

“掌e通”手机证券是我公司为广大客户精心打造的一款自有品牌手机炒股软件，通过此软件客户直接应用手机即可实现证券委托交易。其特点为：运行稳定高效，使用操作便捷；提供丰富的专业资讯和及时的全球市场信息，支持财富泰山、单客户多银行等公司特色产品和服务。主要功能模块包括我的地盘、行情走势、分类排名、基金超市、委托交易、齐鲁资讯、全球市场、财富泰山、在线服务。

齐鲁证券“财富泰山”

“财富泰山”经纪服务产品是我公司推出的以齐鲁证券研究所为主导，通过整合分析师资源和重新识别细分客户资源而建立起来的服务产品和服务品牌。其主要内容是重新识别和细分客户，根据客户的风险承受能力和理财经验的不同，形成专业特点相异的九类产品，通过网页浏览和发送短信的形式为客户的投资理财提供资讯方面的依据和参考。

中信建投证券股份有限公司
北京东直门南大街证券营业部

一、营业部概况

中信建投证券股份有限公司是经中国证监会批准设立的全国性综合类证券公司。目前在全国共设有近130个营业网点，覆盖全国20个省（市）近70个城市，是国内网点覆盖面较广的证券公司之一。公司主要业务指标均位于同行业前十名，是证监会认定的A类AA级证券公司。

中信建投证券东直门南大街营业部成立于1993年，前身是著名的“华夏东四营业部”，是中信建投证券（原“华夏证券”）在北京成立的第一家营业部，也是北京证券市场最早的开拓者之一。营业部曾单独完成了北人机、同仁堂、歌华有线等公司的上市发行工作。目前，东直门营业部是中信建投乃至全国证券系统中规模最大、管理最完善的旗舰营业部之一，市场份额常年保持在全国前10名。

多年来，中信建投证券东直门营业部始终坚持规范经营、合规运作的发展模式，将风险控制尤其是客户的资金安全放在首位，是全国唯一一家被中央金融工委授予“全国金融系统先进文明单位”称号的证券经营机构。同时，营业部一直在进行着由简单的营销平台向拥有自主创新能力的财富管理中心的转型，成为业界知名的创新型营业部。目前营业部已拥有近百人的员工队伍，创建了20个专业化的理财团队，打造了从低风险到高风险的全方位理财产品线，在固定收益、股票、期货衍生品、信托产品、私募基金、融资融券、专户一对多等业务领域跻身于全国营业部的一流水平。截止目前，营业部总资产已突破了500亿元，客户数量高达10万，在业界位于领先水平。

二、营业部服务特色

在传统的股票经纪业务萎缩的时候，仅仅针对于客户证券资产的投顾服务已经无法满足客户的全面理财需求，证券公司经纪业务线的竞争实质从外在市场的拓展转向了内部架构的设计，创造客户需求产品的速度和满足客户需求的能力成为了竞争力的新体现。

中信建投证券东直门营业部依赖其前期与客户建立深度联系、细致了解客户需求的优势，先于市场对金融全产品线进行了布局，组建了20余个专业化的产品团队，吸引了大约100位专业人才。产品线的设计全方位覆盖了从低风险需求到高风险需求的各类投资品种，涉及内容包括：

（一）低风险类投资品种

国债回购与逆回购

货币市场基金

保本型基金

（二）中低风险类投资品种

国债

信用债

普通开放式债券型基金

分级债基A类份额

封闭式分级债基

（三）中等风险类投资品种

可转债

分级债基B类份额

分级股票基金A类份额

混合型基金

股指期货期限套利
可转债套利
事件套利
（四）中高风险类投资品种
股票型基金
基金一对多专户
阳光私募投资产品
资产管理计划
基金超市
（五）高风险投资品种
商品期货
股指期货
融资融券
分级股票基金 B 类份额
（六）机构特色服务
限售股服务
企业融资平台
财务顾问业务
新三板业务
私募股权投资
定向增发
股指期货套期保值
（七）营业部其他特色服务
投顾咨询服务
财富管理
私人客户交流会
B 股之家
延伸平台
……

三、营业部经营理念及业绩

营业部长期以来一致致力于服务广大投资者，秉承“服务创造价值诚信赢得信赖”的经营理念，成为中信建投乃至全国证券系统中规模最大、管理最完善的旗舰营业部之一。

在市场上刚刚出现散户机构化、产品服务化趋势时，东直门营业部已能够依据客户需求，及时、准确、灵活的运用金融工具和金融产品，实现对客户全方位的财富管理，帮助客户实现跨领域、跨地域的金融投资。在此基础上，东直门营业部又组建了私人银行业务团队，为资产过千万的高端客户量身定制产品，如私募股权投资、养老规划等。

尤其令人惊喜的是，东直门营业部逐渐改变了传统的经纪业务利润结构，从 90% 利润来源于股票交易的创收模式转变成为了非通道式业务收入超过 30% 的新型创收模式，率先在追求多元化利润来源的道路上迈出了具有前瞻性的一步。

行业佣金的不断下滑，使券商经纪业务的发展举步艰难，在 2010 年佣金雪崩的背景下，中信建投证券东直门营业部逆势而为，走在行业的前列，率先抵住低佣金的压力，大力发展各专业化产品线，抢占创新业务高地，获取了新的利润增长点，为后期打造多元化、差异化服务做了充足准备。东直门营业部 2010 年创利 1.1 亿，全年佣金率下降仅为 9%，市场占比高达 1.01‰，成为了证券业的一朵奇葩，入选了清华大学金融家论坛的优秀案例。

目前，营业部各子项目的利润排名多数都名列前茅，显示出较为强劲的竞争力，为下一阶段打造业内最领先的产品事业部奠定了雄厚的基础。

四、营业部所获奖项

近年来，东直门营业部分别在架构建设、人才培养、产品布局、价值管理等方面做出了有益的探索，得到了业界广泛认可，获得了一系列嘉奖。

2000 年被中国证券业协会评为“2000 年度全国优秀证券营业部”。

2001 年荣获证券系统唯一的“全国金融系统文明建设先进单位”称号。

2003 年获 2003 年度“首都文明单位”称号。

2004 年在首都金融业创建文明行业活动中，被评为“先进网点”。

2006 年获 2006 年度“首都文明单位”称号，并获中信建投“突出贡献”金奖。

2007 年获 2007 年度“首都文明单位”称号，并获中信建投“优秀营业部”称号。

2008 年荣获证券时报首届“大智慧杯”评选的中国明星证券营业部“二十强”。

2008 年营业部在全国 3000 多家营业部交易量排名中名列第 5 名，并获中信建投“先进集体”称号。

2009 年荣获 2009 年度中信建投系统“明星营业部”和“服务模式创新奖”。

2009 年荣获 2009 年度中国券商势力榜“中国证券公司十大营业部”称号。

2010 年东直门营业部获得“2009 年明星营业部”称号。

2010 年东直门营业部获得北京市总工会“首都工人先锋号”称号。

2010 年东直门营业部获得证券业协会“自律工作先进单位”称号。

2010 年东直门营业部获得 CCTV 证券财经频道“首届营业部之星 2010 最佳分析师团队”、“2010 年特别贡献奖”称号。

2010 年东直门营业部获得证券时报“第四届‘大智慧杯’中国明星营业部二十强”称号。

2011 年东直门营业部获得中信建投系统“五年功勋营业部”称号。

2011 年东直门营业部获得中信建投系统首届“扬帆杯”知识技能大赛冠军。

中信建投证券股份有限公司
北京南大红门路证券营业部

中信建投证券股份有限公司北京南大红门路证券营业部地处北京南中轴路，地理位置优越，交通便利。营业部前身是证券服务部，最早成立于 2000 年，并于 2008 年升级成为证券营业部。长期以来，营业部以一流的专业团队、丰富的从业经验和稳健的经营作风，不断努力，开拓进取。凭借着始终如一的热情服务和持续稳步增长的业绩，营业部于 2010 年获得了中信建投证券股份有限公司授予的“明星营业部”称号。

依托中信建投证券股份有限公司总部的强大实力，结合营业部自身优势，我部提供四大特色服务：

1. 丰富的投资理财产品：代理 A、B 股、融资融券、三板、国债、封闭式基金、开放式基金、公司企业债、信托理财交易、基金一对多、定向资产管理计划、现金理财产品等；

2. 全面的交易委托通道：为客户提供网上交易、web 交易、手机交易、电话委托、现场交易等多种委托方式，保证了交易通道的畅通、高效；

3. 专业的财富管理咨询：营业部“财富管家”投顾团队由金牌投资顾问张勇博士亲自带队，为签约客户的投资交易提供个性化一对一指导。给客户带来每日沟通、每周讲座、每月报告的贴心服务，为每名客户提供更精确的投资咨询服务；

4. 贴心的融资需求方案：机构融资业务、企业上市发行、私募债发行、约定购回业务、证券质押贷款、代理证券质押业务等。

投顾简介

首席投资顾问张勇，1975 年 9 月出生，西安交通大学金融学博士，西北政法大学经济学硕士，通过注册金融分析师（CFA）一级考试，曾在国信证券西安营业部、国都证券研究所、国都证券中关村营业部从事投资分析和咨询工作。具有 15 年证券市场投资经验，擅长基本面分析和选股，投资风格稳健，对行业的方向性选择较为准确。目前在中信建投证券北京南大红门路证券营业部担任首席投资顾问，带领团队开展年费制投顾咨询服务，突破了券商普遍通过提高佣金费率收费的模式，使客户利益得到保障，实现券商和客户的双赢。

中信建投证券股份有限公司福建分公司

中信建投证券股份有限公司福建分公司是中信建投证券股份有限公司在福建省设立的分支机构，成立于 2013 年 4 月。经营范围包括：证券经纪；证券投资咨询；与证券交易、证券投资活动有关的财务顾问；证券承销与保荐（仅限项目承揽、项目信息传递与推荐、客户关系维护等辅助工作）；证券资产管理（仅限项目承揽、项目信息传递与推荐、客户关系维护等辅助工作）；证券投资基金代销；为期货公司提供中间介绍业务；融资融券；代销金融产品业务。

截止 2014 年 3 月，福建分公司下辖 8 家证券营业部，营业网点遍布福州、厦门、泉州、福清、长乐等地市，分布范围广阔，拥有较为庞大的客户群体。所辖营业网点的客户数量、市场份额和经营业绩多年来居于福建市场前列，专业化的理财服务在福建市场有较好的口碑，投资者满意度较高。

中信建投证券福建分公司秉承“诚信、专注、成长、共赢”的核心价值观；坚持“服务创造价值，诚信赢得客户”的经营理念，发挥公司全牌照经营优势，竭诚为个人和企业客户提供全方位、周到、贴心的专业化的投融资服务。

福建分公司总经理

张震星，男，1963 年生，大学本科学历，经济学学士学位，会计学副教授，中国注册会计师。通过中国证券业协会证券经纪、证券发行与承销、证券投资分析、证券投资基金等证券从业人员资格考试，获得中国证券业协会证券执业资格。曾在武汉国际信托投资公司证券业务总部、北京证券有限责任公司、瑞银证券有限责任公司从事证券业务。2008 年 8 月起至 2103 年 12 月担任中信建投证券股份有限公司福州东街证券营业部经理，2013 年 4 月至今担任中信建投证券股份有限公司福建分公司总经理。

中信建投证券股份有限公司
海口海府大道证券营业部

一、营业部概况

中信建投证券海口营业部，位于人杰地灵的海口市海府大道。目前已扎根海南 18 年，打造了一支投资经验丰富的专业理财团队，为营业部客户提供股票投资、基金理财、股指期货及融资融券平台和一系列专业化的中高端理财服务。

二、经营理念

百川坚守“归”之本色终成沧海而永不涸，大海坚守“容”之本色乃成浩瀚之洋。中信建投证券海口营业部始终坚守企业“诚信、专注、成长、共赢”的经营理念，日益积淀其 A 类 AA 级品牌券商的功力和底蕴。其“交易量、净利润、市场占比”多项指标在海南各券商营业部中长期居首位。营业部积极响应各监管部门监管思想，做到强化内部管理、稳健经营、党建活动，2012 年度营业部总经理薛祥秋同志被选举为海南证券业协会兼职副会长、营业部laboratory荣获了 2010 年度海南省金融发展专项资金突出贡献奖、2010 年度公司级利润增长奖、2010 年度公司基金理财优秀营业部、2011 年度海南证券业界庆建党 90 周年红歌赛三等奖。

量身定制的特色化服务：

1. 贴心服务

客户重仓股跟踪提醒：与客户共享喜悦、分担忧虑。

电子邮件服务：随时提供专业的深度分析报告。

手机短信服务、飞信服务：短信互动。

MSN、QQ 平台：实现客服人员与客户的实时交流。

营业部互联网子站、共月邮箱：专业资讯、轻松共享。

经常性的电话回访：时刻关心客户投资方向。

新股申购、配股、新股上市、实时性理财产品提示：不遗漏任何的投资机会。

专职客服人员服务：贴心的服务、亲切的交流。

2. 个性化理财服务

每日分析师盘中实量解盘：及时捕捉短线机会。

资深专家实时操作指导：投资趋势、长短机会尽在掌握。

理财产品推荐：配置合理化、个性化的理财产品组合。

周末股市沙龙：每周定期与分析师面对面交流。

客户俱乐部：为客户提供交流、健身休闲、理财一体化的周到服务。

三、营业部经理

薛祥秋，1998 年毕业于重庆大学，具有 12 年证券从业经验。2001－2005 年曾任职华夏证券，曾担任证券投资分析师、理财中心负责人等职务。深入研究与分析股票、债券等投资产品，对证券市场方向的发展具有前瞻性和敏锐性。薛祥秋先生对股票、国债、基金、可转换债券、以及金融创新产品分析方面具备丰富的投资管理经验，对信托、有限合伙等形式的阳光私募基金产品有深入研究，曾在 2007 年参与设计推出第一支套利型阳光私募基金。2005 年起任职中信建投证券，2008 年至今任职中信建投证券股份有限公司海口海府大道证券营业部总经理，全面负责、主持海口营业部各项工作，海口营业部历经三年的发展，交易量、市场占比、利润等各项指标稳居海南省首位。

中信建投证券股份有限公司湖南分公司

中信建投证券股份有限公司是经中国证监会批准设立的全国性大型综合证券公司。公司注册地为北京，注册资本为 61 亿元，是目前行业评级最高级别的 A 类 AA 级证券公司。

中信建投证券股份有限公司湖南分公司是中信建投证券在湖南区域的分支机构，主要经营证券经纪业务。代理 A 股、B 股、基金、国债、企业债、可转债、国债回购、期货 IB 业务、固定收益产品、各种理财产品、市值管理、现金管理、大宗交易，还可开展融资融券业务、私募信托业务、柜台交易业务、新三板业务、投资顾问业务等。湖南分公司现辖7家证券营业部。其中湖南省会城市长沙市三家，省内地级市株洲市、衡阳市、郴州市、张家界市各一家，分公司驻长沙。

湖南分公司在以总经理田兵为首的经营班子的领导下，锐意进取，开拓创新。在整合优化内部资源的基础上，搭建了综合业务服务平台，强化了业务条线的功能，使营业部在新的业务支持平台上成为客户的财富管理者。将“通道型”的营业部重塑成“理财型”的营业部，在营业部业务转型上开始了新的步伐。

中信建投证券股份有限公司 南京江宁金箔路营业部

中信建投证券股份有限公司成立于2005年11月2日，是全国性大型综合证券公司。2010年，公司在《新财富》杂志年度评选中当选“本土最佳投行”及“进步最快研究机构”第2名，“最具影响力研究机构”第10名；在《证券时报》年度评选中一举揽获“最具成长投行”，“主板最佳投行”，“最具影响力项目”，“最具投资价值保荐项目”等奖项。2010年，中信建投证券在中国证监会组织的证券公司分类评价中获得目前业界最高的A类AA级评级。2011年公司获得第四届《证券时报》中国最佳证券经纪商，“智系列资讯产品”获最佳经纪业务服务品牌，在《和讯网》评选中获得“最佳风险管理券商”。

中信建投证券股份有限公司南京江宁金箔路营业部，坐落于南京市江宁区中心位置，营业面积1500平方米，成立于1996年。是一家历史悠久的证券营业部。营业部成立15年来，始终坚持“诚信、专注、成长、共赢”的经营理念，并将“让客户满意”作为我们为之努力的目标。

中信建投证券股份有限公司南京江宁金箔路营业部是一支年青的团队，员工平均年龄28岁，他们来自五湖四海，满怀激情地追逐梦想，分享中国证券资本市场地快速成长；营业部是一支成长的团队，市场份额连续4年增长20%以上，他们脚踏实地，练好内功，积极面对营业部业务的转型；营业部是一支专业的团队，员工学历均在本科以上，其中硕士学历占30%，他们大部分来自全国“211工程”名牌大学，营业部投顾团队成员从业年限均在10年以上，经验丰富，专业过硬，是您最具责任感的投资顾问。2011年被证券时报评选为中国最佳营业部投顾团队。

营业部近年成绩：

2009年2月，荣获基金销售“优秀营业部”。

2009年11月，荣获公司银证合作“明星营业部”。

2010年12月，荣获公司2010年度先进集体。

2011年6月，荣获公司“扬帆杯”专业技能大赛江苏赛区冠军。

2011年7月，荣获2011年度“中国最佳营业部投顾团队”。

伍凝辉，曾分别就职于江苏省淮海投资公司、南方证券南京分公司、华夏证券龙蟠中路营业部、中信建投证券珠江路营业部，具有丰富的证券投资经验。十几年的证券工作经历，造就了诚信、务实、进取、共赢的工作作风。2007年，伍凝辉被任命为中信建投证券珠江路营业部江宁服务部经理。在投顾团队建设方面，储备与培养了一批实力超群的投顾人员。他们个个身经百战，屡获殊荣。2011年，被证券时报评选为中国最佳投顾团队。

营业部地址：南京江宁金箔路1039号黄金海岸广场

深圳席位号：A股(213800)、B股(056000)

委托电话：95587

客服咨询电话：025－52288200025－51195916

公司网站：www.csc108.com

手机WAP网站：wap.csc108.com

中信建投证券股份有限公司 深圳市宝安前进一路证券营业部

一、素质优良的员工团队

营业部员工平均从业时间超过10年，勤勉敬业、经验丰富；分析师团队具备扎实的专业理论知识和丰富的实战从业经验，对股票、基金、期货均有较深的研究，将根据您的个人状况，为您提供专业的理财服务。

二、丰富的投资品种

包括股票、基金、债券、权证、以及期货及股指期货等业务，可满足您多样化的投资需求。新业务：融资融券业务已经开通。

三、专业理财服务

1. 依靠行业领先的中信建投研究所，萃取研究资讯精华，为客户提供高质量的投资资讯；详情见营业部博客：http://blog.sina.com.cn/zxjtba

2. 投资顾问服务，由注册执业分析师为大客户提供“一对一”专门服务；

3. 手机免费短信服务，为投资者提供重要信息提示和研究资讯，免去您纷繁的信息收集工作之累。

办理方法：凡在我部开户的客户，使用中国移动号码手机的，编辑短信11发送至95587；使用联通号码的，致电27787838申请。

4. “邀您发”理财俱乐部，不定期举办投资讲座，邀请有影响力的专业人士介绍投资知识，分析趋势与机会，促进信息交流。

四、先进的信息技术

客户可以通过互联网、手机、电话或现场方便快捷地交易，获得投资参考资讯。

五、整洁优雅的营业环境

营业部在高档写字楼内拥有1200平米营业部面积，环境整洁优雅，空中花园和灵芝公园风景宜人，投资之余，您还可以放松身心，享受风景。

中信建投证券股份有限公司 深圳中核大厦营业部

一、营业部概况

中信建投证券股份有限公司成立于2005年11月2日，是全国性大型综合证券公司。公司总部位于北京，截至2010年底，公司在境内拥有125家证券营业部和11家期货营业部，分布在北京、上海、天津、重庆等直辖市，以及华北、东北、华东、中南、西南、西北等地区27个省份近百个大中城市。中信建投证券拥有实力强大的股东背景，北京国有资本经营管理中心、中央汇金投资有限责任公司、世纪金源投资集团有限公司与中信证券股份有限公司均为拥有雄厚资本实力、成熟资本运作经验与较高社会知名度的大型企业。2010年，公司在《新财富》杂志年度评选中当选“本土最佳投行”及“进步最快研究机构”第2名、“最具影响力研究机构”第10名；在《证券时报》年度评选中一举揽获"最具成长性投行"、"主板最佳投行"、"最具影响力项目"、"最具投资价值保荐项目"等奖项。经过多年努力,公司已经成为一家资产优良、内控严密、管理先进、效益良好的优质证券公司。2010年,中信建投证券在中国证监会组织的证券公司分类评价中获得目前业内最高的A类AA级评级。

公司旗下的深圳中核大厦营业部,位于深圳市主干道深南大道中段核心位置,营业面积1100多平方米。前身为华夏证券振华路营业部,成立于1993年,是深圳一家历史悠久的证券营业部之一。营业部成立十八年来,始终坚持"服务创造价值,与客户共同成长"的经营理念,并将"让客户满意"作为我们为之努力的目标。营业部自开业以来,始终以稳健、规范、诚信的经营方针和良好的信誉取信于投资者。营业部设备安全先进,环境优雅舒适,周边生活服务配套设施应有尽有,交易品种齐全,员工从业经验丰富,拥有一批资深的投资顾问团队,并凭借总公司全国一流的研究实力,能够为投资者提供优质的信息咨询服务。

中信建投证券中核大厦营业部全体员工以"源于专业、忠诚的服务理念和锐意进取的创新精神"为广大投资者提供以下产品和特色服务:

(一)投资产品

1. 股票投资;

2. 债券投资

3. 基金投资;

4. ETF基金套利;

5. 期现套利;

6. 权证交易;

7. 融资融券业务;

8. 中信建投证券集合理财系列产品。

(二)增值服务特色

1. 依托总公司的强大实力,营业部财富管理中心汇集了一批经验丰富的投资顾问,通过专业的投资建议、一对一专属投资顾问服务,为高端客户提供高品质的金融专家服务。

2. 建立强大的客户服务平台,资深的专业人士随时响应投资者的需求。

3. 精心制作了覆盖股票、债券、基金及融资融券、期现套利等衍生产品的全系列资讯产品。通过营业部的中央广播系统、个性化咨询等方式等及时向场内、外客户提供盘面动态变化的分析,及时提示市场机会或注意回避的风险。

4. 证券分析师提供实时在线咨询服务,免费的专业邮箱系统向核心客户发送各种专业级研究报告、行业研究、政策点评;短信中心为每一订阅客户发送所需个性化信息。

5. 投资者学习园地:为培养投资者的市场分析能力,我们定期举办各类专题讲座、股评报告会、培训班,满足您的不同需要。根据投资者的实际情况,由浅入深,内容涵盖了基本面分析、技术分析及实战技法的主要层面。

(三)方便快捷的交易通道

1. 营业部网络设备一流,采用千兆网络系统、软件系统达到C2级安全标准,卫星传送深沪行情,高速准确。电话委托:95587,24小时服务热线:13570844423。

2. 第三方存管:目前我部已开通工商银行、建设银行、招商银行、中国银行、农业银行、交通银行、浦东发展银行、兴业银行、华夏银行、中信银行、深圳发展银行、广东发展银行、光大银行、民生银行、北京银行等十几家银行的转账业务通道。

3. 网上交易:中信建投通达信、同花顺网上交易专业版,下载快捷,操作便利。

4. 手机炒股:中信建投同花顺,真实直观、操作简单方便快捷、专为出差在外的您的量身订做。

二、营业部总经理介绍

钱锐,1966年7月出生,学士,中共党员,具有丰富的金融行业经历,曾分别就职于交通银行哈尔滨分行、海通证券哈尔滨营业部、广发投资控股有限责任公司、平安证券深南中路营业部。十几年的金融工作经验,造就了严谨、务实的工作作风,现任中信建投证券股份有限公司深圳中心营业部总经理兼深圳中核大厦营业部总经理。

2008年6月,钱锐被任命为中信建投证券振华路(我部曾用名)营业部总经理,2008年上半年中信建投证券振华路营业部由于诸多原因,市场占比、排名等迅速下降,并且历史遗留问题众多,使营业部陷入了经营困局。她临危受命,并没有消极等待,而是面对困难,凭借着自己激情,审时度势,通过重新搭建组织架构、快速解决历史遗留包袱、建立创新的营销体系和客户服务模式等一系列举措,经过两年多的努力拼搏,营业部的各项经营指标得到较为惊人的改观,重塑了营业部的核心竞争力,使营业部在深圳这个竞争最激烈的市场上,排名稳步上升。

2011年,中核大厦营业部升级为中信建投证券深圳中心营业部,钱锐同志担任中心营业部总经理。

三、营业部经营业绩及经营理念

近几年营业获得的成绩与荣誉:

1. 1998年、1999年、2000年、2002年、2005年、2006年六度连续荣获深圳市证券业协会颁发的"优秀证券营业部"称号。

2. 2006年获公司系统内"经纪业务市场占比提升最快"金奖。

3. 2010年获公司系统内"优秀集体奖"。

4. 2010年获公司系统内"跨越障碍、走向成功"优秀营销案例奖。

5. 在深圳这个竞争激烈的市场上,营业部的市场占比从2008年的0.024%、2009年的0.026%到2010年的0.03%,近几年保持着10%的复合增长。管理的客户总资产规模从2008年13.86亿元,上升到2010年底的61多亿元,两年间资产规模增长了近3.4倍。

6. 2011年,营业部升级为中信建投证券深圳中心营业部,下辖深圳地区四个营业部。

中核大厦营业部在业务经营中不断提高客户服务质量,在2009年初举行了"首届客户服务节",充分利用市场行情,因势利导地加强对客户的投资指导和咨询服务:以"客户服务节"形式,全新推出了"金股信平台"、"短信通服务"、"玉锦囊远程服务台"、"财富直通车投资者俱乐部"、"24小时服务热线""咨询产品采购篮"、"首问负责制"等多项个性化的服务内容。2010年,营业部组建了财富管理中心,将全力为投资者提供优质、高效、个性化服务提升到了更高的层次。

中信建投证券股份有限公司
兴化建设路证券营业部

一、营业部概况

中信建投证券成立于2005年11月2日,是经中国证监会批准设立的全国性大型综合证券公司,在全国28个省、市、自治区设有135家证券营业部,并设有中信建投资本管理有限公司、中信建投期货经纪有限公司两家子公司。在为政府、企业、机构和个人投资者提供优质专业的金融服务过程中，公司建立了良好的声誉，成为目前行业最高级别的 A 类 AA 级证券公司。

中信建投证券股份有限公司兴化建设路营业部，位于兴化市市中心，营业部面积 600 平米，成立于 2001 年，是兴化地区最早的证券营业部，营业部成立 12 年来，兴化营业部秉承“抬头看路，埋头做事，以人为本，创新思路，完美团队”的经营思路，并将“让客户满意”作为我们为之努力的目标。

二、营业部总经理介绍

黄志军，男，具有丰富的证券行业经历，曾分别就职于华夏证券泰州营业部、中信建投证券泰州营业部。十几年的证券工作经验，造就了严谨、务实的工作作风，现任中信建投证券股份有限公司兴化建设路营业部总经理。2008 年，黄志军被任命为中信建投证券泰州营业部兴化服务部经理，在他的带领下，兴化营业部市场占比较筹建初期翻了五倍，客户资产规模翻了近三倍。

三、营业部经营理念

中信建投证券股份有限公司兴化建设路营业部积极倡导建设学习型营业部的理念，营业部坚持以人为本，以邻为师，以史为鉴，着力提升员工的综合素质，立足培养现代化的人才，为客户提供多元化的投融资、财富管理等优质服务。通过建立员工的学习培训制度，提高专业技能为目的的知识考核培训，努力提高员工的综合业务素质和综合服务水平。

营业部在员工中开展“人人争当团队长”活动，引导员工树立以客户为中心，以业务为导向，有作为才能有地位，积极承担企业社会责任的企业理念，倡导团队合作精神和争先意识；倡导合规文化，丰富员工的业余文化生活，陶冶情操，营造和谐文化。

第四编
中国基金市场

第一章　中国基金市场概况

2012 年中国证券投资基金业绩统计报告

（简要版）

2013 年 1 月 3 日

一、统计说明

（1）基金管理公司披露了截至 2012 年 12 月 31 日的基金份额净值和份额累计净值（QDII 基金截至 2012 年 12 月 28 日）。中国银河证券基金研究中心据此推出了《中国证券投资基金 2012 年业绩统计分析报告》（简要版），旨在为社会和市场提供一份客观、公正、定量化的基金业绩统计报告。本报告数据由"中国银河证券基金研究评价资讯系统"计算生成。

（2）本报告执行中国银河证券基金研究业务规则和计算标准。主要有以下几点：基金实施份额分级视为产生新基金，债券基金实施份额分级，B 类基金或 C 类基金以份额分级之日做为成立之日，原有的 A 类足 13 周基本建仓期要求后，基金才能参与排序、平均统计和星级评定等评价，份额实施分拆基金的历史数据不做为 B 类基金的历史数据；封闭式基金转为开放式基金的，根据其转型公告中确定的基金合同生效日做为新基金的成立日期，"老基金"时代的信息和数据不计入新基金；折算的基金区分折算后份额净值和还原后份额净值两个统计口径。

（3）基金分类执行《中国银河证券基金分类体系 2013 版》，该分类体系对全部基金分类细分到三级。对外公布的业绩评价和统计分析采取三级分类体系。

二、业务资质说明

根据中国证券业协会 2010 年 5 月 18 日发布的《关于公布第一批具备协会会员资格基金评价机构名单的通知》（中证协发［2010］65 号文），中国银河证券股份有限公司成为第一批具备协会会员资格的基金评价机构。根据中国证券业协会 2010 年 5 月 18 日发布的《关于同意银河证券基金评价业务备案申请的通知》（中证协发［2010］59 号文），同意中国银河证券股份有限公司基金评价业务备案申请，我司的基金评价业务范围为：基金及基金管理公司评级、单一指标排名。2010 年 5 月 31 日、2011 年 8 月 31 日和 2012 年 12 月 18 日我司在中国证券报刊登两个整版的《中国银河证券股份有限公司基金评价业务信息披露》公告，履行信息披露义务。目前中国银河证券基金研究中心开展了基金研究、基金评价与基金咨询三大业务，各自推出了一系列的产品及服务。

中国银河证券基金研究中心不对基金业绩计算结果的准确性做任何保证，该报告供社会各界参考。如对计算结果有疑义的，请联系我们。按照证券投资基金信息披露规则，最终各只基金的 2012 年业绩是以经过审计的基金年报为最后根据。

三、2012 年市场环境简要描述

2012 年证券市场主要指数涨跌幅度如下：上证综合指数上涨 3.17%，上证 A 股指数上涨 3.12%，上证 180 指数上涨 10.80%，上证 50 指数上涨 14.84%，沪深 300 指数上涨 7.55%，深证成份指数上涨 2.22%，深证 100 指数上涨 3.32%，中证 500 指数上涨 0.28%，中小板指数下跌 1.38%，创业板指数下跌 2.14%，上证国债指数上涨 3.35%。

基金业绩分析一般有与基准的相对收益衡量和自身绝对收益衡量两个角度。业绩排名仅仅是对基金净值增长率进行排序。请结合基金在招募说明书中确定的业绩比较基准和公认的市场比较基准对基金的业绩进行分析。结合股票市场、债券市场和货币市场的收益率有助于理解基金的业绩。各个类型基金的股票持有比例的上限各不相同，例如封闭式基金股票投资的上限是 80%。

表 1　2012 年市场主要指数一览表

序号	指数代码	指数名称	20111231	20121231	2012 年涨跌幅度
1	000001	上证指数	2199.42	2269.13	3.17%
2	000002	A 股指数	2304.12	2376.04	3.12%
3	000010	上证 180	5009.28	5550.09	10.80%
4	000016	上证 50	1617.61	1857.68	14.84%
5	000300	沪深 300	2345.74	2522.95	7.55%
6	399001	深证成指	8918.82	9116.48	2.22%
7	399004	深证 100R	3168.23	3273.44	3.32%
8	000903	中证 100	2239.51	2480.64	10.77%
9	000905	中证 500	3266.78	3275.86	0.28%
10	000906	中证 800	2500.65	2645.86	5.81%
11	399005	中小板指	4295.86	4236.6	-1.38%
12	399006	创业板指	729.5	713.86	-2.14%
13	000012	国债指数	131.39	135.79	3.35%

资料来源：中国银河证券基金研究中心

四、我们的核心观点

各大类型基金普获正收益，岁末初现黎明曙光。盘点2012年，各类型基金走势跌宕起伏：债券型基金借助货币政策东风，在上半年走出一轮牛市行情，并借此奠定了全年收益。QDII基金在2季度的大幅调整之后，3季度业绩全面爆发，并确定了整体业绩领头羊位置；股票基金年初随着股市较低的点位反弹行情水涨船高，但接下来的调整几乎满盘皆墨，12月份奋起反击，整体收红。货币基金全年维持较高较稳定的收益，年化收益大幅超越一年期定存，成为理想的现金管理工具。具体来看，有以下几个特点。

（1）股票基金主动不及被动，大盘价值风格基金完胜中小盘成长风格基金。标准股票型基金平均上涨5.55%，标准指数型股票基金平均上涨6.83%，从结果来看，主动跑输被动。从过程来看，主动投资的股票基金在年初和年尾的上涨行情中，显著跟不上指数，而在年中长达半年的调整行情中胜出，整体波动较小。以上证50指数、上证180指数和中证100指数为代表的大盘价值风格指数基金收益率普遍在10%以上，其中跟踪金融地产的行业指数基金涨幅高达20%以上，而以中小板、创业板和中证500指数为代表的中小盘成长风格指数基金微跌。主动投资的股票基金亦是如此，大盘价值风格基金完胜中小盘成长风格基金。

（2）混合偏股基金不及标准股票基金，仓位灵活未显现投资优势。混合偏股和混合灵活配置基金整体收益不超过5%，显著低于标准股票型基金的整体业绩，仓位上限是80%的混合基金更是大幅落后，整体业绩只有3%左右。公募基金业绩考核以相对收益为主，超越业绩比较基准是基本要求，这种情况下，即便基金合同允许的股票仓位配置跨度较宽泛，通常也会维持一个较为中庸的仓位水平，不会大幅偏离。顺势而为对于基金庞大的资金体量而言并非易事，特别是在行情突发和迅猛发展之时，往往被动加仓调仓，业绩跟不上。2012年混合基金的表现和中国银河证券基金研究中心对其的长期判断如出一辙，从长期和整体来看，混合基金是没有多少意义与价值的。我们对混合基金中股票仓位比例调整幅度很大的基金列入关注，原则上不予以推荐。契约中过于宽泛的股票持股比例空间给予基金经理过高的博弈空间，从而为该基金长期的收益与风险特征带来较大不确定性，也给投资者在购买基金时提出了难题。

（3）封闭债基强过开放债基，一级债券好于二级债基。2012年银河分类中的封闭式普通债券型基金平均上涨10.52%，开放式的普通债券基金平均上涨7.44%，封闭式高出开放式3个百分点以上，流动性补偿收益和稳定的杠杆放大是封闭债基超额收益的重要来源，封闭运作方式的优势在债券型基金上体现较为充分。而无论是封闭式的一级债基还是开放式的一级债均好于同样运作方式的二级债基，封闭式高0.29个百分点，开放式高0.69个百分点。债券基金纯债化的理念在2012年得到广泛认同。

（4）QDII基金业绩领涨，全球配置价值显现。截至2012年12月28日，QDII股票基金平均上涨10.71%，好于投资国内市场的各类型基金，投资于大中华、亚太和新兴市场的QDII基金业绩尤其出众，平均净值增长率分别达到18.18%、15.82%和16.62%。在整体收益表现较好的同时，QDII基金和国内A股基金在不同阶段也表现出较大的反差，QDII成为投资者资产配置的重要选择之一。

在2012年初，中国银河证券基金研究中心对2011年我国基金业绩的分析中，曾经有著名的“三大偏离”论，即股票基金偏离沪深300、债券基金不“债券”，QDII基金不“全球”。从2012年的一年实践来看，股票基金为喜欢中小盘成长风格付出代价，在12月份沪深300蓝筹股票的强势表现再次表明基金行业还是要以大盘蓝筹价值为主，还是要老老实实地秉持真正的价值投资理念。债券基金“去股化”得到基金行业的支持，债券基金规模获得巨大增长。QDII基金中，指数化和FOF化的QDII取得不错的业绩。

我们的研究表明，从长期来看，基金行业呈现出越来越清晰的规律性特征。基金行业参与各方，不仅是基金管理公司和托管银行，也包括投资者，甚至新闻媒体和社会舆论，建议从长期投资的角度看基金行业，建议充分认识这个行业的规律特征。尤其是基金投资者更要了解和掌握行业发展的规律特征，从而做好自己的基金投资。

五、不同类别基金2012年平均业绩（算术平均）

按照中国银河证券基金分类体系（2013版）的三级分类规则，不同类别基金2012年平均业绩如下：（备注：未满足13周基本建仓期要求的基金未纳入平均值统计）。

表2　不同类型基金2012年平均业绩一览表

分类代码	名称	统计基金数量（只）	参与平均计算基金数量（只）	2012年平均净值增长率
1.1.1	标准股票型基金	334	274	5.55%
1.1.2	普通股票型基金	6	6	8.18%
1.2.1	标准指数股票型基金	126	82	6.83%
1.2.2	增强指数股票型基金	26	16	8.24%
1.2.3	ETF联接基金	41	32	5.56%
1.3.1	股票型分级子基金（优先份额）	34	9	6.59%
1.3.2	股票型分级子基金（进取份额）	34	9	-0.94%
2.1.1	偏股型基金（股票上限95%）	43	43	4.94%
2.1.2	偏股型基金（股票上限80%）	30	30	2.90%
2.2.1	灵活配置型基金（股票上限95%）	13	12	4.44%
2.2.2	灵活配置型基金（股票上限80%）	71	56	3.08%
2.3.1	股债平衡型基金	15	14	4.51%
2.4.1	偏债型基金	7	7	5.24%
2.5.1	保本型基金	35	17	4.04%
2.9.1	特定策略混合型基金	7	6	3.99%
3.1.1	长期标准债券型基金（A类）	34	3	5.23%
3.1.2	长期标准债券型基金（B/C类）	26	2	3.23%

分类代码	名称	统计基金数量(只)	参与平均计算基金数量(只)	2012 年平均净值增长率
3.1.3	中短期标准债券型基金(A 类)	2	2	5.50%
3.2.1	普通债券型基金(一级 A 类)	59	47	7.70%
3.2.2	普通债券型基金(一级 B/C 类)	36	30	7.68%
3.2.3	普通债券型基金(二级 A 类)	77	55	7.01%
3.2.4	普通债券型基金(二级 B/C 类)	51	36	7.54%
3.3.1	可转换债券型基金(A 类)	10	6	5.44%
3.3.2	可转换债券型基金(B/C 类)	6	4	5.95%
3.4.1	指数债券型基金(A 类)	6	2	2.48%
3.4.2	指数债券型基金(B/C 类)	4	2	2.04%
3.5.1	债券型分级子基金(优先份额)	4	1	5.02%
3.5.2	债券型分级子基金(进取份额)	4	1	-16.37%
5.1.1	货币市场基金(A 类)	62	49	3.95%
5.2.1	货币市场基金(B 类)	44	26	4.14%
6.1.1	QDII 全球股票型基金	21	17	5.60%
6.1.2	QDII 亚太股票型基金	7	6	15.82%
6.1.3	QDII 新兴市场股票型基金	4	4	16.62%
6.1.4	QDII 成熟市场股票型基金	2	1	3.59%
6.1.5	QDII 大中华股票型基金	8	7	18.18%
6.1.7	QDII 指数股票型基金	15	9	9.32%
6.1.8	QDII-ETF 联接基金	2	0	0.00%
6.3.1	QDII 债券基金	3	1	6.06%
6.4.1	QDII 商品基金	6	4	1.61%
7.1.1	封闭式标准股票型基金	2	2	0.33%
7.1.2	封闭式普通股票型基金	24	24	4.15%
7.2.1	封闭式标准指数型股票基金	1	0	0.00%
7.3.1	封闭式股票型分级子基金(优先份额)	2	1	5.14%
7.3.2	封闭式股票型分级子基金(进取份额)	2	1	-38.25%
9.1.1	封闭式长期标准债券型基金	6	0	0.00%
9.2.1	封闭式普通债券型基金(一级)	34	17	10.57%
9.2.2	封闭式普通债券型基金(二级)	4	4	10.28%
9.5.1	封闭式债券型分级子基金(优先份额)	20	9	4.43%
9.5.2	封闭式债券型分级子基金(进取份额)	20	9	24.76%

资料来源:中国银河证券基金研究中心

基金托管银行名录(2013 年 5 月)

序号	托管人名称	注册地域	取得托管资格时间	网址	地址	电话
1	中国工商银行股份有限公司	北京	1998-2-24	www.icbc.com.cn	北京市西城区复兴门内大街 55 号	95588
2	中国农业银行股份有限公司	北京	1998-5-29	www.abchina.com	北京市海淀区复兴路甲 23 号	95599
3	中国银行股份有限公司	北京	1998-7-7	www.boc.cn	北京市西城区复兴门内大街 1 号	95566
4	中国建设银行股份有限公司	北京	1998-3-18	www.ccb.com	北京市西城区金融大街 25 号	95533
5	交通银行股份有限公司	上海	1998-7-3	www.bankcomm.com	上海市银城中路 188 号	95559
6	华夏银行股份有限公司	北京	2005-2-23	www.hxb.com.cn	北京市东城区建国门内大街 22 号华夏银行大厦	95577
7	中国光大银行股份有限公司	北京	2002-10-23	www.cebbank.com	北京市西城区复兴门外大街 6 号光大大厦	95595
8	招商银行股份有限公司	深圳	2002-11-6	www.cmbchina.com	广东省深圳市深南大道 7088 号招商银行大厦	95555
9	中信银行股份有限公司	北京	2004-8-18	www.ecitic.com	北京市东城区朝阳门北大街 8 号富华大厦 C 座	95558
10	中国民生银行股份有限公司	北京	2004-7-9	www.cmbc.com.cn	北京市西城区复兴门内大街 2 号	95568
11	兴业银行股份有限公司	福建	2005-4-25	www.cib.com.cn	上海市江宁路 168 号兴业大厦 9 层	95561
12	上海浦东发展银行股份有限公司	上海	2003-9-10	www.spdb.com.cn	上海市中山东一路 12 号	95528
13	北京银行股份有限公司	北京	2008-6-3	www.bankofbeijing.com.cn	北京市西城区金融大街丙 17 号	010-96169
14	深圳发展银行股份有限公司	深圳	2008-8-6	www.sdb.com.cn	广东省深圳市深南东路 5047 号	95501
15	广东发展银行股份有限公司	广东	2009-5-4	www.gdb.com.cn	广东省广州市农林下路 83 号广发银行大厦	95508
16	中国邮政储蓄银行有限责任公司	北京	2009-7-16	www.psbc.com	北京市西城区宣武门西大街 131 号	66599767
17	上海银行股份有限公司	上海	2009-8-18	www.bankofshanghai.com	上海市银城中路 168 号	021-58358255
18	渤海银行股份有限公司	天津	2010-6-29	www.cbhb.com.cn	天津市河西区马场道 201-205 号	4008888811
19	宁波银行股份有限公司	宁波	2012-10-30	www.nbcb.com.cn	浙江省宁波市鄞州区宁南南路 700 号	96528

基金管理公司名录(2013 年 6 月)

序号	公司名称	公司代码	注册资本（万元）	注册地点	成立时间	网 址	地 址	电话
1	国泰基金管理有限公司	50010000	11000	上海	1998 年 3 月	www. gtfund. com	上海市浦东新区世纪大道 100 号上海环球金融中心 39 楼	4008－888－688 021－38569000
2	南方基金管理有限公司	50020000	15000	深圳	1998 年 3 月	www. southernfund. com	深圳市福田中心区福华一路 6 号免税商务大厦 31－33 层	400－889－8899
3	华夏基金管理有限公司	50030000	23800	北京	1998 年 3 月	www. ChinaAMC. com	北京市西城区金融大街 33 号通泰大厦 B 座 3 层	400－818－6666
4	华安基金管理有限公司	50040000	15000	上海	1998 年 5 月	www. huaan. com. cn	上海市世纪大道 8 号上海国金中心 2 期 31、32 层	40088－50099
5	博时基金管理有限公司	50050000	25000	深圳	1998 年 7 月	www. bosera. com	深圳市福田区深南大道招商银行大厦 29－30 层	95105568
6	鹏华基金管理有限公司	50060000	15000	深圳	1998 年 12 月	www. phfund. com. cn	深圳市福田区福华三路 168 号深圳国际商会中心第 43 层	400－6788－999
7	长盛基金管理有限公司	50070000	15000	深圳	1999 年 3 月	www. csfunds. com. cn	深圳市福田区福中三路 1006 号诺德中心 8 层 GH 单元	400－888－2666
8	嘉实基金管理有限公司	50080000	15000	上海	1999 年 3 月	www. jsfund. cn	上海市浦东新区世纪大道 8 号上海国金中心二期 23 楼 01－03 单元	400－600－8800
9	大成基金管理有限公司	50090000	20000	深圳	1999 年 4 月	www. dcfund. com	深圳市福田区深南大道 7088 号招商银行大厦 32－33 层	400－888－5558
10	富国基金管理有限公司	50100000	18000	上海	1999 年 4 月	www. fullgoal. com. cn	上海市浦东新区世纪大道 8 号上海国金中心二期 16－17 楼	400－888－0688 95105686
11	易方达基金管理有限公司	50110000	12000	广东	2001 年 4 月	www. efunds. com. cn	中国广州市体育西路 189 号城建大厦 19、25、27、28 楼	400－881－8088
12	宝盈基金管理有限公司	50120000	10000	深圳	2001 年 5 月	www. byfunds. com	深圳市深南大道 6008 号特区报业大厦 15 楼	400－8888－300
13	融通基金管理有限公司	50130000	12500	深圳	2001 年 5 月	www. rtfund. com	深圳市南山区华侨城汉唐大厦 13、14 层	400－883－8088
14	银华基金管理有限公司	50140000	20000	深圳	2001 年 5 月	www. yhfund. com. cn	北京市东城区东长安街 1 号东方广场东方经贸城中二办公楼 15 层	400－678－3333
15	长城基金管理有限公司	50150000	15000	深圳	2001 年 12 月	www. ccfund. com. cn	深圳市福田区益田路 6009 号新世界商务中心 40－41 层	400－8868－666
16	银河基金管理有限公司	50160000	15000	上海	2002 年 5 月	www. galaxyasset. com	上海市浦东新区世纪大道 1568 号 15 层	400－820－0860
17	泰达宏利基金管理有限公司	50170000	18000	北京	2002 年 7 月	www. aateda. com	北京市西城区金融大街 7 号英蓝国际金融中心南楼三层	400－698－8888
18	国投瑞银基金管理有限公司	50180000	10000	深圳	2002 年 6 月	www. ubssdic. com	中国广东省深圳市福田区金田路 4028 号荣超经贸中心 46 层	400－880－6868
19	万家基金管理有限公司	50190000	10000	上海	2002 年 8 月	www. ttasset. com	上海市浦东新区福山路 450 号新天国际大厦 23 层	400－888－0800
20	金鹰基金管理有限公司	50200000	25000	广东	2002 年 12 月	www. gefund. com. cn	广州沿江中路 298 号江湾商业中心大厦 22 层	020－83936180
21	招商基金管理有限公司	50210000	21000	深圳	2002 年 12 月	www. cmfchina. com	深圳市福田区深南大道 7088 号招商银行大厦 28 层	400－887－9555
22	华宝兴业基金管理有限公司	50220000	15000	上海	2003 年 2 月	www. fsfund. com	上海浦东新区世纪大道 100 号上海环球金融中心 58 层	400－700－5588
23	摩根士丹利华鑫基金管理有限公司	50230000	22750	深圳	2003 年 3 月	www. msfunds. com. cn	深圳市福田区中心四路 1 号嘉里建设广场一期二座 17 楼	400－8888－668
24	国联安基金管理有限公司	50240000	15000	上海	2003 年 3 月	www. gtja－allianz. com	上海市陆家嘴环路 1318 号星展银行大厦 9 楼	4007000365
25	海富通基金管理有限公司	50250000	15000	上海	2003 年 4 月	www. hftfund. com	上海市浦东新区陆家嘴花园石桥路 66 号东亚银行金融大厦 36－37 层	40088－40099
26	长信基金管理有限责任公司	50260000	15000	上海	2003 年 4 月	www. cxfund. com. cn	上海市银城中路 68 号时代金融中心 9 楼	400－700－5566
27	泰信基金管理有限公司	50270000	20000	上海	2003 年 5 月	www. ftfund. com	上海市浦东新区浦东南路 256 号华夏银行大厦 37 层	400－888－5988
28	天治基金管理有限公司	50280000	16000	上海	2003 年 5 月	www. chinanature. com. cn	上海市浦东新区莲振路 298 号 4 号楼 231 室	400－886－4800
29	景顺长城基金管理有限公司	50290000	13000	深圳	2003 年 6 月	www. invescogreatwall. com	深圳市福田区中心四路 1 号嘉里建设广场第一座 21 层	4008888606
30	广发基金管理有限公司	50300000	12000	广东	2003 年 7 月	www. gffunds. com. cn	珠海市拱北情侣南路 255 号四层	95105828
31	兴业全球基金管理有限公司	50310000	15000	上海	2003 年 9 月	www. xyfunds. com. cn	上海市浦东新区张杨路 500 号时代广场 20 楼	400－678－0099
32	诺安基金管理有限公司	50330000	15000	深圳	2003 年 12 月	www. lionfund. com. cn	深圳市深南大道 4013 号兴业银行大厦 19－20 层	400－888－8998
33	申万菱信基金管理有限公司	50340000	15000	上海	2003 年 12 月	www. swbnpp. com	上海市淮海中路 300 号中国香港新世界大厦 40 层	400－880－8588
34	中海基金管理有限公司	50350000	14666. 67	上海	2004 年 3 月	www. zhfund. com	上海市浦东新区银城中路 68 号 2905－2908 及 30 层整层	400－888－9788
35	光大保德信基金管理有限公司	50360000	16000	上海	2004 年 4 月	www. epf. com. cn	上海市延安东路 222 号外滩中心 46 楼	400－820－2888
36	华富基金管理有限公司	50370000	12000	上海	2004 年 3 月	www. hffund. com	上海市陆家嘴环路 1000 号 31 层	400－700－8001
37	上投摩根基金管理有限公司	50380000	25000	上海	2004 年 4 月	www. 51fund. com	上海浦东新区富城路 99 号震旦大厦 20 楼	4008894888
38	东方基金管理有限责任公司	50390000	20000	北京	2004 年 6 月	www. orient－fund. com	北京市西城区锦什坊街 28 号 1 至 4 层	010－66578578
39	中银基金管理有限公司	50400000	10000	上海	2004 年 6 月	www. bociim. com	中国上海浦东银城中路 200 号中银大厦 45 层	400－888－5566
40	东吴基金管理有限公司	50410000	10000	上海	2004 年 8 月	www. scfund. com. cn	上海市源深路 279 号	021－50509666
41	国海富兰克林基金管理有限公司	50420000	22000	南宁	2004 年 9 月	www. ftsfund. com	中国广西壮族自治区南宁市总部路 1 号中国—东盟科技企业孵化基地一期 C－6 栋二层	021－38789555

序号	公司名称	公司代码	注册资本（万元）	注册地点	成立时间	网址	地址	电话
42	天弘基金管理有限公司	50430000	18000	天津	2004年10月	www.thfund.com.cn	天津市河西区马场道59号天津国际经济贸易中心A座16层	400-710-9999
43	华泰柏瑞基金管理有限公司	50440000	20000	上海	2004年11月	www.aig-huatai.com	上海浦东民生路1199弄证大五道口广场1号楼17层	400-888-0001
44	新华基金管理有限公司	50450000	16000	重庆	2004年12月	www.ncfund.com.cn	重庆市江北区建新东路85号附一号1层1-1	400-710-8866
45	汇添富基金管理有限公司	50460000	10000	上海	2005年1月	www.htffund.com	上海市富城路99号震旦大厦21楼	400-888-9918
46	工银瑞信基金管理有限公司	50470000	20000	北京	2005年6月	www.icbccs.com.cn	北京市西城区金融大街丙17号北京银行大厦8层	400-811-9999
47	交银施罗德基金管理有限公司	50480000	20000	上海	2005年7月	www.jysld.com	上海市浦东新区世纪大道201号渣打银行大厦10楼	400-700-5000
48	信诚基金管理有限公司	50490000	20000	上海	2005年8月	www.citicprufunds.com.cn	上海市浦东新区世纪大道8号上海国金中心汇丰银行大楼9层	400-666-0066
49	建信基金管理有限责任公司	50500000	20000	北京	2005年9月	www.ccbfund.cn	北京市西城区金融大街7号英蓝国际金融中心16层	400-81-95533
50	华商基金管理有限公司	50510000	10000	北京	2005年9月	www.hsfund.com	北京市西城区平安里西大街28号院中海国际中心19层	400-700-8880
51	汇丰晋信基金管理有限公司	50520000	20000	上海	2005年10月	www.hsbcjt.cn	上海市富城路99号震旦大厦35楼	021-38789998
52	益民基金管理有限公司	50530000	10000	重庆	2005年12月	www.ymfund.com	北京市宣武区宣武门外大街10号庄胜广场中央办公楼南翼13A	400-650-8808
53	中邮创业基金管理有限公司	50540000	10000	北京	2006年2月	www.postfund.com.cn	北京市海淀区西直门北大街60号首钢国际大厦10层	400-880-1618
54	信达澳银基金管理有限公司	50550000	10000	深圳	2006年4月	www.fscinda.com	广东省深圳市福田区深南大道7088号招商银行大厦24楼	400-8888-118
55	诺德基金管理有限公司	50560000	10000	上海	2006年5月	www.lordabbettchina.com	上海市陆家嘴环路1233号汇亚大厦12楼	400-888-0009
56	中欧基金管理有限公司	50570000	18800	深圳	2006年5月	www.lcfunds.com	上海市浦东新区花园石桥路66号东亚银行金融大厦8层	021-68609700
57	金元惠理基金管理有限公司	50580000	24500	上海	2006年11月	www.jykbc.com	上海浦东新区陆家嘴花园石桥路33号花旗集团大厦3608室	400-666-0666
58	浦银安盛基金管理有限公司	50590000	20000	上海	2007年7月	www.py-axa.com	上海市淮海中路381号中环广场38楼	400-8828-999
59	农银汇理基金管理有限公司	50600000	20000	上海	2008年2月	www.abc-ca.com	上海市浦东新区世纪大道1600号浦项商务广场7层	021-61095599
60	民生加银基金管理有限公司	50610000	30000	深圳	2008年10月	www.msjyfund.com.cn/	深圳市福田区益田路6009号新世界商务中心42楼	400-8888-388
61	纽银梅隆西部基金管理有限公司	50620000	20000	上海	2010年6月	www.bnyfund.com	上海市浦东新区世纪大道100号上海环球金融中心19楼	021-38572999
62	浙商基金管理有限公司	50630000	30000	杭州	2010年9月	www.zsfund.com	浙江省杭州市下城区环城北路208号1801室	0571-2819000
63	平安大华基金管理有限公司	50640000	30000	深圳	2010年12月	fund.pingan.com	深圳市福田区金田路大中华国际交易广场第八层	400-800-4800
64	富安达基金管理有限公司	50650000	16000	上海	2011年4月	www.fadfunds.com	上海市浦东新区世纪大道1568号29楼	400-630-6999
65	财通基金管理有限公司	50660000	20000	上海	2011年5月	www.ctfund.com	上海市虹口区吴淞路619号505室	400-820-9888
66	方正富邦基金管理有限公司	50670000	20000	北京	2011年6月	www.founderff.com	北京市西城区太平桥大街18号丰融国际大厦11层	400-818-0990
67	长安基金管理有限公司	50680000	20000	上海	2011年8月	www.changanfunds.com	上海市虹口区丰镇路806号3幢371室	400-820-9688
68	国金通用基金管理有限公司	50690000	28000	北京	2011年10月	www.gfund.com/gjjj/index.html	北京市怀柔区府前街三号楼3-6	4000-2000-18
69	安信基金管理有限责任公司	50700000	20000	深圳	2011年11月	www.essencefund.com	广东省深圳市福田区益田路6009号新世界商务中心36层	4008-088-088
70	德邦基金管理有限公司	50710000	12000	上海	2012年2月	www.dbfund.com.cn	上海市虹口区吴淞路218号宝矿国际大厦35层	4008-217-788
71	华宸未来基金管理有限公司	50720000	20000	上海	2012年3月	www.hcmiraefund.com	上海市虹口区四川北路859号中信广场16楼	021-26066999
72	红塔红土基金管理有限公司	50730000	20000	深圳	2012年5月	www.htamc.com.cn	深圳市南山区粤兴二道6号武汉大学深圳产学研大楼B815房	0755-61865878
73	英大基金管理有限公司	50740000	12000	北京	2012年6月	www.ydamc.com	北京市朝阳区东三环中路1号环球金融中心西塔22楼2201	010-57835666
74	江信基金管理有限公司	50750000	10000	北京	2012年12月	www.jxfund.cn	北京市海淀区北三环西路99号西海国际中心A座20层	010-57380999
75	中原英石基金管理有限公司	50760000	20000	上海	2012年12月	www.acfund.com.cn	上海市邯郸路135号5幢101室	021-38874600
76	华润元大基金管理有限公司	50770000	20000	深圳	2012年12月	www.cryuantafund.com	广东省深圳市南山区粤兴二道6号武汉大学深圳产学研大楼B815房	0755-88399008
77	前海开源基金管理有限公司	50780000	12000	深圳	2012年12月	暂无	深圳市南山区粤兴二道6号武汉大学深圳产学研大楼B815房	0755-88601888
78	东海基金管理有限责任公司	50790000	15000	上海	2013年2月	暂无	上海市虹口区丰镇路806号3幢360室	021-60586916
79	中加基金管理有限公司	50800000	30000	北京	2013年3月	www.bobbns.com.cn	北京市顺义区仁和镇顺泽大街65号	4000095526
80	兴业基金管理有限公司	50810000	50000	福建	2013年3月	暂无	福建省福州市五四路137号信和广场25楼	4000095561
81	道富基金管理有限公司	50820000	30000	北京	2013年5月	www.ssga-fund.com	北京市门头沟区石龙经济开发区永安路20号3号楼3层	010-85003210
82	国开泰富基金管理有限责任公司	50830000	20000	北京	2013年6月	暂无	北京市怀柔区北房镇幸福西街3号416室	暂无

证券投资基金名录(2013 年 5 月)

序号	基金名称	基金简称
1	南方开元沪深 300 交易型开放式指数证券投资基金	南方开元沪深 300ETF
2	华安创新证券投资基金	华安创新混合
3	南方稳健成长证券投资基金	南方稳健成长混合
4	华夏成长证券投资基金	华夏成长混合
5	国泰金鹰增长证券投资基金	国泰金鹰增长股票
6	鹏华行业成长证券投资基金	鹏华行业成长混合
7	富国天源平衡混合型证券投资基金	富国天源平衡混合
8	易方达平稳增长证券投资基金	易方达平稳增长混合
9	融通新蓝筹证券投资基金	融通新蓝筹混合
10	长盛成长价值证券投资基金	长盛成长价值混合
11	南方宝元债券型基金	南方宝元债券
12	宝盈鸿利收益证券投资基金	宝盈鸿利收益混合
13	博时价值增长证券投资基金	博时价值增长混合
14	华夏债券投资基金	华夏债券
15	嘉实成长收益证券投资基金	嘉实成长收益混合
16	华安 MSCI 中国 A 股指数增强型证券投资基金	华安中国 A 股增强指数
17	大成价值增长证券投资基金	大成价值增长混合
18	银华优势企业证券投资基金	银华优势企业混合
19	万家 180 指数证券投资基金	万家 180 指数
20	国投瑞银融华债券型证券投资基金	国投瑞银融华债券
21	泰达宏利价值优化型成长类行业证券投资基金	泰达宏利成长股票
22	泰达宏利价值优化型周期类行业证券投资基金	泰达宏利周期股票
23	泰达宏利价值优化型稳定类行业证券投资基金	泰达宏利稳定股票
24	招商安泰系列开放式证券投资基金－股票	招商安泰股票
25	招商安泰系列开放式证券投资基金－平衡型	招商安泰平衡混合
26	招商安泰债券开放式证券投资基金	招商安泰债券
27	大成债券投资基金	大成债券
28	金鹰成份股优选证券投资基金	金鹰成份优选混合
29	南方避险增值基金	南方避险增值贰号混合
30	嘉实增长开放式证券投资基金	嘉实增长混合
31	嘉实稳健开放式证券投资基金	嘉实稳健混合
32	嘉实债券开放式证券投资基金	嘉实债券
33	鹏华普天债券投资基金	鹏华普天债券
34	鹏华普天收益证券投资基金	鹏华普天收益混合
35	宝康消费品证券投资基金	华宝兴业宝康消费品混合
36	宝康灵活配置证券投资基金	华宝兴业宝康配置混合
37	宝康债券投资基金	华宝兴业宝康债券
38	银河稳健证券投资基金	银河稳健混合
39	银河收益证券投资基金	银河收益债券
40	德盛稳健证券投资基金	国联安稳健混合
41	海富通精选证券投资基金	海富通精选混合
42	博时裕富沪深 300 指数证券投资基金	博时沪深 300 指数
43	华夏回报证券投资基金	华夏回报混合
44	融通债券投资基金	融通债券
45	融通深证 100 指数证券投资基金	融通深证 100 指数
46	融通蓝筹成长基金	融通蓝筹成长混合
47	景顺长城优选股票证券投资基金	景顺长城优选股票
48	景顺长城货币市场证券投资基金	景顺长城货币
49	景顺长城动力平衡证券投资基金	景顺长城动力平衡混合
50	长盛中信全债指数增强型债券投资基金	长盛全债指数增强债券
51	长城久恒平衡型证券投资基金	长城久恒平衡混合
52	富国天利增长债券投资基金	富国天利增长债券
53	广发聚富证券投资基金	广发聚富混合
54	国泰金龙债券证券投资基金	国泰金龙债券
55	国泰金龙行业精选证券投资基金	国泰金龙行业混合
56	易方达策略成长证券投资基金	易方达策略成长混合
57	华安现金富利投资基金	华安现金富利货币
58	招商现金增值开放式证券投资基金	招商现金增值货币
59	博时现金收益证券投资基金	博时现金收益货币
60	泰信天天收益开放式证券投资基金	泰信天天收益货币
61	银华保本增值证券投资基金	银华保本增值混合
62	南方现金增利基金	南方现金增利货币
63	海富通收益增长证券投资基金	海富通收益增长混合
64	华夏经典配置混合型证券投资基金	华夏经典混合
65	长信利息收益开放式证券投资基金	长信利息收益货币
66	易方达 50 指数证券投资基金	易方达上证 50 指数
67	摩根士丹利华鑫基础行业证券投资基金	大摩基础行业混合
68	银河银泰理财分红证券投资基金	银河银泰混合
69	嘉实服务增值行业开放式证券投资基金	嘉实服务增值行业混合
70	华夏现金增利证券投资基金	华夏现金增利货币
71	申万菱信盛利精选证券投资基金	申万菱信盛利精选混合
72	德盛小盘精选证券投资基金	国联安小盘精选混合
73	国投瑞银景气行业证券投资基金	国投瑞银景气行业混合
74	融通行业景气证券投资基金	融通行业景气混合
75	华宝兴业多策略增长开放式证券投资基金	华宝兴业多策略股票
76	兴业可转债混合型证券投资基金	兴全可转债混合
77	鹏华中国 50 开放式证券投资基金	鹏华中国 50 混合
78	长城久泰沪深 300 指数证券投资基金	长城久泰沪深 300 指数
79	诺安平衡证券投资基金	诺安平衡混合
80	长盛动态精选证券投资基金	长盛动态精选混合
81	金鹰中小盘精选证券投资基金	金鹰中小盘精选混合
82	招商先锋证券投资基金	招商先锋混合
83	大成蓝筹稳健证券投资基金	大成蓝筹稳健混合
84	富国天益价值证券投资基金	富国天益价值股票
85	国泰金马稳健回报证券投资基金	国泰金马稳健混合
86	博时精选股票证券投资基金	博时精选股票
87	景顺长城内需增长开放式证券投资基金	景顺长城内需增长股票
88	泰信先行策略开放式证券投资基金	泰信先行策略混合
89	天治财富增长证券投资基金	天治财富增长混合
90	泰达宏利行业精选证券投资基金	泰达宏利精选股票
91	广发稳健增长开放式证券投资基金	广发稳健增长混合
92	华夏大盘精选证券投资基金	华夏大盘精选混合
93	银华－道琼斯 88 精选证券投资基金	银华－道琼斯 88 指数
94	华安宝利配置证券投资基金	华安宝利配置混合
95	光大保德信量化核心证券投资基金	光大保德信量化股票
96	易方达积极成长证券投资基金	易方达积极成长混合
97	上投摩根中国优势证券投资基金	上投摩根中国优势混合
98	万家增强收益债券型证券投资基金	万家增强收益债券
99	中海优质成长证券投资基金	中海优质成长混合
100	南方积极配置证券投资基金	南方积极配置股票(LOF)
101	东方龙混合型开放式证券投资基金	东方龙混合
102	申万菱信盛利强化配置混合型证券投资基金	申万菱信盛利强化配置混合
103	诺安货币市场证券投资基金	诺安货币
104	大成精选增值混合型证券投资基金	大成精选增值混合
105	银河银富货币市场基金	银河银富货币
106	上证 50 交易型开放式指数证券投资基金	华夏上证 50ETF
107	中银中国精选混合型开放式证券投资基金	中银中国混合(LOF)
108	海富通货币市场证券投资基金	海富通货币
109	博时主题行业股票证券投资基金	博时主题行业股票(LOF)
110	天治品质优选混合型证券投资基金	天治品质优选混合
111	长信银利精选开放式证券投资基金	长信银利精选股票
112	银华货币市场证券投资基金	银华货币
113	东吴嘉禾优势精选混合型开放式证券投资基金	东吴嘉禾优势精选混合
114	易方达货币市场基金	易方达货币
115	广发小盘成长股票型证券投资基金	广发小盘成长股票(LOF)
116	华富竞争力优选混合型证券投资基金	华富竞争力优选混合
117	宝盈泛沿海区域增长股票证券投资基金	宝盈泛沿海增长股票
118	景顺长城鼎益股票型证券投资基金	景顺长城鼎益股票(LOF)
119	嘉实货币市场基金	嘉实货币
120	华宝兴业现金宝货币市场基金	华宝兴业现金宝货币
121	富国天瑞强势地区精选混合型证券投资基金	富国天瑞强势混合

序号	基金名称	基金简称
122	泰达宏利风险预算混合型证券投资基金	泰达宏利风险预算混合
123	鹏华货币市场证券投资基金	鹏华货币
124	富兰克林国海中国收益证券投资基金	国富中国收益混合
125	上投摩根货币市场基金	上投摩根货币
126	华夏货币市场基金	华夏货币
127	华泰柏瑞盛世中国股票型证券投资基金	华泰柏瑞盛世中国股票
128	融通巨潮100指数证券投资基金	融通巨潮100指数(LOF)
129	广发货币市场基金	广发货币
130	长城货币市场证券投资基金	长城货币
131	大成货币市场证券投资基金	大成货币
132	中银货币市场证券投资基金	中银货币
133	光大保德信货币市场基金	光大保德信货币
134	中海分红增利混合型证券投资基金	中海分红增利混合
135	国泰货币市场证券投资基金	国泰货币
136	华夏红利混合型证券投资基金	华夏红利混合
137	南方高增长证券投资基金	南方高增长股票(LOF)
138	德盛安心成长混合型证券投资基金	国联安安心成长混合
139	万家公用事业行业股票型证券投资基金	万家公用事业行业股票(LOF)
140	海富通股票证券投资基金	海富通股票
141	博时稳定价值债券投资基金	博时稳定价值债券
142	汇添富优势精选混合型证券投资基金	汇添富优势精选混合
143	嘉实沪深300指数证券投资基金	嘉实沪深300指数(LOF)
144	工银瑞信核心价值股票型证券投资基金	工银核心价值股票
145	新华优选分红混合型证券投资基金	新华优选分红混合
146	易方达稳健收益债券型证券投资基金	易方达稳健收益债券
147	摩根士丹利华鑫资源优选混合型证券投资基金	大摩资源优选混合(LOF)
148	银华核心价值优选股票型证券投资基金	银华价值优选股票
149	交银施罗德精选股票证券投资基金	交银精选股票
150	天弘精选混合型证券投资基金	天弘精选混合
151	上投摩根阿尔法股票型证券投资基金	上投摩根阿尔法股票
152	兴业趋势投资混合型证券投资基金	兴全趋势投资混合(LOF)
153	泰达宏利货币市场基金	泰达宏利货币
154	申万菱信新动力股票型证券投资基金	申万菱信新动力股票
155	富国天惠精选成长混合型证券投资基金	富国天惠成长混合(LOF)
156	招商优质成长股票型证券投资基金	招商优质成长股票(LOF)
157	华宝兴业动力组合股票型证券投资基金	华宝兴业动力组合股票
158	华夏收入股票型证券投资基金	华夏收入股票
159	建信恒久价值股票型证券投资基金	建信恒久价值股票
160	长盛货币市场基金	长盛货币
161	诺安股票证券投资基金	诺安股票
162	广发聚丰股票型证券投资基金	广发聚丰股票
163	德盛精选股票证券投资基金	国联安精选股票
164	东方精选混合型开放式证券投资基金	东方精选混合
165	融通易支付货币市场证券投资基金	融通易支付货币
166	天治核心成长股票型证券投资基金	天治核心成长股票(LOF)
167	交银施罗德货币市场证券投资基金	交银货币
168	景顺长城资源垄断股票型证券投资基金	景顺长城资源垄断股票(LOF)
169	中银持续增长股票型证券投资基金	中银增长股票
170	工银瑞信货币市场基金	工银货币
171	汇添富货币市场基金	汇添富货币
172	易方达深证100交易型开放式指数证券投资基金	易方达深证100ETF
173	光大保德信红利混合基金	光大保德信红利股票
174	南方多利增强债券型证券投资基金	南方多利中短期债券
175	泰达宏利效率优选混合型证券投资基金(LOF)	泰达宏利效率优选混合(LOF)
176	长城消费增值股票型证券投资基金	长城消费增值股票
177	大成沪深300指数证券投资基金	大成沪深300指数
178	上证180交易型开放式指数证券投资基金	华安上证180ETF
179	华泰柏瑞金字塔稳本增利债券型证券投资基金	华泰柏瑞稳本增利债券
180	国投瑞银核心企业股票型基金	国投瑞银核心企业股票
181	建信货币市场基金	建信货币
182	嘉实超短债证券投资基金	嘉实超短债债券
183	上投摩根双息平衡混合型基金	上投摩根双息平衡混合

序号	基金名称	基金简称
184	兴全货币市场基金	兴全货币
185	信诚四季红混合型基金	信诚四季红混合
186	长信金利趋势股票型基金	长信金利趋势股票
187	广发策略优选混合型证券投资基金	广发策略优选混合
188	汇丰晋信2016生命周期开放式证券投资基金	汇丰晋信2016周期混合
189	万家货币市场基金	万家货币
190	海富通强化回报混合型证券投资基金	海富通强化回报混合
191	博时平衡配置混合型基金	博时平衡配置混合
192	富国天时货币市场基金	富国天时货币
193	中小企业板交易型开放式指数基金	华夏中小板ETF
194	银华优质增长基金	银华优质增长股票
195	易方达价值精选股票型证券投资基金	易方达价值精选股票
196	富兰克林国海弹性市值股票型证券投资基金	国富弹性市值股票
197	华宝兴业收益增长混合型证券投资基金	华宝兴业收益增长混合
198	泰信双息双利债券型证券投资基金	泰信双息双利债券
199	华富货币市场基金	华富货币
200	交银施罗德稳健配置混合型证券投资基金	交银稳健配置混合
201	景顺长城新兴成长股票基金	景顺长城新兴成长股票
202	天治天得利货币市场基金	天治天得利货币
203	招商安本增利债券型证券投资基金	招商安本增利债券
204	申万菱信收益宝货币市场基金	申万菱信收益宝货币
205	工银瑞信精选平衡混合型证券投资基金	工银精选平衡混合
206	益民货币市场基金	益民货币
207	鹏华价值优势股票型证券投资基金(LOF)	鹏华价值优势股票(LOF)
208	中信稳定双利债券型证券投资基金	中信稳定双利债券
209	嘉实主题精选混合型证券投资基金	嘉实主题混合
210	南方稳健成长贰号证券投资基金	南方稳健成长贰号混合
211	东方金帐簿货币市场基金	东方金账簿货币
212	汇天富均衡增长股票型证券投资基金	汇添富均衡增长股票
213	华夏平稳增长混合型证券投资基金	华夏稳增混合
214	华夏回报二号证券投资基金	华夏回报二号混合
215	易方达策略成长二号混合型证券投资基金	易方达策略成长二号混合
216	摩根士丹利华鑫货币市场基金	大摩货币
217	长城安心回报混合型证券投资基金	长城安心回报混合
218	华安宏利股票型证券投资基金	华安宏利股票
219	建信优选成长股票型证券投资基金	建信优选成长股票
220	大成财富管理2020生命周期	大成2020生命周期混合
221	光大保德信新增长股票型证券投资基金	光大保德信新增长股票
222	兴业全球视野股票型证券投资基金	兴全全球视野股票
223	上投摩根成长先锋基金	上投摩根成长先锋股票
224	博时价值增长贰号证券投资基金	博时价值增长贰号混合
225	汇丰晋信龙腾股票型开放式基金	汇丰晋信龙腾股票
226	中邮核心优选股票型证券投资基金	中邮核心优选股票
227	国泰金鹏蓝筹价值混合型证券投资基金	国泰金鹏蓝筹混合
228	中银收益混合型证券投资基金	中银收益混合
229	景顺长城内需增长贰号股票型证券投资基金	景顺长城内需贰号股票
230	海富通风格优势股票型证券投资基金	海富通风格优势股票
231	交银施罗德成长基金	交银成长股票
232	华宝兴业先进成长股票型基金	华宝兴业先进成长股票
233	长信增利动态策略股票型证券投资基金	长信增利动态策略股票
234	富国天合稳健优选股票型证券投资基金	富国天合稳健股票
235	国投瑞银创新动力股票型证券投资基金	国投瑞银创新动力股票
236	融通动力先锋股票型证券投资基金	融通动力先锋股票
237	银华富裕主题股票证券投资基金	银华富裕主题股票
238	南方绩优成长股票型证券投资基金	南方绩优成长股票
239	上证红利交易型开放式指数证券投资基金	华泰柏瑞上证红利ETF
240	诺安价值增长股票型证券投资基金	诺安价值增长股票
241	益民红利成长混合型证券投资基金	益民红利成长混合
242	长盛中证指数100证券投资基金	长盛中证100指数
243	华夏优势增长股票型证券投资基金	华夏优势增长股票
244	信诚精萃成长股票型证券投资基金	信诚精萃成长股票
245	万家和谐增长混合型证券投资基金	万家和谐增长混合

序号	基金名称	基金简称
246	泰达宏利首选企业股票型证券投资基金	泰达宏利首选企业股票
247	申万菱信新经济混合型证券投资基金	申万菱信新经济混合
248	工银瑞信稳健成长股票型证券投资基金	工银稳健成长股票
249	嘉实策略增长混合型证券投资基金	嘉实策略混合
250	泰信优质生活股票型证券投资基金	泰信优质生活股票
251	东吴价值成长双动力股票型证券投资基金	东吴双动力股票
252	长盛同智优势成长混合型证券投资基金(LOF)	长盛同智优势混合(LOF)
253	鹏华动力增长混合型证券投资基金(LOF)	鹏华动力增长混合(LOF)
254	大成积极成长股票型证券投资基金	大成积极成长股票
255	宝盈策略增长股票型证券投资基金	宝盈策略增长股票
256	德盛优势股票证券投资基金	国联安优势股票
257	中欧新趋势股票型证券投资基金(LOF)	中欧新趋势股票(LOF)
258	长城久富核心成长股票型证券投资基金(LOF)	长城久富股票(LOF)
259	建信优化配置混合型证券投资基金	建信优化配置混合
260	信达澳银领先增长股票型证券投资基金	信达澳银领先增长股票
261	汇添富成长焦点股票型证券投资基金	汇添富成长焦点股票
262	中海能源策略混合型证券投资基金	中海能源策略混合
263	银河银信添利债券型证券投资基金	银河银信添利债券
264	华富成长趋势股票型证券投资基金	华富成长趋势股票
265	富兰克林国海潜力组合股票型证券投资基金	国富潜力组合股票
266	招商核心价值混合型证券投资基金	招商核心价值混合
267	易方达价值成长混合型证券投资基金	易方达价值成长混合
268	海富通精选贰号混合型证券投资基金	海富通精选贰号混合
269	汇丰晋信动态策略混合型证券投资基金	汇丰晋信动态策略混合
270	华安中小盘成长股票型证券投资基金	华安中小盘成长股票
271	国泰金鼎价值精选混合型证券投资基金	国泰金鼎价值混合
272	博时第三产业成长股票证券投资基金	博时第三产业股票
273	上投摩根内需动力股票型证券投资基金	上投摩根内需动力股票
274	诺德价值优势股票型证券投资基金	诺德价值优势股票
275	华夏蓝筹核心混合型证券投资基金(LOF)	华夏蓝筹混合(LOF)
276	鹏华优质治理股票型证券投资基金(LOF)	鹏华优质治理股票(LOF)
277	富国天博创新主题股票型证券投资基金	富国天博创新股票
278	融通领先成长股票型证券投资基金	融通领先成长股票(LOF)
279	工银瑞信增强收益债券型证券投资基金	工银增强收益债券
280	南方成份精选股票型证券投资基金	南方成份精选股票
281	华商领先企业混合型证券投资基金	华商领先企业混合
282	国泰金牛创新成长股票型基金	国泰金牛创新股票
283	华泰柏瑞积极成长混合型证券投资基金	华泰柏瑞积极成长混合
284	大成创新成长混合型证券投资基金	大成创新成长混合
285	广发大盘成长混合型证券投资基金	广发大盘成长混合
286	华宝兴业行业精选股票型证券投资基金	华宝兴业行业精选股票
287	景顺长城精选蓝筹股票型证券投资基金	景顺长城精选蓝筹股票
288	博时新兴成长股票型证券投资基金	博时新兴成长股票
289	益民创新优势混合型证券投资基金	益民创新优势混合
290	工银瑞信红利股票型证券投资基金	工银红利股票
291	大成优选股票型证券投资基金(LOF)	大成优选股票(LOF)
292	华安策略优选股票型证券投资基金	华安策略优选股票
293	泰达宏利市值优选股票型证券投资基金	泰达宏利市值优选股票
294	长城品牌优选股票型证券投资基金	长城品牌优选股票
295	交银施罗德蓝筹股票证券投资基金	交银蓝筹股票
296	金元惠理宝石动力混合型证券投资基金	金元惠理宝石动力混合
297	中邮核心成长股票型证券投资基金	中邮核心成长股票
298	光大保德信优势配置股票型证券投资基金	光大保德信优势配置股票
299	诺安优化收益债券型证券投资基金	诺安优化收益债券
300	华夏复兴股票型证券投资基金	华夏复兴股票
301	南方全球精选配置证券投资基金	南方全球精选配置(QDII－FOF)
302	华夏全球精选股票型证券投资基金	华夏全球股票(QDII)
303	嘉实海外中国股票股票型证券投资基金	嘉实海外中国股票(QDII)
304	上投摩根亚太优势股票型证券投资基金	上投摩根亚太优势股票(QDII)
305	长盛同德主题增长股票型证券投资基金	长盛同德主题股票
306	南方隆元产业主题股票型证券投资基金	南方隆元产业主题股票
307	国泰沪深300指数证券投资基金	国泰沪深300指数

序号	基金名称	基金简称
308	华夏行业精选股票型证券投资基金(LOF)	华夏行业股票(LOF)
309	嘉实优质企业股票型开放式证券投资基金	嘉实优质企业股票
310	大成景阳领先股票型证券投资基金	大成景阳领先股票
311	易方达科讯股票型证券投资基金	易方达科讯股票
312	国投瑞银成长优选股票型证券投资基金	国投瑞银成长优选股票
313	国投瑞银稳定增利债券型证券投资基金	国投瑞银稳定增利债券
314	工银瑞信中国机会全球配置股票型证券投资基金	工银全球股票(QDII)
315	汇添富增强收益债券型证券投资基金	汇添富增强收益债券
316	华夏希望债券型证券投资基金	华夏希望债券
317	易方达增强回报债券型证券投资基金	易方达增强回报债券
318	南方盛元红利股票型证券投资基金	南方盛元红利股票
319	广发增强债券型证券投资基金	广发增强债券
320	交银施罗德增利债券证券投资基金	交银增利债券
321	中银动态策略股票型证券投资基金	中银策略股票
322	中海稳健收益债券基金	中海稳健收益债券
323	工银瑞信信用添利债券型证券投资基金	工银添利债券
324	宝盈资源优选股票型证券投资基金	宝盈资源优选股票
325	浦银安盛价值成长股票型证券投资基金	浦银安盛价值成长股票
326	天弘永利债券型证券投资基金	天弘永利债券
327	东吴行业轮动股票型证券投资基金	东吴行业轮动股票
328	华安稳定收益债券型证券投资基金	华安稳定收益债券
329	兴业社会责任股票型证券投资基金	兴全社会责任股票
330	华宝兴业海外中国成长股票型证券投资基金	华宝兴业海外中国股票(QDII)
331	天治创新先锋股票型证券投资基金	天治创新先锋股票
332	宝盈增强收益债券型证券投资基金	宝盈增强收益债券
333	诺安灵活配置混合型证券投资基金	诺安灵活配置混合
334	上投摩根双核平衡混和型证券投资基金	上投摩根双核平衡混合
335	益民多利债券型证券投资基金	益民多利债券
336	银华全球核心优选证券投资基金	银华全球优选(QDII－FOF)
337	银河竞争优势成长股票型证券投资基金	银河成长股票
338	嘉实研究精选股票型证券投资基金	嘉实研究精选股票
339	博时特许价值股票型证券投资基金	博时特许价值股票
340	富国天成红利灵活配置混合型证券投资基金	富国天成红利混合
341	鹏华丰收债券基金	鹏华丰收债券
342	华富收益增强债券型证券投资基金	华富收益增强债券
343	东方策略成长股票型开放式证券投资基金	东方策略成长股票
344	长盛创新先锋灵活配置混合型证券投资基金	长盛创新先锋混合
345	信诚盛世蓝筹股票型证券投资基金	信诚盛世蓝筹股票
346	国投瑞银稳健增长灵活配置混和型证券投资基金	国投瑞银稳健增长混合
347	国泰金鹿保本增值混合证券投资基金	国泰金鹿保本混合
348	南方优选价值股票型证券投资基金	南方优选价值股票
349	易方达中小盘股票型证券投资基金	易方达中小盘股票
350	招商大盘蓝筹股票型证券投资基金	招商大盘蓝筹股票
351	长信双利优选灵活配置混合型证券投资基金	长信双利优选混合
352	泰信优势增长灵活配置混合型证券投资基金	泰信优势增长混合
353	建信稳定增利债券型证券投资基金	建信稳定增利债券
354	万家双引擎灵活配置混合型证券投资基金	万家双引擎灵活配置混合
355	海富通中国海外精选股票型证券投资基金	海富通中国海外股票(QDII)
356	富兰克林国海深化价值股票型证券投资基金	国富深化价值股票
357	申万菱信竞争优势股票型证券投资基金	申万菱信竞争优势股票
358	汇添富蓝筹稳健灵活配置混合型证券投资基金	汇添富蓝筹稳健混合
359	广发核心精选股票型证券投资基金	广发核心精选股票
360	华泰柏瑞价值增长股票型证券投资基金	华泰柏瑞价值增长股票
361	汇丰晋信2026生命周期证券投资基金	汇丰晋信2026周期混合
362	中欧新蓝筹灵活配置混合型证券投资基金	中欧新蓝筹混合
363	新华优选成长股票型证券投资基金	新华优选成长股票
364	信达澳银精华灵活配置混合型证券投资基金	信达澳银精华配置混合
365	工银瑞信大盘蓝筹股票型证券投资基金	工银大盘蓝筹股票
366	农银汇理行业成长股票型证券投资基金	农银行业成长股票
367	大成强化收益债券型证券投资基金	大成强化收益债券
368	银华领先策略股票型证券投资基金	银华领先策略股票
369	交银施罗德环球精选价值证券投资基金	交银环球精选股票(QDII)

序号	基金名称	基金简称
370	长城稳健增利债券型证券投资基金	长城稳健增利债券
371	金元惠理成长动力灵活配置混合型证券投资基金	金元惠理成长动力混合
372	嘉实多元收益债券型证券投资基金	嘉实多元债券
373	华商盛世成长股票型证券投资基金	华商盛世成长股票
374	泰达宏利集利债券型证券投资基金	泰达宏利集利债券
375	信诚三得益债券型证券投资基金	信诚三得益债券
376	华宝兴业大盘精选股票型证券投资基金	华宝兴业大盘精选股票
377	长盛积极配置债券型证券投资基金	长盛积极配置债券
378	易方达科汇灵活配置混合型证券投资基金	易方达科汇灵活配置混合
379	鹏华盛世创新股票型证券投资基金	鹏华盛世创新股票(LOF)
380	华安核心优选股票型证券投资基金	华安核心股票
381	招商安心收益债券型证券投资基金	招商安心收益债券
382	德胜红利股票型证券投资基金	国联安红利股票
383	景顺长城公司治理股票型证券投资基金	景顺长城公司治理股票
384	华夏策略精选灵活配置混合型证券投资基金	华夏策略混合
385	富国天丰强化收益债券型证券投资基金	富国天丰强化债券封闭
386	富兰克林国海强化收益债券型证券投资基金	国富强化收益债券
387	海富通稳健添利债券型证券投资基金	海富通稳健添利债券
388	光大保德信增利收益债券型证券投资基金	光大保德信增利收益债券
389	天治稳健双盈债券型证券投资基金	天治稳健双盈债券
390	诺德主题灵活配置混合型证券投资基金	诺德灵活配置混合
391	东吴优信稳健型证券投资基金	东吴优信稳健债券
392	南方恒元保本混合型证券投资基金	南方恒元保本混合
393	中银稳健增利债券型证券投资基金	中银增利债券
394	易方达科翔股票型证券投资基金	易方达科翔股票
395	富国天鼎中证红利指数增强型证券投资基金	富国天鼎中证指数增强
396	建信核心精选股票型证券投资基金	建信核心精选股票
397	大成策略回报股票型证券投资基金	大成策略回报股票
398	天弘永定价值成长股票型证券投资基金	天弘永定价值成长股票
399	银华增强收益债券型证券投资基金	银华增强收益债券
400	中海蓝筹灵活配置混合型证券投资基金	中海蓝筹混合
401	汇丰晋信平稳增利债券型证券投资基金	汇丰晋信平稳增利债券
402	金鹰红利价值灵活配置混合型证券投资基金	金鹰红利价值混合
403	申万菱信添益宝债券型证券投资基金	申万菱信添益宝债券
404	东方稳健回报债券型证券投资基金	东方稳健回报债券
405	农银汇理恒久增利债券型证券投资基金	农银恒久增利债券
406	华富策略精选灵活配置混合型证券投资基金	华富策略精选混合
407	长信利丰债券型证券投资基金	长信利丰债券
408	广发沪深300指数证券投资基金	广发沪深300指数
409	浦银安盛优化收益债券型证券投资基金	浦银安盛优化收益债券
410	长城双动力股票型证券投资基金	长城双动力股票
411	国投瑞银货币市场基金	国投瑞银货币
412	上投摩根中小盘股票型证券投资基金	上投摩根中小盘股票
413	交银施罗德优势行业灵活配置混合型证券投资基金	交银优势行业混合
414	汇添富价值精选股票型证券投资基金	汇添富价值精选股票
415	华商收益增强债券型证券投资基金	华商收益增强债券
416	华宝兴业增强收益债券型证券投资基金	华宝兴业增强收益债券
417	光大保德信均衡精选股票型证券投资基金	光大保德信均衡精选股票
418	诺德增强收益债券型证券投资基金	诺德增强收益债券
419	工银瑞信沪深300指数证券投资基金	工银沪深300指数
420	诺安成长股票型证券投资基金	诺安成长股票
421	国泰双利债券证券投资基金	国泰双利债券
422	德盛增利债券证券投资基金	国联安增利债券
423	信诚经典优债债券型证券投资基金	信诚经典优债债券
424	宝盈核心优势灵活配置混合型证券投资基金	宝盈核心优势混合
425	嘉实量化阿尔法股票型证券投资基金	嘉实量化阿尔法股票
426	金元惠理丰利债券型证券投资基金	金元惠理丰利债券
427	南方沪深300指数证券投资基金	南方沪深300指数
428	兴业有机增长灵活配置混合型证券投资基金	兴全有机增长混合
429	富兰克林国海成长动力股票型证券投资基金	国富成长动力股票
430	易方达行业领先企业股票型证券投资基金	易方达行业领先股票
431	民生加银品牌蓝筹灵活配置混合型证券投资基金	民生加银品牌蓝筹混合
432	鹏华沪深300指数证券投资基金(LOF)	鹏华沪深300指数(LOF)
433	中银行业优选灵活配置混合型证券投资基金	中银优选混合
434	信达澳银稳定价值债券型证券投资基金	信达澳银稳定价值债券
435	农银汇理平衡双利混合型证券投资基金	农银平衡双利混合
436	泰达宏利品质生活灵活配置混合型证券投资基金	泰达宏利品质生活混合
437	交银施罗德先锋股票证券投资基金	交银先锋股票
438	华安强化收益债券型证券投资基金	华安强化收益债券
439	融通内需驱动股票型证券投资基金	融通内需驱动股票
440	泰信蓝筹精选股票型证券投资基金	泰信蓝筹精选股票
441	中欧稳健收益债券型证券投资基金	中欧稳健收益债券
442	银河行业优选股票型证券投资基金	银河行业股票
443	银华和谐主题灵活配置混合型证券投资基金	银华和谐主题混合
444	海富通领先成长股票型证券投资基金	海富通领先成长股票
445	华泰柏瑞货币市场证券投资基金	华泰柏瑞货币
446	东吴进取策略灵活配置混合型证券投资基金	东吴进取策略混合
447	长盛同庆中证800指数分级证券投资基金	长盛同庆中证800分级
448	万家精选股票型证券投资基金	万家精选股票
449	国泰区位优势股票型证券投资基金	国泰区位优势股票
450	诺安增利债券型证券投资基金	诺安增利债券
451	建信收益增强债券型证券投资基金	建信收益增强债券
452	浦银安盛精致生活灵活配置混合型证券投资基金	浦银安盛精致生活混合
453	博时信用债券投资基金	博时信用债券
454	富国优化增强债券型证券投资基金	富国优化增强债券
455	申万菱信消费增长股票型证券投资基金	申万菱信消费增长股票
456	广发聚瑞股票型证券投资基金	广发聚瑞股票
457	招商行业领先股票型证券投资基金	招商行业领先股票
458	上投摩根纯债债券型证券投资基金	上投摩根纯债债券
459	中海量化策略股票型证券投资基金	中海量化策略股票
460	东方核心动力股票型开放式证券投资基金	东方核心动力股票
461	汇丰晋信大盘股票型证券投资基金	汇丰晋信大盘股票
462	长城景气行业龙头灵活配置混合型证券投资基金	长城景气行业龙头混合
463	银华内需精选股票型证券投资基金(LOF)	银华内需精选股票(LOF)
464	金鹰行业优势股票型证券投资基金	金鹰行业优势股票
465	汇添富上证综合指数证券投资基金	汇添富上证综合指数
466	华夏沪深300交易型开放式指数证券投资基金联接基金	华夏沪深300ETF联接
467	新华泛资源优势灵活配置混合型证券投资基金	新华泛资源优势混合
468	天治趋势精选灵活配置混合型证券投资基金	天治趋势精选混合
469	华富价值增长灵活配置混合型证券投资基金	华富价值增长混合
470	民生加银增强收益债券型证券投资基金	民生加银增强收益债券
471	兴业磐稳增利债券型证券投资基金	兴全磐稳增利债券
472	中欧价值发现股票型证券投资基金	中欧价值发现股票
473	泰信增强收益债券型证券投资基金	泰信债券增强收益
474	长信恒利优势股票型证券投资基金	长信恒利优势股票
475	华泰柏瑞行业领先股票型证券投资基金	华泰柏瑞行业领先股票
476	宝盈货币市场证券投资基金	宝盈货币
477	博时策略灵活配置混合型证券投资基金	博时策略混合
478	万家稳健增利债券型证券投资基金	万家稳健增利债券
479	嘉实回报灵活配置混合型证券投资基金	嘉实回报混合
480	易方达沪深300指数证券投资基金	易方达沪深300指数
481	国联安主题驱动股票型证券投资基金	国联安主题驱动股票
482	上证中央企业50交易型开放式指数证券投资基金	工银上证央企50ETF
483	信诚优胜精选股票型证券投资基金	信诚优胜精选股票
484	富兰克林国海沪深300指数增强型证券投资基金	国富沪深300指数增强
485	中银中证100指数增强型证券投资基金	中银中证100指数增强
486	大成行业轮动股票型证券投资基金	大成行业轮动股票
487	鹏华精选成长股票型证券基金	鹏华精选成长股票
488	金元惠理价值增长股票型证券投资基金	金元惠理价值增长股票
489	摩根士丹利华鑫领先优势股票型证券投资基金	大摩领先优势股票
490	诺德成长优势股票型证券投资基金	诺德成长优势股票
491	南方中证500指数证券投资基金(LOF)	南方中证500指数(LOF)
492	上证180公司治理交易型开放式证券投资基金	交银上证180公司治理ETF

序号	基金名称	基金简称
493	华安上证180交易型开放式指数证券投资基金联接基金	华安上证180ETF联接
494	华宝兴业中证100指数证券投资基金	华宝兴业中证100指数
495	交银施罗德上证180公司治理交易型开放式指数证券投资联接基金	交银上证180公司治理ETF联接
496	农银汇理策略价值股票型证券投资基金	农银策略价值股票
497	银华沪深300指数证券投资基金	银华沪深300指数(LOF)
498	国投瑞银瑞和沪深300指数分级证券投资基金	国投瑞银沪深300指数分级
499	国泰中小盘成长股票型证券投资基金(LOF)	国泰中小盘成长股票(LOF)
500	景顺长城能源基建股票型证券投资基金	景顺长城能源基建股票
501	诺安中证100指数证券投资基金	诺安中证100指数
502	光大保德信动态优选灵活配置混合型证券投资基金	光大保德信动态优选混合
503	中邮核心优势灵活配置混合型证券投资基金	中邮核心优势灵活配置混合
504	海富通中证100指数证券投资基金(LOF)	海富通中证100指数(LOF)
505	建信沪深300指数证券投资基金(LOF)	建信沪深300指数(LOF)
506	华商动态阿尔法灵活配置混合型证券投资基金	华商动态阿尔法混合
507	长盛量化红利策略股票型证券投资基金	长盛量化红利股票
508	广发中证500指数证券投资基金(LOF)	广发中证500指数(LOF)
509	易方达深证100交易型开放式指数证券投资基金联接基金	易方达深证100ETF联接
510	信达澳银中小盘股票型证券投资基金	信达澳银中小盘股票
511	泰达宏利红利先锋股票型证券投资基金	泰达宏利红利先锋股票
512	浦银安盛红利精选股票型证券投资基金	浦银安盛红利精选股票
513	深证成份交易型开放式指数证券投资基金	南方深证成份ETF
514	南方深证成份交易型开放式指数证券投资基金联接基金	南方深证成份ETF联接
515	华夏盛世精选股票型证券投资基金	华夏盛世股票
516	汇丰晋信中小盘股票型证券投资基金	汇丰晋信中小盘股票
517	富国沪深300增强证券投资基金	富国沪深300指数增强
518	天弘周期策略股票型证券投资基金	天弘周期策略股票
519	华安动态灵活配置混合型证券投资基金	华安动态灵活配置混合
520	汇添富策略回报股票型证券投资基金	汇添富策略回报股票
521	招商中小盘精选股票型证券投资基金	招商中小盘股票
522	银河沪深300价值指数证券投资基金	银河沪深300价值指数
523	博时上证超级大盘交易型开放式指数证券投资基金联接基金	博时上证超大盘ETF联接
524	摩根士丹利华鑫强收益债券型证券投资基金	大摩强收益债券
525	上证超级大盘交易型开放式指数证券投资基金	博时上证超大盘ETF
526	嘉实中证锐联基本面50指数证券投资基金(LOF)	嘉实基本面50指数(LOF)
527	中欧中小盘股票型证券投资基金(LOF)	中欧中小盘股票(LOF)
528	华富中证100指数证券投资基金	华富中证100指数
529	东吴新经济股票型证券投资基金	东吴新经济
530	易方达亚洲精选股票型证券投资基金	易方达亚洲精选股票(QDII)
531	上投摩根行业轮动股票型证券投资基金	上投摩根行业轮动股票
532	大成中证红利指数证券投资基金	大成中证红利指数
533	新华钻石品质企业股票型证券投资基金	新华钻石品质企业股票
534	民生加银精选股票型投资基金	民生加银精选股票
535	鹏华中证500指数证券投资基金	鹏华中证500指数(LOF)
536	宝盈中证100指数增强型证券投资基金	宝盈中证100指数增强
537	国泰估值优势可分离交易股票型证券投资基金	国泰估值优势分级封闭
538	工银瑞信中小盘成长股票型证券投资基金	工银瑞信中小盘股票
539	信诚中小盘股票型证券投资基金	信诚中小盘股票
540	中银蓝筹精选灵活配置混合型证券投资基金	中银蓝筹混合
541	申万菱信沪深300价值指数型证券投资基金	申万沪深300价值指数
542	金元惠理核心动力股票型证券投资基金	金元惠理核心动力股票
543	招商全球资源股票型证券投资基金	招商全球资源股票(QDII)
544	中海上证50指数增强型证券投资基金	中海上证50指数增强
545	农银汇理中小盘股票型证券投资基金	农银中小盘股票
546	长信中证中央企业100指数证券投资基金(LOF)	长信中证中央企业100指数(LOF)
547	易方达上证中盘交易型开放式指数证券投资基金	易方达上证中盘ETF
548	南方策略优化股票型证券投资基金	南方策略优化股票
549	易方达上证中盘交易型开放式证券投资基金联接基金	易方达上证中盘ETF联接
550	国投瑞银沪深300金融地产指数证券投资基金(LOF)	国投瑞银沪深300金融地产指数(LOF)
551	金鹰稳健成长股票型证券投资基金	金鹰稳健成长股票
552	光大保德信中小盘股票型证券投资基金	光大保德信中小盘股票
553	海富通中小盘股票型证券投资基金	海富通中小盘股票
554	国联安双禧中证100指数分级证券投资基金	国联安双禧中证100指数分级
555	广发内需增长灵活配置混合型证券投资基金	广发内需增长混合
556	兴业合润分级股票型证券投资基金	兴全合润分级股票
557	泰达宏利中证财富大盘指数证券投资基金	泰达宏利财富大盘指数
558	华宝兴业上证180价值交易型开放式指数证券投资基金联接基金	华宝兴业上证180价值ETF联接
559	华宝兴业上证180价值交易型开放式指数证券投资基金	华宝兴业上证180价值ETF
560	诺安中小盘精选股票型证券投资基金	诺安中小盘精选股票
561	国泰纳斯达克100指数证券投资基金	国泰纳斯达克100指数(QDII)
562	汇添富民营活力股票型证券投资基金	汇添富民营活力股票
563	银华深证100指数分级证券投资基金	银华深证100指数分级
564	华安行业轮动股票型证券投资基金	华安行业轮动股票
565	东吴货币市场证券投资基金	东吴货币
566	富国通胀通缩主题轮动股票型证券投资基金	富国通胀通缩主题股票
567	摩根士丹利华鑫卓越成长股票型证券投资基金	大摩卓越成长股票
568	中邮核心主题股票型证券投资基金	中邮核心主题股票
569	工银瑞信全球精选股票型证券投资基金	工银全球精选股票(QDII)
570	长盛环球景气行业大盘精选股票型证券投资基金	长盛环球行业股票(QDII)
571	上证社会责任交易型开放式指数证券投资基金	建信上证社会责任ETF
572	建信上证社会责任交易型开放式指数证券投资基金联接基金	建信上证社会责任ETF联接
573	鹏华信用增利债券型证券投资基金	鹏华信用增利债券
574	博时创业成长股票型证券投资基金	博时创业成长股票
575	嘉实价值优势股票型证券投资基金	嘉实价值优势股票
576	汇丰晋信低碳先锋股票型证券投资基金	汇丰晋信低碳先锋股票
577	国投瑞银全球新兴市场精选股票型证券投资基金(LOF)	国投瑞银新兴市场股票(QDII－LOF)
578	华商产业升级股票型证券投资基金	华商产业升级股票
579	大成核心双动力股票型证券投资基金	大成核心双动力股票型
580	招商深证100指数证券投资基金	招商深证100指数
581	国联安信心增益债券型证券投资基金	国联安信心增益债券
582	华泰柏瑞量化先行股票型证券投资基金	华泰柏瑞量化先行股票
583	中欧沪深300指数增强型证券投资基金(LOF)	中欧沪深300指数增强(LOF)
584	汇添富亚洲澳洲成熟市场(除日本外)优势精选股票型证券投资基金	汇添富亚澳成熟优选股票(QDII)
585	长信中短债证券投资基金	长信中短债债券
586	诺德中小盘股票证券投资基金	诺德中小盘股票
587	东吴新创业股票型证券投资基金	东吴新创业股票
588	民生加银稳健成长股票型证券投资基金	民生加银稳健成长股票
589	交银施罗德主题优选灵活配置混合型证券投资基金	交银主题优选混合
590	银河蓝筹精选股票型证券投资基金	银河蓝筹股票
591	新华行业周期轮换股票型证券投资基金	新华行业周期轮换股票
592	博时大中华亚太精选股票证券投资基金	博时大中华亚太精选股票(QDII)
593	博时宏观回报债券型证券投资基金	博时宏观回报债券
594	中海货币市场证券投资基金	中海货币
595	信达澳银红利回报股票证券投资基金	信达澳银红利回报股票
596	信诚深度价值股票型证券投资基金	信诚深度价值股票(LOF)
597	长盛沪深300指数证券投资基金(LOF)	长盛沪深300指数(LOF)
598	鹏华上证民营企业50交易型开放式指数证券投资基金联接基金	鹏华上证民企50ETF联接
599	鹏华上证民营企业50交易型开放式指数证券投资基金	鹏华上证民企50ETF

序号	基金名称	基金简称
600	华商稳健双利债券型证券投资基金	华商稳健双利债券
601	天弘深证成份指数证券投资基金(LOF)	天弘深证成份指数(LOF)
602	国泰价值经典股票型证券投资基金	国泰价值经典股票(LOF)
603	工银瑞信双利债券型证券投资基金	工银瑞信双利债券
604	广发亚太(除日本)精选股票型证券投资基金	广发亚太精选股票
605	易方达消费行业股票型证券投资基金	易方达消费行业股票
606	中银价值精选灵活配置混合型证券投资基金	中银价值混合
607	中证南方小康产业交易型开放式指数证券投资基金联接基金	南方小康 ETF 联接
608	中证南方小康产业交易型开放式指数证券投资基金	南方小康 ETF
609	嘉实稳固收益债券型证券投资基金	嘉实稳固收益债券
610	农银汇理大盘蓝筹股票型证券投资基金	农银大盘蓝筹股票
611	国投瑞银优化增强债券型证券投资基金	国投瑞银优化增强债券
612	建信全球机遇股票型证券投资基金	建信全球机遇股票(QDII)
613	诺安主题精选股票型证券投资基金	诺安主题精选股票
614	金元惠理消费主题股票型证券投资基金	金元惠理消费主题股票
615	上证周期行业50交易型开放式指数证券投资基金	海富通上证周期 ETF
616	华安香港精选股票型证券投资基金	华安香港精选股票(QDII)
617	汇添富医药保健股票型证券投资基金	汇添富医药保健股票
618	海富通上证周期行业50交易型开放式指数证券投资基金联接基金	海富通上证周期 ETF 联接
619	嘉实恒生中国企业指数证券投资基金	嘉实 H 股指数(QDII)
620	银华成长先锋混合型证券投资基金	银华成长先锋混合
621	鹏华环球发现证券投资基金	鹏华环球发现(QDII－FOF)
622	富国全球债券证券投资基金	富国全球债券(QDII－FOF)
623	申万菱信深证成指分级证券投资基金	申万深证成分分级
624	兴业沪深300指数增强型证券投资基金(LOF)	兴全沪深300指数(LOF)
625	南方广利回报债券型证券投资基金	南方广利回报债券
626	深证红利交易型开放式指数证券投资基金	工银深证红利 ETF
627	工银瑞信深证红利交易型开放式指数证券投资基金联接基金	工银深证红利 ETF 联接
628	华商策略精选灵活配置混合型证券投资基金	华商策略精选混合
629	融通深证成分指数证券投资基金	融通深证成分指数
630	建信内生动力股票型证券投资基金	建信内生动力股票
631	华安上证龙头企业交易型开放式指数证券投资基金联接基金	华安上证龙头 ETF 联接
632	上证龙头企业交易型开放式指数证券投资基金	华安上证龙头 ETF
633	长信量化先锋股票型证券投资基金	长信量化先锋股票
634	广发行业领先股票型证券投资基金	广发行业领先股票
635	富兰克林国海中小盘股票型证券投资基金	国富中小盘股票
636	海富通稳固收益债券型证券投资基金	海富通稳固收益债券
637	农银汇理货币市场证券投资基金	农银货币
638	博时转债增强债券型证券投资基金	博时转债增强债券
639	中银稳健双利债券型证券投资基金	中银双利债券
640	上证大宗商品股票交易型开放式指数证券投资基金	国联安上证商品 ETF
641	国联安上证大宗商品股票交易型开放式指数证券投资基金联接基金	国联安上证商品 ETF 联接
642	中欧增强回报债券型证券投资基金	中欧增强回报债券
643	华泰柏瑞亚洲领导企业股票型证券投资基金	华泰柏瑞亚洲领导企业股票(QDII)
644	银华信用双利债券型证券投资基金	银华信用双利债券
645	摩根士丹利华鑫消费领航混合型证券投资基金	大摩消费领航混合基金
646	银华抗通胀主题证券投资基金(LOF)	银华抗通胀主题(QDII－FOF－LOF)
647	嘉实主题新动力股票型证券投资基金	嘉实主题新动力股票
648	华宝兴业新兴产业股票型证券投资基金	华宝兴业新兴产业
649	富国可转债证券投资基金	富国可转债
650	招商上证消费80交易型开方式指数证券投资基金联接基金	招商上证消费 80ETF 联接
651	上证消费80交易型开放式指数证券投资基金	招商上证消费 80ETF
652	汇丰晋信消费红利股票型证券投资基金	汇丰晋信消费红利股票
653	中证南方金砖四国指数证券投资基金	南方金砖四国指数(QDII)
654	中海环保新能源主题灵活配置混合型证券投资基金	中海环保新能源混合
655	博时行业轮动股票型证券投资基金	博时行业轮动股票
656	浦银安盛沪深300指数增强型证券投资基金	浦银安盛沪深300指数增强
657	泰信发展主题股票型证券投资基金	泰信发展主题股票基金
658	国投瑞银中证下游消费与服务产业指数证券投资基金(LOF)	国投瑞银中证消费服务指数(LOF)
659	信诚金砖四国积极配置证券投资基金(LOF)	信诚四国配置(QDII－FOF－LOF)
660	金鹰主题优势股票型证券投资基金	金鹰主题优势股票
661	上投摩根大盘蓝筹股票型证券投资基金	上投摩根大盘蓝筹股票
662	华安稳固收益债券型证券投资基金	华安稳固收益债券
663	大成深证成长40交易型开放式指数证券投资基金联接基金	大成深证成长 40ETF 联接
664	深证成长40交易型开放式指数证券投资基金	大成深证成长 40ETF
665	交银施罗德趋势优先股票证券投资基金	交银趋势股票
666	鹏华消费优选股票型证券投资基金	鹏华消费优选股票
667	银河创新成长股票型证券投资基金	银河创新股票
668	诺安全球黄金证券投资基金	诺安全球黄金(QDII－FOF)
669	建信保本混合型证券投资基金	建信保本混合
670	纽银策略优选股票型证券投资基金	纽银策略优选股票
671	泰达宏利领先中小盘股票型证券投资基金	泰达宏利中小盘股票
672	国联安货币市场证券投资基金	国联安货币
673	华泰柏瑞上证中小盘交易型开放式指数证券投资基金联接基金	华泰柏瑞上证中小盘 ETF 联接
674	汇添富保本混合型证券投资基金	汇添富保本混合
675	上证中小盘交易型开放式指数证券投资基金	华泰柏瑞上证中小盘 ETF
676	长城中小盘成长股票型证券投资基金	长城中小盘股票
677	海富通大中华精选股票型证券投资基金	海富通大中华股票(QDII)
678	易方达医疗保健行业股票型证券投资基金	易方达医疗行业股票
679	新华中小盘小市值优选股票型证券投资基金	新华中小市值优选股票
680	民生加银内需增长股票型证券投资基金	民生加银内需增长股票
681	富国上证综指交易型开放式指数证券投资基金联接基金	富国上证综指 ETF 联接
682	南方优选成长混合型证券投资基金	南方优选成长混合
683	上证综指交易型开放式指数证券投资基金	富国上证综指 ETF
684	上投摩根全球新兴市场股票型证券投资基金	上投摩根全球新兴市场股票(QDII)
685	东吴中证新兴产业指数证券投资基金	东吴中证新兴
686	泰信周期回报债券型证券投资基金	泰信债券周期回报
687	中欧新动力股票型证券投资基金	中欧新动力股票(LOF)
688	招商标普金砖四国指数证券投资基金(LOF)	招商标普金砖四国指数(QDII－LOF)
689	信诚中证500指数分级证券投资基金	信诚中证500指数
690	申万菱信稳益宝债券型证券投资基金	申万菱信稳益宝债券
691	中银全球策略证券投资基金(FOF)	中银全球策略(QDII－FOF)
692	浦银安盛货币市场证券投资基金	浦银安盛货币
693	华宝兴业成熟市场动量优选证券投资基金(QDII)	华宝兴业成熟市场
694	广发聚祥保本混合型证券投资基金	广发聚祥保本混合
695	华商稳定增利债券型证券投资基金	华商稳定增利债券
696	银华中证等权重90指数分级证券投资基金	银华中证等权90指数分级
697	万家中证红利指数证券投资基金(LOF)	万家中证红利指数(LOF)
698	招商安瑞进取债券型证券投资基金	招商安瑞进取债券
699	景顺长城中小盘股票型证券投资基金	景顺长城中小盘股票
700	大成标普500等权重指数证券投资基金	大成标普500等权重指数 QDII
701	嘉实多利分级债券型证券投资基金	嘉实多利分级债券(LOF)
702	中海增强收益债券型证券投资基金	中海增强收益债券
703	信诚货币市场证券投资基金	信诚货币
704	景顺长城稳定收益债券型证券投资基金	景顺长城稳定收益债券
705	汇添富社会责任股票型证券投资基金	汇添富社会责任股票
706	长信美国标准普尔100等权重指数增强型证券投资基金	长信标普100等权重指数(QDII)

序号	基金名称	基金简称
707	国泰上证180金融交易型开放式指数证券投资基金	国泰上证180金融ETF联接
708	上证180金融交易型开放式指数证券投资基金	国泰上证180金融ETF
709	华富量子生命力股票型证券投资基金	华富量子生命力股票
710	诺安上证新兴产业交易型开放式指数证券投资基金联接基金	诺安上证新兴产业ETF联接
711	上证新兴产业交易型开放式指数证券投资基金	诺安上证新兴产业ETF
712	长城积极增利债券型证券投资基金	长城积极增利债券
713	农银汇理沪深300指数证券投资基金	农银沪深300指数
714	东方保本混合型开放式证券投资基金	东方保本混合型基金
715	国泰保本混合型证券投资基金	国泰保本混合
716	大成保本混合型证券投资基金	大成保本混合
717	工银瑞信消费服务行业股票型证券投资基金	工银消费服务股票
718	华安升级主题股票型证券投资基金	华安升级主题股票
719	博时卓越品牌股票型证券投资基金(LOF)	博时卓越品牌股票(LOF)
720	上证非周期行业100交易型开放式指数证券投资基金	海富通上证非周期ETF
721	博时抗通胀增强回报证券投资基金	博时抗通胀增强回报(QDII-FOF)
722	鹏华丰盛稳固收益债券型证券投资基金	鹏华丰盛债券
723	华宝兴业可转债债券型证券投资基金	华宝兴业可转债债券
724	海富通上证非周期行业100交易型开放式指数证券投资基金联接基金	海富通上证非周期ETF联接
725	诺德优选30股票型证券投资基金	诺德30股票
726	易方达黄金主题证券投资基金(LOF)	易方达黄金主题(QDII-LOF-FOF)
727	兴全绿色投资股票型证券投资基金(LOF)	兴全绿色投资股票(LOF)
728	建信双利策略主题分级股票型证券投资基金	建信双利分级股票
729	中邮中小盘灵活配置混合型证券投资基金	中邮中小盘灵活配置混合
730	诺安保本混合型证券投资基金	诺安保本混合
731	光大保德信信用添益债券型证券投资基金	光大保德信信用添益债券
732	华安大中华升级股票型证券投资基金	华安大中华升级股票(QDII)
733	南方中证50债券指数证券投资基金(LOF)	南方中证50债券指数(LOF)
734	金鹰保本混合型证券投资基金	金鹰保本混合
735	摩根士丹利华鑫多因子精选策略股票型证券投资基金	大摩多因子策略股票
736	浙商聚潮产业成长股票型证券投资基金	浙商聚潮产业成长股票
737	国联安优选行业股票型证券投资基金	国联安优选行业股票
738	长盛同鑫保本混合型证券投资基金	长盛同鑫保本混合
739	亚债中国债券指数基金	华夏亚债中国指数
740	嘉实领先成长股票型证券投资基金	嘉实领先成长股票
741	银河保本混合型证券投资基金	银河保本混合
742	华商价值精选股票型证券投资基金	华商价值精选股票
743	金鹰中证技术领先指数增强型证券投资基金	金鹰中证技术领先指数增强
744	广发中小板300交易型开放式指数证券投资基金	广发中小板300ETF
745	广发中小板300交易型开放式指数证券投资基金联接基金	广发中小板300联接
746	泰信中证200指数证券投资基金	泰信中证200指数基金
747	博时深证基本面200交易型开放式指数证券投资基金联接基金	博时深证基本面200ETF联接
748	深证基本面200交易型开放式指数证券投资基金	博时深证基本面200ETF
749	信达澳银产业升级股票型证券投资基金	信达澳银产业升级股票
750	大成内需增长股票型证券投资基金	大成内需增长股票
751	鹏华新兴产业股票型证券投资基金	鹏华新兴产业股票
752	申万菱信量化小盘股票型证券投资基金(LOF)	申万菱信量化小盘股票(LOF)
753	中欧鼎利分级债券型证券投资基金	中欧鼎利分级债券
754	上证国有企业100交易型开放式指数证券投资基金	中银上证国企100ETF
755	汇添富可转换债券债券型证券投资基金	汇添富可转换债券
756	易方达安心回报债券型证券投资基金	易方达安心回报债券
757	南方保本混合型证券投资基金	南方保本混合
758	建信新兴市场优选股票型证券投资基金	建信新兴市场股票(QDII)
759	华安可转换债券债券型证券投资基金	华安可转债债券
760	交银施罗德先进制造股票证券投资基金	交银先进制造股票
761	深证电子信息传媒产业(TMT)50交易型开放式指数证券投资基金	深证TMT50ETF
762	招商深证电子信息传媒产业(TMT)50交易型开放式指数证券投资基金联接基金	招商深证TMT50ETF联接
763	银华永祥保本混合型证券投资基金	银华永祥保本混合
764	广发标普全球农业指数证券投资基金	广发全球农业指数(QDII)
765	中银转债增强债券型证券投资基金	中银转债增强债券
766	农银汇理增强收益债券型证券投资基金	农银增强收益债券
767	富国全球顶级消费品股票型证券投资基金	富国全球顶级消费品股票(QDII)
768	上投摩根新兴动力股票型证券投资基金	上投摩根新兴动力股票
769	新华灵活主题股票型证券投资基金	新华灵活主题股票
770	泰达宏利全球新格局证券投资基金	泰达宏利全球新格局(QDII-FOF)
771	国投瑞银中证上游资源产业指数证券投资基金(LOF)	国投瑞银中证上游资源产业指数(LOF)
772	汇丰晋信科技先锋股票型证券投资基金	汇丰晋信科技先锋股票
773	东吴增利债券型证券投资基金	东吴增利债券
774	银河消费驱动股票型证券投资基金	银河消费股票
775	嘉实深证基本面120交易型开放式指数证券投资基金联接基金	嘉实深证基本面120联接
776	深证基本面120交易型开放式指数证券投资基金	嘉实深证基本面120ETF
777	信诚新机遇股票型证券投资基金(LOF)	信诚新机遇股票(LOF)
778	富兰克林国海策略回报灵活配置混合型证券投资基金	国富策略回报混合
779	兴全保本混合型证券投资基金	兴全保本混合
780	嘉实黄金证券投资基金(LOF)	嘉实黄金(QDII-FOF-LOF)
781	天治成长精选股票型证券投资基金	天治成长精选股票
782	上证180成长交易型开放式指数证券投资基金	上证180成长ETF
783	华宝兴业上证180成长交易型开放式指数证券投资基金联接基金	华宝兴业上证180成长ETF联接
784	诺安多策略股票型证券投资基金	诺安多策略股票
785	富国低碳环保股票型证券投资基金	富国低碳环保股票
786	上投摩根强化回报债券型证券投资基金	上投摩根强化回报债券
787	工银瑞信添颐债券型证券投资基金	工银添颐债券
788	易方达资源行业股票型证券投资基金	易方达资源行业股票
789	金元惠理保本混合型证券投资基金	金元惠理保本混合
790	国泰事件驱动策略股票型证券投资基金	国泰事件驱动股票
791	纽银新动向灵活配置混合型证券投资基金	纽银新动向混合
792	汇添富黄金及贵金属证券投资基金(LOF)	汇添富黄金及贵金属(QDII-LOF-FOF)
793	金鹰策略配置股票型证券投资基金	金鹰策略配置股票
794	招商安达保本混合型证券投资基金	招商安达保本混合
795	深证民营交易型开放式指数证券投资基金	民营ETF
796	华安深证300指数证券投资基金(LOF)	华安深证300指数(LOF)
797	鹏华深证民营交易型开放式指数证券投资基金联接基金	鹏华深证民营ETF联接
798	农银汇理策略精选股票型证券投资基金	农银策略精选股票
799	深证基本面60交易型开放式指数证券投资基金	深证基本面60ETF
800	建信深圳基本面60交易型开放式指数证券投资基金联接基金	建信深证基本面60ETF联接
801	嘉实信用债券型证券投资基金	嘉实信用债券
802	深证300交易型开放式指数证券投资基金	汇添富深证300ETF
803	上证380交易型开放式证券投资基金	南方上证380ETF
804	易方达创业板交易型开放式指数证券投资基金联接基金	易方达创业板ETF联接
805	易方达创业板交易型开放式指数证券投资基金	易方达创业板ETF
806	南方上证380交易型开放式证券投资基金联接基金	南方上证380ETF联接
807	广发制造业精选股票型证券投资基金	广发制造业精选股票
808	平安大华行业先锋股票型证券投资基金	平安大华行业先锋股票
809	富安达优势成长股票型证券投资基金	富安达优势成长股票
810	深证300价值交易型开放式指数证券投资基金	交银深证300价值ETF

序号	基金名称	基金简称
811	景顺长城大中华股票型证券投资基金	景顺长城大中华股票(QDII)
812	诺安全球收益不动产证券投资基金	诺安全球收益不动产(QDII)
813	南方中国中小盘股票指数证券投资基金(LOF)	南方中国中小盘股票指数(QDII-LOF)
814	交银施罗德双利债券证券投资基金	交银双利债券
815	诺安油气能源股票证券投资基金(LOF)	诺安油气能源(QDII-FOF-LOF)
816	银华消费主题分级股票型证券投资基金	银华消费分级股票
817	汇添富深证300交易型开放式指数证券投资基金联接基金	汇添富深证300ETF联接
818	交银施罗德深证300价值交易型开放式指数证券投资基金联接基金	交银深证300价值ETF联接
819	东吴新产业精选股票型证券投资基金	东吴新产业精选股票
820	华宝兴业标普石油天然气上游股票指数证券投资基金(LOF)	华宝油气
821	富国中证500指数增强型证券投资基金(LOF)	富国中证500指数增强(LOF)
822	长信内需成长股票型证券投资基金	长信内需成长股票
823	工银瑞信主题策略股票型证券投资基金	工银主题策略股票
824	长盛同祥泛资源主题股票型证券投资基金	长盛同祥泛资源股票
825	泰信中小盘精选股票型证券投资基金	泰信中小盘精选
826	汇丰晋信货币市场基金	汇丰晋信货币
827	博时回报灵活配置混合型证券投资基金	博时回报混合
828	大成中证内地消费主题指数证券投资基金	大成中证内地消费主题指数
829	中海消费主题精选股票型证券投资基金	中海消费股票
830	摩根士丹利华鑫深证300指数增强型证券投资基金	大摩深证300指数增强
831	海富通国策导向股票型证券投资基金	海富通国策导向股票
832	建信恒稳价值混合型证券投资基金	建信恒稳价值混合
833	中邮上证380指数增强型证券投资基金	中邮上证380指数增强
834	民生加银景气行业股票型证券投资基金	民生加银景气行业股票
835	中银中小盘成长股票型证券投资基金	中银中小盘成长股票
836	鹏华美国房地产证券投资基金	鹏华美国房地产(QDII)
837	农银汇理中证500指数证券投资基金	农银中证500指数
838	大成可转债增强债券型证券投资基金	大成可转债增强债券
839	易方达双债增强债券型证券投资基金	易方达双债增强债券
840	泰达宏利中证500指数分级证券投资基金	泰达宏利500指数分级
841	财通价值动量混合型证券投资基金	财通价值动量混合
842	富国产业债债券型证券投资基金	富国产业债
843	长盛同禧信用增利债券型证券投资基金	长盛同禧信用增利债券
844	长盛同瑞中证200指数分级证券投资基金	长盛同瑞中证200分级
845	华安信用四季红债券型证券投资基金	华安信用四季红债券
846	嘉实周期优选股票型证券投资基金	嘉实周期优选股票
847	银华中证内地资源主题指数分级证券投资基金	银华中证内地资源指数分级
848	申万菱信可转债券债券型证券投资基金	申万菱信可转债债券
849	华富中小板指数增强型证券投资基金	华富中小板指数增强
850	国投瑞银新兴产业混合型证券投资基金(LOF)	国投瑞银新兴产业混合(LOF)
851	建信双息红利债券型证券投资基金	建信双息红利债券
852	华安科技动力股票型证券投资基金	华安科技动力股票
853	国投瑞银瑞银保本混合型证券投资基金	国投瑞银瑞源保本混合
854	信诚全球商品主题证券投资基金(LOF)	信诚全球商品主题(QDII-FOF-LOF)
855	景顺长城核心竞争力股票型证券投资基金	景顺长城核心竞争力股票
856	汇添富信用债债券型证券投资基金	汇添富信用债债券
857	平安大华深证300指数增强型证券投资基金	平安大华深证300指数增强
858	方正富邦创新动力股票型证券投资基金	方正富邦创新动力股票
859	工银瑞信保本混合型证券投资基金	工银保本混合
860	嘉实安心货币市场基金	嘉实安心货币
861	银华永泰积极债券型证券投资基金	银华永泰积极债券
862	天治稳定收益债券型证券投资基金	天治稳定收益债券
863	东方增长中小盘混合型开放式证券投资基金	东方增长中小盘混合
864	国泰信用互利分级债券型证券投资基金	国泰信用互利分级债券
865	长城久兆中小板300指数分级证券投资基金	长城久兆中小300指数分级
866	工银瑞信睿智中证500指数分级证券投资基金	工银中证500指数

序号	基金名称	基金简称
867	信诚沪深300指数分级证券投资基金	信诚沪深300指数分级
868	招商优势企业灵活配置混合型证券投资基金	招商优势企业混合
869	上投摩根健康品质生活股票型证券投资基金	上投摩根健康品质生活股票
870	光大保德信行业轮动股票型证券投资基金	光大保德信行业轮动股票
871	国联安信心增长定期开放债券型证券投资基金	国联安定期开放债券
872	泰信保本混合型证券投资基金	泰信保本混合
873	富兰克林国海亚洲(除日本)机会股票型证券投资基金	国富亚洲机会股票(QDII)
874	华宝兴业医药生物优选股票型证券投资基金	华宝兴业医药生物
875	博时天颐债券型证券投资基金	博时天颐债券
876	诺安新动力灵活配置混合型证券投资基金	诺安新动力混合
877	中海上证380指数证券投资基金	中海上证380指数
878	浙商聚潮新思维混合型证券投资基金	浙商聚潮新思维混合
879	民生加银中证内地资源主题指数型证券投资基金	民生加银中证内地资源主题指数
880	金鹰持久回报分级债券型证券投资基金	金鹰持久回报分级债券
881	东吴深证100指数增强型证券投资基金(LOF)	东吴深证100指数增强(LOF)
882	汇添富逆向投资股票型证券投资基金	汇添富逆向投资股票
883	长安宏观策略股票型证券投资基金	长安宏观策略
884	南方新兴消费增长分级股票型证券投资基金	南方新兴消费增长分级股票
885	摩根士丹利华鑫主题优选股票型证券投资基金	大摩主题优选股票
886	广发聚财信用债券型证券投资基金	广发聚财信用债券
887	国泰中小板300成长交易型开放式指数证券投资基金	国泰中小板300成长ETF联接
888	中小板300成长交易型开放式指数证券投资基金	国泰中小板300成长ETF
889	景顺长城优信增利债券型证券投资基金	景顺长城优信增利债券
890	建信深证100指数增强型证券投资基金	建信深证100指数增强
891	国泰成长优选股票型证券投资基金	国泰成长优选股票
892	大成新锐产业股票型证券投资基金	大成新锐产业股票
893	招商产业债券型证券投资基金	招商产业债券
894	诺德周期策略股票型证券投资基金	诺德周期策略股票基金
895	嘉实中创400交易型开放式指数证券投资基金	嘉实中创400联接
896	中创400交易型开放式指数证券投资基金	中创400
897	国联安双力中小板综指分级证券投资基金	国联安双力中小板综指分级
898	上投摩根全球天然资源股票型证券投资基金	上投摩根全球天然资源股票(QDII)
899	长盛电子信息产业股票型证券投资基金	长盛电子信息产业股票
900	华安标普全球石油指数证券投资基金(LOF)	华安标普全球石油指数(QDII-LOF)
901	诺安中证创业成长指数分级证券投资基金	诺安中证创业成长指数分级
902	中欧盛世成长分级股票型证券投资基金	中欧盛世
903	长信可转债债券型证券投资基金	长信可转债债券
904	兴全轻资产投资股票型证券投资基金(LOF)	兴全轻资产股票(LOF)
905	融通创业板指数增强型证券投资基金	融通创业板指数
906	博时上证自然资源交易型开放式指数证券投资基金联接基金	博时上证自然资源ETF联接
907	上证自然资源交易型开放式指数证券投资基金	博时上证自然资源ETF
908	信诚双盈分级债券型证券投资基金	信诚双盈分级债券
909	中欧信用增利分级债券型证券投资基金	中欧信用
910	鹏华价值精选股票型证券投资基金	鹏华价值精选股票
911	长城优化升级股票型证券投资基金	长城优化升级股票
912	农银汇理消费主题股票型证券投资基金	农银消费主题股票
913	民生加银信用双利债券型证券投资基金	民生加银信用双利债券
914	富安达策略精选灵活配置混合型证券投资基金	富安达策略精选混合
915	工银瑞信基本面量化策略股票型证券投资基金	工银量化策略股票
916	易方达纯债债券型证券投资基金	易方达纯债债券
917	国泰大宗商品配置证券投资基金(LOF)	国泰大宗商品(QDII-LOF)
918	华泰柏瑞沪深300交易型开放式指数证券投资基金	华泰柏瑞沪深300ETF
919	嘉实沪深300交易型开放式指数证券投资基金	嘉实沪深300ETF
920	广发深证100指数分级证券投资基金	广发深证100指数分级
921	信诚周期轮动股票型证券投资基金(LOF)	信诚周期轮动股票(LOF)
922	浙商沪深300指数分级证券投资基金	浙商沪深300指数分级
923	申万菱信中小板指数分级证券投资基金	申万菱信中小板指数分级

序号	基金名称	基金简称
924	华安月月鑫短期理财债券型证券投资基金	华安月月鑫短期理财债券
925	汇添富理财30天债券型证券投资基金	汇添富理财30天债券
926	浦银安盛中证锐联基本面400指数证券投资基金	浦银安盛基本面400指数
927	南方金利定期开放债券型证券投资基金	南方金利定期开放债券
928	中银沪深300等权重指数证券投资基金(LOF)	中银沪深300等权重指数(LOF)
929	富兰克林国海研究精选股票型证券投资基金	国富研究精选股票
930	交银施罗德全球自然资源证券投资基金	交银全球资源股票(QDII)
931	华安季季鑫短期理财债券型证券投资基金	华安季季鑫短期理财债券
932	金鹰核心资源股票型证券投资基金	金鹰核心资源股票
933	泰达宏利逆向策略股票型证券投资基金	泰达宏利逆向股票
934	海富通中证内地低碳经济主题指数证券投资基金	海富通中证内地低碳指数
935	诺安汇鑫保本混合型证券投资基金	诺安汇鑫保本混合
936	华泰柏瑞沪深300交易型开放式证券投资基金联接基金	华泰柏瑞沪深300ETF联接
937	建信转债增强债券型证券投资基金	建信转债增强债券
938	平安大华策略先锋混合型证券投资基金	平安大华策略先锋混合
939	华商主题精选股票型证券投资基金	华商主题精选股票
940	易方达标普全球高端消费品指数增强型证券投资基金	易方达标普消费品指数增强(QDII)
941	金鹰中证500指数分级证券投资基金	金鹰中证500指数分级
942	华宝兴业中证短融50指数债券型证券投资基金	华宝兴业中证短融50指数债券
943	广发消费品精选股票型证券投资基金	广发消费品精选股票
944	汇添富理财60天债券型证券投资基金	汇添富理财60天债券
945	上证180等权重交易型开放式指数证券投资基金	180ETF
946	中邮战略新兴产业股票型证券投资基金	中邮战略新兴产业股票
947	鹏华金刚保本混合型证券投资基金	鹏华金刚保本混合
948	新华优选消费股票型证券投资基金	新华优选消费股票
949	华安双月鑫短期理财债券型证券投资基金	华安双月鑫短期理财债券
950	博时标普500指数型证券投资基金	博时标普500指数(QDII)
951	大成景恒保本混合型证券投资基金	大成景恒保本混合
952	光大保德信添天利季度开放短期理财债券型证券投资基金	光大保德信添天利理财债券
953	农银汇理信用添利债券型证券投资基金	农银信用添利债券
954	安信策略精选灵活配置混合型证券投资基金	安信灵活配置混合
955	银华中小盘精选股票型证券投资基金	银华中小盘股票
956	中海保本混合型证券投资基金	中海保本混合
957	天弘现金管家货币市场基金	天弘现金管家货币
958	交银施罗德荣安保本混合型证券投资基金	交银荣安保本混合
959	华安沪深300指数分级证券投资基金	华安沪深300指数分级
960	景顺长城上证180等权重交易型开放式指数证券投资基金联接基金	景顺长城上证180等权重指数
961	上投摩根分红添利债券型证券投资基金	上投摩根分红添利债券
962	长安沪深300非周期行业指数证券投资基金	长安沪深300非周期指数
963	嘉实优化红利股票型证券投资基金	嘉实优化红利股票
964	建信全球资源股票型证券投资基金	建信全球资源股票(QDII)
965	纽银稳健双利债券型证券投资基金	纽银稳健双利债券
966	富国高新技术产业股票型证券投资基金	富国高新技术产业股票
967	招商中证大宗商品股票指数分级证券投资基金	招商中证大宗商品指数分级
968	易方达沪深300量化增强证券投资基金	易方达沪深300量化增强
969	长盛同鑫二号保本混合型证券投资基金	长盛同鑫二号保本混合
970	汇添富理财14天债券型证券投资基金	汇添富理财14天债券
971	财通多策略稳健增长债券型证券投资基金	财通多策略稳健增长债券
972	广发理财年年红债券型证券投资基金	广发理财年年红债券
973	南方润元纯债债券型证券投资基金	南方润元纯债债券
974	招商信用增强债券型证券投资基金	招商信用增强债券
975	嘉实全球房地产证券投资基金	嘉实全球房地产(QDII)
976	中银主题策略股票型证券投资基金	中银主题策略股票
977	富安达增强收益债券型证券投资基金	富安达增强收益债券
978	融通医疗保健股票型证券投资基金	融通医疗保健股票
979	国泰信用债券型证券投资基金	国泰信用债券
980	金元惠理新经济主题股票型证券投资基金	金元惠理新经济主题股票
981	汇丰晋信恒生A股行业龙头指数证券投资基金	汇丰晋信恒生行业龙头指数
982	万家中证创业成长指数分级证券投资基金	万家中证创业成长指数分级
983	长城保本混合型证券投资基金	长城保本混合
984	交银施罗德阿尔法核心股票型证券投资基金	交银阿尔法核心股票
985	恒生交易型开放式指数证券投资基金	华夏恒生ETF
986	银华纯债信用主题债券型证券投资基金	银华纯债
987	易方达恒生中国企业交易型开放式指数证券投资基金	易方达恒生国企(QDII－ETF)
988	民生加银红利回报灵活配置混合型证券投资基金	民生加银红利回报混合
989	天弘债券型发起式证券投资基金	天弘债券发起式
990	东吴保本混合型证券投资基金	东吴保本混合
991	南方理财14天债券型证券投资基金	南方理财14天债券
992	建信社会责任股票型证券投资基金	建信社会责任股票
993	广发纳斯达克100指数证券投资基金	广发纳斯达克100指数(QDII)
994	华安逆向策略股票型证券投资基金	华安逆向策略股票
995	益民核心增长灵活配置混合型证券投资基金	益民核心增长混合
996	恒生交易型开放式指数证券投资基金联接基金	华夏恒生ETF联接
997	易方达恒生中国企业交易型开放式指数证券投资基金联接基金	易方达恒生国企联接(QDII)
998	招商安盈保本混合型证券投资基金	招商安盈保本混合
999	华宝兴业资源优选股票型证券投资基金	华宝兴业资源优选股票
1000	工银瑞信7天理财债券型证券投资基金	工银瑞信理财债券
1001	上证50等权重交易型开放式指数证券投资基金	银华上证50等权ETF
1002	博时医疗保健行业股票型证券投资基金	博时医疗保健行业股票
1003	大成中证500沪市交易型开放式指数证券投资基金联接基金	大成中证500沪市ETF联接基金
1004	摩根士丹利华鑫多元收益债券型证券投资基金	大摩多元收益债券
1005	中证500沪市交易型开放式指数证券投资基金	中证500沪市ETF
1006	建信双周安心理财债券型证券投资基金	建信双周理财债券
1007	国金通用国鑫灵活配置混合型发起式证券投资基金	国金通用国鑫发起
1008	嘉实理财宝7天债券型证券投资基金	嘉实理财宝7天债券
1009	银华上证50等权重交易型开放式指数证券投资基金联接基金	银华上证50等权ETF联接
1010	鹏华纯债债券型证券投资基金	鹏华纯债债券
1011	富国中小盘(香港上市)股票型证券投资基金	富国中国中小盘股票
1012	信达澳银消费优选股票型证券投资基金	信达澳银消费优选股票
1013	农银汇理深证100指数增强型证券投资基金	农银深证100指数
1014	光大保德信添盛双月理财债券型证券投资基金	光大保德信添盛理财债券
1015	华安安心收益债券型证券投资基金	华安安心收益债券
1016	博时信用债纯债债券型证券投资基金	博时信用纯债债券
1017	泰信中证锐联基本面400指数分级证券投资基金	泰信基本面400分级
1018	华商中证500指数分级证券投资基金	华商中证500指数分级
1019	诺德深证300指数分级证券投资基金	诺德S300
1020	华夏安康信用优选债券型证券投资基金	华夏安康债券
1021	富兰克林国海恒久信用债券型证券投资基金	国富恒久信用债券A/C
1022	平安大华保本混合型证券投资基金	平安大华保本混合
1023	长盛同辉深证100等权重指数分级证券投资基金	长盛同辉深100等权重分级
1024	汇添富多元收益债券型证券投资基金	汇添富多元收益债券
1025	浙商聚盈信用债债券型证券投资基金	浙商聚盈信用债债券
1026	中银保本混合型证券投资基金	中银保本混合
1027	大成月添利理财债券型证券投资基金	大成月添利理财债券
1028	易方达中小板指数分级证券投资基金	易方达中小板指数分级
1029	广发双债添利债券型证券投资基金	广发双债添利债券
1030	万家信用恒利债券型证券投资基金	万家信用恒利债券
1031	银河主题策略股票型证券投资基金	银河主题股票
1032	嘉实增强收益定期开放债券型证券投资基金	嘉实增强收益定期债券
1033	中银理财14天债券型证券投资基金	中银理财14天债券
1034	国泰6个月短期理财债券型证券投资基金	国泰6个月短期理财债券
1035	南方金粮油商品股票型证券投资基金	南方金粮油商品股票
1036	安信目标收益债券型证券投资基金	安信目标收益债券
1037	德邦优化配置股票型证券投资基金	德邦优化股票
1038	上投摩根中证消费服务领先指数证券投资基金	上投摩根中证消费服务指数
1039	鹏华中证A股资源产业指数分级型证券投资基金	鹏华资源分级

序号	基金名称	基金简称
1040	东方强化收益债券型证券投资基金	东方强化收益债券
1041	汇添富理财28天债券型证券投资基金	汇添富理财28天
1042	富国7天理财宝债券型证券投资基金	富国7天理财宝债券
1043	南方理财60天债券型证券投资基金	南方理财60天债券
1044	华夏理财30天债券型证券投资基金	华夏理财30天债券
1045	工银瑞信睿智深证100指数分级证券投资基金	工银深证100指数分级
1046	光大保德信添天盈季度理财债券型证券投资基金	光大保德信添天盈理财债券
1047	长盛添利30天理财债券型证券投资基金	长盛添利30天理财债券
1048	中银理财60天债券型发起式证券投资基金	中银理财60天债券
1049	工银瑞信14天理财债券型发起式证券投资基金	工银14天理财债券发起
1050	交银施罗德理财21天债券型证券投资基金	交银理财21天债券
1051	交银施罗德沪深300行业分层等权重指数证券投资基金	交银施罗德沪深300分层等权指数
1052	易方达中债新综合债券指数发起式证券投资基金(LOF)	易方达中债新综合债券指数发起式(LOF)
1053	工银瑞信信用纯债债券型证券投资基金	工银信用纯债债券
1054	农银汇理行业轮动股票型证券投资基金	农银行业轮动股票
1055	建信纯债债券型证券投资基金	建信纯债债券
1056	大成现金增利货币市场基金	大成现金增利货币
1057	景顺长城支柱产业股票型证券投资基金	景顺长城支柱产业股票
1058	方正富邦红利精选股票型证券投资基金	方正富邦红利精选股票
1059	中邮稳定收益债券型证券投资基金	中邮稳定收益债券
1060	富国纯债债券型发起式证券投资基金	富国纯债债券发起
1061	华安日日鑫货币市场基金	华安日日鑫货币
1062	易方达月月利理财债券型证券投资基金	易方达月月利理财债券
1063	信诚理财7日盈债券型证券投资基金	信诚理财7日盈债券
1064	平安大华添利债券型证券投资基金	平安大华添利债券
1065	上投摩根核心优选股票型证券投资基金	上投摩根核心优选股票
1066	天弘安康养老混合型证券投资基金	天弘安康养老混合
1067	长盛添利60天理财债券型发起式证券投资基金	长盛添利60天理财发起式
1068	大成理财21天债券发起式证券投资基金	大成理财21天债券发起式
1069	金鹰元泰精选信用债债券型证券投资基金	金鹰元泰精选债券
1070	诺安双利债券发起式证券投资基金	诺安双利债券发起
1071	银河领先债券型证券投资基金	银河领先债券
1072	华泰柏瑞稳健收益债券型证券投资基金	华泰柏瑞稳健收益
1073	华夏海外收益债券型证券投资基金	华夏收益债券(QDII)
1074	金鹰货币市场证券投资基金	金鹰货币
1075	招商理财7天债券型证券投资基金	招商理财7天债券
1076	诺安中小板等权重交易型开放式指数证券投资金	诺安中小板等权重ETF
1077	诺安中小板等权重交易型开放式指数证券投资基金联接基金	诺安中小板等权重ETF联接
1078	国泰现金管理货币市场基金	国泰现金管理货币
1079	国投瑞银纯债债券型证券投资基金	国投瑞银纯债债券
1080	银华中证中票50指数债券型证券投资基金(LOF)	银华中证中票50指数债券
1081	摩根士丹利华鑫量化配置股票型证券投资基金	大摩量化配置股票
1082	嘉实纯债债券型发起式证券投资基金	嘉实纯债债券
1083	中欧货币市场基金	中欧货币
1084	国联安中债信用债指数增强型发起式证券投资基金	国联安中债信用债指数增强
1085	广发纯债债券型证券投资基金	广发纯债债券
1086	中银纯债债券型证券投资基金	中银纯债债券
1087	兴全商业模式优选股票型证券投资基金(LOF)	兴全商业模式优选(LOF)
1088	民生加银现金增利货币市场基金	民生加银现金增利货币
1089	安信平稳增长混合型发起式证券投资基金	安信平稳增长混合发起
1090	鹏华理财21天债券型证券投资基金	鹏华理财21天债券
1091	东方央视财经50指数增强型基金	东方央视财经50指数
1092	交银施罗德纯债债券型发起式证券投资基金	交银纯债债券发起
1093	建信月盈安心理财债券型证券投资基金	建信月盈安信理财
1094	财通保本混合型发起式证券投资基金	财通保本混合发起式
1095	南方安心保本混合型证券投资基金	南方安心保本混合
1096	新华纯债添利债券型发起式证券投资基金	新华纯债添利债券
1097	汇添富收益快线货币市场基金	汇添富收益快线货币

序号	基金名称	基金简称
1098	华安信用增强债券型证券投资基金	华安信用增强债券
1099	中银理财7天债券型证券投资基金	中银理财7天债券
1100	国泰金泰平衡混合型证券投资基金	国泰金泰
1101	华夏沪深300交易型开放式指数证券投资基金	华夏沪深300ETF
1102	纽银稳定增利债券型发起式证券投资基金	纽银稳定增利债券
1103	国泰民安增利债券型发起式证券投资基金	国泰民安增利债券
1104	华安7日鑫短期理财债券型证券投资基金	华安7日鑫短期理财债券
1105	方正富邦货币市场基金	方正富邦货币
1106	长盛同丰分级债券型证券投资基金	长盛同丰分级债
1107	华宝兴业现金添益交易型货币市场证券投资基金	华宝兴业现金添益交易型货币市场
1108	广发理财30天债券型证券投资基金	广发理财30天债券
1109	易方达双月利理财债券型证券投资基金	易方达双月利理财债券
1110	万家14天理财债券型证券投资基金	万家14天理财债券
1111	华夏理财21天债券型证券投资基金	华夏理财21天债券
1112	长城岁岁金理财债券型证券投资基金	长城岁岁金债券
1113	南方理财30天债券型证券投资基金	南方理财30天债券
1114	汇添富理财21天债券型发起式证券投资基金	汇添富理财21天债券发起式
1115	长安货币市场证券投资基金	长安货币
1116	博时理财30天债券型证券投资基金	博时理财30天债券
1117	工银瑞信60天理财债券型证券投资基金	工银瑞信60天理财债券
1118	建信双月安心理财债券型证券投资基金	建信双月安心理财
1119	富安达现金通货币市场证券投资基金	富安达现金通货币
1120	金鹰元丰保本混合型证券投资基金	金鹰元丰保本混合
1121	东吴内需增长混合型证券投资基金	东吴内需增长混合
1122	中欧纯债分级债券型基金	中欧纯债
1123	中银理财30天债券型证券投资基金	中银理财30天债券A
1124	民生加银积极成长混合型发起式证券投资基金	民生加银积极成长发起式
1125	博时亚洲票息收益债券型证券投资基金 Bosera Asian Bond Fund	博时亚洲票息收益债券(QDII)
1126	上投摩根轮动添利债券型证券投资基金	上投摩根轮动添利债券
1127	中银稳健添利债券型发起式证券投资基金	中银添利债券
1128	华夏保证金理财货币市场基金	华夏保证金货币
1129	华安纯债债券型发起式证券投资基金	华安纯债
1130	嘉实中证中期企业业绩指数证券投资基金(LOF)	嘉实中证中期企业债指数(LOF)
1131	融通丰利四分法证券投资基金 Rongtong High Yield Four - Asset Fund	融通丰利四分法(QDII - FOF)
1132	招商央视财经50指数证券投资基金	招商央视财经50指数
1133	金元惠理惠利保本混合型证券投资基金	金元惠理惠利保本
1134	农银汇理7天理财债券型证券投资基金	农银7天理财债券
1135	安信现金管理货币市场基金	安信现金管理货币
1136	嘉实中证500交易型开放式指数证券投资基金	嘉实中证500EFT
1137	国泰国证房地产行业指数分级证券投资基金	国泰国证房地产行业指数分级
1138	鹏华产业债债券型证券投资基金	鹏华产业债债券
1139	广发新经济股票型发起时证券投资基金	广发新经济股票
1140	中证500交易型开放式指数证券投资基金	南方中证500ETF
1141	民生加银家盈理财7天债券型证券投资基金	民生加银家盈理财7天
1142	大成中证100交易型开放式指数证券投资基金	大成100ETF
1143	泰信现代服务业股票证券投资基金	泰信现代服务业
1144	工银瑞信保本混合2号混合型发起时证券投资基金	工银保本2号混合发起
1145	信诚优质纯债债券型证券投资基金	信诚优质纯债债券
1146	招商双债增强分级债券型证券投资基金	招商双债增强分级债券
1147	易方达天天理财货币市场基金	易方达天天理财货币
1148	上证5年期国债交易型开放式指数证券投资基金	国泰上证5年期国债ETF
1149	工银瑞信增利分级债券型证券投资基金	工银增利
1150	上投摩根智选30股票型证券投资基金	上投摩根智选30股票
1151	易方达沪深300交易型开放式指数发起式证券投资基金	易方达沪深300ETF发起式
1152	国泰上证5年期国债交易型开放式指数证券投资基金联接基金	国泰上证5年期国债ETF联接
1153	鹏华国有企业债债券型证券投资基金	鹏华国企债债券

序号	基金名称	基金简称
1154	华夏纯债债券型证券投资基金	华夏纯债债券
1155	长盛纯债债券型证券投资基金	长盛纯债债券基金
1156	鹏华双债增利债券型证券投资基金	鹏华双债增利债券
1157	交银施罗德理财60天债券型证券投资基金	交银理财60天债券
1158	华夏双债增强债券型证券投资基金	华夏双债债券
1159	融通七天理财债券型证券投资基金	融通七天理财债券
1160	海富通现金管理货币市场基金	海富通现金管理货币
1161	华商价值共享灵活配置混合型发起式证券投资基金	华商价值共享
1162	景顺长城品质投资股票型证券投资基金	景顺长城品质投资股票
1163	中银标普全球精选自然资源等权重指数证券投资基金	中银标普全球资源等权重指数(QDII)
1164	建信优势动力股票型证券投资基金(LOF)	建信优势动力股票(LOF)
1165	中海可转换债权债券型证券投资基金	中海可转债债券
1166	嘉实中证500交易型开放式指数证券投资联接基金	嘉实中证500ETF联接基金
1167	中证财通中国可持续发展100(ECPIESG)指数增强型证券投资基金	中证财通可持续发展100指数
1168	浦银安盛战略新兴产业混合型证券投资基金	浦银安盛新兴产业混合
1169	摩根士丹利华鑫双利增强债券型证券投资基金	大摩双利增强债券
1170	农银汇理低估值高增长股票型证券投资基金	农银高增长股票
1171	融通标普中国可转债指数增强型证券投资基金	融通标普中国可转债指数增强
1172	财通可持续发展主题股票型证券投资基金	财通可持续股票
1173	工银瑞信安心增利场内实时申赎货币市场基金	安心利
1174	大成现金宝场内实时申赎货币市场基金	大成现金宝货币
1175	工银瑞信产业债债券型证券投资基金	工银产业债券
1176	建信央视财经50指数分级发起式证券投资基金	建信央视50
1177	上证能源交易型开放式指数发起式证券投资基金	华夏能源ETF
1178	上证原材料交易型开放式指数发起式证券投资基金	华夏材料ETF
1179	上证主要消费交易型开放式指数发起式证券投资基金	华夏消费ETF
1180	上证金融地产交易型开放式指数发起式证券投资基金	华夏金融ETF
1181	上证医药卫生交易型开放式指数发起式证券投资基金	华夏医药ETF
1182	易方达保证金收益货币市场基金	易方达保证金货币
1183	银河沪深300成长增强指数分级证券投资基金	银河沪深300成长分级
1184	银华交易型货币市场基金	银华交易型货币
1185	华商大盘量化精选灵活配置混合型证券投资基金	华商大盘量化精选混合
1186	广发中证500交易型开放式指数证券投资基金	广发中证500ETF
1187	富国宏观策略灵活配置混合型证券投资基金	富国宏观策略灵活配置混合
1188	华夏兴华混合型证券投资基金	华夏兴华混合
1189	长城久利保本混合型证券投资基金	长城久利保本
1190	民生加银转债优选债券型证券投资基金	民生加银转债优选
1191	交银施罗德双轮动债券型证券投资基金	交银双轮动
1192	招商安润保本混合型证券投资基金	招商安润保本混合
1193	国联安保本混合型证券投资基金	国联安保本
1194	博时安盈债券型证券投资基金	博时安盈债券
1195	华富保本混合型证券投资基金	华富保本
1196	易方达信用债债券型证券投资基金	易方达信用债债券
1197	上证市值百强交易型开放式指数证券投资基金(ETF)	长盛上证市值百强(ETF)
1198	交银施罗德荣祥保本混合型证券投资基金	交银荣祥保本混合
1199	英大纯债债券型证券投资基金	英大纯债基金
1200	中银消费主题股票型证券投资基金	中银消费主题股票
1201	民生加银家盈理财月度债券型证券投资基金	民生加银家盈理财月度
1202	东吴鼎利分级债券型证券投资基金	东吴鼎利分级债券
1203	德邦德信中证中高收益企债指数分级证券投资基金	德邦德信中高企业指数分级
1204	纳斯达克100交易型开放式指数证券投资基金	国泰纳斯达克100(QDII-ETF)
1205	国泰中国企业境外高收益债券型证券投资基金	国泰中国企业境外高收益债券
1206	华宸未来沪深300指数增强型发起式证券投资基金(LOF)	华宸300

序号	基金名称	基金简称
1207	金鹰元盛分级债债券型发起式证券投资基金	金鹰元盛分级债券
1208	南方中债中期票据指数债券型发起式证券投资基金	南方中债中期票据指数债权发起式
1209	鹏华实业债债券型证券投资基金	鹏华实业债纯债债券
1210	诺安鸿鑫保本混合型证券投资基金	诺安鸿鑫保本混合
1211	汇添富消费行业股票型证券投资基金	汇添富消费行业股票
1212	富兰克林国海焦点驱动灵活配置混合型证券投资基金	国富焦点驱动混合
1213	景顺长城沪深300等权重交易型开放式指数证券投资基金	景顺长城沪深300等权重ETF
1214	广发聚源定期债券型证券投资基金	广发聚源定期债券
1215	信诚新双盈分级债券型证券投资基金	信诚新双盈分级债券
1216	长盛上证市值百强交易型开放式指数证券投资基金联接基金	长盛上证市值百强ETF联接
1217	嘉实中证金边中期国债交易型开放式指数证券投资基金联接基金	嘉实中证金边中期国债ETF联接
1218	嘉实中证金边中期国债交易型开放式指数证券投资基金	嘉实中证中期国债ETF
1219	国投瑞银中高等级债券型针管投资基金	国投瑞银中高等级债券
1220	华安保本混合型证券投资基金	华安保本混合
1221	建信安心回报定期开放债券型证券投资基金	建信安心回报债券
1222	中欧价值智选回报混合型证券投资基金	中欧价值智选混合
1223	信达澳银信用债债券型证券投资基金	信达澳银信用债债券
1224	上投摩根成长动力混合型证券投资基金	上投摩根成长动力混合
1225	招商保证金快线货币市场基金	招商保证金快线
1226	金鹰元安保本混合型证券投资基金	金鹰元安保本混合
1227	富国信用增强债券型证券投资基金	富国信用增强债券
1228	银华中证成长股恒定组合30/70指数证券投资基金	银华成长股绩30/70指数
1229	华安安信消费服务股票型基金	华安安信消费股票
1230	大成景安短融债券型证券投资基金	大成景安安融债券
1231	鹏华双债加利债券型证券投资基金	鹏华双债加利债券
1232	嘉实研究阿尔法股票型证券投资基金	嘉实研究阿尔法股票
1233	广发轮动配置股票型证券投资基金	广发轮动配置股票
1234	工银瑞信标普全球自然资源指数证券投资基金(LOF)	工银标普全球自然资源指数(QDII-LOF)
1235	天弘增利宝货币市场基金	天弘增利宝货币
1236	汇添富理财7天债券型证券投资基金	汇添富理财7天债券
1237	海富通养老收益混合型证券投资基金	海富通养老收益混合
1238	融通通泰保本混合型证券投资基金	融通通泰保本
1239	裕阳证券投资基金	博时裕阳封闭
1240	普惠证券投资基金	鹏华普惠封闭
1241	泰和证券投资基金	嘉实泰和封闭
1242	同益证券投资基金	长盛同益封闭
1243	景宏证券投资基金	大成景宏封闭
1244	汉盛证券投资基金	富国汉盛封闭
1245	裕隆证券投资基金	博时裕隆封闭
1246	安顺证券投资基金	华安安顺封闭
1247	普丰证券投资基金	鹏华普丰封闭
1248	兴和证券投资基金	华夏兴和封闭
1249	天元证券投资基金	南方天元封闭
1250	金鑫证券投资基金	国泰金鑫封闭
1251	同盛证券投资基金	长盛同盛封闭
1252	景福证券投资基金	大成景福封闭
1253	汉兴证券投资基金	富国汉兴封闭
1254	通乾证券投资基金	融通通乾封闭
1255	鸿阳证券投资基金	宝盈鸿阳封闭
1256	科瑞证券投资基金	易方达科瑞封闭
1257	丰和价值证券投资基金	嘉实丰和价值封闭
1258	久嘉证券投资基金	长城久嘉封闭
1259	银丰证券投资基金	银河银丰封闭
1260	国投瑞银瑞福深证100指数分级证券投资基金	国投瑞银瑞福深证100指数
1261	银华信用债券型证券投资基金	银华信用债券封闭

序号	基金名称	基金简称
1262	招商信用添利债券型证券投资基金	招商信用添利债券封闭
1263	富国汇利分级债券型证券投资基金	富国汇利分级债券
1264	华富强化回报债券型证券投资基金	华富强债
1265	信诚增强收益债券型证券投资基金	信诚增强收益债券
1266	大成景丰分级债券型证券投资基金	大成景丰分级债券
1267	易方达岁丰添利债券型证券投资基金	易方达岁丰添利债券
1268	鹏华丰润债券型证券投资基金	鹏华丰润债券封闭
1269	天弘添利分级债券型证券投资基金	天弘添利分级债券
1270	交银施罗德信用添利债券证券投资基金	交银信用添利债券
1271	工银瑞信四季收益债券型证券投资基金	工银四季收益债券
1272	国投瑞银双债增利债券型证券投资基金	国投瑞银双债债券封闭
1273	泰达宏利聚利分级债券型证券投资基金	泰达聚利债券
1274	富国天盈分级债券型证券投资基金	富国天盈分级债券
1275	万家添利分级债券型证券投资基金	万家添利分级债券
1276	建信信用增强债券型证券投资基金	建信信用增强债券
1277	博时裕祥分级债券型证券投资基金	博时裕祥分级债券
1278	长信利鑫分级债券型证券投资基	长信利鑫分级债
1279	广发聚利债券型证券投资基金	广发聚利债券
1280	海富通稳进增利分级债券型证券投资基金	海富通稳进增利分级债券(LOF)
1281	华泰柏瑞信用增利债券型证券投资基金	华泰柏瑞信用增利债券
1282	天弘丰利分级债券型证券投资基金	天弘丰利分级债券
1283	鹏华丰泽分级债券型证券投资基金	鹏华丰泽分级债券
1284	浦银安盛增利分级债券型证券投资基金	浦银安盛增利分级债券
1285	诺德双翼分级债券型证券投资基金	诺德双翼分级债
1286	融通四季添利债券型证券投资基金	融通四季添利债券
1287	中银信用增利债券型证券投资基金	中银信用增利债券
1288	银河通利分级债券型证券投资基金	银河通利分级债券
1289	富国新天锋定期开放债券型证券投资基金	富国新天锋定期开放债券
1290	信达澳银稳定增利分级债券型证券投资基金	信达澳银稳定增利分级债券

序号	基金名称	基金简称
1291	国联安双佳信用分级债券型证券投资基金	国联安双佳信用分级债券
1292	工银瑞信纯债定期开放债券型证券投资基金	工银纯债定期开放债券
1293	易方达永旭添利定期开放债券型证券投资基金	易方达永旭定期开放债券
1294	汇添富季季红定期开放债券型证券投资基金	汇添富季季红定期开放债券
1295	浦银安盛幸福回报定期开放债券型证券投资基金	浦银安盛幸福回报债券
1296	融通岁岁添利定期开放债券型证券投资基金	融通岁岁添利债券
1297	民生加银平稳增利定期开放债券型证券投资基金	民生加银平稳增利
1298	鹏华中小企业纯债债券型发起式证券投资基金	鹏华中小企业债券
1299	博时安心收益定期开放债券型证券投资基金	博时安心收益定期开放债券
1300	富国强收益定期开放债券型证券投资基金	富国强收益定期开放债券
1301	中海惠裕纯债分级债券型发起式证券投资基金	中海惠裕分级债券发起式
1302	信诚添金分级债券型证券投资基金	信诚添金分级债券
1303	富国强回报定期开放债券型证券投资基金	富国强回报定期开放债券
1304	银华永兴纯债分级债券型发起式证券投资基金	银华永兴分级债券发起式
1305	长信利众分级债券型证券投资基金	长信利众分级债
1306	万家岁得利定期开放债券型发起式证券投资基金	万家岁得利定期开放债券
1307	嘉实增强信用定期开放债券型证券投资基金	嘉实增强信用定期债券
1308	华夏一年定期开放债券型证券投资基金	华夏一年定开债券
1309	泰达宏利信用合利定期开放债券型证券投资基金	泰达信用合利债券
1310	诺安纯债定期开放债券型证券投资基金	诺安纯债定期开放债券
1311	申万菱信定期开放债券型发起式证券投资基金	申万菱信定期开放债券
1312	南方永利1年定期开放债券型证券投资基金(LOF)	南方永利1年期定期开放债券(LOF)
1313	鹏华丰利分级债券型发起式证券投资基金	鹏华丰利分级债
1314	万家强化收益定期开放债券型证券投资基金	万家强化收益定期开放债券
1315	浦银安盛6个月定期开放债券型证券投资基金	浦银安盛6个月定期债券
1316	嘉实丰益纯债定期开放债券型证券投资基金	嘉实丰益纯债定期债券
1317	工银瑞信信用纯债一年定期开放债券型证券投资基金	工银信用纯债一年定开债券

基金销售机构名录(2013年5月)

1、商业银行(69家)

(1)全国性商业银行(17家)

编号	机构名称	网址	联系地址	电话	核准时间
1	中国工商银行	www.icbc.com.cn	北京市西城区复兴门内大街55号	95588	2001年8月
2	中国农业银行	www.abchina.com	北京市东城区建国门内大街69号	95599	2001年12月
3	中国银行	www.boc.cn	北京市西城区复兴门内大街1号	95566	2001年12月
4	中国建设银行	www.ccb.com	北京市西城区金融大街25号	95533	2001年7月
5	交通银行	www.bankcomm.com	上海市银城中路188号	95559	2001年9月
6	中信银行	www.ecitic.com	北京市东城区朝阳门北大街8号富华大厦C座	95558	2002年1月
7	平安银行	www.bank.pingan.com	广东省深圳市深南东路5047号	95501、95511－3	2002年5月
8	上海浦东发展银行	www.spdb.com.cn	上海市中山东一路12号	95528	2002年7月
9	招商银行	www.cmbchina.com	广东省深圳市深南大道7088号招商银行大厦	95555	2001年12月
10	兴业银行	www.cib.com.cn	上海市江宁路168号兴业大厦9层	95561	2002年8月
11	中国民生银行	www.cmbc.com.cn	北京市西城区复兴门内大街2号	95568	2002年9月
12	中国光大银行	www.cebbank.com	北京市西城区复兴门外大街6号光大大厦	95595	2003年1月
13	华夏银行	www.hxb.com.cn	北京市东城区建国门内大街22号华夏银行大厦	95577	2004年11月
14	广发银行	www.gdb.com.cn	广州市农林下路83号广发银行大厦	95508	2005年7月
15	中国邮政储蓄银行	www.psbc.com	北京市西城区金融大街3号	95580	2006年7月
16	浙商银行	www.czbank.com	杭州市庆春路288号	95527	2008年8月
17	渤海银行	www.cbhb.com.cn	天津市河西区马场道－205号	4008888811	2009年10月

(2)城市商业银行(37家)

编号	机构名称	网址	联系地址	电话	核准时间
1	北京银行	www.bankofbeijing.com.cn	北京市西城区金融大街丙17号	010－96169	2004年10月

编号	机构名称	网址	联系地址	电话	核准时间
2	上海银行	www.bankofshanghai.com.cn	上海市黄浦区中山东二路585号	021-962888	2005年1月
3	宁波银行	www.nbcb.com.cn	宁波市中山东路294号	96528	2008年2月
4	青岛银行	www.qdcb.com	青岛市香港中路68号	0532-96588	2008年5月
5	徽商银行	www.hsbank.com.cn	合肥市安庆路79号徽商银行大厦	96588	2008年7月
6	东莞银行	www.dongguanbank.cn	东莞市城区运河东一路193号	0769-22118118	2008年10月
7	南京银行	www.njcb.com.cn	南京市淮海路50号	025-96400	2008年10月
8	杭州银行	www.hccb.com.cn	杭州市凤起路432号	96523	2009年1月
9	临商银行	www.lsbchina.com	临沂市沂蒙路336号	4006996588	2009年2月
10	温州银行	www.wzcb.com.cn	温州市车站大道温州银行大楼	0577-96699	2009年5月
11	汉口银行	www.hkbchina.com	武汉市建设大道933号	027-82656666	2009年6月
12	江苏银行	www.jsbchina.cn	南京市洪武北路55号置地广场	4008696098	2009年9月
13	洛阳银行	www.bankofluoyang.com.cn	洛阳新区开元大道256号	96699	2010年1月
14	乌鲁木齐商业银行	www.uccb.com.cn	乌鲁木齐市新华北路8号	96518	2010年2月
15	烟台银行	www.ytcb.com	山东省烟台市芝罘区海港路25-18号	4008311777	2010年6月
16	齐商银行	www.qsbank.cc	山东省淄博市张店区金晶大道105号	0533-96588	2010年9月
17	浙江民泰商业银行	www.mintaibank.com	浙江省温岭市三星大道168号	0576-86109988	2010年10月
18	大连银行	www.bankofdl.com	大连市中山区中山路88号	4006640099	2010年10月
19	哈尔滨银行	www.hrbcb.com.cn	哈尔滨市道里区尚志大街160号	4006096358	2010年10月
20	重庆银行	www.cqcbank.com	重庆市渝中区邹容路153号	96899、4007096899	2010年11月
21	浙江稠州商业银行	www.czcb.com.cn	浙江省义乌市江滨路义乌乐园东侧	0571-96527 4008096527	2010年11月
22	天津银行	www.tccb.com.cn	天津市河西区友谊路15号	4006960296 022-960296	2011年2月
23	河北银行	www.sccb.com.cn	河北省石家庄市平安北大街28号	4006129999 0311-96368	2011年5月
24	嘉兴银行	www.jxccb.com	浙江省嘉兴市建国南路409号	0573-96528 4008396528	2011年6月
25	广州银行	www.gzcb.com.cn	广州市广州大道北195号	020-96699	2011年7月
26	西安银行	www.96779.com.cn	西安市东四路35号	029-96779	2011年9月
27	长沙银行	www.cscb.cn	湖南省长沙市芙蓉中路1段433号	96511	2011年9月
28	金华银行	www.jhccb.com.cn	浙江省金华市金东区光南路668号	0579-96528 4007116668	2011年9月
29	包商银行	www.bsb.com.cn	内蒙古包头市青山区钢铁大街6号	96016(内蒙) 976210(宁波、深圳)	2011年9月
30	郑州银行	www.zzbank.cn	郑州市郑东新区商务外环22号郑银大厦	4000967585	2012年4月
31	厦门银行	www.xmccb.com	厦门市思明区湖滨北路101号商业银行大厦	0592-96319	2012年5月
32	吉林银行	www.jlbank.com.cn	吉林省长春市东南湖大道1817号	400-88-96666	2012年10月
33	苏州银行	www.suzhoubank.com	江苏省苏州市吴中区东吴北路143号	96067	2012年12月
34	珠海华润银行	www.crbank.com.cn	广东省珠海市香洲区吉大九洲大道东1346号	4008800338	2012年12月
35	威海市商业银行	www.whccb.com	山东省威海市宝泉路9号财政大厦	96636、40000-96636	2013年2月
36	南充市商业银行	www.cgnb.com	四川省南充市文化路301号	028-96869 4001696869	2013年2月
37	长安银行	www.ccabchina.com	西安市高新技术产业开发区高新四路13号朗臣大厦	029-96669	2013年5月

(3)农村商业银行(15家)

编号	机构名称	网址	联系地址	电话	核准时间
1	上海农商银行	www.shrcb.com	上海市延安西路728号华敏翰尊国际	021-962999	2008年2月
2	北京农商银行	www.bjrcb.com	北京市西城区阜成门内大街410号	96198	2008年4月
3	张家港农村商业银行	www.zrcbank.com	江苏省张家港市人民中路66号	0512-96065	2009年12月
4	深圳农村商业银行	www.961200.net	深圳市深南东路3038号合作金融大厦	961200	2010年1月
5	东莞农村商业银行	www.dgrcc.com	东莞市城区南城路2号	0769-961122	2011年2月
6	常熟农村商业银行	www.csrcbank.com	江苏省常熟市新世纪大道58号	962000	2011年7月
7	顺德农村商业银行	www.sdebank.com	广东省佛山市顺德区大良新城区拥翠路2号	0757-22223388	2011年8月
8	重庆农村商业银行(业务网点仅限于县级支行及城市地区网点,不包括三农服务性网点)	www.cqrcb.com	重庆市江北区洋河东路10号	966866	2011年8月
9	吴江农村商业银行	www.wjrcb.com	江苏省吴江市中山南路1777号	96068	2011年9月
10	江南农村商业银行	www.jnbank.cc	江苏省常州市延陵中路668号	96005	2011年9月
11	江阴农村商业银行	www.jybank.com.cn	江苏省江阴市澄江中路1号	0510-96078	2011年9月
12	昆山农村商业银行	www.96079.com.cn	江苏省昆山市前进中路219号	0512-57379216	2011年10月

编号	机构名称	网址	联系地址	电话	核准时间
13	广州农村商业银行	www.961111.cn	广东省广州市天河区珠江新城华夏路1号	961111	2012年7月
14	成都农村商业银行（业务网点仅限于非三农服务性网点）	www.cdrcb.com	四川省成都市武侯区科华中路新5号	028－962711	2012年9月
15	杭州联合农村商业银行	www.urcb.com	浙江省杭州市建国中路99号	96592、96596	2013年2月

2、证券公司（97家）

编号	机构名称	网址	联系地址	电话	核准时间
1	国泰君安证券	www.gtja.com	上海市延平路135号	4008888666	2002年7月
2	广发证券	www.gf.com.cn	广东省广州市天河北路183号大都会广场42楼	020－87555888－875	2002年8月
3	国信证券	www.guosen.com.cn	深圳市红岭中路1012号国信证券大厦26层	8008108868	2002年8月
4	招商证券	www.newone.com.cn	深圳市福田区益田路江苏大厦A座39－45层	95565	2002年8月
5	华泰联合证券	www.lhzq.com	深圳市深南东路5047号发展银行大厦25层	4008888555	2002年8月
6	中信证券	www.cs.ecitic.com	北京市朝阳区新源南路6号京城大厦三层	95558	2002年8月
7	海通证券	www.htsec.com	上海市淮海中路98号金钟广场19层	4008888001	2002年10月
8	申银万国证券	www.sywg.com.cn	上海市常熟路171号	021－962505	2002年10月
9	西南证券	www.swsc.com.cn	重庆市渝中区临江支路2号合景国际大厦A座22－25层	023－63786187	2003年1月
10	华龙证券	www.hlzqgs.com	甘肃省兰州市城关区静宁路308号	0931－8730264	2003年1月
11	大同证券	www.dtsbc.com.cn	山西省太原市青年路8号	0351－4167056	2003年1月
12	民生证券	www.mszq.com	北京市朝阳区朝外大街16号中国人寿大厦1901	4006198888	2003年1月
13	山西证券	www.sxzq.net	山西省太原市府西街69号山西国际贸易中心	0351－8686868	2003年1月
14	长江证券	www.cjsc.com.cn	武汉市江汉区新华路特8号	4008888999	2003年2月
15	中信万通证券	www.zxwt.com.cn	青岛市东海西路28号	96577	2003年2月
16	广州证券	www.gzs.com.cn	广州市先烈中路69号东山广场主楼5楼	020－961303	2003年2月
17	兴业证券	www.xyzq.com.cn	上海浦东陆家嘴东路166号/福州市湖东路99号标力大厦18层	021－68419974	2003年2月
18	华泰证券	www.htsc.com.cn	南京市中山东路90号华泰证券大厦	4008888168	2003年2月
19	渤海证券	www.ewww.com.cn	天津市河西区宾水道3号	022－28455588	2003年2月
20	中信证券（浙江）	www.bigsun.com.cn	杭州市中河南路11号万凯庭院商务楼A座	0571－96598	2003年2月
21	万联证券	www.wlzq.com.cn	广州市东风东路836号东峻广场3座34－35层	4008888133	2003年2月
22	国元证券	www.gyzq.com.cn	安徽省合肥市寿春路179号国元大厦	4008888777	2003年2月
23	湘财证券	www.xcsc.com	上海市浦东新区陆家嘴环路958号华能联合大厦5楼	021－68865111	2003年3月
24	东吴证券	www.dwjq.com.cn	江苏省苏州市爱河桥路28号	0512－96288	2003年12月
25	东方证券	www.dfzq.com.cn	上海市中山南路318号2号楼	021－962506	2004年4月
26	光大证券	www.ebscn.com	上海市浦东南路528号上海证券大厦南塔16楼	4008888788	2004年4月
27	上海证券	www.962518.com	上海市九江路111号4楼	021－962518	2004年5月
28	国联证券	www.glsc.com.cn	江苏省无锡市县前东街168号国联大厦6层	0510－82588168	2004年6月
29	浙商证券	www.stocke.com.cn	深圳市福田区益田路江苏大厦A座	95105665	2004年6月
30	平安证券	www.xmpb.com	深圳市福田区八卦岭八卦三路平安大厦	95511	2004年8月
31	华安证券	www.huaans.com.cn	安徽省合肥市阜南路166号A座	96518	2004年8月
32	东北证券	www.nesc.cn	吉林省长春市自由大路1138号证券大厦	0431－9668899	2004年7月
33	南京证券	www.njzq.com.cn	南京市玄武区鼓楼大钟亭8号	025－83364032	2004年8月
34	长城证券	www.cc168.com.cn	深圳市福田区深南大道6008号特区报业大厦	0755－82288968	2004年8月
35	国海证券	www.ghzq.com.cn	广西自治区南宁市滨湖路46号	4008888100	2004年9月
36	财富证券	www.cfzq.com	湖南省长沙市芙蓉中路二段80号顺天财富中心	0731－4403360	2004年9月
37	东莞证券	www.dgzq.com.cn	广东省东莞市莞城区可园南路1号金源中心	0769－961130	2004年9月
38	中原证券	www.ccnew.com	河南郑州市经三路15号广汇国际贸易大厦	0371－967218	2004年10月
39	国都证券	www.guodu.com	北京市东城区东直门南大街3号国华投资大厦	8008108809	2004年11月
40	恒泰证券	www.cnht.com.cn	内蒙古呼和浩特市新城区东风路111号	0471－4961259	2004年11月
41	中银国际证券	www.bocichina.com	上海市浦东银城中路200号中银大厦	021－68604866	2004年11月
42	齐鲁证券	www.qlzq.com.cn	山东省济南市经十路128号	0531－82084184	2004年11月
43	华西证券	www.hx168.com.cn	成都市陕西街239号	4008888818	2004年11月
44	国盛证券	www.gsstock.com	江西省南昌市永叔路15号信达大厦	0791－6285337	2004年11月
45	新时代证券	www.xsdzq.cn	北京市西城区月坛北街2号月坛大厦15层	010－68083601	2004年11月
46	华林证券	www.chinalions.com	深圳市福田区民田路178号华融大厦6楼	4008802888	2004年11月
47	中金公司	www.cicc.com.cn	北京市建国门外大街1号国贸大厦2座	010－85679238	2004年12月
48	宏源证券	www.ehongyuan.com	新疆自治区乌鲁木齐市建设路2号宏源大厦	010－62294600	2004年12月
49	广发华福证券	www.hfzq.com.cn	福建省福州市鼓楼区温泉街道五四路157号	0591－96326	2005年1月
50	世纪证券	www.csco.com.cn	深圳市深南大道7088号招商银行大厦	0755－83199599	2005年2月
51	德邦证券	www.tebon.com.cn	上海浦东新区福山路500号城建国际中心26楼	021－68761616－8125	2005年2月
52	金元证券	www.jyzq.com.cn	深圳市福田区益田路4001号时代金融中心	4008888228	2005年4月
53	西部证券	www.westsecu.com	陕西省西安市东新街232号信托大厦	029－87419999	2005年4月

编号	机构名称	网址	联系地址	电话	核准时间
54	东海证券	www. longone. com. cn	上海市浦东新区东方路989号中达广场	0519－8166222	2004年9月
55	中航证券	www. scstock. com	南昌市抚河北路291号江西教育出版大厦	0791－6768763	2005年4月
56	第一创业证券	www. firstcapital. com. cn	深圳市罗湖区笋岗路12号中民时代广场B座	0755－25832686	2005年3月
57	中信建投证券	www. csc108. com	北京市东城区朝内大街188号	4008888108	2005年12月
58	财通证券	www. ctsec. com	浙江省杭州市解放路111号	0571－96336	2006年7月
59	安信证券	www. essences. com. cn	深圳市福田区金田路4018号安联大厦	0755－82825555	2007年4月
60	银河证券	www. chinastock. com. cn	北京市西城区金融街35号国际企业大厦C座	4008888888	2007年5月
61	华鑫证券	www. cfsc. com. cn	上海市肇嘉浜路750号	021－64339000	2008年1月
62	瑞银证券	www. ubs. com/cn/sc/ubs－securities. html	北京市西城区金融大街7号英蓝国际金融中心	010－58328888	2008年2月
63	国金证券	www. china598. com	成都市东城根上街95号	4006666598	2008年3月
64	中投证券	www. cjis. cn	深圳市福田区益田路与福华三路交界处深圳国际商会中心	4006008008	2008年3月
65	中山证券	www. zszq. com. cn	深圳市福田区益田路江苏大厦B座	0755－82943750	2008年3月
66	红塔证券	www. hongtazq. com	昆明市北京路155号附1号红塔大厦	0871－3577927	2008年3月
67	日信证券	www. rxzq. com. cn	北京西城区闹市口1号长安兴融中心西楼11层	010－88086830	2008年5月
68	西藏同信证券	www. xzsec. com	上海市永和路118弄东方企业园24号	4008811177	2008年5月
69	方正证券	www. foundersc. com	长沙芙蓉中路二段200号	0731－95571	2008年6月
70	联讯证券	www. lxzq. com. cn	广东省惠州市下埔路14号	0752－2119397	2008年6月
71	天源证券	www. tyzq. com. cn	深圳市民田路新华保险大厦18楼	0755－3333118－8806	2008年8月
72	江海证券	www. jhzq. com. cn	哈尔滨市香坊区赣水路56号	0451－82269280	2008年8月
73	银泰证券	www. ytzq. net	深圳市福田区竹子林四路紫竹七道18号光大银行大厦	0755－83703759	2008年12月
74	民族证券	www. e5618. com	北京市西城区金融大街5号新盛大厦A座6－9层	4008895618	2008年12月
75	华宝证券	www. cnhbstock. com	上海市陆家嘴环路166号未来资产大厦	021－38929908	2009年1月
76	厦门证券	www. xmzq. com. cn	厦门市莲前西路2号莲富大厦17楼	0592－5163588	2009年1月
77	爱建证券	www. ajzq. com	上海市南京西路758号(博爱大厦)20层－25层	021－32229888	2009年1月
78	英大证券	www. vsun. com	深圳市深南中路华能大厦30楼	0755－26982993	2009年3月
79	信达证券	www. cindasc. com	北京市西城区三里河东路5号中商大厦10层	4008008899	2009年7月
80	东兴证券	www. dxzq. net	北京市西城区金融大街5号新盛大厦B座12－15层	010－66555383	2009年7月
81	华融证券	www. hrsec. com. cn	北京市西城区月坛北街26号恒华国际商务中心A座9层	010－58568162	2009年9月
82	天风证券	www. tfzq. com	武汉市东湖新技术开发区关东园路2号高科大厦四楼	028－86712334	2009年11月
83	大通证券	www. estock. com	大连市中山区延安路1号保嘉大厦	4008169169	2009年12月
84	财达证券	www. s10000. com	石家庄市桥西区自强路35号庄家金融大厦	4006128888	2009年12月
85	中天证券	www. stockren. com	沈阳市和平区光荣街23甲	4006180315	2010年1月
86	财富里昂证券	www. cf－clsa. com	上海市浦东新区福山路500号城建中心15楼	021－38784818	2010年2月
87	五矿证券	www. wkzq. com. cn	深圳市福田区荣超经贸中心47楼	40018－40028	2010年4月
88	高华证券	www. ghsl. cn	北京市西城区金融大街7号英蓝国际中心18楼	010－66273000	2010年5月
89	华创证券	www. hczq. com	贵州省贵阳市中华北路216号华创大厦	0851－960872	2010年6月
90	恒泰长财证券	www. cczq. net	吉林省长春市珠江路439号长财大厦	0431－82951765	2010年7月
91	万和证券	www. wanhesec. com	深圳市福田区深南大道7028号时代科技大厦20层西厅	0755－25170332	2010年9月
92	中邮证券	www. cnpsec. com. cn	陕西省西安市太白北路320号华弘大厦	4008888005	2010年11月
93	首创证券	www. sczq. com. cn	北京市西城区德胜门外大街115号德胜尚城E座	4006200620	2011年2月
94	国开证券	www. stockfly. com. cn	北京市东城区东直门南大街3号国华投资大厦17层	010－85285202 010－85285217	2011年5月
95	太平洋证券	www. tpyzq. com	云南省昆明市青年路389号志远大厦18层	0871－8898130	2012年11月
96	开源证券	www. sxkyzq. com	陕西省西安市雁塔区锦业路1号都市之门B座5层	4008608866	2012年12月
97	诚浩证券	www. chstock. com	辽宁省沈阳市沈河区热闹路51号	024－22955438	2013年2月

3、证券投资咨询机构(6家)

编号	机构名称	网址	联系地址	电话	核准时间
1	天相投资顾问有限公司	www. txsec. com	北京市西城区金融大街19号富凯大厦B座701	010－66045666	2004年7月
2	江苏金百临投资咨询有限公司	www. jsjbl. com	江苏省无锡市滨湖区锦溪路99号	0510－82798298	2012年5月
3	鼎信汇金(北京)投资管理有限公司	www. 9ifund. com	北京市海淀区中关村东路1号院8号楼1701室	010－82151989	2012年5月
4	和讯信息科技有限公司	www. hexun. com	北京市朝阳区朝外大街22号1002室	010－85625158	2012年6月
5	深圳市新兰德证券投资咨询有限公司	www. new－rand. cn	深圳市福田区华强北路赛格科技园4栋10层1006#	0755－88394666	2012年9月
6	厦门市鑫鼎盛证券投资咨询服务有限公司	www. xds. com. cn	福建省厦门市思明区鹭江道2号第一广场西座1501－1504室	0592－8060766	2013年2月

4、独立基金销售机构(20家)

编号	机构名称	网址	联系地址	电话	核准时间
1	诺亚正行（上海）基金销售投资顾问有限公司	www. noah - fund. com	上海市浦东新区银城中路 68 号 8 楼	021 - 38600676	2012 年 2 月
2	深圳众禄基金销售有限公司	www. jjmmw. com	深圳市深南东路 5047 号深圳发展银行大厦 25 层	4006788887	2012 年 2 月
3	上海天天基金销售有限公司	www. 1234567. com. cn	上海市徐汇区龙田路 190 号 2 号楼东方财富大厦 2 楼	4001818188	2012 年 2 月
4	上海好买基金销售有限公司	www. ehowbuy. com	上海市浦东新区浦东南路 1118 号 903 - 906 室	400 - 700 - 9665	2012 年 2 月
5	杭州数米基金销售有限公司	www. fund123. cn	浙江省杭州市滨江区江南大道 3588 号 12 楼	4000 - 766 - 123	2012 年 4 月
6	上海长量基金销售投资顾问有限公司	www. e - rich. com. cn	上海市浦东新区浦东大道 555 号裕景国际 B 座 16 层	021 - 58788678	2012 年 4 月
7	浙江同花顺基金销售有限公司	www. ijijin. cn	浙江省杭州市西湖区文二西路 1 号 903 室	0571 - 88920879	2012 年 4 月
8	北京展恒基金销售有限公司	www. myfund. com	北京市朝阳区华严北里 2 号民建大厦 6 层	4008886661	2012 年 6 月
9	上海利得基金销售有限公司	www. jidefund. com	上海市浦东新区东方路 989 号中达广场 2 楼	4000056355	2012 年 8 月
10	天津凤凰财富基金销售有限公司	www. fhcaifu. com	天津市滨海新区烟台道 15 号	022 - 28408530	2012 年 10 月
11	中期时代基金销售（北京）有限公司	www. cifcofund. com	北京市朝阳区建国门外光华路 14 号 1 幢 11 层 1103 号	95162	2012 年 11 月
12	杭州金观诚基金销售有限公司	www. jincheng - fund. com	浙江省杭州市西湖区教工路 18 号 EAC 欧美中心 A 座 C 区 805 室	4000580068	2012 年 12 月
13	北京创金启富投资管理有限公司	www. 5irich. com	北京市西城区民丰胡同 31 号 5 号楼 215A	010 - 66154828	2012 年 12 月
14	嘉实财富管理有限公司	www. harvestwm. cn	上海市浦东新区世纪大道 8 号国金中心二期 46 楼 06 - 10 单元	010 - 85572999 400 - 021 - 8850	2012 年 12 月
15	北京万银财富投资有限公司	www. wy - fund. com	北京市朝阳区北四环中路 27 号院 5 号楼 3201 内 3201 单元	010 - 59393228	2013 年 2 月
16	北京中天嘉华基金销售有限公司	www. 5ilicai. cn	北京市朝阳区京顺路 5 号	010 - 58276917	2013 年 2 月
17	北京增财基金销售有限公司	www. zcvc. com. cn	北京市西城区南礼士路 66 号 1 号楼 12 层 1208 室	400 - 001 - 8811	2013 年 2 月
18	泛华普益基金销售有限公司	www. pyfund. com. cn	四川省成都市成华区建设路 9 号高地中心 1101 室	028 - 82000996	2013 年 2 月
19	宜信普泽投资顾问（北京）有限公司	www. yixinfund. com	北京市朝阳区北京朝阳区建国路 88 号 9 号楼 14 层 1706	4006099500	2013 年 2 月
20	深圳德银投资顾问有限公司	www. dowinfund. com	广东省深圳市福田区金田路与福中路交界东南荣超经贸中心 806	0755 - 33376922	2013 年 3 月

基金销售支付结算机构名录（2013 年 5 月）

为基金销售机构提供支付结算服务的第三方支付机构（7 家）

编号	机构名称	网址	联系地址	电话	首次备案时间
1	汇付数据	www. ttyfund. com	上海市虹梅路 1801 号凯科国际大厦 8 - 9 层	4008202819	2010 年 5 月
2	通联支付	www. allinpay. com	上海浦东新区新金桥路 28 号新金桥大厦 10 楼	95156、4006695156	2010 年 10 月
3	银联电子	www. chinapay. com	上海市浦东新区东方路 800 号宝安大厦 29 楼	95516 - 5	2012 年 1 月
4	易宝支付	www. yeepay. com	北京市朝阳区朝外大街甲 6 号万通中心 D 座 23 层	010 - 59370500	2012 年 3 月
5	财付通	www. tenpay. com	深圳市南山区高新科技园科技中一路腾讯大厦 8 层	0755 - 86013860	2012 年 5 月
6	快钱支付	www. 99bill. com	上海市浦东新区浦电路 360 号陆家嘴投资大厦 12 楼	025 - 68526799	2012 年 5 月
7	支付宝	www. alipay. com	浙江省杭州市西湖区万塘路 18 号广厦黄龙时代中心 B 栋 3 - 21 层	0571 - 88156688	2012 年 5 月

QFII 名录（2013 年 5 月）

序号	QFII 中文全称	QFII 外文全称	国别/地区	境内托管行	资格批准时间
1	瑞士银行	UBS AG	瑞士	花旗银行	2003 - 5 - 23
2	野村证券株式会社	Nomura Securities Co. , Ltd.	日本	农业银行	2003 - 5 - 23

序号	QFII 中文全称	QFII 外文全称	国别/地区	境内托管行	资格批准时间
3	摩根士丹利国际股份有限公司	Morgan Stanley & Co. International Limited	英国	汇丰银行	2003 - 6 - 5
4	花旗环球金融有限公司	Citigroup Global Markets Limited	英国	德意志银行	2003 - 6 - 5
5	高盛公司	Goldman, Sachs & Co.	美国	汇丰银行	2003 - 7 - 4
6	德意志银行	Deutsche Bank Aktiengesellschaft	德国	花旗银行	2003 - 7 - 30
7	香港上海汇丰银行有限公司	The Hongkong and Shanghai Banking Corporation Limited	中国香港	建设银行	2003 - 8 - 4
8	荷兰安智银行股份有限公司	ING Bank N. V.	荷兰	渣打银行	2003 - 9 - 10
9	摩根大通银行	JPMorgan Chase Bank, National Association	美国	汇丰银行	2003 - 9 - 30
10	瑞士信贷(香港)有限公司	Credit Suisse (HongKong) Limited	中国香港	工商银行	2003 - 10 - 24
11	渣打银行(香港)有限公司	Standard Chartered Bank (HongKong) Limited	中国香港	中国银行	2003 - 12 - 11
12	日兴资产管理有限公司	Nikko Asset Management Co. ,Ltd.	日本	交通银行	2003 - 12 - 11
13	美林国际	Merrill Lynch International	英国	汇丰银行	2004 - 4 - 30
14	恒生银行有限公司	Hang Seng Bank Limited	中国香港	建设银行	2004 - 5 - 10
15	大和证券资本市场株式会社	Daiwa Securities Capital Markets Co. ,Ltd.	日本	工商银行	2004 - 5 - 10
16	比尔及梅林达盖茨信托基金会	Bill & Melinda Gates Foundation	美国	汇丰银行	2004 - 7 - 19
17	景顺资产管理有限公司	INVESCO Asset Management Limited	英国	中国银行	2004 - 8 - 4
18	苏格兰皇家银行有限公司	The Royal Bank of Scotland N. V.	荷兰	汇丰银行	2004 - 9 - 2
19	法国兴业银行	Société Générale	法国	汇丰银行	2004 - 9 - 2
20	巴克莱银行	Barclays Bank PLC	英国	渣打银行	2004 - 9 - 15
21	德国商业银行	Commerzbank AG	德国	工商银行	2004 - 9 - 27
22	富通银行	Fortis Bank NV - SA	比利时	中国银行	2004 - 9 - 29
23	法国巴黎银行	BNP Paribas	法国	农业银行	2004 - 9 - 29
24	加拿大鲍尔公司	Power Corporation of Canada	加拿大	建设银行	2004 - 10 - 15
25	东方汇理银行	Credit Agrigole Corporate and Investment Bank	法国	汇丰银行	2004 - 10 - 15
26	高盛国际资产管理公司	Goldman Sachs Asset Management International	英国	汇丰银行	2005 - 5 - 9
27	马丁可利投资管理有限公司	Martin Currie Investment Management Ltd	英国	花旗银行	2005 - 10 - 25
28	新加坡政府投资有限公司	Government of Singapore Investment Corporation Pte Ltd	新加坡	渣打银行	2005 - 10 - 25
29	柏瑞投资有限责任公司	PineBridge Investment LLC	美国	中国银行	2005 - 11 - 14
30	淡马锡富敦投资有限公司	Temasek Fullerton Alpha Investments Pte Ltd	新加坡	汇丰银行	2005 - 11 - 15
31	JF资产管理有限公司	JF Asset Management Limited	中国香港	建设银行	2005 - 12 - 28
32	日本第一生命保险株式会社	The Dai - ichi Life Insurance Company, Limited	日本	中国银行	2005 - 12 - 28
33	星展银行有限公司	DBS Bank Ltd	新加坡	农业银行	2006 - 2 - 13
34	安保资本投资有限公司	AMP Capital Investors Limited	澳大利亚	建设银行	2006 - 4 - 10
35	加拿大丰业银行	The Bank of Nova Scotia	加拿大	中国银行	2006 - 4 - 10
36	比联金融产品英国有限公司	KBC Financial Products UK Limited	英国	花旗银行	2006 - 4 - 10
37	法国爱德蒙得洛希尔银行	La Compagnie Financierr Edmond de Rothschild Banque	法国	中国银行	2006 - 4 - 10
38	耶鲁大学	Yale University	美国	汇丰银行	2006 - 4 - 14
39	摩根士丹利投资管理公司	Morgan Stanley Investment Management Inc.	美国	汇丰银行	2006 - 7 - 7
40	瀚亚投资(香港)有限公司	Eastspring Investment(Hong Kong) Limited	中国香港	农业银行	2006 - 7 - 7
41	斯坦福大学	Stanford University	美国	汇丰银行	2006 - 8 - 5
42	通用电气资产管理公司	GE Asset Management Incorporated	美国	汇丰银行	2006 - 8 - 5
43	大华银行有限公司	United Overseas Bank Limited	新加坡	工商银行	2006 - 8 - 5
44	施罗德投资管理有限公司	Schroder Investment Mangement Limited	英国	交通银行	2006 - 8 - 29
45	汇丰环球投资管理(香港)有限公司	HSBC Global Asset Management (Hong Kong) Limited	中国香港	交通银行	2006 - 9 - 5
46	瑞穗证券株式会社	Mizuho Securities Co. ,Ltd	日本	建设银行	2006 - 9 - 5
47	瑞银环球资产管理(新加坡)有限公司	UBS Global Asset Management (Singapore) Ltd	新加坡	花旗银行	2006 - 9 - 25
48	三井住友资产管理株式会社	Sumitomo Mitsui Asset Management Company, Limited	日本	花旗银行	2006 - 9 - 25
49	挪威中央银行	Norges Bank	挪威	汇丰银行	2006 - 10 - 24
50	百达资产管理有限公司	Pictet Asset Management Limited	英国	汇丰银行	2006 - 10 - 25
51	哥伦比亚大学	The Trustees of Columbia University in the City of New York	美国	汇丰银行	2008 - 3 - 12
52	保德信资产运用株式会社	Prudential Asset Management Co. ,Ltd.	韩国	建设银行	2008 - 4 - 7
53	荷宝基金管理公司	Robeco Institutional Asset management B. V.	荷兰	花旗银行	2008 - 5 - 5
54	道富环球投资管理亚洲有限公司	State Street Global Advisors Asia Limited	中国香港	渣打银行	2008 - 5 - 16
55	铂金投资管理有限公司	Platinum Investment Company Limited	澳大利亚	汇丰银行	2008 - 6 - 2
56	比利时联合资产管理有限公司	KBC Asset Management N. V.	比利时	工商银行	2008 - 6 - 2
57	未来资产基金管理公司	Mirae Asset Global Investments Co. , Ltd.	韩国	工商银行	2008 - 7 - 25
58	安达国际控股有限公司	ACE INA International Holdings, Ltd.	美国	工商银行	2008 - 8 - 5
59	魁北克储蓄投资集团	Caisse de dép? t et placement du Québec	加拿大	汇丰银行	2008 - 8 - 22
60	哈佛大学	President and Fellows of Harvard College	美国	工商银行	2008 - 8 - 22
61	三星资产运用株式会社	Samsung Investment Trust Management Co. , Ltd.	韩国	中国银行	2008 - 8 - 25
62	联博有限公司	AllianceBernstein Limited	英国	汇丰银行	2008 - 8 - 28
63	华侨银行有限公司	Oversea - Chinese Banking Corporation Limited	新加坡	建设银行	2008 - 8 - 28

序号	QFII 中文全称	QFII 外文全称	国别/地区	境内托管行	资格批准时间
64	首域投资管理(英国)有限公司	First State Investment Management (UK) Limited	英国	花旗银行	2008-9-11
65	大和证券投资信托株式会社	DAIWA Asset Management Co.	日本	中国银行	2008-9-11
66	壳牌资产管理有限公司	Shell Asset Management Company B. V.	荷兰	花旗银行	2008-9-12
67	普信国际公司	T. Rowe Price International, Inc.	美国	汇丰银行	2008-9-12
68	瑞士信贷银行股份有限公司	Credit Suisse AG	瑞士	工商银行	2008-10-14
69	大华资产管理有限公司	UOB Asset Management Ltd	新加坡	工商银行	2008-11-28
70	阿布达比投资局	ABU Dhabi Investment Authority	阿联酋	汇丰银行	2008-12-3
71	德盛安联资产管理卢森堡	Allianz Global Investors Luxembourg S. A.	卢森堡	工商银行	2008-12-16
72	资本国际公司	Capital International, Inc.	美国	汇丰银行	2008-12-18
73	三菱日联摩根士丹利证券股份有限公司	Mitsubishi UFJ Morgan Stanley Securities Co., Ltd.	日本	中国银行	2008-12-29
74	韩华资产运用株式会社	Hanwha Investment Trust Management Co., Ltd.	韩国	花旗银行	2009-2-5
75	安石新兴市场管理有限公司	Ashmore EMM, L. L. C.	美国	汇丰银行	2009-2-10
76	DWS 投资管理有限公司	DWS Investment S. A.	卢森堡	汇丰银行	2009-2-24
77	韩国产业银行	The Korea Development Bank	韩国	建设银行	2009-4-23
78	韩国友利银行股份有限公司	Woori Bank Co., Ltd	韩国	工商银行	2009-5-4
79	马来西亚国家银行	Bank Negara Malaysia	马来西亚	汇丰银行	2009-5-19
80	罗祖儒投资管理(香港)有限公司	Lloyd George Management (Hong Kong) Limited	中国香港	汇丰银行	2009-5-27
81	邓普顿投资顾问有限公司	Templeton Investment Counsel, LLC	美国	汇丰银行	2009-6-5
82	东亚联丰投资管理有限公司	BEA Union Investment Management Limited	中国香港	工商银行	2009-6-18
83	三井住友信托银行股份有限公司	The Sumitomo Trust & Banking Co., Ltd.	日本	花旗银行	2009-6-26
84	韩国投资信托运用株式会社	Korea Investment Trust Management Co., Ltd	韩国	工商银行	2009-7-21
85	霸菱资产管理有限公司	Baring Asset Management Limited	英国	汇丰银行	2009-8-6
86	安石投资管理有限公司	Ashmore Investment Management Limited	英国	工商银行	2009-9-14
87	纽约梅隆资产管理国际有限公司	BNY Mellon Asset Management International Limited	英国	建设银行	2009-11-6
88	宏利资产管理(香港)有限公司	Manulife Asset Management (Hong Kong) Limited	中国香港	花旗银行	2009-11-20
89	野村资产管理株式会社	Nomura Asset Management CO., LTD	日本	工商银行	2009-11-23
90	东洋资产运用(株)	Tongyang Asset Management Corp.	韩国	花旗银行	2009-12-11
91	加拿大皇家银行	Royal Bank of Canada	加拿大	工商银行	2009-12-23
92	英杰华投资集团全球服务有限公司	Aviva Investors Global Services Limited	英国	工商银行	2009-12-28
93	常青藤资产管理公司	Ivy Investment Management Company	美国	汇丰银行	2010-2-8
94	达以安资产管理公司	DIAM Co., Ltd.	日本	汇丰银行	2010-4-20
95	法国欧菲资产管理公司	OFI Asset Management	法国	渣打银行	2010-5-21
96	安本亚洲资产管理公司	Aberdeen Asset Management Asia Limited	新加坡	花旗银行	2010-7-6
97	KB 资产运用	KB Asset Management Co., Ltd.	韩国	花旗银行	2010-8-9
98	富达基金(香港)有限公司	Fidelity Investments Management (Hong Kong) Limited	中国香港	汇丰银行	2010-9-1
99	美盛投资(欧洲)有限公司	Legg Mason Investements (Europe) Limited	英国	花旗银行	2010-10-8
100	香港金融管理局	Hong Kong Monetary Authority	中国香港	花旗银行	2010-10-27
101	富邦证券投资信托股份有限公司	Fubon Securities Investment Trust Co. Ltd.	中国台湾	建设银行	2010-10-29
102	群益证券投资信托股份有限公司	Capital Securities Investment Trust Corporation	中国台湾	汇丰银行	2010-10-29
103	蒙特利尔银行投资公司	BMO Investments Inc.	加拿大	工商银行	2010-12-6
104	瑞士宝盛银行	Bank Julius Bear & Co.,Ltd	瑞士	花旗银行	2010-12-14
105	科提比资产运用株式会社	KTB Asset Management Co.,Ltd	韩国	建设银行	2010-12-28
106	领先资产管理	Lyxor Asset Management	法国	建设银行	2011-2-16
107	元大宝来证券投资信托股份有限公司	Yuanta Securities Investment Trust Co.,Ltd.	中国台湾	花旗银行	2011-3-4
108	忠利保险有限公司	Assicurazioni Generali S. p. A.	意大利	工商银行	2011-3-18
109	西班牙对外银行有限公司	Banco Bilbao Vizcaya Argentaria, S. A.	西班牙	中信银行	2011-5-6
110	国泰证券投资信托股份有限公司	Cathay Securities Investment Trust Co., Ltd.	中国台湾	汇丰银行	2011-6-9
111	复华证券投资信托股份有限公司	Fuh Hwa Securities Investment Trust Co. Ltd.	中国台湾	花旗银行	2011-6-9
112	亢简资产管理公司	Comgest S. A.	法国	德意志银行	2011-6-24
113	东方汇理资产管理香港有限公司	Amundi Hong Kong Limited	中国香港	建设银行	2011-7-14
114	贝莱德机构信托公司	BlackRock Institutional Trust Company, N. A.	美国	花旗银行	2011-7-14
115	GMO 有限责任公司	Grantham, Mayo, Van Otterloo & Co. LLC	美国	汇丰银行	2011-8-9
116	新加坡金融管理局	Monetary Authority of Singapore	新加坡	汇丰银行	2011-10-8
117	中国人寿保险股份有限公司(台湾)	China Life Insurance Co., Ltd. (Taiwan)	中国台湾	建设银行	2011-10-26
118	新光人寿保险股份有限公司	Shin Kong Life Insurance Co., Ltd.	中国台湾	花旗银行	2011-10-26
119	普林斯顿大学	Princeton University	美国	汇丰银行	2011-11-25
120	新光投信株式会社	Shinko Asset Management Co., Ltd.	日本	汇丰银行	2011-11-25
121	加拿大年金计划投资委员会	Canada Pension Plan Investment Board	加拿大	汇丰银行	2011-12-9
122	泛达公司	Van Eck Associates Corporation	美国	工商银行	2011-12-9
123	瀚博环球投资公司	Hansberger Global Investors, Inc.	美国	渣打银行	2011-12-13
124	安耐德合伙人有限公司	EARNEST Partners LLC	美国	建设银行	2011-12-13

序号	QFII 中文全称	QFII 外文全称	国别/地区	境内托管行	资格批准时间
125	泰国银行	Bank of Thailand	泰国	汇丰银行	2011－12－16
126	科威特政府投资局	Kuwait Investment Authority	科威特	工商银行	2011－12－21
127	北美信托环球投资公司	Northern Trust Global Investments Limited	英国	交通银行	2011－12－21
128	台湾人寿保险股份有限公司	Taiwan Life Insurance Co., Ltd.	中国台湾	工商银行	2011－12－21
129	韩国银行	The Bank of Korea	韩国	汇丰银行	2011－12－21
130	安大略省教师养老金计划委员会	Ontario Teachers´Pension Plan Board	加拿大	汇丰银行	2011－12－22
131	韩国投资公司	Korea Investment Corporation	韩国	汇丰银行	2011－12－28
132	罗素投资爱尔兰有限公司	Russell Investments Ireland Limited	爱尔兰	汇丰银行	2011－12－28
133	迈世勒资产管理有限责任公司	Metzler Asset Management GmbH	德国	工商银行	2011－12－31
134	华宜资产运用有限公司	HI Asset Management Co., Linmited.	韩国	工商银行	2011－12－31
135	新韩法国巴黎资产运用株式会社	Shinhan BNP Paribas Asset Management Co., Ltd.	韩国	汇丰银行	2012－1－5
136	家庭医生退休基金	Stichting Pensioenfonds voor Huisartsen	荷兰	汇丰银行	2012－1－5
137	国民年金公团(韩国)	National Pension Service	韩国	花旗银行	2012－1－5
138	三商美邦人寿保险股份有限公司	Mercuries Life Insurance Co,Ltd	中国台湾	汇丰银行	2012－1－30
139	保德信证券投资信托股份有限公司	Prudential Financial Securities Investment Trust Enterprise	中国台湾	汇丰银行	2012－1－31
140	信安环球投资有限公司	Principal Global Investors LLC	美国	建设银行	2012－1－31
141	医院管理局公积金计划	Hospital Authority Provident Fund Scheme	中国香港	汇丰银行	2012－1－31
142	全球人寿保险股份有限公司	TransGlobe Life Insurance Inc.	中国台湾	花旗银行	2012－2－3
143	大众信托基金有限公司	Public Mutual Berhad	马来西亚	花旗银行	2012－2－3
144	明治安田资产管理有限公司	Meiji Yasuda Asset Management Company Ltd.	日本	花旗银行	2012－2－27
145	国泰人寿保险股份有限公司	Cathay Life Insurance Co., LTD.	中国台湾	中国银行	2012－2－28
146	三井住友银行株式会社	Sumitomo Mitsui Banking Corporation	日本	中国银行	2012－2－28
147	富邦人寿保险股份有限公司	Fubon Life Insurance Co. Ltd	中国台湾	花旗银行	2012－3－1
148	美国友邦保险有限公司	American International Assurance Company,Limited	中国香港	中国银行	2012－3－5
149	纽伯格伯曼欧洲有限公司	Neuberger Berman Europe Limited	英国	工商银行	2012－3－5
150	马来西亚国库控股公司	KHAZANAH NASIONAL BERHAD	马来西亚	工商银行	2012－3－7
151	资金研究与管理公司	Capital Research and Management Company	美国	汇丰银行	2012－3－9
152	日本东京海上资产管理株式会社	Tokio Marine Asset Management Co.,Ltd	日本	汇丰银行	2012－3－14
153	韩亚大投证券株式会社	Hana Daetoo Securities Co,Ltd	韩国	花旗银行	2012－3－29
154	兴元资产管理有限公司	Genesis Asset Managers,LLP	美国	德意志银行	2012－3－30
155	伦敦市投资管理有限公司	City of London Investment Managementi Company Limited	英国	汇丰银行	2012－3－30
156	摩根资产管理(英国)有限公司	JPMorgan Asset Management (UK) Limited	英国	工商银行	2012－3－30
157	冈三资产管理股份有限公司	Okasan Asset Management Co.,Ltd	日本	汇丰银行	2012－3－30
158	预知投资管理公司	Prescient Investment Management PTY LTD	南非	工商银行	2012－4－18
159	东部资产运用株式会社	Dongbu Asset Management Co.,Ltd.	韩国	建设银行	2012－4－20
160	骏利资产管理有限公司	Janus Capital Managemente LLC	美国	汇丰银行	2012－4－20
161	瑞穗投信投资顾问有限公司	Mizuho Asset Management Co., Ltd.	日本	汇丰银行	2012－4－26
162	瀚森全球投资有限公司	Henderson Global Investors Limited	英国	渣打银行	2012－4－28
163	欧利盛资产管理有限公司	Eurizon Capital S. A.	卢森堡	工商银行	2012－5－2
164	中银国际英国保诚资产管理有限公司	BOCI－Prudential Asset Management Limited	中国香港	渣打银行	2012－5－3
165	富敦资金管理有限公司	Fullerton Fund Management Company Ltd	新加坡	工商银行	2012－5－4
166	利安资金管理公司	Lion Global Investors Limited	新加坡	花旗银行	2012－5－7
167	忠利基金管理有限公司	GENERAIL Fund Management S. A.	卢森堡	建设银行	2012－5－23
168	威廉博莱公司	William Blair & Company,L. L. C.	美国	汇丰银行	2012－5－24
169	天达资产管理有限公司	Investec Asset Management Limited	英国	花旗银行	2012－5－28
170	安智投资管理亚太(香港)有限公司	ING Investment Management Aisa Pacific (Hong Kong) Limited	中国香港	花旗银行	2012－6－4
171	三菱日联资产管理公司	Mitsubishi UFJ Asset Management Co.,Ltd	日本	汇丰银行	2012－6－4
172	中银集团人寿保险有限公司	BOC Group Life Assurance Company Limited	中国香港	农业银行	2012－7－12
173	霍尔资本有限公司	Hall Capital Partners LLC	美国	花旗银行	2012－8－6
174	得克萨斯大学体系董事会	Board of Regents of The University of Texas System	美国	汇丰银行	2012－8－6
175	南山人寿保险股份有限公司	Nan Shan Life Insurance Company,Ltd.	中国台湾	花旗银行	2012－8－6
176	SUVA 瑞士国家工伤保险机构	Suva	瑞士	花旗银行	2012－8－13
177	不列颠哥伦比亚省投资管理公司	British Columbia Investment Management Corporation	加拿大	汇丰银行	2012－8－17
178	惠理基金管理香港有限公司	Value Partners Hong Kong Limited	中国香港	汇丰银行	2012－8－21
179	安大略退休金管理委员会	Ontario Pension Board	加拿大	中国银行	2012－8－29
180	教会养老基金	The Church Pension Fund	美国	工商银行	2012－8－31
181	麦格理银行有限公司	Macquarie Bank Limited	澳大利亚	汇丰银行	2012－9－4
182	瑞典第二国家养老金	Andra AP－fonden	瑞典	汇丰银行	2012－9－20
183	海通资产管理(香港)有限公司	Hai Tong Asset Management (HK) Limited	中国香港	交通银行	2012－9－20
184	IDG 资本管理(香港)有限公司	IDG CAPITAL MANAGEMENT (HK) LIMITED	中国香港	建设银行	2012－9－20
185	杜克大学	Duke University	美国	工商银行	2012－9－24

序号	QFII 中文全称	QFII 外文全称	国别/地区	境内托管行	资格批准时间
186	卡塔尔控股有限责任公司	Qatar Holding LLC	卡塔尔	农业银行	2012-9-25
187	瑞士盈丰银行股份有限公司	EFG Bank AG	瑞士	花旗银行	2012-9-26
188	海拓投资管理公司	Cutwater Investor Services Corporation	美国	中国银行	2012-10-26
189	奥博医疗顾问有限公司	OrbiMed Advisors LLC	美国	花旗银行	2012-10-26
190	新思路投资有限公司	New Silk Road Investment Pte. Ltd.	新加坡	汇丰银行	2012-10-26
191	贝莱德资产管理北亚有限公司	BlackRock Asset Management North Asia Limited	中国香港	花旗银行	2012-10-26
192	摩根证券投资信托股份有限公司	JPMorgan Asset Management Taiwan	中国台湾	建设银行	2012-11-5
193	全球保险集团美国投资管理有限公司	AEGON USA Investment Management, LLC	美国	花旗银行	2012-11-5
194	鼎晖投资咨询新加坡有限公司	CDH Investment Advisory Private Limited	新加坡	建设银行	2012-11-7
195	瑞典北欧斯安银行有限公司	Skandinaviska Enskilda Banken AB(publ)	瑞典	中国银行	2012-11-12
196	嘉实国际资产管理有限公司	Harvest Global Investments Limited	中国香港	中国银行	2012-11-12
197	灰石投资管理有限公司	Greystone Managed Investments Inc.	加拿大	工商银行	2012-11-21
198	统一证券投资信托股份有限公司	Uni-President Assets Management Corporation	中国台湾	汇丰银行	2012-11-21
199	大和住银投信投资顾问株式会社	Daiwa SB Investments Ltd.	日本	农业银行	2012-11-19
200	毕盛资产管理有限公司	APS Asset Management Pte Ltd	新加坡	建设银行	2012-11-27
201	中信证券国际投资管理(香港)有限公司	CITIC Securities International Investment Management (HK) Limited	中国香港	工商银行	2012-12-11
202	太平洋投资策略有限公司	Pacific Alliance Investment Management (HK) Limited	中国香港	建设银行	2012-12-11
203	易方达资产管理(香港)有限公司	E Fund Management (Hongkong) Co., Limited	中国香港	汇丰银行	2012-12-11
204	高瓴资本管理有限公司	Hillhouse Capital Management Pte. Ltd.	新加坡	建设银行	2012-12-11
205	永丰证券投资信托股份有限公司	SinoPac Securities Investment Trust Co., Ltd	中国台湾	工商银行	2012-12-13
206	华夏基金(香港)有限公司	China Asset Management (Hong Kong) Limited	中国香港	汇丰银行	2012-12-25
207	宜思投资管理有限责任公司	East Capital AB	瑞典	花旗银行	2013-1-7
208	第一金证券投资信托股份有限公司	First Securities Investment Trust Co., Ltd.	中国台湾	汇丰银行	2013-1-24
209	太平洋投资管理公司亚洲私营有限公司	PIMCO Asia Pte Ltd	新加坡	汇丰银行	2013-1-24
210	瑞银环球资产管理(香港)有限公司	UBS Global Asset Management (Hong Kong) Limited	中国香港	花旗银行	2013-1-24
211	南方东英资产管理有限公司	CSOP Asset Management Limited	中国香港	渣打银行	2013-1-31
212	EJS 投资管理有限公司	EJS Investment Management S. A.	瑞士	交通银行	2013-1-31
213	国泰君安资产管理(亚洲)有限公司	Guotai Junan Assets (Asia) Limited	中国香港	交通银行	2013-2-21
214	泰康资产管理(香港)有限公司	Taikang Asset Management (HK) Company Limited	中国香港	工商银行	2013-2-22
215	招商证券资产管理(香港)有限公司	CMS Asset Management (HK) Co., Limited	中国香港	交通银行	2013-2-22
216	韩国现代证券株式会社	Hyundai Securities Co., Ltd	韩国	建设银行	2013-3-22
217	工银亚洲投资管理有限公司	ICBC (Asia) Investment Management Company Limited	中国香港	建设银行	2013-3-25
218	亚洲资本再保险集团私人有限公司	Asia Capital Reinsurance Group Pte. Ltd.	新加坡	花旗银行	2013-4-11
219	AZ 基金管理股份有限公司	AZ Fund Management S. A.	卢森堡	德意志银行	2013-4-11
220	台新证券投资信托股份有限公司	Taishin Securities Investment Trust Co., Ltd.	中国台湾	建设银行	2013-4-27
221	海富通资产管理(香港)有限公司	HFT Investment Management (HK) Limited	中国香港	花旗银行	2013-5-7
222	汇丰中华证券投资信托股份有限公司	HSBC Global Asset Management (Taiwan) Limited	中国台湾	交通银行	2013-5-10
223	太平资产管理(香港)有限公司	Taiping Assets Management (HK) Company Limited	中国香港	建设银行	2013-5-15
224	中国国际金融香港资产管理有限公司	China International Capital Corporation Hong Kong Asset Management Limited	中国香港	建设银行	2013-5-16
225	中国光大资产管理有限公司	China Everbright Assets Management Limited	中国香港	汇丰银行	2013-5-30

RQFII 名录(2013 年 7 月)

序号	RQFII 中文全称	RQFII 外文全称	资格批准时间
1	南方东英资产管理有限公司	—	2011.12.21
2	易方达资产管理(香港)有限公司	—	2011.12.21
3	嘉实国际资产管理有限公司	—	2011.12.21
4	华夏基金(香港)有限公司	—	2011.12.21
5	大成国际资产管理有限公司	—	2011.12.21
6	汇添富资产管理(香港)有限公司	—	2011.12.21
7	博时基金(国际)有限公司	—	2011.12.21
8	海富通资产管理(香港)有限公司	—	2011.12.21
9	华安资产管理(香港)有限公司	—	2011.12.21
10	工银瑞信资产管理(国际)有限公司	—	2012.08.07
11	广发国际资产管理有限公司	—	2012.08.07
12	上投摩根资产管理(香港)有限公司	—	2012.10.26
13	国投瑞银资产管理(香港)有限公司	—	2012.12.17
14	富国资产管理(香港)有限公司	—	2012.12.17
15	诺安基金(香港)有限公司	—	2013.2.22
16	泰康资产管理(香港)有限公司	—	2013.3.14

序号	RQFII 中文全称	RQFII 外文全称	资格批准时间
17	建银国际资产管理有限公司	—	2013.3.25
18	中国人寿富兰克林资产管理有限公司	—	2013.5.15
19	农银国际资产管理有限公司	—	2013.5.15
20	工银亚洲投资管理有限公司	—	2013.6.4
21	恒生投资管理有限公司	Hang Seng Investment Management Limited	2013.6.4
22	太平资产管理(香港)有限公司	—	2013.6.19
23	中银香港资产管理有限公司	BOCHK Asset Management Limited	2013.7.15
24	南华资产管理(香港)有限公司	Nanhua Asset Management (Hong Kong) Corporation Limited	2013.7.15
25	中国平安资产管理(香港)有限公司	Ping An of China Asset Management (Hong Kong) Company Limited	2013.7.19
26	信达国际资产管理有限公司	Cinda International Asset Management Limited	2013.7.19
27	丰收投资管理(香港)有限公司	Income Partners Asset Management (HK) Limited	2013.7.19
28	汇丰环球投资管理(香港)有限公司	HSBC Global Asset Management (Hong Kong) Limited	2013.7.19

注:"RQFII 外文名称"为空表示该机构行政许可批复中无外文名称。

证券公司境外子公司 RQFII 名录

(截至 2013 年 7 月底)

序号	RQFII 中文全称	资格批准时间
1	申银万国(香港)有限公司	2011.12.22
2	安信国际金融控股有限公司	2011.12.22
3	中国国际金融(香港)有限公司	2011.12.22
4	国信证券(香港)金融控股有限公司	2011.12.22
5	光大证券金融控股有限公司	2011.12.22
6	华泰金融控股(香港)有限公司	2011.12.22
7	国泰君安金融控股有限公司	2011.12.22
8	海通国际控股有限公司	2011.12.22
9	广发控股(香港)有限公司	2011.12.22
10	招商证券国际有限公司	2011.12.22
11	中信证券国际有限公司	2011.12.22
12	国元证券(香港)有限公司	2011.12.22
13	兴证(香港)金融控股有限公司	2013.4.26
14	中投证券(香港)金融控股有限公司	2013.5.17
15	东方金融控股(香港)有限公司	2013.5.24
16	长江证券控股(香港)有限公司	2013.7.15

基金管理公司从事特定客户资产管理业务子公司名录(2013 年 11 月)

序号	公司名称	母公司名称	注册资本(万元)	注册地点	批复时间	办公地址	电话
1	工银瑞信投资管理有限公司	工银瑞信基金管理有限公司	5000	上海	2012 年 11 月	北京市西城区金融大街丙 17 号北京银行大厦 7 层	400-811-9999
2	嘉实资本管理有限公司	嘉实基金管理有限公司	30000	北京	2012 年 11 月	北京市东城区建国门北大街 8 号华润大厦 8 层	010-65215588
3	深圳平安大华汇通财富管理有限公司	平安大华基金管理有限公司	3000	深圳	2012 年 11 月	广东省深圳市福田区金田路大中华国际交易广场 8 楼	400-800-4800
4	华夏资本管理有限公司	华夏基金管理有限公司	5000	深圳	2012 年 12 月	北京市西城区金融大街 33 号通泰大厦 B 座 12 层	400-818-6666
5	北京方正富邦创融资产管理有限公司	方正富邦基金管理有限公司	2000	北京	2012 年 12 月	北京市西城区太平桥大街 18 号北区 11 层	010-57303700
6	长安财富资产管理有限公司	长安基金管理有限公司	5000	上海	2012 年 12 月	上海市浦东新区民生路 1199 弄证大五道口金融大厦 1 号楼 6 层	400-820-9688
7	富安达资产管理(上海)有限公司	富安达基金管理有限公司	2000	上海	2012 年 12 月	上海市浦东新区世纪大道 1568 号 29 楼	021-61870999
8	上海兴全睿众资产管理有限公司	兴业全球基金管理有限公司	2000	上海	2012 年 12 月	上海市浦东新区张杨路 500 号华润时代广场 19 楼	021-38824536
9	北京千石创富资本管理有限公司	国金通用基金管理有限公司	2000	北京	2012 年 12 月	北京市海淀区西三环北路 87 号国际财经中心 D 座 14 层	010-88005615 400-0200-018
10	深圳市红塔资产管理有限公司	红塔红土基金管理有限公司	2000	深圳	2012 年 12 月	广东省深圳市南山区侨香路 4068 号智慧广场 A 座 801	0755-36855888
11	鹏华资产管理(深圳)有限公司	鹏华基金管理有限公司	3000	深圳	2012 年 12 月	广东省深圳市福田区福田中心区福华三路国际商会中心 42 楼	0755-88262500
12	北京天地方中资产管理有限公司	天弘基金管理有限公司	2000	北京	2012 年 12 月	北京市西城区月坛北街 2 号月坛大厦 C602	010-83571761
13	民生加银资产管理有限公司	民生加银基金管理有限公司	12500	广州	2013 年 1 月	北京市西城区菜市口大街 1 号院 2 号楼开元名都大酒店 12 层	010-63506800
14	上海新东吴优胜资产管理有限公司	东吴基金管理有限公司	2000	上海	2013 年 1 月	上海市黄浦区西藏南路 1208 号东吴证券大厦 5 楼	021-63122829
15	上海锐懿资产管理有限公司	泰信基金管理有限公司	2000	上海	2013 年 1 月	上海市浦东新区浦东南路 256 号华夏银行大厦 36 层	021-20899315; 021-20899319
16	万家共赢资产管理有限公司	万家基金管理有限公司	6000	上海	2013 年 1 月	上海市浦东新区浦电路 360 号 6 楼 B 单元	021-38619936

序号	公司名称	母公司名称	注册资本（万元）	注册地点	批复时间	办公地址	电话
17	首誉资产管理有限公司	中邮创业基金管理有限公司	5000	深圳	2013年1月	北京市海淀区西直门北大街60号首钢国际大厦7层	010－82295160
18	招商财富资产管理有限公司	招商基金管理有限公司	10000	深圳	2013年2月	广东省深圳市深南大道7888号东海国际中心B座3楼01B单元	0755－23986999
19	博时资本管理有限公司	博时基金管理有限公司	5000	深圳	2013年2月	广东省深圳市福田区深南大道7028号时代科技大厦19楼西	0755－83169999
20	德邦创新资本有限责任公司	德邦基金管理有限公司	5000	上海	2013年2月	上海市浦东新区福山路388号宏嘉大厦28楼	021－20830800
21	上海金元惠理资产管理有限公司	金元惠理基金管理有限公司	2000	上海	2013年2月	上海市浦东新区花园石桥路33号花旗集团大厦36楼3606室	021－68885823
22	上海聚潮资产管理有限公司	浙商基金管理有限公司	2000	上海	2013年2月	上海市浦东新区陆家嘴西路99号万向大厦10层	021－60350842
23	汇添富资本管理有限公司	汇添富基金管理有限公司	5000	上海	2013年2月	中国上海市浦东新区富城路99号震旦大楼22楼	021－28932888
24	信达新兴财富（北京）资产管理有限公司	信达澳银基金管理有限公司	2000	北京	2013年2月	北京市西城区月坛北街26号605室	010－58569988
25	银华财富资本管理（北京）有限公司	银华基金管理有限公司	2000	北京	2013年3月	北京市东城区东长安街1号东方广场C2座3层	010－58163000
26	深圳华宸未来资产管理有限公司	华宸未来基金管理有限公司	2000	深圳	2013年3月	上海市虹口区四川北路1318号盛邦国际大厦805室	400－920－0699 021－56779396
27	国泓资产管理有限公司	益民基金管理有限公司	5000	北京	2013年3月	北京市西城区宣武门外大街10号庄胜广场中央办公楼南翼13A层	010－63105556
28	深圳新华富时资产管理有限公司	新华基金管理有限公司	2000	深圳	2013年3月	北京市西城区西直门外大街1号院2号楼20层	010－68726666
29	中信信诚资产管理有限公司	信诚基金管理有限公司	5000	上海	2013年4月	上海市浦东新区陆家嘴富城路99号震旦国际大楼12楼01室	021－68649783
30	深圳市融通资本财富管理有限公司	融通基金管理有限公司	2000	深圳	2013年4月	深圳市南山区华侨城汉唐大厦13层	0755－26947585
31	国泰元鑫资产管理有限公司	国泰基金管理有限公司	5000	上海	2013年5月	上海市虹口区东大名路558号新华保险大厦11楼01－03A	021－56515336
32	上海华富资产管理有限公司	华富基金管理有限公司	2000	上海	2013年5月	上海市浦东新区浦东南路528号南楼S1903、S1904	021－68869296
33	上海财通资产管理有限公司	财通基金管理有限公司	2000	上海	2013年5月	上海市浦东新区花园石桥路66号东亚银行金融大厦2203－2204室	021－50709999
34	建信资本管理有限责任公司	建信基金管理有限责任公司	5000	上海	2013年5月	北京市西城区闹市口大街1号院长安兴融中心2号楼5B	010－58528008
35	瑞元资本管理有限公司	广发基金管理有限公司	5000	珠海	2013年6月	广东省广州市海珠区琶洲大道东3号保利国际广场东裙楼	9510－5828
36	易方达资产管理有限公司	易方达基金管理有限公司	12000	珠海	2013年6月	广东省广州市天河区珠江新城珠江东路30号广州银行大厦42F	020－85102799
37	兴业财富资产管理有限公司	兴业基金管理有限公司	20000	上海	2013年6月	上海市静安区江宁路168号7楼	021－22211888
38	天治资产管理有限公司	天治基金管理有限公司	5000	北京	2013年6月	北京市西城区金融大街17号投资广场A座20层东区	010－66215855
39	深圳前海金鹰资产管理有限公司	金鹰基金管理有限公司	2000	深圳	2013年7月	广东省深圳市福田区益田路6009号新世界中心25层	0755－82772770
40	中海恒信资产管理（上海）有限公司	中海基金管理有限公司	2000	上海	2013年7月	上海市浦东新区银城中路68号时代金融中心3002－3003单元	021－38429800
41	国投瑞银资本管理有限公司	国投瑞银基金管理有限公司	5000	深圳	2013年7月	北京市西城区金融大街7号英蓝国际7号815室	0755－83160000 400－880－6868
42	富国资产管理（上海）有限公司	富国基金管理有限公司	2000	上海	2013年7月	上海市浦东新区世纪大道8号国金中心二期16层	021－20361602
43	长城嘉信资产管理有限公司	长城基金管理有限公司	5000	深圳	2013年7月	广东省深圳市福田区益田路6009号41层	0755－23980445
44	上海长江财富资产管理有限公司	长信基金管理有限责任公司	2000	上海	2013年8月	上海市浦东新区世纪大道1589号11楼	021－61522010
45	深圳中欧盛世资本管理有限公司	中欧基金管理有限公司	2000	深圳	2013年8月	上海浦东新区花园石桥路66号东亚银行金融大厦7层	021－68609600
46	东方汇智资产管理有限公司	东方基金管理有限责任公司	5000	深圳	2013年8月	北京市西城区锦什坊街28号恒奥中心D座2层	010－66295888
47	上海瑞京资产管理有限公司	东海基金管理有限责任公司	2000	上海	2013年8月	上海市浦东新区世纪大道1528号陆家嘴基金大厦15楼	021－61622155 021－60586959
48	诺安资产管理有限公司	诺安基金管理有限公司	5000	北京	2013年8月	北京市朝阳区光华路甲14号诺安基金大厦15层	010－59027869
49	前海开源资产管理（深圳）有限公司	前海开源基金管理有限公司	2000	深圳	2013年8月	广东省深圳市福田区深南大道7006号万科富春东方大厦2206	400－166－6998
50	农银汇理（上海）资产管理有限公司	农银汇理基金管理有限公司	2000	上海	2013年8月	上海市浦东新区世纪大道1600号1幢3室	021－61095588
51	景顺长城资产管理（深圳）有限公司	景顺长城基金管理有限公司	3000	深圳	2013年9月	广东省深圳市福田区中心四路1号嘉里建设广场第一座22层	0755－22381600
52	道富资产管理有限公司	道富基金管理有限公司	5000	北京	2013年9月	北京市东城区建国门内大街28号民生金融中心A座7层	010－85003210

序号	公司名称	母公司名称	注册资本（万元）	注册地点	批复时间	办公地址	电话
53	华安未来资产管理(上海)有限公司	华安基金管理有限公司	3000	上海	2013年9月	上海市浦东新区世纪大道8号国金中心二期31楼	021-38969999
54	大成创新资本管理有限公司	大成基金管理有限公司	10000	深圳	2013年10月	广东省深圳市福田区深南大道7088号招商银行大厦32层	400-888-5558
55	南方资本管理有限公司	南方基金管理有限公司	20000	深圳	2013年10月	广东省深圳市福田区福华一路六号免税大厦22层	0755-82763888
56	长盛创富资产管理有限公司	长盛基金管理有限公司	5000	北京	2013年10月	北京市海淀区北太平庄路18号城建大厦A座20层	400-888-2666
57	上海浦银安盛资产管理有限公司	浦银安盛基金管理有限公司	2000	上海	2013年11月	上海市淮海中路381号中环广场38楼	021-23212888
58	安信乾盛财富管理(深圳)有限公司	安信基金管理有限责任公司	2000	深圳	2013年11月	广东省深圳市福田区益田路6009号新世界商务中心36层	400-808-8088
59	中铁宝盈资产管理有限公司	宝盈基金管理有限公司	5000	深圳	2013年11月	广东省深圳市深南大道6008号特区报业大厦C座22层	400-888-8300
60	交银施罗德资产管理有限公司	交银施罗德基金管理有限公司	5000	上海	2013年11月	上海市浦东新区世纪大道201号渣打银行大厦10楼	021-61055050
61	深圳华润元大资产管理有限公司	华润元大基金管理有限公司	3000	深圳	2013年11月	广东省深圳市福田区中心西路嘉里建设广场1-1嘉里建设广场第3座7层	0755-83399008
62	国海富兰克林资产管理(上海)有限公司	国海富兰克林基金管理有限公司	2000	上海	2013年11月	上海市浦东新区世纪大道8号国金中心2期9楼	021-38555555

2012年度基金规模统计

基金类型	基金支数	基金期末总份额(亿份)	基金资产净值(亿元)
股票型	550	14,038.85	11,948.54
混合型	214	6,460.27	5,611.79
债券型	206	2,629.06	2,751.4
货币型	52	5,361.27	5,360.82
QDII	66	855.79	612.31
短期理财债券型	22	621.73	621.62
全市场	1,110	29,966.97	26,906.48

2012年度基金申购赎回情况统计

单位:亿元

基金类型	期初份额	期末份额	期间申购额	申购比重	期间赎回额	赎回比重	期间净值申购额	期间净申购比率
股票型	14,106.79	14,038.85	4,449.28	31.54%	5,100.12	36.15%	-650.85	-4.61%
混合型	6,700.86	6,460.27	558.35	8.33%	1,207.22	18.02%	-648.87	-9.68%
债券型	1,433.81	2,629.06	4,110.84	286.71%	4,685.33	326.78%	-574.48	-40.07%
货币型	2,929.84	5,361.27	27,623.27	942.83%	25,223.29	860.91%	2,399.98	81.91%
QDII	907.65	855.79	39.13	4.31%	236.98	26.11%	-197.85	-21.80%
短期理财债券型	0.00	621.73	1,279.22	0%	2,261.40	0%	-982.18	0%
全市场	26,078.95	29,966.97	38,060.09	145.94%	38,714.34	148.45%	-654.25	-2.51%

注：

1. 表中数据未读取【期间份额拆分】的情况，但是【期末份额】包含拆分额

2. 表中数据计算公式【申购比重=期间申购额/期初份额，赎回比重=期间赎回额/期初份额，期间净申购额=期间申购额-期间赎回额，期间净申购比率=期间净申购额/期初份额】

2012年度基金资产组合统计

单位:亿元

基金类型	权益投资	固定收益投资	金融衍生品投资	买入返售金融资产	银行存款和清算备付金合计	其他	合计
股票型	9,822.24	433.83	0.00	200.91	870.37	791.79	12,119.13
混合型	3,759.40	1,370.12	0.00	164.23	438.86	90.26	5,822.87
债券型	67.15	3,424.23	0.00	52.36	378.18	148.03	4,069.95
货币型	0.00	1,642.75	0.00	795.89	3,110.21	177.41	5,726.26
QDII	422.87	6.44	0.39	2.01	52.77	133.73	618.20
短期理财债券型	0.00	146.01	0.00	66.69	396.26	41.10	650.06
全市场	14,071.66	7,023.37	0.39	1,282.09	5,246.65	1,382.32	29,006.48

2012年各类型基金业绩汇总

数据截止日期:2012－12－31,其中QDII的数据截止2012－12－28

分类代码	名称	基金分类	统计基金数量(只)	参与平均计算基金数量(只)	今年以来平均净值增长率(%)
		银河一级分类			
1	股票基金	银河一级分类	601	428	5.82%
2	混合基金	银河一级分类	221	185	3.88%
3	债券基金	银河一级分类	319	191	7.00%
6	QDII基金	银河一级分类	68	49	9.87%
7	封闭式股票基金	银河一级分类	31	28	2.40%
9	封闭式债券基金	银河一级分类	84	39	12.40%
		银河二级分类			
1.1	股票型基金	银河二级分类	340	280	5.61%
1.2	指数股票型基金	银河二级分类	193	130	6.69%
1.3	股票型分级子基金	银河二级分类	68	18	2.82%
2.1	偏股型基金	银河二级分类	73	73	4.10%
2.2	灵活配置型基金	银河二级分类	84	68	3.32%
2.3	股债平衡型基金	银河二级分类	15	14	4.51%
2.4	偏债型基金	银河二级分类	7	7	5.24%
2.5	保本型基金	银河二级分类	35	17	4.04%
2.9	特定策略混合型基金	银河二级分类	7	6	3.99%
3.1	标准债券型基金	银河二级分类	62	7	4.73%
3.2	普通债券型基金	银河二级分类	223	168	7.44%
3.3	可转换债券型基金	银河二级分类	16	10	5.64%
3.4	指数债券型基金	银河二级分类	10	4	2.26%
3.5	债券型分级子基金	银河二级分类	8	2	-5.67%
5.1	货币市场基金(A类)	银河二级分类	62	49	3.95%
5.2	货币市场基金(B类)	银河二级分类	44	26	4.14%
6.1	QDII股票基金	银河二级分类	59	44	10.71%
6.3	QDII债券基金	银河二级分类	3	1	6.06%
6.4	QDII商品基金	银河二级分类	6	4	1.61%
7.1	封闭式股票型基金	银河二级分类	26	26	3.86%
7.2	封闭式指数型股票基金	银河二级分类	1	0	0.00%
7.3	封闭式股票型分级子基金	银河二级分类	4	2	-16.55%
9.1	封闭式标准债券型基金	银河二级分类	6	0	0.00%
9.2	封闭式普通债券基金	银河二级分类	38	21	10.52%
9.5	封闭式债券型分级子基金	银河二级分类	40	18	14.60%
		银河三级分类			
1.1.1	标准股票型基金	银河三级分类	334	274	5.55%
1.1.2	普通股票型基金	银河三级分类	6	6	8.18%
1.2.1	标准指数股票型基金	银河三级分类	126	82	6.83%
1.2.2	增强指数股票型基金	银河三级分类	26	16	8.24%
1.2.3	ETF联接基金	银河三级分类	41	32	5.56%
1.3.1	股票型分级子基金(优先份额)	银河三级分类	34	9	6.59%
1.3.2	股票型分级子基金(进取份额)	银河三级分类	34	9	-0.94%
2.1.1	偏股型基金(股票上限95%)	银河三级分类	43	43	4.94%
2.1.2	偏股型基金(股票上限80%)	银河三级分类	30	30	2.90%
2.2.1	灵活配置型基金(股票上限95%)	银河三级分类	13	12	4.44%
2.2.2	灵活配置型基金(股票上限80%)	银河三级分类	71	56	3.08%
2.3.1	股债平衡型基金	银河三级分类	15	14	4.51%
2.4.1	偏债型基金	银河三级分类	7	7	5.24%
2.5.1	保本型基金	银河三级分类	35	17	4.04%
2.9.1	特定策略混合型基金	银河三级分类	7	6	3.99%
3.1.1	长期标准债券型基金(A类)	银河三级分类	34	3	5.23%
3.1.2	长期标准债券型基金(B/C类)	银河三级分类	26	2	3.23%
3.1.3	中短期标准债券型基金(A类)	银河三级分类	2	2	5.50%

分类代码	名称	基金分类	统计基金数量(只)	参与平均计算基金数量(只)	今年以来平均净值增长率(%)
3.2.1	普通债券型基金(一级 A 类)	银河三级分类	59	47	7.70%
3.2.2	普通债券型基金(一级 B/C 类)	银河三级分类	36	30	7.68%
3.2.3	普通债券型基金(二级 A 类)	银河三级分类	77	55	7.01%
3.2.4	普通债券型基金(二级 B/C 类)	银河三级分类	51	36	7.54%
3.3.1	可转换债券型基金(A 类)	银河三级分类	10	6	5.44%
3.3.2	可转换债券型基金(B/C 类)	银河三级分类	6	4	5.95%
3.4.1	指数债券型基金(A 类)	银河三级分类	6	2	2.48%
3.4.2	指数债券型基金(B/C 类)	银河三级分类	4	2	2.04%
3.5.1	债券型分级子基金(优先份额)	银河三级分类	4	1	5.02%
3.5.2	债券型分级子基金(进取份额)	银河三级分类	4	1	-16.37%
5.1.1	货币市场基金(A 类)	银河三级分类	62	49	3.95%
5.2.1	货币市场基金(B 类)	银河三级分类	44	26	4.14%
6.1.1	QDII 全球股票型基金	银河三级分类	21	17	5.60%
6.1.2	QDII 亚太股票型基金	银河三级分类	7	6	15.82%
6.1.3	QDII 新兴市场股票型基金	银河三级分类	4	4	16.62%
6.1.4	QDII 成熟市场股票型基金	银河三级分类	2	1	3.59%
6.1.5	QDII 大中华股票型基金	银河三级分类	8	7	18.18%
6.1.7	QDII 指数股票型基金	银河三级分类	15	9	9.32%
6.1.8	QDII-ETF 联接基金	银河三级分类	2	0	0.00%
6.3.1	QDII 债券基金	银河三级分类	3	1	6.06%
6.4.1	QDII 商品基金	银河三级分类	6	4	1.61%
7.1.1	封闭式标准股票型基金	银河三级分类	2	2	0.33%
7.1.2	封闭式普通股票型基金	银河三级分类	24	24	4.15%
7.2.1	封闭式标准指数型股票基金	银河三级分类	1	0	0.00%
7.3.1	封闭式股票型分级子基金(优先份额)	银河三级分类	2	1	5.14%
7.3.2	封闭式股票型分级子基金(进取份额)	银河三级分类	2	1	-38.25%
9.1.1	封闭式长期标准债券型基金	银河三级分类	6	0	0.00%
9.2.1	封闭式普通债券型基金(一级)	银河三级分类	34	17	10.57%
9.2.2	封闭式普通债券型基金(二级)	银河三级分类	4	4	10.28%
9.5.1	封闭式债券型分级子基金(优先份额)	银河三级分类	20	9	4.43%
9.5.2	封闭式债券型分级子基金(进取份额)	银河三级分类	20	9	24.76%

数据来源:中国银河证券基金研究中心(http://fund.chinastock.com.cn)

市场主要指数同期涨跌幅度

数据截止日期:2012-12-31

序号	指数代码	指数简称	当日涨跌幅度(%)	上一年度收盘点位	上一年度收盘点位对应时间	最新收盘点位	最新收盘点位对应时间	今年以来涨跌幅度(%)
1	000001	上证指数	1.61%	2199.42	2011-12-30	2269.13	2012-12-31	3.17%
2	000002	A 股指数	1.61%	2304.12	2011-12-30	2376.04	2012-12-31	3.12%
3	000010	上证 180	2.00%	5009.28	2011-12-30	5550.09	2012-12-31	10.80%
4	000016	上证 50	2.19%	1617.61	2011-12-30	1857.68	2012-12-31	14.84%
5	000300	沪深 300	1.73%	2345.74	2011-12-30	2522.95	2012-12-31	7.55%
6	399001	深证成指	0.99%	8918.82	2011-12-30	9116.48	2012-12-31	2.22%
7	399002	成份 A 指	0.99%	9779.84	2011-12-30	10136.93	2012-12-31	3.65%
8	399004	深证 100R	1.15%	3168.23	2011-12-30	3273.44	2012-12-31	3.32%
9	000903	中证 100	1.86%	2239.51	2011-12-30	2480.64	2012-12-31	10.77%
10	000904	中证 200	1.47%	2827.4	2011-12-30	2867	2012-12-31	1.40%
11	000905	中证 500	1.26%	3266.78	2011-12-30	3275.86	2012-12-31	0.28%
12	000907	中证 700	1.37%	3029.4	2011-12-30	3056.47	2012-12-31	0.89%
13	000906	中证 800	1.62%	2500.65	2011-12-30	2645.86	2012-12-31	5.81%
14	000902	中证流通	1.42%	2732.56	2011-12-30	2867.29	2012-12-31	4.93%
15	399005	中小板指	1.09%	4295.86	2011-12-30	4236.6	2012-12-31	-1.38%
16	399006	创业板指	0.88%	729.5	2011-12-30	713.86	2012-12-31	-2.14%
17	000012	国债指数	0.03%	131.39	2011-12-30	135.79	2012-12-31	3.35%

执业说明和免责声明:

1. 基金投资有风险,请谨慎抉择,本表所有信息与数据仅供参考,不构成投资建议。

2. 中国银河证券股份有限公司拥有证券投资咨询资格,我司基金研究业务内设机构是中国银河证券基金研究中心,中心负责人胡立峰。

3. 2010 年 5 月 18 日,中国证券业协会(中证协发[2010]69 号)同意中国银河证券股份有限公司证券投资基金评价业务备案申请,我司基金评价业务范围为:基金及基金管理公司评级、单一指标排名。根据向中国证监会和中国证券业协会备案的公告信息,我司基金评价业务内设机构是中国银河证券基金研究中心,我司基金评价业务负责人是胡立峰。

2012年中国基金业绩日报表(简要版)

净值数据截止日期:2012-12-31

开发式基金

序号	基金代码	基金简称	基金管理公司简称	基金成立日期	份额净值(元)	份额累计净值(元)	还原后份额累计净值(元)	2012年净值增长率	2012年同类型排名	成立以来净值增长率	成立以来年化收益率
1.1.1 股票基金-股票型基金-标准股票型基金											
1	020001	国泰金鹰增长股票	国泰	2002-05-08	0.7950	3.7990	--	4.19%	150/274	358.74%	15.37%
2	240005	华宝兴业多策略股票	华宝兴业	2004-05-11	0.4713	0.7443	3.8280	-0.67%	229/274	223.83%	14.56%
3	100020	富国天益价值股票	富国	2004-06-15	0.8461	2.9009	5.0102	5.91%	114/274	427.58%	21.47%
4	260104	景顺长城内需增长股票	景顺长城	2004-06-25	2.6830	4.4390	--	2.65%	182/274	399.98%	20.78%
5	162204	泰达宏利精选股票	泰达宏利	2004-07-09	3.3093	4.3893	--	2.12%	194/274	359.31%	19.68%
6	360001	光大保德信量化股票	光大保德信	2004-08-27	0.7844	0.9444	2.6901	8.31%	83/274	165.59%	12.41%
7	160105	南方积极配置股票(LOF)	南方	2004-10-14	0.9438	2.4358	--	1.90%	198/274	185.50%	13.61%
8	160505	博时主题行业股票(LOF)	博时	2005-01-06	1.7380	3.5540	--	17.16%	16/274	413.22%	22.72%
9	162703	广发小盘成长股票(LOF)	广发	2005-02-02	1.8282	3.1382	--	12.1[illegible]%	39/274	290.55%	18.78%
10	213002	宝盈泛沿海增长股票	宝盈	2005-03-08	0.3961	0.5961	1.8834	4.07%	153/274	58.91%	6.10%
11	162605	景顺长城鼎益股票(LOF)	景顺长城	2005-03-16	0.8450	2.9450	--	6.69%	107/274	234.82%	16.76%
12	460001	华泰柏瑞盛世中国股票	华泰柏瑞	2005-04-27	0.5137	0.5797	2.3905	0.21%	220/274	203.83%	15.56%
13	160106	南方高增长股票(LOF)	南方	2005-07-13	1.3573	2.8043	--	12.9[illegible]%	33/274	259.94%	18.69%
14	161903	万家公用事业行业股票(LOF)	万家	2005-07-15	0.5558	0.5818	1.7622	-3.47%	250/274	82.27%	8.37%
15	519005	海富通股票	海富通	2005-07-29	0.5430	2.4920	--	-1.68%	235/274	141.27%	12.58%
16	481001	工银核心价值股票	工银瑞信	2005-08-31	0.2862	0.9112	3.7081	3.70%	163/274	283.48%	20.10%
17	519001	银华价值优选股票	银华	2005-09-27	1.1744	1.1744	4.0164	4.03%	155/274	351.78%	23.07%
18	519688	交银精选股票	交银施罗德	2005-09-29	0.7233	1.2133	3.1369	8.13%	84/274	212.99%	17.02%
19	377010	上投摩根阿尔法股票	上投摩根	2005-10-11	2.0856	4.0056	--	-7.17%	272/274	247.75%	18.82%
20	310328	申万菱信新动力股票	申万菱信	2005-11-10	0.5797	0.7947	2.3329	10.9[illegible]%	55/274	129.57%	12.33%
21	240004	华宝兴业动力组合股票	华宝兴业	2005-11-17	0.7511	3.2611	--	1.24%	205/274	252.46%	19.34%
22	161706	招商优质成长股票(LOF)	招商	2005-11-17	1.0724	1.0724	3.0776	5.59%	119/274	261.50%	19.76%
23	288002	华夏收入股票	华夏	2005-11-17	2.2280	3.6280	--	2.06%	195/274	402.57%	25.43%
24	530001	建信恒久价值股票	建信	2005-12-01	0.4958	1.1808	2.3866	0.92%	208/274	161.90%	14.55%
25	320003	诺安股票	诺安	2005-12-19	0.7614	2.6449	--	-3.40%	251/274	187.33%	16.18%
26	270005	广发聚丰股票	广发	2005-12-23	0.6359	0.6859	3.7051	4.35%	146/274	283.67%	21.09%
27	257020	国联安精选股票	国联安	2005-12-28	0.8040	0.8560	2.6216	21.2[illegible]%	5/274	226.08%	18.36%
28	163503	天治核心成长股票(LOF)	天治	2006-01-20	0.5030	0.5030	1.9915	11.7[illegible]%	46/274	116.55%	11.76%
29	162607	景顺长城资源垄断股票(LOF)	景顺长城	2006-01-26	0.6740	0.7140	2.3032	3.06%	177/274	163.39%	14.99%
30	163803	中银增长股票	中银	2006-03-17	0.6428	0.9428	2.6496	9.02%	79/274	183.29%	16.56%
31	360005	光大保德信红利股票	光大保德信	2006-03-24	2.3284	2.9864	--	16.2[illegible]%	19/274	203.37%	17.79%
32	200006	长城消费增值股票	长城	2006-04-06	0.7900	2.2300	--	4.1[illegible]%	152/274	143.69%	14.12%
33	121003	国投瑞银核心企业股票	国投瑞银	2006-04-19	0.7337	2.2637	--	1.8[illegible]%	199/274	102.48%	11.09%
34	519994	长信金利趋势股票	长信	2006-04-30	0.6545	0.7975	1.9939	5.0[illegible]%	134/274	96.78%	10.67%
35	180010	银华优质增长股票	银华	2006-06-09	1.3427	2.9027	--	2.1[illegible]%	192/274	150.31%	15.00%
36	110009	易方达价值精选股票	易方达	2006-06-13	1.0199	2.3599	--	7.1[illegible]%	101/274	154.93%	15.34%
37	450002	国富弹性市值股票	国海富兰克林	2006-06-14	1.2270	2.5470	--	13.6[illegible]%	31/274	236.03%	20.32%
38	260108	景顺长城新兴成长股票	景顺长城	2006-06-28	0.6220	1.9820	--	-6.[illegible]7%	270/274	42.25%	5.56%
39	160607	鹏华价值优势股票(LOF)	鹏华	2006-07-18	0.7940	0.7940	2.4731	9.3[illegible]%	75/274	154.16%	15.53%
40	519018	汇添富均衡增长股票	汇添富	2006-08-07	0.6207	0.7707	2.2019	5.2[illegible]%	129/274	115.58%	12.74%
41	040005	华安宏利股票	华安	2006-09-06	2.1285	2.7485	--	5.36%	122/274	171.62%	17.12%
42	530003	建信优选成长股票	建信	2006-09-08	0.7889	2.2389	--	3.9[illegible]%	159/274	79.55%	9.71%
43	360006	光大保德信新增长股票	光大保德信	2006-09-14	1.0256	2.3056	--	2.4[illegible]%	185/274	120.94%	13.41%
44	378010	上投摩根成长先锋股票	上投摩根	2006-09-20	1.1680	2.0370	--	14.2[illegible]%	27/274	91.81%	10.92%
45	340006	兴全全球视野股票	兴业全球	2006-09-20	2.1673	3.2773	--	4.5[illegible]%	143/274	232.39%	21.06%
46	540002	汇丰晋信龙腾股票	汇丰晋信	2006-09-27	1.1704	2.0364	--	0.7[illegible]%	213/274	102.78%	11.94%
47	590001	中邮核心优选股票	中邮创业	2006-09-28	0.9102	2.1302	--	-4.[illegible]1%	255/274	85.39%	10.36%
48	260109	景顺长城内需贰号股票	景顺长城	2006-10-11	0.8960	2.2220	--	1.2[illegible]%	204/274	146.44%	15.59%
49	519013	海富通风格优势股票	海富通	2006-10-19	0.7920	1.8980	--	-1.[illegible]2%	233/274	88.19%	10.73%
50	519692	交银成长股票	交银施罗德	2006-10-23	2.6168	2.8618	--	14.[illegible]3%	25/274	186.42%	18.52%
51	240009	华宝兴业先进成长股票	华宝兴业	2006-11-07	1.2797	1.5477	--	6.2[illegible]%	109/274	57.30%	7.64%
52	519993	长信增利动态策略股票	长信	2006-11-09	0.6080	1.8470	--	2.1[illegible]%	191/274	45.85%	6.33%

序号	基金代码	基金简称	基金管理公司简称	基金成立日期	份额净值（元）	份额累计净值（元）	还原后份额累计净值（元）	2012年净值增长率	2012年同类型排名	成立以来净值增长率	成立以来年化收益率
53	161609	融通动力先锋股票	融通	2006-11-15	0.9410	1.4860	--	2.62%	184/274	33.91%	4.88%
54	100026	富国天合稳健股票	富国	2006-11-15	0.7967	2.2142	--	6.01%	112/274	97.19%	11.71%
55	121005	国投瑞银创新动力股票	国投瑞银	2006-11-15	0.6451	1.3471	2.3170	2.87%	179/274	116.24%	13.40%
56	180012	银华富裕主题股票	银华	2006-11-16	0.9743	1.9273	--	0.41%	219/274	99.60%	11.94%
57	202003	南方绩优成长股票	南方	2006-11-16	1.1245	2.0412	--	7.46%	93/274	105.41%	12.46%
58	320005	诺安价值增长股票	诺安	2006-11-21	0.7147	1.6597	--	-4.66%	259/274	44.99%	6.26%
59	000021	华夏优势增长股票	华夏	2006-11-24	1.0980	2.2680	--	0.83%	210/274	125.89%	14.27%
60	550002	信诚精萃成长股票	信诚	2006-11-27	0.5894	0.7894	1.8647	10.27%	64/274	96.81%	11.74%
61	162208	泰达宏利首选企业股票	泰达宏利	2006-12-01	0.9559	1.2759	--	4.28%	149/274	24.88%	3.72%
62	481004	工银稳健成长股票	工银瑞信	2006-12-06	1.1764	1.4264	--	0.46%	218/274	43.62%	6.14%
63	290004	泰信优质生活股票	泰信	2006-12-15	0.7099	1.3099	--	-3.30%	248/274	8.77%	1.40%
64	580002	东吴双动力股票	东吴	2006-12-15	1.1329	1.7129	--	7.24%	99/274	65.79%	8.72%
65	519017	大成积极成长股票	大成	2007-01-16	0.7820	1.1980	2.0395	-3.22%	246/274	21.27%	3.29%
66	213003	宝盈策略增长股票	宝盈	2007-01-19	0.8068	1.2068	--	5.73%	117/274	6.39%	1.05%
67	257030	国联安优势股票	国联安	2007-01-24	0.8750	1.1560	--	8.02%	87/274	12.85%	2.06%
68	166001	中欧新趋势股票(LOF)	中欧	2007-01-29	0.6988	0.9588	--	10.78%	57/274	-17.01%	-3.10%
69	162006	长城久富股票(LOF)	长城	2007-02-12	1.0336	1.5436	4.1207	7.96%	89/274	57.64%	8.04%
70	610001	信达澳银领先增长股票	信达澳银	2007-03-08	0.9727	1.2527	--	-0.74%	230/274	18.20%	2.91%
71	519068	汇添富成长焦点股票	汇添富	2007-03-12	1.0561	1.2961	--	4.77%	138/274	24.77%	3.88%
72	410003	华富成长趋势股票	华富	2007-03-19	0.4936	0.7836	--	-6.30%	269/274	-36.91%	-7.65%
73	450003	国富潜力组合股票	国海富兰克林	2007-03-22	0.9105	1.3205	--	0.63%	216/274	29.91%	4.63%
74	040007	华安中小盘成长股票	华安	2007-04-10	0.9125	0.9125	2.1124	3.42%	169/274	-5.30%	-0.95%
75	050008	博时第三产业股票	博时	2007-04-12	1.0300	1.2200	2.6988	10.28%	63/274	22.94%	3.67%
76	377020	上投摩根内需动力股票	上投摩根	2007-04-13	0.9352	1.2012	--	8.88%	82/274	18.31%	2.98%
77	570001	诺德价值优势股票	诺德	2007-04-19	0.8204	0.8204	--	4.31%	148/274	-17.96%	-3.41%
78	160611	鹏华优质治理股票(LOF)	鹏华	2007-04-25	0.8320	0.9320	--	4.65%	141/274	-8.64%	-1.58%
79	519035	富国天博创新股票	富国	2007-04-27	0.8065	1.0645	2.8487	8.97%	80/274	12.81%	2.14%
80	161610	融通领先成长股票(LOF)	融通	2007-04-30	0.6900	0.8350	2.1500	-4.83%	261/274	-11.75%	-2.18%
81	202005	南方成份精选股票	南方	2007-05-14	0.9018	0.9218	2.9546	14.60%	24/274	-6.88%	-1.26%
82	020010	国泰金牛创新股票	国泰	2007-05-18	0.9850	1.1400	--	9.93%	71/274	13.65%	2.30%
83	240010	华宝兴业行业精选股票	华宝兴业	2007-06-14	0.8869	0.8869	--	12.67%	36/274	-11.31%	-2.14%
84	260110	景顺长城精选蓝筹股票	景顺长城	2007-06-18	0.6800	0.6800	--	0.89%	209/274	-32.00%	-6.72%
85	050009	博时新兴成长股票	博时	2007-07-06	0.4980	0.6500	2.4385	-4.96%	262/274	-21.42%	-4.29%
86	481006	工银红利股票	工银瑞信	2007-07-18	0.8936	0.9336	--	10.20%	66/274	-7.46%	-1.41%
87	040008	华安策略优选股票	华安	2007-08-02	0.5872	0.5872	1.4893	-1.71%	236/274	-38.63%	-8.62%
88	162209	泰达宏利市值优选股票	泰达宏利	2007-08-03	0.7084	0.7084	--	11.33%	49/274	-29.16%	-6.17%
89	200008	长城品牌优选股票	长城	2007-08-06	0.7591	0.7591	--	12.76%	35/274	-24.09%	-4.97%
90	519694	交银蓝筹股票	交银施罗德	2007-08-08	0.7116	0.7266	--	10.24%	65/274	-27.85%	-5.86%
91	590002	中邮核心成长股票	中邮创业	2007-08-17	0.4573	0.4573	--	-2.60%	242/274	-54.27%	-13.54%
92	360007	光大保德信优势股票	光大保德信	2007-08-24	0.6459	0.6459	--	5.23%	128/274	-35.41%	-7.83%
93	000031	华夏复兴股票	华夏	2007-09-10	1.0540	1.0540	--	-0.66%	228/274	5.40%	0.99%
94	519039	长盛同德主题股票	长盛	2007-10-25	0.7130	0.7130	2.0431	-4.82%	260/274	-31.36%	-7.00%
95	202007	南方隆元产业主题股票	南方	2007-11-09	0.5620	0.5620	2.1644	9.13%	78/274	-45.83%	-11.23%
96	160314	华夏行业股票(LOF)	华夏	2007-11-22	0.8240	0.8240	3.0045	5.24%	126/274	-16.59%	-3.49%
97	070099	嘉实优质企业股票	嘉实	2007-12-01	0.9020	0.9020	--	12.19%	38/274	-9.79%	-2.01%
98	519019	大成景阳领先股票	大成	2007-12-11	0.6240	0.6830	2.7176	-1.42%	234/274	-28.00%	-6.29%
99	110029	易方达科讯股票	易方达	2007-12-18	0.6151	0.6251	1.7660	5.51%	120/274	-30.83%	-7.05%
100	121008	国投瑞银成长优选股票	国投瑞银	2008-01-10	0.6373	0.9073	1.9891	3.96%	158/274	-19.62%	-4.29%
101	202009	南方盛元红利股票	南方	2008-03-21	0.7810	0.8790	--	10.47%	62/274	-14.00%	-3.10%
102	163805	中银策略股票	中银	2008-04-03	0.9862	1.3162	--	12.06%	41/274	27.42%	5.24%
103	213008	宝盈资源优选股票	宝盈	2008-04-15	0.9312	1.1012	1.1978	6.07%	111/274	4.49%	0.94%
104	519110	浦银安盛价值成长股票	浦银安盛	2008-04-16	0.7560	0.7560	--	4.85%	137/274	-24.40%	-5.76%
105	580003	东吴行业轮动股票	东吴	2008-04-23	0.7103	0.7903	--	-2.86%	243/274	-24.28%	-5.76%
106	340007	兴全社会责任股票	兴业全球	2008-04-30	1.2610	1.4510	--	11.49%	47/274	43.69%	8.06%
107	350005	天治创新先锋股票	天治	2008-05-08	1.0725	1.0725	--	10.52%	61/274	7.25%	1.52%
108	519668	银河成长股票	银河	2008-05-26	1.0981	1.6531	--	14.66%	23/274	67.61%	11.87%
109	070013	嘉实研究精选股票	嘉实	2008-05-27	1.4440	1.8100	--	16.08%	21/274	82.55%	13.98%

序号	基金代码	基金简称	基金管理公司简称	基金成立日期	份额净值（元）	份额累计净值（元）	还原后份额累计净值（元）	2012年净值增长率	2012年同类型排名	成立以来净值增长率	成立以来年化收益率
110	050010	博时特许价值股票	博时	2008－05－28	1.0600	1.4050	－－	6.9[illegible]%	102/274	37.71%	7.21%
111	400007	东方策略成长股票	东方	2008－06－03	1.3799	1.3799	－－	10.07%	68/274	37.99%	7.28%
112	550003	信诚盛世蓝筹股票	信诚	2008－06－04	1.7380	1.7380	－－	8.0[illegible]%	88/274	73.80%	12.83%
113	202011	南方优选价值股票	南方	2008－06－18	1.0660	1.5860	－－	12.09%	40/274	61.38%	11.12%
114	217010	招商大盘蓝筹股票	招商	2008－06－19	0.9230	1.3030	－－	5.2[illegible]%	124/274	19.20%	3.95%
115	110011	易方达中小盘股票	易方达	2008－06－19	1.4782	1.5182	－－	5.2[illegible]%	123/274	52.60%	9.76%
116	450004	国富深化价值股票	国海富兰克林	2008－07－03	1.1305	1.6005	－－	19.11%	10/274	63.14%	11.49%
117	310368	申万菱信竞争优势股票	申万菱信	2008－07－04	0.9972	1.4672	－－	10.05%	69/274	43.34%	8.34%
118	460005	华泰柏瑞价值增长股票	华泰柏瑞	2008－07－16	0.9871	1.4971	－－	－1.75%	237/274	43.23%	8.38%
119	270008	广发核心精选股票	广发	2008－07－16	1.5760	1.7860	－－	20.12%	7/274	80.42%	14.14%
120	519089	新华优选成长股票	新华	2008－07－25	1.2017	1.9017	－－	4.0[illegible]%	154/274	90.56%	15.64%
121	481008	工银大盘蓝筹股票	工银瑞信	2008－08－04	0.7520	1.1620	－－	－1.[illegible]6%	239/274	2.72%	0.61%
122	660001	农银行业成长股票	农银汇理	2008－08－04	1.1297	1.7297	－－	14.12%	28/274	75.25%	13.56%
123	180013	银华领先策略股票	银华	2008－08－20	0.9916	1.3716	－－	－4.[illegible]4%	257/274	26.46%	5.52%
124	630002	华商盛世成长股票	华商	2008－09－23	1.6020	1.8670	－－	－4.[illegible]1%	258/274	95.31%	16.96%
125	240011	华宝兴业大盘精选股票	华宝兴业	2008－10－07	1.3360	1.4160	－－	7.40%	94/274	39.62%	8.20%
126	160613	鹏华盛世创新股票（LOF）	鹏华	2008－10－10	1.1900	1.2200	－－	11.21%	51/274	22.37%	4.89%
127	257040	国联安红利股票	国联安	2008－10－22	0.8420	1.2130	－－	8.9[illegible]%	81/274	16.43%	3.69%
128	040011	华安核心股票	华安	2008－10－22	0.9241	1.4241	－－	11.74%	45/274	32.88%	7.01%
129	260111	景顺长城公司治理股票	景顺长城	2008－10－22	0.8700	1.2180	－－	－5.[illegible]4%	266/274	12.07%	2.75%
130	110013	易方达科翔股票	易方达	2008－11－13	1.1370	1.3770	1.8456	4.70%	139/274	43.84%	9.19%
131	530006	建信核心精选股票	建信	2008－11－25	1.0690	1.7340	－－	9.87%	72/274	79.03%	15.26%
132	090007	大成策略回报股票	大成	2008－11－26	0.8600	1.5540	－－	2.0[illegible]%	196/274	60.28%	12.20%
133	420003	天弘永定价值成长股票	天弘	2008－12－02	0.8372	1.1722	－－	7.2[illegible]%	98/274	11.65%	2.74%
134	200010	长城双动力股票	长城	2009－01－15	0.9035	0.9285	－－	7.9[illegible]%	90/274	－7.64%	－1.98%
135	379010	上投摩根中小盘股票	上投摩根	2009－01－21	1.2640	1.3040	－－	13.67%	30/274	30.20%	6.92%
136	519069	汇添富价值精选股票	汇添富	2009－01－23	1.1820	1.6520	－－	18.79%	11/274	67.85%	14.05%
137	360010	光大保德信均衡精选股票	光大保德信	2009－03－04	0.9165	1.0365	－－	2.4[illegible]%	186/274	1.78%	0.46%
138	320007	诺安成长股票	诺安	2009－03－10	0.8280	1.2730	－－	－1.78%	238/274	24.02%	5.81%
139	070017	嘉实量化阿尔法股票	嘉实	2009－03－20	0.8300	0.9100	－－	1.10%	206/274	－11.60%	－3.20%
140	450007	国富成长动力股票	国海富兰克林	2009－03－25	0.8977	1.0777	－－	12.48%	37/274	5.46%	1.42%
141	110015	易方达行业领先股票	易方达	2009－03－26	1.0550	1.1350	－－	4.6[illegible]%	140/274	12.10%	3.08%
142	519698	交银先锋股票	交银施罗德	2009－04－10	1.1233	1.1783	－－	19.63%	9/274	17.49%	4.42%
143	161611	融通内需驱动股票	融通	2009－04－22	0.6740	0.7940	－－	10.67%	58/274	－24.94%	－7.47%
144	290006	泰信蓝筹精选股票	泰信	2009－04－22	0.7938	1.1938	－－	16.55%	18/274	14.15%	3.65%
145	519670	银河行业优选股票	银河	2009－04－24	0.9860	1.3460	－－	3.0[illegible]%	178/274	32.19%	7.86%
146	519025	海富通领先成长股票	海富通	2009－04－30	0.8720	1.0220	－－	－3.[illegible]2%	247/274	－0.82%	－0.22%
147	519185	万家精选股票	万家	2009－05－18	0.8476	0.9276	－－	18.55%	13/274	－8.83%	－2.52%
148	020015	国泰区位优势股票	国泰	2009－05－27	0.9800	1.0250	－－	－4.[illegible]0%	256/274	2.11%	0.58%
149	310388	申万菱信消费增长股票	申万菱信	2009－06－12	0.8100	0.8950	－－	5.47%	121/274	－12.54%	－3.70%
150	270021	广发聚瑞股票	广发	2009－06－16	1.1030	1.1030	－－	11.75%	44/274	10.30%	2.80%
151	217012	招商行业领先股票	招商	2009－06－19	0.9110	0.9110	－－	5.07%	133/274	－8.90%	－2.60%
152	398041	中海量化策略股票	中海	2009－06－24	0.9150	0.9520	－－	7.27%	97/274	－5.28%	－1.53%
153	400011	东方核心动力股票	东方	2009－06－24	0.7778	0.7778	－－	6.8[illegible]%	105/274	－22.22%	－6.88%
154	540006	汇丰晋信大盘股票	汇丰晋信	2009－06－24	1.0133	1.0733	－－	4.9[illegible]%	135/274	7.40%	2.05%
155	210003	金鹰行业优势股票	金鹰	2009－07－01	0.6892	0.7192	－－	－6.[illegible]8%	271/274	－29.34%	－9.44%
156	161810	银华内需精选股票（LOF）	银华	2009－07－01	0.6770	0.6770	0.6437	2.27%	190/274	－30.89%	－10.01%
157	166005	中欧价值发现股票	中欧	2009－07－24	0.9960	0.9960	－－	15.[illegible]5%	22/274	－0.40%	－0.12%
158	519987	长信恒利优势股票	长信	2009－07－30	0.7070	0.7070	－－	3.5[illegible]%	166/274	－29.30%	－9.63%
159	460007	华泰柏瑞行业领先股票	华泰柏瑞	2009－08－03	0.6830	0.6830	－－	6.3[illegible]%	108/274	－31.70%	－10.57%
160	257050	国联安主题驱动股票	国联安	2009－08－26	0.9230	0.9230	－－	10.67%	59/274	－7.70%	－2.36%
161	550008	信诚优胜精选股票	信诚	2009－08－26	0.8130	0.8130	－－	6.8[illegible]%	104/274	－18.70%	－5.99%
162	090009	大成行业轮动股票	大成	2009－09－08	0.7900	0.7900	－－	3.54%	165/274	－21.00%	－6.86%
163	206002	鹏华精选成长股票	鹏华	2009－09－09	0.7860	0.7860	－－	9.3[illegible]%	76/274	－21.40%	－7.01%
164	620004	金元惠理价值增长股票	金元惠理	2009－09－11	0.7860	0.7860	－－	－0.[illegible]1%	224/274	－21.40%	－7.02%
165	570005	诺德成长优势股票	诺德	2009－09－22	0.9420	0.9420	－－	7.1[illegible]%	100/274	－5.80%	－1.81%
166	233006	大摩领先优势股票	摩根士丹利华鑫	2009－09－22	0.9173	0.9173	－－	－0.[illegible]1%	231/274	－8.27%	－2.60%

序号	基金代码	基金简称	基金管理公司简称	基金成立日期	份额净值（元）	份额累计净值（元）	还原后份额累计净值（元）	2012 年净值增长率	2012 年同类型排名	成立以来净值增长率	成立以来年化收益率
167	660004	农银汇理策略价值股票	农银汇理	2009-09-29	1.0388	1.0388	--	11.40%	48/274	3.88%	1.18%
168	160211	国泰中小盘成长股票(LOF)	国泰	2009-10-19	0.8630	0.8630	1.0303	0.70%	215/274	-6.36%	-2.03%
169	260112	景顺长城能源基建股票	景顺长城	2009-10-20	1.1280	1.1430	--	20.64%	6/274	14.27%	4.26%
170	080005	长盛量化红利策略股票	长盛	2009-11-25	0.8470	0.8870	--	2.42%	187/274	-11.80%	-3.97%
171	610004	信达澳银中小盘股票	信达澳银	2009-12-01	0.7860	0.7860	--	-3.20%	245/274	-21.40%	-7.51%
172	519115	浦银安盛红利精选股票	浦银安盛	2009-12-03	0.8150	0.8150	--	10.14%	67/274	-18.50%	-6.43%
173	162212	泰达宏利红利先锋股票	泰达宏利	2009-12-03	1.0250	1.0770	--	3.22%	174/274	7.12%	2.26%
174	000061	华夏盛世股票	华夏	2009-12-11	0.7590	0.7590	--	11.29%	50/274	-24.10%	-8.62%
175	540007	汇丰晋信中小盘股票	汇丰晋信	2009-12-11	0.7317	0.7517	--	1.44%	203/274	-25.50%	-9.18%
176	420005	天弘周期策略股票	天弘	2009-12-17	0.8760	0.9180	--	3.18%	175/274	-9.21%	-3.13%
177	470008	汇添富策略回报股票	汇添富	2009-12-22	0.9260	0.9460	--	3.81%	161/274	-5.76%	-1.94%
178	217013	招商中小盘精选股票	招商	2009-12-25	0.8460	0.8460	--	3.80%	162/274	-15.40%	-5.39%
179	166006	中欧中小盘股票(LOF)	中欧	2009-12-30	0.9479	0.9979	--	29.34%	1/274	-0.83%	-0.28%
180	580006	东吴新经济股票	东吴	2009-12-30	0.9650	0.9650	--	1.90%	197/274	-3.50%	-1.18%
181	377530	上投摩根行业轮动股票	上投摩根	2010-01-28	0.8720	0.8720	--	13.69%	29/274	-12.80%	-4.57%
182	519093	新华钻石品质企业股票	新华	2010-02-03	0.9610	0.9610	--	12.00%	42/274	-3.90%	-1.36%
183	690003	民生加银精选股票	民生加银	2010-02-03	0.7260	0.7260	--	4.16%	151/274	-27.40%	-10.42%
184	481010	工银中小盘成长股票	工银瑞信	2010-02-10	0.7210	0.7210	--	-5.26%	264/274	-27.90%	-10.70%
185	550009	信诚中小盘股票	信诚	2010-02-10	0.6810	0.8110	--	0.00%	221/274	-22.81%	-8.57%
186	620005	金元惠理核心动力股票	金元惠理	2010-02-11	0.7330	0.7330	--	-1.08%	232/274	-26.70%	-10.20%
187	660005	农银汇理中小盘股票	农银汇理	2010-03-25	1.0666	1.0666	--	11.13%	53/274	6.66%	2.35%
188	202019	南方策略优化股票	南方	2010-03-30	0.6500	0.6700	--	-1.96%	240/274	-33.71%	-13.84%
189	210004	金鹰稳健成长股票	金鹰	2010-04-14	0.6530	0.8330	--	-3.83%	254/274	-23.52%	-9.40%
190	360012	光大保德信中小盘股票	光大保德信	2010-04-14	0.8749	0.9049	--	2.86%	180/274	-9.92%	-3.77%
191	519026	海富通中小盘股票	海富通	2010-04-14	0.8980	0.8980	--	2.39%	188/274	-10.20%	-3.88%
192	163406	兴全合润股票分级	兴业全球	2010-04-22	0.8816	0.8816	--	2.80%	181/274	-11.84%	-4.57%
193	320011	诺安中小盘精选股票	诺安	2010-04-28	0.8910	0.9510	--	-3.78%	252/274	-5.99%	-2.28%
194	470009	汇添富民营活力股票	汇添富	2010-05-05	1.0700	1.0700	--	17.45%	15/274	7.00%	2.58%
195	040016	华安行业轮动股票	华安	2010-05-11	0.9415	0.9415	--	9.81%	73/274	-5.85%	-2.25%
196	100039	富国通胀通缩主题股票	富国	2010-05-12	0.8310	0.8510	--	0.61%	217/274	-15.33%	-6.11%
197	233007	大摩卓越成长股票	摩根士丹利华鑫	2010-05-18	0.9595	0.9595	--	5.99%	113/274	-4.05%	-1.56%
198	590005	中邮核心主题股票	中邮创业	2010-05-19	0.7280	0.8880	--	0.00%	222/274	-15.86%	-6.37%
199	050014	博时创业成长股票	博时	2010-06-01	0.9520	0.9750	--	12.93%	32/274	-2.69%	-1.05%
200	070019	嘉实价值优势股票	嘉实	2010-06-07	0.9280	0.9600	--	3.57%	164/274	-4.39%	-1.73%
201	540008	汇丰晋信低碳先锋股票	汇丰晋信	2010-06-08	0.8434	0.9434	--	-0.62%	225/274	-8.05%	-3.22%
202	630006	华商产业升级股票	华商	2010-06-18	0.6720	0.6720	--	1.66%	200/274	-32.80%	-14.49%
203	460009	华泰柏瑞量化先行股票	华泰柏瑞	2010-06-22	0.8670	0.8870	--	8.10%	85/274	-11.61%	-4.76%
204	090011	大成核心双动力股票	大成	2010-06-22	0.7820	0.7820	--	3.85%	160/274	-21.80%	-9.27%
205	570006	诺德中小盘股票	诺德	2010-06-28	0.8950	0.9250	--	9.68%	74/274	-7.99%	-3.26%
206	690004	民生加银稳健成长股票	民生加银	2010-06-29	0.6840	0.6840	--	5.23%	127/274	-31.60%	-14.04%
207	580007	东吴新创业股票	东吴	2010-06-29	0.8600	0.9200	--	3.24%	173/274	-9.20%	-3.77%
208	519672	银河蓝筹精选股票	银河	2010-07-16	0.7820	0.7820	--	-5.67%	267/274	-21.80%	-9.50%
209	519095	新华行业周期轮换股票	新华	2010-07-21	1.2600	1.2600	--	28.83%	2/274	26.00%	9.90%
210	610005	信达澳银红利回报股票	信达澳银	2010-07-28	0.7380	0.7580	--	0.82%	211/274	-24.85%	-11.09%
211	165508	信诚深度价值股票(LOF)	信诚	2010-07-30	0.9060	0.9060	--	16.15%	20/274	-9.40%	-3.99%
212	160215	国泰价值经典股票(LOF)	国泰	2010-08-13	0.7860	0.7860	--	3.42%	170/274	-21.40%	-9.60%
213	110022	易方达消费行业股票	易方达	2010-08-20	0.8160	0.8160	--	-2.28%	241/274	-18.40%	-8.23%
214	660006	农银汇理大盘蓝筹股票	农银汇理	2010-09-01	0.8285	0.8285	--	6.83%	103/274	-17.15%	-7.74%
215	320012	诺安主题精选股票	诺安	2010-09-15	0.8500	0.8500	--	7.32%	95/274	-15.00%	-6.83%
216	620006	金元惠理消费主题股票	金元惠理	2010-09-15	0.8440	0.8440	--	4.46%	144/274	-15.60%	-7.12%
217	470006	汇添富医药保健股票	汇添富	2010-09-21	0.8800	0.8800	--	14.43%	26/274	-12.00%	-5.45%
218	530011	建信内生动力股票	建信	2010-11-16	0.9090	0.9090	--	10.05%	70/274	-9.10%	-4.39%
219	519983	长信量化先锋股票	长信	2010-11-18	0.7080	0.7080	--	-0.42%	223/274	-29.20%	-15.03%
220	450009	国富中小盘股票	国海富兰克林	2010-11-23	1.0510	1.0510	--	24.97%	4/274	5.10%	2.39%
221	270025	广发行业领先股票	广发	2010-11-23	0.8390	0.8390	--	12.77%	34/274	-16.10%	-7.99%
222	240017	华宝兴业新兴产业股票	华宝兴业	2010-12-07	0.9123	0.9123	--	20.09%	8/274	-8.77%	-4.34%
223	070021	嘉实主题新动力股票	嘉实	2010-12-07	0.8050	0.8050	--	4.41%	145/274	-19.50%	-9.96%

序号	基金代码	基金简称	基金管理公司简称	基金成立日期	份额净值（元）	份额累计净值（元）	还原后份额累计净值（元）	2012年净值增长率	2012年同类型排名	成立以来净值增长率	成立以来年化收益率
224	540009	汇丰晋信消费红利股票	汇丰晋信	2010-12-08	0.8510	0.8510	--	3.97%	157/274	-14.90%	-7.51%
225	050018	博时行业轮动股票	博时	2010-12-10	0.7510	0.7510	--	4.02%	156/274	-24.90%	-12.98%
226	290008	泰信发展主题股票	泰信	2010-12-15	0.8460	0.8460	--	9.15%	77/274	-15.40%	-7.85%
227	376510	上投摩根大盘蓝筹股票	上投摩根	2010-12-20	0.8090	0.8090	--	6.17%	110/274	-19.10%	-9.90%
228	210005	金鹰主题优势股票	金鹰	2010-12-20	0.6100	0.6100	--	-5.36%	268/274	-39.00%	-21.58%
229	519702	交银趋势优先股票	交银施罗德	2010-12-22	0.7560	0.7560	--	0.80%	212/274	-24.40%	-12.89%
230	206007	鹏华消费优选股票	鹏华	2010-12-28	0.8710	0.8710	--	5.10%	130/274	-12.90%	-6.64%
231	519674	银河创新成长股票	银河	2010-12-29	0.9731	0.9731	--	18.77%	12/274	-2.69%	-1.35%
232	671010	纽银策略优选股票	纽银梅隆西部	2011-01-25	0.7090	0.7090	--	-3.30%	253/274	-29.10%	-16.29%
233	162214	泰达宏利中小盘股票	泰达宏利	2011-01-26	0.8440	0.8440	--	5.24%	125/274	-15.60%	-8.41%
234	200012	长城中小盘成长股票	长城	2011-01-27	0.7870	0.7870	--	-0.53%	226/274	-21.30%	-11.68%
235	690005	民生加银内需增长股票	民生加银	2011-01-28	0.7610	0.7610	--	2.28%	189/274	-23.90%	-13.22%
236	519097	新华中小市值优选股票	新华	2011-01-28	0.8700	0.8700	--	6.75%	106/274	-13.00%	-6.98%
237	110023	易方达医疗保健行业股票	易方达	2011-01-28	0.9570	0.9570	--	10.89%	56/274	-4.30%	-2.26%
238	166009	中欧新动力股票(LOF)	中欧	2011-02-10	0.9625	0.9625	--	16.95%	17/274	-3.75%	-2.00%
239	260115	景顺长城中小盘股票	景顺长城	2011-03-22	0.8020	0.8020	--	0.75%	214/274	-19.80%	-11.65%
240	470028	汇添富社会责任股票	汇添富	2011-03-29	0.8620	0.8620	--	2.13%	193/274	-13.80%	-8.08%
241	410009	华富量子生命力股票	华富	2011-04-01	0.7235	0.7235	--	-2.90%	244/274	-27.65%	-16.86%
242	481013	工银消费服务行业股票	工银瑞信	2011-04-21	0.8860	0.8860	--	4.98%	136/274	-11.40%	-6.88%
243	040020	华安升级主题股票	华安	2011-04-22	0.8460	0.8460	--	4.32%	147/274	-15.40%	-9.39%
244	160512	博时卓越品牌股票(LOF)	博时	2011-04-22	1.0030	1.0030	1.0243	11.94%	43/274	-3.91%	-2.33%
245	570007	诺德优选30股票	诺德	2011-05-05	0.7270	0.7270	--	-7.97%	274/274	-27.30%	-17.47%
246	163409	兴全绿色投资股票(LOF)	兴业全球	2011-05-06	0.9140	0.9140	--	1.44%	202/274	-8.60%	-5.28%
247	165310	建信双利策略主题股票分级	建信	2011-05-06	0.9210	0.9210	0.9397	11.20%	52/274	-6.03%	-3.68%
248	233009	大摩多因子策略股票	摩根士丹利华鑫	2011-05-17	0.8570	0.8570	--	5.80%	116/274	-14.30%	-9.05%
249	688888	浙商聚潮产业成长股票	浙商	2011-05-17	0.9030	0.9030	--	7.76%	91/274	-9.70%	-6.08%
250	257070	国联安优选行业股票	国联安	2011-05-23	0.9510	0.9510	--	11.10%	54/274	-4.90%	-3.07%
251	630010	华商价值精选股票	华商	2011-05-31	0.8810	0.8810	--	3.40%	171/274	-11.90%	-7.66%
252	070022	嘉实领先成长股票	嘉实	2011-05-31	0.9530	0.9530	--	5.89%	115/274	-4.70%	-2.98%
253	610006	信达澳银产业升级股票	信达澳银	2011-06-13	0.8380	0.8380	--	1.09%	207/274	-16.20%	-10.75%
254	090015	大成内需增长股票	大成	2011-06-14	0.8940	0.8940	--	8.[illegible]0%	86/274	-10.60%	-6.97%
255	206009	鹏华新兴产业股票	鹏华	2011-06-15	0.9840	0.9840	--	3.47%	167/274	-1.60%	-1.04%
256	163110	申万菱信量化小盘股票(LOF)	申万菱信	2011-06-16	0.8250	0.8250	--	5.63%	118/274	-17.50%	-11.71%
257	519704	交银先进制造股票	交银施罗德	2011-06-22	0.8620	0.8620	--	3.[illegible]1%	176/274	-13.80%	-9.26%
258	519099	新华灵活主题股票	新华	2011-07-13	0.9530	0.9530	--	17.51%	14/274	-4.70%	-3.22%
259	377240	上投摩根新兴动力股票	上投摩根	2011-07-13	1.1240	1.1240	--	27.73%	3/274	12.40%	8.27%
260	540010	汇丰晋信科技先锋股票	汇丰晋信	2011-07-27	0.9228	0.9228	--	5.[illegible]4%	132/274	-7.72%	-5.45%
261	519678	银河消费驱动股票	银河	2011-07-29	0.9650	0.9650	--	4.55%	142/274	-3.50%	-2.47%
262	165512	信诚新机遇股票(LOF)	信诚	2011-08-01	0.9480	0.9480	--	7.48%	92/274	-5.20%	-3.69%
263	350008	天治成长精选股票	天治	2011-08-04	0.9840	0.9840	--	7.31%	96/274	-1.60%	-1.14%
264	320016	诺安多策略股票	诺安	2011-08-09	0.7610	0.7610	--	-4.99%	263/274	-23.90%	-17.76%
265	100056	富国低碳环保股票	富国	2011-08-10	0.8960	0.8960	--	2.53%	183/274	-10.40%	-7.57%
266	110025	易方达资源行业股票	易方达	2011-08-16	0.9120	0.9120	--	-0.65%	227/274	-8.80%	-6.47%
267	020023	国泰事件驱动策略股票	国泰	2011-08-17	1.0720	1.0720	--	10.63%	60/274	7.20%	5.19%
268	210008	金鹰策略配置股票	金鹰	2011-09-01	0.8845	0.8845	--	-7.37%	273/274	-11.55%	-8.79%
269	660010	农银汇理策略精选股票	农银汇理	2011-09-06	0.9435	0.9435	--	1.46%	201/274	-5.65%	-4.31%
270	700001	平安大华行业先锋股票	平安大华	2011-09-20	0.9340	0.9340	--	3.43%	168/274	-6.60%	-5.19%
271	270028	广发制造业精选股票	广发	2011-09-20	1.0200	1.0200	--	5.15%	131/274	2.00%	1.56%
272	710001	富安达优势成长股票	富安达	2011-09-21	0.9033	0.9033	--	-5.30%	265/274	-9.67%	-7.64%
273	580008	东吴新产业精选股票	东吴	2011-09-28	0.9150	0.9150	--	-3.38%	249/274	-8.50%	-6.81%
274	161818	银华消费主题股票分级	银华	2011-09-28	0.9430	0.9430	0.9470	3.27%	172/274	-5.30%	-4.23%
275	519979	长信内需成长股票	长信	2011-10-20	1.0090	1.0090	--	18.43%		0.90%	0.75%
276	481015	工银主题策略股票	工银瑞信	2011-10-24	0.9700	0.9700	--	-0.51%		-3.00%	-2.53%
277	080008	长盛同祥泛资源主题股票	长盛	2011-10-26	0.9890	0.9890	--	-0.80%		-1.10%	-0.93%
278	290011	泰信中小盘精选股票	泰信	2011-10-26	1.0650	1.0800	--	9.23%		8.03%	6.74%
279	398061	中海消费主题精选股票	中海	2011-11-09	1.0540	1.0940	--	9.72%		9.51%	8.25%
280	519033	海富通国策导向股票	海富通	2011-11-16	1.0030	1.0030	--	0.10%		0.30%	0.27%

序号	基金代码	基金简称	基金管理公司简称	基金成立日期	份额净值（元）	份额累计净值（元）	还原后份额累计净值（元）	2012 年净值增长率	2012 年同类型排名	成立以来净值增长率	成立以来年化收益率
281	690007	民生加银景气行业股票	民生加银	2011－11－22	1.0620	1.0620	－－	6.09%		6.20%	5.57%
282	163818	中银中小盘成长股票	中银	2011－11－23	0.9430	0.9430	－－	－5.89%		－5.70%	－5.16%
283	070027	嘉实周期优选股票	嘉实	2011－12－08	1.0810	1.0810	－－	8.21%		8.10%	7.58%
284	040025	华安科技动力股票	华安	2011－12－20	0.9910	0.9910	－－	－0.90%		－0.90%	－0.87%
285	260116	景顺长城核心竞争力股票	景顺长城	2011－12－20	1.1480	1.2980	－－	31.70%		31.83%	30.68%
286	730001	方正富邦创新动力股票	方正富邦	2011－12－26	1.0450	1.0450	－－	4.60%		4.50%	4.43%
287	377150	上投摩根健康品质生活股票	上投摩根	2012－02－01	1.0970	1.0970	－－	9.70%		9.70%	－－
288	360016	光大保德信行业轮动股票	光大保德信	2012－02－15	1.1650	1.1650	－－	16.50%		16.50%	－－
289	240020	华宝兴业医药生物优选股票	华宝兴业	2012－02－28	1.1160	1.1160	－－	11.60%		11.60%	－－
290	470098	汇添富逆向投资股票	汇添富	2012－03－09	1.0000	1.0000	－－	0.00%		0.00%	－－
291	740001	长安宏观策略股票	长安	2012－03－09	0.9280	0.9280	－－	－7.20%		－7.20%	－－
292	160127	南方新兴消费增长股票分级	南方	2012－03－13	0.9450	0.9450	－－	－5.50%		－5.50%	－－
293	233011	大摩主题优选股票	摩根士丹利华鑫	2012－03－13	0.9680	0.9680	－－	－3.20%		－3.20%	－－
294	090018	大成新锐产业股票	大成	2012－03－20	0.9910	0.9910	－－	－0.90%		－0.90%	－－
295	020026	国泰成长优选股票	国泰	2012－03－20	0.9680	0.9680	－－	－3.20%		－3.20%	－－
296	570008	诺德周期策略股票	诺德	2012－03－21	0.9200	0.9200	－－	－8.00%		－8.00%	－－
297	080012	长盛电子信息产业股票	长盛	2012－03－27	0.9240	0.9390	－－	－6.20%		－6.20%	－－
298	166011	中欧盛世成长股票分级	中欧	2012－03－29	1.0210	1.0210	－－	2.10%		2.10%	－－
299	163412	兴全轻资产投资股票(LOF)	兴业全球	2012－04－05	1.0090	1.0090	－－	0.90%		0.90%	－－
300	206012	鹏华价值精选股票	鹏华	2012－04－16	0.9520	0.9520	－－	－4.80%		－4.80%	－－
301	200015	长城优化升级股票	长城	2012－04－20	1.0390	1.0790	－－	8.00%		8.00%	－－
302	660012	农银汇理消费主题股票	农银汇理	2012－04－24	1.0435	1.0435	－－	4.35%		4.35%	－－
303	481017	工银瑞信基本面量化策略股票	工银瑞信	2012－04－26	0.9600	0.9600	－－	－4.00%		－4.00%	－－
304	165516	信诚周期轮动股票(LOF)	信诚	2012－05－07	1.0250	1.0250	－－	2.50%		2.50%	－－
305	450011	国富研究精选股票	国海富兰克林	2012－05－22	1.0240	1.0240	－－	2.40%		2.40%	－－
306	210009	金鹰核心资源股票	金鹰	2012－05－23	0.9720	0.9720	－－	－2.80%		－2.80%	－－
307	229002	泰达宏利逆向股票	泰达宏利	2012－05－23	0.9940	0.9940	－－	－0.60%		－0.60%	－－
308	630011	华商主题精选股票	华商	2012－05－31	0.9760	0.9760	－－	－2.40%		－2.40%	－－
309	590008	中邮战略新兴产业股票	中邮创业	2012－06－12	1.0450	1.0450	－－	4.50%		4.50%	－－
310	270041	广发消费品精选股票	广发	2012－06－12	1.0190	1.0190	－－	1.90%		1.90%	－－
311	519150	新华优选消费股票	新华	2012－06－13	1.0860	1.0860	－－	8.60%		8.60%	－－
312	180031	银华中小盘精选股票	银华	2012－06－20	1.0760	1.0760	－－	7.60%		7.60%	－－
313	070032	嘉实优化红利股票	嘉实	2012－06－26	1.0170	1.0170	－－	1.70%		1.70%	－－
314	100060	富国高新技术产业股票	富国	2012－06－27	0.9800	0.9800	－－	－2.00%		－2.00%	－－
315	110030	易方达量化衍伸股票	易方达	2012－07－05	1.1130	1.1130	－－	11.30%		11.30%	－－
316	163822	中银主题策略股票	中银	2012－07－25	1.0620	1.0620	－－	6.20%		6.20%	－－
317	161616	融通医疗保健行业股票	融通	2012－07－26	1.0290	1.0290	－－	2.90%		2.90%	－－
318	160916	大成优选股票(LOF)	大成	2012－07－27	1.0880	1.0880	0.8303	5.91%		5.91%	－－
319	620008	金元惠理新经济主题股票	金元惠理	2012－07－31	1.0160	1.0160	－－	1.60%		1.60%	－－
320	519712	交银阿尔法核心股票	交银施罗德	2012－08－03	1.0850	1.0850	－－	8.50%		8.50%	－－
321	530019	建信社会责任股票	建信	2012－08－14	1.0390	1.0390	－－	3.90%		3.90%	－－
322	040035	华安逆向策略股票	华安	2012－08－16	1.0010	1.0010	－－	0.30%		0.30%	－－
323	240022	华宝兴业资源优选股票	华宝兴业	2012－08－21	1.0240	1.0240	－－	2.40%		2.40%	－－
324	050026	博时医疗保健行业股票	博时	2012－08－28	0.9890	0.9890	－－	－1.10%		－1.10%	－－
325	610007	信达澳银消费优选股票	信达澳银	2012－09－04	1.0500	1.0500	－－	5.00%		5.00%	－－
326	519679	银河主题策略股票	银河	2012－09－21	1.1100	1.1100	－－	11.00%		11.00%	－－
327	202027	南方金粮油商品股票	南方	2012－09－25	1.0720	1.0720	－－	7.20%		7.20%	－－
328	770001	德邦优化配置股票	德邦	2012－09－25	1.0863	1.0863	－－	8.63%		8.63%	－－
329	660015	农银行业轮动股票	农银汇理	2012－11－14	1.0027	1.0027	－－	0.27%		0.27%	－－
330	260117	景顺长城支柱产业股票	景顺长城	2012－11－20	1.0520	1.0520	－－	5.20%		5.20%	－－
331	730002	方正富邦红利精选股票	方正富邦	2012－11－20	1.0050	1.0050	－－	0.50%		0.50%	－－
332	370024	上投摩根核心优选股票	上投摩根	2012－11－28	1.0530	1.0530	－－	5.30%		5.30%	－－
333	233015	大摩量化配置股票	摩根士丹利华鑫	2012－12－11	1.0020	1.0020	－－	0.20%		0.20%	－－
334	163415	兴全商业模式优选股票(LOF)	兴业全球	2012－12－18	1.0130	1.0130	－－	1.30%		1.30%	－－
			平均					5.55%	－－	－－	－－
			1.1.2 股票基金－股票型基金－普通股票型基金								
1	162201	泰达宏利成长股票	泰达宏利	2003－04－25	0.9560	2.8710	－－	8.90%	2/6	396.46%	17.98%

序号	基金代码	基金简称	基金管理公司简称	基金成立日期	份额净值（元）	份额累计净值（元）	还原后份额累计净值（元）	2012年净值增长率	2012年同类型排名	成立以来净值增长率	成立以来年化收益率
2	162202	泰达宏利周期股票	泰达宏利	2003-04-25	0.8405	2.8855	--	7.65%	4/6	345.16%	16.66%
3	162203	泰达宏利稳定股票	泰达宏利	2003-04-25	0.6607	2.6007	--	8.40%	3/6	241.61%	13.51%
4	217001	招商安泰股票	招商	2003-04-28	0.3322	0.7222	2.8392	2.72%	6/6	165.42%	10.60%
5	260101	景顺长城优选股票	景顺长城	2003-10-24	1.0343	1.1543	3.1394	14.29%	1/6	251.86%	14.66%
6	050004	博时精选股票	博时	2004-06-22	1.2239	2.7289	--	7.15%	5/6	222.41%	14.71%
			平均					8.18%	--	--	--
			1.2.1 **股票基金－指数股票型基金－标准指数股票型基金**								
1	519180	万家上证180指数	万家	2003-03-15	0.5804	2.9204	--	11.19%	21/82	132.30%	8.98%
2	050002	博时裕富沪深300指数	博时	2003-08-26	0.6993	2.6793	--	8.25%	36/82	121.14%	8.85%
3	510050	华夏上证50ETF	华夏	2004-12-30	1.8550	2.0500	2.4269	17.00%	5/82	150.55%	12.15%
4	159901	易方达深证100ETF	易方达	2006-03-24	0.5804	0.5804	2.8693	2.27%	60/82	183.93%	16.64%
5	519300	大成沪深300指数	大成	2006-04-06	0.7817	2.1917	--	8.46%	31/82	90.15%	10.00%
6	510180	华安上证180ETF	华安	2006-04-13	0.5550	0.5650	2.1780	12.40%	13/82	119.18%	12.38%
7	159902	华夏中小板ETF	华夏	2006-06-08	1.9890	2.0890	--	-1.24%	78/82	106.60%	11.68%
8	510880	华泰柏瑞上证红利ETF	华泰柏瑞	2006-11-17	1.9100	2.0740	1.3590	9.62%	25/82	35.67%	5.11%
9	519100	长盛中证100指数	长盛	2006-11-22	0.7590	1.3790	--	11.98%	15/82	19.51%	2.96%
10	020011	国泰沪深300指数	国泰	2007-11-11	0.5180	0.5180	0.7415	7.92%	39/82	-48.03%	-11.95%
11	270010	广发沪深300指数	广发	2008-12-30	1.1080	1.3980	--	8.62%	28/82	35.58%	7.90%
12	481009	工银沪深300指数	工银瑞信	2009-03-05	0.8960	1.0910	--	8.6 %	29/82	4.59%	1.18%
13	202015	南方沪深300指数	南方	2009-03-25	0.8747	1.0347	--	8.23%	34/82	-0.26%	-0.07%
14	160615	鹏华沪深300指数(LOF)	鹏华	2009-04-03	0.9050	0.9650	--	8.33%	33/82	-5.15%	-1.40%
15	470007	汇添富上证综合指数	汇添富	2009-07-01	0.7600	0.7600	--	5.7[illegible]%	47/82	-24.00%	-7.53%
16	000051	华夏沪深300指数	华夏	2009-07-10	0.7400	0.7400	--	9.47%	26/82	-26.00%	-8.29%
17	110020	易方达沪深300指数	易方达	2009-08-26	0.7877	0.7877	--	8.27%	35/82	-21.23%	-6.87%
18	510060	工银上证央企50ETF	工银瑞信	2009-08-26	1.1691	1.1691	0.7478	10.21%	24/82	-25.22%	-8.31%
19	510010	交银上证180公司治理ETF	交银施罗德	2009-09-25	0.6850	0.6850	0.7625	14.17%	11/82	-23.75%	-7.96%
20	160119	南方中证500指数(LOF)	南方	2009-09-25	0.8125	0.8825	--	-0. 7%	72/82	-13.59%	-4.37%
21	240014	华宝兴业中证100指数	华宝兴业	2009-09-29	0.7666	0.7666	--	11.55%	18/82	-23.34%	-7.84%
22	161811	银华沪深300指数(LOF)	银华	2009-10-14	0.7880	0.7880	--	8.51%	30/82	-21.20%	-7.14%
23	161207	国投瑞银瑞和沪深300指数分级	国投瑞银	2009-10-14	1.0860	1.0860	0.7615	7.75%	40/82	-23.85%	-8.12%
24	320010	诺安中证100指数	诺安	2009-10-27	0.7360	0.7360	--	11.52%	19/82	-26.40%	-9.19%
25	162307	海富通中证100指数(LOF)	海富通	2009-10-30	0.7570	0.7570	--	11.98%	14/82	-24.30%	-8.40%
26	165309	建信沪深300指数(LOF)	建信	2009-11-05	0.7330	0.7330	--	8.43%	32/82	-26.70%	-9.37%
27	162711	广发中证500指数(LOF)	广发	2009-11-26	0.7400	0.7400	--	0.14%	71/82	-26.00%	-9.26%
28	159903	南方深证成指ETF	南方	2009-12-04	0.9314	0.9314	0.6872	2.77%	56/82	-31.28%	-11.48%
29	519671	银河沪深300价值指数	银河	2009-12-28	0.7850	0.7850	--	13.44%	12/82	-21.50%	-7.72%
30	510020	博时上证超级大盘ETF	博时	2009-12-29	1.9457	1.9457	0.7176	17.28%	4/82	-28.24%	-10.44%
31	410008	华富中证100指数	华富	2009-12-30	0.7492	0.7492	--	11.92%	16/82	-25.08%	-9.16%
32	160716	嘉实基本面50指数(LOF)	嘉实	2009-12-30	0.7025	0.7025	--	11.28%	20/82	-29.75%	-11.08%
33	090010	大成中证红利指数	大成	2010-02-02	0.8490	0.8490	--	7.20%	41/82	-15.10%	-5.47%
34	160616	鹏华中证500指数(LOF)	鹏华	2010-02-05	0.6850	0.6850	--	-0.29%	73/82	-31.50%	-12.21%
35	310398	申万菱信沪深300价值指数	申万菱信	2010-02-11	0.8010	0.8010	--	14.59%	9/82	-19.90%	-7.40%
36	163001	长信中证央企100指数(LOF)	长信	2010-03-26	0.8410	0.8410	--	8.24%	37/82	-15.90%	-6.06%
37	510130	易方达上证中盘ETF	易方达	2010-03-29	2.2576	2.2576	0.7764	3.95%	53/82	-22.36%	-8.76%
38	161211	国投瑞银沪深300金融地产指数(LOF)	国投瑞银	2010-04-09	0.8680	0.8680	--	22.43%	1/82	-13.20%	-5.05%
39	162509	国联安双禧中证100指数分级	国联安	2010-04-16	0.9470	0.9470	--	10.53%	22/82	-5.30%	-1.99%
40	162213	泰达宏利中证财富大盘指数	泰达宏利	2010-04-23	0.9310	0.9510	--	10.57%	23/82	-5.10%	-1.92%
41	510030	华宝兴业上证180价值ETF	华宝兴业	2010-04-23	2.5330	2.5330	0.8671	16.46%	6/82	-13.29%	-5.16%
42	161812	银华深证100指数分级	银华	2010-05-07	0.8180	0.8180	0.8600	2.05%	62/82	-14.00%	-5.52%
43	510090	建信上证社会责任ETF	建信	2010-05-28	0.8840	0.8840	1.0546	15.10%	8/82	5.46%	2.07%
44	217016	招商深证100指数	招商	2010-06-22	0.8160	0.8160	--	0.74%	68/82	-18.40%	-7.73%
45	160807	长盛沪深300指数(LOF)	长盛	2010-08-04	0.8360	0.8860	--	8.01%	38/82	-12.20%	-5.25%
46	510070	鹏华上证民营企业50ETF	鹏华	2010-08-05	0.9780	0.9780	0.8383	6.07%	45/82	-16.17%	-7.06%
47	164205	天弘深证成份指数(LOF)	天弘	2010-08-12	0.7210	0.7210	--	2.26%	57/82	-27.90%	-12.80%
48	510160	中证南方小康产业指数ETF	南方	2010-08-27	0.3433	0.3433	0.8541	5.65%	50/82	-14.59%	-6.50%
49	510110	海富通上证周期行业50ETF	海富通	2010-09-19	2.3370	2.3370	0.9379	17.35%	3/82	-6.21%	-2.77%
50	163109	申万菱信深证成指分级	申万菱信	2010-10-22	0.6430	0.6430	0.6763	2.[illegible]2%	63/82	-32.37%	-16.32%
51	159905	工银深证红利ETF	工银瑞信	2010-11-05	0.7269	0.7269	--	5.20%	48/82	-27.31%	-13.75%
52	161612	融通深证成份指数	融通	2010-11-15	0.7540	0.7540	--	3. 5%	55/82	-24.60%	-12.42%
53	510190	华安上证龙头企业ETF	华安	2010-11-18	2.3280	2.3280	0.8921	15.36%	7/82	-10.79%	-5.24%

序号	基金代码	基金简称	基金管理公司简称	基金成立日期	份额净值（元）	份额累计净值（元）	还原后份额累计净值（元）	2012 年净值增长率	2012 年同类型排名	成立以来净值增长率	成立以来年化收益率
54	510170	国联安上证大宗商品股票 ETF	国联安	2010－11－26	2.2170	2.2170	0.6877	4.97%	51/82	－31.23%	－16.34%
55	510150	招商上证消费 80ETF	招商	2010－12－08	2.3970	2.3970	0.7900	6.68%	43/82	－21.00%	－10.78%
56	161213	国投瑞银中证消费服务指数(LOF)	国投瑞银	2010－12－16	0.7880	0.7880	－－	1.16%	64/82	－21.20%	－11.00%
57	159906	大成深证成长 40ETF	大成	2010－12－21	0.7300	0.7300	－－	0.83%	66/82	－27.00%	－14.36%
58	510220	华泰柏瑞上证中小盘 ETF	华泰柏瑞	2011－01－26	2.4300	2.4300	0.6641	0.29%	69/82	－33.59%	－19.09%
59	510210	富国上证综指 ETF	富国	2011－01－30	2.3570	2.3570	0.8066	6.03%	46/82	－19.34%	－10.59%
60	585001	东吴中证新兴产业指数	东吴	2011－02－01	0.6540	0.6540	－－	－2.82%	80/82	－34.60%	－19.89%
61	165511	信诚中证 500 指数分级	信诚	2011－02－11	0.6730	0.6730	0.6961	－0.55%	74/82	－30.39%	－17.46%
62	161907	万家中证红利指数(LOF)	万家	2011－03－17	0.8714	0.8714	－－	6.93%	42/82	－12.86%	－7.38%
63	161816	银华中证等权重 90 指数分级	银华	2011－03－17	1.1310	1.1310	0.7571	6.33%	44/82	－24.29%	－14.36%
64	510230	国泰上证 180 金融 ETF	国泰	2011－03－31	3.3900	3.3900	0.9628	21.68%	2/82	－3.72%	－2.14%
65	510260	诺安上证新兴产业 ETF	诺安	2011－04－07	0.6550	0.6550	－－	－3.82%	82/82	－34.50%	－21.62%
66	660008	农银汇理沪深 300 指数	农银汇理	2011－04－12	0.7834	0.7834	－－	8.79%	27/82	－21.66%	－13.21%
67	510120	海富通上证非周期行业 100ETF	海富通	2011－04－22	1.7150	1.7150	0.7225	0.23%	70/82	－27.75%	－17.44%
68	159907	广发中小板 300ETF	广发	2011－06－03	0.7737	0.7737	0.7029	－2.96%	81/82	－29.71%	－19.99%
69	290010	泰信中证 200 指数	泰信	2011－06－09	0.7000	0.7200	－－	－0.71%	75/82	－28.61%	－19.38%
70	159908	博时深证基本面 200ETF	博时	2011－06－10	0.7175	0.7175	－－	0.76%	67/82	－28.25%	－19.15%
71	510270	中银上证国企 100ETF	中银	2011－06－16	0.7650	0.7650	0.8927	11.68%	17/82	－10.73%	－7.08%
72	159909	招商深证 TMT50ETF	招商	2011－06－27	2.3860	2.3860	0.7338	2.27%	61/82	－26.62%	－18.48%
73	161217	国投瑞银中证上游资源产业指数(LOF)	国投瑞银	2011－07－21	0.8180	0.8180	－－	4.87%	52/82	－18.20%	－12.94%
74	159910	嘉实深证基本面 120ETF	嘉实	2011－08－01	0.8154	0.8154	－－	0.97%	65/82	－18.46%	－13.39%
75	510280	华宝兴业上证 180 成长 ETF	华宝兴业	2011－08－04	1.0070	1.0070	－－	14.17%	10/82	0.70%	0.50%
76	159911	鹏华深证民营 ETF	鹏华	2011－09－02	2.5197	2.5197	0.7635	－0.85%	76/82	－23.65%	－18.35%
77	160415	华安深证 300 指数(LOF)	华安	2011－09－02	0.8650	0.8650	－－	3.59%	54/82	－13.50%	－10.32%
78	159916	建信深证基本面 60ETF	建信	2011－09－08	1.6285	1.6285	0.8873	2.43%	59/82	－11.27%	－8.69%
79	159912	汇添富深证 300ETF	汇添富	2011－09－16	0.8581	0.8581	－－	2.52%	58/82	－14.19%	－11.16%
80	510290	南方上证 380ETF	南方	2011－09－16	0.8043	0.8043	－－	－1.02%	77/82	－19.57%	－15.50%
81	159915	易方达创业板 ETF	易方达	2011－09－20	0.7160	0.7160	0.8202	－2.12%	79/82	－17.98%	－14.32%
82	159913	交银深证 300 价值 ETF	交银施罗德	2011－09－22	0.9560	0.9560	－－	5.05%	49/82	－4.40%	－3.46%
83	090016	大成中证内地消费主题指数	大成	2011－11－08	0.9610	1.0110	－－	1.03%		0.73%	0.63%
84	660011	农银汇理中证 500 指数	农银汇理	2011－11－29	0.8945	0.8945	－－	－9.93%		－10.55%	－9.72%
85	162216	泰达宏利中证 500 指数分级	泰达宏利	2011－12－01	0.9640	0.9640	0.9663	－1.40%		－3.37%	－3.11%
86	160808	长盛同瑞中证 200 指数分级	长盛	2011－12－06	1.0040	1.0040	1.0058	0.38%		0.58%	0.54%
87	161819	银华中证内地资源主题指数分级	银华	2011－12－08	0.9450	0.9450	0.9467	－5.99%		－5.33%	－5.01%
88	162010	长城久兆中小板 300 指数分级	长城	2012－01－30	0.8820	0.8820	－－	－11.80%		－11.80%	－－
89	164809	工银瑞信睿智中证 500 指数分级	工银瑞信	2012－01－31	0.9182	0.9182	－－	－8.18%		－8.18%	－－
90	165515	信诚沪深 300 指数分级	信诚	2012－02－01	0.9770	0.9770	－－	－2.30%		－2.30%	－－
91	399011	中海上证 380 指数	中海	2012－03－07	0.8960	0.8960	－－	－10.40%		－10.40%	－－
92	690008	民生加银中证内地资源主题指数	民生加银	2012－03－08	0.9390	0.9390	－－	－6.10%		－6.10%	－－
93	159917	国泰中小板 300 成长 ETF	国泰	2012－03－15	0.9630	0.9630	－－	－3.70%		－3.70%	－－
94	159918	嘉实中创 400ETF	嘉实	2012－03－22	0.9034	0.9034	－－	－9.66%		－9.66%	－－
95	162510	国联安双力中小板综指分级	国联安	2012－03－23	0.9050	0.9050	－－	－9.50%		－9.50%	－－
96	163209	诺安中证创业成长指数分级	诺安	2012－03－29	0.9340	0.9340	－－	－6.60%		－6.60%	－－
97	510410	博时上证自然资源 ETF	博时	2012－04－10	0.8920	0.8920	－－	－10.80%		－10.80%	－－
98	510300	华泰柏瑞沪深 300ETF	华泰柏瑞	2012－05－04	2.5250	2.5580	0.9489	－5.03%		－5.03%	－－
99	166802	浙商沪深 300 指数分级	浙商	2012－05－07	0.9640	0.9640	－－	－3.60%		－3.60%	－－
100	159919	嘉实沪深 300ETF	嘉实	2012－05－07	2.5231	2.5231	0.9644	－3.56%		－3.56%	－－
101	162714	广发深证 100 指数分级	广发	2012－05－07	0.9080	0.9080	－－	－9.20%		－9.20%	－－
102	163111	申万菱信中小板指数分级	申万菱信	2012－05－08	0.9140	0.9140	－－	－8.60%		－8.60%	－－
103	160806	长盛同庆中证 800 指数分级	长盛	2012－05－12	0.9550	0.9550	0.8425	－4.26%		－4.26%	－－
104	519117	浦银安盛基本面 400 指数	浦银安盛	2012－05－14	0.9550	0.9550	－－	－4.50%		－4.50%	－－
105	163821	中银沪深 300 等权重指数(LOF)	中银	2012－05－17	1.0080	1.0080	－－	0.80%		0.80%	－－
106	519034	海富通中证内地低碳指数	海富通	2012－05－25	0.9260	0.9260	－－	－7.40%		－7.40%	－－
107	162107	金鹰中证 500 指数分级	金鹰	2012－06－05	0.9607	0.9607	－－	－3.93%		－3.93%	－－
108	510420	景顺长城上证 180 等权 ETF	景顺长城	2012－06－12	1.0020	1.0020	－－	0.20%		0.20%	－－
109	160417	华安沪深 300 指数分级	华安	2012－06－25	1.0490	1.0490	－－	4.90%		4.90%	－－
110	740101	长安沪深 300 非周期行业指数	长安	2012－06－25	1.0120	1.0120	－－	1.20%		1.20%	－－
111	161715	招商中证大宗商品股票指数分级	招商	2012－06－28	0.9750	0.9750	－－	－2.50%		－2.50%	－－
112	540012	汇丰晋信恒生 A 股行业龙头指数	汇丰晋信	2012－08－01	1.0428	1.0428	－－	4.28%		4.28%	－－
113	161910	万家中证创业成长指数分级	万家	2012－08－02	1.0030	1.0030	－－	0.30%		0.30%	－－

序号	基金代码	基金简称	基金管理公司简称	基金成立日期	份额净值(元)	份额累计净值(元)	还原后份额累计净值(元)	2012年净值增长率	2012年同类型排名	成立以来净值增长率	成立以来年化收益率
114	510430	银华上证50等权重ETF	银华	2012-08-23	1.1370	1.1370	--	13.70%		13.70%	--
115	510440	大成中证500沪市ETF	大成	2012-08-24	1.0380	1.0380	--	3.80%		3.80%	--
116	166301	华商中证500指数分级	华商	2012-09-06	1.0190	1.0190	--	1.90%		1.90%	--
117	162907	泰信中证基本面400指数分级	泰信	2012-09-07	1.0840	1.0840	--	8.40%		8.40%	--
118	165707	诺德深证300指数分级	诺德	2012-09-10	1.0540	1.0540	--	5.40%		5.40%	--
119	160809	长盛同辉深证100等权重指数分级	长盛	2012-09-13	1.0710	1.0710	--	7.10%		7.10%	--
120	161118	易方达中小板指数分级	易方达	2012-09-20	1.0096	1.0096	--	0.96%		0.96%	--
121	370023	上投摩根中证消费服务领先指数	上投摩根	2012-09-25	1.0240	1.0240	--	2.40%		2.40%	--
122	160620	鹏华中证A股资源产业指数分级	鹏华	2012-09-27	1.0000	1.0000	--	-0.00%		0.00%	--
123	164811	工银睿智深证100指数分级	工银瑞信	2012-10-25	1.0589	1.0589	--	5.86%		5.86%	--
124	519714	交银沪深300行业分层等权重指数	交银施罗德	2012-11-07	1.0960	1.0960	--	9.60%		9.60%	--
125	159921	诺安中小板等权重ETF	诺安	2012-12-10	1.0170	1.0170	--	1.70%		1.70%	--
126	510330	华夏沪深300ETF	华夏	2012-12-25	1.0327	1.0327	--	3.27%		3.27%	--
			平均					6.83%	--	--	--
			1.2.2 股票基金-指数股票型基金-增强指数股票型基金								
1	040002	华安中国A股指数增强	华安	2002-11-08	0.5170	0.7100	2.7001	8.34%	10/16	191.54%	11.11%
2	161604	融通深证100指数增强	融通	2003-09-30	0.9540	2.3170	--	2.14%	15/16	182.71%	11.88%
3	110003	易方达上证50指数增强	易方达	2004-03-22	0.7119	2.5619	--	14.73%	1/16	114.75%	9.09%
4	200002	长城久泰沪深300指数增强	长城	2004-05-21	1.0001	3.8601	--	7.92%	12/16	158.74%	11.66%
5	180003	银华-道琼斯88指数增强	银华	2004-08-11	0.7707	2.5707	--	5.06%	14/16	223.36%	15.00%
6	161607	融通巨潮100指数增强(LOF)	融通	2005-05-12	0.7980	2.3120	--	11.45%	4/16	166.66%	13.69%
7	100032	富国中证红利指数增强	富国	2008-11-20	1.0550	1.4560	1.6388	10.06%	6/16	46.97%	9.81%
8	450008	国富沪深300指数增强	国海富兰克林	2009-09-03	0.9460	0.9460	--	12.62%	3/16	-5.40%	-1.65%
9	163808	中银中证100指数增强	中银	2009-09-04	0.7620	0.7720	--	11.24%	5/16	-23.04%	-7.57%
10	100038	富国沪深300指数增强	富国	2009-12-16	0.8820	0.8820	--	12.64%	2/16	-11.80%	-4.04%
11	213010	宝盈中证100指数增强	宝盈	2010-02-08	0.7740	0.7740	--	8.25%	11/16	-22.60%	-8.47%
12	399001	中海上证50指数增强	中海	2010-03-25	0.7510	0.7510	--	9.00%	8/16	-24.90%	-9.81%
13	166007	中欧沪深300指数增强(LOF)	中欧	2010-06-24	0.8277	0.8727	--	6.57%	13/16	-13.85%	-5.74%
14	163407	兴全沪深300指数增强(LOF)	兴业全球	2010-11-02	0.8441	0.8441	--	9.40%	7/16	-15.59%	-7.53%
15	519116	浦银安盛沪深300指数增强	浦银安盛	2010-12-10	0.8140	0.8140	--	8.68%	9/16	-18.60%	-9.51%
16	210007	金鹰中证技术领先指数增强	金鹰	2011-06-01	0.7025	0.7025	--	-6.30%	16/16	-29.75%	-19.96%
17	161017	富国中证500指数增强(LOF)	富国	2011-10-12	0.9150	0.9150	--	7.77%		-8.50%	-7.01%
18	233010	大摩深证300指数增强	摩根士丹利华鑫	2011-11-15	0.9040	0.9040	--	-3.32%		-9.60%	-8.55%
19	590007	中邮上证380指数增强	中邮创业	2011-11-22	0.9220	0.9820	--	-2.07%		-2.47%	-2.22%
20	410010	华富中小板指数增强	华富	2011-12-09	0.9220	0.9220	--	-8.71%		-7.80%	-7.36%
21	700002	平安大华深证300指数增强	平安大华	2011-12-20	0.9360	1.0160	--	0.80%		0.91%	0.88%
22	165806	东吴深证100指数增强(LOF)	东吴	2012-03-09	0.8960	0.8960	--	-10.40%		-10.40%	--
23	530018	建信深证100指数增强	建信	2012-03-16	0.8970	0.8970	--	-10.30%		-10.30%	--
24	161613	融通创业板指数增强	融通	2012-04-06	0.9530	0.9730	--	-2.78%		-2.78%	--
25	660014	农银汇理深证100指数增强	农银汇理	2012-09-04	1.1229	1.1229	--	12.29%		12.29%	--
26	400018	东方央视财经50指数增强	东方	2012-12-19	1.0014	1.0014	--	0.14%		0.14%	--
			平均					8.24%	--	--	--
			1.2.3 股票基金-指数股票型基金-ETF联接基金								
1	040180	华安上证180ETF联接	华安	2009-09-29	0.8360	0.8360	--	11.47%	9/32	-16.40%	-5.35%
2	519686	交银上证180公司治理ETF联接	交银施罗德	2009-09-29	0.7780	0.7780	--	13.53%	7/32	-22.20%	-7.42%
3	110019	易方达深证100ETF联接	易方达	2009-12-01	0.7245	0.7245	--	2.39%	20/32	-27.55%	-9.92%
4	202017	南方深证成指ETF联接	南方	2009-12-09	0.7088	0.7088	--	2.62%	18/32	-29.12%	-10.63%
5	050013	博时上证超级大盘ETF联接	博时	2009-12-29	0.7290	0.7290	--	16.38%	2/32	-27.10%	-9.97%
6	110021	易方达上证中盘ETF联接	易方达	2010-03-31	0.7940	0.7940	--	3.56%	17/32	-20.60%	-8.03%
7	240016	华宝兴业上证180价值ETF联接	华宝兴业	2010-04-23	0.9400	0.9700	--	15.34%	4/32	-3.41%	-1.28%
8	530010	建信上证社会责任ETF联接	建信	2010-05-28	1.0130	1.0130	--	14.21%	6/32	1.30%	0.50%
9	206005	鹏华上证民营企业50ETF联接	鹏华	2010-08-05	0.8450	0.8450	--	5.49%	12/32	-15.50%	-6.75%
10	202021	中证南方小康产业指数ETF联接	南方	2010-08-27	0.7689	0.7889	--	4.68%	14/32	-21.58%	-9.84%
11	519027	海富通上证周期行业50ETF联接	海富通	2010-09-28	0.8530	0.8530	--	16.37%	3/32	-14.70%	-6.79%
12	481012	工银深证红利ETF联接	工银瑞信	2010-11-09	0.7346	0.7346	--	4.95%	13/32	-26.54%	-13.39%
13	040190	华安上证龙头企业ETF联接	华安	2010-11-18	0.9030	0.9030	--	14.30%	5/32	-9.70%	-4.70%
14	257060	国联安上证大宗商品股票ETF联接	国联安	2010-12-01	0.6960	0.6960	--	4.59%	15/32	-30.40%	-15.96%
15	217017	招商上证消费80ETF联接	招商	2010-12-08	0.7970	0.7970	--	6.41%	10/32	-20.30%	-10.40%
16	090012	大成深证成长40ETF联接	大成	2010-12-21	0.7510	0.7510	--	0.67%	24/32	-24.90%	-13.16%
17	460220	华泰柏瑞上证中小盘ETF联接	华泰柏瑞	2011-01-26	0.6710	0.6710	--	-0.15%	27/32	-32.90%	-18.66%

序号	基金代码	基金简称	基金管理公司简称	基金成立日期	份额净值（元）	份额累计净值（元）	还原后份额累计净值（元）	2012年净值增长率	2012年同类型排名	成立以来净值增长率	成立以来年化收益率
18	100053	富国上证综指ETF联接	富国	2011-01-30	0.8130	0.8130	--	5.58%	11/32	-18.70%	-10.22%
19	020021	国泰上证180金融ETF联接	国泰	2011-03-31	0.9710	0.9710	--	19.14%	1/32	-2.90%	-1.66%
20	320014	诺安上证新兴产业ETF联接	诺安	2011-04-07	0.6730	0.6730	--	-3.17%	32/32	-32.70%	-20.39%
21	519032	海富通上证非周期行业100ETF联接	海富通	2011-04-27	0.7410	0.7410	--	-0.13%	26/32	-25.90%	-16.32%
22	270026	广发中小板300ETF联接	广发	2011-06-09	0.7135	0.7135	--	-2.85%	31/32	-28.65%	-19.41%
23	050021	博时深证基本面200ETF联接	博时	2011-06-10	0.7285	0.7285	--	0.66%	25/32	-27.15%	-18.36%
24	217019	招商深证TMT50ETF联接	招商	2011-06-27	0.7440	0.7440	--	2.34%	21/32	-25.60%	-17.73%
25	070023	嘉实深证基本面120ETF联接	嘉实	2011-08-01	0.8511	0.8511	--	0.98%	23/32	-14.89%	-10.74%
26	240019	华宝兴业上证180成长ETF联接	华宝兴业	2011-08-09	1.0350	1.0350	--	13.24%	8/32	3.50%	2.49%
27	206010	鹏华深证民营ETF联接	鹏华	2011-09-02	0.7870	0.7870	--	-0.96%	28/32	-21.30%	-16.46%
28	530015	建信深证基本面60ETF联接	建信	2011-09-08	0.8838	0.8838	--	2.28%	22/32	-11.62%	-8.97%
29	110026	易方达创业板ETF联接	易方达	2011-09-20	0.9179	0.9179	--	-1.21%	29/32	-8.21%	-6.46%
30	202025	南方上证380ETF联接	南方	2011-09-20	0.8103	0.8103	--	-1.33%	30/32	-18.97%	-15.13%
31	470068	汇添富深证300ETF联接	汇添富	2011-09-28	0.9349	0.9349	--	2.56%	19/32	-6.51%	-5.20%
32	519706	交银深证300价值ETF联接	交银施罗德	2011-09-28	0.9440	0.9440	--	3.96%	16/32	-5.60%	-4.47%
33	020025	国泰中小板300成长ETF联接	国泰	2012-03-15	0.9390	0.9390	--	-6.10%		-6.10%	--
34	070030	嘉实中创400ETF联接	嘉实	2012-03-22	0.9086	0.9086	--	-9.14%		-9.14%	--
35	050024	博时上证自然资源ETF联接	博时	2012-04-10	0.8901	0.8901	--	-10.99%		-10.99%	--
36	460300	华泰柏瑞沪深300ETF联接	华泰柏瑞	2012-05-29	1.0450	1.0450	--	4.50%		4.50%	--
37	263001	景顺长城上证180等权ETF联接	景顺长城	2012-06-25	1.0350	1.0350	--	3.50%		3.50%	--
38	160706	嘉实沪深300ETF联接(LOF)	嘉实	2012-08-21	0.6741	0.6741	--	8.53%		8.53%	--
39	090020	大成中证500沪市ETF联接	大成	2012-08-28	0.9940	0.9940	--	-0.60%		-0.60%	--
40	180033	银华上证50等权重ETF联接	银华	2012-08-29	1.0840	1.0840	--	8.40%		8.40%	--
41	320022	诺安中小板等权重ETF联接	诺安	2012-12-10	1.0020	1.0020	--	0.20%		0.20%	--
			平均					5.56%	--	--	--
			1.3.1 股票基金-股票型分级子基金-股票型分级子基金(优先份额)								
1	150008	国投瑞银瑞和分级小康(A级)	国投瑞银	2009-10-14	1.1380	1.1380	0.7979	12.92%	1/9	-20.21%	-6.78%
2	150012	国联安双禧指数分级(A级)	国联安	2010-04-16	1.1560	1.1560	--	5.28%	8/9	15.60%	5.49%
3	150016	兴全合润分级(A级)	兴业全球	2010-04-22	1.0000	1.0000	--	0.00%	9/9	0.00%	--
4	150018	银华深证100指数分级稳进(A级)	银华	2010-05-07	1.0650	1.0650	1.1657	6.55%	6/9	16.57%	5.94%
5	150022	申万菱信深证成指分级收益(A级)	申万菱信	2010-10-22	1.0650	1.0650	1.1366	6.39%	7/9	13.66%	6.01%
6	150028	信诚中证500指数分级(A级)	信诚	2011-02-11	1.0590	1.0590	1.1247	6.60%	5/9	12.47%	6.42%
7	150030	银华中证90指数分级金利(A级)	银华	2011-03-17	1.0230	1.0230	1.1251	7.05%	3/9	12.51%	6.79%
8	150036	建信双利股票分级稳健(A级)	建信	2011-05-06	1.0700	1.0700	1.1139	7.01%	4/9	11.39%	6.73%
9	150047	银华消费股票分级瑞吉(A级)	银华	2011-09-28	1.0750	1.0750	1.0954	7.50%	2/9	9.54%	7.50%
10	150053	泰达宏利中证500指数分级稳健(A级)	泰达宏利	2011-12-01	1.0690	1.0690	1.0752	6.87%		7.52%	6.91%
11	150064	长盛同瑞中证200指数分级(A级)	长盛	2011-12-06	1.0700	1.0700	1.0748	7.05%		7.48%	6.96%
12	150059	银华中证内地资源指数分级金瑞(A级)	银华	2011-12-08	1.0700	1.0700	1.0748	7.05%		7.48%	7.00%
13	150057	长城久兆中小板300指数分级稳健(A级)	长城	2012-01-30	1.0540	1.0540	--	5.40%		5.40%	--
14	150055	工银瑞信睿智中证500指数分级(A级)	工银瑞信	2012-01-31	1.0641	1.0641	--	6.41%		6.41%	--
15	150051	信诚沪深300指数分级(A级)	信诚	2012-02-01	1.0590	1.0590	--	5.90%		5.90%	--
16	150049	南方新兴消费股票分级收益(A级)	南方	2012-03-13	1.0500	1.0500	--	5.00%		5.00%	--
17	150069	国联安双力中小板综指分级(A级)	国联安	2012-03-23	1.0540	1.0540	--	5.40%		5.40%	--
18	150071	中欧盛世成长股票分级(A级)	中欧	2012-03-29	1.0500	1.0500	--	5.00%		5.00%	--
19	150073	诺安中证创业成长指数分级稳健(A级)	诺安	2012-03-29	1.0530	1.0530	--	5.30%		5.30%	--
20	150083	广发深证100指数分级(A级)	广发	2012-05-07	1.0457	1.0457	--	4.57%		4.57%	--
21	150076	浙商沪深300指数分级稳健(A级)	浙商	2012-05-07	1.0420	1.0420	--	4.20%		4.20%	--
22	150085	申万菱信中小板指数分级(A级)	申万菱信	2012-05-08	1.0460	1.0460	--	4.60%		4.60%	--
23	150098	长盛同庆中证800指数分级(A级)	长盛	2012-05-12	1.0430	1.0430	--	4.30%		4.30%	--
24	150088	金鹰中证500指数分级(A级)	金鹰	2012-06-05	1.0402	1.0402	--	4.02%		4.02%	--
25	150104	华安沪深300指数分级(A级)	华安	2012-06-25	1.0360	1.0360	--	3.60%		3.60%	--
26	150096	招商中证大宗商品股票指数分级(A级)	招商	2012-06-28	1.0340	1.0340	--	3.40%		3.40%	--
27	150090	万家中证创业成长指数分级(A级)	万家	2012-08-02	1.0270	1.0270	--	2.70%		2.70%	--
28	150110	华商中证500指数分级(A级)	华商	2012-09-06	1.0200	1.0200	--	2.00%		2.00%	--
29	150094	泰信中证基本面400指数分级(A级)	泰信	2012-09-07	1.0220	1.0220	--	2.20%		2.20%	--
30	150092	诺德深证300指数分级(A级)	诺德	2012-09-10	1.0180	1.0180	--	1.80%		1.80%	--
31	150108	长盛同辉深100等权重指数分级(A级)	长盛	2012-09-13	1.0210	1.0210	--	2.10%		2.10%	--
32	150106	易方达中小板指数分级(A级)	易方达	2012-09-20	1.0191	1.0191	--	1.91%		1.91%	--
33	150100	鹏华中证A股资源产业指数分级(A级)	鹏华	2012-09-27	1.0160	1.0160	--	1.60%		1.60%	--
34	150112	工银睿智深证100指数分级(A级)	工银瑞信	2012-10-25	1.0126	1.0126	--	1.26%		1.26%	--

序号	基金代码	基金简称	基金管理公司简称	基金成立日期	份额净值(元)	份额累计净值(元)	还原后份额累计净值(元)	2012 年净值增长率	2012 年同类型排名	成立以来净值增长率	成立以来年化收益率
			平均						- -	- -	- -
			1.3.2 股票基金 - 股票型分级子基金 - 股票型分级子基金(进取份额)								
1	150009	国投瑞银瑞和分级远见(B 级)	国投瑞银	2009 - 10 - 14	1.0340	1.0340	0.7250	2.60%	4/9	-27.50%	-9.51%
2	150013	国联安双禧指数分级(B 级)	国联安	2010 - 04 - 16	0.8080	0.8080	- -	16.20%	1/9	-19.20%	-7.56%
3	150017	兴全合润分级(B 级)	兴业全球	2010 - 04 - 22	0.8027	0.8027	- -	5.24%	3/9	-19.73%	-7.83%
4	150019	银华深证 100 指数分级锐进(B 级)	银华	2010 - 05 - 07	0.5710	0.5710	- -	-5.45%	6/9	-42.90%	-19.03%
5	150023	申万菱信深证成指分级进取(B 级)	申万菱信	2010 - 10 - 22	0.2210	0.2210	- -	-15.[illegible]0%	8/9	-77.90%	-49.74%
6	150029	信诚中证 500 指数分级(B 级)	信诚	2011 - 02 - 11	0.4160	0.4160	- -	-10.[illegible]5%	7/9	-58.40%	-37.16%
7	150031	银华中证 90 指数分级鑫利(B 级)	银华	2011 - 03 - 17	1.2390	1.2390	0.3017	-19.[illegible]3%	9/9	-69.83%	-48.72%
8	150037	建信双利股票分级进取(B 级)	建信	2011 - 05 - 06	0.8220	0.8220	- -	15.1[illegible]%	2/9	-17.80%	-11.15%
9	150048	银华消费股票分级瑞祥(B 级)	银华	2011 - 09 - 28	0.9100	0.9100	- -	2.02%	5/9	-9.00%	-7.21%
10	150054	泰达宏利中证 500 指数分级进取(B 级)	泰达宏利	2011 - 12 - 01	0.8940	0.8940	- -	-7.17%		-10.60%	-9.81%
11	150065	长盛同瑞中证 200 指数分级(B 级)	长盛	2011 - 12 - 06	0.9600	0.9600	- -	-4.10%		-4.00%	-3.74%
12	150060	银华中证内地资源指数分级鑫瑞(B 级)	银华	2011 - 12 - 08	0.8620	0.8620	- -	-14.[illegible]7%		-13.80%	-13.01%
13	150058	长城久兆中小板 300 指数分级积极(B 级)	长城	2012 - 01 - 30	0.7670	0.7670	- -	-23.30%		-23.30%	- -
14	150056	工银瑞信睿智中证 500 指数分级(B 级)	工银瑞信	2012 - 01 - 31	0.8209	0.8209	- -	-17.91%		-17.91%	- -
15	150052	信诚沪深 300 指数分级(B 级)	信诚	2012 - 02 - 01	0.8950	0.8950	- -	-10.50%		-10.50%	- -
16	150050	南方新兴消费股票分级进取(B 级)	南方	2012 - 03 - 13	0.8400	0.8400	- -	-16.00%		-16.00%	- -
17	150070	国联安双力中小板综指分级(B 级)	国联安	2012 - 03 - 23	0.7560	0.7560	- -	-24.40%		-24.40%	- -
18	150072	中欧盛世成长股票分级(B 级)	中欧	2012 - 03 - 29	0.9920	0.9920	- -	-0.80%		-0.80%	- -
19	150075	诺安中证创业成长指数分级进取(B 级)	诺安	2012 - 03 - 29	0.8550	0.8550	- -	-14.50%		-14.50%	- -
20	150084	广发深证 100 指数分级(B 级)	广发	2012 - 05 - 07	0.7703	0.7703	- -	-22.97%		-22.97%	- -
21	150077	浙商沪深 300 指数分级进取(B 级)	浙商	2012 - 05 - 07	0.8860	0.8860	- -	-11.40%		-11.40%	- -
22	150086	申万菱信中小板指数分级(B 级)	申万菱信	2012 - 05 - 08	0.7820	0.7820	- -	-21.80%		-21.80%	- -
23	150099	长盛同庆中证 800 指数分级(B 级)	长盛	2012 - 05 - 12	0.8960	0.8960	- -	-10.40%		-10.40%	- -
24	150089	金鹰中证 500 指数分级(B 级)	金鹰	2012 - 06 - 05	0.8812	0.8812	- -	-11.88%		-11.88%	- -
25	150105	华安沪深 300 指数分级(B 级)	华安	2012 - 06 - 25	1.0620	1.0620	- -	6.20%		6.20%	- -
26	150097	招商中证大宗商品股票指数分级(B 级)	招商	2012 - 06 - 28	0.9160	0.9160	- -	-8.40%		-8.40%	- -
27	150091	万家中证创业成长指数分级(B 级)	万家	2012 - 08 - 02	0.9790	0.9790	- -	-2.[illegible]0%		-2.10%	- -
28	150111	华商中证 500 指数分级(B 级)	华商	2012 - 09 - 06	1.0180	1.0180	- -	1.80%		1.80%	- -
29	150095	泰信中证基本面 400 指数分级(B 级)	泰信	2012 - 09 - 07	1.1460	1.1460	- -	14.60%		14.60%	- -
30	150093	诺德深证 300 指数分级(B 级)	诺德	2012 - 09 - 10	1.0900	1.0900	- -	9.00%		9.00%	- -
31	150109	长盛同辉深 100 等权重指数分级(B 级)	长盛	2012 - 09 - 13	1.1210	1.1210	- -	12.10%		12.10%	- -
32	150107	易方达中小板指数分级(B 级)	易方达	2012 - 09 - 20	1.0001	1.0001	- -	0.0[illegible]%		0.01%	- -
33	150101	鹏华中证 A 股资源产业指数分级(B 级)	鹏华	2012 - 09 - 27	0.9840	0.9840	- -	-1.60%		-1.60%	- -
34	150113	工银睿智深证 100 指数分级(B 级)	工银瑞信	2012 - 10 - 25	1.1052	1.1052	- -	10.58%		10.58%	- -
			平均						- -	- -	- -
			2.1.1 混合基金 - 偏股型基金 - 偏股型基金(股票上限 95%)								
1	070006	嘉实服务增值行业混合	嘉实	2004 - 04 - 01	3.7000	4.0800	- -	5.23%	22/43	336.51%	18.33%
2	161606	融通行业景气混合	融通	2004 - 04 - 29	0.6990	2.6390	- -	8.54%	14/43	136.13%	10.41%
3	160605	鹏华中国 50 混合	鹏华	2004 - 05 - 12	1.2260	3.3260	- -	13.41%	4/43	367.66%	19.54%
4	510081	长盛动态精选混合	长盛	2004 - 05 - 21	0.8587	2.7587	- -	-4.31%	40/43	214.12%	14.20%
5	090003	大成蓝筹稳健混合	大成	2004 - 06 - 03	0.6447	3.2147	- -	6.65%	18/43	181.68%	12.82%
6	020005	国泰金马稳健混合	国泰	2004 - 06 - 18	0.7130	0.7130	2.9743	2.44%	28/43	211.94%	14.24%
7	290002	泰信先行策略混合	泰信	2004 - 06 - 28	0.4759	0.4759	2.1049	-0.34%	33/43	115.65%	9.44%
8	000011	华夏大盘精选混合	华夏	2004 - 08 - 11	7.6220	11.3020	- -	5.89%	21/43	1176.07%	35.44%
9	375010	上投摩根中国优势混合	上投摩根	2004 - 09 - 15	1.8130	4.8830	- -	7.13%	16/43	345.44%	19.72%
10	398001	中海优质成长混合	中海	2004 - 09 - 28	0.4854	0.7234	2.6906	1.65%	32/43	235.79%	15.79%
11	090004	大成精选增值混合	大成	2004 - 12 - 15	0.7797	1.5417	3.2808	6.02%	20/43	258.98%	17.21%
12	163801	中银中国混合(LOF)	中银	2005 - 01 - 04	1.1885	3.3985	- -	11.47%	10/43	388.85%	21.96%
13	350002	天治品质优选混合	天治	2005 - 01 - 12	0.7872	3.3122	- -	3.33%	25/43	178.81%	13.72%
14	580001	东吴嘉禾优势精选混合	东吴	2005 - 02 - 01	0.7108	2.4308	- -	2.42%	29/43	185.36%	14.16%
15	410001	华富竞争力优选混合	华富	2005 - 03 - 02	0.4610	0.4610	1.5848	-7.19%	42/43	58.31%	6.04%
16	100022	富国天瑞强势混合	富国	2005 - 04 - 05	0.7819	0.8919	3.2864	13.01%	5/43	338.13%	21.01%
17	398011	中海分红增利混合	中海	2005 - 06 - 16	0.7282	2.1282	- -	4.55%	23/43	161.02%	13.55%
18	002011	华夏红利混合	华夏	2005 - 06 - 30	1.3920	3.8650	- -	1.98%	31/43	429.56%	24.85%
19	519008	汇添富优势精选混合	汇添富	2005 - 08 - 25	2.1841	4.3641	- -	12.51%	6/43	377.48%	23.68%
20	519087	新华优选分红混合	新华	2005 - 09 - 16	0.8001	0.8001	2.4780	11.53%	8/43	236.65%	18.10%
21	163302	大摩资源优选混合(LOF)	摩根士丹利华鑫	2005 - 09 - 27	1.7236	3.1666	- -	-0.97%	35/43	405.65%	24.99%
22	161005	富国天惠成长混合(LOF)	富国	2005 - 11 - 16	1.3089	3.0719	- -	6.27%	19/43	323.67%	22.45%

序号	基金代码	基金简称	基金管理公司简称	基金成立日期	份额净值（元）	份额累计净值(元)	还原后份额累计净值(元)	2012 年净值增长率	2012 年同类型排名	成立以来净值增长率	成立以来年化收益率
23	400003	东方精选混合	东方	2006－01－11	1.0066	1.0066	3.3216	11.52%	9/43	348.58%	24.01%
24	550001	信诚四季红混合	信诚	2006－04－29	0.7105	1.9225	－－	－2.13%	36/43	94.99%	10.51%
25	270006	广发策略优选混合	广发	2006－05－17	1.2651	2.5251	－－	7.22%	15/43	172.05%	16.29%
26	240008	华宝兴业收益增长混合	华宝兴业	2006－06－15	2.9079	2.9079	－－	14.00%	3/43	190.79%	17.70%
27	070010	嘉实主题混合	嘉实	2006－07－21	1.1910	2.7040	－－	2.32%	30/43	192.34%	18.09%
28	020009	国泰金鹏蓝筹混合	国泰	2006－09－29	0.8390	1.8350	－－	3.20%	27/43	91.06%	10.90%
29	163804	中银收益混合	中银	2006－10－11	0.9328	2.1328	－－	16.02%	2/43	110.44%	12.69%
30	519181	万家和谐增长混合	万家	2006－11－30	0.4827	0.5827	1.1185	－0.43%	34/43	－0.21%	－0.03%
31	310358	申万菱信新经济混合	申万菱信	2006－12－06	0.5640	1.8959	－－	4.04%	24/43	31.52%	4.61%
32	070011	嘉实策略混合	嘉实	2006－12－12	1.0870	1.4890	－－	10.69%	12/43	50.62%	7.00%
33	160805	长盛同智优势混合(LOF)	长盛	2007－01－05	0.7302	1.1892	2.2716	－2.90%	38/43	31.37%	4.66%
34	160610	鹏华动力增长混合(LOF)	鹏华	2007－01－09	1.0360	1.4560	－－	9.28%	13/43	42.25%	6.07%
35	398021	中海能源策略混合	中海	2007－03－13	0.5840	0.8940	－－	－2.63%	37/43	－14.28%	－2.62%
36	217009	招商核心价值混合	招商	2007－03－30	0.8024	0.9224	－－	3.22%	26/43	－10.81%	－1.97%
37	519021	国泰金鼎价值混合	国泰	2007－04－11	0.5630	1.0480	1.7235	－5.06%	41/43	5.35%	0.91%
38	160311	华夏蓝筹混合(LOF)	华夏	2007－04－24	0.7390	1.0790	2.5161	7.10%	17/43	7.83%	1.33%
39	630001	华商领先企业混合	华商	2007－05－15	0.9875	1.0925	－－	17.28%	1/43	5.89%	1.02%
40	460002	华泰柏瑞积极成长混合	华泰柏瑞	2007－05－29	0.8303	0.8803	－－	12.01%	7/43	－12.84%	－2.43%
41	160910	大成创新成长混合(LOF)	大成	2007－06－12	0.7660	0.7660	1.6939	11.01%	11/43	－25.15%	－5.08%
42	270007	广发大盘成长混合	广发	2007－06－13	0.5712	0.5712	－－	－3.95%	39/43	－42.88%	－9.59%
43	560003	益民创新优势混合	益民	2007－07－11	0.6760	0.6960	－－	－10.62%	43/43	－31.36%	－6.64%
平均								4.94%	－－	－－	－－
2.1.2 混合基金－偏股型基金－偏股型基金(股票上限 80%)											
1	040001	华安创新混合	华安	2001－09－21	0.5960	0.6360	2.9631	3.47%	12/30	227.19%	11.08%
2	202001	南方稳健成长混合	南方	2001－09－28	0.8018	2.6368	－－	－0.71%	28/30	178.42%	9.51%
3	000001	华夏成长混合	华夏	2001－12－18	0.9610	3.0620	－－	7.25%	5/30	326.40%	14.03%
4	206001	鹏华行业成长混合	鹏华	2002－05－24	0.8708	0.9308	3.5244	3.07%	13/30	276.59%	13.31%
5	161601	融通新蓝筹混合	融通	2002－09－13	0.7028	2.9978	－－	4.44%	11/30	265.20%	13.39%
6	080001	长盛成长价值混合	长盛	2002－09－18	0.8000	2.7440	－－	1.01%	20/30	240.28%	12.63%
7	213001	宝盈鸿利收益混合	宝盈	2002－10－08	0.4909	0.4909	2.3102	6.07%	7/30	122.19%	8.11%
8	050001	博时价值增长混合	博时	2002－10－09	0.7340	3.2360	－－	2.09%	18/30	292.97%	14.31%
9	070001	嘉实成长收益混合	嘉实	2002－11－05	0.6221	0.8811	3.0378	9.92%	3/30	339.13%	15.67%
10	090001	大成价值增长混合	大成	2002－11－11	0.6721	3.3321	－－	1.13%	19/30	294.85%	14.50%
11	070002	嘉实增长混合	嘉实	2003－07－09	4.6020	5.2030	－－	5.55%	8/30	521.50%	21.24%
12	070003	嘉实稳健混合	嘉实	2003－07－09	0.7430	0.8030	2.2882	0.68%	21/30	174.14%	11.21%
13	160603	鹏华普天收益混合	鹏华	2003－07－12	0.7480	3.1940	－－	2.47%	17/30	301.50%	15.79%
14	240001	华宝兴业宝康消费品混合	华宝兴业	2003－07－15	1.2757	1.5457	4.0153	2.83%	16/30	345.62%	17.09%
15	255010	国联安稳健混合	国联安	2003－08－08	0.8480	2.2880	－－	0.24%	24/30	115.96%	8.53%
16	519011	海富通精选混合	海富通	2003－08－22	0.4621	0.9761	3.5668	－0.38%	26/30	303.47%	16.06%
17	161605	融通蓝筹成长混合	融通	2003－09－30	1.0030	2.2830	－－	2.87%	15/30	161.89%	10.96%
18	200001	长城久恒平衡混合	长城	2003－10－31	1.2180	2.3780	－－	10.73%	2/30	200.25%	12.73%
19	310308	申万菱信盛利精选混合	申万菱信	2004－04－09	0.7786	2.4306	－－	3.04%	14/30	180.32%	12.53%
20	257010	国联安小盘精选混合	国联安	2004－04－12	0.7490	2.8790	－－	10.80%	1/30	147.60%	10.95%
21	121002	国投瑞银景气行业混合	国投瑞银	2004－04－29	0.8532	2.8222	－－	4.73%	9/30	264.73%	16.08%
22	320001	诺安平衡混合	诺安	2004－05－21	0.6325	2.8925	－－	4.56%	10/30	204.64%	13.80%
23	162102	金鹰中小盘精选混合	金鹰	2004－05－27	0.7034	2.2994	－－	0.47%	22/30	148.34%	11.15%
24	217005	招商先锋混合	招商	2004－06－01	0.6064	2.5564	－－	6.57%	6/30	156.57%	11.59%
25	519996	长信银利精选混合	长信	2005－01－17	0.5880	2.5080	－－	－1.04%	29/30	155.59%	12.51%
26	162207	泰达宏利效率优选混合(LOF)	泰达宏利	2006－05－12	0.7667	0.7667	1.8440	9.59%	4/30	84.40%	9.65%
27	202002	南方稳健成长贰号混合	南方	2006－07－25	0.4402	0.8003	1.7009	－0.59%	27/30	52.83%	6.81%
28	050201	博时价值增长贰号混合	博时	2006－09－27	0.6600	2.1150	－－	0.46%	23/30	89.78%	10.77%
29	560002	益民红利成长混合	益民	2006－11－21	0.3985	0.5665	1.3017	－14.25%	30/30	9.09%	1.43%
30	519015	海富通精选贰号混合	海富通	2007－04－09	0.6210	0.9410	－－	－0.16%	25/30	2.82%	0.49%
平均								2.90%	－－	－－	－－
2.2.1 混合基金－灵活配置型基金－灵活配置型基金(股票上限 95%)											
1	110002	易方达策略成长混合	易方达	2003－12－09	3.3200	4.3100	－－	5.34%	6/12	405.45%	19.56%
2	110005	易方达积极成长混合	易方达	2004－09－09	0.7933	1.4333	3.8737	2.87%	7/12	296.67%	18.02%
3	400001	东方龙混合	东方	2004－11－25	0.6899	2.4514	－－	12.18%	2/12	179.12%	13.50%
4	163402	兴全趋势投资混合(LOF)	兴业全球	2005－11－03	0.8579	1.2679	5.1639	5.47%	5/12	465.22%	27.35%
5	519007	海富通强化回报混合	海富通	2006－05－25	0.6110	2.1070	－－	－1.45%	11/12	72.23%	8.57%

序号	基金代码	基金简称	基金管理公司简称	基金成立日期	份额净值（元）	份额累计净值（元）	还原后份额累计净值（元）	2012年净值增长率	2012年同类型排名	成立以来净值增长率	成立以来年化收益率
6	519690	交银稳健配置混合	交银施罗德	2006-06-14	1.3578	2.8128	--	15.29%	1/12	193.57%	17.86%
7	519029	华夏稳增混合	华夏	2006-08-09	1.2440	1.9490	--	0.73%	10/12	105.84%	11.94%
8	112002	易方达策略成长二号混合	易方达	2006-08-16	1.2840	2.8390	--	5.68%	4/12	144.36%	15.03%
9	200007	长城安心回报混合	长城	2006-08-22	0.6534	0.6534	1.7810	7.01%	3/12	90.99%	10.70%
10	530005	建信优化配置混合	建信	2007-03-01	0.7480	1.2980	--	2.61%	8/12	10.52%	1.73%
11	110010	易方达价值成长混合	易方达	2007-04-02	1.1177	1.2077	--	0.95%	9/12	18.47%	2.99%
12	540003	汇丰晋信动态策略混合	汇丰晋信	2007-04-09	0.9251	1.0451	--	-3.38%	12/12	2.63%	0.45%
13	750005	安信平稳增长混合发起式	安信	2012-12-18	1.0010	1.0010	--	0.10%		0.10%	--
			平均					4.44%	--	--	--
			2.2.2 混合基金-灵活配置型基金-灵活配置型基金（股票上限80%）								
1	210001	金鹰成份股优选混合	金鹰	2003-06-16	0.5669	0.7319	2.2372	3.45%	28/56	122.63%	8.74%
2	240002	华宝兴业宝康混合	华宝兴业	2003-07-15	1.2879	2.9779	--	10.63%	7/56	273.40%	14.92%
3	260103	景顺长城动力平衡混合	景顺长城	2003-10-24	0.6064	2.8964	--	5.66%	18/56	187.07%	12.15%
4	020003	国泰金龙行业混合	国泰	2003-12-05	0.4350	0.8286	3.4033	-12.13%	56/56	264.48%	15.31%
5	519003	海富通收益增长混合	海富通	2004-03-12	0.6480	2.2630	--	-3.22%	50/56	117.32%	9.21%
6	288001	华夏经典混合	华夏	2004-03-15	0.9240	3.0640	--	2.10%	36/56	234.14%	14.69%
7	233001	大摩基础行业混合	摩根士丹利华鑫	2004-03-26	0.3947	1.9397	--	-2.54%	46/56	4.30%	0.48%
8	150103	银河银泰混合	银河	2004-03-30	0.9643	3.5043	--	3.83%	26/56	256.12%	15.60%
9	040004	华安宝利混合	华安	2004-08-24	1.0060	3.3310	--	4.03%	23/56	398.06%	21.18%
10	420001	天弘精选混合	天弘	2005-10-08	0.4778	0.4778	1.4766	-11.29%	55/56	49.46%	5.71%
11	320006	诺安灵活配置混合	诺安	2008-05-20	0.9650	1.5450	--	7.10%	16/56	61.27%	10.90%
12	100029	富国天成红利混合	富国	2008-05-28	1.1473	1.3883	--	7.72%	13/56	38.43%	7.33%
13	080002	长盛创新先锋混合	长盛	2008-06-04	1.0125	1.3825	--	3.03%	31/56	39.14%	7.48%
14	121006	国投瑞银稳健增长混合	国投瑞银	2008-06-11	1.0180	1.6080	--	14.25%	2/56	66.20%	11.79%
15	519991	长信双利优选混合	长信	2008-06-19	0.8730	1.1730	--	10.79%	6/56	15.87%	3.30%
16	290005	泰信优势增长混合	泰信	2008-06-25	0.8290	1.2690	--	-0.12%	40/56	20.77%	4.26%
17	519183	万家双引擎混合	万家	2008-06-27	0.8726	1.3626	--	2.90%	32/56	29.39%	5.87%
18	519066	汇添富蓝筹混合	汇添富	2008-07-08	1.1380	1.4580	--	3.93%	24/56	42.77%	8.26%
19	166002	中欧新蓝筹混合	中欧	2008-07-25	0.9306	1.5106	--	11.00%	5/56	50.69%	9.68%
20	610002	信达澳银精华配置混合	信达澳银	2008-07-30	1.0600	1.4800	--	8.38%	11/56	54.44%	10.32%
21	620002	金元惠理成长动力混合	金元惠理	2008-09-03	0.8100	1.0300	--	2.14%	35/56	-2.36%	-0.55%
22	110012	易方达科汇混合	易方达	2008-10-09	1.0720	1.5820	1.6342	5.20%	21/56	58.22%	11.46%
23	002031	华夏策略混合	华夏	2008-10-23	1.6070	2.2070	--	3.38%	29/56	118.33%	20.48%
24	571002	诺德主题灵活配置混合	诺德	2008-11-05	1.1176	1.1176	--	-1.80%	44/56	11.76%	2.71%
25	398031	中海蓝筹混合	中海	2008-12-03	0.8711	1.2661	--	7.98%	12/56	22.64%	5.13%
26	210002	金鹰红利价值混合	金鹰	2008-12-04	0.8310	1.2190	--	-2.56%	47/56	12.25%	2.87%
27	410006	华富策略精选混合	华富	2008-12-24	0.7844	0.9444	--	3.91%	25/56	-10.50%	-2.72%
28	213006	宝盈核心优势混合	宝盈	2009-03-17	0.6985	0.8985	--	-0.01%	39/56	-15.88%	-4.45%
29	340008	兴全有机增长混合	兴业全球	2009-03-25	1.0853	1.0853	--	1.38%	37/56	8.53%	2.19%
30	690001	民生加银品牌蓝筹混合	民生加银	2009-03-27	0.9000	0.9300	--	2.74%	34/56	-7.73%	-2.11%
31	163807	中银行业优选混合	中银	2009-04-03	0.9638	1.1538	--	5.22%	20/56	13.63%	3.47%
32	162211	泰达宏利品质生活混合	泰达宏利	2009-04-09	1.0140	1.2240	--	0.80%	38/56	21.89%	5.45%
33	180018	银华和谐主题混合	银华	2009-04-27	1.0110	1.0910	--	7.44%	15/56	8.81%	2.32%
34	580005	东吴进取策略混合	东吴	2009-05-06	0.8352	0.9052	--	-0.93%	43/56	-10.67%	-3.04%
35	519113	浦银安盛精致生活混合	浦银安盛	2009-06-04	0.8780	0.9380	--	8.80%	9/56	-7.40%	-2.13%
36	200011	长城景气行业龙头混合	长城	2009-06-30	0.9520	0.9770	--	5.54%	19/56	-2.71%	-0.78%
37	519091	新华泛资源优势混合	新华	2009-07-13	0.9670	0.9670	--	6.32%	17/56	-3.30%	-0.96%
38	350007	天治趋势精选混合	天治	2009-07-15	0.9470	0.9470	--	3.54%	27/56	-5.30%	-1.56%
39	410007	华富价值增长混合	华富	2009-07-15	0.7267	0.7267	--	4.07%	22/56	-27.33%	-8.80%
40	050012	博时策略混合	博时	2009-08-11	0.8280	0.8520	--	3.37%	30/56	-15.26%	-4.77%
41	590003	中邮核心优势混合	中邮创业	2009-10-28	0.8020	0.9820	--	-3.37%	51/56	-5.57%	-1.79%
42	360011	光大保德信动态优选混合	光大保德信	2009-10-28	0.9320	1.0620	--	11.25%	4/56	5.18%	1.60%
43	630005	华商动态阿尔法混合	华商	2009-11-24	0.8570	0.8570	--	2.83%	33/56	-14.30%	-4.85%
44	040015	华安动态混合	华安	2009-12-22	0.8370	0.8370	--	-3.79%	53/56	-16.30%	-5.71%
45	163809	中银蓝筹混合	中银	2010-02-11	0.9290	0.9490	--	12.06%	3/56	-5.44%	-1.92%
46	270022	广发内需增长混合	广发	2010-04-19	0.8330	0.9330	--	8.75%	10/56	-8.60%	-3.27%
47	519700	交银主题优选混合	交银施罗德	2010-06-30	0.9260	0.9410	--	14.46%	1/56	-6.11%	-2.48%
48	163810	中银价值精选混合	中银	2010-08-25	0.7660	0.7860	--	-0.39%	41/56	-21.94%	-9.99%
49	180020	银华成长先锋混合	银华	2010-10-08	0.7810	0.8060	--	-2.98%	49/56	-20.03%	-9.52%
50	630008	华商策略精选混合	华商	2010-11-09	0.7040	0.7040	--	-3.59%	52/56	-29.60%	-15.09%

序号	基金代码	基金简称	基金管理公司简称	基金成立日期	份额净值（元）	份额累计净值（元）	还原后份额累计净值（元）	2012 年净值增长率	2012 年同类型排名	成立以来净值增长率	成立以来年化收益率
51	233008	大摩消费领航混合	摩根士丹利华鑫	2010-12-03	0.6814	0.6814	--	-11.18%	54/56	-31.86%	-16.85%
52	398051	中海环保新能源主题混合	中海	2010-12-09	0.8190	0.8190	--	7.48%	14/56	-18.10%	-9.22%
53	202023	南方优选成长混合	南方	2011-01-30	0.9140	0.9140	--	9.99%	8/56	-8.60%	-4.57%
54	590006	中邮中小盘灵活配置混合	中邮创业	2011-05-10	0.8070	0.8070	--	-2.18%	45/56	-19.30%	-12.21%
55	450010	国富策略回报灵活配置混合	国海富兰克林	2011-08-02	0.8370	0.8370	--	-2.79%	48/56	-16.30%	-11.80%
56	673010	纽银新动向灵活配置混合	纽银梅隆西部	2011-08-18	0.8900	0.8900	--	-0.45%	42/56	-11.00%	-8.14%
57	050022	博时回报灵活配置混合	博时	2011-11-08	1.0810	1.0810	--	7.78%		8.10%	7.02%
58	530016	建信恒稳价值混合	建信	2011-11-22	1.0500	1.0500	--	4.79%		5.00%	4.50%
59	720001	财通价值动量混合	财通	2011-12-01	1.0180	1.0780	--	7.71%		7.71%	7.09%
60	161219	国投瑞银新兴产业混合(LOF)	国投瑞银	2011-12-13	1.1230	1.1230	--	12.30%		12.30%	11.66%
61	400015	东方增长中小盘混合	东方	2011-12-28	1.0455	1.0455	--	4.52%		4.55%	4.50%
62	519697	交银优势行业灵活配置混合	交银施罗德	2012-01-31	1.0510	1.0510	--	-2.32%		-2.32%	--
63	217021	招商优势企业灵活配置混合	招商	2012-02-01	0.9410	0.9410	--	-5.90%		-5.90%	--
64	320018	诺安新动力灵活配置混合	诺安	2012-03-05	0.9860	0.9860	--	-1.40%		-1.40%	--
65	166801	浙商聚潮新思维混合	浙商	2012-03-08	1.0200	1.0200	--	2.00%		2.00%	--
66	710002	富安达策略精选灵活配置混合	富安达	2012-04-25	0.9799	0.9799	--	-2.01%		-2.01%	--
67	700003	平安大华策略先锋混合	平安大华	2012-05-29	1.0110	1.0110	--	1.10%		1.10%	--
68	750001	安信灵活配置混合	安信	2012-06-20	1.0770	1.0770	--	7.70%		7.70%	--
69	690009	民生加银红利回报灵活配置混合	民生加银	2012-08-09	0.9880	0.9880	--	-1.20%		-1.20%	--
70	560006	益民核心增长灵活配置混合	益民	2012-08-16	1.0080	1.0080	--	0.80%		0.80%	--
71	762001	国金通用国鑫灵活配置混合发起式	国金通用	2012-08-28	1.0243	1.0243	--	2.43%		2.43%	--
平均								3.08%	--	--	--
2.3.1 混合基金-股债平衡型基金-股债平衡型基金											
1	100016	富国天源平衡混合	富国	2002-08-16	0.9179	2.3815	--	4.37%	8/14	163.23%	9.77%
2	110001	易方达平稳增长混合	易方达	2002-08-23	1.1890	2.4490	--	1.19%	13/14	197.28%	11.08%
3	180001	银华优势企业混合	银华	2002-11-13	1.0479	2.7079	--	7.32%	3/14	282.44%	14.14%
4	217002	招商安泰平衡混合	招商	2003-04-28	1.0141	2.4291	--	4.51%	7/14	150.23%	9.93%
5	151001	银河稳健混合	银河	2003-08-04	0.9057	0.9307	3.0850	3.71%	9/14	343.09%	17.13%
6	270001	广发聚富混合	广发	2003-12-03	1.1321	3.4421	--	8.68%	2/14	332.79%	17.50%
7	270002	广发稳健增长混合	广发	2004-07-26	1.3045	3.0595	--	5.70%	5/14	329.26%	18.85%
8	450001	国富中国收益混合	国海富兰克林	2005-06-01	0.4840	1.0940	2.0222	1.38%	12/14	109.10%	10.21%
9	373010	上投摩根双息平衡混合	上投摩根	2006-04-26	0.7897	2.2189	--	11.04%	1/14	102.54%	11.13%
10	050007	博时平衡配置混合	博时	2006-05-31	0.8150	2.2300	--	5.43%	6/14	126.33%	13.19%
11	483003	工银精选平衡混合	工银瑞信	2006-07-13	0.5303	0.9253	1.7541	-1.43%	14/14	61.92%	7.73%
12	373020	上投摩根双核平衡混合	上投摩根	2008-05-21	1.0323	1.1333	--	6.87%	4/14	12.13%	2.51%
13	660003	农银平衡双利混合	农银汇理	2009-04-08	0.9538	1.0638	--	2.49%	10/14	4.59%	1.21%
14	620001	金元惠理宝石动力混合	金元惠理	2010-09-07	0.7874	0.8374	--	1.84%	11/14	-19.58%	-8.97%
15	519020	国泰金泰平衡混合	国泰	2012-12-24	0.9150	0.9150	--	-0.01%		-0.01%	--
平均								4.51%	--	--	--
2.4.1 混合基金-偏债型基金-偏债型基金											
1	202101	南方宝元债券	南方	2002-09-20	1.2135	2.4935	--	8.57%	2/7	209.29%	11.60%
2	121001	国投瑞银融华债券	国投瑞银	2003-04-16	1.1342	2.4362	--	1.71%	6/7	215.83%	12.56%
3	340001	兴全可转债混合	兴业全球	2004-05-11	1.0400	2.7820	--	1.70%	7/7	292.48%	17.13%
4	350001	天治财富增长混合	天治	2004-06-29	0.6726	2.2179	--	5.99%	3/7	113.45%	9.32%
5	310318	申万菱信盛利强化配置混合	申万菱信	2004-11-29	1.0018	1.7928	--	3.88%	5/7	96.03%	8.67%
6	162205	泰达宏利风险预算混合	泰达宏利	2005-04-05	1.1030	2.4380	--	9.74%	1/7	207.51%	15.61%
7	253010	国联安安心成长混合	国联安	2005-07-13	0.6070	0.7170	1.5898	5.12%	4/7	68.54%	7.23%
平均								5.24%	--	--	--
2.5.1 混合基金-保本型基金-保本型基金											
1	202202	南方避险增值保本混合	南方	2003-06-27	2.4621	3.1011	--	3.22%	13/17	270.03%	14.73%
2	180002	银华保本增值混合(三期)	银华	2010-03-02	1.0260	1.0447	--	2.38%	15/17	4.52%	1.57%
3	530012	建信保本混合	建信	2011-01-18	1.0380	1.0380	--	5.06%	5/17	3.80%	1.93%
4	470018	汇添富保本混合	汇添富	2011-01-26	1.0500	1.0500	--	3.75%	10/17	5.00%	2.56%
5	270024	广发聚祥保本混合	广发	2011-03-15	1.0320	1.0320	--	1.47%	17/17	3.20%	1.77%
6	400013	东方保本混合	东方	2011-04-14	1.0690	1.0690	--	6.58%	1/17	6.90%	3.96%
7	020022	国泰保本混合	国泰	2011-04-19	1.0320	1.0320	--	5.95%	3/17	3.20%	1.87%
8	090013	大成保本混合	大成	2011-04-20	1.0420	1.0420	--	1.96%	16/17	4.20%	2.45%
9	320015	诺安保本混合	诺安	2011-05-13	1.0660	1.0660	--	3.60%	12/17	6.60%	3.98%
10	210006	金鹰保本混合	金鹰	2011-05-17	1.0620	1.0620	--	3.91%	8/17	6.20%	3.77%
11	080007	长盛同鑫保本混合	长盛	2011-05-24	1.0210	1.0520	--	2.89%	14/17	5.26%	3.24%

序号	基金代码	基金简称	基金管理公司简称	基金成立日期	份额净值（元）	份额累计净值(元)	还原后份额累计净值(元)	2012年净值增长率	2012年同类型排名	成立以来净值增长率	成立以来年化收益率
12	519676	银河保本混合	银河	2011-05-31	1.0600	1.0600	--	4.43[illegible]%	6/17	6.00%	3.74%
13	202212	南方保本混合	南方	2011-06-21	1.0530	1.0630	--	4.12[illegible]%	7/17	6.31%	4.08%
14	180028	银华永祥保本混合	银华	2011-06-28	1.0850	1.0850	--	5.34[illegible]%	4/17	8.50%	5.54%
15	163411	兴全保本混合	兴业全球	2011-08-03	1.0236	1.0236	--	3.87[illegible]%	9/17	2.36%	1.66%
16	620007	金元惠理保本混合	金元惠理	2011-08-16	1.0330	1.0530	--	3.66[illegible]%	11/17	5.32%	3.83%
17	217020	招商安达保本混合	招商	2011-09-01	1.1190	1.1190	--	6.47[illegible]%	2/17	11.90%	8.79%
18	202211	南方恒元保本混合(二期)	南方	2011-12-12	1.0280	1.0280	--	2.80[illegible]%		2.80%	2.65%
19	121010	国投瑞银瑞源保本混合	国投瑞银	2011-12-20	1.0330	1.0330	--	3.20[illegible]%		3.30%	3.19%
20	487016	工银瑞信保本混合	工银瑞信	2011-12-27	1.0410	1.0410	--	3.79[illegible]%		4.10%	4.04%
21	290012	泰信保本混合	泰信	2012-02-22	1.0390	1.0490	--	4.92[illegible]%		4.92%	--
22	320020	诺安汇鑫保本混合	诺安	2012-05-28	1.0130	1.0130	--	1.30[illegible]%		1.30%	--
23	206013	鹏华金刚保本混合	鹏华	2012-06-13	1.0140	1.0140	--	1.40[illegible]%		1.40%	--
24	090019	大成景恒保本混合	大成	2012-06-15	0.9970	0.9970	--	-0.[illegible]0%		-0.30%	--
25	393001	中海保本混合	中海	2012-06-20	1.0220	1.0220	--	2.20[illegible]%		2.20%	--
26	519710	交银荣安保本混合	交银施罗德	2012-06-20	1.0240	1.0240	--	2.40[illegible]%		2.40%	--
27	080015	长盛同鑫二号保本混合	长盛	2012-07-10	1.0130	1.0130	--	1.30[illegible]%		1.30%	--
28	020018	国泰金鹿保本混合(四期)	国泰	2012-07-27	1.0260	1.0260	--	2.60[illegible]%		2.60%	--
29	200016	长城保本混合	长城	2012-08-02	1.0120	1.0120	--	1.20[illegible]%		1.20%	--
30	582003	东吴保本混合	东吴	2012-08-13	1.0120	1.0120	--	1.20[illegible]%		1.20%	--
31	217024	招商安盈保本混合	招商	2012-08-20	1.0100	1.0100	--	1.00[illegible]%		1.00%	--
32	700004	平安大华保本混合	平安大华	2012-09-11	1.0220	1.0220	--	2.20[illegible]%		2.20%	--
33	163823	中银保本混合	中银	2012-09-19	1.0140	1.0140	--	1.40[illegible]%		1.40%	--
34	202213	南方安心保本混合	南方	2012-12-21	1.0010	1.0010	--	0.10[illegible]%		0.10%	--
35	720003	财通保本混合发起式	财通	2012-12-21	1.0010	1.0010	--	0.10[illegible]%		0.10%	--
			平均					4.0[illegible]%	--	--	--
			2.9.1 混合基金-特定策略混合型基金-特定策略混合型基金								
1	002001	华夏回报混合	华夏	2003-09-05	1.2890	3.4060	--	7.5[illegible]%	2/6	457.78%	20.23%
2	540001	汇丰晋信2016周期混合	汇丰晋信	2006-05-23	1.3976	2.0476	--	-0.[illegible]2%	4/6	105.01%	11.47%
3	002021	华夏回报二号混合	华夏	2006-08-14	1.0980	2.4130	--	7.3[illegible]%	3/6	178.19%	17.38%
4	090006	大成2020生命周期混合	大成	2006-09-13	0.6120	2.4340	--	-2.[illegible]4%	6/6	99.59%	11.59%
5	540004	汇丰晋信2026周期混合	汇丰晋信	2008-07-23	1.0949	1.4149	--	12.7[illegible]%	1/6	37.03%	7.35%
6	070018	嘉实回报灵活配置混合	嘉实	2009-08-18	0.8600	0.8970	--	-1.[illegible]8%	5/6	-11.07%	-3.42%
7	420009	天弘安康养老混合	天弘	2012-11-28	1.0040	1.0040	--	0.4[illegible]%		0.40%	--
			平均					3.9[illegible]%	--	--	--
			3.1.1 债券基金-标准债券型基金-长期标准债券型基金(A类)								
1	217003	招商安泰债券(A类)	招商	2003-04-28	1.1092	1.6457	--	4.5[illegible]%	2/3	79.72%	6.24%
2	161603	融通债券(A/B类)	融通	2003-09-30	1.0280	1.5250	--	8.3[illegible]%	1/3	62.40%	5.38%
3	371020	上投摩根纯债债券(A类)	上投摩根	2009-06-24	1.0620	1.0620	--	2.8[illegible]%	3/3	6.20%	1.72%
4	100058	富国产业债	富国	2011-12-05	1.0570	1.0970	--	9.63%		9.78%	9.08%
5	040026	华安信用四季红债券	华安	2011-12-08	1.0520	1.0840	--	8.23%		8.45%	7.91%
6	110037	易方达纯债债券(A类)	易方达	2012-05-03	1.0330	1.0330	--	3.30%		3.30%	--
7	270043	广发理财年年红债券	广发	2012-07-19	1.0180	1.0180	--	1.80%		1.80%	--
8	202108	南方润元纯债债券(A类)	南方	2012-07-20	1.0150	1.0150	--	1.50%		1.50%	--
9	161820	银华纯债信用主题债券(LOF)	银华	2012-08-09	1.0200	1.0200	--	2.00%		2.00%	--
10	206015	鹏华纯债债券	鹏华	2012-09-03	1.0130	1.0130	--	1.30%		1.30%	--
11	050027	博时信用债纯债债券	博时	2012-09-07	1.0140	1.0140	--	1.40%		1.40%	--
12	519118	浦银安盛幸福回报定期开放债券(A类)	浦银安盛	2012-09-18	1.0150	1.0150	--	1.50%		1.50%	--
13	686868	浙商聚盈信用债债券(A类)	浙商	2012-09-18	1.0110	1.0110	--	1.10%		1.10%	--
14	270044	广发双债添利债券(A类)	广发	2012-09-20	1.0140	1.0140	--	1.40%		1.40%	--
15	519188	万家信用恒利债券(A类)	万家	2012-09-21	1.0099	1.0099	--	0.99%		0.99%	--
16	070033	嘉实增强收益定期开放债券	嘉实	2012-09-24	1.0080	1.0080	--	0.80%		0.80%	--
17	750002	安信目标收益债券(A类)	安信	2012-09-25	1.0100	1.0100	--	1.00%		1.00%	--
18	161618	融通岁岁添利定期开放债券(A类)	融通	2012-11-06	1.0030	1.0050	--	0.50%		0.50%	--
19	485119	工银信用纯债债券(A类)	工银瑞信	2012-11-14	1.0040	1.0040	--	0.40%		0.40%	--
20	530021	建信纯债债券(A类)	建信	2012-11-15	1.0040	1.0040	--	0.40%		0.40%	--
21	590009	中邮稳定收益债券(A类)	中邮创业	2012-11-21	1.0040	1.0040	--	0.40%		0.40%	--
22	100066	富国纯债债券发起式(A类)	富国	2012-11-22	1.0030	1.0030	--	0.[illegible]0%		0.30%	--
23	700005	平安大华添利债券(A类)	平安大华	2012-11-27	1.0050	1.0050	--	0.[illegible]0%		0.50%	--
24	519669	银河领先债券	银河	2012-11-29	1.0030	1.0030	--	0.[illegible]0%		0.30%	--
25	460008	华泰柏瑞稳健收益债券(A类)	华泰柏瑞	2012-12-04	1.0020	1.0020	--	0.[illegible]0%		0.20%	--

序号	基金代码	基金简称	基金管理公司简称	基金成立日期	份额净值(元)	份额累计净值(元)	还原后份额累计净值(元)	2012 年净值增长率	2012 年同类型排名	成立以来净值增长率	成立以来年化收益率
26	050028	博时安心收益定期开放债券(A 类)	博时	2012-12-06	1.0010	1.0010	--	0.10%		0.10%	--
27	070037	嘉实纯债债券发起式(A 类)	嘉实	2012-12-11	1.0020	1.0020	--	0.20%		0.20%	--
28	121013	国投瑞银纯债债券(A 类)	国投瑞银	2012-12-11	1.0030	1.0030	--	0.30%		0.30%	--
29	380005	中银纯债债券(A 类)	中银	2012-12-12	1.0020	1.0020	--	0.20%		0.20%	--
30	270048	广发纯债债券(A 类)	广发	2012-12-12	1.0010	1.0010	--	0.10%		0.10%	--
31	100070	富国强收益定期开放债券(A 类)	富国	2012-12-18	1.0010	1.0010	--	0.10%		0.10%	--
32	519718	交银纯债债券(A 类)	交银施罗德	2012-12-19	1.0010	1.0010	--	0.10%		0.10%	--
33	519152	新华纯债添利债券发起式(A 类)	新华	2012-12-21	1.0010	1.0010	--	0.10%		0.10%	--
34	675021	纽银稳定增利债券(A 类)	纽银梅隆西部	2012-12-25	1.0000	1.0000	--	0.00%		0.00%	--
平均								5.23%	--	--	--
3.1.2 债券基金-标准债券型基金-长期标准债券型基金(B/C 类)											
1	217203	招商安泰债券(B 类)	招商	2006-04-11	1.1373	1.6138	--	4.11%	1/2	55.17%	6.75%
2	371120	上投摩根纯债债券(B 类)	上投摩根	2009-06-24	1.0460	1.0460	--	2.35%	2/2	4.60%	1.28%
3	161693	融通债券(C 类)	融通	2012-02-20	1.0260	1.0810	--	7.40%		7.40%	--
4	110038	易方达纯债债券(C 类)	易方达	2012-05-03	1.0300	1.0300	--	3.00%		3.00%	--
5	202110	南方润元纯债债券(C 类)	南方	2012-07-20	1.0140	1.0140	--	1.40%		1.40%	--
6	519119	浦银安盛幸福回报定期开放债券(B 类)	浦银安盛	2012-09-18	1.0140	1.0140	--	1.40%		1.40%	--
7	686869	浙商聚盈信用债债券(C 类)	浙商	2012-09-18	1.0090	1.0090	--	0.90%		0.90%	--
8	270045	广发双债添利债券(C 类)	广发	2012-09-20	1.0120	1.0120	--	1.20%		1.20%	--
9	519189	万家信用恒利债券(C 类)	万家	2012-09-21	1.0088	1.0088	--	0.88%		0.88%	--
10	750003	安信目标收益债券(C 类)	安信	2012-09-25	1.0090	1.0090	--	0.90%		0.90%	--
11	161619	融通岁岁添利定期开放债券(B 类)	融通	2012-11-06	1.0020	1.0040	--	0.40%		0.40%	--
12	485019	工银信用纯债债券(B 类)	工银瑞信	2012-11-14	1.0040	1.0040	--	0.40%		0.40%	--
13	531021	建信纯债债券(C 类)	建信	2012-11-15	1.0040	1.0040	--	0.40%		0.40%	--
14	590010	中邮稳定收益债券(C 类)	中邮创业	2012-11-21	1.0040	1.0040	--	0.40%		0.40%	--
15	100068	富国纯债债券发起式(C 类)	富国	2012-11-22	1.0020	1.0020	--	0.20%		0.20%	--
16	700006	平安大华添利债券(C 类)	平安大华	2012-11-27	1.0050	1.0050	--	0.50%		0.50%	--
17	460108	华泰柏瑞稳健收益债券(C 类)	华泰柏瑞	2012-12-04	1.0010	1.0010	--	0.10%		0.10%	--
18	050128	博时安心收益定期开放债券(C 类)	博时	2012-12-06	1.0010	1.0010	--	0.10%		0.10%	--
19	070038	嘉实纯债债券发起式(C 类)	嘉实	2012-12-11	1.0010	1.0010	--	0.10%		0.10%	--
20	128013	国投瑞银纯债债券(B 类)	国投瑞银	2012-12-11	1.0030	1.0030	--	0.30%		0.30%	--
21	380006	中银纯债债券(C 类)	中银	2012-12-12	1.0020	1.0020	--	0.20%		0.20%	--
22	270049	广发纯债债券(C 类)	广发	2012-12-12	1.0010	1.0010	--	0.10%		0.10%	--
23	100071	富国强收益定期开放债券(C 类)	富国	2012-12-18	1.0010	1.0010	--	0.10%		0.10%	--
24	519720	交银纯债债券(C 类)	交银施罗德	2012-12-19	1.0010	1.0010	--	0.10%		0.10%	--
25	519153	新华纯债添利债券发起式(C 类)	新华	2012-12-21	1.0010	1.0010	--	0.10%		0.10%	--
26	675023	纽银稳定增利债券(C 类)	纽银梅隆西部	2012-12-25	1.0000	1.0000	--	0.00%		0.00%	--
平均								3.23%	--	--	--
3.1.3 债券基金-标准债券型基金-中短期标准债券型基金(A 类)											
1	070009	嘉实超短债债券	嘉实	2006-04-26	1.0085	1.1978	--	3.63%	2/2	21.73%	2.98%
2	519985	长信中短债债券	长信	2010-06-28	1.0811	1.0811	--	7.37%	1/2	8.11%	3.15%
平均								5.50%	--	--	--
3.2.1 债券基金-普通债券型基金-普通债券型基金(一级 A 类)											
1	001001	华夏债券(A/B 类)	华夏	2002-10-23	1.0580	1.6480	--	7.81%	23/47	83.09%	6.11%
2	090002	大成债券(A/B 类)	大成	2003-06-12	1.0552	1.5742	--	4.85%	43/47	73.67%	5.94%
3	070005	嘉实债券	嘉实	2003-07-09	1.4170	1.8520	--	6.06%	38/47	106.28%	7.93%
4	160602	鹏华普天债券(A 类)	鹏华	2003-07-12	1.1040	1.5180	--	5.61%	41/47	59.99%	5.08%
5	240003	华宝兴业宝康债券	华宝兴业	2003-07-15	1.1813	1.6913	--	7.07%	31/47	84.78%	6.70%
6	100018	富国天利增长债券	富国	2003-12-02	1.2382	2.0632	--	9.74%	8/47	148.72%	10.55%
7	020002	国泰金龙债券(A 类)	国泰	2003-12-05	1.0660	1.4950	--	9.33%	11/47	59.89%	5.30%
8	288102	中信稳定双利债券	华夏	2006-07-20	1.0332	1.5832	--	6.98%	33/47	73.44%	8.91%
9	485105	工银增强收益债券(A 类)	工银瑞信	2007-05-11	1.0677	1.4377	--	7.82%	22/47	49.14%	7.34%
10	320004	诺安优化收益债券	诺安	2007-08-28	1.0716	1.3412	--	7.71%	24/47	32.86%	5.46%
11	050106	博时稳定价值债券(A 类)	博时	2007-09-06	1.0410	1.2870	--	7.99%	20/47	25.32%	4.33%
12	121009	国投瑞银稳定增利债券	国投瑞银	2008-01-11	1.1007	1.3017	--	7.85%	21/47	32.96%	5.89%
13	519078	汇添富增强收益债券(A 类)	汇添富	2008-03-06	1.0450	1.2450	--	7.00%	32/47	26.20%	4.94%
14	110017	易方达增强回报债券(A 类)	易方达	2008-03-19	1.1450	1.4050	--	9.75%	7/47	44.89%	8.05%
15	270009	广发增强债券	广发	2008-03-27	1.1160	1.2960	--	2.67%	47/47	31.62%	5.93%
16	519680	交银增利债券(A/B 类)	交银施罗德	2008-03-31	1.0273	1.3043	--	10.74%	4/47	33.25%	6.22%
17	395001	中海稳健收益债券	中海	2008-04-10	1.0520	1.2970	--	5.82%	40/47	32.40%	6.11%

序号	基金代码	基金简称	基金管理公司简称	基金成立日期	份额净值（元）	份额累计净值（元）	还原后份额累计净值（元）	2012年净值增长率	2012年同类型排名	成立以来净值增长率	成立以来年化收益率
18	485107	工银添利债券(A类)	工银瑞信	2008-04-14	1.0507	1.3307	--	9.80%	6/47	35.33%	6.62%
19	040009	华安稳定收益债券(A类)	华安	2008-04-30	1.0479	1.2829	--	6.53%	35/47	29.99%	5.77%
20	519667	银河银信添利债券(A类)	银河	2008-05-23	1.0267	1.3407	--	7.29%	29/47	22.66%	4.53%
21	410004	华富收益增强债券(A类)	华富	2008-05-28	1.1552	1.3272	--	7.45%	27/47	34.89%	6.73%
22	530008	建信稳定增利债券	建信	2008-06-25	1.1500	1.4050	--	5.85%	39/47	43.08%	8.25%
23	217011	招商安心收益债券	招商	2008-10-22	1.0810	1.2810	--	8.01%	19/47	29.17%	6.29%
24	360008	光大保德信增利收益债券(A类)	光大保德信	2008-10-29	1.0260	1.2420	--	7.62%	25/47	26.36%	5.76%
25	163806	中银增利债券	中银	2008-11-13	1.0940	1.2640	--	7.37%	28/47	27.74%	6.10%
26	540005	汇丰晋信平稳增利债券(A类)	汇丰晋信	2008-12-03	1.0396	1.0497	--	6.15%	37/47	5.01%	1.20%
27	310378	申万菱信添益宝债券(A类)	申万菱信	2008-12-04	1.0820	1.1690	--	7.56%	26/47	17.15%	3.96%
28	400009	东方稳健回报债券	东方	2008-12-10	1.0650	1.1350	--	2.80%	46/47	13.67%	3.21%
29	660002	农银恒久增利债券(A类)	农银汇理	2008-12-23	1.0906	1.1466	--	8.15%	18/47	14.83%	3.50%
30	630003	华商收益增强债券(A类)	华商	2009-01-23	1.0590	1.2340	--	8.73%	15/47	24.47%	5.71%
31	253020	国联安增利债券(A类)	国联安	2009-03-11	1.0760	1.2710	--	9.81%	5/47	28.90%	6.89%
32	550006	信诚经典优债债券(A类)	信诚	2009-03-11	1.0330	1.1570	--	8.67%	16/47	16.55%	4.10%
33	519024	海富通稳健添利债券(A类)	海富通	2009-03-18	1.0820	1.1730	--	8.96%	14/47	13.89%	3.49%
34	610003	信达澳银稳定价值债券(A类)	信达澳银	2009-04-08	1.1530	1.1530	--	9.39%	10/47	15.30%	3.89%
35	166003	中欧稳健收益债券(A类)	中欧	2009-04-24	1.0728	1.1883	--	6.90%	34/47	19.82%	5.02%
36	340009	兴全磐稳增利债券	兴业全球	2009-07-23	1.0111	1.0511	--	4.71%	44/47	5.13%	1.46%
37	290007	泰信增强收益债券(A类)	泰信	2009-07-29	1.0136	1.1116	--	9.52%	9/47	11.55%	3.24%
38	519186	万家稳健增利债券(A类)	万家	2009-08-12	1.0744	1.1844	--	8.34%	17/47	18.93%	5.25%
39	202103	南方多利增强债券(A类)	南方	2009-09-23	1.0656	1.3441	--	11.39%	3/47	21.45%	6.11%
40	233005	大摩强收益债券	摩根士丹利华鑫	2009-12-29	1.1525	1.1875	--	9.05%	13/47	19.06%	5.97%
41	253030	国联安信心增益债券	国联安	2010-06-22	1.0160	1.0910	--	9.20%	12/47	9.30%	3.58%
42	040019	华安稳固收益债券	华安	2010-12-21	1.0290	1.1190	--	7.26%	30/47	12.09%	5.78%
43	290009	泰信周期回报债券	泰信	2011-02-09	1.0450	1.1250	--	11.92%	2/47	12.70%	6.52%
44	261001	景顺长城稳定收益债券(A类)	景顺长城	2011-03-25	1.0360	1.0360	--	6.47%	36/47	3.60%	2.02%
45	200013	长城积极增利债券(A类)	长城	2011-04-12	1.0800	1.0800	--	12.50%	1/47	8.00%	4.57%
46	582002	东吴增利债券(A类)	东吴	2011-07-27	1.0220	1.0620	--	4.65%	45/47	6.22%	4.30%
47	070025	嘉实信用债券(A类)	嘉实	2011-09-14	1.0170	1.0850	--	5.20%	42/47	8.68%	6.62%
48	161010	富国天丰强化收益债券(LOF)	富国	2011-10-24	1.0450	1.0620	--	7.86%		9.98%	8.33%
49	110035	易方达双债增强债券(A类)	易方达	2011-12-01	1.0760	1.0760	--	7.28%		7.60%	6.98%
50	166008	中欧增强回报债券(LOF)	中欧	2011-12-02	1.0245	1.0345	--	5.15%		5.26%	4.85%
51	470088	汇添富信用债债券(A类)	汇添富	2011-12-20	1.0580	1.0580	--	5.80%		5.80%	5.61%
52	350009	天治稳定收益债券	天治	2011-12-28	1.0070	1.0770	--	7.73%		7.84%	7.75%
53	160217	国泰信用互利债券分级	国泰	2011-12-29	1.0730	1.0730	--	7.30%		7.30%	7.24%
54	253060	国联安信心增长定期开放债券(A类)	国联安	2012-02-22	1.0680	1.0810	--	8.15%		8.15%	--
55	270029	广发聚财信用债券(A类)	广发	2012-03-13	1.0330	1.0420	--	4.21%		4.21%	--
56	217022	招商产业债券	招商	2012-03-21	1.0210	1.0640	--	6.46%		6.46%	--
57	370021	上投摩根分红添利债券(A类)	上投摩根	2012-06-25	1.0200	1.0200	--	2.00%		2.00%	--
58	450018	国富恒久信用债券(A类)	国海富兰克林	2012-09-11	1.0170	1.0170	--	1.70%		1.70%	--
59	550017	信诚添金分级债券	信诚	2012-12-12	0.9990	0.9990	--	0.00%		0.00%	--
			平均					7.70%	--	--	--
			3.2.2 债券基金-普通债券型基金-普通债券型基金(一级B/C类)								
1	001003	华夏债券(C类)	华夏	2006-03-31	1.0510	1.6210	--	7.54%	16/30	56.17%	6.82%
2	092002	大成债券(C类)	大成	2006-04-21	1.0436	1.5386	--	4.47%	29/30	40.98%	5.26%
3	160608	鹏华普天债券(B类)	鹏华	2006-05-15	1.0780	1.4620	--	5.21%	27/30	39.51%	5.15%
4	519666	银河银信添利债券(B类)	银河	2007-03-14	1.0235	1.3205	--	6.87%	21/30	35.70%	5.40%
5	485005	工银增强收益债券(B类)	工银瑞信	2007-05-11	1.0667	1.4097	--	7.39%	17/30	45.72%	6.90%
6	202102	南方多利增强债券(C类)	南方	2007-08-28	1.0619	1.3322	--	11.06%	2/30	31.23%	5.21%
7	050006	博时稳定价值债券(B类)	博时	2007-09-06	1.0200	1.2660	--	7.59%	15/30	23.00%	3.96%
8	110018	易方达增强回报债券(B类)	易方达	2008-03-19	1.1300	1.3800	--	9.26%	7/30	41.85%	7.57%
9	519682	交银增利债券(C类)	交银施罗德	2008-03-31	1.0218	1.2818	--	10.24%	3/30	30.50%	5.76%
10	485007	工银添利债券(B类)	工银瑞信	2008-04-14	1.0460	1.3080	--	9.37%	6/30	32.76%	6.19%
11	040010	华安稳定收益债券(B类)	华安	2008-04-30	1.0364	1.2614	--	6.08%	25/30	27.64%	5.36%
12	410005	华富收益增强债券(B类)	华富	2008-05-28	1.1432	1.3052	--	7.07%	20/30	32.35%	6.29%
13	020012	国泰金龙债券(C类)	国泰	2008-06-04	1.0610	1.4790	--	9.38%	5/30	21.68%	4.38%
14	519023	海富通稳健添利债券(C类)	海富通	2008-10-24	1.0740	1.1650	--	8.7[illegible]%	10/30	16.79%	3.77%
15	360009	光大保德信增利收益债券(C类)	光大保德信	2008-10-29	1.0230	1.2220	--	7.2[illegible]%	18/30	23.99%	5.28%
16	310379	申万菱信添益宝债券(B类)	申万菱信	2008-12-04	1.0730	1.1540	--	7.2[illegible]%	19/30	15.54%	3.61%

序号	基金代码	基金简称	基金管理公司简称	基金成立日期	份额净值(元)	份额累计净值(元)	还原后份额累计净值(元)	2012 年净值增长率	2012 年同类型排名	成立以来净值增长率	成立以来年化收益率
17	630103	华商收益增强债券(B 类)	华商	2009-01-23	1.0520	1.2140	--	8.23%	11/30	22.22%	5.22%
18	550007	信诚经典优债债券(B 类)	信诚	2009-03-11	1.0300	1.1370	--	8.13%	12/30	14.32%	3.58%
19	253021	国联安增利债券(B 类)	国联安	2009-03-11	1.0760	1.2540	--	9.52%	4/30	26.91%	6.45%
20	610103	信达澳银稳定价值债券(B 类)	信达澳银	2009-04-08	1.1340	1.1340	--	8.93%	9/30	13.40%	3.42%
21	166004	中欧稳健收益债券(C 类)	中欧	2009-04-24	1.0684	1.1714	--	6.46%	23/30	17.91%	4.56%
22	291007	泰信增强收益债券(C 类)	泰信	2009-07-29	1.0100	1.0980	--	9.13%	8/30	10.10%	2.85%
23	519187	万家稳健增利债券(C 类)	万家	2009-08-12	1.0602	1.1702	--	7.91%	13/30	17.45%	4.86%
24	470078	汇添富增强收益债券(C 类)	汇添富	2009-09-15	1.0350	1.2350	--	6.75%	22/30	13.95%	4.04%
25	660102	农银恒久增利债券(C 类)	农银汇理	2010-10-25	1.0828	1.0858	--	7.82%	14/30	0.81%	0.37%
26	261101	景顺长城稳定收益债券(C 类)	景顺长城	2011-03-25	1.0300	1.0300	--	6.19%	24/30	3.00%	1.68%
27	200113	长城积极增利债券(C 类)	长城	2011-04-12	1.0710	1.0710	--	11.91%	1/30	7.10%	4.06%
28	541005	汇丰晋信平稳增利债券(C 类)	汇丰晋信	2011-06-07	1.0401	1.0765	--	5.83%	26/30	7.42%	4.67%
29	582202	东吴增利债券(C 类)	东吴	2011-07-27	1.0160	1.0560	--	4.25%	30/30	5.61%	3.88%
30	070026	嘉实信用债券(C 类)	嘉实	2011-09-14	1.0150	1.0790	--	4.80%	28/30	8.06%	6.15%
31	110036	易方达双债增强债券(C 类)	易方达	2011-12-01	1.0690	1.0690	--	6.69%		6.90%	6.34%
32	470089	汇添富信用债债券(C 类)	汇添富	2011-12-20	1.0540	1.0540	--	5.40%		5.40%	5.22%
33	253061	国联安信心增长定期开放债券(B 类)	国联安	2012-02-22	1.0650	1.0780	--	7.84%		7.84%	--
34	270030	广发聚财信用债券(B 类)	广发	2012-03-13	1.0300	1.0380	--	3.81%		3.81%	--
35	370022	上投摩根分红添利债券(B 类)	上投摩根	2012-06-25	1.0170	1.0170	--	1.70%		1.70%	--
36	450019	国富恒久信用债券(C 类)	国海富兰克林	2012-09-11	1.0160	1.0160	--	1.60%		1.60%	--
平均								7.68%	--	--	--
3.2.3 债券基金－普通债券型基金－普通债券型基金(二级 A 类)											
1	151002	银河收益债券	银河	2003-08-04	1.1146	2.2046	--	6.93%	27/55	149.23%	10.18%
2	510080	长盛全债指数增强债券	长盛	2003-10-25	1.1187	1.9287	--	-0.43%	54/55	124.70%	9.21%
3	217008	招商安本增利债券	招商	2006-07-11	1.0427	1.4527	--	5.25%	40/55	49.40%	6.39%
4	161902	万家增强收益债券	万家	2007-09-28	1.0382	1.2982	1.7544	9.49%	10/55	36.28%	6.06%
5	290003	泰信双息双利债券	泰信	2007-10-31	1.0316	1.2429	--	7.97%	19/55	22.01%	3.92%
6	519519	华泰柏瑞稳本增利债券(A 类)	华泰柏瑞	2007-12-03	1.0412	1.2312	--	2.39%	50/55	21.30%	3.87%
7	110008	易方达稳健收益债券(B 类)	易方达	2008-01-29	1.1680	1.3766	--	13.93%	3/55	35.56%	6.37%
8	001011	华夏希望债券(A 类)	华夏	2008-03-10	1.0600	1.3000	--	7.55%	25/55	31.88%	5.92%
9	420102	天弘永利债券(B 类)	天弘	2008-04-18	1.0069	1.2079	--	7.89%	20/55	22.63%	4.43%
10	213007	宝盈增强收益债券(A/B 类)	宝盈	2008-05-15	1.0653	1.3173	--	6.05%	36/55	33.08%	6.36%
11	560005	益民多利债券	益民	2008-05-21	1.0008	1.1218	--	1.76%	51/55	12.47%	2.58%
12	160612	鹏华丰收债券	鹏华	2008-05-28	1.0320	1.3490	--	6.11%	33/55	38.24%	7.30%
13	090008	大成强化收益债券	大成	2008-08-06	0.9610	1.1610	--	0.36%	53/55	15.57%	3.34%
14	200009	长城稳健增利债券	长城	2008-08-27	1.1120	1.2170	--	7.13%	26/55	22.22%	4.72%
15	070015	嘉实多元收益债券(A 类)	嘉实	2008-09-10	1.0590	1.2730	--	2.44%	49/55	29.09%	6.10%
16	162210	泰达宏利集利债券(A 类)	泰达宏利	2008-09-26	1.0695	1.1125	--	7.71%	24/55	11.52%	2.59%
17	550004	信诚三得益债券(A 类)	信诚	2008-09-27	1.0010	1.1240	--	3.73%	47/55	12.46%	2.79%
18	080003	长盛积极配置债券	长盛	2008-10-08	1.0602	1.2332	--	-0.52%	55/55	22.80%	4.97%
19	450005	国富强化收益债券(A 类)	国海富兰克林	2008-10-24	1.0929	1.1759	--	8.59%	15/55	18.48%	4.13%
20	350006	天治稳健双盈债券	天治	2008-11-05	1.0960	1.0960	--	16.18%	1/55	9.60%	2.23%
21	582001	东吴优信稳健债券(A 类)	东吴	2008-11-05	1.0323	1.0443	--	7.81%	21/55	4.45%	1.05%
22	180015	银华增强收益债券	银华	2008-12-03	1.0970	1.2680	--	4.08%	43/55	27.91%	6.22%
23	519989	长信利丰债券	长信	2008-12-29	1.0770	1.1970	--	12.77%	6/55	20.67%	4.80%
24	519111	浦银安盛优化收益债券(A 类)	浦银安盛	2008-12-30	1.1150	1.1250	--	9.42%	12/55	12.58%	3.00%
25	240012	华宝兴业增强收益债券(A 类)	华宝兴业	2009-02-17	1.0711	1.0911	--	7.73%	22/55	9.17%	2.29%
26	573003	诺德增强收益债券	诺德	2009-03-04	1.0000	1.0270	--	3.84%	44/55	2.65%	0.69%
27	020019	国泰双利债券(A 类)	国泰	2009-03-11	1.0360	1.2220	--	7.73%	23/55	23.22%	5.63%
28	620003	金元惠理丰利债券	金元惠理	2009-03-23	0.9340	0.9560	--	3.55%	48/55	-4.59%	-1.24%
29	040012	华安强化收益债券(A 类)	华安	2009-04-13	1.0660	1.1720	--	8.03%	18/55	17.93%	4.53%
30	320008	诺安增利债券(A 类)	诺安	2009-05-27	1.0830	1.0980	--	3.74%	46/55	9.87%	2.65%
31	530009	建信收益增强债券(A 类)	建信	2009-06-02	1.0320	1.1470	--	5.69%	38/55	14.88%	3.95%
32	050011	博时信用债券(A/B 类)	博时	2009-06-10	1.0690	1.1290	--	10.43%	9/55	13.14%	3.53%
33	100035	富国优化增强债券(A/B 类)	富国	2009-06-10	1.0260	1.0910	--	5.45%	39/55	8.94%	2.43%
34	690002	民生加银增强收益债券(A 类)	民生加银	2009-07-21	1.1920	1.2220	--	13.74%	4/55	22.62%	6.09%
35	206003	鹏华信用增利债券(A 类)	鹏华	2010-05-31	1.1030	1.1030	--	9.21%	14/55	10.30%	3.86%
36	050016	博时宏观回报债券(A/B 类)	博时	2010-07-27	1.0710	1.0780	--	5.10%	41/55	7.83%	3.15%
37	630007	华商稳健双利债券(A 类)	华商	2010-08-09	1.0430	1.0430	--	12.27%	7/55	4.30%	1.77%
38	485111	工银瑞信双利债券(A 类)	工银瑞信	2010-08-16	1.1210	1.1210	--	8.52%	16/55	12.10%	4.92%

序号	基金代码	基金简称	基金管理公司简称	基金成立日期	份额净值(元)	份额累计净值(元)	还原后份额累计净值(元)	2012年净值增长率	2012年同类型排名	成立以来净值增长率	成立以来年化收益率
39	070020	嘉实稳固收益债券	嘉实	2010-09-01	1.0440	1.0440	--	3.78%	45/55	4.40%	1.86%
40	121012	国投瑞银优化增强债券(A/B类)	国投瑞银	2010-09-08	1.0210	1.0210	--	6.58%	30/55	2.10%	0.90%
41	202105	南方广利回报债券(A/B类)	南方	2010-11-03	1.0640	1.0640	--	13.19%	5/55	6.40%	2.91%
42	519030	海富通稳固收益债券	海富通	2010-11-23	1.0570	1.0570	--	8.41%	17/55	5.70%	2.67%
43	163811	中银稳健双利债券(A类)	中银	2010-11-24	1.1320	1.1320	--	10.65%	8/55	13.20%	6.07%
44	180025	银华信用双利债券(A类)	银华	2010-12-03	1.0440	1.0440	--	6.31%	32/55	4.40%	2.09%
45	310508	申万菱信稳益宝债券	申万菱信	2011-02-11	1.0790	1.0790	--	6.62%	29/55	7.90%	4.11%
46	630009	华商稳定增利债券(A类)	华商	2011-03-15	1.0250	1.0250	--	6.11%	34/55	2.50%	1.38%
47	217018	招商安瑞进取债券	招商	2011-03-17	0.9620	0.9620	--	4.45%	42/55	-3.80%	-2.14%
48	160718	嘉实多利债券分级	嘉实	2011-03-23	0.9737	0.9737	1.0147	1.30%	52/55	1.47%	0.82%
49	395011	中海增强收益债券(A类)	中海	2011-03-23	1.0370	1.0370	--	5.92%	37/55	3.70%	2.06%
50	360013	光大保德信信用添益债券(A类)	光大保德信	2011-05-16	1.0410	1.1260	--	6.32%	31/55	12.93%	7.75%
51	110027	易方达安心回报债券(A类)	易方达	2011-06-21	1.1020	1.1020	--	9.43%	11/55	10.20%	6.55%
52	660009	农银汇理增强收益债券(A类)	农银汇理	2011-07-01	1.0689	1.1039	--	6.69%	28/55	10.42%	6.81%
53	485114	工银瑞信添颐债券(A类)	工银瑞信	2011-08-10	1.2020	1.2020	--	14.69%	2/55	20.20%	14.10%
54	372010	上投摩根强化回报债券(A类)	上投摩根	2011-08-10	1.0270	1.0670	--	6.11%	35/55	6.74%	4.79%
55	519683	交银双利债券(A/B类)	交银施罗德	2011-09-26	1.0560	1.1010	--	9.37%	13/55	10.25%	8.01%
56	080009	长盛同禧信用增利债券(A类)	长盛	2011-12-06	0.9430	0.9430	--	-5.89%		-5.70%	-5.33%
57	530017	建信双息红利债券	建信	2011-12-13	1.0530	1.0530	--	5.19%		5.30%	5.03%
58	180029	银华永泰积极债券(A类)	银华	2011-12-28	1.0060	1.0060	--	0.60%		0.60%	0.59%
59	050023	博时天颐债券(A类)	博时	2012-02-29	1.0380	1.0440	--	4.42%		4.42%	--
60	261002	景顺长城优信增利债券(A类)	景顺长城	2012-03-15	1.0400	1.0400	--	4.00%		4.00%	--
61	690006	民生加银信用双利债券(A类)	民生加银	2012-04-25	1.0330	1.0330	--	3.30%		3.30%	--
62	166010	中欧鼎利债券分级	中欧	2012-06-18	1.0430	1.0430	--	0.87%		0.87%	--
63	675011	纽银稳健双利债券(A类)	纽银梅隆西部	2012-06-26	1.0070	1.0070	--	0.70%		0.70%	--
64	720002	财通多策略稳健增长债券	财通	2012-07-13	1.0050	1.0130	--	1.30%		1.30%	--
65	217023	招商信用增强债券	招商	2012-07-20	1.0120	1.0270	--	2.70%		2.70%	--
66	710301	富安达增强收益债券(A类)	富安达	2012-07-25	1.0140	1.0140	--	1.40%		1.40%	--
67	020027	国泰信用债券(A类)	国泰	2012-07-31	1.0170	1.0170	--	1.70%		1.70%	--
68	420008	天弘债券发起式(A类)	天弘	2012-08-10	1.0170	1.0170	--	1.70%		1.70%	--
69	233012	大摩多元收益债券(A类)	摩根士丹利华鑫	2012-08-28	1.0170	1.0170	--	1.70%		1.70%	--
70	040036	华安安心收益债券(A类)	华安	2012-09-07	1.0180	1.0180	--	1.70%		1.70%	--
71	001031	华夏安康信用优选债券(A类)	华夏	2012-09-11	1.0160	1.0160	--	1.60%		1.60%	--
72	470010	汇添富多元收益债券(A类)	汇添富	2012-09-18	1.0330	1.0330	--	3.30%		3.30%	--
73	400016	东方强化收益债券	东方	2012-10-09	1.0075	1.0075	--	0.75%		0.75%	--
74	210010	金鹰元泰精选信用债券(A类)	金鹰	2012-11-29	1.0025	1.0025	--	0.25%		0.25%	--
75	320021	诺安双利债券发起式	诺安	2012-11-29	1.0010	1.0010	--	0.10%		0.10%	--
76	040045	华安信用增强债券	华安	2012-12-24	1.0010	1.0010	--	0.10%		0.10%	--
77	020033	国泰民安增利债券(A类)	国泰	2012-12-26	1.0010	1.0010	--	0.10%		0.10%	--
			平均					7.01%	--	--	--
			3.2.4 债券基金-普通债券型基金-普通债券型基金(二级B/C类)								
1	460003	华泰柏瑞稳本增利债券(B类)	华泰柏瑞	2007-12-03	1.0244	1.2144	--	2.09%	36/36	19.48%	3.56%
2	110007	易方达稳健收益债券(A类)	易方达	2008-01-29	1.1602	1.3598	--	13.64%	2/36	33.65%	6.06%
3	001013	华夏希望债券(C类)	华夏	2008-03-10	1.0530	1.2830	--	7.23%	21/36	29.99%	5.60%
4	420002	天弘永利债券(A类)	天弘	2008-04-18	1.0061	1.1869	--	7.39%	18/36	20.15%	3.98%
5	070016	嘉实多元收益债券(B类)	嘉实	2008-09-10	1.0500	1.2570	--	2.19%	35/36	27.28%	5.76%
6	162299	泰达宏利集利债券(C类)	泰达宏利	2008-09-26	1.0485	1.0915	--	7.24%	20/36	9.36%	2.12%
7	550005	信诚三得益债券(B类)	信诚	2008-09-27	0.9900	1.1030	--	3.34%	33/36	10.25%	2.32%
8	213917	宝盈增强收益债券(C类)	宝盈	2008-10-20	1.0464	1.2984	--	5.70%	27/36	25.73%	5.60%
9	450006	国富强化收益债券(C类)	国海富兰克林	2008-12-18	1.0837	1.1667	--	8.33%	13/36	13.95%	3.29%
10	240013	华宝兴业增强收益债券(B类)	华宝兴业	2009-02-17	1.0546	1.0746	--	7.32%	19/36	7.50%	1.89%
11	020020	国泰双利债券(C类)	国泰	2009-03-11	1.0330	1.2050	--	7.43%	17/36	21.35%	5.21%
12	040013	华安强化收益债券(B类)	华安	2009-04-13	1.0490	1.1550	--	7.61%	15/36	16.13%	4.10%
13	531009	建信收益增强债券(C类)	建信	2009-06-02	1.0180	1.1330	--	5.48%	30/36	13.50%	3.60%
14	050111	博时信用债券(C类)	博时	2009-06-10	1.0550	1.1150	--	10.01%	7/36	11.70%	3.16%
15	100037	富国优化增强债券(C类)	富国	2009-06-10	1.0100	1.0750	--	4.99%	31/36	7.28%	1.99%
16	582201	东吴优信稳健债券(C类)	东吴	2009-06-15	1.0191	1.0311	--	7.45%	16/36	0.93%	0.26%
17	690202	民生加银增强收益债券(C类)	民生加银	2009-07-21	1.1750	1.2050	--	13.20%	3/36	20.88%	5.65%
18	320009	诺安增利债券(B类)	诺安	2009-09-01	1.0640	1.0790	--	3.20%	34/36	7.95%	2.32%
19	519112	浦银安盛优化收益债券(C类)	浦银安盛	2009-09-22	1.1010	1.1110	--	9.01%	9/36	11.28%	3.32%

序号	基金代码	基金简称	基金管理公司简称	基金成立日期	份额净值（元）	份额累计净值（元）	还原后份额累计净值（元）	2012 年净值增长率	2012 年同类型排名	成立以来净值增长率	成立以来年化收益率
20	206004	鹏华信用增利债券(B 类)	鹏华	2010-05-31	1.0940	1.0940	--	9.07%	8/36	9.40%	3.53%
21	050116	博时宏观回报债券(C 类)	博时	2010-07-27	1.0650	1.0670	--	4.62%	32/36	6.71%	2.70%
22	630107	华商稳健双利债券(B 类)	华商	2010-08-09	1.0330	1.0330	--	11.92%	5/36	3.30%	1.36%
23	485011	工银瑞信双利债券(B 类)	工银瑞信	2010-08-16	1.1090	1.1090	--	7.98%	14/36	10.90%	4.45%
24	128112	国投瑞银优化增强债券(C 类)	国投瑞银	2010-09-08	1.0120	1.0120	--	6.19%	23/36	1.20%	0.52%
25	202107	南方广利回报债券(C 类)	南方	2010-11-03	1.0550	1.0550	--	12.71%	4/36	5.50%	2.51%
26	163812	中银稳健双利债券(B 类)	中银	2010-11-24	1.1230	1.1230	--	10.31%	6/36	12.30%	5.67%
27	180026	银华信用双利债券(C 类)	银华	2010-12-03	1.0350	1.0350	--	5.83%	25/36	3.50%	1.67%
28	630109	华商稳定增利债券(C 类)	华商	2011-03-15	1.0170	1.0170	--	5.72%	26/36	1.70%	0.94%
29	395012	中海增强收益债券(C 类)	中海	2011-03-23	1.0300	1.0300	--	5.64%	28/36	3.00%	1.68%
30	206008	鹏华丰盛稳固收益债券	鹏华	2011-04-22	1.0900	1.0900	--	8.89%	11/36	9.00%	5.21%
31	360014	光大保德信信用添益债券(C 类)	光大保德信	2011-05-16	1.0360	1.1210	--	6.04%	24/36	12.42%	7.45%
32	110028	易方达安心回报债券(B 类)	易方达	2011-06-21	1.0960	1.0960	--	8.95%	10/36	9.60%	6.17%
33	660109	农银汇理增强收益债券(C 类)	农银汇理	2011-07-01	1.0631	1.0981	--	6.32%	22/36	9.83%	6.43%
34	485014	工银瑞信添颐债券(B 类)	工银瑞信	2011-08-10	1.1900	1.1900	--	13.98%	1/36	19.00%	13.29%
35	372110	上投摩根强化回报债券(B 类)	上投摩根	2011-08-10	1.0200	1.0600	--	5.62%	29/36	6.04%	4.29%
36	519685	交银双利债券(C 类)	交银施罗德	2011-09-26	1.0480	1.0930	--	8.66%	12/36	9.43%	7.38%
37	080010	长盛同禧信用增利债券(C 类)	长盛	2011-12-06	0.9360	0.9360	--	-6.59%		-6.40%	-5.99%
38	180030	银华永泰积极债券(C 类)	银华	2011-12-28	0.9980	0.9980	--	-0.20%		-0.20%	-0.20%
39	050123	博时天颐债券(C 类)	博时	2012-02-29	1.0350	1.0400	--	4.01%		4.01%	--
40	261102	景顺长城优信增利债券(C 类)	景顺长城	2012-03-15	1.0360	1.0360	--	3.60%		3.60%	--
41	690206	民生加银信用双利债券(C 类)	民生加银	2012-04-25	1.0290	1.0290	--	2.90%		2.90%	--
42	675013	纽银稳健双利债券(C 类)	纽银梅隆西部	2012-06-26	1.0050	1.0050	--	0.50%		0.50%	--
43	710302	富安达增强收益债券(B 类)	富安达	2012-07-25	1.0121	1.0121	--	1.21%		1.21%	--
44	020028	国泰信用债券(C 类)	国泰	2012-07-31	1.0160	1.0160	--	1.60%		1.60%	--
45	420108	天弘债券发起式(B 类)	天弘	2012-08-10	1.0150	1.0150	--	1.50%		1.50%	--
46	233013	大摩多元收益债券(C 类)	摩根士丹利华鑫	2012-08-28	1.0150	1.0150	--	1.50%		1.50%	--
47	040037	华安安心收益债券(B 类)	华安	2012-09-07	1.0200	1.0200	--	2.00%		2.00%	--
48	001033	华夏安康信用优选债券(C 类)	华夏	2012-09-11	1.0150	1.0150	--	1.50%		1.50%	--
49	470011	汇添富多元收益债券(C 类)	汇添富	2012-09-18	1.0310	1.0310	--	3.10%		3.10%	--
50	210011	金鹰元泰精选信用债债券(C 类)	金鹰	2012-11-29	1.0022	1.0022	--	0.22%		0.22%	--
51	020034	国泰民安增利债券(C 类)	国泰	2012-12-26	1.0010	1.0010	--	0.10%		0.10%	--
平均								7.54%	--	--	--
3.3.1 债券基金-可转换债券型基金-可转换债券型基金(A 类)											
1	050019	博时转债增强债券(A 类)	博时	2010-11-24	0.9540	0.9540	--	6.95%	3/6	-4.60%	-2.21%
2	100051	富国可转债债券	富国	2010-12-08	0.8980	0.8980	--	1.70%	5/6	-10.20%	-5.07%
3	240018	华宝兴业可转债	华宝兴业	2011-04-27	0.9504	0.9504	--	5.72%	4/6	-4.96%	-2.98%
4	470058	汇添富可转债债券(A 类)	汇添富	2011-06-17	0.9930	0.9930	--	0.91%	6/6	-0.70%	-0.45%
5	040022	华安可转债债券(A 类)	华安	2011-06-22	1.0360	1.0360	--	7.92%	2/6	3.60%	2.34%
6	163816	中银转债增强债券(A 类)	中银	2011-06-29	1.0920	1.0920	--	9.42%	1/6	9.20%	6.00%
7	090017	大成可转债增强债券	大成	2011-11-30	1.0320	1.0320	--	2.99%		3.20%	2.94%
8	310518	申万菱信可转换债券	申万菱信	2011-12-09	1.0440	1.0440	--	4.19%		4.40%	4.13%
9	519977	长信可转债债券(A 类)	长信	2012-03-30	1.0532	1.0532	--	5.32%		5.32%	--
10	530020	建信转债增强债券(A 类)	建信	2012-05-29	1.0580	1.0580	--	5.80%		5.80%	--
平均									--	--	--
3.3.2 债券基金-可转换债券型基金-可转换债券型基金(B/C 类)											
1	050119	博时转债增强债券(C 类)	博时	2010-11-24	0.9470	0.9470	--	6.64%	3/4	-5.30%	-2.55%
2	470059	汇添富可转债债券(C 类)	汇添富	2011-06-17	0.9870	0.9870	--	0.51%	4/4	-1.30%	-0.84%
3	040023	华安可转债债券(B 类)	华安	2011-06-22	1.0310	1.0310	--	7.62%	2/4	3.10%	2.02%
4	163817	中银转债增强债券(B 类)	中银	2011-06-29	1.0860	1.0860	--	9.04%	1/4	8.60%	5.62%
5	519976	长信可转债债券(C 类)	长信	2012-03-30	1.0496	1.0496	--	4.96%		4.96%	--
6	531020	建信转债增强债券(C 类)	建信	2012-05-29	1.0560	1.0560	--	5.60%		5.60%	--
平均									--	--	--
3.4.1 债券基金-指数债券型基金-指数债券型基金(A 类)											
1	160123	南方中证 50 债券指数(A 类-LOF)	南方	2011-05-17	1.0671	1.0871	--	2.75%	1/2	8.78%	5.31%
2	001021	华夏亚债中国债券指数(A 类)	华夏	2011-05-25	1.0680	1.0680	--	2.20%	2/2	6.80%	4.18%
3	240021	华宝兴业中证短融 50 指数债券	华宝兴业	2012-06-12	1.0150	1.0150	--	1.50%		1.50%	--
4	161119	易方达中债新综合债券指数发起式(A 类-LOF)	易方达	2012-11-08	1.0060	1.0060	--	0.60%		0.60%	--
5	253070	国联安中债信用债指数增强	国联安	2012-12-12	1.0020	1.0020	--	0.20%		0.20%	--

序号	基金代码	基金简称	基金管理公司简称	基金成立日期	份额净值（元）	份额累计净值（元）	还原后份额累计净值（元）	2012年净值增长率	2012年同类型排名	成立以来净值增长率	成立以来年化收益率
6	161821	银华中证中票50指数债券(A类－LOF)	银华	2012－12－13	1.0020	1.0020	－－	0.20%		0.20%	－－
		平均						2.48%	－－	－－	－－
		3.4.2 债券基金－指数债券型基金－指数债券型基金(B/C类)									
1	160124	南方中证50债券指数(C类)	南方	2011－05－17	1.0601	1.0801	－－	2.35%	1/2	8.07%	4.88%
2	001023	华夏亚债中国债券指数(C类)	华夏	2011－05－25	1.0610	1.0610	－－	1.73%	2/2	6.10%	3.76%
3	161120	易方达中债新综合债券指数发起式(C类－LOF)	易方达	2012－11－08	1.0050	1.0050	－－	0.50%		0.50%	－－
4	161822	银华中证中票50指数债券(C类)	银华	2012－12－13	1.0020	1.0020	－－	0.20%		0.20%	－－
		平均						2.04%	－－	－－	－－
		3.5.1 债券基金－债券型分级子基金－债券型分级子基金(优先份额)									
1	150032	嘉实多利债券分级优先(A级)	嘉实	2011－03－23	1.0388	1.0388	1.0911	5.02%	1/1	9.11%	5.02%
2	150066	国泰信用互利债券分级(A级)	国泰	2011－12－29	1.0480	1.0480	－－	4.80%		4.80%	4.76%
3	150039	中欧鼎利债券分级(A级)	中欧	2012－06－18	1.0650	1.0650	－－	2.11%		2.11%	－－
4	550015	信诚添金分级债券(A级)	信诚	2012－12－12	1.0020	1.0020	－－	0.10%		0.10%	－－
		平均						5.02%	－－	－－	－－
		3.5.2 债券基金－债券型分级子基金－债券型分级子基金(进取份额)									
1	150033	嘉实多利债券分级进取(B级)	嘉实	2011－03－23	0.7133	0.7133	－－	－16.37%	1/1	－28.67%	－17.30%
2	150067	国泰信用互利债券分级(B级)	国泰	2011－12－29	1.1310	1.1310	－－	13.10%		13.10%	12.99%
3	150040	中欧鼎利债券分级(B级)	中欧	2012－06－18	0.9920	0.9920	－－	－2.07%		－2.07%	－－
4	550016	信诚添金分级债券(B级)	信诚	2012－12－12	0.9920	0.9920	－－	－0.20%		－0.20%	－－
		平均						－16.37%	－－	－－	－－

序号	基金代码	基金简称	基金管理公司简称	基金成立日期	日万分基金单位净收益(元)	七日年化收益率	还原后份额累计净值(元)	今年以来净值增长率	今年以来同类型排名	成立以来净值增长率	成立以来年化收益率
		3.6.1 债券基金－短期理财债券型基金－短期理财债券型基金(A类)									
1	040028	华安月月鑫短期理财债券(A类)	华安	2012－05－09	1.41920	－－	－－	1.8210%		1.8210%	－－
2	470030	汇添富理财30天债券(A类)	汇添富	2012－05－09	0.92630	－－	－－	2.2636%		2.2636%	－－
3	040030	华安季季鑫短期理财债券(A类)	华安	2012－05－23	1.13630	－－	－－	1.6788%		1.6788%	－－
4	470060	汇添富理财60天债券(A类)	汇添富	2012－06－12	0.92520	3.496%	－－	1.7550%		1.7550%	－－
5	040033	华安双月鑫短期理财债券(A类)	华安	2012－06－14	1.19520	－－	－－	1.5105%		1.5105%	－－
6	360017	光大添天利短期理财债券(A类)	光大保德信	2012－06－19	0.96920	3.602%	－－	1.7204%		1.7204%	－－
7	470014	汇添富理财14天债券(A类)	汇添富	2012－07－10	0.83030	－－	－－	1.2962%		1.2962%	－－
8	202303	南方理财14天债券(A类)	南方	2012－08－14	0.75550	3.674%	－－	1.2009%		1.2009%	－－
9	485118	工银7天理财债券(A类)	工银瑞信	2012－08－22	1.07220	4.295%	－－	1.2367%		1.2367%	－－
10	530014	建信双周安心理财债券(A类)	建信	2012－08－28	1.17000	4.247%	－－	1.2372%		1.2372%	－－
11	070035	嘉实理财宝7天债券(A类)	嘉实	2012－08－29	0.71690	2.081%	－－	0.9608%		0.9608%	－－
12	360021	光大保德信添盛双月理财债券(A类)	光大保德信	2012－09－05	0.86250	3.199%	－－	1.0263%		1.0263%	－－
13	090021	大成月添利理财债券(A类)	大成	2012－09－20	1.03690	3.854%	－－	1.0350%		1.0350%	－－
14	380001	中银理财14天债券(A类)	中银	2012－09－24	0.91870	3.661%	－－	0.9527%		0.9527%	－－
15	020029	国泰6个月短期理财债券(A类)	国泰	2012－09－25	0.80680	－－	－－	0.7697%		0.7697%	－－
16	471028	汇添富理财28天债券(A类)	汇添富	2012－10－18	0.96740	－－	－－	0.5747%		0.5747%	－－
17	100007	富国7天理财宝债券(A类)	富国	2012－10－19	0.76260	4.329%	－－	0.5656%		0.5656%	－－
18	202305	南方理财60天债券(A类)	南方	2012－10－19	0.79400	3.385%	－－	0.5769%		0.5769%	－－
19	001057	华夏理财30天债券(A类)	华夏	2012－10－24	0.97690	4.591%	－－	0.7173%		0.7173%	－－
20	360019	光大添天盈季度理财债券(A类)	光大保德信	2012－10－25	1.00460	3.736%	－－	0.6779%		0.6779%	－－
21	080016	长盛添利30天理财债券(A类)	长盛	2012－10－26	0.98300	3.692%	－－	0.6616%		0.6616%	－－
22	380003	中银理财60天债券(A类)	中银	2012－10－26	0.89310	3.485%	－－	0.6849%		0.6849%	－－
23	485120	工银14天理财债券发起式(A类)	工银瑞信	2012－10－26	1.11970	4.090%	－－	0.6696%		0.6696%	－－
24	519716	交银理财21天债券	交银施罗德	2012－11－05	0.77840	3.846%	－－	0.4358%		0.4358%	－－
25	110050	易方达月月利理财债券(A类)	易方达	2012－11－26	0.80780	2.978%	－－	0.2563%		0.2563%	－－
26	550012	信诚理财7日盈债券(A类)	信诚	2012－11－27	1.09050	3.572%	－－	0.2578%		0.2578%	－－
27	080018	长盛添利60天理财债券(A类)	长盛	2012－11－29	0.98720	3.672%	－－	0.3308%		0.3308%	－－
28	090023	大成理财21天债券发起式(A类)	大成	2012－11－29	1.16770	3.987%	－－	0.30 7%		0.3017%	－－
29	217025	招商理财7天债券(A类)	招商	2012－12－07	1.03510	3.774%	－－	0.21 1%		0.2111%	－－
30	206016	鹏华理财21天债券(A类)	鹏华	2012－12－19	1.12210	4.093%	－－	0.0561%		0.0561%	－－
31	530028	建信月盈安心理财债券(A类)	建信	2012－12－20	3.79430	4.726%	－－	0.0633%		0.0633%	－－
32	380007	中银理财7天债券(A类)	中银	2012－12－24	0.87270	3.725%	－－	0.0861%		0.0861%	－－
33	040042	华安7日鑫短期理财债券(A类)	华安	2012－12－26	1.15070	4.306%	－－	0.0708%		0.0708%	－－
		平均							－－	－－	－－
		3.6.2 债券基金－短期理财债券型基金－短期理财债券型基金(B类)									

序号	基金代码	基金简称	基金管理公司简称	基金成立日期	日万分基金单位净收益(元)	七日年化收益率	还原后份额累计净值(元)	今年以来净值增长率	今年以来同类型排名	成立以来净值增长率	成立以来年化收益率
1	040029	华安月月鑫短期理财债券(B类)	华安	2012-05-09	1.48470	--	--	1.9435%		1.9435%	--
2	471030	汇添富理财30天债券(B类)	汇添富	2012-05-09	1.00590	--	--	2.4545%		2.4545%	--
3	040031	华安季季鑫短期理财债券(B类)	华安	2012-05-23	1.20910	--	--	1.8025%		1.8025%	--
4	471060	汇添富理财60天债券(B类)	汇添富	2012-06-12	1.00450	3.788%	--	1.9188%		1.9188%	--
5	040034	华安双月鑫短期理财债券(B类)	华安	2012-06-14	1.26080	--	--	1.6152%		1.6152%	--
6	360018	光大添天利短期理财债券(B类)	光大保德信	2012-06-19	1.03480	3.851%	--	1.8519%		1.8519%	--
7	471014	汇添富理财14天债券(B类)	汇添富	2012-07-10	0.89710	--	--	1.4306%		1.4306%	--
8	202304	南方理财14天债券(B类)	南方	2012-08-14	0.83580	3.965%	--	1.3141%		1.3141%	--
9	485018	工银7天理财债券(B类)	工银瑞信	2012-08-22	1.14760	4.600%	--	1.3390%		1.3390%	--
10	531014	建信双周安心理财债券(B类)	建信	2012-08-28	1.25030	4.542%	--	1.3408%		1.3408%	--
11	070036	嘉实理财宝7天债券(B类)	嘉实	2012-08-29	0.79770	2.354%	--	1.0619%		1.0619%	--
12	360022	光大保德信添盛双月理财债券(B类)	光大保德信	2012-09-05	0.92800	3.447%	--	1.1025%		1.1025%	--
13	091021	大成月添利理财债券(B类)	大成	2012-09-20	1.11650	4.145%	--	1.1174%		1.1174%	--
14	380002	中银理财14天债券(B类)	中银	2012-09-24	0.99850	3.955%	--	1.0317%		1.0317%	--
15	020030	国泰6个月短期理财债券(B类)	国泰	2012-09-25	0.88600	--	--	0.8366%		0.8366%	--
16	472028	汇添富理财28天债券(B类)	汇添富	2012-10-18	1.04660	--	--	0.5974%		0.5974%	--
17	101007	富国7天理财宝债券(B类)	富国	2012-10-19	0.84400	4.625%	--	0.6711%		0.6711%	--
18	202306	南方理财60天债券(B类)	南方	2012-10-19	0.87320	3.672%	--	0.6306%		0.6306%	--
19	001058	华夏理财30天债券(B类)	华夏	2012-10-24	1.04210	4.842%	--	0.7610%		0.7610%	--
20	360020	光大添天盈季度理财债券(B类)	光大保德信	2012-10-25	1.07020	3.985%	--	0.7222%		0.7222%	--
21	080017	长盛添利30天理财债券(B类)	长盛	2012-10-26	1.05880	4.000%	--	0.7120%		0.7120%	--
22	380004	中银理财60天债券(B类)	中银	2012-10-26	0.97240	3.883%	--	0.7393%		0.7393%	--
23	485020	工银14天理财债券发起式(B类)	工银瑞信	2012-10-26	1.19840	4.394%	--	0.7210%		0.7210%	--
24	110051	易方达月月利理财债券(C类)	易方达	2012-11-26	0.88700	3.358%	--	0.2810%		0.2810%	--
25	550013	信诚理财7日盈债券(B类)	信诚	2012-11-27	1.15690	3.834%	--	0.2806%		0.2806%	--
26	080019	长盛添利60天理财债券(B类)	长盛	2012-11-29	1.06100	3.951%	--	0.3545%		0.3545%	--
27	091023	大成理财21天债券发起式(B类)	大成	2012-11-29	1.24740	4.276%	--	0.3287%		0.3287%	--
28	217026	招商理财7天债券(B类)	招商	2012-12-07	1.11820	4.074%	--	0.2269%		0.2269%	--
29	206017	鹏华理财21天债券(B类)	鹏华	2012-12-19	1.20130	4.382%	--	0.0601%		0.0601%	--
30	531028	建信月盈安心理财债券(B类)	建信	2012-12-20	4.03200	5.029%	--	0.0672%		0.0672%	--
31	380008	中银理财7天债券(B类)	中银	2012-12-24	0.93010	3.995%	--	0.0913%		0.0913%	--
32	040043	华安7日鑫短期理财债券(B类)	华安	2012-12-26	1.22990	4.547%	--	0.0748%		0.0748%	--
			平均						--	--	--
5.1.1 货币市场基金-货币市场基金(A类)-货币市场基金(A类)											
1	040003	华安现金富利货币(A类)	华安	2003-12-30	1.24695	4.210%	--	4.0124%	30/49	27.4085%	2.7246%
2	217004	招商现金增值货币(A类)	招商	2004-01-14	0.93930	3.597%	--	4.1111%	20/49	26.2376%	2.6316%
3	050003	博时现金收益货币	博时	2004-01-16	1.76930	4.265%	--	4.4002%	2/49	29.1972%	2.8989%
4	290001	泰信天天收益货币	泰信	2004-02-10	0.88900	3.252%	--	3.9848%	31/49	25.8254%	2.6160%
5	202301	南方现金增利货币(A类)	南方	2004-03-05	1.02082	5.942%	--	4.3095%	5/49	29.1432%	2.9387%
6	519999	长信利息收益货币(A类)	长信	2004-03-19	1.02980	4.669%	--	4.3929%	3/49	28.7868%	2.9194%
7	003003	华夏现金增利货币	华夏	2004-04-07	0.93720	3.674%	--	4.2831%	8/49	29.1376%	2.9690%
8	320002	诺安货币(A类)	诺安	2004-12-06	1.39010	3.241%	--	3.7967%	37/49	23.2454%	2.6225%
9	150005	银河银富货币(A类)	银河	2004-12-20	1.38890	5.463%	--	4.0642%	27/49	24.4344%	2.7578%
10	519505	海富通货币(A类)	海富通	2005-01-04	0.98660	3.222%	--	4.1095%	21/49	26.0374%	2.9369%
11	180008	银华货币(A类)	银华	2005-01-31	0.95960	2.673%	--	3.7695%	38/49	21.5174%	2.4911%
12	110006	易方达货币(A类)	易方达	2005-02-02	0.90060	5.166%	--	4.2129%	14/49	24.4556%	2.8026%
13	070008	嘉实货币(A类)	嘉实	2005-03-18	0.90560	3.232%	--	4.1654%	18/49	26.1168%	3.0217%
14	240006	华宝兴业现金宝货币(A类)	华宝兴业	2005-03-31	1.39520	5.289%	--	4.0943%	24/49	22.1377%	2.6109%
15	160606	鹏华货币(A类)	鹏华	2005-04-12	0.96650	3.909%	--	4.0793%	26/49	22.9186%	2.7069%
16	370010	上投摩根货币(A类)	上投摩根	2005-04-13	1.01850	3.623%	--	2.7042%	48/49	16.4517%	1.9916%
17	288101	华夏货币(A类)	华夏	2005-04-20	0.85310	3.354%	--	4.1743%	16/49	26.4091%	3.0887%
18	270004	广发货币(A类)	广发	2005-05-20	0.91480	4.697%	--	4.2452%	11/49	23.0233%	2.7558%
19	200003	长城货币(A类)	长城	2005-05-30	0.81949	3.145%	--	4.1069%	22/49	22.6829%	2.7284%
20	090005	大成货币(A类)	大成	2005-06-03	1.18690	4.026%	--	3.7660%	40/49	22.3093%	2.6911%
21	163802	中银货币(A类)	中银	2005-06-07	0.88230	3.694%	--	4.1917%	15/49	23.8429%	2.8642%
22	360003	光大保德信货币	光大保德信	2005-06-09	0.90370	3.345%	--	3.8079%	36/49	21.1122%	2.5636%
23	020007	国泰货币	国泰	2005-06-21	1.05010	3.385%	--	3.5940%	43/49	20.3592%	2.4901%
24	260102	景顺长城货币(A类)	景顺长城	2005-07-15	1.04130	3.586%	--	3.3451%	44/49	18.5652%	2.3063%
25	162206	泰达宏利货币	泰达宏利	2005-11-10	0.95060	3.711%	--	4.1688%	17/49	19.9126%	2.5740%
26	080011	长盛货币	长盛	2005-12-12	0.64760	4.083%	--	3.9505%	32/49	21.3072%	2.7747%

序号	基金代码	基金简称	基金管理公司简称	基金成立日期	日万分基金单位净收益(元)	七日年化收益率	还原后份额累计净值(元)	今年以来净值增长率	今年以来同类型排名	成立以来净值增长率	成立以来年化收益率
27	161608	融通易支付货币(A类)	融通	2006－01－19	1.13060	3.965%	－－	4.2803%	9/49	21.6689%	2.8608%
28	519588	交银货币(A类)	交银施罗德	2006－01－20	0.91500	3.051%	－－	3.7384%	41/49	19.5773%	2.6057%
29	482002	工银货币	工银瑞信	2006－03－20	0.96240	4.396%	－－	4.0541%	28/49	21.1475%	2.8660%
30	519518	汇添富货币(A类)	汇添富	2006－03－23	0.80500	7.066%	－－	4.1125%	19/49	20.9580%	2.8458%
31	530002	建信货币	建信	2006－04－25	1.14760	3.960%	－－	4.2251%	12/49	21.6789%	2.9762%
32	340005	兴全货币	兴业全球	2006－04－27	0.83070	3.554%	－－	3.8547%	34/49	18.5094%	2.5729%
33	519508	万家货币	万家	2006－05－24	1.93250	3.933%	－－	4.4527%	1/49	24.0368%	3.3120%
34	100025	富国天时货币(A类)	富国	2006－06－05	0.91530	3.947%	－－	4.0149%	29/49	19.7142%	2.7732%
35	410002	华富货币	华富	2006－06－21	2.21820	6.039%	－－	4.2953%	6/49	22.0806%	3.1004%
36	350004	天治天得利货币	天治	2006－07－05	0.84170	5.690%	－－	4.2649%	10/49	20.4700%	2.9084%
37	310338	申万菱信收益宝货币	申万菱信	2006－07－07	0.84080	3.140%	－－	3.1760%	46/49	15.9505%	2.3064%
38	560001	益民货币	益民	2006－07－17	0.66880	2.554%	－－	2.6203%	49/49	14.7396%	2.1502%
39	400005	东方金账簿货币	东方	2006－08－02	3.01420	4.672%	－－	4.2939%	7/49	20.5328%	2.9520%
40	163303	大摩货币	摩根士丹利华鑫	2006－08－17	0.74410	4.672%	－－	4.2149%	13/49	20.7018%	2.9939%
41	121011	国投瑞银货币(A类)	国投瑞银	2009－01－19	3.00460	9.817%	－－	4.0834%	25/49	10.5024%	2.5601%
42	460006	华泰柏瑞货币(A类)	华泰柏瑞	2009－05－06	1.10400	3.991%	－－	3.1514%	47/49	6.8356%	1.8242%
43	213009	宝盈货币(A类)	宝盈	2009－08－05	1.02240	3.797%	－－	3.9240%	33/49	9.2977%	2.6429%
44	583001	东吴货币(A类)	东吴	2010－05－11	0.79370	4.953%	－－	3.2163%	45/49	7.5358%	2.7861%
45	392001	中海货币(A类)	中海	2010－07－28	0.94850	3.282%	－－	3.8530%	35/49	8.6009%	3.4535%
46	660007	农银汇理货币(A类)	农银汇理	2010－11－23	1.04990	3.818%	－－	4.1060%	23/49	8.4260%	3.9144%
47	253050	国联安货币(A类)	国联安	2011－01－26	0.91060	3.573%	－－	3.7685%	39/49	6.6093%	3.3690%
48	519509	浦银安盛货币(A类)	浦银安盛	2011－03－09	1.01610	3.822%	－－	3.6172%	42/49	6.7339%	3.6528%
49	550010	信诚货币(A类)	信诚	2011－03－23	5.64100	9.611%	－－	4.3422%	4/49	7.3345%	4.0610%
50	540011	汇丰晋信货币(A类)	汇丰晋信	2011－11－02	0.60860	2.155%	－－	2.3168%		2.7694%	2.3738%
51	070028	嘉实安心货币(A类)	嘉实	2011－12－28	0.77670	3.430%	－－	2.6707%		2.6945%	2.6649%
52	420006	天弘现金管家货币(A类)	天弘	2012－06－20	0.82940	2.860%	－－	1.8335%		1.8335%	0.0000%
53	090022	大成现金增利货币(A类)	大成	2012－11－20	1.21610	3.855%	－－	0.3867%		0.3867%	0.0000%
54	040038	华安日日鑫货币(A类)	华安	2012－11－26	1.03200	3.578%	－－	0.2923%		0.2923%	0.0000%
55	210012	金鹰货币(A类)	金鹰	2012－12－07	1.25180	4.458%	－－	0.055[illegible]%		0.0551%	0.0000%
56	630012	华商现金增利货币(A类)	华商	2012－12－11	1.04130	3.800%	－－	0.0514%		0.0514%	0.0000%
57	020031	国泰现金管理货币(A类)	国泰	2012－12－11	1.04220	3.596%	－－	0.1599%		0.1599%	0.0000%
58	166014	中欧货币(A类)	中欧	2012－12－12	0.87770	3.421%	－－	0.1398%		0.1398%	0.0000%
59	690010	民生加银现金增利货币(A类)	民生加银	2012－12－18	1.10200	3.507%	－－	0.0230%		0.0230%	0.0000%
60	519888	汇添富收益快线货币(A类)	汇添富	2012－12－21	1.05230	3.935%	－－	0.0553%		0.0553%	0.0000%
61	730003	方正富邦货币(A类)	方正富邦	2012－12－26	1.56770	4.021%	－－	0.0312%		0.0312%	0.0000%
62	511990	华宝兴业现金添益货币	华宝兴业	2012－12－27	1.19840	3.707%	－－	0.0479%		0.0479%	0.0000%
			平均					3.9490%	－－	－－	－－
			5.2.1 货币市场基金－货币市场基金(B类)－货币市场基金(B类)								
1	180009	银华货币(B类)	银华	2005－01－31	1.02540	2.904%	－－	4.0185%	18/26	23.8393%	2.7363%
2	240007	华宝兴业现金宝货币(B类)	华宝兴业	2005－03－31	1.46130	5.546%	－－	4.3442%	9/26	24.4832%	2.8628%
3	37001b	上投摩根货币(B类)	上投摩根	2005－04－13	1.07750	3.859%	－－	2.9505%	26/26	18.6205%	2.2356%
4	091005	大成货币(B类)	大成	2005－06－03	1.25280	4.262%	－－	4.0147%	20/26	24.5593%	2.9382%
5	110016	易方达货币(B类)	易方达	2006－07－18	0.96690	5.400%	－－	4.4335%	5/26	22.4896%	3.1899%
6	519506	海富通货币(B类)	海富通	2006－08－01	1.05250	3.458%	－－	4.3204%	12/26	23.5556%	3.3486%
7	160609	鹏华货币(B类)	鹏华	2006－09－15	1.03200	4.155%	－－	4.3289%	11/26	21.4254%	3.1301%
8	150015	银河银富货币(B类)	银河	2006－11－01	1.45450	5.713%	－－	4.3135%	13/26	21.0498%	3.1446%
9	100028	富国天时货币(B类)	富国	2006－11－29	0.97610	4.184%	－－	4.2640%	14/26	20.3388%	3.0851%
10	519517	汇添富货币(B类)	汇添富	2007－05－22	0.86360	7.319%	－－	4.3617%	6/26	19.8407%	3.2750%
11	519589	交银货币(B类)	交银施罗德	2007－06－22	0.98080	3.273%	－－	3.9872%	21/26	17.7963%	3.0053%
12	128011	国投瑞银货币(B类)	国投瑞银	2009－01－19	3.07060	10.077%	－－	4.3338%	10/26	11.5453%	2.8042%
13	270014	广发货币(B类)	广发	2009－04－20	0.97850	4.938%	－－	4.4946%	4/26	12.4899%	3.2308%
14	460106	华泰柏瑞货币(B类)	华泰柏瑞	2009－05－06	1.16970	4.216%	－－	3.3988%	25/26	7.7793%	2.0694%
15	202302	南方现金增利货币(B类)	南方	2009－07－22	1.08681	6.184%	－－	4.5588%	3/26	12.7759%	3.5500%
16	213909	宝盈货币(B类)	宝盈	2009－08－05	1.08840	4.044%	－－	4.1739%	16/26	10.1984%	2.8903%
17	217014	招商现金增值货币(B类)	招商	2009－12－01	1.00660	3.854%	－－	4.3616%	7/26	10.9486%	3.4252%
18	041003	华安现金富利货币(B类)	华安	2009－12－23	1.30667	4.438%	－－	4.2617%	15/26	10.5194%	3.3621%
19	260202	景顺长城货币(B类)	景顺长城	2010－04－30	1.10730	3.826%	－－	3.5922%	23/26	7.3002%	2.6701%
20	583101	东吴货币(B类)	东吴	2010－05－11	0.85710	5.205%	－－	3.4644%	24/26	8.2209%	3.0334%
21	392002	中海货币(B类)	中海	2010－07－28	1.01510	3.531%	－－	4.1024%	17/26	9.2320%	3.7005%
22	660107	农银汇理货币(B类)	农银汇理	2010－11－23	1.11600	4.062%	－－	4.3551%	8/26	8.9758%	4.1642%

序号	基金代码	基金简称	基金管理公司简称	基金成立日期	日万分基金单位净收益(元)	七日年化收益率	还原后份额累计净值(元)	今年以来净值增长率	今年以来同类型排名	成立以来净值增长率	成立以来年化收益率
23	519998	长信利息收益货币(B类)	长信	2010-11-25	1.09560	4.909%	--	4.6424%	1/26	9.3872%	4.3622%
24	253051	国联安货币(B类)	国联安	2011-01-26	0.96960	3.813%	--	4.0170%	19/26	7.1179%	3.6240%
25	519510	浦银安盛货币(B类)	浦银安盛	2011-03-09	1.07250	4.052%	--	3.8657%	22/26	7.2138%	3.9092%
26	550011	信诚货币(B类)	信诚	2011-03-23	5.70720	9.882%	--	4.5925%	2/26	7.7893%	4.3088%
27	541011	汇丰晋信货币(B类)	汇丰晋信	2011-11-02	0.67470	2.409%	--	2.5625%		3.0649%	2.6266%
28	070029	嘉实安心货币(B类)	嘉实	2011-12-28	0.78570	3.639%	--	2.9182%		2.9440%	2.9117%
29	320019	诺安货币(B类)	诺安	2012-02-21	1.45620	3.481%	--	3.3478%		3.3478%	0.0000%
30	163820	中银货币(B类)	中银	2012-03-29	0.94730	3.939%	--	3.0436%		3.0436%	0.0000%
31	200103	长城货币(B类)	长城	2012-04-06	0.87672	3.383%	--	2.8910%		2.8910%	0.0000%
32	161615	融通易支付货币(B类)	融通	2012-05-02	1.19700	4.209%	--	2.7665%		2.7665%	0.0000%
33	420106	天弘现金管家货币(B类)	天弘	2012-06-20	0.89500	3.102%	--	1.9761%		1.9761%	0.0000%
34	091022	大成现金增利货币(B类)	大成	2012-11-20	1.28280	4.097%	--	0.4140%		0.4140%	0.0000%
35	040039	华安日日鑫货币(B类)	华安	2012-11-26	1.09740	3.823%	--	0.3158%		0.3158%	0.0000%
36	210013	金鹰货币(B类)	金鹰	2012-12-07	1.31740	4.708%	--	0.0577%		0.0577%	0.0000%
37	288201	华夏货币(B类)	华夏	2012-12-10	0.91040	3.596%	--	0.2419%		0.2419%	0.0000%
38	020032	国泰现金管理货币(B类)	国泰	2012-12-11	1.11080	3.862%	--	0.1723%		0.1723%	0.0000%
39	630112	华商现金增利货币(B类)	华商	2012-12-11	1.10690	4.040%	--	0.0547%		0.0547%	0.0000%
40	166015	中欧货币(B类)	中欧	2012-12-12	0.94070	3.702%	--	0.1555%		0.1555%	0.0000%
41	070088	嘉实货币(B类)	嘉实	2012-12-17	0.97180	3.474%	--	0.1456%		0.1456%	0.0000%
42	690210	民生加银现金增利货币(B类)	民生加银	2012-12-18	1.16750	3.755%	--	0.0250%		0.0250%	0.0000%
43	519889	汇添富收益快线货币(B类)	汇添富	2012-12-21	1.21350	4.548%	--	0.0618%		0.0618%	0.0000%
44	730103	方正富邦货币(B类)	方正富邦	2012-12-26	1.63330	4.229%	--	0.0325%		0.0325%	0.0000%
			平均					4.1365%	--	--	--

封闭式基金

序号	基金代码	基金简称	基金管理公司简称	基金成立日期	份额净值(元)	份额累计净值(元)	还原后份额累计净值(元)	今年以来净值增长率	今年以来同类型排名	成立以来净值增长率	成立以来年化收益率
				7.1.1 封闭式股票基金-封闭式股票型基金-封闭式标准股票型基金							
1	150003	建信优势动力股票封闭	建信	2008-03-19	0.9120	0.9120	--	10.81%	1/2	-8.80%	-1.91%
2	160212	国泰估值优势可分离分级封闭	国泰	2010-02-10	0.7690	0.7690	--	-10.16%	2/2	-23.10%	-8.69%
			平均					0.33%	--	--	--
				7.1.2 封闭式股票基金-封闭式股票型基金-封闭式普通股票型基金							
1	184688	南方开元封闭	南方	1998-03-27	0.8746	4.5856	--	7.99%	5/24	512.20%	13.05%
2	500008	华夏兴华封闭	华夏	1998-04-28	0.9256	5.2596	--	6.43%	7/24	1067.20%	18.21%
3	500003	华安安信封闭	华安	1998-04-28	0.9537	4.8857	--	4.58%	10/24	713.79%	15.51%
4	500006	博时裕阳封闭	博时	1998-07-25	0.8542	4.5322	--	1.55%	20/24	598.24%	14.40%
5	184689	鹏华普惠封闭	鹏华	1999-01-06	0.9540	3.8220	--	3.43%	15/24	369.59%	11.69%
6	184690	长盛同益封闭	长盛	1999-04-08	0.8578	4.1718	--	0.05%	22/24	444.68%	13.13%
7	500002	嘉实泰和封闭	嘉实	1999-04-08	1.0012	4.6502	--	14.61%	1/24	661.09%	15.92%
8	184691	大成景宏封闭	大成	1999-05-04	0.9000	3.7050	--	2.33%	18/24	316.92%	11.01%
9	500005	富国汉盛封闭	富国	1999-05-10	1.0880	4.2506	--	8.11%	4/24	474.47%	13.66%
10	184692	博时裕隆封闭	博时	1999-06-15	0.9796	4.2956	--	9.04%	2/24	486.89%	13.94%
11	500009	华安安顺封闭	华安	1999-06-15	1.0093	4.7573	--	6.69%	6/24	663.78%	16.18%
12	184693	鹏华普丰封闭	鹏华	1999-07-14	0.8614	2.9478	--	2.10%	19/24	196.93%	8.41%
13	500018	华夏兴和封闭	华夏	1999-07-14	0.9294	3.3624	--	2.62%	17/24	297.28%	10.78%
14	184698	南方天元封闭	南方	1999-08-25	0.8596	4.0816	--	3.72%	14/24	370.02%	12.28%
15	500011	国泰金鑫封闭	国泰	1999-10-21	1.0183	2.9953	--	8.36%	3/24	259.98%	10.19%
16	184699	长盛同盛封闭	长盛	1999-11-05	1.0353	3.1978	--	3.39%	16/24	271.66%	10.49%
17	500015	富国汉兴封闭	富国	1999-12-30	0.9371	2.4757	--	4.65%	9/24	151.27%	7.34%
18	184701	大成景福封闭	大成	1999-12-30	0.9359	2.9199	--	3.91%	12/24	199.84%	8.80%
19	500038	融通通乾封闭	融通	2001-08-29	1.0258	3.3388	--	3.78%	13/24	261.63%	11.99%
20	184728	宝盈鸿阳封闭	宝盈	2001-12-10	0.6752	2.2467	--	-0.98%	23/24	90.39%	5.99%
21	500056	易方达科瑞封闭	易方达	2002-03-12	0.9244	3.8364	--	1.54%	21/24	318.63%	14.16%
22	184721	嘉实丰和封闭	嘉实	2002-03-22	0.9211	3.7131	--	4.29%	11/24	318.95%	14.20%
23	184722	长城久嘉封闭	长城	2002-07-05	0.8619	3.6249	--	5.02%	8/24	297.39%	14.04%
24	500058	银河银丰封闭	银河	2002-08-15	0.8330	3.1910	--	-7.60%	24/24	212.01%	11.58%
			平均					4.15%	--	--	--
				7.3.1 封闭式股票基金-封闭式股票型分级子基金-封闭式股票型分级子基金(优先份额)							
1	150010	国泰估值分级优先封闭(A级)	国泰	2010-02-10	1.1650	1.1650	--	5.14%	1/1	16.50%	5.43%

序号	基金代码	基金简称	基金管理公司简称	基金成立日期	份额净值（元）	份额累计净值（元）	还原后份额累计净值（元）	今年以来净值增长率	今年以来同类型排名	成立以来净值增长率	成立以来年化收益率
2	121007	国投瑞银瑞福深100分级优先封闭（A级）	国投瑞银	2012－07－17	1.0230	1.0230	0.9055	2.32%		2.32%	－－
平均								5.14%	－－	－－	－－
7.3.2 封闭式股票基金－封闭式股票型分级子基金－封闭式股票型分级子基金（进取份额）											
1	150011	国泰估值分级进取封闭（B级）	国泰	2010－02－10	0.3730	0.3730	－－	－38.2[illegible]%	1/1	－62.70%	－28.91%
2	150001	国投瑞银瑞福深100分级进取封闭（B级）	国投瑞银	2012－07－17	1.0020	1.0020	0.4359	0.21%		0.21%	－－
平均								－38.2[illegible]%	－－	－－	－－
9.2.1 封闭式债券基金－封闭式普通债券基金－封闭式普通债券型基金（一级）											
1	161713	招商信用添利债券封闭	招商	2010－06－25	1.0230	1.1920	－－	12.70%	5/17	20.21%	7.58%
2	161813	银华信用债券封闭	银华	2010－06－29	1.0760	1.1550	－－	9.62%	10/17	16.15%	6.15%
3	164105	华富强化回报债券封闭	华富	2010－09－08	1.0550	1.0550	－－	8.54%	15/17	5.50%	2.34%
4	161014	富国汇利债券分级封闭	富国	2010－09－09	1.1510	1.1510	－－	13.06%	4/17	15.10%	6.27%
5	161115	易方达岁丰添利债券封闭	易方达	2010－11－09	1.0320	1.1140	－－	9.37%	11/17	11.78%	5.33%
6	160617	鹏华丰润债券封闭	鹏华	2010－12－02	1.0860	1.1080	－－	8.27%	16/17	10.98%	5.13%
7	164206	天弘添利债券分级	天弘	2010－12－03	1.0700	1.0700	1.1222	9.30%	12/17	12.22%	5.70%
8	164902	交银信用添利债券封闭	交银施罗德	2011－01－27	1.0790	1.1130	－－	14.24%	2/17	11.38%	5.75%
9	161216	国投瑞银双债债券封闭	国投瑞银	2011－03－29	1.0450	1.1110	－－	11.86%	8/17	11.41%	6.32%
10	162215	泰达宏利聚利债券分级封闭	泰达宏利	2011－05－13	1.1470	1.1470	－－	12.34%	7/17	14.70%	8.73%
11	161015	富国天盈债券分级	富国	2011－05－23	1.1000	1.1000	1.1517	12.39%	6/17	15.17%	9.16%
12	161908	万家添利债券分级	万家	2011－06－02	1.1330	1.1330	1.1626	16.53%	1/17	16.26%	9.98%
13	160513	博时裕祥债券分级	博时	2011－06－10	1.0410	1.0410	1.1205	8.87%	13/17	12.05%	7.56%
14	165311	建信信用增强债券封闭	建信	2011－06－16	1.1110	1.1320	－－	9.66%	9/17	13.39%	8.47%
15	163003	长信利鑫债券分级	长信	2011－06－24	1.0805	1.0805	1.1162	8.67%	14/17	11.62%	7.49%
16	162712	广发聚利债券封闭	广发	2011－08－05	1.1720	1.1850	－－	13.11%	3/17	18.65%	12.91%
17	164606	华泰柏瑞信用增利债券封闭	华泰柏瑞	2011－09－22	1.0010	1.0250	－－	1.19%	17/17	2.50%	1.96%
18	164208	天弘丰利债券分级	天弘	2011－11－23	1.1416	1.1416	1.1329	12.20%		13.29%	11.93%
19	160618	鹏华丰泽债券分级	鹏华	2011－12－08	1.1050	1.1050	1.1034	9.79%		10.34%	9.67%
20	166401	浦银安盛增利债券分级封闭	浦银安盛	2011－12－13	1.1220	1.1220	－－	11.98%		12.20%	11.56%
21	165705	诺德双翼债券分级封闭	诺德	2012－02－16	1.0620	1.0620	1.0672	6.72%		6.72%	－－
22	161614	融通四季添利债券封闭	融通	2012－03－01	1.0210	1.0590	－－	5.96%		5.96%	－－
23	162105	金鹰持久回报债券分级封闭	金鹰	2012－03－09	1.0587	1.0587	1.0758	7.58%		7.58%	－－
24	163819	中银信用增利债券封闭	中银	2012－03－12	1.0740	1.1040	－－	10.46%		10.46%	－－
25	165517	信诚双盈债券分级封闭	信诚	2012－04－13	1.0760	1.0760	1.0955	9.55%		9.55%	－－
26	166012	中欧信用增利债券分级封闭	中欧	2012－04－16	1.0380	1.0380	1.0508	5.54%		5.54%	－－
27	161505	银河通利债券分级封闭	银河	2012－04－25	1.0260	1.0260	1.0426	4.26%		4.26%	－－
28	166105	信达澳银稳定增利债券分级封闭	信达澳银	2012－05－07	1.0040	1.0040	1.0268	2.68%		2.68%	－－
29	161019	富国新天锋定期开放债券	富国	2012－05－07	1.0230	1.0720	－－	7.34%		7.34%	－－
30	160129	南方金利定期开放债券（C类）	南方	2012－05－17	1.0320	1.0320	－－	3.20%		3.20%	－－
31	160128	南方金利定期开放债券（A类）	南方	2012－05－17	1.0340	1.0340	－－	3.40%		3.40%	－－
32	162511	国联安双佳信用债券分级封闭	国联安	2012－06－04	0.9940	0.9940	1.0135	1.35%		1.35%	－－
33	660013	农银信用添利债券封闭	农银汇理	2012－06－19	1.0031	1.0166	－－	1.66%		1.66%	－－
34	164702	汇添富季季红定期开放债券	汇添富	2012－07－26	1.0190	1.0190	－－	1.90%		1.90%	－－
平均								10.57%	－－	－－	－－
9.2.2 封闭式债券基金－封闭式普通债券基金－封闭式普通债券型基金（二级）											
1	165509	信诚增强收益债券封闭	信诚	2010－09－29	1.0270	1.0870	－－	10.18%	3/4	8.86%	3.83%
2	160915	大成景丰债券分级封闭	大成	2010－10－15	1.0120	1.0120	－－	6.64%	4/4	1.20%	0.54%
3	164808	工银瑞信四季收益债券封闭	工银瑞信	2011－02－10	1.0610	1.1570	－－	13.02%	1/4	16.31%	8.32%
4	162308	海富通稳进增利债券分级封闭	海富通	2011－09－01	1.1350	1.1350	－－	11.27%	2/4	13.50%	9.96%
平均								10.28%	－－	－－	－－
9.5.1 封闭式债券基金－封闭式债券型分级子基金－封闭式债券型分级子基金（优先份额）											
1	150020	富国汇利债券分级封闭（A级）	富国	2010－09－09	1.0900	1.0900	－－	3.71%	9/9	9.00%	3.80%
2	150025	大成景丰债券分级封闭（A级）	大成	2010－10－15	1.0890	1.0890	－－	3.81%	8/9	8.90%	3.93%
3	164207	天弘添利债券分级（A级）	天弘	2010－12－03	1.0030	1.0030	1.0899	4.33%	6/9	8.99%	4.23%
4	150034	泰达宏利聚利债券分级封闭（A级）	泰达宏利	2011－05－13	1.0700	1.0700	－－	3.88%	7/9	7.00%	4.22%
5	161016	富国天盈债券分级（A级）	富国	2011－05－23	1.0040	1.0040	1.0780	4.86%	3/9	7.80%	4.78%
6	161909	万家添利债券分级（A级）	万家	2011－06－02	1.0730	1.0730	－－	4.58%	4/9	7.30%	4.55%
7	160514	博时裕祥债券分级（A级）	博时	2011－06－10	1.0030	1.0030	1.0780	4.95%	2/9	7.80%	4.92%
8	163004	长信利鑫债券分级（A级）	长信	2011－06－24	1.0008	1.0008	1.0697	4.56%	5/9	6.97%	4.52%
9	150044	海富通稳进增利债券分级封闭（A级）	海富通	2011－09－01	1.0710	1.0710	－－	5.21%	1/9	7.10%	5.28%
10	164209	天弘丰利债券分级（A级）	天弘	2011－11－23	1.0043	1.0043	1.0524	4.71%		5.24%	4.73%
11	160619	鹏华丰泽债券分级（A级）	鹏华	2011－12－08	1.0030	1.0030	1.0511	4.79%		5.11%	4.78%

序号	基金代码	基金简称	基金管理公司简称	基金成立日期	份额净值（元）	份额累计净值（元）	还原后份额累计净值（元）	今年以来净值增长率	今年以来同类型排名	成立以来净值增长率	成立以来年化收益率
12	150062	浦银安盛增利债券分级封闭(A级)	浦银安盛	2011－12－13	1.0550	1.0550	－－	5.18%		5.50%	5.22%
13	165706	诺德双翼债券分级封闭(A级)	诺德	2012－02－16	1.0150	1.0150	1.0380	3.80%		3.80%	－－
14	162106	金鹰持久回报债券分级封闭(A级)	金鹰	2012－03－09	1.0129	1.0129	1.0362	3.62%		3.62%	－－
15	165518	信诚双盈债券分级封闭(A级)	信诚	2012－04－13	1.0100	1.0100	1.0352	3.52%		3.52%	－－
16	166013	中欧信用增利债券分级封闭(A级)	中欧	2012－04－16	1.0090	1.0090	1.0330	3.30%		3.30%	－－
17	161506	银河通利债券分级封闭(A级)	银河	2012－04－25	1.0070	1.0070	1.0299	2.99%		2.99%	－－
18	166106	信达澳银稳定增利债券分级封闭(A级)	信达澳银	2012－05－07	1.0060	1.0060	1.0290	2.90%		2.90%	－－
19	162512	国联安双佳信用债券分级封闭(A级)	国联安	2012－06－04	1.0030	1.0030	1.0276	2.76%		2.76%	－－
20	160811	长盛同丰债券分级封闭(A级)	长盛	2012－12－27	1.0010	1.0010	－－	0.10%		0.10%	－－
平均								4.43%	－－	－－	－－
9.5.2 封闭式债券基金－封闭式债券型分级子基金－封闭式债券型分级子基金(进取份额)											
1	150021	富国汇利债券分级封闭(B级)	富国	2010－09－09	1.2930	1.2930	－－	37.41%	1/9	29.30%	11.75%
2	150026	大成景丰债券分级封闭(B级)	大成	2010－10－15	0.8320	0.8320	－－	16.20%	7/9	－16.80%	－7.97%
3	150027	天弘添利债券分级封闭(B级)	天弘	2010－12－03	1.1680	1.1680	－－	17.86%	6/9	16.80%	7.75%
4	150035	泰达宏利聚利债券分级封闭(B级)	泰达宏利	2011－05－13	1.3270	1.3270	－－	32.70%	3/9	32.70%	18.85%
5	150041	富国天盈债券分级封闭(B级)	富国	2011－05－23	1.2550	1.2550	－－	23.65%	5/9	25.50%	15.14%
6	150038	万家添利债券分级封闭(B级)	万家	2011－06－02	1.2220	1.2220	－－	30.70%	4/9	22.20%	13.50%
7	150043	博时裕祥债券分级封闭(B级)	博时	2011－06－10	1.1720	1.1720	－－	14.12%	9/9	17.20%	10.70%
8	150042	长信利鑫债券分级封闭(B级)	长信	2011－06－24	1.1897	1.1897	－－	14.88%	8/9	18.97%	12.08%
9	150045	海富通稳进增利债券分级封闭(B级)	海富通	2011－09－01	1.3910	1.3910	－－	35.31%	2/9	39.10%	28.06%
10	150046	天弘丰利债券分级封闭(B级)	天弘	2011－11－23	1.3388	1.3388	－－	31.10%		33.88%	30.16%
11	150061	鹏华丰泽债券分级封闭(B级)	鹏华	2011－12－08	1.2230	1.2230	－－	20.97%		22.30%	20.79%
12	150063	浦银安盛增利债券分级封闭(B级)	浦银安盛	2011－12－13	1.2790	1.2790	－－	27.77%		27.90%	26.35%
13	150068	诺德双翼债券分级封闭(B级)	诺德	2012－02－16	1.1180	1.1180	－－	11.80%		11.80%	－－
14	150078	金鹰持久回报债券分级封闭(B级)	金鹰	2012－03－09	1.1681	1.1681	－－	16.81%		16.81%	－－
15	150081	信诚双盈债券分级封闭(B级)	信诚	2012－04－13	1.2280	1.2280	－－	22.80%		22.80%	－－
16	150087	中欧信用增利债券分级封闭(B级)	中欧	2012－04－16	1.1060	1.1060	－－	10.60%		10.60%	－－
17	150079	银河通利债券分级封闭(B级)	银河	2012－04－25	1.0460	1.0460	－－	4.60%		4.60%	－－
18	150082	信达澳银稳定增利债券分级封闭(B级)	信达澳银	2012－05－07	1.0010	1.0010	－－	0.10%		0.10%	－－
19	150080	国联安双佳信用债券分级封闭(B级)	国联安	2012－06－04	0.9840	0.9840	－－	－1.60%		－1.60%	－－
20	150115	长盛同丰债券分级封闭(B级)	长盛	2012－12－27	0.9990	0.9990	－－	－0.10%		－0.10%	－－
平均								24.76%	－－	－－	－－

业务规则与指标说明：

1. 本表的基金分类标准是《中国银河证券基金分类体系(2012版)》。
2. 部分封闭式基金一周披露一次净值、QDII基金净值披露比国内基金滞后一天或者两天。
3. 剩余期限和运作时间不足一年的基金均不计算年化指标。
4. 本表业务处理根据中国银河证券基金研究中心相关业务规则。
5. 每个类型基金日净值增长率平均值的样本数是全部基金；每个类型基金今年以来净值增长率平均值的样本数是满足建仓期3个月的基金，即去年10月1日之前成立基金。

执业说明和免责声明：

1. 基金投资有风险，请谨慎抉择，本表所有信息与数据仅供参考，不构成投资建议。
2. 中国银河证券股份有限公司拥有证券投资咨询资格，我司基金研究业务内设机构是中国银河证券基金研究中心，中心负责人胡立峰。
3. 2010年5月18日，中国证券业协会(中证协发[2010]69号)同意中国银河证券股份有限公司证券投资基金评价业务备案申请，我司基金评价业务范围为：基金及基金管理公司评级、单一指标排名。根据向中国证监会和中国证券业协会备案的公告信息，我司基金评价业务内设机构是中国银河证券基金研究中心，我司基金评价业务负责人是胡立峰。
4. 本表执行中国证监会的《证券投资基金评价业务管理暂行办法》和中国证券业协会的《证券投资基金评价业务自律管理规则(试行)》的有关规定。
5. 本表的信息与数据来自《中国银河证券基金研究评价资讯系统》，我们力求基金信息与数据的准确，但无法确保准确。根据《证券投资基金信息披露管理办法》，如果对本表信息与数据有歧义的话，净值数据以基金管理公司网站披露为准，行情数据以交易所披露为准。
6. 对本表的信息与数据有异议的，请邮件联系中国银河证券基金研究中心官方邮箱 fund@chinastock.com.cn 或者电话联系中国银河证券基金研究中心热线18811045599。

2012年托管银行托管基金资产净值和份额规模汇总统计表(榜单1)(资产净值口径)

序号	托管银行简称	托管资格批复日期	数据截止日期	托管基金数量(只)(证监会主代码口径)	托管基金资产净值(亿元)	托管基金资产净值市场占比	托管基金资产净值排名	托管基金份额规模(亿份)	托管基金份额规模市场占比	托管基金份额规模排名
1	工商银行	1998－2－24	2012－12－31	304	8409.28	29.3376%	1/18	9168.25	28.9127%	1/18
2	建设银行	1998－3－18	2012－12－31	285	6418.96	22.3940%	2/18	6879.44	21.6948%	2/18
3	中国银行	1998－7－7	2012－12－31	189	4949.88	17.2688%	3/18	5534.95	17.4549%	3/18
4	农业银行	1998－5－29	2012－12－31	144	3050.75	10.6432%	4/18	3504.35	11.0512%	4/18
5	交通银行	1998－7－3	2012－12－31	76	2189.38	7.6381%	5/18	2700.49	8.5162%	5/18
6	招商银行	2002－11－6	2012－12－31	53	1067.85	3.7254%	6/18	1152.31	3.6339%	6/18
7	光大银行	2002－10－23	2012－12－31	21	723.59	2.5244%	7/18	796.74	2.5126%	7/18
8	民生银行	2004－7－9	2012－12－31	19	637.38	2.2236%	8/18	704.29	2.2210%	8/18
9	浦发银行	2003－9－10	2012－12－31	10	339.96	1.1860%	9/18	348.43	1.0988%	9/18

序号	托管银行简称	托管资格批复日期	数据截止日期	托管基金数量(只)(证监会主代码口径)	托管基金资产净值(亿元)	托管基金资产净值市场占比	托管基金资产净值排名	托管基金份额规模(亿份)	托管基金份额规模市场占比	托管基金份额规模排名
10	兴业银行	2005-4-26	2012-12-31	16	320.85	1.1194%	10/18	312.28	0.9848%	10/18
11	中信银行	2004-8-18	2012-12-31	20	208.37	0.7270%	11/18	243.03	0.7664%	11/18
12	华夏银行	2005-2-23	2012-12-31	9	187	0.6524%	12/18	213.97	0.6748%	12/18
13	邮政储蓄银行	2009-7-16	2012-12-31	17	116.28	0.4057%	13/18	108.2	0.3412%	13/18
14	北京银行	2008-6-3	2012-12-31	1	15.69	0.0547%	14/18	15.29	0.0482%	14/18
15	上海银行	2009-8-18	2012-12-31	2	11.95	0.0417%	15/18	10.88	0.0343%	16/18
16	广东发展银行	2009-5-4	2012-12-31	4	11.38	0.0397%	16/18	11.03	0.0348%	15/18
17	平安银行	2008-8-6	2012-12-31	3	3.74	0.0130%	17/18	4.76	0.0150%	17/18
18	渤海银行	2010-6-29	2012-12-31	1	1.49	0.0052%	18/18	1.39	0.0044%	18/18
合计				1174	28663.78	100.00%		31710.09	100.00%	

2012年基金期末份额变动趋势统计

时间	股票型	混合型	债券型	货币型	QDII	短期理财债券型
2012年第4季度	14,038.85	6,460.27	2,629.06	5,361.27	855.79	621.73
2012年第3季度	14,191.62	6,417.41	2,463.32	3,593.74	858.96	213.32
2012年第2季度	13,821.60	6,411.51	2,063.54	3,589.16	879.27	0.00
2012年第1季度	13,973.53	6,600.17	1,542.31	2,971.04	891.48	0.00

2012年度基金资产净值变动趋势统计

时间	股票型(亿)	混合型(亿)	债券型(亿)	货币型(亿)	QDII(亿)	短期理财债券型(亿)
2012年第4季度	11,948.54	5,611.79	2,751.40	5,360.82	612.31	621.62
2012年第3季度	11,117.95	5,370.89	2,553.92	3,593.28	581.36	213.30
2012年第2季度	11,170.25	5,594.93	2,187.01	3,588.78	561.17	0.00
2012年第1季度	10,951.04	5,603.30	1,586.22	2,970.62	608.43	0.0

2012年第四季度全球共同基金数据

表1　全球共同基金按基金类别的资产净值统计表

单位:十亿美元(截至第四季度末)

项目	2007	2008	2009	2010	2011	2012			
						Q1	Q2	Q3	Q4
所有报告国家[1]	26,131	18,920	22,946	24,710	23,797	25,596	24,769	26,045	26,837
股票基金	12,341	6,432	8,864	10,478	9,494	10,555	9,922	10,492	10,712
债券基金	4,289	3,399	4,565	5,425	5,833	6,262	6,344	6,753	7,027
货币市场基金	4,940	5,786	5,317	4,995	4,695	4,685	4,584	4,639	4,793
平衡/混合基金	2,726	1,828	2,404	2,783	2,741	2,978	2,842	3,029	3,127
其他基金	884	676	840	1,029	1,034	1,116	1,077	1,132	1,178
各期均报告的国家[2]	25,281	18,897	22,906	24,665	23,753	25,552	24,724	26,003	26,796
股票基金	11,713	6,426	8,854	10,471	9,487	10,548	9,915	10,487	10,706
债券基金	4,153	3,393	4,552	5,414	5,821	6,252	6,329	6,740	7,013
货币市场基金	4,907	5,780	5,305	4,993	4,693	4,683	4,582	4,630	4,785
平衡/混合基金	2,682	1,825	2,399	2,778	2,734	2,972	2,836	3,023	3,122
其他基金	876	676	840	1,010	1,018	1,096	1,062	1,124	1,170

资料来源:世界各国(地区)投资基金协会;欧洲基金和资产管理协会提供除俄罗斯以外所有欧洲国家数据。

1 由于约数和未分类基金的存在,各项目之和与总计略有误差。

2 包含41个国家(地区)的数据,由于约数的存在,各项目之和与总计略有误差。

表2　全球共同基金按基金类别的净销售额[1]统计表

单位:十亿美元(截至第四季度末)

项目	2008	2009	2010	2011	2011	2012			
					Q4	Q1	Q2	Q3	Q4
所有报告国家[2]	276	271	205	103	84	193	111	181	421
股票基金	-374	186	147	-96	-71	-9	-18	-57	18
债券基金	-196	627	462	239	67	215	163	194	211
货币市场基金	888	-640	-710	-152	97	-81	-39	-14	137
平衡/混合基金	-78	118	180	85	-2	57	2	49	43

项目	2008	2009	2010	2011	2011	2012			
					Q4	Q1	Q2	Q3	Q4
其他基金	35	-19	34	27	-7	10	3	8	12
各期均报告的国家[3]	243	256	117	1	35	169	41	145	326
股票基金	-372	172	154	-103	-70	-11	-27	-58	2
债券基金	-204	596	489	217	58	206	118	162	166
货币市场基金	861	-624	-738	-200	50	-89	-55	-9	112
平衡/混合基金	-75	130	183	75	-3	57	3	45	41
其他基金	33	-19	29	12	0	5	1	6	5

资料来源:世界各国(地区)投资基金协会;欧洲基金和资产管理协会提供除俄罗斯以外所有欧洲国家数据。
1 净销售额=新增销售额+分红再投资-赎回+净转换。
2 由于约数和未分类基金的存在,各项目之和与总计略有误差。
3 包含31个国家(地区)的数据,由于约数的存在,各项目之和与总计略有误差。

表3 全球共同基金按基金类别的基金数目统计表

单位:十亿美元(截至第四季度末)

项目	2007	2008	2009	2010	2011	2012			
						Q1	Q2	Q3	Q4
所有报告国家[1]	66,347	68,574	67,530	69,493	72,611	73,257	73,483	73,459	73,243
股票基金	27,294	27,854	27,471	27,695	28,054	28,295	28,233	27,944	27,768
债券基金	13,340	12,250	12,448	12,802	12,964	13,087	13,234	13,207	13,296
货币市场基金	3,450	3,700	3,521	3,344	3,159	3,072	3,005	2,976	2,929
平衡/混合基金	13,746	14,503	14,658	15,895	16,840	17,038	17,156	17,183	17,156
其他基金	5,619	7,170	6,711	6,858	8,014	8,209	8,746	9,058	8,927
各期均报告的国家[2]	62,156	65,802	64,736	66,700	69,297	69,977	70,213	70,646	70,491
股票基金	24,421	25,738	25,388	25,710	26,121	26,372	26,252	26,205	26,083
债券基金	12,798	11,994	12,148	12,530	12,649	12,759	12,770	12,797	12,877
货币市场基金	3,353	3,653	3,473	3,300	3,118	3,034	2,965	2,934	2,890
平衡/混合基金	13,280	14,152	14,296	15,580	16,528	16,727	16,776	16,946	16,922
其他基金	5,406	7,168	6,710	6,681	7,796	7,984	8,341	8,673	8,552

资料来源:世界各国(地区)投资基金协会;欧洲基金和资产管理协会提供除俄罗斯以外所有欧洲国家数据。
1 由于未分类基金的存在,各项目之和与总计略有误差。
2 包含41个国家(地区)的数据。

2012年基金业绩排名

标准股票型基金业绩前十名

序号	基金简称	份额净值(元)	今年以来净值增长率(%)	成立以来累计净值增长率(%)	成立以来运作时间(年)
1	景顺长城核心竞争力股票	1.148	31.70%	31.83%	1.0329
2	中欧中小盘股票(LOF)	0.9479	29.34%	-0.83%	3.0055
3	新华行业周期轮换股票	1.26	28.83%	26.00%	2.4493
4	上投摩根新兴动力股票	1.124	27.73%	12.40%	1.4712
5	国富中小盘股票	1.051	24.97%	5.10%	2.1068
6	国联安精选股票	0.804	21.27%	226.08%	7.0137
7	景顺长城能源基建股票	1.128	20.64%	14.27%	3.2
8	广发核心精选股票	1.576	20.12%	80.42%	4.463
9	华宝兴业新兴产业股票	0.9123	20.09%	-8.77%	2.0685
10	交银先锋股票	1.1233	19.63%	17.49%	3.7288

标准指数股票型基金业绩前十名

序号	基金简称	份额净值(元)	今年以来净值增长率(%)	成立以来累计净值增长率(%)	成立以来运作时间(年)
1	国投瑞银沪深300金融地产指数(LOF)	0.868	22.43%	-13.20%	2.7315
2	国泰上证180金融ETF	3.39	21.68%	-3.72%	1.7562
3	海富通上证周期行业50ETF	2.337	17.85%	-6.21%	2.2849
4	博时上证超级大盘ETF	1.9457	17.28%	-28.24%	3.0082
5	华夏上证50ETF	1.855	17.00%	150.55%	8.0082
6	华宝兴业上证180价值ETF	2.533	16.46%	-13.29%	2.6932
7	华安上证龙头企业ETF	2.328	15.36%	-10.79%	2.1205
8	建信上证社会责任ETF	0.884	15.10%	5.46%	2.5973

序号	基金简称	份额净值(元)	今年以来净值增长率(%)	成立以来累计净值增长率(%)	成立以来运作时间(年)
9	申万菱信沪深300价值指数	0.801	14.59%	-19.90%	2.8877
10	华宝兴业上证180成长ETF	1.007	14.17%	0.70%	1.411

增强指数股票型基金业绩前十名

序号	基金简称	份额净值(元)	今年以来净值增长率(%)	成立以来累计净值增长率(%)	成立以来运作时间(年)
1	易方达上证50指数增强	0.7119	14.73%	114.75%	8.7836
2	富国沪深300指数增强	0.882	12.64%	-11.80%	3.0438
3	国富沪深300指数增强	0.946	12.62%	-5.40%	3.3288
4	农银汇理深证100指数增强	1.1229	12.29%	12.29%	0.3233
5	融通巨潮100指数增强(LOF)	0.798	11.45%	166.66%	7.6438
6	中银中证100指数增强	0.762	11.24%	-23.04%	3.326
7	富国中证红利指数增强	1.055	10.06%	46.97%	4.1151
8	兴全沪深300指数增强(LOF)	0.8441	9.40%	-15.59%	2.1644
9	中海上证50指数增强	0.751	9.00%	-24.90%	2.7726
10	浦银安盛沪深300指数增强	0.814	8.68%	-18.60%	2.0603

混合型基金业绩前十名

序号	基金简称	份额净值(元)	今年以来净值增长率(%)	成立以来累计净值增长率(%)	成立以来运作时间(年)
1	华商领先企业混合	0.9875	17.28%	5.89%	5.6356
2	中银收益混合	0.9328	16.02%	110.44%	6.2274
3	交银稳健配置混合	1.3578	15.29%	193.57%	6.5534
4	交银主题优选混合	0.926	14.46%	-6.11%	2.5068
5	国投瑞银稳健增长混合	1.018	14.25%	66.20%	4.5589
6	华宝兴业收益增长混合	2.9079	14.00%	190.79%	6.5507
7	鹏华中国50混合	1.226	13.41%	367.66%	8.6438
8	富国天瑞强势混合	0.7819	13.01%	338.13%	7.7452
9	汇丰晋信2026周期混合	1.0949	12.71%	37.03%	4.4438
10	汇添富优势精选混合	2.1841	12.51%	377.48%	7.3562

普通债券型基金业绩前十名

序号	基金简称	份额净值(元)	今年以来净值增长率(%)	成立以来累计净值增长率(%)	成立以来运作时间(年)
1	天治稳健双盈债券	1.096	16.18%	9.60%	4.1562
2	工银瑞信添颐债券(A类)	1.202	14.69%	20.20%	1.3945
3	工银瑞信添颐债券(B类)	1.19	13.98%	19.00%	1.3945
4	易方达稳健收益债券(B类)	1.168	13.93%	35.56%	4.926
5	民生加银增强收益债券(A类)	1.192	13.74%	22.62%	3.4493
6	易方达稳健收益债券(A类)	1.1602	13.64%	33.65%	4.926
7	民生加银增强收益债券(C类)	1.175	13.20%	20.88%	3.4493
8	南方广利回报债券(A/B类)	1.064	13.19%	6.40%	2.1616
9	长信利丰债券	1.077	12.77%	20.67%	4.0082
10	南方广利回报债券(C类)	1.055	12.71%	5.50%	2.1616

可转债基金业绩前十名

序号	基金简称	份额净值(元)	今年以来净值增长率(%)	成立以来累计净值增长率(%)	成立以来运作时间(年)
1	中银转债增强债券(A类)	1.092	9.42%	9.20%	1.5096
2	中银转债增强债券(B类)	1.086	9.04%	8.60%	1.5096
3	华安可转债债券(A类)	1.036	7.92%	3.60%	1.5288
4	华安可转债债券(B类)	1.031	7.62%	3.10%	1.5288
5	博时转债增强债券(A类)	0.954	6.95%	-4.60%	2.1041
6	博时转债增强债券(C类)	0.947	6.64%	-5.30%	2.1041
7	建信转债增强债券(A类)	1.058	5.80%	5.80%	0.5918
8	华宝兴业可转债	0.9504	5.72%	-4.96%	1.6822
9	建信转债增强债券(C类)	1.056	5.60%	5.60%	0.5918
10	长信可转债债券(A类)	1.0532	5.32%	5.32%	0.7562

指数型债券基金业绩前十名

序号	基金简称	份额净值(元)	今年以来净值增长率(%)	成立以来累计净值增长率(%)	成立以来运作时间(年)
1	南方中证50债券指数(A类-LOF)	1.0671	2.75%	8.78%	1.6274
2	南方中证50债券指数(C类)	1.0601	2.35%	8.07%	1.6274
3	华夏亚债中国债券指数(A类)	1.068	2.20%	6.80%	1.6055
4	华夏亚债中国债券指数(C类)	1.061	1.73%	6.10%	1.6055
5	华宝兴业中证短融50指数债券	1.015	1.50%	1.50%	0.5534
6	易方达中债新综合债券指数发起式(A类-LOF)	1.006	0.60%	0.60%	0.1452
7	易方达中债新综合债券指数发起式(C类-LOF))	1.005	0.50%	0.50%	0.1452
8	国联安中债信用债指数增强	1.002	0.20%	0.20%	0.0521
9	银华中证中票50指数债券(A类-LOF)	1.002	0.20%	0.20%	0.0493
10	银华中证中票50指数债券(C类)	1.002	0.20%	0.20%	0.0493

封闭式债券型分级子基金(进取份额)净值前十名

序号	基金简称	份额净值(元)	今年以来净值增长率(%)	成立以来累计净值增长率(%)	成立以来运作时间(年)
1	富国汇利债券分级封闭(B级)	1.293	37.41%	29.30%	2.3123
2	海富通稳进增利债券分级封闭(B级)	1.391	35.31%	39.10%	1.3342
3	泰达宏利聚利债券分级封闭(B级)	1.327	32.70%	32.70%	1.6384
4	天弘丰利债券分级封闭(B级)	1.3388	31.10%	33.88%	1.1068
5	万家添利债券分级封闭(B级)	1.222	30.70%	22.20%	1.5836
6	浦银安盛增利债券分级封闭(B级)	1.279	27.77%	27.90%	1.0521
7	富国天盈债券分级封闭(B级)	1.255	23.65%	25.50%	1.611
8	信诚双盈债券分级封闭(B级)	1.228	22.80%	22.80%	0.7178
9	鹏华丰泽债券分级封闭(B级)	1.223	20.97%	22.30%	1.0658
10	天弘添利债券分级封闭(B级)	1.168	17.86%	16.80%	2.0795

封闭式普通债券基金净值前十名

序号	基金简称	份额净值(元)	今年以来净值增长率(%)	成立以来累计净值增长率(%)	成立以来运作时间(年)
1	交银信用添利债券封闭	1.079	14.24%	11.38%	1.9288
2	广发聚利债券封闭	1.172	13.11%	18.65%	1.4082
3	工银瑞信四季收益债券封闭	1.061	13.02%	16.31%	1.8904
4	招商信用添利债券封闭	1.023	12.70%	20.21%	2.5205
5	国投瑞银双债债券封闭	1.045	11.86%	11.41%	1.7616
6	中银信用增利债券封闭	1.074	10.46%	10.46%	0.8055
7	信诚增强收益债券封闭	1.027	10.18%	8.86%	2.2575
8	建信信用增强债券封闭	1.111	9.66%	13.39%	1.5452
9	银华信用债券封闭	1.076	9.62%	16.15%	2.5096
10	易方达岁丰添利债券封闭	1.032	9.37%	11.78%	2.1452

封闭式普通股票基金净值前十名

序号	基金简称	份额净值(元)	今年以来净值增长率(%)	成立以来累计净值增长率(%)	成立以来运作时间(年)
1	嘉实泰和封闭	1.0012	14.61%	661.09%	13.7425
2	建信优势动力股票	0.912	10.81%	-8.80%	4.789
3	博时裕隆封闭	0.9796	9.04%	486.89%	13.5562
4	国泰金鑫封闭	1.0183	8.36%	259.98%	13.2055
5	富国汉盛封闭	1.088	8.11%	474.47%	13.6548
6	南方开元封闭	0.8746	7.99%	512.20%	14.7753
7	华安安顺封闭	1.0093	6.69%	663.78%	13.5562
8	华夏兴华封闭	0.9256	6.43%	1067.20%	14.6877
9	长城久嘉封闭	0.8619	5.02%	297.39%	10.4986
10	富国汉兴封闭	0.9371	4.65%	151.27%	13.0137

股票型分级子基金(进取份额)净值前十名

序号	基金简称	份额净值(元)	今年以来净值增长率(%)	成立以来累计净值增长率(%)	成立以来运作时间(年)
1	国联安双禧指数分级(B级)	0.808	16.26%	-19.20%	2.7123
2	建信双利股票分级进取(B级)	0.822	15.13%	-17.80%	1.6575

序号	基金简称	份额净值(元)	今年以来净值增长率(%)	成立以来累计净值增长率(%)	成立以来运作时间(年)
3	泰信中证基本面400指数分级(B级)	1.146	14.60%	14.60%	0.3151
4	长盛同辉深100等权重指数分级(B级)	1.121	12.10%	12.10%	0.2986
5	工银睿智深证100指数分级(B级)	1.1052	10.58%	10.58%	0.1836
6	诺德深证300指数分级(B级)	1.09	9.00%	9.00%	0.3068
7	华安沪深300指数分级(B级)	1.062	6.20%	6.20%	0.5178
8	兴全合润分级(B级)	0.8027	5.24%	-19.73%	2.6959
9	国投瑞银瑞和分级远见(B级)	1.034	2.60%	-27.50%	3.2164
10	银华消费股票分级瑞祥(B级)	0.91	2.02%	-9.00%	1.2603

货币市场基金业绩前十

序号	基金简称	份额净值(元)	今年以来净值增长率(%)	成立以来累计净值增长率(%)	成立以来运作时间(年)
1	长信利息收益货币(B类)	--	4.64%	9.39%	2.1014
2	信诚货币(B类)	--	4.59%	7.79%	1.7781
3	南方现金增利货币(B类)	--	4.56%	12.78%	3.4466
4	广发货币(B类)	--	4.49%	12.49%	3.7014
5	万家货币	--	4.45%	24.04%	6.611
6	易方达货币(B类)	--	4.43%	22.49%	6.4603
7	博时现金收益货币	--	4.40%	29.20%	8.9644
8	长信利息收益货币(A类)	--	4.39%	28.79%	8.7918
9	汇添富货币(B类)	--	4.36%	19.84%	5.6164
10	招商现金增值货币(B类)	--	4.36%	10.95%	3.0849

基金行业自然年度业绩汇总统计(2001年以来)

		2012年	2011年	2010年	2009年	2008年	2007年	2006年	2005年	2004年	2003年	2002年	2001年
银河证券一级分类序号和名称													
1	1 股票基金	5.95%	-24.32%	0.59%	73.02%	-52.88%	131.82%	127.21%	2.01%	-1.43%	20.93%	--	--
2	2 混合基金	3.88%	-20.92%	4.64%	57.04%	-45.13%	111.11%	102.24%	3.98%	0.33%	17.22%	-7.13%	--
3	3 债券基金	7.13%	-3.06%	7.12%	4.94%	6.70%	18.06%	14.24%	9.41%	-2.17%	--	--	--
4	5 货币市场基金	4.01%	3.55%	1.83%	1.44%	3.53%	3.34%	1.89%	2.43%	--	--	--	--
5	6 QDII 基金	10.56%	-20.87%	3.58%	57.48%	-43.35%	--	--	--	--	--	--	--
6	7 封闭式股票基金	3.86%	-22.25%	4.35%	63.70%	-46.61%	118.10%	106.49%	3.66%	-2.97%	20.64%	-11.12%	-14.46%
7	9 封闭式债券基金	10.52%	0.26%	16.27%	--	--	--	--	--	--	--	--	--
银河证券三级分类序号和名称													
1	1.1.1 标准股票型基金	5.55%	-24.96%	2.96%	71.61%	-51.76%	132.78%	131.05%	3.30%	.74%	20.93%	--	--
2	1.1.2 普通股票型基金	8.18%	-24.32%	4.84%	54.27%	-44.33%	101.84%	117.95%	3.88%	[illegible].01%	--	--	--
3	1.2.1 标准指数股票型基金	6.83%	-22.83%	-11.81%	91.13%	-63.32%	143.85%	123.45%	-4.53%	-10.09%	--	--	--
4	1.2.2 增强指数股票型基金	8.24%	-21.40%	-12.19%	87.67%	-61.40%	138.24%	127.43%	0.83%	-9.22%	--	--	--
5	1.2.3 ETF 联接基金	5.56%	-21.98%	-15.69%	--	--	--	--	--	--	--	--	--
6	1.3.1 股票型分级子基金(优先份额)	6.59%	-3.21%	--	--	--	--	--	--	--	--	--	--
7	1.3.2 股票型分级子基金(进取份额)	-0.94%	-37.44%	--	--	--	--	--	--	--	--	--	--
8	2.1.1 偏股型基金(股票上限95%)	4.94%	-24.98%	5.74%	71.99%	-50.88%	131.08%	123.84%	0.92%	--	--	--	--
9	2.1.1 偏股型基金(股票上限95%)	2.90%	-21.22%	2.43%	53.19%	-45.88%	104.27%	109.05%	3.83%	0.32%	18.39%	-7.13%	--
10	2.2.1 灵活配置型基金(股票上限95%)	4.44%	-21.49%	2.70%	64.85%	-50.01%	126.54%	136.54%	9.36%	--	--	--	--
11	2.2.2 灵活配置型基金(股票上限80%)	3.08%	-20.75%	6.41%	53.59%	-48.48%	113.25%	99.64%	1.70%	-0.24%	--	--	--
12	2.3.1 股债平衡型基金	4.51%	-20.68%	3.87%	48.50%	-41.21%	97.39%	96.50%	6.03%	0.40%	18.75%	--	--
13	2.4.1 偏债型基金	5.24%	-9.43%	-0.29%	27.20%	-20.94%	71.15%	54.35%	8.40%	0.62%	7.11%	--	--
14	2.5.1 保本型基金	4.04%	-0.68%	7.39%	10.12%	-9.70%	64.53%	35.42%	7.47%	0.60%	--	--	--
15	2.9.1 特定策略混合型基金	3.99%	-17.86%	5.81%	47.06%	-34.43%	110.12%	113.64%	5.39%	0.51%	--	--	--
16	3.1.1 长期标准债券型基金(A类)	5.23%	0.46%	3.35%	1.83%	8.75%	14.87%	6.90%	8.36%	0.31%	--	--	--
17	3.1.2 长期标准债券型基金(B/C类)	3.23%	2.35%	3.42%	1.45%	7.76%	20.10%	--	--	--	--	--	--
18	3.1.3 中短期标准债券型基金(A类)	5.50%	1.75%	1.57%	0.65%	5.41%	3.16%	1.44%	--	--	--	--	--
19	3.2.1 普通债券型基金(一级A类)	7.70%	-2.42%	8.17%	4.92%	7.87%	20.25%	15.67%	8.92%	-2.53%	--	--	--
20	3.2.2 普通债券型基金(一级B/C类)	7.68%	-3.52%	8.10%	4.41%	8.22%	11.19%	--	--	--	--	--	--
21	3.2.3 普通债券型基金(二级A类)	7.01%	-3.72%	6.30%	6.42%	-0.13%	35.83%	32.89%	12.19%	-5.31%	--	--	--
22	3.2.4 普通债券型基金(二级B/C类)	7.54%	-3.90%	6.46%	4.37%	--	--	--	--	--	--	--	--
23	3.3.1 可转换债券型基金(A类)	5.44%	--	--	--	--	--	--	--	--	--	--	--

		2012 年	2011 年	2010 年	2009 年	2008 年	2007 年	2006 年	2005 年	2004 年	2003 年	2002 年	2001 年
24	3.3.2 可转换债券型基金(B/C 类)	5.95%	－－	－－	－－	－－	－－	－－	－－	－－	－－	－－	－－
25	3.4.1 指数债券型基金(A 类)	2.48%	－－	－－	－－	－－	－－	－－	－－	－－	－－	－－	－－
26	3.4.2 指数债券型基金(B/C 类)	2.04%	－－	－－	－－	－－	－－	－－	－－	－－	－－	－－	－－
27	3.5.1 债券型分级子基金(优先份额)	5.02%	－－	－－	－－	－－	－－	－－	－－	－－	－－	－－	－－
28	3.5.2 债券型分级子基金(进取份额)	-16.37%	－－	－－	－－	－－	－－	－－	－－	－－	－－	－－	－－
29	5.1.1 货币市场基金(A 类)	3.95%	3.48%	1.79%	1.41%	3.53%	3.31%	1.87%	2.43%	－－	－－	－－	－－
30	5.2.1 货币市场基金(B 类)	4.14%	3.69%	1.93%	1.54%	3.54%	3.52%	1.98%	－－	－－	－－	－－	－－
31	6.1.1 QDII 全球股票型基金	6.54%	-19.86%	4.95%	52.67%	-43.35%	－－	－－	－－	－－	－－	－－	－－
32	6.1.2 QDII 亚太股票型基金	16.22%	-24.32%	14.00%	58.49%	－－	－－	－－	－－	－－	－－	－－	－－
33	6.1.3 QDII 新兴市场股票型基金	16.78%	-23.30%	－－	－－	－－	－－	－－	－－	－－	－－	－－	－－
34	6.1.4 QDII 成熟市场股票型基金	4.04%	－－	－－	－－	－－	－－	－－	－－	－－	－－	－－	－－
35	6.1.5 QDII 大中华股票型基金	18.58%	-22.12%	-2.17%	65.17%	－－	－－	－－	－－	－－	－－	－－	－－
36	6.1.7 QDII 指数股票型基金	10.39%	-13.06%	－－	－－	－－	－－	－－	－－	－－	－－	－－	－－
37	6.3.1 QDII 债券基金	6.06%	－－	－－	－－	－－	－－	－－	－－	－－	－－	－－	－－
38	6.4.1 QDII 商品基金	2.07%	－－	－－	－－	－－	－－	－－	－－	－－	－－	－－	－－
39	7.1.1 封闭式标准股票型基金	0.33%	-23.97%	3.01%	71.34%	-53.92%	－－	－－	－－	－－	－－	－－	－－
40	7.1.2 封闭式普通股票型基金	4.15%	-21.90%	4.55%	62.82%	-46.09%	118.10%	106.49%	3.66%	-2.97%	20.64%	-11.12%	-14.46%
41	7.3.1 封闭式股票型分级子基金(优先份额)	5.14%	0.21%	2.70%	29.41%	-27.94%	－－	－－	－－	－－	－－	－－	－－
42	7.3.2 封闭式股票型分级子基金(进取份额)	-38.25%	-47.24%	-8.58%	188.61%	-75.71%	－－	－－	－－	－－	－－	－－	－－
43	9.2.1 封闭式普通债券型基金(一级)	10.57%	0.60%	16.27%	－－	－－	－－	－－	－－	－－	－－	－－	－－
44	9.2.2 封闭式普通债券型基金(二级)	10.28%	-1.10%	－－	－－	－－	－－	－－	－－	－－	－－	－－	－－
45	9.5.1 封闭式债券型分级子基金(优先份额)	4.43%	3.85%	－－	－－	－－	－－	－－	－－	－－	－－	－－	－－
46	9.5.2 封闭式债券型分级子基金(进取份额)	24.76%	-1.88%	－－	－－	－－	－－	－－	－－	－－	－－	－－	－－

2012 年中国基金业十大新闻

资料来源：证券时报

2012 年 12 月 31 日

1. 新修订的《基金法》明年 6 月 1 日起实施

12 月 28 日，十一届全国人大常委会第三十次会议经表决通过了《证券投资基金法》修订草案，国家主席胡锦涛同日签署第 71 号主席令，颁行新修订的《证券投资基金法》，自明年 6 月 1 日起实施。

新修订的《基金法》首次将非公开募集基金纳入调整范围，对其募集、运作、管理等进行了规范，使其实现了有法可依。同时，对公开募集基金进行了多项调整，如放宽基金公司主要股东设立条件、拓宽基金投资范围、股权激励、持有人大会职权和日常机构规定、公开发行基金由核准制改为注册制、强化托管人责任、对基金服务机构的相关规定、允许从业人员进行证券投资并强制申报等诸多内容。

对基金行业来说，《基金法》修订毫无疑问是今年的头等大事。近年来，基金行业整体发展缓慢，并陷入困境，原《基金法》的相关条款已经不能适应行业发展的需求，甚至起到了制约作用。业界期望通过《基金法》的修订实现制度变革，从而解决行业面临的人才激励不足导致流失严重、基金产品管制过严、基金公司股东门槛过高、持有人利益保护机制不足、从业人员证券投资限制过死等突出问题，真正发挥基金行业的制度优势。

2. 行业自律组织中国证券

投资基金业协会成立

在成立大会上，证监会主席郭树清发表了题为“我们需要一个强大的财富管理行业”的重要讲话

郭树清说，我国亟待建设一个强大的财富管理行业，基金业协会的成立正当其时。协会要牢牢把握财富管理行业的发展大趋势，引领行业发展方向，凝聚行业发展共识，共谋行业发展大局。

6 月 7 日，基金行业的自律组织中国证券投资基金业协会在北京挂牌成立，行业自律组织的成立，意味着我国基金业发展迈出了重要一步。

在基金业协会成立大会上，证监会主席郭树清发表了题为“我们需要一个强大的财富管理行业”的讲话，对协会的工作提出了明确要求。郭树清说，我国亟待建设一个强大的财富管理行业，基金业协会的成立正当其时。郭树清希望协会从成立开始，就能跳出基金业的圈子，牢牢把握财富管理行业的发展大趋势，引领行业发展方向，凝聚行业发展共识，共谋行业发展大局。要真正发挥行业协会作用，打破目前财富管理行业存在的条块分割、规模偏小、服务能力不足的局面，大胆创新，引领行业闯出一条符合国情的财富管理业务发展之路。协会要转变观念，回归行业协会的本性，突出服务宗旨；要包容开放，鼓励公平竞争，促进行业创新；加强行业管理，积极探索符合实际的自律方式和手段等。

新修订的《基金法》专门对基金行业协会的职责作出了规定，主要包括教育和组织会员遵守有关证券投资的法律、行政法规，维护投资人合法权益；依法维护会员的合法权益，反映会员的建议和要求；依法办理非公开募集基金的登记、备案等。

3. 华夏基金高管地震

范勇宏、王亚伟双双辞职

近年基金业高管离职潮说明基金公司治理问题凸显

5 月，宏伟谢幕，震动华夏！5 月 7 日，华夏基金发布公告，王亚伟因个人原因辞去副总经理职务，并不再担任华夏大盘和华夏策略基金经理；5 月 11 日，华夏基金发布高管变动公告，范勇宏因个人原因辞去公司总经理职务。

范勇宏和王亚伟均是华夏基金的创业元老，是从业时间最长的高管，也是最成功、最具影响力的行业领军人物。

从 1997 年筹建华夏基金，范勇宏就一直是华夏基金的当家人,在他的带领下,从2007年以来,华夏基金的公募基金资产一直稳居全行业首位,特别是在2009年,华夏基金以领先第二名1000亿元的规模独占行业1/10的市场份额。王亚伟的影响力在国内基金业则更是无人能及,自2006年以来,他所管理的华夏大盘精选基金在每年的业绩排名中均处领先地位,保持6年不败战绩,6年总回报高达11.04倍,年化回报率达49.22%,大幅超越同类基金和市场,创造了难以复制的投资业绩,已经成为普通民众心目中的"股神"。

范勇宏与王亚伟的组合,被视为绝佳的黄金搭档。他们双双辞职,在业内引发了极大震动,也将基金业高管离职潮推向了最高峰。

不少基金公司高管认为,近年基金业"老十家"中优秀的总经理相继离职,说明基金业的制度出了问题,解决基金公司治理问题必须尽早提上日程。

4.跨市场ETF引领产品创新

工具型产品变革狂飙突进

黄金ETF、债券ETF、美股ETF等创新产品将成新看点

产品创新是2012年基金行业的一大关键词,跨市场交易型开放式指数基金(ETF)、港股ETF、短期理财基金、场内货币基金、货币ETF和发起式基金成为今年创新产品的主要代表。

5月4日和7日,两只沪深300ETF相继成立,合计募资高达523亿元,使得整个行业见识了创新基金的巨大威力。两天过后,奇迹再度上演,5月9日,首批短期理财基金试点的华安月月鑫和汇添富理财30天同时成立,分别募资182.22亿元和244.41亿元,收益率预期较为明确的短期理财基金一时间成为最炙手可热的品种,引发各基金公司纷纷效仿,短期理财债基也成为今年平均首发规模最高的基金。

8月9日,华夏恒生ETF和易方达恒生中国企业指数ETF募集成立,成为首批发行的港股ETF,国内投资者跟踪港股有了更为便捷的通道。

8月10日,首只发起式基金天弘债券型发起式基金募集成立,首发规模达33.46亿元,对于一家小公司而言,这样的首发规模可谓相当理想。

岁末,针对保证金理财的场内货币市场基金汇添富收益快线货币市场基金上柜发行,最终募资37.29亿元,为成为基金公司推出的首只针对券商保证金理财的公募产品。12月27日,华宝兴业现金添益交易型货币市场基金募集18.02亿元成立,成为首只货币基金ETF,该ETF将在上交所上市交易。

从目前基金公司申报的产品情况来看,黄金ETF、债券ETF、美股ETF等创新产品已经上报,将成为明年最具看点的产品,以ETF为代表的工具性产品革命在明年仍将持续。

5.一批基金法规集中修订

新颁布起草多项规定

2012年成为中国基金业发展史上法规修改出台最为密集的一年

在"放松管制,加强监管"的方针指引下,2012年有多部基金法规修改,并有多部新规出台或征求意见。

6月12日,证监会发布《关于基金从业人员投资证券投资基金有关事项的规定》,对基金公司从业人员买卖基金行为进行了规范。6月19日,证监会决定修改《证券投资基金运作管理办法》,一是放松对基金产品申报数量限制,为将来实行基金产品注册制度预留空间;二是降低基金募集门槛,拟从2亿元降至5000万元,为推出发起式基金提供了法规依据。7月27日,证监会公布《关于实施〈合格境外机构投资者境内证券投资管理办法〉有关问题的规定》。9月20日,证监会公布修订后的《证券投资基金管理公司管理办法》,自11月1日起施行。9月26日,证监会公布修订的《基金管理公司特定客户资产管理业务试点办法》,并于11月1日起施行。10月29日,《证券投资基金管理公司子公司管理暂行规定》发布,并于11月1日起施行。11月15日,证监会发布《基金管理公司开展投资、研究活动防范内幕交易指导意见》,并于12月15日起施行。

此外,今年证监会还对《证券投资基金销售管理办法》修改征求意见,起草了《证券投资基金托管业务管理办法(征求意见稿)》、《保险机构销售证券投资基金管理暂行规定》、《证券投资基金销售机构通过第三方电子商务平台开展证券投资基金销售业务指引(试行)》等多项法规,并向社会征求意见。

6.基金业迈入"千基"时代

新基金成立数和首发规模双双创历史新高

6月12日,包括广发消费品精选、汇添富理财60天理财债基、华宝兴业中证短融50指数基金、景顺长城上证180等权重ETF和中邮战略新兴产业等5只基金同日成立,使得基金总数一举突破1000只大关,标志着基金业进入一个全新的"千基"时代。

另外,今年新基金发行井喷,无论是发行基金数还是首发募资规模均创出历史新高。据统计,全年共发行成立新基金达261只,比去年的211只多出50只,为成立新基金最多的一年。今年新基金合计首发规模达6450亿元,年度首发规模首次突破6000亿元大关。在股市持续震荡的情况下,低风险产品大行其道,占据了首发规模的七成以上。

在千基时代,基金公司之间的产品竞争更加激烈,从交投日趋活跃的分级基金,到沪深300ETF的巨量发行,再到短期理财债券基金的持续热销,创新产品的蓬勃发展不断冲击着传统的以投研能力取胜的游戏规则,工具型基金产品的崛起使得产品设计能力已经成为继投资管理能力之后基金公司新的核心竞争力,发现投资者需求并推出合适的产品,成为基金井喷时代基金公司面临的共同挑战。

7.基金子公司开闸

基金公司加快向现代财富管理人转型,基金业进入全能资产管理新时代

基金可通过设立专门的子公司,投资"未通过证券交易所转让的股权、债权及其他财产权利"。这意味着公募基金投资范围将从二级市场向股权投资领域延伸。

基金子公司2012年开闸,基金公司加快向现代财富管理人转型,进入全能资产管理新时代。

根据今年新修订的《基金管理公司特定客户资产管理业务试点办法》,基金应该通过设立专门的子公司,设立专项资产管理计划开展专项资产管理业务,投资"未通过证券交易所转让的股权、债权及其他财产权利"。这项规定意味着,公募基金投资范围将从二级市场向股权投资领域延伸。另外,根据今年颁布实施的《证券投资基金管理公司子公司管理暂行规定》,基金公司可以设立控股子公司,经营特定客户资产管理、基金销售以及中国证监会许可的其他业务。

相关法规实施后,多家基金公司迅速行动,申报设立子公司。11月14日,嘉实基金、工银瑞信和平安大华等三家基金申报的子公司获批,成为业内首吃螃蟹者,3家公司子公司的业务范围全部为特定客户资产管理业务以及中国证监会许可的其他业务。随后,华夏基金、方正富邦、长安基金旗下子公司也相继获批。

8. 基金参与上市公司治理

格力首演经典之战

鹏华基金联手耶鲁大学基金会推选董事进驻格力电器(000651)董事会

由基金推选董事参与上市公司经营,开创了机构投资者主动参与公司治理的先河,具有里程碑意义。

5月25日,格力电器召开2011年度股东大会。会上,由耶鲁大学基金会、鹏华基金推举的冯继勇获得113.66%的同意票,当选格力电器董事,这是合格境外机构投资者(QFII)与基金首次推选董事并获任,这对于推进中国上市公司的公司治理将产生重大影响。值得一提的是,冯继勇获113.66%同意票,仅次于董明珠所获126.05%的同意票。

股东大会结束后,冯继勇在接受证券时报记者采访时表示,他当选董事对保护中小股东利益具有历史意义,也意味着基金等机构投资者将会更加积极地行动起来参与上市公司治理,一股独大的局面会逐步得到改善。

由基金推选董事参与上市公司经营,开创了机构投资者主动参与公司治理的先河,改变了过去只能被动选择的局面,这一事件在机构投资者参与上市公司治理的历史上无疑具有里程碑意义,机构投资者用手投票意识有望被唤醒。

基金参与上市公司治理得到监管层大力支持,12月26日,基金业协会发布《基金管理公司代表基金对外行使投票表决权工作指引》,指导基金公司代表其管理的基金对外行使投票表决权行为。

9. 独立销售机构全面开闸

电商将助力基金销售

基金销售渠道放开实现重大突破

基金销售渠道放开在今年取得较大进展。独立销售机构加入基金销售大军,据证监会网站公布的信息显示,今年以来共有10家独立销售机构拿到基金销售牌照,其中不少机构迅速和基金公司签约,开展了基金代销业务。此外,今年证监会还新批准了4家投资咨询机构的基金销售资格。

不过,总体上基金销售仍以商业银行为主要渠道,其他渠道短期内很难和银行分庭抗礼。证监会积极寻求借助电子商务平台拓展销售渠道。12月27日,证监会发布《证券投资基金销售机构通过第三方电子商务平台开展证券投资基金销售业务指引(试行)》并征求意见,意味着基金销售将试水电商平台,这或许是最有希望取得重大突破的渠道革命。

证监会认为,经过多年发展,我国证券投资基金销售市场已形成以商业银行销售为主,基金管理公司、证券公司、证券投资咨询机构和独立基金销售机构销售为辅的多渠道销售模式。但是,各渠道间发展很不平衡,独立基金销售机构发展缓慢,基金销售市场的良性竞争格局尚未形成。

而近十年,电子商务市场发展迅速,电子商务已经广泛渗透进入金融产品消费等领域。基金管理公司等基金销售机构自有网络平台受制于多种因素,业务发展缓慢,希望可以利用第三方电子商务平台的用户群和用户体验优势,提升自身的网上基金销售业务能力。

明年,随着电商销售基金的施行,基金销售渠道难题或将大大缓解。

10. 李旭利案一审宣判

判处李旭利有期徒刑4年,并处罚金1800万元,追缴其违法所得1071万余元

前知名基金经理李旭利"老鼠仓"案在今年水落石出。11月23日,上海市第一中级人民法院作出一审判决,李旭利获刑4年,并被处罚金1800万元。李旭利辩护律师表示不能接受判决结果,已提交上诉书。

上海市第一中级人民法院认为,李旭利作为基金管理公司从业人员,利用职务便利获取未公开信息,违反规定从事与该信息相关的证券交易活动,情节严重,已构成利用未公开信息交易罪,依法应予惩处。依照《中华人民共和国刑法》之相关规定,判处李旭利有期徒刑4年,并处罚金人民币1800万元;违法所得人民币1071万余元予以追缴。

根据证监会的通报,2009年2月28日至5月25日期间,李旭利利用职务便利,指令五矿证券深圳金田路营业部总经理李智君在其控制的证券账户内,先于或同期于其管理的基金买入或卖出相同股票两只。两个月时间,上述两只股票的累计买入金额约5226.4万元,获利总额约为1071.6万元。

李旭利曾是公募基金业著名的基金经理、投资总监,曾取得良好的投资业绩。如果内幕交易案最终成立,李旭利将成为继原长城基金经理韩刚、原光大保德信投资总监许春茂之后,第三位因"老鼠仓"被判刑的基金经理。

2013年上半年基金规模统计

基金类型	基金支数	基金期末总份额(亿份)	基金资产净值(亿元)
股票型	586	13,304.02	11,229.24
混合型	233	6,011.93	5,355.04
债券型	275	3,581.28	3,765.8
货币型	72	11,526.77	2,991.54
QDII	72	834.01	562.33
短期理财债券型	45	296.44	296.3
全市场	1,283	35,554.46	24,200.25

2013年上半年基金资产组合统计

单位:亿元

基金类型	权益投资	固定收益投资	金融衍生品投资	买入返售金融资产	银行存款和清算备付金合计	其他	合计
股票型	8,945.54	445.86	0.01	336.45	859.47	795.16	11,382.49
混合型	3,362.04	1,378.45	0.00	292.22	457.81	81.59	5,572.12

基金类型	权益投资	固定收益投资	金融衍生品投资	买入返售金融资产	银行存款和清算备付金合计	其他	合计
债券型	47.80	4,579.24	0.00	186.27	471.95	160.45	5,445.71
货币型	0.00	1,534.88	0.00	364.10	1,291.27	96.90	3,287.16
QDII	377.07	24.30	0.09	8.05	49.82	112.83	572.15
短期理财债券型	0.00	143.13	0.00	38.54	123.74	9.97	315.38
全市场	12,732.45	8,105.86	0.10	1,225.63	3,254.07	1,256.90	26,575.01

2013 年上半年证券投资基金市场数据

单位:亿元

类别	基金数量(只)	份额(亿份)	净值(亿元)	份额(亿份)	净值(亿元)
	(2013/06/28)	(2013/06/28)	(2013/06/28)	(2013/05/31)	(2013/05/31)
公募基金	1345	27994.88	25180.54	30935.99	30037.2
封闭式基金	85	1934.41	1948.13	1823.66	1905.95
开放式基金	1260	26060.47	23232.41	29112.33	28131.25
其中:股票型	574	12812.71	10775.34	12437.79	11729.62
其中:混合型	247	6113.25	5457.09	6154.8	5898.87
其中:债券型	292	3257.12	3395.93	4035.78	4258.12
其中:货币型	73	3038.70	3038.69	5640.48	5640.54
其中:QDII	74	838.69	565.36	843.48	604.1
非公开募集资产	–	–	9682.70	–	9720.38
合计	1345	27994.89	34863.24	30935.99	39757.5

截至 2013 年 6 月底,我国境内共有基金管理公司 81 家,其中合资公司 45 家,内资公司 36 家;管理资产合计 34863.24 亿元,其中管理的公募基金规模 25180.54 亿元,非公开募集资产规模 9682.70 亿元。

2013 年上半年基金申购赎回情况统计

单位:亿元

基金类型	期初份额	期末份额	期间申购额	申购比重	期间赎回额	赎回比重	其间净值申购额	期间净申购比率
股票型	14,038.85	13,304.02	3,074.70	21.90%	4,106.02	29.25%	-1,031.32	-7.35%
混合型	6,460.27	6,011.93	433.86	6.72%	1,097.78	16.99%	-663.93	-10.28%
债券型	2,629.06	3,581.28	3,872.12	147.28%	4,751.61	180.73%	-879.49	-33.45%
货币型	5,361.27	11,526.77	308,544.13	5755.06%	312,584.01	5830.41%	-4,039.89	-75.35%
QDII	855.79	834.01	25.55	2.98%	105.89	12.37%	-80.35	-9.39%
短期理财债券型	621.73	296.44	1,095.30	176.17%	2,500.25	402.14%	-1,404.95	-225.97%
全市场	29,966.97	35,554.46	317,045.65	1057.98%	325,145.57	1085.01%	-8,099.92	-27.03%

注 1:表中数据未读取【期间份额拆分】的情况,但是【期末份额】包含拆分额

2:表中数据计算公式【申购比重 = 期间申购额/期初份额,赎回比重 = 期间赎回额/期初份额,期间净申购额 = 期间申购额 - 期间赎回额,期间净申购比率 = 期间净申购额/期初份额】

2013 上半年基金资产规模排名前十公司情况

资产规模排名前十公司情况(剔除联接基金)　　单位:亿元

公司	2013 年中	2012 年
华夏	2267.12	2126.63
嘉实	1446.27	1644.44
易方达	1270.53	1902.39
南方	1227.24	1431.38
博时	1065.25	1370.74
广发	1008.16	1126.04
工银瑞信	994.83	1071.41
富国	772.36	751.52
华安	771.46	911.00
银华	726.01	794.50

2013 年第二季度全球共同基金发展情况

(中国基金业协会整理发布)

美国投资公司协会(ICI)代表国际投资基金协会(IIFA)——由世界各国、地区的投资基金协会组成的联合会——定期汇编全球统计数据。2013 年第二季度收集了全球 45 个国家(地区)的统计数据。

2013 年二季度末,全球共同基金资产比上季度下降 1.5%,降至 27.44 万亿美元。所有类型基金 2013 年一季度现金净流入 3310 亿美元,二季度净流入 830 亿美元。长期基金一季度现金净流入 4500 亿美元,二季度净流入 1930 亿美元。股票基金一季度现金净流入 1430 亿美元,二季度净流入 370 亿美元。债券基金一季度现金净流入 1900 亿美元,二季度净流入 410 亿美元。货币市场基金一季度现金净流出 1190 亿美元,二季度净流出 1100 亿美元。

由于美元升值因素,以美元计价的共同基金资产的减少有所低估。例如,2012 年第一季度,欧洲以美元计价的共同基金资产减少了 0.2% ,如以欧元计价,则是减少了 2.3% 。

(单位:万亿美元)

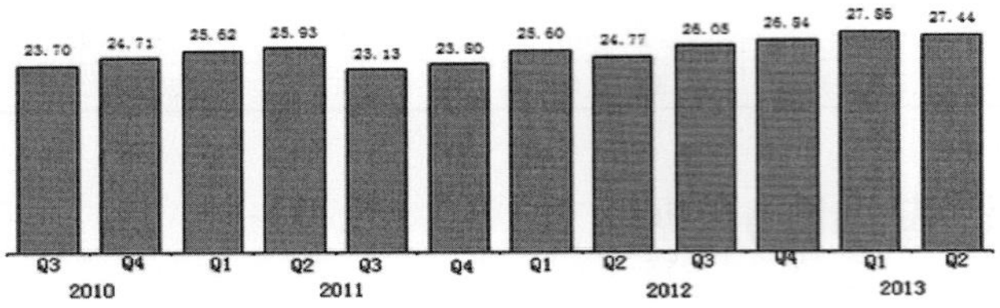

图 1　全球共同基金资产规模

以美元计价,至 2013 年二季度末,全球共同基金资产下降了 4140 亿美元,其中股票基金资产规模下降 1.5% 至 11.3 万亿美元,占全部资产规模下降的 40% 以上;由于长期利率上升,债券基金资产规模下降 2.7% 至 7.0 万亿美元,占全部资产规模下降的 48% ;货币市场基金资产规模小幅下降了 0.2% 至 4.68 万亿美元;混合基金资产规模上升 1.5% 而货币市场基金资产规模下降了 3.5% 。

(单位:十亿美元)

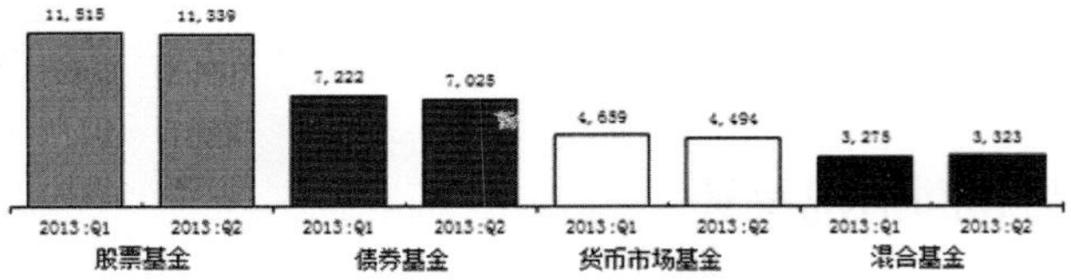

图 2　全球共同基金资产按基金类型统计图

2013 年二季度,全球共同基金现金净流入 830 亿美元,股票基金现金净流入 370 亿美元,一季度现金净流入 1430 亿美元。在美洲,股票基金 2013 年一季度现金净流入 790 亿美元,二季度现金净流入 270 亿美元。在欧洲,股票基金 2013 年一季度现金净流入 580 亿美元,二季度现金净流出 110 亿美元。

与 2013 年一季度的 1900 亿美元相比,二季度全球债券基金现金净流入放缓至 410 亿美元。在美洲和欧洲,二季度债券基金分别出现 110 亿美元净流出和 390 亿美元净流入。在亚太地区,2013 年一季度和二季度债券基金净流入分别为 190 亿美元和 120 亿美元。

表 1　全球共同基金净销售额

(单位:十亿美元)

	2011		2012				2013	
	Q3	Q4	Q1	Q2	Q3	Q4	Q1	Q2
全部基金	-170	84	193	111	181	427	331	83
长期基金	-107	-13	274	150	195	290	450	193
股票基金	-108	-71	-9	-18	-57	17	143	37
债券基金	10	67	215	163	194	217	190	41
混合基金	-20	-2	57	2	49	43	98	75
其他基金	10	-7	10	3	8	12	19	40
货币市场基金	-63	97	-81	-39	-14	137	-119	-110

注:2012 年第一季度包含了 40 个国家(地区)的数据;2011 年第三季度、第四季度、2012 年第三季度、2013 年第二季度包含了 41 个国家(地区)的数据;2012 年第二季度、第四季度、2013 年第一季度包含了 42 个国家(地区)的数据。净销售额 = 新增销售额 + 红利再投资 - 赎回 + 净转换。由于约数操作,各部分之的与部计略有误差。

2013 年一季度和二季度,全球混合基金现金净流入分别为 980 亿美元和 750 亿美元。在美洲和欧洲,混合基金二季度现金净流入分别为 370 亿美元和 360 亿美元。

2013 年第一季度和第二季度,全球货币市场基金现金净流出分别为 1190 亿美元和 1100 亿美元。货币市场基金现金净流出主要发生在欧洲和亚太地区,分别是 690 亿美元和 330 亿美元,美洲地区为 90 亿美元。

截至 2013 年第二季度末,全球共同基金资产的 41% 为股票基金,26% 为债券基金,12% 为混合基金,16% 为货币市场基金。

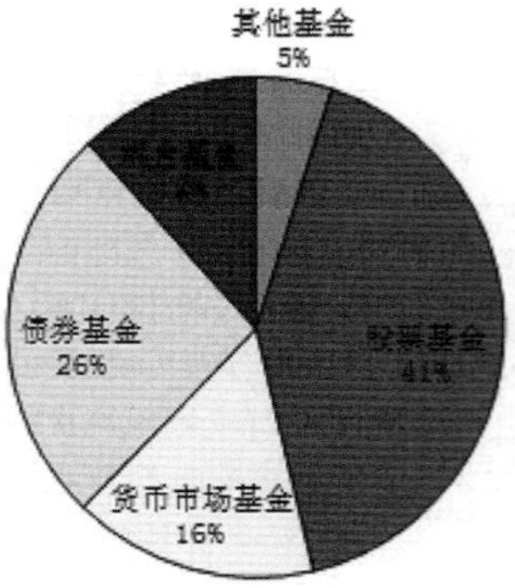

图 3　全球共同基金资产按基金类别的分布图
(截至 2013 年第二季度末)

按照区域,截至 2013 年第二季度末,全球资产的 57% 在美洲,31% 在欧洲,12% 在非洲和亚太地区。

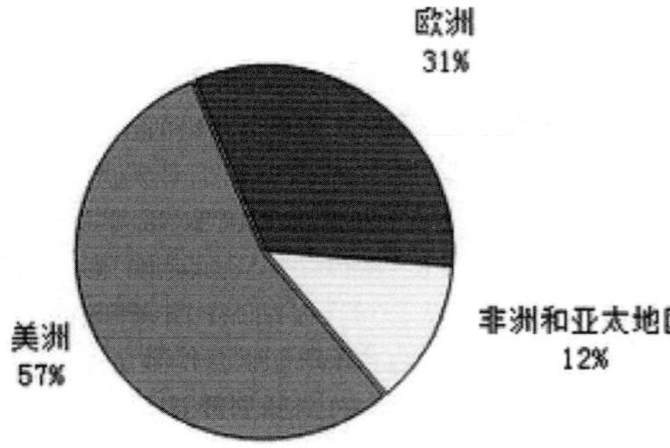

图 4　全球共同基金资产按地区分布图
(截至 2013 年第二季度末)

截至 2013 年第二季度末,全球共同基金共有 74,554 只。按照基金类型,38% 为股票基金,24% 为混合基金,18% 为债券基金,4% 为货币市场基金。

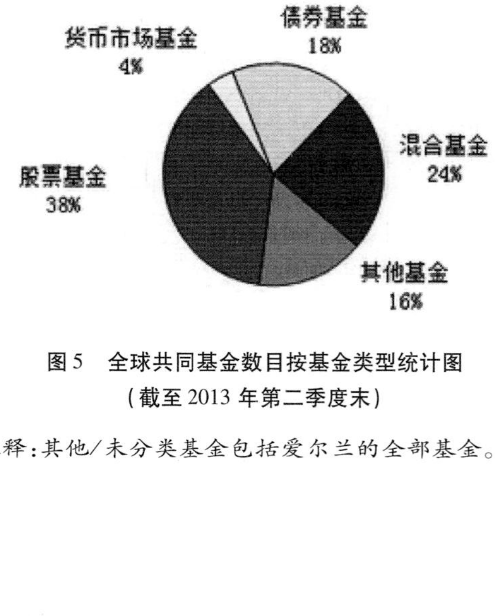

图 5　全球共同基金数目按基金类型统计图
(截至 2013 年第二季度末)

注释:其他/未分类基金包括爱尔兰的全部基金。

2013 年度基金资产净值变动趋势统计

时间	股票型(亿)	混合型(亿)	债券型(亿)	货币型(亿)	QDII(亿)	短期理财债券型(亿)
2013 年第 4 季度	11,483.91	5,556.25	3,374.68	7,295.91	561.79	822.79
2013 年第 3 季度	11,783.44	5,662.02	4,096.70	4,844.10	572.63	409.56
2013 年第 2 季度	11,229.24	5,355.04	3,765.80	2,991.54	562.33	296.30
2013 年第 1 季度	11,713.94	5,637.13	3,436.72	5,013.03	611.87	465.75

2013 基金管理人资产净值和份额规模汇总统计

序号	基金管理人简称	管理基金数量(只)(证监会主代码口径)	管理基金资产净值(亿元)	管理基金资产净值市场占比	管理基金资产净值排名	管理基金份额规模(亿份)	管理基金份额规模市场占比	管理基金份额规模排名
1	华夏	44	2,447.15	8.15%	1/78	2,139.27	6.86%	1/78
2	天弘	14	1,943.62	6.47%	2/78	1,963.14	6.30%	2/78
3	嘉实	56	1,905.25	6.35%	3/78	1,820.53	5.84%	3/78
4	易方达	55	1,570.10	5.23%	4/78	1,678.73	5.38%	4/78
5	南方	46	1,520.43	5.06%	5/78	1,592.01	5.11%	5/78
6	中银	34	1,217.09	4.05%	6/78	1,225.31	3.93%	7/78
7	广发	45	1,203.34	4.01%	7/78	1,220.16	3.91%	8/78
8	工银瑞信	42	1,102.09	3.67%	8/78	1,302.31	4.18%	6/78
9	博时	47	1,059.80	3.53%	9/78	1,217.99	3.91%	9/78
10	华安	47	838.62	2.79%	10/78	862	2.76%	11/78
11	大成	40	828.63	2.76%	11/78	1,017.84	3.26%	10/78
12	上投摩根	29	822.12	2.74%	12/78	825.17	2.65%	12/78
13	汇添富	45	803.55	2.68%	13/78	823.98	2.64%	13/78
14	建信	38	730.45	2.43%	14/78	766.96	2.46%	14/78
15	银华	35	707.33	2.36%	15/78	722.21	2.32%	15/78
16	富国	42	706.29	2.35%	16/78	709.3	2.27%	16/78
17	景顺长城	29	614.03	2.05%	17/78	559.7	1.80%	19/78
18	鹏华	46	613.34	2.04%	18/78	646.58	2.07%	17/78
19	招商	35	552.02	1.84%	19/78	586.59	1.88%	18/78
20	交银施罗德	31	488.07	1.63%	20/78	469.93	1.51%	22/78
21	融通	24	467.18	1.56%	21/78	530.51	1.70%	21/78
22	诺安	29	463.6	1.54%	22/78	530.82	1.70%	20/78
23	国泰	43	430.91	1.44%	23/78	450.64	1.45%	23/78
24	华宝兴业	26	420.54	1.40%	24/78	389.26	1.25%	26/78
25	长盛	33	372.98	1.24%	25/78	387.82	1.24%	27/78
26	华泰柏瑞	18	363.09	1.21%	26/78	311.73	1.00%	31/78
27	农银汇理	21	362.28	1.21%	27/78	338.25	1.08%	29/78
28	长城	19	337.49	1.12%	28/78	413.28	1.33%	25/78
29	泰达宏利	21	327.3	1.09%	29/78	310.63	1.00%	32/78
30	兴业全球	13	322.34	1.07%	30/78	272.11	0.87%	35/78
31	国投瑞银	23	309.98	1.03%	31/78	350.34	1.12%	28/78
32	中邮创业	9	286.44	0.95%	32/78	416.94	1.34%	24/78
33	华商	16	283.09	0.94%	33/78	224.78	0.72%	37/78
34	光大保德信	15	250.7	0.84%	34/78	274.7	0.88%	34/78
35	万家	17	248.49	0.83%	35/78	296.33	0.95%	33/78
36	海富通	26	235.25	0.78%	36/78	322.19	1.03%	30/78
37	银河	19	214.44	0.71%	37/78	193.67	0.62%	43/78
38	国联安	21	208.18	0.69%	38/78	220.55	0.71%	39/78
39	信诚	28	184.51	0.61%	39/78	214.46	0.69%	40/78
40	中海	18	167.93	0.56%	40/78	223.55	0.72%	38/78
41	宝盈	9	166.54	0.55%	41/78	208.25	0.67%	41/78
42	申万菱信	15	158.89	0.53%	42/78	226.35	0.73%	36/78
43	民生加银	20	153.4	0.51%	43/78	158.58	0.51%	44/78
44	国海富兰克林	15	145.33	0.48%	44/78	142.63	0.46%	45/78
45	长信	16	136.56	0.45%	45/78	194.11	0.62%	42/78

序号	基金管理人简称	管理基金数量(只)(证监会主代码口径)	管理基金资产净值(亿元)	管理基金资产净值市场占比	管理基金资产净值排名	管理基金份额规模(亿份)	管理基金份额规模市场占比	管理基金份额规模排名
46	摩根士丹利华鑫	15	128.74	0.43%	46/78	115.54	0.37%	47/78
47	中欧	16	115.17	0.38%	47/78	117.41	0.38%	46/78
48	新华	14	101.43	0.34%	48/78	96.82	0.31%	51/78
49	汇丰晋信	12	98.71	0.33%	49/78	90.65	0.29%	53/78
50	金鹰	17	91.9	0.31%	50/78	109.19	0.35%	49/78
51	东方	12	90.47	0.30%	51/78	94.55	0.30%	52/78
52	东吴	15	85.59	0.29%	52/78	100.22	0.32%	50/78
53	泰信	15	81.39	0.27%	53/78	111.95	0.36%	48/78
54	浦银安盛	13	70.38	0.23%	54/78	70.41	0.23%	57/78
55	华富	12	65.32	0.22%	55/78	77.9	0.25%	54/78
56	天治	10	59.43	0.20%	56/78	74.51	0.24%	55/78
57	信达澳银	9	53.13	0.18%	57/78	53.41	0.17%	58/78
58	益民	6	51.83	0.17%	58/78	70.51	0.23%	56/78
59	安信	7	46.85	0.16%	59/78	46.74	0.15%	59/78
60	中加	1	36.05	0.12%	60/78	36.05	0.12%	61/78
61	诺德	9	32.56	0.11%	61/78	36.88	0.12%	60/78
62	鑫元	1	24.55	0.08%	62/78	24.55	0.08%	62/78
63	平安大华	6	17.83	0.06%	63/78	16.99	0.05%	63/78
64	华润元大	2	9.66	0.03%	64/78	9.62	0.03%	65/78
65	金元惠理	9	9.59	0.03%	65/78	10.71	0.03%	64/78
66	财通	5	7.83	0.03%	66/78	7.83	0.03%	66/78
67	富安达	5	7.55	0.03%	67/78	7.54	0.02%	67/78
68	德邦	3	7.2	0.02%	68/78	7.2	0.02%	68/78
69	浙商	4	6.25	0.02%	69/78	6.8	0.02%	69/78
70	长安	3	5.78	0.02%	70/78	5.63	0.02%	70/78
71	国开泰富	1	5.17	0.02%	71/78	5.16	0.02%	72/78
72	纽银梅隆西部	4	4.68	0.02%	72/78	5.27	0.02%	71/78
73	道富	1	4.47	0.01%	73/78	4.46	0.01%	73/78
74	方正富邦	4	4.21	0.01%	74/78	4.25	0.01%	74/78
75	英大	1	3.72	0.01%	75/78	3.9	0.01%	75/78
76	国金通用	3	3.09	0.01%	76/78	3.04	0.01%	76/78
77	华宸未来	2	1.67	0.01%	77/78	1.69	0.01%	77/78
78	前海开源	1	1.29	0.00%	78/78	1.28	0.00%	78/78
合计		1552	30,024.24	100.00%		31,180.80	100.00%	

2013 年基金期末份额变动趋势统计

时间	股票型	混合型	债券型	货币型	QDII	短期理财债券型
2013 年第 4 季度	12,237.20	5,851.45	3,315.82	19,116.31	744.75	823.21
2013 年第 3 季度	12,492.54	5,812.81	3,904.88	21,635.86	792.74	409.94
2013 年第 2 季度	13,304.02	6,011.93	3,581.28	11,526.77	834.01	296.44
2013 年第 1 季度	13,309.90	6,244.08	3,220.92	16,941.71	852.28	465.99

2013 年各类型基金业绩排名一览

标准股票型基金前十名

排序	代码	基金名称	份额净值(元)	2013 净值增长率
1	590008	中邮战略新兴产业股票	1.8850	80.38%
2	080012	长盛电子信息产业股票	1.1730	74.26%
3	519679	银河主题策略股票	1.9260	73.51%
4	260104	景顺长城内需增长股票	4.5720	70.41%
5	260109	景顺长城内需贰号股票	1.1960	69.14%
6	630011	华商主题精选股票	1.5950	63.42%
7	240017	华宝兴业新兴产业股票	1.4636	60.43%
8	660012	农银汇理消费主题股票	1.5330	58.19%
9	519670	银河行业优选股票	1.5170	53.85%

排序	代码	基金名称	份额净值(元)	2013 净值增长率
10	110029	易方达科讯股票	0.9337	51.80%

标准指数股票型基金前十名

排序	代码	基金名称	份额净值(元)	2013 净值增长率
1	159915	易方达创业板 ETF	1.2781	78.51%
2	159909	招商深证 TMT50ETF	3.6190	51.68%
3	159918	嘉实中创 400ETF	1.2746	41.09%
4	159911	鹏华深证民营 ETF	3.1907	26.63%
5	519034	海富通中证内地低碳指数	1.1700	26.35%
6	159907	广发中小板 300ETF	0.9527	23.14%
7	585001	东吴中证新兴产业指数	0.8000	22.32%
8	163209	诺安中证创业成长指数分级	1.1000	20.55%
9	162510	国联安双力中小板综指分级	1.0500	20.30%
10	510260	诺安上证新兴产业 ETF	0.7800	19.08%

偏股型基金前十名

排序	代码	基金名称	份额净值(元)	2013 净值增长率
1	240008	华宝兴业收益增长混合	4.0500	39.28%
2	410001	华富竞争力优选混合	0.6402	38.87%
3	630001	华商领先企业混合	1.3581	37.53%
4	519021	国泰金鼎价值混合	0.7300	29.66%
5	163804	中银收益混合	1.1960	28.22%
6	070001	嘉实成长收益混合	0.6582	28.09%
7	290002	泰信先行策略混合	0.6051	27.15%
8	240001	华宝兴业宝康消费品混合	1.6001	26.40%
9	162207	泰达宏利效率优选混合(LOF)	0.9465	23.45%
10	270007	广发大盘成长混合	0.6969	22.01%

灵活配置型基金前十名

排序	代码	基金名称	份额净值(元)	2013 净值增长率
1	213006	宝盈核心优势混合(A 类)	1.0467	56.40%
2	630005	华商动态阿尔法混合	1.2980	51.46%
3	290005	泰信优势增长混合	1.1600	42.45%
4	630016	华商价值共享灵活配置混合	1.2460	35.84%
5	233008	大摩消费领航混合	0.9238	35.57%
6	288001	华夏经典混合	1.2470	34.96%
7	400015	东方增长中小盘混合	1.3985	33.76%
8	398031	中海蓝筹混合	1.1614	33.33%
9	580005	东吴进取策略混合	1.0990	31.59%
10	519029	华夏稳增混合	1.6230	30.47%

普通债券型基金(一级 A 类)前十名

排序	代码	基金名称	份额净值(元)	2013 净值增长率
1	410004	华富收益增强债券(A 类)	1.1230	9.35%
2	630003	华商收益增强债券(A 类)	1.0820	6.68%
3	233005	大摩强收益债券	1.2114	5.11%
4	166008	中欧增强回报债券(LOF)	1.0183	4.83%
5	110035	易方达双债增强债券(A 类)	1.0840	3.58%
6	290009	泰信周期回报债券	1.0490	3.26%
7	160217	国泰信用互利债券分级	1.0700	2.95%
8	020002	国泰金龙债券(A 类)	1.0020	2.93%
9	200013	长城积极增利债券(A 类)	1.0290	2.61%
10	310378	申万菱信添益宝债券(A 类)	1.1090	2.50%

普通债券型基金(二级 A 类)前十名

排序	代码	基金名称	份额净值(元)	2013 净值增长率
1	350006	天治稳健双盈债券	1.1818	11.49%
2	040036	华安安心收益债券(A 类)	1.0740	6.33%
3	519989	长信利丰债券	1.0450	5.71%

排序	代码	基金名称	份额净值(元)	2013 净值增长率
4	630007	华商稳健双利债券(A 类)	1.0370	5.06%
5	519111	浦银安盛优化收益债券(A 类)	1.1700	4.93%
6	530017	建信双息红利债券	1.0140	4.90%
7	100035	富国优化增强债券(A/B 类)	1.0750	4.78%
8	310508	申万菱信稳益宝债券	0.9840	4.73%
9	180029	银华永泰积极债券(A 类)	1.0520	4.57%
10	485111	工银瑞信双利债券(A 类)	1.1710	4.46%

货币型基金(A 类)前十名

排序	代码	基金名称	2013 净值增长率	
1	482002	工银货币	4.38%	
2	202301	南方现金增利货币(A 类)	4.36%	
3	003003	华夏现金增利货币	4.32%	
4	288101	华夏货币(A 类)	4.28%	
5	519508	万家货币(A 类)	4.22%	
6	460006	华泰柏瑞货币(A 类)	4.21%	
7	270004	广发货币(A 类)	4.20%	
8	519509	浦银安盛货币(A 类)	4.19%	
9	166014	中欧货币(A 类)	4.19%	
10	110006	易方达货币(A 类)	4.18%	

QDII 基金前十名

排序	代码	基金名称	份额净值(元)	2013 净值增长率
1	270023	广发亚太精选股票	1.3640	43.43%
2	100061	富国中国中小盘股票	1.5650	39.11%
3	118002	易方达标普全球高端消费品指数增强	1.4150	31.51%
4	270042	广发纳斯达克 100 指数	1.2370	29.53%
5	160213	国泰纳斯达克 100 指数	1.4860	29.33%
6	486002	工银瑞信全球精选股票	1.2230	29.28%
7	096001	大成标普 500 等权重指数	1.2790	27.37%
8	519981	长信标普 100 等权重指数	1.0820	24.65%
9	050015	博时大中华亚太精选股票	1.2180	21.07%
10	040018	华安香港精选股票	1.0680	20.81%

第二章 基金托管机构

中国工商银行资产托管部

1998年2月，经中国人民银行和中国证监会批准，中国工商银行成为大陆第一家具备证券投资基金托管资格的商业银行。资产托管部是中国工商银行从事资产托管业务的专业机构，设有总经理室、综合管理处、证券投资基金处、委托资产一处、委托资产二处、全球资产处、托管业务运作中心、交易监督处、研究发展处、信息服务处和内部风险控制处，并在上海、深圳分别设有托管分部。截至2013年9月末，中国工商银行资产托管部共有员工179人，平均年龄30岁，95%以上员工拥有大学本科以上学历，高管人员均拥有研究生以上学历或高级技术职称。

作为中国大陆托管服务的先行者，中国工商银行自1998年在国内首家提供托管服务以来，秉承“诚实信用、勤勉尽责”的宗旨，依靠严密科学的风险管理和内部控制体系、规范的管理模式、先进的营运系统和专业的服务团队，严格履行资产托管人职责，为境内外广大投资者、金融资产管理机构和企业客户提供安全、高效、专业的托管服

务，展现优异的市场形象和影响力。建立了国内托管银行中最丰富、最成熟的产品线。拥有包括证券投资基金、信托资产、保险资产、社会保障基金、安心账户资金、企业年金基金、QFII资产、QDII资产、股权投资基金、证券公司集合资产管理计划、证券公司定向资产管理计划、商业银行信贷资产证券化、基金公司特定客户资产管理、QDII

专户资产、ESCROW等门类齐全的托管产品体系，同时在国内率先开展绩效评估、风险管理等增值服务，可以为各类客户提供个性化的托管服务。中国工商银行是国内目前资产托管品种最多、托管规模最大、托管服务最优的银行，连续十五年保持市场份额第一的优势，截至2013年9月，中国工商银行共托管证券投资基金337只，其中封闭式5只，开放式332只。自2003年以来，本行连续十年获得香港《亚洲货币》、英国《全球托管人》、香港《财资》、美国《环球金融》、内地《证券时报》、《上海证券报》等境内外权威财经媒体评选的41项最佳托管银行大奖；是获得奖项最多的国内托管银行，优良的服务品质获得国内外金融领域的持续认可和广泛好评。

中国工商银行资产托管部自成立以来，各项业务飞速发展，始终保持在资产托管行业的优势地位。这些成绩的取得，是与资产托管部“一手抓业务拓展，一手抓内控建设”的做法是分不开的。资产托管部非常重视改进和加强内部风险管理工作，在积极拓展各项托管业务

的同时，把加强风险防范和控制的力度，精心培育内控文化，完善风险控制机制，强化业务项目全过程风险管理作为重要工作来做。继2005、2007、2009、2010、2011年五次顺利通过评估组织内部控制和安全措施是否充分的最权威的SAS70（审计标准第70号）审阅后，

2012年中国工商银行资产托管部第六次通过ISAE3402（原SAS70）审阅获得无保留意见的控制及有效性报告，表明独立第三方对我行托管服务在风险管理、内部控制方面的健全性和有效性的全面认可。也证明中国工商银行托管服务的风险控制能力已经与国际大型托管银行接轨，达到国际先进水平。目前，ISAE3402审阅已经成为年度化、常规化的内控工作手段。

中国工商银行致力于为优秀的资本市场参与者提供最专业的托管服务，同时积极响应客户需求，逐步搭建全球托管网络体系，托管服务已由国内延伸到全球，服务范围涵盖国内资产托管服务和全球资产托管服务。可以为客户提供包括基本服务和增值服务在内的全面托管服务。

中国建设银行投资托管业务部

一、业务概述

1998年3月，经中国证券监督管理委员会和中国人民银行核准，中国建设银行成为我国第二家具有证券投资基金托管人资格的托管银行。同年5月，中国建设银行总行正式设立基金托管部。2006年12月，中国建设银行基金托管部更名为中国建设银行投资托管服务部。2012年11月，中国建设银行投资托管服务部再次更名为中国建设银行投资托管业务部。目前，中国建设银行投资托管业务部主要负责全行各类投资托管业务的经营与管理，具体职责包括承担投资托管业务的整体规划、市场开发和营销、托管产品研究和设计、业务运营服务、风险防范和控制等工作。

经过监管部门批准或认可，中国建设银行现具有证券投资基金、合格境外机构投资者境内证券投资、合格境内机构投资者境外证券投资、社会保障基金、企业年金基金、委托资产、信托财产、保险资产、证券公司受托投资资产、基本养老保险个人账户基金、产业投资基金和住房公积金等多种托管业务资格，是托管业务品种最全的银行之一。中国建设银行托管的业务种类已达二十余种，形成了能够满足各类投资者需求的托管业务体系，产品呈现多元化和系列化趋势；涉及市场包括国内交易所市场、银行间市场、产权市场和柜台交易市场，以及国外所有成熟市场和部分新兴市场；合作客户涵盖基金公司、保险公司、证券公司、信托公司、养老金公司、企业年金客户、境外投资机构、产业投资基金、私募股权基金、商业银行、各类专户投资者等；提供的服务包括财产保管、交易交割、资金结算和清算、会计服务、估值服务、投资监督、风险绩效评价等，并在不断地开发与完善。

二、2013年投资托管业务发展情况

2013年，中国建设银行投资托管业务紧紧围绕市场和客户需求，以创新促发展，提升集约化运营服务能力，强化业务基础管理建设，投资托管业务快速发展，市场品牌形象全面提升。

（一）投资托管业务快速发展，市场地位稳步提升

2013年末，中国建设银行投资托管业务规模超过3万亿元，达到3.1万亿元，增长3994亿元，增幅15%。托管费收入

23 亿元，增长 2.6 亿元，增幅 13%。证券投资基金托管规模 6137 亿元，稳居市场第二；新增托管基金 84 只、新增份额 1237 亿份，均列四行第一。保险资产托管规模 5864 亿元，增长 1669 亿元，增幅 40%。新增 QFII 托管客户 7 家，四行占比 44%；新批额度 19 亿美元，四行占比 42%，均列四行第一。

（二）发挥功能性优势，拓展新兴托管领域。

中国建设银行积极拓展交易所场内销售基金及基金公司直销基金托管业务，新增场内及直销基金 18 只，新增规模 211 亿元。紧紧抓住保险委外投资创新的市场机遇，早研究、早开发、早服务，及时为保险公司提供了专业、全面、快捷的服务方案。

（三）动态调整产品结构，提高市场契合度

中国建设银行根据 A 股市场的风格变化，及时调整基金产品布局，公募基金新增托管只数、新增规模保持市场领先。

（四）积极发展海外市场，稳步建设全球托管能力

中国建设银行抓住人民币国际化和 QFII/RQFII 市场扩容的政策机遇，积极推进海外营销，加快全球托管业务布局。一是在伦敦、香港等全球多个市场进行营销，连续成功举办高级论坛，国外主权基金托管业务取得突破性进展，争取到首家国外主权基金，成功托管首家 RQFIIETF 产品。二是推进中国建设银行香港市场的托管机制建设。在香港等有条件的市场自建托管服务能力，逐步构建全球托管网络体系。三是培育海外机构 QFII 业务发展能力。不断培训海外分支机构 QFII 业务，配置托管业务客户经理，发挥市场能力，开拓海外托管业务市场。

（五）以创新促发展，挖掘竞争优势

中国建设银行及时把握金融脱媒下资产管理行业的发展趋势，跟进政策和市场的新变化，抓取市场主流新兴产品，创新内部运作流程，保持在产品、功能、服务方面同业领先。

一是产品创新。成功托管国债 ETF 等十类国内首只或行业首批创新基金；首家推出“托保通”综合金融服务解决方案，成功挖掘保险实业投资项目数十个；创设获批后端集合养老金产品数十只，位居同业前列；成功研发基金管理公司子公司专项资产管理计划托管产品。

二是业务创新。获批受托资产外包服务业务，建立托管增值服务的功能性优势。

三是服务创新。业内首家为保险公司提供券商特殊机构客户结算模式服务，突破了保险公司无法申请股票交易单元的瓶颈。提供境内外人民币跨境汇款两小时到账服务，满足黄金 ETF 产品投资运作的特殊要求，确保产品 T+0 完成中登与金交所的资金清算。

四是流程创新。打破前后台界限，直接面向市场，共同为客户提供全方位、具有竞争优势的综合服务解决方案，营销能力大幅提升；重构清算业务流程，优化指令接收和处理流程，使之模块化、标准化；推行电子指令；以流程定岗位，以岗位定职责，形成新型业务处理架构，有效提升运营服务能力。

（六）加强托管业务基础管理，确保安全运营

中国建设银行持续完善制度建设，制定、下发保险实业投资、实业类券商定向、基金公司子公司、养老金托管服务、受托资产外包等一系列业务管理办法和服务标准，指导并规范新兴业务操作管理。中国建设银行不断加强业务管理，切实防范风险。将托管业务检查全行化、经常化，对运营机构推行岗位轮换制度，对分行托管业务操作进行风险自评估，使托管业务风控能力得到了进一步提高，连续第六年获得国际审计机构出具“无保留意见”的内部控制审计报告，全年托管业务安全运营无事故。

（七）积极推进新一代托管系统建设，提升托管运营服务能力

中国建设银行积极推进新一代托管应用清算系统开发上线，做好队伍建设、项目开发、系统测试、制度编写、功能上线、系统运行等各项工作。上线以来系统运行正常、平稳、可靠，大大提升了中国建设银行托管业务运营能力和服务水平。

中国银行股份有限公司

一、基本情况

1912 年 2 月，经孙中山先生批准，中国银行正式成立。在中华人民共和国成立前的 37 年间，中国银行先后是当时的国家中央银行、国际汇兑银行和外贸专业银行。在动荡的历史年代，中国银行作为民族金融的支柱，以服务大众、振兴民族金融业为己任，稳健经营，锐意进取，各项业务取得了长足发展。新中国成立后，中国银行成为国家指定的外汇外贸专业银行，继续保持和发扬了顽强创业的企业精神，为国家对外经贸发展、开展经济建设作出了贡献。1994 年，随着金融体制改革的深化，中国银行由外汇外贸专业银行向功能完善、服务全面的国有商业银行转化。1994 年和 1995 年，中国银行分别成为香港地区、澳门地区的发钞银行。2004 年 8 月 26 日，中国银行股份有限公司在北京注册成立，中国银行成为国家控股的股份制商业银行，标志中国银行向建立拥有良好公司治理机制的现代化股份制商业银行的目标迈出了一大步，中国银行历史翻开了新的一页。中国银行于 2006 年 6 月 1 日在香港联合交易所（股份代号:3988）上市，同年 7 月 5 日亦在上海证券交易所（股份代号:601988）挂牌上市，进一步扩大了中国银行在国际市场和国内市场的实力和影响力，为中国银行的百年品牌再添美誉。中国银行是国内主要金融服务提供商之一，业务范围涵盖商业银行、投资银行和保险领域，旗下有中银香港、中银国际、中银保险、中银基金、中银航空租赁、中银投资等控股金融机构。商业银行为中国银行的主营业务，包括公司金融、个人金融和金融市场等业务。目前，中国银行曾先后 8 次被《欧洲货币》评选为“中国最佳银行”和“中国最佳国内银行”，连续 20 年入选美国《财富》杂志“世界 500 强”企业，多次被《财资》评为“中国最佳国内银行”，被美国《环球金融》杂志评为“中国最佳外汇银行”。在美国斯坦福大学和 IDG 集团评选的全球竞争力品牌“中国 TOP10”中，中国银行榜上有名。在 A+H 资本市场整体上市后，中国银行荣获《投资者关系》“最佳 IPO 投资者关系奖”等多个重要奖项。2010 年中国银行在《亚洲银行家》亚洲零售银行卓越大奖评选中获“中国区贸易金融奖”、“亚太区最佳网点建设奖”、“亚太地区人民币业务清算奖”。2011 年，中国银行荣获《21 世纪经济报道》评选的“亚洲最具影响力银行”、“年度最佳中资私人银行”、“最佳企业公民奖”；荣获英国《金融时报》中国银行业产品创新奖。2012 年，中国银行荣获中国银行业协会“年度贸易金融”大奖；荣获英国《银行家》“2012 年度中国最佳银行”；荣获“中国资产托管服务公众满意最佳典范品牌”称号等。

作为中国金融行业的百年品牌，中国银行在注重稳健经营的同时积极进取，不断创新，创造了国内银行业的许多第一，在国际结算、外汇资金和贸易融资等领域得到业界和客户的广泛认可和赞誉。中国银行是中国国际化程度最高的银行。1929 年，中国银行在伦敦设立第一家海外分行，此后在世界各大金融中心相继开设分支机构。中国银行在国内同业中率先引进国际管理技术人才和经营理念，不断向国际化一流大银行的目标迈进。截至2012年末，除在中国内地外，中国银行在香港、澳门及36个国家和地区拥有分支机构，海外员工数量超过22,000名，拥有广泛的国际银行网络。

二、托管业务介绍

1998年7月，经中国证监会和中国人民银行核准，中国银行成为国内首批五家从事基金托管业务的银行之一，同年10月总行基金托管部成立。2005年初正式更名为“托管及投资者服务部”，进一步体现了以客户为中心的经营理念。

经过近15年的发展，中国银行拥有目前业内最为齐全的托管业务资质，取得了所有监管机构开办托管业务的批复，依托遍布全球一万多家境内外分支机构的网络优势，为全球客户的单一或全球市场投资提供本地托管与跨境托管服务。截至2012年末，中银集团托管资产规模逾4万亿元，是业内领先的大型托管银行。

1. 托管业务起步早，托管经验丰富。中国银行托管业务起步于1998年。2003年率先为中资保险公司的境内投资提供托管服务，2005年首开中资银行跨境托管之先河。多年的业务运营，使中国银行积累了丰富的托管业务经验。经过十余年的持续努力，中国银行托管业务领域和范围不断拓宽，拥有全面的业务资格、业内最为齐全和丰富的托管产品线，服务手段和内容不断深化，风险管理能力不断增强，积累了丰富的托管运作经验。

2. 产品创新引领市场。中国银行致力于通过创新满足客户需求、引领市场潮流。在几乎所有的托管领域，中国银行均是首家或首批实践者。中国银行首批获得基金、保险、企业年金等托管资格，是国内首家社保资金托管银行与保险资金全托管银行之一，并首批为交易所交易基金（ETF）、QFII、QDII、RQFII、企业年金、信托计划、银行理财、券商资产管理计划等金融产品提供托管服务，RQFII市场份额占全行业第一；中国银行也是最早涉足机构客户QDII、资产证券化等创新业务的托管银行，2012年托管业内单一规模最大的开元信贷资产证券化项目。在托管服务方面，中国银行先后率先推出绩效评估、公司行动、风险分析等托管增值服务，并在业内首家推出“一站式”跨境托管服务。2012年更是抓住金融监管新政的历史机遇，成功推出业内居于领先地位的资本市场重大创新—跨境ETF及联接基金托管，境内跨市场沪深300EFT及联接基金，全面推进金融资产托管创新。

3. 托管客户类型全面。中国银行拥有最为齐全的托管客户群，其中不但包括以社保基金与保险公司为代表的保险保障类机构、大型央企、主要的基金公司、证券公司、信托公司、商业银行和高端个人客户等客户，还包括众多国际知名金融机构客户。

4. 领先的“一站式”跨境托管能力。中国银行依托海外机构优势，在国内同业中率先构建海内外一体化的托管综合服务平台。以中国银行担任全球托管行，在不同市场委任海外机构或外资托管行，建立全球托管网络，实现7×24小时全球服务，即“总行+主要海外机构（或外资托管行）”的托管模式，为机构和个人投资者的全球投资活动提供全面托管及相关金融服务。目前中国银行的托管境外投资客户数量和规模居市场领先地位。

5. 托管信息科技水平持续提升。中国银行立足于“国际一流托管银行”的目标，首创的全球托管系统（GCS）获中国人民银行评选的“2012年度银行科技发展奖”二等奖，也成为国内首家与中央国债登记结算公司系统对接直联的托管银行。中国银行通过自主开发与外部购买相结合，构建了功能强大的系统平台，可向客户提供全方位、全流程的托管服务。

6. 严密完善的风险内控体系。2012年中国银行托管业务已连续六年通过两种国际托管专业审计准则（最新标准为ISAE3402和SSAE16），取得无保留意见的内控审计报告。中国银行通过建立严格的管理制度和规范的操作流程，结合业务经办复核、风控人员检查和系统管控等方式，有效控制账户管理、清算交收、核算估值、投资监督等业务过程中的潜在风险。为防止正常业务行为的意外中断，中国银行还制定了完备的“业务可持续计划（BCP）”应急预案，以保证业务的持续性和托管资金的安全性。

7. 卓越的品牌声誉：经过不懈的努力，“中银托管”品牌在业内建立起较高知名度，蜚声海外，取得了境内外客户、监管机构及同业的认同，近年来获得多项荣誉：2012年获得《经济》杂志“中国资产托管服务公众满意最佳典范品牌”，《首席财务官》杂志“最佳资产托管奖”，《金融理财》杂志“年度金牌创新力托管银行”等奖项。

中国农业银行托管业务部

中国农业银行是国内首批获取证券投资基金托管业务资格的商业银行之一，是国内资产管理行业和资产托管市场兴盛发展的重要见证者和参与者。中国农业银行托管业务以其强大的整体实力、优异的服务品质、严密的风控体系、先进的技术系统，受到了客户和市场的广泛认可。

中国农业银行是国内托管产品体系最为完善的托管银行之一，已全面覆盖证券投资基金托管、基金管理公司特定客户资产托管、券商资产管理托管、信托计划保管、人民币理财产品托管、交易及专项资金托管、股权投资基金托管、保险资产托管、合格境外机构投资者（QFII）资产托管、合格境内机构投资者（QDII）资产托管、企业年金基金托管、农保（社保）资金保管等诸多品种。中国农业银行建立了满足各类投资者需求的托管服务体系，产品呈现多元化和系列化趋势。

中国农业银行托管业务发展势头良好。截至2012年末托管资产规模近3万亿元，居行业前列；其中，保险资产托管规模超万亿元，居业内首位。中国农业银行合作客户广泛，与基金公司、保险公司、证券公司、信托公司、商业银行、全国社保基金理事会等海内外业内知名资产管理机构建立了托管合作关系。其服务对象遍布全国，从电力、烟草、石化、金融等大中型企业进一步延伸至行政事业单位、高端个人客户、基金会等社会团体。

中国农业银行托管服务水平业内领先。中国农业银行始终坚持以客户为中心，积极响应市场需求，科学合理设计托管产品，及时开发系统。中国农业银行通过持续优化流程，提高服务效率，提升服务质量，完善服务内容，以标准化的基础服务和个性化的增值服务满足各类客户的需求。2012年托管业务品牌声誉持续提升，荣获2012年度第十届中国财经风云榜“最佳资产托管银行”称号。

中国农业银行风控体系严密高效。中国农业银行按照国际标准严格完善风险管理制度，健全内部控制体系，构建风险控制组织架构，落实风险控制措施，有效防范和化解业务风险，切实履行托管人职责，确保托管资产安全。建立了异地灾难环境备份中心和应急方案，有效保证业务处理的连续性。2012年，中国农业银行再次通过了ISAE3402（原SAS70）国际内部控制审计。

中国农业银行托管业务系统水平领先。中国农业银行拥有功能强大的托管业务系统平台，技术性能安全稳定，系统集成管理具有前瞻性和先进性。中国农业银行加大系统开发力度，增加科技投入，继续推进全流程、自动化托管业务系统建设。2012 年，中国农业银行全国推广使用托管业务清算管理（CPS）系统，优化了清算资金汇划流程，提高了资金汇划风险控制水平。

中国农业银行托管业务部全体员工将继续本着“开拓进取、勤勉尽责、诚实守信、严谨自律”的执业原则，为广大客户提供安全、专业、高效的托管服务。

交通银行资产托管部

一、业务概况

交通银行总行设资产托管部。现有员工具有多年基金、证券和银行的从业经验，具备基金从业资格，以及经济师、会计师、工程师和律师等中高级专业技术职称，员工的学历层次较高，专业分布合理，职业技能优良，职业道德素质过硬，是一支诚实勤勉、积极进取、开拓创新、奋发向上的资产托管从业人员队伍。

截至 2013 年三季度末，交通银行共托管证券投资基金 95 只，包括博时现金收益货币、博时新兴成长股票、长城久富股票（LOF）、富国汉兴封闭、富国天益价值股票、光大保德信中小盘股票、国泰金鹰增长股票、海富通精选混合、华安安顺封闭、华安宝利配置混合、华安策略优选股票、华安创新股票、华夏蓝筹混合（LOF）、华夏债券、汇丰晋信 2016 周期混合、汇丰晋信龙腾股票、汇丰晋信动态策略混合、汇丰晋信平稳增利债券、汇丰晋信大盘股票、汇丰晋信低碳先锋股票、汇丰晋信消费红利股票、金鹰红利价值混合、金鹰中小盘精选混合、大摩货币、农银恒久增利债券、农银行业成长股票、农银平衡双利混合、鹏华普惠封闭、鹏华普天收益混合、鹏华普天债券、鹏华中国 50 混合、鹏华信用增利、融通行业景气混合、泰达宏利成长股票、泰达宏利风险预算混合、泰达宏利稳定股票、泰达宏利周期股票、天治创新先锋股票、天治核心成长股票（LOF）、万家公用事业行业股票（LOF）、易方达科汇灵活配置混合、易方达科瑞封闭、易方达上证 50 指数、易方达科讯股票、银河银富货币、银华货币、中海优质成长混合、兴全磐稳增利债券、华富中证 100 指数、工银瑞信双利债券、长信量化先锋股票、华夏亚债中国指数、博时深证基本面 200ETF、博时深证基本面 200ETF 联接、建信信用增强债券、富安达优势成长股票、工银主题策略股票、汇丰晋信货币、农银汇理中证 500 指数、建信深证 100 指数、富安达策略精选混合、金鹰中证 500 指数分级、工银瑞信纯债定期开放债券、富安达收益增强债券、易方达恒生中国企业 ETF、易方达恒生中国企业 ETF 联接、光大保德信添盛双月债券、浦银安盛幸福回报债券、浙商聚盈信用债债券、德邦优化配置股票、汇添富理财 28 天债券、金鹰元泰精选信用债债券、诺安中小板等权重 ETF、诺安中小板等权重 ETF 联接、中邮稳定收益债券、富安达现金通货币、东吴内需增长混合、建信优势动力股票（LOF）、浦银安盛新兴产业混合、农银高增长股票、建信央视财经 50 指数分级、工银安心增利场内货币、易方达保证金货币、东吴鼎利分级债券、德邦德信中高企债指数分级、天治可转债、华安双债添利债券、工银信用纯债两年定开债券、农银行业领先股票、嘉实丰益策略定期开放债券、工银瑞信月月薪债券、国联安中证医药 100 指数、上投摩根岁岁盈定期开放债券、方正富邦互利定期开放债券、建信周盈安心理财债券。此外，还托管了全国社会保障基金、保险资产、企业年金、QFII、QDII、信托计划、证券公司集合资产计划、ABS、产业基金、专户理财等 12 类产品。

二、服务品种

（一）证券投资基金托管

交通银行自 1998 年 7 月获得基金托管资格，从封闭式基金托管起步，一直致力于业务的创新和发展，如今交通银行的证券投资基金托管业务已经发展成为一项比较成熟、有较高知名度、市场竞争能力较强的中间业务品种，曾先后托管了国内第一只开放式基金、第一只纯债券基金、第一只伞型基金、首批货币市场基金之一、首只跟踪上证 50 指数的基金、第一只生命周期型基金，创造了多个第一。

（二）全国社保基金资产托管

2002 年底，交通银行从全国社会保障基金理事会托管人招标中脱颖而出，成为全国社保基金首批两家托管行之一。交通银行以高度社会责任感，勤勉尽责地履行托管人义务，为全国社保基金提供高质量的托管服务。

（三）保险资金托管业务

2005 年 3 月，保监会核准交通银行从事保险公司股票资产托管业务。保险资金托管业务是交通银行接受保险行业客户的委托，对其委托资产提供托管服务。具体包括：为委托资产分别开立银行账户和证券账户，安全保管各类资产；为委托资产提供安全、高效的资金清算服务，并执行资产委托人和投资管理人发送的其他资金清算指令；为委托资产单独建账，进行会计核算；对各投资管理人的投资行为进行监控，确保其投资符合监管部门的要求、符合事先确定的投资范围和投资比例；及时与投资管理人进行账务核对；按要求向监管部门提供各类报表；编制托管报告；保管与各保险行业客户有关的重要合同及业务资料等。

（四）券商集合/定向资产管理计划托管

交通银行根据与证券公司签订的《集合资产管理计划托管协议》或《定向资产管理合同》，为资产管理计划的资产提供资产保管、资金清算、会计核算、交易监管等托管服务。

（五）企业年金托管

2005 年 8 月，经劳动和社会保障部批准，交通银行成为首批获得企业年金基金托管业务资格的商业银行之一。如今交通银行企业年金托管客户涉及电力、航空、铁路运输、烟草、金融、石化、港口、基础设施建设等行业的多家大型企业，而且获得了国内多个省市地方社保的整体移交托管项目。

（六）国际托管

2003 年 9 月，交通银行托管了首个 QFII 项目：日兴资产管理公司的封闭式基金——“日兴中国人民币国债母基金”，这是中国首个 QFII 基金项目。目前交通银行不仅为 QFII 资产提供托管服务，而且与知名的全球托管银行展开了紧密合作，为境内合格的机构投资者投资境外市场搭建高效的服务平台。

（七）信托资金保管

信托资金保管业务是指交通银行根据国家颁布的有关法律法规的规定和信托资产托管合同的约定，作为信托资金保管人，接受受托人的委托，对信托资产进行保管，办理信托资金名下清算、核算、估值及其资金往来等业务，并对信托财产的投资情况、收益分配情况等进行监督。曾托管首只银行、信托公司、担保公司合作的新型理财产品——得利宝“宝蓝”系列人民币理财产品。

（八）私募股权基金托管

私募股权基金托管业务是指交通银行作为托管人，为有限合伙型、公司型、信托契约型等各种组织形式的私募股权投资基金提供的基金项下资金清算、核算、估值、投资监督等托管服务的总称。目前私募股权基金包括产业投资基金、创业投资基金、私募PE基金等。

（九）资产证券化类产品托管

2006年5月交通银行开始托管由东方证券股份有限公司作为计划管理人的远东首期租赁资产支持收益专项资产管理计划。远东首期租赁资产支持收益专项资产计划是中国金融市场上首只上市交易的国内租赁业资产证券化项目，也是交通银行托管的首只资产证券化创新产品，它的获批标志着交通银行在资产证券化托管业务上的突破。

（十）基金管理公司特定资产管理计划托管业务

基金管理公司特定资产管理计划托管业务是指基金管理公司向特定客户募集资金或接受特定客户财产委托，为资产委托人的利益进行证券投资，托管银行为该委托财产提供托管服务的业务。2008年3月交通银行与客户签订了国内首单基金公司特定资产管理计划的资产管理合同。

中国光大银行投资与托管业务部

2002年10月，经中国人民银行和中国证券监督管理委员会批准同意，中国光大银行成为继工、农、中、建、交行后第六家获得证券投资基金托管资格的国内商业银行。中国光大银行投资与托管业务部拥有一支高素质的员工队伍。人员知识构成中，涉及证券、基金、银行、会计、计算机、法律、国际金融等专业。能够为基金托管业务提供全方位的知识支持。50%以上人员具有海外金融机构培训经历。

截至2013年9月30日，中国光大银行股份有限公司托管国投瑞银创新动力股票型证券投资基金、国投瑞银景气行业证券投资基金、国投瑞银融华债券型证券投资基金、摩根士丹利华鑫资源优选混合型证券投资基金（LOF）、摩根士丹利华鑫基础行业证券投资基金、工银瑞信保本混合型证券投资基金、博时转债增强债券型证券投资基金、大成策略回报股票型证券投资基金、大成货币市场证券投资基金、建信恒稳价值混合型证券投资基金、光大保德信量化核心证券投资基金、光大保德信添天利季度开放短期理财债券型证券投资基金、国联

安双佳信用分级债券型证券投资基金、泰信先行策略开放式证券投资基金、招商安本增利债券型证券投资基金、中欧新动力股票型证券投资基金（LOF）、国金通用国鑫灵活配置混合型发起式证券投资基金、农银汇理深证100指数增强型证券投资基金、益民核心增长灵活

配置混合型证券投资基金、建信纯债债券型证券投资基金、兴业商业模式优选股票型证券投资基金、工银瑞信保本2号混合型发起式证券投资基金、国金通用沪深300指数分级证券投资基金，共23只证券投资基金，托管基金资产规模463.82亿元。同时，开展了证券公司集合资产管理计划、专户理财、企业年金基金、QDII、银行理财、保险债权投资计划等资产的托管及信托公司资金信托计划、产业投资基金、股权基金等产品的保管业务。

作为国内获得基金托管人资格的首批股份制银行，近年来，光大银行始终以“忠诚守护，勤勉尽责”为宗旨，牢固树立“阳光托管”的品牌与服务理念，坚持“在发展中创新，在创新中发展”的工作思路，长期致力于向委托人、投资人提供优质的托管服务，努力促进基金业生态环境发展、提高托管人增值服务水平。

目前，光大银行具有证券投资基金、QFII境内证券投资、全国社会保障基金、企业年金基金、保险资金等全部资产托管资质，产品链延伸至包括证券投资基金、企业年金基金、信托计划资金、券商集合资产管理计划、基金专户理财、券商专户理财、私募基金、银行理财、QDII、产业投资基金、股权基金及企业债等在内的10多类品种。

资产托管业务开办以来，光大银行在业务运做上积累了丰富的实践经验，培养了一批专业人才，为客户打造了高效的“一站式”托管服务，创造了业内的多项第一：首批获得企业年金基金托管人和账户管理人双资格；最早将托管机制引入银行理财产品；首家托管证券公司集合资产管理计划；托管业内规模最大的文化产业基金；首次举办“托管银行投资绩效评估与风险管理研讨会”；首次开展投资者教育活动，等。

依托光大集团的综合经营优势，光大银行将致力于不断整合集团内部的保险、证券、信托、基金、资产管理公司等多种金融资源，努力为客户提供全方位托管服务，在为客户创造价值的过程中实现自身的不断发展。

招商银行资产托管部

2002年8月，招商银行成立基金托管部；2005年8月，经报中国证监会同意，更名为资产托管部，下设业务支持室、产品管理室、业务营运室、稽核监察室4个职能处室，现有员工52人。2002年11月，经中国人民银行和中国证监会批准获得证券投资基金托管业务资格，成为国内第一家获得该项业务资格上市银行；2003年4月，正式办理基金托管业务。招商银行作为托管业务资质最全的商业银行，拥有证券投资基金托管、受托投资管理托管、合格境外机构投资者托管（QFII）、全国社会保障基金托管、保险资金托管、企业年金基金托管等业务资格。

招商银行确立“因势而变、先您所想”的托管理念和“财富所托、信守承诺”的托管核心价值，独创“6S托管银行”品牌体系，以“保护您的业务、保护您的财富”为历史使命，不断创新托管系统、服务和产品：在业内率先推出“网上托管银系统”、托管业务综合系统和“6心”托管服务标准，首家发布私募基金绩效分析报告，开办国内首个托管银行网站，成功托管国内第一只券商集合资产管理计划、第一只FOF、第一只信托资金计划、第一只股权私募基金、第一家实现货币市场基金赎回资金T+1到账、第一只境外银行QDII基金、第一只红利ETF基金、第一只“1+N”基金专户理财、第一家大小非解禁资产、第一单TOT保管，实现从单一托管服务商向全面投资者服务机构的转变，得到了同业认可。

经过十年发展，招商银行资产托管规模快速壮大。2012年招商银行加大高收益托管产品营销力度，新增托管公募开放式基金13只，新增首发公募开放式基金托管规模433亿元。克服国内证券市场震荡下行的不利形势，托管费收入、托管资产均创出历史新高，实现托管费收入6.54亿元，较上年增长28.17%，托管资产余额1.08万亿元，较年初增长112.85%。作为公益慈善基金的首个独立第三方托管人，成功签约“壹基金”公益资金托管，为我国公益慈善资金监管、信息披露进行有益探索，该项目荣获2012中国金融品牌「金象奖」“十大公益项目”奖；三度蝉联获《财资》“中国最佳托管

专业银行”。

截至2013年10月31日,招商银行股份有限公司托管了招商安泰系列证券投资基金(含招商安泰股票型投资基金、招商安泰平衡型证券投资基金和招商安泰债券投资基金),招商现金增值证券投资基金、华夏经典配置混合型证券投资基金、长城久泰沪深300指数证券投资基金、华夏货币市场基金、光大保德信货币市场证券投资基金、华泰柏瑞金字塔稳本增利债券型证券投资基金、海富通强化回报混合型证券投资基金、光大保德信新增长股票型证券投资基金、富国天合稳健优选股票型证券投资基金、上证红利交易型开放式指数证券投资基金、德盛优势股票型证券投资基金、华富成长趋势股票型证券投资基金、光大保德信优势配置股票型证券投资基金、益民多利债券型证券投资基金、德盛红利股票证券投资基金、上证中央企业50交易型开放式指数证券投资基金、上投摩根行业轮动股票型证券投资基金、中银蓝筹精选灵活配置混合型证券投资基金、南方策略优化股票型证券投资基金、兴全合润分级股票型证券投资基金、中邮核心主题股票型证券投资基金、长盛沪深300指数证券投资基金(LOF)、中银价值精选灵活配置混合型基金、中银稳健双利债券型证券投资基金、银河创新成长股票型证券投资基金、嘉实多利分级债券型证券投资基金、国泰保本混合型证券投资基金、华宝兴业可转债债券型证券投资基金、建信双利策略主题分级股票型证券投资基金、诺安保本混合型证券投资基金、鹏华新兴产业股票型证券投资基金、博时裕祥分级债券型证券投资基金、上证国有企业100交易型开放式指数证券投资基金、华安可转换债券债券型证券投资基金、中银转债增强债券型证券投资基金、富国低碳环保股票型证券投资基金、诺安油气能源股票证券投资基金(QDII-LOF)、中银中小盘成长股票型证券投资基金、国泰成长优选股票型证券投资基金、兴全轻资产投资股票型证券投资基金(LOF)、易方达纯债债券型证券投资基金、中银沪深300等权重指数证券投资基金(LOF)、中银保本混合型证券投资基金、嘉实增强收益定期开放债券型证券投资基金、工银瑞信14天理财债券型发起式证券投资基金、鹏华中小企业纯债债券型发起式证券投资基金、诺安双利债券型发起式证券投资基金、中银纯债债券型证券投资基金、南方安心保本混合型证券投资基金、中银理财7天债券型证券投资基金、中海惠裕纯债分级债券型发起式证券投资基金、建信双月安心理财债券型证券投资基金、中银理财30天债券型证券投资基金、广发新经济股票型发起式证券投资基金、中银稳健添利债券型发起式证券投资基金、博时亚洲票息收益债券型证券投资基金、工银瑞信增利分级债券型证券投资基金、鹏华丰利分级债券型发起式证券投资基金、中银消费主题股票型证券投资基金、工银瑞信信用纯债一年定期开放债券型证券投资基金、浦银安盛6个月定期开放债券型证券投资基金、工银瑞信保本3号混合型证券投资基金、博时月月

薪定期支付债券型证券投资基金、中银保本二号混合型证券投资基金共67只开放式基金及其它托管资产,托管资产为17299.09亿元人民币。

招商银行始终把维护投资者利益作为工作宗旨,认真履行托管人职责,严格按照法律法规和托管协议规定,安全保管委托资产,监控托管资产投资运作,建立了全面的风险管理和内部控制体系:在组织体系上,赋予稽核监察室在总经理直接领导下,以“独立、客观、公正”的监督原则,对各项托管业务、各个业务环节进行全方位、全程的风险监控;在管理制度上,健全了基金托管业务的规章制度、岗位职责、各项业务管理办法和操作规程,从业务管理、操作流程、会计核算、内控监察、系统管理、应急处理和内部管理等建立了一整套完备的管理制度体系;在监督体制上,充分开发托管系统监督自动化监督功能,采取了事前预防、事中监控和事后稽核的监督方式,实行了“自控、互控、监控”三道风险控制防线,对投资管理人投资行为和对投资组合进行实时和事后监督;在应急处理方面,建立了托管系统异地灾备中心,对各类突发事件建立了完备应急方案,对重要岗位人员、主要业务系统、软件和数据建立了备份,确保托管资产保管安全性和托管业务持续正常运营。

按照“零差错”的高标准和高要求,招商银行致力于为托管客户提供高效、便利、周到、全面的金融服务。招商银行注重从细节入手,强化流程化控制,不断规范和优化托管业务流程处理,提高业务操作效率;深入研究托管新业务、新规则和新政策,与投资管理人积极合作,不断探索和改进资产估值核算体系;依托招商银行企业银行“现金池”管理技术,整合托管客户个性化需求和托管资金管理要求,设计托管资产“直通式”处理模式,对托管业务进行不落地处理,总行对托管资产账户远程控制,实现托管资金异地清算“零在途”,委托人或投资管理人可突破托管资金帐户开户地域的限制,享受网上托集中化处理的资金账户实时查询及业务信息本地化服务,托管资金清算效率较高,业务操作风险得到有效控制,为投资人、基金管理公司、证券公司、信托投资公司及其他资产管理公司提供优质托管服务,在业界得到了广泛的认同和肯定。

本着“诚实信用、勤勉尽责、服务创新、追求卓越”的经营宗旨,招商银行将在安全保管托管资产、合规稳健高效运作前提下,追求卓越、锐意创新,不断满足客户多样性、差异性的业务需求,为投资者和资产管理人提供安全、优质、高效的托管服务。

兴业银行资产托管部

兴业银行股份有限公司于2005年4月26日取得基金托管资格,基金托管资格批准文号:证监基金字[2005]74号,办公地点常设上海。兴业银行股份有限公司总行设资产托管部,托管的业务品种涵盖了证券投资基金、基金公司特定客户资产、证券公司集合资产管理计划、证券公司定向资产、保险资金、集合资金信托、单一资金信托、合格境内机构投资者资产(QDII)、商业银行理财产品、产业投资基金、私募股权基金、直投基金、资产证券化资金、基本养老保险个人账户基金、账户监管类资产等多个业务门类。资产托管部下设综合管理处、市场处、委托资产管理处、科技支持处、稽核监察处、运营管理处、期货业务管理处、期货存管结算处、养老金管理中心等处室,共有员工97人,业务岗位人员均具有基金从业资格。截止2013年12月31日,兴业银行已托管开放式基金22只--兴全趋势投资混合型证券投资基金(LOF)、长盛货币市场基金、光大保德信红利股票型证券投资基金、兴全货币市场证券投资基金、兴全全球视野股票型证券投资基金、万家和谐增长混合型证券投资基金、中欧新趋势股票型证券投资基金(LOF)、天弘永利债券型证券投资基金、万家双引擎灵活配置混合型证券投资基金、天弘永定价值成长股票型证券投资基金、兴全有机增长灵活配置混合型证券投资基金、中欧沪深300指数增强型证券投资基金、民生加银内需增长股票型证券投资基金、兴全保本混合型证券投资基金、中邮战略新兴产业证券投资基金、银河领先债券型证券投资基金、工银瑞信

60天理财债券型证券投资基金、银河沪深300成长增强指数分级证券投资基金、工银瑞信金融地产行业股票型证券投资基金、华安沪深300量化增强证券投资基金、国金通用鑫盈货币市场证券投资基金、易方达裕惠回报债券型证券投资基金，托管基金财产规模370.81亿元。

兴业银行资产托管业务发展迅速，成立以来，我行已托管了证券投资基金、券商集合理财计划、集合资金信托计划、以及QDII、股权投资基金等各类产品，资产托管业务规模及市场占有率在同类商业银行中居于前列。目前，本行已经能够开展八大类资产托管业务，包括：证券投资基金托管业务、证券公司委托资产托管业务、信托资金托管业务、合格境内机构投资者资产托管业务、社会保障基金托管业务、股权投资基金托管业务、商业银行理财产品托管业务、非投资类委托资产托管业务等。

客户需求是我行营销活动的起点，服务源自真诚是我行资产托管业务的服务宗旨。高学历、经验丰富的专业化托管从业人员、严密有效的风险控制体系、先进完善的托管系统是我行托管业务蓬勃发展的坚实基础。通过发挥全行资源优势和借助本行强大的结算、销售渠道，兴业银行在市场分析、产品研发、营销策划、募集发行到持续销售等环节上力求为客户资产管理提供更多的优质服务。

我们承诺：兴业银行将严格恪守托管业务操守，凭借我行专业化服务能力和处事认真负责的原则，在依法全力保障客户资产安全的前提下，努力实现客户资产运用的多元化需求。我行将通过提供专业化服务、强化服务品质、持续关注细节，树立兴业一流资产托管业务品牌。

上海浦东发展银行资产托管部

一、概况

上海浦东发展银行于2003年2月正式成立了独立的总行基金托管部，2005年正式更名为上海浦东发展银行资产托管部。资产托管部下设证券托管处、客户资产托管处、养老金业务处、内控管理处、运营管理处五个职能部门，在2003年12月成立了深圳分部。资产托管部全体人员均在本科学历以上，其中硕士以上学历占70%；均具有多年金融从业经历，100%以上人员具有基金从业资格。

上海浦东发展银行于2003年9月10日获得基金托管资格，截止到2013年6月30日，共托管国泰金龙行业精选基金、国泰金龙债券基金、天治财富增长基金、嘉实优质企业基金、广发小盘成长基金、汇添富货币基金、长信金利趋势基金、国联安货币基金、银华永泰积极债券基金、国联安中债信用债指数基金、长信利众分级债券型基金、华富保本混合型基金十二只开放式证券投资基金，托管基金资产净值总规模为268.92亿元。

二、产品与服务

充分满足您需求的专业优势，拥有全面的托管业务资格。获准证券投资基金、证券公司受托理财业务、资金信托计划、投资连接保险、中比产业投资基金、全国社保基金、基本养老个人账户基金等多项资产托管业务资格。个性化的托管服务。根据您的要求并结合资产管理人的特点，向您提供全面的个性化资产托管服务。完善的托管业务内控体系。“制度先行”和“风控优先”的指导思想下，建立了科学合理的组织架构、完善的业务规章制度和内部控制制度，确保托管业务平稳运行。高素质的专业化员工队伍。员工学历均在本科以上，硕士以上学历者占70%，全员具有基金从业资格，绝大部分骨干具有多年金融从业经历。丰富的业务经验。1993年始任上海市养老保险基金独家代理行，现为中国第一个由银行担保的“嘉实－浦安保本基金”托管银行、中国第一家规范运作的中外合资产业基金“中比直接股权投资基金”的独家托管银行。

值得您充分信赖的技术系统自主开发的托管业务综合处理系统（SAFEs），采用国内第三代托管行业最新技术平台，支持多个托管业务产品在共同的技术平台上独立运行，个性化、模块化、权限控制自动化的特色处于国内领先地位。

托管人是托管财产忠实的守护者。随着我国资本市场日新月异的发展，我们深知，作为资产所有人，您不仅需要专业的投资机构运作您的资金，以实现资金的保值增值，同时您更需要一位诚信可靠、服务周到的托管人全面保障您的资产安全；作为资产管理人，您在受人之托、为人理财的同时，亦需携手一家专业、专注、经验丰富的托管机构作为合作伙伴，共赢财富天下！

“笃守诚信、严格自律、勤勉尽责、创造卓越”，上海浦东发展银行致力于打造资产托管业务品牌，更关注于对客户的服务与承诺！在全面借鉴和重构国内外托管模式的基础上，我们不仅为您创新推出了系列资产托管产品，还为您配备了高效的资金清算网络、先进的托管业务综合处理系统、完善的内部风险控制制度以及专业的托管运作团队，以确保为您提供优质的资产托管服务！

“创富之旅，真情守护”，我们确信，您未来的战略规划和每一步目标落实，都将获得我们个性化的服务与专业化的托管支持！

中国民生银行资产托管部

中国民生银行股份有限公司于2004年7月9日获得基金托管资格，成为《中华人民共和国证券投资基金法》颁布后首家获批从事基金托管业务的银行。为了更好地发挥后发优势，大力发展托管业务，中国民生银行股份有限公司资产托管部从成立伊始就本着充分保护基金持有人的利益、为客户提供高品质托管服务的原则，高起点地建立系统、完善制度、组织人员。资产托管部目前共有员工52人，平均年龄33岁，100%员工拥有大学本科以上学历，80%以上员工具有硕士以上文凭。基金业务人员100%都具有基金从业资格。

截止到2013年12月31日，本行共托管基金28只，分别为天治品质优选混合型证券投资基金、融通易支付货币市场证券投资基金、东方精选混合型开放式证券投资基金、天治天得利货币市场基金、东方金账簿货币市场基金、长信增利动态策略证券投资基金、华商领先企业混合型证券投资基金、银华深证100指数分级证券投资基金、华商策略精选灵活配置混合型证券投资基金、光大保德信信用添益债券型证券投资基金、工银瑞信添颐债券型证券投资基金、建信深证基本面60交易型开放式指数证券投资基金、建信深证基本面60交易型开放式指数证券投资基金联接基金、国投瑞银瑞源保本混合型证券投资基金、浙商聚潮新思维混合型证券投资基金、建信转债增强债券型证券投资基金、工银瑞信睿智深证100指数分级证券投资基金、农银汇理行业轮动股票型证券投资基金、建信月盈安心理财债券型证券投资基金、中银美丽中国股票型证券投资基金、建信消费升级混合型证券投资基金、摩根士丹利华鑫纯债稳定增利18个月定期开放债券型证券投资基金、建信安心保本混合型证券投资基金、德邦德利货币市场基金、中银互利分级债券型证券投资基金、工银瑞信添福债券型证券投资基金、中银中高等级债券型证券投资基金和汇添富全额宝货币市场基金。托管基金资产净值为571.06亿元。

中国民生银行股份有限公司基金托管业务内部风险控制组织结构由中国民生银行股份有限公司稽核部、资产托管部内设稽核监督处及资产托管部各业务处室共同组成。总行稽核部对各业务部门风险控制工作进行指导、监督。资产托管部内设独立、专职的内部稽核监督处,负责拟定托管业务风险控制工作总体思路与计划,组织、指导、协调、监督各业务处室风险控制工作的实施。各业务处室在各自职责范围内实施具体的风险控制措施。

中国民生银行股份有限公司从控制环境、风险评估、控制活动、信息沟通、监控等五个方面构建了托管业务风险控制体系。

(1)坚持风险管理与业务发展同等重要的理念。托管业务是商业银行新兴的中间业务,中国民生银行股份有限公司资产托管部从成立之日起就特别强调规范运作,一直将建立一个系统、高效的风险防范和控制体系作为工作重点。随着市场环境的变化和托管业务的快速发展,新问题新情况不断出现,中国民生银行股份有限公司资产托管部始终将风险管理放在与业务发展同等重要的位置,视风险防范和控制为托管业务生存和发展的生命线。

(2)实施全员风险管理。完善的风险管理体系需要从上至下每个员工的共同参与,只有这样,风险控制制度和措施才会全面、有效。中国民生银行股份有限公司资产托管部实施全员风险管理,将风险控制责任落实到具体业务处室和业务岗位,每位员工对自己岗位职责范围内的风险负责。

(3)建立分工明确、相互牵制的风险控制组织结构。托管部通过建立纵向双人制,横向多处室制的内部组织结构,形成不同处室、不同岗位相互制衡的组织结构。

(4)以制度建设作为风险管理的核心。中国民生银行股份有限公司资产托管部十分重视内部控制制度的建设,已经建立了一整套内部风险控制制度,包括业务管理办法、内部控制制度、员工行为规范、岗位职责及涵括所有后台运作环节的操作手册。以上制度随着外部环境和业务的发展还会不断增加和完善。

(5)制度的执行和监督是风险控制的关键。制度执行比编写制度更重要,制度落实检查是风险控制管理的有力保证。中国民生银行股份有限公司资产托管部内部设置专职稽核监督处,依照有关法律规章,每两月对业务的运行进行一次稽核检查。总行稽核部也不定期对资产托管部进行稽核检查。

(6)将先进的技术手段运用于风险控制中。在风险管理中,技术控制风险比制度控制风险更加可靠,可将人为不确定因素降至最低。托管业务系统需求不仅从业务方面而且从风险控制方面都要经过多方论证,托管业务技术系统具有较强的自动风险控制功能。

中信银行托管部

2004年8月18日,经中国证监会和中国银监会核准,中信银行获得证券投资基金托管资格。中信银行托管部内设市场发展部、托管营运部、投资者服务部和企业年金部四个职能部门,拥有一批高素质的专业托管人才,90%以上人员具有基金从业资格,40%以上的人员具有硕士研究生以上学历,90%以上人员具有三年以上银行或证券基金从业经历。截至2013年12月31日,中信银行已托管31只开放式证券投资基金及证券公司资产管理产品、信托产品、企业年金、股权基金、QDII等其他托管资产,总托管规模逾2万亿元人民币。

中信银行托管部建立了一套独立、先进的托管业务技术系统,业务功能完善、系统处理能力强,各种安全防范设施稳定可靠,具备安全保管财产的条件和资金核算清算和投资监督能力,配备了独立的门禁系统和电话录音、录像监控系统,确保托管业务运作相对独立。托管中心积聚了一批高素质的员工队伍,具有丰富的资金清算、会计核算、市场营销、风险控制等方面的经验,为托管业务安全运作打下了坚实的基础。

为保障托管业务健康发展,我行制订了一整套完善的规章制度;建立了科学的风险控制流程,营造良好的内部控制环境,形成自控、互控、监控三道防线;加强了系统安全性建设,建立了数据备份中心和应急处理方案,具备应急处理能力。

中信银行托管部各项资产托管规模突破七千亿元,业务涵盖了证券投资基金、信托资产、券商集合及定向资产、QDII、资产证券化、产业基金(创业投资基金)、PE(私募)股权基金、企业年金八大领域。确立了以托管产品门类齐全、服务专业化和开拓创新为特征的行业形象与市场地位。

华夏银行资产托管部

一、概况

2005年2月23日,华夏银行股份有限公司经中国证券监督管理委员会和中国银行业监督管理委员会核准,获得证券投资基金托管资格,是《证券投资基金托管资格管理办法》实施后取得证券投资基金托管资格的第一家银行。该项资格的获得,为华夏银行开拓托管业务领域、增加托管业务品种奠定了基础,使得华夏银行在中间业务领域的竞争实力得到进一步提升。华夏银行资产托管部内设市场综合室、交易管理室、风险管理室和销售管理室4个职能处室。资产托管部共有员工32人,高管人员拥有硕士以上学位或高级职称。

自成立以来,华夏银行基金托管部本着"诚实信用、勤勉尽责"的行业精神,始终遵循"安全保管基金资产,提供优质托管服务"的原则,坚持以客户为中心的服务理念,依托严格的内控管理、先进的技术系统、优秀的业务团队、丰富的业务经验,严格履行法律和托管协议所规定的各项义务,为广大基金份额持有人和资产管理机构提供安全、高效、专业的托管服务,取得了优异业绩。截至2013年6月末,已托管长城货币市场基金、国联安德盛精选股票基金、万家货币市场基金、诺安优化收益债券型基金、益民红利成长混合型基金、东吴行业轮动股票基金、申万菱信稳益宝债券型证券投资基金、诺德双翼分级债券型证券投资基金、浙商沪深300指数分级证券投资基金、华商大盘量化精选灵活配置混合型证券投资基金、万家强化收益定期开放债券型证券投资基金及其它受托资产产品,托管各类资产规模5043.29亿元。

二、产品与服务

华夏银行可以为客户提供的托管业务产品已基本覆盖境内市场主要托管业务品种:开放式证券投资基金托管;全国社会保障基金托管;基本养老保险基金托管;券商集合理财产品托管;QDII(境外代客理财产品)托管;信托资产托管;企业年金托管;其他受托资产托管。华夏银行向客户提供的服务,可分为基础托管服务和增值托管服务:基础托管服务包括:资产保管;安全保管托管资产;独立建账、分别核算,保证所托管资产的独立、完整；为委托人开立与管理银行存款账户、资金清算账户；为委托人开立与管理证券账户。增值服务包括：市场资讯及深度研究报告等信息服务；现金管理；报表/报告定制；风险预警服务；投资绩效分析；公司行动服务，如代领股息、红利、代理投票表决服务等。

三、完善的内控体系

华夏银行托管业务建立了前后台分离、相互制约的管理组织结构，各部门、岗位在自身职责范围内落实其岗位风险控制责任，相互制衡。为防范风险，在加强教育培训和员工自律的基础上，制定了27项基金业务内控规章制度，使基金托管业务一开始就走上制度化、规范化的道路。同时，开展多种形式地检查监督，定期向监管部门上报基金监督和内控监察稽核报告，持续建立和完善风险评估、风险预警机制和重大可疑情况报告制度，确保内控体系的有效性。

华夏银行资产托管部承诺，我们将努力做到“诚实信用，勤勉尽责”，切实履行托管人职责，保护委托人利益；保证会计核算的完整规范；保证资金清算的及时、安全、准确；保证交易监督完整、高效；严格管理，加强内控，防范风险。

平安银行资产托管部

平安银行于2008年1月4日经深圳市银监局核准，获得运营信托保管业务资格；2008年8月6日经中国证监会和中国银监会核准，获得证券投资基金托管资格；2010年1月2日经中国银监会核准，获得全国社会保障基金托管资格；2013年3月29日经中国保监会核准，获得保险资产托管资格。平安银行已具备八大类20多种资产托管服务，与多家基金公司、证券公司、信托公司、商业银行等展开了紧密的合作。

平安银行总行设资产托管部，下设企划分析、运营管理、营销管理和投资监督、系统支持、运营外包6个团队，现有员工38人。

截止2013年12月末，平安银行已托管华富价值增长灵活配置混合型证券投资基金、华富量子生命力股票型证券投资基金、平安大华日增利货币市场基金、长信可转债债券型证券投资基金、招商保证金快线货币市场基金共五只基金。

平安银行自2008年8月获得资产托管资格以来，凭借专业的托管团队、行业领先的清算系统、完善的风险测控体系以及标准化的操作流程，率先在业内提出托管业务“投资指令”1小时处理的服务承诺，以优质、高效、安全的特色，获得众多信托、证券和基金公司的肯定。

一站式服务无需来回奔波于资产管理机构和托管银行；

大集中处理总行资产托管部集中作业，估值核算、资金清算、财务信息披露等运营标准统一；

直通化操作履行1小时完成划款指令的承诺；

风险控制措施完善覆盖托管业务各范围领域的业务制度，符合相关法律法规的流程监控，确保受托资金安全；

集团资源整合优势有效地为全国社保、商业银行、证券、基金、私募管理人、信托等客户提供专业化的托管服务的同时，依托大股东资源优势，为合作伙伴提供产品销售、托管服务、客户服务等全面解决方案，不断提供创新的增值服务。

广东发展银行资产托管部

广东发展银行股份有限公司于2009年5月4日获得中国证监会、银监会核准开办证券投资基金托管业务，基金托管业务批准文号：证监许可［2009］363号。广东发展银行股份有限公司总行设资产托管部，是从事资产托管业务的职能部门，内设业务运行团队、监督稽核团队和市场营销团队，部门全体人员均具备本科以上学历和基金从业资

格，部门经理以上人员均具备研究生以上学历。

截止到2013年12月末，本行共托管中欧盛世成长分级股票型证券投资基金、国泰聚信价值优势灵活配置混合型证券投资基金、长安沪深300非周期行业指数证券投资基金、中海惠丰纯债分级债券型证券投资基金、新华安享惠金定期开放债券型证券投资基金、广发全球医疗保健指数证券投资基金、中银主题策略股票型证券投资基金、

金鹰元安保本混合型证券投资基金、中欧增强回报债券型证券投资基金（LOF）、安信鑫安优选灵活配置混合型证券投资基金、广发天天红发起式货币市场基金、长安货币市场证券投资基金共12只基金。

上海银行资产托管部

上海银行股份有限公司于2009年8月21日获得中国证监会、银监会核准开办证券投资基金托管业务，批准文号：中国证监会证监许可［2009］814号。上海银行股份有限公司总行下设资产托管部，是从事资产托管业务的职能部门，内设托管运作团队、稽核监督团队、运行保障团队和市场拓展团队，平均年龄30岁，100%员工拥有大学本科以上学历，业务岗位人员均具有基金从业资格。

截至2013年12月30日，上海银行已托管7只证券投资基金，分别为天治成长精选股票型证券投资基金、浦银安盛增利分级债券型证券投资基金、中证财通中国可持续发展100（ECPIESG）指数增强型证券投资基金、鹏华双债增利债券型证券投资基金、浦银安盛季季添利定期开放债券型证券投资基金、鹏华双债保利债券型证券投资基金、鹏华丰信分级债券型证券投资基金，托管基金的资产净值合计52.13亿元。

专业、高效的客户服务体系。专业的托管服务团队针对不同托管客户量身定做托管服务方案，并为各个客户配备专门的对口业务人员，全程负责客户的各种业务需求。

采用总行直管的托管业务运营模式，机制灵活、反应迅速、服务高效。

以托管服务为基础的综合金融服务平台。适应于金融创新的需要和客户的多元金融需求，上海银行以托管服务为基础，在不断开发和动态完善托管产品及服务的同时，整合投资银行、财富管理、电子银行、公司金融和同业金融等行内资源，为客户提供全方位全流程的综合金融服务，提升客户服务价值。

动态增强的业务创新能力。上海银行从系统建设、队伍培养等多方面着手，不断增强和提升托管服务能力，积极探索另类投资服务等新型托管业务。目前上海银行已获批成为上海市外商股权投资基金托管试点银行、天津市发改委备案的股权投资基金托管银行，具备了较为全面的另类投资业务的托管资质。

广泛多元的业务合作对象。作为总部位于上海的商业银行，依托上海国际金融中心丰富的金融资源，上海银行与各类金融机构建立紧密深厚的合作关系，为包括基金公司、证券公司、信托公司、股权投资基金管理公司、商业银行等各类机构提供资产托管服务，形成了托管产品及服务多元化发展的格局。

安全先进的资产托管系统。上海银行稳定、高效的资产托管业务系统为业务的发展提供了强有力的支撑。紧跟市场发展，及时响应客户需求，不断加大科技投入，持续优化升级，陆续开发和完善了股指期货、伞形信托、ETF、商品期货、另类投资服务等各类新产品的托管功能，较好地满足了客户需求。

健全严密的资产托管制度。制定并完善了覆盖托管业务各个环节的规章制度和流程规范，建立了完备的内部控制体系。通过严密的风险管理组织架构、健全的制度体系、独立的稽核监督机制，确保了托管业务运作的规范稳健发展，保证受托资产的安全完整，最大限度地维护投资人的利益。

中国邮政储蓄银行托管业务部

2009 年 7 月 23 日，中国邮政储蓄银行经中国证券监督管理委员会和中国银业监督管理委员会联合批准，获得证券投资基金托管资格，是我国第 16 家托管银行。中国邮政储蓄银行自取得证券投资基金托管资格，目前可托管证券投资基金、基金管理公司特定客户资产管理计划、银行理财产品、信托产品、证券公司集合资产管理计划等类型产品。中国邮政储蓄银行作为一家新兴的托管银行，从开放式基金、一对多专户理财等产品的托管起步，将持续致力于托管业务的创新和发展，为投资者和合作伙伴提供安全可靠、优质精心的资产托管服务。拥有一支专业化、年轻化的托管业务团队，所有人员均具有本科以上学历和金融学、会计学的专业背景。

截至 2013 年 12 月 31 日，中国邮政储蓄银行托管的证券投资基金共 21 只，包括中欧中小盘股票型证券投资基金（LOF）(166006)、长信中短债证券投资基金(519985)、东方保本混合型开放式证券投资基金(400013)、万家添利分级债券型证券投资基金(161908)、长信利鑫分级债券型证券投资基金(163003)、天弘丰利分级债券型证券投资基金(164208)、鹏华丰泽分级债券型证券投资基金(160618)、东方增长中小盘混合型开放式证券投资基金(400015)、长安宏观策略股票型证券投资基金(740001)、金鹰持久回报分级债券型证券投资基金(162105)、中欧信用增利分级债券型证券投资基金(166012)、农银汇理消费主题股票型证券投资基金(660012)、浦银安盛中证锐联基本面 400 指数证券投资基金(519117)、天弘现金管家货币市场基金(420006)、汇丰晋信恒生 A 股行业龙头指数证券投资基金(540012)、华安安心收益债券型证券投资基金(040036)、东方强化收益债券型证券投资基金(400016)、中欧纯债分级债券型证券投资基金(166016)、东方安心收益保本混合型证券投资基金(400020)、银河岁岁回报定期开放债券型证券投资基金(519662)、中欧纯债添利分级债券型证券投资基金(166021)。托管的特定客户资产管理计划共 25 只，其中 11 只已到期，包括南方－灵活配置之出口复苏 1 号资产管理计划、景顺长城基金－邮储银行－稳健配置型特定多个客户资产管理计划、银华灵活精选资产管理计划、长盛灵活配置资产管理计划、富国基金－邮储银行－绝对回报策略混合型资产管理计划、光大保德信－邮储银行－灵活配置 1 号客户资产管理计划、大成－邮储银行－灵活配置 1 号特定多个客户资产管理计划、银华灵活配置资产管理计划、长盛－邮储－灵活配置 2 号资产管理计划、南方灵活配置 2 号资产管理计划、鹏华基金鹏诚理财高息债分级 2 号资产管理计划、华安基金－增益分级债券型特定多个客户资产管理计划、农银汇理－邮储－国投信托雨燕 1 号悦达债券 1 号资产管理计划、华商－邮储－瑞熙 1 号一对一资产管理计划等。至今，中国邮政储蓄银行已形成涵盖证券投资基金、基金公司特定客户资产管理计划、信托计划、银行理财产品（本外币）、私募基金、证券公司资产管理计划、保险资金等多种资产类型的托管产品体系，托管规模达 5,169.20 亿元。

中国邮政储蓄银行坚持以客户为中心、以服务为基础的经营理念，依托专业的托管团队、灵活的托管业务系统、规范的托管管理制度、健全的内控体系、运作高效的业务处理模式，为广大基金份额持有人和众多资产管理机构提供安全、高效、专业、全面的托管服务，并获得了合作伙伴一致好评。

渤海银行基金托管部

渤海银行是 1996 年以来国务院批准设立的第一家全国性股份制商业银行，是第一家在发起设立阶段就引入境外战略投资者的中资商业银行，也是第一家总部设在天津的全国性股份制商业银行；是由天津泰达投资控股有限公司、渣打银行（香港）有限公司、中国远洋运输（集团）总公司、国家开发投资公司、宝钢集团有限公司、天津信托有限责任公司和天津商汇投资（控股）有限公司等 7 家股东发起设立的，注册资本总额达到 85 亿元人民币。2005 年 12 月 30 日成立，2006 年 2 月正式对外营业。截至 2011 年末，渤海银行分支机构网点总数 60 家，其中一级分行 13 家、二级分行 1 家、同城和异地支行 46 家。

截至 2011 年末，渤海银行资产总额 3124.88 亿元，比年初增长 17.88%；负债总额 2959.80 亿元，比年初增长 15.77%；贷款总额（含贴现）1125.47 亿元，比年初增长 21.76%；存款总额（不含同业）1620.43 亿元，比年初增长 20.64%。全行实现营业收入 64.19 亿元，比上年增长 62.94%；成本收入比 44.64%，比上年下降 6.53 个百分点；实现税后净利润 18.38 亿元。不良贷款率 0.14%，拨备覆盖率 1227.50%，资本充足率 11.77%，存贷比 67.78%，均符合监管要求。

在由《21 世纪经济报道》主办的“第六届 21 世纪亚洲金融年会暨 2011 年亚洲银行竞争力排名研究报告”发布仪式上，渤海银行荣获“2011 年中资银行稳健成长奖”；在由《每日经济新闻》主办的“金鼎奖”评选活动中，渤海银行荣获“最具潜力股份制商业银行奖”；在由中国金融认证中心联合近 40 家成员行共同举办的“2011 中国电子银行年会”上，渤海银行荣获“2011 年中国网上银行最具发展潜力奖”；在由《亚洲银行家》主办的“2011 中国奖项计划”发布会上，渤海银行个人网银荣获《亚洲银行家》“2011 年度中国最佳网络银行”奖项；在由《卓越理财》杂志社举办的“卓越 2011 年度金融理财排行榜”中，渤海银行荣获“卓越股份制商业银行奖”、“卓越金融理财产品奖”、“卓越银行卡奖”和“卓越电子银行奖”四项大奖；在第六届中国中小企业家年会上，渤海银行连续五年蝉联中国中小商业企业协会评选的“全国支持中小企业发展十佳商业银行”奖项；在第二届全国服务业公众满意度专项调研盛典大会上，渤海银行“携手创富”品牌再次荣获“2011 中国中小企业金融服务客户满意十佳典范品牌”奖项；在第七届中国银行业年会及银行创新产品系列评奖中，渤海银行“渤乐省利通”创服产品获得商业银行创新之星“民生授信奖”；在第四届“中国最受尊敬暨最佳零售银行”评选中，渤海银行“渤乐省利通”创服产品获得“2011 最佳小微企业金融服务品牌”奖项。

渤海银行总行设基金托管部，下设市场营销、托管运作、稽核监督、运行保障四个团队，配备有人员共15名。部门全体人员均具备本科以上学历和基金从业资格，高管人员和团队负责人均具备研究生以上学历。

渤海银行于2010年6月29日获得中国证监会、银监会核准开办证券投资基金托管业务，2011年5月3日获得中国保监会核准开办保险资金托管业务。渤海银行始终秉承“诚实信用、勤勉尽责”的宗旨，严格履行资产托管人职责，为投资者和金融资产管理机构提供安全、高效、专业的托管服务，并依据不同客户的需求，提供个性化的托管服务和增值服务，获得了合作伙伴一致好评。

目前，渤海银行托管业务已涵盖信托计划保管、商业银行理财产品托管、证券投资基金托管、基金管理公司特定客户资产管理托管、证券公司客户资产管理托管、股权投资基金托管、保险资金托管等业务品种。

北京银行资产托管部

北京银行总行设资产托管部，下设资金清算岗、会计核算岗、投资监督岗、风险稽核岗、市场营销岗等岗位，北京银行资产托管部充分发挥作为新兴托管行的高起点优势，陆续引进优秀人才，搭建了由高素质人才组成的专业团队。截至2013年9月末，北京银行资产托管部所有员工均拥有大学本科以上学历，其中拥有研究生以上学历的员工占比70%。

作为国内首家获得证券投资基金托管业务资格的城市商业银行，北京银行资产托管部秉持“严谨、专业、高效”的经营理念，严格履行托管人的各项职责，切实维护基金持有人的合法权益，为基金提供高质量的托管服务。经过多年稳步发展，北京银行托管资产规模不断扩大，托管业务品种不断增加，已形成包括证券投资基金、基金专户理财、证券公司资产管理计划、信托计划、银行理财、保险资金、股权投资基金等产品在内的托管产品体系，北京银行专业高效的托管服务赢得了客户的广泛高度认同。

截至2013年12月末，北京银行已托管银河增利债券型发起式证券投资基金、银河通利分级债券型证券投资基金、天弘弘利债券型证券投资基金基金、景顺长城景颐双利债券型证券投资基金、鹏华双债加利债券型证券投资基金、嘉实保证金理财场内实时申赎货币市场基金等共6只基金。

宁波银行资产托管部

宁波银行自2012年获得证券投资基金资产托管的资格以来，秉承“诚实信用、勤勉尽责”的宗旨，依靠严密科学的风险管理和内部控制体系、规范的管理模式、先进的营运系统和专业的服务团队，严格履行资产托管人职责，为境内外广大投资者、金融资产管理机构和企业客户提供安全、高效、专业的托管服务，展现优异的市场形象和影响力。建立了国内托管银行中丰富和成熟的产品线。拥有包括证券投资基金、信托资产、QDII资产、股权投资基金、证券公司集合资产管理计划、证券公司定向资产管理计划、基金公司特定客户资产管理等门类齐全的托管产品体系，同时在国内率先开展绩效评估、风险管理等增值服务，可以为各类客户提供个性化的托管服务。截至2013年11月末，宁波银行共托管1只证券投资基金，为国泰淘金互联网债券型证券投资基金。

截至2013年11月末，宁波银行资产托管部共有员工16人，平均年龄30岁，100%以上员工拥有大学本科以上学历，高管人员均拥有研究生以上学历或高级技术职称。

第三章　基金管理公司

国泰基金管理有限公司

【基本情况】

法定名称:国泰基金管理有限公司
英文名称:GUOTAI ASSET MANAGEMENT CO., LTD.
办公地址:上海市世纪大道100号上海环球金融中心39层
法人代表:陈勇胜
总 经 理:金　旭
成立时间:1998年3月5日
公司属性:中外合资
注册资本:1.1亿元
联系电话:021－38569000
客服热线:400－888－8688
传真号码:021－38561800
邮政编码:200001
公司网址:www.gtfund.com

【公司概况】

国泰基金成立于1998年3月,是国内首批规范成立的基金管理公司之一。历经14年的市场磨砺,公司稳步发展,目前进入了新的发展阶段。2010年全球最大的保险集团之一意大利忠利集团正式收购公司30%的股权,国泰基金变身为中外合资基金公司,双方就投资管理、产品研发、风险控制、基金营销等多方面展开交流与合作,加快了公司的国际化步伐。15年来国泰基金和中国基金业共成长,是业内少数拥有全牌照的公司之一。

目前公司已拥有包括公募基金、社保基金投资管理人、企业年金投资管理人、特定客户资产管理业务、保险资金委托管理和合格境内机构投资者等业务资格,是行业内少数拥有"全牌照"业务资格的资产管理公司之一。并已成立国泰元鑫资产管理公司,香港子公司已获中国证监会批准,正在积极筹备中。国泰基金正努力成为"资产配置专家和资产配置工具提供专家"综合型资产管理公司。

自1998年3月23日公开发行国内第一只封闭式基金——基金金泰以来,国泰基金的产品线不断得到丰富和完善。近年来,进一步加大了创新的步伐,2013年以来,成立了国债ETF及其联接基金、国内首只黄金ETF、首只跨国ETF等几只行业领先的创新产品。目前公司旗下共管理着41只公募基金(1只封闭式基金和40只开放式基金)和包括专户,年金,社保,投资咨询在内的60多个资产委托组合,形成了丰富的资产管理产品线,努力为客户提供跨市场、全天候、多策略的产品组合,以满足不同风险偏好投资者的需求。

15年来,国泰基金始终秉承"以最大的专业性和勤勉为投资人实现长期稳定地财富增值"的经营宗旨,赢得了包括全国社会保障基金理事会在内的数百万投资人的信任。在为投资者创造物质财富的同时,也不忘承担起作为企业公民的社会责任,通过"红蜡烛助教计划"开展支学助教活动,积极践行"和谐社会"的价值观,为社会精神财富的创造贡献力量。截止2013年,国泰基金"红蜡烛助教"已历时7年,在全国范围完成助教18次,捐赠"红蜡烛梦想中心多媒体教室"2间,捐赠"红蜡烛图书馆"8座,助养学生127名,捐赠图书22000多本,受益师生6000多人次。

【公司大事记】

1998年3月5日,经中国证监会批准,国泰基金管理有限公司在上海成立。成为境内首批规范成立的基金公司之一。

1998年3月27日,国泰基金旗下首只基金——基金金泰成立,4月7日在上交所上市。

1999年10月21日,基金金鑫成立,11月26日在上交所上市

2000年4月26日,在对原珠江基金清理规范后设立基金金盛,6月30日在深交所上市。

2000年5月16日,在对原建业基金、沈阳公众基金、陕建基金清理规范后设立基金金鼎,8月4日在上交所上市。

2000年8月22日,国泰基金增资扩股,注册资本从6000万元增加为1.1亿元人民币。

2001年9月3日,国泰基金与瑞士银行资产管理集团签定《投资与业务合作协议》。

2002年5月8日,国泰基金第一只开放式基金——国泰金鹰增长基金成立。

2002年6月,国泰北京分公司获批设立。

2003年12月9日,国泰基金首只伞形基金——金龙系列基金成立。

2004年4月,国泰基金荣获首届《上海证券报》"最佳服务基金公司奖"。

2004年8月,在首届《中国证券报》基金金牛奖评审中,国泰基金的旗下管理的三只基金获殊荣,在所有基金公司中名列第一:国泰金鹰增长基金荣获"开放式基金金牛奖";基金金盛荣获"封闭式基金金牛奖";基金金泰荣获"封闭式基金金牛奖"。

2004年9月,国泰基金获得全国社会保障基金理事会投资管理人资格。

2004年11月10日,国泰基金旗下首只保本基金——国泰金象保本基金成立。

2005年6月21日,国泰货币基金成立。

2005年9月,国泰基金完成档案升级工作,成为业内首家获得档案二级先进资质的公司。

2006年4月28日,国泰金鹿保本基金成立。

2006年9月29日,国泰金鹏蓝筹价值基金成立。

2006年12月,封闭式基金金盛荣获《中国证券报》第四届中国基金业金牛奖"封闭式持续优胜金牛基金"的称号。

2007年4月,在《中国证券报》第三届基金金牛奖评选中,基金金盛荣获"封闭式持续优胜金牛基金"奖。

2007年4月11日,基金金鼎"封转开"为国泰金鼎价值精选基金成立。

2007年5月，在《证券时报》第二届明星基金评选中，基金金盛荣获“封闭式明星基金”奖。

2007年5月18日，国泰金牛创新成长基金成立。

2007年9月7日，国泰基金启动“红蜡烛助教计划”。

2007年10月，国泰基金获得劳动和社会保障部企业年金投资管理资格。

2007年10月，建银投资正式入主国泰基金，成为第一大股东。

2007年12月14日，国泰沪深300指数基金成立。

2008年1月，国泰金龙行业精选基金荣获《证券时报》“三年持续回报明星基金奖”。

2008年2月，国泰基金首批获得特定客户资产管理业务资格。

2008年4月，国泰基金获得合格境内机构投资人资格，成为业内少数拥有“全牌照”管理资格的基金管理公司。

2008年5月，国泰基金签下“一对一”专户理财第一单。

2008年6月，国泰金鹿保本增值基金转入第二个保本周期(二年)。

2008年11月，国泰基金上海总部搬迁至上海环球金融中心。

2009年1月，国泰深圳分公司获批设立。

2009年1月，国泰金龙债券基金荣获《中国证券报》“2008年度开放式债券型金牛基金”、《上海证券报》2008年度“金基金－债券型基金奖”、《证券时报》“2008年度债券型明星基金奖”。

2009年2月，国泰基金与纳斯达克OMX集团签署独家许可协议，使用纳斯达克100指数在中国开发场内交易产品。

2009年3月11日，国泰双利债券基金成立。

2009年3月26日，国泰基金总经理金旭在纳斯达克参加开市敲钟仪式，这也是境内基金行业获此邀请的第一人。

2009年5月27日，国泰区位优势基金成立。

2009年6月，国泰基金首个“红蜡烛图书室”在山东临沂建成。

2009年7月，国泰基金与意大利忠利保险有限公司正式签署《全面合作及投资备忘录》。

2009年9月，国泰基金第2个和第3个“红蜡烛图书室”在河南大别山和甘肃迭部建成。

2009年9月23日，国泰基金首只“一对多”产品——国泰隆金顺利发行结束。

2009年10月19日，国泰金盛“封转开”为国泰中小盘成长基金成立。

2009年11月，国泰基金第4个“红蜡烛图书馆”在陕西延安建成。

2010年2月10日，国泰估值优势分级封闭基金成立。

2010年3月22日，国内首只海外指数基金——国泰纳斯达克100指数基金获批正式发行。

2010年4月29日，国泰纳斯达克100指数基金(QDII)成立。

2010年5月，国泰基金荣获《证券时报》5项大奖，国泰基金管理公司荣获“2009年度十大明星基金公司”、国泰金龙行业混合基金荣获“2009年度三年持续回报积极混合型明星基金奖”、国泰金牛创新股票基金荣获“2009年度股票型明星基金奖”、国泰金马稳健混合基金荣获“2009年度积极混合型明星基金奖”、国泰金鹏蓝筹混合基金荣获“200年度积极混合型明星基金奖”。

2010年6月，国泰基金荣获《上海证券报》2项大奖，国泰金鹰增长股票基金荣获“2009年度金基金三年期分红奖”、国泰金牛创新成长基金荣获“2009年度金基金一年期产品奖”。

2010年6月21日，国泰基金对外发布公告，公司股东中国建银投资有限责任公司、万联证券有限责任公司已将其所持有的国泰基金管理有限公司合计30%的股权转让给意大利忠利集团。国泰基金正式成为合资基金公司，公司目前股东结构为：中国建银投资有限责任公司出资比例为60%、意大利忠利集团出资比例为30%、中国电力财务有限公司出资比例为10%。

2010年8月13日，国泰基金第16只开放式基金——国泰价值经典股票基金(LOF)成立。

2011年3月，上证180金融交易型开放式指数证券投资基金及其联接基金成立。

2011年4月，荣获《证券时报》2010年度十大明星基金公司奖。

2011年4月，国泰保本混合型证券投资基金成立。

2011年4月，国泰基金首个“红蜡烛图书室”在山东临沂建成。

2011年4月，金旭总经理在哈佛中国年会发表演讲，并获得论坛组委会授予的社会责任奖。

2011年8月，国泰事件驱动策略股票型证券投资基金成立。

2011年9月，金旭总经理等公司高管带队，由公司员工、股东单位代表、渠道和客户代表组成的4支队伍再次奔赴甘肃、湖北等地，连续第4年开展助学支教活动。

2011年12月，国泰信用互利分级债券型证券投资基金成立。

2012年3月，中小板300成长交易型开放式指数证券投资基金及其联接基金成立。

2012年3月，国泰成长优选股票型证券投资基金成立。

2012年3月，荣获《上海证券报》金基金评选“2011年度金基金·海外投资回报公司奖”。旗下国泰金牛创新基金获“三年期金基金？股票型基金奖”。国泰金龙行业精选基金获“一年期金基金？分红基金奖”。荣获《中国证券报》金牛基金评选“2011年度十大金牛基金公司奖”。旗下国泰金牛创新基金获“三年期金牛股票型基金奖”。荣获《证券时报》明星基金评选“五年持续回报明星基金公司奖”、“2011年度十大明星基金公司奖”。旗下国泰金牛创新基金获“三年期持续回报股票型明星基金奖”。国泰金鹰增长基金获“五年期持续回报股票型明星基金奖”。国泰金龙行业精选基金获“五年期持续回报积极混合型明星基金奖”。

2012年5月，国泰大宗商品配置证券投资基金(LOF)成立，成为国泰基金旗下第二只QDII产品。

【股东概况】

排序	股东名称	持股比例
1	中国建银投资有限责任公司	60%
2	意大利忠利集团	30%
3	中国电力财务有限公司	10%

【旗下基金】

基金代码	基金简称	基金类型
020001	国泰金鹰增长	股票型

基金代码	基金简称	基金类型
020010	国泰金牛创新	股票型
020015	国泰区位优势	股票型
020023	国泰事件驱动	股票型
020026	国泰成长优选股票	股票型
020002	国泰金龙债券 A 债券型	
020012	国泰金龙债券 C 债券型	
020019	国泰双利债券 A	债券型
020020	国泰双利债券 C	债券型
160217	国泰互利分级债券	债券型
020027	国泰信用债 A	债券型
020028	国泰信用债 C	债券型
020029	国泰 6 个月短期理财债券基金 A	债券型
020030	国泰 6 个月短期理财债券基金 B	债券型
020033	国泰民安增利债券 A	债券型
020034	国泰民安增利债券 C	债券型
000302	国泰淘金互联网债券	债券型
020003	国泰金龙行业精选	混合型
020005	国泰金马稳健	混合型
020009	国泰金鹏蓝筹	混合型
519021	国泰金鼎价值	混合型
519020	国泰金泰平衡	混合型
000362	国泰聚信价值 A	混合型
000363	国泰聚信价值 C	混合型
020018	国泰金鹿保本 2 期	保本型
020022	国泰保本	保本型
000199	国泰目标收益保本混合	保本型
020011	国泰沪深 300	指数型
160211	国泰中小盘	指数型
160215	国泰价值经典	指数型
020021	国泰上证 180 金融联接	指数型
510230	国泰上证 180 金融 ETF	指数型
159917	国泰中小板 300 成长	指数型
020025	国泰中小板 300 成长 ETF 联接	指数型
160218	国泰国证房地产指数分级	指数型
150117	国泰国证房地产 A	指数型
150118	国泰国证房地产 B	指数型
511010	国泰上证 5 年期国债 ETF	指数型
002035	国泰上证 5 年期国债 ETF 联接基金 A	指数型
002036	国泰上证 5 年期国债 ETF 联接基金 C	指数型
160212	国泰估值优势	指数型
518800	国泰黄金	指数型
160219	国泰国证医药卫生行业指数分级	指数型
150130	国泰医药 A	指数型
150131	国泰医药 B	指数型
160213	国泰纳斯达克 100	QDII
160216	国泰大宗商品	QDII
000103	国泰中国企业境外高收益债券	QDII
000193	国泰美国房地产开发股票	QDII
020007	国泰货币	货币型
020031	国泰现金管理货币市场基金 A	货币型
020032	国泰现金管理货币市场基金 B	货币型
500011	国泰金鑫	封闭式

【公司高管】

陈勇胜，董事长，硕士，20 年证券从业经历。1982 年起在中国建设银行总行、中国投资银行总行工作。历任综合计划处、资金处副处长、国际结算部副总经理（主持工作）。1992 年起任国泰证券公司国际业务部总经理，公司总经理助理兼北京分公司总经理，1998 年 3 月起任国泰基金管理公司总经理，1999 年 10 月起任董事长。

金旭，总经理，法学硕士，19 年证券从业经历。1993 年 7 月至 2001 年 11 月在中国证监会工作，历任法规处副处长、深圳监管专员办事处机构处副处长、基金监管部综合处处长。2001 年 11 月至 2004 年 7 月在华夏基金管理有限公司任党支部副书记、副总经理。2004 年 7 月至 2006 年 1 月在宝盈基金管理有限公司任总经理。2006 年 1 月至 2007 年 5 月在梅隆全球投资有限公司北京代表处任首席代表。2007 年 5 月加盟国泰基金管理有限公司。

林海中，硕士研究生，10 年证券基金从业经历。2002 年 8 月至 2005 年 4 月在中国证监会信息中心工作，历任专业助理、主任科员；2005 年 4 月至 2012 年 6 月在中国证监会基金监管部工作，历任主任科员、副处长、处长。2012 年 6 月起加盟国泰基金管理有限公司，2012 年 8 月起任公司督察长。

南方基金管理有限公司

【基本情况】

法定名称：南方基金管理有限公司
英文名称：China Southern Fund Management Co. ,Ltd.
注册地址：深圳市深南大道 4009 号投资大厦 7 层
办公地址：深圳市福田中心区福华一路 6 号
免税商务大厦 31 – 33 层
法人代表：吴万善
总　经　理：杨小松
成立时间：1998 年 3 月 6 日
公司属性：中资
注册资本：1.5 亿元
联系电话：0755 – 82763888
客服热线：400 – 889 – 8899
传真号码：0755 – 82763889
邮政编码：518048
公司网址：www. southernfund. com

【公司概况】

1998 年 3 月 6 日，经中国证监会批准，南方基金管理有限公司作为国内首批规范的基金管理公司正式成立，成为我国“新基金时代”的起始标志。南方基金总部设在深圳，注册资本 1.5 亿元人民币。股东结构为：华泰证券股份有限公司（45%）；深圳市投资控股有限公司（30%）；厦门国际信托有限公司（15%）；兴业证券股份有限公司（10%）。目前，公司在北京、上海、合肥等地设有分公司，在香港设有子公司——南方东英资产管理有限公司，这也是境内基金公司获批成立的第一家境外分支机构。

公司拥有一支高素质、经验丰富的专业化团队。现有员工 390 余人，超过 55% 的员工具有硕士以上学历，近 70% 的员工具有 7 年以上的证券从业经历，其中投研人员的平均证券从业年限为 8 年，40% 的投研人员具有海外学习或工作经验。

公司经历了中国证券市场多次牛熊交替的长期考验，以持续优秀的投资业绩、完善周到的客户服务，赢得了广大基金投资人、社保理事会、企业年金客户、专户客户的认可和信赖。截止 2012 年末，公司管理资产规模 2271 亿元，位居行业前列。旗下管理公募基金共 39 只。其中开放式基金 37 只、封闭式基金 2 只，公募基金资产管理规模 1526 亿元，累计向基金持有人分红达到 495 亿元，拥有客户数量突破 1200 万人。

私募业务管理规模近745亿元，在行业中持续保持领先地位。南方基金已经发展成为国内产品种类最丰富、业务领域最全面、经营业绩优秀、资产管理规模最大的基金管理公司之一。

【公司大事记】

1998年，南方基金管理有限公司管理的国内第一只规范的封闭式证券投资基金——基金开元成功发行上市，开创了中国基金业的新纪元。

2001年9月，南方基金管理公司首批推出了开放式基金——南方稳健成长基金，引领行业潮流。

2002年9月，南方基金管理有限公司又率先推出了国内首只债券型开放式基金——南方宝元债券型基金。

2002年12月，南方基金管理有限公司在全国社会保障基金投资管理人评选中力拔头筹；

2003年5月，南方基金管理公司再次引领行业之先，推出了国内首只保本型开放式基金——南方避险增值基金，并以51.93亿的首发规模创下国内开放式基金的新纪录。

2004年3月，南方现金增利基金以80.49亿再次刷新国内开放式基金的首发纪录，成为国内发行规模最大的一只基金。

2004年8月，南方积极配置基金正式发行，成为国内首只上市开放式基金（LOF）。

2005年5月，南方高增长基金正式开始发行。

2005年8月，南方基金管理有限公司获得首批企业年金基金投资管理人资格。

2006年3月，南方多利基金正式发行，为国内第一只规范的中短债类基金，首发规模达89.77亿元。

2006年6月，南方稳健贰号基金发行，首发规模达52.57亿份，成为国内第一只复制基金。

2006年11月，南方绩优成长基金发行，首发规模达124.77亿份，成为到发行结束之日止发行时间最短的百亿基金；

2006年11月，南方高增长基金每基金单位分红高达0.747元，创下基金单次分红的最高纪录，并引来投资者的踊跃申购，两天之内申购量超过100亿元。

2007年4月，南方稳健贰号基金实施拆分，投资者申购踊跃，一天之内申购量约300亿元，启动比例确认机制，确认比例只有约1/4。

2007年5月，由于南方金元封转开而来的南方成份精选基金集中申购，发行当日结束发行，发行规模接近预计上限，发行规模107.59亿元。

2007年7月，南方基金首家获得基金QDII业务资格。

2007年8月，南方基金管理资产规模突破2000亿元。

2007年9月，国内首只股票型QDII产品——南方全球精选配置基金发行，一天之内认购量约500亿元，经主管机关和相关部门批准后，该基金最后以40亿美元（折合人民币约300亿元）的额度进行比例确认。

2007年11月9日，基金隆元终止上市，并成功实现封转开，变更为旗下第十二只开放式证券投资基金——南方隆元产业主题（股票型）。

2007年12月6日，南方隆元产业主题基金集中申购，募集规模92.61亿元。

2008年2月18日，首批获得特定客户资产管理业务资格。

2008年3月21日，发行、成立旗下第13只开放式证券投资基金——南方盛元红利（股票型），募集规模62.17亿元。

2008年6月18日，发行、成立旗下第14只开放式证券投资基金——南方优选价值（股票型），募集规模11.39亿元。

2008年6月27日，中国证监会核准公司在香港设立南方东英资产管理有限公司

2008年11月12日，发行、成立旗下第15只开放式证券投资基金——南方恒元保本混合型基金，募集规模22.11亿元。

2009年3月26日，发行、成立旗下第16只开放式证券投资基金——南方沪深300指数证券投资基金，募集规模15.81亿元。

2009年9月2日，南方基金－光大银行首只专户“一对多”产品获批，南方基金成为国内首批拿到专户“一对多”产品批文的基金公司之一。

2009年9月25日，发行、成立旗下第17只开放式证券投资基金——南方中证500指数证券投资基金（LOF），募集规模为32.23亿元。

2009年9月28日，发行、成立旗下第1只一对多理财产品——南方－光大－灵活配置1号资产管理计划。

2009年12月4日，发行、成立旗下第18只开放式证券投资基金——深证成份交易型开放式指数证券投资基金（ETF），募集规模为41.28亿元。

2009年12月9日，发行、成立旗下第19只开放式证券投资基金——南方深证成份交易型开放式指数证券投资基金联接基金，募集规模为32.72亿元。

2010年3月31日，发行、成立旗下第20只开放式证券投资基金——南方策略优化股票型证券投资基金，募集规模为22亿元。

2010年8月27日，发行、成立旗下第21只开放式证券投资基金——中证南方小康产业交易型开放式指数证券投资基金，募集规模为6.56亿元。

2010年8月27日，发行、成立旗下第22只开放式证券投资基金——中证南方小康产业交易型开放式指数证券投资基金联接基金，募集规模为8.99亿元。

2010年11月3日，发行、成立旗下第23只开放式证券投资基金——南方广利回报债券型证券投资基金，募集规模为45.65亿元。

2010年12月9日，发行、成立旗下第24只开放式证券投资基金——南方金砖四国指数证券投资基金，募集规模为6.36亿元。

2011年1月30日，发行、成立旗下第25只开放式证券投资基金——南方优选成长混合型证券投资基金，募集规模为22.17亿元。

2011年5月17日，发行、成立旗下第26只开放式证券投资基金——中证50债券指数证券投资基金（LOF），为国内首只债券指数LOF基金，募集规模为28.26亿元。

2011年6月21日，发行、成立旗下第27只开放式证券投资基金——南方保本混合型证券投资基金，募集规模为49.6亿元。

2011年9月16日，发行、成立旗下第28只开放式证券投资基金——上证380交易型开放式指数证券投资基金（ETF），募集规模为3.3亿元。

2011年9月20日，发行、成立旗下第29只开放式证券投资基金——南方上证380交易型开放式指数基金联接基金，募集规模为3.24亿元。

2011年9月26日，发行、成立旗下第30只开放式证券投资基金——南方中国中小盘股票指数证券投资基金，募集规

模为 3 亿元。

2011 年 12 月 21 日，首批获得人民币境外合格机构投资者（RQFII）资格。

2012 年 3 月 13 日，发行、成立旗下第 31 只开放式证券投资基金——南方新兴消费增长分级股票型证券投资基金，募集规模为 19.3 亿元。

2012 年 5 月 17 日，发行、成立旗下第 32 只开放式证券投资基金——南方金利定期开放债券型证券投资基金，募集规模为 16.2 亿元。

2012 年 7 月 20 日，发行、成立旗下第 33 只开放式证券投资基金——南方润元纯债债券型证券投资基金，募集规模为 85.62 亿元。

2012 年 8 月 14 日，发行、成立旗下第一只短期理财基金、旗下第 34 只开放式证券投资基金 - 南方理财 14 天债券型证券投资基金，募集规模为 70.09 亿元。

2012 年 9 月 25 日，发行、成立旗下第 35 只开放式证券投资基金——南方金粮油商品股票型证券投资基金，募集规模为 33.73 亿元。

2012 年 10 月 12 日，入选保险资金投资管理人。

2012 年 10 月 19 日，发行、成立旗下第 36 只开放式证券投资基金——南方理财 60 天债券型证券投资基金，募集规模为 51.08 亿元。

2012 年 12 月 21 日，发行、成立旗下第 37 只开放式证券投资基金——南方安心保本混合型证券投资基金，募集规模为 24.41 亿元。

【公司荣誉】

公司奖：

南方日报社 2011 年度南方金融社会责任奖

上海证券报社 2011 年度金基金——海外投资回报公司

股市动态分析 2011 品牌管理与营销策划十佳基金公司

北京商报社 2011 最佳社会责任奖——南方基金

网易金钻奖——2011 年度最佳债券基金品牌

每日经济新闻第二届中国高端私人理财金鼎奖——最佳基金公司

凤凰网 2011 年度最具影响力基金品牌

理财周报 2012 年中国最佳社会责任基金公司

银行间市场清算所股份有限公司 2011 年度基金信托类结算成员前五名

南方日报社 2011 年度南方金融社会责任奖

上海证券报社 2011 年度金基金——海外投资回报公司

股市动态分析 2011 品牌管理与营销策划十佳基金公司

北京商报社 2011 最佳社会责任奖——南方基金

网易金钻奖——2011 年度最佳债券基金品牌

每日经济新闻第二届中国高端私人理财金鼎奖——最佳基金公司

凤凰网 2011 年度最具影响力基金品牌

理财周报 2012 年中国最佳社会责任基金公司

基金奖：

南方日报社 2012 最佳金融营销创意奖——南方“壹定投”微视频营销策划

中国证券报 2011 年一年期股票型金牛基金奖——南方成份

人物奖：

和讯网 2011 年度第九届中国财经风云榜年度最佳基金经理——韩亚庆

股市动态分析 2011 年基金行业最佳品牌与营销策划经理——冯飞、齐东宇

【股东概况】

排序	股东名称	持股比例
1	华泰证券有限责任公司	45%
2	深圳市投资控股有限公司	30%
3	厦门国际信托投资股份有限公司	15%
4	兴业证券股份有限公司	10%

【旗下基金】

基金代码	基金简称	基金类型
160105	南方积配	股票型
160106	南方高增	股票型
202003	南方绩优	股票型
202005	南方成份	股票型
202007	南方隆元	股票型
202009	南方盛元	股票型
202011	南方价值	股票型
202019	南方策略	股票型
160127	南方消费	股票型
150049	南方消费收益	股票型
150050	南方消费进取	股票型
202027	南方金粮油	股票型
202001	南方稳健	混合型
202002	南稳贰号	混合型
202023	南方优选成长	混合型
000452	南方医保	混合型
202202	南方避险	保本型
202211	南方恒元	保本型
202212	南方保本	保本型
202213	南方安心	保本型
202015	南方 300 联接	指数型
159925	南方 300(ETF)	指数型
160119	南方 500	指数型
510050	500ETF	指数型
202017	南方深成 ETF	指数型
159903	深成 ETF	指数型
202021	南方小康	指数型
510160	南方小康 ETF	指数型
202025	南方 380	指数型
510290	380ETF	指数型
202801	南方全球	QDII
160121	南方金砖	QDII
160125	南方中国	QDII
202101	南方宝元	债券型
202102	南方多利 C	债券型
202103	南方多利 A	债券型
202105	南方广利 A/B	债券型
202107	南方广利 C	债券型
160123	南方 50 债 A	债券型
160124	南方 50 债 C	债券型
160128	南方金利 A	债券型
160129	南方金利 C	债券型

基金代码	基金简称	基金类型
202108	南方润元 A/B	债券型
202110	南方润元 C	债券型
160130	南方永利	债券型
000022	南方中票 A	债券型
000023	南方中票 C	债券型
000086	南方稳利	债券型
000355	南方丰元 A	债券型
000356	南方丰元 C	债券型
160131	南方聚利	债券型
202301	南方现金 A	货币型
202302	南方现金 B	货币型
202303	南方理财 14 天 A	理财型
202304	南方理财 14 天 B	理财型
202305	南方理财 60 天 A	理财型
202306	南方理财 60 天 B	理财型
202307	南方理财 30 天 A	理财型
202308	南方理财 30 天 B	理财型
184698	基金天元	封闭式

【公司高管】

吴万善先生，董事长，中共党员，工商管理硕士，高级经济师。历任中国人民银行江苏省分行金融管理处科员、中国人民银行南京市分行江宁支行科员、华泰证券有限责任公司发行部副经理、总经理助理、副总经理、总裁，现任华泰证券有限责任公司董事长兼党委副书记、南方基金管理有限公司董事长代总裁。

杨小松先生，董事，中共党员，经济学硕士，注册会计师。历任德勤国际会计师行会计专业翻译，光大银行证券部职员，美国 NASDAQ 实习职员，证监会处长、副主任。2012 年加入南方基金，担任督察长，现任南方基金管理有限公司董事、总裁、党委副书记。

鲍文革先生，督察长，中国民主同盟盟员，经济学硕士。历任财政部中华会计师事务所审计师，南方证券有限公司投行部及计划财务部总经理助理，1998 年加入南方基金，历任运作保障部总监、公司监事、财务负责人、总经理助理，现任南方基金管理有限公司督察长、南方东英资产管理有限公司（香港）董事。

华夏基金管理有限公司

【基本情况】

法定名称：华夏基金管理有限公司
英文名称：CHINA ASSET MANAGEMENT CO.，LTD.
注册地址：北京市顺义区天竺空港工业区 A 区
办公地址：北京市西城区金融大街 33 号通泰大厦 B 座 8 层
法人代表：王东明
总 经 理：滕天鸣
成立时间：1998 年 4 月 9 日
注册资本：2.38 亿元
公司属性：中资
联系电话：(010) 88066508
客服热线：400－818－6666
传真号码：(010) 88066566
邮政编码：100032
公司网址：www.chinaamc.com

【公司概况】

华夏基金管理有限公司成立于 1998 年 4 月 9 日，是经中国证监会批准成立的首批全国性基金管理公司之一。公司总部设在北京，在北京、上海、青岛、南京、杭州、广州、深圳和成都设有分公司，在香港设有子公司。公司以专业、严谨的投资研究为基础，为投资人提供优质的投资理财产品和服务。

历经多年牛市熊市的洗礼，华夏基金规范运作、稳健经营，以雄厚的综合实力保持了基金行业的领先地位。截至 2013 年 12 月底，旗下基金累计分红超过 870 亿元。

成立十五年来，华夏基金的业务持续快速发展，获得了基金行业全部业务牌照。华夏基金是首批全国社保基金管理人、首批企业年金基金管理人、境内首批 QDII 基金管理人、境内首只 ETF 基金管理人，以及特定客户资产管理人、保险资金投资管理人，香港子公司是首批 RQFII 基金管理人。华夏基金是业务领域最广泛的基金管理公司之一。

华夏基金在业内最早提出"研究创造价值"的投资理念，制定了严格的投资管理流程和制度，目的是通过专业、严谨的投资，获取稳定、可靠的收益。华夏基金的投研团队，吸收了大批海内外专业人士，具有高水准的职业操守、丰富的投资经验和突出的研究能力。各基金经理在分享团队智慧的同时，能够充分发挥主观能动性，团队整体富有经验且充满锐气，在投资管理方面具有独立性和前瞻性。

华夏基金建立了完善的基金产品线，旗下共有 43 只开放式基金，1 只封闭式基金，从低风险、低收益的货币市场基金到高风险、高收益的股票基金，可以满足各类风险偏好投资者的需求。公司还管理着多只全国社保基金投资组合，已经被超过 160 家大中型企业确定为年金投资管理人，并被多家客户确定为特定客户资产管理人。公司是境内管理基金数目最多、品种最全的基金管理公司之一。

【股东概况】

持股单位	持股占总股本比例
中信证券股份有限公司	59%
南方工业资产管理有限责任公司	11%
山东省农村经济开发投资公司	10%
POWER CORPORATION OF CANADA	10%
青岛海鹏科技投资有限公司	10%
合计	100%

【旗下基金】

基金代码	基金简称	类型
288002	华夏收入	股票型
000021	华夏优势增长	股票型
000031	华夏复兴	股票型
160314	华夏行业精选	股票型
000061	华夏盛世精选	股票型
000001	华夏成长	混合型
000011	华夏大盘精选	混合型
002001	华夏回报	混合型
002011	华夏红利	混合型
002021	华夏回报二号	混合型
519029	华夏平稳增长	混合型
160311	华夏蓝筹	混合型
002031	华夏策略精选	混合型
288001	华夏经典	混合型

基金代码	基金简称	类型
519908	华夏兴华	混合型
000121	华夏永福养老理财	混合型
000041	华夏全球精选	QDII
001061	华夏收益债券 A	QDII
001063	华夏收益债券 C	QDII
001065	华夏收益债券现汇	QDII
159920	华夏恒生 ETF	QDII
000071	华夏恒生 ETF 联接	QDII
000075	华夏恒生 ETF 联接现汇	QDII
001001	华夏债券 A/B	债券型
001003	华夏债券 C	债券型
001011	华夏希望债券 A	债券型
001013	华夏希望债券 C	债券型
288102	中信双利	债券型
001021	华夏亚债中国债指 A	债券型
001023	华夏亚债中国债指 B	债券型
001031	华夏安康优选债券 A	债券型
001033	华夏安康优选债券 C	债券型
000014	华夏一年定开债券 *	债券型
000015	华夏纯债债券 A	债券型
000016	华夏纯债债券 C	债券型
000047	华夏双债债券 A	债券型
000048	华夏双债债券 C	债券型
003003	华夏现金增利 A/E	货币型
288101	华夏货币 A	货币型
288201	华夏货币 B	货币型
519800	华夏保证金货币 A	货币型
519801	华夏保证金货币 B	货币型
000343	华夏财富宝货币	货币型
510050	华夏上证 50ETF	指数型
159902	华夏中小板 ETF	指数型
000051	华夏沪深 300	指数型
510330	华夏沪深 300ETF	指数型
510610	华夏能源 ETF	指数型
510620	华夏材料 ETF	指数型
510630	华夏消费 ETF	指数型
510650	华夏金融 ETF	指数型
510660	华夏医药 ETF	指数型
001057	华夏理财 30 天债券 A	理财型
001058	华夏理财 30 天债券 B	理财型
001077	华夏理财 21 天 A	理财型
001078	华夏理财 21 天 B	理财型
500018	华夏兴和	封闭式

【公司高管】

杨明辉先生：董事长，硕士，高级经济师。现任中信证券股份有限公司董事总经理、党委委员。曾任纺织部北京纺织机械研究所工程师、室副主任，中信兴业信托投资公司纺织处项目经理，中国国际信托投资公司证券部项目经理，中信证券北京营业部副总经理，中信证券公司董事、襄理、副总经理，中信控股公司董事、常务副总裁并兼任中信证券董事、中信信托董事、信诚基金管理有限公司董事长，中国建银投资证券有限责任公司党委副书记、执行董事、总裁。

滕天鸣先生：总经理，硕士。曾任机构理财部总经理、公司总经理助理、公司副总经理等。

方瑞枝女士：督察长，硕士。曾在中国金融出版社工作。

华安基金管理有限公司

【基本情况】

法定名称：华安基金管理有限公司
英文名称：Hua An Fund Management Co. , Ltd.
注册地址：上海市浦东新区世纪大道 8 号上海国金中心二期 31、32 层
办公地址：上海市浦东新区世纪大道 8 号上海国金中心二期 31、32 层
法人代表：朱仲群
总 经 理：李 勍
成立时间：1998 年 6 月 4 日
公司属性：中资
注册资本：1.5 亿元
联系电话：021 - 38969999
客服电话：40088 - 50099
传真号码：021 - 68863223
邮政编码：200120
公司网址：www. huaan. com. cn

【公司概况】

华安基金管理有限公司经中国证监会证监基金字［1998］20 号文批准于 1998 年 6 月设立，是国内首批基金管理公司之一，注册资本 1.5 亿元人民币，公司总部设在上海陆家嘴金融贸易区。目前的股东为上海电气（集团）总公司、上海国际信托有限公司、上海工业投资（集团）有限公司、上海锦江国际投资管理有限公司和国泰君安投资管理股份有限公司。

截至 2013 年 12 月 31 日，华安基金共有 47 只公募基金。公募基金管理规模达到 838.62 亿元，15 年稳居行业前 10。从业绩上来看，股票投资能力有 12 年居行业前 1/2，7 年居前 1/3，5 年居前 1/4。

截至 2013 年 12 月 31 日，华安基金管理有限公司旗下共管理了华安安顺封闭 1 只封闭式证券投资基金，华安创新混合、华安中国 A 股增强指数、华安现金富利货币、华安宝利配置混合、华安宏利股票、华安中小盘成长股票、华安策略优选股票、华安核心优选股票、华安稳定收益债券、华安动态灵活混合、华安强化收益债券、华安行业轮动股票、华安上证 180ETF、华安上证 180ETF 联接、华安上证龙头企业 ETF、龙头 ETF 联接、华安升级主题股票、华安稳固收益债券、华安可转换债基金、华安深证 300 指数基金（LOF）、华安科技动力股票、华安四季红债券、华安香港精选股票、华安大中华升级股票、华安标普石油指数基金（QDII - LOF）、华安月月鑫短期理财债券、华安季季鑫短期理财债券、华安月安鑫短期理财债券、华安七日鑫短期理财债券、华安沪深 300 指数分级、华安逆向策略、华安日日鑫货币、华安安心收益债券、华安信用增强债券、华安保本混合、华安纯债债券、华安双债债券、华安易富黄金 ETF、华安年年红债券、华安生态优先、华安中证细分医药 ETF、华安中证细分地产 ETF 等 47 只开放式基金。

【公司大事记】

1999 年 6 月，华安获准成为第一批可管理两只基金的基金管理公司；

2001 年 2 月，华安被"机构投资者论坛"（INSTITUTIONAL INVESTOR）吸收为第一个中国大陆会员；

2001 年 9 月，推出了国内第一只开放式基金——华安创新证券投资基金；

2002 年 9 月，推出了国内第一只开放式指数型证券投资基金——华安 180 指数增强型证券投资基金。

2003 年 4 月，成为业内第一家参照"实时企业"（Real Time Company）的要求，推出 7＊24 小时"全天候"理财服务的基金管理公司。

2003 年 12 月，推出了国内第一只准货币市场基金——华安现金富利基金。

2006 年 9 月，推出中国第一只外币基金产品——华安国际配置基金。

2007 年 04 月，华安旗下封闭式基金安瑞到期，转型为开放式基金—华安中小盘成长基金。

2007 年 08 月，华安旗下封闭式基金安久到期，转型为开放式基金—华安策略优选基金，申购首日突破 700 亿。

2007 年 10 月，华安旗下中国第一只开放式基金华安创新分拆，净值回归 1 元。

2007 年 12 月，华安基金管理公司管理资产规模突破 1000 亿，服务客户近 600 万

2008 年 04 月，推出了旗下第一只债券型基金——华安稳定收益债券型基金，进一步完善了产品线。

2008 年 05 月，举行了公司十周年庆典暨华安全新品牌形象和 LOGO 发布会。十年再上路，华安以全新的品牌形象和投资者一起再出发。

2008 年 10 月，推出了旗下第十一只开放式证券投资基金——华安核心优选股票型证券投资基金。

2009 年 04 月，推出了旗下第二只债券型基金——华安强化收益债券型证券投资基金。

2009 年 09 月，推出旗下第十三只开放式证券投资基金——华安上证 180 交易型开放式指数证券投资基金联接基金，实现了基金业的创新，使得投资者能够以投资于普通开放式基金的资本量投资于交易型开放式指数基金。

2009 年 12 月，推出旗下第十四只开放式证券投资基金——华安动态灵活配置混合型证券投资基金

2010 年 09 月，推出了第二只海外投资基金（QDII）华安香港精选股票型证券投资基金。

2010 年 05 月，推出旗下第十五只开放式证券投资基金——华安行业轮动股票型证券投资基金。

2011 年 9 月，国内第一只开放式基金——华安创新混合配置基金发行十周年。至今中国开放式基金已然走过十年风雨岁月。

2011 年 12 月，上证 180ETF 正式纳入融资融券标的证券。

2011 年 12 月，旗下全资子公司——华安资产管理（香港）有限公司的 RQFII（人民币合格境外机构投资者）资格正式获得证监会批准，成为成功入围首批获准该项资格的机构之一。

2011 年 12 月，华安基金总部搬迁至上海国金中心。

2012 年 4 月，国内首批固定组合类创新基金破茧，华安月月鑫、季季鑫短期理财基金正式获批。

2013 年 6 月，国内首批黄金 ETF 获批——华安易富黄金 ETF，开创了黄金投资新时代。

【股东概况】

排序	股东名称	持股数量（万股）	持股比例
1	上海国际信托投资有限公司	3000.00	20%
1	上海电气（集团）总公司	3000.00	20%
1	上海锦江国际投资管理有限公司	3000.00	20%
1	国泰君安投资管理股份有限公司	3000.00	20%
1	上海工业投资（集团）有限公司	3000.00	20%

【旗下基金】

基金代码	基金简称	类型
040005	华安宏利	股票型
040007	华安中小盘成长	股票型
040008	华安策略优选	股票型
040011	华安核心	股票型
040016	华安行业轮动	股票型
040020	华安升级主题	股票型
040025	华安科技动力	股票型
040035	华安逆向策略	股票型
519002	华安安信消费服务	股票型
000294	华安生态	股票型
040001	华安创新	混合型
040004	华安宝利配置	混合型
040015	华安动态灵活配置	混合型
000072	华安保本	混合型
040002	华安中国 A 股	指数型
510180	180ETF	指数型
040180	华安 180ETF 联接	指数型
040190	华安龙头 ETF 联接	指数型
160415	华安深证 300 指数（LOF）	指数型
160417	华安沪深 300 指数分级	指数型
150104	华安沪深 300 指数分级 A	指数型
150105	华安沪深 300 指数分级 B	指数型
000216	华安黄金易（ETF 联接）A	指数型
000217	华安黄金易（ETF 联接）C	指数型
000312	华安沪深 300 增强 A	指数型
000313	华安沪深 300 增强 C	指数型
040003	华安现金富利 A	货币型
040013	华安现金富利 B	货币型
040018	华安香港精选股票	QDII
040021	华安大中华股票	QDII
160416	华安石油指数	QDII
040046	华安纳指 100	QDII
040047	华安纳指 100（钞）	QDII
040048	华安纳指 100（汇）	QDII
040009	华安稳定收益债券 A	债券型
040010	华安稳定收益债券 B	债券型
040012	华安强化收益债券 A	债券型
040013	华安强化收益债券 B	债券型
040019	华安稳固收益债券	债券型
040022	华安可转债债券 A	债券型
040023	华安可转债债券 B	债券型
040026	华安信用四季红债券	债券型
040036	华安安心收益债券 A	债券型
040037	华安安心收益债券 B	债券型
040045	华安信用增强债券	债券型
040040	华安纯债债券 A	债券型
040041	华安纯债债券 C	债券型
000149	华安双债添利债券 A	债券型
000150	华安双债添利债券 C	债券型
000227	华安年年红债券	债券型

基金代码	基金简称	类型
040038	华安日日鑫货币 A	理财型
040039	华安日日鑫货币 B	理财型
040042	华安七日鑫 A	理财型
040043	华安七日鑫 B	理财型
040028	华安月月鑫短期理财 A	理财型
040029	华安月月鑫短期理财 B	理财型
040030	华安季季鑫短期理财 A	理财型
040031	华安季季鑫短期理财 B	理财型
040033	华安月安鑫短期理财债券 A	理财型
040034	华安月安鑫短期理财债券 B	理财型
500009	华安安顺	封闭式

【公司高管】

朱仲群先生，研究生学历。历任中国人民银行人事司、办公厅副处长、处长，国家开发银行办公厅处长，中国光大银行大连分行行长助理、监察室副主任，中国平安人寿保险股份有限公司北京分公司党委副书记兼副总经理、党委书记兼总经理，长城人寿保险股份有限公司总经理、副董事长、董事，现任上海国际集团有限公司总经理助理，华安基金管理有限公司董事长。

李勍先生，大学学历，高级管理人员工商管理硕士（EMBA）。历任中国兴南（集团）公司证券投资部副总经理，北京汇正财经顾问有限公司董事总经理，上海证券交易所深圳办事处主任，中国投资信息有限公司董事总经理，现任华安基金管理有限公司董事、总裁。

薛珍女士，研究生学历，11 年证券、基金从业经验，曾任华东政法大学副教授，中国证监会上海证管办机构处副处长，中国证监会上海监管局信息调研处处长，中国证监会上海监管局法制工作处处长，现任华安基金管理有限公司督察长。

博时基金管理有限公司

【基本情况】

法定名称：博时基金管理有限公司

英文名称：Boshi Fund Management Co. , Ltd.

办公地址：深圳市福田区深南大道 7088 号招商银行大厦 29 – 30 层

法人代表：杨　鶤

总 经 理：吴姚东

成立时间：1998 年 7 月 13 日

公司属性：中资

注册资本：2.5 亿元

联系电话：0755 – 83169999

客服热线：95105568

传真号码：0755 – 83195140

公司网址：www. bosera. com

【公司概况】

博时基金管理有限公司成立于 1998 年 7 月 13 日，是中国内地首批成立的五家基金管理公司之一。注册资本 2.5 亿元人民币，总部设在深圳，在北京、上海、郑州、沈阳、成都设有分公司。同时，博时基金公司拥有博时基金（国际）有限公司和博时资本管理有限公司两家全资子公司。博时基金公司的股东为招商证券股份有限公司、中国长城资产管理公司、天津港（集团）有限公司、璟安股权投资有限公司、上海盛业股权投资基金有限公司、上海丰益股权投资基金有限公司、广厦建设集团有限责任公司。博时基金公司的经营范围包括基金募集、基金销售、资产管理和中国证监会许可的其他业务，是一家为客户提供专业投资服务的资产管理机构。

“为国民创造财富”是博时的使命。博时基金公司的投资理念是“做投资价值的发现者”。我们的股票投资强调以内部研究为基础的基本面分析，持续挖掘业绩稳定增长、有核心竞争力、有成长潜力的上市公司。我们坚信股票的二级市场价格终将反映企业的内在价值，坚守对企业的深入把握这一获取收益、规避风险的根本方法。

截至 2013 年 12 月 31 日，博时基金共管理博时价值增长混合基金、博时沪深 300 指数基金、博时现金收益货币基金、博时精选股票基金、博时主题行业股票（LOF）基金、博时稳定价值债券基金、博时平衡配置混合基金、博时价值增长贰号混合基金、博时第三产业股票基金、博时新兴成长股票基金、博时特许价值股票基金、博时信用债券基金、博时策略混合基金、博时上证超大盘 ETF 基金、博时上证超大盘 ETF 联接基金、博时创业成长股票基金、博时大中华亚太精选股票（QDII）基金、博时宏观回报债券基金、博时转债增强债券基金、博时行业轮动股票基金、博时抗通胀增强回报（QDII – FOF）基金、博时卓越品牌股票基金、博时深证基本面 200ETF 基金、博时深证基本面 200ETF 联接基金、博时裕祥分级债券基金、博时回报混合基金、博时天颐债券基金、博时上证自然资源 ETF 基金、博时上证自然资源 ETF 联接基金、博时标普 500ETF 基金、博时标普 500ETF 联接（QDII）基金、博时医疗保健行业股票基金、博时信用债纯债基金、博时安心收益定期开放债券基金、博时理财 30 天债券基金、博时亚洲票息收益债券（QDII）基金、博时安盈债券基金、博时岁岁增利一年定期开放债券基金、博时上证企债 30ETF 基金、博时裕益灵活配置混合基金、博时内需增长灵活配置混合基金、博时灵活配置混合基金、博时月月薪定期支付债券基金、博时双月薪定期支付债券基金、博时安丰 18 个月定期开放债券基金、博时双债增强债券基金等四十六只开放式基金和博时裕隆封闭一只封闭式基金，并且受全国社会保障基金理事会委托管理部分社保基金，以及多个企业年金账户、特定资产管理账户。截至 2013 年 12 月 31 日，博时管理的公募基金资产规模超过 1052 亿元人民币，累计分红超过 608 亿元人民币。博时基金公司是目前我国资产管理规模最大的基金公司之一，养老金资产管理规模在同业中名列前茅。

【公司大事记】

1998 年 7 月 13 日，经中国证监会证监基字［1998］26 号文件批准，博时基金管理有限公司在北京正式成立。

2008 年 1 月 7 日，由中国证券报主办、银河证券、天相投资顾问公司和中信证券协办的“第五届中国基金业金牛奖”评选结果揭晓，博时、华夏、易方达等 10 家基金管理公司荣获 2007 年度“金牛基金管理公司”称号。博时旗下两只基金同时获奖，基金裕隆获评为“2007 年度封闭式金牛基金”，博时主题行业获评为“2007 年度开放式股票型金牛基金”。

2008 年 1 月 10 日，由网易财经主办、《基金观察》协办的“中国基金十年高峰论坛暨 2007 年中国十大金钻基金公司颁奖盛典”中，博时等 10 家基金管理公司荣获“2007 年中国十大金钻基金公司”称号，同时博时还荣获“2007 年最具人气基金公司”称号。

2008年1月16日，由《理财周刊》、《第一理财网》、《北京青年报》、《广州日报》等联合举办“2007年度理财产品评选”颁奖典礼在上海举行，博时第三产业成长基金荣获“2007年度基金产品金奖”的称号。

2008年1月20日由国内著名财经网站和讯网主办的“2007年度中国财经风云榜”在北京揭晓，博时荣获“中国十大品牌基金公司”、“中国基金业杰出电子商务奖”两项荣誉，博时总裁肖风荣获“中国基金业杰出掌门人奖”，博时主题行业基金经理邓晓峰荣获“中国十大明星基金经理”。

2008年1月20日，由21世纪经济报道主办的21世纪中国资本市场年会在北京举行，会上颁发了“中国赢基金奖”。博时基金公司获得“2007年中国基金公司综合实力大奖”和“2007年中国基金管理公司最佳最快成长奖”的荣誉。

2008年1月22日，由华夏时报主办的“2007华夏机构投资者年会暨华夏理财总评榜颁奖盛典”在北京举行，博时等3家基金管理公司荣获“最佳基金事件营销奖”称号。

2008年1月23日，《卓越理财》杂志、金融界网站、中央人民广播电台都市之声联合举办的“卓越2007金融理财排行榜”颁奖典礼在北京举行，博时裕富荣获“卓越2007金融理财排行榜最受欢迎基金产品奖”。

2008年2月1日，全国银行间同业拆借中心根据交易成员2007年参与银行间本币市场交易的成绩和交易中遵章守法、恪守信用情况以及对交易系统建设的支持，选出了120家“2007年度优秀交易成员”，博时位列其中，这是博时基金连续四年当选“全国银行间市场优秀交易成员”。

2008年2月20日，经证券期货业科学技术奖励委员会和中国证监会批准，证券期货业首届科学技术奖获奖项目在北京揭晓，在信息系统的建设与应用方面创造了基金行业6项第一的博时基金公司荣获证券期货业首届科学技术奖最佳创新奖。

2008年2月21日，由中国企业年金网主办的2007年度优秀企业年金基金管理机构评选结果日前揭晓，博时基金荣获“2007年度最佳企业年金投资管理人”称号。

2008年2月28日，由金融界网站和清华大学中国金融研究中心主办的首届“影响力？基金年会暨2007BOB基金评选颁奖”在北京举行，博时等10家基金管理公司荣获“2007年度BOB基金公司”称号，同时博时旗下的“博时主题行业基金”、“博时精选股票基金”和“基金裕隆”还荣获“2007年度BOB最佳基金产品”称号。（注：BOB即Best of thebest，优中最优）

2008年3月18日，由东方财富网、新民晚报联合主办的“2007年百姓最喜爱的十大股票基金评选”系列活动结果在上海揭晓：经过一个月的读者投票和专家评选，博时主题行业基金被评为“2007年百姓最喜爱的十大股票基金”。

2008年3月22日，由证券时报社主办、安信证券协办的“2007年度中国明星基金暨最佳托管银行评选”颁奖典礼在深圳举行。博时凭借公司综合实力荣获“2007年度十大明星基金公司”称号。同时，博时主题行业基金获“2007年度股票型基金明星奖”，基金裕阳荣获“2007年度封闭式基金明星奖”。

2008年3月28日，上海证券报第五届“金基金”奖及“中国基金业十年杰出贡献奖”在北京揭晓。博时荣获“中国基金业十年杰出贡献奖”，博时主题行业基金荣获2007年度股票型“金基金”奖。

2008年4月27日2008年4月27日，由《北京青年报》杂志主办的“2008年北青基金年度财星榜”颁奖典礼在北京举行，博时基金公司荣获“金牌价值团队”奖。

2008年5月15日博时公司及员工共向地震灾区捐款300万元。在5月12日四川汶川县发生强烈地震后，博时基金发扬“扶贫济困，奉献爱心”的公司传统，公司及员工向地震灾区捐款100万元，以帮助四川灾区同胞，缓解燃眉之急。5月15日，为进一步支持抗灾重建工作，博时公司追加捐款200万元，至此，博时基金公司和员工共捐款300万元。

2008年5月20日，博时基金荣获“2008亿万网民心目中的中国十大品牌基金公司”奖，肖凤总经理荣获“2008年影响中国基金业发展的十佳领导人”奖。2008年4月，百度财经进行了为期一个月的“2008亿万网民心目中的理财品牌榜评选”活动，博时基金公司和公司总经理肖风先生分别获十佳品牌基金公司及十佳领导人的称号。

2008年6月2日，世界品牌实验室（World Brand Lab）发布了2008年（第五届）《中国500最具价值品牌排行榜》。在这份基于财务分析、消费者行为分析和品牌强度分析而获得的中国品牌国家队阵容中，博时以32.68亿元的品牌价值荣居234位。博时在基金公司中位居榜首。

2008年6月21日，博时主题行业基金获评为“十大最受重庆市民喜爱基金产品”。2008年6月21日，由重庆市渝中区人民政府、21世纪经济报道报社、重庆商报社联合举办的“2008中国（西部）资本市场高峰会暨首届重庆理财节投资产品重庆汇展”在解放碑盛大开幕。经过一个半月的读者短信和网络投票，博时主题行业基金被评为“十大最受市民喜爱基金产品”。

2008年7月3日，博时基金获中国最佳客户服务中心管理奖。2008年7月3日，中国最佳客户服务评选揭晓，博时基金获中国最佳客户服务中心管理奖。中国最佳客户服务评选至今已经连续成功举办了三届 对推动“中国服务”品牌化起到了积极的推动作用。

2008年7月10日，博时基金公司自今年起在中国科学院设立博时奖学金，用以支持该院金融与金融与经济管理、数学和系统科学领域的研究生教育。2008年7月10日，中科院首次颁发博时奖学金，14名来自金融与经济管理、数学和系统科学领域的优秀研究生共获奖学金5万元。博时奖学金分“特等奖”和“优秀奖”两个等级，每年颁发“特等奖”4名，奖金为每人5000元；“优秀奖”10名，奖金每人3000元。获奖者由中科院在该院金融与金融与经济管理、数学和系统科学领域中选出，面向对象全部为博士或硕士研究生。

2008年7月13日，2008年7月13日，作为国内资产管理规模最大的基金公司之一的博时基金迎来了自己十周岁的生日，博时基金决定从公司经营收入中捐资100万元参与援建灾区特殊教育学校的方式来庆祝自己的生日。据介绍，博时基金此次参与援建的是四川什邡市特殊教育学校，经过多次考察论证，博时基金发现相对于灾区普通学校的在校生，特殊学校的少年儿童是一个受到关注不多、更需要帮助的群体，为此，博时基金从公司经营收入中出资100万元，与其他组织机构一起参与什邡市特殊学校的援建工作，至此，博时基金及员工为地震灾区累计捐款、捐物超过400万元。

2008年9月20日，博时基金获评“2008中国最受尊敬基金公司”。2008年9月20日，由《理财周报》主办的“2008中国基金业领袖峰会”在上海举行，博时在会上被授予“2008中国最受尊敬基金公司”的称号。

2008年10月25日，博时三获年度行业十佳雇主企业称号。2008 年 10 月 25 日，由《北大商业评论》、国际人力资源管理协会和国家劳动和社会保障部职业杂志社联合举办的第五届中国人力资源管理年度盛典暨 2008 中国人力资源年度评选结果在北京揭晓，博时公司获得 2008 年度“中国行业十佳雇主企业”称号。这是博时公司第三次获得该项荣誉。

2008 年 11 月 4 日，博时荣获《美国机构投资者》杂志 2008 年中国最大资产管理人第二名。2008 年 11 月 4 日，全球权威性的投资管理类杂志《InstitutionalInvestor》在上海宣布了中国 2008 前 20 名基金排名榜，博时基金以 353 亿美元的资产总值位列第二。

2008 年 11 月 9 日，博时第三产业基金荣获“金算盘奖”。2008 年 11 月 9 日，由证券日报社主办的“第四届中国证券市场年会”在北京举行，博时第三产业基金在会上获颁“2008 年中国证券市场开放式基金金算盘奖”。

2008 年 12 月 18 日，博时荣获“2008 年最有影响力基金品牌奖”。2008 年 12 月 18 日，博时基金在“2008 搜狐金融理财网络盛典”的网络评选中获得“2008 年最有影响力基金品牌奖”。搜狐理财频道自 2005 年起，率先推出“搜狐金融理财网络盛典”活动。该活动采用网络调查与网络投票相结合，业界权威人士参与评论的形式，对金融机构进行年度专项评价与颁奖。至今已连续举办三届，影响深远。

2008 年 12 月 28 日，博时获评“年度最佳基金公司”。2008 年 12 月 28 日，博时基金在金融时报社主办的“2008 中国最佳金融机构排行榜”的评选中获得“年度最佳基金公司”奖。该评选由金融时报社联合中国社会科学院金融研究所首次举办发布。采用了核心数据排名与来自国务院发展研究中心金融研究所、中国人民银行、中国银监会、中国证监会和中国保监会以及高校和业内专家的意见相结合的方式完成。

2009 年 1 月 8 日，和讯第六届中国财经风云榜，博时荣获四大奖项。2009 年 1 月 8 日和讯“第六届中国财经风云榜”在北京正式发布结果，博时基金公司获得“2008 年度品牌基金公司”、“2008 年度最佳投资者关系基金公司”、“2008 年度最佳基金网上交易平台”三项大奖，同时博时稳定价值债券投资基金基金经理过钧获得“2008 年度稳健投资基金经理”奖项。

2009 年 1 月 14 日，博时蝉联“2008 年度金牛基金公司”大奖，旗下五基金同时荣获业绩优胜奖项。在 2009 年 1 月份揭晓的第六届中国基金业金牛奖评选中，博时获得 6 个奖项，成为获奖最多的基金公司之一。此次博时基金蝉联获得“金牛基金管理公司”的称号，基金裕隆、博时主题行业、博时平衡配置分别获得“封闭式持续优胜金牛基金”、“开放式股票型持续优胜金牛基金”和“2008 年度同业领先开放式混合型基金”的奖项。另外，博时稳定价值、博时现金收益分别获得“2008 年度开放式债券型金牛基金”和“2008 年度开放式货币市场金牛基金”奖项。本届金牛奖评选指导委员会由来自证监会、银监会、保监会、劳动和社会保障部、全国社保基金理事会、中国证券业协会、主要商业银行及主协办方的相关领导、专家学者构成。

2009 年 1 月 18 日，博时荣获“最佳基金投研团队”奖。2009 年 1 月 18 日，博时基金在 2008 年华夏理财总评榜“金蝉奖”的评选中获得“最佳基金投研团队”奖。本届颁奖盛典由华夏时报主办，中国证券业协会、中国金融学会、中国注册理财规划师协会、德胜基金研究中心协办，Bankrate（中国）提供专业技术支持并由 BTV－5 作为独家电视合作伙伴对颁奖盛典进行全程录播。

2009 年 1 月 20 日，博时再度荣获《亚洲资产管理》两项大奖。2009 年 1 月 20 日，博时公司独家荣获《亚洲资产管理》（AsiaAsset Management）杂志颁发的两项大奖，公司获得“最佳中国基金公司奖”，公司副总裁李全获得“2008 年度亚太地区最佳营销人物奖”。

2009 年 2 月 20 日，博时基金获得“2008 年度十佳投资基金公司”，该评选由中国金融品牌主流媒体宣传联盟主办。其按投资业绩打分制为基金公司的投资能力进行一个排名，具体为投资收益排名在前 10% 的基金品种打 3 分，为投资收益排名在前 20% 的基金品种打 2 分，为投资收益排名在前 30% 的基金品种打 1 分，为投资收益排名在后 10% 的基金品种打 －3 分，为投资收益排名在后 20% 的基金品种打 －2 分，为投资收益排名在后 30% 的基金品种打 －1 分，基金公司的分值按其旗下所有基金品种的得分累加所得，最终得出 2008 年度十佳投资基金公司。

2009 年 3 月 3 日，“晨星（中国）2008 年度基金奖”颁奖典礼于 2009 年 3 月 3 日在香港举行，博时公司旗下博时平衡配置基金荣获开放式配置型基金提名奖。截至 2008 年 12 月 31 日，该基金过去一年回报在同类基金中名列前茅，同时被晨星评为两年期五星级基金。统计数据显示，博时平衡配置基金自 2006 年 5 月 31 日成立以来，至 2009 年 2 月 27 日，在遭遇 2008 年股市深幅调整的情况下，投资回报率为 109.34%。

2009 年 3 月 4 日，博时主题行业基金获得“2008 年（第三届）钻石基金 TOP10”荣誉。“2008 年钻石基金 TOP10”的榜单是由《投资有道》杂志社、国际知名基金评级权威机构 LIPPER 汤森路透理柏、以及国内财经专家学者团评出。评选对象为成立时间超过 2 年的基金。

2009 年 3 月 9 日，博时在由《21 世纪经济报道》主办的“21 世纪中国赢基金奖”的评选中，蝉联“中国基金公司综合实力大奖”。同时，博时荣获“中国基金公司最佳研究团队奖”。本次评选由中国人民大学金融信息中心以及理柏评级作为学术支持，采取公司申报、专家评定、数量化方法相结合的方法。

2009 年 3 月 17 日，2008－2009 年度《钱经》中国财富管理年会于 3 月 17 日在北京召开，会议由中国主流媒体理财联盟主办，钱经杂志承办，博时获得两个奖项：2008－2009 年度暨第二届中国理财总评榜“中国基金业发展成就奖”和 2008－2009 年度暨第二届中国理财总评榜“最具竞争力基金公司”。

2009 年 3 月 20 日，2009 年“理柏中国基金奖”于 3 月 20 日揭晓，博时获得三个奖项，其中博时平衡配置基金分别获得一年期平衡混合型和二年期平衡混合型两项大奖；博时主题行业基金获得二年期股票型基金奖。理柏基金奖是一项国际大奖，是全球基金管理业的传统年度奖项。该奖的评级依据是：“稳定回报”，即经过波动风险调整后，表现要能持续优于同类基金，只有业绩稳定性最优的基金，能够获奖。

2009 年 3 月 20 日，在由证券时报社主办的“2008 年度中国明星基金及最佳托管银行”评选中，博时基金荣获三个奖项：“2008 年度十大明星基金公司奖”；博时稳定价值获“2008 年度债券型明星基金奖”；基金裕隆获得“三年持续回报封闭式明星基金奖”。

2009 年 3 月 27 日，由上海证券报、中国证券网主办的第六届“金基金”系列评选活动日前揭晓。根据业内 30 多位专家、机构及超过 38 万个人投资者的评选结果，我司荣获“2008 年度最佳风险控制奖”，同时，博时平衡配置基金、基金裕隆分别荣获“2008 年度积极配置型金基金”、“2008 年度三年期封闭式金基金”称号。

2009 年 3 月 29 日，博时基金获评为“中国企业信息化 500 强”。2008 年度中国企业信息化 500 强大会 3 月 29 日至 30 日在北京召开。据了解，国家信息化测评中心每年面向全国最大的数千家企业，进行企业信息化发展水平的调查。今年是该中心连续第 6 年发布“中国企业信息化 500 强”调查和测评结果。

2009 年 4 月 3 日，博时基金跻身广东综合纳税百强。2008 年度广东综合纳税百强发布会 4 月 3 日在广州召开，博时基金以逾 4.2 亿元纳税总额，跻身广东综合纳税百强，排名第 73 位，这是博时基金首次跻身该排行榜。

2009 年 4 月 9 日，在由金融界网站、中国社会工作协会主办的“2008 中国金融企业慈善榜”发布活动中，博时基金荣获“金融行业卓越贡献奖”。

2009 年 4 月 22 日，备受关注的第六届“深圳知名品牌”评价活动经过严格的评审正式揭晓，本届评选共有 48 个品牌获此殊荣，另外共有 42 个第三届“深圳知名品牌”通过复审，可继续享有该称号三年。博时作为基金行业唯一入选的品牌顺利通过复审，继续享有“深圳知名品牌”称号三年。

2009 年 6 月 16 日，世界品牌实验室（World Brand Lab）在北京发布了 2009 年（第六届）《中国 500 最具价值品牌排行榜》。在这份中国品牌国家队阵容中，博时以 35.52 亿元的品牌价值，位居第 230 位，在基金行业中继续位居榜首，这也是博时第六次上榜。在前六次的评估中，博时基金分别以 2004 年 19.68 亿元、2005 年 22.53 亿元、2006 年 24.28 亿元、2007 年 25.45 亿元、2008 年 32.68 亿元的品牌价值榜上有名。

2009 年 9 月 22 日，博时在由《理财周报》主办的“2009 中国最受尊敬基金公司”评选中，荣获此次评选的最高奖项——“2009 中国基金行业卓越贡献大奖”，同时，还获得“2009 最佳公司治理基金公司”、“2009 最佳品牌塑造基金公司”两项大奖。支持“2009 中国最受尊敬基金公司评选活动”的各家机构有：西南财经大学信托与理财研究所、理柏（LIPPER）、德圣、上海国家会计学院。

2009 年 9 月 25 日，博时在由证券时报社主办的第十届中国优秀财经证券网站评选中荣获“年度最佳基金网站”奖项。作为中国资本市场权威的财经类媒体—证券时报倾力打造的“中国优秀财经证券网站”评选活动，始于 2000 年，已经成为金融业界范围最广、最具权威性的品牌评选活动，成为引领中国金融机构网络发展的旗帜。

2009 年 12 月 23 日，博时基金在由搜狐网主办的 2009 搜狐金融理财网络盛典中，荣获“2009 年最有影响力基金品牌奖”奖项。“搜狐金融理财网络盛典”是搜狐网在金融理财领域最大规模的年度活动，它由年度论坛及金融机构评选组成，是对目前市场上券商、银行、保险公司、基金公司等金融机构的服务、品牌等进行综合评价，已连续举办三届，影响力巨大，被誉为中国理财界的“奥斯卡”。

2010 年 1 月 20 日，博时基金在“影响中国 2009 腾讯网络盛典”评选活动中荣获“2009 年度最佳投研团队”奖项。“影响中国 2009 腾讯网络盛典”是由腾讯网携手北京电视台、财经杂志、21 世纪经济报道、央视商道栏目以及中国国际广播电台中国之声联合主办的，各项参评产品经过前期专家团严格筛选，并由网民投票选出最佳的年度大奖。此次活动受到了网友的热烈欢迎，共有超过 325 万 QQ 网友参与了投票。

2010 年 1 月 21 日，博时基金在 2009 第三届中国机构投资者年会暨“金蝉奖”颁奖盛典中获得“最佳基金管理团队”奖。本届颁奖盛典由华夏时报、CCTV 财经频道主办，天相投资顾问有限公司、中期期货有限公司航美传媒集团联合主办。

2010 年 1 月 22 日，博时基金在由和讯网发起、中国证券市场研究设计中心（SEEC）等机构联合主办的 2009 第七届财经风云榜大型网络评选活动中，获得“十大品牌基金公司”奖。该评选已经连续成功举办六届，历届评选，均设置了包括银行、证券、保险、基金、期货以及上市公司等金融及相关行业的多个奖项，已经成为金融及相关行业盘点一年收获，展望产业未来的最具权威及影响力的年度评选之一，也是国内主流财经媒体密切关注和广泛报道的重要财经年度盛事。

2010 年 4 月，在中金在线举办的“2009 年度财经排行榜”基金网友投票评选活动中，博时基金获得“2009 年度十大品牌基金公司”奖项。

2010 年 5 月 23 日，第七届中国基金业金牛奖评奖结果揭晓，博时基金 2010 年连续第三次荣获中国基金业最具权威的“金牛基金公司”奖，并获得首次设立的“金牛特别贡献奖”，旗下基金博时裕隆封闭、博时主题行业股票、博时平衡配置混合和博时现金收益货币均蝉联金牛奖项，分别获得“三年期封闭式持续优胜金牛基金”、“三年期开放式股票型持续优胜金牛基金”、“三年期开放式混合型持续优胜金牛基金”和“2009 年度开放式货币市场金牛基金”奖项。由中国证券报社主办，中国银河证券股份有限公司、天相投资顾问有限公司、招商证券股份有限公司和海通证券股份有限公司协办的中国基金业金牛奖，被誉为中国基金业的“奥斯卡”。

2010 年 6 月 24 日，由上海证券报社主办、中国银河证券基金研究中心和晨星资讯（深圳）有限公司提供技术支持的第七届中国“金基金奖”评选揭晓，博时基金共获得三项大奖，其中，公司荣誉为：2009 年度“金基金？TOP 公司奖”；旗下博时主题行业股票证券投资基金获得了 2009 年度“金基金？三年期主动型股票基金奖”；博时平衡配置混合型证券投资基金获得了 2009 年度“金基金？三年期平衡型基金奖”。

2010 年 6 月 28 日，世界品牌实验室（World Brand Lab）在北京发布了 2010 年（第七六届）《中国 500 最具价值品牌排行榜》。在这份中国品牌国家队阵容中，博时以 38.36 亿元的品牌价值，位居第 228 位，在基金行业中继续位居榜首，这也是博时连续第七次上榜。在前七次的评估中，博时基金分别以 2004 年 19.68 亿元、2005 年 22.53 亿元、2006 年 24.28 亿元、2007 年 25.45 亿元、2008 年 32.68 亿元、2009 年 35.52 亿元的品牌价值榜上有名。

2010 年 7 月 27 日，博时大中华亚太精选股票型基金（QDII）公告成立，该基金首次募集资金 5.55 亿元。

2010 年 7 月 27 日，博时宏观回报基金，该基金首次募集资金 21.49 亿元。

2010 年 8 月 11 日，博时基金郑州分公司正式成立。

2010 年 11 月 2 日“2010 新浪金麒麟论坛”于 2010 年 11 月 2 日召开，博时基金荣获“2010 年度基金公司网民最满意奖”。博时基金为客户服务的完善与优化所付出的努力，多年来已逐步被投资者所注意，被业界与媒体认可与赞同。

2010 年 11 月 5 日，博时基金沈阳分公司正式成立。

2010 年 11 月 24 日，博时转债增强债券型基金公告成立，该基金首次募集资金 36.35 亿元。

2010 年 12 月 10 日，博时行业轮动股票型基金公告成立，该基金首次募集资金 14 亿元。

2011 年 1 月 19 日，博时公司获得由《亚洲资产管理》

(*Asia Asset Management*)杂志颁发的“2010 年度中国最佳投资者教育奖”,博时上证超大盘 ETF 获得“2010 年度中国最佳新发 ETF 奖”,博时大中华亚太精选股票基金(QDII)获得“2010 年度中国最佳新发 QDII 基金奖”。

2011 年 4 月 8 日,在由上海证券报社主办,中国银河证券股份有限公司、晨星资讯(深圳)有限公司和上海证券有限责任公司三家基金评价机构担任技术支持的“金基金”奖的评选中,博时平衡配置混合型证券投资基金获得 2010 年度“金基金三年期产品奖·平衡型基金奖”,博时稳定价值债券投资基金获得 2010 年度“金基金三年期产品奖? 债券基金奖”。

2011 年 4 月 22 日,博时卓越品牌股票基金(LOF)公告成立,该基金首次募集资金 2.66 亿元。

2011 年 4 月 25 日,博时抗通胀增强回报基金(QDII - FOF)公告成立,该基金首次募集资金 19.41 亿元。

2011 年 6 月 10 日,深证 200 基本面 ETF 公告成立,该基金首次募集资金 44.03 亿元。

2011 年 6 月 10 日,博时裕祥债券分级基金公告成立,该基金首次募集资金 40.02 亿元;博时深证 200 基本面 ETF 联接基金公告成立,该基金首次募集资金 2.89 亿元。

2011 年 6 月 28 日,世界品牌实验室发布了 2011 年中国 500 最具价值品牌榜。博时基金管理公司凭着 2010 年持续的品牌创新和优秀的客户服务,品牌价值一年内提升了近 20 亿元,达到 56.24 亿元,位列品牌榜 227 名,连续 8 年成为国内最具品牌价值的基金公司。作为中国首批成立的基金管理公司之一,博时积极倡导并实践“价值投资”理念,得到了广大投资者的持续认同。自 2004 年起,在世界品牌实验室发布的年度榜单中,博时基金的品牌价值分别为 19.68 亿、22.53 亿、24.28 亿、25.45 亿、32.68 亿、35.52 亿、38.36 亿、56.24 亿,排名从第 281 位逐年攀升至 227 位。

2011 年 7 月 8 日,在“第二届基金投资者网上集体接待日”活动会后,全景网向出席活动的 66 家基金公司代表宣读了“基金品牌”奖结果,对基金业内在品牌建设及投资者服务方面取得卓越成绩的公司予以表彰。“基金品牌”奖有“基金五星品牌奖”、“基金品牌建设进步奖”及“基金投资者最佳服务奖”三项。博时基金荣获“2010 年基金五星品牌奖”、“2010 ~2011 基金投资者最佳服务奖”。

2011 年 7 月 11 日,全球知名商业杂志《福布斯》中文版发布了 2011 年中国基金排行榜,共有 50 只公募基金产品登上各类型榜单。其中,博时主题行业股票(LOF)荣登 2011 中国最佳股票型基金榜单。

2011 年 10 月 10 日,博时基金荣获香港知名财经杂志《资本杂志》颁发「资本卓越大中华退休组合基金大奖」,以表扬博时基金在国内养老金的卓越表现。

2011 年 10 月 26 日,由《理财周报》主办的 2011 中国基金业领袖峰会在深圳举行。博时基金管理公司荣获“2011 中国最佳资产配置基金公司”奖项。

2011 年 11 月 8 日,博时回报灵活配置基金公告成立,该基金首次募集资金 6.06 亿元。

2011 年 11 月 25 日,由新财富杂志主办的第九届新财富最佳分析师颁奖典礼在深圳举办,博时基金管理公司荣获“第四届新财富最具慧眼基金管理公司”奖项。

2011 年 11 月 25 日,“2011 第一财经年会? CFV 颁奖晚宴”在北京金融街威斯汀大酒店成功举行。本次颁奖揭晓了“2011 第一财经金融价值榜”各类奖项,其中,博时基金荣获“年度基金理财品牌”奖。

2011 年 11 月 25 日,“2011 第一财经年会? CFV 颁奖晚宴”在北京金融街威斯汀大酒店成功举行。本次颁奖揭晓了“2011 第一财经金融价值榜”各类奖项,其中,博时基金荣获“年度基金理财品牌”奖。

2011 年 12 月,“博时抗通胀增强回报基金”营销事件荣获 2011 中国金融品牌「金象奖」之“2011 中国金融品牌年度十大营销事件”。“2011 中国金融品牌「金象奖」”评选活动是由中国最具影响力的财富管理媒体《理财周报》与扬特品牌同盟(TheBrandUnion)、威汉营销传播集团(WEMarketing-Group),益普索(Ipsos)等全球领先的品牌策略机构及调研机构联合举办的“中国金融品牌成长促进计划”的重要组成部分。

2011 年 12 月 3 日,由和讯网主办的“2011 基金业突围与可持续发展暨基金行业财经风云榜颁奖典礼”在深圳举行,博时基金获得了和讯财经风云榜基金行业类评选中的“2011 年度十大品牌基金公司”和“2011 年度最佳基金产品创意主题”两项大奖。2011 年度中国财经风云榜评选由和讯网发起,中国证券市场研究设计中心(SEEC)等联合主办,涉及银行、基金、保险、期货、外汇、证券、上市公司、地产、汽车,以及财经新闻等十大领域,已经成为金融行业最权威、最有影响力的年度评选之一,得到国内主流媒体的密切关注和广泛报道。

2011 年 12 月 9 日,由东方财富网主办的“2011 东方财富风云榜”在北京正式揭晓,博时基金荣获“2011 年度最佳企业年金投资管理人”。

2011 年 12 月 9 日,由证券时报主办的“第十二届金融 IT 创新暨优秀财经网站评选”结果揭晓,博时基荣获“最佳客服热线”奖项,成为基金行业内唯一获此殊荣的公司。“中国优秀财经证券网站”评选活动经过十多年的发展,已经成为金融业界范围最广、影响最大、最具权威性的品牌评选活动之一。

2012 年 1 月 30 日,博时抗通胀增强回报基金在《亚洲资产管理》(*Asia Asset Management*)举办的“2011 年卓越之最表现大奖”中获大会颁发的“中国最佳新发 QDII 基金”奖项,这也是博时基金连续两年获得该奖项。

2012 年 2 月 28 日,由凤凰网主办的“2012 金凤凰金融盛典暨 2011 年度颁奖礼”在北京举行。博时基金荣获“2011 年最具影响力基金投研团队奖”。

2012 年 3 月 26 日,在证券时报“2011 年度中国基金业明星奖”评选中,博时基金共获得七项大奖:博时基金管理有限公司获得“2011 年度十大明星基金公司奖”、博时特许价值股票基金获得“三年持续回报股票型明星基金奖”、博时主题行业股票基金和博时特许价值股票基金获得“2011 年度股票型明星基金奖”、博时价值增长基金和博时价值增长贰号基金获得“2011 年度平衡混合型明星基金奖”、博时裕隆封闭获得“2011 年度封闭式明星基金奖”。

2012 年 3 月 28 日,由中国证券报社主办,银河证券、天相投顾、招商证券、海通证券协办的“2012 年金牛基金论坛暨第九届中国基金业金牛奖颁奖盛典”在京举行。博时基金荣膺六项大奖,分别是:博时基金荣获“金牛基金管理公司”、博时裕隆封闭荣获“五年期封闭式金牛基金”、博时主题行业荣获“五年期股票型金牛基金”、博时第三产业荣获“2011 年度股票型金牛基金”、博时特许价值荣获“2011 年度股票型金牛基金”、博时价值增长荣获“2011 年度混合型金牛基金”。

2012 年 3 月 28 日,由理财周报主办的“2012 中国金融品牌管理者年会暨2011中国金融品牌「金象奖」颁奖典礼”在京举行。“博时抗通胀增强回报基金”营销事件荣获2011中国金融品牌「金象奖」之“2011中国金融品牌年度十大营销事件”。

2012年4月6日，由北京青年报、北青传媒共同打造的“财星榜”及商业行业最佳合作伙伴奖上周末在北京揭晓，博时基金被评为年度金牌基金公司。

2012年4月20日，由上海证券报社主办的第九届中国“金基金”奖评选揭晓，博时基金管理有限公司获得2011年度“金基金·TOP公司奖”，博时主题行业股票基金获得2011年度“五年期金基金·股票型基金奖”，博时价值增长混合基金获得2011年度“一年期金基金·偏股混合型基金奖”。本次金基金奖评选由上海证券报社主办，中国银河证券股份有限公司、晨星资讯（深圳）有限公司和上海证券有限责任公司三家基金评价机构担任技术支持，评审委员会由政府部门专家学者、商业银行基金托管部负责人和业内知名资深人士构成，各基金持有人也通过网络投票参与了“金基金”奖的评选。

2012年5月25日，在由21世纪经济报道主办的“2011年度赢基金奖”评选中，博时基金荣获“2011年度中国最佳基金公司”奖项。

2012年6月28日，世界品牌实验室（WBL）在北京发布2012年（第九届）《中国500最具价值品牌》排行榜，博时基金以61.92亿元的品牌价值位列第220名，成为入选该榜单四家基金公司中的第一名。

2012年10月30日，在由理财周报主办的2012中国基金业领袖峰会上，主办方发布了2012中国最受尊敬基金公司榜单。博时基金共获三项大奖，其中博时基金公司获得“2012中国最受尊敬基金公司”和“2012中国最佳价值发现基金公司”两个奖项，公司总裁何宝获得“2012基金公司最受尊敬总裁”奖项。

2012年12月5日，在证券时报主办的“2012金融IT创新暨优秀财经网站评选”中，博时基金荣获“最佳网上交易基金平台”和“最佳客服热线”两个项奖，以表彰博时在电子商务和客户服务方面的优秀成绩。由证券时报主办的“金融IT创新暨优秀财经网站”评选活动经过十多年的发展，已经成为金融业界范围最广、影响最大、最具权威性的品牌评选活动之一。

2012年12月14日，东方财富风云榜颁奖典礼在上海举行，博时基金荣获“2012年度最佳企业年金投资管理人”奖项。“2012东方财富风云榜”由东方财富网主办，分众传媒协办，长江商学院、复旦大学管理学院和上海交通大学上海高级金融学院作为学术支持单位。

2013年3月29日，由证券时报社主办的2012年度中国基金业明星奖颁奖典礼暨明星基金论坛在北京举行。博时主题行业基金荣获“2012年度股票型明星基金奖”。

2013年3月30日，由中国证券报社主办的第十届中国基金业金牛奖颁奖典礼暨2013金牛基金论坛在北京举行。博时基金蝉联“金牛基金管理公司”奖，博时基金价值组投资总监、博时主题行业基金经理邓晓峰获得“金牛基金十周年特别奖”，博时现金收益荣获“2012年度货币市场金牛基金”。

2013年6月26日，世界品牌实验室（WBL）在京发布2013年度（第十届）《中国500最具价值品牌》排行榜，博时基金以81.65亿的品牌价值位列第216名，品牌价值一年内提升了近20亿元，排名逐年上升。

2013年9月24日，由理财周报主办的2013中国基金业领袖峰会暨“寻找中国最受尊敬基金公司”颁奖典礼在上海举行，博时基金共获得三个奖项，分别是：2013中国最佳资产配置基金公司、2013中国最佳价值发现基金公司、2013中国最佳基金公司投资总监（姜文涛先生）。

2013年12月20日，东方财富网在北京中国大饭店举办“东财互联网金融圆桌论坛”和“2013东方财富风云榜颁奖盛典”活动，我司获得“最佳企业年金奖”。

【公司荣誉】

2012年1月12日，2012搜狐金融德胜论坛、搜狐基金经理人年会在北京举行。博时基金荣获搜狐年度评选两项大奖，分别是：博时抗通胀增强回报获得“2011最有影响力基金新产品奖”，博时平衡配置基金经理皮敏获得“2011优秀基金经理人奖”。

2012年1月30日，博时抗通胀增强回报基金在《亚洲资产管理》（*Asia Asset Management*）举办的“2011年卓越之最表现大奖”中获大会颁发的“中国最佳新发QDII基金”奖项，这也是我司连续两年获得该奖项。

2012年2月28日，由凤凰网主办的“2012金凤凰金融盛典暨2011年度颁奖礼”在北京举行。博时基金荣获“2011年最具影响力基金投研团队奖”。

2012年3月26日，在证券时报“2011年度中国基金业明星奖”评选中，我司共获得七项大奖：博时基金管理有限公司获得“2011年度十大明星基金公司奖”、博时特许价值股票基金获得“三年持续回报股票型明星基金奖”、博时主题行业股票基金和博时特许价值股票基金获得“2011年度股票型明星基金奖”、博时价值增长基金和博时价值增长贰号基金获得“2011年度平衡混合型明星基金奖”、博时裕隆封闭获得“2011年度封闭式明星基金奖”。

2012年3月26日，在“晨星2012年度基金奖”评选中，我司旗下两只产品获得提名：博时主题行业股票基金获“晨星2012年度股票型基金奖”提名、博时价值增长混合基金获“晨星2012年度混合型基金奖”提名。

2012年3月28日，由中国证券报社主办，银河证券、天相投顾、招商证券、海通证券协办的“2012年金牛基金论坛暨第九届中国基金业金牛奖颁奖盛典”在京举行。博时基金荣膺六项大奖，分别是：博时基金荣获“金牛基金管理公司”、博时裕隆封闭荣获“五年期封闭式金牛基金”、博时主题行业荣获“五年期股票型金牛基金”、博时第三产业荣获“2011年度股票型金牛基金”、博时特许价值荣获“2011年度股票型金牛基金”、博时价值增长荣获“2011年度混合型金牛基金”。

2012年3月28日，由理财周报主办的“2012中国金融品牌管理者年会暨2011中国金融品牌「金象奖」颁奖典礼”在京举行。“博时抗通胀增强回报基金”营销事件荣获2011中国金融品牌「金象奖」之“2011中国金融品牌年度十大营销事件”。

2012年3月30日，由中金在线与厦门大学金融研究所联合主办的“中金在线2012年金融高峰论坛”隆重举行，并揭晓“中金在线2011年度财经排行榜”，博时基金荣获“最佳投资者教育基金公司”和“十佳品牌基金公司”奖项，基金经理皮敏荣获“十佳明星基金经理”奖项。

2012年4月6日，由北京青年报、北青传媒共同打造的“财星榜”及商业行业最佳合作伙伴奖上周末在北京揭晓，博时基金被评为年度金牌基金公司。

2012年4月9日，由《股市动态分析》杂志社主办的

“2011 基金行业品牌与营销策划排行榜”揭晓，博时抗通胀增强回报基金荣获“基金新产品营销策划案例”奖项。

2012 年 4 月 20 日，由上海证券报社主办的第九届中国“金基金”奖评选揭晓，博时基金管理有限公司获得 2011 年度“金基金？TOP 公司奖”，博时主题行业股票基金获得 2011 年度“五年期金基金·股票型基金奖”，博时价值增长混合基金获得 2011 年度“一年期金基金？偏股混合型基金奖”。本次金基金奖评选由上海证券报社主办，中国银河证券股份有限公司、晨星资讯（深圳）有限公司和上海证券有限责任公司三家基金评价机构担任技术支持，评审委员会由政府部门专家学者、商业银行基金托管部负责人和业内知名资深人士构成，各基金持有人也通过网络投票参与了“金基金”奖的评选。

2012 年 5 月 25 日，在由 21 世纪经济报道主办的“2011 年度赢基金奖”评选中，博时基金荣获“2011 年度中国最佳基金公司”奖项。

2012 年 6 月 28 日，世界品牌实验室（WBL）在北京发布 2012 年（第九届）《中国 500 最具价值品牌》排行榜，博时基金以 61.92 亿元的品牌价值位列第 220 名，成为入选该榜单四家基金公司中的第一名。

2012 年 10 月 30 日，在由理财周报主办的 2012 中国基金业领袖峰会上，主办方发布了 2012 中国最受尊敬基金公司榜单。博时基金共获三项大奖，其中博时基金公司获得“2012 中国最受尊敬基金公司”和“2012 中国最佳价值发现基金公司”两个奖项，公司总裁何宝获得“2012 基金公司最受尊敬总裁”奖项。

2012 年 11 月 20 日，由网易主办的“2012 网易金融论坛暨金钻奖评选盛典”在北京举行。博时基金荣获“最佳货币基金品牌”。

2012 年 12 月 5 日，在证券时报主办的“2012 金融 IT 创新暨优秀财经网站评选”中，博时基金荣获“最佳网上交易基金平台”和“最佳客服热线”两个项奖，以表彰博时在电子商务和客户服务方面的优秀成绩。由证券时报主办的“金融 IT 创新暨优秀财经网站”评选活动经过十多年的发展，已经成为金融业界范围最广、影响最大、最具权威性的品牌评选活动之一。

2012 年 12 月 12 日，在经济观察报“2011－2012 年度中国卓越金融奖”评选活动中，博时基金凭借出色的线上服务水平和便利的电子交易平台，荣获“年度卓越基金公司电子服务奖”，成为唯一获此殊荣的基金公司。

2012 年 12 月 12 日，在南方都市报主办的“金砖奖—2012 金融行业年度评鉴”颁奖典礼上，博时基金荣获“最佳风险控制奖”，“金砖奖—2012 金融行业年度评鉴”由南都全媒体发起，以“创新、服务、责任、共荣”为评选标准，从传媒的视角针对金融行业进行深度剖析，最终筛选出行业实力超群、产品服务创新领先的精英企业、精品产品。

2012 年 12 月 14 日，东方财富风云榜颁奖典礼在上海举行，博时基金荣获“2012 年度最佳企业年金投资管理人”奖项。“2012 东方财富风云榜”由东方财富网主办，分众传媒协办，长江商学院、复旦大学管理学院和上海交通大学上海高级金融学院作为学术支持单位。活动旨在依托主办方东方财富网强大的媒体平台，汇集全国亿万高端财经用户，推选出 2012 年度财经行业各领域最优秀的企业榜单。

2013 年 3 月 29 日，由证券时报社主办的 2012 年度中国基金业明星奖颁奖典礼暨明星基金论坛在北京举行。博时主题行业基金荣获“2012 年度股票型明星基金奖”。

2013 年 3 月 30 日，由中国证券报社主办的第十届中国基金业金牛奖颁奖典礼暨 2013 金牛基金论坛在北京举行。博时基金蝉联“金牛基金管理公司”奖，博时基金价值组投资总监、博时主题行业基金经理邓晓峰获得“金牛基金十周年特别奖”，博时现金收益荣获“2012 年度货币市场金牛基金”。

2013 年 6 月 26 日，世界品牌实验室（WBL）在京发布 2013 年度（第十届）《中国 500 最具价值品牌》排行榜，博时基金以 81.65 亿的品牌价值位列第 216 名，品牌价值一年内提升了近 20 亿元，排名逐年上升。

2013 年 9 月 24 日，由理财周报主办的 2013 中国基金业领袖峰会暨“寻找中国最受尊敬基金公司”颁奖典礼在上海举行，我司共获得三个奖项，分别是：2013 中国最佳资产配置基金公司、2013 中国最佳价值发现基金公司、2013 中国最佳基金公司投资总监（姜文涛先生）。

2013 年 12 月 20 日，东方财富网在北京中国大饭店举办“东财互联网金融圆桌论坛”和“2013 东方财富风云榜颁奖盛典”活动，我司获得“最佳企业年金奖”。

2013 年 12 月 28 日，在北京娱乐信报主办的第五届首都金融业服务创新大赛中，博时标普 500ETF、博时上证企债 30ETF 荣获年度最具创新力基金产品。

【股东概况】

排序	股东名称	持股数量（万股）	持股比例
1	招商证券股份有限公司	12250	49%
2	中国长城资产管理公司	6250	25%
3	天津港（集团）有限公司	1500	6%
	璟安实业有限公司	1500	6%
	上海盛业资产管理有限公司	1500	6%
	丰益实业发展有限公司	1500	6%
4	广厦建设集团有限责任公司	500	2%

【旗下基金】

基金代码	基金简称	类型
基金代码	基金简称	类型
050004	博时精选股票	股票型
050008	博时第三产业	股票型
050009	博时新兴成长	股票型
050010	博时特许价值	股票型
160505	博时主题	股票型
050014	博时创业成长	股票型
160512	博时卓越品牌	股票型
050018	博时行业轮动股票	股票型
050026	博时医疗保健行业股票	股票型
050001	博时价值增长	混合型
050007	博时平衡配置	混合型
050201	博时价值增长贰号	混合型
050012	博时策略	混合型
050022	博时回报灵活配置	混合型
000219	博时裕益混合	混合型
000264	博时内需增长混合	混合型
000178	博时混合	混合型
050002	博时沪深 300	指数型
510020	博时上证超大盘 ETF	指数型
050013	博时上证超大盘联接	指数型
159908	博时深证 200ETF	指数型
050021	博时深证基本面 200ETF 联接	指数型

基金代码	基金简称	类型
510410	博时上证自然资源	指数型
050024	博时上证自然资源 ETF 联接	指数型
511210	博时上证企债 30ETF	指数型
513500	博时标普 500ETF	指数型
050006	博时稳定价值债券 B	债券型
050106	博时稳定价值债券 A	债券型
050011	博时信用 A	债券型
051011	博时信用 B	债券型
050111	博时信用 C	债券型
050016	博时宏观债券 A	债券型
051016	博时宏观债券 B	债券型
050116	博时宏观债券 C	债券型
050019	博时转债增强债券 A	债券型
050119	博时转债增强债券 C	债券型
160513	博时裕祥分级债券	债券型
160514	博时裕祥分级债券 A	债券型
150043	博时裕祥分级债券 B	债券型
050023	博时天颐债券 A	债券型
050123	博时天颐债券 C	债券型
050027	博时信用债纯债	债券型
050028	博时安心收益定期开放债券 A	债券型
050128	博时安心收益定期开放债券 C	债券型
000084	博时安盈债券 A	债券型
000085	博时安盈债券 C	债券型
000200	博时岁岁增利一年定期开放债券	债券型
000246	博时月月薪定期支付债券	债券型
160515	博时安丰 18 个月定开债(LOF)	债券型
000280	博时双债增强债券 A	债券型
000281	博时双债增强债券 C	债券型
000277	博时双月薪定期支付债券	债券型
050003	博时现金收益	货币型
050029	博时理财 30 天债券 A	理财型
050129	博时理财 30 天债券 B	理财型
050015	博时大中华亚太精选	QDII
050020	博时抗通胀增强	QDII
050025	博时标普 500 指数	QDII
050030	博时亚洲票息收益债券	QDII
184692	基金裕隆	封闭式

【公司高管】

杨鶤女士,硕士,董事长。1983 年起先后在中国银行国际金融研究所、香港中银集团、招商银行证券部、深圳中大投资管理公司、长盛基金管理公司、中信基金管理有限公司工作。现任招商证券股份有限公司董事、总经理。

吴姚东先生,博士,北京大学光华管理学院 EMBA,董事。1990 年至 1996 年曾任职于湖北省鄂城钢铁厂,历任团委干部、下属合资公司副总经理等职。2002 年进入招商证券股份有限公司,历任国际业务部分析师、招商证券武汉营业部副总经理(主持工作)、招商证券(香港)公司副总经理(主持工作)兼国际业务部董事、总裁办公室总经理、董事总经理,公司总裁助理。2013 年 5 月加入博时基金管理有限公司,任公司总经理。现任公司总经理,兼任博时基金(国际)有限公司董事会副主席兼总裁(CEO)、博时资本管理有限公司副董事长兼总经理。

孙麒清女士,商法学硕士。曾供职于广东深港律师事务所。2002 年加入博时基金管理有限公司,曾任监察法律部法律顾问,现任公司督察长兼监察法律部总经理。

鹏华基金管理有限责任公司

【基本情况】

法定名称:鹏华基金管理有限责任公司
英文名称:Penghua Fund Management Co. , Ltd.
注册地址:深圳市福田区福华三路与益田路交汇处深圳国际商会中心 43 层
办公地址:深圳市福田区福华三路与益田路交汇处深圳国际商会中心 43 层
法人代表:何　如
总 经 理:邓召明
成立时间:1998 年 12 月 22 日
公司性质:中外合资
注册资本:1.5 亿元
联系电话:0755－82021150
传真号码:0755－82021125
邮政编码:518001
公司网址:www. phfund. com. cn

【公司概况】

鹏华基金管理有限公司于 1998 年 12 月 22 日成立,注册资本 15,000 万元人民币,总部设在深圳,在北京、上海、广州、武汉设有分公司,在深圳前海设立全资子公司鹏华资产管理(深圳)有限公司。股东由国信证券股份有限公司、意大利欧利盛资本资产管理股份公司(Eurizon Capital SGR S. p. A.)、深圳市北融信投资发展有限公司组成,三家股东的出资比例分别为 50%、49%、1%,业务范围包括基金募集、基金销售、资产管理及中国证监会许可的其他业务。

凭借丰富的管理经验和强大的投研实力,鹏华基金在继续做大做强传统业务的同时,积极向非传统业务领域拓展。2013 年 1 月 4 日,鹏华基金全资子公司鹏华资产管理(深圳)有限公司在深圳前海注册成立,业务范围为特定客户资产管理业务以及中国证监会许可的其他业务,为广大个人/机构投资者、上市公司提供多样化的投资理财服务。

伴随着基金行业创新和变革的加速推进,鹏华基金全体员工扎实工作、努力进取,实现了业绩规模的稳健增长;公司整体运营稳健有序,品牌价值不断提升,团队建设成效显现。截至 2013 年 12 月 31 日,鹏华基金管理资产规模超 1400 亿元,其中包括 46 只公募基金,数只全国社保基金组合和特定客户委托投资资产组合等。旗下公募基金产品涵盖股票型基金、混合型基金、债券型基金、QDII、货币基金、分级基金等多个产品类别,整体产品线布局较为齐全。

长期以来,鹏华基金用优异的投资业绩为投资者创造了丰厚的收益回报。截至 2013 年底,鹏华旗下所有基金自成立以来的累计分红金额达 217 亿元。鹏华基金整体稳健的投研风格获得专业机构和市场的高度认同。2013 年初,在三大证券报颁发的基金行业权威奖项中,鹏华基金实现了“金牛基金奖”、“明星基金奖”、“金基金”三大奖项的“大满贯”,是唯一一家实现大满贯的老牌基金公司;旗下多只基金荣获单项奖,共获得 5 只金牛基金单项奖,2 只明星基金单项奖,和 3 只金基金单项奖。

鹏华基金有一整套规范的市场营销管理体系,坚持合作共赢,坚持规范的市场行为,市场影响力不断扩大。秉承“360 度服务客户”的宗旨,鹏华基金对客户进行了有效细分的差异化服务，客户满意度进一步提升，“大基金公司、老基金经理——积淀的力量”的品牌形象渐入人心。2012 年，鹏华基金参与格力电器董事提名的事例被中国证监会作为基金公司参与上市公司治理的优秀案例特别提出。在主流证券类媒体的年终盘点中，此案例被评为 2012 年资本市场十大新闻之一。

鹏华基金引进美国知名的咨询顾问进行内部各项业务领域的流程梳理，实现了标准化流程在系统里的实现，公司的内部控制和运营管理都实现了系统化和电子化。鹏华基金被《经济观察报》评为“2012 年度中国卓越金融奖 · 年度卓越风险管理基金公司”和《信息时报》2012 年度金狮奖“年度最佳稳健风控基金公司”奖。

鹏华基金的信息技术架构包括业务平台、管理平台和决策支持平台的三大平台，实现了纵向的数据整合、服务整合、流程整合和展示整合的四大整合。2011、2012 年，公司连续两年获评由《证券时报》社、《新财富》杂志社颁布的“年度中国最佳金融 IT 服务机构”；2012 年还同时获得了“2012 最佳网上交易平台”的荣誉。

2013 年在互联网金融的创新趋势下，鹏华基金为提升客户体验积极探索、不断改进。2013 年 6 月鹏华基金公司官方网站全新改版上线，新版网站不仅给投资者带来了更清晰更醒目的视觉效果，特别针对移动端用户作了设计改进，更以改善客户在线体验为出发点，面向个人理财、企业理财、网上专户分别作出导航指引。此外，鹏华基金在业内首创货币基金“网上直销双通道”，针对个人和企业两类不同客户群体，分别设计了两种个性化方案，实现货币基金网上直销功能的升级：针对个人投资者，鹏华货币基金网上直销“T+0”快速赎回最快 1 秒到账，单日限额 20 万元，充分满足家庭日常资金流动性需要。在申赎 0 成本的同时，突破传统的截至 15:00 交易时间限制，在每个交易日 9:00－17:00 均可办理，且支持工、农、建、招、交、浦发、民生等直连银行，以及天天盈（除中信银行）、易宝、通联等第三方支付渠道，最大范围地让投资者受益。对于资金量大的企业客户和小企业主，当赎回金额超过 20 万时，企业主可通过鹏华货币“T+1”通道，享受业内独有的次日 9:30 无限额加急划款服务，这一功能大大方便了企业主盘活资金，以及资产配置调整的需求。2013 年 11 月鹏华基金淘宝官方旗舰店的开业为广大淘宝客户提供了理财体验的便捷平台，鹏华“亲亲理财”的宣传口号，及“小清新”的页面设计广泛受到众多权威媒体和客户的好评。在《投资时报》72 家基金公司官网直销和 17 家基金淘宝店评测报告中，鹏华均获得五星评级。其中，鹏华网上直销平台以 33 家关联银行的数量，位居所有基金公司榜首。鹏华基金淘宝店的购买体验也得到测评员的肯定。

鹏华基金旨在打造有活力的高效团队，经过多年的企业文化建设，形成了尊重合作、开放创新的工作氛围和追求卓越、正直诚信的团队文化。鹏华基金积极倡导绩效考核市场化、人才培养体系化，注重内部员工成长，不断提升员工的专业水平和市场价值，努力为员工成长创造良好的内外环境。

近期晨星发布的《中国公募基金综合量化评估报告》显示，鹏华基金的综合评分排名行业第 7（晨星基金公司综合评分包括 40% 的公司运营管理与业务发展能力评估总总分和 60% 的资产管理能力总评分，是定量衡基金公司综合实力的指标。）；此外，鹏华基金投研团队的稳定性在业内较为突出，在“任期及旗下基金在职时长”评分中位居行业第 3，且旗下基金经理整体经验丰富，平均任职期限为 4.26 年，在同业中排名第 2。

【公司大事记】

1998 年 12 月 22 日，鹏华基金管理有限公司经中国证监会批准正式成立，注册资本金 8000 万元。

2001 年 09 月 26 日，公司注册资本由 8000 万元增加到 15000 万元。

2002 年 08 月 12 日，鹏华基金管理有限公司北京分公司在北京注册成立。

2002 年 08 月 15 日，鹏华基金管理有限公司上海分公司在上海注册成立。

2002 年 12 月 13 日，全国社会保障基金理事会正式签发《关于投资管理人评审有关问题的通知》的文件（社保基金办[2002]53 号），鹏华基金被确定为全国社会保障基金首批投资管理人。

2007 年 6 月 22 日，经中国证券监督管理委员会批准，公司原股东深圳市北融信投资发展有限公司、方正证券有限责任公司、安徽国元信托投资有限责任公司将其持有的占本公司总股本 49% 的股权一次性整体转让给意大利欧利盛金融集团股份公司（Eurizon Capital SGR S. p. A.)），中国商务部于 6 月 27 日向本公司颁发了外商投资企业批准证书（商外资资审字[2007]0259 号）。

2008 年 2 月 14 日，公司经中国证券监督管理委员会批准，成为获得从事特定客户资产管理业务资格的首批投资管理人之一。

2008 年 4 月 25 日，经中国证券监督管理委员会批准，鹏华基金管理有限公司获得作为合格境内机构投资者从事境外证券投资管理业务的资格。

2009 年 8 月 6 日，经中国证券监督管理委员会批准，本公司原股东意大利欧利盛金融集团股份公司将其持有的本公司 49% 的股权转让给意大利欧利盛资本资产管理股份公司（Eurizon Capital SGR S. p. A.)）。

2010 年 4 月 16 日，鹏华基金管理有限公司武汉分公司在武汉注册成立。

2010 年 10 月 13 日，鹏华基金管理有限公司广州分公司在广州注册成立。

2012 年 10 月 12 日，经中国保险监督管理委员会批准，鹏华基金管理有限公司获得保险资金投资管理人资格。

2013 年 1 月 4 日，鹏华基金全资子公司鹏华资产管理（深圳）有限公司在深圳前海注册成立。

【股东概况】

排序	股东名称	持股数量（万股）	持股比例
1	国信证券有限责任公司	7500.00	50%
2	Eurizon Capital SGR S. P. A	7350.00	49%
3	深圳市北融信投资发展有限公司	150.00	1%

【旗下基金】

基金代码	基金简称	类型
160607	鹏华价值优势	股票型
206002	鹏华精选成长	股票型
160611	鹏华优质治理	股票型
160613	鹏华盛世创新	股票型
206007	鹏华消费优选	股票型

基金代码	基金简称	类型
206009	鹏华新兴产业	股票型
206012	鹏华价值精选	股票型
160603	鹏华普天收益	混合型
160605	鹏华中国 50	混合型
206001	鹏华行业成长	混合型
160610	鹏华动力增长	混合型
206013	鹏华金刚保本	混合型
160606	鹏华货币 A	货币型
160609	鹏华货币 B	货币型
206016	鹏华理财 21 天债券 A	货币型
206017	鹏华理财 21 天债券 B	货币型
160602	鹏华普天债券 A	债券型
160608	鹏华普天债券 B	债券型
160612	鹏华丰收债券	债券型
160615	鹏华沪深 300	指数型
206003	鹏华信用增利债券 A	债券型
206004	鹏华信用增利债券 B	债券型
206008	鹏华丰盛稳固债券	债券型
160617	鹏华丰润债券	债券型
160618	鹏华丰泽分级债券	债券型
160619	鹏华丰泽分级债券 A	债券型
150061	鹏华丰泽分级债券 A	债券型
206015	鹏华纯债	债券型
160621	鹏华中小企业纯债	债券型
260618	鹏华产业债债券	债券型
000007	鹏华国企债债券	债券型
160616	鹏华中证 500	指数型
206005	鹏华上证民企 50 联接	指数型
510070	鹏华上证民企 50ETF	指数型
159911	鹏华深证民营 ETF	指数型
206010	鹏华深证民营联接	指数型
160620	鹏华资源分级	指数型
150100	鹏华资源 A	指数型
150101	鹏华资源 B	指数型
159927	鹏华沪深 300ETF	指数型
206006	鹏华环球发现	QDII
206011	鹏华美国房地产	QDII
000290	鹏华全球高收益债	QDII
184689	鹏华普惠	封闭式
184693	鹏华普丰	封闭式

【公司高管】

何如先生，董事长，硕士，高级会计师，国籍：中国。历任中国电子器件公司深圳公司副总会计师兼财务处处长、总会计师、常务副总经理、总经理、党委书记，深圳发展银行行长助理、副行长、党委委员、副董事长、行长、党委副书记，现任国信证券股份有限公司董事长、党委书记，鹏华基金管理有限公司董事长。

邓召明先生，总裁，经济学博士，讲师。历任北京理工大学管理与经济学院讲师、中国兵器工业总公司主任科员、中国证监会处长、南方基金管理有限公司副总经理，现任鹏华基金管理有限公司总裁。

高鹏先生，督察长，经济学硕士，国籍：中国。历任博时基金管理有限公司监察法律部监察稽核经理，鹏华基金管理有限公司监察稽核部副总经理、监察稽核部总经理、职工监事，现任鹏华基金管理有限公司督察长、监察稽核部总经理。

嘉实基金管理有限公司

【基本情况】

法定名称：嘉实基金管理有限公司
英文名称：Harvest Fund Management Co.，Ltd.
注册地址：上海市浦东新区世纪大道 8 号上海国金中心二期 23 楼 01－03 单元
办公地址：北京市建国门北大街 8 号华润大厦 16 层
法人代表：安　奎
总 经 理：赵学军
成立时间：1999 年 3 月 1 日
公司属性：中外合资
注册资本：1.5 亿元
联系电话：010－65188866
客服热线：400－600－8800
传真号码：010－65185678
邮政编码：100005
公司网址：www.jsfund.cn

【公司概况】

嘉实基金管理有限公司经中国证监会证监基字［1999］5 号文批准，于 1999 年 3 月 25 日成立，是中国第一批基金管理公司之一，是中外合资基金管理公司。公司注册地上海，总部在北京并设深圳、成都、杭州、青岛、福州、南京、广州分公司。公司获得首批全国社保基金、企业年金投资管理人、QDII 资格和特定资产管理业务资格。

截至 2013 年 12 月 20 日，基金管理人共管理 2 只封闭式证券投资基金、53 只开放式证券投资基金，具体包括嘉实泰和封闭、嘉实丰和价值封闭、嘉实成长收益混合、嘉实增长混合、嘉实稳健混合、嘉实债券、嘉实服务增值行业混合、嘉实优质企业股票、嘉实货币、嘉实沪深 300ETF 联接（LOF）、嘉实超短债债券、嘉实主题混合、嘉实策略混合、嘉实海外中国股票（QDII）、嘉实研究精选股票、嘉实多元债券、嘉实量化阿尔法股票、嘉实回报混合、嘉实基本面 50 指数（LOF）、嘉实价值优势股票、嘉实稳固收益债券、嘉实 H 股指数（QDII－LOF）、嘉实主题新动力股票、嘉实多利分级债券、嘉实领先成长股票、嘉实深证基本面 120ETF、嘉实深证基本面 120ETF 联接、嘉实黄金（QDII－FOF－LOF）、嘉实信用债券、嘉实周期优选股票、嘉实安心货币、嘉实中创 400ETF、嘉实中创 400 联接、嘉实沪深 300ETF、嘉实优化红利股票、嘉实全球房地产（QDII）、嘉实理财宝 7 天债券、嘉实增强收益定期债券、嘉实纯债债券、嘉实中证中期企业债指数（LOF）、嘉实中证 500ETF、嘉实中证 500ETF 联接、嘉实增强信用定期债券、嘉实中证中期国债 ETF、嘉实中证金边中期国债 ETF 联接、嘉实丰益纯债定期债券、嘉实研究阿尔法股票、嘉实如意宝定期债券、嘉实美国成长股票（QDII）、嘉实丰益策略定期债券、嘉实丰益信用定期债券、嘉实新兴市场双币分级债券、嘉实绝对收益策略定期混合、嘉实宝 A/B、嘉实活期宝货币。其中嘉实增长混合、嘉实稳健混合和嘉实债券属于嘉实理财通系列基金。同时，管理多个全国社保基金、企业年金、特定客户资产投资组合。

近五百名员工共同协作，使嘉实建立起成熟高效的投资研究团队和市场服务团队，在起伏跌宕的市场中屡创佳绩，更赢得了行业里的诸多赞誉。

14 年来，“远见者稳进”的公司理念引领着嘉实前行。凭借规范、稳健、务实的管理风格、科学理性的投资运作以及投资者利益至上的经营理念，嘉实为广大投资者创造了丰厚的投资回报，并跻身于国内优秀的基金管理公司行列。

【公司大事记】

1999 年 3 月，经中国证监会批准，嘉实基金管理有限公司在北京成立。

1999 年 4 月，嘉实管理的第一只基金基金泰和成立。

2001 年 12 月，嘉实与英国保诚集团达成技术合作协议。

2002 年 11 月，嘉实首只开放式基金——嘉实成长收益基金成立。

2002 年 12 月，嘉实获得首批全国社保基金投资管理人资格。

2003 年 5 月，嘉实注册地迁至上海浦东。

2003 年 7 月，嘉实第一只伞型基金——理财通系列基金成立。

2004 年 12 月，国内第一只银行担保的保本基金——嘉实浦安保本基金成立。

2004 年 12 月，嘉实管理资产总规模超过 300 亿元。

2005 年 6 月，德意志资产管理公司参股嘉实，嘉实成为国内最大的合资基金公司之一。

2005 年 8 月，嘉实被劳动和社会保障部选为首批企业年金投资管理人。

2006 年 12 月，嘉实基金成为中国首家资产管理规模超过千亿的基金公司。

2007 年 1 月，嘉实基金荣获《中国证券报》“2006 年度金牛基金管理公司”奖；旗下嘉实理财通增长基金获“开放式股票型持续优胜金牛基金”奖；基金泰和获“2006 年度封闭式金牛基金”奖；嘉实货币获“2006 年度开放式货币市场金牛基金”奖。

2007 年 1 月，嘉实基金荣获和讯网、中国证券市场研究设计中心评选的“2006 年度中国十大品牌基金公司”、“2006 年度中国基金业杰出营销案例奖”，嘉实总经理赵学军先生获“2006 年度中国基金业杰出掌门人奖”。

2007 年 1 月，嘉实基金荣获《21 世纪经济报道》评选的“2006 年基金管理公司综合实力奖”。

2007 年 2 月，嘉实荣获 2006 搜狐理财年度评选“明星基金管理人”奖。

2007 年 4 月，“爱在嘉实”公益活动全面启动。

2007 年 6 月，由嘉实基金、联想控股融科投资管理顾问公司举办的“中国房地产投资基金（REITs）发展研讨会”在京召开。

2007 年 8 月，嘉实获得 QDII 资格，成为中国首家符合资格开展境外证券投资管理业务的中外合资基金管理公司。

2007 年 10 月，嘉实海外中国股票型证券投资基金成立。

2007 年 10 月，嘉实基金正式成为西门子（中国）有限公司企业年金计划唯一投资管理人。

2007 年 11 月，嘉实基金正式成为 BP（中国）有限公司企业年金计划唯一投资管理人。

2007 年 11 月，嘉实基金与德意志资产管理公司共同举办的“全球机构投资人高峰会议”在京召开。

2007 年 12 月，嘉实基金荣获《新京报》2007 年度“金字招牌”评选的“年度最佳基金公司奖”。

2007 年 12 月，嘉实基金荣获搜狐网 2007 年度金融网络盛典“最受尊敬基金公司奖”。

2007 年 12 月，嘉实基金荣获《成都商报》颁发的“2007 年度成都基民最信任的五大基金公司奖”。

2007 年 12 月，由中国主流媒体理财联盟共同发起的“2007 中国年度理财总评榜”评选中，嘉实基金获得“2007 年度最具价值基金公司奖”。

2008 年 1 月，嘉实基金荣获由网易财经、基金观察共同发起的“中国基金 10 年高峰论坛”评选出的“2007 年中国十大金钻基金公司”奖及“2007 年中国基金公司投研能力杰出”奖。

2008 年 1 月，嘉实基金荣获由南都周刊、南方都市报、证券日报共同评选的“2007 年度最具公信力基金公司”奖。

2008 年 2 月，嘉实基金成为第一批获准开展特定客户资产管理业务的基金管理公司。

2008 年 4 月，嘉实基金获得普华永道出具的 SAS70 国际认证。

2008 年 11 月，嘉实全新运营数据中心建成并全面投入使用。

2009 年 2 月，嘉实国际资产管理公司完成在香港的注册，获发香港证监会第四类（投资咨询）和第九类（资产管理）牌照。

2009 年 3 月，嘉实基金机构业务板块进行全面重组，新业务体系由五个业务团队构成。

2009 年 4 月，国内首只量化基金投资者信心指数——“嘉实中国基金投资者信心指数”推出。

2009 年 8 月，嘉实国际（HGI）迁址至香港中环交易广场。

2009 年 9 月，嘉实基金第一批“一对多”4 只产品获批发行，伴随着"一对多"产品的集体亮相，嘉实产品设计的差异化受到市场高度关注。

2009 年 10 月，由“嘉实守护天使基金”捐建的首个公益项目——“嘉实博爱小学”在雅安石龙落成。

2009 年 12 月，国内首款基本面指数基金——嘉实中证锐联基金面 50 指数基金成立，填补了国内基本面指数产品的空白。

2010 年 3 月，嘉实基金与德意志资产联合举办的以“变革与机遇”为主题的“2010 年国际投资论坛”在京举行

2010 年 5 月，嘉实基金首次获得全球投资业绩标准（GIPS）国际认证。

2010 年 9 月 10 日，嘉实基金正式签约成为 2010 年至 2014 年连续五年的“中国网球公开赛白金赞助商”。

2010 年 9 月，嘉实恒生中国企业指数基金以首发超 10 亿元的规模创下近两年来 QDII 基金首发新高。

2010 年 11 月，HGI 获发香港证监会第一类（证券交易）牌照，获准在香港进行证券交易。

2010 年 12 月，以“让业绩的旗帜高高飘扬”为主题的嘉实基金 2011 年大型投资策略会在海南三亚举行。

2011 年 1 月，嘉实基金整体资产管理规模位列“2010 年度前十大竞争组基金公司排名”首位。

2011 年 2 月，成立嘉实另类投资集团（HAI），完成另类投资平台的建设并启动业务。

2011 年 2 月，任命蔡秉华先生为嘉实国际（HGI）CEO。

2011 年 3 月，嘉实基金董事会选举新一届公司董事会和监事会成员，新任董事长安奎先生经中国证监会核准高管任职资格于 8 月 5 日正式上任。

2011 年 6 月，嘉实基金第三届运动会在京举行。

2011 年 8 月，嘉实基金首只 ETF 基金——嘉实深证基本面 120ETF 及其联接基金成立。

2011年9月，嘉实基金以“白金赞助商”身份参与中国网球公开赛，获得超过2200万美元的国际媒体品牌曝光价值。

2011年9月，以“全球经济再平衡过程中的投资机会”为主题的嘉实－DB机构投资论坛在京召开。

2011年9月，中共嘉实基金管理有限公司总支部换届选举大会召开，选举产生新一届党总支委员会。

2011年9月，嘉实上海办公室迁址至上海国金中心二期。

2011年12月，嘉实基金2011年度累计捐资219万元，用于青海省海南藏族自治州共和县小学教学楼、甘肃成县县域基础教育提升项目。

2012年2月，嘉实官网全新改版上线。

2012年3月，嘉实财富管理有限公司（HWM）在上海注册成立，7月迁址上海国金中心。

2012年4月，嘉实投资者回报研究中心网站正式上线，该中心以“预测、配置、选基”为主要职能，同期推出自主研发的嘉实FAS系统，将助力于投资人获取实实在在的投资回报。

2012年4月，嘉实沪深300ETF首发募集193.32亿份。

2012年5月，嘉实沪深300ETF成功募集193亿元，在深圳证券交易所挂牌上市。2012年5月HGI（60%股权）与KranoCapital（40%股权）正式成立了合资公司HarvestKrane，该公司旨在美国和加拿大地区销售HGI及其关联公司的产品及战略。

2012年7月，嘉实国际资产管理及嘉实另类投资集团迁址香港交易广场。

2012年7月，嘉实捐助公益活动“嘉实－西部阳光”心舞夏令营，实现留守儿童舞蹈梦。

2012年8月，嘉实沪深300指数证券投资基金（LOF）基金份额持有人大会成功召开，共征集36万客户授权，创业界先河。

2012年9月，嘉实基金管理公司与英国高富诺基金管理公司联手组建一个专注投资于大中华区的私募地产基金管理平台——嘉实地产投资管理有限公司（简称“嘉实地产”），汉威资本创始人任荣将出任嘉实地产行政总裁。

2012年10月，嘉实基金以白金赞助商身份连续第三年赞助中国网球公开赛。

2012年11月，证监会主席助理张育军先生走访嘉实基金调研，对公司运营及战略布局给予高度肯定。

2012年11月，嘉实资本（HCM）首批获准成立另类子公司，首只私募ABS产品成功募集。

2012年12月，“嘉实投资者回报研究中心”发布国内首个投资者授权基金投资管理账户——嘉实HiFAS定制账户并向投资人开放。

2012年12月，嘉实管理年金突破300亿元。

2012年12月，嘉实财富管理有限公司（HWM）获证监会批准，取得独立基金销售牌照。

【股东概况】

排序	股东名称	持股数量（万股）	持股比例
1	中诚信托投资有限责任公司	6000.00	40%
2	立信投资有限责任公司	4500.00	30%
3	德意志资产管理（亚洲）有限公司	4500.00	30%

【旗下基金】

基金代码	基金简称	类型
070099	嘉实优质	股票型
070013	嘉实研究精选	股票型
070017	嘉实量化阿尔法	股票型
070019	嘉实价值优势	股票型
070021	嘉实主题新动力	股票型
070022	嘉实领先成长	股票型
070027	嘉实周期优选	股票型
070032	嘉实优化红利	股票型
000082	嘉实研究阿尔法	股票型
070001	嘉实成长收益	混合型
070002	嘉实理财增长	混合型
070003	嘉实理财稳健	混合型
070006	嘉实服务增值行业	混合型
070010	嘉实主题	混合型
070011	嘉实策略增长	混合型
070018	嘉实回报	混合型
000414	嘉实收益策略	混合型
070005	嘉实债券	债券型
070009	嘉实超短债	债券型
070015	嘉实多元债券A	债券型
070016	嘉实多元债券B	债券型
070020	嘉实稳固收益债券	债券型
070025	嘉实信用债券A	债券型
070026	嘉实信用债券C	债券型
160718	嘉实多利分级债券	
150032	多利优先	债券型
150033	多利进取	债券型
070033	嘉实增强收益定期债券	债券型
070037	嘉实纯债债券A	债券型
070038	嘉实纯债债券C	债券型
160721	嘉实中证中期企业债指数（LOF）C	债券型
160720	嘉实中证中期企业债指数（LOF）A	债券型
000005	嘉实增强信用定期债券	债券型
000087	嘉实中证金边中期国债ETF联接A	债券型
000088	嘉实中证金边中期国债ETF联接C	债券型
159926	嘉实中证中期国债ETF	债券型
000116	嘉实丰益纯债定期债券	债券型
000113	嘉实如意宝定期债券A/B	债券型
000115	嘉实如意宝定期债券C	债券型
000183	嘉实丰益策略定期债券	债券型
000177	嘉实丰益信用定期债券	债券型
159919	嘉实沪深300ETF	指数型
160706	嘉实沪深300ETF联接	指数型
160716	嘉实基本面50	指数型
070023	嘉实深证120联接	指数型
159910	嘉实深证120ETF	指数型
070030	嘉实中创400联接	指数型
159918	嘉实中创400ETF	指数型
159922	嘉实中证500ETF	指数型
000008	嘉实中证500ETF联接	指数型
070012	嘉实海外	QDII
160717	嘉实H股指数	QDII
160719	嘉实黄金	QDII
070031	嘉实全球房地产	QDII
000043	嘉实美国成长股票（QDII）人民币	QDII
000044	嘉实美国成长股票（QDII）美元	QDII
000341	嘉实新兴市场A	QDII
000342	嘉实新兴市场B	QDII
070008	嘉实货币A	货币型
070088	嘉实货币B	货币型

基金代码	基金简称	类型
070028	嘉实安心货币市场 A	货币型
070029	嘉实安心货币市场 B	货币型
519808	嘉实宝 A	货币型
519809	嘉实宝 B	货币型
000464	嘉实活期宝货币	货币型
500002	嘉实泰和	封闭式
184721	嘉实丰和	封闭式
070035	嘉实理财宝 7 天债券 A	理财型
070036	嘉实理财宝 7 天债券 B	理财型
000486	嘉实 1 个月理财债券 E	理财型

【公司高管】

安奎先生，董事长，大学本科，中共党员，曾任吉林农业机械研究所主任；吉林省信托投资公司外经处处长、香港吉信有限公司总经理；吉林省证券公司总经理；东北证券有限责任公司监事长；吉林天信投资公司总经理；中诚信托有限责任公司副总经理。2011 年 8 月 5 日起任嘉实基金管理有限公司董事长。

赵学军先生，董事、总经理。中共党员，经济学博士。1987 年 7 月至 1990 年 9 月在天津通信广播公司电视设计所任助理工程师。1992 年 12 月至 1993 年 6 月在外经贸部中国仪器进出口总公司任经济师。1993 年 7 月至 1994 年 8 月在北京商品交易所任信息处长。1994 年 8 月至 1995 年 5 月在天津纺织原材料交易所任总裁、法定代表人。1995 年 5 月至 1997 年 5 月在商鼎期货经纪有限公司任副总经理兼上海营业部总经理。1998 年 6 月至 1998 年 9 月在北京证券有限公司任基金部总经理助理、阜成路营业部总经理助理。1998 年 9 月至 2000 年 10 月在大成基金管理有限公司助理总经理、副总经理。2000 年 10 月至今在嘉实基金管理有限公司任总经理。

王炜女士，督察长，中共党员，法学硕士。曾就职于中国政法大学法学院、北京市陆通联合律师事务所、北京市智浩律师事务所、新华保险股份有限公司。曾任嘉实基金管理有限公司法律部总监。

长盛基金管理有限责任公司

【基本情况】

法定名称：长盛基金管理有限责任公司
英文名称：Changsheng Fund Management Co.，Ltd.
注册地址：深圳市福田区福中三路 1006 号诺德中心八层 GH 单元
办公地址：北京市海淀区北太平庄路 18 号北京城建大厦 A 座 21 层
法人代表：凤良志
总 经 理：周　兵
成立时间：1999 年 3 月 26 日
公司性质：中外合资
注册资本：1.5 亿元
联系电话：010－82255818
传真号码：010－82255988
邮政编码：518001
公司网址：www.csfunds.com.cn

【公司概况】

长盛基金管理有限公司（以下简称“公司”）成立于 1999 年 3 月 26 日，是国内最早成立的十家基金管理公司之一，也是首批获得全国社保基金管理资格的六家基金管理公司之一。公司注册资本为人民币 1.5 亿元，总部设在北京，在北京、上海、郑州、杭州、成都设有分公司。公司的股东为国元证券股份有限公司、新加坡星展银行有限公司、安徽省信用担保集团有限公司、安徽省投资集团控股有限公司。公司的经营范围包括基金募集、基金销售、资产管理及中国证监会许可的其他业务，是一家为客户提供专业投资理财服务的资产管理机构。

截至 2013 年 12 月 31 日，公司共管理长盛成长价值混合基金、长盛创新先锋混合基金、长盛积极配置债券基金、长盛量化红利股票基金、长盛环球行业股票（QDII）基金、长盛同鑫保本混合基金、长盛同鑫二号保本混合基金、长盛同祥泛资源股票基金、长盛同禧信用增利债券基金、长盛货币基金、长盛同智优势混合（LOF）基金、长盛同庆中证 800 分级基金、长盛沪深 300 指数（LOF）基金、长盛中证 100 指数基金、长盛同瑞中证 200 分级基金、长盛同辉深 100 等权重分级基金、长盛全债指数增强债券基金、长盛动态精选混合基金、长盛同德主题股票基金、长盛电子信息产业基金、长盛添利 30 天理财债券基金、长盛添利 60 天理财发起式基金、长盛同丰分级债券基金、长盛纯债债券基金、上证百强 ETF、长盛上证百强 ETF 联接、长盛季季红 1 年定期债券基金、长盛年年收益定期债券基金、长盛双月红 1 年定期债券基金、长盛城镇化主题股票基金、长盛添利宝货币基金共三十一只开放式基金和基金同益、同盛两只封闭式基金，并且受全国社会保障基金理事会委托管理部分社保基金，以及多个专户产品。公司同时兼任境外 QFII 基金和专户理财产品的投资顾问。截至 2013 年 12 月 31 日，公司管理的公募基金资产规模逾人民币 370 亿元，累计分红超过人民币 198 亿元。

【公司大事记】

1999 年 3 月，长盛基金管理有限公司正式成立。

2012 年 3 月 27 日，长盛电子信息产业股票基金正式成立，募集份额为 436,781,526.34 份。

2012 年 4 月 10 日，长盛同庆基金基金份额持有人大会在北京举行，高票通过长盛同庆基金转型方案。

2012 年 7 月 10 日，长盛同鑫二号保本混合型证券投资基金正式成立，募集份额为 1,364,877,570.48 份。

2012 年 9 月 13 日，长盛同辉深证 100 等权重指数分级证券投资基金正式成立，募集份额为 844,062,743.33 份。

2012 年 10 月 26 日，长盛添利 30 天理财债券型证券投资基金正式成立，募集份额为 4,138,676,687.06 份。

2012 年 11 月 29 日，长盛添利 60 天理财债券型发起式证券投资基金正式成立，募集份额为 2,251,782,733.94 份。

2012 年 12 月 27 日，长盛同丰分级债券型证券投资基金正式成立，募集份额为 1,997,372,126.07 份。

2013 年 3 月 13 日，长盛纯债债券型证券投资基金正式成立，募集份额为 3,335,066,436.23 份。

2013 年 4 月 24 日，上证市值百强交易型开放式指数证券投资基金正式成立，募集份额为 622,680,523.00 份。

2013 年 5 月 10 日，长盛上证市值百强交易型开放式指数证券投资基金联接基金正式成立，募集份额为 308,496,450.30 份。

2013 年 6 月 14 日，长盛季季红 1 年期定期开放债券型证券投资基金正式成立，募集份额为 1,396,003,609.71 份。

2013 年 8 月 9 日，长盛年年收益定期开放债券型证券投资基金正式成立，募集份额为592,654,154.16份。

2013年9月24日，长盛双月红1年期定期开放债券型证券投资基金正式成立，募集份额为348,134,882.30份。

2013年11月12日，长盛城镇化主题股票型证券投资基金正式成立，募集份额为2,011,529,249.85份。

2013年12月9日，长盛添利宝货币市场基金正式成立，募集份额为3,875,301,402.19份。

【股东概况】

排序	股东名称	持股数量（万股）	持股比例
1	国元证券有限责任公司	6150.00	41%
2	新加坡星展资产管理有限公司	4950.00	33%
3	安徽省创新投资有限公司	1950.00	13%
3	安徽省投资集团有限责任公司	1950.00	13%

【旗下基金】

基金代码	基金简称	类型
519039	长盛同德主题增长	股票型
080005	长盛量化红利	股票型
080012	长盛电子信息产业	股票型
000354	长盛城镇化主题	股票型
080001	长盛成长价值	混合型
510081	长盛动态精选	混合型
160805	长盛同智优势成长	混合型
080002	长盛创新先锋	混合型
080008	长盛战略新兴	混合型
080011	长盛货币	货币型
000424	长盛添利宝货币A	货币型
000425	长盛添利宝货币B	货币型
080006	长盛环球行业精选	QDII
510080	长盛全债指数强债	债券型
080003	长盛积极配置债券	债券型
080009	长盛同禧信增债券A	债券型
080010	长盛同禧信增债券C	债券型
160811	长盛同丰分级A	债券型
150115	长盛同丰分级B	债券型
000050	长盛纯债A	债券型
000052	长盛纯债C	债券型
000145	长盛季季红1年期债券A	债券型
000146	长盛季季红1年期债券C	债券型
000225	长盛年年收益定期债券A	债券型
000226	长盛年年收益定期债券C	债券型
000303	长盛双月红定期债券A	债券型
000304	长盛双月红定期债券C	债券型
519100	长盛中证100	指数型
160807	长盛沪深300	指数型
160808	长盛同瑞200分级	指数型
160806	长盛同庆800分级	指数型
160809	长盛同辉深证100	指数型
510700	上证百强ETF	指数型
000063	上证百强ETF联接	指数型
080007	长盛同鑫保本	保本型
080015	长盛同鑫二号保本	保本型
184690	基金同益	封闭式
184699	基金同盛	封闭式
080016	长盛添利30天A	理财型
080017	长盛添利30天B	理财型
080018	长盛添利60天A	理财型
080019	长盛添利60天B	理财型

【公司高管】

凤良志先生，董事长，博士，高级经济师。历任安徽省政府办公厅第二办公室副主任、安徽省国际信托投资公司副总经理、安徽省证券管理办公室主任、安徽省政府驻香港窗口公司（黄山有限公司）董事长、安徽省国际信托投资公司副总经理（主持工作）、安徽国元控股（集团）有限责任公司暨国元信托有限责任公司董事长。现为国元证券股份有限公司（原国元证券有限责任公司）董事长。

周兵先生，董事、总经理，硕士，经济师。曾任中国银行总行综合计划部副主任科员、香港南洋商业银行内地融资部副经理、香港中银国际亚洲有限公司企业财务部经理、广发证券股份有限公司北京业务总部副总经理（期间兼任海南华银国际信托投资公司北京证券营业部托管组负责人）、北京朝阳门大街证券营业部总经理。2004年10月加入长盛基金管理有限公司，曾任公司副总经理。现任长盛基金管理有限公司总经理。

叶金松先生，大学，会计师。历任美菱股份有限公司财会部经理，安徽省信托投资公司财会部副经理，国元证券有限责任公司清算中心主任、风险监管部副经理、经理等职。现任长盛基金管理有限公司督察长。

大成基金管理有限公司

【基本情况】

法定名称：大成基金管理有限公司

英文名称：Da Cheng Fund Management Co., Ltd.

注册地址：深圳市福田区深南大道7088号
　　　　　招商银行大厦32层

办公地址：深圳市福田区深南大道7088号
　　　　　招商银行大厦32－33层

法人代表：张树忠

总 经 理：王　颢

成立时间：1999年4月12日

公司性质：中资

注册资本：2亿元

联系电话：0755－83183388

传真号码：0755－83199588

客服热线：400－8868－666

邮政编码：518040

公司网址：www.dcfund.com.cn

【公司概况】

大成基金管理有限公司（以下简称"公司"）成立于1999年4月12日，注册资本金人民币2亿元，是中国首批获准成立的老十家基金管理公司之一。公司总部设在广东省深圳市，主要业务是公募基金的募集和管理。经过十多年的稳健发展，公司形成了强大稳固的综合实力，截至2013年9月30日，旗下有38只公募基金产品和多只特定客户资产管理组合。公司已经形成了覆盖全国的营销网络，在北京、上海、西安、成都、武汉、福州、沈阳、广州和南京等地设立了九家分公司,并在香港设立了子公司。近日,大成基金和人保资产管理股份有限公司合资设立的大成创新资本管理有限公司在深圳正式开业。

大成基金管理有限公司在为投资人奉献回报的同时,一直积极参与社会公益事业,并于2009年4月12日设立了基金业第一家慈善基金会——广东省大成慈善基金会,向社会表明了我们在践行社会责任方面的态度和决心。10年来,慈善基金会怀抱感恩之心回报社会,积极参与各项社会公益事业,在教育文化、灾难救助等方面做出应有的贡献。先后在全国8个省市捐建了大成基金小学或爱心食堂项目,并积极援助帮扶云南省少数民族文化事业,在灾害救助方面,基金会累计向青海玉树、云南盈江、云南彝良、四川雅安等各地震灾区捐赠救助金达180万元。截至目前,大成慈善基金会累计捐助金额超过1100万元。

"成为中国基金业的领军企业"是大成基金管理有限公司追求的目标。公司将继续坚持为持有人奉献长期稳健回报的核心理念,努力保持投资风格的稳定性及投资业绩的可持续性,与持有人共同分享中国经济的增长。大成慈善基金会将继续秉承公益慈善事业、履行企业社会责任、促进社会和谐发展的宗旨,为社会多做贡献。

【公司大事记】

1999年4月12日,大成基金管理有限公司成立。

1999年5月4日,景宏证券投资基金基金合同生效,基金规模20亿份,存续期15年。

2002年11月11日,公司第一只开放式基金——大成价值增长证券投资基金合同生效。

2003年4月,率先在业内建立基金运营业务异地灾难备份中心。

2003年9月,在上海建立业内最大客户服务中心。

2004年3月,推出开放式基金网上交易业务。

2006年12月,基金景业成为首只封转开方案获持有人大会全票通过的封闭式基金。

2007年8月1日,创新型封闭式基金大成优选股票型证券投资基金基金合同生效。

2008年1月,公司获得合格境内机构投资者(QDII)业务资格。

2008年3月,公司获得特定客户资产管理业务资格。

2009年3月,公司武汉、西安、成都、沈阳、福州五地分公司获中国证监会批复同意。

2009年4月12日,为庆祝成立10周年,公司在深圳、北京、上海、武汉、西安、成都、福州、沈阳等地开展植树造林活动。

2009年4月,公司出资设立的大成慈善基金会经广东省民政厅批准,正式设立。

2009年10月,香港公司——大成国际资产管理有限公司正式开业。

2010年7月,中资基金公司在香港发行的首只公募产品——大成中证中国内地消费ETF在香港交易所上市。

2010年9月,广州分公司成立。

2010年12月,公司获得全国社保基金境内委托投资管理人资格。

2011年9月,南京分公司成立。

2011年12月,公司香港子公司获人民币合格境外投资者(RQFII)业务资格。

2012年9月,公司获得首批保险资金投资管理人资格。

2013年11月,子公司——大成创新资本管理有限公司成立。

【股东概况】

排序	股东名称	持股数量(万股)	持股比例
1	中泰信托投资有限责任公司	9600.00	48%
2	光大证券有限责任公司	5000.00	25%
2	中国银河证券有限责任公司	5000.00	25%
3	广东证券股份有限公司	400.00	2%

【旗下基金】

基金代码	基金简称	类型
519017	大成积极成长	股票型
519019	大成景阳领先	股票型
090007	大成策略回报	股票型
090009	大成行业轮动	股票型
090011	大成核心双动力	股票型
090015	大成内需增长	股票型
160916	大成优选	股票型
090018	大成新锐产业股票	股票型
090001	大成价值增长	混合型
090003	大成蓝筹稳健	混合型
090004	大成精选增值	混合型
090006	大成2020生命周期	混合型
160910	大成创新成长	混合型
090013	大成保本	混合型
090019	大成景恒保本	混合型
090002	大成债券基金A/B	债券型
092002	大成债券C	债券型
090008	大成强化收益债券	债券型
090017	大成可转债增强债券	债券型
000128	大成景安短融A	债券型
000129	大成景安短融不	债券型
000130	大成景兴信用债A	债券型
000131	大成景兴信用债C	债券型
160915	大成景丰债券(LOF)	债券型
000152	大成景旭纯债	债券型
000153	大成景旭纯债C	债券型
000440	大成景祥分级债券	债券型
000357	大成景祥分级债券A	债券型
000358	大成景祥分级债券B	债券型
090005	大成货币A	货币型
091005	大成货币B	货币型
090022	大成现金增利A	货币型
091022	大成现金增利B	货币型
519898	大成现金宝货币A	货币型
519899	大成现金宝货币B	货币型
096001	大成标普500	QDII
519300	大成沪深300	指数型
090010	大成中证红利指数	指数型
090012	大成深证成长40联接	指数型
159906	大成深证成长40ETF	指数型
090016	大成内地消费指数	指数型
510440	大成中证500沪市ETF	指数型
159932	大成中证500深市ETF	指数型
159923	大成中证100ETF	指数型
184691	基金景宏	封闭式
184701	基金景福	封闭式

基金代码	基金简称	类型
090021	大成月添利A	理财型
091021	大成月添利B	理财型
090023	大成理财21天债A	理财型
091023	大成理财21天债B	理财型

【公司高管】

张树忠先生，董事长，经济学博士。1989年7月至1993年2月，任中央财经大学财政系讲师；1993年2月至1997年3月，任华夏证券股份有限公司投资银行总部总经理、研究发展部总经理；1997年3月至2003年7月，任光大证券股份有限公司总裁助理兼北方总部总经理、资产管理总监；2003年7月至2004年6月，任光大保德信基金管理公司董事、副总经理；2004年6月至2006年12月，任大通证券股份有限公司副总经理；2007年1月至2008年1月，任大通证券股份有限公司总经理；2008年1月至2008年4月，任职中国人保资产管理股份有限公司；2008年4月起任中国人保资产管理股份有限公司副总裁、党委委员；2008年11月起同时担任大成基金管理有限公司董事长。

王颢先生，董事总经理，国际工商管理专业博士。2000年12月至2002年9月，任招商证券股份有限公司深圳管理总部副总经理、机构管理部副总经理；2002年9月加入大成基金管理有限公司，历任助理总经理、副总经理；2008年11月起担任大成基金管理有限公司总经理。

杜鹏女士，督察长，研究生学历。1992年至1994年，历任原中国银行陕西省信托咨询公司证券部驻上交所出市代表、上海业务部负责人；1994年至1998年，历任广东省南方金融服务总公司投资基金管理部证券投资部副经理、广东华侨信托投资公司证券总部资产管理部经理；1998年9月参与大成基金管理有限公司的筹建；1999年3月至今，任大成基金管理有限公司督察长兼监察稽核部经理。

富国基金管理有限公司

【基本情况】

法定名称：富国基金管理有限公司
英文名称：Fullgoal Fund Management Co., Ltd.
注册地址：上海市浦东新区世纪大道8号
　　　　　上海国金中心二期16－17层
办公地址：上海市浦东新区世纪大道8号
　　　　　上海国金中心二期16－17层
法人代表：陈　敏
总 经 理：陈　敏(代行)
成立时间：1999年4月13日
公司属性：中外合资
注册资本：1.8亿元
联系电话：021－20361818
客服热线：400－888－0688
传真号码：021－20161616
邮政编码：200001
公司网址：www.fullgoal.com.cn

【公司概况】

富国基金于1999年在北京成立，是经中国证监会批准设立的首批十家基金管理公司之一。公司注册资本为1.8亿元人民币，总部设于上海，在北京、深圳、成都设有分公司。

2003年加拿大蒙特利尔银行参股，富国基金成为国内首批十家基金公司中第一家实现外资参股的基金公司。经过十年多的发展，富国基金不仅在中国资本市场的演进中积累了丰富的投资管理经验，而且不断将外方股东的先进理念和管理技术融入到公司经营管理的各项实践中，为投资者提供专业化的基金投资理财服务。

公司目前下设十七个部门、三个分公司和二个子公司，分别是：权益投资部、固定收益部、量化与海外投资部、研究部、集中交易部、专户投资部、机构业务部、零售业务部、营销策划与产品部、客服与电子商务部、战略发展部、监察稽核部、计划财务部、人力资源部、行政管理部、信息技术部、运营部、北京分公司、成都分公司、广州分公司、富国资产管理(香港)有限公司、富国资产管理(上海)有限公司。权益投资部：负责权益类基金产品的投资管理；固定收益部：负责固定收益类产品的研究与投资管理；量化与海外投资部：负责FOF、PE、定量类产品等的研究与投资管理；研究部：负责行业研究、上市公司研究和宏观研究等；集中交易部：负责投资交易和风险控制；专户投资部：在固定收益部、权益投资部和量化与海外投资部内设立的虚拟部门，独立负责年金等专户产品的投资管理；机构业务部：负责年金、专户、社保及共同基金的机构客户营销工作；零售业务部：管理华东营销中心、华中营销中心、华南营销中心(广州分公司)、北方营销中心(北京分公司)、西部营销中心(成都分公司)、华北营销中心，负责共同基金的零售业务；营销策划与产品部：负责产品开发、营销策划和品牌建设等；客服与电子商务部：负责电子商务与客户服务；战略发展部：负责公司战略的研究、规划与落实；监察稽核部：负责监察、风控、法务和信息披露；信息技术部：负责软件开发与系统维护等；运营部：负责基金会计与清算；计划财务部：负责公司财务计划与管理；人力资源部：负责人力资源规划与管理；行政管理部：负责文秘、行政后勤；富国资产管理(香港)有限公司：就证券提供意见和提供资产管理；富国资产管理(上海)有限公司：经营特定客户资产管理以及中国证监会认可的其他业务。

【股东概况】

排序	股东名称	持股数量(万股)	持股比例
1	海通证券股份有限公司	4999.50	27.775%
1	申银万国证券股份有限公司	4999.50	27.775%
1	加拿大蒙特利尔银行	4999.50	27.775%
2	山东省国际信托投资有限公司	3001.50	16.675%

【旗下基金】

基金代码	基金简称	类型
100026	富国天合稳健优选	股票型
519035	富国天博创新主题	股票型
100039	富国通胀通缩	股票型
100056	富国低碳环保	股票型
100060	富国高新技术产业	股票型
000220	富国医疗保健	股票型
100016	富国天源平衡	混合型
100020	富国天益价值	混合型
100022	富国天瑞强势	混合型
100029	富国天成红利	混合型
161005	富国天惠成长精选	混合型
000029	富国宏观策略	混合型

基金代码	基金简称	类型
100025	富国天时货币 A	货币型
100028	富国天时货币 B	货币型
100032	富国中证红利增强	指数型
100038	富国量化沪深 300	指数型
100053	富国上证综指联接	指数型
161017	富国中证 500	指数型
161022	富国创业板指数分级	指数型
150152	富国创业板分级 A	指数型
150153	富国创业板分级 B	指数型
100018	富国天利增长	债券型
100035	富国优化增强 A/B	债券型
100037	富国优化增强 C	债券型
100051	富国可转换债券	债券型
100058	富国产业债债券	债券型
161010	富国天丰强化债券	债券型
000107	富国信用增强债券	债券型
000109	富国信用增强债券 C	债券型
000139	富国国有企业债	债券型
000141	富国国有企业债 C	债券型
100066	富国纯债债券(	债券型
100068	富国纯债债券 C	债券型
000191	富国信用债债券	债券型
000192	富国信用债债券 C	债券型
000383	富国恒利分级债券 A	定期开放债券型
000384	富国恒利分级债券 B	定期开放债券型
000197	富国目标收益一年期	定期开放债券型
000202	富国目标收益两年期	定期开放债券型
100072	富国强回报	定期开放债券型
100073	富国强回报 C	定期开放债券型
161019	富国新天锋债券	定期开放债券型
100070	富国强收益	定期开放债券型
100071	富国强收益 C	定期开放债券型
100050	富国全球债券	QDII
100055	富国全球顶级消费品	QDII
100061	富国中国中小盘股票	QDII
100007	富国 7 天理财宝 A	理财型
1010007	富国 7 天理财宝 B	理财型
161014	富国汇利分级	封闭式
150020	富国汇利 A(	封闭式
150021	富国汇利 B	封闭式
161015	富国天盈分级	封闭式
161016	富国天盈 A	封闭式
150041	富国天盈 B	封闭式
510210	上证综指 ETF	封闭式
500015	基金汉兴	封闭式
500005	基金汉盛	封闭式

【公司高管】

陈敏女士，董事长。生于 1954 年，中共党员，工商管理硕士，经济师。历任上海市信托投资公司副处长、处长；上海市外经贸委处长；上海万国证券公司党委书记；申银万国证券股份有限公司副总裁、党委委员。2004 年开始担任富国基金管理有限公司董事长。

范伟隽先生，督察长。生于 1974 年，中共党员，硕士研究生。曾任毕马威华振会计师事务所项目经理，中国证监会上海监管局主任科员、副处长。2012 年 10 月 20 日开始担任富国基金管理有限公司督察长。

易方达基金管理有限公司

【基本情况】

法定名称：易方达基金管理有限公司
英文名称：E Fund Management Co. , Ltd.
注册地址：广东省珠海市横琴新区宝中路 3 号 4004 - 8 室
办公地址：广州市天河区珠江新城珠江东路 30 号广州银行大厦 40 - 43 楼
法人代表：叶俊英
总 经 理：刘晓艳
成立时间：2001 年 4 月 17 日
公司属性：中资
注册资本：1.2 亿元
联系电话：020 - 38797888
客服热线：400 - 881 - 8088
传真号码：020 - 38799488
邮政编码：510620
公司网址：www. efunds. com. cn

【公司概况】

易方达基金管理有限公司成立于 2001 年 4 月 17 日，旗下设有北京、广州、上海分公司和香港子公司。易方达秉承“取信于市场，取信于社会”的宗旨，坚持“在诚信规范的前提下，通过专业化运作和团队合作实现持续稳健增长”的经营理念，以严格的管理、规范的运作和良好的投资业绩，赢得市场认可。2004 年 10 月，易方达取得全国社会保障基金投资管理人资格。2005 年 8 月，易方达获得企业年金基金投资管理人资格。2007 年 12 月，易方达获得合格境内机构投资者（QDII）资格。2008 年 2 月，易方达获得从事特定客户资产管理业务资格。截至 2013 年 12 月 31 日，易方达旗下共管理 54 只开放式基金、1 只封闭式基金和多个全国社保基金资产组合、企业年金及特定客户资产管理业务，资产管理总规模超 2400 亿元。

易方达基金高度重视健全内部管理体制和完善风险防范机制，成立伊始便在业内率先制定“内部控制大纲”，对公司治理结构、内部控制制度体系与制度管理、内部控制基本要点、控制环境、持续的控制检验作出规范，在此基础上制定了大量规章制度，初步形成了一套具有公司特色、合乎基金行业规范运作要求的制度化管理体系，保证了公司的合规、高效运作，获得了国家主管部门和中介评估机构的充分肯定。

基金业是“人的事业”，易方达成立伊始，便努力打造一支高度专业化的基金管理团队。截至 2013 年 12 月 31 日，公司员工逾 400 人，平均年龄 32 岁，其中具有硕士以上学历的占员工总数的 61.6%，具有复合专业背景的占 29.71%。公司高管人员人均金融从业时间 18 年以上，全部具有经济学或管理学教育背景。易方达基金的投资研究队伍专业、稳健、勇于进取，投资管理人员平均证券从业时间 10 年，95.56% 的投资人员具有硕士以上学历，具有理工科背景的占 66.67%，具有复合专业背景的占 55.56%；96.3% 的研究人员具有硕士以上学历，具有理工科背景的占 50%，具有复合专业背景的占 42.59%。

完善的制度、严格的管理、规范的运作使公司始终保持各方面业务持续增长的良性发展态势，投资业绩综合排名始终在国内基金公司中名列前茅。截至 2013 年 12 月 31 日，公司旗下基金累计分红超530亿元，为投资者创造了良好的回报。

公司一贯秉承价值投资理念，强调研究在投资中的主导作用，不断追求研究的深度和前瞻性。目前，公司已自主培养和建立起一支高素质的研究员队伍，形成了研究主导的投资文化，研究注重深度挖掘、实地调研、持续跟踪，投资与研究相互促进、良性互动，为公司取得优异投资业绩打下了坚实基础。

专业坦诚是易方达的服务理念。公司不断致力于改进客户服务质量、加强多方沟通协调、完善和创新服务方式。目前，公司已与多家机构签订了合作协议，并推出了开放式基金的网上交易平台，努力为广大客户提供更多的交易便利和优惠。

易方达将继续坚持以诚信和业绩立足，不断开拓创新，积极进取，努力为投资者创造最优回报。

【公司大事记】

2001年4月17日，易方达基金管理有限公司正式成立。

2001年6月20日，在清理规范广东省6只联网投资基金的基础上，易方达旗下的科汇、科翔、科讯证券投资基金分别在深圳、上海证券交易所挂牌交易。

2001年7月12日，科汇、科翔、科讯证券投资基金完成扩募工作，分别扩募至8亿份基金单位。

2001年12月15日，易方达顺利通过中国证监会和境外投资基金专家小组对开放式基金准备情况的现场检查，获得了高度评价。

2012年5月03日，易方达纯债债券型证券投资基金合同生效，认购份额超过80亿份。

2012年6月04日，易方达标普全球高端消费品指数增强型证券投资基金合同生效。

2012年7月05日，易方达量化衍伸股票型证券投资基金合同生效。

2012年8月09日，易方达恒生中国企业交易型开放式指数证券投资基金合同生效。

2012年8月21日，易方达恒生中国企业交易型开放式指数证券投资基金联接基金合同生效。

2012年9月20日，易方达中小板指数分级证券投资基金合同生效。

2012年11月09日，易方达中债新综合债券指数发起式证券投资基金（LOF）基金合同生效。

2012年11月26日，易方达月月利理财债券型证券投资基金基金合同生效。

2013年1月15日，易方达双月利理财债券型证券投资基金基金合同生效。

2013年3月04日，易方达天天理财货币市场基金基金合同生效。

2013年3月06日，易方达沪深300交易型开放式指数发起式证券投资基金基金合同生效。

2013年3月29日，易方达保证金收益货币市场基金基金合同生效。

2013年4月24日，易方达信用债债券型证券投资基金合同生效。

2013年7月30日，易方达纯债1年定期开放债券型证券投资基金合同生效。

2013年8月23日，易方达高等级信用债债券型证券投资基金合同生效。

2013年8月23日，易方达裕丰回报债券型证券投资基金合同生效。

2013年9月10日，易方达投资级信用债债券型证券投资基金合同生效。

2013年10月24日，易方达易理财货币市场基金合同生效。

2013年11月14日，易方达聚盈分级债券型发起式证券投资基金合同生效。

【股东概况】

排序	股东名称	持股数量（万股）	持股比例
1	广东粤财信托投资有限公司	3000.00	25%
2	广发证券股份有限公司	3000.00	25%
3	广东美的电器股份有限公司	3000.00	25%
4	重庆国际信托投资有限公司	2000.00	16.67%
5	广州市广永国有资产经营有限公司	1000.00	8.33%

【旗下基金】

基金代码	基金简称	类型
110009	易方达价值精选	股票型
110029	易方达科讯	股票型
110011	易方达中小盘	股票型
110013	易方达科翔	股票型
110015	易方达行业领先	股票型
110022	易方达消费行业	股票型
110023	易方达医疗保健行业	股票型
110025	易方达资源行业	股票型
110001	易方达平稳增长	混合型
110002	易方达策略成长	混合型
110005	易方达积极成长	混合型
110010	易方达价值成长	混合型
112002	易方达策略二号	混合型
110012	易方达科汇灵活配置	混合型
000404	易方达新兴成长灵活配置	混合型
110006	易方达货币A	货币型
110016	易方达货币B	货币型
000009	易方达天天理财货币A	货币型
000010	易方达天天理财货币B	货币型
000013	易方达天天理财货币R	货币型
159001	易方达保证金收益货币A	货币型
159002	易方达保证金收益货币B	货币型
000359	易方达易理财货币	货币型
110007	易方达稳健债券A	债券型
110008	易方达稳健债券B	债券型
110017	易方达增强债券A	债券型
110018	易方达增强债券B	债券型
110027	易方达安心债券A	债券型
110028	易方达安心债券B	债券型
110035	易方达双债强债A	债券型
110036	易方达双债强债C	债券型
161115	易方达岁丰添利债券	债券型
161117	易方达永旭添利	债券型
110037	易方达纯债A	债券型
110038	易方达纯债C	债券型
161119	易方达中债新综指（LOF）A	债券型
161120	易方达中债新综指（LOF）C	债券型
110050	易方达月月利理财债券A	债券型
110051	易方达月月利理财债券B	债券型
110052	易方达双月利理财债券A	债券型
110053	易方达双月利理财债券B	债券型

基金代码	基金简称	类型
000032	易方达信用债债券 A	债券型
000033	易方达信用债债券 C	债券型
000111	易方达纯债 1 年定期开放债券 A	债券型
000112	易方达纯债 1 年定期开放债券 C	债券型
000147	易方达高等级信用债债券 A	债券型
000148	易方达高等级信用债债券 C	债券型
000171	易方达裕丰回报债券	债券型
000205	易方达投资级信用债债券 A	债券型
000206	易方达投资级信用债债券 C	债券型
000428	易方达聚盈分级债券基础	债券型
000429	易方达聚盈分级债券 A	债券型
000430	易方达聚盈分级债券 B	债券型
000436	易方达裕惠回报债券	债券型
110003	易方达上证 50	指数型
110019	易基深证 100 联接	指数型
110020	易方达沪深 300	指数型
110021	易基上证中盘联接	指数型
159901	易方达深证 100ETF	指数型
510130	易方达上证中盘 ETF	指数型
110026	易方达创业板联接	指数型
159915	易方达创业板 ETF	指数型
110030	易方达沪深 300 量化增强	指数型
110031	易方达恒生中国企业人民币	指数型
110032	易方达恒生中国企业美元现汇	指数型
110033	易方达恒生中国企业美元现钞	指数型
161118	易基中小板分级	指数型
150106	易方达中小板分级 A	指数型
150107	易方达中小板分级 B	指数型
510310	易方达沪深 300ETF	指数型
110030	易方达沪深 300 量化增强	指数型
512010	易方达沪深 300 医药卫生 ETF	指数型
159934	易方达黄金 ETF	指数型
118001	易方达亚洲精选	QDII
161116	易方达黄金主题	QDII
118002	易方达标普消费品指数增强	QDII
510900	易方达恒生中国企业	QDII
110050	易方达月月利 A	理财型
110051	易方达月月利 B	理财型
110052	易方达双月利理财债券 A	理财型
110053	易方达双月利理财债券 B	理财型
500056	易方达科瑞	封闭式

【公司高管】

叶俊英先生，经济学博士，董事长。曾任中国南海石油联合服务总公司条法部科员、副科长、科长，广东省烟草专卖局专卖办公室干部，广发证券有限责任公司投资银行部总经理、公司董事、副总裁，易方达基金管理有限公司董事兼总裁、副董事长兼总裁。现任易方达基金管理有限公司董事长。

刘晓艳女士，经济学博士，董事、总裁。曾任广发证券有限责任公司投资理财部副经理、基金经理，基金投资理财部副总经理、基金资产管理部总经理，易方达基金管理有限公司督察员兼监察部总经理、总裁助理兼市场部总经理、公司副总裁、常务副总裁。现任易方达基金管理有限公司董事、总裁，兼任易方达资产管理（香港）有限公司董事长。

张南女士博士。曾任广东省经贸委产业政策处副处长，易方达基金管理有限公司市场拓展部副总经理，现兼任易方达基金管理有限公司监察部总经理。

宝盈基金管理有限公司

【基本情况】

法定名称：宝盈基金管理有限公司
英文名称：Baoying Fund Management Co. ,Ltd.
注册地址：深圳市深南路 6008 号特区报业大厦 15 层
办公地址：深圳市深南路 6008 号特区报业大厦 15 层
法人代表：李建生
总 经 理：汪 钦
成立时间：2001 年 5 月 18 日
公司属性：中资
注册资本：1 亿元
联系电话：0755 - 83516688
客服热线：400 - 8888 - 300
传真号码：0755 - 83515599
邮政编码：518034
公司网址：www. byfunds. com

【公司概况】

宝盈基金管理有限公司成立于 2001 年 5 月 18 日，注册资本人民币 1 亿元，注册地深圳。公司股东实力雄厚，分别为中铁信托有限责任公司、中国对外经济贸易信托有限公司。

公司主要经营业务是发起设立证券投资基金（以下简称基金）、基金管理、特定客户资产管理以及证监会批准的其他业务。公司旗下基金产品齐全、风格多样。目前，公司共管理基金 9 只，已构建了涵盖股票型基金、债券型基金、指数型基金、混合型基金和货币市场基金等较完备的产品线，能够满足各类风险偏好投资者的需求。2008 年 3 月，公司获特定客户资产管理业务资格。目前，已管理多只特定客户资产管理产品。

在投资研究方面，公司坚持“研究创造价值，风险管理创造收益”的理念，通过打造投研一体化平台，力争为投资人创造持续良好的投资回报。

在内部控制方面，公司秉持“投资者利益至上”的首要原则，高度重视合规文化的建设，通过加强制度建设和监察稽核工作，将风险控制贯穿在业务操作的各个环节，保证业务运作合法合规。

公司弘扬“进取、共享、和谐”的企业文化，坚持“规范管理求效益、诚信创新谋发展、回报服务创品牌”的经营理念，做投资人信赖的资产管理者，为投资者提供优质的理财服务！

【股东概况】

排序	股东名称	持股比例
1	中铁信托有限责任公司	75%
2	中国对外经济贸易信托投资有限公司	25%

【旗下基金】

基金代码	基金简称	类型
213001	宝盈鸿利收益	混合型
213006	宝盈核心优势混合 A	混合型
000241	宝盈核心优势混合 C	混合型
213002	宝盈泛沿海	股票型
213003	宝盈策略增长	股票型
213008	宝盈资源优选	股票型
213009	宝盈货币 A	货币型

基金代码	基金简称	类型
213909	宝盈货币 B	货币型
213007	宝盈增强收益 A	债券型
213907	宝盈增强收益 B	债券型
213917	宝盈增强收益 C	债券型
213010	宝盈中证 100	指数型
184728	基金鸿阳	封闭式

【公司高管】

李建生女士，董事长，1954 年，中共党员，高级会计师、注册会计师、企业法律顾问。2000 年 1 月至 2002 年 12 月任中铁工总会计师，2002 年 12 月至 2007 年 9 月任中铁工总会计师、总法律顾问，2005 年 5 月至 2009 年 12 月兼任中铁信托有限责任公司董事长，2007 年 9 月至今任中国中铁股份有限公司副总裁、财务总监、总法律顾问，2011 年 6 月至今任安徽昊方机电股份有限公司独立非执行董事。

汪钦先生，董事，1966 年，中共党员，经济学博士。曾就职于中国人民银行河南省分行教育处、海南港澳国际信托投资公司证券部，历任三亚东方实业股份有限公司副总经理、国信证券股份有限公司研究所所长、长城基金管理有限公司副总经理。2010 年 11 月起任宝盈基金管理有限公司总经理。

张瑾女士，督察长，1964 年，工学学士。曾任职于中国工商银行安徽省分行科技处、华安证券有限公司深圳总部投资银行部、资产管理总部。2001 年加入宝盈基金管理有限公司，历任监察稽核部总监助理、副总监、总监，2013 年 12 月起任宝盈基金管理有限公司督察长。

融通基金管理有限公司

【基本情况】

法定名称：融通基金管理有限公司
英文名称：Rongtong Fund Management Co. , Ltd.
注册地址：深圳市南山区华侨城汉唐大厦 13、14 层
办公地址：深圳市南山区华侨城汉唐大厦 13、14 层
法人代表：田德军
总 经 理：奚星华
成立时间：2001 年 5 月 22 日
公司性质：中外合资
注册资本：1.25 亿元
联系电话：0755－26948666
客服热线：400－883－8088
传真号码：0755－26948079
邮政编码：518035
公司网址：www. rtfund. com

【公司概况】

融通基金管理有限公司经中国证监会监基字［2001］8 号文批准，于 2001 年 5 月 22 日在深圳正式成立，是中国第二批基金管理公司之一，注册资本 1.25 亿元人民币。总部设在深圳，在北京和上海设有分公司。公司在法人治理结构、投资管理、内控体系、组织架构等各方面充分体现了“新基金、新体制”。

公司在基金管理上实行投资决策委员会领导下的基金经理负责制。目前公司旗下共有二十四只基金，其中二十三只开放式基金：融通新蓝筹混合、融通通利系列基金（由融通债券 A/B、C、融通深证 100 指数和融通蓝筹成长混合三只子基金构成）、融通行业景气混合、融通巨潮 100 指数（LOF）、融通易支付货币、融通动力先锋股票、融通领先成长股票（LOF）、融通内需驱动股票、融通深证成份指数、融通四季添利债券、融通创业板指数、融通医疗保健行业股票、融通岁岁添利定期开放债券、融通丰利四分法基金、融通七天理财债券、融通标普中国可转债指数基金、融通通泰保本混合基金、融通通泽一年目标触发混合基金、融通通祥一年目标触发式混合基金、融通通福分级债基金和融通通源一年目标触发混合基金，一只封闭式基金（融通通乾封闭）。

【公司大事记】

2000 年 7 月 31 日，融通基金管理有限公司（筹）第一次发起人会议在北京召开。

2000 年 11 月 2 日，融通基金管理有限公司获准筹建。

2001 年 2 月 13 日，融通基金管理有限公司（筹）第二次发起人会议在深圳召开。

2001 年 5 月 8 日，融通基金管理有限公司获准开业。

2001 年 5 月 22 日，融通基金管理有限公司正式成立。

2012 年 1 月 5 日，融通内需驱动股票：周珺新任，鲁万峰继续任融通内需驱动股票基金经理。

2012 年 1 月 11 日，融通四季添利债券证券投资基金正式向全国发售。

2012 年 1 月 12 日，融通通乾封闭：汪忠远新任，刘泽兵继续任融通通乾封闭基金经理。

2012 年 1 月 12 日，融通行业景气混合：严菲新任，邹曦继续任融通行业景气混合基金经理

2012 年 1 月 19 日，融通行业景气混合：邹曦离任，严菲继续任融通行业景气混合基金经理；融通内需驱动股票：鲁万峰离任，周珺继续任融通内需驱动股票基金经理；融通通乾封闭：刘泽兵离任，汪忠远继续任融通通乾封闭基金经理。

2012 年 2 月 20 日，融通债券投资基金进行份额分类并增加收费模式，分为融通债券 A（原融通债券前）、融通债券 B（原融通债券后）和融通债券 C（新增份额分类）。

2012 年 3 月 1 日，融通四季添利债券型证券投资基金基金合同正式生效，合同生效后两年内封闭运作，在深圳证券交易所上市交易，基金合同生效满两年后，转为上市开放式基金（LOF）。募集规模 1，281，761，462.73 份基金份额。

2012 年 3 月 05 日，融通创业板指数增强型证券投资基金正式向全国发售。

2012 年 4 月 6 日，融通创业板指数增强型证券投资基金基金合同正式生效，募集规模 487，321，720.94 份基金份额。

2012 年 5 月 02 日，融通易支付货币市场证券投资基金进行份额分类并增加收费模式，分为融通易支付货币 A、融通易支付货币 B。

2012 年 5 月 7 日，融通创业板增强型指数股票型证券投资基金定于 2012 年 5 月 7 日起开始办理日常申购、赎回业务；个人投资者仅限定投申购方式，单笔定投上限 1 万元。

2012 年 6 月 25 日，融通医疗保健行业股票型证券投资基金正式向全国发售。

2012 年 7 月 3 日，融通行业景气混合：邹曦新任，严菲继续任融通行业景气混合基金经理。

2012 年 7 月 25 日，融通新蓝筹混合：姚昆新任，吴巍、汪忠远继续任融通新蓝筹混合基金经理。

2012 年 7 月 26 日，融通医疗保健行业股票型证券投资基金基金合同正式生效，募集规模 335，147，352.89 份基金份额。

2012 年 8 月 10 日，融通领先成长股票（LOF）：余志勇新任，管文浩继续任融通领先成长股票（LOF）基金经理。

2012 年 8 月 29 日，融通债券 A/B、C：张李陵新任，乔羽夫继续任融通债券 A/B、C 基金经理。

2012 年 8 月 31 日，融通债券 A/B、C：乔羽夫离任，张李陵继续任融通债券 A/B、C 基金经理；融通四季添利债券：乔羽夫离任，蔡奕奕继续任融通四季添利债券基金经理。

2012 年 9 月 6 日，融通医疗保健行业股票：蒋秀蕾新任，吴巍继续任融通医疗保健行业股票基金经理。

2012 年 10 月 9 日，融通岁岁添利定期开放债券型证券投资基金正式向全国发售。

2012 年 11 月 6 日，融通岁岁添利定期开放债券型证券投资基金基金合同正式生效，募集规模 3,119,837,355.31 份基金份额。

2013 年 1 月 14 日，融通丰利四分法证券投资基金正式向全国发售。

2013 年 2 月 5 日，融通丰利四分法证券投资基金基金合同正式生效，募集规模 740,856,169.49 份基金份额。

2013 年 2 月 7 日，融通领先成长股票（LOF）：管文浩离任，余志勇继续任融通领先成长股票（LOF）基金经理。

2013 年 3 月 4 日，融通标普中国可转债指数型证券投资基金正式向全国发售。

2013 年 3 月 14 日，融通七天理财债券型证券投资基金基金合同正式生效，募集规模 4,044,290,011.14 份基金份额。

2013 年 3 月 26 日，融通标普中国可转债指数增强型证券投资基金基金合同正式生效，募集规模 1,309,454,237.09 份基金份额。

2013 年 5 月 08 日，融通通泰保本混合型证券投资基金正式向全国发售。

2013 年 5 月 31 日，融通通泰保本混合型证券投资基金基金合同正式生效，募集规模 528,653,648.94 份基金份额。

2013 年 8 月 1 日，融通通泽一年目标触发式灵活配置混合型证券投资基金正式向全国发售。

2013 年 8 月 30 日，融通通泽一年目标触发式灵活配置混合型证券投资基金基金合同正式生效，募集规模 869,304,088.98 份基金份额。

2013 年 9 月 16 日，融通通祥一年目标触发式灵活配置混合型证券投资基金正式向全国发售。

2013 年 10 月 22 日，融通通祥一年目标触发式灵活配置混合型证券投资基金基金合同正式生效，募集规模 640,543,966.41 份基金份额。

2013 年 11 月 11 日，融通通福分级债券型证券投资基金正式向全国发售，其中通福 B 的发售起始日 2013 年 11 月 11 日，通福 A 的发售起始日 2013 年 11 月 15 日。

2013 年 11 月 25 日，融通通源一年目标触发式灵活配置混合型证券投资基金正式向全国发售。

2013 年 12 月 10 日，融通通福分级债券型证券投资基金基金合同正式生效，募集规模融通通福分级债券 A：368,624,812.72 份基金份额；融通通福分级债券 B：158,423,848.56 份基金份额。

2013 年 12 月 19 日，融通债券：韩海平新任，张李陵继续任融通债券基金经理。

2013 年 12 月 27 日，融通债券：王超新任，张李陵和韩海平继续任融通债券基金经理；融通标普中国可转债指数：王超新任，张李陵继续任融通标普中国可转债指数基金经理；通祥一年目标触发式混合：张士锋新任，吴巍继续任通祥一年目标触发式混合基金经理。

2013 年 12 月 31 日，融通通源一年目标触发式灵活配置混合型证券投资基金基金合同正式生效，募集规模 505,912,256.65 份基金份额。

【股东概况】

排序	股东名称	持股数量（万股）	持股比例
1	新时代证券有限责任公司	7500.00	60%
2	日兴资产管理有限公司	5000.00	40%

【旗下基金】

基金代码	基金简称	类型
161609	融通动力先锋	股票型
161610	融通领先成长	股票型
161611	融通驱动	股票型
161616	融通医疗保健	股票型
161601	融通新蓝筹	混合型
161605	融通蓝筹成长	混合型
161606	融通行业景气	混合型
000142	融通通泰保本	混合型
000278	融通通泽一年目标触发式混合	混合型
000315	融通通祥一年目标触发式混合	混合型
000394	融通通源一年目标触发式混合	混合型
161603	融通债券 A	债券型
161653	融通债券 B	债券型
161614	融通四季添利	债券型
161618	融通岁岁添利 A	债券型
161619	融通岁岁添利 B	债券型
161624	融通标普中国可转债指数 A	债券型
161625	融通标普中国可转债指数 C	债券型
161626	融通通福分级债	债券型
161627	融通通福分级债 A	债券型
150160	融通通福分级债 B	债券型
161604	融通深证 100	指数型
161607	融通巨潮 100（LOF）	指数型
161612	融通深成指	指数型
161613	融通创业板指数	指数型
161620	融通丰利四分法（QDII－FOF）	QDII
161608	融通易支付货币 A	货币型
161615	融通易支付货币 B	货币型
161622	融通七天理财债券 A	理财型
161623	融通七天理财债券 B	理财型
500038	融通通乾	封闭式

【公司高管】

田德军先生，董事长，经济学博士，现任新时代证券有限责任公司总经理。历任中信证券股份有限公司投资银行业务主管，上海远东证券有限公司董事长兼总经理。2010 年至今任公司董事长。

奚星华先生，总经理，经济学硕士，历任黑龙江省证券公司宏观行业研究员；北京时代博讯高科技有限公司投资业务副总经理；长财证券经纪有限责任公司总裁；恒泰长财证券有限责任公司执行董事、法定代表人。2011 年起任公司总经理。

涂卫东先生，督察长，法学硕士。历任国务院法制办公室（原国务院法制局）财金司一处主任科员，中国证监会基金监管部监管一处处级干部，中国证监会公职律师。2009年至今任中共融通基金管理有限公司支部委员会副书记。2011年至今任公司督察长。

银华基金管理有限公司

【基本情况】

法定名称：银华基金管理有限公司

英文名称：Yinhua Fund Management Co. ,Ltd.

注册地址：深圳市深南大道6008号特区报业大厦19层

办公地址：北京市东城区东长安大街1号东方广场东方经贸城C2办公楼15层

法人代表：王珠林

总 经 理：王立新

成立时间：2001年5月28日

公司属性：中资

注册资本：2亿元

联系电话：010－85186558

客服热线：400－678－3333

传真号码：010－58163027

邮政编码：518034

公司网址：www. yhfund. com. cn

【公司概况】

银华基金成立于2001年5月，成立13年以来，凭借诚信、规范、稳健、务实的运作风格，银华基金致力于为广大投资者提供专业的资产管理服务，逐步发展为一个具有大资金管理能力的综合型资产管理公司，截至2012年底，公司有效资产管理规模位列行业前十，跻身国内优秀基金管理公司行列。

我们致力于提供有质量的资产管理和理财服务，帮助投资者打造高品质的财富生活。为实现这一目标，我们强调通过严格的制度和流程化管理提升公司的服务质量。2005年8月，银华基金获得企业年金基金投资管理人资格，成为国内9家首批获此资格的基金管理公司之一。2007年10月底，银华基金管理公司正式获得合格境内机构投资者（QDII）资格，获准开展境外证券投资管理业务。在接下来的2008年2月，银华基金管理公司获得特定客户资产管理业务资格。2010年12月，银华基金管理有限公司获得“社保基金境内委托投资管理人”资格。2012年10月，银华基金管理有限公司获得保险资金投资管理人资格。至此，银华基金成为业内为数不多的同时拥有企业年金基金投资管理人资格、合格境外机构投资者业务资格、特定客户资产管理业务资格和社保基金境内委托投资管理人资格、保险资金投资管理人资格的全牌照基金管理公司。

作为一个资产管理者，为持有人提供长期稳健的回报是银华基金的核心价值所在。13年来，银华旗下管理的多只基金业绩排名同类产品前列，并获得多项业内大奖，多次赢得独立专业机构高度评价，为持有人带来了可持续的稳健投资回报。银华基金因为整体业绩表现突出，五度荣膺“金牛基金公司”。

时至今日，银华基金旗下管理着三十五只基金，建立了覆盖股票型、配置型、债券型、货币型、保本型和QDII基金的较为完善的产品线，为数百万不同风险收益特征和理财需求的客户提供专业的资产管理服务。

在稳健经营的基础上，我们致力于让风险收益特征各异的投资者在银华享受到全面的理财服务。未来，在继续完善产品线基础上，我们还将努力在企业年金管理、独立帐户资产管理、QDII等领域拓展自己的业务。继续为自己所追求的目标——投资改变生活而执著前行。

我们将继续秉承“诚信经营赢得客户、优质服务贴近客户、一流业绩回报客户”的质量管理方针，帮助更多的普通人实现他们的财富梦想。

【公司大事记】

2000年10月18日，证监会批准筹建银华基金管理有限公司。

2000年10月25日，于北京，召开银华基金管理有限公司创立大会，选举产生公司第一届董事会、监事会和经营班子。

2000年10月31日，签署《更换管理人协议》，银华基金管理有限公司（筹）成为新任的基金管理人。

2000年11月10日，正式向证监会递交开业申请。

2001年1月19日，根据证监会意见，选聘四位独立董事，并对公司章程及相关的规章制度进行修改。

2001年4月13日，通过证监会组织的专家评审会的开业审查。

2001年5月10日，证监会发下发《关于同意银华基金管理有限公司开业申请的批复》（证监基金字［2001］7号）一文，标志公司正式获得开业资格。

2001年5月28日，公司获得营业执照、基金管理公司法人许可证及法人机构代码证，标志公司正式成立，并获得经营权。

2012年6月，银华中小盘精选股票型证券投资基金成立，该基金通过投资于具有竞争优势和较高成长性的中小盘股票，力求在有效控制投资组合风险的前提下，寻求基金资产的长期增值。

2012年8月，银华纯债信用主题债券型证券投资基金（LOF）成立，该基金以信用债券为主要投资对象，在控制信用风险的前提下，力求为基金持有人提供稳健的当期收益和总投资回报。

2012年8月，上证50等权重交易型开放式指数证券投资基金成立，该基金为ETF基金，跟踪标的为上证50等权重指数，投资于核心蓝筹股

2012年8月，银华上证50等权重交易型开放式指数证券投资基金联接基金成立，该基金通过投资银华上证50等权ETF，紧密跟踪标的指数。

2012年10月，公司获得保险资金投资管理人资格。

2012年12月，银华中证中票50指数债券型证券投资基金（LOF）成立。该基金为被动式指数基金，主要投资于具有良好流动性的固定收益类金融工具。

2013年1月，银华永兴纯债分级债券型发起式证券投资基金成立。该基金为发起式基金，以债券为主要投资对象。

2013年4月，银华交易型货币市场基金成立。该基金为场内交易型货币ETF，为股民保证金理财提供了新的工具。

2013年5月，银华中证成长股债恒定组合30/70指数证券投资基金成立。该基金为恒定组合基金，主要投资于中证银华成长股债恒定组合30/70指数成分证券及其备选成份证券。

2013年8月，银华信用四季红债券型证券投资基金成立。该基金以信用债券为主要投资对象。

2013年8月，银华中证转债指数增强分级证券投资基金成立。该基金为国内首只可转债指数分级基金。

2013 年 11 月，银华中证 800 等权重指数增强分级证券投资基金成立。该基金为股票指数增强型基金，通过量化投资技术与基本面分析相结合的方法对目标指数进行积极的组合管理与风险控制，力争实现超越目标指数的投资收益，追求基金资产的长期增值。

【股东概况】

排序	股东名称	持股比例
1	西南证券有限责任公司	49%
2	第一创业证券有限责任公司	29%
4	东北证券有限责任公司	21%
3	山西海鑫实业股份有限公司	1%

【旗下基金】

基金代码	基金简称	类型
180010	银华优质增长	股票型
180012	银华富裕主题	股票型
180013	银华领先策略	股票型
519001	银华价值优选	股票型
161810	银华内需精选(LOF)	股票型
161818	银华消费分级	股票型
150047	银华瑞吉	股票型
150048	银华瑞祥	股票型
180031	银华中小盘	股票型
180001	银华优势企业	混合型
180002	银华保本增值	混合型
180018	银华和谐主题	混合型
180020	银华成长先锋混合	混合型
180028	银华永祥保本	混合型
000062	银华成长股债 30/70 指数	混合型
180003	银华道琼斯 88 精选	指数型
161811	银华沪深 300 指数分级	指数型
150167	银华 300A	指数型
150168	银华 300B	指数型
161812	银华深证 100 指数分级	指数型
150018	银华稳进	指数型
150019	银华锐进	指数型
161816	银华中证等权 90 指数分级	指数型
150030	银华金利	指数型
150031	银华鑫利	指数型
161819	银华中证内地资源指数分级	指数型
150059	银华金瑞	指数型
150060	银华鑫瑞	指数型
510430	上证 50 等权 ETF	指数型
180033	银华上证 50 等权 ETF 联接	指数型
161825	银华中证 800 等权指数增强分级	指数型
150138	银华 800A	指数型
150139	银华 800B	指数型
180008	银华货币 A	货币型
180009	银华货币 B	货币型
511880	银华日利	货币型
183001	银华全球优选	QDII
161815	银华抗通胀主题	QDII
180015	银华增强债券	债券型
161813	银华信用	债券型
180025	银华双利债券 A	债券型
180026	银华双利债券 C	债券型
180029	银华永泰积极债券 A	债券型
180030	银华永泰积极债券 C	债券型
161820	银华纯债	债券型
161821	银华中证中票 50A	债券型
161822	银华中证中票 50C	债券型
161823	银华永兴纯债分级债券发起式	债券型
161824	银华永兴债券 A	债券型
150116	银华永兴债券 B	债券型
000194	银华信用四季红债券	债券型
161826	银华中证转债指数增强分级	债券型
150143	转债 A	债券型
150144	转债 B	债券型
000286	银华信用季季红债券	债券型
000287	银华永利债券 A	债券型
000288	银华永利债券 C	债券型

【公司高管】

王珠林先生，董事长，经济学博士。历任甘肃省职工财经学院财会系讲师；甘肃省证券公司发行部经理；中国蓝星化学工业总公司处长，蓝星清洗股份有限公司董事副总经理、董事会秘书，蓝星化工新材料股份公司筹备组组长；西南证券有限责任公司副总裁；中国银河证券股份有限公司副总裁；西南证券股份有限公司董事、总裁。此外，还曾先后担任中国证监会发行审核委员会委员、中国证监会上市公司并购重组审核委员会委员、中国证券业协会投行专业委员会委员、盐田港集团外部董事、国投电力控股股份有限公司独立董事、上海城投控股股份有限公司独立董事等职务。现任银华基金管理有限公司董事长、西南证券股份有限公司董事、财政部资产评估准则委员会委员、重庆市证券期货业协会会长、北京大学公共经济管理研究中心研究员。

王立新先生，董事总经理，经济学博士。历任中国工商银行总行科员；南方证券股份有限公司基金部副处长；南方基金管理有限公司研究开发部、市场拓展部总监；银华基金管理有限公司总经理助理、副总经理、代总经理、代董事长。现任银华基金管理有限公司总经理。

凌宇翔先生，督察长，工商管理硕士。曾任职于重庆国际信托投资公司证券总部，西南证券有限责任公司基金管理部总经理。

长城基金管理有限公司

【基本情况】

法定名称：长城基金管理有限公司
英文名称：Great Wall Fund Management Co.，Ltd.
注册地址：深圳市福田区益田路 6009 号新世界商务中心 41 层
办公地址：深圳市福田区益田路 6009 号新世界商务中心 40－41 层
法人代表：杨光裕
总 经 理：熊科金
成立时间：2001 年 12 月 27 日
公司属性：中资
注册资本：1.5 亿元
联系电话：0755－23982338
传真号码：0755－23982328
客服热线：400－8868－6666

邮政编码:518026
公司网址:www.ccfund.com.cn

【公司概况】

长城基金管理有限公司成立于2001年12月27日,由长城证券有限责任公司、东方证券股份有限公司、北方国际信托股份有限公司、中原信托有限公司共同出资设立。公司的经营范围为基金募集、基金销售、资产管理和中国证监会许可的其他业务。

长城基金管理有限公司一直秉承"诚信、规范、专业、创新"的经营理念,坚持基金持有人利益至上的经营原则,凭借完善的公司治理结构、严格的风险控制、规范的业务流程、高效专业的员工团队、开放与学习的文化氛围,努力打造一流的基金管理公司品牌,竭诚为客户提供优质的投资理财产品和服务。

目前,长城基金管理有限公司管理十九只基金。长城久富核心成长股票型证券投资基金(LOF)、长城久恒平衡型证券投资基金、长城久泰沪深300指数证券投资基金、长城消费增值股票型证券投资基金、长城安心回报混合型证券投资基金、长城品牌优选证券投资基金、长城双动力股票型证券投资基金、长城景气行业龙头灵活配置混合型证券投资基金、长城中小盘成长股票型证券投资基金、长城久兆中小板300指数分级证券投资基金、长城优化升级股票型证券投资基金、长城稳健增利债券型证券投资基金、长城积极增利债券型证券投资基金、长城岁岁金理财债券型证券投资基金、长城增强收益定期开放债券型证券投资基金、长城保本混合型证券投资基金、长城久利保本混合型证券投资基金、长城货币市场证券投资基金、久嘉证券投资基金。

【公司大事记】

2012年1月30日,长城久兆中小板300指数分级证券投资基金正式成立。

2012年3月19日,公司管理的第十五只基金——长城优化升级股票型证券投资基金公开发行。

2012年4月20日,长城优化升级股票型证券投资基金正式成立。

2012年7月4日,公司管理的第十六只基金——长城保本混合型证券投资基金公开发行。

2012年8月2日,长城保本混合型证券投资基金正式成立。

2012年12月20日,公司管理的第十七只基金——长城岁岁金理财债券型证券投资基金公开发行。

2013年1月23日,长城岁岁金理财债券型证券投资基金正式成立。

2013年3月18日,公司管理的第十八只基金——长城久利保本混合型证券投资基金公开发行。

2013年4月18日,长城久利保本混合型证券投资基金正式成立。

2013年8月8日,公司管理的第十九只基金——长城增强收益定期开放债券型证券投资基金公开发行。

2013年9月6日,长城增强收益定期开放债券型证券投资基金正式成立。

【股东概况】

排序	股东名称	持股比例
1	长城证券有限责任公司	47.059%
2	东方证券股份有限公司	17.647%
3	北方国际信托投资股份有限公司	17.647%
4	中原信托投资有限公司	17.647%

【旗下基金】

基金代码	基金简称	类型
162006	长城久富核心	股票型
200006	长城消费增值	股票型
200008	长城品牌	股票型
200010	长城双动力	股票型
200012	长城中小盘成长	股票型
200015	长城优化	股票型
200001	长城久恒平衡	混合型
200007	长城安心回报	混合型
200011	长城景气行业龙头	混合型
200016	长城保本	混合型
000030	长城久利保本	混合型
200002	长城久泰沪深300	指数型
162010	长城久兆中小板300分级	指数型
150057	久兆稳健	指数型
150058	久兆积极	指数型
200009	长城稳健增利	债券型
200013	长城积极增利债券A	债券型
200113	长城积极增利债券C	债券型
200017	长城岁岁金理财	债券型
000254	长城增强收益A	债券型
000255	长城增强收益B	债券型
200003	长城货币A	货币型
200103	长城货币B	货币型
184722	基金久嘉	封闭式

【公司高管】

杨光裕先生,中共党员,硕士研究生毕业。历任江西省审计厅办公室主任,长城证券有限责任公司副总裁,现任长城基金管理有限公司董事长。

熊科金先生,经济学硕士。历任中国银行江西信托投资公司证券业务部负责人,中国东方信托投资公司南昌证券营业部总经理、公司证券总部负责人,华夏证券有限公司江西管理总部总经理,中国银河证券有限责任公司基金部负责人、银河基金管理有限公司筹备组负责人,银河基金管理有限公司副总经理、总经理。2011年7月进入长城基金管理有限公司,现任公司总经理。

车君女士,中共党员,经济学硕士。曾任职于深圳本鲁克斯实业股份有限公司,1993年起先后在中国证监会深圳监管局市场处、机构监管处、审理执行处、稽查一处、机构监管二处、党办等部门工作,历任副主任科员、主任科员、副处长、正处级调研员等职务。现任公司督察长兼监察稽核部总经理。

国投瑞银基金管理有限公司

【基本情况】

法定名称:国投瑞银基金管理有限公司
英文名称:UBS SDIC Fund Management Co., Ltd.
注册地址:上海市虹口区东大名路638号7层
办公地址:深圳市福田区金田路4028号
荣超经贸中心46层
法人代表:钱 蒙

总 经 理：刘纯亮
成立时间：2002 年 6 月 13 日
公司属性：中外合资
注册资本：1 亿元
联系电话：0755－83575999
传真号码：0755－83575816
客服电话：400－880－6868
公司网址：http://www.ubssdic.com

【公司概况】

国投瑞银基金管理有限公司由国投信托有限公司和瑞银集团联合组建，中外股东分别持有公司 51% 和 49% 的股份。自 2005 年合资以来，国投瑞银展现出快速发展的蓬勃朝气和勇于创新的开拓精神，迅速成长为一家具备较强综合实力的基金公司。公司的目标是建立品牌认知、资产规模、投资业绩、产品创新、诚信声誉均达一流的资产管理公司。

目前公司已建立起覆盖高、中、低风险等级的较为完整的产品线，共管理着 17 只开放式基金、1 只 QDII 基金和 2 只创新型分级基金。获得了 QDII 资格，并为 QFII 和信托计划提供投资咨询服务；自 2008 年获得特定客户资产管理业务资格以来，公司专户业务发展迅猛，已成功运作管理专户逾 40 个，累计管理资金超过 35 亿元，产品涵盖灵活配置型、稳健增利型等常规产品，还包括分级、期指套利、商品期货、QDII 等创新品种。

国投瑞银秉承瑞银环球资产管理公司的投资理念，成功吸收其全球市场行之有效的投资方法，并结合中国本土实际情况，不断加以完善，形成了自身独特的稳中求胜的投资风格。在中国银河证券基金研究中心 2012 年 1 月 9 日发布的《2011 年基金管理公司股票投资主动管理能力综合评价报告（算术平均口径）》中，国投瑞银基金在 60 家参评基金公司中位列前 10。

【公司大事记】

2002 年 6 年 6 日，中融基金管理有限公司获准开业。

2002 年 6 年 13 日，中融基金管理有限公司正式开业。

2005 年 6 年 10 日，经国家工商行政管理总局授权，中融基金管理有限公司已按有关规定于 2005 年 6 月 8 日在深圳市工商行政管理局办理完毕股权出资转让、公司更名及法定代表人变更的工商变更登记相关手续，国投瑞银基金管理有限公司成立。

2012 年 1 年 9 日，近日，被誉为中国高端私人理财领域第一奖的“金鼎奖”发布，继 2010 年度获得该奖项后，2011 年度国投瑞银在基金专户“一对多”理财类别评选中再传捷报，一举囊括两大奖项：“年度最佳投资研究团队”和“年度最佳基金一对多产品奖”。

2012 年 3 月 26 日，证券时报“2011 年度中国基金业明星奖”评选结果揭晓，国投瑞银基金一举捧回 4 座奖杯，除荣获 2011 年度十大明星基金公司称号外，旗下国投瑞银稳健增长混合基金获得 2011 年度和三年持续回报平衡混合型明星基金两项大奖，国投瑞银创新动力股票基金也荣获五年持续回报股票型明星基金。

2012 年 6 年 7 日，继 5 月初国内三大商品期货交易所发布特殊单位客户开户的相关规定及要求后，国投瑞银成为首家正式开立商品期货账户的金融机构。公司旗下一款托管于交通银行的商品期货套利专户产品，5 月 4 日完成在上海期货交易所开户，已正式获取交易编码，成为上期所首个特殊单位客户，这标志着基金专户产品正式进入商品期货市场。

2012 年 10 年 23 日，根据中国证券监督管理委员会深圳监管局《关于核准国投瑞银基金管理有限公司设立深圳分公司的批复》（深证局发[2012]219 号），国投瑞银基金管理有限公司深圳分公司已在深圳市市场监督管理局办理完成工商注册登记，取得营业执照。

2012 年 12 年 21 日，国投瑞银资产管理（香港）有限公司于 2012 年 12 月 17 日取得中国证监会关于核准人民币合格境外机构投资者的批复，正式获批 RQFII（人民币合格境外机构投资者）业务资格。

2013 年 5 年 14 日，国投瑞银资产管理（香港）有限公司于 2013 年 4 月 28 日取得中国国家外汇管理局关于人民币合格境外机构投资者投资额度的批复，正式获批 RQFII（人民币合格境外机构投资者）投资额度 8 亿元人民币。本次香港子公司获批的 RQFII 投资额度将用于发行香港证监会认可的公募纯债基金，这标志着香港子公司为正式进入海外公募基金市场迈出坚实的一步。

2013 年 5 年 16 日，国投瑞银中高等级债券型证券投资基金于 5 月 14 日成立。

2013 年 8 年 23 日，国投瑞银岁添利一年期定期开放债券型证券投资基金于 8 月 21 成立。

2013 年 9 年 18 日，国投瑞银沪深 300 金融地产交易型开放式指数证券投资基金于 9 月 17 日成立。

2013 年 9 年 28 日，国投瑞银策略精选灵活配置混合型证券投资基金于 9 月 27 日成立。

2013 年 10 月 9 日，自 2008 年获得特定客户资产管理业务资格以来，公司专户业务发展迅猛，已成功运作管理专户逾 50 个，累计管理资金超过 40 亿元，产品涵盖灵活配置型、稳健增利型等常规产品，还包括分级、期指套利、商品期货、QDII 等创新品种。

【股东概况】

排序	股东名称	出资金额（万元）	持股比例
1	国投信托投资公司	5100.00	51%
2	瑞士银行集团（UBS AG）	4900.00	49%

【旗下基金】

基金代码	基金简称	类型
121003	国投瑞银核心	股票型
121005	国投瑞银创新动力	股票型
121008	国投瑞银成长优选	股票型
121002	国投瑞银景气	混合型
121006	国投瑞银稳健增长	混合型
161219	国投瑞银新兴产业	混合型
121010	国投瑞银瑞源保本	混合型
000165	策略精选混合	混合型
121011	国投瑞银货币 A	货币型
128011	国投瑞银货币 B	货币型
121001	国投瑞银融华债券	债券型
121009	国投瑞银稳定增利	债券型
121012	国投瑞银增强债 A	债券型
128012	国投瑞银增强债 B	债券型
128112	国投瑞银增强债 C	债券型
121013	国投瑞银纯债 A	债券型
128013	国投瑞银纯债 B	债券型
000069	中高等级债券 A	债券型

基金代码	基金简称	类型
000070	中高等级债券C	债券型
000237	一年定期开放债A	债券型
000238	一年定期开放债C	债券型
161216	国投瑞银双债增利	封闭式
161211	国投金融地产指数	指数型
161213	国投瑞银消费指数	指数型
161217	国投瑞银中证指数	指数型
161210	国投瑞银全球新兴市场	QDII
121099	瑞福分级	创新型
121007	瑞福优先	创新型
150001	瑞福进取	创新型
161207	瑞和300	创新型
150008	瑞和小康	创新型
150009	瑞和远见	创新型

【公司高管】

钱蒙先生，董事长，中国籍，硕士，现任国家开发投资公司总裁助理、国投信托有限公司董事长。曾任国投资产管理公司总经理，安徽省六安市市委副书记，兴业基金管理公司董事，国家开发投资公司金融投资部总经理，国家开发投资公司经营部副主任、主任，国投机轻有限公司业务经理、副总经理，国家开发投资公司机电轻纺业务部业务经理，国家机电轻纺投资公司工程师、副处长，国家计委干部、主任科员。

刘纯亮先生，总经理，董事，中国籍，经济学学士，中国注册会计师协会和特许公认会计师公会（ACCA）会员。曾任北京建工集团总公司会计，柏德豪（BDO）关黄陈方国际会计师行会计师，中国证券监督管理委员会稽查部科员，博时基金管理有限公司监察法律部负责人、督察长，国投瑞银基金管理有限公司副总经理。

刘凯先生，督察长，中国籍，复旦大学工商管理学硕士。曾任尊荣集团证券投资项目经理，君安证券东门南营业部研究员，平安证券蛇口营业部投资顾问，招商基金管理有限公司客户服务部总监，国投瑞银基金管理有限公司市场服务部总监、总经理助理。

银河基金管理有限公司

【基本情况】

法定名称：银河基金管理有限公司
英文名称：Galaxy Asset Management Co.，Ltd.
注册地址：上海市世纪大道1568号中建大厦15层
办公地址：上海市世纪大道1568号中建大厦15层
法人代表：徐 旭
总 经 理：尤象都
成立时间：2002年6月14日
公司性质：中资
注册资本：1.5亿元
联系电话：021－38568888
客服热线：400－820－0860
传真号码：021－38568800
邮政编码：200122
公司网址：www.galaxyasset.com

【公司概况】

银河基金管理有限公司成立于2002年6月14日，是经中国证券监督管理委员会按照市场化机制批准成立的第一家基金管理公司（俗称："好人举手第一家"），是中央汇金公司旗下专业资产管理机构。

银河基金公司的经营范围包括发起设立、管理基金等，注册资本1.5亿元人民币，注册地中国上海。银河基金公司的股东分别为：中国银河金融控股有限责任公司（控股股东）、中国石油天然气集团公司、首都机场集团公司、上海市城市建设投资开发总公司、湖南电广传媒股份有限公司。银河基金公司成立以来，股权结构稳定。

银河基金公司构建了管理规范、机制健全、分工明确、运作高效、相互制衡的治理结构。股东会、董事会、监事会、经理层、督察长权责分明，报告路径清晰、完整。银河基金公司实行独立董事制度，独立董事在公司内部风险控制、重大经营决策、基金经理选拔等重要事项的决定中发挥重要作用，并对经理层进行监督。

银河基金公司成立以来，已发行并管理多只基金，涵盖股票、混合、债券、货币等系列品种。旗下基金投资稳健、运作规范、业绩稳定，体现出优良的基金管理能力。凭借旗下基金稳健卓越的业绩表现，银河基金赢得独立专业机构的高度评价。

银河基金公司倡导企业实践并承担社会责任，秉持并恪守"基金持有人利益优先"和"基金持有人利益最大化"之企业核心价值观，以集体的智慧和勇气持续改善共生的商业环境和商业生态。

银河基金公司致力于为基金持有人创造价值，创建具有"品格和特色的资产管理公司"，努力成为"运营规范、投资稳健、信誉卓著"的一流财富管理机构。

【股东概况】

排序	股东名称	持股数量（万股）	持股比例
1	中国银河金融控股有限责任公司	7500.00	50%
2	中国石油天然气集团公司	1875.00	12.5%
2	上海市城市建设投资开发总公司	1875.00	12.5%
2	北京首都机场集团公司	1875.00	12.5%
2	湖南电广传媒股份有限公司	1875.00	12.5%

【旗下基金】

基金代码	基金简称	类型
519668	银河竞争优势成长	股票型
519672	银河蓝筹精选	股票型
519674	银河创新成长	股票型
519678	银河消费驱动	股票型
519679	银河主题策略	股票型
519670	银河行业优选	股票型
151001	银河稳健	混合型
150103	银河银泰理财	混合型
519676	银河保本	混合型
151002	银河收益	债券型
519667	银河银信添利A	债券型
519666	银河银信添利B	债券型
519669	银河领先	债券型
161506	银河通利分级A	债券型
150079	银河通利分级B	债券型
519660	银河增利债券A	债券型
519661	银河增利债券C	债券型
519662	银河岁岁回报A	债券型
519663	银河岁岁回报C	债券型

基金代码	基金简称	类型
519671	银河沪深 300 价值	指数型
161507	银河沪深 300 成长分级	指数型
150121	银河优先	指数型
150122	银河进取	指数型
150005	银河银富 A	货币型
150015	银河银富 B	货币型
500058	基金银丰	封闭式

【公司高管】

徐旭女士，董事长，中共党员，经济学博士学位。历任中国人保信托投资公司总裁助理、研究中心副主任，中国银河证券有限责任公司企划部（党委宣传部）负责人、总经理、研究中心主任、总裁办主任兼党委办公室主任、机关党委委员。现任中国银河金融控股有限责任公司党委委员、董事会执行委员会委员。

尤象都先生，总经理，中共党员，硕士研究生学历。历任国家经济体制改革委员会宏观司财税处、投资处副处长，中信实业银行北京分行（后为总行营业部）办公室副主任（主持工作）、信贷部副总经理兼综合处处长、资产保全部副总经理、支行管理处副处长（主持工作）、西单支行负责人，财政部综合司综合处副处长、处长，兴业银行北京分行月坛支行行长，中国银河金融控股有限责任公司投资部负责人，银河基金管理有限公司副总经理等职。

李立生先生，督察长，硕士研究生学历。历任建设部标准定额研究所助理研究员，中国华融信托投资公司证券总部研究发展部副经理，中国银河证券有限责任公司研究中心综合研究部副经理，银河基金管理有限公司筹备组成员，银河基金管理有限公司研究部总监、基金管理部总监、基金经理、金融工程部总监、产品规划部总监等职。

泰达宏利基金管理有限公司

【基本情况】

法定名称：泰达宏利基金管理有限公司
英文名称：ABN AMRO TEDA Fund Management Co., Ltd.
注册地址：北京市西城区金融大街 7 号英蓝国际金融中心南楼 3 层
办公地址：北京市西城区金融大街 7 号英蓝国际金融中心南楼 3 层
法人代表：刘惠文
总 经 理：刘青山
成立时间：2002 年 6 月 6 日
公司属性：中外合资
注册资本：1.8 亿元
联系电话：010－66577777
传真号码：010－66577666
客服热线：400－698－8888
公司网址：www.mfcteda.com

【公司概况】

泰达宏利基金管理有限公司成立于 2002 年 6 月，是中国首批合资基金管理公司之一，注册资本 1.8 亿元人民币，中方股东为天津泰达旗下的北方国际信托股份有限公司，持股比例为 51%，外方股东为宏利金融旗下的宏利资产管理（香港）有限公司，持股比例为 49%。在吸取外方股东全球投资智慧以及深刻认知中国资本市场的基础上，公司建立并拥有了一整套科学严谨的投资管理流程、先进的研究方法，并且在十年多的实践中积累了丰富的投资管理经验，取得了良好的长期投资业绩，赢得了投资者的信任。截止 2013 年底，泰达宏利资产管理规模为 392.6 亿元。

1. 公募基金

截至 2013 年末，泰达宏利旗下共管理 21 只公募基金，其中 9 只股票型基金，3 只混合型基金，2 只指数型基金，5 只债券型基金，1 只货币市场基金和 1 只 QDII 基金，具有较为完善的产品线可供选择。2013 年 3 月 29 日，由《证券时报》“2012 年度中国基金业明星基金奖”评选活动中，泰达宏利旗下的泰达宏利价值优化型稳定类行业证券投资基金荣获“三年持续回报积极混合型明星基金”。2013 年 3 月 30 日，由《中国证券报》举办的“第十届中国基金业金牛奖”的名单揭晓，泰达宏利基金管理有限公司旗下的泰达宏利价值优化型成长类行业证券投资基金荣获“五年期股票型金牛基金”。2013 年 4 月 10 日，泰达宏利风险预算混合型证券投资基金获得《上海证券报》评选的“2012 年度金基金？五年期平衡型基金奖”。

2. 客户服务方面

公司坚持为投资人提供高效、专业、不间断、全方位的优质服务，以及多元、个性、互动的服务平台。主动向客户提供丰富的投资资讯和专业的理财知识，同时及时解答客户来电或来信咨询问题，为客户提供顾问式服务。通过热心电话服务、尽心在线服务、安心网上交易、称心网络查询、用心电子资讯、贴心服务短信、精心邮寄服务、虚心意见与建议服务等方式服务于客户。以诚心对待客户，以专心服务客户，以贴心关怀客户，以信心感染客户。

【社会责任】

公司自成立以来，积极投身社会公益活动。

在 2008 年 5 月的汶川地震中，公司第一时间捐助善款 60 万元，并随即开展持有人关爱 A 计划，提供寻找持有人、帮助持有人解决资产问题、提供后续帮助三阶段的服务。2010 年 4 月，青海玉树地震，公司向震区捐款 20 万元，同时，泰达宏利基金“有爱有未来——向生命致敬，为玉树祈福”的网页也正式上线，通过相关活动为震区同胞祈福。

2009 年 5 月，公司开展“有爱有未来”公益系列活动，重回四川绵阳，为安县茶坪乡小学的老师们购买办公桌椅，同时募集图书，为学校建造图书馆。

2010 年 12 月 7 日，泰达宏利再次回到四川安县茶坪小学，满载着泰达宏利所有员工及社会各界的爱——8000 册图书和 6 个乒乓球桌，在茶坪小学举办了“泰达宏利图书室”挂牌暨捐赠仪式。此外，公司还投身于推荐持有人使用绿色环保电子对账单、参与“仁者基金”助学计划资助贫困学生及捐赠电脑、学习用品等一系列公益活动。

【泰达宏利企业愿景】

我们矢志成为具有良好声誉，受人尊敬的基金管理公司。通过分享我们的专业经验，创造优异的投资业绩，提供高品质的客户服务，力求给予我们的客户持续的价值回报，共创富足、健康的和谐社会。

【股东概况】

排序	股东名称	持股比例
1	北方国际信托投资股份有限公司公司	51%
2	宏利资产管理（香港）有限公司	49%

天津泰达投资控股有限公司成立于2001年,其企业规模和实力位居天津市首位,经营范围涉及银行、经纪业务、保险、证券及其他多种行业。旗下的北方信托是经国务院、中国人民银行批准成立的大型国有股份制金融机构,是全国首家引入外资股份的信托投资公司。

宏利金融(Manulife Financial)成立于1887年,总部位于加拿大多伦多,具有超过120年的发展历史,其业务遍布全球19个国家;具有良好的风控文化、经营稳健,获得多个业内财务实力最高评级。宏利金融的主要业务范围为共同基金、个人保险及财富管理、团体福利及退休金、团体寿险及医疗保险等。目前,宏利金融在亚洲10个国家和地区开展业务,已经拥有9家资产管理公司。中国首家合资人寿保险公司——中宏保险,就是宏利金融与中国中化集团合资成立。

【旗下基金】

基金代码	基金简称	类型
162201	泰达宏利成长	股票型
162202	泰达宏利周期	股票型
162203	泰达宏利稳定	股票型
162204	泰达宏利精选	股票型
162208	泰达宏利首选	股票型
162209	泰达宏利市值	股票型
162212	泰达宏利红利先锋	股票型
162214	泰达宏利中小盘	股票型
229002	泰达宏利逆向策略	股票型
162205	泰达宏利预算	混合型
162207	泰达宏利效率	混合型
162211	泰达宏利品质	混合型
162210	泰达宏利集利 A	债券型
162299	泰达宏利集利 C	债券型
162215	泰达聚利分级债券	债券型
150034	泰达宏利聚利 A	债券型
150035	泰达宏利聚利 B	债券型
000026	泰达宏利信用合利 A	债券型
000027	泰达宏利信用合利 B	债券型
000169	泰达宏利高票息 A	债券型
000170	泰达宏利高票息 B	债券型
000387	泰达宏利瑞利 A	债券型
000388	泰达宏利瑞利 B	债券型
162206	泰达宏利货币	货币型
229001	泰达宏利新格局	QDII
162213	泰达宏利中证财富大盘	指数型
162216	泰达中证500分级	指数型
150053	泰达稳健	指数型
150054	泰达进取	指数型
220001	泰达宏利安利宝	安利宝

【公司高管】

刘惠文先生,董事长。毕业于吉林大学经济系,经济学学士学位,高级经济师。1996年至2001年任天津泰达集团有限公司总经理。自2001年起担任天津泰达投资控股有限公司董事长兼总经理。自2005年起兼任渤海财产保险股份有限公司、北方国际信托投资股份有限公司等核心企业的董事长。

刘青山先生,总经理。毕业于中国人民大学,获史学学士和管理学硕士。1997年就职于华夏证券基金部,参与筹建华夏基金管理公司,从事投资研究工作。2001年起参与筹建湘财合丰基金管理有限公司(泰达宏利基金管理有限公司前身)并工作至今,期间历任研究部负责人、基金经理、投资副总监,投资总监兼总经理助理,副总经理兼投资总监。2013年3月起任泰达宏利基金管理有限公司总经理。

张萍女士,督察长。毕业于中国人民大学和中国科学院,管理学和理学双硕士。先后任职于中信公司、毕马威国际会计师事务所等公司,从事财务管理和管理咨询工作。2002年起在嘉实基金管理有限公司工作,任监察稽核部副总监。2005年10月起任泰达荷银基金管理有限公司风险管理部总监。2006年11月起任泰达荷银基金管理有限公司督察长。

万家基金管理有限公司

【基本情况】

法定名称:万家基金管理有限公司
英文名称:WanJia Asset Management Co. ,Ltd.
注册地址:上海市浦东新区浦电路360号
陆家嘴投资大厦9层
办公地址:上海市浦东新区浦电路360号
陆家嘴投资大厦9层
法人代表:毕玉国
总 经 理:吕宜振
成立时间:2002年8月23日
公司属性:中资
注册资本:1亿元
联系电话:021-38619999
客服热线:400-888-0800
传真号码:021-38619888
邮政编码:200122
公司网址:www. wjasset. com

【公司概况】

万家基金管理有限公司,原名为天同基金管理有限公司,于2002年8月23日正式成立。于2006年2月20日正式更名为万家基金管理有限公司。

万家基金管理有限公司严格遵守基金合同,运作透明规范,以为百姓提供高水准的理财服务为经营目标,以对投资者的不同需求提供差异化服务为动力,在投资组合管理、定量分析以及风险控制方面追求高专业水准,是国内一家独具特色和发展潜力的基金管理公司。

【公司大事记】

2002年8月23日,天同基金管理有限公司正式成立。

2003年3月15日,天同180指数证券投资基金正式成立。

2004年9月28日,天同保本增值证券投资基金正式成立。

2005年7月8日,天同公用事业股票型证券投资基金正式成立。

2006年2月20日,公司正式更名为万家基金管理有限公司,旗下产品全部更名为'万家'系列。

2006年2月,万家基金管理有限公司在由《新财经》杂志社主办,中国银河证券基金研究中心担任研究顾问的"《新财经》第二届中国基金及基金管理公司评选"中荣获"营销创新奖"。

2006年3月,万家保本增值基金凭借着较高的收益和更低的风险,荣获了2006年3月《科学与财富》举办的2005年中国最佳基金评选的“2005 年度中国最佳保本基金”的称号。万家保本增值基金入选晨星公司评出的“2005 年中国最具投资价值的 50 只基金”。

2006 年 5 月 24 日,万家货币市场证券投资基金正式成立。

2006 年 9 月,万家和谐增长基金产品设计及其电子商务解决方案获得 2006 中国国际金融(银行)技术暨设备展览会优秀解决方案奖。

2006 年 11 月 30 日,万家和谐增长混合型证券投资基金正式成立。

2007 年 11 月,公司与大成、上投摩根等 20 家基金公司一同获得了由齐鲁晚报评选的“最受山东投资者欢迎的 20 家基金公司”的殊荣。

2007 年 11 月,万家 180 指数基金在第三届中国证券市场年会上荣获由证券日报社颁发的“高成长开放式基金金算盘奖”。

2008 年 1 月,万家货币市场基金在中国理财总评榜活动中荣获“最受欢迎的货币型基金”奖。

2008 年 1 月,万家公用事业行业基金荣获证券时报“2007 年平衡型基金明星奖”。

2008 年 1 月,万家公用事业行业基金荣获《新民晚报》评选的“2007 最受老百姓欢迎的基金”中“十大最具特色基金”称号。

2008 年 6 月 26 日万家双引擎灵活配置混合型证券投资基金基金合同生效。

2009 年 5 月 18 日,万家精选股票型证券投资基金正式成立。

2009 年 8 月 12 日,万家稳健增利债券型证券投资基金正式成立。

2011 年 3 月 17 日,万家中证红利指数型证券投资基金正式成立。

2011 年 6 月 2 日,万家添利分级债券型证券投资基金成立。

2012 年 8 月 2 日,万家中证创业成长指数分级证券投资基金成立。

2012 年 9 月 21 日,万家信用恒利债券型证券投资基金成立。

2013 年 1 月 15 日,万家 14 天理财债券型证券投资基金成立。

2013 年 3 月 6 日,万家岁得利定期开放债券证券投资基金成立。

2013 年 5 月 7 日,万家强化收益定期开放债券型证券投资基金成立。

【股东概况】

排序	股东名称	持股数量(万股)	持股比例
1	齐鲁证券有限公司	4900.00	49%
2	新疆国际实业股份有限公司	4000.00	40%
3	山东省国有资产投资控股有限公司	1100.00	11%

【旗下基金】

基金代码	基金简称	类型
161903	万家公用事业	股票型
519185	万家精选	股票型
519181	万家和谐增长	混合型
519183	万家双引擎灵活配置	混合型
519180	万家 180	指数型
161907	万家中证红利	指数型
161910	万家中创	指数型
150090	万家创 A	指数型
150091	万家创 B	指数型
510680	万家上证 380ETF	指数型
519508	万家货币 A	货币型
519507	万家货币 B	货币型
519501	万家货币 R	货币型
519511	万家 14 天理财	货币型
161902	万家增强债券	债券型
519186	万家稳健增利 A	债券型
519187	万家稳健增利 C	债券型
161908	万家添利分级	债券型
161909	万家添利 A	债券型
150038	万家添利 B	债券型
519188	万家信用恒利 A	债券型
519189	万家信用恒利 C	债券型
519190	万家岁得利	债券型
161911	万家强债	债券型
519192	万家市政	债券型

【公司高管】

毕玉国先生,董事长,中共党员,硕士学历,高级会计师、注册企业风险管理师。历任莱钢股份公司炼铁厂财务科科长、莱钢股份公司财务处成本科科长、莱钢集团财务部副部长、莱钢驻日照钢铁有限公司财务总监等职;2004.1 至今,在齐鲁证券有限公司工作,曾任齐鲁证券计划财务部总经理,现任齐鲁证券有限公司副总经理兼财务负责人、万家基金管理有限公司董事长。

吕宜振先生,总经理,中共党员,博士研究生。曾任易方达基金管理有限公司研究主管,信诚基金管理有限公司研究总监,天弘基金管理有限公司投资总监,本公司副总经理等职。2012 年 12 月起任公司总经理。

李振伟先生,督察长,中共党员,大学本科,学士学位,高级经济师。1998 年 6 月起从事证券监管工作,先后任证监会济南证管办党委办公室、上市处主任科员,证监会济南证管办上市处、机构处副处长,证监会山东证监局机构处副处长、处长,本公司总经理、监事会主席等职。2012 年 4 月起任本公司督察长。

金鹰基金管理有限公司

【基本情况】

法定名称:金鹰基金管理有限公司

英文名称:GOLDEN EAGLE ASSET MANAGEMENT CO.,LTD

注册地址:广东省珠海市吉大九洲大道东段商业银行大厦 7 楼 16 单元

办公地址:广州市天河区体育西路 189 号城建大厦 22－23 层

董 事 长:刘 东

总 经 理:殷克胜

成立时间:2002 年 12 月 25 日

公司属性:中资企业

注册资本:2.5 亿元

联系电话:020－83282855
客服电话:400－6135－888
传真号码:020－83282856
邮政编码:510620
公司网址:www.gefund.com.cn

【公司概况】

金鹰基金管理有限公司2002年成立,注册资本2.5亿元人民币。股东包括广州证券有限责任公司、广州白云山医药集团股份有限公司、广东美的电器股份有限公司、东亚联丰投资管理有限公司,分别持有49%、20%、20%和11%的股份。

公司现设有基金管理部、研究发展部、产品研发部、金融工程部、固定收益投资部、集中交易部、专户投资部、市场拓展部、品牌电子商务部、机构客户部、监察稽核部、运作保障部、综合管理部十三大职能部门及广州分公司、北京分公司、上海分公司、深圳分公司。目前公司员工有120余人。

公司坚持"进取、求实、稳健、规范"的理念,以严格的管理、规范的运作和优秀的业绩,赢得了市场的认可,资产管理规模逐步扩大。

公司管理资产的资产规模和旗下基金业绩呈持续上升态势。据银河数据显示,2008年,金鹰中小盘精选混合基金在164只股票型基金中业绩排名第三;2009年,金鹰中小盘精选混合基金在82只混合型基金中业绩排名第二;2010年,金鹰中小盘精选混合基金在29只混合偏股型基金中业绩排名第二;2011年,金鹰保本混合基金在12只保本基金中业绩排名第二;2012年,金鹰保本混合基金在17只保本基金中业绩排名第八。

公司管理资产规模持续增长,整个公司正以良好的发展步伐向前迈进着。截至2013年6月30日,公司旗下拥有金鹰成份优选混合、金鹰中小盘精选混合、金鹰红利价值混合、金鹰行业优势股票、金鹰稳健成长股票、金鹰主题优势股票、金鹰保本混合、金鹰中证技术领先指数增强、金鹰策略配置股票、金鹰持久回报分级债券、金鹰核心资源股票、金鹰中证500指数分级、金鹰元泰信用债债券、金鹰货币、金鹰元丰保本、金鹰元盛分级债券、金鹰元安保本等共十七只基金。

【公司大事记】

2002年11月6日,金鹰基金管理有限公司成立。

2003年6月16日,金鹰成份股优选证券投资基金成立。

2003年9月23日,金鹰基金管理有限公司广州分公司成立。

2004年2月25日,金鹰基金管理有限公司北京分公司成立。

2004年5月27日,金鹰中小盘精选证券投资基金成立。

2012年3月9日,金鹰持久回报分级债券型证券投资基金成立。

2007年,金鹰成份股优选证券投资基金以132%年度净值增长率跃居同类86只积极配置型股票基金前三名,在所有331只开放式基金年度净值增长率总排名中居62位而进入前20%行列,获得《证券时报》授予广州唯一"六星级基金"、2007年十大明星基金等美誉。

2008年12月4日,金鹰红利价值灵活配置混合型证券投资基金成立。

2008年,金鹰中小盘证券投资基金年度业绩排名居同类基金前三,金鹰成份股优选证券投资基金年度业绩排名居同类基金前50%。

2008年,金鹰基金管理有限公司被《上海证券报》评为业绩最佳的六家基金公司之一(《上海证券报》2008年6月30日),是连续二年保持整体业绩优良和持续改善的少数基金公司之一(《证券时报》2009年1月5日),同时并被评为2008年最佳资产配置的基金公司(《证券时报》2009年1月14日)。

2009年7月1日,金鹰行业优势股票型证券投资基金成立。

2009年,金鹰中小盘证券投资基金连续二年保持前三,被晨星和银河评为五星级基金。

2009年,金鹰基金管理有限公司在"2008年度中国明星基金暨最佳托管银行公司评选活动"中被评为"基金资产最佳配置公司"(《证券时报》2009年1月14日)、在《证券日报》主办的第五届中国证券市场年会上,被评为2009年"金算盘"基金奖。

2009年,金鹰中小盘证券投资基金在"21世纪2008年中国赢基金奖"评选活动中获"开放式进取混合型基金最佳表现奖"(华财社网站2009年3月12日,《21世纪经济报道》2009年3月16日)。

2010年4月8日,金鹰基金管理有限公司以公开招聘的市场化手段引进殷克胜总经理、郭容辰副总经理等专业管理人才,为公司实施市场化改革奠定了基础。

2010年4月14日,金鹰稳健成长股票型证券投资基金成立。

2010年12月3日,金鹰基金管理有限公司完成股权变更,变更后股东为广州证券有限责任公司、广州药业股份有限公司、广东美的电器股份有限公司、东亚联丰投资管理有限公司,分别持有49%、20%、20%和11%的股份。

2010年12月20日,金鹰主题优势股票型证券投资基金成立。

2010年,金鹰基金管理有限公司在《上海证券报》主办的"金基金"评选活动中获"成长公司奖"、在人民网主办的首届"民富奖"基金评选中获"中国基金最佳风格基金管理人"奖、在《21世纪经济报道》主办的"中国赢基金奖"评选中获"中国最具成长潜力基金公司"奖。

2011年5月16日,金鹰基金管理有限公司完成注册资本由壹亿元人民币增加为贰亿伍仟万元人民币的变更。

2011年5月17日,金鹰保本混合型证券投资基金成立。

2011年6月1日,金鹰中证技术领先指数增强型证券投资基金成立。

2011年6月9日,金鹰基金管理有限公司上海分公司成立。

2011年7月18日,金鹰基金管理有限公司广州分公司搬迁至"广州市体育西路189号城建大厦22－23层"。

2011年9月1日,金鹰策略配置股票型证券投资基金成立。

2011年10月26日,金鹰基金管理有限公司在理财周报主办的"中国最受尊敬基金公司"评选活动中获"2011中国最佳公司治理基金公司"奖。

2011年10月26日,金鹰基金总经理殷克胜在理财周报主办的"中国最受尊敬基金公司"活动中获"2011中国基金业年度新锐人物"奖。

2011年12月14日,金鹰基金管理有限公司获中国证监会批准从事特定客户资产管理业务。

2012 年 4 月 23 日,金鹰中小盘证券投资基金在上海证券报主办的第九届"金基金"评选活动中荣获 2011 年度"一年期金基金？分红基金奖"。

2012 年 5 月 23 日,金鹰核心资源股票型证券投资基金成立。

2012 年 6 月 5 日,金鹰中证 500 指数分级证券投资基金成立。

2012 年 7 月 11 日,金鹰基金深圳分公司成立。

2012 年 11 月 30 日,金鹰元泰精选信用债债券证券投资基金成立。

2012 年 12 月 7 日,金鹰货币市场证券投资基金成立。

2013 年 1 月 30 日,金鹰元丰保本混合型证券投资基金成立。

2013 年 5 月 10 日,金鹰元盛分级债券型发起式证券投资基金成立。

【股东概况】

排序	股东名称	持股数量(万股)	持股比例
1	广州证券有限责任公司	12250.00	49%
2	广州药业股份有限公司	5000.00	20%
2	广东美的集团股份有限公司	5000.00	20%
3	东亚联丰投资管理有限公司	2750.00	11%

【旗下基金】

基金代码	基金简称	类型
210003	金鹰行业优势	股票型
210004	金鹰稳健成长	股票型
210005	金鹰主题优势	股票型
210008	金鹰策略配置	股票型
210009	金鹰核心资源	股票型
162102	金鹰中小盘精选	混合型
210001	金鹰成份优选	混合型
210002	金鹰红利价值	混合型
210006	金鹰保本	混合型
210014	金鹰元丰保本	混合型
000010	金鹰元安保本	混合型
210012	金鹰货币 A	货币型
210013	金鹰货币 B	货币型
210007	金鹰中证技术指数	指数型
162107	金鹰中证 500 指数分级	指数型
150088	金鹰中证 500 指数分级 A	指数型
150089	金鹰中证 500 指数分级 B	指数型
162105	金鹰持久回报分级债券	债券型
162106	金鹰持久回报分级债券 A	债券型
150078	金鹰持久回报分级债券 B	债券型
210010	金鹰元泰精选信用债 A	债券型
210011	金鹰元泰精选信用债 C	债券型
162108	金鹰元盛分级债券	债券型
162109	金鹰元盛分级债券 A	债券型
150132	金鹰元盛分级债券 B	债券型

【公司高管】

刘东先生,董事长,经济学硕士,高级经济师。曾在中国现代国际关系研究所、中国信达信托投资公司驻武汉证券交易中心任职,历任中国信达信托投资公司北京营业部总经理、证券业务总部副总经理,新疆宏源信托投资股份有限公司总经理助理兼证券业务总部总经理,宏源证券股份有限公司党委委员、副总经理,宏源期货有限公司董事长,现任广州证券有限责任公司总经理。经公司第三届董事会第十六次会议选举通过,并报经中国证监会核准,2010 年 4 月起担任公司董事长。

殷克胜先生,总经理,经济学博士。曾在综合开发研究院(中国深圳)、深圳市体改办任职,历任深圳证监局法规处副处长、上市公司处处长,鹏华基金管理有限公司董事、常务副总经理,方正证券股份有限公司基金公司筹备组组长等职。经公司第三届董事会第十六次会议选举通过,并报经中国证监会核准,2010 年 4 月起担任公司总经理。

苏文锋先生,经济学硕士。历任广州市经济管理干部学院外贸经济系党支部书记,南方证券广州分公司研究发展部总经理、大德路营业部总经理、投资银行部总经理,华鼎担保投资有限公司副总经理等职,2006 年 3 月起担任金鹰基金管理有限公司市场拓展部副总监,2008 年 9 月起担任公司督察长。

招商基金管理有限公司

【基本情况】

法定名称:招商基金管理有限公司
英文名称:China Merchants Fund Management Co. ,Ltd.
注册地址:深圳市深南大道 7088 号招商银行大厦 28 层
办公地址:深圳市深南大道 7088 号招商银行大厦 28 层
法人代表:张光华
总 经 理:许小松
成立时间:2002 年 12 月 27 日
公司属性:合资企业
注册资本:2.1 亿元
联系电话:0755 - 83196666
客服热线:400 - 887 - 9555
传真号码:0755 - 83196405
邮政编码:518040
公司网址:www. cmfchina. com

【公司概况】

招商基金管理有限公司于 2002 年 12 月 27 日经中国证监会(2002)100 号文批准设立,是中国第一家中外合资基金管理公司。公司的经营范围包括发起设立基金、基金管理业务和中国证监会批准的其它业务。

经招商基金管理有限公司(以下简称"本公司")股东会审议通过,并经中国证券监督管理委员会证监许可[2013]1074 号文批复同意,本公司原股东荷兰投资公司(ING Asset Management B. V.)将其持有的本公司 21.6% 股权转让给招商银行股份有限公司、11.7% 股权转让给招商证券股份有限公司,截止 2013 年 10 月份,本次股权转让的相关工商变更登记手续已办理完毕。目前,本公司的股东股权结构为:招商银行股份有限公司持有公司全部股权的 55%,招商证券股份有限公司持有公司全部股权的 45%。公司注册资本金为 2.1 亿元人民币。目前,招商基金拥有两家全资子公司,分别为招商财富资产管理有限公司和招商资产管理(香港)有限公司。

招商基金将以国际化和规范化作为鲜明特色,努力为投资者提供一流的投资理财服务。公司从创建开始就全方位借鉴国际市场的先进经验和技术,形成了高效卓越的团体、标准化的业务流程、开放与学习的文化氛围。

招商基金将以取信于市场、取信于社会为宗旨,秉承长期、优良、稳健、专业的经营理念,努力成为客户推崇、股东满意、员工热爱、具有国际竞争力的基金管理公司。

【股东概况】

排序	股东名称	出资额(万元)	持股比例
1	招商银行	11550.00	55%
2	招商证券股份有限公司	9450.00	45%

【旗下基金】

基金代码	基金简称	类型
217001	招商安泰	股票型
161706	招商优质成长	股票型
217010	招商大盘蓝筹	股票型
217012	招商行业领先	股票型
217013	招商中小盘精选	股票型
217027	招商央视财经50	股票型
217002	招商安泰平衡	混合型
217005	招商先锋	混合型
217009	招商核心价值	混合型
217020	招商安达保本	混合型
217021	招商优企灵活配置	混合型
217024	招商安盈保本	混合型
000126	招商安润保本混合	混合型
000314	招商瑞丰混合发起式	混合型
217003	招商安泰债券A	债券型
217203	招商安泰债券B	债券型
217008	招商安本增利债券	债券型
217011	招商安心收益	债券型
161713	招商信用添利	债券型
217018	招商安瑞进取债券	债券型
217022	招商产业债	债券型
217023	招商信用增强	债券型
161716	招商双债增强分级债券	债券型
161717	招商双债增强分级债券A	债券型
150127	招商双债增强分级债券B	债券型
217004	招商现金增值货币A	货币型
217014	招商现金增值货币B	货币型
159003	招商保证金快线A	货币型
159004	招商保证金快线B	货币型
217015	招商全球资源	QDII
161714	招商标普金砖四国	QDII
000391	招商标普指数-人民币	QDII
000392	招商标普指数-美元	QDII
000393	招商标普指数-港币	QDII
217016	招商深证100	指数型
217017	招商上证消费80联接	指数型
510150	招商上证消费80ETF	指数型
217019	招商深证TMT50联接	指数型
159909	招商深证TMT50ETF	指数型
161715	中证大宗商品指数分级	指数型
150096	中证大宗商品指数分级A	指数型
150097	中证大宗商品指数分级B	指数型
161718	沪深300高贝塔指数分级	指数型
150145	沪深300高贝塔指数分级A	指数型
150146	沪深300高贝塔指数分级B	指数型
217025	招商理财7天A	理财型
217026	招商理财7天B	理财型
161713	招商信用添利	封闭式

【公司高管】

张光华，男，博士。历任国家外汇管理局计划处处长，中国人民银行海南省分行副行长、党委委员，中国人民银行广州分行副行长、党委副书记，广东发展银行行长、党委副书记，2007年4月起于招商银行任职，曾任副行长等职务，现任招商银行副董事长、党委副书记。现任公司董事长。

许小松，男，经济学博士。历任深圳证券交易所综合研究所副所长，南方基金管理有限公司首席经济学家、副总经理，国联安基金管理有限公司总经理，2011年加入招商基金管理有限公司，现任公司总经理、董事，兼任招商财富资产管理有限公司董事长、招商资产管理(香港)有限公司董事长。

欧志明，男，华中科技大学经济学及法学双学士、投资经济硕士；2002年加入广发证券深圳业务总部任机构客户经理；2003年4月至2004年7月于广发证券总部任风险控制岗从事风险管理工作；2004年7月加入招商基金管理有限公司，曾任法律合规部高级经理、副总监、总监，现任公司督察长兼董事会秘书。

华宝兴业基金管理有限公司

【基本情况】

法定名称：华宝兴业基金管理有限公司
英文名称：Fortune SGAM Fund Management Co.,Ltd.
注册地址：上海市浦东新区世纪大道100号
上海环球金融中心58楼
办公地址：上海市浦东新区世纪大道100号
上海环球金融中心58楼
法人代表：郑安国
总 经 理：黄小薏
成立时间：2003年3月7日
公司属性：合资企业
注册资本：1.5亿元
联系电话：021-38505888
客服热线：400-700-5588
传真号码：021-38505777
邮政编码：200121
公司网址：www.fsfund.com

【公司概况】

华宝兴业基金管理有限公司于2003年2月12日获准开业，是国内首批中外合资基金管理公司，也是国内首家由信托公司和外方资产管理公司发起设立的中外合资基金管理公司，股东背景强大，股权结构简单稳定。

在组织结构上，华宝兴业下设投资管理部、研究部、金融工程部、产品开发部、市场开发部、市场支持部、机构理财部、北京分公司、南方分公司(筹)、交易部、清算登记部、信息技术部、人力资源部、行政财务部。在投资管理上，作为首批中外合资基金管理公司，华宝兴业充分利用中外股东的资源，引进、吸收、消化法兴资产在国际市场上的经验和技术，并结合国内市场的需求，形成了科学、合理并具特色的投资、营销和管理体系。

【公司大事记】

2011年12月经中国证监会批准，华宝兴业资产管理(香港)有限公司于2011年12月成立。

2002年10月21日，中国证监会批准我公司筹建申请，成为我国第一批获准筹建的中外合资基金管理。

2003年2月12日，中国证监会批准公司开业，成为我国第二家开业的中外合资基金管理公司。

2012 年 2 月 28 日，华宝兴业医药生物优选股票型证券投资基金正式成立。

2012 年 6 月 12 日，华宝兴业中证短融 50 指数债券型证券投资基金正式成立。

2012 年 8 月 21 日，华宝兴业资源优选股票型证券投资基金正式成立。

2012 年 11 月获得了香港证券及期货事务监察委员会颁发的第 4 类（就证券提供意见）和第 9 类（提供资产管理）业务牌照。

2012 年 12 月 27 日，华宝兴业现金添益交易型货币市场基金正式成立。

2013 年 6 月 27 日，华宝兴业服务优选股票型证券投资基金正式成立。

【股东概况】

排序	股东名称	出资额（万元）	持股比例
1	华宝信托投资有限责任公司	76550.00	51%
2	领先资产管理有限公司	7350.00	49%

【旗下基金】

基金代码	基金简称	类型
240004	华宝动力	股票型
240005	华宝多策略	股票型
240009	华宝先进成长	股票型
240010	华宝行业精选	股票型
240011	华宝大盘精选	股票型
240017	华宝新兴产业	股票型
240020	华宝兴业医药生物	股票型
240022	华宝兴业资源优选	股票型
000124	华宝兴业服务股票	股票型
240001	华宝宝康消费	混合型
240002	华宝宝康配置	混合型
240008	华宝收益	混合型
240003	华宝宝康债券	债券型
240012	华宝强债 A	债券型
240013	华宝强债 B	债券型
240018	华宝可转债	债券型
240021	华宝短融 50	债券型
240006	华宝货币 A	货币型
240007	华宝货币 B	货币型
511990	华宝添益	货币型
240014	华宝中证 100	指数型
510030	上证 180 价值 ETF	指数型
240016	华宝 180 价值联接	指数型
240019	华宝上证 180 成长联接	指数型
510280	华宝上证 180 成长 ETF	指数型
241001	华宝海外中国成长	QDII
241002	华宝成熟市场	QDII
162411	华宝油气	QDII

【公司高管】

郑安国先生，董事长，博士、高级经济师。曾任南方证券有限公司发行部经理、投资部经理、南方证券有限公司投资银行部总经理助理、南方证券有限公司上海分公司副总经理、南方证券公司研究所总经理级副所长、华宝信托投资有限责任公司副总经理、总经理、总裁。现任华宝兴业基金管理有限公司董事长、华宝信托有限责任公司董事长、华宝投资有限公司董事、总经理，中国太平洋保险（集团）股份有限公司董事。

HUANG Xiaoyi Helen（黄小薏）女士，董事，硕士。曾任加拿大 TD Securities 公司金融分析师，Acthop 投资公司财务总监。2003 年 5 月加入华宝兴业基金管理有限公司，曾任公司营运总监、董事会秘书、副总经理，现任公司总经理。

刘月华先生，督察长，硕士。曾在冶金工业部、国家冶金工业局、中国证券业协会等单位工作。现任华宝兴业基金管理有限公司督察长。

摩根士丹利华鑫基金管理有限公司

【基本情况】

法定名称：摩根士丹利华鑫基金管理有限公司

英文名称：Morgan Stanley Huaxin Fund Management CO.，Ltd.

注册地址：深圳市福田区中心四路 1 号嘉里建设广场第二座第 17 层 01－04 室

办公地址：深圳市福田区中心四路 1 号嘉里建设广场一期二座 17 楼

法人代表：王文学

总 经 理：于 华

成立时间：2003 年 3 月 14 日

公司属性：中外合资

注册资本：2.275 亿元

联系电话：0755－88318883

传真号码：0755－82990384

邮政编码：518033

公司网址：www.msfunds.com.cn

【公司概况】

摩根士丹利华鑫基金管理有限公司（Morgan Stanley Huaxin Fund Management Company Limited，简称摩根士丹利华鑫基金）于 2008 年 6 月 12 日完成工商注册登记变更，是一家中外合资基金管理公司（公司前身为于 2003 年 3 月 14 日成立的巨田基金管理有限公司），注册资本为 22750 万元人民币，注册地是深圳市。摩根士丹利华鑫基金总部现处深圳，另在北京设有分公司。

公司股东主要为华鑫证券有限责任公司、摩根士丹利国际控股公司、深圳市招融投资控股有限公司、深圳市中技实业（集团）有限公司等国内外机构。其中国内主要股东华鑫证券有限责任公司于 2001 年 3 月在深圳市注册成立，是全国性综合类证券经营机构。公司核心业务包括有价证券的发行、自营和代理买卖以及财务顾问等，在北京、上海、西安和深圳拥有 21 家营业部。外资方股东摩根士丹利是一家全球领先的国际性金融服务公司，业务范围涵盖投资银行、证券、投资管理以及财富管理，在全球 33 个国家设有超过 600 家办事处，为各地企业、政府机关、事业机构和个人投资者提供服务。

摩根士丹利华鑫基金管理有限公司将一如既往，为客户提供一流的服务，并希望在未来几年，凭借中外股东的强大资源，进一步扩大业务领域和规模。

【股东概况】

排序	股东名称	持股数量（万股）	持股比例
1	华鑫证券有限责任公司	8999.9	39.560%
2	摩根士丹利国际控股公司	8500.0825	37.363%
3	深圳招融投资控股有限公司	2499.9975	10.989%

排序	股东名称	持股数量(万股)	持股比例
4	汉唐证券有限责任公司	1499.9075	6.593%
5	深圳市中技实业(集团)有限公司	1250.1125	5.495%

【旗下基金】

基金代码	基金简称	类型
233006	大摩领先优势	股票型
233007	大摩卓越成长	股票型
233009	大摩多因子策略	股票型
233011	大摩主题优选	股票型
233015	大摩量化配置	股票型
000309	大摩品质生活精选股票	股票型
233001	大摩基础行业	混合型
163302	大摩资源优选	混合型
233008	大摩消费领航	混合型
163303	大摩货币	货币型
233005	大摩强收益	债券型
233012	大摩多元收益A	债券型
233013	大摩多元收益C	债券型
000024	大摩双利增强债券A	债券型
000025	大摩双利增强债券C	债券型
000064	大摩18个月定期开放债券	债券型
233010	大摩深证300增强	指数型

【公司高管】

王文学先生，英国格林威治大学项目管理硕士。2000年12月至今任华鑫证券有限责任公司董事长。1993年7月至2000年12月任西安证券有限责任公司副总经理、总经理、董事长。曾任人民银行西安分行担任体改、外汇管理、稽核副处长。现任本公司董事长。

于华先生，北京大学经济学学士，比利时鲁汶大学工商管理硕士、金融博士，美国注册金融分析师(CFA)。曾任英国里丁大学经济系金融财务讲师，加拿大魁北克大学管理学院金融终身教授，深圳证券交易所综合研究所所长，加拿大鲍尔集团亚太分公司基金与保险业务副总裁，加拿大伦敦人寿保险公司北京代表处首席代表，大成基金管理有限公司董事、总经理，摩根士丹利投资管理公司董事总经理、中国业务主管。现任本公司董事、总经理；兼任中国证券业协会基金业委员会副主任委员，国际资产管理协会董事。

李锦女士，吉林大学经济管理学院国际金融专业硕士。15年证券从业经验。曾就职于巨田证券有限责任公司，历任交易管理总部综合管理部经理助理，总经理办公室主任助理，资产管理部理财部副经理、经理；曾任巨田基金管理有限公司基金运营部副总监、总监，总经理助理兼基金运营部总监。现任本公司督察长。

国联安基金管理有限公司

【基本情况】

法定名称：国联安基金管理有限公司
英文名称：Guotai Junan Allianz Fund Management Co. ,Ltd.
注册地址：上海市浦东新区陆家嘴环路1318号
　　　　　星展银行大厦9楼
办公地址：上海市浦东新区陆家嘴环路1318号
　　　　　星展银行大厦9楼
法人代表：庹启斌
总 经 理：邵杰军
成立时间：2003年4月3日
公司属性：合资企业
注册资本：1.5亿元
联系电话：021－38992888
传真号码：021－50151880
客服热线：400－700－0365
邮政编码：200121
公司网址：www. vip－funds. com

【公司概况】

国联安基金管理有限公司，是中国第一家获准筹建的中外合资基金管理公司，由享誉全球、来自德国的安联集团（Allianz AG）和蜚声中国的国泰君安证券公司合力打造。公司注册资金1亿5千万元人民币。公司的经营范围包括发起设立基金、基金管理业务和中国证监会批准的其它业务。

在组织结构上，国联安基金下设投资组合管理部、研究部、数量化策略部、交易部、风险管理部、机构理财部、市场发展部、渠道代销部、北京分公司、信息技术部、基金事务部、财务部、人力资源部、合规和内部审计部，同时设有投资决策委员会、风险控制委员会和独立的督察长。

【股东概况】

排序	股东名称	出资额(万元)	持股比例
1	国泰君安证券股份有限公司	7650.00	51%
2	安联集团(Allianz AG)	7350.00	49%

【旗下基金】

基金代码	基金简称	类型
253010	国联安德盛安心成长	混合型
255010	国联安稳健	混合型
257010	国联安德盛小盘精选	混合型
000058	国联安保本	混合型
257020	国联安德盛精选	股票型
257030	国联安德盛优势	股票型
257040	国联安德盛红利	股票型
257050	国联安主题驱动	股票型
257070	国联安优选行业	股票型
253020	国联安德盛增利债A	债券型
253021	国联安德盛增利债B	债券型
253030	国联安信心增益债券	债券型
253060	国联安信心增长债A	债券型
253061	国联安信心增长债B	债券型
162511	国联安双佳信用分级	债券型
162512	国联安双佳信用分级A	债券型
150080	国联安双佳信用分级B	债券型
253070	国联安中债信用债	债券型
162509	国联安双禧中证100	指数型
150012	国联安双禧中证100A	指数型
150013	国联安双禧中证100B	指数型
257060	国联安上证商品ETF联接	指数型
510170	国联安上证商品ETF	指数型
1612510	国联安双力中小板综指	指数型
150069	国联安双力中小板综指A	指数型
150070	国联安双力中小板综指B	指数型
000060	国联安中证股债动态指数	指数型

基金代码	基金简称	类型
000059	国联安中证医药100指数	指数型
253050	国联安货币 A	货币型
253051	国联安货币 B	货币型

【公司高管】

庹启斌先生，董事长，经济学博士。历任华东师范大学国际金融系讲师、君安证券有限公司万航渡路营业部经理、资产管理公司研究部经理、香港公司研究策划部经理、研究发展中心主任、经纪管理部总经理、债券部总经理、副总裁，国泰君安证券股份有限公司副总裁。现任国泰君安证券股份有限公司执行董事、党委委员；国联安基金管理有限公司董事长。

邵杰军先生，董事、总经理，研究生学历。1993 年 4 月起任职于万国证券公司和申银万国证券股份有限公司。1998 年 6 月加盟华安基金管理有限公司，担任常务副总裁，先后分管投资研究、市场营销、海外投资管理等多个业务领域。2011 年 11 月加盟国联安基金管理有限公司，现担任国联安基金管理有限公司董事、总经理。

周浩先生，督察长，法学硕士。曾先后任职于中国证券监督管理委员会和上海航运产业基金管理有限公司。2012 年 2 月加盟国联安基金管理有限公司，现担任国联安基金管理有限公司督察长。

海富通基金管理有限公司

【基本情况】

法定名称：海富通基金管理有限公司
英文名称：Fortis Haitong Investment Management Co.，Ltd.
注册地址：上海市浦东新区花园石桥路 66 号东亚银行金融大厦 36－37 层
办公地址：上海市浦东新区花园石桥路 66 号东亚银行金融大厦 36－37 层
法人代表：张文伟
总 经 理：田仁灿
成立时间：2003 年 4 月 1 日
公司性质：中外合资
注册资本：1.5 亿元
联系电话：021－38650999
客服热线：400－884－0099
传真号码：021－50479997
邮政编码：200120
公司网址：www.hftfund.com

【公司概况】

海富通基金管理有限公司成立于 2003 年 4 月，是中国首批获准成立的中外合资基金管理公司。

从 2003 年 8 月开始，海富通先后募集成立了 26 只开放式基金。截至 2013 年 12 月 31 日，海富通管理的公募基金资产规模超过 235 亿元人民币。

作为国家人力资源和社会保障部首批企业年金基金投资管理人，截至 2013 年 12 月 31 日，海富通为 80 多家企业近 291 亿元的企业年金基金担任了投资管理人。作为首批特定客户资产管理业务资格的基金管理公司，截至 2013 年 12 月 31 日，海富通旗下专户理财管理资产规模超过 40 亿元。2004 年末开始，海富通为 QFII（合格境外机构投资者）及其他多个海内外投资组合担任投资咨询顾问，截至 2013 年 12 月 31 日，投资咨询及海外业务规模近 212 亿元人民币。2010 年 12 月，海富通基金管理有限公司被全国社会保障基金理事会选聘为境内委托投资管理人。2012 年 9 月，中国保监会公告确认海富通基金为首批保险资金投资管理人之一。2012 年 2 月，海富通资产管理（香港）有限公司已募集发行了首只 RQFII 产品。

海富通同时还在不断践行其社会责任。公司自 2008 年启动“绿色与希望－橄榄枝公益环保计划”，针对汶川震区受灾学校、上海民工小学、安徽老区小学进行了物资捐赠，向内蒙古库伦旗捐建了公益林。此外，海富通还积极推进投资者教育工作，推出了以“幸福投资”为主题和特色的投资者教育活动，向投资者传播长期投资、理性投资的理念。

【公司大事记】

2012 年 1 月，海富通香港子公司首只 RQFII 基金获得 SFC 核准。

2012 年 3 月，海富通精选混合被《证券时报》授予“五年持续回报平衡混合型明星基金”。

2012 年 3 月，海富通被《中国证券报》授予“2011 年金牛基金管理公司”。

2012 年 5 月，海富通中证内地低碳经济主题指数证券投资基金成立。

2012 年 7 月，海富通携手壹基金于深圳会展中心启动“大爱将至”救助孤儿计划。

2012 年 9 月，海富通基金管理有限公司获得保险资金投资管理人资格。

2013 年 3 月，海富通现金管理货币市场基金正式成立。

2003 年 4 月 1 日海富通基金管理有限公司获得中国证监会开业批准。

2013 年 4 月，海富通精选混合被《证券时报》授予“五年持续回报平衡混合型明星基金”。

2013 年 5 月，海富通香港子公司获批 QFII 资格。

2013 年 5 月，海富通养老收益混合型证券投资基金正式成立。

2013 年 10 月，海富通一年定期开放债券型证券投资基金正式成立。

【股东概况】

排序	股东名称	持股数量（万股）	持股比例
1	海通证券股份有限公司	7650.00	51%
2	法国巴黎投资管理 BE 控股公司	7350.00	49%

【旗下基金】

基金代码	基金简称	类型
519005	海富通股票	股票型
519013	海富通风格优势	股票型
519025	海富通领先成长	股票型
519026	海富通中小盘	股票型
519033	海富通国策导向	股票型
519056	海富通内需热点	股票型
519003	海富通收益增长	混合型
519007	海富通强化回报	混合型
519011	海富通精选	混合型
519015	海富通精选贰号	混合型
519050	海富通养老收益	混合型
519505	海富通货币 A	货币型

基金代码	基金简称	类型
519506	海富通货币 B	货币型
519528	海富通现金管理货币 A	货币型
519529	海富通现金管理货币 B	货币型
519601	海富通中国海外	QDII
519602	海富通大中华精选	QDII
519023	海富通稳健添利债 C	债券型
519024	海富通稳健添利债 A	债券型
519030	海富通稳固收益	债券型
519051	海富通一年定开债券	债券型
519055	海富通双利分级债券	债券型
162307	海富通中证 100	指数型
519027	海富通上证周期联接	指数型
510110	海富通上证周期 ETF	指数型
510120	海富通上证非周期 ETF	指数型
519032	海富通上证非周期联接	指数型
519034	海富通中证内地低碳指数	指数型
162308	海富通稳增分级债券	创新封闭式
150044	海富通稳增债券 A	创新封闭式
150045	海富通稳增债券 B	创新封闭式

【公司高管】

张文伟先生，董事长，硕士，高级经济师。历任交通银行郑州分行铁道支行行长、紫荆山支行行长、私人金融处处长，海通证券办公室主任，海通证券投资银行总部副总经理、海富通基金管理有限公司董事、副总经理。2013 年 5 月起任海富通基金管理有限公司董事长。

田仁灿先生，董事、总经理，比利时籍，工商管理学硕士。历任法国金融租赁 EuroequipementS. A. 公司总裁助理、富通银行区域经理、大中华地区主管、富通基金管理亚洲有限公司投资经理、业务发展部总经理、首席执行官。2003 年至今任海富通基金管理有限公司董事、总经理。

章明女士，督察长，硕士。历任加拿大蒙特利尔 BBCC Tech & TradeInt' lInc 公司高级财务经理、加拿大蒙特利尔 Dalma Investment，FutureElectronics 公司产品专家、海通证券股份有限公司对外合作部经理。2003 年至今任海富通基金管理有限公司督察长。

长信基金管理有限公司

【基本情况】

法定名称：长信基金管理有限公司
英文名称：Chang Xin Asset Management Co. ,Ltd.
注册地址：上海市浦东新区银城中路 68 号 9 楼
办公地址：上海市浦东新区银城中路 68 号 9 楼
法人代表：田　丹
总 经 理：蒋学杰
成立时间：2003 年 4 月 28 日
公司性质：中资
注册资本：1.5 亿元
联系电话：021 －61009999
传真号码：021 －61009800
邮政编码：200122
公司网址：www. cxfund. com. cn

【公司概况】

长信基金管理有限责任公司由长江证券股份有限公司、上海海欣（集团）股份有限公司、武汉钢铁股份有限公司共同发起设立，于 2003 年 4 月 28 日经中国证券监督管理委员会批准，并于 2003 年 5 月 9 日成立。注册资本金 1.5 亿元人民币，公司的经营范围包括发起设立基金、基金管理业务和中国证监会批准的其它业务。

股东会是公司的最高权力机构，下设董事会和监事会。公司组织管理实行董事会领导下的总经理负责制，总经理、副总经理、督察长组成公司的经营管理层。在经营管理层下设内部控制委员会、投资决策委员会两个非常设委员会，以及金融工程部、国际业务部、专户理财部、投资管理部、研究发展部、固定收益部、交易管理部、基金事务部、市场开发部、信息技术部、监察稽核部、综合行政部、产品开发部等十三个职能部门，并根据公司发展需要设北京分公司、深圳分公司和武汉办事处。

成立多年以来，长信基金作为一个怀有远大梦想的公司，以强烈的进取心和开拓精神成为业内一颗冉冉升起的明星，在“真诚坦率、认真负责”的企业文化的推动下，长信公司正朝着可持续健康发展的方向稳步前进。

【股东概况】

排序	股东名称	持股数量（万股）	持股比例
1	长江证券有限责任公司	7350.00	49%
2	上海海欣集团股份有限公司	5149.50	34.33%
3	武汉钢铁股份有限公司	2500.50	16.67%

【旗下基金】

基金代码	基金简称	类型
519993	长信增利动态策略	股票型
519995	长信金利趋势	股票型
519997	长信银利精选	股票型
519987	长信恒利优势	股票型
163001	长信中证央企	股票型
519983	长信量化先锋	股票型
519979	长信内需成长	股票型
519991	长信双利优选	混合型
519999	长信利息收益货币 A	货币型
519998	长信利息收益货币 B	货币型
519989	长信利丰债券	债券型
519985	长信中短债	债券型
519977	长信可转债 A	债券型
519976	长信可转债 C	债券型
519973	长信纯债 A	债券型
519972	长信纯债 C	债券型
519981	长信美国标普 100	QDII
163004	长信利鑫分级债券 A	创新封闭式
150042	长信利鑫分级债券 B	创新封闭式
163006	长信利众分级 A	创新封闭式
150102	长信利众分级 B	创新封闭式

【公司高管】

田丹，董事长，硕士。1985 年起进入金融、证券行业，先后在人民银行湖北省分行、湖北证券公司、三峡证券公司、长江证券公司任部门及公司领导。出任长信基金管理有限责任公司董事长前为长江证券有限责任公司董事、总裁。

蒋学杰，总经理，经济学硕士，澳大利亚墨尔本大学商学院 MBA。曾任中南财经大学财政金融学院财政系教师、武汉科技信托投资公司武昌证券营业部总经理，并兼公司总助，副总等职、Loftus Capital Partners Limited, Australia 旗下基金亚洲市场投资组合及私人股权投资的亚洲区域负责人、KVB Kunlun Pty Ltd, Australia 金融衍生产品持牌交易投资顾问、长信基金管理有限责任公司副总经理等职。现任公司总经理。

周永刚，督察长，硕士，经济师。曾任湖北证券有限责任公司武汉自治街营业部总经理，长江证券有限责任公司北方总部总经理兼北京展览路证券营业部总经理，长江证券有限责任公司经纪业务总部副总经理兼上海代表处主任、上海汉口路证券营业部总经理。

泰信基金管理有限公司

【基本情况】

法定名称：泰信基金管理有限公司

英文名称：First - Trust Fund Management Co. , Ltd.

注册地址：上海市浦东新区浦东南路 256 号 37 层

办公地址：上海市浦东新区浦东南路 256 号华夏银行大厦 36 - 37 层

法人代表：葛　航（代）

总 经 理：葛　航

成立时间：2003 年 5 月 8 日

公司属性：中资

注册资本：2 亿元

客服热线：400 - 888 - 5988

联系电话：021 - 20899188

传真号码：021 - 20899008

邮政编码：200120

公司网址：www. ftfund. com

【公司概况】

泰信基金管理有限公司于 2003 年 5 月 8 日获《关于同意泰信基金管理有限公司开业的批复》（证监基金字［2003］68 号），并于 2003 年 5 月 23 日正式成立。公司注册资本金为人民币 2 亿元，是由山东省国际信托有限公司（出资 9000 万元）、江苏省投资管理有限公司（出资 6000 万元）、青岛国信实业有限公司（出资 5000 万元）共同发起设立的。泰信的三家股东均是其所在地的政府投资主体，实力雄厚、经营稳健、业绩优良，在国内外资本市场上保持着良好的信誉，设立泰信是三家股东长期发展战略的重要组成部分，也将为其今后的发展提供强有力的支持。

公司目前下设市场部、营销部（分华东、华北、华南三大营销中心和电子商务部）、客服中心、基金投资部、研究部、专户投资部、理财顾问部、清算会计部、信息技术部、风险管理部、监察稽核部、计划财务部、综合管理部、北京分公司、深圳分公司。公司有正式员工 105 人，多数具有硕士以上学历。所有人员在最近三年内均未受到所在单位及有关管理部门的处罚。

泰信基金管理有限公司是第一家以信托公司为主发起人的基金管理公司。自 2003 年 5 月成立至今，公司已经拥有泰信天天收益货币、泰信先行策略混合、泰信双息双利债券、泰信优质生活股票、泰信优势增长混合、泰信蓝筹精选股票、泰信债券增强收益、泰信发展主题股票、泰信债券周期回报、泰信中证 200 指数、泰信中小盘精选股票、泰信保本混合、泰信中证锐联基本面 400 指数分级、泰信现代服务业股票、泰信鑫益定期开放债券等 15 只开放式基金，形成了较完善的基金产品线。

自成立以来，我们秉承“先行一步创造优质生活”的企业理念，坚守“诚信专业责任共赢”的价值观，努力实现为客户增值财富，为员工创造空间，为股东创造价值，对社会承担责任的使命，力争做最值得公众信赖的财富管理人。

【股东概况】

排序	股东名称	出资额（万元）	持股比例
1	山东省国际信托投资有限公司	9000	45%
2	江苏省投资管理有限责任公司	6000	30%
3	青岛国信实业有限公司	5000	25%

【旗下基金】

基金代码	基金简称	类型
290004	泰信优质生活	股票型
290006	泰信蓝筹精选	股票型
290008	泰信发展主题	股票型
290011	泰信中小盘	股票型
290014	泰信现代服务业	股票型
290002	泰信先行策略	混合型
290005	泰信优势增长	混合型
290012	泰信保本	混合型
290003	泰信双息双利债券	债券型
290007	泰信强债 A	债券型
291007	泰信强债 B	债券型
290009	泰信周期回报	债券型
000212	泰信鑫益定期开放 A	债券型
000213	泰信鑫益定期开放 C	债券型
290001	泰信天天收益货币	货币型
290010	泰信中证 200	指数型
162907	泰信中证 400 分级	指数型

【公司高管】

葛航先生，总经理，学士；1989 年 7 月加入山东省国际信托有限公司，曾山东省国际信托有限公司任租赁部高级业务经理、山东省国际信托有限公司自营业务部经理。

吴胜光先生，督察长，硕士，高级经济师；曾任南京大学城市与资源系副主任、江苏省国际信托投资公司投资银行部业务二部经理、信泰证券有限责任公司投资银行部副总经理。

天治基金管理有限公司

【基本情况】

公司名称：天治基金管理有限公司

英文名称：China Nature Asset Management Co. ,Ltd.

注册地址：上海市浦东新区莲振路 298 号 4 号楼 231 室

办公地址：上海复兴西路 159 号

法人代表：高福波

总 经 理：赵玉彪

成立时间：2003 年 5 月 27 日

注册资本：1.6 亿元

公司属性：中资

联系电话：021 - 64371155

客服电话：400 - 098 - 4800

传真号码：021 - 64374934
邮政编码：200031
公司网址：www.chinanature.com.cn

【公司概况】

天治基金管理有限公司于2003年5月成立，股东为吉林省信托有限责任公司、中国吉林森林工业集团有限责任公司，各股东出资比例分别为61.25%、38.75%。公司注册资本1.6亿元人民币，注册地为上海。

目前，天治公司旗下共有十只开放式基金，分别是天治财富增长基金（配置型）、天治品质优选基金（配置型）、天治核心成长基金（股票型）、天治创新先锋基金（股票型）、天治成长精选基金（股票型）、天治稳健双盈基金（债券型）、天治天得利基金（货币型）和天治趋势精选基金（配置型）、天治稳定收益债券基金（债券型）、天治可转债A&C（债券型）。

经过多年的积累，天治基金形成了一支精干、团结、自信的人才队伍，逐渐摸索出适合的投资模式。

天治基金秉承以诚感人，以信立业，顺天而治，顺势而为，以智慧发现规律，依规律共享财富增长的经营理念，力争为投资者提供优质的基金理财服务，与投资者共同分享中国经济发展的成果，回报投资者的信任。

【股东概况】

序号	股东名称	出资额（万元）	持股比例
1	吉林省信托投资有限责任公司	9800.00	61.25%
2	中国吉林森林工业（集团）总公司	6200.00	38.75%

【旗下基金】

基金代码	基金简称	类型
350001	天治财富增长	混合型
350002	天治品质优选	混合型
350007	天治趋势精选	混合型
350004	天治天得利货币	货币型
163503	天治核心	股票型
350005	天治创新先锋	股票型
350008	天治成长精选	股票型
350006	天治稳健双盈债券	债券型
350009	天治稳定收益债券	债券型
000080	天治可转债A	债券型
000081	天治可转债C	债券型

【公司高管】

高福波先生，董事长，研究生学历，高级经济师，历任吉林省白山市人民银行任办公室主任、副行级助理稽察、吉林省白山市农村信用联社任理事长、党委书记、吉林省农村信用联社任资金信贷处负责人、副主任，现任吉林省信托有限责任公司党委书记、董事长、天治基金管理有限公司董事长。

赵玉彪先生，董事、总经理，硕士，历任吉林省信托有限责任公司上海证券业务部交易部经理、吉林省信托有限责任公司上海洪山路证券营业部经理兼驻上海证券交易所出市代表、上海金路达投资管理有限公司总经理、天治基金管理有限公司董事长，现任天治基金管理有限公司总经理。

刘伟先生，督察长，本科学历，高级工程师。曾任吉林省信托投资有限责任公司产权交易部副经理、自营基金部副经理、基金业务部副总经理，上海全路达创业投资管理有限公司董事长。

景顺长城基金管理有限公司

【基本情况】

法定名称：景顺长城基金管理有限公司
英文名称：Invesco Great Wall Fund Management Co., Ltd.
注册地址：深圳市福田区中心四路1号嘉里建设广场第一座21层
办公地址：深圳市福田区中心四路1号嘉里建设广场第一座21层
法人代表：赵如冰
总 经 理：许义明
成立时间：2003年6月12日
公司属性：中外合资
注册资本：1.3亿元
联系电话：0755 - 82370388
客服热线：400 - 888 - 8606
传真号码：0755 - 25987356
邮政编码：518040
公司网址：www.invescogreatwall.com

【公司概况】

景顺长城基金管理有限公司成立于2003年6月12日，是经中国证监会证监基金字［2003］76号文批准设立的国内首家中美合资的基金管理公司。景顺长城基金管理有限公司由景顺集团下属景顺资产管理有限公司与长城证券有限责任公司联合开滦（集团）有限责任公司和大连实德集团有限公司共同发起设立，其中景顺资产管理有限公司和长城证券有限责任公司各持有49%的公司股份。公司注册资本1.3亿元人民币，总部设在深圳，在北京、上海、广州设有分公司。

景顺长城秉承“为每一个信赖我们的客户持续地创造财富”的公司宗旨和“客户为先、投资领先、专业诚信、追求卓越”的经营理念，始终如一地把保护投资者利益放在第一位，力保客户资产的保值增值，致力于成为中国资产管理行业的持续领跑者。作为第一家中美合资的基金管理公司，景顺长城充分利用中外股东的资源优势，引进、吸收、消化景顺集团的全球化视野和资产管理能力，并结合国内市场的特色和实际需要，形成了极具特色的“四大支柱体系”，即管理体系、投资体系、营销体系和技术平台体系，以卓越的绩效、专业的团队、严谨的管理和优质的资源，为投资者创造长期而稳定的收益。目前，景顺长城旗下管理了19只开放式基金，建立了覆盖高中低风险等级的较为完善的产品线，在股票型基金的管理上形成了独特的优势。

【股东概况】

排序	股东名称	持股数量（万股）	持股比例
1	长城证券有限责任公司	6370.00	49%
2	景顺资产管理有限公司	6370.00	49%
3	开滦（集团）有限责任公司	130.00	1%
3	大连实德集团有限公司	130.00	1%

【旗下基金】

基金代码	基金简称	类型
260101	景顺长城优选	股票型

基金代码	基金简称	类型
260104	景顺长城内需增长	股票型
260108	景顺长城新兴成长	股票型
260109	景顺长城内需增长贰号	股票型
260110	景顺长城精选蓝筹	股票型
162605	景顺长城鼎益	股票型
162607	景顺长城资源垄断	股票型
260111	景顺长城公司治理	股票型
260112	景顺长城能源基建	股票型
260115	景顺长城中小盘	股票型
260116	景顺长城核心竞争力	股票型
260117	景顺长城支柱产业	股票型
000418	成长之星	股票型
000020	品质投资基金	贡献
260102	景顺长城货币 A	货币型
260202	景顺长城货币 B	货币型
000380	景益货币 A	货币型
000381	景益货币 B	货币型
260103	景顺长城动力平衡	混合型
000242	景顺长城策略精选	混合型
261001	景顺长城稳定债券 A	债券型
261101	景顺长城稳定债券 C	债券型
261002	景顺长城优信增利 A	债券型
261102	景顺长城优信增利 C	债券型
000181	四季金利 A	债券型
000182	四季金利 C	债券型
000252	景兴信用 A	债券型
000253	景兴信用 C	债券型
000385	景颐双利 A	债券型
000386	景颐双利 C	债券型
262001	景顺长城大中华	QDII
510420	景顺长城上证 180ETF	指数型
263001	景顺长城上证 180ETF 联接	指数型
159924	沪深 300 等权重 ETF	指数型
000311	沪深 300 指数增强基金	指数型
159935	中证 500ETF	指数型

【公司高管】

赵如冰先生，董事长，武汉水利电力学院（现武汉大学）动力系本科毕业，辽宁大学经济学硕士。曾任葛洲坝水力发电厂主任、研究员级高级工程师，葛洲坝至上海超高压直流输电葛洲坝站站长、书记，葛洲坝水力发电厂办公室主任兼外办主任，华能南方开发公司党组书记、总经理，华能房地产开发公司副总经理，中住地产开发公司总经理、党组书记，长城证券有限责任公司董事、副董事长、党委副书记等职。2009 年加入本公司，现任公司董事长。

许义明先生，总经理，香港大学社会科学学士及香港城市大学金融工程学硕士。曾先后就职于前美国大通银行香港、台湾及伦敦分行财资部，汇丰银行总行中国环球市场部；之前曾担任台湾景顺证券投资信托股份有限公司董事兼总经理、景顺香港大中华区业务拓展总监等职务。2009 年加入本公司，现任公司董事兼总经理。

黄卫明先生，督察长，中国人民大学法学硕士。历任国家工商局市场司主任科员，国泰君安证券公司总裁助理兼人力资源部总经理，中国证监会期货部、非上市公众公司部等主任科员、副处长、处长。2010 年加入本公司，现任公司督察长。

兴业全球基金管理有限公司

【基本情况】

法定名称：兴业全球基金管理有限公司
英文名称：Aegon - Industrial Fund Management Co.，Ltd.
注册地址：上海市黄浦区金陵东路 368 号
办公地址：上海市张杨路 500 号时代广场 20 层
法人代表：兰　荣
总 经 理：杨　东
成立时间：2003 年 9 月 30 日
公司性质：中外合资
注册资本：1.5 亿元
联系电话：021 - 20398888
客服热线：400 - 678 - 0099
传真号码：021 - 20398858
邮政编码：200122
公司网址：www. xyfunds. com. cn

【公司概况】

兴业全球基金管理有限公司（原名“兴业基金管理有限公司”，以下简称“公司”）经证监基金字［2003］100 号文批准于 2003 年 9 月 30 日成立。2008 年 1 月，中国证监会批复（证监许可［2008］6 号），同意全球人寿保险国际公司（AEGON International B. V）受让公司股权并成为公司股东。2008 年 4 月 12 日，公司完成股权转让、变更注册资本等相关手续后，公司注册资本为人民币 1.2 亿元，其中兴业证券股份有限公司的出资占注册资本的 51%，全球人寿保险国际公司的出资占注册资本的 49%。2008 年 7 月，经中国证监会批准（证监许可［2008］888 号），公司于 2008 年 8 月 25 日完成变更公司名称、注册资本等相关手续后，公司名称变更为“兴业全球基金管理有限公司”，注册资本增加为 1.5 亿元人民币，其中两股东出资比例不变。

自成立以来，公司始终以“基金持有人利益最大化”为首要经营目标，遵循诚信、规范、稳健的经营方针，倡导严谨、求实、高效的管理作风，以风险控制、长期投资、价值投资的投资理念，专业、专注、创新的运营方式管理和运用基金资产，为基金持有人提供一流的投资理财服务。

目前，公司旗下共管理着兴全可转债混合型基金、兴全趋势混合型基金（LOF）、兴全货币市场基金、兴全全球视野股票型基金、兴全社会责任股票型基金、兴全有机增长混合型基金、兴全磐稳增利债券型基金、兴全合润分级股票型基金、兴全沪深 300 指数增强型基金（LOF）、兴全绿色投资股票型基金（LOF）、兴全保本混合型基金、兴全轻资产投资股票型基金（LOF）、兴全商业模式优选股票型基金（LOF）和兴全添利宝货币市场基金等十四只基金。

近年来公司及旗下基金取得的荣誉有：兴全趋势混合型基金获“五年期混合型金牛基金”（《中国证券报》）、兴全全球视野股票型基金获“五年期股票型金牛基金”（《中国证券报》）、兴全可转债混合型基金获“五年期混合型金牛基金”（《中国证券报》）、兴全社会责任股票型基金获“三年期股票型金牛基金”（《中国证券报》）等荣誉。公司也因旗下基金业绩突出，2007 - 2011 连续五年荣膺《中国证券报》评选的“年度十大金牛基金公司”称号。

经中国证监会许可（证监许可［2012］1760 号），公司于

2013 年 1 月 14 日在上海市黄浦区登记注册成立全资资产管理子公司"上海兴全睿众资产管理有限公司"，注册资本 2000 万元人民币，经营范围是特定客户资产管理和中国证监会许可的其它业务。子公司以"委托人利益最大化"为首要业务发展原则，专注于基础资产为股票的相关业务，重点开展权益类主动管理、收益权转让、综合财富管理以及金融机构同业合作等多种业务，以专业、专注、创新的运营方式管理和运用客户委托资产，为客户提供一流的投资理财服务。

【公司大事记】

2012 年 11 月 12 日，兴全商业模式优选股票型基金公开发行，2012 年 12 月 18 日正式成立，募集份额 5.46 亿份。

2012 年 2 月 27 日，兴全轻资产投资股票型基金公开发行，2012 年 4 月 5 日正式成立，募集份额 9.94 亿份。

2011 年 7 月 4 日，兴全保本混合型基金公开发行，2011 年 8 月 3 日正式成立，募集份额 14.93 亿份。

2011 年 4 月 6 日，兴全绿色投资股票型基金（LOF）公开发行，2011 年 5 月 6 日正式成立，募集份额 20.22 亿份。

2010 年 12 月 17 日，经中国证监会批准，公司旗下九只开放式基金从 2011 年 1 月 1 日起变更名称（各只基金的基金代码保持不变）。以兴业趋势投资混合型证券投资基金（LOF）为例，名称变更后为"兴全"趋势投资混合型证券投资基金（LOF），简称"兴全"趋势混合基金。

2010 年 10 月 12 日，兴业沪深 300 指数增强型基金（LOF）公开发行，2010 年 11 月 2 日正式成立，募集份额 29.55 亿份。

2010 年 3 月 15 日，兴业合润分级股票型证券投资基金公开发行，2010 年 4 月 22 日正式成立，募集份额 33.28 亿份。

2009 年 7 月 1 日，兴业磐稳增利债券型证券投资基金公开发行，2009 年 7 月 23 日正式成立，募集份额 14.18 亿份。

2009 年 2 月 23 日，兴业有机增长混合型证券投资基金公开发行，2009 年 3 月 25 日正式成立，募集份额 19.80 亿份。兴业有机增长基金是国内首只明确提出"有机增长"投资理念的证券投资基金。

2008 年 12 月 31 日，经中国证监会批准，公司获准从事特定客户资产管理业务。

2008 年 8 月 25 日，经中国证监会批准，公司中文名称变更为"兴业全球基金管理有限公司"公司注册资本增加到人民币 1.5 亿元，兴业证券股份有限公司和全球人寿保险国际公司的出资比例不变。

2008 年 4 月 12 日，由 Industrial Fund Management Co., Ltd. 变更为 AEGON – INDUSTRIAL Fund Management Co., Ltd. 。公司注册资本由人民币 9,800 万元变更为人民币 12,000 万元，其中，兴业证券股份有限公司的出资占注册资本的 51%，全球人寿保险国际公司的出资占注册资本的 49%。

2008 年 3 月 28 日，兴业社会责任股票型证券投资基金公开发行，2008 年 4 月 30 日正式成立，募集份额 13.88 亿份。兴业社会责任金是国内首只系统运用"社会责任"投资理念的证券投资基金。

2007 年 8 月 7 日，兴业银行、兴业证券、兴业基金管理公司在福州共同签署《关于进一步深入开展战略联盟合作备忘录》，开创了国内银行、证券、基金三类金融机构通力合作、结成战略合作联盟的先河。

2007 年 5 月 11 日，兴业趋势投资混合型证券投资基金（LOF）实施拆分，拆分比例为 1:3.9939。

2006 年 8 月 15 日，兴业全球视野股票型证券投资基金公开发行，2006 年 9 月 20 日正式成立，募集份额 32.86 亿份。兴业全球视野基金是国内首只系统运用"全球视野"投资理念的证券投资基金。

2006 年 4 月 12 日，兴业货币市场证券投资基金公开发行，2006 年 4 月 27 日正式成立，募集份额 17.3 亿份。

2005 年 9 月 19 日，兴业趋势投资混合型证券投资基金公开发行，2005 年 11 月 3 日正式成立，募集份额 9.27 亿份。兴业趋势投资基金首次引入趋势投资理念，投资上强调顺势而为，把握投资对象中长期趋势，追求中长期收益。

2004 年 4 月 2 日，兴业可转债混合型证券投资基金公开发行，2004 年 5 月 11 日正式成立，募集份额 32.82 亿份。兴业可转债基金是国内首只也是目前唯一的一只可转债投资基金。

2003 年 9 月 30 日，经中国证监会批准，兴业基金管理有限公司在上海成立。注册资本 9800 万人民币。

【股东概况】

排序	股东名称	持股数量（万股）	持股比例
1	兴业证券股份有限公司	7650.00	51%
2	全球人寿保险国际公司	7350.00	49%

【旗下基金】

基金代码	基金简称	类型
340006	兴全全球视野	股票型
340007	兴全社会责任	股票型
163406	兴全合润分级	股票型
150016	兴全合润分级 A	股票型
150017	兴全合润分级 B	股票型
163409	兴全绿色投资	股票型
163412	兴全轻资产	股票型
163415	兴全商业模式	股票型
340001	兴全可转债	混合型
163402	兴全趋势	混合型
340008	兴全有机增长	混合型
163411	兴全保本	混合型
340009	兴全磐稳增利	债券型
163407	兴全沪深 300	指数型
340005	兴全货币	货币型

【公司高管】

兰荣先生，董事长，1960 年生，中共党员，高级工商管理硕士、高级经济师。历任福建省建设银行投资处干部，福建省福兴财务公司科长，兴业银行总行计划资金部副总经理，兴业银行证券业务部副总经理，福建兴业证券公司总裁，兴业证券股份有限公司董事长、总裁、党委书记。现任兴业证券股份有限公司董事长兼兴业全球基金管理有限公司董事长、中国证券业协会副会长。

杨东先生，总经理，1970 年生，高级工商管理硕士。历任福建兴业证券公司上海业务部总经理助理，证券投资部副总经理兼上海业务部副总经理，兴业证券股份有限公司证券投资部总经理，兴业证券股份有限公司总裁助理、投资总监。现任兴业全球基金管理有限公司总经理。

冯晓莲女士，督察长，1964 年生，中共党员，高级工商管理硕士、高级经济师。先后就职于新疆兵团组织部、新疆兵团驻海南办事处、海南国际信托公司，历任兴业银行党办副科长,兴业证券股份有限公司人力资源部副总经理、人力资源部总经理、合规与风险管理部总经理,兴业全球基金管理有限公司总经理助理。现任兴业全球基金管理有限公司督察长。

广发基金管理有限公司

【基本情况】

法定名称:广发基金管理有限公司

英文名称:GF Fund Management Co. ,Ltd.

注册地址:广东省珠海市横琴新区宝中路3号4004-56室

办公地址:广州市海珠区琶洲大道东1号保利国际广场南塔31-33层

法人代表:王志伟

总 经 理:林传辉

成立时间:2003年7月30日

公司属性:中资

注册资本:1.2亿元

联系电话:020-83936666

客服热线:95105828

传真号码:020-89899158

邮政编码:510308

公司网址:www.gffunds.com.cn

【公司概况】

广发基金管理有限公司成立于2003年8月,是经中国证监会批准设立的专业基金管理公司,总部设在广州,公司注册资本金1.2亿元人民币。公司目前拥有公募基金、特定客户资产管理业务、合格境内机构投资者(QDII)资格、以及社保基金投资管理人等业务资格。公司目前管理着二十八只证券投资基金、多个企业年金及特定客户资产管理专户,截至2012年12月31日,公司管理公募基金资产总规模达1131.03亿元。公司坚持“专业创造价值、客户利益为上”的经营思想,致力成为业绩优秀、管理规范、行业领先、具有可持续发展能力、全能型的资产管理公司,为投资者谋求长期稳定的收益。

【公司大事记】

2003年8月,经中国证监会批准,广发基金管理有限公司成立。

2005年1月,广发基金跟工行合作开办定投业务,并于07年成为国内首个拥有百万定投客户的基金管理公司。

2005年6月,广发基金网上交易系统上线,投资者可通过广发基金网上直销购买基金。

2007年11月,广发基金获原劳动和社会保障部颁发的企业年金投资管理人资格。

2007年12月,广发基金成为资产管理规模超过千亿的基金公司,资产管理规模位列行业第六。

2008年2月,广发基金获中国证券监督管理委员会批准从事特定客户资产管理业务。

2009年1月,广发基金获得合格境内机构投资者(QDII)资格,成为符合资格开展境外证券投资管理业务的基金管理公司。

2010年12月,广发基金在香港设立全资子公司——广发国际资产管理有限公司。

2010年12月,广发基金获得第三批社保基金管理人资格。

2011年9月,广发基金香港分公司获发香港证监会第四类(投资咨询)和第九类(资产管理)牌照。

2012年8月,广发基金香港子公司获得RQFII资格(《关于核准广发国际资产管理有限公司人民币合格境外机构投资者资格的批复》(证监许可【2012】1075号))。

2012年10月,广发基金获得受托管理保险资金投资管理人资格。

【股东概况】

排序	股东名称	持股数量(万股)	持股比例
1	广发证券股份有限公司	5799.60	48.33%
2	烽火通信科技股份有限公司	2000.40	16.67%
2	香江投资有限公司	2000.40	16.67%
3	广东康美药业股份有限公司	1200.00	10%
4	广州科技风险投资有限公司	999.60	8.33%

【旗下基金】

基金代码	基金简称	类型
270005	广发聚丰	股票型
162703	广发小盘成长	股票型
270008	广发核心精选	股票型
270021	广发聚瑞	股票型
270025	广发行业领先	股票型
270028	广发制造业精选	股票型
270041	广发消费品精选	股票型
270050	广发新经济	股票型
000117	广发轮动配置	股票型
270001	广发聚富	混合型
270002	广发稳健增长	混合型
270006	广发策略优选	混合型
270007	广发大盘成长	混合型
270022	广发内需增长	混合型
000167	广发聚优灵活配置	混合型
000215	广发趋势优选	混合型
000214	广发成长优选	混合型
270024	广发聚祥保本	保本型
270009	广发增强债券	债券型
162712	广发聚利债券	债券型
270029	广发聚财信用A	债券型
270030	广发聚财信用B	债券型
270043	广发年年红	债券型
270044	广发双债添利A	债券型
270045	广发双债添利C	债券型
270048	广发纯债A	债券型
270049	广发纯债C	债券型
162715	广发聚源定期A	债券型
162716	广发聚源定期C	债券型
000118	广发聚鑫A	债券型
000119	广发聚鑫C	债券型
000267	广发集利一年A	债券型
000268	广发集利一年C	债券型
000348	广发中债金融债A	债券型
000349	广发中债金融债C	债券型
270004	广发货币A	货币型
270014	广发货币B	货币型
270046	广发理财30天债券A	货币型
270047	广发理财30天债券B	货币型
000389	广发天天红	货币型
519858	广发现金宝A	货币型

基金代码	基金简称	类型
519859	广发现金宝 B	货币型
270010	广发沪深 300	指数型
162711	广发中证 500ETF 联接	指数型
270026	广发中小板 300 联接	指数型
159907	广发中小板 300ETF	指数型
162714	广发深证 100 分级	指数型
150083	广发深证 100 分级 A	指数型
150084	广发深证 100 分级 B	指数型
510510	广发中证 500ETF	指数型
270023	广发亚太精选	QDII
270027	广发全球农业指数	QDII
270042	广发纳斯达克 100 指数	QDII
000179	广发美国房地产人民币	QDII
000180	广发美国房地产美元	QDII
000274	广发亚太中高收益人民币	QDII
000275	广发亚太中高收益美元	QDII
000369	广发全球医疗保健人民币	QDII
000370	广发全球医疗保健美元	QDII

【公司高管】

王志伟，董事长，男，经济学硕士，高级经济师。兼任广东省第十届政协委员，广东省政府决策咨询顾问委员会企业家委员，广东金融学会常务理事，江西财经大学客座教授。历任广发证券董事长兼党委书记、广东发展银行党组成员兼副行长，广东发展银行行长助理，广东发展银行信托投资部总经理，广东发展银行人事教育部经理，广东省委办公厅政治处人事科科长等职务。

林传辉，副董事长，男，大学本科学历，现任广发基金管理有限公司总经理，兼任广发国际资产管理有限公司董事长。曾任广发证券投资银行总部北京业务总部总经理、投资银行总部副总经理兼投资银行上海业务总部副总经理、投资银行部常务副总经理。

段西军，督察长，男，博士。曾在广东省佛山市财贸学校、广发证券股份有限公司、中国证券监督管理委员会广东监管局工作。

诺安基金管理有限公司

【基本情况】

法定名称：诺安基金管理有限公司
英文名称：Lion Fund Management Co.，Ltd.
注册地址：深圳市深南大道 4013 号兴业银行大厦 19－20 层
办公地址：深圳市深南大道 4013 号兴业银行大厦 19－20 层
法人代表：秦维舟
总 经 理：奥成文
成立时间：2003 年 12 月 9 日
公司属性：中资
注册资本：1.5 亿元
联系电话：0755－83026688
传真号码：0755－83026677
客服热线：400－888－8998
邮政编码：518043
公司网址：www.lionfund.com.cn

【公司概况】

诺安基金成立于 2003 年 12 月，由中国对外经济贸易信托投资有限公司、深圳市捷隆投资有限公司、北京中关村科学城建设股份有限公司共同出资一亿五千万元。

截至 2013 年底，本基金管理人共管理二十九只开放式基金：诺安平衡证券投资基金、诺安货币市场基金、诺安股票证券投资基金、诺安优化收益债券型证券投资基金、诺安价值增长股票证券投资基金、诺安灵活配置混合型证券投资基金、诺安成长股票型证券投资基金、诺安增利债券型证券投资基金、诺安中证 100 指数证券投资基金、诺安中小盘精选股票型证券投资基金、诺安主题精选股票型证券投资基金、诺安全球黄金证券投资基金、上证新兴产业交易型开放式指数证券投资基金、诺安上证新兴产业交易型开放式指数证券投资基金联接基金、诺安保本混合型证券投资基金、诺安多策略股票型证券投资基金、诺安全球收益不动产证券投资基金、诺安油气能源股票证券投资基金（LOF）、诺安新动力灵活配置混合型证券投资基金、诺安中证创业成长指数分级证券投资基金、诺安汇鑫保本混合型证券投资基金、诺安双利债券型发起式证券投资基金、中小板等权重交易型开放式指数证券投资基金、诺安中小板等权重交易型开放式指数证券投资基金联接基金、诺安纯债定期开放债券型证券投资基金、诺安鸿鑫保本混合型证券投资基金、诺安信用债券一年定期开放债券型证券投资基金、诺安稳固收益一年定期开放债券型证券投资基金及诺安泰鑫一年定期开放债券型证券投资基金。

“智_汇财富稳_见未来”，诺安基金管理有限公司致力于以科学严谨的专业知识，以稳健的风格，以卓越的远见在瞬息万变的市场中为投资者实现长期持久的投资回报。

【股东概况】

排序	股东名称	持股数量（万股）	持股比例
1	中国对外经济贸易信托投资有限公司	6000.00	40%
1	深圳市捷隆投资有限公司	6000.00	40%
2	北京中关村科学城建设股份有限公司	3000.00	20%

【旗下基金】

基金代码	基金简称	类型
320003	诺安股票	股票型
320005	诺安价值增长	股票型
320007	诺安成长	股票型
320011	诺安中小盘精选	股票型
320012	诺安主题精选	股票型
320016	诺安多策略	股票型
320001	诺安平衡	混合型
320006	诺安灵活配置	混合型
320015	诺安保本	混合型
320018	诺安新动力	混合型
320020	诺安汇鑫保本	混合型
000066	诺安鸿鑫保本	混合型
320004	诺安优化债券	债券型
320008	诺安增利债券 A	债券型
320009	诺安增利债券 B	债券型
320021	诺安双利	债券型
163210	诺安纯债 A	债券型
163211	诺安纯债 C	债券型
000151	诺安信用债一年定期开放债券	债券型

基金代码	基金简称	类型
000235	诺安稳固收益一年定期开放债券	债券型
000201	诺安泰鑫一年定期开放债券	债券型
320010	诺安中证 100	指数型
320014	诺安上证新兴联接	指数型
510260	诺安上证新兴 ETF	指数型
163209	诺安中证创业指数分级	指数型
150073	诺安稳健	指数型
150075	诺安进取	指数型
159921	诺安中小板等权重 ETF	指数型
320022	诺安中小板等权重 ETF 联接	指数型
320002	诺安货币 A	货币型
320019	诺安货币 B	货币型
000559	诺安天天宝货币 A	货币型
000560	诺安天天宝货币 E	货币型
320013	诺安全球黄金	QDII
320017	诺安全球不动产	QDII
163208	诺安油气能源	QDII

【公司高管】

秦维舟先生，董事长，工商管理硕士。历任北京中联新技术有限公司总经理、香港昌维发展有限公司总经理、香港先锋投资有限公司总经理、中国新纪元有限公司副总裁、诺安基金管理有限公司副董事长。

奥成文先生，总经理，经济学硕士，经济师。曾任中国通用技术（集团）控股有限责任公司资产经营部副经理、中国对外经济贸易信托投资有限公司投资银行部副总经理。2002 年 10 月开始参加诺安基金管理有限公司筹备工作，任公司督察长，现任公司总经理。

陈勇先生，督察长，经济学硕士。曾任国泰君安证券公司固定收益部业务董事、资产管理部基金经理、民生证券公司证券投资总部副总经理。2003 年 10 月加入诺安基金管理有限公司，历任研究员、研究部总监，现任公司督察长。

申万菱信基金管理有限公司

【基本情况】

法定名称：申万菱信基金管理有限公司
英文名称：SWS MU Fund Management Co.，Ltd.
注册地址：上海市淮海中路 300 号香港新世界大厦 40 层
办公地址：上海市淮海中路 300 号香港新世界大厦 40 层
法人代表：姜国芳
总 经 理：过振华
成立时间：2004 年 1 月 15 日
公司性质：中外合资
注册资本：1.5 亿元
联系电话：021 – 23281188
客服热线：400 – 880 – 8588
传真号码：021 – 23261199
邮政编码：200021
公司网址：www.swsmu.com

【公司概况】

申万菱信基金管理有限公司（SWS MU Fund Management Co.，Ltd）成立于 2004 年 1 月 15 日，注册地位于中国上海，注册资本为 1.5 亿元人民币。现有股东申银万国证券股份有限公司（Shenyin & Wanguo Securities Co.，Ltd.）持有 67% 的股权，三菱 UFJ 信托银行株式会社（Mitsubishi UFJ Trust and Banking Corporation）持有 33% 的股权。

申万菱信立足于"以客为先，创新求变，专业管理，业绩至上"的经营理念，以负责的态度、高效的管理、专业的服务，全力为投资者提供丰厚的投资回报。公司成立以来，业务增长迅速，在北京、广州先后建立了分公司，目前旗下管理 15 只开放式基金，资产管理规模约 158.9 亿元，客户数超过 200 万户。

公司经过努力，逐渐形成了规范、诚信、专业、稳健的运作风格。展望未来，申万菱信将继续依靠强大的股东背景，不断丰富和完善产品线，借助完善高效的客户服务体系，通过海内外资深专业人士组成的精英团队为投资者提供优质的理财服务！依托丰富的全球和本土运作经验，采用成熟的投资及风险管理技术，实现客户资产的保值增值，努力打造国内领先、国际知名的财富管理中心！

【股东概况】

排序	股东名称	持股数量（万股）	持股比例
1	申银万国证券股份有限公司	10050.00	67%
2	三菱 UFJ 信托银行株式会社	4950.00	33%

【旗下基金】

基金代码	基金简称	类型
310328	申万新动力	股票型
310368	申万竞争优势	股票型
310388	申万消费增长	股票型
163110	申万量化小盘	股票型
310308	申万盛利精选	混合型
310358	申万新经济	混合型
310378	申万添益宝债券 A	债券型
310379	申万添益宝债券 B	债券型
310508	申万稳益宝债券	债券型
310518	申万可转换债券	债券型
163112	申万定期开放债券	债券型
310338	申万收益宝 A	货币型
310339	申万收益宝 B	货币型
310398	申万沪深 300 价值	指数型
163109	申万深成指分级	指数型
150022	申万深成收益	指数型
150023	申万深成进取	指数型
163111	申万中小板分级	指数型
150085	申万中小板 A	指数型
150086	申万中小板 B	指数型
310318	沪深 300 增强	指数型

【公司高管】

姜国芳先生，董事长，1957 年出生，高级经济师，工商管理硕士。1980 年至 1984 年任职于中国人民银行上海市分行，1984 年至 1992 年任职于中国工商银行上海市分行组织处，1992 年至 1996 年任职于上海申银证券有限公司，董事副总经理、党委副书记。1996 年至 2004 年 2 月任申银万国证券股份有限公司执行副总裁，兼申银万国（香港）有限公司董事长。2004 年 2 月至今任申万菱信基金管理有限公司（原申万巴黎基金管理管理有限公司董事长。

过振华先生，公司总经理，工商管理硕士。曾任职于中国工商银行上海分行、上海申银证券公司、申万泛达投资管理(亚洲)有限公司、申银万国证券股份有限公司等。2004 年加入申万菱信基金管理有限公司(原申万巴黎基金管理管理有限公司),曾任公司督察员、副总经理,现任公司总经理。

来肖贤先生,督察长,经济学硕士,现任申万巴黎基金管理有限公司监事会监事,曾任本公司监察稽核总部副总经理。在本公司任职之前,曾任申银万国证券股份有限公司国际业务总部投资分析师、部门副经理,并作为筹备组主要成员参与筹建申万巴黎基金管理有限公司。

中海基金管理有限公司

【基本情况】

法定名称:中海基金管理有限公司
英文名称:Zhong Hai Fund Management Co., Ltd.
注册地址:上海市浦东新区银城中路 68 号 2905 - 2908 室及 30 层
办公地址:上海市浦东新区银城中路 68 号 2905 - 2908 室及 30 层
法人代表:黄　鹏
总 经 理:黄　鹏
成立时间:2004 年 3 月 18 日
公司性质:中外合资
注册资本:14666.67 万元
联系电话:021 - 38429808
客服热线:400 - 888 - 9788
传真号码:021 - 68419525
邮政编码:200120
公司网址:www. zhfund. com. cn

【公司概况】

中海基金管理有限公司(以下简称"中海基金")成立于 2004 年 3 月 18 日,前身为国联基金管理有限公司。2006 年 7 月,中国海洋石油总公司旗下中海信托股份有限公司入主成为中海基金第一大股东,公司相应更名为"中海基金管理有限公司"。公司现注册资本为 1.47 亿元人民币,各方股东持股比例为:中海信托股份有限公司 41.591%、国联证券股份有限公司 33.409%、法国爱德蒙得洛希尔银行股份有限公司 25.000%。公司总部位于上海浦东陆家嘴金融圈,在北京设有分公司,并于 2013 年 7 月成立子公司——中海恒信资产管理(上海)有限公司。

中海基金旗下目前拥有包括不同类型、不同风格的 17 只公募基金以及多款专户产品("一对一"与"一对多")在内的较为完善的产品线,涵盖了主动管理与被动管理、权益投资与固定收益投资等不同领域,在以能源及新能源为视角的主题投资、债券投资和量化投资方面已形成独有特色。公司先后服务机构与个人投资者 200 多万人(家),并获得投资者广泛好评。公司现有包括公募基金经理、专户投资经理及分析师在内的近 40 人的投资研究团队,通过扎实研究,努力为客户创造价值。

依托"世界 500 强"中国海洋石油总公司的产业资本支撑,以及洛希尔银行在资产管理方面的丰富经验,中海基金始终遵循诚实信用、勤勉尽责的原则来管理基金资产,经营稳健、运作规范。公司成立 9 年来,从公司治理、风险控制、投资研究等多个方面得到快速提升,熔铸起了稳健的根基,成长为具有强大央企背景及丰富外资先进管理经验的基金管理公司,正在朝"受人尊敬的一流资产管理公司"的目标稳步迈进。

【公司大事记】

2004 年 3 月 5 日,根据中国证监会证监基金字[2004]24 号文件,公司正式获准开业。

2004 年 3 月 18 日,公司经上海市工商行政管理局批准正式成立,注册资金 10000 万人民币。

2006 年 7 月 3 日,国联基金管理有限公司自 2006 年 7 月 3 日起正式更名为中海基金管理有限公司,注册资本金增加至 1.3 亿元人民币。中海信托投资有限责任公司成为第一大股东。

2008 年 2 月 14 日,中国证券监督管理委员会下发《关于核准中海基金管理有限公司从事特定客户资产管理业务的批复》(证监许可[2008]254 号),我司成为首批获得该业务资格的基金管理公司。

2008 年 2 月 18 日,中国证券监督管理委员会下发《关于核准中海基金管理有限公司设立北京分公司的批复》(证监许可[2008]266 号)。

2008 年 2 月 18 日,中海基金管理有限公司北京分公司正式成立。

2008 年 10 月 6 日,中海基金管理有限公司自 2008 年 10 月 6 日起,办公场地搬迁至银城中路 68 号 29 楼。公司联系电话、传真及邮编维持不变。

2008 年 11 月 24 日,中海基金管理有限公司完成股权变更,法国爱德蒙得洛希尔银行股份有限公司受让云南烟草兴云投资股份有限公司所持有的本公司 15.385% 股权。本次股权转让完成后,本公司股东及其持股比例分别为:中海信托股份有限公司 46.923%、国联证券股份有限公司 37.692%、法国爱德蒙得洛希尔银行股份有限公司 15.385%。

2011 年 4 月 27 日,经中国证券监督管理委员会(证监许可[2011]258 号)、中华人民共和国商务部(商外资资审字[2008]0298 号)批准,公司注册资本由 130,000,000 元人民币增加至 146,666,700 元人民币,其中法国爱德蒙得洛希尔银行股份有限公司增加出资 16,666,700 元人民币,各股东的持股比例分别为:中海信托股份有限公司 41.591%、国联证券股份有限公司 33.409%、法国爱德蒙德洛希尔银行股份有限公司 25.00%。此次增资扩股后,法国爱德蒙得洛希尔银行股份有限公司将进一步把其在资产管理领域先进的风险控制技术、公司治理和累积了 260 余年的资产管理经验引入中海基金,为公司长远发展打下坚实基础。

2012 年 3 月 7 日,中海上证 380 指数型证券投资基金正式成立(基金部函[2012]120 号),陈明星先生担任中海上证 380 指数型证券投资基金基金经理。

2012 年 6 月 20 日,中海保本混合型证券投资基金正式成立(基金部函[2012]506 号),刘俊先生担任中海保本混合型证券投资基金基金经理。

2012 年 10 月 18 日,中海基金获得由中国保监会颁发的保险资金受托管理业务资质。

2013 年 1 月 7 日,中海惠裕纯债分级债券型发起式证券投资基金正式成立(基金部函[2013]12 号),江小震先生担任中海惠裕纯债分级债券型发起式证券投资基金基金经理。

2013 年 3 月 20 日,中海可转换债券债券型证券投资基金正式成立(基金部函[2013]203 号),周其源先生担任中海可转换债券债券型证券投资基金基金经理。

2013 年 7 月 30 中海基金出资设立的专户子公司中海恒信资产管理(上海)有限公司正式成立,业务范围包括特定客户资产管理业务以及中国证监会认可的其他业务。

2013 年 7 月 31 日,中海安鑫保本混合型证券投资基金正式成立(基金部函[2013]622 号),刘俊先生担任中海安鑫保本混合型证券投资基金基金经理。

2013 年 9 月 12 日,中海惠丰纯债分级债券型证券投资基金正式成立(基金部函[2013]799 号),陆成来先生担任中海惠丰纯债分级债券型证券投资基金基金经理。

2013 年 11 月 21 日,中海惠利纯债分级债券型证券投资基金正式成立(基金部函[2013]995 号),陆成来先生担任中海惠利纯债分级债券型证券投资基金基金经理。

【股东概况】

排序	股东名称	持股数量(万)	持股比例
1	中海信托投资有限责任公司	6100.01472	41.591%
2	国联证券有限责任公司	4899.98778	33.409%
3	法国爱德蒙得洛希尔银行	3666.6675	25%

【旗下基金】

基金代码	基金简称	类型
398041	中海量化策略	股票型
398061	中海消费精选	股票型
398001	中海优质成长	混合型
398011	中海分红增利	混合型
398021	中海能源策略	混合型
398031	中海蓝筹灵活	混合型
398051	中海环保新能源	混合型
393001	中海保本	保本型
000166	中海安鑫保本	保本型
395001	中海稳健债券	债券型
395011	中海增强债券 A	债券型
395012	中海增强债券 C	债券型
163907	中海惠裕纯债分级	债券型
163908	中海惠裕纯债分级 A	债券型
150114	中海惠裕纯债分级 B	债券型
000003	中海可转债 A	债券型
000004	中海可转债 C	债券型
163909	中海惠丰纯债分级	债券型
163910	中海惠丰纯债分级 A	债券型
150154	中海惠丰纯债分级 B	债券型
000316	中海惠利纯债分级	债券型
000317	中海惠利纯债分级 A	债券型
000318	中海惠利纯债分级 B	债券型
399001	中海上证 50	指数型
399011	中海上证 380	指数型
392001	中海货币 A	货币型
3920012	中海货币 B	货币型

【公司高管】

陈浩鸣先生,董事长。中央财经大学硕士,高级经济师。现任中海信托股份有限公司总裁。历任海洋石油开发工程设计公司经济师,中国海洋石油总公司财务部保险处主管、资产处处长,中海石油投资控股有限公司总经理,中海信托股份有限公司副总裁、中海基金管理有限公司总经理。

黄鹏先生,董事。复旦大学硕士。现任中海基金管理有限公司总经理兼中海恒信资产管理(上海)有限公司董事长。历任上海市新长宁(集团)有限公司销售经理,上海浦东发展银行股份有限公司大连分行行长秘书,中海信托股份有限公司综合管理部经理助理、投资管理部经理、风控委员会委员,中海基金管理有限公司董事会秘书、总经理助理兼营销中心总经理。

朱冰峰先生,学士。历任长江律师事务所律师、华虹(集团)有限公司法律顾问、锦天城律师事务所律师、上海证监局副处级职务。2009 年 10 月进入中海基金管理有限公司工作,曾任总经理助理,现任督察长。

光大保德信基金管理有限公司

【基本情况】

法定名称:光大保德信基金管理有限公司

英文名称:Everbright Pramerica Fund Management Co., Ltd.

注册地址:上海市延安东路 222 号外滩中心 46 层

办公地址:上海市延安东路 222 号外滩中心 46 层

法人代表:林　昌

总 经 理:傅德修

成立时间:2004 年 4 月 22 日

公司性质:中外合资

注册资本:1.6 亿元

联系电话:021 – 33074700

客服热线:400 – 820 – 2888

传真号码:021 – 63351152

邮政编码:200002

公司网址:www.epf.com.cn

【公司概况】

光大保德信基金管理有限公司(光大保德信)成立于 2004 年 4 月,由中国光大集团控股的光大证券股份有限公司(光大证券)和美国保德信金融集团(保德信)旗下的保德信投资管理有限公司(保德信投资管理)共同创建,公司总部设在上海,注册资本为人民币 1.6 亿元,两家股东分别持有 55% 和 45% 的股份。公司主要从事基金发起、设立和管理业务,今后,将在法律法规允许的范围内为各类投资者提供更多资产管理服务。

公司下设八个常设部门,包括投资部、监察稽核部、信息技术部、财务部、运营部、市场部、销售部、人力资源部。投资部负责对基金资产进行投资和管理,在控制风险的前提下使基金资产获得持续稳定的收益;监察稽核部负责对公司基金投资运作、内部管理、制度执行及遵守法律法规情况独立地履行检查、评估、报告、建议职能;信息技术部负责公司信息系统的建设、客户关系管理及开放式基金管理系统的建设与维护;财务部负责制定公司财务计划、制作财务报表以及配合会计事务所的审计;运营部负责与销售机构进行基金日常交易的资金清算、基金资产的会计核算、开放式基金的注册登记业务以及客户服务;市场部负责基金产品设计、基金产品营销策划、公司及产品的宣传推广;销售部负责基金产品的销售和渠道管理;人力资源部负责公司人员招聘、行政管理及企业文化的建设等。

【公司大事记】

2004 年 3 月 24 日,公司获得了中国证监会(证监基金字

[2004]42 号)发布的《关于同意光大保德信基金管理有限公司开业的批复》;4 月 22 日,公司获得上海市工商行政管理局"企合沪总字第 035703 号"《企业法人营业执照》;4 月 23 日,公司获得中国证监会颁发的编号为 A036"基金管理公司法人许可证"。自此,公司可以正式从事基金业务,此举成为公司业务发展的重要标志。

2004 年 10 月 11 日,经中国证监会批准,公司英文名称由"EVERBRIGHT PRUMERICA FUND MANAGEMENT CO., LTD."变更为"EVERBRIGHT PRAMERICA FUND MANAGEMENT CO., LTD.",公司中文名称维持不变。

2005 年 10 月 12 日,公司发布公告,公司注册资本由人民币一亿元增加到人民币一亿六千万元。原股东持股比例保持不变,仍为:光大证券股份有限公司 67%,保德信投资管理有限公司 33%。

2011 年 1 月,公司发布公告,中方股东光大证券股份有限公司向外方股东保德信投资管理有限公司转让光大保德信 12% 的股权,双方股东的持股比例变更为:光大证券持有 55% 的股份,保德信持有 45% 的股份。

2012 年 5 月 21 日,公司的第十二只开放式基金产品——光大保德信添天利季度开放短期理财债券型证券投资基金获得同意募集的批复(中国证监会证监许可[2012]672 号),并于 2012 年 5 月 28 日至 2012 年 6 月 12 日在全国发售。2012 年 6 月 19 日基金合同正式生效,总募集规模为 823,786,627.31 元人民币。

2012 年 8 月 8 日,公司的第十三只开放式基金产品——光大保德信添盛双月理财债券型证券投资基金获得同意募集的批复(中国证监会证监许可[2012]1071 号),并于 2012 年 8 月 24 日至 2012 年 9 月 3 日在全国发售。2012 年 9 月 5 日基金合同正式生效,总募集规模为 3,443,822,310.62 元人民币。

2013 年 5 月 29 日,公司的第十五只开放式基金产品——光大保德信现金宝货币市场基金获得同意募集的批复(中国证监会证监许可[2013]700 号),并于 2013 年 8 月 21 日至 2013 年 9 月 3 日在全国发售。2013 年 9 月 5 日基金合同正式生效,总募集规模为 1,972,398,150.89 元人民币。

2013 年 10 月 18 日,光大保德信基金携手银联商务正式推出银联商务"天天富"互联网金融理财平台。"天天富"面向银联商务近 230 万的商户企业,是对货币基金销售渠道的一次突破性尝试。

【股东概况】

排序	股东名称	出资额(万元)	出资比例
1	光大证券股份有限公司	8800.00	55%
2	保德信投资管理有限公司	7200.00	45%

【旗下基金】

基金代码	基金简称	类型
360001	光大量化核心	股票型
360005	光大红利	股票型
360006	光大新增长	股票型
360007	光大优势配置	股票型
360010	光大均衡精选	股票型
360012	光大中小盘	股票型
360016	光大行业轮动	股票型
360011	光大动态优选	混合型
360003	光大货币	货币型
000210	光大现金宝 A	货币型
000211	光大现金宝 B	货币型
360008	光大增利债券 A	债券型
360009	光大增利债券 C	债券型
360013	光大添益债券 A	债券型
360014	光大添益债券 C	债券型
360017	光大添天利 A	理财型
360018	光大添天利 B	理财型
360019	光大添天盈 A	理财型
360020	光大添天盈 B	理财型
360021	光大添盛 A	理财型
360022	光大添盛 B	理财型

【公司高管】

林昌先生,董事长,北京大学硕士,中国国籍。历任光大证券南方总部研究部总经理;投资银行一部总经理;南方总部副总经理;投资银行总部总经理;光大证券助理总裁。

盛松先生,董事,北京大学硕士,中国国籍。历任中国光大国际信托投资公司证券部交易部经理,光大证券资产管理总部总经理;2003 年参加光大保德信基金管理有限公司筹备工作。现任光大保德信基金管理有限公司的督察长。

华富基金管理有限公司

【基本情况】

法定名称:华富基金管理有限公司
英文名称:Huafu Fund Management Co., Ltd.
注册地址:上海市浦东新区陆家嘴环路 1000 号 31 层
办公地址:上海市浦东新区陆家嘴环路 1000 号 31 层
法人代表:章宏韬
总 经 理:姚怀然
成立时间:2004 年 4 月 19 日
公司性质:中资
注册资本:1.2 亿元
联系电话:021 - 68886996
客服热线:400 - 700 - 8001
传真号码:021 - 68887997
邮政编码:200120
公司网址:www.hffund.com

【公司概况】

华富基金管理有限公司是按照市场化机制设立的专业基金管理公司。公司于 2004 年 4 月 19 日在上海正式注册成立,注册资金为人民币 1.2 亿元。

经过多年的积累,华富基金形成了一支精干、团结、自信的人才队伍,逐渐摸索出适合的投资模式。投资团队长期从事投资、研究工作,具有丰富的投资经验。公司凭借团结、高效、锐意、创新的投资团队,以规范、务实的管理风格,科学、理性、健康的投资运作为基金持有人提供专业化、高质量的金融服务。

华富基金管理有限公司是国内证券投资基金业的新锐,秉承"诚信、稳健、专业、进取"的经营理念,致力于为投资人提供专业化、高质量的基金理财服务。

【股东概况】

排序	股东名称	持股数量(万股)	持股比例
1	华安证券有限责任公司	5880.00	49%
2	安徽省信用担保集团有限公司	3240.00	27%
3	合肥兴泰控股集团有限公司	2880.00	24%

【旗下基金】

基金代码	基金简称	类型
410001	华富竞争力	股票型
410003	华富成长趋势	股票型
410009	华富量子生命力	股票型
410006	华富策略精选	混合型
410007	华富价值增长	混合型
000028	华富保本	混合型
410002	华富货币	货币型
164105	华富强化回报	债券型
410004	华富增强债券 A	债券型
410005	华富增强债券 B	债券型
000398	华富恒鑫债券 A	债券型
000399	华富恒鑫债券 C	债券型
410008	华富中证 100	指数型
410010	华富中小板指数增强	指数型

【公司高管】

章宏韬先生,董事长,本科学历,工商管理硕士学位。历任安徽省农村经济管理干部学院政治处职员,安徽省农村经济委员会调查研究处秘书、副科秘书,安徽证券交易中心综合部(办公室)经理助理、副经理(副主任),安徽省证券公司合肥蒙城路营业部总经理,华安证券有限责任公司总裁办副主任、总裁助理兼办公室主任,现任华安证券有限责任公司党委委员、副总裁,华安期货有限责任公司董事。

姚怀然先生,董事,学士学位、研究生学历。历任中国人民银行安徽省分行金融管理处主任科员,安徽省证券公司营业部经理、总办主任、总经理助理兼证券投资总部总经理,华安证券有限责任公司总裁助理兼证券投资总部总经理,华富基金管理有限公司董事长。现任华富基金管理有限公司总经理、上海华富资产管理有限公司董事长。

满志弘女士,督察长,管理学硕士,CPA。曾任道勤控股股份有限公司财务部总经理,华富基金管理有限公司监察稽核部副总监兼董事会秘书,现任华富基金管理有限公司督察长兼监察稽核部总监、上海华富资产管理有限公司监事。

上投摩根基金管理有限公司

【基本情况】

法定名称:上投摩根基金管理有限公司
英文名称:China International Fund Management Co., Ltd.
注册地址:上海市浦东富城路 99 号震旦国际大楼 20 层
办公地址:上海市浦东富城路 99 号震旦国际大楼 20 层
法人代表:陈开元
总 经 理:章硕麟
成立时间:2004 年 5 月 25 日
公司属性:中外合资
注册资本:2.5 亿元
联系电话:021 - 38794888
客服热线:400 - 889 - 4888
传真号码:021 - 68881130
邮政编码:200120
公司网址:www.51fund.com

【公司概况】

上投摩根基金管理有限公司是经中国证监会证监基字[2004]56 号文批准,于 2004 年 5 月 12 日成立的合资基金管理公司。2005 年 8 月 12 日,基金管理人完成了股东之间的股权变更事项。公司注册资本保持不变,股东及出资比例分别由上海国际信托有限公司 67% 和摩根资产管理(英国)有限公司 33% 变更为目前的 51% 和 49%。

2006 年 6 月 6 日,基金管理人的名称由"上投摩根富林明基金管理有限公司"变更为"上投摩根基金管理有限公司",该更名申请于 2006 年 4 月 29 日获得中国证监会的批准,并于 2006 年 6 月 2 日在国家工商总局完成所有变更相关手续。

2009 年 3 月 31 日,基金管理人的注册资本金由一亿五千万元人民币增加到二亿五千万元人民币,公司股东的出资比例不变。该变更事项于 2009 年 3 月 31 日在国家工商总局完成所有变更相关手续。

自成立以来,无论投资环境顺逆,上投摩根都不负所托,为投资者争取最佳主动管理回报。凭借旗下基金稳健卓越的业绩表现,上投摩根在业内脱颖而出,赢得独立专业机构高度评价,并迅速跻身国内基金业领先行列。

今日,上投摩根本土投研团队精英荟萃,更有摩根富林明海外投资团队鼎力支持,将继续以国际视野掌握中国投资契机,为投资者带来持续优异的业绩表现。

上投摩根基金管理有限公司由上海国际信托有限公司(Shanghai International Trust Co., Ltd.)和摩根富林明资产管理(英国)有限公司(JPMorgan AssetManagement(UK) Limited)共同组建,其中上海国际信托有限公司持股 51%,摩根富林明资产管理(英国)有限公司持股 49%。

【公司大事记】

2004 年,上投摩根经中国证监会证监基字[2004]56 号文批准,于 2004 年 5 月 12 日成立。同年 8 月,推出上投摩根中国优势基金,受到了市场广泛关注。

2005 年,上投摩根率先推出了"致富 100"百场理财知识讲座活动,百场讲座全部围绕子女教育、养老、购房购车等与百姓生活息息相关的热门理财话题,为投资者带来深入浅出的全新理财观念。

2006 年,上投摩根创建大型基金理财知识普及活动"摩根基金大学",讲座内容从基金产品的基本概念到基金投资策略,从子女教育到个人养老,以及总结基金投资误区等,几乎涵盖了投资者所关注的所有领域。同年,上投摩根的股票投资管理能力排名处于全市场前列,展现出了良好的、持续性较长的专业化资产管理风采。

2007 年,上投摩根内需动力和上投摩根亚太优势均创造了当时的基金销售记录。面对火爆的牛市,上投摩根长时间暂停旗下全部股票型基金的申购业务,以保持基金合理运作环境,争取稳健的基金业绩。同年,上投摩根点燃"火炬行动",通过真实反映十位基金持有人的理财生活,连接十位基金持有人的理财人生,最终播撒倡导健康理财文化的"火种"。

2008 年，上投摩根率先在基金定投客户中，将投资目的为儿女教育成长基金的人群细分出来，创造出了“亲子定投”的概念。此外，上投摩根启动了新的大型投资主题活动“新致富 100”，旨在引导投资者更深刻地理解投资精髓，内容涵盖海外投资、女性理财、子女教育、社会公益、投资者体验等多项内容。

2009 年，上投摩根在业内率先提出了群星计划，将人才、产品、绩效和获利有机地结合，包括外部人才招聘、内部人才培养、投研信息交流、投研成果结合等一系列的步骤和流程，最终全面提高基金业绩。

2010 年，上投摩根进入二次起飞阶段，公司规模排名显著提升，投研团队的精神面貌焕然一新，投研力量得到不断增强，业绩也得到明显改善。

2011 年，上投摩根香港子公司和厦门分公司于 7 月先后成立。

2012 年 10 月，上投摩根南京办事处于 10 月成立。

2013 年 12 月，香港子公司首只 RQFII 产品成立。

【股东概况】

排序	股东名称	持股数量（万股）	持股比例
1	上海国际信托投资有限公司	12750.00	51%
2	摩根富林明资产管理（英国）有限公司	12250.00	49%

【旗下基金】

基金代码	基金简称	类型
377010	上投摩根阿尔法	股票型
377020	上投摩根内需动力	股票型
378010	上投摩根成长先锋	股票型
379010	上投中小盘	股票型
377530	上投行业轮动	股票型
376510	上投大盘蓝筹	股票型
377240	上投新兴动力	股票型
377150	上投健康品质生活	股票型
370024	上投核心优选	股票型
370027	上投智选 30	股票型
370023	上投消费领先	指数型
510450	180 高 ETF	指数型
373010	上投双息平衡	混合型
375010	中国优势	混合型
373020	上投双核	混合型
000073	成长动力	混合型
000125	天颐年丰	混合型
000256	红利回报	混合型
000328	转型动力	混合型
371020	上投纯债 A	债券型
371120	上投纯债 B	债券型
372010	上投强化回报 A	债券型
372110	上投强化回报 B	债券型
370021	分红添利 A	债券型
370022	分红添利 B	债券型
370025	轮动添利 A	债券型
370026	轮动添利 C	债券型
000257	岁岁盈 A	债券型
000258	岁岁盈 C	债券型
000377	双债增利 A	债券型
000378	双债增利 C	债券型
370010	上投货币 A	货币型
370011	上投货币 B	货币型
377016	亚太优势	QDII
378006	上投全球新兴市场	QDII
378546	上投全球天然资源	QDII

【公司高管】

陈开元先生，董事长。大学本科学历，中共党员，高级经济师。先后任职于上海市财政局第三分局，共青团上海市财政局委员会，英国伦敦 Coopers & Lybrand 咨询公司等，曾任上海市财政局对外经济财务处处长，现任上海国际集团有限公司副总经理。

章硕麟先生，总经理。获台湾大学商学硕士学位。曾任怡富证券投资顾问股份有限公司任协理、摩根大通证券副总经理、摩根富林明证券股份有限公司董事长。

刘万方先生，督察长。博士，曾任职于中国普天信息产业集团公司、美国 MBP 咨询公司、中国证监会；2013 年 1 月加入本公司。

中银基金管理有限公司

【基本情况】

法定名称：中银基金管理有限公司

英文名称：BOC International Investment Management Co. , Ltd.

注册地址：中国上海浦东银城中路 200 号中银大厦 45 楼

办公地址：中国上海浦东银城中路 200 号中银大厦 26 楼、45 楼

法人代表：谭　炯

执行总裁：李道滨

成立时间：2004 年 8 月 12 日

公司属性：中外合资

注册资本：1 亿元

联系电话：021 – 38834999

客服热线：400 – 888 – 5566

传真号码：021 – 68872488

邮政编码：200121

公司网址：www. bociim. com

【公司概况】

中银基金管理有限公司是由中国银行股份有限公司（以下简称中国银行）和贝莱德投资管理有限公司（以下简称贝莱德）两大全球著名领先金融品牌强强联合组建的中外合资基金管理公司，致力于长期参与中国基金业的发展，努力成为国内领先的基金管理公司。

中银基金管理有限公司前身为中银国际基金管理有限公司，于 2004 年 7 月 29 日正式开业，是由中银国际和美林投资管理合资组建（2006 年 9 月 29 日美林投资管理有限公司与贝莱德投资管理有限公司合并，合并后新公司名称为“贝莱德投资管理有限公司”）。经过三年多的发展，中银国际基金管理有限公司凭借公司在基金管理卓越的业绩表现在业内脱颖而出，并荣获中国最佳风险管理基金管理公司荣誉称号和中国投资者教育优秀奖。经中国证监会和中国商务部批准，并已在国家工商总局完成了注册变更手续，中银国际基金管理有限公司更名为中银基金管理有限公司。

中银基金管理有限公司汇集海内外具有丰富经验和良好

职业道德，具备团队精神和创新意识的资深投资管理人才，组成了国际化与本土化相结合的中西合璧的专业化团队，致力于以诚信服务大众，用智慧创造财富，为投资者提供丰富的投资产品和国际标准的投资管理服务。公司将充分发挥中外股东的全球经验和资源优势，引入外方股东在全球资产管理市场的成功经验、技术和智慧，与中国本土经验相结合，为广大投资者提供专业化的投资理财服务。

【公司大事记】

2004 年 6 月 28 日，中银国际基金管理公司获得中国证券监督管理委员会的开业批准。

2004 年 7 月 29 日，中银国际基金管理公司在沪隆重举行开业典礼。

2012 年 1 月 30 日，中银基金旗下第十六只基金产品——“中银信用增利债券型证券投资基金”（基金代码：163819）正式发售。

2012 年 3 月 12 日，中银信用增利债券型证券投资基金基金合同生效。

2012 年 3 月 26 日，由证券时报社主办的“2011 年度中国基金业明星基金奖”评奖结果日前揭晓，中银基金管理有限公司荣获“三年持续回报明星基金公司奖”，中银中国基金荣获“五年持续回报平衡混合型明星基金奖”，中银增利基金荣获“2011 年度普通债券型明星基金奖”。

2012 年 4 月 9 日，中银基金旗下第十七只基金产品——中银沪深 300 等权重指数基金（LOF）（基金代码：163821）正式发售。

2012 年 5 月 9 日，财政部 2012 年金融企业会计信息质量检查中银基金进点见面会顺利召开。

2012 年 5 月 17 日，中银沪深 300 等权重指数证券投资基金基金合同生效。

2012 年 7 月 2 日，中银基金旗下第十八只基金产品——中银主题策略股票型证券投资基金（基金代码：163822）正式发售。

2012 年 7 月 25 日，中银主题策略股票型证券投资基金基金合同生效。

2012 年 7 月 29 日，中银基金管理有限公司喜迎八周年华诞。

2012 年 8 月 13 日，中银基金旗下第十九只基金产品——中银保本混合型证券投资基金（基金代码：163823）正式发售。

2012 年 8 月 31 日，中国银行 · 中银基金综合经营发展研讨会成功召开。

2012 年 9 月 17 日，中银基金旗下第二十只基金产品——中银理财 14 天债券型证券投资基金（基金代码：380001、380002）正式发售。

2012 年 9 月 19 日，中银保本混合型证券投资基金基金合同生效。

2012 年 9 月 24 日，中银理财 14 天债券型证券投资基金基金合同生效。

2012 年 10 月 18 日，中银基金旗下第二十一只基金产品——中银理财 60 天债券型发起式证券投资基金（基金代码：380003、380004）正式发售。

2012 年 10 月 26 日，中银理财 60 天债券型发起式证券投资基金基金合同生效。

2012 年 11 月 14 日，中银基金旗下第二十二只基金产品——中银纯债债券型证券投资基金（基金代码：380005、380006）正式发售。

2013 年 1 月 9 日，中银基金旗下第二十四只基金产品——中银稳健添利债券型发起式证券投资基金（基金代码：380009）正式发售。

2013 年 1 月 9 日 v 中银基金旗下第二十四只基金产品——中银稳健添利债券型发起式证券投资基金（基金代码：380009）正式发售。

2013 年 1 月 21 日，中银基金旗下第二十五只基金产品——中银理财 30 天债券型证券投资基金（基金代码：380010、380011）正式发售。

2013 年 1 月 31 日，中银理财 30 天债券型证券投资基金基金合同生效。

2013 年 2 月 4 日，中银基金管理有限公司召开 2013 年工作会议。

2013 年 2 月 4 日，中银稳健添利债券型发起式证券投资基金基金合同生效。

2013 年 2 月 25 日，中银基金旗下第二十六只基金产品——中银标普全球精选自然资源等权重指数证券投资基金（基金代码：000049）正式发售。

2013 年 3 月 19 日，中银标普全球精选自然资源等权重指数证券投资基金基金合同生效。

2013 年 3 月 29 日，中银中国荣获晨星中国 2013 年度激进配置型基金奖。

2013 年 3 月 29 日，由《证券时报》主办的“2012 年度中国基金业明星基金奖”评选日前揭晓，中银基金荣获“五年持续回报明星基金奖”，旗下中银中国基金获得“五年持续回报平衡混合型明星基金奖”，中银收益基金获得“三年持续回报积极混合型明星基金奖”，中银蓝筹基金获得“2012 年度平衡混合型明星基金奖”。

2013 年 3 月 30 日，由《中国证券报》主办的“‘融合与挑战：财富管理新局下的中国基金业’——2013 年金牛基金论坛暨第十届中国基金业金牛奖颁奖典礼”在北京举行，中银基金荣获 2012 年度“十大金牛基金管理公司”和“债券投资金牛基金管理公司”两项荣誉，中银中国、中银收益、中银蓝筹和中银增利四只基金荣获“金牛基金”称号。

2013 年 4 月 1 日，中银基金旗下第二十七只基金产品——中银消费主题股票型证券投资基金（基金代码：000057）正式发售。

2013 年 4 月 10 日在《上海证券报》主办的“第十届中国金基金奖”评选中，中银基金管理有限公司荣膺“金基金 · TOP 公司奖”，中银中国基金荣获 5 年期“金基金 · 偏股混合型基金奖”、中银收益基金荣获 3 年期“金基金 · 偏股混合型基金奖”、中银增利基金荣获 3 年期“金基金 · 债券基金奖”。

2013 年 4 月 25 日，中银消费主题股票型证券投资基金基金合同生效。

2013 年 5 月 13 日，中银基金旗下第二十八只基金产品——中银美丽中国股票型证券投资基金（基金代码：000120）正式发售。

【股东概况】

排序	股东名称	出资额（万元）	持股比例
1	中国银行股份有限公司	8350.00	83.5%
2	贝莱德投资管理（英国）有限公司	相当于人民币 1650 万元的美元	16.5%

【旗下基金】

基金代码	基金简称	类型
163803	中银增长	股票型
163805	中银策略	股票型
163818	中银中小盘成长	股票型
000057	中银消费主题股票	股票型
000120	中银美丽中国股票	股票型
163801	中银中国	混合型
163804	中银收益	混合型
163807	中银优选	混合型
163809	中银蓝筹	混合型
163810	中银价值混合	混合型
163823	中银保本	混合型
000190	中银保本二号	混合型
163806	中银增利债券	债券型
163811	中银双利债券 A	债券型
163812	中银双利债券 B	债券型
163816	中银转债 A	债券型
163817	中银转债 B	债券型
380005	中银纯债 A	债券型
380006	中银纯债 C	债券型
163819	中银信用	债券型
380009	中银添利	债券型
163824	中银盛利纯债	债券型
163826	中银互利 A	债券型
150156	中银互利 B	债券型
000372	中银惠利半年定期开放债券	债券型
000305	中银中高等级债券	债券型
163821	中银 300E	指数型
163808	中银中证 100	指数型
510270	中银国企 100ETF	指数型
163802	中银货币 A	货币型
163820	中银货币 B	货币型
163813	中银全球策略	QDII
000049	中银标普全球资源等权重指数	QDII
380001	中银理财 14 天债券 A	理财型
380002	中银理财 14 天债券 B	理财型
380003	中银理财 60 天债券 A	理财型
380004	中银理财 60 天债券 B	理财型
380007	中银理财 7 天债券 A	理财型
380008	中银理财 7 天债券 B	理财型
380010	中银理财 30 天债券 A	理财型
380011	中银理财 30 天债券 B	理财型
000132	中银理财 21 天债券 A	理财型
000133	中银理财 21 天债券 B	理财型

【公司高管】

谭炯先生，董事长。国籍：中国。武汉大学硕士研究生，高级经济师、云南省人民政府特殊津贴专家。历任中国银行武汉市青山支行行长、党总支书记、中国银行西藏自治区分行行长、党委书记、中国银行云南省分行行长、党委书记等职。

李道滨先生，董事。国籍：中国。清华大学法学博士。中银基金管理有限公司执行总裁。2000 年 10 月至 2012 年 4 月任职于嘉实基金管理有限公司，历任市场部副总监、总监、总经理助理和公司副总经理。具有 13 年基金行业从业经验。

欧阳向军先生，国籍：加拿大。督察长。加拿大西安大略大学毅伟商学院工商管理硕士（MBA）和经济学硕士。曾在加拿大太平洋集团公司、加拿大帝国商业银行和加拿大伦敦人寿保险公司等海外机构从事金融工作多年，也曾任蔚深证券有限责任公司（现英大证券）研究发展中心总经理、融通基金管理公司市场拓展总监、监察稽核总监和上海复旦大学国际金融系国际金融教研室主任、讲师。

东方基金管理有限责任公司

【基本情况】

法定名称：东方基金管理有限责任公司
英文名称：Orient Fund Management Co. ,Ltd.
注册地址：北京市西城区锦什坊街 28 号 1－4 层
办公地址：北京市西城区锦什坊街 28 号 1－4 层
法人代表：崔　伟
总 经 理：孙晔伟
成立时间：2004 年 6 月 11 日
公司属性：中资
注册资本：2 亿元
联系电话：010－66295888
客服热线：400－628－5888
传真号码：010－66295999
邮政编码：100033
公司网址：www. orient－fund. com

【公司概况】

东方基金管理有限责任公司成立于 2004 年 6 月，股东为东北证券股份有限公司、河北省国有资产控股运营有限公司和渤海国际信托有限公司。

成立至今，东方基金秉承“诚信是基，回报为金”的经营宗旨，凭借规范、稳健、务实的管理风格以及科学理性的投资运作模式，致力于全球性的开拓思维与本土化的务实行动，努力为广大投资者创造了丰厚的投资回报。

作为以诚信而立的资产管理人，为持有人创造长期稳健的回报是东方基金的核心价值所在。公司成立以来，已经建立起了一套成熟、高效的投资决策、风险控制、研究支持、运作保障和市场拓展体系。

“稳健投资创造持久价值”，未来东方基金将以市场为导向，投资者利益为中心，依托公司完善的治理结构、科学化的风险控制流程，树立知名品牌，提升核心竞争力，努力为千千万万持有人创造优质理财服务，并携手广大投资者共创资本市场美好明天。

【公司大事记】

2004 年 6 月 11 日，东方基金管理有限责任公司成立。

2004 年 11 月 25 日，东方龙混合型开放式证券投资基金成立。

2006 年 1 月 11 日，东方精选混合型开放式证券投资基金成立。

2006 年 8 月 2 日，东方金账簿货币市场证券投资基金成立。

2007 年 7 月，东方精选基金获基金观察颁发的“2007 钻石基金之新”称号。

2007 年 12 月，东方基金管理有限责任公司获华夏时报颁发的“最佳基金持续营销奖”。

2008 年 1 月，东方精选基金获《中国证券报》颁发的“2007 年混合型金牛基金”奖。

2008 年 1 月，东方精选基金获《证券时报》颁发的“2007 年平衡型明星基金”奖。

2008 年 1 月，由和讯网举办的“2007 年度中国财经风云榜”颁奖典礼上，东方精选基金经理付勇、于鑫先生获“2007 年度中国十大明星基金经理”称号。

2008 年 3 月，东方精选获由新民晚报和东方财富网联合颁发的“2007 年百姓最喜爱的十大股票基金”称号。

2008 年 5 月，东方基金管理有限责任公司获百度财经颁发的“亿万网民心目中的 2008 最具潜力基金公司”称号。

2008 年 6 月 3 日，东方策略成长股票型开放式证券投资基金成立。

2008 年 11 月，东方基金管理有限责任公司获中国国际金融博览会组委会颁发的“2009 最具潜力基金公司”称号。

2008 年 12 月 10 日，东方稳健回报债券型证券投资基金成立。

2009 年 6 月 19 日，东方核心动力股票型证券投资基金成立。

2009 年 6 月，东方精选入选“2009 福布斯基金排行榜”股票基金前 30 强。

2010 年 5 月，东方精选基金获《中国证券报》颁发的“2009 年混合型金牛基金奖”。

2010 年 5 月，东方精选基金获《证券时报》颁发的“2009 年积极混合型明星基金奖”。

2010 年 8 月，东方精选基金获《上海证券报》颁发的“金基金——2009 年偏股型混合基金奖”。

2011 年 4 月 14 日，东方保本混合型证券投资基金成立。

2011 年 12 月，东方基金管理有限责任公司获和讯网颁发的“2011 年度最具成长性基金公司奖”。

2011 年 12 月，东方基金管理有限责任公司获东方财富网颁发的“2011 年度最具投资能力奖”。

2011 年 12 月，东方龙、东方策略成长基金经理于鑫获搜狐网颁发的“2011 年度最佳基金经理奖”。

2011 年 12 月 28 日，东方增长中小盘混合型证券投资基金成立。

2012 年 1 月，东方龙、东方策略成长基金经理于鑫获和讯网颁发的“2011 年度最佳基金经理奖”。

2012 年 3 月，东方基金管理有限责任公司获《证券时报》颁发的“明星基金成长奖”。

2012 年 3 月，东方基金管理有限责任公司获凤凰网颁发的“2011 年度最佳投研团队奖”。

2012 年 3 月，东方精选基金获《证券时报》颁发的“积极混合型明星基金奖”。

2012 年 3 月，东方龙基金获《证券时报》颁发的“平衡混合型明星基金奖”。

2012 年 3 月，东方策略成长基金获《证券时报》颁发的“股票型明星基金奖”。

2012 年 4 月，东方基金管理有限责任公司获《上海证券报》颁发的“股票投资回报公司奖”。

2012 年 4 月，东方龙基金获《中国证券报》颁发的“混合型金牛基金奖”。

2012 年 4 月，东方龙基金获《上海证券报》颁发的“金基金－灵活配置型基金奖”。

2012 年 4 月，东方基金管理有限责任公司获《北京青年报》颁发的“2011 年度最佳静态投资奖”。

2012 年 4 月，东方精选基金获《上海证券报》颁发的“金基金－3 年期偏股型混合基金奖”。

2012 年 4 月，东方基金管理有限责任公司获《中国证券报》颁发的“金牛进取奖”。

2013 年 4 月，东方龙基金获《证券时报》颁发的“三年期持续回报平衡混合型明星基金奖”。

2013 年 4 月，东方龙基金获《中国证券报》颁发的“三年期混合型金牛基金奖”。

2013 年 4 月，东方精选基金获《中国证券报》颁发的“一年期混合型金牛基金奖”。

2013 年 4 月，东方基金管理有限责任公司获《上海证券报》颁发的“金基金－成长公司奖”。

【股东概况】

持股单位	出资金额（万元）	占总股本比例
东北证券股份有限公司	12800 万元	64%
河北国有资产控股运营有限公司	5400 万元	27%
渤海国际信托有限公司	1800 万元	9%
合计	10000 万元	100

【旗下基金】

基金代码	基金简称	类型
400005	东方金账簿货币	货币型
400007	东方策略成长	股票型
400011	东方核心动力	股票型
400001	东方龙混合型基金	混合型
400003	东方精选混合	混合型
400013	东方保本	混合型
400015	东方增长中小盘	混合型
400022	东方利群混合型发起式	混合型
400020	东方安心收益保本	混合型
400009	东方稳健回报	债券型
400016	东方强化收益	债券型
400018	东方央视财经 50	指数型

【公司高管】

崔伟先生，董事长，经济学博士。历任中国人民银行副主任科员、主任科员、副处级秘书，中国证监会党组秘书、秘书处副处长、处长，中国人民银行东莞中心支行副行长、党委委员，中国人民银行汕头中心支行行长、党委书记兼国家外汇管理局汕头中心支局局长，中国证监会海南监管局副局长兼党委委员、局长兼党委书记，中国证监会协调部副主任兼中国证监会投资者教育办公室召集人；现任东方基金管理有限责任公司董事长，兼任东北证券股份有限公司副董事长、吉林大学商学院教师、中国证券投资基金业协会理事、东方汇智资产管理有限公司董事长。

孙晔伟先生，董事，经济学博士。历任吉林省社会科学院助理研究员，东北证券股份有限公司投资银行部经理，东方基金管理有限责任公司督察长，新华基金管理有限公司总经理助理，安信证券股份有限公司基金公司筹备组副组长，安信基金管理有限责任公司副总经理；现任东方基金管理有限责任公司总经理，兼任东方汇智资产管理有限公司董事。

李景岩先生，督察长，硕士研究生，中国注册会计师。具有 15 年证券从业经历，曾任东北证券股份有限公司延吉证券营业部财务经理、北京管理总部财务经理。2004 年 6 月加盟本公司，曾任财务主管，财务部经理，财务负责人，综合管理部经理兼人力资源部经理、总经理助理。

东吴基金管理有限公司

【基本情况】

法定名称：东吴基金管理有限公司
英文名称：Soochow Asset Management Co.，Ltd.
注册地址：上海市源深路279号
办公地址：上海市源深路279号
法人代表：任少华
总　经　理：任少华
成立时间：2004年9月2日
公司属性：中资
注册资本：1亿元
联系电话：021－50509888
客服热线：400－821－0588
传真号码：021－50509884
邮政编码：200120
公司网址：www.scfund.com.cn

【公司概况】

东吴基金管理有限公司是经中国证监会批准成立的全国性基金管理公司。公司成立于2004年9月，总部位于上海。注册资本1亿元人民币。

公司股东为东吴证券股份有限公司（占49%股份）、上海兰生（集团）有限公司（占30%股份）、江阴澄星实业集团有限公司（占21%股份）。其中，东吴证券股份有限公司注册资本20亿元，并于2011年12月12日在上海证券交易所挂牌上市，主要从事证券代理买卖、证券自营买卖、证券承销和上市推荐、企业重组、收购与兼并、基金与资产管理等业务；上海兰生（集团）有限公司是由上海市人民政府批准组建的以国有资产管理、进出口贸易为主的国有大型企业集团，集团现有成员企业18家，拥有总资产74.82亿多元，净资产近24.74亿元；江阴澄星实业集团有限公司，主要从事实业投资，涉足磷化工、工程塑料、化肥农药、仓储物流、国际贸易、金融投资、房地产、风险投资等领域。

公司经营范围包括基金管理业务、发起设立基金和经中国证监会批准的其他业务。自2005年发行第一支基金以来，公司逐渐形成了高中低风险结合的完善产品线，并走出了一条独具特色的新兴产业投资产品线，凸显了战略投资基于成长性公司的产品线优势。除了公募业务之外，公司还始终致力于业务多元化发展，公司专户资格已获批，机构理财、专户投资、QDII等新业务也已准备有序。

依托新兴产业方面的先发优势和良好的投资业绩，公司先后荣获最具投资价值基金公司、最佳投资团队、中国证券报金牛进取奖、上海证券报金基金？股票投资回报公司奖、证券时报明星基金公司成长奖、证券日报金算盘奖、金基金？成长公司奖。由于业绩表现突出，公司多支基金产品也获得业界殊荣。东吴行业轮动获理财周刊“年度最佳表现股票型基金”；东吴双动力获中国证券报“股票型金牛基金”，东吴策略获中国证券报“混合型金牛基金”；东吴嘉禾获证券时报“积极混合型明星基金奖”，东吴双动力获证券时报“股票型明星基金奖”，东吴策略获证券时报“积极混合型明星基金奖”。东吴基金和中央电视台财经频道在上海联合举办的“新经济财富论坛”，已成为业内一年一度的饕餮盛宴，强化了东吴基金在新兴产业方面的权威形象。

东吴基金拥有一支经验丰富而又充满活力的专业团队，平均年龄33岁，其中硕士以上学历占50%；具有5年以上基金、证券从业经历的占60%；公司高管和主要投资管理人员的平均金融从业年限为10年，具有丰富的实践操作经验和管理经验。

作为传统吴文化与前沿经济理念的有机结合，东吴基金崇尚“以人为本，以市场为导向，以客户为中心，以价值创造为根本出发点”的经营理念；遵循“诚而有信、稳而又健、和而有铮、勤而又专、有容乃大”的企业格言；树立了“做价值的创造者、市场的创新者和行业的思想者”的远大理想，创造性地树立公司独特的文化体系，在众多基金管理公司中树立自己鲜明的企业形象。

【股东概况】

排序	股东名称	持股数量（万股）	持股比例
1	东吴证券有限责任公司	4900.00	49%
2	上海兰生（集团）有限公司	3000.00	30%
3	江阴澄星实业集团有限公司	2100.00	21%

【旗下基金】

基金代码	基金简称	类型
580002	东吴动力	股票型
580003	东吴行业轮动	股票型
580006	东吴新经济	股票型
580007	东吴新创业	股票型
580008	东吴新产业	股票型
580001	东吴嘉禾优势	混合型
580005	东吴策略	混合型
580009	东吴内需增长	混合型
582003	东吴保本	混合型
583001	东吴货币A	货币型
583101	东吴货币B	货币型
585001	东吴中证新兴	指数型
165806	东吴深证100指数增强	指数型
582001	东吴优信债券A	债券型
582201	东吴优信债券C	债券型
582002	东吴增利债券A	债券型
582202	东吴增利债券C	债券型
165807	东吴鼎利分级债券	债券型
165808	鼎利优先	债券型
150120	鼎利进取	债券型

【公司高管】

吴永敏先生，董事长，硕士研究生，高级审计师、高级经济师，中共党员。历任苏州市财政局科员、苏州市税务局三分局局长、苏州市税务局科长、苏州市审计局副局长。现任东吴证券股份有限公司董事长，中共东吴证券股份有限公司党委书记。

任少华先生，董事，博士研究生，经济师，中共党员。历任苏州市人民检察院助理检查员，苏州中辰期货公司总经理助理，苏州证券投资部总经理、资产管理部总经理、副总经济师，东吴证券有限责任公司资产管理总部总经理、总经济师、总裁助理兼任期货筹备组组长、研究所所长，东吴证券股份有限公司党委委员、副总裁，东吴期货有限公司董事长。现任东吴基金管理有限公司总经理。

徐军女士，督察长，大学，会计师、审计师，中共党员。历任苏州市审计局财政、金融审计处科员、副处长，东吴证券财务部总经理，东吴基金管理有限公司财务负责人、公司总裁助理等职务，现任东吴基金管理有限公司督察长。

国海富兰克林基金管理有限公司

【基本情况】

法定名称：国海富兰克林基金管理有限公司

英文名称：Franklin Templeton Sealand Fund Management Co.，Ltd.

注册地址：广西南宁市西乡塘区总部路 1 号中国－东盟科技企业孵化基地一期 C－6 栋二层

办公地址：上海浦东世纪大道 8 号上海国金中心二期 9 层

法人代表：吴显玲

总 经 理：李雄厚

成立时间：2004 年 11 月 15 日

公司属性：中外合资

注册资本：2.2 亿元

联系电话：021－38555555

客服热线：400－700－4518

传真号码：021－68883050

邮政编码：200120

公司网址：www.ftsfund.com

【公司概况】

国海富兰克林基金管理有限公司成立于 2004 年 11 月，由国海证券有限责任公司和富兰克林邓普顿基金集团全资子公司邓普顿国际股份有限公司共同出资组建，目前公司注册资本 2.2 亿元人民币，国海证券有限责任公司持有 51% 的股份，邓普顿国际股份有限公司持有 49% 的股份。富兰克林邓普顿基金集团是世界知名基金管理公司，在全球市场上有超过 60 年的投资管理经验。国海富兰克林基金管理有限公司引进富兰克林邓普顿基金集团享誉全球的投资机制、研究平台和风险控制体系，力争成为国内一流的基金管理公司。

公司经营理念：诚信、稳健、前瞻、一流。

公司使命：成为中国一流的资产管理机构，以我们的核心价值与独特视野为指导，为客户提供高质量的投资方案和出色的服务，并吸引、激励和保留优秀人才。

目前，公司实行董事会领导下的总经理负责制，在管理层设有投资决策委员会和风险管理委员会两个专门委员会。在机构设置上，公司下设研究分析部、投资管理部、基金市场部、机构销售部、零售业务部、基金事务部、信息技术部、行政管理部和监察稽核部 9 个部门和中央交易室，并成立了上海分公司和深圳分公司。

【股东概况】

排序	股东名称	持股比例
1	国海证券有限责任公司	51%
2	坦伯顿国际股份有限公司	49%

【旗下基金】

基金代码	基金简称	类型
450002	国富弹性	股票型
450003	国富潜力	股票型
450004	国富价值	股票型
450007	国富成长动力	股票型
450009	国富中小盘	股票型
450011	国富研究精选	股票型
450001	国富中国收益	混合型
450010	国富策略回报	混合型
000065	国富焦点驱动	混合型
450005	国富强化收益 A	债券型
450006	国富强化收益 C	债券型
450018	国富恒久信用 A	债券型
450019	国富恒久信用 C	债券型
000351	国富恒丰定期债 A	债券型
000352	国富恒丰定期债 C	债券型
164509	国富恒利分级债券	债券型
164510	国富恒利分级债券 A	债券型
150166	国富恒利分级债券 B	债券型
450008	国富沪深 300	指数型
000203	国富日日收益货币 A	货币型
000204	国富日日收益货币 B	货币型
457001	国海亚洲机会	QDII

【公司高管】

吴显玲女士，董事长，中共党员，管理学硕士，经济师。历任中国人民银行广西壮族自治区金融管理处主任科员，广西证券交易中心副总经理（主持全面工作），广西证券登记有限责任公司法定代表人、总经理，广西证券有限责任公司副总裁，国海证券有限责任公司副总经理，国海富兰克林基金管理有限公司督察长。现任国海富兰克林基金管理有限公司董事长。

李彪先生，督察长，硕士研究生，副研究员。历任内蒙古大学经济系讲师、中国证监会海南证监局期货机构监管处副处长、证券机构监管处处长、稽查处处长、国海富兰克林基金管理有限公司督察长助理。现任国海富兰克林基金管理有限公司督察长。

天弘基金管理有限公司

【基本情况】

法定名称：天弘基金管理有限公司

英文名称：Tianhong Asset Management Co.，Ltd.

注册地址：天津市河西区马场道天津国际经济贸易中心 A 座 16 层

办公地址：天津市河西区马场道天津国际经济贸易中心 A 座 16 层

法人代表：李 琦

总 经 理：郭树强

成立时间：2004 年 11 月 8 日

公司属性：中资

注册资本：1.8 亿元

联系电话：022－83310208

客服热线：022－83310988

传真号码：022－83865569

邮政编码：300203

公司网址：www.thfund.com.cn

【公司概况】

天弘基金管理有限公司（以下简称“公司”或“本公司”）是经中国证监会证监基金字［2004］164 号文批准于 2004 年 11

月8日成立，注册资本金为人民币1.8亿元。公司股东为天津信托有限责任公司（持股比例48%）、内蒙古君正能源化工股份有限公司（持股比例36%）、芜湖高新投资有限公司（持股比例16%）。

本公司旗下管理的基金有天弘精选混合型证券投资基金、天弘永利债券型证券投资基金、天弘永定价值成长股票型证券投资基金、天弘周期策略股票型证券投资基金、天弘深证成份指数证券投资基金（LOF）、天弘添利分级债券型证券投资基金、天弘丰利分级债券型证券投资基金、天弘现金管家货币市场基金、天弘债券型发起式证券投资基金、天弘安康养老混合型证券投资基金、天弘增利宝货币市场基金、天弘稳利定期开放债券型证券投资基金、天弘弘利债券型证券投资基金和天弘同利分级债券型证券投资基金。

公司下设股票投资、固定收益投资、中央交易、品牌管理、渠道管理、互联网金融、机构理财、风险管理、监察稽核、信息技术、基金运营、公司财务、综合管理、人力资源等部门和北京分公司、上海分公司、广州分公司。

【公司大事记】

2011年11月，公司在第七届中国证券市场年会上获得"金算盘奖"。

2010年12月，天弘添利分级债券基金合同生效。

2010年8月，天弘深证成份指数基金（LOF）基金合同生效。

2009年12月，天弘周期策略股票型基金合同生效。

2009年11月，公司获得由"北京国际金融博览会"出的"2009年最具成长性基金公司"奖和"2009年最佳品牌塑造基金公司"奖。

2008年12月，公司获得由首届《北京青年报》"北青财星榜"评选出的唯一一个2008年"市民眼中的金牌成长基金公司"奖。

2008年12月，天弘永定股票型基金合同生效。

2008年9月，公司获得由《理财周报》携手理柏等机构评选出的"2008最具发展潜力奖"。

2008年5月，经公司股东会决议通过，并经中国证监会核准，内蒙古君正能源化工股份有限公司受让公司原股东山西漳泽电力股份有限公司所持有的本公司26%股权。公司股权结构变更为：天津信托投资有限责任公司出资比例为48%；兵器财务有限责任公司出资比例为26%；内蒙古君正能源化工股份有限公司出资比例为26%。

2008年4月，天弘永利债券型基金合同生效。

2005年10月，天弘精选基金合同生效。

2004年10月，中国证监会批复，天弘基金管理有限公司获准开业。

2003年05月，天弘基金管理有限公司获批筹建。

【股东概况】

排序	股东名称	持股数量（万股）	持股比例
1	天津信托投资有限公司	8640.00	48%
2	内蒙古君正能源化工有限责任公司	6480.00	36%
3	芜湖高新投资有限公司	2880.00	16%

【旗下基金】

基金代码	基金简称	类型
420003	天弘永定	股票型
420005	天弘周期策略	股票型
420001	天弘精选	混合型
420009	天弘安康养老	混合型
420006	天弘现金管家A	货币型
420106	天弘现金管家B	货币型
000198	天弘增利宝	货币型
164205	天弘深成LOF	指数型
420002	天弘永利A	债券型
420102	天弘永利B	债券型
420008	天弘债券发起式A	债券型
420108	天弘债券发起式B	债券型
164206	天弘添利分级	债券型
164207	天弘添利A	债券型
150027	天弘添利B	债券型
164208	天弘丰利分级	债券型
164209	天弘丰利A	债券型
150046	天弘丰利B	债券型
164210	天弘同利分级	债券型
164211	天弘同利A	债券型
150147	天弘同利B	债券型
000306	天弘弘利	债券型
000244	天弘稳利定期开放A	债券型
000245	天弘稳利定期开放B	债券型

【公司高管】

李琦先生，董事长，硕士研究生。历任天津市民政局事业处团委副书记，天津市人民政府法制办公室、天津市外经贸委办公室干部，天津信托投资公司条法处处长，天津信托投资有限责任公司总经理助理兼条法处处长。现任天津信托投资有限责任公司副总经理。

郭树强先生，董事，总经理，硕士研究生。历任华夏基金管理有限公司交易主管、基金经理、研究总监、机构投资总监、投资决策委员会委员、机构投资决策委员会主任、公司管委会委员、公司总经理助理。

童建林先生，督察长，大学本科，高级会计师。历任当阳市产权证券交易中心财务部经理、副总经理，亚洲证券有限责任公司宜昌总部财务主管、宜昌营业部财务部经理、公司财务会计总部财务主管，华泰证券有限责任公司上海总部财务项目主管，本公司基金会计、监察稽核部副总经理、监察稽核部总经理。现任本公司督察长。

华泰柏瑞基金管理有限公司

【基本情况】

法定名称：华泰柏瑞基金管理有限公司

英文名称：huatai - pinebridge fund management Co.，Ltd.

注册地址：上海浦东新区民生路1199弄上海证大五道口广场1号楼17层

办公地址：上海浦东新区民生路1199弄上海证大五道口广场1号楼17层

法人代表：齐　亮

总 经 理：韩　勇

成立时间：2004年11月18日

公司属性：合资企业

注册资本：2亿元

联系电话：021 - 38601777

客服热线:400 - 888 - 0001
传真号码:021 - 38601799
邮政编码:200135
公司网址:www. huatai - pb. com

【公司概况】

华泰柏瑞基金管理有限公司(以下简称:华泰柏瑞基金)是一家中外合资基金管理公司(原友邦华泰基金管理有限公司),公司股东为华泰证券股份有限公司、柏瑞投资有限责任公司、苏州新区高新技术产业股份有限公司。公司于2004年11月18日正式成立,现注册资本人民币2亿元,总部位于上海,下设北京和深圳分公司。公司经营范围包括基金管理业务、发起设立基金及中国证监会批准的其他业务。

公司自成立以来,奉行"主动投资"与"被动投资"并行的公司战略,致力于做中国ETF专家。公司是国内最早推出ETF产品的中外合资基金管理公司之一,凭借精准的指数跟踪能力,杰出的后台运营保障能力,公司旗下的上证红利ETF受到投资者的广泛认可,公司由此积累了丰富的ETF管理经验。

华泰柏瑞基金成立9年多来,以完善的制度,严格的管理,规范的运作,严谨细致的工作精神践行"您的一分投资,我们十分对待"的企业理念,充分结合外方股东在资产管理方面的国际经验以及华泰证券等中方股东在中国本地市场的经验优势,为个人及机构投资者提供满足其需要的金融产品和高水平的理财服务。

【股东概况】

排序	股东名称	持股比例
1	华泰证券股份有限公司	49%
2	柏瑞投资(PineBridge Investments LLC)	49%
3	苏州新区高新技术产业股份有限公司	2%

【旗下基金】

基金代码	基金简称	类型
460001	华泰柏瑞盛世	股票型
460005	华泰柏瑞价值	股票型
460007	华泰柏瑞领先	股票型
460009	华泰柏瑞量化	股票型
460002	华泰柏瑞成长	混合型
510220	上证中小盘ETF	指数型
460220	上证中小盘ETF联接	指数型
510880	上证红利ETF	指数型
510300	沪深300ETF	指数型
460300	沪深300ETF联接	指数型
000172	华泰柏瑞量化增强股票	指数型
519519	华泰柏瑞增利A	债券型
460003	华泰柏瑞增利B	债券型
164606	华泰柏瑞信用	债券型
460008	华泰柏瑞稳健A	债券型
460108	华泰柏瑞稳健C	债券型
000187	华泰柏瑞丰盛纯债债券A	债券型
000188	华泰柏瑞丰盛纯债债券C	债券型
000186	华泰柏瑞季季红债券	债券型
460010	华泰亚洲企业	QDII
460006	华泰柏瑞货币A	货币型
460106	华泰柏瑞货币B	货币型

【公司高管】

齐亮先生,董事长,硕士,1994 - 1998年任国务院发展研究中心情报中心处长、副局长,1998 - 2001年任中央财经领导小组办公室副局长,2001 - 2004年任华泰证券有限责任公司副总裁。

韩勇先生,总经理,博士,曾任职于君安证券有限公司、华夏证券有限公司和中国证券监督管理委员会,2007年7月至2011年9月任华安基金管理有限公司副总经理。2011年10月加入华泰柏瑞基金管理有限公司。

陈晖女士,督察长,硕士,1993 - 1999年任江苏证券有限责任公司北京代表处代表,1999 - 2004年任华泰证券有限责任公司北京总部总经理。

新华基金管理有限公司

【基本情况】

法定名称:新华基金管理有限公司
英文名称:New China Fund Management Co., Ltd.
注册地址:重庆市渝中区邹容路68号大都会商厦32层
办公地址:北京市海淀区西三环北路11号海通时代商务中心C1座
重庆市渝中区较场口88号A座7 - 2
法人代表:陈　重
总 经 理:张宗友
成立时间:2004年12月9日
公司属性:中资
注册资本:1.6亿元
联系电话:023 - 6872666
客服热线:400 - 819 - 8866
传真号码:023 - 88423358
邮政编码:400010
公司网址:www. ncfund. com. cn

【公司概况】

2004年12月9日,新华基金管理有限公司经中国证券监督管理委员会批准正式注册成立。公司注册地为重庆市,经营管理中心在北京市,它是由国家有关部门核准的首家在我国西部设立的基金管理公司。

公司经营范围是:基金管理业务、发起设立基金、从事中国证券监督管理委员会批准的其他业务(上述范围内国家有专项规定的按规定办理)。

公司注册资本为1亿元人民币,主发起人为新华信托股份有限公司。2011年10月27日本公司的注册资本由1亿元人民币增加到1.6亿元人民币。

公司内部设有市场营销部、基金管理部、研究部、金融工程部、运作保障部、监察稽核部、综合管理部、专户管理部等部门及风险管理委员会和投资管理委员会。

公司目前旗下有十只基金产品,即新华优选分红混合偏股型基金、新华优选成长股票型基金、新华泛资源优势混合型基金、新华钻石品质企业股票型基金、新华行业周期轮换股票型基金、新华中小市值优选股票型基金、新华灵活主题股票证券投资基金、新华优选消费股票型证券投资基金、新华纯债添利债券型发起式证券投资基金和新华行业轮换灵活配置混合型证券投资基金。根据银河证券基金研究中心数据统计,新华优选成长基金2009年净值增长率115.21%,排名标准股票型基金第二名；新华优选分红基金2009年净值增长率99.73%，排名混合偏股型基金第三名；新华泛资源优势基金收益率位居2009年同期发行基金前列。目前，公司已经和中国工商银行、中国建设银行、中国农业银行、交通银行、招商银行、中信银行等几家主要银行签订了基金托管或代销协议，使基金销售主渠道得到完善。此外，公司还与多家证券公司、保险公司以及信托公司等金融机构建立了良好的合作关系。

【股东概况】

排序	股东名称	持股数量（万股）	持股比例
1	新华信托投资股份有限公司	7680.00	48%
2	恒泰证券股份有限公司	7000.00	43.75%
3	杭州永原网络科技有限公司	1320.00	8.25%

【旗下基金】

基金代码	基金简称	类型
519089	新华成长	股票型
519093	新华钻石企业	股票型
519095	新华行业轮换	股票型
519097	新华中小市值优选	股票型
519099	新华灵活主题	股票型
519150	新华优选消费	股票型
519158	新华趋势领航	股票型
519087	新华分红	混合型
519091	新华泛资源	混合型
519156	新华配置	混合型
519152	新华纯债添利A	债券型
519153	新华纯债添利C	债券型
519160	新华安享惠金A	债券型
519161	新华安享惠金C	债券型
519162	新华信用增益A	债券型
519163	新华信用增益C	债券型
000434	新华壹诺宝	货币型

【公司高管】

陈重先生，金融学博士。历任原国家经委中国企业管理协会研究部副主任、主任；中国企业报社社长；中国企业管理科学基金会秘书长；重庆市政府副秘书长；中国企业联合会常务副理事长；幸福人寿保险公司筹备负责人。2008年3月始任新世纪基金管理有限公司董事。

张宗友先生，董事，硕士。历任内蒙古证券有限责任公司副总经理，负责营业部的筹建、管理工作；太平洋证券有限责任公司副总经理，分管经纪业务；恒泰证券有限责任公司副总经理，管理人力资源、信息技术、经纪业务等事务。现任新华基金管理有限公司总经理。

齐岩先生，督察长，学士。历任中信证券股份有限公司解放北路营业部职员、中信证券股份有限公司天津管理部职员、中信证券股份有限公司天津大港营业部综合部经理，现任新世纪基金管理有限公司督察长。

汇添富基金管理有限公司

【基本情况】

法定名称：汇添富基金管理有限公司
英文名称：China Universal Asset Management Co.，Ltd.
注册地址：上海市黄浦区大沽路288号6幢538室
办公地址：上海市富城路99号震旦国际大厦22楼
法人代表：林利军
成立时间：2005年2月3日
公司性质：中资
注册资本：1亿元
联系电话：021－28932888
客服热线：400－888－9918
传真号码：021－28932998
邮政编码：200120
公司网址：www.99fund.com

【公司概况】

汇添富基金是一家高起点、国际化、充满活力的基金公司，奉行“正直、激情、团队、客户第一、感恩”的公司文化，致力成为高质量的“快乐基金”。

汇添富基金旗下管理基金产品涵盖股票基金、指数基金、混合基金、保本基金、债券基金、货币市场基金及QDII基金，现总计管理有45只公募基金，不同风险收益特征的多层次产品线基本完善。汇添富的资产管理规模自成立以来保持了较好的稳健快速增长，稳定位于业内排名前列。汇添富始终坚持客户利益至上的原则，不断努力提升客户服务能力和改善客户服务体验，力求为广大投资者提供高效贴心的专业理财服务。

经过多年全力打造和磨合历练，汇添富基金现已形成公募、专户、国际、养老金四大块业务领域以及股票、固定收益、被动投资、海外投资、另类投资五大块投资领域协同发展的格局，旗下基金业绩历经市场牛熊考验，整体表现优秀，长期投资业绩持续居于业内领先。汇添富立志于做中国证券市场的选股专家，并已形成一整套行之有效的独特个股研究方法。实践证明，无论牛市熊市，汇添富基金均能不断挖掘和发现出一批能够获得高额绝对收益的优质公司，旗下基金和理财产品的投资业绩也因此获得了投资者的充分认可。汇添富还以强大的创新能力长期引领市场，成功发行了中国首只场内T+0货币基金、理财基金、上证综合指数基金、贵金属基金、逆向投资基金、民营企业基金和第一张货币基金关联还款的信用卡。2011年，公司获得上海市金融创新一等奖，成为有史以来获得该奖项的首家基金公司。

汇添富基金在业内率先获得QDII资格。同时，汇添富于2007年即与全球顶尖投资管理公司资本国际（Capital International）缔结QDII合作关系。汇添富是业内最早一批获准设立海外子公司的基金管理公司。汇添富资产管理（香港）有限公司已于2010年2月正式成立，其积极参与境外资产管理业务，是汇添富基金管理公司开展跨境业务和合作的重要平台。2011年12月，汇添富资产管理（香港）有限公司获得RQFII资格（人民币合格境外机构投资者）及首批RQFII额度11亿元人民币。汇添富人民币债券基金成为最早发售的RQFII产品之一。

汇添富基金在业内首批获得了专户资产管理资格，最早组建了实力强大的专业团队率先开展专户业务，成功打造了“添富牛专户”的业务品牌，积累了丰富的专户资产管理经验，并拥有骄人的投资管理业绩。汇添富专户资产规模在行业处于领先地位，“添富牛专户”品牌在高端客户和核心渠道中具备非常强的号召力和口碑。

汇添富基金已获得社保基金境内委托投资管理人资格，投资业绩表现出色。

2013 年初汇添富在上海设立了子公司汇添富资本管理有限公司,积极拓展非二级市场投资管理业务,包括逐步参与资产证券化投资、基础设施投资、私募股权等特定领域。

在各项资产管理业务蓬勃发展的同时,汇添富基金还坚持强调完善的公司治理体系和科学的公司治理文化,是亚洲公司治理协会(ACGA)的首家中国会员企业。汇添富基金致力于为员工提供完善的个人职业发展规划和良好的工作与成长平台,并努力营造愉悦简单的工作氛围,员工具有强烈的忠诚度和归属感。2011 年,汇添富荣登《财富》中文版"卓越雇主——中国最适宜工作的公司"榜,成为国内唯一上榜的基金公司。

自成立以来,汇添富基金屡获殊荣。除了连续三届(2006、2007、2008)荣获中国证券报"中国基金业金牛奖"评选两项以上大奖,汇添富还收获了包括"最受尊敬基金公司奖"、"最佳管理团队"、"最佳投资团队"等一系列行业大奖。继 2011 年之后,2013 年汇添富又一次一举囊括证券类三大报 2012 年度多个权威奖项(金牛奖、明星基金奖、金基金奖),并获得晨星(中国)2013 年度股票型基金提名奖。

"九层之台,起于垒土;千里之行,始于足下",汇添富基金成立至今,以一流的企业文化汇聚中外精英,开发市场欢迎的产品系列,建立高效的销售渠道,提供优质的客户服务,实施一流的投资风险管理,坚持基于深入基本面研究的长期价值投资理念,以长期稳定的优秀投资业绩回报投资人。

通过全体员工的共同努力,汇添富致力于经过长期艰苦不懈的奋斗,稳步发展成为中国最佳的资产管理公司之一,并逐步发展成为全球资产管理行业最优秀的中国有关资产的管理人之一,成为拥有中国资产管理行业最为优秀的团队、最具有影响力的品牌和最为稳定优秀的业绩的中国资产管理公司之一。

【股东概况】

排序	股东名称	持股数量(万股)	持股比例
1	东方证券股份有限公司	4700.00	47%
2	文汇新民联合报业集团	2650.00	26.5%
2	东航金戎控股有限责任公司	2650.00	26.5%

【旗下基金】

基金代码	基金简称	类型
519018	汇添富均衡增长	股票型
519068	汇添富成长焦点	股票型
519069	汇添富价值精选	股票型
470008	汇添富回报	股票型
470009	汇添富民营	股票型
470006	汇添富医药保健	股票型
470028	汇添富社会责任	股票型
470098	汇添富逆向投资	股票型
000083	汇添富消费行业股票	股票型
000173	汇添富美丽 30 股票	股票型
519008	汇添富优势	混合型
519066	汇添富蓝筹	混合型
519517	汇添富货币 B	货币型
519518	汇添富货币 A	货币型
519888	汇添富收益快线货币 A	货币型
519889	汇添富收益快线货币 B	货币型
000330	汇添富现金宝货币	货币型
000397	汇添富全额宝货币	货币型
519078	汇添富增收 A	债券型
470078	汇添富增收 C	债券型
470018	汇添富双利债券	债券型
470058	汇添富可转债 A	债券型
470059	汇添富可转债 C	债券型
470088	汇添富信用债债券 A	债券型
470089	汇添富信用债债券 C	债券型
164702	汇添富季季红	债券型
470010	汇添富多元收益债券 A	债券型
470011	汇添富多元收益债券 C	债券型
000122	汇添富实业债债券 A	债券型
000123	汇添富实业债债券 C	债券型
000174	汇添富高息债债券 A	债券型
000175	汇添富高息债债券 C	债券型
000221	汇添富年年利定期开放债券 A	债券型
000222	汇添富年年利定期开放债券 C	债券型
164703	汇添富互利分级债券	债券型
164704	汇添富互利分级债券 A	债券型
150142	汇添富互利分级债券 B	债券型
000395	汇添富安心中国债券 A	债券型
000396	汇添富安心中国债券 C	债券型
000406	汇添富双利增强债券 A	债券型
000407	汇添富双利增强债券 C	债券型
000366	汇添富新收益债券	债券型
470007	汇添富上证综合指数	指数型
470068	汇添富深证 300 联接	指数型
159912	汇添富深证 300ETF	指数型
159930	汇添富中证能源 ETF	指数型
159931	汇添富中证金融地产 ETF	指数型
159928	汇添富中证主要消费 ETF	指数型
159929	汇添富中证医药卫生 ETF	指数型
000368	汇添富沪深 300 安中指数	指数型
470030	汇添富理财 30 天 A	理财型
471030	汇添富理财 30 天 B	理财型
470060	汇添富理财 60 天 A	理财型
471060	汇添富理财 60 天 B	理财型
470014	汇添富理财 14 天 A	理财型
471014	汇添富理财 14 天 B	理财型
471028	汇添富理财 28 天 A	理财型
472028	汇添富理财 28 天 B	理财型
470021	汇添富理财 21 天发起式 A	理财型
471021	汇添富理财 21 天发起式 B	理财型
471007	汇添富理财 7 天 A	理财型
472007	汇添富理财 7 天 B	理财型
470888	汇添富亚澳优选	QDII
164701	汇添富黄金及贵金属	QDII

【公司高管】

潘鑫军先生,董事长。国籍:中国,1961 年出生,澳门科技大学工商管理硕士。现任东方证券股份有限公司党委书记、董事长。历任中国工商银行股份有限公司上海分行长宁支行党委书记、行长兼国际机场支行党支部书记,东方证券股份有限公司党委副书记、总裁;党委书记、董事长兼总裁。

林利军先生,董事,总经理。国籍:中国,1973 年出生,美国哈佛大学商学院工商管理硕士,复旦大学世界经济系硕士,历任上海证券交易所办公室主任助理、上市部总监助理,曾任职于中国证监会创业板筹备工作组,哈佛大学毕业后就职于美国道富金融集团(State Street Global Advisor)从事投资和风险管理工作。

李文先生,督察长。国籍:中国,1967年出生,厦门大学管理学博士,高级经济师,中国注册会计师。历任中国人民银行厦门市分行稽核监督处科员,中国人民银行杏林支行副行长,中国人民银行厦门中心支行银行管理处处长助理、金融机构监管二处副处长,东方证券股份有限公司稽核总部总经理、资金财务管理总部总经理等。

工银瑞信基金管理有限公司

【基本情况】

法定名称:工银瑞信基金管理有限公司
英文名称:Credit Suisse Asset Management Co., Ltd.
注册地址:北市西城区金融大街丙17号北京银行大厦8层
办公地址:北市西城区金融大街丙17号北京银行大厦8层
法人代表:郭特华
成立时间:2005年6月21日
公司属性:中外合资
注册资本:2亿元
联系电话:010－66583333
客服电话:400－811－9999
传真号码:010－66583158
邮政编码:100033
公司网址:www.icbccs.com.cn

【公司概况】

工银瑞信基金管理有限公司是我国第一家由国有商业银行直接发起设立并控股的合资基金管理公司。自2005年成立以来,公司坚持"以稳健的投资管理,为客户提供卓越的理财服务"为使命,依托强大的股东背景、稳健的经营理念、科学的投研体系、严密的风控机制和资深的管理团队,立足国际化、专业化、规范化,致力于为广大投资者提供一流的投资管理服务。

公司秉持"以人为本"的理念,全方位引入国内外优秀人才,组建了一支风格稳健、诚信敬业、创新进取、团结协作的专业团队。公司在行业内率先建立以现金为基础的长短期激励机制,实现了队伍稳定、控制风险、长期发展以及为投资者创造稳健回报等多重目标的统一。

八年多来,公司以长期良好的业绩和全面周到的服务赢得了广大客户的信赖,各项业务快速发展。截至2013年12月31日,公司拥有共同基金、QDII、企业年金、特定资产管理、社保基金投资管理人等多项业务资格,累计为逾600万共同基金客户和多个年金、专户客户提供资产管理服务,旗下拥有42只共同基金和多个年金、专户组合,资产管理规模突破2300亿元。

公司于2011年发起设立了全资香港子公司—工银瑞信资产管理(国际)有限公司,该公司具有香港证监会颁发的第4类(就证券提供意见)和第9类(提供资产管理)牌照以及中国证监会批准的人民币合格境外机构投资者(RQFII)资格,并成为全国社保基金境外配售投资产品管理人。公司还于2012年11月设立全资子公司——工银瑞信投资管理有限公司,开展特定客户资产管理业务。至此,公司已成为国内业务资格最为全面的基金公司之一,能够为广大投资人提供更为灵活丰富的财富管理工具和理财解决方案。

公司先后荣获《中国证券报》"2006年度金牛基金管理公司新秀奖"、"2008年度金牛基金管理公司"、"2011年度金牛基金管理公司",《上海证券报》"2007年度中国基金公司最佳风险控制奖"、"2010年度债券投资回报公司奖"、"2012年度债券投资回报公司奖",《证券时报》"2011年度明星基金公司"、"2008年度中国明星基金公司"、"2012年度十大明星基金公司"、"2012年度固定收益投资明星团队奖"等权威奖项,是深受社会各界和广大持有人认可的品牌基金公司。

【股东概况】

排序	股东名称	持股比例
1	中国工商银行	80%
2	瑞士信贷银行股份有限公司	20%

【旗下基金】

基金代码	基金简称	类型
481001	工银价值	股票型
481004	工银成长	股票型
481006	工银红利	股票型
481008	工银大盘蓝筹	股票型
481010	工银中小盘	股票型
481013	工银消费服务行业	股票型
481015	工银主题策略	股票型
481017	工银量化策略	股票型
000251	工银金融地产	股票型
000263	工银信息产业	股票型
483003	工银精选平衡	混合型
487016	工银保本	混合型
487021	工银保本2号混合发起	混合型
000195	工银保本3号混合A	混合型
000196	工银保本3号混合B	混合型
482002	工银货币	货币型
519886	工银安心增利A	货币型
519887	工银安心增利B	货币型
485105	工银强债A	债券型
485005	工银强债B	债券型
485107	工银添利A	债券型
485007	工银添利B	债券型
485111	工银双利债券A	债券型
485011	工银双利债券B	债券型
485114	工银添颐债券A	债券型
485014	工银添颐债券B	债券型
164808	工银四季债券	债券型
164810	工银纯债定期开放债券	债券型
485118	工银7天理财债券A	债券型
485018	工银7天理财债券B	债券型
485119	工银信用纯债债券A	债券型
485019	工银信用纯债债券B	债券型
485120	工银14天理财债券A	债券型
485020	工银14天理财债券B	债券型
485122	工银60天理财债券A	债券型
485022	工银60天理财债券B	债券型
000045	工银产业债A	债券型
000046	工银产业债B	债券型
164812	工银增利分级债券	债券型
164813	工银增利分级债券A	债券型
150128	工银增利分级债券B	债券型
000074	工银信用纯债一年定开债券A	债券型
000077	工银信用纯债一年定开债券C	债券型

基金代码	基金简称	类型
000078	工银信用纯债两年定开债券 A	债券型
000079	工银信用纯债两年定开债券 C	债券型
000236	工银月月薪定期支付债券	债券型
164814	工银双债增强债券	债券型
000184	工银添福债券 A	债券型
000185	工银添福债券 B	债券型
486001	银全球配置	QDII
486002	工银全球精选	QDII
164815	工银标普全球自然资源指数	QDII
481009	工银沪深 300	指数型
510060	工银上证央企 50ETF	指数型
159905	工银深证红利 ETF	指数型
481012	工银深证红利 ETF 联接	指数型
164809	工银中证 500 分级指数	指数型
150055	工银中证 500A	指数型
150056	工银中证 500B	指数型
164811	工银深证 100 指数分级	指数型
150112	工银深证 100A	指数型
150113	工银深证 100B	指数型

【公司高管】

陈焕祥先生，董事长，经济学硕士，现任中国工商银行股份有限公司总行集团派驻子公司董监事办公室专职派出董监事。1984 年加入中国工商银行，曾任中国工商银行四川省分行行长、党委书记、中国工商银行贵州省分行行长、党委书记、中国工商银行三峡分行(副厅级)行长、党委书记等职。目前兼任中国工商银行四川省分行资深专家、工银金融租赁公司董事长及四川省第十二届人大常委、财经委副主任。

郭特华女士，董事，博士，现任工银瑞信基金管理有限公司总经理，兼任工银瑞信资产管理(国际)有限公司董事长。历任中国工商银行总行商业信贷部、资金计划部副处长，中国工商银行总行资产托管部处长、副总经理。

朱碧艳女士，督察长，硕士。1997 - 1999 年中国华融信托投资公司证券总部经理，2000 - 2005 年中国华融资产管理公司投资银行部、证券业务部高级副经理。

交银施罗德基金管理有限公司

【基本情况】

法定名称：交银施罗德基金管理有限公司

英文名称：Bank of Communications Schroder Fund Management Co. ,Ltd.

注册地址：上海市交通银行大楼 2 层(裙)

办公地址：上海市浦东新区世纪大道 201 号渣打银行大厦 10 层

法人代表：钱文挥

总 经 理：战 龙

成立日期：2005 年 8 月 4 日

注册资本：2 亿元

公司属性：中外合资

联系电话：021 - 61055050

客服热线：400 - 700 - 5000

传真号码：021 - 61055034

邮政编码：200120

公司网址：www. jysld. com

【公司概况】

交银施罗德基金管理有限公司是由交通银行和施罗德投资管理有限公司、中国国际集装箱海运(集团)股份有限公司共同发起设立的合资基金管理公司，三方持股比例分别为 65% 、30% 、5% 。公司总部设于上海并在北京、广州设有分公司，注册资本为 2 亿元。

成立至今，一直秉承“诚信百年、专业理财”的经营宗旨，以诚信和专业作为公司的立身之本，以“稳健源自前瞻”作为公司的核心价值主张，打造“专业、纪律、协作”的团队，营造“激情、包容、关爱”的企业文化，致力于在策略上远见，投资上前瞻，服务上领先，为投资人提供多元化的、全球视野的、专业独具的理财产品和投资服务。公司成立至今已获得包括“金牛奖”在内的众多荣誉，得到了普通投资者和各机构的广泛关注和认可。

目前，公司旗下共管理着包括股票型基金、混合型基金、债券型基金、QDII 基金以及 ETF 基金等类型在内的超过 20 只公募基金产品。同时，作为国内专户理财业务的“先驱者”，公司在专户理财、投资咨询业务方面上也积极开拓业务，较为成功地管理着数只专户理财产品，有力地推动了公司业务的多元化发展。

站在巨人肩上，我们将秉承百年传承的诚信，兼收千锤百炼的专业方法，勤勉尽责，规范运作，力争成为业绩出众、服务一流、深受投资者青睐的基金管理公司。

【公司大事记】

2012 年 1 月 12 日，由搜狐网主办的“搜狐金融德胜论坛——基金经理人年会”在北京召开，公司报送的“交银施罗德 VIP 客户俱乐部”项目在评选中荣获“2011 投资者服务奖”。

2012 年 3 月 9 日，公司荣获由中央人民广播电台(CNR)中国之声颁发的“最传播 - 2011 年度优秀广告主”。

2012 年 3 月旗下交银成长荣膺《中国证券报》第九届中国基金业金牛奖评选“五年期股票型金牛基金”。

2012 年 3 月旗下交银成长荣膺《证券时报》2011 年度中国基金业明星基金评选“五年持续回报股票型明星基金奖”。

2012 年 4 月旗下交银制造荣膺《股市动态分析》2011 基金行业品牌与营销策划排行榜评选“基金新产品营销策划案例”奖项。

2012 年 5 月 22 日，公司旗下第二只 QDII 基金——交银施罗德全球自然资源证券投资基金成立，募集资金 6. 29 亿元。

2012 年 6 月 20 日，公司旗下第二只保本型基金产品——交银施罗德荣安保本混合型证券投资基金成立，募集资金 16. 32 亿元。

2012 年 8 月 3 日，公司旗下首只量化基金产品——交银施罗德阿尔法核心股票型证券投资基金成立，募集资金 11. 45 亿元。

2012 年 10 月 30 日，由《理财周报》开展的“寻找中国最受尊敬基金公司”评选活动，公司总裁战龙先生荣获“2012 基金公司最受尊敬总裁”。

2012 年 11 月 5 日，公司旗下首只短期理财基金——交银施罗德理财 21 天债券型证券投资基金成立，募集资金 85. 06 亿元。

2012 年 11 月 7 日，公司旗下第三只指数基金——交银施罗德沪深 300 行业分层等权重指数证券投资基金成立，募集资金 3. 01 亿元。

2012年12月18日，在由和讯网主办、和讯基金频道及财经中国会承办的“第十届中国财经风云榜－基金高峰论坛”上，公司总裁战龙先生荣膺“第十届财经风云榜之十大基金掌门人”。

2012年12月19日，公司旗下首只发起式基金——交银施罗德纯债债券型发起式证券投资基金成立，募集资金21.17亿元。

2013年1月11日，公司荣获由金融界网站主办的2012金融行业创新发展高峰论坛暨“领航中国”金融业年度评选“2012领航中国金融行业年度评选基金行业最佳电子商务平台”。

2013年3月13日，公司旗下第二只短期理财基金——交银施罗德理财60天债券型证券投资基金成立，募集资金7.78亿元。

2013年3月28日，交银成长荣膺晨星（中国）2013年度基金奖颁奖典礼“Morningstar晨星（中国）2013年度基金奖提名”。

2013年3月29日，由《证券时报》主办的2012年度中国基金业明星奖颁奖典礼暨明星基金论坛，公司荣膺“2012年度十大明星基金公司奖”。

2013年3月29日，由《证券时报》主办的2012年度中国基金业明星奖颁奖典礼暨明星基金论坛，交银成长荣膺“五年持续回报股票型明星基金奖”。

2013年3月29日，由《证券时报》主办的2012年度中国基金业明星奖颁奖典礼暨明星基金论坛，交银先锋荣膺“一年期2012年度股票型明星基金奖”。

2013年3月29日，由《证券时报》主办的2012年度中国基金业明星奖颁奖典礼暨明星基金论坛，交银稳健荣膺“2012年度积极混合型明星基金奖”。

2013年3月30日，公司荣膺《中国证券报》第十届中国基金业金牛奖“2012年度金牛基金管理公司”。

2013年3月30日，交银成长荣膺《中国证券报》第十届中国基金业金牛奖“五年期开放式股票型持续优胜金牛基金”。

2013年3月30日，交银稳健荣膺《中国证券报》第十届中国基金业金牛奖“2012年度开放式混合型金牛基金”。

2013年4月10日，由《上海证券报》主办的上证第三届全球基金峰会，公司荣膺2012年度“金基金·TOP公司奖”。

2013年4月10日，由《上海证券报》主办的上证第三届全球基金峰会，交银稳健荣膺“金基金·灵活配置型基金奖（1年期）”。

2013年4月10日，由《上海证券报》主办的上证第三届全球基金峰会，交银上证180治理ETF荣膺“金基金·指数基金奖（1年期）”。

2013年4月24日，公司旗下第三只保本型基金产品——交银施罗德荣祥保本混合型证券投资基金成立，募集资金7.44亿元。

2013年6月5日，公司旗下首只集中持股策略股票基金——交银施罗德成长30股票型证券投资基金成立，募集资金20.25亿元。

2013年6月6日，交银施罗德率先上报的两只“定期支付型”基金——交银施罗德定期支付双息平衡混合型基金、交银施罗德定期支付月月丰债券型基金已于日，前同时获得了证监会批准。

2013年8月13日，交银施罗德首只债券型“定期支付型”基金——交银施罗德定期支付月月丰债券型基金成立，募集资金3.44亿元。

2013年9月4日，交银施罗德首只混合型“定期支付型”基金——交银施罗德定期支付双息平衡混合型基金成立，募集资金6.42亿元。

2013年9月5日，交银施罗德基金管理有限公司与交通银行股份有限公司合作推出交银施罗德货币市场证券投资基金的货币基金实时提现业务，此业务为近年来银行业首家“货币基金T+0”实时赎回业务。

2013年9月24日，由《理财周报》举办的“2013基金行业领袖峰会”评选“寻找中国最受尊敬基金公司”各类奖项，公司总裁战龙获“2013中国基金公司最受尊敬总裁”。

2013年12月4日，交银施罗德基金管理有限公司在香港特别行政区政府的公司注册处办理完成香港子公司——交银施罗德资产管理（香港）有限公司的注册登记手续。交银施罗德资产管理（香港）有限公司已获得香港证券及期货事务监察委员会颁发的第四类（就证券提供意见）和第九类（提供资产管理）牌照。

2013年12月26日，公司旗下第三只保本型基金产品——交银施罗德荣泰保本混合型证券投资基金成立，募集资金2.72亿元。

【股东概况】

排序	股东名称	持股比例
1	交通银行股份有限公司	65%
2	施罗德投资管理有限公司	30%
3	中国国际集装箱海运（集团）股份有限公司	5%

【旗下基金】

基金代码	基金简称	类型
519688	交银精选	股票型
519692	交银成长	股票型
519694	交银蓝筹	股票型
519698	交银先锋	股票型
519702	交银趋势	股票型
519704	交银制造	股票型
519712	交银阿尔法	股票型
519727	交银成长30	股票型
519690	交银稳健	混合型
519697	交银行业	混合型
519700	交银主题	混合型
519732	交银双息平衡	混合型
519710	交银荣安保本	保本型
519726	交银荣祥保本	保本型
519729	交银荣泰保本	保本型
519680	交银增利A	债券型
519681	交银增利B	债券型
519682	交银增利C	债券型
519683	交银双利债券A	债券型
519684	交银双利债券B	债券型
519685	交银双利债券C	债券型
164902	交银添利	债券型
519718	交银纯债A	债券型
519719	交银纯债/B	债券型
519720	交银纯债C	债券型
519723	交银双轮动A	债券型

基金代码	基金简称	类型
519724	交银双轮动 B	债券型
519725	交银双轮动 C	债券型
519730	交银月月丰 A	债券型
519731	交银月月丰 C	债券型
519588	交银货币 A	货币型
519589	交银货币 B	货币型
519709	交银资源	QDII
519696	交银环球	QDII
519686	交银治理	指数型
510010	180 治理 ETF	指数型
519706	交银深证 300 联接	指数型
159913	交银深证 300ETF	指数型
519714	交银等权	指数型
519716	交银 21 天 A	理财型
519717	交银 21 天 B	理财型
519721	交银 60 天 A	理财型
519722	交银 60 天 B	理财型

【公司高管】

钱文挥先生，董事长，硕士学历。现任交通银行股份有限公司执行董事，副行长。历任中国建设银行资产负债管理委员会办公室主任兼上海分行副行长、资产负债管理委员会办公室主任兼体制改革办公室主任兼上海分行副行长、资产负债管理部总经理、资产负债管理部总经理兼重组改制办公室主任、交通银行股份有限公司副行长兼上海分行行长。

战龙先生，董事，总经理，CFA、CPA，硕士学历。历任安达信（新加坡）有限公司审计师，澳洲信孚基金管理有限公司投资风险管理副总监，信安资产管理亚洲有限公司投资风险管理总监，荷兰国际投资管理亚太有限公司中国区总经理，招商基金管理有限公司常务副总经理，富达国际中国董事总经理。

苏奋先生，督察长，纽约城市大学工商管理硕士。历任交通银行广州分行市场营销部总经理助理、副总经理，交通银行纽约分行信贷管理部经理、公司金融部经理、信用风险管理办公室负责人，交通银行投资管理部投资并购高级经理，交银施罗德基金管理有限公司综合管理部总监。

信诚基金管理有限公司

【基本情况】

法定名称：信诚基金管理有限公司

英文名称：CITIC－Prudential Fund Management Company Ltd.

注册地址：上海市浦东新区世纪大道 8 号上海国金中心汇丰银行大楼 9 层

办公地址：上海市浦东新区世纪大道 8 号上海国金中心汇丰银行大楼 9 层

法人代表：张翔燕

总 经 理：王俊锋

成立时间：2005 年 9 月 30 日

公司性质：中外合资

注册资本：2 亿元

联系电话：021－68649788

客服热线：400－666－0066

传真号码：021－50120888

邮政编码：200120

公司网址：www.citicprufunds.com.cn

【公司概况】

信诚基金管理有限公司成立于 2005 年 9 月，注册资本人民币 2 亿元，其中，中信信托有限责任公司和英国保诚集团股份有限公司各持股权 49%，中新苏州工业园区创业投资有限公司持股 2%。信诚基金既综合了中信集团对本土市场的深刻理解和充沛资源，也传承了英国保诚集团在国际资产管理领域的成功经验。

中方股东中信信托承接了中信集团的所有信托类资产、负债及业务，是银监会直接监管的三家全国性信托投资公司之一。中信集团目前已发展成为一家金融与实业并举的大型综合性跨国企业集团。截至 2012 年末，中信集团总资产达 35,657 亿元，全年实现营业收入 3,498 亿元。2009 年以来连续四年入选美国《财富》杂志“世界 500 强”企业排行榜，2012 年排名第 194 位。

外方股东英国保诚集团股份有限公司的母公司英国保诚集团于 1848 年在伦敦创立，是一家全球金融服务机构，拥有 160 多年的保险和资产管理经验，在英国、美国、欧洲和亚洲市场提供人寿保险和基金管理服务。截至 2012 年年底，英国保诚集所管理资产达 4050 亿英镑。

自成立之初，信诚基金就坚持“诚则立、信则达”的经营理念，全力以赴，为个人及机构投资者提供符合需要的金融产品和高水平的投资理财服务。

借鉴国际经验，凝聚本土智慧，信诚基金建立了组织结构健全、人才配置优化、职责划分清晰、制衡监督有效、激励约束合理的治理结构，并汇聚了一支富有国际视野和前瞻性、同时熟谙中国资本市场的管理团队，致力于为投资者创造长期价值。

2006 年起，信诚基金开始发展投资咨询业务，目前为 QFII（合格境外机构投资者）担任投资咨询顾问。

2009 年，信诚基金获得 QDII（合格境内机构投资者）牌照，在全球化金融服务领域迈出了重要的一步。公司目前已有两只 QDII 基金——信诚金砖四国积极配置基金（LOF）和信诚全球商品主题投资基金（LOF）。

历经市场变幻，信诚基金凭借稳健的长期业绩，实现了规模的稳步增长。截至 2013 年 12 月，公司旗下拥有 28 只投资风格鲜明的基金，建立了较为完善丰富的产品线，为客户提供了多样化的投资选择。

2011 年底，公司获得了特定客户资产管理业务资格，并成立了特定客户业务发展部和特定客户投资管理部，致力于为投资者提供专业化、个性化的理财服务。目前，公司已发行并管理多只一对一和一对多的特定客户资产管理产品。

站在巨人肩上，信诚基金将秉承百年传承的诚信之道，坚守千锤百炼的专业方法，勤勉尽责，规范运作，力争成为业绩出众、服务一流、深受投资者信任、稳进的基金管理公司。

【公司大事记】

2005 年，公司于 2005 年 9 月 30 日获准成立。

2006 年，发行了公司第一只公募基金产品——信诚四季红混合型基金。

2007 年，担任 QFII（合格境外机构投资者）账户的投资咨询顾问。

2008 年，增加公司注册资本从人民币 1 亿元至人民币 2 亿元。

2008 年，推出公司首只债券基金——信诚三得益债券型基金。

2009 年，获得 QDII（合格境内机构投资者）牌照，在全球化金融服务领域迈出了重要的一步。

2010 年，推出公司首只 QDII 基金——信诚金砖四国积极配置基金（LOF）的基金。

2011 年，获得特定客户资产管理业务资格。

2011 年，发行公司第一只货币市场基金——信诚货币市场基金。

2011 年，成立信诚中证 500 指数分级基金，为当时市场上唯一跟踪中证 500 指数的分级基金。。

2011 年，推出首只以“全球商品”作为主要投资对象的主题基金信诚全球商品主题基金（LOF）基金。

2012 年，成为市场唯一同时拥有中证 500 和沪深 300 指数分级基金的基金公司。

2012 年，推出首只借股指期货套利基金——信诚沪深 300 指数分级基金，实现使用股指期货对冲系统风险和实现期现套利，成为分级基金新标杆。

2012 年，成立年内最大规模分级债基——信诚添金分级债券基金，首募规模 30.93 亿元。

2012 年，推出当时同类产品费率最低的短期理财产品——信诚理财 7 日盈债券基金。

2013 年，推出 A 股市场第一只有色分级指数基金——信诚中证 800 有色指数分级基金。

2013 年，推出 A 股市场第一只医药指数分级基金——信诚中证 800 医药指数分级基金。

2013 年，成功发行信诚新双盈分级债券基金，募集 37.2 亿元，为成立时年内首募最大分级债券基金。

2013 年，在上海成立子公司——“中信信诚资产管理有限公司”。

【股东概况】

排序	股东名称	持股数量（万股）	持股比例
1	中信信托投资有限责任公司	9800.00	49%
1	英国保诚集团股份有限公司	9800.00	49%
2	中新苏州工业园区创业投资有限公司	400.00	2%

【旗下基金】

基金代码	基金简称	类型
550001	信诚四季红	混合型
550002	信诚精萃成长	股票型
550003	信诚蓝筹	股票型
550008	信诚优胜精选	股票型
550009	信诚中小盘	股票型
165508	信诚深度价值	股票型
165512	信诚新机遇	股票型
165516	信诚周期轮动	股票型
000209	信诚新兴产业	股票型
550004	信诚三得益债券 A	债券型
550005	信诚三得益债券 B	债券型
550006	信诚优债 A	债券型
550007	信诚优债 B	债券型
165509	信诚增强收益债券	债券型
165518	信诚双盈分级债券 A	债券型
150081	信诚双盈分级债券 B	债券型
550012	信诚理财 7 日盈 A	债券型
550013	信诚理财 7 日盈 B	债券型
550017	信诚添金分级	债券型
550015	季季添金	债券型
550016	岁岁添金	债券型
550018	信诚优质纯债 A	债券型
550019	信诚优质纯债 B	债券型
000091	信诚新双盈分级	债券型
000092	信诚新双盈分级 A	债券型
000093	信诚新双盈分级 B	债券型
000260	信诚季季定期支付	债券型
000360	信诚年年有余 A	债券型
000361	信诚年年有余 B	债券型
000405	信诚月月定期支付	债券型
550010	信诚货币 A	货币型
550011	信诚货币 B	货币型
165510	信诚金砖四国	QDII
165513	信诚全球商品主题	QDII
165511	信诚中证 500 分级	指数型
150028	信诚中证 500A	指数型
150029	信诚中证 500B	指数型
165515	信诚沪深 300 分级	指数型
150051	信诚沪深 300 分级 A	指数型
150052	信诚沪深 300 分级 B	指数型
165519	信诚 800 医药分级	指数型
150148	信诚 800 医药分级 A	指数型
150149	信诚 800 医药分级 B	指数型
165520	信诚中证 800 有色指数分级	指数型
150150	信诚中证 800 有色指数分级 A	指数型
150151	信诚中证 800 有色指数分级 B	指数型

【公司高管】

张翔燕女士，董事长，硕士学位。历任中信银行总行营业部副总经理、综合计划部总经理，中信银行北京分行副行长、中信银行总行营业总部副总经理，中信证券股份有限公司副总经济师，中信控股有限责任公司风险管理部总经理。现任中信控股有限责任公司副总裁。

王俊锋先生，总经理，工商管理硕士。历任国泰基金管理有限公司市场部副总监、华宝兴业基金管理有限公司市场总监、瑞银环球资产管理（香港）有限公司北京代表处首席代表、瑞银证券有限责任公司资产管理部总监。现任信诚基金管理有限公司总经理、首席执行官，兼任中信信诚资产管理有限公司（信诚基金管理有限公司之子公司）董事。

唐世春先生，督察长，法学硕士 历任北京天平律师事务所律师；国泰基金管理有限公司监察稽核部法务主管；友邦华泰基金管理有限公司法律监察部总监、总经理助理兼董事会秘书。2007 年 6 月 1 日加入信诚基金管理有限公司。现任信诚基金管理有限公司督察长。

建信基金管理有限责任公司

【基本情况】

法定名称：建信基金管理有限责任公司

英文名称：CCB Principal Asset Management Co.，Ltd.

注册地址：北京市西城区金融大街 7 号
英蓝国际金融中心 16 层

办公地址：北京市西城区金融大街 7 号
英蓝国际金融中心 16 层

法人代表:江先周
总 经 理:孙志晨
成立时间:2005 年 9 月 19 日
公司属性:中外合资
注册资本:2 亿元
联系电话:010 - 66228800
客服热线:400 - 819 - 5533
传真号码:010 - 66228001
邮政编码:100034
公司网址:www. ccbfund. cn

【公司概况】

建信基金管理公司成立于 2005 年 9 月,注册地在北京,注册资本金为 2 亿元人民币,是国内首批由商业银行发起设立的基金管理公司。股东分别为中国建设银行股份有限公司、信安金融服务公司、中国华电集团资本控股有限公司,持股比例分别为 65%、25% 及 10%。建信基金管理公司业务范围包括基金募集、基金销售、资产管理和中国证监会许可的其他业务。

公司具有特定客户资产管理业务资格和合格境内机构投资者(QDII)资格。公司构建了较为完善的公募基金产品线,拥有多个特定客户资产管理计划,并为多家机构提供投资咨询服务,特定客户资产管理业务及投资顾问业务居业内前列。

公司旗下基金整体业绩优良,投资能力不断提升,管理水平稳步提高。

凭借出色的业绩表现,2013 年 3 月,公司荣获《中国证券报》等机构评选的"2012 年度金牛基金管理公司"奖,同时建信核心精选基金荣获"三年期股票型金牛基金"奖,建信优势动力封闭基金荣获"三年期封闭式金牛基金"奖。"金牛奖"被誉为基金行业的"奥斯卡"!

2013 年 3 月,公司荣获《证券时报》等机构评选的"三年持续回报明星基金公司奖",同时建信核心精选股票基金金荣获"三年持续回报股票型明星基金奖"。

2013 年 4 月,公司荣获《上海证券报》等机构评选的"金基金 · 海外投资回报公司奖",同时建信核心精选股票基金荣获"金基金 · 股票型基金奖(三年期)"。

截至 2013 年 12 月 31 日,公司资产管理规模已经突破 730. 45 亿元;公司旗下拥有 38 只不同风险收益特征的基金产品,为近 470 万客户提供理财服务。

公司积极回馈持有人,截至 2013 年 12 月 31 日,公司旗下公募基金累计分红金额超过 175 亿元,得到了投资者的广泛认可。

【股东概况】

排序	股东名称	出资额(万元)	持股比例
1	中国建设银行股份有限公司	13000. 00	65%
2	美国信安金融集团	5000. 00	25%
3	中国华电集团公司	2000. 00	10%

【旗下基金】

基金代码	基金简称	类型
530001	建信恒久价值	股票型
530003	建信优选成长	股票型
530006	建信核心精选	股票型
165309	建信沪深 300	股票型
530010	建信责任	股票型
510090	责任 ETF	股票型
530011	建信内生动力	股票型
165310	建信双利分级	股票型
530015	建信深证 60 联接	股票型
159916	建信深证 60ETF	股票型
530018	建信深证 100 指数增强	股票型
530019	建信社会责任	股票型
000308	建信创新中国	股票型
165313	建信优势动力	股票型
165312	建信央视 50	股票型
530005	建信优化配置	混合型
530012	建信积极配置	混合型
530016	建信恒稳价值	混合型
000056	建信消费升级	混合型
000270	建信安心保本	混合型
530008	建信稳定增利债券	债券型
530017	建信双息红利债券	债券型
530009	建信增强债券 A	债券型
531009	建信增强债券 C	债券型
530020	建信转债增强债券 A	债券型
531020	建信转债增强债券 C	债券型
530021	建信纯债 A	债券型
531021	建信纯债 C	债券型
000105	建信安心回报债券 A	债券型
000106	建信安心回报债券 C	债券型
000207	建信双债增强债券 A	债券型
000208	建信双债增强债券 C	债券型
000346	建信安心回报两年定期开放债券 A	债券型
000347	建信安心回报两年定期开放债券 C	债券型
000435	建信稳定添利债券	债券型
539001	建信全球机遇股票	QDII
539002	建信新兴市场	QDII
539003	建信全球资源股票	QDII
165311	建信信用增强债券	封闭型
530002	建信货币	货币型
539003	建信全球资源股票	QDII
530030	建信周盈理财 A	理财型
531030	建信周盈理财 B	理财型
530014	建信双周理财 A	理财型
531014	建信双周理财 B	理财型
530028	建信月盈理财 A	理财型
531028	建信月盈理财 B	理财型
530029	建信双月理财 A	理财型
531029	建信双月理财 B	理财型

【公司高管】

江先周先生,董事长。1986 年获财政部财政科学研究所经济学硕士学位。1993 年获英国 Heriot - Watt 大学商学院国际银行金融学硕士学位,1999 年参加哈佛商学院高级管理培训项目(PMD74)。历任中国建设银行行长办公室副处长,中国建设银行国际业务部处长,中国建设银行行长办公室副主任,中国建设银行国际业务部副总经理,中国建设银行基金托管部总经理,中国建设银行基金托管部总经理兼机构业务部总经理,中国建设银行基金托管部总经理。

孙志晨先生,总经理、执行董事。1985 年获东北财经大学经济学学士学位。历任中国建设银行总行筹资部证券处副处长，建设银行总行筹资部、零售业务证券处处长，中国建设银行零售业务部证券处处长，中国建设银行个人银行业务部债券登记与交易中心处长，建设银行总行个人银行业务部、个人金融业务部副总经理。

路彩营女士，督察长。1979 年毕业于河北大学经济系计划统计专业。历任中国建设银行副主任科员、主任科员、副处长、处长，华夏证券部门副总经理、重庆审计特派办总经理，宝盈基金管理公司首席顾问（公司副总经理级），建信基金管理公司监事长。

华商基金管理有限公司

【基本情况】

法定名称：华商基金管理有限公司
英文名称：Huashang Fund Management Co., Ltd.
注册地址：北京市西城区平安里西大街 28 号中海国际中心 19 层
办公地址：北京市西城区平安里西大街 28 号中海国际中心 19 层
法人代表：李晓安
总 经 理：王　锋
成立日期：2005 年 12 月 20 日
注册资本：1 亿元
公司属性：中资
联系电话：010－58573600
客服电话：400－700－8880
传真号码：010－58573520
邮政编码：100034
公司网址：www.hsfund.com

【公司概况】

华商基金管理有限公司是一家经中国证监会批准设立、为客户提供专业理财服务的资产管理机构。华商基金以“诚为本，智慧创造财富”为公司发展理念，以“优化资源配置，助力企业成长，为投资者创造财富”为使命，坚持奉行“诚信、专业、合作、进取、责任”的核心价值观，致力于成为值得信赖、受人尊敬的资产管理公司，努力把华商基金打造成为广大投资者信赖的基金品牌。

华商基金旗下管理的产品覆盖了多种基金类型，均取得了较好的投资业绩。公司资产管理规模大幅增长，市场影响力迅速提升，综合实力快速提高，在投资研究、市场开拓、客户服务等方面表现出良好的发展势头，得到了越来越广泛的关注和认同。

【公司大事记】

2005 年 12 月 20 日，华商基金管理有限公司成立。

2007 年 4 月 6 日，华商基金公司旗下的第一只产品华商领先企业基金获中国证监会证监许可［2007］98 号文批准募集。

2007 年 5 月 15 日，华商领先企业基金成立。

2008 年 5 月 16 日，华商基金公司旗下的第二只产品华商盛世成长基金获中国证监会证监许可［2008］705 号文批准募集。

2008 年 9 月 23 日，华商盛世成长基金成立。

2008 年 10 月 31 日，华商基金公司旗下的第三只产品华商收益增强基金获中国证监会证监许可［2008］1250 号文批准募集。

2009 年 1 月 23 日，华商收益增强基金成立。

2009 年 9 月 4 日，华商基金公司旗下的第四只产品华商动态阿尔法基金获中国证监会证监许可［2009］892 号文核准募集。

2009 年 11 月 24 日，华商动态阿尔法基金成立。

2010 年 4 月 7 日，华商基金公司旗下的第五只产品华商产业升级基金获中国证监会证监许可［2010］417 号文核准募集。

2010 年 5 月 4 日 华商基金公司旗下的第六只产品华商稳健双利基金获中国证监会证监许可［2010］590 号文核准募集。

2010 年 6 月 18 日，华商产业升级基金成立。

2010 年 8 月 9 日，华商稳健双利基金成立。

2010 年 10 月 15 日，华商基金公司旗下的第七只产品华商策略精选基金获中国证监会证监许可［2010］1393 号文核准募集。

2010 年 11 月 9 日，华商策略精选基金成立。

2011 年 1 月 6 日，华商基金公司旗下的第八只产品华商稳定增利基金获中国证监会证监许可［2011］16 号文核准募集。

2011 年 3 月 15 日，华商稳定增利基金成立。

2011 年 3 月 23 日，华商基金公司旗下的第九只产品华商价值精选基金获中国证监会证监许可［2011］440 号文核准募集。

2011 年 5 月 31 日，华商价值精选基金成立。

2011 年 11 月 23 日，华商基金公司旗下的第十只产品华商主题精选基金获中国证监会证监许可［2011］1858 号文核准募集。

2012 年 5 月 31 日，华商主题精选基金成立。

2012 年 2 月 27 日，华商基金公司旗下的第十一只产品华商中证 500 基金获中国证监会证监许可［2012］244 号文核准募集。

2012 年 9 月 6 日，华商中证 500 基金成立。

2012 年 11 月 7 日，华商基金公司旗下的第十二只产品华商现金增利货币基金获中国证监会证监许可［2012］1467 核准募集。

2012 年 12 月 11 日，华商现金增利货币市场基金成立。

2012 年 12 月 11 日，华商现金增利货币市场基金成立。

2012 年 12 月 13 日，华商基金公司旗下的第十三只产品华商大盘量化基金获中国证监会证监许可［2012］1682 核准募集。

2012 年 12 月 13 日，华商基金公司旗下的第十四只产品华商价值共享基金获中国证监会证监许可［2012］1683 核准募集。

2013 年 3 月 18 日，华商价值共享基金成立。

2013 年 4 月 9 日，华商大盘量化基金成立。

2013 年 9 月 17 日，华商基金公司旗下的第十五只产品华商红利优选基金获中国证监会证监许可［2012］1475 核准募集。

2013 年 9 月 17 日，华商红利优选基金成立。

2013 年 9 月 17 日，华商基金公司旗下的第十六只产品华商优势行业基金获中国证监会证监许可［2013］933 核准募集。

2013 年 12 月 11 日，华商优势行业基金成立。

2013 年 12 月 23 日，华商基金淘宝官方直营店正式开业。

2013 年 12 月 25 日，华商基金公司旗下的第十七只产品华商双债丰利基金获中国证监会证监许可[2013]1091 核准募集。

2014 年 1 月 29 日，华商双债丰利基金成立。

2014 年 2 月 12 日，华商基金公司旗下的第十八只产品华商创新成长基金获中国证监会证监许可[2014]74 核准募集。

【股东概况】

排序	股东名称	持股比例
1	华龙证券有限责任公司	46%
2	中国华电集团财务有限公司	34%
3	济南钢铁集团总公司	20%

【旗下基金】

基金代码	基金简称	类型
630002	华商盛世	股票型
630006	华商产业	股票型
630010	华商价值精选	股票型
630011	华商主题精选	股票型
630001	华商领先	混合型
630005	华商动态阿尔法	混合型
630008	华商策略精选	混合型
630016	华商价值共享	混合型
630015	华商大盘量化精选	混合型
000279	华商红利优选	混合型
000390	华商优势行业	混合型
630003	华商强债 A	债券型
630103	华商强债 B	债券型
630007	华商稳健 A	债券型
630107	华商稳健 B	债券型
630009	华商稳定增利 A	债券型
630109	华商稳定增利 C	债券型
166301	华商中证 500 分级	指数型
150110	华商中证 500A	指数型
150111	华商中证 500B	指数型
630012	华商现金增利 A	货币型
630112	华商现金增利 B	货币型

【公司高管】

李晓安，董事长，清华大学 EMBA。历任天水市信托投资公司办公室主任、副总经理、总经理、党委书记，天水市财政局副局长、局长、党组书记，现任华龙证券有限责任公司董事长兼总裁。

王锋，总经理，男，工学学士、经济学硕士。曾任博时基金管理公司研究部研究员、基金经理助理，云南国际信托投资管理有限公司资产管理总部执行总经理、华商基金管理有限公司投资管理部总经理、公司投资决策委员会成员、华商领先企业混合型证券投资基金基金经理、公司副总经理等职务。

周亚红，督察长，女，经济学博士。2011 年 7 月加入华商基金管理有限公司，曾任云南财经大学金融系副教授，博时基金管理有限公司研究员、TA 主管、产品设计师、渠道主管、市场部副总经理，国金通用基金管理有限公司(筹)总经理助理等职务。

汇丰晋信基金管理有限公司

【基本情况】

法定名称：汇丰晋信基金管理有限公司
英文名称：HSBC Jintrust Fund Management Co., Ltd.
注册地址：上海市浦东新区世纪大道 8 号上海国金中心汇丰银行大楼 17 楼
办公地址：上海市浦东新区世纪大道 8 号上海国金中心汇丰银行大楼 17 楼
法人代表：杨小勇
总 经 理：王　栋
成立时间：2005 年 11 月 16 日
公司属性：中外合资
注册资本：2 亿元
联系电话：021 – 20376868
客服热线：021 – 20376888
传真号码：021 – 20376999
邮政编码：200120
公司网址：www.hsbcjt.cn

【公司概况】

2005 年 11 月，汇丰环球投资管理有限公司(HSBC Global Asset Management (UK) Limited)(以下简称“汇丰投资管理”)及山西信托有限责任公司(以下简称“山西信托”)共同创建汇丰晋信基金管理有限公司(以下简称“汇丰晋信”)，公司总部设在上海，注册资本为人民币 2 亿元。

汇丰晋信融合了两大金融机构的成就、实力、专才和承诺；融合了中外力量和东西智慧；融合了山西信托和汇丰投资管理的深厚本土经验及国际视野……融合，汇聚了强大的能量，我们的事业由此开始……

汇丰晋信致力于为投资者提供专业实用的投资建议、适合其需求的投资产品、以及高品质的账户管理和咨询服务，让投资不再是一个令人难以涉足的领域。

【股东概况】

排序	股东名称	出资额(万元)	持股比例
1	山西信托投资有限责任公司	10200.00	51%
2	汇丰投资管理(英国)有限公司	9800.00	49%

【旗下基金】

基金代码	基金简称	类型
540001	汇丰晋信 2016	混合型
540003	汇丰晋信动态策略	混合型
540004	汇丰晋信 2026	混合型
540002	汇丰晋信龙腾	股票型
540006	汇丰晋信大盘	股票型
540007	汇丰晋信中小盘	股票型
540008	汇丰晋信低碳	股票型
540009	汇丰消费红利	股票型
540010	汇丰晋信科技先锋	股票型
540005	汇丰晋信增利 A	债券型
541005	汇丰晋信增利 C	债券型
540011	汇丰晋信货币 A	货币型
541011	汇丰晋信货币 B	货币型

基金代码	基金简称	类型
540012	汇丰晋信恒生指数	指数型

【公司高管】

杨小勇先生，董事长，硕士学历。曾任山西省委组织部正处级干部、山西省信托投资公司副总经理、山西省国信投资(集团)公司副总经理、山西光信实业有限公司副董事长。现任山西省国信投资(集团)公司党委书记、山西信托有限责任公司副董事长。

王栋先生，总经理，硕士学历。中国注册会计师(CPA)和特许金融分析师(CFA)。曾任汇丰环球投资管理(英国)有限公司产品开发培训生、汇丰环球投资管理(香港)有限公司亚太企业拓展经理，其后参与筹建汇丰晋信基金管理有限公司。公司成立至今历任财务总监、特别项目部总监、国际业务与战略伙伴部总监、总经理助理。

古韵女士，督察长，硕士学历。曾任国泰君安证券股份有限公司法律事务总部副经理，国联安基金管理有限公司监察稽核部副总监、监察稽核部总监、董事会秘书和总经理助理。

益民基金管理有限公司

【基本情况】

法定名称：益民基金管理有限公司
英文名称：YIMIN Asset Management Co., Ltd.
注册地址：重庆市渝中区上清寺路110号
办公地址：北京市宣武区宣外大街6号庄胜广场中央办公楼南翼13A
法人代表：翁振杰
总 经 理：雷学军
成立时间：2005年12月12日
公司性质：中资
注册资本：1亿元
联系电话：010－63105556
客服电话：400－650－8808
传真号码：010－63100588
邮政编码：100010
公司网址：www.ymfund.com

【公司概况】

益民基金管理有限公司，是2005年12月1日，经中国证监会(证监基金字【2005】192号)批准设立的，注册资本1亿元人民币，注册地为重庆市。目前，公司主要办公场所在北京市宣武区。公司的经营范围主要是发起设立基金、基金管理业务和中国证监会批准依法从事的其他业务。公司由重庆国际信托有限公司、中国新纪元有限公司和中山证券有限责任公司共三家公司发起设立，依次占股49%、31%、20%。

一路走来，益民基金和投资者共同经历了中国资本市场发展的日，新月异，也分享了财富增长的快乐。受人之托，忠人之事，我们始终牢记着投资者的信任，坚守职业道德，置诚信于首位。“路遥知马力，稳健创财富”，我们以严谨的态度，踏实的精神致力于为投资者创造更多投资回报。

带着对中国证券市场的坚定信心，面对世界上最具活力的资本市场，迎接我们的将是前所未有的机遇和挑战。阔步迈入“十二五”发展的新时期，作为成长型的基金公司，我们立志于打造一流的业绩与一流的服务，以感恩之心回馈投资人，股东，员工和社会，成为具有市场影响力的品牌基金公司，为中国基金行业创造新的辉煌，为社会创造更大价值与贡献。我们希望与您一起感受时代前进的喜悦，分享中国经济成长的丰硕成果，在财富之路上与您相伴，或为您值得信赖的理财伙伴。

【公司大事记】

2005年12月29日，益民基金管理有限公司成立。

2006年5月23日，益民基金管理公司北京分公司成立。

2006年6月27日，益民货币市场基金发行。

2006年10月23日，益民红利成长混合型证券投资基金发行。

2007年5月8日，益民红利成长基金累计净值2.0265元，距该基金成立仅168天，刷新了新基金净值“翻倍”的最快纪录。

2007年6月4日，推出免费服务热线400－6508808。

2007年7月11日，益民创新优势混合型证券投资基金成立。

2008年5月21日，益民多利债券基金成立。

2009年6月27日，益民基金公司股权变更。股东及其持股比例分别为：重庆国际信托有限公司49%、中国新纪元有限公司31%、中山证券有限责任公司20%。

2009年12月，益民基金总经理祚煜上任。

2011年1月，益民基金新任总经理雷学军上任。

2012年2月16日，中国证监会核准公司可以从事特定客户资产管理业务。

2012年8月16日，益民核心增长灵活配置混合型证券投资基金成立。

2013年5月27日，益民基金管理有限公司子公司成立－国泓资产管理有限公司。

2013年12月14日，益民服务领先灵活配置混合型证券投资基金成立。

【股东概况】

排序	股东名称	持股数量(万股)	持股比例
1	重庆国际信托投资有限公司	4900.00	30%
2	中国新纪元有限公司	3100.00	25%
3	中山证券有限责任公司	2000.00	20%

【旗下基金】

基金代码	基金简称	类型
560002	益民红利成长	混合型
560003	益民创新优势	混合型
560006	益民核心增长	混合型
000410	益民服务领先	
560001	益民货币	货币型
560005	益民多利债券	债券型

【公司高管】

翁振杰，董事长，男，工学硕士，曾任解放军通讯工程学院教官。历任重庆益民信息系统工程公司副总经理、陕西国力实业有限公司总经理、中关村科技发展股份有限公司副总经理等职，从事企业经营管理和投资管理工作近20年，现任重庆国际信托投资有限公司总裁。代为履行总经理职责

雷学军，总经理，男，1966年生，硕士研究生。曾任原华

夏证券有限公司投资银行部高级经理、光大证券北京投资银行部、资产管理部总经理、嘉实基金管理有限公司机构理财部总监、湘财荷银基金管理有限公司总经理助理兼市场总监、泰达宏利(原泰达荷银)基金管理有限公司副总经理。2011 年 1 月始任益民基金管理有限公司总经理。

刘伟,督察长,男,经济学硕士,曾任山西省计划与发展委员会助理研究员、光大国际投资咨询公司部门经理、总经理助理、光大期货经纪有限公司副总经理、中信证券股份有限公司研究部研究员、重庆国际信托投资有限公司基金管理部总经理。2005 年 12 月始任益民基金管理有限公司督察长。

中邮创业基金管理有限公司

【基本情况】

法定名称:中邮创业基金管理有限公司

英文名称:China Post & Capital Fund Management Co. ,Ltd.

注册地址:北京市海淀区西直门北大街 60 号首钢国际大厦 10 层

办公地址:北京市海淀区西直门北大街 60 号首钢国际大厦 10 层

法人代表:吴 涛

总 经 理:周 克

成立时间:2006 年 5 月 8 日

公司属性:中外合资

注册资本:1 亿元

联系电话:010 - 82295160

客服电话:400 - 880 - 1618

传真号码:010 - 82295160

邮政编码:100082

公司网址:www. postalfund. com

【公司概况】

经中国证监会批准,中邮创业基金管理有限公司于 2006 年 5 月 8 日在北京正式成立。中邮创业基金主要从事于证券投资基金的发起、发行、设立与管理业务。注册资本 1 亿元人民币,注册地为北京。核心股东为:首创证券有限责任公司、中国邮政集团公司。

成立以来,中邮创业基金先后获得过《上海证券报》“中国最佳基金公司最具潜力奖”,《证券时报》“明星基金公司新秀奖”、“年度中国基金业明星基金公司奖”。中邮创业基金旗下产品中邮核心优选股票基金两次荣获《中国证券报》“年度金牛基金奖”,中邮核心优势灵活配置混合基金获得《证券时报》“年度中国明星基金奖”。

中邮创业基金以人为本,积极营造“真诚沟通、和谐互助、快乐工作、快乐生活”的文化氛围,将员工个人职业发展与公司发展紧密结合,建立起一套行之有效的与员工贡献相匹配的长效激励机制和可持续的人才培养机制,保证了公司竞争力的稳定和持久。

【股东概况】

股东名称	持股比例
首创证券有限责任公司	47%
中国邮政集团公司	29%
三井住友银行股份有限公司	24%

【旗下基金】

基金代码	基金简称	类型
590001	中邮核心优选	股票型
590002	中邮核心成长	股票型
590008	中邮战略新兴产业	股票型
590005	中邮核心主题	股票型
590003	中邮核心优势	混合型
590006	中邮中小盘配置	混合型
590007	中邮上证 380 增强	指数型
590009	中邮稳定收益 A	债券型
590010	中邮稳定收益 C	债券型
000271	中邮定期开放债券 A	债券型
000271	中邮定期开放债券 C	债券型

【公司高管】

吴涛先生,公司董事长,大学本科,15 年证券从业经验。曾任国家外汇管理局储备司干部、中国新技术创业投资公司深圳证券营业部总经理、首创证券有限公司总经理,现任首创证券有限公司董事长。

周克先生,中共党员,硕士研究生,12 年金融从业经历。曾任中信实业银行总行开发部副总经理、首创证券有限公司副总经理,现任中邮创业基金管理有限公司总经理。

郭建华先生,硕士研究生,10 年证券从业经历。曾任长城证券有限公司研发中心总经理助理、长城证券有限公司海口营业部总经理。现任中邮创业基金管理有限公司督察长。

信达澳银基金管理有限公司

【基本情况】

法定名称:信达澳银基金管理有限公司

英文名称:First State Cinda Fund Management Co. , Ltd.

注册地址:广东省深圳市福田区深南大道 7088 号招商银行大厦 24 层

办公地址:广东省深圳市福田区深南大道 7088 号招商银行大厦 24 层

法定代表:何加武

成立日期:2006 年 6 月 5 日

注册资本:1 亿元

公司属性:中外合资

联系电话:0755 - 83172666

客服电话:400 - 888 - 8118

传真号码:0755 - 83196151

邮政编码:518040

网址:www. fscinda. com

【公司概况】

信达澳银基金管理有限公司由中国信达资产管理公司和澳洲联邦银行的全资附属公司康联首域集团共同发起,是国内首家由国有资产管理公司控股的基金管理公司,也是澳洲在中国合资设立的第一家基金管理公司。

公司注册地点在中国深圳,注册资本 1 亿元人民币,其中中国信达资产管理公司出资 5400 万元人民币,占 54%;康联首域集团有限公司出资 4600 万元人民币,占 46%。

公司建立了健全的法人治理结构,根据《中华人民共和国公司法》的规定设立了股东会、董事会和执行监事。股东会层面设立公司咨询委员会,董事会层面设立风险控制委员会和薪酬考核委员会两个专门委员会，并建立了独立董事制度。公司总经理负责公司的日常运作，并由各委员会包括投资审议委员会和风险管理委员会协助其议事决策。

公司致力于通过完善治理结构，健全绩效评价与激励机制，强化董事和管理团队的诚信勤勉义务和责任，建立良好的内部关系，提高经营者及员工的积极性，为基金投资者和全体股东创造良好的回报。

作为中外合资基金公司，信达澳银基金管理公司在借鉴外方股东成熟经验，结合中国市场特点的基础上，成功设计了公司的第一支基金产品——“信达澳银领先增长股票型证券投资基金”。该产品于2007年2月获得中国证监会批准募集。2007年3月5日，信达澳银领先增长股票型证券投资基金仅用一个工作日就完成了首次发行募集工作，募集规模近90亿基金份额。创下了中国基金业新公司新基金发行首日即以接近目标上限结束募集的新记录，树立了公司的市场形象，提高了品牌知名度。

公司建立了投研一体化的基金投资运作体系，形成了独具特色的投资研究模式和投资理念，汇聚了一批优秀的、拥有丰富从业经验的投资研究人才，为今后基金投资运作实践奠定了良好的基础。公司在外方股东康联首域集团的大力支持下，创建了一套以纯粹“自下而上”方式精选股票为理念，以科学分工、合理授权为组织方式的具有信达澳银特色的投资管理模式。

公司建立了安全高效、风险可控的基金后台运营保障系统，为公司基金业务展开奠定了良好的硬件基础。一是对公司信息技术系统进行了优化，为公司日常办公运转以及基金投资运作、市场营销等业务全面展开建立了较为完善的信息技术保障体系。二是建立了合理高效、风险可控的基金清算和基金会计业务流程。三是建立了较为完善的客户服务体系，制订了较为全面的客户服务制度和服务手册，形成了一套规范的客户服务流程。

信达澳银基金管理公司将秉持“规范、诚信、创新、回报”的经营理念，以“好公司、好团队、好产品、好回报”为发展目标，成为投资者信任的基金管理人。

【公司大事记】

2006年4月17日，公司取得中国证监会下发的《关于同意设立信达澳银基金管理有限公司的批复》。

2006年5月16日，公司取得商务部批准证书，获准成立中外合资公司。

2006年6月5日，公司在国家行政工商管理总局正式注册登记成立。公司注册及办公地址设在深圳市福田区深南大道7088号招商银行大厦24楼。

2006年7月20日，公司开业庆典及揭牌仪式在北京人民大会堂隆重举行，澳大利亚驻华大使、中国人民银行、财政部、银监会、证监会等部门的领导同志以及相关金融机构的负责人出席了成立仪式。

2010年2月25日，信达澳银领先增长股票型基金实施2010年的首度分红，以2010年2月1日为收益分配基准日，每10份基金份额派发红利0.8元，红利发放日为2月26日。

2010年4月10日，公司组织全体员工参加由深圳市城建局、深圳市绿色基金会等单位联合发起举办的2010年“绿色和谐深圳”植树活动，员工们亲手在深圳市中心公园植树100棵。

2010年4月16至18日，公司在东莞松山湖凯悦酒店举办全体员工参加的“公司2010年度经营工作会议暨基金发行动员会”。

2010年4月20日，公司积极响应中国证券业协会发起的“证券行业向青海玉树灾区献爱心”的捐款活动，向发生7.1级强震的玉树地震灾区捐款30万元，用于支援当地的抗震救灾工作，帮助灾区群众渡过难关、重建家园，所捐善款将通过民政部捐送灾区。

2010年5月4日，公司旗下第五只基金——信达澳银红利回报股票型基金获得中国证监会[2010]571号文核准发行，基金代码610005，托管行为中国建设银行。

2010年7月23日，公司旗下第五只基金——信达澳银红利回报股票型基金结束募集，募集总额5.95亿元，此次募集的有效认购户数为11995户。

2010年9月3日，公司“在线客服”平台正式上线，丰富了服务渠道。

2010年9月16日，公司“基金经理在线”平台正式开通，每月中旬将邀请我公司基金经理与投资者直接进行在线交流。

2010年12月，完成了信达资产管理公司的集团网络办公平台子平台的建设，实现了集团信息化的前期准备工作。

2010年12月4至6日，公司参加了在深圳会展中心举行的2010中国(深圳)国际金融博览会，并荣获“2010中国(深圳)国际金融博览会最佳服务奖”。

2010年12月17日，公司在由搜狐财经主办的“搜狐2010金融理财网络盛典”颁奖典礼中荣获“最有影响力基金客户服务奖”。

2010年12月20日，公司偏股型基金业绩获认可，投资总监王战强荣膺《投资者报》评选的“2010年最佳投资总监TOP10”称号。

2010年12月20日，手机网上交易系统正式上线。

2011年1月12日，公司投资副总监曾国富先生荣获和讯网“2010年度最佳基金经理奖”。

2011年3月11日至13日，公司在深圳紫荆山庄召开“2011年度工作会议”，主要是回顾2010年的经营工作情况并向全体员工发布2011年的经营工作计划和目标。

2011年3月20日，公司组织全体总部员工在深圳市龙岗龙城公园开展“绿色大运纪念林”植树活动。

2011年6月13日，公司旗下第六只基金——信达澳银产业升级股票型证券投资基金成立，首次募集规模8.35亿元人民币，有效认购户数为11,045户。

2011年11月3日至6日，信达总公司携手包括我公司在内的旗下九家子公司，首次以集团形式亮相参加了第七届北京国际金融博览会。

2011年12月3日，公司荣获和讯网“2011年度基金业最佳创意营销奖”。

2011年12月13日，以现场方式召开第三届董事会第一次会议，选举第三届董事会董事长、副董事长，决定新酬考核委员会、风险控制委员会成员，聘任董事会秘书，并形成董事会决议。

2011年12月16日至18日，公司作为基金业的代表，参加了2011中国(深圳)国际金融博览会，参展期间累计接待投资者300余人。这是公司连续第二次参加中国(深圳)国际金融博览会。

2012年1月15日，海通证券近日发布的《基金公司权益及固定收益类资产业绩排行榜》显示，2011年信达澳银基金投资业绩表现突出，在多项榜单中名列前茅。

2012 年 2 月 14 日，信达澳银消费优选股票型基金获得证监会批复。

2012 年 4 月 10 日，据上海证券基金研究中心发布“2012 年一季度基金评级”，信达澳银领先增长基金三年综合评级和三年择时能力获评 5 星评级，信达澳银精华灵活配置基金三年综合评级和三年选证能力获评 4 星。

2012 年 5 月 7 日，公司旗下第七只基金——信达澳银稳定增利分级债券基金成立，首次募集规模 3.04 亿元人民币，有效认购户数为 3,219 户。

2012 年 5 月 17 日，公司获得中国证监会核准开展专户理财业务的批复。

2012 年 6 月 13 日，银河证券最新统计显示，截至 6 月 8 日，信达澳银稳定价值债券基金 A/B 份额过去三个月净值增长率分别达到 7.18% 和 7.08%，在 81 只同类型基金中排名第 1 位和第 2 位。

2012 年 6 月 15 日，公司举办“喜迎老客户・同庆六周年”开放日活动，邀请 30 位基金持有人代表走进公司深圳总部。

【股东概况】

排序	股东名称	持股比例
1	中国信达资产管理股份有限公司	54%
2	康联首域集团	46%

【旗下基金】

基金代码	基金简称	类型
610001	信达澳银增长	股票型
610004	信达中小盘	股票型
610005	信达澳银红利	股票型
610006	信达澳银产业升级	股票型
610007	信达澳银消费优选	股票型
610002	信达澳银精华配置	混合型
610003	信达澳银债券 A	债券型
610103	信达澳银债券 B	债券型
166106	信达澳银稳定增利分级 A	债券型
150082	信达澳银稳定增利分级 B	债券型
610008	信达澳银信用债 A	债券型
610108	信达澳银信用债 C	债券型

【公司高管】

何加武先生，董事长，中南财经大学本科毕业；1982 年 8 月至 1996 年 1 月在中国建设银行总行工作，历任科长、副处长、处长、副主任；1996 年 1 月至 1997 年 6 月任中国信达信托投资公司副总经理；1997 年 6 月至 2003 年 6 月任宏源证券股份有限公司总经理；2003 年 6 月至 2005 年 1 月任宏源证券股份有限公司副董事长；2005 年 1 月至 2006 年 4 月任中国信达资产管理公司金融风险研究中心研究员；2006 年 4 月起任信达澳银基金管理有限公司董事长。

于建伟先生，总经理，中国社会科学院硕士、东北财经大学 EMBA。25 年证券从业经历，具有证券与基金从业资格、基金业高管人员任职资格。1989 年至 1996 年在中国建设银行信托投资公司工作，历任证券部副总经理、深圳证券业务部总经理、资产中介部负责人；1996 年至 2000 年任中国科技国际信托投资有限公司天津赤峰道证券营业部总经理；2000 年至 2004 年任宏源证券有限公司北京北洼路营业部总经理；2004 年至 2008 年任宏源证券有限公司营销经纪总部总经理；2008 年至 2013 年 5 月任世纪证券有限公司副总裁；2013 年 7 月加入信达澳银基金管理有限公司。

黄晖女士，督察长，加拿大 Concordia University 经济学硕士，历任大成基金管理公司研究部分析师、市场部主管产品设计副总监、规划发展部副总监、机构理财部总监等职务；曾参与英国政府“中国金融人才培训计划”（FIST 项目），赴伦敦任职于东方汇理证券公司（伦敦）；曾借调到中国证监会基金部工作，参与老基金重组、首批开放式基金评审等工作。现任信达澳银基金管理有限公司督察长兼董事会秘书。

诺德基金管理有限公司

【基本情况】

法定名称：诺德基金管理有限公司

英文名称：Lord Abbett China Asset Management Co.，Ltd.

注册地址：上海市浦东新区陆家嘴金融中心汇亚大厦 12 层

办公地址：上海市浦东新区陆家嘴金融中心汇亚大厦 12 层

法人代表：杨忆风

总 经 理：潘福祥

成立日期：2006 年 6 月 8 日

公司属性：合资企业

注册资本：1 亿元

联系电话：021 － 68879999

客服热线：400 － 888 － 0009

传真号码：021 － 68882526

邮政编码：200120

公司网址：http://www.lordabbettchina.com

【公司概况】

诺德基金管理有限公司是由美国独立资产管理公司——诺德・安博特公司（Lord Abbett & Co. LLC，以下简称“LORD ABBETT”）联合国内著名的长江证券股份有限公司（以下简称“长江证券”）和清华控股有限公司（以下简称“清华控股”）共同发起设立的基金管理公司，公司注册资本为 1 亿元人民币，其中 LORD ABBETT 出资相当于 4900 万元人民币的等额美元，占股 49%，长江证券出资 3000 万元人民币，占股 30%，清华控股出资 2100 万元人民币，占股 21%。公司总部位于上海浦东陆家嘴环路 1233 号汇亚大厦 12 层。

公司在业界具有独一无二的股东背景，是国内首批外资相对控股的合资基金管理公司，第一家有著名高校（清华大学）背景的基金管理公司，由首批创新类综合券商出资设立的基金管理公司。

公司控股股东 LORD ABBETT 是美国历史上最长、最受人尊重的资产管理集团之一、是美国规模最大的独立私人账户管理公司之一。而今公司在海外近百年所积累的投资经验和投资智慧已植入诺德基金管理有限公司。诺德基金将致力于为持有人带来长期稳定的回报。

诺德基金公司 Logo 传承于美国诺德.安博特，形象为国际象棋中的“马”，象征忠诚的骑士精神和独具长远的战略眼光。

【公司大事记】

2004 年 4 月 29 日，LORD ABBETT、长江证券和清华控股三方正式签署《发起人协议》和《股东协议》，并正式组建诺德基金筹备组。

2005 年 9 月 22 日，正式签署位于上海浦东汇亚大厦的办公室租赁协议，全面开始办公室装修、办公家具及设备购置以及信息系统建设工作。

2006 年 1 月 4 日，办公室全部装修完毕，办公家具及设备全部购置到位，信息系统成功搭建并完成了相关调试，筹备组搬入新办公室正常办公。

2006 年 5 月 12 日，公司正式收到中国证券监督管理委员会的“关于同意设立诺德基金管理有限公司的批复”。

2006 年 6 月 8 日，公司在国家工商行政管理局正式注册。

2006 年 8 月 8 日，公司开业庆典在上海浦东香格里拉大酒店隆重举行。

2006 年 8 月 8 日，公司 2006 年股东会暨第一届董事会第一次会议在公司本部召开。

2007 年 1 月 12 日，中国证监会正式批复，核准张欣担任公司督察长。

2007 年 3 月 23 日，诺德价值优势股票型证券投资基金的募集申请获得中国证监会批准，拟募集金额 80 亿元人民币。

2007 年 4 月 3 日，诺德价值优势股票型证券投资基金的募集时间经中国证监会批准，拟于 2007 年 4 月 16 日正式对外募集。

2007 年 4 月 16 日，诺德价值优势股票型证券投资基金获得广大投资者的热情认购，认购金额逾 150 亿元，公司按照全程比例配售的方法，对认购金额予以部分确认，最终确认的认购金额约为人民币 80 亿元，对超过的部分退还给投资者。

2007 年 6 月 6 日，诺德价值优势股票型证券投资基金开始办理申购、赎回业务。

2007 年 6 月 20 日，公司 2007 年股东会暨第一届董事会第二次会议在公司本部召开。

2007 年 7 月 5 日，上海市委常委、浦东新区区委书记杜家毫，浦东新区副区长过剑飞率浦东新区区委办、金融办、人事局、财政局、社发局、税务局、陆家嘴功能区的领导十余人来我公司视察、调研。同行的还有上海证监局副局长严旭及机构监管二处处长陶耿。公司董事长李格平、总经理杨忆风、副总经理潘福祥等陪同视察，并向杜书记、严局长一行汇报了我公司的运营情况。

2007 年 12 月 13 日，公司第一届董事会第三次会议在公司本部召开。

2008 年 6 月 11 日，诺德主题灵活配置混合型证券投资基金的募集申请获得中国证监会批准。

2008 年 10 月 8 日，诺德基金旗下第二只基金——诺德主题灵活配置混合型证券投资基金公开募集，并于 2008 年 11 月 5 日正式成立。

2008 年 12 月 15 日，诺德增强收益债券型证券投资基金的募集申请获得中国证监会批准。

2009 年 1 月 19 日起，诺德基金旗下第三只基金——诺德增强收益债券型证券投资基金公开募集，并于 2009 年 3 月 4 日正式成立。

2009 年 6 月 9 日，诺德成长优势股票型证券投资基金的募集申请获得中国证监会批准。

2009 年 8 月 10 日起，诺德基金旗下第四只基金——诺德成长优势股票型证券投资基金公开募集，并于 2009 年 9 月 22 日正式成立。

2010 年 3 月 8 日，诺德中小盘股票型证券投资基金的募集申请获得中国证监会批准。

2010 年 5 月 24 日起，诺德基金旗下第五只基金——诺德中小盘股票型证券投资基金公开募集，并于 2010 年 6 月 28 日正式成立。

2011 年 3 月 4 日，诺德优选 30 股票型证券投资基金的募集申请获得了中国证监会的批准。

2011 年 4 月 1 日起，诺德基金旗下第 6 只基金——诺德优选 30 股票型证券投资基金正式公开募集，并于 2011 年 5 月 5 日正式成立。

2011 年 9 月 13 日起，杨忆风先生由总经理转任董事长；潘福祥先生由副总经理转任总经理。公司相关决议已由公司第二届董事会第七次会议审议通过，并经中国证监会核准。

2011 年 10 月 20 日，诺德双翼分级债券型证券投资基金的募集申请获得了中国证监会的批准。

2011 年 12 月 27 日，诺德基金管理有限公司从事特定客户资产管理业务的申请获得了中国证监会的批准。

2012 年 1 月 9 日起，诺德基金旗下第 7 只基金——诺德双翼分级债券型证券投资基金正式公开募集，并于 2012 年 2 月 16 日正式成立。

2012 年 2 月 13 日起，诺德周期策略股票型证券投资基金正式公开募集，并于 2012 年 3 月 21 日正式成立。

2012 年 8 月 1 日起，诺德基金旗下第九只基金诺德深证 300 指数分级证券投资基金公开募集，并于 2012 年 9 月 10 日正式成立。

【股东概况】

排序	股东名称	持股比例
1	Lord Abbett	49%
2	长江证券股份有限公司	30%
3	清华控股有限公司	21%

【旗下基金】

基金代码	基金简称	类型
570001	诺德价值	股票型
570005	诺德成长优势	股票型
570006	诺德中小盘	股票型
570007	诺德优选 30	股票型
570008	诺德周期策略	股票型
165707	诺德 S300	股票型
150092	诺德 300A	股票型
150093	诺德 300B	股票型
571002	诺德配置	混合型
573003	诺德收益	债券型
165705	诺德双翼分级	债券型
165706	诺德双翼分级 A	债券型
150068	诺德双翼分级 B	债券型

【公司高管】

杨忆风先生，董事长。清华大学学士，美国 University of Wisconsin - Madison 电子材料与器件博士，金融学硕士。曾在美国多家金融机构任职，包括 General ReAsset Management, J&W Seligman & Co., Vantage Investment Advisors, Munder-Capital Management, Lord, Abbett & Co. LLC，历任分析师，基金经理，资深基金经理，研究主管，资深投资顾问和董事经理；诺德基金管理有限公司成立后曾担任董事、总经理职务。

潘福祥先生，董事，总经理。清华大学学士、硕士，中国社会科学院金融学博士。历任清华大学经济管理学院院长助理、安徽省国投上海证券总部副总经理和清华兴业投资管理有限公司总经理，清华大学经济管理学院和国家会计学院客座教授，诺德基金管理有限公司董事、副总经理。

张欣先生，督察长，清华大学学士，美国 WayneStateUniversity 经济学硕士，NewYorkUniversity 工商管理硕士，曾任美国 AllianceBernsteinL. P. 固定收益研究部副总裁、MONYCapitalManagement, Inc. 董事投资经理和 Moody'sInvestorsService 分析师。

中欧基金管理有限公司

【基本情况】

法定名称：中欧基金管理有限公司

英文名称：Lombarda China Fund Management Co. , Ltd.

注册地址：上海市浦东新区花园石桥路 66 号 东亚银行金融大厦 8 层

办公地址：上海市浦东新区花园石桥路 66 号 东亚银行金融大厦 8 层

法人代表：窦玉明

成立时间：2006 年 7 月 19 日

公司属性：中外合资

注册资本：1.88 亿元

联系电话：021 – 68609600

客服热线：400 – 700 – 9700

传真号码：021 – 33830351

邮政编码：200120

公司网址：www. lcfunds. com

【公司概况】

中欧基金管理有限公司（以下简称中欧基金）正式成立于 2006 年 7 月 19 日，注册资本为人民币 1.88 亿元，总部位于上海陆家嘴金融贸易区，并在北京设有分公司、深圳设有办事处。同时，2013 年 9 月，子公司深圳中欧盛世资本管理有限公司成立。

中欧基金由中外四方股东合资组建：意大利意联银行股份合作公司（简称 UBI）出资 6,580 万元人民币，占公司注册资本的 35%；国都证券有限责任公司出资 5,640 万元人民币，占公司注册资本的 30%；北京百骏投资有限公司出资 5,640 万元人民币，占公司注册资本的 30%；万盛基业投资有限责任公司出资 940 万元人民币，占公司注册资本的 5%。

成立以来，中欧基金坚持追求业绩和服务双轮驱动，深切关注基金持有人利益，致力于为投资者提供富有竞争力的产品和具有针对性的投资理财解决方案。截至 2013 年 9 月，旗下共有 15 只公募基金产品和 14 只专户产品，已建成一条拥有货币基金、债券基金、混合基金、股票基金、指数基金等较为完备的产品线。

中欧基金产品业绩近年来稳步提升。据银河证券统计，2012 年中欧基金股票投资主动管理能力在 64 家可比公司中排名第 1 位，并包揽了三大报 2012 年成长公司类奖项——荣获 2012 年度“金牛进取公司奖”、“明星基金公司成长奖”以及“金基金 · 成长公司奖”。

【股东概况】

排序	股东名称	持股数量(万股)	持股比例
1	意大利意大利意联银行股份有限公司	6580.00	35%
2	国都证券有限责任公司	5640.00	30%
2	北京百骏投资有限公司	5640.00	30%
4	万盛基业投资有限责任公司	940.00	5%

【旗下基金】

基金代码	基金简称	类型
166001	中欧新趋势	股票型
166005	中欧价值	股票型
160006	中欧中小盘	股票型
166009	中欧动力	股票型
166011	中欧盛世	股票型
150071	中欧盛世 A	股票型
150072	中欧盛世 B	股票型
166002	中欧新蓝筹	混合型
166019	中欧智选	混合型
166020	中欧优选	混合型
166003	中欧债券 A	债券型
166004	中欧债券 C	债券型
160008	中欧强债	债券型
166010	中欧鼎利分级	债券型
150039	中欧鼎利分级 A	债券型
150040	中欧鼎利分级 B	债券型
166012	中欧信用分级	债券型
166013	中欧信用 A	债券型
150087	中欧信用 B	债券型
160016	中欧纯债分级	债券型
160017	中欧纯债分级 A	债券型
150119	中欧纯债分级 B	债券型
166021	中欧添利	债券型
166022	中欧添利 A	债券型
150159	中欧添利 B	债券型
160007	中欧沪深 300	指数型
160014	中欧货币 A	货币型
160015	中欧货币 B	货币型

【公司高管】

窦玉明先生，清华大学经济管理学院本科、硕士，美国杜兰大学 MBA，中国籍。中欧基金管理有限公司董事长。曾任职于君安证券有限公司、大成基金管理有限公司。历任嘉实基金管理有限公司投资总监、总经理助理、副总经理兼基金经理，富国基金管理有限公司总经理。

刘建平先生，中欧基金管理有限公司总经理，中国籍。北京大学法学硕士，16 年？以上证券及基金从业经验。历任北京大学助教、副科长；中国证券监督管理委员会基金监管部副处长；上投摩根基金管理有限公司督察长。

黄桦先生，中欧基金管理有限公司督察长，中国籍。复旦大学经济学硕士，22 年以上证券及基金从业经验。历任上海爱建信托公司场内交易员，上海万国证券公司部门经理助理、部门经理，申银万国证券股份有限公司研究发展中心部门经理，光大证券有限责任公司助理总经理，光大保德信基金管理有限公司信息技术部总监，信诚基金管理有限公司运营部、信息技术部总监，中欧基金管理有限公司分管运营副总经理。

金元惠理基金管理有限公司

【基本情况】

法定名称：金元惠理基金管理有限公司

英文名称：Value Partners Goldstate Fund Management Co. , Ltd.

注册地址：上海市浦东新区花园石桥路33号
花旗集团大厦3608室
办公地址：上海市浦东新区花园石桥路33号
花旗集团大厦3608室
法人代表：任开宇
总 经 理：张嘉宾
成立时间：2006年11月13日
公司属性：中外合资
注册资本：2.45亿元
联系电话：021－68881801
客服热线：400－666－0666
传真号码：021－68881875
邮政编码：200120
公司网址：www.jykbc.com

【公司概况】

金元惠理基金管理有限公司成立于2006年11月，是国内首家港资入股的合资基金管理公司。公司注册地为上海，注册资本2.45亿元人民币，其中金元证券股份有限公司持有51%的股份，惠理基金管理香港有限公司持有49%的股份。

惠理基金管理香港有限公司是亚洲首屈一指的资产管理公司，其母公司惠理集团有限公司是唯一于香港联合交所主板上市的资产管理公司。金元惠理基金管理有限公司将借助双方股东在投资机制、研究平台、营销资源和风控体系等方面的优势，着力发展成为有社会责任感、运作规范、受投资者信任和喜爱的资产管理公司。

公司日常经营管理由总经理负责。公司根据经营运作需要设置基金投资部、专户投资部、研究部、固定收益及量化部、产品开发部、市场运营部、机构理财部、北京办事处、华东营销中心、华南营销中心、市场拓展部、信息技术部、基金事务部、交易部、财务部、人事行政部、监察稽核部等16个职能部门。此外，公司董事会下设风险控制与合规审核委员会、资格审查委员会和薪酬管理委员会，公司总经理下设投资决策委员会和风险控制委员会。

【股东概况】

排序	股东名称	持股比例
1	金元证券有限责任公司	51%
2	惠理基金管理香港有限公司	49%

【旗下基金】

基金代码	基金简称	类型
620003	金元惠理丰利	债券型
620004	金元惠理增长	股票型
620005	金元惠理核心动力	股票型
620006	金元惠理消费主题	股票型
620008	金元惠理主题	股票型
620001	金元惠理宝石动力	混合型
620002	金元惠理成长	混合型
620007	金元惠理保本	混合型
620009	金元惠理惠利保本	混合型

【公司高管】

任开宇先生，董事，董事长，博士学位。曾任长春证券有限公司总裁助理，新华证券有限公司监事长，金元证券有限公司投行总监。2008年至今，任金元证券股份有限公司副总裁；现任金元惠理基金管理有限公司董事长。

张嘉宾先生，董事，工商管理硕士。曾任深业美国公司（新泽西）副总裁，瑞银华宝（纽约）业务经理，富国基金管理有限公司总经理助理、市场总监，信诚基金管理有限公司副总经理、首席市场官，中国光大资产管理有限公司（香港）首席运营官，民生加银基金管理有限公司总经理，现任金元惠理基金管理有限公司总经理。

凌有法先生，督察长，硕士学位。曾任华宝信托有限公司发展研究中心研究员、债券业务部高级经理，联合证券有限公司固定收益部业务董事，金元证券有限公司资产管理部首席研究员，首都机场集团公司资本运营部专家。

浦银安盛基金管理有限公司

【基本情况】

法定名称：浦银安盛基金管理有限公司
英文名称：AXA SPDB Investment Managers Co.，Ltd.
注册地址：上海市浦东新区浦东大道981号3幢316室
办公地址：上海市淮海中路381号中环广场38层
法人代表：姜明生
总 经 理：郁蓓华
成立日期：2007年8月5日
注册资本：2.8亿元
公司属性：中外合资
联系电话：021－23212888
客服热线：400－882－8999
传真号码：021－23212800
邮政编码：200020
公司网址：www.py－axa.com

【公司概况】

浦银安盛基金管理有限公司，是一家中法合资的银行系基金管理公司。公司由上海浦东发展银行股份有限公司、法国安盛投资管理公司、上海盛融投资有限公司共同发起设立。2007年8月5日经中国证券监督管理委员会批准，于2007年8月在上海正式成立，公司注册资本为2.8亿元人民币。2013年12月，浦银安盛基金管理有限公司全额出资成立上海浦银安盛资产管理有限公司。

自1998年第一只证券投资基金诞生至今，中国经济已经经历了一轮高速的发展。许多中国百姓有切身的体会：站在新的起点回望，自己的家庭资产、个人资产，已经呈现了质的飞跃。

诞生于2007年8月的浦银安盛基金管理有限公司，已经敏锐地观察到中国投资者对于财富管理的升级需求。

作为中国证券市场第59家基金管理公司，一家银行系的合资基金管理公司，我们将立足于为投资人提供贵宾式的投资理财服务。

【股东概况】

排序	股东名称	持股比例
1	上海浦东发展银行	51%
2	法国安盛投资管理公司	39%
3	上海盛融	10%

【旗下基金】

基金代码	基金简称	类型
519110	浦银价值	股票型
519115	浦银红利	股票型
519113	浦银生活	混合型
519120	浦银新兴产业	混合型
519125	浦银消费	混合型
519111	浦银收益 A	债券型
519112	浦银收益 C	债券型
166401	浦银增利分级债券	债券型
519118	浦银幸福 A	债券型
519119	浦银幸福 B	债券型
519121	浦银 6 个月 A 类	债券型
519122	浦银 6 个月 C 类	债券型
519123	浦银季季添利 A 类	债券型
519124	浦银季季添利 C 类	债券型
519116	浦银 300	指数型
519117	浦银 400	指数型
519509	浦银货币 A	货币型
519510	浦银货币 B	货币型

【公司高管】

姜明生先生，董事长，本科学历。历任中国工商银行总行信托投资公司业务一部副总经理；招商银行总行信托投资部副总经理；招商银行北京分行行长助理；招商银行广州分行副行长（主持工作）；招商银行总行公司银行部总经理；招商银行上海分行党委书记、副行长（主持工作）；招商银行上海分行党委书记、行长。2007 年 4 月加入上海浦东发展银行，任总行党委委员。2007 年 9 月起任上海浦东发展银行总行副行长，2007 年 10 月至今兼上海浦东发展银行上海分行党委书记、行长。自 2009 年 11 月起兼任本公司董事长。

郁蓓华女士，复旦大学工商管理硕士。自 1994 年 7 月起，在招商银行上海分行工作，历任银行职员、招商银行宝山支行副行长、招商银行上海分行会计部总经理、计财部总经理，招商银行上海分行行长助理、副行长，招商银行信用卡中心副总经理。自 2012 年 7 月 23 日起担任本公司总经理。

喻庆先生，中国政法大学经济法专业硕士，中国人民大学应用金融学硕士研究生学历。历任申银万国证券有限公司国际业务总部高级经理；光大证券有限公司（上海）投资银行部副总经理；光大保德信基金管理有限公司副督察长、董事会秘书和监察稽核总监。现任本公司督察长。

农银汇理基金管理有限公司

【基本情况】

法定名称：农银汇理基金管理有限公司

英文名称：ABC – CA Fund Management Co. , Ltd.

注册地址：上海市浦东新区世纪大道 1600 号浦项商务广场 7 层

办公地址：上海市浦东新区世纪大道 1600 号浦项商务广场 7 层

法人代表：刁钦义

总 经 理：许红波

成立日期：2008 年 3 月 18 日

注册资本：2 亿元

公司属性：中外合资

联系电话：021 – 61095588

客服热线：400 – 689 – 5599

传真号码：021 – 61095556

邮政编码：200122

公司网址：www. abc – ca. com

【公司概况】

农银汇理基金管理有限公司（ABC – CA Fund Management Co. , Ltd.），由中国农业银行（Agricultural Bank of China）、东方汇理资产管理公司（Amundi Asset Management）及中国铝业股份有限公司（Aluminum Corporation of China Limited）共同出资组建，其中中国农业银行持股 51. 67%，东方汇理资产管理公司持股 33. 33%，中国铝业股份有限公司持股 15%。公司注册地在上海，注册资本 2 亿元人民币。

农银汇理基金致力于打造中国基金业的旗舰品牌，奉献专业智慧，为投资人提供优质、贴心的理财服务，帮助投资人实现财富增值。公司的目标是，成为一家投资人信赖、同行尊敬的优秀基金管理公司。

【股东概况】

排序	股东名称	出资额（元）	持股比例
1	中国农业银行	103,333,334	51.67%
2	东方汇理资产管理公司	66,666,667	33.33%
3	中国铝业股份有限公司	30,000,000	15.00%

【旗下基金】

基金代码	基金简称	类型
660001	农银成长	股票型
660004	农银策略价值	股票型
660005	农银中小盘	股票型
660006	农银大盘蓝筹	股票型
660010	农银策略精选	股票型
660012	农银消费主题	股票型
660015	农银行业轮动	股票型
000039	农银高增长	股票型
000127	农银行业领先	股票型
660003	农银双利	混合型
000259	农银区间收益	混合型
000336	农银研究精选	混合型
660002	农银增利 A	债券型
660102	农银增利 C	债券型
660009	农银增强收益 A	债券型
660109	农银增强收益 C	债券型
660013	农银信用添利	债券型
660016	农银汇理 7 天理财 A	债券型
660116	农银汇理 7 天理财 B	债券型
000322	农银汇理 14 天理财 A	债券型
000323	农银汇理 14 天理财 B	债券型
660007	农银货币 A	货币型
660107	农银货币 B	货币型
660008	农银沪深 300	指数型
660011	农银中证 500	指数型
660014	农银深证 100	指数型

【公司高管】

刁钦义先生，董事长。1976 年起从事金融工作，具有三十余年金融从业经验。1980年起历任中国农业银行山东省龙口市支行行长、山东省分行部门负责人及副行长、青岛分行行长、山东省分行行长。2010年起历任中国农业银行信贷管理部总经理、运营管理总监，现任中国农业银行投资总监。2012年8月起兼任农银汇理基金管理有限公司董事长。

许红波先生，总经理，工学学士，高级工程师。1982年至1998年在水利部工作，先后担任处长、副司长等职务，1998年开始在中国农业银行工作，历任中国农业银行市场开发部、机构业务部副总经理，总行总经理级干部。

翟爱东先生，督察长，高级工商管理硕士。具有20余年金融从业经验。1988年起先后在中国农业银行《中国城乡金融报》社、国际部、伦敦代表处、个人业务部、信用卡中心工作。2004年11月起参加农银汇理基金公司筹备工作。2008年3月起任农银汇理基金管理有限公司董事会秘书、监察稽核部总经理，2012年1月起任农银汇理基金管理有限公司督察长。

民生加银基金管理有限公司

【基本情况】

法定名称：民生加银基金管理有限公司

英文名称：MINSHENG ROYAL Fund Management Co.，Ltd.

注册地址：深圳市福田区益田路6009号新世界商务中心42层

办公地址：深圳市福田区益田路6009号新世界商务中心42层

董 事 长：万青元

总 经 理：俞岱曦

成立时间：2008年11月3日

公司属性：中外合资

注册资本：3亿元

联系电话：0755－23999888

客服热线：400－888－8388

传真号码：0755－23999800

邮政编码：518026

公司网址：www.msjyfund.com.cn

【公司概况】

民生加银基金管理有限公司于2008年11月3日成立，由中国民生银行股份有限公司（China Minsheng Banking Corp.，Ltd.）、加拿大皇家银行（Royal Bank of Canada）和三峡财务有限责任公司共同发起设立，持股比例分别为63.33％、30％和6.67％。公司注册资本叁亿元人民币，注册地深圳。

作为一家具有银行背景的中外合资基金管理公司，同时站在中国基金业十年发展的基础上，民生加银将牢牢把握公司的先天优势资源，善用后发优势，以专业化、市场化的经营理念打造公司"专业化投研、流程化管理、理财规划式营销服务和稳定的核心团队"为目标的核心竞争力，努力建设成为一个国际先进、诚信、稳健、专业、创新、客户高度信赖、持有人利益最大化的专业资产管理公司。

民生加银基金管理有限公司设有股东会、董事会、监事会；董事会下设专门委员会：审计委员会、合规与风险管理委员会、薪酬与提名委员会；经营管理层下设专门委员会：投资决策委员会、风险控制委员会，以及设立常设部门：深圳管理总部、工会办公室、监察稽核部、投资部、研究部、专户理财部、金融工程与产品部、渠道管理部、市场策划中心、机构一部、机构二部、客服与电子商务中心、运营管理部、交易部、信息技术部、综合管理部、财务部。

【公司大事记】

2007年12月27日，中国民生银行股份有限公司正式获得中国银行业监督管理委员会批准，由中国民生银行联合加拿大皇家银行、三峡财务有限责任公司共同发起设立民生加银基金管理有限公司。

2008年10月15日，中国证券监督管理委员会对中国民生银行股份有限公司、加拿大皇家银行、三峡财务有限责任公司合资成立基金公司的申请进行批复，核准设立民生加银基金管理有限公司。

2008年10月20日，民生加银基金管理有限公司获得中华人民共和国商务部颁发的《中华人民共和国外商投资企业批准证书》。

2008年11月3日，民生加银基金管理有限公司完成工商注册登记程序，依法正式成立。

2008年11月6日，民生加银基金管理有限公司获得中国证券监督管理委员会颁发的《中华人民共和国基金管理资格证书》。

2008年11月17日，民生加银基金管理有限公司第一届董事会第一次会议暨2008年第一次股东大会胜利召开。会议确认杨东同志担任董事长；确认聘任张嘉宾同志为总经理；确认聘任朱晓光同志为督察长。

2008年11月18日，民生加银基金管理有限公司在深圳举行了隆重的开业典礼暨揭牌仪式。中共深圳市委常委、副市长陈应春，中国民生银行股份有限公司董事长董文标、副行长赵品璋，加拿大皇家银行首席运营官Frank Lippa等出席了开业典礼并致词。

2008年12月3日，经中共中国民生银行委员会研究决定，成立中国共产党民生加银基金管理有限公司委员会。并任命杨东同志为书记，赵尚恒同志为副书记，张嘉宾同志、朱晓光同志为委员。

2012年2月16日，民生加银信用双利债券型证券投资基金获中国证券监督管理委员会核准募集。

据银河基金研究中心发布的一季度基金公司股票投资能力报告显示，2012年1季度民生加银基金股票投资能力在全行业64家基金公司中排名第5，较去年年底大幅跃升48位。

2012年3月8日，民生加银中证内地资源主题指数型证券投资基金成立。

2012年4月23日民生加银信用双利债券型基金首募结束，以50.3亿的首募规模创下了2012年以来债基募集规模新高。

2012年4月25日，民生加银信用双利债券型证券投资基金成立。

WIND资讯整理数据显示，截至2012年5月27日，427只股基年内平均收益跑输大盘，民生加银基金旗下股基年内业绩全部位列同类基金前1/3阵营。

根据天相数据，截至2012年5月30日，民生景气行业基金净值达到1.192元，为成立半年多以来的最高值，在大盘同期微跌的背景下，民生景气行业净值增长率超过了19％，位居同类型403只基金榜首。

2012年5月30日，《21世纪经济报道》揭晓21世纪"赢基金奖"（2011）获奖榜单，民生加银基金管理有限公司获

"2011 年度中国最具成长潜力基金公司"奖。

2012 年 6 月 19 日，民生加银红利回报灵活配置混合型证券投资基金获中国证券监督管理委员会核准募集。

2012 年 8 月 7 日民生加银红利回报基金募集结束，首募规模 30.44 亿元，位居年内主动偏股基金募集规模首席。

2012 年 8 月 9 日，民生加银红利回报灵活配置混合型证券投资基金成立。

2012 年 9 月 3 日，民生加银平稳增利定期开放债券型证券投资基金获中国证券监督管理委员会核准募集。

2012 年 11 月 2 日，民生加银现金增利货币市场基金获中国证券监督管理委员会核准募集。

2012 年 11 月 16 日民生加银基金旗下首只定期开放纯债基金——民生加银平稳增利定期开放纯债基金结束发行，首募 12.68 亿份。

2012 年 11 月 15 日，民生加银平稳增利定期开放债券型证券投资基金成立。

2012 年 11 月 19 日，民生加银积极成长混合型发起式证券投资基金获中国证券监督管理委员会核准募集。

2012 年 11 月 23 日，民生加银基金公司货币基金官网直销"T＋0"创新业务获证监会批准。

2012 年 12 月 11 日，民生加银基金公司旗下民生加银增强收益债券 A 获济安金信基金评价中心二级债基"五星级基金"的评级，为公司首只五星级基金。

2012 年 12 月 18 日，民生加银现金增利货币市场基金成立。

2013 年 1 月 11 日，民生加银家盈理财 7 天债券型证券投资基金获中国证监会核准募集。

2013 年 1 月 31 日，民生加银积极成长混合型发起式证券投资基金成立。

2013 年 1 月 24 日，民生加加银基金已经证监会核准设立全资子公司。子公司名称为民生加银资产管理有限公司，注册地为广州市，注册资本为人民币 5000 万元，业务范围为特定客户资产管理业务以及中国证监会许可的其他业务。

2013 年 3 月 6 日，民生加银基金旗下的民生加银增强收益 A/C 份额将每 10 份派现 1 元，这样的分红力度占据二级债基最大分红比例之列，在今年来全部基金单位分红榜上也高居前十；同时去年 4 月末成立的民生加银信用双利 A/C 也将每 10 份基金分红 0.3 元。

民生加银基金 2013 年 3 月 4 日公告，自 3 月 5 日起民生加银基金网上交易直销平台新增易宝第三方支付业务，申购及定投费率低至 4 折。

2013 年 3 月 30 日，民生加银基金首度问鼎《证券时报》明星基金奖、《中国证券报》金牛奖。

2013 年 2 月 6 日，民生加银转债优选债券型证券投资基金获中国证监会核准募集。

2013 年 2 月 7 日，民生加银家盈理财 7 天债券型证券投资基金成立。

2013 年 4 月 18 日，民生加银转债优选债券型证券投资基金成立。

2013 年 4 月 25 日，民生加银家盈理财月度债券型证券投资基金成立。

2013 年 5 月，民生加银公司获济安金信基金评价中心 2013 年第一季度"二级债基金"五星基金公司评级。

2013 年 5 月，民生第一张类投行牌照：民生加银资管 4 个月立项 600 亿。

2013 年 6 月，公司获《21 世纪经济报道》"金贝奖""2013 最佳收益表现基金公司（固定收益类）"奖。

2013 年 6 月 7 日，民生加银策略精选混合型证券投资基金成立。

2013 年 8 月 1 日，民生加银岁岁增利债券型证券投资基金成立。

2013 年 8 月 12 日，民生加银平稳添利债券型证券投资基金成立。

2013 年 7 月 19 日，民生加银基金管理有限公司北京分公司获批成立。

2013 年 10 月 18 日，民生加银现金宝货币市场基金成立。

2013 年 12 月 12 日，民生加银城镇化灵活配置混合型证券投资基金成立。

2013 年 12 月 20 日，公司荣获东方财富风云榜颁发的"最具成长潜力基金公司"奖。

【股东概况】

排序	股东名称	持股数量（万股）	持股比例
1	中国民生银行股份有限公司	18999.00	63.33%
2	加拿大皇家银行	9000.00	30%
3	三峡财务有限责任公司	2001.00	6.67%

【旗下基金】

基金代码	基金简称	类型
690001	民生蓝筹	混合型
690009	民生红利回报	混合型
690011	民生加银积极成长发起式	混合型
000136	民生加银策略精选混合	混合型
000408	民生加银城镇化混合	混合型
690003	民生精选	股票型
690004	民生稳健	股票型
690005	民生内需增长	股票型
690007	民生景气行业	股票型
690008	民生内地资源	指数型
690002	民生强债 A	债券型
690202	民生强债 C	债券型
690006	民生信用双利 A	债券型
690206	民生信用双利 C	债券型
166902	民生平稳增利 A	债券型
166903	民生平稳增利 C	债券型
690012	民生加银家盈理财 7 天 A	债券型
690212	民生加银家盈理财 7 天 B	债券型
000067	民生加银转债优选 A	债券型
000068	民生加银转债优选 C	债券型
000089	民生加银家盈理财月度 A	债券型
000090	民生加银家盈理财月度 B	债券型
000137	民生加银岁岁增利债券 A	债券型
000138	民生加银岁岁增利债券 C	债券型
166904	民生加银平稳添利债券 A	债券型
166905	民生加银平稳添利债券 C	债券型
690010	民生现金增利 A	货币型
690210	民生现金增利 B	货币型
000371	民生加银现金宝货币	货币型

【公司高管】

万青元先生，董事长，硕士，高级编辑。历任中国人民银行金融时报社记者部副主任，中国民生银行总行办公室公关策划处处长，主任助理、副主任，企业文化部副总经理（主持工作）。现任中国民生银行董事会秘书、董事会办公室主任、民生加银基金管理有限公司党委书记、董事长。

俞岱曦先生，总经理，硕士。历任鹏华基金管理有限公司行业分析师，嘉实基金管理有限公司基金经理，中银基金管理有限公司副总经理，2011 年 9 月加入民生加银基金管理有限公司，现任民生加银基金管理有限公司党委副书记、总经理。

张力女士，督察长，硕士。曾任中国民生银行北京管理部投资银行处处长、公司部处长、民生加银基金管理有限公司总经理助理兼北京营销中心总经理，现任民生加银基金管理有限公司督察长。

纽银梅隆西部基金管理有限公司

【基本情况】

法定名称：纽银梅隆西部基金管理有限公司
英文名称：BNY Mellon Western Fund Management Co.，Ltd.
注册地址：上海市浦东新区世纪大道 100 号上海环球金融中心 19 层
办公地址：上海市浦东新区世纪大道 100 号上海环球金融中心 19 层
法人代表：安保和
成立日期：2010 年 7 月 20 日
注册资本：3 亿元
公司属性：中外合资
联系电话：021 – 38572888
客服电话：400 – 700 – 7818
客服信箱：service@ bnyfund. com
邮政编码：200120
公司网址：www. bnyfund. com

【公司概况】

纽银梅隆西部基金管理有限公司（BNY Mellon Western Fund Management Co.，Ltd.，简称“纽银基金”）于 2010 年 7 月 20 日在上海成立，注册资本 2 亿元人民币。中方股东西部证券股份有限公司出资 51%，外方股东纽约银行梅隆资产管理国际有限公司出资 49%。

公司将以打造良好业绩、为投资者获取长期收益为重，辅以纽约梅隆逾二百年的金融服务业界盛誉与强大的海外投资团队的支持，以丰富的产品和周到的服务为投资者创造收益。

【公司大事记】

2010 年 7 月 20 日，纽银梅隆西部基金管理有限公司完成工商注册，公司正式成立。

2010 年 7 月 21 日，纽银梅隆西部基金管理有限公司向中国证监会领取了《基金管理资格证书》。

2011 年 1 月 25 日，纽银策略优选股票型证券投资基金正式成立。

2011 年 8 月 18 日，纽银新动向灵活配置混合型证券投资基金正式成立。

2011 年 12 月 13 日，纽银梅隆西部基金管理有限公司正式获得中国证监会批准的从事特定客户资产管理业务资格。

2012 年 4 月 9 日，纽银稳健双利债券型证券投资基金获批。

2012 年 6 月 26 日，纽银稳健双利债券型证券投资基金正式成立。

2012 年 11 月 5 日，纽银稳定增利债券型发起式证券投资基金获批。

2012 年 12 月 25 日，纽银稳定增利债券型发起式证券投资基金正式成立。

2013 年 4 月 19 日，经纽银梅隆西部基金管理有限公司第十次股东会审议通过，本公司注册资本由人民币贰亿元增加至人民币叁亿元。

【股东概况】

排序	股东名称	出资额（元）	持股比例
1	西部证券股份有限公司	15300，00	51%
2	纽约银行梅隆资产管理国际有限公司	14700，00	49%

【旗下基金】

基金代码	基金简称	类型
671010	纽银策略优选	股票型
673010	纽银新动向	混合型
675011	纽银稳健双利 A	债券型
675013	纽银稳健双利 C	债券型
675021	纽银稳定增利 A	债券型
675023	纽银稳定增利 C	债券型

【公司高管】

安保和先生，董事长，硕士研究生，高级经济师。毕业于西安交大商学院，获工商管理硕士学位，17 年证券从业经历。1993 年起任陕西省科技风险投资公司经理。1994 年起任中国工商银行陕西省信托投资有限责任公司经理。1997 年起在陕西信托投资有限公司工作，历任公司总经理助理、董事会秘书、副总经理。2001 年起任西部证券股份有限公司董事总经理。

陈喆先生，总经理，经济学硕士。曾任美国富兰克林邓普顿基金集团中国代表，中银国际证券有限责任公司执行董事，南方证券股份有限公司投行部副总经理，招商基金管理有限公司副总经理等职，具有近 18 年金融证券从业经验，持有证券发行、经纪和基金从业资格。

徐剑钧先生，督察长，博士研究生，高级经济师。毕业于陕西师范大学、复旦大学及西安西北大学，分别获理学硕士（基础数学）和经济学博士学位。曾在英国爱丁堡大学从事资本市场研究工作，15 年证券从业经历。1995 年 3 月起任陕西省证监会市场部负责人。1995 年 10 月起任陕西证券有限公司总经理助理。2001 起任西部证券股份有限公司副总经理。现任公司督察长。

浙商基金管理有限公司

【基本情况】

法定名称：浙商基金管理有限公司
英文名称：Zheshang Fund Management Co.，Ltd.
注册地址：浙江省杭州市下城区环城北路 208 号 1801 室
办公地址：杭州市西湖区教工路 18 号世贸丽晶城欧美中心 1 号楼 C 区 6 层 606 室
法人代表：高　玮
总 经 理：周一烽
成立日期：2010 年 10 月 21 日

注册资本:3 亿元
公司属性:中资
联系电话:0571－28822288
传真电话:0571－28191830
客服电话:400－067－9908
邮政编码:310012
公司网址:www.zsfund.com

【公司概况】

浙商基金管理有限公司于2010年10月正式成立,是一家获中国证监会批准设立的基金管理公司,公司注册地为浙江省杭州市。

浙商证券有限责任公司、浙江浙大网新集团有限公司、通联资本管理有限公司、养生堂有限公司分别占公司注册资本的25%,公司注册资本3亿元人民币。

【公司大事记】

2007年4月,首次发起人会议,决议筹建浙商基金管理有限公司。

2008年6月,公司筹备组收到中国证监会对公司设立申请的受理通知书。

2009年5月,开始两只基金全流程模拟运行。

2009年9月,公司通过中国证监会现场检查。

2010年4月,通过中国证监会专家评审会评审。

2010年9月,公司获中国证监会核准的设立批文。

2010年10月,公司于浙江省工商行政管理局注册成立。

2010年10月,公司取得中国证监会核发的《基金管理资格证书》。

2011年3月,公司首只基金产品"浙商聚潮产业成长股票型基金"获得中国证监会核准发售。

2011年5月,公司首只基金产品"浙商聚潮产业成长股票型基金"结束募集,正式公告成立。

2011年12月,公司第二只基金产品"浙商聚潮新思维混合型证券投资基金"获得中国证监会核准募集发售。

2011年12月,公司经中国证监会核准取得特定客户资产管理业务资格。

2012年1月,公司获得中国证监会上海监管局核发的关于设立上海分公司的批准文件。

2012年3月,公司第二只基金产品"浙商聚潮新思维混合型证券投资基金"结束募集,正式公告成立。

2012年5月,公司第三只基金产品"浙商沪深300指数分级证券投资基金"结束募集,正式公告成立。

2012年7月,经公司股东会审议通过,本公司注册资本由人民币壹亿元增加至人民币叁亿元。

2012年9月,公司第四只基金产品"浙商聚盈信用债债券型证券投资基金"结束募集,正式公告成立。

2012年10月12日,浙商基金位列今年以来基金公司业绩排名前三分之一。

2012年11月8日,浙商进取份额大涨,杠杆指基机会凸显。

2012年11月22日,浙商基金荣获2012年"金算盘稳健成长奖"。

2012年12月6日,浙商基金荣膺"2012新财富最具慧眼基金管理公司"。

2013年1月4日,2012年基金公司业绩排行:浙商基金位列权益类绝对收益第十三。

2013年1月18日,浙商基金特定客户资产管理规模2012年位列第23位。

2013年7月4日,浙商基金网站通联支付"体验标兵"活动获奖名单公告。

【股东概况】

排序	股东名称	出资额(元)	持股比例
1	浙商证券有限责任公司	7500,00	25%
1	通联资本管理有限公司	7500,00	25%
1	养生堂有限公司	7500,00	25%
1	浙江浙大网新集团有限公司	7500,00	25%

【旗下基金】

基金代码	基金简称	类型
688888	浙商聚潮产业成长	股票型
166801	浙商聚潮新思维	混合型
166802	浙商沪深300指数分级	指数型
150076	浙商稳健	指数型
150077	浙商进取	指数型
686868	浙商聚盈信用A	债券型
686869	浙商聚盈信用C	债券型

【公司高管】

高玮女士,董事长,1968年生,浙江大学数学系博士,高级工程师。历任财通证券经纪有限责任公司电脑中心副经理、市场管理总部经理、稽核部经理、职工监事。现任浙商证券有限责任公司合规总监;浙商期货有限公司董事。

周一烽先生,董事,1962年生,复旦大学经济系学士、上海社会科学院经济学硕士、美国亚利桑那州立大学凯瑞商学院EMBA。历任上海市社会科学院宏观经济研究室副主任、上海企业发展研究所副所长;广联(南宁)投资有限公司总经理特别助理及证券投资业务负责人;上海广联投资有限公司总经理;中泰信托投资有限责任公司副总裁;大成基金管理有限公司副总经理兼投资总监。现任浙商基金管理有限公司总经理兼投资决策委员会主席。

闻震宙先生,督察长,1975年生,中国人民大学本科学历,会计师。历任方正证券有限责任公司清算中心主任、苏州中辰期货经纪有限公司财务部总监、浙商证券有限责任公司合规审计部合规组长。

平安大华基金管理有限公司

【基本情况】

法定名称:平安大华基金管理有限公司
注册地址:深圳市福田区金田路大中华国际交易广场8层
办公地址:深圳市福田区金田路大中华国际交易广场8层
法人代表:杨秀丽
总 经 理:李克难
成立日期:2011年1月7日
注册资本:3 亿元
公司属性:中外合资
联系电 话:0755－22625535

客服电话:400 - 800 - 4800
客服信箱:fundservice@ pingan. com. cn
公司网址:http://fund. pingan. com/

【公司概况】

平安大华基金管理有限公司(以下简称"平安大华")作为中国平安集团旗下成员,是中国平安"保险、银行、投资"综合金融业务架构中的关键一环,也是中国平安投资系列业务的重要组成部分。

平安大华总部位于深圳,注册资本金为3亿元人民币,是目前中国内地基金业注册资本金最高的基金公司之一。其中,中国平安集团控股子公司平安信托有限责任公司持有60.7%的股份,新加坡大华资产管理有限公司持有25%股份,三亚盈湾旅业有限公司持有14.3%。

作为一家为客户提供专业投资服务的资产管理机构,平安大华坚信"研究创造价值",建立并不断完善投研一体化平台和风险控制体系,以对上市公司的深入调查研究为基石,同时把握安全边际、恪守投资边界,实现专业组合投资。

秉承"规范、诚信、专业、创新"企业管理理念,平安大华致力于通过持续稳定的投资业绩,不断丰富的客户服务手段及服务内容,为投资人提供多样化的基金产品和高品质的理财服务,从而实现"以专业承载信赖"的品牌承诺,成为深得投资人信赖的基金管理公司。

【股东概况】

排序	股东名称	出资额(万元)	持股比例
1	平安信托有限责任公司	18210	60.7%
2	新加坡大华资产管理有限公司	7,500	25%
3	三亚盈湾旅业有限公司	4,290	14.3%

【旗下基金】

基金代码	基金简称	类型
700001	平安大华行业先锋	股票型
700002	平安大华深证300	股票型
750003	平安大华策略先锋	混合型
750004	平安大华保本	混合型
750005	平安大华添利A	债券型
750006	平安大华添利C	债券型
000379	平安大华日增利	货币型

【公司高管】

杨秀丽女士,董事长,硕士,高级经济师。曾任平安保险公司办公室主任;平安保险公司办公室、董事会秘书处主任、秘书长;平安保险公司总经理室总经理助理、副总经理;平安证券有限责任公司董事长兼总经理;中国平安保险(集团)股份有限公司副总经理。

李克难先生,总经理,博士,1960年生。曾任湖南大学教师;湖南省政府经济研究信息中心经济预测处副处长、副研究员;湖南省政府研究室宏观经济处正处级研究员;湖南省委省政府经济发展战略研究小组成员;湘财证券公司副总裁兼研发中心总经理、副总裁兼北京管理总部总经理;湘财荷银基金管理公司总经理;信达澳银基金管理公司总经理。

肖宇鹏先生,督察长,学士,1970年生。曾任中国证监会江西证监局主任科员及中国证监会上海专员办证券公司风险处置一处副处长。现任平安大华基金管理有限公司督察长。

富安达基金管理有限公司

【基本情况】

法定名称:富安达基金管理有限公司
英文名称:Fuanda Fund Management Co. ,Ltd.
注册地址:上海市浦东新区世纪大道1568号中建大厦29层
办公地址:上海市浦东新区世纪大道1568号中建大厦29层
法人代表:张华东
总 经 理:蒋晓刚
成立日期:2011年4月27日
注册资本:2.88亿元
公司属性:中资
公司电话:021 - 61870999
客服电话:400 - 630 - 6999
传真电话:021 - 61870888
邮政编码:200122
公司网址:www. fadfunds. com

【公司概况】

富安达基金管理有限公司经中国证监会批准,于2011年4月27日成立。公司注册资本2.88亿元人民币,注册地上海。公司股东分别为:南京证券股份有限公司、江苏交通控股有限公司和南京市河西新城区国有资产经营控股(集团)有限责任公司。

南京证券股份有限公司是1990年经中国人民银行批准设立的江苏省第一家证券机构,全国创新类证券公司,自成立以来持续22年盈利。2011年12月获"全国文明单位"称号,是证券行业第一家荣获此称号的证券公司。江苏交通控股有限公司系江苏省国有独资公司,是资本经营和产业经营并举的多元化、集约化的大型省属重点企业集团,为江苏经济和社会发展作出了积极贡献。南京市河西新城区国有资产经营控股(集团)有限责任公司是由南京市人民政府批准成立并被授予国有资产投资主体职能的国有独资公司,是南京市四大投融资平台之一和南京市河西新城区唯一的基础设施建设投融资平台。

富安达基金管理有限公司拥有一支高素质、经验丰富的专业化团队,秉承"诚信、专业、稳健、规范、创新"的经营理念,始终将"基金持有人利益最大化"作为首要经营目标,为客户提供卓越的理财服务。目前公司发行的基金产品投资稳健、运作规范、业绩稳定,赢得业内外好评。公司现拥有公募基金和特定客户资产管理业务资格,已发行的公募基金产品覆盖股票、混合、债券、货币等领域,产品线已初步齐备,专户业务顺利开展。富安达基金全资子公司——富安达资产管理(上海)有限公司也已于2013年1月17日成立,进一步拓宽了公司的投资范围。

公司倡导"勤勉、进取、敦朴、和谐"的企业文化,怀揣"富国、安民、达天下"的愿景,致力于为基金持有人创造价值,为把公司打造成"专业精良、治理完善、诚信合规、运作稳健"的财富管理企业而努力奋斗!

【公司大事记】

2008年11月11日,三家股东召开发起人大会及签字仪式,签署公司章程、发起人协议等文件。

2008 年 12 月 15 日，向中国证监会上报筹建申请材料。

2009 年 3 月 2 日，中国证监会正式受理申报材料。

2009 年 7 月 15 日，中国证监会同意启动公司现场筹建工作。

2009 年 12 月 10 日，向上海证监局上报现场验收申请。

2010 年 5 月 21 日，中国证监会对公司进行现场检查验收。

2010 年 10 月 22 日，公司筹建通过中国证监会组织的专家评审会。

2011 年 4 月 13 日，公司获中国证监会正式批文。

2011 年 4 月 25 日，公司股东会 2011 年第一次会议、第一届董事会第一次会议、第一届监事会第一次会议顺利召开。

2011 年 4 月 27 日，公司领取工商营业执照，正式成立。

2011 年 5 月 3 日，公司取得中国证券监督管理委员会核发的《基金管理资格证书》。

2011 年 5 月 5 日，公司网站及客服系统正式上线。

2011 年 8 月 1 日，公司首只产品——富安达优势成长股票型证券投资基金获中国证监会核准。

2011 年 8 月 16 日，富安达基金管理有限公司首只产品——富安达优势成长股票型证券投资基金（基金代码 710001）开始全国发行，发行期为一个月，至 9 月 16 日结束。

2011 年 8 月 17 日，中国证券监督管理委员会下发证监许可[2011]1309 号《关于核准富安达基金管理有限公司蒋晓刚基金行业高级管理人员任职资格的批复》，核准蒋晓刚基金行业高级管理人员任职资格，对蒋晓刚任公司副总经理无异议。

2011 年 9 月 16 日，富安达基金管理有限公司首只产品——富安达优势成长股票型证券投资基金（基金代码 710001）募集结束，本次募集的净认购金额为人民币 1,052,562,578.33 元。本次募集有效认购户数为 8,214 户，本息合计募集基金份额总额为 1,052,684,607.12 份。

2011 年 9 月 29 日，富安达基金管理有限公司张华东董事长、总经理李剑锋、副总经理蒋晓刚一行拜访了交通银行总行，受到了交通银行胡怀邦董事长的热情接见。

2011 年 9 月 30 日，富安达基金管理有限公司富安达基金管理有限公司 2011 年度临时股东会会议、第一届董事会第三次会议在南京国际会议大酒店顺利举行。

2011 年 10 月 31 日，富安达基金管理有限公司分工会正式成立。

2011 年 12 月 9 日，富安达基金管理有限公司第一届监事会第二次会议在南京国际会议大酒店召开。

2011 年 12 月 27 日，经中国证监会核准，富安达基金管理有限公司特定客户资产管理业务资格顺利获批。

2012 年 1 月 9 日，公司第一届董事会资格审查与薪酬委员会第二次会议在南京九华饭店召开。

2012 年 1 月 9 日，公司第一届董事会第四次会议在南京九华饭店召开。

2012 年 1 月 15 日，富安达基金管理有限公司 2011 年度总结表彰大会在上海浦东假日酒店召开。

2012 年 1 月 15 日，富安达基金管理有限公司 2012 迎春联欢会及晚宴在上海浦东假日酒店隆重举行。

2012 年 2 月 17 日，公司第一届董事会合规与风险控制委员会第一次会议在南京国际会议大酒店召开。

2012 年 2 月 28 日，经上级党委批准，中共富安达基金管理有限公司党总支正式成立，李剑锋总经理任党总支书记。

2012 年 3 月 12 日，富安达基金管理有限公司 2011 年度股东会、第一届董事会第六次会议、第一届监事会第三次会议在南京中山陵四方城 2 号南京国际会议大酒店召开。

2012 年 3 月 19 日，富安达基金管理有限公司第二只产品——富安达策略精选灵活配置混合型证券投资基金（基金代码 710002）正式全国发行。

2012 年 3 月 27 日，上海证监局韩康副局长、上海市基金同业公会副会长兼秘书长李频一行莅临我公司视察指导。

2012 年 4 月 10 日，南京市国资委黄玉银主任、副书记欧阳怀霜、副主任王浩康、黄菇原，以及发展改革处、考核评价处等相关领导一行莅临公司视察指导。

2012 年 4 月 23 日，富安达策略精选灵活配置混合型证券投资基金发行结束。共募集认购金额约人民币 5.87 亿元，基金成立份额约 5.83 亿份。

2012 年 5 月 21 日，经中国证监会证监许可〔2012〕677 号文《关于核准富安达增强收益债券型证券投资基金募集的批复》核准，富安达增强收益债券型证券投资基金于正式获批。

2012 年 6 月 8 日，富安达基金管理有限公司开业一周年庆典大会在公司大会议室隆重举行。李剑锋总经理和张华东董事长作了重要讲话和指示，勉励大家继续秉承艰苦创业的指导思想，加快向现代财富管理机构迈进。

2012 年 6 月 9 日，富安达基金党总支组织公司全体党员和员工，赴中国共产党的诞生地——嘉兴南湖，举行了“迎七一”系活动。

2012 年 7 月 2 日，富安达增强收益债券型证券投资基金（基金代码 A 类 710301，C 类 710302）正式全国发行。

2012 年 7 月 23 日，富安达增强收益债券基金募集结束，共募集认购份额约 6.06 亿份。成立份额约 6.06 亿份。

2012 年 8 月 7 日，南京市人民政府副秘书长、市金融办主任翁国玖、南京紫金控股董事长王海涛、南京银行行长夏平一行多人莅临我公司视察指导工作。

2012 年 9 月 6 日，深圳证监局基金处李强处长、段皓静副处长，上海证监局基金处谢芳处长一行多人莅临我公司调研指导。

2012 年 10 月 27 日，南京大学 EMBA 金融投资与资本运作高级课程班师生一行近 40 人来我公司访问交流。

2012 年 11 月 2 日，经中国证监会证监许可[2012]1440 号文《关于核准富安达现金通货币市场证券投资基金募集的批复》核准，公司首只货币型基金产品——富安达现金通货币市场证券投资基金获批。

2012 年 11 月 12 日，公司第一届董事会第九次会议、2012 年度第一次股东会在南京国际会议大酒店举行。

2012 年 11 月 18 日，富安达基金发展战略研讨工作会议召开，公司高管及全体中层干部出席。

2012 年 12 月 13 日，根据公司 2012 年度第一次股东会决议，公司完成增资扩股事宜，注册资本由人民币 1.6 亿元增加至人民币 2.88 亿元。

2012 年 12 月 28 日，中国证券监督管理委员会下发证监许可[2012]1758 号《关于核准富安达基金管理有限公司设立子公司的批复》。核准富安达基金管理有限公司设立全资子公司。子公司名称为富安达资产管理（上海）有限公司，注册地为上海市，注册资本为 2000 万元，业务范围为特定客户资产管理业务以及中国证监会许可的其他业务。

2013 年 1 月 4 日，公司首只专户产品——富安达—农业银行—灵活配置分级 1 号资产管理计划正式成立。

2013 年 1 月 10 日，公司第二支专户投资产品“富安达—南京银行—保本 1 号资产管理计划”正式成立。

2013 年 1 月 17 日，富安达基金管理有限公司设立全资子公司——富安达资产管理（上海）有限公司完成工商注册，正式成立。

2013 年 1 月 29 日，富安达现金通货币市场证券投资基金成立，共募集基金份额约 9.94 亿分。

2013 年 1 月 29 日，富安达资产管理（上海）有限公司举行揭牌仪式，富安达资产管理（上海）有限公司执行董事张华东首先宣读了中国证监会证监许可[2012]1758 号《关于核准富安达基金管理有限公司设立子公司的批复》，之后与李剑锋总经理一道为子公司揭牌。

2013 年 3 月 18 日，富安达增强收益债券型证券投资基金进行了首次分红，这也是富安达基金旗下产品的首次分红。该基金成立于 2012 年 7 月 25 日，距今成立仅 7 个多月，此次分红将每 10 份基金份额派发现金红利 0.2 元。

2013 年 5 月 21 日，继富安达增强收益债券型证券投资基金近期首次分红之后，公司旗下首只混合基金——富安达策略精选灵活配置混合型证券投资基金也进行了首次分红。富安达策略精选混合基金成立于 2012 年 4 月 25 日，距今刚满周岁。此次分红每 10 份基金份额派发现金红利 0.4 元。

【股东概况】

股东	出资额（万元人民币）	持股比例
南京证券有限责任公司	14,112	49%
江苏交通控股有限公司	7,488	26%
南京市河西新城区国有资产经营控股（集团）有限责任公司	7,200	25%

【旗下基金】

基金代码	基金简称	类型
710001	富安达优势成长	股票型
710002	富安达策略精选	混合型
710301	富安达增强收益 A	债券型
710302	富安达增强收益 C	债券型
000284	富安达信用纯债 A	债券型
000285	富安达信用纯债 C	债券型
710501	富安达现金通货币 A	货币型
710502	富安达现金通货币 B	货币型

【公司高管】

张华东先生，中共党员，硕士研究生，正高级经济师。历任解放军战士、班长、营部代书记、南京高速齿轮箱厂办公室主任、南京市机械工业局办公室秘书、南京东风专用汽车制造总厂副厂长、总经济师、厂长、南京东风汽车工业（集团）公司副总经理、总经济师、总经理兼党委书记、南京证券有限责任公司党委书记兼副总经理，现任南京证券有限责任公司董事长兼党委书记。

蒋晓刚先生，中共党员，硕士研究生，历任南京证券有限责任公司上海营业部副总经理、总经理、公司经纪业务管理部总经理、业务总监，富安达基金管理有限公司董事、副总经理，现任富安达基金管理有限公司董事、总经理、富安达资产管理（上海）有限公司总经理。

陈宁先生，中共党员，研究生学历，历任南京国际信托公司证券总部副总经理、总经理，南京国信资产管理公司总经理，现任富安达基金管理有限公司督察长。

方正富邦基金管理有限公司

【基本情况】

法定名称：方正富邦基金管理有限公司
英文名称：Founder Fubon Fund Management Co.，Ltd.
注册地址：北京市西城区太平桥大街 18 号丰融国际大厦北区 11 层 9、11 单元
办公地址：北京市西城区太平桥大街 18 号丰融国际大厦北区 11 层 9、11 单元
法人代表：雷　杰
总 经 理：邹　牧
成立日期：2011 年 7 月 8 日
公司属性：中外合资
注册资本：2 亿元
公司电话：010－57303700
客服电话：400－818－0990
传真电话：010－57303716
邮政编码：100032
公司网址：www.founderff.com

【公司概况】

方正富邦基金管理有限公司于 2011 年 6 月 30 日正式获批，是首家获中国证监会批准设立的陆台合资基金管理公司。公司注册资本为 2 亿元人民币。其中，方正证券股份有限公司出资 66.7%，富邦证券投资信托股份有限公司出资 33.3%，公司注册地为北京市。作为首家获批的陆台合资基金管理公司，方正富邦基金管理有限公司开启了两岸基金领域合作的新篇章。

方正富邦基金管理有限公司是继两岸银行、证券及期货、保险业《两岸金融监管合作备忘录》（两岸 MOU）签署后大陆与台湾基金行业合作筹建基金公司的首例。也是《海峡两岸经济合作框架协议》（ECFA）于 2010 年 9 月 12 日正式生效后，首家获批的陆台合资基金管理公司。方正富邦基金的扬帆起航，象征着两岸的合作交流从通邮、通航、通商上升到了更深层次的金融领域合作，同时也为将来两地资本市场的进一步深化合作奠定了基础。

【股东概况】

股东名称	持股比例
方正证券股份有限公司	66.7%
富邦证券投资信托股份有限公司	33.3%

【旗下基金】

基金代码	基金简称	基金类型
730001	方正富邦创新动力	股票型
730002	方正富邦红利	股票型
730003	方正富邦货币市场 A	货币型
730103	方正富邦货币市场 B	货币型
000247	方正富邦互利债券	债券型

【公司高管】

雷杰先生，董事长，工商管理硕士。曾任光大证券有限公司投资银行部总经理，金元证券有限公司副总裁，武汉证券有限责任公司董事长、总裁，北大方正集团有限公司副总裁等职务。现任方正证券股份有限公司董事长及瑞信方正证券有限

责任公司董事长。

邹牧先生，总经理，东北财经大学博士。曾任北京汽车制造厂科员、华夏证券股份有限公司高级经理、首创证券有限责任公司董事会秘书、大通证券股份有限公司营业部总经理、鹏华基金管理有限公司北方理财中心总经理、华富基金管理有限公司北京办事处负责人、总经理助理兼市场拓展部总监、机构理财部总监、公司副总经理。

赖宏仁先生，督察长，暨南大学博士。曾任中国台湾省财政部台北市国税局税务员、中国台湾省金管会证期局秘书、富邦证券金融股份有限公司业务及帐务主管、富邦证券投资信托股份有限公司销售主管、富邦证券投资信托股份有限公司基金后台主管（估值、TA、客服）。

财通基金管理有限公司

【基本情况】

法定名称：财通基金管理有限公司

英文名称：Caitong Fund Management Co.，Ltd.

注册地址：上海市虹口区吴淞路 619 号 505 室

办公地址：上海市银城中路 68 号时代金融中心 41 楼

法人代表：阮　琪

总 经 理：刘　未

成立日期：2011 年 6 月 21 日

注册资本：2 亿元

公司属性：中资

公司电话：021－68886666

客服电话：400－820－9888

传真电话：021－68888169

客服信箱：service@ ctfund. com

邮政编码：200120

公司网址：www. ctfund. com

【公司概况】

财通基金管理有限公司由财通证券股份有限责任公司、杭州市实业投资集团有限公司和浙江升华拜克生物股份有限公司共同发起设立，注册资本 2 亿元人民币，注册地上海。

自 2011 年 6 月成立以来，公司陆续发行了混合、债券、保本、指数、股票等不同类型的公募产品，获得一定市场口碑。在逐步完善产品线的同时，财通基金坚持走差异化、特色型路线，从主动和被动方式率先专注于可持续发展投资领域，并积极探索商品期货等各类型创新领域。同时，财通基金更在专户业务中勇于突破，截至 2013 年 6 月底，已成功发行 71 单专户产品，累计规模超 58 亿元，包括主动管理型专户以及创新型的期货类专户和定增类专户等类型，正在成为期货和定增等领域的行业领跑者。

2013 年 6 月，财通基金子公司“上海财通资产管理有限公司”正式成立，业务范围将专注于特定客户资产管理业务及证监会许可的其他业务，其核心管理层和业务团队均来自于国内知名信托、银行、证券、基金等金融机构。

公司始终秉承“持有人利益至上”的核心价值观，坚持“持续分红”、“员工持基”等特色品牌，力争满足客户多元化全方位的理财需求。

【公司大事记】

2011 年 5 月 31 日，财通基金管理有限公司正式获得中国证监会批准。

2011 年 7 月 5 日，财通基金管理有限公司正式公告成立。

2011 年 12 月 1 日，财通价值动量混合型证券投资基金合同生效，募集份额超过 10 亿份。

2011 年 12 月 13 日，财通基金管理有限公司正式获得中国证监会批准的从事特定客户资产管理业务资格。

2012 年 2 月 8 日，财通基金管理有限公司注册资本由人民币 1 亿元增加至人民币 2 亿元。

2012 年 7 月 13 日，财通多策略稳健增长债券型证券投资基金合同生效，募集份额超过 36 亿份。

2012 年 8 月 10 日，财通基金首只商品期货专户产品成立，募集资金达 7969. 8 万元。

2012 年 9 月 17 日，财通基金创新定制 ESG 指数中证财通中国可持续发展 100（ECPIESG）指数正式发布。

2012 年 12 月 20 日，财通保本混合型发起式证券投资基金合同生效，募集份额超过 3. 4 亿份。

2013 年 3 月 22 日，中证财通中国可持续发展 100（ECPIESG）指数增强型证券投资基金合同生效，募集份额超过 2. 4 亿份。

2013 年 3 月 27 日，财通可持续发展主题股票型证券投资基金合同生效，募集份额超过 3. 1 亿份。

2013 年 6 月 3 日，财通基金子公司“上海财通资产管理有限公司”正式成立。

【股东概况】

股东	出资额（万元人民币）	持股比例
财通证券有限责任公司	8,000	40%
杭州市工业资产经营投资集团有限公司	6,000	30%
浙江升华拜克生物股份有限公司	6,000	30%

【旗下基金】

基金代码	基金简称	类型
720001	财通价值动量	混合型
720003	财通保本	混合型
720002	财通稳健增长	债券型
000042	中证财通可持续发展 100 指数	指数型
000017	财通可持续股票	股票型

【公司高管】

阮琪先生，董事长，工商管理硕士，高级会计师。历任浙江省杭州市财政局综合计划处副处长，处长兼杭州市财政局国债服务部主任，社会保障处处长，现任财通证券有限责任公司总经理助理。

刘未先生，董事，浙江大学经济学硕士。19 年的证券从业经历，历任财通证券经纪有限责任公司营业部总经理，财通证券经纪有限责任公司经纪业务管理部总经理，原财通证券有限责任公司（现财通证券股份有限公司）基金筹建部负责人，财通基金管理有限公司副总经理、常务副总经理、总经理。

黄惠女士，督察长，工商管理硕士、EMBA。历任张家界旅游股份有限公司董事会秘书，方正证券有限责任公司北京代表处主任，中国证券投资者保护基金有限公司高级经理。

长安基金管理有限公司

【基本情况】

法定名称：长安基金管理有限公司

英文名称：Changan Fund Management Co. , Ltd.

注册地址：上海市虹口区丰镇路806号3幢371室

办公地址：上海市浦东新区芳甸路1088号紫竹国际大厦16层

法人代表：万跃楠

总 经 理：黄　陈

成立日期：2011年9月5日

公司属性：中资

注册资本：2亿元

联系电话：021－20329999

客服热线：400－820－9688

传真电话：021－50598018

客服信箱：service@ changanfunds. com

邮政编码：201204

公司网址：www. changanfunds. com

【公司概况】

长安基金管理有限公司（以下简称"公司"）成立于2011年9月5日，注册资本2亿元人民币。公司由长安国际信托股份有限公司作为主要发起人，联合上海美特斯邦威服饰股份有限公司、上海磐石投资有限公司、兵器装备集团财务有限责任公司共同出资设立。

遵照基金份额持有人利益优先、独立运作和相互制衡的公司治理原则，公司设立股东会、董事会、监事会。董事会下设合规与风险管理委员会和薪酬与提名委员会。每个委员会均有独立董事参与，以充分发挥独立董事的作用。

公司将本着合规、专业、创新、融合的经营管理理念，依法合规经营，加强风险管理，探索建立长效激励约束机制，构建和谐的企业文化，打造一流的投研团队，力争用较短的时间将公司建设成为"专业精良、治理完善、诚信合规、运作稳健"的现代资产管理机构。

【公司大事记】

2011年8月25日，长安基金管理有限公司已于8月25日获中国证监会核准设立，将于近日完成工商注册手续后正式成立，成为中国境内第67家基金管理公司。

根据《上海市基金同业公会章程》，第一届第三次理事会审核财通基金管理有限公司、富安达基金管理有限公司、长安基金管理有限公司3家单位正式成为上海市基金同业公会的新成员。至此，上海市基金同业公会共有会员单位57家，其中34家本地基金公司，23家异地基金分公司。

2011年12月9日，长安宏观策略股票型证券投资基金获中国证监会核准。

2011年12月13日，长安基金管理有限公司正式获得中国证监会批准的从事特定客户资产管理业务资格。

2012年2月2日－3月7日，长安宏观策略股票型证券投资基金公开发售。

2012年3月9日，长安宏观策略股票型证券投资基金合同生效。

2012年5月14日－6月13日，长安沪深300非周期行业指数证券投资基金发售。

2012年6月25日，长安沪深300非周期行业指数证券投资基金发售。

2012年12月14日，长安基金专户子公司获准设立。

【股东概况】

股东名称	持股比例
长安国际信托股份有限公司	40%
上海美特斯邦威服饰股份有限公司	33%
上海磐石投资有限公司	18
兵器装备集团财务有限责任公司	9%

【旗下基金】

基金代码	基金简称	类型
740001	长安宏观策略	股票型
740101	长安沪深300非周期	指数型
740601	长安货币市场基金A	货币型
740602	长安货币市场基金B	货币型

【公司高管】

万跃楠先生，董事，经济学博士。曾任南昌保险学校教师、中国证监会处长、长沙通程实业集团有限公司总裁、特华投资控股有限公司执行总裁、兵器装备集团财务有限责任公司副总经理和安信期货有限责任公司董事长等职，现任长安基金管理有限公司董事长。

黄陈先生，董事，金融学博士。曾任中国工商银行总行政策室、发展规划部、投资银行部等部门主任科员、副处长，工银瑞信基金管理有限公司战略发展部总监，汤森路透中国区投资及咨询业务董事总经理、中国区机构投资者业务负责人等职，现任长安基金管理有限公司总经理、代行督察长，长安财富资产管理有限公司董事长、总经理。

国金通用基金管理有限公司

【基本情况】

法定名称：国金通用基金管理有限公司

英文名称：Gfund Management Co. , Ltd.

注册地址：北京市怀柔区府前街三号楼3－6

办公地址：北京市海淀区西三环北路87号国际财经中心D座14层

董 事 长：纪　路

总 经 理：尹庆军

成立日期：2011年11月2日

注册资本：2.8亿元人民币

公司属性：中资公司

联系电话：010－88005888

客服电话：400－020－0018

联系传真：010－88005666

邮政编码：100033

公司网址：www. gfund. com

【公司概况】

国金通用基金管理有限公司（英文名称：Gfund Management Co. , Ltd.）成立于2011年11月2日，是经中国证监会批准成立的从事基金募集、基金销售、资产管理以及中国证监会许可的其他业务的专业资产管理公司。

公司股东为国金证券股份有限公司、苏州工业园区地产经营管理公司、广东宝丽华新能源股份有限公司、中国通用技术(集团)控股有限责任公司,四家企业共同出资2.8亿元人民币,出资比例分别为49%、19.5%、19.5%和12%。

国金证券股份有限公司是一家资产质量优良、专业团队精干、创新能力突出、服务特色鲜明的上市证券公司,是沪深300指数、上证180指数、上证180金融股指数和上证中型企业指数成份股。

苏州工业园区地产经营管理公司成立于2000年,是苏州工业园区管委会直属最大的国有企业,注册资本155亿元,总资产500多亿元。

广东宝丽华新能源股份有限公司是1997年1月在深圳证券交易所上市的新能源电力公司,已经确立了以新能源电力为核心、以房地产开发和建设施工为基础、以现代金融投资为动力的主营业务架构,是中国证券市场中的新能源电力龙头上市公司,是深证红利、泰达环保、南方低碳、巨潮公司治理等多个重要指数样本股。

中国通用技术(集团)控股有限责任公司是由国务院国资委履行出资人职责、中央直接管理的国有重要骨干企业,是我国最大的先进技术装备引进服务商、最大的轻工产品和医药保健品进出口商、最大的移动通信终端产品分销与服务商,同时是我国重要的装备制造商、国际工程承包商、医药生产与供应商、技术服务与咨询商及建筑地产商。

雄厚的股东背景为公司的渠道开发、市场销售等方面提供了强有力的支持,为公司的发展奠定了基础。

【公司大事记】

2011年8月18日,北京市金融局副局长朱元广同志带领证券期货服务处赴公司开展工作调研。

2011年9月23日,顺利通过中国证监会组织的现场检查。

2011年10月18日,取得中国证监会《关于核准设立国金通用基金管理有限公司的批复》(证监许可[2011]1661号)。

2011年11月2日,经北京市工商局批准,注册成立。

2012年2月17日,取得《基金管理资格证书》。

2012年5月21日,取得中国证监会《关于核准国金通用基金管理有限公司从事特定客户资产管理业务的批复》(证监许可[2012]666号)。

2012年7月23日,公司首只发起式基金——国金通用国鑫灵活配置混合型发起式基金获得证监会募集批复。

2012年9月7日,公司完成增加注册资本及修改公司章程的工商变更登记手续,根据中国证监会《关于核准国金通用基金管理有限公司变更注册资本及修改公司章程的批复》(证监许可[2012]1171号),公司的注册资本由1.6亿元人民币增加至2.8亿元人民币。

2013年1月25日,国金通用全资子公司北京千石创富资本管理有限公司在北京正式注册成立。

2013年4月8日,国金通用及专户子公司完成办公场所变更事宜,新的办公场所地址为:北京市海淀区西三环北路87号国际财经中心D座14层。

2013年7月26日,国金通用首只被动型基金——国金通用沪深300指数分级证券投资基金发行成功,首募3.23亿元。

2013年12月16日,国金通用首只货币基金——国金通用鑫盈货币市场证券投资基金发行成功,首募5.45亿元。

【股东概况】

股东名称	持股比例
国金证券股份有限公司	49%
苏州工业园区地产经营管理公司	19.5%
广东宝丽华新能源股份有限公司	19.5%
中国通用技术(集团)控股有限责任公司	12%

【旗下基金】

基金代码	基金简称	类型
762001	国金通用国鑫发起	混合型
167601	国金300	指数型
000439	国金通用鑫盈货币	货币型
000454	国金通用鑫利分级A	债券型
000455	国金通用鑫利分级B	债券型

【公司高管】

纪路先生,董事长,学士。历任博时基金管理有限公司分析师、金信证券有限责任公司投资研究中心总经理、国金证券股份有限公司研究所总经理。现任国金证券股份有限公司副总经理,中国证券业协会证券公司专业评价专家,四川证券业协会创新咨询委员会主任委员。2011年11月至今任国金通用基金管理有限公司董事长。

尹庆军先生,总经理,硕士。历任中央编译局世界所助理研究员、办公厅科研外事秘书,中央编译出版社出版部主任,博时基金管理有限公司人力资源部总经理、董事会秘书、监事,国金通用基金管理有限公司筹备组拟任督察长,国金通用基金管理有限公司督察长。2012年7月至今任国金通用基金管理有限公司总经理。

毛伟先生,督察长,硕士。历任北京牡丹电子集团公司工程师,香港新园计算机软件开发公司高级工程师、软件部经理,华夏基金管理有限公司信息技术部总经理助理、基金运作部总经理助理,国金通用基金管理有限公司筹备组清算部总经理,国金通用基金管理有限公司基金清算部总经理、运营总监。2013年11月至今任国金通用基金管理有限公司督察长。

安信基金管理有限责任公司

【基本情况】

法定名称:安信基金管理有限责任公司

注册地址:广东省深圳市福田区益田路6009号新世界商务中心36层

办公地址:广东省深圳市福田区益田路6009号新世界商务中心36层

董 事 长:牛冠兴

总 经 理:刘入领

成立日期:2011年12月6日

注册资本:3.5亿元

公司属性:中资公司

联系电话:0755-82509999

客服电话:400-808-8088

传真电话:0755-82799292

客服信箱:service@essencefund.com

公司网址:www.essencefund.com

【公司概况】

安信基金管理有限责任公司是经中国证监会批准，成立于 2011 年 12 月，总部位于深圳，注册资本 3.5 亿元人民币。公司股东为安信证券股份有限公司、五矿资本控股有限公司和中广核财务有限责任公司。安信基金管理有限责任公司经营范围包括基金募集、基金销售、特定客户资产管理以及中国证监会许可的其他业务，是为客户提供专业理财服务的资产管理机构。

【股东概况】

股东名称	持股比例
安信证券股份有限公司	52.71%
五矿资本控股有限公司	38.72%
中广核财务有限责任公司	8.57%

【旗下基金】

基金代码	基金简称	类型
750001	安信灵活配置混合	混合型
750005	安信平稳增长	混合型
000433	安信鑫发优选混合	混合型
750002	安信目标收益 A	债券型
750003	安信目标收益 C	债券型
000310	安信永利信用 A	债券型
000335	安信永利信用 C	债券型
167502	安信宝利 A	债券型
150137	安信宝利 B	债券型
750006	安信现金管理货币 A	货币型
750007	安信现金管理货币 B	货币型

【公司高管】

牛冠兴先生，董事长，经济学硕士。历任武汉市人民银行硚口支行信贷员，武汉市工商银行古田办事处主任，武汉市工商银行江岸支行行长，武汉市工商银行副行长，招商银行总行信贷部总经理，招商证券股份有限公司总经理，招商基金管理有限公司董事长，南方证券行政接管组及广东证券托管组组长。现任安信证券股份有限公司董事长、安信基金管理有限责任公司董事长，中国证券业协会副会长。

刘入领先生，董事，经济学博士。历任国通证券股份有限公司（现招商证券股份有限公司）研究发展中心总经理助理、人力资源部总经理助理；招商证券股份有限公司战略部副总经理（主持工作）、总裁办公室主任、理财客户部总经理；安信证券股份有限公司人力资源部总经理兼办公室主任、总裁助理兼营销服务中心总经理、总裁助理兼安信期货有限责任公司董事长、总裁助理兼资产管理部总经理。现任安信基金管理有限责任公司总经理。

孙晓奇先生，督察长，经济学硕士。历任上海石化董事会秘书室高级经理，上海证券交易所债券基金部执行经理。现任安信基金管理有限责任公司督察长。

德邦基金管理有限公司

【基本情况】

法定名称：德邦基金管理有限公司
英文名称：Tebon Fund Management Co. ,LTD
注册地址：上海市虹口区吴淞路 218 号宝矿国际大厦 35 层
办公地址：上海市虹口区吴淞路 218 号宝矿国际大厦 35 层
董 事 长：姚文平
总 经 理：易　强
成立日期：2012 年 3 月 27 日
注册资本：1.2 亿元
公司属性：中资企业
联系电话：021 －26010999
客服电话：400 －821 －7788
传真电话：021 －26010808
客服信箱：service@ dbfund. com. cn
邮政编码：200080
公司网址：www. dbfund. com. cn

【公司概况】

德邦基金管理有限公司（Tebon Fund Management Co. , LTD）成立于 2012 年初，注册资金 1.2 亿元人民币，是中国证监会审核批准成立的第 70 家基金公司。公司以修身、齐家、立业、助天下为己任，倡导坦诚沟通、学习创新、规范透明、创造价值、分享发展的文化，秉持长期的价值投资理念，坚守严谨的风险控制底线，致力于增加客户财富，提升员工专业水准，体现股东价值最大化，成为专业的、富有创新精神、最受尊敬的资产管理公司之一。

2012 年 9 月 25 日公司旗下第一只公募基金——德邦优化配置股票型证券投资基金正式成立，由此揭开了公司资产管理的全新篇章。在大力发展公募业务的同时，公司还陆续成立了包括权益类、固定收益类等在内的特定资产管理产品，不仅为投资者带来了较为满意的回报，也为筹备中的德邦基金“专项子公司”——德邦创新资本有限责任公司的成立及发展奠定了基础。

【公司大事记】

2011 年 8 月，迁入新办公地：上海市虹口区吴淞路 218 号 35 层。

2012 年 2 月 27 日，德邦基金获得证监会准予设立申请批复，同时获批特定客户资产管理业务资格（即专户资格）。

2012 年 4 月 9 日，德邦基金管理有限公司正式公告成立。

2012 年 9 月 25 日，德邦优化配置股票型证券投资基金基金合同生效（770001）。

2012 年 10 月 31 日，德邦基金首只债券型专户特定资产管理合同生效。

2012 年 11 月 16 日，德邦基金荣获第八届中国证券市场年会金算盘稳健成长奖。

2012 年 12 月 31 日，德邦基金荣获中金在线 2012 年度财经排行榜评选活动最佳创新基金公司。

2013 年 2 月 7 日，德邦基金获得证监会核准设立子公司批复。

2013 年 3 月 12 日，德邦创新资本有限责任公司正式公告成立。

2013 年 4 月 25 日，德邦德信中证中高收益企债指数分级基金基金合同生效（167701）。

2013 年 9 月 16 日，德邦德利货币市场基金基金合同生效（000300）。

2013 年 11 月 1 日，德邦基金管理有限公司淘宝店正式开业。

【股东概况】

股东名称	持股比例
德邦证券有限责任公司	49%
西子联合控股有限公司	31%
浙江省土产畜产进出口集团有限公司	20%

【旗下基金】

基金代码	基金简称	类型
720001	德邦优化配置	股票型
000300	德邦德利货币市场基金 A	货币型
000301	德邦德利货币市场基金 B	货币型
167701	德邦德信中证中高收益企债指数分级	债券型
150133	德邦德信中证中高收益企债指数分级 A	债券型
150134	德邦德信中证中高收益企债指数分级 B	债券型

【公司高管】

姚文平先生，董事长，硕士。现任德邦证券有限责任公司总裁，中国证券业协会人力资源委员会副主任，上海新金融研究院创始理事。曾在南京大学任教，曾任华泰证券有限责任公司研究所首席研究员，东海证券有限责任公司副总裁。

易强先生，总经理，硕士，曾任金元比联基金管理有限公司总经理，招商基金管理有限公司业务发展部副总监，比利时联合资产管理有限公司中国地区业务发展总监，比利时联合资产管理有限公司上海代表处首席代表。

唐涵颖女士，督察长，硕士，曾任中国证券监督管理委员会上海监管局监管干部，上海农商银行同业金融部经理。有8年以上会计、监察、稽核等工作经历。中国注册会计师。

华宸未来基金管理有限公司

【基本情况】

法定名称：华宸未来基金管理有限公司
英文名称：Mirae Asset Management Co. , Ltd.
注册地址：上海市虹口区四川北路859号中信广场16层
办公地址：上海市虹口区四川北路859号中信广场16层
法人代表：刘晓兵
总 经 理：阙水深
成立日期：2012年6月20日
注册资本：2亿元人民币
公司属性：合资企业
联系电话：021－26066999
客服电话：400－920－0699
传真电话：021－65870287
邮政编码：200085
公司网址：www. hcmirae. com

【公司概况】

华宸未来基金管理有限公司由华宸信托有限责任公司、韩国未来资产基金管理公司、咸阳长涛电子科技有限公司三家单位共同发起设立。公司于2012年3月21日获得中国证监会批文。公司办公地点设在上海，注册资本2亿元人民币。

公司秉承“规范创造价值，创新推动成长”的经营理念，贯彻投资人利益优先原则，树立长期价值投资理念，专心致力于细分市场的经营战略，从公司品牌、运行机制、企业文化和团队建设等方面构筑公司核心竞争力，努力做到“沉得下来不浮躁，专得下去不浮浅”，将公司打造成为受尊重的资产管理人。

【股东概况】

股东名称	出资比例
华宸信托有限责任公司	40%
韩国未来资产基金管理公司	25%
咸阳长涛电子科技有限公司	35%

【旗下基金】

基金代码	基金简称	类型
167901	华宸300	指数型
000104	华宸增利债券	债券型

【公司高管】

刘晓兵，董事长，男，民盟党员，北京大学工商管理硕士。现任华宸信托董事长，历任湘财证券常务副总裁，华鑫证券代理总裁等职务。

阙水深，董事，男，中共党员，厦门大学经济学（金融学）博士。历任光大证券固定收益总部总经理、财富证券副总裁等职务。现任华宸未来基金管理有限公司董事、总经理，兼任深圳华宸未来资产管理有限公司董事长。

兰飞燕，督察长，男，东北财经大学经济学硕士。具有15年金融证券行业工作经历，历任联合证券投资银行部项目经理、中国建银投资证券高级研究员等职务。

英大基金管理有限公司

【基本情况】

法定名称：英大基金管理有限公司
注册地址：北京市朝阳区东三环中路1号环球金融中心西塔22楼2201
办公地址：北京市朝阳区东三环中路1号环球金融中心西塔22楼2201
法人代表：张传良
成立日期：2012年8月17日
注册资本：1.2亿元
公司属性：中资企业
联系电话：010－59112288
客服电话：400－890－5288
传真电话：010－59112222
邮政编码：100020
公司网址：www. ydamc. com

【公司概况】

华宸未来基金管理有限公司由华宸信托有限责任公司、韩国未来资产基金管理公司、咸阳长涛电子科技有限公司三家单位共同发起设立。公司于2012年3月21日获得中国证监会批文。公司办公地点设在上海，注册资本2亿元人民币。

公司秉承“规范创造价值，创新推动成长”的经营理念，贯彻投资人利益优先原则，树立长期价值投资理念，专心致力于细分市场的经营战略，从公司品牌、运行机制、企业文化和团队建设等方面构筑公司核心竞争力，努力做到“沉得下来不浮躁，专得下去不浮浅”，将公司打造成为受尊重的资产管理人。

【股东概况】

股东名称	出资比例
英大国际信托有限责任公司	49%
中国交通建设股份有限公司	36%
航天科工财务有限责任公司	15%

【旗下基金】

基金代码	基金简称	类型
000458	英大领先回报	混合型
650001	英大纯债 A	债券型
650002	英大纯债 C	债券型

【公司高管】

张传良先生，董事长，自 2013 年 9 月 5 日起任职，工商管理硕士、高级经济师。现任英大基金管理有限公司董事长及代任总经理。2000 年 1 月加入英大国际信托有限责任公司，历任证券投资经理、总经理助理、监事长、纪委书记，2006 年 9 月至今任英大国际信托有限责任公司副总经理、党组成员，其中 2008 年 5 月至 2012 年 4 月期间兼任英大期货有限公司董事。

张宁先生，督察长，中国人民大学财务金融学博士，高级经济师，中国人民大学金融与证券研究所研究员。历任首创证券有限公司营业部副总经理，招商银行公司银行部经理，中交投资有限公司金融投资部高级经理。2010 年 11 月起作为拟任督察长负责筹备设立英大基金管理有限公司，2012 年 6 月起至今任英大基金管理有限公司督察长。

华润元大基金管理有限公司

【基本情况】

法定名称：华润元大基金管理有限公司

英文名称：CR Yuanta Fund Management Co. ,Ltd

注册地址：深圳市南山区粤兴二道 6 号武汉大学深圳产学研大楼 B815 房

办公地址：深圳市福田区中心四路 1 - 1 号嘉里建设广场第三座 7 层

法人代表：路　强

成立日期：2013 年 1 月 17 日

注册资本：1.2 亿元

公司属性：中外合资

联系电话：0755 - 88399008

客服电话：400 - 010 - 0089

传真电话：0755 - 88399045

邮政编码：518048

公司网址：www. cryuantafund. com

【公司概况】

华润元大基金管理有限公司（以下简称“华润元大基金”）是一家陆台合资公司，由华润深国投信托有限公司（以下简称“华润信托”）和台湾地区元大宝来证券投资信托股份有限公司（以下简称“元大宝来投信”）共同出资设立，占股比例分别为 51% 和 49%。公司于 2013 年 1 月 17 日完成工商注册登记，经营范围包含基金募集、基金销售、特定客户资产管理、资产管理和中国证监会许可的其他业务。

汇集两岸资产管理经验和人才的华润元大基金，将从“为您专注专心”的核心理念出发，结合股东华润信托突出的创新能力、强大的客户基础、良好的品牌形象及阳光私募的领导地位，和元大宝来投信丰富的投资研究、产品开发、营销策划经验，以“双品牌、双优势”为基础，为投资者不断创造价值，力争成为中国基金行业的创新领导者。

【股东概况】

股东名称	出资比例
华润深国投信托有限公司	51%
元大宝来证券投资信托股份有限公司	49%

【旗下基金】

基金代码	基金简称	类型
000273	华润元大保本混合	混合型
000324	华润元大现金收益货币 A	货币型
000325	华润元大现金收益货币 B	货币型

【公司高管】

路强先生，董事长，本科学历。历任中国华润总公司进出口贸易经理，大连保税区宝利行华润国贸有限公司副总经理，华润投资开发有限公司助理总经理、董事、副总经理，华润深国投信托有限公司副总经理，现任华润深国投信托有限公司董事、总经理。

林冠和先生，董事，总经理，本科学历。历任春源钢铁工业股份有限公司部门主管，元大证券投资顾问股份有限公司研究部副组长，元大证券投资信托股份有限公司研究部基金经理、协理，元大证券投资顾问股份有限公司研究部副总经理，元大证券投资信托股份有限公司基金管理部协理，富鼎证券投资信托股份有限公司投资研究处执行副总经理，元大证券投资信托股份有限公司基金管理部副总经理，宝来证券投资信托股份有限公司股票投资处副总经理，华南永昌证券投资信托股份有限公司总经理，元大宝来证券投资信托股份有限公司专户管理部资深副总经理。

何特先生，董事，督察长，硕士学历。历任深圳三九医药贸易有限公司财务部经理，华润深国投信托有限公司投资部经理、证券投资部信托经理，摩根士丹利华鑫基金管理有限公司监察稽核部监察稽核主管，华润深国投信托有限公司证券投资部高级信托经理、总经理助理、执行总监。

前海开源基金管理有限公司

【基本情况】

法定名称：前海开源基金管理有限公司

注册地址：深圳市南山区粤兴二道 6 号武汉大学深圳产学研大楼 B815 房

办公地址：深圳市福田区深南大道 7006 号万科富春东方大厦 22 层

法人代表：王兆华

成立日期：2013 年 1 月 23 日

注册资本：1.2 亿元

公司属性：中资企业

联系电话：0755 - 88601888

客服电话：400 - 166 - 6998

传真电话：0755 - 83181169

邮政编码：518040

公司网址：www. qhkyfund. com

【公司概况】

前海开源基金管理有限公司经中国证监会(证监许可[2012]1751 号文)批准,于 2013 年 1 月 23 日注册成立。公司经营范围:基金募集、基金销售、特定客户资产管理、资产管理和中国证监会许可的其他业务。

前海开源基金立足国家金融创新合作区——深圳前海,依托深港紧密合作和融合发展,利用前海"特区中的特区"的区位优势和金融创新先行先试的政策优势,抓住人民币国际化的战略机遇,凭借完善的管理体制和创新的运营机制,吸纳海内外高端人才,全力打造专业化、创新型的现代财富管理机构,积极参与前海大开发和中国资产管理行业二次腾飞的潮流中。

【股东概况】

股东名称	出资比例
开源证券有限责任公司	40%
北京市中盛金期投资管理有限公司	30%
北京长和世纪资产管理有限公司	30%

【旗下基金】

基金代码	基金简称	类型
000423	前海开源事件驱动混合	混合型

【公司高管】

王兆华先生,董事长,本科学历,国籍:中国。历任中国人民银行西安市分行职员,中国工商银行西安市开发区支行副行长、分行信贷处处长,华夏证券西安营业部总经理、华夏证券济南管理总部党委书记兼总经理、华夏证券总裁助理兼重庆分公司党委书记、总经理,华夏证券总裁助理,开源证券董事长兼总经理,现任开源证券总经理、前海开源基金管理有限公司董事长。

蔡颖女士,董事、总经理,硕士研究生,国籍:中国。历任南方证券广州分公司营业部电脑部主管、经纪业务部主管、电子商务部副经理,南方基金管理有限公司广州代表处首席代表、南方区域总部高级经理,鹏华基金管理有限公司华南营销中心(广州)副总经理、广州分公司总经理,现任前海开源基金管理有限公司董事、总经理。

李志祥先生,督察长,本科学历,经济师,国籍:中国。历任湖北省黄冈市体改委副科长,深圳市农产品股份有限公司秘书科科长,大鹏证券有限责任公司业务秘书,南方基金管理有限公司高级经理。现任前海开源基金管理有限公司督察长。

中加基金管理有限公司

【基本情况】

法定名称:中加基金管理有限公司
注册地址:北京市顺义区人和镇顺泽大街 65 号 317 室
办公地址:北京市丰台区南四环西路 188 号十七区 15 号楼
法人代表:闫冰竹
成立日期:2013 年 3 月 27 日
注册资本:3 亿元
公司属性:中外合资
联系电话:010 - 63620212
客服电话:400 - 009 - 5526
传真电话:010 - 66226080
邮政编码:100070
公司网址:www. bobbns. com

【公司概况】

中加基金管理有限公司成立于 2013 年 3 月,是第三批银行系试点中首家获批成立的基金公司。公司注册资本 3 亿元人民币,注册地为北京。中加基金管理有限公司由北京银行股份有限公司、加拿大丰业银行、北京有色金属研究总院发起成立,持股比例分别为 62% ,33% 和 5% 。

北京银行股份有限公司成立于 1996 年,目前在北京、天津、上海、深圳等全国十大中心城市拥有 250 家以上营业网点,并设立香港代表处和荷兰代表处。截至 2012 年末,北京银行资产总额突破万亿元,人均创利超百万元,在上市银行中连续 6 年保持人均最赚钱银行地位,按一级资本在英国银行家杂志全球千家大银行排名中位列第 132 位。

加拿大丰业银行成立于 1832 年,从 1995 年开始进入中国市场并设立广州分行。加拿大丰业银行是加拿大国际化程度最高的银行,是加拿大第三大银行,资产总额超过 5000 亿加元,加拿大丰业银行在财富管理领域拥有 50 年以上的管理经验,多次获得国际大奖。

北京有色金属研究总院成立于 1952 年,是国务院国资委管理的中央企业,目前是国内规模最大的有色金属技术研究开发与产业化企业,是国家首批百家创新型企业。

【股东概况】

股东名称	出资比例
北京银行股份有限公司	62%
加拿大丰业银行	33%
北京有色金属研究总院	5%

【旗下基金】

基金代码	基金简称	类型
000331	中加货币 A	货币型
000332	中加货币 C	货币型

【公司高管】

闫冰竹先生,董事长,管理学硕士。自 1975 年起,闫先生历任中国人民银行、中国工商银行北京分理处主任、营业部总经理、分行总稽核等职务,1996 年参与组建北京银行并出任首任行长,2002 年至今担任北京银行党委书记、董事长。闫先生为中共第十七次全国代表大会代表,第十一届、十二届全国政协委员,全国政协经济委员会副主任,中共第十届北京市委委员,中国企业家协会副会长,中国银行业协会副会长,中国金融学会常务理事,享受国务院特殊津贴专家。2013 年 3 月起兼任中加基金管理有限公司董事长。

杨书剑先生,董事(总经理),经济学博士。1997 年加入北京银行,历任总行银行卡业务主管、总行办公室副主任、总行人事部副总经理、学院路支行行长、总行董事会办公室副主任、主任、董事会秘书等职务。作为北京银行上市团队负责人,带领北京银行成功实现 IPO。长期负责北京银行综合经营和投资管理方面业务,熟悉资本市场和资本运作。现任中加基金管理有限公司总经理。

夏远洋先生,督察长,管理学硕士。2002 年加入北京银行,在总行董事会办公室从事公司治理研究,全程参与北京银行引入外资和上市工作，历任北京银行朝外支行行长助理、总行资产托管部副总经理、总行国际业务部副总经理（主持工作）、总行办公室副主任（主持工作）等职务。现任中加基金管理有限公司督察长。

道富基金管理有限公司

【基本情况】

法定名称：道富基金管理有限公司

注册地址：北京市门头沟区石龙经济开发区永安路20号3号楼3层

办公地址：北京市东城区建国门内大街28号民生金融中心A座7层

法人代表：桂松蕾

成立日期：2013年5月31日

注册资本：3亿元

公司属性：中外合资

联系电话：010－85003388

传真电话：010－85003386

邮政编码：100010

公司网址：www. ssga－fund. com

【公司概况】

道富基金管理有限公司于2013年5月16日获证监会批准设立，2013年5月31日在国家工商行政管理总局办理完成工商注册登记并取得营业执照，注册地位于北京，且于2013年6月6日取得中国证券监督管理委员会核发的《基金管理资格证书》。道富基金由中融国际信托有限公司（51%）与道富环球投资管理亚洲有限公司（49%）共同出资，注册资本3亿元人民币。

道富基金的中方股东—中融国际信托有限公司成立于1987年，在货币市场、资本市场、金融衍生产品、房地产投资、风险投资等领域拥有丰富经验，是国内顶尖的信托企业之一。截至2012年，公司资产规模超过3,000亿元，经营规模和经济实力都位居国内同行业前茅。外方股东为道富环球投资管理亚洲有限公司，是道富集团的投资部道富环球投资管理（SSgA）下属的全资子公司。SSgA是国际领先的机构资产管理人，按其管理的资产规模排名为全球第二大的资产管理公司。截至于2013年3月31日，SSgA管理的资产达2.18万亿美元，在全球业内都具有广泛的影响力和良好的企业形象。道富集团成立于1792年，是世界最大的托管银行和资产管理公司之一。

以诚信、专业、创新、分享的经营理念为基石，以成为卓越的现代财富管理公司为愿景，构建产业链销售合作模式，注重培养固定收益、指数量化和资产配置类产品的研发和投资管理能力，塑造既是具有技术和经验的财富管理专家又是投资人良师益友的行业品牌形象，通过现代技术手段提供主动、友好的服务，为投资人构建一个不断向上的财富通道。

追求道富管理四要素的有机结合：人才、机制、架构、流程。人才，道富基金作为"80后"基金公司，大资管时代烙印明显，核心团队人才构成多元化，注重能力互补和资源整合；机制，灵活、透明的激励机制，让员工有强烈的认同感和参与感；架构，组织架构扁平化，淡化层级管理、强调合作，确保沟通无障碍；流程，用流程管理替代人员的层级管理，用系统积累和传递每一份工作记录。

【股东概况】

股东名称	出资比例
中融国际信托有限公司	51%
道富环球投资管理亚洲有限公司	49%

【旗下基金】

基金代码	基金简称	类型
000400	道富增鑫一年定期开放债券A	债券型
000401	道富增鑫一年定期开放债券C	债券型

【公司高管】

桂松蕾女士，董事长、代行总经理，金融学硕士，历任UT-StarcomIT部门对外合作经理、百视通有限责任公司北京首席代表，2008年8月至今任中植企业集团有限公司任集团副总裁。2013年5月至今，任道富基金管理有限公司董事长。

王瑶女士，督察长，国际经济法硕士。曾就职于中国证券监督管理委员会，2013年5月就职于道富基金管理有限公司。

国开泰富基金管理有限公司

【基本情况】

法定名称：国开泰富基金管理有限公司

注册地址：北京市怀柔区北房镇幸福西街3号416室

办公地址：北京市东城区朝阳门北大街7号五矿广场C座10层

法人代表：黎维彬

成立日期：2013年7月16日

注册资本：2亿元

公司属性：中外合资

客服电话：010－59363299

传真电话：010－59363298

邮政编码：100010

公司网址：www. cdbsfund. com

【公司概况】

国开泰富基金管理有限责任公司经中国证监会证监许可［2013］850号文批准设立。公司的股权结构如下：国开证券有限责任公司，66.7%；国泰证券投资信托股份有限公司，33.3%。

本基金管理人公司治理结构完善，经营运作规范，能够切实维护基金投资人的利益。股东会为公司权力机构，由全体股东组成，决定公司的经营方针以及选举和更换董事、监事等事宜。公司章程中明确公司股东通过股东会依法行使权利，不以任何形式直接或者间接干预公司的经营管理和基金资产的投资运作。

公司日常经营管理由总经理负责。公司根据经营运作需要设置综合管理部、市场部、投资部、专户投资部、研究部、交易部、基金运营部、风险管理部、监察稽核部（法律合规部）、信息技术部、财务部，共十一个职能部门。此外，公司还设有投资决策委员会和风险控制委员会。

【股东概况】

股东名称	出资比例
国开证券有限责任公司	66.7%
国泰证券投资信托股份有限公司	33.3%

【旗下基金】

基金代码	基金简称	类型
000412	国开泰富岁月鎏金定开信用债 A	债券型
000413	国开泰富岁月鎏金定开信用债 C	债券型

【公司高管】

黎维彬先生，董事长。经济学硕士，国家开发银行顾问、北京市政协常委，历任国家开发银行首席经济学家、国开证券有限责任公司党委书记兼总裁、国家开发银行天津市分行党委书记兼行长。

王翀先生，董事，总经理。法律硕士、工商管理硕士、国际贸易研究生。高级工程师。曾任国开证券经营管理部总经理（兼董事会、监事会办公室负责人）、国开泰富筹备推动组组长。曾任国开证券经纪业务部、营销中心负责人。曾在国家开发银行市场与投资局、国际金融局从事股权投资、并购重组、国际并购、国际银团等投资、投行业务。

王兰兰女士，监事会主席，督察长。会计师。曾任国开证券有限责任公司风险管理部总经理。曾在国家开发银行稽核评价局长期从事财务审计、信贷审计、风险管理审计、内控审计工作。

鑫元基金管理有限公司

【基本情况】

法定名称：鑫元基金管理有限公司
注册地址：上海市浦东新区富城路 99 号震旦大厦 31 楼
办公地址：上海市浦东新区富城路 99 号震旦大厦 31 楼
法人代表：束行农
成立日期：2013 年 8 月 29 日
注册资本：2 亿元
公司属性：中资企业
联系电话：021 - 20892000
客服电话：400 - 606 - 6188
传真电话：021 - 20892111
邮政编码：200120
公司网址：www. xyamc. com

【公司概况】

鑫元基金管理有限公司经中国证监会证监许可[2013]1115 号文批准于 2013 年 8 月成立。由南京银行股份有限公司发起，与南京高科股份有限公司联合组建。注册资本金 2 亿元人民币，总部设在上海。

鑫元基金经营范围包括基金募集、基金销售、特定客户资产管理、资产管理（包括特定对象投资咨询）和中国证监会许可的其他业务。

定位：鑫元基金专注于固定收益资产管理细分市场。与国际市场相比，中国债券市场尚处于起步阶段，固定收益市场的前景非常广阔。各类投资者需要大量收益稳健、风险较低的金融产品来进行专业化资产配置和流动性管理，固定收益类产品将成为资产管理的核心配置。可以预见，固定收益类产品更将迎来黄金发展期，投资标的、投资策略和投资技术的创新将开启理财市场的大时代。

【股东概况】

股东名称	出资比例
南京银行股份有限公司	80%
南京高科股份有限公司	20%

【旗下基金】

基金代码	基金简称	类型
000483	鑫元货币 A	货币型
000484	鑫元货币 B	货币型

【公司高管】

束行农先生，董事长。1963 年出生，中央党校经济管理学士。现任南京银行股份有限公司副行长。历任南京市城市信用合作联合社信联证券营业部副经理，南京城市合作银行信联证券部副经理、经理，南京市商业银行计划处处长助理、副处长、资金交易部副总经理、总经理，南京银行股份有限公司资金营运中心副总经理、总经理。

李湧先生，董事，总经理。1972 年出生，厦门大学 MBA。历任厦门国际信托投资公司信贷部、营业部、计划部经理助理，厦信证券北京营业部副总经理，天同证券有限责任公司上海网上经纪业务部总经理，天同基金管理有限公司行业研究员，汇添富基金管理有限公司营销管理部总监、监察稽核部总监。

李晓燕女士，督察长。1978 年出生，上海交通大学工学学士。历任安达信华强会计师事务所审计员，普华永道中天会计师事务所高级审计员，光大保德信基金管理有限公司监察稽核高级经理，上投摩根基金管理有限公司监察稽核部总监。

第五编
中国期货市场

大连商品交易所
DALIAN COMMODITY EXCHANGE

www.dce.com.cn

协办单位

第一章　中国期货市场概况

2013 年中国期货市场整体运行分析

期货新品种 9 个

国内期货品种步入“40 时代”

今年以来，国内期货市场创新发展步伐明显加快。仅今年就上市了焦煤、动力煤、石油沥青、铁矿石、鸡蛋、粳稻、纤维板、胶合板 8 个商品期货品种和国债期货 1 个金融期货品种，为国内期货市场清理整顿以来上市期货品种最多的一年，且新品种上市后表现整体较好。至此，国内期货品种增加至 40 个。

资料显示，2008 - 2012 年，国内共新上市了 13 个商品期货品种。而今年以来已经上市 9 个期货新品种，这在近年来是非常少见的。一方面，关乎国家基础工业的上游期货产品陆续推出，以动力煤、铁矿石期货为代表；另一方面，人们日常生活中司空见惯的商品也将上市，如鸡蛋、胶合板等。期货品种创新在国民经济的深度和广度上都有显著的延伸。

一位期货公司人士曾表示，“期货品种数量并不是关键，如铁矿石等重量级品种能够上市，说明期货作为服务国民经济的风险管理工具日益受到市场和决策层的重视。”他表示，未来期货市场仍需要在期货品种体系上继续向深度、广度两个维度拓展。一方面，继续推出新的关乎国计民生的品种，比如原油期货等；另一方面，要做深已上市的品种，进一步提升品种参与度，进一步发挥期货市场服务实体经济的作用。

此外，农产品期货新体系日趋完善，纤维板、胶合板期货的获批将填补国内期货市场在林木产业的空白，使我国农产品期货品种拓展至林木领域，将和此前获批的鸡蛋期货一起，构建起国内包括农、林、牧在内的农产品期货品种新体系，对我国农产品期货市场的发展及三农服务具有重要意义。

值得一提的是，阔别十八载的国债期货，于 9 月 6 日重回中国资本市场。作为国际衍生品市场上交易量最大的品种，国债期货是金融期货中当仁不让的“王者”。然而，我国国债期货上市已 3 个月有余，但成交确实十分平淡。不过作为一种基础利率完善和风险对冲工具，随着持有绝大多数债券的银行和保险机构入市，从完善金融衍生品市场来说，未来国债期货的空间很大。

此外，自 11 月初上海国际能源交易中心成功落户中国(上海)自由贸易试验区，并承担推进国际原油期货平台筹建工作，自此，原油期货上市的信号越来越明显，而近两年内原油期货上市难产的瓶颈或将被突破，此次借力上海自贸区原油期货上市再次提上日程，且恰逢上海国际能源交易中心成立，业内人士称，原油期货破题，将标志着中国期货市场对外开放实现“零突破”，相关期货及衍生品市场将迎来历史性的机遇。

成交量超 19 亿手

与成交额双创历史新高

随着期货品种的不断推出，整个行业格局都面临着深刻的变化。今年以来，期货市场行情总体较为活跃，成交额及成交量同比增长翻番，均创 1993 年期货市场有统计以来的历史新高。来自中国期货业协会的统计显示，今年前 11 个月全国期货市场累计成交量为 18.95 亿手(全年超 20 亿手无悬念)，累计成交额为 246.09 万亿元，同比分别增长 45.86% 和 61.93%。

具体来看，1 - 11 月，上海期货交易所累计成交量为 5.85 亿手，累计成交额为 55.39 万亿元，同比分别增长 79.72% 和 35.02%，分别占全国市场的 30.89% 和 22.51%；郑州商品交易所累计成交量为 4.86 亿手，累计成交额为 17.15 万亿元，同比分别增长 59.62% 和 9.56%，分别占全国市场的 25.63% 和 6.97%；大连商品交易所累计成交量为 6.46 亿手，累计成交额为 43.8 万亿元，同比分别增长 11.59% 和 46.64%，分别占全国市场的 34.1% 和 17.8%；中国金融期货交易所累计成交量为 1.78 亿手，累计成交额为 129.76 万亿元，同比分别增长 97.15% 和 98.29%，分别占全国市场的 9.39% 和 52.73%。

北京中期期货副总经理王骏表示，今年 1 - 11 月国内期货市场创历史新高的主要原因体现在六大方面：第一，股票市场做多意愿较弱令成交量大幅萎缩，而此时市场资金对股指期货青睐倍加；第二，贵金属期货连续交易开启和受全球宏观经济政策预期变化影响贵金属价格重挫推动，沪金和沪银成为期货市场明星品种；第三，今年建材期货品种大放异彩，成交十分活跃；第四，饲料、油脂油料期货今年受市场热捧；第五，能源化工品期货受经济增长放缓，产成品价格大幅回落影响，产业客户逐渐加大期货市场参与度；第六，今年焦煤、国债、动力煤等期货新品种上市，对期货市场总体成交规模起到一定提升作用。

其中螺纹钢期货成交最为活跃，前 11 个月累计成交 2.78 亿手，排名国内 40 个期货品种之首；豆粕、玻璃期货紧随其后，前 11 个月累计分别成交 2.49 亿手、1.82 亿手，位列第二位、第三位。此外，沪深 300 股指、白银、菜籽粕、焦炭、豆油、PTA、棕榈油依次排名前十位。

客户数量超 1.1 万个

期待“债券王”商业银行加盟

时隔 18 年后，曾经叱咤风云的国债期货于今年 9 月重出江湖。作为国际衍生品市场上交易量最大的品种，国债期货是金融期货中当仁不让的“王者”。然而，我国国债期货上市已 3 个月有余，但市场的热度距投资者的预期出现了不小的差距。

国债期货主要是为满足投资者规避利率风险的需求而生。20 世纪 90 年代中期，上海证券交易所就曾推出国债期货，但是由于“327 国债事件”这一市场动荡的发生，国债期货遭遇“封冻”，也给不少中小投资者埋下了不小的阴影。

“国债期货的重启，将打通期货业与银行、保险、证券、基金、信托等金融领域的渠道和市场，并推动利率市场化进程，这就令大家对其寄望有加。”多家期货公司总经理对国债期货上市的看多之情溢于言表。

机构客户作为国债期货市场的最大参与者已不言而喻。

一些期货公司已不同程度地与机构投资者进行了洽谈。此外,期货公司跟银行也有不同程度的接触。然而,国债期货市场同样出现了“叫好不叫座”的尴尬局面。据中国期货业协会资料显示,自今年9月6日国债期货上市至11月底,5年期国债期货累计成交总量累计仅为26.57万手。

此外,中金所有关负责人在11月初于深圳举行的第九届国际期货大会上介绍,上市近3个月的国债期货,目客户有1.1万多个,法人客户成交和持仓分别占比14.3%和将近38%。虽然国内的国债期货成交和持仓的规模有限,但是期货和现货之间的价差始终维持在一个非常合理的价格区间。他相信,随着商业银行、保险资金的进入,这个比例还会提高。

作为国债现券持有量和交易量最大的机构,我国商业银行对国债期货的需求较为强烈,也将是国债期货市场的重要参与者。但是,银行以何种形式参与国债期货市场,目前监管层尚未有定论。不管是以何种模式参与交易,可以确定的是,未来商业银行参与国债期货市场将会有多种投资空间存在。

金价累计下跌28%

12年牛市如过眼烟云

2013年黄金价格整体下跌的基调已经基本确定,连续12年上涨记录将被打断。今年以来,黄金期货市场只能用“惨淡”一词来形容。截至目前(12月19日),纽约商品交易所(COMEX)黄金期货累计下跌28%,其中4月12日、9月12日、10月11日、11月20日、11月26日,黄金市场一再上演断崖式下挫,其间还触发了交易所的熔断保护机制。

回顾这一年,美联储的政策会议像是黄金市场走势的“指挥棒”。美联储超级量化宽松货币政策——这个在过去几年中黄金市场快速上攻的最大“功臣”,如今也成了金价不断下滑的罪魁祸首。

自2012年12月的会议上美联储推出了开放式QE4,其在2013年以每月850亿美元的规模购买债券,并将购债的时长交由经济复苏情况来定。这让美联储在2013年开启了“史上第一宽松年度”。然而,在巨量宽松政策背后,投资者便已在为其未来的缩减预期做着准备,因此黄金价格在2013年并未受益于新一轮QE,反而表现“跌跌不休”,在十多年以来首度收跌。就在市场纷纷预计2013年缩减已经“没戏”的时候,美联储却突然袭击,在12月货币政策会议上意外宣布每月缩减100亿美元购债,震惊全球。金市也必将迎来一个重大的利空。

此外,多家国际投行集体看空金价。摩根士丹利在近期发表评论称,黄金走势面临以下几个因素的压制:首先黄金空头仓位居高不下;其次,一旦美联储开始缩减量化宽松,实际利率就会出现上升;另外,还有其他地区黄金零售销售、交易所交易基金等情况低迷的影响。

渣打银行在报告中指出,今年美联储缩减QE的预期是驱动市场走势最主要的原因之一,2013年至今黄金价格已累计下跌约420美元,而美国实际利率却上涨了108个基准点。同时,实际收益率上升会增加持有黄金的机会成本,打压黄金的吸引力。

瑞士联合银行分析师也表示,黄金价格短期内不太可能重回此前的高点。全球经济形势前景更为乐观,市场风险投资偏好增强,而黄金之类的避险资产不再像之前那么受欢迎。

“夜宴”品种端上6

与国际市场交易步调一致

今年以来,上海期货交易所的6个期货品种“夜市”已经开锣。

日前,上海期货交易所发布《关于连续交易上线运行有关事项的通知》,连续交易自2013年7月5日起开始上线运行。作为先行上线探路的两大核心交易品种黄金期货、白银期货,目前试水顺利,期市夜盘交易已经推广至铜、铝、锌、铅4个有色金属品种。

国内市场的黄金白银期货基本可以与国际市场进行“同步”,一些曾经需要在国际市场上参与交易规避风险的投资者可以直接在国内市场交易就能达到同样的效果。

首批连续交易的期货品种为黄金和白银,交易时间为每周一至周五的21:00时至次日2:30分,法定节假日(不包含双休日)前第一个工作日的连续交易不再交易。而这一夜盘交易时段与上海黄金交易所夜盘时段基本一致,并且覆盖了全球最大的黄金和白银期货交易所——COMEX的交易时段。

此外,上海期货交易所曾表示,黄金和白银的连续交易正式上线后,交易所将对其市场运行情况进行评估,在市场条件成熟后逐步推广到其他上市品种。12月20日,铜、铝、锌和铅四种有色金属也启动开设连续交易夜盘,这有利于提升国内有色金属期货价格的国际影响力,为实体经济提供更为深入、广泛的价格发现和风险管理服务功能。

据了解,目前黄金白银夜盘也吸引了不少投资者的积极参与,包括套利交易者,在夜盘开出后,套利投资者可以在夜间继续持仓和交易,以回避海外市场开市期间的较大波动;一部分短线的投机者转战夜盘参与交易;一些休眠或“海外”的账户,一部分“上班族”或居住海外的开户者介入夜盘的市场交易。

目前来看,虽然在夜盘交易开设初期,期货公司呈现投入多,收入相对较小的局面,不过作为先行上线探路的黄金期货、白银期货目前试水顺利,期市夜盘交易存在大面积推广的可能。届时期货公司投入不再大幅增加,收入的增加值得期待。

并购案例6单

券商加紧布局期货业

2013年以来,期货市场创新业务和新品种的不断推出,再次吸引券商大规模、地毯式地收购期货公司。

今年以来,包括山西证券、西南证券、长江证券、西部证券、方正证券等在内的多家券商控股期货公司,而且并购不仅限于国内。7月26日,广发证券发布公告称,并购英国NCM期货公司。这是首单国内券商海外并购期货公司的案例。

与国外相比,国内证券公司对期货公司并购数量更多。作为国内证券行业首例通过上市公司资本运作平台发起的跨行业并购案例,山西证券收购格林期货已经尘埃落定。8月1日,格林期货和山西证券全资拥有的大华期货发布关于证监会核准吸收合并的联合公告,山西证券以支付现金和非公开发行股份购买资产的形式收购格林期货全部股权,交易总对价约11.37亿元,创造了国内期货业并购史上的新高。

山西证券只是近期券商布局期货行业的冰山一角。西南证券9月25日晚间公告,近日,证监会向西南期货下发批复,核准西南期货股权变更,公司持有西南期货100%股权。

6月24日晚间,西部证券公告,公司子公司西部期货收到证监会核准股权变更的批复。通过本次股权变更,西部证券完成收购西部期货原有3家股东持有的12.5%西部期货股权,使西部期货成为西部证券全资子公司。

8月22日,方正证券公告称,核准其收购北京中期期货60%股权,并由北京中期吸收合并方正证券子公司方正期货,北京中期拟更名为方正中期期货有限公司。

3月26日，长江证券发布公告，公司子公司长江期货收到证监会《关于核准长江期货有限公司吸收合并湘财祈年期货经纪有限公司的批复》，吸收合并完成后，湘财祈年期货依法解散并办理相应的工商注销手续，湘财祈年期货的营业部变更为长江期货的营业部。

此外，中航投资11月26日公告称，控股子公司中航期货拟以现金1450万元收购中胜实业持有的江南期货33.33%的股权。同时，中航期货作为存续方吸收合并江南期货，吸收合并完成后，中航期货持续存在，江南期货作为被合并方完成注销登记。

虽然券商系期货公司在期货行业内的资格并不算"老"，但在这一轮金融业务创新中却占据了优势位置。此外，依托网点和客户优势，券商背景的期货公司具有得天独厚的优势。在股指期货推出以来，中证期货、广发期货等一批券商系期货盈利增长均颇为迅速。再加上目前监管层正在加快其他金融期货品种的推出，包括原油期货等更多品种的面市，券商系期货公司的潜在能力将逐渐转化为巨大的优势，在行业内也势必掀起一场持久的深度整合。

增资17.93亿元

期货公司再起融资潮

日前，西南期货、长江期货、东海期货等均发布了有关增资消息。据《证券日报》记者不完全统计，今年以来，5家期货公司公告了增资事宜，合计总额17.93亿元。这5家期货公司为：西南期货、长江期货、东海期货、银河期货、成都倍特期货，新增资金分别为4.5亿元、2.9亿元、3亿元、6亿元、1.53亿元。

据了解，近两年来，在期货业继续保持快速发展势头及创新业务逐步启动的背景下，期货公司涌现出新一轮的增资扩股热潮。去年年底，中国国际期货注册资本增至17亿元，成为国内注册资本最高的期货公司，一举将热潮推向高点。

今年10月29日，西南证券发布公告称，拟以现金方式向西南期货经纪有限公司增资4.5亿元人民币，本次增资完成后西南期货经纪有限公司注册资本将达到5亿元人民币；长江证券4月21日发布公告称，董事会同意公司以现金方式向长江期货增资2.9亿元人民币，增资完成后，长江期货的注册资本增至人民币6.0亿元；5月份，东海期货有限责任公司正式完成相关工商变更手续，注册资本金由2亿元增资至5亿元；高新发展6月20日公告，成都倍特期货拟以4666万元注册资本为基数，用截至2012年12月31日经审计后的5841.66万元资本公积和未分配利润中的9492.34万元向其全体股东同比例转增注册资本共计15334万元。交易完成后，倍特期货的注册资本将由4666万元增至2亿元。

此外，作为国内三家合资期货公司之一的银河期货，在披露了其2012年度有关财务信息的同时，也公告了其注册资本已由6亿元增至12亿元的消息。

期货公司增资扩股后，能够为各项业务发展提供广阔空间。可将积极推进期货公司CTA资格申报，并着手建立相关部门及配套工作，同时，公司也将积极备战期权交易、境外期货业务等各项期货创新业务，并进一步加大人才、技术、创新、服务等各方面的投入。

资管规模仅10亿元

"一对多"模式迎来曙光

自去年11月下旬，首批18家期货公司的资产管理业务资格获得批复至今，已经满一周年了。然而被业界人士寄予厚望的期货资管业务，却没有"预期的那样美"，记者从多种渠道了解到，目前期货资管规模仅在8－10亿元左右。

期货资管业务初创阶段确实不易，受限于"一对一"专户模式、100万元的资金门槛以及配套政策的限制，不能投资股票、债券市场，期货资管业务整体发展缓慢。截至目前已公示的情况来看，共有27家期货公司获得期货资产管理业务资格。

不过，据《证券日报》记者了解，多家获得资质的期货公司仍处于"碎步慢跑"阶段，部分公司旗下甚至还未推任何产品。与此同时，中国期货业协会数据显示，今年上半年，期货资产管理收入仅为329.45万元。

不少期货业界人士一直都在期盼"一对多"模式、产品宣传限制、期货公司跟投产品等政策的放开，期货公司将会迎来期货资管一个飞跃式的发展。

就在蹒跚一年的期货资管业务终于迎来一线曙光。近日，中国期货业协会已向部分获得资管牌照的期货公司下发了《期货公司客户资产管理业务管理办法》的征求意见稿（下称《征求意见稿》），在业务范围上放宽限制，受限"一对一"的期货资管业务或将"松绑"。此次《征求意见稿》放宽限制，明确期货资管业务可从事的业务范围包括为单一客户办理定向资产管理业务；为多个客户办理集合资产管理业务；为客户办理特定目的的专项资产管理业务。

在私募、券商等机构扶植下，未来期货资管业务发展前景仍可期，两三年内市场主力军仍将是期货私募，目前券商也在加速入场，预期不久期货资管会进入大展宏图时期。

2013年国内期货市场数据盘点

近日，中国期货业协会公布了2013年中国期货市场的相关数据。2013年，中国期货市场再上新台阶，不仅上市一批重量级新产品，前所未有，而且在成交额、成交量、持仓量等关键数据上都交出了一份完美的年终答卷。数字盘点2013年中国期货市场：再上新台阶。

5年发展路紧跟中国经济晴雨变化

自2008年金融危机发生以来，中国经济也进入了周期性调整。

中国是全球最大的原材料进口国和消费国，随着我国期货市场的不断完善和发展，在盘点过去6年我国期货市场的发展过程时，发现我国期货市场的变化与我国经济的总体形势有着密切的关联。

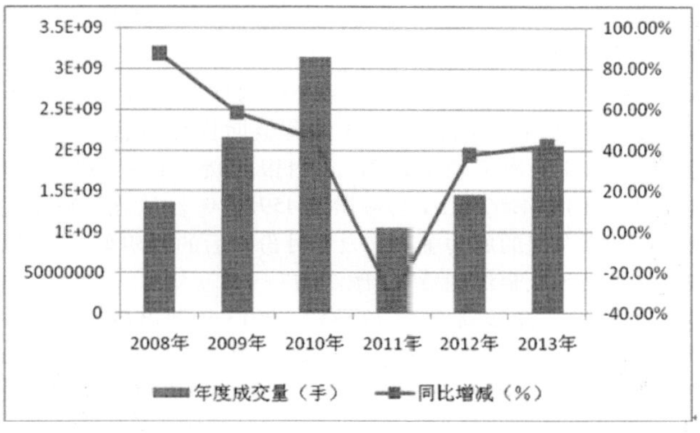

图1　2008－2013年我国期货市场成交量及同比变化

资料来源：中国期货业协会新华社多媒体数据库。

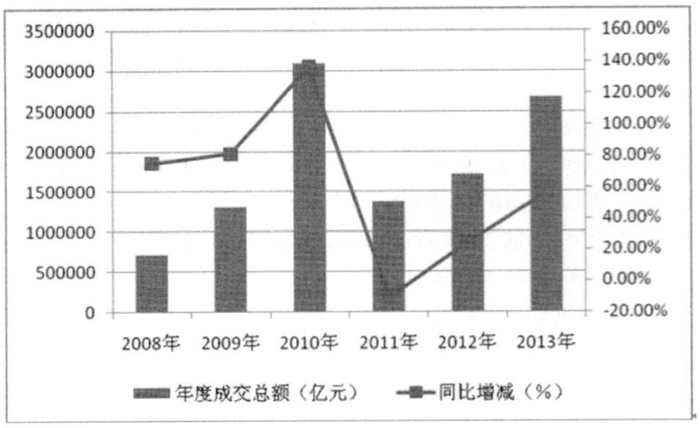

图2　2008－2013年我国期货市场交易额及同比变化

资料来源：中国期货业协会新华社多媒体数据库。

从图1、图2中可以发现，金融危机发生在2008年下半年，并在年末波及到大宗商品市场。2009年年初，我国制定了4万亿元中央投资，试图维持经济稳定，在政策的周期性效果影响下，在2009年7月开始，我国大宗商品市场开始出现井喷式的发展态势，并由此拉动了全球大宗商品市场走出金融危机的泥潭。

2008年我国期货市场容量不足100万亿元，但在2009年，市场迅速突破100万亿元大关，并在2010年出现同比翻一番的发展，交易总额达到300万亿元。由于大宗商品价格过高，市场货币投放量过大并出现金融资源错配的情况，2011年市场出现回调，无论是成交量还是成交额都大幅回落。

可以看出，在2011年探底之后，随着经济企稳回升的态势出现，大宗商品市场的成交情况也在不断好转，并再次出现超过2位数的增长幅度。受限于商品价格的下跌幅度过大，出现了市场成交量大幅增长，但是交易额增长较慢的情况。

2012年之后，市场整体已经适应了经济现实，并且新一界中央政府对经济调整已经被市场普遍接受，市场交易量和交易额的增长保持一个相对平衡的态势。2013年，受美国QE政策退出及国内上市大量新品种的影响，市场交易额快速增长，而成交量增长保持稳定。

2013年，我国期货市场成交额突破250万亿元，达到267万亿元，同比增幅再次达到56%；单边交易量达到20亿手，仅次于2011年的黄金爆发期，增幅也达到42%。中国期货市场对中国经济的发展进行了完美的演绎。

市场创新凸显效果

在对2013年我国期货市场进行数字盘点中发现，2013年期货市场创新带来了市场的快速变化。

首先，上期所夜盘交易大获成功。2013年7月，上海期货交易所为对接价格波动剧烈的国际贵金属市场，首开国内期货夜盘，品种为黄金、白银。从年终数据上看，金银成为上期所的“年度明星”品种。2013年黄金期货交易量同比增长239.51%，交易额增长156.31%；白银期货的交易量同比增长更是达到714.59%，交易额增长459.47%。从分月数据上看，黄金和白银的成功主要来自9月份之后的三四季度，可以认为，是夜盘让金银期货“笑傲江湖”。

其次，“二年级新生”大放异彩。2013年期市最大赢家就是菜油、菜粕、玻璃、焦炭等一批2012年上市的“二年级新生”。从数据上看，在2013年，郑州商品交易所的菜油、玻璃，成交量同比分别大幅增加755.48%、1055.29%，在成交额上也分别大幅增加776.33%、1142.96%，而菜粕更是出现了“恐怖数据”——2013年全年成交量同比增长37909.9%，成交额同比增长39111.84%。与此同时，大连商品交易所的焦炭期货也出现交易量同比增长250.31%，交易额同比增长258.82%的靓丽表现。

“二年级新生”爆炸式的增长得益于交易所和期货公司对客户的开发和挖掘，一批产业客户在观望一年之后开始大规模入场进行套保和套利交易。产业客户进场在繁荣期货市场的同时，也充分表明了期货市场在对接实体经济、服务实体经济方面的功能已经开始展现。在繁荣的期市背后，中国的产业客户已经开始利用期货市场规避风险，带动管理经营的转变。

第三，股指期货越发稳健，连续跑赢当前期市整体数据。2013年股指期货在大步发展的同时，表现越发稳健。2013年股指期货沪深300品种的交易量同比增长84%，交易额同比增长85.52%，其中交易额占比超过了三家商品交易所所有品种交易额的全年总额，仅一个品种就占2013年我国期货市场全年交易总额的52.6%。

目前看，股指期货确实带领我国期货市场进入了“金融期货”时代。在股指期货上市的近三年来，无论是成交量还是交易额都跑赢了当前的期货市场总体数据，传统的三家商品期货交易所的份额不断被侵蚀。

2014中国期市能否延续“传奇”

2013年中国期货市场上市了多个新产品，其中不乏铁矿石、动力煤这样的期市中“航母”，而过去5年中国期货市场的火箭速度让人们对2014年的市场充满想象。

首先，“期市航母”何时形成战斗力？铁矿石、动力煤都是国际级的大宗原材料商品，我国同时也是全球最大的动力煤、铁矿石的消费国，国内现货市场的规模均达到万亿水平，因此市场对铁矿石、动力煤期货充满着期待。

但是从目前了解到的情况上看，动力煤和铁矿石期货由于规模过于庞大，市场各方主体对其期货市场运行情况仍有待进一步观察和分析。有交易所内部人士透露，交易所方面认为这两个品种的市场发展需要一个相对较长的时间，重点仍是在培育市场、合约调整等，不会像焦炭、玻璃的品种在短时间内热火起来。

其次，国债期货能否为金融期货再添亮点？国债期货是标准的金融期货品种，2013年8月上市的国债期货被认为是我国利率市场化的重要一步，被赋予了很高的政治意义。但从市场交投的情况上看，国债期货并没有市场预期的表现乐观。对此，市场各界都认为，以银行为代表的大规模国债持有人未能获得入场资格是限制国债期货表现的主要原因。

2014年，一个具有7000亿元规模现货市场的国债期货能否活跃起来成为市场明星，关键就在于持有大量国债的金融机构能否获准入场。相对商品期货，国债期货的参与者结构相对合理，一旦这些机构获得入场资格，则可能引发一场国债期货风潮，再次推高国内期货市场。

第三，工业金属夜盘能否带动老品种走强？2013年12月，在金银夜盘成功的情况下，上期所再开工业金属夜盘对接LME市场。工业金属长期占据着我国商品期货的榜首之位，然而金融期货的极速崛起，加上下游市场受经济周期影响比较明显，工业金属期货给人一种“江河日下”的感觉。围绕市场投资者在伦铜和沪铜之间的套利惯例，上期所开设工业金属夜盘希望能够复制金银夜盘成功，但工业金属毕竟是与经济大环境息息相关，因此其夜盘能否成功还要取决于市场投资者的信心。

工业金属作为中国商品期货市场的中流砥柱，一旦工业金属夜盘成功势必将引发市场热情，如果这股热情能够拉动整个期货市场的投资热潮，那么又会将中国期市推向新的高度。

数字盘点2013年的中国期货市场，市场表现再次让人感到欣喜，在欣喜的背后，期货市场作为连接资本市场和商品市场的特殊纽带，正在为中国经济的转型发展提供有力的市场风险管控工具。站在更高的起点上，2014年，中国期货市场有望更进一步。

2013年国内期市十大新闻盘点

一、《期货法》列入2014年度人大立法规划

11月30日，十二届全国人大常委会立法规划对外公布，《期货法》被列为需要抓紧工作、条件成熟时提请审议的立法项目。12月10日，全国人大财经委成立《证券法》（修改）和《期货法》起草组，再次启动《期货法》立法工作。《期货法》立法是资本市场重要的基础性制度建设，是期货行业走向成熟的重要标志和条件，将为我国期货及衍生品市场向更高水平发展提供法律保障。

二、六大商品期货引入连续交易新举措

7月5日21时，上期所黄金、白银期货连续交易率先上线。12月20日，连续交易推广至铜、铝、锌、铅期货品种。连续交易制度的推出，不仅是顺应实体经济国际化的现实需求，也是提升期货市场运行效率、促进市场功能发挥的重大创新举措。国内其他交易所也在积极筹划推出上市品种的连续交易。

三、上海国际能源交易平台建于自贸区

9月27日，中国（上海）自由贸易试验区正式揭牌。当日，证监会公布《资本市场支持促进中国（上海）自由贸易试验区若干政策措施》，国际原油期货平台建设、证券期货市场双向开放以及场外衍生品市场建设在列。

11月22日，上海国际能源交易中心股份有限公司在上海自贸区正式挂牌，标志着国际原油期货平台筹建迈出关键一步。另外，多家期货公司已经或者正在上海自贸区设立风险管理子公司或期货营业部。

四、国内期货品种数量大幅增加至40个

2013年，国内期市品种创新集中发力，相继上市了焦煤、动力煤、石油沥青、铁矿石、鸡蛋、粳稻、纤维板、胶合板8个商品期货品种和国债期货1个金融期货品种，至此，国内期货市场上市品种数量增至40个，大大拓宽了期市服务国民经济的领域。目前，原油期货正在积极推进，晚籼稻期货将择机上市。

五、期货公司风险管理子公司开始运营

3月19日，中期协公布了首批8家完成开展风险管理服务子公司业务试点备案的期货公司，此后又分4批公布了12家完成备案的期货公司。这标志着继经纪、投资咨询、资产管理业务之后，期货公司又一支柱业务进入实际运营阶段，市场服务能力进一步提高，收入渠道进一步拓宽。目前不少期货公司该项业务已经开始盈利。

六、广发期货香港公司收购英国NCM期货

7月25日，广发证券发布公告，广发期货全资子公司广发期货香港公司，收购了法国外贸银行所持英国NCM期货公司的100%股权，初步对价为3614.21万美元。这是中资背景期货公司海外并购的“第一单”。快速获得英国主要交易所的结算会员等资格，是广发期货香港公司收购NCM期货的主要目的。

七、国内期货公司四宗并购案尘埃落定

3月至8月，证监会先后核准了收购弘业期货收购华证期货、格林期货吸收合并大华期货、北京中期期货吸收合并方正期货的申请。目前，上述前三宗并购案后续工作已全部完成。12月31日，方正期货的客户持仓整体转移至存续公司北京中期期货有限公司。

与此同时，国内期货业又有两家期货公司即将合并。11月26日，中航投资控股股份有限公司发布公告称，公司控股子公司中航期货拟作为存续方吸收合并江南期货。

八、光大证券因内幕交易受罚并被起诉

8月16日11时05分，光大证券在进行ETF申赎套利交易时发生“乌龙”事件，光大证券高管层紧急商定卖空股指期货合约、转换并卖出ETF对冲风险。从公司高管层决策后到信息披露前，光大证券卖空IF1309、IF1312股指期货合约共6240手，同时转换并卖出180ETF基金2.63亿份、50ETF基金6.89亿份。证监会认定，光大证券此举已构成内幕交易行为，据此没收光大证券违法所得并处以5倍罚款，并对相关责任人采取终身证券及期货市场禁入措施。目前，法院已受理了一些包括期货投资者在内的投资者诉光大证券内幕交易民事赔偿案。

九、七家银行新获期货保证金存管资格

8月份以来，国内四家期交所先后公布期货保证金存管业务管理办法。11月，浦发银行、兴业银行、光大银行、招商银行、民生银行、中信银行、汇丰银行（中国）取得中金所期货保证金存管业务资格，成为行政审批取消后首批取得该资格的银行。12月26日，浦发银行、兴业银行取得大商所期货保证金存管业务资格。此前，仅有工、农、中、建、交五大银行具有期货保证金存管业务资格。此举不仅能更好地满足快速发展的期货市场需求，满足投资者不断提高的资金使用效率要求，还有助于期货市场与各类金融要素市场的相互融合。

十、六大期权产品仿真交易接连被推出

10月份以来，郑商所、大商所、中金所、上期所、上证所面向全市场先后推出了白糖期货期权、豆粕期货期权、沪深300指数期权、铜期货期权和黄金期货期权、个股期权的仿真交易。期权筹备工作推进速度加快。

目前四家期交所已就期权相关交易规则等取得共识，统一了期权合约文本格式，并对做市商制度进行了研究，其中郑商所已在期权仿真交易中引入了做市商制度。上证所正在研究期货公司将以何种形式参与个股期权。

2012年度期货公司按注册资本排名

（单位：万元）

序号	公司名称	注册资本
1	中国国际期货有限公司	170000.00
2	中证期货有限公司	150000.00
3	广发期货有限公司	110000.00
4	海通期货有限公司	100000.00
5	永安期货股份有限公司	86000.00
6	中粮期货有限公司	84620.00
7	申银万国期货有限公司	77600.00
8	鲁证期货股份有限公司	75000.00
9	江苏弘业期货有限公司	68000.00
10	银河期货有限公司	60000.00
11	华泰长城期货有限公司	60000.00

序号	公司名称	注册资本
12	国信期货有限责任公司	60000.00
13	光大期货有限公司	60000.00
14	宏源期货有限公司	55000.00
15	南华期货股份有限公司	51000.00
16	万达期货有限公司	50600.00
17	浙商期货有限公司	50000.00
18	五矿期货有限公司	50000.00
19	上海东证期货有限公司	50000.00
20	国泰君安期货有限公司	50000.00
21	国贸期货经纪有限公司	50000.00
22	摩根大通期货有限公司	46000.00
23	招商期货有限公司	40000.00
24	中信建投期货经纪有限公司	39000.00
25	浙江中大期货有限公司	36000.00
26	英大期货有限公司	35000.00
27	兴业期货有限公司	33000.00
28	长江期货有限公司	31000.00
29	中投天琪期货有限公司	30000.00
30	信达期货有限公司	30000.00
31	瑞达期货股份有限公司	30000.00
32	锦泰期货有限公司	30000.00
33	国投中谷期货有限公司	30000.00
34	大华期货有限公司	30000.00
35	东兴期货有限责任公司	28800.00
36	安信期货有限责任公司	28600.00
37	格林期货有限公司	28018.00
38	中钢期货有限公司	28000.00
39	大地期货有限公司	24000.00
40	新湖期货有限公司	22500.00
41	金瑞期货有限公司	20400.00
42	中信新际期货有限公司	20000.00
43	中融汇信期货有限公司	20000.00
44	长安期货有限公司	20000.00
45	上海中期期货经纪有限公司	20000.00
46	上海浙石期货经纪有限公司	20000.00
47	经易期货经纪有限公司	20000.00
48	华西期货有限责任公司	20000.00
49	华安期货有限责任公司	20000.00
50	国元海勤期货有限公司	20000.00
51	国联期货有限责任公司	20000.00
52	国海良时期货有限公司	20000.00
53	国都期货有限公司	20000.00
54	方正期货有限公司	20000.00
55	东吴期货有限公司	20000.00
56	东海期货有限责任公司	20000.00
57	财富期货有限公司	20000.00
58	深圳金汇期货经纪有限公司	16000.00
59	海证期货有限公司	16000.00
60	浙江新世纪期货有限公司	15000.00
61	天富期货有限公司	15000.00
62	乾坤期货有限公司	15000.00
63	金元期货经纪有限公司	15000.00
64	国金期货有限责任公司	15000.00

序号	公司名称	注册资本
65	广永期货有限公司	15000.00
66	大有期货有限公司	15000.00
67	渤海期货有限公司	15000.00
68	北京首创期货有限责任公司	15000.00
69	上海中财期货有限公司	14000.00
70	北京中期期货有限公司	14000.00
71	中衍期货有限公司	13500.00
72	一德期货有限公司	13000.00
73	东方汇金期货有限公司	13000.00
74	北方期货经纪有限责任公司	13000.00
75	广州期货有限公司	12792.00
76	南证期货有限责任公司	12575.00
77	上海大陆期货有限公司	12550.00
78	上海通联期货有限公司	12500.00
79	新晟期货有限公司	12000.00
80	平安期货有限公司	12000.00
81	迈科期货经纪有限公司	12000.00
82	华融期货有限责任公司	12000.00
83	创元期货经纪有限公司	12000.00
84	宝城期货有限责任公司	12000.00
85	中原期货有限公司	11000.00
86	云晨期货有限责任公司	11000.00
87	湘财祈年期货经纪有限公司	11000.00
88	华龙期货有限公司	10903.56
89	新纪元期货有限公司	10800.00
90	红塔期货有限责任公司	10100.00
91	金鹏期货经纪有限公司	10090.00
92	中银国际期货有限责任公司	10000.00
93	中电投先融期货有限公司	10000.00
94	浙江大越期货经纪有限责任公司	10000.00
95	招金期货有限公司	10000.00
96	象屿期货有限责任公司	10000.00
97	文峰期货有限公司	10000.00
98	深圳瑞龙期货有限公司	10000.00
99	上海东亚期货有限公司	10000.00
100	宁波杉立期货经纪有限公司	10000.00
101	民生期货有限公司	10000.00
102	京都期货有限公司	10000.00
103	金友期货经纪有限责任公司	10000.00
104	金信期货有限公司	10000.00
105	江海汇鑫期货有限公司	10000.00
106	华鑫期货有限公司	10000.00
107	华闻期货经纪有限公司	10000.00
108	华联期货有限公司	10000.00
109	华创期货有限责任公司	10000.00
110	恒泰期货有限公司	10000.00
111	海航东银期货有限公司	10000.00
112	冠通期货有限公司	10000.00
113	东航期货有限责任公司	10000.00
114	第一创业期货有限责任公司	10000.00
115	德盛期货有限公司	10000.00
116	大连良运期货经纪有限公司	10000.00
117	财达期货有限公司	10000.00

序号	公司名称	注册资本
118	安粮期货有限公司	10000.00
119	中州期货有限公司	10000.00
120	津投期货经纪有限公司	8500.00
121	和融期货经纪有限责任公司	8500.00
122	西部期货有限公司	8000.00
123	同信久恒期货有限责任公司	8000.00
124	金谷期货有限公司	8000.00
125	晟鑫期货经纪有限公司	7000.00
126	上海良茂期货经纪有限公司	7000.00
127	金石期货有限公司	6600.00
128	中航期货经纪有限公司	6500.00
129	国富期货有限公司	6500.00
130	天鸿期货经纪有限公司	6300.00
131	中辉期货经纪有限公司	6200.00
132	美尔雅期货经纪有限公司	5990.00
133	江西瑞奇期货经纪有限公司	5600.00
134	集成期货有限公司	5500.00
135	江信国盛期货有限责任公司	5260.53
136	徽商期货有限责任公司	5200.00
137	银建期货经纪有限责任公司	5000.00
138	鑫鼎盛期货有限公司	5000.00
139	西南期货经纪有限公司	5000.00
140	盛达期货有限公司	5000.00
141	神华期货经纪有限公司	5000.00
142	江苏东华期货有限公司	5000.00
143	华南期货经纪有限公司	5000.00
144	河北恒银期货经纪有限公司	5000.00
145	广东鸿海期货有限公司	5000.00
146	道通期货经纪有限公司	5000.00
147	成都倍特期货经纪有限公司	4666.00
148	上海金源期货有限公司	4000.00
149	华证期货有限公司	4000.00
150	华海期货有限公司	4000.00
151	黑龙江三力期货经纪有限责任公司	3580.00
152	新疆天利期货经纪有限公司	3000.00
153	上海普民期货经纪有限公司	3000.00
154	上海东方期货经纪有限责任公司	3000.00
155	山西三立期货经纪有限公司	3000.00
156	江南期货经纪有限公司	3000.00
157	黑龙江时代期货经纪有限公司	3000.00
158	和合期货经纪有限公司	3000.00
159	海南金海岸期货经纪有限公司	3000.00
160	大通期货经纪有限公司	3000.00

2012 年度期货公司按净资本排名

（单位：万元）

序号	公司名称	净资本
1	中粮期货有限公司	225602.16
2	中证期货有限公司	161997.55
3	中国国际期货有限公司	142583.20
4	广发期货有限公司	120294.88
5	江苏弘业期货有限公司	109390.95
6	南华期货股份有限公司	105372.72
7	鲁证期货股份有限公司	102244.38
8	永安期货股份有限公司	100984.87
9	海通期货有限公司	93469.87
10	华泰长城期货有限公司	88903.50
11	申银万国期货有限公司	86949.51
12	国泰君安期货有限公司	80358.86
13	浙商期货有限公司	78805.21
14	银河期货有限公司	74924.74
15	光大期货有限公司	68424.90
16	国信期货有限责任公司	65450.38
17	宏源期货有限公司	62263.00
18	新湖期货有限公司	60047.60
19	万达期货有限公司	59356.00
20	浙江中大期货有限公司	58959.46
21	上海东证期货有限公司	58032.80
22	招商期货有限公司	56261.89
23	金瑞期货有限公司	55928.80
24	国投中谷期货有限公司	54869.99
25	中信建投期货经纪有限公司	54748.96
26	大地期货有限公司	52542.48
27	国贸期货经纪有限公司	52036.36
28	瑞达期货股份有限公司	51681.97
29	摩根大通期货有限公司	48282.42
30	五矿期货有限公司	46427.47
31	上海中期期货经纪有限公司	39541.66
32	方正期货有限公司	37906.78
33	中钢期货有限公司	36754.43
34	格林期货有限公司	34683.87
35	兴业期货有限公司	32524.03
36	中投天琪期货有限公司	32168.51
37	东海期货有限责任公司	31592.12
38	信达期货有限公司	29769.59
39	锦泰期货有限公司	29678.11
40	英大期货有限公司	29028.15
41	东兴期货有限责任公司	28499.56
42	中信新际期货有限公司	28010.39
43	迈科期货经纪有限公司	27549.43
44	大华期货有限公司	26913.59
45	经易期货经纪有限公司	24516.57
46	国联期货有限责任公司	24282.06
47	长江期货有限公司	23932.00
48	东吴期货有限公司	23836.20
49	成都倍特期货经纪有限公司	23543.50
50	华安期货有限责任公司	23417.75
51	安信期货有限责任公司	22748.51
52	浙江新世纪期货有限公司	22377.73
53	金元期货经纪有限公司	22118.76
54	北京中期期货有限公司	21744.97
55	国海良时期货有限公司	21464.16
56	上海浙石期货经纪有限公司	20629.75
57	财富期货有限公司	20519.61

序号	公司名称	净资本
58	美尔雅期货经纪有限公司	19756.39
59	渤海期货有限公司	19287.76
60	中融汇信期货有限公司	19147.97
61	华西期货有限责任公司	17778.64
62	一德期货有限公司	17702.26
63	上海大陆期货有限公司	16864.95
64	徽商期货有限责任公司	16687.07
65	中辉期货经纪有限公司	16458.52
66	深圳金汇期货经纪有限公司	16388.93
67	冠通期货有限公司	16349.12
68	宝城期货有限责任公司	16087.84
69	国金期货有限责任公司	15601.26
70	浙江大越期货经纪有限责任公司	14861.66
71	北京首创期货有限责任公司	14685.72
72	东航期货有限责任公司	14512.79
73	创元期货经纪有限公司	14329.52
74	金鹏期货经纪有限公司	14138.64
75	上海中财期货有限公司	14066.73
76	乾坤期货有限公司	13873.01
77	云晨期货有限责任公司	13852.07
78	新纪元期货有限公司	13629.06
79	海航东银期货有限公司	13283.27
80	南证期货有限责任公司	13156.31
81	上海通联期货有限公司	12780.74
82	平安期货有限公司	12313.80
83	上海东亚期货有限公司	12151.31
84	中原期货有限公司	12061.80
85	大连良运期货经纪有限公司	12024.69
86	大有期货有限公司	11811.40
87	新晟期货有限公司	11763.09
88	中州期货有限公司	11707.32
89	宁波杉立期货经纪有限公司	11674.49
90	广州期货有限公司	11667.10
91	中电投先融期货有限公司	11616.20
92	华龙期货有限公司	11470.35
93	长安期货有限公司	11302.17
94	红塔期货有限责任公司	10935.49
95	广永期货有限公司	10785.12
96	国元海勤期货有限公司	10769.94
97	金友期货经纪有限责任公司	10703.36
98	中衍期货有限公司	10579.75
99	德盛期货有限公司	10571.92
100	招金期货有限公司	10424.58
101	江苏东华期货有限公司	10415.92
102	国都期货有限公司	10200.93
103	东方汇金期货有限公司	10163.58
104	华闻期货经纪有限公司	10036.74
105	象屿期货有限责任公司	9916.70
106	江海汇鑫期货有限公司	9908.55
107	天富期货有限公司	9753.44
108	文峰期货有限公司	9725.88
109	海证期货有限公司	9406.28

序号	公司名称	净资本
110	华鑫期货有限公司	9130.21
111	恒泰期货有限公司	9040.83
112	安粮期货有限公司	8933.61
113	民生期货有限公司	8850.49
114	上海金源期货有限公司	8832.60
115	上海良茂期货经纪有限公司	8615.28
116	华联期货有限公司	8513.69
117	华创期货有限责任公司	8440.04
118	湘财祈年期货经纪有限公司	8419.17
119	道通期货经纪有限公司	8102.58
120	江西瑞奇期货经纪有限公司	8101.88
121	深圳瑞龙期货有限公司	8038.81
122	华融期货有限责任公司	7655.54
123	中银国际期货有限责任公司	7645.62
124	同信久恒期货有限责任公司	7140.55
125	盛达期货有限公司	6980.12
126	中航期货经纪有限公司	6385.50
127	北方期货经纪有限责任公司	6348.96
128	金石期货有限公司	6175.79
129	财达期货有限公司	6029.30
130	国富期货有限公司	5995.85
131	西部期货有限公司	5818.39
132	京都期货有限公司	5713.12
133	神华期货经纪有限公司	5651.87
134	和融期货经纪有限责任公司	5651.78
135	津投期货经纪有限公司	5427.59
136	金信期货有限公司	5146.92
137	广东鸿海期货有限公司	5124.19
138	第一创业期货有限责任公司	5084.67
139	西南期货经纪有限公司	4885.01
140	集成期货有限公司	4653.82
141	银建期货经纪有限责任公司	4598.66
142	新疆天利期货经纪有限公司	3848.90
143	金谷期货有限公司	3747.05
144	江信国盛期货有限责任公司	3506.08
145	河北恒银期货经纪有限公司	3470.21
146	上海东方期货经纪有限责任公司	3188.17
147	晟鑫期货经纪有限公司	2946.23
148	华海期货有限公司	2914.15
149	山西三立期货经纪有限公司	2838.00
150	天鸿期货经纪有限公司	2791.81
151	鑫鼎盛期货有限公司	2670.32
152	江南期货经纪有限公司	2648.73
153	上海普民期货经纪有限公司	2527.30
154	大通期货经纪有限公司	2377.10
155	华证期货有限公司	2230.50
156	和合期货经纪有限公司	2158.73
157	黑龙江时代期货经纪有限公司	1841.99
158	海南金海岸期货经纪有限公司	1826.37
159	华南期货经纪有限公司	1602.20
160	黑龙江三力期货经纪有限责任公司	746.94

2012年度期货公司按净资产排名

（单位：万元）

序号	公司名称	净资产
1	中粮期货有限公司	224612.31
2	中国国际期货有限公司	191277.95
3	中证期货有限公司	178851.41
4	广发期货有限公司	127002.08
5	海通期货有限公司	119008.61
6	永安期货股份有限公司	117186.23
7	南华期货股份有限公司	112961.26
8	江苏弘业期货有限公司	109288.10
9	鲁证期货股份有限公司	106094.45
10	申银万国期货有限公司	91432.60
11	华泰长城期货有限公司	87498.56
12	国泰君安期货有限公司	80768.31
13	浙商期货有限公司	80493.71
14	银河期货有限公司	77333.05
15	光大期货有限公司	69749.43
16	国信期货有限责任公司	65438.10
17	宏源期货有限公司	63238.32
18	上海东证期货有限公司	62021.80
19	万达期货有限公司	61232.31
20	新湖期货有限公司	60628.61
21	招商期货有限公司	60169.44
22	国投中谷期货有限公司	58839.47
23	浙江中大期货有限公司	58195.00
24	金瑞期货有限公司	57502.59
25	大地期货有限公司	56717.17
26	五矿期货有限公司	56463.09
27	中信建投期货经纪有限公司	54384.27
28	国贸期货经纪有限公司	53869.58
29	瑞达期货股份有限公司	53676.36
30	摩根大通期货有限公司	48168.94
31	英大期货有限公司	45996.67
32	锦泰期货有限公司	41856.08
33	信达期货有限公司	39525.90
34	中钢期货有限公司	39314.18
35	格林期货有限公司	39305.17
36	长江期货有限公司	39237.25
37	上海中期期货经纪有限公司	38972.90
38	方正期货有限公司	36726.45
39	中投天琪期货有限公司	36532.87
40	兴业期货有限公司	35435.68
41	东海期货有限责任公司	32226.99
42	国联期货有限责任公司	32111.73
43	东兴期货有限责任公司	28901.61
44	中信新际期货有限公司	28721.81
45	迈科期货经纪有限公司	28462.87
46	大华期货有限公司	27947.04
47	经易期货经纪有限公司	26401.81
48	安信期货有限责任公司	26203.36
49	国海良时期货有限公司	25398.47
50	东吴期货有限公司	24251.81
51	华西期货有限责任公司	23881.92
52	华安期货有限责任公司	23389.80
53	浙江新世纪期货有限公司	22768.35
54	成都倍特期货经纪有限公司	22541.69
55	金元期货经纪有限公司	22418.18
56	上海浙石期货经纪有限公司	22305.33
57	上海中财期货有限公司	21715.85
58	北京中期期货有限公司	21374.31
59	财富期货有限公司	20897.99
60	金鹏期货经纪有限公司	20603.24
61	长安期货有限公司	20459.02
62	中融汇信期货有限公司	20100.20
63	美尔雅期货经纪有限公司	20053.80
64	国元海勤期货有限公司	19904.50
65	一德期货有限公司	19084.01
66	渤海期货有限公司	18593.97
67	国都期货有限公司	18100.64
68	深圳金汇期货经纪有限公司	16821.91
69	冠通期货有限公司	16799.38
70	大有期货有限公司	16486.23
71	上海东亚期货有限公司	16447.37
72	上海大陆期货有限公司	16279.14
73	宝城期货有限责任公司	16191.07
74	华闻期货经纪有限公司	15898.71
75	国金期货有限责任公司	15750.85
76	海证期货有限公司	15734.38
77	北京首创期货有限责任公司	15596.95
78	徽商期货有限责任公司	15167.99
79	中辉期货经纪有限公司	14953.99
80	创元期货经纪有限公司	14778.26
81	浙江大越期货经纪有限责任公司	14556.78
82	东航期货有限责任公司	14357.07
83	云晨期货有限责任公司	14114.28
84	新纪元期货有限公司	14019.68
85	乾坤期货有限公司	13996.38
86	中衍期货有限公司	13719.30
87	天富期货有限公司	13516.04
88	南证期货有限责任公司	13464.02
89	海航东银期货有限公司	13307.12
90	平安期货有限公司	13206.51
91	上海通联期货有限公司	13163.27
92	新晟期货有限公司	12713.52
93	北方期货经纪有限责任公司	12644.73
94	广州期货有限公司	12324.18
95	中原期货有限公司	12296.67
96	安粮期货有限公司	12100.10
97	大连良运期货经纪有限公司	12048.71
98	华龙期货有限公司	11968.49
99	宁波杉立期货经纪有限公司	11685.96
100	红塔期货有限责任公司	11662.02
101	中电投先融期货有限公司	11590.45

序号	公司名称	净资产
102	华联期货有限公司	11566.83
103	中州期货有限公司	11455.53
104	广永期货有限公司	11309.48
105	招金期货有限公司	11214.12
106	东方汇金期货有限公司	11132.69
107	华融期货有限责任公司	10922.28
108	文峰期货有限公司	10860.21
109	中银国际期货有限责任公司	10853.39
110	金友期货经纪有限责任公司	10849.26
111	德盛期货有限公司	10775.45
112	江海汇鑫期货有限公司	10702.19
113	华鑫期货有限公司	10226.96
114	华创期货有限责任公司	10164.33
115	象屿期货有限责任公司	10140.34
116	江苏东华期货有限公司	9939.55
117	恒泰期货有限公司	9720.46
118	江西瑞奇期货经纪有限公司	9471.41
119	民生期货有限公司	9079.90
120	湘财祈年期货经纪有限公司	8963.92
121	上海金源期货有限公司	8805.90
122	金信期货有限公司	8723.47
123	深圳瑞龙期货有限公司	8534.04
124	同信久恒期货有限责任公司	8482.72
125	津投期货经纪有限公司	8298.59
126	上海良茂期货经纪有限公司	8067.65
127	道通期货经纪有限公司	7979.87
128	京都期货有限公司	7744.64
129	和融期货经纪有限责任公司	7692.74
130	金谷期货有限公司	7557.97
131	银建期货经纪有限责任公司	7535.00
132	财达期货有限公司	7422.64
133	盛达期货有限公司	7121.17
134	中航期货经纪有限公司	6926.92
135	西部期货有限公司	6606.54
136	金石期货有限公司	6283.70
137	国富期货有限公司	6115.05
138	集成期货有限公司	6102.54
139	神华期货经纪有限公司	6011.91
140	第一创业期货有限责任公司	5449.39
141	广东鸿海期货有限公司	5367.71
142	西南期货经纪有限公司	4797.02
143	河北恒银期货经纪有限公司	4440.64
144	江信国盛期货有限责任公司	4015.44
145	新疆天利期货经纪有限公司	3734.35
146	上海东方期货经纪有限责任公司	3595.79
147	天鸿期货经纪有限公司	3593.10
148	华证期货有限公司	3449.07
149	鑫鼎盛期货有限公司	3347.81
150	晟鑫期货经纪有限公司	3264.09
151	华南期货经纪有限公司	3252.00
152	黑龙江三力期货经纪有限责任公司	2901.34
153	和合期货经纪有限公司	2834.98
154	江南期货经纪有限公司	2822.31
155	上海普民期货经纪有限公司	2770.32
156	大通期货经纪有限公司	2442.69
157	山西三立期货经纪有限公司	2319.48
158	黑龙江时代期货经纪有限公司	2056.53
159	海南金海岸期货经纪有限公司	1970.26
160	华南期货经纪有限公司	1721.99

2012 年度期货公司按净利润排名

（单位：万元）

序号	公司名称	净利润
1	永安期货股份有限公司	16318.28
2	中证期货有限公司	15003.34
3	中国国际期货有限公司	14661.80
4	国泰君安期货有限公司	13441.26
5	广发期货有限公司	13379.67
6	银河期货有限公司	12493.52
7	中粮期货有限公司	11542.08
8	华泰长城期货有限公司	10635.19
9	浙商期货有限公司	9587.28
10	招商期货有限公司	9496.07
11	国信期货有限责任公司	9153.02
12	南华期货股份有限公司	8977.38
13	海通期货有限公司	8962.36
14	江苏弘业期货有限公司	8263.93
15	瑞达期货股份有限公司	8186.80
16	光大期货有限公司	8173.50
17	金瑞期货有限公司	7210.00
18	申银万国期货有限公司	7095.31
19	鲁证期货股份有限公司	6457.62
20	万达期货有限公司	6030.15
21	长江期货有限公司	5917.31
22	中信建投期货经纪有限公司	5518.55
23	上海东证期货有限公司	5281.59
24	方正期货有限公司	5227.41
25	上海中财期货有限公司	4903.47
26	新湖期货有限公司	4864.25
27	金鹏期货经纪有限公司	4584.36
28	国联期货有限责任公司	4549.14
29	中投天琪期货有限公司	4233.57
30	浙江中大期货有限公司	4229.61
31	美尔雅期货经纪有限公司	4028.23
32	上海中期期货经纪有限公司	3990.65
33	东海期货有限责任公司	3923.24
34	信达期货有限公司	3668.51
35	格林期货有限公司	3640.96
36	徽商期货有限责任公司	3588.46
37	迈科期货经纪有限公司	3500.54
38	兴业期货有限公司	3434.60
39	国投中谷期货有限公司	3369.38
40	宏源期货有限公司	3281.02

序号	公司名称	净利润
41	北京中期期货有限公司	2807.36
42	经易期货经纪有限公司	2680.83
43	东吴期货有限公司	2512.65
44	五矿期货有限公司	2426.38
45	成都倍特期货经纪有限公司	2384.61
46	新纪元期货有限公司	2214.57
47	国海良时期货有限公司	2204.55
48	东航期货有限责任公司	2191.66
49	浙江新世纪期货有限公司	2160.55
50	浙江大越期货经纪有限责任公司	2135.66
51	上海东亚期货有限公司	2093.56
52	一德期货有限公司	2046.05
53	华安期货有限责任公司	2038.02
54	华西期货有限责任公司	1872.61
55	中辉期货经纪有限公司	1766.90
56	宝城期货有限责任公司	1649.47
57	安信期货有限责任公司	1620.79
58	渤海期货有限公司	1588.07
59	大地期货有限公司	1522.48
60	中信新际期货有限公司	1507.69
61	金元期货经纪有限公司	1494.08
62	北京首创期货有限责任公司	1474.00
63	摩根大通期货有限公司	1433.30
64	盛达期货有限公司	1337.27
65	冠通期货有限公司	1333.10
66	上海金源期货有限公司	1329.04
67	国贸期货经纪有限公司	1260.37
68	锦泰期货有限公司	1131.28
69	中钢期货有限公司	1118.93
70	华联期货有限公司	1112.87
71	中衍期货有限公司	1041.13
72	安粮期货有限公司	1034.07
73	道通期货经纪有限公司	939.29
74	江苏东华期货有限公司	880.36
75	江西瑞奇期货经纪有限公司	879.64
76	云晨期货有限责任公司	821.48
77	民生期货有限公司	812.76
78	上海大陆期货有限公司	751.89
79	宁波杉立期货经纪有限公司	736.49
80	南证期货有限责任公司	724.86
81	金友期货经纪有限责任公司	723.30
82	中州期货有限公司	716.91
83	大有期货有限公司	676.14
84	大连良运期货经纪有限公司	673.41
85	国元海勤期货有限公司	670.81
86	中原期货有限公司	630.75
87	招金期货有限公司	540.34
88	天富期货有限公司	529.66
89	广州期货有限公司	529.34
90	上海浙石期货经纪有限公司	494.47
91	华龙期货有限公司	448.52
92	德盛期货有限公司	437.82
93	红塔期货有限责任公司	435.27
94	财富期货有限公司	429.20
95	中电投先融期货有限公司	394.12
96	创元期货经纪有限公司	391.03
97	北方期货经纪有限责任公司	333.39
98	国金期货有限责任公司	329.53
99	海航东银期货有限公司	321.30
100	深圳金汇期货经纪有限公司	305.90
101	江海汇鑫期货有限公司	303.45
102	中银国际期货有限责任公司	279.39
103	大华期货有限公司	276.52
104	平安期货有限公司	266.53
105	广东鸿海期货有限公司	262.18
106	上海良茂期货经纪有限公司	260.76
107	英大期货有限公司	258.47
108	中航期货经纪有限公司	247.00
109	文峰期货有限公司	238.85
110	华创期货有限责任公司	227.42
111	国富期货有限公司	158.31
112	海证期货有限公司	133.27
113	长安期货有限公司	132.14
114	国都期货有限公司	116.51
115	江南期货经纪有限公司	80.07
116	新晟期货有限公司	76.87
117	恒泰期货有限公司	74.38
118	上海东方期货经纪有限责任公司	71.45
119	华融期货有限责任公司	58.92
120	东兴期货有限责任公司	50.44
121	华鑫期货有限公司	47.13
122	深圳瑞龙期货有限公司	40.26
123	中融汇信期货有限公司	39.50
124	广永期货有限公司	34.23
125	集成期货有限公司	34.17
126	银建期货经纪有限责任公司	18.46
127	新疆天利期货经纪有限公司	16.67
128	上海通联期货有限公司	8.85
129	和合期货经纪有限公司	4.87
130	山西三立期货经纪有限公司	-45.86
131	金石期货有限公司	-50.02
132	华闻期货经纪有限公司	-82.80
133	西部期货有限公司	-99.60
134	象屿期货有限责任公司	-101.66
135	金谷期货有限公司	-103.58
136	黑龙江时代期货经纪有限公司	-172.64
137	上海普民期货经纪有限公司	-188.52
138	华证期货有限公司	-225.88
139	江信国盛期货有限责任公司	-234.74
140	河北恒银期货经纪有限公司	-259.64
141	大通期货经纪有限公司	-282.42
142	湘财祈年期货经纪有限公司	-282.43
143	西南期货经纪有限公司	-282.94
144	东方汇金期货有限公司	-333.76

序号	公司名称	净利润
145	海南金海岸期货经纪有限公司	-344.60
146	津投期货经纪有限公司	-349.32
147	同信久恒期货有限责任公司	-385.46
148	和融期货经纪有限责任公司	-394.40
149	金信期货有限公司	-398.80
150	华海期货有限公司	-483.41
151	黑龙江三力期货经纪有限责任公司	-492.25
152	第一创业期货有限责任公司	-497.15
153	财达期货有限公司	-518.98
154	京都期货有限公司	-536.58
155	神华期货经纪有限公司	-570.79
156	华南期货经纪有限公司	-804.47
157	鑫鼎盛期货有限公司	-832.02
158	乾坤期货有限公司	-844.67
159	天鸿期货经纪有限公司	-875.14
160	晟鑫期货经纪有限公司	-1041.46

2012 年度期货公司按客户权益排名

（单位：万元）

序号	公司名称	客户权益
1	中证期货有限公司	932627.61
2	永安期货股份有限公司	699447.17
3	海通期货有限公司	677838.48
4	国泰君安期货有限公司	659449.65
5	银河期货有限公司	565535.04
6	华泰长城期货有限公司	536413.74
7	申银万国期货有限公司	531180.93
8	中国国际期货有限公司	475356.91
9	光大期货有限公司	473378.52
10	广发期货有限公司	457665.39
11	中粮期货有限公司	455803.48
12	南华期货股份有限公司	407340.11
13	万达期货有限公司	354028.62
14	金瑞期货有限公司	350793.00
15	国投中谷期货有限公司	291116.20
16	上海中期期货经纪有限公司	274690.02
17	上海东证期货有限公司	266749.85
18	新湖期货有限公司	264833.05
19	浙商期货有限公司	258680.10
20	鲁证期货股份有限公司	255226.67
21	五矿期货有限公司	197907.68
22	北京中期期货有限公司	197297.22
23	招商期货有限公司	193921.00
24	经易期货经纪有限公司	191761.34
25	格林期货有限公司	189008.30
26	安信期货有限责任公司	187253.22
27	方正期货有限公司	186126.05
28	兴业期货有限公司	176671.57
29	东海期货有限责任公司	172546.93
30	江苏弘业期货有限公司	172176.19
31	瑞达期货股份有限公司	171593.77
32	长江期货有限公司	171275.92
33	国信期货有限责任公司	154785.51
34	迈科期货经纪有限公司	152127.79
35	中投天琪期货有限公司	151204.24
36	浙江中大期货有限公司	146779.02
37	北京首创期货有限责任公司	146313.86
38	信达期货有限公司	140761.37
39	中钢期货有限公司	140639.61
40	中信建投期货经纪有限公司	134361.80
41	冠通期货有限公司	133906.98
42	国海良时期货有限公司	131297.92
43	一德期货有限公司	129729.77
44	国联期货有限责任公司	128105.62
45	宏源期货有限公司	127233.60
46	宝城期货有限责任公司	125892.85
47	大地期货有限公司	119496.46
48	东吴期货有限公司	116716.37
49	浙江大越期货经纪有限责任公司	114412.07
50	华安期货有限责任公司	112792.90
51	成都倍特期货经纪有限公司	112539.01
52	中信新际期货有限公司	112235.91
53	美尔雅期货经纪有限公司	111445.01
54	华西期货有限责任公司	102131.57
55	浙江新世纪期货有限公司	92977.63
56	上海大陆期货有限公司	88069.75
57	徽商期货有限责任公司	87319.78
58	国贸期货经纪有限公司	85616.69
59	英大期货有限公司	85581.35
60	国金期货有限责任公司	84217.37
61	上海东亚期货有限公司	83418.73
62	大连良运期货经纪有限公司	82191.85
63	上海金源期货有限公司	80616.75
64	大华期货有限公司	80141.03
65	渤海期货有限公司	79072.15
66	财富期货有限公司	77184.93
67	中辉期货经纪有限公司	74250.02
68	南证期货有限责任公司	73591.27
69	中银国际期货有限责任公司	67906.79
70	上海中财期货有限公司	66361.70
71	锦泰期货有限公司	64156.87
72	北方期货经纪有限责任公司	63028.67
73	广州期货有限公司	62194.28
74	江西瑞奇期货经纪有限公司	61345.19
75	金元期货经纪有限公司	59884.91
76	新纪元期货有限公司	57970.10
77	大有期货有限公司	57727.94
78	国元海勤期货有限公司	56611.96
79	华鑫期货有限公司	55842.34
80	国都期货有限公司	55030.23
81	东兴期货有限责任公司	54953.69
82	中融汇信期货有限公司	54116.92
83	华联期货有限公司	53856.57

序号	公司名称	客户权益
84	东航期货有限责任公司	53049.44
85	云晨期货有限责任公司	52972.41
86	海航东银期货有限公司	51864.97
87	江海汇鑫期货有限公司	50213.91
88	道通期货经纪有限公司	49135.87
89	中衍期货有限公司	48331.74
90	红塔期货有限责任公司	48123.87
91	中原期货有限公司	47901.48
92	新晟期货有限公司	47682.36
93	广永期货有限公司	47319.25
94	平安期货有限公司	47195.30
95	创元期货经纪有限公司	46070.93
96	宁波杉立期货经纪有限公司	45603.02
97	摩根大通期货有限公司	45173.11
98	安粮期货有限公司	44963.51
99	江苏东华期货有限公司	42767.44
100	招金期货有限公司	39965.39
101	恒泰期货有限公司	38941.02
102	金鹏期货经纪有限公司	38908.71
103	深圳金汇期货经纪有限公司	37093.91
104	西部期货有限公司	36625.12
105	上海良茂期货经纪有限公司	34380.62
106	中州期货有限公司	32618.14
107	集成期货有限公司	32246.84
108	海证期货有限公司	31870.93
109	华闻期货经纪有限公司	31205.76
110	广东鸿海期货有限公司	30969.14
111	民生期货有限公司	30844.19
112	华融期货有限责任公司	30812.05
113	金友期货经纪有限责任公司	29736.77
114	天富期货有限公司	28758.80
115	神华期货经纪有限公司	28653.72
116	中电投先融期货有限公司	28600.79
117	德盛期货有限公司	26948.01
118	湘财祈年期货经纪有限公司	26417.11
119	第一创业期货有限责任公司	25187.33
120	金信期货有限公司	24835.64
121	山西三立期货经纪有限公司	23813.56
122	金石期货有限公司	22603.70
123	天鸿期货经纪有限公司	21881.04
124	象屿期货有限责任公司	21211.38
125	银建期货经纪有限责任公司	20873.50
126	上海浙石期货经纪有限公司	19662.18
127	中航期货经纪有限公司	19628.86
128	华创期货有限责任公司	17173.79
129	江南期货经纪有限公司	16742.62
130	华龙期货有限公司	16719.29
131	河北恒银期货经纪有限公司	16359.65
132	同信久恒期货有限责任公司	15784.56
133	上海通联期货有限公司	15038.32
134	长安期货有限公司	14839.31
135	文峰期货有限公司	13419.48
136	盛达期货有限公司	12543.99
137	和融期货经纪有限责任公司	12238.00
138	华证期货有限公司	10528.25
139	华海期货有限公司	10216.28
140	京都期货有限公司	9377.07
141	深圳瑞龙期货有限公司	8485.07
142	国富期货有限公司	7772.78
143	和合期货经纪有限公司	6971.65
144	新疆天利期货经纪有限公司	6465.35
145	晟鑫期货经纪有限公司	5881.43
146	上海东方期货经纪有限责任公司	5631.83
147	大通期货经纪有限公司	5475.83
148	津投期货经纪有限公司	5059.03
149	东方汇金期货有限公司	4137.32
150	金谷期货有限公司	3886.21
151	乾坤期货有限公司	1786.06
152	财达期货有限公司	1749.67
153	鑫鼎盛期货有限公司	1740.31
154	西南期货经纪有限公司	1458.56
155	江信国盛期货有限责任公司	1147.53
156	华南期货经纪有限公司	966.58
157	上海普民期货经纪有限公司	442.72
158	黑龙江时代期货经纪有限公司	173.02
159	黑龙江三力期货经纪有限责任公司	29.88
160	海南金海岸期货经纪有限公司	1.02

2012年度期货公司按手续费收入排名

（单位：万元）

序号	公司名称	手续费收入
1	海通期货有限公司	38553.87
2	永安期货股份有限公司	38037.03
3	中证期货有限公司	33839.37
4	银河期货有限公司	33775.82
5	国泰君安期货有限公司	33014.77
6	中国国际期货有限公司	32101.97
7	南华期货股份有限公司	29733.90
8	弘业期货股份有限公司	29458.24
9	华泰长城期货有限公司	29109.61
10	申银万国期货有限公司	26588.94
11	广发期货有限公司	26310.03
12	浙商期货有限公司	23423.15
13	鲁证期货股份有限公司	21937.26
14	光大期货有限公司	21575.14
15	瑞达期货股份有限公司	19925.90
16	兴业期货有限公司	18688.08
17	国联期货有限责任公司	16838.25
18	浙江中大期货有限公司	16005.80
19	东海期货有限责任公司	15795.58
20	国信期货有限责任公司	15722.35
21	中粮期货有限公司	15667.98
22	徽商期货有限责任公司	15257.51

序号	公司名称	手续费收入
23	长江期货有限公司	15225.21
24	国海良时期货有限公司	15195.16
25	方正期货有限公司	14821.14
26	招商期货有限公司	14049.47
27	万达期货有限公司	13861.08
28	北京中期期货有限公司	13697.81
29	信达期货有限公司	13483.36
30	宝城期货有限责任公司	13314.69
31	上海东证期货有限公司	13166.27
32	中投天琪期货有限公司	12884.72
33	美尔雅期货经纪有限公司	12799.62
34	金瑞期货有限公司	12723.02
35	中信建投期货有限公司	12494.08
36	上海中期期货有限公司	12225.03
37	宏源期货有限公司	11558.43
38	中辉期货经纪有限公司	11415.92
39	成都倍特期货经纪有限公司	11036.22
40	格林期货有限公司	10863.98
41	东吴期货有限公司	10522.38
42	新湖期货有限公司	10329.26
43	华西期货有限责任公司	10227.26
44	华安期货有限责任公司	10084.20
45	迈科期货经纪有限公司	9468.75
46	新纪元期货有限公司	9311.99
47	经易期货经纪有限公司	9005.71
48	东航期货有限责任公司	8033.58
49	浙江新世纪期货有限公司	8022.89
50	安信期货有限责任公司	8015.51
51	大华期货有限公司	7858.35
52	渤海期货有限公司	7743.75
53	大越期货有限公司	7724.45
54	一德期货有限公司	7274.17
55	国投中谷期货有限公司	7232.22
56	北京首创期货有限责任公司	7114.58
57	冠通期货有限公司	7087.76
58	锦泰期货有限公司	6966.53
59	安粮期货有限公司	6890.96
60	江西瑞奇期货经纪有限公司	6747.58
61	上海大陆期货有限公司	6648.40
62	大地期货有限公司	6621.68
63	海航东银期货有限公司	6471.46
64	金元期货经纪有限公司	6223.93
65	上海中财期货有限公司	6142.25
66	中衍期货有限公司	6043.45
67	国贸期货经纪有限公司	5941.08
68	盛达期货有限公司	5858.54
69	民生期货有限公司	5714.26
70	江海汇鑫期货有限公司	5663.38
71	南证期货有限责任公司	5621.95
72	英大期货有限公司	5570.09
73	大有期货有限公司	5404.35

序号	公司名称	手续费收入
74	五矿期货有限公司	5333.71
75	华鑫期货有限公司	5308.87
76	中钢期货有限公司	5272.59
77	华联期货有限公司	5050.87
78	德盛期货有限公司	4990.99
79	上海良茂期货经纪有限公司	4851.09
80	国金期货有限责任公司	4735.08
81	金石期货有限公司	4445.72
82	中州期货有限公司	4442.69
83	创元期货经纪有限公司	4360.16
84	大连良运期货经纪有限公司	4294.84
85	神华期货经纪有限公司	4196.48
86	北方期货经纪有限责任公司	4044.80
87	集成期货有限公司	3965.03
88	山西三立期货经纪有限公司	3932.30
89	国元期货有限公司	3897.46
90	中原期货有限公司	3896.64
91	道通期货经纪有限公司	3874.91
92	红塔期货有限责任公司	3824.14
93	国都期货有限公司	3732.84
94	湘财祈年期货经纪有限公司	3694.24
95	金鹏期货经纪有限公司	3661.04
96	上海金源期货有限公司	3643.41
97	金友期货经纪有限责任公司	3598.85
98	广州期货有限公司	3580.08
99	广永期货有限公司	3531.28
100	中信新际期货有限公司	3406.68
101	上海东亚期货有限公司	3362.49
102	江苏东华期货有限公司	3100.58
103	中电投先融期货有限公司	3065.79
104	宁波杉立期货经纪有限公司	2948.14
105	中银国际期货有限责任公司	2945.96
106	招金期货有限公司	2784.34
107	海证期货有限公司	2738.19
108	新晟期货有限公司	2632.43
109	平安期货有限公司	2621.50
110	西部期货有限公司	2529.69
111	天富期货有限公司	2478.16
112	云晨期货有限责任公司	2459.43
113	恒泰期货有限公司	2402.30
114	深圳金汇期货经纪有限公司	2402.16
115	金信期货有限公司	2282.06
116	中融汇信期货有限公司	2268.99
117	华创期货有限责任公司	2241.17
118	东兴期货有限责任公司	2077.14
119	中航期货经纪有限公司	1983.64
120	第一创业期货有限责任公司	1938.86
121	华融期货有限责任公司	1908.77
122	银建期货经纪有限责任公司	1857.52
123	江南期货经纪有限公司	1827.04
124	华闻期货经纪有限公司	1825.04

序号	公司名称	手续费收入
125	广东鸿海期货有限公司	1824.78
126	文峰期货有限公司	1679.97
127	华证期货有限公司	1638.46
128	和合期货经纪有限公司	1477.92
129	河北恒银期货经纪有限公司	1404.47
130	深圳瑞龙期货有限公司	1289.91
131	新疆天利期货经纪有限公司	1248.49
132	国富期货有限公司	1215.39
133	摩根大通期货有限公司	1175.40
134	同信久恒期货有限责任公司	1123.34
135	象屿期货有限责任公司	1089.47
136	上海浙石期货经纪有限公司	1081.89
137	华龙期货有限公司	1066.21
138	晟鑫期货经纪有限公司	816.51
139	金谷期货有限公司	734.65
140	财富期货有限公司	724.68
141	华海期货有限公司	700.48
142	长安期货有限公司	698.94
143	大通期货经纪有限公司	631.88
144	上海通联期货有限公司	566.78
145	津投期货经纪有限公司	515.80
146	和融期货经纪有限责任公司	460.60
147	鑫鼎盛期货有限公司	325.42
148	东方汇金期货有限公司	311.17
149	京都期货有限公司	271.11
150	乾坤期货有限公司	254.11
151	上海东方期货经纪有限责任公司	224.08
152	天鸿期货经纪有限公司	219.79
153	西南期货经纪有限公司	166.84
154	江信国盛期货有限责任公司	148.26
155	财达期货有限公司	89.82
156	黑龙江时代期货经纪有限公司	42.90
157	华南期货经纪有限公司	30.91
158	上海普民期货经纪有限公司	25.92
159	海南金海岸期货经纪有限公司	22.32
160	黑龙江三力期货经纪有限责任公司	0.00

2013 年期货公司分类评价结果

根据《期货公司分类监管规定》(证监会公告[2011]9号),经期货公司自评、中国证监会派出机构初审、期货公司分类监管评审委员会复核和评审等程序,确定2013年各期货公司分类结果如下表所示。

2013 年期货公司分类评价结果

序号	期货公司名称	分类评价结果
1	中国国际期货有限公司	AA
2	中证期货有限公司	AA
3	永安期货股份有限公司	AA
4	国泰君安期货有限公司	AA
5	华泰长城期货有限公司	AA
6	银河期货有限公司	A
7	海通期货有限公司	A
8	长江期货有限公司	A
9	中粮期货有限公司	A
10	广发期货有限公司	A
11	弘业期货股份有限公司	A
12	南华期货股份有限公司	A
13	浙商期货有限公司	A
14	金瑞期货有限公司	A
15	申银万国期货有限公司	A
16	光大期货有限公司	A
17	招商期货有限公司	A
18	国投中谷期货经纪有限公司	A
19	鲁证期货股份有限公司	A
20	万达期货有限公司	A
21	国信期货有限责任公司	A
22	瑞达期货股份有限公司	A
23	上海东证期货有限公司	A
24	方正期货有限公司	A
25	国联期货有限责任公司	BBB
26	新湖期货有限公司	BBB
27	兴证期货有限公司	BBB
28	浙江中大期货有限公司	BBB
29	上海中期期货有限公司	BBB
30	中信建投期货有限公司	BBB
31	信达期货有限公司	BBB
32	格林期货有限公司	BBB
33	北京中期期货有限公司	BBB
34	中投天琪期货有限公司	BBB
35	东海期货有限责任公司	BBB
36	中钢期货有限公司	BBB
37	五矿期货有限公司	BBB
38	迈科期货经纪有限公司	BBB
39	经易期货经纪有限公司	BBB
40	宏源期货有限公司	BBB
41	中信新际期货有限公司	BBB
42	国海良时期货有限公司	BBB
43	摩根大通期货有限公司	BBB
44	英大期货有限公司	BB
45	美尔雅期货经纪有限公司	BB
46	北京首创期货有限责任公司	BB
47	安信期货有限责任公司	BB
48	一德期货有限公司	BB
49	上海金源期货有限公司	BB
50	新纪元期货有限公司	BB
51	华安期货有限责任公司	BB
52	成都倍特期货经纪有限公司	BB
53	东航期货有限责任公司	BB
54	大华期货有限公司	BB
55	冠通期货有限公司	BB
56	东吴期货有限公司	BB
57	大越期货有限公司	BB

序号	期货公司名称	分类评价结果
58	中辉期货经纪有限公司	BB
59	浙江新世纪期货有限公司	BB
60	上海东亚期货有限公司	BB
61	宝城期货有限责任公司	BB
62	盛达期货有限公司	BB
63	徽商期货有限责任公司	BB
64	锦泰期货有限公司	B
65	财富期货有限公司	B
66	南证期货有限责任公司	B
67	金元期货经纪有限公司	B
68	东兴期货有限责任公司	B
69	上海大陆期货有限公司	B
70	大地期货有限公司	B
71	国贸期货经纪有限公司	B
72	上海中财期货有限公司	B
73	华联期货有限公司	B
74	中融汇信期货有限公司	B
75	中衍期货有限公司	B
76	华鑫期货有限公司	B
77	华西期货有限责任公司	B
78	云晨期货有限责任公司	B
79	上海浙石期货经纪有限公司	B
80	上海通联期货有限公司	B
81	上海良茂期货经纪有限公司	B
82	长安期货有限公司	B
83	华龙期货有限公司	B
84	大有期货有限公司	B
85	红塔期货有限责任公司	B
86	海航东银期货有限公司	B
87	国金期货有限责任公司	B
88	德盛期货有限公司	B
89	道通期货经纪有限公司	B
90	宁波杉立期货经纪有限公司	CCC
91	国元期货有限公司	CCC
92	民生期货有限公司	CCC
93	招金期货有限公司	CCC
94	平安期货有限公司	CCC
95	国都期货有限公司	CCC
96	江海汇鑫期货有限公司	CCC
97	第一创业期货有限责任公司	CCC
98	中州期货有限公司	CCC
99	中原期货有限公司	CCC
100	恒泰期货有限公司	CCC
101	广州期货期货公司	CCC
102	象屿期货有限责任公司	CCC
103	上海东方期货经纪有限责任公司	CCC
104	华融期货有限责任公司	CCC
105	东方汇金期货有限公司	CCC
106	渤海期货有限公司	CC
107	中银国际期货有限责任公司	CC
108	中电投先融期货有限公司	CC
109	银建期货经纪有限责任公司	CC
110	鑫鼎盛期货经纪有限公司	CC
111	新晟期货有限公司	CC
112	金谷期货有限公司	CC
113	天富期货有限公司	CC
114	黑龙江时代期货经纪有限公司	CC
115	深圳瑞龙期货有限公司	CC
116	山西三立期货经纪有限公司	CC
117	乾坤期货有限公司	CC
118	京都期货有限公司	CC
119	津投期货经纪有限公司	CC
120	金友期货经纪有限责任公司	CC
121	金信期货有限公司	CC
122	金石期货有限公司	CC
123	深圳金汇期货经纪有限公司	CC
124	江信国盛期货有限责任公司	CC
125	文峰期货有限公司	CC
126	江苏东华期货有限公司	CC
127	江南期货经纪有限公司	CC
128	华闻期货经纪有限公司	CC
129	华创期货有限责任公司	CC
130	河北恒银期货经纪有限公司	CC
131	和融期货经纪有限责任公司	CC
132	和合期货经纪有限公司	CC
133	海证期货有限公司	CC
134	国富期货有限公司	CC
135	大通期货经纪有限公司	CC
136	创元期货有限公司	CC
137	财达期货有限公司	CC
138	安粮期货有限公司	CC
139	神华期货经纪有限公司	CC
140	大连良运期货经纪有限公司	C
141	集成期货有限公司	C
142	广永期货有限公司	C
143	江西瑞奇期货经纪有限公司	C
144	天鸿期货经纪有限公司	C
145	天风期货有限公司	C
146	金鹏期货经纪有限公司	C
147	中航期货经纪有限公司	C
148	西南期货经纪有限公司	C
149	西部期货有限公司	C
150	同信久恒期货有限责任公司	C
151	晟鑫期货经纪有限公司	C
152	华海期货有限公司	C
153	广东鸿海期货有限公司	C
154	新疆天利期货经纪有限公司	C
155	海南金海岸期货经纪有限公司	D
156	华南期货经纪有限公司	D
157	上海普民期货经纪有限公司	D
158	黑龙江三力期货经纪有限责任公司	D

2012 年 12 月份全国期货市场交易情况统计

交易所	品种	今年 1－12 月成交总量（手）	去年 1－12 月成交总量（手）	同比增减百分比（%）	今年 1－12 月成交金额（亿元）	去年 1－12 月成交金额（亿元）	同比增减百分比（%）	今年 1－12 月成交金额所占份额（%）	去年 1－12 月成交金额所占份额（%）	同比增减百分比（%）
上海期货交易所	铜	57,284,835	48,961,130	17.00	163,744.71	149,667.09	9.41	9.57%	10.88%	－12.08
	铝	3,942,680	9,953,918	－60.39	3,094.90	8,535.17	－63.74	0.18%	0.62%	－70.86
	锌	21,100,924	53,663,483	－60.68	16,131.88	46,182.75	－65.07	0.94%	3.36%	－71.93
	铅	68,646	293,280	－76.59	265.01	1,280.80	－79.31	0.02%	0.09%	－83.37
	黄金	5,916,745	7,221,758	－18.07	20,182.19	25,488.04	－20.82	1.18%	1.85%	－36.37
	天胶	75,176,266	104,286,399	－27.91	154,493.48	165,237.11	－6.50	9.03%	12.02%	－24.87
	燃料油	9,132	1,971,141	－99.54	23.71	964.39	－97.54	0.00%	0.07%	－98.02
	螺纹钢	180,562,480	81,884,789	120.51	67,385.62	37,177.51	81.25	3.94%	2.70%	45.65
	线材	2,717	3,242	－16.19	1.06	1.49	－28.80	0.00%	0.00%	－42.78
	白银	21,264,954			20,654.30			1.21%		
	小计	365,329,379	308,239,140	18.52	445,976.86	434,534.36	2.63	26.06%	31.60%	－17.52
郑州商品交易所	强麦	25,806,687	7,911,704	226.18	6,536.30	2,237.91	192.07	0.38%	0.16%	134.71
	棉花	21,033,646	139,046,624	－84.87	20,944.31	181,297.30	－88.45	1.22%	13.18%	－90.72
	白糖	148,290,190	128,209,968	15.66	84,094.98	88,335.38	－4.80	4.91%	6.42%	－23.50
	PTA	121,263,913	120,546,513	0.60	47,980.83	58,082.25	－17.39	2.80%	4.22%	－33.62
	菜籽油	6,257,419	4,327,965	44.58	3,192.01	2,252.88	41.69	0.19%	0.16%	13.86
	早籼稻	3,839,892	5,927,416	－35.22	1,044.38	1,519.09	－31.25	0.06%	0.11%	－44.75
	甲醇	3,797,412	316,107	1,101.31	5,384.97	454.60	1,084.55	0.31%	0.03%	851.89
	普麦	107,163	153,160	－30.03	29.03	33.96	－14.51	0.00%	0.00%	－31.30
	玻璃	16,136,920			4,295.48			0.25%		
	油菜籽	137,084			72.30			0.00%		
	菜籽粕	421,207			99.96			0.01%		
	小计	347,091,533	406,439,457	－14.60	173,674.55	334,213.36	－48.03	10.15%	24.30%	－58.24
大连商品交易所	豆一	45,475,425	25,239,532	80.18	21,451.63	11,365.29	88.75	1.25%	0.83%	51.68
	豆二	10,400	10,662	－2.46	4.94	5.08	－2.78	0.00%	0.00%	－21.88
	豆粕	325,876,653	50,170,334	549.54	115,866.82	16,267.90	612.24	6.77%	1.18%	472.35
	玉米	37,824,356	26,849,738	40.87	9,059.27	6,304.49	43.70	0.53%	0.46%	15.47
	豆油	68,858,554	58,012,550	18.70	64,307.44	57,775.73	11.31	3.76%	4.20%	－10.56
	LLDPE	71,871,537	95,219,058	－24.52	36,425.50	49,663.56	－26.66	2.13%	3.61%	－41.06
	棕榈油	43,310,013	22,593,961	91.69	32,414.47	20,194.25	60.51	1.89%	1.47%	28.99
	PVC	6,900,153	9,438,431	－26.89	2,332.40	3,749.61	－37.80	0.14%	0.27%	－50.01
	焦炭	32,915,885	1,512,734	2,075.92	51,348.71	3,430.25	1,396.94	3.00%	0.25%	1,102.93
	小计	633,042,976	289,047,000	119.01	333,211.17	168,756.17	97.45	19.47%	12.27%	58.67
中金所	沪深 300 指数	105,061,825	50,411,860	108.41	758,406.78	437,658.55	73.29	44.32%	31.83%	39.25
全国期货市场		1,450,525,713	1,054,137,457	37.60	1,711,269.36	1,375,162.44	24.44	100.00%	100.00%	0.00%

注：自 2011 年 1 月份起，成交量和成交金额数据按照单边统计。

期货公司名录（截至 2014 年 2 月中旬）

辖区	期货公司名称	注册地址（含邮编）	联系电话
安徽	安粮期货有限公司	安徽省合肥市芜湖路 168 号同济大厦 10—11 层（230001）	0551－62870125
安徽	华安期货有限责任公司	安徽省合肥市庐阳区长江中路 419 号（230061）	0551－62839069
安徽	徽商期货有限责任公司	安徽省合肥市芜湖路 258 号 3 号楼 6－7 层、6 号楼 1－2 层（230061）	0551－62865004
北京	安信期货有限责任公司	北京市东城区北三环东路 36 号环球贸易中心 A 座 26 层（100013）	010－59113606
北京	北京首创期货有限责任公司	北京市西城区闹市口大街 1 号院长安兴融中心 4 号楼 11 层（100031）	010－58379300
北京	第一创业期货有限责任公司	北京市西城区平安里西大街 26 号新时代大厦四层南侧（100034）	010－63197000
北京	方正中期期货有限公司	北京市朝阳区东三环北路 38 号院 1 号楼泰康金融大厦 22 层 2201（100026）	010－85881181
北京	格林大华期货有限公司	北京市西城区金融大街 35 号 1 号楼 803－812（100033）	400－7009898
北京	冠通期货有限公司	北京市朝阳区朝阳门外大街甲 6 号万通中心 4 座 18 层（100020）	010－62368907

辖区	期货公司名称	注册地址(含邮编)	联系电话
北京	国都期货有限公司	北京市东城区东直门南大街3号国华投资大厦8层、10层(100007)	010－64008822
北京	国元期货有限公司	北京市东城区东直门外大街46号1号楼19层1901室(100027)	4008888218
北京	宏源期货有限公司	北京市西城区太平桥大街19号4层4B(100033)	010－88085529
北京	华海期货有限公司	北京市海淀区西直门北大街甲43号1号楼1－26－1418号(100044)	010－82211853
北京	金鹏期货经纪有限公司	北京市西城区金融大街27号投资广场B座9层(100033)	010－66211412
北京	京都期货有限公司	北京市西城区德胜门外大街115号1层A区(100088)	010－59366004
北京	经易期货经纪有限公司	北京市西城区百万庄北街6号(100037)	010－68331868
北京	民生期货有限公司	北京市东城区建国门内大街28号民生金融中心A座16层	010－85127599
北京	银河期货有限公司	北京市西城区复兴门外大街A2号中化大厦8层、306室(100045)	010－58363266
北京	银建期货经纪有限责任公司	北京市丰台区方庄芳古园1区29号楼(100078)	010－67628621
北京	英大期货有限公司	北京市朝阳区呼家楼京广中心3层301室(100020)	010－51960370
北京	中钢期货有限公司	北京市海淀区海淀大街8号A座19层(100080)	010－62685676
北京	中国国际期货有限公司	北京市朝阳区建国门外光华路14号1幢1层、2层、9层、11层、12层	010－65807810
北京	中粮期货有限公司	北京市东城区东直门南大街5号中青旅大厦15层1501－1506;1509－1518;3层311－313室	010－59137000
北京	中衍期货有限公司	北京市朝阳区东四环中路82号2座2－1座、2－2座7层;B2座一层108单元	010－52088291
辽宁	渤海期货有限公司	大连市中山区玉光街11号远洋大厦B座写字间1单元9层(116001)	0411－82690302
辽宁	大连良运期货经纪有限公司	大连市沙河口区会展路129号大连国际金融中心A座大连期货大厦37层3701－3706室(116023)	0411－82589097
辽宁	国富期货有限公司	大连市沙河口区会展路129号大连国际金融中心A座－大连期货大厦2801、2807、2808、2809、2810室(116023)	0411－88853030
辽宁	天风期货有限公司	大连市沙河口区中山路478号－1－3(116021)	0411－39779950
福建	金友期货经纪有限责任公司	福建省福州市鼓楼区华林路93号1座5、6层(350003)	0591－87871692
福建	鑫鼎盛期货有限公司	福州市鼓楼区水部街道福新路239号吉翔双子星大厦1#－2#楼连体5层01商场(350001)	0591－38113228
福建	兴证期货有限公司	福州市鼓楼区温泉街道湖东路268号6层(兴业证券大厦)350001	0591－38117666
甘肃	华龙期货有限公司	甘肃省兰州市城关区静宁路308号4楼(730030)	0931－8894644
广东	广发期货有限公司	广东省广州市天河区体育西路57号红盾大厦9楼、14楼、15楼,510620	020－38456966
广东	广永期货有限公司	广州市天河区体育西路57号第10层、12层(510620)	020－85598116
广东	广州期货有限公司	广州市天河区临江大道5号第20层06单元,21层04,05,06单元(510623)	020－22139800
广东	华联期货有限公司	广东省东莞市城区可园南路1号金源中心16层、17层(523009)	0769－22113100
广东	华南期货经纪有限公司	广州市天河区体育西路111号	020－38791234
广东	华泰长城期货有限公司	广州市越秀区先烈中路65号东山广场东楼5层、11层、12层(510095)	020－87321129
广东	集成期货有限公司	广东省广州市天河区珠江新城华夏路10号富力中心11层03、04单元(510623)	020－38927148
广东	江南期货经纪有限公司	东莞市南城区体育路2号鸿禧中心6层B11、B12室(523009)	0755－83688531
广东	摩根大通期货有限公司	广东省中山市东区中山四路盛景园三期A2幢8层6卡(528403)	0760－88880999
广东	新晟期货有限公司	广州市海珠区新港东路1000号(保利世界贸易中心)801、802、813、814、902、913房(510308)	020－38927522
海南	海南金海岸期货经纪有限公司	海口市国贸路45号银通国际中心20层(570125)	0898－68537153
海南	华融期货有限责任公司	海南省海口市龙昆北路53－1号3楼(570105)	0898－66566456
海南	金元期货经纪有限公司	海南省海口市南宝路36号证券大厦一楼、五楼(570206)	0898－66676633
海南	中银国际期货有限责任公司	海南省海口市蓝天路33号京航大厦17楼(570203)	021－61088088
河北	河北恒银期货经纪有限公司	石家庄市槐安东路90号国富大厦三层(050020)	0311－87875133
河南	万达期货股份有限公司	郑州市郑东新区商务内环路27号楼1单元3层01号、2单元3层02号(450016)	0371－69106586
河南	中原期货有限公司	河南省郑州市郑东新区商务外环路10号中原广发金融大厦四楼(450046)	0371－68599199
黑龙江	大通期货经纪有限公司	黑龙江省哈尔滨市南岗区西大直街118号1号楼6层(150001)	0451－86238177
黑龙江	黑龙江时代期货经纪有限公司	黑龙江省哈尔滨市香坊区中山路93号保利大厦401室(150036)	0451－82695468
湖北	长江期货有限公司	湖北省武汉市汉口新华路特8号长江证券大厦8楼(430015)	027－65799997
湖北	美尔雅期货经纪有限公司	湖北省武汉市江汉区新华路218号(浦发银行大厦)9层1室、10层1室(430022)	027－68851567
湖南	大有期货有限公司	长沙市芙蓉中路一段478号运达写字楼21楼(410011)	0731－84409059
湖南	德盛期货有限公司	长沙市五一西路2号第一大道14楼(410005)	0731－82893310
湖南	方正期货有限公司	长沙市开福区芙蓉中路一段372号证券大厦四楼(410008)	0731－84331388
湖南	金信期货有限公司	中国湖南长沙市车站北路459号证券大厦5楼(410001)	0731－82258815
吉林	东方汇金期货有限公司	长春市朝阳区西安大路2128号绿地.蓝海5A第二十层(130061)	0431－81960808
吉林	天富期货有限公司	长春市长春大街500号吉信大厦写字楼东侧1－3层(130041)	0431－88993817
江苏	创元期货有限公司	苏州市三香路120号万盛大厦2楼、3楼(215004)	0512－68278744
江苏	道通期货经纪有限公司	江苏省南京市鼓楼区广州路188号苏宁环球大厦5层02座(210024)	025－83276909
江苏	东海期货有限责任公司	江苏省常州市延陵西路23、25、27、29号(213003)	021－68758166

辖区	期货公司名称	注册地址(含邮编)	联系电话
江苏	国联期货有限责任公司	无锡市金融一街8号(214121)	0510-82752315
江苏	弘业期货股份有限公司	南京市中华路50号(210001)	025-52278666
江苏	江苏东华期货有限公司	江苏省南京市王府大街63号5层(210004)	025-84207734
江苏	锦泰期货有限公司	南京市建邺区江东中路359号国睿大厦(210019)	025-83116161
江苏	南证期货有限责任公司	南京市秦淮区长乐路226号长乐花园01幢1号-4,1号-7,1号-8(210006)	025-52865001
江苏	文峰期货有限公司	江苏省南通市青年东路15号锦峰大厦301室(226007)	0513-85529853
江苏	新纪元期货有限公司	徐州市淮海东路153号(221005)	0516-83831121
江西	江西瑞奇期货经纪有限公司	江西省南昌市广场南路205号恒茂国际华城16号楼A座6楼(330002)	0791-86107060
辽宁	江海汇鑫期货有限公司	沈阳市沈河区青年大街51-2号12层(110014)	024-31308888
辽宁	江信国盛期货有限责任公司	辽宁省鞍山市铁东区新华街35栋4号2-3层(114003)	0412-5500815
浙江	宁波杉立期货经纪有限公司	浙江省宁波市中山东路796号11层1至8室(315040)	0574-87717999
青海	财富期货有限公司	青海省西宁市城中区西大街18号12层(810000)	010-85679888
山东	鲁证期货股份有限公司	济南市市中区经七路86号15、16层(250001)	0531-81916298
山东	招金期货有限公司	山东省淄博市张店区柳泉路45号甲3号5层(255000)	0533-2161171
山东	中州期货有限公司	山东省烟台市莱山区迎春大街133-1科技创业大厦(264003)	0535-6692348
山西	和合期货经纪有限公司	太原市菜园东街2号(030012)	0351-7342538
山西	山西三立期货经纪有限公司	山西省太原市府西街69号1幢东塔楼16层(030002)	0351-8689068
山西	晟鑫期货经纪有限公司	山西省阳泉市德胜东街23号(045000)	0353-2032543
山西	中辉期货经纪有限公司	山西省太原市新建路39号(030002)	0351-8225066
陕西	长安期货有限公司	西安市浐灞大道1号商务中心二期四楼408、409、410室(710024)	029-83597677
陕西	迈科期货经纪有限公司	陕西省西安市高新区唐延路33号迈科国际大厦22层,6层604室,24层2402、2406、2407、2408室	029-88830605
陕西	西部期货有限公司	西安市新城区东新街232号陕西信托大厦三层、九层(710004)	029-87406680
上海	东航期货有限责任公司	上海市吴中路686弄3号D幢16楼(201103)	021-64056666
上海	东吴期货有限公司	上海市西藏南路1208号6楼、10楼EFGH(200011)	021-63123019
上海	东兴期货有限责任公司	上海市杨树浦路248号22层(200082)	021-65458108
上海	光大期货有限公司	上海市福山路458号303、601-602、1104-1106、1301-1303、1309A、1311-1312室(200122)	021-22169060
上海	国泰君安期货有限公司	上海市静安区延平路121号26层、28层、31层及6F室、10A室、10F室(200042)	021-52138857
上海	国投中谷期货有限公司	上海市虹口区东大名路638号五层(200080)	4006555919
上海	国信期货有限责任公司	上海市虹口区广纪路738号1幢118室(200434)	0755-25840978
上海	海通期货有限公司	上海市浦东新区世纪大道1589号17楼、6楼01-04单元、25楼、2楼05单元(200122)	021-61871688
上海	海证期货有限公司	上海市临平北路19号三楼(200086)	021-65218887
上海	恒泰期货有限公司	上海市浦东新区峨山路91弄120号2层201单元(200127)	021-68405211
上海	华闻期货经纪有限公司	上海市浦东新区浦东大道720号国际航运金融大厦22楼ABCDMNI(200120)	021-50368918
上海	华鑫期货有限公司	上海市黄浦区宁海东路200号申鑫大厦27、28楼(200021)	021-63731994
上海	上海大陆期货有限公司	上海市凯旋路3131号25、26楼(200030)	021-54071715
上海	上海东方期货经纪有限责任公司	上海市浦东新区松林路300号1603室	021-68401477
上海	上海东亚期货有限公司	上海市浦东新区松林路300号2202-2205室(200122)	021-68400499
上海	上海东证期货有限公司	上海市浦东新区浦电路500号上海期货大厦14层(200122)	021-68400610
上海	上海良茂期货经纪有限公司	上海市卢湾区打浦路198号(200023)	021-63027929
上海	上海普民期货经纪有限公司	上海市普陀区古浪路391弄27号(200331)	021-32258822
上海	上海通联期货有限公司	上海市陆家嘴环路958号7楼(200120)	021-68866986
上海	上海浙石期货经纪有限公司	上海市浦东新区浦电路438号(200122)	0571-56920856
上海	上海中财期货有限公司	上海市浦东新区陆家嘴环路958号23楼、2402室(200120)	021-68866688
上海	上海中期期货有限公司	上海市浦东新区浦电路500号11楼(200122)	021-61090799
上海	申银万国期货有限公司	上海市东方路800号7、8、10楼(200122)	021-50588811
上海	天鸿期货经纪有限公司	上海市东大名路1080号21层01、02、03室(200082)	021-60769640
上海	同信久恒期货有限责任公司	上海市浦东新区世纪大道1500号12楼北座(200122)	021-60273288
上海	铜冠金源期货有限公司	上海市浦东新区源深路273号(1、2、3楼)(200135)	021-68559999
上海	新湖期货有限公司	上海市裕通路100号36层(200070)	021-22155555
上海	中融汇信期货有限公司	上海市浦东新区源深路1088号25层01、02、03、06单元	021-51557588
上海	中信新际期货有限公司	上海市浦东大道1085号(200135)	021-61051166
广东	广东鸿海期货有限公司	广东省深圳市福田区深南大道与金田路交界西南深圳国际交易广场2612、2613、2614、2615、2616	0755-23997422
广东	海航东银期货有限公司	深圳市福田区深南中路2068号华能大厦18层(518031)	0755-83680538

辖区	期货公司名称	注册地址(含邮编)	联系电话
广东	金瑞期货有限公司	广东省深圳市福田区彩田路东方新天地广场 A 座 3101、3102、3103、3104、3105、3106、3201、3202(518040)	0755－83662122
广东	平安期货有限公司	广东省深圳市福田区中心区东南部时代财富大厦 26B、26C、26D、26E、26F 房,518026	0755－83786577
广东	乾坤期货有限公司	广东省深圳市福田区深南大道 4009 号投资大厦 2 楼 01 区(518048)	0755－83998699
广东	深圳金汇期货经纪有限公司	深圳市深南大道 6013 号中国有色大厦 18 楼(518040)	0755－83472566
广东	深圳瑞龙期货有限公司	深圳市福田区福中三路诺德金融中心 33D(518026)	0755－82028318
广东	神华期货经纪有限公司	广东省深圳市福田区深南大道 6008 号特区报业大厦西区 29F	0755－83517626
广东	五矿期货有限公司	深圳市福田区益田路西福中路北新世界商务中心 4801－A、4802－B、4803、4804(518026)	0755－83753764
广东	招商期货有限公司	深圳市福田区福华一路 6 号免税商务大厦 9 层 9－15 单元、7 层 1－8 单元、7 层 22－26 号单元(518048)	0755－82763116
广东	中航期货经纪有限公司	深圳市南山区粤兴二道 6 号武汉大学深圳产学研大楼 B815 房	0755－28069186
广东	中投天琪期货有限公司	深圳市福田区深南大道 4009 号投资大厦 3 楼 01、04 区、13 楼 E1－E3 区、E4－1 区,518048	0755－82912900
广东	中信期货有限公司	深圳市福田区中心三路 8 号卓越时代广场(二期)北座 13 层 1303－1305 室、14 层	400－6789－819
四川	成都倍特期货经纪有限公司	成都市高新区锦城大道 539 号盈创动力大厦 A 座四楼 406 号(610041)	028－86265332
四川	国金期货有限责任公司	成都市锦江区东大街芷泉段 229 号 1 栋 2 单元 28 层(610061)	028－61304602
四川	华西期货有限责任公司	成都市青羊区通惠门路 3 号(610015)	028－86286184
天津	财达期货有限公司	天津市和平区君隆广场 1,2 号楼西安道 2 号 501－503(300041)	022－58356000
天津	和融期货经纪有限责任公司	天津市和平区郑州道 18 号港澳大厦 103,201－1,201－2,302－1,302－2(300050)	022－23330117
天津	金谷期货有限公司	天津市和平区荣业大街 80 号 2 层、3 层(300021)	022－58909666
天津	津投期货经纪有限公司	天津市河西区马场道 59 号 A 座九层(300203)	022－85589968
天津	象屿期货有限责任公司	天津开发区广场东路 20 号 E4－C－5 层西侧(300457)	022－59997588
天津	一德期货有限公司	天津市和平区解放北路 188 号信达广场 14 层(300042)	022－58298788
福建	国贸期货经纪有限公司	福建省厦门市湖滨南路国贸大厦 11 层、2 层 A1 单元、5 层 B1 单元、27 层 B 单元(361004)	0592－5898722
福建	瑞达期货股份有限公司	厦门市思明区塔埔东路 169 号 13 层(361008)	0592－2290653
新疆	金石期货有限公司	乌鲁木齐市解放北路 90 号(830002)	0991－2331305
新疆	新疆天利期货经纪有限公司	乌鲁木齐市天山区西河坝后街 137 号瑞达国际大厦七楼(830002)	0991－2314100
云南	红塔期货有限责任公司	云南省昆明市北辰财富中心商住楼 A 座 28 楼(2801－ABCD)(650224)	0871－63614258
云南	云晨期货有限责任公司	云南省昆明市人民东路 111 号(650051)	0871－63195367
浙江	宝城期货有限责任公司	杭州市求是路 8 号公元大厦南裙 1－301、1－501 室,北楼 301、302、303 室(310013)	0571－85055580
浙江	大地期货有限公司	杭州市延安路 511 号(310006)	0571－85103151
浙江	大越期货有限公司	绍兴市解放北路 186 号(312000)	0575－85120647
浙江	国海良时期货有限公司	杭州市河东路 91 号(310014)	0571－85236875
浙江	南华期货股份有限公司	杭州市西湖大道 193 号 2 层、3 层(310002)	0571－87839290
浙江	盛达期货有限公司	杭州市萧山区宁围镇宁泰路 27 号江宁大厦 2 幢第 8－9 层(310000)	0571－82829888
浙江	信达期货有限公司	杭州市文晖路 108 号浙江出版物资大厦 1125 室、1127 室、12 楼、16 楼(310004)	0571－28132660
浙江	永安期货股份有限公司	杭州市湖王路 208 号浙江协作大厦 3、6－10、22 楼(310005)	0571－88388190
浙江	浙江新世纪期货有限公司	杭州市体育场路 335 号(310006)	0571－85058125
浙江	浙江中大期货有限公司	浙江省杭州市中山北路 310 号 3 层 12 层东(310003)	0571－85377331
浙江	浙商期货有限公司	杭州市庆春路 173 号 8－10 层(310006)	0571－87219365
重庆	华创期货有限责任公司	重庆市渝中区中山三路 131 号希尔顿商务大厦 13 楼(400015)	023－89038602
重庆	西南期货有限公司	重庆市渝中区中山三路 168 号中安大厦 9 层(400015)	023－63630748
重庆	中电投先融期货有限公司	重庆市渝中区邹容路邹容广场 A 座 14 楼(400010)	023－63799129
重庆	中信建投期货有限公司	重庆市渝中区中山三路 107 号上站大楼平街 11－B,名义层 11－A,8－B4,9－B、C(400014)	023－86769605

备注:方正中期期货有限公司为北京中期期货有限公司吸收合并方正期货有限公司后的存续公司,格林大华期货有限公司为格林期货有限公司吸收合并大华期货有限公司后的存续公司,被吸收合并方的注销手续及营业部更名等相关手续正在办理中。

期货公司营业部名录(截至 2014 年 2 月中旬)

营业部所属辖区	期货公司营业部名称	注册地址	联系电话
安徽	安粮期货有限公司安庆营业部	安徽省安庆市迎江区龙山路 156 号 5 楼	0556－5696679
安徽	安粮期货有限公司淮南营业部	安徽省淮南市朝阳中路 91 号科技大厦 8 楼	0554－6666588
安徽	安粮期货有限公司马鞍山营业部	安徽省马鞍山市花山区中央花园 9－504 室	0555－2960118
安徽	安粮期货有限公司芜湖营业部	安徽省芜湖市黄山西路证券大厦第 7 层	0553－3833893
安徽	大有期货有限公司合肥营业部	安徽省合肥市庐阳区濉溪路 278 号财富广场 1908、1909、1910 室	0551－6106758

营业部所属辖区	期货公司营业部名称	注册地址	联系电话
安徽	格林大华期货有限公司合肥营业部	安徽省合肥市庐阳区濉溪路118号汇丰广场办1-1806、1807、1808室	0551-62796672
安徽	冠通期货有限公司合肥营业部	安徽省合肥市马鞍山路58号商办楼第四层	0551-65251598
安徽	国都期货有限公司合肥营业部	安徽省合肥市庐阳区濉溪路168号新天地国际广场501-505室	0551-66115601
安徽	国联期货有限责任公司合肥营业部	安徽省合肥市长江西路三号春天大厦503室	0551-62817878
安徽	国贸期货经纪有限公司合肥营业部	安徽省合肥市庐阳区金寨路329号国轩凯旋大厦2115、2116、2117、2118室	0551-5267168
安徽	国信期货有限责任公司合肥营业部	安徽省合肥市包河区马鞍山南路680号绿地赢海国际大厦C座22层(2213、2214、2215、2216、2217)	0551-63757967
安徽	国元期货有限公司合肥营业部	安徽省合肥市金寨路329号国轩凯旋大厦4层	0551-65194096
安徽	海航东银期货有限公司合肥营业部	安徽省合肥市庐阳区濉溪路287号金鼎国际广场A座1702、1703、1707、1708室	0551-5633133
安徽	海通期货有限公司合肥营业部	安徽省合肥市庐阳区濉溪路278号财富广场三期C座1101室	0551-65666282
安徽	海证期货有限公司芜湖营业部	安徽省芜湖市文化路25号皖江金融大厦12层	0553-3116377
安徽	弘业期货股份有限公司合肥营业部	安徽省合肥市蜀山区长江西路200号置地投资广场1306、1307、1310室	0551-62671969
安徽	弘业期货股份有限公司芜湖营业部	安徽省芜湖市镜湖区融汇中江广场H#楼1511、1512、1513、1514室	0553-3917066
安徽	宏源期货有限公司合肥营业部	安徽省合肥市包河区马鞍山路绿地赢海国际大厦C座602.603.604室	0551-3714286
安徽	华安期货有限责任公司安庆营业部	安徽省安庆市迎江区龙山路31幢综合楼7层	0556-5696819
安徽	华安期货有限责任公司阜阳营业部	安徽省阜阳市颍州中路58号绿洲大厦第二层	0558-2256095
安徽	华安期货有限责任公司马鞍山营业部	安徽省马鞍山市雨山区雨山西路497号-804、904室	0555-5206011
安徽	华安期货有限责任公司芜湖营业部	安徽省芜湖市新芜区新利商厦8号3楼	0553-3873359
安徽	徽商期货有限责任公司阜阳营业部	安徽省阜阳市颍泉区中市办慧湖路88号中央豪景小区15#16#楼417、418室	0558-2151567
安徽	徽商期货有限责任公司马鞍山营业部	安徽省马鞍山市雨山区花雨路348号(名筑时代广场1-423)	0555-2367067
安徽	徽商期货有限责任公司铜陵营业部	安徽省铜陵市义安大道北段1287号财富广场A1501室	0562-2837238
安徽	徽商期货有限责任公司芜湖营业部	安徽省芜湖市融汇中江广场H#楼2312、2313室	0553-3830091
安徽	江海汇鑫期货有限公司蚌埠营业部	安徽省蚌埠市涂山路1757号投资大厦12楼	0552-3183720
安徽	金信期货有限公司合肥营业部	安徽省合肥市包河区马鞍山南路660号绿地赢海国际大厦D座707、708、709室	0551-66108818
安徽	锦泰期货有限公司芜湖营业部	安徽省芜湖市黄山中路镜街99金鼎19层1901-1903室	0553-2915663
安徽	南华期货股份有限公司芜湖营业部	安徽省芜湖市中山北路77号侨鸿国际商城904、906、908室	0553-3880208
安徽	上海金源期货有限公司铜陵营业部	安徽省铜陵市义安大道1287号财富广场A2506室	0562-5860996
安徽	上海中财期货有限公司合肥营业部	安徽省合肥市庐阳区淮河路288号香港广场1306、1307室	0551-2651811
安徽	万达期货股份有限公司合肥营业部	安徽省合肥市庐阳区濉溪路278号财富广场501室	0551-62758699
安徽	浙江中大期货有限公司合肥营业部	安徽省合肥市包河区屯溪路239号富广大厦1504、1505室	0551-64656832
安徽	中国国际期货有限公司合肥营业部	安徽省合肥市包河区马鞍山路130号万达广场C区7-1302室	0551-66104503
安徽	中辉期货经纪有限公司合肥营业部	安徽省合肥市政务区潜山南路蔚蓝商务港城市广场B座1201、1202、1203、1204室	0551-62727199
安徽	中信建投期货有限公司合肥营业部	安徽省合肥市包河区马鞍山路130号万达广场C区6幢1903、1904、1905室	0551-62889767
安徽	中信期货有限公司芜湖营业部	安徽省芜湖市弋江区泰鑫商务中心2101	0555-3509800
北京	安粮期货有限公司北京营业部	北京市朝阳区建国路甲92号4-24层1105	010-85800661
北京	宝城期货有限责任公司北京营业部	北京市朝阳区望京西路甲50号1号楼7层1-09内701-02单元	010-64795820
北京	北京首创期货有限责任公司北京北辰东路营业部	北京市朝阳区北辰东路8号亚运村1号门	010-84973126
北京	北京首创期货有限责任公司北京长虹桥营业部	北京市朝阳区东三环北路19号嘉盛中心B2座中青大厦601、602室	010-65089658
北京	北京中期期货有限公司北京彩和坊路营业部	北京市海淀区彩和坊路8号2层213室	010-82868239
北京	北京中期期货有限公司北京西直门营业部	北京市西城区西直门外大街1号院3号楼20D12-D13(德胜园区)	010-66058407
北京	渤海期货有限公司北京营业部	北京市朝阳区朝外大街乙6号朝外SOHO23层2306室	010-59002541
北京	财达期货有限公司北京首体南路营业部	北京市海淀区首体南路20号国兴大厦D座二层西侧(201)	010-88315101
北京	财富期货有限公司北京建外大街营业部	北京市朝阳区建国门外大街甲6号爱思开大厦204室	010-85679888
北京	长江期货有限公司北京复兴路营业部	北京市海淀区复兴路乙12号626、627	1059817091
北京	长江期货有限公司北京建国门北大街营业部	北京市东城区建国门北大街8号华润大厦一层103单元	010-84682178
北京	成都倍特期货经纪有限公司北京营业部	北京市东城区北三环东路36号环贸中心D座705-706室	010-58257599
北京	大地期货有限公司北京西三环北路营业部	北京市海淀区西三环北路89号十一层B1102	010-68731889
北京	大华期货有限公司北京北三环中路营业部	北京市西城区北三环中路6号3栋13层1306室	010-62366253

营业部所属辖区	期货公司营业部名称	注册地址	联系电话
北京	大连良运期货经纪有限公司北京永安东里营业部	北京市朝阳区永安东里甲3号院1号楼2207E	010－58207273
北京	大通期货经纪有限公司北京营业部	北京市朝阳区延静西里2号华商大厦311－315	010－65914450
北京	大有期货有限公司北京北辰西路营业部	北京市朝阳区北辰西路69号2层2单元201	010－58782828
北京	道通期货经纪有限公司北京蓝靛厂东路营业部	北京市海淀区蓝靛厂东路2号院2号楼(金源时代商务中心2号楼)2单元B座2F	010－88594342
北京	东方汇金期货有限公司北京营业部	北京市东城区永定门西滨河路8号院7楼东塔5层05单元	010－59947955
北京	东海期货有限责任公司北京西三环北路营业部	北京市海淀区西三环北路87号9层4－901	010－88825100
北京	东吴期货有限公司北京东三环中路营业部	北京市朝阳区东三环中路24号楼5层505室	010－67714238
北京	东兴期货有限责任公司北京营业部	北京市东城区安定门东大街28号2号楼8层802室	010－66553323
北京	方正期货有限公司北京阜外大街营业部	北京市西城区阜成门外大街甲34号二楼	010－68578857
北京	格林大华期货有限公司北京建国门外大街营业部	北京市朝阳区建国门外大街乙12号双子座大厦西塔12层1201A	010－66215759－810
北京	冠通期货有限公司北京知春路营业部	北京市海淀区知春路118号知春大厦A座1001A室	010－62576919
北京	光大期货有限公司北京营业部	北京市西城区月坛北街2号月坛大厦东配楼五层	010－68084650
北京	广发期货有限公司北京营业部	北京市朝阳区安慧里四区15号院2号楼12层1201－1209、1211室	010－64923660
北京	广永期货有限公司北京中关村大街营业部	北京市海淀区中关村大街11号(北科置业大厦)A1108室	010－62684827
北京	广州期货有限公司北京营业部	北京市西城区月坛北街26号写字楼410室	010－58566917
北京	国金期货有限责任公司北京长椿街营业部	北京市西城区长椿街3号3号楼一层	010－66218298
北京	国泰君安期货有限公司北京建国门外大街营业部	北京市朝阳区建国门外大街乙12号双子座大厦东塔29层2901、2902室	010－58795766
北京	国投中谷期货有限公司北京营业部	北京市西城区广安门外南滨河路1号8－9层	010－68747676
北京	国信期货有限责任公司北京营业部	北京市朝阳区北辰东路8号汇欣大厦1号楼B0801室	010－84988801
北京	海航东银期货有限公司北京新源南路营业部	北京市朝阳区新源南路3号10层101内B1003	010－65974969
北京	海通期货有限公司北京南礼士路营业部	北京市西城区南礼士路66号1号楼建威大厦812－815室	010－68086896
北京	弘业期货股份有限公司北京营业部	北京市东城区安定门外大街丁88号9层	010－68031609
北京	宏源期货有限公司北京西直门北大街营业部	北京市海淀区西直门北大街甲43号1幢6层01、02、03、04、05、06、11室	010－62699689
北京	华海期货有限公司北京西直门北大街营业部	北京市海淀区西直门北大街甲43号1号楼2层1－8－07号	010－82212682
北京	华泰长城期货有限公司北京营业部	北京市朝阳区北三环东路28号易亨大厦1209室	010－64405616
北京	华闻期货经纪有限公司北京营业部	北京市东城区北京站东街8号四层401至403室	010－84464135
北京	华西期货有限责任公司北京营业部	北京市东城区建国门内大街18号办—1103－1104	010－65174391
北京	徽商期货有限责任公司北京南竹杆胡同营业部	北京市东城区南竹杆胡同6号楼4层07	010－58641775
北京	集成期货有限公司北京朝阳工人体育场北路营业部	北京市朝阳区工人体育场北路8号院1号楼13层01－1603	010－85270310
北京	江海汇鑫期货有限公司北京营业部	北京市朝阳区东大桥路8号院3号楼12层1202	010－51665806
北京	金鹏期货经纪有限公司北京太平街营业部	北京市西城区太平街6号富力摩根中心D座1012－1015室	010－83132622
北京	金鹏期货经纪有限公司丰台营业部	北京市丰台区汽车博物馆东路1号院4号楼北座902室(园区)	010－83681815
北京	金瑞期货有限公司北京营业部	北京市东城区安定门东大街28号1号楼D单元1206号	010－66555677
北京	锦泰期货有限公司北京朝外大街营业部	北京市朝阳区朝外大街26号13层B1601	010－85653078
北京	京都期货有限公司北京德胜门外大街营业部	北京市西城区德胜门外大街115号1层B区1009－1012室	010－59366136
北京	经易期货经纪有限公司北京安立路营业部	北京市朝阳区安立路80号1005室	010－59636858
北京	鲁证期货股份有限公司北京平安里西大街营业部	北京市西城区平安里西大街28号楼701－01、08、09室	010－63220926
北京	迈科期货经纪有限公司北京朝阳门北大街营业部	北京市东城区朝阳门北大街1号新保利大厦11层c	010－64082007
北京	美尔雅期货经纪有限公司北京霞光里营业部	北京市朝阳区霞光里15号楼3层309室	010－84463746

营业部所属辖区	期货公司营业部名称	注册地址	联系电话
北京	民生期货有限公司北京新街口北大街营业部	北京市西城区新街口北大街3号星街坊大厦5层509室	010－82270085
北京	南华期货股份有限公司北京营业部	北京市西城区宣武门外大街28号2幢B801、B802、B803、B805、B608、B609室	010－63514526
北京	乾坤期货有限公司北京月坛北街营业部	北京市西城区月坛北街2号月坛大厦A座七层A706－A707号	010－68083230
北京	瑞达期货股份有限公司北京大柳树路营业部	北京市海淀区大柳树路17号富海中心3号楼602室	010－62155857
北京	上海大陆期货有限公司北京首体南路营业部	北京市海淀区首体南路9号5楼3层0301－02号	010－65528139
北京	上海东亚期货有限公司北京营业部	北京市东城区东四十条甲22号1号楼B1018、B1020室	010－51690960
北京	上海东证期货有限公司北京安苑路营业部	北京市朝阳区小关北里45号世纪嘉园5号楼6层	010－84896646
北京	上海良茂期货经纪有限公司北京营业部	北京市朝阳区北辰东路8号k座1216－1217室	010－84980658
北京	上海中财期货有限公司北京西直门外大街营业部	北京市西城区西直门外大街1号院T2楼15层C5、C6室	010－82205991
北京	上海中期期货有限公司北京知春路营业部	北京市海淀区知春路106号太平洋国际大厦905、906室	010－59714689
北京	申银万国期货有限公司北京劲松九区营业部	北京市朝阳区劲松九区909楼4层	010－67789206
北京	神华期货经纪有限公司北京营业部	北京市海淀区苏州街18号院长远天地大厦4号楼3A01	010－82613962
北京	晟鑫期货经纪有限公司北京东直门外大街营业部	北京市东城区东直门外大街46号天恒大厦1203室	010－84608458
北京	天风期货有限公司北京营业部	北京市朝阳区安贞西里26楼5层503、504、505室	010－64414066
北京	天富期货有限公司北京营业部	北京市东城区东中街40号1号楼3层01号	010－64162779
北京	万达期货股份有限公司北京营业部	北京市西城区德胜门外大街125号3层301B(德胜园区)	010－59323366
北京	五矿期货有限公司北京东中街营业部	北京市东城区东中街9号(北写字楼)第六层F号	010－64185322
北京	新湖期货有限公司北京海运仓营业部	北京市东城区海运仓胡同1号9层901号	010－64006876
北京	新纪元期货有限公司北京东四十条营业部	北京市东城区东四十条68号平安发展大厦4层403、407室	010－84261653
北京	信达期货有限公司北京裕民路营业部	北京市朝阳区裕民路12号(中国国际科技会展中心)A座506室	010－82252390
北京	兴证期货有限公司北京西直门北大街营业部	北京市海淀区西直门北大街32号院1号楼6层706	010－62237670
北京	一德期货有限公司北京北三环东路营业部	北京市东城区北三环东路36号E栋7层02/03室	010－88312828－8668
北京	银河期货有限公司北京航丰路营业部	北京市丰台区航丰路1号院2号楼817室	010－58090015
北京	银河期货有限公司北京营业部	北京市朝阳区曙光西里甲5号院16号楼第23层2303－2305单元	010－85879509
北京	英大期货有限公司北京东三环中路营业部	北京市朝阳区呼家楼(京广中心)3层301室	010－65978388
北京	永安期货股份有限公司北京营业部	北京市东城区金宝街58号6层	010－65120691
北京	招金期货有限公司北京朝阳北路营业部	北京市朝阳区朝阳北路237号楼26层3002、3003室	010－65087306
北京	招商期货有限公司北京西直门北大街营业部	北京市海淀区西直门北大街60号首钢国际大厦5层0507－0508室	010－82291683
北京	浙江新世纪期货有限公司北京营业部	北京市西城区黄寺大街23号北广大厦1111室	010－82232918
北京	浙江中大期货有限公司北京营业部	北京市东城区安定门外大街138号地坛大厦A0503、A0505、A0506	010－65060066
北京	浙商期货有限公司北京光华路营业部	北京市朝阳区光华路甲14号1幢12层1202、1203室	010－65082206
北京	中钢期货有限公司北京安外大街营业部	北京市安定门外大街甲88号中联大厦701室	010－64253186
北京	中国国际期货有限公司北京朝阳营业部	北京市朝阳区麦子店西路3号12层1319－1325号	010－59539999
北京	中国国际期货有限公司北京中关村大街营业部	北京市海淀区中关村大街27号6层609、610号	010－51905951
北京	中粮期货有限公司北京营业部	北京市朝阳区北辰东路8号汇欣大厦A608室	010－84986951
北京	中融汇信期货有限公司北京营业部	北京市朝阳区东三环中路20号楼10层03－05单元	010－67766695
北京	中投天琪期货有限公司北京营业部	北京市朝阳区朝外大街18号B1116－1117室	010－65880625
北京	中信建投期货有限公司北京营业部	北京市东城区朝阳门北大街6号首创大厦207室	010－85283001
北京	中信期货有限公司北京建国门外大街营业部	北京市朝阳区建国门外大街8号楼8层801	010－57762881
北京	中衍期货有限公司北京西直门北大街营业部	北京市海淀区西直门北大街32号院1号楼5层606室	010－62269027

营业部所属辖区	期货公司营业部名称	注册地址	联系电话
辽宁	安粮期货有限公司大连营业部	大连市沙河口区会展路129号大连国际金融中心A座-大连期货大厦2204、2206B室	0411-39668858
辽宁	宝城期货有限责任公司大连营业部	大连市沙河口区会展路129号大连国际金融中心A座-大连期货大厦2001、2006B室	0411-84807258
辽宁	北京首创期货有限责任公司大连营业部	大连市沙河口区会展路129号大连国际金融中心A座-大连期货大厦2505室	0411-84800321
辽宁	渤海期货有限公司大连营业部	大连市中山区玉光街11号远洋大厦B座写字间1单元806、807室	0411-82690775
辽宁	创元期货有限公司大连营业部	大连市沙河口区会展路129号大连国际金融中心A座-大连期货大厦2806室	0411-84990496
辽宁	大华期货有限公司大连营业部	大连市沙河口区会展路129号大连国际金融中心A座—大连期货大厦2106A、2106B、2107室	0411-84807513
辽宁	大连良运期货经纪有限公司大连营业部	大连市沙河口区会展路129号大连国际金融中心A座-大连期货大厦2008、2009室	0411-84806148
辽宁	大通期货经纪有限公司大连营业部	大连市沙河口区会展路129号大连国际金融中心A座-大连期货大厦2210室	0411-84807548
辽宁	东海期货有限责任公司大连营业部	大连市沙河口区会展路129号大连国际金融中心A座-大连期货大厦1904、1905室	0411-84800413
辽宁	东航期货有限责任公司大连营业部	大连市沙河口区会展路81号2单元11层2号	0411-84990301
辽宁	格林大华期货有限公司大连期货大厦营业部	大连市沙河口区会展路129号大连国际金融中心A座-大连期货大厦2005室	0411-84807363
辽宁	冠通期货有限公司大连营业部	大连市沙河口区会展路129号大连国际金融中心A座—大连期货大厦2705、2706室	0411-84807290
辽宁	光大期货有限公司大连营业部	大连市沙河口区会展路129号大连国际金融中心A座-大连期货大厦2002、2003、2410室	0411-84806828
辽宁	广发期货有限公司大连营业部	大连市沙河口区会展路129号大连国际金融中心A座—大连期货大厦2202、2203、2903室	0411-84806771
辽宁	广永期货有限公司大连营业部	大连市沙河口区会展路129号大连国际金融中心A座-大连期货大厦2311室	0411-84806645
辽宁	国都期货有限公司大连营业部	大连市沙河口区会展路129号大连国际金融中心A座—大连期货大厦1909、1910室	0411-84807416
辽宁	国联期货有限责任公司大连营业部	大连市沙河口区会展路129号大连国际金融中心A座—大连期货大厦2510、2511室	0411-82312828
辽宁	国泰君安期货有限公司大连营业部	大连市沙河口区会展路129号大连国际金融中心A座—大连期货大厦2703室	0411-84807767
辽宁	国投中谷期货有限公司大连营业部	大连市沙河口区会展路129号大连国际金融中心A座-大连期货大厦1901、1912室	0411-84807030
辽宁	国信期货有限责任公司大连营业部	大连市沙河口区高尔基路737号和平现代城E座3楼	0411-84377068
辽宁	国元期货有限公司大连营业部	大连市沙河口区会展路129号大连国际金融中心A座-大连期货大厦2406B、2407	0411-84807740
辽宁	海航东银期货有限公司大连营业部	大连市沙河口区会展路129号大连国际金融中心A座-大连期货大厦2404室	0411-84806313
辽宁	海通期货有限公司大连营业部	大连市中山区人民路23号36层10号、9号、8号	0411-82507227
辽宁	弘业期货股份有限公司大连营业部	大连市沙河口区会展路129号大连国际金融中心A座-大连期货大厦2301、2302室	0411-39799891
辽宁	宏源期货有限公司大连营业部	大连市沙河口区会展路129号大连国际金融中心A座大连期货大厦2105、2306B室	0411-84806965
辽宁	华安期货有限责任公司大连营业部	大连市沙河口区会展路129号大连国际金融中心A座-大连期货大厦2908室	0411-84806625
辽宁	华泰长城期货有限公司大连营业部	大连市会展路129号大连国际金融中心A座-大连期货大厦2312室	0411-84800629
辽宁	徽商期货有限责任公司大连营业部	大连市沙河口区会展路129号大连国际金融中心A座大连期货大厦2507、2902室	0411-84805075
辽宁	集成期货有限公司大连营业部	大连市沙河口区会展路129号大连国际金融中心A座大连期货大厦2307室	0411-84807167
辽宁	江海汇鑫期货有限公司大连营业部	辽宁省大连市沙河口区会展路129号大连国际金融中心A座-大连期货大厦3305、3306、3307室	0411-84806970
辽宁	江苏东华期货有限公司大连营业部	大连市沙河口区会展路115号2单元7层2号	0411-84807549
辽宁	江信国盛期货有限责任公司大连营业部	辽宁省大连市沙河口区会展路129号大连国际金融中心A座大连期货大厦2007室	0411-84807351
辽宁	金鹏期货经纪有限公司大连营业部	大连市沙河口区会展路129号大连国际金融中心A座-大连期货大厦2004、2010室	0411-84800342
辽宁	金瑞期货有限公司大连营业部	大连市沙河口区会展路129号大连国际金融中心A座-大连期货大厦2201室	0411-84806341
辽宁	金元期货经纪有限公司大连营业部	大连市沙河口区会展路129号大连国际金融中心A座-大连期货大厦2108、2209室	0411-84807873
辽宁	经易期货经纪有限公司大连营业部	大连市沙河口区会展路129号大连国际金融中心A座-大连期货大厦2011室	0411-84806606
辽宁	鲁证期货股份有限公司大连营业部	大连市沙河口区会展路129号大连国际金融中心A座-大连期货大厦1902、1903室	0411-84806878
辽宁	迈科期货经纪有限公司大连营业部	大连市沙河口区会展路129号大连金融中心A座大连期货大厦2502室	0411-84807866
辽宁	民生期货有限公司大连营业部	大连市沙河口区会展路129号大连国际金融中心A座-大连期货大厦2909室	0411-84807801
辽宁	南华期货股份有限公司大连营业部	大连市沙河口区会展路129号大连国际金融中心A座-大连期货大厦第34层3401、3410号	0411-84377288
辽宁	山西三立期货经纪有限公司大连营业部	大连市沙河口区会展路129号大连国际金融中心A座-大连期货大厦2402、2403室	0411-84807561
辽宁	上海大陆期货有限公司大连营业部	大连市中山区延安路9号一方大厦13层A、B、F	0411-39646228
辽宁	上海东证期货有限公司大连营业部	大连市沙河口区会展路129号大连国际会展中心A座大连期货大厦2411、2412室	0411-84801650
辽宁	上海金源期货有限公司大连营业部	大连沙河口区会展路67号5-3-7-5	0411-84990352
辽宁	上海中期期货有限公司大连营业部	大连市沙河口区会展路129号大连国际金融中心A座-大连期货大厦2212室	0411-84807877
辽宁	申银万国期货有限公司大连营业部	大连市沙河口区会展路129号大连国际金融中心A座-大连期货大厦2110、2111、2901	0411-84806733
辽宁	深圳金汇期货经纪有限公司大连营业部	大连市沙河口区会展路129号大连国际金融中心A座大连期货大厦2308室	0411-84807238

营业部所属辖区	期货公司营业部名称	注册地址	联系电话
辽宁	深圳瑞龙期货有限公司大连营业部	大连市沙河口区会展路129号大连国际金融中心A座－大连期货大厦2304号	0411－84806974
辽宁	晟鑫期货经纪有限公司大连营业部	大连市沙河口区会展路129号大连国际金融中心A座－大连期货大厦2104、2105室	0411－84807350
辽宁	天富期货有限公司大连营业部	大连市沙河口区会展路129号大连国际金融中心A座大连期货大厦2506B室	0411－84800251
辽宁	万达期货股份有限公司大连营业部	大连市沙河口区会展路129号大连国际金融中心A座－大连期货大厦2102、2103、2306A室	0411－84806755
辽宁	新湖期货有限公司大连营业部	大连市沙河口区会展路129号大连国际金融中心A座－大连期货大厦2701、2702室	0411－84807987
辽宁	信达期货有限公司大连营业部	大连市沙河口区会展路129号大连国际金融中心A座－大连期货大厦2408、2409室	0411－84807776
辽宁	兴证期货有限公司大连营业部	大连市沙河口区会展路129号大连国际金融中心A座—大连期货大厦1906A、1906B、1907室	0411－84806658
辽宁	一德期货有限公司大连营业部	大连市沙河口区会展路129号大连国际金融中心A座－大连期货大厦2303、2309、2310室	0411－84807158
辽宁	银河期货有限公司大连营业部	大连市沙河口区会展路129号大连国际金融中心A座大连期货大厦2401、2707 2805室	0411－84806610
辽宁	英大期货有限公司大连营业部	大连市沙河口区会展路129号大连国际金融中心A座—大连期货大厦1908室	0411－84806388
辽宁	招金期货有限公司大连营业部	大连市沙河口区会展路115号6－2－5－5	0411－84990702
辽宁	浙商期货有限公司大连营业部	大连市沙河口区会展路129号大连国际金融中心A座－大连期货大厦2802室	0411－84806018
辽宁	中钢期货有限公司大连营业部	大连市沙河口区会展路129号大连国际金融中心A座－大连期货大厦A座21[illegible]2室	0411－84807570
辽宁	中国国际期货有限公司大连期货大厦营业部	大连市沙河口区会展路129号大连国际金融中心A座－大连期货大厦2503,2504,2704室	0411－84806549
辽宁	中国国际期货有限公司大连中山广场营业部	大连市中山区同兴街10号东亚银行大厦1501、1502、1503、1509室	0411－39815999
辽宁	中辉期货经纪有限公司大连营业部	大连市沙河口区会展路129号大连国际金融中心A座－大连期货大厦2205、2206A室	0411－84807315
辽宁	中粮期货有限公司大连营业部	大连市沙河口区会展路129号大连国际金融中心A座－大连期货大厦2803、2804室	0411－39859558
辽宁	中融汇信期货有限公司大连营业部	大连市沙河口区会展路129号大连国际金融中心A座－大连期货大厦2305室	0411－84803121
辽宁	中投天琪期货有限公司大连营业部	大连市沙河口区会展路129号大连国际金融中心A座－大连期货大厦29－07室	0411－84801563
辽宁	中信建投期货有限公司大连营业部	大连市沙河口区会展路129号国际金融中心A座期货大厦2905、2904室	0411－84806361
辽宁	中信期货有限公司大连营业部	大连市沙河口区会展路129号大连国际金融中心A座－大连期货大厦2508、2509室	0411－84807783
辽宁	中衍期货有限公司大连营业部	大连市沙河口区中山路572号6层5号	0411－84804557
辽宁	中原期货有限公司大连营业部	大连市沙河口区会展路129号大连国际金融中心A座－大连期货大厦2405室	0411－84807946
辽宁	中州期货有限公司大连营业部	大连市沙河口区会展路129号大连国际金融中心A座－大连期货大厦2208室	0411－84806738
福建	渤海期货有限公司福州营业部	福州市鼓楼区东街92号中福广场9楼E单元	0591－87279897
福建	长江期货有限公司福州营业部	福建省福州市鼓楼区湖东路168号宏利大厦21层B3、B4、B5、A4、A5	0591－87808303
福建	东海期货有限责任公司福州营业部	福州市台江区新港街道五一南路1号联信中心主楼13层04室	0591－83267697
福建	东兴期货有限责任公司福州营业部	福州市台江区洋中街道学军路1号群升国际A地块1#楼2层17、18、19、45、46号	0591－87566702
福建	格林大华期货有限公司福州营业部	福建省福州市鼓楼区五一北路1号力宝天马广场13层D	0591－87809180
福建	格林大华期货有限公司泉州营业部	福建省泉州市丰泽区丰泽街中段南测中银大厦20楼	0595－28980077
福建	光大期货有限公司福州营业部	福州市鼓楼区东大路92号华源大厦15层1503室	0591－87875126
福建	广发期货有限公司福州营业部	福州市鼓楼区古田路121号华福大厦4层	0591－83360199
福建	国联期货有限责任公司福州营业部	福州市台江区鳌峰街道鳌江路8号(江滨中大道北侧、曙光路东侧)福州金融街万达广场二期A1#写字楼17层01、02、03、05、26、27室	0591－87509701
福建	国贸期货经纪有限公司福州营业部	福州市鼓楼区温泉街道湖东路189号凯捷大厦4层01室	0591－87800128
福建	国贸期货经纪有限公司晋江营业部	晋江市青阳泉安中路晋江国贸中心大厦702、705室	0595－85631919
福建	国贸期货经纪有限公司龙岩营业部	龙岩市新罗区九一北路闽西图书大厦8楼	0597－2259866
福建	国贸期货经纪有限公司南平营业部	南平市解放路101号紫云商住大楼2层	0599－6111583
福建	国贸期货经纪有限公司泉州营业部	泉州市丰泽区田安南路外代大厦2楼	0595－24669333
福建	国贸期货经纪有限公司三明营业部	福建省三明市梅列区江滨新村37幢19层1号、2号、3号、4号、8号	0598－8289858
福建	国贸期货经纪有限公司漳州营业部	漳州市芗城区胜利西路向荣大厦7层	0596－2037537
福建	海通期货有限公司泉州营业部	泉州市丰泽区田安路与泉秀路交叉路先锋大厦3－F2	0595－24677555
福建	弘业期货股份有限公司福州营业部	福建省福州市鼓楼区五一北路1号力宝天马广场25层2504单元	0591－38118117
福建	宏源期货有限公司福州营业部	福州市鼓楼区鼓东街道井大路68号建银综合楼14层01、02、06室	0591－28363033
福建	金鹏期货经纪有限公司福州营业部	福州市鼓楼区五四路159号世界金龙大厦10层A北单元	0591－87802669
福建	金友期货经纪有限责任公司福安营业部	福安市城南金山南路50号1号楼2－3层	0593－6625666
福建	金友期货经纪有限责任公司晋江营业部	晋江市青阳镇曾井小区16层	0595－85616696
福建	金友期货经纪有限责任公司龙岩营业部	龙岩市新罗区西城西桥九一南路38号矿泉大厦2层	0597－2219938
福建	金友期货经纪有限责任公司莆田营业部	莆田市城厢区龙桥办龙桥居委会荔城北路三信城市家园综合楼3层	0594－2720909

营业部所属辖区	期货公司营业部名称	注册地址	联系电话
福建	金友期货经纪有限责任公司泉州营业部	泉州市丰泽区田安路北段阳光大厦A幢7层	0595－22115955
福建	金友期货经纪有限责任公司永安营业部	永安市名流公馆小区7幢202室、7幢1－301室	0598－3859578
福建	金友期货经纪有限责任公司漳州营业部	漳州市芗城区悦华园10幢80A号	0596－2038010
福建	美尔雅期货经纪有限公司福州营业部	福建省福州市鼓楼区东水路55号设计大楼2层	0591－87510155
福建	瑞达期货股份有限公司福州营业部	福州市鼓楼区温泉街道东大路92号华源大厦8层05、07、08、09、10室	0591－87276662
福建	瑞达期货股份有限公司晋江营业部	晋江市青阳镇崇德路273号工行大厦17楼	0595－86778989
福建	瑞达期货股份有限公司龙岩营业部	龙岩市中山路改造二期5#楼凯丰商厦7楼	0597－2950001
福建	瑞达期货股份有限公司莆田营业部	莆田市城厢区学园中路88号德信大厦3楼301－304室	0594－6271001
福建	瑞达期货股份有限公司泉州营业部	泉州市丰泽区丰泽街建行大厦10层C座、18层B、D座	0595－29013908
福建	瑞达期货股份有限公司三明营业部	三明市梅列区崇桂新村46幢2层	0598－8291318
福建	瑞达期货股份有限公司石狮营业部	石狮市金林路兴业大厦21层	0595－83011001
福建	瑞达期货股份有限公司漳州营业部	漳州市芗城区胜利路外经贸广场14层	0596－6102129
福建	上海大陆期货有限公司福州营业部	福州市鼓楼区湖东路169号天骜大厦4层	0591－87629779
福建	上海良茂期货经纪有限公司福清营业部	福清市一拂路新亚商贸中心9层	0591－86005197
福建	上海良茂期货经纪有限公司宁德营业部	福建省宁德市闽东大广场A幢701、702室	0593－7185151
福建	上海良茂期货经纪有限公司泉州营业部	泉州市鲤城区温陵北路72号五交化大楼2层	0595－24669901
福建	天风期货有限公司福州营业部	福州市鼓楼区五一北路106号新侨联广场1号楼1408、1409室	0591－87564600
福建	天鸿期货经纪有限公司莆田营业部	福建省莆田市荔城区镇海街道延寿南街609号501室	0594－7513333
福建	象屿期货有限责任公司晋江营业部	福建省晋江市竹树下小区晋江福隆花园(二区)双龙路71#、73#、75#	0595－82038895
福建	新湖期货有限公司福州营业部	福州市鼓楼区水部街道五一北路129号榕城商贸中心11层02号	0591－83337972
福建	新晟期货有限公司福清营业部	福清市加州城9号楼三层	0591－86006998
福建	鑫鼎盛期货有限公司龙岩营业部	龙岩市新罗区西城登高西路163号(富山国际中心)6层612、613、615、616、618－620	0597－2128600
福建	鑫鼎盛期货有限公司莆田营业部	莆田市荔城区拱辰街道延寿中街1299号辰华财富中心(荔城友德大酒店A栋)6层东侧	0594－2519911
福建	兴证期货有限公司福州营业部	福建省福州市鼓楼区湖东路99号七星大厦16层	0591－87668686
福建	兴证期货有限公司龙岩营业部	龙岩市新罗区西陂镇龙腾中路618号(五洲财富中心)3幢3层303	0597－5255898
福建	兴证期货有限公司泉州营业部	泉州市丰泽区田安路汇源大厦A幢3层	0595－24668909
福建	兴证期货有限公司漳州营业部	漳州市芗城区水仙大街42号闽南商业城综合楼A座(新城大厦)三楼东南侧角	0596－2999785
福建	银河期货有限公司福州营业部	福州市鼓楼区东水路88号闽发大厦12层	0591－87508878
福建	永安期货股份有限公司福州营业部	福州市五一北路106号新侨联广场B座7层	0591－87610559
福建	招金期货有限公司福州营业部	福建省福州市鼓楼区华大街道北环中路131号时代金典大厦2层	0591－87622320
福建	浙江中大期货有限公司福州营业部	福州市五一中路88号平安大夏22层B单元	0591－28312158
福建	中国国际期货有限公司福州营业部	福建省福州市鼓楼区五一北路力宝天马广场14层E、F单元	0591－88089006
福建	中辉期货经纪有限公司莆田营业部	莆田市城厢区梅园路三信花园5楼	0594－2228913
福建	中信建投期货有限公司漳州营业部	福建省漳州市芗城区华联商厦第七层	0596－6161588
甘肃	海航东银期货有限公司兰州营业部	兰州市城关区庆阳路169号陇鑫大厦写字楼21层04、06号	0931－2176965
甘肃	海通期货有限公司兰州营业部	甘肃省兰州市城关区皋兰路街道广场南路107号第11层004室、005室、006室、1107室	0931－8783890
甘肃	华龙期货有限公司酒泉营业部	酒泉市新城区世纪大道玉门油田新天地商业街2号楼3层	0937－3920697
甘肃	南华期货股份有限公司兰州营业部	兰州市庆阳路488号万盛商务大厦26楼	0931－8805313
甘肃	万达期货股份有限公司兰州营业部	兰州市城关区张掖路1号保利大厦14楼1401、1402、1403室	0931－8429691
甘肃	浙江中大期货有限公司酒泉营业部	酒泉市肃州区北大街37号5楼	0937－2803833
广东	安信期货有限责任公司广州营业部	广州市天河区珠江东路11号高德置地广场F座11楼02－03单元	020－29161058
广东	北京中期期货有限公司广州营业部	广州市天河区天河路230号1701－1702室	020－28633258
广东	渤海期货有限公司广州营业部	广州市越秀区东风东路745号自编2104房	020－28079827
广东	长江期货有限公司广州营业部	广州市海珠区琶洲大道东2、4、6、8号琶洲国际采购中心A－1栋16层1608－1609房	020－28087808
广东	成都倍特期货经纪有限公司广州营业部	广州市天河区珠江东路13号7楼01单元	020－28630323
广东	东海期货有限责任公司广州营业部	广州市天河区花城大道87号15楼04单元	020－84393992
广东	格林大华期货有限公司广州营业部	广州市越秀区长堤大马路318号1205、1207房	020－22230258
广东	光大期货有限公司广州营业部	广州市天河区天河北路689号1808、1809、1810单元	020－38731485
广东	广东鸿海期货有限公司佛山南海营业部	佛山市南海区桂城南海大道北51号财汇大厦11层1101室	0757－86236347
广东	广东鸿海期货有限公司顺德营业部	广东省佛山市顺德区大良沿江北路121号建设大厦五楼	0757－22385323
广东	广发期货有限公司东莞营业部	东莞市东城南路联和商业大厦首层101号	0769－23036111
广东	广发期货有限公司佛山营业部	佛山市南海区南海大道北路51号财汇大厦1014、1015室	0757－88599898

营业部所属辖区	期货公司营业部名称	注册地址	联系电话
广东	广发期货有限公司广州民间金融街营业部	广东省广州市越秀区长堤大马路 252－256 号二楼	020－81922827
广东	广发期货有限公司广州营业部	广州市越秀区寺右新马路 111－115 号 19 楼 1918 房	020－87355998
广东	广发期货有限公司江门营业部	江门市蓬江区迎宾大道中 118 号 2 幢 808－809 房	0750－3928798
广东	广发期货有限公司汕头营业部	广东省汕头市龙湖区金砂路 116 号(汕融大厦)10 楼 1013 房	0754－88424661
广东	广发期货有限公司肇庆营业部	肇庆市天宁北路 75 号之一发展广场 17 层 03、04、05、08 房	0758－2313903
广东	广发期货有限公司中山营业部	中山市中山四路 35 号财富大厦 2 楼 201 房	0760－88367378
广东	广发期货有限公司珠海营业部	珠海市香洲人民西路 68 号(南村豪苑)12 栋 3 楼 301	0756－3332178
广东	广永期货有限公司佛山营业部	佛山市禅城区汾江中路 148 号 11 楼	0757－88352811
广东	广永期货有限公司广州营业部	广州市天河区花城大道 7 号五楼 E5 房	020－38298599
广东	广永期货有限公司顺德营业部	广东省佛山市顺德区容桂街道办事处德胜居委会桥东路 10 号首层	0757－26382011
广东	广永期货有限公司新塘营业部	广州市增城新塘镇东坑三横中路 1 号汇创国贸大厦第一幢 17 层 03 室	020－32915055
广东	广永期货有限公司中山营业部	广东省中山市东区竹苑新村竹苑路 102 号首层(底层之一后座)	0760－88367718
广东	广州期货有限公司佛山南海营业部	佛山市南海区大沥镇九龙小商品批发城主楼 3 号西 501,502,503 房及主楼 3 号东 502 房	0757－88772893
广东	广州期货有限公司清远营业部	广东省清远市清城区广清大道 65 号交行大厦 13 层 01－1 单元	0763－6988233
广东	国金期货有限责任公司广州营业部	广东省广州市天河区体育西路 191 号中石化大厦 B 塔 3806 号	020－28028060
广东	国贸期货经纪有限公司广州营业部	广州市天河区体育西路 191 号 B 塔 3117－3121 房	020－38081918
广东	国泰君安期货有限公司广州营业部	广州市天河区体育西路 111－115 单号 9 楼 AB	020－38628582
广东	国投中谷期货有限公司广州营业部	广州市天河区天河北路 183 号大都会广场 2705 室	020－85250390
广东	海通期货有限公司广州营业部	广州市天河区林和西路 9 号耀中广场 1716B	020－22028133
广东	弘业期货股份有限公司广州营业部	广州市天河区体育东路 136、138 号自编层第九层[自然层第九层]中 09－11 房	020－22836686
广东	华联期货有限公司东莞东城营业部	东莞市东城区东城大道御景大厦三楼 303#	0769－23072006
广东	华联期货有限公司东莞樟木头营业部	东莞市樟木头镇帝豪路 88 号广盈办公楼二楼	0769－82337282
广东	华联期货有限公司佛山营业部	佛山市南海区桂城南海大道北 20 号金安大厦 704、705	0757－63864923
广东	华联期货有限公司广州营业部	广州市天河区林和西路 9 号 1701 房	020－38011983
广东	华联期货有限公司揭阳营业部	广东省揭阳市东山黄岐山大道以西建阳路以南金城广场宾馆第十一层	0663－8285280
广东	华泰长城期货有限公司东莞营业部	广东省东莞市南城区胜和路华凯大厦 802B	0769－22806930
广东	华泰长城期货有限公司番禺营业部	广州市番禺区市桥街清河东路 338 号 2205、2206、2207 房	020－84701499
广东	华泰长城期货有限公司佛山营业部	佛山市禅城区季华五路 21 号 1401、1402、1403、1404 室	0757－83809098
广东	华泰长城期货有限公司广州营业部	广东省广州市天河区天河路 242 号 2110、2111、2112 室	020－38395258
广东	华泰长城期货有限公司惠州营业部	惠州市江北东江二路二号富力丽港中心酒店 24 层 01 号	0752－2055272
广东	华泰长城期货有限公司汕头营业部	汕头市龙湖区金砂路 116 号汕融大厦 1210、1212 号房	0754－88488577
广东	华泰长城期货有限公司湛江营业部	湛江市湛江开发区观海路 183 号荣基国际广场公寓 25 层 01、02、03、05、06、07、08 号房	0759－2669108
广东	华泰长城期货有限公司中山营业部	中山市石岐区兴中道 6 号假日广场 1 栋 510	0760－88863108
广东	华泰长城期货有限公司珠海营业部	珠海市吉大海宾南路 47 号 2308、2309 室	0756－3217878
广东	徽商期货有限责任公司东莞营业部	东莞市东城区东莞大道 17 号汇业写字楼 21 楼 01、02、13 号	0769－22858827
广东	集成期货有限公司佛山市顺德营业部	佛山市顺德区乐从镇乐从居委会细海工业区 9－1 号 F 西 13 号	0757－29238968
广东	集成期货有限公司佛山营业部	广东省佛山市禅城区季华五路 29 号广发大厦 15 楼	0757－83999775
广东	集成期货有限公司梅州营业部	广东省梅州市江南彬芳大道鸿达路鸿兴商务创意园第伍层第壹卡	0753－2188508
广东	金瑞期货有限公司佛山营业部	广东省佛山市禅城区城门头西路 1 号 1203－1204 室	0757－82361317
广东	锦泰期货有限公司东莞营业部	东莞市南城区元美路与鸿福路交汇处东莞市财富广场 1 栋(A、B)座写字楼 2 单元 507、508 号房	0769－88057799
广东	鲁证期货股份有限公司广州营业部	广州市天河区花城大道 85 号 11 楼 04 单元	020－38838588
广东	美尔雅期货经纪有限公司广州营业部	广州市越秀区中山三路 33 号中华广场 B 座 21 楼 08－09 室	020－83888373
广东	民生期货有限公司广州营业部	广州市广州大道中 299 号璟泰大厦 605 单元	020－28829186
广东	南华期货股份有限公司广州营业部	广州市天河区天河北路 28 号时代广场东座 717 房、718 房	020－38809869
广东	南华期货股份有限公司普宁营业部	广东省普宁市中信华府南向门市东起第 3－8 间首层至二层	0663－2663818
广东	乾坤期货有限公司广州营业部	广州市天河区体育西路 103 号维多利广场 A 塔 1502 房	020－85236948
广东	瑞达期货股份有限公司广州营业部	广州市越秀区先烈中路 69 号 1007－1008 室	020－22370806
广东	瑞达期货股份有限公司汕头营业部	广东省汕头市金平区金砂路 99 号君悦华庭 1 栋 514、519、520 号	0754－88647811
广东	上海大陆期货有限公司广州营业部	广东省广州市海珠区南洲路 158 号侨建集团大厦 7 层	020－83642392
广东	上海东证期货有限公司广州营业部	广州市天河区体育西路 191 号中石化大厦 B 塔 2721、2722、2723、2724 号	020－38084980
广东	申银万国期货有限公司广州营业部	广州市天河区体育东路 108 号西塔 1705－1707 单元	020－23386008

营业部所属辖区	期货公司营业部名称	注册地址	联系电话
广东	盛达期货有限公司广州营业部	广东省广州市越秀区天河路45之二号901自编901单元	020-22025628
广东	盛达期货有限公司珠海营业部	珠海市吉大景山路188号粤财大厦25楼1单元	0756-3883301
广东	天风期货有限公司广州营业部	广州市天河区珠江新城华强路3号之二富力盈力大厦北塔907室	020-38013423
广东	万达期货股份有限公司广州营业部	广州市天河区体育西路123号新创举大厦22层A区	020-85580613
广东	万达期货股份有限公司湛江营业部	广东省湛江市霞山区人民大道南28号怡福大厦A幢701、702、703、705、706房	0759-2299816
广东	新纪元期货有限公司广州营业部	广州市越秀区东风东路703大院29号11层	020-87750826
广东	新晟期货有限公司番禺营业部	广州市番禺区市桥镇光明北路233号绿茵庭园办公楼7楼	020-39992598
广东	新晟期货有限公司广州营业部	广州市天河区林和西路1号广州国际贸易中心1201单元	020-38255782
广东	新晟期货有限公司南海营业部	广东省佛山市南海区广佛路125号城际大厦C座5层	0757-85923905
广东	新晟期货有限公司汕头营业部	广州省汕头市长平路93号华乾大厦十楼	0754-88643868
广东	新晟期货有限公司顺德营业部	佛山市顺德区乐从镇乐从社区居委会建设路A143号P-5号铺	0757-28785008
广东	信达期货有限公司广州营业部	广州市天河区体育西路111号建和中心大厦11楼C单元	020-28862030
广东	银河期货有限公司佛山南海营业部	佛山市南海区桂城南海大道北57号十楼	0757-86330199
广东	永安期货股份有限公司广州营业部	广州市天河区临江大道路5号第26层06单元	020-23382525
广东	招商期货有限公司广州营业部	广州市天河区珠江新城华穗路5号11楼1101A房	020-38038519
广东	浙商期货有限公司广州营业部	广州市海珠区琶洲大道东路8号818、819房	020-89059193
广东	中国国际期货有限公司东莞营业部	东莞市南城区胜和大朗村塘贝路口胜和商住广场A座七层A1	0769-22800622
广东	中国国际期货有限公司番禺营业部	广州市番禺区石基镇广华南路71号东瀚园2座写字楼301、302房	020-84611342
广东	中国国际期货有限公司佛山营业部	广东省佛山市南海区桂城南海大道北61号经委大厦3楼	0757-81210162
广东	中国国际期货有限公司广州营业部	广州市天河区体育东路138号自编层第二十层02-04房	020-38879130
广东	中国国际期货有限公司惠州营业部	广东省惠州市江北文昌一路7号华贸大厦1单元16层02、03号房	0752-2086531
广东	中国国际期货有限公司江门营业部	广东省江门市蓬江区迎宾大道中118号2幢911-912单元	0750-3275201
广东	中国国际期货有限公司梅州营业部	广东省梅州市江南彬芳大道金利来时尚步行街C区C18-102B	0753-2242888
广东	中国国际期货有限公司清远营业部	广东省清远市人民二路二十三号卓越大厦6层01、602、603、604号	0763-6880812
广东	中国国际期货有限公司湛江营业部	广东省湛江市赤坎区观海北路18号丽湾名邸B1栋首层11号商铺	0759-2381686
广东	中国国际期货有限公司肇庆营业部	广东省肇庆市天宁北路75号之一18E07-08号	0758-6810886
广东	中国国际期货有限公司珠海营业部	广东省珠海市吉大海滨南路47号光大国际贸易中心2003房	0756-3217866
广东	中航期货经纪有限公司汕头营业部	广东省汕头市金砂东路124号华美大厦三楼西梯302室	0754-88899132
广东	中辉期货经纪有限公司广州营业部	广州市天河区天河北路183-187号4001、4002、4003房	020-22220992
广东	中信建投期货有限公司广州营业部	广州市越秀区东风路410-412号7层自编704A、705-06房	020-28325286
广东	中信期货有限公司广州营业部	广东省广州市越秀区长堤大马路344号三层	020-81866621
广西	宝城期货有限责任公司南宁营业部	南宁市金湖路26-1号东方国际商务港A座6层	0771-5503108
广西	北京首创期货有限责任公司南宁营业部	南宁市青秀区双拥路38号广西国际金融投资大厦12楼	0771-5776608
广西	成都倍特期货经纪有限公司南宁营业部	南宁市金洲路25号太平洋世纪广场A座1206、1207	0771-5760056
广西	大连良运期货经纪有限公司南宁营业部	南宁市民族大道115-1号现代国际10楼1011号	0771-5507226
广西	大有期货有限公司南宁营业部	广西南宁市兴宁区朝阳路66号钻石广场19楼A15-A23、B11-B15	0771-3283200
广西	东海期货有限责任公司南宁营业部	南宁市民生路38号南宁饭店西楼十三层A1301、A1302	0771-2501739
广西	格林大华期货有限公司桂林营业部	桂林市七星区漓江路28号中软现代城4号楼11楼6、7、8室	0773-3116903
广西	冠通期货有限公司柳州营业部	广西柳州市潭中东路17号华信国际A座1单元12-6	0772-2620772
广西	光大期货有限公司南宁营业部	南宁市民生路131号绿都商厦商住楼第31层3119、3120、3121、3122、3123、3132	0771-2866618
广西	广发期货有限公司南宁营业部	南宁市青秀区地王国际商会中心4008-4012号房	0771-5592588
广西	国海良时期货有限公司柳州营业部	广西柳州市友谊路4号11栋友谊国际2-3号	0772-3010011
广西	国海良时期货有限公司南宁营业部	南宁市金湖路26-1号东方国际商务港A座4楼	0771-5588180
广西	国联期货有限责任公司南宁营业部	南宁市青秀区民族大道143号德瑞花园6号楼4层02号B区	0771-5735806
广西	海航东银期货有限公司南宁营业部	南宁市长湖路50号广西三月花国际大酒店三楼3188室	0771-5736510
广西	海通期货有限公司南宁营业部	南宁市民族大道131号航洋国际城恒富中心2号楼2016、2018、2019室	0771-5591951
广西	弘业期货股份有限公司南宁营业部	南宁市金洲路25号太平洋世纪广场A座21层2103室	0771-5760761
广西	宏源期货有限公司南宁营业部	南宁市民族大道115-1号现代国际大厦7层	0771-5557242-888
广西	华泰长城期货有限公司南宁营业部	南宁市民族大道137号春晖花园A区办公楼1501号房	0771-5739977
广西	美尔雅期货经纪有限公司南宁营业部	南宁市民生路38号南宁饭店主楼十三层B1310至1313、B1316、B1318至1321	0771-2623160
广西	民生期货有限公司南宁营业部	广西南宁市金浦路16号汇东国际F座1209、1211、1213室	0771-5567567
广西	南证期货有限责任公司北海营业部	北海市北海大道201号华美财富广场A座B区701号	0779-2216583
广西	瑞达期货股份有限公司柳州营业部	柳州市景行路19号方东大厦6楼	0772-3028927

营业部所属辖区	期货公司营业部名称	注册地址	联系电话
广西	瑞达期货股份有限公司梧州营业部	梧州市新兴三路8号西侧二楼	0744-6026871
广西	上海大陆期货有限公司柳州营业部	柳州市景行路19号方东大厦5层	0772-3011001
广西	万达期货股份有限公司南宁营业部	南宁市金湖路59号地王国际商会中心36层I室	0771-5597698
广西	新晟期货有限公司南宁营业部	南宁市民族大道127号铂宫国际24层2405、2406、2407、2408号房	0771-5360389
广西	银建期货经纪有限责任公司南宁营业部	南宁市青秀区民族大道93号新兴大厦A栋17层	0771-5849094
广西	中电投先融期货有限公司南宁营业部	南宁市金湖路68号金源现代城18层1821、1823、1825、1827号	0771-5776290
广西	中国国际期货有限公司南宁营业部	南宁市金湖路38号6楼	0771-5589233
广西	中辉期货经纪有限公司柳州营业部	柳州市潭中中路8号华泰大厦1610-1614	0772-2879298
广西	中粮期货有限公司南宁营业部	南宁市金湖路63号金源CBD现代城1325号	0771-5557558
广西	中信期货有限公司南宁营业部	南宁市青秀区双拥路38号广西国际金融投资大厦10层A区	0771-5828467
广西	中信期货有限公司玉林营业部	玉林市人民中路六路口东门商业广场B幢二十一层2112、2113、2115、2116号	0775-2330857
贵州	东海期货有限责任公司贵阳营业部	贵阳市延安东路1号邮政大厦8楼	0851-5861601
贵州	冠通期货有限公司贵阳营业部	贵阳市南明区都司大道商务港10层5C	0851-8639393
贵州	广发期货有限公司贵阳营业部	贵阳市云岩区延安中路40号兴中元大厦M层B1座	0851-6572722
贵州	海航东银期货有限公司贵阳营业部	贵阳市云岩区延安西路2号贵州建设大厦13楼1301室	0851-6833698
贵州	华创期货有限责任公司贵阳营业部	贵阳市云岩区中华北路216号云港大厦10楼1001、1007室	0851-8652518
贵州	华泰长城期货有限公司贵阳营业部	贵州省贵阳市南明区都司路62号鸿灵纽约25层5-6号	0851-5833569
贵州	瑞达期货股份有限公司贵阳营业部	贵阳市云岩区富水北路68号贵州省物资综合大楼15楼3-6号	0851-5855805
贵州	申银万国期货有限公司贵阳营业部	贵阳市陕西路99号创世纪新城北楼二层	0851-6824030
贵州	天风期货有限公司贵阳营业部	贵州省贵阳市云岩区富水北路68号贵州物资综合楼16层1号	0851-8576039
海南	道通期货经纪有限公司海口营业部	海南省海口市滨海大道81号南洋大厦22层2201-2203室	0898-68500090
海南	东海期货有限责任公司海口营业部	海口市大同路38号财富中心1402、1405室	0898-36387899
海南	格林大华期货有限公司海口营业部	海南省海口市龙华国贸2路海南时代广场17层B1	0898-36601318
海南	光大期货有限公司海口营业部	海南省海口市国贸大道56号北京大厦20层F、G、H房	0898-68538658
海南	国海良时期货有限公司三亚营业部	三亚市三亚湾路蓝色海岸B、C段	0898-88398838
海南	海航东银期货有限公司海口营业部	海南省海口市玉沙路5号国贸中心大厦33A房	0898-68582053
海南	海通期货有限公司海口营业部	海口市滨海大道123号鸿联商务广场9C房	0898-68567033
海南	海证期货有限公司海口营业部	海南省海口市金龙路51号万利隆商务大厦9层	0898-68501323
海南	弘业期货股份有限公司海口营业部	海南省海口市龙华区大同路38号财富中心1809-1811室	0898-66509189
海南	金元期货经纪有限公司海口市南宝路营业部	海口市南宝路36号证券大厦五层501、502、503、598	0898-68559282
海南	鲁证期货股份有限公司海口营业部	海口市国贸路56号北京大厦22层F、G号	0898-68503119
海南	天富期货有限公司海口营业部	海口市国贸大道49-1号港澳发展大厦24层B2	0898-36385998
海南	新湖期货有限公司海口营业部	海南省海口市国贸路2号海南时代广场15层北侧	0898-36627000
海南	中国国际期货有限公司海口营业部	海南省海口市龙华区海秀中路51-1号星城大厦9A(901)房	0898-68582156
河北	北京中期期货有限公司保定营业部	保定市时代路56号国贸大厦十层1011、1012室	0312-3035518
河北	北京中期期货有限公司邯郸营业部	邯郸市丛台区人民东路98号招贤大厦1009、1010室	0310-3053688
河北	北京中期期货有限公司唐山营业部	唐山市高新区建设北路152号(东方大厦C座0812、0815室)	0315-3195439
河北	大连良运期货经纪有限公司石家庄营业部	石家庄长安区广安街36号银泰国际大厦18层1803、1804室	0311-89182815
河北	格林大华期货有限公司石家庄营业部	石家庄市自强路35号庄家金融大厦903室	0311-87875665
河北	冠通期货有限公司秦皇岛营业部	秦皇岛市海港区秦皇东大街264号八达大厦九楼901、903、905、907室	0335-3641266
河北	海通期货有限公司石家庄营业部	河北省石家庄市长安区育才街56号九派大厦A-1-1903	0311-86069155
河北	河北恒银期货经纪有限公司沧州营业部	沧州市浮阳北大道28号馔园新村北公建楼二楼	0317-5673888
河北	河北恒银期货经纪有限公司承德营业部	承德市南营子大街永兴大厦B座7层	0314-2060177
河北	河北恒银期货经纪有限公司邯郸营业部	邯郸市人民东路312号新时代商务大厦24层E、F、G室	0310-5109977
河北	河北恒银期货经纪有限公司衡水营业部	衡水市人民西路558号	0318-5105599
河北	河北恒银期货经纪有限公司廊坊营业部	廊坊市新华路76号天利得益商务中心15层1508、1509、1510、1511室	0316-2210666
河北	河北恒银期货经纪有限公司唐山营业部	唐山市路北区大里路228号	0315-2352909
河北	宏源期货有限公司石家庄营业部	石家庄桥西区裕华西路15号万象天成商务广场2单元2504室	0311-67802128
河北	华泰长城期货有限公司石家庄营业部	河北省石家庄市中山西路188号中华商务中心A座1608、1611室	0311-85519307
河北	津投期货经纪有限公司秦皇岛营业部	秦皇岛市海港区新华街9号新天地商务中心A座2201、2218室	0335-3088123
河北	锦泰期货有限公司石家庄营业部	石家庄市新华区康乐街8号尚德国际商务中心509、510室	0311-66683209

营业部所属辖区	期货公司营业部名称	注册地址	联系电话
河北	美尔雅期货经纪有限公司石家庄营业部	石家庄市中山西路83号东方大厦9层0927室	0311－85272201
河北	民生期货有限公司唐山营业部	唐山市路北区天源里天源骏景中小俱乐部3－189号	0315－2568987
河北	上海中财期货有限公司唐山营业部	唐山市唐山路南区万达广场购物中心2单元B座1804、1805	0315－2222072
河北	晟鑫期货经纪有限公司石家庄营业部	石家庄市桥西区中山西路48号华银大厦1001室、1002室、1003室	0311－85189980
河北	天富期货有限公司唐山营业部	河北省唐山市路北区大理路121号	0315－2230128
河北	信达期货有限公司石家庄营业部	石家庄市平安南大街30号万隆大厦5层501、502、503、504、510、511室	0311－89691998
河北	银河期货有限公司唐山营业部	河北省唐山市路南区新华西道32号新华贸中心写字楼12层05、06、07、08号	0315－5778916
河北	永安期货股份有限公司石家庄营业部	石家庄长安区中山东路322号开元大厦A－2－1002	0311－89627354
河北	中电投先融期货有限公司石家庄营业部	河北省石家庄市长安区广安街91号世纪方舟B座811室	0311－86061916
河北	中钢期货有限公司唐山营业部	唐山市高新区建设北路152号东方大厦B座9388、9688室	0315－3192883
河北	中国国际期货有限公司石家庄营业部	河北省石家庄市桥西区中华南大街172号泰丰大厦1701、1703室	0311－80959911
河北	中辉期货经纪有限公司石家庄营业部	石家庄市桥西区裕华西路9号裕园广场C座1－1903室	0311－85288801
河北	中辉期货经纪有限公司唐山营业部	唐山市路南区新华西道32号新华贸17层1706室、1707室	0315－6328398
河北	中信建投期货有限公司廊坊营业部	廊坊市广阳区广阳道20号中太大厦707、708、709室	0316－2326909
河南	安粮期货有限公司郑州营业部	郑州市郑东新区CBD商务外环路东，商务西三街北1幢8层09、10号	0371－65613859
河南	宝城期货有限责任公司郑州营业部	郑州市未来大道69号未来大厦1201、1202室	0371－65612832
河南	北京首创期货有限责任公司郑州营业部	郑州市未来大道69号未来大厦1601室	0371－65615187
河南	渤海期货有限公司郑州营业部	郑州市未来大道69号未来大厦1709室	0371－65618255
河南	长安期货有限公司郑州营业部	郑州市郑东新区商务外环路25号18层1807、1808号	0371－86676962
河南	长江期货有限公司郑州营业部	郑州市金水区经三路15号广汇国贸大厦A座1601	0371－65665726
河南	创元期货有限公司郑州营业部	郑州市未来大道69号未来公寓301、302、303、305、307、316号	0371－65611863
河南	大连良运期货经纪有限公司郑州营业部	郑州市未来大道69号未来大厦1612室	0371－65613002
河南	大有期货有限公司郑州营业部	河南省郑州市经三路32号财富广场6号楼3层	0371－60946688
河南	东方汇金期货有限公司郑州营业部	郑州市金水区金水路288号11号楼4层411号	0371－65675970
河南	东海期货有限责任公司郑州营业部	郑州市未来大道69号未来大厦908A	0371－65618245
河南	格林大华期货有限公司洛阳营业部	洛阳市西苑路6号洛阳友谊宾馆5层501－510室	0379－64687777
河南	格林大华期货有限公司郑州未来路营业部	郑州市未来路69号未来大厦15楼1506室	0371－65613027
河南	格林大华期货有限公司郑州郑东新区营业部	郑州市郑东新区商务外环路29号17层1706－1710号	0371－65616756
河南	冠通期货有限公司郑州营业部	郑州市未来大道69号未来大厦1602、1606、1618、1619室	0371－65612218
河南	光大期货有限公司郑州营业部	郑州市金水区未来大道69号未来大厦1208室	0371－65615553
河南	广发期货有限公司郑州营业部	郑州市未来大道69号未来公寓	0371－65612753
河南	国都期货有限公司郑州营业部	郑州市黄河路26号1号楼7层A座	0371－63588006
河南	国海良时期货有限公司郑州营业部	郑州市郑东新区商务外环28号18层07、08号	0371－56971659
河南	国联期货有限责任公司郑州营业部	郑州市郑东新区商务外环路29号20层2006号、2007号	0371－65613193
河南	国投中谷期货有限公司郑州营业部	河南省郑州市未来大道69号未来大厦2210室	0371－65615399
河南	国信期货有限责任公司洛阳营业部	洛阳市涧西区南昌路南端兴隆花园29－2幢2层	0379－60689966
河南	国信期货有限责任公司南阳营业部	南阳市卧龙区卧龙路382号5层西区	0377－63216757
河南	海航东银期货有限公司郑州营业部	郑州市未来大道69号未来公寓	0371－65618303
河南	海通期货有限公司郑州营业部	郑州市金水区未来大道69号未来大厦1708A、1807、1808、1809、1810B	0371－65612988
河南	和融期货经纪有限责任公司郑州营业部	郑州市未来大道69号未来公寓407室	0371－65611151
河南	弘业期货股份有限公司郑州营业部	郑州市金水区未来大道69号未来大厦1605、1610室	0371－65615362
河南	红塔期货有限责任公司郑州营业部	郑州市未来大道69号未来大厦1715、1716	0371－65612718
河南	宏源期货有限公司郑州营业部	郑州市郑东新区商务外环路13号6层605、606室	0371－55152562
河南	华安期货有限责任公司郑州营业部	郑州市郑东新区CBD内环A41－45号(五行嘉园)2幢1层04号、3层26号	0371－86616973
河南	华泰长城期货有限公司郑州营业部	河南省郑州市未来大道69号未来公寓601、602、603、605、616室	0371－65628001
河南	华闻期货经纪有限公司郑州营业部	郑州市未来大道69号未来大厦1711、1712室	0371－65612636
河南	徽商期货有限责任公司郑州营业部	郑州市未来大道未来路69号未来大厦8楼808室	0371－65613220
河南	集成期货有限公司郑州营业部	郑州市未来大道69号未来公寓902室、101室、905室和1608室	0371－65612203
河南	江南期货经纪有限公司郑州营业部	河南省郑州市未来大道69号未来大厦22楼2222室	0371－65612801
河南	江苏东华期货有限公司郑州营业部	郑州市未来大道69号未来公寓	0371－65618974
河南	金鹏期货经纪有限公司郑州营业部	河南省郑州市商务内环路10号1804、1805、1806	0371－86605633

营业部所属辖区	期货公司营业部名称	注册地址	联系电话
河南	金瑞期货有限公司郑州营业部	郑州市未来路69号未来公寓1405号、1507号、1605号、1616号	0371－65613420
河南	金石期货有限公司郑州营业部	郑州市郑东新区商务内环路23号6号商铺3层	0371－55621198
河南	金元期货经纪有限公司郑州营业部	郑州市未来大道未来公寓1105、916、1203、1305室	0371－65618891
河南	锦泰期货有限公司郑州营业部	郑州市金水区经三北路财富广场4号楼1802室	0371－60158850
河南	经易期货经纪有限公司郑州营业部	郑州市经三北路32号财富广场1号楼25层西北西南户	0371－67261518
河南	鲁证期货股份有限公司郑州营业部	河南省郑州市未来大道69号未来大厦802室	0371－65629609
河南	迈科期货经纪有限公司郑州营业部	郑州市未来路69号未来大厦14楼1409室	0371－65610168
河南	民生期货有限公司郑州营业部	郑州市未来大道69号未来大厦903、905、906室	0371－65614395
河南	南华期货股份有限公司郑州营业部	郑州市未来路73号锦江国际花园1幢南14层	0371－65618119
河南	瑞达期货股份有限公司郑州营业部	郑州市金水区未来路69号未来大厦909室	0371－55156299
河南	山西三立期货经纪有限公司郑州营业部	郑州市未来路69号未来公寓1205、1216室	0371－65613430
河南	上海大陆期货有限公司郑州营业部	郑州市郑东新区商务内环路15号7层702室	0371－60131296
河南	上海东证期货有限公司郑州营业部	河南省郑州市金水区未来大道69号未来大厦1507室	0371－65616191
河南	上海金源期货有限公司郑州营业部	郑州市未来大道	0371－65611449
河南	上海良茂期货经纪有限公司郑州营业部	郑州市未来路69号未来大厦2008A	0371－65613459
河南	上海中财期货有限公司郑州营业部	郑州市未来路69号未来公寓816室、707室	0371－65611472
河南	上海中期期货有限公司郑州营业部	郑州市未来大道69号未来公寓716室、802室	0371－65616113
河南	申银万国期货有限公司郑州营业部	郑州市金水区未来大道69号未来大厦1011室	0371－65612708
河南	神华期货经纪有限公司郑州营业部	郑州市未来大道69号未来大厦2001室	0371－65628103
河南	晟鑫期货经纪有限公司郑州营业部	郑州市未来大道69号未来公寓701、702室	0371－65628958
河南	万达期货股份有限公司安阳营业部	安阳市殷都区钢花路中盛梧桐园临街门面房北楼2层02	0372－3156628
河南	五矿期货有限公司郑州营业部	郑州市金水区金水路288号14号楼22层2203、2210号	0371－55521006
河南	新湖期货有限公司郑州营业部	郑州市未来大道69号未来大厦806、812、1410室	0371－65612773
河南	一德期货有限公司郑州营业部	郑州市未来大道69号未来大厦803、804、805室	0371－65612079
河南	银河期货有限公司郑州营业部	郑州市未来大道69号未来大厦2005、2006室	0371－65612597
河南	银建期货经纪有限责任公司郑州营业部	郑州市未来大道69号未来公寓1406室	0371－65613028
河南	中国国际期货有限公司洛阳营业部	洛阳市涧西区西苑路付6号第13层1306、1308、1310号	0379－65168609
河南	中国国际期货有限公司郑州未来路营业部	郑州市未来大道69号未来大厦1901,1902,1903,1912室	0371－65613897
河南	中辉期货经纪有限公司郑州营业部	郑州市未来大道69号未来大厦908C	0371－65616467
河南	中粮期货有限公司郑州营业部	郑州市金水区未来大道69号未来大厦1008室	0371－65629350
河南	中投天琪期货有限公司郑州营业部	郑州市郑东新区CBD商务外环路9号17层1705－1706号	0371－86505018
河南	中信建投期货有限公司郑州营业部	郑州市未来大道69号未来大厦2205、2211房	0371－65612349
河南	中信期货有限公司焦作营业部	焦作市山阳区塔南路1028号华融国际大厦1707、1708号	0391－8821369
河南	中信期货有限公司郑州营业部	郑州市郑东新区商务外环路14号18层1803号－1807号	0371－65613662
河南	中原期货有限公司灵宝营业部	灵宝市函谷大道北段西侧(灵宝市函谷路与五龙路交叉口西南角金湖公馆)	0398－2297999
河南	中原期货有限公司南阳营业部	南阳市人民路175号粮业大厦三楼	0377－63226600
河南	中原期货有限公司新乡营业部	新乡市荣校路195号1号楼东1－2层	0373－2072880
黑龙江	北京首创期货有限责任公司哈尔滨营业部	哈尔滨市南岗区玉山路10号D栋(一层、二层、501室)5号门市	0451－82368398
黑龙江	广发期货有限公司哈尔滨营业部	黑龙江省哈尔滨市南岗区长江路157号欧倍德中心4层13号	0451－86791380
黑龙江	海航东银期货有限公司哈尔滨营业部	哈尔滨市经开区南岗集中区昆仑商城康顺街34号	0451－87583377
黑龙江	海通期货有限公司哈尔滨营业部	哈尔滨市经开区南岗集中区红旗大街235号投资大厦10层A区	0451－51908111
黑龙江	黑龙江时代期货经纪有限公司大庆营业部	黑龙江省大庆市让胡路区奥林国际公寓商业区G区写字楼1812、1813室	0459－5156464
黑龙江	津投期货经纪有限公司哈尔滨营业部	哈尔滨市南岗区东大直街259号深业大厦28层	0451－53658887
黑龙江	南华期货股份有限公司哈尔滨营业部	哈尔滨市香坊区中山路93号201、801、804、811、812室	0451－82345690
黑龙江	南华期货股份有限公司齐齐哈尔营业部	黑龙江省齐齐哈尔市龙沙区迈特广场15层1号、2号	0452－5883883
黑龙江	信达期货有限公司哈尔滨营业部	哈尔滨市南岗区长江路157号欧倍德中心5层3号	0451－87222486
黑龙江	银河期货有限公司哈尔滨营业部	哈尔滨市香坊区中山路172号常青大厦607、608、609室	0451－55505201
黑龙江	中投天琪期货有限公司大庆营业部	黑龙江省大庆市萨尔图区兰智路46号唐宁馨苑11号楼50号52号商服	0459－6342200
黑龙江	中投天琪期货有限公司哈尔滨营业部	哈尔滨市南岗区赣水路41号5楼	0451－82287666
黑龙江	中投天琪期货有限公司佳木斯营业部	佳木斯市前进区保卫社区	0454－6015558

营业部所属辖区	期货公司营业部名称	注册地址	联系电话
黑龙江	中信期货有限公司哈尔滨营业部	哈尔滨市道里区上海街7号B栋4层407号	0451－82287877
湖北	宝城期货有限责任公司武汉营业部	武昌区中山路347好中铁大厦塔楼七层705－707室	027－88923272
湖北	北京首创期货有限责任公司武汉营业部	武昌区水果湖街中北路86号武汉中央文化旅游区K3地块2幢34层1号	027－87222252
湖北	北京中期期货有限公司武汉营业部	武汉市武昌区民主路782号洪广宝座27层F、G、H号	027－87267756
湖北	长江期货有限公司黄石营业部	湖北省黄石市黄石高新技术创业服务中心综合楼8018号	0714－6355528
湖北	长江期货有限公司武汉市江岸营业部	武汉市沿江大道159号时代广场1栋8层3室、4室	027－85853870
湖北	长江期货有限公司武汉市江汉营业部	湖北省武汉市汉口解放大道单洞路口1号国际大厦A座三楼	027－85865598
湖北	长江期货有限公司武汉市硚口营业部	湖北省武汉市硚口区解放大道1007号兴隆大厦第九层	027－83310016
湖北	长江期货有限公司武汉市青山营业部	湖北省武汉市青山区友谊大道999号武汉钢铁(集团)公司办公大楼B座705－707室	027－86740456
湖北	长江期货有限公司武汉市武昌营业部	武昌区洪山路81号洪山礼堂一层	027－85499380
湖北	成都倍特期货经纪有限公司武汉营业部	武汉市江汉区建设大道847号B座22层	027－59907331
湖北	格林大华期货有限公司武汉营业部	湖北省武汉市建设大道648号联合大厦A座雷王金融中心第17层	027－85553135
湖北	冠通期货有限公司武汉营业部	武昌区武珞路628号亚贸广场B座19层1、2号	027－87571567
湖北	光大期货有限公司武汉营业部	湖北省武汉市张之洞路224号紫阳大厦10层	027－88312075
湖北	广发期货有限公司武汉营业部	武汉市武昌区徐东大街20号福星惠誉国际城8栋1单元14层1－7号	027－88228216
湖北	国联期货有限责任公司武汉营业部	武昌区临江大道96号武汉万达中心17层04、05单元	027－88220309
湖北	国信期货有限责任公司武汉营业部	武汉船舶国际广场武汉市江岸区江汉路250号写字楼21层(名义25层)R4、R5、R6室	027－82201158
湖北	海通期货有限公司武汉营业部	湖北省武汉市武昌区武珞路456号新时代商务中心主楼33层2室、3室和4室	027－86654908
湖北	弘业期货股份有限公司武汉营业部	武汉市江汉区中山大道888号佳丽广场22楼2208、2209室	027－82798310
湖北	华泰长城期货有限公司武汉营业部	湖北省武汉市江汉区建设大道847号瑞通广场B座10层1002室	027－85487365
湖北	华闻期货经纪有限公司武汉营业部	武汉市硚口区武胜路72号泰合广场37层3701室	027－85712070
湖北	徽商期货有限责任公司武汉营业部	武汉市江岸区江汉路26号正信大厦23层2301室	027－82966109
湖北	金信期货有限公司武汉营业部	武汉市洪山区中山北路166号东湖春树里8栋17层34－39室	027－88735851
湖北	美尔雅期货经纪有限公司黄石营业部	湖北省黄石市交通路121号名门世界7楼701－702室	0714－63099827
湖北	美尔雅期货经纪有限公司荆州营业部	湖北省荆州市北京中路219号广源大厦12楼	0716－8216196
湖北	美尔雅期货经纪有限公司十堰营业部	湖北省十堰市人民北路68号大都会广场写字楼21层	0719－8663190
湖北	美尔雅期货经纪有限公司武昌营业部	湖北省武汉市武昌区中南路7号中商广场写字楼B座1707－1709号	027－87300866
湖北	美尔雅期货经纪有限公司武汉市光谷营业部	武汉市东湖新技术开发区珞瑜路光谷世界城1栋1505－1510	027－85787073
湖北	美尔雅期货经纪有限公司武汉市汉口营业部	武汉市江岸区江汉北路8号金茂大楼展厅四楼	027－85802370
湖北	美尔雅期货经纪有限公司襄樊营业部	湖北省襄樊市樊城区解放路63号米公小学2楼	0710－3472960
湖北	美尔雅期货经纪有限公司宜昌营业部	湖北省宜昌市西陵一路18－1号0007幢1005室—1007室	0717－6465518
湖北	南证期货有限责任公司汉口营业部	武汉市汉口解放大道单洞口国际大厦B栋15楼	027－85830601
湖北	瑞达期货股份有限公司武汉营业部	武汉市江汉区唐家墩路7、9、11号武汉菱角湖万达广场A栋A2单元7层2－9室	027－85898736
湖北	上海中财期货有限公司武汉营业部	湖北省武汉市硚口区沿河大道236－237号A栋1号10层	027－85659011－0
湖北	申银万国期货有限公司武汉营业部	武汉市江汉区武汉世界贸易大厦51层17－21室	027－85518718
湖北	神华期货经纪有限公司武汉营业部	湖北省武汉市武昌区武珞路442号中南国际商务公寓B座28楼1－7室	027－87739509
湖北	天风期货有限公司武汉营业部	湖北省武汉市武昌区八一路87号银海华庭A栋二层、B栋二层	027－87362503
湖北	万达期货股份有限公司武汉营业部	湖北省武汉市江汉区建设大道568号新世界国贸大厦I座15层02、03、05室	027－85740699
湖北	新湖期货有限公司武汉营业部	武汉市武昌区友谊大道2号(老中山北路379号)2008新长江广场3层303室	027－88751298
湖北	银河期货有限公司武汉营业部	武汉市汉口硚口区解放大道634号新世界中心写字楼A座12层1209、1210室	027－83990911
湖北	永安期货股份有限公司武汉营业部	武汉市江汉区长江日报路77号投资大厦8楼	027－85565608
湖北	浙江新世纪期货有限公司宜昌营业部	湖北省宜昌市西陵区西陵二路20号上海春天商务大厦11楼1102－1105室	0717－6237038
湖北	浙商期货有限公司武汉营业部	武汉市硚口区武胜路72号泰合广场31层3110室	027－85849205
湖北	中钢期货有限公司武汉营业部	湖北省武汉市江汉区新华路139号凯盟大厦3层	027－85499368
湖北	中国国际期货有限公司武昌营业部	武汉市武昌区中南路1号国际贸易金融大厦11层	027－85267798
湖北	中国国际期货有限公司武汉营业部	武汉市江汉区建设大道566号新世界国贸大厦2座7层	027－85267608
湖北	中国国际期货有限公司襄樊营业部	湖北省襄樊市樊城区长虹路323号金座大厦7层3号	0710－3713885
湖北	中航期货经纪有限公司武汉营业部	武汉市武昌区紫阳东路77号伟鹏大厦5楼	027－87250645
湖北	中信期货有限公司武汉营业部	武汉市武昌区中南路99号武汉保利广场16层1602－E室	027－87115299
湖南	宝城期货有限责任公司长沙营业部	长沙市雨花区芙蓉中路二段279号金源大酒店天麒楼14楼1401室	0731－85239868
湖南	北京首创期货有限责任公司长沙营业部	长沙市芙蓉区五一大道800号中隆国际大厦8楼801室	0731－82681970

营业部所属辖区	期货公司营业部名称	注册地址	联系电话
湖南	长江期货有限公司长沙营业部	长沙市雨花区芙蓉中路二段359号佳天国际新城北栋21B,C,E,H室	0731-88772121
湖南	大有期货有限公司郴州营业部	郴州市五岭大道1号林邑财富中心6楼602房	0735-5777588
湖南	大有期货有限公司邵阳营业部	邵阳市大祥区西湖路99号B栋3楼	0739-5123017
湖南	大有期货有限公司岳阳营业部	湖南省岳阳市南湖大道292号中房大厦四楼	0730-8801055
湖南	大有期货有限公司株洲营业部	湖南省株洲市芦淞区建设南路108号家润多广场1栋1506室	0731-22330585
湖南	德盛期货有限公司长沙营业部	长沙市天心区芙蓉中路二段144号城市之心大厦15楼1501-1509,1517号	0731-82920888
湖南	德盛期货有限公司常德营业部	常德市武陵区城南办事处百街口居委会1组人民中路1617号金泰利商业广场601室	0736-7319577
湖南	德盛期货有限公司郴州营业部	郴州市天一名邸14楼	0735-2296008
湖南	德盛期货有限公司衡阳营业部	衡阳市雁峰区蒸阳南路2号崇业商业广场三区12楼1206-1208室	0734-8828266
湖南	德盛期货有限公司吉首营业部	吉首市人民北路13号明珠商业广场4楼	0743-8225198
湖南	德盛期货有限公司娄底营业部	娄底市娄星区氐星路春园步行街银街12栋4楼	0738-8222818
湖南	德盛期货有限公司湘潭营业部	湘潭市岳塘区吉安路77号中瀚财富广场二楼	0731-52352859
湖南	德盛期货有限公司益阳营业部	益阳市益阳大道南侧289号嘉信大厦8楼810-815,822-826号	0737-4308508
湖南	德盛期货有限公司永州营业部	永州市冷水滩区潇湘步行街C区四楼	0746-8668779
湖南	德盛期货有限公司岳阳营业部	岳阳市南湖大道银都大厦16楼C、D座	0730-8295618
湖南	德盛期货有限公司株洲营业部	株洲市芦淞区建设中路356号湖南火电科技大厦第四层	0731-22135888
湖南	东海期货有限责任公司长沙营业部	长沙市芙蓉区韶山北路139号文化大厦1101房	0731-84862886
湖南	东海期货有限责任公司郴州营业部	郴州市北湖区五岭大道与环城南路交汇处林邑财富中心五楼	0735-2127666
湖南	方正期货有限公司长沙营业部	湖南省长沙市开福区芙蓉中路一段372号(原留芳岭14号)证券大厦三楼	0731-84313486
湖南	方正期货有限公司常德营业部	常德市武陵区城南办事处高山街社区人民中路278号新华大厦四楼401号	0736-7319919
湖南	方正期货有限公司郴州营业部	郴州市北湖区博物馆路雄森时代广场大厦附楼12层	0735-2812007
湖南	方正期货有限公司娄底营业部	娄底市站前路十号国贸商业城东副三楼	0738-8321808
湖南	方正期货有限公司岳阳营业部	湖南省岳阳市金鹗中路228号景源商务中心地上十五层二号(西边)	0730-8831589
湖南	格林大华期货有限公司长沙营业部	长沙市雨花区芙蓉中路二段359号佳天国际新城北栋29A、B、C、D、E室	0731-88271766
湖南	冠通期货有限公司长沙营业部	湖南省长沙市芙蓉区五一路235号湘域中央1栋1609、1611室	0731-85178217
湖南	光大期货有限公司长沙营业部	长沙市天心区芙蓉中路三段142号友谊阿波罗大厦1210、1211、1213室	0731-82906096
湖南	广永期货有限公司长沙营业部	长沙市芙蓉区五一大道389号华美欧大厦705、706室	0731-88211208
湖南	国海良时期货有限公司长沙营业部	长沙市雨花区中意一路158号中建大厦裙楼2楼	0731-88338318
湖南	国联期货有限责任公司长沙营业部	湖南省长沙市芙蓉中路一段469号新闻大厦12层	0731-84331308
湖南	海通期货有限公司长沙营业部	长沙市芙蓉中路三段269号神农大酒店商务楼六楼A/B/M/L/K室	0731-82092975
湖南	海证期货有限公司长沙营业部	湖南省长沙市天心区芙蓉中路二段168-1号摩天大厦二栋2439室	0731-88577778
湖南	弘业期货股份有限公司长沙营业部	长沙市芙蓉区韶山北路139号文化大厦17层1701号房	0731-84426856
湖南	华泰长城期货有限公司长沙营业部	湖南省长沙市芙蓉区韶山北路159号通程国际大酒店1301室	0731-88271761
湖南	金鹏期货经纪有限公司长沙营业部	湖南省长沙市芙蓉区芙蓉中路二段80号顺天国际财务中心2206室	0731-89912489
湖南	金信期货有限公司长沙营业部	长沙市天心区芙蓉中路三段398号新时空大厦1605、1607房	0731-88706550
湖南	金信期货有限公司郴州营业部	郴州市北湖区国庆南路5号希顿大酒店8楼801-803、805-807室	0735-2477999
湖南	金信期货有限公司衡阳营业部	湖南省衡阳市蒸湘区船山西路48号1栋综合楼8楼	0734-8456008
湖南	金信期货有限公司永州营业部	湖南省永州市冷水滩区凤凰路与零陵北路交汇处东北角舜德财富中心写字楼904室	0746-8228777
湖南	金信期货有限公司岳阳营业部	岳阳市岳阳楼区南湖大道329号国贸大厦9楼1011-1016室	0730-8699609
湖南	鲁证期货股份有限公司长沙营业部	长沙市天心区芙蓉路与城南路交汇处西北角城市之心1520-1522室	0731-89737711
湖南	瑞达期货股份有限公司长沙营业部	长沙市天心区劳动西路289号嘉盛国际大厦21层21001-21007室	0731-88338451
湖南	上海东证期货有限公司长沙营业部	湖南省长沙市天心区芙蓉中路2段168号天玺大酒店七楼701室	0731-85235510
湖南	上海中财期货有限公司长沙营业部	长沙市芙蓉中路三段426号5楼	0731-85559932
湖南	新湖期货有限公司长沙营业部	长沙市天心区芙蓉中路二段198号新世纪大厦1701、1702、1703、1704室	0731-82776058
湖南	永安期货股份有限公司长沙营业部	长沙市芙蓉区五一大道800号中隆国际大厦25楼(2505、2506、2507室)	0731-84903108
湖南	浙江中大期货有限公司长沙营业部	湖南省长沙市芙蓉区芙蓉中路顺天财富中心905室	0731-85119771
湖南	中国国际期货有限公司长沙营业部	长沙市芙蓉区五一大道766号中天广场写字楼26038、26039室	0731-85513938
湖南	中辉期货经纪有限公司长沙营业部	长沙市芙蓉区五一大道766号中天广场行政公馆15楼15022-15027、15037-15038室	0731-89913966
湖南	中信建投期货有限公司长沙营业部	长沙市芙蓉区五一大道800号中隆国际大厦903室	0731-82681811
吉林	渤海期货有限公司长春营业部	朝阳区建设街2007号	0431-88567955
吉林	大连良运期货经纪有限公司长春营业部	长春市朝阳区西安大路与安达街交汇处(盛嘉新城1幢1101室)	0431-88506658
吉林	东方汇金期货有限公司白城营业部	白城市洮北区中兴西大路8号第一幢四单元1-2层107室	0436-3510107
吉林	光大期货有限公司长春营业部	长春市朝阳区解放大路2677号光大大厦15层1511、1513、1515室	0431-88405568

营业部所属辖区	期货公司营业部名称	注册地址	联系电话
吉林	国泰君安期货有限公司长春营业部	吉林省长春市朝阳区延安大街99号富苑盛世城A区2022室	0431－88515559
吉林	国泰君安期货有限公司四平营业部	吉林省四平市公园北街855号	0434－5085879
吉林	经易期货经纪有限公司长春营业部	长春市人民大街4111号兆丰国际12层1201、1213室	0431－82660999
吉林	天富期货有限公司吉林市营业部	吉林市解放中路208－6号	0432－62042788
吉林	天富期货有限公司通化营业部	通化市新华大街1796号1－2层	0435－3594555
吉林	天富期货有限公司延吉营业部	延吉市爱丹路1171－2号延弘大厦西侧一、二层	0433－5006770
吉林	天鸿期货经纪有限公司长春营业部	长春市朝阳区延安大路456号富苑盛世城3031室	0431－81154935
吉林	天鸿期货经纪有限公司辽源营业部	吉林省辽源市龙山区西宁大路957号二层	0437－3253366
吉林	万达期货股份有限公司长春营业部	长春市朝阳区西安大路1688号新润天国际大厦1807－1808室	0431－87069517
吉林	兴证期货有限公司长春营业部	吉林省长春市康平街889号润天国际24层	0431－88506977
吉林	银河期货有限公司长春营业部	长春市朝阳区西民主大街1161号七层	0431－81032997
吉林	永安期货股份有限公司长春营业部	长春净月高新技术产业开发区伟峰彩宇新城一期11幢0单元2204、2205室	0431－81919933
吉林	中国国际期货有限公司长春营业部	长春市人民大街7088号伟峰国际商务广场1108室	0431－85679183
吉林	中融汇信期货有限公司长春营业部	长春市人民大街4848号华贸国际2604室	0431－89168088
吉林	中投天琪期货有限公司长春营业部	长春市朝阳区西安大路1688号新润天国际7层703室	0431－87069922
吉林	中信期货有限公司吉林营业部	吉林市船营区解放中路111－8号四层	0432－62882088
江苏	创元期货有限公司常州营业部	常州市广化街20号1102室	0519－88055952
江苏	创元期货有限公司南京营业部	南京市广州路5号2幢1502室	025－85510765
江苏	创元期货有限公司苏州市常熟营业部	常熟市枫林路27号5幢4楼	0512－52868980
江苏	创元期货有限公司苏州市吴江营业部	江苏省苏州市吴江区松陵镇花园路2518号鼎盛银座商务楼418室	0512－63803977
江苏	创元期货有限公司宿迁营业部	宿迁市苏宿工业园区通达大道15号1幢204室	0527－88260506
江苏	创元期货有限公司无锡营业部	无锡市北大街22－412、413室	0510－82620193
江苏	创元期货有限公司徐州营业部	徐州市泉山区文亭街8号A幢7层705、706、707号	0516－83109555
江苏	大有期货有限公司南京营业部	南京市山西路8号金山大厦A座2603－07室	025－58785268
江苏	道通期货经纪有限公司宜兴营业部	江苏省宜兴市宜城街道荆溪中路296号荆溪大厦五层	0510－87221166
江苏	道通期货经纪有限公司张家港营业部	江苏省张家港市杨舍镇暨阳中路158号501室	0512－35025816
江苏	东海期货有限责任公司常州营业部	江苏省常州市新北区通江中路369号4001室	0519－88111457
江苏	东海期货有限责任公司淮安营业部	淮安市淮海北路8号淮海购物广场A区C座1002室	0517－86285968
江苏	东海期货有限责任公司江阴营业部	江苏省江阴市香山路29号301、302、304、308、309、310、311、312、313室	0510－80613585
江苏	东海期货有限责任公司南京营业部	南京市玄武区长江路109号325、326、327、328室	025－84718016
江苏	东海期货有限责任公司南通营业部	南通市濠西路266号百安谊家大厦A1305、1306室	0513－80107699
江苏	东海期货有限责任公司苏州营业部	苏州工业园区苏雅路388号新天翔商业广场2幢601－5室	0512－69560699
江苏	东海期货有限责任公司无锡营业部	无锡市南长区运河东路555号时代国际大厦A栋3306室	0510－82719000
江苏	东海期货有限责任公司徐州营业部	徐州市建国东路111号17楼	0516－66697879
江苏	东海期货有限责任公司扬州营业部	扬州市文汇西路215号华远国际大厦A101室	0514－87699768
江苏	东吴期货有限公司江阴营业部	江阴市长江路2－8号、朝阳路102号2楼	0510－86802985
江苏	东吴期货有限公司苏州市常熟营业部	常熟市海虞北路45号世界贸易中心B702室、B705室、B724室	0512－52702373
江苏	东吴期货有限公司苏州市昆山营业部	昆山市玉山镇人民路1号4楼	0512－55236068
江苏	东吴期货有限公司苏州市狮山路营业部	苏州市高新区狮山路199号1幢2505、2506室	0512－65773098
江苏	东吴期货有限公司苏州市太仓营业部	江苏省苏州市太仓市城厢镇上海东路77号1幢908.909.910室	0512－53581288
江苏	东吴期货有限公司苏州营业部	苏州工业园区金鸡湖路88号1幢201、206、208室	0512－87671918
江苏	东吴期货有限公司吴江营业部	吴江市松陵镇中山南路1729号上领大厦907、908室	0512－63965118
江苏	东吴期货有限公司张家港营业部	张家港市杨舍镇河东路1号五楼	0512－58791618
江苏	方正期货有限公司常州营业部	常州市钟楼区延陵西路99号嘉业国贸大厦3201、3202室	0519－86811208
江苏	方正期货有限公司南京营业部	南京市玄武区珠江路699号	025－58061185
江苏	方正期货有限公司苏州营业部	苏州市东吴北路299号2201室	0512－65105067
江苏	方正期货有限公司扬州营业部	扬州市邗江区文昌西路283号金都汇大厦1幢801、802、803、805、806、807、808、809、810、811、812室	0514－82991075
江苏	格林大华期货有限公司南京营业部	江苏省南京市中山南路1号51层C2C3C4区	025－85288208
江苏	冠通期货有限公司南通营业部	南通市崇川路88号南通国际贸易中心2301、2302室	0513－87112088
江苏	光大期货有限公司南京营业部	南京市玄武区中央路288号501室	025－83122058
江苏	广发期货有限公司无锡营业部	无锡市中山路359号吟春大厦10层FGH单元	0510－66897116
江苏	国联期货有限责任公司常州营业部	常州市延陵西路19号	0519－88168922

营业部所属辖区	期货公司营业部名称	注册地址	联系电话
江苏	国联期货有限责任公司江阴营业部	江苏省无锡市江阴市澄江中路5-1号301、302、303室	0510-86876325
江苏	国联期货有限责任公司南京营业部	南京市建邺区庐山路158号嘉业国际城4幢1701室	025-86729299
江苏	国联期货有限责任公司南通营业部	南通市崇川区南大街290号崇川大厦四层	0513-55880605
江苏	国联期货有限责任公司苏州营业部	苏州工业园区苏雅路388号新天翔商业广场2幢903、904室	0512-62963102
江苏	国联期货有限责任公司无锡营业部	无锡市人民中路97号佳福大厦1408-1411室	0510-82750127
江苏	国联期货有限责任公司盐城营业部	盐城市人民中路2号房产大厦4楼	0515-83706606
江苏	国联期货有限责任公司扬州营业部	扬州市扬子江中路617号崇文国际大厦5幢1305-1311室	0514-89886811
江苏	国联期货有限责任公司宜兴营业部	宜兴市光明西路2号神马小区6号楼	0510-87339966
江苏	海航东银期货有限公司苏州营业部	苏州市养育巷229号	0512-85189789
江苏	海通期货有限公司常州营业部	常州市天宁区关河东路66号九洲环宇商务广场A座1709、1710室	0519-86616760
江苏	海证期货有限公司江阴营业部	江苏省江阴市环城北路27号2102室	0523-89106858
江苏	弘业期货股份有限公司常州营业部	常州市关河东路66号1610、1611室	0519-88161261
江苏	弘业期货股份有限公司淮安营业部	淮安市清河区淮海第一城办公楼801、802室	0517-83900209
江苏	弘业期货股份有限公司连云港营业部	江苏省连云港市新浦区苍梧路6号龙河大厦二期工程1101-1108号	0518-85321108
江苏	弘业期货股份有限公司南通营业部	南通市姚港路6号	0513-85113309
江苏	弘业期货股份有限公司苏州营业部	苏州市姑苏区爱河桥路9号13楼	0512-88166669
江苏	弘业期货股份有限公司宿迁营业部	江苏省宿迁市青海湖路80号中兴·君临国际广场A-1505、1506、1507	0527-84331588
江苏	弘业期货股份有限公司泰州营业部	泰州市海陵区迎春西路21号108-109、206-210室	0523-86211993
江苏	弘业期货股份有限公司无锡营业部	无锡市中山路531-1706、1707、1708、1709室	0510-82701302
江苏	弘业期货股份有限公司无锡中山路营业部	无锡市中山路333-3A	0510-82798215
江苏	弘业期货股份有限公司徐州营业部	徐州市云龙区和平路帝都大厦2206-2208	0516-85695258
江苏	弘业期货股份有限公司徐州中山北路营业部	徐州市中山北路29号	0516-85795222
江苏	弘业期货股份有限公司盐城营业部	盐城市华邦东厦2幢1906、1907、1908室	0515-88889288
江苏	弘业期货股份有限公司扬州营业部	扬州市扬子江北路368号中集格兰云天酒店旁三层小商业2、3层	0514-87314255
江苏	弘业期货股份有限公司宜兴营业部	宜兴市人民中路135号二楼、六楼	0510-87961109
江苏	弘业期货股份有限公司张家港营业部	张家港市城北路178号	0512-89598788
江苏	弘业期货股份有限公司镇江营业部	镇江市中山东路18号京凌大厦9楼	0511-85088168
江苏	宏源期货有限公司扬州营业部	江苏省扬州市文昌中路6号(华泰首席国际大厦)-602	0514-85165797
江苏	华泰长城期货有限公司南京营业部	江苏省南京市中山东路288号新世纪广场A座4703室	025-84671198
江苏	华泰长城期货有限公司南通营业部	南通市青年中路111号4层401室	0513-89013835
江苏	华泰长城期货有限公司苏州营业部	苏州工业园区苏惠路98号11层1107、1108室	0512-87773308
江苏	华泰长城期货有限公司无锡营业部	江苏省无锡市中山路343号东方广场第22层H座、I座、J座	0510-82728358
江苏	徽商期货有限责任公司南通营业部	南通市姚港路6号四层403	0513-55888100
江苏	江苏东华期货有限公司苏州营业部	苏州市干将西路399号403室	0512-67270031
江苏	江苏东华期货有限公司泰州营业部	泰州市海陵区青年北路219号716室	0523-86227126
江苏	江苏东华期货有限公司无锡营业部	无锡市中山路359号商业大厦集团东方广场B座商务楼第21层M单元	0510-82739321
江苏	江苏东华期货有限公司张家港营业部	张家港市新风桥东堍	0512-58137764
江苏	金瑞期货有限公司常州营业部	江苏省常州市延陵西路19号嘉宏世纪大厦2908-2912室	0519-89995398
江苏	锦泰期货有限公司常熟营业部	常熟市镇澜南路21号-59号417	0512-52861019
江苏	锦泰期货有限公司常州营业部	常州市怀德中路48号1701-1705室	0519-88173169
江苏	锦泰期货有限公司连云港营业部	连云港市新浦区郁洲南路12号万源花苑B综合楼202室	0518-85855209
江苏	锦泰期货有限公司南京营业部	南京市建邺区江东中路359号8楼	025-66106188
江苏	锦泰期货有限公司南通营业部	南通市工农路111号华辰大厦2座2303、2304室	0513-55089666
江苏	锦泰期货有限公司苏州营业部	苏州市干将东路599号东凌大厦307、308室	0512-85550088
江苏	锦泰期货有限公司无锡营业部	无锡市解放西路193号四层	0510-82704353
江苏	锦泰期货有限公司徐州营业部	徐州市建国西路43号	0516-66696659
江苏	锦泰期货有限公司扬州营业部	扬州市文昌西路56号(公元国际大厦)1幢510室	0514-87695880
江苏	美尔雅期货经纪有限公司常州营业部	常州市怀德中路50-1601、1602、1603、1607	0519-81290680
江苏	南华期货股份有限公司南通营业部	南通市南大街89号(南通总部)六层603、604室	0513-89011158
江苏	南证期货有限责任公司常州营业部	常州市钟楼区河景花园463号-467号	0519-89196191
江苏	南证期货有限责任公司苏州营业部	苏州工业园区苏惠路98号13楼	0512-67601776

营业部所属辖区	期货公司营业部名称	注册地址	联系电话
江苏	南证期货有限责任公司无锡营业部	无锡市中山路726号国信大厦10楼	0510－82619702
江苏	南证期货有限责任公司扬州营业部	江苏省扬州市文昌西路56号公元国际大厦1幢919室、920室、921室、922室	0514－85882908
江苏	瑞达期货股份有限公司南京营业部	南京市庐山路158号嘉业国际城3幢2510室	025－52241731
江苏	瑞达期货股份有限公司徐州营业部	徐州市云龙区和平路帝都大厦1#－1－302、2201室	0516－61888716
江苏	上海大陆期货有限公司宜兴营业部	江苏省宜兴市氿滨南路10号1501室	0510－80797301
江苏	上海东证期货有限公司常州营业部	常州市延陵西路23、25、27、29号1612、1618－1658室	0519－88051036
江苏	上海中财期货有限公司无锡营业部	江苏省江阴市福泰路89号4001－4006室	0510－86971297
江苏	上海中期期货有限公司苏州营业部	苏州市干将西路1359号5楼	0512－68275899
江苏	上海中期期货有限公司无锡营业部	无锡市崇安区人民中路118号金鼎广场3A(301)	0510－82703386
江苏	申银万国期货有限公司南京营业部	南京市华侨路27号	025－89669009
江苏	神华期货经纪有限公司无锡营业部	无锡市北塘区兴源北路401号(北创科技园一期大楼12－16、17、19)	0510－66632801
江苏	万达期货股份有限公司南京营业部	南京市建邺区江东路与集庆门大街交汇处西北角万达广场西地贰街区11幢2409、2410、2411室	025－68221288
江苏	文峰期货有限公司常州营业部	常州市延陵西路99号嘉业国贸广场17楼E室	0519－85065081
江苏	文峰期货有限公司连云港营业部	连云港市新浦区通灌南路128－A号楼3单元	0518－85523589
江苏	文峰期货有限公司苏州营业部	苏州市平江区人民路3188号9幢107室	0512－69356653
江苏	文峰期货有限公司无锡营业部	无锡市青祁路86号二楼	0510－85867060
江苏	文峰期货有限公司盐城营业部	盐城市建军东路38号四楼	0515－88150988
江苏	新纪元期货有限公司常州营业部	常州市武进区湖塘镇延政中路16号B2008、B2009	0519－88059977
江苏	新纪元期货有限公司南京营业部	南京市玄武区珠江路63－1号	025－84787999
江苏	新纪元期货有限公司南通营业部	南通市环城西路16号6层603－2、604室	0513－55880598
江苏	新纪元期货有限公司苏州营业部	苏州工业园区苏州大道西2号1幢国际大厦602－604室	0512－69560998
江苏	新纪元期货有限公司无锡营业部	无锡市南长区槐古豪庭15号7楼	0510－82827006
江苏	永安期货股份有限公司无锡营业部	无锡市中山路531－2003、2005	0510－82702008
江苏	浙江中大期货有限公司南京营业部	南京市广州路5号2幢1605室	025－85399202
江苏	中钢期货有限公司南京营业部	南京市白下区户部街15号兴业大厦3楼311室	025－86895786
江苏	中国国际期货有限公司江阴营业部	江阴市澄江中路118号12楼C座	0510－66200886
江苏	中国国际期货有限公司南京营业部	南京市白下区中山南路1号41层D1D2D3区	025－66087355
江苏	中国国际期货有限公司苏州营业部	苏州市狮山路35号金河国际大厦1001室、1002室、1003室	0512－85559816
江苏	中辉期货经纪有限公司常州营业部	常州通江南路88－1001号	0519－8109970
江苏	中粮期货有限公司苏州市张家港营业部	江苏省张家港市杨舍镇人民路40号(国贸酒店)四层	0512－58812669
江苏	中信期货有限公司苏州营业部	苏州工业园区苏雅路308号8楼西	0512－62891197
江苏	中信期货有限公司无锡营业部	无锡市滨湖区金融一街10号无锡金融中心707单元	0510－83030602
江西	宝城期货有限责任公司南昌营业部	南昌市西湖区中山路150号地王广场7楼	0791－86259952
江西	成都倍特期货经纪有限公司南昌营业部	江西省南昌市东湖区八一大道357号财富广场A座18楼1801号房	0791－86256775
江西	格林大华期货有限公司南昌营业部	南昌市红谷滩新区赣江北大道1号中航国际广场1008－1011室	0791－82078818
江西	国联期货有限责任公司南昌营业部	南昌市北京西路88号(江信国际大厦17楼)	0791－86304789
江西	国贸期货经纪有限公司九江营业部	江西省九江市环城路82号华强财富大酒店1002室	0792－8222939
江西	弘业期货股份有限公司南昌营业部	南昌市西湖区桃苑大厦Ⅱ区B座三层东南面东北面	0791－86653106
江西	江南期货经纪有限公司南昌营业部	江西省南昌市广场南路198号	0791－82111153
江西	江西瑞奇期货经纪有限公司抚州营业部	江西省抚州市赣东大道679号卫生局培训中心三楼	0794－8223329
江西	江西瑞奇期货经纪有限公司赣州营业部	江西省赣州市红旗大道56号创意大厦2楼	0797－8302209
江西	江西瑞奇期货经纪有限公司吉安营业部	江西省吉州区阳明东路3号人民剧院大楼三楼	0796－8249189
江西	江西瑞奇期货经纪有限公司景德镇营业部	江西省景德镇市新厂西路竞成岭海宏花园3栋201室	0798－2181100
江西	江西瑞奇期货经纪有限公司九江营业部	江西省九江市长虹北路1号长盛锦江小区第一、三栋不分单元912－924(3栋901－913)	0792－8226788
江西	江西瑞奇期货经纪有限公司南昌营业部	江西省南昌市红谷滩新区红谷中大道788号江信国际花园公建18号楼－203室	0791－86667908
江西	江西瑞奇期货经纪有限公司萍乡营业部	江西省萍乡市跃进南路93号恒隆国际大厦13楼	0799－6889666
江西	江西瑞奇期货经纪有限公司上饶营业部	江西省上饶市信州区五三大道162号综合楼二楼	0793－8300916
江西	江西瑞奇期货经纪有限公司新余营业部	江西省新余市仙来东大道720号	0790－6451938
江西	江西瑞奇期货经纪有限公司宜春营业部	江西省宜春市鼓楼商业街24号楼12楼	0795－3912548
江西	金瑞期货有限公司赣州营业部	赣州市章贡区黄屋坪路1号星光华城商场三层	0797－8192888
江西	金瑞期货有限公司南昌营业部	南昌市八一大道366号	0791－86846116

营业部所属辖区	期货公司营业部名称	注册地址	联系电话
江西	美尔雅期货经纪有限公司南昌营业部	南昌市青山湖区洪都北大道299号高能金域名都12栋1415室、1416室、1417室、1418室	0791－85225616
江西	南证期货有限责任公司南昌营业部	南昌市东湖区叠山路119号天河大厦9－10楼A座	0791－86807508
江西	瑞达期货股份有限公司赣州营业部	江西省赣州市长征大道6号金鹏雅典园17号写字楼	0797－7396191
江西	瑞达期货股份有限公司南昌营业部	南昌市洪城路8号2幢B座1102室	0791－82066278
江西	上海中财期货有限公司南昌营业部	江西省南昌市青云谱区解放西路49号明珠广场H栋601、602、614室	0791－88457727
江西	永安期货股份有限公司南昌营业部	南昌市东湖区洪都北大道636号西格玛商务中心604－605室	0791－86862710
江西	中国国际期货有限公司南昌营业部	南昌市红谷滩新区中央广场B区准甲办公楼1710、1709室	0791－82211618
江西	中信建投期货有限公司南昌营业部	江西省南昌市西湖区八一大道96号华龙国际大厦1303－1305室	0791－86376890
江西	中信期货有限公司南昌营业部	江西省南昌市红谷滩新区红谷凯旋商业办公综合楼603室	0791－83960731
辽宁	宝城期货有限责任公司沈阳营业部	沈阳市皇姑区黑龙江街25号7层	024－86219955
辽宁	北京首创期货有限责任公司沈阳营业部	沈阳市和平区十一纬路25号辽宁出版集团智能大厦1号楼5－3、5－4、5－6、5－7、5－8室	024－23284555
辽宁	渤海期货有限公司沈阳营业部	沈阳市和平区和平北大街28号华利大厦15－2室、15－6室	024－31325610
辽宁	大连良运期货经纪有限公司沈阳营业部	沈阳市皇姑区黄河南大街110号110栋1－17－1、1－17－2、1－17－3、1－17－4室	024－86110987
辽宁	东海期货有限责任公司沈阳营业部	沈阳市和平区青年大街390号皇朝万鑫C座1701室	024－31314656
辽宁	东吴期货有限公司沈阳营业部	沈阳市沈河区北站路115号(1906)	024－88716111
辽宁	冠通期货有限公司沈阳营业部	沈阳市沈河区北京街51号(1－10－1)(1－10－11)	024－62570151
辽宁	海通期货有限公司沈阳营业部	沈阳市沈河区北京街7号辽宁有色大厦4层	024－62116789
辽宁	海通期货有限公司营口营业部	营口经济技术开发区辽东湾大街宏基大厦宏基商务宾馆10楼1006室	0417－3216321
辽宁	弘业期货股份有限公司沈阳营业部	沈阳市沈河区北站路57号21－3、21－4	024－31286433
辽宁	华海期货有限公司鞍山营业部	鞍山市铁东区解放街道嘉宝丽园201网点8号	0412－8521945
辽宁	华海期货有限公司沈阳营业部	沈阳市沈河区团结路9号(1－9－10)、(1－9－11)	024－22598083
辽宁	华融期货有限责任公司沈阳营业部	辽宁省沈阳市沈河区市府大路290号(A座27层8－17室)	024－62238399
辽宁	江海汇鑫期货有限公司鞍山营业部	鞍山市铁东区二道街23栋	0412－2210448
辽宁	江海汇鑫期货有限公司沈阳营业部	沈阳市沈河区北站路59号E座2105	024－22730807
辽宁	江海汇鑫期货有限公司营口市市府路营业部	营口市市府路1－1号营口市财富广场C写字楼A座8层9、10、11、12号	0417－2892008
辽宁	江信国盛期货有限责任公司沈阳营业部	辽宁省沈阳市和平区三好街华强大厦A座1006号	024－31909478
辽宁	金瑞期货有限公司沈阳市文艺路营业部	沈阳市和平区青年大街286号2007室	024－31379993
辽宁	鲁证期货股份有限公司沈阳营业部	沈阳市和平区南京北街161号(C座701－703)	024－23259108
辽宁	南华期货股份有限公司沈阳营业部	沈阳市沈河区北站路51号15层C室	024－22566918
辽宁	上海大陆期货有限公司沈阳营业部	沈阳市和平区青年大街322号(昌鑫大厦F座701、702、703、704室)	024－31883448
辽宁	上海中期期货有限公司沈阳市三好街营业部	沈阳市和平区三好街87号三号SOHO大厦0801室、0802室、0803室	024－31872006
辽宁	上海中期期货有限公司沈阳营业部	沈阳市沈河区友好街19号奉天银座B座8层806－809室	024－31270661
辽宁	天风期货有限公司营口营业部	辽宁省营口市金牛山大街东139号	0417－3947775
辽宁	新湖期货有限公司沈阳营业部	沈阳市沈河区惠工街10号卓越大厦15层1505、1506、1507	024－31060031
辽宁	信达期货有限公司沈阳营业部	沈阳市沈河区惠工街56号8层	024－31973678
辽宁	银河期货有限公司沈阳营业部	沈阳市沈河区悦宾街1号(1606室)	024－22505797
辽宁	银建期货经纪有限责任公司沈阳营业部	沈阳市和平区北五马路45、47、49号	024－22890725
辽宁	英大期货有限公司沈阳营业部	沈阳市沈河区北站路53号沈阳财富中心B座第13层6号	024－31288133
辽宁	永安期货股份有限公司鞍山营业部	鞍山市铁东区南胜利路40号金龙大厦四层401室、402室	0412－2233397
辽宁	永安期货股份有限公司沈阳营业部	沈阳市沈河区北站路53号财富中心B座23层	024－31286565
辽宁	中国国际期货有限公司沈阳营业部	沈阳市沈河区北站路59号财富中心E座(19－5、6、7)	024－82513107
辽宁	中信期货有限公司沈阳营业部	沈阳市沈河区惠工街124号中韩大厦14－5甲,14－5乙,14－6甲,14－6乙	024－62651187
内蒙古	北京首创期货有限责任公司包头营业部	内蒙古自治区包头市青山区钢铁大街10号中环大厦B－702、704、706、708、710、712、714号	0472－6167900
内蒙古	北京首创期货有限责任公司赤峰营业部	赤峰市新城区水榭花都B区57号楼2单元02011号	0476－8301830
内蒙古	北京中期期货有限公司包头营业部	内蒙古自治区包头市青山区少先路2号包头商会大厦10层1002室	0472－6997288
内蒙古	格林大华期货有限公司呼和浩特营业部	呼和浩特市塞罕区大学西路36号学府康都C座2层	0471－3382760
内蒙古	国元期货有限公司通辽营业部	内蒙古通辽市科尔沁区建国路37号世基大厦12层西侧	0475－6380818
内蒙古	金鹏期货经纪有限公司鄂尔多斯市营业部	内蒙古鄂尔多斯市东胜区创业大厦A座6楼601	0477－3878349
内蒙古	民生期货有限公司包头营业部	内蒙古包头市青山区钢铁大街46号金顶商务大厦905、907	0472－5134655
内蒙古	瑞达期货股份有限公司鄂尔多斯市营业部	内蒙古鄂尔多斯市东胜区吉劳庆北路6号街坊金辉大厦A座9层907－908房	0477－8547981

营业部所属辖区	期货公司营业部名称	注册地址	联系电话
内蒙古	上海中财期货有限公司赤峰营业部	内蒙古赤峰市红山区办事处嘉信房产综合楼5楼	0476－5951080
内蒙古	鑫鼎盛期货有限公司包头营业部	内蒙古包头市青山区钢铁大街2号恒通公寓106	0472－2885313
内蒙古	鑫鼎盛期货有限公司呼和浩特营业部	内蒙古呼和浩特市回民区新华大街82号内蒙古体育文化活动综合楼(奥体大酒店10层)	0471－6281872
内蒙古	中信期货有限公司包头营业部	内蒙古自治区包头市昆区市府西路科源大厦8楼	0472－6862626
宁波	北京中期期货有限公司宁波营业部	浙江省宁波市江东区中兴路719号098幢13－3、13－4、13－5、13－6、13－7室	0574－87096853
宁波	大地期货有限公司宁波营业部	宁波市海曙区冷静街8号9楼	0574－87193731
宁波	大越期货有限公司余姚营业部	浙江省余姚市城区长安路218号中宇锦江大厦6楼	0574－62661377
宁波	东海期货有限责任公司宁波营业部	浙江省宁波市江北区北岸财富中心9幢<5－4>号	0574－83899096
宁波	光大期货有限公司宁波营业部	浙江省宁波市海曙区华楼巷19号3－11室	0574－87860380
宁波	广发期货有限公司宁波营业部	宁波市江东区和济街180号1幢14－2室	0574－27990009
宁波	国泰君安期货有限公司宁波营业部	宁波市海曙区中山西路2号恒隆中心26层	0574－56868188
宁波	海通期货有限公司宁波鄞州营业部	浙江省宁波市鄞州区首南街道泰康中路558号1501室	0574－89069108
宁波	弘业期货股份有限公司宁波营业部	宁波市江东区惊驾路555号002幢19－3	0574－87869517
宁波	华泰长城期货有限公司宁波营业部	浙江省宁波市海曙区柳汀街230号2幢8306、8308室	0574－83883688
宁波	鲁证期货股份有限公司宁波营业部	浙江省宁波市江北区槐树路36号<1－20>－<1－22>	0574－27893883
宁波	南华期货股份有限公司慈溪营业部	浙江省慈溪市浒山街道开发大道1277号香格大厦7楼	0574－63925100
宁波	南华期货股份有限公司宁波营业部	宁波市和义路77号汇金大厦9楼	0574－87197098
宁波	南华期货股份有限公司余姚营业部	浙江省余姚市城区余姚中国塑料城国际商务中心3幢1601、1602室	0574－62509018
宁波	宁波杉立期货经纪有限公司慈溪营业部	慈溪市开发大道1277号香格大厦1809室	0574－63113362
宁波	宁波杉立期货经纪有限公司宁海营业部	宁波市宁海县世贸中心1幢1号1801—1802室	0574－83556533
宁波	宁波杉立期货经纪有限公司鄞州营业部	浙江省宁波市鄞州区首南街道鄞县大道东段1299号0125幢1002室	0574－89017523
宁波	宁波杉立期货经纪有限公司余姚营业部	浙江省余姚市新建北路1号城市金座10楼	0574－62657758
宁波	上海浙石期货经纪有限公司宁波营业部	宁波市海曙区灵桥路255号中宁大厦1101室	0574－56120216
宁波	上海中期期货有限公司宁波营业部	浙江省宁波市江东区中兴路775号天润商座3幢3号10楼	0574－87867601
宁波	申银万国期货有限公司宁波营业部	浙江省宁波市江东区江东北路317号宁波和丰创意广场H幢楼601室	0574－27992727
宁波	万达期货股份有限公司宁波鄞州营业部	浙江省宁波市鄞州区首南街道天童南路575号812室	0574－89018159
宁波	新湖期货有限公司宁波营业部	宁波市江北区江安路钻石商业广场18号1106－07室	0574－83068868
宁波	信达期货有限公司宁波营业部	宁波市江东区悦盛路359号滨江商业广场007幢14－3、14－4、14－5室	0574－55127078
宁波	一德期货有限公司宁波营业部	浙江省宁波市江东区彩虹北路48号波特曼大厦8－6、8－7号	0574－87951915
宁波	银河期货有限公司宁波营业部	浙江省宁波市华楼巷19号301	0574－27661133
宁波	永安期货股份有限公司宁波营业部	浙江省宁波市江东区彩虹南路11号嘉汇国贸A座5楼	0574－87270515
宁波	永安期货股份有限公司余姚营业部	余姚市城区新建北路232号中塑国际大厦7楼	0574－62551110
宁波	浙江新世纪期货有限公司宁波营业部	浙江省宁波市海曙区车轿街69号恒泰大厦8－5号	0574－83896168
宁波	浙江中大期货有限公司宁波营业部	浙江省宁波市江东区福明路828号13—2、13—3、13—4室	0574－27990099
宁波	浙商期货有限公司宁波营业部	浙江省宁波市海曙区南站东路16号11楼	0574－83868668
宁波	中国国际期货有限公司宁波营业部	浙江省宁波市海曙区东渡路55号22楼	0574－27705568
宁波	中辉期货经纪有限公司宁波营业部	浙江省宁波市海曙区和义路168号15－3室	0574－83899103
宁波	中粮期货有限公司宁波营业部	浙江省宁波市江东区世纪东方广场3、5、6号003幢12－7、12－8	0574－27955898
宁波	中信期货有限公司宁波鄞州营业部	宁波市鄞州区天童北路939号B座607、609－612、615－618室	0574－82809856
宁夏	格林大华期货有限公司银川营业部	银川市解放西街2号(老大楼商务写字楼13楼16号、18号)	0951－6072084
宁夏	华龙期货有限公司银川营业部	银川市金凤区北京中路51号瑞银财富中心2幢20层4号	0951－4011287
宁夏	中信期货有限公司银川营业部	银川市兴庆区文化西街106号银川国际贸易中心B栋8层B03、B05、B06室	0951－5198131
青岛	宝城期货有限责任公司青岛营业部	青岛经济技术开发区紫金山路117栋1单元14楼1401室	0532－86108788
青岛	北京中期期货有限公司青岛营业部	青岛市市南区香港中路61号阳光大厦A座21楼EH单元	0532－82020087
青岛	成都倍特期货经纪有限公司青岛营业部	山东省青岛市市南区香港西路67号5F/JK室	0532－83101969
青岛	东海期货有限责任公司青岛营业部	青岛市市南区东海西路39号世纪大厦17层D、E室	0532－86102999
青岛	格林大华期货有限公司青岛营业部	青岛市市南区山东路2号甲17层F、G区	0532－83095258
青岛	冠通期货有限公司青岛营业部	青岛市市南区香港中路20号北栋15层1519、1521室	0532－85023696
青岛	光大期货有限公司青岛营业部	青岛市市南区香港西路67号12层JKLM室	0532－86127019
青岛	广发期货有限公司青岛营业部	青岛市市南区东海西路39号世纪大厦15层1501室	0532－85799288
青岛	国联期货有限责任公司青岛营业部	青岛市市南区东海西路35号2栋3层2,3,4室	0532－89092087
青岛	海通期货有限公司青岛营业部	青岛市市南区南京路2号绮丽大厦1301、1302、1303室	0532－66773188
青岛	弘业期货股份有限公司青岛营业部	青岛市市南区香港中路10号1号楼2301、2303室	0532－85026122

营业部所属辖区	期货公司营业部名称	注册地址	联系电话
青岛	华安期货有限责任公司青岛营业部	青岛市市南区闽江路2号国华大厦B座2804室	0532－86662579
青岛	华泰长城期货有限公司青岛营业部	青岛市市南区香港中路12号丰合广场A栋3层A室	0532－85029801
青岛	金瑞期货有限公司青岛营业部	青岛市市南区东海西路5号甲16层4室	0532－80901908
青岛	金友期货经纪有限责任公司青岛营业部	青岛市中山路58号百盛国际商务中心1510室	0532－82023818
青岛	锦泰期货有限公司青岛营业部	青岛市市南区闽江路2号2单元1801室	0532－89071256
青岛	经易期货经纪有限公司青岛营业部	青岛市东海西路35号太平洋中心3号楼4层	0532－85780820
青岛	鲁证期货股份有限公司青岛营业部	山东省青岛市市南区江西路78号	0532－80776050
青岛	迈科期货经纪有限公司青岛营业部	山东省青岛市市南区香港中路10号1号楼1905室	0532－85029906
青岛	南华期货股份有限公司青岛营业部	山东省青岛市市南区闽江路2号1单元2501室	0532－85808555
青岛	上海东证期货有限公司青岛营业部	山东省青岛市市南区香港中路7号甲亚麦国际中心A2东室	0532－80869701
青岛	万达期货股份有限公司青岛营业部	山东省青岛市市南区东海中路2号环海大厦20层E－01室、E－02室	0532－86688507
青岛	新湖期货有限公司青岛营业部	山东省青岛市市南区东海西路39号世纪大厦18楼1808、1809室	0532－85790036
青岛	银河期货有限公司青岛营业部	山东省青岛市市南区香港中路12号C201室	0532－80661688
青岛	英大期货有限公司青岛营业部	山东省青岛市市南区东海西路35号4栋8层A、C	0532－85976320
青岛	永安期货股份有限公司青岛营业部	山东省青岛市市南区香港中路40号906户	0532－86679886
青岛	浙江中大期货有限公司青岛营业部	山东省青岛市市南区南海路9号汇泉王朝大饭店裙楼三楼C8	0532－85605252
青岛	中电投先融期货有限公司青岛营业部	山东省青岛市市南区香港中路10号颐和国际A座2901室	0532－85029287
青岛	中国国际期货有限公司青岛营业部	山东省青岛市市南区山东路22号金孚大厦B座九层H_I室	0532－85778585
青岛	中粮期货有限公司青岛营业部	山东省青岛市市南区东海西路17号海信大厦1508、1509室	0532－68899825
青岛	中信期货有限公司青岛营业部	山东省青岛市市南区香港中路6号世贸中心B座105室	0532－85917806
青岛	中州期货有限公司青岛营业部	山东省青岛市市南区南京路9号联合大厦19层	0532－85753103
山东	北京首创期货有限责任公司济南营业部	山东省济南市历下区趵突泉北路1号开元广场B502室	0531－86908558
山东	渤海期货有限公司济南营业部	山东省济南市历下区解放路112号正大时代广场1811.1812.1813.1814.1815.1819室	0531－82391308
山东	成都倍特期货经纪有限公司济南营业部	山东省济南市市中区泺源大街229号金龙大厦主楼17层B室	0531－86123618
山东	大地期货有限公司济南营业部	山东省济南市历下区文化西路13号海辰办公写字楼1－302室	0531－55638701
山东	大越期货有限公司日照营业部	山东省日照市东港区烟台路与济南路交汇处国际金融中心5号楼13层ES－01室	0633－2295577
山东	东兴期货有限责任公司烟台营业部	山东省烟台市芝罘区南大街9号金都大厦23层	0535－6600122
山东	格林大华期货有限公司日照营业部	山东省日照市东港区泰安路179号国际大厦B座10层	0633－2295901
山东	国信期货有限责任公司济南营业部	山东省济南市历下区泉城路268号901、916室	0531－86019905
山东	海通期货有限公司济南营业部	山东省济南市市中区经四路万达商业广场D座11层1103、1105室	0531－81675959
山东	弘业期货股份有限公司济南营业部	山东省济南市市中区经七路88号房地产大厦14层	0531－55592288
山东	宏源期货有限公司济南营业部	山东省济南市历下区文化西路13号海辰办公写字楼2－501室	0531－89015018
山东	金鹏期货经纪有限公司临沂营业部	山东省临沂市兰山区金雀山路10号开元上城国际1号楼B座1918、1919室	0539－8137117
山东	鲁证期货股份有限公司德州营业部	山东省德州市德城区天衢中路1369号丽晶大厦11层	0534－2617088
山东	鲁证期货股份有限公司东营营业部	山东省东营市东营区济南路20号鑫都大厦8楼	0546－82779996
山东	鲁证期货股份有限公司济南营业部	山东省济南市天桥区英贤街19号(4楼)	0531－81916257
山东	鲁证期货股份有限公司济宁营业部	山东省济宁市洸河路123号兴唐金茂大厦807室	0537－2715707
山东	鲁证期货股份有限公司临沂营业部	山东省临沂市兰山区启阳路26号澳尔诺国际大厦3号楼701室	0539－8073720
山东	鲁证期货股份有限公司潍坊营业部	山东省潍坊市奎文区东风东街338号银海恒基大厦12层A座	0536－8232653
山东	鲁证期货股份有限公司烟台营业部	山东省烟台市莱山区观海路267号观海大厦B座4层	0535－6605095
山东	鲁证期货股份有限公司淄博营业部	山东省淄博市张店区人民西路66号证券大厦9层	0533－2187987
山东	美尔雅期货经纪有限公司济南营业部	山东省济南市历下区经十路17703号华特广场B105、B107室	0531－82388187
山东	瑞达期货股份有限公司济南营业部	山东省济南市槐荫区经七纬十二路银座中心1号楼1－1802室	0531－55707955
山东	上海中财期货有限公司济南营业部	山东省济南市解放路112号历东商务大厦16楼	0531－83196202
山东	上海中财期货有限公司莱芜营业部	山东省莱芜市钢城区钢都大街168号10楼	0634－5653399
山东	上海中期期货有限公司临沂营业部	山东省临沂市兰山区银雀路58号矿务局1号楼13层	0539－7576177
山东	上海中期期货有限公司邹城营业部	山东省邹城市太平东路51号中国银行大厦一层和九层	0537－5308099
山东	新湖期货有限公司济南营业部	山东省济南市历下区历山路157号六层601、602、603室	0531－80973138
山东	一德期货有限公司德州营业部	山东省德州市经济开发区三八东路中建华府小区S7商业3层317号	0534－5019157
山东	银河期货有限公司济南营业部	山东省济南市经七路83号	0531－81772300
山东	英大期货有限公司东营营业部	山东省东营市北一路747号东赵大厦16层	0546－8168999
山东	英大期货有限公司济南营业部	山东省济南市泺源大街5号良友富临大厦5楼	0531－66573257
山东	英大期货有限公司临沂营业部	山东省临沂市兰山区金雀山一路141号京元大厦九楼	0539－8133789

营业部所属辖区	期货公司营业部名称	注册地址	联系电话
山东	英大期货有限公司潍坊营业部	山东省潍坊市东风东街360号	0536－8229708
山东	永安期货股份有限公司济南营业部	山东省济南市槐荫区经十路22799号银座中心1号楼3301室	0531－81670988
山东	永安期货股份有限公司潍坊营业部	山东省潍坊市奎文区胜利东街5087号潍坊金融服务区2号楼2701－2708	0536－8236189
山东	永安期货股份有限公司淄博营业部	山东省淄博市高新区柳泉路107号国贸大厦24层	0533－6285698
山东	招金期货有限公司济南营业部	山东省济南市市中区经四路万达广场B座1206、1207、1208室	0531－66689266
山东	招金期货有限公司临沂营业部	山东省临沂市兰山区金雀山路10号开元上城国际B座1411、1412、1413室	0539－8118366
山东	浙江中大期货有限公司济南营业部	山东省济南市经十路22799号1号楼3101室	0531－55620555
山东	中钢期货有限公司济南营业部	山东省济南市南门大街2号银座泉城大酒店B座206－212	0531－61369758
山东	中国国际期货有限公司济南万达营业部	山东省济南市市中区万达广场A座2408室	0531－66678666
山东	中国国际期货有限公司临沂营业部	山东省临沂市北城新区三和二街府佑大厦17层	0539－8729278
山东	中信建投期货有限公司济南营业部	山东省济南市泺源大街150号中信广场6楼602、606、607房	0531－85180668
山东	中信期货有限公司济南营业部	山东省济南市历下区泺源大街150号中信广场A座五层502室、512室	0531－55705066
山东	中信期货有限公司淄博营业部	山东省淄博市张店区人民西路12号甲1号5层	0533－2311667
山东	中州期货有限公司滨州营业部	山东省滨州市滨城区黄河五路498号三楼	0543－3091828
山东	中州期货有限公司东营营业部	山东省东营市东营区济南路47号科贸中心九层	0546－8259291
山东	中州期货有限公司济南营业部	山东省济南市市中区经七路386号房金大厦10层	0531－69905588
山东	中州期货有限公司临沂营业部	山东省临沂市兰山区沂蒙路454号1号楼801室	0539－8053283
山东	中州期货有限公司龙口营业部	山东省龙口市港城大道585号三楼	0535－8549808
山东	中州期货有限公司烟台营业部	山东省烟台市南大街117号文化宫大厦16、17层	0535－6695733
山西	长江期货有限公司太原营业部	太原市小店区平阳路1号金茂国际数码中心大厦1幢A座17层A、B号	0351－8720088
山西	第一创业期货有限责任公司太原营业部	太原市杏花岭区府西街9号王府商务大厦A座17层C户D户	0351－5263370
山西	东海期货有限责任公司太原营业部	太原市小店区王村南街65号山西投资大厦第六层南厅西三跨、北厅西二跨	0351－5266757
山西	东兴期货有限责任公司太原营业部	太原市小店区南内环街98－2号财富大厦22层2219、2219A、2221室	0351－5282867
山西	格林大华期货有限公司太原营业部	太原市新建路78号新闻大厦二十五层	0351－8222733
山西	国联期货有限责任公司太原营业部	太原市小店区长风街705号(和信商业广场)1幢(塔楼)3002E	0351－2729357
山西	国投中谷期货有限公司太原营业部	山西省太原市小店区长风街113号千禧世纪广场第一幢C单元1101－1102室	0351－8333642
山西	海航东银期货有限公司太原营业部	太原市长风街12号新纪元大酒店1606－1613室及1603室	0351－2393216
山西	海通期货有限公司太原营业部	太原市小店区长治路111号世贸大厦A座25层08室	0351－7219185
山西	和合期货经纪有限公司大同营业部	大同市文昌路1号诚益大厦4层406室	0352－5337651
山西	弘业期货股份有限公司太原营业部	太原市杏花岭区府西街69号山西国际贸易中心西塔楼18层1806、1808室	0351－8689591
山西	民生期货有限公司大同营业部	山西省大同市操场城街甲6号洪泰大厦10层1010、1011号房	0352－2050286
山西	民生期货有限公司太原营业部	山西省太原市小店区长风街132号长风大厦17层南区	0351－7041832
山西	民生期货有限公司阳泉营业部	山西省阳泉市新建路274号	0353－2596675
山西	民生期货有限公司运城营业部	山西省运城市盐湖区人民北路147号环球财富大厦1209、1211室	0359－2255366
山西	南华期货股份有限公司太原营业部	太原市迎泽区解放南路2号山西景峰国际商务大厦2501、2502室	0351－2118002
山西	瑞达期货股份有限公司太原营业部	太原市小店区长风大街705号(和信商业广场)1幢(塔楼)28层804－808室	0351－7527225
山西	山西三立期货经纪有限公司晋城营业部	山西省晋城市泽州路与红星街交叉口国贸中心A座1601室	0357－2056468
山西	山西三立期货经纪有限公司临汾营业部	山西省临汾煤化巷19号楼	0357－2119344
山西	上海东证期货有限公司太原营业部	太原市小店区长风路705号(和信商业广场)1幢(塔楼)10层1023、1024、1025、1026室	0351－8397503
山西	上海中财期货有限公司太原营业部	太原市杏花岭区府西街69号山西国际贸易中心东塔楼10层1010室	0351－8689383
山西	晟鑫期货经纪有限公司长治营业部	长治市长兴中路43号	0355－2033565
山西	晟鑫期货经纪有限公司晋中营业部	晋中市榆次区中都北路12号中元商务楼10层1001室	0354－2663296
山西	晟鑫期货经纪有限公司太原营业部	太原市长治路103号阳光国际商务中心A座九层0904、0905室	0351－5273703
山西	万达期货股份有限公司太原营业部	太原市小店区长治路111号世贸中心A座24层A07、A08室	0351－7117768
山西	新湖期货有限公司太原营业部	太原市小店区长风大街705号(和信商业广场)1幢(塔楼)32层3220－3223室	0351－2239770
山西	银河期货有限公司太原营业部	太原市小店区长治路103号阳光国际商务中心B座12层1202室	0351－7882641
山西	中国国际期货有限公司太原营业部	山西省太原市迎泽区解放南路2号山西景峰国际商务大厦604室	0351－2148788
山西	中粮期货有限公司太原营业部	太原市杏花岭区府西街69号山西国际贸易中心西塔楼2009单元	0351－8687889
陕西	北京中期期货有限公司西安营业部	西安市高新区高新路42号金融大厦12层	029－68529188
陕西	长安期货有限公司宝鸡营业部	宝鸡市渭滨区经二路155号21层1号	0917－3202029
陕西	长安期货有限公司韩城营业部	陕西省韩城市招商区育英二区5号商住楼3单元2层	0913－5215668
陕西	长安期货有限公司汉中营业部	陕西省汉中市汉台区东大街2号	0916－2520085
陕西	长安期货有限公司西安营业部	西安市碑林区和平路金鑫国际大厦707、708、717、718室	029－87206162

营业部所属辖区	期货公司营业部名称	注册地址	联系电话
陕西	广发期货有限公司西安营业部	西安市莲湖区北大街55号新时代广场4层I座	029-87208130
陕西	国信期货有限责任公司榆林营业部	陕西省榆林市航宇路幸福路1号金穗大厦一楼	0912-3688258
陕西	国元期货有限公司西安营业部	陕西省西安市高新区高新四路13号朗臣大厦11701、11702室	029-88604088
陕西	海通期货有限公司西安营业部	西安市高新区科技四路2号枫林绿洲G区3号商业楼10201、10202室	029-68908861
陕西	弘业期货股份有限公司西安营业部	西安市北大街55号新时代广场12层C号	029-87208280
陕西	金元期货经纪有限公司西安营业部	西安市和平路118号和平银座1101、1102、1015室	029-87517795
陕西	经易期货经纪有限公司西安营业部	西安市新城区纬什街新科路1号楼一层	029-62662718
陕西	迈科期货经纪有限公司西安营业部	西安市莲湖区北大街55号新时代广场7层H、I号	029-87208982
陕西	迈科期货经纪有限公司榆林营业部	陕西省榆林市经济开发区兴达路榆林国际商务大厦6楼C段619、623室	0912-3519901
陕西	山西三立期货经纪有限公司西安营业部	西安市雁塔区二环南路100号金叶现代之窗10层	029-88376790
陕西	上海中财期货有限公司西安营业部	西安市碑林区和平路22号盛唐国际3楼304、307、308室	029-87938489
陕西	上海中期期货有限公司西安营业部	陕西省西安市高新路2号西部国际广场1幢2单元15层01室	029-88829509
陕西	万达期货股份有限公司西安营业部	西安市高新区沣惠南路34号新长安广场第1幢2单元16层21601、21602号	029-68689278
陕西	西部期货有限公司宝鸡营业部	宝鸡市渭滨区经二路东段5号宝鸡日报社大楼二层、四层	0917-3207999
陕西	西部期货有限公司西安营业部	西安市高新区科技路48号创业广场A201室	029-87998626
陕西	西部期货有限公司榆林营业部	榆林市榆阳区长城南路1号龙腾国际大酒店9层	0912-3283861
陕西	新湖期货有限公司西安营业部	西安市高新区高新一路2号国家开发银行大厦1105室	029-88377578
陕西	银河期货有限公司西安营业部	西安市碑林区友谊东路51号	029-88666636
陕西	浙江中大期货有限公司西安营业部	西安市未央区未央路132号经发大厦905室	029-86524589
陕西	中辉期货经纪有限公司西安营业部	西安市高新区科技路48号创业广场B座1506室	029-88335818
陕西	中信建投期货有限公司西安营业部	西安市高新区科技路38号林凯国际大厦十六层1604、1605	029-89384301
陕西	中信期货有限公司西安营业部	西安市高新区高新路56号高新电信广场裙楼4层东侧4D	029-88993229
陕西	中原期货有限公司咸阳营业部	陕西省咸阳市渭城区中山街学道门巷C段北2层1号	029-38196839
上海	安粮期货有限公司上海营业部	上海市浦东新区浦电路500号期货大厦2401、2402室	021-68401016
上海	安信期货有限责任公司上海营业部	上海市浦东新区世纪大道1589号16层11单元	021-68765121
上海	宝城期货有限责任公司上海营业部	上海市浦东新区世纪大道1501号1002B、1003室	021-50196669
上海	北京首创期货有限责任公司上海营业部	上海市浦东新区福山路458号1901、1911、1912室	021-58207856
上海	北京中期期货有限公司上海营业部	上海市浦东新区松林路300号期货大厦2501室、2502室	021-68402466
上海	渤海期货有限公司上海营业部	上海市浦东新区松林路300号3001室	021-38991558
上海	长安期货有限公司上海营业部	上海市杨浦区大连路588号、688号A座16层05号	021-65688722
上海	长江期货有限公司上海北京西路营业部	上海市静安区北京西路1399号3楼A座	021-62898366
上海	长江期货有限公司上海世纪大道营业部	上海市浦东新区世纪大道1589号8楼01-02单元	021-61683728
上海	成都倍特期货经纪有限公司上海营业部	上海市浦东新区松林路300号2901室	021-68402258
上海	创元期货有限公司上海营业部	上海市浦东新区松林路357号22层A、B座	021-68409339
上海	大地期货有限公司上海营业部	上海市浦东新区松林路357号20层C. D. B1室	021-60756198
上海	大通期货经纪有限公司上海营业部	上海浦东新区浦东南路1289号10层1010室	021-58821622
上海	大有期货有限公司上海营业部	上海市中山北路2550号物贸大厦2楼	021-52711392
上海	大越期货有限公司上海东方路营业部	上海市浦东新区东方路899号909-912室	021-60451985
上海	东方汇金期货有限公司上海营业部	上海市杨浦区翔殷路1088号605-609室	021-60319918
上海	东海期货有限责任公司上海营业部	上海市浦东新区世纪大道1568号33楼4单元	021-68758838
上海	东吴期货有限公司上海牡丹江路营业部	上海宝山区牡丹江路1211号310室、311室	021-56121916
上海	东吴期货有限公司上海期货大厦营业部	上海市浦东新区松林路300号1705室	021-64450666
上海	东吴期货有限公司上海世纪大道营业部	上海市浦东新区世纪大道1600号1幢13楼7-8室	021-33926607
上海	格林大华期货有限公司上海期货大厦营业部	上海市浦东新区松林路300号1805室、3004室	021-38529718
上海	格林大华期货有限公司上海源深路营业部	上海市浦东新区源深路1088号葛洲坝大厦7层	021-38529735
上海	冠通期货有限公司上海营业部	浦东新区松林路300号期货大厦2604室	021-68401589
上海	光大期货有限公司上海世纪大道营业部	上海市浦东新区世纪大道1501号1301、1309室	021-50192130
上海	光大期货有限公司上海新闸路营业部	上海市静安区新闸路1518号2楼	021-22169060
上海	光大期货有限公司上海肇嘉浜路营业部	上海市肇嘉浜路680号金钟大厦811室	021-64155171
上海	广发期货有限公司上海营业部	上海市浦东新区浦电路500号2801、2804、2805室	021-68402661
上海	广州期货有限公司上海福山路营业部	上海市浦东新区福山路458号同盛大厦17层1701室	021-51866700

营业部所属辖区	期货公司营业部名称	注册地址	联系电话
上海	国都期货有限公司上海黄兴路营业部	上海市杨浦区黄兴路1725号1001、1002、1003、1006室	021－61230968
上海	国海良时期货有限公司上海营业部	上海市浦东新区世纪大道1777号东方希望大厦8层GH室	021－50810143
上海	国金期货有限责任公司上海芳甸路营业部	上海市浦东新区芳甸路1088号紫竹国际大厦501单元	021－68401918
上海	国联期货有限责任公司上海营业部	上海市浦东新区世纪大道1589号6楼10－11单元	021－58208206
上海	国贸期货经纪有限公司上海张杨路营业部	上海市浦东新区张杨路620号中融恒瑞大厦东楼902、903B1室	021－51969288
上海	国泰君安期货有限公司上海期货大厦营业部	上海市浦东新区松林路300号期货大厦2001B	021－68402787
上海	国泰君安期货有限公司上海市曲阳路营业部	上海市曲阳路910号11号楼705、706室	021－55892960
上海	国泰君安期货有限公司上海中山北路营业部	上海市普陀区中山北路3000号五层506、507、508单元	021－32522838
上海	国投中谷期货有限公司上海期货大厦营业部	上海市浦东新区浦电路500号期货大厦1804室	021－68401202
上海	国信期货有限责任公司上海陆家嘴环路营业部	上海市浦东新区陆家嘴环路958号华能联合大厦15楼	021－68866580
上海	国元期货有限公司上海营业部	上海市浦东新区松林路300号3101室	021－68402806
上海	海航东银期货有限公司上海营业部	上海市南京西路580号南证大厦1801室、1505室、1108室	021－62189782
上海	海通期货有限公司上海番禺路营业部	上海市长宁区番禺路3号裙房3A6、3A7、3F1室	021－64662556
上海	海通期货有限公司上海纪念路营业部	上海市虹口区纪念路465号3楼	021－65443619
上海	海通期货有限公司上海民生路营业部	上海市浦东新区民生路1403号2901、2906室	021－60232188
上海	海通期货有限公司上海期货大厦营业部	上海市浦东新区浦电路500号期货大厦2201B	021－68401778
上海	海证期货有限公司上海期货大厦营业部	上海市浦东新区松林路300号期货大厦2703室	021－68400623
上海	弘业期货股份有限公司上海期货大厦营业部	上海市浦东新区松林路300号期货大厦2601B室	021－68402731
上海	弘业期货股份有限公司上海营业部	上海市浦东新区世纪大道1589号609、1210、1211室	021－58308628
上海	红塔期货有限责任公司上海田林东路营业部	上海市徐汇区田林东路414弄12号1楼	021－60737260
上海	宏源期货有限公司上海源深路营业部	上海市浦东新区源深路1088号15层01单元	021－38571393
上海	华安期货有限责任公司上海竹林路营业部	上海市浦东新区竹林路101号1004室	021－60470966
上海	华龙期货有限公司上海营业部	上海市浦东新区松林路300号期货大厦1602室	021－68401163
上海	华泰长城期货有限公司上海世纪大道营业部	上海市浦东新区世纪大道1589号长泰国际金融大厦7层01－05单元	021－68758098
上海	华鑫期货有限公司上海浦东南路营业部	上海市浦东新区浦东南路379号8楼C、D座	021－58878809
上海	华鑫期货有限公司上海中山北路营业部	上海市中山北路2550号物贸大厦12层A座1205－1208室	021－62855572
上海	徽商期货有限责任公司上海期货大厦营业部	上海市浦东新区松林路300号1504B、1505室	021－68401482
上海	江海汇鑫期货有限公司上海张杨路营业部	上海市浦东新区张杨路500号15F－EF座	021－68885586
上海	江苏东华期货有限公司上海营业部	上海市中山北路2550号805－808室、1825室	021－62572551
上海	金鹏期货经纪有限公司上海期货大厦营业部	上海市浦东新区松林路300号期货大厦1704室	021－68401921
上海	金瑞期货有限公司上海东方路营业部	上海市浦东新区东方路16号6楼	021－50311995
上海	金石期货有限公司上海营业部	上海市浦东新区福山路458号1203室、1204室、1205室、1206室	021－68406585
上海	金元期货经纪有限公司上海世纪大道营业部	上海市浦东新区世纪大道1589号18楼07、08、09单元	021－68759399
上海	锦泰期货有限公司上海长宁路营业部	上海市静安区长宁路125号四楼K室、L室	021－61363780
上海	经易期货经纪有限公司上海营业部	上海市浦东新区浦东南路855号世界广场16楼D,E,F座	021－58784528
上海	鲁证期货股份有限公司上海营业部	上海市浦东新区浦电路438号1801、1802室	021－61049968
上海	迈科期货经纪有限公司上海营业部	上海市福山路458号同盛大厦705室	021－50587658
上海	美尔雅期货经纪有限公司上海源深路营业部	上海市浦东新区源深路1088号1806室	021－51758118
上海	民生期货有限公司上海营业部	上海市浦东新区福山路458号18层1802、1803室	021－61659051
上海	摩根大通期货有限公司上海营业部	上海市静安区南京西路1601号越洋国际广场4204室、4205C室	021－52003663

营业部所属辖区	期货公司营业部名称	注册地址	联系电话
上海	南华期货股份有限公司上海虹桥路营业部	上海市徐汇区虹桥路663号1楼、3楼、7楼	021－52585950
上海	南华期货股份有限公司上海世纪大道营业部	上海市浦东新区世纪大道1589号长泰国际金融大厦26楼	021－50125107
上海	宁波杉立期货经纪有限公司上海营业部	上海市浦东新区浦电路500号期货大厦1501A室	021－68402557
上海	平安期货有限公司上海营业部	上海市浦东新区松林路300号2003室	021－68400584
上海	瑞达期货股份有限公司上海成都北路营业部	上海市静安区成都北路199号401室	021－61353596
上海	瑞达期货股份有限公司上海向城路营业部	上海市浦东新区向城路288号1203室	021－68911783
上海	上海大陆期货有限公司上海长寿路营业部	上海市普陀区长寿路137号1721室、1726室	021－62990879
上海	上海大陆期货有限公司上海金沙路营业部	上海市嘉定区金沙路75号802、806室	021－69988010
上海	上海大陆期货有限公司上海凯旋路营业部	上海市徐汇区凯旋路3131号2406室	021－24016091
上海	上海大陆期货有限公司上海翔殷路营业部	上海市杨浦区翔殷路1088号1幢1305室	021－55891033
上海	上海大陆期货有限公司上海中山北路营业部	上海市普陀区中山北路3000号1105室	021－62853062
上海	上海东证期货有限公司上海延安西路营业部	上海市长宁区延安西路500号万宝国际广场1601、1602室	021－32506670
上海	上海东证期货有限公司上海中山南路营业部	上海市黄浦区中山南路318号2号楼35楼	021－63325888
上海	上海金源期货有限公司上海期货大厦营业部	上海市浦东新区松林路300号2603、2904室	021－68400688
上海	上海良茂期货经纪有限公司上海四川北路营业部	上海市虹口区四川北路525号23层2301、2312室	021－63097527
上海	上海良茂期货经纪有限公司上海宣化路营业部	上海市长宁区宣化路157号101室	021－62522008
上海	上海中财期货有限公司上海甘河路营业部	上海市虹口区甘河路8号203室	021－60959195
上海	上海中财期货有限公司上海襄阳南路营业部	上海市徐汇区襄阳南路365号B座	021－64333880
上海	上海中期期货有限公司上海漕溪北路营业部	上海市徐汇区漕溪北路18号6B室	021－64279668
上海	上海中期期货有限公司上海中山北路营业部	上海市普陀区中山北路2000号17层	021－62036264
上海	申银万国期货有限公司上海东体育会路营业部	上海市虹口区东体育会路1188号101室	021－61016500
上海	申银万国期货有限公司上海期货大厦营业部	上海市浦东新区浦电路500号期货大厦2902、2903室	021－68401928
上海	申银万国期货有限公司上海新昌路营业部	上海市新昌路180号2楼	021－63275865
上海	神华期货经纪有限公司上海营业部	上海市虹口区吴淞路218号宝矿国际大厦1201室	021－63935282
上海	晟鑫期货经纪有限公司上海期货大厦营业部	上海市浦东新区浦电路500号期货大厦2301C室、2105A室	021－68400218
上海	天富期货有限公司上海营业部	上海市浦东新区浦电路438号双鸽大厦1105室	021－61050725
上海	万达期货股份有限公司上海营业部	上海市浦东新区松林路300号期货大厦2802、2803室	021－68400233
上海	五矿期货有限公司上海营业部	上海市浦东新区松林路300号期货大厦2101室	021－68401485
上海	西部期货有限公司上海世纪大道营业部	上海市浦东新区世纪大道1701号501室－520室	021－61600357
上海	西南期货有限公司上海期货大厦营业部	上海浦东新区松林路300号期货大厦1803室、1802B室	021－68401236
上海	象屿期货有限责任公司上海松林路营业部	上海市浦东新区松林路357号22层D－E座	021－68405038
上海	新湖期货有限公司上海世纪大道营业部	上海市浦东新区世纪大道1589号1801－04单元	021－61657568
上海	新纪元期货有限公司上海浦东南路营业部	上海市浦东新区浦东南路256号1905B室	021－61017393
上海	信达期货有限公司上海营业部	上海市静安区北京西路1399号11层E室	021－50819373
上海	兴证期货有限公司上海营业部	上海市浦东新区松林路300号2002、2005室	021－68401601

营业部所属辖区	期货公司营业部名称	注册地址	联系电话
上海	一德期货有限公司上海营业部	上海市普陀区中山北路 2550 号 1604－1608 室	021－62860576
上海	银河期货有限公司上海世纪大道营业部	上海市浦东新区世纪大道 1501 号 901－909 室	021－60328600
上海	银建期货经纪有限责任公司上海营业部	上海市浦东新区松林路 357 号 2001－2005 室	021－68405607
上海	英大期货有限公司上海营业部	上海市浦东新区浦电路 500 号期货大厦 2301B、2302 室	021－68868112
上海	永安期货股份有限公司上海营业部	上海市浦东新区世纪大道 1600 号 1 幢 12 楼 8－15 室	021－60477150
上海	招金期货有限公司上海营业部	上海市普陀区中山北路 1777 号 1905、1906 室	021－52910959
上海	招商期货有限公司上海世纪大道营业部	上海市浦东新区世纪大道 1501 号，向城路 288 号 702、703、705 室	021－61659555
上海	浙江新世纪期货有限公司上海营业部	上海市中山北路 2550 号物贸大厦 905－908 室	021－62851085
上海	浙江中大期货有限公司上海延安东路营业部	上海市黄浦区延安东路 618 号东海商业中心（二期）20 层 A2C 室	021－53855017
上海	浙商期货有限公司上海营业部	上海市浦东新区松林路 357 号 24 层 2401－2404 室	021－68405285
上海	中钢期货有限公司上海营业部	上海市浦东新区松林路 300 号 2704 室	021－68400268
上海	中国国际期货有限公司上海邯郸路营业部	上海市杨浦区邯郸路 8 号 1 层店铺 103#、105#室	021－55661851
上海	中国国际期货有限公司上海浦东松林路营业部	上海市浦东新区松林路 300 号 1308－10 室	021－60731317
上海	中国国际期货有限公司上海期货大厦营业部	上海市浦东新区松林路 300 号 12F	021－68401449
上海	中国国际期货有限公司上海遵义路营业部	上海市长宁区遵义路 100 号 B 幢 21 楼 10－12 单元	021－62376990
上海	中航期货经纪有限公司上海营业部	上海市徐汇区龙华西路 398 弄 4 号	021－54101683
上海	中辉期货经纪有限公司上海世纪大道营业部	上海市浦东新区世纪大道 1589 号 1810、1811 室	021－68768055
上海	中粮期货有限公司上海营业部	浦东新区松林路 300 号上海期货大厦 2303－2304 室	021－68401549
上海	中融汇信期货有限公司上海营业部	上海市浦东新区松林路 300 号期货大厦 1703 室	021－68400877
上海	中投天琪期货有限公司上海民生路营业部	上海市浦东新区民生路 1286 号 1601－1603、1609－1612 室	021－61601515
上海	中信建投期货有限公司上海漕溪北路营业部	上海市徐汇区漕溪北路 331 号 A 楼（新华中心）9 层 B 单元	021－33973506
上海	中信建投期货有限公司上海世纪大道营业部	上海市浦东新区世纪大道 1589 号长泰国际金融大厦 8 楼 08－11 单元	021－68763488
上海	中信期货有限公司上海浦电路营业部	上海市浦东新区松林路 300 号 3102－3104 室	021－68751268
上海	中信期货有限公司上海世纪大道营业部	上海市浦东新区世纪大道 1777 号东方希望大厦 9 层 C、D、E、H 室	021－61019856
上海	中信新际期货有限公司上海中信广场营业部	上海市虹口区四川北路 859 号中信广场 29 楼 2904 室	021－61051121
上海	中银国际期货有限责任公司上海世纪大道营业部	上海浦东新区世纪大道 1589 号长泰国际金融大厦 901 单元	021－61088062
深圳	安信期货有限责任公司深圳营业部	深圳市福田区深南大道 2008 号中国凤凰大厦 1 栋 7D、7E	0755－82558148
深圳	宝城期货有限责任公司深圳营业部	深圳市福田区中心区 26－3 中国凤凰大厦 1 栋 15D	0755－33031001
深圳	北京首创期货有限责任公司深圳营业部	深圳市福田区金田路与福华路交汇处金中环商务大厦主楼 3609 室	0755－88609932
深圳	渤海期货有限公司深圳营业部	深圳市福田区深南大道 6007 号安徽大厦 2007－2010 室	0755－66642367
深圳	长江期货有限公司深圳营业部	深圳市福田区益田路与福华三路交界东北深圳国际商会中心 0606、0608 室	0755－82833171
深圳	东海期货有限责任公司深圳营业部	深圳市福田区香蜜湖街道香梅路 1061 号中投国际商务中心 A 座 17 层	0755－33063358
深圳	方正期货有限公司深圳营业部	深圳市福田区福田中心区金田路与福华路交汇处金中环商务大厦主楼 4303 室	0755－33092759
深圳	格林大华期货有限公司深圳营业部	深圳市福田区金田路诺德金融中心 9 楼 E 单元	0755－33983299
深圳	冠通期货有限公司深圳营业部	深圳市福田区彩田路东方新天地 C 座 1007 室	0775－33063296
深圳	光大期货有限公司深圳营业部	深圳市福田区益田路西、福中路北新世界商务中心 2701、2702 室	0755－82767977
深圳	广东鸿海期货有限公司龙岗营业部	广东省深圳市龙岗区龙城街道龙岗天安数码创新园一号厂房 A1003	0755－23999987
深圳	广发期货有限公司深圳营业部	深圳市福田区中心区 26－3 中国凤凰大厦 1 栋 15B	0755－33223089
深圳	广州期货有限公司深圳营业部	深圳市福田区莲花街道商报路 7 号天健创业大厦 1608、1610、1612、1614 单元	0755－83515026
深圳	国泰君安期货有限公司深圳营业部	深圳市福田区益田路西、福中路北新世界商务中心 603、604 室	0755－23982567
深圳	国信期货有限责任公司深圳营业部	深圳市罗湖区红岭中路 1010 号国际信托大厦 1305、1306、1307、1308、1309、1907、2001、2002、2007、24 楼	0755－82133580
深圳	海通期货有限公司深圳营业部	深圳市福田区益田路与福华三路东交汇处深圳国际商会中心 2810 室	0755－88269998
深圳	弘业期货股份有限公司深圳营业部	深圳市福田区中心四路 1－1 号嘉里建设广场第三座第 5 层 03 室	0755－22663166

营业部所属辖区	期货公司营业部名称	注册地址	联系电话
深圳	宏源期货有限公司深圳营业部	深圳市福田区福华一路中心商务大厦612、613、614室	0755－83475331
深圳	华泰长城期货有限公司深圳金田路营业部	深圳市福田区金田路与福中路交界东南荣超经贸中心1009室	0755－33970198
深圳	华泰长城期货有限公司深圳竹子林营业部	深圳市福田区竹子林紫竹七道中国经贸大厦22层ABCDEFGHJ及13层ABC单元	0755－83774830
深圳	徽商期货有限责任公司深圳营业部	深圳市福田区金田路荣超中心1713－15室	0755－23983233
深圳	江南期货经纪有限公司深圳营业部	深圳市福田区华富路1006号航都大厦21层FGHIJKLA室	0755－83248725
深圳	金瑞期货有限公司深圳南山营业部	深圳市南山区商业文化中心区海岸大厦(西座1701)	0755－86338615
深圳	金元期货经纪有限公司深圳营业部	深圳市福田区上步南路锦峰大厦写字楼21A、21H	0755－82077656
深圳	锦泰期货有限公司深圳营业部	深圳市前海深港合作区前湾一路鲤鱼门街1号前海深港合作区管理局综合办公楼A201室(入驻深圳市前海商务秘书有限公司)	0755－33609398
深圳	经易期货经纪有限公司深圳营业部	深圳市福田区福中三路1006号诺德中心18楼E单位	0755－88267280
深圳	鲁证期货股份有限公司深圳营业部	深圳市福田区深南大道与民田路交界西南新华保险大厦723、725、726、728单元	0755－83509686
深圳	迈科期货经纪有限公司深圳营业部	深圳市福田区益田路西福中路北新世界商务中心18楼1803、1804、1805室	0755－23982022
深圳	南华期货股份有限公司深圳营业部	深圳市福田区金田路4028号荣超经贸中心812、2703、2705室	0755－82577536
深圳	瑞达期货股份有限公司深圳营业部	深圳市福田区滨河路北彩田路东交汇处联合广场A栋塔楼A1510、A1511	0755－83130183
深圳	上海大陆期货有限公司深圳营业部	深圳市福田区深南大道4009号投资大厦21楼E4－E5区	0755－83885809
深圳	上海金源期货有限公司深圳营业部	深圳市福田区福华一路卓越大厦17楼1706A	0755－82874510
深圳	上海中财期货有限公司深圳营业部	深圳市福田区益田路4068号卓越时代广场2902－2903室	0755－82881617
深圳	上海中期期货有限公司深圳营业部	深圳市福田区益田路6009号新世界商务中心1505－1506室	0755－82760986
深圳	申银万国期货有限公司深圳营业部	深圳市福田区深南大道耀华创建大厦1座07层707、708、709、710室	0755－33096656
深圳	深圳金汇期货经纪有限公司深圳营业部	深圳市福田区福华三路与金田路交汇处卓越世纪中心4号楼1401、1402	0755－82795168
深圳	神华期货经纪有限公司深圳市南山大道营业部	深圳市南山区南山大道新绿岛大厦8B	0755－26455900
深圳	五矿期货有限公司深圳营业部	深圳市福田区上步南路锦峰大厦写字楼12B	0755－83752310
深圳	新湖期货有限公司深圳营业部	深圳市福田区金田路与福中路交界荣超经贸中心2405、2406室	0755－23811815
深圳	银河期货有限公司深圳营业部	深圳市福田中心区深圳中心商务大厦1701至1704、1716－1718室	0755－82032082
深圳	永安期货股份有限公司深圳营业部	深圳市福田区益田路与福华三路交界东北深圳国际商会中心1303、1305、1306室	0755－33029818
深圳	中国国际期货有限公司深圳市宝安宝民路营业部	深圳市宝安区宝城3区宝民路中粮地产集团中心609、610单元	0755－29993256
深圳	中国国际期货有限公司深圳市福田益田路营业部	深圳市福田区益田路6003号荣超商务中心A栋第15层01、02、03、05、06、08、09、10、11、12单元	0755－23818483
深圳	中国国际期货有限公司深圳市罗湖深南东路营业部	深圳市罗湖区深南东路2010号奥康德大厦10楼西侧	0755－23818116
深圳	中航期货经纪有限公司深圳市南山营业部	深圳市南山区登良路南油第二工业区205栋7层701	0755－25316766
深圳	中粮期货有限公司深圳营业部	深圳市福田区福华一路免税商务大厦塔楼23楼04B、05、06、07A单元	0755－33973112
深圳	中融汇信期货有限公司深圳营业部	深圳市福田区金田路4028号荣超经贸中心3203室	0755－88602910
深圳	中投天琪期货有限公司深圳营业部	深圳市福田区中心区卓越皇岗世纪中心1号楼19楼1906、1907、1908单元	0755－82909708
深圳	中信建投期货有限公司深圳营业部	深圳市福田区深南大道和泰然大道交汇处绿景纪元大厦11I	0755－33378896
深圳	中信期货有限公司深圳营业部	深圳市福田区皇岗路与深南中路交界东北田面城市大厦15C－15D	0755－83218341
四川	北京首创期货有限责任公司成都营业部	四川省成都市锦江区东大街紫东楼段35号明宇金融广场1206室	028－65169377
四川	渤海期货有限公司成都营业部	成都市武侯区二环路南四段51号莱蒙置地广场2栋14层5号	028－87492823
四川	长江期货有限公司成都营业部	成都市青羊区白丝街56号棉麻大厦3楼B区	028－86629851
四川	成都倍特期货经纪有限公司成都营业部	成都市青羊区青龙街51号1幢倍特康派9层	028－86269379
四川	成都倍特期货经纪有限公司绵阳营业部	四川省绵阳市涪城区临园路东段54号1幢16－1室	0816－2227369
四川	成都倍特期货经纪有限公司西昌营业部	凉山彝族自治州西昌市航天大道西段149号四川凉山国家粮食储备库物流综合办公楼三楼	0834－6196086
四川	冠通期货有限公司成都营业部	成都市锦江区锦东路568号摩根中心2栋32层1号	028－85970343
四川	光大期货有限公司成都营业部	成都市武侯区领事馆路7号1栋2单元8层805号	028－86032828
四川	广发期货有限公司成都营业部	成都市青羊区下南大街2号宏达国际广场18楼17－19号	028－86210516
四川	广州期货有限公司成都营业部	成都市锦江区东大街下东大街段216号1栋22层2,3,4号	028－86513190
四川	国联期货有限责任公司成都营业部	成都高新区锦城大道666号3幢12层5号	028－62725330
四川	海通期货有限公司成都营业部	四川省成都市锦江区东大街紫东楼段35号明宇金融广场10楼6号	028－62128697
四川	弘业期货股份有限公司成都营业部	成都市锦江区东大街芷泉段68号天府时代广场A1区9楼03、04号	028－84471800
四川	华泰长城期货有限公司成都营业部	成都市锦江区新光华街7号航天科技大厦8层806号	028－86587081

营业部所属辖区	期货公司营业部名称	注册地址	联系电话
四川	华西期货有限责任公司德阳营业部	德阳市区峨眉山南路35号湖滨苑1－6－2号	0838－3063103
四川	华西期货有限责任公司泸州营业部	泸州市龙马潭区龙南路66号1幢3号4层	0830－2527719
四川	华西期货有限责任公司南充营业部	南充市顺庆区涪江路221号3楼	0817－2616029
四川	华西期货有限责任公司攀枝花营业部	攀枝花市东区大河北路149号4楼	0812－3551746
四川	华西期货有限责任公司宜宾营业部	宜宾市翠屏区交通街首席滨江2－3－4号	0831－5130169
四川	金瑞期货有限公司成都营业部	成都高新区天府大道北段1700号1幢2单元15层1511、1513号	028－68730587
四川	经易期货经纪有限公司成都营业部	成都市青羊区锦里东路2号宏达大厦11楼F单元	028－86139823
四川	鲁证期货股份有限公司成都营业部	成都市锦江区东华正街42号5层2号	028－85970815
四川	迈科期货经纪有限公司成都营业部	成都市总府路2号时代广场A座2109、2110室	028－86725791
四川	南华期货股份有限公司成都营业部	成都市锦江区东大街紫东楼段35号17层1706号	028－86532609
四川	瑞达期货股份有限公司成都营业部	成都市锦江区一环路东五段46号1栋1单元16层	028－86780289
四川	瑞达期货股份有限公司乐山营业部	四川省乐山市市中区龙游路西段46号3楼8号	0833－2481819
四川	瑞达期货股份有限公司绵阳营业部	绵阳市涪城区临园路东段72号新益大厦南楼26楼4－6室	0816－8385520
四川	上海东亚期货有限公司成都营业部	成都市青羊区双新北路129号2层	028－86270692
四川	申银万国期货有限公司成都营业部	成都市青羊区槐树街2号申银万国大厦3楼	028－86258738
四川	五矿期货有限公司成都营业部	成都市武侯区人民南路四段45号新希望大厦1幢16层1号	028－85065846
四川	新湖期货有限公司成都营业部	成都市青羊区锦里东路2号宏达大厦23楼B－2、C1座	028－66154668
四川	兴证期货有限公司成都营业部	成都市武侯区领事馆路7号1栋2单元8层802	028－61510863
四川	银河期货有限公司成都营业部	四川省成都市成华区建设路9号1栋高地中心906号房	028－62501610
四川	永安期货股份有限公司成都营业部	成都市锦江区东大街芷泉段68号2栋1单元18层1801－1802号	028－65958999
四川	浙江中大期货有限公司成都营业部	成都高新区府城大道中段88号1幢10层12号	028－65067758
四川	中国国际期货有限公司成都营业部	四川省成都市武侯区人民南路四段19号1栋20层1－1,1－2,1－3,2号	028－66801885
四川	中辉期货经纪有限公司成都营业部	成都市锦江区东大街芷泉段68号时代8号35A07号、35A08号	028－84470868
四川	中粮期货有限公司成都营业部	成都市锦江区人民南路二段1号仁恒置地广场写字楼14楼1403单元	028－65335980
四川	中信建投期货有限公司成都营业部	成都市武侯区科华北路62号(力宝大厦)1栋2单元18层2、3号	028－62818702
四川	中信期货有限公司成都营业部	成都市高新区锦城大道666号4幢26层9号	028－85139631
天津	北京首创期货有限责任公司天津营业部	天津市河西区解放南路256号7层AB座	022－59822886
天津	北京中期期货有限公司天津营业部	天津市和平区大沽北路2号2608、2609	022－23523115
天津	成都倍特期货经纪有限公司天津营业部	天津市河东区十一经路61号人保大厦22楼	022－58812608
天津	格林大华期货有限公司天津营业部	天津市和平区贵州路4号院龙通大厦2层205、206、208、209、210室	022－23046189
天津	冠通期货有限公司天津营业部	天津市河北区民主道27号	022－26217956
天津	光大期货有限公司天津营业部	天津市河西区解放南路中段西侧富裕大厦2－1701－A	022－58780700
天津	国泰君安期货有限公司天津营业部	天津市和平区郑州道18号港澳大厦6层	022－23304929
天津	海航东银期货有限公司天津营业部	天津市和平区张自忠路240号港湾中心写字楼12B02	022－23393518
天津	海通期货有限公司天津营业部	天津滨海高新区梅苑路5号金座广场－2006、2007、2008、2009	022－23756658
天津	弘业期货股份有限公司天津营业部	天津市河西区围堤道53号丽晶大厦22层2202－2203A	022－58780756
天津	宏源期货有限公司天津营业部	天津市河西区友谊路与平江道交口东南侧大安大厦A座1101、1105	022－58378618
天津	华泰长城期货有限公司天津营业部	天津市河西区友谊路35号君谊大厦2－2002	022－88356381
天津	鲁证期货股份有限公司天津营业部	天津经济技术开发区第三大街39号西区301A、301B、301C室	022－66283471
天津	民生期货有限公司天津营业部	天津市河西区徐州道5号外代大厦701室	022－23398164
天津	南华期货股份有限公司天津营业部	天津市河西区友谊路与平江道交口东南侧大安大厦A座802	022－88371079
天津	上海大陆期货有限公司天津营业部	天津市和平区张自忠路240号港湾中心1－1－903	022－23193260
天津	上海中财期货有限公司天津营业部	天津市和平区马场道114号二楼	022－58228155
天津	象屿期货有限责任公司天津营业部	河西区卫津南路21号新金龙公寓1－2－401、402	022－23347757
天津	一德期货有限公司天津滨海新区营业部	天津开发区广场东路20号滨海金融街E4－C－208室	022－59820933
天津	一德期货有限公司天津营业部	天津南开区水上公园路水云花园C19号	022－28372290
天津	银建期货经纪有限责任公司天津营业部	河东区新开路与华兴道交口南侧冠福大厦2508	022－23130960
天津	永安期货股份有限公司天津营业部	天津市和平区南马路11号、13号2356－3、2356－4、2357、2358－1、2358－2	022－58633268
天津	浙江中大期货有限公司天津营业部	天津市河西区广东路255号,前进道9号,育佳大厦10层	022－83654505
天津	浙商期货有限公司天津营业部	天津市河西区友谊路5号北方金融大厦第17层FHI座	022－88351166
天津	中国国际期货有限公司天津营业部	天津市和平区大沽北路2号－4202、4203	022－58308173
西藏	同信久恒期货有限责任公司拉萨营业部	拉萨市柳梧新区柳梧大厦2楼东	0891－6803700
厦门	北京首创期货有限责任公司厦门营业部	厦门市思明区湖滨南路90号立信广场2304室	0592－3299380

营业部所属辖区	期货公司营业部名称	注册地址	联系电话
厦门	渤海期货有限公司厦门营业部	厦门市湖里区嘉禾路398号708、709室	0592－5575900
厦门	大地期货有限公司厦门营业部	厦门市思明区鹭江道96号之一钻石海岸A区23层2705单元	0592－2058837
厦门	东方汇金期货有限公司厦门营业部	福建省厦门市思明区湖滨南路258号21C、21D	0592－5850338
厦门	东海期货有限责任公司厦门营业部	福建省厦门市湖滨北路72号中闽大厦21楼01－1单元	0592－5325639
厦门	东吴期货有限公司厦门营业部	福建省厦门市思明区嘉禾路386号东方财富广场B栋904单元	0592－5584622
厦门	广发期货有限公司厦门营业部	厦门市思明区湖滨南路90号910室	0592－2270659
厦门	广永期货有限公司厦门营业部	厦门市思明区厦禾路668号海翼大厦B栋第5层02单元	0592－3188108
厦门	国信期货有限责任公司厦门营业部	厦门市思明区观音山国际商务中心南投路11号荣鑫盛营运中心20楼C单元	0592－7558266
厦门	国元期货有限公司厦门营业部	福建省厦门市思明区莲岳路1号磐基中心1707－1708	0592－5312922
厦门	海航东银期货有限公司厦门营业部	厦门市思明区莲前西路2号莲富大厦写字楼10楼D座	0592－5177528
厦门	海通期货有限公司厦门营业部	厦门市思明区鹭江道100号第七层03－05单元	0592－2972598
厦门	弘业期货股份有限公司厦门营业部	福建省厦门市思明区嘉禾路321号1406室	0592－5201699
厦门	金友期货经纪有限责任公司厦门营业部	福建省厦门市湖里区东渡路61号B201、B202、B204室	0592－5678318
厦门	南华期货股份有限公司厦门营业部	厦门市思明区鹭江道96号之二2104室、2105室、2106室、2107室	0592－2120369
厦门	瑞达期货股份有限公司厦门营业部	厦门市思明区湖滨西路9号15C单元	0592－2290627
厦门	上海良茂期货经纪有限公司厦门营业部	厦门市思明区厦禾路877号胜骏广场305室、304室	0592－3213532
厦门	上海中财期货有限公司厦门营业部	厦门市湖里区嘉禾路398号414室	0592－3330518
厦门	神华期货经纪有限公司厦门营业部	福建省厦门市思明区厦禾路820号帝豪大厦506A	0592－2977972
厦门	万达期货股份有限公司厦门营业部	厦门市思明区塔埔东路168号1701单元	0592－5903036
厦门	象屿期货有限责任公司厦门营业部	厦门现代物流园区象屿路99号厦门国际航运中心E栋7层706、707单元	0592－5319186
厦门	新湖期货有限公司厦门营业部	厦门市思明区厦禾路1032－1034号A栋802单元	0592－5835139
厦门	鑫鼎盛期货有限公司厦门营业部	厦门市思明区鹭江道2号第一广场西座1505－1507室	0592－3122798
厦门	兴证期货有限公司厦门营业部	厦门市思明区湖滨东路11号邮电广通大厦1601、1602室	0592－5830036
厦门	银河期货有限公司厦门营业部	厦门市思明区鹭江道100号第十九层06单元、第二十层07单元	0592－2972601
厦门	中国国际期货有限公司厦门营业部	厦门市湖滨南路81号光大银行大厦11层	0592－2228761
厦门	中粮期货有限公司厦门营业部	厦门市思明区厦禾路189号2212－2215、2207室	0592－2685819
新疆	宏源期货有限公司乌鲁木齐营业部	乌鲁木齐市天山区文艺路233号宏源大厦13楼	0991－2361099
新疆	金石期货有限公司昌吉营业部	新疆维吾尔自治区昌吉回族自治州昌吉市延安北路198号东方广场16楼（1613室、1615室、1616室、1618室、1619室、1620室）	0994－6518999
新疆	金石期货有限公司哈密营业部	新疆哈密地区哈密市爱国北路18号	0902－6990851
新疆	金石期货有限公司库尔勒营业部	库尔勒市人民西路金都广场19楼	0996－2611100
新疆	金石期货有限公司石河子营业部	新疆维吾尔自治区石河子市北四路167号4楼	0993－2070777
新疆	金石期货有限公司乌鲁木齐市北城营业部	新疆维吾尔自治区乌鲁木齐市北京南路416号盈科国际中心五层5、6、7号房	0991－3655279
新疆	万达期货股份有限公司乌鲁木齐营业部	乌鲁木齐市新华北路80号金谷大厦A座8楼	0991－6551099
新疆	新疆天利期货经纪有限公司克拉玛依营业部	克拉玛依市友谊路169号友谊大厦五楼	0990－6238071
新疆	新疆天利期货经纪有限公司伊犁营业部	伊宁市新伊犁河路怡安家园1号综合楼三楼	0999－8071130
云南	安信期货有限责任公司昆明营业部	昆明市盘龙区白塔路387－395号星耀大厦7层703号	0871－63150848
云南	宝城期货有限责任公司昆明营业部	云南省昆明市盘龙区白云路与万华路交汇处滨江俊园3幢1－2层3－05室	0871－65732823
云南	北京首创期货有限责任公司昆明营业部	昆明市护国路2－4号广业大厦B幢15楼A区	0871－63116976
云南	广发期货有限公司昆明营业部	昆明市护国路69号护国大厦15楼A座	0871－63116612
云南	红塔期货有限责任公司大理营业部	大理市建设西路06号建行大理南诏支行五楼	0872－8895096
云南	红塔期货有限责任公司昆明营业部	昆明市祥云街55－59号银佳大厦16楼	0871－63614680
云南	红塔期货有限责任公司曲靖营业部	云南曲靖市麒麟北路2号银利大酒店第20层	0874－3297799
云南	红塔期货有限责任公司玉溪营业部	玉溪市红塔区凤凰路47号4楼	0877－6577468
云南	宏源期货有限公司昆明营业部	昆明市春城路与吴井路交叉口证券大厦主楼16层1602号	0871－68072123
云南	华泰长城期货有限公司昆明营业部	昆明市武成路13号地快天昊大厦1幢15楼B座	0871－65373933
云南	乾坤期货有限公司昆明营业部	昆明市青年路389号志远大厦23层C座	0871－63190583
云南	瑞达期货股份有限公司昆明营业部	昆明市环城西路611－613号A幢15层3、4号	0871－68095158
云南	万达期货股份有限公司昆明营业部	昆明市三市街六号柏联广场9楼909－910号	0871－63615159
云南	五矿期货有限公司昆明营业部	昆明市盘龙区北京路与北辰大道交口西南角嶺城时代大厦A栋13层2室	0871－63338262
云南	银河期货有限公司昆明营业部	昆明市滇池路569号南亚第一国际C4－1－1607	0871－68070372

营业部所属辖区	期货公司营业部名称	注册地址	联系电话
云南	云晨期货有限责任公司楚雄营业部	云南省楚雄市鹿城南路2号新龙江广场6楼1号	0878－8968161
云南	云晨期货有限责任公司蒙自营业部	云南省蒙自市工业园区1号路南湖花园1号商铺1－3	0873－3650005
云南	云晨期货有限责任公司曲靖营业部	云南省曲靖市麒麟西路与翠峰西路交叉处(汇宝商贸大厦)裙楼幢第3层商场3－2号	0874－8999460
云南	浙江中大期货有限公司昆明营业部	昆明市东风东路84号国联大厦三楼	0871－63388522
云南	中国国际期货有限公司昆明营业部	昆明市官渡区拓东路45号11楼C1－C2号	0871－68068087
浙江	宝城期货有限责任公司临海营业部	浙江省临海市大洋街道临海大道(中)45号	0576－85385316
浙江	宝城期货有限责任公司温州营业部	温州市鹿城区矮凳桥228号10幢1013室	0577－89999719
浙江	渤海期货有限公司杭州营业部	杭州市中河中路250号改革月报大楼十三层3室	0571－86825506
浙江	大地期货有限公司金华营业部	浙江省金华市婺江西路28号时代商务中心1幢1501.1502.1503室	0579－82983185
浙江	大地期货有限公司衢州营业部	浙江省衢州市下街165号	0570－8505858
浙江	大地期货有限公司台州营业部	浙江省台州市路桥区塑料化工市场1501－1504号	0576－82567007
浙江	大地期货有限公司温州营业部	浙江省温州市黎明中路海关大楼四层东首	0577－88102781
浙江	大地期货有限公司诸暨营业部	浙江省诸暨市暨阳北路8号东方时代广场C幢401室	0575－21785992
浙江	大越期货有限公司杭州营业部	杭州市西湖区紫荆花路2号联合大厦A座1107室	0571－87963293
浙江	大越期货有限公司湖州营业部	浙江省德清县武康镇永安街148号东湖大厦四楼	0572－8076318
浙江	大越期货有限公司柯桥营业部	浙江省绍兴县柯桥金汇大厦1幢905、906室	0575－81161522
浙江	大越期货有限公司丽水营业部	浙江省丽水市莲都区寿尔福路445号16层	0578－2538888
浙江	大越期货有限公司上虞营业部	浙江省上虞市百官街道锦茂大厦2001室	0575－80271828
浙江	大越期货有限公司温州营业部	浙江省温州市车站大道裕达大厦1幢三层301－305室	0577－88670811
浙江	格林大华期货有限公司杭州营业部	杭州市庆春路25－29号远洋大厦8层CD单元	0571－28860708
浙江	光大期货有限公司杭州营业部	杭州市江干区富春路308号华成国际发展大厦1101、1102室	0571－89910727
浙江	广发期货有限公司杭州营业部	杭州市西湖大道239号定安路126号(耀江大厦)7003A、7003B室	0571－28800878
浙江	国海良时期货有限公司湖州营业部	湖州市人民路333－349号	0572－2216073
浙江	国海良时期货有限公司金华营业部	浙江省金华市宾虹路置信大厦15楼	0579－83739919
浙江	国海良时期货有限公司柯桥营业部	浙江省绍兴县柯桥湖西路228号发展广场轻纺大厦B楼12层	0575－81168596
浙江	国海良时期货有限公司绍兴营业部	诸暨市浣东街道暨东路68号第九层	0575－87019338
浙江	国海良时期货有限公司台州营业部	台州温岭市万昌中路海关大楼北楼1楼	0576－81688166
浙江	国海良时期货有限公司越城营业部	浙江省绍兴市迪荡新城北辰广场1603、1604室	0575－85359280
浙江	国金期货有限责任公司杭州营业部	浙江省杭州市文三路535号15层1502室	0571－87956118
浙江	国泰君安期货有限公司杭州营业部	杭州市上城区金隆花园南区三层1号	0571－56112323
浙江	国投中谷期货有限公司杭州营业部	杭州市西湖区华星路99号杭州东软创业大厦三楼B310、B312室	0571－28898930
浙江	国信期货有限责任公司杭州营业部	杭州市杭海路238号森禾商务广场2幢2502、2503、2504室	0571－87068867
浙江	海通期货有限公司杭州营业部	浙江省杭州市江干区民心路100号万银大厦3902－3904室	0571－85860900
浙江	海通期货有限公司温州营业部	浙江省温州市来福门松台大厦1幢1201室	0577－88223313
浙江	弘业期货股份有限公司杭州营业部	杭州市西湖大道18号新东方大厦B座1401室	0571－87185615
浙江	红塔期货有限责任公司杭州营业部	浙江省杭州市文二路391号西湖国际科技大厦C楼8层806－809室	0571－87560607
浙江	宏源期货有限公司杭州营业部	杭州市华浙广场1号18楼	0571－85279708
浙江	华泰长城期货有限公司杭州营业部	杭州市朝晖路203号1502室	0571－86890820
浙江	经易期货经纪有限公司台州营业部	台州市黄岩区劳动北路黄岩总商会大厦11层	0576－89880998
浙江	鲁证期货股份有限公司杭州营业部	浙江省杭州市下城区延安路466号省经贸大楼15楼	0571－28118966
浙江	鲁证期货股份有限公司温州营业部	温州市鹿城区小南路国鼎大厦写字楼六层	0577－85552188
浙江	美尔雅期货经纪有限公司杭州营业部	杭州市杭大路9号聚龙大厦东3楼B室	0571－28183280
浙江	南华期货股份有限公司海宁营业部	浙江省海宁市海洲街道钱江西路238号广隆财富中心1号楼301、302、312、313、608室	0573－80703000
浙江	南华期货股份有限公司嘉兴营业部	嘉兴市中山路133号综合大楼东五楼	0573－82153186
浙江	南华期货股份有限公司绍兴营业部	浙江省绍兴市越城区昆仑商务中心1幢1单元3101室	0575－85095808
浙江	南华期货股份有限公司台州营业部	台州市耀达路99号现代购物广场401号	0576－81871931
浙江	南华期货股份有限公司温州营业部	浙江省温州市市府路新益大厦1幢1401室	0577－89971820
浙江	南华期货股份有限公司萧山营业部	杭州市萧山区北干街道金城路429号、431号天汇园1幢2单元301室、302室	0571－83869608
浙江	南华期货股份有限公司永康营业部	浙江省永康市丽州中路63号11楼	0579－89292788
浙江	宁波杉立期货经纪有限公司台州营业部	台州市黄岩区环城东路258号10楼	0576－84274548
浙江	宁波杉立期货经纪有限公司温州营业部	温州汤家桥路大自然家园1幢1504室	0577－88980837
浙江	瑞达期货有限公司杭州营业部	杭州市江干区香樟路2号泛海国际中心1幢1003、1004室	0571－28319672
浙江	上海浙石期货经纪有限公司杭州营业部	杭州市密渡桥路1号B幢1－3楼	0571－56920852

营业部所属辖区	期货公司营业部名称	注册地址	联系电话
浙江	上海中财期货有限公司杭州营业部	杭州市西湖区体育场路458号二楼	0571－56080568
浙江	上海中期期货有限公司杭州营业部	杭州市下城区建国北路658号海华广场1601室	0571－28898918
浙江	申银万国期货有限公司杭州营业部	杭州市延安路328号恒通大厦401、402、403、405、407室	0571－86087566
浙江	盛达期货有限公司杭州营业部	杭州市江干区迪凯国际中心2101、2102、2103、2104室	0571－28289378
浙江	万达期货股份有限公司杭州营业部	浙江省杭州市城星路59号1001室	0571－81105322
浙江	新湖期货有限公司杭州营业部	杭州市江干区剧院路358号宏程国际大厦1202室	0571－87782173
浙江	新湖期货有限公司嘉兴营业部	嘉兴市中环广场东区A－1203室	0573－82090662
浙江	新湖期货有限公司台州营业部	浙江省台州市市府大道557号6层	0576－89892900
浙江	新湖期货有限公司温州营业部	浙江省温州市鹿城区车站大道金鳞花苑2幢1101室	0577－88983327
浙江	新纪元期货有限公司杭州营业部	杭州市上城区江城路889号香榭商务大厦E7、E7－1、F7室	0571－56282606
浙江	信达期货有限公司富阳营业部	浙江省富阳市富春街道江滨西大道57号901－902室	0571－23255888
浙江	信达期货有限公司金华营业部	金华市中山路331号海洋大厦8楼	0579－82328735
浙江	信达期货有限公司乐清营业部	乐清市乐成镇乐怡路2号乐怡大厦3楼	0577－27857766
浙江	信达期货有限公司绍兴营业部	绍兴市梅龙湖路56号1903室	0575－88122652
浙江	信达期货有限公司台州营业部	台州市路桥区银安街679号501－510室	0576－82908870
浙江	信达期货有限公司温州营业部	温州市鹿城区车站大道京龙大厦1幢十一层1号	0577－88881881
浙江	信达期货有限公司义乌营业部	浙江省义乌市宾王路158号6楼	0579－85400021
浙江	银河期货有限公司杭州营业部	杭州市解放路26号金衙庄大厦10楼	0571－28002999
浙江	银河期货有限公司温州营业部	浙江省温州市百里西路工会大厦2幢701A室	0577－88220555
浙江	永安期货股份有限公司嘉兴营业部	浙江省嘉兴市中山东路1558号耀城广场12－601、602室	0573－82050830
浙江	永安期货股份有限公司金华营业部	浙江省金华市八一南街387号信华大楼12楼	0579－82133199
浙江	永安期货股份有限公司瑞安营业部	浙江省瑞安市安阳街道隆山东路505号新湖大厦C单元22楼室	0577－66809850
浙江	永安期货股份有限公司绍兴营业部	浙江省绍兴市崇贤街9号1901—1905室	0575－85149353
浙江	永安期货股份有限公司台州营业部	浙江省台州市福贸大厦10楼1001－1009室	0576－88067111
浙江	永安期货股份有限公司温州营业部	温州市小南路巴黎大厦二楼	0577－88838481
浙江	永安期货股份有限公司萧山营业部	杭州市萧山区宁围镇宁泰路27号江宁大厦2幢第七层707－710	0571－82891982
浙江	永安期货股份有限公司义乌营业部	浙江义乌市宾王路68号房地产交易大厦14楼	0579－85581098
浙江	永安期货股份有限公司余杭营业部	杭州市余杭区南苑街道世纪大道168号1单元2201－2206室	0571－89366188
浙江	永安期货股份有限公司舟山营业部	浙江省舟山市定海区人民中路86号三层	0580－2920801
浙江	永安期货股份有限公司诸暨营业部	诸暨市城西开发区艮塔西路138号八方大厦9层	0575－87558801
浙江	浙江新世纪期货有限公司东阳营业部	浙江省东阳市吴宁街道办事处双岘路18号“信用联社大厦”G楼一层	0579－89609100
浙江	浙江新世纪期货有限公司湖州营业部	浙江省湖州市新天地写字楼13层1316－1320室	0572－2176897
浙江	浙江新世纪期货有限公司临安营业部	浙江省临安市锦城街道石镜街696－706号	0571－61130808
浙江	浙江新世纪期货有限公司衢州营业部	浙江省衢州市狮桥街2号6楼	0570－8585789
浙江	浙江新世纪期货有限公司嵊州营业部	浙江省嵊州官河路682号剡城房产4楼	0575－83558619
浙江	浙江新世纪期货有限公司温州营业部	浙江省温州市鹿城区锦绣路瑞康商务楼(万康商务中心)1幢504室	0577－88866545
浙江	浙江新世纪期货有限公司萧山营业部	杭州市萧山区城厢镇商业新世纪广场C座八楼	0571－83519828
浙江	浙江中大期货有限公司海宁营业部	海宁市海洲街道海洲西路218号405.407室	0573－87079511
浙江	浙江中大期货有限公司湖州营业部	浙江省湖州市镭宝大厦2001室	0572－2206028
浙江	浙江中大期货有限公司金华营业部	金华市丹溪路968号金华商城二期1－2区1302、1303室	0579－82060808
浙江	浙江中大期货有限公司上虞营业部	上虞市王充路568号颖泰大厦六楼601室	0575－80271868
浙江	浙江中大期货有限公司温岭营业部	温岭市万昌路118号邮政大楼11楼	0576－86019113
浙江	浙江中大期货有限公司温州营业部	浙江省温州市鹿城区南塘风貌区北段3号楼3层	0577－88801118
浙江	浙江中大期货有限公司义乌营业部	浙江省义乌市工人西路18号8层	0579－85279567
浙江	浙江中大期货有限公司永康营业部	永康市解放街8号供销大厦四楼	0579－87533999
浙江	浙商期货有限公司杭州黄姑山路营业部	杭州市黄姑山路9号9层	0571－88215908
浙江	浙商期货有限公司杭州中河中路营业部	浙江省杭州市中河中路281号1505、1506、1507、1508室	0571－28972506
浙江	浙商期货有限公司湖州营业部	浙江省湖州市现代广场3幢12A07－12A12、12A15室	0572－2050066
浙江	浙商期货有限公司嘉兴营业部	浙江省嘉兴市国浩广场5楼	0573－82770975
浙江	浙商期货有限公司金华营业部	金华市八一北街118号汇金国际707、708、709室	0579－89198819
浙江	浙商期货有限公司丽水营业部	浙江省丽水市莲都区北苑路198号201－3、202－2室	0578－2252788
浙江	浙商期货有限公司瑞安营业部	浙江省瑞安市长虹路二轻大厦五楼	0577－65875508
浙江	浙商期货有限公司绍兴营业部	浙江省绍兴市城南绿洲新村写字楼五层	0575－88970708

营业部所属辖区	期货公司营业部名称	注册地址	联系电话
浙江	浙商期货有限公司台州营业部	浙江省台州市路桥区西路桥大道555号天时大厦1203室	0576－82446661
浙江	浙商期货有限公司温州营业部	浙江省温州市飞霞北路175号9楼	0577－88898813
浙江	浙商期货有限公司萧山营业部	杭州市萧山区北干街道金城路540号心意广场3幢802室	0571－83788079
浙江	浙商期货有限公司义乌营业部	义乌市宾王路223号1层、9层	0579－85567243
浙江	浙商期货有限公司舟山营业部	舟山市定海人民南路6号南珍大厦12楼	0580－2064103
浙江	中国国际期货有限公司杭州营业部	杭州市西湖区学院路131－6、131－7号	0571－89716763
浙江	中国国际期货有限公司温州营业部	温州市车站大道2号华盟商务广场1708、1709室	0577－28003881
浙江	中辉期货经纪有限公司温州营业部	浙江省温州市车站大道高联大厦23层B2室	0557－86075616
浙江	中粮期货有限公司杭州营业部	杭州市滨江区江南大道288号1幢1001室	0571－28058850
浙江	中信建投期货有限公司杭州营业部	杭州市上城区庆春路137号811、812室	0571－28056981
浙江	中信期货有限公司杭州凤起路营业部	杭州市凤起路102、108号国信房产大厦主楼第3层、裙楼第3层	0571－85783919
浙江	中信期货有限公司杭州延安路营业部	杭州市下城区延安路515号国信大厦第11层1117室	0571－85060800
浙江	中信期货有限公司绍兴营业部	浙江省绍兴市中兴中路276号现代大厦A603－608室	0575－85099709
浙江	中信期货有限公司温岭营业部	浙江省温岭市东辉北路152号万昌大厦2楼	0576－86209625
浙江	中信期货有限公司义乌营业部	浙江省义乌市江滨北路333－343号6楼	0579－81560977
浙江	迈科期货经纪有限公司杭州营业部	杭州市江干区万银大厦2206室	0571－85871899
重庆	北京首创期货有限责任公司重庆营业部	重庆市江北区江北城西大街25号平安财富中心(原金融街B座)17－1层(电梯楼层),15－1层(名义楼层)3单元	023－86823000
重庆	渤海期货有限公司重庆营业部	重庆市南岸区南坪街道南坪西路2号2单元19－1室、19－9室、19－10室	023－88360325
重庆	成都倍特期货经纪有限公司重庆营业部	重庆市江北区洋河一路68号1幢17—3、17—4室	023－67666071
重庆	东海期货有限责任公司重庆营业部	重庆市渝中区民族路108号B幢3－1号、3－2室	023－63938566
重庆	格林大华期货有限公司重庆财富大道营业部	重庆市渝北区财富大道2号4－2室	023－88197399
重庆	格林大华期货有限公司重庆红黄路营业部	重庆市渝北区龙塔街道红黄路52号御景天成3、4号楼裙房幢1－1室	023－86785268
重庆	格林大华期货有限公司重庆民权路营业部	重庆市渝中区民权路27号19－2#、19－3#	023－63798622
重庆	光大期货有限公司重庆营业部	重庆市渝中区民族路168号光大银行大厦3楼	023－86618118
重庆	国联期货有限责任公司重庆营业部	重庆市渝中区中山三路162号16－1室	023－63638113
重庆	国元期货有限公司重庆营业部	重庆市江北区观音桥步行街9号12－4	023－67107988
重庆	海通期货有限公司重庆营业部	重庆市渝中区中华路178号23－3#、23－4#、23－5#	023－86596996
重庆	弘业期货股份有限公司重庆营业部	重庆市渝中区新华路388号6－15#、6－16#、6－17#	023－88367700
重庆	宏源期货有限公司重庆营业部	重庆市渝中区华一路2号B单元2楼	023－88328687
重庆	华创期货有限责任公司重庆万州营业部	重庆市万州区白岩路65号第6层	023－87688980
重庆	华泰长城期货有限公司重庆营业部	重庆市江北区江北城西大街25号4－1	023－88730252
重庆	南华期货股份有限公司重庆营业部	重庆市南岸区亚太路1号1幢1层1－2号、1－20号	023－62611626
重庆	瑞达期货股份有限公司重庆营业部	重庆市渝中区五一路8号第24层2号	023－63714633
重庆	上海东亚期货有限公司重庆营业部	重庆市渝中区民权路27号32－1#、32－2#、32－3#、32－4#	023－63836705
重庆	上海中财期货有限公司重庆营业部	重庆市南岸区江南大道8号2栋6层办公8号、9号	023－88698700
重庆	申银万国期货有限公司重庆营业部	重庆市九龙坡奥体路1号附5－11－1、5－11－14号	023－68672950
重庆	万达期货股份有限公司重庆营业部	重庆市南岸区江南大道8号1栋8层办公3号、4号	023－88511066
重庆	五矿期货有限公司重庆营业部	重庆市江北区江北城西大街25号11－1	023－67078086
重庆	新湖期货有限公司重庆营业部	重庆市江北区建新东路36号10幢10－1、10－2、10－3、10－4、10－5、10－6	023－88518666
重庆	新纪元期货有限公司重庆营业部	重庆市江北区西环路8号B幢8－2、8－3、8－3A号	023－67917658
重庆	银河期货有限公司重庆营业部	重庆市南岸区南滨路22号1栋11层2号	023－88605253
重庆	英大期货有限公司重庆营业部	重庆市江北区杨河一村78号20楼01号	023－89183999
重庆	永安期货股份有限公司重庆营业部	重庆市江北区建新东路339号4幢10楼	023－67991006
重庆	浙江中大期货有限公司重庆营业部	重庆市渝中区解放碑邹容路50号半岛国际商务大厦27楼	023－63763556
重庆	中电投先融期货有限公司解放碑营业部	重庆市渝中区八一路177号雨田大厦十楼	023－63733900
重庆	中电投先融期货有限公司沙坪坝营业部	重庆市沙坪坝区小龙坎新街85－7号	023－65472593
重庆	中电投先融期货有限公司万州营业部	重庆市万州区高笋塘85号15楼	023－58152007
重庆	中钢期货有限公司重庆营业部	重庆市渝中区上清寺路9号环球广场20层	023－63639938
重庆	中国国际期货有限公司重庆营业部	重庆市渝中区中山三路168号中安大厦15楼	023－61629010
重庆	中信建投期货有限公司重庆龙山一路营业部	重庆市渝北区冉家坝龙山一路5号扬子江商务小区4幢10－2号和10－5号	023－88502001

期货交易管理条例

2007年3月6日中华人民共和国国务院令第489号公布　根据2012年10月24日《国务院关于修改〈期货交易管理条例〉的决定》修订)。

第一章　总则

第一条　为了规范期货交易行为,加强对期货交易的监督管理,维护期货市场秩序,防范风险,保护期货交易各方的合法权益和社会公共利益,促进期货市场积极稳妥发展,制定本条例。

第二条　任何单位和个人从事期货交易及其相关活动,应当遵守本条例。

本条例所称期货交易,是指采用公开的集中交易方式或者国务院期货监督管理机构批准的其他方式进行的以期货合约或者期权合约为交易标的的交易活动。

本条例所称期货合约,是指期货交易场所统一制定的、规定在将来某一特定的时间和地点交割一定数量标的物的标准化合约。期货合约包括商品期货合约和金融期货合约及其他期货合约。

本条例所称期权合约,是指期货交易场所统一制定的、规定买方有权在将来某一时间以特定价格买入或者卖出约定标的物(包括期货合约)的标准化合约。

第三条　从事期货交易活动,应当遵循公开、公平、公正和诚实信用的原则。禁止欺诈、内幕交易和操纵期货交易价格等违法行为。

第四条　期货交易应当在依照本条例第六条第一款规定设立的期货交易所、国务院批准的或者国务院期货监督管理机构批准的其他期货交易场所进行。

禁止在前款规定的期货交易场所之外进行期货交易。

第五条　国务院期货监督管理机构对期货市场实行集中统一的监督管理。

国务院期货监督管理机构派出机构依照本条例的有关规定和国务院期货监督管理机构的授权,履行监督管理职责。

第二章　期货交易所

第六条　设立期货交易所,由国务院期货监督管理机构审批。

未经国务院批准或者国务院期货监督管理机构批准,任何单位或者个人不得设立期货交易场所或者以任何形式组织期货交易及其相关活动。

第七条　期货交易所不以营利为目的,按照其章程的规定实行自律管理。期货交易所以其全部财产承担民事责任。期货交易所的负责人由国务院期货监督管理机构任免。

期货交易所的管理办法由国务院期货监督管理机构制定。

第八条　期货交易所会员应当是在中华人民共和国境内登记注册的企业法人或者其他经济组织。

期货交易所可以实行会员分级结算制度。实行会员分级结算制度的期货交易所会员由结算会员和非结算会员组成。

第九条　有《中华人民共和国公司法》第一百四十七条规定的情形或者下列情形之一的,不得担任期货交易所的负责人、财务会计人员:

(一)因违法行为或者违纪行为被解除职务的期货交易所、证券交易所、证券登记结算机构的负责人,或者期货公司、证券公司的董事、监事、高级管理人员,以及国务院期货监督管理机构规定的其他人员,自被解除职务之日起未逾5年;

(二)因违法行为或者违纪行为被撤销资格的律师、注册会计师或者投资咨询机构、财务顾问机构、资信评级机构、资产评估机构、验证机构的专业人员,自被撤销资格之日起未逾5年。

第十条　期货交易所应当依照本条例和国务院期货监督管理机构的规定,建立、健全各项规章制度,加强对交易活动的风险控制和对会员以及交易所工作人员的监督管理。期货交易所履行下列职责:

(一)提供交易的场所、设施和服务;

(二)设计合约,安排合约上市;

(三)组织并监督交易、结算和交割;

(四)为期货交易提供集中履约担保;

(五)按照章程和交易规则对会员进行监督管理;

(六)国务院期货监督管理机构规定的其他职责。

期货交易所不得直接或者间接参与期货交易。未经国务院期货监督管理机构审核并报国务院批准,期货交易所不得从事信托投资、股票投资、非自用不动产投资等与其职责无关的业务。

第十一条　期货交易所应当按照国家有关规定建立、健全下列风险管理制度:

(一)保证金制度;

(二)当日无负债结算制度;

(三)涨跌停板制度;

(四)持仓限额和大户持仓报告制度;

(五)风险准备金制度;

(六)国务院期货监督管理机构规定的其他风险管理制度。

实行会员分级结算制度的期货交易所,还应当建立、健全结算担保金制度。

第十二条　当期货市场出现异常情况时,期货交易所可以按照其章程规定的权限和程序,决定采取下列紧急措施,并应当立即报告国务院期货监督管理机构:

(一)提高保证金;

(二)调整涨跌停板幅度;

(三)限制会员或者客户的最大持仓量;

(四)暂时停止交易;

(五)采取其他紧急措施。

前款所称异常情况,是指在交易中发生操纵期货交易价格的行为或者发生不可抗拒的突发事件以及国务院期货监督管理机构规定的其他情形。

异常情况消失后,期货交易所应当及时取消紧急措施。

第十三条　期货交易所办理下列事项,应当经国务院期货监督管理机构批准:

(一)制定或者修改章程、交易规则;

(二)上市、中止、取消或者恢复交易品种;

(三)上市、修改或者终止合约;

(四)变更住所或者营业场所;

(五)合并、分立或者解散;

(六)国务院期货监督管理机构规定的其他事项。

国务院期货监督管理机构批准期货交易所上市新的交易品种,应当征求国务院有关部门的意见。

第十四条　期货交易所的所得收益按照国家有关规定管

理和使用，但应当首先用于保证期货交易场所、设施的运行和改善。

第三章　期货公司

第十五条　期货公司是依照《中华人民共和国公司法》和本条例规定设立的经营期货业务的金融机构。设立期货公司，应当经国务院期货监督管理机构批准，并在公司登记机关登记注册。

未经国务院期货监督管理机构批准，任何单位或者个人不得设立或者变相设立期货公司，经营期货业务。

第十六条　申请设立期货公司，应当符合《中华人民共和国公司法》的规定，并具备下列条件：

（一）注册资本最低限额为人民币3000万元；

（二）董事、监事、高级管理人员具备任职资格，从业人员具有期货从业资格；

（三）有符合法律、行政法规规定的公司章程；

（四）主要股东以及实际控制人具有持续盈利能力，信誉良好，最近3年无重大违法违规记录；

（五）有合格的经营场所和业务设施；

（六）有健全的风险管理和内部控制制度；

（七）国务院期货监督管理机构规定的其他条件。

国务院期货监督管理机构根据审慎监管原则和各项业务的风险程度，可以提高注册资本最低限额。注册资本应当是实缴资本。股东应当以货币或者期货公司经营必需的非货币财产出资，货币出资比例不得低于85%。

国务院期货监督管理机构应当在受理期货公司设立申请之日起6个月内，根据审慎监管原则进行审查，作出批准或者不批准的决定。

未经国务院期货监督管理机构批准，任何单位和个人不得委托或者接受他人委托持有或者管理期货公司的股权。

第十七条　期货公司业务实行许可制度，由国务院期货监督管理机构按照其商品期货、金融期货业务种类颁发许可证。期货公司除申请经营境内期货经纪业务外，还可以申请经营境外期货经纪、期货投资咨询以及国务院期货监督管理机构规定的其他期货业务。

期货公司不得从事与期货业务无关的活动，法律、行政法规或者国务院期货监督管理机构另有规定的除外。

期货公司不得从事或者变相从事期货自营业务。

期货公司不得为其股东、实际控制人或者其他关联人提供融资，不得对外担保。

第十八条　期货公司从事经纪业务，接受客户委托，以自己的名义为客户进行期货交易，交易结果由客户承担。

第十九条　期货公司办理下列事项，应当经国务院期货监督管理机构批准：

（一）合并、分立、停业、解散或者破产；

（二）变更业务范围；

（三）变更注册资本且调整股权结构；

（四）新增持有5%以上股权的股东或者控股股东发生变化；

（五）设立、收购、参股或者终止境外期货类经营机构；

（六）国务院期货监督管理机构规定的其他事项。

前款第三项、第六项所列事项，国务院期货监督管理机构应当自受理申请之日起20日内作出批准或者不批准的决定；前款所列其他事项，国务院期货监督管理机构应当自受理申请之日起2个月内作出批准或者不批准的决定。

第二十条　期货公司办理下列事项，应当经国务院期货监督管理机构派出机构批准：

（一）变更法定代表人；

（二）变更住所或者营业场所；

（三）设立或者终止境内分支机构；

（四）变更境内分支机构的经营范围；

（五）国务院期货监督管理机构规定的其他事项。

前款第一项、第二项、第四项、第五项所列事项，国务院期货监督管理机构派出机构应当自受理申请之日起20日内作出批准或者不批准的决定；前款第三项所列事项，国务院期货监督管理机构派出机构应当自受理申请之日起2个月内作出批准或者不批准的决定。

第二十一条　期货公司或者其分支机构有《中华人民共和国行政许可法》第七十条规定的情形或者下列情形之一的，国务院期货监督管理机构应当依法办理期货业务许可证注销手续：

（一）营业执照被公司登记机关依法注销；

（二）成立后无正当理由超过3个月未开始营业，或者开业后无正当理由停业连续3个月以上；

（三）主动提出注销申请；

（四）国务院期货监督管理机构规定的其他情形。

期货公司在注销期货业务许可证前，应当结清相关期货业务，并依法返还客户的保证金和其他资产。期货公司分支机构在注销经营许可证前，应当终止经营活动，妥善处理客户资产。

第二十二条　期货公司应当建立、健全并严格执行业务管理规则、风险管理制度，遵守信息披露制度，保障客户保证金的存管安全，按照期货交易所的规定，向期货交易所报告大户名单、交易情况。

第二十三条　从事期货投资咨询业务的其他期货经营机构应当取得国务院期货监督管理机构批准的业务资格，具体管理办法由国务院期货监督管理机构制定。

第四章　期货交易基本规则

第二十四条　在期货交易所进行期货交易的，应当是期货交易所会员。

符合规定条件的境外机构，可以在期货交易所从事特定品种的期货交易。具体办法由国务院期货监督管理机构制定。

第二十五条　期货公司接受客户委托为其进行期货交易，应当事先向客户出示风险说明书，经客户签字确认后，与客户签订书面合同。期货公司不得未经客户委托或者不按照客户委托内容，擅自进行期货交易。

期货公司不得向客户作获利保证；不得在经纪业务中与客户约定分享利益或者共担风险。

第二十六条　下列单位和个人不得从事期货交易，期货公司不得接受其委托为其进行期货交易：

（一）国家机关和事业单位；

（二）国务院期货监督管理机构、期货交易所、期货保证金安全存管监控机构和期货业协会的工作人员；

（三）证券、期货市场禁止进入者；

（四）未能提供开户证明材料的单位和个人；

（五）国务院期货监督管理机构规定不得从事期货交易的其他单位和个人。

第二十七条　客户可以通过书面、电话、互联网或者国务院期货监督管理机构规定的其他方式，向期货公司下达交易指令。客户的交易指令应当明确、全面。

期货公司不得隐瞒重要事项或者使用其他不正当手段诱骗客户发出交易指令。

第二十八条　期货交易所应当及时公布上市品种合约的成交量、成交价、持仓量、最高价与最低价、开盘价与收盘价和其他应当公布的即时行情，并保证即时行情的真实、准确。期货交易所不得发布价格预测信息。

未经期货交易所许可，任何单位和个人不得发布期货交易即时行情。

第二十九条　期货交易应当严格执行保证金制度。期货交易所向会员、期货公司向客户收取的保证金，不得低于国务院期货监督管理机构、期货交易所规定的标准，并应当与自有资金分开，专户存放。

期货交易所向会员收取的保证金，属于会员所有，除用于会员的交易结算外，严禁挪作他用。

期货公司向客户收取的保证金，属于客户所有，除下列可划转的情形外，严禁挪作他用：

(一)依据客户的要求支付可用资金；

(二)为客户交存保证金，支付手续费、税款；

(三)国务院期货监督管理机构规定的其他情形。

第三十条　期货公司应当为每一个客户单独开立专门账户、设置交易编码，不得混码交易。

第三十一条　期货公司经营期货经纪业务又同时经营其他期货业务的，应当严格执行业务分离和资金分离制度，不得混合操作。

第三十二条　期货交易所、期货公司、非期货公司结算会员应当按照国务院期货监督管理机构、财政部门的规定提取、管理和使用风险准备金，不得挪用。

第三十三条　期货交易的收费项目、收费标准和管理办法由国务院有关主管部门统一制定并公布。

第三十四条　期货交易的结算，由期货交易所统一组织进行。

期货交易所实行当日无负债结算制度。期货交易所应当在当日及时将结算结果通知会员。

期货公司根据期货交易所的结算结果对客户进行结算，并应当将结算结果按照与客户约定的方式及时通知客户。客户应当及时查询并妥善处理自己的交易持仓。

第三十五条　期货交易所会员的保证金不足时，应当及时追加保证金或者自行平仓。会员未在期货交易所规定的时间内追加保证金或者自行平仓的，期货交易所应当将该会员的合约强行平仓，强行平仓的有关费用和发生的损失由该会员承担。

客户保证金不足时，应当及时追加保证金或者自行平仓。客户未在期货公司规定的时间内及时追加保证金或者自行平仓的，期货公司应当将该客户的合约强行平仓，强行平仓的有关费用和发生的损失由该客户承担。

第三十六条　期货交易的交割，由期货交易所统一组织进行。

交割仓库由期货交易所指定。期货交易所不得限制实物交割总量，并应当与交割仓库签订协议，明确双方的权利和义务。交割仓库不得有下列行为：

(一)出具虚假仓单；

(二)违反期货交易所业务规则，限制交割商品的入库、出库；

(三)泄露与期货交易有关的商业秘密；

(四)违反国家有关规定参与期货交易；

(五)国务院期货监督管理机构规定的其他行为。

第三十七条　会员在期货交易中违约的，期货交易所先以该会员的保证金承担违约责任；保证金不足的，期货交易所应当以风险准备金和自有资金代为承担违约责任，并由此取得对该会员的相应追偿权。

客户在期货交易中违约的，期货公司先以该客户的保证金承担违约责任；保证金不足的，期货公司应当以风险准备金和自有资金代为承担违约责任，并由此取得对该客户的相应追偿权。

第三十八条　实行会员分级结算制度的期货交易所，应当向结算会员收取结算担保金。期货交易所只对结算会员结算，收取和追收保证金，以结算担保金、风险准备金、自有资金代为承担违约责任，以及采取其他相关措施；对非结算会员的结算、收取和追收保证金、代为承担违约责任，以及采取其他相关措施，由结算会员执行。

第三十九条　期货交易所、期货公司和非期货公司结算会员应当保证期货交易、结算、交割资料的完整和安全。

第四十条　任何单位或者个人不得编造、传播有关期货交易的虚假信息，不得恶意串通、联手买卖或者以其他方式操纵期货交易价格。

第四十一条　任何单位或者个人不得违规使用信贷资金、财政资金进行期货交易。

银行业金融机构从事期货交易融资或者担保业务的资格，由国务院银行业监督管理机构批准。

第四十二条　国有以及国有控股企业进行境内外期货交易，应当遵循套期保值的原则，严格遵守国务院国有资产监督管理机构以及其他有关部门关于企业以国有资产进入期货市场的有关规定。

第四十三条　国务院商务主管部门对境内单位或者个人从事境外商品期货交易的品种进行核准。

境外期货项下购汇、结汇以及外汇收支，应当符合国家外汇管理有关规定。

境内单位或者个人从事境外期货交易的办法，由国务院期货监督管理机构会同国务院商务主管部门、国有资产监督管理机构、银行业监督管理机构、外汇管理部门等有关部门制订，报国务院批准后施行。

第五章　期货业协会

第四十四条　期货业协会是期货业的自律性组织，是社会团体法人。

期货公司以及其他专门从事期货经营的机构应当加入期货业协会，并缴纳会员费。

第四十五条　期货业协会的权力机构为全体会员组成的会员大会。

期货业协会的章程由会员大会制定，并报国务院期货监督管理机构备案。

期货业协会设理事会。理事会成员按照章程的规定选举产生。

第四十六条　期货业协会履行下列职责：

(一)教育和组织会员遵守期货法律法规和政策；

(二)制定会员应当遵守的行业自律性规则，监督、检查会员行为，对违反协会章程和自律性规则的，按照规定给予纪律处分；

（三）负责期货从业人员资格的认定、管理以及撤销工作；

（四）受理客户与期货业务有关的投诉，对会员之间、会员与客户之间发生的纠纷进行调解；

（五）依法维护会员的合法权益，向国务院期货监督管理机构反映会员的建议和要求；

（六）组织期货从业人员的业务培训，开展会员间的业务交流；

（七）组织会员就期货业的发展、运作以及有关内容进行研究；

（八）期货业协会章程规定的其他职责。

期货业协会的业务活动应当接受国务院期货监督管理机构的指导和监督。

第六章 监督管理

第四十七条 国务院期货监督管理机构对期货市场实施监督管理，依法履行下列职责：

（一）制定有关期货市场监督管理的规章、规则，并依法行使审批权；

（二）对品种的上市、交易、结算、交割等期货交易及其相关活动，进行监督管理；

（三）对期货交易所、期货公司及其他期货经营机构、非期货公司结算会员、期货保证金安全存管监控机构、期货保证金存管银行、交割仓库等市场相关参与者的期货业务活动，进行监督管理；

（四）制定期货从业人员的资格标准和管理办法，并监督实施；

（五）监督检查期货交易的信息公开情况；

（六）对期货业协会的活动进行指导和监督；

（七）对违反期货市场监督管理法律、行政法规的行为进行查处；

（八）开展与期货市场监督管理有关的国际交流、合作活动；

（九）法律、行政法规规定的其他职责。

第四十八条 国务院期货监督管理机构依法履行职责，可以采取下列措施：

（一）对期货交易所、期货公司及其他期货经营机构、非期货公司结算会员、期货保证金安全存管监控机构和交割仓库进行现场检查；

（二）进入涉嫌违法行为发生场所调查取证；

（三）询问当事人和与被调查事件有关的单位和个人，要求其对与被调查事件有关的事项作出说明；

（四）查阅、复制与被调查事件有关的财产权登记等资料；

（五）查阅、复制当事人和与被调查事件有关的单位和个人的期货交易记录、财务会计资料以及其他相关文件和资料；对可能被转移、隐匿或者毁损的文件和资料，可以予以封存；

（六）查询与被调查事件有关的单位的保证金账户和银行账户；

（七）在调查操纵期货交易价格、内幕交易等重大期货违法行为时，经国务院期货监督管理机构主要负责人批准，可以限制被调查事件当事人的期货交易，但限制的时间不得超过15个交易日；案情复杂的，可以延长至30个交易日；

（八）法律、行政法规规定的其他措施。

第四十九条 期货交易所、期货公司及其他期货经营机构、期货保证金安全存管监控机构，应当向国务院期货监督管理机构报送财务会计报告、业务资料和其他有关资料。

对期货公司及其他期货经营机构报送的年度报告，国务院期货监督管理机构应当指定专人进行审核，并制作审核报告。审核人员应当在审核报告上签字。审核中发现问题的，国务院期货监督管理机构应当及时采取相应措施。

必要时，国务院期货监督管理机构可以要求非期货公司结算会员、交割仓库，以及期货公司股东、实际控制人或者其他关联人报送相关资料。

第五十条 国务院期货监督管理机构依法履行职责，进行监督检查或者调查时，被检查、调查的单位和个人应当配合，如实提供有关文件和资料，不得拒绝、阻碍和隐瞒；其他有关部门和单位应当给予支持和配合。

第五十一条 国家根据期货市场发展的需要，设立期货投资者保障基金。

期货投资者保障基金的筹集、管理和使用的具体办法，由国务院期货监督管理机构会同国务院财政部门制定。

第五十二条 国务院期货监督管理机构应当建立、健全保证金安全存管监控制度，设立期货保证金安全存管监控机构。

客户和期货交易所、期货公司及其他期货经营机构、非期货公司结算会员以及期货保证金存管银行，应当遵守国务院期货监督管理机构有关保证金安全存管监控的规定。

第五十三条 期货保证金安全存管监控机构依照有关规定对保证金安全实施监控，进行每日稽核，发现问题应当立即报告国务院期货监督管理机构。国务院期货监督管理机构应当根据不同情况，依照本条例有关规定及时处理。

第五十四条 国务院期货监督管理机构对期货交易所、期货公司及其他期货经营机构和期货保证金安全存管监控机构的董事、监事、高级管理人员以及其他期货从业人员，实行资格管理制度。

第五十五条 国务院期货监督管理机构应当制定期货公司持续性经营规则，对期货公司的净资本与净资产的比例，净资本与境内期货经纪、境外期货经纪等业务规模的比例，流动资产与流动负债的比例等风险监管指标作出规定；对期货公司及其分支机构的经营条件、风险管理、内部控制、保证金存管、关联交易等方面提出要求。

第五十六条 期货公司及其分支机构不符合持续性经营规则或者出现经营风险的，国务院期货监督管理机构可以对期货公司及其董事、监事和高级管理人员采取谈话、提示、记入信用记录等监管措施或者责令期货公司限期整改，并对其整改情况进行检查验收。

期货公司逾期未改正，其行为严重危及期货公司的稳健运行、损害客户合法权益，或者涉嫌严重违法违规正在被国务院期货监督管理机构调查的，国务院期货监督管理机构可以区别情形，对其采取下列措施：

（一）限制或者暂停部分期货业务；

（二）停止批准新增业务或者分支机构；

（三）限制分配红利，限制向董事、监事、高级管理人员支付报酬、提供福利；

（四）限制转让财产或者在财产上设定其他权利；

（五）责令更换董事、监事、高级管理人员或者有关业务部门、分支机构的负责人员，或者限制其权利；

（六）限制期货公司自有资金或者风险准备金的调拨和使用；

（七）责令控股股东转让股权或者限制有关股东行使股东权利。

对经过整改符合有关法律、行政法规规定以及持续性经营规则要求的期货公司，国务院期货监督管理机构应当自验收完毕之日起3日内解除对其采取的有关措施。

对经过整改仍未达到持续性经营规则要求，严重影响正常经营的期货公司，国务院期货监督管理机构有权撤销其部分或者全部期货业务许可、关闭其分支机构。

第五十七条　期货公司违法经营或者出现重大风险，严重危害期货市场秩序、损害客户利益的，国务院期货监督管理机构可以对该期货公司采取责令停业整顿、指定其他机构托管或者接管等监管措施。经国务院期货监督管理机构批准，可以对该期货公司直接负责的董事、监事、高级管理人员和其他直接责任人员采取以下措施：

（一）通知出境管理机关依法阻止其出境；

（二）申请司法机关禁止其转移、转让或者以其他方式处分财产，或者在财产上设定其他权利。

第五十八条　期货公司的股东有虚假出资或者抽逃出资行为的，国务院期货监督管理机构应当责令其限期改正，并可责令其转让所持期货公司的股权。

在股东按照前款要求改正违法行为、转让所持期货公司的股权前，国务院期货监督管理机构可以限制其股东权利。

第五十九条　当期货市场出现异常情况时，国务院期货监督管理机构可以采取必要的风险处置措施。

第六十条　期货公司的交易软件、结算软件，应当满足期货公司审慎经营和风险管理以及国务院期货监督管理机构有关保证金安全存管监控规定的要求。期货公司的交易软件、结算软件不符合要求的，国务院期货监督管理机构有权要求期货公司予以改进或者更换。

国务院期货监督管理机构可以要求期货公司的交易软件、结算软件的供应商提供该软件的相关资料，供应商应当予以配合。国务院期货监督管理机构对供应商提供的相关资料负有保密义务。

第六十一条　期货公司涉及重大诉讼、仲裁，或者股权被冻结或者用于担保，以及发生其他重大事件时，期货公司及其相关股东、实际控制人应当自该事件发生之日起5日内向国务院期货监督管理机构提交书面报告。

第六十二条　会计师事务所、律师事务所、资产评估机构等中介服务机构向期货交易所和期货公司等市场相关参与者提供相关服务时，应当遵守期货法律、行政法规以及国家有关规定，并按照国务院期货监督管理机构的要求提供相关资料。

第六十三条　国务院期货监督管理机构应当与有关部门建立监督管理的信息共享和协调配合机制。

国务院期货监督管理机构可以和其他国家或者地区的期货监督管理机构建立监督管理合作机制，实施跨境监督管理。

第六十四条　国务院期货监督管理机构、期货交易所、期货保证金安全存管监控机构和期货保证金存管银行等相关单位的工作人员，应当忠于职守，依法办事，公正廉洁，保守国家秘密和有关当事人的商业秘密，不得利用职务便利牟取不正当的利益。

第七章　法律责任

第六十五条　期货交易所、非期货公司结算会员有下列行为之一的，责令改正，给予警告，没收违法所得：

（一）违反规定接纳会员的；

（二）违反规定收取手续费的；

（三）违反规定使用、分配收益的；

（四）不按照规定公布即时行情的，或者发布价格预测信息的；

（五）不按照规定向国务院期货监督管理机构履行报告义务的；

（六）不按照规定向国务院期货监督管理机构报送有关文件、资料的；

（七）不按照规定建立、健全结算担保金制度的；

（八）不按照规定提取、管理和使用风险准备金的；

（九）违反国务院期货监督管理机构有关保证金安全存管监控规定的；

（十）限制会员实物交割总量的；

（十一）任用不具备资格的期货从业人员的；

（十二）违反国务院期货监督管理机构规定的其他行为。

有前款所列行为之一的，对直接负责的主管人员和其他直接责任人员给予纪律处分，处1万元以上10万元以下的罚款。

有本条第一款第二项所列行为的，应当责令退还多收取的手续费。

期货保证金安全存管监控机构有本条第一款第五项、第六项、第九项、第十一项、第十二项所列行为的，依照本条第一款、第二款的规定处罚、处分。期货保证金存管银行有本条第一款第九项、第十二项所列行为的，依照本条第一款、第二款的规定处罚、处分。

第六十六条　期货交易所有下列行为之一的，责令改正，给予警告，没收违法所得，并处违法所得1倍以上5倍以下的罚款；没有违法所得或者违法所得不满10万元的，并处10万元以上50万元以下的罚款；情节严重的，责令停业整顿：

（一）未经批准，擅自办理本条例第十三条所列事项的；

（二）允许会员在保证金不足的情况下进行期货交易的；

（三）直接或者间接参与期货交易，或者违反规定从事与其职责无关的业务的；

（四）违反规定收取保证金，或者挪用保证金的；

（五）伪造、涂改或者不按照规定保存期货交易、结算、交割资料的；

（六）未建立或者未执行当日无负债结算、涨跌停板、持仓限额和大户持仓报告制度的；

（七）拒绝或者妨碍国务院期货监督管理机构监督检查的；

（八）违反国务院期货监督管理机构规定的其他行为。

有前款所列行为之一的，对直接负责的主管人员和其他直接责任人员给予纪律处分，处1万元以上10万元以下的罚款。

非期货公司结算会员有本条第一款第二项、第四项至第八项所列行为之一的，依照本条第一款、第二款的规定处罚、处分。

期货保证金安全存管监控机构有本条第一款第三项、第七项、第八项所列行为的，依照本条第一款、第二款的规定处罚、处分。

第六十七条　期货公司有下列行为之一的，责令改正，给予警告，没收违法所得，并处违法所得1倍以上3倍以下的罚款；没有违法所得或者违法所得不满10万元的，并处10万元以上30万元以下的罚款；情节严重的，责令停业整顿或者吊销期货业务许可证：

（一）接受不符合规定条件的单位或者个人委托的；

（二）允许客户在保证金不足的情况下进行期货交易的；

（三）未经批准，擅自办理本条例第十九条、第二十条所列事项的；

（四）违反规定从事与期货业务无关的活动的；

（五）从事或者变相从事期货自营业务的；

（六）为其股东、实际控制人或者其他关联人提供融资，或者对外担保的；

（七）违反国务院期货监督管理机构有关保证金安全存管监控规定的；

（八）不按照规定向国务院期货监督管理机构履行报告义务或者报送有关文件、资料的；

（九）交易软件、结算软件不符合期货公司审慎经营和风险管理以及国务院期货监督管理机构有关保证金安全存管监控规定的要求的；

（十）不按照规定提取、管理和使用风险准备金的；

（十一）伪造、涂改或者不按照规定保存期货交易、结算、交割资料的；

（十二）任用不具备资格的期货从业人员的；

（十三）伪造、变造、出租、出借、买卖期货业务许可证或者经营许可证的；

（十四）进行混码交易的；

（十五）拒绝或者妨碍国务院期货监督管理机构监督检查的；

（十六）违反国务院期货监督管理机构规定的其他行为。

期货公司有前款所列行为之一的，对直接负责的主管人员和其他直接责任人员给予警告，并处1万元以上5万元以下的罚款；情节严重的，暂停或者撤销任职资格、期货从业人员资格。

期货公司之外的其他期货经营机构有本条第一款第八项、第十二项、第十三项、第十五项、第十六项所列行为的，依照本条第一款、第二款的规定处罚。

期货公司的股东、实际控制人或者其他关联人未经批准擅自委托他人或者接受他人委托持有或者管理期货公司股权的，拒不配合国务院期货监督管理机构的检查，拒不按照规定履行报告义务、提供有关信息和资料，或者报送、提供的信息和资料有虚假记载、误导性陈述或者重大遗漏的，依照本条第一款、第二款的规定处罚。

第六十八条　期货公司有下列欺诈客户行为之一的，责令改正，给予警告，没收违法所得，并处违法所得1倍以上5倍以下的罚款；没有违法所得或者违法所得不满10万元的，并处10万元以上50万元以下的罚款；情节严重的，责令停业整顿或者吊销期货业务许可证：

（一）向客户作获利保证或者不按照规定向客户出示风险说明书的；

（二）在经纪业务中与客户约定分享利益、共担风险的；

（三）不按照规定接受客户委托或者不按照客户委托内容擅自进行期货交易的；

（四）隐瞒重要事项或者使用其他不正当手段，诱骗客户发出交易指令的；

（五）向客户提供虚假成交回报的；

（六）未将客户交易指令下达到期货交易所的；

（七）挪用客户保证金的；

（八）不按照规定在期货保证金存管银行开立保证金账户，或者违规划转客户保证金的；

（九）国务院期货监督管理机构规定的其他欺诈客户的行为。

期货公司有前款所列行为之一的，对直接负责的主管人员和其他直接责任人员给予警告，并处1万元以上10万元以下的罚款；情节严重的，暂停或者撤销任职资格、期货从业人员资格。

任何单位或者个人编造并且传播有关期货交易的虚假信息，扰乱期货交易市场的，依照本条第一款、第二款的规定处罚。

第六十九条　期货公司及其他期货经营机构、非期货公司结算会员、期货保证金存管银行提供虚假申请文件或者采取其他欺诈手段隐瞒重要事实骗取期货业务许可的，撤销其期货业务许可，没收违法所得。

第七十条　期货交易内幕信息的知情人或者非法获取期货交易内幕信息的人，在对期货交易价格有重大影响的信息尚未公开前，利用内幕信息从事期货交易，或者向他人泄露内幕信息，使他人利用内幕信息进行期货交易的，没收违法所得，并处违法所得1倍以上5倍以下的罚款；没有违法所得或者违法所得不满10万元的，处10万元以上50万元以下的罚款。单位从事内幕交易的，还应当对直接负责的主管人员和其他直接责任人员给予警告，并处3万元以上30万元以下的罚款。

国务院期货监督管理机构、期货交易所和期货保证金安全存管监控机构的工作人员进行内幕交易的，从重处罚。

第七十一条　任何单位或者个人有下列行为之一，操纵期货交易价格的，责令改正，没收违法所得，并处违法所得1倍以上5倍以下的罚款；没有违法所得或者违法所得不满20万元的，处20万元以上100万元以下的罚款：

（一）单独或者合谋，集中资金优势、持仓优势或者利用信息优势联合或者连续买卖合约，操纵期货交易价格的；

（二）蓄意串通，按事先约定的时间、价格和方式相互进行期货交易，影响期货交易价格或者期货交易量的；

（三）以自己为交易对象，自买自卖，影响期货交易价格或者期货交易量的；

（四）为影响期货市场行情囤积现货的；

（五）国务院期货监督管理机构规定的其他操纵期货交易价格的行为。

单位有前款所列行为之一的，对直接负责的主管人员和其他直接责任人员给予警告，并处1万元以上10万元以下的罚款。

第七十二条　交割仓库有本条例第三十六条第二款所列行为之一的，责令改正，给予警告，没收违法所得，并处违法所得1倍以上5倍以下的罚款；没有违法所得或者违法所得不满10万元的，并处10万元以上50万元以下的罚款；情节严重的，责令期货交易所暂停或者取消其交割仓库资格。对直接负责的主管人员和其他直接责任人员给予警告，并处1万元以上10万元以下的罚款。

第七十三条　国有以及国有控股企业违反本条例和国务院国有资产监督管理机构以及其他有关部门关于企业以国有资产进入期货市场的有关规定进行期货交易，或者单位、个人违规使用信贷资金、财政资金进行期货交易的，给予警告，没收违法所得，并处违法所得1倍以上5倍以下的罚款；没有违法所得或者违法所得不满10万元的，并处10万元以上50万元以下的罚款。对直接负责的主管人员和其他直接责任人员给予降级直至开除的纪律处分。

第七十四条　境内单位或者个人违反规定从事境外期货

交易的，责令改正，给予警告，没收违法所得，并处违法所得1倍以上5倍以下的罚款；没有违法所得或者违法所得不满20万元的，并处20万元以上100万元以下的罚款；情节严重的，暂停其境外期货交易。对单位直接负责的主管人员和其他直接责任人员给予警告，并处1万元以上10万元以下的罚款。

第七十五条　非法设立期货交易场所或者以其他形式组织期货交易活动的，由所在地县级以上地方人民政府予以取缔，没收违法所得，并处违法所得1倍以上5倍以下的罚款；没有违法所得或者违法所得不满20万元的，处20万元以上100万元以下的罚款。对单位直接负责的主管人员和其他直接责任人员给予警告，并处1万元以上10万元以下的罚款。

非法设立期货公司及其他期货经营机构，或者擅自从事期货业务的，予以取缔，没收违法所得，并处违法所得1倍以上5倍以下的罚款；没有违法所得或者违法所得不满20万元的，处20万元以上100万元以下的罚款。对单位直接负责的主管人员和其他直接责任人员给予警告，并处1万元以上10万元以下的罚款。

第七十六条　期货公司的交易软件、结算软件供应商拒不配合国务院期货监督管理机构调查，或者未按照规定向国务院期货监督管理机构提供相关软件资料，或者提供的软件资料有虚假、重大遗漏的，责令改正，处3万元以上10万元以下的罚款。对直接负责的主管人员和其他直接责任人员给予警告，并处1万元以上5万元以下的罚款。

第七十七条　会计师事务所、律师事务所、资产评估机构等中介服务机构未勤勉尽责，所出具的文件有虚假记载、误导性陈述或者重大遗漏的，责令改正，没收业务收入，暂停或者撤销相关业务许可，并处业务收入1倍以上5倍以下的罚款。对直接负责的主管人员和其他直接责任人员给予警告，并处3万元以上10万元以下的罚款。

第七十八条　任何单位或者个人违反本条例规定，情节严重的，由国务院期货监督管理机构宣布该个人、该单位或者该单位的直接责任人员为期货市场禁止进入者。

第七十九条　国务院期货监督管理机构、期货交易所、期货保证金安全存管监控机构和期货保证金存管银行等相关单位的工作人员，泄露知悉的国家秘密或者会员、客户商业秘密，或者徇私舞弊、玩忽职守、滥用职权、收受贿赂的，依法给予行政处分或者纪律处分。

第八十条　违反本条例规定，构成犯罪的，依法追究刑事责任。

第八十一条　对本条例规定的违法行为的行政处罚，除本条例已有规定的外，由国务院期货监督管理机构决定；涉及其他有关部门法定职权的，国务院期货监督管理机构应当会同其他有关部门处理；属于其他有关部门法定职权的，国务院期货监督管理机构应当移交其他有关部门处理。

第八章　附则

第八十二条　本条例下列用语的含义：

（一）商品期货合约，是指以农产品、工业品、能源和其他商品及其相关指数产品为标的物的期货合约。

（二）金融期货合约，是指以有价证券、利率、汇率等金融产品及其相关指数产品为标的物的期货合约。

（三）保证金，是指期货交易者按照规定交纳的资金或者提交的价值稳定、流动性强的标准仓单、国债等有价证券，用于结算和保证履约。

（四）结算，是指根据期货交易所公布的结算价格对交易双方的交易结果进行的资金清算和划转。

（五）交割，是指合约到期时，按照期货交易所的规则和程序，交易双方通过该合约所载标的物所有权的转移，或者按照规定结算价格进行现金差价结算，了结到期未平仓合约的过程。

（六）平仓，是指期货交易者买入或者卖出与其所持合约的品种、数量和交割月份相同但交易方向相反的合约，了结期货交易的行为。

（七）持仓量，是指期货交易者所持有的未平仓合约的数量。

（八）持仓限额，是指期货交易所对期货交易者的持仓量规定的最高数额。

（九）标准仓单，是指交割仓库开具并经期货交易所认定的标准化提货凭证。

（十）涨跌停板，是指合约在1个交易日中的交易价格不得高于或者低于规定的涨跌幅度，超出该涨跌幅度的报价将被视为无效，不能成交。

（十一）内幕信息，是指可能对期货交易价格产生重大影响的尚未公开的信息，包括：国务院期货监督管理机构以及其他相关部门制定的对期货交易价格可能发生重大影响的政策，期货交易所作出的可能对期货交易价格发生重大影响的决定，期货交易所会员、客户的资金和交易动向以及国务院期货监督管理机构认定的对期货交易价格有显著影响的其他重要信息。

（十二）内幕信息的知情人员，是指由于其管理地位、监督地位或者职业地位，或者作为雇员、专业顾问履行职务，能够接触或者获得内幕信息的人员，包括：期货交易所的管理人员以及其他由于任职可获取内幕信息的从业人员，国务院期货监督管理机构和其他有关部门的工作人员以及国务院期货监督管理机构规定的其他人员。

第八十三条　国务院期货监督管理机构可以批准设立期货专门结算机构，专门履行期货交易所的结算以及相关职责，并承担相应法律责任。

第八十四条　境外机构在境内设立、收购或者参股期货经营机构，以及境外期货经营机构在境内设立分支机构（含代表处）的管理办法，由国务院期货监督管理机构会同国务院商务主管部门、外汇管理部门等有关部门制订，报国务院批准后施行。

第八十五条　在期货交易所之外的国务院期货监督管理机构批准的交易场所进行的期货交易，依照本条例的有关规定执行。

第八十六条　不属于期货交易的商品或者金融产品的其他交易活动，由国家有关部门监督管理，不适用本条例。

第八十七条　本条例自2007年4月15日起施行。1999年6月2日国务院发布的《期货交易管理暂行条例》同时废止。

证券期货市场统计管理办法

中国证券监督管理委员会令第60号

《证券期货市场统计管理办法》已经2008年10月28日中国证券监督管理委员会第243次主席办公会议审议通过，现予公布，自2009年3月1日起施行。

中国证券监督管理委员会主席：尚福林

二〇〇九年一月八日

第一章 总则

第一条 为了规范证券期货市场统计行为，发挥统计在反映证券期货市场基础信息和动态状况、加强证券期货市场监管中的作用，根据《中华人民共和国统计法》、《中华人民共和国证券法》、《中华人民共和国证券投资基金法》、《期货交易管理条例》、《证券公司监督管理条例》和《中华人民共和国统计法实施细则》等法律、行政法规，制定本办法。

第二条 证券期货市场统计的基本任务是对证券期货市场发展情况进行统计调查、统计分析，提供证券期货市场统计资料和统计咨询意见，实行统计监督。

第三条 证券期货市场统计调查对象（以下简称统计调查对象）应当如实提供证券期货统计资料，不得虚报、瞒报、拒报、迟报，不得伪造、篡改。

本办法所称的统计调查对象，包括证券公司、证券投资基金管理公司、期货公司及其分支机构，基金托管银行、基金销售机构、合格境外机构投资者托管银行，从事证券期货服务业务的投资咨询机构、财务顾问机构、资信评级机构、资产评估机构、会计师事务所、律师事务所，上市公司、非上市公众公司，证券期货交易所、证券登记结算机构、证券业协会、期货业协会、证券投资者保护基金公司、期货保证金监控中心等市场主体。

第四条 中国证券监督管理委员会（以下简称中国证监会）建立集中统一领导，分业务、分级负责的统计管理体制。

中国证监会负责全国证券期货市场（以下简称证券期货市场）的统计工作，中国证监会派出机构负责辖区内的证券期货统计工作。

第五条 中国证监会制定证券期货市场统计标准，发布证券期货市场统计资料或者可能影响证券期货市场稳定运行的其他统计资料。

第六条 统计资料的管理、使用和公布，应当遵守国家档案管理制度、保密制度和证券期货监督管理信息公开制度、证券期货市场诚信档案管理制度，保守统计调查对象的商业秘密，维护证券期货市场公开、公平、公正的原则。

第二章 统计机构和统计人员

第七条 中国证监会统计部门履行以下职责：

（一）组织证券期货市场统计调查工作，搜集、整理证券期货统计资料，管理、公布、汇编、对外提供证券期货市场统计资料；

（二）对证券期货市场运行、发展、风险等情况进行统计分析，编制证券期货市场统计报表，出具统计报告，提出有关的政策建议；

（三）建立健全证券期货统计制度，制定证券期货市场统计标准，完善证券期货统计指标体系，对统计法律、行政法规、本办法及中国证监会制定的统计制度的执行情况进行指导和检查监督，对中国证监会派出机构、统计调查对象的统计工作进行考核评估；

（四）建设并管理证券期货统计信息自动化系统和统计数据库体系；

（五）负责办理与会外单位之间的统计协调工作；

（六）办理中国证监会派出机构统计调查项目和证券期货市场统计调查项目补充内容的备案；

（七）组织开展证券期货市场统计人员的业务培训。

第八条 中国证监会履行监管职责的其他部门（以下简称中国证监会其他部门）对其职责范围内的统计调查对象进行统计调查，搜集、整理证券期货统计资料。

中国证监会其他部门应当配合中国证监会统计部门的工作。

第九条 中国证监会统计部门建立证券期货市场统计工作联席会议机制，其成员单位包括中国证监会统计部门、中国证监会其他部门、证券期货交易所、证券登记结算机构等。

除中国证监会统计部门之外的其他成员单位按照约定的格式与内容，定期或者不定期地向中国证监会统计部门报送本单位搜集、整理、管理的证券期货统计资料。证券期货市场统计工作联席会议机制确保成员之间实现信息互联共享，并承担以下职能：

（一）分析评价证券期货统计标准，提出补充、修改的建议；

（二）研究统计工作中遇到的新问题、新情况，加强各单位间的协调、配合；

（三）讨论其他与证券期货统计工作有关的重大事项。

第十条 中国证监会派出机构应当指定或者设立专门处室履行统计职责，其统计职责包括：

（一）配合中国证监会统计部门完成证券期货市场统计调查任务，搜集、整理、提供辖区内证券期货统计资料；

（二）组织辖区内的证券期货统计调查工作，搜集、整理、管理、公布、对外提供证券期货统计资料；

（三）对辖区内证券期货发展情况进行统计分析，出具统计报告，提出有关政策建议；

（四）对辖区内统计调查对象执行统计法律、行政法规、本办法及中国证监会制定统计制度的情况进行检查监督。

第十一条 统计调查对象应当设立统计部门或者指定部门、人员负责统计工作。

第十二条 中国证监会其他部门、派出机构配置专职的统计人员。统计调查对象应当配备专职或者兼职的统计人员。

统计人员应当具备良好的职业道德，具备必要的证券期货市场基础知识、统计专业基础知识和必备的计算机操作技能。

第十三条 统计人员应当依法如实搜集、报送统计资料。

统计人员应当对其负责搜集、审核、录入的统计资料和调查对象报送的统计资料的真实性负责，不得伪造、篡改统计资料，不得以任何方式要求统计调查对象提供不真实的统计资料。

第十四条 统计人员依法履行统计职责，不受任何单位和个人非法干预。

第十五条 中国证监会统计部门组织对统计人员的专业培训，加强职业道德教育，提高统计工作水平。

第三章 统计调查和统计分析

第十六条 中国证监会统计部门负责制定证券期货市场统计调查项目。中国证监会派出机构在执行前述统计调查项目时，可以根据本辖区的实际情况和监管工作需要，对统计调查内容作出补充，并报中国证监会统计部门备案。

中国证监会派出机构负责制定辖区内证券期货统计调查项目，并报中国证监会统计部门备案。

第十七条 中国证监会统计部门制定证券期货市场统计标准，以保障统计调查中采用的指标涵义、计算方法、分类目录、调查表式等方面的标准化。

中国证监会其他部门、中国证监会派出机构开展统计调查的，应当适用中国证监会统计部门制定的统计标准。

第十八条　中国证监会及其派出机构在组织统计调查时，应当对统计调查内容、调查对象、统计资料的报送时间、格式及方式等内容作出明确规定。

中国证监会及其派出机构可以采用公文、传真、电话、电子邮件以及网络等统计调查方式。涉及保密内容的统计调查，应当遵循保密管理的相关规定。

第十九条　统计调查对象应当在规定时限内，按照规定的统计调查内容与格式，向中国证监会及其派出机构报送统计资料。统计资料还应当符合中国证监会统计部门制定的统计标准。

第二十条　统计调查对象应当做好基层统计报表的收集、审核和汇总工作，保证统计资料的真实、准确和完整。

统计调查对象应当向中国证监会及其派出机构报送经单位负责人审核、签署的统计数据，并在填报说明中，对基层数据的上报情况及本期数据的异常变动等情况作出说明。

第二十一条　统计调查对象发现报送的统计资料有误的，应当立即报告中国证监会及其派出机构，组织本单位的统计部门或者人员予以核实订正后，及时向中国证监会及其派出机构作出书面更正与说明。必要时，还应当依法及时公开披露。

第二十二条　统计调查应当以定期调查为基础，以抽样调查为补充，综合运用全面调查、重点调查、行政业务记录等方法，搜集、整理证券期货基本统计资料。

第二十三条　中国证监会统计部门应当定期分析、研究证券期货市场和宏观经济发展情况，并就其对证券期货业发展的影响等情况进行调查研究。

中国证监会统计部门可以根据证券期货监管工作的需要，对一些市场高度关注、关系证券期货市场发展大局的情况进行分析、研究。

第二十四条　地方各级人民政府或者国务院其他部门派出机构组织证券期货统计调查的，统计调查对象应当及时向中国证监会派出机构报告。

中国证监会派出机构应当及时了解统计调查内容及其进展情况；必要时，应当及时就统计资料的一致性等问题，与地方各级人民政府或者国务院其他部门派出机构协商。

统计调查属于证券期货市场统计调查一部分的，中国证监会派出机构应当及时报告中国证监会统计部门。中国证监会统计部门应当及时就统计资料的一致性等问题，与国务院其他部门协商。

第四章　统计资料管理和公布

第二十五条　中国证监会统计部门统一管理证券期货市场统计资料。

中国证监会其他部门、派出机构负责本部门或者单位统计资料的管理工作。

统计调查对象应当按照法律、行政法规的要求，加强统计资料的管理工作。

统计资料档案的保管、调用和移交，应当遵守国家有关档案管理的规定。

第二十六条　中国证监会及其派出机构应当建立健全统计资料的审核、整理、交接和存档等管理制度。

中国证监会统计部门应当建设统一的证券期货统计信息自动化系统，实现与中国证监会其他部门、中国证监会派出机构、证券期货交易所、证券登记结算机构等单位统计资料电子化管理系统、证券期货市场诚信档案系统的对接。

第二十七条　中国证监会及其派出机构应当建立健全统计资料提供和公布制度。

证券期货市场统计资料或者可能影响证券期货市场稳定运行的统计资料应当由中国证监会统计部门对外提供或者公布。

中国证监会派出机构可以对外提供或者公布本辖区证券期货统计资料。

第二十八条　统计调查对象或者其他单位公布统计资料应当遵守法律、行政法规和中国证监会的规定，不得编造、伪造统计资料，扰乱证券期货市场秩序。

第五章　监督管理与法律责任

第二十九条　中国证监会统计部门、中国证监会派出机构可以对统计调查对象的以下情况，实施定期或者不定期检查：

（一）统计部门或者指定负责统计工作的部门、人员的配置情况；

（二）统计工作的独立性；

（三）基层统计报表的收集、审核和汇总工作及其真实、准确、完整程度；

（四）有关统计法律、行政法规、中国证监会规定的其他要求的执行情况。

第三十条　检查分为现场检查与非现场检查。

现场检查时，检查人员不得少于两人，并应当出示合法证件和检查通知书。检查人员有权采取下列措施：

（一）询问统计调查对象的有关人员，要求其对检查事项作出说明；

（二）查阅、复制统计调查对象与检查事项有关的文件、资料、凭证等；

（三）要求统计调查对象及其有关人员提交与检查事项有关的自查报告。

非现场检查时，中国证监会统计部门、中国证监会派出机构可以要求统计调查对象提供备查资料及其说明或者自查报告。

第三十一条　统计调查对象应当配合中国证监会统计部门、中国证监会派出机构的检查工作。任何单位、个人不得干扰和妨碍检查工作。

第三十二条　对于违反本办法规定的统计调查对象，中国证监会可以对其采取以下监督管理措施：

（一）责令改正；

（二）监管谈话；

（三）出具警示函；

（四）责令参加培训。

第三十三条　统计调查对象有下列行为之一的，中国证监会可以给予警告，单处或者并处罚款：

（一）虚报、瞒报、漏报统计资料；

（二）伪造、篡改统计资料；

（三）拒报或者无故迟报统计资料；

（四）拒绝或者妨碍统计检查。

对前款行为负有直接责任的管理人员和其他直接责任人员，中国证监会可以给予警告，单处或者并处罚款。

第三十四条　统计调查对象或者其他单位违反本办法第二十八条规定，作出虚假陈述或者信息误导，扰乱证券期货市场的，中国证监会按照《证券法》第二百零七条、《期货交易管理条例》第七十一条的规定予以处罚。

第三十五条　统计调查对象报送的监管信息包含统计资料，其报送或者信息披露行为违反法律、行政法规、中国证监会规定的，按照相关规定处理。

第三十六条　中国证监会统计部门、中国证监会其他部门和中国证监会派出机构的工作人员违反国家有关保密规定，擅自公开证券期货统计资料的，中国证监会依照有关规定给予行政处分。

第六章　附则

第三十七条　证券期货交易所、证券期货业协会、证券登记结算机构等自律组织组织统计调查的，应当适用中国证监会统计部门规定的统一的统计标准。

前款所称的自律组织可以制定本单位统计工作制度，并报中国证监会统计部门备案。

第三十八条　本办法自 2009 年 3 月 1 日起施行。

期货公司资产管理业务试点办法

中国证券监督管理委员会令第 81 号

《期货公司资产管理业务试点办法》已经 2012 年 5 月 22 日中国证券监督管理委员会第 18 次主席办公会议审议通过，现予公布，自 2012 年 9 月 1 日起施行。

中国证券监督管理委员会主席：郭树清

2012 年 7 月 31 日

第一章　总则

第一条　为有序开展期货公司资产管理业务（以下简称资产管理业务）试点工作，规范试点期间资产管理业务活动，保护投资者合法权益，根据《期货交易管理条例》相关规定，制定本办法。

第二条　资产管理业务是指期货公司接受单一客户或者特定多个客户的书面委托，根据本办法规定和合同约定，运用客户委托资产进行投资，并按照合同约定收取费用或者报酬的业务活动。

第三条　期货公司从事资产管理业务，应当遵循公平、公正、诚信、规范的原则，恪守职责、谨慎勤勉，保护客户合法权益，公平对待所有客户，防范利益冲突，禁止各种形式的利益输送，维护期货市场的正常秩序。

客户应当独立承担投资风险，不得损害国家利益、社会公共利益和他人合法权益。

第四条　中国证监会及其派出机构依法对资产管理业务实施监督管理。

第五条　中国期货业协会（以下简称中期协）根据自身职责依法对资产管理业务及有关高级管理人员、业务人员实施自律管理。

期货交易所根据自身职责依法对资产管理业务实施自律管理。

中国期货保证金监控中心公司（以下简称监控中心）依法对资产管理业务实施监测监控。

第二章　业务试点资格

第六条　期货公司具备下列条件的，可以申请资产管理业务试点资格：

（一）净资本不低于人民币 5 亿元；

（二）申请日前 6 个月的风险监管指标持续符合监管要求；

（三）最近两次期货公司分类监管评级均不低于 B 类 B 级；

（四）近 3 年未因违法违规经营受到行政、刑事处罚，且不存在因涉嫌违法违规经营正在被有权机关调查的情形；

（五）近 1 年不存在被监管机构采取《期货交易管理条例》第五十九条第二款、第六十条规定的监管措施的情形；

（六）具有可行的资产管理业务实施方案；

（七）具有 5 年以上期货、证券或者基金从业经历，并取得期货投资咨询业务从业资格或者证券投资咨询、证券投资基金等证券从业资格的高级管理人员不少于 1 人；具有 3 年以上期货从业经历或者 3 年以上证券、基金等投资管理经历，并取得期货投资咨询业务从业资格的业务人员不得少于 5 人；前述高级管理人员和业务人员最近 3 年无不良诚信记录，未受到行政、刑事处罚，且不存在因涉嫌违法违规正在被有权机关调查的情形；

（八）具有独立的经营场地和满足业务发展需要的设施；

（九）具有完备的资产管理业务管理制度；

（十）中国证监会根据审慎监管原则规定的其他条件。

第七条　期货公司申请资产管理业务试点资格，应当提交以下材料：

（一）资产管理业务试点申请书；

（二）资产管理业务实施方案，其内容应当包括目标市场和目标客户的定位、主要投资策略、业务发展规划、防范利益冲突的制度安排等；

（三）股东会关于期货公司申请从事资产管理业务试点资格的决议文件；

（四）加盖公司公章的《企业法人营业执照》复印件、《经营期货业务许可证》复印件；

（五）申请日前 6 个月的期货公司风险监管报表；

（六）最近 3 年的期货公司合规经营情况说明；

（七）资产管理业务管理制度文本，其内容应当包括业务管理、人员管理、业务操作、风险控制、交易监控、防范利益冲突、合规检查等；

（八）拟从事资产管理业务的高级管理人员和业务人员的名单、简历、相关任职资格和从业资格证明，以及公司出具的诚信合规证明材料；

（九）有关经营场地和设施的情况说明；

（十）经具有证券、期货相关业务资格的会计师事务所审计的前一年度财务报告；申请日在下半年的，还应当提供经审计的半年度财务报告；

（十一）律师事务所就期货公司是否符合本办法第六条第（四）项、第（七）项规定的条件，以及股东会决议是否合法所出具的法律意见书；

（十二）中国证监会规定的其他材料。

第八条　中国证监会自受理期货公司资产管理业务试点资格申请之日起 2 个月内，作出批准或者不予批准的决定。

未取得资产管理业务试点资格的期货公司，不得从事资产管理业务。

第三章　业务规范

第九条　资产管理业务的客户应当具有较强资金实力和风险承受能力。单一客户的起始委托资产不得低于 100 万元人民币。期货公司可以提高起始委托资产要求。

第十条　期货公司董事、监事、高级管理人员、从业人员及其配偶不得作为本公司资产管理业务的客户。

期货公司股东、实际控制人及其关联人以及期货公司董事、监事、高级管理人员、从业人员的父母、子女成为本公司资产管理业务客户的，应当自签订资产管理合同之日起5个工作日内，向住所地中国证监会派出机构备案，并在本公司网站上披露其关联关系或者亲属关系。

第十一条 期货公司应当与客户签订书面资产管理合同，按照合同约定对客户提供资产管理服务，承担资产管理受托责任。

期货公司应当勤勉、专业、合规地为客户制定和执行资产管理投资策略，按照合同约定管理委托资产，控制投资风险。

第十二条 资产管理业务的投资范围包括：

（一）期货、期权及其他金融衍生品；

（二）股票、债券、证券投资基金、集合资产管理计划、央行票据、短期融资券、资产支持证券等；

（三）中国证监会认可的其他投资品种。

资产管理业务的投资范围应当遵守合同约定，不得超出前款规定的范围，且应当与客户的风险认知与承受能力相匹配。

第十三条 期货公司应当保持客户委托资产与期货公司自有资产相互独立，对不同客户的委托资产独立建账、独立核算、分账管理。

资产管理业务投资期货类品种的，期货公司与客户应当按照期货保证金安全存管有关规定管理和存取委托资产。

期货公司与第三方发生债务纠纷、期货公司破产或者清算时，客户委托资产不得用于清偿期货公司债务，且不属于其破产财产或者清算财产。

第十四条 期货公司不得通过电视、报刊、广播等公开媒体向公众推广、宣传资产管理业务或者招揽客户。

期货公司不得公开宣传资产管理业务的预期收益，不得以夸大资产管理业绩等方式欺诈客户。

第十五条 客户应当以真实身份委托期货公司进行资产管理，委托资产的来源及用途应当符合法律法规规定，不得违反规定向公众集资。

客户应当对委托资产来源及用途的合法性进行书面承诺。

第十六条 期货公司应当向客户充分揭示资产管理业务的风险，说明和解释有关资产管理投资策略和合同条款，并将风险揭示书交客户当面签字或者盖章确认。

第十七条 客户应当对市场及产品风险具有适当的认识，主动了解资产管理投资策略的风险收益特征，结合自身风险承受能力进行自我评估。

期货公司应当对客户适当性进行审慎评估。

第十八条 资产管理合同应当明确约定，由客户自行独立承担投资风险。

期货公司不得向客户承诺或者担保委托资产的最低收益或者分担损失。

期货公司使用的客户承诺书、风险揭示书、资产管理合同文本应当包括中期协制定的合同必备条款，并及时报住所地中国证监会派出机构备案。

第十九条 资产管理业务投资期货类品种的，期货公司应当按照期货市场开户管理规定为客户开立或者撤销所管理的账户（以下简称期货资产管理账户），申请或者注销交易编码，对期货资产管理账户及其交易编码进行单独标识、单独管理。

资产管理业务投资非期货类品种的，期货公司应当遵守相关市场的开户规定，开立或者撤销用于资产管理的联名账户及其他账户。期货公司应当自开立账户之日起5个工作日内向监控中心备案。

开户备案前，期货公司不得开展资产管理交易活动。

第二十条 期货公司应当在资产管理合同中与客户明确约定委托期限、追加或者提取委托资产的方式和时间等。

第二十一条 期货公司应当每日向监控中心投资者查询系统提供客户委托资产的盈亏、净值信息。

期货公司和监控中心应当保障客户能够及时查询委托资产的盈亏、净值信息。

第二十二条 期货公司可以与客户约定收取一定比例的管理费，并可以约定基于资产管理业绩收取相应的报酬。

第二十三条 期货公司应当与客户明确约定风险提示机制，期货公司要根据委托资产的亏损情况及时向客户提示风险。

期货公司应当与客户明确约定，委托期间委托资产亏损达到起始委托资产一定比例时，期货公司应当按照合同约定的方式和时间及时告知客户，客户有权提前终止资产管理委托。

第二十四条 期货公司从事资产管理业务，发生变更投资经理等可能影响客户权益的重大事项时，期货公司应当按照合同约定的方式和时间及时告知客户，客户有权提前终止资产管理委托。

第二十五条 当客户委托资产发生权属变更等重大情形，可能影响资产管理业务正常进行的，期货公司有权按照合同约定提前终止资产管理委托。

第二十六条 期货公司应当与客户在资产管理合同中明确约定资产管理委托终止的具体事由、后续事宜处理、责任承担等相关事项。

资产管理委托终止的，期货公司应当按照合同约定办理下列手续：

（一）及时结清相关费用，将剩余委托资产返还给客户；

（二）及时撤销期货资产管理账户；

（三）及时撤销非期货类投资账户。

第四章 业务管理和风险控制制度

第二十七条 期货公司应当建立健全并有效执行资产管理业务管理制度，加强对资产管理业务的交易监控，防范业务风险，确保公平交易。

第二十八条 期货公司应当对资产管理业务进行集中管理，其人员、业务、场地应当与其他业务部门相互独立，并建立业务隔离墙制度。

第二十九条 期货公司应当有效执行资产管理业务人员管理和业务操作制度，采取有效措施强化内部监督制约和奖惩机制，强化投资经理及相关资产管理人员的职业操守，防范利益冲突和道德风险。

第三十条 资产管理业务投资经理、交易执行、风险控制等岗位必须相互独立，并配备专职业务人员，不得相互兼任。

期货公司应当将资产管理业务投资经理、交易执行和风险控制等岗位的业务人员及其变动情况，自人员到岗或者变动之日起5个工作日内向住所地中国证监会派出机构备案。

第三十一条 期货公司应当有效执行资产管理业务风险控制制度，对期货资产管理账户日常交易情况和非期货类投资账户进行风险识别、监测，及时执行风险控制措施。

第三十二条　期货公司应当有效执行资产管理业务交易监控制度，对期货资产管理账户之间、期货资产管理账户与期货经纪业务客户账户之间、非期货类投资账户之间进行的可疑交易或者不公平交易行为进行监控，对资产管理投资策略及其执行情况、持仓头寸及其比例进行监控，并于月度结束后5个工作日内向住所地中国证监会派出机构及监控中心报告。

第三十三条　期货公司及其资产管理人员不得以获取佣金、转移收益或者亏损等为目的，在同一或者不同账户之间进行不公平交易，损害客户合法权益。

第三十四条　期货公司应当对不同期货资产管理账户之间、期货资产管理账户与期货经纪业务客户账户之间、非期货类投资账户之间同日同向交易、临近交易日的同向交易和反向交易的交易时机和交易价差进行监控和分析，防止不公平交易和利益输送行为。

期货公司应当严格禁止不同期货资产管理账户之间、期货资产管理账户与期货经纪业务客户账户之间、非期货类投资账户之间可能导致不公平交易和利益输送的同日反向交易。

第三十五条　发生以下情形之一的，期货公司资产管理部门应当立即向公司总经理和首席风险官报告：

（一）资产管理业务被交易所调查或者采取风险控制措施，或者被有权机关调查；

（二）客户提前终止资产管理委托；

（三）其他可能影响资产管理业务开展和客户权益的情形。

第三十六条　期货公司首席风险官负责监督资产管理业务有关制度的制定和执行，对资产管理业务的合规性定期检查，并依法履行督促整改和报告义务。

期货公司首席风险官向住所地中国证监会派出机构报送的季度报告、年度报告中应当包括本公司资产管理业务的合规及其检查情况。

第三十七条　期货公司应当按照本办法和期货公司信息公示有关要求，在中期协网站上对资产管理业务试点资格、从业人员、主要投资策略、投资方向及其风险特征等基本情况进行公示。

第五章　账户监测监控

第三十八条　期货公司应当按照期货保证金安全存管规定向监控中心报送期货资产管理账户的数据信息。

期货公司应当每日向监控中心报送非期货类投资账户的盈亏、净值等数据信息。

第三十九条　期货公司期货资产管理账户应当遵守期货交易所风险控制管理规定等相关要求。

第四十条　期货交易所应当对期货公司的期货资产管理账户及其交易编码进行重点监控，发现期货资产管理账户违法违规交易的，应当按照职责及时处置并报告中国证监会。

第四十一条　监控中心应当对期货公司的期货资产管理账户及其交易编码进行重点监测监控，发现期货资产管理账户重大异常情况的，应当按照职责及时报告中国证监会及其派出机构。

第四十二条　中国证监会派出机构发现资产管理业务存在违法违规或者重大异常情况的，应当对期货公司进行核查或者采取相应监管措施，有关核查结果和监管措施应当及时报告中国证监会。

第六章　监督管理和法律责任

第四十三条　期货公司从事资产管理业务，其净资本应当持续符合中国证监会有关期货公司风险监管指标的规定和要求。

第四十四条　期货公司应当按照规定的内容与格式要求，于月度结束后7个工作日内向中国证监会及其派出机构报送资产管理业务月度报告。

期货公司应当于年度结束后3个月内向中国证监会及其派出机构提交上一年度资产管理业务年度报告。

本条第一款、第二款规定的定期报告应当由期货公司的资产管理业务负责人、首席风险官和总经理签字。

第四十五条　期货公司应当按照《期货公司管理办法》规定的年限和要求，妥善保存有关资产管理业务的实施方案、投资策略、客户承诺书、风险揭示书、合同、财务、交易记录、监控记录等业务材料和信息。

第四十六条　资产管理业务提前终止、被交易所调查或者采取风险控制措施，或者被有权机关调查的，期货公司应当立即报告中国证监会及其派出机构。

第四十七条　中国证监会及其派出机构可以对期货公司资产管理业务进行定期或者不定期检查。

第四十八条　期货公司及其业务人员开展资产管理业务不符合本办法规定，涉嫌违法违规或者存在风险隐患的，中国证监会及其派出机构应当依法责令其限期整改，同时可以采取监管谈话、责令更换有关责任人员等监管措施并记入诚信档案。

第四十九条　期货公司限期未能完成整改或者发生下列情形之一的，中国证监会可以暂停其开展新的资产管理业务：

（一）风险监管指标不符合规定；

（二）高级管理人员和业务人员不符合规定要求；

（三）超出本办法规定或者合同约定的投资范围从事资产管理业务；

（四）其他影响资产管理业务正常开展的情形。

前款规定情形消除并经检查验收后，期货公司可以继续开展新的资产管理业务。

第五十条　期货公司或者其业务人员开展资产管理业务有下列情形之一，情节严重的，中国证监会可以撤销其资产管理业务试点资格，并依照《期货交易管理条例》第七十条、第七十一条等有关规定作出行政处罚；涉嫌犯罪的，依法移送司法机关：

（一）在公开媒体上向公众推广、宣传资产管理业务或者招揽客户；

（二）以夸大资产管理业绩等方式欺诈客户；

（三）接受单一客户的起始委托资产低于本办法规定的最低限额；

（四）明知客户资金来自违规集资，仍接受其委托开展资产管理业务；

（五）接受未对资产来源及用途的合法性进行书面承诺的客户的委托开展资产管理业务；

（六）向客户承诺或者担保委托资产的最低收益或者分担损失；

（七）以获取佣金、转移收益或者亏损等为目的，在同一或者不同账户之间进行不公平交易；

（八）占用、挪用客户委托资产；

（九）以自有资产或者假借他人名义违规参与期货公司

资产管理业务；

（十）报送或者提供虚假账户信息；

（十一）其他违反本办法规定的行为。

第七章　附则

第五十一条　本办法第二条所称期货公司接受特定多个客户的委托从事资产管理业务的具体规定，由中国证监会另行制定。

第五十二条　期货公司开展资产管理业务，投资于本办法第十二条第一款第（二）项规定的非期货类品种的，应当遵守相应法律法规规定及有关监管要求。

第五十三条　本办法自2012年9月1日起施行。

证券期货市场诚信监督管理暂行办法

第一章　总则

第一条　为了加强证券期货市场诚信建设，保护投资者合法权益，维护证券期货市场秩序，促进证券期货市场健康稳定发展，根据有关法律、行政法规，制定本办法。

第二条　中国证券监督管理委员会（以下简称中国证监会）建立全国统一的证券期货市场诚信档案数据库（以下简称诚信档案），记录证券期货市场诚信信息。

第三条　记入诚信档案的诚信信息的界定、采集与管理，诚信信息的公开、查询，诚信约束、激励与引导等，适用本办法。

第四条　公民（自然人）、法人或其他组织从事证券期货市场活动，应当诚实信用，遵守法律、行政法规、规章和依法制定的自律规则，禁止欺诈、内幕交易、操纵市场以及其他损害投资者合法权益的不诚实信用行为。

第五条　中国证监会鼓励、支持诚实信用的公民、法人或其他组织从事证券期货市场活动，实施诚信约束、激励与引导。

第六条　中国证监会可以和国务院其他部门、地方政府、司法机关、行业组织建立诚信监督合作机制，实施诚信信息共享，推动健全社会信用体系。

第二章　诚信信息的采集

第七条　下列从事证券期货市场活动的公民、法人或其他组织的诚信信息，记入诚信档案：

（一）证券业从业人员和期货从业人员；

（二）发行人、上市公司及其董事、监事、高级管理人员、主要股东和实际控制人；

（三）证券公司、基金管理公司、期货公司及其董事、监事、高级管理人员、主要股东和实际控制人；

（四）会计师事务所、律师事务所、保荐机构、财务顾问机构、资产评估机构、投资咨询机构、信用评级机构等证券期货服务机构及其从业人员；

（五）独立基金销售机构、基金评价机构及其相关业务人员，非公开募集基金管理人、合格境外机构投资者、合格境内机构投资者及其主要投资管理人员，境外证券类机构驻华代表机构及其首席代表；

（六）为证券期货业提供信息技术服务或者软硬件产品的供应商；

（七）为发行人、上市公司提供投资者关系管理及其他公关服务的服务机构及其人员；

（八）其他有与证券期货市场活动相关的违法失信行为的公民、法人或其他组织。

第八条　本办法所称诚信信息包括：

（一）公民的姓名、性别、国籍、身份证件号码，法人或其他组织的名称、住所、组织机构代码等基本信息；

（二）中国证监会、国务院其他主管部门等其他省部级及以上单位和证券期货交易所、证券期货市场行业协会、证券登记结算机构等全国性证券期货市场行业组织（以下简称证券期货市场行业组织）作出的表彰、奖励、评比，以及信用评级机构作出的信用评级；

（三）中国证监会及其派出机构作出的行政许可决定；

（四）发行人、上市公司及其主要股东、实际控制人，董事、监事和高级管理人员，重大资产重组交易各方，及收购人所作的公开承诺的未履行或未如期履行、正在履行、已如期履行等情况；

（五）中国证监会及其派出机构作出的行政处罚、市场禁入决定和采取的监督管理措施；

（六）证券期货市场行业组织实施的纪律处分措施和法律、行政法规、规章规定的管理措施；

（七）因涉嫌证券期货违法被中国证监会及其派出机构调查及采取强制措施；

（八）因涉嫌证券期货犯罪被中国证监会及其派出机构移送公安机关、人民检察院处理；

（九）因证券期货犯罪或其他犯罪被人民法院判处刑罚；

（十）因证券期货侵权、违约行为被人民法院判决承担较大民事赔偿责任；

（十一）因违法开展经营活动被银行、保险、财政、税收、环保、工商、海关等相关主管部门予以行政处罚；

（十二）违背诚实信用原则的其他行为信息。

第九条　本办法第七条所列公民、法人或其他组织所受表彰、奖励、评比和信用评级信息，由其自行向中国证监会及其派出机构申报，记入诚信档案。

第十条　本办法第八条第（一）项、第（三）项至第（八）项诚信信息，由中国证监会及其派出机构、证券期货市场行业组织依其职责采集并记入诚信档案。

第十一条　本办法第八条第（九）项至第（十一）项诚信信息，由中国证监会及其派出机构通过政府信息公开、信用信息共享等途径采集并记入诚信档案。

第十二条　记入诚信档案的诚信信息所对应的决定或者行为经法定程序撤销、变更的，中国证监会及其派出机构将相应删除、修改该诚信信息。

第十三条　本办法第八条规定的违法失信信息，在诚信档案中的效力期限为5年，但因证券期货违法行为被行政处罚、市场禁入、刑事处罚的违法信息，其效力期限为10年。

前款所规定的期限，自对违法失信行为的处理决定作出之日起算，被行政处罚、市场禁入、刑事处罚的，自处罚执行完毕或禁入期满之日起算。

第三章　诚信信息的公开与查询

第十四条　本办法第八条第（二）、（三）、（四）、（六）项信息和第（五）项的行政处罚、市场禁入信息依法向社会公开。

第十五条　除本办法第十四条规定之外的诚信信息，公民、法人或其他组织可以根据本办法规定向中国证监会及其派出机构申请查询。

第十六条　公民、法人或其他组织提出诚信信息查询申请，符合以下条件之一的，中国证监会及其派出机构应当予以办理：

（一）公民、法人或其他组织申请查询自己的诚信信息的；

（二）发行人、上市公司申请查询拟任董事、监事、高级管理人员的诚信信息的；

（三）发行人、上市公司申请查询拟参与本公司并购、重组的公民、法人或其他组织的诚信信息的；

（四）发行人、上市公司申请查询拟委托的证券公司、证券服务机构及其相关从业人员的诚信信息的；

（五）证券公司、证券服务机构申请查询其所提供专业服务的发行人、上市公司及其董事、监事、高级管理人员、控股股东和实际控制人的诚信信息的；

（六）证券公司、基金管理公司、期货公司、证券期货服务机构申请查询已聘任或拟聘任的董事、监事、高级管理人员或其他从业人员的诚信信息的；

（七）中国证监会规定的其他条件。

第十七条　公民、法人或其他组织提出诚信信息查询申请，应当提供如下材料：

（一）查询申请书；

（二）身份证明文件；

（三）办理本办法第十六条第（二）项至第（六）项查询申请的，查询申请书应经查询对象签字或盖章同意，或有查询对象的其他书面同意文件。

第十八条　公民、法人或其他组织提出的查询申请，符合条件，材料齐备的，中国证监会及其派出机构应当自收到查询申请之日起 5 个工作日内反馈。

第十九条　公民、法人或其他组织申请查询的诚信信息属于国家秘密，其他公民、法人或其他组织的商业秘密及个人隐私的，中国证监会及其派出机构不予查询，但应当在答复中说明。

第二十条　记入诚信档案的公民、法人或其他组织，认为其诚信信息具有本办法第十二条规定的应予删除、修改情形的，或者具有其他重大、明显错误的，可以向中国证监会及其派出机构申请更正。

中国证监会及其派出机构收到公民、法人或其他组织的信息更正申请后，应当在 15 个工作日内进行处理，并将处理结果告知申请人。确有本办法第十二条规定的应予删除、修改情形的，或者其他重大、明显错误情形的，应予更正。

第二十一条　公民、法人或其他组织通过查询获取诚信信息的，不得泄露或提供他人使用，不得进行以营利为目的的使用、加工或处理，不得用于其他非法目的。

第四章　诚信约束、激励与引导

第二十二条　中国证监会及其派出机构审核行政许可申请，应当查阅申请人以及申请事项所涉及的有关当事人的诚信档案。

第二十三条　中国证监会及其派出机构审核行政许可申请，发现申请人以及有关当事人有本办法第八条第（四）项中的未履行或未如期履行承诺信息，或者第（五）项至第（十一）项规定的违法失信信息的，可以要求申请人或受申请人委托为行政许可申请提供证券期货服务的有关机构，进行口头或书面说明、解释。

第二十四条　根据本办法第二十三条规定进行书面说明、解释的，申请人或有关证券期货服务机构应当在规定期限内提交书面回复意见。

书面回复意见应就如下事项进行说明：

（一）诚信信息所涉及相关事实的基本情况；

（二）有关部门对申请人所作决定的执行及其他后续情况，并提供证明材料；

（三）有关证券期货服务机构关于诚信信息对行政许可事项是否构成影响的分析。

第二十五条　申请人或有关证券期货服务机构的书面回复意见不明确，有关分析、说明不充分的，中国证监会及其派出机构可以直接或者委托有关机构对有关事项进行核查。

第二十六条　根据本办法第二十三条、第二十四条、第二十五条进行书面说明、解释或核查的时间，不计入行政许可审核法定期限。

第二十七条　行政许可申请人以及申请事项所涉及的有关当事人有本办法第八条第（四）项中的未履行或未如期履行承诺信息，或者第（五）项至第（十一）项规定的违法失信信息之一，属于法定不予许可条件范围的，中国证监会及其派出机构应当依法作出不予许可的决定。

申请人以及申请事项所涉及的有关当事人的诚信信息虽不属于法定不予许可条件范围，但有关法律、行政法规和规章对行政许可法定条件提出诚实信用要求、作出原则性规定或设定授权性条款的，中国证监会及其派出机构可以综合考虑诚信状况等相关因素，审慎审核申请人提出的行政许可申请事项。

第二十八条　非行政许可事项、业务创新试点申请人有本办法第八条第（四）项中的未履行或未如期履行承诺信息，或者第（五）项至第（十一）项规定的违法失信信息之一的，中国证监会及其派出机构可以暂缓或不予审批、安排，但申请人能证明该违法失信信息与非行政许可事项或业务创新明显无关的除外。

第二十九条　中国证监会及其派出机构在非行政许可审批、业务创新试点安排中，可以在法律、行政法规规定的范围内，对于同等条件下诚信状况较好的申请人予以优先审批、安排。

第三十条　中国证监会及其派出机构在对公民、法人或其他组织进行行政处罚、实施市场禁入和采取监督管理措施中，可以查阅诚信档案，在综合考虑当事人违法行为的性质、情节以及损害投资者合法权益的程度的基础上，将当事人的诚信状况作为确定处罚幅度、禁入期间和监督管理措施类别的酌定因素。

第三十一条　中国证监会及其派出机构在开展监督检查等日常监管工作中，可以综合考虑被监管的机构及其人员的诚信状况，有针对性地进行现场检查和非现场检查，或者适当调整、安排现场检查的对象、频率和内容。

第三十二条　公民、法人或其他组织公开发布证券期货市场评论信息，所述事实内容与实际情况不相符合的，或者存在其他显著误导公众情形的，中国证监会及其派出机构可以对其出具诚信关注函，记入诚信档案，并可将有关情况向其所在工作单位、所属主管部门或行业自律组织通报。

证券期货投资咨询机构及其人员公开发布证券期货市场评论信息违反规定的，依照有关规定处理、处罚。

公民、法人或其他组织利用公开发布证券期货市场评论信息进行内幕交易、操纵市场等违法行为的，依法予以处罚；构成犯罪的，由司法机关依法追究刑事责任。

第三十三条　证券期货市场行业组织应当教育和鼓励其

成员以及从业人员遵守法律，诚实信用。对遵守法律、诚实信用的成员以及从业人员，可以给予表彰、奖励。

中国证监会鼓励证券期货市场行业组织等建立证券期货市场诚信评估制度，组织开展对有关行业和市场主体的诚信状况评估，并将评估结果予以公示。

第三十四条　上市公司、证券公司、基金管理公司、期货公司和证券期货服务机构等应当不断完善内部诚信监督、约束制度机制，提高诚信水平。

中国证监会及其派出机构对前款规定机构的内部诚信监督、约束制度机制建设情况进行检查、指导，并可将检查情况在行业和辖区内进行通报。

第三十五条　对有本办法第八条第（四）项中的未履行或未如期履行承诺信息，或者第（五）项至第（十一）项规定的违法失信信息的公民，中国证监会及其派出机构、证券期货市场行业组织可以不聘任其担任下列职务：

（一）中国证监会主板、创业板发行审核委员会委员；

（二）中国证监会上市公司并购重组审核委员会委员；

（三）中国证监会及其派出机构、证券期货市场行业组织成立的负有审核、监督、核查、咨询职责的其他组织的成员。

第五章　监督与管理

第三十六条　中国证监会诚信监督管理机构履行下列职责：

（一）界定、组织采集证券期货市场诚信信息；

（二）建立、管理诚信档案，组织、督促诚信信息的记入；

（三）组织办理诚信信息的公开、查询和共享；

（四）建立、协调实施诚信监督、约束与激励机制；

（五）中国证监会规定的其他诚信监督管理与服务职责。

第三十七条　中国证监会各派出机构负责接收、办理住所地在本辖区的公民、法人或其他组织根据本办法规定提出的诚信信息记入申报、诚信信息查询申请、诚信信息更正申请等事项。

第三十八条　中国证监会及其派出机构、证券期货市场行业组织，未按照本办法规定及时、真实、准确、完整地记入诚信信息，造成不良后果的，按照有关规定对相关责任人员进行行政处分；情节严重的，依法追究法律责任。

第三十九条　公民、法人或其他组织对自己申报和依法报告、公告的诚信信息的真实性、准确性、完整性负责。

公民、法人或其他组织申报、报告和公告的诚信信息，有虚假内容的，中国证监会及其派出机构可以采取责令改正、监管谈话、出具警示函、责令公开说明等监督管理措施；情节严重的，依法追究法律责任。

第四十条　公民、法人或其他组织违反本办法规定获取、使用、泄露诚信信息的，中国证监会及其派出机构可以采取责令改正、监管谈话、出具警示函等监督管理措施；情节严重的，依法追究法律责任。

第六章　附则

第四十一条　中国证监会及其派出机构办理诚信信息查询，除可以收取打印、复制、装订、邮寄成本费用外，不得收取其他费用。

第四十二条　证券期货市场行业组织在履行自律管理职责中，查询诚信档案，实施诚信约束、激励的，参照本办法有关规定执行。

第四十三条　本办法自2012年9月1日起施行。

期货公司管理办法

中国证券监督管理委员会令第43号

颁布日期:2007年4月9日　　实施日期:2007年4月15日

第一章　总则

第一条　为了规范期货公司的经营活动，加强对期货公司的监督管理，保护客户的合法权益，促进期货市场积极稳妥发展，根据《公司法》和《期货交易管理条例》等法律、行政法规，制定本办法。

第二条　在中华人民共和国境内设立的期货公司，适用本办法。

第三条　期货公司应当遵守法律、行政法规和中国证券监督管理委员会（以下简称中国证监会）的规定，审慎经营，履行对客户的诚信义务。

第四条　期货公司的控股股东、实际控制人和其他关联人不得滥用权利，不得占用期货公司的资产或者挪用客户保证金和其他资产，不得损害期货公司、客户的合法权益。

第五条　中国证监会及其派出机构依法对期货公司及其分支机构实行监督管理。

中国期货业协会、期货交易所依法对期货公司实行自律管理。

期货保证金安全存管监控机构依法对保证金安全实施监控。

第二章　设立、变更与业务终止

第六条　申请设立期货公司，除应当符合《期货交易管理条例》第十六条规定的条件外，还应当具备下列条件：

（一）具有期货从业人员资格的人员不少于15人；

（二）具备任职资格的高级管理人员不少于3人。

第七条　申请设立期货公司，股东应当具有中国法人资格，持有5%以上股权的股东应当具备下列条件：

（一）实收资本和净资产均不低于人民币3000万元，持续经营2个以上完整的会计年度，在最近2个会计年度内至少1个会计年度盈利；或者实收资本和净资产均不低于人民币2亿元；

（二）净资产不低于实收资本的50%，或有负债低于净资产的50%，不存在对财务状况产生重大不确定影响的其他风险；

（三）包括对期货公司的出资在内的累计对外长期股权投资不超过自身净资产；

（四）没有较大数额的到期未清偿债务；

（五）近3年内未因违法违规经营受到行政处罚或者刑事处罚；

（六）未因涉嫌违法违规经营正在被有权机关立案调查或者采取强制措施；

（七）在近3年内作为金融机构的股东或者实际控制人，或者作为上市公司的控股股东或者实际控制人，没有滥用股东权利、逃避股东义务等不诚信行为；

（八）其自然人股东、法定代表人或者高级管理人员没有被采取证券、期货市场禁入措施，或者禁入期限届满已逾2年；没有被撤销证券、期货高级管理人员任职资格或者从业人员资格，或者自被撤销之日起已逾2年；不存在《公司法》第一百四十七条第一款所列情形；

（九）不存在中国证监会根据审慎监管原则认定的其他不适合参股期货公司的情形。

第八条　设立期货公司，持有100%股权的股东除应当符合本办法第七条规定的条件外，净资本应当不低于人民币10亿元；股东不适用净资本或者类似指标的，净资产应当不低于人民币15亿元。

第九条　期货公司有关联关系的股东持股比例合计达到5%的，持股比例最高的股东应当符合本办法第七条规定的条件。

期货公司有关联关系的股东持股比例合计达到100%的，持股比例最高的股东应当符合本办法第八条规定的条件。

第十条　申请设立期货公司，应当向中国证监会提交下列申请材料：

（一）设立期货公司申请书；

（二）公司章程草案；

（三）经营计划；

（四）发起人名单及其审计报告；

（五）拟任用高级管理人员和从业人员名单、简历和相关资格证明；

（六）拟订的期货业务制度、内部控制制度和风险管理制度文本；

（七）场地、设备、资金证明文件；

（八）律师事务所出具的法律意见书；

（九）中国证监会规定的其他申请材料。

第十一条　按照本办法设立的期货公司，可以从事商品期货经纪业务；从事其他期货业务的，还应当取得相应的业务资格。

第十二条　期货公司申请金融期货经纪业务资格，应当具备下列条件：

（一）申请日前2个月的风险监管指标持续符合规定的标准；

（二）具有健全的公司治理、风险管理制度和内部控制制度，并有效执行；

（三）符合中国证监会期货保证金安全存管监控的规定；

（四）具有从事金融期货经纪业务的详细计划；

（五）业务设施和技术系统符合相关技术规范且运行状况良好；

（六）高级管理人员近2年内未受过刑事处罚，未因违法违规经营受过行政处罚，无不良信用记录，且不存在因涉嫌违法违规经营正在被有权机关调查的情形；

（七）不存在被中国证监会及其派出机构采取《期货交易管理条例》第五十九条第二款、第六十条规定的监管措施的情形；

（八）不存在因涉嫌违法违规经营正在被行政、司法机关立案调查的情形；

（九）近2年内未因违法违规经营受过刑事处罚或者行政处罚。但期货公司控股股东或者实际控制人变更，高级管理人员变更比例超过50%，对出现上述情形负有责任的高级管理人员和业务负责人已不在公司任职，且已整改完成并经期货公司住所地的中国证监会派出机构验收合格的，可不受此限制；

（十）控股股东净资产不低于人民币3000万元；

（十一）控股股东和实际控制人近2年内未受过刑事处罚，未因违法违规经营受过行政处罚，且不存在因涉嫌违法违规经营正在被有权机关立案调查的情形；

（十二）中国证监会根据审慎监管原则规定的其他条件。

第十三条　期货公司申请金融期货经纪业务资格，应当向中国证监会提交下列申请材料：

（一）金融期货经纪业务资格申请书；

（二）加盖公司公章的营业执照和业务许可证复印件；

（三）股东会或者董事会关于期货公司申请金融期货经纪业务资格的决议文件；

（四）申请日前2个月月末的期货公司风险监管报表，及申请日前2个月的风险监管指标持续符合规定标准的书面保证；

（五）公司治理、风险管理制度和内部控制制度文本及执行情况报告；

（六）从事金融期货经纪业务的计划书；

（七）业务设施和技术系统运行情况报告；

（八）《高级管理人员情况表》、《主要部门负责人情况表》和《从业人员情况表》；

（九）经具有证券、期货相关业务资格的会计师事务所审计的前1年度财务报告；申请日在下半年的，还应提供经审计的半年度财务报告；

（十）控股股东的经具有证券、期货相关业务资格的会计师事务所审计的最近一期的财务报告；

（十一）律师事务所就期货公司是否符合本办法第十二条第（六）项、第（八）项、第（九）项和第（十一）项规定的条件，以及股东会或者董事会决议是否合法出具的法律意见书；

（十二）若存在本办法第十二条第（九）项规定的情形的，还应提供期货公司住所地的中国证监会派出机构出具的整改验收合格的专项意见书；

（十三）中国证监会规定的其他申请材料。

第十四条　期货公司变更股权有下列情形之一的，应当经中国证监会批准：

（一）单个股东的持股比例增加到5%以上，或者有关联关系的股东合计持股比例增加到5%以上；

（二）持有5%以上股权的股东受让股权，或者有关联关系且合计持有5%以上股权的股东受让股权。

第十五条　期货公司变更股权有本办法第十四条所列情形的，应当符合下列条件：

（一）拟变更的股权不存在被查封、冻结等情形；

（二）期货公司与股东之间不存在交叉持股的情形，期货公司不存在为股权受让方提供任何形式财务支持的情形；

（三）涉及的股东符合本办法第七条、第八条、第九条规定的条件。

第十六条　期货公司变更股权有本办法第十四条所列情形的，应当向中国证监会提交下列申请材料：

（一）变更股权申请书；

（二）股东会关于变更股权的决议文件；

（三）股权转让合同，以及其他股东放弃优先购买权的承诺书；

（四）变更后期货公司股东股权背景情况图；

（五）间接持有期货公司5%及以上股权的自然人情况申报表；

（六）期货公司关于变更后股东之间是否存在关联关系、期货公司是否为股权受让方提供任何形式财务支持的情况说明；

（七）拟增加出资额的股东的股东会或者董事会做出的相关决议；

（八）拟增加出资额的股东以及符合本办法第九条规定的股东的基本情况报告；

（九）拟增加出资额的股东以及符合本办法第九条规定的股东的审计报告；

（十）拟增加出资额的股东以及符合本办法第九条规定的股东关于投资期货公司的可行性报告和计划；

（十一）律师事务所出具的法律意见书；

（十二）中国证监会规定的其他材料。

第十七条　期货公司变更注册资本，应当符合下列条件：

（一）变更后注册资本不低于所从事的期货业务的注册资本最低限额；

（二）模拟计算的变更注册资本后的净资本和其他财务指标满足风险监管指标标准；

（三）增加注册资本的，拟增加出资或者受让股权的股东应当符合本办法第七条、第八条、第九条的规定。

第十八条　期货公司变更注册资本，应当经中国证监会审核，期货公司应当向中国证监会提交下列申请材料：

（一）变更注册资本申请书；

（二）股东会关于变更注册资本的决议文件；

（三）股东变更出资的合同，以及其他股东放弃优先购买权的承诺书；

（四）变更注册资本的详细方案；

（五）模拟计算的变更注册资本后的资产负债表、风险监管报表；

（六）本办法第十六条第（四）项至第（十一）项规定的材料；

（七）中国证监会规定的其他材料。

第十九条　期货公司变更股权或者注册资本，单个股东或者有关联关系的股东拟持有期货公司100%股权的，中国证监会根据审慎监管原则进行审查，做出批准或者不批准的决定。

第二十条　期货公司变更法定代表人，拟任法定代表人应当具备任职资格。期货公司应当向住所地的中国证监会派出机构提交下列申请材料：

（一）变更法定代表人申请书；

（二）股东会关于变更法定代表人的决议文件。公司章程另有规定的，从其规定；

（三）拟任法定代表人任职资格证明；

（四）中国证监会规定的其他材料。

第二十一条　期货公司变更住所，应当妥善处理客户的保证金和持仓，拟迁入的住所和拟使用的设施应当符合期货业务的需要。期货公司在中国证监会不同派出机构辖区变更住所的，还应当符合下列条件：

（一）符合持续性经营规则；

（二）近2年内无重大违法违规经营记录，未发生重大风险事件；

（三）中国证监会根据审慎监管原则规定的其他条件。

第二十二条　期货公司变更住所，应当向拟迁入地中国证监会派出机构提交下列申请材料：

（一）变更住所申请书；

（二）变更住所的详细计划；

（三）拟变更后的住所所有权或者使用权证明和消防检验合格证明；

（四）妥善处理客户保证金和持仓的报告；

（五）中国证监会规定的其他材料。

第二十三条　期货公司申请设立营业部，应当具备下列条件：

（一）未因涉嫌违法违规经营正在被有权机关调查，近1年内未因违法违规经营受到行政处罚或者刑事处罚；

（二）申请日前3个月符合期货公司风险监管指标标准；

（三）符合有关客户资产保护和期货保证金安全存管监控的规定；

（四）公司治理和内部控制制度符合有关规定并有效执行；

（五）拟任负责人具备任职资格条件，业务岗位工作人员具备期货从业人员资格；

（六）业务岗位职责明确、分工合理，与营业部的经营计划相适应；

（七）具有符合期货业务需要的营业场所和设施；

（八）中国证监会根据审慎监管原则规定的其他条件。

第二十四条　期货公司申请设立营业部，应当向拟设立营业部所在地的中国证监会派出机构提交下列申请材料：

（一）设立营业部申请书；

（二）拟设立营业部的决议文件；

（三）申请日前3个月月末的风险监管报表；

（四）营业部的管理制度文本；

（五）拟任负责人任职资格申请材料或证明；

（六）拟任用从业人员名册、期货从业人员资格证书复印件；

（七）营业场所所有权或者使用权证明和消防检验合格证明；

（八）中国证监会规定的其他材料。

第二十五条　期货公司营业部变更负责人的，拟任负责人应当具备相应的任职资格。

期货公司应当向营业部所在地的中国证监会派出机构提交关于变更负责人申请书和拟任负责人任职资格证明。

第二十六条　期货公司营业部变更营业场所的，应当妥善处理客户的保证金和持仓，拟迁入的营业场所和拟使用的设施应当满足期货业务的需要。

期货公司应当向营业部所在地的中国证监会派出机构提交下列申请材料：

（一）变更营业部营业场所申请书；

（二）变更营业部营业场所的详细计划；

（三）对客户保证金和持仓妥善处理的情况报告；

（四）拟变更后的营业场所所有权或者使用权证明和消防检验合格证明；

（五）中国证监会规定的其他材料。

本办法所称期货公司变更营业部营业场所仅限于在中国证监会同一派出机构辖区内变更营业场所。

第二十七条　期货公司营业部终止的，应当先行妥善处理该营业部客户的保证金和其他资产，结清期货业务并终止经营活动。

期货公司应当向营业部所在地的中国证监会派出机构提交下列申请材料：

（一）终止营业部申请书；

（二）拟终止营业部的决议文件；

（三）关于处理客户的保证金和其他资产、结清期货业务并终止经营活动的情况报告；

（四）中国证监会规定的其他材料。

第二十八条　期货公司因遭遇不可抗力等正当事由申请

停业的，应当妥善处理客户的保证金和其他资产，清退或转移客户。

期货公司恢复营业的，应当符合期货公司持续性经营规则。停业期限届满后，期货公司仍未能恢复营业或者仍不符合持续性经营规则的，中国证监会可以根据《期货交易管理条例》第二十一条第一款的规定注销其期货业务许可证。

第二十九条　期货公司停业的，应当向中国证监会提交下列申请材料：

（一）停业申请书；

（二）停业决议文件；

（三）关于处理客户的保证金和其他资产、结清期货业务的情况报告；

（四）中国证监会规定的其他材料。

第三十条　期货公司解散、破产的，应当先行妥善处理客户的保证金和其他资产，结清期货业务。

期货公司被撤销所有期货业务许可的，应当妥善处理客户的保证金和其他资产，结清期货业务；公司继续存续的，应当依法办理名称、营业范围和公司章程等工商变更登记，存续公司不得继续以期货公司名义从事期货业务，其名称中不得有"期货"或者近似字样。

第三十一条　期货公司设立、变更、解散、破产、被撤销期货业务许可或者其营业部设立、变更、终止的，期货公司应当在中国证监会指定的报刊或者媒体上公告。

第三十二条　期货公司及其营业部的许可证由中国证监会统一印制。许可证正本或者副本遗失或者灭失的，期货公司应当在 30 日内在中国证监会指定的报刊或者媒体上声明作废，并持登载声明向中国证监会重新申领。

第三章　公司治理

第三十三条　期货公司应当按照明晰职责、强化制衡、加强风险管理的原则，建立并完善公司治理。

第三十四条　期货公司与其控股股东在业务、人员、资产、财务、场所等方面应当严格分开，独立经营，独立核算。

期货公司的控股股东、实际控制人不得超越期货公司股东会、董事会任免期货公司的董事、监事、高级管理人员，或者非法干预客户保证金存管、交易、结算、风险管理、财务会计和营业部管理等经营管理活动。

期货公司不得向股东做出最低收益、分红的承诺；期货公司向股东、实际控制人及其关联人提供期货经纪服务的，不得降低风险管理要求。

第三十五条　期货公司股东会应当按照《公司法》和公司章程，对职权范围内的事项进行审议和表决。股东会每年应当至少召开一次会议。

期货公司股东应当按照出资比例行使表决权。

第三十六条　期货公司的股东及实际控制人出现下列情形之一的，应当在 3 日内通知期货公司：

（一）所持有的期货公司股权被冻结、查封或者被强制执行；

（二）质押所持有的期货公司股权；

（三）决定转让所持有的期货公司股权；

（四）不能正常行使股东权利或者承担股东义务，可能造成期货公司治理的重大缺陷；

（五）涉嫌严重违法违规经营，被有权机关调查、采取强制措施；

（六）变更名称；

（七）合并、分立或者进行重大资产、债务重组；

（八）被撤销、接管、托管、关闭，或者解散、破产；

（九）其他可能影响期货公司股权变更的情形。

期货公司股东发生前款规定情形的，期货公司及其相关股东应当在 5 日内向期货公司住所地的中国证监会派出机构提交书面报告；期货公司实际控制人发生前款第（五）项至第（八）项所列情形的，期货公司及其实际控制人应当在 5 日内向期货公司住所地的中国证监会派出机构提交书面报告。

第三十七条　期货公司有下列情形之一的，应当立即书面通知全体股东，并向期货公司住所地的中国证监会派出机构报告：

（一）公司或其董事、监事、高级管理人员因涉嫌重大违法违规被有权机关立案调查或者采取强制措施；

（二）拟更换董事长、总经理；

（三）财务状况恶化，不符合中国证监会规定的风险监管指标标准；

（四）客户发生重大透支、穿仓；

（五）发生突发事件，对期货公司和客户利益产生或者可能产生重大不利影响；

（六）其他可能影响期货公司持续经营的情形。

中国证监会及其派出机构对期货公司及其营业部作出的整改通知、监管措施和行政处罚等，期货公司应当书面通知全体股东。

第三十八条　期货公司应当设立董事会。董事会每年应当至少召开两次会议。董事会会议记录应当真实、准确、完整。

第三十九条　期货公司的董事会除应当行使《公司法》规定的职权外，还应当履行下列职责：

（一）审议并决定客户保证金安全存管制度，确保客户保证金存管符合有关客户资产保护和期货保证金安全存管监控的各项要求；

（二）审议并决定风险管理、内部控制制度。

第四十条　具有实行会员分级结算制度期货交易所结算业务资格的期货公司和独资期货公司等应当设独立董事。

独立董事应当保持独立性，不得在期货公司担任除董事以外的其他职务，不得与期货公司及其控股股东、实际控制人或者其他关联人存在可能妨碍其进行独立客观判断的关系。

独立董事应当遵守法律、行政法规和中国证监会的规定，遵守公司章程，对期货公司负有忠实义务和勤勉义务，维护客户、期货公司和全体股东的合法权益。期货公司的其他董事、监事和高级管理人员应当积极配合、协助独立董事履行职责。

第四十一条　期货公司应当按照《公司法》的规定设立监事会或监事，切实保障监事会和监事对公司经营情况的知情权。监事会或者监事应当按照《公司法》和公司章程的规定履行其职责。

第四十二条　期货公司章程应当就法定代表人对外代表公司进行经营活动时，违反董事会决定的公司经营计划和期货保证金安全存管、风险管理、内部控制等制度或者其他董事会决议的行为，规定法定代表人应当承担的责任与相应的责任追究程序。

第四十三条　期货公司应当设首席风险官，对期货公司经营管理行为的合法合规性、风险管理进行监督、检查。

首席风险官发现涉嫌占用、挪用客户保证金等违法违规行为或者可能发生风险的，应当立即向中国证监会派出机构和公司董事会报告。

期货公司拟解聘首席风险官的，应当有正当理由并向中国证监会派出机构报告。首席风险官不履行职责的，中国证监会及其派出机构有权责令更换。

第四十四条　期货公司的董事长、总经理、首席风险官之间不得存在近亲属关系。董事长和总经理不得由一人兼任。

第四十五条　期货公司应当合理设置业务部门及其职能，建立交易、结算、风险管理、财务等岗位责任制度，对关键岗位及业务实施重点控制，确保前、中、后台业务分开。

期货公司交易、结算、财务业务应当由不同部门和人员分开办理。

第四十六条　期货公司应当设立风险管理部门或者岗位，管理和控制期货公司的经营风险。

期货公司应当设立合规审查部门或者岗位，对期货公司经营管理行为的合法合规性进行审查、稽核。

第四十七条　期货公司应当按照中国证监会的规定对营业部实行统一结算、统一风险管理、统一资金调拨、统一财务管理和会计核算，建立规范、完善的营业部岗位责任制度和业务操作规程。

期货公司不得与他人合资、合作经营管理营业部，不得将营业部承包、租赁或者委托给他人经营管理。

第四章　经纪业务规则

第四十八条　期货公司应当按照审慎经营的原则，建立并有效执行风险管理、内部控制、期货保证金存管等业务制度和流程，保持财务稳健并持续符合中国证监会规定的风险监管指标标准，确保客户的交易安全和资产安全。

第四十九条　期货公司应当遵循诚实信用原则，以专业的技能，勤勉尽责地执行客户的委托，维护客户的合法权益。

期货公司应当避免与客户的利益冲突，当无法避免时，应当确保客户利益优先。

第五条　除《期货交易管理条例》第二十六规定的情形外，下列人员不得以本人或者他人名义从事期货交易：

（一）无民事行为能力人或者限制民事行为能力人；

（二）期货公司的工作人员及其配偶；

（三）中国证监会及其派出机构、期货交易所、期货保证金安全存管监控机构和中国期货业协会的工作人员及其配偶。

第五十一条　客户开立账户，必须出具中国公民身份证明或者中国法人资格或者其他经济组织资格的合法证件，中国证监会另有规定的除外。

第五十二条　期货公司在为客户开立账户前，应当向客户出示《期货交易风险说明书》，由客户签字确认已了解《期货交易风险说明书》的内容，并签订期货经纪合同。期货公司不得为未签订《期货经纪合同》的客户开立账户。

《〈期货经纪合同〉指引》、《期货交易风险说明书》的内容和格式由中国期货业协会制定。

期货公司应当根据《〈期货经纪合同〉指引》及时更新《期货经纪合同》格式文本，报中国期货业协会审查备案，并报住所地的中国证监会派出机构备案。

期货公司对外发布的广告宣传材料，应当自发布之日起5个工作日内报住所地的中国证监会派出机构备案。

第五十三条　期货公司应当向客户充分揭示期货交易的风险，在其营业场所备置期货交易相关法规、期货交易所业务规则，并公开相关期货经纪业务流程、相关从业人员资格证明等资料供客户查阅。

期货公司应当在期货经纪合同、本公司网站和营业场所提示客户可以通过中国期货业协会网站查询其从业人员资格公示信息。

第五十四条　期货公司应当按照规定为客户申请交易编码。期货公司办理客户销户手续时，应当按照规定及时向期货交易所申请注销客户的交易编码。

第五十五条　客户需要委托他人办理下达指令、调拨资金等事项的，应当在期货经纪合同中指定受托人及明确其受托权限，约定联络方式、指令下达方式并预留受托人签字。

第五十六条　客户可以通过书面、电话、计算机、互联网等委托方式下达交易指令。以书面方式下达交易指令的，客户应当填写书面交易指令单；以电话方式下达交易指令的，期货公司应当同步录音；以计算机、互联网等委托方式下达交易指令的，期货公司应当以适当的方式保存该交易指令。

第五十七条　期货公司为客户提供互联网委托服务的，应当建立互联网交易风险管理制度，并对客户进行互联网交易风险的特别提示。

第五十八条　期货公司应当按照时间优先的原则传递客户交易指令。

第五十九条　期货公司应当在期货经纪合同中约定风险管理的标准、条件及处置措施。

第六十条　期货公司应当在每日交易闭市后为客户提供交易结算报告。客户应当按照期货经纪合同约定的时间和方式查询交易结算报告的内容。

期货公司应当根据期货交易所或者有结算业务资格的机构的结算结果对客户进行当日结算，结算科目的内容、格式、处理方式和处理日期应当与期货交易所保持一致。

期货公司应当在期货经纪合同、本公司网站和营业场所提示客户可以通过期货保证金安全存管监控机构查询服务系统，查询期货交易结算结果和有关期货交易的其他信息。

第六十一条　客户对交易结算报告的内容有异议的，应当在期货经纪合同约定的时间内向期货公司提出书面异议；客户对交易结算报告的内容无异议的，应当按照期货经纪合同约定的方式确认。客户既未对交易结算报告的内容确认，也未在期货经纪合同约定的时间内提出异议的，视为对交易结算报告内容的确认。

客户有异议的，期货公司应当在期货经纪合同约定的时间内予以核实。

第六十二条　期货公司应当制定并执行错单处理业务规则。

第六十三条　期货公司应当建立客户资料档案，除依法接受调查和检查外，应当为客户保密。

第六十四条　期货公司应当建立、健全客户投诉处理制度。期货公司应当将客户的投诉材料及处理结果存档。

第六十五条　期货公司之间或者期货公司与客户之间发生期货业务纠纷的，可以提请中国期货业协会、期货交易所调解处理。

第六十六条　客户与期货公司的委托关系终止的，应当办理相关的销户手续。期货公司不得将客户未注销的资金账号、交易编码借给他人使用。

第六十七条　期货公司应当建立交易、结算、财务数据的备份制度。

有关开户、变更、销户的客户资料档案应当自期货经纪合同终止之日起至少保存20年；交易指令记录、交易结算记录、错单记录、客户投诉档案以及其他业务记录应当至少保存 20 年。

期货公司以电子数据方式保存或者备份相关资料的，应当确保电子数据的真实、可靠，采取有效措施防止电子数据被篡改、损毁，保存的电子数据资料应当能随时转化为纸质形式。

第六十八条　期货公司可以委托经中国证监会批准的其他机构从事中间介绍业务。

第五章　客户资产保护

第六十九条　期货公司存管的期货保证金属于客户所有，除依据《期货交易管理条例》第二十九条划转客户保证金外，禁止任何单位或者个人以任何形式占用、挪用。期货公司破产或者清算时，客户的保证金和充抵保证金的其他资产不属于破产财产或者清算财产。非因客户本身的债务或者法律、行政法规规定的其他情形，不得查封、冻结、扣划或者强制执行客户的保证金和充抵保证金的其他资产。

客户的保证金应当与期货公司的自有资产相互独立、分别管理。

第七十条　期货公司应当在依法批准的期货保证金存管银行开立期货保证金账户。

期货公司开立、变更或者撤销期货保证金账户的，应在当日向其住所地的中国证监会派出机构和期货保证金安全存管监控机构备案，并通过规定的方式向客户披露期货保证金账户开立、变更或者撤销情况。

客户应当将保证金存入期货公司通过期货保证金安全存管监控机构网站披露的期货保证金账户。

期货保证金账户是指期货公司在期货保证金存管银行开立的用于存放和管理客户保证金的专用存款账户，包括期货公司在期货交易所所在地开立的、用于与期货交易所办理期货业务资金往来的专用资金账户。

第七十一条　期货公司存管的客户保证金应当全额存放在期货保证金账户和期货交易所专用结算账户内，严禁在期货保证金账户和期货交易所专用结算账户之外存放客户保证金。

第七十二条　客户应当向期货公司登记以本人名义开立的用于存取保证金的期货结算账户。

期货公司和客户应当通过备案的期货保证金账户和登记的期货结算账户转账存取保证金。

第七十三条　期货公司应当按照期货保证金安全存管监控的规定，及时向期货保证金安全存管监控机构报送信息。

第七十四条　期货保证金存管银行未能按照中国证监会有关规定向期货保证金安全存管监控机构报送有关期货保证金信息的，期货公司应当按照中国证监会及其派出机构的要求将期货保证金转存至其他符合规定的期货保证金存管银行。

第七十五条　期货公司应当按照期货交易所规则，使用自有资金缴存结算担保金、结算准备金，并维持最低数额的结算准备金等专用资金，确保客户期货交易的正常进行和客户保证金的安全。

第七十六条　客户在期货交易中违约造成保证金不足的，期货公司应当以风险准备金和自有资金垫付，不得占用其他客户的保证金。

期货公司应当按照规定提取、管理和使用风险准备金，不得挪作他用。

第六章　监督管理

第七十七条　期货公司应当按照规定定期报送年度报告、月度报告等有关资料。

期货公司的董事、高级管理人员、财务负责人应当对年度报告签署确认意见；法定代表人、经营管理的主要负责人和财务负责人应当对月度报告签署确认意见。

在期货公司年度报告、月度报告上签字的人员，应当保证报告的内容真实、准确、完整；对报告内容有异议的，应当注明自己的意见和理由。

第七十八条　中国证监会及其派出机构可以要求下列机构或者个人，在指定的期限内报送与期货公司经营管理和财务状况等相关的资料：

（一）期货公司及其董事、监事、高级管理人员及其他工作人员；

（二）期货公司的股东、实际控制人或者其他关联人；

（三）为期货公司提供相关服务的会计师事务所、律师事务所、资产评估机构等中介服务机构。

第七十九条　期货公司的股东、实际控制人或者其他关联人在期货公司从事期货交易的，期货公司应当自开户之日起 5 个工作日内向其住所地的中国证监会派出机构备案，定期向全体股东、董事会和监事会或者监事报告相关交易情况，并定期向其住所地的中国证监会派出机构报告相关交易情况。

第八十条　发生下列事项之一的，期货公司应当在 5 个工作日内向其住所地的中国证监会派出机构书面报告：

（一）变更名称、公司章程；

（二）发生本办法第十四条规定情形以外的股权变更；

（三）作出终止业务等重大决议；

（四）任免董事、监事、高级管理人员、财务负责人、营业部负责人，或者高级管理人员的分工发生变更；

（五）被有权机关立案调查或者采取强制措施；

（六）中国证监会规定的其他事项。

发生影响或者可能影响期货公司经营管理、财务状况或者客户资产安全的重大事件的，期货公司应当立即向中国证监会派出机构报告，说明事件的起因、目前的状态、可能发生的后果以及应对方案或者措施。

第八十一条　期货公司聘请或者解聘会计师事务所的，应当自作出决定之日起 5 个工作日内向其住所地的中国证监会派出机构报告；解聘会计师事务所的，应当说明理由。

中国证监会派出机构有理由认为会计师事务所不适合从事期货公司审计业务的，可以要求期货公司予以更换。

第八十二条　期货公司应当按照中国证监会的规定公开披露其基本情况、经营管理状况等有关信息。

第八十三条　有关机构和个人报送、提供或者披露的资料、信息应当真实、准确、完整，不得有虚假记载、误导性陈述或者重大遗漏。

第八十四条　中国证监会可以组织派出机构对期货公司或者营业部实施定期或者不定期的现场检查。

中国证监会派出机构可以对辖区内期货公司或者营业部实施现场检查。

中国证监会及其派出机构依法履行职责进行检查时，检查人员不得少于 2 人，并应当出示合法证件和检查通知书，不得泄露所知悉的商业秘密。

第八十五条　中国证监会及其派出机构有权采取下列措施，对期货公司或者营业部的经营管理、业务活动、财务状况等进行检查：

（一）询问期货公司及其营业部的工作人员，要求其对被检查事项作出解释、说明；

（二）查阅、复制与被检查事项有关的文件、资料；

（三）查询期货公司及其营业部的期货保证金账户；

（四）检查期货公司及其营业部的交易、结算及财务等电脑系统。

第八十六条　中国证监会及其派出机构认为期货公司可能存在下列情形之一的，可以要求其聘请中介服务机构进行专项审计、评估或者出具法律意见：

（一）期货公司的年度报告、月度报告或者临时报告等存在虚假记载、误导性陈述或者重大遗漏；

（二）违反有关客户资产保护和期货保证金安全存管监控规定或者风险监管指标管理规定；

（三）中国证监会根据审慎监管原则认定的其他重大情形。

期货公司应当配合有关中介服务机构工作，如实提供有关文件和资料。

第八十七条　期货公司及其股东、实际控制人或者其他关联人，为期货公司提供相关服务的会计师事务所、律师事务所、资产评估机构等中介服务机构涉嫌违反本办法有关规定的，中国证监会及其派出机构可以与其负责人以及相关工作人员进行监管谈话，责令改正，出具警示函。

第八十八条　期货公司或其营业部有下列情形之一的，中国证监会及其派出机构可以依据《期货交易管理条例》第五十九条的规定，采取相应的监管措施：

（一）公司治理不健全或者未有效执行，部门或者岗位设置存在较大缺陷，关键业务岗位或者人员缺位或者未履行应有职责等情况，可能影响期货公司持续经营；

（二）期货经纪业务规则不健全或者未有效执行，风险管理或者内部控制等存在较大缺陷，经营管理混乱，可能影响期货公司持续经营或者客户交易安全；

（三）期货结算业务规则不健全或者未有效执行，可能损害其他期货公司或者客户的合法权益；

（四）不符合有关客户资产保护或者期货保证金安全存管监控规定，可能影响客户资产安全；

（五）未按规定实行营业部统一管理制度，经营管理存在较大风险或者风险隐患；

（六）未按规定委托中间介绍业务，业务活动存在较大风险或者风险隐患；

（七）交易、结算或者财务系统存在重大缺陷的，可能造成有关数据失真或者损害客户合法权益；

（八）股东、实际控制人或者其他关联人出现停业、重大风险或者涉嫌严重违法违规等重大情况，可能影响期货公司治理或者持续经营；

（九）存在可能影响财务稳健状况的纠纷、仲裁、诉讼；

（十）报送、提供或者出具的有关报告、材料或者信息等存在虚假、误导或者遗漏；

（十一）不符合其他持续性经营规则规定或者出现其他经营风险的情形。

对经过整改仍未达到经营条件的期货公司营业部，中国证监会派出机构有权依法关闭该营业部。

第八十九条　未经中国证监会批准，任何个人或者单位及其关联人擅自持有期货公司5%以上股权，或者通过提供虚假申请材料等方式成为期货公司股东，中国证监会可以责令其限期转让股权。

该股权在转让之前，不具有表决权、分红权。

第九十条　期货公司的股东、实际控制人或其他关联人有下列情形之一的，中国证监会及其派出机构可以责令其限期整改：

（一）占用期货公司的资产，可能影响期货公司持续经营；

（二）直接任免期货公司的董事、监事、高级管理人员，或者非法干预期货公司经营管理活动；

（三）股东未按照出资比例行使表决权；

（四）报送、提供或者出具的有关报告、材料或者信息等存在虚假、误导或者遗漏。

因前款情形致使期货公司不符合持续性经营规则或者出现经营风险的，中国证监会及其派出机构可以依据《期货交易管理条例》第五十九条的规定责令控股股东转让股权或者限制其行使股东权利。

第七章　法律责任

第九十一条　未经中国证监会批准，任何个人或者单位及其关联人擅自持有期货公司5%以上股权，或者通过提供虚假申请材料等方式成为期货公司股东，情节严重的，给予警告，单处或者并处3万元以下罚款。

第九十二条　期货公司及其营业部接受未办理开户手续的单位或者个人委托进行期货交易，或者将客户的资金账号、交易编码借给其他单位或者个人使用的，给予警告，单处或者并处3万元以下罚款。

第九十三条　会计师事务所、律师事务所、资产评估机构等中介服务机构不按照规定履行报告义务，提供或者出具的报告、材料、意见不完整，责令改正，没收业务收入，单处或者并处3万元以下罚款。对直接负责的主管人员和其他责任人员给予警告，并处3万元以下罚款。

第九十四条　期货公司及其营业部有下列行为之一的，根据《期货交易管理条例》第七十条处罚：

（一）未按照规定将客户保证金与期货公司的自有资产相互独立、分别管理；

（二）未按照规定缴存结算担保金、结算准备金，或者未维持最低数额的结算准备金等专用资金；

（三）对股东、实际控制人及其关联人的期货交易降低风险管理要求，侵害其他客户合法权益；

（四）以合资、合作、联营方式设立营业部，或者将营业部承包、出租给他人，或者违反营业部集中统一管理规定；

（五）在期货保证金账户和期货交易所专用结算账户之外存放客户保证金；

（六）向期货保证金安全存管监控机构报送的信息存在虚假、误导或者重大遗漏；

（七）占用客户保证金；

（八）违反中国证监会有关结算业务管理规定，利用结算业务关系损害其他期货公司及其客户合法权益；

（九）违反规定委托中间介绍业务，损害客户合法权益；

（十）违反中国证监会有关风险监管指标规定；

（十一）拒不配合、阻碍或者破坏中国证监会及其派出机构监督管理；

（十二）违反有关期货投资者保障基金管理规定；

（十三）违反有价证券充抵保证金的有关规定。

第九十五条　期货公司及其营业部有下列情形之一的，

根据《期货交易管理条例》第七十一条处罚：

（一）发布虚假广告或者进行虚假宣传，诱骗客户参与期货交易；

（二）不按照规定变更或者撤销期货保证金账户，或者不按照规定的方式向客户披露期货保证金账户信息。

第八章　附则

第九十六条　香港、澳门服务提供者参股期货公司的，适用中国证监会有关规定。

第九十七条　本办法自2007年4月15日起施行。2002年5月17日发布的《期货经纪公司管理办法》（中国证券监督管理委员会令第7号）、中国证监会发布的《关于期货经纪公司营业部设立、变更、终止有关问题的通知》（证监期货字[2004]41号）、《关于期货经纪公司变更法定代表人、注册资本、股东或者股权结构、住所有关问题的通知》（证监期货字[2004]42号）、《关于期货经纪公司设立、解散、合并有关问题的通知》（证监期货字[2004]46号）、《关于期货经纪公司股东资格及相关问题的通知》（证监期货字[2005]155号）同时废止。

期货从业人员管理办法

中国证券监督管理委员会令第48号

颁布日期：2007年7月4日　实施日期：2007年7月4日

第一章　总则

第一条　为了加强期货从业人员的资格管理，规范期货从业人员的执业行为，根据《期货交易管理条例》，制定本办法。

第二条　申请期货从业人员资格（以下简称从业资格），从事期货经营业务的机构（以下简称机构）任用期货从业人员，以及期货从业人员从事期货业务的，应当遵守本办法。

第三条　本办法所称机构是指：

（一）期货公司；

（二）期货交易所的非期货公司结算会员；

（三）期货投资咨询机构；

（四）为期货公司提供中间介绍业务的机构；

（五）中国证券监督管理委员会（以下简称中国证监会）规定的其他机构。

第四条　本办法所称期货从业人员是指：

（一）期货公司的管理人员和专业人员；

（二）期货交易所的非期货公司结算会员中从事期货结算业务的管理人员和专业人员；

（三）期货投资咨询机构中从事期货投资咨询业务的管理人员和专业人员；

（四）为期货公司提供中间介绍业务的机构中从事期货经营业务的管理人员和专业人员；

（五）中国证监会规定的其他人员。

第五条　中国证监会及其派出机构依法对期货从业人员进行监督管理。

中国期货业协会（以下简称协会）依法对期货从业人员实行自律管理，负责从业资格的认定、管理及撤销。

第二章　从业资格的取得和注销

第六条　协会负责组织从业资格考试。

第七条　参加从业资格考试的，应当符合下列条件：

（一）年满18周岁；

（二）具有完全民事行为能力；

（三）具有高中以上文化程度；

（四）中国证监会规定的其他条件。

第八条　通过从业资格考试的，取得协会颁发的从业资格考试合格证明。

第九条　取得从业资格考试合格证明的人员从事期货业务的，应当事先通过其所在机构向协会申请从业资格。

未取得从业资格的人员，不得在机构中开展期货业务活动。

第十条　机构任用具有从业资格考试合格证明且符合下列条件的人员从事期货业务的，应当为其办理从业资格申请：

（一）品行端正，具有良好的职业道德；

（二）已被本机构聘用；

（三）最近3年内未受过刑事处罚或者中国证监会等金融监管机构的行政处罚；

（四）未被中国证监会等金融监管机构采取市场禁入措施，或者禁入期已经届满；

（五）最近3年内未因违法违规行为被撤销证券、期货从业资格；

（六）中国证监会规定的其他条件。

机构不得任用无从业资格的人员从事期货业务，不得在办理从业资格申请过程中弄虚作假。

第十一条　期货从业人员辞职、被解聘或者死亡的，机构应当自上述情形发生之日起10个工作日内向协会报告，由协会注销其从业资格。

机构的相关期货业务许可被注销的，由协会注销该机构中从事相应期货业务的期货从业人员的从业资格。

第十二条　取得从业资格考试合格证明或者被注销从业资格的人员连续2年未在机构中执业的，在申请从业资格前应当参加协会组织的后续职业培训。

第三章　执业规则

第十三条　期货从业人员必须遵守有关法律、行政法规和中国证监会的规定，遵守协会和期货交易所的自律规则，不得从事或者协同他人从事欺诈、内幕交易、操纵期货交易价格、编造并传播有关期货交易的虚假信息等违法违规行为。

第十四条　期货从业人员应当遵守下列执业行为规范：

（一）诚实守信，恪尽职守，促进机构规范运作，维护期货行业声誉；

（二）以专业的技能，谨慎、勤勉尽责地为客户提供服务，保守客户的商业秘密，维护客户的合法权益；

（三）向客户提供专业服务时，充分揭示期货交易风险，不得作出不当承诺或者保证；

（四）当自身利益或者相关方利益与客户的利益发生冲突或者存在潜在利益冲突时，及时向客户进行披露，并且坚持客户合法利益优先的原则；

（五）具有良好的职业道德与守法意识，抵制商业贿赂，不得从事不正当竞争行为和不正当交易行为；

（六）不得为迎合客户的不合理要求而损害社会公共利益、所在机构或者他人的合法权益；

（七）不得以本人或者他人名义从事期货交易；

（八）协会规定的其他执业行为规范。

第十五条　期货公司的期货从业人员不得有下列行为：

（一）进行虚假宣传，诱骗客户参与期货交易；
（二）挪用客户的期货保证金或者其他资产；
（三）中国证监会禁止的其他行为。

第十六条　期货交易所的非期货公司结算会员的期货从业人员不得有下列行为：
（一）利用结算业务关系及由此获得的结算信息损害非结算会员及其客户的合法权益；
（二）代理客户从事期货交易；
（三）中国证监会禁止的其他行为。

第十七条　期货投资咨询机构的期货从业人员不得有下列行为：
（一）利用传播媒介或者通过其他方式提供、传播虚假或者误导客户的信息；
（二）代理客户从事期货交易；
（三）中国证监会禁止的其他行为。

第十八条　为期货公司提供中间介绍业务的机构的期货从业人员不得有下列行为：
（一）收付、存取或者划转期货保证金；
（二）代理客户从事期货交易；
（三）中国证监会禁止的其他行为。

第十九条　机构或者其管理人员对期货从业人员发出违法违规指令的，期货从业人员应当予以抵制，并及时按照所在机构内部程序向高级管理人员或者董事会报告。机构应当及时采取措施妥善处理。

机构未妥善处理的，期货从业人员应当及时向中国证监会或者协会报告。中国证监会和协会应当对期货从业人员的报告行为保密。

机构的管理人员及其他相关人员不得对期货从业人员的上述报告行为打击报复。

第四章　监督管理

第二十条　中国证监会指导和监督协会对期货从业人员的自律管理活动。

第二十一条　协会应当建立期货从业人员信息数据库，公示并且及时更新从业资格注册、诚信记录等信息。

中国证监会及其派出机构履行监管职责，需要协会提供期货从业人员信息和资料的，协会应当按照要求及时提供。

第二十二条　协会应当组织期货从业人员后续职业培训，提高期货从业人员的职业道德和专业素质。

期货从业人员应当按照有关规定参加后续职业培训，其所在机构应予以支持并提供必要保障。

第二十三条　协会应当对期货从业人员的执业行为进行定期或者不定期检查，期货从业人员及其所在机构应当予以配合。

第二十四条　期货从业人员违反本办法以及协会自律规则的，协会应当进行调查、给予纪律惩戒。

期货从业人员涉嫌违法违规需要中国证监会给予行政处罚的，协会应当及时移送中国证监会处理。

第二十五条　协会应当设立专门的纪律惩戒及申诉机构，制订相关制度和工作规程，按照规定程序对期货从业人员进行纪律惩戒，并保障当事人享有申诉等权利。

第二十六条　协会应当自对期货从业人员作出纪律惩戒决定之日起10个工作日内，向中国证监会及其有关派出机构报告，并及时在协会网站公示。

第二十七条　期货从业人员受到机构处分，或者从事的期货业务行为涉嫌违法违规被调查处理的，机构应当在作出处分决定、知悉或者应当知悉该期货从业人员违法违规被调查处理事项之日起10个工作日内向协会报告。

第二十八条　协会应当定期向中国证监会报告期货从业人员管理的有关情况。

第二十九条　期货从业人员违反本办法规定的，中国证监会及其派出机构可以采取责令改正、监管谈话、出具警示函等监管措施。

第三十条　期货从业人员自律管理的具体办法，包括从业资格考试、从业资格注册和公示、执业行为准则、后续职业培训、执业检查、纪律惩戒和申诉等，由协会制订，报中国证监会核准。

第五章　罚则

第三十一条　未取得从业资格，擅自从事期货业务的，中国证监会责令改正，给予警告，单处或者并处3万元以下罚款。

第三十二条　有下列行为之一的，中国证监会根据《期货交易管理条例》第七十条处罚：
（一）任用无从业资格的人员从事期货业务；
（二）在办理从业资格申请过程中弄虚作假；
（三）不履行本办法第二十三条规定的配合义务；
（四）不按照本办法第二十七条的规定履行报告义务或者报告材料存在虚假内容。

第三十三条　违反本办法第十九条的规定，对期货从业人员进行打击报复的，中国证监会根据《期货交易管理条例》第七十条、第八十一条处罚。

第三十四条　期货从业人员违法违规的，中国证监会依法给予行政处罚。但因被迫执行违法违规指令而按照本办法第十九条第二款的规定履行了报告义务的，可以从轻、减轻或者免予行政处罚。

第三十五条　协会工作人员不按本办法规定履行职责，徇私舞弊、玩忽职守或者故意刁难有关当事人的，协会应当给予纪律处分。

第六章　附则

第三十六条　本办法自公布之日起施行。2002年1月23日发布的《期货从业人员资格管理办法（修订）》（证监发［2002］6号）同时废止。

期货营业部管理规定（试行）

中国证券监督管理委员会公告［2011］33号

现公布《期货营业部管理规定（试行）》，自2012年5月1日起施行。

中国证券监督管理委员会
二〇一一年十一月三日

第一章　总则

第一条　为规范期货公司营业部（以下简称营业部）的经营活动，加强对营业部的监督管理，根据《期货交易管理条例》、《期货公司管理办法》（证监会令第43号）等法规、规章，制定本规定。

第二条　中国证监会派出机构（以下简称派出机构）按

照属地监管原则，对辖区内营业部的设立、变更、终止及日常经营活动进行监督管理。

第二章 经营条件

第三条 营业部应当具备满足期货业务需要的营业场所，且营业场所符合以下条件：

（一）营业场所属于产权清晰、使用权稳定的经营性房产，且期货公司拥有该房产所有权或者使用权证明；

（二）营业场所具备消防设施和灭火器材，保持安全出口和应急通道顺畅，符合消防安全管理规定；

（三）中国证监会规定的其他条件。

营业部变更营业场所的，拟迁入营业场所应当符合上述条件，并经营业部所在地派出机构批准。

第四条 营业部应当具备满足期货业务需要的办公、通讯、交易等设施，且设施符合以下条件：

（一）营业部应当配备2条以上网络通讯线路，保证营业部的正常交易；

（二）营业部应当配备2条以上具有录音功能的电话线路；

（三）营业部应当采取双路供电，或者在单路供电情况下，备用供电措施能够提供正常业务运行4小时的供电时间；

（四）营业部信息技术系统应当符合有关监管要求，保证运行安全和稳定；

（五）营业部应当设立投资者教育园地、现场开户场地以及专门的财务和档案室（柜室）；

（六）营业部应当配备满足开户管理要求的相关影像采集设备；

（七）营业部应当配备防火、外围隔离以及防盗设施；

（八）中国证监会规定的其他条件。

第五条 营业部应当设立信息公示栏，且按照相关规定公示下列事项：

（一）中国期货业协会网址及期货公司网址；

（二）期货公司及营业部的投诉和服务电话；

（三）营业部从业人员的姓名、照片、岗位、任职时间、从业资格号等信息；

（四）提示投资者可以通过中国期货业协会网站查询期货公司及营业部从业人员资格公示信息，通过期货保证金安全存管监控机构查询服务系统查询期货交易结算结果和期货交易相关的其他信息；

（五）中国证监会规定的其他事项。

上述信息发生变化的，营业部应当于变化之日起5个工作日内对营业场所公示信息进行变更。

第六条 营业部负责人在任职前，应当按照相关规定取得任职资格。

期货公司按照相关规定为取得任职资格的拟任营业部负责人办理任职手续并报告相关派出机构。

营业部负责人变更的，拟任负责人应当具备任职资格，期货公司按照相关规定办理变更手续。

第七条 营业部负责人应当在营业部所在地实地履行职责，全面负责营业部的日常经营管理工作。

营业部负责人不得兼任其他营业部负责人，且不得在期货公司总部兼任除董事以外的职务。

营业部负责人拟连续离岗10个工作日以上的，期货公司应当临时指定1名符合营业部负责人任职条件的人员代为履行职责，并提前5个工作日向营业部所在地派出机构报告。营业部负责人1年内累计离岗时间超过3个月的，期货公司应当更换营业部负责人，法律法规另有规定的除外。

期货公司指定的代为履职人员不符合任职条件的，派出机构可以要求期货公司更换代为履职人员。

代为履职人员应当实地履行职责，履职期间暂停管理公司的其他事务。

第八条 营业部负责人拟自行离职的，应当在离职前1个月向期货公司提出申请。期货公司在接到营业部负责人离职申请之日起5个工作日内向营业部所在地派出机构报告，并在3个月内完成营业部负责人变更。

拟离职营业部负责人应当切实履行职责直至营业部负责人变更手续完成。拟离职营业部负责人在完成变更手续前离职的，期货公司应当指定期货公司经理层人员代为履行职责，并在5个工作日内报告营业部所在地派出机构。

代为履职人员应当实地履行职责，履职期间暂停管理公司的其他事务。

第九条 营业部负责人离任的，期货公司应当按照相关规定向营业部所在地派出机构报告。期货公司应当对离任营业部负责人任职期间的合规经营情况进行离任审计，公司总经理、首席风险官对离任审计报告签字确认。期货公司应当在营业部负责人离任之日起3个月内将离任审计报告报送营业部所在地派出机构。

第十条 期货公司应当建立营业部负责人强制休假与定期审计制度或者轮岗制度。

第十一条 营业部业务岗位应当分工合理、职责明确，且岗位分工应当符合以下要求：

（一）营业部应当设立市场开发、开户与合同管理、交易、信息技术管理、财务等业务岗位，确保前、中、后台业务分开；

（二）营业部业务岗位应当有专职的工作人员；

（三）营业部工作人员素质和从业经历等能够满足相关业务岗位的需要；

（四）营业部财务岗位工作人员具有会计从业资格证书；

（五）中国证监会规定的其他要求。

第十二条 除营业部负责人外，营业部工作人员不得少于5人；营业部从事期货业务活动的工作人员应当取得期货从业资格。

第三章 内部控制

第十三条 营业部各项内部控制制度由期货公司统一制定，并报营业部所在地派出机构备案。内部控制制度包括以下项目：

（一）期货公司对营业部统一结算、统一风险管理、统一资金调拨、统一财务管理及会计核算的管理制度；

（二）营业部岗位职责及人员管理制度；

（三）营业部信息技术系统管理及应急制度；

（四）营业部合同、印章及档案管理制度；

（五）营业部市场营销管理制度；

（六）营业部投资者回访制度；

（七）营业部投资者教育、投资者投诉处理制度；

（八）反洗钱制度；

（九）中国证监会规定的其他管理制度。

第十四条 营业部在与投资者签订期货经纪合同，为投资者开立账户前，应当向投资者充分揭示期货交易的风险，审慎评估投资者的财务状况、期货专业知识、交易经验、风险偏好和风险承受能力，不得误导无投资意愿或无风险承受能力的投资者参与期货交易。

投资者参与股指期货交易的，营业部还应当审查投资者是否满足股指期货投资者适当性制度的有关要求。

第十五条　营业部在与投资者签订期货经纪合同，为投资者开立账户时，应当严格按照期货市场统一开户的要求，做好投资者身份核对、投资者影像资料留存、投资者期货结算账户登记等工作。

第十六条　营业部应当加强开户及合同管理，开户及合同管理应当符合以下要求：

（一）营业部应当指定专门的合同签署人负责与投资者签订期货经纪合同，合同签署人应当获得期货公司的授权；

（二）营业部应当严格执行期货公司的期货经纪合同管理制度，建立期货经纪合同的收发、存档及借阅记录台账；

（三）营业部应当使用期货公司连续编号、统一印制的期货经纪合同；

（四）营业部签署的期货经纪合同应当一式三份，期货公司、营业部、投资者各执一份，期货经纪合同内容应当填写完整和规范；

（五）期货公司应当建立投资者开户的二级复核制度，营业部相关责任人员应当在开户资料上签字留痕；

（六）营业部应当在投资者开户完成1个月内，将投资者开户资料文本报送至期货公司总部，并留存相关资料文本或者电子文档，以备营业部所在地派出机构检查；

（七）营业部应当通过期货公司总部统一为投资者申请交易编码，分配资金账户，统一在期货公司交易结算系统中维护投资者的开户资料。

第十七条　期货公司应当建立统一的结算制度，期货业务的结算由期货公司总部统一进行，营业部不得承担结算任务。

营业部应当于每日收市后，核对投资者的电话委托交易及手工出入金等情况，向期货公司核实存在的差异。

营业部应当按照合同约定及期货公司规定向投资者提供结算账单。

第十八条　期货公司应当建立统一的风险管理制度，不断健全、完善风险控制体系。

营业部履行部分风险控制职责的，期货公司应当直接管理营业部的风险管理人员。

第十九条　营业部投资者的交易指令必须通过期货公司风险控制系统或者期货公司风险控制人员进行事先风险控制。

营业部不得使用电话、交易所内远程终端等方式直接将投资者的交易指令传送至期货交易所场内交易席位。

第二十条　期货公司存在主、辅交易系统的，期货公司应当统一管理主、辅交易系统的风险控制，统一操作设置主、辅交易系统的风险控制参数。

营业部不得设置交易系统的相关参数。

第二十一条　期货公司应当建立统一追加保证金、统一强行平仓等风险管理制度，统一执行相关的风险控制措施。

营业部应当按照期货公司的统一要求，协助开展风险控制相关工作。

第二十二条　营业部应当执行期货公司统一的手续费政策。期货公司统一设置投资者的手续费费率参数。

第二十三条　期货公司对投资者实施动态风险监控，每日进行风险测算。

营业部应当按照期货公司的统一要求，对经常出现保证金不足、交易频繁等重点投资者的风险状况进行及时跟踪与监测，加强对投资者的风险管理。

第二十四条　期货公司应当加强对期货保证金专用账户的管理，完善期货保证金账户的设立、变更和撤销手续。

期货公司可以根据业务发展需要对营业部保证金专用账户资金进行实时监控。对不能进行实时监控的营业部保证金专用账户，期货公司总部应当定期和不定期地进行检查和压力测试。

营业部保证金专用账户的资金，由期货公司总部统一管理和调拨，营业部无权调拨。

第二十五条　营业部应当严格执行期货公司的出入金管理制度。

期货公司统一管理投资者银期转账出金操作。

营业部投资者通过非银期转账方式出金的，应当符合期货保证金安全存管的相关规定，且投资者的出金需经期货公司总部财务、结算部门审核。

第二十六条　期货公司对营业部实行统一的财务管理和会计核算，建立统一的财务管理和会计核算制度，明确期货公司和营业部的职责与业务操作流程。

营业部自有资金由期货公司统一管理与控制。

第二十七条　营业部数量超过5家的，期货公司应当建立统一的网络财务软件核算系统，加强对营业部的财务管理。

第二十八条　营业部根据期货公司统一财务管理和会计核算制度的要求，承担编制凭证等职能的，依据合法有效的会计原始凭证进行会计核算；营业部财务人员应当审核原始凭证的合法性、真实性和完整性。

营业部根据期货公司的凭证管理制度，需要将原始凭证和记账凭证提交期货公司的，应当留存复印件或电子文档，以备营业部所在地派出机构检查。

第二十九条　营业部应当在财务室或相对隔离的财务柜室妥善保管财务印章和财务凭证等有关财务用品和资料。

营业部应当建立财务印章和财务空白凭证的双人管理和审批使用制度，并做好使用登记工作。

第四章　合规管理

第三十条　期货公司应当建立、完善内部合规检查制度，将营业部合规检查纳入期货公司统一合规检查工作的范围。

第三十一条　期货公司合规检查部门应当每年对营业部的经营合规情况进行1次以上现场检查，检查包括以下事项：

（一）营业部负责人履职情况及从业人员执业情况；

（二）营业部岗位设置情况及人员资格情况；

（三）营业场所及设施合规情况；

（四）营业部内部控制制度执行情况；

（五）期货公司统一结算、统一风险管理、统一资金调拨、统一财务管理及会计核算执行情况；

（六）信息技术系统运行情况；

（七）中国证监会规定的其他事项。

第三十二条　期货公司应当在完成营业部合规检查10个工作日内，将检查情况和发现的问题报告营业部所在地派出机构。

期货公司应当留存营业部的合规检查报告，并于每年3月底前将期货公司上一年度对营业部的合规检查报告报送公司住所地派出机构。

第五章　监督管理

第三十三条　营业部不符合本规定有关要求的，派出机构应当依法采取相应的监管措施。

第三十四条　营业部负责人自行离职未履行本规定第九条有关程序的，派出机构可以依法采取相应的监管措施并将营业部负责人的行为记入诚信档案。

第三十五条　派出机构在对营业部负责人离任审计报告审查过程中，发现违法违规行为的，应当依据相关规定进行处理。

第三十六条　营业部所在地派出机构可以根据营业部合规经营的情况，要求期货公司增加合规检查次数。

第三十七条　派出机构对营业部采取限期整改、暂停业务、撤销许可证等监管措施的，应当将采取监管措施的相关文件抄送期货公司及公司住所地派出机构；营业部在上述事项发生后3个工作日内向期货公司报告。

第三十八条　派出机构因营业部管理问题对期货公司采取限期整改、暂停业务等监管措施的，应当将采取监管措施的相关文件抄送营业部所在地派出机构。

第六章　附则

第三十九条　本规定自2012年5月1日起施行。

证券期货业信息安全保障管理办法

中国证券监督管理委员会令第82号

《证券期货业信息安全保障管理办法》已经2012年8月23日中国证券监督管理委员会第22次主席办公会议审议通过，现予公布，自2012年11月1日起施行。

中国证券监督管理委员会主席：郭树清

2012年9月24日

第一章　总则

第一条　为了保障证券期货信息系统安全运行，加强证券期货业信息安全管理工作，促进证券期货市场稳定健康发展，保护投资者合法权益，根据《证券法》、《证券投资基金法》、《期货交易管理条例》及信息安全保障相关的法律、行政法规，制定本办法。

第二条　证券期货业信息安全保障、管理、监督等工作适用本办法。

第三条　证券期货业信息安全保障工作实行“谁运行、谁负责，谁使用、谁负责”、安全优先、保障发展的原则。

第四条　证券期货业信息安全保障的责任主体应当执行国家信息安全相关法律、行政法规和行业相关技术管理规定、技术规则、技术指引和技术标准，开展信息安全工作，保护投资者交易安全和数据安全，并对本机构信息系统安全运行承担责任。

前款所称责任主体，包括承担证券期货市场公共职能的机构、承担证券期货行业信息技术公共基础设施运营的机构等证券期货市场核心机构及其下属机构（以下简称核心机构），证券公司、期货公司、基金管理公司、证券期货服务机构等证券期货经营机构（以下简称经营机构）。

第五条　开展证券客户交易结算资金第三方存管业务，银证、银期、银基转账和结算业务，基金托管和销售业务的机构应当按照有关规定保障相关业务系统的安全运行。

第六条　为证券期货业提供软硬件产品或者技术服务的供应商（以下简称供应商），应当保证所提供的软硬件产品或者技术服务符合国家及证券期货业信息安全相关的技术管理规定、技术规则、技术指引和技术标准。

第七条　中国证监会支持、协助国家信息安全管理部门组织实施信息安全相关法律、行政法规，依法对证券期货业信息安全保障工作实施监督管理。

中国证监会派出机构按照授权履行监督管理职责。

第八条　中国证监会及其派出机构与国家信息安全管理部门、相关行业管理部门建立信息安全协调机制，与国家有关专业安全机构和标准化组织建立信息安全合作机制。

第九条　证券、期货、证券投资基金等行业协会（以下简称证券期货行业协会）依照本办法的规定，对会员的信息安全工作实行自律管理。

第十条　核心机构依照本办法的规定，对市场相关主体关联信息系统的安全保障工作进行督促、指导。

第二章　基本要求

第十一条　核心机构和经营机构应当具有合格的基础设施。机房、电力、空调、消防、通信等基础设施的建设符合行业信息安全管理的有关规定。

第十二条　核心机构和经营机构应当设置合理的网络结构，划分安全区域，各安全区域之间应当进行有效隔离，并具有防范、监控和阻断来自内外部网络攻击破坏的能力。

第十三条　核心机构和经营机构应当建立符合业务要求的信息系统。信息系统应当具有合理的架构，足够的性能、容量、可靠性、扩展性和安全性，能够支持业务的运行和发展。

第十四条　核心机构应当对交易、行情、开户、结算、风控、通信等重要信息系统具有自主开发能力，拥有执行程序和源代码并安全可靠存放，在重要信息系统上线前对执行程序和源代码进行严格的审查和测试。

第十五条　核心机构和经营机构应当具有防范木马、病毒等恶意代码的能力，防止恶意代码对信息系统造成破坏，防止信息泄露或者被篡改。

第十六条　核心机构和经营机构应当建立完善的信息技术治理架构，明确信息技术决策、管理、执行和内部监督的权责机制。

第十七条　核心机构和经营机构应当建立完善的信息技术管理制度和操作规程，并严格执行。

第十八条　核心机构应当制定本机构与市场相关主体信息系统安全互联的技术规则，并报中国证监会备案。

核心机构依法督促市场相关主体执行技术规则。

第十九条　核心机构应当提供多种互为备份的远程接入方式，保证市场相关主体安全接入，并对市场相关主体的远程接入进行监控与管理。

第三章　持续保障要求

第二十条　核心机构和经营机构应当保障充足、稳定的信息技术经费投入，配备足够的信息技术人员。

第二十一条　核心机构和经营机构应当根据行业规划和本机构发展战略，制定信息化与信息安全发展规划，满足业务发展和信息安全管理的需要。

第二十二条　核心机构和经营机构开展信息系统新建、升级、变更、换代等建设项目，应当进行充分论证和测试。

第二十三条　核心机构交易、行情、开户、结算、通信等重要信息系统上线或者进行重大升级变更时，应当组织市场相关主体进行联网测试，并按规定进行报告。

第二十四条　核心机构和经营机构应当规范开展信息技术基础设施和重要信息系统的运行维护，保障系统安全稳定运行。

第二十五条　核心机构应当指导市场相关主体正确运行维护与本机构互联的系统和通信设施。

第二十六条　核心机构和经营机构应当建立数据备份设施，并按照规定在同城和异地保存备份数据。

第二十七条　核心机构和经营机构应当建立重要信息系统的故障备份设施和灾难备份设施，保证业务活动连续。

第二十八条　核心机构和经营机构应当按照规定向中国证监会指定的证券期货业数据中心报送数据。报送的数据必须真实、完整、准确、及时。

证券期货业数据中心应当按照中国证监会的有关规定开展行业数据的集中保存工作，确保数据的安全、完整、可靠。

第二十九条　核心机构负责建设和运营行业信息技术公共基础设施。

第三十条　核心机构和经营机构应当加强信息安全保密管理，保障投资者信息安全。

第三十一条　核心机构和经营机构应当建立网络与信息安全风险检测、监测、评估和预警机制，发现风险隐患应当及时处置，并按照规定进行报告。

第三十二条　核心机构和经营机构应当建立信息安全应急处置机制，及时处置突发信息安全事件，尽快恢复信息系统的正常运行，并按照规定进行报告，不得迟报、漏报、瞒报。

核心机构和经营机构应当对信息安全事件进行内部调查、责任追究和采取整改措施，并配合中国证监会及其派出机构对事件进行调查处理。

与核心机构和经营机构发生信息安全事件相关的软硬件产品或者技术服务供应商，应当配合相关调查工作。

第三十三条　核心机构应当每年组织市场相关主体进行一次信息安全应急演练，并于实施前15个工作日向中国证监会报告。

第三十四条　核心机构和经营机构应当对信息技术人员进行培训，确保其具有履行岗位职责的能力。

第三十五条　核心机构和经营机构应当建立信息安全内部审计制度，定期开展内部审计，对发现的问题进行整改。

第四章　产品及服务采购要求

第三十六条　核心机构和经营机构应当建立供应商管理制度，定期对供应商的资质、专业经验、产品和服务的质量进行了解和评估。

第三十七条　核心机构和经营机构在采购软硬件产品或者技术服务时，应当与供应商签订合同和保密协议，并在合同和保密协议中明确约定信息安全和保密的权利和义务。

涉及证券期货交易、行情、开户、结算等软件产品或者技术服务的采购合同，应当约定供应商须接受中国证监会及其派出机构的信息安全延伸检查。

第三十八条　核心机构和经营机构采购的软硬件产品或者技术服务应当满足审慎经营和风险管理的要求。软硬件产品或者技术服务不符合要求，影响核心机构和经营机构持续经营的，中国证监会有权要求核心机构和经营机构予以改进或者更换。

第五章　行业自律

第三十九条　证券期货行业协会应当制定信息技术指引，督促、引导会员执行国家和行业信息安全相关规定和技术标准。

第四十条　证券期货行业协会应当引导行业加强信息技术人才队伍建设，定期组织信息技术培训和交流，提高信息技术人员执业素质。

第四十一条　证券期货行业协会应当引导鼓励行业信息技术研究与创新，增强自主可控能力，组织开展科技奖励，促进行业科技进步。

第四十二条　证券期货行业协会应当引导供应商规范参与行业信息化与信息安全工作，促进市场公平竞争，促进供应商与市场相关主体共同发展。

第六章　监督管理

第四十三条　中国证监会建立统一组织、分级负责的信息安全监督管理体制。

中国证监会信息安全管理部门负责证券期货业信息安全工作的组织、协调和指导；相关业务监管部门依照职责范围对核心机构和经营机构的信息安全进行监督、检查；派出机构根据授权对辖区内经营机构的信息安全进行监督、检查。

第四十四条　中国证监会依法组织制定证券期货业信息安全管理规定和技术标准。

第四十五条　中国证监会及其派出机构依照职责范围，对核心机构和经营机构进行信息安全检查或者委托国家、行业有关专业安全机构进行安全检查。核心机构和经营机构应当配合检查。

核心机构和经营机构的信息安全管理不能达到规定要求的，中国证监会及其派出机构责令其限期改正，改正前可以暂停或者限制其部分或者全部证券期货经营业务活动。

第四十六条　中国证监会及其派出机构可以要求核心机构和经营机构提供信息安全相关资料。

核心机构和经营机构应当及时、准确、完整地提供相关资料。

第四十七条　中国证监会组织制定证券期货业信息安全应急预案，督促、指导行业开展信息安全应急工作。

第四十八条　中国证监会有权对核心机构、经营机构的信息安全事件进行调查处理。

对于损害投资者合法权益或者影响证券期货市场安全稳定运行的信息安全事件，中国证监会依法对相关单位采取监督管理措施或者行政处罚。

第四十九条　中国证监会对发现的系统漏洞、安全隐患、产品缺陷进行全行业通报。

第五十条核心机构和经营机构违反本办法规定，中国证监会可以视情节，依法对其采取责令改正、监管谈话、出具警示函、公开谴责、责令定期报告、责令处分有关人员、撤销任职资格、暂停或者限制证券期货经营业务活动等措施；情节严重的，给予警告、罚款。

第七章　附则

第五十一条　本办法自2012年11月1日起施行。《证券期货业信息安全保障管理暂行办法》（证监信息字〔2005〕5号）同时废止。

第二章 期货交易机构

第一节 中国金融期货交易所

中国金融期货交易所

中国金融期货交易所是经国务院同意,中国证监会批准,由上海期货交易所、郑州商品交易所、大连商品交易所、上海证券交易所和深圳证券交易所共同发起设立的金融期货交易所。中国金融期货交易所于2006年9月8日在上海成立,注册资本为5亿元人民币。中国金融期货交易所的成立,对于深化金融市场改革,完善金融市场体系,发挥金融市场功能,具有重要的战略意义。

中国金融期货交易所的宗旨是发展社会主义市场经济,完善资本市场体系,发挥金融期货市场的功能,保障金融期货等金融衍生品交易的正常进行,保护交易当事人的合法权益和社会公共利益,维护金融市场正常秩序。

中国金融期货交易所的主要职能是:组织安排金融期货等金融衍生品上市交易、结算和交割;制订业务管理规则;实施自律管理;发布市场交易信息;提供技术、场所、设施服务;中国证监会许可的其他职能。

中国金融期货交易所在交易方式、结算制度等方面充分借鉴了国际市场的先进经验,并结合中国的市场实际,以高起点、高标准的原则建设中国的金融衍生品市场。

中国金融期货交易所实行结算会员制度,会员分为结算会员和非结算会员,结算会员按照业务范围分为交易结算会员、全面结算会员和特别结算会员。实行结算会员制度,形成多层次的风险控制体系,强化了中国金融期货交易所的整体抗风险能力。

中国金融期货交易所采用电子化交易方式,不设交易大厅和出市代表。金融期货产品的交易均通过交易所计算机系统进行竞价,由交易系统按照价格优先、时间优先的原则自动撮合成交。采用电子化交易方式体现了中国金融期货交易所的高效、透明、国际化的发展思路。

中国金融期货交易所肩负着建立和发展中国金融期货市场的艰巨任务。中国金融期货交易所坚持以科学发展观为指导,本着稳健发展、与时俱进的原则,打造一个健康规范、高效透明、积极创新、技术先进的金融期货交易所,为提高经济的风险承受能力、增加经济弹性,以及促进经济增长发挥积极作用。

组织机构

公司设董事会,对股东大会负责,并行使股东大会授予的权力。董事会设执行委员会,作为董事会日常决策、管理、执行机构。董事会下设交易、结算、薪酬、风险控制、监察调解等专门委员会。

公司目前设有党委办公室、董事会办公室、监事会办公室、纪检监察室、办公室、交易部、结算部、监查部、法律部、信息部、市场部、研发部、财务部、内审部、人力资源部(党委组织部)、行政部、投资者教育中心、国际发展部、基建办公室、技术中心(技术公司)、北京金融衍生品研究院等21个部门。

职能部门

党委办公室

主要职责:负责拟订和组织实施党委工作制度;负责组织协调党委的日常工作,督导、协调党委安排部署工作的进展实施;负责承担党委有关文件的起草,党委会议的筹备、组织和会务工作;负责开展调查研究,为党委决策提供支持;负责交易所党群与宣传工作,组织开展企业文化建设、交易所形象策划、品牌设计工作。

董事会办公室

主要职责:负责交易所股权管理及股东关系事务;负责股东大会和董事会会议的筹备、组织和会务工作;负责参与交易所重大决策事项的调研和协调工作;负责董事会日常工作,各专门委员会与交易所业务的衔接和协调工作,负责对子公司下派董事的联络工作;负责董事会决议、决定执行和落实情况的督导和反馈。

监事会办公室

主要职责:负责监事会会议的筹备、组织和会务;负责协助开展对董事会、经营管理层的履职监督,根据监事会工作需要,开展有关调查研究;负责监事会日常工作联系,负责对子公司下派监事的联络工作;负责监事会决议、决定执行和落实情况的督导和反馈。

纪检监察室

主要职责:负责维护党的章程、其他党内法规和行政纪律,检查中央和证监会、交易所重大决策部署的执行情况;负责开展执法监察、廉政监察、效能监察;负责协助开展党风廉政建设,组织协调反腐败工作,对干部员工进行党纪政纪教育,对权力运行进行监督;负责受理检举、控告和申诉,检查、处理违反党纪政纪的案件。

办公室

主要职责:负责组织制定和完善交易所内部管理制度,牵头维护交易所办公秩序;负责督导、协调所内各项工作的进展实施;负责公文运转、档案管理,行政办公会议组织、保密等工作;负责交易所重大活动的组织协调;牵头进行投资者咨询服务工作。

交易部

主要职责:负责交易日常运作,组织、指导、监督交易管理过程;负责会员管理和客户管理工作,提供相关服务工作;负责套保、套利业务管理;开展交易数据统计分析,跟踪市场信息;负责完善交易业务相关规则和业务操作系统。

结算部

主要职责：负责结算、交割服务，办理结算会员资金往来汇划业务，统计报告结算情况；负责管理结算保证金和结算担保金；负责管理结算会员和代理结算业务；负责结算风险管理，实时监控结算会员盘中资金风险，控制盘后结算风险；负责完善结算业务相关规则和业务操作系统。

监查部

主要职责：负责交易监控，及时发现市场异常情况，并采取相应监管措施；负责案件稽查和会员检查，组织实施跨市场协作监管；负责大户持仓报告管理；进行市场运行情况和监查业务研究工作；负责完善市场监管相关业务规则和交易监控系统。

法律部

主要职责：负责统筹协调交易所章程和业务规则的制定、修订及评估；负责跟踪证券期货市场立法动态，参与相关立法调研和法律法规制定修订工作；负责制定纪律处分相关规则，受理并协调处理纪律处分事项，对重大监管措施进行合法合规性审核；负责商务合同和内部规章制度的合法合规性审核；负责诉讼、仲裁等纷争事项的处理和司法协助工作。

信息部

主要职责：负责制定交易所数据仓库建设规划和方案，管理历史数据；负责交易所网站规划和日常运行管理；负责跟踪市场动态，撰写相关分析报告，提供决策参考；负责交易数据产品化工作及相关产品销售管理；负责完善信息管理相关业务规则。

市场部

主要职责：负责市场开发与拓展，推广交易所产品和服务；负责机构投资者培育与服务，统筹机构参与政策协调和优化；负责会员从业人员业务培训，支持与指导会员开展投资者教育活动；负责行业中高端人才培养，构建跨系统人才交流平台；负责内外部专家讲师的开发、培养和管理。

研发部

主要职责：负责交易所发展战略研究与规划，为交易所决策提供支持；负责交易所业务相关专题研究，市场运行及功能评估，新品种立项、上市申请相关工作；负责统筹全所科研管理、图书出版及成果营销管理；负责衍生品行业研究信息、资料的收集和管理；负责金融创新实验室和博士后工作站管理。

财务部

主要职责：负责交易所财务战略研究与规划，制定完善财务会计相关制度；负责组织实施交易所全面预算管理和税务管理，编制和执行财务预决算，按时足额缴纳税款；负责组织实施会计核算，编制财务会计报告，提供财务会计信息；负责组织实施交易所资金配置和投资管理，制定并实施资金配置和投资方案；负责财务审批小组会议日常工作和交易所日常财务工作。

内审部

主要职责：负责交易所内部审计工作，制定审计管理办法，组织实施审计计划；负责交易所内控管理监督，开展内控管理制度风险评估，健全内控管理制度体系；进行交易所合规管理，开展合规检查和评价工作；负责协调配合有关部门对交易所的各类审计监督；负责为交易所重要管理活动提供独立鉴证服务。

人力资源部（党委组织部）

主要职责：负责制订人力资源发展战略及人力资源管理制度；负责交易所组织架构设计、人员岗位配置和职务序列管理工作；负责绩效考核和薪酬福利工作；负责制定培训规划和年度培训计划，组织实施员工培训工作；负责员工关系和劳动纪律工作；负责党的组织工作，干部队伍建设工作。

行政部

主要职责：负责行政服务和后勤保障工作，统筹办公场地管理、车辆管理及会务接待等工作；负责安全保卫工作，管理安保人员和安保设施；负责采购管理，组织采购项目的评审和实施；负责办公类固定资产和低值易耗品等资产管理工作。

投资者教育中心

主要职责：负责交易所新闻信息发布与管理；负责交易所对外舆论引导；负责重要公共关系拓展、维护以及专家学者联络；负责投资者教育及媒体培训工作；负责在京员工管理。

国际发展部

主要职责：负责策划、开展与境外机构的国际交流与合作活动；负责交易所境外业务的开发与管理工作；负责交易所国际化战略和国际市场研究；负责交易所因公出国（境）及涉外事务（含港澳台）管理。

基建办公室

主要职责：负责基建项目管理和监督工作；负责基建项目报批事项的协调，落实项目实施合同的履行；负责基建项目的预算、概算和决算的编制审核工作；负责办公场地的装修、维护、保养工作。

技术中心（技术公司）

主要职责：负责制定信息技术系统规划，完成系统开发和升级；负责交易所业务系统的日常维护，保障业务系统运行安全稳定；负责制定相关业务控制流程和质量标准，监督实施质量；负责提供技术支持和服务，满足相关业务需求；负责管理计算机和与通讯设备相关的固定资产、业务数据和技术文档。

北京金融衍生品研究院

主要职责：负责金融衍生品的基础性研究，分析宏观经济金融环境、政策、基础市场情况，研究金融衍生品行业发展规律；负责搭建有关平台，促进研究成果的营销与推广；负责与高校、科研院所合作培养金融衍生品行业基础性人才；负责为决策研究机构提供金融衍生品市场相关咨询；负责配合新产品上市开展相关协调服务工作，协助各部门在京开展工作。

地址：浦东世纪大道1600号陆家嘴商务广场6楼
邮编：200122
电话：021－50160666
传真：021－50160606
网址：www.cffex.com.cn
电子邮件：rd@cffex.com.cn
投资者咨询电话：021－50160299
投资者咨询传真：021－50160293
投资者咨询邮箱：zixun@cffex.com.cn

沪深300指数及成分股结构特点分析

股市是经济的晴雨表，指数是股市的风向标。沪深300指数作为反映沪深两个股票市场运行情况的跨市场指数，自推出以来运行稳定，为指数化投资和指数衍生产品创新提供了基础条件。近年来，随着我国宏观经济增速放缓，股票市场进入低潮期，沪深300指数也一直在低位震荡。特别是沪深300股指期货上市后，人们对它的关注和疑虑更加放大。本节将从指数行业及权重结构、指数基本面及估值分析、指数分红和资本回报率、指数编制方法、指数投资者结构等角度客观地分析沪深 300 指数的优势及局限性，为投资者理性选择符合自身投资风格的指数提供参考。

一、沪深 300 指数是 A 股市场成熟行业蓝筹公司的代表，是中国股市的中流砥柱

沪深 300 指数是第一只获得上海和深圳两家交易所合法授权发布的跨市场指数。自 2005 年 4 月 8 日正式推出以来，沪深 300 指数以规模和流动性作为选样的两个根本标准，并赋予流动性更大的权重，反映的是流动性强和规模较大的蓝筹企业股价的综合变动，是 A 股市场基础指数的代表。

（一）成分股公司多为实体经济骨干企业，市值较大，指数抗操纵性强，波动率低

沪深 300 指数成分股公司是伴随我国改革开放历程，经过多年发展壮大起来的一批最具实力的上市公司。它们所在的行业都是国民经济支柱产业，为经济发展做出了很大贡献。截至 2012 年年底，沪深 300 指数成分股的营业总收入达到 18.29万亿，占当年 GDP 比例 35.24%；总税收 1.26 万亿，占当年全国总税收的 13.49%。这其中，采矿业、制造业和金融业的营业收入和税收都位居前三位，营业收入占 GDP 比例分别为 11.3%、7.46%、7.04%，税收占全国总税收比例分别为 5.33%、0.98%、5.08%。同期沪深 300 指数成分股公司中营业收入超过 1 千亿元的有 32 家，中石油、中石化的营业收入超过了 1 万亿元。沪深 300 指数成分股公司中税收超过 100 亿元的有 13 家，工商银行、建设银行、农业银行、中国银行、中石油和中石化的税收收入超过了 200 亿元，分别排名前 6 位。

沪深 300 指数成分股公司多为行业的骨干企业，它们的普遍特点之一是市值较大。2010 - 2012 年中，沪深 300 指数无论总市值还是流通市值占 A 股市场的比例均较高，基本稳定在 70% 左右。截至 2013 年 11 月 15 日，沪深 300 指数总市值 17.24 万亿元，流通市值 12.62 亿元，分别占 A 股市场总市值 26.96 万亿元和流通市值 19.61 万亿元的 63.95% 和 64.35%。相比之下，沪深 300 指数的总市值和流通市值分别是同期创业板指数总市值（0.80 万亿）和流通市值（0.48 万亿）的 21 倍和 26.3 倍。

沪深 300 指数成分股公司中有 66 家市值超过 500 亿元，这其中有 27 家企业市值超过 1000 亿元，中石油、工商银行的市值更是超过 10000 亿元。大市值股票相对集中使得拉抬指数的资金成本较高。利用过去三年数据测算表明，沪深 300 指数是主要指数中拉抬 1% 需要资金最多的指数。2013 年拉抬沪深 300 指数变化 1% 需要 111 亿元，而创业板指数只需要 13 亿元即可取得同样效果。此外，代表大市值股票的沪深 300 指数的波动率和换手率均相对较低，很好地起到了稳定市场的作用。过去三年，沪深 300 指数平均波动率为 22.26%，低于创业板指数的 30.70%；同期沪深 300 指数日均换手率为 0.40%，远低于创业板指数的 2.99%。

（二）沪深 300 指数成分股业绩稳定，风险较低，估值具有优势

沪深 300 指数成分股公司中，大多来自传统行业、周期行业、成熟行业，业务发展已经进入成熟期，业绩相对稳定。2013 年第三季度，沪深 300 指数净利润为 1.52 万亿元，占 A 股总净利润 1.83 万亿元的 83.51%，净资产 14.00 万亿元，占全市场 16.87 万亿元的 83.03%。沪深 300 指数成分股公司的净资产收益率都维持在两位数，远比中小企业居多的其他指数表现稳定。

从估值角度分析，沪深 300 指数具有一定优势。截至 11 月 15 日，沪深 300 指数市盈率为 9.80 倍，距离过去三年的平均数 14.72 倍仍有一段距离，也低于 A 股平均值 11.23 倍，更远低于创业板指数的 63.79 倍。沪深 300 市净率为 1.45 倍，较过去三年平均数 2.18 倍低 33%。由此可见，沪深 300 指数的估值优势明显。

（三）沪深 300 指数分红相对稳定，股息率较高

股息率是衡量市场回报率的重要指标。我国上市公司因分红很少而一直饱受诟病。据 Wind 统计，过去 20 多年以来股市累计实现融资 5.25 万亿元，但分红累计仅为 3.37 万亿元。

近两年来，上市公司分红情况有所改善，主要指数的股息率均有所提高。相比较而言，上证 50 指数和沪深 300 指数自 2010 年以来股息率在主要指数中表现最好，且一直保持上升趋势。截至 2013 年 11 月 15 日，沪深 300 指数股息率为 3.44%，比美国标普 500 还要高。相比较而言，中小公司多在成长期内，分红很少，股息率远低于同期 1 年期银行存款利率。

虽然我国股市主要指数的股息率近期有所提高，但我国指数中最高股息率仅为 1 年期存款利率的 1 倍左右，而同期市场实际利率水平更高。相比之下，美国市场主要指数中最高的股息率是 1 年期存款利率 3 倍左右。自 2010 年以来的数据可以看出，美国主要指数中股息率最高的道琼斯指数股息率分别是 1 年期存款利率的 3.18 倍、2.31 倍、3.14 倍和 3.57倍，其股市投资价值及上涨原因即可见一斑。

（四）沪深 300 指数编制采用分级靠档法，降低跟踪成本

在指数编制方法上，沪深 300 指数与市场上其他主流指数差异不大，但在加权方法和调样周期两个方面，与一些指数不同。市场上大多数指数都与沪深 300 指数一样，依据自由流通市值进行加权，但沪深 300 指数采用分级靠档的方法，可以确保样本公司的股本发生微小变动时用于指数计算的股本数相对稳定，从而有效降低股本频繁变动带来的跟踪成本，有利于机构投资者管控风险。同时，与一些指数每个季度进行一次样本股调整不同，沪深 300 指数每半年调整一次样本股，这些指数编制技术上的考虑，降低了指数自身的波动特性。

二、沪深 300 指数成分股高度成熟，投资周期性明显，在经济结构转型中发展增速不足

今年以来，沪深 300 指数整体表现不及以中小公司为代表的创业板和中小板指数。究其原因，很重要的一条是指数成分股稳健有余，发展增速不足。

（一）沪深 300 指数周期性行业占比较高，企业增长能力有限

通过指数行业权重分析，不难看出沪深 300 指数周期性行业所占比例较高。截至 2013 年 11 月 15 日，沪深 300 指数权重最大的 3 个行业是金融地产、能源和工业，权重分别为 45.46%、16.76% 和 9.83%。权重最小的 3 个行业是电信业务、信息技术和公用事业，权重分别为 0.80%、2.18% 和 2.83%。前十大权重股中除格力电器外其余全是金融、地产等企业。这些周期性行业不是“十二五”期间我国产业政策重点支持的行业，很难直接反映经济未来发展方向，也无法享受我国经济转型带来的制度性红利，因而在宏观经济调结构的大背景下，代表大市值周期性股票的沪深 300 指数的市场表现差强人意也在情理之中。

（二）成熟行业表现不佳直接拖累沪深 300 指数表现

行业分类中一般将金融地产、工业、公共事业、能源和原材料等行业定义为相对成熟行业，将电信业务、可选消费、主

要消费、信息技术以及医药卫生定义为相对新兴产业。随着中国经济增长动力从固定资产投资逐步转向高技术含量、高附加值的新兴产业，沪深300指数代表的成熟行业的发展空间在逐步被压缩。

按照中证指数公司的行业分类，10个一级行业对沪深300指数走势的贡献正负不一，对沪深300贡献最高的是相对新兴行业的可选消费行业，贡献42.89点，占全部正贡献的24.91%。对沪深300拖累最大的是相对成熟行业的金融地产，拖累达-99.43点。相对成熟行业中没有一个行业对指数有正贡献，均向下拖累指数；与此形成鲜明对比的是相对新兴行业仅有主要消费行业拖累指数7.47点，其他新兴行业均为沪深300指数做出了正贡献。

（三）沪深300指数业绩增长动力不足，资本回报率不高

在我国经济调结构的大背景下，沪深300指数成分股公司已经很难取得较高的业绩增长率。从过去三年中主要指数业绩增长指标看，沪深300指数营业收入增长率为36.63%，基本与A股市场35.29%的平均水平一致，净利润增长率22.39%，也与A股平均15.66%差异不大。相比之下，以新兴行业公司为代表的股票指数受益于结构调整经济转型的宏观环境，在增长率上优于沪深300指数。

此外，通过直观评估企业价值创造能力的资本回报率指标，虽然过去三年中沪深300指数与市场中其他主流指数差异不大，但平均资本回报率10.24%略低于创业板指数平均11.09%的水平，这也说明沪深300指数的增长动力有放慢迹象。

（四）优质新兴蓝筹公司较多选择在海外上市，无法计入沪深300指数

沪深300指数中大多是成熟蓝筹公司，新兴蓝筹所占比例不高。目前，诸如腾讯、百度、网易、奇虎、携程等国内真正优秀的新兴行业蓝筹公司纷纷选择在海外上市，使得沪深300指数无法体现这些公司的表现。截至2013年11月15日，在香港上市的腾讯总市值折合人民币6131亿元，在美国纳斯达克上市的百度总市值折合人民币3485亿元，分别是创业板指数中总市值最大的公司碧水源的20倍和10倍。如果它们回归A股，必然会被纳入沪深300指数成为成分股，它们的总市值分别可以位列沪深300指数第五位和第八位。遗憾的是这些公司包括即将IPO的阿里巴巴都选择在境外上市，不仅使得境内投资者无法分享它们业绩成长壮大带来的丰厚回报，而且也使得沪深300指数因它们的缺席而显得动力不足。

三、全面分析股票指数特点，合理选择符合自身风格的指数进行投资

沪深300指数推出已经八年，其骨干行业、大市值的成分股结构体现了中流砥柱的市场地位。再加上估值较低、股息率相对较高、抗操纵性强等优点，使得其成为部分投资者青睐的指数。截至2013年11月15日，市场上发行的指数基金中选择沪深300指数为标的最多，高达57只；其规模达1623.36亿元，占全部指数型基金规模的40.67%。

但是，任何事物都存在其两面性。随着我国经济转型和产业结构调整的步伐不断加快，沪深300指数所代表的周期性行业已经高度成熟，反映经济未来发展方向不够充分。只有那些真正符合产业发展方向、拥有核心竞争力的新兴企业才能在激烈竞争中脱颖而出，在资本市场中受到热捧。今年上半年创业板指数的飙升对此进行了印证。当然，创业板公司也有其不容忽视的问题需要投资者客观应对。首先，创业板公司估值较高，目前市盈率高达63.79倍。创业板是否真正能够通过高速成长消化目前的估值压力，还需要时间考验。其次，创业板公司业绩波动较大，直接导致投资者容易用脚投票。对其进行投资时，投资者需要避免跟风炒作和短期投机，应该更多地关注企业的核心竞争优势和创新能力。第三，创业板公司的解禁压力很大。今年以来，创业板指数解禁股本数占创业板总股本的23.71%，占A股总股本3.56%；据Wind统计，创业板指数2014年即将解禁股本数占创业板总股本的19.34%，占A股总股本11.30%。

四、客观看待股票指数走势与股指期货的关系

今年以来，创业板指数和中小板指数涨幅居前，沪深300指数却出现了一定程度的下跌。有些人将此归因于股指期货，认为指数一旦开发成期货就被做空，沪深300指数不像创业板指数那样高歌猛进，正是由于有以其为标的的股指期货上市，而创业板没有对应的股指期货所以才一路上涨。这种观点对股市的理解未免偏颇。如果成立，又如何解释2012年沪深300指数上涨7.55%，而同期创业板和中小板分别下跌2.14%和1.38%呢？

决定股市涨跌的关键因素是客观经济因素，例如科技进步、金融市场利率、产业政策等。造成近期沪深300指数总体表现不及创业板和中小板的主要原因首先还在于前面提到的随着我国经济结构调整，主流行业发展放缓。相反，中小板和创业板指数中新兴行业较多，受益于经济转型的宏观大环境，而这些都与是否存在股指期货没有必然联系。

（张慎峰　游航）

中国金融期货交易所交易规则

第一章　总　则

第一条　为规范期货交易行为，保护期货交易当事人的合法权益和社会公共利益，根据国家有关法律、行政法规、规章和《中国金融期货交易所章程》，制定本规则。

第二条　中国金融期货交易所（以下简称交易所）根据公开、公平、公正和诚实信用的原则，组织经中国证券监督管理委员会（以下简称中国证监会）批准的期货合约、期权合约交易。

第三条　本规则适用于交易所组织的期货交易活动。交易所、会员、客户、期货保证金存管银行及期货市场其他参与者应当遵守本规则。

第二章　品种与合约

第四条　交易所上市经中国证监会批准的交易品种。

第五条　期货合约是指由交易所统一制定的、规定在将来某一特定的时间和地点交割一定数量标的物的标准化合约。

第六条　期权合约是指由交易所统一制定的、规定买方有权在将来某一时间以特定价格买入或者卖出约定标的物（包括期货合约）的标准化合约。

第七条　期货合约主要条款包括合约标的、报价单位、最小变动价位、合约月份、交易时间、最低交易保证金、每日价格最大波动限制、最后交易日、交割方式、交易代码等。

第八条　期权合约主要条款包括合约标的、报价单位、最小变动价位、合约月份、交易时间、执行价格间距、卖方交易保证金、每日价格最大波动限制、最后交易日、执行方式、交易代码等。

第九条　合约的附件与合约具有同等法律效力。

第三章　会员管理

第十条　会员是指根据有关法律、行政法规和规章的规定，经交易所批准，有权在交易所从事交易或者结算业务的企业法人或者其他经济组织。

第十一条　交易所的会员分为交易结算会员、全面结算会员、特别结算会员和交易会员。

第十二条　交易会员、交易结算会员、全面结算会员具有在交易所进行交易的资格。

第十三条　交易结算会员、全面结算会员和特别结算会员具有与交易所进行结算的资格。

交易会员可以从事经纪或者自营业务，不具有与交易所进行结算的资格。

第十四条　会员资格的批准、变更和终止，须经交易所批准，报告中国证监会，并予以公布。

第十五条　会员享有下列权利：

(一)在交易所从事规定的交易、结算和交割等业务；

(二)使用交易所提供的交易设施，获得有关期货交易的信息和服务；

(三)按照交易所交易规则行使申诉权；

(四)交易所交易规则及其实施细则规定的其他权利。

第十六条　会员应当履行下列义务：

(一)遵守国家有关法律、行政法规、规章和政策；

(二)遵守交易所的章程、交易规则及其实施细则和有关决定；

(三)按照规定缴纳各种费用；

(四)接受交易所监督管理；

(五)履行与交易所所签订协议中规定的相关义务；

(六)交易所规定应当履行的其他义务。

第十七条　申请成为交易所会员应当符合法律、行政法规、规章和交易所规定的资格条件。

第十八条　申请或者变更会员资格应当向交易所提出书面申请，在获得交易所批准后，与交易所签订相关协议。

第十九条　交易所建立会员联系人制度。会员应当设业务代表一名、业务联络员若干名，组织、协调会员与交易所的各项业务往来。

第二十条　会员出现下列情形之一的，交易所有权限制、暂停其业务或者调整、取消其会员资格：

(一)违反交易所的会员管理规定；

(二)不再符合会员资格条件；

(三)不符合中国证监会或者交易所相关规定。

第二十一条　交易所制定会员管理办法，对会员进行监督管理。

第二十二条　交易所可以根据市场发展，对会员的业务运作、风险管理、技术系统等提出要求，会员应当持续满足上述要求。

第四章　交易业务

第二十三条　期货交易是指在交易所内集中买卖期货合约、期权合约的交易活动。

第二十四条　交易日为每周一至周五(国家法定假日除外)。每一交易日各品种的交易时间安排，由交易所另行公告。

第二十五条　会员可以根据业务需要向交易所申请一个或者一个以上的席位。

第二十六条　会员在为客户开立账户前，应当向客户充分揭示期货交易风险，评估客户的风险承受能力，根据金融期货投资者适当性制度的规定审慎选择客户。

第二十七条　交易所实行交易编码制度。会员应当为每一个客户单独开立专门账户、申请交易编码，不得混码交易。

根据法律、行政法规、规章和有关规定需要对资产进行分户管理的特殊单位客户，可以为其分户管理的资产向交易所申请交易编码。

第二十八条　客户可以通过书面、电话、互联网等委托方式以及中国证监会规定的其他方式，下达交易指令。

第二十九条　交易指令分为市价指令、限价指令及交易所规定的其他指令。

第三十条　会员接受客户委托指令后，应当将客户的所有指令通过交易所集中交易，不得进行场外交易。

第三十一条　买卖申报经撮合成交后，交易即告成立。符合本规则各项规定达成的交易于成立时生效，买卖双方应当承认交易结果，履行相关义务。依照本规则达成的交易，其成交结果以交易所系统记录的成交数据为准。

第三十二条　交易指令成交后，交易所按照规定发送成交回报。

第三十三条　每日结算后，会员应当按照规定方式获取并核对成交记录。

会员有异议的，应当在当日以书面形式向交易所提出。未在规定时间内提出的，视为对成交记录无异议。

第三十四条　交易所实行套期保值和套利管理制度。

第三十五条　会员进行期货交易，应当按照规定向交易所缴纳手续费。

第五章　结算业务

第三十六条　结算业务是指交易所根据公布的结算价格和交易所有关规定对交易双方的交易结果进行资金清算和划转的业务活动。

第三十七条　期货交易的结算，由交易所统一组织进行。

第三十八条　交易所实行会员分级结算制度。交易所对结算会员进行结算，结算会员对其受托的交易会员进行结算，交易会员对其客户进行结算。

结算会员对其受托交易会员的期货交易承担履约责任，交易会员无法履约时，结算会员应当代为履约，并取得对违约交易会员的相应追偿权。

第三十九条　交易所实行保证金制度。保证金是交易所向结算会员收取的用于结算和担保合约履行的资金。

经交易所批准，会员可以根据有关规定提交有价证券作为保证金。

第四十条　保证金分为结算准备金和交易保证金。结算准备金是指未被合约占用的保证金；交易保证金是指已被合约占用的保证金。

第四十一条　结算会员向交易会员收取的保证金不得低于交易所规定的保证金标准。结算会员有权根据市场运行情况和交易会员的资信状况调整对其收取保证金的标准。

第四十二条　交易所在期货保证金存管银行开设专用结算账户，用于存放结算会员的保证金及相关款项。

结算会员应当在期货保证金存管银行开设期货保证金账户，用于存放其客户及受托交易会员的保证金及相关款项。

第四十三条　交易所与结算会员之间的期货业务资金往来应当通过交易所专用结算账户和结算会员专用资金账户办理。

第四十四条　会员应当将客户缴纳的保证金存放于期货保证金账户，并与其自有资金分别保管，不得挪用。

第四十五条　交易所实行当日无负债结算制度。

第四十六条　结算会员结算准备金余额低于规定水平且未按时补足的，如果结算准备金余额小于规定的最低余额，不得开仓；如果结算准备金余额小于零，交易所可以按照规定对其进行强行平仓。

第四十七条　交易会员只能委托一家结算会员为其办理结算交割业务，交易会员应当与结算会员签订协议，并将协议报交易所备案。

第四十八条　交易会员和结算会员可以根据交易所规定，向交易所申请变更委托结算关系，交易所审核通过后为其办理。

第四十九条　结算会员应当建立结算风险管理制度。结算会员应当及时准确地了解客户及受托交易会员的盈亏、费用及资金收付等财务状况，控制客户及受托交易会员的风险。

第五十条　交易所应当按照有关规定提取、管理和使用风险准备金。风险准备金用于为维护期货市场正常运转提供财务担保和弥补因交易所不可预见风险带来的损失。

第六章　交割业务

第五十一条　期货交易的交割，由交易所统一组织进行。

第五十二条　期货交割采用现金交割或者实物交割方式。

第五十三条　现金交割是指合约到期时，按照交易所的规则和程序，交易双方按照规定结算价格进行现金差价结算，了结到期未平仓合约的过程。

第五十四条　实物交割是指合约到期时，按照交易所的规则和程序，交易双方通过该合约所载标的物所有权的转移，了结到期未平仓合约的过程。

第五十五条　会员不得因其客户违约而不履行合约交割责任。对不履行交割责任的，交易所有权强制执行。

第七章　风险控制

第五十六条　交易所实行涨跌停板制度。涨跌停板幅度由交易所设定，交易所可以根据市场风险状况调整涨跌停板幅度。

第五十七条　交易所实行持仓限额制度。持仓限额是指交易所规定的会员或者客户持仓的最大数量。会员或者客户的套期保值、套利交易的持仓按照交易所有关规定执行。

第五十八条　交易所实行大户持仓报告制度。会员或者客户持仓达到交易所规定的持仓报告标准或者被交易所指定必须报告的，会员或者客户应当向交易所报告。客户未报告的，会员应当向交易所报告。

交易所可以根据市场风险状况，制定并调整持仓报告标准。

第五十九条　交易所实行强行平仓制度。会员或者客户存在违规超仓、未按照规定及时追加保证金等违规行为或者交易所规定的其他情形的，交易所有权对相关会员或者客户采取强行平仓措施。

强行平仓盈利部分按照有关规定处理，发生的费用、损失及因市场原因无法强行平仓造成的损失扩大部分由相关会员或者客户承担。

第六十条　交易所实行强制减仓制度。期货交易出现同方向连续涨跌停板单边无连续报价或者市场风险明显增大情况的，交易所有权将当日以涨跌停板价格申报的未成交平仓报单，以当日涨跌停板价格与该合约净持仓盈利客户按照持仓比例自动撮合成交。

第六十一条　交易所实行结算担保金制度。结算担保金是指结算会员按照交易所规定缴纳的，用于应对结算会员违约风险的共同担保资金。

第六十二条　交易所实行风险警示制度。交易所认为必要的，可以单独或者同时采取要求会员和客户报告情况、谈话提醒、书面警示和发布风险警示公告等措施，以警示和化解风险。

第六十三条　期货交易出现同方向连续涨跌停板单边无连续报价或者市场风险明显增大情况的，经交易所董事会执行委员会审议批准，交易所可以采取调整涨跌停板幅度、提高交易保证金标准及强制减仓等风险控制措施化解市场风险。

采取上述风险控制措施后仍然无法释放风险的，交易所应当宣布进入异常情况，由交易所董事会决定采取进一步的风险控制措施。

第六十四条　结算会员无法履约时，交易所有权采取下列措施：

（一）暂停开仓；

（二）按照规定强行平仓，并用平仓后释放的保证金履约赔偿；

（三）依法处置作为保证金的有价证券；

（四）动用该违约结算会员缴纳的结算担保金；

（五）动用其他结算会员缴纳的结算担保金；

（六）动用交易所风险准备金；

（七）动用交易所自有资金。

交易所代为履约后，取得对违约会员的相应追偿权。

第六十五条　有根据认为会员或者客户违反交易所交易规则及其实施细则并且对市场正在产生或者将产生重大影响的，为防止违规行为后果进一步扩大　交易所可以对该会员或者客户采取下列临时处置措施：

（一）限制入金；

（二）限制出金；

（三）限制开仓；

（四）提高保证金标准；

（五）限期平仓；

（六）强行平仓。

前款第（一）、（二）、（三）项临时处置措施，可以由交易所总经理决定，其他临时处置措施由交易所董事会决定，并及时报告中国证监会。

第八章　异常情况处理

第六十六条　在期货交易过程中，出现下列情形之一的，交易所可以宣布进入异常情况，采取紧急措施化解风险：

（一）因地震、水灾、火灾或者计算机系统故障等导致交易无法正常进行；

（二）会员出现结算、交割危机，对市场正在产生或者将产生重大影响；

（三）出现本规则第六十三条情况并采取相应措施后仍未化解风险；

（四）交易所规定的其他情况。

出现前款第（一）项异常情况时，交易所总经理可以采取调整开市收市时间、暂停交易等紧急措施；出现前款第（二）、（三）、（四）项异常情况时，交易所董事会可以决定采取调整开市收市时间、暂停交易、调整涨跌停板幅度、提高交易保证金、限期平仓、强行平仓、限制出金等紧急措施。

因交易异常情况及交易所采取的相应措施造成的损失，交易所不承担责任。

第六十七条　交易所宣布进入异常情况并决定采取紧急措施前应当报告中国证监会。

第六十八条　交易所宣布进入异常情况并决定暂停交易的，暂停交易的期限不得超过3个交易日，但经中国证监会批准延长的除外。

第九章　信息管理

第六十九条　交易所期货交易信息是指期货、期权上市合约的交易行情、交易结算数据、统计资料、交易所发布的各种公告信息以及中国证监会要求披露的其他相关信息。

第七十条　交易所期货交易信息所有权属于交易所，由交易所统一管理和发布。

第七十一条　交易所发布的交易信息包括：合约名称、合约月份、开盘价、最新价、涨跌、收盘价、结算价、最高价、最低价、成交量、持仓量及其持仓变化、结算会员成交量和持仓量排名等其他需要公布的信息。

信息发布应当根据不同内容按照实时、每日、每周、每月、每年定期发布。

第七十二条　交易所应当采取有效通讯手段，建立同步报价和即时成交回报系统。

第七十三条　因不可抗力、意外事件、交易所系统被非法侵入等原因导致交易信息传输发生异常或者中断的，交易所不承担责任。

交易所的行情发布正常，但因会员、信息服务机构或者公共媒体等转发发生故障，影响会员和客户交易的，交易所不承担责任。

第七十四条　交易所、会员不得发布虚假的或者带有误导性质的信息。

第七十五条　交易所、会员和期货保证金存管银行不得泄露业务中获取的商业秘密。

经批准，交易所可以向有关监管部门或者其他相关单位提供相关信息，并执行相应的保密规定。

第七十六条　为保证交易数据的安全，交易所应当实行异地数据备份。

第七十七条　交易所管理和发布信息，有权收取相应费用。

第十章　监督管理

第七十八条　交易所依据本规则和有关规定，对与交易所期货交易有关的业务活动实施自律监督管理。

会员、客户、期货保证金存管银行及期货市场其他参与者应当接受交易所对其期货业务的监督管理。

第七十九条　交易所监督管理的主要内容为：

（一）监督、检查期货市场法律、行政法规、规章和交易规则及其实施细则的落实执行情况，控制市场风险；

（二）监督、检查会员业务运作及内部管理状况；

（三）监督、检查会员的财务、资信状况；

（四）监督、检查期货保证金存管银行及期货市场其他参与者与期货有关的业务活动；

（五）调解、处理期货交易纠纷，调查处理有关违规案件；

（六）协助司法机关、行政执法机关依法执行公务；

（七）对其他违背“公开、公平、公正”原则、扰乱市场秩序、制造市场风险的行为进行监督管理。

第八十条　交易所履行监督管理职责时，可以行使下列职权：

（一）查阅、复制与期货交易有关的信息、资料；

（二）对会员、客户、期货保证金存管银行以及期货市场其他参与者等进行调查、取证；

（三）要求会员、客户、期货保证金存管银行以及期货市场其他参与者等对被调查事项做出申报、陈述、解释、说明；

（四）交易所履行监督管理职责所必需的其他职权。

第八十一条　交易所履行监督管理职责时，会员、客户、期货保证金存管银行及期货市场其他参与者应当配合。对不如实提供资料、隐瞒事实真相、故意回避调查或者妨碍交易所工作人员行使职权的单位和个人，交易所可以按照有关规定采取必要措施或者进行处理。

第八十二条　交易所每年应当对会员遵守交易所交易规则及其实施细则的情况进行抽样或者全面检查，并将检查结果上报中国证监会。

第八十三条　交易所发现会员、客户、期货保证金存管银行及期货市场其他参与者在从事期货相关业务时涉嫌违规的，应当立案调查；情节严重的，交易所可以采取相应措施防止违规行为后果进一步扩大。

第八十四条　交易所工作人员不能正确履行监督管理职责的，会员、客户、期货保证金存管银行及期货市场其他参与者有权向交易所或者中国证监会投诉、举报。经查证属实的，应当严肃处理。

第八十五条　交易所制定违规违约处理办法对违规违约行为进行处理。

第八十六条　交易所在中国证监会统一组织和协调下，与证券交易所、证券登记结算机构和期货保证金安全存管监控机构等相关机构，建立对期货市场和相关市场的信息共享等监管协作机制。

第十一章　争议处理

第八十七条　会员、客户、期货保证金存管银行及期货市场其他参与者之间发生的有关期货业务纠纷，可以自行协商解决、提请交易所调解、向仲裁机构申请仲裁或者向人民法院提起诉讼。

第八十八条　提请交易所调解的当事人，应当提出书面调解申请。经调解达成协议后，交易所制作调解书，经双方当事人在调解书上签字确认后生效。

第十二章　附　则

第八十九条　交易所可以根据本规则制定实施细则或者办法。

第九十条　本规则由交易所董事会负责解释。

第九十一条　本规则的制定和修改须经交易所股东大会通过，报中国证监会批准。

第九十二条　本规则自2013年8月30日起施行。

中国金融期货交易所交易细则

第一章　总　则

第一条　为规范期货交易行为，保护期货交易当事人的合法权益，保障中国金融期货交易所（以下简称交易所）期货交易的顺利进行，根据《中国金融期货交易所交易规则》，制定本细则。

第二条　交易所、会员、客户应当遵守本细则。

第二章　品种与合约

第三条　交易所上市品种为股票指数、国债等金融产品及其相关指数产品以及经中国证券监督管理委员会(以下简称中国证监会)批准的其他品种。

第四条　股指期货合约主要条款包括合约标的、合约乘数、报价单位、最小变动价位、合约月份、交易时间、每日价格最大波动限制、最低交易保证金、最后交易日、交割日期、交割方式、交易代码、上市交易所等。

第五条　国债期货合约主要条款包括合约标的、可交割国债、报价方式、最小变动价位、合约月份、交易时间、每日价格最大波动限制、最低交易保证金、最后交易日、最后交割日、交割方式、交易代码、上市交易所等。

第三章　席位管理

第六条　席位是指会员参与交易所期货交易，享有及行使相关交易权利，并接受交易所监管、服务及相关业务管理的基本单位。会员可以根据业务需要向交易所申请一个或者一个以上的席位。

第七条　会员申请席位，应当具备下列条件：

(一)经营状况良好，无严重违法违规记录；

(二)通讯、资金划拨条件符合交易所要求；

(三)配备符合交易所要求的业务系统及相关专业人员；

(四)具有健全的规章制度和交易管理办法；

(五)业务系统的建设和管理符合国家、行业和交易所相关技术管理规范的要求。

第八条　会员申请席位，应当提交下列材料：

(一)近两年期货交易基本情况；

(二)包含申请席位的理由、条件、可行性论证等内容的申请报告；

(三)机构、人员现状及拟负责交易管理事务的主要人员的名单、简历、专业背景等基本情况；

(四)交易管理的业务制度(包括数据安全管理制度)；

(五)计算机系统、通讯系统(包括通讯线路)、系统软件、应用软件等配置清单；

(六)交易所要求提供的其他材料。

第九条　交易所在收到符合要求的申请报告和有关材料之日起15个工作日内，对申请报告做出书面批复。

第十条　会员应当在收到交易所同意其席位申请的批复后5个工作日内，与交易所签订席位使用协议。无故逾期的，视为放弃。

第十一条　席位使用费按年收取，收费标准根据交易所有关规定执行。

席位撤销时，已收取的席位使用费不予退还。

第十二条　会员交易设施安装和系统调试完成后，达到交易所规定标准且符合开通条件的，方可投入使用。

第十三条　会员应当加强席位管理和交易业务系统维护，主要设施需要更换或者作技术调整时，应当事先征得交易所同意。席位迁移出原登记备案地，应当事先报交易所审批。交易所有权对席位的使用情况进行监督检查。

第十四条　会员有下列情形之一的，席位予以撤销：

(一)申请撤销席位并经交易所核准；

(二)私下转包、转租或者转让席位；

(三)管理混乱、存在严重违规行为或者经查实已不符合开通条件；

(四)利用席位窃密或者破坏交易所系统；

(五)会员资格终止；

(六)交易所认为其不适宜拥有席位。

第十五条　由于交易系统、通讯系统等交易设施发生故障，致使10%以上的会员不能正常交易的，交易所应当暂停交易，直至故障消除为止。交易恢复后，交易所可以对指令申报实行集合竞价交易，然后转入连续竞价交易。

第四章　价　格

第十六条　交易所应当及时发布开盘价、收盘价、最高价、最低价、最新价、涨跌、最高买价、最低卖价、申买量、申卖量、结算价、成交量、持仓量等与交易有关的信息。

第十七条　开盘价是指某一合约经集合竞价产生的成交价格。集合竞价未产生成交价格的，以集合竞价后第一笔成交价为开盘价。

第十八条　收盘价是指某一合约当日交易的最后一笔成交价格。

第十九条　最高价是指一定时间内某一合约成交价中的最高成交价格。

第二十条　最低价是指一定时间内某一合约成交价中的最低成交价格。

第二十一条　最新价是指某一合约在当日交易期间的即时成交价格。

第二十二条　涨跌是指某一合约在当日交易期间的最新价与上一交易日结算价之差。

第二十三条　最高买价是指某一合约当日买方申请买入的即时最高价格。

第二十四条　最低卖价是指某一合约当日卖方申请卖出的即时最低价格。

第二十五条　申买量是指某一合约当日交易所交易系统中未成交的最高价位申请买入的下单数量。

第二十六条　申卖量是指某一合约当日交易所交易系统中未成交的最低价位申请卖出的下单数量。

第二十七条　结算价是指某一合约当日一定时间内成交价格按照成交量的加权平均价。结算价是进行当日未平仓合约盈亏结算和计算下一交易日交易价格限制的依据。

第二十八条　成交量是指某一合约在当日所有成交合约的单边数量。

第二十九条　持仓量是指期货交易者所持有的未平仓合约的单边数量。

第五章　指令与成交

第三十条　交易指令分为市价指令、限价指令及交易所规定的其他指令。

市价指令是指不限定价格的、按照当时市场上可执行的最优报价成交的指令。市价指令的未成交部分自动撤销。

限价指令是指按照限定价格或者更优价格成交的指令。限价指令在买入时，必须在其限价或者限价以下的价格成交；在卖出时，必须在其限价或者限价以上的价格成交。限价指令当日有效，未成交部分可以撤销。

第三十一条　市价指令只能和限价指令撮合成交，成交价格等于即时最优限价指令的限定价格。

第三十二条　交易指令的报价只能在合约价格限制范围内，超过价格限制范围的报价为无效报价。

交易指令申报经交易所确认后生效。

第三十三条　合约的交易单位为手，期货交易以交易单位的整数倍进行。

第三十四条　会员、客户使用或者会员向客户提供可以通过计算机程序实现自动批量下单或者快速下单等功能的交易软件的，会员应当事先报交易所备案。

会员、客户采取可能影响交易所系统安全或者正常交易秩序的方式下达交易指令的，交易所可以采取相关措施。

第三十五条　期货交易采用集合竞价、连续竞价及经中国证监会批准的其他方式。集合竞价是指对在规定时间内接受的买卖申报一次性集中撮合的竞价方式，连续竞价是指对买卖申报逐笔连续撮合的竞价方式。

第三十六条　集合竞价时间分为指令申报时间和指令撮合时间。

集合竞价指令申报时间不接受市价指令申报。

集合竞价指令撮合时间不接受指令申报。

第三十七条　连续竞价交易按照价格优先、时间优先的原则撮合成交。以涨跌停板价格申报的指令，按照平仓优先、时间优先的原则撮合成交。

第三十八条　集合竞价采用最大成交量原则，即以此价格成交能够得到最大成交量。高于集合竞价产生的价格的买入申报全部成交；低于集合竞价产生的价格的卖出申报全部成交；等于集合竞价产生的价格的买入或者卖出申报，根据买入申报量和卖出申报量的多少，按照少的一方的申报量成交。

第三十九条　开盘集合竞价中的未成交指令自动参与连续竞价交易。

第四十条　限价指令连续竞价交易时，交易所系统将买卖申报指令以价格优先、时间优先的原则进行排序，当买入价大于、等于卖出价则自动撮合成交。撮合成交价等于买入价(bp)、卖出价(sp)和前一成交价(cp)三者中居中的一个价格。即

当 bp≥sp≥cp，则：最新成交价 = sp

bp≥cp≥sp，最新成交价 = cp

cp≥bp≥sp，最新成交价 = bp

集合竞价未产生成交价的，以上一交易日收盘价为前一成交价，按照上述办法确定第一笔成交价。

第四十一条　新上市合约的挂盘基准价由交易所确定并提前公布。挂盘基准价是确定新合约上市首日涨跌停板幅度的依据。

第六章　交易编码

第四十二条　交易编码是客户、从事自营业务的会员进行期货交易的专用代码。交易编码由十二位数字构成，前四位为会员号，后八位为客户号。

第四十三条　客户在不同的会员处开户的，其交易编码中客户号应当相同。交易所另有规定的除外。

第四十四条　符合中国证监会及交易所规定的会员和客户，可以根据从事套期保值交易、套利交易、投机交易等不同目的分别申请客户号。

第四十五条　会员应当对客户开户申请材料的真实性、准确性和完整性进行审核，并根据期货市场客户开户管理的相关规定录入客户资料，办理相关手续。

第四十六条　证券公司、基金管理公司、信托公司、银行和其他金融机构，以及社会保障类公司、合格境外机构投资者等法律、行政法规和规章规定的需要资产分户管理的特殊单位客户，可以为其分户管理的资产向交易所申请开立交易编码。

第四十七条　会员、客户申请交易编码，应当根据交易所的规定缴纳相关费用。

第四十八条　会员应当建立客户开户档案，并应当自期货经纪合同终止之日起至少保存 20 年。

第四十九条　存在下列情形之一的，交易所可以注销交易编码：

(一)客户备案资料不真实；

(二)客户被认定为市场禁止进入者；

(三)客户申请注销；

(四)交易所认定的其他情形。

第五十条　客户提供虚假的资料或者会员协助客户使用虚假资料开户的，交易所有权责令会员限期平仓，平仓后注销该客户的交易编码，同时按照《中国金融期货交易所违规违约处理办法》的有关规定进行处理。

第七章　附　则

第五十一条　违反本细则规定的，交易所按照本细则和《中国金融期货交易所违规违约处理办法》的有关规定处理。

第五十二条　本细则由交易所负责解释。

第五十三条　本细则自 2013 年 8 月 30 日起实施。

中国金融期货交易所结算细则

第一章　总　则

第一条　为规范期货结算行为，保护期货交易当事人的合法权益和社会公共利益，防范和化解期货市场风险，保障中国金融期货交易所(以下简称交易所)期货结算的正常进行，根据《中国金融期货交易所交易规则》，制定本细则。

第二条　结算业务是指交易所根据交易结果、公布的结算价格和交易所有关规定对交易双方的交易保证金、盈亏、手续费及其他有关款项进行资金清算和划转的业务活动。

第三条　交易所的结算实行保证金制度、当日无负债结算制度、结算担保金制度和风险准备金制度等。

第四条　交易所实行会员分级结算制度。交易所对结算会员结算，结算会员对其客户、受托交易会员结算，交易会员对其客户结算。

第五条　交易所、会员、客户、期货保证金存管银行应当遵守本细则。

第二章　结算机构

第六条　结算机构是指交易所设置的结算部门和会员的结算部门。交易所结算部门负责交易所期货交易的统一结算、保证金管理、结算担保金管理及结算风险的防范。

第七条　交易所结算部门的主要职责为：

(一)登录编制结算会员的结算账表；

(二)办理资金往来汇划业务；

(三)统计、登记和报告交易结算情况；

(四)处理会员交易中的账款纠纷；

(五)办理结算、交割业务；

(六)管理保证金、结算担保金；

（七）控制结算风险；

（八）监督期货保证金存管银行与交易所的期货结算业务；

（九）法律、行政法规、规章和交易所规定的其他职责。

第八条 在交易所成交的合约应当通过交易所结算部门进行统一结算。

第九条 交易所实行会员分级结算制度。交易所结算部门负责交易所与结算会员之间的结算工作。

第十条 会员应当设立结算部门。结算会员的结算部门负责该结算会员与交易所、客户、交易会员之间的结算工作；交易会员的结算部门负责该交易会员与结算会员、客户之间的结算工作。

第十一条 交易所有权检查会员的结算资料、财务报表及相关的凭证和账册。

第十二条 会员结算部门应当妥善保管结算资料、财务报表及相关凭证、账册，以备查询和核实。

第十三条 结算交割员是指经结算会员授权，代表结算会员办理结算和交割业务的人员。每一结算会员应当指派两名以上（含两名）的结算交割员。

结算交割员应当符合中国证券监督管理委员会（以下简称中国证监会）关于期货从业人员资格的有关规定，经交易所培训合格，取得交易所颁发的结算交割员培训合格证书，并经所属结算会员授权后取得《中国金融期货交易所结算交割员证》（以下简称《结算交割员证》）。

第十四条 结算交割员应当履行下列职责：

（一）办理结算会员出入金业务；

（二）获取交易所提供的结算数据，并及时进行核对；

（三）办理其他结算、交割业务。

第十五条 结算交割员在交易所办理结算、交割业务时，应当出示《结算交割员证》。

第十六条 《结算交割员证》仅限本人使用，不得伪造、涂改、借用。结算会员在其结算交割员发生变动时，应当及时到交易所办理相关手续。

第十七条 结算会员应当加强结算交割员管理，严格规范结算交割员操作。

第十八条 结算机构及其工作人员应当保守交易所、会员和客户的商业秘密。

第三章 期货保证金存管银行

第十九条 期货保证金存管银行是与交易所签订协议，协助交易所办理期货交易结算业务的银行。

第二十条 期货保证金存管银行享有下列权利：

（一）开设交易所专用结算账户和会员期货保证金账户；

（二）存放用于期货交易的保证金等相关款项；

（三）了解会员在交易所的资信情况；

（四）法律、行政法规、规章和交易所规定的其他权利。

第二十一条 期货保证金存管银行应当履行下列义务：

（一）根据交易所提供的票据或者指令优先划转结算会员的资金；

（二）及时向交易所通报会员在资金结算方面的不良行为和风险；

（三）保守交易所、会员和客户的商业秘密；

（四）在交易所出现重大风险时，协助交易所化解风险；

（五）向交易所提供会员期货保证金账户的资金情况；

（六）根据交易所的要求，协助交易所核查会员资金的来源和去向；

（七）根据中国证监会或者交易所的要求，对会员期货保证金账户中的资金采取必要的监管措施；

（八）法律、行政法规、规章和交易所规定的其他义务。

第四章 日常结算

第二十二条 交易所在期货保证金存管银行开设专用结算账户，用于存放结算会员的保证金及相关款项。

第二十三条 结算会员应当在期货保证金存管银行开设期货保证金账户，用于存放保证金及相关款项。

第二十四条 结算会员在交易所所在地的期货保证金存管银行开设的期货保证金账户称为专用资金账户。

交易所与结算会员之间期货业务资金的往来通过交易所专用结算账户和结算会员专用资金账户办理。

第二十五条 结算会员开立、更名、更换或者注销专用资金账户，应当凭交易所签发的专用通知书到期货保证金存管银行办理。

第二十六条 交易所、结算会员应当按照有关规定和期货保证金存管银行签订期货保证金存管协议。

交易所有权在不通知结算会员的情况下通过期货保证金存管银行从结算会员专用资金账户中收取各项应收款项，并有权随时查询该账户的资金情况。

第二十七条 交易所对结算会员存入交易所专用结算账户的保证金实行分账管理，为每一结算会员设立明细账户，按日序时登记核算结算会员的出入金、盈亏、交易保证金、手续费等。

第二十八条 结算会员对客户、交易会员存入结算会员保证金账户的保证金实行分账管理，为每一客户、交易会员设立明细账户，按日序时登记核算客户、交易会员的出入金、盈亏、交易保证金、手续费等。

第二十九条 交易会员只能委托一家特别结算会员或者全面结算会员为其进行结算。

第三十条 交易所实行结算担保金制度。结算担保金是指由结算会员依交易所规定缴纳的，用于应对结算会员违约风险的共同担保资金。

第三十一条 交易所在银行开立结算担保金专用账户，对结算会员缴纳的结算担保金进行专户管理。

结算会员应当在交易所指定的银行开立结算担保金专用账户，用于与交易所结算担保金专用账户之间进行结算担保金缴纳、调整的资金划转。结算担保金缴纳、调整的标准按照《中国金融期货交易所风险控制管理办法》及其他相关规定执行。

第三十二条 交易所在结算担保金专用账户下为每一结算会员设立明细账户，并按照中国证监会和交易所有关规定进行管理，所得收入在扣除必要费用和税费后依照相关规定返还结算会员。交易所按照季度核算每一结算会员的结算担保金变化。

第三十三条 结算会员开立、更名、更换或者注销结算担保金专用账户，应当凭交易所签发的专用通知书到指定银行办理。

第三十四条 交易所实行保证金制度。保证金分为结算准备金和交易保证金。

第三十五条 结算准备金是指结算会员在交易所专用结算账户中预先准备的资金，是未被合约占用的保证金。

第三十六条 结算会员的结算准备金最低余额标准为人

民币200万元，应当以自有资金缴纳。交易所有权根据市场情况调整结算会员结算准备金最低余额标准。

第三十七条　交易所根据结算会员每日结算准备金余额中的货币资金部分，以不低于中国人民银行公布的同期银行活期存款利率计算利息，在每年的3月下旬、6月下旬、9月下旬、12月下旬将利息转为结算会员结算准备金。具体执行利率由交易所确定、调整并公布。

第三十八条　交易保证金是指结算会员存入交易所专用结算账户中确保履约的资金，是已被合约占用的保证金。买卖成交后，交易所根据交易保证金标准和持仓合约价值向双方收取交易保证金。

第三十九条　交易保证金的收取标准根据交易所有关规定执行。

第四十条　结算会员向客户、交易会员收取交易保证金的标准不得低于交易所向结算会员收取交易保证金的标准。交易会员向客户收取交易保证金的标准不得低于结算会员向交易会员收取交易保证金的标准。

第四十一条　交易所实行当日无负债结算制度。

当日收市后，交易所按照当日结算价对结算会员所有合约的盈亏、交易保证金及手续费、税金等费用进行清算，对应收应付的款项实行净额一次划转，相应增加或者减少结算准备金。

结算会员在交易所结算完成后，按照前款原则对客户、交易会员进行结算；交易会员按照前款原则对客户进行结算。

第四十二条　交易所根据当日成交合约按照规定标准向结算会员收取手续费。交易所有权对手续费标准进行调整。

第四十三条　当日结算价是指某一合约某一时段成交价格按照成交量的加权平均价。交易所另有规定的除外。

该时段因系统故障等原因导致交易中断的，扣除中断时间后向前取满相应时段。

合约在该时段无成交的，以前一相应时段成交价格按照成交量的加权平均价作为当日结算价。该相应时段仍无成交的，则再往前推相应时段。以此类推。合约当日最后一笔成交距开盘时间不足相应时段的，则取全天成交量的加权平均价作为当日结算价。

合约当日无成交的，当日结算价计算公式为：当日结算价＝该合约上一交易日结算价＋基准合约当日结算价－基准合约上一交易日结算价，其中，基准合约为当日有成交的离交割月最近的合约。合约为新上市合约的，取其挂盘基准价为上一交易日结算价。基准合约为当日交割合约的，取其交割结算价为基准合约当日结算价。根据本公式计算出的当日结算价超出合约涨跌停板价格的，取涨跌停板价格作为当日结算价。

采用上述方法仍无法确定当日结算价或者计算出的结算价明显不合理的，交易所有权决定当日结算价。

第四十四条　合约以当日结算价作为计算当日盈亏的依据。具体计算公式由交易所另行规定。

第四十五条　当日盈亏在当日结算时进行划转，盈利划入结算会员结算准备金，亏损从结算会员结算准备金中扣划。

当日结算时，结算会员账户中的交易保证金超过上一交易日结算时的交易保证金部分从结算准备金中扣划，交易保证金低于上一交易日结算时的交易保证金部分划入结算准备金。

手续费、税金等各项费用从结算准备金中扣划。

第四十六条　结算准备金余额的具体计算公式如下：

当日结算准备金余额＝上一交易日结算准备金余额＋上一交易日交易保证金－当日交易保证金＋当日盈亏＋入金－出金－手续费等。

第四十七条　结算完毕后，结算会员的结算准备金余额低于最低余额标准时，该结算结果即视为交易所向结算会员发出的追加保证金通知，两者的差额即为追加保证金金额。

交易所发出追加保证金通知后，可以通过期货保证金存管银行从结算会员专用资金账户中扣划。若未能全额扣款成功，结算会员应当在下一交易日开市前补足至结算准备金最低余额。未能补足的，如结算准备金余额小于结算准备金最低余额，不得开仓；如结算准备金余额小于零，按照《中国金融期货交易所风险控制管理办法》的规定进行处理。

第四十八条　交易所可以根据市场风险状况，在交易过程中向风险较大的结算会员发出追加保证金的通知，并可以通过期货保证金存管银行从结算会员专用资金账户中扣划。若未能全额扣款成功，结算会员应当按照交易所的要求在规定时间内补足保证金。结算会员未能按时补足的，交易所有权对其采取限制开仓、强行平仓等风险控制措施。

第四十九条　交易所本着安全、准确、快捷的原则为结算会员办理出入金业务。

入金是指从结算会员专用资金账户向交易所专用结算账户划入资金的行为；出金是指从交易所专用结算账户向结算会员专用资金账户划出资金的行为。

（一）入金

1. 票据支付。结算会员可以用专用资金账户开出的支票、本票和贷记凭证入金。结算会员用此类方式划入的资金，经期货保证金存管银行确认到账后，交易所将增加结算会员在交易所内的结算准备金。

2. 银行扣划。结算会员可以在每个交易日交易结束之前向交易所提出书面或者电子划款申请，经期货保证金存管银行确认到账后，交易所将增加结算会员在交易所内的结算准备金。

（二）出金

结算会员可以在每日收市之前向交易所提出书面或者电子划款申请，经交易所审核后通知期货保证金存管银行于当日收市后在结算会员的专用资金账户和交易所专用结算账户之间进行划转。

第五十条　结算会员出金应当符合交易所规定。结算会员的出金标准为

可出金额＝实有货币资金－交易保证金－结算准备金最低余额

交易所可以根据市场风险状况对结算会员出金标准做适当调整。

第五十一条　有下列情形之一的，交易所可以限制结算会员出金：

（一）会员或者客户涉嫌重大违规，被交易所立案调查的；

（二）会员或者客户被司法机关或者其他有关部门立案调查，且正处在调查期间的；

（三）交易所认为市场出现重大风险时；

（四）交易所认为必要的其他情形。

第五十二条　当日结算完成后，结算会员应当通过交易所系统获得相关的结算数据。

第五十三条　因特殊情况造成交易所不能按时提供结算数据的，交易所另行通知提供结算数据的时间和方式。

第五十四条　结算会员每天应当及时取得交易所提供的结算数据，做好核对工作，并妥善保存。

第五十五条　结算会员对结算数据有异议的，应当在不迟于下一交易日开市前30分钟以书面形式通知交易所。情况特殊的，结算会员可以在下一交易日开市后2小时内以书面形式通知交易所。

结算会员未在前款规定时间内对结算数据提出书面异议的，视为认可结算数据的正确性。

第五十六条　交易所在每月的第一个交易日向结算会员提供上月的《中国金融期货交易所资金结算核对单》，在每季的第一个交易日向结算会员提供上季的《中国金融期货交易所结算担保金核对单》，作为结算会员核查的依据。

第五章　结算关系变更

第五十七条　出现下列情形之一的，交易所可以为相关会员办理结算关系变更手续：

（一）结算协议期满后结算会员与交易会员不再续约；

（二）结算会员与交易会员提前解除结算协议；

（三）全面结算会员或者特别结算会员因故不能为交易会员进行结算；

（四）交易会员变更为结算会员或者结算会员变更为交易会员；

（五）交易所认定的其他情形。

第五十八条　发生第五十七条第（一）项情形的，交易会员和移入结算会员应当在不迟于交易会员和移出结算会员的结算协议期满前30日向交易所提交下列材料：

（一）《交易会员更换结算会员申请书》；

（二）交易会员和移入结算会员签订的结算协议；

（三）交易所规定的其他材料。

发生第五十七条第（二）、（三）项情形的，交易会员和移入结算会员除提交前款规定材料外，还应当提交交易会员与移出结算会员结算协议的解除协议。

发生第五十七条第（四）项情形的，会员应当按照《中国金融期货交易所会员管理办法》的相关规定办理会员资格变更手续，并提交结算关系变更申请。

第五十九条　交易所对会员提交的申请材料进行审批。交易所批准后，通知相关会员变更结算关系的约定日期。

第六十条　交易所在约定日结算后为相关会员办理结算关系变更，对持仓及相应的交易保证金进行移转，并向相关会员提供移转清单，会员应当对移转清单进行核对确认。

在约定日结算后，市场出现重大风险或者交易所认定的其他情形的，交易所可以暂停办理结算关系变更手续。

第六十一条　在交易所办理结算关系变更手续期间，交易会员和结算会员应当相互配合。在办理完毕之前，移出结算会员对其代为结算的持仓负有履约义务。

第六十二条　交易所按照移转持仓的数量收取变更手续费。手续费标准为人民币10元/手，从移入结算会员的结算准备金中扣划。交易所有权对手续费标准进行调整。

第六章　客户移仓

第六十三条　会员因故不能从事金融期货经纪业务或者中国证监会要求移仓时，由会员提出移仓申请并经交易所批准，交易所可以对该会员客户的持仓及相应的交易保证金进行移仓。

第六十四条　会员提交的移仓申请材料应当包括移出会员及其客户、移入会员同意移仓的声明书及需要移转的客户持仓的详细清单。移入会员或者移出会员为交易会员的，还应当提交其委托结算的结算会员同意移仓的声明书。

第六十五条　移仓申请批准后，交易所通知会员移仓的约定日期。

第六十六条　交易所在约定日结算后，为会员实施客户移仓，并向相关会员提供移转清单，会员应当对移转清单进行核对确认。移入会员或者移出会员为交易会员的，还应当将移转清单提交其委托结算的结算会员确认。

第六十七条　在约定日结算后，市场出现重大风险或者交易所认定的其他情形的，交易所可以暂停办理客户移仓手续。

第七章　交割结算

第六十八条　合约采用现金交割方式或者实物交割方式。

采用现金交割方式的，合约最后交易日收市后，交易所以交割结算价为基准，划付持仓双方的盈亏，了结到期未平仓合约。

采用实物交割方式的，交易双方按照交易所的规则和程序，通过该合约所载标的物所有权的转移，了结到期未平仓合约。

第六十九条　交割结算价根据交易所有关规定确定。交易所有权根据市场情况对交割结算价进行调整。

第七十条　交易所按照规定标准向结算会员收取交割手续费。交易所有权对交割手续费标准进行调整。

第八章　风险与责任

第七十一条　风险管理实行分级负责。交易所对结算会员进行风险管理，结算会员对其客户、受托交易会员进行风险管理，交易会员对其客户进行风险管理。

第七十二条　结算会员对其自身、客户及受托交易会员在交易所成交的合约负有履约责任。

第七十三条　结算会员无法履约时，交易所有权按照规定依次采取下列保障措施：

（一）暂停开仓；

（二）强行平仓，并用平仓后释放的保证金履约赔偿；

（三）动用该违约结算会员缴纳的结算担保金；

（四）动用其他结算会员缴纳的结算担保金；

（五）动用交易所风险准备金；

（六）动用交易所自有资金。

交易所代为履约后，取得对违约会员的相应追偿权。

第七十四条　交易所实行风险准备金制度。风险准备金是指由交易所设立，用于为维护期货市场正常运转提供财务担保和弥补因交易所不可预见风险带来亏损的资金。

第七十五条　风险准备金的来源：

（一）交易所按照手续费收入的20%的比例，从管理费用中提取；

（二）符合国家财政政策规定的其他收入。

当风险准备金达到一定规模时，经中国证监会批准后可以不再提取。

第七十六条　风险准备金应当单独核算，专户存储。

第七十七条　风险准备金的动用应当经交易所董事会批准，并报告中国证监会后，按照规定的用途和程序进行。

第九章　附　则

第七十八条　违反本细则规定的，交易所按照本细则和《中国金融期货交易所违规违约处理办法》的有关规定处理。

第七十九条　本细则由交易所负责解释。

第八十条　本细则自 2013 年 8 月 30 日起实施。

中国金融期货交易所风险控制管理办法

第一章　总　则

第一条　为加强期货交易风险管理，保护期货交易当事人的合法权益，保障中国金融期货交易所（以下简称交易所）期货交易的正常进行，根据《中国金融期货交易所交易规则》，制定本办法。

第二条　交易所风险管理实行保证金制度、涨跌停板制度、持仓限额制度、大户持仓报告制度、强行平仓制度、强制减仓制度、结算担保金制度和风险警示制度。

第三条　交易所、会员和客户应当遵守本办法。

第二章　保证金制度

第四条　交易所实行保证金制度。保证金分为结算准备金和交易保证金。

第五条　期货交易过程中，出现下列情形之一的，交易所可以根据市场风险状况调整交易保证金标准，并向中国证券监督管理委员会（以下简称中国证监会）报告：

（一）期货交易出现涨跌停板单边无连续报价（以下简称单边市）；

（二）遇国家法定长假；

（三）交易所认为市场风险明显变化；

（四）交易所认为必要的其他情形。

单边市是指某一合约收市前 5 分钟内出现只有停板价格的买入（卖出）申报、没有停板价格的卖出（买入）申报，或者一有卖出（买入）申报就成交、但未打开停板价格的情形。

第六条　交易所调整合约交易保证金标准的，在当日结算时对该合约的所有持仓按照调整后的交易保证金标准进行结算。

第七条　结算准备金的管理适用《中国金融期货交易所结算细则》的有关规定。

第三章　涨跌停板制度

第八条　交易所实行涨跌停板制度。涨跌停板幅度由交易所设定，交易所可以根据市场风险状况调整涨跌停板幅度。

第九条　合约连续两个交易日出现同方向单边市（第一个单边市的交易日称为 D1 交易日，第二个单边市的交易日称为 D2 交易日，D1 交易日前一交易日称为 D0 交易日，下同），D2 交易日为最后交易日的，该合约直接进行交割结算；D2 交易日不是最后交易日的，交易所有权根据市场情况采取下列风险控制措施中的一种或者多种：提高交易保证金标准、限制开仓、限制出金、限期平仓、强行平仓、暂停交易、调整涨跌停板幅度、强制减仓或者其他风险控制措施。

第四章　持仓限额制度

第十条　交易所实行持仓限额制度。持仓限额是指交易所规定的会员或者客户持仓的最大数量。

第十一条　同一客户在不同会员处开仓交易，其持仓合计不得超出该客户的持仓限额。

第十二条　各交易品种持仓限额根据交易所有关规定执行，交易所可以根据市场风险状况调整持仓限额标准。

进行套期保值交易和套利交易的持仓按照交易所有关规定执行。

第十三条　会员、客户持仓达到或者超过持仓限额的，不得同方向开仓交易。

第五章　大户持仓报告制度

第十四条　交易所实行大户持仓报告制度。交易所可以根据市场风险状况，公布持仓报告标准。

从事自营业务的会员或者客户，进行套期保值交易、套利交易、投机交易的不同客户号下的持仓应当合并计算；同一客户在不同会员处的持仓合并计算。

第十五条　会员或者客户持仓达到交易所规定的报告标准或者交易所要求报告的，应当于交易所规定的时间内向交易所报告。

客户未报告的，开户会员应当向交易所报告。客户在多个会员处开户的，由交易所指定有关会员向交易所报送该客户应当报告的有关资料。交易所有权要求会员、客户再次报告或者补充报告。

第十六条　达到交易所规定报告标准或者交易所要求报告的会员或者客户应当提供下列资料：

（一）《大户持仓报告表》，内容包括会员名称、会员号、客户名称和客户号、合约代码、持仓量、交易保证金、可动用资金等；

（二）资金来源说明；

（三）实际控制关系账户资料；

（四）开户资料及当日结算单据；

（五）交割意愿及交割数量；

（六）持有现货相关信息；

（七）交易所要求提供的其他资料。

第十七条　会员应当对客户提供的资料进行审核，并保证客户所提供资料的真实性和准确性。

第十八条　交易所有权对会员或者客户提供的资料进行核查。

第六章　强行平仓制度

第十九条　交易所实行强行平仓制度。强行平仓是指交易所按照有关规定对会员、客户持仓实行平仓的一种强制措施。

第二十条　会员、客户出现下列情形之一的，交易所对其持仓实行强行平仓：

（一）结算会员结算准备金余额小于零，且未能在第一节结束前补足；

（二）客户、从事自营业务的会员持仓超出持仓限额标准，且未能在第一节结束前平仓；

（三）因违规、违约受到交易所强行平仓处理；

（四）根据交易所的紧急措施应当予以强行平仓；

（五）交易所规定应当予以强行平仓的其他情形。

第二十一条　需要强行平仓的头寸先由会员在第一节结束前执行，交易所另有规定的除外。会员未在规定时限内执行完毕的，由交易所强制执行。

（一）会员执行

因本办法第二十条第（一）、（二）项情形强行平仓的，会员执行平仓的原则由会员自行确定，平仓结果应当符合交易所规定。

(二)交易所执行

1. 因本办法第二十条第(一)项情形强行平仓的:

对需要强行平仓的头寸,由交易所按照上一交易日结算后合约总持仓量由大到小顺序,优先选择持仓量大的合约作为强行平仓的合约,再按照该会员该合约所有客户交易保证金比例分配。

交易所对多个结算会员强行平仓的,按照应当追加保证金数额由大到小的顺序依次选择强行平仓的结算会员。

2. 因本办法第二十条第(二)项情形强行平仓的:

交易所对超仓头寸进行强行平仓的,客户在多个会员处持仓时,按照持仓数量由大到小的顺序选择会员强行平仓。

3. 因本办法第二十条第(三)、(四)、(五)项情形强行平仓的,交易所根据涉及的会员或者客户的具体情况确定强行平仓头寸。

会员同时存在本办法第二十条第(一)、(二)项所规定情形时,交易所先按照第(二)项情形确定强行平仓头寸,再按照第(一)项情形确定强行平仓头寸。

第二十二条 强行平仓的执行程序

(一)通知

交易所以"强行平仓通知书"(以下简称通知书)的形式向有关结算会员下达强行平仓要求。通知书随当日结算数据发送,有关结算会员可以通过交易所系统获得,交易所特别送达的除外。

(二)执行及确认

1. 开市后,有关会员应当自行平仓,直至符合交易所规定;

2. 结算会员超过规定平仓时限而未执行完毕的,剩余部分由交易所执行强行平仓;

3. 强行平仓结果随当日成交记录发送,有关信息可以通过交易所系统获得。

第二十三条 强行平仓的价格通过市场交易形成。

第二十四条 因价格涨跌停板限制或者其他市场原因,无法在规定时限内完成全部强行平仓的,剩余强行平仓数量可以顺延至下一交易日继续强行平仓,仍按照本办法第二十一条原则执行,直至符合交易所规定。

第二十五条 因价格涨跌停板限制或者其他市场原因,无法在当日完成全部强行平仓的,交易所根据当日结算结果,对该会员做出相应处理。

第二十六条 因价格涨跌停板限制或者其他市场原因,有关持仓的强行平仓只能延时完成的,因此产生的亏损,由直接责任人承担;未能完成平仓的,该持仓持有者应当继续对此承担持仓责任或者交割义务。

第二十七条 由会员执行的强行平仓产生的盈利归直接责任人;由交易所执行的强行平仓产生的盈亏相抵后的盈利按照国家有关规定执行;因强行平仓产生的亏损由直接责任人承担。

直接责任人是客户的,强行平仓后产生的亏损,由该客户所在会员先行承担后,自行向该客户追索。

第七章 强制减仓制度

第二十八条 交易所实行强制减仓制度。强制减仓是指交易所将当日以涨跌停板价格申报的未成交平仓报单,以当日涨跌停板价格与该合约净持仓盈利客户按照持仓比例自动撮合成交。

第二十九条 强制减仓的方法

(一)同一客户(包括从事自营业务的会员,本章下同)在同一合约上双向持仓的,其净持仓部分的平仓报单参与强制减仓计算,其余平仓报单与其反向持仓自动对冲平仓。

(二)申报平仓数量的确定

申报平仓数量是指在D2交易日收市后,已经在交易所系统中以涨跌停板价格申报未成交的、且客户合约的单位净持仓亏损大于等于D2交易日结算价一定比例(股指期货为10%,国债期货为2%)的所有持仓。

客户不愿按照上述方法平仓的,可以在收市前撤单。

(三)客户合约单位净持仓盈亏的确定

客户合约的单位净持仓盈亏是指客户该合约的持仓盈亏的总和除以净持仓量。客户该合约持仓盈亏的总和是指客户该合约所有持仓中,D0交易日(含)前成交的按照D0交易日结算价、D1交易日和D2交易日成交的按照实际成交价与D2交易日结算价的差额合并计算的盈亏总和。

(四)单位净持仓盈利客户平仓范围的确定

根据上述方法计算的单位净持仓盈利大于零的客户的盈利方向净持仓均列入平仓范围。

(五)平仓数量的分配原则

1. 在平仓范围内按照盈利大小的不同分成三级,逐级进行分配。

首先分配给第一级盈利持仓(股指期货为单位净持仓盈利大于等于D2交易日结算价的10%的持仓,国债期货为单位净持仓盈利大于等于D2交易日结算价的2%的持仓);其次分配给第二级盈利持仓(股指期货为单位净持仓盈利小于D2交易日结算价的10%而大于等于6%的持仓,国债期货为单位净持仓盈利小于D2交易日结算价的2%而大于等于1%的持仓);最后分配给第三级盈利持仓(股指期货为单位净持仓盈利小于D2交易日结算价的5%而大于零的持仓,国债期货为单位净持仓盈利小于D2交易日结算价的1%而大于零的持仓)。

2. 以上各级分配比例均按照申报平仓数量(剩余申报平仓数量)与各级可平仓的盈利持仓数量之比进行分配。

第一级盈利持仓数量大于等于申报平仓数量的,根据申报平仓数量与第一级盈利持仓数量的比例,将申报平仓数量向第一级盈利持仓分配实际平仓数量。

第一级盈利持仓数量小于申报平仓数量的,根据第一级盈利持仓数量与申报平仓数量的比例,将第一级盈利持仓数量向申报平仓客户分配实际平仓数量;再把剩余的申报平仓数量按照上述的分配方法依次向第二级盈利持仓、第三级盈利持仓分配;还有剩余的,不再分配。

(六)强制减仓的执行

强制减仓于D2交易日收市后执行,强制减仓结果作为D2交易日会员的交易结果。

(七)强制减仓的价格

强制减仓的价格为该合约D2交易日的涨跌停板价格。

按照本条进行强制减仓造成的损失由会员及其客户承担。

第三十条 该合约在采取上述措施后风险仍未释放的,交易所宣布进入异常情况,并按照有关规定采取紧急措施。

第八章 结算担保金制度

第三十一条 交易所实行结算担保金制度。结算担保金是指由结算会员依照交易所规定缴存的,用于应对结算会员违约风险的共同担保资金。

第三十二条　结算担保金分为基础结算担保金和变动结算担保金。基础结算担保金是指结算会员参与交易所结算交割业务必须缴纳的最低结算担保金数额。变动结算担保金是指结算会员结算担保金中超出基础结算担保金的部分,随结算会员业务量的变化而调整。结算担保金应当以现金形式缴纳。

(一)各类结算会员的基础结算担保金为:交易结算会员人民币 1000 万元,全面结算会员人民币 2000 万元,特别结算会员人民币 3000 万元。结算会员应当在签署《中国金融期货交易所结算会员协议》后第 5 个交易日第一节结束前,将基础结算担保金存入交易所结算担保金专用账户。

(二)交易所每季度首个交易日确定本季度全市场的结算担保金基数,作为计算各结算会员应当分担的结算担保金的依据。

交易所根据结算担保金基数,按照各结算会员业务量比例计算本季度其应当分担的结算担保金。结算会员本季度应当分担的结算担保金 = 结算担保金基数(20% 该会员上一季度日均成交金额/全市场上一季度日均成交金额 + 80% 该会员上一季度日均交易保证金/全市场上一季度日均交易保证金)。

结算会员应当分担的结算担保金数额与其基础结算担保金数额取大者,作为结算会员本季度应当缴纳的结算担保金金额。交易所在本季度的第 5 个交易日第一节结束后,通过银行将结算担保金余额的超出部分划至结算会员结算担保金专用账户,将需要补缴的结算担保金从结算会员结算担保金专用账户中扣划。

结算会员需要补缴结算担保金的,应当在本季度的第 5 个交易日第一节结束前将补缴金额存入其结算担保金专用账户。

(三)交易所可以根据市场风险情况调整结算担保金的收取时间以及结算担保金基数,并有权提高个别结算会员应当缴纳的结算担保金金额。

第三十三条　结算会员结算准备金小于零,且未能在规定时限内补足的,交易所采取强行平仓等措施后,结算会员无持仓且结算准备金仍小于零的,交易所有权使用该违约结算会员的结算担保金补足,不足部分再按照比例使用其他结算会员缴纳的结算担保金。

其他结算会员分摊比例为其结算担保金余额占当前未使用结算担保金总额之比。

第三十四条　结算会员缴纳的结算担保金,依本办法第三十三条使用后,应当于使用日之后的第 5 个交易日第一节结束前按照原缴纳标准,将需要补缴的部分存至其结算担保金专用账户。交易所于第 5 个交易日第一节结束后通过银行从结算会员结算担保金专用账户中扣划。

第三十五条　结算会员未能按期缴纳结算担保金的,按照《中国金融期货交易所违规违约处理办法》有关规定处理。

第三十六条　动用结算担保金后,交易所由此取得对违约会员的相应追偿权。

第九章　风险警示制度

第三十七条　交易所实行风险警示制度。交易所认为必要的,可以单独或者同时采取要求会员和客户报告情况、谈话提醒、书面警示、发布风险警示公告等措施中的一种或者多种,以警示和化解风险。

第三十八条　出现下列情形之一的,交易所有权约见会员的高级管理人员或者客户谈话提醒风险,或者要求会员或者客户报告情况:

(一)期货价格出现异常;

(二)会员或者客户交易异常;

(三)会员或者客户持仓异常;

(四)会员资金异常;

(五)会员或者客户涉嫌违规、违约;

(六)交易所接到涉及会员或者客户的投诉;

(七)会员涉及司法调查;

(八)交易所认定的其他情况。

第三十九条　交易所实施谈话提醒,应当提前一天以书面形式将谈话时间、地点、要求等事项通知相关会员或者客户,交易所工作人员应当对谈话的有关内容予以保密。

客户应当亲自参加谈话提醒,并由会员指定人员陪同;谈话对象确因特殊情况不能参加的,应当事先报告交易所,经交易所同意后可以书面委托有关人员代理。谈话对象应当如实陈述、不得隐瞒事实。

第四十条　交易所通过情况报告和谈话,发现会员或者客户有违规嫌疑、交易头寸有较大风险的,有权对会员或者客户发出《风险警示函》。

第四十一条　发生下列情形之一的,交易所有权发出风险警示公告,向全体会员和客户警示风险:

(一)期货价格出现异常;

(二)期货价格和现货价格出现较大差距;

(三)会员或者客户涉嫌违规、违约;

(四)会员或者客户交易存在较大风险;

(五)交易所认定的其他情形。

第十章　附　则

第四十二条　本办法中持仓是指每一客户号对应的持仓。

第四十三条　违反本办法规定的,交易所按照本办法和《中国金融期货交易所违规违约处理办法》的有关规定处理。

第四十四条　本办法由交易所负责解释。

第四十五条　本办法自 2013 年 8 月 30 日起实施。

中国金融期货交易所会员管理办法

第一章　总　则

第一条　为加强会员管理,保护会员的合法权益,规范会员在中国金融期货交易所(以下简称交易所)的业务活动,根据《中国金融期货交易所交易规则》,制定本办法。

第二条　会员是指根据有关法律、行政法规和规章的规定,经交易所批准,有权在交易所从事交易或者结算业务的企业法人或者其他经济组织。

第三条　交易所的会员分为交易结算会员、全面结算会员、特别结算会员和交易会员。

第四条　会员从事交易所业务活动,应当遵守法律、行政法规、规章和交易所交易规则及其实施细则,诚实守信,规范运作,接受交易所自律管理。

第五条　会员的董事、监事、高级管理人员以及从业人员应当遵守法律、行政法规、规章和交易所交易规则及其实施细则,忠实、勤勉履行职责,接受交易所自律管理。

第二章　交易会员

第六条　交易会员可以在交易所进行期货交易，不具有与交易所进行结算的资格。

第七条　申请交易所交易会员资格，应当符合下列条件：

（一）为在中华人民共和国境内登记注册的企业法人或者其他经济组织；

（二）承认并遵守交易所交易规则及其实施细则；

（三）具有良好的信誉和经营历史，未因涉嫌违法违规经营正在被行政、司法机关立案调查，近3年无不良经营记录、严重违法行为记录或者被期货交易所、证券交易所取消会员资格的记录；

（四）近3年未出现严重的期货交易、结算风险事件；

（五）具有健全的组织机构、财务管理制度及完善的期货业务管理制度、内部控制制度和风险管理制度；

（六）具备满足开展业务需要的从业人员；

（七）具有满足开展业务所需要的设备、场地；

（八）符合中国证券监督管理委员会（以下简称中国证监会）期货保证金安全存管监控的有关规定；

（九）期货业务系统符合交易所的相关规定；

（十）交易所规定的其他条件。

第八条　期货公司申请交易会员资格，应当符合本办法第七条规定的条件，取得金融期货经纪业务资格并且最近一次的期货公司分类评价结果达到C类以上（含C类）。

第九条　非期货公司申请交易会员资格，应当为依法核准登记的金融机构，除应当符合本办法第七条规定的条件外，还应当符合相关主管部门及交易所规定的其他条件。

第十条　申请交易会员资格，应当向交易所提交下列文件：

（一）经法定代表人签字的交易会员资格申请书；

（二）会员入会登记表；

（三）与结算会员签订的结算协议；

（四）期货公司申请交易会员资格的，应当提供加盖公章的中国证监会核发的金融期货经纪业务资格许可证明文件复印件；

（五）加盖公章的营业执照及组织机构代码证复印件；

（六）公司章程、主要股东名册及其持股比例；

（七）住所（经营场所）使用证明；

（八）《会员期货业务系统检查表》及相关文档；

（九）公司风险管理制度、内部控制制度、业务流程及相关业务制度等；

（十）从事经纪业务的，申请日前2个月月末的期货公司风险监管报表以及公司保证其申请日前2个月风险监管指标持续符合规定标准的书面说明；

（十一）《高级管理人员情况表》、《人员配置情况表》、《业务代表申请表》和《业务联络员申请表》；

（十二）经具有证券、期货相关业务资格的会计师事务所审计的最近1年的财务报告；

（十三）保证符合本办法第七条第（三）、（四）项规定条件的书面说明；

（十四）交易所要求提供的其他文件或者材料。

第十一条　交易所在收到符合要求的申请材料之日起30个工作日内提出审核意见，通知符合条件的申请单位办理相关手续。

第十二条　申请单位应当在交易所发出会员资格批准通知之日起30个工作日内，与交易所签署《中国金融期货交易所交易会员协议》，并办理相关手续。逾期未办理的，视为放弃申请会员资格。

第十三条　申请单位办理完毕相关手续后，即取得交易会员资格，交易所制发会员证书，并报告中国证监会。

第三章　结算会员

第十四条　结算会员可以从事结算业务，具有与交易所进行结算的资格。结算会员按照业务范围分为交易结算会员、全面结算会员和特别结算会员。

交易结算会员只能为其自身或其受托客户办理结算、交割业务。

全面结算会员既可以为其自身或其受托客户办理结算、交割业务，也可以为与其签订结算协议的交易会员办理结算、交割业务。

特别结算会员只能为与其签订结算协议的交易会员办理结算、交割业务。

第十五条　申请交易结算会员和全面结算会员资格，除应当符合本办法第七条规定的条件外，还应当符合交易所规定的其他条件。

第十六条　申请交易结算会员和全面结算会员资格的，应当按照交易所的要求提交申请材料。

第十七条　交易所在收到符合要求的申请材料之日起30个工作日内提出审核意见，通知符合条件的申请单位办理相关手续。

第十八条　申请单位应当在交易所发出会员资格批准通知之日起30个工作日内，办理下列事项：

（一）签署《中国金融期货交易所结算会员协议》；

（二）按照交易所规定开设专用资金账户和结算担保金专用账户；

（三）缴纳结算担保金；

（四）办理有关人员的授权手续；

（五）交易所规定应当办理的其他事项。

逾期未办理的，视为放弃申请会员资格。

第十九条　申请单位办理完毕相关手续后，即取得结算会员资格，交易所制发会员证书，并报告中国证监会。

第四章　会员资格的变更和终止

第二十条　会员不得转让其会员资格，但可以申请变更或者终止会员资格。交易所在会员资格发生变化后，报告中国证监会。

第二十一条　会员资格的变更是指交易会员、交易结算会员或者全面结算会员资格之间的转换。

第二十二条　会员申请变更会员资格，应当符合本办法规定的条件，并向交易所提交经法定代表人签字的变更会员资格申请书及本办法规定的其他材料。

第二十三条　交易所在收到符合要求的申请材料之日起30个工作日内提出审核意见，通知符合条件的申请单位办理相关手续。

会员应当在交易所发出批准变更通知之日起30个工作日内，办理下列事项：

（一）结算会员申请变更为交易会员，按照本办法第十二条的有关规定办理手续；结清与交易所的全部债权和债务；退还交易所颁发的各种证件；办理专用资金账户和结算担保金专用账户的销户手续；交易所规定应当办理的其他事项。

（二）交易会员申请变更为结算会员，应当按照本办法第十八条的有关规定办理手续。

（三）交易结算会员和全面结算会员之间资格变更的，按照变更后的结算会员结算担保金标准缴纳结算担保金。

会员资格变更涉及结算关系变更的，应当根据《中国金融期货交易所结算细则》办理相关手续。

逾期未办理的，视为放弃申请。

第二十四条　会员不再符合交易所规定的会员资格条件或者中国证监会规定的，应当按照交易所要求申请变更或者终止会员资格。

第二十五条　会员申请终止会员资格，应当向交易所提交经法定代表人签字的终止会员资格申请书及交易所要求的其他材料。

第二十六条　交易所在收到符合要求的申请材料之日起30个工作日内提出审核意见，通知符合条件的申请单位办理相关手续。

会员应当在交易所发出终止会员资格通知之日起30个工作日内，办理下列事项：

（一）了结合约持仓；

（二）结清与交易所的全部债权、债务；

（三）退还交易所颁发的各种证件；

（四）办理专用资金账户的销户手续；

（五）办理结算担保金专用账户的销户手续；

（六）交易所规定应当办理的其他事项。

第二十七条　交易所同意终止会员资格的，注销其会员资格，报告中国证监会，并予以公布。

会员未按照本办法第二十四条的规定申请变更或者终止会员资格的，交易所可以决定调整或者取消其会员资格，并书面通知该会员。

会员资格证书自注销之日起失效。

第二十八条　会员存在下列情形之一的，交易所可以不受理其变更或者终止会员资格的申请：

（一）因经济纠纷、违法或者犯罪受到国家有关部门立案调查、处理；

（二）因涉嫌违规，被交易所立案调查；

（三）因违法、违规被交易所采取通报批评、暂停期货交易、结算业务等措施，且未满3个月；

（四）与交易所存在债务纠纷且尚未结清；

（五）交易所规定的其他情形。

第五章　会员联系人

第二十九条　交易所建立会员联系人制度。会员应当设业务代表一名，代表会员组织、协调会员与交易所的各项业务往来。

会员应当为业务代表履行职责提供便利条件，会员董事、监事、高级管理人员及相关人员应当配合业务代表的工作。

期货公司会员业务代表由会员高级管理人员担任。

第三十条　会员应当设业务联络员若干名，业务联络员根据会员授权协助业务代表履行职责。

期货公司会员业务联络员应当具备期货从业人员资格。

第三十一条　会员推荐业务代表和业务联络员，应当向交易所提交下列文件：

（一）会员推荐文件；

（二）拟推荐人员的联络方式；

（三）相关资格证明文件。

第三十二条　交易所在收到符合要求的申请材料之日起5个工作日内，提出审核意见。

第三十三条　业务代表应当履行下列职责：

（一）组织办理交易、结算与交割等相关业务；

（二）办理交易所会员资格、席位等相关业务；

（三）报送交易所要求的公司文件；

（四）组织会员相关业务人员参加交易所举办的培训；

（五）组织与交易所业务相关的内部培训；

（六）配合交易所对交易及相关系统进行改造、测试；

（七）每日登录交易所系统，及时接收交易所发送的通知以及业务文件等，并予以协调落实；

（八）及时将会员变更总部、分支机构的相关资料及其他信息告知交易所；

（九）督促会员及时履行报告义务；

（十）督促会员及时缴纳各项费用；

（十一）协调、组织业务联络员的工作；

（十二）交易所要求履行的其他职责。

第三十四条　业务代表或者业务联络员出现下列情形之一的，会员应当立即予以更换并书面报告交易所：

（一）业务代表或者业务联络员离职离岗；

（二）不再符合相关资格要求；

（三）不能按照交易所要求履行职责；

（四）履行职责时出现重大错误，产生严重后果；

（五）交易所认为不适宜继续担任业务代表或者业务联络员的其他情形。

会员对存在前款规定情形的业务代表或者业务联络员不予更换的，交易所可以要求更换。

第三十五条　会员向交易所申请更换业务代表或者业务联络员，应当提交更换申请书及本办法第三十一条所规定的文件。

第三十六条　业务代表空缺期间，期货公司会员法定代表人、非期货公司会员经授权的相关业务管理人员应当履行业务代表职责，直至会员推荐新的业务代表并经交易所审核通过。

第六章　会员报告

第三十七条　会员向交易所报送的信息和资料应当真实、准确、完整。

第三十八条　期货公司会员应当向交易所履行下列定期报告义务：

（一）每月前7个工作日内报送上月统计报表及风险控制指标监管报表；

（二）每年4月30日前报送上年度经审计的财务报告和交易所要求的年度报告材料；

（三）交易所规定的其他报告义务。

第三十九条　非期货公司会员应当按照交易所的要求履行定期报告义务。

第四十条　会员有下列情形之一的，应当在10个工作日内向交易所书面报告：

（一）法定代表人变更；

（二）注册资本总额或者股权结构变更；

（三）名称、住所、经营范围或者联系方式变更；

（四）期货公司会员的高级管理人员变更，非期货公司会员负责相关业务管理人员变更；

（五）期货公司会员的净资本等风险控制指标不符合中国证监会规定标准；

（六）合并、分立、设立或者撤销分支机构；

（七）发生重大诉讼案件或者经济纠纷；

（八）取得其他交易所会员资格；

（九）因涉嫌违法、违规受到有权机关调查、采取监管措施或者受到刑事、行政、自律处罚；

（十）改聘会计师事务所；

（十一）股东大会或者股东会、董事会决议被依法撤销或者宣告无效；

（十二）交易所规定的其他情形。

第四十一条　会员发生下列情形之一的，应当立即向交易所报告，并持续报告进展情况：

（一）重大业务风险；

（二）重大技术故障；

（三）不可抗力或者意外事件可能影响客户正常交易；

（四）交易所规定应当报告的其他情形。

第四十二条　交易所可以根据审慎管理原则，要求会员对期货交易、内部控制、风险管理和技术系统运行等情况进行自查，并提交专项自查报告。

第七章　监督管理

第四十三条　交易所在会员监管过程中，对存在或者可能存在问题的会员，可以根据需要采取下列措施：

（一）口头警示；

（二）书面警示；

（三）约见谈话；

（四）限期说明情况；

（五）责令改正；

（六）责令参加培训；

（七）责令定期报告；

（八）责令加强内部合规检查；

（九）专项调查；

（十）责令处分有关人员；

（十一）限制或者暂停相关业务；

（十二）提请中国证监会或者其派出机构处理。

第四十四条　会员有下列情形之一的，交易所有权限制、暂停其业务或者调整、取消其会员资格：

（一）国家主管机关撤销其工商登记或者予以解散；

（二）国家主管机关撤销其业务许可；

（三）法院裁定其宣告破产；

（四）交易所要求其限期整改而未能按期完成；

（五）交易所规定的其他情形。

第四十五条　会员不得接受下列单位和个人的委托为其进行期货交易：

（一）国家机关和事业单位；

（二）中国证监会、期货交易所、中国期货保证金监控中心、中国期货业协会和期货公司的工作人员及其配偶；

（三）证券、期货市场禁止进入者；

（四）未能提供开户证明材料的单位和个人；

（五）无民事行为能力人或者限制民事行为能力人；

（六）中国证监会及交易所规定的不得从事期货交易的其他单位或者个人。

第四十六条　会员应当妥善保管客户档案、业务记录、财务报表及相关凭证、账册，以备查询和核实。

开户、变更、销户的客户资料档案应当自期货经纪合同终止之日起至少保存20年；交易指令记录、交易结算记录、错单记录、客户投诉档案以及其他业务记录应当至少保存20年，但对期货交易有争议的，应当保存至该争议消除时为止。

第四十七条　会员从事经纪业务的，应当将交易所发布的即时行情和公告信息等市场信息及时在营业场所公布。

未经交易所批准，会员不得将上述信息提供给任何第三方从事经营活动，不得在非营业场所将上述信息提供给其客户以外的其他机构和个人。

第四十八条　会员应当及时、准确传递客户交易指令，并将相关信息及时通知客户。未经客户委托，不得擅自代客户进行期货交易，不得隐瞒重要事项或者使用其他不正当手段诱骗客户发出交易指令。

第四十九条　会员收取的客户保证金归客户所有，任何单位和个人不得占用和挪用。

会员不得将收取的客户保证金用于自身经营活动或者清偿自身债务，不得允许他人擅自使用客户保证金或者擅自使用客户保证金为他人提供担保。

第五十条　结算会员对其客户和受托交易会员的期货交易承担履约责任，交易会员、客户无法履约时，结算会员应当代为履约，并取得追偿权。

第五十一条　会员为控制交易风险，需要对客户持仓实施强行平仓的，应当遵守双方合同约定的标准和条件，并以合同约定的方式通知客户。

第五十二条　会员应当督促客户遵守期货交易相关法律、行政法规、规章及交易所规则，持续开展风险教育，加强客户交易行为的合法合规性管理。

第五十三条　会员应当维护交易所的声誉，协助交易所处理突发或者异常事件。出现突发或者异常事件时，会员应当做好对客户的解释工作。

第五十四条　交易所每年定期或者不定期对会员执行交易所交易规则及其实施细则的情况进行检查，会员应当根据交易所的要求积极配合。

第五十五条　会员从业人员在交易所从事期货业务，应当经会员授权，会员从业人员在交易所从事的业务活动由所在会员承担全部责任。会员从业人员在同一时期内，只能受聘于一家会员，不得在其他会员处兼职。

会员变更、取消其从业人员期货业务授权的，应当及时通知交易所，并对交易所接到通知前其从业人员的业务活动承担全部责任。

第五十六条　会员资格终止后，该会员对其从业人员的授权自动失效。

第八章　附　则

第五十七条　违反本办法规定的，交易所按照本办法和《中国金融期货交易所违规违约处理办法》的有关规定处理。

第五十八条　本办法由交易所负责解释。

第五十九条　本办法自2013年8月30日起实施。

中国金融期货交易所
沪深300股指期货合约交易细则

第一章　总　则

第一条　为规范中国金融期货交易所（以下简称交易所）沪深300股指期货合约（以下简称本合约）交易行为，根据《中国金融期货交易所交易规则》及相关实施细则，制定本细则。

第二条 交易所、会员、客户、期货保证金存管银行及期货市场其他参与者应当遵守本细则。

第三条 本细则未规定的，按照交易所相关业务规则的规定执行。

第二章 合 约

第四条 本合约的合约标的为中证指数有限公司编制和发布的沪深 300 指数。

第五条 本合约的合约乘数为每点人民币 300 元。股指期货合约价值为股指期货指数点乘以合约乘数。

第六条 本合约以指数点报价。

第七条 本合约的最小变动价位为 0.2 指数点，合约交易报价指数点为 0.2 点的整数倍。

第八条 本合约的合约月份为当月、下月及随后两个季月。季月是指 3 月、6 月、9 月、12 月。

第九条 本合约的最后交易日为合约到期月份的第三个周五，最后交易日即为交割日。最后交易日为国家法定假日或者因异常情况等原因未交易的，以下一交易日为最后交易日和交割日。

到期合约交割日的下一交易日，新的月份合约开始交易。

第十条 本合约的交易代码为 IF。

第三章 交易业务

第十一条 本合约的交易单位为手，合约交易以交易单位的整数倍进行。

第十二条 本合约交易指令每次最小下单数量为 1 手，市价指令每次最大下单数量为 50 手，限价指令每次最大下单数量为 100 手。

第十三条 本合约采用集合竞价和连续竞价两种交易方式。

集合竞价时间为每个交易日 9:10－9:15，其中 9:10－9:14 为指令申报时间，9:14－9:15 为指令撮合时间。

连续竞价时间为每个交易日 9:15－11:30（第一节）和 13:00－15:15（第二节），最后交易日连续竞价时间为 9:15－11:30（第一节）和 13:00－15:00（第二节）。

第四章 结算业务

第十四条 本合约的当日结算价为合约最后一小时成交价格按照成交量的加权平均价。计算结果保留至小数点后一位。

第十五条 本合约以当日结算价作为计算当日盈亏的依据。具体计算公式如下：

当日盈亏＝{∑[（卖出成交价－当日结算价）卖出量]＋∑[（当日结算价－买入成交价）买入量]＋（上一交易日结算价－当日结算价）（上一交易日卖出持仓量－上一交易日买入持仓量）}合约乘数

第十六条 本合约的手续费标准为不高于成交金额的万分之零点五。

第十七条 本合约的交割结算价为最后交易日标的指数最后 2 小时的算术平均价。计算结果保留至小数点后两位。

第十八条 本合约采用现金交割方式。

第十九条 本合约的交割手续费标准为交割金额的万分之一。

第五章 风险管理

第二十条 本合约的最低交易保证金标准为合约价值的 12%。

第二十一条 本合约的每日价格最大波动限制是指其每日价格涨跌停板幅度，为上一交易日结算价的 ±10%。

季月合约上市首日涨跌停板幅度为挂盘基准价的 ±20%。上市首日有成交的，于下一交易日恢复到合约规定的涨跌停板幅度；上市首日无成交的，下一交易日继续执行前一交易日的涨跌停板幅度。

本合约最后交易日涨跌停板幅度为上一交易日结算价的 ±20%。

第二十二条 本合约会员和客户的持仓限额由交易所另行规定。

第六章 附 则

第二十三条 违反本细则规定的，交易所按照《中国金融期货交易所违规违约处理办法》有关规定处理。

第二十四条 本细则由交易所负责解释。

第二十五条 本细则自 2013 年 8 月 30 日起实施。

中国金融期货交易所
5 年期国债期货合约交易细则

第一章 总 则

第一条 为规范中国金融期货交易所（以下简称交易所）5 年期国债期货合约（以下简称本合约）交易行为，根据《中国金融期货交易所交易规则》及相关实施细则，制定本细则。

第二条 交易所、会员、客户、期货保证金存管银行及期货市场其他参与者应当遵守本细则。

第三条 本细则未规定的，按照交易所相关业务规则的规定执行。

第二章 合 约

第四条 本合约的合约标的为面值为 100 万元人民币、票面利率为 3% 的名义中期国债。

第五条 本合约的可交割国债为合约到期月份首日剩余期限为 4－7 年的记账式附息国债。

第六条 本合约以每百元面值国债作为报价单位，以净价方式报价。净价方式是指以不含自然增长应计利息的价格报价。

第七条 本合约的最小变动价位为 0.002 元，合约交易报价为 0.002 元的整数倍。

第八条 本合约的合约月份为最近的三个季月。季月是指 3 月、6 月、9 月、12 月。

第九条 本合约的最后交易日为合约到期月份的第二个星期五。最后交易日为国家法定假日或者因异常情况等原因未交易的，以下一交易日为最后交易日。

到期合约最后交易日的下一交易日，新的月份合约开始交易。

第十条 本合约的交易代码为 TF。

第三章 交易业务

第十一条 本合约的交易单位为手，合约交易以交易单位的整数倍进行。

第十二条 本合约交易指令每次最小下单数量为 1 手，市价指令每次最大下单数量为 50 手，限价指令每次最大下单数量为200手。

第十三条　本合约采用集合竞价和连续竞价两种交易方式。

集合竞价时间为每个交易日9:10－9:15,其中9:10－9:14为指令申报时间,9:14－9:15为指令撮合时间。

连续竞价时间为每个交易日9:15－11:30(第一节)和13:00－15:15(第二节),最后交易日连续竞价时间为9:15－11:30。

第四章　结算业务

第十四条　本合约的当日结算价为合约最后一小时成交价格按照成交量的加权平均价。计算结果保留至小数点后三位。

第十五条　本合约以当日结算价作为计算当日盈亏的依据。具体计算公式如下:

当日盈亏＝{∑[(卖出成交价－当日结算价)卖出量]＋∑[(当日结算价－买入成交价)买入量]＋(上一交易日结算价－当日结算价)(上一交易日卖出持仓量－上一交易日买入持仓量)}(合约面值/100元)

第十六条　本合约的手续费标准为每手不高于5元。

第十七条　本合约采用实物交割方式。

第十八条　本合约的交割按照《中国金融期货交易所5年期国债期货合约交割细则》的相关规定执行。

第五章　风险管理

第十九条　本合约的最低交易保证金标准为合约价值的2%。其中,合约价值＝合约价格(合约面值/100元)。

第二十条　本合约临近交割月份时,交易所将分阶段逐步提高该合约的交易保证金标准。

(一)交割月份前一个月中旬的前一交易日结算时起,交易保证金标准为合约价值的3%。

(二)交割月份前一个月下旬的前一交易日结算时起,交易保证金标准为合约价值的5%。

第二十一条　本合约的每日价格最大波动限制是指其每日价格涨跌停板幅度,为上一交易日结算价的±2%。

合约上市首日涨跌停板幅度为挂盘基准价的±4%。上市首日有成交的,于下一交易日恢复到合约规定的涨跌停板幅度;上市首日无成交的,下一交易日继续执行前一交易日的涨跌停板幅度。如上市首日连续三个交易日无成交的,交易所可以对挂盘基准价作适当调整。

第二十二条　本合约实行持仓限额制度。

(一)进行投机交易的客户某一合约在不同阶段的单边持仓限额规定如下:

1.合约上市首日起,持仓限额为1000手;

2.交割月份前一个月中旬的第一个交易日起,持仓限额为500手;

3.交割月份前一个月下旬的第一个交易日起,持仓限额为100手。

(二)进行投机交易的非期货公司会员持仓限额由交易所另行规定。

(三)某一合约结算后单边总持仓量超过60万手的,结算会员下一交易日该合约单边持仓量不得超过该合约单边总持仓量的25%。进行套期保值交易和套利交易的持仓按照交易所有关规定执行。

第六章　附　则

第二十三条　违反本细则规定的,交易所按照《中国金融期货交易所违规违约处理办法》有关规定处理。

第二十四条　本细则由交易所负责解释。

第二十五条　本细则自2013年8月30日起实施。

中国金融期货交易所
5年期国债期货合约交割细则

第一章　总　则

第一条　为规范中国金融期货交易所(以下简称交易所)5年期国债期货合约(以下简称本合约)交割行为,根据《中国金融期货交易所交易规则》及相关实施细则,制定本细则。

第二条　本合约采用实物交割方式。

第三条　交易所、会员、客户及期货市场其他参与者应当遵守本细则。

第四条　交割涉及的国债托管业务由国债托管机构依其规则及相关规定办理。

前款所称国债托管机构为中央国债登记结算有限责任公司(以下简称中央结算)和中国证券登记结算有限责任公司(以下简称中国结算)。

第二章　可交割国债

第五条　本合约的可交割国债应当满足以下条件:

(一)中华人民共和国财政部在境内发行的记账式国债;

(二)同时在全国银行间债券市场、上海证券交易所和深圳证券交易所上市交易;

(三)固定利率且定期付息;

(四)合约到期月份首日剩余期限为4－7年;

(五)符合国债转托管的相关规定;

(六)交易所规定的其他条件。

第六条　本合约的交割单位为面值100万元人民币的国债。每交割单位的国债仅限于同一国债托管机构托管的同一国债。中国结算上海分公司和中国结算深圳分公司托管的国债分别计算。

第七条　本合约的可交割国债及其转换因子数值由交易所确定并向市场公布。

第三章　交割流程

第八条　本合约进入交割月份后至最后交易日之前,客户可以申请交割。合约最后交易日收市后的未平仓部分按照交易所的规定进入交割。

客户参与交割视为授权交易所委托相关国债托管机构对其申报账户内的对应国债进行划转处理。

第九条　本合约的最小交割数量为10手。客户申请交割的,在同一会员处的有效申报交割数量不得低于10手;最后交易日进入交割的,同一客户号收市后的净持仓不得低于10手。

第十条　客户申请交割的,其交割在四个交易日内完成,依次为意向申报日、交券日、配对缴款日和收券日。

(一)意向申报日

1.客户通过会员进行交割申报,会员应当在当日14:00前向交易所申报交割意向。

买方申报内容应当包括交割数量和国债托管账户等信息。买方以在中国结算开立的账户接收交割国债的,应当同时申报在中国结算上海分公司和中国结算深圳分公司开立的账户。

卖方申报内容应当包括可交割国债名称、数量以及国债托管账户等信息。

会员应当确保申请交割的客户具备交割履约能力。

2. 当日收市后，交易所先按照客户在同一会员的申报交割数量和持仓量的较小值确定有效申报交割数量，再按照所有买方有效申报交割数量和所有卖方有效申报交割数量的较小值确定合约交割数量。

3. 交易所按照会员交割意向申报时间优先的原则确定进入交割的买方和卖方持仓，并将相应持仓从客户的交割月份合约持仓中扣除。未进入交割的意向申报失效。

（二）交券日

卖方客户应当确保申报账户内有符合要求的可交割国债，交易所划转成功后视为卖方完成交券。

（三）配对缴款日

1. 交易所根据同国债托管机构优先原则，采用最小配对数方法进行交割配对，并于当日 11:30 前将配对结果和应当缴纳的交割货款通知相关会员。

2. 当日结算时，交易所从结算会员结算准备金中划转交割货款。

（四）收券日

交易所将可交割国债划转至买方客户申报的国债托管账户。

第十一条　最后交易日收市后，同一客户号的双向持仓对冲平仓，平仓价格为该合约的交割结算价。符合交割要求的净持仓进入交割。

同一客户号净持仓低于 10 手的，交易所按照交易编码首先选择不满足交割要求的持仓进行对冲平仓，再选择持仓量最小的持仓进行对冲平仓。平仓价格为该合约的交割结算价。

客户一方持仓不满足交割要求的，应当通过交易所向对方支付持仓合约价值 1% 的补偿金，并向交易所支付持仓合约价值 1% 的惩罚性违约金。双方持仓均不满足交割要求的，交易所向双方分别收取持仓合约价值 2% 的惩罚性违约金。

第十二条　最后交易日进入交割的，其交割在最后交易日后的连续三个交易日内完成，依次为第一、第二、第三交割日。

（一）第一交割日为申报交割信息和交券日。

1. 申报交割信息。会员应当在当日 11:30 前向交易所申报其买方客户的国债托管账户和卖方客户的可交割国债名称、数量以及国债托管账户等信息。

买方客户以在中国结算开立的账户接收交割国债的，应当同时申报在中国结算上海分公司和中国结算深圳分公司开立的账户。

2. 卖方交券。按照本细则第十条第（二）项的有关规定执行。

（二）第二交割日为配对缴款日，其交割流程按照本细则第十条第（三）项的有关规定执行。

（三）第三交割日为收券日，其交割流程按照本细则第十条第（四）项的有关规定执行。

第十三条　因市场出现异常情况等原因导致交割无法正常进行的，交易所有权对交割流程进行调整。

第十四条　卖方未能在规定期限内如数交付可交割国债或者买方未能在规定期限内如数缴纳交割货款的，可以采取差额补偿的方式了结未平仓合约。

第十五条　一方进行差额补偿的，应当按照下列标准通过交易所向对方支付补偿金，并向交易所支付差额补偿部分合约价值 1% 的惩罚性违约金。

（一）补偿金

1. 卖方进行差额补偿的，应当支付差额补偿部分合约价值 1% 的补偿金；若基准国债价格大于交割结算价与转换因子乘积的，卖方还应当按照以下计算公式继续支付差额补偿金：

差额补偿金 = 差额补偿部分合约数量（基准国债价格 - 交割结算价转换因子）（合约面值/100 元）

2. 买方进行差额补偿的，应当支付差额补偿部分合约价值 1% 的补偿金；若交割结算价与转换因子乘积大于基准国债价格的，买方还应当按照以下计算公式继续支付差额补偿金：

差额补偿金 = 差额补偿部分合约数量（交割结算价转换因子 - 基准国债价格）（合约面值/100 元）

差额补偿后，交易所向卖方退还已交付的国债。

（二）基准国债

最后交易日之前申请交割的，以卖方申报的国债作为基准国债；最后交易日进入交割的，以该合约交割量最大的国债作为基准国债。

按照上述方式无法确定基准国债的，交易所有权指定基准国债。

（三）基准国债价格

基准国债价格以交易所认定的机构发布的估值数据为准。

最后交易日之前申请交割的，以意向申报日该基准国债的估值作为基准国债价格；最后交易日进入交割的，以最后交易日该基准国债的估值作为基准国债价格。

交易所有权对基准国债价格进行调整。

第十六条　双方未能在规定期限内如数交付可交割国债或者交割货款的，交易所向双方分别收取相应合约价值 2% 的惩罚性违约金。

第四章　交割结算

第十七条　本合约最后交易日之前的交割结算价为意向申报日的当日结算价，最后交易日的交割结算价为该合约最后交易日全部成交价格按照成交量的加权平均价。计算结果保留至小数点后三位。

合约最后交易日无成交的，交割结算价计算公式为：交割结算价 = 该合约上一交易日结算价 + 基准合约当日结算价 - 基准合约上一交易日结算价，其中，基准合约为当日有成交的离交割月份最近的合约。根据本公式计算出的交割结算价超出合约涨跌停板价格的，取涨跌停板价格作为交割结算价。

交易所有权根据市场情况对交割结算价进行调整。

第十八条　交割货款以交割结算价为基础进行计算，计算公式如下：

交割货款 = 交割数量（交割结算价转换因子 + 应计利息）（合约面值/100 元）

其中，应计利息为该可交割国债上一付息日至配对缴款日的利息。

第十九条　本合约的交割手续费标准为每手 5 元，交易所有权对交割手续费标准进行调整。

第二十条　交割涉及的国债过户费等费用按照国债托管机构的有关规定执行，发生跨国债托管机构交割过户的，由买方承担转托管费。

第五章　附　则

第二十一条　本细则所称合约价值的计算公式为：合约

价值＝交割结算价（合约面值/100 元）。

第二十二条　违反本细则规定的，交易所按照《中国金融期货交易所违规违约处理办法》有关规定处理。

第二十三条　本细则由交易所负责解释。

第二十四条　本细则自 2013 年 8 月 30 日起实施。

中国金融期货交易所套期保值与套利交易管理办法

（2012 年 2 月 3 日实施　2013 年 8 月 30 日第一次修订）

第一章　总　则

第一条　为规范套期保值与套利交易业务管理，发挥期货市场功能，促进期货市场规范发展，根据《中国金融期货交易所交易规则》，制定本办法。

第二条　本办法所称套期保值包括买入套期保值和卖出套期保值。

第三条　本办法所称套利包括期现套利、跨期套利和跨品种套利等。

第四条　会员、客户在中国金融期货交易所（以下简称交易所）从事套期保值、套利交易业务应当遵守本办法。

第二章　额度申请

第五条　交易所实行套期保值、套利额度管理制度。客户申请套期保值、套利额度的，应当向其开户的会员申报，会员对申报材料进行审核后向交易所办理申请手续。

会员申请套期保值、套利额度的，直接向交易所办理申请手续。

第六条　套期保值、套利额度分为产品额度和临近交割月份合约额度。

产品额度是指同一产品各合约同一方向的套期保值或者套利最大持仓数量。

临近交割月份合约额度是指采用实物交割方式产品的某一合约在临近交割月份某一方向的套期保值或者套利最大持仓数量。

第七条　需要进行套期保值、套利交易的，应当申请产品额度。

采取实物交割方式的产品，需要在临近交割月份的合约上进行套期保值、套利交易的，应当另行申请临近交割月份合约额度。

第八条　会员、客户申请套期保值、套利额度，应当向交易所提交下列申请材料：

（一）产品额度或者临近交割月份合约额度申请；

（二）套期保值、套利交易方案；

（三）申请人的有效身份证明材料；

（四）近期现货等市场交易情况及相关资产证明；

（五）历史套期保值、套利交易情况说明；

（六）交易所要求的其他材料。

交易所可以根据额度申请情况对申请材料另行规定。

会员应当尽职审核申请材料，确保材料内容的真实、准确和完整。

第九条　申请临近交割月份合约额度的会员、客户，应当在该合约交割月前两个月的第一个交易日至交割月前一个月下旬前的第五个交易日期间向交易所提出申请。

第三章　额度管理

第十条　交易所根据市场情况以及申请人的申请材料、资信状况、交易情况等，对其额度申请进行审核。

第十一条　交易所在正式受理套期保值、套利额度申请后 5 个交易日内进行审核并予以答复。

交易所在审核过程中可以要求申请人对申请材料进行补充说明，补充材料时间不计入审核时间。

第十二条　产品额度自获批之日起 12 个月内有效。

会员、客户在产品额度期限届满后仍然需要进行套期保值、套利交易业务的，应当在产品额度有效期到期前 10 个交易日之前向交易所提出新的产品额度申请。

临近交割月份合约额度自该合约交割月前一个月下旬的第一个交易日至该合约最后交易日期间有效。

第十三条　会员、客户需要调整产品额度的，应当向交易所提出变更申请。获批调整后的产品额度有效期自获批之日起计算。

第十四条　会员、客户未在规定期限内申请新的产品额度的，应当在产品额度有效期届满前对套期保值、套利持仓进行平仓。

会员、客户未在规定期限内申请临近交割月份合约额度的，应当在规定的期限内对该合约上的套期保值、套利持仓进行平仓。

第十五条　会员、客户的套期保值、套利持仓不得超过获批额度。

第四章　交易管理

第十六条　会员、客户进行套期保值交易的，应当按照套期保值方案执行。

第十七条　会员、客户进行期现套利交易的，应当在买入（卖出）期货市场合约的同时或者相近时刻在现货等市场上卖出（买入）价值相当的对应有价证券或者其他相关资产。

第十八条　会员、客户进行跨期套利交易的，应当在同时或者相近时刻在同一期货产品不同月份合约间进行价值相当、方向相反的交易。

第十九条　会员、客户进行跨品种套利交易的，应当在同时或者相近时刻在不同品种的合约间进行价值相当、方向相反的交易。

第二十条　交易所可以对套期保值、套利交易的保证金、手续费等采取优惠措施。

第五章　监督管理

第二十一条　交易所可以对申请人的有关经营状况、资信情况及期货、现货等市场交易行为进行监督和调查，会员及相关客户应当予以协助和配合。

交易所可以要求申请人报告其在期货市场、现货等市场的交易情况。申请人应当确保报告内容的真实、准确和完整。

第二十二条　交易所可以对申请人获批套期保值、套利额度的使用情况进行监督管理，可以根据市场情况和申请人的情况对申请人的套期保值、套利额度进行调整。

第二十三条　会员、客户套期保值持仓、套利持仓超过其相应的资产配比要求的，交易所可以要求其限期调整；逾期未进行调整或者调整后仍不符合要求的，交易所可以对其采取谈话提醒、书面警示、限制开仓、限期平仓、强行平仓、调整或者取消其套期保值、套利额度等措施。

第二十四条　会员、客户同一产品各合约同一方向套期保值持仓、套利持仓合计超过该方向获批套期保值、套利额度的，应当在下一交易日第一节交易结束前自行调整；逾期未进行调整或者调整后仍不符合要求的，交易所可以对其采取谈话提醒、书面警示、限制开仓、限期平仓、强行平仓、调整或者取消其套期保值、套利额度等措施。

第二十五条　会员、客户未在规定期限内申请新的套期保值、套利额度的，应当在套期保值、套利额度有效期到期前对套期保值、套利持仓进行平仓；逾期不平仓的，交易所可以对其采取谈话提醒、书面警示、限制开仓、限期平仓、强行平仓等措施。

第二十六条　进行套期保值交易的会员、客户频繁进行开平仓交易的，交易所可以对其采取谈话提醒、书面警示、限制开仓、限期平仓、强行平仓、调整或者取消其套期保值额度等措施。

第二十七条　会员、客户利用套期保值、套利额度进行影响合约价格等违法违规行为的，交易所可以对其采取谈话提醒、书面警示、限制开仓、限期平仓、强行平仓、调整或者取消其套期保值、套利额度等措施。

第二十八条　会员、客户未按照规定履行报告义务的，交易所可以对其采取谈话提醒、书面警示、限制开仓、限期平仓、强行平仓、调整或者取消其套期保值、套利额度等措施。

第二十九条　会员、客户在进行套期保值、套利申请和交易时，存在欺诈或者违反法律法规和交易所规定的其他行为的，交易所可以不受理其套期保值、套利额度申请，调整或者取消其套期保值、套利额度，将其已经建立的相关套期保值、套利持仓予以部分或者全部强行平仓，并按照《中国金融期货交易所违规违约处理办法》的有关规定处理。

第六章　附　则

第三十条　违反本办法规定的，交易所按照本办法和《中国金融期货交易所违规违约处理办法》的有关规定处理。

第三十一条　本办法由交易所负责解释。

第三十二条　本办法自 2013 年 8 月 30 日起实施。

2013 年度统计数据

品种名称	本期成交量	去年同期成交量	同比增减	本期成交额	去年同期成交额	同比增减	本期持仓量	去年同期持仓量	同比增减
IF	193220516	105061825	88158691	14070023232.018	7584067787.796	6485955444.222	119534.0	110386.0	9148.0
TF	328795	--	--	30638857.738	--	--	3632.0	--	--
合计	193549311			14100662089.756			123166.0		

说明：
（1）成交量、持仓量：手（按单边计算）。
（2）成交额：万元（按单边计算）。

中国金融期货交易所会员地域分布及联系方式

会员号	会员全称	会员简称	会员类型	所属辖区	公司地址	邮编	联系电话	公司网址
0001	国泰君安期货有限公司	国泰君安	全面结算会员	上海	上海市延平路 121 号三和大厦 6c	200042	021-52138857	www.gtjaqh.com
0002	南华期货有限公司	南华期货	全面结算会员	浙江	杭州市西湖大道 193 号定安名都 3 层	310002	0571-87839234	www.nanhua.org
0003	永安期货股份有限公司	永安期货	全面结算会员	浙江	杭州市潮王路 208 号浙江协作大厦 6-8 楼	310005	0571-88388190	www.yafco.com
0005	一德期货有限公司	一德期货	全面结算会员	天津	天津市和平区解放北路 188 号信达广场 16 层	300020	022-58298788	www.ydqh.com.cn
0006	鲁证期货股份有限公司	鲁证期货	全面结算会员	山东	济南市市中区经七路 86 号 15、16 层	250012	0531-86018869	www.lzqh.net.cn
0007	光大期货有限公司	光大期货	全面结算会员	上海	上海市福山路 458 号同盛大厦 13 楼 1301-1303、1311、1312	200040	021-22169060	www.ebfcn.com
0008	东海期货有限责任公司	东海期货	全面结算会员	江苏	江苏省常州市延陵西路 23,25,27,29 号	213003	021-6878166 0519-88115814	www.qh168.com.cn
0009	浙商期货有限公司	浙商期货	全面结算会员	浙江	杭州市黄姑山路 9 号 9-10 层	310012	4007005186	www.zjtmqh.com
0010	中粮期货有限公司	中粮期货	全面结算会员	北京	北京市东城区东直门南大街 5 号中青旅大厦 15 层	100013	010-51230878	www.zlqh.com
0011	华泰长城期货有限公司	华泰长城	全面结算会员	广东	广州市越秀区先烈中路 65 号东山广场东楼 11 层	510095	020-22371306	www.gwf.com.cn
0012	五矿期货有限公司	五矿期货	全面结算会员	广东	深圳市福田区益田路西福中路北新世界商务中心 4801-A、4802-B、4803、4804	518026	0755-83752338	www.starfutures.com.cn
0016	广发期货有限公司	广发期货	全面结算会员	广东	广东省广州市天河区体育西路 57 号红盾大厦 14、15 楼	510620	020-38456888	www.gfqh.com.cn
0017	信达期货有限公司	信达期货	全面结算会员	浙江	杭州市文晖路 108 号浙江出版物资大厦 12、16 楼	310004	0571-28132660	www.cindaqh.com
0018	中信期货有限公司	中信期货	全面结算会员	广东	深圳市福田区中心三路 8 号卓越广场二期北座 1303-1305 室、14 层	518031	0755-83200909	www.citicsf.com
0019	金瑞期货有限公司	金瑞期货	全面结算会员	广东	广东省深圳市福田区彩田路东方新天地广场 A 座 3101、3102、3103、3104、3105、3106、3201、3202	518040	0755-83662122	www.jrqh.com.cn
0100	浙江新世纪期货有限公司	新世纪	交易结算会员	浙江	浙江省杭州市体育场路 335 号	310006	0571-85155690	www.zjncf.com.cn
0101	经易期货经纪有限公司	经易期货	交易结算会员	北京	北京市西城区百万庄北街 6 号经易大厦	100037	010-68331566	www.jyfco.com
0102	兴证期货有限公司	兴证期货	交易结算会员	福建	福州市鼓楼区湖东路 99 号七星大厦 16 层	350001	0591-88319977	www.xyfutures.com.cn
0103	上海良茂期货经纪有限公司	上海良茂	交易结算会员	上海	上海市打浦路 198 号	200023	021-63058548	www.51qh.com
0105	平安期货有限公司	平安期货	交易结算会员	深圳	深圳市福田区振华路设计大厦 15 楼	518031	0755-83786060	www.pa18.com

会员号	会员全称	会员简称	会员类型	所属辖区	公司地址	邮编	联系电话	公司网址
0106	格林大华期货有限公司	格林大华	交易结算会员	北京	北京市西城区金融街27号投资广场B座20层	100032	010-66214406	www.greenfutures.com.cn
0107	同信久恒期货有限责任公司	同信久恒	交易结算会员	上海	上海市浦东新区世纪大道1500号12楼北座	200122	021-60273288	www.jhqh.com
0108	国贸期货经纪有限公司	国贸期货	交易结算会员	厦门	厦门市湖滨南路国贸大厦11层	361004	0592-5898722	www.itf.com.cn
0109	银河期货有限公司	银河期货	交易结算会员	北京	北京市西城区复兴门外大街A2号中化大厦8层、306室	100045	010-58363266 010-58363288	www.yhqh.com.cn
0110	宝城期货有限责任公司	宝城期货	交易结算会员	浙江	浙江省杭州市求是路8号公元大厦东南裙楼三层、五层	310013	0571-88151166	www.zjjdqh.com
0111	东吴期货有限公司	东吴期货	交易结算会员	上海	上海市西藏南路1208号6楼	200011	021-63128000	www.dwfutures.com
0112	北京首创期货有限责任公司	北京首创	交易结算会员	北京	北京市朝阳区北辰东路8号亚运村1号门	100101	010-84973088	www.scqh.com.cn
0113	国信期货有限责任公司	国信期货	交易结算会员	河南	郑州市郑东新区商务外环路13号5层502、503室	450008	0371-65835300 0371-65835309"	www.guosenqh.com.cn
0115	中信建投期货有限公司	中信建投	交易结算会员	重庆	重庆市渝中区中山三路107号皇冠大厦11楼	400014	023-63610929	www.cfc108.com
0116	长江期货有限公司	长江期货	交易结算会员	湖北	湖北省武汉市汉口解放大道单洞路口1号国际大厦A坐三楼	430022	027-85868588	www.cjfco.com.cn
0117	金元期货经纪有限公司	金元期货	交易结算会员	海南	海南省海口市南宝路36号证券大厦1楼	570206	0898-66552008	www.jyqh.cn
0118	国联期货有限责任公司	国联期货	交易结算会员	江苏	无锡市金融一街8号	214121	0510-82752315	www.glqh.com
0119	万达期货股份有限公司	万达期货	交易结算会员	河南	郑州市郑东新区商务内环路27号	450016	0371-69106655	www.wdfco.com
0120	和融期货经纪有限责任公司	和融期货	交易结算会员	天津	天津市河西区气象台路100号气象大厦三层	300074	022-23330060	www.hrqh.com
0121	中钢期货有限公司	中钢期货	交易结算会员	北京	北京市海淀区海淀大街8号A座19层	100080	010-52685676	www.zgfcc.com
0122	国投中谷期货有限公司	国投中谷	交易结算会员	上海	上海市东大名路638号五层	200080	021-58401202	www.zgqh.com.cn
0123	海航东银期货有限公司	海航东银	交易结算会员	深圳	深圳市深南中路2068号华能大厦18楼	518031	0755-83684268	www.dyqh.com.cn
0125	华闻期货经纪有限公司	华闻期货	交易结算会员	上海	上海浦东大道720号国际航运金融大厦22楼	200120	021-50368918	www.hwqh.com.cn
0126	渤海期货有限公司	渤海期货	交易结算会员	大连	大连市沙河口区会展路18号大连商品交易所西区355室	116023	0411-84807555	www.bhfcc.com
0127	云晨期货有限责任公司	云晨期货	交易结算会员	云南	云南省昆明市人民东路111号	650051	0871-3142012	www.ycfutures.com
0128	弘业期货股份有限公司	弘业期货	交易结算会员	江苏	江苏省南京市中华路50号弘业大厦9楼	210001	025-[illegible]2264117	www.ftol.com.cn
0129	国金期货有限责任公司	国金期货	交易结算会员	四川	四川省成都市锦江区东大街芷泉段229号1栋2单元28层	610061	028-86713680	www.gjqh.com.cn
0130	国都期货有限公司	国都期货	交易结算会员	北京	北京市东城区东直门南大街3号国华投资大厦10层	100007	010-64008822	www.guodu.cc
0131	申银万国期货有限公司	申银万国	交易结算会员	上海	上海市黄浦区新昌路180号1楼	200003	021-63276699	www.sywgqh.com.cn
0132	中航期货经纪有限公司	中航期货	交易结算会员	深圳	深圳市福田区深南大道2008号中国凤凰大厦2栋5层512、513、501室	518026	0755-[illegible]8069186	www.cafco.com.cn
0133	海通期货有限公司	海通期货	交易结算会员	上海	上海市浦东新区世纪大道1589号长泰国际金融大厦17楼、6楼01-04单元、25楼、2楼05单元	200122	021-6[illegible]649910	www.hfqh.com
0135	冠通期货有限公司	冠通期货	交易结算会员	北京	北京市朝阳区北三环中路2号6层	100011	010-62368907	www.gtfutures.com.cn
0136	招商期货有限公司	招商期货	交易结算会员	深圳	深圳市福田区福田区免税商务大厦9层9-15单元及5层2、3、4、5、A单元	518048	0755-82763148	qh.newone.com.cn
0137	宏源期货有限公司	宏源期货	交易结算会员	北京	北京市西城区太平桥大街19号4层4B	100140	010-8[illegible]085299	www.hongyuanqh.com.cn
0138	上海通联期货有限公司	上海通联	交易结算会员	上海	上海陆家嘴环路958号7楼(华能联合大厦)	200120	021-6[illegible]866986	www.tlqh.com.cn
0139	南证期货有限责任公司	南证期货	交易结算会员	江苏	江苏省南京市秦淮区长乐路226号长乐花园01幢1号	210006	025-5[illegible]865001	www.klfco.cn
0145	大华期货有限公司	大华期货	交易结算会员	上海	上海市浦东新区源深路1088号7楼	200122	021-38529700	www.dhqh.com.cn
0146	浙江中大期货有限公司	浙江中大	交易结算会员	浙江	浙江省杭州市中山北路310号2层3层18层	310003	0571-85777049	www.zdqh.com
0147	华安期货有限责任公司	华安期货	交易结算会员	安徽	合肥市长江中路419号华安期货大厦	230061	0551-2839058	www.haqh.com
0148	上海浙石期货经纪有限公司	上海浙石	交易结算会员	上海	上海市浦东新区浦电路438号双鸽大厦10G室	200122	021-50586903 0571-8[illegible]812161	www.zsqh.com
0149	民生期货有限公司	民生期货	交易结算会员	北京	北京市东城区建国门内大街28号民生金融中心A座16层	100005	010-85[illegible]27555	www.msqh.com
0150	安信期货有限责任公司	安信期货	交易结算会员	北京	北京市东城区北三环东路36号环球贸易中心A座26层	100013	010-59[illegible]13666	www.anxinqh.com.cn
0151	锦泰期货有限公司	锦泰期货	交易结算会员	江苏	南京市建邺区江东中路359号国睿大厦	210009	025-83[illegible]16186	www.jtqh.cn
0152	新湖期货有限公司	新湖期货	交易结算会员	上海	上海市裕通路100号36层	200070	40088[illegible]8398	www.xinhu.cn
0153	东航期货有限责任公司	东航期货	交易结算会员	上海	上海市吴中路686弄3号、东航金融中心16楼	201103	021-64[illegible]56666	www.kiiik.com
0155	海证期货有限公司	海证期货	交易结算会员	上海	上海市虹口区临平北路19号	200086	021-65[illegible]18887	www.hicend.com
0156	上海东证期货有限公司	上海东证	交易结算会员	上海	上海市中山南路318号东方国际金融广场21层(200010)	200122	021-68[illegible]00610	www.dzqh.com.cn
0157	金友期货经纪有限责任公司	金友期货	交易结算会员	厦门	福州市鼓楼区华林路93号5、6层	361012	0592-5[illegible]19928	www.jinyouqh.com
0158	华联期货有限公司	华联期货	交易结算会员	广东	东莞市城区可园南路1号金源中心16层	523000	0769-22213338	www.hlqh.com
0159	中国国际期货有限公司	中国国际	交易结算会员	北京	北京市朝阳区建国门外光华路14号1幢1层、9层、11层、12层	100020	0755-23[illegible]18333 010-65[illegible]82700	www.cifco.net

会员号	会员全称	会员简称	会员类型	所属辖区	公司地址	邮编	联系电话	公司网址
0160	西部期货有限公司	西部期货	交易结算会员	陕西	西安市东新街232号信托大厦三层	710004	029-87406680	www.westfutu.com
0161	大连良运期货经纪有限公司	大连良运	交易结算会员	大连	大连市中山区五五路12号大连良运大酒店6层	116001	0411-82589097	www.lyqh.cn
0163	中信新际期货有限公司	中信新际	交易结算会员	上海	上海市浦东大道1085号中信五牛城C座4楼	200135	021-61051166	www.citicf.com
0165	中银国际期货有限责任公司	中银国际	交易结算会员	海南	上海浦东世纪大道1589号长泰国际金融901-905室	200122	021-61088088	www.bocifco.com
0166	新晟期货有限公司	新晟期货	交易结算会员	广东	广东省广州市天河区珠江新城华夏路10号富力中心29层07-08单元	510623	020-38927888	www.risingqh.com
0167	方正中期期货有限公司	方正中期	交易结算会员	北京	北京市朝阳区东三环北路38号院1号楼泰康金融大厦22层2201室	100026	010-64630966	www.bjcifco.net
0168	中投天琪期货有限公司	中投天琪	交易结算会员	深圳	深圳市福田区深南大道4009号投资大厦3层01、04A区	518035	0755-82912912	www.tqfutures.com
0169	天富期货有限公司	天富期货	交易结算会员	吉林	吉林省长春市长春大街500号写字楼东侧1-3层	130041	0431-88543611	www.tfqh.com
0170	瑞达期货股份有限公司	瑞达期货	交易结算会员	厦门	福建省厦门市思明区塔埔东路169号13层	361009	0592-2290626	www.xmrd.net
0171	国元期货有限公司	国元期货	交易结算会员	北京	北京市东城区东直门外大街46号1号楼19层1901	100089	021-68402806	www.gyhqqh.com
0172	财富期货有限公司	财富期货	交易结算会员	青海	青海省西宁市城中区西大街18号12层	810000	010-85679699	www.cfqh.com
0173	大有期货有限公司	大有期货	交易结算会员	湖南	湖南省长沙市芙蓉中路466号海东青大厦5楼	410011	0731-4317777	www.dayouf.com
0175	英大期货有限公司	英大期货	交易结算会员	北京	北京市东城区建国门内大街乙18号院英大国际大厦2层	100005	010-51960409	www.ydfut.com
0176	上海中期期货有限公司	上海中期	交易结算会员	上海	上海市浦东新区浦电路500号11楼	200122	021-61090799	www.shcifco.com
0177	大地期货有限公司	大地期货	交易结算会员	浙江	浙江省杭州市延安路511号	310006	0571-85103151	www.ddqh.com
0178	国海良时期货有限公司	国海良时	交易结算会员	浙江	浙江杭州市河东路91号	310014	0571-85237429	www.lsqh.com.
0179	中融汇信期货有限公司	中融汇信	交易结算会员	上海	上海市浦东新区源深路1088号25层01、02、03、06单元	200122	021-51557588	www.zrhxqh.com
0180	红塔期货有限责任公司	红塔期货	交易结算会员	云南	昆明市北辰财富中心商住楼A幢28层(2801-ABCD号)	650224	0871-3614907	www.hongtaqh.com
0181	美尔雅期货经纪有限公司	美尔雅	交易结算会员	湖北	湖北省武汉市江汉北路8号	430022	027-85734992	www.mfc.com.cn
0182	华西期货有限责任公司	华西期货	交易结算会员	四川	成都市青羊区通惠门路三号	610015	028-86286183	www.hxqh168.com
0185	华鑫期货有限公司	华鑫期货	交易结算会员	上海	上海市黄浦区宁海东路200号申鑫大厦27、28楼	200021	021-63558998	www.shhxqh.com
0186	东兴期货有限责任公司	东兴期货	交易结算会员	上海	上海市虹口区杨树浦路248号瑞丰国际大厦22楼	200082	021-65458108	www.dxqh.net
0188	上海大陆期货有限公司	上海大陆	交易结算会员	上海	上海市凯旋路3131号明申中信大厦25楼	200030	021-54071888	www.dlqh.com
0200	徽商期货有限责任公司	徽商期货	交易会员	安徽	安徽省合肥市芜湖路260号	230061	0551-2865913	www.hsqh888.com
0201	中电投先融期货有限公司	中电投	交易会员	重庆	重庆市渝中区邹容路141-155号邹容广场A座14楼	400010	023-63799129	www.xrqh.com
0203	乾坤期货有限公司	乾坤期货	交易会员	深圳	广东省深圳市福田区深南大道4009号投资大厦二楼	518048	0755-83998699	www.qkfutures.com
0205	上海中财期货有限公司	上海中财	交易会员	上海	上海市浦东新区陆家嘴环路958号23楼	200120	021-68866688	www.zcqh.com
0207	新纪元期货有限公司	新纪元	交易会员	江苏	江苏省徐州市淮海东路153号	221000	0516-83831118 0516-83831121	www.neweraqh.com.cn
0208	大越期货有限公司	大越期货	交易会员	浙江	浙江省绍兴市解放北路186号7楼	312000	0574-85120647	www.dyqh.info
0209	江苏东华期货有限公司	江苏东华	交易会员	江苏	江苏省南京市王府大街63号5楼	210004	025-84207734	www.dhfutures.com
0210	文峰期货有限公司	文峰期货	交易会员	江苏	南通市青年东路15号锦峰大厦301室	226001	0513-85529853 0513-85537847	www.wfqh.com
0211	江西瑞奇期货经纪有限公司	江西瑞奇	交易会员	江西	江西省南昌市广场南路205号恒茂国际华城16号楼A座6楼	330003	0791-6663672 0791-6663536	www.jxrich.com
0212	银建期货经纪有限责任公司	银建期货	交易会员	北京	北京市丰台区方庄芳古园一区29楼	100078	87611499-100	www.yjqh.com
0217	广永期货有限公司	广永期货	交易会员	广东	广州市天河区体育西路57号10楼	510620	020-85598116 020-85582215	www.gyqh.net
0218	金鹏期货经纪有限公司	金鹏期货	交易会员	北京	北京市西城区金融大街27号投资广场B座九层	100032	010-66211412 010-66211413	www.jifco.com.cn
0219	创元期货有限公司	创元期货	交易会员	江苏	江苏省苏州市三香路120号万盛大厦2楼、3楼	215004	0512-68278744	www.cyqh.com.cn
0222	上海东亚期货有限公司	上海东亚	交易会员	上海	上海市浦东新区松林路300号期货大厦2203室	200122	021-68400499	www.dyqh.cn
0226	江南期货经纪有限公司	江南期货	交易会员	广东	广东省东莞市南城区体育路2号鸿禧中心六层B11-B12	523009	0769-22806989	www.scfuture.com
0227	金信期货有限公司	金信期货	交易会员	湖南	长沙市车站北路459号证券大厦5楼	410001	0731-2258815	www.hnjxqh.com
0228	河北恒银期货经纪有限公司	河北恒银	交易会员	河北	石家庄市槐安东路90号国富大厦三层	050020	0311-87893568 0311-87894059	www.hbhyqh.com
0231	山西三立期货经纪有限公司	山西三立	交易会员	山西	山西省太原市府西街69号山西国际贸易中心东塔18层	30002	0351-8689068	www.sxslqh.com.cn

会员号	会员全称	会员简称	会员类型	所属辖区	公司地址	邮编	联系电话	公司网址
0232	成都倍特期货经纪有限公司	成都倍特	交易会员	四川	成都市高新区锦城大道539号盈创动力大厦A座4楼406室	610031	028－86268191	www.btqh.com
0235	中衍期货有限公司	中衍期货	交易会员	北京	北京市朝阳区光华路15号院1号楼1804－1807室	100026	010－62388810	www.crfco.com.cn
0236	宁波杉立期货经纪有限公司	宁波杉立	交易会员	宁波	宁波市中山东路796号东航大厦11楼	315040	0574－87716697	www.nbslqh.com
0237	迈科期货经纪有限公司	迈科期货	交易会员	陕西	陕西省西安市高新开发区唐延路33号迈科国际大厦22层,6层604室,24层2402、2406、2407、2408室	710075	029－88830600	www.maikefutures,com
0238	天风期货有限公司	天风期货	交易会员	大连	大连市沙河口区中山路478号华邦上都三层	116021	0411－39779911	www.tfqhgs.com
0239	道通期货经纪有限公司	道通期货	交易会员	江苏	江苏省南京市鼓楼区广州路188号苏宁环球大厦5层02座	210024	025－83276958	www.doto－futures.com
0240	新疆天利期货经纪有限公司	新疆天利	交易会员	新疆	新疆乌鲁木齐市人民路33号瑞达国际大厦七楼	830002	0991－2314100	www.xjtlqh.com
0242	第一创业期货有限责任公司	第一创业	交易会员	北京	北京市西城区平安里西大街26号新时代大厦四层南侧	100034	010－53197000	www.fcfco.cn
0243	中辉期货经纪有限公司	中辉期货	交易会员	山西	山西省太原市新建路39号乡海大厦16层	030002	0351－8225066	www.zhqh.cn
0245	恒泰期货有限公司	恒泰期货	交易会员	上海	上海市浦东新区峨山路91弄120号2层201单元	200122	021－58405212	www.cnhtqh.com.cn
0246	集成期货有限公司	集成期货	交易会员	广东	广州市天河区珠江新城华夏路10号富力中心11层03、04单元	510623	020－28023116	www.jclqh.com
0247	摩根大通期货有限公司	摩根大通	交易会员	广东	广东省中山市竹苑路102号	528403	0760－88880999	
0248	长安期货有限公司	长安期货	交易会员	陕西	陕西省西安市浐灞大道1号商务中心二期四楼408、409、140室	710024	029－87206088	www.cafut.cn
0249	中原期货有限公司	中原期货	交易会员	河南	河南省郑州市郑东新区商务外环路10号中原广发金融大厦四楼	450046	0371－68599199	www.zyfutures.com
0251	华融期货有限责任公司	华融期货	交易会员	海南	海南省海口市海秀中路51－1号星华大厦11层	570206	0898－66779160	www.hrfutu.com.cn
0252	金石期货有限公司	金石期货	交易会员	新疆	新疆乌鲁木齐市解放北路90号	830002	0991－2331305	www.jsfco.com
0255	华创期货有限责任公司	华创期货	交易会员	重庆	重庆市渝中区中山三路131号希尔顿商务大厦13楼	400015	023－89039818	www.359qh.com
0256	盛达期货有限公司	盛达期货	交易会员	广东	广东省广州市解放南路123号金汇大厦6楼601	510120	020－83271198	www.ztqh.com.cn
0257	广东鸿海期货有限公司	广东鸿海	交易会员	广东	广东省深圳市福田区深南大道与金田路交界西南深圳国际交易广场2612－2616室	518034	0755－23997599	www.gdhhqh.com
0259	江海汇鑫期货有限公司	江海汇鑫	交易会员	辽宁	沈阳市和平区和平北大街93号	110002	024－3[illegible]308888	www.hxqh.com
0260	德盛期货有限公司	德盛期货	交易会员	湖南	湖南省长沙市五一西路2号第一道14楼	410005	0731－82893307	www.dsf.cn
0261	神华期货经纪有限公司	神华期货	交易会员	广东	广东省深圳市深南大道6008号特区报业大厦西区29F	518000	0755－83517606	www.shqhgs.com
0262	华海期货有限公司	华海期货	交易会员	辽宁	沈阳市沈河区团结路1－9－1	110013	010－82211853	www.hhqh.net
0263	铜冠金源期货有限公司	铜冠金源	交易会员	上海	上海市浦东新区源深路273号	200135	021－6[illegible]559999	www.jyqh.com.cn
0265	方正期货有限公司	方正期货	交易会员	湖南	湖南省长沙市芙蓉中路一段372号四楼	410008	0731－84312738	www.founderfu.com
0268	深圳金汇期货经纪有限公司	深圳金汇	交易会员	深圳	深圳市福田区深南大道6013号中国有色大厦18楼	518040	0755－83472883	www.szjhqh.com
0269	和合期货经纪有限公司	和合期货	交易会员	山西	太原市迎泽区菜园东街2号	030012	0351－7342728	www.hhqh.com.cn
0271	中州期货有限公司	中州期货	交易会员	山东	烟台市莱山区迎春大街133－1科技创业大厦	264003	0535－6692331	www.zzfco.net
0272	鑫鼎盛期货有限公司	鑫鼎盛	交易会员	福建	福州市鼓楼区水部街道福新路239号吉翔双子星大厦1#－2#楼连体5层01商场	350001	0591－3[illegible]113228	www.XDSQH.com
0273	深圳瑞龙期货有限公司	深圳瑞龙	交易会员	深圳	深圳市福田区福中三路诺德金融中心主楼33D	518026	0755－8[illegible]262464	www.rlqh.cn
0275	象屿期货有限责任公司	象屿期货	交易会员	天津	天津开发区广场东路20号E4－C－5层西侧	300457	022－59997500	www.xiangyuqh.com
0276	安粮期货有限公司	安粮期货	交易会员	安徽	合肥市芜湖路168号同济大厦10层、11层	230001	4006209988	www.ahcoffco.com
0277	京都期货有限公司	京都期货	交易会员	北京	北京市西城区德外大街115号德胜尚城E座1层	100088	010－59366016	www.jingduqh.com
0278	广州期货有限公司	广州期货	交易会员	广州	广州市天河区临江大道5号保利中心21楼04－06单元	510623	020－22[illegible]39800	www.gzf2010.com.cn
0279	华龙期货有限公司	华龙期货	交易会员	甘肃	甘肃省兰州市城关区静宁路308号信托大厦4楼	730030	0931－8[illegible]94403	www.hlqhgs.com
0280	大通期货经纪有限公司	大通期货	交易会员	黑龙江	哈尔滨市南岗区西大直街118号01号楼6层	150001	0451－86257057	www.dtqh.com.cn
0281	国富期货有限公司	国富期货	交易会员	大连	大连市沙河口区会展路129号大连国际金融中心A座2808室	116023	0411－88853026	www.gffcc.com
0282	西南期货有限公司	西南期货	交易会员	重庆	重庆市渝中区中山三路168号中安大厦九楼	400015	023－63038639	www.swfutures.com
0283	招金期货有限公司	招金期货	交易会员	山东	山东省淄博市张店区柳泉路45号甲3号5层	255000	0533－2287361	www.zjfco.com
0285	东方汇金期货有限公司	东方汇金	交易会员	吉林	长春市朝阳区西安大路2128号绿地*蓝海5A第二十层	130061	0431－81[illegible]55666	www.dongfanghuijin.com
0286	天鸿期货经纪有限公司	天鸿期货	交易会员	上海	上海市虹口区东大名路1080号东方海港国际大厦21层	200082	400－630－6369	www.tianhongqh.com
0287	财达期货有限公司	财达期货	交易会员	天津	天津市和平区君隆广场1、2号楼西安道2号501－503	300020	022－58356000	www.caidaqh.com
0288	江信国盛期货有限责任公司	江信国盛	交易会员	辽宁	辽宁省鞍山市铁东区新华街35栋－4号2层、3层	114010	4006008799	www.jxgsqh.com
0289	金谷期货有限公司	金谷期货	交易会员	天津	天津市和平区荣业大街80号2层、3层	300021	58909666－860	www.jgqh.cc

第二节 上海期货交易所

上海期货交易所

上海期货交易所是依照有关法规设立的，履行有关法规规定的职责，受中国证监会集中统一监督管理，并按照其章程实行自律管理的法人。上海期货交易所目前上市交易的有黄金、白银、铜、铝、锌、铅、螺纹钢、线材、燃料油、天然橡胶、沥青等一种期货合约，并推出了黄金、白银和有色金属的连续交易。

上海期货交易所坚持以科学发展观为统领，深入贯彻国务院关于推进资本市场改革开放和稳定发展的战略决策，依循“夯实基础、深化改革、推进开放、拓展功能、加强监管、促进发展”的方针，严格依照法规政策制度组织交易，切实履行市场一线监管职责，致力于创造构建安全、有序、高效的市场机制，营造公开公平公正和诚信透明的市场环境，长期目标是：努力建设成为规范、高效、透明、综合性、国际化的衍生品交易所，未来五年的目标是：建设成为亚太时区领先、具有全球重要影响力的商品期货、期权及其他衍生品的交易所。

上海期货交易所现有会员 200 多家（其中期货公司会员占近 77%），在全国各地开通远程交易终端 700 多个。

随着行业风险控制能力的强化提高、市场交易的持续活跃和规模的稳步扩大，市场功能及其辐射影响力显著增强，铜期货价格作为世界铜市场三大定价中心权威报价之一的地位进一步巩固；天然橡胶期货价格得到国内外各方的高度关注；燃料油期货在探索能源期货发展的道路上稳健运行；锌期货上市，与铜、铝期货关联，初步形成了有色金属期货品种系列；黄金期货上市，为促进黄金市场的发展，增进商品期货市场与金融市场的联系开辟了新路径；钢材期货上市，将逐步优化钢材价格形成机制，促进钢铁工业健康有序发展，进一步提高我国钢铁工业的国际竞争力。白银期货的上市，丰富了我国贵金属期货品种，完善了国内白银市场价格体系，促进了国内白银产业可持续健康发展。沥青期货多种交割方式的创新，顺应了沥青产业发展趋势，提高了企业风险管理效率。黄金、白银和有色金属的连续交易上线运行，促进了相关品种国内外价格的及时联动，增强了我国期货市场的价格影响力，并为投资者实时进行风险管理提供了便利。

按照《上海期货交易所章程》，会员大会是交易所的权力机构，由全体会员组成；理事会是会员大会的常设机构，下设监察、交易、结算、会员资格审查、调解、财务、技术、有色金属产品、能源化工产品、黄金钢材产品等 10 个专门委员会；监事会是交易所的内部监督机构，监督理事会、经营管理层的履职情况。

交易所设有文化建设委员会、交易运作委员会、人才发展委员会、技术管理委员会、产业服务与发展委员会等 5 个专业委员会，以及办公室、理事会办公室、监事会办公室、发展研究中心、文化建设办公室、新闻信息部、推进衍生品创新工作办公室、国际合作部、有色金属部、能源化工部、黄金钢材部、会员服务和投资者教育部、交易部、结算部、监查部、法律事务部、技术中心、人力资源部、党委办公室、纪律检查办公室、内审合规部、财务部、行政部（保卫部）、北京联络处、张江中心管理办公室等 25 个职能部门。

根据国务院颁布的《期货交易管理条例》及中国证监会发布的《期货交易所管理办法》等法规，交易所建立了交易运作和市场管理规章制度体系。

交易所拥有适用可靠的计算机交易系统，通过高容量光纤及数据专线、双向卫星、三所联网等通讯手段确保前台和远程交易的实时和安全可靠。同时，通过中心数据库实现结算、资金、交割、异地交割仓库、风险监控等系统数据的实时同步传送和交换。

为维护市场稳定和投资者合法权益，交易所建有多元结合的风险控制体系，主要包括以交易规范为准则的一系列制度措施；以量化系列指标与计算机自动化运作相结合的风险预警系统；以全程控制风险为目标，按职能分工落实相关责任制的风险动态跟踪、分析、应对的工作机制。

上海期货交易所坚持监管、服务两手抓的理念，坚持稳健运行，稳步发展，推进改革创新，深化服务，真诚地为会员及投资者提供全面及时的各项服务。

交易所实行保证金和每日无负债结算制度，通过指定的结算银行每天对会员的交易进行集中清算，会员负责对其客户交易进行清算。交易所实行实物交割履约制度，合约到期须在规定期限内，以实物交割方式履约。交易所指定交割仓库为交割双方提供相关服务。客户交割须通过会员办理。

交易所坚持维护投资者合法权益的基本宗旨，制订、实施风险控制管理制度，健全风险监控机制，保证市场规范有序地运行。

交易所通过建立的卫星广播网和公共电讯网，将实时和延时交易行情经授权的国内外信息资讯机构进行同步信息发布。通过实时行情短信播报服务系统和电话语音报价服务系统，向市场提供动态交易行情咨询服务。交易所通过自建的网站（http://www. shfe. com. cn/）及时规范地向市场发布交易、交割、持仓、库存等各类统计数据资料及相关信息。交易所还通过新闻媒体报道、电话咨询交流、举办多种形式的培训班、开展各种形式的对外交流等活动，向会员、投资者及社会提供咨询、培训等服务。

地址：上海市浦东新区浦电路 500 号

邮编：200122

电话：021 - 68400000

传真：021 - 68401198

上海期货交易所大事记

2013 年 1 月大事记

1 月 14 日，纪委书记劳光熊参加上海金融系统党政负责干部会议。

1 月 15 日，副总经理霍瑞戎会见英国天然气集团（BG GROUP）中国区总裁李平博士及英国天然气集团全球高级业务拓展经理 John Burley 一行。

1 月 15 日，总工程师严少辉参加中证投资者发展中心有限责任公司第一次股东会。

1 月 16 日，副总经理滕家伟出席全国中小企业股份转让系统有限责任公司揭牌仪式及董事会 2013 年第一次会议。

1 月 17 日，理事长杨迈军出席中国金融期货交易所董事会。

1 月 17 日，副总经理叶春和出席中国期货业协会第三届理事会第二次会议。

1 月 21 - 23 日，理事长杨迈军、总经理刘能元、监事会筹备组负责人王立华、纪委书记劳光熊赴北京参加全国证券期货监管工作会议。

1 月 25 日，副总经理席志勇会见香港交易所环球市场科联席主管戴志坚一行。

1 月 27 日，理事长杨迈军列席上海市四届人大一次会议。

2013 年 2 月大事记

2 月 17 - 18 日，纪委书记劳光熊参加中国共产党上海市第届纪律检查委员会第二次全体会议第一次会议。

2 月 22 - 23 日，全体所领导出席 2013 年上海期货交易所工作座谈会。

2 月 27 日下午，上海市政府副秘书长金兴明及上海市金融办一行五人来访，总经理刘能元、副总经理叶春和、副总经理滕家伟、总经理助理曹越参与会见座谈。

2 月 27 日，副总经理霍瑞戎参加期货监管二部连续交易座谈会。

2 月 28 日，副总经理席志勇参加期货投资者保障基金审议委员会工作会议。

2013 年 3 月大事记

3 月 4 - 15 日，理事长杨迈军出席"全国人民代表大会"和"中国人民政治协商会议"。

3 月 11 日，总经理刘能元、副总经理叶春和、总经理助理曹越接待浦东新区区长（上海市政协副主席）姜樑、副区长严旭一行。

3 月 18 日，召开上海期货与衍生品研究院有限责任公司第一届董事会第二次会议。

3 月 22 日，副总经理席志勇参加中国证券金融股份有限公司 2012 年度股东大会。

3 月 24 日，副总经理滕家伟参加中国证监会扶贫工作会议。

3 月 26 日，理事长杨迈军、监事会筹备组负责人王立华参加上海证券交易所反腐倡廉工作会议。

3 月 28 - 29 日，副总经理叶春和在广州参加中钢协主办的第 11 届钢材市场和贸易国际研讨会，并会见中钢协副会长兼秘书长张长富。

3 月 28 日，副总经理褚玦海会见泰国宏曼丽有限公司（Von Bundit, Co. Ltd.）执行董事 Bundit Kerdvongbundit（泰国橡胶协会秘书长）一行四人。

2013 年 4 月大事记

4 月 2 日，副总经理席志勇接待宁波市政府副秘书长、金融办主任姚蓓军一行，探讨交流在宁波合作发展期现货结合的商品衍生品市场等相关事宜。

4 月 3 日，副总经理席志勇接待中国（舟山）大宗商品交易中心曹国英主任一行，就双方合作事宜进行洽谈。

4 月 8 日，副总经理褚玦海接待商务部外贸司张夏令副司长、国家发改委经贸司付炳其处长，以及上海市商委一行来所调研。

4 月 9 日，监事会筹备组负责人王立华主持召开我所第一届监事会第一次会议，证监会人教部副主任周雪保出席会议。

4 月 9 日，总经理刘能元主持召开所领导以上会议，证监会人教部副主任周雪保出席会议并宣布王立华当选为上海期货交易所监事长。理事长杨迈军、监事长王立华、纪委书记劳光熊、副总经理霍瑞戎、滕家伟、席志勇、总经理助理曹越出席会议。

4 月 9 日，召开上海期货交易所第一届监事会第一次会议；上海期货交易所第一届监事会成立，并按程序产生 7 名监事：监事长王立华，委派监事宋志强，会员监事施建军、陈冬华、徐凌，职工监事顾忠国、孙宏。

4 月 9 日，副总经理席志勇接待香港商品交易所联席总裁王宇锦，就与我所在结算价授权、品种互挂和结算服务方面开展合作等事项进行座谈。

4 月 10 日，理事长杨迈军主持召开我所第二届理事会第三一次会议，总经理刘能元出席会议。监事长王立华、纪委书记劳光熊、副总经理霍瑞戎、滕家伟、席志勇、总经理助理曹越列席会议。

4 月 10 日，纪委书记劳光熊出席共青团上海市第四次代表大会开幕式。

4 月 17 日，副总经理滕家伟出席全国中小企业股份转让系统有限责任公司 2012 年度股东会、董事会会议。

4 月 18 - 19 日，副总经理霍瑞戎出席中欧衍生品市场论坛。

4 月 19，纪委书记劳光熊、总经理助理党剑参加廉政风险的技术防范与信息技术审计工作座谈会。

4 月 22 日 - 24 日，理事长杨迈军赴北京列席第二届全国人民代表大会常务委员会第二次会议。

4 月 23 日，总经理刘能元、副总经理席志勇会见俄罗斯诺里尔斯克镍业集团（Norilsk Nickel）首席执行官 Alexander Shcherbinin、亚太地区首席执行官 Ancrey Kuznetsov 及总经理 Joseph Choi，以及 Norilsk 镍业贸易（上海）有限公司销售经理 Philippp Sushchikhin 一行五人。

4 月 25 日，副总经理褚玦海参加上海保税区域协会第二次会员大会。

2013 年 5 月大事记

5 月 6 日，理事长杨迈军，总经理刘能元，副总经理褚玦海参加原油期货市场建设工作领导小组第三次会议。

5 月 8 日，理事长杨迈军出席 2013 年证券公司创新发展研讨会。

5 月 8 - 11 日，总经理刘能元，副总经理褚玦海赴江西铜业调研，并参加有色金属工业协会举办的第九届铜产业链论坛。

5 月 9 日，副总经理席志勇参加第五次期货市场监查工作联席会议。

5 月 10 日，总经理助理党剑参加证联网技术方案论证会。

5 月 15 日，总经理刘能元会见迪拜商品交易所首席执行官 Christphor Fix 一行。

5 月 17 日，理事长杨迈军、总经理刘能元、副总经理褚玦海会见芝加哥商业交易所集团名誉主席梅拉梅德一行。

5 月 22 日，副总经理褚玦海会见法国巴黎银行期货部高管,探讨上海原油期货相关问题。

5 月 23 – 26 日,总经理刘能元、总经理助理曹越赴浙江开展上期有色金属指数期货及商品期货期权调研。

5 月 23 日,监事长王立华、副总经理滕家伟会见上海证券交易所监事长张宁、副总经理刘绍统一行。

5 月 24 日,监事长王立华会见中钢集团公司党委书记、中国中钢股份公司总经理徐思伟一行。

5 月 28 – 29 日,我所主办的第届上海衍生品市场论坛在沪举行。中国证监会副主席姜洋,上海市委常委、常务副市长屠光绍出席论坛并致辞。中国证监会原主席周正庆、原主席周道炯、原副主席范福春出席论坛并致书面发言。总经理刘能元主持第届上海衍生品市场论坛总会并致开幕辞。理事长杨迈军出席论坛并致辞,监事长王立华,副总经理叶春和,纪委书记劳光熊,副总经理霍瑞戎、滕家伟、褚玦海、席志勇,总经理助理曹越、党剑出席论坛并主持有关分会。

5 月 30 日,理事长杨迈军赴上海市人民政府参加金融市场座谈会。

5 月 31 日,总经理刘能元、纪委书记劳光熊会见安徽省安庆市太湖县县长程志翔、副县长张敏丽一行。

2013 年 6 月大事记

6 月 5 日,总经理刘能元接待全国政协常委、港澳台侨委员会主任杨崇汇一行参观交易所。

6 月 6 日,理事长杨迈军,总经理助理党剑参加上海期货交易所理事会技术委员会和会员资格审查委员会。

6 月 6 日,总经理刘能元,副总经理褚玦海会见中石油燃料油有限责任公司总经理郑明禹一行。

6 月 6 日,总经理刘能元出席连续交易业务视频培训会并致辞。

6 月 13 日,理事长杨迈军赴北京参加全国人大立法规划座谈会。

6 月 21 日,副总经理叶春和出席“2013 中国社会科学研究院上海论坛——黄金白银五百年”并致辞。

6 月 26 日,副总经理叶春和参加铁矿石金融衍生品市场动态研究结题报告会。

6 月 26 日,纪委书记劳光熊参加上海金融系统庆祝中国共产党成立 92 周年大会。

6 月 28 – 29 日,理事长杨迈军、总经理刘能元参加 2013 陆家嘴论坛。

6 月 28 日,总经理刘能元会见新加坡交易所 CEO Magnus Bocker。

2013 年 7 月大事记

7 月 2 日,理事长杨迈军参加上海市党委组织的党员群众路线教育动员大会。

7 月 5 日,理事长杨迈军、副总经理叶春和、霍瑞戎、滕家伟、席志勇、总经理助理曹越、党剑出席上海期货交易所连续交易上线启动发布会。

7 月 5 日,副总经理叶春和、席志勇接待宁波市副市长陈奕君一行。

7 月 12 日,理事长杨迈军参加中国金融期货交易所举办的国债期货培训会。

7 月 12 – 13 日,纪委书记劳光熊出席中国共产党上海市第届委员会第四次全体会议。

7 月 16 日,理事长杨迈军、副总经理席志勇会见芝加哥期权交易所(CBOE)执行主席 William Brodsky 一行。

7 月 17 日,理事长杨迈军、副总经理褚玦海会见山东省临沂市市长陈先运一行。

7 月 17 日,总经理刘能元出席上海期货交易所举办的“为产业服务”系列活动——套期保值业务培训会议并致辞。

7 月 19 日,理事长杨迈军、总经理刘能元、监事长王立华、副总经理叶春和、纪委书记劳光熊、副总经理霍瑞戎、滕家伟、褚玦海、席志勇、总经理助理曹越、党剑出席上海期货交易所党的群众路线教育实践活动会议。

7 月 23 日,理事长杨迈军参加上海市全国人大代表“促进电子商务健康发展”专题调研座谈会。

7 月 31 日,总经理刘能元、副总经理褚玦海会见原中国证监会首席顾问、前香港证监会主席梁定邦先生。

2013 年 8 月大事记

8 月 1 日,总经理助理党剑出席期货投资者保护研讨会暨专题培训班。

8 月 2 日,理事长杨迈军、总经理刘能元、总经理助理党剑出席我所与浦发银行战略合作框架协议签约仪式。

8 月 7 日,理事长杨迈军参加上海市全国人大代表“促进电子商务健康发展”调研会议。

8 月 8 日,副总经理褚玦海接待上海市金融服务办公室徐权副主任一行。

8 月 9 日,理事长杨迈军、总经理刘能元、副总经理席志勇会见香港交易及结算所有限公司总经理李小加一行。

8 月 14 日,副总经理叶春和参加热轧卷板期货相关规则企业研讨会。

8 月 14 日,副总经理霍瑞戎、褚玦海、席志勇在上海出席有色金属连续交易座谈会。

8 月 16 日,理事长杨迈军赴昆明出席有色金属连续交易座谈会。

8 月 16 日,总经理刘能元、副总经理霍瑞戎赴北京出席有色金属连续交易座谈会。

8 月 21 日,理事长杨迈军、总经理刘能元、副总经理席志勇、总经理助理曹越赴杭州调研阿里巴巴和浙江新华大宗交易中心。

8 月 22 日,理事长杨迈军、副总经理席志勇参加第二届理事会交易委员会第六次会议及第二届理事会监察委员会第一次会议。

8 月 22 日,总经理刘能元、总经理助理曹越赴杭州与浙江片区会员就商品指数期货与期权召开研讨会。

8 月 23 日,副总经理叶春和会见钢之家总裁吴文章并座谈。

8 月 26 – 27 日,理事长杨迈军参加上海金融业联合会江苏省学习交流活动。

8 月 27 日,副总经理滕家伟参加证监会系统挂职干部座谈会。

8 月 28 日,理事长杨迈军、总经理刘能元、总经理助理党剑出席我所与平安银行战略合作框架协议签约仪式。

8 月 28 日,监事长王立华、副总经理滕家伟、总经理助理曹越参加上海期货交易所理事会财务委员会会议。

8 月 30 日,副总经理席志勇参加中金所组织的国债期货监管暨程序化交易监管研讨会。

2013 年 9 月大事记

9 月 7 日,总经理刘能元出席第五届中国有色金属现货期货互动峰会。

9 月 10 日,理事长杨迈军、总经理刘能元、总经理助理曹越会见市建交委副主任袁嘉蓉、处长施正伟及航运交易所总裁张页一行。

9月11日，理事长杨迈军、总经理刘能元、监事长王立华、副总经理霍瑞戎、滕家伟、席志勇、总经理助理曹越出席上海期货交易所第二届理事会第三二次会议。

9月14日，理事长杨迈军接待上海市人大常委会主任殷一璀一行。

9月24日，总经理刘能元、副总经理褚玦海、席志勇会见CME荣誉主席梅拉梅德一行。

9月25日，副总经理叶春和会见中国黄金协会副会长张永涛一行。

2013年10月大事记

10月9日，经中国证监会批准，石油沥青期货合约在我所上市交易。总经理刘能元主持发布会，中国石油和化学工业联合会常务副会长李寿生出席并致辞。李寿生会长和杨迈军理事长共同为沥青期货开盘交易鸣锣。

10月9日，理事长杨迈军、总经理刘能元、监事长王立华、副总经理滕家伟、褚玦海、席志勇、总经理助理曹越出席上海期货交易所第二届理事会第三三次会议。

10月10日，副总经理席志勇接待百联集团总裁叶永明一行并座谈。

10月16日，理事长杨迈军、总经理刘能元、副总经理褚玦海参加上海国际能源交易中心筹备组第二次会议。

10月19日，总经理刘能元、副总经理席志勇出席我所与新加坡交易所合作备忘录签署仪式。

10月25日，副总经理褚玦海参加第一届海南橡胶产业发展（国际）论坛。

10月30日，总经理刘能元参加上海市金融工委会议。

2013年11月大事记

11月1日，总经理刘能元参加2013年中国上市公司协会年会。

11月5日，理事长杨迈军、总经理刘能元、副总经理席志勇会见台湾期货公会理事长贺鸣珩和台湾期货交易所董事长范志强一行。

11月6日，理事长杨迈军、副总经理褚玦海出席上海期货交易所理事会有色金属专门委员会和能源化工专门委员会。

11月7日，理事长杨迈军、总经理刘能元、副总经理褚玦海接待上海市政府副秘书长、自贸区管委会常务副主任戴海波一行。

11月7日，理事长杨迈军、总经理刘能元、副总经理席志勇接待全国人大财经委法案室主任龚繁荣一行《期货法》立法调研。

11月8日，纪委书记劳光熊参加证监会系统纪检监察工作调研座谈会。

11月8日，副总经理席志勇接待青岛市副市长刘明君及青岛金融办一行。

11月12日，副总经理霍瑞戎会见加拿大BMO银行金融集团亚洲区外贸金融及非银行类金融机构总经理Ming Kao。

11月14日，总经理刘能元、副总经理叶春和会见中国钢铁工业协会党委书记兼副会长刘振江一行。

11月14日，副总经理席志勇会见中国金融期货交易所副总经理戎志平一行。

11月15日，理事长杨迈军出席中国证监会国际顾问委员会第次会议。

11月15日，总经理助理曹越会见德国联邦食品、农业和消费者保护部代表团Theodor Seegers博士一行。

11月19日，副总经理霍瑞戎会见英国联合金属贸易有限公司（AMT）公司总监Alan Fitzgerald先生一行四人。

11月20日，副总经理席志勇会见上海大宗钢铁电子交易中心总裁章玲玲一行。

11月20日，副总经理褚玦海会见中国石油经济技术研究院院长孙贤胜一行。

11月20日，副总经理褚玦海出席第九届亚洲铜业大会，并进行主题发言。

11月21日，理事长杨迈军、副总经理褚玦海参加商务部主办的国际石油大会。

11月21日，总经理刘能元、监事长王立华、副总经理叶春和、副总经理霍瑞戎、副总经理滕家伟、副总经理席志勇、总经理助理曹越、总经理助理党剑出席由我所和智利铜与矿业研究中心（CESCO）联合主办的亚洲铜宴。

11月21、22日，理事长杨迈军、总经理刘能元、副总经理霍瑞戎参加连续交易座谈会。

11月22日，理事长杨迈军、总经理刘能元、监事长王立华、纪委书记劳光熊、副总经理霍瑞戎、副总经理滕家伟、副总经理褚玦海、副总经理席志勇、总经理助理曹越、总经理助理党剑出席上海国际能源交易中心股份有限公司揭牌仪式。

11月22日，理事长杨迈军出席中国期货保证金监控中心管委会第次会议、股东会第五次会议、第一届董事会第一次会议，总经理刘能元、副总经理席志勇列席。

11月26日，理事长杨迈军、副总经理席志勇会见泰国证券交易所董事长Sathit Limpongpan、总经理Charamporn Jotikasthira、泰国证监会副秘书长Duangmon Chuengsatiansup等一行。

11月26日，副总经理叶春和会见智利安托法加斯塔矿业集团（Antofagasta Minerals Mining Group）高级副总裁Gonzalo Sanchez一行。

11月30日，副总经理叶春和参加央视财经贵金属高峰论坛。

2013年12月大事记

12月3-4日，理事长杨迈军、总经理助理曹越、总经理助理党剑参加第九届中国（深圳）国际期货大会，总经理助理曹越主持上海期货交易所产品创新论坛。

12月3-6日，总经理刘能元参加第九届“期货业协会”（FIA）亚洲衍生品年会。

12月5日，理事长杨迈军参加证监会党校2013年秋季干部任职培训授课《期货市场的发展与创新》。

12月6日，理事长杨迈军、副总经理叶春和参加上海期货交易所第二届理事会黄金钢材产品委员会第三次会议。

12月9日，理事长杨迈军、副总经理席志勇会见Optiver集团CEO Mr. Paul Hilgers、上海Optiver董事长王中恺、上海Optiver CEO吕常恺一行。

12月10日，总经理刘能元、副总经理席志勇出席我所与上海市公安局经济侦查总队签约仪式。

12月10日，副总经理叶春和会见DRW交易集团亚洲区主管Charles Dowling一行。

12月10日，纪委书记劳光熊参加‘上海市金融从业人员廉洁风险和案件防控教育展示点”启动会议。

12月10-12日，理事长杨迈军赴江西调研有色金属仓库。

12月15-17日，理事长杨迈军参加证监会系统领导干部研讨班。

12 月 17 日，副总经理褚玦海会见中国石油国际事业有限公司副总裁张彤、中国石油国际事业有限公司华东分公司副总经理程江生一行。

12 月 19 日，副总经理褚玦海会见摩根大通亚太区期货期权和场外衍生品部门执行董事沈智远、摩根大通期货公司总经理魏红斌一行。

12 月 20 日，我所有色金属连续交易上线启动。总经理刘能元主持发布会，中国有色金属工业协会会长陈全训和我所杨迈军理事长出席致辞并共同为有色金属连续交易上线鸣锣。

12 月 23 日，理事长杨迈军出席上海金融联合会举办的“上海金融界迎新年茶话会”。

12 月 23 日，副总经理叶春和参加期货业协会第三届理事会第六次会议。

12 月 27 日，副总经理叶春和、总经理助理曹越参加复旦大学——上海期货交易所同学会成立仪式。

2012 年交易概况

交易品种	交易日数	成交金额	成交金额比重	日均成交金额	交割金额
ag_f	162	413086002.08	4.63%	2549913.59	286488.38
al_f	243	61898044.24	0.69%	254724.46	679474.38
au_f	243	403643748.81	4.53%	1661085.39	87539.00
cu_f	243	3274894116.76	36.72%	13476930.52	1845666.95
fu_f	243	474163.73	0.01%	1951.29	14110.20
pb_f	243	5300136.68	0.06%	21811.26	96841.94
rb_f	243	1347712465.89	15.11%	5546141.83	72004.53
ru_f	243	3089869617.06	34.64%	12715512.83	144984.76
wr_f	243	21287.11	0.00%	87.60	0.00
zn_f	243	322637575.02	3.62%	1327726.65	380960.06
Total	243	8919537157.38	100.00%	36705914.23	3608070.19
交易品种	交易日数	成交量	成交量比重	日均成交量	交割量
ag_f	162	42529908	5.82%	262530.30	27982
al_f	243	7885360	1.08%	32450.04	86995
au_f	243	11833490	1.62%	48697.49	2577
cu_f	243	114569670	15.68%	471480.12	64170
fu_f	243	18264	0.00%	75.16	535
pb_f	243	137292	0.02%	564.99	2529
rb_f	243	361124960	49.42%	1486110.95	18600
ru_f	243	150352532	20.58%	618734.70	9062
wr_f	243	5434	0.00%	22.36	0
zn_f	243	42201848	5.78%	173670.16	50410
Total	243	730658758	100.00%	3006826.16	262860

注：1、成交量单位为手，双边计算；成交金额单位为万元，双边计算。
2、交割量单位为手，单边计算；交割金额单位为万元，单边计算。

2013 年交易概况

交易品种	交易日数	成交金额	成交金额比重	日均成交金额	交割金额
cu_f	238	3346472460.31	27.69%	14060808.66	1392598.15
al_f	238	48146330.05	0.40%	202295.50	598103.89
zn_f	238	180818474.66	1.50%	759741.49	277681.51
pb_f	238	4925568.68	0.04%	20695.67	324821.58
au_f	238	1070906204.94	8.86%	4499605.90	75538.07
ag_f	238	2311097275.92	19.13%	9710492.76	424760.99
rb_f	238	2188142579.08	18.11%	9193876.38	72163.62
wr_f	238	29173.25	0.00%	122.58	0.00
fu_f	238	50215.18	0.00%	210.99	1834.47
bu_f	60	27410695.80	0.23%	456844.93	0.00
ru_f	238	2905355639.95	24.04%	12207376.64	292161.92
Total	238	12083354617.81	100.00%	50770397.55	3459664.19
交易品种	交易日数	成交量	成交量比重	日均成交量	交割量
cu_f	238	128591712	10.01%	540301.31	51600
al_f	238	6611150	0.51%	27777.94	81910
zn_f	238	24166332	1.88%	101539.21	37410

交易品种	交易日数	成交金额	成交金额比重	日均成交金额	交割金额
pb_f	238	345518	0.03%	1451.76	19593
au_f	238	40175648	3.13%	168805.24	2841
ag_f	238	346445222	26.96%	1455652.19	57788
rb_f	238	587457858	45.72%	2468310.33	19950
wr_f	238	7724	0.00%	32.45	0
fu_f	238	2078	0.00%	8.73	77
bu_f	60	6268602	0.49%	104476.70	
ru_f	238	144876116	11.27%	608723.18	14607
Total	238	1284947960	100.00%	5398941.01	285776

注:1、成交量单位为手,双边计算;成交金额单位为万元,双边计算。
2、交割量单位为手,单边计算;交割金额单位为万元,单边计算。

第三节　大连商品交易所

大连商品交易所

大连商品交易所于 1993 年 11 月 18 日开业，是经国务院批准的四家期货交易所之一，现上市交易的有玉米、大豆(1号、2 号)、豆粕、豆油、棕榈油、线型低密度聚乙烯、聚氯乙烯、焦炭和焦煤等期货品种。

成立二十年以来，大商所规范运营、稳步发展，已经成为我国重要的期货交易中心。截至 2013 年年末，大商所共有会员 173 家，指定交割库 182 个，2013 年期货成交量和成交额分别达 14.01 亿手和 94.31 万亿元。根据美国期货业协会(FIA)统计，2012 年大商所在全球衍生品交易所中排名第 11位。

长期以来，大商所始终坚持服务实体经济的方向，始终坚持防范市场风险、维护市场“三公”原则，始终坚持“两手抓”、统筹好新品种开发和老品种维护，不断提升市场运行质量，提高服务实体经济的能力。目前，在大商所上市交易的相关期货品种价格已成为国内市场的权威价格，为农民种地卖粮、企业提供了价格的“指南针”和经营的“避风港”，并为国家宏观调控提供了有效价格参考。

2005 年起，大商所先后面向东北粮食主产区开展了以培训期货知识、免费信息服务及推动“公司 + 农户、期货 + 订单”模式试点为内容的“千村万户”市场服务工程；面向产业企业开展了以现代市场经营和期货市场参与模式推广为内容的“千厂万企”市场服务工程；通过每年举办的塑料、焦炭、玉米和油脂等四个产业大会，积极探索市场服务产业的新路，促进期现对接融合；大商所还通过开办期货学院，为期货公司和现货企业培训期现专业人才。

今年来，交易所加快品种创新步伐，目前国务院已同意鸡蛋品种上市，交易所已做好上市准备；证监会已就我所铁矿石、木材纤维板、胶合板品种上市征求相关部委意见；聚丙烯品种已完成立项，棉纱线、玉米淀粉、淀粉糖、生猪、肉鸡等农产品，石油液化气、尿素等能源化工品种也在积极研究推进中；期权、指数等交易方式创新也在持续推进中。

2007 年 8 月国务院批准的《东北地区振兴规划》中提出要“依托大连商品交易所，大力发展期货贸易，建设亚洲重要的期货交易中心”；2009 年国务院通过的《辽宁沿海经济带发展规划》、《关于进一步实施东北地区等老工业基地振兴战略的若干意见》及 2012 年《东北振兴“十二五”规划》进一步对大商所建设亚洲重要期货交易中心提出了要求。新的形势下，大商所正以建设亚洲及全球重要期货交易中心为目标，以治理结构完善和多层次市场建设为契机，以品种、制度、技术和服务创新为动力，努力将交易所建成国际一流的期货市场，为相关产业和实体经济发展做出更大的贡献！

组织结构

会员大会是交易所的权力机构，由全体会员组成。

理事会是会员大会的常设机构，现有理事长 1 人。理事会由 13 名理事组成，其中会员理事为 9 名、非会员理事为 4 名。

理事会下设监察、交易、工业品种、农业品种、会员资格审查、调解、财务、技术等 8 个专门委员会。

监事会是交易所内部监督机构，现有监事长 1 人。监事会由 6 名监事组成，其中专职监事 2 名、会员监事 2 名、职工监事 2 名。

交易所行政领导班子现有总经理 1 人、副总经理 2 人、总经济师 1 人、总经理助理 1 人。总经理为交易所法定代表人。

交易所设有总经理办公室、理事会办公室、战略规划办公室、研究中心、系统规划办公室、交易部、农业品事业部、工业品事业部、清算部、技术运维中心、新闻信息部、国际合作部、产业拓展部、会员服务部/期货学院、法律事务部、监察部、财务部、人力资源部、审计部和纪检监察办公室等 20 个职能部门，3 个派出机构：北京发展与服务总部、上海发展与服务总部、广州发展与服务总部，2 个直属单位：大连飞创信息技术有限公司、大连商品交易所行政服务有限公司。

社会公益

大商所长期致力于捐资助学、扶贫帮困、援助灾区等各项社会公益事业，积极承担社会责任。

捐资助学方面，大商所曾分别向辽宁省大连市、丹东市以及安徽省太湖县的希望工程捐赠资金，并参与援建了太湖县希望学校。自 2000 年以来，大商所用于捐资助学的款项已达 292 万余元。

扶贫帮困方面，大商所通过向上级主管部门上缴扶贫专项经费、向地方慈善总会和“残疾人联合会”捐款、资助贫困地区修建公路、加强农村学校供暖、慰问低保贫困户等多种方式进行扶贫帮困，2000 年以来累积扶贫资金达 586 万余元。

捐助灾区方面，大商所分别于 2008 年向南方雪灾地区和四川汶川地震灾区捐款，于 2010 年向青海省玉树地震灾区、甘肃省舟曲灾区和辽宁省丹东鸭绿江水灾地区进行了捐款，积极支援灾区重建，自 2008 年以来捐助灾区的款项达 991 万余元。

附：大商所近年部分扶贫帮困、捐助灾区活动清单

2008 年向南方雪灾受灾地区捐款 100 万元。

2008 年向汶川地震灾区捐款 312.275 万元。

2008 年向中国证监会上缴扶贫专项经费 20 万元。

2010 年向青海玉树地震灾区捐款 150 万元。

2010 年向甘肃舟曲灾区捐款 150 万元。

2010 年向丹东鸭绿江遭受水灾地区捐款 300 万元。

2010 年向“残疾人联合会”捐款 10 万元。

2010 年帮助庄河市吴炉镇榆书房村小学加强供暖及慰问当地低保户，共花费 9537.2 元。

2011 年向庄河市吴炉镇榆书房村资助 15 万元用以修建公路，并于每年春节看望村内低保户，发放慰问金及慰问品。

2011 年向中国证监会上缴扶贫专项经费 20 万元。

地址：中国大连会展路 129 号

邮编：116023

电话：0411 － 84808888

传真：0411 － 84808588

2012 年大连商品交易所品种年度统计

品种名称	本年成交量	去年成交量	同比增减	本年成交额	去年成交额	同比增减	本年持仓量	去年持仓量	同比增减
豆一	90,950,850	50,479,064	80.18%	42,903.27	22,730.58	88.75%	429,302	479,616	-10.49%
豆二	20,800	21,324	-2.46%	9.89	10.17	-2.78%	86	80	7.50%
玉米	75,648,712	53,699,476	40.87%	18,118.55	12,608.99	43.70%	442,448	611,574	-27.65%
焦炭	65,831,770	3,025,468	2,075.92%	102,697.42	6,860.51	1,396.94%	140,950	4,460	3,060.31%
聚乙烯	143,743,074	190,438,116	-24.52%	72,850.00	99,327.13	-26.66%	291,412	303,098	-3.86%
豆粕	651,753,306	100,340,668	549.54%	231,733.64	32,535.81	612.24%	1,626,710	841,258	93.37%
棕榈油	86,620,026	45,187,922	91.69%	64,828.94	40,388.50	60.51%	776,334	267,556	190.16%
聚氯乙烯	13,800,306	18,876,862	-26.89%	4,664.81	7,499.23	-37.80%	80,630	42,858	88.13%
豆油	137,717,108	116,025,100	18.70%	128,614.89	115,551.46	11.31%	742,673	610,156	21.72%
总计	1,266,085,952	578,094,000	119.01%	666,422.35	337,512.35	97.45%	4,530,550	3,160,656	43.34%

说明:(1)成交量、持仓量:手(按双边计算)。
(2)成交额:亿元(按双边计算)。

2012 年大连商品交易所会员年度成交排名

单位:手;双边

名次	会员号	会员简称	成交量	名次	会员号	会员简称	成交额
1	0187	徽商期货	68,956,878	1	0187	徽商期货	3,435,114,207,100
2	0173	广发期货	44,089,360	2	0051	银河期货	2,441,504,035,370
3	0117	江苏弘业	41,179,293	3	0173	广发期货	2,372,321,215,615
4	0051	银河期货	39,269,428	4	0117	江苏弘业	2,187,450,186,690
5	0109	永安期货	38,914,082	5	0109	永安期货	1,915,372,492,205
6	0078	万达期货	37,073,366	6	0110	中证期货	1,903,998,421,445
7	0110	中证期货	36,560,328	7	0078	万达期货	1,801,428,603,000
8	0103	中国国际	29,722,418	8	0103	中国国际	1,603,995,587,945
9	0122	华泰长城	27,869,118	9	0169	安粮期货	1,486,261,929,480
10	0097	浙商期货	25,914,560	10	0122	华泰长城	1,472,674,049,905
11	0049	海通期货	25,681,969	11	0046	东海期货	1,360,946,541,210
12	0056	申银万国	24,136,458	12	0049	海通期货	1,337,511,761,210
13	0046	东海期货	23,545,074	13	0097	浙商期货	1,293,411,731,725
14	0169	安粮期货	21,382,067	14	0056	申银万国	1,278,983,752,145
15	0125	国投期货	21,101,547	15	0125	国投期货	1,239,755,437,685
16	0152	南华期货	20,493,390	16	0152	南华期货	1,106,964,562,570
17	0043	鲁证期货	20,379,875	17	0070	宝城期货	1,012,182,768,670
18	0052	中粮期货	19,744,697	18	0043	鲁证期货	1,004,686,269,765
19	0070	宝城期货	18,263,712	19	0134	五矿期货	1,000,770,447,045
20	0030	国泰君安	17,656,124	20	0052	中粮期货	964,167,571,580
21	0151	国海良时	17,039,589	21	0151	国海良时	872,875,446,320
22	0105	光大期货	17,020,759	22	0030	国泰君安	858,487,930,180
23	0129	华安期货	15,263,528	23	0105	光大期货	853,389,923,700
24	0018	宏源期货	15,082,441	24	0129	华安期货	853,249,544,765
25	0022	东航期货	13,679,281	25	0018	宏源期货	729,193,834,170
26	0161	国联期货	13,357,883	26	0022	东航期货	726,434,432,615
27	0160	冠通期货	13,015,768	27	0161	国联期货	695,744,438,710
28	0058	北京中期	12,945,018	28	0160	冠通期货	689,625,689,180
29	0107	浙江中大	12,745,178	29	0229	长江期货	668,232,315,695
30	0229	长江期货	12,733,282	30	0011	中辉期货	652,812,315,550
31	0014	信达期货	12,518,481	31	0107	浙江中大	625,990,478,300
32	0011	中辉期货	12,356,290	32	0058	北京中期	621,986,492,515
33	0134	五矿期货	12,166,058	33	0014	信达期货	612,918,555,220
34	0133	兴业期货	11,813,369	34	0133	兴业期货	601,088,151,645
35	0095	北京首创	11,566,586	35	0135	上海中期	596,907,440,390
36	0184	东证期货	11,382,758	36	0095	北京首创	573,887,936,585
37	0135	上海中期	10,869,034	37	0060	方正期货	559,531,916,940
38	0057	美尔雅期货	10,482,534	38	0026	浙江大越	551,012,584,830
39	0015	新湖期货	10,299,598	39	0057	美尔雅期货	546,574,750,755

名次	会员号	会员简称	成交量	名次	会员号	会员简称	成交额
40	0195	瑞达期货	10,209,108	40	0184	东证期货	545,181,047,450
41	0060	方正期货	10,083,114	41	0015	新湖期货	543,109,285,115
42	0026	浙江大越	9,796,151	42	0195	瑞达期货	541,929,933,820
43	0150	中衍期货	9,758,729	43	0156	国都期货	507,732,465,515
44	0156	国都期货	9,579,204	44	0150	中衍期货	502,525,804,145
45	0074	大连良运	9,178,210	45	0115	金元期货	456,198,179,420
46	0153	北方期货	8,871,964	46	0016	汇鑫期货	432,466,192,170
47	0115	金元期货	8,680,887	47	0196	一德期货	428,662,304,495
48	0176	浙江大地	8,537,382	48	0176	浙江大地	427,478,723,195
49	0120	天琪期货	8,413,731	49	0153	北方期货	423,902,644,585
50	0181	格林期货	8,342,411	50	0227	国元海勤	422,569,677,130
51	0020	渤海期货	8,103,726	51	0181	格林期货	412,101,065,495
52	0196	一德期货	8,081,542	52	0074	大连良运	400,456,046,005
53	0016	汇鑫期货	8,048,316	53	0120	天琪期货	395,132,049,915
54	0227	国元海勤	7,009,054	54	0020	渤海期货	388,085,093,230
55	0071	中信建投	6,854,290	55	0138	经易期货	348,231,448,155
56	0114	江苏新纪元	6,792,943	56	0071	中信建投	347,274,726,625
57	0039	成都倍特	6,527,617	57	0114	江苏新纪元	344,579,071,175
58	0066	国信期货	6,503,062	58	0039	成都倍特	339,885,781,845
59	0166	锦泰期货	6,304,768	59	0201	红塔期货	334,016,878,900
60	0201	红塔期货	6,272,006	60	0066	国信期货	323,955,275,790
61	0138	经易期货	6,210,254	61	0166	锦泰期货	315,579,555,905
62	0053	迈科期货	6,168,218	62	0206	金瑞期货	314,910,373,115
63	0206	金瑞期货	6,105,246	63	0050	浙江新世纪	313,811,879,675
64	0050	浙江新世纪	5,895,917	64	0178	南证期货	310,697,956,535
65	0167	集成期货	5,852,212	65	0211	大华期货	310,042,825,650
66	0226	安信期货	5,705,752	66	0123	华西期货	307,176,373,140
67	0178	南证期货	5,623,838	67	0092	英大期货	303,617,123,935
68	0143	东吴期货	5,605,361	68	0053	迈科期货	296,981,481,450
69	0092	英大期货	5,585,192	69	0167	集成期货	293,866,381,340
70	0211	大华期货	5,362,010	70	0143	东吴期货	277,970,788,715
71	0123	华西期货	5,245,993	71	0226	安信期货	273,602,133,855
72	0023	海航东银	5,213,612	72	0023	海航东银	268,826,864,080
73	0131	华元期货	5,147,430	73	0210	招商期货	265,753,307,060
74	0210	招商期货	5,124,209	74	0131	华元期货	263,560,502,215
75	0218	大有期货	4,980,564	75	0218	大有期货	261,995,854,020
76	0102	上海中财	4,515,634	76	0126	海证期货	261,141,296,220
77	0089	江西瑞奇	4,509,903	77	0089	江西瑞奇	239,754,220,720
78	0072	山西三立	4,439,545	78	0149	上海良茂	238,452,609,420
79	0149	上海良茂	4,430,974	79	0236	德盛期货	232,649,894,860
80	0136	上海大陆	4,352,598	80	0136	上海大陆	231,428,811,410
81	0236	德盛期货	4,268,218	81	0148	民生期货	220,501,234,255
82	0212	神华期货	4,183,506	82	0102	上海中财	219,709,740,180
83	0189	中州期货	4,146,766	83	0180	国贸期货	212,758,955,865
84	0148	民生期货	4,118,920	84	0202	中原期货	209,419,660,210
85	0202	中原期货	4,017,745	85	0189	中州期货	205,127,403,625
86	0180	国贸期货	3,965,462	86	0212	神华期货	200,366,470,070
87	0126	海证期货	3,766,710	87	0072	山西三立	195,009,494,410
88	0080	国富期货	3,606,786	88	0093	江苏东华	180,402,432,320
89	0139	道通期货	3,506,919	89	0033	中钢期货	176,194,821,430
90	0033	中钢期货	3,506,369	90	0139	道通期货	169,651,590,005
91	0093	江苏东华	3,399,824	91	0104	创元期货	168,275,556,220
92	0104	创元期货	3,238,716	92	0081	北京金鹏	161,060,453,335
93	0081	北京金鹏	3,207,433	93	0190	招金期货	160,126,877,830
94	0190	招金期货	3,140,304	94	0080	国富期货	159,800,656,410
95	0021	国金期货	3,068,555	95	0192	金友期货	154,889,018,540
96	0192	金友期货	3,026,789	96	0042	金石期货	154,540,524,055

名次	会员号	会员简称	成交量	名次	会员号	会员简称	成交额
97	0245	华鑫期货	2,999,518	97	0245	华鑫期货	154,115,137,155
98	0042	金石期货	2,855,901	98	0021	国金期货	151,493,832,245
99	0231	湘财祈年	2,853,805	99	0231	湘财祈年	145,360,042,460
100	0216	晟鑫期货	2,846,573	100	0084	上海东亚	141,538,488,185
101	0172	湖南金信	2,814,060	101	0172	湖南金信	138,096,837,790
102	0225	广州期货	2,562,706	102	0240	摩根大通	128,966,330,490
103	0084	上海东亚	2,453,944	103	0075	深圳瑞龙	126,584,536,280
104	0101	先融期货	2,373,096	104	0101	先融期货	125,008,426,955
105	0158	天富期货	2,340,958	105	0219	华创期货	122,527,308,160
106	0186	恒泰期货	2,312,105	106	0118	上海金源	121,059,341,285
107	0240	摩根大通	2,243,926	107	0225	广州期货	120,953,660,800
108	0075	深圳瑞龙	2,133,899	108	0186	恒泰期货	120,610,412,255
109	0118	上海金源	2,133,347	109	0216	晟鑫期货	115,052,425,175
110	0242	中银国际	2,090,008	110	0113	华联期货	105,035,158,485
111	0219	华创期货	2,069,160	111	0158	天富期货	105,029,689,025
112	0065	和合期货	2,008,648	112	0065	和合期货	100,962,228,790
113	0113	华联期货	1,987,647	113	0205	东兴期货	94,987,242,375
114	0223	盛达期货	1,948,868	114	0164	西部期货	94,619,362,495
115	0205	东兴期货	1,855,113	115	0242	中银国际	92,956,003,750
116	0170	宁波杉立	1,795,731	116	0221	广永期货	87,543,151,445
117	0221	广永期货	1,744,391	117	0223	盛达期货	85,888,254,325
118	0244	第一创业	1,726,902	118	0170	宁波杉立	85,563,242,900
119	0112	广晟期货	1,636,787	119	0112	广晟期货	80,467,271,320
120	0164	西部期货	1,606,833	120	0244	第一创业	78,148,928,560
121	0175	中信新际	1,509,778	121	0220	华证期货	76,568,950,490
122	0215	云晨期货	1,507,875	122	0203	平安期货	74,949,001,615
123	0171	大通期货	1,498,621	123	0168	华海期货	69,427,570,940
124	0168	华海期货	1,485,752	124	0215	云晨期货	68,448,175,330
125	0220	华证期货	1,453,773	125	0175	中信新际	67,422,684,580
126	0037	中航期货	1,267,406	126	0037	中航期货	63,828,271,710
127	0213	深圳金汇	1,261,277	127	0171	大通期货	63,641,242,385
128	0203	平安期货	1,199,432	128	0062	华闻期货	58,330,377,170
129	0062	华闻期货	1,198,988	129	0177	文峰期货	57,996,495,335
130	0177	文峰期货	1,155,981	130	0213	深圳金汇	57,520,822,610
131	0048	江南期货	1,108,476	131	0012	银建期货	57,360,420,050
132	0182	河北恒银	1,032,589	132	0048	江南期货	52,146,588,925
133	0012	银建期货	1,002,863	133	0182	河北恒银	50,983,685,225
134	0157	上海浙石	903,134	134	0207	象屿期货	47,970,574,950
135	0209	同信久恒	864,265	135	0019	华融期货	45,321,720,525
136	0233	东方汇金	804,102	136	0157	上海浙石	41,344,106,820
137	0207	象屿期货	781,657	137	0147	广东鸿海	39,192,340,160
138	0147	广东鸿海	776,128	138	0209	同信久恒	35,102,705,845
139	0239	重庆新涪	761,652	139	0233	东方汇金	34,043,472,695
140	0019	华融期货	730,894	140	0239	重庆新涪	33,999,893,040
141	0235	中融汇信	568,628	141	0235	中融汇信	31,983,342,495
142	0067	金谷期货	451,214	142	0082	长安期货	29,896,977,465
143	0082	长安期货	412,793	143	0241	深圳年年丰	27,219,695,410
144	0155	新疆天利	375,235	144	0067	金谷期货	21,434,898,610
145	0165	江信国盛	365,769	145	0246	京都期货	19,840,843,895
146	0241	深圳年年丰	344,608	146	0098	中粮四海丰	18,558,505,250
147	0246	京都期货	340,372	147	0155	新疆天利	18,538,434,675
148	0098	中粮四海丰	326,666	148	0165	江信国盛	17,723,387,720
149	0069	华龙期货	320,210	149	0069	华龙期货	16,559,815,240
150	0036	中粮集团	270,468	150	0036	中粮集团	14,292,414,710
151	0063	财达期货	235,259	151	0063	财达期货	12,045,726,820
152	0228	津投期货	222,324	152	0228	津投期货	10,600,938,880
153	0230	财富期货	210,426	153	0096	天鸿期货	10,177,259,425

名次	会员号	会员简称	成交量	名次	会员号	会员简称	成交额
154	0035	和融期货	199,935	154	0035	和融期货	8,973,340,360
155	0096	天鸿期货	193,785	155	0141	西南期货	8,969,406,390
156	0141	西南期货	179,061	156	0230	财富期货	8,771,295,225
157	0222	广东邦顺	165,660	157	0106	上海通联	8,260,087,720
158	0106	上海通联	165,323	158	0222	广东邦顺	7,764,854,225
159	0121	鑫鼎盛期货	165,039	159	0121	鑫鼎盛期货	7,732,794,300
160	0108	上海普民	120,469	160	0108	上海普民	5,979,900,960
161	0025	乾坤期货	108,754	161	0025	乾坤期货	5,132,383,265
162	0088	河南阳光	39,260	162	0247	东方期货	2,065,977,890
163	0085	黑龙江时代	38,932	163	0088	河南阳光	1,868,574,110
164	0247	东方期货	38,413	164	0085	黑龙江时代	1,644,253,180
165	0145	华南期货	26,690	165	0145	华南期货	1,272,972,125
166	0183	路易达孚	13,717	166	0208	江海粮油	749,538,660
167	0208	江海粮油	10,083	167	0183	路易达孚	697,439,400
168	0194	海南金海岸	8,612	168	0243	温氏集团	389,694,750
169	0243	温氏集团	6,800	169	0194	海南金海岸	348,788,530
170	0017	三隆期货	–	170	0017	三隆期货	–
170	0028	中国饲料	–	170	0028	中国饲料	–
170	0038	辽宁粮油	–	170	0038	辽宁粮油	–
170	0040	中谷长春	–	170	0040	中谷长春	–
170	0055	苏州中辰	–	170	0055	苏州中辰	–
170	0068	天汇期货	–	170	0068	天汇期货	–
170	0077	黑龙江北亚	–	170	0077	黑龙江北亚	–
170	0079	新疆汇和	–	170	0079	新疆汇和	–
170	0091	浙江新华	–	170	0091	浙江新华	–
170	0099	吉粮集团	–	170	0099	吉粮集团	–
170	0100	黑龙江三力	–	170	0100	黑龙江三力	–
170	0111	北大荒粮油	–	170	0111	北大荒粮油	–
170	0119	齐鲁期货	–	170	0119	齐鲁期货	–
170	0127	中期期货	–	170	0127	中期期货	–
170	0132	弘信期货	–	170	0132	弘信期货	–
170	0140	中期嘉合	–	170	0140	中期嘉合	–
170	0193	珠江期货	–	170	0193	珠江期货	–
170	0197	辽宁富虹	–	170	0197	辽宁富虹	–
170	0200	中谷粮油	–	170	0200	中谷粮油	–
170	0238	上海益海	–	170	0238	上海益海	–

2013 年大连商品交易所品种年度统计

品种名称	本年成交量	去年成交量	同比增减	本年成交额	去年成交额	同比增减	本年持仓量	去年持仓量	同比增减
豆一	21,987,000	90,950,850	-75.83%	10,124.00	42,903.27	-76.40%	205,822	429,302	-52.06%
豆二	14,472	20,800	-30.42%	6.13	9.89	-38.06%	184	86	113.95%
胶合板	3,976,224	–	–	2,610.29	–	–	60,022	–	–
玉米	26,627,266	75,648,712	-64.80%	6,349.27	18,118.55	-64.96%	477,720	442,448	7.97%
纤维板	4,749,518	–	–	1,748.03	–	–	50,936	–	–
铁矿石	4,378,430	–	–	4,088.65	–	–	129,782	–	–
焦炭	230,613,274	65,831,770	250.31%	368,499.52	102,697.42	258.82%	220,106	140,950	56.16%
鸡蛋	3,902,646	–	–	1,596.77	–	–	79,890	–	–
焦煤	68,519,100	–	–	46,634.15	–	–	306,180	–	–
聚乙烯	144,284,168	143,743,074	0.38%	77,296.65	72,850.00	6.10%	306,114	291,412	5.05%
豆粕	530,715,184	651,753,306	-18.57%	176,837.26	231,733.64	-23.69%	2,742,118	1,626,710	68.57%
棕榈油	164,990,460	86,620,026	90.48%	101,692.69	64,828.94	56.86%	572,202	776,334	-26.29%
聚氯乙烯	3,574,466	13,800,306	-74.10%	1,186.42	4,664.81	-74.57%	32,426	80,630	-59.78%
豆油	192,669,346	137,717,108	39.90%	144,383.79	128,614.89	12.26%	1,124,308	742,678	51.39%
总计	1,401,001,554	1,266,085,952	10.66%	943,054.55	666,422.35	41.51%	6,307,810	4,530,550	39.23%

说明:(1)成交量、持仓量:手(按双边计算)。
(2)成交额:亿元(按双边计算)。

大连商品交易所2013年大事记

2013年12月6日，纤维板、胶合板期货合约在我所挂牌交易，在当天上午举行的新闻发布会上，中国证监会期货一部处长史彬宣读批复，大连市常务副市长曹爱华为期货合约揭牌，我所刘兴强理事长致辞，新闻发布会由我所李正强总经理主持。

11月16日，我所在北京举办了期货市场服务实体经济座谈会，中国证监会副主席姜洋到会调研并听取各方意见，中粮集团总裁于旭波就企业如何利用好期货市场作了主题发言，来自国家发改委、工信部、农业部、商务部等部委、地方政府金融部门、相关行业协会、产业企业以及期货公司的代表共四十余人参加会议。

11月13－14日，我所与马来西亚衍生产品交易所在广州共同举办了“第八届国际油脂油料大会”，广东省副省长陈云贤、我所理事长刘兴强、马来西亚衍生产品交易所主席拿督达祖汀、马来西亚棕榈油总署主席拿督万穆罕默凯利亚出席开幕式并致辞，开幕式由我所总经理李正强主持。

11月13日，我所与广东省政府在广州签署了战略合作协议，广东省副省长陈云贤、我所理事长刘兴强、总经理李正强等出席了签约仪式，广东省金融办主任刘文通和我所总经理李正强分别在战略合作协议上签字。

11月8日，我国第一个畜牧类期货品种——鸡蛋期货上市新闻发布会在期货大厦二楼交易大厅举办，中国证监会期货一部副主任杨光宣读批复，大连市副市长卢林为鸡蛋期货合约上市揭牌，我所刘兴强理事长致辞，新闻发布会由我所总经理李正强主持。

10月18日，铁矿石期货合约正式在我所挂牌交易，这是全球首个实行实物交割的铁矿石期货合约，标志着“中国版”铁矿石期货正式启航。中国证监会期货一部主任宋安平宣读批复，大连市常务副市长曹爱华宣读了大连市委市政府发来的贺信，我所刘兴强理事长致辞，上市活动由我所总经理李正强主持。

10月15日，我所与上海浦东发展银行在大连签署了战略合作协议，浦发银行行长朱玉辰和我所总经理李正强出席了签约仪式，我所总经济师夏耘和浦发银行副行长穆矢分别在战略合作协议上签字。

9月，我所顺利完成历史上最大规模信息系统设备扩容工作，整个扩容工作历时两个多月，共涉及设备100多台、零部件数百件，本次信息系统扩容工作完成后，我所信息系统的业务容量可大幅提升，理论上可承载约4000万手/天（单边）的成交量，能够容纳更丰富的交易品种，为日后的新品种上线、期权上线、业务创新奠定了基础。

9月26日，我所召开第一届监事会第二次会议，会议由我所党委副书记、监事长李鸣同志主持，第一届监事会全体监事出席了会议。

9月26日，我所联合中国饲料工业协会在南昌成功举办第六届国际玉米产业大会。9月14日，我所在大连金州区御龙湾海岸举行第三届职工运动会，交易所全体员工及子公司中层以上干部近220人参加了本次运动会，全体人员组成六支参赛代表队，共同角逐了海上、沙滩两部分11个项目的比赛。

8月29日，中共中央总书记、国家主席、中央军委主席习近平来我所视察，对我国期货市场服务国民经济的功能给予充分肯定，同时勉励我所：脚踏实地、大胆探索，努力为中国期货市场发展探索出一条成功之路。

8月8日，我所在大连举办“农产品期货市场观摩讲习班”。农业部副部长陈晓华出席讲习班并就“农业发展面临的三大风险问题”作了主题演讲，来自农业部、证监会以及近20个省市农业系统（农委、农业厅）的80名代表参加了讲习班。

7月24－25日，我所与上海钢联电子商务股份有限公司在青岛联合举办“2013（第二届）中国煤焦产业链供需形势高峰论坛”。

7月22日上午，我所党委召开党委中心组（扩大）学习报告会，集体学习领会党的群众路线教育实践活动的有关精神，邀请中共大连市委党校张道航教授以“深入开展党的群众路线教育实践活动”为题做专题辅导讲座。

7月17日，我所在期货大厦召开“三农讲师经验交流会”，来自农业部、地方农委领导及部分期货公司高管和基地授课教师近40人参加了会议。

7月5－7日，由中国证监会主办、我所承办的中国证监会第一届职工运动会“大商所杯”五人制足球赛在东北财经大学体育场举行，来自全国证券期货监管系统27家单位的260余人参加了比赛，我所健儿勇夺冠军。

6月25日，中国社会科学院院长王伟光一行来我所参观考察。

6月5－6日，我所与中国石油和化学工业联合会、中国轻工业联合会共同在宁波成功举办2013中国塑料产业大会。

5月27日，辽宁省政协主席夏德仁一行来我所调研。

5月15日，我所在期货大厦召开了第一届监事会第一次会议，此次会议的召开，标志着我所第一届监事会正式成立，会议选举李鸣为第一届监事会监事长，我所第一届监事会由李鸣、于连生、李建中、马文胜、沈英和汪红梅等6名监事组成。

5月9日，我所在期货大厦组织召开了以“期货市场规范发展与法律风险防范”为主题的期货法律理论与实务座谈会，来自中国证监会期货一部和法律部、相关法院、仲裁机构、高等院校、律师事务所的领导、专家以及交易所相关人员共计20多人参加了会议。

4月25日，我所在期货大厦召开银期合作业务座谈会，交易所五家指定保证金存管银行和国内部分商业银行负责人集聚大连，就如何加强和深化银期合作进行了深入交流。

3月22日，经国务院同意、中国证监会批准，我所挂牌上市焦煤期货合约。当日上午，我所在期货大厦405会议室召开新闻发布会，地方政府、行业协会、监管机构和媒体的嘉宾出席发布会。我所党委书记、理事长刘兴强介绍焦煤期货上市有关情况，总经理李正强主持新闻发布会，副总经理王凤海回答了记者提问。

3月13日，辽宁省副省长刘强一行来我所调研，刘兴强理事长陪同参观并主持座谈。

1月26日，我所举行2012年度总结表彰大会暨2013年新春联欢会。会议传达、学习了2013年全国证券期货监管工作会议和2013年全国证券期货监管系统纪检监察工作会议精神。

大连商品交易所交易细则

2013年11月12日第2届理事会第45次会议修订2013年11月28日大商所发［2013］291号文件发布修订部分自2013年12月6日起施行。

第一章 总 则

第一条 为了规范期货交易行为,保护期货交易各方的合法权益,保障大连商品交易所(以下简称交易所)期货交易的顺利进行,根据《大连商品交易所交易规则》,制定本细则。

第二条 交易所、会员、客户应当遵守本细则。

第二章 席位管理

第三条 交易席位是会员将交易指令输入交易所计算机交易系统参与交易的通道。

交易席位分为场内交易席位和远程交易席位。远程交易是指会员在其营业场所,通过与交易所计算机交易系统联网的通信系统直接输入交易指令、参与交易所交易的一种交易方式。

第四条 会员在取得会员资格后,即取得一个场内交易席位。经交易所批准,可以增加交易席位。

会员增加交易席位应当向交易所缴纳席位使用费,具体标准由交易所制定并公布。

第五条 会员增加交易席位仅是增加该会员的交易通道,交易所对会员的持仓限额、风险控制及其他有关方面的管理规定不变。

第六条 会员申请增加场内交易席位,应当具备以下条件:

(一)经营状况良好;

(二)自申请之日起前三个月成交量连续排名前50位,或者从事交易所期货交易的单量较多;

(三)交易所要求应具备的其他条件。

第七条 会员申请增加场内交易席位,应当通过会员服务系统与交易所签订协议,并向交易所提交增加交易席位申请,申请内容主要包括席位类型、接受回报范围等。

必要时,交易所可以要求会员提供其他资料。

第八条 增加场内交易席位申请经交易所同意后,会员应当在10个交易日内到交易所办理有关入场手续。无故逾期的,交易所有权取消其申请增加的场内交易席位。

第九条 会员申请远程交易席位,应当具备下列条件:

(一)经营状况良好;

(二)申请经营机构所在地的通讯、资金划拨条件能满足交易所期货交易运作要求;

(三)有健全的远程交易管理制度;

(四)远程交易系统的建设和管理应符合中国证监会和交易所相关技术管理规范的要求。

第十条 会员申请远程交易席位,应当通过会员服务系统与交易所签订协议,并向交易所提交下列材料:

(一)增加交易席位申请,申请内容主要包括席位类型、接受回报范围、安装地址、营业执照号等;

(二)申请经营机构营业执照复印件;

(三)远程交易系统基础设施及人员情况表;

(四)交易所要求提供的其他资料。

第十一条 交易所应当自收到会员提交的远程交易席位申请材料之日起20个交易日内作出批复。

第十二条 会员应当在收到交易所同意其进行远程交易的批复后10个交易日内,向交易所缴纳席位使用费。无故逾期的,交易所有权取消其申请的远程交易席位。

第十三条 会员提出远程交易系统开通申请后,由交易所通知会员具体开通日期。

第十四条 开通远程交易的会员,其场内交易席位继续保留,在交易时间内,会员远程交易席位不能正常使用时,会员应当通过场内交易席位进行交易。会员如不委派出市代表进场,远程交易席位不能正常使用时,后果自负。

第十五条 会员应当加强对其远程交易的管理和远程交易系统的维护,并对交易所提供的软件接口和文档资料负有保密义务。主要设施需要更换或作技术调整时,应当事先征得交易所的同意。远程交易席位迁移出原登记备案地,应当事先报交易所审批。交易所有权对远程交易席位的使用情况进行监督检查。

第十六条 有下列情况之一的,交易所可以取消会员增加的交易席位:

(一)申请材料不真实的;

(二)将席位全部或者部分以出租或者承包等形式交由其他机构和个人使用的;

(三)管理混乱或者有严重违规行为的;

(四)已不具备使用增加交易席位条件的;

(五)利用增加交易席位从事交易以外的其他活动的;

(六)会员申请取消的;

(七)交易所认为应予取消的其他情况。

第十七条 会员终止使用或者被交易所取消增加交易席位的,使用费不予返还。

第十八条 如会员丧失交易所会员资格,则其拥有的交易席位全部终止使用。

第十九条 由于计算机终端、通讯系统等交易设施发生故障,致使10%以上的会员不能交易时,交易所应暂停交易,直至故障消除为止。

第三章 出市代表管理

第二十条 出市代表是受会员委派并代表会员在交易大厅接受本会员的交易指令进行期货交易的人员,其在交易大厅与交易有关的行为由会员负责。

第二十一条 出市代表应当具备下列条件:

年满十八周岁,具有完全民事行为能力;

(二)经交易所专业培训并取得合格证书;

(三)品行端正,有良好的职业道德;

(四)没有刑事处罚记录。

第二十二条 办理出市代表证件应当通过会员服务系统录入交易所要求的身份证、期货从业资格证等相关信息。

第二十三条 每个交易席位限两名出市代表进场,特殊情况应当经交易所批准。

第二十四条 出市代表可在每个交易日开市前30分钟内进入交易大厅做开市准备,收市后30分钟内离开交易大厅。出市代表不得随意出入交易大厅,特殊情况应当经场务管理人员批准。

交易期间出市代表不能空缺,因空缺出现的后果由会员负责。

第二十五条 出市代表应当佩带有效证件、着指定的专用服装出入交易大厅。

第二十六条 出市代表应当爱护交易大厅内的各种设施,严格按照交易所有关交易大厅计算机设备管理规定操作,损坏者要照价赔偿并按有关规定处罚。第二十七条 出市代表携带交易设备进出交易大厅应当经交易所批准。

第二十八条 出市代表应当服从交易所场务管理人员的管理。

第二十九条　出市代表应当将交易所文件、通知等材料及时送交所在会员。

第三十条　会员应当妥善管理交易密码,因交易密码泄露造成的后果由会员承担。

第三十一条　出市代表不得有下列行为:

(一)接受其他单位、个人的交易指令;

(二)为其他单位、个人提供咨询意见;

(三)为自己进行期货交易;

(四)借用、盗用其他会员的电话或交易终端;

(五)伪造、转借出市代表证;

(六)交易所禁止的其他行为。

第三十二条　会员辞退、更换出市代表或者出市代表离开原会员应当及时到交易所办理撤销委托手续,并交还出市代表证。会员如未能及时收回出市代表证,应当通知交易所有关部门,得到回执后,即可免除会员责任。因未及时办理撤销手续或者退回出市代表证所造成的后果由会员承担。

第三十三条　除会员合并、分立、破产以及经原会员同意外,被撤销出市代表授权的人员,交易所在三个月内不受理其到其他会员处任出市代表的注册申请。

第四章　行情信息、交易指令和竞价原则

第三十四条　交易所应当及时发布以下与交易有关的信息:

(一)开盘价。开盘价是指某一期货合约开市前五分钟内经集合竞价产生的成交价格。集合竞价未产生成交价格的,以开市后竞价交易第一笔成交价为开盘价。第一笔成交价格按《大连商品交易所交易规则》第六十条规定确定,此时前一成交价为上一交易日收盘价,新上市合约前一成交价为挂盘基准价。

(二)收盘价。收盘价是指某一期货合约当日交易的最后一笔成交价格。无成交合约当日收盘价为当日结算价。

(三)最高价。最高价是指一定时间内某一期货合约成交价中的最高成交价格。

(四)最低价。最低价是指一定时间内某一期货合约成交价中的最低成交价格。

(五)最新价。最新价是指某交易日某一期货合约交易期间的即时成交价格。

(六)涨跌。涨跌是指某交易日某一期货合约交易期间的最新价与上一交易日结算价之差。

(七)最高买价。最高买价是指某一期货合约当日买方申请买入的即时最高价格。

(八)最低卖价。最低卖价是指某一期货合约当日卖方申请卖出的即时最低价格。

(九)申买量。申买量是指某一期货合约当日交易所交易系统中未成交的最高价位申请买入的下单数量。

(十)申卖量。申卖量是指某一期货合约当日交易所交易系统中未成交的最低价位申请卖出的下单数量。

(十一)结算价。结算价是指某一期货合约当日交易期间成交价格按成交量的加权平均价。无成交合约当日结算价按照《大连商品交易所结算细则》相关规定确定。结算价是进行当日未平仓合约盈亏结算和确定下一交易日涨跌停板幅度的依据。

(十二)成交量。成交量是指某一合约在当日所有成交合约的双边数量。

(十三)持仓量。持仓量是指期货交易者所持有的未平仓合约的双边数量。

第三十五条　新上市合约的挂盘基准价由交易所确定并提前公布。挂盘基准价是确定新上市合约第一个交易日涨(跌)停板的依据。

第三十六条　新上市合约的涨跌停板为合约规定的涨跌停板的两倍,如有成交,于下一交易日恢复到合约规定的涨跌停板;如当日无成交,下一交易日继续执行前一交易日涨跌停板。如连续三个交易日无成交,交易所可以对挂盘基准价作适当调整。

对曾经有成交而目前无持仓的合约,交易所可以公布新的基准价。

第三十七条　交易指令的种类:

限价指令:指交易所计算机撮合系统执行指令时按限定价格或更好价格成交的指令。

(二)市价指令:指交易所计算机撮合系统执行指令时以涨(跌)停板价格参与交易的买(卖)指令。

(三)市价止损(盈)指令:指当市场价格触及客户预先设定触发价格时,交易所计算机撮合系统将其立即转为市价指令的指令。

(四)限价止损(盈)指令:指当市场价格触及客户预先设定触发价格时,交易所计算机撮合系统将其立即转为限价指令的指令。

(五)套利交易指令:交易所对指定合约提供套利交易指令,交易所计算机撮合系统收到指令后将指令内各成分合约按规定比例同时成交。套利交易指令分为同品种跨期套利和跨品种套利交易指令,各指令具体内容如下:

名称	交易方式(从买方角度)	报价方式
同品种跨期套利交易指令	买入近月份合约,卖出同等数量远月份合约。	买(卖)套利价格＝近月合约买(卖)申报价格－远月合约卖(买)申报价格
两个品种间套利交易指令	买入某品种某月份合约,卖出另一品种相同或不同月份合约。	买(卖)套利价格＝第一品种买(卖)申报价格－第二品种卖(买)申报价格
压榨利润套利交易指令	卖大豆合约、买相同月份或不同月份豆粕和豆油合约	买(卖)套利价格＝豆粕合约买(卖)申报价格＋豆油合约买(卖)申报价格－大豆合约卖(买)申报价格

(六)交易所规定的其他指令。

鸡蛋合约交易指令每次最大下单数量为300手,焦炭合约交易指令每次最大下单数量为500手。黄大豆1号、黄大豆2号、豆粕、豆油、棕榈油、线型低密度聚乙烯、聚氯乙烯、焦煤、铁矿石、纤维板、胶合板合约交易指令每次最大下单数量为1000手,玉米合约交易指令每次最大下单数量为2000手。

第三十八条　市价指令和限价指令可以附加立即全部成交否则自动撤销和立即成交剩余指令自动撤销两种指令属性。

第三十九条　开盘集合竞价在某品种某月份合约每一交易日开市前5分钟内进行,其中前4分钟为期货合约买、卖指令申报时间,后1分钟为集合竞价撮合时间。

第四十条　在集合竞价申报和开市后竞价交易期间,交易所计算机撮合系统接受交易指令申报,交易指令的种类由交易所规定,并向市场公布。

在集合竞价撮合和竞价交易暂停期间,交易所计算机撮合系统不接受交易指令申报。

第四十一条　交易所计算机撮合系统自动将买卖申报指令按价格优先、时间优先的原则进行排序,当买入价大于、等于卖出价则自动撮合成交。同一交易编码同一合约持仓平仓顺序按开仓时间先开先平。

当某期货合约以涨(跌)停板价格申报时,成交撮合原则实行平仓优先和时间优先的原则,交易所强行平仓申报单优先其他平仓申报单。

第四十二条　集合竞价采用最大成交量原则,即以此价格成交能够得到最大成交量。高于集合竞价产生的价格的买入申报全部成交;低于集合竞价产生的价格的卖出申报全部成交;等于集合竞价产生的价格的买入或者卖出申报,至少有一方申报量完全成交。若有多个价位满足最大成交量原则,则开盘价取与前一交易日结算价最近的价格;新上市合约开盘价取与挂盘基准价最近的价格。

第四十三条　开盘集合竞价中的未成交申报单自动参与开市后竞价交易。

第四十四条　开市后撮合成交价等于买入价(bp)、卖出价(sp)和前一成交价(cp)三者中居中的一个价格。即:

当 bp≥sp≥cp,则最新成交价 = sp;

当 bp≥cp≥sp,则最新成交价 = cp;

当 cp≥bp≥sp,则最新成交价 = bp。

第五章　交易编码制度

第四十五条　交易所实行交易编码制度。交易编码是指会员按照本细则编制的用于客户进行期货交易的专用代码。

第四十六条　交易编码分非期货公司会员交易编码和客户交易编码。交易编码由会员号和客户号两部分组成。

第四十七条　客户交易编码由十二位数字构成,前四位数是会员号,后八位数是客户号。如客户交易编码为000100001535,则会员号为0001,客户号为00001535。

第四十八条　非期货公司会员交易编码和客户交易编码位数相同,但后八位是其会员号,如非期货公司会员的会员号为120,则其非期货公司会员交易编码为012000000120。

第四十九条　非期货公司会员交易编码与客户交易编码互不占用。

第五十条　一个客户在交易所内只能有一个客户号,但可以在不同的期货公司会员开户。交易编码只能是会员号不同,而客户号必须相同。

第五十一条　期货公司会员应当按会员服务系统中关于客户资料录入的提示,输入客户资料信息的电子文档,不得跳栏或者漏输。期货公司会员变更客户资料或者注销交易编码,应当及时通过会员服务系统更换相应的资料信息。期货公司会员通过以上电子文档方式将客户开户、变更及销户资料向交易所备案。期货公司会员应当保证备案客户资料的真实、准确。

第五十二条　期货公司会员在会员服务系统中录入客户开户资料后,客户交易编码由会员服务系统自动生成,经交易所确认后方可使用。

第五十三条　期货公司会员应当建立客户开户、变更及销户资料档案。客户开户资料包括:个人客户为《期货市场个人客户开户登记表》(见附件1)和本人身份证复印件等;单位客户为《期货市场单位客户开户登记表》(见附件2)和具有中国法人资格或其他经济组织资格的合法证件复印件等;客户销户资料包括:《期货市场客户销户申请表》(见附件3)等。

期货公司会员对上述资料的保管期限不得少于20年。

第五十四条　有下列情况之一的,客户交易编码予以注销:

客户备案资料不真实的;

客户被认定为市场禁入者的;

客户在期货公司已办理销户手续的;

其他应予以注销的情形。

应注销的交易编码,期货公司会员应当在结算后通过会员服务系统销户。

第五十五条　客户提供虚假的开户资料或者期货公司会员协助客户使用虚假资料开户的,交易所责令期货公司会员限期平仓,平仓后注销该客户交易编码,同时按《大连商品交易所违规处理办法》的有关规定进行处理。

第五十六条　会员或者客户应当本着诚实信用原则,妥善管理交易编码。会员或者客户因交易编码管理不当,导致交易编码被他人利用实施违规行为的,交易所将根据有关规定进行处理。

第六章　附　则

第五十七条　违反本细则规定的,交易所按《大连商品交易所违规处理办法》的有关规定处理。

第五十八条　本细则解释权属于大连商品交易所。

第五十九条　本细则自公布之日起实施。

第四节　郑州商品交易所

郑州商品交易所

郑州商品交易所（以下简称郑商所）是经国务院批准成立的我国首家期货市场试点单位。郑商所隶属中国证券监督管理委员会管理。

郑商所按照《期货交易管理条例》和《期货交易所管理办法》履行职能。依据《郑州商品交易所章程》、《郑州商品交易所交易规则》及其实施细则和办法实行自律性管理。遵循公开、公平、公正和诚实信用的原则，为期货合约集中竞价交易提供场所、设施及相关服务，对期货交易进行市场一线监管，防范市场风险，安全组织交易。

郑商所实行会员制。会员大会是郑商所权力机构，由全体会员组成。理事会是会员大会常设机构，下设战略发展、品种、监察、交易、交割、会员资格审查、调解、财务、技术、结算等10个专门委员会。截止2013年底，郑商所共有会员203家，分布在全国27个省（市）、自治区。其中期货公司会员162家，占会员总数的80%；非期货公司会员41家，占会员总数的20%。

郑商所总经理为法定代表人。根据工作需要，内设办公室、理事会办公室（监事会办公室）、党委办公室、纪检监察室、农产品部、非农产品部、期货衍生品部、交割部、结算部、市场监察一部、市场监察二部、法律及审计部、新闻信息部、技术规划与开发部、系统运行部、技术服务部、财务部、人力资源部、行政部（安全保卫部）等19个职能部门。全资易盛信息技术有限公司、郑州商品交易所期货及衍生品研究所有限公司，以及北京研发中心等5个下属机构。

郑商所目前上市交易期货品种有小麦（包括优质强筋小麦和普通小麦）、早籼稻、粳稻、棉花、油菜籽、菜籽油、菜籽粕、白糖、动力煤、甲醇、精对苯二甲酸、玻璃。基本形成的综合性品种体系覆盖农业、能源、化工、建材等国民经济重要领域。

郑商所实行保证金制、每日涨跌停板制、每日无负债结算制、实物交割制等期货交易制度。积极适应市场创新发展要求，不断优化制度安排。

郑商所拥有功能完善的交易、交割、结算、风险监控、信息发布和会员服务等电子化系统。会员和投资者也可以通过远程交易系统进行期货交易。期货交易行情信息通过路透社、彭博资讯、世华信息等多条报价系统向国内外同步发布。

郑商所注重加强对外交流与合作。1995年6月加入国际期权（期货）市场协会。2012年10月加入世界交易所联合会。先后与美国芝加哥期权交易所、芝加哥商业交易所、纽约－泛欧交易所集团、印度多商品交易所、尼日利亚证券与商品交易所、香港交易及结算所有限公司、墨西哥衍生品交易所、泰国农产品期货交易所等多家期货交易所签订了友好合作协议，定期交换市场信息，进一步扩大了郑商所在国际上的影响力。

面向未来，郑商所将始终坚持“公开、公平、公正”原则，牢牢把握服务实体经济根本要求，加强市场一线监管，充分发挥市场功能，切实保护投资者特别是中小投资者合法权益，努力将郑商所建设成为在国内和国际市场上具有重要地位和影响力的期货交易所。

联系方式：

地址：郑州市未来路69号

邮编：450008

电话：0371－65610069

传真：0371－65613068

管理员信箱：czce@ czce. com. cn

2012年郑州商品交易所市场发展情况综述

2012年，郑商所以服务“三农”、服务实体经济为目标，紧紧围绕服务创新和完善机制两大主线，做精做细已上市品种，全面提高服务实体经济质量和水平。全年共成交期货合约34702.82万手，成交金额173636.5[illegible]亿元，较上年分别减少14.61%和48.04%，分别占全国期货市场的23.93%和10.15%。

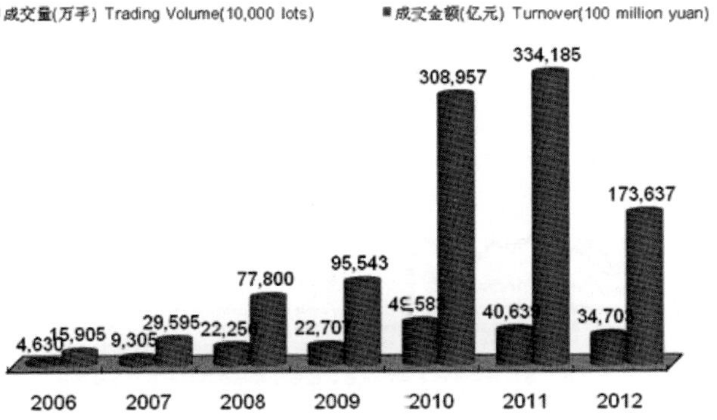

2006年以来郑商所成交量、成交金额对比图

说明：成交量、成交金额按单边统计。

小麦期货

2012年小麦期货市场运行平稳，市场功能发挥良好。优质强筋小麦期货共成交合约2580.21万手，成交金额6535.23亿元；硬白小麦期货成交合约10.03万手，成交金额21.77亿元；普通小麦期货成交合约0.63万手，成交金额7.12亿元。小麦期货市场流动性增加，市场持仓量及仓单注册量创下历史新高，产业客户参与数量不断增加，市场功能进一步发挥。

棉花期货

2012年棉花期货共成交合约2101.64万手，成交金额20927.96亿元。棉花期货参与企业数量进一步增多，实体企业利用市场程度更加广泛。棉花期货为涉棉企业套期保值、管理经营风险提供了有效的金融工具。产业链企业套期保值模式日益丰富，棉花期货在服务“三农”，促进农业产业化方面发挥了积极作用。

郑商所优质强筋小麦期货价格与国内外小麦期现价格走势对比图

(2003.03－2012.12)

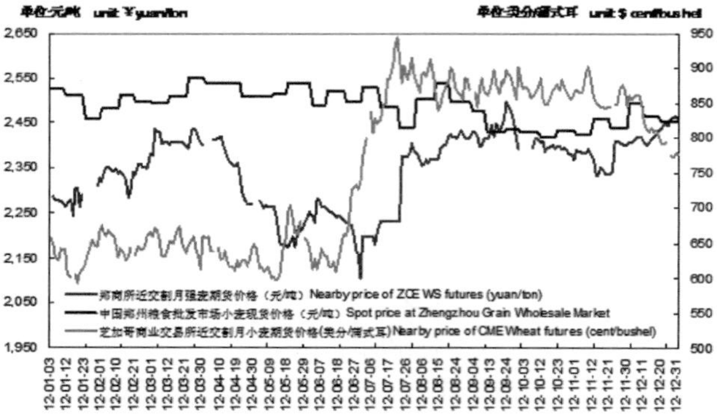

2012 年郑商所优质强筋小麦期货价格与国内外小麦期现价格走势对比图

(2012.01.03－2012.12.31)

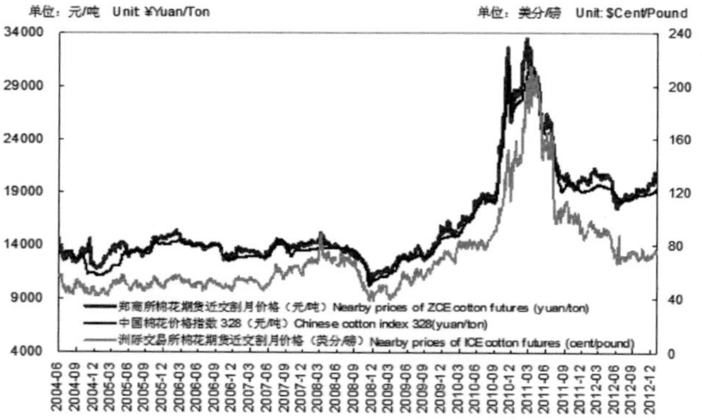

郑商所棉花期货价格与国内外棉花期现价格走势对比图

(2004.06－2012.12)

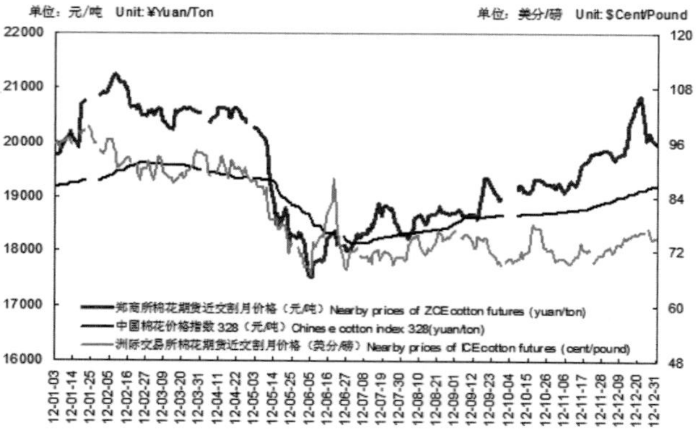

2012 年郑商所棉花期货价格与国内外棉花期现价格走势对比图

(2012.01.03－2012.12.31)

白糖期货

2012 年白糖期货市场运行平稳,成交活跃,全年累计成交期货合约 14827.80 万手,成交金额 84087.50 亿元。全年白糖期货价格与现货价格走势高度相关,为现货企业套期保值提供了有效的工具,食糖现货企业积极参与和利用白糖期货,市场功能不断深化,较好地促进了我国食糖产业健康发展。

郑商所白糖期货价格与国内外食糖期现价格走势对比图

(2006.01－2012.12)

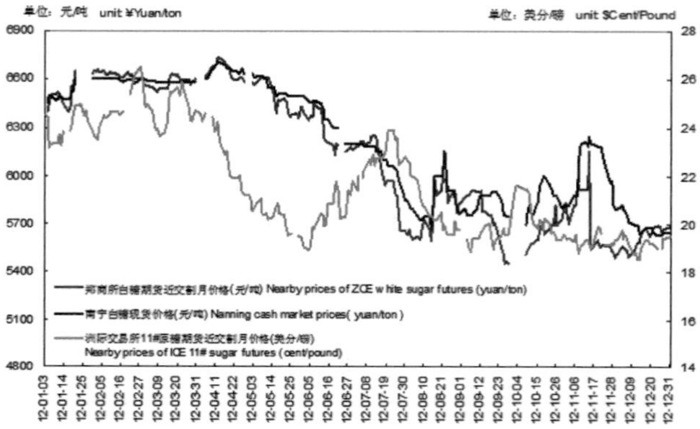

2012 年郑商所白糖期货价格与国内外食糖期现价格走势对比图

(2012.01.03－2012.12.31)

精对苯二甲酸期货

2012 年精对苯二甲酸(PTA)期货稳步健康发展,全年共成交合约 12124.56 万手,成交金额 47972.94 亿元。产业链企业参与的广度和深度进一步提高,相关企业积极利用 PTA 期货规避现货价格波动风险,稳定生产经营。PTA 期货市场功能进一步发挥,较好地促进了我国化纤行业的健康发展。

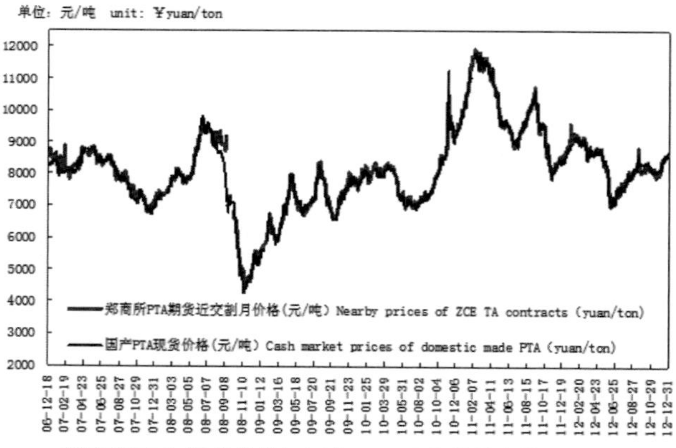

郑商所 PTA 期货价格与国内 PTA 现货价格走势对比图

(2006.12－2012.12.)

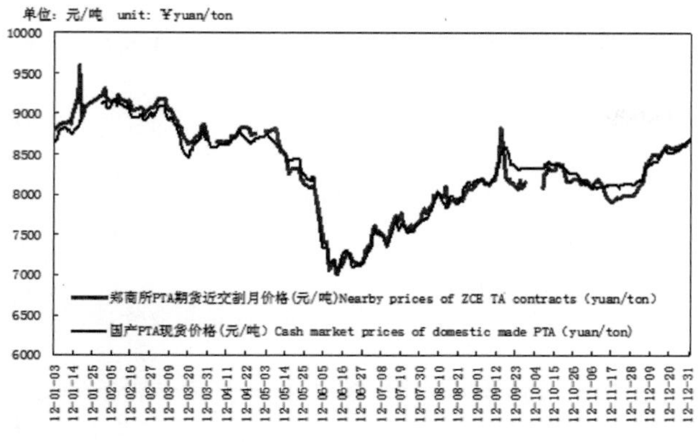

2012 年郑商所 PTA 期货价格与国内 PTA 现货价格走势对比图

(2012.01.03 - 2012.12.31)

菜籽油期货

2012 年菜籽油期货运行平稳，市场功能发挥良好。全年菜籽油期货共成交合约 624.85 万手，成交金额 3187.29 亿元。菜籽油期货价格与现货价格高度相关。广大油脂企业积极利用期货套期保值业务，规避现货价格风险，稳定生产经营。菜籽油期货在助推产业升级方面的作用逐步显现。

郑商所菜籽油期货价格与国内菜籽油现货

及国外菜籽期货价格走势对比图

(2007.06 - 2012.12)

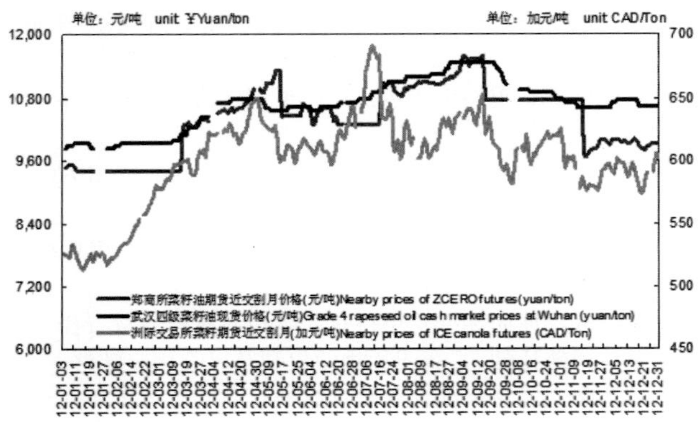

2012 年郑商所菜籽油期货价格与国内菜籽油现货

及国外菜籽期货价格走势对比图

(2012.01.03 - 2012.12.31)

早籼稻期货

2012 年早籼稻期货市场运行平稳。全年早籼稻期货共成交合约 383.83 万手，成交金额 1044.00 亿元。早籼稻期货套期保值和价格发现功能日益显现，现货企业参与的积极性越来越高，有效规避了价格波动风险，实现了稳健经营。

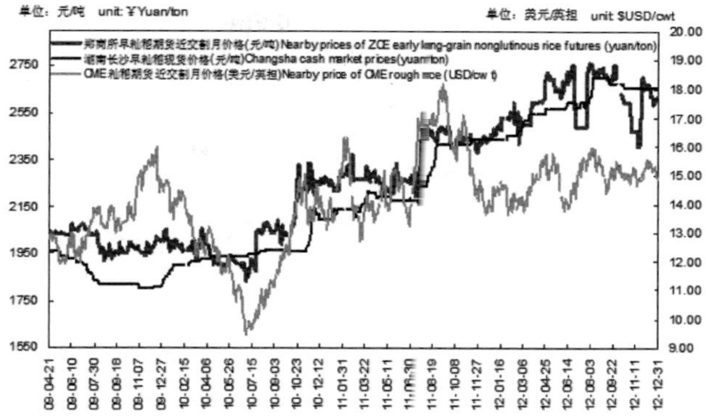

郑商所早籼稻期货价格与国内外籼稻期现价格走势对比图

(2009.04 - 2012.12)

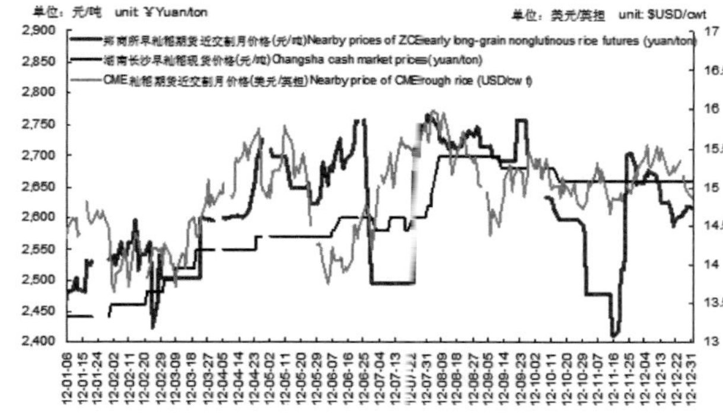

2012 年郑商所早籼稻期货价格与国内外籼稻期现价格走势对比图

(2012.01.03 - 2012.12.31)

甲醇

2012 年甲醇期货运行平稳，市场功能发挥良好。甲醇期货共成交合约 379.74 万手，成交金额 5384.97 亿元。上市以来，甲醇期货市场平稳运行，三次交割均顺利完成，产业客户积极参与，期、现货价格保持了良好的相关性。甲醇期货在价格发现、规避风险等方面的功能均正常发挥。

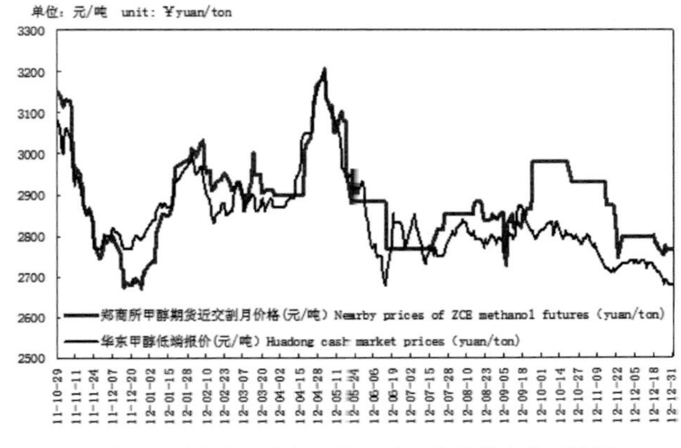

郑商所甲醇期货价格与国内甲醇现货价格走势对比图

(2011.10.28 - 2012.12.31)

玻璃

2012 年 12 月 3 日，玻璃期货上市，受到了玻璃行业和产业链企业的广泛关注。玻璃期货共成交合约 1613.69 万手，成交金额 4295.48 亿元。上市以来，玻璃期货运行平稳，期现货价格相关性较好，企业开户数量不断增加，法人客户成交量、持仓量快速增长。玻璃期货在价格发现、规避风险方面的功能初步显现。

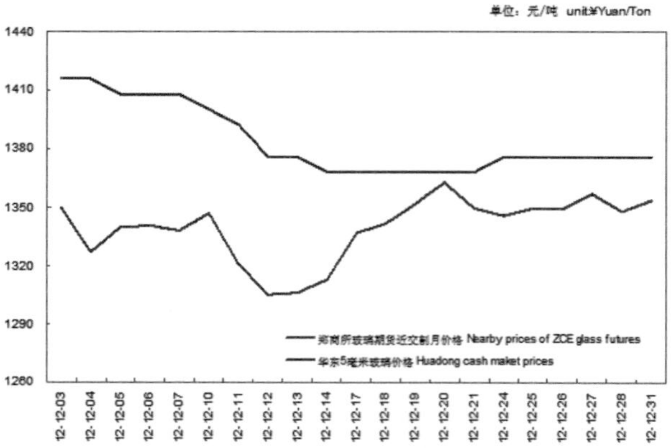

郑商所玻璃期货价格与国内玻璃现货价格走势对比图
(2012.12.03－2012.12.31)

油菜籽、菜籽粕期货

2012年12月28日，油菜籽、菜籽粕期货上市，标志着郑商所产业链品种完善工作进入了新的阶段，受到了油菜籽压榨、水产养殖行业、企业的广泛关注。

郑州商品交易所2012年大事记

2012年2月20日国务院参事考察团一行视察郑商所。

2012年2月21日中国证监会桂敏杰副主席一行视察郑商所技术中心工程。

2012年3月27－30日张凡总经理一行赴南通、江阴等地调研甲醇、棉花和PTA交割仓库。

2012年4月10日郑商所在北京举办"农产品期货高层座谈会"。

2012年4月20日郑商所在成都召开"郑州商品交易所第五届理事会第十一次会议"。

2012年5月18日郑商所在北京举办"期货市场服务实体经济30人论坛"。

2012年5月25、26日张凡总经理一行赴南宁、湛江等地调研白糖产业链企业和交割仓库。

2012年7月4日郑商所举办"第九套广播体操比赛"。

2012年7月27日郑商所在深圳举行"郑州商品交易所异地灾备中心启用仪式"。

2012年8月15日张凡总经理一行赴东北调研粳稻，召开会员座谈会。

2012年9月6日郑商所举办"2012郑州农产品(白糖)期货论坛"。

2012年9月21日郑商所在湖北宜昌召开"郑州商品交易所第五届理事会第十二次会议"。

2012年12月3日郑商所玻璃期货合约上市。

2012年12月23日郑商所高级工商管理研修班(EDP)结业典礼在武汉举办。

2012年12月28日郑商所党委副书记、副总经理郭晓利在菜籽菜粕期货合约上市新闻发布会上致辞。

2012年12月28日郑商所党委书记、理事长张凡在郑州商品交易所期货及衍生品研究所有限公司成立新闻发布会上致辞。

郑州商品交易所标准仓单管理办法

第一章　总则

第一条　为保障郑州商品交易所(以下简称交易所)商品期货交割业务的正常进行，规范标准仓单的管理，根据《郑州商品交易所交易规则》，制定本办法。

第二条　标准仓单的注册、流通和注销等业务，按本办法执行。

第三条　交易所、会员、客户、指定商品交割仓库(以下简称仓库)、指定商品交割厂库(以下简称厂库)及指定质检机构(以下简称质检机构)办理与标准仓单有关的各项业务，应当遵守本办法。

第二章　标准仓单

第四条　标准仓单是指仓库或厂库按照交易所规定的程序提交仓单注册申请后，经交易所注册，可用于证明货主拥有实物或者可予提货的财产凭证。

根据申请注册的主体不同，标准仓单分为仓库标准仓单(以下简称仓库仓单)和厂库标准仓单(以下简称厂库仓单)两种。

第五条　交易所通过计算机系统办理标准仓单的注册、交割、转让、充抵保证金和注销等业务。

会员或客户使用标准仓单向商业银行等第三方提供担保的，须向交易所办理标准仓单质权登记手续。未经交易所办理质权登记的，不得约束其他会员或客户等第三人。

会员或客户在开通质权登记及质权行使通道的商业银行将标准仓单质押后，经交易所批准，可在该银行的质权登记及质权行使通道下，建立不超过质押标准仓单数量的空头头寸。该头寸只能进行实物交割，不得平仓，但因交易所监管需要专项批准的除外。

在交易所开通标准仓单质权登记及质权行使通道的商业银行，出现会员或客户到期未归还仓单质押贷款时，可通过转让仓单或建立对应期货空头头寸以交割等方式处置质押仓单；增值税专用发票的流转按照《郑州商品交易所期货交割细则》相关规定处理。

第六条　仓库标准仓单的生成包括交割预报、入库验收、质量检验、仓库申请注册及交易所办理注册等环节。

厂库标准仓单的生成包括厂库申请注册及交易所办理注册等环节。

经交易所注册的标准仓单，方可适用于与期货相关的业务。

第七条　标准仓单根据流通性质不同，分为通用标准仓单和非通用标准仓单两种。

仓库或厂库向标准仓单持有人承担质量及数量责任。标准仓单流通转让的，其载明货物的权利及风险相应转移。

第八条　通用标准仓单是指标准仓单持有人按照交易所的规定和程序可以到仓单载明品种所在的交易所任一仓库或厂库选择提货的财产凭证。

适用通用标准仓单的品种包括小麦、白糖、PTA、菜油、菜粕、早籼稻、甲醇、玻璃。

通用标准仓单载明的内容包括：会员号、会员名称、客户交易编码、品种、标准仓单数量、冻结数量、充抵数量等。

第九条　非通用标准仓单是指仓单持有人按照交易所的规定和程序只能到仓单载明的仓库或厂库提取所对应货物的财产凭证。

适用非通用标准仓单的品种为棉花、菜籽、动力煤、粳稻。

非通用标准仓单载明的内容包括：会员号、会员名称、客户交易编码、品种、标准仓单数量、仓库或厂库、检验时间、标准仓单编号、冻结数量、充抵数量等。

第三章　仓库仓单的交割预报

第十条　客户或者非期货公司会员向仓库发货前，应当由会员填写《交割预报单》，并以书面形式或者交易所认可的其他形式向仓库预报。

预报数量较大的，交易所可以要求货主提供拥有商品的相关证明。特殊情况下，交易所可以要求仓库优先批准有近期月份持仓的交割预报。

第十一条　自接到会员《交割预报单》之日起 2 个工作日内，仓库应当以书面形式或者交易所认可的其他形式回复会员能够接收的商品数量。自接到仓库同意入库的回复之日起 2 个工作日之内，会员应当向仓库缴纳 30 元/吨的交割预报定金。仓库在收到交割预报定金的当日（工作日），开具《入库通知单》。

对已存放在仓库的商品申请期货交割的，仍应提交交割预报，无须交付交割预报定金。

《入库通知单》自开具之日起生效。

第十二条　《入库通知单》有效期（公历日）分别为：

（一）仓单普通小麦（以下简称仓单普麦）、优质强筋小麦（以下简称强麦）、一号棉、菜籽、菜油、菜粕、早籼稻、粳稻和甲醇为 40 天。

（二）白糖每年 11 月 1 日至次年 4 月 30 日，广东、广西及云南三省（区）等交易所认可的白糖主产区仓库为 15 天（公历日）；其他时间和其他地区仓库为 40 天。

（三）精对苯二甲酸（以下统称 PTA）为 15 天。

交易所可视情况，调整《入库通知单》的有效期。

第十三条　《入库通知单》有效期内相对应数量的商品全部到库的，自商品入库完毕之日起 2 个工作日内，交割预报定金予以返还；部分到库的，按实际到货量返还；未到库部分，交割预报定金不予返还。

第十四条　交易所公告暂停仓库入库业务的，自公告之日（含该日）下午闭市起，该仓库发生的交割预报视为无效预报，交易所不再受理相关商品的仓库仓单注册申请。

第十五条　货主应当按交易所有关规定向仓库交纳各项费用。

第十六条　办理完交割预报的货主发货前，须将运输方式、车（船）号、数量、到货时间等通知仓库。

第四章　仓库仓单的商品入库

第十七条　交割商品入库时，商品的重量、包装相关单证等的验收及扦（采）样由仓库按照本办法的规定实施，货主应到场监督，验收结果须经双方认可。仓库、货主应对验收结果签章确认，并共同对入库商品的真实性负责。入库商品未经仓库、货主签章确认的，不得用于期货交割。

棉花样品的扦取由承检机构实施，仓库应当予以协助配合。仓库及货主有权对样品扦取进行监督。

第十八条　入库商品质量指标由质检机构检验的，自接到检验结果之日起 1 个工作日内，仓库应当对检验结果进行确认并通知客户。

第十九条　交易所认可的免检商品和适用非通用标准仓单的商品入库后，仓库应当对货主的名称、联系人及联系方式、商品数量、生产厂家、存放库房及垛位等事项登记造册，并由货主签字确认。

第二十条　入库商品质量检验结束后，检验单位将检验报告以数字认证方式上传至交易所仓单注册注销系统。由质检机构检验的，质检机构应当及时将检验报告寄送仓库或由仓库领取。货主或者仓库业务急需的，质检机构可先行告知检验结果。

第一节　小麦入库

第二十一条　仓单普麦、强麦重量验收应当在库内整车过地磅。强麦不同品种须分开储存，不得混存。

第二十二条　强麦入库质量检验由交易所组织实施。强麦降落数值、稳定时间、拉伸面积和湿面筋指标由质检机构检验；其他质量指标由交割仓库或质检机构检验。

仓单普麦入库质量检验由交割仓库组织实施，入库检验样品由交割仓库在卸车前抽取，检验结果不符合交割质量标准的不允许注册。入库过程中发现不符合交割质量标准的部分不允许注册。

需由质检机构检验的强麦质量指标，样品由交割仓库扦取，交易所、客户到场监督。客户未到场监督的，视为对扦样无异议。样品扦取后由交易所进行封样，并寄（送）质检机构。

质检机构作出的检验结论为强麦入库质量检验的最终结果，不予复检。

强麦样品的检验时间由交易所公告。

第二节　棉花入库

第二十三条　自新年度（每年九月一日）起，交易所开始接受新年度一号棉的报验申请。

第二十四条　棉花入库时，仓库按《入库通知单》、原验证书和码单接收棉花。

第二十五条　棉花重量和质量检验实行公证检验制度。按照棉花国家标准（GB1103－2007）和《期货交割棉公证检验实施办法（试行）》执行。

第二十六条　入库棉花为符合《中华人民共和国国家标准棉花包装》（GB6975－2007）规定的Ⅰ型号棉包（227±10 公斤），且须附有检验证书及原码单。

第二十七条　一号棉入库过程中和仓单注册前发现有下列情况之一的，交割仓库应当拒绝转存为期货交割商品，并及时通知会员或者货主：

（一）掺杂使假的；

（二）不符合 GB1103.1－2012 组批规则的；

（三）棉包出现严重污染、水渍，发现火烧、霉变等，或者有异味的以及包装不完整的；

（四）未经检验，棉包标志不符合国家标准规定的；

（五）崩包率大于 5% 的；

（六）非本棉花年度生产的；

（七）单包回潮率大于 10% 的；采用塑料套包法包装的，一批棉花中单包回潮率超过 9%，或者按批计算的平均回潮率超过 8.5% 的；

（八）经检验发现颜色级有 51、32、13、23、33、14、24，长度有小于 27 毫米，长度整齐度有 U5 档，马克隆值有 C 级 C1 档，断裂比强度有 S5 档的棉花；

（九）其他不符合交割规定的。

第三节　白糖入库

第二十八条　白糖包装应当符合《郑州商品交易所期货交割细则》规定。

第二十九条　白糖入库的，应当按以下要求提供单证：

（一）国产白糖：《全国工业产品生产许可证》、《产品合格证》、生产厂家营业执照（复印件）等。

（二）进口白糖：允许该批白糖在中国境内销售（贸易方式为“一般贸易”）的《中华人民共和国海关进口货物报关单》（复印件）；该批商品报关口岸当地的中华人民共和国出入境检验检疫局对该批商品出具的《卫生证书》；生产厂商或者该批商品出口商出具的《产品质量证明书》、《产地证明书》，并签署《进口白砂糖单证合法、真实、有效保证书》。

第三十条　重量验收：可采用过地磅同时抽包检斤方式，或者单独抽包检斤方式。

第三十一条　质量检验：一个垛位扦取一个样品，样品一式两份，封样后寄（送）质检机构。货主也可委托经国家质量技术监督部门认证的第三方扦样，仓库配合并监督扦样，由此产生的费用（不包括仓库配合扦样费）由货主承担。

第三十二条　自收到每批白糖样品起 5 个工作日内，质检机构应当出具检验结果并通知仓库。

第四节　PTA 入库

第三十三条　生产日期超过 90 天的境内生产的 PTA 和自境外发运之日起超过 60 天的进口 PTA，仓库不得接收入库。

境内生产的 PTA 申请入库的，应当向仓库提交本批 PTA 生产厂家出具的符合交割标准的《产品质量证明书》。《产品质量证明书》须载有生产厂家、生产日期、适用的质量标准和该批产品的质量检验结果等信息。

境外生产的 PTA 申请入库的，应当向仓库提交本批商品的船运证明、《中华人民共和国海关进口货物报关单》，《海关进口关税专用缴款书》、《海关代征增值税专用缴款书》，生产厂家出具的《产品质量证明书》、《产地证明书》等材料的复印件，并加盖申请入库单位公章。商品所有人应当对所提供的单证签署《进口 PTA 单证合法、真实、有效保证书》。

不同生产厂家生产的 PTA 应当分开预报。

第三十四条　重量验收：PTA 单包净重为 1 吨或者 1.1 吨。重量验收可采用过地磅同时抽包检斤或单独抽包检斤的方式进行。

第三十五条　PTA 质量检验按每 550 吨一个样品抽取；不足 550 吨的按 550 吨计。样品一式三份，双方封样后寄（送）质检机构两份。自收到每批样品之日起 5 个工作日内，质检机构应当出具检验结果并通知仓库。

免检交割品牌生产厂家直接申请入库的，入库 PTA 质量可以免检；货主向交易所和仓库提交指定生产厂家出具符合交易所要求的产品质量责任承诺书及相关材料的，入库 PTA 质量可以免检。

第五节　菜籽入库

第三十六条　菜籽重量验收采取在仓库内整车过地磅方式进行。

第三十七条　入库质量检验由仓库负责。

仓库可全部或部分委托质检机构进行检验，检验费用由仓库承担。

第三十八条　入库菜籽采用仓房内堆放方式储存。不同客户入库的菜籽不允许混存。

第三十九条　入库检验样品由仓库在卸货前抽取，检验结果不符合交割质量标准的不允许注册。

每次抽取样品就库分为二份，每份 1 公斤。仓库任选一份用于检验；另一份由货主和仓库签字封样，由仓库妥善保存。

第四十条　货物入库时，达不到交割质量标准的商品，经双方协商，仓库可提供整理等服务。

第四十一条　自每批货物样品抽取结束时起，仓库应于 24 小时内做出检验结果，并及时通知货主。

第六节　菜油入库

第四十二条　菜油运输必须符合国家卫生标准规定。

第四十三条　入库菜油应当提供加盖生产厂家公章的《产品生产许可证》（复印件）和《食品卫生许可证》（复印件）以及随货同行的产品化验单。

产品化验单中须载明产品名称、产地（包括原产国）、压榨或者浸出、产品执行标准、等级、是否转基因产品及编号等。

第四十四条　采用汽车运输的，菜油重量验收以地磅计量为准；采用火车运输的以火车罐打尺或者储油罐打尺计量为准；采用船舶运输的，以过磅或者储油罐打尺计量为准。

经交易所批准，菜油重量验收可以使用质量技术监督部门认可的其他先进衡器计量。

第四十五条　菜油运达仓库时，质量检验样品由仓库在卸货前扦取。每次扦取的样品分为两份，每份不低于 1 公斤。仓库任选一份用于检验，另一份由货主和仓库签字封样，由仓库妥善保存。

入库菜油的质量检验和掺伪检验由仓库负责。仓库可全部或者部分委托经国家质量技术监督部门认证的质检机构进行检验，检验费用由仓库承担。

自每批商品样品扦取结束时起，仓库应当于 48 小时内提供检验结果，并及时通知货主。

第四十六条　对检验合格的菜油，仓库应当按商品到库先后安排储油罐，并于检验报告出具之日起 5 个工作日内入库完毕。

转基因菜油应当与非转基因菜油分罐储存。入库客户未在交割预报单中注明菜油是否转基因产品，导致转基因菜油和非转基因菜油混罐储存的，由此引起的法律责任由该客户承担。责任主体以入库时仓库保留的样品确定。

菜油储油罐必须符合国家卫生标准规定。

第四十七条　货主应当保证入库菜油符合国家卫生标准。混罐储存的菜油不符合国家卫生标准的，根据入库时仓库保留的样品确定责任主体。

第四十八条　入库过程中和标准仓单注册前发现有下列情况之一的，仓库应当拒绝转存为期货交割商品，并及时通知会员或者货主：

（一）掺伪的菜油；

（二）菜油运输工具不符合国家规定；

（三）入库菜油不符合交易所其他交割规定的。

第七节　菜粕入库

第四十九条　菜粕重量验收采取在仓库内整车过地磅方式进行。

第五十条　入库质量检验由仓库负责。检验结果不符合交割质量标准的不允许注册。入库过程中发现不符合交割质量标准的部分不允许注册。

第五十一条　检验原则上以垛为单位进行抽样，对同一厂家生产的同一批次的商品，以不超过 200 吨为单位进行抽样。

每次抽取样品就库分为二份，每份 1 公斤。仓库任选一份用于检验；另一份由货主和仓库签字封样，由仓库妥善保存。

第五十二条　自每批货物样品抽取结束时起，仓库应于 24 小时内做出检验结果，并及时通知货主。

第八节　早籼稻、粳稻入库

第五十三条　货物重量验收采取在仓库内整车过地磅方式进行。

第五十四条　入库质量检验由仓库负责。

仓库可全部或部分委托质检机构进行检验，检验费用由仓库承担。

第五十五条　入库检验样品由仓库在卸货前抽取，检验结果不符合交割质量标准的不允许注册。

第五十六条　货物入库时，达不到交割质量标准的商品，经双方协商，仓库可提供整理等服务。

第五十七条　自每批货物样品抽取结束时起，仓库应于 24 小时内做出检验结果，并及时通知货主。

第九节　甲醇入库

第五十八条　甲醇运输必须符合国家关于危险化学品运输的规定。

第五十九条　入库货物单证及货主危险化学品经营资质由仓库负责审验。

境内生产的甲醇申请入库的，应当向仓库提交本批甲醇生产厂家出具的符合交割标准的《产品质量证明书》。《产品质量证明书》须载有生产厂家、生产日期、适用的质量标准和该批产品的质量检验结果等信息。

境外生产的甲醇申请入库的，应当向仓库提交本批商品的船运证明、进口货物报关单、生产厂家出具的《产品质量证明书》等材料的复印件、海关放行单原件。商品所有人应当对所提供的单证签署《进口甲醇单证合法、真实、有效保证书》。

第六十条　重量验收：采用汽车运输的，以地磅计量为准，由仓库负责验重；采用火车、船舶运输的，以仓库储罐打尺计量为准。货主可以委托质检机构或者仓库验重，由质检机构验重时，仓库应予以配合，由此产生的费用由货主承担。

经交易所批准，甲醇重量验收可以使用国家质量技术监督部门认可的其他先进衡器计量。

第六十一条　质量验收：入库甲醇的采样、质检由质检机构负责，仓库应予协助，由此产生的费用（不含仓库配合费用）由货主承担。

已经入库的甲醇，货主能够提供质检机构出具的该货物符合期货交割标准的检验报告，经仓库认可，可以申请注册仓单。

对期货、现货混罐存储的甲醇，仓库必须确保整罐货物符合期货交割标准的规定，不符合规定的，不允许混罐存储或申请注册仓单。

第六十二条　自完成采样之日起 3 个工作日内，质检机构应当出具检验结果，并及时通知仓库。

第五章　标准仓单注册

第一节　仓库仓单注册

第六十三条　自出具或者接到质检机构的检验结果之日起 1 个工作日内，仓库对检验结果进行确认并通知货主。对于质量符合交割规定的货物，货主无异议的，自通知货主之日起 2 个工作日内，仓库应当向交易所申请注册仓库仓单。

每年的 8 月 1 日之前不得申报注册二级白糖仓单。

第六十四条　交易所可在自仓库提出仓单注册申请之日起 7 个工作日内予以注册。

第六十五条　自交割月最后交易日（白糖、菜油为第 5 个交易日）下午 3 时起，交易所不再受理仓库提出的用于当月交割的仓库仓单注册申请。该日下午 3 时以后的注册申请所形成的标准仓单可以参与当月标准仓单的征购及后续月份交割。

交易所规定的可予质量免检的商品用于期货交割的，最迟应当在合约最后交易日前一日申请注册。

第六十六条　3 月、7 月、11 月第 12 个交易日之后（含该日）注册的菜粕标准仓单，货物生产日期须分别为 3 月 1 日、7 月 1 日、11 月 1 日之后（含该日）。注销后，符合规定的菜粕可以重新注册。

第二节　厂库仓单注册

第六十七条　非期货公司会员或客户与厂库结清货款等费用后，厂库通过交易所仓单注册注销系统提交仓单注册申请。动力煤厂库仓单注册时，厂家应提交收到基低位发热量等货物信息，交易所以此信息作为仓单注册标准的依据和货款计算的参考。

第六十八条　厂库申请仓单注册时，必须提供交易所认可的银行履约保函、现金或交易所认可的其他支付保证方式。

厂库提交的保证金数额按照最近交割月合约前一交易日结算价计算。

第六十九条　厂库最迟应当在合约交割月最后交易日前三个交易日下午 3 时前提交仓单注册申请。厂库提交的支付保证方式符合规定的，交易所可在自厂库提出仓单注册申请之日起 3 个工作日予以注册。

第七十条　单个厂库允许注册仓单的最大数量，由交易所确定和调整。

第七十一条　当商品市值发生较大波动时，交易所可根据市场变化情况要求厂库调整银行履约保函、现金或交易所认可的其他支付保证方式的数额。

第六章　标准仓单有效期

第七十二条　各品种标准仓单有效期分别如下：

仓单普麦、强麦：每年 9 月的最后一个工作日。

一号棉：N 年生产的棉花注册的标准仓单，有效期至 N + 2 年 3 月的最后一个工作日。

白糖：N 制糖年度（每年的 10 月 1 日至次年的 9 月 30 日）生产的白糖所注册的标准仓单有效期为该制糖年度结束后当年 11 月份的最后一个工作日（含该日）。

菜籽：N 年 6 月 1 日起接受菜籽标准仓单注册，仓单有效期至 N 年 11 月份最后一个工作日（含该日）。

菜粕：每年 3 月、7 月、11 月第 12 个交易日（不含该日）之前注册的标准仓单，应在当月的第 15 个交易日（含该日）之前全部注销。

菜油：N 年 6 月 1 日起注册的菜油标准仓单有效期至 N + 1 年 5 月份最后一个工作日（含该日）。

PTA：每年 9 月第 12 个交易日（不含该日）之前注册的 PTA 标准仓单，在该月第 15 个交易日（含该日）之前全部注销；该月第 16 个交易日（含该日）之后开始受理新仓单的注册申请。

早籼稻：N 年 8 月 1 日起注册的标准仓单，有效期至 N + 1 年 7 月份最后一个工作日（含该日）。

粳稻：N 年 10 月 1 日起注册的标准仓单，有效期至 N + 1 年 9 月份最后一个工作日（含该日）。

甲醇、玻璃：每年 5 月、11 月第 12 个交易日（不含该日）之前注册的标准仓单，应在当月的第 15 个交易日（含该日）之前全部注销。

动力煤：每年 5 月、11 月第 7 个交易日（不含该日）之前注册的标准仓单，应在当月的第 10 个交易日（含该日）之前全部注销。

第七十三条　标准仓单到期日前未办理注销手续的，交易所可在到期日将其注销，由此造成的一切损失，由标准仓单持有人承担，交易所不保证全部交割商品质量符合规定标准。

第七章　标准仓单的流通

第七十四条　标准仓单的流通是指标准仓单的交割和转让。

处于冻结状态和充抵保证金状态的标准仓单不能流通。

客户的标准仓单的流通应当委托会员办理，以会员名义在交易所进行，流通结果由客户承担。

第七十五条　标准仓单交割按《郑州商品交易所期货交割细则》的有关规定办理。

第七十六条　标准仓单的转让是指会员自行协商买卖标准仓单的行为。交易所受理标准仓单转让的时间为每个工作日交易时间的下午 2 时 30 分之前。最后交易日，交易所不办理一号棉、普麦、菜籽、动力煤、粳稻标准仓单转让业务。

第七十七条　转让标准仓单应当符合以下规定：

（一）客户的标准仓单转让须委托会员办理；

（二）达成转让意向的买卖双方会员应当向交易所提交标准仓单转让申请；

（三）交易所对标准仓单转让申请审核后，为买卖双方会员办理标准仓单过户和货款结算划转等手续；

（四）标准仓单转让的货款划转及增值税专用发票的开具、传递参照《郑州商品交易所期货交割细则》执行；

（五）标准仓单转让手续费标准由交易所公告。

第八章　标准仓单注销

第七十八条　标准仓单注销是指标准仓单持有人直接或者委托会员到交易所办理标准仓单提货手续的过程。

客户注销标准仓单应当通过会员向交易所提交标准仓单注销申请。

对于已经注销的 PTA 标准仓单，货物尚未出库但仍符合入库条件的，可重新申请注册。

第七十九条　动力煤标准仓单注销时，提货人应提前与厂库沟通所提货物质量、重量情况。双方协商一致的，按协商结果提货，涉及升贴水的，由双方自行结算；协商不一致的，提货人按厂库仓单注册时提供的货物信息提取货物，涉及升贴水的，由交易所在货物发运完毕后统一结算。

动力煤提货人和厂库协商不一致的，提货人在指定港口提货时的质量认定、重量溢短按照《郑州商品交易所期货交割细则》“车（船）板交割”相关规定处理，结算价格按最近的交割结算价计价。

动力煤提货人和厂库确认提货事项并提交交易所后，交易所交割部门开具《提货通知单》。

动力煤买卖双方协商在交易所公布的指定交割地点以外的其他地点交货的，相关事项按双方约定办理。

动力煤之外的其他品种标准仓单注销时，交易所结算部门办理仓单升贴水结算，交易所交割部门开具《提货通知单》。

客户办理提货手续前，会员或客户应及时编制《提货通知单》验证密码，《提货通知单》验证密码为提货必备要件。

第八十条　适用通用标准仓单的商品需要提货的，交易所根据会员申请及仓库或厂库的具体情况，确定《提货通知单》对应的商品。

第八十一条　自交易所开出《提货通知单》之日起 10 个工作日内，《提货通知单》持有人应当凭《提货通知单》验证密码、提货人身份证、提货人所在单位证明到仓库或厂库办理提货手续、确认商品质量、确定运输方式、预交各项费用。

玻璃《提货通知单》持有人可根据玻璃厂库公告信息选择相应的规格、品级等，不涉及升贴水的，厂库应予以满足；涉及升贴水的，由双方协商，自行结算。

《提货通知单》持有人在提货期内向交易所提出商品质量复检申请的，自交易所收到申请之日起，《提货通知单》持有人的提货期间停止计算，待复检结果通知《提货通知单》持有人之日起重新计算。

逾期未办理相关手续的，按现货提货单处理，仓库不再保证全部商品质量符合规定标准；厂库不再保证按期货规定承担日发货速度等责任，具体提货事宜由货主与厂库自行协商。

第九章　仓库交割商品出库

第八十二条　期货交割商品出库的重量检验由货主与仓库共同实施，具体办法参照入库规定。

第八十三条　货主提供运输工具的，自货主凭《提货通知单》与仓库联系出库事宜、运输工具到达仓库之日起，仓库开始发货，并停止收取已装运货物的仓储费；货主委托仓库代办运输的，自客户凭《提货通知单》与仓库联系出库事宜、指定运达地点并预交各种费用（包括铁路代办费、港杂费等）之日起，仓库不能在规定时间内（汽车、船舶 10 日，火车 20 日）发出商品的，不得再收取其后的仓储费。

由于货主变更发货方式、提货手续不全、费用未按时交纳、特殊要求等原因，致使商品装运推迟的，不受前款限制。

第一节　小麦出库

第八十四条　仓单普麦、强麦出库时，数量发生损耗（水分除外）造成短少的，仓库按实际出库数量补足。不能补足的，交割仓库按《提货通知单》开具之日前（含当日）普麦、强麦期货最近交割月最高交割结算价核算短少商品价款，赔偿买方货主。

第八十五条　强麦出库时，客户与交割仓库发生质量争议的，由入库时或交易所指定的质检机构按入库时规定的检验法检验。复检结果确定的等级高于（包括等于）初检结果确定的等级，或复检结果在初检结果允许误差范围内（以初检结果为基准，湿面筋允许绝对误差为 -1.5%，稳定时间允许相对误差为 -15%，拉伸面积允许相对误差为 -10%，降落数值允许相对误差 -10%），以入库检验结果确定的等级为准，由此产生的化验费和差旅费等由提出争议者负担；复检结果在入库检验结果允许误差范围外，且低于初检结果确定的等级，以复检结果确定的等级为准，由此产生的一切费用和责任由交割仓库负担。

第二节　棉花出库

第八十六条　仓库应将与所提棉花相对应的《公证检验证书》随货同行联一份交货主。货主可在商品发运前逐批核对棉花的产地、包装、批次和件数等项目，验收结果应当经货主、仓库双方认可。

第八十七条　因自然变异导致标准仓单颜色级与注册时相比出现下降的，仍可正常办理出库手续，客户不得拒绝接货。

在《公证检验证书》有效期内，因自然变异造成颜色级下降未超过一个类型的，或在《公证检验证书》有效期外，因自然变异造成颜色级下降未超过两个类型的，由货主承担。交割仓库承担变异超过前述规定部分的颜色级差价，差价的计算根据交易所公告的颜色级之间升贴水标准执行。

《公证检验证书》超过有效期的仓单注销时需要重新检验的，由提出重新检验方支付公检及相关费用。

第八十八条　出库过程中，发现棉花崩包的，仓库应当免费回包。

第三节　白糖出库

第八十九条　因自然变异导致白糖色值变化在规定范围内的，仍可正常出库，货主不能拒绝接货。

一级白糖的色值小于等于190IU的，由货主承担；大于190IU小于等于240IU的，色值每增加10IU（不足10IU按10IU计），仓库给提货方每吨10元的补偿。白糖色值大于240IU时，仓库承担赔偿责任。

第九十条　白糖出库时，出现包装霉变、严重污染，潮包、流包、真结块、异味的，仓库应当承担赔偿责任。

第四节　PTA出库

第九十一条　仓库正常保管情况下，PTA水分指标变化不影响使用的，货主不得拒绝接收。

第九十二条　出库时按照先进先出的原则出库。

第五节　菜籽出库

第九十三条　菜籽出库时，数量发生损耗（水分除外）造成短少的，交割仓库按照实际出库数量补足。不能补足的，交割仓库按照《提货通知单》开具之日前（含当日）菜籽期货最近交割月最高交割结算价核算短少商品价款，赔偿买方货主。

第九十四条　菜籽出库时，含油量指标低于入库质量指标0.5个百分点以内的，视作合格。

第六节　菜油出库

第九十五条　出库数量发生损耗造成短少的，仓库应及时补足。不能及时补足的，仓库按《提货通知单》开具日（含当日）之前菜油期货最近交割月最高交割结算价核算短少商品价款，赔偿货主。

第七节　菜粕出库

第九十六条　交割仓库菜粕出库水分溢短数量由货主承担，非水分减量的货款按照《提货通知单》开具之日前（含当日）菜粕期货最近交割月最高交割结算价核算短少商品价款，由仓库赔偿买方货主。出库水分检验费用由仓库承担。

菜粕出库水分溢短数量的计算方法：商品水分溢短数量＝提货数量（入库时的实际水分指标－提货时的实际水分指标）/（1－提货时的实际水分指标）。

菜粕出库应同时符合入库时包装物件数计算的重量。

交割厂库菜粕应足量出库。

菜粕出库时，粗蛋白质低于入库质量指标0.5个百分点以内的，视作合格。

第八节　早籼稻、粳稻出库

第九十七条　出库时，水分溢短数量由货主承担；非水分减量部分，仓库应及时补足。不能及时补足的，仓库按《提货通知单》开具日之前（含当日）该品种期货最近交割月最高交割结算价核算短少商品价款，赔偿货主。

第九十八条　粳稻出库时，垩白粒率不高于入库检验结果所在等级5个百分点（含）的，视同合格。

第九节　甲醇出库

第九十九条　出库时甲醇不符合交割质量标准的，仓库承担赔偿责任。

第一百条　出库数量发生损耗造成短少的，仓库应及时补足。不能及时补足的，仓库按《提货通知单》开具日（含当日）之前甲醇期货最近交割月最高交割结算价核算短少商品价款，赔偿货主。

第十章　厂库交割商品交收

第一百零一条　厂库出库时的日发货速度是指厂库在24小时内安排期货商品发货的最低数量。厂库日发货速度由交易所确定和调整。

第一百零二条　货主与厂库办妥提货手续之日起，3个日历日内开始发货，货主与厂库自行协商的除外。货主可自行到库提货或委托厂库代为发运。

由于货主变更发货方式、发货时间、提货手续不全、费用未按时交纳、其他特殊要求等原因，致使发货推迟的，不受前款限制。

动力煤厂库仓单在港口提货时，按照《郑州商品交易所期货交割细则》“车（船）板交割”规定流程办理。

第一百零三条　厂库交割商品重量验收按照以下规定执行：

玻璃出库重量按标准厚度折算。

动力煤交收时，重量溢短范围适用《郑州商品交易所期货交割细则》“车（船）板交割”相关规定。

玻璃、动力煤之外的其他品种重量验收由提货人与厂库共同实施，以厂库检重为准，足量出库。

玻璃每次提货（指一张提货单）的溢短不超过一个包装单位（架），由买方决定，溢短部分由双方自行结算，结算价格参考最近交割月交割结算价。

玻璃、动力煤之外的其他品种出库数量发生短少的，厂库应及时补足。不能补足的，厂库按《提货通知单》开具日（含当日）之前该品种期货最近交割月最高交割结算价核算短少商品价款，赔偿货主。

提货人在货物交收时应到交收地点监发，未到场监发的，视为对货物重量没有异议。

第一百零四条　厂库交割商品质量验收按照以下规定执行：

玻璃出库时厂库向货主提供《质量合格证书》。

动力煤交收时，质量检验适用《郑州商品交易所期货交割细则》“车（船）板交割”相关规定。

粳稻出库时，厂库应与货主共同抽取样品，货主对检验结果无异议的，厂库方予发货。货物实际质量指标与仓单标示质量指标不一致但在交易所规定的质量差异允许范围内的，客户应当接受，质量差异升贴水由厂库与客户按照交易所规定的标准自行结算。

玻璃、动力煤、粳稻之外的其他品种出库时，厂库应在提货人监督下在货物装运到买方运输工具前进行抽样，经双方确认后共同封样。样品一式三份，一份由货主保存，两份由厂库保存，厂库应将样品保留至发货后30个日历日，作为发生质量争议时的处理依据。

厂库须保证期货商品的质量符合交易所规定的交割标准，双方协商一致的除外。

第一百零五条　货主办理提货手续时，应就发货速度及最后完成出库时间与厂库协商一致，协商不成的，厂库应按照交易所批准的日发货速度发货。

第一百零六条　多个货主同时提货时，厂库可按货主预约时间及办理提货手续的先后顺序等合理安排发货。

第一百零七条　厂库或货主因故不能按照约定的发货计划发货或提货的，双方应及时协商并妥善调整发货速度或发货计划，并且过错方应付滞纳金。动力煤滞纳金由买卖双方协商解决。动力煤之外的其他品种滞纳金额 = 5 元/吨按日发货计划应发未发或应提未提的商品数量该批商品的滞留天数。

因厂库原因在约定的最后发货日起 5 个日历日内仍不能完成所有商品发货的，货主可要求厂库终止发货并支付赔偿金。

赔偿金额 = 该品种期货最近交割月最高交割结算价按商品总量应发而未发的商品数量 120%。

当厂库发生违约行为时，首先由厂库向货主支付赔偿金。厂库未支付或支付数额不足的，交易所可动用厂库交具的银行履约保函、现金或交易所认可的其他支付保证方式予以清偿。

第一百零八条　因天气原因及其他不可抗力因素导致无法发货或提货时，厂库和货主不需支付赔偿金。

厂库和货主应妥善保管商品发货计划书、协商确认书、发货和提货单据，作为解决纠纷的依据。

第十一章　入库和出库复检

第一节　仓库商品入库复检

第一百零九条　货主或者交割仓库对入库检验结果（强麦除外）有异议的，应当自收到检验结果之日起 3 个工作日内向交易所书面提出复检申请，并预交复检费用。

复检仅限于复检申请方提出的有异议的项目。

未在规定时间内提出复检申请的，视为同意检验结果。

第一百一十条　白糖、PTA 和甲醇复检机构为原质检机构，交易所可调换或增加质检人员。

交易所同意由交割仓库检验的仓单普麦、强麦质量指标，复检机构由交易所指定。

菜籽、菜油、菜粕、早籼稻、粳稻复检机构由货主和仓库协商确定，协商不成的，由交易所指定。

第一百一十一条　由交易所指定复检机构的品种，复检样品由复检机构重新扦（采）取，仓库应予以配合。复检机构应当自扦（采）样完毕次日起 3 个工作日内作出复检结果（如样品量较大，可适当延迟），并将复检结果书面通知交易所，交易所通知异议方。

复检机构为原质检机构的品种，复检机构只对其保留的样品进行复检，不再重新扦（采）样。复检机构自收到交易所复检通知之日起 4 个工作日内，应当作出复检结果，并将复检结果书面通知交易所，交易所通知异议方。

复检结果为解决争议的依据。

第一百一十二条　由交易所指定复检机构的品种，复检结果与仓库原检验结论一致的，由货主承担相关费用（检验费、抽样费、差旅费、交通费等。下同）；复检结果与仓库原检验结论不一致的，相关费用由仓库承担。

复检机构为原质检机构的品种，复检结果与原检验结论一致的，由复检申请方承担相关费用；复检结果与原检验结论不一致的，相关费用由质检机构承担。

第一百一十三条　一号棉入库复检按《期货交割棉公证检验实施办法（试行）》执行。

第二节　仓库商品出库复检

第一百一十四条　自《提货通知单》开具之日起 10 个工作日内，仓单持有人对商品质量有异议的，可向交易所申请一次复检，并预交复检费用。

未在规定时间内提出异议的，视为确认出库商品质量。

第一百一十五条　复检仅限于复检申请方提出的有异议的项目。

由仓库检验的项目，参照入库复检进行；由质检机构检验的项目，由交易所指定的质检机构进行复检。

复检结果为解决争议的依据。

第一百一十六条　交易所不受理超出规定时间或者已经出库的交割商品的质量和数量复检，不承担由此产生的一切责任。

第一百一十七条　自收到书面异议之日起 2 个工作日内，交易所通知仓库。复检机构在仓库协助下重新扦（采）样，样品经三方共同认可后封样。复检结果由交易所通知会员与仓库。

复检结果符合交易所出库规定的，复检及相关费用由复检申请方承担。复检结果不符合出库规定的，复检及相关费用由过错方承担。

第一百一十八条　复检结果不符合出库规定的，在双方约定或者规定的出库时间内，仓库或者标准仓单转让人可以用符合出库规定的商品调换，提货方不得拒收。商品调换不得影响商品及时出库，调换增加的运输、检验等费用由仓库或者标准仓单转让人承担。调换后商品的出库按交割商品的有关规定执行。

第一百一十九条　仓库或者标准仓单转让人未能用符合出库规定的其他商品调换，仓库或者标准仓单转让人可以与客户（提货方）协商处理。

协商无法达成一致的，按以下规定执行：

（一）仓库或者标准仓单转让人须及时对不合格的交割商品加工处理以达到出库规定，并承担补偿责任。补偿金额按照该品种期货最近交割月最高交割结算价的 3% 计算。加工处理且补偿后，客户（提货方）不得拒绝接受商品。

（二）无法加工处理或者加工处理后仍不能达到出库规定的，仓库或者标准仓单转让人承担赔偿责任，赔偿金额按照该品种期货最近交割月最高交割结算价的 120% 计算，货物归仓库或标准仓单转让人所有。

第一百二十条　一号棉复检按照棉花国家标准（GB1103－2007）和《期货交割棉公证检验实施办法（试行）》执行。

第三节　厂库商品出库复检

第一百二十一条　货主对交割商品重量、质量有异议的，首先与厂库协商解决。协商不成的，可向交易所申请一次复检，并预交复检及相关费用。

重量异议，应在货物出库前提出。

质量异议：玻璃、粳稻应在货物出库前提出；动力煤应在收到质检报告之日起 5 个工作日内提出；玻璃、动力煤、粳稻之外的其他品种应在货物出库之日起 5 个工作日内提出。

未在规定时间内提出异议的，视为确认出库商品的重量或质量。

第一百二十二条　动力煤复检项目适用《郑州商品交易所期货交割细则》“车（船）板交割”相关规定。动力煤之外的其他品种复检仅限于复检申请方提出的有异议的项目。

复检由质检机构进行。复检机构由交易所指定并公告。

甲醇、动力煤复检样品仅限于保留样品。

玻璃、粳稻复检对象为申请方提出质量异议的对应货物。

复检结果为解决争议的依据。

第一百二十三条　交易所不受理超出规定时间的交割商品的质量复检，不承担由此产生的一切责任。

复检结果符合交割规定的，复检及相关费用由复检申请方承担。

复检结果不符合交割规定的，复检及相关费用由厂库承担。由此造成的损失由厂库与货主协商处理，双方协商无法达成一致的，厂库应承担赔偿责任，赔偿金额 = 该品种期货最近交割月最高交割结算价复检不符合交割规定的商品数量120%，对应的货物归厂库所有。

第十二章　监督、争议和处理

第一百二十四条　交易所有权对用于期货交割的商品进行抽查。

对期货交割商品抽查不合格的不予注册。

对已经注册成仓单的商品质量和数量抽查中发现质量不合格或者数量有差额的，责成仓库、厂库或仓单持有人采取限期提供足量、合格商品等补救措施，由此发生的一切费用和损失由仓库或者仓单持有人承担。出现违规行为的，交易所按规定对违规者进行处罚。

第一百二十五条　标准仓单转让人与受让人（提货方）之间、客户与仓库或厂库及仓单质量免检承诺人之间产生交割纠纷的，双方可先行协商解决；协商无法达成一致意见的，应当在纠纷发生之日起5个工作日内以书面形式向交易所申请调解。调解不成的，依法向人民法院起诉或者依约向仲裁机构申请仲裁。

第一百二十六条　交割商品出库时，对交割商品的质量和数量发生争议的，交易所按本办法规定对责任归属进行确认，最终责任由责任方承担。

第一百二十七条　仓库、厂库或标准仓单转让人不能向客户（提货方）交付符合合约出库规定标准的商品，造成客户（提货方）损失的，应当承担赔偿责任。仓库或厂库不能履行其债务时，交易所仅对交割商品的重量和质量承担相应补充赔偿责任。

第一百二十八条　厂库发货完毕，经交易所书面确认无数量、质量责任，经厂库申请，交易所退还现金或交易所认可的其他支付保证方式。

附　则

第一百二十九条　本办法解释权属于郑州商品交易所。

第一百三十条　本办法自2013年11月18日起施行。

郑州商品交易所期货交割细则

第一章　总则

第一条　为保证郑州商品交易所（以下简称交易所）期货交割业务的正常进行，规范期货交割行为，根据《郑州商品交易所交易规则》，制定本细则。

交易所交割业务按本细则进行，交易所、会员、客户、指定商品交割仓库（以下简称仓库）、指定商品交割厂库（以下简称厂库）及指定质检机构必须遵守本细则。

第二条　期货交割指期货合约到期时，按照交易所的规则和程序，交易双方通过该期货合约标的物所有权的转移，了结到期未平仓合约的过程。

标准仓单的期货交割实行三日交割法。

标准仓单以外的期货交割根据品种不同确定具体的交货流程。

第三条　交易所上市期货品种采用仓库交割、厂库交割、车（船）板交割等交割方式。

仓库交割是指卖方通过将指定交割仓库开具的相关商品仓库仓单转移给买方以完成实物交割的交割方式。

厂库交割是指卖方通过将指定交割厂库开具的相关商品标准仓单转移给买方以完成实物交割的交割方式。

车（船）板交割是指卖方在交易所指定交割计价点将货物装至买方汽车板、火车板或轮船板完成货物交收的一种实物交割方式。

交割计价点是指车（船）板交割时由交易所指定的用于计算双方各自应承担交割费用的地点。

交易所在交割计价点设置指定交割仓库或者其他交割服务机构，买卖双方选择在交割计价点交割的，应通过以上机构开展，并须交付一定的费用。

第四条　各品种采用的交割方式如下：

强麦、早籼稻、白糖、棉花、菜油、PTA：仓库交割。

甲醇、菜粕、粳稻：仓库交割和厂库交割。

普麦、菜籽：车（船）板交割和仓库交割。

玻璃：厂库交割。

动力煤：车（船）板交割和厂库交割。

第五条　客户的期货交割须由会员办理，并以会员名义在交易所进行，交割结果由客户承担。

第六条　不能交付或者接收增值税专用（普通）发票的客户不得交割；持仓量为非交割单位整数倍的相应持仓不得交割；不具备甲醇生产、储存、使用、经营或运输资质的客户不得参与甲醇交割。

菜粕交付增值税普通发票。

进入交割月前，不得交割的客户应当将交割月份的相应持仓予以平仓。自进入交割月第一个交易日起，自然人客户不得开新仓，交易所有权对自然人客户的交割月份持仓予以强行平仓。不得交割的持仓被配对的，交易所对其处以合约价值（按配对日交割结算价计算）10%的违约金，违约金支付给对方，终止交割；买卖双方均属上述情况的，交易所按本条规定比例核算的金额对双方进行处罚，终止交割。

第二章　期货交割标准

第一节　普通小麦

第七条　交割单位：50吨。

第八条　普通小麦（以下简称普麦）交割适用国家标准、国家相关规定及本细则规定。

基准交割品：符合《中华人民共和国国家标准小麦》（GB1351－2008）的三等及以上小麦，且不完善粒中生芽粒≤2.0%，霉变粒≤2.0%。

替代品质量差异及升贴水

（一）入库时，水分≤12.5%的，足量入库；12.5%＜水分≤13.5%的，以12.5%为基准，水分每超0.5%，扣量1.0%；不足0.5%的，不扣量。标准仓单出库时，水分≤12.5%的，水分减量由提货人承担；12.5%＜水分≤13.5%的，水分每超0.5%，补量1.0%；不足0.5%的，不补量。车船板交货时水分≤12.5%的足量交货；12.5%＜水分≤13.5%的，水分每超

0.5%，补量 1.0%；不足 0.5% 的，不补量。

（二）1.0% < 杂质 ≤ 1.5% 的，以 1.0% 为基准，杂质每超 0.5%，入库扣量（出库补量）1%；不足 0.5% 的，不扣量（出库不补量）。车船板交货时按出库处理。

（三）8.0% < 不完善粒 ≤ 12.0% 的，以 8.0% 为基准，不完善粒每超 1.0%，入库扣量（出库补量）1.0%。车船板交货时按出库处理。

第九条　普麦接收、储存、发运采用散粮方式。

第二节　优质强筋小麦[1]

第十条　交割单位：20 吨。

第十一条　优质强筋小麦（以下简称强麦）交割适用国家标准、国家相关规定及本细则规定：

基准交割品：符合《中华人民共和国国家标准小麦》（GB1351－2008）的三等及以上小麦，不完善粒中霉变粒 ≤ 2.0%，300s ≤ 降落数值 ≤ 550s；内在品质指标稳定时间 ≥ 8 分钟、湿面筋 ≥ 30%、拉伸面积（135min）≥ 90cm^2。

替代品质量差异及升贴水：

（一）内在品质指标稳定时间 ≥ 6 分钟、湿面筋 ≥ 28%、拉伸面积（135min）≥ 75cm^2 时的，贴水 80 元/吨；稳定时间 ≥ 12 分钟、湿面筋 ≥ 30%、拉伸面积（135min）≥ 90cm^2 的，升水 20 元/吨。

（二）强麦入库时，水分 ≤ 12.5% 的，足量入库；12.5% < 水分 ≤ 13.5% 的，以 12.5% 为基准，水分每超 0.5%，扣量 1.0%；不足 0.5% 的，不扣量。出库时，水分 ≤ 12.5% 的，水分减量由提货人承担；12.5% < 水分 ≤ 13.5% 的，水分每超 0.5%，补量 1.0%；不足 0.5% 的，不补量。

（三）1.0% < 杂质 ≤ 1.5% 的，以 1.0% 为基准，杂质每超 0.5%，入库扣量（出库补量）1.0%；不足 0.5% 的，不扣量（出库不补量）。

（四）8.0% < 不完善粒 ≤ 12.0% 的，以 8.0% 为基准，不完善粒每超 1.0%，入库扣量（出库补量）1.0%。

第十二条　强麦接收、发运采用散粮方式；储存采用麻袋包储与散粮存储相结合的方式。

第三节　棉花[2]

第十三条　棉花合约按序号排列，分为一号棉和交易所公告的其他序号棉花。

第十四条　一号棉交割单位：185 包 ±5 包（227 ±10 公斤/包），对应 8 手期货合约。

第十五条　一号棉交割适用国家标准。

基准交割品：符合 GB1103.1－2012《棉花第 1 部分：锯齿加工细绒棉》规定的 3128B 级，且长度整齐度为 U3 档，断裂比强度为 S3 档，轧工质量为 P2 档的国产棉花。

替代品及升贴水：符合 GB1103.1－2012《棉花第 1 部分：锯齿加工细绒棉》规定的，颜色级为 11、21、41、12、22 级，平均长度级为 27mm、29mm 及以上，长度整齐度为 U1、U2、U4 档，主体马克隆值级为 A 级、C 级 C2 档，断裂比强度为 S1、S2、S4 档，轧工质量为 P1 档、P3 档的棉花，可以替代交割。替代交割品升贴水由交易所另行制定并公告。

一个交割单位棉花按照颜色级和轧工质量比例实行分级计价。有主体颜色级的棉花，升水 100 元/吨。

无主体颜色级的棉花，以其中占比例最大的颜色级为标注颜色级。

升贴水和分级计价按重新检验的结果随货款一并结算。

第十六条　N 年产锯齿细绒白棉从 N+1 年 8 月 1 日起每日历日贴水 4 元/吨，至 N+2 年 3 月的最后一个工作日止。

第十七条　棉花包装及包装物应符合国家有关棉花包装规定。

第四节　白糖

第十八条　交割单位：10 吨。

第十九条　白糖交割适用国家标准及本细则规定。

基准交割品：符合《中华人民共和国国家标准白砂糖》（GB317—2006）（以下简称《白糖国标》）规定的一级白糖。

替代品及升贴水：

（一）符合《白糖国标》的一级和二级（色值小于等于 170IU）的进口白糖（含进口原糖加工而成的白糖）可以交割；

（二）色值小于等于 170IU，其他指标符合《白糖国标》的二级白糖，可以在本制糖年度（每年的 10 月 1 日至次年的 9 月 30 日）的 9 月和该制糖年度结束后的当年 11 月合约替代交割，贴水标准为 50 元/吨；

第二十条　N 制糖年度生产的白糖，只能交割到 N 制糖年度结束后的当年 11 月份，且从当年 9 月合约交割起（包括 9 月合约交割）每交割月增加贴水 20 元/吨，即 9 月贴水 20 元/吨，11 月贴水 40 元/吨，贴水随货款一并结算。

第二十一条　白糖包装应符合《白糖国标》的规定。

进口白糖的标志、标签，除应含有产品名称、净含量、生产厂商名称、生产日期等内容外，其他内容不作要求。

白糖包装有霉变、严重污染或者出现潮包、流包、真结块、有异味的，不得入库。

第五节　精对苯二甲酸

第二十二条　交割单位：5 吨。

第二十三条　精对苯二甲酸（以下统称 PTA）交割质量标准适用《工业用精对苯二甲酸》（SH/T1612.1－2005）。

基准交割品：符合 SH/T1612.1－2005 质量标准的优等品 PTA。

基准交割品必须是经交易所认定的 PTA 生产厂家生产的商品。具体生产厂家由交易所公告。

交易所有权调整交割品生产厂家。

第二十四条　出现破包、潮包、结块、严重污染等情况的，不得入库。

第六节　菜籽

第二十五条　交割单位：10 吨。

第二十六条　菜籽交割适用国家标准及本细则规定。

基准交割品：符合以下质量指标的菜籽：含油量（以 8% 水分计，以下同）≥ 38.0%，水分 ≤ 9.0%，杂质 ≤ 3.0%，热损伤粒 ≤ 2.0%，生霉粒 ≤ 2.0%，色泽气味正常。菜籽指标定义、卫生指标要求及检验方法等按照《中华人民共和国国家标准油菜籽》（GB/T11762－2006）执行。

替代品及升贴水：

（一）含油量以 38.0% 为基准，每高（低）1 个百分点，升水（贴水）70 元/吨，高不足 1 个百分点的无升水，低不足 1 个百分点的按照 1 个百分点计，高于 42.0% 的按照 42.0% 升水。含油量低于 35.0% 的不允许交割。

（二）杂质以 3.0% 为基准，每低（高）0.5 个百分点升水（贴水）30 元/吨，不足 0.5 个百分点的无升贴水，低于 2.0% 的按照 2.0% 升水。采用标准仓单交割的，杂质高于 3.0% 的不允许交割。采用车板方式交割的，杂质高于 4.0% 的不允许交割。

（三）采用车板方式交割的，水分以 9.0% 为基准，每高 0.5 个百分点贴水 30 元/吨，不足 0.5 个百分点的无贴水，水分高于 12.0% 的不允许交割。采用标准仓单交割的，水分高于9.0%的不允许交割。

第二十七条　菜籽交割采用塑料编织袋包装方式。编织袋的长度为1100－1250mm，宽度为650－750mm，缝包机缝口，单包装载菜籽质量不少于60公斤。编织袋要求不破、不漏，应清洁、牢固、透气、无毒害物质污染、无霉变。同一客户同一批次交割的菜籽包装要求规格统一。

第七节　菜油[3]

第二十八条　交割单位：10吨。

第二十九条　菜油交割适用国家标准及本细则规定。

基准交割品：符合《中华人民共和国国家标准菜籽油》（GB1536－2004）四级质量指标的菜油。

替代品及升贴水：

（一）符合GB1536－2004规定的三级、二级、一级质量指标的菜油可以替代交割，无升贴水。

（二）"加热试验（280℃）"项目中，仅0.5≤蓝色增加值≤1.0，其他指标符合基准交割品质量要求的菜油，可以替代交割，贴水30元/吨。该菜油须以菜籽原油标示。

第三十条　自每年6月1日（含该日）起至当年12月1日止（不含该日）入库的菜油，其酸值不得超过2.3mg/g，过氧化值不得超过3.5mmol/kg，色泽黄35红不超过6.0。

自每年12月1日（含该日）起至次年6月1日止（不含该日）入库的菜油，其酸值不得超过2.5mg/g，过氧化值不得超过4.0mmol/kg，色泽黄35红不超过6.5。

菜油出库时，其过氧化值不得超过5.5mmol/kg。

第八节　菜粕

第三十一条　交割单位：10吨。

第三十二条　菜粕交割标准适用国家标准及本细则规定。

基准交割品：符合《中华人民共和国国家标准饲料用菜籽粕》（GB/T23736－2009）（以下简称《菜粕国标》）四级质量指标、氢氧化钾蛋白质溶解度不低于35.0%的菜粕，粗脂肪和赖氨酸指标不作要求。

替代品及升贴水：

（一）氢氧化钾蛋白质溶解度不低于35.0%，34.5%≤粗蛋白质＜35.0%，贴水35元/吨；34.0%≤粗蛋白质＜34.5%，贴水70元/吨，其他指标符合《菜粕国标》四级质量指标，其中粗脂肪和赖氨酸指标不作要求。

（二）95型菜粕、进口菜粕不允许交割。

第三十三条　菜粕包装应符合以下规定：包装物为新编织袋，编织袋要求不破、不漏。对包装物的卫生要求为无毒害物质污染，无油污，无霉变，无严重的煤灰、石灰、铁锈、泥土、水渍等污染。出现潮包、流包、真结块、有异味，不得入库。

国产菜粕编织袋上须有取得《饲料生产企业审查合格证》货物生产企业名称、地址、联系电话、产品名称、净重（千克）标识、是否转基因等。在编织袋上缝制印有产品执行标准、质量指标、生产日期、产品保质期（生产日期起不低于6个月）的标签。

同一客户同一批次交割的菜粕包装要求规格统一。

第九节　早籼稻[4]

第三十四条　交割单位：20吨。

第三十五条　早籼稻交割适用国家标准、国家相关规定及本细则规定。

基准交割品：符合《中华人民共和国国家标准稻谷》（GB1350－2009）的三等及以上等级早籼稻谷。

替代品及升贴水：

（一）早籼稻入库时，水分≤13.5%的，足量入库。13.5%＜水分≤14.5%的，以13.5%为基准，水分每超0.1%，扣量0.2%（仅适用于江西、湖南、湖北等主产区）。

（二）早籼稻出库时，水分＜13.5%的，水分减量部分由提货人承担。水分＞13.5%的，以13.5%为基准，水分每超0.1%，补量0.1%，由仓库承担（仅适用于江西、湖南、湖北等主产区）。

（三）早籼稻杂质超过1.0%但不超过1.5%的，扣量0.5%。超过1.5%但不超过2.0%的，扣量1.0%。

第三十六条　早籼稻生产年度为每年的8月1日至次年的7月31日（以下同）。

入库早籼稻的脂肪酸值不得超过以下规定：本生产年度产早籼稻脂肪酸值不得高于21mg/100g（干基），高于21mg/100g（干基）的，视为非本生产年度产早籼稻。非本生产年度产早籼稻脂肪酸值不得高于25mg/100g（干基）。

本生产年度产早籼稻入库时，黄粒米不得超过0.5%；非本生产年度产早籼稻入库时，黄粒米不得超过0.7%。出库早籼稻的黄粒米不得超过1.0%。

第三十七条　非本生产年度产早籼稻交割时贴水由交易所另行公告。

第十节　粳稻

第三十八条　交割单位：1000吨。

第三十九条　粳稻交割适用国家标准、国家相关规定及本细则规定。

基准交割品：符合《中华人民共和国国家标准稻谷》（GB1350－2009，以下简称《稻谷国标》）的二等粳稻谷，且垩白粒率≤30%。

替代品及升贴水：粳稻各质量指标与基准交割品差异符合以下规定的，可以通过升贴水替代交割。

（一）出糙率和整精米率指标符合《稻谷国标》一等和三等质量指标要求的，一等升水60元/吨，三等贴水80元/吨。

（二）14.5%＜水分≤15.0%的，升贴水为零。

（三）1.0%＜杂质≤1.5%的，入库扣量（出库补量）0.5%；1.5%＜杂质≤2.0%的，入库扣量（出库补量）1.0%。

（四）30%＜垩白粒率≤40%的，贴水50元/吨；垩白粒率＞40%的，贴水100元/吨。

（五）2.0%＜谷外糙米≤4.0%的，升贴水为零（仅适用于黑龙江、吉林、辽宁三省）。

第四十条　粳稻入库时，黄粒米不得高于0.4%；出库时，黄粒米不得高于0.6%。

每年10月1日起入库的粳稻，脂肪酸值不得高于19mg/100g（干基）；次年4月1日起入库的粳稻，脂肪酸值不得高于21mg/100g（干基）。出库时脂肪酸值不得高于24mg/100g（干基）。

厂库仓单出库时，黄粒米和脂肪酸值指标按对应期间的入库标准执行。

第四十一条　垩白粒率的检验按照《中华人民共和国国家标准优质稻谷》（GB/T17891－1999）中的规定执行。脂肪酸值的检验按照《稻谷储存品质判定规则》（GB/T20569－2006）中的规定执行。

第十一节　甲醇

第四十二条　交割单位：50吨。

第四十三条　甲醇交割适用国家标准及本细则规定。

基准交割品：符合《中华人民共和国国家标准工业用甲醇》（GB338－2004）规定的优等品甲醇，其中"乙醇的质量分数”指标不作要求。

第十二节　玻璃

第四十四条　交割单位:20 吨。

第四十五条　玻璃交割适用国家标准及本细则规定。

基准交割品:符合《中华人民共和国国家标准平板玻璃》(GB11614－2009)(以下简称“国标”)的 5mm 无色透明平板玻璃(不大于 2m2.44m)一等品。

替代品及升贴水:符合国标规定的 4mm 无色透明平板玻璃(不大于 2m2.44m)一等品,无升贴水。

第十三节　动力煤

第四十六条　交割单位:5000 吨。

以船舶接货时,单船重量溢短范围为 ±500 吨(含)以内。在重量溢短规定范围内,交易所依据实际重量进行结算。溢货超出规定范围的,买卖双方对超出部分协商解决并自行结算。短货超出规定范围的,卖方需及时补装至规定范围以内;无法补装的,在计算货款时,交易所对短货超出规定范围的部分双倍扣减;双方协商一致的除外。

短货超出规定范围时双倍扣减的计算公式为:单船结算重量＝应交重量－500－(应交重量－500－实测重量)2。

第四十七条　动力煤交割检验指标检测方法适用国家相关标准。

基准交割品:收到基低位发热量为 5500 千卡/千克,且干燥基全硫≤1%,全水≤20% 的动力煤。

替代品及升贴水:收到基低位发热量≥4800 千卡/千克,且干燥基全硫≤1%。其中,收到基低位发热量为 5000 千卡/千克时,货款结算价(四舍五入,保留小数点后两位)＝交割结算价－90;4800 千卡/千克≤收到基低位发热量＜5300 千卡/千克时,货款结算价(四舍五入,保留小数点后两位)＝(交割结算价－90)/5000 实测发热量;收到基低位发热量≥5300 千卡/千克时,货款结算价(四舍五入,保留小数点后两位)＝交割结算价/5500 实测发热量;收到基低位发热量超过 6000 千卡/千克的,按 6000 千卡/千克计算货款。

全水＞20% 的动力煤可以交割。全水＞20% 时,以 20% 为基准,按照超出部分(四舍五入,保留小数点后一位)扣减重量(例如,实测全水为 21.32%,扣重 1.3%)。

第三章　交割基准价与升贴水

第四十八条　各品种交割基准价如下:

普麦期货合约的交割基准价为该期货合约的基准交割品在指定交割计价点或指定交割仓库买方的车船(汽车、轮船)板交货的含税价格(不含包装)。

强麦、一号棉、白糖各期货合约的交割基准价为该期货合约的基准交割品在基准交割仓库交货的含税价格。

PTA、甲醇期货合约的交割基准价为该期货合约的基准交割品在基准仓库出库时的汽车板交货的含税价格。

菜籽期货合约的交割基准价为该期货合约的基准交割品在基准交割计价点或基准交割仓库出库时汽车板交货的含税价格(含包装)。

菜油期货合约的交割基准价为该期货合约的基准交割品在基准仓库出库时的车船(汽车、火车、轮船)板交货的含税价格。

菜粕期货合约的交割基准价为该期货合约的基准交割品在基准仓库出库时汽车板交货的含税价格(含包装)。

早籼稻、粳稻期货合约的交割基准价为该期货合约的基准交割品在基准仓库的散粮交货(不含包装物)含税价格。

玻璃期货合约的交割基准价为该期货合约的基准交割品在基准交割地裸包出库时的汽车板交货的含税价格。

动力煤期货合约的交割基准价为该期货合约的基准交割品在基准交割地车(船)板交货的含税价格。

第四十九条　仓库、厂库、指定交割计价点及升贴水由交易所确定并公告。

第五十条　通用标准仓单的重量溢短的计价标准由交易所每年公告一次。

适用通用标准仓单品种的替代品升贴水、仓库或厂库升贴水和重量溢短价款在仓单注册、注销时划转,相应的增值税专用发票由标准仓单注册人向标准仓单注销人开具,仓库或厂库负责监督。仓库或厂库按照增值税适用税率收取押金,增值税发票开具后押金应予退还。

第四章　交割流程

第五十一条　普麦、一号棉、菜籽、动力煤、粳稻期货合约在最后交易日之前的配对原则:

(一)自进入交割月第一个交易日起至最后交易日的前一交易日,持有交割月合约、标准仓单或车(船)板交割货物的卖方会员可在每个交易日下午 2 时 30 分之前,通过会员服务系统提出交割申请。卖方提出标准仓单交割申请时,应同时提交相应的标准仓单信息;卖方提出车(船)板交割申请时,应同时提交相应的拟交割货物信息。普麦、菜籽车(船)板信息包括:品种、等级、数量、生产年度、交割计价点、货物存放地点等;动力煤车(船)板信息包括:交割数量、交割地点(具体到港口某公司)、收到基低位发热量、干燥基高位发热量、干燥基全硫、干燥基挥发分、全水分、干燥基灰分、灰熔点、煤种(如为混煤则须注明掺混煤种)、产地以及该批动力煤的检测报告等。

(二)买方会员在会员服务系统响应卖方会员的交割申请。买方会员响应的,即视为确认,买卖双方均不得撤销。未得到买方会员响应的,卖方会员可于申请当日下午 2 时 30 分之前撤销交割申请;没有撤销的,由计算机系统判为作废。

(三)当日闭市后,交易所按确认结果进行配对(即配对日)。

第五十二条　普麦、一号棉、菜籽、动力煤、粳稻期货合约在最后交易日的配对原则:

(一)当日下午,不再进行交易。闭市后,同一会员同一交易编码客户所持有的该交割月买卖持仓相对应部分由计算机自动平仓,平仓价按当日结算价计算。其他未平仓合约,一律视为交割合约。

(二)当日下午 1 时 30 分之前,卖方应提出交割申请,提交车(船)板交割货物信息。卖方应主动公布用于交割的仓单信息,未主动公布的,交易所于下午 1 时 30 分公布卖方相应品种所有有效标准仓单信息供买方挑选;买方挑选卖方标准仓单的总数量不超过卖方该合约的持仓量。卖方未提出车(船)板交割申请及未提交车(船)板交割货物信息的,交易所按标准仓单交割对待。

(三)当日下午 1 时 30 分到 2 时 30 分,买方根据卖方提交的仓单信息或车(船)板交割的货物信息,自主选择并确认。卖方提出的、但未被买方选中的车(船)板交割申请,仍然按照车(船)板交割方式进行配对。

(四)当日闭市后,交易所按确认结果进行配对;其他仍未配对的持仓,由计算机按先车(船)板后仓单,再按数量取整、最少配对数原则予以配对(即配对日)。

第五十三条 普麦、一号棉、菜籽、动力煤、粳稻期货合约之外的其他品种期货合约配对原则：

（一）自进入交割月第一个交易日起至最后交易日的前一交易日，持有交割月合约、标准仓单的卖方会员均可在每个交易日下午2时30分之前的交易时间内，通过会员服务系统提出交割申请。

（二）买方会员在会员服务系统响应卖方会员的交割申请；未得到买方会员响应的，卖方会员可于申请当日下午2时30分之前撤销交割申请，没有撤销的，由计算机系统判为作废；买方会员响应的，即视为确认，买卖双方均不得撤销。申请当日闭市后，交易所依据买卖双方相对应的持仓量、买卖双方确认申请量和卖方持有标准仓单量，取最小数进行配对（即配对日）。

（三）最后交易日闭市后，同一会员同一交易编码客户所持有的该交割月买卖持仓相对应部分由计算机自动平仓，平仓价按当日结算价计算；其他未平仓合约，一律视为交割合约，由计算机按数量取整、最少配对数原则予以配对（配对日）。

第五十四条 配对后，标准仓单交割的，卖方相应的标准仓单予以冻结，相应的交易保证金予以释放。车（船）板交割的，卖方交易保证金不予释放。

第五十五条 交割关系一经确定，买卖双方不得擅自调整或者变更。

第五十六条 配对日后的下一交易日（即通知日），买卖双方通过交易所会员服务系统确认《交割通知单》。会员未收到《交割通知单》或者对《交割通知单》有异议的，应在通知日下午5时之前以书面形式通知交易所；规定时间内没有提出异议的，视为对《交割通知单》的认可。

第五十七条 标准仓单交割结算流程规定如下：

（一）通知日后的下一交易日（即交割日）上午9时之前，买方会员应当将尚欠货款划入交易所账户，卖方会员应当持有可流通的标准仓单。交易所结算部门为买卖双方办理交割结算手续，买卖双方在《交割通知单》注明的时间通过交易所会员服务系统查收交割结算结果，同时，买方会员把客户名称和税务登记证号等事项提供给卖方会员。

（二）交易所收取买方会员全额货款后，于交割日将全额货款的80%划转给卖方会员，同时将卖方会员的仓单交付买方会员。余款在买方会员确认收到卖方会员转交的增值税专用发票时结清。对发票的传递、余款的结算，会员均应按本细则规定办理。

第五十八条 车（船）板交割结算流程规定如下：

（一）通知日后下一交易日上午9时之前，买方会员应当将100%货款（不含交割月保证金）划入交易所账户。

（二）买卖双方自通知日后规定时间，对车（船）板交割货物的交收事宜进行协商，办理交收。车（船）板交割具体事宜见本细则“车（船）板交割”一章有关规定。

（三）配对后至最后交货日次日，交易所按双方确认情况进行结算。

1、委托交易所结算的，全部货物交收完毕后，卖方一次性提交此次交割货物数量、质量、增值税发票流转及应划转货款等信息，买方在规定时间内进行确认。交易所按双方确认结果进行资金划转、释放买卖双方的剩余资金。增值税发票流转参照本细则“增值税专用（普通）发票的流转”一章有关规定执行。

2、不委托交易所结算的，交易所退还买卖双方交易保证金和买方货款。买卖双方终止交割。

第五十九条 交割结算价为期货合约配对日前10个交易日（含配对日）交易结算价的算术平均价。

第五章 车（船）板交割

第六十条 卖方拟在交割计价点开展车（船）板交割时，货物存放机构应具备以下条件：

（一）交通便利，核定载重30吨货车能够顺畅通行；

（二）计量设施完好，计量衡器应经具有国家认可资质的技术监督部门鉴定合格，且在鉴定的有效期内，计量衡器最大称重不低于60吨；

（三）装运能力强，发货速度不低于300吨/天（双方另有约定的除外）。

（四）具备开展期货交割质量检验的检化验设备，检化验设备符合国标检验规定，且运行良好。

卖方货物存放机构不具备以上条件的，卖方须承担由此产生的相应责任。

第六十一条 自通知日起（含该日）三个交易日内，买卖双方可就车（船）板交割事宜进行协商，确定结算方式、交货地点、交货方式、交货时间等，签订《车（船）板交割协议书》。买方最迟应在第三个交易日下午1时30分前，通过会员在会员服务系统中提交《车（船）板交货事项确认单》，卖方会员应在下午3时前进行确认。逾期买方未提交或卖方未确认的，视同违约，按照本办法“交割违约处理”的相关规定处理。

第六十二条 买方有权选择在卖方货物所在地或交割计价点交割。买卖双方达成协议的，可以按照协议里约定的地点进行交割；未达成协议的，买方可在《车（船）板交货事项确认单》中选择交割计价点进行交割，卖方应按买方的要求交付货物。

第六十三条 动力煤发运前，买方有权对货物质量进行检验，买方承担与检验相关的所有费用。指定质检机构通过移动煤流采样并出具的正式质检报告显示，收到基低位发热量<4500千卡/千克，或干燥基全硫>1%的，按卖方违约处理，双方协商一致的除外；正式质检报告显示收到基低位发热量≥4500千卡/千克且干燥基全硫≤1%，或买方不检验的，应正常发货。

动力煤之外的其他品种，在交割计价点交割的，买卖双方应在互相确认《车（船）板交货事项确认单》后三个工作日内与交割计价点指定交割仓库或者其他交割服务机构联系，签订交割中转协议，安排交割事宜。

第六十四条 动力煤买方使用车辆运输时，应自通知日起（含该日）7个工作日内抵达货物所在地；买方使用船舶运输时，全部或首批船舶应自通知日起（含该日）7个工作日内抵达交割货物所在指定港口锚地；出现不可抗力导致指定港口不能接收等特殊情形时，可以顺延。买方运输工具到达指定地点后应及时通知卖方。卖方自收到买方运输工具抵达指定交货地点通知之日起（不含该日）1个日历日内向指定港口港务公司提交作业申请。

动力煤之外的其他品种，买卖双方应须自达成中转协议之日起（含该日）三日内开始交收货物。卖方须按约定的时间及发货速度把货物运达交割计价点指定交割仓库或指定地点。买方应在卖方货物到达后24小时内完成货物质量检验，并在质量验收确认后24小时内装车发运。买方在规定的时间内因自身原因不能装车发运的，卖方不再承担该批货物的质量责任。交割数量较大的，卖方可分批（不低于300吨/日，双方另有约定的除外）发货到库，买方分批检验及接运货物。

卖方承担在交割计价点交割的中转费用。在交割过程中发生临时存储的，卖方承担存储期间的仓储费用。

交割计价点指定交割仓库或者其他交割服务机构仅提供交割中转、仓储及质量检化验服务，不承担货物临时存储期间的质量变化责任。

第六十五条　动力煤车（船）板交割检验在装车（船）过程中进行，由买方通知交易所指定质检机构按照移动煤流采样法进行采样，双方协商一致的除外。质检机构在采样结束后，样品分为四份，由买卖双方、质检机构三方签字确认后封存。买卖双方各自留存一份；质检机构留存两份，一份进行检验，一份复检备用。质检机构自采样结束之日（不含该日）起3个工作日内出具质检报告。质检机构采样、制样时，买卖双方应到场监督；未到场监督的，视为对采样、制样无异议。

动力煤之外的其他品种，买方在货物装车发运前，应到场查验货物质量，卖方应予以配合。买卖双方按照货物国家相关标准共同扦取样品，就地分为二份，任选一份现场或者到双方认可的地点共同检验；另一份双方共同签字封样，作为发生质量争议时的复检样品。

买卖双方对检验结果无异议的，该检验结果作为货物质量判定的依据。对检验结果有异议的，应协商解决。协商不一致的，动力煤买卖双方中任何一方自收到质检结果之日（不含该日）起5个工作日内向交易所书面提出复检申请，并预交复检费用，逾期未提出复检申请的，视为同意质检结果。复检申请仅限一次，复检项目限于收到基低位发热量和干燥基全硫，计算收到基低位发热量时，全水采用初检结果。复检机构由交易所指定，只对保留的样品进行复检。复检机构自收到交易所复检通知之日（不含该日）起3个工作日内，应当做出复检结果，并将复检结果书面通知交易所，交易所通知异议方。复检结果为解决争议的依据。复检费用由过错方承担。

动力煤之外的其他品种发生质量争议时，应及时通知交易所。双方把复检样品共同寄送交易所指定质检机构或者双方认可的检验机构进行复检；复检结果为货物质量判定的依据。寄送及复检费用由双方共同承担。

第六十六条　普麦、菜籽在卖方货物所在地交割的，买卖双方可对已经检验的交割货物采取加锁、贴封条等双方认可的方式进行封仓或封货。卖方在保管过程中需要开仓通风、倒垛等，买方须在接到卖方的通知后24小时内到达卖方货仓进行配合。卖方对于未发运完的货物负有保管责任，因保管不善造成货物受潮、霉变的，买方有权要求对未发运货物重新扦样、检验，卖方不得拒绝。

第六十七条　普麦、菜籽未发运货物质量达不到交割标准的，卖方应及时更换货物，无法更换货物的，买卖双方可协商处理，协商不一致的，未发运货物按照本办法“交割违约处理”的相关规定处理。最终货物质量以每次检验结果及所发货物数量的加权平均值核定。

验收完成后，买卖双方签署《质量验收确认单》。《质量验收确认单》为交割货物质量判定及升贴水处理的依据。

第六十八条　动力煤重量检验由交易所指定质检机构或计量机构进行，双方协商一致的除外。买方使用船舶接货时，重量计量通过水尺确认；买方使用车辆接货时，重量计量通过地磅确认。装车（船）完毕后，质检或计量机构应及时出具装车（船）重量证明书，作为交割货物重量的判定依据。

动力煤之外的其他品种，货物发运时，买方应到场验收并监装、监运，卖方应安排足够人力、设备，确保正常发货。重量检验采用发货地过地磅称重或双方认可的其他计量方式验重。

买卖双方有权对计量衡器的准确性进行确认。对计量衡器有异议时，应停止交接货物，并书面通知交易所，交易所组织国家计量技术监督部门现场检测计量衡器，相关费用（包括差旅费、交通费、检测费等）由过错方承担。

动力煤之外的其他品种，货物发运完毕后，根据每天双方签字确认的交接过磅码单，经核准累计后，买卖双方签署《数量验收确认单》。《数量验收确认单》为交割货物数量的判定依据。

以散装方式交割的，买方需要包装物时，包装物由买方自理或者

委托卖方代办，包装物及灌包费用由买方支付。

第六十九条　动力煤交割时，买方运输工具未按照约定或规定的时间抵达货物所在指定港口（或锚地），或卖方拟交割货物未按照约定或规定的时间在指定港口备妥，造成延误的，首先协商解决。协商不成的，守约方可以向交易所提出补偿申请，并提交相应证据。交易所核实后，对过错方扣罚滞纳金补偿给守约方。延误滞纳金金额 = ∑[1（元/吨）延误天数应发（收）而未发（收）商品数量]。

动力煤之外的其他品种，买卖双方未按约定的发运时间、发运速度交接货物，造成延误的，首先协商解决。协商不成的，守约方可以向交易所提出补偿申请，并提交相应证据。交易所经核实后，对过错方扣罚滞纳金补偿给守约方。滞纳金金额 = ∑[5（元/吨）延误天数应发（收）而未发（收）商品数量]。

由于不可抗力导致商品装运推迟的，可以顺延。

第七十条　已经发货的动力煤，按实际检验结果计算货款，计算结果保留小数点后两位。

收到基低位发热量≥5300千卡/千克时，货款结算价 = 交割结算价/5500实测发热量；超过6000千卡/千克时，按照6000千卡/千克计算。

收到基低位发热量为5000千卡/千克时，货款结算价 = 交割结算价 - 90

4800千卡/千克≤收到基低位发热量 < 5300千卡/千克时，货款结算价 =（交割结算价 - 90）/5000实测发热量。

4500千卡/千克≤收到基低位发热量 < 4800千卡/千克，货款结算价 =（交割结算价 - 90）/50004800 -（交割结算价 - 90）/5000（4800 - 实测发热量）4。

收到基低位发热量 < 4500千卡/千克，货款结算价 = [（交割结算价 - 90）/50004800 -（交割结算价 - 90）/5000（4800 - 实测发热量）4]90%。

干燥基全硫 > 1%，货款结算价 = 根据所交割动力煤实测发热量计算所得价格90%。

收到基低位发热量 < 4500千卡/千克且干燥基全硫 > 1%，货款结算价 = [（交割结算价 - 90）/50004800 -（交割结算价 - 90）/5000（4800 - 实测发热量）4]80%。

收到基低位发热量检验结果低于卖方配对环节公布的收到基低位发热量，且差值超过300千卡/千克（不含）的，在上述货款计算公式基础上再减5元/吨；收到基低位发热量检验结果高于卖方配对环节公布的收到基低位发热量，且差值超过300千卡/千克（含）的，计算货款结算价时，收到基低位发热量按照“卖方配对环节所公布收到基低位发热量 + 300”计算。

第七十一条　在最后交货日之前交割完毕的，交易所根据买卖双方在会员服务系统中的确认结果进行划转货款。在最后交货日仍没有交割完毕的，按照以下方式处理：

（一）卖方按照约定或正常速度发货但仍未完成所有商品交收的，可以延期交收，买方不得拒绝。待最终交割完毕后，按照规定流程予以划款。

（二）一方未按照约定或正常速度完成所有商品交收的，另一方可以申请终止交收。守约方通过会员服务系统提交《终止交收申请书》及相关证据，过错方在两个工作日内予以确认，逾期没有确认又没有提出异议的视同确认，交易所与卖方结清已发运部分的货款，剩余货款返还给买方。其余未交收部分双方可以协商另行交收，协商不成的，按过错方违约处理。

第六章　增值税专用（普通）发票的流转

第七十二条　期货交割由交割卖方向对应的买方开具增值税专用（普通）发票。增值税专用（普通）发票由双方会员转交、领取并协助核实。

菜粕开具增值税普通发票。

第七十三条　配对日后的一个工作日内，买方应按照税务机关的规定将开具增值税发票所需的具体信息通知卖方。标准仓单交割的，自交割日（不含该日）起7个交易日内，卖方应当提交增值税专用（普通）发票。延迟1至10日（公历日）的，卖方会员应当每天支付货款金额0.5‰的滞纳金；超过10日（公历日）仍未提供增值税专用（普通）发票的，视为拒绝提供增值税专用（普通）发票，卖方会员应当按货款金额的规定比例支付违约金。普麦、强麦、菜籽、菜油、菜粕、棉花、早籼稻、粳稻的违约金比例为13%；白糖、PTA、甲醇、玻璃、动力煤的违约金比例为17%。滞纳金或者违约金从货款余额中扣除，补偿给买方会员，剩余货款属于卖方会员。卖方会员先行支付滞纳金或者违约金后，有权向客户追偿。

车（船）板交割的，卖方应在交货完毕后7个交易日内或者合同约定的时间向买方交付增值税专用发票。延期交付的，参考上款规定处理。

买方会员应在收到卖方会员转交的增值税专用发票两个工作日内（含该日），对增值税专用发票进行确认。

因买方会员提供资料有误，致使发票作废的，买方会员责任自负；买方会员提供资料延迟的，卖方会员提供发票时间可以顺延。

自交割日（不含该日）起超过7个交易日，买方会员仍未提供有关资料的，交易所划转剩余20%货款至卖方会员，由此造成的后果由买方自负。

第七十四条　交易所可根据国家税收政策变化，对违约金比例作相应调整。

第七章　期货转现货

第七十五条　期货转现货（以下简称期转现）是指持有同一交割月份合约的多空双方之间达成现货买卖协议后，变期货部位为现货部位的交易。

第七十六条　达成期转现协议的双方共同向交易所提出申请，获得交易所批准后，分别将各自持仓按双方达成的平仓价格由交易所代为平仓（现货的买方在期货市场应当持有多头部位，现货的卖方在期货市场应当持有空头部位）。同时双方按达成的现货买卖协议进行与期货合约标的物种类相同、数量相当的现货交换。

第七十七条　期转现流程：

（一）期货合约自上市之日起到该合约最后交易日期间，均可进行期转现，最后交易日下午不交易的品种，交易所当日不办理相应的期转现业务；

（二）买卖双方可以通过交易所会员服务系统发布期转现意向。持有同一交割月份合约的买卖双方达成协议后，在每个交易日的下午2时30分之前向交易所提交期转现申请；

（三）交易所批准后，期转现的买卖双方持有的期货持仓，由交易所在审批日的下午闭市之后，按买卖双方达成的平仓价格平仓。买卖双方达成的平仓价格应当在审批日合约价格限制的范围内；

（四）用标准仓单进行期转现，可由交易所进行货款划转；

1. 买方提交期转现申请前应当有20%以上的货款，货款不足的不予批准或者办理。

2. 期转现申请批准后的下一交易日，交易所为平仓成功的期转现买卖双方办理仓单过户。货款的划转参照本细则有关规定执行。

3. 增值税专用发票由卖方客户向买方客户按照双方商定的交货价格开具，具体办法按照本细则有关规定执行。

4. 买卖双方的相应持仓平仓后，办理标准仓单过户手续时，卖方未能如数交付标准仓单或者买方未能如数解付货款的，由交易所按照买卖双方达成的交货价格代扣违约方违约部分20%的违约金支付给守约方。

（五）非标准仓单的期转现，货款划转方式由双方协商确定。

1. 买卖双方应当提供相关现货买卖协议。

2. 货物交收和货款划转由买卖双方自行协商确定，由此产生的纠纷自行解决，交易所不承担责任。

（六）交易所适时公布期转现的有关信息。

第七十八条　买卖双方各自负担标准仓单期转现中仓单转让环节的手续费。

第七十九条　交易所发现会员或者客户在期转现中弄虚作假的，按《郑州商品交易所违规处理办法》的有关规定予以处罚。

第八章　交割费用

第八十条　强麦、一号棉、白糖、早籼稻、粳稻运达仓库指定货位前的一切费用由卖方客户承担；从指定货位到装上车、船（汽车、火车、轮船）板的费用由买方客户承担。

仓单普麦、PTA、菜油、仓单菜籽、菜粕和甲醇运达仓库指定货位前的一切费用和货物装到汽车板（菜油包括火车、轮船，普麦包括轮船）的出库费用由卖方客户承担，货物出库装到汽车板（菜油包括火车、轮船，普麦包括轮船）后的一切费用（普麦不含包装）由买方客户承担。

车（船）板普麦、车板菜籽交割时，自指定交割计价点或双方协商的其它交割地点装至车（船）板之前的一切费用（不含包装）由卖方客户承担，之后的一切费用由买方客户承担。双方协商买方自行提货或卖方送货的，可根据距离交割计价点的远近协商各自承担的运费。

玻璃用汽车提货的，装到汽车板前的一切费用由厂库承担，装到汽车板后的一切费用由提货方承担。玻璃用船提货的，提货方需支付短驳费和码头使用费。

车（船）板动力煤交割时，动力煤装至车（船）板（汽车、轮船）前的一切费用由卖方客户承担，之后的一切费用由买方客户承担。厂库仓单动力煤出库时，用汽车或轮船提货的，动力煤装至车(船)板前的一切费用由厂库承担,之后的一切费用由买方客户承担;用火车提货的,动力煤装至短倒车辆车板前的一切费用由厂库承担,其余费用由提货方承担。

第八十一条　交割商品出入库费用收取标准,每年由各仓库或厂库申报,经交易所审核批准后公告执行;当年度没有公告新标准的,沿用上年度标准。

第八十二条　各品种出入库费用、交割计价点中转费用、交割手续费、仓储费及检验费等标准由交易所公告。

仓单普麦、仓单菜籽、菜油、菜粕、早籼稻、粳稻入库检验费用由交割仓库承担,其他品种的入库检验费由卖方货主承担。

自标准仓单注册之日起至交易所开出《提货通知单》前一日止,交易所代交割仓库或厂库收取仓储费,交易所在每月第一个交易日按月计算划转上个月发生的仓储费;交易所代收之外的费用,仓库或厂库直接向货主收取。

第八十三条　普麦、强麦、早籼稻、粳稻无包装物。棉花、白糖、PTA、菜籽、菜粕包装物不另行计价。

玻璃买方客户有需要的,玻璃厂库应该提供包装物及包装辅助物,收费方式及标准随厂库一并公告。

第八十四条　根据国家政策规定和市场变化,交易所需要调整有关费用标准时,另行公告。

第九章　交割违约处理

第八十五条　具有下列行为之一的,构成交割违约:

(一)规定期限内,卖方未能如数交付标准仓单的或未能如数交付实物的;

(二)规定期限内,买方未能如数解付货款的;

(三)车(船)板卖方交割的货物质量不符合交割质量规定的;

(四)交易所认定的其他违约行为。

第八十六条　普麦、菜籽、动力煤[含仓单和车(船)板]、粳稻交割违约的,由违约方支付违约部分合约价值(按交割结算价计算)20%的违约金给守约方。买卖双方终止交割。

第八十七条　计算一号棉、菜粕的买方交割违约合约数量时,交易所应对违约部分预扣合约价值30%的违约金和赔偿金。

计算买、卖方交割违约合约数量的公式为:

(一)卖方交割违约合约数量(手)=[应交标准仓单数量(张)-已交标准仓单数量(张)]交割单位÷交易单位

(二)买方交割违约合约数量(手)=(应交货款-已交货款)÷(1-30%)÷(交割结算价+包装物单价)÷交易单位

计算普麦、菜籽、动力煤、一号棉、菜粕、粳稻之外品种的买方交割违约合约数量时,交易所应对违约部分预扣合约价值20%的违约金和赔偿金。

计算买、卖方交割违约合约数量的公式为:

(一)卖方交割违约合约数量(手)=[应交标准仓单数量(张)-已交标准仓单数量(张)]交割单位÷交易单位

(二)买方交割违约合约数量(手)=(应交货款-已交货款)÷(1-20%)÷(交割结算价+包装物单价)÷交易单位

第八十八条　普麦、菜籽、动力煤、粳稻之外品种发生交割违约的,交易所于违约发生当日上午9时30分以前通知违约方和对应的守约方。

守约方应当在当日上午10时30分以前将终止交割或者继续交割的选择意向书面递交交易所。逾期未递交选择意向的,交易所按终止交割处理。

第八十九条　普麦、菜籽、动力煤、粳稻之外品种构成交割违约的,由违约方支付违约部分合约价值(按交割结算价计算)10%的违约金。违约金支付后,根据违约主体的不同另行处理。

第九十条　普麦、菜籽、动力煤、粳稻之外品种卖方交割违约的,买方可作如下一项选择:

(一)终止交割:交易所退还买方货款;

(二)继续交割:交易所在认定卖方违约的下一交易日发布标准仓单征购公告,并在7个交易日内组织征购。征购成功,交易所支付给买方标准仓单;征购失败,卖方支付给买方违约部分(此处指征购失败部分)合约价值10%的赔偿金,交易所退还买方交割货款后终止交割。卖方承担因征购产生的一切经济损失和费用。

第九十一条　普麦、菜籽、动力煤、粳稻之外品种买方违约的,卖方可作如下的一项选择:

(一)终止交割:交易所退还卖方标准仓单;

(二)继续交割:交易所在认定买方违约的下一交易日发布标准仓单竞卖公告,并在7个交易日内组织竞卖。竞卖成功,交易所支付给卖方交割货款;竞卖失败,买方支付给卖方违约部分(此处指竞卖失败部分)合约价值10%的赔偿金,交易所退还卖方标准仓单后终止交割。买方承担因竞卖产生的一切经济损失和费用。

第九十二条　一号棉、菜粕征购价格不高于交割结算价的120%,竞卖价格不低于交割结算价的80%。

普麦、菜籽、动力煤、一号棉、菜粕、粳稻之外品种征购价格不高于交割结算价的110%,竞卖价格不低于交割结算价的90%。

第九十三条　买卖双方同时违约的,交易所按终止交割处理,并对双方分别处以违约部分合约价值5%的罚款。

第九十四条　会员发生部分交割违约时,违约会员所接标准仓单或者所得货款可用于违约处理。

第九十五条　按本细则规定出现终止交割情形时,交易所的担保责任了结。

附　则

第九十六条　违反本细则规定的,交易所按《郑州商品交易所违规处理办法》有关规定处理。

第九十七条　本细则解释权属于郑州商品交易所。

第九十八条　本细则自2013年11月18日起施行。

郑州商品交易所期货交易风险控制管理办法

第一章　总则

第一条　为加强期货交易风险管理,维护期货交易当事人的合法权益,保证郑州商品交易所(以下简称交易所)期货交易的正常进行,根据《郑州商品交易所交易规则》,制定本办法。

第二条　期货交易风险管理实行保证金制度、涨跌停板制度、限仓制度、大户报告制度、强行平仓制度、风险警示制度。

第三条　交易所、会员和客户必须遵守本办法。

第二章　保证金制度

第四条　期货交易实行保证金制度。

各品种[1]期货合约的最低交易保证金标准见下表：

品种	最低交易保证金标准
普麦、强麦、一号棉、菜油、早籼稻、菜籽、菜粕、动力煤、粳稻	5%
白糖、PTA、甲醇、玻璃	6%

第五条　期货合约的交易保证金标准按照该期货合约上市交易的“一般月份”（交割月前一个月份以前的月份）、“交割月前一个月份”、“交割月份”三个期间依次管理。

第六条　三个期间各品种期货合约的交易保证金标准见下表：

品种	一般月份	交割月前一个月份			割月份
		上旬	中旬	下旬	
普麦、强麦、菜油、早籼稻、粳稻	5%	5%	10%	15%	20%
白糖、PTA、甲醇、玻璃	6%	6%	10%	15%	20%
一号棉、菜籽、菜粕	5%	5%	15%	25%	30%
动力煤	5%	5%	5%	10%	20%

第七条　交易过程中，当日开仓按照该期货合约前一交易日结算价收取相应标准的交易保证金。当日结算时，该期货合约的所有持仓按照当日结算价收取相应标准的交易保证金。

第八条　某期货合约所处期间符合调整交易保证金要求的，自该期间首日的前一交易日闭市起，该期货合约的所有持仓按照新的交易保证金标准收取相应的交易保证金。

第九条　某期货合约按结算价计算的价格变化，连续四个交易日（即D1、D2、D3、D4交易日）累计涨（跌）幅（N）达到期货合约规定涨（跌）幅的3倍或者连续五个交易日（即D1、D2、D3、D4、D5交易日）累计涨（跌）幅（N）达到期货合约规定涨（跌）幅的3.5倍的，交易所有权提高交易保证金标准；提高交易保证金标准的幅度不高于期货合约当时适用的交易保证金标准的3倍。

N的计算公式如下：

$N=(P_t-P_0)/P_0\times100\%\quad t=4,5$

P_0为D1交易日前一交易日结算价

P_t为t交易日结算价，t=4,5

第十条　遇法定节假日休市时间较长的，交易所可以在休市前调整期货合约交易保证金标准和涨跌停板幅度。

第十一条　某期货合约交易行情特殊致使市场风险明显增大时，交易所可根据某期货合约市场风险情况采取下列措施：

（一）限制出入金；

（二）限制开、平仓；

（三）调整该期货合约交易保证金标准；

（四）调整该期货合约涨跌停板幅度。

当某期货合约市场行情趋于平缓时，交易所可以将上述措施恢复到正常水平。

交易所调整交易保证金标准或者涨跌停板幅度的，应予公告，并报中国证监会备案。

第十二条　同时适用本办法规定的两种或者两种以上有关调整交易保证金标准的期货合约，其交易保证金标准按照最高值收取。

第十三条　会员未能按时足额交纳交易保证金的，交易所有权对其相关期货合约持仓执行强行平仓，直至保证金能够维持其持仓水平为止。

第三章　涨跌停板制度

第十四条　期货交易实行价格涨跌停板制度，由交易所规定各上市期货合约的每日最大价格波动幅度。

第十五条　各品种期货合约每日涨跌停板幅度为前一交易日结算价的±4%。

第十六条　新期货合约上市当日，涨跌停板幅度为期货合约实际执行的涨跌停板幅度的2倍。

当日如有成交，下一交易日恢复到规定的涨跌停板幅度。

当日如无成交，下一交易日继续执行前一交易日涨跌停板幅度。

第十七条　某期货合约以涨跌停板价格成交的，成交撮合原则为平仓优先和时间优先。

第十八条　某期货合约在某一交易日收盘前5分钟内出现只有停板价位的买入（卖出）申报、没有停板价位的卖出（买入）申报，或者一有卖出（买入）申报就成交、但未打开停板价位的情况，称为涨（跌）停板单方无报价（以下简称单边市）。

第十九条　某期货合约在某一交易日（该交易日称为D1交易日，以下几个交易日分别称为D2、D3、D4交易日）出现单边市的，D1交易日结算时和D2交易日该期货合约交易保证金标准在原交易保证金标准基础上提高50%；D2交易日该期货合约的涨跌停板幅度在原涨跌停板幅度基础上扩大50%。

D2交易日该期货合约未出现同方向单边市的，当日结算时交易保证金标准恢复到调整前水平；D3交易日涨跌停板幅度恢复到调整前水平。D2交易日出现同方向单边市的，当日结算时和D3交易日维持提高后的交易保证金标准不变，D3交易日涨跌停板幅度维持提高后的涨跌停板幅度不变。

D3交易日该期货合约未出现同方向单边市的，当日结算时交易保证金标准恢复到调整前水平；D4交易日涨跌停板幅度恢复到调整前水平。D3交易日该期货合约仍出现同方向单边市的（即连续三个交易日出现同方向单边市），D4交易日该期货合约暂停交易一天。

第二十条　根据市场情况，D4交易日交易所决定在D4交易日或D5交易日对该期货合约选择采取相应措施。

在D4交易日强制减仓。

在D5交易日分别采取下列措施：

（一）提高交易保证金标准；

（二）调整涨跌停板幅度；

（三）暂停开、平仓；

（四）限制出金；

（五）限期平仓；

（六）其他风险控制措施。

第二十一条　强制减仓是指D4交易日结算时，交易所将D3交易日闭市时以涨跌停板价申报的未成交平仓报单，且该客户（包括非期货公司会员，下同）该期货合约单位持仓亏损大于或者等于D3交易日结算价一定比例（该期货合约规定的最低交易保证金标准）的所有持仓，以D3交易日涨跌停板价，与该期货合约盈利持仓按规定方式和方法自动撮合成交。

强制减仓前，同一客户在该期货合约的双向持仓首先自动对冲。强制减仓后，下一交易日该期货合约交易保证金标准和涨跌停板幅度按照调整前水平执行。强制减仓造成的经济损失由会员及其客户承担。

第二十二条　强制减仓的方法和程序：

（一）申报数量的确定

D3 交易日收市后，已在计算机系统中以涨（跌）停板价申报但没有成交的，且该客户该期货合约的单位持仓亏损大于或者等于 D3 交易日结算价一定比例（该期货合约规定的最低交易保证金标准）的所有申报平仓数量的总和。因自动对冲客户双向持仓造成客户持仓少于平仓单所报数量时，系统自动将平仓数量进行调整。客户不愿按上述方法平仓的，可在收市前撤单，不作为申报的平仓报单。

客户单位持仓盈亏的计算方法：

$$\text{客户该期货合约单位持仓盈亏}=\frac{\text{客户该期货合约持仓盈亏的总和（元）}}{\text{客户该期货合约的持仓量（手）}}$$

客户该期货合约持仓盈亏总和，是指客户该期货合约的持仓按其实际成交价与当日结算价之差计算的盈亏总和。

（二）持仓盈利客户平仓范围的确定

根据上述方法计算的客户单位持仓盈利的投机持仓（包括跨期套利持仓）以及客户单位持仓盈利大于或等于期货合约规定价幅 2 倍的保值持仓都列入平仓范围。

（三）平仓数量的分配原则及方法

1. 平仓数量的分配原则

（1）在平仓范围内按盈利的大小和投机与保值的不同分成四级，逐级进行分配。

首先分配给属平仓范围内单位持仓盈利大于或者等于期货合约规定价幅（以 D3 交易日结算价计算，下同）2 倍的投机持仓（以下简称盈利 2 倍的投机持仓）。

其次分配给单位持仓盈利大于或者等于期货合约规定价幅 1 倍的投机持仓（以下简称盈利 1 倍的投机持仓）。

再次分配给单位持仓盈利大于或者等于期货合约规定价幅 1 倍以下的投机持仓（以下简称盈利 1 倍以下的投机持仓）。

最后分配给单位持仓盈利大于或等于合约规定价幅 2 倍的保值持仓（以下简称盈利 2 倍的保值持仓）。

（2）以上各级分配比例均按申报平仓数量（剩余申报平仓数量）与各级可平仓的盈利持仓数量之比进行分配。

2. 平仓数量的分配方法及步骤

若盈利 2 倍的投机持仓数量大于或者等于申报平仓数量，根据申报平仓数量与盈利 2 倍的投机持仓数量的比例，将申报平仓数量向盈利 2 倍的投机客户等比例分配实际平仓数量。

盈利 2 倍的投机持仓数量小于申报平仓数量，则根据盈利 2 倍的投机持仓数量与申报平仓数量的比例，将盈利 2 倍的投机持仓数量向申报平仓客户分配实际平仓数量；再把剩余的申报平仓数量按上述的分配方法向盈利 1 倍的投机持仓分配；还有剩余的，再向盈利 1 倍以下的投机持仓分配；若还有剩余，再向盈利 2 倍的保值持仓分配；仍有剩余的，不再分配。具体方法与步骤见本办法附件。

分配平仓数量以“手”为单位，不足一手的按如下方法计算。首先对每个交易编码所分配到的平仓数量的整数部分进行分配，然后按小数部分由大到小的顺序“进位取整”进行分配。

第二十三条　采取上述措施后该期货合约风险仍未释放的，交易所宣布进入异常情况，并按有关规定采取风险控制措施。

第二十四条　新期货合约成交首日期货合约出现单边市的，该期货合约的涨跌停板幅度和交易保证金标准不受本章以上条款限制。

进入交割月前一个月中旬起（动力煤中旬除外），期货合约出现单边市的，该期货合约的交易保证金标准不受本章以上条款限制。

某期货合约在交割月的最后交易日出现第三个连续同方向单边市的，则当日闭市后，交易所根据市场情况，决定对该期货合约先执行强制减仓之后配对交割或者直接配对交割。

第四章　限仓制度

第二十五条　期货交易实行限仓制度。

限仓是指交易所规定会员或者客户按单边计算的、可以持有某一期货合约投机持仓的最大数量。

第二十六条　期货合约的限仓数量按照该期货合约上市交易的“一般月份”、“交割月前一个月份”、“交割月份”三个期间的不同，分别适用不同的限仓标准。

第二十七条　期货公司会员三个期间各品种期货合约限仓统一规定见下表：

品种	某一期货合约市场单边持仓量（N）	期货公司会员该合约单边总持仓比例（M）
普麦、强麦、菜油、早籼稻、甲醇、菜籽、菜粕	N≥10 万手	M≤25%
	N<10 万手	不限仓
玻璃	N≥20 万手	M≤25%
	N<20 万手	不限仓
一号棉、白糖、PTA	N≥30 万手	M≤25%
	N<30 万手	不限仓
动力煤	N≥100 万手	M≤25%
	N<100 万手	不限仓
粳稻	N≥50 万手	M≤25%
	N<50 万手	不限仓

第二十八条　非期货公司会员各品种期货合约限仓规定见下表：

品种	非期货公司会员最大单边持仓（手）				
	一般月份	交割月前一个月份			割月份
		上旬	中旬	下旬	
普麦	2000	2000	1000	600	200
强麦	2500	2500	1200	600	300
一号棉	30000	30000	7500	3800	800
白糖	30000	30000	10000	5000	1000
PTA	30000	30000	10000	8000	3000
菜油	10000	10000	3000	2000	1000
早籼稻	7500	7500	1600	800	400
甲醇	1000	1000	500	300	100
玻璃	5000	5000	1200	900	300
菜籽	10000	10000	2000	1000	500
菜粕	10000	10000	4000	2000	800
动力煤	60000	60000	30000	10000	2000
粳稻	20000	20000	8000	3000	500

第二十九条　客户各品种期货合约限仓规定见下表：

品种	客户最大单边持仓（手）				
	一般月份	交割月前一个月份			割月份（自然人客户限仓为 0）
		上旬	中旬	下旬	
普麦	2000	2000	1000	600	200
强麦	2500	2500	1200	600	300
一号棉	15000	15000	4500	2000	400

品种	客户最大单边持仓(手)				
	一般月份	交割月前一个月份			交割月份(自然人客户限仓为0)
		上旬	中旬	下旬	
白糖	15000	15000	6000	3000	500
PTA	15000	15000	8000	3000	3000
菜油	10000	10000	3000	2000	1000
早籼稻	7500	7500	1600	800	400
甲醇	1000	1000	500	300	100
玻璃	5000	5000	1200	900	300
菜籽	10000	10000	2000	1000	500
菜粕	10000	10000	4000	2000	800
动力煤	60000	60000	30000	10000	2000
粳稻	20000	20000	8000	3000	500

不得交割的客户具体见《郑州商品交易所期货交割细则》相关规定。

第三十条 交割月前一个月的最后一个交易日收盘前，会员及客户应当将其期货合约持仓调整为最小交割单位的整倍数；自进入交割月起，会员及客户的持仓应当是最小交割单位的整倍数。

第三十一条 交易所可根据期货公司会员的净资产和经营情况调整其持仓限额。

持仓限额 = 基数(1 + 信用系数 + 业务系数)

基数：是期货公司会员持仓限额的最低水平，由交易所规定。

信用系数：以期货公司会员净资产 1 亿元为底数（此时信用系数为 0），在此基础上，每增加 1000 万元净资产，则信用系数相应增加 0.1，信用系数最大值不得超过 0.5；

业务系数：期货公司会员业务系数以年交易金额 800 亿元、客户数 1000 个为底数（此时业务系数为 0），在此基础上，期货公司会员年交易金额及客户数达到规定水平，则相应提高其业务系数。业务系数的最大值不得超过 0.5。具体见下表：

档次	限仓增额条件(须同时具备)		仓增额系数
	年交易金额(C1,亿元)	投资者总数(C2,个)	
1	C1≤800	C2≤1000	0
2	800 < C1≤1000	1000 < C2≤1200	0.10
3	1000 < C1≤1200	1200 < C2≤1400	0.20
4	1200 < C1≤1400	1400 < C2≤1600	0.30
5	1400 < C1≤1600	1600 < C2≤1800	0.40
6	C1 > 1600	C2 > 1800	0.50

第三十二条 期货公司会员的持仓限额，由交易所每一年核定一次。

期货公司会员须在当年 4 月 15 日前向交易所提供上一年度期末净资产金额的证明文件（会计师事务所审计报告）。交易所统计上年 1 月 1 日至 12 月 31 日期货公司会员的交易量，核定持仓限额后于当年 4 月 20 日前通知期货公司会员，并予公布；该持仓限额适用于其当年 4 月 21 日起至次年 4 月 20 日止期间（含起、止日）的各品种期货合约的交易。

第三十三条 到期未提供证明文件、统计材料或所提供证明文件、统计材料无效的，则均以基数水平论。

第三十四条 交易所调整持仓限额报中国证监会备案后实施。

第三十五条 期货公司会员名下全部客户所有持仓的合计数（多头部位、空头部位分别计算，下同），不得超出该会员的限仓数额。

第三十六条 同一客户在不同期货公司会员处开有多个交易编码，各交易编码上所有持仓的合计数，不得超出一个客户的限仓数额。

第三十七条 会员或者客户的持仓数量不得超过交易所规定的持仓限额。

非期货公司会员或客户超过持仓限额的，交易所按有关规定实行强行平仓。期货公司会员达到或超过持仓限额的，不得同方向开新仓。

第五章 大户报告制度

第三十八条 期货交易实行大户报告制度。

会员或者客户持有某期货合约数量达到交易所对其规定的持仓限量 80% 以上（含本数）或者交易所要求报告的，应当向交易所报告其资金、持仓等情况。根据市场风险状况，交易所可调整持仓报告水平。

第三十九条 交易过程中，会员或者客户符合大户报告条件的，应当主动于下一交易日向交易所报告。会员或者客户履行首次报告义务后，需再次报告或者补充报告的，交易所通知有关会员。

第四十条 符合大户报告条件的期货公司会员应当向交易所提供下列材料：

（一）《郑州商品交易所大户报告表》；

（二）持仓前十名客户的开户资料及当日结算单据；

（三）交易所要求提供的其他材料。

第四十一条 符合大户报告条件的非期货公司会员或客户应当向交易所提供下列材料：

（一）《郑州商品交易所大户报告表》；

（二）开户资料及当日结算单据；

（三）交易所要求提供的其他材料。

第四十二条 符合大户报告条件的客户，应当按单位或者自然人属性类别，分别提供营业执照副本（复印件）或者自然人身份证（复印件）。

期货公司会员应当对客户所提供的有关材料进行初审并保证报告材料的真实性。

第六章 强行平仓制度

第四十三条 期货交易实行强行平仓制度。

强行平仓是指当会员、客户违反交易所相关业务规定时，交易所对其违规持有的相关期货合约持仓予以平仓的强制措施。

第四十四条 会员或者客户有下列情形之一的，交易所有权进行强行平仓：

（一）结算准备金余额小于零并未能在规定时间内补足的；

（二）持仓量超出其限仓规定的（期货公司会员达到或超过持仓限额的，按照本办法第四章相关规定执行）；

（三）进入交割月份的自然人持仓；

（四）因违规受到交易所强行平仓处罚的；

（五）根据交易所的紧急措施应予强行平仓的；

（六）其他应予强行平仓的。

第四十五条 强行平仓的原则和程序：

强行平仓前先由会员自行平仓，除交易所特别规定的时限外，一律为开市后至 10 时 15 分之前。会员未在规定时限内平仓完毕的，交易所强制执行。

由会员自行平仓的，属前条第（一）、（二）、（三）项情形的，由会员自行确定，平仓结果符合交易所规定即可；属前条第（四）、（五）、（六）项情形的，由交易所确定。

由交易所强行平仓的，按以下程序实施：

（一）交易所按照会员提供的平仓名单进行强行平仓。

（二）会员没有提供平仓名单，属前条第（一）项的，按照上一交易日闭市后期货合约总持仓量由大到小顺序，先选择持仓量大的期货合约作为强行平仓的期货合约，再按照该会员客户该期货合约的净持仓亏损由大到小确定。多个会员均需要强行平仓的，按追加保证金由大到小的顺序，先强平需要追加保证金大的会员。

（三）属前条第（二）项的，按照超仓量由大到小的顺序，对非期货公司会员或客户进行强行平仓。

（四）会员没有提供平仓名单，属前条第（三）项的，按照上一交易日闭市后自然人期货合约持仓由大到小顺序进行强行平仓。

（五）会员没有提供平仓名单，属前条第（四）、（五）、（六）项的，强行平仓头寸由交易所根据涉及的会员和客户具体情况确定。

（六）会员同时满足属前条第（一）、（二）、（三）项情况，交易所先按第（二）、（三）项情况确定强行平仓头寸，再按第（一）项情况确定强行平仓头寸。

由于市场原因无法满足上述原则和程序的，交易所有权择机强行平仓。

第四十六条　交易所实施强行平仓，应当通知会员，会员应当通知客户。

属第四十四条第（一）、（二）项情况的，以交易所提供的结算结果为通知依据；属第四十四条第（三）、（四）、（五）、（六）项情况的，交易所向有关会员下达《强行平仓通知书》。

第四十七条　会员未在规定时间内自行平仓完毕的，剩余部分由交易所按第四十五条所确定的原则以市场价对会员直接执行强行平仓。

交易所强行平仓完毕后，应当将强行平仓结果随当日成交记录向会员发送，并将强行平仓记录予以存档。

强行平仓的价格通过市场交易形成。

第四十八条　由于涨跌停板或者其他市场原因无法在当日完成全部强行平仓的，剩余持仓可以顺延至下一交易日继续执行强行平仓，直至平仓完毕。

第四十九条　由于涨跌停板或者其他市场原因有关持仓的强行平仓只能延时完成的，因此发生的亏损仍由会员或者客户承担；未能完成平仓的，该持仓持有者须继续对此承担持仓责任或者交割义务。

第五十条　除第四十四条第（四）项外，强行平仓产生的盈利或者亏损均归持仓人。持仓人是客户的，强行平仓发生的亏损，客户所在会员先行承担后，自行向该客户追偿。

本办法第四十四条第（四）项实施的强行平仓，亏损由持仓人承担，盈利记入交易所营业外收入。

第七章　风险警示制度

第五十一条　期货交易实行风险警示制度。

交易所认为必要时，可以分别或者同时采取要求报告情况、谈话提醒、发布风险提示函等措施，以警示和化解风险。

第五十二条　出现下列情形之一的，交易所可以对指定的会员高管人员或者客户谈话提醒风险，或者要求会员或者客户报告情况：

（一）会员或者客户交易异常；

（二）会员或者客户持仓异常；

（三）会员资金异常；

（四）会员或者客户涉嫌违规、违约；

（五）交易所接到涉及会员或者客户的投诉；

（六）会员涉及执法调查；

（七）交易所认定的其他情况。

交易所通过电话提醒的，应当保留电话录音；通过当面谈话的，应当保存谈话记录。

交易所要求会员或者客户报告情况的，报告方式和报告内容参照大户报告制度执行。

第五十三条　会员或者客户有违规嫌疑、交易头寸有较大风险的，交易所可以对会员或者客户发出书面的风险提示函。

第五十四条　发生下列情形之一的，交易所可以向全体或者部分会员和客户发出风险提示函：

（一）期货价格出现异常；

（二）期货价格和现货价格出现较大差距；

（三）国内期货价格和国际市场价格出现较大差距；

（四）交易所认定的其他异常情况。

附　则

第五十五条　违反本办法规定的，交易所按《郑州商品交易所违规处理办法》有关规定处理。

第五十六条　本办法解释权属郑州商品交易所。

第五十七条　本办法自 2013 年 11 月 18 日起施行。

2013 年 1－12 月郑州商品交易所会员成交排名

名次	会员号	会员简称	成交量(手)	名次	会员号	会员简称	成交额(亿元)
1	0210	东海期货	46,415,682	1	0032	徽商期货	14,654.47
2	0032	徽商期货	44,492,829	2	0210	东海期货	14,427.90
3	0189	冠通期货	37,643,952	3	0083	海通期货	12,281.83
4	0088	中原期货	35,644,892	4	0007	华泰长城	12,255.36
5	0083	海通期货	35,301,959	5	0189	冠通期货	11,434.40
6	0007	华泰长城	32,993,744	6	0069	万达期货	10,866.74
7	0069	万达期货	31,009,313	7	0088	中原期货	10,449.80
8	0038	申银万国	24,928,061	8	0188	永安期货	9,177.20
9	0188	永安期货	24,628,594	9	0055	中证期货	8,972.63
10	0209	华安期货	24,093,581	10	0038	申银万国	8,911.76

名次	会员号	会员简称	成交量(手)	名次	会员号	会员简称	成交额(亿元)
11	0055	中证期货	23,826,165	11	0209	华安期货	8,772.49
12	0141	中国国际	21,958,974	12	0141	中国国际	8,261.69
13	0113	浙商期货	19,038,936	13	0051	银河期货	7,210.48
14	0051	银河期货	18,949,804	14	0113	浙商期货	6,993.52
15	0001	华西期货	17,781,197	15	0212	南华期货	6,331.22
16	0190	国海良时	17,410,964	16	0173	广发期货	6,251.86
17	0212	南华期货	16,948,193	17	0001	华西期货	6,125.15
18	0173	广发期货	16,863,036	18	0190	国海良时	6,113.32
19	0111	光大期货	14,488,594	19	0111	光大期货	5,891.94
20	0186	国泰君安	14,233,742	20	0186	国泰君安	5,013.06
21	0241	首创期货	13,882,113	21	0076	长江期货	4,837.64
22	0076	长江期货	13,490,527	22	0058	鲁证期货	4,784.55
23	0058	鲁证期货	13,173,590	23	0241	首创期货	4,664.63
24	0179	上海中期	11,800,217	24	0179	上海中期	4,333.08
25	0174	国联期货	11,639,010	25	0174	国联期货	4,242.42
26	0039	北京中期	11,508,424	26	0011	宝城期货	4,073.27
27	0258	中衍期货	11,444,866	27	0258	中衍期货	4,057.89
28	0011	宝城期货	11,016,906	28	0039	北京中期	3,987.70
29	0203	宏源期货	10,878,829	29	0203	宏源期货	3,937.28
30	0202	中辉期货	10,445,752	30	0068	中粮期货	3,931.89
31	0020	弘业期货	10,388,632	31	0020	弘业期货	3,881.14
32	0142	东航期货	9,932,016	32	0202	中辉期货	3,798.60
33	0068	中粮期货	9,693,580	33	0121	瑞达期货	3,621.49
34	0121	瑞达期货	9,272,510	34	0009	国投期货	3,608.35
35	0201	方正期货	9,255,199	35	0142	东航期货	3,536.57
36	0009	国投期货	8,702,417	36	0201	方正期货	3,320.60
37	0107	美尔雅	8,504,002	37	0107	美尔雅	3,166.92
38	0175	浙江中大	8,364,463	38	0234	新湖期货	3,110.70
39	0139	安粮期货	8,049,068	39	0175	浙江中大	3,012.62
40	0114	信达期货	7,982,444	40	0114	信达期货	3,004.43
41	0234	新湖期货	7,841,495	41	0139	安粮期货	2,894.80
42	0109	东证期货	7,407,512	42	0016	格林期货	2,815.34
43	0037	集成期货	7,349,928	43	0037	集成期货	2,806.75
44	0016	格林期货	7,333,273	44	0109	东证期货	2,733.02
45	0254	大越期货	6,969,776	45	0274	神华期货	2,530.88
46	0123	浙江新世纪	6,844,392	46	0026	海航东银	2,523.40
47	0018	国信期货	6,807,593	47	0123	浙江新世纪	2,485.29
48	0117	国都期货	6,369,574	48	0254	大越期货	2,482.81
49	0274	神华期货	6,257,539	49	0018	国信期货	2,459.37
50	0026	海航东银	6,154,287	50	0062	金瑞期货	2,316.83
51	0062	金瑞期货	5,955,012	51	0117	国都期货	2,242.62
52	0149	大有期货	5,945,854	52	0149	大有期货	2,218.76
53	0095	大地期货	5,777,703	53	0278	平安期货	2,203.61
54	0087	上海金源	5,657,697	54	0087	上海金源	2,092.12
55	0268	兴业期货	5,368,848	55	0095	大地期货	2,036.75
56	0168	中信建投	5,361,699	56	0185	东吴期货	1,965.79
57	0185	东吴期货	5,302,535	57	0155	中投天琪	1,922.71
58	0005	新纪元期货	5,186,091	58	0178	成都倍特	1,906.56
59	0178	成都倍特	5,130,384	59	0168	中信建投	1,899.84
60	0155	中投天琪	5,052,742	60	0195	大连良运	1,893.86
61	0243	锦泰期货	4,884,810	61	0138	金鹏期货	1,890.34
62	0138	金鹏期货	4,878,967	62	0268	兴业期货	1,863.41
63	0017	上海中财	4,833,225	63	0005	新纪元期货	1,855.44
64	0278	平安期货	4,730,785	64	0126	安信期货	1,777.57
65	0091	创元期货	4,684,326	65	0017	上海中财	1,719.20
66	0126	安信期货	4,601,674	66	0243	锦泰期货	1,699.03
67	0086	金元期货	4,573,492	67	0091	创元期货	1,675.95
68	0195	大连良运	4,567,405	68	0262	一德期货	1,649.16
69	0010	招商期货	4,396,923	69	0010	招商期货	1,622.22

名次	会员号	会员简称	成交量(手)	名次	会员号	会员简称	成交额(亿元)
70	0262	一德期货	4,299,477	70	0257	经易期货	1,586.09
71	0081	南证期货	4,082,466	71	0086	金元期货	1,574.14
72	0080	金友期货	4,062,787	72	0080	金友期货	1,526.22
73	0103	招金期货	4,016,027	73	0081	南证期货	1,464.72
74	0101	国贸期货	3,902,847	74	0101	国贸期货	1,420.08
75	0102	迈科期货	3,788,199	75	0102	迈科期货	1,417.61
76	0257	经易期货	3,758,974	76	0199	汇鑫期货	1,412.24
77	0199	汇鑫期货	3,740,095	77	0103	招金期货	1,396.57
78	0198	英大期货	3,732,184	78	0008	上海大陆	1,390.79
79	0022	江西瑞奇	3,703,908	79	0052	渤海期货	1,377.59
80	0008	上海大陆	3,696,503	80	0275	华闻期货	1,374.97
81	0226	德盛期货	3,649,359	81	0198	英大期货	1,345.11
82	0052	渤海期货	3,619,388	82	0022	江西瑞奇	1,342.19
83	0148	民生期货	3,512,863	83	0100	中银国际	1,309.25
84	0003	红塔期货	3,206,322	84	0003	红塔期货	1,274.36
85	0156	北方期货	3,167,653	85	0148	民生期货	1,255.85
86	0100	中银国际	3,144,887	86	0226	德盛期货	1,220.19
87	0216	上海良茂	3,138,838	87	0216	上海良茂	1,184.81
88	0043	国元期货	3,089,584	88	0193	西部期货	1,147.11
89	0268	兴证期货	3,017,467	89	0156	北方期货	1,140.30
90	0193	西部期货	2,938,635	90	0163	五矿期货	1,134.23
91	0215	深圳瑞龙	2,905,675	91	0050	金石期货	1,107.24
92	0163	五矿期货	2,867,183	92	0043	国元期货	1,077.57
93	0275	华闻期货	2,857,175	93	0110	国金期货	1,067.16
94	0110	国金期货	2,809,266	94	0268	兴证期货	1,066.05
95	0050	金石期货	2,802,812	95	0215	深圳瑞龙	1,002.76
96	0225	广州期货	2,635,494	96	0183	华鑫期货	934.41
97	0183	华鑫期货	2,359,533	97	0225	广州期货	929.16
98	0211	大华期货	2,272,029	98	0211	大华期货	833.56
99	0019	江苏东华	2,185,414	99	0134	山西三立	805.56
100	0246	恒泰期货	2,030,920	100	0019	江苏东华	794.50
101	0004	中钢期货	2,014,313	101	0246	恒泰期货	745.08
102	0232	金信期货	1,998,192	102	0161	中州期货	734.63
103	0133	华联期货	1,991,555	103	0133	华联期货	733.72
104	0134	山西三立	1,962,389	104	0232	金信期货	732.39
105	0161	中州期货	1,907,465	105	0269	同信久恒	706.32
106	0027	中航期货	1,887,752	106	0004	中钢期货	692.13
107	0156	天风期货	1,831,889	107	0156	天风期货	691.17
108	0269	同信久恒	1,815,419	108	0027	中航期货	642.19
109	0093	深圳金汇	1,729,629	109	0093	深圳金汇	630.47
110	0222	海证期货	1,645,424	110	0222	海证期货	614.89
111	0060	东兴期货	1,535,536	111	0060	东兴期货	592.43
112	0206	先融期货	1,426,346	112	0236	上海通联	561.31
113	0122	华创期货	1,415,115	113	0206	先融期货	537.47
114	0196	广东鸿海	1,411,296	114	0249	上海东亚	536.65
115	0094	宁波杉立	1,405,079	115	0196	广东鸿海	536.47
116	0146	和合期货	1,367,726	116	0094	宁波杉立	525.44
117	0218	河北恒银	1,362,183	117	0176	道通期货	518.59
118	0249	上海东亚	1,303,394	118	0122	华创期货	511.06
119	0176	道通期货	1,261,959	119	0146	和合期货	482.82
120	0235	新晟期货	1,245,396	120	0235	新晟期货	479.65
121	0108	华融期货	1,203,234	121	0218	河北恒银	475.38
122	0075	东方汇金期货	1,186,842	122	0108	华融期货	445.92
123	0236	上海通联	1,168,852	123	0075	东方汇金期货	428.38
124	0191	广永期货	1,128,589	124	0066	云晨期货	413.80
125	0066	云晨期货	1,106,651	125	0191	广永期货	402.90
126	0077	天富期货	1,104,862	126	0070	中信新际	382.38
127	0002	晟鑫期货	1,057,182	127	0002	晟鑫期货	371.21
128	0070	中信新际	1,024,089	128	0077	天富期货	370.16

名次	会员号	会员简称	成交量(手)	名次	会员号	会员简称	成交额(亿元)
129	0159	银建期货	938,745	129	0159	银建期货	325.11
130	0061	中融汇信	903,839	130	0147	长安期货	309.04
131	0084	大通期货	860,525	131	0129	江南期货	304.05
132	0129	江南期货	817,076	132	0061	中融汇信	302.93
133	0182	文峰期货	813,757	133	0135	湘财祈年	297.30
134	0135	湘财祈年	775,663	134	0084	大通期货	291.35
135	0098	第一创业	731,042	135	0182	文峰期货	286.03
136	0205	上海浙石	720,710	136	0205	上海浙石	269.19
137	0147	长安期货	716,434	137	0098	第一创业	267.04
138	0160	国富期货	700,500	138	0092	象屿期货	253.02
139	0092	象屿期货	655,264	139	0025	盛达期货	241.13
140	0131	京都期货	650,077	140	0160	国富期货	241.12
141	0025	盛达期货	577,753	141	0131	京都期货	224.85
142	0033	华龙期货	422,588	142	0033	华龙期货	153.29
143	0169	鑫鼎盛期货	417,332	143	0169	鑫鼎盛期货	143.15
144	0118	华海期货	374,234	144	0118	华海期货	126.88
145	0228	和融期货	257,079	145	0153	路易达孚	126.59
146	0157	新疆天利	257,001	146	0157	新疆天利	100.45
147	0153	路易达孚	247,538	147	0228	和融期货	98.50
148	0150	华证期货	246,131	148	0015	江信国盛	85.36
149	0015	江信国盛	236,471	149	0265	财达期货	84.08
150	0265	财达期货	235,992	150	0031	财富期货	81.85
151	0073	金谷期货	226,753	151	0150	华证期货	80.91
152	0031	财富期货	200,174	152	0082	摩根大通	73.19
153	0079	津投期货	184,963	153	0079	津投期货	69.85
154	0099	天鸿期货	178,175	154	0073	金谷期货	67.93
155	0071	西南期货	167,185	155	0099	天鸿期货	66.04
156	0082	摩根大通	130,162	156	0071	西南期货	63.18
157	0152	廊坊中糖	62,444	157	0152	廊坊中糖	32.66
158	0021	上海东方	34,453	158	0021	上海东方	11.71
159	0233	黑龙江时代	30,654	159	0233	黑龙江时代	10.31
160	0229	华南期货	20,855	160	0229	华南期货	6.70
161	0220	乾坤期货	7,567	161	0220	乾坤期货	3.90
162	0151	上海恒洋	4,270	162	0151	上海恒洋	1.79
总计			1,050,598,046				377,999.90

第三章　期货经纪机构

上海东证期货有限公司

上海东证期货有限公司（以下简称“东证期货”）是一家经中国证券监督管理委员会批准的经营期货业务的综合性公司。东证期货是东方证券股份有限公司全资子公司，现有注册资本金为5亿元人民币，员工近300人。公司主要从事商品期货经纪、金融期货经纪、期货投资咨询、资产管理等业务，拥有上海期货交易所、大连商品交易所、郑州商品交易所会员资格，是中国金融期货交易所交易结算会员。

东证期货以上海为总部所在地，在大连、北京、太原、郑州、青岛、常州、上海、长沙、广州设有10家营业部，并在北京、抚顺、天津、济南、南京、常州、苏州、上海、杭州、武汉、广州、北海、桂林、南宁等14个城市设有32个IB分支机构，形成了立足上海、辐射全国的经营网络。

自2008年成立以来，东证期货秉承“稳健经营、创新发展”的宗旨，以市场化机制思变革，以国际化视野谋发展，以集团化格局求创新，致力于成为一家市场化、国际化、集团化的一流综合性期货公司。

上海中期期货有限公司

上海中期期货有限公司（简称上海中期）成立于1993年2月28日，是经中国证监会批准、国家工商行政管理局核准的独立法人公司。公司注册资本金2亿元人民币，控股股东兖矿集团为国家重点特大型企业集团，是全国100家现代企业制度和120家企业集团试点企业。兖矿集团拥有第一家同时在纽约、香港、上海三地上市的中国煤炭行业龙头企业——兖州煤业。

上海中期是上海期货交易所（会员号008）、大连商品交易所（会员号0135）、郑州商品交易所（会员号0179）、中国金融期货交易所（会员号0176）的正式会员。

上海中期秉承“三信五精神”的企业文化，以相信期货，相信中期，相信自己，诚实守信合规经营的从业精神，止于至善的客户服务精神，战胜一切困难的拼搏精神，公司利益至上的主人翁精神，主动自觉的企业家精神，谆谆教诲每一位中期员工。经过十几年的不懈努力，上海中期已成为国内最具影响力的大型期货经纪公司之一。多年来，上海中期的代理交易量和交易额一直名列国内期货公司前茅。

上海中期始终如一地坚持“稳健、卓越、专业、诚信、开拓”的服务理念，以人为本、创新发展，以最佳的业务运作方式，致力于为客户提供品质一流的产品和服务，实现客户和公司的双赢，以专业创造财富，以专心提升价值。

营业地址：上海市浦东新区浦电路500号11楼
邮政编码：200122
公司网址：http://www.shcifco.com
电子邮箱：manage@shcifco.com

申银万国期货有限公司

申银万国期货有限公司成立于1993年1月7日，系申银万国证券股份有限公司的控股子公司。公司注册资本金7.76亿元，在证券控股期货公司中资本金规模位列前茅。2007年8月7日，经中国证监会批准，申银万国证券股份有限公司增资控股原天意期货经纪有限公司，并于同年9月25日更名为申银万国期货有限公司。在中国期货业协会公布期货公司分类结果中，公司于2011年、2012年及2013年连续三年获得A类A级评价。2011年8月19日，经中国证监会核准，公司首批获得期货投资咨询业务资格。2012年11月19日，经中国证监会核准，公司首批获得资产管理业务资格。2013年5月，公司完成风险管理子公司业务试点备案，获准开展仓单服务、合作套保、基差交易三项创新业务，并于2013年10月成立了全资子公司——申银万国智富投资有限公司。

申银万国期货有限公司具有商品期货经纪业务、金融期货经纪业务、期货投资咨询业务、资产管理业务资格，是中国金融期货交易所交易结算会员和上海期货交易所、大连商品交易所、郑州商品交易所的会员。公司同时还是中国期货业协会的理事单位、上海市期货同业公会副会长单位、中国证券业协会会员、中国证券投资基金业协会会员、上海市工商业联合会钢铁贸易商会金融与法律委员会副主任单位、上海钢铁服务业协会副会长单位、上海市普陀区白银协会副会长单位、上海市三星级诚信创建企业。公司总部位于浦东陆家嘴金融功能区，在北京、上海、广州、大连、郑州、成都、深圳、杭州、宁波、武汉、南京、贵阳、重庆共设15家营业部。

申银万国期货有限公司坚持“依法、合规、规范”的经营方针，依靠强大的股东背景优势，依托申银万国证券股份集团架构下申银万国证券研究所、申银万国巴黎基金公司、申银万国证券（香港）有限公司等专业咨询服务团队，致力于为客户提供优质的综合金融服务。近年以来，公司行业地位与品牌形象全面持续提升，在各项评选活动中以优异的表现获得了诸多奖项和荣誉：

2012年，公司自主研发的“程序化高频交易套利系统”在上海市人民政府设立的上海金融创新奖中荣获“金融创新成果二等奖”；2013年公司研究成果荣获上海金融业联合会颁发的“上海金融业改革发展优秀研究成果三等奖”；公司“期货QFIIDMA交易结算系统”项目在中期协举办的2011年度证券期货科技技术奖评选中，荣获“优秀奖”；同时荣获上海期货同业公会颁发的“上海市期货公司信息技术创新项目”奖；中金所股指期权联合研究项目荣获三等奖；自2010年以来，17次荣获《上海证券报》、《证券时报》、《期货日报》、《金融界》等媒体颁发的“中国最佳期货公司”、“期货公司十强”、“最佳IB服务奖”、“最佳创新服务奖”等奖项；32次荣获中金所、上期所、郑商所、大商所颁发的“年度优秀会员金奖”、“年度优胜会员奖”、“行业成长奖”、“年度十大期货研发团队”等荣誉；此外，公司团委被共青团上海市委员会授予“上海市青年五四奖章集体”;荣获上海市“三星级诚信创建企业”称号;2012、2013 连续被申银万国证券股份有限公司评为“最佳子公司”。

申银万国期货有限公司以促进上海国际金融中心建设、推动中国金融衍生品创新和期货行业发展为重要使命,秉承“诚信服务、开拓创新、追求卓越、争创一流”的理念,与客户共同发展,共铸辉煌!

公司的股东优势

公司股东申银万国证券股份有限公司是国内最早的一家股份制证券公司,中央汇金公司是第一大股东。创业二十余年至今,公司已经发展成为一家拥有 4000 多名员工,资本金 67.1576 亿元的大型综合类证券公司。除各直属总部外,公司在全国各地共设有 11 个分公司、2 个代表处、155 家营业网点。母公司国内证券行业的领先地位,将有利于公司的品牌和业务发展。

公司的技术优势

公司始终坚持技术领先、系统领先的原则,高度重视信息系统的建设,目前信息系统水平达到国内一流水平。公司主机房位于上海期货交易所张江数据中心内,具备了交易所机房级别的高等级机房条件,能充分保障系统稳定、安全、可靠的运行。主核心交易系统全部采用 HP 高性能服务器和 Cisco 高性能网络设备,构建了基于内存数据库的业内技术领先的上期综合交易平台系统,为客户提供快速高效的交易服务。公司提供多元化的交易系统、行情系统和满足包括投资、投机、套保、套利和 QFII 等在内的不同客户需求的交易终端。公司的交易技术系统通过了由期货行业、高校等技术专家的评审验收,以及上海计算机安全等级测评中心的认证。

公司的研究优势

申银万国期货研究所从海内、外引进了一批高学历、高素质和具有丰富实战经验与创新研究服务能力的高端期货研究人才,同时依托申银万国证券研究所雄厚的研发资源,运用大量、及时的信息、数据和先进的挖掘分析模型,从期货的基本面和技术面为客户提供及时、全方位的咨询产品、研究报告、套利套保方案等增值服务。行业地位与品牌影响力持续提升。公司研究所先后荣获“大商所十大化工研发团队”亚军、“大商所十大农产品研发团队”、“上海滩国际金融菁英人物”评选新锐奖、上海期货交易所“有色金属优秀分析师”、上海期货专业服务明星赛团队优胜奖。在金融界网站主办的 2012“领航中国”金融业年度评选中,荣获“期货行业最佳投研团队奖”。同时研究所积极参与交易所和监管层的课题研究。

公司的服务优势

申银万国期货有限公司以客户为中心,依托先进的信息技术系统和专业的研发资讯,组建了高素质、反应迅速的专业客户服务团队,建立了高质量、高标准的客户服务体系,努力实现对客户的差异化、个性化、增值化服务。同时,申银万国期货有限公司已于中国银行、农业银行、工商银行、建设银行、交通银行开通了银期转账业务,为客户提供安全、便捷的资金管理服务。同时,公司建立了个性化、高标准的客户服务和流程体系,努力实现对客户的差异化、个性化、增值化服务。

公司的人才优势

申银万国期货有限公司聚集了大量高素质、高学历、实战经验丰富的证券与期货的专业人才,拥有由博士、硕士等精英组成的一流高管队伍,公司的业务骨干 100% 具有本科以上学历,并且与各大高校、研究所建立了学术业务联系,吸引更多优秀人才加盟。同时,公司还建立了派出优秀人才进行境内、外培训的机制,为业务的发展建立更强大的后备人才队伍。

地址:上海浦东新区东方路 800 号宝安大厦 7、8、10 楼
电话:021 - 50588811
传真:021 - 50588822

万达期货股份有限公司

万达期货股份有限公司经中国证监会批准,于 1993 年 4 月在郑州成立,是全国最早成立的大型期货公司之一。公司注册资本金 5.06 亿元,控股股东为中储粮油脂有限公司,是中储粮系统内唯一一家金融企业。

公司主营期货经纪、投资咨询、资产管理、风险管理四项业务,是国内为数不多的全牌照期货金融服务机构,同时也是国内三家商品期货交易所全权会员,中国金融期货交易所结算会员。

公司设有华北、西北、华东、华南四个大区管理平台,下设 21 家营业部,营业网点辐射全国。万达期货全资子公司百安赛贸易有限公司是业内首批获准开展业务的期货公司风险管理业务平台。

在二十年的发展历程中 万达期货以一支富有实战经验的一流管理团队为核心,以一批由高学历、高层次和海归背景的专业人员组成的高级研发团队为基础,专注于服务产业经济客户和高端投资者。公司在宏观经济研究、传统商品经纪、金融产品研发、国内外大宗商品趋势、现货企业风险管理等方面均具有行业先进的服务水平,实力雄厚。

未来,万达期货将继续秉承“稳健、规范、高效、务实”的发展理念,以一流的研发实力、完善的风控体系、全面的客户服务,在中国期货市场创新发展的浪潮中与您携手并进,共同成长!

公司发展简史

1993 年 4 月,河南万达期货经纪有限公司成立,注册资本 2000 万元。其中河南省粮食厅出资 1000 万元。

1999 年 5 月,河南万达期货经纪有限公司增资至 3000 万元,其中河南省粮食贸易公司出资 2500 万元。

2004 年 6 月,河南万达期货经纪有限公司乌鲁木齐营业部成立。

2005 年 12 月,河南万达期货经纪有限公司上海营业部成立。

2006 年 7 月,河南万达期货经纪有限公司北京营业部成立。

2006 年 12 月,河南万达期货经纪有限公司南宁营业部成立。

2007 年 5 月,公司迁址。

2007 年 9 月,公司增资至 6600 万元,其中河南东方粮食贸易有限公司出资 6100 万元。

2007 年 11 月,公司成功申请金融期货经纪业务资格和金融期货交易结算业务资格。

2007 年 12 月,公司成功申请中金所交易结算会员资格。

2008 年 1 月,河南万达期货经纪有限公司变更企业名称为万达期货有限公司;变更经营范围为:商品期货经纪、金融期货经纪。

2008 年 3 月,万达期货有限公司昆明营业部成立。

2008 年 3 月,万达期货有限公司长春营业部成立。

2008 年 4 月,万达期货有限公司大连营业部成立。

2008 年 6 月,万达期货有限公司广州营业部成立。

2008 年 9 月,万达期货有限公司增资至 1.26 亿元人民币。

2008 年 9 月，万达期货有限公司温州营业部成立。

2008 年 10 月，万达期货武汉营业部成立。

2008 年 11 月，《万达人》创刊。

2009 年 7 月，万达期货有限公司兰州营业部成立。

2009 年 12 月，万达期货有限公司增资至 2.4 亿元人民币。

2010 年 7 月，万达期货有限公司湛江营业部成立。

2010 年 12 月，万达期货青岛营业部成立。

2011 年 3 月，万达期货有限公司重庆营业部成立。

2011 年 6 月，万达期货有限公司太原营业部成立。

2011 年 9 月，万达期货有限公司获批期货投资咨询业务。

2011 年 10 月，万达期货有限公司厦门营业部成立。

2012 年 4 月，万达期货有限公司安阳营业部成立。

2012 年 5 月，万达期货温州营业部迁址杭州。

2012 年 6 月，万达期货西安营业部成立。

2012 年 10 月，万达期货有限公司增资至 5.06 亿元人民币。

2012 年 10 月，万达期货有限公司合肥营业部成立。

2012 年 12 月，万达期货有限公司南京营业部成立。

2013 年 4 月，万达期货有限公司宁波鄞州营业部成立。

2013 年 12 月，万达期货有限公司整体变更为万达期货股份有限公司。

公司使命

以客户资产保值增值为己任，毕生致力于期货事业，崇尚专业和服务，求索创新，敬业奉献，诚信为本，为把万达打造成百年万达并成为国际知名品牌而奋斗！

公司理念

以人为本、合法合规、诚实守信、学习创新、服务至上、与时俱进、持续发展。

公司发展愿景

把万达打造成一个诚信规范为基础，业绩为导向，爱心为核心的国际知名、国内一流的期货中介机构，在中国期货市场有话语权，争取成为行业第一批上市公司，通过收购、兼并把公司做大做强，成为可持续规范发展国内商品期货伟大的公司。

公司战略

积极关心培养公司人才队伍的建设，始终把安全规范经营及客户资产保值、增值放在第一位，在以商品期货为主要发展基础上积极开拓股指、期权及其他金融期货市场。积极备战创新业务和境外期货代理。在打造学习型组织的同时，积极培养团队整体的专业化能力、研发能力以及提高全员的服务能力。根据业务发展需要，积极引进新股东，力争公司资本金达到 5 – 10 亿元人民币。公司管理资产规模要达到 80 – 100 亿元。公司利润突破 1 亿元。新增 10 – 15 家营业部，在政策允许的情况下，积极为公司上市做准备。

企业核心价值观

五爱三精神：爱自己、爱同事、爱期货、爱万达、爱祖国。

万达精神：克己奉公，兢兢业业的敬业精神；首战用我，用我必胜的亮剑精神；诚实重信，铁肩道义的信托精神。

万达人行为准则

懂得感恩、学习创新、团结友爱、服务至上、注重细节，提倡正气、包容理解、忠诚企业、合作共赢。

万达人倡导

◆员工要遵纪守法；

◆员工要诚信正直，反对弄虚作假，欺上瞒下；

◆员工保持健康心态，积极进取，反对消极心态；

◆员工与企业共发展，帮助员工进行职业规划，实现自我价值；

◆员工要快速有效执行，反对执行无果

◆员工要先理解再执行，反对盲目不思考

◆员工要积极学习专业知识，不断提高专业技能

◆最大限度地尊重、理解关心员工

◆最终体现客户、员工、股东及企业的价值最大化

公司荣誉

2013 年 6 月 14 日，公司荣获《上海证券报》2013 年最佳财富管理机构评选“最佳套期保值期货公司”奖。

2013 年 1 月，公司荣获上期所交易优胜会员提名、铝产业服务优胜会员；

公司荣获郑商所市场发展奖、产业客户开发服务奖、企业服务奖（小麦）、企业服务奖（棉花）、企业服务奖（白糖）、企业服务奖（菜籽油）、企业服务奖（甲醇）；

公司荣获大商所优秀会员金奖，产业拓展成就奖。

2012 年 12 月 1 日，公司荣获和讯网金牌产业服务期货公司和金牌期货研究院；

2012 年 16 月 18 日，公司荣获《上海证券报》“2011 年度最佳机构服务奖”；

2012 年 17 月 18 日，公司荣获《期货日报》“最佳能源化工产业服务奖”，南宁营业部荣获“中国十佳期货营业部”，公司员工崔仕嵬荣获“最佳白糖期货分析师”称号；

2011 年 1 月，公司员工甘瑞被郑商所评为 2010 年“优秀出市代表”；

2011 年 6 月 24 日，公司荣获“最佳农产品产业服务奖”，南宁营业部荣获“中国十佳期货营业部”，公司员工崔仕嵬荣获“最佳白糖期货分析师”称号，马丽萍荣获“最佳 PVC 期货分析师”称号，葛欢娜荣获“最佳玉米期货分析师”称号。

2011 年 12 月 16 日，公司荣获上期所优胜会员提名奖，产业服务优胜奖，铝产业服务奖，铅产业服务奖；

2011 年 12 月 19 日，公司荣获郑商所棉花产业服务奖，白糖产业服务奖，菜籽油产业服务奖，市场发展奖，企业服务奖，产业客户开发服务奖；

2011 年 12 月 22 日，我公司荣获大商所优秀会员金奖，产业拓展成就奖。

2010 年 12 月 17 日，公司荣获“2010 年中国期货业最佳品牌奖”；

2010 年 12 月 23 日，公司荣获郑州商品交易所“2010 年度企业服务奖”，“2010 年度市场服务奖”，“2010 年度产业服务奖（白糖）”，

“2010 年度产业服务奖（早籼稻）”，“2010 年度产业服务奖（菜籽油）”，“2010 年度产业服务奖（小麦）”，“2010 年度产业服务奖（棉花）”。

2010 年 12 月 24 日，公司荣获上海期货交易所“2010 年度铝企业服务奖”。

2010 年 12 月 27 日，公司荣获大连商品交易所“2010 年度优秀会员金奖”，“2010 年度产业拓展成就奖”。

公司荣获郑商所市场发展奖；产业客户开发服务奖；企业服务奖（小麦）、企业服务奖（棉花）、企业服务奖（白糖）、企业服务奖（菜籽油）、企业服务奖（甲醇）；公司荣获大商所优秀会员金奖，产业拓展成就奖。

全国统一客服专线：400 – 6197 – 666

电话：0371 – 69106666（客服）

应急报单电话:0371－69106700
传真:0371－69106660
开户咨询:1043219410526807042
总部地址:郑州市郑东新区商务内环路27号楼
　　　　1单元3层01号、2单元3层02号
邮编:450016
Email:service@ wdqh. com
网址:www. wdqh. comwww. wdfco. com

新湖期货有限公司

新湖期货有限公司(以下简称"新湖期货")成立于1995年,注册资金2.25亿元,净资本5亿多元。由新湖中宝股份有限公司(证券代码600208)控股。

新湖期货前身为"天地期货",2008年1月份正式更名为"新湖期货",在以董事长马文胜为代表的优秀高管团队的带领下,新湖期货进入快速发展时期。2011年1月,新湖期货从杭州迁址上海,续写快速发展的新篇章。经过4年多的发展,新湖期货取得了突破性的业绩,截至2011年年底,员工规模由2008年初的50人扩大至460多人;营业部由最初的4家(嘉兴、临海、福州、郑州)增加到18家(嘉兴、临海、福州、郑州、温州、北京、沈阳、大连、青岛、上海、深圳、海口、济南、杭州、重庆、长沙、西安、厦门);为中国期货业协会副会长单位,上海期货同业协会会长单位,在行业内的影响力日益扩大。

新湖期货拥有为上海、大连、郑州三家期货交易所会员资格,并于2008年1月取得中国金融期货交易所交易结算会员资格。可代理客户从事国内所有品种的期货交易。新湖期货研究所和各营业部、事业部,从事与上市品种相关产业的调研、研究、开发和服务,可为企业、金融机构和投资者提供投资交易、套期保值、套利对冲交易、期现套利、投资产品与工具设计和实物交割等多种个性化服务产品和信息咨询服务,还可提供专业培训、产业调研、驻厂调研和企业保值方案设计等专项服务。2011年8月,新湖期货首批取得期货投资咨询业务资格,进一步拓展了公司的业务范围、提升公司的服务质量。

新湖期货一直坚持走产业化和专业化服务之路,秉承"财富共享才最有价值"的理念,突破传统思维方式,强化创新服务意识,形成以研究所为中心,以营业部事业部制为支点,以专业营销为平台,以先进技术为支持,以合规管理为文化的专业化、投行顾问式期货中介业务服务体系。

地址:上海市裕通路100号洲际中心36楼
邮编:200070
电话:400－8888－398
传真:021－22155559

新纪元期货有限公司

企业简介

新纪元期货有限公司是1995年经中国证监会批准、国家工商行政管理局登记注册的最早成立期货公司之一,注册资本1.08亿元人民币。公司主要经营商品、金融期货经纪和期货投资咨询业务,拥有上海期货交易所、大连商品交易所、郑州商品交易所和中国金融期货交易所的全会员资格,是中国期货业协会的会员单位,是江苏省期货业协会的理事单位。

公司目前拥有北京、上海、广州、杭州、重庆、南京、苏州、无锡、常州、南通营业部,是淮海经济区唯一经营业务覆盖全国的非银行金融机构。

公司以"实现客户资本的增值是新纪元永远的追求"为核心理念,秉承"激情、创新、超越"的企业精神,遵循"至真至善,厚德载物,共生共赢,忠恕立业"的行为准则,致力于打造卓越的专业化、国际化综合金融平台,实现客户资本源源不断的增值、员工的多元化发展和股东的超额回报。

企业文化

企业理念:实现客户资本的增值是新纪元永远的追求。

企业精神:激情、创新、超越。

企业使命:致力于打造卓越的专业化、国际化综合金融平台,实现客户资本源源不断的增值、员工的多元化发展和股东的超额回报。

行为准则:至真至善,厚德载物,共生共赢,忠恕立业。

电话:0516－83831121
市场部电话:0516－83831122　83831112　83831119
客服部电话:0516－83831105　83831109
研究所电话:0516－83831185　83831160　83831127
报单电话:0516－83831126　83831128
传真:0516－83831100　83713116
地址:江苏省徐州市淮海东路153号
邮编:221005

信达期货有限公司

信达期货有限公司成立于1995年10月,系经中国证券监督管理委员会核发《经营期货业务许可证》(许可证号32060000),浙江省工商行政管理局核准登记注册(注册号330000000014832)的专营国内期货业务的有限责任公司,公司由信达证券股份有限公司全资控股,注册资本3亿元人民币,是国内规范化、信誉高的大型期货公司之一。公司现拥有上海、大连、郑州商品交易所等三大期货交易所的全权会员资格和三个交易席位,可以为客户代理铜、铝、锌、橡胶、燃料油、黄金、钢材、大豆、豆粕、玉米、豆油、棕榈油、LLDPE、PVC、白糖、菜籽油、棉花、小麦、PTA、早籼稻、焦炭、铅等所有已上市品种的标准期货合约交易,向客户提供交易、结算、交割、信息咨询、培训等全方位服务。公司全新改版后的新网站www.cindaqh.com将以更快捷、更丰富的信息竭诚为您的交易提供最优的服务。

经营范围:商品期货经纪、金融期货经纪、期货投资咨询。

公司是中金所15家全面结算会员之一,会员号0017。

公司总部设在杭州,下设北京、上海、沈阳、哈尔滨、大连、石家庄、广州、浙江乐清、浙江金华、浙江富阳、浙江台州、浙江义乌、浙江温州、浙江宁波14家营业部。

历史沿革

公司前身为浙江金迪期货经纪有限公司,成立于1995年10月,由金华市二轻工业总公司、浙江大学快威科技产业总公司等五家公司共同投资组建,注册资金2000万元。

1999年9月,广厦建设集团有限责任公司和浙江金华信华经济发展集团有限责任公司受让了公司全部股权,同时公司注册资本变更为人民币3000万元。

2005年9月,公司股东变更为金华通和置业有限公司和金华市合丰物资贸易有限公司,注册资金3000万元。

2007 年 11 月,金华通和置业有限公司和金华市合丰物资贸易有限公司分别将其持有的股份转让给信达证券股份有限公司,同时信达证券股份有限公司增加出资 7000 万元,变更后公司注册资本为 10000 万元,信达证券股份有限公司为全资控股股东。

2008 年 4 月,公司正式将名称由“浙江金迪期货经纪有限公司”更名为“信达期货有限公司”。

2008 年 6 月,信达证券股份有限公司增加出资 5000 万元,变更后公司的注册资本为 15000 万元,信达证券股份有限公司为全资控股股东。

2011 年 6 月,信达证券股份有限公司增加出资 15000 万元,变更后公司的注册资本为 30000 万元,信达证券股份有限公司为全资控股股东。

股东背景

信达证券股份有限公司是于 2007 年 9 月成立的国内 AMC 系第一家证券公司,法定代表人高冠江。公司具有中国证监会核准的综合类证券业务资格,拥有 68 家营业部,全资控股信达期货有限公司。

信达证券的主要出资人及控股股东是中国信达资产管理股份有限公司。经国务院批准,由财政部独家发起,中国信达资产管理股份有限公司于 2010 年 6 月 29 日在北京成立。2012 年,中国信达资产管理股份有限公司引入全国社会保障基金理事会、UBSAG、中信资本金融控股有限公司和 StandardCharteredFinancialHoldings 四家战略投资者,公司注册资本为 30140024035 元,四家战略投资者合计持有公司 16.54% 股份。公司性质为非银行金融机构。(办公地址:北京市西城区闹市口大街九号院 1 号楼。邮编:100031。公司网址 www.cinda.com.cn。)

技术保障

公司 2008 年投入 2000 多万元人民币新建 IT 生产运营系统,确保交易通道的安全、稳定、快捷,建立了北京、杭州、深圳、沈阳等高速行情接入中心,目前采用恒生期货交易系统和网上交易系统,人工报单方式和场内自助交易方式并存;备有富远行情系统、文华财经行情分析系统和博易大师行情分析系统,可供客户自由选择;通讯上实行 3 条 2MSDH 专线热备份联入交易所联网系统,交易系统安全稳定。

统一的研发服务平台

研发中心依托信达资产管理股份有限公司,融合证券、期货、基金等多个金融领域的研发力量。目前北京、杭州、深圳三个研发中心已经建立了良好的沟通机制,具备了强大的协同研发能力,形成了统一的研发服务平台,为客户提供更广泛的金融资讯和全方位的投资理财产品及服务。研发中心力量雄厚,汇聚业内多名资深专家,研究人员 90% 拥有硕士以上学历。

企业文化

公司以“诚信、规范、专业、创新”为经营思想,以“客户至上”为经营原则,以“专业创造价值”为核心理念。至诚的服务和至真的信誉,诚为客户所信赖。信达期货公司视客户为上帝,视信誉为生命,尊重客户权利,严守客户秘密,竭诚为广大客户进行套期保值、规避风险、投资获利等提供快捷、高效的渠道和优质的服务,使公司在变幻莫测的现代市场经济中运筹帷幄,乘风破浪,与客户共同发展。公司将充分运用资产管理公司金融综合业务平台的优势,进行金融创新,力争为广大客户提供更多、更全面的金融交叉产品,并最终提供全方位、一站式的金融服务。

兴证期货有限公司

兴证期货有限公司(简称兴证期货)成立于 1995 年 12 月,注册资本 33000 万元。兴证期货由兴业证券股份有限公司(以下简称兴证证券)投资控股。公司拥有上海期货交易所(会员号:0311)、大连商品交易所(会员号:0133)和郑州商品交易所(会员号:0268)的会员资格,并取得了中国金融期货交易所交易结算会员资格(会员号:0102),可以为客户提供境内所有已上市的商品期货与金融期货的交易和结算服务。

兴证期货具有券商背景。兴业证券控股兴证期货比例达到 97.18%,同时控股兴业基金并参股南方基金。兴业证券为创新类券商,法人治理结构健全,资产质量优良,业务品种齐全,经营范围涵盖证券自营和代理买卖、证券承销和上市推荐、证券投资咨询、委托资产管理、网上证券委托业务、发起设立证券投资基金等,已经形成以福建省为中心,依托上海、深圳、北京等中心城市,辐射全国的经营网络。

兴证期货风险管理制度健全,流程合理,风控得当。公司已经建立了事前事中事后的风险控制机制,强化了风险管理部在行使风险管理职权方面的独立性,建立了良性的风险管理环境以控制决策风险和操作风险;能够利用风险控制技术系统做好风险监控与风险处置工作,并有效运用信息系统功能,进行客户期货交易与持仓风险测算,积极防范期货交易风险,合理处置期货交易静态和动态风险。

兴证期货具有快捷安全的交易系统。公司投入千余万元组建了全新的中心机房,灾备中心建设正在实施中。我司拥有一支专业化的计算机人才队伍,为大规模开展期货业务构建了一个良好的技术平台,可以保证交易的快捷和安全。

兴证期货拥有一支成长中的期货研究队伍。公司与兴证证券联手打造的研发团队从基本面和技术面角度,运用定性和定量相结合的方法分析研究,定期发布投资策略报告,为客户提供个性化的信息资讯服务。

兴证期货提供个性化、高水准的客户服务。公司始终坚持以客户为中心,依托先进的信息技术系统和专业的研发团队,组建了一支高素质的客户服务团队,建立了一个对客户反应迅速、高质量、高标准的售后服务体系,并针对 VIP 客户的套保、套利需求,提供一揽子的解决方案。

在期货市场迎来高速发展之际,在金融期货平稳推出之际,兴证期货将保持原有商品期货优势,秉持“规范、稳健、服务、专业”的经营理念,提升员工价值,创造客户价值,竭诚为广大投资者提供全面、优质的金融服务。

公司地址:福州市鼓楼区温泉街道湖东路 268 号 6 层
客户服务及投诉电话:4008888123
公司网址:http://www.xzfutures.com.cn
公司电子邮箱:wanghui@xzfutures.com

一德期货有限公司

一德印象　景致纵览

一德期货有限公司(FirstFuturesCo.,Ltd.)成立于 1995 年 7 月,是经中国证监会批准,在天津工商局登记注册的,从事商品期货、金融期货和期货投资咨询的专业期货经营机构法人。

一德期货注册资本现为1.65亿元人民币（即将增资至3亿元），股东包括天津市财政投资管理中心、天津一德投资集团有限公司、地天泰集团有限公司、天津市春鹏预应力钢绞线有限公司和天津市恒兴钢业有限公司。

一德期货拥有中国证监会批准的商品期货经纪、金融期货经纪、期货投资咨询和金融期货全面结算业务资格，是中国金融期货交易所的全面结算会员，大连商品交易所、上海期货交易所和郑州商品交易所的全权会员，可代理客户从事国内所有上市品种的期货交易。

一德期货总部位于北方经济中心——天津，下辖北京北三环东路、上海、天津市区、天津滨海新区、大连、郑州、德州、宁波等八家营业部，初步形成以主要金融中心城市为主轴，逐步覆盖全国的市场推广和客户服务网络。

在期货业蓬勃发展的今天，一德期货将继续以专业、专注为出发点，以专业化升级和技术创新为突破口，强化公司核心竞争力建设，推动“责任一德”、“科技一德”、“专业一德”、“传媒一德”建设，构建以经纪业务为龙头、以增值理财和风险管理业务为两翼、多层次、立体化的期货业务体系，努力成为期货领域最具竞争力、国际化、综合性的金融服务企业。

专业品质　引领未来

1.深厚的专业积淀

·国内成立最早的期货公司之一，期货市场发展的见证者和亲历者。

·控股股东天津市财政投资管理中心，代表天津市政府出资。

·历史溯源和人员班底源自原天津联合期货交易所。

·位列天津市金融改革创新20项重点工作之一。

·创造连续十年客户整体盈利的佳绩。

2.顶尖的业务资质

·拥有金融期货全面结算业务资格行业顶尖业务资质。

·三大商品期货交易所的全权会员、中国金融期货交易所005号全面结算会员。

·天津地区唯一具有股指期货开户资格的法人机构。

3.一流的人才团队

·拥有一支胸怀伟略的高管团队，全部是中国第一代期货人，在期货行业从业十年以上。

·拥有一批业绩优良的投资专家，有着期货交易所、期货公司、证券公司、现货企业、投资公司和贸易公司等多元化经历，身经百战，成绩斐然。

·拥有宏观经济、产业分析、品种分析、策略分析、金融工程等领域的专业研究团队，为您提供全方位、立体化的金融服务。

·广纳银行、证券、期货、保险、基金、信托等行业优秀人才加盟，群英汇萃。

4.稳定、高效、安全的交易平台

·通过信息技术分类评级三类标准，达到国内期货公司信息技术评级的最高级，是科技型期货公司的先行者。

·业内领先的天津、北京双机房热备份，拥有充分冗余的通讯链路，与四大交易所、五大商业银行并各营业部均采用专线连接，确保客户交易指令准确安全下达。

·提供人工电话报单、400自助报单、网上自助交易等多种指令下达方式。

·配备金仕达交易系统，满足海量客户交易需求；配备易盛交易系统，实现短线高手便捷、快速下单；配备上期技术综合交易平台，提供更快的交易速度、更稳定可靠的性能。

·配备多套程序化交易系统，实现自动/半自动交易；配备账户分析系统，对您的交易能力进行全方位评估，提供个性化操作建议。

5.优质全面的客户服务

·全国统一客服电话4－007－008－365，每周7天，每天8小时，全年365天为您提供贴心服务。

·覆盖建行、交行、工行、农行、中行等五大商业银行的全国范围银期转账，为您提供安全、迅捷的资金存取服务。

·配备文华财经、澎博、Flash在线行情、财顺行情、一键通、闪电手、交易开拓者、掌上期货、期货小精灵等多套行情资讯分析系统，满足您的个性化需求。

·量身打造的高端期货培训、丰富全面的网站资讯、随时随地的短信、邮件、QQ信息提示，完备的增值理财和风险管理服务，帮助您掌握期货投资技巧，准确把握获利避险的良机。

银河期货有限公司

银河期货有限公司是经中国证券监督管理委员会批准，在国家工商行政管理总局注册，隶属中国银河金融控股有限责任公司旗下，由中国银河证券股份有限公司控股的专业型金融企业，现注册资本金为12亿元人民币。

公司总部设在北京，目前已在哈尔滨、长春、沈阳、大连、北京（2）、唐山、济南、青岛、太原、郑州、上海、杭州、宁波、福州、昆明、深圳、佛山、西安、重庆、成都、厦门、武汉、温州23个重点城市设立了24家营业部。

银河期货拥有上海期货交易所、大连商品交易所、郑州商品交易所、中国金融期货交易所全国四家期货交易所的会员资格，可代理国内所有品种的期货交易。

银河期货是国内第一家中外合资的期货公司，也是国内唯一一家同时具有著名国内投资银行和国际商业银行股东背景的期货公司。

中方股东中国银河证券为其提供了强大的业务和网络支持，外方股东苏格兰皇家银行则为其提供了独一无二的全球化资源。

依托强大的股东背景，银河期货将以国际化的服务理念、精英化的团队、高端的技术平台和良好的风险控制能力，提供最专业最细致最个性化的期货交易服务，未来的发展目标是致力于打造国内一流的国际化金融投资服务平台。

地址：北京市西城区复兴门外大街A2号中化大厦8层
邮编：100045
电话：010－58363266010－58363288
传真：010－58303988
邮箱：yhqhzhb@chinastock.com.cn

英大期货有限公司

英大期货有限公司是由国网英大国际控股集团有限公司、英大国际信托有限责任公司、英大证券有限责任公司等单位出资组建的期货公司，实际控制人为国家电网公司。公司注册资本3.5亿元人民币。

英大期货有限公司是郑州商品交易所、大连商品交易所、上海期货交易所会员单位，中国金融期货交易所交易结算会员单位。公司现拥有博易大师、富远、文华财经三套行情系统及恒生、顶点交易系统,为投资者提供准确、及时的信息和行情服务,确保交易快捷、安全、方便。公司下设潍坊、大连、青岛、上海、临沂、济南、东营、沈阳、重庆、北京等十家营业部。多年来,公司建立了完善的风险控制体系,“市场预测揭示风险,沟通交流提醒风险,投资方案锁定风险,配套服务减少风险”,切实维护了广大投资者的利益,在业内树立了良好的品牌形象,为公司长远发展奠定了坚实基础。

1. 先进的企业文化

公司秉承“努力超越、追求卓越”的企业精神,坚持“诚信、责任、创新、奉献”的核心价值观。

2. 强大的研发咨询平台

公司汇聚了具有业内一流研究水平、实战成绩骄人的高级分析师作为研发团队的核心力量;辅以经验丰富、勤奋敬业的助理分析师作为基础支持。两者的紧密结合构筑了强大的研发团队,确保为客户提供高质量的专业咨询。研发团队以公司网站为平台,通过早中晚评论对行情走势进行深入细致分析,为客户提供中肯的投资建议;及时转载各类财经新闻及相关品种资讯;推出热线解盘及在线行情问答;不定期推出紧贴市场热点的专题报告,量身定做投资方案,为投资者提供全方位的增值服务。

3. 严格规范的风控管理

公司坚持“公开、公平、公正”的原则,遵循“规范、自律、诚信、责任”的理念,严格按照期货交易的各项法律法规和监管要求,维护客户利益。

4. 优质高效的服务

公司以满足客户需求为己任,在日常经营运作中,把客户服务工作制度化、规范化,并通过电话、邮件、短信等方式确保客户及时得到周到细致的服务。

公司地址:北京市东城区建国门内大街乙 18 号院
英大国际大厦 2 层
联系电话:010 - 51960370
投诉电话:010 - 51960432
投诉传真:010 - 51960430
公司邮箱:ydfut@ ydfut. sgcc. com. cn

永安期货股份有限公司

企业简介

永安期货股份有限公司(简称:永安期货)是国内同行中规模最大、业务范围最宽、研究实力最强的期货公司之一,现注册资本人民币 8.6 亿元。原名为浙江省永安期货经纪有限公司,经中国证监会、浙江工商管理局批准,2012 年 10 月起正式改制成为股份有限公司。

永安期货拥有员工 850 余人,总部设在杭州,在北京、上海、广州、宁波、深圳等 33 个城市设有营业部。

永安期货的经营范围包括商品期货经纪、金融期货经纪、期货投资咨询、资产管理。

永安期货旗下设有全资子公司——浙江永安资本管理有限公司,主要从事仓单服务、合作套保、定价服务和基差交易等风险管理试点业务。

永安期货在港设有控股子公司——中国新永安期货有限公司,主要从事期货交易和咨询,及香港本地和香港证监会(SFC)认可的境外商品、金融期货经纪业务。

永安期货还参股设立浙江中邦实业有限公司,主要从事期货市场上市品种的现货贸易。

自成立以来,永安期货的经营规模牢固占据浙江省第一,且自 2003 年起,经营规模基本稳定在全国前三,是国内唯一连续十五年跻身全国十强行列的期货公司。

永安愿景

在这个潮起云涌的时代,永安期货继续秉承合法合规、诚信自律的经营理念,抓住中国期货市场飞速发展历史机遇,抓住国家创新业务推出的关键点,以资产管理、金融工程、金融期货、国际化业务为突破口,积跬步而至千里,成为全国性、综合性、开放性,具备现代化金融管理体系的一流期货公司!

· 主业突出,平台完整,具有跨境服务能力,持续领跑行业
· 首批拥有全部创新业务经营资格的综合类期货公司
· 在国家政策许可时,成为首批上市公司

公司荣誉

公司荣获郑州商品交易所白糖期权仿真交易竞赛组组织奖二等奖。

2013 年第 9 届中国(深圳)国际期货大会承办单位。

在《期货日报》和《证券时报》共同举办的“第六届中国最佳期货经营机构评选暨最佳期货分析师评选活动”中,公司荣获年度“中国最佳期货公司、中国期货公司金牌管理团队、资产管理业务启航奖”称号。

公司营业部在“第六届中国最佳期货经营机构评选暨最佳期货分析师评选活动”中,沈阳营业部获得“2013 年度中国十佳期货营业部”称号。

福州营业部获得“2013 年度最具成长性营业部”称号。

金华营业部获得“2013 度最佳自律诚信营业部”称号。

公司分析师在“第六届中国最佳期货经营机构评选暨最佳期货分析师评选活动”中,北京研究院分析师侯建荣获“最佳粮食类期货分析师”第一名。

北京研究院分析师任新普荣获“最佳棉花期货分析师”第二名。

杭州研究中心分析师匡波荣获“最佳 PTA 期货分析师”第五名。

杭州研究中心分析师李金禄荣获“最佳钢材期货分析师”第六名。

公司荣获由杭州市十大产业办公室颁发的“2013 年杭州市十大产业重点企业”称号。

公司在由《期货日报》举办的 2013 年第七届全国期货实盘交易大赛中,荣获“最佳客户服务奖”。

第六届国际玉米产业大会金牌赞助单位。

公司在《上海证券报》举办的“第五届中国期货市场品牌价值榜暨最佳分析师评选活动”中,荣获“2012 年度中国期货市场最佳公司品牌十强大奖”。

公司研究中心分析师吴剑剑荣获“2012 年度最佳金属分析师”荣誉称号。

公司工业品期货研发团队在大连商品交易所举办的“十大期货研发团队”评选中,荣获第一阶段工业品十佳团队称号。

公司在由上海证券报举报的“2012 年度中国证券期货市场品牌价值榜”评选中,荣获“2012 年度中国期货市场最佳公司品牌大奖”

公司分析师在上海期货交易所举办的 2012 年度优秀分析师评选中获奖,分析师吴剑剑荣获“杰出产业服务分析师——有色金属行业”荣誉称号;分析师李金禄荣获“品种类优秀分析师——钢材期货优秀分析师”荣誉称号。

公司荣获由《中国建材报》社颁发的“2012－2013 中国玻璃创新推动力大奖”之“推动中国玻璃创新的金融力量”。

公司荣获由浙江省人民政府颁发的 2012 年度金融机构支持浙江实体经济发展“优秀奖”。

公司荣获由浙江省人民政府颁发的 2012 年度金融机构支持浙江经济社会发展“三等奖”。

地址:杭州市潮王路 208 号浙江协作大厦 3、6－10 楼
网址:www. yafco. com
邮编:310005
E－mail:yaqh@ yafco. com

招商期货有限公司

招商期货有限公司是招商证券股份有限公司的全资子公司,注册资本 4 亿元,是中国第一家获批的券商全资控股期货公司。公司具备上海期货交易所、大连商品交易所、郑州商品交易所、中国金融期货交易所四大期货交易所的交易结算会员资格,可代理中国期货市场所有期货品种的交易。

2008 年中国证监会核准招商证券为招商期货提供中间介绍(IB)业务资格,公司成为国内第一批与券商开展 IB 业务的期货公司。目前,IB 业务已在总部及获得中国证监会期货中间介绍业务开业资格的招商证券营业部全面展开,投资者可在招商证券营业部直接办理招商期货开户手续,并进行期货交易。

恪守招商传统的运营理念——合规稳健,协调发展。以保障客户资金安全和客户交易安全为生命线,斥巨资搭建安全可靠、性能卓越的交易系统。完善的制度流程管理,覆盖所有业务环节的合规、风控、稽查,全面掌控风险。

凭借招商卓越的人才机制——以人为本,任人唯贤。引进期货行业翘楚,自主培养学生精英,形成专业技能精湛、发展潜力巨大的员工队伍,支撑、优化着百年招商的运行管理品牌。

秉承招商独特的研发定位——立足市场,鼓励创新。公司研究所坚持独立客观、前瞻领先、贴近市场的研究方向,已在套利、程序化交易、短线交易等应用性领域取得显著成果,推出“智睿理财”系列产品。

承载招商真诚的服务理念——服务至上,成就价值。95565 客服专线无微不至地关爱着客户,一对一高端服务随时随地呵护着客户,详实多样的信息渠道全面精准地引领着客户,各类针对性培训切实真诚地辅导着客户。

“百年招商,一脉相承,励新图强,敦行致远。”我们怀着这份信仰,力争建设中国金融市场上服务一流、能力突出、品牌卓越的专业期货交易服务机构,打造客户信赖、社会尊重、股东满意、员工自豪的优秀企业。

浙江中大期货有限公司

浙江中大期货有限公司,成立于 1993 年,是世界 500 强企业——浙江物产集团金融板块的核心成员,上市公司物产中大(股票代码:600704)的控股子公司;是四大期货交易所会员单位,上海期货交易所理事单位。

公司总部位于杭州,在北京、上海、重庆、西安等中心城市设有 21 家营业部。公司拥有高效便捷的交易通道、基础雄厚的研发能力、专业贴心的服务团队,秉承“规范经营、稳步发展”的经营方针,竭诚为客户提供涵盖通道、项目、产品的全方位服务。

经中国证监会核准,2011 年公司首批获得“期货投资咨询业务资格”,2013 年 2 月获得“资产管理业务资格”,目前经营范围为商品期货经纪、金融期货经纪、期货投资咨询、资产管理。

公司荣誉

荣获中国期货业创新发展论坛暨第五届中国最佳期货分析师评选“最佳金融创新奖”。

温州营业部荣获“十佳营业部”称号。

2012 年荣获《期货日报》第六届全国期货实盘大赛“最佳客户服务奖”。

荣获《21 世纪经济报道》评选的 2011－2012 年度中国资产管理金贝壳奖“最佳交易平台期货公司”。

2012 年荣获第十届财经风云榜“投资者最满意期货公司”、“金牌 IT 服务期货公司”、“金牌期货研究院”、“年度期货明星分析师团队”称号。

2012 年荣获金融界评选的“2012 领航中国金融行业年度评选”期货行业最佳投研团队奖。

2012 年荣获中金在线 2012 年度财经排行榜评选活动“最佳期货路演团队”称号。

2012 年荣获中金在线 2012 年度财经排行榜评选活动“最佳期货分析师”称号。

2012 年荣获郑州商品交易所“产业客户开发服务奖”。

全国统一客服热线:400－8810－999
地址:杭州市中山北路中大广场五矿大厦 3 楼
公司网址:http://www. zdqh. com

浙商期货有限公司

浙商期货有限公司是中国证监会核准设立的大型专业期货公司,于 1995 年 9 月在杭州成立,注册资本 5 亿元人民币,全资控股股东为浙商证券股份有限公司。公司目前为中国金融期货交易所全面结算会员,上海、大连、郑州三家商品期货交易所会员。经营范围:商品期货经纪、金融期货经纪、期货投资咨询、资产管理。

公司组织架构精干完善,下设机构管理总部、市场营销总部、基金业务管理部、资产管理业务部、交易风控部、结算部、研究中心、客服中心、信息技术总部、财务部、办公室和稽核部等职能部门。现有期货营业部 19 家,分布在北京、天津、上海、广州、大连、武汉和省内杭州、宁波、温州、义乌、绍兴、台州、湖州、嘉兴、丽水等地,初步形成遍布全国经济发达城市的营销网络。

十八年来,公司秉承规范管理、诚信经营、优质服务的理念,在期货行业内赢得了良好的口碑,连续多年被三家商品交易所评为“优秀会员金奖”,并在 2012 年荣获中国金融期货交易所“优秀会员金奖”、“投资者教育奖”、“产品创新奖”、“适当性制度落实奖”等多个奖项,公司综合实力稳居全国一流。

在由《期货日报》和《证券时报》举办的第六届中国最佳期货经营机构暨最佳期货分析师评选中,公司荣获 2013 年度“中国最佳期货公司”和“最佳能源化工产业服务奖”称号。朱金明荣获“最佳菜籽类期货分析师”第二名;徐涛荣获“最佳玻璃期货分析师”第二名;朱磊荣获“最佳豆类期货分析师”第四名;戚文举荣获“最佳宏观策略分析师”第六名。

管理总部:杭州市庆春路 173 号 8 - 10 层
邮政编码:310006
全国客服电话:400 - 700 - 5186

中国国际期货有限公司

中国国际期货有限公司(简称"中国国际期货")于 1992 年 12 月 28 日在人民大会堂正式成立,主要股东为中期集团、中国中期(股票交易代码:000996)等,主营商品期货、金融期货、期货投资咨询以及资产管理业务,为中国证监会批准参与境外期货经纪业务试点筹备工作企业,是中国持续引领行业发展的期货龙头企业。公司注册资本金已达到 17 亿元,是目前国内注册资本金最高的期货公司,雄厚的资本实力和股东实力进一步增强了公司的竞争能力和抗风险管理能力,为业务创新及规模增长奠定了更为扎实的基础。

公司目前设置直属业务总部和北中国区、东中国一区、东中国二区、南中国一区、南中国二区六个区域分部,管理近 60 家营业网点,拥有一支高端的、梯次配置优化的研究服务团队,云集大量具有海外工作和留学背景、名校毕业的高学历专业人才。

2006 年,获中国证监会批准,中国国际期货成为首批赴香港设立分支机构的期货公司之一,同年,获香港证监会批准,中国国际期货(香港)有限公司(简称"香港中期")正式营业,在香港经营香港及国际期货业务。中期香港开业当年即实现盈利,并一直保持稳健经营。2009 年,中期香港成为实现境外交割的第一家国内期货公司分支机构。2010 年,栉风沐雨 17 年的中国国际期货成功实现"三合一",公司进入更为稳健的阶段。2011 年,中国国际期货吸收合并珠江期货有限公司,拉开了国内期货行业强强合并的序幕。同年,作为中国曾经从事过境外期货业务代理的唯一一家获得境外三大期货交易所会员资格的期货公司,中国国际期货有限公司被中国证监会确定为参与境外期货业务试点筹备的期货公司。

作为行业的知名品牌,中国国际期货与时俱进,务实拓展,树立了良好的行业形象,多次获得行业内外的好评与表彰。公司先后获得"中国最具影响力企业"、"中国期货业特别贡献大奖"、"中国最佳期货公司"、"十大品牌期货公司"、"深圳知名品牌"、"深圳市政府金融创新奖"、"年度品牌期货公司大奖"、"北京市朝阳区优秀企业"以及期货交易所颁发的"最佳产业服务奖"等多项荣誉。

"始于梦想,止于至善"是中国国际期货一以贯之的核心价值观和行为模式,公司顺应政策导向,深刻把握市场变化和客户需求,励精图治,精耕细作,立足于期货市场基本功能的发挥,专注于期货与金融衍生品领域的广度和深度研究与服务,塑造了以市场化精神为核心的独特中期文化,铸就了享誉中外金融服务业的中期品牌。公司推出了系列化基础分析产品,并自主研发了"快枪手"交易系统、中期数据库、衍生品实时风险预警与管理系统、策略宝变频程式化策略、中期商品指数等应用型金融产品系列。通过定期举办各种精品产业会议,如"橡胶高峰论坛"、"白糖高峰论坛"、"钢材高峰论坛"、"基金高峰论坛"等,积极为企业搭建交易咨询服务平台。2011 年,中国国际期货峰会的隆重举行也开启了中国国际期货打造行业高端论坛的序幕。2012 年,公司荣聘全球金融期货之父利奥·梅拉梅德先生、中国著名经济学家夏斌先生为公司首席顾问,提升公司专业服务能力。公司还结合市场需求,发起了"中小企业期货市场成长计划"、"走进企业,带专家上门会诊"、"区域产业结构优化助力计划"等创新活动,进一步丰富服务内容,提升服务质量。

多年来,中国国际期货与国内外各界媒体建立了长期、友好互惠的合作关系,通过视频连线、专题、评论、热点等节目制作,提升品牌建设和公众信誉度。中国国际期货不仅与新浪财经频道、和讯网、CCTV 财经网站、新华网、搜狐财经频道等网站媒体深入合作,定期发表研究院的科研成果,还通过 CCTV2、CCTV9、北京卫视、第一财经、东方卫视、深圳卫视等电视媒体机构,每日发布中期商品指数,参与制作一系列专题、评论、热点、连线等财经节目,成为商品期货类财经节目的业界知名品牌。同时公司也与《期货日报》、《证券时报》、《经济观察报》等国内一线财经报刊,进行全面合作,在期货行业内获得广泛好评。

在中国期货市场业务创新发展的新时期,中国国际期货进一步拓展战略发展空间,全新打造"柜台中期"、"网上中期"、"掌上中期"及"95162 语音中期"四位一体的立体式服务体系,竭诚为广大客户提供全方位、高水准、专业化的优质期货顾问式服务,努力实现客户资产的保值、增值,铸就期货行业的民族品牌,打造多元化、全方位的金融服务和风险管理平台。未来,我们将立足国内、面向全球,致力于建立中国最具核心竞争力的 24 小时不间断交易的中国期货及金融衍生品交易中心!

我们相信,一份辛勤、一份收获,未来的中国国际期货有限公司,通过励志图新,整合重组,与资本市场对接,形成覆盖国内外的经营服务网络,培养忠诚于中期发展的人才队伍,中国国际期货有限公司定会拥有更加辉煌的明天!

未来,我们将立足中国,放眼国际,引领期货行业发展,致力于建立最具核心竞争力的 24 小时不间断交易的全球期货及金融衍生品交易中心!

地址:北京市朝阳区光华路 16 号中期大厦 A 座 9 层
邮编:100020
电话:010 - 65081080
网址:http://www.cifco.net

中辉期货经纪有限公司

中辉期货经纪有限公司(以下简称中辉期货)成立于 2002 年,注册资本 6200 万元,是经中国证监会核准,依法从事商品期货经纪、金融期货经纪的期货公司,拥有上海期货交易所、大连商品交易所、郑州商品交易所、中国金融期货交易所会员资格。由中捷缝纫机股份有限公司(证券代码:002021)、山西中辉贸易有限公司、山西轻工塑料有限公司共同出资组成。下设石家庄、大连、莆田、柳州、唐山、广州、郑州、西安、宁波、温州、上海、长沙、常州、合肥、成都十五家营业部。

多年来,中辉期货始终保持着健康、高速的发展态势和良好的市场信誉。公司市场规模、员工队伍稳步扩大,内部管理能力、产品服务能力不断优化提升。公司多次荣获上级监管单位"社会责任优秀单位"、"优秀期货公司"及四大交易所"优秀会员"、"交易优胜会员"等殊荣,已成为国内具有一定知名度和影响力的期货公司之一。

中辉期货一直秉承着"以德立身以道兴业"的核心价值观,不断提升服务品质,努力打造以合规经营为依托、以客户增值为核心的多元化、全方位期货服务平台。

地址：山西省太原市新建路39号乡海大厦16层
邮编：030002
电话：0351－8821660
传真：0351－8225557

中粮期货有限公司

中粮期货有限公司成立于1996年，注册资本8.462亿元，是世界500强企业中粮集团子公司。中粮集团早在上世纪70年代完成了新中国第一笔国际期货交易，是国内最早参与期货业务的公司。

中粮期货拥有上海、大连、郑州三家期货交易所的全权会员资格，是中国金融期货交易所全面结算会员，是大连商品交易所和郑州商品交易所的理事单位，是上海期货交易所会员资格委员会成员，是中国期货业协会的理事单位。2011年，公司取得了开展投资咨询业务的资格，并成为中国首批参与筹备国际期货代理业务的三家公司之一。2012年，公司首批获得期货资产管理业务资格。

中粮期货分别在北京、上海、大连、郑州、深圳、杭州、南宁、厦门、张家港、青岛、成都、宁波、太原等地设有营业部，并根据品种行业设立了工业品、农产品、谷物及软商品、机构、金融、建材、胶化、能源等事业部和期货研究院。

中粮期货专注风险管理和期货投资，历经二十余年培养建立起了一支专业化的衍生品服务团队，长期与国内外研究机构和各行业的龙头企业保持良好的交流与合作，实时追踪期货市场、期货市场的发展变化，及时为客户提供专业的服务和支持。我们的专家团队成员多次被上海期货交易所、郑州商品交易所、大连商品交易所及证券时报等业内权威机构和媒体授予“优秀分析师”、“十佳分析师”等荣誉称号。

中粮期货以服务产业客户、机构客户为主，拥有非常优质的客户资源，在为客户提供便捷高效的交易、清算、交割服务的同时，还为客户提供分析报告、数据产品、专业投资策略、企业套期保值交易方案，以及多项定制培训、期现结合等专业服务，多年来，凭借我们的真诚与专业水平，获得了各类投资者的普遍认同。

作为中国期货市场的领军企业之一，中粮期货一直秉承“诚信为忠敬业乃良”的忠良品格，发挥“期货中介、现货中介、资金中介”的纽带作用，以专业化、个性化、策略化的服务不断为客户创造价值，成为中国期货市场的中坚力量。

客服及投诉电话：400－706－0158
公司邮箱：futures@ cofco. com
公司传真：010－59137300
总部地址：北京市东城区东直门南大街5号
　　　　中青旅大厦15层，3层311－313室

中融汇信期货有限公司

中融汇信期货有限公司（以下简称“中融汇信”），原名为吉林金昌期货有限公司，成立于1995年12月24日，注册资本为人民币2亿元，是一家持有中国证券监督管理委员会颁发的经营期货业务许可证的金融机构，也是国内最早从事期货经纪业务的期货公司之一。

中融汇信是上海期货交易所、大连商品交易所、郑州商品期货交易所和中国金融期货交易所的会员。经营范围包括商品期货经纪、金融期货经纪、期货投资咨询。

中融汇信在上海、大连、北京、深圳、长春设有营业网点，在郑州设有代表处，其交易量连续四年在上海期货交易所排名前20位。

中融汇信高度重视对内部管理体制和风险防范机制的健全和完善，形成了一套稳健、规范的制度化管理体系。公司将依托强大的股东背景，秉承“天道酬勤”的企业理念和“以德养身，以诚养心，固本求新”的企业文化，将中融汇信打造成为中国最卓越、最具领导力的金融衍生品服务专家。

中融理念

中者，正也。大中至正，仁德之本；譬如北辰，居其所而众星供之。

融者，聚也。会泽百家，合而即济；譬如百川，入江海而终无穷尽。

企业文化

严于管理、精于业务、信于客户、追求卓越、以德修身、以诚养心、以义取利、以人为本、天道酬勤

展望和愿景

成为中国最卓越、最具领导力的金融衍生品服务专家。

中信期货有限公司

公司简介

中信期货有限公司是中信证券股份有限公司的全资子公司，总部设在深圳，注册资本人民币15亿元。客户权益超百亿元居行业第一。拥有中国金融期货交易所全面结算会员资格和上海期货交易所、郑州商品交易所、大连商品交易所的会员资格，主要从事商品期货、金融期货经纪业务，金融期货的代理结算业务，期货投资咨询业务和资产管理业务，获批设立风险管理服务子公司资格。公司目前已设立29家营业部（含筹3家），拥有IB营业部55家，网点数量名列前茅，基本覆盖华北、华东、华中、华南、东南地区的主要大中城市。公司的市场规模、服务能力、公司品牌等综合指标已进入中国期货公司第一方阵，具有较强的竞争能力。

股东背景

中信期货有限公司是中信证券股份有限公司的全资子公司。

中信证券股份有限公司于1995年10月25日在北京成立。2003年1月6日在上海证券交易所挂牌上市交易，股票简称“中信证券”，股票代码“600030”。2011年10月6日在香港联合交易所上市交易，股票代码为“6030”。中信证券长期以来秉承“稳健经营、勇于创新”的原则，在若干业务领域保持或取得领先地位。2011年年底，经纪业务股票、基金交易总额为人民币4.67万亿元，市场排名第一；股票及债券承销市场份额13.62%，排名市场第一位。公司受托管理资产总规模为人民币620亿元（不含华夏基金），位居行业第一位。截至2011年12月31日，公司总资产1482.80亿元，净资产865.87亿元，净资本500.30亿元，是国内规模最大的证券公司。中信证券雄厚的资本实力、庞大的经营网络、丰富的客户资源奠定了中证期货稳步发展的坚实基础。

管理团队

公司目前共有734名员工，5年以上期货从业经验的员工占总人数的20.2%，其中10年以上员工占10.4%。本科以上学历人数占总人数的76.4%。我们的团队旨在为客户提供专业化服务。

地址:深圳市福田区中心三路 8 号卓越时代广场
二期 13 - 14 层
邮编:518048
传真:0755 - 83217421
网址:http://www.citicsf.com
全国热线:4006789819

中衍期货有限公司

中衍期货有限公司(以下简称“公司”)是经中国证监会核准,专门从事国内商品期货经纪、金融期货经纪的专业性期货公司,公司成立于 1996 年。公司注册地点及总部所在地为北京市朝阳区东四环中路 82 号金长安大厦 B 座 7 层,公司注册资本 1.35 亿元人民币,公司营业执照号:110000009902358,经营许可证号:30800000。

公司是上海期货交易所会员(156 号)、大连商品交易所会员(150 号)、郑州商品交易所会员(258 号),是中国金融期货交易所交易会员(0235 号)。

公司实行严格的保证金封闭运行,确保客户的资金安全,保证金监控中心账单查询系统方便客户随时随地关注自己账户最新情况。公司交易结算系统采用恒生最新版本,同时配有一键通、闪电手等快速下单软件供您选择,文华财经、博弈大师两套行情系统供客户免费下载使用,多条线路直通交易所,使客户无论身处何地均能实现安全、方便、快捷的网上交易,同时为优质资金客户提供专属 VIP 交易通道。公司开通中、农、工、建、交五大结算银行的全国银期转账系统,使客户足不出户即可轻松实现资金划转,资金进出自由、方便,是国内目前银期转账合作银行最多的期货公司。公司通过网络在线交流、视频同步行情点评、网站在线客服、4006881117 全国统一客服热线、点对点客户培训、定期行情研讨等,实现与投资者互动,及时为投资者答疑解惑。公司还可以为各类投资者设计套利交易模型,为企业客户量身定制套期保值策略,提供风险管理解决方案,为投资者提供最新鲜的资讯,使投资者尊享 VIP 服务。

公司秉承“客户至上”的服务理念,力求通过先进的技术系统、专业化的投资咨询和贴心的人文关怀,竭诚为广大期货投资者保驾护航,提供优质服务,与投资者共同成长。

总机:010 - 57793558
全国服务电话:400 - 688 - 1117
咨询电话:010 - 57793558
投诉电话:010 - 52088291
邮箱:office@cdfco.com.cn
地址:北京市朝阳区东四环中路 82 号金长安大厦
B 座 7 层中衍期货
邮编:100022

第六编

中国区域性股权交易市场专辑

齐鲁股权托管交易中心

规范 创新 服务 自律

协办单位

第一章 理论研究

中国区域性股权交易市场统计分析报告

2012 年 6 月 - 2013 年 6 月

前言

武汉金融超市作为独立第三方机构对2013年度中国各主要区域性股权交易市场进行了客观的统计分析。截止到2013年12月，天津股权交易所、齐鲁股权托管交易中心、上海股权托管交易中心、武汉股权托管交易中心、广州股权交易中心、浙江股权交易中心、湖南股权交易所等七个交易市场的企业挂牌数量已超过2400家，同比2012年12月底的数量，增长了3倍以上，各地股权市场建设速度激增。从交易数据上来说，成交企业数量也相应增长迅速。在个股情况上，年度单个股总成交量最高已达到1.2亿股，最活跃个股交易次数平均约为每3.5天一次。以上数据都可体现目前这些市场的活跃度已相对去年有了大幅提高，且成交企业的行业分散度也在提高。

各地区域性股权交易市场，作为我国多层次资本市场的重要组成部分，其重要性已逐渐被多方所重视。武汉金融超市作为最早对区域性股权交易市场进行统计研究的第三方独立机构，三年来，见证了这个市场的发展壮大，在今后，武汉金融超市将持续深入分析研究，为更多投资人提供价值发现的依据。

一、中国区域性股权交易市场综述

（一）中国区域性股权交易市场整体概况①

交易所名称	成立时间	主管单位	挂牌公司数量
天津股权交易所	2008年9月	天津产权交易中心	412
齐鲁股权托管交易中心	2010年12月	山东省金融工作办公室	291
上海股权托管交易中心	2010年7月	上海联合产权交易所	160
武汉股权托管交易中心	2011年11月	武汉光谷联合产权交易所	160
广州股权交易中心	2012年8月	广州国际控股集团	566
浙江股权交易中心	2012年9月	浙江省金融市场投资有限公司	731
湖南股权交易所	2010年12月	湖南省联合产权交易所	123
北京股权交易中心	2013年1月	北京市国资委	5757

中国区域性股权交易市场成交企业数量趋势图②

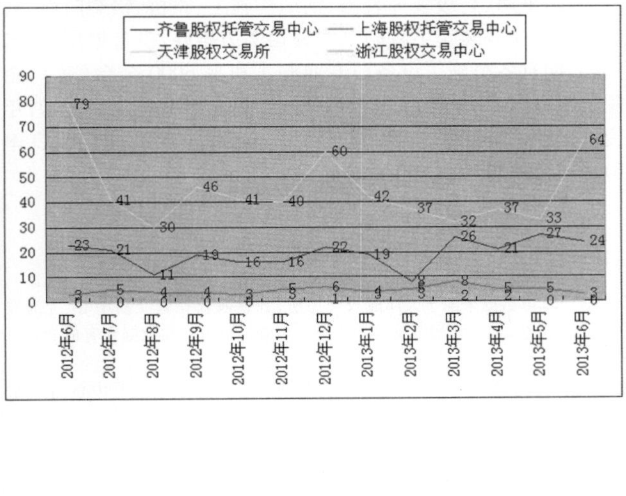

（二）中国区域性股权交易市场挂牌企业情况③

	天津股权交易所	齐鲁股权托管交易中心	上海股权托管交易中心	浙江股权交易中心
2012.6	16	0	2	0
2012.7	4	0	0	0
2012.8	11	0	3	0
2012.9	11	13	2	0
2012.10	12	0	2	55
2012.11	6	5	1	0
2012.12	16	53	19	2
2013.1	9	1	1	0
2013.2	0	0	2	1
2013.3	9	0	2	0
2013.4	13	4	1	2
2013.5	11	2	2	1
2013.6	12	8	8	0

① 数据源于各区域性交易中心截至2013年12月31日挂牌公司数量。

② 选取数据来源于天津股权交易所、齐鲁股权托管交易中心、上海股权托管交易中心、浙江股权交易中心可公开查询信息。

③ 选取数据来源于天津股权交易所、齐鲁股权托管交易中心、上海股权托管交易中心、浙江股权交易中心可公开查询信息。

（三）中国区域性股权交易市场活跃行业排名①

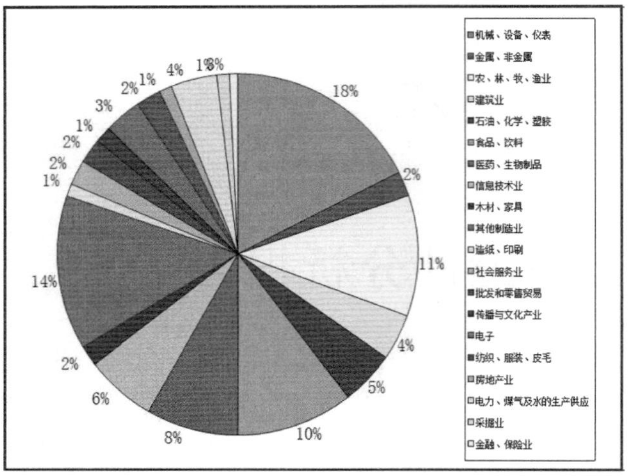

二、中国区域性股权交易市场个股数据分析②

（2012 年 6 月 –2013 年 6 月）

（一）个股活跃度排名（当期成交企业成交天数排名）

序号	企业简称	成交天数（天）
1	山东新城	110
2	沂州水泥	89
3	优乐股份	65
4	苏州装饰	43
5	塔山集团	41
6	远通路桥	39
7	起凤建工	37
8	通利智能	36
9	保罗生物	36

（二）个股成交量排名（当期成交企业成交量排名）

序号	企业简称	成交量（股）
1	通利智能	115800000
2	起凤建工	87840290
3	仁丰股份	79482000
4	人和健身	63002488
5	齐泰股份	62256940
6	瀚海水业	52806100
7	沧兴商砼	45200000
8	沂州水泥	40652348
9	优乐股份	38544544
10	华煜盛园	37715660

（三）个股振幅排名（当期成交企业振幅度排名）

序号	企业简称	最高涨幅（%）
1	沧兴商砼	36%
2	益川设备	36%
3	黑金刚	32%
4	鲁丰科技	30%
5	山东新城	28%
6	威翔科技	25%
7	泰华食品	25%
8	昊福文化	22%
9	陇夏红	21%
10	智鑫博达	21%

三、中国区域性股权交易市场个股研究

（2012 年 6 月 –2013 年 6 月）

（一）成交量活跃个股

山东新城建工股份有限公司

前言

山东新城建工股份有限公司主要经营资质范围内的建筑施工，设备及水电暖安装；装饰装修；钢结构工程、网架工程、钢木家具、门窗幕墙、预制构件、仪表控制工作台、铸铁散热器的制作、销售；汽车货运；家禽饲养；消防设施安装（仅限分支机构）；高速公路路基、一级标准以下公路和独立大桥工程的施工。于 2010 年 6 月 11 日在天津股权交易所挂牌上市。股权名称为“山东新城”，股权代码 TJ737004。2012 年 6 月至 2013 年 6 月山东新城交易数量达 27.9 亿股，为样本企业中成交数量最多的股权。以下为分析报告全文。

1. 基本信息

企业名称	山东新城建工股份有限公司		
英文名称	ShandongXincheng Construction engeneering co. ,ltd		
注册地	山东省淄博市桓台县新城镇		
注册资本	30116 万元		
法定代表人	耿玉金		
企业类型	非上市公众股份有限公司		
经营范围	资质范围内的建筑施工，设备及水电暖安装；装饰装修；钢结构工程、网架工程、钢木家具、门窗幕墙、预制构件、仪表控制工作台、铸铁散热器的制作、销售；汽车货运；家禽饲养；消防设施安装（仅限分支机构）；高速公路路基、一级标准以下公路和独立大桥工程的施工。		
成立日期	1994.3.21	挂牌日期	2010.6.11
所属区域	天交所全国市场	所属板块	－－
股权名称	山东新城	股权代码	737004
交易基数	10000 股	发行价格	0.66 元
企业类型	非上市公众股份有限公司		
做市商	淄博齐鲁创业投资有限责任公司		
保荐机构	淄博齐鲁创业投资有限责任公司		

2. 公司简介

山东新城建工股份有限公司系房屋建筑工程总承包特级资质企业，获 ISO9001 – 2000、ISO14001 – 2004、GB/T28001 – 2001 国际管理体系认证。连续 17 年获省级守合同重信用企业、省级 AAA 特级资信企业。新城建工拥有现代化进口建筑机械设备和技术设施，技术装备率人均达两万元，公司下设 10 个分公司，2 个控股公司，主要承担高层、高级民用建筑、大跨度工业建筑、房地产开发、大中型工业设备安装和消防安装、消防维修、高级装饰装修、钢结构施工、路桥、铝塑门窗、玻璃幕墙制作安装等工程施工。公司实力雄厚、设备精良、技术精湛，拥有各类施工设备与专业施工机械 6000 余台（套），企业注册资本 30116 万元，年工程施工能力达 160 万平方米，年竣工面积 120 万平方米，工程质量合格率 100%，定向优良率 100%，合同履约率 100%。

① 选取数据来源于天津股权交易所、齐鲁股权托管交易中心、上海股权托管交易中心、浙江股权交易中心公开可查询每天交易数据中有成交记录企业。

② 采集的数据来源于天津股权交易所、齐鲁股权托管交易中心、上海股权托管交易中心公开可查询每天交易数据中有成交记录企业。

目前山东新城建工股份有限公司施工区域覆盖全省各地及全国部分地区，业务范围遍及山东、山西、辽宁、陕西、新疆、河北、海南等26个国内大中城市，建筑业施工最高的建筑工程高度达118.6米；最多层数34层；最大跨度工程达到30米；单体最大建筑面积75000平方米；烟囱高度最高150米；先后创出国家建筑工程质量最高奖"鲁班奖"工程2项，国家优质工程奖5项，装饰装修国家优质工程奖工程3项、全国用户满意工程3项、省级优质示范工程（含山东省泰山杯、四川省天府杯）100余项，地市级优质示范工程260余项，连年工程优良品率达到90%以上；坚持科技创新，提升竞争能力，获得了国家级科技进步奖1项、省级科技进步奖8项、科技示范工程、市级科技进步奖26项。

3. 财务数据

1）资产与负债

项目财务指标（单位）	2013.6	2012.12	2011.12
资产总额（元）	1117095467.77	1050753110.75	891585038.48
负债总额（元）	658632536.02	599443936.83	458413202.42
流动资产（元）	979989592.89	915073856.42	750700264.19
货币资金（元）	121712114.32	99423258.46	83510572.07
应收帐款（元）	520133863.89	514938223.13	442799431.33
预付帐款（元）	43522140.24	12151183.01	7906681.01
存货（元）	185956755.17	187579001.16	166582625.50
其他应收款（元）	108664719.27	98682190.66	44100954.28
固定资产净值（元）	105272769.25	104667983.25	108238662.60
无形资产（元）	22513326.07	21763326.07	22369400.57
流动负债（元）	655398536.02	596209936.83	455079202.42
长期负债（元）	3234000.00	3234000.00	3334000.00
短期借款（元）	173525000.00	160025000.00	103725000.00
应付帐款（元）	208220959.93	201922945.67	144017879.98
预收帐款（元）	4522063.41	4522063.41	5022063.41
其他应付款（元）	225683978.3	203907900.81	178548467.41
所有者权益（元）	458462931.75	451309173.92	433171836.06
资产负债率（%）	58.96	57.05	51.41
流动比率（%）	1.50	1.53	1.65
速动比率（%）	1.21	1.22	1.28
应收帐款周转率（%）	0.51	1.69	1.11

2）现金流量

财务指标（单位）	2013.1－6	2012.12	2011.12
销售商品收到的现金（元）	245580583.30	757902380.46	360881114.07
经营活动现金净流量（元）	－641254.45	－25426033.43	－19239678.01
现金净流量（元）	22288855.86	15912686.39	32007707.49
经营活动现金净流量增长率（%）	－97.48	－32.15%	－2.70
销售商品收到现金与主营收入比（%）	93.14	93.45	73.32
经营活动现金流量与净利润比（%）	－8.64	－1.41	－1.31
现金净流量与净利润比%）	300.25	88.34	21.72
投资活动的现金净流量（元）	－9271868.72	－17235034.24	－8346760.03
筹资活动的现金净流量（元）	32201979.03	58573754.06	59594145.53

3）利润构成与盈利能力

财务指标（单位）	2013.1－6	2012.12	2011.12
主营业务收入（元）	263654892.36	811062226.31	492213863.82
经营费用（元）	－－	－－	－－
管理费用（元）	10788613.31	15703963.19	15474042.88
财务费用（元）	12532020.97	13276899.76	11314603.51
三项费用增长率（%）	－19.53	8.18	18.90
营业利润（元）	9933926.43	23177059.82	18709050.48
投资收益（元）	139317.28	193322.76	159722.00
营业外收支净额（元）	77402.3	981849.79	1053306.17
利润总额（元）	10011328.73	24158909.61	19764156.65
所得税（元）	2587829.83	6146253.28	5034214.61
净利润（元）	7423498.90	18012656.33	14729942.04

4）主要财务指标

横向对比

通过比较一家同类上市公司亚厦股份与山东新城2013年6月的主要财务指标15，以期达到基本明确山东新城在行业内定位的预期目地。

浙江亚厦装饰股份有限公司（证券简称：亚厦股份，证券代码002375，交易所：深交所中小板A股，上市日期：2010－03－23）。经营范围为建筑装饰装修工程、建筑幕墙工程、钢结构工程、消防工程、水电工程、园林绿化工程、建筑智能化工程的设计、施工，石材加工，建筑幕墙、铝制品、金属门窗、建筑装饰材料、五金制品、家俱、木制品的生产、销售，广告设计、制作。

项目		山东新城（2013年6月）	亚厦股份（2013年6月）
每股指标	每股净资产（元）	－－	5.99
	每股收益（元）	0.02	0.57
盈利能力	总资产净利润率（%）	0.66	3.61
	营业净利率（%）	2.82	7.06
	净资产收益率（%）	1.7	9.79
成长能力	营业收入增长率（%）	3.68	29.52
	总资产增长率（%）	23.33	46.41
	净利润增长率（%）	－0.74	39.91
营运能力	应收账款周转率	0.51	0.88
	存货周转率（次）	4.20	20.76
	流动资产周转率	0.28	0.57
偿债及资本结构	流动比率	1.50	1.65
	速动比率	1.21	1.56
	资产负债率（%）	58.96	63.13
	产权比率	1.44	1.71

纵向对比

本栏目我们通过对比山东新城近三年来的主要财务指标，以从动态角度把握企业的走向，从而为全面评价山东新城提供参考依据。

项目		2013－6－30	2012－12－31	2011－12－31
每股指标	每股净资产（元）	3.72	－－	－－
	每股收益（元）	6.02	－－	－－
盈利能力	总资产净利润率（%）	0.66	1.71	1.65
	营业净利率（%）	2.82	2.22	2.99
	净资产收益率（%）	1.62	3.99	3.40
成长能力	营业收入增长率（%）	3.68	64.78	－－
	总资产增长率（%）	23.33	17.85	－－
	净利润增长率（%）	－0.74	22.29	－－
营运能力	应收账款周转率	0.51	1.69	1.11
	存货周转率（次）	1.19	4.20	2.75
	流动资产周转率	0.28	0.97	0.75
	总资产周转率（次）	0.24	0.27	0.62

偿债及资本结构	流动比率	1.50	1.53	1.65
	速动比率	1.21	1.22	1.28
	资产负债率(%)	58.96	57.05	51.41

4. 公司生产与经营

近年来,山东新城公司以"发挥高层优势、创建名牌工程、强化质量管理、保证用户满意"为指针,先后创出以齐鲁石化公司26层经营设施楼(鲁班奖)、淄博高新技术开发区21层火炬大厦工程(国家优质工程奖)、齐鲁石化闻韶2#34层高层住宅(泰山杯奖)、淄博市农行大厦(山东省优质样板工程第一名)、淄博市工商干部培训中心(山东省工程质量奖、装饰装修设计施工双项泰山杯奖)、济南珍珠大酒店、淄博银座商城为代表的名优工程200多项,其中还有2个参建鲁班奖项目。

其施工高层工程实力得到社会的认可——"建高层、找新城"。在现场安全文明施工方面,公司加大了资源投入,使我们的工程质量和安全文明生产获得了双丰收,为企业形象倍添光彩,被评为山东省安全文明先进单位、齐鲁石化53#高层住宅工地被建设部评为"安全文明优良工地"、淄博市开发区火炬大厦工地荣获首批"山东省安全文明工地"淄博第一名的称号,近几年安全文明工地的创建率达到了100%。多年来,公司以"施工一项工程,树立一块丰碑,服务一方人民,建立一片市场"为宗旨,赢得了广泛的社会信赖。先后荣获全国优秀施工企业、全面质量管理"优秀管理奖"和综合管理"金屋奖"、全国诚信守法企业、全国守合同重信用企业。中国建筑行业最大规模乡镇企业、中国最大经营规模乡镇企业、中国乡镇企业集团、山东省建筑科技先进单位、山东省质量管理先进单位、省建工系统综合实力五十强企业、省建委经营效益优胜单位,获山东省建工系统先进集体和淄博市建筑业质量管理先进单位,淄博市建筑行业排头兵,淄博市十强企业两次荣立建设淄博集体二等功,获"建筑工程质量管理特别奖"、"创鲁班工程特别奖"等多项荣誉称号。

多年来,"建高层、找新城"是新城建工坚持高层建筑的施工特色绝活换来的口碑。1985年,山东新城建工以敢为人先的胆魄,在山东省城济南成功的建成了被人们誉为最高的现代化涉外宾馆工程的珍珠大酒店,首开省内高层建筑之先河。最引以自豪的是他们施工的中国特大型企业齐鲁石化公司办公大厦,26层、23000平方米的齐鲁石化公司办公楼,1996年10月抱回了淄博建筑史上第一个全国建筑工程最高质量奖——鲁班奖。随后施工的淄博高新技术开发区火炬大厦(21层,国家优质工程奖)、鲁中晨报大厦工程(21层,国家优质工程奖)、四川北川新县城温泉片区26号街坊工程(110000平方米,国家优质工程奖)、淄博市农行大厦(25层,省优质样板工程第一名)、齐鲁石化闻韶2#高层住宅(34层,泰山杯奖)、淄博市工商干部培训中心(省政府颁发的优质样板工程、装饰装修设计施工双项泰山杯奖)、淄博银座商城(56000平方米,创淄博建筑速度之最)、淄博市妇幼保健院病房大楼(全国用户满意工程、山东省泰山杯奖)等名优工程不胜枚举。

按照企业的愿景目标,山东新城建工建立了融建筑、贸易、桥梁、房地产、物业、金融、资本运作等多学科、多门类的中高级知识化、年轻化、专业化、技术化、复合型的管理团队和技术团队,造就了一个国内外知名的优秀企业家率领的领导班子,一支技术精湛、作风硬朗、管理严格、敢打硬仗的建筑铁军。将按照"理念领先、规模领先、管理领先、技术领先、产业领先"的管理理念和战略,创新城品牌、创新城文化、创卓越新城,做强做大建筑产业,立足山东、面向全国、走向世界;发展主业、多元并举、突出优势,成为综合性、大型化、高效益、现代化的总承包企业集团,为中国建筑事业做出更大的贡献。

(二)振幅活跃个股

沧兴集团商砼股份有限公司

前言

沧兴集团商砼股份有限公司主营业务为预拌混凝土的生产和销售。企业于2012年3月30日在齐鲁股权托管交易中心挂牌交易,股权名称为"沧兴商砼",股权代码613006。2012年6-12月沧兴集团商砼股份有限公司股权(以下简称"沧兴商砼(613006)")交易天数为59天,是在样本企业中成交天数最多的股票。以下为分析报告全文。

1. 基本信息

企业名称	沧兴集团商砼股份有限公司		
英文名称	Cang Xing Group Concrete Corporation		
注册地	河北省沧州市海河西路16号		
注册资本	12940万元		
法定代表人	赵素芹		
企业类型	股份有限公司		
经营范围	商品混凝土搅拌销售;勾兑混凝土外加剂及销售;销售水泥砌块、建筑材料、刚才、化工产品(不含危险化学品);建筑工程机械剂设备租赁		
成立日期	2007年6月19日	挂牌日期	2011年8月18日
所属区域	河北省	所属板块	天交所传统行业版
股权名称	沧兴商砼	股权代码	613006
交易基数	80000股	发行价格	未进行定向私募
保荐机构	沧州燕赵股权投资基金中心(有限合伙)		

2. 公司简介

沧兴集团商砼股份有限公司隶属于沧兴控股集团有限公司,成立于2006年2月28日。

公司固定资产14940万元,拥有员工590余名,其中各类技术人员25名,是沧州地区最大的预拌混凝土生产企业。

2011年8月18日,沧兴集团商砼股份有限公司在天津股权交易所成功挂牌上市。公司主营业务为预拌混凝土的生产和销售。经营范围包括:商品混凝土搅拌销售;勾兑混凝土外加剂及销售;销售水泥砌块、建筑材料、钢材、化工产品(不含危险化学品);建筑工程机械及设备租赁。目前,公司拥有海诺HZS120生产线两条、青岛新型HZS120生产线两条、南方路机HZS180生产线九条、南方路机HZS240生产线一条,年生产商砼700余万方,运输车128辆,混凝土输送泵10台,公司于2009年1月1日建成外加剂复配厂,月生产外加剂3000吨,2009年6月16日取得防冻剂3C认证证书,实验室拥有一流的实验设备,实验项目齐全,具备完善的质量管理体系,并于2008年6月24日取得预拌商品混凝土专业承包贰级资质,能生产C10-C80各种型号商品混凝土。

3. 企业股本结构及股东情况

沧兴商砼(613006)总股本23000万元,股东55人,其中法人股东2人;自然人股东53人。

沧兴商砼(613006)的控股股东为沧兴控股集团有限公司,持有公司77.22%的股份。沧兴控股集团有限公司成立于2004年,公司法定代表人杨焕成,注册资本56000万元,目前经营范围是:对企业的投资及资产管理。

该公司的实际控制人为杨焕成先生，沧兴控股集团有限公司董事长兼总经理，持有沧兴控股集团有限公司30%的股份。

4. 交易数据

在交易数据样本企业中，沧兴商砼（613006）以36%的涨幅，位居价格涨幅排名第一位。

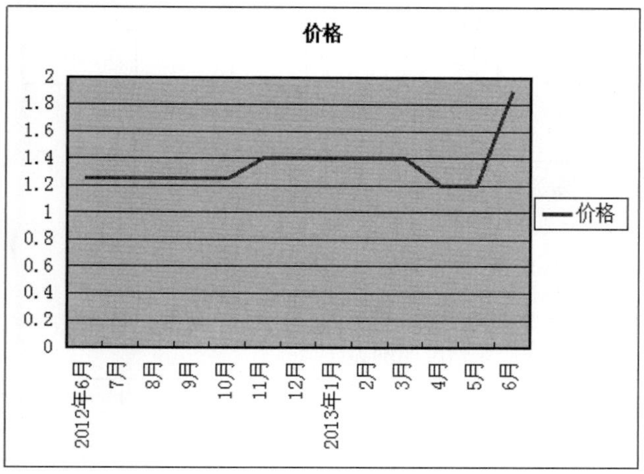

5. 财务数据

1）资产与负债情况

资产与负债情况				
序号	项目财务指标	2013年6月余额	2012年余额	2011年余额
1	资产总额（元）	337699421.86	296761975.67	265697498.26
2	负债总额（元）	88239623.97	85202638.95	105875278.09
3	流动负债（元）	88239623.97	85202638.95	105875278.09
4	股东权益（元）	249459797.89	211559336.72	159822220.17
5	资产负债率（%）	26.1	28.7	39.8
6	股东权益比率（%）	73.8	71.2	60.1
7	流动比率	2.9	1.4	1.7

2）现金流量情况

序号	财务指标（单位）	2013年1-6月	2012年度	2011年度
1	经营活动现金净流量（元）	4,384,200.51	16,561,925.91	3,898,983.82
2	投资活动的现金净流量（元）	0.00	-19,350,714.04	无数据
3	筹资活动的现金净流量（元）	0.00	6,283,546.17	无数据

3）利润情况

财务指标（单位）	2013年1-6月	2012年度	2011年度
营业收入（元）	149315424.06	372839919.78	436009129.74
营业利润（元）	1044871.87	7305642.56	9368672.49
利润总额（元）	1433844.33	8541165.07	9419221.39
净利润（元）	782355.09	6643562.04	7330461.27
财务费用（元）	1945828.12	4520821.66	3489495.80

4）主要财务指标

纵向对比

本栏目我们通过对比沧兴商砼（613006）近三年来的主要财务指标，从动态角度把握企业的发展走向，从而为全面评价沧兴商砼（613006）提供参考依据。

序号	项目		2013年6月	2012年	2011年
1	每股指标	每股净资产（元）	1.08	1.36	1.23
		每股收益（元）	0.0034	0.04	0.06
2	盈利能力	总资产报酬率（%）	0.23	2.2	-
		营业净利率（%）	0.5	1.7	-
		成本费用利润率（%）	0.5	1.8	-
		净资产收益率（%）	0.31	3	5
3	成长能力	营业收入增长率（%）	-4.5	-14.4	-
		总资产增长率（%）	13.8	11.7	-
		营业利润增长率（%）	-78	-22	-
4	营运能力	应收账款周转率（次）	-	5	-
		存货周转率（次）	16	24	-
		流动资产周转率（次）	0.6	2.1	-
		固定资产周转率（次）	2	10.2	-
		总资产周转率（次）	0.47	1.32	-
5	偿债及资本结构	流动比率	2.9	2.5	-
		速动比率	2.9	2.3	-
		现金比率（%）	4.9	-	-
		资产负债率（%）	26	28.7	-
		产权比率（%）	35	40	-

横向对比

本次横向对比中我们选取了中国水泥行业的一线品牌，安徽海螺水泥股份有限公司的相关财务指标与沧兴商砼（613006）进行对比。安徽海螺水泥股份有限公司成立于1997年9月，经国务院证券管理委员会证委发［1997］57号文批准，该公司于1997年10月17日首次公开发行境外上市的外资股（"H股"）361,000,000股，并于1997年10月21日起正式在香港联合交易所有限公司主板上市。2002年1月24日，该公司获准发行200,000,000股境内上市的人民币普通股（A股），并于2002年2月7日在上海证券交易所上市。安徽海螺水泥股份有限公司的A股证券简称为"海螺水泥"，证券代码：600585。

主要财务指标横向对比				
序号	项目		沧兴商砼（2013.6）	海螺水泥（2013.6）
1	每股指标	每股净资产（元）	1.08	9.8
		每股收益（元）	0.0034	0.59
2	盈利能力	总资产报酬率（%）	0.23	3.6
		营业净利率（%）	0.5	13.4
		净资产收益率（%）	0.31	6
3	成长能力	营业收入增长率（%）	-4.5	14.7
		总资产增长率（%）	13.8	-1.9
		营业利润增长率（%）	-78	16.8
4	营运能力	应收账款周转率（次）		102
		存货周转率（次）	16	4.2
		总资产周转率（次）	0.47	0.3
5	偿债及资本结构	流动比率（%）	2.9	1.48
		速动比率（%）	2.9	1.2
		资产负债率（%）	26	39.2
		产权比率（%）	35	64.5

6. 公司生产与经营

1）公司的产品和渠道

沧兴商砼是沧州地区最大的预拌混凝土生产企业，与区域内的竞争对手相比，公司在管理、规模、技术等方面更有明显的领先优势。该公司业务量来源于沧州市场，沧州市场占有率在报告期内一直位列第一位。

目前，公司拥有海诺HZS240生产线二条、青岛新型HZS120生产线二条、南方路机HZS180生产线七条、南方路机 HZS240 生产线一条。以海诺 HZS120 生产线为例，HZS120 代表生产线每小时不断的最大生产能力是 120 立方。

沧兴商砼利用当地常用的原材料，采取磨细的矿粉、粉煤灰双掺技术和优质高效减水剂，成功配制了 C60 高强泵送砼，填补了沧州市高强混凝土的空白。

2）公司的经营平台及其他

沧兴集团商砼股份有限公司隶属于沧兴控股有限公司，沧兴控股有限公司旗下 22 家法人公司，涉及商砼、管桩、新型科技、地产、岩土、油品、物流、餐饮、五金机电等多个领域，创建于 1993 年 3 月 25 日，资产 20 亿元，员工 2000 人、党员 160 人。总部坐落于沧州市北京路。

公司已通过 ISO9001 质量管理体系认证，使用 SA8000 社会责任标准、GB/T28001 – 2001 职业健康管理标准、GB/T24001 – 2004idtISO14001:2004 环境管理体系认证标准。

7. 公司其他相关信息

沧兴集团商砼股份有限公司董事会于 2014 年 2 月 19 日发布公告，沧兴商砼（613006）将于 2014 年 2 月 24 日进行非公开定向增发，为维护投资者利益，避免对公司股价造成重大影响，经公司申请，该公司自 2014 年 2 月 20 日起停牌，预计于 2014 年 2 月 28 日公告该事项并复牌。

（三）交易天数活跃个股

南通通利智能化工系统工程有限公司

前言

南通通利智能成立于 2006 年，是一家集生产、研发、销售为一体，基于物联网技术下第二智能家居产品的研发应用和服务的科技型企业。于 2011 年 9 月 19 日顺利在天津股权交易所挂牌上市，股权名称为“通利智能”，股权代码 032008。

1. 基本信息

公司法定中文名称	南通通利智能化系统工程股份有限公司		
公司英文名称	NANTONG TONGLISMART HOME ENGINEERING SHARES CO.,LTD		
公司法定代表人	顾向华		
注册地址和办公地址	启东市南苑中路 869 号 A 座		
邮政编码	226200		
公司网址	www.tonglismart.com		
成立日期	2006 年 4 月 14 日	挂牌日期	2011 年 9 月 19 日
股权简称	通利智能		
股权代码	032008		
董事会秘书	姜华		
联系地址	启东市南苑中路 869 号 A 座		
电子信箱	tlsmart@163.com		
电话	0513 – 83829288		
传真	0513 – 83829288		
其他有关资料	保荐机构名称：上海添一投资有限公司		

2. 公司简介

南通通利智能化工系统工程有限公司成立于 2006 年 4 月 14 日。经营范围：智能化系统设备、安全防范及监控系统、灯光音响系统、自动化办公设备、计算机设备、通讯线路及设备、楼宇数字化控制系统、智能化办公系统、智能化家居设备安装和服务。公司致力于基于物联网技术下的智能家居产品的研发应用和服务。公司已掌握智能家居产品的核心技术，并以无线通讯技术为核心，研发了能实现本地和远程可视化控制的五十多种智能家居产品，集产品研发、集成生产、销售、安装、服务于一体，能为不同规模、不同种类的客户提供专业的个性化智能家居系统整体设计方案、产品供应及安装、调试、维护等一体化、一站式服务，比一般的制造商、工程商更具优势。

3. 公司股本结构及股东情况

1）企业股本结构图

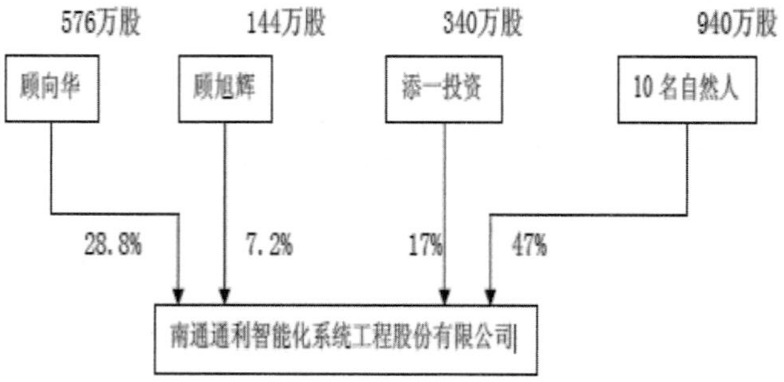

2）企业股东情况明细表

序号	姓名	持股数（万股）	持股比例（%）
1	顾向华	576	28.8
2	顾旭辉	144	7.2
3	上海添一投资有限公司	340	17
4	倪　萍	150	7.5
5	朱美玲	150	7.5
6	吴海燕	150	7.5
7	陆庆钦	150	7.5
8	朱家明	20	1
9	黄　伟	50	2.5
10	张东东	30	1.5
11	徐绍勤	110	5.5
12	朱悦华	80	4
13	朱亚兰	50	2.5
	合计	2000	100

4. 财务数据

公司主要经营智能家居的研发、生产及销售，2013 年 1 – 6 月主营产品实现销售收入 301 万元，年销售量占全国同类产品的 2%。

1）资产与负债

项目财务指标（单位）	2013 – 6 – 30	2012 – 12 – 31	2011 – 12 – 31
资产总额（元）	22869414.25	22316198.09	21059444.25
流动资产（元）	21117908.66	20549240.54	18875308.26
负债总额（元）	4612073.25	4523361.3	1179961.64
流动负债（元）	4612073.25	4523361.3	1179961.64
货币资金（元）	843511.25	674182.54	291476.95
应收帐款（元）	1844036.21	1753017.07	1517000.00
预收帐款（元）	2562841.25	2533845.74	11248642.00
其他应收帐款（元）	13883521.25	13933130.14	3750046.71
股东权益（元）	18257341.00	17792836.79	19879482.61
资产负债率（%）	21.6	20.3	5.6
股东权益比率（%）	79.8	79.7	94.4
流动比率（%）	4.57	4.54	15.9

资金占用主要是其他应收款占 60.71%，主要由于以前年度工程项目垫付投标保证金，其他资金占用量都在正常范围内。

2）现金流量

财务指标（单位）	2013－6－30	2012－12－31	2011－12－31
销售商品收到的现金（元）	2898940.23	3279408.22	6852770.00
经营活动现金净流量（元）	158584.07	－2309911.01	－14039025.65
现金净流量（元）	1270270.46	382705.59	90019.35
销售商品收到现金与主营收入比%	96.2	100.5	85.5
经营活动现金流量与净利润比%	34.1	110.6	－－
投资活动的现金净流量（元）	10744.64	－231083.40	－870955.00
筹资活动的现金净流量（元）	－42301.25	2923700.00	15000000

3）利润构成与盈利能力

2）现金流量

财务指标（单位）	2013－6－30	2012－12－31	2011－12－31
主营业务收入（元）	3012102.36	3261333.76	8012020.00
经营费用（元）	436536.36	738646.51	258660.00
管理费用（元）	845621.21	2953965.45	2408873.08
财务费用（元）	48552.25	94558.93	－8918.44
营业利润（元）	464504.21	－2126874.45	1498050.18
营业外收支净额（元）	－－	40228.63	－－
利润总额（元）	464504.21	－2086645.82	1498050.18
净利润（元）	464504.21	－2086645.82	1021223.04

4）主要财务指标

横向对比

通过比较一家同类上市公司广东安居宝与通利智能2013年的主要财务指标，以期达到基本明确通利智能在智能家居行业的定位的预期目的。

广东安居宝数码科技股份有限公司（证券简称：安居宝，证券代码300155，交易所：上海证券交易所，上市日期：2011年1月7日）公司是国内楼宇对讲行业的龙头企业，是国内楼宇对讲系统及智能家居系统最主要的集成生产商和系统方案解决提供商之一。主要产品包括楼宇对讲系统和智能家居系统，主导产品楼宇对讲系统又细分为非可视、黑白可视、彩色可视类。智能家居系统具有智能化、模块化、数字化、无线化、网络化和集成化特点。在行业内公司首家推出了适用于大型社区联网的可视对讲系统产品，并成功开发出无线家电产品和专用于报警运营服务的无线报警系统。该公司自主研发的无线报警系统被国家科技部评为“2010年国家重点新品”。

项目		南通通利智能（2013－6－30）	广东安居宝（2013－6－30）
每股指标	每股净资产（元）	0.91	5.6392
	每股收益（元）	0.02	0.1400
盈利能力	总资产净利润率（%）	2	2.03
	营业净利率（%）	15	15.03
	净资产收益率（%）	2	2.41
成长能力	营业收入增长率（%）	－32.8	53.7
	总资产增长率（%）	2.47	12.03
营运能力	应收账款周转率（%）	1.67	1.98
	存货周转率（次）	112.5	202.47
	流动资产周转率	0.14	0.168
	总资产周转率（次）	0.13	0.14
偿债及资本结构	流动比率	4.57	6.29
	速动比率	3.59	5.52
	资产负债率（%）	21.6	13.73
	产权比率（%）	25.2	15.8

纵向对比

本栏目我们通过对比南通通利智能近三年来的主要财务指标，以从动态角度把握企业的走向，从而为全面评价南通通利智能提供参考依据。

本栏目我们通过对比山东新城近三年来的主要财务指标，以从动态角度把握企业的走向，从而为全面评价山东新城提供参考依据。

项目		2013－6－30	2012－12－31	2011－12－31
每股指标	每股净资产（元）	0.91	0.88	0.99
	每股收益（元）	0.02	－0.1	0.07
盈利能力	总资产净利润率（%）	2	－0.09	0.04
	营业净利率（%）	15	－0.63	0.12
	净资产收益率（%）	2	－0.11	0.08
成长能力	营业收入增长率（%）	－32.8	－59.2	－－
	总资产增长率（%）	2.47	5.96	－－
营运能力	应收账款周转率	1.67	1.99	5.28
	存货周转率（次）	112.5	90	116.1
	流动资产周转率	0.14	0.16	0.42
	总资产周转率（次）	0.13	0.14	0.38
偿债及资本结构	流动比率	4.57	4.54	15.9
	速动比率	3.59	3.61	4.71
	资产负债率（%）	21.6	20.3	5.6
	产权比率（%）	25.2	25.4	5.9

5.公司生产与经营

南通通利智能化系统工程股份有限公司（以下简称通利公司或公司），自成立以来一贯注重产品的研发与销售工作。自2012年初公司与各大门户网站、搜索引擎合作以来，大力推广公司旗下产品与品牌，现已成功吸引30多家各级代理商加入。公司现有授权专利7项，5项系统软件荣获计算机软件登记证书，3项产品荣获江苏省高新技术产品称号。公司目前在设计时使用的433无线技术以及正在研发的ZigBee无线技术具备稳定、兼容的功能，在国内处于领先地位，只有极少数企业拥有这些技术。

公司已研发成功多项具有自主知识产权的核心技术，包括无线传输技术系列的智能家居产品和控制系统、无线传输透传模块和应用模块等。公司的声控方案及应用（可控电器、移门、暗门等几乎所有的电器）在国内领先；独有的细微功能（多种方式控制门锁，电视自动切换到监控画面等）方面有很强的解决方案，在全行业领先 IO485RS232、红外、无线等协议转换上在国内技术领先；跨平台交换信号方面也有相当的优势。公司目前已向国家知识产权局申请，并被受理了六个实用新型专利，这些专利覆盖了智能家居控制总系统、子系统（安防、门锁、灯光、中央除尘、语音转发），具有一定的技术先进性。同时，公司还有一些储备的技术，如数字小区层面下的老人生命体征监护系统、老人关爱系统、意念控制数字应用接口等，有的已经形成了样品，只是由于考虑到产品尚需完善、升级以及免被他人模仿等原因，公司尚未申请专利。公司考虑将在适当的时机、以适当的方式申报专利，这些产品大都填补了国内空白。此外，公司正在进行下一代无线技术Zig-

Bee 的研发，该技术很有可能成为以后的行业标准，公司希望能有机会参与该标准的建设。

2013 年 6 月 4 日，南通通利智能化系统工程股份有限公司发出关于董事辞职的公告。具体情况如下：

南通通利智能化系统工程股份有限公司董事会于 2013 年 5 月 30 日收到公司董事徐振海、沈庆蕾、顾永利提交的辞职报告。徐振海先生由于即将结束在启东的生意回吴江的原因，提请辞去公司董事职务。沈庆蕾女士即将退休故提请辞去公司董事职务。顾永利先生由于在上海既要做业务又要做管理，感觉力不从心，所做的表现无法让自己满意，故提请辞去公司董事职务。

辞职后徐振海、沈庆蕾、顾永利不再担任公司任何职务。徐振海先生、沈庆蕾女士、顾永利先生的辞职导致公司现有董事会成员人数少于最低法定人数。根据《公司法》、《公司章程》及其他规范性文件的有关规定，上述董事的辞职报告自股东大会选举出新任董事时生效。

四、中国区域性股权交易市场资讯快递

1. 券商积极参与区域股权市场产权交易迈向全国

参股区域股权市场动作不断。继石家庄股权交易所挂牌之后，由多家券商参股的北京股权交易中心已在 2013 年底挂牌成立。在券商发力区域股权市场的同时，国内第一家跨省区的区域性股权交易市场也即将挂牌运营，参股券商表示“意义重大”。而业内认为，尽管盈利模式不明确，新业务开展迎挑战，区域股权市场仍有望成为券商盈利的新蓝海。

场外市场作为多层次资本市场体系中的重要组成部分，其建设一直受到多方关注。而券商作为市场的主体之一，也正积极参与到区域股权市场建设当中。目前，由首创证券、银河证券、中信建投证券等参股的北京股权交易中心已于 2013 年底前挂牌成立。

自 2012 年证监会发布《关于规范证券公司参与区域性股权交易市场的指导意见(试行)》以来，券商参与区域性股权市场建设的门槛就被放开。意见明确，券商可以作为区域性市场会员开展业务，或者作为区域性市场的股东参与市场管理并开展相关业务。

2013 年，中国证券业协会发布《证券公司参与区域性股权市场业务规范》，引导券商有序参与区域股权市场，规范相关业务。

民族证券发布的研报显示，未来广东、山东、天津、重庆、长三角等地将成为未来区域股权市场的中心。

2013 年以来，全国各地以券商主导的区域性股权交易市场纷纷成立，国元证券、华安证券、招商证券、广发证券、华泰证券等纷纷发力，入股各地交易市场。

按照规定，要参与区域股权市场，券商可以在普通会员和股东的身份之间自由选择，但就目前情况来看，券商都对区域股权市场的“股东”身份更感兴趣。华西证券某机构部人士向记者表示：“普通会员只能自己参与交易，而股东作为市场的管理者，至少还可以收取佣金。”

虽然券商参与区域股权市场之后业务面临考验，更多盈利模式也有待确定，甚至区域股权市场吸引企业挂牌的能力也并不明确，但业内人士仍然认为，区域股权市场有望为新三板等培育更多上市资源提供“活水”，成为券商盈利的另一个蓝海市场。(来源：《金融投资报》)

2. 资本通道进一步打开区域性股权市场为小微企业活血

国务院办公厅于 2013 年 8 月正式发布的《关于金融支持小微企业发展的实施意见》中，明确应大力拓展小微企业直接融资渠道，其中针对多层次资本市场发展的框架及具体工作做出明确部署。除创业板及全国股份转让系统建设之外，还首次提出将区域性股权市场纳入多层次资本市场体系。

值得注意的是，《意见》首次提出在清理整顿各类交易场所基础上，将区域性股权市场纳入多层次资本市场体系，促进小微企业改制、挂牌、定向转让股份和融资，支持证券公司通过区域性股权市场为小微企业提供挂牌公司推荐、股权代理买卖等服务。

资深专家分析，为扩大资本市场服务中小微企业的覆盖面，使更多规模、类型、发展阶段的企业能够利用资本市场做强做大，场外市场也应当进行细分，划分更多的层次，除全国性的全国股转系统外，各地方区域性股权市场在服务当地企业方面也应发挥优势。根据国务院关于清理整顿各类交易场所的有关通知要求，区域性股权市场服务对象为非上市、非公众的“双非公司”，与全国股转系统服务非上市公众公司形成了区别，在制度安排上，也存在显著不同。(来源：《上海证券报》)

3. 上海股权托管交易中心多项创新填补国内空白

以为中小微企业提供综合金融服务为使命，以创新发展为驱动，上海股权托管交易中心率先在市场制度体系上进行了大胆创新，在股份交易、登记结算、投资者准入、信息披露等方面有着诸多创新点，填补了我国场外交易市场的制度空白。

目前，我国已出现了上海股权托管交易中心、全国中小企业股份转让系统等 20 多个场外交易市场，挂牌企业已达数千家，诸多证券公司、专业服务机构和私募股权投资机构等参与其中。但是传统证券市场的信息技术系统理念主导场外市场系统建设，缺少与场外交易市场相适应的交易结算系统。以全国股转系统为例，其仍采用交易所、登记结算公司、代理买卖机构(券商)三者各司其职，“交易撮合、登记结算、代理买卖”三者分离和二级委托、二级结算模式。

上海股权托管交易中心交易结算系统则采取“一级委托、一级结算”模式，集“交易撮合、登记结算、代理买卖”于一体，通过一个系统高效便捷地实现全部功能。模块化设计使新业务开展时系统无需大量修改或重建。同时，支持经纪业务网点无障碍建设。只需 1 台可以接入互联网的 PC 和相应外设，经纪业务网点即可快速完成系统建设，开展经纪业务，揭示行情。而系统采用的“一级委托、一级结算”模式，使投资者直接通过上海股权托管交易中心进行委托交易、股份登记、托管和结算，节约资源，提高效率。并充分利用互联网，跨越区域限制，实现经纪业务柜台服务的延伸。

在技术风险防范上，上海股权托管交易中心交易结算系统采取了硬件系统关键设备双机热备或并机运行，通信链路主备复用，核心数据库服务器集群技术。在运行风险防范上，则实行落实到人的系统运行状况监控、运行日志管理模式，软件升级实行专岗管理制度。(来源：《上海金融报》)

4. 新三板扩容区域股交中心将受冲击

业内人士分析指出，新三板扩容对区域股交中心的冲击可能会造成后者 20%—30% 挂牌企业流失，剩下的 70%—80% 的企业还是会继续留在区域股交中心。

“事实上，区域股交中心是在新三板尚未扩容时兴办的，由于地方企业缺乏到新三板挂牌的渠道，地方政府才与券商合作推出区域股交中心的。”新近加入西部证券新三板团队的一位人士表示，随着新三板全国扩容和“零门槛”挂牌，区域股交中心的挂牌企业应更乐意转场。

面对新三板扩容压力，各地区域股权中心也在寻求创新。此前，辽宁、上海、浙江、吉林、黑龙江和内蒙古六地市、省级政府金融办和股权交易中心就联合举办了“区域股权交易市场发展与合作论坛”，探索区域股权交易市场发展与合作的途径。

“目前我国场外市场应有的融资功能、交易功能等都没有充分发挥，有些地方甚至没有融资能力。”上海股权托管交易中心总经理张云峰此前在第七届深圳金博会上指出，目前我国场外市场存在三大问题：其一场外市场发展法律地位和操作规则不明确；其二，非公开市场的定性造成了制度的不平衡；第三，当前我国场外市场运作规范性也不够。

值得注意的是，各地为了鼓励企业挂牌新三板，纷纷出台相应的奖励措施。在北上广深等地，这些奖励甚至完全可以覆盖企业挂牌的成本。一位券商新三板业务研究人士表示，到新三板挂牌，由于没有财务门槛、没有规模要求，挂牌成本还有地方政府垫付，新三板对企业的吸引力显然不小，“从这个角度来看新三板全国扩容后，各地区域股交中心肯定会受到冲击”。（来源：《金融投资报》）

声明

本报告所有权归金融超市所有，其信息源于各交易所及网络可查的公开资料，由于可以理解的原因，我司对这些信息的客观性、准确性及完整性不做任何保证，同时，我们不可能保证所提供的源于公共资源的相关信息及其建议不会发生任何变更。本报告中的分析、预测基于我们认为可采信的信息、资料初次公开发布时所作出的审慎性判断，可能会随时调整。相关信息获取方应尽理性经济人合理的谨慎，评判确定信息、分析、判断的真实、客观与有效性。本司秉承客观、公正的原则对待所有被评价对象，文中的观点、结论和建议仅供参考。

加快建设区域性股权交易市场 健全完善多层次资本市场体系

——以齐鲁股权托管交易中心发展为依托，打造区域性资本市场

按照第 119 次省政府常务会议的要求，省金融办牵头，省财政厅、省工商局、山东证监局、省资本市场发展促进会、齐鲁证券有限公司、齐鲁股权托管交易中心等有关单位参加，就全省政府系统专项课题——我省多层次资本市场体系建设问题进行了专题调研。报告如下。

一、我省多层次资本市场体系建设的基本情况

资本市场是现代金融市场的重要组成部分，在国民经济发展中具有重要地位。近年来，在省委、省政府的正确领导下，我省多层次资本市场发展取得明显成效，为经济文化强省建设做出了积极贡献。

（一）股票市场稳步发展，“山东板块”颇具规模。省委、省政府高度重视资本市场发展，省长在今年《政府工作报告》中明确提出“拓宽直接融资渠道，力争新增上市公司 30 家，融资和再融资 500 亿元”，这是第一次将上市指标写入政府工作报告。截至今年 6 月底，全省上市公司达到 231 家，上市股票 243 只，累计募集资金折合人民币 2745 亿元，企业上市融资已经成为扩大直接融资的重要途径和推动创新的重要动力。从股票市场分布看，境内上市公司 150 家，占全国境内上市公司总数的 6.14%，居全国第六位；境外上市公司 88 家，上市地分布中国香港、新加坡、美国、英国、德国、澳大利亚等近 10 个国家和地区。从市场层次看，共有主板上市公司 75 家，中小板 57 家，创业板 18 家。

（二）债券融资快速发展，成为直接融资的重要渠道。2011 年全省共发行债券 80 只，融资 774 亿元，分别比全国同期增幅高 44%、21%。今年上半年，我省企业债券市场融资再创新高，共发行各类债券 54 只，融资 532 亿元，分别比去年同期增长 22.7%、47%。债券融资规模占直接融资比重逐步接近全国平均水平，达 77.9%。我省是全国“区域集优债务融资”和“中小企业私募债券”的试点省份，试点业务进展顺利。今年，潍坊、东营新发两单区域集优债；青岛 1 家企业成功发行中小企业私募债券。目前，我省债券融资形式已经涵盖企业债、公司债、中小企业私募债、中期票据、短期融资券、中小企业集合票据、区域集优债务融资、香港人民币债券等，形成了企业债券市场、公司债券市场、银行间债券市场、境外债券市场相互配合、相互补充的良好局面。

（三）全省性股权交易市场初步形成，为中小微企业融资提供了重要平台。作为全省性非上市股份公司股权转让试点，齐鲁股权托管交易中心运行近两年来，成果显著。截至今年 6 月底，挂牌企业达到 63 家，分别在淄博、德州、威海、枣庄等 7 市，市值 61 亿元，私募融资 10 亿元，带动间接融资 25 亿元，针对挂牌企业的银行授信额度达 35.4 亿元。托管企业 149 家，分布在淄博、德州、青岛、烟台等 10 市。培育和发展各类中介服务机构 170 家，吸引股权投资机构 108 家，建立了枣庄、德州、威海管理中心，在部分县成立了 8 家挂牌工作办公室。

（四）期货市场发展较快，功能作用日益显现。近年来，在省委、省政府的正确领导下，省金融办从强化宣传培训、制定政策措施、加强合作交流等方面入手，推动期货市场发展，期货行业整体保持稳定增长，市场功能逐步发挥，服务实体经济的能力不断增强。连续两年举办“期货大讲堂”走进省委党校活动，增强了我省领导干部对期货的认识和了解。省金融办等 10 部门联合印发了《关于利用期货市场促进实体经济发展的意见》（鲁金办发〔2010〕12 号），在政策扶持、营造环境等方面提出了具体意见，这也是全国省级政府层面出台的第一个利用期货市场促进经济发展的文件。与大连商品交易所签订了战略合作协议，与上海期货交易所、郑州商品交易所也建立了沟通协作机制。

（五）股权投资不断壮大，为企业创业创新提供了新的动力。近两年，股权投资在促进产业转型升级和提高创业创新

能力中发挥了不可或缺的作用。据不完全统计，2009－2011年，在我省投资的股权投资机构累计达到100多家，股权投资、创业投资达到250多亿元，且呈现加速增长态势。今年上半年股权投资超过200亿元，同比增长50%以上。

二、我省资本市场体系存在的主要问题

（一）资本市场现状不能有效满足经济转型发展的多层次需求。资本市场发展20年来，我省仅有231家上市公司通过股票市场融资，通过债券市场融资的企业也十分有限。资本市场总体规模偏小、融资渠道有限、发展相对滞后的现状，既不符合现代金融体系的要求，也不适应转型升级对金融服务的需求。基于这种金融结构的资金形成和导向机制，一方面，大型国有企业、传统产业占用了更多的金融资源；另一方面，投资渠道不畅，民间投融资发展迅速，企业融资成本大幅提高，这些都严重制约了民营经济、科技创新的加快发展。

（二）资本市场直接融资规模偏小、比例偏低。2011年，全省股票、债券市场融资合计1255亿元，创我省直接融资成绩最好记录，也仅占当年社会融资总规模的15.7%。今年上半年受境内外证券市场持续低迷、上市融资速度明显过缓的影响，这个比例只有13%。直接融资发展相对滞后，间接融资比重过高，企业资产结构、财务结构不合理，资产负债率过高，持续发展能力受到很大限制。

（三）资本市场结构不尽合理。我省股票市场、债券市场发展相对较好，但是股权交易市场、期货市场发展仍然相对落后。目前全国已建立天津、上海、浙江、重庆等多个区域性股权交易市场。相比较，我省股权交易市场规模偏小、配套机构发展不足，制约了市场功能的发挥。期货市场可以说是我省资本市场发展得一个“短板”，总体上存在认识不够，利用不足的问题。

（四）资本市场服务机构、股权投资机构发展相对滞后。我省仅有齐鲁证券、中信万通2家证券公司，3家期货公司，证券期货业机构整体实力、创新能力落后于其他经济发达省份。股权投资机构数量较少，实力较弱。股权投资基金仅有黄三角产业投资基金和蓝色经济投资基金。高端金融服务业发展滞后，在一定程度上影响全省资本市场健康快速发展。

三、我省加快建设区域性股权交易市场的现实意义和有利条件

当前，我国的金融管理体制决定了股票市场、债券市场、期货市场均在国家统一规划和监管之下，地方政府加快资本市场体系建设的重点应当是加快区域性股权交易市场建设步伐，尽快形成场内市场与场外市场多样并存、全国性股权市场与区域性股权市场层次分明、合理分工、互联互通的多层次资本市场体系。

（一）加快建设区域性股权交易市场具有重要的现实意义。第一，可以完善资本市场的层次结构。相对全国性资本市场，区域性资本市场具有门槛低、融资手段灵活多样、融资成本较低、监管更直接等优点，同时还具备为更高层次资本市场输送后备资源的功能。同时，区域性股权交易市场为中小企业私募债提供发行交易平台，可以促进多层次债券市场的发展。第二，可以推动经济结构调整。中小企业是推动我省加快经济结构调整的生力军，它们对GDP的贡献占60%，对财政贡献占40%以上，对就业的贡献占80%。区域性股权交易市场可以有效发挥资源配置功能，引导社会资源向具有竞争力的新兴行业、高成长性企业集聚，加快推动区域经济发展方式转变。第三，可以缓解中小企业融资难题。区域性股权交易市场的定位就是服务于中小微企业、高科技创业企业，为其提供私募股权融资、债券融资服务，开辟更加便捷高效的直接融资渠道。第四，可以有力推动企业的规范发展。通过对市场挂牌企业的规范引导，可以促进企业完善法人治理结构，建立完善现代企业制度，增强企业公信力和核心竞争力，加快提高企业家资本运作意识，构建企业股权文化。第五，可以促进私募股权投资规范发展。区域性股权交易市场为推动投融资对接提供了新的渠道，通过这个市场平台，私募股权基金、风险投资、民间资本可以投资和退出，实现阳光化、透明化。

（二）建设区域性股权交易市场已经具备明确的政策依据。为清理整顿和规范发展各类交易场所，国务院《关于清理整顿各类交易场所切实防范金融风险的决定》（国发〔2011〕38号）和国务院办公厅《关于清理整顿各类交易场所的实施意见》（国办发〔2012〕37号）明确规定了省级人民政府负责产权、股权等权益类交易市场的日常监管。中国证监会《关于规范证券公司参与区域性股权交易市场的指导意见（试行）》（中国证监会公告〔2012〕20号）进一步确定了区域性场外交易市场的法律地位和建设思路。省委、省政府《关于捡块经济发展方式转变若干重要问题的意见》（鲁发〔2010〕10号）提出要完善发展全省性股权交易市场，为实现未上市企业股权转让创造条件。

（三）兄弟省市区域性股权交易市场建设提供了可借鉴的实践经验。在国家积极推动股权交易市场发展的同时，各省（市）也加快了建设区域性股权交易市场的步伐。天津股权交易所设立于2008年，挂牌企业总数已达167家，市值规模超过174亿元，其中有50家企业来自我省。上海股权托管交易中心由上海市政府金融投资平台——上海国际集团控股，最近又引入上海证券交易所，目前托管企业157家，托管企业总股本192亿股。浙江省未上市公司股份转让试点中心已经在全省范围内建立起10个网点，6个分中心，挂牌企业16家。近期，浙江省金融办与上海证券交易所合作，新设立了浙江省股权交易中心，省财政为此出资新设立浙江金融市场公作为控股股东。重庆股份转让中心建立于2009年，为市金融办直属事业单位，托管企业215家，挂牌企业50家。从外省（市）政府具有强有力的组织领导体系，省级政府强化对区域性股权交易市场的规划和指导，加大政策扶持，加强外部合作，不断完善监管体系。

（四）我省具备建设全省性股权交易市场的基础条件。我省在建设股权交易市场方面有着良好的基础。1993年，经国务院和省政府批准，建立了山东企业产权交易所和淄博证券交易自动报价系统，开展未上市公司股权交易。1999年10月，两个市场按国家要求清理整顿并关闭。2010年，为深入贯彻省委、省政府决策部署，省金融办批复淄博市立足淄博，面向全省开展非上市股份公司股权转让试点工作。淄博市政府设立了事业单位性质的齐鲁股权托管交易中心。试点近两年来，股权私募融资达10亿元，股权质押融资5.6亿元。挂牌企业中，70%以上为科技型企业，涉及新材料、精细化工、现代农业、先进制造业等行业。企业通过挂牌和引进战略投资者，促进了现代企业制度的建立与完善，奠定了规范健康发展的体制基础，持续增长能力得到较大提高。2011年，挂牌企业主营业务收入同比增长100%左右，净利润同比增长85%以上。目前，已有8家挂牌企业启动上市程序。在今年开展的全省清理整顿各类交易场所工作中，齐鲁股权托管交易中心已经通过了省政府的检查验收。

三、加快建设我省区域性股权交易市场的对策建议

总体设想是：按照“规范、完善、提升”的总要求和“立足

山东，辐射黄河中下游地区”的新定位，遵循市场化原则，建立健全全省区域性市场综合监管体系，进一步完善市场功能，努力提升市场服务水平，着力提高挂牌公司质量，全面提升市场形象，尽快将齐鲁股权托管交易中心建设成为功能完善、运作规范、有较强辐射力和影响力的区域性场外交易市场，积极打造企业私募融资平台、战略性新兴产业培育平台、科技金融结合平台、公司治理结构规范平台、拟上市资源培育平台，成为全国多层次资本市场体系的重要组成部分。

根据这个设想，提出以下四点建议。

（一）加强组织领导。把区域性股权交易市场建设明确作为富民强省的重大措施，纳入全省经济社会发展规划，纳入经济金融工作的重要议事日程，作为资本市场建设的重要任务常抓不懈。建立负责股权交易市场发展的领导机制，尽快落实专门办事机构和专门人员，逐步建立工作协调机制。

（二）制定总体规划。加强市场的统筹规划、协调指导，以建设统一监管、统一规划、统一标准的全省性统一市场为中心，研究制订全省性股权交易市场建设总体规划，推动市场建设规范、有序和健康发展。规划制定过程中，要加强调研，注重借鉴先进经验，摸清股权交易市场的发展趋势、基本情况，着力在加强平台建设、提高市场效率等关键环节实现突破。

（三）加快市场完善和提升。围绕打造全省性股权交易市场，尽快完善市场组织体系和组织架构、健全完善市场监管体系、提升管理水平和市场功能。要适应市场新定位、发展新要求以及对外战略合作的需要，按照市场化的原则，加快其公司制改造步伐。要完善市场监管体系，建立健全有效的市场监管制度，加强风险防控的制度设计和综合协调，建立长效机制。

（四）营造良好生态环境。加大政策扶持力度，研究制定全省性股权交易市场加快发展的指导意见，从资金、人才等方面给予扶持，加快发展市场参与主体，支持壮大市场规模，推动市场健康快速发展。要支持其在法律框架下不断创新、提升和完善，尽快建成功能完善、运作规范、有较强辐射力和影响力的区域性场外交易市场，更好地服务全省经济转型发展。

如何发挥地方政府在区域性市场中的作用
——齐鲁股权托管交易中心调研报告

【按】随着中国证监会《关于规范证券公司参与区域性股权交易市场的指导意见（试行）》正式出台，国内证券公司纷纷在齐鲁股交中心注册并开始从事相关业务。2013 年 5 月 25 日，中央候补委员、深圳证券交易所总经理宋丽萍到中心视察指导，表示深交所将全力支持齐鲁股交中心的发展。深交所已先后 4 次到中心调研和指导，并在对齐鲁股交中心进行深入调研基础上，形成了《如何发挥地方政府在区域性市场中的作用——齐鲁股权托管交易中心调研报告》。调研报告对齐鲁股交中心在探索区域性股权交易市场建设方面取得的成就给予充分肯定，并对地方政府在区域性股权交易市场发展中的推动作用给予高度认可，称为“齐鲁模式”。

2012 年 9 月 19 日和 20 日，场外市场课题组赴齐鲁股权托管交易中心（以下简称“齐鲁股交中心”）就场外市场发展问题进行了调研，并与部分挂牌企业进行了座谈。调研情况如下：

一、基本情况和主要业务

齐鲁股交中心位于山东省淄博市，是按照国家“黄河三角洲高效生态经济区发展规划”和“山东半岛蓝色经济区发展规划”的战略要求，根据山东省委省政府“完善发展全省性股权交易市场”的战略部署，于 2010 年 12 月正式成立。根据上述部署，齐鲁股交中心定位于为非上市公司提供股权融资、托管转让和上市培育等服务，目前是山东省唯一的非上市公司股权托管转让平台。

目前，齐鲁股交中心挂牌企业 71 家，市值超过 60 亿元。实现直接和间接融资近 46 亿元，其中股权私募融资 11 亿元。行业涉及新材料、新农业、精细化工、生物医药、高端装备制造业等领域。托管企业 159 家（包括挂牌企业和上世纪 90 年代从淄博报价系统退出的定募公司），中介机构 184 家，并与 11 家银行、5 家券商签署了战略合作协议。

1. 属于事业单位，由省市政府综合管理

齐鲁股交中心是由省金融办主管、淄博市政府与各市政府综合管理下的正县级事业单位，其主要负责人同时是淄博市金融办的副主任和处长。根据业务范围和市场需要，齐鲁股交中心下设 9 个业务部门，全面负责股交中心的业务；在枣庄、德州、威海设立了 3 个管理中心，接受企业异地挂牌；在聊城临清、东营利津等 13 个县市设立挂牌工作办公室，负责与驻地金融办相配合，引导企业挂牌。同时，齐鲁股交中心成立了市直机关工委直属党支部，建立了党组织。

2. 以融资服务收费为主要收入来源

齐鲁股交中心认为非公开市场不是以交易活跃而获取手续费的过程，因此对二级市场交易实行免费。齐鲁股交中心对中介机构也不收取会员费。其收入渠道为：①首次挂牌和融资费用，其中审核费 3 万元、挂牌费 10 万元、融资费按融资额一定比例收取，平均收取 34 万元。如果挂牌时未融资，则费用减半；②企业托管登记服务费，托管登记首年免费，次年起每年收取 1 万元的资源占用费；③投资者开户费，个人收取 20 元，机构收取 200 元。据了解，运营两年来，收入大约每年 1000 万元左右，开支 700 - 800 万元，收支略有盈余，主要是前期投入较大。

3. 与银行、信托、担保公司、券商等金融机构密切合作，为中小企业提供全面的融资增值服务

齐鲁股交中心除了在挂牌前后帮助企业进行私募股权融资外，还通过各种渠道为其提供融资服务，非常全面。主要包括：

①帮助企业获得银行信贷倾斜。齐鲁股交中心分别与 12 家商业银行签署战略合作协议，各银行承诺在符合其授信政策与准入标准的前提下，对齐鲁股交中心的挂牌企业简化授信审批程序优先给予信贷支持。目前，挂牌企业获得银行

授信额度45亿元。

②帮助企业进行股权质押融资。齐鲁股交中心作为受认可的出质部门，挂牌企业股东可以将持有股权作为质押物，向银行或融资性担保公司申请质押贷款。齐鲁股交中心作为协议方进入，而且由于挂牌企业的信息较为透明，也有定价基准，因此质押融资相对容易。目前，挂牌企业股权质押融资5.6亿元。

③联保联贷业务。由于齐鲁股交中心可以提供更加透明的信息和相对紧密的平台，挂牌企业更容易组成联保体，成员间互相担保、互相支持、相互监督。例如，迪浩管道挂牌后，通过齐鲁股交中心的联保联贷获银行贷款400万元，通过担保公司担保贷款500万元，通过挂牌公司互保获贷款700万元，共1600万元。公司的生产线由挂牌前的4条得以增至28条。

④与信托公司合作打造信托理财产品，专门以私募股权形式投向挂牌企业。比如，与山东国际信托有限公司合作，推出国内首支参与柜台市场的管理型信托产品——“山东信托－尊岳进取1号(PE)集合资金信托计划”。首期顺利募资1500万元，目前已经筹备“尊岳进取3号”。

⑤牵头设立政府引导基金。目前，齐鲁股交中心已经设立齐鲁股权投资管理公司(注册资本5000万元)，以此为载体，争取国家和省财政投入，并通过某券商营业部募资，主要对挂牌企业做债权担保和过桥贷款，目的在于引导民间资金，让高利贷阳光化。

二、制度设计

齐鲁股交中心在股权托管、挂牌准入、审核机制、信息披露、监管、风险防范、退市等环节建立了50余个市场制度和细则。主要特征为：

1. 挂牌标准和挂牌方式较为灵活，审核流程严格

齐鲁股交中心将挂牌企业严格锁定于山东省。挂牌标准上，设置了两套财务指标，在要求企业股本不低于500万元，最近一期不存在亏损的基础上，满足下列之一：①最近两年连续盈利，合计净利润和营业收入分别不低于300万元和4000万元，且均持续增长；②最近一年净利润和营业收入分别不低于100万元和2000万元，且最近一年营业收入增长率不低于20%。同时，齐鲁股交中心推出了没有盈利要求的“创新板”，对国家重点鼓励行业中的创新型、高成长性企业及高新技术企业，可参照上述标准适当放宽条件。根据此条规定，一些达不到挂牌标准的企业也能在中心挂牌，并且成功融资后发展良好(如七河生物、海利安)。

挂牌方式上，包括增量挂牌(先私募后挂牌)和存量挂牌(先挂牌后私募)。以存量挂牌为例，单笔融资的成本在50万元左右(付给推荐机构和会计师、律师的费用，不包括挂牌费用)，按照其平均4000万的融资额来看，其融资成本不到10%。

在审核流程上，齐鲁股交中心建立了“131”制度，企业挂牌前须经过评议，包括现场核查(类似尽职调查)、中心复审(类似预审员)、专家专审(类似发审委)三个环节。其中，复审阶段须由地方金融办出具推荐意见，经过齐鲁股交中心审核后，在省金融办备案。一般而言，100个企业中有20个企业能进入评议环节，3个企业能获准通过。

有意思的是，齐鲁股交中心对企业利润真实性的审核似乎具有一定的灵活性，这也是他们推出创新板的原因，降低了对企业盈利的要求。他们认为，如果强制要求企业申报真实的利润，则企业会补税，一方面小企业压力很大；另一方面补税的68%被国家拿走，地方只留下32%，不划算。还不如把企业养大，将来多收些税。这就是放水养鱼的理念。

2. 遵守政策规定，实行协议转让

在交易方式上，齐鲁股交中心不设做市商，而是采取网上协议转让和柜台协议转让两种方式。前者是指投资人通过齐鲁股交中心的网上股权转让系统客户端，以一对一的方式自主选择对手方的转让方式，投资者通过网上点选就可完成股权交易；后者是指买卖双方通过齐鲁股交中心的信息平台自主达成交易协议，由股交中心确认后完成过户。交易时间为每周一至周五的9:30－11:30，13:00－15:00。此外，受国发38号文限制，两非公司(非上市、非公众)的股权交易应保证股东人数不超过200人。按照交易规则，转让后股东达到170人，即停止新股东进入。但由于交易较为清淡，因此齐鲁股交中心认为200人的空间目前还比较够用。

齐鲁股交中心不采取信用方式，实行全额保证金交易，保证金由第三方存管。

3. 投资者准入门槛略高于天津股权交易所，低于广州股交中心

齐鲁股交中心对投资者不作地域限制，投资者可以是自然人或机构。前者应当具有至少不低于20万元的金融资产；后者应当具有不少于100万元的资本总额。就机构投资者而言，齐鲁股交中心的门槛与天津股权交易所基本一致，比广州股交中心的门槛略高；就自然人投资者而言，齐鲁股交中心的门槛略高于天津股交所，但低于广州股交中心。为加强投资者适当性管理，齐鲁股交中心还对投资人进行严格的审批和持续的管理、培训。

4. 对中介机构的选择标准高，管理较严

为规范市场运行，齐鲁股交中心制定了较高的中介机构筛选标准：推荐机构的注册资本不少于5000万元；会计师事务所的专职注册会计师不少于20名；律师事务所的在册执业律师不少于20人。除满足上述条件外，还要建立诚信档案和考评制度。在严格中介机构筛选的同时，齐鲁股交中心还明确了推荐机构在股权交易上的价格引导职责和挂牌企业规范运营的督导责任。一是强制推荐机构必须持有其所推荐的挂牌企业的股份(持股比例以前要求不低于1%，现在不做要求，由机构与企业协商决定)，保证挂牌企业的质量；二是明确推荐机构的价格发现职能，企业挂牌当日如无交易，推荐机构必须运用自己所持股权在市场上促成一单交易，以引导价格发现；三是规定了中介机构对挂牌企业的持续督导义务。

5. 构建市场与行政相结合的纵横监管体系，对企业实行分层监管就纵向而言，省金融办总体牵头协调防范挂牌企业重大风险问题，属地政府有关部门对挂牌企业直接监管，齐鲁股交中心做好向上汇报和横向联合监管。就横向而言，齐鲁股交中心与属地政府(而非金融办)签署《共同推动市场发展的战略合作协议》，将属地政府纳入对挂牌企业的监管框架中来，形成政府、中心和企业三位一体的风险监管机制，以保证监管的权威性。同时，齐鲁股交中心根据挂牌企业的年报和半年报将其分为A、B、C三档，分别代表由低至高的风险隐患，地方政府根据上述分类对风挂牌企业进行现场检查，解决其运营中存在的问题。对于C类企业，要求地方政府一月一报一反馈；对于B类企业，要求半年一报；对于C类企业，要求一年一报。此外，齐鲁股交中心对于挂牌企业整改结果不达标的进行相应的处罚，依次为：风险警示、暂停挂牌、终止挂牌并退至托管系统。

6. 其他制度安排

①股东人数限制：首次私募后，股东人数不超过 100 人，再转让后股东人数不能超过 170 人，这主要是为挂牌企业的再融资预留空间；

②限售制度：按照《公司法》规定，发起人锁定期为 1 年。为防止董监高大笔套现而影响公司发展，规定董监高持有期不低于 2 年，在任期内持股不低于 50%。

③信息披露制度：挂牌企业应当披露的信息包含：挂牌说明书、年度报告、半年度报告和临时报告等。其中，年度报告须经审计，半年度报告可不经审计。

④摘牌制度：摘牌后退至托管系统里，还可以进行非交易过户，如果达标后恢复挂牌。近期有一家企业被摘牌，原因是没有进行信息披露。

三、地方政府的角色和作用

齐鲁股交中心是典型的由地方政府推动而形成的市场，其发展过程和制度安排也凸显出政府的不可或缺。当地政府的作用体现在：

1. 推荐企业，协调企业挂牌中出现的问题

各市、县、区政府出台规定，不允许当地企业到外省挂牌交易，即对山东省内非上市企业的挂牌场所进行了锁定，只能在齐鲁股交中心挂牌。同时，各地金融办负责推荐企业挂牌，并将其与部门工作业绩相联系。此外，部分地方政府还给予企业挂牌补贴或税收返还，大致在 50－70 万元左右（例如张店区给予 50 万元补贴），基本可以覆盖挂牌成本，帮企业实现"零成本挂牌"。

2. 给予挂牌企业购地优惠，增强企业挂牌积极性

对中小企业来说，土地是制约其发展的重要问题，而地方政府为企业提供土地优惠政策可说是最直接最有力的支持。有的地方政府土地优惠力度很大，不仅免收土地租赁费，还直接给予购地优惠，最多优惠可以达到 6000 万元。挂牌企业以较低成本购地后，还顺利以此抵押从银行获得贷款，从此走上快速发展之路，并为今后上市扫除了最大障碍。例如布莱凯特，第一次募资后以 2 万元/亩的价格获得 300 亩土地，第二次募资后以优惠价格租用 400 亩土地，生产基地得以扩大。目前该企业已经停牌进入上市辅导程序。另一家农业企业七河生物挂牌后，以 5 万元/亩的价格购地，价格是市价的 1/5，并在当地政府帮助下顺利办理土地证。购地后，银行主动贷款 1500 万元，并且给予了基准利率。

3. 为企业融资服务提供信用增级和担保

目前，地方政府为挂牌企业争取到 45 亿元授信额度，挂牌企业向一些银行贷款时不仅免除风险审核，还可以享受一定额度的利息优惠，增强了企业的间接融资能力。政府还推动银行对挂牌企业开展联保联贷。此外，政府对通过审查的企业出具承诺函，提高企业信用度。

4. 整合各方力量，进行风险处置

为加强市场风险防范处置工作，淄博市建立了由市政府分管市长牵头，法院、检察院、公安、工商、税务、审计、环保、国土、社保等部门组成的市场监管联席会议制度，对市场重大事项和应急突发事件进行协调解决和处置。由于前端风险控制，目前出风险的只有 2 家企业。其中一家企业对外担保过大，找到金融办，由金融办出面协调银行，由区、县政府和 1 家上市公司出资，解决了问题。

5. 人才支持

齐鲁股交中心运营之初，市政府投入 2000 万元，还有前三年的人员工资。同时，淄博出台了人才优惠政策，而齐鲁股交中心做为正县级单位，也可以享受这方面的人才优惠。

四、结论与建议

1. 齐鲁股交中心对小微企业起到良好的培育和规范作用，弥补了公开资本市场的空白

齐鲁股交中心扶持了一批有潜力的企业，而这些企业在挂牌时由于规模较小、盈利能力不足、面临发展瓶颈，根本不可能在创业板或中小板上市。主要体现在：

首先，为早期企业，尤其是小微企业走出融资困境提供了有效帮助，这是公开资本市场无法做到的。山东目前在境内资本市场的上市公司有 150 多家，但全省现有中小微企业 75 万余家，规模以上企业 37000 余家，公开资本市场远远不能满足小微企业的融资需求，许多企业因此陷入发展困境。比如生产优质肉牛的布莱凯特，在 2010 年之前，公司一直因资金约束，无法回收委托喂养的肉牛，结果导致自己研发的优质肉牛被竞争对手收走。企业也曾多次与创投机构接洽，但均无功而返。通过股交中心平台，先后两轮私募融资过亿元，并为企业带来了银行贷款。第一次融资时，企业原计划募集 3000 万元，实际募集 4300 万元，用于购置土地、扩大肉牛繁育。第二轮再融资 6000 万元，投资于 10 万头山东黑牛产业化开发项目，生产规模大幅扩张。直接融资还带动了配套的间接融资。首轮私募后，公司成功购地，藉此获得银行的贷款。公司规模扩大后，银行还给予企业更多授信。该企业融资前的 2010 年，销售收入 300 余万元，净利润不足 40 万元；融资并挂牌后的 2011 年，销售收入增至 6000 余万元，增长 20 倍，净利润超过 1300 万元，增长 33 倍。目前，国信证券已对企业进行上市辅导。又如七河生物，是一家生产食用菌的农业企业，2005 年以前，企业发展速度比较缓慢，因农业生产投入较大，靠企业自身的积累来扩大再生产的规模有限。2010 年底，公司注册资本为 1000 万元。首轮私募融资前，公司的销售规模一直难以提升上去，2010 年销售收入 1000 多万元，净利润 100 余万元。2011 年 5 月，公司通过齐鲁股交中心进行了首轮私募，筹资 3300 万元元。筹集的资金全部用于扩大再生产，购置土地，扩建生产设施。2011 年销售收入即超过 2000 万元，净利近 500 万元。2012 年，进行了第二轮私募融资，以 3.1 元/股的价格定增 500 万股，筹资 1500 万元，再全部用于扩产。预计 2012 年销售可达 6000 万元，净利润超过 1000 万元；2013 年销售收入过亿，利润超过 2500 万元。再如迪浩管道，所属行业为国家鼓励发展的战略性新兴产业高分子新材料领域。挂牌后通过定向私募 1800 多万元，大幅扩建生产线，扩大公司的生产规模。私募前，公司只有 4 条生产线；筹资后，公司上马 4 条新生产线，一下扩大至 8 条。2012 年预计收入过亿元，增长超过 50%，净利润过千万。预计 2013 年营收达到 1.5－2 亿元，净利润超过 1500 万元。

其次，改善了早期企业运作不规范的现象，为将来发行上市和后续监管打下良好基础。早期企业一般都存在治理结构不完善、运作不规范等问题。挂牌企业在股交中心的要求下，财务需经有资质的会计事务所进行审计；公司的治理结构也有改进，设立董秘，与股交中心、投资者进行沟通，使得公司的信息披露更充分，为将来发行上市和后续监管打下了良好基础。比如齐鲁华信，在天津与山东各设有代理销售公司，这两个公司是齐鲁华信重要的销售渠道。通过在齐鲁股交中心挂牌，公司收购两家代理销售公司，大大降低了关联交易行为。公司也为产品注册了专利，拥有知识产权。

第三，强化了企业的股权治理文化，这才是真正的股份公司未来发展方向。例如，某机电物流企业，挂牌前由于缺少激

励,公司销售人员不断流失,成为竞争对手。挂牌过程中,公司定向私募3000万元,面向高管和骨干员工,团队得以稳定。而且,通过同行业并购重组,已经整合了6家企业,成为北方最大的机电销售企业,2011年营业收入1.3亿元,较2010年挂牌时的1700万元增长了7倍。

2. 政府支持加各种金融力量的成功整合,这是齐鲁模式的核心所在,难以被其他地区完全复制

从课题组历次调研的多个市场看,齐鲁股交中心是政府支持最全面、也是力度最大的市场。政府从企业挂牌推荐、购地优惠、税收优惠、信用增级、风险处置、日常监管中都在发挥作用,不但培育了一批优秀企业,而且齐鲁股交中心也得到迅速发展。虽然政府大力介入,但同时也给了齐鲁股交中心相当的灵活性,充分发挥了市场机制的作用。这两年的发展表明,齐鲁股交中心培育了一批优秀中小企业,支持了当地经济发展,2011年当地新增税收的30%来自挂牌企业。地方政府与齐鲁股交中心的利益目标一致,二者初步形成良性互动。在地方制定的发展规划中,今年将达到挂牌企业100家,明年达到200家,按照当前的发展速度,这一目标的实现并非难事。

此外,齐鲁股交中心还在地方政府的支持下,已经在整合各类金融机构的优势,一方面利用券商营业部,做到了券商投行业务的下延;另一方面利用银行、信托渠道开发了多种产品,扶持了企业发展。可以说,在未来的齐鲁股交中心,无论在企业推荐和培育环节,还是产品设计环节,券商、银行、信托等机构将会深度参与。

然而,不可忽视的是,地方政府介入如此之深有其历史原因。1999年淄博报价系统被关闭,13万股民的证券需要找到地方托管,70多家企业需要找到股权流转的平台,当地政府维稳压力一直很大。正好可以借助齐鲁股交中心逐渐解决这批历史遗留问题。另外,淄博市民有着浓厚的股权投资传统,齐鲁股交中心的成立和发展也有了良好的文化基础。这是其顺利发展的又一重要原因。

由于地方政府对稀缺资源分配具有较大的话语权,因此地方政府是否强势以及其参与区域性市场的意愿决定了区域性市场能够在多大程度上获得稀缺的企业资源和金融资源。而齐鲁股交中心在现阶段只是个案,并且有其深刻的历史原因和文化基础,这种模式很难在其他区域市场完全复制。

3. 根据企业性质进行分层,比如为200人以上的企业单独设立"公众板"

前已述,齐鲁股交中心托管了77家股东超过200人的省内外企业,多数20世纪90年代的定募公司,也有部分是国企改制过程中,由于代持而实际股东超过200人。目前有4家此类企业在中心挂牌交易。事实表明,一些200人以上的企业发展较好,也有融资和转让需求,但由于改革带来的系统性问题而失去了上市机会。齐鲁股交中心在这一领域已经逐渐做了一些探索,股东人数不断减少。

据了解,目前全国有类似公司超过3000家,因此针对这部分群体的平台建设非常必要。

4. 券商应该尽早参与区域市场的发展,以获得先发优势

在《关于规范证券公司参与区域性股权交易市场的指导意见(试行)》下发后,券商对区域性市场的参与热情和方式都不一样。对于多数券商而言,还在观望或考虑,或者与区域性市场正在接触。在当前各类金融力量纷纷与区域性市场寻求合作空间的背景下,券商应该想办法通过各种渠道获得在区域性市场发展中的主导权,创新自己的盈利模式,这对于中小券商而言,尤其重要。

发挥区域性股权交易市场的直接融资功能

内蒙古产权交易中心总裁　马志春

资金短缺、融资渠道狭窄、资本进退渠道不畅、融资成本过高已经成为中小微企业发展的"瓶颈"和市场机制的"短板",如何通过建立服务于中小微企业投融资的市场平台来解决中小微企业发展过程中面临的主要问题一直是产权市场探索的目标。

2010年10月,《中共中央关于制定国民经济和社会发展第十二个五年规划的建议》指出"加快多层次资本市场体系建设,显著提高直接融资比。……稳步发展场外交易市场"。2012年5月后中国证监会两次下发了《关于规范区域性股权交易市场的指导意见(征求意见稿)》,明确提出:"区域性股权交易市场是多层次资本市场的重要组成部分,对于促进小微企业股权交易和融资,鼓励科技创新和激活民间资本,加强实体经济的薄弱环节,具有不可替代的作用"。这意味着中国资本市场体系框架基本确立,即以上海和深圳证券交易所为基础的主板、创业板资本市场、以即将组建的北京交易所为基础的新三板资本市场、以各省分别建立的区域股权交易所为基础的四板资本市场,共同构成中国的多层次资本市场体系。

一、设立股权交易所的意义

(一)抓住区域金融创新服务的核心,打造区域资本市场

区域金融创新的核心是区域资本市场的创新发展,设立股权交易所对于促进中小微企业股权交易和融资,鼓励科技创新,加快资本流动,加强实体经济的薄弱环节,维护市场秩序和社会稳定,具有十分重要的意义,可以说股权交易所是区域经济建设过程中必备的战略性平台。区域股权交易所是为未上市公司提供股份合理流动、资源优化配置的市场化平台,是区域资本市场建设的创新之举,交易所的成立将使区域内中小微企业首先受益,从而带动跨区域的资本流动,为区域经济注入活力。

(二)系统建设未上市企业股权融资渠道和投资服务平台

中国不缺乏好的中小微企业,也不缺乏充沛的民间资本,缺乏的是资本和资源的配置规则,因而才会出现民间资本的堰塞湖和重灾区,使大量的资本找不到优质的投资品资源,优秀的企业找不到好的资本融通渠道,投资的进入和退出缺乏明确的规则和公信力的平台,不规范的高利贷和金融风险就会应运而生。股权交易所就是解决大量中小微企业股权流转和融资需求的资源配置规则,是非上市企业通过产权股权化、股权资本化、资本流动化解决股权流转和融资问题的手段和措施。股权交易所的存在使得针对中小微企业投融资行为可

以实现进退顺畅、风险可控、监管到位、价优质高的目标。

（三）整合各类金融资源为区域经济建设服务

股权交易所的设立将使区域金融服务体系不仅仅限于银行系统，而是形成银行系统、产权交易系统、股权交易系统三位一体的金融服务体系，而且通过股权交易所还会吸引各类基金、合格投资机构、证券经纪商、中介服务机构、监管机构、甚至是优秀的金融人才等围绕区域股权市场形成资源聚集效应，将包括直接融资、间接融资在内的多种金融服务发展得更趋完善。此外，股权交易所还可以与以非标准化产权为主体的产权交易所和以标准化证券为主体的证券所形成通道效应和联动效应，获得更广泛的信息平台和投资人资源，对接国内外各类资本市场，从而吸引区域内各类优秀中小企业在股权交易所上市融资，促进区域内优势上市资源在区域股权市场集聚，提高上市公司数量，间接带动现代服务业的大幅度提升，最终达到逐步调整产业结构，服务当地经济均衡发展的目的。

二、股权交易所的主要功能

（一）拓宽和改善了中小微企业融资渠道和方式

根据证监会关于区域股权市场指导意见的精神，中小微企业可以在股权交易所私募发行股权、债权或公开挂牌交易，可以用清晰的判断标准、具有公信力的信息发布渠道解决企业的直接融资需求；交易所中挂牌企业具有公信力的价格和较好的流动性解决了股权定价和质物变现的难题，使得非上市企业股权质押融资更加可行，从而拓宽了间接融资的渠道；区域股权交易所还与证券交易所具有天然的升板机制和退市交易机制，是企业向高层次资本市场上市融资的培育平台，同时也盘活了高级资本市场的存量资源，加快了整个资本市场体系的健康发展。

（二）建立了规范的中小微企业成长通道和培育基地

股权交易所基于非上市企业的股权集中登记托管，可以设计针对非上市中小微企业的成长路线图，将政府的扶持政策、扶持资金、中介服务免费或以较低成本嫁接到中小企业的成长过程当中，帮助中小微企业实现管理提升、技术进步、资金融通、改制辅导和券商保荐，形成较为完善的中小微企业的孵化、成长和筛选机制，使股权交易所成为高级资本市场后备资源的规范培育基地和快捷通道。中小微企业通过在股权交易所公开挂牌，就相当于初次接受公众和市场检验，相当于企业上市前的实战性演练，有助于企业熟悉上市规则，提升综合素质，尽快接近上市目标。

（三）通过非上市公司价格变化形成区域经济晴雨表

企业产权是各类生产要素的集合，因而区域内的中小微企业在股权交易所挂牌，其经营状况、要素价格变化会反映到区域股权市场的交易价格中来，从而形成区域股权投资价格指数和区域资本信息资讯中心。如果市场覆盖面和挂牌企业具有代表性的话，这些信息不但可以在一定程度上影响区域经济调控政策走向，指引企业改善生产经营策略，还可以让投资者对非上市企业的价格形成理性判断依据，对区域经济发展趋势做出相对正确的判断，进而防范投资风险，抑制疯狂投机和缩小贫富差距，以达到促进社会和谐的目的。

三、国内区域股权市场的实践探索

关于四板市场，在广泛征求意见和承认现实存在的基础上，中国证监会基本确定了各省（市）、自治区组建区域性股权交易所的原则和具体要求，并对抢占先机而且现已存在的天津股权交易所、上海股权托管交易中心、重庆股权托管交易中心、齐鲁（淄博）股权托管交易中心、浙江股权交易所等表示了认可。目前大部分省市都已成立了区域股权交易所或股权托管交易中心，而且绝大部分都是由产权交易机构发起设立的，并且都是在当地政府的许可和支持下注册成立的。应当说股权交易所作为区域性股权市场是由产权市场派生出来，是多层次、多元化资本市场的重要组成部分，更是产权市场不可分割的组成部分。可以说，股权交易市场是产权市场的专业平台，具有对接全国性证券市场的先天优势，换句话说区域性股权交易市场是由省级政府监管的区域性资本市场，市场的成立对区域内中小微企业直接融资和股权流转具有重要意义。

2006年，内蒙古自治区国资委、金融办、工商局三部门联合下发《关于规范开展非上市股份有限公司、国有控股、国有参股有限责任公司股权集中登记托管工作的通知》（内国资产权字【2006】198号），联合指定内蒙古产权交易中心作为自治区非上市企业股权集中登记托管的法定机构。内蒙古产权交易中心开展这项工作以来，在做好股权初始和变动登记等确权工作的基础上，还积极探索非上市企业股权托管的相关增值服务，开发了股权信托、股权质押融资、股权回购、股权私募等市场化业务，具备非上市企业股权集中登记托管和股权融资等方面的丰富经验。近三年来，内蒙古产权交易中心一直关注国家资本市场政策变化，积极研究股权交易相关规则，并积极与相关机构沟通筹备组建"内蒙古股权交易所"，而且多次向自治区国资委、金融办汇报相关情况，获得领导部门的认可。

因此，内蒙古产权交易中心有条件联合其他机构共同出资组建产权市场的专业化平台——内蒙古股权交易所。

合肥应在安徽区域性股权交易市场建设中发挥主导作用

安徽省股权交易所总经理　孙　泉

2012年以来，为解决经济中的深层结构问题及在全球金融危机背景下，促进中小微企业发展，帮助它们走出融资困境，国家明显加快了金融体制改革步伐。2012年3月28日，国务院第197次常务会议决定设立温州市金融综合改革试验区，批准实施《浙江省温州市金融综合改革试验区总体方案》，方案涉及规范发展民间融资、加快发展新型金融组织等十二项主要任务。在多层次资本市场建设方面，国家证监部门更是创新思维，大力改革，尤其是对以地方政府为主设立的区域性股权交易市场，积极加以规范引导。2012年5月中国证监会发布了《关于规范区域性股权交易市场的指导意见》（征求意见稿，以下简称《指导意见》），明确提出，"区域性股权交易市场是多层次资本市场的重要组成部分"，并对区域性股权交易市场的监管、参与主体、市场功能定位以及转板机制等多方面进行了规定。这意味着一个多层次的百花齐放资本市场春天的到来。事实上，近年来，除了天津、浙江等省市在区域性股权交易市场建设上比较突出外，还有很多省市政府也有所创新：如 2012 年 2 月，上海股权托管交易中心成立，一次性就挂牌 19 家企业；2012 年 5 月，深圳市设立了前海股权交易中心，计划建设华南地区最大的场外交易市场。

合肥作为中部地区的省会城市，这些年充分享受了国家的政策之利。无论是合芜蚌自主创新示范区，还是皖江城市带承接产业转移示范区，合肥都是规划中的龙头城市，在带动这两大示范区快速发展中起着举足轻重的作用；另一方面，合肥这些年经济高速发展，产业结构日趋合理，已经成为华东乃至全国非常重要的制造业基地。2011 年合肥市产值为 3636 亿元，比上年增长 15.4%，发展速度继续引领全省。随着经济社会的发展，合肥正向特大城市行列迈进，其城市定位也从产业型城市逐步向综合型城市转变。在此背景下，发展金融业，打造地区金融中心，构建以合肥为总部平台的安徽区域性股权交易市场，是合肥进一步发展的必然选项。

一、我国证券市场的结构证券

市场是证券发行和交易的场所。我国的证券市场经过二十二年的发展，已成为整个社会经济体系中的重要组成部分，它不仅反映和调节货币资金的运动，而且对国民经济的运行具有重要影响。

当今中国的证券市场，按证券交易活动的场所进行分类，可分为场内市场和场外市场。上海证券交易所和深圳证券交易所称为场内市场，起步早，形成了一定的规模，属于资本市场的顶层，已有 2000 多家上市公司挂牌交易。除此之外的证券交易市场统称为场外市场，包括新三板、天津股权交易所以及分布全国各地的区域性股权交易市场。场外市场在国内尚处在建设初期，处在资本市场的底层，对应的是数以千万户的中小微企业。在欧美发达国家，随着通信技术和网络信息技术的发展，场内市场与场外市场之间的截然划分已经不复存在，形成了多层次的资本市场结构，中国也在朝这个方向发展。

（一）场内市场

一般来讲，场内市场有固定的交易场所和交易活动时间。证券交易所实行“公平、公开、公正”的原则，交易价格由交易双方公开竞价确定，实行“价格优先、时间优先”的竞价成交原则。竞价一般有集合竞价和连续竞价两种方式。其主要特点如下：

1. 集中交易。场内交易市场集中在一个固定的地点（证券交易所），所有的买卖双方必须在证券交易所的管理之下进行证券买卖。

2. 公开竞价。场内交易市场证券的买卖是通过公开竞价的方式形成的，即多个买者对多个卖者以拍卖的方式进行讨价还价。

3. 经纪制度。在场内交易市场买卖证券活动必须通过专业的经纪人，这是多年形成的规矩。

4. 市场监管严密。在场内交易过程中，证券监督部门及证券交易所对从事证券交易各种活动监管严密，以保证场内交易市场高效有序的运行。

（二）场外市场

场外市场业界也称 OTC 市场，又称柜台交易市场或店头市场，主要是为非上市公司（即达不到主板及二板市场上市标准的股份公司）服务的。如前所述，中国的场外市场建设刚刚起步，包括全国性的股权交易市场，如“中关村代办股权转让系统”（即“新三板”）、天津股权交易所，和地方性股权交易市场，如上海股权托管交易中心、重庆股份转让中心、安徽省股权交易所等。其主要特点如下：

1. 交易的分散性。场外市场没有固定的、集中的交易场所，而是由许多各自独立经营的机构分别进行交易的，并且主要是依靠电话和计算机网络联系成交的。

2. 交易的直接性。在发达国家，场外市场的绝大数交易都是在投资人和做市商之间进行的。证券的实际出售人将证券卖给做市商。实际购买人从做市商买入证券。通过做市商的自营买卖，有价证券的转让得以在投资人之间实现。

3. 交易的灵活性。较之场内市场，场外市场的交易方式非常灵活，有协议转让、做市商交易和竞价交易等多种方式及其组合。

二、省内股权交易市场发展形势分析

2011 年 11 月，国务院办公厅下发了《国务院关于清理整顿各类交易场所切实防范金融风险的决定》（国发[2011]38 号，以下简称 38 号文），决定对各类交易场所进行清理整顿。2012 年 5 月，证监会下发了《关于规范区域性股权交易市场的指导意见（试行）》，明确提出，“区域性股权交易市场是多层次资本市场的重要组成部分”、“由省级政府批准设立”，并对区域性股权交易市场的监管、参与主体、市场功能定位以及转板机制等多方面进行了规定。种种迹象表明，决策层对于区域性股权交易市场的政策已趋于明朗，发展区域性股权交易市场的时机已经成熟。区域性股权交易市场面临着历史性的发展机遇。

38 号文要求清理整顿工作于 2012 年 6 月 30 日结束。在此之前，各省要向清理整顿各类交易场所部际联席会议上报清理整顿工作报告，提出本省发展区域性股权交易市场的意见。省内目前共有三家股权交易机构，除我市的安徽省股权交易所外，还有省产权交易中心设立的安徽省非上市股权交易所和芜湖长江产权交易所设立的安徽长江股权交易所，省内群雄逐鹿之势已成。但从经营规模和综合实力上看，安徽省股权交易所的领先优势非常明显。截至 2012 年 6 月底，安徽省股权交易所已托管包括徽商银行和合肥科农行在内的非上市公司 61 家（其中中小微企业 59 家），托管股份 114.39 亿股，托管股份数量位居全国前列；通过私募、质押实现股权融资累计 51.69 亿元；通过股权挂牌转让、协议过户累计实现交易金额 60.2 亿元。其他两家基本没有开展业务，芜湖的安徽长江股权交易所托管企业仅 1 家，安徽省非上市股权交易所自成立以来未开展任何实质性业务。

按照 38 号文规定，省政府统一负责区域性股权交易市场的批准和监管，在此形势之下，合肥市必须抢占先机，充分利用作为省会城市的政策优势、区位优势、科教优势和先发优势，积极向省政府争取，构建以合肥为中心和主市场、以芜湖和蚌埠为两翼、以省内其他地市为分市场的安徽区域性股权交易市场。

三、合肥发展区域性股权交易市场的意义

近年来，在市委市政府的高度重视下，我市金融业飞速发展，区域性金融中心建设初现成效，金融业不仅发展成为合肥的重要产业，还为地方经济持续快速发展提供了有力支撑。资本市场是构建区域性金融中心的核心，区域性股权交易市场则是多层次资本市场体系的基础层次，在促进中小微企业股权交易和融资，鼓励科技创新和激活民间资本，加强实体经济的薄弱环节等方面，具有不可替代的作用。

清理整顿对于我市的区域性股权交易市场建设既是机遇又是挑战。作为省会城市，合肥理当在全省的区域性股权交易市场建设中占据主导地位，以建立完善多层次资本市场体系，促进我市经济更好更快发展。简言之，合肥发展区域性股权交易市场的意义至少有如下几点：

一是有助于完善我市的多层次资本市场体系，夯实合肥区域金融中心建设基础。

二是有助于促进实体经济与虚拟经济的结合，解决中小微企业融资难问题，充分发挥资本市场对实体经济的促进作用。

三是有助于进一步发挥皖江城市带承接产业转移示范区和合芜蚌自主创新综合配套改革试验区的政策优势，促进企业自主创新，加速我市经济结构的调整和转型。

四是有助于加快现代化滨湖大城市和现代产业基地建设步伐，充分发挥合肥在全省发展大局中的龙头带动作用。

四、合肥发展区域性股权交易市场的规划及保障措施

以安徽省股权交易所为主体构建全省区域性股权交易市场，是一项系统工程，须制定明确的发展规划和强有力的保障措施。

（一）发展规划

1. 市场定位

为全省尤其是我市的中小微企业提供股权托管、股权挂牌交易、上市培育及股权、债券融资服务，为符合条件的挂牌企业提供转板服务，为省内退市公司提供挂牌交易服务。

2. 发展原则

政府监管、市场组织、会员运作，即政府负责监管，安徽省股权交易所负责搭建平台、提供交易场所、发布信息、组织交易，各类会员提供中介服务。

3. 发展目标

以安徽省股权交易所为基础，打造一个以合肥为中心，以芜湖和蚌埠为两翼，覆盖全省的区域性股权交易市场，形成与高层次资本市场互为补充、有机结合的多层次资本市场体系。

4. 发展步骤

（1）在业务层面，按照从股权托管到股权融资再到股权交易的顺序，逐步展开，有序推进。

（2）在地域层面，以合肥为中心，依托“合肥经济圈”和“合芜蚌自主创新试验区”推向省内其他地市。

（二）体系设计

1. 交易制度。在交易制度设计上，按照38号文要求，实行柜台交易和T+5的交易制度，实行现款现货交易。同时，按照《指导意见》要求，锁定服务区域、锁定市场功能、锁定权益人数量。

2. 会员制度。为了活跃和发展市场，市场实行会员制。会员分为经纪会员、中介会员和信息会员三种，经纪会员依其行业许可资格，开展股权交易的自营和经纪业务；中介会员依其行业许可资格，开展权益交易过程中的法律、资产评估、财务顾问、审计等相关专业服务业务；信息会员利用市场的网络等相关资源开展权益交易的信息收集、信息传播、咨询服务等业务。

3. 登记结算制度。制定与交易业务相关的登记结算规则、方式和程序，并予公示；登记结算机构要保证权益持有人名册和登记过户记录真实、准确、完整；实行现金结算、货银对付。

从长远发展角度考虑，考虑将安徽省股权交易所的托管部相对独立出来，使之成为专门服务于区域性股权交易市场的登记结算机构。

4. 信息披露制度。指定适当的信息披露途经，明确区域性股权交易市场各参与主体的信息披露要求，明确信息披露的责任人，强调信息披露的真实性、准确性、充分性、时效性和完整性。

5. 风险防控制度。加强对市场挂牌企业、股权交易双方的资质和行为、市场转让行为和程序、会员运作方式的监管，防范和控制市场风险。明确并严格执行合格机构投资者和合格个人投资者判定标准，并向投资者充分揭示风险。

（三）保障措施

1. 加强监管。政府指定专门机构会同证券监督管理机构及相关职能部门成立监管委员会，负责市场的监管。

2. 政策支持。建议将全市非上市股份公司股权全部交由安徽省股权交易所托管；对于在安徽省股权交易所挂牌的企业比照“新三板”给予财政补贴；比照外地做法在前期给予安徽省股权交易所一定的财政支持。

五、结论

区域性股权交易市场是多层次资本市场的重要组成部分，对于促进企业特别是中小微企业股权交易和融资，鼓励科技创新和激活民间资本，加强对实体经济薄弱环节的支持，具有不可替代的作用。作为省会城市，合肥理应在我省的区域性股权交易市场建设中发挥主导作用。鉴于清理整顿工作即将结束，政策亦趋于明朗，合肥市完全可以根据38号文和《指导意见》的相关要求和规定，支持安徽省股权交易所在现有基础上，尝试为省内的中小微企业提供股权托管、股权挂牌交易、上市培育及股权、债券融资服务，为符合条件的挂牌企业提供转板服务。

第二章　齐鲁股权交易中心

一、基本概况

齐鲁股权托管交易中心(简称“齐鲁股交中心”)按照山东省委、省政府(鲁发[2010]10号)“完善发展全省性股权交易市场”的战略部署和积极开展全省性股权交易市场建设的战略定位,于2010年12月成立的山东省非上市公司股权交易平台。主要为中小企业提供融资服务、股权转让和上市培育等服务。2012年11月28日,山东省政府正式下发《山东省人民政府关于公布保留的权益类交易场所名单的通知》(鲁政字〔2012〕262号),明确齐鲁股交中心为全省唯一股权类交易场所,2013年2月,正式通过国务院清理整顿各类交易场所部际联席会议备案验收。

齐鲁股交中心一直秉承“规范、创新、服务、自律”的发展理念,贴心为中小企业提供综合性服务。成立近三年来,齐鲁股交中心在促进中小微企业融资发展、规范企业内部管理、加快上市后备资源培育,助推区域经济转调等方面发挥了重要作用。目前,市场已经发展成为国内规则制度最完善、体系最为健全、运作最为规范、服务当地企业数目最多的区域性股权交易市场。

山东省政府确定,以加快齐鲁股交中心改革发展为契机,全面建设全省性股权交易市场。将中心建设成为具有“投资融资、交易结算、登记托管、培育孵化、信息资源集聚、金融创新”六大功能,集股权、债权及固定收益类产品交易于一体的全省中小企业投融资平台,打造成为全国有重要影响的区域性资本市场。

二、公司治理

齐鲁股交中心是经省政府批准,设立在淄博市的正县级事业单位,内设综合业务部、市场发展部、市场推广部、网络工程部、托管交易部、融资服务部、挂牌业务部、监管服务部、合规管理部、研究咨询中心等10个部门。2013年以来,为进一步发挥好市场功能,齐鲁股交中心在全省范围内设立了四大区域管理总部,包括蓝色经济区管理总部、黄三角区域总部、鲁南区域总部和鲁西区域总部。通过这四大区域总部,能够更加贴切、紧密地为全省中小企业提供综合性服务。2013年6月份,齐鲁股交中心开始了公司制改革步伐,将建成由省财政、齐鲁证券、鲁信集团及山东省多市国资参股的公司。

三、企业文化

齐鲁股交中心位处齐鲁大地的齐文化故都——淄博,齐鲁股交中心的发展一方面继承了齐文化的变革性、开放性、多元性、务实性和智慧性,另一方面得益于淄博市深厚的资本市场基础。经过近三年的运营和发展,齐鲁股交中心逐步形成了以“创新”和“服务”为理念的核心文化,齐鲁股交中心也正致力于将“不断创新发展思路,贴切服务中小企业”打造成自身的核心竞争力。

2013年以来,为适应市场发展形势,更好地服务中小企业,齐鲁股交中心进行了一系列创新:探索差异化信息披露制度;与各市及县(市)区政府建立了合作监管机制,对挂牌企业实行分类监管;建立综合评价体系。把企业分为ABC三档,根据企业发展需要,与属地政府协同服务企业,形成行政与市场相结合,共同推动企业发展的工作机制;实施了适合中小企业发展需要的区域市场多元化融资服务体系;在全省范围内设立了四大区域管理总部,包括蓝色经济区管理总部、黄三角区域总部、鲁南区域总部和鲁西区域总部,贴切、紧密地为全省中小企业提供综合性服务;建立了为中小企业提供集宣传展示、信息发布、融资服务、培育指导、互动交流为一体的开放性、综合性金融服务平台。

四、市场状况与成就

截至2013年8月,齐鲁股交中心已实现挂牌企业158家,托管企业278家,推动挂牌企业实现各类融资78亿元,其中为91家企业实现了103次股权融资,企业获得股权融资逾17亿元。针对托管挂牌企业的银行授信额度达到近100亿元。培育和发展各类中介服务机构243家,与23家银行、18家证券公司战略合作,成立了投资者俱乐部,吸引股权投资机构135家。在省内成立了38家工作机构,开户网点达到11个,挂牌企业覆盖到全省16个市,70个县(市)区,全省性股权交易市场已经形成。

五、取得的主要成效

运行近三年来,齐鲁股交中心大胆创新,勇于实践,在制度建设、融资服务、信息披露、市场监管、投资者适当性管理等方面进行了一系列的探索实践,取得了一定的成效。

(一)全省性股权交易市场框架已基本形成。目前,市场托管挂牌企业已经基本覆盖山东省内16个市。市场已成立了枣庄、德州、威海、聊城等8家管理中心,建立了聊城临清、德州禹城、威海乳山等齐鲁股权挂牌工作办公室,市场分支机构及网点建设在全省范围内全面展开,全省性股权交易市场已经形成。

(二)市场规则制度建设基本完善。建立健全了适合场外交易市场的近60个市场规则制度,制定了适合区域市场的企业挂牌条件和标准,完善了市场的信息披露制度,推出了合格投资人制度,建立了中介机构管理和服务体系。成为国内区域性股权交易市场中规则制度最为完善,制度体系最为健全的区域性市场。

(三)丰富了中小微企业融资渠道。市场始终坚持直接融资与间接融资相结合,开展了私募股权融资、银行信贷倾斜、股权质押、信托产品、集合票据等一系列融资服务;强化企业挂牌后的增值服务和个性化支持,帮助企业理清发展战略,探讨解决企业发展中遇到的问题,推动多家银行对挂牌企业实行集合授信;积极培育和发展创业投资、基金等机构投资人,利用齐鲁股交中心100多家会员的机构投资俱乐部平台,支持创业、创新性中小微企业,使其得到重点孵化和培育。

(四)市场综合监管体系逐步健立。在区域性股权市场监管方面,齐鲁股交中心实行行政监督与市场监管相结合的理念,形成了省金融办牵头综合监管,淄博市日常监管,各市配合监管,齐鲁股权托管交易中心一线监管的风险防控体系,保证了市场在运作过程中风险可控,深交所在对市场调研后给予了较高评价，称之为"难以复制的齐鲁模式"。

（五）建立了企业上市培育的有效服务。市场组建了券商、注册会计师、律师在内的挂牌企业上市培育咨询委员会，对优势企业进行分组跟踪指导，随时提高个性化服务，发挥市场的培育孵化功能，企业通过挂牌，促进了股权合理流动，优化配置资源，通过引进战略投资者，提升企业竞争力。同时各级政府在税收、土地、项目、人才等方面给予支持和政策倾斜，推动企业做大做强。目前中心已经有22家公司列入上市培育资源，券商正在重点进行辅导。

（六）配置了高效完备的交易系统。与深圳金证科技股份公司联合研发了适合场外市场运营需要的托管及交易系统，系统采用了双机热备、磁盘阵列式服务器，容量达到5000G。租用联通、电信的双线通讯专线，为客户提供安全交易线路。配备了网络入侵防御设备，系统数据实行异地备份，保证了系统运行的效率和安全性。与建行总行开展三方存管业务，保护了客户资金的安全。

六、企业社会责任

齐鲁股交中心在为中小企业健康快速发展提供服务外，还以成立爱心公益专项基金的形式引导企业参与社会公益事业，这在国内区域性股权交易市场中开了先河。

齐鲁股权爱心公益专项资金由齐鲁股交中心以及其他想致力于社会公益事业的挂牌企业共同发起成立。致力于为优秀挂牌企业搭建起帮扶贫困大学生、失学儿童、残障人员以及贫困家庭的桥梁，为这些企业提供彰显社会责任心与公益心的平台。

2012年12月28日，齐鲁股交中心举行齐鲁股权爱心公益基金拍卖活动，拍得资金以及企业捐助资金将计入齐鲁股权爱心公益基金。

七、齐鲁股交中心2013年大事记

2013年1月13日，省委副书记、省长姜大明一行莅临齐鲁股权托管交易中心视察。淄博市委书记周清利、市长徐景颜等陪同。姜大明省长听取了齐鲁股权托管交易中心建设运营工作情况的汇报，对中心的建设发展工作给予充分肯定，希望中心发挥人才、智力聚集优势，坚持规范运作、稳健运营，在扩大企业直接和间接融资、引导企业规范管理、培育上市后备资源、促进转方式调结构等方面，发挥更加积极的作用，为全省社会经济发展做出更大贡献。

2013年1月18日，大众日报《关注亮点说改革》栏目以《搭建区域性企业融资交易平台，齐鲁股交中心帮中小微企业"补气血调经脉"》为题，对齐鲁股交中心在助力中小企业融资、规范、发展方面发挥的作用进行了解读。中心开国内"场外交易市场"之先河，为中小微企业提供股权融资交易。"齐鲁模式"不是现成的，是"齐鲁人"大胆创新、细致规范干成的。制度创新的背后，是思维创新的引领，"敢为天下先""善为天下先"，改革需要更大的勇气和智慧，相信山东会有越来越多在全国叫得响的"齐鲁模式"。

2013年1月30日，齐鲁股交中心举办"金诚信"集合贷款计划研讨会。淄博融信投资担保有限公司、招商银行济南分行及华伟银凯、赛特股份等12家挂牌企业负责人参加了会议。"金诚信"集合贷款计划是指银行向"小微企业池"中的企业发放贷款，由企业缴纳一定比例的共同保证金，由淄博融信投资担保有限公司为其提供担保作为增信手段的信贷业务。

2013年1月21日，齐鲁股权托管交易中心在凤阳大酒店成功召开了挂牌公司2012年年报工作暨第四次董秘培训会，各挂牌公司董秘、财务负责人及推荐机构督导人员180余人参加了本次会议。本次培训会对做好年报披露工作，进一步规范挂牌公司信息披露、规范治理等方面起到了良好效果。

2013年1月22日，齐鲁股权托管交易中心2013年第一批企业托管挂牌仪式举行，来自德州、青岛、东营、滨州的山东力士板业股份有限公司等4家优质企业成功托管挂牌，全面服务于我省"蓝黄"两大经济区及中原经济区的重点区域城市。本次托管、挂牌的四家企业分别为100132－C力士、200015—牧人神、200026—正汉生物、200027—圣德世嘉，主要集中在先进制造业、生物科技、高端商品贸易等行业，部分企业为细分行业龙头。

2013年2月3日，淄博市更是出台了《淄博市人民政府关于推动齐鲁股权托管交易中心加快发展的意见》（淄政发〔2013〕7号），这是省内第一个专门支持齐鲁股权交易市场发展的政策。意见指出，在淄博规划建设"齐鲁股权大厦"，引进银行、证券公司、基金等入驻设立地区总部、区域管理中心，引进在国内有影响力的会计师事务所、律师事务所等中介服务机构入驻；在土地、税收、行政收费等方面落实挂牌企业优惠政策，积极扶持优质企业挂牌；引导金融机构加大对挂牌企业的信贷支持力度，在风险可控范围内适当延长授信期限，设置更加灵活的还款方式，同时鼓励开展股权质押融资等质抵押物创新业务。

2013年2月19日，上海证券报以《"齐鲁模式"引人瞩目》为题进行报道。我国多层次资本市场的建设正在提速，区域性股权交易市场曾一度活跃的山东在这轮改革中再次走在了前列，在全国区域性股权交易市场中，齐鲁股交中心已名列第二。与第一不同的是，挂牌与托管企业全部来自山东，这对全国各省探索区域性股权交易市场更具有借鉴意义。齐鲁股交中心的快速发展，成就了全国区域性股权交易市场建中引人瞩目的"齐鲁模式"。

2013年2月25日，淄博市供应链金融服务有限公司新春座谈会暨战略合作协议签约仪式在淄博齐盛国际宾馆会议中心举行。苏州国信集团、高新区管委会、市金融办及区县金融办、市招商局及高新区招商局、市内各大银行及其他金融机构出席会议，齐鲁股交中心应邀参加。齐鲁股交中心与淄博市供应链金融服务有限公司签署了战略合作协议，双方按照"合作共赢、共同发展"的合作宗旨，充分发挥双方在各自领域资源优势，在信息资源共享、企业融资以及挂牌推荐等方面开展广泛合作。

2013年3月7日，山东省再担保集团有限公司总经理助理任为民一行来中心参观考察，齐鲁股交中心李雪主任及融资服务部相关同志与来访公司进行了座谈。任总对中心推出的一系列创新融资产品及双方合作思路表达了极大兴趣，她表示省再担保集团将依托自身较强的担保实力及其分布在全省各地的再担保体系成员，积极探索与齐鲁股交中心在私募债券发行、中小企业集合贷款、集合信托担保等方面的合作。

2013年3月11日，省金融办、省统计局、省财政厅对《山东省企业资本市场融资年度考核评价办法》（鲁金办发〔2011〕9号）进行修订完善，并正式实施。办法规定，考核评价各市和各县（市、区），以新上市、新挂牌公司数量和融资数量为主要评价指标，上市（挂牌）资源数量、资本市场发展情况和上级主管部门工作部署完成情况为次要评价标准。同时，办法还规定，融资包括企业首发上市融资、上市公司再融资、股权交易市场挂牌融资和中小企业私募债券融资。

2013年3月12日，山东省中小企业局下发《关于做好

2013 年全省小微企业融资服务重点工作的通知》，要求各市与齐鲁股权托管交易中心共同推动一批素质优良、成长性好的中小企业进行挂牌交易，积极引导小型微型企业通过挂牌私募、股权质押融资、融资租赁等多种方式进行融资。加强中小企业上市后备资源培育，加速创新型企业进入更高层次资本市场。

2013 年 3 月 14 日，山东省中小企业局下发《全国扶助小微企业专项行动山东省实施方案》，确定了帮扶小微企业的“633321”工作目标。当年新增小微企业 6 万户；3000 家微型企业上升为小企业、300 家小企业上升为规模以上企业；培育 3000 家企业成为专精特新企业，培育 200 个中小企业自主品牌，“一企一技术”中心和企业达到 1000 家。发行 7 支区域性企业集合票据、集合债、集合信托和私募债，推荐一批小企业在齐鲁股权托管交易中心挂牌交易，增加直接融资。

2013 年 3 月 29 日，齐鲁股权托管交易中心 2013 年第一届证券公司座谈会在山东省淄博市召开。此次座谈会，得到了山东省金融工作办公室和各地市政府部门的大力支持，共有来自全国范围的近 20 家证券公司的相关负责人参加。齐鲁股权托管交易中心党支部书记邵成奎主持会议，山东省金融工作办公室证券与资本市场处张伟处长出席并讲话，淄博市金融工作办公室主任胡希德出席会议，齐鲁股权托管交易中心主任李雪介绍了中心两年来的运营情况。张伟处长指出，齐鲁股权托管交易中心作为全省目前唯一一家股权类交易市场，受到了省委省政府的高度重视，山东省金融工作办公室不仅仅是该市场的监管者，更是参与者、组织者和推动者，当前齐鲁股权托管交易中心既可以做股权交易，也可以发展债权、资产证券化等产品，相信齐鲁股权托管交易中心未来一定会有更好、更大的发展。

2013 年 4 月 1 日，为规范淄博市非上市股份有限公司股权质押融资行为，促进股权质押融资业务健康发展，支持金融产品创新，拓宽中小企业融资渠道，淄博市金融办、淄博仲裁办、淄博市工商局、人民银行淄博市中心支行、淄博银监分局联合颁布了《淄博市非上市股份有限公司股权质押融资指导意见》。《指导意见》明确了出质股权的范围、股权出质登记、变更、注销、撤销办理流程及其他相关要求，打通了淄博市非上市股份有限公司股权质押融资渠道，实现了市内中小企业融资方式创新，使广大中小企业融资手段将土地、厂房等传统担保物替换成公司股权，从而解决了中小企业融资难、担保难的问题。

2013 年 4 月 8 日，淄博市民间融资登记服务中心蒋伟一行来访，与融资服务部相关同志进行了座谈。双方就挂牌企业融资服务、民间融资平台建设、双方信息共享合作等方面进行了交流和对接。

2013 年 4 月 16 日，周村区金融办举办了全区金融挂牌工作动员推介会，周村区委副书记、区长陈思林，周村区委常委、副区长刘长民，周村区金融办主任雍永利等参加了会议。齐鲁股权托管交易中心主任李雪应邀出席会议并作主题发言。周村各乡镇后备资源企业、周村区政府相关部门、部分中介机构等近百人出席了会议。会议以推进企业挂牌为中心议题，首先由李雪主任介绍齐鲁股权托管交易中心情况。李主任以资本市场为切入口，对挂牌业务进行了深入详尽的介绍，其中包括中心近期推出的新政策和新业务、市场功能、挂牌程序等。为力促企业在齐鲁股权托管交易中心挂牌，区政府将一次性奖励挂牌企业 20 万元并给予其他优惠政策。

2013 年 4 月 17 日，齐鲁股权托管交易中心（简称“齐鲁股交中心”）隆重举行 2013 年第二批企业挂牌暨山东聊城阳谷县挂牌工作办公室授牌仪式。来自山东德州、聊城和泰安的 4 家优质企业挂牌，聊城市阳谷县挂牌工作办公室正式授牌。淄博、德州、聊城、泰安各市及区县政府领导、金融办负责人，挂牌企业和观摩企业代表共 80 余人参加了仪式。齐鲁股交中心主任李雪发表了热情洋溢的欢迎辞，德州市、泰安宁阳县政府领导致辞。来自泰安的挂牌企业山东同创汽车散热装置股份有限公司负责人发言，表示企业由此将步入了更好更快成长的轨道。

2013 年 4 月 18 日，北京大学民营经济研究院研究部副主任张维智教授一行到中心调研。齐鲁股交中心主任副主任邵成奎、总顾问杨少军与张维智教授举行了座谈。杨少军总顾问向张教授介绍了齐鲁股交中心市场建设运营、融资转让功能发挥以及市场支持民营经济发展等情况。张维智教授一行主要目的为调研齐鲁股交中心基本情况，进一步获悉场外市场前沿，更好地服务民营经济发展。张教授对中心的发展运营和取得的成效给予高度肯定，他认为国内各省区域性股权交易市场建设如火如荼，竞争日益激烈，齐鲁股交中心的建立和运营对于我国多层次资本市场建设及推动民营经济发展具有里程碑意义。

2013 年 4 月 22 日至 23 日，由山东省金融办、上海证券交易所联合举办的全省金融干部资本市场专题培训班在济南南郊宾馆举行。各市、县（市、区）金融办分管领导及齐鲁股交中心相关人员、省内部分拟上市公司、上市公司负责人约 300 人参加了培训。齐鲁股交中心主任李雪作为本次培训会的受邀主讲人之一，在培训班上对齐鲁股交中心的市场发展、功能服务、规划目标等情况进行了全面介绍。

2013 年 4 月 23 日，国务院发展研究中心金融研究所所长张承惠等一行三人考察齐鲁股交中心并进行了座谈，齐鲁股交中心主任李雪、副主任邵成奎、市场总顾问杨少军等参加座谈。国务院发展研究中心金融研究所此行主要是围绕区域性股权交易市场如何发展问题开展调研。张所长一行详细了解了齐鲁股交中心的发展运营情况。齐鲁股交中心主任李雪同时向张所长一行汇报了中心发展规划，并提出了有关政策建议。双方就区域性股权交易市场发展进行了深入交流。

2013 年 4 月 25 日，由山东省委副书记、代省长郭树清带队的全省加快转调创进程，推动科学发展现场观摩交流团莅临齐鲁股交中心视察指导。省委常委、青岛市委书记李群，省人大常委会副主任、党组副书记柏继民，副省长王随莲及济南、淄博、潍坊、泰安、莱芜各市党委、政府主要领导、省直部门负责人等随同视察。在齐鲁股权托管交易中心，郭省长一行饶有兴致地听取了中心主任李雪所作的市场工作情况汇报，郭省长对市场的运营非常满意。在齐鲁股交中心交易大厅信息显示屏现场，郭省长就他关注的企业托管挂牌、投资者权益、股权转让等业内专业问题与李雪主任亲切交流。他微笑着说：“市场办得很好！要继续办好！”

2013 年 5 月 3 日，由山东省委常委、济南市委书记王敏，济南市委副书记、市长杨鲁豫率领的党政考察团一行 50 余人莅临齐鲁股交中心，就全省加快转调创进程、推动科学发展进行现场观摩考察。淄博市委书记周清利陪同考察。考察团一行听取了齐鲁股交中心主任李雪所作的市场工作情况汇报。王敏书记对市场的建设和发展充分肯定。济南市将在高新区专辟办公场所，齐鲁股交中心派专人入驻，大力推动省会都市圈内企业挂牌，拓展市场业务，为社会经济发展做出更大的贡献。

2013年5月3日，由潍坊市市长刘曙光率领的党政考察团一行30余人莅临齐鲁股交中心参观考察。考察团一行听取了齐鲁股交中心主任李雪所作的市场工作情况汇报。刘曙光市长对市场对地方经济的带动作用表现出极大兴趣，希望中心在潍坊建立分支机构推动企业挂牌，促进地方经济更好更快发展。

2013年5月3日，齐鲁股交中心与淄博融信投资担保有限公司和招商银行济南分行三方合作推出的首批"金诚信"中小企业集合贷款计划正式审批通过，7家挂牌企业共计获得授信贷款3500万元。齐鲁股交中心将不断完善和优化"金诚信"产品功能，使更多挂牌企业通过此项产品，解决资金难题。

2013年5月7日，日本三井物产(青岛)有限公司总经理助理松浦伸史等一行4人在淄博市商务局副局长毛中强的陪同下考察齐鲁股交中心，齐鲁股交中心市场总顾问杨少军进行了接待。希望下一步能够建立与三井物产公司之间的互联沟通机制，尤其是在企业投资方面找到好的合作结合点，实现互利共赢。日本三井物产(青岛)有限公司已经加入齐鲁股交中心投资者俱乐部。

2013年5月7日，潍坊滨海经济技术开发区党工委副书记、管委会主任张恒道一行30余人参观考察齐鲁股交中心。考察团一行在听取了齐鲁股交中心副主任金栋对市场工作情况的介绍后，参观了中心办公区，对市场发挥的"加快转调创进程、推动科学发展"所起到的积极作用表示赞誉，并希望与中心建立密切联系，促进潍坊滨海经济技术开发区企业到市场挂牌。

2013年5月8日，由莱芜市委书记刘士合，市委副书记、市长王磊率领的党政考察团一行近百人莅临齐鲁股交中心参观考察。淄博市委书记周清利陪同考察。刘书记表示，希望到场的企业负责人今后多到市场学习交流，利用资本市场帮助企业融资发展。莱芜市要研究出台推动企业挂牌的优惠政策，希望中心在莱芜建立分支机构，推动企业到中心挂牌，开展市场培育工作，以此带动莱芜地方经济更好更快发展!

2013年5月9日，潍坊市政府办公室副主任李波带领潍坊市商务局和潍坊、潍城、奎文、青州、寒亭、诸城、昌乐、安丘、临朐、寿光、高密、昌邑各经济开发区主要负责同志一行近20人参观考察齐鲁股交中心。考察团一行在听取了齐鲁股交中心副主任金栋对市场工作情况的介绍后，参观了中心办公区，对市场发挥的"加快转调创进程、推动科学发展"所起到的积极作用表示赞誉，并希望与中心建立密切联系，促进潍坊市各经济开发区企业到市场挂牌。

2013年5月9日，由泰安市委书记李洪峰率领的党政考察团一行30余人莅临齐鲁股交中心参观考察。淄博市委副书记、市长徐景颜陪同考察。考察团一行听取了齐鲁股交中心主任李雪所作的市场工作情况汇报，大家对挂牌推动企业发展表示出极大兴趣。李书记表示，回去后要好好宣传，让更多的泰安企业对接齐鲁股交资本市场，推动地方经济更好更快发展!

2013年5月10日，由山东省委宣传部指导、大众报业集团主办、经济导报社和山东财经大学联合承办的"山东势力?2012(第十届)'农行杯'山东财经风云榜"颁奖典礼在济南举行，齐鲁股交中心主任李雪荣获2012山东"十大财经风云人物"。

2013年5月11日，由章丘市委书记江林率领的党政考察团一行120余人莅临齐鲁股交中心参观考察。考察团一行听取了齐鲁股交中心主任李雪所作的市场工作情况汇报，包括40多家优质企业在内的章丘市党政考察团对挂牌推动企业发展表示出极大兴趣。江书记现场表示，要让更多的章丘企业对接齐鲁股交资本市场，推动地方经济更好更快发展!

2013年5月15日，全国政协副主席、全国工商联主席王钦敏一行莅临齐鲁股交中心视察指导。省政协副主席、省工商联主席王乃静，淄博市委书记周清利等陪同视察。王钦敏主席高度评价齐鲁股交中心建设发展取得的成效，他指出，齐鲁股交中心的发展代表了国家发展场外交易市场的大方向，是促进科技型、创新型企业发展和实现投融资结合的重要平台。他要求齐鲁股交中心要加强与各相关部门的信息互通和交流，同时要做好企业投融资评估分析，保质保量做好企业培育发展工作，逐步积累经验，不断扩大自身市场影响力。

2013年5月15日，淄博市委常委、纪委书记赵启全在淄博市金融办主任胡希德的陪同下视察齐鲁股交中心并座谈。齐鲁股交中心主任李雪、副主任邵咸奎进行了接待。在听取了李雪主任关于市场建设运营情况的详细汇报之后，赵书记充分肯定了齐鲁股交中心在推动科技型、创新型企业融资、规范、发展方面所起到的重要作用，并表示支持齐鲁股交中心服务好全省企业，进一步影响辐射全国。

2013年5月18日，由山东省金融工作办公室、德州市政府主办的中国.德州第三届资本交易大会在德州太阳谷国际会议中心开幕。齐鲁股权托管交易中心主任李雪一行7人与省内外500余家银行、券商等金融机构，以及1400余家高新技术、高成长性企业参加了会议。会议期间，齐鲁股交中心参会人员利用这一全省目前最大的投融资平台向参会企业及机构详细介绍中心建设运营情况及融资、上市培育等各项功能并与有意向企业经行了深入交流。

2013年5月22日，广西证监局杨凡科长、国海证券济南营业部营销部经理宋志海等一行5人考察齐鲁股交中心。挂牌业务部杨雪华副部长、监管服务部、市场发展部有关人员对来访人员进行了接待。杨科长表示，此行目的是为广西筹建本省的股权交易市场汲取经验，希望与齐鲁股交中心加强互通交流。

2013年5月22日，齐鲁股交中心与齐鲁商学院举办了企业融资发展座谈会，深圳达晨创业投资集团、深圳创新投资集团、昆吾九鼎投资管理有限公司、国泰君安证券股份有限公司、青岛市担保中心等12家投资机构，山东高盛玻璃科技股份有限公司、滨州市慧能工业设备有限公司、山东海华汽车部件有限公司等25家企业，齐鲁股交中心与齐鲁商学院有关人员参加了会议。投融资双方交换了信息并进行了项目交流对接，为下一步融资打下了良好基础。

2013年5月22日，全国股份转让系统有限责任公司董事长杨晓嘉一行专程莅临齐鲁股交中心考察调研，机构业务部总监贾忠磊、市场发展部副总监刘鹏随同考察。淄博市副市长许建国等陪同考察。党的十八大对金融工作有明确的要求，这也是社会关注的焦点。要共同研究，探讨场外市场发展的路径。齐鲁股交中心理念、方式都很好。全国市场也正在探讨怎么发展、分层、对接。三板和四板是需要打通的，是互联互通的关系，这才是一个健康发展的市场。

2013年5月25日，中央候补委员、深圳证券交易所总经理宋丽萍一行在省金融办副主任孙宪青的陪同下到齐鲁股权托管交易中心考察。市领导周清利、徐景颜、刘晓、唐福泉陪同有关活动，并就齐鲁股权托管交易中心下一步的发展和工作重点进行了座谈。宋丽萍说，我国的资本市场逾越了由场外到场内、自下而上的这样一个发展过程，中小微企业很难在这样一个资本市场里得到支持。淄博是股份经济发展较早的地区，市场化程度高，有着较为深厚的场外交易市场基础，私募活跃，这为齐鲁股交中心围绕私募平台做好工作，提供了非常大的发展空间。区域性股权交易市场在追求交易量的同时，更要重点做好对中小企业的服务工作。它不仅是企业融资的平台、社会信用平台，还是一个引导企业规范管理、提升企业发展质量的平台。

2013 年 5 月 28 日，齐鲁股交中心（拟）挂牌企业投融资对接会在淄博证券大厦举行。这是今年以来齐鲁股交中心举行的第十二次投融资对接会。会上，十多家投资机构与企业达成初步合作协议。

2013 年 5 月 31 日，由青岛市经信委主办的青岛市中小企业股权挂牌融资培训研讨会在青岛市中小企业公共服务中心举行。来自青岛各市（区）100 余家企业及 30 家中介机构近 200 人参加了会议。齐鲁股交中心作为会议“主角”应邀参加。本次研讨会是齐鲁股交中心与青岛市中小企业公共服务中心联合组织开展的一次重要会议，扩大了齐鲁股交中心对蓝色经济区特别是青岛市的辐射力度，为下一步青岛市中小企业托管挂牌及融资工作开展打下了良好的基础。

2013 年 6 月 9 日，齐鲁股权托管交易中心临沂管理中心和临沂经济技术开发区齐鲁股权挂牌工作办公室牌暨企业集中挂牌仪式在临沂经济技术开发区隆重举行。在临沂市设立管理中心和挂牌工作办公室是全省性股权交易市场建设体系的重要一环。对促进临沂中小企业融资、引导企业规范发展、为临沂市储备更多的上市企业具有重要意义。

2013 年 6 月 19 日，泰安市金融办副主任王凤坤、岱岳区副区长雷建民及新泰市金融办等领导率岱岳区、新泰市 18 家拟挂牌企业一行 30 余人来中心考察学习。考察团及参会企业家在听取了中心的情况介绍后，对挂牌表达了浓厚的兴趣，并围绕挂牌业务与齐鲁股交中心专业人员进行了交流互动。

2013 年 6 月 24 日，鲁信集团董事长、党委书记汲斌昌一行 10 人莅临齐鲁股交中心考察，鲁信集团总经理相开进，鲁信集团党委委员、副总经理兼山东省国际信托有限公司总经理王小林等随同考察。淄博市副市长庄鸣等陪同考察。在听取了齐鲁股交中心主任李雪对中心发展历程和市场主要功能介绍后，鲁信集团董事长、党委书记汲斌昌表示，鲁信集团作为省内具有较强实力和影响力的大型信托投资集团，在金融、投资、资本运营等领域具备独特优势，多年来一直与齐鲁股交中心有良好合作关系。下一步希望双方充分发挥各自优势，进一步加强沟通，开展全方位战略合作，互利共赢，共谋发展。

2013 年 6 月 26 日，齐鲁股交中心第四批企业挂牌仪式在齐鲁股交中心举行，来自德州、枣庄、聊城、菏泽、淄博、临沂等 6 个市的 9 家优质企业成功托管挂牌。齐鲁股交中心将在全面建设全省性股权交易市场，打造我省中小企业投融资平台基础上，建设成为具有“投资融资、交易结算、登记托管、培育孵化、信息资源集聚、金融创新”六大功能，集股权、债权及固定收益类产品交易于一体的全省中小企业投融资平台，并尽快打造成为全国有重要影响的区域性金融综合交易平台。

2013 年 6 月 28 日，在省金融办、省中小企业局的支持下，在青岛市经济和信息化委的主导下，齐鲁股权托管交易中心蓝色经济区管理总部揭牌暨首批企业挂牌与托管仪式在青岛市中小企业公共服务中心举行。仪式上，省金融办副主任孙宪青与青岛市经信委主任项阳青，共同为齐鲁股权托管交易中心蓝色经济区管理总部揭牌，省中小企业局副局长徐田军和青岛市经济信息化委主任项阳青为青岛暖倍儿服饰股份有限公司鸣锣开盘；2 家蓝色经济区企业挂牌，17 家青岛企业集中托管。

2013 年 7 月 2 日，齐鲁股权托管交易中心与莱芜市莱城区人民政府签署战略合作协议暨莱城区齐鲁股权挂牌工作办公室揭牌仪式在莱芜宾馆举行。齐鲁股权托管交易中心、莱芜市、莱城区政府领导及 30 余家优质拟挂牌企业参加了会议，中心主任李雪就“中心作为全省性金融综合交易平台的战略规划及中心运营情况”作了主题报告。莱城区齐鲁股权挂牌工作办公室的设立，成为齐鲁股交中心“完善发展全省性股权交易市场”战略部署阶段性实现的重要标志。

2013 年 7 月 5 日，齐鲁股权托管交易中心东营管理中心揭牌暨企业集中托管挂牌仪式在东营市东营区隆重举行。山东省金融办副巡视员张鲲、东营市委常委、副市长田青云、东营市政府副秘书长张宝华、东营市金融办主任王延亮、齐鲁股权托管交易中心副主任金栋出席了仪式。参加会议的还有各区县金融办有关领导及 70 余家企业的负责人。仪式由东营市金融办主任王延亮主持，山东省金融办副巡视员张鲲与东营市委常委、副市长田青云分别致辞并共同为齐鲁股权东营管理中心揭牌。

2013 年 7 月 12 日，齐鲁股权托管交易中心济宁管理中心揭牌暨首批企业托管挂牌签约仪式在济宁市圣都国际会议中心举行。仪式由济宁市政府秘书长孙方一主持，济宁市副市长白山出席揭牌仪式并作重要讲话。白山副市长在会上指出齐鲁股权托管交易中心是区域性股权交易市场的正规军，县市区政府和部门要多学习、多支持、多协调；企业要早对接、早利用、早受益；市场运营方和监管方要讲规则、讲规范、讲创新。白山副市长还表示齐鲁股交中心济宁管理中心是济宁市资本建设的中流砥柱，揭牌仪式虽是一小步但也是起步，希望能够为企业带来实实在在的效益！

2013 年 7 月 17 日，山东省金融办主任李永健一行调研考察齐鲁股交中心，淄博市委常委、常务副市长刘晓陪同调研。李永健主任说，下一步全省要大力培育各类挂牌企业主体，其中，包括上市后备资源企业、优质的城商行以及小额贷款公司、融资性担保公司、融资租赁公司等新型金融组织。要进一步丰富齐鲁股交中心交易品种，试点中小企业私募债发行，尝试固定收益类产品、理财产品、基金产品的转让。同时，要协调对接全国性证券交易所，推动符合条件的企业到沪、深交易所挂牌交易。充分发挥齐鲁股交中心先发优势，将中心打造成各种金融要素资源积聚的综合性金融服务平台，使中心成为真正“升级版”的全省性市场。

2013 年 7 月 18 日，齐鲁股权托管交易中心 2013 年第七批企业托管挂牌仪式在日照市开发区管委会成功举行，这也是齐鲁股交中心首次以经济技术开发区为专场举办企业集中托管挂牌仪式。今后，齐鲁股交中心与日照开发区将全面深化双方战略合作，推动更多的企业到市场挂牌融资。通过齐鲁股交中心提供的托管交易、上市孵化、综合展示、企业规范等一系列专业化、保姆式服务，积极开展业务培训、专家指导等活动，做好企业挂牌的增值服务，努力实现企业做大做强的目标，促进区域经济发展。

2013 年 7 月 30 日，齐鲁股权托管交易中心融资咨询委员会成立大会暨第一次全体委员会议在证券大厦二楼东厅举行。经组委会提名，融资咨询委员会聘请招商银行济南分行副行长齐君承同志担任第一届融资咨询委员会主任。全体委员表决通过了《齐鲁股权托管交易中心融资咨询委员会章程》。会议选取了两家挂牌企业暖倍儿和晨晖股份进行了“融资会诊”。委员们针对企业在发展过程中遇到了规范、融资、财务、发展战略等问题积极出谋划策，倾囊相授。

2013年8月8日，山东省政府发布《关于加快全省金融改革发展的若干意见》（鲁政发〔2013〕17号），《意见》中明确提出要“发展股权交易市场，把股权交易市场作为多层次资本市场的重要组成部分”。《意见》绘就了齐鲁股权托管交易中心的发展蓝图，近期目标是将中心打造成为全省中小企业投融资平台。中远期目标是建成以资本要素为特征的金融综合交易平台。在工作着力点上力争与全国中小企业股份转让系统建立双向“转板”机制，探索到沪、深证券交易所延伸挂牌的路径。大力培育挂牌企业主体，发展壮大合格投资人队伍；创新交易品种，逐步推出固定收益类、私募债券和资产证券化等新产品；完善市场管理制度，增强服务功能。

2013年8月13日，东吴证券股份有限公司访问团一行9人在董事长吴永敏的带领下，调研考察齐鲁股权托管交易中心。淄博市人大第一副主任王顶岐、淄博市金融办主任胡希德等陪同考察。吴永敏董事长对齐鲁股权所引领的区域性股权交易市场表示出极大兴趣，对齐鲁股交中心在上市资源培育和企业股权规范的做法表示赞赏，希望与这一经过国务院部际联席会议正式验收的场外交易市场展开积极合作，开展挂牌企业保荐、产品创新等业务。

2013年8月16日，全国中小企业股份转让系统区域性市场挂牌企业座谈会在齐鲁股交中心召开。全国股转系统党委副书记、监事长邓映翎率领全国股转系统30余人莅临齐鲁股交中心。山东省金融办、山东省证监局等部门陪同座谈。淄博市政府副市长邵珠东出席了会议。李雪主任说，齐鲁股交中心作为区域性市场，和全国股转系统一样，都是场外市场，都是多层次资本市场体系的重要组成部分，都服务于中小微企业的改制、挂牌、融资和股份转让。作为两个不同层次的市场，应该是有机联系的。希望座谈会能对区域性市场与全国性市场的对接及企业的转板等问题进行有益探讨，希望中小企业能更好地利用资本市场实现更好更快发展。

2013年8月30日，由科技部火炬中心和深圳证券交易所联合主办的金融服务创新驱动座谈会在济南召开。深圳证券交易所总经理宋丽萍，科技部、证监会、中关村高新园区、齐鲁股交中心等单位有关负责同志出席会议，省委常委、常委副省长孙伟出席会议并致辞。中心主任李雪参加了区域性股权市场负责人对话环节，她向参会人员介绍了齐鲁股交中心基本情况和特点，并就中心与高新园区对接情况和中心成为科技中小微企业的优选展示平台、融资蓄水池和上市孵化器的情况作了讲解。

2013年9月3日，青岛市财政局私募债调研会在青岛市中小企业公共服务中心举行，参加会议的包括青岛市财政局、青岛市经信委、青岛国信金融控股有限公司（注册资本30亿元）、青岛城乡社区建设融资担保有限责任公司（注册资本10亿元）、浦发银行青岛分行、青岛华商汇通融资担保有限公司等，齐鲁股交中心介绍了区域市场发行私募债的模式和操作流程，着重强调了区域市场在私募债发行方面的创新手段。

2013年9月4日，山东省财政厅副厅长宋文旭等一行到齐鲁股交中心视察并座谈。淄博市副市长邵珠东、财政局局长卜德兰等陪同调研。座谈会上，齐鲁股交中心主任李雪向来访领导详细介绍了齐鲁股交中心的建设运营情况。宋文旭厅长对齐鲁股交中心近三年的建设运营成果高度肯定和充分赞许，指出齐鲁股交中心在中小微企业的融资、托管、交易等方面发挥了重要作用。

2013年9月12日，《荣成市人民政府办公室关于鼓励企业进入场外股权交易市场挂牌的通知》对在齐鲁股权托管交易中心等区域性场外股权交易市场挂牌交易的企业一次性给予50万元的奖励。对挂牌企业成功实现直接融资，且其募集资金实际用于本市投资的，按融资额1‰的比例奖励企业高管人员。企业主要负责人奖金分配比例不高于60%。

2013年9月13日，齐鲁股权托管交易中心迎来2013年第九批19家企业的挂牌仪式。山东省金融办副主任蓝翔、省金融办交易市场监管处处长周苹，齐鲁银行常务副行长赵学金等出席了本次仪式。本次挂牌的19家企业分别来自聊城、德州、东营、枣庄、济宁、潍坊、淄博等7个市，都是各市的优质企业，行业涉及医药、化工、材料、生物科技、现代农业、花园园艺、文化传媒等。

2013年9月18日，中国证监会、全国政协、民建中央有关领导一行8人到齐鲁股权托管交易中心调研并座谈。调研组此行主要目的在于结合民建中央提出的有关我国多层次资本市场建设的提案，调研区域性股权交易市场的发展状况，进而做好国家层面对多层次资本市场的顶层设计。证监会市场部副主任王娴表示，在区域性股权交易市场建设方面齐鲁股交中心探索了一条独具特色的道路，并取得了先行先试的宝贵经验，希望齐鲁股交中心能够继续探索、不断总结，以更好地服务广大中小企业。

2013年9月26日，滨州市党政考察团一行60余人在滨州市委书记张光峰、市长崔洪刚的率领下考察齐鲁股交中心。淄博市委书记周清利、副市长李树民陪同考察。考察团一行着重听取了齐鲁股交中心主任李雪所作的市场运营情况报告。李雪主任表示在服务滨州经济社会发展的过程中，将以创新服务的理念积极助力中小企业通过资本市场做大做强。

2013年9月27日，齐鲁股交中心举行2013年第十批企业挂牌（岱岳区专场）仪式。泰安市岱岳区区委副书记、区长张钊带领该区首批挂牌的“兴岳食品”和“天亿重工”两家企业及30家企业观摩团出席仪式。中心与岱岳区签署了战略合作协议，岱岳区挂牌工作办公室授牌。

2013年9月28日，齐鲁股权托管交易中心在临沂举行2013年第十一批企业挂牌（临沂专场）仪式。山东省金融办副主任张文、临沂市副市长沈继奔、市长助理张凌霄、齐鲁股权托管交易中心邵成奎书记等有关领导出席了仪式。临沭县人民政府与齐鲁股权托管交易中心签署了战略合作协议，将成为全省第40家、临沂市第2家挂牌工作办公室。

2013年10月10日，齐鲁股权托管交易中心在日照五莲县举行2013年第十二批企业挂牌仪式（日照五莲专场），日照市政府副市长董文媛，市政府副秘书长、金融办主任孙运锋，市金融办副调研员时培梅，五莲县委副书记、县长杜江涛，五莲县副县长薛向民以及中心主任李雪等有关领导出席了仪式。董文媛市长、孙运锋主任、杜江寿县长与企业有关负责人共同为裕利蔬菜、绿野食品、乾鸿重工以及时代农业4家公司鸣锣开盘。

2013年10月13日，齐鲁股权托管交易中心首单挂牌企业定向私募债“13新农债－沂蒙山、徒河2013年集合私募债券”产品说明会在齐鲁股交中心进行发行路演，这是国内区域性股权市场中首单针对挂牌企业的集合私募债券。此单债券发行人为山东沂蒙山花生油股份有限公司和山东徒河黑猪食品有限公司，债券发行规模1000万元人民币，期限一年，票面利率为8%。中小企业私募债是齐鲁股交中心创新中小企业融资新方式，开辟了解决中小企业融资难的新渠道。“13新农债－沂蒙山、徒河2013年集合私募债券”的发行是落实山东省金融改革22条的重要举措。

2013年10月24日，在日照市副市长董文媛的率领下，日照市金融办及各区县分管领导考察团一行十余人到齐鲁股交中心考察并座谈，淄博市副市长邵珠东陪同考察。董文媛市长表示将推荐更多日照市企业到齐鲁股交中心挂牌，促进企业更好更快发展。

2013年11月5日，齐鲁股权交易中心企业综合展示平台、金融产品综合交易平台上线暨企业挂牌仪式在淄博举行。来自中国证监会、上交所、深交所、全国中小企业股份转让系统和山东省金融办、17市政府机构、金融机构及齐鲁股交中心股东单位、挂牌企业、会员机构等500余人出席了会议。喜气洋洋的氛围中，响亮的锣鼓声中，齐鲁股权交易中心挂牌企业实现了全省17市的全覆盖，形成了全省性股权交易市场的战略格局。

2013年11月5日，山东省人民政府在淄博召开加快齐鲁股权交易中心发展座谈会。省委常委、常务副省长孙伟出席并讲话。孙伟指出，加快推进齐鲁股权交易中心建设，是我省贯彻落实党的十八大精神，加快发展多层次资本市场的重要举措。齐鲁股权交易中心完成公司制改造，标志着我省股权交易市场建设迈出重要步伐，对于更好地服务中小微企业、促进全省经济转型升级将起到重要推动作用。

2013年11月15日，富邦证券董事长许仁寿带领富邦投信董事长史纲、富邦期货董事长杨俊宏等台湾富邦金控团队一行6人，访问齐鲁股权交易中心。齐鲁股交中心法人代表、副董事长、总经理李雪，总顾问杨少军、市场总监于宁等热情接待了台湾来客，互致亲切问候并就双方未来合作进行了深入沟通。

2013年11月20日，淄博市委书记、市人大主任周清利视察改制后的齐鲁股权交易中心。市委常委、秘书长唐福泉，市政府副市长邵珠东等参加调研。周清利一行实地查看了齐鲁股权交易中心交易大厅、各业务柜台，听取情况汇报，看望中心员工，并主持召开座谈会。周清利指出，刚刚闭幕的十八届三中全会，对加强金融创新、健全多层次资本市场体系，提出了新的要求。作为全省性股权交易市场，齐鲁股权交易中心成功进行公司制改造，标志着我省股权交易市场建设迈出重要步伐。

2013年11月25日至27日，山东省小额贷款企业协会学习贯彻行业改革发展新政策高级研讨班在济南举行。省金融办李永健主任、银行二处处长柏韬、省小额贷款企业协会会长刘吉民及会员单位代表等60余人参加了会议。金栋副主任做了题为“小贷公司借助区域性股权交易市场融资创新”的演讲，就齐鲁股交中心建设情况、区域性市场如何助推小贷公司创新发展、小贷公司如何挂牌及融资等方面进行了详细的阐释。

2013年12月3日，齐鲁股权交易中心托管企业集中信息发布仪式（岚山专场）成功举行。日照市副市长董文媛，日照市政府副秘书长、市金融办党组书记、主任孙运锋，岚山区区委书记、区人大常委会主任盖卫星，区委常委、宣传部部长秦玉新，区委常委、副区长张玉新以及中心党支部书记邵成奎等有关领导出席了发布仪式。据悉，为进一步推动企业挂牌，岚山区对在齐鲁股权交易中心挂牌的企业每家奖励30万元，以鼓励、引导企业进入资本市场，努力推动企业做大做强。

2013年12月14日，山东西部经济隆起带金融发展研讨会暨金企对接会在聊城举行，齐鲁股权交易中心负责人李雪同志应邀参加并在政金企对话会上发言。证监会研究中心主任祁斌就“发挥市场决定性作用，推动地方经济发展”主题做了演讲。聊城市政府对在齐鲁股权交易市场挂牌成功的聊城市企业，由聊城市政府一次性给予企业法定代表人30万元奖励，给予推荐机构项目负责人1万元奖励。

2013年12月13日，《国务院关于全国中小企业股份转让系统有关问题的决定》（国发〔2013〕49号）要求建立不同层次市场间的有机联系，“在符合《国务院关于清理整顿各类交易场所切实防范金融风险的决定》（国发〔2011〕38号）要求的区域性股权转让市场进行股权非公开转让的公司，符合挂牌条件的，可以申请在全国股份转让系统挂牌公开转让股份。”齐鲁股权交易中心挂牌企业自此有了新三板挂牌通道。

2013年12月18日，中央教育实践活动督导组一行在组长周生涛、副组长李祖沛的带领下，在省纪委常务副书记郭建昌、淄博市委副书记周连华的陪同下视察齐鲁股权交易中心。督察组一行对中心作为山东省金融改革的重要载体，为中小企业提供最直接金融支持的服务平台给予高度赞扬。

2013年12月18日，齐鲁股权交易中心第十四批挂牌仪式（新泰专场）在中心成功举行。泰安市委常委、新泰市委书记张宏伟、泰安市政府副市长白雪梅、新泰市委副书记、市长刘钦海等泰安市、新泰市相关部门负责人及中心总经理李雪出席了挂牌仪式。仪式上，来自新泰市的新水管业、泰山天盾等五家优质企业在中心集中挂牌。本着与各地政府加强合作，共推区域经济的宗旨，新泰市挂牌工作办公室也在此次仪式中揭牌成立。

2013年12月19日，“齐鲁股权交易中心莱芜高新区挂牌工作办公室”授牌暨莱芜高新区挂牌专场在莱芜高新区隆重举行。齐鲁股权交易中心党支部书记、副主任邵成奎到场祝贺并讲话。莱芜市政府副市长岳隆杰、莱芜高新区工委书记武树华、莱芜高新区管委会主任王哲军及莱芜市金融办主任高冬梅等出席了会议。齐鲁股交中心与莱芜高新区签署了战略合作协议，高新区正式成立挂牌工作办公室。

2013年12月24日，齐鲁股权交易中心2013年第十六批企业挂牌仪式在安丘市隆重举行，潍坊市金融办主任李传顺，安丘市委书记、市人大主任刘兴明，安丘市委副书记、市长桑福岭，安丘市政协主席杨东民，安丘市人大常委会第一副主任任海燕等市领导及安丘市直各机关负责人出席会议，齐鲁股权交易中心董事、党支部书记邵成奎，主任助理、挂牌业务部部长姜波等应邀参会。仪式结束后，姜波部长对安丘市100家重点企业负责人进行了挂牌业务培训。

2013年12月30日，齐鲁股权交易中心在证券大厦二楼召开私募债券产品发布说明会，临清市金融办主任温之勇，邹平县金融办主任吴成军，5家发债企业，承销机构项目负责人以及合格投资者等60余人参加了会议。会后，发债企业及其承销机构就投资者的有关问题进行了解答。

2013年12月31日，齐鲁股权交易中心2013年第18批企业挂牌仪式在淄博齐盛国际宾馆举行。来自山东省10个市的28家股份公司挂牌，6家挂牌工作办公室集中授牌。会上，齐鲁股权交易中心与“数库财务”进行战略合作签约，同时，齐鲁股权与“数库财务”共同发布了《中国场外市场分析报告》。出席本次仪式的有东营市副市长朱成林，淄博市副市长邵珠东，挂牌企业所在市金融办主任、所在县（市）区负责同志，挂牌公司及拟挂牌公司负责人，中介机构负责人，共约300余人。

第一节　齐鲁股交中心挂牌企业基本情况

■公司基本情况展示

山东新贵科技股份有限公司

<table>
<tr><td rowspan="7">公司基本信息</td><td>股权简称</td><td>新贵科技</td><td>股权代码</td><td>100032</td></tr>
<tr><td>法人代表</td><td>郭方泉</td><td>董　秘</td><td>宋　波</td></tr>
<tr><td>推荐机构</td><td colspan="3">山东开来投资有限公司</td></tr>
<tr><td>电　话</td><td>0633－2955575</td><td>传　真</td><td>0633－2955570</td></tr>
<tr><td>注册地址</td><td colspan="3">日照高新区高新六路2#外包服务楼五楼</td></tr>
<tr><td>行业分类</td><td colspan="3">金属包装容器制造</td></tr>
<tr><td>主营产品</td><td colspan="3">啤酒保鲜运输、储存设备</td></tr>
<tr><td>公司介绍</td><td colspan="4">公司是一家以物联网核心技术为依托，专业从事高端饮品保鲜储运设备及电子控制系统的研发、生产、销售以及啤酒原浆配送，并建立公共服务平台，为产品提供配套服务的高新技术企业，是目前国内唯一专业的智能啤酒保鲜运输、储存设备供应商。
公司自主研发的啤酒原浆远程智能保鲜储运销售终端设备解决了啤酒原浆运输和销售过程中的长期保鲜问题。
该设备获2011年日照市政府颁发的日照市科学技术将一等奖。
该设备已获国家专利13项（其中发明专利3项）、软件著作权3项。
该设备于2010年9月通过山东省科技厅的“科学技术成果鉴定”。
该设备于2010年9月通过山东省经信委的“新产品新技术鉴定”。
该设备技术性能居世界先进水平，填补了国内空白。
2013年6月中国酒业协会组织有关专家进行科技成果鉴定：该成果在鲜（生）啤酒保鲜销售装备及技术开发方面具有较高的创新价值，为啤酒消费市场开发了一种新的消费模式，为国内首创。
2012年11月公司被认定为中国专利山东明星企业。
2012年12月公司被认定为日照市专利示范企业。
2012年12月公司被认定为省级高新技术企业。
2012年12月公司被日照市政府认定为AAA级信用企业。
公司建设的远程智能饮品保鲜运输储存设备生产线项目被列为工信部2013年工业中小企业技术改造中央投资项目。</td></tr>
</table>

山东亿丰源生物科技股份有限公司

<table>
<tr><td rowspan="7">公司基本信息</td><td>股权简称</td><td>亿丰源</td><td>股权代码</td><td>100059</td></tr>
<tr><td>法人代表</td><td>朱述尧</td><td>董　秘</td><td>朱卫然</td></tr>
<tr><td>推荐机构</td><td colspan="3">上海慧宇投资发展有限公司</td></tr>
<tr><td>电　话</td><td>0632－8829666</td><td>传　真</td><td>0632－8012588</td></tr>
<tr><td>注册地址</td><td colspan="3">枣庄市山亭区新城工业园区</td></tr>
<tr><td>行业分类</td><td colspan="3">生物化工</td></tr>
<tr><td>主营产品</td><td colspan="3">有机肥、有机—无机复混肥、掺混肥、农用微生物菌剂等的加工、生产与销售。</td></tr>
<tr><td>公司介绍</td><td colspan="4">山东亿丰源生物科技股份有限公司，位于山东省枣庄市山亭区新城工业园，是集专门开发、生产、销售绿色果蔬专用肥为一体的龙头骨干企业。公司产品覆盖9个系列40多个品种。主要系列有：有机肥料、有机无机复混肥、复合微生物菌肥、冲施肥料、土壤改良剂、掺混肥料等，在肥料市场上具有较高的知名度和信誉度，是全国最大的有机肥生产企业之一。获得的主要荣誉有：“中国农资行业十大优秀企业”、“中国农民最信赖农资品牌”、“中国化肥工业排头兵企业”、“中国农资十大诚信企业”、“推动中国有机肥产业健康发展贡献单位”、“中国化肥科技创新特殊贡献企业”、“山东省化肥诚信企业”等。</td></tr>
</table>

山东邦迪化学制品股份有限公司

公司基本信息	股权简称	邦迪股份	股权代码	100068
	法人代表	王钢锋	董　秘	邢玫瑰
	推荐机构	淄博同轩投资有限公司		
	电　话	0546－5888808	传　真	0546－5888808
	注册地址	山东省利津县开发区利七路		
	行业分类	制造业		
	主营产品	水处理剂系列产品的生产		
公司介绍	山东邦迪化学制品股份有限公司前身为“东营力帮化学制品有限公司”，位于东营市利津县开发区，创建于2003年5月，注册资金3300万元，占地3.9万平方米，现有员工88人。公司集研发、生产和技术推广服务于一体，致力于推广环保型化工产品，自主研发的聚天冬氨酸系列的水处理剂和肥料增效剂填补了国内空白。聚天冬氨酸系列水处理剂替代了传统高磷水处理剂，减少了对环境的严重污染；肥料增效剂—多肽钾不仅能提高植物营养吸收率，还能同时改良土壤。近年来研发的丁辛醇残液回收技术，不仅仅解决了残液排放高污染的问题，还变废为宝，提炼出市场需求量极大的产品—丁醇、辛醇，以自主技术带动循环经济的模式，创造了非常好的经济和社会效益。 公司自成立以来获得多项荣誉：2004年被省科技厅授予“高新技术企业”；2007—2008年连续两年获得国家科技部授予的“全国优秀民营企业科技发展贡献奖”；2009年被山东省科技厅授予“省级高新技术服务中心”。2007—2010年连续四年被市科技部门授予“优秀科技企业”称号；2010年、2011年被利津县委县政府授予“优秀企业”称号；2011年还被利津开发区授予“纳税十强”企业。 2012年7月，公司在原“东营力帮化学制品有限公司”的基础上进行了整体改制，变更为股份有限公司，并申请在齐鲁股权托管交易中心进行股权托管、挂牌交易。通过整体改制与挂牌交易，进一步完善了公司的法人治理结构，拓宽了企业的融资渠道，提升了企业品牌及企业形象，为公司未来的规模扩张和主板上市奠定了坚实的基础。改制后，公司继续秉承以往的环保经营理念，肩负起企业的社会责任，实现公司经济效益与社会价值的双丰收，力争将公司建设成为资源节约和环境友好型的现代化企业，成为环保型化学专用品行业龙头。			

山东康友光电科技股份有限公司

公司基本信息	股权简称	康友光电	股权代码	100101
	法人代表	熊川虎	董　秘	王树美
	推荐机构	山东丰嘉投资有限公司		
	电　话	0535－3360636	传　真	0535－7262117
	注册地址	山东省莱阳市白龙路10号		
	行业分类	非金属矿物制品业/玻璃及玻璃制品业		
	主营产品	光学玻璃、颜色玻璃		
公司介绍	山东康友光电科技股份有限公司成立于2000年11月，公司生产光学玻璃和颜色玻璃材料两大系列产品，可制作光学元件和各种款式水晶工艺品、灯饰品，产品畅销国内外，主要出口到法国、韩国、泰国、捷克等国家。公司是目前国内最大的颜色工艺玻璃生产厂家，产品质量优良，颜色齐全，市场占有率一直保持在领先地位，是国内颜色工艺玻璃行业的领航者。“康友”牌玻璃材料在光学、水晶行业享有很高的知名度，长年为国内光学和水晶加工行业的许多知名厂家提供玻璃材料，以诚实守信、质优价廉、交货准时受到广大顾客的肯定。			

山东奥联包装股份有限公司

公司基本信息	股权简称	奥联包装	股权代码	100158
	法人代表	刘伟	董　秘	王廷玉
	推荐机构	山东瑞众股权投资基金有限公司		
	电　话	0539－7932799	传　真	0539－7184888

	注册地址	临沂市平邑经济开发区银花路北
	行业分类	制造行业(日用玻璃制品及玻璃包装容器)
	主营产品	玻璃包装容器

公司介绍

山东奥联包装股份有限公司前身山东澳联玻璃包装有限公司始建于2007年6月,公司位于平邑县经济开发区银花路北,公司占地126.6亩,注册资本4000万元,共有员工257名。其中技术人员20余名。

公司专业从事日用玻璃制品及玻璃包装容器研发和制造,主要生产口杯、酒瓶、饮料瓶、酱菜瓶、调料瓶、罐头瓶、奶瓶、蜂蜜瓶、茶叶罐、储物罐等各类玻璃包装容器和日用玻璃制品。产品畅销国内各地,重点服务高端客户,如中粮集团、北京六必居、得益乳业、康发食品等多个知名食品加工企业。公司力争打造美国、意大利、德国、韩国、东南亚、非洲等外贸市场领域,积极参加广交会、法国SIAL、德国ANUGA等展会。

公司自2007年成立以来,一直致力于从玻璃包装容器及日用玻璃制品的生产销售,设立之初就选择最先进的节能型窑炉,采用三通道技术和上升式流液洞结构,保证了产品质量,降低了能耗,达到3万吨/年的生产能力。近年来,奥联包装利用自有技术力量,通过引进、消化吸收和再创新的方式,独立设计、加工制造、安装调试到正式投产,并根据技术发展要求不断对窑炉结构及设备进行更新及技术改造。通过这种方式和过程,公司既节省了投资成本,又锻炼了技术队伍,保证了产品质量的稳定性。

公司坚持“质量为先,用户至上,科学管理,立足全国,走向世界”的企业宗旨,以求真务实的创业精神,不断开拓进取。奥联包装拥有“”注册商标及两项外观设计专利。公司先后荣获“中国专利山东明星企业”、“市级守合同重信用企业”、“2012年度明星企业”。

根据国家鼓励、支持玻璃包装容器行业发展的产业政策,公司将坚持以市场为导向,以技术创新为动力,以品牌经营为核心,以资本运营为手段,积极寻求产品经营与资本运营相结合的发展模式,通过实施募集资金投资项目,努力建设成为国内领先、具有国际影响力的玻璃包装容器研发、生产、销售基地,将公司发展为最具品牌优势、以技术和质量为主导的行业领先者。

山东旭光得瑞高新材料股份有限公司

公司基本信息				
	股权简称	旭光股份	股权代码	100171
	法人代表	李希石	董　　秘	闫吉勇
	推荐机构	德州鑫浩投资担保有限公司		
	电　　话	0534－8106728	传　　真	0534－8106628
	注册地址	临邑县德平镇碱李驻地		
	行业分类	制造业		
	主营产品	铸造材料、金属制品、预应力锚具		

公司介绍

山东旭光得瑞高新材料股份有限公司成立于1998年,位于德州市临邑县,是由李希石、年玉芹共同出资4350万元建立的股份有限公司。公司拥有先进的生产设备和检测仪器、雄厚的技术力量以及严密的检测手段,产品涵盖铸造材料、铸件产品及铸造产品的百余个品种。其中煤粉代用材料－XSL粉为公司自行研发并独家生产的产品,填补了国内空白。公司不断加强技术创新,尤其是致力于球墨铸铁件的生产和研究,通过多年的自我发展及广泛开展产学研活动,使公司的科技研发水平显著提升,通过对“采用非常规炉料生产球墨铸铁件熔炼关键技术的研究”项目的突破,给公司熔炼球墨铸铁件带来了一个新阶段,同时,项目也大大降低了生产成本,给公司带来了丰厚的经济效益。公司生产的产品主要供应中国重汽济南商用车公司、北汽福田德州专用车厂、北汽福田潍坊农用装备分公司、青岛华瑞汽车零部件有限公司、北汽福田宣化重型机械厂等大中型企业,销往山东、辽宁、广东、浙江、天津、河北、山西、江苏、湖北等多个省市。

公司坚持“以信为本、以质取胜”的经营理念,以“百折不挠、追求卓越”的企业精神不断开拓国内外市场,坚持“以科技为先导,不断满足客户需求”的方针,产品质量、售后服务均达到了同行业先进水平,得到了广大用户及有关部门的认可和赞誉。公司的铸造材料、铸铁件的生产与锚具的机械加工于2004年获得ISO9001:2008质量管理体系认证;汽车零部件生产于2008年获得ISO/TS16949:2009质量体系管理认证。公司连续10年被山东省铸造协会认证为会员单位,曾被山东省工商行政管理局、山东个体劳动者协会、山东省私营企业协会联合命名为“光彩之星”企业,连续多年被中共临邑县委、临邑县人民政府命名为“优秀私营企业”、“先进私营企业”和“依法纳税先进单位”,被中共临邑县纪委、临邑县监察局列为“重点保护企业”,多次荣获福田重工颁发的“质量先进奖”,连续多年被山东省铸造协会评为“山东省铸造行业综合实力50强企业”,2008年被德州市汽车行业协会列为会员单位,曾被山东省机械工业协会评为“山东省机械工业重点行业关键零部件和机械基础件六十强企业”,2013年7月被德州市科学技术局认定为“市级高新技术企业”。

山东天亿重工股份有限公司

公司基本信息	股权简称	天亿重工	股权代码	100183
	法人代表	燕民	董　　秘	尹晓鸣
	推荐机构	齐鲁证券有限公司		
	电　　话	0538－8160971	传　　真	0538－8160937
	注册地址	山东省泰安市大汶口石膏工业园		
	行业分类	制造业		
	主营产品	RT型30t及以下轮胎起重机制造、销售；工业回填泵、臂架泵车的制造、维修及销售；随车起重机、汽车起重机销售。		
公司介绍	山东天亿重工股份有限公司成立于2010年3月，位于泰安大汶口石膏工业园，注册资本1500万元，公司占地面积70亩，厂房建筑面积27000平方米，固定资产8000万。现有职工145人，其中高级职称5人，中级职称29人。是一家创新型现代化企业。公司自成立以来形成了完善的代理商体系和服务网络，销售收入以阶梯式高速增长。 公司主营范围有生产、销售RT型30T越野轮胎起重机、(东风、唐骏底盘)6T、8T、10T、12T汽车起重机，并形成起重机上装生产线；生产、销售及维修工业回填泵、臂架泵车；生产、销售随车起重机、汽车吊臂、起重机配件等。 公司拥有PPEB－H2000/120大型数控折弯机、PBB－800/6200数控折弯机、TX160－L6数显落地镗铣床、TK6511－1O数控刨台镗铣床、HCTX6511X2/13O数显双面镗床、FINE－4000FP数控精细等离子切割机、WD43M10－16－1600板材矫平机、12米铣边机、4＊6M龙门式自动焊机、抛丸清理机、40余台CO2焊机等大型专业加工设备及众多工艺装备，可承接各种结构件生产加工服务。 山东天亿重工股份有限公司秉持“自强不息，产业报国”的企业宗旨，面向未来，以崭新的形象和不断创新驱动品质向前；以满足客户需求为导向，以专注、专业、专精的态度创造客户价值。 未来的山东天亿重工股份有限公司将发展成为拥有核心技术，具有综合竞争力，可持续发展的工程机械制造商。			

山东振泰线缆股份有限公司

公司基本信息	股权简称	振泰线缆	股权代码	100187
	法人代表	王连强	董　　秘	赵长恒
	推荐机构	青岛清晨创业投资有限公司		
	电　　话	0634－6679999	传　　真	0634－6671198
	注册地址	莱芜市莱城区和庄工业园		
	行业分类	制造业		
	主营产品	主要从事电线、电缆、及其辅助材料的生产及销售。		
公司介绍	山东振泰线缆股份有限公司创建于2003年，位于莱芜市和庄工业园，滨莱高速和庄出口处，交通十分便利，是一家专业研发和生产电线、电缆的民营企业。注册资金7000万元，占地面积70670平方米，建筑面积为63758平方米。 公司拥有国际先进的质量检测设备和生产控制中心，配有专职技术检测队伍，产品全部按照国家现行的标准组织生产。主要产品有聚氯乙烯绝缘电线、电力电缆、控制电缆等系列产品。2011年12月被山东省企业信用与社会责任协会、山东省工商行政管理局评为“山东省守合同重信用企业”；2009年被中国农业银行山东省分行评为“AA＋级信用企业”。2007年通过“ISO9001质量管理体系认证”，2003年通过中国质量认证中心的“CCC认证”。2010年获得国家固定灭火系统和耐火构件质量监督检验中心颁发的“阻燃制品标识使用证书”、连续3年被评为市级“先进纳税单位”和“莱芜市消费者满意单位”。2012年12月“振泰”牌商标被国家工商行政管理总局商标局评为“中国驰名商标”。 公司重视产品质量，始终贯彻“以人为本，科技先行，精细管理，精美服务”的质量方针，秉承“务实、创新、诚信、高效”的经营理念，不断创新突破，实现跨越发展，新项目不断投产，新产品接连面市，产品畅销省内外，公司规模效益连年提高，为公司的可持续发展奠定了坚实的基础。展望未来，振泰公司在社会各界的关心支持下，将致力于不断超越自我，真诚服务客户，将公司打造成鲁中地区的龙头品牌，真心奉献社会，实现事业更好更快的发展！			

山东百慧乳业股份有限公司

公司基本信息	股权简称	百慧乳业	股权代码	100196
	法人代表	徐进英	董　　秘	徐进英
	推荐机构	山东京德创业投资有限公司		
	电　　话	0633－6268778	传　　真	0633－6268770
	注册地址	山东省日照市莒县工业园百慧路		
	行业分类	食品加工		
	主营产品	乳制品、蛋白饮料、八宝粥		

公司介绍

公司成立于2001年，位于莒县工业园百慧路，是山东省“农业产业化重点龙头企业”，是以奶牛养殖、乳制品开发为主，集科研、生产、销售于一体的现代化企业。公司现有员工300余人，其中，中、高级科研技术和管理人员占30%以上，公司先后从国内外引进一流的生产设备和检测设备，主要生产纯牛奶、乳酸菌饮料、含乳饮料、植物蛋白饮料、八宝粥等系列产品，年灌装能力8.2万吨。

“创品质卓越，造百年百慧”是公司的经营理念，公司视产品质量为第一生命，通过了ISO9001:2008国际质量管理体系认证和GB/T22000食品安全体系认证，被中国乳制品工业协会吸纳为会员单位，取得了显著的经济效益和社会效益，得到了广大消费者的好评。公司先后被评为“山东省食品卫生A级单位”、“山东省食品安全诚信单位”、“山东省消费者满意单位”、“山东省文明诚信企业”、“山东省重合同守信用企业”、“全国青年文明号”，产品先后荣获“日照市消费者协会推荐产品”、“山东省十佳品牌”、“山东省著名商标”、“国家绿色食品”、“中国驰名商标”。

公司自成立以来，非常重视质量工作，始终把质量当做企业的生命，为了从根本上控制产品质量，公司从源头做起，投资500余万元，在招贤镇建起了高标准、现代化养牛场一处，现奶牛存栏1000余头，从根本上保证了产品质量。

2011年，中国乳业重新认证审核，全国通过率不到55%，山东省86家企业中仅有44家通过认证审核，而百慧乳业成为日照市唯一一家首批重新获得新生产许可证的乳制品企业。

公司董事长、总经理徐进英兼任日照市奶业协会会长、莒县工商局个体私营协会副会长、莒县妇联联谊会副主席、莒县工商联副主席，是日照市党代表、日照市人大代表、莒县人大常委，是山东省“五一”劳动奖章获得者、受省政府表彰的“再就业优秀个人”、省“贸易系统先进个人”、山东省“三八”红旗手、日照市“优秀女民营企业家”、“全国创业之星”。

公司十分注重企业文化建设，制定了“诚信、敬业、求实、创新”的治厂方针，倡导了“合理拼搏、务实创新、爱我百慧、争创名牌”的企业精神，对产品的承诺是“新鲜、安全、卫生、营养、健康”等一系列企业文化，增强了职工的向心力和凝聚力。省、市、县领导多次亲临视察，并给予了公司高度评价。

山东在天金属科技股份有限公司

公司基本信息	股权简称	在天科技	股权代码	100210
	法人代表	许在天	董　　秘	孙杰
	推荐机构	山东淄川高新技术创业投资有限公司		
	电　　话	0533－5337377	传　　真	0533－5337377
	注册地址	淄博市淄川区双杨镇西张村		
	行业分类	有色金属冶炼和压延加工业		
	主营产品	铝及铝合金丝生产技术的研发及技术转让、铝、铝丝、铝合金丝		

公司介绍

公司主要产品为铝丝、铝杆、铝焊丝等，依靠先进的工艺技术、一流的生产设备、完备的检测手段和优异的产品质量逐步扩大市场覆盖率，产品辐射河北、江苏、广州等全国各个省市，广泛应用于电缆屏蔽、丝网编织、软管编织、电缆导体等各个领域，深受客户信赖。

公司始终将自主技术研发以及技术、工艺改造放在首位，不仅建立了自己的技术研发中心，而且非常重视与科研院所的技术合作。目前公司拥有实用新型专利2项、软件著作权6项、科学技术成果鉴定证书2项、技术查新报告7项。另外，获取受理通知书的专利8项，正在申报高新技术企业认证。

公司介绍	近几年公司通过强化企业管理的新思路，使企业走出一条创新之路，先后获得淄博市优秀科技私营企业、山东省技术创新示范企业、山东省科技企业重点联系企业、质量信誉双保障示范单位等荣誉称号。2013 年 5 月公司入围省创新服务三项行动企业，实施特色企业培育行动。未来公司将继续本着“以科技为先导、以质量为生命、以发展为动力、以满足市场多样化需求为目标”的宗旨，研发技术含量高、附加值高的产品，拓展产业链条，创造良好的社会效益和经济效益，促进公司全面、协调、持续、快速发展。

平邑县融信小额贷款股份有限公司

公司基本信息	股权简称	融信小额贷	股权代码	180003
	法人代表	杨艳明	董　　秘	卜令秀
	推荐机构	山东瑞众股权投资基金有限公司		
	电　　话	0539－4397766	传　　真	
	注册地址	山东省临沂市平邑县地方镇		
	行业分类	金融、保险业		
	主营产品	办理各项小额贷款，小企业发展、管理、财务等咨询业务		
公司介绍	公司位于中国罐头城平邑县地方镇驻地，注册资金 1 亿元，下设综合业务部、风险控制部、财务部、办公室四个部门，员工 12 人，主要在平邑县区域内办理各项小额贷款；开展小企业发展、管理、财务等咨询业务。公司有建立健全的管理制度和风险控制制度，依法合规经营，坚持为农民、农业和农村经济发展服务的原则，以与客户“相伴而行，相携成长”为己任，秉承“诚信、高效，共赢、成长”的企业理念，坚持“服务三农、支持中小企业发展的市场定位，着力服务于平邑县域经济的发展。 公司贷款手续便捷，快速灵活，担保、抵押、质押均可办理，能够快速满足三农及中小企业的资金需求。截止今年 9 月底，累计发放中小企业和农户贷款 60000 万元，累计支持中小企业和农户 654 家，有效地带动了当地小城镇的经济发展。				

德州清真新世纪大饭店股份有限公司

公司基本信息	股权简称	新世纪	股权代码	300006
	法人代表	夏治周	董　　秘	麻善武
	推荐机构	中信万通证券有限公司		
	电　　话	0534－2297983	传　　真	0534－2297983
	注册地址	山东省德州市德城区湖滨北路		
	行业分类	服务类		
	主营产品	餐饮、商务宾馆连锁		
公司介绍	公司目前是鲁西北地区最大的清真饭店，被评为市级团结进步创建活动示范企业；获得山东省伊斯兰协会授予“穆斯林之家”称号。2013 年 9 月，成为餐饮服务行业首家在齐鲁股权上市企业。坚持弘扬清真文化，满足大众需求，挖掘地方特色，打造民族品牌的经营理念，当之无愧地成为德州清真餐饮的领军品牌，成为全省具有民族特色的招牌性清真餐饮中心。				

山东金池耐磨材料股份有限公司

公司基本信息	股权简称	金池股份	股权代码	300012
	法人代表	夏丙雪	董　　秘	庄道红
	推荐机构	齐鲁证券		
	电　　话	0538－7380688	传　　真	0538－7380699
	注册地址	新泰市东都镇西都村		
	行业分类	制造加工		
	主营产品	耐磨螺旋铰刀、搅拌刀、锤头、衬板等		
公司介绍	公司是一家生产高铬耐磨配件的专业厂家，集研发、生产、销售于一体，技术力量雄厚，拥有铸造行业先进的生产设备、检测手段及完善的质量保证体系。现拥有“金池”牌商标和一项专利技术，及多项实用型生产工艺。其耐磨铸件产品将良好的韧性和耐磨性综合于一体，作为粘土砖取缔后新型砖机的主要配套产品和火电水泥矿山等多行业的主要易耗品，深受广大客户青睐。产品已覆盖周边省市并逐步扩展到全国市场。 公司董事长、控股股东、实际控制人夏丙雪与公司常年技术顾问韩国强共同研制出一种利用感应法铸造双金属磨辊的装置，经对试样的测试与分析，双金属界面结合强度高，生产工艺先进，质量稳定，可实现规模化生产。该技术的成功，填补了国内空白，并对开发其它双金属复合产品也有重大的指导意义。有望解决国内对该类产品的进口依赖性。已于2012年申请了实用新型专利。			

■公司综合信息展示

山东海源达国际贸易股份有限公司

公司基本信息	股权简称	海源达	股权代码	100001
	法人代表	李中华	董　　秘	蒲　巧
	推荐机构	山东裕铖股权投资管理有限公司		
	电　　话	0533－6120209	传　　真	6120209
	注册地址	张店区共青团西路138号金石丽城沿街公建三楼		
	行业分类	批发零售		
	主营产品	氧化铝、镍矿、铝矾土等		
公司介绍	山东海源达国际贸易股份有限公司成立于2008年，并于2010年12月29日在齐鲁股权托管交易中心正式挂牌交易，公司股权代码(100001)。公司位于美丽的山东半岛、齐文化的发祥地——淄博，公司主要经营氧化铝，铝矾土，镍矿等，公司拥有自主进出口权，产品覆盖全国30多个省市。出口欧美，日本，韩国，东南亚等国家，并与客户建立了良好的关系。			

主要财务指标	指标/报告期	2013.6.30	2012.12.31	2011.12.31
	营业收入(元)	1974790488.94	2138247631.59	1288002773.38
	营业利润(元)	5431406.48	15118307.82	6334238.79
	净利润(元)	4246622.36	11281020.22	4577211.98
	未分配利润(元)	5826200.01	14529821.35	4376903.15
	总资产(元)	504532985.91	389239337.53	269737261.37
	总负债(元)	429602528.70	336397170.68	228176114.74
	净资产(元)	74930457.21	52842166.85	41561146.63
	每股收益(元)	0.0748	0.3136	0.14
	每股净资产(元)	1.32	1.47	1.27
	净资产收益率(%)	6.65	23.90	11.18

山东人和健身器材股份有限公司

公司基本信息	股权简称	人和健身	股权代码	100003
	法人代表	庞月礼	董　　秘	董　宁
	推荐机构	山东淄川高新技术创业投资有限公司		
	电　　话	0533－7912345	传　　真	0533－4685858
	注册地址	淄博开发区政通路135号(高科技创业园E座406室)		
	行业分类	健身器材(运动器材)		
	主营产品	电动跑步机及其他健身器材		
公司介绍	山东人和健身器材股份有限公司,国家级高新技术企业,始建于2003年,是以生产销售电动跑步机为主的健身器材专业厂家。公司通过了ISO9001:2000国际质量体系认证,并获得国际CE认证证书,2010年,公司股权(人和健身:100003)成功在齐鲁股权交易中心托管交易。 公司技术力量雄厚,自主研发、技术创新能力强,跑步机等健身器材所用的主要部件均由自己设计制造。产品研发设计贯穿"以人文本"的理念,以"休闲、舒适、人性化"的设计方针迎合消费者的需求,不断创造出高精尖产品。产品从整体性能到外观造型均已进入国内外先进行列,成为同类产品中的畅销品牌,产品销售网络遍及国内大中城市并远销海外,赢得了国内外用户的良好赞誉。			

主要财务指标	指标/报告期	2013.6.30	2012.12.31	2011.12.31
	营业收入(元)	13134818	30261639	31863088
	营业利润(元)	294541	810393	409508
	净利润(元)	220906	554292	252037
	未分配利润(元)	930667	731852	232989
	总资产(元)	42826179	39758008	30488083
	总负债(元)	27382004	24534740	15819106
	净资产(元)	15444174	15233268	14668977
	每股收益(元)	0.02	0.0554	0.0252
	每股净资产(元)	1.54	1.52	1.47
	净资产收益率(%)	0.014	0.036	0.017

山东七河生物科技股份有限公司

公司基本信息	股权简称	七河生物	股权代码	100028
	法人代表	苏建昌	董　　秘	杜兴程
	推荐机构	山东昌泰投资担保有限公司		
	电　　话	13869353209	传　　真	0533－2275999
	注册地址	淄川区钟楼街道办事处双泉社区(山东水利技术学院东)		
	行业分类	食用菌		
	主营产品	香菇菌棒、香菇、杏鲍菇		
公司介绍	公司是山东省食用菌十大龙头企业之一,淄川区唯一一家省级农业产业化优秀重点龙头企业,建有国内最大的食用菌菌棒生产基地。2005年3月,公司生产基地被国家标准委员会评为"国家出口花菇标准化生产示范基地"。 公司在国内同行业中率先开创了"国内发菌、国外出菇、鲜菇就地上市"的新型农业生产经营模式。2005年7月,公司通过境外投资的方式在韩国清州市成立"中韩农产株式会社",成为山东省第一家在韩国注册公司的食用菌生产企业。随着公司食用菌菌棒在美国市场销售的不断成熟,2013年,公司管理层审时度势,分别在美国宾夕法尼亚、西雅图成立了两个出菇基地。此外,公司食用菌菌棒还直接出口到日本、澳大利亚、加拿大、德国等国家,出口量在全国菌棒出口中处于首位。 国内市场方面,目前,公司在国内市场的产品主要以杏鲍菇为主,未来公司将重点发展香菇市场,预计明年香菇产量达300万千克,成为全国最大的香菇生产基地。			

	指标/报告期	2013.6.30	2012.12.31	2011.12.31
主要财务指标	营业收入(元)	33,131,843.37	40,360,695.44	23,198,619.44
	营业利润(元)	6,412,327.43	2,305,898.51	4,389,511.41
	净利润(元)	7,642,876.30	8,252,282.15	4,466,793.46
	未分配利润(元)	17,611,451.24	9,968,574.94	4,672,092.48
	总资产(元)	180,481,181.98	122,937,773.59	77,919,037.36
	总负债(元)	97,655,728.65	47,707,296.45	25,044,245.84
	净资产(元)	82,825,453.33	75,230,477.14	52,874,791.52
	每股收益(元)	0.29	0.35	0.30
	每股净资产(元)	3.19	2.89	2.52
	净资产收益率(%)	9.67	12.74	12.66

山东德方液压机械股份有限公司

公司基本信息	股权简称	德方液压	股权代码	100031
	法人代表	宋家禄	董　秘	刘志刚
	推荐机构	山东开来投资有限公司		
	电　话	(0534)2323036	传　真	(0534)5018215
	注册地址	德州经济技术开发区解庄路以南		
	行业分类	制造业		
	主营产品	汽车零部件、液压件、液压机械设备及环保设备(生活垃圾处理设备)		

公司介绍

公司始建于1958年已有50多年的发展历史,是国内500家最大交通运输设备制造企业之一。

公司占地面积约13.5万平方米,建筑面积4.2万平方米,注册资本2666.62万元,总资产2.3亿元。拥有主要加工设备及数控加工中心582台套,其中金属切削机床439台、大型设备8台、高精度设备133台,数控化率达85%。现有在职员工560人,具有中、高级技术职称人员87名,具备年产5亿元的生产能力。

公司已全面通过ISO/TS16949国际质量体系认证,是省级高新技术企业,设有省二级理化室,是三级计量合格单位,先后获得16项专利。2010年被中国机械工业管理协会授予“机械工业企业管理基础工作规范化达标企业”,被德州市政府列为重点培植百强企业,成为山东省量化融合重点培植企业。2012年8月获取国家《矿用产品安全标志证书》。

重汽、陕汽集团、星马股份、北汽福田、北方奔驰、一汽集团、二汽集团等国内多家汽车集团和上述集团的大型汽车改装厂、烟台斗山工程机械(山东)有限公司,产品遍布全国各地,在重型汽车零部件生产领域,是国内主要的OEM配套厂家。部分产品出口到德国、俄罗斯、土耳其、印度等国家。

	指标/报告期	2013.6.30	2012.12.31	2011.12.31
主要财务指标	营业收入(元)	61,810,131.98	101,621,254.61	139,484,375.02
	营业利润(元)	-2,915,642.77	-7,811,324.08	-4,845,768.30
	净利润(元)	-2,955,065.32	2,424,768.20	3,993,046.49
	未分配利润(元)	-882,930.75	2,122,134.57	1,385,041.60
	总资产(元)	269,277,921.12	242,145,207.01	235,372,024.44
	总负债(元)	213,817,626.39	183,729,846.96	178,057,472.59
	净资产(元)	55,460,294.73	58,415,360.05	57,314,551.85
	每股收益(元)	-0.1096	0.09	0.28
	每股净资产(元)	2.08	2.19	2.15
	净资产收益率(%)	-5.33	4.19	9.26

山东伯仲真空设备股份有限公司

公司基本信息	股权简称	伯仲真空	股权代码	100037
	法人代表	张贵华	董　　秘	陈　华
	推荐机构	山东昌泰投资担保有限公司		
	电　　话	0533－2530388/2530311	传　　真	0533－2530399
	注册地址	淄博市张店区马尚镇		
	行业分类	机械制造		
	主营产品	液环真空泵、罗茨真空泵、螺杆真空泵，真空机组，耙式真空干燥机		

公司介绍

山东伯仲真空设备股份有限公司成立于2002年3月，主要产品有2BV、2BE型水(液)环真空泵、ZJ型罗茨真空泵、LG系列螺杆真空泵，ZGP系列耙式真空干燥机、2BW型真空泵闭环系统和JZJ型罗茨真空机组，其中LG系列螺杆真空泵获得国家实用新型专利。2012年底，公司获得"高新技术企业证书"。

公司始终坚持"科技领先、追求卓越；顾客至上、质量第一；遵信守约、不断改进"的质量方针，2002年首次通过ISO9001:2000质量管理体系认证，并持续保持质量管理体系运行的有效性。

2007年6月，伯仲真空成为张店区首家"市级安全标准化企业"。2007年7月，公司有9种规格的"伯仲牌"真空泵获得了国家矿用产品安全标志办公室颁发的"矿用产品安全标志证书"。8月，"伯仲及图"商标成为"山东省著名商标"。2008年，伯仲公司被山东省工商局评为"省级守合同重信用企业"。2009年公司与公司工会分别被淄博市总工会评为"淄博市级劳动关系和谐企业"和"全市信得过基层工会"。2010年4月被淄博市总工会授予"振兴淄博劳动奖状"。2011年9月8日，伯仲真空在齐鲁股权托管交易中心成功挂牌。

目前，"伯仲"牌真空产品遍及全国包括台湾省在内的32个省、市、自治区，并远销英国、美国、以色列、匈牙利、泰国、印度，澳大利亚等国家和地区。随着"伯仲"美誉度的提高和市场份额的扩大，我们正满怀信心地为争取更好的经济效益和社会效益、更大的荣誉而努力。

主要财务指标	指标/报告期	2013.6.30	2012.12.31	2011.12.31
	营业收入(元)	8,850,070.48	27,212,817.73	29,758,011.66
	营业利润(元)	390,764.49	1,410,784.66	1,666,695.41
	净利润(元)	275,247.52	1,025,262.23	1,157,844.37
	未分配利润(元)	592,084.88	1,090,987.36	882,851.35
	总资产(元)	30,484,581.90	31,371,590.19	30,057,495.88
	总负债(元)	12,275,798.34	12,663,904.15	11,660,472.07
	净资产(元)	18,208,783.56	18,707,686.04	18,397,023.81
	每股收益(元)	0.0178	0.0662	0.1193
	每股净资产(元)	1.18	1.21	1.54
	净资产收益率(%)	1.47	5.56	9.58

聊城市中瑞轴承配件股份有限公司

公司基本信息	股权简称	中瑞股份	股权代码	100040
	法人代表	汪永卫	董　　秘	韩玉敬
	推荐机构	山东淄川高新技术创业投资有限公司		
	电　　话	0635－2854699	传　　真	0635－2854981
	注册地址	山东省临清市潘庄镇工业园区		
	行业分类	工业制造		
	主营产品	轴承配件、铸件、农机配件的加工、销售；轴承销售。		

公司介绍	聊城市中瑞轴承配件股份有限公司作为轴承保持架的专业生产厂家,公司2013年在专注于实体保持架和冲压保持架的研发与生产的同时,抓住我国大力倡导科技创新的政策契机,顺应国家宏观经济调控的需要,以市场需求为导向,以技术进步和企业改革为动力,提高工艺技术水平,扩大市场份额,提高公司盈利能力、抗风险能力,全面提升公司核心竞争力和"中瑞"品牌在国内外市场的知名度。成为世界一流轴承品牌的供应商是公司的整体经营目标,目前轴承保持架的生产规模和产品质量已位列国内同行业前列,2013年公司引进美国哈斯加工中心设备20台,大大提高了产品质量和精度,拓宽了产品结构,产品品质得到了业内用户的高度评价,同时也大大提升了产品附加值,公司已逐渐成为临清市轴承产业集群龙头企业、山东轴承零部件生产的骨干厂家。目前公司完全有能力通过新的产品去拓展新的市场,现已与国际著名的轴承企业SKF(斯凯孚)集团建立合作关系两年,公司今后将致力于拓展国际市场,使"中瑞"品牌在国内外市场的知名度进一步得到提升。

主要财务指标	指标/报告期	2013.6.30	2012.12.31	2011.12.31
	营业收入(元)	17123535.32	27473639.31	38993220.95
	营业利润(元)	571190.76	233291.14	16388941.66
	净利润(元)	2247955.55	3253120.50	1203701.13
	未分配利润(元)	2247955.55	148805.67	1244531.10
	总资产(元)	55568799.8	50717161.84	37509686.18
	总负债(元)	22731113.44	20500119.12	10486253.98
	净资产(元)	32837686.36	30217042.72	2723432.20
	每股收益(元)	0.14	0.2074	0.2304
	每股净资产(元)	2.09	1.93	1.72
	净资产收益率(%)	6.85%	11.35%	14%

山东东耐高温材料股份有限公司

公司基本信息	股权简称	东耐股份	股权代码	100046
	法人代表	秦程亮	董　秘	陈振国
	推荐机构	山东淄川高新技术创业投资有限公司		
	电　话	0533－5418277	传　真	0533－5418277
	注册地址	淄川经济开发区西区		
	行业分类	非金属耐火材料制造业		
	主营产品	铝、镁、锆碳质制品及不定型耐火材料		

公司介绍	山东东耐高温材料股份有限公司,位于山东省淄博市淄川经济开发区,为山东省高新技术企业,是专业生产研究炼钢连铸用高温耐火材料的企业之一。研制生产的薄板、中厚板中间包耐材,成功替代了进口产品,并在技术性能及应用方面取得了突破性发展。2011年11月"东耐股份"在齐鲁股权交易中心挂牌交易。"东耐"品牌成为国内耐材行业的知名品牌。生产铝锆碳质、铝碳质、镁碳质、锆质、石英质五大系列产品,品种有,整体塞棒、中包上水口、长水口、浸入式水口、扁平上装式水口,不定型耐火材料,六大类三十余个品种。畅销国内四十余家大中型钢铁企业,深受用户的好评。在国内同行业中排名前五,市场份额占13%。 东耐股份,1999年通过ISO9000质量认证,又于2002年通过了ISO9001:2000标准质量管理体系认证,现已转换为ISO9001:2008标准国际质量管理认证证书。 东耐股份,始终把创新作为企业发展的灵魂,设有市级企业技术中心,在体现自身优势的同时,适时引进技术、引进人才,紧跟行业发展步调,研发新材质,推出新品种。整体塞棒、板坯用透气上水口、板坯用快下水口等多项新技术获得国家发明专利和实用新型专利,在国内钢厂被广泛应用。 公司多次被评为"市级优秀诚信企业"、"纳税先进企业"、"自主创新先进企业"、"全区重点骨干企业",被列为"区专利培训基地"。 善奕者谋势,东耐股份仅仅十几年的发展历史,其发展速度和规模快速递增,已成为国内耐材行业的领军企业。公司真诚希望与有识之士共谋发展大业,愿与广大客户诚挚合作,共创辉煌。

	指标/报告期	2013.6.30	2012.12.31	2011.12.31
主要财务指标	营业收入(元)	40,921,667.47	76,454,609.05	81,977,377.02
	营业利润(元)	1,634,675.86	1,90,1086.19	11,586,660.20
	净利润(元)	1,181,152.75	5,100,926.82	13,587,161.37
	未分配利润(元)	13,192,206.24	12,172,266.49	7,422,382.17
	总资产(元)	143,183,401.75	139,356,674.47	136,564,253.70
	总负债(元)	9,640,906.58	6,834,119.05	9,301,675.28
	净资产(元)	133,542,495.17	132,522,555.42	127,262,578.42
	每股收益(元)	0.0204	0.0197	0.3235
	每股净资产(元)	2.29	2.28	2.19
	净资产收益率(%)	0.92	0.84	14.57

山东宇虹新颜料股份有限公司

公司基本信息	股权简称	宇虹颜料	股权代码	100056
	法人代表	陈都方	董　　秘	崔春梅
	推荐机构	山东开来投资有限公司		
	电　　话	0534-2342259	传　　真	0534-2323974
	注册地址	德城区天衢工业园果园路6号		
	行业分类	有机颜料		
	主营产品	研发、生产、销售有机颜料,主营红、橙、黄三大色系		

公司介绍

公司产品广泛用于塑料、油墨、油漆、橡胶、文教、印染、印刷等行业,销往全国各地,并出口到欧洲、中东及东南亚等地。

公司是全国有机颜料专业委员会委员单位、高新技术企业、省企业技术中心和省一企一技术中心、中国专利山东明星企业,建有德州市有机颜料工程技术研究中心和德州市有机颜料重点实验室。现有国家发明专利6项,近百项专有技术。"宇虹"、"凯虹"商标被评为"山东省著名商标"。

先后荣获山东省中小(民营)企业自主创新一等奖、全市技术创新工作先进单位、德州市中小企业科技创新示范单位及德州市行业小巨人企业。先后被评为山东省非公经济企业齐鲁先锋党组织、德州市五一劳动奖状、德州市文明单位及德州市劳动关系和谐企业等。

公司拥有德国、美国、日本等世界先进分析检测仪器,专业定做的特色产品及优质服务,赢得了客户的信赖。总体水平和市场占有率居全国有机颜料行业同类产品前10名。

公司是全国有机颜料行业及德城区首家挂牌上市企业。2013年8月,又被列为德州市科技成长型重点培植企业,公司将在五年内实现年销售收入5亿元以上,利税5000万元以上,总体水平进入全国有机颜料行业前五名,争创中国驰名商标,同时,实现创业板上市。

	指标/报告期	2013.6.30	2012.12.31	2011.12.31
主要财务指标	营业收入(元)	55,213,033,26	112,640,858,17	108,077,575,02
	营业利润(元)	2,123,216,10	2,924,817,02	4,472,011,36
	净利润(元)	2,074,001,84	2,011,168,44	3,233,288,74
	未分配利润(元)	2,902,775,35	1,317,481,48	4,433,004,86
	总资产(元)	54,956,194,95	63,311,659,65	60,383,883,18
	总负债(元)	25,108,280,79	34,680,172,12	45,932,664,09
	净资产(元)	29,847,914,16	28,631,487,53	14,451,219,09
	每股收益(元)	0.13	0.14	0.35
	每股净资产(元)	1.82	1.75	1.54
	净资产收益率(%)	0.07	0.09	0.21

山东高盛玻璃科技股份有限公司

公司基本信息	股权简称	高盛科技	股权代码	100060
	法人代表	李志刚	董　　秘	李洪玉
	推荐机构	山东润新创业投资有限公司		
	电　　话	13583388094	传　　真	0533－8488093
	注册地址	淄博高新区石桥办事处郭家村		
	行业分类	制造业		
	主营产品	钢化玻璃、中空玻璃、安全节能玻璃，太阳能光热玻璃		

公司介绍

高盛科技是山东省玻璃深加工行业的的一线品牌企业。目前公司主要产品是节能玻璃，安全玻璃、太阳能光热玻璃三大类30多个产品与一体的高新技术企业。公司产品顺应和符合国家重点产业发展规划，年产各类玻璃200万平方米。2012年荣获淄博市光热玻璃工程技术研究中心，太阳能光热发电玻璃产业技术创新战略联盟、获得技术专利12项；2013年现已在青岛发思特专利商标代理有限公司淄博分公司又申请受理11项专利，该11项专利正在评审中。

公司产品销往上海、浙江、天津、四川、青海、山西、河南、江苏、安徽、河北、黑龙江、湖北等省份和出口日本、新西兰、澳洲、以及中亚等国家和地区。2012年公司总资产已达到6858万元，固定资产2513多万元，年销售收入6024万元，经济效益不断提高。

高盛科技研发的“新型超白银镜”发电光热玻璃（专利号：Zl201120108915.6），该项目以在高青县建设中占地面积200亩，整个项目投资1.2亿元人民币，2014年4月份投产，该项目投产后将是追逐中国光伏企业的新浪潮。

山东高盛玻璃科技股份有限公司全面通过质量体系认证和国家3C强制安全认证，各项产品均通过了国家检测中心的检测认证，荣获高新技术企业、山东名牌、节能环保产品、中国玻璃协会玻璃深加工会员单位，市级文明企业、市级重合同守信用企业等众多荣誉称号。

主要财务指标	指标/报告期	2013.6.30	2012.12.31	2011.12.31
	营业收入（元）	17967834.38	36382940.10	22441644.40
	营业利润（元）	56630.66	1338825.35	2672945.19
	净利润（元）	757880.49	1096743.11	1980723.76
	未分配利润（元）	1740929.23	987068.80	1968672.23
	总资产（元）	96281704.89	68452258.37	44393487.08
	总负债（元）	55103687.66	31028101.67	17206073.49
	净资产（元）	41178017.23	37424156.70	27187413.59
	每股收益（元）	0.026	0.038	0.246
	每股净资产（元）	1.39	1.27	1.09
	净资产收益率（%）	1.94	2.93	7.29

山东合太恒科技股份有限公司

公司基本信息	股权简称	合太恒	股权代码	100061
	法人代表	杨云铎	董　　秘	查仲春
	推荐机构	山东齐鲁中小企业投融资有限公司		
	电　　话	0539－2773706	传　　真	0539－8652088
	注册地址	临沂市兰山区白沙埠镇驻地贾家村0655号		
	行业分类	机械制造		
	主营产品	电力金具产品（含铁帽、法兰底座、高铁配件及其他配件）、动力系统产品{含农机产品配套（拖拉机分动箱、传动总成）及勘探设备配套（千米钻变速箱离合器、分动箱总成）}		

公司介绍	山东合太恒科技股份有限公司(为山东正科经贸集团有限公司的控股子公司),始建于1958年,是省级高新技术企业,临沂市市级技术中心,ISO9000质量管理体系认证企业。地处沂蒙老区鲁南商城临沂,注册资本3252万元,是集科研生产贸易为一体的现代化企业。2012年6月6日在齐鲁股权托管交易中心成功挂牌,为将来实现公司上市打下了坚实的基础。 公司主营业务为电力金具配件、地质勘探设备配件、高铁配件、农机配件的生产和销售,涵盖了金具铸造、机械加工、模具制造等多个领域。 公司的电力金具产品在技术和质量保证方面处于行业领先水平,具有较强的综合实力。公司生产的“LY”牌超高压输变电线路绝缘子铁帽在国内外市场曾连续十余年位于品牌第一位置,系山东名牌,产品销往全国各地及几十个国家和地区;公司近年来研发、生产的高铁专用铁路帽产品,成为京沪高铁最主要供应商;公司生产的中国超高直流输变电线路关键部件,占有国内40%市场份额。公司的机械加工产品也处于行业先进水平,常年为福田雷沃重工、常发集团、时风集团、五征集团、连云港黄海机械厂(原地矿部探矿机械厂)做配套业务,其中地质勘探千米钻机减速器,是国家重点千米钻生产企业战略合作伙伴。 公司研发实力雄厚,注重产品、技术、工艺持续的技术创新,坚持走创新型企业道路。凭借“高技术+专业化”,通过技术攻关,成功开发了特高压智能电网线路金具,成为国内首家成功开发出760KN超高强度绝缘子铁帽的厂家,填补了多项国内空白。 公司自建成以来不断加强销售渠道和服务网络建设,积极开拓行业市场。目前已基本建成全国性的营销和服务网络。良好的营销网络确保了公司对市场的覆盖和渗透能力,使公司与客户保持了良性沟通,增强了客户的稳定性。2013年9月27-28日,公司成功协办中国电器工业协会绝缘子避雷器分会六届二次会员大会,来自全国绝缘子避雷器行业的128个会员单位共156名代表参加了此次会议,此次会议的圆满召开大大提升了公司的行业市场知名度。 公司秉承“诚信赢得市场,品质铸就未来”的宗旨,在改革中发展,在发展中创新,先后荣获国家机械部基础管理规范化达标单位、省级文明单位、省级重合同守信用企业、省机械系统利税五十强等称号。 公司将充分利用自身品牌、技术、市场优势,抓住国家加大基础设施建设投入的历史机遇,遵循“站稳临沂、立足山东、面向全国、走向世界”的企业目标,在全国范围内开展业务,以高度的使命感、责任感一如既往的为用户和社会提供满意的产品和服务,将产量做大,将公司做强,创造新的业绩,展现新的风采。

主要财务指标	指标/报告期	2013.6.30	2012.12.31	2011.12.31
	营业收入(元)	84,803,170.74	155,923,867.11	146,179,864.40
	营业利润(元)	2,081,573.97	6,408,136.81	5,941,096.90
	净利润(元)	1,626,658.19	6,028,983.97	5,357,105.65
	未分配利润(元)	5,431,037.90	7,706,779.71	2,280,694.14
	总资产(元)	153,559,905.56	146,801,083.71	98,545,710.02
	总负债(元)	109,910,148.28	100,875,584.62	67,649,194.90
	净资产(元)	43,649,757.28	45,925,499.09	30,896,515.12
	每股收益(元)	0.050	0.19	0.28
	每股净资产(元)	1.342	1.41	1.12
	净资产收益率(%)	3.632	15.70	29.36

山东晨晖装饰工程股份有限公司

公司基本信息	股权简称	晨晖股份	股权代码	100062
	法人代表	吴洪法	董　　秘	李　勇
	推荐机构	山东淄川高新技术创业投资有限公司		
	电　　话	0632-5232085	传　　真	0632-5232065
	注册地址	山东省滕州市经济开发区益康大道368号		
	行业分类	装饰装修		
	主营产品	室内外装饰装修;建筑幕墙工程施工;电子工程施工;钢结构、钢网架设计制造安装;金属门窗、塑钢门窗生产销售;机电设备安装;机械零部件、机床附件生产销售;建材、钢构配件销售		

公司介绍	山东晨晖装饰工程股份有限公司座落于鲁班故里——山东省滕州市经济开发区益康大道368号，紧靠104国道及京福高速公路南出口，地理位置十分优越，交通非常便利。 公司成立于2001年3月，具有建筑装饰装修、幕墙、钢结构、建筑门窗、电子工程施工贰级质资，注册资金1180万元，占地20多亩，拥有标准化办公楼及现代化生产车间，建筑面积达1.5万平方米。现有固定职工260人，其中高层管理人员22人，各类技术管理人员48人，其中具有高级职称6人，具有中级职称的30人。公司拥有总资产5000多万元，各种机械设备80余台套，具备大型装饰装修、幕墙、钢结构、钢网架、电子工程、金属铝塑门窗制作安装工程设计施工的综合能力，每年平均完成施工产值9600余万元，工程优良率80%以上，合格率100%。 晨晖人传承了鲁班精神，依靠雄厚的实力，严谨专业的态度，使企业在激烈的市场竞争中取得了骄人的战绩，施工足迹遍布大江南北。我公司是山东省建筑机械协会会员单位、枣庄市建筑业协会常务理事单位、滕州市质量协会理事单位、质量示范单位、质量服务诚信示范单位。先后多次被评为“先进单位”。			
主要财务指标	指标/报告期	2013.6.30	2012.12.31	2011.12.31
	营业收入(元)	29538353	53167281	27823959
	营业利润(元)	3321354	12725120	2081146
	净利润(元)	2491016	9543840	1623237
	未分配利润(元)	11181440	8690425	3401317
	总资产(元)	56251383	46007047	36639438
	总负债(元)	21492606	13739285	21192359
	净资产(元)	34758778	32267762	15447079
	每股收益(元)	0.21	0.81	0.14
	每股净资产(元)	2.95	2.73	1.31
	净资产收益率(%)	7.17	47.20	11.09

山东恒硕自动化装备制造股份有限公司

公司基本信息	股权简称	恒硕装备	股权代码	100073
	法人代表	李吉强	董　秘	李其贵
	推荐机构	山东开来投资有限公司		
	电　话	0534－5538823	传　真	0534－5236452
	注册地址	山东省德州市宁津县经济开发区		
	行业分类	装备制造		
	主营产品	太阳能热水器、电热水器生产专用设备的制造与销售		
公司介绍	山东恒硕自动化装备制造股份有限公司，位于山东宁津经济开发区西区，始建于1998年。公司注册资金1050万元，占地100000平方米，建筑面积45000平方米。现有从业人员96人，其中专业技术人员30人，拥有各类机械加工设备100余台套，生产技术力量雄厚，检测手段完备；是中国人民大学科研实习基地、中国太阳能热利用产业联盟常务理事单位、山东省太阳能协会会员单位、山东省创新型民营企业、德州市高新技术企业、德州市重合同守信用企业；是具有自主创新、自主研发、自主制造、自有知识产权的科技型企业；是太阳能热水器(电热水器)设备的专业生产厂家。公司已获得17项国家专利，现已成为国内热水器专用设备制造领域的知名企业。 多年来，恒硕公司始终坚持科技创新，不断强化研发能力，以推动太阳能热利用产业快速发展为己任。公司设有“德州市市级企业技术中心”、“德州市太阳能卷筒设备工程技术研究中心”等研发机构，并与大专院校、科研机构建立了长期的合作关系。每年投入大量研发资金用于热水器专用设备的研制与开发，并多次承担国家和山东省技术创新项目计划。公司自主研究开发的热水器自动化生产流水线免焊系列设备填补了国内外空白，产品性能指标达到国际先进水平，为太阳能热利用产业快速升级，提高产品质量，提供了技术装备保障。公司主要产品有：太阳能热水器内胆自动化生产流水线、太阳能热水器(电热水器)外胆自动化生产流水线、太阳能工程联箱设备等五大系列三十多个品种。产品畅销全国二十多个省市自治区、直辖市，并出口国外。成为皇明、桑乐、力诺、太阳雨、桑夏等知名太阳能热水器生产企业的优秀设备供应商；并与海尔、美的、帅康、威博、格力、美国史密斯等知名电热水器生产厂家建立了稳定的合作关系。 公司不断发扬“追求卓越，缔造完美”的企业精神，以诚信为本，努力打造中国热水器(太阳能热水器、电热水器)专用设备制造基地，为我国太阳能热利用产业的发展做出更大的贡献。			

	指标/报告期	2013.6.30	2012.12.31	2011.12.31
主要财务指标	营业收入(元)	4102119.66	9222374.17	4516965.69
	营业利润(元)	-1468981.95	924137.19	2087575.81
	净利润(元)	-1425725.73	708379.60	1572949.56
	未分配利润(元)	-1690099.01	-526515.08	3842848.79
	总资产(元)	50202597.39	49911384.06	24336187.94
	总负债(元)	31503961.33	31645260.97	9566355.94
	净资产(元)	18698636.06	18266123.09	14769832.00
	每股收益(元)	-0.14	0.07	0.21
	每股净资产(元)	1.78	1.74	1.40
	净资产收益率(%)	0.08	0.04	0.10

山东鸿源生物科技股份有限公司

公司基本信息	股权简称	鸿源科技	股权代码	100085
	法人代表	李兵元	董　　秘	庄玉云
	推荐机构	山东明曦投资管理有限公司		
	电　　话	0536-2638377	传　　真	0536-2638277
	注册地址	山东省高密市密水街道小店子村(科技大学南4-5公里处路西)		
	行业分类	制造业		
	主营产品	鸡尾饮品、红茶菌		
公司介绍	鸿源生物是一家利用微生物发酵技术,以各种新鲜水果、蔬菜等无害绿色植物为原料,经过发酵工艺生产含有多种活性益生菌及微量元素的高档绿色功能性营养饮品、健康食品为主,集研发、生产、销售于一体的现代化生物制造企业。 自成立以来,始终坚持以科技创新、利用农副产品进行产业化为企业经营方针,以生产绿色健康产品为目标,坚持农业产品转化第一、科技创新第一、知识产权第一、用户第一、绿色第一、健康第一的经营理念和以人为本的管理理念,牢牢抓住科技创新和知识产权这一武器,努力将鸿源生物打造成为国内生物制造行业中具有知识产权领先、技术创新、科技先进、研发能力强、产品开发实力雄厚的企业。 2008年以来被省科技厅和省知识产权局认定为"中国专利山东明星企业",被潍坊市知识产权局授予"潍坊市专利先进企业"、"潍坊市民用科技企业"的荣誉称号,另外还获得"高密市诚信民营企业"、"二〇一〇年潍坊市诚信民营企业"、"二〇一一年度一企一技术活动创建先进企业"的荣誉。高级鸡尾酒在2009中华人民共和国第六届国家知识产权局高新技术博览会及中国国际专利与名牌博览会上分别获得"发明银质奖"、"金奖"、"特别金奖"。			

	指标/报告期	2013.6.30	2012.12.31	2011.12.31
主要财务指标	营业收入(元)	2682632.46	5010934.76	270000
	营业利润(元)	708771.23	1139689.53	-252814.98
	净利润(元)	-256664.44	719284.09	-240125.71
	未分配利润(元)	27480.21	262544.59	-427695.42
	总资产(元)	20910844.85	17527516.07	8621148.33
	总负债(元)	10767676.81	7149283.65	4038043.75
	净资产(元)	10143168.04	10378232.42	4583104.58
	每股收益(元)	0.003	0.03	-0.048
	每股净资产(元)	1.02	1.04	0.9166
	净资产收益率(%)	-2	6.93	-0.0524

淄博中农农业科技股份有限公司

公司基本信息	股权简称	中农股份	股权代码	100087
	法人代表	刘美仁	董 秘	骆 萍
	推荐机构	桓台创业投资有限公司		
	电 话	0533—6316677	传 真	0533—8176605
	注册地址	高青县高城镇大王村		
	行业分类	农业		
	主营产品	桶装水、瓶装水的生产、销售。农作物种植技术研发推广：蔬菜、水果种植、销售；花卉苗木栽培销售。		
公司介绍	淄博中农农业科技股份有限公司成立于2005年，是集花卉、苗木、蔬菜、水果栽培销售为一体的现代化新型农业企业。多年来连续被高青县委县政府评为发展品牌农业先进单位、科技创新先进集体、十大农业产业化龙头企业，连续两年被市政府授予淄博市农业产业化龙头企业，2009年被共青团山东省委授予“青年就业创业见习基地”。			

主要财务指标	指标/报告期	2013.6.30	2012.12.31	2011.12.31
	营业收入(元)	14,145,735.96	25,830,102.96	21,233,421.37
	营业利润(元)	1,648,409.60	2,515,570.64	2,939,712.49
	净利润(元)	1,697,646.27	2,425,304.19	2,903,499.15
	未分配利润(元)	4,538,052.72	2,913,756.45	730,982.68
	总资产(元)	40,672,251.41	30,955,960.43	28,217,690.38
	总负债(元)	18,068,885.84	9,968,741.13	9,655,775.27
	净资产(元)	22,603,365.57	20,987,219.30	18,561,915.11
	每股收益(元)	0.16	0.2286	0.6440
	每股净资产(元)	2.13	1.98	1.75
	净资产收益率(%)	7.8	12.26	35.25

日照御青茶业股份有限公司

公司基本信息	股权简称	御青茶业	股权代码	100090
	法人代表	马玉峰	董 秘	高 静
	推荐机构	山东润新创业投资有限公司		
	电 话	0531－80973297	传 真	0531－89605009
	注册地址	日照市岚山区巨峰镇驻地		
	行业分类	农林牧渔业		
	主营产品	茶叶[绿茶，花茶(分装)]加工、销售；茶叶种植、果树栽培、茶具、农机机械、家用电器销售		
公司介绍	御青茶业自成立之初即以茶叶加工、种植、销售为主。公司在上游，拥有自有茶园及与农村、农民合作的方式，建有现代化茶叶加工厂。在中游，公司成立日照文山茶博园有限公司，主营为茶叶种植、技术研发、旅游项目研发、旅游项目开发、旅游工艺品销售、茶叶销售。企业依托日照市得天独厚的旅游优势，建立了全国最大的“御青茶博园”，将日照市海滨旅游资源输送到茶博园，进行从茶叶的培育，采摘、炒制、品茗为一体的互动式体验，为“御青茶业”培育忠实的消费者。“茶博园”集观光旅游、茶叶贸易、休闲娱乐为一体，为实现日照绿茶品牌建设的跨越，做出了突出贡献。在下游，企业拥有130余家专卖店和80余家中高档商超店，并与我省著名“银座”合作，在每一家“银座”卖场均有“御青”茶叶店中店。自成立以来，随着御青的成长，“御青”茶也越来越会受到消费者关注和认可。御青在茶行业首创的全产业链模式已经走在了茶行业的前列；公司在多品类研发、立体式营销，为御青快速、健康发展奠定了坚实的基础；公司发展具有明显的资源优势、政策优势、品牌优势、产业优势、网络优势。			

公司介绍	“御青”商标经过多年来的经营,“御青”品牌已积淀了深厚的茶文化,成为日照绿茶行业内的传统品牌,享有较高的知名度。 “御青”于2002年被日照市农业局认定为农业产业化龙头企业,2004年被中国中轻产品质量保障中心审核认定为中国著名品牌;2005年被中国保护消费者基金会审核认定为中国消费者信誉品牌;2011年被大众报业集团和山东省茶文化协会评为山东大众放心茶;2012年被山东财经风云榜年度评选组委会评选为“山东十大最具增长潜力品牌”的企业。 同时,公司名称为“日照御青茶业股份有限公司”,这一名称突出了原产地、主营业务与公司核心产品的定位,可迅速获得消费者的认知,有利于国内外市场的开拓和专卖店的开设。 目前,御青绿茶已成为日照市特色产业和标志性产品。日照市充足的光照和充沛的雨量,加之境内山地丘陵微酸性土壤含有丰富的有机质和微量元素,种植的绿茶得云雾之蕴润、山泉之灌溉,有机肥、富硒土壤之滋养,内含丰富的维生素、矿物质和对人体有益的微量元素,具有“汤色明亮、色泽翠绿、栗香浓郁、滋味醇厚、耐冲泡”等五大特点。自1966年“南茶北移”成功以来,日照市现有茶园面积16万亩,是山东省最大的绿茶生产基地;年产茶叶7000余吨,占山东省的50%以上,产量连续六年列全省第一,享有“江北第一茶”的美誉。

	指标/报告期	2013.6.30	2012.12.31	2011.12.31
主要财务指标	营业收入(元)	8,438,420.42	31,672,995.05	40,168,493.95
	营业利润(元)	64,489.29	2,559,831.24	7,084,228.34
	净利润(元)	32,685.64	1,458,873.52	5,395,499.07
	未分配利润(元)	-130,747.67	445,444.24	4,330,531.89
	总资产(元)	47,110,254.07	45,307,301.58	53,078,152.5
	总负债(元)	17,650,694.07	15,199,066.28	36,428,790.72
	净资产(元)	29,459,560.00	30,108,235.3	16,649,361.78
	每股收益(元)	0.002	0.09	0.32
	每股净资产(元)	1.77	1.81	1.00
	净资产收益率(%)	0.11	4.85	32.41

山东齐御牧业股份有限公司

公司基本信息	股权简称	齐御牧业	股权代码	100092
	法人代表	刘建光	董　　秘	孙　慧
	推荐机构	山东裕铖股权投资管理有限公司		
	电　　话	0533-7088999	传　　真	0533-7083356
	注册地址	山东淄博临淄区齐陵街道望寺村		
	行业分类	农林牧渔		
	主营产品	生猪养殖销售、饲料生产销售、齐御黑猪肉销售		
公司介绍	公司整体规模在淄博市同行业中位居前列,而其中的特色养殖——黑猪养殖更是在国内位居前茅。公司在设立之初就坚持规模化发展、规范化养殖并取得了良好的效益:公司是“中国质量万里行理事单位”;2012年10月被山东省政府评定为“第六批农业产业化省级龙头企业”;2011年初分别被淄博市人民政府和临淄区政府评定为“淄博市农业产业化重点龙头企业”和“全区先进农业龙头企业”;2013年被国家商务部选定为“中央储备肉生猪活体储备基地”。			

	指标/报告期	2013.6.30	2012.12.31	2011.12.31
主要财务指标	营业收入(元)	1214.1万	3125.7万	3510.28万
	营业利润(万元)	105.13	542.68	784.63
	净利润(万元)	105.13	549.01	804.83
	未分配利润(万元)	105.13	549.01	804.83
	总资产(万元)	10926.75	5401.47	5090.29
	总负债(万元)	5011.29	1585.55	1823.39

主要财务指标	指标/报告期	2013.6.30	2012.12.31	2011.12.31
	净资产(万元)	5915.46	3815.92	3266.9
	每股收益(元)	0.454	0.3	3.22
	每股净资产(元)	2.24	1.91	3.27
	净资产收益率(%)	1.78	14.39	24.64

山东中阳碳素股份有限公司

公司基本信息	股权简称	中阳股份	股权代码	100093
	法人代表	马汝杰	董　　秘	于菲菲
	推荐机构	山东同轩投资有限公司		
	电　　话	05465627557	传　　真	05465627557
	注册地址	利津县明集乡马二村		
	行业分类	工业		
	主营产品	煅后石油焦		
公司介绍	山东中阳碳素股份有限公司位于东营市利津经济开发区中小微企业创业园，创建于2008年4月8日，注册资金2,000万元。是全县首家煅后石油焦企业，主营业务是煅后石油焦的生产、销售。公司将炼油厂的延迟焦化副产品——石油焦，加工为煅后石油焦，是对资源的二次利用，属国家大力倡导的循环经济。公司地处胜利油田腹地，辖区内规模以上石油加工企业达90余家，原料供应充足。公司距S315省道8公里，G25长深高速10公里，交通条件便利。 公司采用先进的技术设备和管理方法，成熟资深的研发技术人员，来保障产品的品质；另外，我们公司始终把服务和产品质量放在企业经营理念的首位，力争通过我们不懈的努力，达到用户百分之百的满意。 展望未来，公司将坚持技术创新，充分利用当地充足的劳动生产力及地区资源，坚持可持续性发展，争取将山东中阳碳素股份有限公司建设成为管理一流、规模一流、质量一流、效益一流、形象一流的知名度企业。			
主要财务指标	指标/报告期	2013.6.30	2012.12.31	2011.12.31
	营业收入(元)	17536180.12	31412652.8	23946000.58
	营业利润(元)	201583.84	21685.32	41312.55
	净利润(元)	396433.84	15094.47	29510.16
	未分配利润(元)	381636.98	9589.91	972626.4
	总资产(元)	45752978.72	29097155.4	31942657.65
	总负债(元)	24230865.27	7947089.02	10792914.09
	净资产(元)	21522113.45	21150066.38	21149743.56
	每股收益(元)	0.0198	0.0008	0.0015
	每股净资产(元)	1.08	1.06	1.06
	净资产收益率(%)	1.84%	0.07%	0.14%

山东富宏服饰股份有限公司

公司基本信息	股权简称	富宏股份	股权代码	100099
	法人代表	付立红	董　　秘	张　莹
	推荐机构	德州瑞鑫投资管理有限公司		
	电　　话	0534－8825002	传　　真	0534－8422508
	注册地址	山东陵县东外环路西侧		
	行业分类	纺织服装制造业		
	主营产品	冲锋衣、滑雪服、防寒服、连体服		

公司介绍	山东富宏服饰股份有限公司位于德州市陵县东外环路西侧，是一家集设计研发、生产、贸易销售为一体的综合性服装骨干龙头企业。公司占地面积42亩，厂房近5000m^2，办楼2100m^2，注册资金为1033.7万元人民币，固定资产达1500多万元，年生产能力80万件以上，年产值4000余万元。 公司拥有自主进出口业务许可权和自主“”、“”、“”、“卓每”、“”等商标，公司于2012年4月份通过了ISO9001质量管理体系，ISO14001环境管理体系，OHSAS18001职业健康安全管理体系认证；并通过了SGS的第三方的BSCI社会责任验厂和COC验厂，以及GMC环球认证，以及利丰、TESCO、NEXT、Polyconcept等多方的质量环境安全技术方面的验厂审核。

主要财务指标	指标/报告期	2013.6.30	2012.12.31	2011.12.31
	营业收入(元)	13818988.01	37701090.59	41,720,475.50
	营业利润(元)	2105646.21	4395322.53	1,739,427.22
	净利润(元)	323153.95	868021.72	1,316,347.58
	未分配利润(元)	353575.49	58270.2	1208495.62
	总资产(元)	27815076.8	26715649.66	26080351.68
	总负债(元)	12958676.89	12154555.04	19637578.78
	净资产(元)	14856399.91	14561094.62	6442772.90
	每股收益(元)	0.03	0.08	0.26
	每股净资产(元)	1.44	1.41	1.26
	净资产收益率(%)	2.18	5.98	20.43

山东无棣华兴渤海黑牛种业股份有限公司

公司基本信息	股权简称	渤海牛	股权代码	100117
	法人代表	杨占岗	董　秘	杨　震
	推荐机构	山东开来投资有限公司		
	电　话	0543－6413177	传　真	0543－6413177
	注册地址	无棣县车王镇五营村北		
	行业分类	畜牧业		
	主营产品	前置许可经营项目：渤海黑牛良种繁育、地方保护与开发（有效期限至2015年6月5日）；渤海黑牛养殖。一般经营项目：渤海黑牛的销售（须经审批的，未获批准前不得经营）		

公司介绍	山东无棣华兴渤海黑牛种业股份有限公司（原无棣县华兴渤海黑牛良种繁育有限公司），成立于2010年8月，公司位于无棣县车王镇五营生态养殖园区，占地面积56亩，总资产3010万元，其中生产性生物资产1715万元，注册资金2700万元，现有职工35人，其中技术人员6人。公司承担着渤海黑牛良种保护、改良、换代、繁育、提纯推广工作。是国家级畜禽养殖标准化示范场、国家级渤海黑牛保种场、山东省渤海黑牛原种场，山东省农业科学院渤海黑牛科技示范基地，通过了山东省畜牧兽医局专家组畜禽场生产许可验收。 2012年12月29日山东无棣华兴渤海黑牛种业股份有限公司股权在山东齐鲁股权托管交易中心挂牌交易成功。 公司现存栏渤海黑牛基础母牛481头，种牛17头。渤海黑牛原称“无棣黑牛”，又名“抓地虎牛”，主产区在山东省无棣县，是我国唯一的黑毛牛种，是世界三大黑毛牛种之一，中国八大名牛之一。 1983年被列入《山东省畜禽品种志》和《中国牛品种志》； 2006年6月，（农业部第662号告）渤海黑牛被列为国家级畜禽遗传资源保护名录； 2008年7月，（农业部第1058号告）将无棣县碣石山镇、车王镇、柳堡镇列入渤海黑牛保护区，是国家级渤海黑牛保种场； 2008年8月渤海黑牛被农业部列入国家级品种资源保护名录； 2011年，渤海黑牛获得国家农业部“农产品地理标志”保护； 计划2013年开工建设的优质渤海黑牛生态养殖基地暨废弃物综合利用项目，被列入2013年黄河三角洲高效生态经济区储备项目名录。

公司介绍	2012年8月31日,公司的渤海黑牛活牛体和饲料种植顺利通过了国家有机认证,经过一年转换期渤海黑牛肉产品会及时转为有机认证。届时获得有机认证的高端优质渤海黑牛肉产品,其市场占有率会大幅度提升,产值利润会成倍增长,企业将呈现快速发展的格局。 为充分发挥企业的示范带动作用,采取“公司+合作社+基地+农户”的运营管理模式,大力发展订单畜牧业,积极引导成员进行渤海黑牛繁育与育肥。渤海黑牛冻精及配种费用由公司承担,成员提供渤海黑牛基础母牛,在确准黑牛受孕后,公司先预付500元的定金给成员,当渤海黑牛犊牛在6个月龄左右时,公司以高于市场8元/斤的价格进行收购,并加强与农户的科技、信息共享,从母牛的受孕、饲养、防疫各个环节进行技术服务,制定详细的操作规程,建立系谱、追溯等技术档案,实现标准化操作、规范化管理。合作社成员现已发展到2000余户,既促进了渤海黑牛种质资源的保护和繁育,又带动了养牛户增收致富奔小康。 公司坚持以人为本、科技兴企,可持续发展原则,以科技创新、产品创新、管理创新为切入点,以渤海黑牛产业化发展为重点,做好渤海黑牛良种保护、改良、换代、繁育、提纯推广工作,实现企业高起点、跨越式发展,力争到“十二五”末,新建繁育基地30处,达到年存栏渤海黑牛2万头,区域内养殖户人均增收2000元的目标。

主要财务指标	指标/报告期	2013.6.30	2012.12.31	2011.12.31
	营业收入(元)	12,085,923.00	2,515,600.00	30,400.00
	营业利润(元)	3,820,284.33	650,693.55	-76,979.78
	净利润(元)	3,816,284.33	1,065,693.55	-76,979.78
	未分配利润(元)	4,491,042.93	674,758.60	-76,221.67
	总资产(元)	39,491,904.76	28,472,821.88	15,662,878.33
	总负债(元)	4,886,148.55	1,483,350.00	4,739,100.00
	净资产(元)	34,605,756.21	26,989,471.88	10,923,778.33
	每股收益(元)	0.0789	0.0789	-0.0149
	每股净资产(元)	0.0789	0.0482	-0.0149
	净资产收益率(%)	12.39%	-3.95	-0.70

山东鑫海新材料股份有限公司

公司基本信息	股权简称	鑫海股份	股权代码	100121
	法人代表	杜文军	董　秘	胥秀梅
	推荐机构	山东润新创业投资公司		
	电　话	0635-3982268	传　真	0635-3982269
	注册地址	高唐县经济开发区		
	行业分类	塑料制品		
	主营产品	PVC石塑地板、木塑汽车饰件、塑料养殖设备、铝木塑建材等产品		

公司介绍	鑫海公司生产的木塑汽车饰件、塑料养殖设备产销量均居国内前列;另为江北生产PVC石塑地板规模最大的企业。 PVC石塑地板产业现已开发出背胶系列地板、自沉吸附式系列地板等品种,高耐磨系列地板,产品已获得SGS和CE认证,达到国际先进水平,产品主要出口美国、欧洲等十几个国家。 公司是山东省高新技术企业、山东省工作规范化三星级单位、山东省科学发展观示范企业,荣获两项市级科技进步一等奖、一项省优秀节能成果奖、市级“富民兴聊”劳动奖状等荣誉。

主要财务指标	指标/报告期	2013.6.30	2012.12.31	2011.12.31
	营业收入(元)	1421.18	2378.85	3090.2
	营业利润(万元)	20.28	23.77	24.37
	净利润(万元)	21.31	1678.17	1644.83
	未分配利润(万元)	24.03	2.71	129.44
	总资产(万元)	5604.01	5127.18	4152.00

	指标/报告期	2013.6.30	2012.12.31	2011.12.31
主要财务指标	总负债(万元)	3904.53	3449.01	2507.17
	净资产(万元)	1699.49	1678.17	1644.83
	每股收益(万元)	0.014	0.022	0.018
	每股净资产(万元)	1.13	1.12	1.1
	净资产收益率(%)	1.26	2.01	1.7

山东恒圆精工部件股份有限公司

公司基本信息	股权简称	恒圆股份	股权代码	100125
	法人代表	丁来芝	董　秘	周　敬
	推荐机构	山东同轩投资有限公司		
	电　话	06352633078	传　真	06352633961
	注册地址	山东省临清市临博路16号		
	行业分类	机械制造		
	主营产品	活塞环、汽缸套		

公司介绍

山东恒圆精工部件股份有限公司坐落在鲁西平原——运河古城临清,始建于2001年,注册资本1800万元,占地面积6万余平方米,拥有职工200余人。公司主要产品有活塞环、气缸套等,具有年产8000万片活塞环的能力,目前在活塞环细分行业内销量全国排名第4位,自有发明专利2项,是该行业前五名中唯一的一家民族自主品牌企业。

公司为国家活塞环专业重点生产企业,已通过ISO9001:2000质量管理体系认证,在2001年被中国技术监督情报协会评为"全国活塞环质量过硬好企业",2009年01月公司商标"恒圆"牌获得山东名牌称号,同年10月荣获山东省著名商标,2010年被聊城市经济和信息化委员会认定为"市级企业技术中心",2011年被山东省工商行政管理局评为"省级守合同重信用企业"。

公司为江淮动力、常柴、时风、潍柴等二十余家知名主机厂商的战略合作供应商,目前仅国内用户就达300余家。公司产品同时远销东南亚、非洲、美洲等国家,公司过硬的产品质量为公司品牌在国际市场创造了较高的知名度!

公司以"做中国最好的活塞环企业"为目标,通过加大对研发的投入,完善产业链条,促进公司多元化发展,将公司打造为集研发、内燃机配件制造、主机制造于一身的生产基地。公司在确保民族品牌领军地位的同时,将继续加强海外市场的开拓,不断提高民族品牌在国际市场的影响力和竞争力。

公司于2012年10月29日完成股份制改制,并于2012年12月1日通过齐鲁股权托管交易中心2012年第八次专审委会议,这标志着公司正式进入资本市场,将迎来跨越式发展。2012－2014年公司将进行全面规范,计划于2015年在国内主板单独上市。

	指标/报告期	2013.6.30	2012.12.31	2011.12.31
主要财务指标	营业收入(元)	65686906.00	100395482.00	40672678.00
	营业利润(元)	1278054.00	1496203.00	330267.00
	净利润(元)	1016041.00	1302282.00	335990.00
	未分配利润(元)	2087560.00	1297381.00	2697840.00
	总资产(元)	144452135.00	118403484.00	76386990.00
	总负债(元)	107716227.00	82457756.00	57364191.00
	净资产(元)	36735907.00	35945728.00	19022799.00
	每股收益(元)	0.075	0.086	0.056
	每股净资产(元)	2.04	2.00	2.378
	净资产收益率(%)	0.49	0.047	0.018

山东宏飞包装股份有限公司

公司基本信息	股权简称	宏飞包装	股权代码	100128
	法人代表	高新涛	董　　秘	张　刚
	推荐机构	山东鑫旺投资担保集团有限公司		
	电　　话	0534－3938888	传　　真	0534－3310600
	注册地址	山东省夏津县西环路东侧胜利路北侧		
	行业分类	制造业中的其他纸制品业		
	主营产品	高强度瓦楞纸板、纸箱		

公司介绍

山东宏飞包装股份有限公司成立于2008年3月，注册资本1230万元，占地面积67330平方米，员工人数148人，是一家专业从事新型包装材料“高强度瓦楞纸板、纸箱”加工生产的现代化包装企业。

公司成立以来，始终秉承“为客户创造价值、为员工谋取福利、为社会增加财富”的经营理念，凝聚“团结、拼搏、务实、高效”的企业精神，以“制造行业一流产品、永创国内一流品牌、争做国际一流企业”为经营目标，是夏津县重点骨干企业之一，2012年12月25日，公司在齐鲁股权托管交易中心成功挂牌，是夏津县、山东省纸包装行业第一家挂牌企业。2013年3月公司通过ISO9001质量管理体系认证，公司有一项发明专利已被国家知识产权局认可。公司先后被授予“2012年度夏津县纳税先进企业”、“德州市科技中小微企业”、“2012年夏津县上市挂牌先进企业”、“2013年夏津县五一劳动奖状企业”等荣誉称号。

公司新上“高强度瓦楞纸板及五色彩印纸箱联动生产线”项目，一期工程已于2012年7月投入生产运营，主要配备台湾祥艺湿部生产线与美国马贵干部生产线，原纸加工宽幅2.5米，最高车速达300米/分钟。目前公司综合实力居鲁西北首位。二期工程“五色彩印纸箱联动生产线”现正在紧张施工，是目前国内第一条此类型全自动流水最高配置生产线。达产后公司纸板、纸箱生产产值将突破3亿元，实现利税1000万元，公司将成为山东省乃至全国纸包装生产排头兵。

主要财务指标

指标/报告期	2013.6.30	2012.12.31	2011.12.31
营业收入(元)	45,909,689	61,494,280	57,523,747
营业利润(元)	393,666	1,164,471	1,856,715
净利润(元)	292,543	696,009	1,387,628
未分配利润(元)	484,761	148,421	1,577,739
总资产(元)	77,252,799	76,886,591	31,421,166
总负债(元)	62,167,406	62,137,538	23,868,122
净资产(元)	15,085,393	14,749,053	7,553,044
每股收益(元)	0.02	0.099	0.239
每股净资产(元)	1.23	2.09	1.30
净资产收益率(%)	1.96	7.60	20.23

山东泰康建材股份有限公司

公司基本信息	股权简称	泰康股份	股权代码	100133
	法人代表	高宪义	董　　秘	魏之全
	推荐机构	山东同轩投资有限公司		
	电　　话	0635—6322606	传　　真	0635—6322606
	注册地址	山东省聊城市阳谷县西外环路北首路东		
	行业分类	制造业		
	主营产品	磷石膏制品、纸面石膏板制造		

公司介绍	山东泰康建材股份有限公司前身为阳谷泰康建材有限公司，最早成立于 2004 年 8 月 16 日，位于阳谷县城西外环工业园区，占地 69.3 亩，是以化工废料——磷石膏为主要原料的环保型纸面石膏板生产企业。公司具备年产纸面石膏板 2,200 万平方米生产能力，年可综合利用化工废渣 20 万吨，于 2006 年 07 月被认定为资源综合利用企业。公司的“年产 3500 万平方米环保型纸面石膏板项目”纳入国家发改委认定的“2013 年度资源节约和环境保护重点项目”。 公司为中国建筑装饰装修材料协会会员单位、中国建筑材料联合会石膏建材分会会员单位，是集生产加工与科研、研发于一体的综合性企业，建有标准化的功能实验室，通过对鲁西化工集团第五化工厂所产工业废渣（磷石膏）进行充分的化验、分析、探索、研发形成了独有的磷石膏炒制工艺，产品质量全部达到且优于国家 GB/T9775 - 2008 标准。公司生产的“康龙”牌纸面石膏板于 2008 年 06 月被评为“山东省消费者最信赖的质量放心品牌产品”，“康龙”牌纸面石膏板系列产品于 2010 年 04 月被中国中轻产品质量保障中心评为“中国知名品牌”。 公司努力在环保的循环经济产业中取得卓越成就，为“美丽中国”计划贡献自己的力量。 公司在行业中的竞争地位 **（一）公司产品的市场占有率情况** 产品销售区域从山东省内周边地市，扩展到河北、河南、北京、天津等地区，逐步形成了成熟的代理商销售机制和稳定的销售市场，市场品牌影响力已经形成，销售渠道逐渐成熟。 **（二）行业优势** 十八大报告提出了“美丽中国”概念，勾勒出未来中国发展的新蓝图。从中央到地方均释放出政府强烈关注环境保护、生态健康发展、资源循环利用、节能减排的信号。近年来国家对于环保行业的支持力度不断加强，环保行业未来发展潜力还很大，将成为这一行业发展的一个黄金期。公司生产的纸面石膏板被认定为国家鼓励的资源综合利用产品，磷石膏在生产中的搀兑比列 >90%，可消化废料——磷石膏 15 - 20 万吨/年，属国家积极推行的循环经济。 **（三）政策优势** 近年来，国家针对资源综合利用企业出台了一系列优惠政策，其中主要政策如下：《中华人民共和国企业所得税法》第 33 条规定：企业综合利用资源，生产符合国家产业政策规定的产品所取得的收入，可以在计算应纳税所得额时减计收入；《中华人民共和国企业所得税法实施条例》第九十九条规定：企业所得税法第三十三条所称减计收入，是指企业以《资源综合利用企业所得税优惠目录》规定的资源作为主要原材料，生产国家非限制和禁止并符合国家和行业相关标准的产品取得的收入，减按 90% 计入收入总额；国务院于 2011 年 12 月 15 日印发的《国家环境保护“十二五”规划》中指出：将固体废物综合利用列为资源循环利用产业重点领域。加强煤矸石、粉煤灰、脱硫石膏、磷石膏、化工废渣、冶炼废渣等大宗工业固体废物的综合利用，推广大掺量工业固体废物生产建材产品。 **（四）区位优势** 公司生产纸面石膏板所需的主要原材料为磷石膏，在产品中约占 90% 左右。公司所在的阳谷县有丰富的磷石膏资源，与公司仅一街之隔的鲁西化工集团第五化工厂年产磷石膏达 80 万吨，现已积存 400 余万吨。鲁西化工为上市公司，经营稳定，公司与鲁西化工第五化工厂签订了磷石膏长期供应合同，运输非常方便，既不存在因原材料供应不足所造成的减产、停产问题，也不存在因运输费用占比例过大所带来的经济压力。 **（五）品牌优势** 公司生产的“康龙”牌纸面石膏板于 2008 年 06 月被评为“山东省消费者最信赖的质量放心品牌产品”，“康龙”牌纸面石膏板系列产品于 2010 年 04 月被中国中轻产品质量保障中心评为“中国知名品牌”，在山东省、河南省、河北省等地区具有强大的竞争优势。 **（六）低成本优势** 公司建立了以节能环保为基础、以产品质量为核心的一系列严格的管理制度。首先在原材料采购方面严把质量关，对采购的原材料进行严格的质量检验。自 2008 年以来，仅通过加强对燃煤质检一项，不仅可以使燃煤更加充分燃烧，增强烘干效果，提高产品质量，降低有害气体排放的同时，每年可平均节约 300 吨燃煤，从而有效降低生产成本。其次，公司在生产环节中配有静电除尘设施，可以每天回收磷石膏粉 4 - 5 吨，不仅大大减少了原材料的浪费，有效降低了生产成本，同时也有效减少了粉尘排放，保护环境。 **近年来获得荣誉：** 2010 年 4 月成为中国建筑材料联合会石膏建材分会会员； 2010 年 4 月 20 日公司生产的“康龙”牌纸面石膏板获得中国知名品牌荣誉证书； 2011 年 10 月 30 日成为中国建筑装饰装修材料协会会员； 2012 年 1 月 13 日被认定为资源综合利用企业； 2013 年 5 月 6 日获得全国城镇化建设绿色建材合格供应商。

	指标/报告期	2013.6.30	2012.12.31	2011.12.31
主要财务指标	营业收入(元)	15640310.64	34707719.62	46811949.11
	营业利润(元)	241936.69	1392541.4	1374049.2
	净利润(元)	325904.39	1106491.29	1951931.26
	未分配利润(元)	263463.37	3919630.39	2923788.23
	总资产(元)	49151753.26	49470287.41	59908077.2
	总负债(元)	29370703.99	35115142.53	46659423.61
	净资产(元)	19781049.27	14355144.88	13248653.59
	每股收益(元)	0.0216	0.1106	0.1952
	每股净资产(元)			
	净资产收益率(%)			

山东同创汽车散热装置股份有限公司

公司基本信息	股权简称	同创股份	股权代码	100135
	法人代表	冯振山	董　秘	武　强
	推荐机构	西藏同信证券有限责任公司		
	电　话	0538－5821678	传　真	0538－5823777
	注册地址	山东磁窑经济技术开发区		
	行业分类	汽车及零部件		
	主营产品	汽车散热器、机油散热器、中冷器及车用空调制造、销售，出口		
公司介绍	经过近几年的持续建设和广泛开拓，同创公司以先进的工艺、优质的产品、高效的运作，冲刺国内外市场，迅速成长为业内知名品牌，经汽车工业协会证明，现位居全国同行业第三位。公司先后荣获“国家高新技术企业”、“山东省名牌”、“山东省著名商标”、“山东省现场管理样板企业”、“山东省制造业信息化示范企业”、“中国汽车零部件散热器行业龙头企业”等荣誉称号，并多次承担国家火炬计划项目和国家重点新产品开发项目，还多次被国内外汽车厂家评为“优秀供应商”。公司现设有山东省车用散热装置工程技术研究中心、省级企业技术中心、博士后科研工作站及院士工作站等科研平台，拥有强大的研发能力，是行业内成长性较好的企业。			
主要财务指标	指标/报告期	2013.6.30	2012.12.31	2011.12.31
	营业收入(元)	142294363.75	26,8632380.87	267244985.71
	营业利润(元)	2737164.24	5666955.31	498228.79
	净利润(元)	3148313.79	5168781.54	3452748.11
	未分配利润(元)	15481942.51	1233628.72	7523962.60
	总资产(元)	339424163.74	311751428.78	348749034.87
	总负债(元)	282640379.43	258528875.90	305978734.97
	净资产(元)	56783784.31	53222552.88	42800299.90
	每股收益(元)	0.11	0.19	0.12
	每股净资产(元)	2.02	1.90	1.53
	净资产收益率(%)	5.72	9.71	8.07

德州格瑞特机电股份有限公司

公司基本信息	股权简称	格瑞特	股权代码	100140
	法人代表	张宝书	董　　秘	马雪娇
	推荐机构	德州瑞鑫投资管理有限公司		
	电　　话	0534-2565718	传　　真	0534-2388728
	注册地址	德州经济开发区晶华大道(创业服务中心院内)		
	行业分类	机械设备、五金交电及电子产品		
	主营产品	电动黄油枪、手动黄油枪、油脂弹		
公司介绍	德州格瑞特位于德州经济开发区高新技术孵化中心,是一家专业研制和生产润滑工具的公司。2013 年成功在齐鲁股权中心挂牌上市,股权代码:100140。 公司在成立之初就注重研发和创新,现已取得了多项实用新型专利,被德州市科学技术局评为高新技术企业。 公司拥有自主进出口权,产品主要销往欧洲、大洋洲、北美市场,包含英国、美国、法国、德国、加拿大、瑞士、澳大利亚等多个国家和地区。并与大洋洲最大的工具商的 Southern Tools、美国最大的工具商 Northern Tools、英国的 Sealey 等诸多国际一线大公司签订了供销合同。自公司成立一直合作至今。 公司以专业、专注的油脂枪设计,丰富的制作经验,优秀的管理人才,为顾客提供最优质的产品、最满意的服务,获得了客户的一致好评,在国际享有较高的商业信誉。			

	指标/报告期	2013.6.30	2012.12.31	2011.12.31
主要财务指标	营业收入(元)	1942134.44	4166310.94	4054604.10
	营业利润(元)	53137.50	91777.58	29931.44
	净利润(元)	39535.92	68521.76	23609.23
	未分配利润(元)	24947.42	108095.19	46425.61
	总资产(元)	8583387.22	4275834.89	3682406.12
	总负债(元)	2216608.36	3655729.12	3130822.11
	净资产(元)	6366778.86	620105.77	551584.01
	每股收益(元)	0.02	0.14	0.05
	每股净资产(元)	0.38	1.17	1.08
	净资产收益率(%)	4.16	11.70	4.34

东营方大金属结构股份有限公司

公司基本信息	股权简称	方大金属	股权代码	100151
	法人代表	秦海峰	董　　秘	王学凯
	推荐机构	山东瑞众股权投资基金有限公司		
	电　　话	0546-7678866	传　　真	0546-7678866
	注册地址	东营市东营区		
	行业分类	建筑业		
	主营产品	H 型钢深加工、生产、销售;彩钢复合板生产、销售;彩钢板房安装;钢结构厂房安装;配电设备及电力金具销售		
公司介绍	东营方大金属结构股份有限公司成立于 2001 年,是一家专门从事钢结构设计安装及电力铁件生产的大型股份公司,具有钢结构工程专业承包二级资质。2008 年 5 月,我公司成功通过了 ISO9001:2008 质量管理体系认证,建立了完善的科学管理组织体系与质量保证体系。2013 年 7 月,我公司在齐鲁股权托管交易中心成功挂牌,成为了东营经济技术开发区第一家成功挂牌的企业。			

公司介绍	在钢结构设计安装方面，我公司主要生产制作H型钢及各种配套钢构件，配备各种规格的彩钢夹芯板，单层彩钢压型板。承揽各式金属拱形屋面厂房，大跨度轻钢结构建筑，楼顶加层，多层轻型房屋，净化房等工程。我公司具有CNC－CG4000C数控直条火焰切割机，Z12型自动组立机，LHA型龙门焊，HYJ－800型钢翼缘矫正机及HP6010B型抛丸除锈机一整套生产流水线。月生产量可达300吨以上，全年可生产制作及安装10万平方米建筑面积。 在电力铁件生产方面，我公司主要加工生产横担、电缆支架、地脚螺栓、U型抱箍、接地极、拉线棒等。我公司具有大摇臂钻床、小摇臂钻床、锯床、车床、滚丝机、大套丝机、小套丝机、大冲床、小冲床、气保焊电焊机、交流电焊机等一整套生产设备，年产量可达1600吨，多年来一直为电力铁件生产贡献出自己的力量。 我公司拥有一批经验丰富的建筑工程师及专业生产安装人员，年施工工程焊缝长度达360万米，95%探伤，100%合格，优良率达99%以上。2008年我公司参与了汶川大地震的抗震救灾工作，为灾区重建做出了自己应有的贡献；同年我公司被评为“先进企业”荣誉称号；公司连续多年被评为省级“守合同、重信用”企业；2012年10月被授予“山东省消费者满意单位”荣誉称号。 公司注重以科技为先导，以质量求生存，重视每个项目的技术支持与售后服务，确保用户得到及时方便的优质服务，确立了“以人为本，以高新技术为导向”的企业宗旨和“回报客户，创造卓越”的经营理念。公司愿继续以“求实、进取、创新”的企业精神，以雄厚的实力、先进的技术、优良的产品和完善的服务，与社会各界合作，共建美好未来！

	指标/报告期	2013.6.30	2012.12.31	2011.12.31
主要财务指标	营业收入（元）	4781307.78	17396902.83	13864445.19
	营业利润（元）	28795.81	980700.69	87127.9
	净利润（元）	28595.81	768830.41	64083.36
	未分配利润（元）	28595.81	768830.41	64083.36
	总资产（元）	9281671.34	10683938.16	20015750.14
	总负债（元）	795939.9	2226847.53	12359677.77
	净资产（元）	8485731.44	8457090.63	7656072.37
	每股收益（元）	0.003		
	每股净资产（元）	0.003		
	净资产收益率（%）	0.34%	9.09%	0.84%

山东鲁青电缆股份有限公司

公司基本信息	股权简称	鲁青电缆	股权代码	100165
	法人代表	马言国	董　　秘	范　辉
	推荐机构	上海众喜投资管理有限公司		
	电　　话	0635－6512666	传　　真	0635－6511068
	注册地址	山东省阳谷县西湖镇198号		
	行业分类	电气机械及器材制造业		
	主营产品	电缆、电线、电缆附料制造、销售		

公司介绍	山东鲁青电缆股份有限公司，位于阳谷县西湖镇198号，为齐鲁股权交易中心挂牌企业（股权代码100165）。多年来企业专注从事电线、电缆的研发与制造，生产经验丰富，制造技术先进，检测手段完善，企业管理规范，主导产品为各类电线、电力电缆、控制电缆、交联电缆以及阻燃、耐火等特种电缆，达10000多个规格型号。 公司先后取得了工业产品生产许可证、中国国家强制性产品CCC认证、ISO9001质量管理体系认证、ISO14001环境管理体系认证、OHSAS18001职业健康安全管理体系认证、建筑产品备案证、阻燃产品标识证、山东省消防会员、安全生产标准化等各类资质证书，并获得了聊城市“守合同重信用”单位、“消费者满意”单位、“全市厂务公开民主管理工作先进单位”、“先进民营企业”、“富民兴聊”劳动奖状；阳谷县“优秀企业”、“敬老模范企业”等荣誉称号。 “鲁青”牌电线电缆作为“全国质量信得过产品”和“中国著名品牌”广泛应用于电力、煤炭、交通、建筑及工矿企业等各个领域，深受广大用户的信赖和好评。

	指标/报告期	2013.6.30	2012.12.31	2011.12.31
主要财务指标	营业收入(元)	31206674.45	73967184.40	30889074.93
	营业利润(元)	2543025.22	2897318.55	259968.68
	净利润(元)	1900614.81	2152742.89	184643.31
	未分配利润(元)	350138.06	-1550476.75	-3703219.64
	总资产(元)	73355531.84	66087367.85	38010088.69
	总负债(元)	46005393.78	52637844.60	26713308.33
	净资产(元)	27350138.06	13449523.25	11296780.36
	每股收益(元)	0.07	0.14	0.01
	每股净资产(元)	1.01	0.90	0.75
	净资产收益率(%)	6.95	16.01	1.63

临沂乔氏新型建材股份有限公司

公司基本信息	股权简称	乔氏建材	股权代码	100167
	法人代表	乔汉永	董　秘	王　涛
	推荐机构	山东明曦投资管理有限公司		
	电　话	0539-6862888	传　真	0539-6862888
	注册地址	临沂市郯城县郯城镇南泉村东		
	行业分类	砖瓦、石材等建筑材料制造		
	主营产品	烧结页岩自保温复合砌块、页岩多孔砖、页岩实心砖		
公司介绍	公司页岩砖生产线由中国砖瓦协会墙体研究设计院设计，采用山东矿机迈科建材机械有限公司生产的国内最先进自动化控制设备，是国内最先进的环保型页岩砖生产线。 公司曾在国家建筑材料工业墙体屋面材料质量监督检验中心对全国重点砖瓦企业进行抽检、评选中，获得优等达标企业称号。			

	指标/报告期	2013.6.30	2012.12.31	2011.12.31
主要财务指标	营业收入(元)		13,366,298.59	8,912,478.39
	营业利润(元)	-	1,144,644.38	635,805.27
	净利润(元)	-	831,152.15	470,181.60
	未分配利润(元)	-	164,137.99	-648,776.60
	总资产(元)	-	22,933,359.59	24,304,386.36
	总负债(元)	-	20,750,984.04	22,953,162.96
	净资产(元)	-	2,182,375.55	1,351,223.40
	每股收益(元)	-	0.42	0.24
	每股净资产(元)	-	1.09	0.68
	净资产收益率(%)	-	47.04	42.13

山东柯林维尔化工股份有限公司

公司基本信息	股权简称	柯林维尔	股权代码	100168
	法人代表	牛吉峰	董　秘	于海涛
	推荐机构	淄博同轩投资有限公司		
	电　话	0546－7701135	传　真	0546－7701939
	注册地址	东营市利津县利五路津六路交叉口西南		
	行业分类	化工		
	主营产品	八溴醚、肼基甲酸脂类、三苯基膦、醚化剂。		

公司介绍

山东柯林维尔化工股份有限公司于2004年6月成立，公司位于东营市利津县经济开发区。公司已通过ISO9000质量管理体系认证，具有进出口权。在对外贸易方面已建立了自己坚强的工作团队，能够利用国内众多的对外销售手段，不断扩大公司的营业范围，逐步提高自己在国内外的影响，建立自己良好的销售渠道。

柯林维尔化工聘请天津大学理化教研室程发、石油大学孔庆池、山东科技大学王忠卫、山东省农药研究所唐永军等多名教授为技术指导，协同公司三名工程师及其他技术人员一起研发，在公司原有的肼化物生产技术的基础上，不断优化操作参数，改进生产工艺，实现产品技术的工业化生产，形成具有自主知识产权的发明专利和工艺技术。

公司现有2000吨/年八溴醚、1500吨/年肼化物等能力的生产装置，在原有设备、公用工程等基础上，进一步完善生产工艺，陆续开发肼基甲酸叔丁酯，NMP（N－甲级吡咯烷酮）等精细化工产品，并于今年初开工建设20000吨/年CHPTMAC季铵盐生产装置（新工地位于利津县滨海开发区，占地70亩）；其中肼化物是具有自主知识产权。公司在不断拓展新产品、新市场的基础上，加强巩固原有产品的市场，不断推进其适用范围的延伸，尤其是国内市场的开发、培养。每月都有大量的样品无偿提供给科研单位和生产企业，肼基甲酸甲酯等产品在国内的应用已见成效。

荣获四溴醚洗涤分离器、肼基甲酸脂类专利，东营市优秀诚信企业经营者、民营科技发展贡献奖、东营市企业信用等级评价AAA级、东营市科技型企业、首届东营市守诚信重质量先进企业、牛吉峰十佳科拒创新人才。

主要财务指标	指标/报告期	2013.6.30	2012.12.31	2011.12.31
	营业收入（元）	32913642	50048354	50103903
	营业利润（元）	4576177	6773210	8669087
	净利润（元）	3432133	5287412	6763698
	未分配利润（元）	16691687	13259554	7972141
	总资产（元）	41530137	40269658	17763510
	总负债（元）	14561378	16733032	7671911
	净资产（元）	26968759	23536626	10091599
	每股收益（元）	0.34	0.52	0.67
	每股净资产（元）	2.69	2.35	1.01
	净资产收益率（%）	12.7%	22.4%	67%

山东新蓝海科技股份有限公司

公司基本信息	股权简称	新蓝海	股权代码	100169
	法人代表	高承田	董　秘	李爱花
	推荐机构	济宁市惠达投资有限公司		
	电　话	0537－2712828	传　真	0537－2982828
	注册地址	济宁高新区产学研基地D2楼三层		
	行业分类	信息技术业		
	主营产品	软件开发销售及服务		

公司介绍	山东新蓝海科技股份有限公司是一家专业从事医疗卫生行业信息化建设的软件企业,公司成立于2008年,注册资本1110万元。公司自成立以来,以助推医疗卫生信息化改革、强化医院精细化管理、方便患者就医为己任,一直致力于具有自主知识产权的医疗卫生行业信息系统的研发、销售和服务,并向医疗卫生行业提供一系列代表该行业一定发展方向和技术理念的,先进、完善的医疗卫生信息化管理产品和全面解决方案。 在各界领导的关怀和支持下,公司稳健经营,快速发展,规模不断扩大,现已获软件著作权30余项,涵盖了数字化医院建设及区域医疗卫生,相关产品深受业内好评,在国内得到广泛的推广与应用。 山东新蓝海被认定为国家高新技术企业、软件企业,并通ISO9001质量管理体系认证,成功注册了新蓝海商标,荣获全国质量诚信AAA级品牌企业、AAAAA级重合同守信用企业、"中国科技创新优秀企业"等殊荣。公司曾获国家科技型中小企业技术创新基金、市科技创新奖,并且成为中国医院协会推荐产品之一;由公司承建的乐陵市区域医疗卫生项目也被评为2011年度信息化创新医疗服务模式"优秀案例",嘉祥县人民医院也被评为全国数字化医院十佳优秀案例。 公司重视科技、重视人才,积极与大专院校、科研单位联系,高薪聘请、以师带徒等方式培训人才,现拥有一支高素质的成员队伍,共同致力于软件的研发与推广工作,为企业持续创新发展提供了强大的人才保障。 公司秉承品质第一、用户至上的原则,在坚持自主创新研发的基础上,努力提高核心技术的开发,提升产品竞争力。以坚持不懈的努力,积极推动医疗卫生信息化建设发展.

	指标/报告期	2013.6.30	2012.12.31	2011.12.31
主要财务指标	营业收入(元)	816331.59	2603980.17	1312111.58
	营业利润(元)	-756115.33	57264.86	-370047.46
	净利润(元)	217485.73	91532.22	35935.44
	未分配利润(元)	273845.73	56360.00	-28910.00
	总资产(元)	13746374.72	12567731.57	12345260.40
	总负债(元)	2366266.77	1405109.35	1274170.40
	净资产(元)	11380107.95	11162622.23	11071090.00
	每股收益(元)	0.02	0.01	0.00
	每股净资产(元)	1.025	1.006	0.9974
	净资产收益率(%)	1.9	0.8	0.3

山东颜春农业发展股份有限公司

公司基本信息	股权简称	山东颜春	股权代码	100176
	法人代表	梁素梅	董　秘	孙　楠
	推荐机构	淄博同轩投资有限公司		
	电　话	0533-4658366	传　真	0533-4658366
	注册地址	淄博市博山区博山镇杨峪村		
	行业分类	农业		
	主营产品	金银花、山楂种植销售		
公司介绍	公司成立于2009年占地面积2000余亩,2010年被市政府授予都市农业示范园、市级龙头企业,并取得有机认证证书。2012年获得国家批准"博山山楂"地理标志认证并与中国农业大学、青岛农业大学合作进行富硒农产品研发并参与制定行业标准。2012年取得淄博市发改委下发的立项批文获准扩建年产1000吨山楂酒项目,可安置劳动力1000余人,带动农户3000余户,增加主营收入9000万元,新增利润1500万元。公司具有良好的团队及丰富的资源条件。2013年挂牌交易成功,现正处于募资阶段。			

	指标/报告期	2013.6.30	2012.12.31	2011.12.31
主要财务指标	营业收入(元)	5784760.00	3982162.00	1811473.99
	营业利润(元)	1271806.42	1298389.81	565318.76
	净利润(元)	1286752.14	1298559.81	595318.76
	未分配利润(元)	2888367.37	1681359.6	512655.77
	总资产(元)	23445247.47	6319609.22	3520307.52
	总负债(元)	9439807.99	3451431.89	1950690.00
	净资产(元)	14005439.48	2868177.33	1569617.52
	每股收益(元)	0.12	1.3	0.6
	每股净资产(元)	77.11	34.86	63.71
	净资产收益率(%)	9.2%	58.63%	45.53%

山东五莲绿野食品股份有限公司

公司基本信息	股权简称	绿野食品	股权代码	100179
	法人代表	冯建	董　秘	孙洪斌
	推荐机构	山东京德创业投资有限公司		
	电　话	13706330316	传　真	0633－6153766
	注册地址	山东省日照市五莲县央赣路(驼宝工业园)		
	行业分类	农林牧渔		
	主营产品	猪肉初级加工产品		

公司介绍

公司占地36亩，员工47人，固定资产1800万元，拥有低温储藏能力5000吨，恒温库储藏能力5000吨。年加工生猪5万头。

公司产品以过硬的质量，严格的生产工艺，深受广大消费者的青睐，主导产品猪分割肉、白条肉及其副产品荣获入沪、入京资格。公司被评为日照市“农业产业化重点龙头企业”、“食品药品安全A级信用企业”。

公司充分发挥农业产业化龙头企业的带动作用，辐射并带动周边乡镇乃至全县农业养殖业持续、健康、稳定发展。目前，公司带动养殖种植农户达12000多户，增加农民收入7000多万元，有力地推动了本域农村经济的持续健康发展，实现了农民增收、财政增长、龙头企业大发展的新格局，取得了良好的经济效益和社会效益。根据公司的长远规划，为进一步扶持和带动全县乃至全市畜牧业、农业的大规模发展，带领广大农民共同致富奔小康。公司计划在现有基础上，抓住机遇，积极开拓国内国际两个市场，开发猪肉新产品，更好地发挥农业产业化龙头企业的带动辐射作用，实现产值、利税翻番的奋斗目标。

	指标/报告期	2013.6.30	2012.12.31	2011.12.31
主要财务指标	营业收入(元)	54,966,403.53	65,189,927.93	13,494,078.44
	营业利润(元)	1,134,178.84	20,797.71	291,510.03
	净利润(元)	1,134,172.77	50,317.23	194,241.82
	未分配利润(元)	1,376,884.21	242,711.44	197,425.93
	总资产(元)	30,678,144.55	28,499,467.21	19,852,530.81
	总负债(元)	19,274,292.40	18,229,787.83	9,633,168.66
	净资产(元)	11,403,852.15	10,269,679.38	10,219,362.15
	每股收益(元)	0.11	0.01	0.02
	每股净资产(元)	11.34	1.03	1.02
	净资产收益率(%)	9.92%	0.50%	1.90%

山东永兴泰食品股份有限公司

公司基本信息	股权简称	永兴泰	股权代码	100180
	法人代表	张婷婷	董　　秘	李效智
	推荐机构	山东瑞众股权投资基金有限公司		
	电　　话	0546－7720377	传　　真	0546－7720377
	注册地址	东营市广饶经济开发区(潍高路以南)		
	行业分类	农副产品加工业		
	主营产品	肉食鸭		
公司介绍	山东永兴泰食品股份有限公司成立于2009年7月22日，占地50亩，注册资金1500万元，员工100多人。企业厂区面积30000平方米，位于广饶县经济开发区。永兴泰公司主要以生产肉鸭系列产品为主。目前年加工设计能力肉鸭1600万只，“广樱”牌、“惠丰缘”肉鸭系列产品销往南京、武汉、上海、杭州、长沙等二十多个城市，先后荣获“全国绿色健康产品”、“全国消费者信得过优质产品”等多项荣誉称号。 食品行业是民生行业，受到居民消费刚性需求的拉动，多年来一直保持较为稳定、快速的增速。我国肉类加工行业已经具有相当的产业规模，肉鸭行业一直保持快速增长势头，在市场经济的大潮中迅速发展壮大，成为提高人民生活水平的一支不可或缺的主力军。			

	指标/报告期	2013.6.30	2012.12.31	2011.12.31
主要财务指标	营业收入(元)	18398009.74	26127671.34	20164953.09
	营业利润(元)	823916.58	1646555.25	941400.24
	净利润(元)	823204.08	1638052.08	914894.41
	未分配利润(元)	54773.33	2254240.28	779993.41
	总资产(元)	35824186.11	22021136.21	18051405.78
	总负债(元)	17496270.61	9516424.79	7184746.44
	净资产(元)	18327915.50	12504711.42	10866659.34
	每股收益(元)	–	–	–
	每股净资产(元)	–	–	–
	净资产收益率(%)	–	–	–

山东金辰机械股份有限公司

公司基本信息	股权简称	金辰机械	股权代码	100185
	法人代表	姚镇波	董　　秘	姚建辉
	推荐机构	山东裕铖股权投资管理有限公司		
	电　　话	0631－7627833	传　　真	0631－7622999
	注册地址	荣成市荫子镇雨山路998号		
	行业分类	制造业		
	主营产品	MPC系列全自动温锻压力机、JC－JD31系列闭塞锻造压力机、MPA系列热模锻压力机、KP楔式热模锻压力机、JC－JC系列温热锻造压力机、闭式双点切边压力机、KD43系列数控辊锻机、闭式单、双、四点机械压力机、肘杆式冷挤压机、精压机		
公司介绍	山东金辰机械股份有限公司(以下简称“金辰机械或公司”)坐落在山东半岛最东段——威海市的荣成市。荣成三面环海，海岸线长500公里，与韩国、日本隔海相望，是中国距离韩国最近的城市，陆海空运输四通八达，机场、港口、高速公路一应俱全，地理位置优越，交通便利发达。			

公司介绍	金辰机械是一家具有悠久历史的锻压设备专业生产厂家，拥有生产设备近200台(套)，具备制造各种大、重型锻压机械产品的条件和生产能力，已通过ISO9000质量管理体系认证并拥有自营进出口权，是国家高新技术企业和国家二级安全生产标准化企业。 公司具有强大的技术研发队伍并与国内多家大专院校、科研院所合作，有国内著名专家学者组成的专家团队，可以为用户提供一切锻压方面的咨询服务，在锻造压力机行业内具有较高的品牌知名度和美誉度。公司技术实力雄厚：现拥有9项专利，其中发明专利1项，实用新型8项，已被受理的发明专利5项；受中国标准化委员会委托负责《精密锻造压力机》、《精密棒料剪断机》两项国家行业标准的制定工作；设有威海市工程实验室、威海市企业技术开发中心等研发场所；在2007年推出具有自主知识产权、可满足冷、温、热等精密成形的多工位压力机，攻克了国内该产品自主品牌缺乏的现状，极大降低了下游客户的采购成本；拥有国内著名的"冷、温、热锻造和冲压"专家，在温、热锻压机生产制造及技术服务方面为国内领先企业。 公司也是世界著名、中国最大的锻压机械和金切机床制造企业——济南二机床集团有限公司多年来唯一的战略合作伙伴，双方在产品研发、合作生产、市场营销、技术和管理创新等方面进行战略性的全方位合作。 近年来，公司围绕设计开发智能化、自动化、精密化锻造工艺及设备，投入了大量的研发力量及相关生产设备，可为用户提供节能节材、提高效率、降低消耗、减少制造成本的高性能、智能化的冷、温、热锻造及冲压压力机和各种全自动锻造、冲压生产线、工艺及设备。公司坚持创新、超越、服务的理念，精心设计、制造能提高企业经济效益的技术新、质量优的装备，为用户承担风险、创造利润，通过为客户量身定做各种方案来提供整线交钥匙服务。在国家大力推动机械制造业升级改造的产业政策扶持下，公司依靠强大的技术实力和研发团队，在现有市场及品牌影响力的基础上，未来发展将步入更加辉煌的时代。

	指标/报告期	2013.9.30	2012.12.31	2011.12.31
主要财务指标	营业收入(万元)	2545.11	3598.01	5210.05
	营业利润(万元)	244.78	-57.42	-27.70
	净利润(万元)	197.85	-52.74	106.21
	未分配利润(万元)	346.10	168.04	220.78
	总资产(万元)	10717.53	7684.06	6441.53
	总负债(万元)	8019.03	6779.39	5546.21
	净资产(万元)	2698.50	904.67	895.31
	每股收益(元)	0.30	-0.08	0.17
	每股净资产(元)	1.23	1.39	1.38
	净资产收益率(%)	19.57	-7.16	13.00

济南金王食品股份有限公司

公司基本信息	股权简称	金王食品	股权代码	100186
	法人代表	王怀清	董　秘	张　洁
	推荐机构	山东丰嘉投资有限公司		
	电　话	0531-84779288	传　真	0531-84779688
	注册地址	济南市商河县经济开发区凯源街9号		
	行业分类	农副食品加工		
	主营产品	16种绿色认证蔬菜及糯玉米、紫甘薯、南瓜、大豆系列食品		

公司介绍	金王公司设立于2003年，致力于绿色农产品种植、保鲜、加工、出口及糯玉米、紫甘薯、南瓜、大豆等系列食品的研发、生产与销售。16个产品通过绿色食品认证，主导产品2009-2012年荣获"中国绿色食品畅销产品奖"。 公司自成立以来，获得了国家、省、市级颁发的多项荣誉，连续多年被评为"济南市食品工业先进企业"、"济南市成长型中小企业"、"济南市十大农业龙头企业"、"济南市两化融合优秀企业"、"山东省消费者满意单位"、"山东省信用良好中小企业"。通过了出口食品卫生注册，拥有自营进出口权，产品主要出口美国、欧盟、日韩、东南亚等国家。2013年被授予济南市第12个"院士(专家)工作站"，注册商标"金王"和"金王泉"被认定为济南市和山东省著名商标。

	指标/报告期	2013.6.30	2012.12.31	2011.12.31
主要财务指标	营业收入(元)	6575442.73	6013808.42	5203163.34
	营业利润(元)	1420775.39	1327763.50	945147.84
	净利润(元)	1631303.74	1067267.67	1270074.63
	未分配利润(元)	2782064.84	1150761.10	190220.20
	总资产(元)	20591297.76	17775103.82	13725808.82
	总负债(元)	7681370.57	6496480.37	8514453.04
	净资产(元)	12909927.19	11278623.45	5211355.78
	每股收益(元)	0.1631	0.1164	0.2628
	每股净资产(元)	1.29	1.13	1.04
	净资产收益率(%)	25.27	10.77	28.80

山东恒昌聚材化工科技股份有限公司

公司基本信息	股权简称	聚材科技	股权代码	100188
	法人代表	黄进前	董　　秘	李梦康
	推荐机构	山东金擎联投资担保有限公司		
	电　　话	0539－6690311	传　　真	0539－6690510
	注册地址	临沂市工商行政管理局		
	行业分类	化工		
	主营产品	液氨		
公司介绍	山东恒昌聚材化工科技股份有限公司位于临沂市罗庄区循环经济产业园区，公司注册资本7500万元，主要从事液氨的生产与销售。公司主要利用焦炉气生产甲醇后的废气为原料进行脱碳和补氮生产液氨，该项技术填补了国内焦化企业废气综合利用的空白，是国内第一家取得该类专利技术的企业。			
主要财务指标	指标/报告期	2013.6.30	2012.12.31	2011.12.31
	营业收入(元)	64986444.97	11185896.41	
	营业利润(元)	22230459.95	－2107693.21	－67963.02
	净利润(元)	16661614.8	－1591217.05	－51970.23
	未分配利润(元)			
	总资产(元)	274243701.89	232668055.87	75445882.33
	总负债(元)	182601070.84	158887525.22	497852.56
	净资产(元)	－	－	－
	每股收益(元)	－	－	－
	每股净资产(元)	－	－	－
	净资产收益率(%)	－	－	－

山东掌中宝信息技术股份有限公司

公司基本信息				
	股权简称	掌中宝	股权代码	100189
	法人代表	郭海庆	董　　秘	陈学伟
	推荐机构	山东开来投资有限公司		
	电　　话	0539－8232003	传　　真	
	注册地址	临沂国家高新技术开发区		
	行业分类	移动增值业务		
	主营产品	会员短信、微信管家、APP 应用		

公司介绍

山东掌中宝信息技术股份有限公司成立于 2009 年 6 月，2013 年 10 月公司实行股份制改革命，正式更名为山东掌中宝信息技术股份有限公司，是一家从事移动增值业务的高新技术企业，现拥有潍坊、日照、青岛、枣庄、烟台、济南、淄博、济宁八家分公司。

公司总部写字楼位于宏伟气派的“临沂人民文化中心”——万阅城，注册资金 1000 万元。公司面向移动、联通、电信通讯领域，针对企业应用自主研发了“移动商务办公平台掌中宝”系列产品，旨在为企业等客户提高客户关系开发、管理、维护能力。

公司成立四年来已成为行业中的佼佼者，拥有国家颁发的 SP 增值电信业务许可证、软件企业证书，并连续六年获得中国移动、联通、电信优秀合作伙伴。现拥有员工 200 余人，500 多家合作伙伴，1000 多家代理商，20000 多家直接企业用户，年营业额 3000 多万元。

公司凭借着优秀的员工队伍、过硬的开发技术、全面的产品功能、完善的售后服务，秉承“专业、专注、领先、卓越”的经营理念，不断提高产品及服务水平，真正实现了企业、合作伙伴、终端客户之间的共赢。

主要财务指标	指标/报告期	2013.6.30	2012.12.31	2011.12.31
	营业收入(元)	13817747.22	13721743.59	4,457,721.90
	营业利润(元)	511379.39	268165.21	208350.93
	净利润(元)	383534.54	201086.41	156263.2
	未分配利润(元)	692394.20	308859.66	107773.25
	总资产(元)	12727367.0	12475344.03	2362501.51
	总负债(元)	2034972.80	2166484.37	1254728.25
	净资产(元)	10692394.2	10308859.66	1107773.26
	每股收益(元)	0.04	0.03	0.16
	每股净资产(元)	1.06	1.03	1.1
	净资产收益率(%)	3.5%	1.9%	14%

山东民强生物科技股份有限公司

公司基本信息				
	股权简称	民强生物	股权代码	100197
	法人代表	高法民	董　　秘	吴希民
	推荐机构	山东润新创业投资有限公司		
	电　　话	0543－8191500	传　　真	0543－8191512
	注册地址	滨州高新区新八路 267 号		
	行业分类	制造业		
	主营产品	聚葡萄糖、L－精氨酸等系列衍生产品		

公司介绍	山东民强生物科技股份有限公司,成立于2006年5月,是一家集生物制品中间体、食品添加剂以及新型墙体节能材料的研发、生产及销售,市政工程、园林绿化工程的施工于一体的高新技术企业。公司主导产品有高纯度水溶性膳食纤维,以及L-精氨酸、鸟氨酸、瓜氨酸等氨基酸系列产品,广泛应用于医药、营养、食品、保健等领域。公司与伊利、蒙牛、小洋人、圣元、娃哈哈、康宝莱、天狮集团及美国普惠、日本高化学、雀巢、达能、卡夫等国内外乳业巨头建立了长期的、良好的合作关系,具有十分广阔的市场前景。 多年来,公司坚持"科教兴企"战略,先后聘请了上海工微所、中科院、江南大学、南开大学、山东大学等科研机构及国内知名院校的专家学者作为技术顾问,共同开发氨基酸技术以及高蛋白环保等项目,公司新产品的研发实力雄厚,在国内同行业中独占鳌头。2007年民强生物被山东省科技厅授予"高新技术企业","SD水泥微珠浆料保温系统"于2008年通过山东省科技厅鉴定,产品技术已达到国内领先水平。公司"发酵法L—氨酸项目"被列为"2013年山东省重点建设项目"和"2013年滨州市六大重点建设项目",同时被科技部列为"2013年国家火炬计划项目"。"发酵法生产L-精氨酸工艺研究项目"被立项为"山东省2013年科学技术发展计划项目"。2013年,公司成立了"滨州市生物技术研究院",开展生物类检验检测第三方认证服务、滨州高新区生物制造园区公共服务平台以及功能糖等技术研发工作。公司发酵法年产8000吨L-精氨酸项目,被国家科技部列入"十二五"重点攻关项目,是国际上新兴的小品种、高附加值生物发酵品种。该项目打破了我国高品质氨基酸主要依赖进口的局面,缩短了与国外企业的技术差距。公司项目规模目前已达到全国最大,全部建成后将超越日本味之素达到全球最大,届时,可实现年销售收入12亿元,利润3亿元。 民强生物将继续秉承"引领科技先锋,打造健康事业,缔造卓越品质,成就世界品牌"的发展理念,整合公司现有的品牌文化、工艺技术、人才与资金等优势资源,实现跨越式发展,回报社会,造福人类。

	指标/报告期	2013.6.30	2012.12.31	2011.12.31
主要财务指标	营业收入(元)	1428920.28	21849288.26	1396568.76
	营业利润(元)	252228.87	4208181.97	-1337031.42
	净利润(元)	272635.97	4250126.91	-1235172.04
	未分配利润(元)	284907.70	12271.73	-4237855.18
	总资产(元)	212212133.85	152549125.42	58072011.31
	总负债(元)	121927226.15	62536853.69	52309866.49
	净资产(元)	90284907.70	90012271.73	5762144.82
	每股收益(元)	-	-	-
	每股净资产(元)	1	1	0.58
	净资产收益率(%)	-	-	-

青岛君盛食品股份有限公司

公司基本信息	股权简称	君盛食品	股权代码	100201
	法人代表	张君	董　　秘	唐　彦
	推荐机构	清晨资本		
	电　　话	87710799	传　　真	87710869
	注册地址	青岛市城阳区铁骑山路398号		
	行业分类	农副产品加工		
	主营产品	挂面、馒头、月饼等糕点制品		

公司介绍	青岛君盛食品股份有限公司于1998年4月6日成立,注册地青岛市城阳区铁骑山路398号,法定代表人张君,公司于2013年9月在齐鲁股交中心挂牌,总股本800万股。公司只要从事食品生产加工,主要产品有"君盛牌"挂面、馒头、月饼等糕点制品。 公司拥有专业食品生产人员,不断研发新产品、新项目。公司本着守诚信、重质量为指导思想,先后通过了HACCP体系认证和GB/T22000-20006/ISO22000:2005CNCNCTS0013-2008食品安全管理体系。

公司介绍	2008 年，产品大批量出口美国、加拿大、日本、韩国、新加坡、俄罗斯、澳大利亚等国家，得到了客户及市场的好评。2009 年公司“君盛牌”挂面获得“青岛市名牌”和“山东省著名商标”等荣誉称号。为满足市场的需求，公司于 2012 年在城区夏庄街道玉皇岭工业园总投资 3000 万元，新购土地 30 亩，新建厂房 18800 平方米，新安装了两条国际先进水平的大型挂面生产线、一条鲜面生产线和 1 条糕点生产线，新建 1 座 500 吨的保鲜冷藏库。进一步改善了生产环境和库存环境，预计投产后，将形成年生产挂面 1.2 万吨，馒头、糕点 1000 吨，年销售收入 1 亿元人民币的生产经营规模。新公司的落成必将带动地区的经济繁荣发展，并为解决劳动就业贡献力量！ 君盛坚持以高端、专业、品牌的方向发展，在不断探索的基础上，确立了“关爱健康、关爱生活、生产绿色食品”的指导思想，依靠先进的工艺设备、严格的品质管理，生产安全放心的食品。不断研发、创新，产品由之前单一的十几种挂面，发展为以挂面为主同时生产馒头、糕点及其他节日性食品的多生产线加工，仅挂面就多达四大系列几十余种，君盛品牌及产品凭借较高的美誉度，一直以来得到广大消费者的亲睐。

	指标/报告期	2013.6.30	2012.12.31	2011.12.31
主要财务指标	营业收入（元）	12157963.67	15561384.22	15652912.15
	营业利润（元）	－1969503.84	－1425146.17	－393337.99
	净利润（元）	665351.20	－248287.49	45951.85
	未分配利润（元）	275340.97	－401237.67	－152414.99
	总资产（元）	32605364.78	31276625.57	36004669.12
	总负债（元）	24330023.81	29281645.43	33761401.49
	净资产（元）	8275340.97	1994980.14	2243267.63
	每股收益（元）	0.34	－0.12	－0.56
	每股净资产（元）	0.34	－0.12	－0.56
	净资产收益率（%）	34.93	－14.47	2.56

山东圣鼎园防护设备股份有限公司

公司基本信息	股权简称	圣鼎园	股权代码	100202
	法人代表	薛廷水	董　　秘	张桂芳
	推荐机构	齐鲁证券有限公司		
	电　　话	0531－81293266	传　　真	053181293277
	注册地址	山东省章丘市明水赭山工业园柳岗路北首		
	行业分类	社会公共安全设备及器材制造		
	主营产品	防护门、密闭门、防护密闭门、电动防护门、悬板式防爆波活门等系列产品的生产和销售		

公司介绍	山东圣鼎园防护设备有限公司成立于 2009 年 3 月，系经国家人防办、总参工程兵第四设计研究院批准的人防防护设备定点生产和安装的专业厂家，现注册资本 2000 万元。主要生产防护门、密闭门、防护密闭门、电动防护门、悬板式防爆波活门等系列产品。产品广泛用于高层建筑的地下设施、商场、机关、学校、医院、文化娱乐场所、居民住宅小区、人防指挥所、地铁、隧道、地下军事设施等。 产品主要销往济南、青岛、日照、济宁、烟台、潍坊等地区。 公司始终把“让用户满意”作为永恒的追求，坚持“诚信为本、务实图谋、竞中求存、执着大成”的经营发展策略。公司资金、技术力量雄厚，设备、工艺先进，产品质量上乘，服务及时周到完善，赢得了广泛的社会赞美和业内专家的一致好评。

	指标/报告期	2013.6.30	2012.12.31	2011.12.31
主要财务指标	营业收入（元）	15788829.68	13055889.91	13132447.97
	营业利润（元）	3038333.14	5184827.15	4434539.93
	净利润（元）	598287.51	－633533.59	－674866.20
	未分配利润（元）	228426.12	－2127797.54	－1494263.95

	指标/报告期	2013.6.30	2012.12.31	2011.12.31
主要财务指标	总资产(元)	49546132.51	55235769.58	52057441.28
	总负债(元)	29317706.39	44363567.12	40551705.23
	净资产(元)	228426.12	-2127797.54	-1494263.95
	每股收益(元)	0.03	0	0
	每股净资产(元)	0.01	0	0
	净资产收益率(%)	261%	0	0

聊城市东昌府区天元小额贷款股份有限公司

公司基本信息	股权简称	天元贷款	股权代码	180001
	法人代表	齐元臣	董　秘	夏吉恒
	推荐机构	宏源证券股份有限公司		
	电　话	06352941616	传　真	06352941919
	注册地址	聊城市东昌西路37号		
	行业分类	金融业		
	主营产品	区域内小额贷款		
公司介绍	该公司是聊城市第一家经省金融办批准的小额贷款公司，是聊城市第一家在银行融资的小额贷款公司，也是山东省第一家在齐鲁股权托管交易中心挂牌的小额贷款公司。自开业以来，正规经营，稳健发展，其累计贷款、营业利润及上缴税收在本区小贷公司中位列首位。该公司曾在省金融办组织的五级分类评级中连续三年被评为一级。在2011年度省财政厅组织的绩效评价中被评为3A级企业。			

	指标/报告期	2013.6.30	2012.12.31	2011.12.31
主要财务指标	营业收入(元)	23,263,834.89	52,381,233.45	37,540,119.98
	营业利润(元)	20,127,057.49	44,152,101.23	31,161,170.16
	净利润(元)	15,071,788.71	32,224,714.79	23,378,497.28
	未分配利润(元)	30,031,299.95	49,706,976.45	20,707,572.34
	总资产(元)	270,987,460.36	295,577,787.60	263,082,486.55
	总负债(元)	80,265,849.59	86,687,679.20	86,726,953.74
	净资产(元)	190,721,610.77	208,890,108.40	176,355,532.81
	每股收益(元)	0.10	0.21	0.16
	每股净资产(元)	1.27	1.39	1.18
	净资产收益率(%)	7.90	15.43	13.20

莒南县民丰小额贷款股份有限公司

公司基本信息	股权简称	民丰小贷	股权代码	180002
	法人代表	李学纯	董　秘	解　娜
	推荐机构	山东瑞众股权投资基金有限公司		
	电　话	0539-7230599	传　真	0539-7211199
	注册地址	莒南县天桥路248号		
	行业分类	金融、保险业		
	主营产品	办理小额贷款，开展小企业发展、管理、财务咨询业务(在国家法律法规规定范围内开展业务)		

<table>
<tr><td>公司介绍</td><td colspan="4">莒南县民丰小额贷款股份有限公司是经山东省金融工作办公室批准，以山东福瑞酒业有限公司为主发起人联合其他3名法人和李学纯等8位自然人发起设立的股份有限公司，成立于2010年9月26日，注册资本1.5亿元。位于莒南县天桥路248号；法定代表人：李学纯。
公司成立至今，严格按照公司章程的有关规定，完善法人治理结构，建立完善的业务操作流程、风险管理制度、财务管理办法。凭借专业的管理团队、先进的经营理念、丰富的行业经验、成熟的运作模式和创新的产品服务，专注于微型金融业务市场，致力于民丰贷款的可持续发展之路，着力扩大客户数量和服务覆盖面，铸就了鲜明的“民丰”特色。截至目前，公司累计向3887户中小企业及三农发放贷款4301笔，贷款金额235903万元，实现营业收入7489万元，上缴税金1800万元，实现净利润3658万元。今年1－6月份，累计向1077户中小企业及三农发放贷款1159笔，金额51507万元，实现营业收入1798万元，上缴税金402万元，实现净利润727万元。
公司建立了完善的管理制度，规范业务操作流程。公司从成立之初，便认真贯彻执行小额贷款公司监督管理办法，制定、完善了《信贷管理办法》、《信贷业务操作流程》、《贷款风险管理制度》和《财务管理办法》。这些制度办法的实施，为公司的正常运营、风险控制、有效管理奠定了基础，从而保障了各项工作规范有序进行。
一直以来，公司始终胸怀“民丰贷款，诚以致远”的美好愿景，秉承“敬业、精诚、尊正、和贵”的职业精神，坚持“鼎新效率，智慧服务”的经营理念，整合优势资源，打造核心竞争力，有力的回馈股东和社会。同时，竭诚为中小企业和“三农”服务，全面深耕小、微贷款，有针对性的对产业集群深耕细作，对推动我县中小企业和“三农”经济的发展发挥了积极的作用，同时为增加地方税收做出积极的贡献。</td></tr>
<tr><td rowspan="11">主要财务指标</td><td>指标/报告期</td><td>2013.6.30</td><td>2012.12.31</td><td>2011.12.31</td></tr>
<tr><td>营业收入(元)</td><td>17987758.97</td><td>30874784.25</td><td>24545236.72</td></tr>
<tr><td>营业利润(元)</td><td>9694618.35</td><td>20035459.81</td><td>18295311.41</td></tr>
<tr><td>净利润(元)</td><td>7269416.82</td><td>15014269.26</td><td>13721483.56</td></tr>
<tr><td>未分配利润(元)</td><td>9583035.61</td><td>12515180.54</td><td>10725489.88</td></tr>
<tr><td>总资产(元)</td><td>190742389.2</td><td>214991209.56</td><td>165957966.14</td></tr>
<tr><td>总负债(元)</td><td>23987626.74</td><td>45304302.17</td><td>1657312.96</td></tr>
<tr><td>净资产(元)</td><td>166754762.46</td><td>169686907.39</td><td>164300653.18</td></tr>
<tr><td>每股收益(元)</td><td>0.048</td><td>0.1</td><td>0.091</td></tr>
<tr><td>每股净资产(元)</td><td>1.11</td><td>1.13</td><td>1.09</td></tr>
<tr><td>净资产收益率(%)</td><td>4.32</td><td>8.99</td><td>8.7</td></tr>
</table>

山东怡然园艺股份有限公司

<table>
<tr><td rowspan="7">公司基本信息</td><td>股权简称</td><td>怡然园艺</td><td>股权代码</td><td>300002</td></tr>
<tr><td>法人代表</td><td>潘雪雁</td><td>董　　秘</td><td>王　菲</td></tr>
<tr><td>推荐机构</td><td colspan="3">山东裕铖股权投资管理有限公司</td></tr>
<tr><td>电　　话</td><td>0533－6588555</td><td>传　　真</td><td>0533－6588555</td></tr>
<tr><td>注册地址</td><td colspan="3">山东省淄博市周村区北涯村(张周路路南)</td></tr>
<tr><td>行业分类</td><td colspan="3">园林——家庭园艺</td></tr>
<tr><td>主营产品</td><td colspan="3">花园中心商业平台的管理运营，主要包括花园中心卖场和家庭园艺景观设计、施工两个方面</td></tr>
<tr><td>公司介绍</td><td colspan="4">山东怡然园艺股份有限公司成立于2005年，是一家集花卉、苗(花)木、家庭园艺工具、资材等园艺产品销售和家庭园艺景观设计、施工业务为一体的现代化省级林业龙头企业。
公司以“让园艺走进千万家”为企业愿景，倡导产业生态化、消费绿色化、生态经济化的理念，以绿化、美化人居环境为己任，借鉴国外先进的经验并结合我国的实际国情，成为我省第一家、北方第二家采用花园中心平台商业模式的园林企业。公司现拥有5000m² 的怡然·花园中心卖场和怡然·悦家景观工作室，提出了私家庭院、露台阳台的“绿色装修”新概念，并在普利艾伦庄园、中润华侨城别墅岛等知名别墅群中成功实施了一大批家庭园艺“绿色装修”实例。
公司成立近十年先后被山东省林业厅、淄博市政府等授予“山东省花卉科技示范基地”、“山东省林业产业化龙头企业”、“淄博市林业产业化龙头企业”、“淄博市都市农业示范园区”等荣誉称号。在2012年第五届山东省花卉园艺博览会上，公司设计的“中华一品梅(盆栽)”、“竹韵系列之三(组合盆栽)”两组作品获得金奖。公司现已与招商银行、中国银行、新华制药、淄博移动、淄博电信、齐盛国际宾馆等一大批知名企业和政府单位建立了长期业务关系，并承接了淄博市政协会议、人大会议、党代会、陶博会等重大会展的绿植花卉设计布展业务。</td></tr>
</table>

	指标/报告期	2013.6.30	2012.12.31	2011.12.31
主要财务指标	营业收入(元)	3,517,774.66	5,518,940.79	2,748,652.29
	营业利润(元)	138,767.71	255,211.46	62,293.59
	净利润(元)	203,447.71	302,011.46	50,253.59
	未分配利润(元)	552,578.99	349,131.28	77,320.97
	总资产(元)	9,391,142.70	5,560,921.64	2,585,702.12
	总负债(元)	3,789,771.34	4,672,997.99	1,999,789.93
	净资产(元)	5,601,371.36	887,923.65	585,912.19
	每股收益(元)	0.10	0.60	0.41
	每股净资产(元)	1.12	1.78	1.17
	净资产收益率(%)	3.63	34.01	8.58

淄博翰墨文化传播股份有限公司

公司基本信息	股权简称	翰墨文化	股权代码	300003
	法人代表	刘持刚	董　秘	陈　潇
	推荐机构	山东同轩投资有限公司		
	电　话	0533—4136005	传　真	0533—4136005
	注册地址	淄博市博山区凤凰山(颜山公园路4号)		
	行业分类	传播和文化产业		
	主营产品	广播电视节目制作经营;包装装潢印刷品印刷。文化传播交流服务;代理电视广告;发布户外广告;企业形象策划;文化用品、字画、古玩、文石销售;字画装裱;装饰装修工程施工		
公司介绍	淄博翰墨文化传播股份有限公司位于山东淄博博山城区群山环绕绿树掩映的凤凰山脚下,是一家多元化的专业性文化传播公司。 公司主要从事企业形象策划,代理电视、户外广告,建筑设计,会展活动服务、古玩、字画展销,电影电视剧拍摄制作,包装装潢印刷品印刷等各种传媒业务,可为您度身服务。 公司书画院收藏有启功、韩美林、谢仁杰、封思孝、金运昌等全国著名书画家的作品百余幅,并定期举办书画展,专业介绍中国书画名家原作。 公司未来两年将立足本地资源优势,迅速扩大业务规模,打破淄博市文化产业企业经营模式较单一的格局,集广告服务、建筑设计、书画拍卖、影视制作、出版物经营等核心文化产业为一体,形成一条完整的产业链。着手实施品牌战略,打造文化产业知名品牌,使翰墨文化成为省内文化产业重点企业。			

	指标/报告期	2013.6.30	2012.12.31	2011.12.31
主要财务指标	营业收入(元)	2365400		
	营业利润(元)	227709	–	–
	净利润(元)	170782	–	–
	未分配利润(元)	170782	–	–
	总资产(元)	5599400	–	–
	总负债(元)	428600	–	–
	净资产(元)	5170800	–	–
	每股收益(元)	0.0342	–	–
	每股净资产(元)	1.03	–	–
	净资产收益率(%)	103	–	–

山东巨彩数码印花科技股份有限公司

公司基本信息	股权简称	巨彩数码	股权代码	300007
	法人代表	姜当吉	董　　秘	姜晓静
	推荐机构	山东明曦投资管理有限公司		
	电　　话	0536－7128388	传　　真	0536－7128388
	注册地址	昌邑市奎聚街办开发区		
	行业分类	专用设备制造业		
	主营产品	纺织品数码喷印机及辅助印花机械		
公司介绍	公司自主研发生产数码喷印机、合作开发软件及制造辅助印花机械，是目前国内为数不多的可以自行研发生产数码喷印机的企业之一。 公司于2010年被昌邑市科学技术局认定为民营科研机构。2011年被潍坊市科学技术局评为潍坊市民营科技企业。			

主要财务指标	指标/报告期	2013.6.30	2012.12.31	2011.12.31
	营业收入(元)		1,911,370.79	892,971.84
	营业利润(元)	－	190,928.88	－136,079.83
	净利润(元)	－	175,387.67	－135,791.08
	未分配利润(元)－		30,064.00	－141,983.23
	总资产(元)	－	11,770,417.32	6,600,360.20
	总负债(元)	－	6,728,050.62	1,733,381.17
	净资产(元)	－	5,042,366.70	4,866,979.03
	每股收益(元)	－	0.04	－0.03
	每股净资产(元)	－	1.01	0.97
	净资产收益率(%)	－	3.54	－14.53

山东亚特表面涂装化工股份有限公司

公司基本信息	股权简称	亚特股份	股权代码	300009
	法人代表	袁春玲	董　　秘	李秀花
	推荐机构	山东开来投资有限公司		
	电　　话	0539－8288288	传　　真	7109289
	注册地址	山东临沂高新区创新大厦		
	行业分类	其他化学原料及化学制品制造业		
	主营产品	公司主要从事金属表面涂装系列产品生产和销售(磷化液、脱脂剂、表调剂等)		
公司介绍	公司是一家集研发、生产、销售于一体的汽车金属表面涂装系列产品生产高新技术企业。拥有自主进出口经营权，通过ISO/TS16949。2009国际汽车制造行业质量体系认证及GB/T19630.4－2011有机产品生产管理体系认证，先后与新西兰天然药物研究所、山东省科学院等国内外8所院校建立长期战略合作伙伴关系，由省科技厅批准，先后建立了山东省中新金银花、木瓜国际合作研究中心、临沂表面涂装工程技术研究中心、博士后流动工作站、国家技术创新研究平台。 公司创新团队现有研究人员18人，具有博士学位6人，主要研究方向为金属表面涂装前处理新材料，镁合金等清洁表面涂装新材料及功能性食品研究与开发。 先后承担国家、省、市各类扶持基金项目24项，取得了24项省市科技成果进步奖，2项发明专利权，15项植物良种权，6项商标版权，其科技无形资金价值3.6亿元人民币。 公司先后被评为中国优秀民营科技企业、山东省科技先进企业、临沂市守合同重信用企业，临沂市创新型企业等荣誉称号。			

	指标/报告期	2013.6.30	2012.12.31	2011.12.31
主要财务指标	营业收入(元)	6,648,765.30	9,193,484.02	7,409,486.87
	营业利润(元)	–	–	–
	净利润(元)	455,502.14	530,780.22	29,378.12
	未分配利润(元)	1,391,224.23	935,722.09	458,019.89
	总资产(元)	13,100,360.15	11,289,539.68	11,255,923.62
	总负债(元)	5,605,166.80	4,249,848.47	4,747,012.63
	净资产(元)	7,495,193.35	7,039,691.21	6,508,910.99
	每股收益(元)	0.076	0.088	0.005
	每股净资产(元)	1.25	1.17	1.08
	净资产收益率(%)	6.27	7.83	0.45

第二节　中介服务机构

■保荐机构

山东开来投资有限公司

推荐机构基本信息	法人代表	景洪晔	注册资本	5000 万元
	电　　话	0533－8170613;0532－55583381	传　　真	0533－8170613;0532－55583381
	注册地址	青岛市市南区山东路27号2002户		
推荐机构介绍	山东开来投资有限公司是在天津股权交易所、齐鲁股权托管交易中心、上海股权托管交易中心、安徽股权交易中心注册、武汉股权托管交易中心等股权交易中心注册的推荐机构。以股权投资、债券投资、保荐服务及投资咨询等为主要业务,以促进高新技术中小企业和民营企业发展为使命,积极为所投资的企业引进战略投资者,帮助中小企业完善公司治理结构,提升核心竞争能力,实现健康快速成长,从而源源不断地为中小板、创业板及境外资本市场培育和输送优质上市后备资源。 公司以诚实的信誉、热情的服务、崭新的理念、精准的“保姆式”服务,为中小企业股权融资做好服务工作。公司自2007年成立以来,累计投资赤峰凌志、安华瓷业、台均科技、宁津弹簧等十几家企业;并为20多家企业引进战略投资者,资金合计14亿多元。同时成功地在天津、齐鲁、上海、武汉股权交易所推荐了淄博灵芝稀土高科技股份有限公司等100多家企业挂牌上市,有力地扶持了小微企业的发展和壮大。 公司已在淄博、天津、济南、沧州、唐山、武汉等地设立了分公司,现有员工70多人。随着公司的快速发展,继续诚聘优秀的专业人才。 山东开来投资有限公司愿与我国的中小企业,特别是“两高”、“六新”企业牵手共赢,走向成功。 公司网站:http://www.chinakailai.cn/			

所推荐企业名称	序号	所推荐企业名称	挂牌或上市场所
	1	山东金鲁生物科技股份有限公司	天津股权交易所
	2	山东世拓高分子材料股份有限公司	齐鲁股交中心
	3	山东慧科助剂股份有限公司	齐鲁股交中心
	4	山东三丰集团股份有限公司	齐鲁股交中心
	5	山东惠工电气股份有限公司	齐鲁股交中心
	6	山东沂蒙山花生油股份有限公司	齐鲁股交中心
	7	山东鲁农种业股份有限公司	齐鲁股交中心
	8	山东辛龙生物科技股份有限公司	齐鲁股交中心
	9	淄博泰勒换热设备股份有限公司	齐鲁股交中心
	10	山东益康药业股份有限公司	齐鲁股交中心
	11	山东恒利石油化工股份有限公司	齐鲁股交中心
	12	山东华旅旅游发展股份有限公司	齐鲁股交中心
	13	山东大柴缸体缸盖股份有限公司	齐鲁股交中心
	14	山东荣顺鞋业股份有限公司	齐鲁股交中心
	15	山东中绿食品股份有限公司	齐鲁股交中心
	16	淄博金龙电力设备股份有限公司	齐鲁股交中心
	17	兖州华美农业科技发展股份有限公司	齐鲁股交中心
	18	山东康友光电科技股份有限公司	齐鲁股交中心

	序号	所推荐企业名称	挂牌或上市场所
所推荐企业名称	19	山东福泰陶瓷股份有限公司	齐鲁股交中心
	20	山东金晓阳生物科技股份有限公司	齐鲁股交中心
	21	山东博水泵业股份有限公司	齐鲁股交中心
	22	山东馨力石化科技股份有限公司	齐鲁股交中心
	23	山东耀国光热科技股份有限公司	齐鲁股交中心
	24	山东金王食品股份有限公司	齐鲁股交中心

淄博齐鲁创业投资有限责任公司

推荐机构基本信息	法人代表	王学典	注册资本	23616 万元
	电　话	0533－3585976	传　真	0533－3586062
	注册地址	淄博开发区政通路 135 号 D 座 504 室		

推荐机构介绍：

淄博齐鲁创业投资有限责任公司成立于 2002 年 12 月，注册资本 23616 万元，由淄博市人民政府出资、省级创业投资引导基金参股设立的国有控股公司。现有出资人为淄博市人民政府、山东省鲁信投资控股集团有限公司和淄博市城市资产运营有限公司。公司主要从事项目投资、资本运营、证券及基金投资、推荐挂牌和投资咨询业务。

公司股东实力雄厚。山东省鲁信投资控股集团有限公司是山东省政府授权的投融资主体和资产管理平台，是以金融、投资和资本经营为主营业务的大型国有投资控股公司。淄博市城市资产运营有限公司是淄博市财政局直接管理的国有独资公司，注册资本 13.8 亿元，主要根据国家产业政策，对重点产业、重点行业和重点企业进行投资，并对授权范围内的国有资产实施管理和资本运作。

公司还受委托管理淄博市鑫润担保有限公司和淄博市高新技术创业投资有限公司。淄博市鑫润担保有限公司是经市政府批准设立的以解决市重点项目及重点企业融资问题为主要经营任务的国有控股担保公司，注册资本 3.2 亿元。淄博市高新技术创业投资有限公司是经市政府批准设立的以培育高新技术中小企业上市为主要经营任务的专业社会公众股投资公司，注册资本 1 亿元。

	序号	所推荐企业名称	挂牌或上市场所
所推荐企业名称	1	山东布莱凯特黑牛科技股份有限公司	齐鲁股权交易中心
	2	德州海利安生物科技股份有限公司	齐鲁股权交易中心
	3	山东农凯米业股份有限公司	齐鲁股权交易中心
	4	山东淄博凤阳股份有限公司	齐鲁股权交易中心
	5	威海蓝星玻璃股份有限公司	齐鲁股权交易中心
	6	山东新城建工股份有限公司	天津股权交易所
	7	山东起凤建工股份有限公司	天津股权交易所
	8	淄博高新技术风险投资股份有限公司	天津股权交易所
	9	山东烟台塔山企业集团股份有限公司	天津股权交易所

山东丰嘉投资有限公司

推荐机构基本信息	法人代表	李海滨	注册资本	5000 万元
	电　话	0533－2773630	传　真	0533－2773630
	注册地址	淄博市高新技术产业开发区		

<table>
<tr><td>推荐机构介绍</td><td colspan="3">山东丰嘉投资有限公司是一家专业投资创新、创业型高新技术企业的公司，长期从事齐鲁股交中心及国内其他区域性资本市场企业挂牌的推荐工作；是全国中小企业股份转让系统（“新三板”）券商战略合作机构；也是齐鲁股交中心发行企业私募债券的承销商。几年来，公司紧紧围绕国家及各省、市政府关于区域性资本市场的相关政策，从健全内部机构设置、加强专业队伍建设、优化市场服务机制等方面，不断完善和锐意进取，并伴随着全国区域性资本市场的发展而快速成长壮大。
公司内设证券、推荐、投资、风控、交易、督导等业务部室。在各地市场培育、优选、推荐了几十家企业在各区域性资本市场成功挂牌，为企业直接或间接融资近10亿元。企业通过挂牌规范，得到了各级政府及社会的认可，从而实现了资本市场价值资源的有机整合和放大，为企业规模效益增加了新的活力，为未来发展打开了广阔的空间。
公司积极把握全国及各区域性资本市场的发展动向，广泛与国内知名券商开展战略合作。目前已启动了多家挂牌企业转板至“新三板”及主板上市的程序，为区域性市场挂牌企业向更高层次资本市场的跳跃和转板，提高了效率，节省了成本。
作为齐鲁股交中心优秀推荐机构，公司在多个业务领域与其展开合作，并成为其首支企业集合私募债券发行的参与方。目前，公司作为承销商，已成功发行“13京彩债”、“13鲁商债”等债券，后续的企业私募债工作正在有序展开。
公司坚持“企业利益为第一宗旨，企业需求为工作首要”的行为准则；与企业风雨同舟、不怕麻烦、点滴做起，切实解决企业存在的疑惑和问题，共享美好未来。公司始终履行“为客户创造价值、为员工提升价值、为股东实现价值、为社会奉献价值”的神圣使命，践行“专业、高效、创新、发展”的经营管理理念，努力成为持续创造价值的一流金融服务机构。</td></tr>
<tr><td rowspan="25">所推荐企业名称</td><td>序号</td><td>所推荐企业名称</td><td>挂牌或上市场所</td></tr>
<tr><td>1</td><td>山东金鲁生物科技股份有限公司</td><td>天津股权交易所</td></tr>
<tr><td>2</td><td>山东世拓高分子材料股份有限公司</td><td>齐鲁股交中心</td></tr>
<tr><td>3</td><td>山东慧科助剂股份有限公司</td><td>齐鲁股交中心</td></tr>
<tr><td>4</td><td>山东三丰集团股份有限公司</td><td>齐鲁股交中心</td></tr>
<tr><td>5</td><td>山东惠工电气股份有限公司</td><td>齐鲁股交中心</td></tr>
<tr><td>6</td><td>山东沂蒙山花生油股份有限公司</td><td>齐鲁股交中心</td></tr>
<tr><td>7</td><td>山东鲁农种业股份有限公司</td><td>齐鲁股交中心</td></tr>
<tr><td>8</td><td>山东辛龙生物科技股份有限公司</td><td>齐鲁股交中心</td></tr>
<tr><td>9</td><td>淄博泰勒换热设备股份有限公司</td><td>齐鲁股交中心</td></tr>
<tr><td>10</td><td>山东益康药业股份有限公司</td><td>齐鲁股交中心</td></tr>
<tr><td>11</td><td>山东恒利石油化工股份有限公司</td><td>齐鲁股交中心</td></tr>
<tr><td>12</td><td>山东华旅旅游发展股份有限公司</td><td>齐鲁股交中心</td></tr>
<tr><td>13</td><td>山东大柴缸体缸盖股份有限公司</td><td>齐鲁股交中心</td></tr>
<tr><td>14</td><td>山东荣顺鞋业股份有限公司</td><td>齐鲁股交中心</td></tr>
<tr><td>15</td><td>山东中绿食品股份有限公司</td><td>齐鲁股交中心</td></tr>
<tr><td>16</td><td>淄博金龙电力设备股份有限公司</td><td>齐鲁股交中心</td></tr>
<tr><td>17</td><td>兖州华美农业科技发展股份有限公司</td><td>齐鲁股交中心</td></tr>
<tr><td>18</td><td>山东康友光电科技股份有限公司</td><td>齐鲁股交中心</td></tr>
<tr><td>19</td><td>山东福泰陶瓷股份有限公司</td><td>齐鲁股交中心</td></tr>
<tr><td>20</td><td>山东金晓阳生物科技股份有限公司</td><td>齐鲁股交中心</td></tr>
<tr><td>21</td><td>山东博水泵业股份有限公司</td><td>齐鲁股交中心</td></tr>
<tr><td>22</td><td>山东馨力石化科技股份有限公司</td><td>齐鲁股交中心</td></tr>
<tr><td>23</td><td>山东耀国光热科技股份有限公司</td><td>齐鲁股交中心</td></tr>
<tr><td>24</td><td>山东金王食品股份有限公司</td><td>齐鲁股交中心</td></tr>
</table>

山东淄川高新技术创业投资有限公司

推荐机构基本信息	法人代表	杨宏伟	注册资本	10000 万元
	电　　话	0533－5161088	传　　真	0533－5161088
	注册地址	山东省淄博市淄川区般阳西路35号		

推荐机构介绍

山东淄川高新技术创业投资有限公司(以下简称“淄川创投”)成立于2008年10月,注册资本1亿元人民币。是一家致力于扶持创新型、创业型、高成长和高科技企业发展的专业化投融资服务机构。

淄川创投主营业务范围:高新技术产业投资、创业企业投资、企业管理咨询、资产管理、企业财务顾问、企业挂牌推荐和企业上市辅导等。

淄川创投自成立以来,已在山东、上海、四川、福建、海南、内蒙、湖南、江苏、河南、河北、吉林和天津等省市推荐了50多家公司股权在上海股权托管交易中心、天津股权交易所、齐鲁股权托管交易中心、湖南股权交易所、重庆股份转让中心、浙江股权交易中心和广州股权交易中心等场外交易市场挂牌交易,推荐业务取得了丰硕成果。与此同时,公司在机构建设、市场战略、人才机制和风险控制等方面也得到了长足的发展,公司的执业水平、业务能力、风险控制能力得到了各场外交易市场及相关中介机构的高度认可和充分肯定。

在未来的发展中,淄川创投将充分利用自身优势,对各类资源进行合理配置,以高新技术领域项目为主导,努力开拓新的发展领域。继续秉承客户至上、服务为先的理念,一如既往地为企业提供优质的服务。努力打造成一家管理团队一流、资本实力雄厚及业内知名度较高的投融资机构,不断实现淄川创投新的跨跃。

我们热诚欢迎海内外朋友与淄川创投精诚合作、共谋发展。

所推荐企业名称

序号	所推荐企业名称	挂牌或上市场所
1	淄博宝塔焦化股份有限公司	齐鲁股交中心
2	山东安博机械科技股份有限公司	齐鲁股交中心
3	山东科麟环保科技股份有限公司	齐鲁股交中心
4	山东天海科技股份有限公司	齐鲁股交中心
5	吉林荣欣医疗器械集团股份有限公司	上海股交中心
6	内蒙古宜龙工贸股份有限公司	上海股交中心
7	内蒙古佳禾玻璃科技股份有限公司	上海股交中心
8	河南淼雨饮品股份有限公司	天津股权交易所
9	吉林金宝药业股份有限公司	天津股权交易所
10	焦作联盟卫生材料股份有限公司	天津股权交易所
11	山东中力机械制造股份有限公司	齐鲁股交中心
12	山东上德电气股份有限公司	齐鲁股交中心
13	山东弘发兴凯实业股份有限公司	齐鲁股交中心
14	湖南运达绿色包装股份有限公司	湖南股权交易所
15	岳阳何强食品股份有限公司	湖南股权交易所
16	山东万达建安股份有限公司	天津股权交易所
17	河北三井酒业股份有限公司	天津股权交易所
18	吉林万家福食品股份有限公司	天津股权交易所
19	山东红阳耐火保温材料股份有限公司	齐鲁股交中心
20	山东天健纸业股份有限公司	齐鲁股交中心
21	聊城市中瑞轴承配件股份有限公司	齐鲁股交中心
22	山东东耐高温材料股份有限公司	齐鲁股交中心
23	山东鲁桥新材料股份有限公司	齐鲁股交中心
24	河北同聚祥商贸股份有限公司	天津股权交易所
25	吉林远通路桥工程股份有限公司	天津股权交易所

	序号	所推荐企业名称	挂牌或上市场所
所推荐企业名称	26	四川三甲农业科技股份有限公司	天津股权交易所
	27	四川九里春酒业股份有限公司	天津股权交易所
	28	沧州中天伟业商城股份有限公司	天津股权交易所
	29	石家庄名冠生物科技股份有限公司	天津股权交易所
	30	山东远征石油设备股份有限公司	齐鲁股交中心
	31	山东先河悦新机电股份有限公司	齐鲁股交中心
	32	山东人和健身器材股份有限公司	齐鲁股交中心
	33	山东晨晖装饰工程股份有限公司	齐鲁股交中心
	34	山东川君化工股份有限公司	齐鲁股交中心
	35	山东通亚交通安全设施股份有限公司	齐鲁股交中心
	36	山东九鼎铁塔科技股份有限公司	齐鲁股交中心
	37	山东在天金属科技股份有限公司	齐鲁股交中心
	38	沧州绿洲企业发展股份有限公司	天津股权交易所
	39	沧州北方散热器股份有限公司	天津股权交易所
	40	沧州大皓家具股份有限公司	天津股权交易所
	41	河北荣生管道设备股份有限公司	天津股权交易所
	42	河北天下粮仓酿酒股份有限公司	天津股权交易所

山东裕铖股权投资管理有限公司

推荐机构基本信息	法人代表	常本德	注册资本	1000 万元
	电　　话	18653320283	传　　真	0533－3113018
	注册地址	山东省淄博市张店区联通路80号		
推荐机构介绍	山东裕铖股权投资管理有限公司（以下简称“公司”）成立于2011年，位于山东省淄博市张店区，注册资金1000万元，现有员工16人，均为大学以上学历，业务团队工作精干，实战经验丰富。 公司秉持“德为纲、事为先、人为重、财为善”的企业文化，专注于企业挂牌推荐、股权投资和投资管理业务。公司核心人员已成功运作过40余家企业实现到区域性股权市场挂牌，其中多家企业已成长为市场明星。因公司在企业挂牌推荐业务中运作规范，业绩突出，受到齐鲁股权交易中心的表彰。 公司在推荐业务中的突出特点：一是善于运用成长基因分析，选择最具成长动力和潜力的“小微”企业挂牌；二是善于帮助企业改进和提升商业模式，发展战略等，为企业提供增值服务；三是重视企业挂牌后的持续督导等综合服务，为企业借助资本市场平台发展壮大提供持续帮助。 公司将借助国家产业政策的东风，在区域性股权市场蓬勃发展的环境下乘势腾飞，协助众多优质的中小企业借助资本市场的力量稳健、快速发展，早日成长为行业内的知名企业。			

	序号	所推荐企业名称	挂牌或上市场所
所推荐企业名称	1	山东嘉特塑料包装股份有限公司	齐鲁股权交易中心
	2	山东齐御牧业股份有限公司	齐鲁股权交易中心
	3	青岛海王纸业股份有限公司	齐鲁股权交易中心
	4	山东正汉生物科技股份有限公司	齐鲁股权交易中心
	5	山东科耐燃气冰箱制造股份有限公司	齐鲁股权交易中心
	6	山东怡然园艺股份有限公司	齐鲁股权交易中心
	7	山东金辰机械股份有限公司	齐鲁股权交易中心
	8	山东美罗福农业科技股份有限公司	齐鲁股权交易中心

青岛清晨创业投资有限公司

推荐机构基本信息				
	法人代表	孙玉亮	注册资本	5000 万
	电　　话	0532－80955015	传　　真	0532－85920511
	注册地址	青岛市市北区延吉路80号1011室		
推荐机构介绍	青岛清晨创业投资有限公司业务包括海外并购、重组、基金管理、OTC市场等,是山东省唯一一家同时具备齐鲁股权托管交易中心、天津股权交易所、重庆股份转让中心及海外保荐资格的保荐机构。公司在总经理的带领下形成了具有丰富工作经验的律师及会计师团队,公司所做业务受到了齐鲁股权托管交易中心及天津股权交易所的表彰。			

所推荐企业名称	序号	所推荐企业名称	挂牌或上市场所
	1	山东吉泰焊接材料股份有限公司	天津股权交易所
	2	广西巴马万家福瑶药科技发展股份有限公司	天津股权交易所
	3	山东绿野生物科技园股份有限公司	齐鲁股权托管交易中心
	4	青岛耕耘百年食品股份有限公司	齐鲁股权托管交易中心
	5	青岛君盛食品股份有限公司	齐鲁股权托管交易中心
	6	青岛帅睿宏业食品股份有限公司	齐鲁股权托管交易中心
	7	乐陵市建业五金工具股份有限公司	天津股权交易所
	8	山东振泰线缆股份有限公司	齐鲁股权托管交易中心

山东润新创业投资有限公司

推荐机构基本信息				
	法人代表	张衍森	注册资本	2.1 亿元
	电　　话	0533－3591617	传　　真	0533－3591617
	注册地址	山东淄博高新区政通路135号高科技创业园D座501室		
推荐机构介绍	公司位于淄博高新技术开发区,注册资金2.1亿元。现有人员20人,其中:博士生导师1人,博士2人,硕士1人,具有中高级职称的13人,具有证券从业资格的10人。主要经营范围:创业投资;代理其他机构或个人进行投资;投资咨询;为创业企业提供管理和服务。公司是科技部2012年拟重点投资扶持的创业投资机构,在对创业企业进行投资的同时,可利用自身优势,帮助企业发展。拥有一支由知识专业、经验丰富的金融专家、投资专家、理财专家组成的业务团队,致力于发现、挖掘具有高成长性的优秀中小企业,帮助其通过资本市场得到快速提升,实现共赢。			

所推荐企业名称	序号	所推荐企业名称	挂牌或上市场所
	1	山东高盛玻璃科技股份有限公司	齐鲁股权托管交易中心
	2	日照御青茶业股份有限公司	齐鲁股权托管交易中心
	3	山东万达重工股份有限公司	齐鲁股权托管交易中心
	4	山东鑫海新材料股份有限公司	齐鲁股权托管交易中心
	5	山东民强生物科技股份有限公司	齐鲁股权托管交易中心
	6	山东科虹线缆科技股份有限公司	齐鲁股权托管交易中心
	7	山东协力生物科技股份有限公司	齐鲁股权托管交易中心

山东领先投资有限公司

<table>
<tr><td rowspan="3">推荐机构基本信息</td><td>法人代表</td><td>田红</td><td>注册资本</td><td>1000 万元</td></tr>
<tr><td>电　　话</td><td>0531－88686803</td><td>传　　真</td><td>0531－88686803</td></tr>
<tr><td>注册地址</td><td colspan="3">山东省济南市高新区舜华路2000号舜泰广场2号楼2501</td></tr>
<tr><td>推荐机构介绍</td><td colspan="4">山东领先投资有限公司经营范围主要是以企业自有资产进行投资、咨询，企业管理培训及咨询服务。2012 年经齐鲁股权托管交易中心授权成为为企业挂牌服务的注册保荐机构。</td></tr>
</table>

<table>
<tr><td rowspan="5">所推荐企业名称</td><td>序号</td><td>所推荐企业名称</td><td>挂牌或上市场所</td></tr>
<tr><td>1</td><td>山东宏飞包装股份有限公司</td><td>齐鲁股交中心挂牌</td></tr>
<tr><td>2</td><td>山东三圆新材料股份有限公司</td><td>齐鲁股交中心挂牌</td></tr>
<tr><td>3</td><td>山东三惠木塑股份有限公司</td><td>齐鲁股交中心挂牌</td></tr>
<tr><td>4</td><td>山东中研实业股份有限公司</td><td>齐鲁股交中心挂牌</td></tr>
</table>

山东同轩投资有限公司

<table>
<tr><td rowspan="3">推荐机构基本信息</td><td>法人代表</td><td>吴戟</td><td>注册资本</td><td>5000 万元</td></tr>
<tr><td>电　　话</td><td>0533－8172410;13953300817</td><td>传　　真</td><td>0533－8172486</td></tr>
<tr><td>注册地址</td><td colspan="3">淄博市高新区柳泉路105号新世纪广场2号楼905号</td></tr>
<tr><td>推荐机构介绍</td><td colspan="4">山东同轩投资有限公司是一家专业于股权投资、投融资对接、股权结构设计、股权激励、股权市场推荐挂牌等领域的复合型综合服务机构。同轩秉承“融资辅导先行者”的理念，紧紧围绕企业股权提供与之相关的融资、设计和咨询服务。专注于区域(山东)市场的建设，致力于发掘新兴资本市场的企业资源。
同轩坚信用服务创造价值的理念，将客户视为长期的合作伙伴，专注于协助客户实现其长期发展的策略和业务目标，为客户提供准确、全面、专业、优质的资本市场解决方案和收益方案。基于企业自身发展情况、战略目标和未来资金需求，帮助企业制定融资规划(包括首次募股的时间、目标市场)，分阶段、分步骤吸纳外部优质资金，并释放相应股权，做到股权结构合理化。可针对不同企业的需求，为企业制定相应的股权激励方案，如适合上市公司、集团公司的股票期权计划;适合成长型企业的员工持股计划等。</td></tr>
</table>

<table>
<tr><td rowspan="14">所推荐企业名称</td><td>序号</td><td>所推荐企业名称</td><td>挂牌或上市场所</td></tr>
<tr><td>1</td><td>山东邦迪化学制品股份有限公司</td><td>齐鲁股权托管交易中心</td></tr>
<tr><td>2</td><td>山东中阳碳素股份有限公司</td><td>齐鲁股权托管交易中心</td></tr>
<tr><td>3</td><td>山东恒圆精工部件股份有限公司</td><td>齐鲁股权托管交易中心</td></tr>
<tr><td>4</td><td>山东泰康建材股份有限公司</td><td>齐鲁股权托管交易中心</td></tr>
<tr><td>5</td><td>山东大宇纺织股份有限公司</td><td>齐鲁股权托管交易中心</td></tr>
<tr><td>6</td><td>山东柯林维尔化工股份有限公司</td><td>齐鲁股权托管交易中心</td></tr>
<tr><td>7</td><td>山东颜春农业发展股份有限公司</td><td>齐鲁股权托管交易中心</td></tr>
<tr><td>8</td><td>淄博翰墨文化传播股份有限公司</td><td>齐鲁股权托管交易中心</td></tr>
<tr><td>9</td><td>山东新世纪市政工程股份有限公司</td><td>齐鲁股权托管交易中心</td></tr>
<tr><td>10</td><td>山东驰玖锂电科技股份有限公司</td><td>齐鲁股权托管交易中心</td></tr>
<tr><td>11</td><td>山东海德瑞仪表股份有限公司</td><td>齐鲁股权托管交易中心</td></tr>
<tr><td>12</td><td>日照凤玉茶业有限公司</td><td>齐鲁股权托管交易中心</td></tr>
<tr><td>13</td><td>山东五洋棉业有限公司</td><td>齐鲁股权托管交易中心</td></tr>
</table>

青岛华仁创业投资有限公司

推荐机构基本信息	法人代表	梁福东	注册资本	1亿元
	电　　话	0532－80905588	传　　真	0532－80905588
	注册地址	青岛高新技术产业开发区创业中心1102室		
推荐机构介绍	青岛华仁创业投资有限公司成立于2010年，由华仁世纪集团出资组建。公司核心团队主要来自华仁世纪集团投资管理部及其他相关部门的精英，曾成功运作华仁世纪集团控股企业华仁药业(300110)在创业板的IPO项目，对企业上市相关规范要求、操作流程、重点把控具有丰富的实践经验，对现代化大型企业经营管理具有较深理解，具备良好的实业经营及资本运作基础。 华仁创投完全以自有资金开展投资业务，自成立以来已完成项目投资3个，投资总额6000余万元。其中一个电力行业的项目已报至证监会，预计于2014年实现创业板上市。			

德州瑞鑫投资管理有限公司

推荐机构基本信息	法人代表	张　帅	注册资本	5000万元
	电　　话	14768826875	传　　真	0534－2431111
	注册地址	山东省德州市开发区众望家园5号楼2单元1101室		
推荐机构介绍	德州瑞鑫投资管理有限公司主要从事企业挂牌上市、保荐服务、股权投资、债券投资和投资咨询等业务。公司成立于2012年，注册资本金5000万元，目前是德州唯一一家专注于为企业挂牌服务的专业保荐机构，是经齐鲁股权托管交易中心和天津股权交易所注册的合格投资人、做市商和保荐机构。 公司的战略定位是公司坚持专业、严谨、务实的业务作风，立足山东，面向全国，现已成为区域经济中一支充满活力的生力军。公司不仅为众多投资者提供了更多的投资渠道获得更多的利益，也为企业的发展搭建了直接的融资平台、树立了企业品牌、提高了企业形象、为企业的持续发展注入了强劲的动力。 德州瑞鑫投资管理有限公司在从事齐鲁股权托管交易中心业务过程中，诚实守信，用心经营，体现了较高的业务能力和专业水平，得到了齐鲁股权交易中心和相关挂牌企业的好评。			

所推荐企业名称	序号	所推荐企业名称	挂牌或上市场所
	1	德州市鑫华润聚氨酯鞋材股份有限公司	齐鲁股权交易中心
	2	德州格瑞特机电股份有限公司	齐鲁股权交易中心
	3	山东富宏服饰股份有限公司	齐鲁股权交易中心
	4	德州可恩口腔医院股份有限公司	齐鲁股权交易中心
	5	山东华业钨钼股份有限公司	齐鲁股权交易中心
	6	山东恒硕自动化装备制造股份有限公司	齐鲁股权交易中心
	7	山东韩炼石油科技股份有限公司	天津股权交易所
	8	乐陵市马克力德木业股份有限公司	天津股权交易所

上海众喜投资管理有限公司

推荐机构基本信息	法人代表	张明军	注册资本	5000万元
	电　　话	021－33882720	传　　真	021－33882720
	注册地址	上海市青浦区公园东路1155号科技创业中心5016－5116室		

推荐机构介绍	众喜投资总部位于上海，由资深投资银行、行业研究和企业管理专家共同组成，致力于为客户提供私募股权融资、场外交易市场保荐、企业管理咨询服务。 众喜投资重点关注中国高速成长的中小企业，目标打造具有国际水准的本土投资银行，依托公司强大的网络资源，以直投或联合投资的方式投资于中后期企业，以直投形式投资于早期的创业企业。 众喜投资根植于中国本土市场，以专业为本，脚踏实地，重视建立与客户及合作伙伴的相互信任，近年来投资管理规模不断扩大。 众喜投资的投资领域涉及生物医药、节能环保、医疗器械、网络游戏、新型材料、高端装备、新能源、清洁技术、新型农业等，已经拥有数个成功退出案例。 通过众喜投资发起筹备，私募股权投资基金公司已在上海市青浦区设立了一只2亿元的基金——青岛基金正在注册成立，基金规模约3亿元，众喜投资担任该基金管理人。

所推荐企业名称	序号	所推荐企业名称	挂牌或上市场所
	1	聊城鲁润轴承股份有限公司	齐鲁股权托管交易中心
	2	山东力宝得化工股份有限公司	齐鲁股权托管交易中心
	3	山东鲁青电缆股份有限公司	齐鲁股权托管交易中心

广发证券股份有限公司

推荐机构基本信息				
	法人代表	孙树明	注册资本	59.19 亿元
	电　　话	020－87555888	传　　真	020－87557566
	注册地址	广东省广州市天河区天河北路183－187号大都会广场43楼4301－4316室		

推荐机构介绍	广发证券股份有限公司的前身是1991年9月8日成立的广东发展银行证券部，1993年年末成立公司，1996年改制为广发证券有限责任公司，2001年整体变更为股份有限公司，是国内首批综合类证券公司，2004年12月获得创新试点资格。2010年2月12日，公司在深圳证券交易所成功上市，股票代码:000776.sz;2011年被评为A类AA级证券公司。 截至2012年12月31日，公司注册资本59.19亿元，合并报表资产总额889.76亿元，归属于母公司股东的所有者权益330.49亿元;2012年合并报表实现营业收入69.71亿元，实现利润总额26.85亿元，实现归属于母公司所有者的净利润为21.91亿元。资本实力及盈利能力在国内证券行业持续领先，总市值居国内上市证券公司前列。公司营业网点遍布全国主要经济区域，现有近240家证券营业部，数量位列全国前三。 广发证券旗下拥有四家全资子公司，分别是广发期货有限公司、广发控股(香港)有限公司、广发信德投资管理有限公司和广发乾和投资有限公司，并持股广发基金管理有限公司和易方达基金管理有限公司，初步形成了以证券业务为核心的的金融控股集团架构。 公司被誉为资本市场上的"博士军团"，以人为本的管理理念，专业的人才团队，是支撑公司发展的根本保证。 "知识图强、求实奉献"是公司的核心理念，"稳健经营、规范管理"是公司的经营原则。公司高度重视健全内部管理体制，完善风险防范机制，初步形成了具有自身特色的合规管理体系，经受住了多次市场重大变化的考验。 公司成长过程中，通过自身积累发展和多次市场化收购兼并行动，规模不断壮大，主要经营指标多年名列行业前茅，是中国市场最具影响力的证券公司之一。 公司将不断努力，追求卓越，向实现中国领先、亚太一流的证券金融集团的战略目标迈进!

所推荐企业名称	序号	所推荐企业名称	挂牌或上市场所
	1	北京北陆药业股份有限公司(430006)	新三板(已转板)
	2	北京海鑫科金高科技股份有限公司(430021)	新三板
	3	青岛特锐德电气股份有限公司(300001)	深圳证券交易所
	4	华仁药业股份有限公司(300110)	深圳证券交易所
	5	万华化学集团股份有限公司(600309)	上海证券交易所
	6	烟台杰瑞石油服务集团股份有限公司(002353)	深圳证券交易所
	7	威海广泰空港设备股份有限公司(002111)	深圳证券交易所
	8	山东中际电工装备股份有限公司(300308)	深圳证券交易所
	9	中信证券股份有限公司(600030)	上海证券交易所
	10	汤臣倍健股份有限公司(300146)	深圳证券交易所

齐鲁证券有限公司

推荐机构基本信息	法人代表	李　玮	注册资本	52.12 亿元
	电　　话	010－59013888	传　　真	010－59013777
	注册地址	山东省济南市经七路 86 号		

推荐机构介绍

齐鲁证券成立于 2001 年，注册资本 52.12 亿元，员工 5000 余人，在全国 27 个省市自治区设有 15 家证券分公司、175 家证券营业部，控股鲁证期货公司、万家基金管理公司、鲁证创投公司、齐鲁国际控股公司，形成了集证券、期货、基金、直投为一体的综合性证券控股集团。截至 2013 年 6 月底，公司总资产 340 亿元、净资产 116 亿元。公司连续 5 年被中国证监会评为 A 类 A 级券商，多次被授予“山东省金融发展贡献奖”、“山东省金融创新奖”、深交所“优秀保荐机构奖”、中证报“金牛投行进步奖”等荣誉称号。

多年来，公司按照“各种专业化证券业务协同发展”的战略目标，全力推进包括经纪、投行、固定收益、场外市场、资产管理、金融创新等在内的全牌照业务体系建设，积极致力于为广大投资者提供证券代理买卖、投资咨询、财务顾问、证券发行与承销、收购兼并、资产重组、资产管理、融资融券、金融产品代销、证券投资基金代销、股指期货中间介绍、向保险机构投资者提供综合服务等全方位的专业化证券投、融资服务。经纪业务，从完善分支机构业务功能、加强投资顾问团队建设、加大融资融券业务拓展力度、积极代销金融产品等方面，推动业务从通道服务向财富管理转型。至 2013 年 6 月底，拥有客户 367 万个，管理客户资产 2452 亿元；开发出了智能化金融服务终端——“融易汇”，向客户提供多功能、专属化服务，帮助客户提高自我认知能力、风险控制能力和投资能力；荣获中国证券业协会“2012 年度证券公司投资者教育与服务优秀单位”第一名。投资银行业务，拥有一支 200 余人的专业团队，其中保荐代表人 53 名、准保荐代表人 30 名，能够为企业量身打造高质量、个性化的证券承销和财务顾问等服务。截至目前，累计为 60 多家企业提供保荐承销服务，融资额 300 多亿元。固定收益业务，具备集债券发行与承销、债券交易和债券研究为一体的综合服务能力，并与众多机构投资者建立了良好的合作关系，目前通过债券方式为 60 多家企业融资 600 多亿元。场外市场业务，拥有一支高素质专业团队，能够为企业在新三板挂牌、定向增资、转板上市等业务提供优质高效服务，已成功推荐“诺思兰德”、“必可测”、“四维传媒”等 19 家企业在全国股转系统挂牌，业内排在第三位。资产管理业务，已成功发行了多只集合理财产品和定向产品，管理资产规模近 1300 亿元，能够为投资者提供货币类、债券类、权益类、量化类等多元化理财产品。研究业务，公司在煤炭、钢铁、农林牧渔、电力设备与新能源等领域处于业内领先水平，在“2012 年中国证券业金牛分析师”评选中，公司数名分析师获得“金牛分析师”荣誉。创新业务，公司具有融资融券、期货 IB、向保险机构投资者提供综合服务、债券质押式报价回购、中小企业私募债、约定购回式证券交易、金融产品代销、柜台市场交易等业务资格，公司也是首批获得股票质押式回购业务资格的九家券商之一；公司海外业务实现突破，近期完成总金额为 2460 万元的首笔 QFII 交易。

当前，中国资本市场正在发生深刻变局。齐鲁证券将坚持创新发展和内涵提升，强力推进客户服务体系转型建设，加快产品和服务创新，积极参与多层次资本市场体系建设，进一步提高服务实体经济的能力和水平，努力为转变经济发展方式和资本市场发展做出新贡献。

所推荐企业名称

序号	所推荐企业名称	挂牌或上市场所
1	山东银兴种业股份有限公司	挂牌
2	山东天亿重工股份有限公司	挂牌
3	山东圣鼎园防护设备股份有限公司	挂牌
4	山东金池耐磨材料股份有限公司	挂牌
5	山东兴岳食品股份有限公司	挂牌
6	聊城继东华明机械股份有限公司	挂牌
7	上海四维文化传媒股份有限公司	挂牌
8	北京世贸天阶生物科技股份有限公司	挂牌
9	上海易所试网络信息技术股份有限公司	挂牌
10	湖北中试电力科技股份有限公司	挂牌
11	索享(北京)科技股份有限公司	挂牌
12	上海优睿文化传媒股份有限公司	挂牌
13	北京星原丰泰电子技术股份有限公司	挂牌

	序号	所推荐企业名称	挂牌或上市场所
所推荐企业名称	14	北京必可测科技股份有限公司	挂牌
	15	长虹立川(天津)科技股份有限公司	挂牌
	16	上海点客信息技术股份有限公司	挂牌
	17	天津三泰晟驰科技股份有限公司	挂牌
	18	北京智立医学技术股份有限公司	挂牌
	19	北京世纪阿姆斯生物技术股份有限公司	挂牌
	20	百拓商旅(北京)网络科技股份有限公司	挂牌
	21	北京航峰科伟装备技术股份有限公司	挂牌
	22	北京华欣远达软件股份有限公司	挂牌
	23	北京尚水信息技术股份有限公司	挂牌
	24	北京诺思兰德生物技术股份有限公司	挂牌
	25	北京凯英信业科技股份有限公司	挂牌
	26	山东豪迈机械科技股份有限公司	深交所
	27	上海新朋实业股份有限公司	深交所
	28	山东章丘鼓风机股份有限公司	深交所
	29	浙江龙生汽车部件股份有限公司	深交所
	30	浙江赞宇科技股份有限公司	深交所
	31	江苏华宏科技股份有限公司	深交所
	32	无锡宝通带业股份有限公司	深交所创业板
	33	北京君正集成电路股份有限公司	深交所创业板
	34	大连易世达新能源发展股份有限公司	深交所创业板

宏源证券股份有限公司

推荐机构基本信息	法人代表	冯　戎	注册资本	3,972,408,332 元
	电　　话	010 - 88085200	传　　真	010 - 88085200
	注册地址	新疆乌鲁木齐市文艺路 233 号		
推荐机构介绍	宏源证券股份有限公司(证券代码:000562)是中国第一家上市证券公司,是经中国证监会批准的全国性、综合类、创新类券商,全国首批保荐机构之一。公司拥有全面的证券类业务资格,主要经营范围包括:证券经纪,证券投资咨询,与证券交易、证券投资活动有关的财务顾问,证券承销与保荐,证券自营,证券资产管理,证券投资基金代销,为期货公司提供中间介绍业务,融资融券业务,代销金融产品等。 公司在全国拥有 89 家证券营业部,下辖北京承销保荐分公司、北京资产管理分公司两家分公司,全资拥有宏源期货有限公司、宏源汇富创业投资有限公司和宏源汇智投资有限公司三家子公司。 公司始终履行“为客户创造价值、为员工提升价值、为股东实现价值、为社会奉献价值”的使命,坚持“客户至上、人才为本、诚信协作、进取卓越”的核心价值观,践行“专业、高效、创新、发展”的经营管理理念,努力成为持续创造价值的一流金融服务公司。			

	序号	所推荐企业名称	挂牌或上市场所
所推荐企业名称	1	聊城市东昌府区天元小额贷款股份有限公司	齐鲁股权托管交易中心

天裕创业投资有限公司

推荐机构基本信息	法人代表	崔会钦	注册资本	6000 万元
	电　　话	18101326816	传　　真	010—88092065
	注册地址	北京市西城区金融大街35号国际企业大厦B座11层		
推荐机构介绍	天裕创业投资有限公司(天裕创投)于2010年在北京金融街注册成立,注册资金6000万元,是一家专业从事股权投资管理及投资银行业务的综合性金融机构。 四大核心业务包括股权投资、投资银行、基金管理及财富管理。公司为企业提供投资、融资等一揽子资本运营解决方案,具体包括对被投资企业的股权投资、私募融资、并购重组、股份制改造、境内外IPO融资、基金及资产管理等服务;公司为个人提供和设计个性化的理财产品,具体包括信托产品、主题基金、FOF、上市公司定向增发基金等产品。 公司投资的企业有陕西秦宝牧业、山东圆友重工、吉林隆泰制药、河北生泰食品、绿泽牧业、瑞通炭素、玉皇山庄。			

所推荐企业名称	序号	所推荐企业名称	挂牌或上市场所
	1	瑞通炭素	天津股权交易所
	2	绿泽牧业	天津股权交易所
	3	隆泰制药	天津股权交易所
	4	生泰食品	天津股权交易所
	5	玉皇山庄	天津股权交易所

威海沃德投资有限公司

推荐机构基本信息	法人代表	陈延忠	注册资本	1000 万元
	电　　话	0631－367655	传　　真	0631－3676339
	注册地址	威海市环翠区青岛北路2号中信大厦1403室		
推荐机构介绍	威海沃德投资有限公司成立于2011年,注册资本1000万元,是威海地区规模最大实力最强的投资公司之一。业务范围包括股权投资、债权投资、证券投资、项目投融、实业投资、理财服务等领域,下属子公司包括上海沃诚信德资产管理有限公司、乳山岳海水产有限公司、无锡舜众贸易有限公司。公司自成立以来完成多个项目投资,为企业提供全方位的金融服务,是威海地区最专业的金融服务机构之一。2013年10月成为齐鲁股权托管交易中心推荐会员,2013年11月成为中国证券投资基金业协会特别会员。			

■律师事务所

山东大地人律师事务所

推荐机构基本信息	法人代表	崔冠军	注册资本	30 万元
	电　　话	0533－2791600	传　　真	0533－2791601
	注册地址	山东省淄博市张店区华光路272号		
推荐机构介绍	山东大地人律师事务所创建于1993年,是山东省司法厅命名的淄博市首家“省级文明律师事务所”。2008年被司法部评选为淄博市首家“全国优秀律师事务所”。2013年,大地人被山东省质量技术监督局、山东省名牌战略推进委员会授予“2012年山东省服务名牌”荣誉,成为全省五家之一、亦是淄博市首家上榜的律师事务所,填补了淄博律师行业空白。			

推荐机构介绍	山东大地人律师事务所总部位于淄博市中心张店，设有两处分所，现有执业律师、实习律师及行政人员百余人。二十年来，大地人凭借优质高效的法律服务、品质卓越的行业信誉、娴熟丰富的执业经验，成为山东省颇具影响力的规模化、专业化特色鲜明的综合性律师事务所。 山东大地人律师事务所历来追求卓越的人才、卓越的制度和卓越的法律服务。“以人为本”的办所理念吸引和聚集了一大批法学功底扎实、专业特长突出、职业理念严谨的优秀律师；完善、规范、科学的内部管理制度、齐备的律师从业资质、鲜明的专业化发展方向给律所的持续发展奠定了坚实的基础。律所凭借广泛深厚的社会资源和过硬的专业水平，在公司综合类业务、公司收购、兼并与重组、证券与资本市场、私募股权与投资基金、企业改制与产权交易、银行与金融、知识产权、房地产与建设工程、刑事辩护和劳动法等专业领域取得了丰硕的成果。		
所推荐企业名称	序号	所推荐企业名称	挂牌或上市场所
	1	贺祥机电	上海股权托管交易中心
	2	三顺物流	上海股权托管交易中心
	3	荣珍菌业	天津股权交易所
	4	济海医疗	天津股权交易所
	5	润康牧业	天津股权交易所
	6	赛特股份	齐鲁股权托管交易中心
	7	青河农业	齐鲁股权托管交易中心
	8	新贵科技	齐鲁股权托管交易中心
	9	康友光电	齐鲁股权托管交易中心
	10	上德电气	齐鲁股权托管交易中心
	11	山东大柴	齐鲁股权托管交易中心
	12	荣顺鞋业	齐鲁股权托管交易中心
	13	馨力石化	齐鲁股权托管交易中心
	14	拓普网络	齐鲁股权托管交易中心
	15	C 华美	齐鲁股权托管交易中心
	16	C 泰然	齐鲁股权托管交易中心
	17	奈琦尔	齐鲁股权托管交易中心
	18	永固钢构	齐鲁股权托管交易中心
	19	新环驰	齐鲁股权托管交易中心
	20	耀国光热	齐鲁股权托管交易中心
	21	海森电子	上海股权托管交易中心
	22	新中昌	武汉股权托管交易中心
	23	大自然	武汉股权托管交易中心
	24	盛硒股份	武汉股权托管交易中心
	25	武陵茶油	武汉股权托管交易中心
	26	晨光农业	武汉股权托管交易中心
	27	淄特股份	齐鲁股权托管交易中心
	28	金王股份	齐鲁股权托管交易中心
	29	掌中宝	齐鲁股权托管交易中心
	30	博胜动力	齐鲁股权托管交易中心
	31	亚特股份	齐鲁股权托管交易中心
	32	百慧乳业	齐鲁股权托管交易中心
	33	博纳股份	齐鲁股权托管交易中心

北京市盈科(济南)律师事务所

推荐机构基本信息	法人代表	刘永知	注册资本	30万元
	电　　话	0531－55698199	传　　真	0531－55698111
	注册地址	山东省济南市高新区舜华路2000号舜泰广场8号楼B区20层		
推荐机构介绍	盈科律师事务所成立于2001年,秉承"诚信、卓越、合作、责任"的服务理念,坚持规模化、专业化、品牌化和国际化的发展方向,努力打造具有全球专业法律服务能力的中国律师事务所。曾先后获得"法律服务先进集体"、"司法行政系统先进集体"等荣誉称号以及2013年The Lawyer杂志"亚太地区律所规模100强"排行榜榜首、"ALB2010年度中国发展最迅速律所"大奖等各类奖项。截至2012年年底,盈科律师事务所大陆地区已有执业律师人数超2000人,员工总人数近3500人。盈科律师致力于在各个法律领域为客户提供满意的法律服务,盈科律师事务所已经成为中国规模最大、专业服务能力最强的律师事务所之一。 盈科各地办公室均由总部直接投资和直接管理,盈科济南办公室积极响应总部的号召,在不断的发展中坚持"以人为本"的人才战略,以形成专业律师人才、专业市场人才、专业管理人才组成的人才队伍为目标。截至2013年10月盈科济南现有律师过百人,全体人员150余人,创建了高效、专业的行政服务团队、市场团队、各专业法律服务团队和"律云"团队,其中法律服务团队包括综合法律事务、资本运作、工程房产、并购与资产重组、公司治理、知识产权、能源与环保、国际贸易、社会维权、争议解决等多个团队。盈科济南分所通过盈科国内22家和在全球16个国家和地区海外办公室组成的服务网络体系,立足济南,辐射山东,努力打造具有全球性专业法律服务能力的律师航母。 为客户提供满意的法律服务是我们矢志不渝的目标,北京盈科(济南)律师事务所坚持"以客户为导向"的服务准则,为客户提供商业机会、促进客户合作,为客户提供综合性、专业性的法律服务。				

北京市齐致(济南)律师事务所

推荐机构基本信息	法人代表	刘英新	注册资本	30万元
	电　　话	0531－66683939	传　　真	0531－66683937
	注册地址	山东省济南市顺河街66号银座晶都国际1号楼3405室		
推荐机构介绍	本所总部在北京,是北京总所为了适应广大当事人建立和完善现代企业制度与企业投资融资活动中的法律服务需求,加强公司与证券法律事务部建设,并以之为基础在山东设立的分所。本所主要业务范围包括股票首次公开发行和再融资、企业和公司债券的发行、上市公司的收购兼并、公司私募融资、新三板及地区性股权交易中心挂牌融资及其他相关公司证券业务。 本所的公司与证券法律业务,由一批长期从事和研究相关业务并具有在国际律师事务所工作经验的资深律师主持工作,同时与美国、英国、加拿大、韩国、新加坡、香港等国家与地区的专业律师事务所及相关中介机构,建立了长期的合作关系,能够在任何时间根据当事人的不同情况和不同要求,在不同的市场法律环境下,以最佳的解决方案,最大限度地满足当事人在公司与证券事务方面的法律需求。自中国证券市场形成之初,本所律师便开始专业从事公司与证券法律业务,他们操作的公司证券业务的成功案例,有一些已成为中国证券市场的首例,为推动中国证券市场的发展起到促进作用;在为当事人提供专业法律服务的过程中,他们也积累了丰富的经验,从而在处理各类相关问题的时候极具灵活性,可提供较多的方案供当事人选择。本所在山东地区开展公司证券业务过程中,因资质好、诚信度高、执业能力强,并对全省企业改制上市工作做出突出成绩,被山东省发改委、山东省资本市场发展促进会多年连续作为资本市场优秀中介机构予以通报表彰,并为济南市资本市场发展促进会副会长单位。				

所推荐企业名称	序号	所推荐企业名称	挂牌或上市场所
	1	滕州市三合机械股份有限公司	齐鲁股权托管交易中心
	2	德州海利安生物科技股份有限公司	齐鲁股权托管交易中心
	3	山东合太恒科技股份有限公司	齐鲁股权托管交易中心
	4	威海震宇智能科技股份有限公司	齐鲁股权托管交易中心
	5	青岛奥盖克化工股份有限公司	齐鲁股权托管交易中心
	6	山东同创汽车散热装置股份有限公司	齐鲁股权托管交易中心
	7	山东中瑞电子股份有限公司	全国中小企业股份转让系统
	8	青岛奥盖克化工股份有限公司	全国中小企业股份转让系统

山东长城长律师事务所

推荐机构基本信息	法人代表	滕庆刚	注册资本	30 万元
	电　话	0533－2866054	传　真	0533－2866054
	注册地址	山东省淄博市张店区新村西路 174 号		
推荐机构介绍	本所字 1993 年成立以来，奉行“忠于事实、忠于法律、忠于当事人”的办案宗旨和法律服务理念，注重发挥集体智慧，讲求团结协作精神，以雄厚的实力，以实行专业分工和团队合作的执业模式为显著特点，为当事人提供高效、优质的法律服务。本所设公司、商事、民事、刑事、行政部。律所业务涵盖了公司并购与重组、证券与资本市场、外商直接投资、金融与银行、知识产权、房地产、信息产业、劳动和社会保障、国际贸易、政府采购与招投标等诸多法律服务领域。无论是传统的法律业务领域，还是新兴的法律业务领域，均已处于法律服务的前沿，正朝着建设专业化、规模化、国际化与品牌化的一流律师事务所迈进。 随着 OTC 资本市场的活跃，本所率先参与了企业挂牌交易业务，目前在天津股权交易所、齐鲁股权托管交易中心挂牌交易业务中为成律师行业的佼佼者。 2007 年起，被评为“淄博市优秀律师事务所”； 2011 年被授予“淄博市民营企业法律维权服务委员会特约服务单位”； 2011 年，被授予“淄博市职工法律援助服务基地”； 2012 年顺利加入山东省中小企业管理咨询协会，并成为“山东省中小企业管理咨询协会常务理事单位”。			

所推荐企业名称	序号	所推荐企业名称	挂牌或上市场所
	1	山东松竹铝业股份有限公司	天津股权交易所
	2	淄博泰达汽车销售服务股份有限公司	天津股权交易所
	3	山东耀微玻璃纤维科技股份有限公司	天津股权交易所
	4	山东新城建工股份有限公司	天津股权交易所
	5	山东鲲鹏新材料股份有限公司	齐鲁股权交易中心
	6	山东昆仑瓷器股份有限公司	齐鲁股权交易中心
	7	山东先河悦新机电股份有限公司	齐鲁股权交易中心
	8	山东慧科助剂股份有限公司	齐鲁股权交易中心
	9	山东上水农业发展股份有限公司	齐鲁股权交易中心
	10	山东红阳耐火材料股份有限公司	齐鲁股权交易中心
	11	淄博祥盛汽车板簧股份有限公司	齐鲁股权交易中心
	12	淄博瀚海水业股份有限公司	齐鲁股权交易中心
	13	山东众诚钡盐化学股份有限公司	齐鲁股权交易中心
	14	淄博天健纸业股份有限公司	齐鲁股权交易中心
	15	山东昭和新材料科技有限公司	齐鲁股权交易中心
	16	山东高盛玻璃科技股份有限公司	齐鲁股权交易中心
	17	安博机械科技股份有限公司	齐鲁股权交易中心
	18	山东三丰集团股份有限公司	齐鲁股权交易中心
	19	山东恒利石油化工股份有限公司	齐鲁股权交易中心
	20	烟台千手缘数字商务酒店股份有限公司	天津股权交易所
	21	山东七河绿色食品股份有限公司	齐鲁股权交易中心
	22	淄博宝塔焦化股份有限公司	齐鲁股权交易中心
	23	山东正洋矿泉水股份有限公司	齐鲁股权交易中心
	24	淄博中农农业科技股份有限公司	齐鲁股权交易中心

	序号	所推荐企业名称	挂牌或上市场所
所推荐企业名称	25	淄博鲁桥耐火材料股份有限公司	齐鲁股权交易中心
	26	山东嘉特塑料包装股份有限公司	齐鲁股权交易中心
	27	山东齐御牧业股份有限公司	齐鲁股权交易中心
	28	山东远达船舶运输股份有限公司	齐鲁股权交易中心
	29	山东河源养殖繁育股份有限公司	齐鲁股权交易中心
	30	青岛海王纸业股份有限公司	齐鲁股权交易中心
	31	博山金龙电力设备配件股份有限公司	齐鲁股权交易中心
	32	山东三元生物科技股份有限公司	齐鲁股权交易中心
	33	山东无棣华兴渤海黑牛种业股份有限公司	齐鲁股权交易中心
	34	山东美罗福农业科技股份有限公司	齐鲁股权交易中心
	35	山东金辰机械股份有限公司	齐鲁股权交易中心
	36	山东晨宇电器股份有限公司	天津股权交易所
	37	山东向荣农业发展股份有限公司	齐鲁股权交易中心
	38	山东高盛玻璃科技股份有限公司	齐鲁股权交易中心

山东万航律师事务所

推荐机构基本信息	法人代表	李　意	注册资本	100 万元
	电　　话	2991003	传　　真	8363000
	注册地址	山东省聊城市兴华东路 17 号		
推荐机构介绍	山东万航律师事务所(以下简称“万航所”)是 2001 年 6 月经山东省司法厅批准成立的一家合伙制律师事务所，设立了专业化分工部室:公司知识产权业务部、建筑房地产业务部、金融证券保险业务部、刑民综合部四个部室，先后多次获得中华人民共和国司法部、山东省司法厅全国律师行业创先争优活动党员律师标兵、山东省人民满意律师事务所、山东省优秀律师事务所等荣誉称号并荣记功;山东万航律师事务所在融资、资产并购、为公司上市(IPO)、场外交易市场出具法律意见书、公司债券、建筑房地产法律服务等方面形成了独有的万航特色。万航所现已是专业化分工、规范化管理的现代化律师事务所，形成了知识化、年轻化、专业化的律师队伍。			

	序号	所推荐企业名称	挂牌或上市场所
所推荐企业名称	1	昌润投资控股集团有限公司	上海证券交易所
	2	山东鲁青电缆股份有限公司	齐鲁股交中心
	3	山东泰康建材股份有限公司	齐鲁股交中心

山东中诚信律师事务所

推荐机构基本信息	法人代表	王军	注册资本	30 万元
	电　　话	0532 - 85783010	传　　真	0532 - 85753073
	注册地址	山东省青岛市市南区南京路 9 号联合大厦 17A - D		

推荐机构介绍	本所于1999年8月经山东省司法厅批准成立，为青岛市司法局直属的合伙制律师事务所。2006年6月，与山东信中律师事务所合并。本所以提供房地产及公司法方面的法律服务为特色，规模及业务能力已在青岛市名列前茅，现有合伙人8名，律师20余名。 **主要资格资质及服务机构：** 山东省优秀律师事务所； 青岛市优秀律师事务所； 青岛市规范文明化律师事务所； 青岛市政府国资委中介机构备选库律师事务所； 青岛市政府金融办中介机构律师事务所； 青岛市政府财政局政府采购法律服务。

山东天衢律师事务所

推荐机构基本信息	法人代表	艾　民	注册资本	30万元
	电　　话	05342187148	传　　真	0534－2187148
	注册地址	山东省德州市德城区德兴中大道852号		
推荐机构介绍	本单位亮点：市法律服务行业文明服务窗口、市司法行政集体三等功、德州学院法学实践基地、德城区个体私营企业协会法律维权中心、山东省法律援助受理点。			

山东德衡律师事务所

推荐机构基本信息	法人代表	胡　明	注册资本	200万元
	电　　话	0532－83899980	传　　真	0532－83885959
	注册地址	青岛市市南区香港西路52号丙		
推荐机构介绍	2000年，获得中国司法部"部级文明律师事务所"荣誉； 2004年，德衡注册商标被评为"山东省著名商标"； 2005年，获得中国司法部、全国律师协会"全国优秀律师事务所"荣誉； 2006年，获得世界著名《亚洲法律事务》杂志(ALB)"亚太地区发展最快和最具活力的三十家律师事务所"荣誉； 2007年，获得ALB"中国内地十大律师事务所之一"荣誉； 2008年、2010年、2012年，获得ALB"发展最迅速的十家中国律师事务所"荣誉； 2008年、2009年、2010年、2011年、2012年，获得ALB"中国东北部律师事务所大奖"荣誉； 2009年、2010年、2011年，获得ALB"最佳雇主奖"； 2010年、2011年、2012年，获得ALB"中国律师所规模二十强"； 2011年，获得中国中小企业家年会组委会、中国中小商业企业协会2010年度服务中小企业"全国十佳优秀律师所"； 2011年，中国证监会法律部根据2010年度IPO报会项目数对全国律师事务所进行前40位业绩排名，德衡律师事务所名列全国第13名； 2012年，荣登ALB"亚洲50大律师事务所"榜单； 2013年，《方圆律政》根据2012年度律师事务所的境内外IPO业绩，德衡律师所名列全国第7名； 2013年，荣登ALB"亚洲前50律师事务所"和"中国国内20大律师事务所"榜单。			

所推荐企业名称	序号	所推荐企业名称	挂牌或上市场所
	1	青岛金王应用化学股份有限公司IPO	深交所
	2	山东豪迈机械科技股份有限公司IPO	深交所
	3	青岛汉缆股份有限公司IPO	深交所
	4	希努尔男装股份有限公司IPO	深交所

	序号	所推荐企业名称	挂牌或上市场所
所推荐企业名称	5	山东同大海岛新材料股份有限公司 IPO	深交所
	6	山东绿野生物科技园股份有限公司	齐鲁股交中心
	7	山东三圜新材料股份有限公司	齐鲁股交中心
	8	山东煜龙环保科技股份有限公司	齐鲁股交中心
	9	山东中研实业股份有限公司	齐鲁股交中心
	10	山东宏飞纸业股份有限公司	齐鲁股交中心
	11	山东银兴种业股份有限公司	齐鲁股交中心
	12	山东双鹤机械股份有限公司	齐鲁股交中心
	13	山东科虹线缆科技股份有限公司	齐鲁股交中心
	14	山东振泰线缆股份有限公司	齐鲁股交中心
	15	山东天宇建设机械股份有限公司	天交所
	16	山东银鹤机械股份有限公司	天交所
	17	乐陵马克力德木业股份有限公司	天交所
	18	山东韩炼石油科技股份有限公司	天交所
	19	烟台环球机床股份有限公司	天交所

山东齐鲁律师事务所

推荐机构基本信息	法人代表	杨念华	注册资本	60 万元
	电　　话	0531－62323888	传　　真	0531－62323887
	注册地址	济南市高新区舜华路2000号		

推荐机构介绍

荣誉介绍：

荣获山东省司法厅、山东省律师协会“全省优秀律师事务所”；中华全国律师协会“全国优秀律师事务所”；省直“文明单位”称号；山东省青年文明号、全省司法行政系统先进单位、全省司法系统先进基层党组织 。

业务亮点：

本所为鲁银投资集团股份有限公司、山东临沂工程机械股份有限公司、山东小鸭电器股份有限公司、浪潮电子信息产业股份有限公司、济南钢铁股份有限公司、莱芜钢铁股份有限公司、江泉实业股份有限公司、山东南山实业股份有限公司等首次公开发行股票业务；为莱芜钢铁股份有限公司两次配股、山东淄博华光陶瓷股份有限公司配股、山东兰陵陈香酒业股份有限公司配股、济南钢铁股份有限公司公开增发业务、济南钢铁股份有限公司非公开发行业务、济南钢铁股份有限公司发行可转换债券、株洲旗滨集团股份有限公司非公开发行业务等再融资业务；为泰山石油资产置换、山东胜利股份有限公司股权转让、鲁银投资集团股份有限公司与莱芜钢铁集团有限公司重大资产重组、鲁银投资集团股份有限公司发行股份收购资产等并购重组业务；为济南钢铁股份有限公司、鲁银投资股份有限公司、山东胜利股份有限公司等股权分置改革业务；为株洲旗滨集团股份有限公司实施股权激励业务提供法律服务。本所为山东金茂纺织化工集团有限公司、山东路桥集团有限公司、肥城矿业集团等发行债务融资工具提供法律服务。

	序号	所推荐企业名称	挂牌或上市场所
所推荐企业名称	1	鲁银投资集团股份有限公司	上海证券交易所
	2	山东临沂工程机械股份有限公司	上海证券交易所
	3	山东小鸭电器股份有限公司	深圳证券交易所
	4	浪潮电子信息产业股份有限公司	深圳证券交易所
	5	济南钢铁股份有限公司	上海证券交易所
	6	莱芜钢铁股份有限公司	上海证券交易所

所推荐企业名称	序号	所推荐企业名称	挂牌或上市场所
	7	山东江泉实业股份有限公司	上海证券交易所
	8	山东南山实业股份有限公司	上海证券交易所
	9	淄博鲁中房地产开发股份有限公司	齐鲁股权交易中心
	10	青岛君盛食品股份有限公司	齐鲁股权交易中心

■会计师事务所

山东博华有限责任会计师事务所

会计师事务所基本信息				
	法人代表	侯爱琴	注册资本	120 万元
	电　　话	0533－2776351	传　　真	0533－2776351
	注册地址	淄博市张店区华光路 131 号		

会计师事务所介绍

山东博华有限责任会计师事务所于 1999 年 12 月经山东省财政厅批准组建，现拥有办公场地 1200 平方米，注册资本为 120 万元。法定代表人为侯爱琴，现有员工 40 余人，具有一批精通会计、审计、税务、司法鉴定的专业人才。其中大专以上学历和中高级职称人员占 98%。

我所具有山东省财政厅颁发的准予执行注册会计师法定业务执业证书、山东省司法厅颁发的司法鉴定许可证。

本所具有财务审计、资本验证、司法鉴定、管理咨询为一体的全方位服务格局。创所至今，我们始终坚持“独立、客观、公正”的执业准则，以质量求生存，弘扬“博大中华，服务大家”的工作理念和“诚信亲和”的企业文化，团结实干、兢兢业业，竭诚为广大客户提供优质、高效、一流、全方位的服务。

所内各类人才齐全，技术力量雄厚；配有电脑、全自动打印机、复印件、传真机、商务车等设施齐全的现代化办公设备。

博华员工愿与各界新老客户真诚合作，共创未来！

山东德信有限责任会计师事务所

会计师事务所基本信息				
	法人代表	袁　玲	注册资本	100 万元
	电　　话	0534－2757286	传　　真	0534－2757286
	注册地址	德州市德城区湖滨中大道 1149 号		

会计师事务所介绍

山东德信会计师事务所(Disense)成立于 1997 年 10 月，事务所主要承做企业挂牌上市、改组改制审计评估、财税顾问及政府委托审计等业务。近年来，山东德信先后获得齐鲁股权交易托管中心企业挂牌上市审计资质，山东省第一批高新技术企业会计报表审计、税务审计资质，天津股权交易所企业挂牌交易审计资质；事务所被授予“守合同重信用企业”、“五星级党支部”、山东省注册会计师协会理事单位、全省先进会计师事务所党组织、德州市援川工程先进单位等荣誉称号。

山东德信“以德为先，以信为天”，奉行“专业成就价值”，恪守行业执业准则，把先进、成熟、实用财务资本管理理念和工具方法运用于企业实践，形成对企业价值和股东利益最大化具有指导意义的可操作、可执行的方案，通过优秀的服务，着力与客户建立长期的战略合作关系，用知识用智慧创造价值，与客户共同实现我们的理想。

所推荐企业名称	序号	所推荐企业名称	挂牌或上市场所
	1	山东德方液压机械股份有限公司	齐鲁股权交易中心
	2	山东征宙机械有限公司	齐鲁股权交易中心
	3	山东华业钨钼股份有限公司	齐鲁股权交易中心
	4	德州可恩口腔医院股份有限公司	齐鲁股权交易中心
	5	山东宇虹颜料股份有限公司	齐鲁股权交易中心
	6	山东金釜工具股份有限公司	齐鲁股权交易中心
	7	山东宏飞包装股份有限公司	齐鲁股权交易中心

所推荐企业名称	序号	所推荐企业名称	挂牌或上市场所
	8	山东银兴种业股份有限公司	齐鲁股权交易中心
	9	山东新奥宇车业股份有限公司	齐鲁股权交易中心
	10	德州格瑞特机电股份有限公司	齐鲁股权交易中心
	11	山东双鹤机械制造股份有限公司	齐鲁股权交易中心
	12	山东环宇阳光太阳能股份有限公司	齐鲁股权交易中心

淄博金泰有限责任会计师事务所

会计师事务所基本信息				
	法人代表	张俊龙	注册资本	60 万元
	电　　话	0533－4254902	传　　真	0533－4252810
	注册地址	淄博市博山区峨嵋山路 10 号		

会计师事务所介绍

该所是由隶属于博山区财政局的山东博山会计师事务所脱钩改制的中介机构，企业类型为有限责任公司，法定代表人：张俊龙。并于 2008 年 9 月分立出淄博金泰资产评估事务所，执行事务合伙人：焦方勇。该所现有注册会计师 13 人，注册资产评估师 8 人，其他专业人员 9 人。

该所具有以下相关资质：淄博市工商行政管理局颁发的营业执照、山东省财政厅颁发的审计执业证书、山东省财政厅颁发的资产评估资格证书、山东省财政厅颁发的建设工程审价业务资质证书（二级）、人民法院的司法鉴定资格、齐鲁股权交易中心审计评估资格。

所推荐企业名称	序号	所推荐企业名称	挂牌或上市场所
	1	山东中阳碳素股份有限公司	齐鲁股权交易中心
	2	山东五洋棉业有限公司	齐鲁股权交易中心
	3	山东大宇纺织股份有限公司	齐鲁股权交易中心
	4	山东恒源鑫建设工程股份有限公司	齐鲁股权交易中心
	5	山东柯林维尔化工股份有限公司	齐鲁股权交易中心
	6	山东颜春农业发展股份有限公司	齐鲁股权交易中心
	7	淄博翰墨文化传播股份有限公司	齐鲁股权交易中心

新联谊会计师事务所有限公司

会计师事务所基本信息				
	法人代表	张华滨	注册资本	600 万元
	电　　话	0531－80995508	传　　真	0531－80995511
	注册地址	济南市经十路 24516 号新联谊大厦		

会计师事务所介绍

新联谊会计师事务所有限公司成立于 1992 年，原隶属煤炭工业部山东煤炭工业管理局，1999 完成脱钩改制，注册资本为 600 万元。

经过 20 多年的快速发展，该所已成为国内最具规模、最具影响力的会计师事务所之一，年业务收入过亿元，连续多年位居全国百强事务所前列，在山东省注册会计师行业排名第一。现在济南市高新区成立“新联谊资本市场服务中心”，中心引入国内外多家投资机构、基金公司、担保公司、小额贷款公司、证券公司、律师事务所、资产、土地、房地产评估机构、会计师事务所等入驻，以新三板挂牌培训、产权及股权交易为主营业务，实现系列化、全方位、一站式的投融资服务。

该所具有大型企业审计、金融相关业务审计、中央企业审计、省属国有企业改制审计、国家开发银行项目贷款评审、省属单位会计基础工作规范化验收考核、国家科技计划课题财务验收审计、司法鉴定审计、高新企业认定审计、财政投资评审、科研经费审计、能源审计、农业科研经费审计等审计资质；具有整体资产评估、土地评估、房产评估、矿业权评估等评估资质；同时具有工程造价咨询（甲级）、招标代理、税务咨询、管理咨询等执业资质。业务领域涉及煤炭、电力、烟草、金融、保险、电信、冶金、化工、房地产等多个行业。

所推荐企业名称	序号	所推荐企业名称	挂牌或上市场所
	1	山东国风精工合金材料股份有限公司	齐鲁股权交易中心

山东振泉有限责任会计师事务所

会计师事务所基本信息				
	法人代表	王永建	注册资本	120 万元
	电　　话	0531－87937720	传　　真	0531－66699223
	注册地址	济南市槐荫区经七纬七路133号		
会计师事务所介绍	山东振泉有限责任会计师事务所是于1994年经山东省财政厅等批准成立，并经山东省工商行政管理局登记注册，具有法人资格、独立经营、独立核算的社会中介机构。该所各类专业人才齐全，配置合理，在长期的执业生涯中积累了丰富的经验，以良好的业务素质、高水平的执业能力和团结的执业队伍作为完成客户委托项目的有力保证。依据相关执业准则制定技术标准，从计划、外勤、报告等环节对服务程序进行规范，同时严格执行复核制度确保出具的各类报告质量。该所一贯秉承“依法执业、热诚服务、质量第一、信誉至上”的执业宗旨和“诚信公正、优质高效”的服务理念，恪守职业道德，遵守执业准则。			

所推荐企业名称	序号	所推荐企业名称	挂牌或上市场所
	1	山东九鼎铁塔科技股份有限公司	齐鲁股权交易中心
	2	山东通亚交通安全设施股份有限公司	齐鲁股权交易中心
	3	山东泰丰新水管业股份有限公司	齐鲁股权交易中心

山东振鲁会计师事务所有限公司

会计师事务所基本信息				
	法人代表	郑国庆	注册资本	100 万元
	电　　话	0531－67808700	传　　真	0531－86047141
	注册地址	济南市市中区经七路6号10、11层		
会计师事务所介绍	山东振鲁会计师事务所有限公司是由原隶属于山东省国税局的山东第二会计师事务所改制而成，成立于1993年，执业年限16年，是省内规模较大，具有较高专业水准的会计师事务所之一。注册资本100万元。经营范围：审查会计报表、出具审计报告；验证企业资本；承办基建项目预决算审计；办理企业解散、破产、终止及法定代表人离任审计；社会经济咨询；会议服务。办公场地面积2100平方米，办公设施齐全，其中电脑、笔记本电脑127台、打印机8台、复印机3台、传真机1台，汽车8辆。内部设置审计、财务、管理咨询、办公室等部门，集团目前拥有员工120余名，其中，注册会计师27名，律师1名。70%以上为本科学历，半数以上人员拥有一种以上的专业资质。 山东振鲁会计师事务所有限公司拥有国有大型企业会计报表审计资格、金融企业审计资格、优先从事股份制改制会计业务资格、外商投资企业外汇审计资格、山东省高级人民法院司法鉴定资格、齐鲁股权交易中心挂牌等。			

所推荐企业名称	序号	所推荐企业名称	挂牌或上市场所
	1	聊城市东昌府区天元小额贷款股份有限公司	齐鲁股权交易中心
	2	山东科润机械股份有限公司	齐鲁股权交易中心
	3	日照御青茶业股份有限公司	齐鲁股权交易中心

山东和信会计师事务所(特殊普通合伙)

会计师事务所基本信息	法人代表	王　晖		注册资本	1015 万元
	电　　话	0531－81666209		传　　真	0531－81666207
	注册地址	济南市经十路13777号中润世纪广场18栋14层			
会计师事务所介绍	山东和信会计师事务所(特殊普通合伙)总部设在山东省济南市,注册资本1015万元。总部设有质量技术委员会、办公室、财务部、质量技术部、标准培训部、审计业务一部、审计业务二部等部门,下设济南、青岛、潍坊、烟台、烟台芝罘、济宁等分支机构。拥有职工600余人,其中注册会计师210余人。各项业务辐射全国,所服务的上市公司近40家。2013年预计收入超亿元。 山东和信会计师事务所(特殊普通合伙)是山东省"先进会计师事务所";连续多年入围《年度会计师事务所综合评价前百家信息》的会计师事务所;山东省国资委"企业清产核资十佳中介机构";山东省工商局"山东省重合同守信用单位"、山东省工商免检企业;济南市政府授予"金融相关企业文明诚信单位";2013年被山东省诚信文化促进会授予"山东省诚信示范企业"。				
所推荐企业名称	序号	所推荐企业名称		挂牌或上市场所	
	1	山东合太恒科技股份有限公司		齐鲁股权交易中心	
	2	山东亿丰源生物科技股份有限公司		齐鲁股权交易中心	
	3	威海震宇智能科技股份有限公司		齐鲁股权交易中心	
	4	青岛奥盖克化工科技股份有限公司		齐鲁股权交易中心	
	5	山东科麟环保科技股份有限公司		齐鲁股权交易中心	
	6	日照凤玉茶叶有限公司		齐鲁股权交易中心	
	7	德州海利安生物科技股份有限公司		齐鲁股权交易中心	
	8	山东双港活塞股份有限公司		齐鲁股权交易中心	
	9	山东赛特新材料股份有限公司		齐鲁股权交易中心	
	10	山东上水农业发展股份有限公司		齐鲁股权交易中心	

淄博兴邦联合会计师事务所

会计师事务所基本信息	法人代表	付立红		注册资本	50 万元
	电　　话	0533－3177130		传　　真	0533－3177130
	注册地址	淄博市张店区华光路79号银领国际商务中心5层513号			
会计师事务所介绍	淄博兴邦联合会计师事务所是2004年11月经山东省财政厅批准成立,于2004年12月获得淄博市工商行政管理局核发的营业执照,是在山东省注册会计师协会注册的规模较大、具有较高业务水准的会计师事务所。目前下设会计部、验资部、质检部、综合财务部等部室,拥有一批业务精干、实践经验丰富的专业人才,事务所共有员工40余人,其中注册会计师18人,注册资产评估师4人、中级职称26人,大专以上学历32人,员工具有丰富的理论和实践经验,为众多国有、民营、行政事业单位、中外合资企业等提供年报审计、专项审计、评估、验资、财务咨询、税务筹划、房地产评估及土地评估等专业服务,行业涉及电子、电力、旅游、房地产、电信、交通运输、能源、机械、农业、林业、餐饮、酒店、医药等诸多领域。在行业协会及同业中有良好的口碑。兴邦人恪守独立、客观、公正的原则,履行以质量求生存、以服务求发展的宗旨,把建设一流会计师事务所作为目标。在创造良好业绩的同时,建立了自己的职业信誉。				
所推荐企业名称	序号	所推荐企业名称		挂牌或上市场所	
	1	山东新世纪市政工程股份有限公司		齐鲁股权交易中心	
	2	山东海德瑞仪表股份有限公司		齐鲁股权交易中心	

第七编

中国证券业人物纪实与访谈

德恒律师事务所
Deheng Law Offices

德行天下，恒信自然

协办单位

2013 年中国证券业人物纪实与访谈

负增长不是坏事

——访中国人寿保险股份有限公司总裁万峰先生

中国人寿保险股份有限公司（以下简称“中国人寿”）总裁万峰鲜少来上海。作为中国最大的保险集团“掌门人”，万峰的每一次表态都有可能影响保险行业乃至整个资本市场的“波动起伏”。日前，中国人寿在上海举行 2013 全球开放日活动，万峰在与媒体见面时的态度出乎意料的“开放”。

万峰说：“中国人寿明年总保费收入将负增长。我现在就告诉你，我年初的计划就是负增长，这不是坏事。这是中国人寿上市 10 年来首次计划负增长，这是公司结构调整的结果。年报的业绩好坏就看你们怎么看，看增长不会很快，但是看价值，我们 10 年期的续期保单，今年 9 月增逾 20%。”

筹建电子商务公司

时隔两年，中国人寿再次举办全球开放日，选址上海可谓别有深意。开放日当天，中国人寿信息化基础建设的重大成果——中国人寿数据中心（卡园）在活动中首次亮相。记者了解到，中国人寿数据中心位于张江高科技园区，总投资 20 多亿元，该数据中心计划于下月正式投入运营。

“与此同时，集团正在筹备一家电子商务公司，初步定在 12 月 6 日挂牌。”万峰在媒体见面会后向记者透露，“这个电子商务公司是集团下面的公司，跟股份公司是兄弟公司，专做网销电销，它现在正与一些网销、电销企业谈一些合作。”

与中国平安、中国太保相比，中国人寿在互联网和大数据应用上发展较晚。对此，万峰有着自己的见解，他告诉记者，“互联网保险对寿险业的影响小，对财产险的影响比较大。其实，中国互联网金融的快速发展与中国消费者对个人隐私保护意识不强有关。为什么美国的互联网金融发展速度不如中国，很大一个原因是美国人比较注重个人隐私保护，不愿意在互联网上填写太多个人信息”。

除此之外，在万峰看来，互联网上的消费群体也不是寿险的目标客户。他分析说：“一般，互联网上的消费者以 80 后和 90 后居多，这些人大多不会考虑购买寿险产品。对于寿险公司而言，35－45 岁的中产阶层是我们目标客户，他们的购买方式依然以传统渠道为主。”因此，中国人寿即使成立了电子商务公司，在这个平台上主要销售短期意外保险和旅游保险，以及集团旗下财产保险公司——国寿财险的产品，比如，财产保险和车险。

寿险好日子还没来

“中国寿险行业发展潜力巨大，真正开发还没有开始，好日子还没有来呢。”万峰对寿险业的展望非常乐观，他认为，“中国经济转型将深入推进，改革红利逐步释放，保险将是最大的受益者。”

尤其是，中国保监会在 2013 年 8 月 5 日调整了产品定价利率，放开了普通型人身保险预定利率，由公司审慎原则自行决定。

万峰说，监管部门的调整会带来三个方面的变化。一个是产品结构的变化，分红型产品将逐渐减少。固定回报产品将增加，保障性产品发展将开始受到重视；第二个是保费期限结构的变化。趸缴保费将减少，占比会逐渐下降。期缴保费、续期保费逐渐增加，缴费期限拉长；第三个是主体结构会发生变化。银行系保险公司将保持高速增长，实现做大的目标，市场份额会不断上升。

“不过，放开有好处，也有难处。”万峰告诉记者，原来规定产品附加佣金费用率不能超过 65%，其中佣金不得超过 45%，费用不得超过 25%，现在直接佣金率上限放开，保险公司可以将佣金调高，费用调低，或者佣金调低，费用调高，但总数不能突破。

“这次调整对我们来讲最不理想的是这个地方没放开，如果放开了，对发展保障型产品就有利，不放开我们就很纠结。”万峰举例说，假如原来一款产品的保费是 100 元，现在利率由 2.5% 调整到 3.5%，保费变成 80 元，附加佣金费用率仍然是 65%，这就导致营销员直接佣金和公司费用都下降。

保费下降、公司经营费用下降、营销员收入下降，产品销售积极性就会下降。“如果要维持营销员收入水平不变，销量就要增加 20%，这对我们来说是非常大的挑战。”这也是中国人寿迟迟没有推出新定价利率产品的原因。不过，万峰透露，“中国人寿费率市场化改革后的首个新产品已准备就绪，预定利率确定在 3.5%”。

访中航投资控股股份有限公司董事长孟祥泰先生

国家统计局 2013 年 8 月 9 日公布的数据显示，7 月我国 CPI 同比上涨 2.7%，涨幅与上月持平，PPI 同比下降 2.3%，总体看我国实体经济还未走出低谷。当实体经济面临困境时，要大力发展实业尽快破局，以金融为代表的虚拟经济对推动实业发展起到的作用无疑是巨大的。在这一背景下，产融结合成为实体经济走出困局的最佳通道。中航投资（600705）作为央企直接控股的 A 股市场唯一一家金融控股类上市公司，其产融结合的实现路径和最终成效受到市场关注。金融该如何支持实体经济发展？产融结合究竟该如何推行？实业央企控股的金融企业该如何实现在支持实业发展的同时，防止实业与金融各自风险的相互传递？带着种种疑问，记者专访了中航投资控股股份有限公司董事长孟祥泰。

记者：我注意到，中航投资的公告称，7 月 29 日，您以 14.45元/股的持股成本买入公司 50000 股股票。这是向市场传递了您本人对公司未来持续发展的信心。能否介绍一下您对公司未来发展的信心来自何处？中航投资的核心竞争力是什么？

孟祥泰：我想这两个问题可以合并回答，我们的核心竞争力就是我对公司未来发展的信心所在。首先我大概介绍一下这次购买公司股票的情况。其实在我之前,公司高管层和部分员工已经购买了公司的股票,同时都承诺锁定一年。当时因为我兼任中航证券董事长不能购买股票,所以我在7月29日卸任中航证券董事长后,才履行了承诺,购买股票。

无论从哪个方面看,公司高管层和员工购买公司股票的行为都体现了我们自己对公司发展的信心,公司的核心竞争力至少来自于以下五个方面:

一是强大的股东背景和股东对公司发展的巨大支持。从投资公司成立,到重组上市和后续发展,我们的大股东中航工业集团都给了我们巨大的支持。从业务层面看,我们公司的发展是要立足航空、面向市场,而中航工业集团囊括了整个航空产业链最高端的技术、最优秀的人才。整个中航工业系统是我们践行产融结合最现实、最直接的市场。从治理层面看,中航工业作为公司的控股股东,在“三会一层”治理结构等方面严格按照证监会和上证所有关规定实施,确保公司合法合规运营。从管理层面看,中航工业将国资委倡导的央企先进、规范的管理文化植入公司,使公司在风险控制、规范发展上表现出央企的特有优势。

二是经实践检验正确的发展战略。作为投资控股型公司,正确的发展战略对公司经营的影响尤为重要。公司董事会历来高度重视战略的制定和执行。从重组上市前的“打造国内一流金控公司”到上市后的“金融控股、航空产业投资、新兴战略产业投资‘三大板块’”发展战略,都凝聚了董事会、经营层、全体员工及外部智囊对行业发展的真知灼见,同时这些战略也在公司及下属子公司日常经营中得到了严格的贯彻落实。从这几年公司发展业绩看,实践证明我们的战略是正确的。2010—2012年公司合并口径归属于上市公司股东净利润分别为3.06亿元、6.38亿元和7.22亿元,增长迅猛。各主要子公司在各自行业的排名也稳步提升。

三是我们有一支敢打敢拼、坚韧不拔的队伍。我始终认为,比起技术、产品、品牌、渠道等要素,人才尤为重要。中航投资最大的财富就是人才,我们已经取得的成绩靠的就是整个团队的拼搏,我们将来的发展更要靠全体员工的努力。很幸运,中航投资有这样一支以企业家精神打造的“狼团队”。首先他们具有做金融需要的三个特质:保有常识、心怀敬畏、适度悲观。他们有良好的教育和工作背景,有从事金融业必要的专业知识;他们对各类风险有足够的重视和前瞻性预判;他们对各项工作的困难考虑得非常周全,对于风险化解手段准备得很充分,既胆大又心细。其次,他们有敢打敢拼的勇气和坚韧不拔的毅力。从重组上市到最近频繁的资本运作,我们的队伍克服时间紧、任务重、人手不足的种种困难,加班加点、夜以继日,他们对于中航投资这份事业所倾注的热情和心血,是常人难以想象的。

四是我们形成了踏实肯干、精明会干的企业文化。习近平总书记说“空谈误国、实干兴邦”,我想这对于一个国家、一个企业都是适用的。中航投资是一个做事的平台,也需要通过做事来不断壮大。中航投资形成的“踏实肯干、精明会干”的企业文化是我们竞争市场最闪亮的名片。我们坚持真抓实干,杜绝逢迎拍马、形式主义、脱离实际,强调培养做事、成事的坚强毅力,形成了实干导向的用人机制。

五是我们建立了市场化的激励约束机制。金融业是高度市场化的行业,没有市场化的激励机制,就无法在市场竞争中取胜。目前我们已基本实现财务公司、租赁公司、信托公司、证券公司、基金公司等主要子公司薪酬管理体制和各项激励机制的市场化对标,从根本上保证了各主要子公司的可持续发展能力。

记者:中航工业集团公司董事长林左鸣在中航投资上市之初就提出“实现产融结合、军民结合是中航工业实现科学发展的根本道路”,并要求中航投资“扎实推进产融结合”,通过中航投资下属金融企业与航空工业主业的全方位互动,来实现航空工业与中航投资的协调发展。在未来产融结合的实践中,中航投资有何具体计划?

孟祥泰:中航投资上市之后的发展思路正是林左鸣董事长产融结合战略的具体体现。我们在重组上市后确立了“金融控股、航空产业投资和新兴战略产业投资”三大板块协同发展的思路。在原有中航投资控股有限公司主要经营金融业务的基础上,于2012年12月和2013年4月分别成立了中航新兴产业投资公司和中航航空产业投资公司,并已开展业务。

目前我们践行产融结合战略有三个层次:一是下属金融企业对航空主业的金融服务,包括租赁公司的销售融资、财务公司的内部资金调配、证券公司的投资银行和财务顾问服务、信托公司的投融资和资产管理服务等。目前这一层次的服务已经形成了较为成熟的模式,如财务公司的资金整体调配,显著降低了整个集团层面的融资成本;租赁公司对于中航工业产品销售融资规模已超过40亿元,显著拉动了主业的产品销售;证券公司已深入参与到中航工业各板块主要的资本运作项目;信托公司也在投融资方面对集团各板块形成了有力的支持。二是通过中航投资的金融功能来孵化集团内外的高科技项目。这一职能主要由中航投资的新兴产业投资公司、航空产业投资公司来履行。目前这一层次的结合已经取得了一定进展。新兴产业投资公司已投资中航生物,并收购了中航药业股权。航空产业投资也拟参与中航电测发行股份购买资产的配套融资。在这一层面,我们正在积极探索引领中航工业调整产业结构、推动产业升级的平台作用。三是航空主业发展为我们提供了广阔的业务空间和持续不断的创新概念。包括中航投资下属金融企业可以通过服务中航工业内公司获得低风险、稳定的业务收入,同时航空产业各板块优质项目向中航投资开放,中航投资可通过两个实业投资公司投资于这些优质项目,并通过IPO、新三板或装入中航工业旗下26家上市公司,实现顺畅地退出和获利渠道。这一层次的结合目前已通过中航投资近期的资本运作实质性启动。

未来我们还将紧紧抓住航空工业跨越式发展的契机,围绕上述三个层次,积极提升金融业服务航空主业的能力,扩大服务主业的规模,深入挖掘航空产业链优质投资机会,进一步推进产融结合广度和深度。

记者:近期银行间市场资金紧张引发了市场对于非银行金融机构业务风险和未来成长的担忧。作为主要业务为非银行金融机构的中航投资,在风险管理方面如何把握?

孟祥泰:作为中央企业控股子公司,中航投资及各金融子公司历来重视风险管理工作。我们已经建立了母子公司两级风险管理体系,能够对风险进行有效的识别与应对。近期银行间市场资金紧张,我们在第一时间要求各金融子公司严格排查因资金紧张可能出现的各种风险。根据目前掌握的情况,公司下属各金融子公司经营正常,财务公司今年没有新增银行间同业业务,同业业务存量在年初已进行了压缩,目前流动性充裕;中航信托开展现金管理类业务和资金池类业务较少,没有出现期限错配导致的流动性紧张的情况,各信托项目均正常履约,未出现兑付风险。因此近期银行间市场资金紧张对我们的业绩没有显著影响。另一方面,这也说明我们此前根据各监管部门要求设定的风险控制体系是有效地，风险控制政策落实是得力的。

当然近期银行间市场的波动也对我们经营提出了更高的要求，例如业务开展中需要进一步开拓持续、稳定的资金来源渠道。同时，银行间市场的资金紧张局面也为公司的发展带来了机遇。我们已经要求下属各金融子公司严格按照监管动向创新业务发展模式，围绕支持实体经济发展部署各类业务规划，降低市场风险和政策风险。

记者：根据中航投资公告，近期公司推进的资本运作项目包括：增资中航激光、推进西飞集团股权置换、与进出口银行在融资租赁方面进行战略合作、参与中航电测配套融资。这些资本运作将给公司带来怎样的收益呢？

孟祥泰：公司近期资本运作项目比较密集，这也印证了我之前所说的"中航投资是做事的平台"。我们认为，公司所推进的一系列资本运作项目会为公司未来可持续发展打下良好基础。具体看：

增资中航激光将使中航投资深度分享中国3D打印这一新技术革命的发展成果。中航激光是国内3D打印技术高端运用的主要平台，其第二大股东王华明教授凭借在钛合金大型复杂整体构件激光成形技术研究的卓越贡献荣获2012年度国家技术发明奖一等奖。中航投资此次以1011.68万元单方面增资中航激光后对其持股比例增至19.16%。鉴于中航激光产品在军用及民用领域良好的发展前景，公司将显著受益于该项投资。

西飞集团股权置换是将中航投资持有的西飞集团14.09%的股权置换为上市公司中航飞机(000768)的股份，这是落实中航工业集团在重组北亚时的承诺。这一方面能够大大增强公司资产的流动性，另一方面也能够为公司带来良好的投资收益。预计公司最终换得的中航飞机股份数量将超过2亿股，按照目前中航飞机的二级市场股价计算，该部分股份的市值超过18亿元。这也是前述中航工业产融结合战略第三个层次合作的具体体现，也是中航工业集团支持公司发展的具体举措。

与进出口银行在融资租赁方面的战略合作主要是在中航租赁层面进行的。引入进出口银行作为中航租赁战略股东不仅能够进一步增厚中航租赁资本金实力，更重要的是有望解决困扰中航租赁发展的资金来源和低成本资金问题。中航租赁正致力于进入国内三大航空公司、铁路总公司等主流租赁市场，在解决了资金来源问题后，中航租赁业务规模和利润未来有望成倍增长且能实现良好的风险控制。

参与中航电测配套融资是中航投资下属中航航空产业投资公司的第一笔投资。中航航空产业投资公司拟以现金5285万元认购中航电测重大资产重组配套融资发行股票457.97万股。这又是中航投资参与航空工业内部优质项目的具体实例。中航电测作为以应变电测产品的研发、生产和销售为主要业务的上市公司，自上市以来业绩表现较为稳健，目前资产负债率不足20%，经营风险较小。中航电测本次重组拟置入的汉中一零一公司主要从事航空军品业务，历史经营业绩较好，本次重组能够实现中航电测和汉中一零一公司在技术和行业市场上的互补，实现军品和民品业务的协调快速发展。鉴于汉中一零一公司原股东签署了利润承诺，预计中航电测2016年合计净利润不低于1.18亿元，即每股净收益0.59元。中航投资认购中航电测的成本为每股11.54元，即市盈率不低于20倍中航投资将不会出现亏损。目前中航电测所在创业板二级市场平均静态市盈率约54倍，同行业上市公司静态市盈率约40倍，因此该项投资具有很强的安全边界，预计也将为中航投资赢得显著收益。

记者：7月下旬，中航投资发布了《关于未来三年(2013—2015年)股东回报规划》。规划如何保证中小股东的利益？在保护中小股东的利益方面，中航投资的原则是什么？

孟祥泰：伴随公司的成长和发展，给予投资者合理的投资回报，建立对投资者科学、持续、稳定的分红回报机制，为投资者提供分享经济增长成果的机会，是公司应尽的责任和义务。因此，公司在该规划明确规定，现金分红作为实现投资回报的重要形式，未来三年(2013—2015年)公司每年实现的盈利在弥补亏损、提取法定公积金后有可分配利润的，应进行现金分红，而且最近三年以现金方式累计分配的利润不少于最近三年实现的年均可分配利润的30%。这样将分红指标量化，体现公司建立完善回报股东(尤其是中小股东)长效机制的真实意图，将股东回报落到实处。另外，公司在分红等具体议案制定和审议过程中，将充分听取独立董事意见，加强与中小投资者的沟通与交流，倾听他们的建议，采纳具有建设性的方案。

在保护中小股东的利益方面，公司的原则是：

合法合规：即严格遵守我国相关法律法规和上海证券交易所的有关规则以及公司章程与各项制度；

平等对待：即公平对待中小投资者，避免进行选择性信息披露；

真诚沟通：即与中小投资者真诚沟通，坦诚地公布各种信息，无论业绩好坏，无论信息是利好抑或利空；

良性互动：即建立与中小投资者双向沟通机制，一方面向投资者披露信息，另一方面及时听取和收集投资者的意见和建议。

(作者：《中国企业报》记者张艳蕊)

建特色企业文化　兴民族金融业

——记中国民族证券公司董事长赵大建先生

中国民族证券有限责任公司董事长赵大建自2005年进入民族证券以来，把自己满腔的热情和智慧都献给了他深爱的民族证券。九年来，他以他个人특有的文化气质，用诚信、拼搏、创新的企业家精神、睿智和魄力，带领公司领导班子和广大员工，卧薪尝胆、励精图治、艰苦创业、开拓创新，把一个濒临倒闭的企业，发展成为连续八年盈利，净资产收益率居行业前列的国内中型券商。随着公司创新业务的快速发展，在行业内已逐步形成了具有民族证券特色的业务品牌，成为中国资本市场、证券行业的重要一员。2013年11月16－18日，"改革开放35周年中外企业文化2013上海峰会"隆重举行。会上，赵大建先生荣获"改革开放35周年企业文化竞争力十大典范人物"，民族证券荣获"改革开放35周年企业文化竞争力优秀单位"。这两个重要奖项的获得既是对赵大建先生的褒奖和肯定，也是对他一贯倡导的大力弘扬和发展企业文化理念的肯定。

构建未来，奠定企业文化根基

赵大建董事长始终善于从企业文化的高度，运用企业文化的理论、观点和方法，联系企业发展实际分析解决问题，善于审时度势、把握规律、精准决策、科学领导企业做正确的事。作为公司企业文化领导小组组长，他一直站在铸筑企业百年基业的战略高度，总结过去付出的沉重代价和经验教训，着力构建中国民族证券企业文化体系，付出了艰辛的努力。

2005 年 3 月，当赵大建董事长进入民族证券公司，他面对低迷的行情和公司成立后连年亏损、法人治理结构亟待完善、团队素质亟待提高等问题，提出以扭亏为盈为中心，要求公司上下“聚精会神搞经营，一心一意谋发展”；下半年，按照中央和证监会党委的要求，开展了先进性教育，对解决公司存在的问题、改进工作作风、改善外部环境起到了积极的推动作用。2006 年，证券行业进入全面治理，针对公司处在生死存亡边缘的实际，他又确定了“重组、改革、优化、发展”的工作主题。年末公司完成了重组任务，第一次实现了盈利，实现了双丰收。2007 年，针对证券业市场飞速发展的机遇，提出“全力以赴谋发展”的工作主题、“四要”的工作思路和构建融股东、员工、客户于一体的民族证券和谐文化的理念，更坚定了做强大做大民族证券的目标。这一年，公司接受中央金融巡视组的巡视，进一步强化了领导班子建设。2008 年，提出“一个树立、两个全面、三个坚持、四个提升”，明确提出核心为“做强”的发展思路。进一步全面推进“诚信、和谐、进取、规范”的民族证券和谐企业文化建设，推动了公司的快速和谐发展。2009 年，他提出了未来三年业务发展主线，核心是客户积累、客户资产上规模、上台阶，并确定了“保盈利、调结构、快发展”的工作主题，将“诚信、和谐、进取、规范”企业文化建设具体化、实践化，逐渐成为民族证券上下的共识和基本价值观。2010 年，他把“保稳定、抓增量、调结构、上水平”作为全年工作的主题，继续深化“诚信、和谐、进取、规范”企业文化建设，大力弘扬进取文化，全面推动了民族证券的和谐发展。2011 年，根据公司面临的市场现状将工作指导思想确定为“促重组、调结构、抓服务、树品牌”，继续推动公司朝着健康、科学、可持续的方向发展。2012 - 2013 年，赵大建董事长在经营管理工作总体指导思想上继续推动“保盈利、快发展、练内功、调结构”到“保重组、推创新、调结构、促转型”。回顾过去九年走过的道路，公司能够在面临复杂的市场环境挑战下始终能够很好的完成工作任务，能够不断推进公司的改革发展，很重要的一点就是始终将企业文化建设与日常经营管理相结合，能够认真研究证券市场发展形势，能够结合公司每个阶段的实际，能够确定公司正确的发展思路，能够将年度工作任务要求具体化，贯彻落实到各项工作中去。作为中国民族证券企业文化的倡导者、推动者、实践者，赵大建董事长通过企业文化建设动员大会、聘请专家开展企业文化培训、配齐企业文化建设工作人员、创先争优、评选表彰等一系列企业文化建设推进活动，使公司“诚信、和谐、进取、规范”的企业文化得到广大员工们的响应和支持，真正做到了“内化于心，固化于制，外化于行”。使公司走向了以文化凝聚人心、塑造形象、推动发展的新阶段，企业文化建设为公司注入了不竭的发展动力。

落地生根，企业文化凸显发展活力

对企业文化建设工作，赵大建董事长有着强烈的事业心和责任感，正是有了这样的深度和高度，使他对企业文化建设理念和运行体系始终有着清晰明确的工作思路。他根据企业实际，找准企业文化与经营管理相结合的切入点和工作重点，搭建了融入经营管理的文化平台，使企业文化建设真正落地生根，凸显出发展的活力。

赵大建董事长常说，小胜凭智，大胜靠诚。一进入民族证券，他就敏锐地察觉到公司企业文化建设的不足成为影响公司发展的薄弱环节。在他的心目中，加强文化建设应该是中国民族证券发展的永恒主题和永远动力。证券行业作为现代经济的核心，经历了 20 多年的从小到大，从弱到强的发展史，也是中国券商企业文化建设的发展史。企业文化作为企业的软实力和核心竞争力，成为当代社会影响企业经营业绩的深层次原因。从 2002 年成立到 2005 年，中国民族证券成立伊始就请国际著名咨询公司为公司打造了一套“国际化”的公司发展战略和企业文化，由于当时证券行业发展的艰难和公司本身在经营管理中文化理念与实际管理脱节等问题，致使花费了公司几十万美元的战略和文化被束之高阁。仅仅三年时间，中国民族证券已经严重亏损，走到生死存亡的边缘。自 2005 年起，在他的带领下，公司各个层面开始认真反思和总结过去工作中的经验教训，梳理并提出了“诚信、和谐、进取、规范”的企业文化理念，在不断完善法人治理结构的同时，结合市场发展规律，深入研究公司存在的问题，制定明确的年度经营目标，不断建立健全各项规章制度、风险防范体系，通过开展创建学习型组织，培养和提高了员工队伍的素质，公司扭亏为盈，并连续多年实现盈利，不但弥补了 11 亿元的亏损，还累计为国家上缴利税 8 亿多元，使中国民族证券真正走上了发展之路，实现了民族证券物质精神文明双丰收。

赵大建董事长通过这些年的成功经验得出自己的深切体会，企业文化能否发力，关键在于我们倡导的企业文化是否能坚持以人为本，实现员工、股东、企业和客户利益的高度统一。企业文化必须切合公司实际，脱离现实的企业文化不可能成为生产力，更谈不上转化为竞争力。企业文化的建设是一个循序渐进、漫长的过程，在过程中不断完善，不断修正，民族证券多年的发展，也是企业文化的完善过程，这个过程必须与时代精神紧紧结合起来。不同的企业建设不同的企业文化，民族证券的发展历史，决定了民族证券特色的企业文化。企业文化发力是一种过程，需要从领导做起，以点带面。渗透于企业经营管理流程，服务于企业的经营管理，是企业的正能量。企业文化还要注重国际化视野。今天，在经济全球化的大背景下，创新并具有鲜明个性的企业文化，不仅能够为我们在国际市场竞争中占得先机，也是我们塑造“百年品牌”不可或缺的重要组成部分。

这些年来，民族证券先后荣获首届国家理财规划师年会“中国理财行业突出贡献奖”、第九届“中国财经风云榜”的“最佳创新业务券商”、第六届中国证券市场年会“金钥匙奖”、中国资本市场季度高级研讨会十周年“开拓奖”等殊荣，公司“民富齐实”系列产品获“2011 年度最佳经纪业务服务品牌”等称号；投行业务多次实现行业首创，公司承做的“08 钒钛债”项目成为国内证券市场首单无银行担保公司债券，“09 亿城债”成为首单在深交所综合协议交易平台上市交易的公司债券，2013 年完成了首单在交易所挂牌发行的证券公司次级债券；投行团队获得浙江省人民政府授予的“浙江省 2011 年度优秀 IPO 保荐团队”称号。公司被授予“2012 年度证券公司投资者教育与服务优秀单位”，2013 年，又有多个集体和个人荣获包括“全国工人先锋号”、“全国金融五一劳动奖章”等在内的省部级称号，使公司系统荣获省部级、全国级“五一劳动奖状、奖章”等先进集体、个人达到 130 余个。他们是中国民族证券企业文化的实践者，也为中国民族证券创造了宝贵的精神财富。企业文化已转化为民族证券人攻坚克难、开拓创新的强大动力，有力地支撑了公司长远发展战略的贯彻落实。

有机相融，以文化创新推动思想政治工作

赵大建董事长始终认为搞企业，党的领导和思想政治工作是一大优势，而企业家必须善于用好这一优势资源，把思想政治工作与企业文化有机结合。他要求公司党委加强领导班子和干部队伍建设，坚持围绕中心工作任务，采用务实的工作方法，将党建、思想政治工作与日常经营管理相结合，达到党建工作"引导发展、融入中心、进入管理"的效果，全面推进"诚信、和谐、进取、规范"的民族证券和谐企业文化建设，充分发挥党组织"推动发展、服务群众、凝聚人心、促进和谐"的作用。

在改革开放35周年中外企业文化2013上海峰会上，大会专门邀请赵大建董事长就企业文化如何发力做了专题交流，他向500多名与会代表和专家学者介绍了民族证券成立以来，通过加强"诚信、和谐、进取、规范"的企业文化建设，逐步构成了民族证券的内在价值和软实力，走向了以文化凝聚人心、塑造形象、推动发展的新的转型发展阶段的有关情况。如：通过开展党的群众路线教育实践活动，征求员工的意见和建议，对公司的愿景、使命和价值观进行了梳理和提升。引导员工的观念和行为的尽快转变，把公司的发展目标和员工的职业理想紧紧结合起来，推动公司领导力、执行力、学习力的提高，打造一支高素质的专业人才队伍，以不断提升企业的创新力为突破点，最终实现民族证券核心竞争力的提升。通过精心设计和开展"当先锋、走前列，做民族证券发展主力军"的主题活动、"我与公司共成长"演讲比赛、创新征文、"进取，不竭的动力"的井冈山研修班、优秀员工中国浦东干部学院、厦门国家会计学院培训班等活动，为公司持续发展凝心、铸魂、聚神。多年来，他还始终倡导和坚持建设和谐民族证券大家庭的理念，发扬"一方有难八方支援"的中华民族的优良传统，先后以公司捐款、员工捐款、党员缴纳特殊党费等形式为南方雪灾、汶川大地震、青海玉树地震等捐款达329万余元。基层党支部组织以"党旗凝聚力量，民族播撒爱心"为主题的太阳村奉献爱心活动，乐山党总支将满满一卡车物资赴地震重灾区安县进行爱心传递，哈尔滨证券营业部全体党员和员工在隔壁"ABC外国语学校"发生火灾时，不仅保证了营业部客户、员工人身和财产安全未受损失，还发扬大无畏精神，不顾个人安危，冒着滚滚浓烟积极参与营救ABC外国语学校近200名学龄前儿童，体现着"人间大爱"的社会责任。同时，对公司内部员工遇到突发的重大疾病和家庭困难时，也是积极履行社会责任，不是简单的把问题推向社会。公司一位员工的女儿因早产生命垂危之际，公司工会发起捐款，及时挽救了孩子的生命；公司信息技术部一名员工由于跌入地铁造成脾破裂，导致肾透析和换肾手术，公司并未与劳动合同到期员工解除合同，而是与他续签了劳动合同，同时发动全公司同事为他捐款三十多万元帮助解决换肾手术昂贵的医疗费用，同事们还写出热情洋溢的信鼓励员工战胜病魔，重返工作岗位。正是有了赵大建董事长倡导的企业文化和人文关怀，公司才有了今天的发展力、创造力、凝聚力。

赵大建董事长在企业管理中经常喜欢引用日本著名企业家稻盛和夫的一句话"经营企业就是经营人才"，结合证券业和民族证券发展的实际，他将从夯实基础、构建文化、打好品牌、提升形象等四个方面入手，进一步弘扬企业文化建设，为民族梦的实现提供不竭的动力源泉。

创新铸就领先的综合金融服务

——访中国平安保险（集团）股份有限公司总经理任汇川先生

记者：今年是平安集团成立25周年，首先请您谈谈平安保险集团25年历程最重要的成果是什么。

任汇川：在平安集团诞生25周年之际谈平安，对我们这些一路打拼的人来说，真是感到豪情满怀呀。平安作为中国第一家股份制保险企业，于1988年5月27日诞生于深圳，当初13个人，一台打印机，一台复印机，一台传真机，一部电话机连着5条电话线。如今已发展成为集保险、银行、投资等金融业务为一体的整合、紧密、多元的综合金融服务集团。平安以3000万元人民币加3000万元港币注册资金起家，当年完成1144笔业务，收入保费596万元。而到2012年年底，上市公司中国平安的总资产已达人民币28442.66亿元，全年实现净利润267.5亿元。25年来，平安确实有了天翻地覆的变化。

平安的成长壮大有着非常强烈的时代原因，可以说，如果没有中国改革开放蓬勃发展的时期，便不可能有这样一个奇迹。顺应了时代发展，这是外因。内因是平安本身，平安的血液里流淌着改革创新的DNA，应当说，过去的辉煌靠的就是创新。所以在总结25年时马明哲董事长特别强调说，其实我们是坚持了一句话，完成了几件事情。一句话叫做在创新中求生存，在改革中求发展，我们要成为改革的产物，而不能成为改革的对象。我们要持续主动地去改革，所以25年来坚持了一连串的创新。25年后，大家对平安的要求可能更高一些，我依然希望未来社会能够给平安一个包容的态度。

平安的成功，还因为有一个最好的团队。我是1992年加入平安的，那时平安员工平均年龄只有28岁，是一个朝气蓬勃的团队。现在，平安团队的平均年龄30岁左右，依然是一个很年轻的团队，我们的理念是，带好这支队伍也是企业社会责任的重要体现。2012年年底，我们有将近20万正式员工及超过50万的代理人，这些年轻人到了公司后不靠关系，不靠背景，而单靠业绩说话。我们实行"赛马制"，创造了一个简单、透明、公开、公正的环境。他们在平安这个体系里工作，技能可以得到训练和成长，意识观念得到正确的引导，最终人生的价值在这里得到全面实现。我们倡导的理念是感情暖人、待遇留人、事业励人。

记者：您谈到平安的血液里流淌着改革创新的DNA，请您进一步谈谈平安的创新表现在哪些方面，尤其是制度化、规范化方面的创新。

任汇川：平安的创新，首先是从无到有。我们书写了中国金融史和保险史很多的第一。马明哲董事长一直特别强调说，我们做企业的应该留下个平台。如果我们靠一个产品取胜，即便这个产品特别受欢迎，可能领先一两年时间，如果靠一个团队取胜，则可能持续三到五年，而如果创造一个平台、一个机制，那么便可以基业长青。平安选择的就是制度和机制的创新模式。

从机制体制上来讲，我们是第一家有外资股东的，也是国内第一个大量地、高比例引入外脑的金融机构。经反复论证，我们整体引进外资的股份、体制机制以及海外的管理团队，加上上海和香港两地上市，形成了一个完整的法人治理结构，使平安较早地就拥有了规范化的机制。

我们还创新了一个非常有效的纠错机制。比如当年投连风波，因宣传上有些误导，很多客户投诉，面对这种情况，我们投入所有的销售人力去做客户大回访，在第一时间纠错。当时真是百万人逐个回访，集团公司的所有副总、寿险公司的班子成员全部带队回访。我记得很清楚，我当时负责黑龙江地区，就到哈尔滨登门回访客户。这样做可以引导平安的员工纠错的意识与方法。对客户该解释的解释，该补偿的补偿。有了这些纠错经历，平安更加成熟了。

记者：平安是第一个推出电话营销渠道的公司，并对提升车险管理水平进行了有益的尝试，请您谈谈平安在商业模式、管理模式、产品研发方面是如何进行创新的。

任汇川：电话营销保险在平安的确是先行一步的。我2007年年初接任平安产险的董事长兼CEO。那个时候，我们市场排名大概是第三，100多亿元的保费，到2010年年底2011年初我离任的时候，已经增长到了600亿元保费，市场排名为第二。这里边我们渠道的创新实际贡献是很大的，特别是电话销售的渠道，我们的数据科技公司在独立运作整个系统管理、名单管理。渠道创新其实就是端到端，从保险公司直接到了个人客户手上。以前车险需经过好多渠道，车险保单被黄牛倒来倒去，以从中赚手续费。电话直销模式比传统产品便宜15%，可以最大地让利于客户，并且质量高，客户信息真实。这一个产品最初很多人并不认可，说中国老百姓喜欢看到保险公司的门店、柜台。我们坚决地推行，人们渐渐地接受，后来这项业务增长非常迅速。

我们再看一下商业模式的创新。针对投保容易理赔难现象，我们做了一个广泛的客户调研，分析客户对保险最大的不满在哪里，发现客户关心的首先不是赔多赔少，而是理赔速度响应时效。所以我们就把这个作为服务改善的第一重点，推出了平安车险万元以下三天赔付，后来进而变成一天赔付。现在，我们又把这种服务创新推广到了寿险。今年推出的口号是从发生案件打电话给95511到得到赔款，万元以下一天赔付。现在车险案件后台处理时间大概只要18个小时，寿险只要12个小时。所以，看似一个简单的改进服务，就带来了商业模式创新。

后援中心的创新更加可圈可点。我们讲提高服务，关键是客户服务效率的改进，如果没有强大的后援中心是完全做不到的。后援中心集中了操作、录入、核保、信用卡制作、客户咨询电话等所有程序。我们现在有21个子公司，整个平安就是一个电话号码。我们实行的也就是一种内部外包。

我再举一个例子，平安小额消费贷款保险也是国内最早的，推出已经有8年的时间，最近这几年增长率都在100%，每年翻番，这个产品还获过奖。很多客户因为资信不足，可能拿不到银行贷款，我们推出保险业务，帮助客户能够迅速获得小额无抵押贷款。现在深圳地区放款只需一天，外地不超过三天，金额一般是在30万元以下。我们平均贷款额度以前是4.8万元左右，期限半年、一年、两年、三年都可以。它主要支持两个群体，一类是个人消费信用，第二类是中小企业、小微企业，我们叫自雇人士。现在这项业务服务对象累计已经超过百万客户，发放贷款300多亿元。

记者：请您谈谈平安如何发挥保险、银行和投资三大领域的整体优势与协同效应，如何达到全方位一站式服务的？

任汇川：我们是在市场化背景下成长起来的一个金融服务集团，过去的辉煌靠的是创新，未来的成功更是要靠创新。展望未来，我们提出一个更加清晰的平安集团战略。我们希望能够做中国的个人金融消费综合服务集团。当然，对公业务依然是我们的重点。之所以这样提，一是因为我们长于此道。让有金融需求的个人和小企业去敲不同的门，得到保险、产险、财产险、人寿保险、养老金、银行贷款、存款、信用卡等各种金融服务，这对客户来说是非常困难的，而我们完全可以一站式地去满足客户这些需求。二是中国是一个消费大国、人口大国。新一届领导提出来收入倍增，那么金融消费也会倍增甚至更多。

中国的银行业利差比较高，如果能够建成一个资金的葛洲坝使落差缩小，就可以把更多的资金通过金融的专业服务，顺畅地引导到实体经济里边去，这是金融从业者应该承担的社会责任，但又不能靠传统银行的网点优势，所以就要有创新。坚持一个客户一个账户多个产品的一站式服务，要把它做透，虽然我们已经做了七八年，但还是在起步阶段。我们内部的协同要更好，包括后援中心的建设、内部交叉销售、客户互相推荐、前台与中台实现无缝的一站式衔接等。当然，我们也充分考虑了各项业务之间防火墙的设置。

现在平安总资产超过3万亿元，其中保险资产超过1万亿元，我们与很多地方政府有深入的合作。这些合作是双向的，除了传统银保业务外，我们会把资金投过去，我们在云南投资超过50亿元。我们看好中国的银行业，买了不少国内银行股做保险投资。对于某些重点地区重点行业也是有考虑的。比如说像深圳前海的前景，是外向型开放度很高的特区中的特区，我们都进行了部署安排。现在一方面把我们的子公司设在前海，同时也参与到前海的一些业务里边去，比如人民币跨境业务的创新。

记者：未来金融业的经营环境会发生很大变化，比如科技对金融业就带来巨大的影响，面对这些变化，平安会有怎样的选择？

任汇川：科技创新的确带来巨大影响，平安银行只有400多个网点，我们怎么样做到如此广泛的服务，所以就要靠科技。现在平安集团通行的一个热词是“客户体验”，过去关注怎样把产品卖给客户，现在关注的是客户的满意度，只要客户满意，便会认可你的品牌、你的产品。我们现在的这些客户特别是80后、90后喜欢用电脑、网络、手机、ipad，他们的行为习惯更多从被动式变成主动式：我去对比，我要看看，问问朋友，查查百度，浏览一下排行榜。所以我们的产品服务创新要紧紧地关注客户的变化。

科技引领金融我们的步子很大，过去几年我们一直在做一个寿险的移动转移终端MIT，寿险业务员拿着移动转移终端能够一条龙地展示平安各个金融产品，简单实现在线互动。客户在一端电脑上告诉业务员一些数据，如年龄、身份、收入，马上可以得到询价与产品建议。如果客户愿意，还可以实现在线投保和生成电子保单。保险及各类金融机构的产品最适合做电子商务。

现在提供服务方案的概念大大拓宽了，过去我们只是单一品牌，现在打鱼和买鱼相结合。客户在平安得到的金融服务是很丰富的，将来还会更加丰富。比如我们已经做的开放性平台就是平安信托，聚集了有2.8万名的优质客户，他们平均在平安管理的资产都超过500万元人民币。我们投资了很受欢迎的、回报率较高的各种PE，但是这些并不足以满足客户的需要，别的市场好的产品，不同久期、不同风险、不同价格以及一些固定收益的风险低的产品，我们也会介绍给平安的客户。这个开放式的服务根本动因也是围绕客户需求，而不是围绕自己产品推销。采购别人的产品我们赚取管理费就可以，这也是商业模式的改变。我们现在有一个应用网站在苹果上可以下载叫24钱，表示24小时都在帮你生钱。总之，这样开放式平台极大地满足了客户的需求。

再比如说平安的一账通，它可以把客户在平安购买的所有产品通过清单进行一个集合，生成一张平安个人资产负债表，对个人资产分布一目了然。如果客户愿意，可以将其他银行的产品也链接进来，生成一张全部的个人资产负债表。这都是我们对个人金融的创新。

我们正在做一个叫做远程一体机MIT，它的功能很多，可以当场制作银行卡。在机器上读取身份证，自动经征信鉴定、身份鉴定无误后，便可给你现场制作一张信用卡，监管机构对这项新的服务很鼓励。此项服务可以布点很广，比如在地铁站，这样客户补卡、转账就轻而易举了。

记者：那么在这样的背景下，平安银行如何接续深发展的特色优势以及特色业务的？

任汇川：平安保险集团现在把深发展收购过来，控股改名叫平安银行，简单说，我们可能是前五年保险帮银行，今后希望银行能够反哺保险，帮助平安集团。老实说现在平行银行比较弱，它的排名在12家全国股份制商业银行中比较靠后。我们希望一是用5－8年时间把它的零售业务做上去，我们的目标是中小企业做大，零售和对公各占一半。将来零售会超过对公。二是我们拥有一个新的银行管理团队，他们具备丰富的银行管理经验，尤其擅长为中小企业服务。平安集团的客户群基础更多的是个人客户和中小企业，我们希望把这些客户迁徙变为银行的客户，我们要把中小企业做精。三是通过先进的互联网科技手段以及全面创新，背靠平安可以快速提升其客户群基础。四是关注极具发展潜力的新兴产业，关注一些重点区域。相信平安银行会在不远的将来重返强手中间。

平安银行关注未来中国最有增长潜力的几大板块，以此为结构性重点，比如消费、旅游、环保等。平安银行内部建立起几个事业部，形成更灵活的机制，吸收了很多其他银行成功的经验，产品创新更贴近客户需求。

前面谈到中国的高净值客户数量在迅猛发展，现在超过80万人了，已经超过1000万亿元可投资产。平安其实两个主体、两个子公司在负责这些人群，一个是我刚才讲的平安信托，我们累计的客户已经超过3万人了。第二就是平安银行，我们刚刚从广发行引进了一位高管负责私人银行。平安银行目前没有把这些客户集中化，都是分散在各个支行，目前还不算是一个真正意义上的私人银行，但是这方面平安的后发优势明显，平安7000万寿险个人客户里边，有很多高净值客户，在平安超过1000万的车险客户里面，也有一批高净值客户。

当然，我们会给平安银行补充资本金，之前其资本金一直不足，曾几何时，深发展规模超过广发行和招行，现在已形成不小的差距。应当说，平安银行起点很高，但实际上错过了一个历史的周期。现在我们就得借助平安保险再带动平安银行了。总之，我们希望能够通过这样客户群的基础，品牌的基础，还有就是IT系统，再加上很大的资源投入，资本金的补充，所有这些，一定会使平安银行早日强起来。

记者：相比前25年，未来平安发展的目标是什么，路线图怎么走？如何能够保持基业长青？

任汇川：我们非常关注平安的健康和可持续发展，我觉得中国金融业的发展给各类金融机构都提供了一个非常好的机会。蛋糕很大，而且蛋糕在继续做大。我们希望五年左右，平安保险和非保险利润贡献平分秋色，八年到十年左右，达到保险、银行和投资三分天下的均衡状态，更重要的是，希望我们的客户群的基础数量增加，客户在平安买的产品增加，对平安的满意度增加。

我认为未来的25年，可能又是传统金融业和科技金融与互联网行业的一场角逐和比赛了。现在大家用微博、微信，离不开手机，导航、搜索、买书、购物、天气、机票什么都离不开它。平安的口号是"专业让生活更简单"。通过金融服务的更加专业的科技服务，让大家觉得金融很方便，很简单，也很透明。

平安一直希望能够达到持续均衡的目标，就是客户、员工、股东、社会的责任比较均衡。这几个方面早已渗透到了日常运营管理的所有细节当中，比如我们讲低碳，在平安就绝不是一句空话。只我们推行的电子化保单、电子化批单、电子化信用卡账单这几项加在一起，一年就可省800多吨纸，希望小学我们超过一百所。拿出一部分企业盈利用创新来减少污染减低成本，让利于民，我觉得这还只是一个狭义的社会责任。更重要的是企业应当管理好自己，向社会、向员工和客户能传递正能量，我们社会会变成一个小政府，大社会。构成主体主要是企业，因此企业就应完成对人的教育、改变，形成正确的思想观念、意识形态、是非观念等，再通过他们去向社会传递正能量。

（作者：《中国金融》记者孙芙蓉）

引领民族商业发展的时代先锋

——记长春欧亚集团股份有限公司董事长、党委书记曹和平先生

曹和平，男，汉族，1956年1月出生，1976年12月入党，长春欧亚集团股份有限公司董事长、党委书记。1995年被评为全国劳动模范，2001年被评为全国优秀党务工作者，2011年被评为吉林省优秀党务工作者。

1984年，曹和平被任命为长春市第四百货商店（长春欧亚集团股份有限公司前身）总经理、党总支书记。在曹和平的带领下，欧亚集团经过多年努力，从年利润只有22万元的国营小商业企业，成长为年销售收入200亿元，在全国重点大型零售企业销售排名中列第4位的集多种商业业态为一体的大型股份制企业集团，创造了购物中心、超级MALL、连锁超市、会展中心等多种业态和多种经营功能并存的现代经营模式。

三星战略绘就发展蓝图

20世纪80年代中期，走上企业领导岗位的曹和平，前瞻性地提出企业发展"三星战略"：以繁华商业区为中心，以区域商业中心为两翼布局，站稳长春市场的"小三星"；以长春为腹地，进军国内市场，实施南进北拓，辐射全国的"中三星"；以国内为根基，以东欧、东南亚为两翼，实施走出国门，渗透经营的"大三星"。

实现"小三星"战略，欧亚集团经历了"三级跳"。第一跳：同业并购，兼并一家具有一定规模，位于繁华商业区的亏损商店，延长了主业半径；第二跳：跨行业并购，兼并长春橡胶八厂、长春电影机械厂等40余家企业，开启吉林省跨行业兼并先河，扩大了企业规模；第三跳：加速扩张，组建商业综合体欧亚卖场，实现了公司由传统业态向现代业态的跨越。"三级跳"，使欧亚集团在长春地区内完成了科学布局，扎根牢固，赢得了良好的本地发展局面和前景。

思考企业在长春本地发展的时候，曹和平同集团领导班子成员开展了深入的市场调研，研究分析本地市场特点和消费者需求，借鉴外地大商业企业的发展经验，寻找出适合长春地域实际的发展道路。他提出了"精、大、多"作为企业本地发展的目标。

集团所属分公司欧亚商都已经实现做"精"，汇集国际国内知名品牌商品，着力打造精品时尚商场，连续3年位居全国大型零售企业单店销售第一。

欧亚卖场的选址展现了曹和平作为企业家的过人眼光。

13 年前，曹和平选择了长春市西部一处城乡结合部开辟企业未来发展的重要“战场”，成立了欧亚卖场。筹建之初，这个公交车尚未到达的偏僻地点，受到了许多员工的质疑。随着城市不断扩建，百姓购物需求的增长，今天，做“大”的欧亚卖场已经成为建筑面积达 60 万平方米的世界单体面积最大的超级商业摩尔，年销售收入超过 50 亿元。老员工们都深深地佩服曹和平当初为企业发展做出的这一重要决定。

欧亚车百的“多”，是曹和平根据市场需要推动经营转型的重大创新。曹和平敏锐地抓住进入新世纪以来连锁经营的最佳时机，把欧亚车百的发展方向定位在中型连锁超市上，使这个老企业焕发了新的生机和活力。经过转型调整，5 年间，欧亚车百形成了覆盖长春市，地跨吉林省 7 市地，共计 30 余家连锁超市的企业规模。

在本地“小三星”战略实现的同时，“中三星”布局也取得进展。通过实施跨地区、跨省际规模发展，欧亚集团已形成 7 省 16 市 52 家门店的企业规模。“大三星”布局也已拉开帷幕。

资本运营打造现代企业

商业企业的特点，使得一些经营者习惯于使用短频快的经营方式，对现代企业制度关注运用不够。而曹和平却以其敏锐独到的战略思维，站在了资本运营的潮头。

早在 1989 年，上海、深圳股票交易所成立之初，曹和平就看到了股份制的巨大力量，着手研究通过股票市场筹集资金，实现企业的超常规发展。1992 年 3 月，企业以定向募集方式成立了股份有限公司。1993 年，公司股票在上海证券交易所挂牌上市，成为长春市第一家规范上市的股份制企业。1994 年，公司以首发募集资金方式建设的欧亚商都建成营业。2009 年，欧亚商都荣获全国商业“冠军之星大奖”、“冠军大奖”、“营销大奖”，成为全国商业企业中囊括三项大奖的唯一企业。在资本运营的支撑下，2011 年，曹和平提出将欧亚商都打造成汇集众多国际知名品牌的超高端、多功能、国际化的现代购物中心，成为全国最具竞争实力的商业品牌，确定了“三年打造全国现代百货样板店”的发展目标。

曹和平发力的资本运营，使欧亚集团快速完成了产业升级，走上了资本扩展型企业发展道路。目前，欧亚集团是中国上市公司中唯一一家分红大于融资的商业企业，是证监会认可的沪深两市 50 多家商业类上市企业中持续增长能力最强的公司。

以人为本推进员工创富

欧亚集团在兼并其他企业过程中，被兼并企业中的大部分员工被接收，逐渐成为欧亚集团的业务骨干。一位被欧亚兼并企业的员工说：“当年欧亚兼并我们商场的时候，大家都以为被兼并就意味着下岗，意味着回家。可没想到我们被欧亚接收了。曹总提出发展增岗、发展增效，让我们有了新的工作岗位，也增加了收入。”

欧亚集团在编职工，从当初的不足 200 人，增加到今天的 4600 多人，创造了企业发展中员工只有上岗、没有下岗的奇迹。多年来，欧亚集团直接安置“4050”人员 1200 余名，间接带动就业人员数万人，对长春市就业市场给予了重要支撑。

“我要带领全体欧亚人创富！”曹和平主张企业的发展为了员工，企业的发展依靠员工，企业的发展成果与员工共享，让员工有财产性的收入。他的“培养 100 个千万富翁、1000 个百万富翁”的“百千万工程”，激励和鼓舞着员工们的士气，“欧亚人”正在向这一目标大步前进。2007 年 1 月，胡锦涛总书记来到欧亚集团视察，对曹和平的“全民创业、全民致富”的发展理念和欧亚集团的发展实绩，给予了高度肯定。

“共产党员要做一盏灯，照亮周边人；要做一面旗，引领周边人；要做一个火车头，带动周边人。”这是曹和平同党员交流时常说的话。他坚持国有企业的政治方向，把抓党建作为实现企业跨越发展的根本保证，党员责任区、党员联系点、党员先锋岗、党员服务队遍布各个门店，广大党员成为企业发展建设的中坚。现在的欧亚集团员工作为“欧亚人”的自豪感非常强烈，这源于曹和平同领导班子坚持的科学决策，源于党建促进了企业的科学发展，源于企业发展壮大带给了员工看得见的实惠。

访方正证券股份有限公司董事长雷杰先生

雷杰，1970 年 4 月生，注册会计师，北京大学光华管理学院 EMBA。现任方正证券股份有限公司董事长、执行委员会主任，兼任瑞信方正证券有限责任公司董事长、方正富邦基金管理有限公司董事长、方正期货有限公司董事长。

记者：券商创新是近年来的热点话题，对此您如何看待？

雷杰：第一，创新对证券行业来说是历史发展的必然，现在媒体反复提到的就是证券行业和其他行业，尤其是银行业、信托业发展的一个差距，比如现在银行业的总资产接近 120 万亿元，而证券行业的总资产也就是两三万亿元的水平。经过二十年的发展，应该说银行业远远的把证券业甩在了后面，所以这种行业差距也迫使证券行业要思考、要转型、要创新。第二，不管是作为证券从业人员，还是作为整个证券行业来说，也都思考着证券行业能够为国民经济的发展、为实体经济的转型提供什么样更好的服务？我们原来的那些业务中可能有些业务对于给实体经济服务还有些距离，所以这也需要我们进一步的创新、转型，以便能够为中国经济的发展提供全方位的金融服务。

原来的券商是固守在通道业务方面的，我们讲的通道业务，比如说股票的经纪业务，投资银行的保荐业务，这些业务都是属于不占用资本金的，不与客户提供交易服务、提供投融资服务的一种中介业务，这些业务应该说也是证券公司区别于其他金融机构的一个特征。像银行、信托无法代理客户从事股票的买卖，它也不能去做保荐业务。除通道业务以外，证券公司在创新方面正在大力发展的业务，比如说资产管理业务的创新，有很多融资性的资产管理就真正嫁接起了投资者和融资者之间的桥梁，通过发行产品的方式来为实体经济的发展募集资金，我想这个创新也是真正能够使我们更好地为实体经济的发展服务。此外，我们还进行了很多的类贷款业务，比如现在已经在开展的融资融券业务，是可以向客户进行放款的；我们已经开展的约定式购回业务，是可以向大小非客户提供股票过户的融资服务的；还有马上要开展的质押式回购业务，也是可以向大小非客户提供融资服务的。这些业务是我们的创新，也将为客户提供全方位的金融服务，而类贷款业务，将来也是证券公司业务发展的一个重要的收入和利润来源。

记者：去年和今年的券商创新大会您都参加了，您觉得有什么变化？

雷杰：去年和今年的两次创新大会我都现场参加了，去年的创新大会是在奥运村的国家会议中心举行的，档次很高，规模很大，热情也很高。去年的会议上，在这个行业经过十年的压抑后，突然描绘了一个非常绚烂的前景的情况下，大家都豪情万丈，激情澎湃，这个是非常正常的。

但就作为我来讲，在激情过后我也有切身的体会，我们在实际业务发展过程中，能力是跟不上的，我在内部和在证监会开会的时候都公开表达过这个观点，现在监管部门给予我们的空间是足够大的，但问题不是在监管方面放开与不放开的问题，而是说我们的能力能不能跟上，我们的人才能不能跟上，我们的资源能不能跟上，我们的风险控制能力能不能跟上的问题。从我过去一年的感觉来看，各个证券公司都面临着人才的短缺，面临着新业务如何开展方面的困惑，面临着在风控能力方面明显感觉力不从心的一些问题。这不仅是方正证券的困惑。

我们最近也是频频想招人，举例来说，我们想招一个具有全方位能力的风控主管，但是见了很多人，都不能让我们满意。为什么呢？证券公司原来它的风险管理主要是在市场风险和操作风险，比如说在二级市场投资股票，那我们要控制好这个投资的风险，什么时候减仓，什么时候加仓，什么时候要预警，这是市场风险的防范，证券公司有这方面的人才的，这个没问题，搞了二十多年这一行了，。但现在我们要做类贷款业务，我们要做类信托业务，这里面涉及的风险主要是信用风险，你要放款给一个客户、你要发一个产品去替客户融资，那对客户的这种信用和它的资产实力的考察是风险控制的核心问题。但证券公司原来是没有从事过这些业务的，所以在证券公司内部过去是没有从事信用风险管理的人才的，这个人你只能从信托公司、从商业银行去招，但招来之后就发现，他对于证券行业是不了解的，我们要找一个能够搭建起证券公司全方位的风险管理的框架和结构的人，在目前市场上是找不到的，有些人可能他擅长于信用风险管控，有些人擅长于市场风险管控，但是有没有一个人对两方面了解的都非常透彻？因为我们想找一个两方面了解都非常透彻的人，由他来搭建我们整个风控框架，而不是说具体的操作，操作的时候你可以分开，具体人员具体管理。我们现在需要的是一个全方位的风险管理体系的搭建，那就需要一个对于风险的认识具有非常丰富经验的人，现在来看我们确实是找不到这种人，所以只能是逐步摸索，自己培养。

这就回过头来说，这两次创新大会我觉得定调都是非常准确的，去年是激发大家的热情，今年要让大家重视风险，在创新的同时要重视风险，我觉得是非常对的。如果说一味的创新、盲目的创新，在我们的能力没有跟上的时候，在我们的人才没有到位的时候，就去做了很多业务，可能它的风险是巨大的。有些业务它的风险，包括我干这一行二十年了，我自己也判断不准，原来没有做过，这原来都不是证券公司的业务，新业务非常多，原来的老的一批从业人员对这些问题也存在着一个重新认识和掌握的过程，所以不敢去贸然开展，一定要把这个风险控制放在首位的，宁可不干也不能出事儿，所以从我的理解来讲，应该说创新的步伐没有停止，证监会也是非常鼓励创新的，但是作为监管者和我们作为一个管理者，都感觉到我们目前的能力建设是需要一定时间的，不能操之过急，步伐不能迈得太快。

记者：方正证券金控式布局的考量是什么？未来的重点或者说战略结构是怎样的？

雷杰：这个因素是多方面的，首先，方正证券上市之后，我们是希望进行综合经营方面的一些尝试，所以你看到的就是我们上市之后，出资 15 亿元入股了盛京银行，成为了盛京银行的第三大股东，在去年年底我们公告了准备出资 28 亿元收购方正集团所持有的方正东亚信托 70% 的股权，在今年 4 月份，我们公告了准备出资 3.6 亿元收购北京中期 60% 的股权。这些收购的举措有些是跨行业的，比如说我们对于信托和对银行的收购都是已经跨行业的，我们是希望按照十二五规划的要求能够让方正证券成为一个综合经营的试点，不是单纯的或者是非常有限的从事原来传统的证券业务，而是使我们能够为客户提供更广泛的金融服务，提供大资产管理业务的服务，所以我们首先确定了我们是希望能够成为一个综合经营的金融机构。

在综合金融方面的战略也使我们获得了丰厚的回报。比如对盛京银行的投资，我们投了 15 亿元，去年盛京银行给我们带来了 2.8 亿元的投资收益，在今年一季度，这个收益相较于去年来讲也是非常高的，目前整个证券行业的 ROE 水平不到 5%，商业银行的 ROE 水平大大高于证券行业，我们对盛京银行这笔投资现在初步测算 ROE 水平在今年会达到 20% 以上，所以这笔投资不仅是我们进行综合经营的探索，也会大幅提升我们的股东回报水平。再举例子就是我们对信托的收购，目前正处于监管审批过程之中，方正东亚信托去年利润是 4 亿元，今年有可能达到 6 亿元，我们对它的资产总估值是 40 亿元，收购其 70% 是 28 亿元，这笔投资的净资产回报率也会达到 15% 以上，所以如果单纯从经营业绩来看，我们综合经营已经给我们带来了初步的财务回报，而且这个财务回报成绩是非常显著的。今年如果我们信托的收购能够完成，并且能够并表的话，全年来看可能会占到我们整个收益的 40% - 50%。

所以综合经营一方面是给我们带来了比较丰厚的财务回报，同时下一步我们不仅仅是要求财务回报，还希望和我们投资的、控股的一些金融机构开展更深层次的业务方面的协同和合作。比如说盛京银行，我们希望在资产管理业务方面、客户开发方面、金融产品的销售方面能够和盛京银行进行深层次的战略方面的合作，目前双方正在进行深入的探讨，而且有些业务已经做起来了。比如说我们的方正东亚信托，信托公司在从事投融资业务方面相较于证券公司是先走了几年，而且经验也是非常丰富的。证券公司虽然具有资产管理业务的平台，我们有基金公司，基金公司还有它的子公司，有多个资产管理业务的平台，但是信托公司资管业务的平台与基金公司和我们证券公司的资管相比还是有非常重要的区别的。举一个例子来讲，信托公司受银监会监管，它是一个法定的贷款机构，而证券公司按照目前的监管规定，包括我们的基金公司和基金公司的子公司是不能进行贷款业务的，所以虽然说都是从事资产管理业务的，都是大资管概念范畴下的一个牌照，但是应该说我们的业务范围还是有区别的。所以我们是希望能够和我们未来准备投资和已经投资的企业之间建立深层次的战略方面的业务合作和协同关系，通过协同协作来进一步整合我们的资源，使我们的实力、能力能够更充分的发挥出来，来增强我们业务的回报。最重要的一点就是，我们确立了一个综合经营的战略，这个战略能够给我们带来近期的财务回报和长远的业务协同方面的回报。

此外，我们也在创新方面有很多的举措，我们在业务发展战略方面强调了我们要散户与机构并重，通道与非通道并重，要积极探索发展以销售交易为代表的资本中介业务。前两点散户与机构并重，通道与非通道并重这一点我就不做过多的解释了，就是说证券公司等金融机构就要朝着机构化的方向发展了，由原来的传统以散户为主的客户结构，转向更多的为机构服务。重点我想讲一下资本中介业务。什么是资本中介业务呢？原来我们讲的证券公司就是一个中介机构，这个中介机构是不运用资本的中介机构，那它运用什么呢？运用的就是它的牌照、特许经营权。那现在讲资本中介的时候，资本中介在英语里没这个词，这是咱们自己的一个发明，就是说我们要运用资本来做中介业务，不单纯是我们的特许权和我们的人才，还要运用资本。比如说销售交易就是典型的资本中介业务，我们的融资融券也是以资本来驱动的，是用钱的，约定购回、股票质押融资和我们未来要推出的 OTC 市场的做市商业务，我们为机构客户之间进行的销售交易业务，这些都是典型的资本中介业务，这些资本中介业务会真正的让证券公司的资本金能够发挥出作用来。原来如果单纯做非资本中介是不需要动用资本金的，所以资本的回报不高。如果在我们大力发展资本中介的情况下，我们不仅运用自己的资本，还去负债，还要运用客户的资金，这样加大杠杆的情况下，就能够大幅提升我们的资本回报水平。所以说我们在综合经营这个战略方针的指导下，我们确定了业务发展战略。我想这个战略不是空的，具体来讲，这些战略确确实实是给我们带来现实的财务回报的，比如说我们大力发展的融资融券业务，现在两融的余额接近 50 亿元，按照 8% 的回报，给我们带来的收入就是接近 4 亿元，它已经成为我们公司的一个重要的收入和利润来源，可能会占到我们整个收入的 15% －20% 了。

记者：方正证券将如何与其他类金控平台拉开差异化？是否还有新的收购计划？

雷杰：首先，我想我们不是为了混业而去综合经营的，我们要根据我们的业务发展的需要，根据我们业务之间内在的联系和协同的必要性来确定我们综合经营的发展路径。比如说我们投资商业银行，商业银行具有庞大的客户资产和客户基础，我们下一步在做的资管产品，在金融产品销售过程中，商业银行是能够给我们提供非常广泛的客户基础。未来考验一个金融机构的核心能力的就是它的产品销售能力，就是说给你一样东西，或者你自己开发一样东西，你能不能卖得掉，这是你的核心竞争力，而商业银行目前阶段它的客户基础或者资产存量会远远高于证券公司，所以我们希望对商业银行进行投资。比如说信托机构，它和我们的资管业务具有高度的互补性，所以我们去投资信托。下一步对于其他金融机构的投资我们也在探索，要看它跟我们的业务是不是具有很强的协同和互补性，例如保险，目前我们在考虑有没有这种内在的协同和联系，而不是说生拉硬拽，硬给它做到一起去，这样市场不会认可，投资者也不会同意，股东会也过不了。这是第一个考虑，就是要真正的考虑到业务的内在联系性，以此为出发点去探索综合经营。

第二，要考虑到对投资者的回报。我们对于其他行业的进入、收购、整合在短期内要带来财务回报的，是不能拉低我们整个 ROE 的水平的。比如说我们对盛京银行的投资，我们准备收购的信托公司，目前它的回报率都是远远高于证券行业的。这样的投资从当期来讲，是能够拉升方正证券的 ROE 水平，提升投资者回报的，所以对其他机构的投资我们也会秉承这个原则。总的来说，第一要考虑业务的协同性，第二要考虑它的财务回报水平，这样股东才能够同意，能够通得过。

未来对并购的考量应该说是两个方向的，一个就是我们刚才提到的综合经营的方向，这里面我们考虑了信托、商业银行，当然这都面临着监管方面的一些进一步的探讨和审批了，这是综合经营方面的。第二个就是在同行业内的并购，这是我们外延式发展的非常重要的一环。为什么要做并购呢？就整个行业来讲这也是我们目前正在探讨的，就是证券行业如何服务于实体经济，如何在金融体系更充分的发挥能力，要有行业的重要性。相对于银行来讲，这里开个玩笑，如果今天把银行关掉，我们整个社会会停摆，但如果把证券公司都关掉，对社会有什么大的影响吗？我觉得可能除了不能炒股票之外，大家可能没有什么其他太大的影响，并不影响你的日常生活，所以这就体现了整个证券行业的这种重要性相对于其他金融机构来说是没有那么重要的。作为方正证券来讲，我们也要解决我们在整个证券行业内的重要性问题，我们在证券行业内是不是一个非常重要的公司？要想成为一个在行业内具有影响的、非常重要的公司，非常重要的一点就是要做大你的规模，没有规模，即使是精品的、有特色的证券公司，也一定不是一家有重要性影响的证券公司，最多是一家有特色的证券公司。所以作为我们来说，方正证券已经是一家上市公司，我们已经有一百多个网点，有三百多亿元的总资产和一百五十亿元以上的净资产，我们是有希望成为，并且是有实力能够成为在业内具有重要影响的证券公司，依靠我们自己内涵式的发展是一方面，但这个可能需要常年的积累，在我们积累的过程中可能别人已经做了很多的并购整合远远超过我们了，所以在这个过程中我们一定要做好我们在行业内的这种并购，做好我们外延式的发展。

记者：您如何看待券商跨境业务？方正证券未来在跨区域的资本运作方面将有何规划？

雷杰：不论作为一家证券公司还是整个证券行业，要想更好地为实体经济服务，要想更好地为客户和投资者服务，就一定要发展它的跨境业务，从我们国家整个经济的走势来看，是在不断扩大我们对外开放的力度、广度、深度。下一步我们的人民币要自由兑换，我们的资本项目要进一步的开放，这意味着什么？意味着更多的企业要走出去，也有更多的国际机构会到中国来，企业走出去和外国企业走进来的过程是需要伴随着金融服务的。比如说我们现在服务的一个企业客户，它需要去境外并购，去境外发展，设立分支机构，在境外市场的时候，它同时也需要金融服务，它可能需要钱，可能需要理财，这个时候作为国内的证券公司是需要逐步的国际化的，因为中国的经济在国际化，人民币在国际化，中国的金融机构一定要跟上实体经济发展的步伐。

第二，随着资本项目的进一步开放和人民币可兑换程度的提高，居民的投资需求也是全球化的。它的资产配置一定不是只配人民币资产、只配境内资产的，应该说是全球哪一个地方的回报高，风险低，就往哪一个方向去，这个时候作为中国的证券公司来讲，你做不做这项业务呢？一定是要做的，所以国际化是一个大的趋势，跨境业务是我们必须要发展的一项业务，我们也是计划第一步在香港设立我们的分支机构，利用我们在国内的优势来发展香港业务，内地证券公司在香港或者在国外设置分支机构，它第一步一定不是立足于在本地做好业务，做本地客户的业务，那个市场是充分竞争的一个市场了，你去香港怎么竞争得过外资大行？竞争过香港本地的一些中小证券公司？你是无法同它们开展竞争的。所以一定是要利用我们在内地的客户资源，利用我们内地的优势来开展跨境业务的，比如说在内地我们有大量的企业客户、机构客户和个人客户，那这些客户他们有走出去的需求，有境外投资的需求，有境外开场经营的需求。这个时候我们在那边有一个网点就能够跟上客户的需求，能够贴近客户，为客户提供这种跨境的服务，因此走出去的第一步肯定还是要打我们中国牌，利用本土优势。当然，随着它的发展壮大，也可以考虑在本地市场展开竞争，这是下一步的事情了，但从目前的情况来看,内地的证券公司在香港设立机构主要做的业务还是依托于内地母公司庞大的客户群体和资金实力来开展业务,如果说单纯在香港市场本地化做大,目前来看还不太现实。

记者:处于高速发展期必然会带来资本开支较大的压力和负债率提升较快的挑战,这方面方正证券将如何应对?

雷杰:我们是2011年上市的,当时募集了接近60亿元的现金,目前我们的净资产在150亿元,净资本在100亿元左右,今年我们还计划发行50亿元的短期融资券,在目前这个阶段,方正证券的资金是能够跟上业务发展需要的,但是放到明年、后年来看,在我们类贷款业务快速发展、资产管理业务快速发展、自营业务进一步向交易型业务转型的情况下,方正证券和其他证券公司一样,都面临着如何迅速补充资金和资本的问题。今年很多上市证券公司都推出了再融资计划,也有很多发行了短期融资债,发行了公司债,同时还有十几家的证券公司在排队准备IPO,前几天银河证券也在香港发行H股上市,在国内排队可能觉得遥遥无期,所以转向了香港市场,而且发行得还比较成功。未来再融资和补充资本金对整个证券行业来讲是一个必然,要想做大这个行业,要想增强它在整个金融体系中的影响力,增强行业重要性,快速地补充资本金是必须的。

苗木"触网"是一种飞跃

——访东方园林股份有限公司高级副总裁郭朝晖先生

"苗木产品电子商务"已成为这两年苗木行业中最流行的话题。受到阿里巴巴、淘宝和亚马逊等一批电商平台的高速成长,以及"双十一"数以百亿元计成交额的诱惑,从上市企业、花木市场到各地苗木行政主管部门,纷纷投身于电商洪流。就这个现象,记者近日走访了东方园林股份有限公司高级副总裁、苗木版块总裁郭朝晖先生。他曾是亚马逊和盛大果壳电子商务平台的缔造者之一,是互联网和电子商务方面的专家。

"客户体验是电商的本质,也是电子交易的核心。"郭朝晖告诉记者,不能够为了触网而触网,苗木交易从线下到线上,是一种飞跃式的改变。如何让从业人员愿意改变传统的交易模式,接受电子交易,如何给买家和卖家提供一种良好的客户体验,才是苗木电子交易的真正切入点。

亚马逊在创立之初,就是解决了可以不去书店而能在网上买书的问题,由此才创造出今天的电子交易模式。东方苗联公司正是围绕着客户体验这样一个核心来打造苗联网的,第一步解决的是苗木种植者通过简单的操作,从苗联网上获得东方园林公司和其他园林工程公司的采购订单,然后通过线下交易卖出苗木;第二步解决的是符合标准的苗木产品,能够通过苗联网直接进行交易;第三步才是真正实现全部苗木产品的电子化交易。通过循序渐进的方法让客户体验到电子交易的快捷方便和低成本,从而接受电子交易的模式。

"做不到优质低价、一站购齐,没有强大的信息化系统,就不能称作真正意义上的电子商务,流量、客服和标准是建立一个电子商务平台面临的三座大山。"郭朝晖告诉记者。没有标准是苗木产品作为商品进入电子商务平台面临的最大难题。即便是拥有成熟的研发团队、从业20余年的行业背景、上市企业雄厚的资金支持,东方苗联公司面对苗木行业标准的问题时,依然用了两年时间用于调研和开发,才正式推出适应现阶段苗木交易特点的电子交易系统。

流量和客服则是考验一个团队运营能力的重要指标。从技术角度上说建立一个电子交易平台并不是很难,真正难点在于有众多的买苗人和卖苗人知道、信任并经常性地使用交易平台,同时交易平台能够提供非常友好的页面、便捷操作、真实信息以及全面的客户服务。东方苗联公司则是依托东方园林公司遍布全国的3万余亩苗木基地、每年几十亿元园林景观工程的苗木采购量、将近200人的采购销售团队和遍布全国的苗木供应商,来解决苗联网初始阶段流量和客服问题。

在很多企业还在考虑如何建立基于PC平台网站系统的时候,苗联网手机应用(APP)就已经悄然运行了。按郭朝晖的话说,这是苗联网在苗木行业中实现了"蛙跳",手机应用(APP)才是苗木电子交易的最佳解决方案。以智能手机为代表的移动客户端的出现,让苗木买卖双方无论在苗圃、工地还是出差途中,都能及时了解市场行情、销售或采购苗木。从及时性和方便性来看,手机应用(APP)远比基于PC平台的网站先进,便于用户接受,也更具发展前景。

"服务行业才是苗木交易平台安身立命的根本"。如果一个行业性的电子交易平台仅仅实现了苗木产品的线上展示交易,还远谈不上服务行业的宗旨,也没能发挥电子交易平台应有的真正作用。在郭朝晖对苗联网的整体构思中,全面服务苗木行业才是苗联网主要任务,用于苗木交易的"苗木通",用于苗圃生产销售库存管理的"苗木管家"都已实实在在地为苗木种植者服务了。用于苗木生产者与景观设计师直接沟通的"设计师交流网",近期将在移动客户端运行,"苗木配送网"、"苗木新品网"、"苗木金融网"也已经排上了东方苗联公司推广日程。由此可见,功能单一的电子交易平台,一定不会在未来竞争中占有主动地位。

郭朝晖副总裁坦言:"苗木与互联网的相遇,是我们这个行业发展的一个机遇,苗木的生产销售要迎合互联网时代的思维方式,跟上互联网发展脚步,否则我们将被一个时代远远地甩在后面。"

访高新兴科技集团股份有限公司董事长刘双广先生

近两年,在平安城市竞标中有一张熟悉的面孔频频拔得头筹,她就是"高新兴"。自2010年上市以来,高新兴从通信行业转型到安防行业,在平安城市这个细分领域开拓疆土,全力打造国内领先的平安城市建设运营商,走出了大安防时代细分行业的成功之路。高新兴为何在鼎盛时期实施转型?为何把目光唯独聚焦在"平安城市"上?又如何迅速打开市场,在竞争激烈的安防行业里迅速崛起,并独树一帜?带着种种疑问和对成功的好奇,记者采访了高新兴科技集团股份有限公司董事长刘双广先生,与读者一起探析高新兴的转型之路。

顺势而趋,聚焦平安城市求发展

高新兴科技集团股份有限公司成立于1997年,已于2010年在创业板成功上市。过去的十几年里,高新兴以动环监控为主营业务,与移动、电信、联通三大运营商合作,深耕通信监控领域。公司在国内率先研发了集动力环境监控、智能门禁系统、图像侦察监控、节能系统于一体的新一代通信基站/机房运维综合管理系统。2004年,高新兴已在中国移动基站动环监控领域市场占有率第一。

随着近几年安防行业的高速发展和通信行业发展态势的微妙变化,高新兴创始人刘双广董事长看到了安防行业存在良好机遇和广阔前景，于是 2010 年提出二次创业战略转型。至此，高新兴逐步开始探索属于自己的安防之路。目前，高新兴科技集团共有四大业务，分别是平安城市与智能交通、通信监控、移动物联和金融安防，其中平安城市是近年转型安防行业后最主要的业务，同时也是公司的重点项目。

当记者问及高新兴为什么会聚焦平安城市时，刘双广说："首先，高新兴进入安防行业的时间虽然不长，但是作为一个具十五年历史的动环监控品牌仍有它深厚的根基。平安城市项目与高新兴原动环监控业务相关性很大，都是集成类、安防类项目，高新兴在资质、人才、业务技能、产品准备上都有现成的优势。其次，平安城市项目与高新兴原有业务类型有相似性，客户单一，高新兴的直销模式能很快适应业务拓展。高新兴的老客户运营商在平安城市业务上有关联性，优良的客户资源能发挥作用。此外，平安城市项目需求的 BT 或 BOT 合作模式，很多厂家望而却步。因为这种模式的风险都将由提供商来承担，稍有不慎，别说盈利更有可能血本无归。但高新兴无论是在产品准备和技术服务方面，还是在资金方面，都是有绝对实力的，完全有能力把工程做好，达到预期盈利的目标。"

安防产业正在走向融合，高新兴"顺势而趋"，将通信领域的优势带到了安防行业。凭借视频监控与数据监控的多年积累，高新兴以牢固的运营商合作关系为纽带，以准确的客户需求为突破点，按照平安城市需求提供端到端的产品及解决方案。经过努力，高新兴在安防行业的拓展取得一定成果，近期连续斩获几千万元到上亿元不等的"平安城市"和智能交通领域的项目订单，这意味着公司的转型战略已初见成效。

"现阶段，公司紧紧围绕平安城市这一轮建设机遇，是有可能走出一条路来。我们要集中精力，整合资源，发挥自身优势，持续投入技术创新和进行行业产品整合，培育产品品质和系统解决方案核心竞争力，保持和发展通信监控国内领先地位，致力于成为平安城市系统解决方案国内最专业的领先提供商。"刘双广对"平安城市"这条路充满了信心，这段话也最终成为高新兴转型阶段指导性纲领。

高效快速转型，智领平安城市

"公司定位于物联网产业，同时选择大安防行业为我们的突破口，这些都是公司非常明确、毫不动摇的既定战略。我们要思考如何在安防行业打造高新兴特色安防之路，要走出这样一条路来，仍然离不开专业化、离不开聚焦。"凭着对行业趋势的准确把握，高新兴充分发挥自身特点及优势，立足平安城市。

针对性调整，适应转型需要

面对战略转型的二次创业期，高新兴上下积极响应，从组织架构、人才配备、宣传战略上都做相应的调整。2012 年 6 月高新兴成立一级部门动力与环境监控事业部（简称动环监控事业部）和平安城市与智能交通事业部（简称平安城市事业部）；原系统集成部和产品管理部的人员都调入平安城市事业部和动环监控事业部。至此，高新兴在业务上正式确立了通信监控和安防监控由集团两手抓，并形成与子公司的金融安防、移动物联、通信节能等业务相呼应的局面。

结合转型需要，高新兴人力资源部加大在安防行业的招聘，吸引了大批研发、市场、产品、技术支持、项目实施等职能的优秀人才加盟，迅速为平安城市与智能交通事业部建立起部门人员架构。目前，高新兴平安城市与智能交通事业部共有 300 多名员工，占全公司总人数近一半，其中大部分为安防业界的高端人才。

另外，高新兴积极开展以"平安城市"为核心的培训、交流及分享活动，提升员工整体认识。通过培训，那些以前在通信领域驰骋沙场的专业人才在安防领域也能游刃有余，为客户做到更加专业的服务。

整合优势，致力平安城市建设运营

据刘双广介绍，高新兴在平安城市建设上具有三大优势：

首先，技术优势：自主全系列产品，顾问级系统方案。高新兴具有强大的研发实力，拥有 350 多人的研发团队，研究领域涉及云计算、视频监控、物联网、智能分析技术和应用。高新兴与广东省、广州市企业技术中心和广州市工程中心，并且与中大、北邮、重邮、南邮、岭南等多所高等院校合作。高新兴在全国设有成都、上海、广州三个研发中心，现已拥有 166 项专利，分别为国家专利 87 项、发明专利 34 项、实用新型专利 45 项、计算机软件著作权 64 项。

刘双广说："我们研发的产品要围绕平安城市各应用场景的特点，满足业务需求、技术需求、工程需求、维护需求、管理需求等多方位多层次需求。要深入钻研平安城市建设现状及问题，创造性地整体规划从前端采集到后端处理直至上墙的全线核心产品。同时，在平台及应用上，要围绕平安城市的发展趋势去设计我们的软件，形成我们的竞争优势。"

高新兴依托端到端的技术积淀，自主研发感知、采集、网络、平台、应用全系列监控产品。在通信行业经大联网、大融合、大项目的历练后，高新兴将从行业专家的角度，以技术顾问的身份，为安防业带来最专业的顾问级系统解决方案。

其次，合作优势：领先商务模式，多方共赢。为了降低最终客户的利益风险，高新兴凭借良好的现金储备优势，合作模式逐渐转向 BT、BOT，全力打造最专业的平安城市系统解决方案。即与电信运营商、政府一起携手共同推进平安城市、智慧城市等重大项目，通过资源互补，多方利益最大化，以实现和客户的长期战略合作。

"基于平安城市 BT/BOT 这些特殊的合作模式，高新兴也相应转变商业模式。以往高新兴的商业模式大都以卖产品为主，交付完产品就算结束，现在平安城市提供的市场远大于卖产品，我们不但要卖好的产品，更要扎扎实实做好运营，做好服务。高新兴在建设和运营方面都有独到的优势，所以我们清晰定位为'平安城市建设运营商'"，刘双广说。

再次，服务优势：电信级运维体系，一站式服务。为保障平安城市项目成功落地，高新兴运用电信级运维体系，提供咨询、设计、工程、维护四维度的一站式服务。从前期咨询认证、系统规划、产品准备到项目实施、维护保障及扩展升级，高新兴将全程保障系统的运行与维护。

此外，高新兴有完善的服务体系，25 个省级驻外办事机构，业务覆盖全国 31 个省市自治区，130 多个地市级服务网点。高新兴秉承"以客户为中心，用人格造产品"的经营理念，以专业化工程师队伍全心全程地为客户提供服务。

"农村"包围"城市"，异军突起

对于刚转型进入安防行业的新企业，如何在竞争已非常激烈的市场中分得一杯羹？刘双广提出了独具特色的战略构想："我们的业务推广当前也要继续携手电信运营商，共同与公安、政府交流，做好前期基础准备工作。一方面要积极入围运营商相关视频类产品选型，同时，也要把工作'沉'下去，在地市寻找机会，甚至深入到县市推动平安城市项目，我们的业务人员要与运营商一线人员及公安相关部门充分交流，以'农村'包围'城市'战略来寻求突破。我们做到十个地市后，就能够形成一定的品牌影响力，能够把我们的特色产品和方案树立起来。”

在此战略思想的指导下，高新兴在平安城市建设项目上一路凯歌，取得了不菲的成绩。2012年以来，高新兴的平安城市项目在广东、贵州、四川、山西、河南、新疆等地都已开始运作。其中，在广东地区公司产品近期相继入围揭阳、惠州、广州的项目招标。目前，代表性项目有“平安阳江”社会治安视频监控系统（三期）项目、“平安揭阳”社会治安高清视频监控系统（二期）建设项目、贵州“天网工程”项目。

平安阳江三期是广东首例高清平安城市项目。该项目按高清规格建设600个治安监控点和55套高清卡口，并接入原有的478个治安监控点，在市局、6个分局、33个派出所、31个岗亭不间断监控，与公安的视综系统、警综系统、PGIS、PKI/PMI、安全接入平台、省厅稽查布控平台等系统对接、集成。

2013年4月高新兴独家中标的平安揭阳二期，该项目新建3000个高清治安监控点和100套高清卡口，改造原有779个治安监控点和7套卡口系统为高清，新建移动视频警务系统。按“三网三平台”方案建设，在市局、9个分局、104个派出所可不间断监控，并与18个公安业务系统建立关联、对接，可以说是目前广东省内最复杂的高清平安城市系统。

2012年，贵州省部署和启动建设“天网工程”，该工程通过对固定区域进行实时监控和信息记录，为强化城市综合管理、预防打击犯罪和突发性治安灾害事故提供可靠的影像资料。高新兴还先后在承建镇远、锦屏、麻江、望谟等县的“天网工程”项目。

除了广东、贵州两省的代表性案例，其他的典型案例还包括：成都公安局机动车缉查布控系统卡口项目、山西阳泉市社会治安视频监控与报警综合管理系统项目、四川全省治安卡口项目、吉林公安治安卡口项目等。

目前，高新兴的平安城市项目部分已验收并投入使用，实现“当年建设、当年完工、当年验收使用”的目标。例如贵州镇远县“天网工程”一期项目已于2012年年底顺利通过验收，并投入使用。由于系统运行效果很好，镇远县公安局还特意向高新兴发了感谢信。信上称高新兴建设的“天网工程”系统运行稳定、可靠，镇远县公局通过视频录像资料的分析、研判已成功破获40余起刑事案件。

高新兴频频取得“平安城市”订单，一方面与公司雄厚的实力和在通信行业深厚的积累有关，另一个不可小觑的原因是高新兴采用BT、BOT的商务模式，努力打造成为平安城市建设运营商。在项目中，由运营商负责出资建设，并负责维护、升级和更新换代，政府以租赁方式分期支付建设费用，这种建设加运营的运作方式让运营商的优势更加突出，成为“平安城市”的宠儿。

资本运作，助力拓展安防市场

自2010年转型安防行业以来，面对市场激烈的竞争，刘双广凭着过人的胆识和敏锐的市场洞察力一步步为高新兴进行谋划和布局。

重庆讯美是高新兴于2011年底收购的一家以金融行业视频监控和物联网应用为主业的子公司，该公司创立于1998年，属于在中国安防行业创立时间较早的公司，经历了从模拟到数模混合到大联网等各个行业发展阶段，拥有丰富的行业经验。讯美建设并经营了全球最大规模的银行视频网络，单网逾60万路，客户数逾5万户，接入视频规模超过100万路，是目前唯一实施全国范围银行监控联网的大型视频物联网高科技企业。讯美的平台软件以完善的功能和领先的技术，成为行业内安防工程公司的主要选择对象，经常以OEM方式提供给合作伙伴参与各种项目。在金融行业同类产品中，讯美的视频监控和物联网平台软件是实际市场占有率最高的。

在三网融合的大背景下，高新兴提出打造监控领域物联网百亿销售额的目标，通过收购重庆讯美，高新兴从通信运营商运维综合监控领域成功进军金融安防领域，并且在金融监控领域树立公司的品牌优势，对公司定位于大型专业化安全监控品牌塑造有巨大的促进作用。

融创于新，勇于变革

百年企业，以文化为先。作为企业发展中的一个重要方面，企业文化与企业的发展休戚相关，对促进企业凝聚力、推动企业创新等起着积极的作用。同时，随着企业的不断发展，企业文化也发生着相应的改变。

2012年，“融”文化被正式提出并确立为高新兴的企业文化。“融”凝聚了中国文化之精髓，连接传统与现代，贯通东方与西方，激活科技与生活。对于高新兴来说，“融”表现在融人才、融科技、融产品，汇于传承而革变，拓于未来而远筹！

在人才建设方面，高新兴把人才作为公司的第一资源，以人为本，识才、重才、爱才，实现“融德步晋、人事同向”。为了进一步吸引人才和激发员工的积极性，高新兴2012年新推出限制性股票激励计划，2013年6月完成对143名员的限制性股票授予。

在组织架构方面，“融”体现在“融力集源、筑强架构”。高新兴推行倒三角管理梯队，最上层是直接市场和客户的一线员工，然后是各层级组织，处于底部的是管理者。在公司的管理上，上级是下级的支持者，要按照一线员工的需求整合配置资源。

高新兴另一个企业文化基石就是“变革与创新”。2012年“Great Creating！伟大创新！”正式确立为高新兴新的企业口号。Great，译为“伟大的”，即为“高”；Creating，译为“创新”，即为“新兴”。“高新兴”三个字本身已经彰显了高新兴的愿景和方向——进行伟大的创新。“伟大创新”早已成为这个企业不断发展的动力源泉。

不久前，刘双广代表北大光华参加“第八届玄奘之路商学院戈壁挑战赛”，这是在华语商学院的EMBA学员群体中展开的体验式文化赛事。刘双广用4天的时间徒步走过了自然环境极其恶劣的125公里茫茫戈壁，这在外人看来也许很不可思议，但对刘双广来说，他想给自己一些改变，去超越自我。

“去改变、去超越”这种人生态度在他的事业发展中也得到了充分的体现。当年在国内通信行业中已是佼佼者的高新兴紧跟市场发展趋势，进行跨行转型。虽然平安城市市场很大，又与高新兴以往做的通信监控有很大相关性，但通信与安防毕竟是两个行业，在转型过程中，不管是在行业上，还是在业务类型上，高新兴都经过诸多尝试。从“多行业应用”到“聚焦平安城市”，从“融合监控”到“视频物联网”，逐步探索大安防时代的高新兴之路。

“大安防时代，监控的商机很多，但我们先抓住最擅长的，先把平安城市这个细分行业做好。”刘双广对记者说，“高新兴今后发展的基本路线是稳健经营、持续创新，在细分行业领先，逐步渗透扩展视频物联网产业，做强做大。我们的愿景是铸力成为全球五大安防领导品牌之一，做百年企业，力争2022年达到100亿元销售额。”在这平淡的语调中，流露出了刘双广在安防行业的雄心大志。让我们期待着高新兴化奇迹为可能，绘蓝图而成真！

访浙江亚太药业股份有限公司董事长兼总经理吕旭幸先生

创业背景：

“种粒种子就能遍地开花”，常有人如此形容绍兴县这块土地所具有的神奇力量。的确，从一个资源小县突变为经济强县，绍兴县总是不断地创造着“奇迹”，而浙江亚太药业股份有限公司正是在这个背景下成立的，她以敢为人先、勇于开拓、锐意创新的智慧和勇气，以“关爱生命、为人类健康事业而奋斗”的历史使命，以“品质、品牌、品格”为企业的核心价值理念。企业注重社会责任、企业思想、员工思想的有效结合，注重团队建设，实现企业价值和员工的个人价值，同时在管理和技术上创新突破，使公司经营从以制剂为主体，逐渐向原料、投资、研发延伸，实现了资本市场、国际运作、产业布局三项突破。而今面对全球的金融危机，让我们走进他的办公室，分享这位青年企业家的创业创新之路。

人物简介：

吕旭幸，生于1975年6月，中共党员，1997年毕业于浙江大学，后留校任教；中国人民大学商学院MBA在职研究生，绍兴县优秀共产党员，绍兴县柯桥街道经济建设功臣、绍兴县优秀青年企业家，现任浙江亚太集团有限公司党委书记，浙江亚太药业股份有限公司董事长兼总经理。

笔者：我们知道，亚太药业是一个以制剂生产为主的新型制药企业，您是怎么看待制剂生产这个行业领域的？

吕旭幸：针对过去的几年，2006年可以说是国家对药品价格的大调整年，2007年和2008年是国家对医药行业颁布“组合拳”即新政策最多的一年，监管的力度之大，范围之广，结合众多的主客观因素，将导致中小型制剂企业面临“生死决择”的局面，大浪掏沙的结果，适应时局者得到生存、强者得以发展。而2009年医改方案的实施，对制药企业宏观调控的某些方面将是挑战的一年，也是机遇的一年，该方案的实施，会给我们制剂企业带来新的曙光，平稳运行仍将是医药（特别是制剂）市场发展的主旋律。

说到医药市场，针对发达国家的医药产业中以制剂为主的产品结构，结合全球药物研发已迈入制剂创新的新时代，中国的医药产业也必将从“重原料、轻制剂”走向以“制剂为主”的结构模式。对医药行业发展影响最大的三个因素是：国民经济的发展，人口数量的增长，人口老龄化的趋势；国药水平的提高和药品结构的提升，人口老龄化的加快，医药产业的升级以及医改必将带动制剂行业进行新一次的洗牌，制剂行业将是聚光灯下的明星。

笔者：对于中国制药行业而言，浙江亚太药业在同行中还比较年轻，您认为中小型制药企业，应该采用什么样的经营策略，才能在强手如林的中国制药企业中制胜？

吕旭幸：2006年，是经受考验的一年；2007年一系列整顿和规范药品市场秩序专项行动的开展，是行业洗牌的一年，2008年，是市场监管进一步加强的一年，作为以制剂为主导、走第三终端路线为主的亚太药业，我们积极调整策略，通过战略创新、技术创新、管理创新加快企业转型升级，通过加强对市场的分析研究能力，狠抓产品质量和产品特色，不断拓宽制剂市场网络，在瞬息万变的市场环境下，始终严格遵循“诚信双赢”的经营品格，主动出击，把握机遇。目前，我们主要从以下几个方面来整合现有资源转型升级：

1. 战略升级：公司首先从单纯的打价格战、让利战向品牌竞争、服务竞争转变；其次从无序、分散的经营模式向个性化、特色化、专业化、差异化的经营模式转变。第三，与上下游企业加强供应链的管理，共创医药企业的价值链；最后通过价值链来构建全员营销渠道，打造密集覆盖全国的营销网络体系。

2. 人才资源升级：公司通过各种渠道不断加强各类人才的选用、培养、晋升体系，通过人才的新老更替提升企业的国内和国际竞争力，大胆培养和聘用优秀的年轻干部，让他们去关键岗位磨练和成长，不断在科研、管理、生产、营销等各环节充分发挥人才的作用。

3. 管理升级：根据高标准、高起点、高要求的原则，建立科学合理的管理体系，根据战略、人才的作用，进一步通过提升人力资源管理体系，进一步带动生产、供应、销售、后勤等部门的规范化管理，同时加强对资源的整合管理，包括资金资源、人才资源、管理资源及产品资源的整合来突破瓶颈。

4. 产品升级：公司通过实行“先易后难”的研发战略，加快实现了“仿制药”到“仿创药”再到“自研药”的转型。在前期，我们通过对国外已有药品核心技术的改良，推出拥有自主知识产权的产品，实现由“仿制药”到“仿创药”的转型，在此基础上，我们进一步开发拥有完全自主知识产权的新药。2006年以来，为适应市场需求，我们加快科技研发工作，提出了以“自主研发、自主创新”为中心的战略思想，加快一类创新药物的研制步伐，鼓励以市场为导向研制开发新药品种，加快产业化进程，提高产品竞争力。目前消费者对药品质量、安全性要求越来越高的情况下，我们通过自身努力，亚太的产品在市场抽检和国家考核抽查中产品合格率100%。

笔者：亚太药业的营销模式与其他同类型企业相比，你认为有何独特之处？

吕旭幸：自1989年成立以来的亚太药业经历了传统计划经济体系向市场经济体系转变的过程，其营销模式也在不断的完善，自2001年公司完成股份制改造以来，主要经历了寻求卖点，依靠产品的差异性和独特性占领市场的企业运作模式；避重就轻，抓住竞争的空白点的企业运作模式；建立品牌战略定位，开拓第三终端市场的模式；建立品牌营销战略模式，并根据企业的实际情况对各模式进行资源整合，相互借力，相互互补，目前，一个新兴、正被药企逐渐重视的市场——第三方终端市场已崛起，亚太药业的营销模式从形式上而言还处于第三阶段，但从实质上而言，目前的营销模式已经包含了以上各个单一的营销模式，正处于各模式的整合升级阶段，目前企业产品以中低价位品牌药为主，消费者对雅泰品牌的信任度、满意度比较高。同时注重环节服务和环节利益分配是亚太药业的特点之一，正切合了广大第三方终端消费者的心理要求。

笔者：就目前而言，您认为亚太药业旗下的“雅泰”品牌，相对于其他同类药品品牌而言，它的竞争优势在哪里？

吕旭幸：我们一直认为：品质决定价值，品牌提升价值，品格铸就企业的辉煌。

“雅泰”品牌自1989年创立以来始终以“关爱生命，为人类健康事业而不断努力”为使命，以“品质、品牌、品格”为核心价值理念，立足于中低价格药品市场，始终把产品质量和产品服务放在第一位，目前“雅泰”商标是浙江省着名商标。

对于雅泰这个品牌，我们不仅仅把雅泰作为一个品牌来经营，更把它当作一个社会责任来经营。在公司，全体员工中流传着这样一句话："看到今天，就要想到昨天和明天"。在实践中，我们也是这样做的，以高质量的产品、优质的服务取得广大客户和患者的信赖和支持，为广大患者的健康带去福音。

面对异常严峻的医药行业形势，在消费者对药品质量、安全性要求越来越高的情况下，我们通过自身努力，亚太的产品在市场抽检和国家考核抽查中产品合格率100%，拥有健全的营销网络，覆盖全国，同时有具有战略合作精神、相互信任的商业伙伴的支持，在市场上已具有一定的美誉度和影响力。

笔者：此次金融危机，亚太有没有受影响？企业采取哪些措施来应对当前严峻考验？

吕旭幸：去年下半年以来，受国际金融危机影响，欧美消费市场急剧萎缩，医药制剂及原料药产业的国际市场发展均受到不同程度冲击，我们也不例外，但我们仍充满信心。信心主要源于通过政府和企业多年的共同努力造就的完整的产业链，不断完善的产业结构链，以及对医药（特别是制剂）产业的前瞻性。危机，也是商机，企业可以利用危机强化"内功"，提高产品的附加值，提高技术含量，把企业提高到一个档次，在技术含量、研发水平、经营管理、市场销售方面打下基础，一旦危机过去，企业将会获得更好的发展。我明显感到，在此次金融危机到来之前，谁先准备，谁受到的影响越小，前景越光明。

亚太在金融危机到来之前已早作好了准备，及时调整了自身的市场布局。一方面，亚太采用"50/50 原则"的市场划分原则，一方面加速了在海外市场市场的建设，目前进入国际市场的各项工作已基本完成。另一方面，在应对国内原材料、劳动力等刚性成本上涨压力之时，亚太依靠"自主创新"和"品质、品牌、品格"这两大"杀手锏"，采取了提升产品的档次和价值的对策。

在创新方面，亚太除在绍兴建立技术研发中心之外，与浙江大学、中国药科大学、沈阳药科大学、浙江省医学科学院药物研究所及美国希望城医学中心等研发机构紧密合作，实现了"产学研"一体化，通过实行"先易后难"的研发战略，加快实现了"仿制药"到"仿创药"再到"自研药"的转型。以创新推动品牌的发展，亚太建立了从原料到制剂一体化的完整产业链，将创新成果更快的投入市场。

在品牌建设方面，亚太近年来致力于销售渠道，尤其是国内分销网络的建设，并通过不同途径获得强大的研发能力和经营管理能力，同时进一步打开国际市场，来推动了品牌的全方位发展。

笔者：您认为亚太药业最宝贵的财富是什么？

吕旭幸：说到财富，在我脑子里第一闪烁的是"社会责任"这个四个字，亚太药业经过20年风雨历程，秉着"关爱生命，为人类健康事业而不断努力"的共同愿望，一种社会责任主人翁意识深深的印在每一个亚太人的心中，在构建和谐社会的今天，企业到底应该承担怎么样的社会责任，在快速发展、创造利润、对股东利益负责的前提下，承担着对员工、消费者、客户、社会和政府等利益相关的社会责任。很多企业都非常的盲目，而我们亚太药业清楚地认识到，一个现代化企业要发展必须重视企业的社会责任，如果忽视了社会责任，就是一种短视行为，反映了"社会良知"的问题。

我们的社会责任就是为消费者的健康负责，始终把制造出高质量和疗效好的药品提升到社会责任的第一高度，严格按照 GMP 标准操作，按国际先进标准生产和质量控制，重视社会责任才是亚太药业的真正财富，最宝贵的财富。

笔者：对于企业家而言，工作和生活往往很难平衡，您是怎么看待工作和生活的关系？

吕旭幸：工作是一种乐趣，生活同样需要乐趣。工作是为了体现人生的生存价值，那么生活更应该活出价值。对于工作我充满激情，对生活我同样充满活力和信心。所以，工作和生活其实是和谐统一的。人应该感谢生活，感谢家人，感谢身边的朋友、同事，怀着感恩的心对待生活，怀着美好的理想对待工作，我觉得两者平衡并不难。

只要努力，就会成功

——记爱仕达电器股份有限公司董事长陈合林

陈合林，1956 年生，中共党员，爱仕达电器股份有限公司董事长。他是全国劳模、省人大代表、台州市第四届技术拔尖人才，曾获全国优秀乡镇企业家、中国炊具行业卓越企业家、省优秀中国特色社会主义事业建设者、省优秀创业企业家、省企业文化建设突出贡献人物、"风云浙商"特别奖等荣誉称号。

农家子弟好不容易上完学，满心期待的工作却被人挤占了，未来的路不知在哪里……如果时空穿越回 1974 年，你会发现，如今风光无限的陈合林，拿时下的流行语说，曾是个名副其实的"屌丝"。

1974 年年末，学农机专业的陈合林高中毕业，全班 58 人，多半进入乡镇农技站，捧上了令人羡慕的"铁饭碗"，而陈合林却黯然伤神地回到温岭箬横东浦农村。

可谁能料想，就是这个身材矮小、其貌不扬的小伙子，日后却走出了一条更为波澜壮阔的人生之路，给厨房带来了变革性的影响，成为炊具界一号响当当的人物。

由他一手创办的爱仕达公司，从一个生产五金边角料的家庭作坊发展成为集炊具、厨房电器研发、制造、营销于一体的上市公司，旗下的爱仕达不粘锅和高压锅国内市场占有率在同行中名列前茅，外贸出口额居国内同行业首位。

艰苦创业，野百合迎来春天

面对挫折，陈合林没有过多抱怨，更没有沉沦。

他跟着当地的一名小铜匠，做起了学徒。那些在炉子边炙烤的闷热夏日，成为今天陈合林回忆那段学徒生涯的深深记忆。

从打杂做起，埋头学艺两年后的陈合林顺利出师成为一名小铜匠，兼带五金修理。

那些年，他走街串巷补过锅、修过打稻机、修过自行车……经过一番摸索，陈合林将自己的主要精力投放到樟木箱铰链、锁具等铜制品生产上，冒着当"走资派"的风险，暗自在老家开办起家庭作坊式的工厂，并偷偷召集亲友帮工。

敏锐的他嗅到了其中蕴藏着的巨大商机，因为依照当时的风俗，无论谁家闺女出嫁，都需要置备一套樟木箱子，作为樟木箱子的重要配件，这些铜制品自然有一定需求。

遇上集市日，陈合林一大早便要出门，骑好几个小时的自行车，前往玉环、乐清等周边县市赶集，一天甚至只睡三四个小时。陈合林记得，去乐清的路最难走，需要骑好长一段盘山路，有些实在太陡的路段只能下车推着走。尽管当时已开通有汽车班线，但为了省下交通费，他宁愿苦一点。

不过，该花的钱，陈合林不会省。通过各地的集市总能发现新颖的款式，于是，为了进一步开阔眼界，陈合林时不时抽空去宁波、杭州、上海等地长长见识，掌握大城市里箱包配件的最新潮流。

既能埋头苦干，又能抬头望远，让陈合林受益匪浅。很快，凭借着精湛的手艺和新颖的款式，陈合林在当地声名鹊起，他的生意也日渐红火，并从乡下挺进县城，注册开办起温岭县金属制品厂。

当改革开放的春风渐渐吹拂到江南大地，陈合林的年收入已达十多万元，远远超过农技员。

慧眼独具，力排众议造炊具

就在陈合林财源广进的20世纪80年代，不粘锅开始在北京流行，一度供不应求。1988年，一些在北京经商的温岭人苦于没有锅源，找到陈合林，希望他能生产不粘锅。

得知这一情况后，陈合林眼睛一亮——“不粘、不焦、不糊、易洗”的锅，自己听着都想买，将来一定会有广阔的发展前景！陈合林按捺不住激动的心情，当时脑子里便闪现出一个大胆的设想：要大规模生产不粘锅！

经过多方打听，他了解到，贵州贵阳一家工厂掌握有不粘锅生产技术，正在开发产品。更让他兴奋的消息是，他的一个乡亲陈合青就在那家工厂上班，并且负责采购。

当时电话还没有普及，除了写信，没有更有效的联系方法。书信往来快的话也要十天半个月，心急的陈合林决定亲自赶往贵阳。

工厂是找到了，可始终不见陈合青的人影。在工厂附近蹲守了7天后，陈合林发现厂子虽然戒备森严，但上下班时分人员进出频繁，想着自己个子不高、目标不大，他决定先混入工厂一探究竟。

终于，胆大的他逮到机会，溜进了戒备森严的生产车间。就在陈合林饶有兴致地观察不粘锅的生产流程时，保安发现了他，机灵的他马上说自己是来找老乡的。

结果，没挨什么罚，陈合林不仅大致了解了不粘锅的生产流程，还知道了在外采购的陈合青即将回厂的消息。

很快，通过陈合青，陈合林不仅找到了生产不粘锅的核心原材料——涂层材料，还联系上了技术员李湘杰。陈合青开出5万元的年薪，让李湘杰帮助研发不粘锅，这对于当时月工资只有500元的技术员来说，是绝对的高薪。

有了材料，有了人，没钱照样办不成事。当时，陈合林只有几百万元资产，而上马不粘锅项目需要2000万元之巨，家人劝他不要冒这个风险，安心经营已经步入正轨的箱包配件生意。

慧眼独具的陈合林不愿放弃这个机会，于是不顾家人劝阻，四处筹措资金，铁下心来生产不粘锅。

在他的坚持和努力下，1989年，中国民营企业生产的第一口不粘锅在陈合林的工厂中诞生了，掀起了国人的厨房变革，改变了中国老百姓一口铁锅烧一辈子的厨房烹饪历史，很多不常下厨的年轻人也会购置一套精美而现代的锅具来装点厨房。

尽管产品热销，陈合林还在刻苦钻研技术，不断提升不粘锅的品质。

1993年，在引入美国杜邦公司的特富龙涂层后，其生产的不粘锅的品质已达到国内领先水平。

陈合林依然记得，当1994年他的不粘锅进入国内最高端的上海第一百货商店销售时，他的内心充满了自豪感，因为他的付出得到了市场的认可。很快，他注册了爱仕达——这个在他生命中意义非凡的商标。

积极开拓，勇攀人生新高峰

从不粘锅、无油烟锅、多重保险高压锅到可控温炒锅，在陈合林的带领下，爱仕达成为中国炊具市场诸多领域的开创者和刷新者。

不过，一直到1998年，爱仕达始终以内销为主，产值也徘徊在亿元上下。当时国内不粘锅及压力锅的买方市场已趋于饱和，而国外市场对于大多数炊具生产企业包括爱仕达来说却仍是一片空白。中国全部的炊具市场不过是60亿元人民币的容量，而美国一个公司就可以做几十亿美元。

1999年关于中国何时“入世”的讨论正进行得如火如荼，国内多数中小企业还将“入世”视作政府行为，善于审时度势的陈合林早已在心中盘出了一套借中国“入世”之机而大举挺入国际市场的计划。

说做就做！陈合林带着爱仕达的锅具产品漂洋过海，借用朋友的展位支起一张桌，亮相在了1999年下半年美国芝加哥国际家居日用品博览会的会场上。

没承想，陈合林带的样品竟引起了世界炊具第一巨头美国纽威尔公司采购人员的兴趣。后来，纽威尔公司派专家实地考察了爱仕达企业。临走前，纽威尔公司把一个技术难度很大、通常要半年时间才能完成打样的产品交给陈合林，要求爱仕达30天之内拿出合格的样品。

咬着牙答应了美方要求的陈合林，把床搬到了车间，和公司所有技术人员一起，不分昼夜，分秒必争，从材料的选择、图纸的设计、模具的开发到产品的测试，经过很多次的失败，终于在最后一天拿出了合格的产品。连续的加班，使得模具车间的技术员金云生差点送了性命——因为走神，他的额骨被机器伤到！回想起这段经历，除了愧疚，陈合林更为他拥有这样一批敬业的员工而自豪。

陈合林的韧劲和爱仕达人的工作态度感动了美国人，纽威尔公司当年在爱仕达的采购量就达到了1000万美元。此后，爱仕达公司的出口每年以60%左右的速度递增。目前，爱仕达已在世界许多国家和地区注册了商标，产品出口60多个国家和地区，公司出口额连续多年超亿美元，居国内同行业首位。

专注实业，做百年民族品牌

外销市场犹如一款动力强劲的引擎，引领爱仕达走上了高速增长的道路，在攀登上了崭新的平台后，陈合林并没有固步自封。

一方面，随着连续多年的强劲增长，扩大产能刻不容缓；另一方面，世界炊具巨头SEB与竞争对手苏泊尔强强联合后，竞争压力也逼迫爱仕达必须进一步壮大自己。于是，陈合林下定决心走上市之路。

2010年5月份，爱仕达IPO以18.8元/股的价格发行6000万A股，募集资金约11.3亿元。这笔资金主要用于年新增750万只无油烟、改性铁锅项目和年新增500万只不锈钢及复合板炊具技改项目、年新增650万只智能型节能厨房系列小家电建设项目、技术研发中心技改等项目。

庞大的生产能力、超前进行的设备改造和产能扩张，一方面为爱仕达降低生产成本、保证货源及品质提供了条件，另一方面也为爱仕达的进一步高速成长奠定了坚实的基础。而正是这些巨大持续的投入，让爱仕达在机遇来临的时候得以牢牢把握。

在跻身成为国内领先品牌后，陈合林给自己提出了更高的要求，不仅要把爱仕达打造成为世界领先品牌，还要做成百年民族品牌，引领厨房时尚潮流，提升人类生活品质。为着这一目标，陈合林正计划在温岭东部产业集聚区征用645亩土地，将其建成世界上产能最大、自动化程度最高的炊具生产基地。

如今的陈合林，身家早已过亿，但依然不改艰苦朴素的本色，员工工作8小时，他每天工作16小时，经常和员工一起吃食堂里的快餐……曾经，他用自己的实践践行了"只要努力，就会成功"的信念；现在，他依然相信，只要努力，就会取得更大的成功。

成功的追梦人

——记湖南汉森制药股份有限公司董事长刘令安先生

刘令安先生，男，1960年10月出生，中国国籍，无境外永久居留权，大学学历，主管药师。曾任湖南省医药开发集团总公司部门经理、海南医疗设备有限公司董事长兼总经理、深圳汉森实业有限公司董事长兼总经理、湖南汉森制药有限公司董事长兼总经理。现任海南汉森投资有限公司董事长、湖南汉森化工有限公司董事长、湖南北美房地产开发有限公司董事长、湖南汉森医药有限公司执行董事、湖南汉森医药研究有限公司执行董事、湖南汉森制药股份有限公司董事长。刘令安先生是湖南省第十一届人大代表，益阳市第九届、第十届政协委员。2002年荣获"湖南省优秀企业经营者"称号、2004年荣获首届"湖南省优秀青年民营企业家"称号、2005年荣获"湖南省首届优秀非公有制经济企业家"称号和"湖南工商界百位诚信人物"称号。刘令安先生现任湖南省人民代表大会常务委员会内务司法法制研究会理事、益阳市高新技术企业协会副会长、益阳市赫山区总商会副会长。刘令安先生现为湖南省企业家协会会员、湖南省医药行业协会会员。

他，眼光独到，在90年代下海经商，首战告捷；

他，敢于冒险，收购国有破产企业，接连取胜；

他，经营有道，成功助推公司上市，驻足高点。

他就是湖南省十二届人大代表、湖南汉森制药股份有限公司董事长刘令安。刘令安原为益阳市人民医院药剂师，后下海经商，一路走来顺风顺水，如履平地，经过多年的不懈奋斗，现已成为湖南汉森制药股份有限公司、湖南北美房地产有限公司、湖南景达生物工程有限公司、南岳生物制药有限公司多家公司董事长。

近年来，公司发展迅猛，规模不断扩大，产品种类丰富，旗下拥有"汉森投资"、"汉森制药"、"汉森研究"、"汉森医药"、"景达生物"、"南岳制药"等6家企业，并形成了股权投资、医药工业、科研开发、医药流通和生物医药为一体的集团化经营体系，2011年集团实现各类经营收入逾10亿元，上交税收逾1.2亿元，实现净利润逾亿元。企业坚持以"扬民族医药文化，创汉森驰名品牌，攻医药尖端领域，做人类健康使者"为宗旨，以"创造、挑战、贡献"作为精神规范，以"创汉森驰名品牌，建汉森现代企业"为发展目标，加上刘令安董事长经营有方，使得湖南汉森制药股份有限公司于2010年5月登陆国内A股资本市场，在深圳证券交易所成功上市，成为益阳市第一家上市企业。

苦心经营，打造"医药湘军"

刘令安董事长深谙企业经营之道，带领广大员工努力探索，独辟蹊径，舍得下大功夫和大投入，使得汉森走上了一条适合自己发展的开阔道路。

"产、学、研"模式在湖南汉森制药股份有限公司并非纸上谈兵，而是一条清晰明朗的道路。汉森制药非常注重新产品开发，努力打造自己的品牌，实现了从省重点制药企业到国家高新技术企业、从市优秀企业到上市公司的转变。汉森制药与广州中医药大学、上海中医药大学、同济大学、中南大学药学院、湖南中医药大学、湖南中医药研究院等著名高等院校、研究所合作，并且成立了"湖南汉森医药研究有限公司"和"湖南省消化道药物工程技术研究中心"两个研发平台，拥有一支由博士、硕士和高、中级职称的技术人员组成的实力雄厚、专注于新药研发的精英团队。公司和国家军科院合作建立了"国家级生物诊断试剂工程中心"平台，参与国家科技部"973计划"项目"四磨汤治疗胃肠功能障碍性疾病的多中心临床实验研究"，该项目是湖南省医药领域首例获得国家"973计划"资助的项目，并且荣获湖南省科学技术进步奖一等奖。

好产品遇上好营销，才能实现适销对路，取得更大的经济效益。为此，公司十分注重营销网络的建设，打造便捷的销售网。公司的销售网络覆盖了除西藏和港澳台地区以外的全国各省、市、自治区，同时在公司专门设有销售服务热线，无论客户在哪里都可以得到公司快捷、方便、周到的服务。

未来5年，公司将以消化系统用药、心脑血管用药、伤科用药为重点研究方向，通过资本市场融资，实现科、工、贸、投资一体化，发展成为湖南省最大的基本药物生产基地和中国大型消化系统药物生产基地，力争进入国内50强医药上市企业之列。

十年发力，公司脱颖而出

刘令安下海经商几年后，事业不断扩大。为回馈家乡，1999年他出资收购国有破产企业——益阳地区制药厂，2003年投资逾亿元完成搬迁重建并投产，成为益阳市龙岭工业园第一家入园企业。从此，经营业绩逐年增长。2008年整体股改，2010年5月成功登陆国内A股资本市场，成为益阳市第一家上市企业。

汉森制药是湖南省重点医药工业企业和高新技术企业。公司拥有湖南省省级企业技术中心、湖南省消化道药物工程技术研究中心、湖南省高校"创新药物研究与开发"产学研合作示范基地。公司以生产中西药制剂为主，化学合成药为辅，所有10个剂型和4个化学合成药已全部顺利通过国家GMP认证。公司年生产能力为口服液1.8亿支、胶囊2.5亿粒。主要剂型有大容量注射剂、小容量注射剂、口服液、片剂、胶囊剂、颗粒剂、糖浆剂、煎膏剂、酊剂、丸剂等；公司目前共拥有129个品种、186个规格的药品生产批准文号，主要涉及消化系统用药、心血管系统用药、呼吸系统用药、伤科用药、诊断用药、感冒用药等。主导产品有四磨汤口服液、愈伤灵胶囊、银杏叶胶囊、缩泉胶囊、泛影葡胺注射液、陈香露白露片等；其中四磨汤口服液为国家专利产品，该产品科研项目已列入国家"973"计划。

10年来，公司在激烈的市场竞争中脱颖而出，成为湖南医药行业的佼佼者，令同行难以望其项背。

回报社会，勇于担当责任

1999年以来，刘令安领导的汉森集团为旗下企业提供就业岗位3000多个，为国家和社会解决就业问题，缓解就业压力做出不小的贡献。与此同时，汉森制药累计上缴国家税金逾5亿元，为地方财政和民生财政做出较大贡献，使得国家有更多的财政投入民生领域。其中，汉森制药 2010 年度缴税 6398 万元，全市第五，民企第一；2011 年度缴税 7841 万元，名列全市第三，民企第一；2012 年 1 - 9 月缴税 6562 万元，名列全市第五，民企第一。另外，旗下的“北美地产”2012 年 1 - 9 月在益阳缴税 1309 万元。由“海南汉森投资”收购重组的衡阳“南岳生物制药”也在 2011 年缴税 3000 多万元。

长期以来，汉森旗下企业严格守法经营，积极承担社会责任，注重环境保护，先后投资 5300 万元用于废水处理和节能减排工作，积极响应湖南省“四化两型”的号召，并以实际行动为湖南的青山绿水贡献自己的力量。汉森集团严格执行《劳动法》规定，依法与员工签订劳动合同，签订率连年达到 100%，并严格按政策积极缴纳“五险一金”，维护员工的各项合法权益，保持了和谐的劳动关系，也助推了企业的发展，实现了双赢的良好局面。

公益事业牵动着刘令安的心，他十分关注民生疾苦热心社会公益事业。2008 年以来，刘令安个人及企业累计为社会捐款 500 多万元，其中，为社会特困人群及贫困学生捐助捐款 100 多万元，为四川地震灾区捐献急需药品和现金 144 万元，为修建乡村道路、益阳市消防建设、省九运会、省农运会、全国城运会、羽毛球运动会、益阳市教育基金会累计捐助 300 多万元。因此，刘令安曾获得“益阳市中国特色社会主义事业建设者”、“湖南省非公有制企业‘双爱双评’员工之友”等荣誉。

辛勤耕耘，誉满三湘四水

湖南汉森制药股份有限公司在刘令安董事长的带领下，节节攀高。因此，公司和刘令安本人获得社会的肯定，先后获得多项荣誉，声名远播。刘令安董事长先后获得省市“优秀青年民营企业家”、“优秀企业经营者”、“湖南省首届优秀非公有制经济企业家”、“湖南工商界百位诚信人物”、湖南省“2008 芙蓉王中国优秀湘商”等荣誉称号。公司“汉森”商标为“中国驰名商标”，产品四磨汤口服液为“湖南省高新技术产品”、“湖南省名牌产品”，并被授予“湖南省产品质量奖”；公司先后被评为“湖南省质量信用 AAA 级企业”、“湖南医药工业十佳企业”、“湖南省和谐劳动关系模范企业”、湖南省“守信用企业”和“湖南省加速推进新型工业化先进企业”等称号；这些成就与荣誉，凝聚了刘令安和汉森全体员工多年的心血。付出就有回报，汉森制药辛勤耕耘，收获的是满满的喜悦。

恪尽职守，努力建言履职

刘令安出色的业绩，得到了社会的认可，除担任公司职务以外，还担任省、市政协委员、人大代表。他坚持为民说话，为民请命。他深入实践，认真调研，尽职尽责征询民众意见，先后提交了《关于加大食品药品安全监管投入和监管力度的建议》、《关于要求在益阳市龙岭工业园建设污水处理厂的建议》等有影响的建议。作为医药企业法人代表和湖南省医药行业协会副会长，多次参与医药及食品质量安全检查，医药价格成本调查，药品安全监管执法监督调查等项工作，多次向相关行业主管部门提出建议，在省市人大会议上积极发表意见，严格督促集团所属企业把好质量关，在国内药企频发“毒胶囊”等药害事件的大环境里，公司产品在权威机构上百次的突击抽检中无一例不合格。2012 年，刘令安被益阳市人大评为履职模范。

作为地地道道的湖南人，刘令安表示，将充分发扬“忠诚、担当、求是、图强”的湖南精神，带领汉森继续奋进，站在新的起点，实现公司跨越式发展，为湖南经济社会发展贡献力量。

好强铺就“登顶”路

——记江苏天瑞仪器股份有限公司董事长刘召贵先生

刘召贵，仙桃张沟人，30 年前，以全市理科高考第一名的成绩考入清华大学；30 年后的今天，执掌江苏天瑞仪器股份有限公司，成为国内外研制分析测试仪的“领头羊”。

五月的昆山，鲜花灿烂，景色宜人；

五月的昆山，更让刘召贵豪情满怀。

5 月 19 日，中国 2009 地质与矿产分析测试研讨会在天瑞隆重举行。

刘召贵称，承办这样的盛会在公司的历史上还是头一回。

这一次，爱笑的刘召贵笑得更灿烂，更开心。

有人说，刘召贵的笑，“笑”出了公司的发展史和对未来的美好憧憬。

公司的发展史浓缩在流光溢彩的荣誉展示区和核心产品展示区。

在公司荣誉展示区，我们看到了一幅幅珍贵的照片。去年 10 月 29 日，中共中央政治局委员、国务院副总理张德江兴致勃勃地考察了天瑞公司，听取了公司董事长刘召贵的汇报。

天瑞总部在美国，神经中枢在昆山，最大的销售中心在深圳，旗下有深圳、北京两家子公司，技术实力领先于国际同行，自主研发的 SNE 信噪比增强器和 UHPD 探测器代表着当今国际同行业最高水准。

张德江说：天瑞的发展归结到一点，就是高起点推行技术创新。我们的国有企业和民营企业都要像天瑞一样，坚定不移地走自主创新之路，在创新中提高，在提高中发展。

在天瑞核心产品展示区，我们同样看到了公司的部分杰作：X 射线荧光光谱仪、原子吸收分光光度计等系列产品陈列在此。刘召贵介绍，这些产品主要应用于电子电器、珠光首饰、玩具安全、建材、冶金、地质采矿、塑料、石油、化工、医药、水质、土壤等检测检验领域，其中 X 射线荧光光谱仪已获三个全球第一：销售量全球第一；产品品种全球第一；核心专利技术全球第一。

天瑞无疑登上了世界分析测试仪研发领域的顶峰。

从张沟到清华

——10 余年寒窗苦读，诠释了什么叫“天道酬勤”

“世界上最聪明的是中国人，中国人最聪明的是湖北人，湖北人最聪明的是仙桃人，我刘召贵应该算最聪明的仙桃人之一”。

30 年前，刘召贵一鸣惊人，考取了中国最高学府之一——清华大学，成为国家恢复高考制度后，我市第一个考上清华的理科生。

“录取通知书送到我家的那一天，全村人像过年一样高兴；四里八乡的亲友们也前来祝贺，差点踩破了我家的门槛。”刘召贵说，那时，他并不知道能考取清华大学。高二上学期，老师鼓励他报考清华大学，但他不知道清华究竟是一所什么样的大学，也不知道自己有没有那个实力考取，只知道只要努力学习，兴许日后有出息。

在刘召贵看来，读书人的最大嗜好是学习，最有吸引力的东西就是书和笔。每天放学后，他的第一件事就是做作业，就是看书学习。他给自己定了一条不成文的规矩：当天的学习任务当天完成，老师没上的功课提前预习。

“吃一般的苦，只能做一般人；吃一般人吃不了的苦，才能取得不一般的成绩。”他记得很清楚，有一回，县里搞统考，他所在学校的所有同学都被最后一道数学题难住了。原因是，考题内容还没学。而他轻轻松松做对了这道题。

学习上的冒尖，使刘召贵信心倍增；一部“叫座”的文学作品，更是点亮了他理想的星空。那年暑假，他看了一部小说，叫《第二次握手》，故事主人公深深打动了他的心。从此，他立志当一名核物理学家。

上清华后，他选择的就是这门专业。同学们看中他，说他肯定能成为这个行业的领军人物。他也很自信，当着同学们的面信誓旦旦：“仙桃人从来不服输。我是仙桃人，要为仙桃争光，也决不让同学们看走眼。”

“读好书，是小智慧。”然而，真正要把书读好也不是一件容易的事。书中有山，也有坎。排湖岸边长大的刘召贵，从小听到的是生产队出工的敲铃声，上中学前，没有念过一次“ABC”。走进清华后，英语成了他的“拦路虎”。他被分到了英语慢班。“这样的事实让我怎么接受？”从此，刘召贵下了狠心，给自己订了一个“恶补”计划，每天起早贪黑背单词，学语法，不到熄灯不睡觉，一年后，硬是挤进了英语快班，还在全年级得了奖。

好强铺就“登顶”路

刘召贵的好强，也自然表现在体能训练上。原本只有45公斤体重的他坚持跑步、练单、双杠，被学校选拔为体操运动员，为学校夺得北京市高校体操比赛第一名立下了头功。

就读清华，刘召贵顺风顺水，先后取得了硕士、博士学位。

从借款5万元起家，到拥有固定资产5亿元——创业“三部曲”引发“天瑞现象”。

“一介书生，一篇论文，造就了一个产业；一家企业，一个园区，引发了天瑞现象”——这是《中国科技报》、《新华日报》、《清华人》杂志等媒体对刘召贵的高度概括。

或许有人不知道，X荧光光谱分析技术与刘召贵的硕士、博士学业，是风牛马不相及的两个专业。

刘召贵为什么要放弃自己所学的专业？这一直是个“谜”。

采访刘召贵，我们自然谈到了这一话题。

刘召贵说，“这丝毫不奇怪”。

表面看，刘召贵的“改行”出于一次“冲动”：

1989年，北京举办一场由外国公司组织的科技展览会。展览的中心视点就是光谱分析技术及其产品开发。当时，该技术的产业化在我国基本上是一片空白，其核心技术几乎被外国人所垄断。刘召贵是清华大学指派参观展览的学子之一。在展览会现场，他突发奇想，萌发了进军光谱分析仪研制领域的念头。

“泱泱大中国，岂能甘于人后？”这就是刘召贵参观展览后在日记里写到的一句话。

不久，刘召贵对光谱学的研究着了迷，以至于核物理学博士毕业论文也涉及到光谱仪，论文的标题就叫《X荧光分析仪技术和产品开发》。

刘召贵的举动为难了他的导师。导师研究的重点领域并非光谱学。

刘召贵的举动更让同学们无法理解：

“刘召贵疯了！”

“刘召贵想挑战自我了！”

“刘召贵不是全才，他的选择是一时头脑发热”。

一时间，刘召贵成了清华园热议的焦点。

“你有你的话语权，我有我的择业观。”低调的刘召贵什么也不想多说。他自我解嘲道：我手不能提，肩不能扛，只想“异想天开”，做点自己想做的事。

西安是刘召贵“想做事”的第一站，也是创业的第一站。

1990年，受西安海拓普公司邀请，刘召贵成了该公司的一名副老总。两年后，他毅然跳槽，创办了“西清华仪器研究所”，奏响了研发X荧光光谱仪的序曲。

“研究所由4位清华校友合资兴办。那时候，公司注册资金要10万元，研究所注册资金要5万元，我们只能选择后者。因为我们没那么多钱，5万元注册资金还是从亲友那里借来的。”刘召贵回忆。

1993年3月，研究所第一台X荧光光谱仪问世，刘召贵和他的伙伴们掘到了第一桶金。

然而，市场是一只看不见的手。到了1998年，疲软的市场引发了公司的变局，与刘召贵打拼多年的3个股东纷纷“收摊”、“撤漂”，研究所不得不重新“洗牌”。

7年过后，刘召贵创办了天瑞仪器公司，把营销总部从西安迁到了深圳。

在刘召贵的记忆里，天瑞前后搬过几次家。最后一次搬家，天瑞选择了昆山。

“选择昆山，真是天赐良机！”刘召贵感慨地说。

2006年年初，刘召贵受清华校友邀请，为清华科技园昆山分园落成“捧场”。昆山市组织所有参加庆典的嘉宾在市内参观参考察，刘召贵做出了一个充满激情的决定：把第三次创业的主战场选定在昆山。

让刘召贵感动的是，昆山市委书记、市长向他袒露了胸怀：“在昆山发展，有什么要求，请列一份清单”。

刘召贵在清单里提了6项要求，小事是孩子读书、户籍迁移；大事为天瑞大厦的征地、用地问题。

清单传至昆山，昆山市委、市政府立马召开了有市直各部门负责人参加的专题协调会。一个星期后，刘召贵收到一份回函，6项要求一一得到满足。

从这份清单里，刘召贵感受到了昆山市委、市政府服务企业的理念，也看到了昆山市市直部门的工作高效率。于是，他率领团队挺进昆山，一年时间不到，就把公司总部从深圳搬到了昆山天瑞大厦。

刘召贵说，天瑞有三部曲：起步在西安，发展在深圳，辉煌在昆山。

三部曲，是天瑞的搬家史，也是天瑞的发展史。

与不停的搬家一样，公司越搬越大，从60平方米“搬”到了3万多平方米。

与不停的搬家一样，公司产品越“搬”越多。公司里既有世界上最小、最轻的手持式光谱仪，也有装配最多转换器的台式光谱仪，产品畅销国内，远销美国、德国、俄罗斯、意大利等50多个国家和地区。三星、华为、海尔、长虹、创维都是天瑞的“高端”客户和“铁杆”客户。

与不停的搬家一样，刘召贵的名气也越“搬”越大。去年，刘召贵被江苏省政府授予“有突出贡献的中青年专家”称号。

在天瑞，人们早已认定一个不变的规律，每两年，公司的产销额就翻一番。2007年，公司的销售额增加到2亿元，净利润超过8000万元。

2008年，销售额再次飙升。2009年1－5月，又逆势飞扬，写下了“高天滚滚寒流急，天瑞微微暖风吹”的壮丽诗篇，产品销售量同比增长35%；固定资产由当年的5万元增加到5亿多元。

人们惊呼："刘召贵的创业三部曲，引发了罕见的天瑞现象！"

上至国家科技部、江苏省委、省政府，下至昆山市，人们一直在不停地思索：天瑞的巨大成功，到底秘诀在哪里？

"民营企业是我国自主创新和创新成果转化为生产力的主战场。天瑞能在国内外市场攻城拔寨，就在于依靠先进科技不停地向不可能发起挑战。"刘召贵说，17 年来，天瑞已引进国内外专业技术人才 100 多名，获得发明技术专利、实用新型专利、外观设计专利、软件登记专利 60 多项，同时成立了天瑞技术研究中心、天瑞分析测试仪器研究院。

刘召贵依托高科技，对高科技自然有着深切的体会："高科技时代只能与高科技结缘。与高科技结缘，就是与财富携手，与成功联姻。"

刘召贵告诉记者，前不久，一位资深的日本同行对他说过这样一句话："刘先生，你真了不起，你用短短 10 几年，就走完了我将近半个世纪走过的路。你让我嫉妒，让我钦佩，你是我们这个行业的领袖。"

从从不找银行贷款，到强势走向创业板

——嬗变的融资观演化成再度飞翔的翅膀

刘召贵给人的第一印象是清华高才生的简傲绝俗。深谈之后才发现，他的谈吐是那样的风趣幽默，也是那样的至真、至诚。

"我的论文做得好，实验做得好，就是融资做得不太好。"这就是他的一再表白。

天瑞创办 10 余年，刘召贵没有向银行贷款，也没有引进一位战略投资伙伴。公司从小到大，都是像"滚雪球"一样，一点一滴发展起来的。

为此，刘召贵很"自豪"，也很"自疚"。

自豪的是，公司没有向银行贷款，没有向社会募集资金，照样交出了一份可圈可点的"成绩单"。

自疚的也没有向银行贷款，也是没有向社会募集资金。用刘召贵的话说，"如果换一种融资办法，天瑞的发展肯定比现在更快，也不存在'天花板'一说。往后，我们再也不能用这种传统方式来经营企业了。"

在天瑞，"天花板"一说早已存在：天瑞的国内市场占有率已达 80%，"快接近天花板"。

在刘召贵看来，公司已进入一个非常关键的时期。"逆水行舟，不进则退"。

刘召贵同时也认为，越是这样，越要具备强势心态，用敏锐的眼光去捕捉新的发展机遇。

"分析仪市场已处在一个新的井喷前沿"，刘召贵判定，目前，国内外对环保及其产品品质的要求越来越高，检测仪的需求量也在成倍增加，市场大"井喷"的机会即将来临。

市场的大"井喷"，意味着财富的大积聚。在刘召贵的脑海里，曾经有过这样的信息储存：2001 年，国内检测仪市场还只是出现了一次小井喷。结果，天瑞仪器的销售额就猛增了 1000 万元。

"机会总是青睐有准备的人，也总是掌握在有准备人的手里。"刘召贵说，要抓住"井喷"的机遇，就要打有准备之仗。否则，机会就会从自己眼皮底下悄悄溜走。

事实上，天瑞的定位已经很明确，就是要加快国内乃至世界唯一一家专业分析测试仪产业园的建设步伐，2009 年 8 月底前，确保首期 5 万平米厂房投入使用，3－5 年内，形成 5 万套生产能力，实现销售收入 50 亿元，利税 10 亿元，出口创汇 1 亿美元；事实上，天瑞再度发力的目标也已锁定，就是要在金融危机的寒冬抄底人才市场，加大研发投入，增强核心竞争力，做世界同行业的"超一流选手"。

"要实现这两大目标，我们最需要的当然是资金。再好的计划如果没有资金作后盾，一切都会落空。"刘召贵估算，天瑞产业园 10 年内至少还需投入 8 个亿。

"闯过这道坎，将会一马平川"。刘召贵说，引进 VC、PE 已成天瑞的当务之急。眼下，10 多家 VC、PE 已来公司考察，大量风投资金开始注入天瑞。

天瑞股票即将亮相"创业板"，天瑞公司将从流金淌银的股市募集到数以亿计的资金。

在天瑞，好消息总是接连传出，也总是那样振奋人心。就在本次采访即将划上句号的时候，刘博士透露，这些天，来自国内外的订单像雪片一样飞来，三年两载也做不完。

天瑞已然站到一个新的更高层面，刘召贵和他的团队正在向新的"珠穆朗玛峰"攀登。